रामचन्द्र शुक्ल रचनावली

खंड-2

रामचन्द्र शुक्ल रचनावली

खंड : 2

व्यावहारिक समीक्षा—तीन पुस्तकें :
गोस्वामी तुलसीदास, सूरदास, जायसी

सम्पादक
नामवर सिंह
आशीष त्रिपाठी

राजकमल प्रकाशन

ISBN : 978-81-267-2920-3

मूल्य : ₹ 8800
(आठ खंडों में)

पहला संस्करण : 2016

प्रकाशक : राजकमल प्रकाशन प्रा. लि.
1-बी, नेताजी सुभाष मार्ग, दरियागंज
नई दिल्ली-110 002

शाखाएँ : अशोक राजपथ, साइंस कॉलेज के सामने, पटना-800 006
पहली मंजिल, दरबारी बिल्डिंग, महात्मा गांधी मार्ग, इलाहाबाद-211 001
36 ए, शेक्सपियर सरणी, कोलकाता-700 017

वेबसाइट : www.rajkamalprakashan.com
ई-मेल : info@rajkamalprakashan.com

मुद्रक : बी.के. ऑफसेट
नवीन शाहदरा, दिल्ली-110 032

RAMCHANDRA SHUKLA RACHANAWALI-2
Edited by Namvar Singh & Ashish Tripathi

देहरी

आचार्य रामचन्द्र शुक्ल हिन्दी में वैचारिकता के शीर्ष प्रतिनिधि और वैचारिक साहित्य के आदि प्रस्तावक हैं। वे निबन्ध, आलोचना और साहित्येतिहास को एक अलंघ्य ऊचाई तक ले गए। वे परवर्ती जनों के लिए अनवरत प्रेरणा स्रोत रहे हैं। उनकी स्थापनाएँ निरन्तर वाद-विवाद के केन्द्र में रही हैं और आज भी उन पर चर्चा किए बगैर आगे बढ़ पाना सम्भव नहीं है। उन्हें पढ़ना आज भी एक अनिवार्यता है। स्वतंत्रता संग्राम और नवजागरण के हलचल भरे युग और उसकी अन्तर्धाराओं तथा अन्तर्द्वन्द्वों का गहरा प्रभाव उनकी रचनाशीलता पर पड़ा है। उनकी रचनाशीलता के अनेक आयाम रहे हैं—कवि, कहानीकार, निबन्धकार, आलोचक, साहित्येतिहासकार और अनुवादक। उनके इन सभी रूपों को समग्रता में प्रकाशित करने का काम उनके देहावसान के पश्चात से निरन्तर जारी है। आचार्य विश्वनाथ प्रसाद मिश्र ने 'रसमीमांसा' और 'चिंतामणि भाग-2' का प्रकाशन कर एक उच्चतर दायित्व का निर्वहन किया था। पश्चात प्रो. नामवर सिंह ने 'चिंतामणि भाग-3' और डॉ. ओम प्रकाश सिंह एवं श्रीमती कुसुम चतुर्वेदी ने 'चिंतामणि भाग-4' का सम्पादन-प्रकाशन कर इस शृंखला को आगे बढ़ाया। इसके बावजूद अभी अनेक निबन्ध यहाँ-वहाँ असंकलित मिलते हैं।

आचार्य शुक्ल के समग्र साहित्य के प्रकाशन के क्रम में यह रचनावली हिन्दी समाज के सम्मुख प्रस्तुत है। रचनावली को हमने आठ खंडों में विभाजित किया है :

1. हिन्दी साहित्य का इतिहास
2. व्यावहारिक समीक्षा—तीन पुस्तकें : गोस्वामी तुलसीदास, सूरदास, जायसी
3. निबन्ध—मनोविकार विषयक निबन्ध, सैद्धान्तिक समीक्षा, भाषा विमर्श, आधुनिक साहित्य विषयक निबन्ध
4. निबन्ध—इतिहास, समाज, विज्ञान, अंग्रेजी में लिखित निबन्ध और उनके हिन्दी अनुवाद
5. 'रस मीमांसा' एवं रसविषयक निबन्ध
6. रचनात्मक साहित्य—कविताएँ, कहानियाँ, जीवनी, रचनात्मक साहित्य का अनुवाद
7. अनुवाद
8. विविध

रचनावली के विविध खंडों में संकलित निबन्धों के प्रकाशन में पूर्व प्रकाशित पुस्तकों/संकलनों के क्रम को प्रायः बदल दिया गया है और उन्हें एक नई तरतीब दी गई है जो विषय की एकसूत्रता के अनुसार है। अनेक निबन्ध—जिन्हें शुक्ल जी पुनः-पुनः लिखते और विकसित करते रहे हैं—के सभी उपलब्ध ड्राफ्टों को उनके भिन्न या एक ही नाम (जिससे वे प्रकाशित हुए) से संकलित किया गया है, ताकि शुक्ल जी की विकास प्रक्रिया को भी समझा जा सके। हम 'हिन्दी साहित्य का इतिहास' के सभी प्रारूपों को भी पृथक्-पृथक् संकलित करने की इच्छा रखते थे—परन्तु इसमें रचनावली का असीमित विस्तार हो रहा था, इसलिए उसके अंतिम और आजकल प्रचलित लोकप्रिय प्रारूप को ही यहाँ संकलित किया गया है। इस रचनावली के एक खंड में आचार्य शुक्ल द्वारा पढ़ी गई कुछ विशिष्ट पुस्तकों को, शुक्ल जी द्वारा लिखी गई टिप्पणियों के साथ प्रकाशित किया जा रहा है। इससे शुक्ल जी की पाठ-प्रक्रिया और उनकी आलोचना-प्रक्रिया को भी समझने में एक हद तक मदद मिलेगी। इस खंड की परिकल्पना प्रो. नामवर सिंह की मूल योजना का हिस्सा रही है और हमने इसे ज्यूँ का त्यूँ लेना जरूरी समझा है।

'रामचन्द्र शुक्ल रचनावली' की इच्छा प्रो. नामवर सिंह के मन में पाँच दशक से भी अधिक समय से बनी रही है। रामचन्द्र शुक्ल की जन्मशती के अवसर पर वे ग्रन्थावली का प्रकाशन करना चाहते थे। परन्तु कतिपय कारणों से यह सम्भव न हुआ। जब शुक्लजी की रचनाएँ कॉपीराइट से मुक्त हो गईं तो यह इच्छा फिर से तीव्र हो गई। पर किन्हीं कारणों से यह फिर सम्भव न हुआ। अन्ततः अब यह सम्भव हो पा रहा है। एक गहरी रचनात्मक इच्छा की तरह इसे देखा जाना चाहिए। आचार्य रामचन्द्र शुक्ल के अनेक विचारों से गहरी असहमति के बावजूद, नामवर जी के मन में मौजूद गहरे कृतज्ञता भाव का ही यह एक प्रतिफल है। हम इसे हिन्दी समाज की एक बड़ी चारित्रिक खूबी के रूप में देख सकते हैं और इस काम को इस तरह पूरा होते देख, एक गहरा सन्तोष अनुभव करते हैं।

नामवर जी की गहरी इच्छा के बावजूद रचनावली के प्रकाशन में दो वर्ष से अधिक की देर के लिए व्यक्तिगत रूप से मैं जवाबदेह हूँ। खेद प्रकट करने के लिए मेरे पास शब्द नहीं हैं। इस काम को पूरा करने में युवा साथियों सर्वश्री विशाल विक्रम सिंह, रवि श्याम द्विवेदी, अनूप कुमार सिंह और अभिलाष कुमार का आभारी हूँ जिन्होंने अनेक अवसरों पर मेरा साथ दिया। राजकमल प्रकाशन के प्रबन्ध निदेशक श्री अशोक महेश्वरी जी के असीम धीरज और संवादी व्यक्तित्व के कारण ही देर के बावजूद यह काम इस तरह हो सका, जिन्होंने इसे शीर्ष वरीयता देने के साथ ही, इसके प्रकाशन में आने वाली अनेक अड़चनों को दूर किया। रचनावली के प्रकाशन के अवसर पर हम आचार्य शुक्ल के संकलन/प्रकाशन का महती उत्तरदायित्व निभाने वाले सम्पादकों एवं प्रकाशकों के प्रति कृतज्ञता का अनुभव करते हैं। इस रचनावली के प्रकाशन से आचार्य शुक्ल पर समग्रता से बात करना संभव हो सकेगा, इस बहाने यदि पुनः उनके कार्य पर चर्चा हो तो हमारा श्रम सार्थक होगा।

—आशीष त्रिपाठी

अनुक्रम

जायसी

भूमिका

हिन्दी आलोचना की परम्परा और आचार्य रामचन्द्र शुक्ल

[1]

संस्कृत काव्यशास्त्र लगभग डेढ़ हजार वर्षों में बना है। संस्कृत काव्यशास्त्र के अपने संस्थान रहे हैं। हालाँकि इस दृष्टि से बहुत कम विचार किया गया है। संस्कृत काव्यशास्त्र का एक बड़ा हिस्सा कश्मीर में निर्मित हुआ और आचार्यों के नाम से विचारधाराओं के सम्प्रदाय बने। मम्मट, कुन्तक, आनन्दवर्धन, अभिनव गुप्त, कुल मिलाकर एक लम्बी परम्परा है। दूसरी परम्परा दक्षिण की है–जहाँ के दंडी थे। इसलिए एक परम्परा धुर उत्तर की है तो दूसरी धुर दक्षिण की है। एक मध्यभाग की भी है–राजशेखर अवन्ती का जिक्र बार-बार करते हैं। अवन्ती, जिस राज्य के बाणभट्ट थे। राजशेखर हैं, जो अलग सम्प्रदाय बनाते हैं। शास्त्र एक चिन्तन है और चिन्तन किसी भी देश, भाषा और जाति की परम्परा में होता है। वह शताब्दियों में विकसित होता है, किसी एक व्यक्ति के साथ समाप्त नहीं हो जाता है। जब यूरोपियन दर्शन का इतिहास लिखा जाता है तो तीन नामों का ज़िक्र आता है। आपने अकसर सुना होगा–जर्मन आइडियालिज्म, फ्रेंच रेशनलिज्म और ब्रिटिश इपीरियलिज्म। ब्रिटेन में भले ही बर्कले हुए हों लेकिन एटेन जॉन लॉक और हाब्स की बात ही अनोखी है। वहाँ अनुभववादी जीवन दर्शन पनपा और बढ़ा ही नहीं बल्कि आगे चलकर भी ब्रिटेन मूलतः इम्पीरिकल या अनुभववादी परम्परा का गढ़ रहा।

फ्रांस में एक रेशनल ट्रेडिशन या बुद्धिवादी परम्परा है। यहाँ कांट के पहले और कांट के बाद भी बुद्धिवाद की एक लम्बी परम्परा है। जर्मनी में आइडियालिज्म है। आगे चलकर मार्क्सवाद में ब्रिटिश इम्पीरियलिज्म, फ्रेंच रेशनलिज्म एवं जर्मन आइडियालिज्म तीनों का योगदान हुआ। इन दार्शनिक चिन्ताधाराओं के भी मूल में प्राचीन यूनान की, प्लेटो, अरस्तू की और अन्य बुद्धिवादी तथा सन्देहवादी वैचारिक परम्पराएँ काम कर रही थीं। कालान्तर में लगभग एक हजार वर्षों के अन्तराल के बाद यह चिन्तन यूरोप में अलग-अलग धाराओं में विकसित हुआ। इन बातों का उल्लेख मैं इसलिए कर रहा हूँ क्योंकि आलोचना का चिन्तन से गहरा सम्बन्ध होता है और चिन्तन संस्थानों में होता है क्योंकि संस्थानों में ही एक परम्परा बनती है। कहानी या उपन्यास लिखने के लिए संस्थान से जुड़ना आवश्यक नहीं है। आलोचना के लिए किसी न किसी संस्थान की

चिन्तन परम्परा जरूरी है। संस्कृत काव्यशास्त्र और संस्कृत आलोचना का विकास जिन दो संस्थानों में हुआ, उनमें एक संस्थान विदग्ध गोष्ठियाँ हैं। भामह और दंडी ने इन विदग्ध गोष्ठियों का उल्लेख किया है। वात्स्यायन ने *कामसूत्र* में भी इन गोष्ठियों का उल्लेख किया है। जब वह नागरिक जीवनचर्या का वर्णन करते हैं तो बताते हैं कि किस तरह तीसरे पहर लोग नहा-धोकर पहले एकान्त में फिर समवेत विविध विद्याओं-कलाओं पर चर्चा किया करते थे। इन गोष्ठियों में अलग-अलग कलाओं और शास्त्रों में निपुण लोग शामिल हुआ करते थे, इन्हें सहृदय या रसिक समाज कहा जाता था। इन विदग्ध गोष्ठियों का गहरा प्रभाव भामह के 'काव्यालंकार' पर है। दूसरा संस्थान दूसरे प्रकार की विदग्ध गोष्ठियाँ हैं, जिनमें ग्रन्थ लिखा जाता था, जैसे—भामह का 'काव्यालंकार,' दंडी का 'काव्यादर्श'। ये ग्रन्थ लोगों को शिक्षित करने के लिए, कवि-शिक्षा के लिए लिखे जाते थे, जैसे विश्वविद्यालय शिक्षा के लिए होते हैं। लेकिन दोनों संस्थानों के चरित्र में अन्तर है। 'काव्यादर्श' के लेखक दंडी स्वयं रचनाकार हैं। रचनाकार आलोचक भी होते रहे हैं। हिन्दी में कुछ अच्छे रचनाकार हैं, जो आगे चलकर अच्छे आलोचक हुए।

आलोचना की दुनिया विचारों की दुनिया है और विचार के लिए चाहे गुरु-शिष्य परम्परा हो या विदग्ध लोगों का समुदाय, उनके बीच बातचीत और शास्त्रार्थ जरूरी है। बहस के जरिए एक पीढ़ी में जो सवाल उठते हैं, उनके जवाब अगली पीढ़ी को देने होते हैं। आप देखें कि संस्कृत में भामह काव्य की जो परिभाषा देते हैं—'शब्दार्थौ सहितौ काव्यं', हजार वर्षों के अन्तराल के बाद पंडितराज जगन्नाथ उसी पर विचार करते हैं। यानी एक हजार साल तक बहस चल रही है। चिन्तन की परम्परा का निर्माण इस प्रकार होता है। संस्कृत काव्यशास्त्र ऐसे ही कालजयी नहीं बना, यहाँ बहस की एक लम्बी परम्परा रही है। आज हम हिन्दी में जब आलोचकों का इतिहास देखते हैं तो पाते हैं कि आलोचना के इतिहास के नाम पर लोगों ने आलोचकों का इतिहास लिखा है, प्रवृत्तियों का उल्लेख किया है। आलोचना के इतिहास के बारे में जितनी पुस्तकें लिखी गई हैं, वे अपूर्ण, अधूरी ही नहीं हैं बल्कि उनकी जो मूल दृष्टि है, वह अभावों का दुर्दान्त उदाहरण है। हिन्दी आलोचना का विकास कुछ आलोचकों के द्वारा नहीं हुआ है, संस्थाओं के द्वारा हुआ है, सभी किसी न किसी संस्था से जुड़े हुए थे। वह संस्था चाहे कोई पत्र/पत्रिका/प्रतिष्ठान के रूप में रही हो, चाहे शिक्षण संस्था के रूप में।

अब विज्ञान का इतिहास देखें। उसके केन्द्र में होती है—लेबोरेटरी। लेबोरेटरी से जुड़े हुए वैज्ञानिक चाहे भौतिक विज्ञानी हों या रसायन विज्ञानी या जीव विज्ञानी—वे शोध परम्परा कायम करते हैं। लखनऊ के बीरबल साहनी बॉटनी के प्रोफेसर थे, उनके नाम पर अलग विश्वविद्यालय न होकर एक संस्थान ही बन गया, अब उसके आधार पर एक परम्परा चल रही है। विज्ञान वाले यह समझते हैं कि विज्ञान का विकास किसी न किसी संस्थान में होता है, प्रयोगशाला में होता है। इंग्लैंड में अनेक प्रयोगशालाएँ हैं और उसी में काम हो रहा है। इतिहास और समाजशास्त्र की चर्चा करते समय जब कोई आदमी इतिहास दर्शन की चर्चा करता है तो फ्रांस के एनल्स स्कूल की याद आती है।

लगभग सौ साल से वह एनल्स स्कूल ही कहलाता है। उसमें चिन्तन की एक परम्परा है। विदेशों के विश्वविद्यालयों की अलग-अलग अपनी परम्पराएँ हैं। किसी की दो सौ साल की, किसी की छह सौ साल की, किसी की सात सौ साल की। ये बातें मैंने इसलिए कहीं कि विज्ञान, इतिहास और समाजशास्त्र आदि में जब इतिहास लिखा जाता है तो व्यक्तियों की खोजों के आधार पर नहीं बल्कि संस्थाओं की पृष्ठभूमि के साथ लिखा जाता है। साहित्य की ही एक ऐसी निराली दुनिया है, जिसमें हम वैयक्तिक प्रतिभा का विस्फोट माना करते हैं। अपने यहाँ कविता का इतिहास लिखने के लिए कवियों का अलग-अलग जिक्र कर दिया, कहानी का इतिहास लिखने के लिए कहानीकारों का अलग-अलग जिक्र कर दिया और उपन्यास का इतिहास लिखने के लिए उपन्यासकारों का उल्लेख कर दिया। आलोचना का इतिहास लिखते समय इस बात पर बहस हो रही है कि पहला आलोचक कौन हुआ—प्रेमघन या बालकृष्ण भट्ट। भारतेन्दु को आलोचक माना जाए या नहीं, उन्होंने नाटक पर एक निबन्ध भी लिखा है। इन बातों पर बहस करते हुए होड़ा-होड़ी लगती है कि कौन बड़ा आलोचक है, कौन छोटा। हम भूल जाते हैं कि हिन्दी आलोचना के विकास में संस्थानों की भूमिका है कि नहीं। हमारे यहाँ हिन्दी के इतिहास में अभी तक स्पष्ट शब्दों में यह बात नहीं कही गई है, परन्तु वस्तुतः हिन्दी आलोचना के इतिहास में काशी हिन्दू विश्वविद्यालय का वही स्थान है, जो अंग्रेजी आलोचना के इतिहास में कैम्ब्रिज का।

जब भी अंग्रेजी आलोचना का इतिहास लिखा जाता है, कैम्ब्रिज इंग्लिश की चर्चा आती है। 'कैम्ब्रिज इंग्लिश' शब्द का पहली बार इस्तेमाल एफ.आर. लीविस ने किया और वह भी तब, जब वह कैम्ब्रिज से अवकाश प्राप्त कर चुके थे। कैम्ब्रिज में अन्तिम व्याख्यान देते समय उन्होंने इस शब्द का इस्तेमाल किया—इंग्लिश लिटरेरी क्रिटिसिज्म के अर्थ में। कैम्ब्रिज में रहते हुए लीविस 'स्क्रुटनी' पत्रिका निकालते थे। कैम्ब्रिज में उनके सम्मान में कहा गया कि कैम्ब्रिज की जो साहित्यिक आलोचना है, 'स्क्रुटनी' उसका आधार स्तम्भ है। हिन्दी आलोचना का उदय काशी हिन्दू विश्वविद्यालय में हुआ। यह हिन्दी आलोचना का कैम्ब्रिज है।

आचार्य रामचन्द्र शुक्ल सच्चे अर्थों में हिन्दी के पहले आलोचक थे। उनके पहले समीक्षक हुआ करते थे, जो पुस्तकों की समीक्षा या टिप्पणियाँ लिखा करते थे। सच्चे अर्थों में हिन्दी आलोचना 1920 के आसपास स्थापित हुई। इतिहास में इस वर्ष (1920) का बड़ा महत्त्व है—तिलक की मृत्यु, राजनीति में गांधी का प्रवेश, पहला बड़ा असहयोग आन्दोलन, अवध का किसान आन्दोलन जैसी महत्त्वपूर्ण घटनाएँ इसी वर्ष में घटित हुईं। भारतीय स्वाधीनता आन्दोलन की भाँति हिन्दी-जगत् में भी 1920 अत्यन्त महत्त्वपूर्ण रहा, इसी वर्ष कविता सच्चे अर्थों में बदली है। साहित्य की धारा बदली है। इसी समय छायावाद की शुरुआत हुई; इसी समय प्रेमचन्द आए। प्रेमचन्द, छायावाद, रामचन्द्र शुक्ल और राजनीति में गांधी, ये बड़ी घटनाएँ 1920 में घटित होती हैं। काशी हिन्दू विश्वविद्यालय 1916 में स्थापित हुआ था, लेकिन हिन्दी विभाग पहली बार विभाग तब

बना, जब शुक्लजी आए और यहाँ रहते हुए उन्होंने 'हिन्दी साहित्य का इतिहास' लिखा। तुलसी, सूर और जायसी पर तीन मानक आलोचनाएँ लिखीं, चिन्तामणि के निबन्ध लिखे। इस प्रकार उन्होंने अपना सम्पूर्ण लेखन यहाँ अध्यापक रहते हुए ही किया। अध्यापक रहते हुए सच्चे अर्थों में आलोचना कैसे लिखी जाती है, यह आचार्य रामचन्द्र शुक्ल के लेखन से सीखना चाहिए। अध्यापकीय आलोचना का जो मुहावरा चला है, छिछली आलोचना के अर्थ में, वह वस्तुतः अब हो रही है।

काशी हिन्दू विश्वविद्यालय भारत का कैम्ब्रिज है। कैम्ब्रिज में चार बड़े आलोचक हुए—आई.ए. रिचर्ड्स, एफ.आर. लीविस, विलियम एम्पसन और रेमंड विलियम्स। ये आलोचक राजनीतिक विचारधाराओं से जुड़े हुए थे—रिचर्ड्स अनुभववादी लिबरल थे। लीविस बिलकुल वामपन्थी नहीं थे, कुछ मामलों में उनके विचार काफी दकियानूसी थे। एम्पसन विद्रोही थे—रेडिकल! एम्पसन को लोगों ने देर से पहचाना। कुछ लोगों के विचार से एम्पसन अपनी पुस्तक 'सेवन टाइम्स ऑफ एम्बीग्युटी' के कारण रिचर्ड्स और लीविस से भी बड़े आलोचक हैं। उस आदमी ने मिल्टन पर 'स्ट्रक्चर ऑफ वर्ड्स' नाम की किताब लिखी। धर्म के मामले में वह घनघोर विद्रोही थे। इसी परम्परा में आगे चलकर समाजवादी विचारक रेमंड विलियम्स हुए, जो अपने पूर्ववर्ती तीनों आलोचकों के ऋण को बार-बार स्वीकार करते हैं कि यदि रिचर्ड्स, लीविस और एम्पसन नहीं होते तो वह स्वयं भी नहीं होते। रेमंड विलियम्स मार्क्सवादी हैं। एम्पसन मजदूर के बेटे हैं और स्वयं मजदूरों की जिन्दगी जीनेवाले हैं। एम्पसन की आलोचना बिलकुल अलग तरीके की है, देखकर लगता नहीं कि ये उसी कैम्ब्रिज की उपज होंगे। इस तरह अंग्रेजी के सबसे बड़े चार आलोचक कैम्ब्रिज के ही हैं।

काशी हिन्दू विश्वविद्यालय के तीन आलोचकों का नाम मैं ले सकता हूँ—रामचन्द्र शुक्ल, नन्ददुलारे वाजपेयी और हजारीप्रसाद द्विवेदी। हिन्दी के तीन ही आलोचक हैं। जिन लोगों के नाम छूट गए हैं, मेरे मन में उनके प्रति पूरा आदर भाव है। विश्वनाथ प्रसाद मिश्र एक अच्छे अध्यापक थे, आलोचक नहीं। चौथा आलोचक कौन होगा, यह निर्णय इतिहास करेगा। मुझे इन तीनों आलोचकों की विरासत मिली है। यदि ये तीनों न होते तो मैं जो कुछ हूँ, वह न होता। इलाहाबाद विश्वविद्यालय ऑक्सफोर्ड है, जो आई.ए.एस. तैयार कर रहा है, रचनाकारों को तैयार करता रहा है। लेकिन इलाहाबाद की परम्परा में कुल मिलाकर क्या हुआ? उन्होंने साहित्य कोश तैयार किया। धीरेन्द्रजी बड़े व्यवस्थित ढंग से काम करनेवाले आदमी थे। उनकी विरासत प्रबन्धन के मामले में है, जिसका लाभ डॉ. नगेन्द्र उठाते हैं, इसलिए उन्होंने 'हिन्दी साहित्य का इतिहास' एक नए ढंग से तैयार किया। उन्होंने 'भारतीय हिन्दी परिषद' की स्थापना की और लेखकों का एक अखिल भारतीय संगठन बनाया। ये बड़े काम हैं। धीरेन्द्रजी भाषाविज्ञान के आदमी थे। उन्होंने 'हिन्दी भाषा का इतिहास' नामक एक पुस्तक लिखी, जो बिलकुल नपी-तुली किताब है, उपयोगी पुस्तक है, लेकिन उन्होंने कोई ऐसा कार्य नहीं किया, जो क्रान्तिकारी हो। माता प्रसाद गुप्त ने पाठालोचन का विकास किया। यह सही है कि

इलाहाबाद से धर्मवीर भारती जैसी प्रतिभा पैदा हुई और कुछ कवि, रचनाकार हुए, लेकिन इलाहाबाद से कोई ऐसा आलोचक नहीं हुआ, जिसने बड़ा काम किया हो। ऑक्सफोर्ड की भी स्थिति लगभग ऐसी ही है। ऑक्सफोर्ड से एक जर्नल निकलता है—'एसेज ऑन क्रिटिसिज्म', एफ.डब्ल्यू. वीटसन ने शुरू किया था। उन्होंने एक शब्द का प्रयोग किया—स्कॉलर क्रिटिक, जिसका अर्थ है विद्वान आलोचक। कुछ लोग विद्वान आलोचक की श्रेणी में आते हैं, पाठालोचन करते हैं, ग्रन्थावलियाँ निकालते हैं। माता प्रसादजी स्कॉलर क्रिटिक हैं। रसालजी ने कविवर रत्नाकर के 'उद्धव शतक' की भूमिका लिखी। अंग्रेजी आलोचना के इतिहास में ऑक्सफोर्ड की कोई भूमिका नहीं है, वहाँ स्कॉलर क्रिटिक हुए हैं, अच्छे विद्वान हुए हैं, लेकिन आलोचक में जो अन्तर्दृष्टि और सहृदयता होती है, वह वहाँ नहीं पाई गई। वहाँ परम्परा ही नहीं बनी। रामस्वरूप चतुर्वेदी भी यह दिखाने की कोशिश करते रहे हैं कि वह भी आलोचक हैं। वह न स्कॉलर हैं, न क्रिटिक हैं, उन्हें कोई परम्परा मिली ही नहीं।

काशी में आलोचना इसलिए सम्भव हो सकी क्योंकि काशी में काव्यशास्त्रीय चिन्तन की हजार-दो हजार वर्षों की परम्परा रही है। यहाँ एक संस्कृत कॉलेज हुआ करता था, जो अब विश्वविद्यालय है। बी.एच.यू. में संस्कृत महाविद्यालय था, जहाँ दामोदर लाल शास्त्री और महादेव शास्त्री जैसे काव्यशास्त्री हुआ करते थे। जहाँ कभी राम अवतार शर्मा और चन्द्रधर शर्मा 'गुलेरी' रह चुके हैं, तो वह पुराना संस्कृत कॉलेज, जहाँ इंग्लिश प्रिंसिपल हुआ करते थे और दूसरा संस्कृत महाविद्यालय के बीच की जो परम्परा थी, उसके बीच जो हिन्दी आलोचना विकसित हुई, उसकी केवल अपनी परम्परा पचास साल पहले की ही नहीं है, बल्कि एक हजार वर्ष की परम्परा है। आलोचना का एक बहुत बड़ा काम है—परम्परा की रक्षा। 900 ईसवी के आसपास जब आनन्दवर्धन लिख रहे थे, तब तक संस्कृत के तमाम बड़े कवि हो चुके थे और इसका एहसास आनन्दवर्धन को था कि संस्कृत में जो कुछ होना था, वह हो चुका। 'रामायण' लिखा जा चुका था, 'महाभारत' लिखा जा चुका था, कालिदास हो चुके थे, भारवि, भवभूति, बाणभट्ट, दंडी हो चुके थे। इसलिए जो संस्कृत काव्य का सर्वश्रेष्ठ है, वह 900 ईसवी तक रचा जा चुका था। नाटक, प्रबन्धकाव्य, मुक्तक काव्य, कथा साहित्य लिखा जा चुका था। आनन्दवर्धन ने कहा कि जब इतना कुछ लिखा जा चुका है, तो सवाल यह है कि इसकी रक्षा कैसे की जाए? इसीलिए कहा जाता है आलोचना का एक काम है—इतिहास का, परम्परा का मर्म समझना-समझाना और उसे आगे की पीढ़ियों के बीच जीवित रखना। उस परम्परा में जो श्रेष्ठ है, उसे बचाया जाता है। बाढ़ आती है तो लोग कहते हैं कि आग बचा लो, नहीं तो जब बाढ़ उतर जाएगी तब चूल्हा कैसे जलेगा, तो अतीत की जो आग है, उसे बचाना आलोचना का काम होता है। संस्कृत में यह काम काव्यशास्त्र ने किया। यदि संस्कृत काव्य नष्ट हो गए होते, पांडुलिपियाँ न मिलतीं किन्तु सहृदयों के बीच केवल काव्यशास्त्र बचे रह जाते तो बहुत सारी एन्थोलॉजी तैयार हो सकती थी। उदाहरण के लिए मम्मट का 'काव्यप्रकाश' और विश्वनाथ का 'साहित्य

दर्पण' ही बचा रह जाए तो संस्कृत का बहुत काव्य बचा रह जाएगा। रवीन्द्रनाथ टैगोर की कविता 'सोनारतरी' में कहा गया है कि सोने की नाव बही जा रही थी। सबने कहा कि हमको भी ले लो, हमको भी ले लो तो रवीन्द्रनाथ कहते हैं कि 'ठाईं नाईं/ठाईं नाईं/छोटी-सी तरी आमार/सोनारे धान/एई छे भरी।' (जगह नहीं है, जगह नहीं है। यह सोने के धान से लदी हुई है, अब इसमें घास-फूस भरने की जगह नहीं है।) आलोचना भी यही काम करती है, परम्परा की रक्षा करते हुए परम्परा के सोने या स्वर्ण की रक्षा करती है। यहीं से आलोचना शुरू होती है।

आचार्य रामचन्द्र शुक्ल जब हिन्दी साहित्य का इतिहास लिख रहे थे तो उनकी निगाह अपनी परम्परा के सर्वश्रेष्ठ पर थी। जैसे उन्होंने जायसी और तुलसी पर खुलकर लिखा। मिश्रबन्धु हिन्दी में नवरत्नों की तलाश कर रहे थे। इस सिलसिले में शुक्लजी ने कहा कि तीन ही काफी होते हैं, कहाँ नव रतन ढूँढ़ने जाएँ। इसलिए नवरत्नों को खोजने के बजाय शुक्लजी ने तीन को चुन लिया, मानो ब्रह्मा, विष्णु, महेश को चुन लिया। अगर तीन के बजाय चार चुनते तो अच्छा होता। लेकिन यदि शुक्लजी स्वयं कबीर पर लिख गए होते तो हजारीप्रसाद द्विवेदी की क्या आवश्यकता थी। इसलिए पहला जो बुनियादी महत्त्वपूर्ण कार्य है, वह आचार्य शुक्ल ने किया। तब जाकर हिन्दी आलोचना हिन्दी आलोचना हुई। ध्यान रहे कि इस देश में आलोचना की शुरुआत हिन्दी से ही तो नहीं हुई, इसके पूर्व डेढ़ हजार वर्षों के दौरान आलोचना का विकास हो चुका था, लेकिन वह संस्कृत में लिखा जा रहा था। शुक्लजी ने कहा कि हिन्दी आलोचना की अपनी धरोहर है, वह न तो संस्कृत का अनुकरण है और न ही संस्कृत की विरासत है। यह बहुत जरूरी काम था। संस्कृत की विरासत तो बँगला को मिली है, मराठी, मलयालम को भी मिली है, भारत की अन्य भाषाओं को भी मिली है। उसमें हिन्दी की अपनी आलोचना क्या है? अंग्रेजी वालों ने जब अंग्रेजी आलोचना का विकास किया तो उनके सामने भी अरस्तू थे और लोन्जाइनस थे। लेकिन उन्होंने कहा कि अंग्रेजी आलोचना ग्रीक आलोचना का विस्तार नहीं है। यदि आई.ए. रिचड्र्स की आलोचना आप पढ़ें तो यह जानकर आश्चर्य होगा कि उसने अरस्तू-प्लेटो का कहीं नाम ही नहीं लिया है। एम्पसन ने भी अरस्तू, प्लेटो पर नहीं लिखा है; उन्हें कोई परवाह नहीं। ऑक्सफोर्ड वालों ने अरस्तू, प्लेटो पर अवश्य लिखा है और जो ऑक्सफोर्ड वालों से रह गया तो बाद में डॉ. नगेन्द्र ने ऑक्सफोर्ड बनने की कोशिश की। अरस्तू, प्लेटो और फिर उन्होंने पंडितों की सहायता से कुन्तक, मम्मट सबका अनुवाद जोड़-बटोरकर आलोचना का गढ़ तैयार करने की कोशिश की। एक किंवदन्ती है मुसलमान आक्रमणकारियों के बारे में कि उन्होंने इंडिया का पुस्तकालय देखकर कहा कि जला दो इसे। किसी ने पूछा कि इन्हें जलाने से क्या मिलेगा, तो कहा कि जो 'कुरान' में लिखा है, यदि वही इन पुस्तकों में लिखा है तो ये बेकार हैं और यदि उसके खिलाफ लिखा गया है, तो ये खतरनाक हैं, इसलिए यह पुस्तकालय या तो फालतू हैं या खतरनाक हैं।

यदि जो संस्कृत काव्यशास्त्र में लिखा गया है, वही हिन्दी आलोचना है तो मूल संस्कृत ही क्यों नहीं पढ़ेंगे। हिन्दी आलोचना क्यों पढ़ेंगे? यदि मम्मट को पढ़कर ही आप अच्छे आलोचक बन सकते हैं तो रामचन्द्र शुक्ल को पढ़ने की क्या आवश्यकता है। आचार्य शुक्ल जब 'कविता क्या है' निबन्ध लिख रहे थे तो उनके लिए यह बहुत आसान था कि वह भी 'शब्दार्थौ सहितौ' से बात शुरू करते, किन्तु वे ऐसा नहीं करते हैं। आचार्य शुक्ल ने 'काव्यप्रकाश' मूल ग्रन्थ कम पढ़ा था, गंगानाथ झा का अंग्रेजी अनुवाद ज्यादा पढ़ा था। अगर आप 'रस-मीमांसा' की टिप्पणियाँ देखें तो अंग्रेजी में लिखी गई टिप्पणियाँ गंगानाथ झा के अंग्रेजी अनुवाद से ली गई हैं और दूसरा उन्होंने 'साहित्य दर्पण' पढ़ा था। तब तक आनन्दवर्धन, अभिनव गुप्त वगैरह सुलभ ही नहीं थे, न अंग्रेजी में, न हिन्दी में। यह सौभाग्य है कि शुक्लजी ने इन लोगों को नहीं पढ़ा था, नहीं तो मास्टर की तरह वही तोता रटन्त पद-परिभाषाएँ रखते। आज भी हिन्दी आलोचना के परचे में मम्मट, आनन्दवर्धन से सम्बन्धित सवाल पूछे जाते हैं। कोई कहे कि यह सब संस्कृत में पूछ लो भैया; हिन्दी के पेपर में तो हिन्दी पूछो! शुक्लजी ने 'कविता क्या है' निबन्ध में बड़ी दृढ़ता से कविता की परिभाषा लिखी है, यह उनका स्वतंत्र चिन्तन है, संस्कृत या अंग्रेजी का उधार नहीं है। जब वह कविता को हृदय की मुक्तावस्था कहते हैं तो यह जान लेना चाहिए कि किसी आचार्य ने ऐसा पहले नहीं कहा। उन्होंने कहा कि ज्ञानयोग और कर्मयोग के समान यह भावयोग है। संस्कृत के किसी आचार्य ने कभी ऐसा नहीं कहा। यह है हिन्दी आलोचना का प्रस्थान बिन्दु। संस्कृत ठीक सर-माथे पर होते हुए भी शुक्लजी हिन्दी के स्वाभिमान की रक्षा करते हैं। आचार्य शुक्ल को पढ़ते हुए कभी नहीं लगता कि वे संस्कृत से आतंकित हैं। दूसरी चीज, क्रोचे और आई.ए. रिचड्र्स को पढ़ते हुए भी वे जगह-जगह वैचारिक टक्कर देते हैं। सोचिए कि 1924 में आई.ए. रिचड्र्स की पुस्तक 'प्रिंसपल्स ऑफ क्रिटिसिज्म' छपी थी, 1930 में 'प्रैक्टिकल क्रिटिसिज्म' पुस्तक छपी थी और शुक्लजी ने छपते ही पढ़ लिया। क्रोचे की 'एस्थिटिक्स' छप चुकी थी, उसका अंग्रेजी अनुवाद हो चुका था, शुक्लजी ने उसकी समीक्षा लिखी। इस प्रकार उन्होंने बता दिया कि उन पर अंग्रेजी का भी रोब नहीं। उन पर न संस्कृत का आतंक है और न अंग्रेजी का और न ही हिन्दी के अपने काव्यशास्त्र का। वह आचार्य महावीरप्रसाद द्विवेदी की तरह बँगला और मराठी से आतंकित नहीं हैं, मिला होगा रवीन्द्रनाथ को नोबेल पुरस्कार, लेकिन उन पर रवीन्द्रनाथ का कोई आतंक नहीं। आतंक के न होने से ही हिन्दी आलोचना दृढ़ संकल्प के साथ कायम हुई और इसे कायम किया आचार्य शुक्ल ने।

नन्ददुलारे वाजपेयी इस परम्परा में विद्यार्थी थे और इस विद्यार्थी ने इतने बड़े आचार्य को चुनौती दी। 'हिन्दी साहित्य : बीसवीं शताब्दी' में शुक्लजी पर केन्द्रित तीन लेख हैं। पहले दो लेख छायावादी कविता को आधार बनाकर शुक्लजी पर सीधे प्रहार हैं। शुक्लजी छायावादी कविता को पसन्द नहीं करते थे। ऐसा नहीं कि उससे उनका सैद्धान्तिक विरोध हो। शुक्लजी लोक प्रत्यक्ष को प्रधान मानते हैं और छायावाद लोक

प्रत्यक्ष को प्रधान नहीं मानता है, बल्कि व्यक्ति वैचित्र्य को प्रधान मानता है। यह साधारण नहीं, बल्कि असाधारण अनुभूति का काव्य है। यह अनन्त की तरफ इशारा करता है। इसकी नजर धरती पर कम, आकाश पर ज्यादा रहती है। आचार्य शुक्ल ने छायावादी कविता की भाषा की तारीफ की थी–'लाक्षणिक मूर्तिमत्ता' वगैरह कहा था लेकिन उन्होंने उसकी बुनियाद को ही गलत बताया। नन्ददुलारे वाजपेयी ने निराला और जयशंकर प्रसाद को आधार बनाकर शुक्लजी को चुनौती दी। कैम्ब्रिज में एम्पसन रिचर्ड्स के शिष्य थे और रिचर्ड्स के विरुद्ध लिख रहे थे। एम्पसन का कैनन वही नहीं है, जो रिचर्ड्स का कैनन है। रिचर्ड्स ने किसी कवि-लेखक पर नहीं लिखा, उदाहरण भी नहीं दिए, एम्पसन ठीक इसके विपरीत चले। रिचर्ड्स प्रैक्टिकल क्रिटिसिज्म नहीं कर रहे थे, बल्कि बता रहे थे कि व्यावहारिक आलोचना में विद्यार्थियों से क्या-क्या गलतियाँ होती हैं। रिचर्ड्स ने व्याख्यामूलक कोई सिद्धान्त नहीं बनाए, केवल आलोचना लिखी। एम्पसन की धारा रिचर्ड्स से अलग थी। वैसे ही जैसे नन्ददुलारे वाजपेयी अपने आरम्भिक दौर में मैथिलीशरण गुप्त पर लिखते हैं। 'हिन्दी साहित्य : बीसवीं शताब्दी' में उनका बड़ा ही प्रखर स्वरूप प्रकट होता है। बुढ़ापे में वे जरूर रस वगैरह में फँस गए थे। यह होता है कि हर हिन्दू बुढ़ापे में गीता, उपनिषद की तरफ लौट जाता है। ऐसे ही जब जीवन का रस सूखता है, तब जिह्वा पर रस आ जाता है। बुढ़ापे का मारा विद्वान रस सिद्धान्त की बात करने लगता है, ऐसा ही वाजपेयीजी ने किया। शुक्लजी ने कोई मानदंड नहीं बनाया और आज लोग नया मानदंड (पत्रिका) निकाल रहे हैं। यह आलोचना की दुर्गति है।

काशी हिन्दू विश्वविद्यालय के तीनों आलोचकों ने आलोचना में मानदंड नहीं बनाये। कैम्ब्रिज इंग्लिश की तरह काशी हिन्दू विश्वविद्यालय की भी परम्परा रही है कि हिन्दी आलोचना का कोई जड़ शास्त्र न बने। उन दिनों 'हिन्दी साहित्य : बीसवीं सदी' में वाजपेयीजी का बड़ा प्रखर और तेजस्वी रूप प्रकट हो रहा था, शुक्लजी रस-मीमांसा पुस्तक लिखना चाह रहे थे, जो पूरी नहीं हुई, यह सौभाग्य की बात है। बाद में नगेन्द्र ने लिखा, जो किसी काम का नहीं है। रस के आधार पर कविता की जाँच जब पहले नहीं हुई तो आज क्या होगी।

[2]

आलोचना या समालोचना है क्या? संस्थान का महत्त्व शास्त्र के लिए है और शास्त्र को अंग्रेजी में थियरी कहते हैं; पुराना शब्द 'प्रिंसपुल्स' है। रिचर्ड्स ने–'प्रिंसपुल्स ऑफ लिटरेरी क्रिटिसिज्म' पुस्तक लिखी। आजकल अंग्रेजी आलोचना में 'लिटरेरी थियरी' या 'थियरी' शब्द चलता है। लेकिन साहित्य की थियरी आलोचना नहीं है। शास्त्र बनाना एक प्रकार का काम है, आलोचना दूसरे प्रकार का काम है। जरूरी नहीं कि जो शास्त्र निर्माण करने में दक्ष हो, वह अच्छा आलोचक भी हो। हमारे यहाँ संस्कृत में आलोचना

प्रसंगवश आई है। किन्तु मैं स्पष्ट कह दूँ कि संस्कृत में आलोचना है ही नहीं, थियरी है। संस्कृत में केवल सिद्धान्त बनते रहे हैं–ध्वनि, वक्रोक्ति, अलंकार, रीति, औचित्य आदि। इसलिए अलग-अलग आचार्यों ने सिद्धान्त बनाए और सिद्धान्त बनाने के क्रम में उनका ध्यान रहता था कि उस सिद्धान्त में कहीं कोई झोल, कोई असंगति, कोई अन्तर्विरोध न रह जाए। वहाँ रचनाशीलता केवल उदाहरण बनकर आती है, मूल रचना का विश्लेषण अपेक्षित नहीं होता है। जो केवल संस्कृत काव्यशास्त्र में ही जीते हैं, वे यह नहीं जानते कि कालिदास नाम का कोई बड़ा रचनाकार हो चुका है। वह यह नहीं जानते हैं कि भवभूति का वैशिष्ट्य क्या है। आपको संस्कृत में 'अभिज्ञान शाकुन्तलम्' की आलोचना पढ़ने को नहीं मिलेगी। 'कादम्बरी' पर कोई आलोचना नहीं है। शान्त रस का उदाहरण देने के लिए महाभारत आता है और करुण रस का उदाहरण देने के लिए रामायण का श्लोक आता है। यह काव्यशास्त्र की सीमा है। वहाँ आलोचना नहीं है, आलोचना कर्म का कोई जिक्र नहीं करता।

शास्त्र में प्रसंगवश आलोचना होती है, जबकि आलोचना में सिद्धान्त चर्चा प्रसंगवश की जाती है। इस अन्तर को समझ लेना चाहिए। जब मैंने कहा कि समालोचना शास्त्र या सिद्धान्त नहीं है तो इससे दूसरी चीज निकलती है कि संस्थान समालोचना नहीं कर सकता है। समालोचना तो व्यक्ति करता है और व्यक्तियों के द्वारा की हुई आलोचना के क्रम में किसी कृति के अलग-अलग पहलू उजागर होते हैं और तब परम्परा के अन्तर्गत आलोचना का स्वरूप सामने आता है। यह भी हिन्दी आलोचना के कैम्ब्रिज यानी काशी हिन्दू विश्वविद्यालय में सम्भव हुआ। आचार्य हजारीप्रसाद द्विवेदी, जो यहाँ की आलोचना परम्परा में तीसरे बड़े आलोचक हुए, अपने आलोचना कर्म द्वारा वैयक्तिक प्रतिभा का महत्त्व उजागर करते हैं। इसीलिए बहुत से लोग द्विवेदीजी को आलोचक मानते ही नहीं। बच्चन सिंह ने अपने एक लेख में कहा कि द्विवेदीजी विद्वान थे, शोधकर्ता थे, आलोचक नहीं थे। हजारीप्रसाद द्विवेदी ने अपनी पुस्तक 'कबीर' में, जो कबीर के व्यक्तित्व का विश्लेषण किया है, जिसमें कबीर की काव्य-प्रतिभा खुलकर सामने आई है और जो इस पुस्तक का सर्वोत्तम अध्याय है, वह मानो द्विवेदीजी के सम्पूर्ण आलोचना कर्म पर एक छाप के रूप में अंकित हो गया। टी. एस. इलियट का एक मशहूर निबन्ध है–'ट्रेडिशन एंड इंडिविजुअल टैलेंट'। अज्ञेय ने इसका अनुवाद किया–'परम्परा एवं वैयक्तिक प्रतिभा'। संस्थान के भीतर जो वैयक्तिक प्रज्ञा या प्रतिभा है, उसका क्या स्थान है, यह विचारणीय है। अपने आलोचना कर्म में जब आलोचक किसी कृति के सामने होता है, पाठक के रूप में या आलोचक के रूप में, तो वह एकदम अकेला होता है। ऐसे समय में वह शास्त्र की सहायता ले सकता है, लेता भी है, अपनी परम्परा की सहायता ले सकता है। आचार्य द्विवेदी की आलोचना-प्रतिभा को हम 'परम्परा एवं वैयक्तिक प्रतिभा' निबन्ध से समझ सकते हैं।

1960 के आसपास पश्चिम में–अमेरिका, इंग्लैंड, फ्रांस, जर्मनी में, जब से थियरी का बोलबाला हुआ, तब से लिटरेचर पर बहुत-सी किताबें लिखी गई हैं। आलोचना में

एक शब्द बहुत चला है–रीडिंग। जिसका मतलब है–व्याख्या, अर्थमीमांसा। रीडिंग से जुड़े हुए कई फ्रांसीसी और अमेरिकन विद्वान हुए हैं–जॉक देरिदा, पॉल डिमोन आदि। इंटरप्रेटेशन में आलोचना का मुख्य तर्क यह हो गया है कि हम रचना को पढ़ते हैं, रचना का मूल्यांकन नहीं करते हैं। हम केवल व्याख्या करते हैं। एक ही पुस्तक को एक आलोचक ने एक ढंग से पढ़ा तो दूसरे आलोचक ने दूसरे ढंग से पढ़ा। इस प्रकार अर्थमीमांसा के भिन्न-भिन्न ढंग आलोचना कर्म का निर्माण करते हैं। हिन्दी में भी इसकी कुछ झलक मिली है। रामचन्द्र शुक्ल पर सुधीश पचौरी ने एक लेख लिखा था, जो 'बहुवचन' पत्रिका में प्रकाशित हुआ था। जिसमें सुधीश पचौरी ने बताया है कि रामचन्द्र शुक्ल के सम्पूर्ण लेखन में जो दिखाई पड़ता है, वह यह कि वे साहित्यिक पुस्तकों की व्याख्या तो कर रहे हैं, लेकिन प्रत्येक व्याख्या में उनका हिन्दुत्व व ब्राह्मणवाद बोलता है। चाहे वह लोक-मंगल की चर्चा कर रहे हों, चाहे क्षात्र धर्म के सौन्दर्य की चर्चा कर रहे हों। रावण के विरुद्ध राम के युद्ध में वह लोक-मंगल की साधनावस्था देखते हैं, पर उस संघर्ष को उन्होंने क्षात्र धर्म बना लिया, जिसमें एक विशेष प्रकार की जातिवादी मनोवृत्ति का दर्शन होता है। यह व्याख्या सही है या गलत, मैं इसकी बात नहीं कर रहा हूँ। मैं यह कह रहा हूँ कि साहित्यिक कृतियों को पढ़ने की नई-नई विधियाँ विकसित हो गई हैं। इन विधियों का लक्ष्य यह साबित करना नहीं होता है कि अमुक कृति श्रेष्ठ है या नहीं, यानी यह काम ऐसे ही हो गया है, जैसे पुलिस किसी को पकड़कर ले जाए और इंट्रोगेशन करके, जिरह करके, बिना किसी निष्कर्ष पर पहुँचे छोड़ दे।

आलोचना शास्त्र नहीं है। आलोचना मूल्य-निर्णय में निहित है। शास्त्र लक्षण गिना सकता है, उदाहरण दे सकता है, यह बता सकता है कि कहाँ लक्षणा है, कहाँ व्यंजना है, लेकिन जरूरी नहीं कि वह उत्तम काव्य भी हो। जरूरी यह भी नहीं है कि जिसे कभी उत्तम काव्य कहा गया, वह हर समय के लिए उत्तम काव्य हो। इसमें सिद्धान्त का आग्रह इतनी दूर तक होता है कि अच्छी और बुरी कविता का भेद मिट जाता है। शास्त्र की सीमाएँ वहाँ होती हैं, जहाँ से आलोचना शुरू होती है। मम्मट का सन्दर्भ लें। कालिदास के 'कुमारसम्भवम्' में एक प्रसंग आता है कि जब सुन्दरी उमा शिव के निकट आती हैं और कामदेव अपनी पूरी शक्ति के साथ शिव पर आक्रमण करता है तो शिव का मन थोड़ा विचलित हो जाता है, बिम्ब फल के समान सुन्दर अधरों की तरफ देखकर शिव के नेत्र थोड़ी देर के लिए फैल जाते हैं–

हरस्तु किंचित् परिवृत्ति धैर्यैः चन्द्रोदयारम्भइवाम्बुराशिः।
उमामुखे बिम्बफलाधरोष्ठे व्यापारयामास विलोचनेन॥

मम्मट कहते हैं, यहाँ व्यंजना गूढ़ हो गई। शिव का मन थोड़ा-सा विचलित हुआ कि उन्होंने उमा के अधरों की तरफ अपने नेत्र तनिक फैला दिए। यहाँ ध्वनि नहीं उभर रही है, व्यंग्य गुणीभूत रह गया है, इसलिए यह प्रथम कोटि का काव्य नहीं है। किन्तु मम्मट आलोचक नहीं थे, काव्यशास्त्री थे। उनका सारा ध्यान शास्त्र-सिद्धान्त की रक्षापूर्ति पर है। वह देख रहे हैं कि ध्वनि खुलकर नहीं व्यक्त हो पा रही है, सिद्धान्त

की पूर्ति नहीं हो रही है, इसलिए उनकी नजर में दूसरी श्रेणी की कविता हो गई। लेकिन प्रश्न उठता है कि किसके मन के विचलित होने की बात की जा रही है, शिव के; वह महादेव हैं। यहाँ कालिदास की काव्यदृष्टि देखिए! शिव की एक मर्यादा है, इसलिए उनके मन के क्षोभ को कालिदास किस प्रकार उपमित कर रहे हैं और उस क्षोभ का जो प्रभाव दिखा रहे हैं, उसमें निहित औचित्य को मम्मट नहीं देख पाते। मम्मट क्या अपेक्षा कर रहे हैं कि महादेव भी लफंगों की भाँति उमा के सौन्दर्य पर उमड़ पड़ते, विकल हो जाते, तब व्यंजना उत्तम कोटि की होती?

मुक्तिबोध की आलोचना करते हुए रामविलासजी ने जो अस्तित्ववाद ढूँढ़ा है, वह दूसरी दुनिया की चीज है। 'अँधेरे में' कविता का अस्तित्ववाद से दूर-दूर तक नाता नहीं है, किन्तु रामविलासजी शास्त्री होने के कारण वहाँ अस्तित्ववाद पैदा कर देते हैं। इसलिए मेरा कहना है कि आलोचना साहित्य शास्त्र नहीं है। काशी हिन्दू विश्वविद्यालय की परम्परा में हजारीप्रसाद द्विवेदी ने 'साहित्य-सहचर' लिखकर यह साबित कर दिया कि वह संस्कृत काव्यशास्त्र जानते थे, पंडित थे। बावजूद इसके कबीर की आलोचना करते समय वह अपने शास्त्र ज्ञान के बोझ से दबे नहीं हैं। कबीर के व्यक्तित्व के लिए उन्होंने अक्खड़ और फक्कड़ शब्दों का इस्तेमाल किया है। अक्खड़ तो योगी हुआ करते थे, कबीर ऐसे ही थे। उन्होंने जिस पर व्यंग्य किया तो लापरवाही के साथ। कबीर ऐसे अक्खड़ हैं कि बड़े सहज भाव से कहते चले गए–'दुइ जगदीश कहाँ से आया'। जैसे कुछ साधु लोग गाते हैं–'मेरा मन लागा फकीरी में' या 'कुछ लेना न देना, मगन रहना'। यह कबीर के अनहद की ऊँचाई है, जिसे आचार्य शुक्ल नहीं पहचानते हैं, आचार्य द्विवेदी पहचानते हैं। जब द्विवेदीजी इस बात को समझा रहे होते हैं, तब न कोई शास्त्र, न लक्षणा, न व्यंजना, न कोई सिद्धान्त, न ध्वनि, न औचित्य, वहाँ कृति में डूबना होता है। कृति का साक्षात्कार करना होता है। इसीलिए आलोचना एक रचनात्मक कर्म है, यह दोयम दरजे का काम नहीं है। यदि आप में सर्जनात्मकता नहीं है तो आप आलोचना नहीं कर सकते।

आलोचना का कार्य अतीत की रक्षा के साथ-साथ यह भी है कि वह समकालीनता में हो, अर्थात् समकालीन रचनाओं को जाँचे-परखे, मूल्य-निर्णय दे। एक आम धारणा है कि समय इसका निर्णय करेगा। यह गलत धारणा है। यदि ऐसा ही है तो फिर आप किसलिए हैं? रचना करनेवाला यह नहीं कहता कि समय रचना करेगा, वह स्वयं रचना करता है–आज, अभी। आलोचक की सार्थकता इस बात में है कि समकालीन साहित्य को उसने कितना जाँचा-परखा है। आलोचना की मुख्य चुनौती समकालीन रचनाएँ ही होती हैं। आलोचना सिद्धान्त से पैदा नहीं होती है, बल्कि अपने पर्यवेक्षण से, अपने देखने-दिखाने से पैदा होती है और यह सारा देखना-दिखाना साहित्य के अन्दर ही होता है। मेरी पक्की धारणा है कि आचार्य शुक्ल जिस समय कविता की परिभाषा कर रहे थे, उस समय उनकी दृष्टि में कोई शास्त्र नहीं था, कोई परम्परा नहीं थी, बल्कि बीसवीं सदी का लिखा हुआ साहित्य था। उस साहित्य से उन्हें जो काव्य-दृष्टि मिली, उसी के

आधार पर उन्होंने परिभाषा गढ़ी। आचार्य शुक्ल रीतिकालीन काव्य में डूबकर ही घनानन्द को रसमूर्ति कह पाए हैं। घनानन्द, बिहारी, देव पर आचार्य शुक्ल ने जो कुछ भी लिखा है, वह इस बात का प्रमाण है कि शुक्लजी की आलोचना-दृष्टि का निर्माण उनके समय में रचे जा रहे साहित्य ने किया। घनानन्द में वह जो कुछ देख सके हैं, वह इसी कारण सम्भव हुआ कि उन्होंने श्रीधर पाठक, प्रसाद, पन्त आदि की कविताओं में अवगाहन करते हुए अपनी आलोचना-दृष्टि में धार पैदा की।

आधुनिक कविता में जब प्रकृति स्वयं आलम्बन बनकर आई, तब शुक्लजी को ऐसा लगा कि कविता में प्रकृति स्वयं आलम्बन हो सकती है। तब उन्हें वाल्मीकि की भी कविता में प्रकृति का ऐसा रूप दिखाई पड़ने लगा और अपने सबसे प्रिय कवि तुलसीदास के विषय में वह कहते हैं कि और सब तो ठीक है, लेकिन बाबा को प्रकृति के विषय में दृष्टि नहीं मिली थी। शरद और वर्षा वर्णन में उपदेश-बयानी भर है–

बूँद अघात सहैं गिरि कैसे।
खल के वचन सन्तु सह जैसे॥

पहाड़ पर बूँदें गिर रही हैं लेकिन बाबा को अच्छा नहीं लग रहा है, उन्हें केवल खल के वचन याद आ रहे हैं। शुक्लजी महाकाव्य में जो चरित्र वैशिष्ट्य आदि देख रहे होते हैं, वह इस बात का प्रमाण है कि उनकी आलोचना-दृष्टि में अपने उपन्यास प्रधान युग की संवेदना है। शुक्लजी ने ये चीजें लीं तो छायावाद से, लेकिन उसके एक अंश को वह नहीं समझ सके। छायावाद का एक अंश ऐसा भी था, जो उनके लिए रहस्य हो गया। उन्होंने कहा भाई प्राकृतिक रहस्यवाद तक तो ठीक है। रहस्य के प्रति जिज्ञासा हो सकती है, लालसा नहीं। इसका इतनी दूर तक उन पर प्रभाव पड़ा कि कबीर तक को उन्होंने उसी में समेट लिया–जायसी का रहस्यवाद भावात्मक रहस्यवाद है, कबीर का साधनात्मक। वाल्मीकि की कविता से लेकर आधुनिक कविता तक में शुक्लजी बहुत गहराई तक डूबते हैं। क्या यह आश्चर्यजनक नहीं है कि जो आदमी उपन्यासों के दौर में पैदा हुआ है, वह पूरे 'रामचरितमानस' में शील निरूपण कर रहा है, जैसे मानस महाकाव्य नहीं उपन्यास हो। कहने का मतलब यह है कि आलोचक की जो दृष्टि बनती है, वह अपने समय के साहित्य से टकराकर बनती है। यही उसकी सृजनात्मकता है।

प्रेमचन्द के विषय में आचार्य शुक्ल की टिप्पणी देखिए और हजारीप्रसाद द्विवेदी की टिप्पणी देखिए, तब आपको मालूम होगा कि प्रेमचन्द की व्यापक समझ द्विवेदीजी के पास थी। लेकिन वही द्विवेदीजी कुछ अन्य कवियों और लेखकों का महत्त्व नहीं समझ पाए। इसलिए आलोचना कर्म संस्थागत होते हुए भी कहीं न कहीं वैयक्तिक होता है। दूसरे शब्दों में कहें तो किसी कृति में हमें इस प्रकार दिखाई पड़ता है या मुझे ऐसा लगता है, आपको कैसा लगता है? आलोचना ऐसा संवाद है कि पहल आपको करनी होगी। अपना चयन, अपना विवेक, अपनी संवेदना, अपना वैदग्ध्य दिखाकर कहें कि हमें ऐसा लगता है, लेकिन दूसरों को कैसा लगता है, यह भी महत्त्वपूर्ण बात है। दूसरे कहें कि हम इतनी दूर तक सहमत हैं और आगे हमें यह नया अर्थ, नया विमर्श सूझता है।

आलोचना एक सहयोगी प्रयास है। वह पंचायत नहीं है और आप सरपंच नहीं हैं। आप ऐसे वकील हैं, जो बहस के लिए पहल कर सकते हैं। यह वैयक्तिकता भी है और सामाजिकता भी।

आलोचना के विषय में एक आखिरी बात मैं जोड़ना चाहूँगा। आजकल पाठ (text) की बात हो रही है। अंग्रेजी में text और context के निश्चित अर्थ हैं। text के बारे में यह प्रमाणित हुआ है कि जो सम्पूर्ण समाज का ताना-बाना है, उस ताने-बाने का एक अंग है–कृति text। इस सन्दर्भ में शमशेरजी का एक शेर याद आ रहा है–

मैं तेरी बज़्म में यूँ ही बरहन पा गया था
खबर नहीं कि मेरे साथ एक जहाँ गया था।

मैं तुम्हारी बज्म में नंगे पाँव चला गया था, मुझे क्या पता एक पूरी दुनिया मेरे साथ चली गई थी। जो सम्पूर्ण सृष्टि का ताना-बाना है, वह कृति है। कोई भी रचना इस सृष्टि का एक अंग है। कोई कहानी, कोई कविता या कोई उपन्यास लेखक के अन्दर से निकलकर किताब के रूप में छपकर जब समाज में आती है तो अपने साथ पूरी एक सामाजिक-सांस्कृतिक दुनिया लेकर आती है। उदाहरण के लिए दलित लेखक ओमप्रकाश बाल्मीकि की 'जूठन' या अलका सरावगी का उपन्यास 'कलिकथा वाया बाईपास' जब हम पढ़ते हैं तो लगता है कि ये रचनाएँ हमारे समग्र सांस्कृतिक जीवन के ताने-बाने का अंग हैं। इसी रूप में महत्त्वपूर्ण कृतियाँ बड़ी होती हैं, अमर होती हैं, जिसे लोग अपने-अपने ढंग से इंटरप्रेट करते हैं। कहा जाता है कि कृति पूरे एक डिसकोर्स का हिस्सा होती है। इसीलिए आलोचना आजकल के जमाने में कल्चरल स्टडीज या सांस्कृतिक अध्ययन हो गई है, जिसे मुक्तिबोध सभ्यता समीक्षा कहते थे। हिन्दी आलोचना आगे बढ़ी है–वह गुण-दोष विवेचन से साहित्यिक आलोचना बनी, पर अब और आगे बढ़ गई है, जिसे सांस्कृतिक आलोचना कहना उचित होगा। यदि अब कोई 'रामचरितमानस' की आलोचना करना चाहे तो चरित्र-निरूपण और शील-निरूपण से काम नहीं चलेगा। वह केवल महाकाव्य नहीं कि प्रबन्ध-निरूपण और रस-निरूपण करने से काम चल जाएगा। 'रामचरितमानस' पाँच सौ वर्षों में भारतीय जीवन की ऐसी सांस्कृतिक इकाई बन गई है कि उसे सभ्यता-विमर्श के रूप में देखा जाना चाहिए।

[3]

बरगद की छाया के भीतर
नहीं अन्य तरु बढ़ पाया है
आँख खोल मानव, दृग मींचे
देख कहाँ तक तू आया है।

–त्रिलोचन

एक बंगाली मित्र से बातचीत के सिलसिले में मैंने पूछा कि कवीन्द्र रवीन्द्र के बाद बंगला में कोई बड़ा कवि क्यों नहीं हुआ? चट प्रश्नात्मक उत्तर मिला, 'और पं. रामचन्द्र शुक्ल के बाद हिन्दी में कोई बड़ा समीक्षक क्यों नहीं हुआ?' कवि और समीक्षक में यों ही कोई तुलना नहीं, फिर ठाकुर और शुक्ल में तो सैद्धान्तिक मतभेद भी काफी रहा। न तो यहाँ उन महापुरुषों की तुलना अभीष्ट है और न उचित ही। विचारणीय है वह ऐतिहासिक सत्य जिसकी ओर मित्र ने संकेत किया। साहित्य ही नहीं विद्या के अन्य क्षेत्रों में भी यही हाल है। प्रायः महान् व्यक्तित्ववाला पुरुष अपनी पूर्व परम्परा के सम्पूर्ण वैभव को समेटकर पुंजीभूत गुणों के रूप में इतना विराट हो जाता है कि अगली पीढ़ी के प्रारम्भिक साधकों के लिए नई रूढ़ियाँ बनानी पड़ती हैं। इनका नया प्रयत्न उस विराट वैभव के सामने अत्यन्त लघु लगता है। परन्तु वे ही लघु प्रयत्न विकसित होते-होते युगान्त में पुंजीभूत होकर फिर एक दूसरे व्यक्तित्व की सृष्टि कर देते हैं। यहाँ मैं उस विराट व्यक्ति की प्रतिभा को स्वीकार करते हुए केवल उसकी परिस्थितियों की ओर संकेत करना चाहता हूँ। हिन्दी समीक्षा का इतिहास बहुत छोटा है। इसलिए इस सत्य की पुष्टि के लिए या तो संस्कृत सहित्यशास्त्र का इतिहास देखें या अंग्रेजी समीक्षा की परम्परा। शुक्ल जी भारतीय पुनरुत्थान युग की उन परिस्थितियों की उपज थे, जिन्होंने राजनीति में महात्मा गांधी, कविता में रवीन्द्रनाथ ठाकुर, जयशंकर प्रसाद आदि को उत्पन्न किया।

हिन्दी समीक्षा में आचार्य शुक्ल का उत्थान एक ऐसी ही ऐतिहासिक घटना है। उनके वट छाँह जैसे घने, गम्भीर व्यापक और प्रभावशाली व्यक्तित्व ने समकालीन समीक्षकों को ही नहीं भावी नौसिखुओं को भी दबोच लिया। जैसा सभी महापुरुषों के बाद होता है, यहाँ भी चोरी, अनुकरण, उधार, आदि मिलाकर एक विलक्षण कुंठा का प्रदर्शन हुआ। विश्वविद्यालयों के छात्र तो छात्र हैं, नए-नए डॉक्टर और पत्र-पत्रिकाओं में प्रकाश फेंकनेवाले उदीयमान समीक्षक भी शुक्ल सूक्तियों को बिना नामोल्लेख के 'सिवनि सुहावनी टाट-बटोरे' की तरह छिपा-छपा रहे हैं। दूसरी ओर शुक्ल जी की धरती पर पश्चिमी समीक्षकों के दो-चार बीज वाक्यों को पल्लवित-पुष्पित करके लोग एक 'अद्भुत अनुपम बाग' लगा रहे हैं। परन्तु उसमें फलित क्या होता? कहीं आचार्य के अन्तेवासी भ्रान्त भाष्य पर तुले हैं, जो अपनी प्रामाणिकता के लिए उनकी अप्रकाशित मौखिक उक्तियों का हवाला देते चलते हैं। यहाँ मुद्दई सुस्त गवाह चुस्त वाली बात देखी जाती है। कहीं-कहीं कोई पश्चिमी समीक्षक एकदम उड़ाकर हिन्दी के गाँव में आया नया-नया ऊँट हो रहा है। कुछ हीनता ग्रन्थि-ग्रस्त सम्मान्य समीक्षक अपनी मौलिकता का रोब गालिब करने के लिए शुक्ल जी पर आड़े-लुक्के तीर-तुक्के चला देते हैं, ताकि लोग उन्हें आचार्य से सर्वथा अप्रभावित समझें। इनसे भिन्न एक ऐसा दल है जो आचार्य की बिलकुल उपेक्षा करके, एक नवीनतम ऐतिहासिक मानदंड और बाट के सहारे साहित्य का सारा गल्ला तौल फेंकने में श्रमसिक्त है।

प्रश्न है शुक्ल जी की समीक्षा क्यों करें? अब तक उनकी समीक्षा या तो समीक्षा के लिए हुई है या निरुद्देश्य। न तो उनकी स्तुति की आवश्यकता है और न निन्दा

की। आरोपों से उनकी रक्षा तो और भी व्यर्थ। सत्य अपना रक्षक स्वयं है। सफाई देने से कूड़ा ही बढ़ता है। हमें तभी समीक्षा पद्धति के मानदंड स्थिर करने के लिए शुक्ल जी की समीक्षा करनी है। अन्यथा रहने दें। और भी अनेक काम हैं। आचार्य की उपेक्षा करके नया कदम उठाना सम्भव तो है, परन्तु अपूर्ण। प्रत्येक साहित्य की अपनी परम्परा होती है और प्रत्येक शिष्ट, सभ्य तथा संस्कृत जाति उस परम्परा का ध्यान रखते हुए उसमें नई कड़ी जोड़ती है। नवीनता दृष्टिकोण की है, समीक्षा के उपादान तो वही रहेंगे। मार्क्सवादी समीक्षा एक दृष्टिकोण मात्र है, वर्तमान युग की पूर्ण समीक्षा पद्धति नहीं। अच्छा हो कि इसके ऐतिहासिक दृष्टिकोण से हम हिन्दी की नई समीक्षा पद्धति का निर्माण करने के लिए शुक्ल जी की समीक्षा कर डालें। जितना एकांगी है शुक्ल जी के प्रति उपेक्षा भाव उतना ही एकांगी है श्रद्धा भाव। वैज्ञानिक दृष्टि का अर्थ न तो अश्रद्धा है और न उपेक्षा। यदि हम शुक्ल जी का सभ्य विश्लेषण न करेंगे तो हमारा श्रद्धा-मिश्रित भय समीक्षा को आगे न बढ़ने देगा।

प्रश्न है शुक्ल जी का विश्लेषण कैसे करें? क्या उनकी इक्की-दुक्की स्थापनाओं को उद्धृत कर केवल सहमति प्रकट करें? इससे तो केवल समीक्षकों की रुचि विभिन्नता का ही पता चलेगा। उनके किए गए वर्गीकरणों में एक-दो संख्या जोड़ना या घटाना भी केवल छात्रोपयोगी खिलवाड़ होगा। उनका 'हिन्दी साहित्य का इतिहास' लेकर कुछ लेखकों और कवियों के नामों के भाव-अभाव पर भी उलझना ठीक नहीं। यह प्रश्न ठीक नहीं है कि उन्होंने तुलसी को सूर से बड़ा कहकर या जायसी को बहुत अधिक महत्व देकर, अथवा कबीर की अनुचित निन्दा करके बड़ा बुरा काम किया। मुख्य प्रश्न यह है कि उन्होंने ऐसा क्यों किया? उसकी तुलनात्मक आलोचना तो आनुषंगिक है। सभी कहते हैं कि शुक्ल जी की विशेष रुचि थी और विशेष मानदंड भी। हमें सर्वप्रथम उस मानदंड निर्माण की परिस्थितियों, उपादानों और कारणों का विश्लेषण करना है। पहली आवश्यकता है उनकी सम्पूर्ण और सकल समीक्षा पद्धति की (यदि वह इतनी व्यवस्थित है और नहीं तो उसके बिखरे सूत्रों को व्यवस्थित रूप देकर, अथवा उसके अव्यवस्थित और रिक्त स्थानों पर निशान लगाकर) परीक्षा की। यहाँ यह ध्यान रखना चाहिए कि शुक्ल जी ने सूर, तुलसी, जायसी आदि कवियों की समीक्षा अपना मानदंड स्थिर करने के लिए की। फिर यह देखना है कि शुक्ल जी ने अपनी समीक्षा परम्परा को कितना आगे बढ़ाया? इसके लिए उन्हें समस्त हिन्दी अथवा भारतीय समीक्षा परम्परा के परिपार्श्व में रखकर देखना चाहिए। यही उनका सही मूल्यांकन होगा। अन्त में सबसे महत्वपूर्ण है यह देखना कि उन्होंने अपने युगीन समाज की साहित्यिक माँग और साहित्यिकों की देन के बीच सम्बन्ध स्थापित करने के लिए क्या किया? सच्चा समीक्षक छिटपुट नए-पुराने लेखों की मनमानी आलोचना करके ही सन्तुष्ट नहीं रहता, अपितु वह अपने युग के समाज और साहित्य के द्वन्द्वात्मक तथा गतिशील प्रभाव को तीव्र बनाने के लिए प्रयत्न करता है। इस प्रकार वह कवि, उपन्यासकार तथा नाटककार की ही तरह अपने समाज को आगे बढ़ाने में योग देता है। इसके लिए समीक्षक अतीत के

कवि-लेखक और समीक्षकों का विश्लेषण करके देखता है कि किसी युग का साहित्य कहाँ तक उस समाज के हृदय की धड़कन से सम्बद्ध है और उसे जीवन्त तथा गतिशील बनाने में सहायक है। देखना है कि शुक्ल जी ने यह कार्य कहाँ तक किया। मान लेना चाहिए कि वे छायावाद युग के समीक्षक थे। उस युग के समाज और साहित्य के परस्पर प्रभाव में उनका योग देना सबसे अधिक विचारणीय है। जब वर्तमान समाज नए समीक्षक से नई समीक्षा पद्धति माँग रहा है, तो उसे भी वही करना होगा, जिसके द्वारा यह शुक्ल जी का मूल्यांकन करने जा रहा है। इससे वर्तमान साहित्य सम्बन्धी मिथ्या पूर्वाग्रह तो दूर होगा ही, शुक्ल जी का उपयोग भी उचित होगा। प्रश्न शुक्ल जी के 'रीएडॉप्टेशन' और 'रीएडजस्टमेंट' का है। सोचना है कि यदि शुक्ल जी आज होते तो क्या लिखते? अर्थात् आज के समीक्षक को नई परिस्थिति के अनुकूल भरसक आचार्य शुक्ल बनना है।

[4]

आचार्य शुक्ल मूलतः काव्य के समीक्षक थे। यों 'इतिहास' में उपन्यास, कहानी, नाटक आदि अन्य अंगों पर भी विचार किया गया है, परन्तु इन सबके विवेचन में उनका मन रमा नहीं। बात यह है कि उन्होंने उपन्यास आदि बहुत कम पढ़ा था और शुक्ल जी समीक्षा-ग्रन्थ पढ़कर समीक्षा करने वाले व्यक्ति न थे, जैसा कि आजकल का चलन है। वे पहले सहृदय थे, पीछे समीक्षक। शुक्ल जी सच्चे अर्थों में सहृदय थे। उन्होंने पहले 'काव्यानुशीलनाभ्यास' के द्वारा अपने मन-मुकुर को विशद बना लिया था। तुलसी, सूर, जायसी का रस-मन्थन तो उन्होंने किया ही, हिन्दी साहित्य के लगभग सभी कवियों की उत्कृष्ट रचनाओं में अवगाहन भी किया। संस्कृत के वाल्मीकि, कालिदास और भवभूति की भारती से भी काम की बातें खोज निकालीं। इस प्रकार उनका हृदय भावसम्पृक्त, रससिद्ध, विवेकयुक्त तथा उदात्त हो गया था। फिर उनमें 'वर्णनीयतन्मवी भवन योग्यता' के साथ-साथ 'स्वहृदय संवाद' का सामर्थ्य भी आ गया। इस भाँति उन्होंने समीक्षा के लिए अत्यन्त परिष्कृत रुचि प्राप्त की। दृष्टिकोण भिन्न होने पर भी छायावादी काव्य की बारीकियों को समझने में वे पुराने ही नहीं, नए समीक्षकों में भी सबसे अधिक सफल रहे। उनके काव्य-मर्मज्ञ होने का एक कारण उनका कवि होना भी था।

शुक्ल जी की इस विशेष रुचि के कारण कुछ लोग उन्हें रूढ़िवादी (डॉगमैटिक) कहते हैं। परन्तु रूढ़िवादी कौन नहीं है? रूढ़िवादी वही होता है, जिसका अपना कोई सिद्धान्त नहीं। ऐसे ही ढुलमुलयकीन अवसर देखकर एक ही कविता को कभी सर्वोत्कृष्ट कहते हैं और कभी निकृष्टतम। समीक्षा स्वयं एक रूढ़ि है, जो सामान्य जन की ऐसी ही अस्थिर और चंचल रुचियों के बीच तैयार होती है। इससे स्वच्छन्द तथा वैयक्तिक काव्य-रसास्वादन को खतरा नहीं। क्योंकि एक तो यह उसमें सहायक होती है, दूसरे

एक रूढ़ि पूर्व स्थापित रूढ़ि का खंडन ही नहीं करती, स्वयं भी भावी रूढ़ि से खंडित होने के लिए पथ प्रशस्त करती है। रूढ़ि का ही भला नाम सिद्धान्त या नियम है। रिचर्ड्स के शब्दों में समीक्षा का इतिहास रूढ़ियों का इतिहास है।

कुछ लोग शुक्ल जी के काव्याभ्यासजन्य पूर्वाग्रह को लक्ष्य करके कहते हैं कि यदि वे व्यक्तिगत रुचियों से ऊपर उठ जाते, तो कई कवियों के साथ उचित न्याय कर पाते। वे समीक्षा में तटस्थता के सिद्धान्त का समर्थन करते हुए शुक्ल जी की 'सब्जेक्टिविटी' को अनुचित समझते हैं। परन्तु समीक्षा नाप-तोल की बाट नहीं, जो एक बार तय कर दी जाए और 'लल्लू बुद्धू' सभी उसके सहारे बिना बुद्धि खर्चे साहित्य का गल्ला तौल फेंकें। आलोचना की प्रणाली तो वैज्ञानिक होती है, परन्तु उसका संचालन लक्ष्य कलात्मक या भावात्मक (सब्जेक्टिव) होता है। समीक्षा रचना-विज्ञान के साथ जीवन-दर्शन भी है, जो समीक्षक का अपना होता है। यही जीवन-दर्शन एक ओर आलोचना-प्रणाली को वैज्ञानिक सुसंगति (अक्यूरेसी) देता है और दूसरी ओर उसे निरा मशीनी मानदंड होने से बचाता है। तभी तो समीक्षा एक उपजीवी साहित्य मात्र न होकर स्वतन्त्र रचनात्मक साहित्य में गिनी जाती है। इसका कार्य निषेधात्मक ही नहीं, विधेयात्मक भी है, बल्कि अधिकांश विधेयात्मक। फिर अब तो भौतिक विज्ञान भी 'सब्जेक्टिविटी' को स्वीकार करने लगा है। नवीन अनुसन्धान के अनुसार वैज्ञानिक मापयंत्र शुद्ध भौतिक तथ्य को न बतलाकर भौतिक तथ्य की सापेक्षता बतलाते हैं। उदाहरणस्वरूप एक ही वस्तु का दो स्थानों से, दो कैमरों द्वारा लिया गया फोटो, भिन्न होता है। जब यन्त्रों का यह हाल है तो शुक्ल जी तो चेतन व्यक्ति थे।

तात्पर्य यह कि शुक्ल जी की समीक्षा-पद्धति एक सैद्धान्तिक भित्ति पर स्थित है और यह भित्ति है उनका अभिव्यक्तिवादी जीवन-दर्शन। यह कोई वाद विशेष नहीं। आरम्भ में उस पर तुलसी-दर्शन के विशिष्टाद्वैत मत की छाप थी, परन्तु आगे चलकर वह बल्लभाचार्य के शुद्धाद्वैत मत के अनुकूल हो गया। इसकी झलक 'सूरदास' पुस्तक में छपित 'भक्ति के विकास' में मिल जाती है। पहले वे जगत को ब्रह्म के सत्स्वरूप की अभिव्यक्ति मानकर अव्यक्त और व्यक्त दो सत्ताओं में व्यक्त सत्ता को विशेष महत्व देते थे, परन्तु आगे चलकर व्यक्त सत्ता को ही सब कुछ मानने लगे। इस प्रकार उनका दर्शन वस्तुवादी (ऑब्जेक्टिव) था। शुक्ल जी ने अपने दर्शन की व्यवस्थित तत्वमीमांसा तो कहीं नहीं उपस्थित की परन्तु उसके आचार-शास्त्र की झलक प्रायः मिलती रही है। उन्होंने जिस 'लोक धर्म' की बात यत्र-तत्र की है (विशेषकर 'मानस की धर्म भूमि', तुलसीदास के 'लोकनीति और मर्यादावाद' आदि अध्याय में) वही उनके दर्शन का सामाजिक सिद्धान्त है। यों वह वर्णाश्रम व्यवस्था पर आधारित दिखाई पड़ता है परन्तु उसमें कुछ आधुनिक उदारता भी आ गई थी। कर्तव्यों के नागरिकशास्त्र का 'राइट आर्डरिंग ऑफ सेवरल लॉयल्टीज' वाला सिद्धान्त भी गृहीत था। हिन्दू-मुसलिम एकता के लिए उन्होंने जायसी को ढाल बनाकर कबीर को इसलिए ठुकरा दिया कि कबीर को अपनाने से वर्ण-व्यवस्था की मर्यादा को धक्का लगने का भय था।

शुक्ल जी के दर्शन का व्यापक व्यवहार उनकी समीक्षा पद्धति में हुआ। अभिव्यक्तिवादी होने के कारण उन्होंने काव्य को केवल व्यक्त जगत से सम्बद्ध माना और निर्णय दिया कि अव्यक्त सत्ता सम्बन्धी काव्य नहीं हो सकता। फलतः उन्होंने रहस्यवाद-छायावाद का विरोध किया। व्यक्त जगत से सम्बद्ध काव्य का अर्थ है विभाव में विभाव प्रधान होना और आलम्बन के चित्रण का विशेष महत्व। आलम्बन के तीन प्रकार हैं—मानव, प्रकृति और ऐतिहासिक भरतविशेष। मानव आलम्बन के व्यक्त जीवन से सम्बद्ध होने के कारण कम संकुल महाकाव्य का पक्ष जिसमें नायक-नायिका का चरित्र चित्रण। महाकाव्यों में भी साधना पक्ष का समर्थन। इसके विरुद्ध भाव प्रधान गीत काव्यों का विरोध। प्रकृति के आलम्बन-चित्रण को इतना स्वतन्त्र रूप दिया कि वह अकेले भी रसोद्रेक के लिए पर्याप्त माना गया। ऐतिहासिक अवशेषों के लिए तो उन्होंने रसस्थिति का एक अलग चौखटा बना दिया। रही रस निष्पत्ति। भरत के बादवाले अध्यात्मवादी अथवा वेदान्ती दार्शनिकों ने रस को अलौकिक भूमि पर प्रतिष्ठित कर दिया था। शुक्ल जी के वस्तुवादी दर्शन ने उसकी लौकिक व्याख्या कर डाली। फिर अभिनवगुप्त के 'अभिव्यक्तिवाद' को मानते हुए भी व्यक्त सत्ता प्रेमी सांख्य भट्टनायक के 'मुक्तिवाद' को तरह न दे सके। इसी दार्शनिक मतभेद के कारण शुक्ल जी ने क्रोचे के अभिव्यंजनावाद का विरोध किया। शुक्ल जी काव्य को व्यक्त जगत की सीधी अभिव्यक्ति मानते थे और वह व्यक्त जगत की अभिव्यक्ति को कला मानता था। शुक्ल जी ने इस काल्पनिक द्राविड़ प्राणायाम को दूर से ही प्रणाम किया। अनुभूति की अपेक्षा कल्पना को निम्न स्थान देना भी इसी व्यक्त दर्शन का प्रभाव है, क्योंकि कल्पना व्यक्त जगत से भिन्न एक अव्यक्त लोक का सृजन कर देती है तथा वास्तविकता से दूर ले जाती है। कल्पना-प्रधान अलंकारों और कलाओं को भी काव्य के क्षेत्र से निकालने का यही कारण था। संक्षेप में शुक्ल जी की समीक्षा-पद्धति के ये कुछ सुसम्बद्ध सूत्र हैं। इनमें एक केन्द्रीय अन्विति इतनी घनिष्ठ है कि परस्पर विरोधी उक्तियों अथवा असंगतियों की गुंजाइश नहीं। मानिए तो पूरा सिद्धान्त और ठुकराइए तो पूरा। 'हाँ' कहिए या 'ना'। सारसंचय की प्रवृत्ति का परिचय तो बिना पेंदी के लोग देते हैं।

[5]

सबसे पहले शुक्ल जी के जीवन दर्शन तथा समीक्षा सिद्धान्त के उपादान कारणों का विश्लेषण। शुक्ल जी आधुनिक पुनरुत्थान युग के चरम उत्कर्ष की उपज थे। वे 'निर्वाणोन्मुख आदर्शों के अन्तिम दीपशिखोदय' कहे जा सकते हैं। औद्योगिक क्रान्ति की ज्वाला में भभकती हुई भारतीय सामन्तवादी परम्परा का पूरा वैभव उनमें पुंजीभूत हो उठा। परन्तु उस पुनरुत्थान युग में दो विरोधी विचारधाराएँ समानान्तर बह रही थीं। एक आर्यसमाज की स्थूल नैतिकतावादी और दूसरी ब्राह्मसमाज तथा रामकृष्ण मिशन की औपनिषदिक वेदान्ती। पहली से प्रभावित द्विवेदी युग था और दूसरी से

रहस्यवाद-छायावाद युग। कालक्रम से हिन्दी साहित्य में एक पहले आई दूसरी पीछे। शुक्ल जी का निर्माण पहली धारा में हुआ और काम करना पड़ा दूसरी धारा में। इस प्रकार वे दो युगों के सन्धिस्थल पर दिखाई पड़ते हैं। यों वे समझौतावादी न थे, परन्तु चिर नवीन रहने के लिए प्रयत्नशील अवश्य थे। अपनी स्थिति के अनुकूल उन्होंने बीच का मार्ग पकड़ा। सोलहवीं सदी के ह्रासोन्मुखी सामन्ती समाज का भक्ति मार्ग, जो हिन्दी में स्वर्ण युग के नाम से विख्यात हो चुका था, उन्हें सबसे अधिक उपयुक्त जान पड़ा। भक्ति मार्ग अपनाने में शुक्ल जी के मन में वही मनोवैज्ञानिक चेतना काम कर रही थी जिसका अनुमान उन्होंने भक्ति काव्य के उदय के लिए किया था। वह यह कि पराजित जाति शक्तिहीन होने पर भगवान का सहारा लेती है। सन् सत्तावन में भारतीय तलवारें टूट चुकी थीं। लोग बहुत कुछ अंग्रेजी दासता के अभ्यस्त से हो चले थे। शुक्ल जी ने उचित अवसर देखकर अवतारी भगवान की शरण ली। परन्तु जिस प्रकार भक्ति काव्य के उदय सम्बन्धी ऐतिहासिक कारणों को समझाने में शुक्ल जी अक्षम रहे, उसी प्रकार वे इस पुनरुत्थान युग के काव्योत्थान का मूल कारण समझने में चूक गए। अंग्रेजों ने भारतीयों को असभ्य, असंस्कृत तथा बर्बर कहना शुरू किया था। भारतीयों की वर्तमान निधि तो कुछ भी नहीं थी। इसलिए उनकी हीनता ग्रन्थि ने प्राचीन आदर्शों के पुनरुत्थान का प्रयत्न किया। सामन्ती राष्ट्रीयता का उदय प्रायः प्राचीन आदर्शों के पुनरुत्थान द्वारा ही हुआ करता है। यह एक प्रकार का पलायनवाद है। प्रायः ह्रासोन्मुख युग एक ओर प्राचीन गौरव के बालू में मुँह छिपाता है और दूसरी ओर काल्पनिक (स्पेकुलेटिव) दर्शन के आकाश में विचरण करता है। इसीलिए रवीन्द्रनाथ ठाकुर और महात्मा गांधी जैसे दोनों महापुरुषों ने अध्यात्मवाद का सहारा लिया। रहस्यवादी और छायावादी काव्यों ने 'महाजनो येन गतः स पन्था' का आदर्श निभाया। परन्तु शुक्ल जी अध्यात्मवादी न हो सके। उनमें अवतारवाद का आग्रह इतना अधिक था कि वे व्यक्त जगत से ही सम्बद्ध रहे। इसीलिए जीवन के प्रति उनका दृष्टिकोण रवि ठाकुर और गांधीजी की तरह व्यापक तथा मानवतावादी न हो सका। वे अपने सिद्धान्तों को समाजवादी समता के निकट ले जाने में अन्त तक अक्षम रहे, जबकि मानवतावादी अध्यात्मवादियों ने उसे गलत-सही समेट लेने का प्रयत्न किया।

अस्तु, शुक्ल जी ने बार-बार छायावादी काव्य को जीवन की व्यापक भावभूमियों पर विचरण करने के लिए नारा बुलन्द किया, तो कवियों के सामने कुछ स्पष्ट नहीं हो सका कि जीवन से उनका अभिप्राय क्या है! कुछ लोग इसे शुक्ल जी की प्रगतिशीलता समझते हैं। परन्तु वह उस युग के मानवतावादी दृष्टिकोण से अधिक प्रगतिशील न था। शुक्ल जी ने मोटे तौर से जगत को जीवन का पर्याय मान लिया, जिसमें एक ओर वन्य प्रकृति थी और दूसरी ओर विभिन्न प्रकार के काल्पनिक प्राचीन शील से युक्त कुछ मानव व्यक्ति। महाकाव्यों में वर्णित कुछ 'टाइप' के चरित्र ही उनके 'जीवन' के प्रतीक थे, जिनका शील वैचित्र्य शेक्सपीरियन युग के पात्रों के

अनुसार निश्चित किया गया था। न तो उन्होंने अपने युग की आर्थिक-सामाजिक-राजनीतिक समस्याओं की विशद व्याख्या की और न गांधीवादी राष्ट्रीय मोर्चे के पास ही फटकने का साहस किया। इस प्रकार शुक्ल जी के जीवनवाद में न तो तत्कालीन समस्याओं की ऊपरी सतह को स्थान था और न गहरी मौलिक समस्याओं में उतरने का प्रयत्न। इसीलिए वे 'रामराज्य' की वर्ण-व्यवस्था के आदर्शों में ही उलझे रह गए। कुछ और आगे बढ़े तो पन्तजी के प्राकृत चित्रण पर रीझ उठे। ऐतिहासिक स्थानों के प्रति उनका मोह भी पुनरुत्थान युग की चेतना का प्रतिफलन था। ये सभी बातें तत्कालीन जीवन से पलायन की सूचना देती हैं। इसका सबसे बड़ा प्रमाण यही है कि बीसवीं शती के चौथे दशक तक समाजवादी सिद्धान्तों के प्रचार होने पर अध्यात्मवादी छायावादी कवियों के मानवतावाद ने तो सहज ही उसे अपना लिया, परन्तु जीवन-जगत के अनुरागी आचार्य शुक्ल बहुत पीछे रह गए। वस्तुतः शुक्ल जी का 'जीवनवाद' उस समय के अंग्रेज समीक्षक मैथ्यू आर्नल्ड के उस हवाई सिद्धान्त पर स्थित था, जिसमें 'कविता जीवन की आलोचना' कही गई थी।

वस्तुतः शुक्ल जी द्विवेदी युगीन मान्यताओं के सुधारक रूप में खड़े हुए। द्विवेदी युग आर्यसमाजी 'प्यूरिटन' नीतिमत्ता से बुरी तरह प्रभावित था। साहित्य सरसता नहीं रह गई थी। इसलिए उन्होंने सरस भक्ति-भावना की पुनःप्रतिष्ठा की, जिसके द्वारा मूर्ति-खंडन, अवतार-विरोध, हिन्दू-मुस्लिम-विभेद आदि का तो वितंडावाद हटा ही, साहित्य की छाती से इतिवृत्तात्मकता की सिल भी हट गई। इससे साहित्य की सरस स्रोतस्विनी मरुस्थल पार करके उर्वर भूमि में उतरी। आचार्य ने स्वच्छन्दतावाद का समर्थन किया। उन्होंने स्वयं कविताएँ लिखीं। उधर द्विवेदी युग के स्वच्छन्दतावादी कवियों ने अंग्रेजी के गोल्डस्मिथ, ग्रे, बर्न्स, वड्सर्वर्थवाले प्रथम रोमांटिक उत्थान का अनुसरण किया। छायावादी कवियों ने आगे बढ़कर अंग्रेजी रोमांटिक धारा के द्वितीय उत्थानवाले शेली, कीट्स, बायरन आदि कवियों से प्रभाव ग्रहण किया। यहीं आचार्य बिगड़ गए। वे स्वयं भी विदेशों से प्रभावित थे, किन्तु फिर भी आगे बढ़नेवाली स्वच्छन्दतावादी काव्य-धारा को विदेशी कहकर कोसने लगे। कवि आगे बढ़ गया, समीक्षक पीछे रह गया। यहाँ शुक्ल जी का स्वच्छन्दतावादी कवि समीक्षक बोल रहा था। छायावाद का विरोध करने के लिए शुक्ल जी ने दूसरा अस्त्र उठाया। उसी समय मैथ्यू आर्नल्ड ने रोमांटिक धारा के विपरीत 'क्लासिकल' काव्य-धारा प्रवर्तित की थी। शुक्ल जी ने भी छायावादी स्वच्छन्दतावाद के विरुद्ध तुलसी-जायसी के 'क्लासिसिज्म' का पुनरुत्थान किया। वहीं पता चलता है कि शुक्ल जी अपने युग के काव्य को निश्चित दिशा देने की जगह बीच धारा में अड़कर खड़े हो गए। जो होना था वही हुआ। आचार्य खड़े-खड़े ताकते रहे और काव्य-गंगा उन्हें कतराकर कल-कल हास्य करती हुई आगे बढ़ गई। इस प्रकार नए युग के बीच आचार्य कुछ उलंग दिखाई पड़े।

महाकाव्य का शरीर उपन्यास, नाटक और प्रगति मुक्तक तीन भागों में बँट चुका था। सारा समाज काव्य से प्रगीत माँग रहा था और शुक्ल जी उसे महाकाव्य का

गोला देने पर तुले थे। इतिहास संश्लेषण से विश्लेषण की ओर जा रहा है। शुक्ल जी ने इस बात को लक्ष्य न कर प्राचीन प्रबन्ध-काव्यों की उद्धरणी का आग्रह किया। कवि समीक्षक का साथ देने में असमर्थ रहा। प्रसाद जी ने कामायनी लिखी भी तो वह छायावादी गीतों का संग्रह मात्र ही बन सकी।

रहा छायावाद के विरोध का दार्शनिक आधार। तब एक ही सत्ता के अव्यक्त और व्यक्त दो पहलू हैं तो एक को सत्य और पूर्ण कहना भ्रान्ति है। व्यक्त से दूर रहनेवाला उतना ही एकांगी है, जितना अव्यक्त से दूर रहनेवाला। यदि व्यापकता की दृष्टि से देखा जाए तो अव्यक्त कहीं अधिक रहस्यगर्भी और असीम है। नए छायावादी युग की उदात्त भावना को इस असीम अव्यक्त सत्ता में विचरण करना अधिक सुखद मालूम हुआ। परन्तु शुक्ल जी ने इस भावना को जीवन से दूर कहा। सच तो यह है कि छायावाद समूचे जीवन से दूर नहीं केवल उसके व्यक्त वस्तुगत (ऑब्जेक्टिव) रूप से दूर था। इस प्रकार जीवन का एक टुकड़ा अपनाने के कारण वह एकांगी था। परन्तु जीवन का एक पक्ष भावगत (सब्जेक्टिव) भी है, जो कम महत्वपूर्ण नहीं। काव्य कभी एक पक्ष को अपनाता है कभी दूसरे को, और कभी दोनों को। अपनाने में ही काव्य की पूर्णता है। छायावाद-रहस्यवाद ने प्रधानतः भावपक्ष को अपनाया। छायावाद जीवन से दूर न होने के कारण ही शुक्ल जी के इतने आक्रमणों पर भी अविचलित रहा। गिरा तो यथार्थवादी मार्क्सवादी दर्शन के आघात से और तब जब स्वयं छायावादी कवि भी अव्यक्त से उतरकर व्यक्त समाज के निकट आने लगे थे। विरोध का एक और कारण था। शुक्ल जी को विश्वास न था कि ये कवि सचमुच ही अव्यक्त से प्रेम करते हैं। परन्तु सच तो यह है कि छायावादी काव्य में भावों का उदात्तीकरण ही महान् अव्यक्त सत्ता का रूप धारण कर लेता है। और यह तर्क कि अज्ञात के प्रति जिज्ञासा हो ही सकती है, लालसा नहीं हो सकती, व्यक्त और अव्यक्त दोनों पक्षों के लिए लागू हो सकता है। मनुष्य यदि अपने को प्रेम कर सकता है तो व्यक्त जगत और अव्यक्त जगत दोनों को प्रेम कर सकता है। परन्तु आत्मा से मनुष्य का प्रेम, अनुराग या लालसा है, इसीलिए वहाँ व्यक्त-अव्यक्त का झगड़ा नहीं उठता। अव्यक्त की भाँति व्यक्त जगत से भी अनुराग होने के पूर्व जिज्ञासा ही होती है। काव्य में दोनों गृहीत हैं। छायावादी कवियों की कविताओं का आधार भले ही मानवीय प्रेम रहा हो, परन्तु उच्च भावदशा में उस अशरीरी भावना ने यदि वैयक्तिकता की स्थूल सतह छोड़कर किसी उदात्त अव्यक्त सत्ता का अनुभव किया हो, तो क्या आश्चर्य! क्या उसे रस की लौकिक भूमि पर स्थित अलौकिक अनुभूति की-सी शुक्ल व्याख्या प्राप्त नहीं हो सकती?

हाँ, शुक्ल जी ने जो 'कलावाद' का विरोध किया, उसे भी देखना है। मेरा अनुभव है कि उच्चकोटि के छायावादी कवियों में कभी नहीं आया। रसवादी आचार्य को केवल अलंकारवाद का विरोध करना था और उन्होंने यूरोपीय 'कलावाद' के आगमन का संकटकालीन भोंपू बजाना आरम्भ कर दिया। मुझे ऐसा लगता है कि

समीक्षा को छोड़कर हिन्दी के अन्य क्षेत्रों में उस समय यूरोपीय 'कलावाद' आया ही नहीं। आचार्य ने केवल आसमान में मुक्का मारा।

इस प्रकार काव्य समीक्षक होकर आचार्य ने जब अपने युग के काव्य को उचित दिशा न दी तो उपन्यास, नाटक, कहानी आदि अन्य अंगों के लिए उनसे आशा करना व्यर्थ था। नाटक के क्षेत्र में उन्होंने भारतीय रसवाद और पश्चिमी चरित्र वैचित्र्य का जो समर्थन किया वह प्रसाद जी का क्रिया-कौशल देखकर, परन्तु समस्त नाटकों के प्रति उनका उपेक्षा-भाव अन्य भावी प्रयोगों के लिए बाधक सिद्ध हुआ। आचार्य शुक्ल ने न केवल हिन्दी समीक्षा को व्यवस्थित रूप दिया, दिशा भी दिखाई और भाषा भी दी।

[6]

आचार्य शुक्ल भारतीय रस-परम्परा के अन्तिम आचार्य थे। उन्हें संस्कृत आचार्यों की कड़ी में रखते समय हम भरत, आनन्दवर्धन, अभिनवगुप्त के साथ उनकी तुलना नहीं कर रहे हैं। हमारा अभिप्राय यही है कि वे स्वयं परम्परावाहक और साथ ही नई रूढ़ियों के निर्माता थे। एक तो रीतिकालीन समीक्षापद्धति, जिसका सैद्धान्तिक पक्ष समकालीन ह्रासोन्मुखी नायिका भेद की बोझिल रीति-अलंकार (अलंकार विशेष रूप से) के संस्कृत लक्षण-ग्रन्थों का अन्धानुकरण था और व्यावहारिक पक्ष केवल कुछ रिमार्कों और टीकाओं तक सीमित था। हिन्दी के रीतिकालीन आचार्यों ने रस-सिद्धान्त को छोड़ ही नहीं दिया, समकालीन संस्कृत साहित्य का विवेकपूर्ण अनुसरण भी नहीं किया। संस्कृत गद्य इतना प्रौढ़ था कि संस्कृत आचार्यों के लिए विचार वितर्क का पूरा अवसर था, परन्तु हिन्दी समीक्षकों की पद्यबद्ध समीक्षा बेकाम रही। जब सिद्धान्त का यह हाल तो व्यवहार क्या करता। या तो 'सूर सूर तुलसी ससी' और 'और कवि गढ़िया नन्ददास जड़िया' जैसी वैयक्तिक सूक्तियाँ कही गईं या बिहारी सतसई की पद्यबद्ध टीकाएँ। मल्लिनाथ जैसी टीका भी हिन्दी में होती तो मानते कि समीक्षा में कुछ काम हुआ। आधुनिक युग में भारतेन्दु युग गद्य को पाकर भी ललित साहित्य में अधिक लगा रहा। छिटपुट 'वाहवाही' सुनाई पड़ जाती थी। इससे पूर्व 'चौरासी वैष्णवन की वार्ता', 'दो सौ बावन वैष्णवन की वार्ता, 'शिवसिंह सरोज' जैसे कुछ जीवन-वृत्तान्त प्रधान ऐतिहासिक समीक्षा के ग्रन्थ अवश्य आए, परन्तु उसके बौद्धिक व्यायाम की जगह केवल शारीरिक श्रम से काम लिया गया था। भारतेन्दु युग में ऐसा भी काम न हुआ। द्विवेदी युग में कुछ तो 'कविता क्या है' जैसे विषयों पर विस्मयादिबोधक निबन्ध लिखे गए, कुछ कवियों को छोटा-बड़ा सिद्ध करने में एड़ी-चोटी का पसीना एक किया गया, कुछ शास्त्रीय आलोचनाओं के नाम पर टीकाएँ लिखी गईं। मिश्रबन्धु विनोद जैसी साहित्य नाम माला प्रस्तुत की गई और बाबू श्यामसुन्दरदास ने शिक्षोपयोगी ग्रन्थ प्रस्तुत किए, जो साहित्य के अंगों-उपांगों

का विवरण भर दे सकते थे। द्विवेदी युग में समीक्षा प्रायः अंग्रेजी की कुछ समीक्षा पुस्तकों से प्रभावित थी।

शुक्ल जी ने इन बिखरे प्रयत्नों को समेटने के साथ-साथ इनमें से प्रत्येक प्रयत्न को चरम अवस्था पर पहुँचाया। टीकाओं की चरम परिणति तुलसी, सूर, जायसी की व्याख्यात्मक समीक्षा में हुई। तुलनाएँ भी इतिहास में यत्र-तत्र विवेचनात्मक ढंग से आती गईं। शास्त्रीय लक्षण ग्रन्थों के अनुसार लाक्षणिक और व्यंग्य-उक्तियों की बारीकी पहचानने की ओर विशेष ध्यान दिया गया। अलंकारों की सूक्ष्म परख द्वारा उधर भी विद्वत्ता की झलक दिखाई गई। इस प्रकार शुक्ल जी हिन्दी समीक्षा का सम्पूर्ण वैभव समेटकर खड़े हुए। यदि वे इतना ही करते तो भी कम न होता। परन्तु आगे बढ़कर धाक तो जमाई उन्होंने रस सिद्धान्त के निरूपण में वितर्काश्रयी समीक्षा-पद्धति के द्वारा। यह थी बाबू श्यामसुन्दर दास के प्रयत्नों की चरम परिणति। अब कवि कर्म और कविता की कारयित्री प्रतिभा का मनोवैज्ञानिक विश्लेषण किया गया। शुक्ल जी ने इस परम्परा को नवीन मनोवैज्ञानिक स्थापनाओं के आलोक में बहुत आगे बढ़ाया। पुराने भावों को नए जीवन से सम्पर्कित किया। भावों की इतनी विशद व्याख्या साहित्य में पहले नहीं हुई थी। उन्होंने स्थायी और संचारी भावों के क्षेत्र में कुछ नई भावनाओं की ओर संकेत किया। साथ ही विभाग के क्षेत्र को विस्तृत किया। पश्चिमी चरित्र वैचित्र्य को, जो दुःखान्त नाटकों के सिद्धान्त का अंग था, भारतीय रस-सिद्धान्त ने निम्न कोटि के रूप में ग्रहण कर लिया। कविता को केवल रस लेने की वस्तु न कहकर कर्मक्षेत्र की ओर प्रवृत्त करनेवाली प्रेरक शक्ति कहा। इससे निष्कर्ष रसानन्द में गति और सक्रियता आई। व्यावहारिक समीक्षा में भी शुक्ल जी ने इस आदर्श को रखा। भरत तो नाटक के क्रिया-व्यापारों में ही रस खोजने का आदेश कर गए थे, परन्तु परवर्ती आचार्य एक-एक श्लोक में भाव-विभाव-अनुभाव तथा संचारी भाव खोज-खोजकर रस-निष्पत्ति करने लग गए थे। यह बीमारी यहाँ तक पहुँच चुकी थी कि अश्लील, असामाजिक तथा हानिकारक श्लोकों की व्यंग्य और चमत्कारिक उक्तियों में रस की स्थिति बतलाकर उत्तम काव्य के उदाहरणस्वरूप उपस्थित किया जाता था। शुक्ल जी ने मृत और स्थावर रस-सिद्धान्त को जीवन-जगत की भूमि पर स्थापित किया और निर्णय दिया कि उत्तम काव्य के लिए सामाजिक उपयोगिता तथा सुरुचि पहली शर्त है, फिर उसमें रस के सभी अंग भले न हों, परन्तु यदि वह आह्लाद योग्य है, तो उत्तम रस काव्य के भीतर आ सकता है। उन्होंने सीमित तथा रूढ़ नायक-नायिका-पद्धति को व्यापक चरित्र वैचित्य की भूमि दी। शुक्ल जी का यह आचार्यत्व युग निरपेक्ष रूप से देखने पर भी महान् है। इसलिए छायावाद युग को उचित दिशा न देने पर भी वे हिन्दी के अद्वितीय समीक्षक हैं। उनकी चिन्तन-शक्ति इतनी गहरी थी कि किसी विषय का विश्लेषण करते हुए वे वैज्ञानिक की तरह छोटे-से-छोटा टुकड़ा करते चले जाते थे, यहाँ तक कि कुछ छूटने की सम्भावना नहीं रह पाती थी। उनकी पकड़ अद्भुत थी।

परन्तु युग के अनुकूल शुक्ल जी की सीमाएँ भी थीं। भावों का विश्लेषण करते हुए उन्होंने गतिशील और द्वन्द्वात्मक सामाजिक पीठिका का ध्यान नहीं रखा। दूसरी ओर उन्होंने मैकडूगल आदि चेतन मन सम्बन्धी मनोवैज्ञानिकों का ही सहारा लिया, जबकि उपचेतन मन सम्बन्धी अनेक अनुसन्धान हो चुके थे। इसीलिए अनेक नए उपन्यासों तथा छायावादी गीतों के लिए उनके भावों का मानदंड अधूरा रह गया। इसके अतिरिक्त वे अपने युग की व्यापक सांस्कृतिक चेतना को स्पर्श करनेवाली आलोचना न कर सके। उन्होंने हिन्दी साहित्य का इतिहास तो लिखा, परन्तु वह संग्रह मात्र रहा। उसमें ऐतिहासिक सूत्र स्थित सामाजिक परिवर्तनों की लड़ी में साहित्य को देखने का प्रयत्न न हो सका। परन्तु आज भी इस काम को कौन कर सका? इसके लिए वैसे ही सन्तुलित और व्यवस्थित व्यक्तित्व की आवश्यकता है, जो भाव-योग की साधना के साथ ऐतिहासिक चेतना से युक्त हो और जिसमें कवि हृदय, आलोचक बुद्धि और दार्शनिक विश्लेषण का आनुपातिक समन्वय हो। इस युग की बिखरी हुई समीक्षा पद्धतियों पर नवीन समीक्षा का मानदंड स्थिर करने के लिए उदात्त व्यक्तित्व अपेक्षित है।

नामवर सिंह

गोस्वामी तुलसीदास

संशोधित संस्करण
का
वक्तव्य

इस पुस्तक के प्रथम संस्करण में गोस्वामीजी का जीवन-चरित भी गौण रूप में सम्मिलित था। पर जीवनवृत्त संग्रह इस पुस्तक का उद्देश्य न होने से इस संस्करण में से 'जीवन खंड' निकाल दिया गया है। अब पुस्तक अपने विशुद्ध आलोचनात्मक रूप में पाठकों के सामने रखी जाती है। जैसा कि प्रथम संस्करण के वक्तव्य में निवेदन किया जा चुका है, इसे गोस्वामीजी के महत्त्व के साक्षात्कार और उनकी विशेषताओं के प्रदर्शन का लघु प्रयत्न मात्र समझना चाहिए। इस प्रयत्न में कहाँ तक सफलता हुई है, इसका निर्णय तो गोस्वामीजी की कृतियों से परिचित और प्रभावित सहृदय समाज ही कर सकता है।

तुलसी की भक्तिपरक और काव्यपद्धति को थोड़ा और स्पष्ट करने के लिए कुछ प्रकरण और प्रसंग बढ़ा दिए गए हैं। आशा है, इस वर्त्तमान रूप में यह पुस्तक पाठकों की रुचि के अनुकूल होगी।

—रामचन्द्र शुक्ल

रामनवमी
संवत् 1990

तुलसी की भक्तिपद्धति

हम्मीर के समय में चारणों का वीरगाथा काल समाप्त होते ही हिन्दी-कविता का प्रवाह राजकीय क्षेत्र से हटकर भक्तिपथ और प्रेमपथ की ओर चल पड़ा। देश में मुसलमान साम्राज्य के पूर्णतया प्रतिष्ठित हो जाने पर वीरोत्साह के सम्यक् संचार के लिए वह स्वतन्त्र क्षेत्र न रह गया; देश का ध्यान अपने पुरुषार्थ और बल-पराक्रम की ओर से हटकर भगवान् की शक्ति और दया-दाक्षिण्य की ओर गया। देश का वह नैराश्य काल था जिसमें भगवान् के सिवा और कोई सहारा नहीं दिखाई देता था। रामानन्द और वल्लभाचार्य्य ने जिस भक्तिरस का प्रभूत संचय किया, कबीर और सूर आदि की वाग्धारा ने उसका संचार जनता के बीच किया। साथ ही कुतबन, जायसी आदि मुसलमान कवियों ने अपनी प्रबन्ध-रचना द्वारा प्रेमपथ की मनोहरता दिखाकर लोगों को लुभाया। इस भक्ति और प्रेम के रंग में देश ने अपना दुःख भुलाया, उसका मन बहला।

भक्तों के भी दो वर्ग थे। एक तो भक्ति के प्राचीन स्वरूप को लेकर चला था; अर्थात् प्राचीन भागवत सम्प्रदाय के नवीन विकास का ही अनुयायी था और दूसरा विदेशी परम्परा का अनुयायी, लोकधर्म से उदासीन तथा समाजव्यवस्था और ज्ञान-विज्ञान का विरोधी था।[1] यह द्वितीय वर्ग जिस घोर नैराश्य की विषम स्थिति में उत्पन्न हुआ, उसी के सामंजस्यसाधन में सन्तुष्ट रहा। उसे भक्ति का उतना ही अंश ग्रहण करने का साहस हुआ जितने की मुसलमानों के यहाँ भी जगह थी। मुसलमानों के बीच रहकर इस वर्ग के महात्माओं का भगवान् के उस रूप पर जनता की भक्ति को ले जाने का उत्साह न हुआ, जो अत्याचारियों का दमन करनेवाला और दुष्टों का विनाशकर धर्म को स्थापित करनेवाला है। इससे उन्हें भारतीय भक्तिमार्ग के विरुद्ध ईश्वर के सगुण रूप के स्थान पर निर्गुण रूप ग्रहण करना पड़ा, जिसे भक्ति का विषय बनाने में उन्हें बड़ी कठिनता हुई।

प्रथम वर्ग के प्राचीन परम्परावाले भक्त वेदशास्त्रज्ञ तत्वदर्शी आचार्यों द्वारा प्रवर्तित सम्प्रदायों के अनुयायी थे। उनकी भक्ति का आधार भगवान् का लोकधर्मरक्षक और लोकरंजक स्वरूप था। इस भक्ति का स्वरूप नैराश्यमय नहीं है; इसमें उस शक्ति का बीज है जो किसी जाति को फिर उठाकर खड़ा कर सकता है। सूर और तुलसी ने इसी भक्ति के सुधारस से सींचकर मुरझाते हुए हिन्दू जीवन को फिर से हरा किया। पहले

1. योरप में ईसाई धर्म के भक्त उपदेशकों द्वारा ज्ञान-विज्ञान की उन्नति के मार्ग में किस प्रकार बाधा पड़ती रही है, यह वहाँ का इतिहास जाननेवाले मात्र जानते हैं।

भगवान् का हँसता-खेलता रूप दिखाकर सूरदास ने हिंन्दू जाति की नैराश्यजनित खिन्नता हटाई जिससे जीवन में प्रफुल्लता आ गई। पीछे तुलसीदासजी ने भगवान् का लोक-व्यापारव्यापी मंगलमय रूप दिखाकर आशा और शक्ति का अपूर्व संचार किया। अब हिन्दू जाति निराश नहीं है।

घोर नैराश्य के समय हिन्दू जाति ने जिस भक्ति का आश्रय लिया, उसी की शक्ति से उसकी रक्षा हुई। भक्ति के सच्चे उद्‌गार ने ही हमारी भाषा को प्रौढ़ता प्रदान की और मानव जीवन की सरसता दिखाई। इस भक्ति के विकास के साथ ही साथ इसकी अभिव्यंजना करनेवाली वाणी का विकास भी स्वाभाविक था। अतः सूर और तुलसी के समय हिन्दी कविता की जो समृद्धि दिखाई देती है, उसका कारण शाही दरबार की कद्रदानी नहीं है, बल्कि शाही दरबार की कद्रदानी का कारण वह समृद्धि है। उस समृद्धि काल के कारण हैं, सूर-तुलसी; और सूर-तुलसी का उत्पादक है इस भक्ति का क्रमशः विकास जिसके अवलम्बन थे राम और कृष्ण। लोक मानस के समक्ष राम और कृष्ण जब से फिर से स्पष्ट करके रखे गए, तभी से वह उनके एक-एक स्वरूप का साक्षात्कार करता हुआ उसकी व्यंजना में लग गया। यहाँ तक कि सूरदास तक आते भगवान् की लोकरंजनकारिणी प्रफुल्लता की पूर्ण व्यंजना हो गई। अन्त में उनकी अखिल जीवनवृत्ति-व्यापिनी कला को अभिव्यक्त करनेवाली वाणी का मनोहर स्फुरण तुलसी के रूप में हुआ।

इस दिव्य वाणी का मंजु घोष घर-घर क्या, एक-एक हिन्दू के हृदय तक पहुँच गया कि भगवान् दूर नहीं हैं, तुम्हारे जीवन में मिले हुए हैं। यही वाणी हिन्दू जाति को नया जीवनदान दे सकती थी। उस समय यह कहना कि ईश्वर सबसे दूर है, निर्गुण है, निरंजन है, साधारण जनता को और भी नैराश्य के गड्ढे में ढकेलता। ईश्वर बिना पैर के चल सकता है, बिना हाथ के मार सकता है और सहारा दे सकता है, इतना और जोड़ने से भी मनुष्य की वासना को पूरा आधार नहीं मिल सकता। जब भगवान् मनुष्य के पैरों से दीनदुखियों की पुकार पर दौड़कर आते दिखाई दें और उनका हाथ मनुष्य के हाथ के रूप में दुष्टों का दमन करता और पीड़ितों को सहारा देता दिखाई दे, उनकी आँखें मनुष्य की आँखें होकर आँसू गिराती दिखाई दें, तभी मनुष्य के भावों की पूर्ण तृप्ति हो सकती है और लोकधर्म का स्वरूप प्रत्यक्ष हो सकता है। इस भावना का हिन्दू हृदय से बहिष्कार नहीं हो सकता। जहाँ हमें दिन-दिन बढ़ता हुआ अत्याचार दिखाई पड़ा कि हम उस समय की प्रतीक्षा करने लगेंगे जब वह 'रावणत्व' की सीमा पर पहुँचेगा और 'रामत्व' का आविर्भाव होगा। तुलसी के मानस से रामचरित की जो शील-शक्ति-सौन्दर्य्यमयी स्वच्छ धारा निकली, उसने जीवन की प्रत्येक स्थिति के भीतर पहुँचकर भगवान् के स्वरूप का प्रतिबिम्ब झलका दिया। रामचरित की इसी जीवनव्यापकता ने तुलसी की वाणी को राजा, रंक, धनी, दरिद्र, मूर्ख, पंडित सबके हृदय और कंठ में सब दिन के लिए बसा दिया। किसी श्रेणी का हिन्दू हो, वह अपने प्रत्येक जीवन में राम को साथ पाता है—सम्पत्ति में, विपत्ति में, घर में, वन में, रणक्षेत्र में, आनन्दोत्सव में, जहाँ देखिए, वहाँ राम। गोस्वामीजी ने उत्तरापथ के समस्त हिन्दू जीवन को राममय कर दिया। गोस्वामीजी के वचनों में हृदय

को स्पर्श करने की जो शक्ति है, वह अन्यत्र दुर्लभ है। उनकी वाणी के प्रभाव से आज भी हिन्दू भक्त अवसर के अनुसार सौन्दर्य्य पर मुग्ध होता है, महत्त्व पर श्रद्धा करता है, शील की ओर प्रवृत्त होता है, सन्मार्ग पर पैर रखता है, विपत्ति में धैर्य धारण करता है, कठिन कर्म में उत्साहित होता है, दया से आर्द्र होता है, बुराई पर ग्लानि करता है, शिष्टता का अवलम्बन करता है और मानवजीवन के महत्त्व का अनुभव करता है।

जिस विदेशी परम्परा की भक्ति का उल्लेख ऊपर हुआ है उसके कारण विशुद्ध भारतीय भक्तिमार्ग का स्वरूप बहुत कुछ आच्छन्न हो चला था। गोस्वामीजी की सूक्ष्म दृष्टि किस प्रकार इस बात पर पड़ी यह आगे दिखाया जाएगा। भारतीय भक्तिमार्ग और विदेशी भक्तिमार्ग में जो स्वरूपभेद है उसका संक्षेप में निरूपण हम यहाँ पर कर देना चाहते हैं।

हमारे यहाँ ज्ञानमार्ग, भक्तिमार्ग और योगमार्ग तीनों अलग-अलग रहे हैं। ज्ञानमार्ग शुद्ध बुद्धि की स्वाभाविक क्रिया अर्थात् चिन्तनपद्धति का आश्रय लेता है; भक्तिमार्ग शुद्ध हृदय की स्वाभाविक अनुभूतियों अर्थात् भावों को लेकर चलता है; योगमार्ग चित्त की वृत्तियों को अनेक प्रकार के अभ्यासों द्वारा अस्वाभाविक (एबनार्मल़) बनाकर अनेक प्रकार की अलौकिक सिद्धियों के बीच होता हुआ अंतःस्थ ईश्वर तक पहुँचना चाहता है। इस स्पष्ट विभाग के कारण भारतीय परम्परा का भक्त न तो पारमार्थिक ज्ञान का दावा करता है, न अलौकिक सिद्धि या रहस्यदर्शन का। तत्वज्ञान के अधिकारी तर्कबुद्धिसम्पन्न चिन्तनशील दार्शनिक ही माने जाते थे। सूर और तुलसी के सम्बन्ध में यह अवश्य कहा जाता है कि उन्होंने भगवान् के दर्शन पाए थे,[1] पर यह कोई नहीं कहता कि शंकराचार्य्य और रामानुज भी ज्ञान की जिस सीमा तक नहीं पहुँचे थे उस सीमा तक वे पहुँचे। भारतीय पद्धति का भक्त यदि झूठा दावा कर सकता है तो यही कि मैं भगवान् के ही प्रेम में मग्न रहता हूँ; यह नहीं कि जो बात कोई नहीं जानता वह मैं जाने बैठा हूँ। प्रेम के इस झूठे दावे से, इस प्रकार के पाखंड से, अज्ञान के अनिष्ट प्रचार की आशंका नहीं।

भारतीय भक्त का प्रेममार्ग स्वाभाविक और सीधा है जिस पर चलना सब जानते हैं, चाहे चलें न। वह ऐसा नहीं जिसे कोई विरला ही जानता हो या पा सकता हो। वह तो संसार में सबके लिए ऐसा ही सुलभ है जैसे अन्न और जल–

निगम अगम, साहब सुगम, राम साँचिली चाह।
अंबु असन अवलोकियत सुलभ सबै जग माँह ॥

सरलता इस मार्ग का नित्य लक्षण है–मन की सरलता, वचन की सरलता और कर्म की सरलता–

सूधे मन, सूधे बचन, सूधी सब करतूति।
तुलसी सूधी सकल बिधि रघुबर प्रेम प्रसूति ॥

---

1. यह जनश्रुति है कि तुलसीदासजी को चित्रकूट में राम की एक झलक जंगल के बीच में मिली थी। इसका कुछ संकेत-सा विनयपत्रिका के इस पद में मिलता है–'तुलसी तोको कृपाल जो कियो कोसलपाल चित्रकूट को चरित्र चेतु चित करि सो।'

भारतीय परम्परा के भक्त में दुराव, छिपाव की प्रवृत्ति नहीं होती। उसे यह प्रकट करना नहीं रहता कि जो बात मैं जानता हूँ उन्हें कोई विरला ही समझ सकता है, इससे अपनी वाणी को अटपटी और रहस्यमयी बनाने की आवश्यकता उसे कभी नहीं होती। वह सीधी-सादी सामान्य बात को भी रूपकों में लपेटकर पहेली बनाने और असम्बद्धता के साथ कहने नहीं जाता। बात यह है कि वह अपना प्रेम किसी अज्ञात के प्रति नहीं बताता। उसका उपास्य ज्ञात है। उसके निकट ईश्वर ज्ञात और अज्ञात दोनों है। जितना अज्ञात है उसे तो वह परमार्थान्वेषी दार्शनिकों के चिन्तन के लिए छोड़ देता है और जितना ज्ञात है उसी को लेकर वह प्रेम में लीन रहता है। तुलसी कहते हैं कि जिसे हम जानेंगे, वही हमें जानेगा–

जाने जानत, जोइए, बिनु जाने को जान ?

पर पाश्चात्य दृष्टि में भक्तिमार्ग 'रहस्यवाद' के अन्तर्गत ही दिखाई पड़ता है। बात यह है कि पैगम्बरी (यहूदी, ईसाई, इस्लाम) मतों में धर्मव्यवस्था के भीतर तत्वचिन्तन या ज्ञानकाण्ड के लिए स्थान न होने के कारण आध्यात्मिक ज्ञानोपलब्धि रहस्यात्मक ढंग से (स्वप्न, सन्देश, छायादर्शन आदि के द्वारा) ही माननी पड़ती थी। पहुँचे हुए भक्तों और सन्तों (सेंट्स) के सम्बन्ध में लोगों की यह धारणा थी कि जब वे आवेश की दशा में मूर्च्छित या बाह्यज्ञानशून्य होते हैं तब भीतर ही भीतर उनका 'ईश्वर के साथ संयोग' होता है और वे छायारूप में बहुत-सी बातें देखते हैं। ईसाई धर्म में जब स्थूल एकेश्वरवाद (जो वास्तव में देववाद ही है) के स्थान पर प्राचीन आर्य्य दार्शनिकों द्वारा प्रतिपादित 'सर्ववाद' (पेनथीज़्म) लेने की आवश्यकता हुई तब वह बुद्धि द्वारा प्रस्तुत ज्ञान के रूप में तो लिया नहीं जा सकता था, ईश्वर द्वारा रहस्यात्मक ढंग से प्रेषित ज्ञान के रूप में ही लिया जा सकता था। इससे परमात्मा और जीवात्मा के सम्बन्ध की वे ही बातें, जो यूनान या भारत के प्राचीन दार्शनिक कह गए थे, विलक्षण रूपकों द्वारा कुछ दुर्बोध और अस्पष्ट बनाकर सन्त लोग कहा करते थे। अस्पष्टता और असम्बद्धता इसलिए आवश्यक थी कि तथ्यों का साक्षात्कार छायारूप से ही माना जाता था। इस प्रकार अरब, फारस तथा योरप में भावात्मक और ज्ञानात्मक रहस्यवाद का चलन हुआ।

भारत में धर्म के भीतर भी ज्ञान की प्रकृत पद्धति और प्रेम की प्रकृत पद्धति स्वीकृत थी अतः भावात्मक और ज्ञानात्मक रहस्यवाद की कोई आवश्यकता न हुई। साधनात्मक और क्रियात्मक रहस्यवाद का अलबत योग, तन्त्र और रसायन के रूप में विकास हुआ। इसके विकास में बौद्धों ने बहुत कुछ योग दिया था। हठयोग की परम्परा बौद्धों की ही थी। मत्स्येन्द्रनाथ के शिष्य गोरखनाथ ने उसे शैव रूप दिया। गोरखपन्थ का प्रचार राजपूताने की ओर अधिक हुआ, इसी से उस पन्थ के ग्रन्थ राजस्थानी भाषा में लिखे गए हैं। मुसलमानी शासन के प्रारम्भ काल में इसी पन्थ के साधु उत्तरीय भारत में अधिक घूमते दिखाई देते थे जिनकी रहस्यभरी बातें हिन्दू और मुसलमान दोनों सुनते थे। मुसलमान अधिकतर खड़ी बोली बोलते थे, इससे इस पन्थ के रमते साधु राजस्थानी मिली खड़ी बोली का व्यवहार करने लगे। इस प्रकार एक सामान्य सधुक्कड़ी भाषा बनी जिसका व्यवहार कबीर, दादू और निर्गुणी सन्तों ने किया।

अरब और फारस का भावात्मक रहस्यवाद लेकर जब सूफी हिन्दुस्तान में आए तब उन्हें यही रहस्योन्मुख सम्प्रदाय मिला। इसी से उन्होंने हठयोग की बातों का बड़ी उत्कंठा के साथ अपने सम्प्रदाय में समावेश किया। जायसी आदि सूफी कवियों की पुस्तकों में योग और रसायन की बहुत-सी बातें बिखरी मिलती हैं। रहस्यवादी सूफियों के प्रेमतत्व के साथ वेदान्त के ज्ञानमार्ग की कुछ बातें जोड़कर जो निर्गुणपन्थ चला उसमें भी 'इला, पिंगला, सुषमन नारी' की बराबर चर्चा रही।

सूफियों ने हठयोगियों की जिन बातों को अपने मेल में देखा वे ये थीं–

1. रहस्य की प्रवृत्ति।
2. ईश्वर को केवल मन के भीतर समझना और ढूँढ़ना।
3. बाहरी पूजा और उपासना का त्याग।

ये तीनों बातें भारतीय भक्तिमार्ग से मेल खानेवाली नहीं थीं। जैसा कि दिखा आए हैं, भारतीय भक्तिपद्धति 'रहस्य' की प्रवृत्ति को भक्ति की सच्ची भावना में बाधक समझती है। भारतीय परम्परा का भक्त अपने उपास्य को बाहर लोक के बीच प्रतिष्ठित करके देखता है, अपने हृदय के कोने में नहीं। वह ध्यान भी करता है तो जगत् के बीच अपनी प्रत्यक्ष कला का प्रकाश करते हुए व्यक्त ईश्वर का। तुलसी का वन के बीच राम का दर्शन करना प्रसिद्ध है, हृदय के भीतर नहीं।

इसी प्रकार भक्तिभावना में लीन होने पर वह सब कुछ 'राममय' देखता है और अपने से बाहर सबकी पूजा करना चाहता है। हठयोगियों की बातें भक्ति की सच्ची भावना में किस प्रकार बाधा पहुँचानेवाली थीं इस बात को लोकदर्शी गोस्वामीजी की सूक्ष्म दृष्टि पहचान गई। उनके समय में गोरखपन्थी साधु योग की रहस्यमयी बातों का जो प्रचार कर रहे थे उसके कारण उन्हें जनता के हृदय से भक्तिभावना भागती दिखाई पड़ी–

गोरख जगायो जोग, भगति भगायो लोग,
निगम नियोग ते, सो केलि ही छरो सो है।

'ईश्वर को मन के भीतर ढूँढ़ो' इस वाक्य ने भी पाखंड का बड़ा चौड़ा रास्ता खोला है। जो अपने को ज्ञानी प्रकट करना चाहते हैं वे प्रायः कहा करते हैं कि 'ईश्वर को अपने भीतर देखो।' गोस्वामीजी ललकारकर कहते हैं कि भीतर ही क्यों देखें, बाहर क्यों न देखें–

अन्तर्जामिहु तें बड़ बारहजामी हैं राम जो नाम लिए तें।
पैज परे प्रहलादहु को प्रगटे प्रभु पाहन तें, न हिए तें॥

गोस्वामीजी का पक्ष है कि यदि मनुष्य के छोटे से अन्तःकरण के भीतर ईश्वर दिखाई भी पड़े तो भी अखिल विश्व के बीच अपनी विभूतियों से भासित होनेवाला ईश्वर उससे कहीं पूर्ण और कल्याणकारी है। हमारी बद्ध और संकुचित आत्मा केवल द्रष्टा हो सकती है, दृश्य नहीं। अतः यदि परमात्मा को, भगवान् को, देखना है तो उन्हें व्यक्त जगत् के सम्बन्ध से देखना चाहिए। इस मध्यस्थ के बिना आत्मा और परमात्मा का सम्बन्ध व्यक्त ही नहीं हो सकता। दूसरी बात यह है कि भारतीय भक्तिमार्ग व्यक्तिकल्याण और लोककल्याण दोनों के लिए है। वह लोक या जगत् को छोड़कर नहीं चल सकता।

भक्तिमार्ग का सिद्धान्त है भगवान् को बाहर जगत् में देखना। 'मन के भीतर देखना' यह योगमार्ग का सिद्धान्त है, भक्तिमार्ग का नहीं। इस बात को सदा ध्यान में रखना चाहिए।

भक्ति रागात्मिका वृत्ति है, हृदय का एक भाव है। प्रेमभाव उसी स्वरूप और उसी गुणसमूह पर टिक सकता है जो दृश्य जगत् में हमें आकर्षित करता है। इसी जगत् के बीच भासित होता हुआ स्वरूप ही प्रेम या भक्ति का आलम्बन हो सकता है। इस जगत् से सर्वथा असम्बद्ध किसी अव्यक्त सत्ता से प्रेम करना मनोविज्ञान के अनुसार सर्वथा असम्भव है। भक्ति केवल ज्ञाता या द्रष्टा के रूप में ही ईश्वर की भावना लेकर सन्तुष्ट नहीं हो सकती। वह ज्ञातृपक्ष और ज्ञेयपक्ष दोनों को लेकर चलती है।

बौद्धों की महायान शाखा का एक और अवशिष्ट 'अलखिया सम्प्रदाय' के नाम से उड़ीसा तथा उत्तरीय भारत के अनेक भागों में घूमता दिखाई पड़ता था।[1] यह भी महायान शाखा के बौद्धों के समान अन्तःकरण के मन, बुद्धि, विवेक, हेतु और चैतन्य, ये पाँच भेद बतलाता था और शून्य का ध्यान करने को कहता था। इस सम्प्रदाय का 'विष्णुगर्भपुराण' नामक ग्रन्थ उड़िया भाषा में है जिसका सम्पादन प्रो. आर्तवल्लभ महन्ती ने किया है। उन्होंने इसका रचनाकाल 1550 ई. के पहले स्थिर किया है। इस पुस्तक के अनुसार विश्व के चारों ओर 'अलख' ही का प्रकाश हो रहा है। अलख ही विष्णु है जिससे निराकार की उत्पत्ति हुई। सारी सृष्टि अलख के गर्भ में रहती है। अलख अज्ञेय है। चारों वेद उसके सम्बन्ध में कुछ भी नहीं जानते। अलख से प्रादुर्भूत निराकार तृतीयावस्था में रहता है और उसी दशा में उससे ज्योति की उत्पत्ति होती है। यह सृष्टितत्व बौद्धों की महायान शाखा का है। 'अलख' सम्प्रदाय के साधु अपने को बड़े भारी रहस्यदर्शी योगी और 'अलख' को लखनेवाले प्रकट किया करते थे। ऐसा ही एक साधु गोस्वामीजी के सामने आकर 'अलख,' 'अलख' करने लगा इस पर उन्होंने उसे इस प्रकार फटकारा–

हम लखि, लखहि हमार, लखि हम हमार के बीच।
तुलसी अलखहि का लखै रामनाम जपु नीच॥

हम अपने साथ जगत् का जो सम्बन्ध अनुभव करते हैं उसी के मूल में भगवान् की सत्ता हमें देखनी चाहिए। 'जासों सब नातो फुरै' उसी को हमें पहचानना चाहिए। जगत् के साथ हमारे जितने सम्बन्ध हैं सब राम के सम्बन्ध से हैं–

'नाते सबै राम के मनियत सुहृद सुसेव्य जहाँ लौं।'

माता-पिता जिस स्नेह से हमारा लालन-पोषण करते हैं, भाईबन्धु, इष्टमित्र जिस स्नेह से हमारा हित करते हैं, उसे राम ही का स्नेह समझना चाहिए।

जिन-जिन वृत्तियों से लोक की रक्षा और रंजन होता है उन सबका समाहार अपनी परमावस्था को पहुँचा हुआ जहाँ दिखाई पड़े, वहाँ भगवान् की उतनी कला का पूर्ण प्रकाश समझकर जितनी से मनुष्य को प्रयोजन है–अनन्त पुरुषोत्तम को उतनी मर्य्यादा के भीतर देखकर जितनी से लोक का परिचालन होता है–सिर झुकाना मनुष्य होने का

1. अब भी इस सम्प्रदाय के साधु दिखाई पड़ते हैं।

परिचय देना है, पूरी आदमियत का दावा करना है। इस व्यवहार क्षेत्र से परे, नामरूप से परे जो ईश्वरत्व या ब्रह्मत्व है वह प्रेम या भक्ति का विषय नहीं, वह चिन्तन का विषय है। वह इस प्रकार लक्षित नहीं कि हमारे भावों का, हमारी मनोवृत्तियों का परम लक्ष्य हो सके। अतः अलक्ष्य का बहाना करके जितना लक्ष्य है उसकी ओर भी ध्यान न देना धर्म से भागना है।

गोस्वामीजी पूरे लोकदर्शी थे। लोकधर्म पर आघात करनेवाली जिन बातों का प्रचार उनके समय में दिखाई पड़ा उनकी सूक्ष्म दृष्टि उन पर पूर्ण रूप से पड़ी। कबीर आदि द्वारा प्रवर्तित निर्गुण पन्थ की लोकधर्म से विमुख करनेवाली वाणी का किस खरेपन के साथ उन्होंने विरोध किया इसका वर्णन 'लोकधर्म' के अन्तर्गत किया जाएगा।

भक्ति में बड़ी भारी शर्त है निष्कामता की। सच्ची भक्ति में लेनदेन का भाव नहीं होता। भक्ति के बदले में उत्तम गति मिलेगी, इस भावना को लेकर भक्ति हो ही नहीं सकती। भक्त के लिए भक्ति का आनन्द ही उसका फल है। वह शक्ति, सौन्दर्य्य और शील के अनन्त समुद्र के तट पर खड़ा होकर लहरें लेने में ही जीवन का परम फल मानता है। तुलसी इसी प्रकार के भक्त थे। कहते हैं कि वे एक बार वृन्दावन गए थे। वहाँ किसी कृष्णोपासक ने उन्हें छेड़कर कहा–'आपके राम तो बारह कला के अवतार हैं। आप श्रीकृष्णजी की भक्ति क्यों नहीं करते जो सोलह कला के अवतार हैं ? गोस्वामीजी बड़े भोलेपन के साथ बोले–'हमारे राम अवतार भी हैं, यह हमें आज मालूम हुआ।' राम विष्णु के अवतार हैं इससे उत्तम फल या उत्तम गति दे सकते हैं, बुद्धि के इस निर्णय पर तुलसी राम से भक्ति करने लगे हों, यह बात नहीं है। राम तुलसी को अच्छे लगते हैं, उनके प्रेम का यदि कोई कारण है तो यही है। इसी भाव को उन्होंने इस दोहे में व्यंजित किया है–

जौ जगदीस तौ अति भलो, जौ महीस तौ भाग।
तुलसी चाहत जनम भरि, राम चरन अनुराग॥

तुलसी को राम का लोकरंजक रूप वैसा ही प्रिय लगता है जैसा चातक को मेघ का लोकसुखदायी रूप।

अब तक जो कुछ कहा गया है उससे यह सिद्ध है कि शुद्ध भारतीय भक्तिमार्ग का 'रहस्यवाद' से कोई सम्बन्ध नहीं। तुलसी पूर्ण रूप में इसी भारतीय भक्तिमार्ग के अनुयायी थे अतः उनकी रचना को रहस्यवाद कहना हिन्दुस्तान को अरब या विलायत कहना है। कृष्णभक्ति शाखा का स्वरूप आगे चलकर अवश्य ऐसा हुआ जिसमें कहीं-कहीं रहस्यवाद की गुंजाइश हुई। अपने मूल रूप में भागवत सम्प्रदाय भी विशुद्ध रहा। श्रीकृष्ण का लोकरक्षक और लोकरंजक रूप गीता में और भागवत पुराण में स्फुरित है। पर धीरे-धीरे वह स्वरूप आवृत्त होता गया और प्रेम का आलंबन मधुर रूप ही शेष रह गया। वल्लभाचार्य्यजी ने स्पष्ट शब्दों में उनका लोकसंग्रही रूप हटाया। उन्होंने लोक और वेद दोनों की मर्य्यादा का अतिक्रमण अपने सम्प्रदाय में आवश्यक ठहराया। लोक को परे फेंकने से कृष्णभक्ति व्यक्तिगत एकान्त प्रेमसाधना के रूप में ही रह गई। इतना

होने पर भी सूरदास, नन्ददास आदि महाकवियों ने कृष्ण को इसी जगत् के बीच वृन्दावन में रखकर देखा। उन्होंने रहस्यवाद का रंग अपनी कविता पर नहीं चढ़ाया।

मुसलमानी अमलदारी में सूफी पीरों और फकीरों का पूरा दौरदौरा रहा। लोकसंग्रह का भाव लिए रहने के कारण रामभक्ति शाखा पर तो उनका असर न पड़ा। पर, जैसा कि कह आए हैं, कृष्णभक्ति शाखा लोक को परे फेंककर व्यक्तिगत एकान्तसाधना का रंग पकड़ चुकी थी। इसके उसके कई प्रसिद्ध भक्तों पर सूफियों का पूरा प्रभाव पड़ा। चैतन्य महाप्रभु में सूफियों की प्रवृत्तियाँ स्पष्ट लक्षित होती हैं। जैसे सूफी कव्वाल गाते-गाते 'हाल' की दशा में हो जाते हैं वैसे ही महाप्रभु की मंडली भी नाचते-नाचते मूर्च्छित हो जाती थी। यह मूर्च्छा रहस्यसंक्रमण का एक लक्षण है। इसी प्रकार मीराबाई भी 'लोकलाज खोकर' अपने प्रियतम कृष्ण के प्रेम में मतवाली और विरह में व्याकुल रहा करती थीं। नागरीदासजी भी इश्क का प्याला पीकर इसी प्रकार झूमा करते थे। यहीं तक नहीं, माधुर्य्यभाव की उपासना लेकर कई प्रकार के सखी सम्प्रदाय भी चले जिनमें समय-समय पर प्रियतम के साथ संयोग हुआ करता है। एक कृष्णोपासक सम्प्रदाय स्वामी प्राणनाथजी ने चलाया जो न तो द्वारका, वृन्दावन आदि तीर्थों को कोई महत्त्व देता है और न मन्दिरों में श्रीकृष्ण की मूर्त्तियों का दर्शन करने जाता है। वह इस वृन्दावन और इसमें विहार करनेवाले कृष्ण को गोलोक की नित्यलीला की एक छाया मात्र मानता है।

जिस प्रकार मद, प्याला, मूर्छा और उन्माद सूफी रहस्यवादियों का एक लक्षण है उसी प्रकार प्रियतम ईश्वर के विरह की बहुत बढ़ी-चढ़ी भाषा में व्यंजना करना भी सूफी कवियों की एक रूढ़ि है। यह रूढ़ि भारतीय भक्त कवियों के विनय में न पाई जाएगी। भारतीय भक्त तो अपनी व्यक्तिगत सत्ता के बाहर सर्वत्र भगवान् का नित्य लीलाक्षेत्र देखता है। उसके लिए विरह कैसा ?

अपनी भक्तिपद्धति के भीतर गोस्वामीजी ने किस प्रकार शील और सदाचार को भी एक आवश्यक अंग के रूप में लिया है, यह बात 'शीलसाधना और भक्ति' के अन्तर्गत दिखाई जाएगी।

प्रकृति और स्वभाव

हिन्दी के राजाश्रित कवि प्रायः अपना और अपने आश्रयदाताओं का कुछ परिचय अपनी पुस्तकों में दे दिया करते थे। पर भक्त कवि इसकी आवश्यकता नहीं समझते थे। तुलसीदासजी ने भी अपना कुछ वृत्तान्त कहीं नहीं लिखा। अपने जीवनवृत्त का जो किंचित् आभास उन्होंने कवितावली और विनयपत्रिका में दिया है वह केवल अपनी दीनता दिखाने के लिए। किसी-किसी ग्रन्थ का समय भी उन्होंने लिख दिया है। उनके जीवनवृत्त के सम्बन्ध में लोगों की जिज्ञासा यों ही रह जाती है। दूसरे ग्रन्थों और कुछ किंवदन्तियों से जो कुछ पता चलता है उसी पर सन्तोष करना पड़ता है। उनके

जीवनवृत्त सम्बन्धी दो ग्रन्थ कहे जाते हैं–(1) बाबा बेनीमाधवदास का 'गोसाईंचरित,' (2) रघुबरदासजी का 'तुलसीचरित'। पहला ग्रन्थ–अथवा उसका संक्षिप्त रूप–नवलकिशोर प्रेस से प्रकाशित 'रामचरितमानस' के एक संस्करण के साथ छप चुका है। पर उसमें लिखी अधिकतर बातें निश्चित ऐतिहासिक तथ्यों के विरुद्ध पड़ती हैं। दूसरा ग्रन्थ कहीं पूरा प्रकाशित नहीं हुआ है। हमारी समझ में ये दोनों पुस्तकें गोस्वामीजी के बहुत पीछे श्रुति-परम्परा के आधार पर लिखी गई हैं। इनमें सत्य का कुछ अंश मात्र कल्पित बातों के बीच छिपा हुआ माना जा सकता है। अतः गोस्वामीजी की प्रकृति का परिचय प्राप्त करने के लिए हमें उनके वचनों का ही सहारा लेना पड़ता है।

उनकी भक्ति के स्वरूप का थोड़ा आभास ऊपर दिया गया है, उससे स्पष्ट है कि वह भक्ति केवल व्यक्तिगत एकान्तसाधना के रूप में नहीं है; व्यवहारक्षेत्र के भीतर लोकमंगल की प्रेरणा करनेवाली है। अतः उसमें ऐसे ही उपास्य की भावना हो सकती है जो व्यावहारिक दृष्टि में लोकरक्षा और लोकरंजन करता दिखाई पड़े अर्थात् जो उच्च और धर्ममय हो। इसी उच्च की ओर उठकर जब हृदय उमंग से भरता है तब उसमें दिव्यकला का प्रकाश होता है–

उरवी परि कलहीन होइ, ऊपर कला प्रधान।
तुलसी देखु कलाप गति, साधन घन पहिचान॥

जब तक मोर की पूँछ के पंख जमीन पर लुढ़कते चलते हैं तब तक वे कलाहीन रहते हैं पर जब लोकरक्षक और लोकरंजक मेघ को देख मयूर उमंग से भर जाता है और पंख ऊपर उठ जाते हैं तब वे कलापूर्ण होकर जगमगा उठते हैं। जिस उपासना में उपास्य का स्वरूप मेघ के आदर्श तक पहुँचा हुआ न होगा उसके प्रति तुलसी की सहानुभूति न होगी। इस प्रकार उनकी उपासना सम्बन्धिनी उदारता की एक हद हो जाती है। भूतप्रेत पूजनेवालों के प्रति उनका यह उदारभाव नहीं था कि जो अपनी विद्याबुद्धि के अनुसार परोक्ष शक्ति की जिस रूप में भावना कर सकता है उसका उसी रूप में उपासना करना ठीक है–वह उपासना तो करता है। भूतप्रेत पूजनेवालों की गति तो वे वैसी ही बुरी बताते हैं, जैसी किसी दुष्कर्म से होती है–

जे परिहरि हरिहर चरन भजहिं भूतगन घोर।
तिन्हकै गति मोहिं देउ बिधि जो जननी मत मोर॥

फिर भी उनकी यह अनुदारता उस कट्टरपन के दरजे को नहीं पहुँची है जिसके जोश में अँगरेज कवि मिल्टन ने प्राचीन सभ्य जातियों के उपास्य देवताओं को जबरदस्ती खींचकर शैतान की फौज में भरती किया है–उस कट्टरपन के दरजे को नहीं पहुँची है जो दूसरे धर्मों की उपासनापद्धति (जैसे मूर्त्तिपूजा) को गुनाहों की फिहरिस्त में दर्ज करती हैं। गोस्वामीजी का विरोध तो इस सिद्धान्त पर है कि जो जिसकी उपासना करता है, उसका आचरण भी उसी के अनुरूप रहता है।

जिस भक्तिपद्धति में लोकधर्म की उपेक्षा हो, जिसके भीतर समाज के श्रद्धा-पात्रों के प्रति द्वेष छिपा हो उसकी निन्दा करने में भी उन्होंने संकोच नहीं किया है।

'विश्वास' के सम्बन्ध में भी उनकी प्रायः वही धारणा समझिए जो उपासना के सम्बन्ध में है। यदि विश्वास का आलम्बन वैसा श्रेष्ठ और सात्विक नहीं है तो उसे वे 'अन्धविश्वास' मानते हैं–

लही आँखि कब आँधरे, बाँझ पूत कब पाय।
कब कोढ़ी काया लही, जग बहराइच जाय॥

तुलसी के ऐसे पहुँचे हुए भक्त के दैन्य और विनय के विषय में तो कहना ही क्या है ! सारी विनयपत्रिका इन दोनों भावों के अपूर्व उद्‌गारों से भरी हुई है। 'रामचरितमानस' ऐसा अमर कीर्तिस्तम्भ खड़ा करते समय भी उनका ध्यान अपनी लघुता पर से न हटा। वे यही कहते रहे–

कबि न होउँ नहीं चतुर प्रबीना। सकल कला सब बिद्या हीना॥
क़बित बिबेक एक नहिं मोरे। सत्य कहौं लिखि कागद कोरे॥
बंचक भगत कहाइ राम के। किंकर कंचन कोह काम के॥
तिन्ह महँ प्रथम रेख जग मोरी। धिग धर्मध्वज धँधरक धोरी॥
जौं अपने अवगुन सब कहऊँ। बाढ़इ कथा पार नहिं लहऊँ॥

पर यह भी समझ रखना चाहिए कि 'लघुत्व' की यह परमानुभूति परम महत्त्व के साक्षात्कार के कारण थी। अतः लोकव्यवहार के भीतर उसका कितना अंश समा सकता था, इसका विचार भी हमें रखना पड़ता है। दुष्टों और खलों के सामने उसकी उतनी मात्रा नहीं रह सकती थी, जो गोस्वामीजी को उन्हें दुष्ट और खल कहने तथा उनके स्वरूप पर ध्यान देने से रोक देती। साधुओं की वन्दना से छुट्टी पाते ही वे खलों को याद करते हैं। उनकी वन्दना करके भी वे उनसे अनुग्रह की आशा नहीं रखते; क्योंकि अनुग्रह करना तो उनका स्वभाव ही नहीं–

बायस पालिय अति अनुरागा। होहि निरामिष कबहुँ कि कागा॥

राम के सामने तो उन्हें अपने ऐसा कोई खल ही संसार में नहीं दिखाई देता, उनके सामने तो वे कदापि यह नहीं कह सकते कि क्या मैं उससे भी खल हूँ। यहाँ तो वे 'सब पतितों के नायक' बन जाते हैं। पर जब खलों से वास्ता पड़ता है, तब उनके सामने वे अपना लघुत्व प्रदर्शन नहीं करते; उन्हें कौवा कहते हैं और आप कोयल बनते हैं–

खल परिहास होहिं हित मोरा। काक कहहिं कलकंठ कठोरा॥

जब तक 'साधना' के एकान्त क्षेत्र में रहते हैं, तब तक तो वे अपने सात्विक भावों को ऊँचे चढ़ाते चले जाते हैं; पर जब व्यवहार-क्षेत्र में आते हैं, तब उन्हें कम-से-कम अपने वचनों का सामंजस्य लोकधर्म के अनुसार संसार की विविध वृत्तियों के साथ करना पड़ता है। पर इससे उनके अन्तःकरण में कुछ भी मलिनता नहीं आती, व्यक्ति के प्रति ईर्ष्या-द्वेष का उदय नहीं होने पाता। द्वेष उन्हें दुष्कर्म से है, व्यक्ति से नहीं। भारी-से-भारी खल के सम्बन्ध से भी उनकी बुद्धि ऐसी नहीं हो सकती कि अवसर मिलता तो इसकी कुछ हानि करते।

सबसे अधिक चिढ़ उन्हें 'पाषंड' और 'अनधिकार चर्चा' से थी। खलों से समझौता तो वे अपने मन को इस तरह समझाकर कि–

सुधा सुरा सम साधु असाधू। जनक एक जग जलधि अगाधू॥

बड़ी जल्दी कर लेते हैं पर 'पाषंडियों' और बिना समझी-बूझी बातें बककर अपने को ज्ञानी प्रकट करनेवालों से उनकी विधि नहीं बैठती थी। उनकी बातें सुनते ही वे चिढ़ जाते थे और कभी-कभी फटकार भी देते थे। एक साधु को बार-बार 'अलख-अलख' कहते सुनकर उनसे न रहा गया। वे बोल उठे–

तुलसी अलखहि का लखै, राम नाम जपु नीच।

इस 'नीच' शब्द से ही उनकी चिड़चिड़ाहट का अन्दाज कर लीजिए। आडम्बरी और पाषंडियों ने उन्हें चिड़चिड़ा कर दिया था।

इससे प्रकट होता है कि उनके अन्तःकरण की सबसे प्रधान वृत्ति थी सरलता, जिसकी विपरीतता वे सहन नहीं कर सकते थे। अतः इस थोड़ी-सी चिड़चिड़ाहट को भी सरलता के अन्तर्गत लेकर संक्षेप में हम कह सकते हैं कि गोस्वामीजी का स्वभाव अत्यन्त सरल, शान्त, गम्भीर और नम्र था। सदाचार की तो वे मूर्त्ति थे। धर्म और सदाचार को दृढ़ न करनेवाले भाव को–चाहे वह कितना ही ऊँचा हो–वे भक्ति नहीं मानते थे। उनकी भक्ति वह भक्ति नहीं है जिसे कोई लम्पटता या विलासिता का आवरण बना सके।

यद्यपि गोस्वामीजी निरभिमान थे, पर लोभवश या भयवश हीनता प्रकट करने को वे सच्चा 'दैन्य' नहीं समझते थे, आत्मगौरव का ह्रास समझते थे। राम की शरण में जाकर वे निर्भय हो चुके थे, राम से याचना करके वे अयाचमान हो चुके थे, अतः–

किरपा जिनकी कछु काज नहीं, न अकाज कछू जिनके मुख मोरे।

उनकी प्रशंसा या खुशामद करने वे क्यों जाते ? उनकी प्रशंसा करना वे सरस्वती का गला दबाना समझते थे–

कीन्हें प्राकृत जन गुन गाना। सिर धुनि गिरा लागि पछिताना॥

इस समझ के अनुसार वे बराबर चले। उन्होंने कहीं किसी ग्रन्थ में अपने समय के किसी मनुष्य की प्रशंसा नहीं की है। केवल सच्चे स्नेह के नाते, उत्तम आचरण पर रीझकर उन्होंने अपने मित्र टोडर के सम्बन्ध में चार दोहे कहे हैं।

भारतभूमि में उत्पन्न होना वे गौरव की बात समझते थे। इस भूमि में और अच्छे कुल में जन्म को वे अच्छे कर्मों के साधन का भगवान् की कृपा से मिला हुआ अच्छा अवसर मानते थे–

(क) *भलि भारत भूमि, भले कुल जन्म, समाज सरीर भली लहिकै।*
जो भजै भगवान् सयान सोई, तुलसी हठ चातक ज्यों गहिकै॥

(ख) *दियो सुकुल जनम सरीर सुन्दर हेतु जो फल चारि को।*
जो पाइ पंडित परम पद पावत पुरारि मुरारि को॥
यह भरतखंड समीप सुरसरि, थल भलो, संगति भली।
तेरी कुमति कायर कलपबल्ली चहति बिष फल फली॥

गोस्वामीजी लोकदर्शी भक्त थे अतः मर्य्यादा की भावना उनमें हम बराबर पाते हैं। राम के साथ अपने घनिष्ठ सम्बन्ध का अनुभव करते हुए भी वे उनके सामने अपनी बात कहने अदब-कायदे के साथ जाते हैं। 'माधुर्य्य भाव' की उपासना से उनकी उपासना की मानसिक पद्धति स्पष्ट अलग दिखाई पड़ती है। 'विनयपत्रिका' में वे अपनी ही अवस्था का निवेदन करने बैठे हैं पर वहाँ भी वे लोकप्रतिनिधि के रूप में दिखाई पड़ते हैं। वे कलि की अनीति और अत्याचार से रक्षा चाहते हैं जिनसे केवल वे ही नहीं, समस्त लोक पीड़ित है। उनकी मगशाला के भीतर जगत् की मंगशाला छिपी हुई है। वे अपने को लोक से असम्बद्ध करके नहीं देखते। उन्हें उनके आराध्य राम किसी एकान्त कोने में नहीं मिलते; भरे दरबार में, खुले संसार में मिलते हैं। 'विनयपत्रिका' रामचन्द्रजी के दरबार में गुजरनेवाली अर्जी है जिसकी तहरीर जबरदस्त है। यह अर्जी यों ही बाला-बाला नहीं भेज दी जाती है। कायदे के खिलाफ काम करनेवाले–मर्य्यादा को भंग करनेवाले–आदमी तुलसीदासजी नहीं हैं। बीच के देवताओं और मुसाहबों के पास से होती हुई तब हुजूर में गुजरती है। वहाँ पहले से सधे हुए लोग मौजूद हैं। हनुमान और भरत धीरे-से इशारा करते हैं (दरबार है, ठठ्ठा नहीं है)। तब लक्ष्मण धीरे-से अर्जी पेश करते हैं; और लोग भी जोर देते हैं। अन्त में महाराजाधिराज हँसकर यह कहते हुए कि 'मुझे भी इसकी खबर है,' मंजूरी लिख देते हैं।

गो. तु. 2 (2100-76)

कुछ रत्नपारखियों ने सूर और तुलसी में प्रकृतिभेद दिखाने का प्रयास करते हुए सूर को खरा और स्पष्टवादी तथा तुलसी को सिफारशी, खुशामदी या लल्लो-चप्पो करनेवाला कहा है। उन्होंने सूर की स्पष्टवादिता के प्रमाण में ये वाक्य पेश किए हैं–

सूरदास प्रभु वै अति खोटे, यह उनहू तें अति ही खोटो।

× × ×

सूरदास सर्बस जौ दीजै कारो कृतहि न गानै।

उन दोनों पदों पर, जिनमें ये वाक्य आए हैं, जो साहित्य की दृष्टि से थोड़ा भी विचार करेगा वह जान लेगा कि कृष्ण न तो वास्तव में खोटे कहे गए हैं, न कलूटे कृतघ्न। ये वाक्य तो विनोद या परिहास की उक्तियाँ हैं। शृंगाररस में सखियाँ इस प्रकार का परिहास बराबर किया करती हैं।

तुलसी पर लगाया हुआ दूसरा इलजाम, जिससे सूर बरी किए गए हैं, यह है कि वह रह-रहकर फजूल याद दिलाया करते हैं कि राम ईश्वर हैं। ठीक है; तुलसी ऐसा जरूर करते हैं। पर कहाँ ? 'रामचरितमानस' में। पर 'रामचरितमानस' तुलसीदास का एकमात्र ग्रन्थ नहीं है। उसके अतिरिक्त तुलसीदास के और भी कई ग्रन्थ हैं। क्या सबमें यही बात पाई जाती है ? यदि नहीं, तो इसका विवेचन करना चाहिए कि 'रामचरितमानस' में ही वह बात क्यों है। मेरी समझ में इसके कारण ये हैं–

(1) रामचरितमानस की कथा के वक्ता तीन हैं–शिव, याज्ञवल्क्य और काकभुशुंडि। श्रोता हैं पार्वती, भरद्वाज और गरुड़। इन तीनों श्रोताओं ने अपना यह मोह

प्रकट किया है कि कहीं राम मनुष्य तो नहीं हैं। तीनों वक्ता जो कथा कह रहे हैं, वह इसी मोह को छुड़ाने के लिए। इसलिए कथा के बीच-बीच में याद दिलाते जाना बहुत उचित है। गोस्वामीजी ने भूमिका में ही इस बात को स्पष्ट करके शंका की जगह नहीं छोड़ी है।

(2) रामचरितमानस एक प्रबन्ध काव्य है, जिसमें कथा का प्रवाह अनेक घटनाओं पर से होता हुआ लगातार चला चलता है। इस दशा में कथाप्रवाह में मग्न पाठक या श्रोता को असल बात की ओर ध्यान दिलाते रहने की आवश्यकता समय-समय पर उस कवि को अवश्य मालूम होगी, जो नायक को ईश्वरावतार के रूप में ही दिखाना चाहता है। फुटकर पद्यों में इसकी आवश्यकता न प्रतीत होगी। सूरसागर की शैली पर तुलसी की 'गीतावली' है। उसमें यह बात नहीं पाई जाती। जबकि समान शैली की रचना मिलती है, तब मिलान के लिए उसी को लेना चाहिए।

(3) श्रीकृष्ण के लिए 'हरि,' 'जानर्दन' आदि विष्णुवाचक शब्द बराबर लाए जाते हैं, इससे चेतावनी की आवश्यकता नहीं रह जाती। गोपियों ने कृष्ण के लिए बराबर 'हरि' शब्द का व्यवहार किया है।

लोकधर्म

कर्म, ज्ञान और उपासना लोकधर्म के ये तीन अवयव जनसमाज की स्थिति के लिए बहुत प्राचीन काल से भारत में प्रतिष्ठित हैं। मानव जीवन की पूर्णता इन तीनों के मेल के बिना नहीं हो सकती। पर देश-काल के अनुसार कभी किसी अवयव की प्रधानता रही, कभी किसी की। यह प्रधानता लोक में जब इतनी प्रबल हो जाती है कि दूसरे अवयवों की ओर लोक की प्रवृत्ति का अभाव-सा होने लगता है, तब साम्य स्थापित करने के लिए, शेष अवयवों की ओर जनता को आकर्षित करने के लिए कोई-न-कोई महात्मा उठ खड़ा होता है। एक बार जब कर्मकांड की प्रबलता हुई तब याज्ञवल्क्य के द्वारा उपनिषदों के ज्ञानकांड की ओर लोग प्रवृत्त किए गए। कुछ दिनों में फिर कर्मकांड प्रबल पड़ा और यज्ञों में पशुओं का बलिदान धूमधाम से होने लगा। उस समय भगवान् बुद्धदेव का अवतार हुआ जिन्होंने भारतीय जनता को एक बार कर्मकांड से बिलकुल हटाकर अपने ज्ञानवैराग्यमिश्रित धर्म की ओर लगाया। पर उनके धर्म में 'उपासना' का भाव नहीं था, इससे साधारण जनता की तृप्ति उससे न हुई और उपासना-प्रधान धर्म की स्थापना फिर से हुई।

पर किसी एक अवयव की अत्यन्त वृद्धि से उत्पन्न विषमता को हटाने के लिए जो मत प्रवर्तित हुए, उनमें उनके स्थान पर दूसरे अवयव का हद से बढ़ना स्वाभाविक था। किसी बात की एक हद पर पहुँचकर जनता फिर पीछे पलटती है और क्रमशः बढ़ती हुई दूसरी हद पर जा पहुँचती है। धर्म और राजनीति दोनों में यह उलटफेर, चक्रगति के रूप में, होता चला आ रहा है। जब जनसमाज नई उमंग से भरे हुए किसी शक्तिशाली व्यक्ति

के हाथ में पड़कर किसी एक हद से दूसरी हद पर पहुँचा दिया जाता है, तब काल पाकर उसे फिर किसी दूसरे के सहारे किसी दूसरे हद तक जाना पड़ता है। जिन मतप्रवर्तक महात्माओं को आजकल की बोली में हम 'सुधारक' कहते हैं वे भी मनुष्य थे। किसी वस्तु को अत्यधिक परिमाण में देख जो विरक्ति या द्वेष होता है वह उस परिमाण के ही प्रति नहीं रह जाता किन्तु उस वस्तु तक पहुँचता है। चिढ़नेवाला उस वस्तु की अत्यधिक मात्रा से चिढ़ने के स्थान पर उस वस्तु से ही चिढ़ने लगता है और उससे भिन्न वस्तु की ओर अग्रसर होने और अग्रसर करने में परिमिति या मर्य्यादा का ध्यान नहीं रखता। इससे नए-नए मतप्रवर्तकों या 'सुधारकों' से लोक में शान्ति स्थापित होने के स्थान पर अब तक अशान्ति ही होती आई है। धर्म के सब पक्षों का ऐसा सामंजस्य जिससे समाज के भिन्न-भिन्न व्यक्ति अपनी प्रकृति और विद्या-बुद्धि के अनुसार धर्म का स्वरूप ग्रहण कर सकें, यदि पूर्ण रूप से प्रतिष्ठित हो जाए तो धर्म का रास्ता अधिक चलता हो जाए।

उपर्युक्त सामंजस्य का भाव लेकर गोस्वामी तुलसीदासजी की आत्मा ने उस समय भारतीय जनसमाज के बीच अपनी ज्योति जगाई जिस समय नए-नए सम्प्रदायों की खींचतान के कारण आर्य्यधर्म का व्यापक स्वरूप आँखों से ओझल हो रहा था, एकांगदर्शिता बढ़ रही थी। जो एक कोना देख पाता था, वह दूसरे कोने पर दृष्टि रखनेवालों को बुरा-भला कहता था। शैवों, वैष्णवों, शाक्तों और कर्मठों की तू-तू-मैं-मैं तो थी ही, बीच में मुसलमानों से अविरोध प्रदर्शन करने के लिए भी अपढ़ जनता को साथ लगानेवाले कई नए पन्थ निकल चुके थे जिनमें एकेश्वरवाद का कट्टर स्वरूप, उपासना का आशिकी रंग-ढंग, ज्ञान-विज्ञान की निन्दा, विद्वानों का उपहास, वेदान्त के दो-चार प्रसिद्ध शब्दों का अनधिकार प्रयोग आदि सब कुछ था; पर लोक को व्यवस्थित करनेवाली वह मर्य्यादा न थी जो भारतीय आर्य्यधर्म का प्रधान लक्षण है। जिस उपासनाप्रधान धर्म का जोर बुद्ध के पीछे बढ़ने लगा, वह उस मुसलमानी राजत्वकाल में आकर–जिसमें जनता की बुद्धि भी पुरुषार्थ के ह्रास के साथ-साथ शिथिल पड़ गई थी–कर्म और ज्ञान दोनों की उपेक्षा करने लगा था। ऐसे समय में इन नए पन्थों का निकलना कुछ आश्चर्य की बात नहीं। उधर शास्त्रों का पठन-पाठन कम लोगों में रह गया, इधर ज्ञानी कहलाने की इच्छा रखनेवाले मूर्ख बढ़ रहे थे जो किसी 'सतगुरु के प्रसाद' मात्र से ही अपने को सर्वज्ञ मानने के लिए तैयार बैठे थे। अतः 'सतगुरु' भी उन्हीं में निकल पड़ते थे जो धर्म का कोई एक अंग नोचकर एक ओर भाग खड़े होते थे, और कुछ लोग झाँझ-खँजड़ी लेकर उनके पीछे हो लेते थे। दम्भ बढ़ रहा था। 'ब्रह्मज्ञान बिनु नारि नर कहहिं न दूसरि बात।' ऐसे लोगों ने भक्ति को बदनाम कर रखा था। 'भक्ति' के नाम पर ही वे वेदशास्त्रों की निन्दा करते थे, पंडितों को गालियाँ देते थे और आर्य्यधर्म के सामाजिक तत्व को न समझकर लोगों में वर्णाश्रम के प्रति अश्रद्धा उत्पन्न कर रहे थे। यह उपेक्षा लोक के लिए कल्याणकर नहीं। जिस समाज से बड़ों का आदर, विद्वानों का सम्मान, अत्याचार का दमन करनेवाले शूरवीरों के प्रति श्रद्धा इत्यादि भाव उठ जाएँ, वह कदापि फल-फूल नहीं सकता; उसमें अशान्ति सदा बनी रहेगी।

'भक्ति' का यह विकृत रूप जिस समय उत्तर भारत में अपना स्थान जमा रहा था, उसी समय भक्तवर गोस्वामीजी का अवतार हुआ जिन्होंने वर्णधर्म, आश्रमधर्म, कुलाचार, वेदविहित कर्म, शास्त्रप्रतिपादित ज्ञान इत्यादि सबके साथ भक्ति का पुनः सामंजस्य स्थापित कर आर्य्यधर्म को छिन्न-भिन्न होने से बचाया। ऐसे सर्वांगदर्शी लोकव्यवस्थापक महात्मा के लिए मर्य्यादापुरुषोत्तम भगवान् रामचन्द्र के चरित्र से बढ़कर अवलम्ब और क्या मिल सकता था ! उसी आदर्श चरित्र के भीतर अपनी अलौकिक प्रतिभा के बल से उन्होंने धर्म के सब रूपों को दिखाकर, भक्ति का प्रकृत आधार खड़ा किया। जनता ने लोक की रक्षा करनेवाले प्राकृतिक धर्म का मनोहर रूप देखा। उसने धर्म को दया, दाक्षिण्य, नम्रता, सुशीलता, पितृभक्ति, सत्यव्रत, उदारता, प्रजापालन, क्षमा आदि में ही नहीं देखा बल्कि क्रोध, घृणा, शोक, विनाश और ध्वंस आदि में भी उसे देखा। अत्याचारियों पर जो क्रोध प्रकट किया जाता है, असाध्य दुर्जनों के प्रति जो घृणा प्रकट की जाती है, दीनदुखियों को सतानेवालों का जो संहार किया जाता है, कठिन कर्तव्यों के पालन में जो वीरता प्रकट की जाती है, उसमें भी धर्म अपना मनोहर रूप दिखाता है। जिस धर्म की रक्षा से लोक की रक्षा होती है–जिससे समाज चलता है–वह यही व्यापक धर्म है। सत् और असत्, भले और बुरे दोनों के मेल का नाम संसार है। पापी और पुण्यात्मा, परोपकारी और अत्याचारी, सज्जन और दुर्जन सदा से संसार में रहते आए हैं और सदा रहेंगे।

सुगुन छीर अवगुन जल, ताता। मिलइ रचइ परपंच विधाता ॥

किसी एक सर्प को उपदेश द्वारा चाहे कोई अहिंसा में तत्पर कर दे, किसी डाकू को साधु बना दे, क्रूर को सज्जन कर दे, पर सर्प, दुर्जन और क्रूर संसार में रहेंगे और अधिक रहेंगे। यदि ये उभय पक्ष न होंगे तो सारे धर्म और कर्तव्य की, सारे जीवनप्रयत्न की इतिश्री हो जाएगी। यदि एक गाल में चपत मारनेवाला ही न रहेगा तो दूसरा गाल फेरने का महत्त्व कैसे दिखाया जाएगा ? प्रकृति के तीनों गुणों की अभिव्यक्ति जब तक अलग-अलग है, तभी तक उसका नाम जगत् या संसार है। अतः ऐसी दुष्टता सदा रहेगी जो सज्जनता के द्वारा कभी नहीं दबाई जा सकती, ऐसा अत्याचार सदा रहेगा जिसका दमन उपदेशों के द्वारा कभी नहीं हो सकता। संसार जैसा है, वैसा मानकर उसके बीच से एक कोने को स्पर्श करता हुआ, जो धर्म निकलेगा वही धर्म लोकधर्म होगा। जीवन के किसी एक अंग मात्र को स्पर्श करनेवाला धर्म लोकधर्म नहीं। जो धर्म उपदेश द्वारा न सुधरनेवाले दुष्टों और अत्याचारियों को दुष्टता के लिए छोड़ दे, उनके लिए कोई व्यवस्था न करे, वह लोकधर्म नहीं, व्यक्तिगत साधना है। यह साधना मनुष्य की वृत्ति को ऊँचे-से-ऊँचे ले जा सकती है जहाँ वह लोकधर्म से परे हो जाती है। पर सारा समाज इसका अधिकारी नहीं। जनता की प्रवृत्तियों का औसत निकालने पर धर्म का जो मान निर्धारित होता है, वही लोकधर्म होता है।

ईसाई, बौद्ध, जैन इत्यादि वैराग्यप्रधान मतों में साधना के जो धर्मोपदेश दिए गए, उनका पालन अलग-अलग कुछ व्यक्तियों ने चाहे किया हो, पर सारे समाज ने नहीं किया। किसी ईसाई साम्राज्य ने अन्यायपूर्वक अग्रसर होनेवाले दूसरे साम्राज्य से मार

खाकर अपना दूसरा गाल नहीं फेरा। वहाँ भी समष्टिरूप में जनता के बीच लोकधर्म ही चलता रहा। अतः व्यक्तिगत साधना के कोरे उपदेशों की तड़क-भड़क दिखाकर लोकधर्म के प्रति उपेक्षा प्रकट करना पाषंड ही नहीं है, उस समाज के प्रति घोर कृतघ्नता भी है जिसके बीच काया पली है।

लोकमर्य्यादा का उल्लंघन, समाज की व्यवस्था का तिरस्कार, अनधिकार चर्चा, भक्ति और साधुता का मिथ्या दम्भ, मूर्खता छिपाने के लिए वेद शास्त्र की निन्दा, ये सब बातें ऐसी थीं जिनसे गोस्वामीजी की अन्तरात्मा बहुत व्यथित हुई।

इस दल का लोकविरोधी स्वरूप गोस्वामीजी ने खूब पहचाना। समाजशास्त्र के आधुनिक विवेचकों ने भी लोकसंग्रह और लोकविरोध की दृष्टि से जनता का विभाग किया है। गिडिंग के चार विभाग ये हैं—लोकसंग्रही, लोकबाह्य, अलोकोपयोगी और लोकविरोधी।[1] लोकसंग्रही वे हैं जो समाज की व्यवस्था और मर्य्यादा की रक्षा में तत्पर रहते हैं और भिन्न-भिन्न वर्गों के परस्पर सम्बन्ध को सुखावह और कल्याणप्रद करने की चेष्टा से रहते हैं। लोकबाह्य वे हैं जो केवल अपने जीवन-निर्वाह से काम रखते हैं और लोक के हिताहित से उदासीन रहते हैं। अलोकोपयोगी वे हैं जो समाज में मिले तो दिखाई देते हैं, पर उसके किसी अर्थ के नहीं होते; जैसे आलसी और निकम्मे जिन्हें पेट भरना ही कठिन रहता है। लोकविरोधी वे हैं जिन्हें लोक से द्वेष होता है और जो उसके विधान और व्यवस्था को देखकर जला करते हैं। गिडिंग ने इस चतुर्थ वर्ग के भीतर पुराने पापियों और अपराधियों को लिया है। पर अपराध की अवस्था तक न पहुँचे हुए लोग भी उसके भीतर आते हैं जो अपने ईर्ष्या-द्वेष का उद्गार उतने उग्र रूप में नहीं निकालते, कुछ मृदुल रूप में प्रकट करते हैं।

अशिष्ट सम्प्रदायों का औद्धत्य गोस्वामीजी नहीं देख सकते थे। इसी औद्धत्य के कारण विद्वान् और कर्मनिष्ठ भी भक्तों को उपेक्षा की दृष्टि से देखने लगे थे, जैसा कि गोस्वामीजी के इन वाक्यों से प्रकट होता है—

कर्मठ कठमलिया कहैं ज्ञानी ज्ञान बिहीन ॥

धर्मव्यवस्था के बीच ऐसी विषमता उत्पन्न करनेवाले नए-नए पन्थों के प्रति इसी से उन्होंने अपनी चिढ़ कई जगह प्रकट की है; जैसे—

स्रुति सम्मत हरिभक्ति पथ, संजुत बिरति बिबेक।
तेहि परिहरहिं बिमोह बस कल्पहिं पंथ अनेक ॥

× × ×

साखी, सबदी, दोहरा, कहि किहनी उपखान।
भगत निरूपहिं भगति कलि, निंदहिं वेद पुरान ॥

उत्तरकांड में कलि के व्यवहारों का वर्णन करते हुए वे इस प्रसंग में कहते हैं—

बादहिं शूद्र द्विजन सन हम तुमतें कछु घाटि।
जानहि ब्रह्म सो बिप्रवर आँखि दिखावहिं डाँटि ॥

1. द ट्रू सोशल क्लासेज़ आर—द सोशल, द नान सोशल, द सूडो-सोशल, ऐंड द ऐंटी सोशल—'द प्रिंसिपल ऑव सोशियालाजी,' गिडिंग-कृत।

जो बातें ज्ञानियों के चिन्तन के लिए थीं, उन्हें अपरिपक्व रूप में अनधिकारियों के आगे रखने से लोकधर्म का तिरस्कार अनिवार्य था। 'शूद्र' शब्द से जाति की नीचता मात्र से अभिप्राय नहीं है; विद्या, बुद्धि, शील, शिष्टता, सभ्यता सबकी हीनता से है। समाज में मूर्खता का प्रचार, बल और पौरुष का ह्रास, अशिष्टता की वृद्धि, प्रतिष्ठित आदर्शों की उपेक्षा कोई विचारवान् नहीं सहन कर सकता। गोस्वामीजी सच्चे भक्त थे। भक्तिमार्ग की यह दुर्दशा वे कब देख सकते थे ?

लोकविहित आदर्शों की प्रतिष्ठा फिर से करने के लिए, भक्ति के सच्चे सामाजिक आधार फिर से खड़े करने के लिए, उन्होंने रामचरित का आश्रय लिया जिसके बल से लोगों ने फिर धर्म के जीवनव्यापी स्वरूप का साक्षात्कार किया और उस पर मुग्ध हुए। 'कलिकलुष विभंजनी' राम-कथा घर-घर धूमधाम से फैली। हिन्दू धर्म में नई भक्ति का संचार हुआ। 'स्रुति सम्मत हरिभक्ति' की ओर जनता फिर से आकर्षित हुई। रामचरितमानस के प्रसाद से उत्तर भारत में साम्प्रदायिकता का वह उच्छृंखल रूप अधिक न ठहरने पाया जिसने गुजरात आदि में वर्ग के वर्ग को वैदिक संस्कारों से एकदम विमुख कर दिया था, दक्षिण में शैवों और वैष्णवों का घोर द्वन्द्व खड़ा किया था। यहाँ की किसी प्राचीनपुरी में शिवकांची और विष्णुकांची के समान दो अलग-अलग बस्तियाँ होने की नौबत नहीं आई। यहाँ शैवों और वैष्णवों में मारपीट कभी नहीं होती। यह सब किसके प्रसाद से ? भक्त-शिरोमणि गोस्वामी तुलसीदासजी के प्रसाद से। उनकी शान्तिप्रदायिनी मनोहर वाणी के प्रभाव से जो सामंजस्य बुद्धि जनता में आई वह अब तक बनी है और जब तक रामचरितमानस का पठन-पाठन रहेगा, तब तक बनी रहेगी।

शैवों और वैष्णवों के विरोध के परिहार का प्रयत्न रामचरितमानस में स्थान-स्थान पर लक्षित होता है। ब्रह्मवैवर्त पुराण के गणेशखंड में शिव हरिमन्त्र के जापक कहे गए हैं। उसके अनुसार उन्होंने शिव को राम का सबसे अधिकारी भक्त बनाया, पर साथ ही राम को शिव का उपासक बनाकर गोस्वामीजी ने दोनों का महत्त्व प्रतिपादित किया। राम के मुखारविन्द से उन्होंने स्पष्ट कहला दिया कि–

शिवद्रोही मम दास कहावै। सो नर सपनेहु मोहिं न भावै ॥

वे कहते हैं कि 'शंकर प्रिय, मम द्रोही, शिवद्रोही, मम दास' मुझे पसन्द नहीं।

इस प्रकार गोस्वामीजी ने उपासना या भक्ति का केवल कर्म और ज्ञान के साथ ही सामंजस्य स्थापित नहीं किया, बल्कि भिन्न-भिन्न उपास्य देवों के कारण जो भेद दिखाई पड़ते थे, उनका भी एक में पर्यवसान किया। इसी एक बात से यह अनुमान हो सकता है कि उनका प्रभाव हिन्दू समाज की रक्षा के लिए–उसके स्वरूप को रखने के लिए–कितने महत्त्व का था !

तुलसीदासजी यद्यपि राम के अनन्य भक्त थे, पर लोकरीति के अनुसार अपने ग्रन्थों में गणेशवन्दना पहले करके तब वे आगे चले हैं। सूरदासजी ने 'हरि हरि हरि सुमिरन करो' से ही ग्रन्थ का आरम्भ किया है। तुलसीदासजी की अनन्यता सूरदास से कम नहीं थी, पर लोकमर्य्यादा की रक्षा का भाव लिए हुए थी। सूरदासजी की भक्ति में लोकसंग्रह

का भाव न था। पर हमारे गोस्वामीजी का भाव अत्यन्त व्यापक था—वह मानव जीवन के सब व्यापारों तक पहुँचनेवाला था। राम की लीला के भीतर वे जगत् के सारे व्यवहार और जगत् के सारे व्यवहारों के भीतर राम की लीला देखते थे। पारमार्थिक दृष्टि से तो सारा जगत् राममय है, पर व्यावहारिक दृष्टि से उसके राम और रावण दो पक्ष हैं। अपने स्वरूप के प्रकाश के लिए मानो राम ने रावण का असत् रूप खड़ा किया। 'मानस' के आरम्भ में सिद्धान्तकथन के समय तो वे 'सियाराम मय सब जग जानी' सबको 'सप्रेम प्रणाम' करते हैं, पर आगे व्यवहार-क्षेत्र में चलकर वे रावण के प्रति 'शठ' आदि बुरे शब्दों का प्रयोग करते हैं।

भक्ति के तत्व को हृदयंगम करने के लिए उसके विकास पर ध्यान देना आवश्यक है। अपने ज्ञान की परिमिति के अनुभव के साथ-साथ मनुष्य जाति आदिम काल से ही आत्मरक्षा के लिए परोक्ष शक्तियों की उपासना करती आई है। इन शक्तियों की भावना वह अपनी परिस्थिति के अनुरूप करती रही। दुःखों से बचने का प्रयत्न जीवन का प्रथम प्रयत्न है। इन दुःखों का आना न आना बिलकुल अपने हाथ में नहीं है, यह देखते ही मनुष्य ने उनको कुछ परोक्ष शक्तियों द्वारा प्रेरित समझा। अतः बलिदान आदि द्वारा उन्हें शान्त और तुष्ट रखना उसे आवश्यक दिखाई पड़ा। इस आदिम उपासना का मूल था 'भय'। जिन देवताओं की उपासना असभ्य दशा में प्रचलित हुई, वे 'अनिष्टदेव' थे। आगे चलकर जब परिस्थिति ने दुःखनिवारण मात्र से कुछ अधिक सुख की आकांक्षा का अवकाश दिया, तब साथ ही देवों के सुख-समृद्धि-विधायक रूप की प्रतिष्ठा हुई। यह 'इष्टानिष्ट' भावना बहुत काल तक रही। वैदिक देवताओं को हम इसी रूप में पाते हैं। वे पूजा पाने से प्रसन्न होकर धनधान्य, ऐश्वर्य्य, विजय सब कुछ देते थे, पूजा न पाने पर कोप करते थे और घोर अनिष्ट करते थे। व्रज के गोपों ने जब इन्द्र की पूजा बन्द कर दी थी, तब इन्द्र ने ऐसा ही कोप किया था। उसी काल से 'इष्टानिष्ट' काल की समाप्ति माननी चाहिए।

समाज के पूर्ण रूप से सुव्यवस्थित हो जाने के साथ ही मनुष्य के कुछ आचरण लोकरक्षा के अनुकूल और कुछ प्रतिकूल दिखाई पड़ गए थे। 'इष्टानिष्ट' काल के पूर्व ही लोकधर्म और शील की प्रतिष्ठा समाज में हो चुकी थी, पर उनका सम्बन्ध प्रचलित देवताओं के साथ नहीं स्थापित हुआ था। देवगण धर्म और शील से प्रसन्न होनेवाले, अधर्म और दुःशीलता पर कोप करनेवाले नहीं हुए थे; वे अपनी पूजा से प्रसन्न होनेवाले और उस पूजा में त्रुटि से ही अप्रसन्न होनेवाले बने थे। ज्ञान मार्ग की ओर एक ब्रह्म का निरूपण बहुत पहले से हो चुका था, पर वह ब्रह्मलोक व्यवहार में तटस्थ था। लौकिक उपासना के योग्य वह नहीं था। धीरे-धीरे उसके व्यावहारिक रूप, सगुण रूप, की तीन रूपों में प्रतिष्ठा हुई—स्रष्टा, पालक और संहारक। उधर स्थितिरक्षा का विधान करनेवाले धर्म और शील के नाना रूपों की अभिव्यक्ति पर जनता पूर्णरूप से मुग्ध हो चुकी थी। उसने चट दया, दाक्षिण्य, क्षमा, उदारता, वत्सलता, सुशीलता आदि उदात्त वृत्तियों का आरोप ब्रह्म के लोकपालक सगुण स्वरूप में किया। लोक में 'इष्टदेव' की प्रतिष्ठा हो

गई। नारायण वासुदेव के मंगलमय रूप का साक्षात्कार हुआ। जनसमाज आशा और आनन्द से नाच उठा। भागवत धर्म का उदय हुआ। भगवान् पृथ्वी का भार उतारने और धर्म की स्थापना करने के लिए बार-बार आते हुए साक्षात् दिखाई पड़े। जिन गुणों से लोक की रक्षा होती है, जिन गुणों को देख हमारा हृदय प्रफुल्ल हो जाता है, उन गुणों को हम जिसमें देखें वही 'इष्टदेव' है–हमारे लिए वही सबसे बड़ा है–

तुलसी जप तप नेम ब्रत सब सबही तें होइ।
लहै बड़ाई देवता 'इष्टदेव' जब होइ॥

इष्टदेव भगवान् के स्वरूप के अन्तर्गत केवल उनका दया-दाक्षिण्य ही नहीं, असाध्य दुष्टों के संहार की उनकी अपरिमित शक्ति और लोकमर्य्यादा-पालन भी है।

भक्ति का यह मार्ग बहुत प्राचीन है। जिसे रूखे ढंग से 'उपासना' कहते हैं, उसी ने व्यक्ति की रागात्मक सत्ता के भीतर प्रेमपरिपुष्ट होकर 'भक्ति' का रूप धारण किया है। व्यष्टिरूप में प्रत्येक मनुष्य के और समष्टिरूप में मनुष्य जाति के सारे प्रयत्नों का लक्ष्य स्थिति-रक्षा है। अतः ईश्वरत्व के तीन रूपों में स्थिति-विधायक रूप ही भक्ति का आलम्बन हुआ। विष्णु या वासुदेव की उपासना ही मनुष्य के रतिभाव को अपने साथ लगाकर भक्ति की परम अवस्था को पहुँच सकी। या यों कहिए कि भक्ति की ज्योति का पूर्ण प्रकाश वैष्णवों में ही हुआ।

तुलसीदास के समय में दो प्रकार के भक्त पाए जाते थे। एक तो प्राचीन परम्परा के रामकृष्णोपासक जो वेदशास्त्रज्ञ तत्त्वदर्शी आचार्यों द्वारा प्रवर्तित सम्प्रदायों के अनुयायी थे; जो अपने उपदेशों में दर्शन, इतिहास, पुराण आदि के प्रसंग लाते थे। दूसरे वे जो समाजव्यवस्था की निन्दा और पूज्य तथा सम्मानित व्यक्तियों के उपहास द्वारा लोगों को आकर्षित करते थे। समाज की व्यवस्था में कुछ विकार आ जाने से ऐसे लोगों के लिए अच्छा मैदान हो जाता है। समाज के बीच शासकों, कुलीनों, श्रीमानों, विद्वानों, शूरवीरों, आचार्यों इत्यादि को अवश्य अधिकार और सम्मान कुछ अधिक प्राप्त रहता है; अतः ऐसे लोगों की भी कुछ संख्या सदा रहती है जो उन्हें अकारण ईर्ष्या और द्वेष की दृष्टि से देखते हैं और उन्हें नीचा दिखाकर अपने अहंकार को तुष्ट करने की ताक में रहते हैं। अतः उक्त शिष्ट वर्गों में कोई दोष न रहने पर भी उनमें दोषोद्भावना करके कोई चलते-पुरजे का आदमी ऐसे लोगों को संग में लगाकर 'प्रवर्त्तक,' 'अगुआ,' 'महात्मारु' आदि होने का डंका पीट सकता है। यदि दोष सचमुच हुआ तो फिर क्या कहना है। सुधार की सच्ची इच्छा रखनेवाले दो-चार होंगे तो ऐसे लोग पच्चीस। किसी समुदाय के मद, मत्सर, ईर्ष्या, द्वेष और अहंकार को काम में लाकर 'अगुआ' और 'प्रवर्त्तक' बनने का हौसला रखनेवाले समाज के शत्रु हैं। योरप में जो सामाजिक अशान्ति चली आ रही है, वह बहुत कुछ ऐसे ही लोगों के कारण। पूर्वीय देशों की अपेक्षा संघनिर्माण में अधिक कुशल होने के कारण वे अपने व्यवसाय में बहुत जल्दी सफलता प्राप्त कर लेते हैं। योरप में जितने लोक-विप्लव हुए हैं, जितनी राजहत्या, नरहत्या हुई हैं, सबमें जनता के वास्तविक दुःख और क्लेश का भाग यदि 1/3 था तो विशेष जनसमुदाय की नीच

प्रवृत्तियों का भाग 2/3। 'क्रान्तिकारक,' 'प्रवर्त्तक' आदि कहलाने का उन्माद योरप में बहुत अधिक है, इन्हीं उन्मादियों के हाथ में पड़कर वहाँ का समाज छिन्न-भिन्न हो रहा है। अभी थोड़े दिन हुए; एक मेम साहब पति-पत्नी के सम्बन्ध पर व्याख्यान देती फिरती थीं कि कोई आवश्यकता नहीं कि स्त्री पति के घर में ही रहे।

भक्त कहलानेवाले एक विशेष समुदाय के भीतर जिस समय यह उन्माद कुछ बढ़ रहा था, उस समय भक्तिमार्ग के भीतर ही एक ऐसी सात्विक ज्योति का उदय हुआ जिसके प्रकाश में लोकधर्म के छिन्न-भिन्न होते हुए अंग भक्तिसूत्र के द्वारा ही फिर से जुड़े। चैतन्य महाप्रभु के भावप्रवाह के द्वारा वंगदेश में, अष्टछाप के कवियों के संगीत स्रोत के द्वारा उत्तर भारत में प्रेम की जो धारा बही, उसने पन्थवालों की परुष वचनावली से सूखते हुए हृदयों को आर्द्र तो किया, पर वह आर्य्यशास्त्रानुमोदित लोकधर्म के माधुर्य्य की ओर आकर्षित न कर सकी। यह काम गोस्वामी तुलसीदासजी ने किया। हिन्दू समाज में फैलाया हुआ विष उनके प्रभाव से चढ़ने न पाया। हिन्दू जनता अपने गौरवपूर्ण इतिहास को भुलाने, कई सहस्र वर्षों के संचित ज्ञानभंडार से वंचित रहने, अपने प्रातःस्मरणीय आदर्श पुरुषों के आलोक से दूर पड़ने से बच गई। उसमें यह संस्कार न जमने पाया कि श्रद्धा और भक्ति के पात्र केवल सांसारिक कर्तव्यों से विमुख, कर्ममार्ग से च्युत कोरे उपदेश देनेवाले ही हैं। उसके सामने यह फिर से अच्छी तरह झलका दिया गया कि संसार के चलते व्यापारों में मग्न, अन्याय के दमन के अर्थ रणक्षेत्रों में अद्भुत पराक्रम दिखानेवाले, अत्याचार पर क्रोध से तिलमिलानेवाले, प्रभूत शक्तिसम्पन्न होकर भी क्षमा करनेवाले अपने रूप, गुण और शील से लोक का अनुरंजन करनेवाले, मैत्री का निर्वाह करनेवाले, प्रजा का पुत्रवत् पालन करनेवाले, बड़ों की आज्ञा का आदर करनेवाले, सम्पत्ति में नम्र रहनेवाले, विपत्ति में धैर्य रखनेवाले प्रिय या अच्छे ही लगते हैं, यह बात नहीं है। वे भक्ति और श्रद्धा के प्रकृत आलम्बन हैं, धर्म के दृढ़ प्रतीक हैं।

सूरदास आदि अष्टछाप के कवियों ने श्रीकृष्ण के शृंगारिक रूप के प्रत्यक्षीकरण द्वारा 'टेढ़ी सीधी निर्गुण वाणी' की खिन्नता और शुष्कता को हटाकर जीवन की प्रफुल्लता का आभास तो दिया, पर भगवान् के लोक-संग्रहकारी रूप का प्रकाश करके धर्म के सौन्दर्य्य का साक्षात्कार नहीं कराया। कृष्णोपासक भक्तों के सामने राधाकृष्ण की प्रेमलीला ही रखी गई, भगवान् की लोकधर्म-स्थापना का मनोहर चित्रण नहीं किया गया। अधर्म और अन्याय से संलग्न वैभव और समृद्धि का जो विच्छेद उन्होंने कौरवों के विनाश द्वारा कराया, लोकधर्म से च्युत होते हुए अर्जुन को जिस प्रकार उन्होंने सँभाला, शिशुपाल के प्रसंग में क्षमा और दंड की जो मर्य्यादा उन्होंने दिखाई, किसी प्रकार ध्वस्त न होनेवाले प्रबल अत्याचारी के निराकरण की जिस नीति के अवलम्बन की व्यवस्था उन्होंने जरासंघ-वध द्वारा की, उसका सौन्दर्य्य जनता के हृदय में अंकित नहीं किया गया। इससे असंस्कृत हृदयों में जाकर कृष्ण की शृंगारिक भावना ने विलासिता का रूप धारण किया और समाज केवल नाच-कूदकर जी बहलाने के योग्य हुआ।

जहाँ लोकधर्म और व्यक्तिधर्म का विरोध हो वहाँ कर्ममार्गी गृहस्थी के लिए लोकधर्म का ही अवलम्बन श्रेष्ठ है। यदि किसी अत्याचारी का दमन सीधे न्यायसंगत उपायों से नहीं हो सकता तो कुटिल नीति का अवलम्बन लोकधर्म की दृष्टि से उचित है। किसी अत्याचारी द्वारा समाज को जो हानि पहुँच रही है, उसके सामने वह हानि कुछ नहीं है जो किसी एक व्यक्ति के बुरे दृष्टान्त से होगी। लक्ष्य यदि व्यापक और श्रेष्ठ है तो साधन का अनिवार्य अनौचित्य उतना खल नहीं सकता। भारतीय जनसमाज में लोकधर्म का यह आदर्श यदि पूर्ण रूप से प्रतिष्ठित रहने पाता तो विदेशियों के आक्रमण को व्यर्थ करने में देश अधिक समर्थ होता।

रामचरित के सौन्दर्य्य द्वारा तुलसीदासजी ने जनता को लोकधर्म की ओर जो फिर से आकर्षित किया, वह निष्फल नहीं हुआ। वैरागियों का सुधार चाहे उससे उतना न हुआ हो, पर परोक्ष रूप में साधारण गृहस्थ जनता की वृत्ति का बहुत कुछ संस्कार हुआ। दक्षिण में रामदास स्वामी ने इसी लोकधर्माश्रित भक्ति का संचार करके महाराष्ट्र-शक्ति का अभ्युदय किया। पीछे से सिखों ने भी लोकधर्म का आश्रय लिया और सिख-शक्ति का प्रादुर्भाव हुआ। हिन्दू जनता शिवाजी और गुरु गोविन्दसिंह को राम-कृष्ण के रूप में और औरंगजेब को रावण और कंस के रूप में देखने लगी। जहाँ लोक ने किसी को रावण और कंस के रूप में देखा कि भगवान् के अवतार की सम्भावना हुई।

गोस्वामीजी ने यद्यपि भक्ति के साहचर्य के ज्ञान, वैराग्य का भी निरूपण किया है और पूर्ण रूप से किया है, पर उनका सबसे अधिक उपकार गृहस्थों के ऊपर है जो अपनी प्रत्येक स्थिति में उन्हें पुकारकर कुछ कहते हुए पाते हैं और वह 'कुछ' भी लोकव्यवहार के अन्तर्गत है, उसके बाहर नहीं। मान-अपमान से परे रहनेवाले सन्तों के लिए तो वे 'खल के बचन सन्त सह जैसे' कहते हैं पर साधारण गृहस्थों के लिए सहिष्णुता की मर्य्यादा बाँधते हुए कहते हैं कि 'कतहुँ सुधाइहु तें बड़ दोषू।' साधक और संसारी दोनों के मार्गों की ओर वे संकेत करते हैं। व्यक्तिगत सफलता के लिए जिसे 'नीति' कहते हैं, सामाजिक आदर्श की सफलता का साधक होकर वही 'धर्म' हो जाता है।

सारांश यह कि गोस्वामीजी से पूर्व तीन प्रकार के साधु समाज के बीच रमते दिखाई देते थे। एक तो प्राचीन परम्परा के भक्त जो प्रेम में मग्न होकर संसार को भूल रहे थे, दूसरे वे जो अनधिकार ज्ञानगोष्ठी द्वारा समाज के प्रतिष्ठित आदर्शों के प्रति तिरस्कार-बुद्धि उत्पन्न कर रहे थे, और तीसरे वे जो हठयोग[1], रसायन आदि द्वारा अलौकिक सिद्धियों की व्यर्थ आशा का प्रचार कर रहे थे। इन तीनों वर्गों के द्वारा साधारण जनता के लोकधर्म पर आरूढ़ होने की सम्भावना कितनी दूर थी, यह कहने की आवश्यकता नहीं। आज जो हम फिर झोंपड़ों में बैठे किसानों को भरत के 'भायप भाव' पर, लक्ष्मण के त्याग पर,

1. गोरख जगायो जोग, भगति भगायो लोग,
निगम नियोग ते, सो केलि ही छरो सो है। —कवितावली

राम की पितृभक्ति पर पुलकित होते हुए पाते हैं, वह गोस्वामीजी के ही प्रसाद से। धन्य है गार्हस्थ जीवन में धर्मालोकस्वरूप रामचरित और धन्य हैं उस आलोक को घर-घर पहुँचानेवाले तुलसीदास। व्यावहारिक जीवन धर्म की ज्योति से एक बार फिर जगमगा उठा—उसमें नई शक्ति का संचार हुआ। जो कुछ भी नहीं जानता, वह भी यह जानता है कि—

जे न मित्र दुःख होहिं दुःखारी। तिनहिं बिलोकत पातक भारी॥

स्त्रियाँ और कोई धर्म जानें, या न जानें, पर वे वह धर्म जानती हैं जिससे संसार चलता है। उन्हें इस बात का विश्वास रहता है कि—

वृद्ध, रोग बस, जड़, धनहीना। अंध बधिर क्रोधी अति दीना॥
ऐसेहु पति कर किए अपमाना। नारि पाव जमपुर दुःख नाना॥

जिसमें बाहुबल है उसे यह समझ भी पैदा हो गई है कि दुष्ट और अत्याचारी 'पृथ्वी के भार' हैं; उस भार को उतारनेवाले भगवान् के सच्चे सेवक हैं। प्रत्येक देहाती लठैत 'बजरंगबली' की जयजयकार मनाता है—कुम्भकर्ण की नहीं। गोस्वामीजी ने 'रामचरित-चिन्तामणि' को छोटे-बड़े सबके बीच बाँट दिया जिसके प्रभाव से हिन्दू समाज यदि चाहे—सच्चे जी से चाहे—तो सब कुछ प्राप्त कर सकता है।

भक्ति और प्रेम के पुटपाक द्वारा धर्म को रागात्मिका वृत्ति के साथ सम्मिश्रित करके बाबाजी ने एक ऐसा रसायन तैयार किया जिसके सेवन से धर्ममार्ग में कष्ट और श्रान्ति न जान पड़े, आनन्द और उत्साह के साथ लोग आप-से-आप उसकी ओर प्रवृत्त हों, धरपकड़ और जबरदस्ती से नहीं। जिस धर्ममार्ग में कोरे उपदेशों से कष्ट ही कष्ट दिखाई पड़ता है, वह चरित्र-सौन्दर्य्य के साक्षात्कार से आनन्दमय हो जाता है। मनुष्य की स्वाभाविक प्रवृत्ति और निवृत्ति की दिशा को लिए हुए धर्म की जो लीक निकलती है, लोगों के चलते-चलते चौड़ी होकर वह सीधा राजमार्ग हो सकती है; जिसके सम्बन्ध में गोस्वामीजी कहते हैं—

'गुरु कह्यो राम भजन नीको मोहि लगत राजडगरो सो'।

धर्म और जातीयता का समन्वय

गोस्वामीजी द्वारा प्रस्तुत नवरसों का रामरसायन ऐसा पुष्टिकर हुआ कि उसके सेवन से हिन्दू जाति विदेशीय मतों के आक्रमणों से भी बहुत कुछ रक्षित रही और अपने जातीय स्वरूप को भी दृढ़ता से पकड़े रही। उसके भगवान् जीवन की प्रत्येक स्थिति में—खेलने-कूदने में, हँसने-रोने में, लड़ने-भिड़ने में, नाचने-गाने में, बालकों की क्रीड़ा में, दाम्पत्य में, राज्यसंचालन में, आज्ञापालन में, आनन्दोत्सव में, शोक-समाज में, सुख-दुःख में, घर में, सम्पत्ति में, विपत्ति में—उसे दिखाई पड़ते हैं। विवाह आदि शुभ अवसरों पर तुलसी-रचित राम के मंगल गीत गाए जाते हैं, विमाताओं की कुटिलता के प्रसंग में कैकेयी की कहानी कही जाती है, दुःख के दिनों में राम का वनवास स्मरण किया जाता है, वीरता के प्रसंग में उनके धनुष की भीषण टंकार सुनाई पड़ती है; सारांश यह कि

सारा हिन्दू जीवन राममय प्रतीत होता है। वेदान्त का परमार्थ तत्व समझने की सामर्थ्य न रखनेवाले साधारण लोगों को भी व्यवहार क्षेत्र में चारों ओर राम ही राम दिखाई देते हैं। इस प्रकार राम के स्वरूप का सामंजस्य हिन्दू हृदय के साथ कर दिया गया है। इस साहचर्य से राम के प्रति जो भाव साधारण जनता में प्रतिष्ठित हो गया है उसका लावण्य उसके सम्पूर्ण जीवन का लावण्य हो गया है। राम के बिना हिन्दू जीवन नीरस है—फीका है। यही रामरस उसका स्वाद बनाए रहा और बनाए रहेगा। राम ही का मुँह देख हिन्दू जनता का इतना बड़ा भाग अपने धर्म और जाति के घेरे में पड़ा रहा। न उसे तलवार हटा सकी, न धनमान का लोभ, न उपदेशों की तड़क-भड़क। जिन राम को जनता जीवन की प्रत्येक स्थिति में देखती आई, उन्हें छोड़ना अपने प्रिय-से-प्रिय परिजन को छोड़ने से कम कष्टकर न था। विदेशी कच्चा रंग एक चढ़ा एक छूटा, पर भीतर जो पक्का रंग था वह बना रहा। हमने चौड़ी मोहरी का पायजामा पहना, 'आदाब अर्ज' किया, पर 'राम-राम' न छोड़ा। अब कोट-पतलून पहनकर बाहर 'डेम नान्सेंस' कहते हैं पर घर में आते ही फिर वही 'राम-राम'। शीरी-फरहाद और हातिमताई के किस्से के सामने कर्ण, युधिष्ठिर, नलदमयन्ती सबको भूल गए थे, पर रामचर्चा कुछ करते रहे। कहना न होगा कि इस एक को न छोड़ने से एक प्रकार से सब कुछ बना रहा; क्योंकि इसी एक नाम में हिन्दू जीवन का सारा सार खींचकर रख दिया गया था। इसी एक नाम के अवलम्ब से हिन्दू जाति के लिए अपने प्राचीन स्वरूप, अपने प्राचीन गौरव के स्मरण की सम्भावना बनी रही। रामनामामृत पान करके हिन्दू जाति अमर हो गई। इस अमृत को घर-घर पहुँचानेवाला भी अमर है। आज जो हम बहुत से 'भारतीय हृदयों' को चीरकर देखते हैं, तो वे अभारतीय निकलते हैं। पर एक इसी कविकेसरी को भारतीय सभ्यता, भारतीय रीति-नीति की रक्षा के लिए सबके हृदय द्वार पर अड़ा देख हम निराश होने से बच जाते हैं।

मंगलाशा

शुद्ध आत्मपक्ष के विचार से दुःखवाद स्वीकार करते हुए भी, साधकों के लिए ज्ञान द्वारा उस दुःख की निवृत्ति मानते हुए भी, वे लोक के कल्याण के पूरे प्रयासी थे। लोक के मंगल की आशा से उनका हृदय परिपूर्ण और प्रफुल्ल था। इस आशा का आधार थी वह मंगलमयी ज्योति जो धर्म के रूप में जगत् की प्रातिभासिक सत्ता के भीतर आनन्द का आभास देती है और उसकी रक्षा द्वारा सत् का—अपने नित्यत्व का—बोध कराती है। लोक की रक्षा 'सत्' का आभास है, लोक का मंगल 'परमानन्द' का आभास है। इस व्यावहारिक 'सत्' और 'आनन्द' का प्रतीक है 'रामराज्य' जिसमें उस मर्य्यादा की पूर्ण प्रतिष्ठा है जिसके उल्लंघन से इस सत् और आनन्द का आभास भी व्यवधान में पड़ जाता है। पर यह व्यवधान सब दिन नहीं रह सकता। अन्त में सत् अपना प्रकाश करता है, इस बात का पूर्ण विश्वास तुलसीदासजी ने प्रकट किया है। इस व्यवधान काल का

निरीक्षण लोक की वर्त्तमान दशा के रूप में वे अत्यन्त भय और आकुलता के साथ इस प्रकार करते हैं–

प्रभु के बचन बेद बुध सम्मत मम मूरति महिदेव मई है।
तिन्हकी मति, रिस, राग, मोह, मद लोभ लालची लीलि लई है।
राज समाज कुसाज, कोटि कटु कल्पत कलुष कुचाल नई है।
नीति प्रतीति प्रीति परिमिति परि हेतुवाद हठि हेरि हई है॥
आश्रम-बरन-धरम-बिरहित जग, लोक बेद मरजाद गई है।
प्रजा पतित पाखंड पापरत, अपने अपने रंगे रई है॥
सान्ति सत्य सुभ रीति गई घटि, बढ़ी कुरीति कपट कलई है।
सीदत साधु, साधुता सोचति, खल बिलसत, हुलसति खलई है॥

पर इस भीषण दृश्य से गोस्वामीजी निराश नहीं होते। सच्चे भक्त के हृदय में नैराश्य कहाँ ? जिसे धर्म की शक्ति पर, धर्मस्वरूप भगवान् की अनन्त करुणा पर पूर्ण विश्वास है, नैराश्य का दुःख उसके पास नहीं फटक सकता। अतः गोस्वामीजी रामराज्य स्थापन करने के लिए राम से विनती करते हैं।

'दीजै दादि देखि नातो बलि मही मोह मंगल रितई है।'

प्रार्थना के साथ ही अपने विश्वास के बल पर वे मान लेते हैं कि प्रार्थना सुन ली गई, 'रामराज्य' हो गया, लोक में फिर मंगल छा गया–

भरे भाग अनुराग लोग कहैं राम अवध चितवनि चितई है।
बिनती सुनि सानंद हेरि हँसि करुणा बारि भूमि भिजई है॥
रामराज भयो काज सगुन सुभ राजा राम जगत बिजई है।
समरथ बड़ो सुजान सुसाहब सुकृत सेन हारत जितई है॥

लोक में जब-जब सुकृत की सेना हारने लगेगी, अधर्म की सेना प्रबल पड़ती दिखाई देगी, तब-तब भगवान् अपनी शक्ति का, धर्मबल का, लोकबल का प्रकाश करेंगे, ऐसा विश्वास सच्चे भक्त को रहता है। अतः आशा और आनन्द से उसका हृदय परिपूर्ण रहता है।

लोकनीति और मर्य्यादावाद

गोस्वामीजी का समाज का आदर्श वही है जिसका निरूपण वेद, पुराण, स्मृति आदि में है; अर्थात् वर्णाश्रम की पूर्ण प्रतिष्ठा। प्रोत्साहन और प्रतिबन्ध द्वारा मन, वचन और कर्म को व्यवस्थित रखनेवाला तत्व धर्म है जो दो प्रकार का है–साधारण और विशेष। मनुष्य मात्र का मनुष्य मात्र के प्रति जो सामान्य कर्तव्य होता है, उसके अतिरिक्त स्थिति या व्यवसायविशेष के अनुसार भी मनुष्य के कुछ कर्तव्य होते हैं। जैसे माता-पिता के प्रति पुत्र का, पुत्र के प्रति पिता का, राजा के प्रति प्रजा का, गुरु के प्रति शिष्य का, ग्राहक के प्रति दुकानदार का, छोटे के प्रति बड़ों का इत्यादि-इत्यादि। ज्यों-ज्यों सभ्यता बढ़ी है, समाज में वर्णविधान हुआ है, त्यों-त्यों इन धर्मों का विस्तार होता गया है। पारिवारिक जीवन में

से निकलकर समाज में जाकर उनकी अनेक रूपों में प्रतिष्ठा हुई है। संसार के और देशों में जो मत प्रवर्तित हुए, उनमें 'साधारण धर्म' का ही पूर्ण समावेश हो सका, विशेष धर्मों की बहुत कम व्यवस्था हुई। पर सरस्वती और दृशद्वती के तटों पर पल्लवित आर्य्य सभ्यता के अन्तर्गत जिस धर्म का प्रकाश हुआ, विशेष धर्मों की विस्तृत व्यवस्था उसका लक्षण हुआ और वह वर्णाश्रम धर्म कहलाया। उसमें लोकसंचालन के लिए ज्ञानबल, बाहुबल, धनबल और सेवाबल का सामंजस्य घटित हुआ जिसके अनुसार केवल कर्मों की ही नहीं, वाणी और भाव की भी व्यवस्था की गई। जिस प्रकार ब्राह्मण के धर्म पठन-पाठन, तत्वचिन्तन, यज्ञादि हुए उसी प्रकार शान्त और मृदु वचन तथा उपकार बुद्धि, नम्रता, दया, क्षमा आदि भावों का अभ्यास भी। क्षत्रियों के लिए जिस प्रकार शस्त्रग्रहण धर्म हुआ, उसी प्रकार जनता की रक्षा, उसके दुःख से सहानुभूति आदि भी। और वर्णों के लिए जिस प्रकार अपने नियत व्यवसायों का सम्पादन कर्तव्य ठहराया गया, उसी प्रकार अपने से ऊँचे कर्तव्यवालों अर्थात् लोकरक्षा द्वारा भिन्न-भिन्न व्यवसायों का अवसर देनेवालों के प्रति आदर-सम्मान का भाव भी। वचनव्यवस्था और भावव्यवस्था के बिना कर्मव्यवस्था निष्फल होती। हृदय का योग जब तक न होगा, तब तक न कर्म सच्चे होंगे, न अनुकूल वचन निकलेंगे। परिवार में जिस प्रकार ऊँची-नीची श्रेणियाँ होती हैं उसी प्रकार शील, विद्या, बुद्धि, शक्ति आदि की विचित्रता से समाज में भी ऊँची-नीची श्रेणियाँ रहेंगी। कोई आचार्य्य होगा कोई शिष्य, कोई राजा होगा कोई प्रजा, कोई अफसर होगा कोई मातहत, कोई सिपाही होगा कोई सेनापति। यदि बड़े छोटों के प्रति दुःशील होकर हर समय दुर्वचन कहने लगें, यदि छोटे बड़ों का आदर-सम्मान छोड़कर उन्हें आँख दिखाकर डाँटने लगें तो समाज चल ही नहीं सकता। इसी से शूद्रों का द्विजों को आँख दिखाकर डाँटना, मूर्खों का विद्वानों का उपहास करना गोस्वामीजी को समाज की धर्मशक्ति का ह्रास समझ पड़ा।

ब्राह्मणों की मति को 'मोह, मद, रिस, राग और लोभ' यदि निगल जाएँ, राजसमाज यदि नीतिविरुद्ध आचरण करने लगे, शूद्र यदि ब्राह्मणों को आँख दिखाने लगें, अर्थात् अपने-अपने धर्म से समाज की सब श्रेणियाँ च्युत हो जाएँ, तो फिर से लोकधर्म की स्थापना कौन कर सकता है ? गोस्वामीजी कहते हैं 'राज्य,' 'सुराज्य,' 'रामराज्य'। राज्य की कैसी व्यापक भावना है ? आदर्श राज्य केवल बाहर कर्मों का प्रतिबन्धक और उत्तेजक नहीं है, हृदय को स्पर्श करनेवाला है, उसमें लोकरक्षा के अनुकूल भावों की प्रतिष्ठा करनेवाला है। यह धर्म राज्य है—प्रकृति का रंजन करनेवाला है। इस राज्य की स्थापना केवल शरीर पर ही नहीं होती, हृदय पर भी होती है। यह राज्य केवल चलती हुई जड़ मशीन नहीं है—आदर्श व्यक्ति का परिवर्धित रूप है। इसके जिस प्रकार हाथ- पैर हैं; उसी प्रकार हृदय भी है, जिसकी रमणीयता के अनुभव से प्रजा आप-से-आप धर्म की ओर प्रवृत्त होती है। रामराज्य में—

बयरु न करु काहू सन कोई। राम प्रताप विषमता खोई॥
सब नर करहिं परस्पर प्रीती। चलहिं स्वधर्म निरत स्रुति रीती॥

लोग जो बैर छोड़कर परस्पर प्रीति करने लगे, वह क्या राम के 'बाहुबल के प्रताप से,' दंडभय से ? दंडभय से लोग इतना ही कर सकते हैं कि किसी को मारें-पीटें नहीं;

यह नहीं कि किसी से मन में भी वैर न रखें, सबसे प्रीति रखें। सुशीलता की पराकाष्ठा राम के रूप में हृदयाकर्षिणी शक्ति होकर उनके बीच प्रतिष्ठित थी। उस शक्ति के सम्मुख प्रजा अपने हृदय की सुन्दर वृत्तियों को कर-स्वरूप समर्पित करती थी। केवल अर्जित वित्त के प्रदान द्वारा अर्थशक्ति खड़ी करने से समाज को धारण करनेवाली पूर्णशक्ति का विकास नहीं हो सकता। भारतीय सभ्यता के बीच राजा धर्मशक्तिस्वरूप है, पारस और बाबुल के बादशाहों के समान केवल धनबल और बाहुबल की पराकाष्ठा मात्र नहीं। यहाँ राजा सेवक और सेना के होते हुए भी शरीर से अपने धर्म का पालन करता हुआ दिखाई पड़ता है। यदि प्रजा की पुकार संयोग से उसके कान में पड़ती है, तो वह आप ही रक्षा के लिए दौड़ता है; ज्ञानी महात्माओं को सामने देख सिंहासन छोड़कर खड़ा हो जाता है; प्रतिज्ञा के पालन के लिए शरीर पर अनेक कष्ट झेलता है; स्वदेश की रक्षा के लिए रणक्षेत्र में सबसे आगे दिखाई पड़ता है; प्रजा के सुख-दुःख में साथी होता है; ईश्वरांश माने जाने पर भी मनुष्यांश नहीं छोड़ता है। वह प्रजा के जीवन से दूर बैठा हुआ, उसमें किसी प्रकार का योग न देनेवाला खिलौना या पुतला नहीं है। प्रजा अपने सब प्रकार के उच्च भावों का–त्याग का, शील का, पराक्रम का, सहिष्णुता का, क्षमा का–प्रतिबिम्ब उसमें देखती है।

राजा के पारिवारिक और व्यावहारिक जीवन को देखने की मजाल प्रजा को थी–देखने की ही नहीं, उस पर टीका-टिप्पणी करने की भी। राजा अपने पारिवारिक जीवन में भी यदि कोई ऐसी बात पाए जो प्रजा को देखने में अच्छी न लगती हो, तो उसका सुधार आदर्शरक्षा के लिए कर्तव्य माना जाता था। सती सीता के चरित्र पर दोषारोप करनेवाले धोबी का सिर नहीं उड़ाया गया; घोर मानसिक व्यथा सहकर भी उस दोष के परिहार का यत्न किया गया। सारांश यह कि माता, पिता, सेवक और सखा के साथ भी जो व्यवहार राजा का हो, वह ऐसा हो जिसकी उच्चता को देख प्रजा प्रसन्न हो, धन्य-धन्य कहे। जिस प्रीति और कृतज्ञता के साथ महाराज रामचन्द्र ने सुग्रीव, विभीषण और निषाद आदि को विदा किया, उसे देख प्रजा गद्गद हो गई–

रघुपति चरित देखि पुरवासी। पुनि पुनि कहहिं धन्य सुखरासी॥

राजा की शीलशक्ति के प्रभाव के वर्णन में गोस्वामीजी ने कवि प्रथा के अनुसार कुछ अतिशयोक्ति भी की ही है–

फूलहिं फलहिं सदा तरु कानन। रहहिं एक सँग गज पंचानन॥
खग मृग सहज बयरु बिसराई। सबन्हि परस्पर प्रीति बढ़ाई॥

काव्यपद्धति से परिचित इसे पढ़कर कभी यह सवाल नहीं करेंगे कि मृगों का मारना छोड़ सिंह क्या घास खाकर जीते थे।

देखिए, राजकुल की महिलाओं के इस उच्च आदर्श का प्रभाव जनता के पारिवारिक जीवन पर कैसा सुखद पड़ सकता है–

जद्यपि गृह सेवक सेवकिनी। बिपुल सकल सेवा बिधि गुनी॥
निज कर गृहपरिचरजा करई। रामचन्द्र आयसु अनुसरई॥

जिस वर्णाश्रम धर्म का पालन प्रजा करती थी, उसमें ऊँची-नीची श्रेणियाँ थीं, उसमें कुछ काम छोटे माने जाते थे, कुछ बड़े। फावड़ा लेकर मिट्टी खोदनेवाले और कलम लेकर वेदान्तसूत्र लिखनेवाले के काम एक ही कोटि के नहीं माने जाते थे। ऐसे दो काम अब भी एक दृष्टि से नहीं देखे जाते। लोकदृष्टि उसमें भेद कर ही लेती है। इस भेद को किसी प्रकार की चिकनी चुपड़ी भाषा या पाखंड नहीं मिटा सकता। इस भेद के रहते भी–

बरनाश्रम निज निज धरम निरत बेद पथ लोग।
चलहिं सदा पावहिं सुखहिं नहिं भय सोक न रोग॥

छोटे समझे जानेवाले काम करनेवाले बड़े काम करनेवालों को ईर्ष्या और द्वेष की दृष्टि से क्यों नहीं देखते थे ? वे यह क्यों नहीं कहते थे कि 'हम क्यों फावड़ा चलाएँ, क्यों दुकान पर बैठें ? भूमि के अधिकारी क्यों न बनें ? गद्दी लगाकर धर्म सभा में क्यों न बैठें ? समाज को अव्यवस्थित करनेवाले इस भाव को रोकनेवाली पहली बात तो थी समाज के प्रति कर्तव्य के भार का नीची श्रेणियों में जाकर क्रमशः कम होना। ब्राह्मणों और क्षत्रियों को लोकहित के लिए अपने व्यक्तिगत सुख का हर घड़ी त्याग करने के लिए तैयार रहना पड़ता था। ब्राह्मणों को तो सदा अपने व्यक्तिगत सांसारिक सुख की मात्रा कम रखनी पड़ती थी। क्षत्रियों को अवसर विशेष पर अपना सर्वस्व–अपने प्राण तक–छोड़ने के लिए उद्यत होना पड़ता था। शेष वर्गों को अपने व्यक्तिगत या पारिवारिक सुख की व्यवस्था के लिए सब अवस्थाओं में पूरा अवकाश रहता था। अतः उच्च वर्ग में अधिक मान या अधिक अधिकार के साथ कठिन कर्तव्यों की योजना और निम्न वर्गों में कम मान और कम सुख के साथ अधिक अवस्थाओं में आराम की योजना जीवन-निर्वाह की दृष्टि से सामंजस्य रखती थी।

जब तक उच्च श्रेणियों के कर्तव्य की कठिनता प्रत्यक्ष रहेगी–कठिनता के साक्षात्कार के अवसर आते रहेंगे–तब तक नीची श्रेणियों में ईर्ष्याद्वेष का भाव नहीं जाग्रत हो सकता। जब तक वे क्षत्रियों को अपने चारों ओर धन-जन की रक्षा में तत्पर देखेंगे, ब्राह्मणों को ज्ञान की रक्षा और वृद्धि में सब कुछ त्यागकर लगे हुए पाएँगे, तब तक वे अपना सब कुछ उन्हीं की बदौलत समझेंगे और उनके प्रति उनमें कृतज्ञता, श्रद्धा और मान का भाव बना रहेगा। जब कर्तव्य भाग शिथिल पड़ेगा और अधिकार भाग ज्यों का त्यों रहेगा, तब स्थिति-विघातिनी विषमता उत्पन्न होगी। ऊँची श्रेणियों के अधिकार-प्रयोग में ही प्रवृत्त होने से नीची श्रेणियों को क्रमशः जीवन-निर्वाह में कठिनता दिखाई देगी। वर्णव्यवस्था की छोटाई-बड़ाई का यह अभिप्राय नहीं था कि छोटी श्रेणी के लोग दुःख में ही समय काटें और जीवन के सारे सुभीते बड़ी श्रेणी के लोगों को ही रहें। रामराज्य में सब अपनी स्थिति में प्रसन्न थे–

नहिं दरिद्र कोउ दुखी न दीना। नहिं कोउ अबुध न लच्छन हीना॥
सब निर्दंभ धरमरत पुनी। नर अरु नारि चतुर सब गुनी॥
सब गुनग्य पंडित सब ग्यानी। सब कृतज्ञ नहिं कपट सयानी॥

इतनी बड़ी जनता के पूर्ण सुख की व्यवस्था साधारण परिश्रम का काम नहीं है; पर राजा के लिए वह आवश्यक है–

जासु राज प्रिय प्रजा दुःखारी। सो नृप अवसि नरक अधिकारी॥

ऊँची श्रेणियों के कर्तव्य की पुष्ट व्यवस्था न होने से ही योरप में नीची श्रेणियों में ईर्ष्या, द्वेष और अहंकार का प्राबल्य हुआ जिससे लाभ उठाकर 'लेनिन' अपने समय में महात्मा बना रहा। समाज की ऐसी वृत्तियों पर स्थित 'माहात्म्य' का स्वीकार घोर अमंगल का सूचक है। मूर्ख जनता के इस माहात्म्यप्रदान पर न भूलना चाहिए, यह बात गोस्वामीजी साफ-साफ कहते हैं–

तुलसी भेड़ी की धँसनि, जड़ जनता सनमान।
उपजत ही अभिमान भो, खोवत मूढ़ अपान॥

जड़ जनता के सम्मान का पात्र वही होगा जो उसके अनुकूल कार्य्य करेगा। ऐसा कार्य्य लोकमंगलकारी कभी नहीं हो सकता। जनता के किसी भाग की दुर्वृत्तियों के सहारे जो व्यवस्था स्थापित होगी, उसमें गुण, शील, कलाकौशल, बल, बुद्धि के असामान्य उत्कर्ष की सम्भावना कभी नहीं रहेगी; प्रतिभा का विकास, कभी नहीं रहेगा। रूस से भारी-भारी विद्वानों और गुणियों का भागना इस बात का आभास दे रहा है। अल्प शक्तिवालों की अहंकार वृत्ति को तुष्ट करनेवाला 'साम्य' शब्द ही उत्कर्ष का विरोधी है। उत्कर्ष विशेष परिस्थिति में होता है। परिस्थितिविशेष के अनुरूप किसी वर्ग में विशेषता का प्रादुर्भाव ही उत्कर्ष या विकास कहलाता है, इस बात को आजकल के विकासवादी भी अच्छी तरह जानते हैं। इस उत्कर्ष का विरोधी साम्य जहाँ हो, उसे हमारे यहाँ के लोग 'अन्धेर नगरी' कहते आए हैं।

गो. तु. 3 (2100-76)

गोस्वामीजी ने कलिकाल का जो चित्र खींचा है, वह उन्हीं के समय का है। उसमें उन्होंने 'साधारण धर्म' और 'विशेष धर्म' दोनों का ह्रास दिखाया है। साधारण धर्म के ह्रास की निन्दा तो सबको अच्छी लगती है, पर विशेष धर्म के ह्रास की निन्दा–समाज-व्यवस्था के उल्लंघन की निन्दा–आजकल की अव्यवस्था को अपने महत्त्व का द्वार समझनेवाले कुछ लोगों को नहीं सुहाती। वे इन चौपाइयों में तुलसीदासजी की संकीर्ण हृदयता देखते हैं–

निराचार जो स्रुतिपथ त्यागी। कलिजुग सोइ ग्यानी बैरागी॥
सूद्र द्विजन्ह उपदेसहिं ग्याना। मेलि जनेऊ लेहिं कुदाना॥
जे बरनाधम तेलि कुम्हारा। स्वपच किरात कोल कलवारा॥
नारि मुई घर संपति नासी। मूँड़ मुड़ाइ होहि संन्यासी॥
ते बिप्रन सन पाँव पुजावहिं। उभय लोक निज हाथ नसावहिं॥
सूद्र करहिं जप तप व्रत दाना। बैठि बरासन कहहिं पुराना॥

पर इसी प्रसंग में गोस्वामीजी के इस कथन को वे बड़े आनन्द से स्वीकार करते हैं–

बिप्र निरच्छर लोलुप कामी। निराचार सठ वृषली स्वामी॥

गोस्वामीजी कट्टर मर्य्यादावादी थे, यह पहले कहा जा चुका है। मर्य्यादा का भंग वे लोक के लिए मंगलकारी नहीं समझते थे। मर्य्यादा का उल्लंघन देखकर ही बलरामजी वरासन पर बैठकर पुराण कहते हुए सूत पर हल लेकर दौड़े थे। शूद्रों के प्रति यदि धर्म और न्याय का पूर्ण पालन किया जाए, तो गोस्वामीजी उनके कर्म को ऐसा कष्टप्रद नहीं समझते थे कि उसे छोड़ना आवश्यक हो। यह पहले कहा जा चुका है कि वर्ण-विभाग केवल कर्मविभाग नहीं है, भावविभाग भी है। श्रद्धा, भक्ति, दया, क्षमा आदि उदात्त वृत्तियों के नियमित अनुष्ठान और अभ्यास के लिए भी वे समाज में छोटी-बड़ी श्रेणियों का विधान आवश्यक समझते थे। इन भावों के लिए आलम्बन ढूँढ़ना एकदम व्यक्ति के ऊपर ही नहीं छोड़ा गया था। इनके आलम्बनों की प्रतिष्ठा समाज ने कर दी थी। समाज में बहुत-से ऐसे अनुन्नत अन्तःकरण के प्राणी होते हैं, जो इन आलम्बनों को नहीं चुन सकते। अतः उन्हें स्थूल रूप से यह बता दिया गया कि अमुक वर्ग यह कार्य्य करता है, अतः यह तुम्हारी दया का पात्र है; अमुक वर्ग इस कार्य्य के लिए नियत है, अतः यह तुम्हारी श्रद्धा का पात्र है। यदि उच्च वर्ग का कोई मनुष्य अपने धर्म से च्युत है, तो उसकी विगर्हणा, उसके शासन और उसके सुधार का भार राज्य के या उसके वर्ग के ऊपर है, निम्न वर्ग के लोगों पर नहीं। अतः लोकमर्य्यादा की दृष्टि से निम्न वर्ग के लोगों का धर्म यही है कि उस पर श्रद्धा का भाव रखें; न रख सकें तो कम-से-कम प्रकट करते रहें। इसे गोस्वामीजी का 'सोशल डिसिप्लिन' समझिए। इसी भाव से उन्होंने प्रसिद्ध नीतिज्ञ और लोक व्यवस्थापक चाणक्य का यह वचन–

पतितोऽपि द्विजः श्रेष्ठो न च शूद्रो जितेन्द्रियः।

अनुवाद करके रख दिया–

पूजिय ब्रिप्र सील गुन हीना। सूद्र न गुन गन ग्यान प्रबीना॥

जिसे कुछ लोग उनका जातीय पक्षपात समझते हैं। जातीय पक्षपात से उस विरक्त महात्मा का क्या मतलब हो सकता है–

लोग कहें पोचु सो न सोचु न सँकोचु मेरे,
ब्याह न बरेखी जाति पाँति न चहत हौं।

काकभुशुंडि की जन्मांतरवाली कथा द्वारा गोस्वामीजी ने प्रकट कर दिया है कि लोकमर्य्यादा और शिष्टता के उल्लंघन को वे कितना बुरा समझते थे। काकभुशुंडि अपने शूद्र जन्म की बात कहते हैं–

एक बार हरि मंदिर जपत रहेउँ सिव नाम॥
गुरु आएउ अभिमान तें उठि नहिं कीन्ह प्रनाम॥
गुरु दयालु नहिं कछु कहेउ उर न रोष लवलेस॥
अति अघ गुरु अपमानता सहि नहिं सके महेस॥
मंदिर माँझ भई नभ बानी। रे हतभाग्य अग्य अभिमानी॥
जद्यपि तव गुरु के नहिं क्रोधा। अति कृपाल उर सम्यक बोधा॥
तदपि साप हठि देइहउँ तोहीं। नीति बिरोध सुहाइ न मोहीं॥
जौ नहिं दंड करौ सठ तोरा। भ्रष्ट होइ स्रुति मारग मोरा॥

श्रुति-प्रतिपादित लोकनीति और समाज के सुख का विधान करनेवाली शिष्टता के ऐसे भारी समर्थक होकर वे अशिष्ट सम्प्रदायों की उच्छृंखलता, बड़ों के प्रति उनकी अवज्ञा चुपचाप कैसे देख सकते थे।

ब्राह्मण और शूद्र, छोटे और बड़े के बीच कैसा व्यवहार वे उचित समझते थे, यह चित्रकूट में वशिष्ठ और निषाद के मिलने में देखिए–

प्रेम पुलकि केवट कहि नामू। कीन्ह दूरि तें दंड प्रनामू ॥
रामसखा ऋषि बरबस भेंटा। जनु महि लुठत सनेह समेटा ॥

केवल अपनी छोटाई के विचार से वशिष्ठ ऐसे ऋषीश्वर को दूर ही से प्रणाम करता है, पर ऋषि अपने हृदय की उच्चता का परिचय देकर उसे बार-बार गले लगाते हैं। वह हटता जाता है, वे उसे 'बरबस' भेंटते हैं। इस उच्चता से किस नीच का द्वेष हो सकता है ? यह उच्चता किसे खलनेवाली हो सकती है ?

काकभुशुंडिवाले मामले में शिवजी ने शाप देकर लोकमत की रक्षा की और काकभुशुंडि के गुरु ने कुछ न कहकर साधुमत[1] का अनुसरण किया। साधुमत का अनुसरण व्यक्तिगत साधन है, लोकमत लोकशासन के लिए है। इन दोनों का सामंजस्य गोस्वामीजी की धर्मभावना के भीतर है। चित्रकूट में भरत की ओर से वशिष्ठजी जब सभा में प्रस्ताव करने उठते हैं, तब राम से कहते हैं–

भरत विनय सादर सुनिय करिय बिचार बहोरि।
करब साधुमत, लोकमत नृपनय निगम निचोरि ॥

गोस्वामीजी अपने राम या ईश्वर तक को लोकमत के वशीभूत कहते हैं–

लोक एक भाँति को, त्रिलोकनाथ लोकबस,
आपनो न सोच, स्वामी सोच ही सुखात हौं।

जबकि दुनिया एक मुँह से तुलसी को बुरा कह रही है तब उन्हें अपनाने का विचार करके राम बड़े असमंजस में पड़ेंगे। तुलसी के राम स्वेच्छाचारी शासक नहीं; वे लोक के वशीभूत हैं क्योंकि लोक भी वास्तव में उन्हीं का व्यक्त विस्तार है।

अब तक जो कुछ कहा गया, उससे गोस्वामीजी व्यक्तिवाद (इंडिविडुअलिज्म) के विरोधी और लोकवाद (सोशलिज्म) के समर्थक से लगते हैं। व्यक्तिवाद के विरुद्ध ध्वनि स्थान-स्थान पर सुनाई पड़ती है; जैसे–

(क) मारग सोइ जा कहँ जो भावा।

(ख) स्वारथ सहित सनेह सब, रुचि अनुहरत अचार।

पर उनके लोकवाद की भी मर्य्यादा है। उनका लोकवाद वह लोकवाद नहीं है, जिसका अकांड तांडव रूस में हो रहा है। वे व्यक्ति की स्वतन्त्रता का हरण नहीं चाहते जिसमें व्यक्ति इच्छानुसार हाथ-पैर भी नहीं हिला सके, अपने श्रम, शक्ति और गुण का अपने लिए कोई फल ही न देख सके। वे व्यक्ति के आचरण का इतना ही प्रतिबन्ध चाहते हैं जितने से दूसरों के जीवन मार्ग में बाधा न पड़े और हृदय की उदात्त वृत्तियों

1. उमा संत कै इहै बड़ाई। मंद करत जो करहि भलाई ॥

के साथ लौकिक सम्बन्धों का सामंजस्य बना रहे। राजा-प्रजा, उच्च-नीच, धनी-दरिद्र, सबल-निर्बल, शास्य-शासक, मूर्ख-पंडित, पति-पत्नी, गुरु-शिष्य, पिता-पुत्र इत्यादि भेदों के कारण जो अनेकरूपात्मक सम्बन्ध प्रतिष्ठित हैं, उनके निर्वाह के अनुकूल मन (भाव), वचन और कर्म की व्यवस्था ही उनका लक्ष्य है, क्योंकि इन सम्बन्धों के सम्यक् निर्वाह से ही वे सबका कल्याण मानते हैं। इन सम्बन्धों की उपेक्षा करनेवाले व्यक्तिप्राधान्यवाद के वे अवश्य विरोधी हैं।

समाज की इस आदर्श व्यवस्था के बीच स्त्रियों और शूद्रों का स्थान क्या है, आजकल के सुधारक इसका पता लगाना बहुत जरूरी समझेंगे। उन्हें यह जानना चाहिए कि तुलसीदासजी कट्टर मर्य्यादावादी थे, कार्य्यक्षेत्रों के प्राचीन विभाग के पूरे समर्थक थे। पुरुषों की अधीनता में रहकर गृहस्थी का कार्य्य सँभालना ही वे स्त्रियों के लिए बहुत समझते थे। उन्हें घर के बाहर निकालनेवाली स्वतन्त्रता को वे बुरा समझते थे। पर यह भी समझ रखना चाहिए कि 'जिमि स्वतंत्र होइ बिगरहिं नारी' कहते समय उनका ध्यान ऐसी ही स्त्रियों पर था जैसी कि साधारणतः पाई जाती हैं, गार्गी और मैत्रेयी की ओर नहीं। उन्हें गार्गी और मैत्रेयी बनाने की चिन्ता उन्होंने कहीं प्रकट नहीं की है। हाँ, भक्ति का अधिकार जैसे सबको है, वैसे ही उनको भी। मीराबाई को लिखा हुआ जो पद (विनय का) कहा जाता है, उससे प्रकट होता है कि 'भक्तिमार्ग' में सबको उत्साहित करने के लिए वे तैयार रहते थे। इसमें वे किसी बात की रिआयत नहीं रखते थे। रामभक्ति में यदि परिवार या समाज बाधक हो रहा है, तो उसे छोड़ने की राय वे बेधड़क देंगे—पर उन्हीं को जिन्हें भक्तिमार्ग में पक्का समझेंगे। सब स्त्रियाँ घरों से निकलकर वैरागियों की सेवा में लग जाएँ, यह अभिप्राय उनका कदापि नहीं। स्त्रियों के लिए साधारण उपदेश उनका वही समझना चाहिए जो 'ऋषिवधू' ने 'सरल मृदु बानी' में सीताजी को दिया था।

उन पर स्त्रियों की निन्दा का महापातक लगाया जाता है; पर यह अपराध उन्होंने अपनी विरति की पुष्टि के लिए किया है। उसे उनका वैरागीपन समझना चाहिए। सब रूपों में स्त्रियों की निन्दा उन्होंने नहीं की है। केवल प्रमदा या कामिनी के रूप में, दाम्पत्य रति के आलम्बन के रूप में की है—माता, पुत्री, भगिनी आदि के रूप में नहीं। इससे सिद्ध है कि स्त्री जाति के प्रति उन्हें कोई द्वेष नहीं था। अतः उक्त रूप में स्त्रियों की जो निन्दा उन्होंने की है, वह अधिकतर तो अपने ऐसे और विरक्तों के वैराग्य को दृढ़ करने के लिए, और कुछ लोक की अत्यन्त आसक्ति को कम करने के विचार से। उन्होंने प्रत्येक श्रेणी के मनुष्यों के लिए कुछ-न-कुछ कहा है। उनकी कुछ बातें तो विरक्त साधुओं के लिए हैं, कुछ साधारण गृहस्थों के लिए, कुछ विद्वानों और पंडितों के लिए। अतः स्त्रियों को जो स्थान-स्थान पर बुरा कहा है, उसका ठीक तात्पर्य्य यह नहीं कि वे सचमुच वैसी ही होती हैं; बल्कि यह मतलब है कि उनमें आसक्त होने से बचने के लिए उन्हें वैसा ही मान लेना चाहिए। किसी वस्तु से विरक्त करना जिसका उद्देश्य है वह अपने उद्देश्य का साधन उसे बुरा कहकर ही कर सकता है। अतः स्त्रियों के सम्बन्ध

में गोस्वामीजी ने जो कहा है, वह सिद्धान्त वाक्य नहीं है, अर्थवाद मात्र है। पर उद्दिष्ट प्रभाव उत्पन्न करने के लिए इस युक्ति का अवलम्बन गोस्वामीजी ऐसे उदार और सरल प्रकृति के महात्मा के लिए सर्वथा उचित था, यह नहीं कहा जा सकता; क्योंकि स्त्रियाँ भी मनुष्य हैं–निन्दा से उनका जी दुःख सकता है। स्त्रियों से काम उत्पन्न होता है, धन से लोभ उत्पन्न होता है, प्रभुता से मद उत्पन्न होता है, इसलिए काम, मद, लोभ आदि से बचने की उत्तेजना उत्पन्न करने के लिए वैराग्य का उपदेश देनेवाले कंचन, कामिनी और प्रभुत्व की निन्दा कर दिया करते हैं। बस इसी रीति का पालन बाबाजी ने भी किया है। वे थे तो बैरागी ही। यदि कोई संन्यासिनी अपनी बहिनों को काम, क्रोध आदि से बचने का उपदेश देने बैठे तो पुरुषों को इसी प्रकार 'अपावन' और 'सब अवगुणों की खान' कह सकती है ! पुरुषपतंगों के लिए गोस्वामीजी ने स्त्रियों को जिस प्रकार दीपशिखा कहा है, उसी प्रकार स्त्रीपतंगियों के लिए वह पुरुषों को भाड़ कहेगी।

सिद्धान्त और अर्थवाद में भेद न समझने के कारण ही गोस्वामीजी की बहुत-सी उक्तियों को लेकर लोग परस्पर विरोध आदि दिखाया करते हैं। वे प्रसंग-विशेष में कवि के भीतरी उद्‌देश्य की खोज न करके केवल शब्दार्थ ग्रहण करके तर्क-वितर्क करते हैं। जैसे एक स्थान पर वे कहते हैं–

सठ सुधरहि सतसंगति पाई। पारस परसि कुधातु सुहाई॥

फिर दूसरे स्थान पर कहते हैं–

नीच निचाई नहिं तजें जो पावैं सतसंग।

इनमें से प्रथम उक्ति सत्संग की महिमा हृदयंगम कराने के लिए की गई है और दूसरी उक्ति नीच या शठ की भीषणता दिखाने के लिए। एक का उद्‌देश्य है सत्संग की स्तुति और दूसरी का दुर्जन की निन्दा। अतः ये दोनों सिद्धान्तरूप में नहीं हैं, अर्थवाद के रूप में हैं। ये पूर्ण सत्य नहीं हैं, आंशिक सत्य हैं, जिनका उल्लेख कवि, उपदेशक आदि प्रभाव उत्पन्न करने के लिए करते हैं। काव्य का उद्‌देश्य शुद्ध विवेचन द्वारा सिद्धान्तनिरूपण नहीं होता, रसोत्पादन या भावसंचार होता है। बुद्धि की क्रिया की कविजन आंशिक सहायता ही लेते हैं।

अब रहे शूद्र। समाज चाहे किसी ढंग का हो, उसमें छोटे काम करनेवाले तथा अपनी स्थिति के अनुसार अल्प विद्या, बुद्धि, शील और शक्ति रखनेवाले कुछ-न-कुछ रहेंगे ही। ऊँची स्थितिवालों के लिए जिस प्रकार इन छोटी स्थिति के लोगों की रक्षा और सहायता करना तथा उनके साथ कोमल व्यवहार करना आवश्यक है, उसी प्रकार इन छोटी स्थितिवालों के लिए बड़ी स्थितिवालों के प्रति आदर और सम्मान प्रदर्शित करना भी। नीची श्रेणी के लोग अहंकार से उन्मत्त होकर ऊँची श्रेणी के लोगों का अपमान करने पर उद्यत हों, तो व्यावहारिक दृष्टि से उच्चता किसी काम की न रह जाए। विद्या, बुद्धि, बल, पराक्रम, शील और वैभव यदि अकारण अपमान से कुछ अधिक रक्षा न कर सकें तो उनका सामाजिक मूल्य कुछ भी नहीं। ऊँची-नीची श्रेणियाँ समाज में बराबर थीं और बराबर रहेंगी। अतः शूद्र शब्द को नीची श्रेणी के मनुष्य का–कुल, शील, विद्या,

बुद्धि, शक्ति आदि सबमें अत्यन्त न्यून का–बोधक मानना चाहिए। इतनी न्यूनताओं को अलग-अलग न लिखकर वर्णविभाग के आधार पर उन सबके लिए एक शब्द का व्यवहार कर दिया गया है। इस बात को मनुष्य जातियों का अनुसंधान करनेवाले आधुनिक लेखकों ने भी स्वीकार किया है कि वन्य और असभ्य जातियाँ उन्हीं का आदर-सम्मान करती हैं जो उनमें भय उत्पन्न कर सकते हैं। यही दशा गँवारों की है। इस बात को गोस्वामीजी ने अपनी चौपाई में कहा है–

ढोल, गँवार, शूद्र, पशु, नारी। ये सब ताड़न के अधिकारी॥

जिससे कुछ लोग इतना चिढ़ते हैं। चिढ़ने का कारण है, 'ताड़न' शब्द जो ढोल शब्द के योग में आलंकारिक चमत्कार उत्पन्न करने के लिए लाया गया है। स्त्री का समावेश भी सुरुचिविरुद्ध लगता है, पर वैरागी समझकर उनकी बात का बुरा न मानना चाहिए।

शीलसाधना और भक्ति

लोक-मर्य्यादा-पालन की ओर जनता का ध्यान दिलाने के साथ ही गोस्वामीजी ने अन्तःकरण की सामान्य से अधिक उच्चता सम्पादन के लिए शीलोत्कर्ष की साधना का जो अभ्यासमार्ग मानव हृदय के बीच से निकाला, वह अत्यन्त आलोकपूर्ण और आकर्षक है। शील के असामान्य उत्कर्ष को प्रेम और भक्ति का आलम्बन स्थिर करके उन्होंने सदाचार और भक्ति को अन्योन्याश्रित करके दिखा दिया। उन्होंने राम के शील का ऐसा विशद और मर्मस्पर्शी चित्रण किया कि मनुष्य का हृदय उसकी ओर आप से आप आकर्षित हो। ऐसे शीलस्वरूप को देखकर भी जिसका हृदय द्रवीभूत न हो, उसे गोस्वामीजी जड़ समझते हैं। वे कहते हैं–

सुनि सीतापति सील सुभाउ।
मोद न मन, तन पुलक, नयन जल सो नर खेहर खाउ॥
सिसुपन तें पितु मातु बंधु गुरु सेवक सचिव सखाउ।
कहत राम बिधुवदन रिसौहैं सपनेहु लखेऊ न काउ॥
खेलत संग अनुज बालक नित जुगवत अनट अपाउ।
जीति हारि चुचुकारि दुलारत देत दिवावत दाउ॥
सिला साप संताप विगत भइ परस्त पावन पाउ।
दई सुगति सो न हेरि हरष हिय, चरन छुए को पछिताउ॥
भवधनु भंजि निदरि भूपति भृगुनाथ खाइ गए ताउ।
छमि अपराध छमाइ पायँ परि इतो न अनत समाउ॥
कह्यौ राज बन दियो नारि बस गरि गलानि गयो राउ।
ता कुमातु को मन जोगवत ज्यों निज तनु मरम कुघाउ॥
कपि सेवा बस भए कनौड़े, कह्यौ पवन सुत साउ।
दैवै को न कछू ऋनिया हौं, धनिक तू पत्र लिखाउ॥

अपनाए सुग्रीव विभीषन तिन न तज्यो छल छाउ।
भरत सभा सनमानि सराहत होत न हृदय अघाउ॥
निज करुना करतूति भगत पर चपत चलत चरचाउ।
सकृत प्रनाम सुनत जस बरनत सुनत कहत 'फिरि गाउ'॥

इस दया, इस क्षमा, इस संकोचभाव, इस कृतज्ञता, इस विनय, इस सरलता को राम ऐसे सर्वशक्तिसम्पन्न के आश्रय में जो लोकोत्तर चमत्कार प्राप्त हुआ है, वह अन्यत्र दुर्लभ है। शील और शक्ति के इस संयोग में मनुष्य ईश्वर के लोकपालक रूप का दर्शन करके गद्‌गद हो जाता है। जो गद्‌गद न हो, उसे मनुष्यता से नीची कोटि में समझना चाहिए। असामर्थ्य के योग में इन उच्च वृत्तियों के शुद्ध स्वरूप का साक्षात्कार नहीं हो सकता। राम में शील की यह अभिव्यक्ति आकस्मिक नहीं—अवसरविशेष की प्रवृत्ति नहीं—उनके स्वभाव के अन्तर्गत है, इसका निश्चय कराने के लिए बाबाजी उसे 'सिसुपन' से लेकर अन्त तक दिखाते हैं। यह सुशीलता राम के स्वरूप के अन्तर्गत है। जो उस शीलस्वरूप पर मोहित होगा, वही राम पर पूर्ण रूप से मुग्ध हो सकता है।

भगवान् का जो प्रतीक तुलसीदासजी ने लोक के सम्मुख रखा है, भक्ति का जो प्रकृत आलम्बन उन्होंने खड़ा किया है, उसमें सौन्दर्य्य, शक्ति और शील, तीनों विभूतियों की पराकाष्ठा है। सगुणोपासना के ये तीन सोपान हैं जिन पर हृदय क्रमशः टिकता हुआ उच्चता की ओर बढ़ता है। इनमें से प्रथम सोपान ऐसा सरल है कि स्त्री-पुरुष, मूर्ख-पंडित, राजा-रंक सब उस पर अपने हृदय को बिना प्रयास अड़ा देते हैं। इसकी स्थापना गोस्वामीजी ने राम के रूपमाधुर्य्य का अत्यन्त मनोहर चित्रण करके की है। शील और शक्ति से अलग अकेले सौन्दर्य्य का प्रभाव देखना हो तो वन जाते हुए राम जानकी को देखने पर ग्रामवधुओं की दशा देखिए—

(क) *तुलसी रही हैं ठाढ़ी, पाहन गढ़ी सी काढ़ी,*
कौन जानै कहाँ तें आई, कौन की, को ही।

(ख) *बनिता बनी स्यामल गौर के बीच बिलोकहु री सखि ! मोहिं सी है।*
मन जोग न, कोमल क्यों चलिहैं ? सकुचाति मही पद पंकज छ्वै।
तुलसी सुनि ग्राम बधू बिथकीं, पुलकीं तन औ चले लोचन च्वै।
सब भाँति मनोहर मोहन रूप अनूप हैं भूप के बालक द्वै॥

यह सौन्दर्य्य उन भोली स्त्रियों की दया को कैसा आकर्षित करता है। वे खड़ी-खड़ी पछताती हैं कि—

पायँन तौ पनहीं न, पयादेहि क्यों चलिहैं ? सकुचात हियो है।

ऐसी अनन्त रूपराशि के सामीप्यलाभ के लिए, उसके प्रति सुहृद्‌भाव प्रदर्शित करने के लिए जी ललचाता है। ग्रामीण स्त्रियों ने जिनके अलौकिक रूप को देखा, अब उनके वचन सुनने को वे उत्कंठित हो रही हैं—

धरि धीर कहैं 'चलु देखिय जाइ जहाँ सजनी ! रजनी रहिहैं।
सुख पाइहैं कान सुने बतियाँ, कल आपुस में कछु पै कहिहैं॥"

परिचय बढ़ाने की उत्कंठा के साथ 'आत्मत्याग' की भी प्रेरणा आप से आप हो रही है; और वे कहती हैं–

'कहिहै जग पोच, न सोच कछू, फल लोचन आपन तौ लहिहैं।'

कैसे पवित्र प्रेम का उद्‌गार है। इस प्रेम में कामवासना का कुछ भी लेश नहीं है। रामजानकी के दाम्पत्य भाव को देख वे गद्‌गद हो रही हैं–

'सीस जटा, उर बाहु बिसाल, बिलोचन लाल, तिरीछी सी भौहैं।
तून, सरासन, बान धरे, तुलसी बन मारग में सुठि सोहैं॥
सादर बारहिं बार सुभाय चितै तुम त्यौं हमरो मन मोहैं।'
पूछति ग्राम बधू सिय सों 'कहौ साँवरे से, सखि, रावरे को हैं ?'

'चितै तुम त्यौं हमरो मन मोहै' कैसा भावगर्भित वाक्य है। इसमें एक तो राम के आचरण की पवित्रता और दूसरी ओर ग्राम वनिताओं से प्रेम भाव की पवित्रता दोनों एक साथ झलकती हैं। राम सीता की ओर ही देखते हैं, उन स्त्रियों की ओर नहीं। उन स्त्रियों की ओर ताकते तो वे कहतीं कि 'चितै हम त्यौं हमरो मन मोहै'। उनके मोहित होने को हम कुछ-कुछ कृष्ण की चितवन पर गोपियों के मोहित होने के समान ही समझते। अतः 'हम' के स्थान पर इस 'तुम' शब्द में कोई स्थूल दृष्टि से चाहे 'असंगति' का ही चमत्कार देख सन्तोष कर ले, पर इसके भीतर जो पवित्र भावव्यंजना है, वही सारे वाक्य का सर्वस्व है।

इस सौन्दर्य्य राशि के बीच में शील की थोड़ी-सी मृदुल आभा भी गोस्वामीजी दिखा देते हैं–

सुनि सुचि सरल सनेह सुहावने ग्राम बधुन्ह कै बैन।
तुलसी प्रभु तरु तर विलँब, किए प्रेम कनौड़े कै न॥

यह 'सुचि सरल सनेह' तुरन्त समाप्त नहीं हो गया, बहुत दिनों तक बना रहा–कौन जाने जीवन भर बना रहा हो। राम के चले जाने पर बहुत दिनों पीछे तक, जान-पहचान न होते हुए भी, उनकी चर्चा चलती रही–

बहुत दिन बीते सुधि कछु न लही।
गए जे पथिक गोरे साँवरे सलोने,
सखि! संग नारि सुकुमारि रही।
जानि पहिचानि बिनु आपु तें,
आपुनेहु तें, प्रानहूँ ते प्यारे प्रियतम उपही।
बहुरि बिलोकिबे कबहुँक कहत,
तनु पुलक नयन जलधार बही॥

जिसके सौन्दर्य्य पर ध्यान टिक गया, जिसके प्रति प्रेम का प्रादुर्भाव हो गया, उसकी और बातों में भी जी लगने लगता है। उसमें यदि बल पराक्रम आदि भी दिखाई दे तो उस बल पराक्रम के महत्त्व का अनुभव हृदय बड़े आनन्द से करता है। गोस्वामीजी ने राम के अलौकिक सौन्दर्य्य का दर्शन कराने के साथ ही उनकी अलौकिक शक्ति का भी

साक्षात्कार कराया है। ईश्वरावतार उस राम से बढ़कर शक्तिमान् विश्व में कौन हो सकता है 'लव निमेष परमान जुग, काल जासु कोदंड।' इस अनन्त सौन्दर्य्य और अनन्त शक्ति में अनन्त शील की योजना हो जाने से भगवान् का सगुण रूप पूर्ण हो जाता है। 'शील' तक आने का कैसा सुगम और मनोहर मार्ग बाबाजी ने तैयार किया है ! 'सौन्दर्य्य के प्रभाव से हृदय को वशीभूत करके' शक्ति के अलौकिक प्रदर्शन से उसे चकित कराते हुए अन्त में वे उसे 'शील' या 'धर्म' के रमणीय रूप की ओर आप से आप आकर्षित होने के लिए छोड़ देते हैं। जब इस शील के मनोहर रूप की ओर मनुष्य आकर्षित हो जाता है और अपनी वृत्तियों को उसके मेल में देखना चाहता है, तब आकर वह भक्ति का अधिकारी होता है। जो केवल बाह्य सौन्दर्य्य पर मुग्ध होकर और अपूर्व शक्ति पर चकित होकर ही रह गया, 'शील' की ओर आकर्षित होकर उसकी साधना में तत्पर न हुआ, वह भक्ति का अधिकारी न हुआ। इस अधिकार-प्राप्ति की उत्कंठा गोस्वामीजी ने कैसे स्पष्ट शब्दों में प्रकट की है, देखिए–

कबहुँक हौं यहि रहनि रहौंगो ?
श्री रघुनाथ कृपालु कृपा तें संत सुभाव गहौंगो॥
यथा लाभ संतोष सदा, काहू सौं कछु न चहौंगो।
परहित निरत निरंतर मन क्रम बचन नेम निबहौंगो॥
परुष बचन अति दुसह श्रवण सुनि तेहि पावक न दहौंगो।
बिगत मान, सम सीतल मन, पर गुन, नहिं दोख, कहौंगो॥
परिहरि देह जनित चिंता, दुःख सुख समबुद्धि सहौंगो।
तुलसिदास प्रभु यहि पथ रहि अबिचल हरिभक्ति लहौंगो॥

शीलसाधना की इस उच्च भूमि में पाठक देख सकते हैं कि विरति या वैराग्य आप से आप मिला हुआ है। पर लोककर्तव्यों से विमुख करनेवाला वैराग्य नहीं–परहित चिन्तन से अलग करनेवाला वैराग्य नहीं–अपनी पृथक् प्रतीत होती हुई सत्ता को लोकसत्ता के भीतर लय कर देनेवाला वैराग्य, अपनी 'देहजनित चिन्ता' से अलग करनेवाला वैराग्य। भगवान् ने उत्तरकांड में सन्तों के सम्बन्ध में जो 'त्यागहिं करम सुभासुभदायक' कहा है, वह 'परहित' का विरोध नहीं है। वह गीता में उपदिष्ट निर्लिप्त कर्म का बोधक है। जब साधक भक्ति द्वारा अपनी व्यक्ति का लोक में लय कर चुका, जब फलासक्ति रह ही न गई, तब उसे कर्म स्पर्श कहाँ से करेंगे ? उसने अपनी पृथक् प्रतीत होती हुई सत्ता को लोकसत्ता में–भगवान् की व्यक्त सत्ता में–मिला दिया। भक्ति द्वारा अपनी व्यक्त सत्ता को भगवान् की व्यक्त सत्ता में मिलाना मनुष्य के लिए जितना सुगम है उतना ज्ञान द्वारा ब्रह्म की अव्यक्त सत्ता में अपनी व्यक्त सत्ता को मिलाना नहीं। संसार में रहकर इन्द्रियार्थों का निषेध असम्भव है; अतः मनुष्य को वह मार्ग ढूँढ़ना चाहिए जिसमें इन्द्रियार्थ अनर्थकारी न हो। यह भक्तिमार्ग है, जिसमें इन्द्रियार्थ भी मंगलप्रद हो जाते हैं–

बिषयिन्ह कहँ पुनि हरिगुनग्रामा। स्रवनसुखद अरु मन अभिरामा॥

इस प्रकार अपनी व्यक्ति को लोक में लय करना राम में अपने को लय करना है, क्योंकि यह जगत् 'सियाराममय' है। जब हम संसार के लिए वही करते हुए पाए जाते हैं जो वह अपने लिए कर रहा है—वह करते हुए नहीं जिसका लक्ष्य उसके लक्ष्य से अलग या विरुद्ध है—तब मानो हमने अपने अस्तित्व को जगत् को अर्पित कर दिया। ऐसे लोगों को ही जीवन्मुक्त कहना चाहिए।

'शील' और 'भक्ति' का नित्य सम्बन्ध गोस्वामीजी ने बड़ी भावुकता से प्रकट किया है। वे राम से कहते हैं कि यदि मेरे ऐसे पतित से संभाषण करने में आपको संकोच हो, तो मन ही मन अपना लीजिए—

प्रन करिहौं हठि आजु तें रामद्वार पर्‌यो हौं।
'तू मेरो' यह बिनु कहे उठिहौं न जनम भरि,
प्रभु की सौं करि निबर्‌यो हौं॥
प्रगट कहत जौं सकुचिए अपराध भर्‌यो हौं।
तौ मन में अपनाइए तुलसिहिं कृपा करि,
कलि बिलोकि हहर्‌यो हौं॥

फिर यह मालूम कैसे होगा कि आपने मुझे अपना लिया? गोस्वामीजी कहते हैं—

'तुम अपनायो, तब जानिहौं जब मन फिरि परिहै।
सुत की प्रीति, प्रतीति मीत की, नृप ज्यों डर डरिहै॥
हरषिहै न अति आदरे, निदरे न जरि मरिहै।
हानि लाभ दुःख सुख सबै सम चित हित अनहित॥
कलि कुचाल परिहरिहै॥''

जब कलि की सब कुचालें छूट जाएँ, बुरे कर्मों से मुँह मुड़ जाए, तब समझूँ कि मुझे भक्ति प्राप्त हुई। जिस भक्ति से यह स्थिति प्राप्त न हो वह भगवद्भक्ति नहीं; और किसी की भक्ति हो तो हो। गोस्वामीजी की 'श्रुति सम्मत' हरिभक्ति वही है जिसका लक्षण शील है—

प्रीति राम सों, नीति पथ चलिय, राग रिसि जीति॥
तुलसी संतन के मते इहै भगति की रीति॥

शील हृदय की वह स्थायी स्थिति है जो सदाचार की प्रेरणा आप से आप करती है ? सदाचार ज्ञान द्वारा प्रवर्तित हुआ है या भक्ति द्वारा, इसका पता यों लग सकता है कि ज्ञान द्वारा प्रवर्तित जो सदाचार होगा, उसका साधन बड़े कष्ट से—हृदय को पत्थर के नीचे दबाकर—किया जाएगा; पर भक्ति द्वारा प्रवर्तित जो सदाचार होगा, उसका अनुष्ठान बड़े आनन्द से, बड़ी उमंग के साथ, हृदय से होता हुआ दिखलाई देगा। उसमें मन को मारना न होगा, उसे और सजीव करना होगा। कर्त्तव्य और शील का वही आचरण सच्चा है जो आनन्दपूर्वक हर्षपुलक के साथ हो—

रामहिं सुमिरत, रन भिरत, देत, परत गुरु पाय।
तुलसी जिनहिं न पुलक तनु ते जग जीवन जाय॥

शील द्वारा प्रवर्तित सदाचार सुगम भी होता है और स्थायी भी, क्योंकि इसका सम्बन्ध हृदय से होता है। इस शील दशा की प्राप्ति भक्ति द्वारा होती है। विवेकाश्रित सदाचार और भक्ति इन दोनों में किसका साधन सुगम है, इस प्रश्न को और साफ करके बाबाजी कहते हैं–

कै तोहि लागहिं राम प्रिय, कै तू प्रभु प्रिय होहि।
दुइ महँ रुचै जो सुगम सो कीबे तुलसी तोहि॥

या तो तुझे राम प्रिय लगें या राम को तू प्रिय लगे, इन दोनों में जो सीधा समझ पड़े सो कर। तुझे राम प्रिय लगें, इसके लिए तो इतना ही करना होगा कि तू राम के मनोहर रूप, गुण, शक्ति और शील को बार-बार अपने अन्तःकरण के सामने रखा कर; बस राम तुझे अच्छे लगने लगेंगे। शील को शक्ति और सौन्दर्य्य के योग में यदि तू बार-बार देखेगा तो शील की ओर भी क्रमशः आप से आप आकर्षित होगा। तू राम को प्रिय लगे, इसके लिए तुझे स्वयं उत्तम गुणों को धारण करना पड़ेगा और उत्तम कर्मों का सम्पादन करना पड़ेगा। पहला मार्ग कैसा सुगम है, जो दूर जाकर दूसरे मार्ग से मिल जाता है और दोनों मार्ग एक हो जाते हैं। ज्ञान या विवेक द्वारा सदाचार की प्राप्ति वे स्पष्ट शब्दों में कठिन बतलाते हैं।

कहत कठिन, समुझत कठिन, साधत कठिन बिबेक।
होइ घुनाच्छर न्याय जो पुनि प्रत्यहू अनेक।

कोई आदमी कुटिल है, सरल कैसे हो ? गोस्वामीजी कहते हैं कि राम की सरलता के अनुभव से। राम के अभिषेक की तैयारी हो रही है। इस पर राम सोचते हैं–

जनमे एक संग सब भाई। भोजन, सयन, केलि, लरिकाई॥
बिमल बंस यह अनुचित एकू। बंधु बिहाइ बड़ेहि अभिषेकू॥

भक्तशिरोमणि तुलसीदासजी याचना करते हैं कि राम का यह प्रेमपूर्वक पछताना भक्तों के मन की कुटिलता दूर करे–

प्रभु सप्रेम पछितानि सुहाई। हरउ भगत मन कै कुटिलाई॥

राम की ओर प्रेमदृष्टि पड़ते ही मनुष्य पापों से विमुख होने लगता है। जो धर्म के स्वरूप पर मुग्ध हो जाएगा, वह अधर्म की ओर फिर भरसक नहीं ताकने जाएगा। भगवान् कहते हैं–

सनमुख होइ जीव मोहि जबहीं। जनम कोटि अघ नासहिं तबहीं॥
पापवंत कर सहज सुभाऊ। भजन मोर तेहि भाव न काऊ॥

राम के शील के अन्तर्गत 'शरणागत की रक्षा' को गोस्वामीजी ने बहुत प्रधानता दी है। यह वह गुण है जिसे देख पापी से पापी भी अपने उद्धार की आशा कर सकता है। ईसा ने भी पापियों को निराश होने से बचाया था। भक्तिमार्ग के लिए यह आशा परम आवश्यक है। इसी 'शरणप्राप्ति' की आशा बँधाने के लिए बाबाजी ने कुछ ऐसे पद कहे हैं जिनसे लोग सदाचार की उपेक्षा समझते हैं; जैसे–

बंधु बधू रत कहि कियो बचन निरुत्तर बालि।
तुलसी प्रभु सुग्रीव की चितइ न कछू कुचालि॥

इसी प्रकार गणिका, अजामिल आदि का नाम वे बार-बार लाए हैं। पर उन्होंने भगवान् की भक्तवत्सलता दिखाने के लिए ऐसा किया है; यह दिखाने के लिए नहीं कि भक्ति और सदाचार से कोई सम्बन्ध ही नहीं है और पाप करता हुआ भी मनुष्य भक्त कहला सकता है। पापियों के उद्धार का मतलब पापियों का सुधार है—ऐसा सुधार जिससे लोक और परलोक दोनों बन सकते हैं। गोस्वामीजी द्वारा प्रतिपादित रामभक्ति वह भाव है जिसका संचार होते ही अन्तःकरण बिना कष्ट के शुद्ध हो जाता है—सारा कल्मष, सारी मलिनता आप से आप छूटने लगती है। अन्तःकरण की पूर्ण शुद्धि भक्ति के बिना नहीं हो सकती, अपना यह सिद्धान्त उन्होंने कई जगह प्रकट किया है—

नयन मलिन परनारि निरखि, मन मलिन विषय सँग लागे।
हृदय मलिन बासना मान मद, जीव सहज सुख त्यागे॥
पर निंदा सुनि स्रवन मलिन भए बदन दोष पर गाए।
सब प्रकार मल भार लाग निज नाथ चरन बिसराए॥
तुलसिदास ब्रत दान ग्यान तप सुद्धि हेतु स्रुति गावै।
रामचरन अनुराग नीर बिनु मल अति नास न तावै॥

जब तक भक्ति न हो तब तक सदाचार को गोसाईंजी स्थायी नहीं समझते। मनुष्य के आचरण में शुद्ध ज्ञान द्वारा वह दृढ़ता नहीं आ सकती जो भक्ति द्वारा प्राप्त होती है—

कबहुँ जोग रत भोग निरत सठ हठ बियोग बस होई।
कबहुँ मोह बस द्रोह करत बहु कबहुँ दया अति सोई॥
कबहुँ दीन मतिहीन रंकतर, कबहुँ भूप अभिमानी।
कबहुँ मूढ़, पंडित बिडंबरत कबहुँ धरमरत ग्यानी॥
संजम जप तप नेम धरम ब्रत बहु भेषज समुदाई।
तुलसिदास भवरोग रामपद-प्रेम-हीन नहिं जाई॥

इसी से उन्होंने भक्ति के बिना शील आदि सब गुणों को निराधार और नीरस कहा है—

सूर सुजान सपूत सुलच्छन गनियत गुन गरुआई।
बिनु हरिभजन इँदारुन के फल तजत नहीं करुआई॥
कीरति कुल करतूति भूति भलि, सील सरूप सलोने।
तुलसी प्रभु अनुराग रहित जस सालन साग अलोने॥

भक्ति की आनन्दमयी प्रेरणा से शील की ऊँची से ऊँची अवस्था की प्राप्ति आप से आप हो जाती है और मनुष्य 'संत' पद को पहुँच जाता है। इस प्रेरणा में रूप, गुण, शील, बल, सबके प्रभाव का योग रहता है। इसी प्रकार के प्रभाव से—

भए सब साधु किरात किरातिनि, रामदरस मिटि गई कलुषाई।

ज्ञान और भक्ति

यहाँ तक तो भक्ति और शील का समन्वय हुआ, अब ज्ञान और भक्ति का समन्वय देखिए। गरुड़ को समझाते हुए काकभुशुंडि कहते हैं–

'ज्ञानहिं भगितिहिं नहिं कछु भेदा।'

साध्य की एकता से भक्ति और ज्ञान दोनों एक ही हैं–

'उभय हरहिं भव-संभव खेदा।'

पहले कहा जा चुका है कि शक्ति, शील और सौन्दर्य्य की पराकाष्ठा भगवान् का व्यक्त या सगुण स्वरूप है। इनमें से सौन्दर्य्य और शील भगवान् के लोकपालन और लोकरंजन के लक्षण हैं और शक्ति उद्‌भव और लय का लक्षण है। जिस शक्ति की अनन्तता पर भक्त केवल चकित होकर रह जाएगा, ज्ञानी उसके मूल तक जाने के लिए उत्सुक होगा। ईश्वर ज्ञानस्वरूप है, अतः ज्ञान के प्रति यह औत्सुक्य भी भक्ति के समान एक 'भाव' ही है, या यों कहिए कि भक्ति का ही एक रूप है–पर एक ऐसे कठिन क्षेत्र की ओर ले जानेवाला जिसमें कोई बिरला ही ठहर सकता है–

ग्यानपंथ कृपान कै धारा। परत खगेस ! होइ नहिं बारा॥

जो इस कठिन ज्ञानपथ पर निरन्तर चला जाएगा, उसी को अन्त में 'सोऽहमस्मि' का अनुभव प्राप्त होगा। पर इस 'सोऽहमस्मि' की अखंड वृत्ति तक प्राप्त होने की कठिनता गोस्वामीजी ने बड़ा ही लम्बा और पेचीला रूपक बाँधकर दिखाई है। इस तत्व को सम्यक् प्राप्ति के पहले सेव्यसेवकभाव का त्याग अत्यन्त अनर्थकारी और दोषजनक है। इसी से गोस्वामीजी सिद्धान्त करते हैं कि–

सेवक सेव्य भाव बिनु भव न तरिय, उरगारि !

भक्ति और ज्ञान का तारतम्य अत्यन्त गूढ़ और रहस्यपूर्ण उक्ति द्वारा गोस्वामीजी ने प्रदर्शित किया है। वे कहते हैं–

ग्यान बिराग जोग बिग्याना। ए सब पुरुष सुनहु हरिजाना॥
माया भगति सुनहु तुम्ह दोऊ। नारिवर्ग जानहिं, सब कोऊ॥
मोह न नारि नारि के रूपा। पन्नगारि ! यह रीति अनूपा॥

ज्ञान पुरुष अर्थात् चैतन्य है और भक्ति सत्वस्थ प्रकृतिस्वरूप है। दूसरे शब्दों में यों कह सकते हैं कि 'ज्ञान' बोधवृत्ति और भक्ति रागात्मिका वृत्ति है। बोधवृत्ति राग के द्वारा आक्रान्त हो सकती है, पर एक राग दूसरे राग को दूर रखता है। सत्वस्थ राग यदि दृढ़ हो जाएगा तो राजस और तामस दोनों रागों को दूर रखेगा। रागात्मिका वृत्ति को मार डालना तो बात ही बात है। अतः उसे एक अच्छी जगह टिका देना चाहिए–ऐसी जगह टिका देना चाहिए जहाँ से वह न लोक-धर्म के पालन में, न शील की उच्च साधना में और न ज्ञान के मार्ग में बाधक हो सके। इसके लिए भगवान् के सगुण रूप से बढ़कर और क्या आलम्बन हो सकता है जिसमें शील, शक्ति और सौन्दर्य्य तीनों परमावस्था को प्राप्त होते हैं–

राम काम सत कोटि सुभग तन। दुर्गा कोटि अमित अरि मर्दन॥
मरुत कोटि सत बिपुल बल, रबि सत कोटि प्रकास।

ससि सत कोटि सो सीतल समन शकल भव-त्रास ॥
काल कोटि सत सरिस अति दुस्तर दुर्ग दुरंत।
धूमकेतु सत कोटि सम, दुराधर्ष भगवंत ॥

यद्यपि कथा के प्रसंग में राम विष्णु के अवतार ही कहे गए हैं, पर भक्त की अनन्य भावना में वे देवकोटि से भी परे हैं–

विष्णु कोटि सम पालन करता। रुद्र कोटि सत सम संहरता ॥

इस नामरूपात्मक जगत् के बीच परमार्थतत्व का शुद्ध स्वरूप पूरा-पूरा निरूपित नहीं हो सकता। ऐसे निरूपण में अज्ञान का लेश अवश्य रहेगा; या यों कहिए कि अज्ञान ही के सहारे यह बोधगम्य होगा। अज्ञान अर्थात् दृश्य जगत् के शब्दों में ही यह निरूपण होगा–चाहे निषेधात्मक ही हो। निषेध मात्र से स्वरूप तक पहुँच नहीं हो सकती। हम किसी का मकान ढूँढ़ने में हैरान हैं। कोई हमें मकान दिखाने के लिए ले चले और दुनिया भर के मकानों को दिखाता हुआ 'यह नहीं है,' 'यह नहीं है' कहकर बैठ जाए तो हमारा क्या सन्तोष होगा ? प्रकृति के विकार और अन्तःकरण की क्रिया के स्वरूप को ही अधिकतर हम ज्ञान या शुद्ध चैतन्य का स्वरूप समझाया करते हैं। अतः अज्ञानरहित ज्ञान बात ही बात है। इसी से गोस्वामीजी ललकारकर कहते हैं कि जो अज्ञान बिना ज्ञान या सगुण बिना निर्गुण कह दे, उसके चेले होने के लिए हम तैयार हैं–

ग्यान कहै अग्यान बिनु, तम बिनु कहै प्रकास।
निरगुन कहै जो सगुन बिनु, सो गुरु तुलसीदास ॥

हमारा ज्ञान भी अज्ञानसापेक्ष है। हमारी निर्गुण भावना भी सगुण भावना की अपेक्षा रखती है; ठीक उसी प्रकार जैसे प्रकाश की भावना अन्धकार की भावना की अपेक्षा रखती है। मानव ज्ञान के इस सापेक्ष स्वरूप को देखकर आजकल के बड़े-बड़े विज्ञानविशारद इतनी दूर पहुँचकर ठिठक गए हैं। आगे का मार्ग उन्हें दिखाई ही नहीं पड़ता।

तर्क और विवाद को भी गोस्वामीजी एक व्यसन समझते हैं। उसमें भी एक प्रकार का स्वाद या रस होता है। इस प्रकार के अनेक रस इस संसार में हैं। कोई किसी रस में मग्न है तो कोई किसी में–

जो जो जेहि जेहि रस मगन तहँ सो मुदित मन मानि।
रस गुन दोष बिचारिबो रसिक रीति पहिचानि ॥

तुलसीदासजी तो सब रसों को छोड़ भक्तिरस की ओर झुकते हैं और अपनी जीभ से वाद-विवाद का स्वाद छोड़ने को कहते हैं–

बाद बिबाद स्वाद तजि भजि हरि सरस चरित चित लावहिं।

इस रामभक्ति के द्वारा ज्ञानियों का साध्य मोक्ष आप से आप, बिना इच्छा और प्रयत्न के, प्राप्त हो सकता है–

राम भजत सोइ मुक्ति, गुसाईं। अनइच्छत आवइ बरिआई।

ज्ञानपक्ष में जाकर गोसाईंजी का सिद्धान्त क्या है, इसका पता लगाने के पहले यह समझ लेना चाहिए कि यद्यपि स्थान-स्थान पर उन्होंने तत्त्वज्ञान का भी सन्निवेश किया

है; पर अपने लिए उन्होंने कोई एक सिद्धान्त मार्ग स्थिर करने का प्रयत्न नहीं किया है। पहली बात तो यह है कि जब वे भक्तिमार्ग के अनुगामी हो चुके, तब ज्ञानमार्ग ढूँढ़ने के लिए तर्क-वितर्क का प्रयत्न क्यों करने जाते ? दूसरा कारण उनकी सामंजस्य बुद्धि है। साम्प्रदायिक दृष्टि से तो वे रामानुजाचार्य के अनुयायी थे जिनका निरूपित सिद्धान्त भक्तों की उपासना के बहुत अनुकूल दिखाई पड़ा। उपनिषद् प्रतिपादित 'सोऽहमस्मि' और 'तत्त्वमसि' आदि अद्वैत वाक्यों की पारमार्थिकता में विश्वास रखते हुए भी–

गो गोचर जहँ लगि मन जाई। तहँ लगि माया जानेहु भाई ॥

कहकर मायावाद को स्वीकार करते हुए भी, कहीं-कहीं विशिष्टाद्वैत मत का आभास उन्होंने दिया है, जैसे–

ईश्वर अंस जीव अबिनासी। चेतन, अमल, सहज, सुखरासी ॥
सो मायाबस भयउ गोसाईं। बँधेउ कीर मरकट की नाईं ॥

शुद्ध ब्रह्म स्वगत, सजातीय और विजातीय तीनों भेदों से रहित है। किसी वस्तु का अंश उसका 'स्वगत' भेद है, अतः जीव को ब्रह्म का अंश कहना (ब्रह्म ही न कहना) अद्वैत मत के अनुकूल न होकर रामानुज के विशिष्टाद्वैत के अनुकूल है जिसके अनुसार चिदचिद्विशिष्ट ईश्वर एक ही है। चित् (जीव) और अचित् (जगत्) दोनों ईश्वर के अंग या शरीर हैं। ईश्वरशरीर के इस सूक्ष्म चित् और सूक्ष्म अचित् से ही स्थूल चित् और स्थूल अचित् अर्थात् अनेक जीवों और जगत् की उत्पत्ति हुई है। इससे यह लक्षित होता है कि परमार्थ दृष्टि से–शुद्ध ज्ञान की दृष्टि से–तो अद्वैत मत गोस्वामीजी को मान्य है, पर भक्ति के व्यावहारिक सिद्धान्त के अनुसार भेद करके चलना वे अच्छा समझते हैं। गरुड़ के ईश्वर और जीव में भेद पूछने पर काकभुशुंडि कहते हैं–

माया बस्य जीव अभिमानी। ईस बस्य माया गुन खानी ॥
परबस जीव, स्वबस भगवंता। जीव अनेक, एक श्रीकंता ॥

इतना भेद करके वे परमार्थ दृष्टि से अद्वैत पक्ष पर आते हुए कहते हैं कि ये भेद यद्यपि मायाकृत हैं–परमार्थतः सत्य नहीं हैं–पर इन्हें मिटाने के लिए ईश्वर को स्वामी मानकर भक्ति करनी पड़ेगी।

मुधा भेद जद्यपि कृत माया। बिनु हरि जाइ न कोटि उपाया ॥

व्याप्य-व्यापक की यह एकत्व भावना भी विशिष्टाद्वैत के अधिक अनुकूल जान पड़ती है–

जो कुछ बात बनाइ कहौं, तुलसी तुममें, तुमहू उर माँहीं।
जानकी जीवन जानत हौ हम हैं तुम्हरे, तुममें सक नाहीं ॥

इसी प्रकार इस नीचे के वाक्य से भी 'अद्वैत' से असन्तोष व्यंजित होता है–

जे मुनि ते पुनि आपुहि आपु को ईस कहावत सिद्ध सयाने।

अन्त में इस सम्बन्ध में इतना कह देना आवश्यक है कि तुलसीदासजी भक्तिमार्गी थे; अतः उनकी वाणी में भक्ति के गूढ़ रहस्यों को ढूँढ़ना ही अधिक फलदायक होगा, ज्ञानमार्ग के सिद्धान्तों को ढूँढ़ना नहीं।

तुलसी की काव्यपद्धति

काव्य के दो स्वरूप हमें देखने में आते हैं—अनुकृत (इमिटेटिव) या प्रकृत (रियलिस्टिक) तथा अतिरंजित (एक्जैजरेटिव) या प्रगीत (लिरिकल)। कवि की भावुकता की सच्ची झलक वास्तव में प्रथम स्वरूप में ही मिलती है। जीवन के अनेक मर्मपक्षों की वास्तविक सहानुभूति जिसके हृदय में समय-समय पर जागती रहती है उसी से ऐसे रूपव्यापार हमारे सामने लाते बनेगा जो हमें किसी भाव में मग्न कर सकते हैं और उसी से उस भाव की ऐसी स्वाभाविक रूप में व्यंजना भी हो सकती है जिसको सामान्यतः सबका हृदय अपना सकता है। अपनी व्यक्तिगत सत्ता की अलग भावना से हटाकर निज के योगक्षेम के सम्बन्ध से मुक्त करके, जगत् के वास्तविक दृश्यों और जीवन की वास्तविक दशाओं में जो हृदय समय-समय पर रमता रहता है, वही सच्चा कविहृदय है। सच्चे कवि वस्तु-व्यापार का चित्रण बहुत बढ़ा-चढ़ा और चटकीला कर सकते हैं, भावों की व्यंजना अत्यन्त उत्कर्ष पर पहुँचा सकते हैं, पर वास्तविकता का आधार नहीं छोड़ते। उनके द्वारा अंकित वस्तु-व्यापार योजना इसी जगत् की होती है; उनके द्वारा भाव उसी रूप में व्यंजित होते हैं जिस रूप में उनकी अनुभूति जीवन में होती है या हो सकती है। भारतीय कवियों की मूल प्रवृत्ति वास्तविकता की ओर ही रही है। यहाँ काव्य जीवनक्षेत्र से अलग खड़ा किया गया केवल तमाशा ही नहीं रहा है।

काव्य का दूसरा स्वरूप—अतिरंजित या प्रगीत—वस्तुवर्णन तथा भाव-व्यंजना दोनों में पाया जाता है। कुछ कवियों की प्रवृत्ति रूपों और व्यापारों की ऐसी योजना की ओर होती है जैसी सृष्टि के भीतर नहीं दिखाई पड़ा करती। उनकी कल्पना कभी स्वर्णकमलों से कलित सुधासरोवर के कूलों पर मलयानिल-स्पंदित पाटलों के बीच विचरती है, कभी मरकत भूमि पर खड़े मुक्ताखचित प्रवाल-भवनों में पुष्पराग और नीलमणि के स्तम्भों के बीच हीरे के सिंहासनों पर जा टिकती है, कभी सायं प्रभात के कनकमेखलामंडित विविध वर्णमय घनपटलों के परदे डालकर विकीर्ण तारकसिकताकणों के बीच बहती आकाश गंगा में अवगाहन करती है। इस प्रकार की कुछ रूप-योजनाएँ प्राचीन आख्यानों में रूढ़ होकर पौराणिक (माइथालाजिकल) हो गई हैं और मनुष्य की नाना जातियों में विश्वास से सम्बन्ध रखती हैं; जैसे, सुमेरु पर्वत, सूर्यचन्द्र के पहियावाला रथ, समुद्रमंथन, समुद्रलंघन, सिर पर पहाड़ लादकर आकाश मार्ग से उड़ना, इत्यादि। इन्हें काव्यगत अत्युक्ति या कल्पना की उड़ान के अन्तर्गत हम नहीं लेंगे।

काव्य में उपर्युक्त ढंग की रूपव्यापार योजना प्रस्तुत (उपमेय) और अप्रस्तुत (उपमान) दोनों पक्षों में पाई जाती है। कुछ कवियों का झुकाव दोनों पक्षों में अलौकिक या अतिरंजित की ओर रहता है और कुछ का केवल अप्रस्तुत पक्ष में; जैसे—'मखतूल के झूल झुलावत केशव भानु मनो शनि अंक लिए।'

भाव-व्यंजना के क्षेत्र में काव्य का अतिरंजित या प्रगीत स्वरूप अधिकतर मुक्तक पद्यों में—विशेषतः शृंगार या प्रेम सम्बन्धी—पाया जाता है। कहीं विरह ताप से सुलगते हुए शरीर से उठे धुएँ के कारण ही आकाश नीला दिखाई पड़ता है। कौवे काले हो जाते

हैं। कहीं रक्त के आँसुओं की बूँदें टेंसू के फूलों, नई कोयलों और गुंजा के दानों के रूप में बिखरी हुई दिखाई पड़ती है। कहीं जगत् को डुबानेवाले अश्रुप्रवाह के खारेपन से समुद्र खारे हो जाते हैं। कहीं भस्मीभूत शरीर की राख का एक-एक कण हवा के साथ उड़ता हुआ प्रिय के चरणों में लिपटना चाहता है। इसी प्रकार कहीं प्रिय का श्वास मलयानिल होकर लगता है; कहीं उसके अंग का स्पर्श कपूर के कर्दम या कमल दलों की खाड़ी में ढकेल देता है।

गो.तु. 4 (2100-76)

यहाँ पर यह कह देना आवश्यक है कि गोस्वामीजी की रुचि काव्य के अतिरंजित या प्रगीत स्वरूप की ओर नहीं थी। गीतावली गीतकाव्य है पर उसमें भी भावों की व्यंजना उसी रूप में हुई है जिस रूप में मनुष्यों को उनकी अनुभूति हुआ करती है या हो सकती है। यह बात आगे के प्रसंगों में उद्धृत उदाहरणों से स्पष्ट हो जाएगी। केवल दो-एक जगह उन्होंने कवियों की अतिरंजित या प्रलपित उक्तियों का अनुकरण किया है; जैसे, सीताजी के विरह-ताप के इस वर्णन में जो हनुमान राम से कहते हैं–

जेहि बाटिका बसति तहँ खग मृग तजि तजि भजे पुरातन भौन।
स्वास समीर भेंट भइ भोरेहु तेहि मग पग न धर्‌यौ तिहुँ पौन॥

पर ये दोनों पंक्तियाँ ऐसी हैं कि यदि तुलसी के सामान्य पाठकों को सुनाई जाएँ तो वे इन्हें तुलसी की न समझेंगे। तात्पर्य्य यह है कि गोस्वामीजी की दृष्टि वास्तविक जीवन दशाओं के मार्मिक पक्षों के उद्घाटन की ओर थी, काल्पनिक वैचित्र्यविधान की ओर नहीं।

ऊपर जो बात कही गई उसका अर्थ 'कलावादी' लोगों के निकट यह होगा कि तुलसीदास 'नूतन सृष्टि निर्माण' वाले कवि नहीं थे। ऐसे लोगों के गुरुओं का कहना है कि ज्ञात जगत् परिमित है और मन (या अन्तः करणविशिष्ट आत्मा) का विस्तार असीम और अपरिमित है; अतः पूरी कविता वही है जो वास्तविक जगत् या जीवन में बद्ध न रहकर, वस्तु और अनुभूति दोनों के लोकातीत स्वरूप दिखाया करे। कल्पना के इन 'विश्वामित्रों' से योरप भी कुछ दिन परेशान रहा। 'कलावादी' जिसे 'नूतन सृष्टि' कहते हैं वह स्वच्छ और स्थिर दृष्टिवालों के निकट वास्तविक का विकृत रूप मात्र है–ऐसा विकृत जो प्रायः कुतूहल मात्र उत्पन्न करके रह जाता है, हृदय के मर्मस्थल को स्पर्श नहीं करता, कोई सच्ची और गम्भीर अनुभूति नहीं जगाता।

तुलसी की गम्भीर वाणी शब्दों की कलाबाजी, उक्तियों की झूठी तड़क-भड़क आदि खेलवाड़ों में भी नहीं उलझी है। वह श्रोताओं या पाठकों को ऐसी भूमियों पर ले जाकर खड़ा करने में ही अग्रसर रही है जहाँ से जीते-जागते जगत् की रूपात्मक और क्रियात्मक सत्ता के बीच भगवान् की भावमयी मूर्त्ति की झाँकी मिल सकती है। गोस्वामीजी का उद्देश्य लोक के बीच प्रतिष्ठित रामत्व में लीन करना है; कुतूहल या मनोरंजन की सामग्री एकत्र करना नहीं। श्लेष, यमक, परिसंख्या इत्यादि कोरे चमत्कारविधायक अलंकार रखने के लिए ही उन्होंने कहीं रचना नहीं की है। इन अलंकारों का प्रयोग भी

उन्होंने दो ही चार जगह किया है। वे चमत्कारवादी नहीं थे, 'दोहावली' में कुछ दोहों की दुरूहता का कारण उनकी चमत्कारप्रियता नहीं, समासपद्धति का अवलम्बन है, जिसमें अर्थ का कुछ आक्षेप ऊपर से करना पड़ता है; जैसे यह दोहा लीजिए–

उत्तम मध्यम नीच गति, पाहन सिकता पानि।
प्रीति परिच्छा तिहुँन की; बैर बितिक्रम जानि ॥

जो इस संस्कृत श्लोक का अनुवाद है–

उत्कृष्ट मध्यम निकृष्ट जनेषु मैत्री
यद्वच्छिलासु सिकतासु जलेषु रेखा।
वैरं निकृष्टमभिमध्यम उत्तमे च
यद्वच्छिलासु सिकतासु जलेषु रेखा ॥

श्लोक के भाव को थोड़े में व्यक्त करने के लिए 'उत्तम, मध्यम निकृष्ट' को फिर उलटे क्रम से न रखकर 'बितिक्रम' शब्द से काम चलाया गया है। 'रेखा' शब्द न लाने से अर्थ बिलकुल लापता हो गया है। अनुवाद की यह असफलता समास या चुस्ती के प्रयास के कारण हुई है; नहीं तो गोस्वामीजी के समान संस्कृत उक्तियों का अनुवाद करनेवाला हिन्दी का और दूसरा कवि नहीं। दोहावली में जितने क्लिष्ट दोहे हैं उनकी क्लिष्टता का कारण यही समासशैली है। ऐसे दोहों में 'न्यूनपदत्व' दोष प्रायः पाया जाता है।

अनुकरण मनुष्य के स्वभाव के अन्तर्गत है। गोस्वामीजी ने जैसे सब प्रकार की प्रचलित पद्य शैलियों या छन्दों में रचना की है वैसे ही कहीं दो-एक जगह कूट और आलंकारिक चमत्कार आदि का भी कौशल दिखा दिया है जिसके उदाहरण 'दोहावली' में मिलेंगे। 'दोहावली' में कुछ दोहे ज्योतिष की परिभाषाओं और संकेतों को लेकर रचे गए हैं। बात यह है कि 'दोहावली' में गोस्वामीजी कवि और सूक्तिकार, इन दोनों रूपों में विराजमान हैं। भक्ति और प्रेम का स्वरूप व्यक्त करनेवाले दोहे तो 'काव्य' के अन्तर्गत लिए जाएँगे, पर नीतिपरक दोहे 'सूक्ति' की श्रेणी में स्थान पाएँगे।

'दोहावली' के समान 'रामचरितमानस' में भी गोस्वामीजी कवि के रूप में ही नहीं, धर्मोपदेष्टा और नीतिकार के रूप में भी हमारे सामने आते हैं। 'मानस' के काव्य पक्ष का तो कहना ही क्या है। उसके भीतर मनुष्य जीवन में साधारणतः आनेवाली प्रत्येक दशा और प्रत्येक परिस्थिति का सन्निवेश तथा उस दशा और परिस्थिति का अत्यन्त स्वाभाविक, मर्मस्पर्शी और सर्वग्राह्य चित्रण है। जैसा लोकाभिराम राम का चरित था, वैसी ही प्रसादमयी गम्भीर गिरा, संस्कृत और हिन्दी दोनों में, उसके प्रकाश के लिए मिली। इस काल में तो 'रामचरितमानस' हिन्दू जीवन और हिन्दू संस्कृति का सहारा हो गया है। भारतवर्ष के जिस कोने में लोग इस ग्रन्थ को पूरा-पूरा नहीं समझ सकते, वहाँ भी वे थोड़ा-बहुत जितना समझ पाते हैं, उतने ही के लिए इसे पढ़ते हैं। कथाएँ तो और भी कही जाती हैं, पर जहाँ सबसे अधिक श्रोता देखिए और उन्हें रोते और हँसते पाइए, वहाँ समझिए कि तुलसीकृत रामायण हो रही है। साधारण जनता के मानस पर तुलसी के 'मानस का अधिकार इतने ही से समझा जा सकता है।

इसी एक ग्रन्थ से जनसाधारण को नीति का उपदेश, सत्कर्म की उत्तेजना, दुःख में धैर्य, आनन्दोत्सव में उत्साह, कठिन स्थिति को पार करने का बल सब कुछ प्राप्त होता है। यह उनके जीवन का साथी हो गया है।

जिस धूमधाम से इस ग्रन्थ की प्रस्तावना उठती है उसे देखते ही इसके महत्त्व का आभास मिलने लगता है। ऐसे दृष्टिविस्तार के साथ, जगत् की ऐसी गम्भीर समीक्षा के साथ और किसी ग्रन्थ की प्रस्तावना नहीं लिखी गई। रामायणियों में प्रसिद्ध है कि 'बाल' के आदि अयोध्या के मध्य और 'उत्तर' के अन्त की गम्भीरता की थाह डूबने से मिलती है। बात भी कुछ ऐसी ही है। मनुष्य जीवन की दशा के हिसाब से देखें तो 'बालकांड' में आनन्दोत्सव अपनी हद को पहुँचता है; 'अयोध्या' में गार्हस्थ की विषम स्थिति सामने आती है; 'अरण्य,' 'किष्किंधा' और 'सुन्दर' कर्म और उद्योग का पक्ष प्रतिबिम्बित करते हैं तथा 'लंका' में और 'उत्तर' में कर्म की चरम सीमा, विजय और विभूति का चित्र दिखाई पड़ता है।

जैसा कि कहा जा चुका है, 'मानस' में तुलसीदासजी धर्मोपदेष्टा और नीतिकार के रूप में भी सामने आते हैं। वह ग्रन्थ एक धर्मग्रन्थ के रूप में भी लिखा गया और माना जाता है। इससे शुद्ध काव्य की दृष्टि से देखने पर उसके बहुत-से प्रसंग और वर्णन खटकते हैं; जैसे, पातिव्रत और मित्रधर्म के उपदेश, उत्तरकांड में गरुड़पुराण के ढंग का कर्मों का ऐसा फलाफल कथन–

हरि गुरु निंदक दादुर होई। जन्म सहस्र पाव तन सोई॥
सुर स्रुति निंदक जे अभिमानी। रौरव नरक परहिं ते प्रानी॥
सबकै निंदा जे जड़ करहीं। ते चमगादर होइ अवतरहीं॥

अब विचारना यह चाहिए कि साहित्य की दृष्टि से ऐसे कोरे उपदेशों का 'मानस' में स्थान क्या होगा। 'मानस' एक 'प्रबन्ध काव्य' है। 'प्रबन्ध काव्य' में कवि लोग पात्रों की प्रकृति और शील का चित्रण भी किया करते हैं। 'मानस' में उक्त प्रकार के उपदेशात्मक वचन किसी-न-किसी पात्र के मुँह से कहलाए गए हैं। अतः यह कहा जा सकता है कि ऐसे वचन पात्रों के शीलव्यंजक मात्र हैं और काव्यप्रबन्ध के अन्तर्गत हैं। पर विचार करने पर यह साफ झलक जाता है कि उन उपदेशात्मक वचनों द्वारा कवि का लक्ष्य वक्ता पात्रों का चरित्र-चित्रण करना नहीं, उपदेश ही देना है। चरित्र-चित्रण मात्र के लिए जो वचन कहलाए जाते हैं उनके यथार्थ अयथार्थ का संगत-असंगत होने का विचार नहीं किया जाता।[1] पर 'मानस' में आए उपदेश इसी दृष्टि से रखे जान पड़ते हैं कि लोग उन्हें ठीक मानकर उन पर चलें। अतः यही मानना ठीक होगा कि ऐसे

1. दोज कांसेप्ट्स ह्विच आर फाउंड मिग्ल्ड ऐंड फ्यूज्ड विद इंट्यूशंज आर नो लांगर कांसेप्ट्स इन सो फार ऐज दे आर रियली मिग्ल्ड ऐंड फ्यूज्ड, फार दे हैव लास्ट आल इंडिपेंडेंस ऐंड आटोनामी, फार एग्जेंपुल द फिलासाफिकल मैक्जिम्स प्लेस्ड इन द माउथ आव ए परसानेज आव ट्रैजेडी आर कामेडी, टु परफार्म देयर द फंक्शन नाट आव कांस्पेट्स बट आव कैरेक्टरिस्टिक्स आव सच परसानेज।
–'ऐस्थेटिक्स', बेनेडेटो क्रोचे कृत

स्थलों पर गोस्वामीजी का कवि का रूप नहीं, उपदेशक का ही रूप है। अब हम इन कोरे और नीरस उपदेशों को काव्यक्षेत्र के भीतर समझें या बाहर ? भीतर समझने के लिए यही एक शास्त्रीय युक्ति है कि जैसे समूचे प्रबन्ध के रस से बीच-बीच में आए हुए 'आगे चले बहुरि रघुराई' ऐसे नीरस पद भी रसवान् हो जाते हैं, वैसे ही इस प्रकार के कोरे उपदेश भी।

अब रहा यह कि गोस्वामीजी ने 'रामचरितमानस' की रचना में वाल्मीकि से भिन्न पथ का जो बहुत जगह अवलम्बन किया है, वह किस विचार से। पहली बात तो यह है कि वाल्मीकि ने राम के नरत्व और नारायणत्व, इन दो पक्षों में से नरत्व की पूर्णता प्रदर्शित करने के लिए उनके उचित चरित का गान किया है। पर गोस्वामी ने राम का नारायणत्व लिया है और अपने 'मानस' को भगवद्भक्ति के प्रचार का साधन बनाया है। इससे कहीं-कहीं उन्होंने नरत्वसूचक लक्षणों को दृष्टि के सामने से हटा दिया है। जैसे बनवास का दुःसंवाद सुनाने जब राम कौशल्या के पास जाने लगे हैं तब वाल्मीकि ने उनके दीर्घ निःश्वास और कम्पित स्वर का उल्लेख किया है, सीता को अयोध्या में रहने के लिए समझाते समय उन्होंने कहा है कि भरत के सामने मेरी प्रशंसा न करना; इसी प्रकार मृग को मारकर लौटते समय आश्रम पर सीता के न रहने की आशंका उन्हें होने लगी है तब उनके मुँह से निकल पड़ा है कि 'कैकेयी अब सुखी होगी।' ऐसे स्थलों पर राम में इस प्रकार का क्षोभ गोस्वामीजी ने नहीं दिखाया है। पर साथ ही काव्यत्व की उन्होंने पूरी रक्षा की है; अस्वाभाविकता नहीं आने दी है। अवसर के अनुसार दुःख, शोक आदि की उनके द्वारा पूरी व्यंजना कराई है। अध्यात्मरामायण भक्तिपरक ग्रन्थ है, इससे अनेक स्थलों पर उन्होंने उसी का अनुसरण किया है।

पर बहुत कुछ परिवर्तन गोस्वामीजी ने अपने समय की लोकरुचि और साहित्य की रूढ़ि के अनुसार किया है। वाल्मीकि ने प्रेम का स्फुरण केवल लोक-कर्तव्यों के बीच में ही दिखाया है, उनसे अलग नहीं। उनकी रामायण में सीता-राम के प्रेम का परिचय हम विवाह के उपरान्त ही पाते हैं पर गोस्वामीजी के बहुत पहले से ही काव्यों में विवाह के पूर्व नायक-नायिका के प्रेम का प्रादुर्भाव दिखाने की प्रथा प्रतिष्ठित चली आती थी। इससे उन्होंने भी प्रेमाख्यानी रंग (रोमैंटिक टर्न) देने के लिए जयदेव के प्रसन्नराघव नाटक का अनुसरण करके धनुषयज्ञ के प्रसंग में 'फुलवारी' के दृश्य का सन्निवेश किया। उन्होंने जनक की वाटिका में राम और सीता का साक्षात्कार कराके दोनों के हृदय में प्रेम का उदय दिखाया। पर इस प्रेम-प्रसंग में भी रामकथा के पुनीत स्वरूप में कुछ भी अन्तर न आने पाया; लोक-मर्य्यादा का लेशमात्र भी अतिक्रमण न हुआ। राम-सीता एक-दूसरे का अलौकिक सौन्दर्य्य देखकर मुग्ध होते हैं। सीता मन ही मन राम को अपना वर बनाने की लालसा करती हैं, उनके ध्यान में मग्न होती हैं, पर 'पितु पन सुमिरि बहुरि मन छोभा।' वे इस बात का कहीं आभास नहीं देतीं कि पिता चाहे लाख करें, मैं राम को छोड़ और किसी के साथ विवाह न करूँगी। इसी प्रकार राम भी यह कहीं व्यंजित नहीं करते कि धनु चाहे जो तोड़े, मेरे देखते सीता के साथ कोई विवाह नहीं कर सकता।

वाल्मीकि ने विवाह हो जाने के उपरान्त मार्ग में परशुराम का मिलना लिखा है। पर गोस्वामीजी ने उनका झमेला विवाह के पूर्व धनुभंग होते ही रखा है। इसे भी रसात्मकता की मात्रा बढ़ाने की काव्ययुक्ति ही समझना चाहिए। वीरगाथा काल के पहले से ही वीरकाव्यों की यह परिपाटी चली आती थी कि नायिका को प्राप्त करने के पहले नायक के मार्ग में अनेक प्रकार की विघ्न-बाधाएँ खड़ी होती थीं जिन्हें नायक अपना अद्भुत पराक्रम दिखाता हुआ दूर करता था। इससे नायक के व्यक्तित्व का प्रभाव नायिका पर और अधिक हो जाता था, उस पर वह और भी अधिक मुग्ध हो जाती थी। 'रासो' नाम से प्रचलित वीरकाव्यों में वीरनायक अपने विरोधियों को परास्त करने के उपरान्त नायिका को ले जाता था। रामचन्द्रजी क. तेज और पराक्रम धनुष तोड़ने पर व्यक्त हुआ ही था और सीता पर उसका अनुरागवर्द्धक प्रभाव पड़ा ही था कि परशुराम के कूद पड़ने से प्रभाववृद्धि का दूसरा अवसर निकल आया। परशुराम ऐसे जगद्विजयी और तेजस्वी का भी तेज राम के सामने फीका पड़ गया। उस समय राम की ओर सीता का मन कितने और अधिक वेग से आकर्षित हुआ होगा, राम के स्वरूप ने किस शक्ति के साथ उनके हृदय में घर किया होगा !

गोस्वामीजी ने यद्यपि अपनी रचना 'स्वांतः सुखाय' बताई है, पर वे कला की कृति के अर्थ और प्रभाव की प्रेषणीयता (कम्युनिकेबिलिटी) को बहुत ही आवश्यक मानते थे ? किसी रचना का वही भाव जो कवि के हृदय में था यदि पाठक या श्रोता के हृदय तक न पहुँच सका तो ऐसी रचना कोई शोभा नहीं प्राप्त कर सकती; उसे एक प्रकार से व्यर्थ समझना चाहिए–

मनि मानिक मुकता छबि जैसी। अहि, गिरि, गज सिर सोह न तैसी।
नृप किरीट तरुनी तन पाई। लहहिं सकल सोभा अधिकाई।
तैसइ सुकवि कवित बुध कहहीं। उपजहिं अनत, अनत छबि लहहीं ॥

आजकल सब बातें विलायती दृष्टि से देखी जाती हैं। अतः यह पूछा जा सकता है कि तुलसीदास की रचना अधिकतर स्वानुभूति निरूपिणी (सबजेक्टिव) है अथवा बाह्यार्थ निरूपिणी (आबजेक्टिव)। रामचरितमानस के सम्बन्ध में तो यह प्रश्न हो ही नहीं सकता क्योंकि वह एक प्रबन्ध काव्य या महाकाव्य है। प्रबन्ध काव्य सदा बाह्यार्थ निरूपक होता है। शेष ग्रन्थों में से 'गीतावली' यद्यपि गीत काव्य है फिर भी वह आदि से अन्त तक कथा ही को लेकर चली है। उसमें या तो वस्तुव्यापार-वर्णन है अथवा पात्रों के मुँह से भाव-व्यंजना। अतः वह भी बाह्यार्थ निरूपक ही कही जाएगी। कवितावली में भी कथाप्रसंगों को लेकर ही फुटकल पद्यों की रचना की गई है। हाँ, उसके उत्तरकांड में कवि राम की दयालुता, भक्तवत्सलता आदि के साथ-साथ अपनी दीनता, निरवलंबता, कातरता इत्यादि का भी वर्णन करता है। 'विनयपत्रिका' में अलबत तुलसीदासजी अपनी दशा का निवेदन करने बैठे हैं। उस ग्रन्थ में वे जगह-जगह अपनी प्रतीति, अपनी भावना और अपनी अनुभूति को स्पष्ट 'अपनी' कहकर प्रकट करते हैं; जैसे–

(क) *संकर साखि जौ राखि कहौं कछु तौ जरि जीह गरो।*
अपनो भलो राम नामहिं तें तुलसिहि समुझि परो ॥

(ख) *बहुमत सुनि, बहु पंथ पुराननि जहाँ तहाँ झगरो सो।*
गुरु कह्यो राम भजन नीको मोहिं लगत राजडगरो सो॥

(ग) *को जानै को जैहे जमपुर, को सुरपुर, परधाम को।*
तुलसिहि बहुत भलो लागत जग जीवन रामगुलाम को।

(घ) *नाहिं न नरक परत मोकहँ डर, यद्यपि हौं अति हारो।*
यह बड़ि त्रास दास तुलसी प्रभु, नामहु पाप न जारो॥

पर इस बात को ध्यान में रखना चाहिए कि तुलसी की अनुभूति ऐसी नहीं जो एकदम सबसे न्यारी हो। 'विनय' में कलि की करालता से उत्पन्न जिस व्याकुलता या कातरता का उन्होंने वर्णन किया है वह केवल उन्हीं की नहीं, समस्त लोक की है। इसी प्रकार जिस दीनता, निरवलंबता, दोषपूर्णता या पापमग्नता की भावना की उन्होंने व्यंजना की है वह भी भक्त मात्र के हृदय की सामान्य वृत्ति है। वह और सब भक्तों की अनुभूति से अविच्छिन्न नहीं; उसमें कोई व्यक्तिगत वैलक्षण्य नहीं।

यहाँ पर यह सूचित कर देना आवश्यक है कि 'स्वानुभूति निरूपक' और 'बाह्यार्थ निरूपक' यह भेद स्थूल दृष्टि से ही किया हुआ है। कवि अपने से बाहर की जिन वस्तुओं का वर्णन करता है उन्हें भी वह जिस रूप में आप अनुभव करता है, उसी रूप में रखता है। अतः वे भी उसकी स्वानुभूति ही हुईं। दूसरी ओर जिसे वह स्वानुभूति कहकर प्रकट करता है वह यदि संसार में किसी की अनुभूति से मेल नहीं खाएगी तो एक कौतुक मात्र होगी; काव्य नहीं। ऐसा काव्य और उसका कवि दोनों तमाशा देखने की चीज ठहरेंगे।[1] जिस अनुभूति की व्यंजना को श्रोता या पाठक का हृदय अपनाकर अनुरंजित होगा वह केवल कवि की ही नहीं रह जाएगी, श्रोता या पाठक की भी हो जाएगी ? अपने हृदय को और लोगों के हृदयों से सर्वथा विलक्षण प्रकट करनेवाला एक सम्प्रदाय योरप में रहा है। वहाँ कुछ दिन नकली हृदयों के कारखाने जारी रहे। पर पीछे उन खिलौनों से लोग ऊब गए।

यह तो स्थिर बात है कि तुलसीदासजी ने वाल्मीकि रामायण, अध्यात्म रामायण, महारामायण, श्रीमद्‌भागवत, हनुमन्नाटक, प्रसन्नराघव नाटक इत्यादि अनेक ग्रन्थों से रचना की सामग्री ली है। इन ग्रन्थों की बहुत-सी उक्तियाँ उन्होंने ज्यों की त्यों अनूदित करके रखी हैं–जैसे, वर्षा और शरद ऋतु के वर्णन बहुत कुछ भागवत से लिए हुए हैं। धनुषयज्ञ के प्रसंग में उन्होंने हनुमन्नाटक और प्रसन्नराघव नाटक से बहुत सहायता ली

1. योरप में जो कलावादी सम्प्रदाय (ऐस्थेटिक स्कूल) चला था वह इन दो बातों में से पहली बात को ही लेकर दौड़ पड़ा था, दूसरी बात की ओर उसने ध्यान नहीं दिया था, जैसा कि पैटर के इस कथन से स्पष्ट है–

जस्ट इन प्रोपोर्शन ऐज द राइटर्स एम, कांशस्ली आर अनकांशस्ली, कम्ज टु बि द ट्रैंस्क्राइबिंग, नाट अव द वर्ल्ड, नाट अव मियर फैक्ट, बट अव हिज सेंस अव इट, ही बिकम्ज ऐन आर्टिस्ट, हिज वर्क फाइन आर्ट; ऐंड गुड आर्ट इन प्रोपोर्शन टु ट्रुथ अव हिज प्रेजेंटमेंट अव दैट सेंस, ऐज इन दोज हंब्लर आर प्लेनर फंकशन अव लिटरेचर आल्सो, ट्रुथ-ट्रुथ टु बेयर फैक्ट देयर–इज द एसेंस अव सच आर्टिस्टिक क्वैलिटी ऐज दे मे हैव।

है। पर उन्होंने जो संस्कृत उक्तियाँ ली हैं उन्हें भाषा पर अपने अद्वितीय अधिकार के बल से एकदम मूल हिन्दी रचना के रूप में कर डाला है। कहीं से संस्कृतपन या वाक्यविन्यास की दुरूहता नहीं आने दी है। बहुत जगह तो उन्होंने उक्ति को अधिक व्यंजक बनाकर और चमका दिया है। उदाहरण के लिए हनुमन्नाटक का यह श्लोक लीजिए–

या विभूतिर्दशग्रीवे शिरश्छेदेऽपि शङ्करात्।
दर्शनाद्रामदेवस्य सा विभूतिर्विभीषणे ॥

इसे गोस्वामीजी ने इस रूप में लिया है–

जो संपति सिव रावनहि दीन्हि दिएँ दस माथ।
सोइ संपदा बिभीषनहिं सकुचि दीन्हि रघुनाथ ॥

इस अनुवाद में 'दस माथ दिएँ' के जोड़ में 'दरसन ही तें' न रखने से याचक के बिना प्रयास प्राप्त करने का जोर तो निकल गया, पर 'सकुचि' पद लाने से दाता के असीम औदार्य की भावना से उक्ति परिपूर्ण हो गई है। 'सकुचि' शब्द की व्यंजना यह है कि इतनी बड़ी सम्पत्ति भी देते समय राम को बहुत कम जान पड़ी।

तुलसी की भावुकता

प्रबन्धकार कवि की भावुकता का सबसे अधिक पता यह देखने से चल सकता है कि वह किसी आख्यान के अधिक मर्मस्पर्शी स्थलों को पहचान सका है या नहीं। राम-कथा के भीतर ये स्थल अत्यन्त मर्मस्पर्शी हैं–राम का अयोध्या त्याग और पथिक के रूप में वनगमन; चित्रकूट में राम और भरत का मिलन; शबरी का आतिथ्य; लक्ष्मण को शक्ति लगने पर राम का विलाप; भरत की प्रतीक्षा। इन स्थलों को गोस्वामीजी ने अच्छी तरह पहचाना है; इनका उन्होंने अधिक विस्तृत और विशद वर्णन किया है।

एक सुन्दर राजकुमार के–छोटे भाई और स्त्री को लेकर–घर से निकलने और वन-वन फिरने से अधिक मर्मस्पर्शी दृश्य क्या हो सकता है ? इस दृश्य का गोस्वामीजी ने मानस, कवितावली और गीतावली तीनों में अत्यन्त सहृदयता के साथ वर्णन किया है। गीतावली में तो इस प्रसंग के सबसे अधिक पद हैं। ऐसा दृश्य स्त्रियों को सबसे अधिक स्पर्श करनेवाला, उनकी प्रीति, दया और आत्मत्याग को सबसे अधिक उभारनेवाला होता है, यह बात समझकर मार्ग में उन्होंने ग्राम-बन्धुओं का सन्निवेश किया है। ये स्त्रियाँ राम-जानकी के अनुपम सौन्दर्य्य पर स्नेह-शिथिल हो जाती हैं, उनका वृत्तान्त सुनकर राजा की निष्ठुरता पर पछताती हैं; कैकेयी की कुचाल पर भला-बुरा कहती हैं। सौन्दर्य्य के साक्षात्कार से थोड़ी देर के लिए उनकी वृत्तियाँ कोमल हो जाती हैं, वे अपने को भूल जाती हैं। यह कोमलता उपकार बुद्धि की जननी है–

सीता लषन सहित रघुराई। गाँव निकट जब निकसहिं जाई ॥
सुनि सब बाल बृद्ध नर नारी। चलहिं तुरत गृह काज बिसारी ॥
राम लषन सिय रूप निहारी। पाइ नयन फल होहिं सुखारी ॥

सजल बिलोचन पुलक सरीरा। सब भए मगन देखि दोउ बीरा॥
रामहिं देखि एक अनुरागे। चितवत चले जाहि सँग लागे॥
एक देखि बट छाँह भलि, डासि मृदुल तृन पात।
कहहिं 'गँवाइय छिनुक स्रम, गवनब अबहिं कि प्रात॥

राम-जानकी के अयोध्या से निकलने का दृश्य वर्णन करने में गोस्वामीजी ने कुछ उठा नहीं रखा। सुशीलता के आगार रामचन्द्र प्रसन्नमुख निकलकर दास-दासियों को गुरु के सुपुर्द कर रहे हैं, सबसे वही करने की प्रार्थना करते हैं जिससे राजा का दुःख कम हो। उनकी सर्वभूतव्यापिनी सुशीलता ऐसी है कि उनके वियोग में पशु-पक्षी भी विकल हैं। भरतजी जब लौटकर अयोध्या आए, तब उन्हें सर-सरिताएँ भी श्रीहीन दिखाई पड़ीं, नगर भी भयानक लगा। भरत को यदि रामगमन का संवाद मिल गया होता तो हम इसे भरत के हृदय की छाया कहते। पर घर में जाने के पहले उन्हें कुछ भी वृत्त ज्ञात नहीं था। इससे हम सरसरिता के श्रीहीन होने का अर्थ उनकी निर्जनता, उनका सन्नाटापन लेंगे। लोग रामवियोग में विकल पड़े हैं। सरसरिता में जाकर स्नान करने का उत्साह उन्हें कहाँ ? पर यह अर्थ हमारे आपके लिए है। गोस्वामीजी ऐसे भावुक महात्मा के निकट तो राम के वियोग में अयोध्या की भूमि ही विषादमग्न हो रही है; आठ-आठ आँसू रो रही है।

चित्रकूट में राम और भरत का जो मिलन हुआ है, वह शील और शील का, स्नेह और स्नेह का, नीति और नीति का मिलन है। इस मिलन से संघटित उत्कर्ष की दिव्य प्रभा देखने योग्य है। यह झाँकी अपूर्व है ? 'भायप भगति' से भरे भरत नंगे पाँव राम को मनाने जा रहे हैं। मार्ग में जहाँ सुनते हैं कि यहाँ पर राम-लक्ष्मण ने विश्राम किया था, उस स्थल को देख आँखों में आँसू भर लेते हैं।

राम बास थल बिटप बिलोके। उर अनुराग रहत नहिं रोके॥

मार्ग में लोगों से पूछते जाते हैं कि राम किस वन में हैं। जो कहता है कि हम उन्हें सकुशल देखे आते हैं, वह उन्हें राम-लक्ष्मण के समान ही प्यारा लगता है। प्रिय सम्बन्धी आनन्द के अनुभव की आशा देनेवाला एक प्रकार के उस आनन्द को जगानेवाला है– 'उद्‍दीपन' है। सब माताओं से पहले राम कैकेयी से प्रेमपूर्वक मिले। क्यों ? क्या उसे चिढ़ाने के लिए ? कदापि नहीं। कैकेयी से प्रेमपूर्वक मिलने की सबसे अधिक आवश्यकता थी। अपना महत्त्व या सहिष्णुता दिखाने के लिए नहीं, उसके परितोष के लिए। अपनी करनी पर कैकेयी को जो ग्लानि थी, वह राम ही के दूर किए हो सकती थी, और किसी के किए नहीं। उन्होंने माताओं से मिलते समय स्पष्ट कहा था–

अंब ! ईस आधीन जग काहु न देइय दोषु।

कैकेयी को ग्लानि थी या नहीं, इस प्रकार के सन्देह का स्थान गोस्वामीजी ने नहीं रखा। कैकेयी की कठोरता आकस्मिक थी, स्वभावगत नहीं। स्वभावगत भी होती तो भी राम की सरलता और सुशीलता उसे कोमल करने में समर्थ थी।

लखि सिय सहित सरल दोउ भाई। कुटिल रानि पछितानि अघाई॥
अवनि जमहि जाचति कैकेयी। महि न बीचु, बिधि मीचु न देई॥

जिस समाज के शील सन्दर्भ की मनोहारिणी छटा को देख वन के कोल किरात मुग्ध होकर सात्त्विक वृत्ति में लीन हो गए, उसका प्रभाव उसी समाज में रहनेवाली कैकेयी पर कैसे न पड़ता ?

(क) *भए सब साधु किरात किरातिनि राम दरस मिटि गई कलुषाई।*

(ख) *कोलकिरात भिल्ल बनवासी। मधु सुचि सुंदर स्वादु सुधा-सी॥*
भरि भरि परन पुटी रुचि रूरी। कंद मूल फल अंकुर जूरी॥
सबहिं देहिं करि बिनय प्रनामा। कहि कहि स्वाद भेद गुननामा॥
देहिं लोग बहु, मोल न लेहीं। फेरत राम दोहाई देहीं॥
तुम्ह प्रिय पाहुन बन पगु धारे। सेवा जोगु न भाग हमारे॥
देब काह हम तुम्हहिं गोसाईं। ईधन पात किरात मिताई॥
यह हमारि अति बड़ि सेवकाई। लेहिं न बासन बसन चोराई॥
हम जड़ जीव जीव गन घाती। कुटिल कुचाली कुमति कुजाती॥
सपनेहुँ धरम बुद्धि कस काऊ। यह रघुनंदन दरस प्रभाऊ॥

उस पुरुष समाज के प्रभाव से चित्रकूट की रमणीयता में पवित्रता भी मिल गई। उस समाज के भीतर नीति, स्नेह, शील, विनय, त्याग आदि के संघर्ष से जो धर्मज्योति फूटी, उससे आसपास का सारा प्रदेश जगमगा उठा—उसकी मधुर स्मृति से आज भी वहाँ की वनस्थली परम पवित्र है। चित्रकूट की उस सभा की कार्रवाई क्या थी, धर्म के एक-एक अंग की पूर्ण और मनोहर अभिव्यक्ति थी। रामचरितमानस में वह सभा एक आध्यात्मिक घटना है। धर्म के इतने स्वरूपों की एकसाथ योजना, हृदय की इतनी उदात्त वृत्तियों की एकसाथ उद्भावना तुलसी के ही विशाल 'मानस' में सम्भव थी। यह सम्भावना उस समाज के भीतर बहुत-से भिन्न-भिन्न वर्गों के समावेश द्वारा संघटित की गई है। राजा और प्रजा, गुरु और शिष्य, भाई और भाई, माता और पुत्र, पिता और पुत्री, श्वसुर और जामातृ, सास और बहू, क्षत्रिय और ब्राह्मण, ब्राह्मण और शूद्र, सभ्य और असभ्य के परस्पर व्यवहारों का उपस्थित प्रसंग के धर्मगाम्भीर्य और भावोत्कर्ष के कारण, अत्यन्त मनोहर रूप प्रस्फुटित हुआ। धर्म के उस स्वरूप को देख सब मोहित हो गए—क्या नागरिक या ग्रामीण और क्या जंगली। भारतीय शिष्टता और सभ्यता का चित्र यदि देखना हो तो इस राज समाज में देखिए। कैसी परिष्कृत भाषा में, कैसी प्रवचन-पुटता के साथ, प्रस्ताव उपस्थित होते हैं, किस गम्भीरता और शिष्टता के साथ बात का उत्तर दिया जाता है, छोटे-बड़े की मर्य्यादा का किस सरसता के साथ पालन होता है। सबकी इच्छा है कि राम अयोध्या को लौटें; पर उनके स्थान पर भरत वन को जाएँ, यह इच्छा भरत को छोड़ शायद ही और किसी के मन में हो। अपनी प्रबल इच्छाओं को लिए हुए लोग सभा में बैठते हैं; पर वहाँ बैठते ही धर्म के स्थिर और गम्भीर स्वरूप के सामने उनकी व्यक्तिगत इच्छाओं का कहीं पता नहीं रह जाता। राजा के सत्यपालन से जो गौरव राजा और प्रजा दोनों को प्राप्त होता दिखाई दे रहा है, उसे खंडित देखना वे नहीं चाहते। जनक, वशिष्ठ, विश्वामित्र आदि धर्मतत्व के पारदर्शी जो कुछ निश्चय कर दें, उसे वे कलेजे पर हाथ रखकर मानने को तैयार हो जाते हैं।

इस प्रसंग में परिवार और समाज की ऊँची-नीची श्रेणियों के बीच कितने सम्बन्ध का उत्कर्ष दिखाई पड़ता है, देखिए–

(1) राजा और प्रजा का सम्बन्ध लीजिए। अयोध्या की सारी प्रजा अपना सब काम-धन्धा छोड़ भरत के पीछे राम के प्रेम में उन्हीं के समान मग्न चली जा रही है और चित्रकूट में राम के दर्शन से आह्लादित होकर चाहती है कि चौदह वर्ष यहीं काट दें।

(2) भरत का अपने बड़े भाई के प्रति जो अलौकिक स्नेह और भक्तिभाव वहाँ से यहाँ तक झलकता है, वह तो सबका आधार ही है।

(3) ऋषि या आचार्य्य के सम्मुख प्रगल्भता प्रकट होने के भय से भरत और राम अपना मत तक प्रकट करते सकुचाते हैं।

(4) राम सब माताओं से जिस प्रकार प्रेमभाव से मिले, वह उनकी शिष्टता का ही सूचक नहीं है, उनके अन्तःकरण की कोमलता और शुद्धता भी प्रकट करता है।

(5) विवाहिता कन्या को पति की अनुगामिनी देख जनक जो यह हर्ष प्रकट करते हैं–

पुत्रि ! पवित्र किए कुल दोऊ। सुजस धवल जग कह सब कोऊ॥

वह धर्मभाव पर मुग्ध होकर ही।

(6) भरत और राम दोनों जनक को पिता के स्थान पर कहकर सब भार उन्हीं पर छोड़ते हैं।

(7) सीताजी अपने पिता के डेरे पर जाकर माता के पास बैठी हैं। इतने में रात हो जाती है और वे असमंजस में पड़ती हैं–

कहत न सीय सकुचि मन माहीं। इहाँ बसब रजनी भल नाहीं॥

पति तपस्वी के वेश में भूशय्या पर रात काटे और पत्नी उससे अलग राजसी ठाट-बाट के बीच रहे, यही असमंजस की बात है।

(8) जब से कौशल्या आदि आई हैं, तब से सीता बराबर उनकी सेवा में लगी रहती हैं।

(9) ब्राह्मण वर्ग के प्रति राज वर्ग के आदर और सम्मान का जैसा मनोहर स्वरूप दिखाई पड़ता है, वैसी ही ब्राह्मण वर्ग में राज्य और लोक के हितसाधन की तत्परता झलक रही है।

(10) केवट के दूर से ऋषि को प्रणाम करने और ऋषि के उसे आलिंगन करने में उभय पक्ष का व्यवहारसौष्ठव प्रकाशित हो रहा है

(11) वन्य कोल-किरातों के प्रति सबका कैसा मृदुल और सुशील व्यवहार है।

कवि की पूर्ण भावुकता इसमें है कि वह प्रत्येक मानवस्थिति में अपने को डालकर उसके अनुरूप भाव का अनुभव करे। इस शक्ति की परीक्षा का रामचरित से बढ़कर विस्तृत क्षेत्र और कहाँ मिल सकता है ! जीवनस्थिति के इतने भेद और कहाँ दिखाई पड़ते हैं ! इस क्षेत्र में जो कवि सर्वत्र पूरा उतरता दिखाई पड़ता है, उसकी भावुकता को और कोई नहीं पहुँच सकता। जो केवल दाम्पत्य रति ही में अपनी भावुकता प्रकट कर

सकें, या वीरोत्साह ही का अच्छा चित्रण कर सकें, वे पूर्ण भावुक नहीं कहे जा सकते। पूर्ण भावुक वे ही हैं जो जीवन की प्रत्येक स्थिति के मर्मस्पर्शी अंश का साक्षात्कार कर सकें और उसे श्रोता या पाठक के सम्मुख अपनी शब्दशक्ति द्वारा प्रत्यक्ष कर सकें। हिन्दी के कवियों में इस प्रकार की सर्वांगपूर्ण भावुकता हमारे गोस्वामीजी में ही है जिसके प्रभाव से रामचरितमानस उत्तरीय भारत की सारी जनता के गले का हार हो रहा है। वात्सल्य भाव का अनुभव करके पाठक तुरन्त बालक राम-लक्ष्मण के प्रवास का उत्साहपूर्ण जीवन देखते हैं जिसके भीतर आत्मावलम्बन का विकास होता है। फिर आचार्य्यविषयक रति का स्वरूप देखते हुए वे जनकपुर में जाकर सीता-राम के परम पवित्र दाम्पत्य भाव के दर्शन करते हैं। इसके उपरान्त अयोध्या-त्याग के करुण दृश्य के भीतर भाग्य की अस्थिरता का कटु स्वरूप सामने आता है। तदन्तर पथिक वेशधारी राम-जानकी के साथ-साथ चलकर पाठक ग्रामीण स्त्री पुरुषों के उस विशुद्ध सात्विक प्रेम का अनुभव करते हैं जिसे हम दाम्पत्य, वात्सल्य आदि कोई विशेषण नहीं दे सकते, पर जो मनुष्यमात्र में स्वाभाविक है।

रमणीय वन पर्वत के बीच एक सुकुमारी राजवधू को साथ लिए दो वीर आत्मावलम्बी राजकुमारों को विपत्ति के दिनों को सुख के दिनों में परिवर्तित करते पाकर वे 'वीरभोग्या वसुन्धरा' की सत्यता हृदयंगम करते हैं। सीताहरण पर विप्रलम्भ शृंगार का माधुर्य्य देखकर पाठक फिर लंका दहन के अद्भुत, भयानक और वीभत्स दृश्य का निरीक्षण करते हुए राम-रावण युद्ध के रौद्र और युद्धवीर तक पहुँचते हैं। शान्तरस का पुट तो बीच-बीच में बराबर मिलता ही है। हास्यरस का पूर्ण समावेश रामचरितमानस के भीतर न करके नारद-मोह के प्रसंग में उन्होंने किया है। इस प्रकार काव्य के गूढ़ और उच्च उद्देश्य को समझनेवाले, मानव जीवन के सुख और दुःख दोनों पक्षों के नाना रूपों के मर्मस्पर्शी चित्रण को देखकर, गोस्वामीजी के महत्त्व पर मुग्ध होते हैं; और स्थूल बहिरंग दृष्टि रखनेवाले भी, लक्षण ग्रन्थों में गिनाए हुए नवरसों और अलंकारों पर, अपना आह्लाद प्रकट करते हैं।

यहाँ पर कहा जा सकता है कि गोस्वामीजी मनुष्य जीवन की बहुत अधिक परिस्थितियों का जो सन्निवेश कर सके, वह रामचरित की विशेषता के कारण। इतने अधिक प्रकार की मानव दशाओं का सन्निवेश अपने आप हो गया। ठीक है, पर उन सब दशाओं का यथातथ्य चित्रण बिना हृदय की विशालता, भावप्रसार की शक्ति, मर्मस्पर्शी स्वरूपों की उद्भावना और शब्दशक्ति की सिद्धि के नहीं हो सकता। मानव प्रकृति के जितने अधिक रूपों के साथ गोस्वामीजी के हृदय का रागात्मक सामंजस्य हम देखते हैं, उतना अधिक हिन्दी भाषा के और किसी कवि के हृदय का नहीं। यदि कहीं सौन्दर्य्य है तो प्रफुल्लता, शक्ति है तो प्रणति, शील है तो हर्षपुलक, गुण है तो आदर, पाप है तो घृणा, अत्याचार है तो क्रोध, अलौकिकता है तो विस्मय, पाखंड है तो कुढ़न, शोक है तो करुणा, आनन्दोत्सव है तो उल्लास, उपकार है तो कृतज्ञता, महत्त्व है तो दीनता, तुलसीदासजी के हृदय में बिम्बप्रतिबिम्ब भाव से विद्यमान है।

गोस्वामीजी की भावात्मक सत्ता का अधिक विस्तार स्वीकार करते हुए भी यह पूछा जा सकता है कि क्या उनके भावों में पूरी गहराई या तीव्रता भी है ? यदि तीव्रता न होती, भावों का पूर्ण उद्रेक उनके वचनों में न होता, तो वे इतने सर्वप्रिय कैसे होते ? भावों के साधारण उद्‌गार से ही सबको तृप्ति नहीं हो सकती। यह बात अवश्य है कि जो भाव सबसे अधिक प्रकृतिस्थ है, उसकी व्यंजना सबसे अधिक गूढ़ और ठीक है। जो प्रेमभाव अत्यन्त उत्कर्ष पर पहुँचा हुआ उन्होंने प्रकट किया है, वह अलौकिक है, अविचल है और अनन्य है। वह घन और चातक का प्रेम है।

एक भरोसो, एक बल, एक आस विश्वास।
एक राम घनस्याम हित, चातक तुलसीदास॥

अपना उद्‌देश्य वह आप ही है। उसकी प्यास, उसकी उत्कंठा सदा बनी रहे, इसी में उसकी मर्य्यादा है; इसी में उसका महत्त्व है–

चातक तुलसी के मते स्वातिहु पियै न पानि।
प्रेम तृषा बाढ़ति भली, घटे घटैगी आनि॥

प्रिय के लाख दुर्व्यवहार से भी वह हटनेवाला नहीं है–

बरषि परुष पाहन पयद पंख करौ टुक टूक।
तुलसी परी न चाहिए चतुर चातकहि चूक॥
उपल बरषि गरजत तरजि, डारत कुलिस कठोर।
चितव कि चातक मेघ तजि कबहुँ दूसरी ओर ?

वह मेघ के लोकहितकर स्वरूप के प्रति आप से आप है–वह जगत् के हित को देखकर है–

जीव चराचर जहँ लग है सब को हित मेह।
तुलसी चातक मन बस्यौ घन सों सहज सनेह॥

जगत् में सब अपने सुख के लिए अनेक साधन और यत्न करते हैं और फलप्राप्ति से सुखी होते हैं। फिर चातक और मेघ का वह प्रेम कैसा है जिसके भीतर न किसी सुख का साधन है, न फल की चाह! यह ऐसा ही कुछ है–

साधन साँसति सब सहत, सबहि सुखद फल लाहु।
तुलसी चातक जलद की, रीझि बूझि बुध काहु॥

चातक को मेघ का जीवों को सुख देना अत्यन्त प्रिय लगता है। वह जो बारहों महीने चिल्लाता है, सो अधिकतर प्रिय के इस सुखदायक मनोहर रूप के दर्शन के लिए, केवल स्वाती की दो बूँदों के लिए नहीं–

जाँचै बारह मास पियै पपीहा स्वाति जल।

उसकी याचना के भीतर जगत् की याचना है, अतः इस याचना से उसका मान है। इस माँगने को वह अपना माँगना नहीं समझता–

नहिं जाचत नहिं संग्रही सीस नाइ नहिं लेइ।
ऐसे मानी माँगनेहि को बारिद बिनु देइ॥

अब इस प्रेम की अनन्यता का स्वरूप देखिए–

चरग चंगुगत चातकहिं नेम प्रेम की पीर।
तुलसी परबस हाड़ पर परिहै पुहमी नीर॥
बध्यो बधिक, पर्‍यो पुन्यजल, उलटि उठाई चोंच।
तुलसी चातक प्रेमपट मरतहुँ लगी न खोंच॥

चातक का प्रिय लोकसुखदायी है। उसका मेघ सचमुच बड़ा है और सबके लिए बड़ा है। अतः चातक के प्रेम के भीतर महत्त्व की आनन्दमयी स्वीकृति छिपी हुई है। इस महत्त्व के सम्मुख वह जो दीनता प्रकट करता है वह सच्ची दीनता है, हृदय के भीतर अनुभव की हुई दीनता है, प्रेम की दीनता है। किसी के महत्त्व की सच्ची अनुभूति से उत्पन्न दीनता से भिन्न दीनता को लोभ, भय आदि का बदला हुआ रूप समझिए। जिससे बड़ा चातक और किसी को नहीं समझता, उसे छोड़ यदि और किसी के सामने वह दीनता प्रकट करे तो उसकी दीनता की सच्चाई में फर्क आ जाए, उसके प्रेम की अनन्यता भंग हो जाए। जो आज एक से कहता है कि 'आपसे न माँगें तो और किससे माँगने जाएँगे ?' और कल दूसरे से, वह उस दैन्य तक पहुँचा ही नहीं सकता जो भक्ति का अंग है। जिस महत्त्व के प्रति सच्ची दीनता प्रकट की जाती है, उसका कुछ आभास लोक को उस दीनता में दिखाई पड़ता है–

तीन लोक तिहुँ काल जस चातक ही के माथ।
तुलसी जासु न दीनता सुनी दूसरे नाथ॥

इस प्रेम के सम्बन्ध में ध्यान देने की बात यह है कि यह समान के प्रति नहीं है, अपने से बड़े या ऊँचे के प्रति है। गोस्वामीजी अपने से बड़े या छोटे के साथ प्रेम करने को समान के साथ प्रेम करने से अच्छा समझते हैं–

कै लघु कै बड़ मीत भल, सब सनेह दुःख सोइ।
तुलसी ज्यों घृत मधु सरिस मिले महाबिष होइ॥

इससे उनका भीतरी अभिप्राय यह है कि छोटे बड़े के सम्बन्ध में धर्मभाव अधिक है। यदि प्रिय हमसे छोटा है तो उस पर जो हमारा प्रेम होगा वह दया, दाक्षिण्य, अनुकम्पा, क्षमा, साहाय्य इत्यादि वृत्तियों को उभारेगा, यदि प्रिय हमसे बड़ा है तो उस पर आलम्बित प्रेम, श्रद्धा, सम्मान, दैन्य, नम्रता, संकोच, कृतज्ञता, आज्ञाकारिता इत्यादि को जाग्रत करेगा। इसमें तो कुछ कहना ही नहीं कि हमारे गोस्वामीजी का प्रेम दूसरे प्रकार का था– वह पूज्यबुद्धिगर्भित होकर भक्ति के रूप में था। उच्चता की जैसी प्राप्ति उच्च को आत्मसमर्पण करने से हो सकती है, वैसी समान को आत्मसमर्पण करने से नहीं। यह तो पहले ही दिखाया जा चुका है कि शील बाबाजी द्वारा निरूपित भक्ति के आलम्बन के स्वरूप के–आभ्यन्तर स्वरूप के सही–अन्तर्गत है। भक्ति और शील की परस्पर स्थिति ठीक उसी प्रकार बिम्ब-प्रतिबिम्ब भाव से है जिस प्रकार आश्रय और आलम्बन की। और आगे चलिए तो आश्रय और आलम्बन की परस्पर स्थिति भी ठीक वही मिलती है जो ज्ञाता और ज्ञेय की है। हमें तो ऐसा दिखाई पड़ता है कि ज्ञान क्षेत्र में जो ज्ञाता और ज्ञेय है, वही भाव क्षेत्र में आश्रय और आलम्बन है। ज्ञान की जिस चरम सीमा पर जाकर ज्ञाता

और ज्ञेय एक हो जाते हैं, भाव की उसी चरम सीमा पर जाकर आश्रय और आलम्बन भी एक हो जाते हैं। शील और भक्ति का अभेद देखने पर इतना विवेचन बहुत है।

दाम्पत्य प्रेम का दृश्य भी गोस्वामीजी ने बहुत ही सुन्दर दिखाया है, पर बड़ी ही मर्य्यादा के साथ। नायिकाभेदवाले कवियों का-सा या कृष्ण की रासलीला के रसिकों का-सा लोकमर्य्यादा का उल्लंघन उसमें कहीं नहीं है। सीताराम के परम पुनीत प्रणाय की जो प्रतिष्ठा उन्होंने मिथिला में की, उसकी परिपक्वता जीवन की भिन्न-भिन्न दशाओं के बीच पति-पत्नी के सम्बन्ध की उच्चता और रमणीयता संघटित करती दिखाई देती है। अभिषेक के समय राम को वन जाने की आज्ञा मिलती है। आनन्दोत्सव का सारा दृश्य करुण दृश्य में परिणत हो जाता है। राम वन जाने को तैयार हैं और वन के क्लेश बताते हुए सीता को घर रहने के लिए कहते हैं। इस पर सीता कहती हैं–

बन दुःख नाथ कहे बहुतेरे। भय बिषाद परिताप घनेरे॥
प्रभु बियोग लवसेस समाना। सब मिलि होहिं न कृपानिधाना॥
कुस किसलय साथरी सुहाई। प्रभु सँग मंजु मनोज तुराई॥
कंद मूल फल अमिय अहारू। अवध सौधसत सरिस पहारू॥
मोहिं मग चलत न होइहि हारी। छिनु छिनु चरन सरोज निहारी॥
पाँय पखारि बैठि तरु छाहीं। करिहौं बाउ मुदित मन माहीं॥
बार बार मृदु मूरति जोही। लागिहि ताति बयारि न मोही॥

दुःख की परिस्थिति में सुख की इस कल्पना के भीतर हम जीवनयात्रा में श्रान्त पथिक के लिए प्रेम की शीतल सुखद छाया देखते हैं। यह प्रेम-मार्ग निराला नहीं है, जीवनयात्रा के मार्ग से अलग होकर जानेवाला नहीं है। यह प्रेम कर्मक्षेत्र से अलग नहीं करता, उसमें बिखरे हुए काँटों पर फूल बिछाता है। राम-जानकी को नंगे पाँव चलते देख ग्रामवासी कहते हैं–

जौ जगदीस इनहिं बन दीन्हा। कस न सुमनमय मारग कीन्हा॥

थोड़ी दूर साथ चलकर उन्होंने देख लिया होगा कि उनका मार्ग 'सुमनमय' ही है। प्रेम के प्रभाव से जंगल में भी मंगल था। सीता को तो सहस्रों अयोध्याओं का सुख वहाँ मिल रहा था–

नाह नेह नित बढ़त बिलोकी। हरषित रहति दिवस जिमि कोकी॥
सिय मन राम चरन अनुरागा। अवध सहस सम बन प्रिय लागा॥
परन कुटी प्रिय प्रियतम संगा। प्रिय परिवार कुरंग बिहंगा॥
सासु ससुरसम मुनितिय मुनिबर। असन अमियसम कंद मूल फर॥

अयोध्या से अधिक सुख का रहस्य क्या है? प्रिय के साथ सहयोग के अधिक अवसर। अयोध्या में सहयोग और सेवा के इतने अवसर कहाँ मिल सकते थे? जीवनयात्रा की स्वाभाविक आवश्यकताओं की पूर्ति वन में अपने हाथों से करनी पड़ती थी। कुटी छाना, स्थान स्वच्छ करना, जल भर लाना, ईंधन और कन्दमूल इकट्ठा करना इत्यादि वहाँ के नित्य जीवन के अंग थे। ऐसे प्राकृतिक जीवन में प्रेम का जो विकास हो सकता

है, वह कृत्रिम जीवन में दुर्लभ है। प्रिय के प्रयत्नों में ऐसे ही स्वाभाविक सहयोग की अभिलाषिणी एक ग्रामीण नायिका कहती है–

आगि लागि घर जरिगा, बड़ सुख कीन ॥
पिय के हाथ घइलवा भरि भरि दीन ॥

दूसरा कारण इस सुख का था हृदय का प्रकृति के अनेक रूपों के साथ सामंजस्य, जिसके प्रभाव से 'कुरंग बिहंग' अपने परिवार के भीतर जान पड़ते थे। उस जगज्जननी जानकी का हृदय ऐसा न होगा तो और किसका होगा जिसे एक स्थान पर लगाए हुए फूल पौधों को छोड़कर अन्य स्थान पर जाते हुए भी दुःख होता था।

सीताजी द्वारा शृंगार के संचारी भाव 'ब्रीड़ा' की व्यंजना के लिए कैसा उपयुक्त अवसर चुना गया है ! वन के मार्ग में ग्रामीण स्त्रियाँ राम की ओर लक्ष्य करके सीता से पूछती हैं कि ये तुम्हारे कौन हैं। इस पर सीता कहती हैं–

तिनहिं बिलोकिबिलोकति धरनी। दुहुँ, सँकोच सकुचति बर बरनी ॥

'बिलोकति धरनी' कितनी स्वाभाविक मुद्रा है ! 'दुहुँ सँकोच' द्वारा कवि ने सीता के हृदय की कोमलता और अभिमानशून्यता भी कैसे ढंग से व्यंजित कर दी है। एक तो राम को खुले शब्दों में अपना पति कहने में संकोच; दूसरा संकोच यह समझकर कि यदि इन भोली-भाली स्त्रियों को कोई उत्तर न दिया जाएगा तो ये मन में दुःखी होंगी और मुझे अभिमानिनी समझेंगी।

इसके आगे सीताजी में शृंगारी चेष्टाओं का विधान भी अत्यन्त निपुणता और भावुकता के साथ गोस्वामीजी ने किया है–

बहुरि बदन-बिधु अंचल ढाँकी। पिय तन चितै भौंह करि बाँकी ॥
खंजन मंजु तिरीछे नैननि। निज पति कहेउ तिन्हहिं सिय सैननि ॥

यदि आम रास्ते पर राम के साथ बातचीत करने में ये चेष्टाएँ दिखाई जातीं तो कुलवधू की मर्य्यादा का भंग होता और कोई विशेष निपुणता की बात न होती, रूढ़ि का अनुसरण मात्र होता। पर बीच में उन स्त्रियों को डाल देने से एक परदा भी खड़ा हो गया और अधिक स्वाभाविकता भी आ गई। सीता में ये चेष्टाएँ अपने साथ राम के सम्बन्ध की भावना द्वारा उत्पन्न दिखाई पड़ती हैं। यदि रामसीता के परस्पर व्यवहार में ये चेष्टाएँ दिखाई जातीं तो 'सम्भोग शृंगार' का खुला वर्णन हो जाता, जो गोस्वामीजी ने कहीं नहीं किया है।

अब प्रश्न यह है कि ये चेष्टाएँ 'अनुभाव' होंगी या विभावान्तर्गत 'हाव'। हिन्दी के लक्षणग्रन्थों में 'हाव' प्रायः 'अनुभाव' के अन्तर्गत रखे मिलते हैं। पर यह ठीक नहीं है। 'अनुभाव' के अन्तर्गत केवल आश्रय की चेष्टाएँ आ सकती हैं। 'आश्रय' की चेष्टाओं का उद्देश्य किसी भाव की व्यंजना करना होता है। पर 'हावों' का सन्निवेश किसी भाव की व्यंजना कराने के लिए नहीं होता, बल्कि नायिका का मोहक प्रभाव बढ़ाने के लिए, अर्थात् उसकी रमणीयता की वृद्धि के लिए होता है। जिसकी रमणीयता या चित्ताकर्षकता का वर्णन या विधान किया जाता है, वह 'आलम्बन' होता है। अतः 'हाव' नामक चेष्टाएँ आलम्बनगत ही मानी जाएँगी और आलम्बनगत होने के कारण उनका स्थान 'विभाव' के अन्तर्गत ही ठहरता है।

अब विचार करना चाहिए कि सीताजी की उक्त चेष्टाएँ 'अनुभाव' होंगी या 'हाव'। लक्षण के अनुसार 'सम्भोगेच्छा प्रकाशक भ्रूनेत्रादिविकार' ही 'हाव' कहलाते हैं। पर सीताजी के विकार इस प्रकार के नहीं हैं। वे विकार राम के साथ अपने सम्बन्ध की भावना से उत्पन्न हैं और उनके प्रेम की व्यंजना करते हैं। इस प्रकार आश्रय की चेष्टाएँ होने के कारण वे विकार 'अनुभाव' ही होंगे।

सीताहरण होने पर इस प्रेम को हम एक ऐसे मनोहर क्षेत्र का द्वार खोलते हुए पाते हैं जिसमें बल और पराक्रम अपनी परमावस्था को पहुँचकर अनीति और अत्याचार का ध्वंस कर देता है। वन में सीता का वियोग चारपाई पर करवटें बदलवानेवाला प्रेम नहीं है—चार कदम पर मथुरा गए हुए गोपाल के लिए गोपियों को बैठे-बैठे रुलानेवाला वियोग नहीं है, झाड़ियों में थोड़ी देर के लिए छिपे हुए कृष्ण के निमित्त राधा की आँखों से आँसुओं की नदी बहानेवाला वियोग नहीं है—यह राम को निर्जन वनों और पहाड़ों में घुमानेवाला, सेना एकत्र करानेवाला, पृथ्वी का भार उतारनेवाला वियोग है। इस वियोग की गम्भीरता के सामने सूरदास द्वारा अंकित वियोग अतिशयोक्तिपूर्ण होने पर भी बालक्रीड़ा-सा लगता है।

हनुमान् के प्रकट होने के पहले जानकी उद्विग्न होकर कह रही थीं—

पावकमय ससि स्रवत न आगी। मानहुँ मोहिं जानि हतभागी॥
सुनिय बिनय मम बिटप असोका। सत्य नाम करु हरु मम सोका॥
नूतन किसलय अनल समाना। देहि अगिनि जिनि करहि निदाना॥

इतना कहते ही हनुमान् का मुद्रिका गिराना और सीता का उसे अंगार समझकर हाथ में लेना, यह सब तो गोस्वामीजी ने प्रसन्नराघव नाटक से लिया है। हनुमान् को सामने पाकर सीता उसी मर्य्यादा के साथ अपने वियोगजनित दुःख की व्यंजना करती हैं जिस मर्य्यादा के साथ माता पुत्र के सामने कर सकती है। वे पहले 'अनुज' सहित राम का (अकेले राम का नहीं) कुशल पूछती हैं, फिर कहती हैं—

कोमलचित कृपालु रघुराई। कपि, केहि हेतु धरी निठुराई॥
सहज बानि सेवक सुखदायक। कबहुँक सुरति करत रघुनायक॥
कबहुँ नयन मम सीतल ताता। होइहिं निरखि स्याम मृदुगाता॥

प्रिय के कुशलमंगल के हेतु व्यग्रता भारतीय ललनाओं के वियोग का प्रधान लक्षण है। प्रिय सुख में है या दुःख में है, यह संशय विरह में दया या करुण भाव का हलका-सा मेल कर देता है, भारत की कुलवधू का विरह आवारा आशिकों-माशूकों का विरह नहीं है, वह जीवन के गाम्भीर्य को लिए हुए रहता है। यह वह विरह नहीं है जिसमें विरही अपना ही जलना और मरना देखता है, प्रिय मरता है कि जीता है, इससे कोई मतलब नहीं।

पवित्र दाम्पत्य रति की कैसी मनोहर व्यंजना उन्होंने सीता द्वारा उस समय कराई है जिस समय ग्रामवासियों ने मार्ग में राम को दिखाकर उनसे पूछा था कि 'ये तुम्हारे कौन हैं?'

कोटि मनोज लजावनहारे। सुमुखि कहहु को आहिं तुम्हारे॥
सुनि सनेहमय मंजुल बानी। सकुचि सीय मन महँ मुसुकानी॥

तिन्हहिं बिलोकि बिलोकति धरनी। दुहुँ सँकोच सकुचति बर बरनी॥
सकुचि सप्रेम बालमृगनयनी। बोली मधुर बचन पिकबयनी॥
सहज सुभाय सुभग तन गोरे। नाम लषन लघु देवर मोरे॥
बहुरि बदन-बिधु अंचल ढाँकी। पिय तन चितै भौंह करि बाँकी॥
खंजन मंजु तिरीछे नैननि। निज पति कहेउ तिन्हहिं सिय सैननि॥

कुलवधू की इस अल्प व्यंजना में जो गौरव और माधुर्य्य है, वह उद्धत प्रेम-प्रलाप में कहाँ?

शोक का चित्रण भी गोस्वामीजी ने अत्यन्त हृदयाद्रावक पद्धति से किया है। शोक के स्थल तुलसीदासवर्णित रामचरित में दो हैं–एक तो अयोध्या में राम-वनगमन का प्रसंग और दूसरा लंका में लक्ष्मण को शक्ति लगने का। राम के वन जाने पर जो दुःख फैला, वह शोक ही माना जाएगा; वह प्रिय का प्रवासजन्य दुःख नहीं। अभिषेक के समय वनवास बड़े दुःख की बात है–

कैकयनंदिनि मंदमति कठिन कुटिलपन कीन्ह॥
जेहि रघुनंदन जानकिहिं सुख अवसर दुःख दीन्ह॥

अतः परिजनों और प्रजा का दुःख राम की दुःखदशा समझकर भी था, केवल राम का अलग होना देखकर नहीं–

राम चलत अति भएउ बिषादू। सुनि न जाइ पुर आरतनादू॥

यह विषाद (जो शोक का संचारी है) और यह आर्तनाद शोक-सूचक है। प्रिय के दुःख या पीड़ा पर जो दुःख हो, वह शोक है; प्रिय के कुछ दिनों के लिए वियुक्त होने मात्र का जो दुःख हो, वह विरह है। अतः राम के इस दुःखमय प्रवास पर जो दुःख लोगों को हुआ, वह शोक और वियोग दोनों है। गो.तु. 5 (2100-76)

'तुलसी राम बियोग सोक बस समुझत नहिं समुझाए।'

में वियोगी और शोकसूचक वाक्य यद्यपि मिले हुए हैं, पर हम चाहें तो उन्हें अलग करके भी देख सकते हैं। शुद्ध वियोग–

जब जब भवन बिलोकति सूनो।
तब तब विकल होति कौशल्या दिन दिन प्रति दुःख दूनो।
को अब प्रात कलेऊ माँगत रूठि चलैगो माई?
स्याम तामरस नयन स्रवत जल काहि लेहुँ उर लाई?[1]

शोक या करुणा की व्यंजना इस प्रकार के वाक्यों में समझिए–

मृदु मूरति सुकुमार सुभाऊ। ताति बाउ तन लाग न काऊ॥
ते बन बसहिं बिपति सब भाँती। निदरे कोटि कुलिस सहि छाती॥
राम सुना दुःख कान न काऊ। जीवन तरु जिमि जोगवइ राऊ॥
ते अब फिरत बिपिन पदचारी। कंद मूल फल फूल अहारी॥

1. यद्यपि वनगमन के समय राम इतने बच्चे न थे, पर वात्सल्य दिखाने के लिए गोस्वामीजी ने कौशल्या के मुख से ऐसा ही कहलाया है।

दशरथ के मरण पर यह शोक अपनी पूर्ण दशा पर पहुँच जाता है। उस समय की अयोध्या की दशा के वर्णन में पाठकों को करुणा की ऐसी धारा दिखाई पड़ती है, जिसमें पुरवासियों के साथ वे भी मग्न हो जाते हैं–

लागति अवध भयावनि भारी। मानहुँ कालराति अँधियारी॥
घोर जंतु सम पुर नर नारी। डरपहिं एकहि एक निहारी॥
घर मसान, परिजन जनु भूता। सुत हित मीत मनहुँ जमदूता॥
बागन्ह बिटप बेलि कुम्हिलाहीं। सरित सरोवर देखि न जाहीं॥
बिधि कैकयी किरातिनि कीन्हीं। जेहि दव दुसह दसहु दिसि दीन्हीं॥
सहि न सके रघुबर बिरहागी। चले लोग सब व्याकुल भागी॥
करि बिलाप सब रोवहिं रानी। महाबिपति किमि जाइ बखानी॥
सुनि बिलाप दुःखहू दुःख लागा। धीरजहू कर धीरज भागा॥

गोस्वामीजी द्वारा चित्रित राजकुल का यह शोक ऐसा शोक है जिसके भागी केवल पुरवासी ही नहीं, मनुष्य मात्र हो सकते हैं; क्योंकि यह ऐसे आलम्बन के प्रति है जिसके थोड़े से दुःख को भी देख मनुष्य कहलानेवाले मात्र न सही तो मनुष्यता रखनेवाले सब करुणार्द्र हो सकते हैं।

दूसरा करुण दृश्य लक्ष्मण को शक्ति लगने पर राम का विलाप है। इस विलाप के भीतर शोक की व्यंजना अत्यन्त स्वाभाविक रीति से की गई है। उसके प्रवाह में एक क्षण के लिए सारे नियम, व्रत, सारी दृढ़ता बही जाती-सी दिखाई देती है–

जौ जनतेउँ बन बंधु बिछोहू। पिता बचन मनतेउँ नहिं ओहू॥

भाव दशा का तात्पर्य्य न समझनेवाले, नीति के नाम पर पाषंड धारण करनेवाले, इसे चरित्रग्लानि समझेंगे या कहेंगे। पर ऐसे प्रिय बन्धु का शोक, जिसने एक क्षण के लिए भी विपत्ति में साथ न छोड़ा, यदि एक क्षण के लिए सब बातों का विचार छुड़ा देनेवाला न होता तो राम के हृदय की वह कोमलता कहाँ दिखाई पड़ती जो भक्तों की आशा का अवलम्बन है ? यह कोमलता, यह सहृदयता सब प्रकार के नियमों से परे है। नियमों से निराश होकर, 'कर्मवाद' की कठोरता से घबराकर, परोक्ष 'ज्ञान' और परोक्ष 'शक्ति' मात्र से पूरा पड़ता न देखकर ही तो मनुष्य परोक्ष 'हृदय' की खोज में लगा और अन्त में भक्तिमार्ग में जाकर उस परोक्ष हृदय को उसने पाया। भक्त लोगों का ईश्वर अविचल नियमों की समष्टि मात्र नहीं है; वह क्षमा, दया, उदारता इत्यादि का अनन्त समुद्र है। लोक में जो कुछ क्षमा, दया, उदारता आदि दिखाई देती है वह उसी समुद्र का एक बिन्दु है।

'आत्मग्लानि' का जैसा पवित्र और सच्चा स्वरूप गोस्वामीजी ने दिखाया है, वैसा शायद ही किसी ने कहीं दिखाया हो। आत्मग्लानि का उदय शुद्ध और सात्विक अन्तःकरण में ही हो सकता है, अतः भरत से बढ़कर उपयुक्त आश्रय उसके लिए और कहाँ मिल सकता है ? आत्मग्लानि नामक मानसिक शैथिल्य या तो अपनी बुराई का अनुभव आप करने से होता है अथवा किसी बुरे प्रसंग के साथ अपना सम्बन्ध लोक में

दिखाई पड़ने से उत्पन्न हीनता का अनुभव करने से। भरतजी को ग्लानि थी दूसरे प्रकार की, पर बड़ी सच्ची और बड़ी गहरी थी। जिन राम का उन पर इतना गाढ़ा स्नेह था, जिन्हें वे लोकोत्तर श्रद्धा और भक्ति की दृष्टि से देखते आए, उनके विरोधी वे समझे जाएँ, यह दुःख उनके लिए असह्य था। इस दुःख के भार से हलके होने के लिए वे छटपटाने लगे, इस घोर आत्मग्लानि को वे हृदय में न रख सके–

को त्रिभुवन मोहिं सरिस अभागी। गति असि तोरि मातु जेहि लागी॥
पितु सुरपुर, बन रघुबर सेतू। मैं केवल सब अनरथ हेतू॥
धिग मोहिं भयउँ बेनु बन आगी। दुसह दाह दुःख दूषन भागी॥

वे रह-रहकर सोचते हैं कि मैं लाख अपनी सफाई दूँ, पर लोक की दृष्टि में निष्कलंक नहीं दिखाई पड़ सकता–

जो पै हौं मातु मते महँ ह्वै हौं॥
तौ जननी जग में या मुख की कहाँ कालिमा ध्वैहों ?
क्यौं हौं आज होत सुचि सपथनि ? कौन मानिहै साँची ?
महिमा मृगी कौन सुकृती की खल बच बिसिषन बाँची ?
गहि न जाति रसना काहू की, कहौ जाहि जो सूझै ?
दीनबंधु, कारुण्यसिंधु बिनु कौन हिये की बूझै ?

कैकेयी को सामने पाकर इस ग्लानि के साथ अमर्ष का संयोग हो जाता है। उसकी पवित्रता के सामने माता के प्रति यह अवज्ञा कैसी मनोहर दिखाई पड़ती है–

(क) *जो पै कुरुचि रही अति तोहीं। जनमत काहे न मारेसि मोहीं॥*
पेड़ काटि तैं पालउ सींचा। मीन जियन हित बारि उलीचा॥
जब तैं कुमति ! कुमत जिय ठयऊ। खंड खंड होइ हृदय न गयऊ॥
बर माँगत मन भई न पीरा। गरि न जीह मुँह परेउ न कीरा॥
अस को जीव जंतु जग माँहीं। जेहि रघुनाथ प्रान प्रिय नाहीं॥
भे अति अहित राम तेउ तोहीं। को तू अहसि ? सत्य कहु मोहीं॥

(ख) *ऐसे तैं क्यों कटु बचन कह्यो री ?*
'राम जाहु कानन' कठोर तेरे कैसे धौं हृदय रह्यो री॥
दिनकर बंस, पिता दसरथ से राम लषन से भाई॥
जननी! तू जननी तो कहा कहौं? बिधि केहि खोरि न लाई॥
'हौं लहिहौं सुख राजमातु ह्वै, सुत सिर छत्र धरैगो॥'
कुल कलंक मल मूल मनोरथ तब बिनु कौन करैगो ?
ऐहैं राम सुखी सब ह्वै हैं, ईस अजस मेरो हरिहैं ?
तुलसिदास मोको बड़ो सोच, तू जनम कौन बिधि भरिहै ?

एक बार तो संसार की ओर देखकर भरतजी अयश छूटने से निराश होते हैं; पर फिर उन्हें आशा बँधती है और वे कैकेयी से कहते हैं कि ईश मेरा तो अयश हरेंगे, मैं तो मुँह दिखाने लायक हो जाऊँगा, पर तू अपने दिन कैसे काटेगी ? वे समझते हैं कि

राम के आते ही मेरा अयश दूर हो जाएगा। उनको विश्वास है कि सारा संसार मुझे दोषी माने, पर सुशीलता की मूर्त्ति राम मुझे दोषी नहीं मान सकते।

परिहरि राम सीय जग माहीं। कोउ न कहहि मोर मत नाहीं ॥

राम की सुशीलता पर भरत को इतना अविचल विश्वास है ! वह सुशीलता धन्य है जिस पर इतना विश्वास टिक सके; और वह विश्वास धन्य है जो सुशीलता पर इस अविचल भाव से जमा रहे ! भरत की आशा का एक मात्र आधार यही विश्वास है। कौशल्या के सामने जिन वाक्यों द्वारा वे अपनी सफाई देते हैं, उनके एक-एक शब्द से अन्तःकरण की स्वच्छता झलकती है। उनकी शपथ उनकी अन्तर्वेदना की व्यंजना है–

जे अघ मातु, पिता सुत मारे। गाय गोठ महिसुर पुर जारे ॥
जे अघ तिय बालक बध कीन्हे। मीत महीपति माहुर दीन्हें ॥
जे पातक उपपातक अहहीं। करम बचन मन भव कबि कहहीं ॥
ते पातक मोहि होहु बिधाता। जौं एहु होइ मोर मत माता ॥

इस सफाई के सामने हजारों वकीलों की सफाई कुछ नहीं है, इन कसमों के सामने लाखों कसमें कुछ नहीं हैं। यहाँ वह हृदय खोलकर रख दिया गया है जिसकी पवित्रता को देख जो चाहे अपना हृदय निर्मल कर ले।

हास्यरस का एक अच्छा छींटा नारदमोह के प्रसंग में मिलता है। नारदजी बन्दर का मुँह लेकर स्वयंवर की सभा में एक राजकन्या को मोहित करने बैठे हैं–

काहु न लखा सो चरित बिसेखा। सो सरूप नृप कन्या देखा ॥
मर्कट बदन भयंकर देही। देखत हृदय क्रोध भा तेही ॥
जेहि दिसि बैठे नारद फूली। सो दिसि तेहि न बिलोकी भूली ॥
पुनि पुनि मुनि उकसहिं अकुलाहीं। देखि दसा हरगन मुसुकाहीं ॥

गोस्वामीजी का यह हास भी मर्य्यादा के साथ है, 'स्मित' हास है, बड़े लोगों का हास है। उस पर भी उद्‌देश्यगर्भित है, निरा हास ही हास नहीं है। यह मोह और अहंकार छुड़ाने का एक साधन है। इसके आलम्बन का स्वरूप भी विदूषकों का-सा कृत्रिम नहीं है।

हास के अतिरिक्त बालविनोद की सामग्री देखनी हो, तो सुन्दरकांड में एक लम्बी पूँछ के बन्दर को पूँछ में लुक बाँधकर नाचते हुए राक्षसों के लड़कों को ताली बजा-बजाकर कूदते हुए देखिए। थोड़ी देर वहीं ठहरने पर ऐसा भयानक और बीभत्स कांड देखने को मिलेगा, जो भुलाए न भूलेगा। कवितावली में लंकादहन का बड़ा ही विस्तृत और पूर्ण चित्रण है। देखिए, कैसा आवेगपूर्ण भय है–

(क) *'लागि, लागि आगि' भागि भागि जहाँ तहाँ,*
धीय को न माय, बाप पूत न सँभारहीं।
छूटे बार, बसन उघारे, धूम धुँध अंध,
कहैं बारे बूढ़े 'बारि बारि' बार बारहीं ॥
हय हिहिनात भागे जात, घहरात गज,
भारी भीर ठेलि पेलि रौंदि खौंदि डारहीं ॥

नाम लै चिलात, बिललात अकुलात अति,
तात, तात ! तौंसियत झौंसियत झारहीं।

(ख) *लपट कराल ज्वालजाल माल दहूँ दिसि,*
धूम अकुलाने पहिचानै कौन काहि रे ॥
पानी को ललात, बिललात जरे गात जात,
परे पाइमाल जात, भ्रात ! तू निबाहि रे ॥
प्रिय ! तू पराहि, नाथ नाथ ! तू पराहि, बाप,
बाप ! तू पराहि, पूत, पूत ! तू पराहि रे ॥
तुलसी बिलोकि लोग ब्याकुल बिहाल कहैं,
'लेहि दससीस अब बीस चख चाहि रे !'

इसी लंकादहन के भीतर यह बीभत्स कांड सामने आता है–

हाट बाट हाटक पिघलि घी सो घनो,
कनक कराही लंक तलफति ताय सों।
नाना पकवान जातुधान बलवान सब,
पागि पागि ढेरी कीन्हीं भली भाँति भाय सों ॥

पिशाचिनियों और डाकिनियों की बीभत्स क्रीड़ा का जो कविप्रथानुसार वर्णन है, वह तो है ही, जैसे–

ओझरी की झोरी काँधे, आँतनि की सेल्ही बाँधे,
मूँड़ के कमंडलु, खपर किए कोरि कै
जोगिनी झुटुंग झुंड झुंड बनी तापसी सी,
तीर तीर बैठी सो समय सरि खोरि कै ॥
सोनित सों सानि सानि गूदा खात सतुआ से,
प्रेत एक पियत बहोरि घोरि घोरि कै ॥
तुलसी बैताल भूत साथ लिए भूतनाथ,
हेरि हेरि हँसत हैं हाथ हाथ जोरि कै ॥

कवायद की पूरी पाबन्दी के साथ बहुत थोड़े में रौद्र रस का उदाहरण देखना हो, तो यह देखिए–

माषे लषन कुटिल भई भौहैं। रद पट फरकत नयन रिसौहैं ॥
रघुबंसिन महँ जहँ कोउ होई। तेहि समाज अस कहै न कोई ॥

इसमें अनुभाव भी है, अमर्ष संचारी भी है। सम्भव है, कुछ लोगों को 'रिसौहैं' शब्द के कारण 'स्वशब्दवाच्यत्व' दोष दिखाई पड़े, पर अनुभाव आदि द्वारा पूर्ण व्यंजना हो जाने पर विशेषण रूप में 'भाव' का नाम आ जाना दोष नहीं कहा जा सकता।

युद्धवीर के उदाहरणों से तो सारा लंकाकांड भरा पड़ा है। 'उत्साह' नामक भाव की भी व्यंजना अत्यन्त उत्कर्ष को पहुँची हुई है और युद्ध का दृश्य चित्रण भी बड़ा ही उग्र और प्रचंड है। वीर रस का वर्णन-कौशल उन्होंने तीन शैलियों के भीतर दिखाया है–

प्राचीन राजपूत काल के चारणों की छप्पयवाली ओजस्विनी शैली के भीतर; इधर के फुटकरिए कवियों की दंडकवाली शैली के भीतर; और अपनी निज की गीतिकावाली शैली के भीतर। नीचे तीनों का क्रमशः एक-एक उदाहरण दिया जाता है–

(1) *कतहुँ बिटप भूधर उपारि परसेन बरक्खत।*
कतहुँ बाजि सों बाजि, मर्दि गजराज करक्खत॥
चरन चोट चटकन चकोट अरि उर सिर बज्जत।
बिकट कटक बिद्दरत बार बारिद जिमि गज्जत॥
लंगूर लपेटत पटकि भट 'जयति राम, जय' उच्चरत।
तुलस पवननंदन अटल जुद्ध, क्रुद्ध कौतुक करत॥

(2) *दबकि दबोरे एक, बारिधि में बोरे एक,*
मगन मही में एक गगन उड़ात हैं।
पकरि पछारे, कर चरन उखारे, एक,
चीरि फारि डारे एक मींजि मारे लात हैं॥
तुलसी लखत राम रावन, बिबुध बिधि,
चक्रपानि चंडीपति चंडिका सिहात हैं।
बड़े बड़े बानइत बीर बलवान बड़े,
जातुधान जूथप निपाते बातजात है॥

(3) *भए क्रुद्ध जुद्ध विरुद्ध रघुपति त्रोन सायक कसमसे।*
कोदंड धुनि अति चंड सुनि मनुजाद सब मारुत ग्रसे॥
मंदोदरी उर कंप कंपति कमठ भू भूधर त्रसे।
चिक्करहिं दिग्गज दसन गहि महि, देखि कौतुक सुर हँसे॥

धनुष चढ़ाने के लिए राम और लक्ष्मण का उत्साह और धनुर्भंग की प्रचंडता का वर्णन भी अत्यन्त वीरोल्लासपूर्ण है। जनक के वचन पर उत्तेजित होकर लक्ष्मण कहते हैं–

सुनहु भानु कुल कमल भानु! जौ अब अनुसासन पावौं।
का बापुरो पिनाकु ? मेलि गुन मंदर मेरु नवावौं॥
देखौ निज किंकर को कौतुक, क्यों कोदंड चढ़ावौं।
लै धावौं, भंजौं मृनाल ज्यों तौ प्रभु अनुज कहावौं॥

धनुष टूटने पर–

डिगति उर्बि अति गुर्बि, सर्ब पब्बै समुद्र सर।
ब्याल बधिर तेहि काल, बिकल दिगपाल चराचर॥
दिग्गयंद लरखरत, परत दसकंठ मुक्ख भर।
सुर बिमान हिमभानु भानु संघटित परस्पर॥
चौंके बिरंचि संकर सहित, कोल कमठ अहि कलमल्यो।
ब्रह्मांड खंड कियो चंड धुनि जबहिं राम सिव धनु दल्यो॥

धनुर्भंग के इस वर्णन में प्रश्न यह उठता है कि इसमें प्रदर्शित 'उत्साह' का आलम्बन क्या है। प्रचलित साहित्य ग्रन्थों में देखिए तो युद्धवीर का आलम्बन विजेतव्य ही मिलेगा। यह विजेतव्य शत्रु या प्रतिपक्षी ही हुआ करता है। अतः यहाँ विजेतव्य धनुष ही हो सकता है। पर पृथ्वी पर पड़ा हुआ जड़ धनुष मनुष्य के हृदय में उठाने या तोड़ने का उत्साह किस तरह जाग्रत करेगा, यह समझते नहीं बनता है। वह तो पड़ा-पड़ा ललकार नहीं रहा है। यदि किसी मनुष्य में इतना साहस और बल है कि वह बड़ी-बड़ी चट्टानों को उठा सकता है, तो पहाड़ पर जाकर उसकी क्या दशा होगी ? अतः हमारी समझ में उत्साह का आलम्बन कोई विकट या दुष्कर 'कर्म' ही होता है।

लक्ष्मण को शक्ति लगने पर राम की व्याकुलता देख कार्य्यतत्परता की मूर्त्ति हनुमान् कहते हैं–

जौ हौं अब अनुसासन पावौं।
तौं चंद्रमहिं निचोरि चैल ज्यों आनि सुधा सिर नावौं।
कै पाताल दलौं व्यालावलि अमृतकुंड महि लावौं।
भेदि भुवन करि भानु बाहिरो तुरत राहु दै तावौं॥
बिबुध बैद बरबस आनौं धरि तौ प्रभु अनुग कहावौं।
पटकौं मीच नीच मूषक ज्यों सबहि को पापु बहावौं॥

हनुमान् के इस 'वीरोत्साह' का आलम्बन क्या है ? क्या चन्द्रमा, अश्विनीकुमार इत्यादि ? खैर, इसका विस्तृत विवेचन अन्यत्र किया जाएगा; यहाँ इतना ही निवेदन करके रसज्ञों से क्षमा चाहते हैं।

अब अद्भुत रस का एक उदाहरण देकर यह प्रसंग समाप्त किया जाता है। हनुमान्‌जी पहाड़ हाथ में लिए आकाशमार्ग से अपूर्व वेग के साथ उड़े जा रहे हैं–

लीन्हों उखारि पहार बिसाल चल्यो नहि काल बिलंब न लायो।
मारुतनंदन मारुत को, मन को, खगराज को बेग लजायो॥
तीखी तुरा तुलसी कहतो पै हिये उपमा को समाउ न आयो।
मानो प्रतच्छ परब्बत की नभ लीक लसी कपि यों धुकि धायो॥

इस पद्य के भीतर 'मारुत को, मन को, खगराज को' इस वाक्यांश में कुछ 'दुष्क्रमत्व' प्रतीत होता है। मन को सबसे पीछे होना चाहिए; मन का वेग जब कह चुके, तब खगराज का वेग उसके सामने कुछ नहीं है। पर समग्र वर्णन से जो चित्र सामने खड़ा होता है, उसके अद्भुत होने में कोई सन्देह नहीं। गगनमंडल के बीच पहाड़ की एक लीक-सी बँध जाना कोई साधारण व्यापार नहीं है। इस अद्भुतता की योजना भी एक स्वभावसिद्ध व्यापार के आधार पर हुई है और प्रकृति का निरीक्षण सूचित करती है। यह सूचित करती है कि अत्यन्त वेग से गमन करती हुई वस्तु की एक लकीर-सी बन जाया करती है, इस बात पर कवि की दृष्टि गई है। जिसकी दृष्टि ऐसी-ऐसी बातों पर न जाती हो, वह कवि कैसा ? प्रकृति के नाना रूपों को देखने के लिए कवि की आँखें खुली रहनी चाहिए; और सबका प्रभाव ग्रहण करने के लिए उसका हृदय खुला

रहना चाहिए। अद्‌भुत रस के इस आलम्बन द्वारा गोस्वामीजी की वह स्वाभाविक विश्वव्यापारग्राहिणी सहृदयता लक्षित होती है, जो हिन्दी के और किसी कवि में नहीं। इस स्वभावसिद्ध अद्‌भुत व्यापार के सामने 'कमल पर कदली, कदली पर कुंड, शंख पर चंद्रमा' आदि कवि प्रौढ़ोक्तिसिद्ध रूपकातिशयोक्ति के कागजी दृश्य क्या चीज हैं ? लड़कों के खेल हैं। बालकों या बालरुचिवालों का मनोरंजन उनसे होता हो, तो हो सकता है।

गोस्वामीजी ने अपनी इस परिष्कृत और गम्भीर रुचि का परिचय अलंकारों की योजना में बराबर दिया है। लंकादहन के प्रसंग में जहाँ हनुमानूजी अपनी जलती हुई पूँछ इधर से उधर घुमाते हैं; वहाँ भी अपनी 'उत्प्रेक्षा' और 'सन्देह' को वे इसी स्वभावसिद्ध व्यापार पर टिकाते हैं–

बालधी बिसाल बिकराल ज्याल जाल मानौ,
लंक लीलिबे को काल रसना पसारी है।
कैधो ब्योम बीथिका भरे हैं भूरि धूमकेतु,
बीर रस बीर तरवारि सी उघारी है॥

ध्यान से देखिए तो कई एक व्यापार, जो देखने में केवल अलौकिकत्व-विधायक प्रतीत होते हैं, हेतूत्प्रेक्षा के व्यंग्य से अपना प्रकृत स्वरूप खोल देंगे। पथिक वेश में राम-लक्ष्मण वन के मार्ग में चले जा रहे हैं (क्षमा कीजिएगा, यह दृश्य हमें बहुत मनोहर लगता है इसी से बार-बार सामने आया करता है)। गोस्वामीजी कहते हैं।

जहँ जहँ जाहिं देव रघुराया। तहँ तहँ मेघ करहिं नभ छाया॥

जिस समय मेघखंड आकाश में बिखरे रहते हैं; उस समय पथिक के मार्ग में कभी धूप पड़ती है, कभी छाया। इस छाया पड़ने को देखकर किसी अवसर पर यदि कवि किसी साधारण पुरुष को भी कह दे कि 'मेघ भी आपके ऊपर छाया करते चलते हैं' तो उसका यह कहना अस्वाभाविक न लगेगा। इस कथन द्वारा जिस प्रताप आदि की व्यंजना इष्ट होगी, वह उत्प्रेक्षा का हेतु हो जाएगा। प्राचीन कवियों में इस प्रकार की सुन्दर स्वाभाविक उक्तियाँ अक्सर मिलती हैं जिनमें से किसी-किसी को लेकर और उन पर एक साथ कई प्रौढ़ोक्तियाँ लादकर पिछले खेवे के कवियों ने एक भद्‌दी इमारत खड़ी की है। फल इसका यह हुआ है कि उनमें अतिशयोक्ति ही अतिशयोक्ति रह गई है। जो कुछ स्वाभाविकता थी, वह जान (अपनी कहिए या उन पुरानी उक्तियों की कहिए) लेकर भागी है। उदाहरण के लिए अभिज्ञान शाकुन्तल में भौंरा शकुन्तला का पीछा किए हुए है और बार-बार उसके मुँह की ओर जाता है–

'सलिल से संभमुग्गदो, णोमालिअं उज्झिअ बअणं मे महुअरो अहिवट्टइ।'

हमारे लाला भिखारीदासजी ने इस उक्ति को पकड़ा और उसके ऊपर यह भारी-भरकम ढाँचा खड़ा कर दिया–

आनन है अरबिंद न फूले, अलीगन ! भूले कहा मँडरात हौ ?
कीर कहा तोहि बाई भई भ्रम बिंब के ओठन को ललचात हौ ?

दासजू ब्याली न बेनी रची, तुम पापी कलापी कहा इतरात हौ ?
बोलति बाल न बाजत बीन, कहा सिगरे मृग घेरत जात हौ ?

ऐसे संकट में पड़ी हुई नायिका शायद ही कहीं दिखाई पड़े। भ्रमरबाधा तक तो कोई चिन्ता की बात नहीं, पर उसके ऊपर यह शुकबाधा, मयूरबाधा और मृगबाधा देख तो हाथ पर हाथ रखकर बैठे ही रहना पड़ेगा।

बहुत लोगों ने देखा होगा कि भौंरे आदमी के पीछे अक्सर लग जाते हैं, कान और मुँह के पास मँडराया करते हैं और हटाने से जल्दी हटते नहीं। इसी बात पर स्त्रियों में यह प्रवाद प्रचलित है कि जब कोई परदेश में होता है, तब उसका सन्देशा कहने के लिए भौंरे आकर कान के पास मँडराया करते हैं। अतः इस प्रकार की पुरानी उक्तियों में जो सौन्दर्य्य है, वह हमें अतिशयोक्ति में न दिखाई देकर स्वभावसिद्ध वस्तु द्वारा व्यंग्य हेतूत्प्रेक्षा में दिखाई पड़ता है। जैसे भौंरा जो बार-बार मुँह के पास जाता है, वह मानो मुख को कमल समझने के कारण।

छोटे-छोटे संचारी भावों की स्वतन्त्र व्यंजना भी गोस्वामीजी ने जिस मार्मिकता से की है, उससे मानवी प्रकृति का सूक्ष्म निरीक्षण प्रकट होता है। उन्होंने ऐसे-ऐसे भावों का चित्रण किया है जिनकी ओर किसी कवि का ध्यान तक नहीं गया है। संचारियों के भीतर वे गिनाए तो गए नहीं हैं; फिर ध्यान जाता कैसे ? सीता के सम्बन्ध में राम लोकध्वनि चरों के द्वारा सुनते हैं–

चरचा चरनि सों चरची जानमनि रघुराइ।
दूत मुख सुनि लोक धुनि घर घरनि बूझी आइ॥

मर्य्यादास्तम्भ राम लोकमत पर सीता को वन में भेज देते हैं। लक्ष्मण उन्हें वाल्मीकि के आश्रम में छोड़ आँखों में आँसू भरे लौट रहे हैं। उस अवसर पर–

दीनबंधु दयालु देवर देखि अति अकुलानि।
कहति बचन उदास तुलसीदास त्रिभुवन रानि॥

ऐसे अवसर पर सीता ऐसी गम्भीरहृदया देवी का यह 'उदासीन भाव' प्रकट करना कितना स्वाभाविक है–

तौ लौं बलि आपुही कीबी बिनय समुझि सुधारि।
जौ लौं हौं सिखि लेउँ बन ऋषि रीति बसि दिन चारि॥
तापसी कहि कहा पठवति नृपनि को मनुहारि।
बहुरि तिहि बिधि आइ कहिहै साधु कोउ हितकारि॥
लषन लाल कृपाल ! निपटहिं डारिबी न बिसारि।
पालबी सब तापसनि ज्यों राजधर्म बिचारि।
सुनत सीता बचन मोचत सकल लोचन बारि।
बालमीकि न सके तुलसी सो सनेह सँभारि॥

काव्य के भावविधान में जिस 'उदासीनता' का सन्निवेश होगा, वह खेदव्यंजक ही होगी–यथार्थ में 'उदासीनता' न होगा। उसे विषाद क्षोभ आदि से उत्पन्न क्षणिक मानसिक शैथिल्य समझिए। कैकेयी को समझाते समय मन्थरा के मुख से भी उदासीनता

की व्यंजना गोस्वामीजी ने बड़ी मार्मिकता से कराई है। राम के अभिषेक पर दुःख प्रकट करने के कारण जब मन्थरा को कैकेयी बुरा-भला कहती है, तब वह कहती है–

हमहुँ कहब अब ठकुर सुहाती। नाहिं त मौन रहब दिन राती॥
कोउ नृप होउ हमहिं का हानी। चेरि छाँड़ि अब होब कि रानी॥

हिन्दी कवियों में तुलसी ऐसे भावुक के सिवा इस गूढ़ भाव तक और किसकी पहुँच हो सकती है ? और कौन ऐसे उपयुक्त पात्र में और ऐसे उपयुक्त अवसर पर उसका विधान कर सकता है ? इस 'उदासीनता' के भाव का आविष्कार उन्हीं का काम था। सूरदास ने इसका कुछ आभास मात्र यशोदा के उस सन्देशे में दिया है जो उन्होंने कृष्ण के मथुरा चले जाने पर देवकी के पास भेजा था–

सँदेसो देवकी सों कहियो।
हौ तो धाय तिहारे सुत की कृपा करत ही रहियो॥

'आश्चर्य' को लेकर कविजंन 'अद्भुत रस' का विधान करते हैं जिसमें कुतूहलवर्द्धक बातें हुआ करती हैं। पर इस आश्चर्य से मिलता-जुलता एक और हल्का भाव होता है जिसे कोई और अच्छा नाम न मिलने के कारण, हम 'चकपकाहट' कह सकते हैं और आश्चर्य के संचारी के रूप में रख सकते हैं। पाश्चात्य मनोविज्ञानियों ने दोनों (वंडर और सरप्राइज) में भेद किया है। आश्चर्य किसी विलक्षण बात पर होता है–ऐसी बात पर होता है जो साधारणतः नहीं हुआ करती। 'चकपकाहट' किसी ऐसी बात पर होती है जिसकी कुछ भी धारणा हमारे मन में न रही हो, और जो एकाएक हो जाए। जैसे किसी दूर देश में रहनेवाले मित्र को सहसा अपने सामने देखकर हम 'चकपका' उठते हैं। राम का सेतु बाँधना सुन रावण चकपकाकर कहता है–

बाँधे बननिधि? नीरनिधि? जलधि? सिंधु? बारीस?
सत्य, तोयनिधि? कंपती? उदधि? पयोधि? नदीस?

यह ऐसा ही है जैसा सहसा किसी का मरना सुनकर चकपकाकर पूछना–'अरे कौन? रामप्रसाद के बाप? माताप्रसाद के लड़के? शिवप्रसाद के भाई? अमुक स्टेट के मैनेजर?' इस भाव का प्रत्यक्षीकरण भी यह सूचित करता है कि गोस्वामीजी सब भावों को अपने अन्तःकरण में देखनेवाले थे, केवल लक्षणग्रन्थों में देखकर उनका सन्निवेश करनेवाले नहीं।

दूसरों का उपहास करते तो आपने बहुत लोगों को देखा होगा, पर कभी आपने मनुष्य की उस अवस्था पर भी ध्यान दिया है जब वह पश्चात्ताप और ग्लानिवश अपना उपहास आप करता है ? गोस्वामीजी ने उस पर भी ध्यान दिया है। उनकी अन्तर्दृष्टि के सामने वह अवस्था भी प्रत्यक्ष हुई है। सोने के हिरन के पीछे अपनी सोने की सीता को खोकर राम वन-वन विलाप करते फिरते हैं; मृग उन्हें देखकर भागते हैं; और फिर जैसा कि उनका स्वभाव होता है, थोड़ी दूर पर जाकर खड़े हो जाते हैं। इस पर राम कहते हैं–

हमहिं देखि मृगनिकर पराहीं। मृगी कहहिं तुम्ह कहँ भय नाहीं॥
तुम आनंद करहु मृगजाए। कंचनमृग खोजन ये आए॥

कैसी क्षोभपूर्ण आत्मनिन्दा है !

यहाँ एक और बात ध्यान देने की है। कवि ने मृगों के ही भय का क्यों नाम लिया ? मृगियों को भय क्यों नहीं था ? बात यह है कि आखेट की यह मर्य्यादा चली आती है कि मादा के ऊपर अस्त्र न चलाया जाए। शिकार खेलनेवालों में यह बात प्रसिद्ध है। यहाँ गोस्वामीजी का लोक-व्यवहार परिचय प्रकट होता है–

देखिए श्रम की व्यंजना किस कोमलता के साथ गोस्वामीजी करते हैं। सीता राम-लक्ष्मण के साथ पैदल वन की ओर चली हैं–

(क) *पुर ते निकसी रघुबीर बधू, धरि धीर दए मग में डग द्वै।*
झलकी भरि भाल कनी जल की, पुट सूखि गए मधुराधर वै।
फिरि बूझति है 'चलनो अब केतिक, पर्नकुटी करिहौ कित है।'
तियकी लखि आतुरता पियकी अँखियाँ अति चारु चलीं जल च्वै॥

(ख) *'जल को गए लक्खन हैं लरिका, परिखौ पिय छाँह घरीक ह्वै ठाढ़े॥*
पोछि पसेउ बयारि करौं, अरु पायँ पखारिहौं भूभुरि डाढ़े॥'
तुलसी रघुबीर प्रिया स्रम जानिकै, बैठि बिलंब लौं कंटक काढ़े॥
जानकी नाह को नेह लख्यो, पुलको तनु बारि बिलोचन बाढ़े॥

कुलवधू के 'श्रम' की यह व्यंजना कैसी मनोहर है ? यह 'श्रम' स्वतन्त्र है, किसी और भाव का संचारी होकर नहीं आया है।

गोस्वामीजी को मनुष्य की अन्तःप्रकृति की जितनी परख थी उतनी हिन्दी के और किसी कवि को नहीं। कैसे अवसर पर मनुष्य के हृदय में स्वभावतः कैसे भाव उठते हैं इसकी वे बहुत सटीक कल्पना करते थे। राम के अयोध्या लौटने पर जब सुग्रीव और विभीषण ने राम और भरत का मिलना देखा तब उनके चित्त में क्या आया होगा, यह देखिए–

सधन चोर मग मुदित मन धनी गही ज्यों फेंट।
त्यों सुग्रीव विभीषनहि भई भरत की भेंट॥

रास्ते भर तो वे बहुत ही प्रसन्न आए होंगे और राम के साथ रहने के कारण अपने को गौरवशाली–शायद साधु और सज्जन भी–समझते रहे होंगे। पर यह महत्त्व उनका निज का अर्जित नहीं था, केवल राम की कृपा से मिला हुआ था। वे जो उसे अपना अर्जित समझते आ रहे थे यह उनका भ्रम था। उनका यह भ्रम राम और भरत का मिलना देखकर दूर हो गया। वे ग्लानि से गड़ गए। उनके मन में आया कि एक भाई भरत हैं और एक हम लोग हैं जिन्होंने अपने भाइयों के साथ ऐसा व्यवहार किया।

इस प्रसंग को समाप्त करने का वादा शायद अभी किया जा चुका है। बस, दो बातें और कहनी हैं। कवि लोग अर्थ और वर्णविन्यास के विचार से जिस प्रकार शब्दशोधन करते हैं, उसी प्रकार अधिक मर्मस्पर्शी और प्रभावोत्पादक दृश्य उपस्थित करने के लिए व्यापारशोधन भी करते हैं। बहुत-से व्यापारों में जो व्यापार अधिक प्राकृतिक होने के कारण स्वभावतः हृदय को अधिक स्पर्श करनेवाला होता है, भावुक कवि की दृष्टि उसी पर जाती है। यह चुनाव दो प्रकार से होता है। कहीं तो (1) चुना हुआ व्यापार उपस्थित प्रसंग के भीतर ही होता है या हो सकता है, अर्थात् उस व्यापार और प्रसंग का

व्याप्यव्यापक सम्बन्ध होता है और वह व्यापार उपलक्षण मात्र होता है; और कहीं (2) चुना हुआ व्यापार प्रस्तुत व्यापार से सादृश्य रखता है; जैसे अन्योक्ति में। गोस्वामीजी ने दोनों प्रकार के चुनाव में अपनी स्वाभाविक सहृदयता दिखाई है।

(1) प्रथम पद्धति का अवलम्बन किसी ऐसी स्थिति को अंकित करने में होता है जिसके अन्तर्गत बहुत-से व्यापार हो सकते हैं और सब व्यापारों का वाच्य एक सामान्य शब्द हुआ करता है; जैसे अत्याचार, दैन्य, दुःख, सुख इत्यादि। अत्याचार शब्द के अन्तर्गत डाँटने-डपटने से लेकर मारना-पीटना, जलाना, स्त्री, बालकों की हत्या करना, न जाने कितने व्यापार समझे जाते हैं। इसी प्रकार दीन-दशा के भीतर खाने-पहनने की कमी से लेकर द्वार-द्वार फिरना, दाँत निकालकर माँगना, किसी के दरवाजे पर अड़कर बैठना और हटाने से भी न हटना ये सब गोचर दृश्य आते हैं। इन दृश्यों में जो सबसे अधिक मर्मस्पर्शी होता है, भावुक कवि उसी को सबका उपलक्षण बनाकर, स्थिति को हृदयंगम करा देता है। गोस्वामीजी ने अपने दैन्य भाव का चित्रण स्थान-स्थान पर इसी पद्धति से किया है। कुछ उदाहरण लीजिए–

कहा न कियो, कहाँ न गयो, सीस काहि न नायो ?
हा हा करि दीनता कही, द्वार द्वार बारबार, परी न छार मुँह बायो।
महिमा मान प्रिय प्रान तें तजि, खोलि खलन आगे खिनुखिनु पेटखलायो ॥

इसका अर्थ यह नहीं है कि तुलसीदासजी सचमुच द्वार-द्वार पेट खलाते और डाँट-फटकार सुनते फिरते थे।

कहीं राजा राम के द्वार पर खड़े अपनी दीनता का चित्र आप देखते हैं।

राम सों बड़ो है कौन, मो सों कौन छोटो ?
राम सों खरो है कौन, मो सो कौन खोटो ?

सारी विनयपत्रिका का विषय यही है–राम की बड़ाई और तुलसी की छोटाई। दैन्यभाव जिस उत्कर्ष को गोस्वामीजी में पहुँचा है, उस उत्कर्ष को और किसी भक्त कवि में नहीं। इस भावरहस्य से अनभिज्ञ और इस उपलक्षणपद्धति को न समझनेवाले ऊपर के पदों को देख यदि कहें कि तुलसीदासजी बड़े भारी मंगन थे, हटाने से जल्दी हटते नहीं थे और खुशामदी भी बड़े भारी थे, तो उनका प्रतिवाद करना समय नष्ट करना ही है। खेद इस बात पर अवश्य होता है कि 'स्वतन्त्र आलोचना' का ऐसा स्थूल और भद्दा अर्थ समझनेवाले भी हमारे बीच वर्त्तमान हैं। एक स्थान पर गोस्वामीजी कहते हैं–

खीझिबे लायक करतब कोटि कोटि कटु,
रीझिबे लायक तुलसी की निलजई।

इस पर यदि कोई कह दे कि तुलसीदासजी बड़े भारी बेहया थे, तो उसकी क्या दवा है ?

तुलसीदासजी को जब स्वामी के प्रति अपने प्रेम की अनन्यता की इस प्रकार प्रतीति हो जाती है कि 'जानत जहान मन मेरे हू गुमान बड़ो, मान्यो मैं न दूसरो, न मानत, न मानिहौं' तब प्रेमाधिक्य से वे मुँहलगे हो जाते हैं और कभी-कभी ऐसी बातें भी कह देते हैं–

हौं अब लौं करतूति तिहारिय चितवत हुतो न रावरे चेते।
अब तुलसी पूतरो बाँधि है सहि न जात मोपै परिहास एते ॥

पर ऐसी गुस्ताखी कभी नहीं करते कि 'आपने करम भवनिधि पार करौं जौ तो हम करतार, करतार तुम काहे के ?'

देखिए, संसार की अशान्ति का चित्र कैसा मर्मस्पर्शी और प्राकृतिक जीवन-व्यापार उपलक्षण के रूप में चुनकर वे अंकित करते हैं–

डासत ही गई बीति निसा सब कतहुँ न, नाथ ! नींद भरि सोयो।

(2) प्रस्तुत व्यापार के स्थान पर उसी के सदृश अप्रस्तुत व्यापार चुनने में भी गोस्वामीजी ने प्रभावोत्पादक प्राकृतिक दृश्यों की परख का पूर्ण परिचय दिया है। प्रेमभाव का उत्कर्ष दिखाने के लिए उन्होंने चातक और मीन को पकड़ा है। दोहावली के भीतर चातक की अन्योक्तियाँ प्रेमी भक्तों के हृदय का सर्वस्व हैं। यही चातकता और मीनता वे जीवन भर चाहते रहे–'करुणनिधान ! बरदान तुलसी चहत सीतापति भक्ति सुरसरि नीर मीनता।' अन्योक्ति आदि के लिए भी वे तत्काल हृदय में चुभनेवाला दृश्य लाकर खड़ा कर देते हैं। इससे प्रस्तुत विषय के सम्बन्ध में जो भाव उत्पन्न करना इष्ट होता है; वह भाव थोड़ी देर के लिए अवश्य उत्पन्न होता है। प्रासादों में सुख से रहनेवाली सीता वन में कैसे रह सकेगी–

नव रसाल बन बिहरन सीला। सोह कि कोकिल बिपिन करीला॥

शीलनिरूपण और चरित्र-चित्रण

रससंचार से आगे बढ़ने पर हम काव्य की उस उच्च भूमि में पहुँचते हैं जहाँ मनोविकार अपने क्षणिक रूप में ही न दिखाई देकर जीवनव्यापी रूप में दिखाई पड़ते हैं। इसी स्थायित्व की प्रतिष्ठा द्वारा शीलनिरूपण और पात्रों का चरित्र-चित्रण होता है। कहने की आवश्यकता नहीं कि इस उच्च भूमि में आने पर फुटकरिए कवि पीछे छूट जाते हैं; केवल प्रबन्धकुशल कवि ही दिखाई पड़ते हैं। खेद के साथ कहना पड़ता है कि गोस्वामीजी को छोड़ हिन्दी का और कोई पुराना कवि इस क्षेत्र में नहीं दिखाई पड़ता। चारणकाल के चन्द आदि कवियों ने भी प्रबन्धरचना की है; पर उसमें चरित्र-चित्रण को वैसा स्थान नहीं दिया गया है, वीरोल्लास ही प्रधान है। जायसी आदि मुसलमान कवियों की प्रबन्धधारा केवल प्रेमपथ का निदर्शन करती गई है। दोनों प्रकार के आख्यानों में मनोविकारों के इतने भिन्न-भिन्न प्रकृतिस्थ स्वरूप नहीं दिखाई पड़ते जिन्हें हम किसी व्यक्ति या समुदायविशेष का लक्षण कह सकें।

रससंचार मात्र के लिए किसी मनोविकार की एक अवसर पर पूर्ण व्यंजना ही काफी होती है। पर किसी पात्र में उसे शील रूप में प्रतिष्ठित करने के लिए कई अवसरों पर उसकी अभिव्यक्ति दिखानी पड़ती हैं। रामचरितमानस के भीतर राम, भरत, लक्ष्मण, दशरथ और रावण, ये कई पात्र ऐसे हैं जिनके स्वभाव और मानसिक प्रवृत्ति की विशेषता गोस्वामीजी ने, कई अवसरों पर प्रदर्शित भावों और आचरणों की एकरूपता दिखाकर प्रत्यक्ष की है।

पहले राम को लीजिए और इस बात का ध्यान रखिए कि प्रधान पात्र होने के कारण जितनी भिन्न-भिन्न परिस्थितियों में उनका जीवन दिखाया गया है, और किसी पात्र का नहीं। भिन्न-भिन्न मनोविकारों को उभारनेवाले जितने अधिक अवसर उनके सामने आए हैं, उतने और किसी पात्र के सामने नहीं। लक्ष्मण भी प्रत्येक परिस्थिति में उनके साथ रहे, इससे उनके सम्बन्ध में भी यही कहा जा सकता है। सारांश यह कि राम-लक्ष्मण के चरित्रों का चित्रण आख्यान के भीतर सबसे अधिक व्यापक होने के कारण सबसे अधिक पूर्ण है। भरत का चरित्र जितना अंकित है, उतना सबसे उज्ज्वल, सबसे निर्मल और सबसे निर्दोष है। पर साथ ही यह भी है कि वह उतना अधिक अंकित नहीं है। राम से भी अधिक जो उत्कर्ष उनमें दिखाई पड़ता है वह बहुत कुछ चित्रण की अपूर्णता के कारण—उतनी अधिक परिस्थितियों में उसके न दिखाए जाने के कारण जितनी अधिक परिस्थितियों में राम-लक्ष्मण का चरित्र दिखाया गया है। पर इसमें भी कोई सन्देह नहीं कि जिस परिस्थिति में भरत दिखाए गए हैं उससे बढ़कर शील की कसौटी हो ही नहीं सकती।

अनन्त शक्ति के साथ धीरता, गम्भीरता और कोमलता 'राम' का प्रधान लक्षण है। यही उनका 'रामत्व' है। अपनी शक्ति की स्वानुभूति ही उस उत्साह का मूल है जिससे बड़े-बड़े दुःसाध्य कर्म होते हैं। बाल्यावस्था में ही जिस प्रसन्नता के साथ दोनों भाइयों ने घर छोड़ा और विश्वामित्र के साथ बाहर रहकर अस्त्रशिक्षा प्राप्त की तथा विघ्नकारी विकट राक्षसों पर पहले पहल अपना बल अजमाया, वह उस उल्लासपूर्ण साहस का सूचक है जिसे 'उत्साह' कहते हैं। छोटी अवस्था में ही ऐसे विकट प्रवास के लिए जिनकी धड़क खुलती हमने देखी, उन्हीं को पीछे चौदह वर्ष वन में रहकर अनेक कष्टों का सामना करते हुए जगत् को क्षुब्ध करनेवाले कुम्भकर्ण और रावण ऐसे राक्षसों को मारते हुए हम देखते हैं। इस प्रकार जिन परिस्थितियों के बीच वीर जीवन का विकास होता है, उनकी परम्परा का निर्वाह हम क्रम से रामचरित में देखते हैं। राम और लक्ष्मण ये दो अद्वितीय वीर हम उस समय पृथ्वी पर पाते हैं। वीरता की दृष्टि से हम कोई भेद दोनों पात्रों में नहीं कर सकते। पर सीता के स्वयंवर में दोनों भाइयों के स्वभाव में जो पार्थक्य दिखाई पड़ा उसका निर्वाह हम अन्त तक पाते हैं। जनक के परितापवचन पर उग्रता और परशुराम की बातों के उत्तर में जो चपलता हम लक्षण में देखते हैं, उसे हम बराबर अवसर-अवसर पर देखते चले जाते हैं। इसी प्रकार राम की जो धीरता और गम्भीरता हम परशुराम के साथ बातचीत करने में देखते हैं, वह बराबर आगे आनेवाले प्रसंगों में हम देखते जाते हैं। इतना देखकर तब हम कहते हैं कि राम का स्वभाव धीर और गम्भीर था और लक्ष्मण का उग्र और चपल।

धीर, गम्भीर और सुशील अन्तःकरण की बड़ी भारी विशेषता यह होती है कि वह दूसरे में बुरे भाव का आरोप जल्दी नहीं कर सकता। सारे अवधवासियों को लेकर भरत को चित्रकूट की ओर आते देख लक्ष्मण कहते हैं—

कुटिल कुबंधु कुअवसर ताकी। जानि राम बनबास एकाकी॥
करि कुमंत्र मन, साजि समाजू। आए करइ अकंटक राजू॥

और तुरन्त इस अनुमान पर उनकी त्योरी चढ़ जाती है–

जिमि करि निकर दलइ मृगराजू। लेइ लपेटि लवा जिमि बाजू॥
तैसेहि भरतहि सेन समेता। सानुज निदरि निपातउँ खेता॥

पर राम के मन में भरत के प्रति ऐसा सन्देह होता ही नहीं। अपनी सुशीलता के बल से उन्हें उनकी सुशीलता पर पूरा विश्वास है। वे तुरन्त समझाते हैं–

सुनहु लषन भल भरत सरीसा। बिधि प्रपंच महँ सुना न दीसा॥
भरतहिं होइ न राज मद बिधि हरि हर पद पाइ।
कबहुँ कि काँजी सीकरनि छीर सिंधु बिनसाइ॥

सुमन्त जब राम-लक्ष्मण को विदा कर अयोध्या लौटने लगते हैं, तब रामचन्द्रजी अत्यन्त प्रेमभरा सँदेसा पिता से कहने को कहते हैं जिसमें कहीं से खिन्नता या उदासीनता का लेश नहीं है। वे सारथी को बहुत तरह से समझाकर कहते हैं–

सब बिधि सोइ करतव्य तुम्हारे। दुःख न पाव पितु सोच हमारे॥

यह कहना लक्ष्मण को अच्छा नहीं लगता। जिस निष्ठुर पिता ने स्त्री के कहने में आकर वनवास दिया, उसे भला सोच क्या होगा ? पिता के व्यवहार की कठोरता के सामने लक्ष्मण का ध्यान उनके सत्यपालन और परवशता की ओर न गया, उनकी वृत्ति इतनी धीर और संयत न थी कि वे इतनी दूर सोचने जाते। पिता के प्रति कुछ कठोर वचन वे कहने लगे। पर राम ने उन्हें रोका और सारथी से बहुत विनती की कि लक्ष्मण की ये बातें पिता से न कहना।

पुनि कछु लषन कही कटु बानी। प्रभु बरजेउ बड़ अनुचित जानी॥
सकुचि राम निज सपथ दिवाई। लषन सन्देसु कहिय जनि जाई॥

यह 'सकुचि' शब्द कितना भावगर्भित है। यह कवि की सूक्ष्म अन्तर्दृष्टि सूचित करता है। मनुष्य का जीवन सामाजिक है। वह समाजबद्ध प्राणी है। उसे अपने ही आचरण पर लज्जा या संकोच नहीं होता है, अपने कुटुम्बी, इष्टमिष्ट या साथी के भद्दे आचरण पर भी होता है। पुत्र की करतूत सुनकर पिता का सिर नीचा होता है, भाई की करतूत सुनकर भाई का। इस बात का अनुभव तो हम बराबर करते हैं कि हमारा साथी हमारे सामने यदि किसी से बातचीत करते समय भद्दे या अश्लील शब्दों का प्रयोग करता है, तो हमें लज्जा मालूम होती है। यह संकोच राम की सुशीलता और लोकमर्य्यादा का भाव व्यंजित करता है। मर्य्यादापुरुषोत्तम का चरित्र ऐसे ही कवि के हाथ में पड़ने योग्य था।

सुमन्त ने अयोध्या लौटकर राजा से लक्ष्मण की कही हुई बातें तो न कहीं, पर इस घटना का उल्लेख किए बिना उससे न रहा गया। क्यों ? क्या लक्ष्मण से उसकी कुछ शत्रुता थी ? नहीं, राम के शील का जो अद्भुत उत्कर्ष उसने देखा, उसे वह हृदय में न रख सका। सुशीलता के मनोहर दृश्य का प्रभाव मानव अन्तःकरण पर ऐसा ही पड़ता है। सुमन्त को राम की आज्ञा के विरुद्ध कार्य्य करने का दोष अपने ऊपर लेना कबूल हुआ; पर उस शील सौन्दर्य्य की झलक अपने ही तक वह न रख सका, दशरथ को भी

उसे उसने दिखाया। कहने की आवश्यकता नहीं कि इस अन्तिम झलक ने राजा को और भी उस मृत्यु के पास तक पहुँचा दिया होगा जो आगे चलकर दिखाई गई है। इसे कहते हैं घटना का सूक्ष्म क्रमविन्यास।

राम और लक्ष्मण के स्वभावभेद का बस एक और चित्र दिखा देना काफी होगा। समुद्र के किनारे खड़े होकर समुद्र से विनय करते-करते राम को तीन दिन बीत गए। तब जाकर राम को क्रोध आया और 'भय बिनु होइ न प्रीति' वाली नीति की ओर उनका ध्यान गया। वे बोले–

लछिमन बान सरासन आनू। सोखउँ बारिधि बिसिख कृसानू॥
अस कहि रघुपति चाप चढ़ावा। यह मत लछिमन के मन भावा॥

जिसके बाण खींचते ही 'उठी उदधि उर अंतर ज्वाला' उसने पहले तीन दिनों तक हर प्रकार से विनय की। विनय की मर्य्यादा पूरी होते ही राम ने अपना अतुल पराक्रम प्रकट किया जिसे देख लक्ष्मण को सन्तोष हुआ। विनयवाली नीति उन्हें पसन्द न थी। एक बार दो बार कह देना ही वे काफी समझते थे।

वाल्मीकि ने राम के वनवास की आज्ञा पर लक्ष्मण के महाक्रोध का वर्णन किया है। पर न जाने क्यों वहाँ तुलसीदासजी इसे बचा गए थे।

चित्रकूट में अपनी कुटिलता का अनुभव करती हुई कैकेयी से राम बार-बार इसलिए मिलते हैं कि उसे यह निश्चय हो जाए कि उनके मन में उस कुटिलता का ध्यान कुछ भी नहीं है और उसकी ग्लानि दूर हो। वे बार-बार उसके मन में यह बात जमाना चाहते हैं कि जो कुछ हुआ, उसमें उसका कुछ भी दोष नहीं है। अपने साथ बुराई करनेवाले के हृदय को शान्त और शीतल करने की चिन्ता राम के सिवा और किसको हो सकती है ? दूसरी बात यह ध्यान देने की है कि राम का यह शीलप्रदर्शन उस समय हुआ, जिस समय कैकेयी का अन्तःकरण अपनी कुटिलता का पूर्ण अनुभव करने के कारण इतना द्रवीभूत हो गया था कि शील का संस्कार उस पर सब दिन के लिए जम सकता था। गोस्वामीजी के अनुसार हुआ भी ऐसा है–

कैकेयी जौ लौं जियति रही।
तौं लौं बात मातु सो मुँह भरि भरत न भूलि कही।
मानी राम अधिक जननी तें, जननिहु गँस न गही॥

इतने पर भी कहीं गाँस रह सकती है ?

गार्हस्थ जीवन के दाम्पत्य भाव के भीतर सबसे मनोहर वस्तु है उनकी 'एक भार्या' की मर्य्यादा। इसके कारण यहाँ से वहाँ तक जिस गौरवपूर्ण माधुर्य्य का प्रसार दिखाई देता है, वह अनिवर्चनीय है। इसकी उपयोगिता का पक्ष दशरथ के चरित्र पर विचार करते समय दिखाया जाएगा।

भक्तों को सबसे अधिक वश में करनेवाला राम का गुण है शरणागत की रक्षा। अत्यन्त प्राचीनकाल से ही शरणागत की रक्षा करना भारतवर्ष में बड़ा भारी धर्म माना जाता है। इस विषय में भारत की प्रसिद्धि सारे सभ्य जगत् में थी। सिकन्दर से हारकर

पारस का सम्राट दारा जब भाग रहा था तब उसके तीन साथी सरदारों ने विश्वासघात करके उसे मार डाला। उनमें से एक शकस्थान (सीस्तान) का क्षत्रप वरजयन्त था। जब सिकन्दर ने दंड देने के लिए इन तीनों विश्वासघातियों का पीछा किया, तब वरजयन्त ने भारतवासियों के यहाँ आकर शरण ली और बच गया। प्राचीन यहूदियों के एक जत्थे का गान्धार और दक्षिण में शरण पाना प्रसिद्ध है। इस्लाम की तलवार के सामने कुछ प्राचीन पारसी जब अपने आर्य्य धर्म की रक्षा के लिए भागे तब भारतवर्ष ही की ओर उनका ध्यान गया; क्योंकि शरणागत की रक्षा यहाँ प्राण देकर की जाती थी। अपनी हानि के भय से शरणागत का त्याग बड़ा भारी पाप माना जाता है—

सरनागत कहँ जे तजहिं, निज अनहित अनुमानि।
ते नर पाँवर पाप मय, तिनहि बिलोकत हानि।

शरणागत की रक्षा की चिन्ता रामचन्द्र के हृदय से दारुण शोक के समय में भी दूर न हुई। सामने पड़े हुए लक्ष्मण को देखकर वे विलाप कर रहे हैं—

मेरो सब पुरुषारथ थाको।
विपति बँटावन बंधु बाहु बिनु करौं भरोसो काको ?
सुनु सुग्रीव ! साँचहू मो सन फेर्‌यो बदन बिधाता।
ऐसे समय समर-संकट हौं तज्यो लषन सो भ्राता॥
गिरि कानन जैहैं साखा मृग, हौं पुनि अनुज सँघाती।
ह्वै है कहा विभीषन की गति, रही सोच भरि छाती॥

राम के चरित्र की इस उज्ज्वलता के बीच एक धब्बा भी दिखाई देता है, वह है बालि को छिपकर मारना। वाल्मीकि और तुलसीदासजी दोनों ने इस धब्बे पर कुछ सफेद रंग पोतने का प्रयत्न किया है; पर हमारे देखने में तो यह धब्बा ही सम्पूर्ण रामचरित का उच्च आदर्श के अनुरूप एक कल्पना मात्र समझे जाने से बचाता है। यदि एक यह धब्बा न होता तो राम की कोई बात मनुष्य की-सी न लगती और वे मनुष्यों के बीच अवतार लेकर भी मनुष्यों के काम के न होते। उनका चरित्र भी उपदेशक महात्माओं की केवल महत्त्वसूचक फुटकर बातों का संग्रह होता, मानव जीवन की विशद अभिव्यक्ति सूचित करनेवाले सम्बद्ध काव्य का विषय न होता। यह धब्बा ही सूचित करता है कि ईश्वरावतार राम हमारे बीच हमारे भाई-बन्धु बनकर आए थे और हमारे ही समान सुख-दुःख भोगकर चले गए। वे ईश्वरता दिखाने नहीं आए थे; मनुष्यता दिखाने आए थे। भूलचूक या त्रुटि से सर्वथा रहित मनुष्यता कहाँ होती है ? इसी एक धब्बे के कारण हम उन्हें मानवजीवन से तटस्थ नहीं समझते, तटस्थ क्या कुछ भी हटे हुए नहीं समझते हैं। गो.तु. 6 (2100-76)

अब थोड़ा भरत के लोकपावन निर्मल चरित्र की ओर ध्यान दीजिए। राम की वनयात्रा के पहले भरत के चरित्र की शृंखला संघटित करनेवाली कोई बात हम नहीं पाते। उनकी अनुपस्थिति में ही राम के अभिषेक की तैयारी हुई, राम वन को गए। ननिहाल से लौटने पर ही उनके शीलस्वरूप का स्फुरण आरम्भ होता है। ननिहाल में जब दुःस्वप्न

और बुरे शकुन होते हैं, तब वे माता-पिता और भाइयों का मंगल मनाते हैं। कैकेयी के कुचक्र में अणुमात्र के योग के सन्देह की जड़ यहीं से कट जाती है। कैकेयी के मुख से पिता के मरण का संवाद सुन वे शोक कर ही रहे हैं कि राम के वनगमन की बात सामने आती है जिसके साथ अपना सम्बन्ध–नाम मात्र का सही–समझकर वे एकदम ठक हो जाते हैं। ऐसी बुरी बात के साथ सम्बन्ध जोड़नेवाली माता के रूप में नहीं दिखाई देती। थोड़ी देर के लिए उसकी ओर से मातृभाव हट-सा जाता है। ऐसा उज्ज्वल अन्तःकरण ऐसी घोर कालिमा की छाया का स्पर्श तक सहन नहीं कर सकता। यह छाया किस प्रकार हटे, इसी के यत्न में वे लग जाते हैं। हृदय का संताप बिना शान्तिशील-समुद्र राम के सम्मुख हुए दूर नहीं हो सकता। वे चट विरह-व्यथित पुरवासियों को लिए चित्रकूट में जा पहुँचते हैं और अपना अन्तःकरण भरी सभा में लोकादर्श राम के सम्मुख खोलकर रख देते हैं। उस आदर्श के भीतर उसकी निर्मलता देख वे शान्त हो जाते हैं और जिस बात से धर्म की मर्य्यादा रक्षित रहे, उसे करने की दृढ़ता प्राप्त कर लेते हैं।

भरत ने इतना सब क्या लोकलज्जावश किया ? नहीं, उनके हृदय में सच्ची आत्मग्लानि थी, सच्चा संताप था। यदि ऐसा न होता तो अपनी माता कैकेयी के सामने वे दुःख और क्षोभ न प्रकट करते। यह आत्मग्लानि ही उनकी सात्विक वृत्ति की गहनता का प्रमाण है। इस आत्मग्लानि के कारण का अनुसंधान करने पर हम उस तत्त्व तक पहुँचते हैं जिसकी प्रतिष्ठा रामायण का प्रधान लक्ष्य है। आत्मग्लानि अधिकतर अपने किसी बुरे कर्म को सोचकर होती है। भरतजी कोई बुरी बात अपने मन में लाए तक न थे। फिर यह आत्मग्लानि कैसी ? यह ग्लानि अपने सम्बन्ध में लोक की बुरी धारणा के अनुमान मात्र से उन्हें हुई थी। लोग प्रायः कहा करते हैं कि अपना मन शुद्ध है, तो संसार के कहने से क्या होता है ? यह बात केवल साधना की ऐकान्तिक दृष्टि से ठीक है, लोकसंग्रह की दृष्टि से नहीं। आत्मपक्ष और लोकपक्ष दोनों का समन्वय रामचरित का लक्ष्य है। हमें अपनी अन्तर्वृत्ति भी शुद्ध और सात्विक रखनी चाहिए और अपने सम्बन्ध में लोक की धारणा भी अच्छी बनानी चाहिए। जिसका प्रभाव लोक पर न पड़े, उसे मनुष्यत्व का पूर्ण विकास नहीं कह सकते। यदि हम वस्तुतः सात्विकशील हैं, पर लोग भ्रमवश या और किसी कारण हमें बुरा समझ रहे हैं, तो हमारी सात्विकशीलता समाज के किसी उपयोग की नहीं। हम अपनी सात्विकशीलता अपने साथ लिए चाहे स्वर्ग का सुख भोगने चले जाएँ, पर अपने पीछे दस-पाँच आदमियों के बीच दस-पाँच दिन के लिए भी कोई शुभ प्रभाव न छोड़ जाएँगे। ऐसे ऐकान्तिक जीवन का चित्रण जिसमें प्रभुविष्णुता न हो, रामायण का लक्ष्य नहीं है। रामायण, भरत ऐसे पुण्यश्लोक को सामने करता है जिसके सम्बन्ध में राम कहते हैं–

मिटिहहिं पाप प्रपंच सब, अखिल अमंगल भार।
लोक सुजस, परलोक सुख, सुमिरत नाम तुम्हार॥

जिन भरत को अयश की इतनी ग्लानि हुई, जिनके हृदय से धर्म भाव कभी न हटा, उनके नाम के स्मरण से लोक में यश और परलोक में सुख दोनों क्यों न प्राप्त हों ?

भरत के हृदय का विश्लेषण करने पर हम उसमें लोकभीरुता, स्नेहार्द्रता, भक्ति और धर्मप्रवणता का मेल पाते हैं ! राम के आश्रम पर जाकर उन्हें देखते ही भक्तिवश 'पाहि ! पाहि !' कहते हुए वे पृथ्वी पर गिर पड़ते हैं। सभा के बीच में जब वे अपने हृदय की बात निवेदन करने खड़े होते हैं, तब भ्रातृस्नेह उमड़ आता है, बाल्यावस्था की बातें आँखों के सामने आ जाती हैं। इतने में ग्लानि आ दबाती है और वे पूरी बात भी नहीं कह पाते हैं–

पुलकि सरीर सभा भए ठाढ़े। नीरज नयन नेह जल बाढ़े॥
कहब मोर मुनिनाथ निबाहा। एहि तें अधिक कहौं मैं काहा ?
मैं जानौं निज नाथ सुभाऊ। अपराधिहुँ पर कोह न काऊ॥
मो पर कृपा सनेह बिसेखी। खेलत खुनिस न कबहूँ देखी॥
सिसुपन तें परिहरेउ न संगू। कबहुँ न कीन्ह मोर मन भंगू॥
मैं प्रभु कृपा रीति जिय जोही। हारेहु खेल जितावहिं मोही॥
महूँ सनेह सकोच बस सनमुख कहेउ न बैन।
दरसन तृपित न आजु लगि प्रेम पियासे नैन॥
बिधि न सकेउ सहि मोर दुलारा। नीच बीच जननी मिस पारा॥
यहउ कहत मोहि आजु न सोभा। अपनी समुझि साधु सुचि को भा॥
मातु मंद, मैं साधु सुचाली। उर अस आनत कोटि कुचाली॥
फरइ कि कोदव बालि सुसाली। मुकुता प्रसव कि संबुक ताली॥
बिनु समुझे निज अघ परिपाकू। जारेउँ जाय जननि कहि काकू ?
हृदय हेरि हारेउँ सब ओरा। एकहि भाँति भलेहि भल मोरा॥
गुरु गोसाइँ, साहिब सिय रामू। लागत मोहिं नीक परिनामू॥

भरत को इस बात पर ग्लानि होती है कि मैं आप अच्छा बनकर माता को भला-बुरा कहने लगा। 'अपनी समुझि साधु सुचि को भा ?' जिसे दस भले आदमी–पवित्र और सज्जन लोग, जड़ और नीच नहीं–साधु और शुचि मानें, उसी की साधुता और शुचिता किसी काम की है। इस ग्लानि के दुःख से उद्धार पाने की आशा एक इसी बात से होती है कि गुरु और स्वामी वशिष्ठ तथा राम ऐसे ज्ञानी और सुशील हैं। कहने की आवश्यकता नहीं कि यह आशा ऐसे दृढ़ आधार पर थी कि पूर्ण रूप से फलवती हुई। भरत केवल लोक की दृष्टि में पवित्र ही न हुए, लोक को पवित्र करनेवाले भी हुए। राम ने उन्हें धर्म का साक्षात् स्वरूप स्थिर किया और स्पष्ट कह दिया कि–

भरत ! भूमि रह राउरि राखी।

अब सत्य और प्रेम के विरोध में दोनों की एक साथ रक्षा करनेवाले परम यशस्वी महाराज दशरथ को लीजिए। वे राम को वनवास देने में सत्य की रक्षा और प्रतिज्ञा का पालन हृदय पर पत्थर रखकर–उमड़ते हुए स्नेह और वात्सल्य भाव को दबाकर–करते हुए पाए जाते हैं। इसके उपरान्त हम उन्हें स्नेह के निर्वाह में तत्पर और प्रेम की पराकाष्ठा को पहुँचते हुए पाते हैं। सत्य की रक्षा उन्होंने प्रिय पुत्र को बनवास देकर और स्नेह की रक्षा प्राण देकर की। यही उनके चरित्र की विशेषता है–यही उनके जीवन का

महत्त्व है। नियम और शील धर्म के दो अंग हैं। नियम का सम्बन्ध विवेक से है और शील का हृदय से। सत्य बोलना, प्रतिज्ञा का पालन करना नियम के अन्तर्गत है। दया, क्षमा, वात्सल्य, कृतज्ञता आदि शील के अन्तर्गत हैं। नियम के लिए आचरण ही देखा जाता है, हृदय का भाव नहीं देखा जाता। केवल नाम की इच्छा रखनेवाला पाषंडी भी नियम का पालन कर सकता है—और पूरी तरह कर सकता है। पर शील के लिए सात्विक हृदय चाहिए। कभी-कभी ऐसी विकट स्थिति आ पड़ती है कि एक को राह देने से दूसरे का उल्लंघन अनिवार्य हो जाता है। किसी निरपराध को फाँसी हुआ चाहती है। हम देख रहे हैं कि थोड़ा-सा झूठ बोल देने से उसकी रक्षा हो सकती है। अतः एक ओर तो दया हमें झूठ बोलने की प्रेरणा कर रही है; दूसरी ओर 'नियम' हमें ऐसा करने से रोक रहा है। इतने भारी शीलसाधन के सामने तो हमें अवश्य नियम शिथिल कर देना पड़ता है। पर जहाँ शीलपक्ष इतना ऊँचा नहीं है, वहाँ उभयपक्ष की रक्षा का मार्ग ढूँढ़ना पड़ेगा।

दशरथ के सामने दोनों पक्ष प्रायः समान थे—बल्कि यों कहिए कि नियम की ओर का पलड़ा कुछ झुकता हुआ था। एक ओर तो सत्य की रक्षा थी, दूसरी ओर प्राण से भी अधिक प्रिय पुत्र का स्नेह। पर पुत्रवियोग का दुःख दशरथ के ही ऊपर पड़नेवाला था (कौशल्या के दुःख को भी परिजन का दुःख समझकर दशरथ का ही दुःख समझिए)। इससे अपने ऊपर पड़नेवाले दुःख के डर से सत्य का त्याग उनसे न करते बना। उन्होंने सत्य की रक्षा की, फिर अपने ऊपर पड़नेवाले दुःख की परमावस्था को पहुँचकर स्नेह की भी रक्षा की। इस प्रकार सत्य और स्नेह, नियम और शील दोनों की रक्षा हो गई। रामचन्द्रजी भरत को समझाते हुए इस विषय को स्पष्ट करके कहते हैं—

राखेउ राउ सत्य मोहि त्यागी। तनु परिहरेउ प्रेम पनु लागी॥

शील और नियम, आत्मपक्ष और लोकपक्ष के समन्वय द्वारा धर्म की यही सर्वतोमुख रक्षा रामायण का गूढ़ रहस्य है। वह धर्म के किसी अंग को नोचकर दिखानेवाला ग्रन्थ नहीं है। यह देखकर बार-बार प्रसन्नता होती है कि आर्य्य धर्म का यह सम्पुट हिन्दी कवियों में से एक ऐसे महात्मा के हाथ में पड़ा जिसमें उसके उद्घाटन की सामर्थ्य थी। देखिए, किस प्रकार उन्होंने राम के मुख से उपर्युक्त विवेचन का सार चौपाई के दो चरणों में ही कहला दिया।

रामायण की घटना के भीतर तो दशरथ का यह महत्त्व ही सामने आता है। पर कथोपकथन रूप में जो कविकल्पित चित्रण है, उसमें वाल्मीकि और तुलसीदास दोनों ने दशरथ की अन्तर्वृत्ति का कुछ और भी आभास दिया है। विश्वामित्र जब बालक राम-लक्ष्मण को माँगने लगे, तब दशरथ ने देने में बहुत आगा-पीछा किया। वे सब कुछ देने को तैयार थे, पर पुत्रों को देना नहीं चाहते थे। वृद्धावस्था में पाए हुए पुत्रों पर इतना स्नेह स्वाभाविक ही था ! वे मुनि से कहते हैं—

चौथेपन पाएउँ सुत चारी। बिप्र बचन नहिं कहेउ बिचारी॥
माँगहु भूमि धेनु धन कोसा। सरबस देउँ आजु सह रोसा॥
देह प्रान तें प्रिय कछु नाहीं। सोउ मुनि ! देउँ निमिष एक माहीं॥
सब सुत प्रीय प्रान की नाईं। राम देत नहिं बनइ गोसाईं॥

इससे प्रकट होता है कि उनका वात्सल्य स्नेह ऐसा न था कि वे साधारण कारणवश उसकी प्रेरणा के विरुद्ध कुछ करने जाते। मुनि के साथ जो उन्होंने बालकों को कर दिया, वह एक तो शाप के भय से, दूसरे उनकी अस्त्रशिक्षा की आशा से।

उस बृद्धावस्था में वे अपनी छोटी रानी के वश में थे, यह उस घबराहट से प्रकट होता है जो उसका कोप सुनकर उन्हें हुई। वे उसके पास जाकर कहते हैं–

अनहित तोर प्रिया केहि कीन्हा। केहि दुइ सिर, केहि जम चह लीन्हा॥
कहु केहि रंकहि करहुँ नरेसू। कहु केहि नृपहिं निकासउँ देसू॥
जानसि मोर सुभाउ बरोरू। मन तव आनन चंद चकोरू॥
प्रिया ! प्रान, सुत, सरबस मोरे। परिजन प्रजा सकल बस तोरे॥

प्राण, पुत्र, परिजन, प्रजा सबको कैकेयी के वश में कहना स्वयं राजा का कैकेयी के वश में होना अभिव्यंजित करता है। एक स्त्री के कहने से किसी मनुष्य को यमराज के यहाँ भेजने के लिए, किसी दरिद्र को राजा बनाने के लिए, किसी राजा को देश से निकालने के लिए तैयार होना स्त्रीण होने का ही परिचय देना है। कैकेयी के सामने जाने पर न्याय और विवेक थोड़ी देर के लिए विश्राम ले लेते थे। वाल्मीकिजी ने भी इसी प्रकार की बातें उस अवसर पर दशरथ से कहलाई हैं।

दशरथ के हृदय की इस दुर्बलता के चित्र के भीतर प्रचलित दाम्पत्य-विधान का वह दोष भी झलकता है जिसके पूर्ण परिहार का पथ आगे चलकर मर्य्यादा पुरुषोत्तम भगवान् रामचन्द्र ने अपने आचरण द्वारा प्रदर्शित किया। आधी उम्र तक विवाह पर विवाह करते जाने का परिणाम अन्त में एक ऐसा बेमेल जोड़ी होता है जो सब मामलों का मेल बिगाड़ देता है और जीवन किरकिरा हो जाता है। एक में तो प्रेम रहता है, दूसरे में स्वार्थ। अतः एक तो दूसरे के वश में हो जाता है और दूसरा उसके वश के बाहर रहता है। एक तो प्रेमवश दूसरे के सुख-सन्तोष के प्रयत्न में रहा करता है, दूसरा उसके सुख-सन्तोष का वहीं तक परवा रखता है जहाँ तक उससे स्वार्थसाधन होता है। राम ने 'एक भार्या' की मर्य्यादा द्वारा जिस प्रकार प्रेम के अपूर्व माधुर्य्य और सौन्दर्य्य का विकास दिखाया, उसी प्रकार अपने पिता की परिस्थिति से भिन्न अपनी परिस्थिति भी लोक को दिखाई। कैकेयी ने एक बार दशरथ के साथ युद्धस्थल में जाकर पहिए में उँगली लगाई थी और उसके बदले में दो वरदान लिए थे, तो सीता चौदह वर्ष राम के साथ जंगलों-पहाड़ों में मारी-मारी फिरीं, और उस मारे-मारे फिरने को ही उन्होंने अपने लिए बड़ा भारी वरदान समझा। अन्त में जब राजधर्म की विकट समस्या सामने आती है, तब हम राम को ठीक उसका उलटा करने में समर्थ पाते हैं जो दशरथ ने कैकेयी को प्रसन्न करने के लिए कहा था। दशरथ एकमात्र कैकेयी को प्रसन्न करने के लिए किसी राजा को बिना अपराध देश से निकालने के लिए तैयार हुए थे। पर राम प्रजा को प्रसन्न करने के लिए बिना किसी अपराध के प्राणों से भी प्रिय सीता को निकालने को तैयार हुए। दशरथ अपनी स्त्री के कहने से किसी राजा तक को देश से निकालते, पर राम ने एक धोबी तक के कहने से अपनी स्त्री को निकाल दिया। इतने पर भी सीता और राम में जो परस्पर गूढ़ प्रेम था,

उसमें कुछ भी अन्तर न पड़ा। सीता ने स्वामी के इस व्यवहार का कारण राजधर्म की कठोरता ही समझा। यह नहीं समझा कि राम का प्रेम मेरे ऊपर कम हो गया।

सात्विक, राजस और तामस इन तीन प्रकृतियों के अनुसार चरित्रविभाग करने से दो प्रकार के चित्रण हम गोस्वामीजी में पाते हैं–आदर्श और सामान्य। आदर्श चित्रण के भीतर सात्विक और तामस दोनों आते हैं। राजस को हम सामान्य चित्रण के भीतर ले सकते हैं। इस दृष्टि से सीता, राम, भरत, हनुमान और रावण आदर्श चित्रण के भीतर आवेंगे, तथा दशरथ, लक्ष्मण, विभीषण, सुग्रीव, कैकेयी सामान्य चित्रण के भीतर। आदर्श चित्रण में हम या तो यहाँ से वहाँ तक सात्विक वृत्ति का निर्वाह पावेंगे या तामस का। प्रकृति-भेद-सूचक अनेकरूपता उसमें न मिलेगी। सीता, राम, भरत, हनुमान ये सात्विक आदर्श हैं; रावण तामस आदर्श है।

सात्विक आदर्शों का वर्णन हो चुका। हनुमान के सम्बन्ध में इतना समझ रखना आवश्यक है कि वे सेवक के आदर्श हैं। सेव्यसेवक भाव का पूर्ण स्फुरण उनमें दिखाई पड़ता है। बिना किसी प्रकार के पूर्व परिचय के राम को देखते ही उनके शील, सौन्दर्य्य और शक्ति के साक्षात्कार मात्र पर मुग्ध होकर पहले पहल आत्मसमर्पण करनेवाले भक्तिराशि हनुमान ही हैं। उनके मिलते ही मानो भक्ति के आश्रय और आलम्बन दोनों पक्ष पूरे हो गए और भक्ति की पूर्ण स्थापना लोक में हो गई। इसी रामभक्ति के प्रभाव से हनुमान सब रामभक्तों की भक्ति के अधिकारी हुए।

सेवक में जो गुण चाहिए, सब हनुमान में लाकर इकट्ठे कर दिए गए हैं। सबसे आवश्यक बात तो यह है कि स्वामी के कार्यों के लिए, सब कुछ करने के लिए उनमें निरलसता और तत्परता हम हर समय पाते हैं। समुद्र के किनारे सब बन्दर बैठे समुद्र पार करने की चिन्ता कर ही रहे थे, अंगद फिरने का संशय करके आगा-पीछा कर ही रहे थे कि वे चट समुद्र लाँघ गए। लक्ष्मण को जब शक्ति लगी तब वैद्य को भी चट हनुमान ही लाए और औषधि के लिए भी पवन वेग से वे ही दौड़े। सेवक को अमानी होना चाहिए। प्रभु के कार्य्यसाधन में उसे अपने मान-अपमान का ध्यान न रखना चाहिए। अशोक वाटिका में से पकड़कर राक्षस उन्हें रावण के सामने ले जाते हैं। रावण उन्हें अनेक दुर्वाद कहकर हँसता है। इस पर उन्हें कुछ भी क्रोध नहीं आता। अंगद की तरह 'हौं तव दसन तोरिबे लायक' वे नहीं कहते हैं। ऐसा करने से प्रभु के कार्य्य में हानि हो सकती थी। अपने मान का ध्यान करके स्वामी का कार्य्य बिगाड़ना उनका कर्त्तव्य नहीं। वे रावण से साफ कहते हैं–

मोहिं न कछु बाँधे कर लाजा। कीन्ह चहौं निज प्रभु कर काजा॥

जिस प्रकार राम राम थे, उसी प्रकार रावण रावण था। वह भगवान् को उन ललकारनेवालों में से था जिसकी ललकार पर उन्हें आना पड़ा था। बालकांड में गोस्वामीजी ने पहले उसके उन अत्याचारों का वर्णन करके, जिनसे पीड़ित होकर दुनिया पनाह माँगती थी, तब राम का अवतार होना कहा है। वह उन राक्षसों का सरदार था जो गाँव जलाते थे, खेती उजाड़ते थे, चौपाये नष्ट करते थे, ऋषियों को यज्ञ आदि नहीं

करने देते थे। किसी की कोई अच्छी चीज देखते थे तो छीन लेते थे और जिनके खाए हुए लोगों की हड्डियों से दक्खिन का जंगल भरा पड़ा था। चंगेजखाँ और नादिरशाह तो मानो लोगों को उसका कुछ अनुमान कराने के लिए आए थे। राम और रावण को चाहे अहुरमज्द और अह्रमान समझिए, चाहे खुदा और शैतान। फर्क इतना ही समझिए कि शैतान और खुदा की लड़ाई का मैदान इस दुनिया से जरा दूर पड़ता था और राम रावण की लड़ाई का मैदान यह दुनिया ही थी।

ऐसे तामस आदर्श में धर्म के लेश का अनुसंधान निष्फल ही समझ पड़ेगा। पर हमारे यहाँ की पुरानी अक्ल के अनुसार धर्म के कुछ आधार बिना कोई प्रताप और ऐश्वर्य्य के साथ एक क्षण नहीं टिक सकता, रावण तो इतने दिनों तक पृथ्वी पर रहा। अतः उसमें धर्म का कोई-न-कोई अंग अवश्य था। वह अंग अवश्य था जिससे शक्ति और ऐश्वर्य्य की प्राप्ति होती है। उसमें कष्टसहिष्णुता थी। वह बड़ा भारी तपस्वी था। उसकी धीरता में भी कोई सन्देह नहीं है। भाई, पुत्र, जितने कुटुम्बी थे, सबके मारे जाने पर भी वह उसी उत्साह के साथ लड़ता रहा। अब रहे धर्म के सत्य आदि और अंग जो किसी वर्ग की रक्षा के लिए आवश्यक होते हैं। उनका पालन राक्षसों के बीच वह अवश्य करता रहा होगा। उसके बिना राक्षस कुल रह कैसे सकता था ? पर धर्म का पूर्ण भाव लोकव्यापकत्व में है। यों तो चोर और डाकू भी अपने दल के भीतर परस्पर के व्यवहार में धर्म बनाए रखते हैं। लोकधर्म वह है जिसके आचरण से पहले तो किसी को दुःख न पहुँचे; यदि पहुँचे भी तो विरुद्ध आचरण करने से जितने लोगों को पहुँचता है, उससे कम लोगों को। सारांश यह कि रावण में केवल अपने लिए और अपने बल के लिए शक्ति अर्जित करने भर को धर्म था, समाज में उस शक्ति का सदुपयोग करनेवाला धर्म नहीं था। रावण पंडित था, तपस्वी था, राजनीतिकुशल था, धीर था, वीर था; पर सब गुणों का उसने दुरुपयोग किया। उसके मरने पर उसका तेज राम के मुख में समा गया। सत् से निकलकर जो शक्ति असत्रूप हो गई थी, वह फिर सत् में विलीन हो गई।

अब सामान्य चित्रण लीजिए। राम के साथ लक्ष्मण का शीलनिरूपण कुछ हो चुका है। यहाँ केवल यही कहना है कि उनकी क्षमता ऐसी न थी जो करुणा या दया के गहरे अवसरों पर भी कोमलता या आर्द्रता न आने दे। सीता को जब वे वाल्मीकि के आश्रम पर छोड़ने गए थे, तब वे करुणभाव में मग्न थे। उनके मुँह से कोई बात न निकली थी। वे राम के बड़े भारी आज्ञाकारी थे। वे अपने हृदय के वेग को सहकर भी उनकी आज्ञा का पालन करते थे। क्रोध उन्हें कटु वचन के लिए उभारता था, पर राम का रुख देखते ही वे चुप हो जाते थे। सीता के वनवास की कठोर आज्ञा राम के मुख से सुनते ही वे सूख गए, करुणा से विह्वल ही गए। पर जी कड़ा करके वे सीता को पहुँचा आए। आज्ञाकारिता के लिए वे आदर्श हुए। पर यह नियम भी ऐसे अवसरों पर उन्होंने शिथिल कर दिया जब आज्ञा के पालन में उन्होंने अधिक हानि देखी और उल्लंघन का परिणाम केवल अपने ही ऊपर देखा। इन सब बातों के विचार से उनका चरित्र सामान्य के भीतर ही रखा है।

गृहनीत की दृष्टि से विभीषण शत्रु से मिलकर अपने भाई और कुल का नाश करनेवाले दिखाई पड़ते हैं पर और विस्तीर्ण क्षेत्र के भीतर लेकर देखने से उनके इस स्वरूप की कलुषता प्रायः नहीं के बराबर हो जाती है। गोस्वामीजी ने इसी विस्तृत दृष्टि से उनके चरित्र का चित्रण किया है। विभीषण रामभक्त थे, अर्थात् सात्विक गुणों पर श्रद्धा रखनेवाले थे। वे राम के लोकविश्रुत शील, शक्ति और सौन्दर्य्य पर मुग्ध थे। भाई के राज्य के लोभ के कारण वे राम से नहीं मिले थे। इस बात का निश्चय उनके बार-बार तिरस्कृत होने पर भी रावण को समझाते जाने से हो जाता है। यदि उन्हें राज्य का लोभ होता तो वे एक ओर तो रावण को युद्ध के लिए उत्तेजित करते, दूसरी ओर भीतर से शत्रु की सहायता करते। पर वे रावण की लात खाकर खुल्लमखुल्ला राम की शरण में यह कहते हुए गए–

राम सत्य संकल्प प्रभु सभा कालबस तोरि।
मैं रघुबीर सरन अब, जाउँ, देहु जनि खोरि॥

लोभवश न सही, शायद विभीषण भाई के व्यवहार से रूठकर क्रोधवश राम से जा मिले हों। इस सन्देह का निवारण रावण के लात मारने पर विभीषण का कुछ भी क्रोध न करना दिखाकर गोस्वामीजी ने किया है। लात मारने पर विभीषण इतना ही कहते हैं–

तुम पितु सरिस भलेहिं मोहिं मारा। राम भजे हित, नाथ तुम्हारा॥ [1]

इस स्थल पर गोस्वामीजी का चरित्रनिर्वाह-कौशल झलकता है। यदि यहाँ थोड़ी-सी भी असावधानी हो जाती, विभीषण क्रोध करते हुए दिखा दिए जाते, तो जिस रूप में विभीषण का चरित्र वे दिखलाना चाहते थे, वह बाधित हो जाता। अधिकतर यह समझा जाता कि क्रोध के आवेश में विभीषण ने रावण का साथ छोड़ा। कवि ने विभीषण को साधु प्रकृति का बनाया है। हरी हुई सीता को लौटाने के बदले रावण का राम से लड़ने के लिए तैयार होना असाधुता की चरम सीमा थी, जिसे विभीषण की साधुता न सह सकी, गोस्वामीजी का पक्ष यह है। विभीषण की साधुता औसत दरजे की थी। वह इतनी बढ़ी नहीं थी कि राम द्वारा दिए हुए भाई के राज्य की ओर से वे उदासीनता प्रकट करते।

सुग्रीव का चरित्र तो और भी औसत दरजे का है; न उनकी भलाई ही किसी भारी हद तक पहुँची हुई दिखाई देती थी, न बुराई ही। राम के साथ उन्होंने मैत्री की और राम का कुछ कार्य्यसाधन करने के पहले ही बड़े भाई का राज्य पाया पर जैसा कि साधारणतः मनुष्य का स्वभाव (बन्दर का स्वभाव कहने से और कुछ कहते ही नहीं बनेगा) होता है, वे सुखविलास में फँसकर राम का कार्य्य भूल गए। जब हनुमान ने चेताया, तब वे घबराए और अपने कर्त्तव्य में दत्तचित्त हुए।

अब तक जिस चित्रण का वर्णन हुआ है, वह एक व्यक्ति का चित्रण है। इसी प्रकार किसी समुदायविशेष की प्रकृति का भी चित्रण होता है; जैसे स्त्रियों की प्रकृति का, बालकों की प्रकृति का। स्त्रियों की प्रकृति की जैसी तद्रूप छाया हम 'मानस' के अयोध्याकांड

1. वाल्मीकि का वर्णन भी इसी प्रकार है।

में देखते हैं, वैसी छाया के प्रदर्शन का प्रयत्न तक हम और किसी हिन्दी कवि में नहीं पाते। नीची श्रेणी की स्त्रियों के सामने बहुत कम प्रकार के विषय आते हैं। पर मनुष्य का मन ऐसी वस्तु है कि अपनी प्रवृत्ति के अनुसार लगे रहने के लिए उसे कुछ-न-कुछ चाहिए। वह खाली नहीं रह सकता। इससे वे अपने रागद्वेष के अनेक आधार यों ही, बिना कारण, ढूँढ़कर खड़ा करती रहती हैं। यदि वे चार आदमियों के बीच रख दी जाएँ, तो हम बहुत थोड़े दिनों में देखेंगे कि कुछ तो उनके अनुराग के पात्र हो गए हैं और कुछ द्वेष के। मूर्ख स्त्रियों की यह विशेषता ध्यान देने योग्य है। अपने लिए राग और द्वेष का पात्र चुन लेने पर वे अपने वाग्विलास और भावपरिपाक के लिए राग और सहयोगी ढूँढ़ती हैं। मन्थरा का इसी अवस्था में हम पहले पहल दर्शन पाते हैं। न जाने उसे क्यों कौशल्या अच्छी नहीं लगती, कैकेयी अच्छी लगती है।[1] राम के अभिषेक की तैयारी देखकर वह कुढ़ जाती है और मुँह लटकाए कैकेयी के पास आ खड़ी होती है। कैकेयी को उसके अनुराग का पता चाहे रहा हो, पर अभी तक द्वेष का पता बिलकुल नहीं है। वह मुँह लटकाने का कारण पूछती है। तब–

उतरु देइ नहिं, लेइ उसासू। नारिचरित करि ढारइ आँसू ॥
हँसि कह रानि गाल बड़ तोरे। दीन्ह लखन सिख अस मन मोरे ॥
तबहुँ न बोल चेरि बड़ि पापिनि। छाँड़इ स्वास कारि जनु साँपिनि ॥

उसकी इस मुद्रा से प्रकट होता है कि उसने अपने द्वेष का आभास इसके पहले कैकेयी को नहीं दिया था, यदि दिया भी रहा होगा, तो बहुत कम। जल्दी उत्तर न देने से यह सूचित होता है कि जो बात वह कहना चाहती है, वह कैकेयी के लिए बिलकुल नई है, अतः उसे सहसा नहीं कह सकती। किस ढंग से कहे, यह सोचने में उसे कुछ काल लग जाता है। इसके अतिरिक्त किसी के सामने अब तक न प्रकट किए गए दुःख के वेग का भार भी दबाए हुए है। इतने में 'गाल बड़ तोरे' इस वाक्य से जी की बात धीरे-धीरे बाहर करने का एक रास्ता निकलता है। वह अपनी वही मुद्रा कायम रखती हुई कहती है–

कत सिख देइ हमहिं कोउ माई। गाल करब केहि कर बलु पाई ?

'किसका बल पाकर गाल करूँगी ?' इसका मतलब यही है कि मुझे एक तुम्हारा ही बल ठहरा–मैं तुम्हें चाहती हूँ और तुम मुझे चाहती हो सो मैं देखती हूँ कि तुम्हारी यहाँ कोई गिनती ही नहीं है। क्रोध, द्वेष आदि के उद्‌गार के इस प्रकार क्रम-क्रम से निकालने की पटुता स्त्रियों में स्वाभाविक होती है, क्योंकि पुरुष के दबाव में रहने के कारण तथा अधिक लज्जा, संकोच के कारण ऐसे भावों के वेग को एकबारगी निकालने का अवसर उन्हें कम मिलता है।

---

1. वाल्मीकिजी ने उसे 'कैकेयी के मातृकुल की दासी' कहकर कारण का पूरा संकेत कर दिया है। इस प्रकार की दासी का व्यवहार घर के और लोगों के साथ कैसा रहता है, यह हिन्दू गृहस्थ मात्र जानते हैं। फिर गोस्वामीजी ने कारण का संकेत न देखकर उसकी प्रवृत्ति को मूर्ख स्त्रियों की सामान्य प्रवृत्ति नारिचरित–के अन्तर्गत रखा है।

रानी पूछती है कि 'सब लोग कुशल से तो हैं ?' इसका उत्तर फिर उसी प्रणाली का अनुसरण करती हुई वह देती है–

रामहिं छाँड़ि कुसल केहि आजू ? जिनहिं जनेसु देइ जुवराजू ॥
भएउ कौसिलहि बिधि अति दाहिन। देखत गरब रहत उर नाहिन ॥

किसी को क्रमशः अपनी भावपद्धति पर लाना, थोड़ा-बहुत जिसे कुछ भी बात करना आता है, उसे भी आता है। जिस प्रकार अपनी विचारपद्धति पर लाने के लिए क्रमशः प्रमाण पर प्रमाण देते जाने की आवश्यकता होती है उसी प्रकार क्रमशः किसी के हृदय को किसी भावपद्धति पर लाने के लिए उसके अनुकूल मनोविकार उत्पन्न करते चलने की आवश्यकता होती है। राम के प्रति द्वेष भाव उत्पन्न करने के लिए मन्थरा सपत्नी को सामने रखती है जिसके गर्व और अभिमान को न सह सकना स्त्रियों में स्वाभाविक होता है। सपत्नी के घमंड की बात जी में आने पर कहाँ तक ईर्ष्या न उत्पन्न होगी ? इस ईर्ष्या के साथ भरत के प्रति वात्सल्य भाव भी तो कुछ जगाना चाहिए। इस विचार से मन्थरा कहती है–

पूत बिदेसु न सोच तुम्हारे। जानति हहु बस नाहु हमारे ॥

इतना होने पर भी राजा की कुटिलता के निश्चय द्वारा जब तक राजा के प्रति कुछ क्रोध उत्पन्न न होगा, तब तक कैकेयी में आवश्यक कठोरता और दृढ़ता कहाँ से आवेगी ? कैकेयी के मन में यह बात जम जानी चाहिए कि भरत जान-बूझकर हटा दिए गए हैं। इसके लिए ये वचन हैं–

नींद बहुत प्रिय सेज तुराई। लखहु न भूप कपट चतुराई ॥

इस पर कैकेयी जब कुछ फटकारती है और बार-बार उसके खेद का कारण पूछती है, तब वह ऐसा खेद प्रकट करती है जैसा उसको होता है जो किसी से उसके परम हित की बात कहना चाहता है, पर वह उसे केवल तुच्छ या छोटा समझकर ध्यान नहीं देता। उसके वचन ठीक वे ही हैं जो ऐसे अवसर पर स्त्रियों के मुख से निकलते हैं।

एकहिं बार आस सब पूजी। अव कछु कहब जीभ कर दूजी ॥
फोरइ जोगु कपार अभागा। भलेउ कहत दुःख रउरेहिं लागा ॥
कहहिं झूँठ फुर बात बनाई। ले प्रिय तुम्हहिं, करुइ मैं माई ॥
हमहुँ कहब अब ठकुरसोहाती। नाहिं त मौन रहब दिन राती ॥
करि कुरूप बिधि परबस कीन्हा। बवा सो लुनिय, लहिय जो दीन्हा ॥

मन्थरा अब अपने उस भाग्य को दोष दे रही है जिसके कारण वह ऐसी कुरूप हुई, दासी के घर उसका जन्म हुआ, उसकी बात की कोई कुछ कद्र ही नहीं करता, वह अच्छा भी कहती है तो लोगों को बुरा लगता है। विश्वास न करनेवाले के सामने कुछ तटस्थ होकर अपने भाग्य का दोष देने लगना विश्वास उत्पन्न कराने का एक ऐसा ढंग है जिसे कुछ लोग विशेषतः स्त्रियाँ, स्वभावतः काम में लाती हैं। इससे श्रोता का ध्यान उसके खेद की सच्चाई पर चला जाता है और फिर क्रमशः उसकी बातों की ओर आकर्षित होने

लगता है। इस खेद की व्यंजना प्रायः 'उदासीनता' के द्वारा की जाती है; जैसे 'हमें क्या करना है ? हमने आपके भले के लिए कहा था। कुछ स्वभाव ही ऐसा पड़ गया है कि किसी का अहित देखा नहीं जाता।' मन्थरा से कहे हुए खेदव्यंजक उदासीनता के ये शब्द सुनते ही झगड़ा लगानेवाली स्त्री का रूप सामने खड़ा हो जाता है–

कोउ नृप होउ हमहिं का हानी। चेरि छाँड़ि अब होब कि रानी॥
जारइ जोग सुभाउ हमारा। अनभल देखि न जाइ तुम्हारा॥

अब तो कैकेयी को विश्वास हो रहा है, यह देखते ही वह राम के अभिषेक से होनेवाली कैकेयी की दुर्दशा का चित्र खींचती है और यह भी कहती जाती है कि राम का तिलक होना मुझे अच्छा लगता है, राम से मुझे कोई द्वेष नहीं है; पर आगे तुम्हारी क्या दशा होगी, यही सोचकर मुझे व्याकुलता होती है–

रामहिं तिलक कालि जो भयऊ। तुम कहँ बिपति बीज बिधि बयऊ॥
रेख खँचाइ कहहुँ बल भाखी। भामिनि भइहु दूध कै माखी॥
जौं सुत सहित करहु सेवकाई। तौ घर रहहु, न आन उपाई॥

इस भावी दृश्य की कल्पना से भला कौन स्त्री क्षुब्ध न होगी ? किसी बात पर विश्वास करने या न करने की भी मनुष्य की रुचि नहीं होती है। जिस बात पर विश्वास करने की मनुष्य की रुचि नहीं होती, उसके प्रमाण आदि वह सुनता ही नहीं; सुनता भी है तो ग्रहण नहीं करता। मन्थरा ने पहले अपनी बात पर विश्वास करने की रुचि भिन्न-भिन्न मनोविकारों के उद्दीपन द्वारा कैकेयी में उत्पन्न की। जब यह रुचि उत्पन्न हो गई, तब स्वभावतः कैकेयी का अन्तःकरण भी उसके समर्थन में तत्पर हुआ–

सुनु मंथरा बात फुर तोरी। दहिनि आँख नित फरकइ मोरी॥
दिन प्रति देखेउँ राति कुसपने। कहौं न तोहिं मोहबस अपने॥
काह करौं सखि ! सूध सुभाऊ। दाहिन बाम न जानौं काऊ॥

इस प्रकार जो भावी दृश्य मन में जम जाता है, उससे कैकेयी के हृदय में घोर नैराश्य उत्पन्न होता है। वह कहती है–

नैहर जनमु भरब बरु जाई। जियत न करब सवति सेवकाई॥
अरि बस दैव जिआवत जाही। मरनु नीक तेहि जीव न चाही॥

इस दशा में मन्थरा उसे सँभालती है और कार्य्य में तत्पर करने के लिए आशा बँधाती हुई उत्साह उत्पन्न करती है–

जे राउर अति अनभल ताका। सोइ पाइहि यह फलु परिपाका॥
पूछेउँ गुनिन्ह, रेख तिन्ह खाँची। भरत भुआल होहिं यह साँची॥

इस प्रसंग के चित्रण को देख यह समझा जा सकता है कि गोस्वामीजी ने मानव अन्तःकरण के कैसे-कैसे रहस्यों का उद्घाटन किया है। ऐसी गूढ़ उद्भावना बिना सूक्ष्म अन्तर्दृष्टि के नहीं हो सकती।

बालकों की प्रवृत्ति का चित्रण हम परशुराम और लक्ष्मण के संवाद में पाते हैं। अकारण चिढ़नेवालों को चिढ़ाना बालकों के स्वभाव के अन्तर्गत होता है। चिड़चिड़े

लोगों की दवा करने का भार मानो समाज ने बालकों ही को दे रखा है। राम के विनय करने पर भी परशुराम को ज्योंही लक्ष्मण चिढ़ते देखते हैं, त्योंही उनकी बाल-प्रवृत्ति जाग्रत हो जाती है। लक्ष्मण का स्वभाव उग्र था, इससे इस कौतुक के बीच-बीच में क्रोध का भी आभास हमें मिलता है। परशुराम की आकृति जब अत्यन्त भीषण और वचन अत्यन्त कटु हो जाते हैं, तब लक्ष्मण के मुँह से व्यंग्य वचन न निकलकर अमर्ष के उग्र शब्द निकलने लगते हैं। परशुराम जब कुठार दिखाने लगे, तब लक्ष्मण को भी क्रोध आ गया और वे बोले–

भृगुवर ! परस देखावहु मोही। बिप्र विचारि बचेउ नृप द्रोही ॥
मिले न कबहुँ सुभट रन गाढ़े। द्विज देवता घरहिं के बाढ़े ॥

गोस्वामीजी ने लक्ष्मण की इस बाल-प्रवृत्ति को लोकव्यवहार में बिलकुल अलग नहीं रखा है, इसे परशुराम की क्रोधशीलता की प्रतियोगिता में रखा है। यह भी अपना लोकोपयोगी स्वरूप दिखा रही है। यदि परशुराम मुनियों की तरह आते, जो शान्त और क्षमाशील होते हैं, तो लक्ष्मण को अवसर न मिलता। रामचन्द्रजी कहते हैं–

जौ तुम अवतेहु मुनि की नाईं। पद रज सिर सिसु धरत गोसाँईं ॥
छमहु चूक अनजानत केरी। चहिय बिप्र उर कृपा घनेरी।

बाह्यदृश्य चित्रण

यहाँ तक तो गोस्वामीजी की अन्तर्दृष्टि की सूक्ष्मता का कुछ वर्णन हुआ। अब पदार्थों के बाह्य स्वरूप के निरीक्षण और प्रत्यक्षीकरण पर भी थोड़ा विचार कर लेना चाहिए, क्योंकि ये दोनों बातें भी कवि के लिए बहुत ही आवश्यक हैं। प्रबन्धगत पात्र के चित्रण में जिस प्रकार उसके शील स्वभाव को, उसके अन्तस् की प्रवृत्तियों को भी प्रत्यक्ष करना पड़ता है; उसी प्रकार उसके अंगसौष्ठव आदि को भी प्रत्यक्ष करना पड़ता है। यहीं तक नहीं, प्रकृति के नाना रूपों के साथ मनुष्य के हृदय का सामंजस्य दिखाने और प्रतिष्ठित करने के लिए उसे वन, पर्वत, नदी, निर्झर आदि अनेक पदार्थों को ऐसी स्पष्टता के साथ अंकित करना पड़ता है कि श्रोता पाठक का अन्तःकरण उनका पूरा बिम्ब ग्रहण कर सके। इस सम्बन्ध में पहले ही यह कह देना आवश्यक है कि हिन्दी कवियों में प्राचीन संस्कृत कवियों का-सा वह सूक्ष्म निरीक्षण नहीं है जिससे प्राकृतिक दृश्यों का पूरा चित्र सामने खड़ा होता है। यदि किसी में यह बात थोड़ी-बहुत है, तो गोस्वामी तुलसीदासजी में ही।

दृश्यचित्रण में केवल अर्थ-ग्रहण कराना नहीं होता, बिम्ब-ग्रहण कराना भी होता है। यह बिम्ब-ग्रहण किसी वस्तु का नाम ले लेने मात्र से नहीं हो सकता। आसपास की और वस्तुओं के बीच परिस्थिति तथा नाना अंगों की संश्लिष्ट योजना के साथ किसी वस्तु का जो वर्णन होगा, वही चित्रण कहा जाएगा। 'कमल फूले हैं,' 'भौंरे गूँज रहे हैं,' 'कोयल बोल रही है,' यदि कोई इतना ही कह दे तो यह चित्रण नहीं कहा जाएगा।

'लहराते हुए नीले जल के ऊपर कहीं गोल हरे पत्तों के समूह के बीच कमलनाल निकले हैं जिनके झुके हुए छोरों पर रक्ताभ कमलदल छितराकर फैले हुए हैं' इस प्रकार का कथन चित्रण का प्रयत्न कहा जाएगा। यह चित्रण वस्तु और व्यापार के सूक्ष्म निरीक्षण पर अवलम्बित होता है। आदि कवि वाल्मीकि तथा कालिदास आदि प्राचीन कवियों में ऐसा निरीक्षण करानेवाली समग्र बाह्य सृष्टि से संयुक्त सहृदयता थी जो पिछले कवियों में बराबर कम होती गई और हिन्दी के कवियों के तो हिस्से में ही न आई। उन्होंने जो कुछ इनीगिनी वस्तुओं का नाम ले लिया, बस पुरानी रस्म अदा हो गई। फिर भी कहना पड़ता है कि यदि प्राचीन कवियों की थोड़ी-बहुत छाया कहीं दिखाई पड़ती है, तो तुलसीदासजी में।

चित्रकूट, पंचवटी आदि स्थानों में गोस्वामीजी राम-लक्ष्मण को ले गए हैं; पर उनके राम-लक्ष्मण में प्रकृति के नाना रूपों और व्यापारों के प्रति वह हर्षोल्लास नहीं है जो वाल्मीकि के राम-लक्ष्मण में है। वाल्मीकि के लक्ष्मण पंचवटी पर जाकर हेमन्त ऋतु की शोभा का अत्यन्त विस्तीर्ण और सूक्ष्म वर्णन करते हैं, उसके एक-एक ब्योरे पर ध्यान ले जाते हुए अपनी रागात्मिका वृत्ति को लीन करते हैं; पर गोस्वामीजी के लक्ष्मण बैठकर राम से 'ज्ञान, विराग, माया और भक्ति' की बात पूछते हैं। वाल्मीकि के लक्ष्मण तो जहाँ तक दृष्टि जाती है, वहाँ तक का एक-एक ब्योरा इस प्रकार आनन्द से सामने ला रहे हैं–

अवश्यायनिपातेन किंचित्प्रक्लिन्नशाद्वला।
वनानां शोभते भूमिर्निविष्टतरुणातपा॥
स्पृशस्तु विपुलं शीतमुदकं द्विरदः सुखम्।
अत्यंततृषितो वन्यः प्रतिसंहरते करम्॥
वाष्पसंछन्नसलिला रुतविज्ञेयसारसा।
हिमार्द्रवालुकैस्तीरैः सरिता भाति साम्प्रतम्॥
जराजर्जरितैः पद्मैः शीर्णकेसरकर्णिकैः।
नालशेषैर्हिमध्वस्तैर्न भाति कमलाकरः॥

और तुलसीदासजी के लक्ष्मण राम से यह सुन रहे हैं कि–

गो गोचर जहँ लगि मन जाई। सो सब माया जानेहु भाई॥

इतना होने पर भी गोस्वामीजी सच्चे सहृदय भावुक भक्त थे; इस जगत् के 'सियाराममय' स्वरूपों से वे अपने हृदय को अलग कैसे रख सकते थे। जबकि उनके सारे स्नेह सम्बन्ध राम के नाते से थे, तब चित्रकूट आदि रम्य स्थलों के प्रति उनके हृदय में गूढ़ अनुराग कैसे न होता, उनके रूप की एक छटा की ओर उनका मन कैसे न आकर्षित होता? जिस भूमि को देखने के लिए उत्कंठित होकर वे अपने चित्त से कहते थे–

अब चित चेत चित्रकूटहिं चलु।
भूमि बिलोकु राम पद अंकित बन बिलोकु रघुबर बिहार थलु॥

उसके रूप की ओर वे कैसे ध्यान न देते। चित्रकूट उन्हें कैसे अच्छा न लगता ? गीतावली में उन्होंने चित्रकूट का बहुत विस्तृत वर्णन किया है। यह वर्णन शुष्क प्रथापालन नहीं है, उस भूमि की एक वस्तु के प्रति उमड़ते हुए अनुराग का उद्‌गार है। उसमें कहीं-कहीं प्रचलित संस्कृत कवियों का सूक्ष्म निरीक्षण और संश्लिष्ट योजना पाई जाती है; जैसे–

सोहत स्याम जलद मृदु घोरत धातु रँगमगे सृंगनि।
मनहुँ आदि अंभोज बिराजत सेवित सुर मुनि भृंगनि॥
सिखर परस घन घटहिं मिलति बग पाँति सो छबि कबि बरनी।
आदि बराह बिहरि बारिधि मनो उठ्यो है दसन धरि धरनी॥
जल जुत बिमल सिलनि झलकत नभ बन प्रतिबिंब तरंग।
मानहुँ जग रचना बिचित्र बिलसति बिराट अँग अँग॥
मंदाकिनिहि मिलत झरना झरि झरि भरि भरि जल आछे।
तुलसी सकल सुकृत सुख लागे मानौ राम भगति के पाछे॥

इस दृश्य की संश्लिष्ट योजना पर ध्यान दीजिए। इसमें यों ही नहीं कह दिया गया है कि 'बादल छाए हैं' और 'बगलों की पाँति उड़ रही है।' मन्द-मन्द गरजते हुए काले बादल गेरू से रँगे (लाल) शृंगों से लगे दिखाई देते हैं और शिखर-स्पर्शी घटाओं से मिली श्वेत बकपंक्ति दिखाई दे रही है। केवल 'जलद' न कहकर उसमें वर्ण और ध्वनि का भी विन्यास किया गया है। वर्ण के उल्लेख से 'जलद' पद में बिम्ब ग्रहण कराने की जो सामर्थ्य आई थी, वह रक्ताभ शृंग के योग में और भी बढ़ गई और बगलों की श्वेत पंक्ति ने मिलकर तो चित्र को पूरा ही कर दिया। यदि ये तीनों वस्तुएँ–मेघमाला, शृंग और बकपंक्ति–अलग-अलग पड़ी होतीं, उनकी संश्लिष्ट योजना न की गई होती; तो कोई चित्र ही कल्पना में उपस्थित न होता। तीनों का अलग अर्थग्रहण मात्र हो जाता, बिम्ब-ग्रहण न होता। इसी प्रकार काली शिलाओं पर फैले हुए जल के भीतर आकाश और वनस्थली का प्रतिबिम्ब देखना भी सूक्ष्म निरीक्षण सूचित करता है। अलंकारों पर 'वाह-वाह' न कहने पर शायद अलंकारप्रेमी लोग नाराज हो रहे हों, उनसे अत्यन्त नम्र निवेदन है कि यहाँ विषय दूसरा है।

अब यहाँ प्रश्न यह होता है कि गोस्वामीजी ने सारा वर्णन इसी पद्धति से क्यों नहीं किया। गोस्वामीजी हिन्दी कवियों की परम्परा से लाचार थे। कहीं-कहीं इस प्रकार की संश्लिष्ट योजना और सूक्ष्म निरीक्षण का जो विधान दिखाई पड़ता है, उसे ऐसा समझिए कि वह उनकी भावमग्नता के कारण आप से आप हो गया है। तुलसीदासजी के पहले तीन कैड़े के कवि हिन्दी में हुए थे–एक तो वीरगाथा गानेवाले पुराने चारण; दूसरे प्रेम की कहानी कहनेवाले मुसलमान कवि, और तीसरे केवल वंशीवट और यमुना तट तक दृष्टि रखनेवाले पद गानेवाले कृष्णभक्त कवि। इनमें से किसी की दृष्टि विश्वविस्तृत नहीं थी। भक्तिमार्ग के सम्बन्ध से तुलसीदासजी का सान्निध्य सूरदास आदि तीसरे वर्ग के कवियों से ही अधिक था पर उक्त वर्ग में

सबसे श्रेष्ठ कवि जो सूरदासजी हैं उन्होंने भी स्थलों और ऋतुओं आदि का जो कुछ वर्णन किया है, वह एक दूसरे भाव के उद्दीपन की दृष्टि से। वर्णन की शैली भी उनकी वही पिछले खेवे के कवियों की है जिसमें गिनाई हुई वस्तुओं का उल्लेख मात्र अलंकारों से लदा हुआ होता है। ऐसी अवस्था में भी गोस्वामीजी की लेखनी से जो कहीं-कहीं प्राचीन कवियों के अनुरूप संश्लिष्ट चित्रण हुआ है, वह उनके हृदय का स्वाभाविक विस्तार प्रकट करता है और उन्हें हिन्दी के कवियों में सबसे ऊँचे ले जाता है।

पर गोस्वामीजी के अधिकांश वर्णन पिछले कवियों के ढंग पर शब्द सौन्दर्य्य प्रधान ही हैं जिनमें वस्तुओं का परिगणन मात्र है; जैसे–

(क) *झरना झरहिं सुधा सम बारी। त्रिबिध ताप हर त्रिबिध बयारी॥*
बिटप बेलि तृन अगनित जाती। फल प्रसून पल्लव बहु भाँती॥
सुंदर शिला सुखद तरु छाँहीं। जाइ बरनि बन छबि केहि पाहीं॥
सरनि सरोरुह जल बिहँग कूजत, गुंजत भृंग।
बैर बिगत बिहरत बिपिन मृग बिहंग बहुरंग॥

(ख) *बिटप बेलि नव किसलय; कुसुमित सघन सुजाति।*
कंदमूल जल थल रुह अगनित अनबन भाँति॥
मंजुल मंजु, बकुल कुल, सुरतरु ताल तमाल।
कदलि कदंब सुचंपक पाटल, पनस रसाल॥
सरित सरन सरसीरुह फूले नाना रंग।
गुंजत मंजु मधुपगन कूजत बिबिध बिहंग॥

पिछले कवियों की शैली पर वर्णन करने में भी वे सबसे बढ़े-चढ़े हैं। यह चित्रकूट वर्णन देखिए–

फटिक सिला मृदु बिसाल, संकुल सुरतरु तमाल,
ललित लता जाल हरति छबि बितान की।
मंदाकिनी तटिन तीर मंजुल मृग बिहग भीर,
धीर मुनि गिरा गभीर सामगान की॥
मधुकर पिक बरहि मुखर, सुंदर गिरि निरझर झर,
जल कन, छन छाँह, छन प्रभा न भान की।
सब ऋतु ऋतुपति प्रभाउ, संतत बहै त्रिबिध बाउ,
जनु बिहार बाटिका नृप पंचबान की॥

इस वर्णन से इस बात का इशारा मिलता है कि गोस्वामीजी ऋतु-वर्णन करने में रीतिग्रन्थों में गिनाई वस्तुओं तक ही नहीं रहते हैं–वे अपनी आँखों से भी पूरा काम लेते हैं। 'ऋतुपति' की शोभा के भीतर केवल रीति पर चलनेवाले मोर नहीं लाया करते; पर तुलसीदासजी ने उनकी बोली नहीं बन्द की। केवल पद्धति का अनुसरण करनेवाले कवि वर्षाकाल में कोकिल को मौन कर देते हैं। पर तुलसीदास अपने कानों

की कहाँ तक उपेक्षा करते ? वे गीतावली के उत्तरकांड में हिंडोले के प्रसंग में वर्षा का वर्णन करते हुए कहते हैं–

दादुर मुदित; भरे सरित सर, महि उमग जनु अनुराग।
पिक, मोर, मधुप, चकोर, चातक सोर उपवन बाग ॥

उपमा, उत्प्रेक्षा, दृष्टान्त आदि के साथ गुथे वर्णन भी बहुत-से हैं, पर उनमें वस्तुओं और व्यापारों का उल्लेख बहुत पूर्ण है। चित्रकूट की वस्तुओं और व्यापारों को लेकर उन्होंने होली का उत्सव खड़ा किया है–

आजु बन्यो है बिपिन देखो रामधीर
मानो खेलत फागु मुद मदनबीर ॥
बट बकुल कदंब पनस रसाल।
कुसुमित तरु-निकर कुरव-तमाल ॥
मानो बिबिध बेष धरे छैल-जूथ।
बिच बीच लता-ललना बरूथ ॥
पनबानक निर्झर, अलि उपंग।
बोलत पारावत मानौ डफ मृदंग ॥
गायक सुक कोकिल, झिल्लि ताल।
नाचत बहु भाँति बरहि मराल ॥

पर उनकी यह उत्प्रेक्षा भी उल्लाससूचक है। इसी प्रकार भागवत के दृष्टान्त-उदाहरण–लेकर उन्होंने किष्किंधा कांड में वर्षा और शरत् का वर्णन किया है जिससे प्रस्तुत वस्तु और व्यापार दृष्टान्तों के सामने दबे से हैं। श्रोता या पाठक का ध्यान वर्ण्य वस्तुओं की ओर जमने नहीं पाता। फिर भी जहाँ-जहाँ स्थलवर्णन का अवसर आया है, वहाँ-वहाँ उन्होंने वस्तुओं और व्यापारों का प्रचुर उल्लेख करते हुए विस्तृत वर्णन किया है। केशवदास के समान नहीं किया है कि पंचवटी का प्रसंग आया तो बस 'सब जाति फटी दुःख की दुपटी' करके और अपना यह श्लेष चमत्कार दिखाकर चलते बने–

सोभत दंडक की रुचि बनी। भाँतिन भाँतिन सुँदर घनी ॥
सेव बड़े नृप की जनु लसै। श्रीफल भूरि भाव जहँ लसै ॥
बेर भयानक सी अति लगै। अर्क-समूह जहाँ जगमगै ॥

अब कहिए, इसमें 'श्रीफल,' 'बेर' और 'अर्क' पदों के श्लेष के सिवा और क्या है ? चित्रण क्या है, यह तो वर्णन भी नहीं है। इसमें 'हृदय' का तो कहीं पता ही नहीं है। क्या 'बेर' को देखकर भयानक प्रलयकाल की ओर ध्यान जाता है और आक को देखकर प्रलयकाल के अनेक सूर्यों की ओर ? इससे तो साफ झलकता है कि पंचवटी के वन-दृश्य से केशव के हृदय का कुछ भी सामंजस्य नहीं है। उस दृश्य से उनके हाथ में किसी प्रकार के भाव का उदय नहीं हुआ।

दूसरी बात ध्यान देने की यह है कि वाल्मीकि, कालिदास आदि प्राचीन कवियों ने

वृक्षों आदि के उल्लेख में देश का पूरा ध्यान रखा है; जैसे हिमालय के वर्णन में भूर्ज, देवदारु आदि और दक्षिण के वर्णन में एला, लवंग, ताल, नालिकेर, पुंगीफल आदि का उल्लेख है। गोस्वामीजी ने भी देश का ध्यान रखा है। चित्रकूट के वर्णन में कहीं एला, लवंग, पुंगीफल का नाम वे नहीं लाए हैं। पर केशवदासजी मगध के पुराने जंगल के वर्णन में, वृक्षों के जो नाम याद आए हैं, उन्हें अनुप्रास की बहार दिखाते हुए जोड़ते चले गए हैं–

तरु तालीस तमाल ताल हिंताल मनोहर।
मंजुल बंजुल तिलक लकुच कुल नारिकेल वर॥
एला ललित लवंग संग पुंगीफल सोहै।
सारी सुक कुल कलित चित्त कोकिल अलि मौहै॥

केशवदासजी ने इस बात का कुछ भी विचार न किया कि एला, लवंग और पुंगीफल अयोध्या और मिथिला के बीच के जंगलों में होते भी हैं या नहीं।

भिन्न-भिन्न व्यापारों में तत्पर मनुष्य की मुद्रा का चित्रण भी रूपप्रत्यक्षीकरण में बहुत प्रयोजनीय है। पर यह हम गोस्वामीजी को छोड़ और किसी में पाते ही नहीं। और कवियों ने केवल अनुभाव के रूप में भ्रूभंग आदि का वर्णन किया है; पर लक्ष्य साधने, किसी का मार्ग देखने आदि व्यापारों में जो स्वाभाविक मुद्रा मनुष्य की होती है, उसके चित्रण की ओर उनका ध्यान नहीं गया है। गोस्वामीजी ने ऐसा चित्रण किया है। देखिए, आखेट के समय मृग को लक्ष्य करके बाण खींचते हुए रामचन्द्र का कैसा चित्र उन्होंने सामने खड़ा किया है–

सुभग सरासन सायक जोरे।
खेलत राम फिरत मृगया बन बसति सो मृदु मूरति मन मोरे॥
जटा मुकुट सिर सारस नयननि गौहैं तकत सुभौंह सकोरे॥

मारीच के पीछे लक्ष्य साधते हुए राम की छवि देखिए–

जटा मुकुट, कर सर धनु, संग मरीच।
चितवनि बसति कनखियनु अँखियन बीच॥

एक और चित्र देखिए। शबरी की झोंपड़ी की ओर राम आनेवाले हैं, वह उनके लिए मीठे-मीठे फल इकट्ठा करके कभी भीतर जाती है, कभी बाहर आकर भौं पर हाथ रखे हुए मार्ग की ओर ताकती है–

अनुकूल अंबक अंब ज्यों निज डिंभ हित सब आनिकै।
सुँदर सनेह सुधा सहस जनु सरस राखे सानिकै॥
छन भवन छन बाहर बिलोकति पंथ भू पर पानिकै॥

निशाना साधने में भौं सिकोड़ना और रास्ता देखने में माथे पर हाथ रखना कैसी स्वाभाविक मुद्राएँ हैं।

दृश्यों को सामने रखने में गोस्वामीजी ने अत्यन्त परिमार्जित रुचि का परिचय दिया है। वे ऐसे दृश्य सामने नहीं लाए हैं जो भद्दे या कुरुचिपूर्ण कहे जा सकें। उदाहरण के

लिए भोजन का दृश्य लीजिए। 'मानस' में दो प्रसंगों में इसके अवसर आए हैं–राम की बाललीला के प्रसंग में और विवाह के प्रसंग में। दोनों अवसरों पर उन्होंने भोजन के दृश्य का विस्तार नहीं किया है। दशरथ भोजन कर रहे हैं, इतने में–

धूसर धूरि भरे तनु आए। भूपति बिहँसि गोद बैठाए॥
भोजन करत चपल चित इत उत अवसरु पाइ।
भाजि चले किलकात मुख दधि ओदन लपटाइ॥

गो.तु. 7 (2100-76)

भोजन का यह उल्लेख बालक्रीड़ा और बालचपलता का चित्रण करने के लिए है। पकवानों के नाम गिनाते हुए भोजन के वर्णन का विस्तार उन्होंने नहीं किया है। इसी प्रकार विवाह के अवसर पर भी भोजन का वर्णन नहीं है। किसी भद्दी रुचिवाले को यह बात खटकी और उसने उनके नाम पर रामकलेवा बना डाला।

अब सूर और जायसी को देखिए। वे लड्डू, पेड़ा, जलेबी, पूरी, कचौरी, बड़ा, पकौड़ी, मिठाइयों और पकवानों के जितने नाम याद आए हैं–या लोगों ने बताए हैं–सब रखते चले गए हैं। जायसी तो कई पृष्ठों तक इसी तरह गिनाते गए हैं–

लुचुई पूरि सोहारी पूरी। इक तौ ताती औ सुठि कोंवरी॥
भूँजि समोसा घी महँ काढ़े। लौंग मिरिच तेहि भीतर डाढ़े॥

इसी प्रकार चावलों और तरकारियों के पचीसों नाम देख लीजिए। सूरदासजी ने भी यही किया है। 'नंद बाबा' कृष्ण को लेकर खाने बैठे हैं। उनके सामने क्या-क्या रखा है, देखिए–

लुचुई, लपसी, सद्य जलेबी सोइ जेंवहु जो लगै पियारी॥
घेवर, मालपुआ, मोतिलाडू सुघर सजूरी सरस सँवारी।
दूध बरा, उत्तम दधि, बाटी, दाल मसूरी की रुचि न्यारी॥
आछो दूध औटि धौरी को मैं ल्याई रोहिणि महतारी॥

इन नामों को सुनकर अधिक-से-अधिक यही हो सकता है कि श्रोताओं के मुँह में पानी न आ जाए। भोजन का ऐसा दृश्य सामने रखना साहित्य के मर्मज्ञ आचार्यों ने भी काव्य शिष्टता के विरुद्ध समझा था; इसी से उन्होंने नाटक में इसका निषेध किया था–

दुराह्वानं, वधो, युद्धं, राज्यदेशादिविप्लवः।
विवाहो भोजनं शापोत्सर्गौ मृत्यू रतं तथा॥

कुछ हिन्दी कवियों ने बहुत-सी वस्तुओं की लम्बी सूची देने को ही वर्णनपटुता समझ लिया था। इसके द्वारा मनुष्य के भिन्न-भिन्न व्यवसाय-क्षेत्रों की अपनी जानकारी भी वे प्रकट करना चाहते थे। घोड़ों का प्रसंग आया तो बस 'ताजी, अरबी, अबलक, मुश्की' गिना चले। हथियारों का प्रसंग आया तो सैकड़ों की फिहरिस्त् मौजूद है। महाराज रघुराजसिंह ने तो यह समझिए कि अपने समय के राजसी ठाट और जलूस के सामान गिनाने के लिए ही 'रामस्वयंवर' लिखा। इस प्रणाली का सबसे अधिक अनुसरण सूदन ने किया है। उनके 'सुजान चरित्र' को तो हथियारों, घोड़ों, कपड़ों, सामानों की

एक पुस्तकाकार नामावली समझिए।

गोस्वामीजी को यह हवा बिलकुल न लगी। इस अनर्गल विधान से दूर रहकर उन्होंने अपने गौरव और गाम्भीर्य की पूर्ण रक्षा की।

वस्तु प्रत्यक्षीकरण के सम्बन्ध में यह अच्छी तरह समझ लेना चाहिए कि वह काव्य का साध्य नहीं है। यदि वह साध्य या चरम लक्ष्य होता तो किसी कुर्सी या गाड़ी का सूक्ष्म वर्णन भी काव्य कहला सकता। पर काव्य में तो उन्हीं वस्तुओं का वर्णन प्रयोजनीय होता है जो विभाव के अन्तर्गत होती हैं अथवा उनसे सम्बद्ध होती हैं। अतः काव्य एक 'अनुकरण कला है' यूनान के इस पुराने वाक्य को बहुत दूर तक ठीक न समझना चाहिए। कवि और चित्रकार का साध्य एक ही नहीं है। जो चित्रकार का साध्य है वह कवि का साधन है। पर इसमें सन्देह नहीं कि वह साधन सबसे आवश्यक और प्रधान है। इसके बिना काव्य का स्वरूप खड़ा ही नहीं हो सकता।

अलंकारविधान

भावों का जो स्वाभाविक उद्रेक और विभावों का जो स्पष्ट प्रत्यक्षीकरण गोस्वामीजी में पाया जाता है उसका दिग्दर्शन तो हो चुका था। अब जरा उनके अलंकारों की बानगी भी देख लेनी चाहिए। भावों का उत्कर्ष दिखाने और वस्तुओं के रूप, गुण और क्रिया का अधिक तीव्र अनुभव कराने में कभी-कभी सहायक होनेवाली युक्ति ही अलंकार है। अतः अलंकारों की परीक्षा हम इसी दृष्टि से करेंगे कि वे कहाँ तक उक्त प्रकार के सहायक हैं। यदि किसी वर्णन में उनसे इस प्रकार की कोई सहायता नहीं पहुँचती है, तो वे काव्यालंकार नहीं, भार मात्र हैं। यह ठीक है कि वाक्य की कुछ विलक्षणता—जैसे श्लेष और यमक—द्वारा श्रोता या पाठक का ध्यान आकर्षित करने के लिए भी अलंकार की थोड़ी-बहुत योजना होती है, पर उसे बहुत ही गौण समझना चाहिए। काव्य की प्रक्रिया के भीतर ऊपर कही बातों में से किसी एक में भी जिस अलंकार से सहायता पहुँचती है, उसे हम अच्छा कहेंगे और जिससे कई एक में एक साथ सहायता पहुँचती है, उसे बहुत उत्तम कहेंगे।

अलंकार के स्वरूप की ओर ध्यान देते ही इस बात का पता चल जाता है कि वह कथन की एक युक्ति या वर्णन-शैली मात्र है। यह शैली सर्वत्र काव्यालंकार नहीं कहला सकती। उपमा को ही लीजिए जिसका आधार होता है सादृश्य। यदि कहीं सादृश्ययोजना का उद्देश्य बोध कराना मात्र है तो वह काव्यालंकार नहीं। 'नीलगाय गाय के सदृश्य होती है' इसे कोई अलंकार नहीं कहेगा। इसी प्रकार 'एकरूप तुम भ्राता दोऊ। तेहि भ्रम तें नहिं मारेउँ सोऊ ॥' में भ्रम अलंकार नहीं है। केवल 'वस्तुत्व' या 'प्रमेयत्व' जिसमें हो, वह अलंकार नहीं।[1] अलंकार में रमणीयता होनी चाहिए। चमत्कार न कहकर रमणीयता हम इसलिए कहते हैं कि चमत्कार के अन्तर्गत केवल भाव, रूप, गुण या क्रिया का उत्कर्ष ही नहीं, शब्द-कौतुक और अलंकार सामग्री की विलक्षणता भी ली जाती है।

1. साधर्म्य कविसमयप्रसिद्धं कांतिमत्वादि न तु वस्तुत्वप्रमेयत्वादि ग्राह्यम्। —विद्याधर

जैसे, बादल के स्तूपाकार टुकड़े के ऊपर निकले हुए चन्द्रमा को देख यदि कोई कहे कि मानो ऊँट की पीठ पर घंटा रखा हुआ है तो कुछ लोग अलंकार सामग्री की इस विलक्षणता पर—कवि की इस दूर की सूझ पर—ही वाह-वाह करने लगेंगे। पर इस उत्प्रेक्षा से ऊपर लिखे प्रयोजनों में से एक भी सिद्ध नहीं होता। बादल के ऊपर निकलते हुए चन्द्रमा को देख हृदय में स्वभावतः सौन्दर्य्य की भावना उठती है। पर ऊँट पर रखा हुआ घंटा कोई ऐसा सुन्दर दृश्य नहीं जिसकी योजना से सौन्दर्य्य के अनुभव में कुछ और वृद्धि हो। भावानुभव में वृद्धि करने के गुण का नाम ही अलंकार की रमणीयता है।

अब गोस्वामीजी के कुछ अलंकारों को हम इस क्रम से लेते हैं—(1) भावों की उत्कर्षव्यंजना में सहायक, (2) वस्तुओं के रूप (सौन्दर्य्य, भीषणत्व आदि) का अनुभव तीव्र करने में सहायक, (3) गुण का अनुभव तीव्र करने में सहायक, (4) क्रिया का अनुभव तीव्र करने में सहायक।

(1) भावों की उत्कर्षव्यंजना में सहायक अलंकार—

अशोक के नीचे राम के विरह में सीता को चाँदनी धूप-सी लगती है—

डहकु न है उँजियरिया निसि नहिं घाम।
जगत जरत अस लागु मोहिं बिनु राम॥

यह निश्चयालंकार सीता के विरहसंताप का उत्कर्ष दिखाने में सहायक है। इसी विरह-संताप की प्रचंडता असिद्धास्पद हेतूत्प्रेक्षा द्वारा भी दिखाई गई है—

जेहि बाटिका बसति तहँ खग मृग तजि तजि भजे पुरातन भौन।
स्वास समीर भेट भइ भोरेहुँ तेहि मग पग न धर्‌यो तिहुँ पौन॥

मरते हुए जटायु से राम कहते हैं कि मेरे पिता से सीताहरण का समाचार न कहना—

सीता हरन, तात, जनि, कहेउ पिता सन जाइ।
जो मैं राम तो कुल सहित कहहि दसानन आइ॥

यह 'पर्यायोक्ति राम की धीरता तथा सुशीलता की व्यंजना में कैसी सहायता करती हुई बैठी है। राम सीताहरण के समाचार द्वारा अपने पिता को स्वर्ग में भी दुःखी करना नहीं चाहते। साथ ही अपनी वीरता भी अत्यन्त संकोच और शिष्टता के साथ प्रकट करते हैं। 'राम' कैसा अर्थांतरसंक्रमित पद है।

राम की चढ़ाई का हाल सुनकर इतनी घबराहट हुई, इतनी आशंका फैली कि 'बसत गढ़ लंक लंकेस रावन अछत लंक नहीं खात कोउ भात राँध्यो।' यहाँ आशंका को व्यक्त करने में लक्षणा और व्यंजना के मेल में 'विभावना' कितना काम दे रही है।

देखिए, यह रूपक रतिभाव की अनन्यता दिखाने के लिए कैसा दृश्य ऊपर से ला रहा है—

तृषित तुम्हरे दरस कारन चतुर चातक दास।
बपुष बारिद बरषि छबि जल हरहु लोचन प्यास॥

एक नई उपमा देखिए। जब कोई राजा धनुष न तोड़ सका; जब जनक ने क्षोभ से भरे उत्तेजक वचन कहे जिन्हें सुनकर लक्ष्मण को तो अमर्ष हुआ, पर अभिमानी राजाओं की यह दशा हुई–

जनक बचन छुए बिरवा लजारू के से
बीर रहे सकल सकुच सिर नाइ कै।

इस उपमा में 'लज्जा' का उत्कर्ष भी है और क्रिया भी ठीक बिम्ब-प्रतिबिम्ब रूप है; अतः यह बहुत अच्छी है।

उन्हीं राजाओं की ईर्ष्या इस विभावना द्वारा कही गई है–

नीच महीपावली दहन बिनु दही है।

राम की निःस्पृहता और सन्तोष का ठीक अन्दाज कराने के लिए उपमा और रूपक के सहारे कैसी बातें सामने लाए हैं–

असन अजरिन को समुझि तिलक तज्यो;
बिपिन गवनु भले भूखे अब सुनाजु भो।
धरमधुरीन धीर धीर रघुबीरजू को,
कोटि राज सरिस भरतजू को राज भो॥

दो भावों के द्वन्द्व का कैसा सुन्दर और स्पष्ट चित्र इस रूपक में मिलता है–

मन अगहुँड़ तनु पुलक सिथिल भयो, नलिन नयन भरे नीर।
गड़त गोड़ मानो सकुच पंक महँ, कढ़त प्रेम बल धीर॥

कौशल्या अपने गम्भीर वात्सल्य प्रेम का प्रकाश इस पर्यायोक्ति द्वारा जिस प्रकार कर रही हैं, वह अत्यन्त उत्कर्षसूचक होने पर भी बहुत ही स्वाभाविक है–

राघव एक बार फिरि आवौ।
ए बर बाजि बिलोकि आपने बहुरो बनहिं सिधावौ।
जे पय प्याइ पोषि कर पंकज बार बार चुचुकारे।
क्यों जीवहिं मेरे राम लाड़िले ! तू अब निपट बिसारे॥
सुनहु पथिक जो राम मिलहिं बन कहियो मातु सँदेसो।
तुलसी मोहिं और सबहिन तें इनको बड़ो अँदेसो॥

जिसके वियोग में घोड़े इतने विकल हैं, उनके वियोग में माता की क्या दशा होगी, यह समझने की बात है–

जासु वियोग बिकल पशु ऐसे। कहहु मातु पितु जीवहिं कैसे ?

'पर्यायोक्ति' का आश्रय लोग स्वभावतः किस अवस्था में लेते हैं, यह राम का इन शब्दों में आज्ञा माँगना बता रहा है–

नाथ लषन पुर देखन चहहीं। प्रभु सकोच उर प्रगट न कहहीं॥

लक्ष्मण को शक्ति लगने पर राम को जो मानसिक व्यथा, जो दुःख हो रहा था, उसे लक्ष्मण ने उठकर देखा और वे कहने लगे–

हृदय घाव मेरे, पीर रघुबीरै।
पाइ सजीवन जागि कहत यों प्रेम पुलकि बिसराय सरीरै॥

इस 'असंगति' से संजीवनी बटी का प्रभाव (पीड़ा दूर करने का) भी प्रकट हुआ और राम के दुःख का आतिशय्य भी। अलंकार का ऐसा ही प्रयोग सार्थक है।

रावण और अंगद के संवाद में दोनों की 'व्याजनिन्दा' बहुत ही अच्छी है। रावण के इस वचन से कुछ बेपरवाई झलकती है–

धन्य कीस जो निज प्रभु काजा। जहँ तहँ नाचहिं परिहरि लाजा॥
नाचि कूदि करि लोग रिझाई। पति हित करै धरम निपुनाई॥

बन्दरों का आदमी के हाथ में पड़कर नाचना-कूदना एक नित्यप्रति देखी जानेवाली बात है। अंगद के इन नीचे लिखे वचनों में कैसा गूढ़ उपहास है–

नाक कान बिनु भगिनि निहारी। क्षमा कीन्ह तुम धरम बिचारी॥
लाजवंत तुम सहज सुभाऊ। निज मुख निज गुन कहसि न काऊ॥

(2) रूप का अनुभव तीव्र करने के सहायक अलंकार–

रूप, गुण और क्रिया तीनों का अनुभव तीव्र करने के लिए अधिकतर सादृश्यमूलक उपमा आदि अलंकारों का ही प्रयोग होता है। रूप का अनुभव प्रधानतः चार प्रकार का होता है–अनुरंजक, आश्चर्यकारक या घृणोत्पादक। इस प्रकार के अनुभव में सहायक होने के लिए आवश्यक यह है कि प्रस्तुत वस्तु और आलंकारिक वस्तु में बिम्ब-प्रतिबिम्ब भाव हो अर्थात् अप्रस्तुत (कवि द्वारा लाई हुई) वस्तु प्रस्तुत वस्तु के रूप में मिलती-जुलती हो और उससे उसी भाव के उत्पन्न होने की सम्भावना हो जो प्रस्तुत वस्तु से उत्पन्न हो रहा हो। अब देखिए, तुलसीदासजी के प्रयुक्त अलंकार कहाँ तक इन बातों को पूरा करते हैं।

सीता के जयमाल पहनाने की सोभा देखिए–

सतानंद सिष सुनि पायँ परि पहिराई माल
सिय पिय हिय, सोहत सो भई है।
मानस तें निकसि बिसाल सु तमाल पर
मानहुँ मराल पाँति बैठि बनि गई है॥

इस उत्प्रेक्षा में श्रीराम के शरीर और तमाल में श्यामता के विचार से ही बिम्ब-प्रतिबिम्ब भाव है, आकृति का सादृश्य नहीं है; पर मरालपाँति और जयमाल में वर्ण और आकृति दोनों के सादृश्य से बिम्ब-प्रतिबिम्ब भाव बहुत पूर्णता को पहुँचा हुआ है। पर सबसे बढ़कर बात तो यह है कि तमाल पर बैठी मरालपंक्ति का नयनाभिरामत्व कैसे प्राकृतिक क्षेत्र से, सौन्दर्य्य-संग्रह करके, गोस्वामीजी मेल रखने के लिए लाए हैं।

इसी ढंग की एक और उत्प्रेक्षा लीजिए। रणक्षेत्र में रामचन्द्रजी के दूर्वादल श्याम शरीर पर रक्त की जो छींटें पड़ी हैं वे कैसी लगती हैं–

सोनित छींटि छटान जटे तुलसी प्रभु सोहैं महाछबि छूटी।
मानो मरक्कत सैल बिसाल में फैलि चलीं बर बीरबहूटी॥

इनमें भी रक्त की छींटों और बीरबहूटियों के वर्ण और आकृति दोनों के विचार से बिम्ब-प्रतिबिम्ब है, पर शरीर और मरकत शिला में केवल वर्ण का सादृश्य है। पर

आकृति का ब्योरा अधिक न मिलना कोई त्रुटि नहीं है, क्योंकि प्रेक्षक कुछ दूर पर खड़ा माना जाएगा। इसी प्रकार देखिए तट पर से खड़े होकर देखनेवाले को गंगा यमुना के संगम की छटा कैसी दिखाई पड़ती है–

सोहै सितासित को मिलिबो तुलसी हुलसै हिय हेरि हिलोरे।
मानो हरे तृन चारु चरै बगरे सुरधेनु के धौल कलोरे॥

एक और सुन्दर 'उत्प्रेक्षा' लीजिए–

लता भवन तें प्रकट भे तेहि अवसर दोउ भाइ।
निकसे जनु जुग बिमल बिधु जलद पटल बिलगाइ॥

इस उत्प्रेक्षा में मेघखंड के बीच से प्रकट होते हुए चन्द्रमा का मनोरम दृश्य लाया गया है जो प्रस्तुत दृश्य की मनोहरता के अनुभव को बढ़ानेवाला है। नेत्र शीतल करने का गुण भी राम-लक्ष्मण और चन्द्रमा दोनों में है।

'रूपकातिशयोक्ति' का प्रयोग बहुत-से कवियों ने इस ढंग से किया है कि वह एक पहेली सी हो गई है। पर गोस्वामीजी ने उसे अपनी प्रबन्धधारा के भीतर बड़े स्वाभाविक ढंग से बैठाया है–ऐसे ढंग से बैठाया है कि वह अलंकार जान ही नहीं पड़ता, क्योंकि उसमें अप्रस्तुत भी वन के भीतर प्रस्तुत समझे जा सकते हैं। सीता के वियोग में वन-वन फिरते हुए राम कहते हैं–

खंजन, सुक, कपोत, मृग, मीना। मधुप निकर कोकिला प्रबीना॥
कुंद कली दाड़िम, दामिनी। सरद कमल, ससि, अहि भामिनी॥
वरुण पाश मनोज, धनु, हंसा। गज केहरि निज सुनत प्रसंसा॥
श्रीफल, कमल कदलि हरखाहीं। नेकु न संक सकुच मन माही॥

गोस्वामीजी की प्रबन्धकुशलता विलक्षण है जिससे प्रकरणप्राप्त वस्तुएँ अलंकार सामग्री का कार्य्य भी देती चलती हैं। इससे होता यह कि अलंकारों में कृत्रिमता नहीं आने पाती। रंगभूमि में इधर राम आते हैं, उधर सूर्य का उदय होता है। इस बात पर कवि को यह अपह्नुति सूझती है–

रवि निज उदय ब्याज रघुराया।
प्रभु प्रताप सब नृपन दिखाया॥

भिन्न-भिन्न गुणों के आश्रयत्व से एक ही राम को गोस्वामीजी ने इतने विभिन्न (कहीं-कहीं तो बिलकुल विरुद्ध) रूपों में 'उल्लेख' के सहारे दिखाया है कि अलंकार सलंकार नहीं जानते, वे इसे राम की दिव्य विभूति समझकर ही प्रसन्न हो जाते हैं। देखिए–

जिनकै रही भावना जैसी। हरि-मूरति देखी तिन्ह तैसी।
देखहिं भूप महा रनधीरा। मनहुँ बीररस धरै सरीरा॥
डरे कुटिल नृप प्रभुहिं निहारी। मनहुँ भयानक मूरति भारी॥
पुरबासिन्ह देखे दोउ भाई। नरभूषन लोचनसुखदाई॥
रहे असुर छलछोनिप वेषा। तिन प्रभु प्रगट काल सम देखा॥

अलंकार के निर्वाह का वे पूरा ध्यान रखते थे। हिरन के पीछे दौड़ते हुए राम को पंचशर कामदेव बनाना है, इसके लिए देखिए इस भ्रमालंकार में वे शरों की गिनती किस प्रकार पूरी करते हैं—

सर चारिक चारु बनाइ कसे कटि, पानि सरासन सायक लै।
बन खेलत राम फिरै मृगया, तुलसी छबि सो बरनै किमि कै ?
अवलोकि अलौकिक रूप मृगी मृग चौंकि चकैं चितवैं चित दे।
न डगैं, न भगै जिय जानि सिलीमुख पंच धरे रतिनायक है॥

प्रकरणप्राप्त वस्तुओं के भीतर से ही वे प्रायः अलंकार की सामग्री चुनते हैं। इस 'निदर्शना' में उसका एक और सुन्दर उदाहरण लीजिए। विश्वामित्र के साथ जाते हुए बालक राम लक्ष्मण उनकी नजर बचाकर कहीं धूल-कीचड़ में खेल भी लेते हैं जिसके दाग कहीं-कहीं बदन पर दिखाई पड़ते हैं—

सिरनि सिखंड सुमन दल मंडन बाल सुभाय बनाए।
केलि अंक तनु रेनु पंक जनु प्रगटत चरित चुराए॥

कवि लोग कभी-कभी दूर की उड़ान भी मारा करते हैं। गोस्वामीजी ने भी कहीं-कहीं ऐसा किया है। सीता के रूपवर्णन में यह 'अतिशयोक्ति' देखिए—

जो छबि सुधा पयोनिधि होई। परम रूपमय कच्छप सोई।
सोभा रजु मंदर सृंगारू। मथै पानि पंकज निज मारू॥
यहि बिधि उपजै लच्छि जब सुंदरता सुख मूल।
तदपि सकोच समेत कबि कहहिं सीय सम तूल॥

चन्द्रमा के काले दाग पर यह अप्रस्तुत प्रशंसा देखिए—

कोउ कह जब बिधि रति मुख कीन्हा। सार भाग ससि कर हरि लीन्हा॥
छिद्र सो प्रगट इंदु उर माहीं। तेहि सम देखिय नभ परछाहीं।

रूपसम्बन्धी कुछ और उक्तियाँ देखिए—

(क) *सम सुबरन सुषमाकर सुखद न थोर।*
सीय अंग सखि, कोमल, कनक कठोर॥
सियमुख सरद-कमल जिमि किमि कहि जाइ ?
निसि मलीन वह, निसि दिन यह बिगसाइ॥ (व्यतिरेक)

(ख) *सिय तुव अंग रंग मिलि अधिक उदोत।*
हार बेलि पहिरावौं चंपक होत॥ (मीलित)

(ग) *चंपक हरवा अँग मिलि अधिक सुहाइ।*
जानि परै सिय हियरे जब कुम्हिलाइ॥ (उन्मीलित)

(घ) *केसमुकुत, सखि, मरकत मनिमय होत।*
हाथ लेत पुनि मुकुता करत उदोत॥ (अतद्गुण)

(च) *मुख अनुहरिया केवल चंद समान।* (प्रतीप)

(छ) *द्वैभुज कर हरि रघुबर सुंदर बेष।*
एक जीभ कर लछिमन दूसर शेष॥ (हीनअभेद रूपक)

जहाँ वस्तु या व्यापार अगोचर होता है वहाँ अलंकार उसके अनुभव में सहायता गोचर रूप प्रदान करके करता है; अर्थात् वह पहले गोचर प्रत्यक्षीकरण करके बोधवृत्ति की कुछ सहायता करता है, तब फिर रागात्मिका वृत्ति को उत्तेजित करता है। जैसे, यदि कोई आनेवाली विपत्ति या अनिष्ट का कुछ भी ध्यान न करके अपने रंग में मस्त रहता हो और कोई उसको देखकर कहे कि–'चरै हरित तृन बलिपसु जैसे' तो इस कथन से उसकी दशा का प्रत्यक्षीकरण कुछ अधिक हो जाएगा जिससे उसमें भय का संचार पहले से कुछ अधिक हो सकता है।

'भव बाधा' कहने से कोई विशेष रूप सामने नहीं आता, सामान्य अर्थ ग्रहण मात्र हो जाता है। इससे गोस्वामीजी उसे व्याल का गोचर रूप देते हुए 'परिकरांकुर' का अवलम्बन करते हुए कहते हैं–

तुलसिदास भव व्याल ग्रसित तव सरन उरगरिपु गामी ॥

इसी प्रकार कैकेयी की भीषणता सामने खड़ी की गई है–

लखी नरेस बात यह साँची। तिय मिस मीच सीस पर नाची ॥

(३) क्रिया का अनुभव तीव्र करने में सहायक अलंकार–

क्रिया और गुण का अनुभव तीव्र कराने के लिए प्रस्तुत अप्रस्तुत वस्तु के बीच या तो 'अनुगामी' (एक ही) धर्म होता है; या 'वस्तु प्रतिवस्तु' या उपचरित। सीधी भाषा में यों कह सकते हैं कि अलंकार के लिए लाई हुई वस्तु और प्रसंगप्राप्त वस्तु का धर्म या तो एक ही होता है, या अलग-अलग कहे जाने पर भी दोनों के धर्म समान होते हैं, अथवा एक के धर्म का उपचार दूसरे पर किया जाता है; जैसे, उसका हृदय पत्थर के समान है।

देखिए, केवल क्रिया की तीव्रता का अनुभव कराने के लिए इस 'ललितोपमा' का प्रयोग हुआ है–

मारुतनंदन मारुत को, मन को, खगराज को बेग लजायो।

सीता के प्रति कहे हुए रावण के वचन को सुनकर हनुमानजी को जो क्रोध हुआ, उसके वर्णन में इस रूपक का प्रयोग भी ऐसा ही है–

अकनि कटु बानी कुटिल की क्रोध बिंध्य बढ़ोइ।
सकुचि राम भयो ईस आयसु कलसभव जिय जोइ ॥

इनमें क्रिया या वेग को छोड़ प्रस्तुत-अप्रस्तुत में रूप आदि का कोई सादृश्य नहीं है। पर गोस्वामीजी के ग्रन्थों में ऐसे स्थल भी बहुत-से मिलते हैं जिनमें बिम्ब-प्रतिबिम्ब भाव से प्रस्तुत और अप्रस्तुत की स्थिति भी है और धर्म भी वस्तु-प्रतिवस्तु है। एक उदाहरण लीजिए–

बालधी बिसाल बिकराल ज्वाल जाल मानौ,
लंक लीलिबे को काल रसना पसारी है।
कैधों ब्योम बीथिका भरे हैं भूरि धूमकेतु,
बीर रस बीर तरवारि सी उघारी है ॥
तुलसी सुरेस चाप, कैधों दामिनी कलाप
कैधों चली मेरु तें कृसानु सरि भारी है ॥

इसमें 'उत्प्रेक्षा' और 'सन्देह' का व्यवहार किया गया है। इधर-उधर घूमती हुई जलती पूँछ तथा काल की जीभ और तलवार में बिम्ब-प्रतिबिम्ब भाव (रूप सादृश्य) भी है तथा संहार करने और दाह करने में वस्तु-प्रतिवस्तु धर्म भी है। इस दृष्टि से यह अलंकार बहुत ही अच्छा है।

दो एक जगह ऐसे उपमान भी मिलते हैं जिसमें कवि के अभिप्रेत विषय में तो सादृश्य है, पर शेष विषयों में इतना अधिक असादृश्य है कि उपमान की हीनता खटकती है; जैसे–

सेवहिं लषन सीय रघुबीरहिं। जिमि अविवेकी, पुरुष सरीरहिं ॥

पर कहीं-कहीं इस हीनता को कुछ अपने ऊपर लेकर गोस्वामीजी ने उसका सारा दोष हर लिया है–

कामिहिं नारि पियारि जिमि, लोभिहि प्रिय जिमि दाम।
तिमि रघुबंस निरंतर, प्रिय लागहु मोहिं राम ॥

नीचे लिखे 'रूपक' में उपमान और उपमेय का अनुगामी (एक ही) धर्म बड़ी ही सुन्दर रीति से आया है–

नृपन केरि आसा निसि नासी। बचन नखत अवली न प्रकासी ॥
मानी महिप कुमुद सकुचाने। कपटी भूप उलूक लुकाने ॥

इसमें ध्यान देने की पहली बात यह है कि केवल क्रिया का सादृश्य है, रूप आदि का कुछ भी सादृश्य नहीं है। दूसरी बात यह है कि यद्यपि यहाँ 'सकुचना' और 'लज्जित होना' आए हैं पर रूपक का उद्देश्य इन भावों का उत्कर्ष दिखाना नहीं है, बल्कि एक साथ इतनी भिन्न-भिन्न क्रियाओं का होना ही दिखाना है।

एक ही क्रिया का सम्बन्ध अनेक पदार्थों से दिखाती हुई वह 'तुल्ययोगिता' भी बड़ी ही सटीक है–

सब कर संसय अरु अग्यानू। मंद महीपन कर अभिमानू ॥
भृगुपति केरि गर्ब गरुआई। सुर मुनि बरन केरि कदराई ॥
सिय कर सोच, जनक परितापा। रानिन कर दारुन दुःख दापा ॥
संभुचाप बड़ बोहित पाई। चढ़े जाइ सब संग बनाई ॥

प्रबन्धधारा के बीच यह अलंकार ऐसा मिला हुआ है कि ऊपर से देखने में इसकी अलंकारता प्रकरण से अलग नहीं मालूम होती। 'बोहित' को छोड़ और कोई सामग्री कविप्रतिभाप्रदत्त या ऊपर से लाई हुई नहीं है। हाँ, वस्तुओं की जो सुन्दर योजना है, वह अवश्य कवि की प्रतिभा का फल है। यही प्रतिभा कवि को प्रबन्ध रचना का अधिकार देती है; कौतुकी कवियों की वह प्रतिभा नहीं जो पंचवटी शोभा के वर्णन के समय प्रलय काल के बारहों सूर्य उतार लाती है। प्राप्त प्रसंग के गोचर अगोचर सब पक्षों पर जिसकी दृष्टि पहुँचती है, किसी परिस्थिति में अपने को डालकर उसके अंग-प्रत्यंग का साक्षात्कार जिसका विशाल अन्तःकरण कर सकता है, वही प्रकृत कवि है। जी न चाहने पर भी विवश होकर यह कहना पड़ता है कि गोस्वामीजी को छोड़ हिन्दी के और किसी कवि

में वह प्रबन्धपटुता नहीं जो महाकाव्य की रचंना के लिए आवश्यक है। प्रकरणप्राप्त विषयों को अलंकार सामग्री बनाते हुए किस प्रकार वे स्थान-स्थान पर प्रबन्धप्रवाह के भीतर ही अलंकारों का विधान भी करते चलते हैं, यह हम दिखाते आ रहे हैं। एक और उदाहरण लीजिए जिसमें 'सहोक्ति' द्वारा एक ही क्रिया (धनुभंग) का कैसा विशद संग्राहक रूप दिखाया गया है–

गहि करतल, मुनि पुलक सहित, कौतुकहि उठाइ लियो।
नृपगन मुखनि समेत नमित करि सजि सुख सबहि दियो॥
आकरष्यो सिय मन समेत हरि हरष्यो जनक हियो।
भंज्यो भृगुपति गर्व सहित, तिहुँलोक बिमोह कियौ॥

परिणाम का स्वरूप आगे रखकर कर्म की भयंकरता अनुभव कराने का कैसा प्रकृत प्रयत्न इस 'अप्रस्तुत प्रशंसा' में दिखाई पड़ता है–

मातु पितहि जनि सोच बस करसि महीप किसोर॥

इसी प्रकार कर्म के स्वरूप को एकबारगी नजर के सामने लाने के लिए 'ललित' अलंकार द्वारा उसका यह गोचर स्वरूप सामने रखा गया है–

यहि पापिनिहि सूझि का परेऊ ? छाए भवन पर पावक धरेऊ॥

क्रूर और नीच मनुष्य यदि कभी आकर नम्रता प्रकट करे तो इसे बहुत डर की बात समझना चाहिए। नीचों की नम्रता की यह भयंकरता गोस्वामीजी ने बड़े ही अच्छे ढंग से गोचर की है–

नवनि नीच कै अति दुःखदाई। जिमि अंकुस, धनु, उरग, बिलाई॥

यही बात दोहावली में दूसरे ढंग से गोचर की है–

मिलै जो सरलहि सरल है, कुटिल न सहज बिहाइ।
सो सहेतु, ज्यों बक्रगति ब्याल न बिलै समाइ॥

जिसे हम पचासों बार दुष्टता करते देख चुके हैं, वह यदि कभी बहुत सीधा बनकर आवे तो यह समझ लेना चाहिए कि वह अपना कोई मतलब निकालने के लिए तैयार हुआ है। मतलब निकालने के लिए तैयार दुष्ट संसार में कितनी भयंकर वस्तु है।

क्रोध से भरी कैकेयी राम को वन भेजने पर उद्यत होकर खड़ी होती है। उस समय उसके कर्म और संकल्प की सारी भीषणता गोचर नहीं हो रही है। देश और काल का व्यवधान पड़ता है। इससे गोस्वामीजी रूपक द्वारा उसे प्रत्यक्ष कर रहे हैं–

अस कहि कुटिल भई उठि ठाढ़ी। मानहुँ रोष तरंगिनि बाढ़ी॥
पाप पहार प्रगट भइ सोई। भरी क्रोध जल जाइ न जोई॥
दोउ बर कूल, कठिन हठ धारा। भँवर कूबरी बचन प्रचारा॥
ढाहत भूप रूप तरु मूला। चली बिपति बारिधि अनुकूला॥

'पाप' और 'पहाड़' तथा 'क्रोध' और 'जल' में यहाँ अनुगामी धर्म है, शेष में वस्तु प्रतिवस्तु। जैसे नदी के दो कूल होते हैं, वैसे ही उनके क्रोध के दो पक्ष दोनों वर हैं; जैसे

धारा में वेग होता है वैसे ही हठ में; जैसे भँवर मनुष्य का निकलना कठिन कर देता है, वैसे ही कूबरी के वचन परिस्थिति को और कठिन कर रहे हैं। यह सांग रूपक कैकेयी के कर्म की भीषणता को खूब आँख के सामने ला रहा है। भाव या क्रिया की गहनता द्योतित करने के लिए गोस्वामीजी ने प्रायः नदी और समुद्र के रूपक का आश्रय लिया है। चित्रकूट में अपने भाइयों के सहित रामचन्द्र जनक से मिलकर उन्हें अपने आश्रम पर ले जा रहे हैं। वह समाज ऐसे शोक से भरा हुआ था जिसका प्रत्यक्षीकरण इस 'रूपक' के ही द्वारा अच्छी तरह हो सकता था।

आश्रम सागर सांतरस पूरन पावन पाथ।
सेन मनहुँ करुना सरित लिए जाहिं रघुनाथ ॥
बोरति ग्यान बिराग करारे। बचन ससोक मिलत नद नारे ॥
सोच उसास समीर तरंगा। धीरज तट तरुवर कर भंगा ॥
विषम विषाद तुरावति धारा। भय भ्रम भँवर अवर्त अपारा ॥
केवट बुध, बिद्या बड़ि नावा। सकहिं न खेइ एक नहिं आवा ॥
आश्रम उदधि मिली जब जाई। मनहुँ उठेउ अंबुधि अकुलाई ॥

(4) गुण का अनुभव तीव्र करने में सहायक अलंकार–

देखिए, इस 'व्यतिरेक' की सहायता से सन्तों का स्वभाव किस सफाई के साथ औरों से अलग करके दिखाया गया है–

संत हृदय नवनीत समाना। कहा कबिन पै कहइ न जाना ॥
निज परिताप द्रवै नवनीता। पर दुःख द्रवै सुसंत पुनीता ॥

सन्तों और असन्तों के बीच के भेद को थोड़ा कहते-कहते 'व्याघात' द्वारा कितना बड़ा कह डाला है, जरा यह भी देखिए–

बंदौ संत असज्जन चरना। दुःखप्रद उभय, बीच कछु बरना ॥
मिलत एक दारुन दुःख देहीं। बिछुरत एक प्रान हरि लेहीं ॥

इस इतने बड़े भेद को थोड़ा कहनेवाले का हृदय कितना बड़ा होगा !

कवि लोग अपनी चतुराई दिखाने के लिए श्लेष, कूट, प्रहेलिका आदि लाया करते हैं, पर परम भावुक गोस्वामीजी ने ऐसा कहीं नहीं किया। एक स्थान पर ऐसी युक्तिपटुता है, पर वह आख्यानगत पात्र का चातुर्य दिखाने के लिए ही है। लक्ष्मण से सूर्पणखा के नाक-कान काटने के लिए राम इस तरह इशारा करते हैं–

बेद नाम कहि, अँगुरिन खंडि अकास।
पठयो सूपनखाहि लषन के पास ॥

(वेद = श्रुति = कान। आकाश = स्वर्ग = नाक।)

गोस्वामीजी की रचना में बहुत-से ऐसे स्थल भी हैं, जहाँ यह निश्चय करने में गड़बड़ी हो सकती है कि यहाँ अलंकार है या भाव। इसकी सम्भावना वहीं होगी जहाँ स्मरण, सन्देह और भ्रान्ति का वर्णन होगा। स्मरण का यह उदाहरण लीजिए–

बीच बास करि जमुनहि आए। निरखि नीर लोचन जल छाए ॥

इसे न विशुद्ध अलंकार ही कह सकते हैं, न भाव ही। उपमेय और उपमान (राम के शरीर, यमुना के जल) के सादृश्य की ओर ध्यान देते हैं तो स्मरण अलंकार रहता है; और जब अश्रु सात्विक की ओर देखते हैं तो स्मरण संचारी भाव निश्चित होता है। सच पूछिए तो इसमें दोनों हैं। पर इसमें सन्देह नहीं कि भाव का उद्रेक अत्यन्त स्वाभाविक है और यहाँ वही प्रधान है, जैसा कि 'लोचन जल छाए' से प्रकट होता है। विशुद्ध अलंकार तो वहीं कहा जा सकता है जहाँ सदृश वस्तु लाने में कवि का उद्देश्य केवल रूप, गुण या क्रिया का उत्कर्ष दिखाना रहता है। अलंकार का स्मरण प्रायः वास्तविक नहीं होता; रूप गुण आदि के उत्कर्ष-प्रदर्शन का एक कौशल मात्र होता है। दूसरी बात ध्यान देने की यह है कि स्मरण भाव केवल सदृश वस्तु से ही नहीं होता, सम्बन्धी वस्तु से भी होता है। शुद्ध 'स्मरण' भाव का यह उदाहरण बहुत ही अच्छा है–

जननी निरखति बान धनुहियाँ।
बार बार उर नयननि लावत प्रभुजू की ललित पहनियाँ॥

अब भ्रम का एक ऐसा ही उदाहरण लीजिए। सीताजी अपने जलने के लिए अशोक से अंगार माँग रही थीं। इतने में हनुमान ने पेड़ के ऊपर से राम की 'मनोहर मुद्रिका' गिराई और–

जानि असोक अँगार सीय हरषि उठि कर गह्यो।

इसी प्रकार जहाँ उत्तरकांड में अयोध्या की विभूति का वर्णन है, वहाँ कहा गया है–

मनि मुख मेलि डारि कपि देहीं।

इन दोनों उदाहरणों में 'भ्रम' अलंकार नहीं है। अलंकार में भ्रम के विषय की विशेषता होती है, भ्रान्त की विशेषता में तो पागलों का भ्रम भी अलंकार हो जाएगा। सीता का जो भ्रम है, वह विरह की विह्वलता के कारण और बन्दरों का जो भ्रम है, वह पशुत्व के कारण। इस प्रकार का भ्रम अलंकार नहीं, यह बात आचार्यों ने स्पष्ट कर दी है–

मर्मप्रहारकृतचित्तविक्षेपविरहादिकृतोन्मादादिजन्यभ्रांतेश्च नालंकारत्वम्।

–उद्योतकार

सन्देह के सम्बन्ध में भी यही बात समझिए जो ऊपर कही गई है। तीनों में सादृश्य आवश्यक है। सन्देह तो अलंकार तभी होगा जब उसको लाने का मुख्य उद्देश्य रूप, गुण, क्रिया का उत्कर्ष (अपकर्ष भी) सूचित करना होगा। ऐसा सन्देह वास्तविक भी हो सकता है, पर वहाँ अलंकारत्व कुछ दबा-सा रहेगा। जैसे, 'की मैनाक की खग पति होई' में जो सन्देह है, वह कवि के प्रबन्ध-कौशल के कारण वास्तविक भी है तथा आकार की दीर्घता और वेग की तीव्रता भी सूचित करता है। पर नीचे लिखा उदाहरण यदि लीजिए तो उसमें कुछ भी आलंकारत्व नहीं है–

की तुम हरिदासन महँ कोई। मोरे हृदय प्रीति अति होई॥
की तुम राम दीन अनुरागी। आए मोहि करन बड़ भागी॥

अलंकार का विषय समाप्त करने के पहले दो-चार बातें कह देना आवश्यक है। पहली बात तो यह है कि सब अलंकार आने पर भी गोस्वामीजी की रचना कहीं ऐसी नहीं है कि पहले अलंकार का पता लगाया जाए तब अर्थ खुले। जो अलंकार का नाम तक नहीं जानते, वे भी अर्थ ग्रहण करके पूरा आनन्द उठाते हैं। एक बिहारी हैं कि पहले 'नायिका' का पता लगाइए, फिर अलंकार निश्चित कीजिए, और तब दोनों की सहायता से प्रसंग की ऊहा कीजिए, तब जाकर कहीं अर्थ से भेंट हो। गोस्वामीजी की इस अद्भुत विशेषता का कारण है उनकी अपूर्व प्रबन्धपटुता जिसके बल से उन्होंने अपनी प्रबन्धधारा के साथ, अधिकतर प्रकरणप्राप्त वस्तुओं को ही लेकर, अलंकारों को इस सफाई से मिलाया है कि जोड़ मालूम नहीं पड़ता।

ध्यान देने की दूसरी बात यह है कि गोस्वामीजी श्लेष, यमक, मुद्रा आदि खेलवाड़ों के फेर में एक तरह से बिलकुल नहीं पड़े हैं। इसका मतलब यह नहीं कि शब्दालंकार का सौन्दर्य्य उनमें नहीं। ओज, माधुर्य्य आदि का विधान करनेवाले वर्णविन्यास का आश्रय उन्होंने लिया है। उनकी रचना शब्द-सौन्दर्य्य-पूर्ण है। अनुप्रास के तो वे बादशाह थे। अनुप्रास किस ढंग से लाना चाहिए, उनसे यह सीखकर यदि बहुत-से पिछले फुटकरिए कवियों ने अपने कवित्त-सवैये लिखे होते, तो उनमें वह भद्दापन और अर्थन्यूनता न आने पाती। तुलसी की रचना में कहीं-कहीं एक ही वर्ण की आवृत्ति सारे चरण में यहाँ से वहाँ तक चली गई है, पर प्रसंगवाह्य या भरती का शब्द एक भी नहीं। दो नमूने बहुत होंगे–

(क) *जग जाँचिए कोउ न, जाँचिए जौ, जिय जाँचिए जानकी जानहि रे ॥*
जेहि जाचत जाचकता जरि जाइ जो जारति जोर जहानहि रे ॥

(ख) *खल परिहास होहि हित मोरा। काक कहहिं कल-कंठ कठोरा ॥*

और उदाहरण ढूँढ़ लीजिए, कुछ भी कष्ट न होगा; जहाँ ढूँढ़िएगा, वहीं मिलेंगे।

श्लेष, परिसंख्या जैसे कृत्रिमता लानेवाले अलंकारों का व्यवहार भी इनकी रचनाओं में नहीं मिलता। इस प्रविस उदाहरण को छोड़, हम समझते हैं, परिसंख्या का शायद ही कोई और उदाहरण इनकी रचनाओं भर में मिले–

दंड जतिन कर, भेद जहँ नर्तक नृत्य समाज।
जितहु मनहिं अस सुनिय जग रामचंद्र के राज ॥

शब्दश्लेष के उदाहरण भी ढूँढ़ने पर चार ही पाँच जगह मिलते हैं; जैसे–

(क) *साधु चरित सुभ सरिस कपासू। निरस बिसद गुनमय फल जासू ॥*
(ख) *बहुरि सक्र सम बिनवौं तेही। संतत सुरानीक हित जेही ॥*
(ग) *रावन सिर सरोज बनचारी। चलि रघुबीर सिलीमुख धारी ॥*
(घ) *सेवाअनुरूप फल देत भूप कूप ज्यों;*
बिहूने गुन पथिक पियासे जात पथ के।

इसी प्रकार 'यमक' का व्यवहार भी कम ही मिलता है; जैसे–

काढ़ि कृपाल कृपा न कहूँ, पितु काल कराल बिलोकि न भागे।
'राम कहाँ' सब ठाउँ हैं,' 'खंभ में ?,' 'हाँ,' सुनि हाँक नृकेहरि जागे ॥

गोस्वामीजी को रामचरित की ओर सब प्रकार के लोगों को आकर्षित करना था; जो जिस रुचि से आकर्षित हो, उसी से सही। इससे उन्होंने अलंकार की भद्दी रुचि रखनेवालों को भी निराश नहीं किया और इस तरह के भी कुछ अलंकार कहे जिस तरह का विनयपत्रिका में यह 'सांगरूपक' है–

सेइय सहित सनेह देह भरि कामधेनु कलि कासी।
मरजादा चहुँ ओर चरन बर सेवत सुर-पुर-बासी॥
तीरथ सब सुभ अंग, रोम सिवलिंग अमित अबिनासी।
अंतरअयन अयन भल थन, फल वच्छ बेद बिस्वासी ॥
गल कंबल बरुना बिभाति, जनु लूम लसति सरिता सी।
लोल दिनेस त्रिलोचन लोचन, घंरनघंट घंटा सी॥

कहिए, काशी की इन वस्तुओं का सींग, पूँछ, गलकंबल आदि के साथ कहाँ तक सादृश्य है। अनुगामी धर्म, वस्तु प्रतिवस्तु धर्मउपचरित धर्म, बिम्ब-प्रतिबिम्ब रूप आदि ढूँढ़ने से कहाँ तक मिल सकते हैं ? 'घंटा' और 'करनघंटारु' में तो केवल शब्दात्मक सादृश्य ही है। इसी प्रकार विनयपत्रिका में अर्द्धनारीश्वर शिव को वसन्त बनाया है और गीतावली में चित्रकूट की वनस्थली को होली का स्वाँग। पर फिर भी यही कहना पड़ता है कि इसमें गोस्वामीजी का दोष नहीं; यह एक वर्गविशेष की रुचि का प्रसाद है। इतनी विस्तृत रचना के भीतर दो-चार ऐसे स्थलों से उनके रुचिसौन्दर्य्य में अणुमात्र भी सन्देह नहीं उत्पन्न हो सकता।

उक्तिवैचित्र्य

उक्तिवैचित्र्य से हमारा अभिप्राय उस बेपर की उड़ान से नहीं है जिसके प्रभाव से कवि लोग जहाँ रवि भी नहीं पहुँचता, वहाँ से अपनी उत्प्रेक्षा, उपमा आदि के लिए सामग्री लिया करते हैं। मेरा अभिप्राय कथन के उस अनूठे ढंग से है जो उस कथन की ओर श्रोता को आकर्षित करता है तथा उसके विषय को मार्मिक और प्रभावशाली बना देता है। ऐसी उक्तियों में कुछ तो शब्द की लक्षणा, व्यंजना शक्ति का आश्रय लिया जाता है और कुछ काकु, पर्यायोक्ति अलंकारों का। ऐसी उक्तियाँ गोस्वामीजी की रचनाओं में भरी पड़ी हैं; अतः केवल दो-चार का दिग्दर्शन ही यहाँ हो सकता है।

राम की शोभा का वर्णन करते हुए एक स्थान पर कवि कहता है–'मनहुं उमगि अँग अँग छबि छलकै।' इस 'छलकै' शब्द में कितनी शक्ति है। व्यापार को कैसा गोचर रूप प्रदान करता है। इसका वाच्यार्थ अत्यन्त तिरस्कृत है। लक्षणा से इसका अर्थ होता है– 'प्रभूत परिमाण में प्रकट होना।' पर 'अभिधा' द्वारा इस प्रकार कहने से वैसी तीव्र अनुभूति नहीं उत्पन्न हो सकती।

'विनयपत्रिका' में गोस्वामीजी राम से कहते हैं–

'हौं सनाथ है हौं सही, तुमहूँ अनाथपति जौ लघुतहि न मितैहौ।'

'लघुता से भयभीत होनारु' कैसी विलक्षण उक्ति है, पर साथ ही कितनी सच्ची है। शानदार अमीर लोग गरीबों से क्यों नहीं बातचीत करते ? उनकी 'लघुता' ही के भय से न ? वे यही न डरते हैं कि इतने छोटे आदमी के साथ बातचीत करते लोग देखेंगे तो क्या कहेंगे ? अतः लघुता से भयभीत होने में जो एक प्रकार का विरोध-सा लक्षित होता है, वह हृदय पर किस शक्ति के साथ प्रभाव डालता है।

राम के वन चले जाने पर कौशल्या दुःख से विह्वल होकर कहती हैं–

हौं घर रहि मसान पावक ज्यों मरिबोइ मृतक वह्यो है।

कौशल्या को घर श्मशान-सा लग रहा है। इस श्मशान की अग्नि में कौशल्या को भस्म हो जाना चाहिए था। पर वे कहती हैं कि इस अग्नि में भस्म होना चाहिए था मुझे, पर जान पड़ता है कि मैंने अपनी मृत्यु का शव ही इसमें जलाया है। भाव तो यही है कि मुझे मृत्यु भी नहीं आती, पर अनूठे ढंग से व्यक्त किया गया है। ऐसी-ऐसी उक्तियों के लिए अँगरेज महाकवि शेक्सपियर प्रसिद्ध हैं।

अब कौशल्याजी मरती क्यों नहीं, इसका कारण उन्हीं के मुख से सुनिए–

लगे रहत मेरे नयननि आगे राम लखन अरु सीता।

× × ×

दुःख न रहै रघुपतिहिं बिलोकत; मनु न रहै बिनु देखे॥

राम-लक्ष्मण की मूर्त्ति हृदय से हटती नहीं, बिना उनकी मूर्त्ति सामने लाए मन से रहा ही नहीं जाता। और जब उनकी मूर्त्ति मन के सामने आ जाती है तब दुःख नहीं रह जाता। मरें तो कैसे मरें ?

एक और उक्ति सुनिए, जो है तो साधारण ही, पर एक अपूर्वता के साथ–

कियो न कछू, करिबो न कछू, कहिबो न कछू, मरिबोइ रह्यो है।

और सब काम तो मैं कर चुका, मरने का काम भर और रह गया है। किसी अँगरेज कवि ने भी कहीं इसी भाव से कहा है–

'आइ हैव माइ डाइंग टु डू'

लोग मैत्री और प्रीति को बड़े इत्मीनान के साथ धीरे-धीरे करते हैं, पर एक जरा-सी बात पर उसे चट तोड़ देते हैं–

थोरेहु कोप कृपा पुनि थोरेहि, बैठि के जोरत तोरत ठाढ़े।

यहाँ 'बैठि' और 'ठाढ़े' दोनों का लक्ष्यार्थ ध्यान देने योग्य है। इसी प्रकार की एक और लक्षणा देखिए–

बड़े ही समाज आज रावन की लाजपति
हाँकि आँक एक ही पिनाक छीनि लई है।

'उपादान लक्षणा' के उदाहरण हिन्दी में कम मिलते हैं, देखिए उसका कैसा चलता उदाहरण इस दोहे में है–

तुलसी बैर सनेह दोउ रहित बिलोचन चारि।

बोलचाल में बराबर आता है कि 'प्रेम अन्धा होता है।'

एक स्थान पर गोस्वामीजी एक ही क्रिया के दो ऐसे कर्म लाए हैं जो परस्पर अत्यन्त विजातीय होने के कारण बहुत ही अनूठे लगते हैं। हनुमानजी पर्वत लिये हुए राम के पास आ पहुँचते हैं; इस पर–

बेग बल साहस सराहत कृपानिधान,
भरत की कुसल अचल लाए चलिकै।

भरत की कुशल और पर्वत दोनों लाए। इसमें चमत्कार दोनों वस्तुओं के अत्यन्त विजातीय होने के कारण है। अँगरेज उपन्यासकार डिकेंस को ऐसे प्रयोग बहुत अच्छे लगते थे; जैसे 'इस बात ने उसकी आँखों से आँसू और जेब से रूमाल निकाल दिया'– (दिस ड्रयू टियर्ज फ्राम हर आइज ऐंड हैंडकरचीफ फ्राम हर पाकेट)।

भाषा पर अधिकार

भाषा पर जैसा अधिकार गोस्वामीजी का था, वैसा और किसी हिन्दी कवि का नहीं। पहली बात तो यह ध्यान देने की है कि 'अवधी' और 'व्रज' काव्यभाषा की दोनों शाखाओं पर उनका समान और पूर्ण अधिकार था। रामचरितमानस को उन्होंने 'अवधी' में लिखा है जिसमें पूरबी और पछाँही (अवधी) दोनों का मेल है। कवितावली, विनयपत्रिका और गीतावली तीनों की भाषा व्रज है। कवितावली तो व्रज की चलती भाषा का एक सुन्दर नमूना है। पार्वतीमंगल, जानकीमंगल और रामलला नहछू ये तीनों पूरबी अवधी में हैं। भाषा पर ऐसा विस्तृत अधिकार और किस कवि का था ? न सूर अवधी लिख सकते थे, न जायसी व्रज।

गोस्वामीजी की कैसी चलती हुई मुहावरेदार भाषा है, दो-चार उदाहरण देकर दिखाया जाता है–

(क) *'बात चले बात को न' मानिबो बिलगु, बसि,*
काकी सेवा रीझि कै निवासी रघूनाथ जू ?

(ख) *'सब की न कहै' तुलसी के मते उतनो जग जीवन को फल है।*

(ग) *प्रसाद राम नाम के 'पसारि पायँ सूतिहौं।'*

(घ) *सो सनेह समउ सुमिरि तुलसी हू के से*
भलीभाँति, भले पैंत, 'भले पाँसे परिगे'।

(च) *ऐहै कहा नाथ ? आयो ह्याँ, क्यों कहि जात बनाई है।*
(आवेगा = क्या आया है।)

गो.तु. 8 (2100-76)

लोकोक्तियों के प्रयोग भी स्थान-स्थान पर मिलते हैं; जैसे–

(क) *माँगि कै खैबो मसीद को सोइबो,*
लैबे को एक न दैबे को दोऊ।

(ख) *मनमोदकनि कि भूख बुताई ?*

पर सबसे बड़ी विशेषता गोस्वामीजी की है भाषा की सफाई और वाक्य-रचना की निर्दोषता जो हिन्दी के और किसी कवि में ऐसी नहीं पाई जाती है। यही दो बातें न होने से इधर के शृंगारी कवियों की कविता और भी पढ़े-लिखे लोगों के काम की नहीं हुई। हिन्दी का भी व्याकरण है, 'भाषा' में भी वाक्यरचना के नियम हैं, अधिकतर लोगों ने इस बात को भूलकर कवित्त-सवैयों के चार पैर खड़े किए हैं। गोस्वामीजी के वाक्यों में कहीं शैथिल्य नहीं है, एक भी शब्द ऐसा नहीं है जो पाद पूर्त्यर्थ रखा हुआ कहा जा सके। ऐसी गठी हुई भाषा किसी की नहीं है। उदाहरण देने की न जगह ही है, न उतनी आवश्यकता ही। सारी रचना इस बात का उदाहरण है। एक ही चरण में वे बहुत-सी बातें इस तरह कह जाते हैं कि न कहीं से शैथिल्य आता है न न्यूनपदत्व–

परुष वचन अति दुसह स्रवन सुनि तेहि पावक न दहौंगो।
बिगत मान सम सीतल मन पर गुन, नहिं दोष, कहौंगो॥

कहीं-कहीं तो ऐसा है कि पद भर में यहाँ से वहाँ तक एक ही वाक्य चला गया है, पर क्या मजाल कि अन्त तक एक सर्वनाम में भी त्रुटि आने पाए–

जेहि कर अभय किए जन आरत बारक बिबस नाम टेरे।
जेहि कर कमल कठोर संभु धनु भंजि जनक संसय मेट्यो।
जेहि कर कमल उठाइ बंधु ज्यों परम प्रीति केवट भेट्यो॥
जेहि कर कमल कृपालु गीध कहँ उदक देइ निज लोक दियो।
जेहि कर बालि बिदारि दास हित कपि कुल पति सुग्रीव कियो॥
आए सरन सभीत बिभीषन जेहि कर कमल तिलक कीन्हों।
सीतल सुखद छाँह जेहि कर की मेटति पाप ताप माया।
निसि बासर तेहि कर सरोज की चाहत तुलसिदास छाया॥

कैसा सुव्यवस्थित वाक्य है। और कवियों के साथ तो तुलसी का मिलान ही क्या। 'वाक्यदोष' हिन्दी में भी हो सकते हैं, इसका ध्यान तो बहुत कम लोगों को रहा। सूरदासजी भी इस बात में तुलसी से बहुत दूर हैं। उनके वाक्य कहीं-कहीं उखड़े से हैं, उनमें वह सम्बन्ध व्यवस्था नहीं है। उनके पदों के कुछ अंश नीचे नमूने के लिए दिए जाते हैं–

(क) *श्रवण चीर अरु जटा बँधावहु ये दुःख कौन समाहीं।*
चंदन तजि अँग भस्म बतावत बिरह अनल अति दाहीं॥

(ख) *कै कहुँ रंक, कहूँ ईश्वरता नट बाजीगर जैसे।*
चेत्यो नहीं गयो टरि औसर मीन बिना जल जैसे॥

(ग) *भाव भक्ति जहँ हरि जस सुनयो तहाँ जात अलसाई।*
लोभातुर है काम मनोरथ तहाँ सुनत उठि धाई॥

इस प्रकार की शिथिलता तुलसीदासजी में कहीं न मिलेगी। लिंग आदि का भी सूरदासजी ने कम ध्यान रखा है; जैसे–

कागरूप इक दनुज धर्स्यो।
बीत्यो जाय ज्याब जब आयो सुनहु कंस तेरो 'आयु सर्स्यो।'

इसी प्रकार तुकांत और छन्द के लिए शब्दों के रूप भी सूरदासजी ने बहुत बिगाड़े हैं; जैसे–

(क) *पलित केस, कफ कंठ बिरोध्यो, कल न परी दिन राती।*
माया मोह न छाँड़े तृष्णा, ये दोऊ दुःख 'दाती'॥

(ख) *राम भक्त वत्सल निज बानो।*
राजसूय में चरन पखारे स्याम लिए कर 'पानो'।

क्या यह कहने की आवश्यकता है कि तुलसीदासजी को यह सब करने की आवश्यकता नहीं पड़ी है ? लिंगभेद में तो एक-एक मात्रा का उन्होंने ध्यान रखा है–

राम सत्य संकल्प प्रभु सभा काल बस तोरि।
मैं रघुबीर सरन अब जाउँ देहु नहिं खोरि॥

नीचे की चौपाई–

मर्म बचन जब सीता बोला। हरि प्रेरित लछिमन मन डोला॥

में जो लिंग की गड़बड़ी दिखाई पड़ती है वह 'बोला' को 'बोल' मान लेने से और 'लकी दीर्घता' को चौपाई के पदांत के कारण ठहराने से दूर हो जाती है। अवधी मुहावरे में 'बोल' का अर्थ होगा 'बोलती है,' जैसे 'उत्तर दिसि सरजू बह पावनि में' 'बह' का अर्थ है 'बहती है।'

घुँघरारी लटैं लटकै मुख ऊपर, कुंडल लोल कपोलन की।
निवछावरि प्रान करै तुलसी, बलि जाउँ लला इन बोलन की॥

वाक्यों की ऐसी अव्यवस्था एकआध जगह कोई भले ही दिखा दे, पर वह अधिक नहीं पा सकता। सर्वत्र वही परिष्कृत, गठी हुई, सुव्यवस्थित भाषा मिलेगी।

कुछ खटकनेवाली बातें

इतनी विस्तृत रचना के भीतर दो-चार खटकनेवाली बातें भी मिलती हैं; जिनका संक्षेप में उल्लेख मात्र यहाँ कर दिया जाता है–

(1) ऐतिहासिक दृष्टि की न्यूनता। इस दोष से तो शायद ही कोई बच सकता हो। किसी की रचना हो उसके समय का आभास उसमें अवश्य रहेगा। इसी से ऋषियों के आश्रमों और विभीषण के दरवाजे पर गोस्वामीजी ने तुलसी का पौधा लगाया और राम के मस्तक पर रामानंदी तिलक। राम वैदिक समय में थे। उनके समय में न तो रामानंदी तिलक की महिमा लोगों को मालूम हुई थी और न तुलसी की। राम के सिर पर जो चौगोशिया टोपी रखी है, उसका तो कोई ख्याल ही नहीं।

(2) भक्ति सम्प्रदायवालों की इधर की कुछ भक्तमाली कथाओं पर गोस्वामीजी ने जो आस्था प्रकट की है, वह उनके गौरव के अनुकूल नहीं है। जैसे–

आँधरो, अधम, जड़, जाजरो-जरा जवन,
सूकर के सावक ढका ढकेल्यो मग में।

गिर्यो हिय हहरि, 'हराम' हो, हराम 'हन्यो'
हाय हाय करत परीगो काल-फँग में॥
तुलसी बिसोक ह्वै त्रिलोकपति-लोक गयो,
नाम के प्रताप, बात बिदित है जग में।

(3) इसी नामप्रताप को राम के प्रताप से भी बड़ा कहने का (राम से अधिक राम कर नामा) प्रभाव अच्छा नहीं पड़ा। सच्ची भक्ति से कोई मतलब नहीं, टीका लगाकर केवल 'राम राम' रटना बहुत-से आलसी अपाहिजों का काम हो गया। एक धनाढ्य महन्त जिस गाँव में छापा डालते हैं, वहाँ के मजदूरों को बुलाकर उनसे दो-तीन घंटे राम राम रटाते हैं और जितनी मजदूरी उन्हें खेत में काम करने से मिलती उतनी गाँववालों से वसूल करके दे देते हैं।

(4) दोहों में कहीं-कहीं मात्राएँ कम होती हैं और सवैयों में भी कहीं-कहीं वर्ण घटे-बढ़े हैं।

(5) अंगद और रावण का संवाद राजसभा के गौरव और सभ्यता के विरुद्ध है। पर इसका मतलब यह नहीं कि गोस्वामीजी राजन्य वर्ग की शिष्टता का चित्रण नहीं कर सकते थे। राजसमाज के सभ्य भाषण का अत्यन्त सुन्दर नमूना उन्होंने चित्रकूट में एकत्र सभा के बीच दिखाया है। पर राक्षसों के बीच शिष्टता, सभ्यता आदि का उत्कर्ष वे दिखाना नहीं चाहते थे।

हिन्दी-साहित्य में गोस्वामीजी का स्थान

जो कुछ लिखा जा चुका, उससे तुलसीदासजी की विशेषताएँ कुछ-न-कुछ अवश्य स्पष्ट हुई होंगी। काव्य के प्रत्येक क्षेत्र में हमने उन्हें उस स्थान पर देखा, जिस स्थान पर उस क्षेत्र का बड़े से बड़ा कवि है। मानव अन्तःकरण की सूक्ष्म से सूक्ष्म वृत्तियों तक हमने उनकी पहुँच देखी। बाह्य जगत् के नाना रूपों के प्रत्यक्षीकरण में भी हमने उन्हें तत्पर पाया। काव्य के बहिरंग विधान की सुन्दर प्रणाली का परिचय भी हमें मिला। अब उनकी सबसे बड़ी विशेषता की ओर एक बार फिर ध्यान आकर्षित करके यह वक्तव्य समाप्त किया जाता है।

यह सबसे बड़ी विशेषता है उनकी प्रबन्धपटुता जिसके बल से आज 'रामचरितमानस' हिन्दी समझनेवाली हिन्दू जनता के जीवन का साथी हो रहा है। तुलसी की वाणी मनुष्य जीवन की प्रत्येक दशा तक पहुँचनेवाली है; क्योंकि उसने रामचरित का आश्रय लिया है। रामचरित जीवन की सब दशाओं की समष्टि है, इसका प्रमाण 'रामाज्ञा प्रश्न' है जिससे लोग हर प्रकार की आनेवाली दशा के सम्बन्ध में प्रश्न करते और उत्तर निकालते हैं। जीवन की इतनी दशाओं का पूर्ण मार्मिकता के साथ जो चित्रण कर सका, वही सबसे बड़ा भावुक और सबसे बड़ा कवि है, उसी का हृदय लोक-हृदय स्वरूप है। शृंगार वीर आदि कुछ गिने गिनाए रसों के वर्णन में ही निपुण कवि का अधिकार मनुष्य की दो-एक

वृत्तियों पर ही समझिए, पर ऐसे महाकवि का अधिकार मनुष्य की सम्पूर्ण भावनात्मक सत्ता पर है।

अतः केशव, बिहारी आदि के साथ ऐसे कवि को मिलान के लिए रखना उसका अपमान करना है। केशव में हृदय का तो कहीं पता ही नहीं। वह प्रबन्धपटुता भी उनमें नाम को नहीं जिससे कथानक का सम्बन्ध निर्वाह होता है। उनकी रामचन्द्रिका फुटकर पद्यों का संग्रह-सी जान पड़ती है। वीरसिंहदेव चरित में उन्होंने अपनी हृदयहीनता की ही नहीं, प्रबन्धरचना की भी पूरी असफलता दिखा दी है। बिहारी रीति ग्रन्थों के सहारे जबरदस्ती जगह निकाल-निकालकर दोहों के भीतर शृंगाररस के विभाव, अनुभाव और संचारी ही भरते रहे। केवल एक ही महात्मा और हैं जिनका नाम गोस्वामीजी के साथ लिया जा सकता है और लिया जाता है। वे हैं प्रेमस्रोतस्वरूप भक्तवर सूरदासजी। जब तक हिन्दी का साहित्य और हिन्दीभाषी हैं, तब तक सूर और तुलसी का जोड़ा अमर है। पर जैसा कि दिखाया जा चुका है, भाव और भाषा दोनों के विचार से गोस्वामीजी का अधिकार अधिक विस्तृत है। न जाने किसने 'यमक' के लोभ से यह दोहा कह डाला कि 'सूर, सूर तुलसी ससी, उड्डगन केशवदास।' यदि कोई पूछे कि जनता के हृदय पर सबसे अधिक विस्तृत अधिकार रखनेवाला हिन्दी का सबसे बड़ा कवि कौन है तो उसका एक मात्र यही उत्तर ठीक हो सकता है कि भारतहृदय, भारतीकंठ, भक्तचूड़ामणि गोस्वामी तुलसीदास।

परिशिष्ट

'मानस' की धर्मभूमि'

धर्म की रसात्मक अनुभूति का नाम भक्ति है, यह हम कहीं कह चुके हैं। धर्म है ब्रह्म के स्वरूप की व्यक्त प्रवृत्ति, जिसकी असीमता का आभास केवल विश्व-स्थिति में मिलता है। इस प्रवृत्ति का साक्षात्कार परिवार और समाज ऐसे छोटे क्षेत्रों से लेकर समस्त भूमंडल और अखिल विश्व तक के बीच किया जा सकता है। परिवार और समाज की रक्षा में लोक के परिचालन में और समष्टि रूप में अखिल विश्व की शाश्वत स्थिति में सत् की इस प्रवृत्ति के दर्शन होते हैं। ध्यान देने की बात यह है कि सत्स्वरूप की इस प्रवृत्ति का साक्षात्कार जितने ही विस्तृत क्षेत्र के बीच हम करते हैं भगवत्स्वरूप की ओर उतनी बढ़ी हुई भावना हमें प्राप्त होती है। कुलविशेष के भीतर ही जो इस प्रवृत्ति का अनुभव करेंगे उनकी भावना कुलनायक या कुलदेवता तक ही पहुँचेगी, किसी जाति या देशविशेष के भीतर जो करेंगे उनकी भावना उस जाति या देश के नेता अथवा उपास्य देवता तक पहुँचकर रह जाएगी। भक्त की भावना इतनी दूर जाकर सन्तुष्ट नहीं होती। वह अखिल विश्व के बीच सत् की इस प्रवृत्ति के साक्षात्कार की साधना करता है। उसके भीतर का 'चित्' जब बाहर 'सत्' का साक्षात्कार करता है तब 'आनन्द' का आविर्भाव होता है। इस साधना द्वारा वह भगवान् का सामीप्यलाभ करता चला जाता है। इसी से तुलसी को राम 'अंतरजामिहु ते बड़ बाहरजामी' लगते हैं।

ऊपर जो कुछ कहा गया है उससे सत्स्वरूप की व्यक्त प्रवृत्ति अर्थात् धर्म की ऊँची-नीची कई भूमियाँ लक्षित होती हैं; जैसे, गृहधर्म, कुलधर्म, समाजधर्म, लोकधर्म और विश्वधर्म या पूर्ण धर्म। किसी परिमित वर्ग के कल्याण से सम्बन्ध रखनेवाले धर्म की अपेक्षा विस्तृत जनसमूह के कल्याण से सम्बन्ध रखनेवाला धर्म उच्च कोटि का है। धर्म की उच्चता उसके लक्ष्य के व्यापकत्व के अनुसार समझी जाती है। गृहधर्म या कुलधर्म से समाजधर्म श्रेष्ठ है, समाजधर्म से लोकधर्म, लोकधर्म से विश्वधर्म, जिसमें धर्म अपने शुद्ध और पूर्ण स्वरूप में दिखाई पड़ता है। यह पूर्ण धर्म अंगी है और शेष धर्म अंग। पूर्ण धर्म, जिसका सम्बन्ध अखिल विश्व की स्थिति-रक्षा से है, वस्तुतः पूर्ण पुरुष या पुरुषोत्तम में ही रहता है जिसकी मार्मिक अनुभूति सच्चे भक्तों को ही हुआ करती है। इसी अनुभूति के अनुरूप उनके आचरण का भी उत्तरोत्तर विकास होता जाता है। गृहधर्म पर दृष्टि रखनेवाला किसी परिवार की रक्षा देखकर, वर्गधर्म पर दृष्टि रखनेवाला लोक या समस्त मनुष्य जाति की रक्षा देखकर आनन्द का अनुभव करता है। पूर्ण या शुद्ध धर्म का स्वरूप सच्चे भक्त ही अपने और दूसरों के सामने लाया करते हैं, जिनके भगवान् पूर्ण धर्मस्वरूप

हैं। अतः वे कीट-पतंग से लेकर मनुष्य तक सब प्राणियों की रक्षा देखकर आनन्द प्राप्त करते हैं। विषय की व्यापकता के अनुसार उनका आनन्द ही उच्च कोटि का होता है।

धर्म की जो ऊँची-नीची भूमियाँ ऊपर कही गई हैं, वे उसके स्वरूप के सम्बन्ध में, उसके पालन के स्वरूप के सम्बन्ध में नहीं। पालन का स्वरूप और बात है। उच्च से उच्च भूमि के धर्म का आचरण अत्यन्त साधारण कोटि का हो सकता है, इसी प्रकार निम्न भूमि के धर्म का आचरण उच्च से उच्च कोटि का हो सकता है। गरीबों का गला काटनेवाले चींटियों के बिलों पर आटा फैलाते देखे जाते हैं, अकालपीड़ितों की सहायता में एक पैसा चन्दा न देनेवाले अपने डूबते मित्र को बचाने के लिए प्राण संकट में डालते देखे जाते हैं।

यह हम कई जगह दिखा चुके हैं कि ब्रह्म के सत्स्वरूप की अभिव्यक्ति और प्रवृत्ति को लेकर गोस्वामीजी की भक्तिपद्धति चली है। उनके राम पूर्ण धर्मस्वरूप हैं। राम के लीलाक्षेत्र के भीतर धर्म के विविध रूपों का प्रकाश उन्होंने देखा है। धर्म का प्रकाश अर्थात् ब्रह्म के सत्स्वरूप का प्रकाश इसी नामरूपात्मक व्यक्त जगत् के बीच होता है। भगवान् की इस स्थितिविधायिनी व्यक्त कला में हृदय न रमाकर, बाह्य जगत के नाना कर्मक्षेत्रों के बीच धर्म की दिव्य ज्योति के स्फुरण का दर्शन न करके जो आँख मूँदे अपने अन्तःकरण के किसी कोने में ही ईश्वर को ढूँढ़ा करते हैं उनके मार्ग से गोस्वामीजी का भक्ति मार्ग अलग है। उनका मार्ग ब्रह्म का सत्स्वरूप पकड़कर, धर्म की नाना भूमियों पर से होता हुआ जाता है। लोक में जब कभी भक्त धर्म के स्वरूप को तिरोहित या आच्छादित देखता है तब मानो भगवान् उसकी दृष्टि से–खुली हुई आँखों के सामने से–ओझल हो जाते हैं और वह वियोग की आकुलता का अनुभव करता है। फिर जब अधर्म का अन्धकार फाड़कर धर्मज्योति फूट पड़ती है तब मानो उसके प्रिय भगवान् का मनोहर रूप सामने आ जाता है और वह पुलकित हो उठता है।

हमारे यहाँ धर्म से अभ्युदय और निःश्रेयस दोनों की सिद्धि कही गई है। अतः मोक्ष का–किसी ढंग के मोक्ष का–मार्ग धर्ममार्ग से बिलकुल अलग-अलग नहीं जा सकता। धर्म का विकास इसी लोक के बीच हमारे परस्पर व्यवहार के भीतर होता है। हमारे परस्पर व्यवहारों का प्रेरक हमारा रागात्मक या भावात्मक हृदय होता है। अतः हमारे जीवन की पूर्णता कर्म (धर्म), ज्ञान और भक्ति तीनों के समन्वय में है। साधना किसी प्रकार की हो, साधक की पूरी सत्ता के साथ होनी चाहिए–उसके किसी अंग को सर्वथा छोड़कर नहीं। यह हो सकता है कि कोई ज्ञान को प्रधान रखकर धर्म और उपासना को अंगरूप में लेकर चले, कोई भक्ति को प्रधान रखकर ज्ञान और कर्म को अंगरूप में रखकर चले। तुलसीदासजी भक्ति को प्रधान रखकर चलनेवाले अर्थात् भक्तिमार्गी थे। उनकी भक्तिभावना में यद्यपि तीनों का योग है, पर धर्म का योग पूर्ण परिमाण में है। धर्म भावना का उनकी भक्ति भावना से नित्य सम्बन्ध है।

रामचरितमानस में धर्म की ऊँची-नीची विविध भूमियों की झाँकी हमें मिलती है। इस वैविध्य के कारण कहीं-कहीं कुछ शंकाएँ भी उठती हैं। उदाहरण के लिए भरत और विभीषण के चरित्रों को लीजिए।

जिस भरत के लोकपावन चरित्र की दिव्य दीप्ति से हमारा हृदय जगमगा उठता है;

उन्हीं को अपनी माता को चुन-चुनकर कठोर वचन सुनाते देख कुछ लोग सन्देह में पड़ जाते हैं। जो तुलसीदास लोकधर्म या शिष्टमर्य्यादा का इतना ध्यान रखते थे उन्होंने अपने सर्वोत्कृष्ट पात्र द्वारा उसका उल्लंघन कैसे कराया ? धर्म की विविध भूमियों के सम्बन्ध में जो विचार हम ऊपर प्रकट कर आए हैं उन पर दृष्टि रखकर यदि समझा जाए तो इसका उत्तर शीघ्र मिल सकता है। यह हम कह आए हैं कि धर्म जितने ही अधिक विस्तृत जनसमूह के सुख-दुःख से सम्बन्ध रखनेवाला होगा उतनी ही उच्च श्रेणी का माना जाएगा। धर्म के स्वरूप की उच्चता उसके लक्ष्य की व्यापकता के अनुसार समझी जाती है। जहाँ धर्म की पूर्ण, शुद्ध और व्यापक भावना का तिरस्कार दिखाई पड़ेगा वहाँ उत्कृष्ट पात्र के हृदय में भी रोष का आविर्भाव स्वाभाविक है। राम पूर्ण धर्मस्वरूप हैं क्योंकि अखिल विश्व की स्थिति उन्हीं से है। धर्म का विरोध और राम का विरोध एक ही बात है। जिसे राम प्रिय नहीं उसे धर्म प्रिय नहीं, इसी से गोस्वामीजी कहते हैं–

जाके प्रिय न राम बैदेही।
सो नर तजिय कोटि बैरी सम, जद्यपि परम सनेही॥

इस रामविरोध या धर्मविरोध का व्यापक दुष्परिणाम भी आगे आता है। राम सीता के घर से निकलते ही सारी प्रजा शोकमग्न हो जाती है, दशरथ प्राण-त्याग करते हैं। भरत कोई संसारत्यागी विरक्त नहीं थे कि धर्म का ऐसा तिरस्कार और उस तिरस्कार का ऐसा कटु परिणाम देखकर भी क्रोध न करते या साधुता के प्रदर्शन के लिए उसे पी जाते। यदि वे अपनी माता को, माता होने के कारण, कटु वचन तक न कहते तो उनके रामप्रेम का, उनके धर्मप्रेम का उनकी मनोवृत्तियों के बीच क्या स्थान दिखाई पड़ता ? जो प्रिय का तिरस्कार और पीड़न देख क्षुब्ध न हो, उसके प्रेम का पता कहाँ लगाया जाएगा ? भरत धर्मस्वरूप भगवान् रामचन्द्र के सच्चे प्रेमी और भक्त के रूप में हमारे सामने रखे गए हैं। अतः काव्यदृष्टि से भी यदि देखिए तो इस अमर्ष के द्वारा उनके प्रेम की जो व्यंजना हुई है वह अपना एक विशेष लक्ष्य रखती है। महाकाव्य या खंडकाव्य के भीतर जहाँ धर्म पर क्रूर और निष्ठुर आघात सामने आता है वहाँ श्रोता या पाठक का हृदय अन्यायी का उचित दंड–धिग्दंड के रूप में सही–देखने के लिए छटपटाता है। यदि कथावस्तु के भीतर उसे दंड देनेवाला पात्र मिल जाता है तो पाठक या श्रोता की भावना तुष्ट हो जाती है। इसके लिए भरत से बढ़कर उपयुक्त और कौन पात्र हो सकता था ? जिन भरत के लिए ही कैकेयी ने सारा अनर्थ खड़ा किया वे ही जब उसे धिक्कारते हैं, तब कैकेयी को कितनी आत्मग्लानि हुई होगी ! ऐसी आत्मग्लानि उत्पन्न करने की ओर भी कवि का लक्ष्य था। इस दरजे की आत्मग्लानि और किसी युक्ति से उत्पन्न नहीं की जा सकती थी।

सारांश यह कि यदि कहीं मूल या व्यापक लक्ष्यवाले धर्म की अवहेलना हो तो उसके मार्मिक और प्रभावशाली विरोध के लिए किसी परिमित क्षेत्र के धर्म या मर्य्यादा का उल्लंघन असंगत नहीं। काव्य में तो प्रायः ऐसी अवहेलना से उत्पन्न क्षोभ की अबाध व्यंजना के लिए मर्य्यादा का उल्लंघन आवश्यक हो जाता है।

अब विभीषण को लीजिए, जिसे गृहनीति या कुलधर्म की स्थूल और संकुचित दृष्टि

से लोग 'घर का भेदिया' या भ्रातृद्रोही कह सकते हैं। तुलसीदासजी ने उसे भगवद्भक्त के रूप में लिया है। उसे भक्तों की श्रेणी में दाखिल करते समय गोस्वामीजी की दृष्टि गृहनीति या कुलधर्म की संकुचित सीमा के भीतर बँधी न रहकर व्यापक लक्ष्यवाले धर्म की ओर थी। धर्म की उच्च और व्यापक भावना के अनुसार विभीषण को भक्त का स्वरूप प्रदान किया गया है। रावण लोक पीड़क है, उसके अत्याचार से तीनों लोक व्याकुल हैं, उसके अनुयायी राक्षस अकारण लोगों को सताते हैं और ऋषियों-मुनियों का वध करते हैं। विभीषण इन सब बातों से अलग दिखाया गया है। वह रावण का भाई होकर भी लंका के एक कोने में साधु जीवन व्यतीत करता है। उसके हृदय में अखिल लोकरक्षक भगवान् की भक्ति है।

सीताहरण होने पर रावण का अधर्म पराकाष्ठा को पहुँचा दिखाई पड़ता है। हनुमान से भेंट होने पर उसे धर्मस्वरूप भगवान् का अवतार हो जाने का आभास मिलता है। उसकी उच्च धर्मभावना और भी जग पड़ती है। वह अपने बड़े भाई रावण को समझाता है। जब वह किसी प्रकार नहीं मानता, तब उसके सामने दो धर्मों के पालन का सवाल आता है—एक ओर गृहधर्म या कुलधर्म के पालन का दूसरी ओर उससे अधिक उच्च और व्यापक धर्म के पालन का। भक्त की भावना अपने गृह या कुल के तंग घेरे के भीतर वद्ध नहीं रह सकती। वह समस्त विश्व के कल्याण का व्यापक लक्ष्य रखकर प्रवृत्त होती है। अतः वह लोककल्याण-विधायक धर्म का अवलम्बन करता है और धर्ममूर्त्ति भगवान् श्रीराम की शरण में जाता है।

तुलसी का भक्ति-मार्ग

भक्ति-रस का पूर्ण परिपाक जैसा तुलसीदासजी में देखा जाता है वैसा अन्यत्र नहीं। भक्ति में प्रेम के अतिरिक्त आलम्बन के महत्त्व और अपने दैन्य का अनुभव परम आवश्यक अंग है। तुलसी के हृदय से इन दोनों अनुभवों के ऐसे निर्मल शब्द-स्रोत निकले हैं, जिनमें अवगाहन करने से मन की मैल कटती है और अत्यन्त पवित्र प्रफुल्लता आती है। गोस्वामीजी के भक्ति-क्षेत्र में शील, शक्ति और सौन्दर्य तीनों की प्रतिष्ठा होने के कारण मनुष्य की सम्पूर्ण भावात्मिका प्रकृति के परिष्कार और प्रसार के लिए मैदान पड़ा हुआ है। वहाँ जिस प्रकार लोक-व्यवहार से अपने को अलग करके आत्म-कल्याण की ओर अग्रसर होनेवाले काम, क्रोध आदि शत्रुओं से बहुत दूर रहने का मार्ग पा सकते हैं, उसी प्रकार लोक-व्यवहार में मग्न रहनेवाले अपने भिन्न-भिन्न कर्त्तव्यों के भीतर ही आनन्द की वह ज्योति पा सकते हैं जिससे इस जीवन में दिव्य जीवन का आभास मिलने लगता है और मनुष्य के वे सब कर्म, वे सब वचन और वे सब भाव–क्या डूबते हुए को बचाना, क्या अत्याचारों पर शस्त्र चलाना, क्या स्तुति करना, क्या निन्दा करना, क्या दया से आर्द्र होना, क्या क्रोध से तमतमाना–जिनसे लोक का कल्याण होता आया है, भगवान् के लोक पालन करनेवाले कर्म, वचन और भाव दिखाई पड़ते हैं।

यह प्राचीन भक्ति-मार्ग एकदेशीय आधार पर स्थित नहीं, यह एकांगदर्शी नहीं। यह हमारे हृदय को ऐसा नहीं करना चाहता कि हम केवल व्रत-उपवास करनेवालों और उपदेश करनेवालों पर ही श्रद्धा रखें और जो लोग संसार के पदार्थों का उचित उपभोग करके अपनी विशाल भुजाओं से रणक्षेत्र में अत्याचारियों का दमन करते हैं, या अपनी अन्तर्दृष्टि की साधना और शारीरिक अध्यवसाय के बल से मनुष्य-जाति के ज्ञान की वृद्धि करते हैं, उनके प्रति उदासीन रहें। गोस्वामीजी की रामभक्ति वह दिव्य वृत्ति है जिससे जीवन में शक्ति, सरसता, प्रफुल्लता, पवित्रता, सब कुछ प्राप्त हो सकती है। आलम्बन की महत्त्व-भावना से प्रेरित दैन्य के अतिरिक्त भक्ति के और जितने अंग हैं–भक्ति के कारण अन्तःकरण की जो और-और शुभ वृत्तियाँ प्राप्त होती हैं–सबकी अभिव्यंजना गोस्वामीजी के ग्रन्थों के भीतर हम पा सकते हैं। राम में सौन्दर्य, शक्ति और शील तीनों की चरम अभिव्यक्ति एक साथ समन्वित होकर मनुष्य के सम्पूर्ण हृदय को–उसके किसी एक ही अंश को नहीं–आकर्षित कर लेती है। कोरी साधुता का उपदेश

पाखंड है, कोरी वीरता का उपदेश उद्दंडता है, कोरे ज्ञान का उपदेश आलस्य है और कोरी चतुराई का उपदेश धूर्तता है।

सूर और तुलसी को हमें उपदेशक के रूप में न देखना चाहिए। वे उपदेशक नहीं हैं, अपनी भावुकता और प्रतिभा के बल से लोक-व्यापार के भीतर भगवान् की मनोहर मूर्ति प्रतिष्ठित करनेवाले हैं। हमारा प्राचीन भक्ति-मार्ग उपदेशकों की सृष्टि करनेवाला नहीं है। सदाचार और ब्रह्मज्ञान के रूखे उपदेशों द्वारा इसके प्रचार की व्यवस्था नहीं है। न भक्तों के राम और कृष्ण उपदेशक, न उनके अनन्य भक्त तुलसी और सूर। लोक-व्यवहार में मग्न होकर जो मंगल-ज्योति इन अवतारों ने उसके भीतर जगाई, उसके माधुर्य का अनेक रूपों में साक्षात्कार करके मुग्ध होना और मुग्ध करना ही इन भक्तों का प्रधान व्यवसाय है। उनका शस्त्र भी मानव-हृदय है और लक्ष्य भी। उपदेशों का ग्रहण ऊपर-ही-ऊपर से होता है। न वे हृदय के मर्म को ही भेद सकते हैं, न बुद्धि की कसौटी पर ही स्थिर भाव से जमे रह सकते हैं। हृदय तो उसकी ओर मुड़ता ही नहीं और बुद्धि उनको लेकर अनेक दार्शनिक वादों के बीच जा उलझती है। उपदेशवाद या तर्क गोस्वामीजी के अनुसार "वाक्यज्ञान" मात्र कराते हैं, जिससे जीव कल्याण का लक्ष्य पूरा नहीं होता–

वाक्य-ज्ञान अत्यन्त निपुन भव पार न पावै कोई।
निसि गृह मध्य दीप की बातन तम निवृत्त नहिं होई॥

'वाक्य-ज्ञान' और बात है, अनुभूति और बात। इसी से प्राचीन परम्परा के भक्त लोग उपदेश, वाद या तर्क की अपेक्षा चरित्र-श्रवण और चरित्र-कीर्तन आदि का ही अधिक नाम लिया करते हैं।

प्राचीन भागवत सम्प्रदाय के बीच भगवान् के उस लोक-रंजनकारी रूप की प्रतिष्ठा हुई, जिसके अवलम्बन से मानव-हृदय अपने पूर्ण भावसंघात के साथ कल्याण-मार्ग की ओर आपसे आप आकर्षित हो सके। इसी लोक-रंजनकारी रूप का प्रत्यक्षीकरण प्राचीन परम्परा के भक्तों का लक्ष्य है; उपदेश देना नहीं। उसी मनोहर रूप की अनुभूति से गद्गद और पुलकित होना उसी रूप की एक-एक छटा को औरों के सामने भी रखकर उन्हें मानव-जीवन के सौन्दर्य-साधन में प्रवृत्त करना, भक्तों का काम है।

गोस्वामीजी ने अनन्त सौन्दर्य का साक्षात्कार करके उसके भीतर ही अनन्त शक्ति और अनन्त शील की वह झलक दिखाई है जिसके प्रकाश में लोक का प्रमोदपूर्ण परिचालन हो सकता है। सौन्दर्य, शक्ति और शील, तीनों में मनुष्य मात्र के लिए आकर्षण विद्यमान है। रूप-लावण्य के बीच प्रतिष्ठित होने से शक्ति और शील को और भी अधिक सौन्दर्य प्राप्त हो जाता है, उनमें एक अपूर्व मनोहरता आ जाती है। जिसे शक्ति-सौन्दर्य की झलक मिल गई, उसके हृदय में सच्चे वीर होने की अभिलाषा जीवन भर के लिए जग गई, जिसने शील, सौन्दर्य की यह झाँकी पाई उसके आचरण पर इसके मधुर प्रतिबिम्ब की छाप बैठी। प्राचीन भक्ति के इस तत्त्व की ओर ध्यान न देकर जो लोग भगवान् की लोकमंगलविभूति के द्रष्टा तुलसी को कबीर, दादू आदि की श्रेणी में रखकर देखते हैं, वे बड़ी भारी भूल करते हैं।

अनन्त शक्ति-सौन्दर्य-समन्वित अनन्त शील की प्रतिष्ठा करके गोस्वामीजी को पूर्ण आशा होती है कि उसका आभास पाकर जो पूरी मनुष्यता को पहुँचा हुआ हृदय होगा वह अवश्य द्रवीभूत होगा—

सुनि सीतापति शील सुभाउ।
मोद न मन, तन पुलक, नयन जल सो नर खेहर खाउ॥

इसी हृदय पद्धति द्वारा ही मनुष्यों में शील और सदाचार का स्थायी संस्कार जम सकता है। दूसरी कोई पद्धति है ही नहीं। अनन्त शक्ति और अनन्त सौन्दर्य के बीच में अनन्त शील की आभा फूटती देख जिसका मन मुग्ध न हुआ, जो भगवान् की लोकरंजन मूर्ति के मधुर ध्यान में कभी लीन न हुआ, उसकी प्रकृति की कटुता बिल्कुल नहीं दूर हो सकती।

सूर, सुजान, सपूत, सुलच्छन, गनियत गुन गरुआई।
बिनु हरिभजन इँदारुन के फल, तजत नहीं करुआई॥

चरम महत्त्व के इस भव्य-मनुष्य-ग्राह्य रूप के सम्मुख भावविह्वल भक्त-हृदय के बीच जो-जो भाव-तरंगें उठती हैं, उन्हीं की माला विनय-पत्रिका है। महत्त्व के नाना रूप और इन भाव-तरंगों की स्थिति परस्पर बिम्ब-प्रतिबिम्ब समझनी चाहिए। भक्ति में दैन्य, आशा, उत्साह, आत्म-ग्लानि, अनुताप, आत्म-निवेदन आदि की गम्भीरता उस महत्त्व की अनुभूति की मात्रा के अनुसार समझिए। महत्त्व का जितना ही सान्निध्य प्राप्त होता जाएगा—उसका जितना ही स्पष्ट साक्षात्कार होता जाएगा—उतना ही अधिक स्फुट भावों का विकास होता जाएगा, और इन पर भी महत्त्व की आभा चढ़ती जाएगी। मानो ये भाव महत्त्व की ओर बढ़ते जाते हैं और महत्त्व इन भावों की ओर बढ़ता जाता है। इस प्रकार लघुत्व का महत्व में लय हो जाता है।

सारांश यह है कि भक्ति का मूल तत्त्व है महत्त्व की अनुभूति। इस अनुभूति के साथ ही दैन्य अर्थात् अपने लघुत्व की भावना का उदय होता है। इस भावना को दो ही पंक्तियों में गोस्वामीजी ने बड़े ही सीधे-सादे ढंग से व्यक्त कर दिया है—

राम सों बड़ो है कौन, मोसों कौन छोटो ?
राम सों खरो है कौन, मोसों कौन खोटो ?

प्रभु के महत्त्व के सामने होते ही भक्त के हृदय में अपने लघुत्व का अनुभव होने लगता है। उसे जिस प्रकार प्रभु का महत्त्व वर्णन करने में आनन्द आता है, उसी प्रकार अपना लघुत्व-वर्णन करने में भी। प्रभु की अनन्त शक्ति के प्रकाश में उसकी असामर्थ्य का, उसकी दीन दशा का बहुत साफ चित्र दिखाई पड़ता है, और वह अपने ऐसा दीन-हीन संसार में किसी को नहीं देखता। प्रभु के अनन्त शील और पवित्रता के सामने उसे अपने में दोष-ही-दोष और पाप-ही-पाप दिखाई पड़ने लगते हैं। इस अवस्था को प्राप्त भक्त अपने दोषों, पापों और त्रुटियों को अत्यन्त अधिक परिमाण में देखता है और उनका जी खोलकर वर्णन करने में बहुत कुछ सन्तोष लाभ करता है। दम्भ, अभिमान, छल, कपट आदि में से कोई उस समय बाधक नहीं हो सकता। इस प्रकार अपने पापों

की पूरी सूचना देने से जी का बोझ ही नहीं, सिर का बोझ भी कुछ हल्का हो जाता है। भक्त के सुधार का भार उसी पर न रहकर बँट-सा जाता है।

ऐसी उच्च मनोभूमि की प्राप्ति, जिसमें अपने दोषों को झुक-झुककर देखने ही की नहीं, उठा-उठाकर दिखाने की भी प्रवृत्ति होती है; ऐसी नहीं जिसे कोई कहे कि यह कौन बड़ी बात है। लोक की सामान्य प्रवृत्ति तो प्रायः इसके विपरीत ही होती है, जिसे अपनी ही मानकर गोसाईंजी कहते हैं–

जानत हू निज पाप जलधि जिय,
जल-सीकर सम सुनत लरौं।
रज सर्मपर-अवगुन सुमेरु करि,
गुन गिरि सम रज तें निदरौं॥

ऐसे वचनों के सम्बन्ध में यह समझ रखना चाहिए कि ये दैन्य भाव के उत्कर्ष की व्यंजना करनेवाले उद्‌गार हैं। ऐतिहासिक खोज की धुन में इन्हें आत्म-वृत्त समझ बैठना ठीक न होगा। इन शब्द-प्रवाहों में लोक की सामान्य प्रवृत्ति की व्यंजना हो जाती है, इससे इनके द्वारा प्रत्येक मनुष्य अपने दोषों और बुराइयों की ओर दृष्टि ले जाने का साहस प्राप्त कर सकता है। दैन्य भक्तों का बड़ा भारी बल है।

परम महत्त्व के सान्निध्य से हृदय में उस महत्त्व में लीन होने के लिए जो अनेक प्रकार के आन्दोलन उत्पन्न होते हैं, वे ही भक्तों के भाव हैं। कभी भक्त अनन्त रूपराशि के अनुभव से प्रेम-पुलकित हो जाता है, कभी अनन्त शक्ति की झलक पाकर आश्चर्य और उत्साह से पूर्ण होता है, कभी अनन्त शील की भावना से अपने कर्मों पर पछताता है और कभी प्रभु के दया-दाक्षिण्य को देख मन में इस प्रकार का ढाढ़स बाँधता है–

कहा भयो जो मन मिलि कलिकालहि कियो भौंतुवा भौंर को है।
तुलसिदास सीतल नित एहि बल, बड़े ठेकाने ठौर को है॥

दिन-रात स्वामी के पास रहते-रहते जिस प्रकार सेवक की कुछ धड़क खुल जाती है, उसी प्रकार प्रभु के सतत ध्यान से जो सान्निध्य की अनुभूति भक्त के हृदय में उत्पन्न होती है, उसके कारण वह कभी-कभी मीठा उपालम्भ भी देता है।

भक्ति में लेन-देन का भाव नहीं रह जाता। भक्ति के बदले में उत्तम गति मिलेगी, इस भावना को लेकर भक्ति हो ही नहीं सकती। भक्त के लिए भक्ति का आनन्द ही उसका फल है। वह शक्ति, सौन्दर्य और शील के अनन्त समुद्र के तट पर खड़ा होकर लहरें लेने में ही जीवन का परम फल मानता है।

गोस्वामीजी एक बार वृन्दावन गए थे। वहाँ किसी कृष्णोपासक ने उन्हें छेड़कर कहा–"आपके राम तो बारह ही कला के अवतार हैं। आप श्रीकृष्ण की भक्ति क्यों नहीं करते जो सोलह कला के अवतार हैं ?" गोस्वामीजी बड़े भोलेपन के साथ बोले–"हमारे राम अवतार भी हैं, यह हमें आज मालूम हुआ।" राम भगवान् के अवतार हैं इससे उत्तम फल या उत्तम गति दे सकते हैं, बुद्धि के इस निर्णय पर तुलसी राम से भक्ति करने लगे

हों, यह बात नहीं है। राम तुलसी को अच्छे लगते हैं, उनके प्रेम का यदि कोई कारण है तो यही।

जौ जगदीश तौ अति भलो, जौ महीस तौ भाग।
तुलसी चाहत जनम भरि, रामचरन अनुराग॥

तुलसी को राम का लोकरंजन रूप वैसा ही प्रिय लगता है जैसा चातक को मेघ का लोकसुखदायी रूप। राम प्रिय लगने लगे, राम की भक्ति प्राप्त हो गई, इसका पता कैसे लग सकता है ? इसका लक्षण है मन का आप से आप सुशीलता की ओर ढल पड़ना–

तुम अपनायो, तब जनिहौं जब मन फिर परिहै।

इस प्रकार शील को राम-प्रेम का लक्षण ठहराकर गोस्वामीजी ने अपने व्यापक भक्ति-क्षेत्र के अन्तर्भूत कर लिया है।

भक्त यही चाहता है कि प्रभु के सौन्दर्य, शक्ति आदि की अनन्तता की जो मधुर भावना है वह अबाध रहे–उसमें किसी भी प्रकार की कसर न आने पाए। अपने ऐसे पापी की सुगति को वह प्रभु की शक्ति का एक चमत्कार समझता है। अतः उसे यदि सुगति न प्राप्त हुई तो उसे इसका पछतावा न होगा, पछतावा होगा इस बात का कि प्रभु की अनन्त शक्ति की भावना बाधित हो गई–

नाहिन नरक परत मो कहँ डर जद्यपि हौं अति हारो।
यहि बड़ि त्रास दास तुलसी कहँ नामहु पाप न जारो॥

प्रभु के सर्वगत होने का ध्यान करते-करते भक्त अन्त में जाकर उस अवस्था को प्राप्त करता है जिसमें वह अपने साथ-साथ समस्त संसार को उस एक अपरिछिन्न सत्ता में लीन होता हुआ देखने लगता है, और दृश्य भेदों का उसके ऊपर उतना जोर नहीं रह जाता। तर्क या युक्ति ऐसी अवस्था की सूचना भर दे सकती है–''वाक्य-ज्ञान'' भर करा सकती है। संसार में परोपकार और आत्म-त्याग के जो उज्ज्वल दृष्टान्त कहीं-कहीं दिखाई पड़ा करते हैं, वे इसी अनुभूति मार्ग में कुछ-न-कुछ अग्रसर होने के हैं। यह अनुभूति-मार्ग या भक्तिमार्ग बहुत दूर तक तो लोक-कल्याण की व्यवस्था करता दिखाई पड़ता है; पर और आगे चलकर यह निस्संग साधक को सब भेदों से परे ले जाता है।

सूरदास

प्रथम संस्करण का वक्तव्य

स्वर्गीय आचार्य शुक्लजी सूरदासजी की विस्तृत आलोचना करनेवाले थे। 'भ्रमरगीत सार' की भूमिका के रूप में प्रकाशित 'महाकवि सूरदासजी' शीर्षक निबन्ध के अन्त में उन्होंने लिखा भी था–'भ्रमरगीत की भूमिका के रूप में ही यहाँ सूर के सम्बन्ध में कुछ विचार संक्षेप में प्रकट किए गए हैं। आशा है विस्तृत आलोचना का अवसर भी कभी मिलेगा।' इस विस्तृत आलोचना के लिखने में उन्होंने हाथ भी लगा दिया था। 'भक्ति का विकास' और 'श्री वल्लभाचार्यजी' शीर्षक दो अध्याय लिख भी डाले थे। पर क्रूर काल के अकाल आक्रमण के कारण सूरदासजी की बृहत् समीक्षा पूरी न कर सके। 'इसे हिन्दुस्तानी एकेडमी' प्रकाशित करना चाहती थी।

शुक्लजी पेंसिल से लिखा करते थे; बहुत साफ, बिन्दु विसर्ग के सुस्पष्ट उल्लेखपूर्वक। उक्त अमुद्रित अंश के साथ सूरदासजी का जीवनवृत्त तथा श्री वल्लभाचार्यजी के सम्बन्ध की कुछ और बातें 'हिन्दी साहित्य का इतिहास' के प्रवर्धित संस्करण से लेकर प्रस्तुत पुस्तक में जोड़ दी गई हैं। सूरदासजी के काव्य की समीक्षा इसमें वही है जो पहले 'नागरीप्रचारिणी' पत्रिका में प्रकाशित हुई थी और बाद में 'भ्रमरगीत सार' की भूमिका के रूप में मुद्रित की गई थी। वर्ण-विन्यास और विरामचिह्न सर्वत्र पांडुलिपि की लेख प्रणाली के अनुसार ही रखे गए हैं। यथास्थान संस्कृत के मूल ग्रन्थों से पाद-टिप्पणी में उद्धरण भी बढ़ा दिए गए हैं। बड़े कोष्ठकों '□' से घिरे अंश मेरी ओर से बढ़े हैं। 'श्री वल्लभाचार्य' शीर्षक अध्याय के अन्त का पत्र ऊपर की ओर से फट गया है। त्रुटित अंश की पूर्ति में प्रयुक्त पदावली अनुमानाश्रित है और बड़े कोष्ठकों से घिरी है।

'इतिहास' के प्रवर्धित संस्करण में सूरदासजी का जीवनवृत्त पुराने संस्करण की अपेक्षा विस्तृत किया गया है जिसके देखने से यह स्पष्ट प्रतीत होता है कि इस सम्बन्ध में भी उन्होंने अधिक सामग्री जुटाई थी, पर उसका पता नहीं चला। सूरदासजी की काव्य-समीक्षा लिखने के लिए उन्होंने वेंकटेश्वर प्रेसवाले 'सूरसागर' के संस्करण के हाशिए पर अनेक पदों के सामने अपने विचार लेखबद्ध किए हैं। अगले संस्करण में उन टिप्पणियों को भी उन पदों के साथ इसमें सम्मिलित कर देने का विचार है।

शुक्लजी की एक अधूरी पुस्तक 'साहित्यमीमांसा' पर भी है जिसमें रस आदि के शास्त्रपक्ष का विचार स्वच्छन्द चिन्तन के रूप में किया गया है। उसकी पांडुलिपि भी पेंसिल से ही लिखी हुई है और जर्जर अवस्था में पड़ी है। आशा है उनके सुयोग्य पुत्र

पं. केशवचन्द्रजी शुक्ल उसे भी शीघ्र ही प्रकाशित कराने की व्यवस्था कर देंगे, जिस प्रकार उन्होंने इसे प्रकाशित कराने की व्यवस्था दी है। शुक्लजी की गद्यपद्य समस्त कृतियों की ग्रन्थावली शीघ्र ही निकल जानी चाहिए। हम लोगों ने बहुत दिन बिता दिए।

शुक्लजी के निरीक्षण में साहित्य-समीक्षा का एक पत्र भी काशी से प्रकाशित होनेवाला था, जिसके प्रकाशन की सारी योजना प्रस्तुत हो गई थी। पत्र का नामकरण भी उन्होंने किया था–'मानदंड'। पर उनके आकस्मिक निधन से वह उस समय प्रकाशित न हो सका। बाद में सोचा गया कि उनकी स्मृति में उसे प्रकाशित किया जाए, पर युद्धकालजन्य कागज के अकाल से अभी तक वह व्यवस्था भी न हो सकी। आशा करता हूँ, बहुत शीघ्र उसका भी प्रकाशन हो सकेगा।

–विश्वनाथ प्रसाद मिश्र

ब्रह्मनाल, काशी
वसन्त पंचमी, 2000 वि.

द्वितीय संस्करण का वक्तव्य

'सूरदास' के द्वितीय संस्करण में 'सूरसागर' के पार्श्वभाग पर टाँकी हुई आचार्य शुक्लजी की टिप्पणियाँ। मूलसहित प्रकाशित करने का विचार था, पर उसका अवसर अभी नहीं आया। अगले संस्करण में उन्हें प्रकाशित करने का प्रयास करूँगा। इस संस्करण के लिए दूसरी ही जाति और अति महत्त्वपूर्ण सामग्री मिल गई है जो इसमें प्रकाशित की जा रही है। 'रसमीमांसा' की (जो शुक्लजी का काव्यशास्त्र सम्बन्धी ग्रन्थ है और जिसका प्रकाशन, 'काशी नागरीप्रचारिणी सभा' कर रही है) सामग्री का आलोड़न और आकलन करते हुए 'सूरदास' की वह योजना भी कच्चे रूप में लिखी मिल गई जिसके अनुसार शुक्लजी इस पुस्तक का प्रणयन करनेवाले थे। यह 'परिशिष्ट' में दी जा रही है। साथ ही 'लोकमंगल की साधना' सम्बन्धी निबन्ध भी मिला जो इसका अंग-रूप था, पर अस्थानस्थ हो जाने के कारण 'सूरदास' के प्रथम संस्करण में जुड़ने से रह गया था। शेष अंश ज्यों का त्यों है। इस बार 'अनुक्रमणिका' भी बढ़ा दी गई है। यद्यपि 'सूरदास' के पदों पर लिखी उनकी टिप्पणियों के बिना सूरदास सम्बन्धी शुक्लजी की समीक्षा का पूरा विचार नहीं हो सकता, पर उन टिप्पणियों का अधिक सम्बन्ध ग्रन्थ से ही होगा, ग्रन्थकर्त्ता से अपेक्षाकृत कम। इसलिए अब प्रस्तुत संस्करण में शुक्लजी की सूरदास सम्बन्धी पूरी विचारसरणि आ गई है यह बेखटके कहा जा सकता है। हाँ, 'सूरदास' भी 'रसमीमांसा' की ही भाँति अधूरा ही रह गया।

'सूरदास' प्रकाशित होने पर उसकी तीव्र आलोचना भी कुछ सन्तों ने की। 'सूरदास' में शुक्लजी ने रहस्यदर्शिता और भक्ति में स्पष्ट अन्तर घोषित कर दिया है। सबसे बड़ी आपत्ति एक समीक्षक ने यह उठाई कि शुकदेवजी की भक्ति के आवेश को रसदशा कहना केवल अपने पक्ष का समर्थन करने का आग्रह ही है। वस्तुतः रहस्यदर्शी के 'दर्शन' और भक्ति की तल्लीनता में कोई अन्तर नहीं है। पर क्या कहा जाए—'वरं विरोधाऽपि समं महात्मभिः' की नीति से कुछ कहना दूसरी बात है और शुक्लजी की धारणा को समझने और पूरा-पूरा हृदयंगम कर लेने के अनन्तर उसका खंडन करना दूसरी बात। मैं चाहता था कि उस समीक्षा में उठाई गई शंका का समाधान लेख के रूप में कर दूँ, पर अवकाश न मिला। अब उसकी आवश्यकता भी नहीं है, क्योंकि 'रस' से शुक्लजी का तात्पर्य क्या है यह उनकी 'रसमीमांसा' से बहुत स्पष्ट हो गया है। उसके प्रकाशित हो जाने पर शंका दूर हो जाएगी, उसके निकलने में भी देर होती तो

‘पुनरुक्ति’ का भय त्यागकर भी कुछ लिखा जाता, पर वह आजकल में ही आ जाती है। जिन्हें सूत्र रूप में रहस्यदशा और रसदशा का पार्थक्य यहीं जानना हो उन्हें जान लेना चाहिए कि पहली व्यक्तिभूमि की अनुभूति है और दूसरी लोकभूमि की। पहली परोक्ष सत्ता को परोक्ष रखकर होती है और दूसरी उसे प्रत्यक्ष करके। शुक्लजी की उक्ति ‘प्रलाप’ नहीं है, उसका निश्चित और बुद्धिबोधित अर्थ होता है। इतने पर भी जो शंका करे उसे क्या कहा जाए।

‘मानदंड’ प्रकाशित करने का अवसर अभी नहीं आया, यद्यपि कुछ व्यवसाय बुद्धिवालों को यह नाम बहुत आकर्षक जान पड़ा और उन्होंने इस नाम का पत्र निकालने की घोषणा भी कर दी, पर जब ‘व्यवसाय बुद्धि’ ही कुछ न कर सकी तो ‘शुद्ध बुद्धि’ क्या कर सकती! फिर भी यह आशा करता हूँ कि उसके प्रकाशन का समय दूर नहीं है।

अन्त में यह कह देना आवश्यक समझता हूँ कि इस संस्करण को प्रस्तुत करने में सर्वत्र अपने प्रिय शिष्य बटेकृष्ण से निरन्तर यथोचित सहायता मिलती रही जिसके लिए वे साधुवाद के भाजन हैं।

शुक्ल श्राद्ध दिवस, 2000 **—विश्वनाथ प्रसाद मिश्र**

10/63 ब्रह्मनाल, काशी

धर्म का हृदय या भक्तिमार्ग

भक्ति का विकास

विचार करने पर प्रत्येक धर्म के तीन क्षेत्र दिखाई पड़ते हैं–

1. आप्त शब्द – जिसका शासन कर्म तथा थोड़ा बहुत बुद्धि पर भी पाया जाता है,
2. बुद्धि – जो मार्ग-निश्चय करती है,
3. हृदय – जिसकी उमंग में लोग उस मार्ग को जगमगाते हुए आपसे आप चले चलते हैं।

धार्मिकों में से कुछ की दृष्टि तो केवल शब्द या शासनक्षेत्र तक ही पहुँच पाती है जिसमें सुख का लोभ, दुःख का भय साथ लिए, दौड़धूप कराया करता है। यमराज के डंडे के डर से प्रवृत्ति होने पर भी वे बहुत-से ऐसे दुष्कर्मों से हाथ खींचते हैं जिन्हें कानून जुर्म नहीं कहता, स्वर्गसुख-भोग के लालच से वे कभी-कभी भीतरी प्रवृत्ति न होने पर भी ऐसे पुण्य कार्यों का अनुष्ठान करते हैं जिन्हें न करना कोई पातक या निन्दा की बात नहीं समझी जाती। ये नीची श्रेणी के धार्मिक हैं। गरुड़पुराण और बाबा रघुनाथदास के विश्रामसागर में जो यमपुरी का वर्णन है, वह ऐसे ही लोगों के लिए है। रामचरितमानस के उत्तरकांड का वह प्रकरण जिसमें ''हरिगुरु-निन्दक दादुर होई'' इत्यादि है, भावुक भक्तों के लिए नहीं है।

जिस प्रकार पालन के फल का लोभ और उल्लंघन के दंड का भय दिखाकर धर्म का शासन-पक्ष आज्ञा करता है कि 'ऐसा करो; ऐसा न करो' उसी प्रकार धर्म का बुद्धि-क्षेत्र विवेक को सम्बोधन करके समझाता है कि ''ऐसा करना चाहिए और ऐसा नहीं करना चाहिए; ऐसा करना उचित है और ऐसा करना अनुचित।'' शुष्क धार्मिकों में से कुछ लोग तो शासनक्षेत्र ही तक रह जाते हैं और कुछ लोग थोड़ा और आगे बढ़कर बुद्धिपक्ष का अवलम्बन करते हैं। इन दोनों प्रकार के शुष्क धार्मिकों में से भक्त धार्मिक श्रेष्ठ होते हैं जो धर्म के रसात्मक स्वरूप का साक्षात्कार करते हैं। शब्दावलम्बी शासनपक्ष-दर्शी शुष्क धार्मिक के लिए धर्म राजा है जिसके सामने वह राजा की तरह बड़े अदब-कायदे के साथ–नियम और विधि के पूरे पालन के साथ-साथ डरता-डरता जाता है, बुद्धिपक्ष-दर्शी के लिए धर्मगुरु के आचार्य्य हैं जिसके सामने वह विनीत शिष्य के रूप में शंका-समाधान करता पाया जाता है। पर भक्त धार्मिक के लिए धर्म प्यार से पुकारनेवाला पिता है। उसके सामने वह भोले-भाले छोटे बच्चे की तरह जाता है; कभी

उसके ऊपर लोटता है, कभी सिर पर चढ़ता है, यहाँ तक कि कभी-कभी दाढ़ी भी पकड़ लेता है। वह धर्म को प्यार करता है; धर्म उसे अच्छा लगता है। उसका आनन्दलोक भी शुष्क धार्मिकों के स्वर्ग से ऊपर है। वह प्रिय या उपास्य का सामीप्य है।

धर्म के इस अन्तिम रसात्मक पक्ष तक मनुष्य का हृदय उपास्य के स्वरूप की उन्नत भावना के उपरान्त पहुँचा है। असभ्य दशा में पड़ी हुई जातियों के बीच देवता एक ऐसा शासक था जो पूजा से तुष्ट होकर ही रक्षा और कल्याण करता था और पूजा न पाने पर रुष्ट होकर अनिष्ट करता था। उनकी पूजा भय और लोभ की प्रेरणा से ही की जाती थी। वनदेवता, ग्रामदेवता, कुलदेवता इसी प्रकार के उपास्य थे। जो प्राचीन जातियाँ सभ्य दशा में थीं उन्होंने सूर्य, चन्द्र, अग्नि, वायु इत्यादि प्राकृतिक शक्तियों को उपास्य ठहराया था, जो बराबर उपकार ही किया करती थीं, पर रुष्ट होने पर अनिष्ट भी करती थीं। अतः सामान्यतः उपकार में तत्पर ऐसी शक्तियों की पूजा में कृतज्ञता का भाव भी कुछ रहता था जो भय और लोभ से उन्नत भाव था। अतः ऐसे देवताओं की उपासना में धर्म के स्वरूप का आभास मिलता है। उपास्य के इस उपकारी स्वरूप के भीतर अखिल विश्व के पालक और रक्षक भगवान् के व्यापक स्वरूप की भावना का अंकुर छिपा था।

इस भवसागर में बहता हुआ मनुष्य आदिम काल से ही कभी सुख की तरंगों में उछलता और कभी दुःख के भँवर में चक्कर खाता चला आ रहा है। प्रयत्न उसका बराबर से यही रहा है कि सुख की तरंगों में उछले और दुःख के भँवर में पड़ने से बचे। पर कभी तो वह लाख प्रयत्न–शारीरिक और मानसिक दोनों प्रकार के–करने पर भी दुःख के आवर्त्त में पड़ ही जाता है और कभी अनायास अपने को सुख के शिखर पर पाता। इस दशा में इतनी बुद्धि का उदय तो अनिवार्य्य था कि सुख की प्राप्ति और दुःख की निवृत्तिवाले संयोग सर्वथा अपने प्रयत्न के अधीन नहीं हैं। इसके आगे उसकी समझ के लिए दो रास्ते थे। या तो ऐसे संयोग यों ही हो जाया करते हैं अथवा कुछ परोक्ष शक्तियों के द्वारा उपस्थित किए जाते हैं। पहली बात तो आदिम मनुष्य के मन में न धँसी। दूसरी बात को लेकर ही उसने वनदेवता, ग्रामदेवता, कुलदेवता इत्यादि की पूजा को अपने बाह्य जीवन का एक अंग बनाया। जो आदिम जातियाँ असभ्य या वन्य दशा में थीं उनकी परिमित भावना स्थानबद्ध या कुलबद्ध देवी-देवताओं तक ही रहती थी। वे इससे बड़े देवता की व्यापक भावना नहीं रखती थीं। सभ्य जातियों में भी जो ज्ञान की बहुत नीची श्रेणी के लोग हैं वे अपने योगक्षेम के लिए ग्रामदेवता, कुलदेवता आदि का ही अनुग्रह प्राप्त करने का उद्योग करते हैं। जिन जातियों में कुलदेवता में ही पूर्ण ऐश्वर्य्य का आरोप करके पीछे एकेश्वरवाद चला उनमें उसका स्वरूप कुछ संकुचित रहा।

'यह्वा' पहले प्राचीन यहूदी जाति की एक शाखा का साधारण कुलदेवता था जिसे इसराईल के वंशवाले बलि चढ़ाया करते थे। उसकी शक्ति और उसका ज्ञान परिमित था। जब मिस्र देश के राजा ने इसराईलवंशवालों को बहुत सताया तब उन्होंने उस कुलदेवता की दुहाई दी। यह्वा ने आकाशवाणी द्वारा कहा–"अच्छा आज रात को मैं

बहुत-से मिस्रियों का नाश करूँगा। पर एक काम करना। बलिदान करके पहचान के लिए अपने-अपने दरवाजों पर रक्त का छापा लगा देना जिसमें उन घरों को मैं बचा जाऊँ।'' पीछे हज़रत मूसा पैगम्बर द्वारा उसी 'यह्व' पर सर्वशक्तिमत्ता और सर्वज्ञता का आरोप किया गया और वह ज़मीन और आसमान का बनानेवाला ख़ुदा हुआ। इस प्रकार प्राचीन काल में लाल समुद्र के आसपास बसनेवाली जातियों में कुलदेवता की भावना 'एकेश्वरवाद' (Monotheism) तक पहुँचाई गई।

प्राचीन आर्य्य जाति ने आरम्भ से ही सम्पूर्ण जगत् में कार्य्य करनेवाली प्राकृतिक शक्तियों को देवरूप में ग्रहण किया था। अतः आगे चलकर उन सब देवताओं का तत्त्वदृष्टि से एक में समाहार करके 'ब्रह्मवाद' (Monism) की प्रतिष्ठा हुई। मन्त्रकाल में ही अग्नि, वायु, वरुण, इन्द्र इत्यादि एक ही ब्रह्म के नाना रूप माने जा चुके थे–

इन्द्रं मित्रं वरुणमग्निमाहुरथो दिव्यस्स सुपर्णो गरुत्मान्।
एकं सद्विप्रा बहुधा वदन्त्यग्निं, यमं, मातरिश्वानमाहुः।

(ऋग्वेद 1-2। 164-64)

उपनिषत्काल में एक ब्रह्म की भावना पूर्णता को पहुँची और "सर्वे खल्विदं ब्रह्म", "नेह नानास्ति किंचन", "तत्वमसि" इत्यादि महावाक्यों का पूरा प्रचार हुआ। इस रीति से बाबुल की प्राचीन खाल्दी (Chaldeans) जाति के बीच एक ईश्वर की भावना का विकास हुआ था। बाबुल के खँडहरों में मिले ईसा से 2000 वर्ष पूर्व के एक लेख में वहाँ के भिन्न-भिन्न देवता एक ही प्रधान देवता मर्दुक के भिन्न-भिन्न रूप कहे गए हैं–

नर्गल युद्ध का मर्दुक है। बेल राजसत्ता का मर्दुक है।
शम्श धर्म का मर्दुक है। अदु वर्षा का मर्दुक है।

मनुष्य जाति में देवभावना के उपर्युक्त दो प्राचीन रूप थे। असभ्य दशा से न निकली हुई जातियाँ तो अपने देवताओं की वृत्ति अपनी वृत्ति से ऊँची नहीं समझती थीं। ये यही मानती थीं कि देवता केवल पूजा से प्रसन्न होने पर ही भलाई करते हैं और पूजा न होने पर घोर अनिष्ट करते हैं। सभ्य जातियाँ उन प्राकृतिक शक्तियों की उपासना करती थीं जिनकी उपकारी प्रवृत्ति से जीवन की रक्षा और निर्वाह होता था, जैसे, सूर्य्य, इन्द्र, अग्नि, वायु, पृथ्वी इत्यादि। वे प्रत्यक्ष अनुभव करती थीं कि उनके द्वारा जगत् में प्रकाश फैलता है, पृथ्वी शीतल और धनधान्यपूर्ण होती है, शीत और पशुभय दूर होता है। अतः दैत्यों और दस्युओं का पराभव भी वे उन्हीं के परोक्ष प्रभाव से समझती थीं। साथ ही अतिवृष्टि, अनावृष्टि, गोधन का क्षय इत्यादि का कारण भी उन्हीं का कोप समझा जाता था। इस प्रकार अत्यन्त प्राचीन काल के मनुष्यों में देवता ऐसे शासक के रूप में थे जिनकी प्रसन्नता और अप्रसन्नता का सम्बन्ध पूजा के साथ ही था, मनुष्य के शील या आचरण के साथ नहीं। इसी के अनुरूप पूजा का उद्देश्य भी अपना सुख रहता था। पहले तो सुख इसी लोक का सुख या 'अभ्युदय' था। पर आगे चलकर जब परलोक की भावना हुई तब परलोक के सुख या 'निःश्रेयस' की कामना भी होने लगी। इस निःश्रेयस की भावना के साथ ही पूजा का विधान अधिक

वृहत् होने लगा और उसमें लोकहित-साधन का भी कुछ समावेश हुआ। बड़े-बड़े यज्ञ होने लगे जिनमें सैकड़ों गाएँ और बहुत तरह के सामान ब्राह्मणों को दान दिए जाते थे। दान की योजना द्वारा पूजा का स्वरूप कुछ अवश्य परिष्कृत और उन्नत हुआ, उसमें लोकोपकार का अवयव आ गया।

इतना होने पर भी प्राचीन देवपूजा में देवताओं के ये ही दो कार्य्य-लक्षण कहे जा सकते हैं–(1) देवता केवल पूजा पाने पर ही उपकार करते हैं न पाने पर अनिष्ट करते हैं। (2) देवता यों तो बराबर उपकार किया ही करते हैं पर पूजा पाने पर विशेष उपकार करते हैं। इस दशा में अत्यन्त प्राचीन काल के मनुष्यों में देवता के प्रति तीन भाव हो सकते थे–भय, लोभ और कृतज्ञता। इन तीनों भावों में मन सुख की ओर ही उन्मुख रहता है, देवता की ओर नहीं। कृतज्ञता कुछ उदात्त वृत्ति है, पर उसमें भी ध्यान मुख्यतः 'कृत' या किए हुए उपकार पर ही रहता है, उपकार करनेवाले पर नहीं। कृतज्ञ 'कृत' के स्वरूप में अनुरक्त रहता है; कर्त्ता के स्वरूप में नहीं। लोभ, भय और कृतज्ञता इन तीनों भावों का प्रकाश विनीत वचन, स्तुति और उत्तम द्रव्यों की भेंट द्वारा पूरी तरह से हो जाता है। इन तीनों भावों की प्रेरणा 'पूजा' तक ही पहुँचती है। प्राचीन यज्ञ, जिन्हें 'द्रव्ययज्ञ' कहते हैं, इसी पूजा के विधान हैं। इस विधान में मानस-पक्ष या हृदय-पक्ष का पूज्य के साथ पूरा योग नहीं था। मन्त्रकाल या वैदिक काल में सामान्य प्रवृत्ति इसी 'द्रव्ययज्ञ' की थी। यज्ञ की ठीक सामग्री इकट्ठी करके विधि का ठीक-ठीक पालन कर देने ही से ऐसे यज्ञ सम्पन्न हुआ करते थे।

'द्रव्ययज्ञ' का सामान्य प्रचार होते हुए भी वैदिक काल में ही विशिष्ट जनों में मननशीलता और भावुकता दोनों की प्रवृत्ति भी अवश्य थी। मनन और चिन्तन द्वारा ही मन्त्रकाल में सब देवों की उस एकत्व भावना का प्रादुर्भाव हुआ था जो उपनिषत्काल में पूर्णता को पहुँची। जिन देवताओं के निमित्त बड़े-बड़े काम्य और नैमित्तिक यज्ञ किए जाते थे, जिन्हें यज्ञों में भाग मिलता था, उनकी स्तुति के अतिरिक्त बहुत-से मन्त्रों में नदियों, उषा इत्यादि के सम्बन्ध में सौन्दर्य्य-भावना और शुद्ध अनुराग द्वारा प्रेरित रमणीय उक्तियाँ भी हैं जो भावुकता का पता देती हैं। ऋग्वेद के पुरुषसूक्त में ईश्वर की भावना पुरुष के रूप में है। नराकार-भावना (Anthropomorphic Conception) का यह उदय-गीत माना जाता है, इसी से इस सूक्त का पाठ वैष्णव मन्दिरों में प्रायः हुआ करता है[1]। शतपथ ब्राह्मण में सहृदयता और भावुकता का कुछ विशेष आभास उपास्य के स्वरूप के साथ-साथ धर्म के स्वरूप में भी पाया जाता है। उसमें एक स्थल (12/3-4) पर कहा गया है कि 'पुरुष नारायण' ने यज्ञ करके वसुओं, रुद्रों और आदित्यों को इधर-उधर सब दिशाओं में भेजा और आप जहाँ के तहाँ स्थिर रहे। इसके आगे एक दूसरे स्थान पर (13/6-1) यह भी आता है कि 'पुरुष नारायण' ने ऐश्वर्य्य और सर्वस्व

1. यही भावना लेकर भागवत में कहा गया है–
जगृहे पौरुषं रूपं भगवान्महदादिभिः।
सम्भूतं षोडशकलामादौ लोक-सिसृक्षया॥ (1-3-1)

की प्राप्ति करनेवाले पाञ्चरात्र सत्र (पाँच दिनों का एक यज्ञ) की विधि चलाई। इससे स्पष्ट है कि सगुण परमेश्वर का 'नारायण' (नर-समष्टि का आश्रय) नाम ब्राह्मणकाल में ही प्रसिद्ध हो गया था। नारायण सगुण ब्रह्म का वह रूप है जिसकी अभिव्यक्ति जगत् में नर या मनुष्य के रूप में हुई।

इस 'नारायण' स्वरूप तक उपासना किस ढंग से पहुँची है इसे भी थोड़ा देखना चाहिए। उपनिषद् में हमें मिलता है कि ब्रह्म की उपासना, 'अन्न, प्राण, मन, ज्ञान और आनन्द' इन रूपों में करनी चाहिए।[1] अन्नोपासना ब्रह्म को अपनी अन्तस्सत्ता के बाहर बाह्य जगत् में देखने का विधान है। मन, ज्ञान आदि के रूप में उपासना अपनी अन्तस्सत्ता के भीतर देखने का विधान है। बाहर और भीतर दोनों ओर ब्रह्म को देखने पर ही पूर्णोपासना हो सकती है। भारतीय भक्तिमार्ग में यही पूर्णोपासना की पद्धति गृहीत हुई है। इस मार्ग के भक्त केवल अपने मन के भीतर ही ब्रह्म को नहीं देखते, बाहर भी देखते हैं। केवल स्वान्तःस्थ ब्रह्म की ओर उन्मुख योगमार्गियों की देखादेखी निर्गुण-पंथी भक्त अलबत्त यह कहते पाए जाते हैं कि बाहर वह नहीं मिल सकता, अपने भीतर देखो। इसी बात पर गोस्वामी तुलसीदासजी ने कहा था कि–

अन्तर्जामिहु तें बढ़ि बारहजामी है राम जो नाम लिये तें।
पैज परै प्रहलादहु के प्रकटे प्रभु पाहन तेंन हिये तें।

इसी अन्नोपासना की पद्धति से ब्रह्म की भावना विष्णु-रूप में प्रतिष्ठित हुई। जिस प्रकार अन्न शरीर का भरण-पोषण करता है उसी प्रकार विष्णु जगत् का पालन करते हैं। पहले विष्णु के प्रतीक सूर्य्य रहे जो लोक का पालन और भरण करते प्रत्यक्ष देखे जाते हैं। इसके उपरान्त उपास्य के अधिक सान्निध्य की उत्कंठा से, उसे अधिक हृदयाकर्षक के रूप में पास लाने की लालसा से, विष्णु की नराकार-भावना 'नारायण' (नर-समष्टि का आश्रय) के रूप में हुई। अब प्रश्न यह हो सकता है कि ईश्वर का पालक और रक्षक रूप ही क्यों लिया गया। क्या यह रूप केवल भक्ति के व्यवहार के लिए आरोप मात्र है ? नहीं; यह तात्त्विक रूप है, आरोप मात्र नहीं है। यद्यपि भगवान् की शक्ति क्षय और नाश भी करती है; पर एक बात है। क्षय का परिणाम नाश कभी और कहीं होता है; पर रक्षा के परिणाम पालन का प्रवाह अखंड और नित्य है। विश्व के भीतर असंख्य खंड प्रलय होते रहते हैं–न जाने कितने लोक नष्ट होते रहते हैं–पर समष्टि-रूप में विश्व या जगत् बराबर चला चलता है। अतः पालक स्वरूप ही सत्स्वरूप है; नाशक रूप असत्, अनित्य और क्षणिक है। दूसरी बात यह है कि 'उपास्य' के स्वरूप की भावना के अनुरूप ही भक्ति की पुष्ट दशा में उपासक के स्वरूप की परिणति होती है। अतः भक्ति की इसी तत्स्वरूप में परिणति ही कल्याण-कारिणी हो सकती है–उसके लिए भी और लोक के लिए भी।

---

1. [अन्नं ब्रह्मेति व्यजानात्। प्राणो ब्रह्मेति व्यजानात्। मनो ब्रह्मेति व्यजानात्। विज्ञानं ब्रह्मेति व्यजानात्। आनन्दो ब्रह्मेति व्यजानात्। –तैत्तिरीयोपनिषद्, भृगुवल्ली।]

शतपथ ब्राह्मण के उद्धृत वाक्यों से यह साफ दिखाई पड़ता है कि मन्त्रकाल में जगद् के बीच अनेक रूपों और व्यापारों द्वारा व्यक्त होनेवाली भिन्न-भिन्न शक्तियों का एक समष्टि शक्ति के रूप में ग्रहण हो जाने के उपरान्त उस समष्टि-शक्ति के स्वरूप के परिचय की किस प्रकार उत्कंठा हुई और किस प्रकार भावुक ऋषि-मंडली हृदयग्राही स्वरूप की भावना की ओर बढ़ी। उपास्य के स्वरूप को जानने के लिए उसकी ओर बुद्धि और कल्पना को दौड़ाना जहाँ से दिखाई पड़े वहीं से मनोयोग या 'ज्ञानयज्ञ' का आरम्भ समझना चाहिए। उपास्य के उदात्त स्वरूप की भावना के अनुरूप ही धर्म की परिष्कृत और उत्कृष्ट भावना का आभास भी हमें उक्त शतपथ ब्राह्मण में 'पंचमहायज्ञ' के उल्लेख द्वारा मिलता है। इस पंचमहायज्ञ के भीतर नृयज्ञ (आए-गए का सेवा-सत्कार) और भूतयज्ञ (छोटे-बड़े जीवों को कुछ भोजन का भाग देकर तुष्ट करना) भी है। यद्यपि स्मृतियों ने इन यज्ञों को पञ्चसूना के प्रायश्चित रूप अर्थात् नैमित्तिक बताकर शासन और शास्त्र-पक्ष के भीतर कर लिया है, पर इनके भीतर हृदय साफ झाँक रहा है। अन्य प्राणियों को तुष्ट करने से हृदय की जो तुष्टि होती है, उसे हम बिना ऐसे कर्मों का प्रेरक माने रह नहीं सकते। 'इष्टापूर्त्त' की चर्चा भी हमें शतपथ ब्राह्मण में मिलती है। ब्राह्मणकाल के पूर्व 'इष्टापूर्त्त' का चाहे जो अर्थ रहा हो पर उसके अन्तर्गत तालाब, कुएँ खुदाना, रास्ते में पेड़ लगवाना इत्यादि लोकहितकर कर्म बराबर माने जाते रहे हैं।

प्राचीन यहूदी जाति 'द्रव्ययज्ञ' ही तक रही। रूखे-सूखे ढंग से विधियों का पालन करना ही उनकी पूजा का स्वरूप रहा। ईसा-मसीह के उपरान्त आराधना के हृदय-पक्ष का योग हुआ। पर बुद्धि-पक्ष या ज्ञान-पक्ष का प्रादुर्भाव ईसाई धर्म में बहुत पीछे प्लेटो आदि के यूनानी दर्शनों का सहारा लेकर हुआ। पर भारतवर्ष में, जैसा कि ऊपर दिखा आए हैं, ईसा से हजारों वर्ष पहले ब्राह्मणकाल से ही भाव-समन्वित ज्ञानमार्ग का सूत्रपात हुआ जो उपनिषदों के समय पूर्णता को पहुँचा।

उपनिषद्काल के ज्ञानकांड में दो मार्ग दिखाई पड़ते हैं। एक तो हृदय-पक्ष को बिलकुल छोड़कर केवल बुद्धि या विशुद्ध ज्ञान को लेकर चला और दूसरा हृदय-पक्ष समन्वित ज्ञान को लेकर। इस प्रवृत्तिभेद के अनुसार कहीं तो—जैसे बृहदारण्यक, कठोपनिषद् आदि में—प्रतिवर्त्तन (Reaction) के रूप में यज्ञादि कर्मों से पूरी विरक्ति है और केवल मनन या चिन्तन का मार्ग ही स्वीकार किया गया है। यह मार्ग कर्म और ज्ञान में नित्य विरोध मानकर साधना के लिए कर्मों का सर्वथा त्याग, रागों या मनोविकारों का पूर्ण दमन आवश्यक ठहराता है और ब्रह्म की केवल अव्यक्त और निर्गुण सत्ता लेकर चलता है। दूसरी ओर ईशावास्यादि उपनिषद् ज्ञान के साथ ही साथ कर्म का भी, निष्काम कर्म का भी, उपदेश देते हैं। इस प्रकार ज्ञानमार्ग की दो शाखाएँ दिखाई पड़ती हैं—निवृत्ति परक ज्ञानमार्ग और कर्म-परक ज्ञानमार्ग।

इसी कर्म-परक ज्ञानमार्ग से, जिसमें कर्म के साथ बुद्धि और हृदय दोनों का योग आवश्यक ठहराया गया था, आगे चलकर भक्ति का विकास हुआ। छान्दोग्य आदि प्राचीन उपनिषदों में परब्रह्म के ज्ञान के लिए ब्रह्मचिन्तन आवश्यक कहा गया है।

उपर्युक्त दो प्रवृत्तियों के अनुसार इस ब्रह्म के दो प्रकार के स्वरूप उपनिषदों ही में कथित मिलते हैं। कहीं तो वह "मनोमय, प्राणशरीर, भारूप, सत्यसंकल्प, आकाशात्मा, सर्वकर्मा, सर्वकाम, सर्वगन्ध, सर्वरस" (छान्दोग्य 3-14-2)[1], सर्वज्ञ, सर्वशक्तिमान् इत्यादि कहा गया है और कहीं "अशब्द, अस्पर्श, अरूप, अरस और अगन्ध" (कठ 3-15)[2]। कहीं 'अन्न, प्राण, मन, ज्ञान और आनन्द' इन रूपों में ब्रह्म की उपासना बताई गई है और कहीं वही ब्रह्म "अद्रेश्यं, अग्राह्यम्" (मुंडक 1-1-6)[3] कहा गया है। इस प्रकार ब्रह्म कहीं सगुण और व्यक्त कहा गया है, कहीं निर्गुण और अव्यक्त। इसके अतिरिक्त बहुत जगह ब्रह्म उभयात्मक अर्थात् विरुद्धधर्मयुक्त कहा गया है, जैसे–

द्वेवाव ब्रह्मणो रूपो, मूर्त्तञ्चैबामूर्त्तञ्च,
मर्त्यञ्चामृतंच, स्थितंच, यच्च, सच्च, त्यच्च।

(वृहदारण्यक)

तदेजति तन्नैजति, तद्दूरे सद्वदन्तिके।
तदन्तरस्य सर्वस्य तदु सर्वस्यास्य बाह्यतः।

(ईशावास्योपनिषद्)

अणोरणीयान् महतो महीयान्,
आत्मा गुहायां निहितोऽस्य जन्तोः।

(श्वेत. 3-20)

इस उभयात्मक भावना में ब्रह्म मूर्त-अमूर्त, व्यक्त-अव्यक्त, चल-अचल, छोटा-बड़ा सब कुछ है अर्थात् सर्वरूप है।

यहाँ पर यह सूचित कर देना आवश्यक है कि भारतीय भक्तिमार्ग ब्रह्म का यह उभयात्मक स्वरूप ग्रहण करके चला। उसके अनुसार न तो यह कहा जा सकता है कि ब्रह्म केवल सगुण और व्यक्त ही है, न यह कहा जा सकता है कि केवल निर्गुण और अव्यक्त ही है। दोनों रूप नित्य और सत् हैं। व्यक्त और सगुण की नित्यता प्रवाहरूप है; अव्यक्त और निर्गुण की स्थिर। व्यक्त और अव्यक्त, सगुण और निर्गुण का भेद पारमार्थिक या वास्तविक नहीं। जहाँ तक ब्रह्म हमारे मन और इन्द्रियों के अनुभव में आ सकता है वहाँ तक हम उसे सगुण और व्यक्त कहते हैं। पर वहीं तक उसकी इयत्ता नहीं। उसके आगे भी उसकी अनन्त सत्ता है जिसके लिए हम कोई शब्द न पाकर निर्गुण, अव्यक्त आदि निषेधवाचक शब्दों का आश्रय लेते हैं। तात्पर्य्य यह कि हृदय को सगुण और व्यक्त रूप में अनुरक्त रखते हुए सम्यग्दर्शन के लिए उसकी निर्गुण और अव्यक्त सत्ता को भी लेना पड़ेगा। भक्ति का यही सिद्धान्त-पक्ष है। इसके अनुसार जिस सगुण और व्यक्त रूप की भक्त उपासना करता है वह असत्, भ्रम या मिथ्या नहीं है।

---

1. [मनोमयः प्राणशरीरो भारूपः सत्यसंकल्प आकाशात्मा सर्वकर्मा सर्वकामः सर्वगंधः सर्वरसः सर्वमिदमभ्यात्तोऽवाक्यनादरः।]
2. [अशब्दमस्पर्शमरूपमव्ययं तथाऽरसं नित्यमगन्धवच्च यत्।]
3. [यत्तदद्रेश्यमग्राह्यमगोत्रमवर्णमचक्षुःश्रोत्रं तदपाणिपादम्।]

वृहदारण्यक में (2-1) गार्ग्य बालाकी ने अजातशत्रु को पहले-पहल आदित्य, चन्द्र, विद्युत्, आकाश, वायु, अग्नि, जल या दिशाओं में रहनेवाले पुरुषों की ब्रह्मरूप में उपासना बतलाई है। परन्तु आगे अजातशत्रु ने उससे कहा है कि ब्रह्म इनके भी परे है। उसी उपनिषद् में एक स्थल पर पृथ्वी, जल और अग्नि इन तीनों को ब्रह्म का मूर्त्त रूप और वायु तथा आकाश को अमूर्त्त रूप कहा है। फिर अन्त में यह कहकर कि इन अमूर्त्तों के भी रंग बदला करते हैं ब्रह्म मूर्त्त और अमूर्त्त दोनों के परे बतलाया गया है। याज्ञवल्क्य ने तो 'नेति नेति'[1] (यह सब वह नहीं है) कहकर तटस्थ लक्षण द्वारा छुट्टी ली है। यह 'नेति नेति' अव्यक्त और निर्गुण का सूत्र-सा हो गया। निर्गुणवादियों ने इसका यही अर्थ लिया कि जो कुछ व्यक्त और गोचर है वह जब ब्रह्म नहीं है तब असत् है, मिथ्या है। उभयवादियों ने यह तात्पर्य्य ग्रहण किया कि यह सब (गोचर और व्यक्त) पूरा ब्रह्म नहीं है; ब्रह्म अवश्य है। उनके अनुसार जिस प्रकार केवल सगुण समझना अधूरा ज्ञान है उसी प्रकार केवल निर्गुण समझना भी।

ऊपर जिस परत्व-भावना का उल्लेख है उसे लेकर कट्टर ज्ञानमार्गियों में दूरारूढ़ता की प्रवृत्ति क्रमशः बढ़ती गई। कहीं-कहीं ब्रह्म चित् अचित्, सत् असत् सबके परे कह दिया गया। पर भक्तिमार्गी बराबर 'नेति नेति' में केवल इयत्ता का निषेध मानते रहे। सत् और चित् से भी परे का अभिप्राय वे यही लेते आए कि जिस रूप में हम सत् या चित् समझते हैं वहीं तक वह नहीं है। इस तात्त्विक दृष्टि के कारण विशुद्ध भारतीय भक्तिमार्ग में 'उससे भी परे, उससे भी परे' कहकर अपनी पहुँच की दूरी जताने का शौक़ नहीं पैदा हुआ। पर देशी-विदेशी कई प्रकार के भिन्न-भिन्न अवयवों को अधूरे और कच्चे ढंग से लेकर निर्गुणपंथी भक्तों की जो परम्परा कबीरदास से चली उसके भीतर कट्टर ज्ञानवादियों की उक्त प्रवृत्ति की नक़ल पूरी-पूरी दिखाई पड़ती है। कबीरदास चित्-अचित् से परे सत्यलोक तक पहुँचे तो पीछे के कुछ सम्प्रदायों ने उनसे भी बाजी मारने के लिए उस सत्यलोक से भी चार डंडे ऊपर पहुँचने का दावा किया। पर इस होड़ाहोड़ी का न तो शुद्ध तत्त्वज्ञान या चिन्तन से कोई सम्बन्ध है, न भक्ति की साधना में कोई उपयोग।

जैसा कि पहले कहा जा चुका है सम्यग्दर्शन या बोध के लिए भी और उपासना के लिए भी देवताओं के एकत्व की भावना उपनिषत्काल में पूर्णता को पहुँचाई गई। पहले इन्द्र, वरुण, रुद्र, विष्णु आदि देवताओं की तथा अग्नि, वायु, आकाश आदि व्यक्त प्रतीकों की उपासना अलग-अलग थी। उपनिषदों[2] ने "रुद्र, विष्णु, अच्युत, नारायण ये सब ब्रह्म ही हैं" (मैत्र्युपनिषद् 7-7) कहकर इनकी उपासना पूर्ण व्यापक

---

1. नेति-नेति होवाच याज्ञवल्क्यः।
2. [त्वं ब्रह्मा त्वं च वै विष्णुस्त्वं रुद्रस्त्वं प्रजापतिः।
त्वमग्निर्वरुणो वायुस्त्वमिन्द्रस्त्वं निशाकरः॥
त्वं मनुस्त्वं यमश्च त्वं पृथिवी त्वमथाच्युतः।
स्वार्थे स्वाभाविकेऽर्थे च बहुधा तिष्ठते दिवि॥ —मैत्रायण्युपनिषत् 4/12-13]

रूप में अर्थात् ब्रह्मबुद्धि से करने का उपदेश दिया। यद्यपि विशुद्ध तत्त्वज्ञान के लिए उसका सगुण और व्यक्त रूप ही सामने रखा गया। विभूति, ऐश्वर्य्य आदि की अभिव्यक्ति के बिना मनुष्य का हृदय जम नहीं सकता। जहाँ ज्ञाता और ज्ञेय का भेद नहीं, उपास्य उपासक का भेद नहीं, वहाँ उपासना कैसे चल सकती है ? अतः वह सर्ववाद को लेकर चली। व्यक्त-अव्यक्त सब ब्रह्म ही है अतः किसी एक व्यक्त को उस सर्व का प्रतीक (प्रति=अपनी ओर+इक=झुका हुआ) मानकर उस पर आस्था रखना विधि ठहराई गई। सगुण और व्यक्त रूप माया द्वारा स्फुरित होते हैं, पर माया ब्रह्म ही की है अतः वे रूप भी ब्रह्म ही के हैं–

मायां तु प्रकृतिं विद्यात्, मायिनं तु महेश्वरम्।

(श्वेताश्वतर 4-10)

पैगम्बरी एकेश्वरवाद की-सी इस प्रकार की स्थूल भावना भी कि ब्रह्म अनेक छोटे-छोटे देवताओं से बहुत बड़ा है केनोपनिषद् की एक गाथा में पाई जाती है। गाथा इस प्रकार है। देवताओं ने एक बार अपने शत्रु दैत्यों पर विजय पाई। अग्नि, वायु और इन्द्र अपनी इस विजय पर अभिमान से फूले हुए एक स्थान पर बैठे थे। इतने में कुछ दूर एक यक्ष प्रकट हुआ। पहले अग्निदेवता उसके पास गए। उसने पूछा–"तुम कौन हो और तुम्हारी शक्ति क्या है ?" उत्तर मिला–"मैं अग्नि हूँ। चाहूँ तो क्षण भर में सब लोकों को भस्म कर सकता हूँ।" यक्ष ने एक तिनका दिखाकर कहा–"इसे तो भस्म करो।" अग्नि ने बहुत चेष्टा की पर वह तिनका न जला। फिर वायु देवता उस यक्ष के पास गए और उसके पूछने पर कहा कि "मैं वायु हूँ। चाहूँ तो क्षण भर में सब कुछ उड़ा सकता हूँ।" यक्ष ने वही तिनका दिखाकर कहा–"इसे तो उड़ाओ।" वायु ने बहुत वेग दिखाया पर वह तिनका जगह से न हटा। अन्त में इन्द्र आप वहाँ गए पर उनके जाते ही यक्ष अन्तर्धान हो गया। इतने ही में वहाँ "उमा हैमवती" प्रकट हुईं। उन्होंने बताया कि वह यक्ष ब्रह्म था उसी ने असल में दैत्यों को जीता था।

उपनिषत्काल में जिस प्रकार उपास्य की भावना व्यापक की गई उसी प्रकार उपासना की पद्धति में भी परिष्कार हुआ। आदिम वैदिक काल में भिन्न-भिन्न देवताओं की केवल 'पूजा' थी जो 'द्रव्ययज्ञ' द्वारा ही सम्पन्न हो जाती थी, ऊपर कह आए हैं कि देवताओं के प्रति सबसे पहले भय, लोभ या कृतज्ञता के भाव ही थे। इन तीनों भावों की प्रेरणा यहीं तक जा सकती थी कि अनुग्रह के लिए स्तुति की जाए और उपभोग की वस्तुएँ भेंट की जाएँ। इस 'पूजा' में उपास्य के स्वरूप का परिचय या दर्शन नहीं था। आगे चलकर उपनिषदों के ज्ञानकांड द्वारा ब्रह्म के स्वरूप का बोध या दर्शन हुआ। इस बात की ओर भागवत में उस स्थल का बड़ा मधुर संकेत है जहाँ श्रीकृष्ण के विरह में व्याकुल गोपियाँ उनके दर्शन से आह्लादित हो जाती हैं–

तद्दर्शनाह्लादविधूतहृद्रुजो, मनोरथान्तं श्रुतयो यथा ययुः।

उपनिषदों ने 'पूजा' से आगे बढ़कर 'उपासना' का प्रवर्त्तन किया जिसमें अखिल, व्यापक परोक्ष शक्ति के स्वरूप का अधिक परिचय कराकर मनुष्य का हृदय उसके कुछ और

पास पहुँचाया गया। इसी अधिक परिचय के अनुरूप उपासना में अभिव्यक्त का और हृदय का योग भी कुछ अधिक हुआ। पूज्य के लिए जहाँ पहले केवल अर्जित द्रव्यों का, जो व्यक्ति की सत्ता से बाहरी वस्तुएँ थीं, अर्पण ही अपेक्षित होता था वहाँ इस उपासना में व्यक्ति की भीतरी वृत्ति को, उसके जीवन के कुछ अंश को, लगाना आवश्यक हुआ। छान्दोग्य उपनिषद् (3/16-17) में साफ़ कहा गया कि मनुष्य का जीवन भी एक प्रकार का यज्ञ ही है। यह यज्ञ, 'ज्ञानयज्ञ' कहा गया।

'ज्ञानयज्ञ' का अभिप्राय बुद्धि और हृदय, बोधवृत्ति और रागात्मिका वृत्ति, दोनों को ब्रह्म या परमात्मा में लगाना है। यह 'ज्ञानयज्ञ' 'द्रव्ययज्ञ' से श्रेष्ठ माना गया है। छान्दोग्य के अनुसार यह यज्ञविद्या घोर आंगिरस ऋषि ने देवकीपुत्र कृष्ण को बताई थी। ये कृष्ण वृष्णिवंशी यादव कृष्ण न सही, कोई ऋषि ही सही, जैसा कि बहुत से विद्वान् कहते हैं, पर इतना तो ध्रुव है कि इस यज्ञविद्या का प्रकाश उपनिषदों में ही हुआ। आगे चलकर श्रीकृष्ण भगवान् ने भी ज्ञानयज्ञ को द्रव्ययज्ञ से श्रेष्ठ कहा–

श्रेयान्द्रव्यमयाद्यज्ञाज्ज्ञानयज्ञः, परंतप !

(गीता 4-33)

इस 'ज्ञानयज्ञ' के सम्बन्ध में यह समझ रखना चाहिए कि इसमें ज्ञान और कर्म दोनों का समन्वय है। कृष्ण भगवान् ने इस यज्ञ का स्वरूप खोलते हुए कहा है कि "हवन करने का व्यापार और हवन करने का द्रव्य दोनों ब्रह्म हैं। ब्रह्माग्नि में ब्रह्म ने हवन किया है। जिसकी बुद्धि में कर्म ब्रह्ममय हैं वह ब्रह्म को प्राप्त होता है।"[1]

उपनिषत्काल में कर्म के साथ मन का जो योग किया गया उसमें मन की बोधवृत्ति और रागात्मिका वृत्ति दोनों सम्मिलित थीं। अर्थात् ज्ञान और उपासना, बुद्धितत्त्व और हृदयतत्त्व दोनों का मेल था। जहाँ से कर्म में हृदयतत्त्व को कुछ अधिक स्थान देने की प्रवृत्ति हुई वहीं से भक्तिमार्ग का आरम्भ मानना चाहिए। यही वह समय है जब इष्ट (अपने सुख के लिए) यज्ञों के साथ-साथ पूर्त्त (दूसरों के उपकार के लिए) यज्ञों का महत्त्व स्वीकार किया गया और लोक के मंगल के लिए तालाब, कुएँ खुदाना, पेड़ लगवाना, अतिथिशाला बनवाना, धर्म के श्रेष्ठ कर्म माने गए। भक्तिमार्ग के प्रवर्त्तन की परम्परा का उल्लेख महाभारत शान्तिपर्व के अन्तर्गत नारायणीयोपाख्यान में मिलता है जिसमें वासुदेव की उपासना और भागवत धर्म लोक में कैसे चला यह बताया गया है। उक्त आख्यान के अनुसार इस कल्प के पहले ही इस धर्म का उपदेश भगवान् ने नारद को किया था। एक बार नारद बदरिकाश्रम पर गए जहाँ नर और नारायण, जो परमात्मा के अवतार थे, तप कर रहे थे। नारद ने नारायण से पूछा कि आप तो स्वयं परमेश्वर हैं; आप किसकी उपासना कर रहे हैं। नारायण ने कहा मैं अपनी प्रकृति की उपासना कर रहा हूँ। नारद वहाँ से मेरु पर्वत पर पहुँचे जहाँ उन्हें विचित्र प्रकार के श्वेत वर्ण के मनुष्य मिले जो भगवान् की भक्ति में लीन थे।

---

1. [ब्रह्मार्पणं ब्रह्महविर्ब्रह्माग्नौ ब्रह्मणा हुतम्।
ब्रह्मैव तेन गन्तव्यं ब्रह्मकर्मसमाधिना॥ –गीता 4-24]

उन लोगों का परिचय कराते हुए महाभारतकार ने फिर भीष्म के मुख से कहलाया है कि इस भागवत धर्म के आदि प्रवर्त्तक चित्रशिखंडीगण (मरीचि, अत्रि, अंगिरा, पुलस्त्य, पुलह, क्रतु और वशिष्ठ) तथा स्वायंभुव मनु थे। फिर क्रमशः यह विद्या वृहस्पति को प्राप्त हुई जिसने इसका उपदेश वसु उपरिचर नामक एक धर्मात्मा भक्त राजा को दिया। राजा में पूर्ण भक्ति का आविर्भाव हुआ। एक बार उक्त राजा ने आरण्यकों के अनुसार एक अहिंसात्मक अश्वमेध यज्ञ किया जिसमें कोई पशु नहीं मारा गया। इस यज्ञ में स्वयं यज्ञपुरुष भगवान् या हरि ने आकर भाग लिया। पर वे वसु उपरिचर के अतिरिक्त और किसी को न दिखाई पड़े। इस पर वृहस्पति बहुत अप्रसन्न हुए पर प्रजापति के पुत्रों ने उन्हें समझाया कि बिना पूर्ण भक्ति के भगवान् का दर्शन नहीं हो सकता।

इस आख्यान के उपरान्त फिर नारद की कथा है। वे मेरु से श्वेत द्वीप गए जहाँ भगवान् ने उन्हें एकान्ती (अनन्य भक्त) देखकर दर्शन दिया और वासुदेवोपासना या भागवत धर्म का उपदेश दिया।

यह तो स्पष्ट है कि वर्त्तमान कल्प के पूर्व भी भक्तिमार्ग का अस्तित्व सूचित करने के लिए आख्यान रचा गया है पर इसके द्वारा कई तत्त्व उपलब्ध होते हैं। पहले नर नारायण ऋषियों की ओर ध्यान जाता है जो परमात्मा के अवतार कहे गए हैं। नारायण को तो नारद ने परमेश्वर ही कहा है इससे नारायण तो नरप्रकृतिस्थ सगुण ब्रह्म या ईश्वर जान पड़ते हैं। नर भी उसी ब्रह्म का सगुण रूप है पर नीची श्रेणी का। खुदा और आदम की-सी बात समझिए। आदम को भी ख़ुदा ने अपने ही अनुरूप अपने अंश से उत्पन्न किया था। इस दृष्टि से आदम भी ख़ुदा का एक अवतार ही कहा जा सकता है, जिसे इसलाम की कथा के अनुसार सिजदा करने के लिए ख़ुदा ने फरिश्तों को हुक्म दिया था। दूसरी बात जो उपर्युक्त आख्यान में वसु उपरिचर के अश्वमेध यज्ञ से प्रकट होती है वह यह है कि इस भागवत धर्म में हृदयतत्त्व को उससे अधिक स्थान मिला जो उपनिषदों की उपासना में था और अहिंसा या दया इस वासुदेवोपासना का एक बड़ा भारी लक्षण हुआ।

वर्त्तमान कल्प में नारायणीयोपाख्यान के अनुसार, इस धर्म का रहस्य विवस्वान् (सूर्य) ने मनु को बताया। मनु ने लोक के भरण या पालन के लिए यह धर्म अपने पुत्र इक्ष्वाकु को बताया। गीता के चौथे अध्याय में भी यही परम्परा बताकर इतना और कहा गया है कि बहुत काल बीतने पर जब यह योग इस लोक से लुप्त हो गया तब भगवान् ने अपने भक्त अर्जुन को फिर से यह धर्म बताया।[1] इस धर्म का मूल स्वरूप पूरा-पूरा

1. [इमं विवस्वते योगं प्रोक्तवानहमव्ययम्।
विवस्वान् मनवे प्राह मनुरिक्ष्वाकवेऽब्रवीत्॥
एवं परंपराप्राप्तमिमं राजर्षयो विदुः।
स कालेनेह महता योगो नष्टः परन्तप॥
स एवायं मया तेऽद्य योगः प्रोक्तः पुरातनः।
भक्तोऽसि मे सखा चेति रहस्यं ह्येतदुत्तमम्॥ —गीता 4। 1-3]

क्या था इसका विचार करने के लिए नारायणीयोपाख्यान की यह बात कि 'मनु ने लोक के भरण या पालन के लिए इस धर्म को अपने पुत्र इक्ष्वाकु को बताया' ध्यान देने योग्य है। उक्त आख्यान में एक स्थान पर और आया है कि "प्रवृत्तिलक्षणश्चैव धर्मो नारायणात्मकः"। इन सब बातों के साथ जब हम गीता में उपदिष्ट निष्काम कर्म तथा कर्म, ज्ञान और उपासना के समन्वय को लेते हैं तब इन तथ्यों तक पहुँचते हैं–

(1) सर्वसाधारण में प्रचलित वैदिक देवपूजा कृतज्ञता के भाव तक ही पहुँची थी जिसमें ध्यान मुख्यतः फल पर ही रहता था। यद्यपि वैदिक यज्ञकर्मों का लक्ष्य लोकहित और लोकरंजन ही था पर पीछे लोग उनमें स्वार्थबुद्धि से ही, अपने व्यक्तिगत कल्याण के लिए ही, प्रवृत्त होने लगे थे। प्रचलित यज्ञों के साथ व्यक्तिगत फलेच्छा के सम्बद्ध हो जाने के कारण ही नृयज्ञ, भूतयज्ञ और पूर्त्तयज्ञ की श्रेष्ठता प्रतिपादित की गई थी। कृष्ण भगवान् ने कर्मक्षेत्र से इस प्रकार की फलासक्ति को बाहर निकालने पर बहुत जोर दिया है। निष्काम कर्म की श्रेष्ठता से उनका अभिप्राय यही है कि उच्च श्रेणी के कर्म वे ही हैं जो खास अपने लिए किसी फल की प्राप्ति के उद्‌देश्य से नहीं बल्कि लोक की रक्षा, पालन और रंजन की दृष्टि से किए जाएँ। ऐसे ही कर्म भगवान् को अर्पित माने गए हैं। अतः इसमें किसी प्रकार का सन्देह नहीं कि भागवत धर्म का मार्ग लोककल्याण-पक्ष को लेकर चला हुआ प्रवृत्तिमार्ग था। गीता का उपदेश अर्जुन को ऐसे कर्म में प्रवृत्त करने के लिए ही दिया गया था जिसके द्वारा लोक में धर्मशक्ति की प्रतिष्ठा हो।

(2) लोककल्याण-पक्ष को लेकर चलने के कारण इस मार्ग में उपासना के लिए ब्रह्म का वह सगुण रूप लिया गया जिसकी अभिव्यक्ति रक्षा, पालन और रंजन करनेवाले के रूप में होती है। अतः उपास्य नारायण या वासुदेव हुए। उपास्य का अनुकरण होना चाहिए। अतः जिस प्रकार अनन्त विश्व की रक्षा और पालन-रंजन में भगवान् लगे रहते हैं उसी प्रकार अपने छोटे-से संसार के बीच उनके उपासक को भी लगा रहना चाहिए। श्रद्धा या आस्था के प्रभाव से उपास्य भगवान् के तदाकार बनने की प्रवृत्ति सदैव उपासक में आप से आप होनी चाहिए। अतः अहिंसा भागवत धर्म का प्रधान लक्षण हुआ।

(3) जिस सर्ववाद को लेकर ब्रह्म के उक्त सगुण स्वरूप की उपासना प्रवर्त्तित की गई उसमें सगुण निर्गुण, व्यक्त अव्यक्त, मूर्त्त अमूर्त्त सब अन्तर्भूत थे। अतः उपासक में इस अभिमान को रोकने के लिए कि उपासना के लिए मैंने ब्रह्म का जो ज्ञेय सगुण स्वरूप ग्रहण किया है वह उसका सर्व या पूर्ण स्वरूप है, और मैंने ब्रह्म को पूर्ण रूप से जान लिया, गीता में निर्गुण, अव्यक्त और अज्ञेय पक्ष की ओर ध्यान दिलाया गया है। इसी उद्‌देश्य से गीता में भगवान् को अपना सगुण विराट् रूप दिखाने के उपरान्त अर्जुन से कहना पड़ा कि "तू मेरे जिस रूप को देख रहा है वह सत्य नहीं, मेरी माया का किया हुआ है।" यह भी कहा गया है कि 'नासमझ लोग ही ऐसा समझते हैं कि मैं पूर्णतया व्यक्त हूँ' इस प्रकार भागवत धर्म के उपासकों और भक्तों के लिए

सर्वसाधारण के बीच वह पाषंड खड़ा करने का मार्ग सदा के लिए रोक दिया गया कि हमने ब्रह्म को पूर्ण रूप से जान लिया, जहाँ सुर नर मुनि कोई नहीं पहुँच सका, वहाँ तक हम पहुँच गए हैं। इसी से इस भारतीय भक्तिमार्ग की परम्परा में आगे चलकर भी ज्ञानमार्ग की सुनी-सुनाई बातों को लेकर पहेली गढ़ने की चाल नहीं चली।

(4) फल पर से आस्था हटाकर 'सर्वकर्म' स्वरूप भगवान् की ओर लाई गई। यहीं तक नहीं, गीता के विभूति-योग में भगवान् की अनन्त दीप्ति, शक्ति, सौन्दर्य्य, ऐश्वर्य्य, माधुर्य्य, इत्यादि सामने करके मनुष्य का हृदय उनकी ओर आकर्षित किया गया। ईश्वर के स्वरूप पर मन का आकर्षित होना या लुभाना ही भगवत्प्रेम है जिसे भक्ति कहते हैं। सच्चे प्रेम का कोई हेतु नहीं होता, मन को भाना या अच्छा लगना ही उसका कारण होता है। अतः भक्ति का सच्चा स्वरूप गीता में प्रकट करके तब भगवान् ने कहा है कि जो भक्ति से मेरा भजन करते हैं वे मुझमें हैं और मैं उनमें हूँ।

(5) नारायणीयोपाख्यान में क्षीरसुमद्र के बीच श्वेतद्वीप के वर्णन में यह कहा गया है कि वहाँ के निवासी वासुदेव भगवान् की एकान्त उपासना में तत्पर एकान्ती थी। इस एकान्त उपासना का भाव एकेश्वरवाद से मिलता-जुलता है पर पैगम्बरी मतों के एकेश्वरवाद के भाव से भिन्न है। भागवत धर्म का एकान्तवाद या अनन्यतावाद सिद्धान्त रूप में सर्ववाद को लेकर चला था जिसमें अनेक सगुण रूप एक ही ब्रह्म के नाना रूप कहे गए थे। उपासना के व्यवहार के लिए यह उपदेश उपनिषदों में किया गया कि इन अनेक सगुण रूपों में से कोई एक रूप चुन लिया जाए और उसमें ब्रह्मभाव रखकर उपासना की जाए। इस अवस्था में किसी एक रूप को लेकर उपासना करनेवाले के लिए किसी दूसरे रूप को लेकर उपासना करनेवाले से झगड़ा करने की कोई जगह नहीं रखी गई। इसी प्रकार एक सगुण सर्वेश्वर का निराकार रूप लेकर चलनेवाले को भी साकार रूप में उपासना करनेवालों को भला-बुरा कहने या समझने का कोई हक़ नहीं दिया गया क्योंकि मूर्त्त और अमूर्त्त दोनों ब्रह्म के रूप बतला दिए गए।

(6) महाभारत के समय तक नारायण या नराकृति भगवान् की गूढ़ भक्ति गुह्य या रहस्य के रूप में[1] एक विशेष समुदाय के बीच में परम्परा द्वारा चली आ रही थी। भगवान् का जो स्वरूप नरनारायण के रूप में पूर्वकल्प में व्यक्त हुआ था वही अर्जुन और वासुदेव कृष्ण के रूप में इस कल्प में प्रकट हुआ, पांचरात्र या नारायणीय धर्म के इस पक्ष का प्रवर्त्तन सात्वतों (यादव क्षत्रियों का एक वर्ग) के बीच में हुआ इसी से इसे सात्वतधर्म भी कहते हैं। कृष्णोपासक वैष्णव सम्प्रदाय का विकास, इसी से समझना चाहिए। प्राचीन पांचरात्र या नारायणीय धर्म (जिसके मूल का उल्लेख शतपथ ब्राह्मण में हैं) के और भी पक्ष थे जो 'नारायण' रूप में उपासना करते रहे अथवा किसी और अवतार (जैसे नृसिंह, वामन, दाशरथि राम) की एकान्त उपासना लेकर चले।

1. सात्वत संहिता में इस भक्तितत्व को 'रहस्याम्नाय' और उपासना को 'क्रियामार्ग' कहा है।

वासुदेव-भक्ति के तात्त्विक निरूपण का सबसे प्राचीन और प्रामाणिक ग्रन्थ भगवद्गीता है, जो महाभारत का एक अंग है। ऊपर के विवरण से स्पष्ट है कि महाभारतकाल के आसपास भगवान् का जो उपास्य स्वरूप सामने रहा वह बहुत व्यापक था। वह लोकरक्षा और लोकमंगल का प्रत्यक्ष साधन करनेवाली धर्मशक्ति का स्वरूप था जिसमें शक्ति, शील, सौन्दर्य्य, ऐश्वर्य्य सबका समन्वय था। उसका आकर्षण लोकधर्म में आनन्दपूर्वक प्रवृत्त करनेवाला आकर्षण था। गीता में अवतार का उद्देश्य लोक में धर्म की स्थापना स्वयं भगवान् द्वारा कहा गया है–

यदा यदा हि धर्मस्य ग्लानिर्भवति भारत।
अभ्युत्थानमधर्मस्य तदात्मानं सृजाम्यहम्॥
परित्राणाय साधूनां विनाशाय च दुष्कृताम्।
धर्मसंस्थापनार्थाय संभवामि युगे-युगे॥

धीरे-धीरे भगवान् कृष्ण के भक्तिमार्ग से लोकधर्म-पक्ष हटता गया और उपासना में उनका लोकरक्षा और लोकमंगल वाला यह व्यापक स्वरूप तिरोहित होता गया और केवल ऐसे स्वरूप की प्रतिष्ठा की प्रवृत्ति बढ़ती गई जो अत्यन्त घनिष्ठ प्रेम का आवलम्बन हो सके। श्रीमद्भागवत इसी प्रवृत्ति का अत्यन्त मधुर फल है। उक्त ग्रन्थ में यह सूचित करके कि "सात्वत धर्म या नारायण ऋषि का धर्म" नैष्कर्म्य-लक्षण है (1-3-8[1] तथा 11-4-6[2])" यह साफ बताया गया है कि "उक्त-नैष्कर्म्य धर्म में भक्ति को पूरी प्रधानता नहीं मिली थी। इसे भागवत पुराण कहा गया (1-5-12)"।[3] आगे चलकर यही भागवत पुराण तो कृष्णोपासक भक्तों के प्रेमलक्षण भक्तियोग का प्रधान ग्रन्थ हुआ और उसमें प्रकाशित श्रीकृष्ण का रूप प्रेम या भक्ति का आलम्बन।

भागवत में भगवान् की माधुर्य्य-विभूति को प्रधानता दी गई; ऐश्वर्य्य, शक्ति, शील इत्यादि लोकरक्षा द्वारा व्यक्त होनेवाली विभूतियों को गौण स्थान प्राप्त हुआ। महाभारत में प्रतिष्ठित श्रीकृष्ण के शील और सौन्दर्य्य पर मुग्ध भक्त उनके ज्वलन्त तेज और ऐश्वर्य्य से स्तम्भित और महत्त्व से प्रभावित होकर थोड़ा दूर हटा हुआ भक्ति की दिव्य अनुभूति में लीन होता था। भागवत ने कृष्ण की वह मधुर मूर्त्ति सामने रखी जो प्यार करने योग्य हुई–उस ढंग का प्यार जिस ढंग के प्यार की प्रेरणा से माता-पिता अपने बच्चे को दुलारते-पुचकारते हैं, उस ढंग का प्यार जिस ढंग के प्यार की उमंग में प्रेमिका अपने प्रियतम का ललककर आलिंगन करती है। भागवत ने भगवान् को प्यार करने के लिए भक्तों के बीच खड़ा कर दिया।

---

1. [तृतीयमृषिसर्गं च देवर्षित्वमुपेत्य सः।
तन्त्रं सात्वतमाचष्ट नैष्कर्म्यं कर्मणा यतः॥]
2. [धर्मस्य दक्षदुहितर्यजनिष्ट मूर्त्यां नारायणो नरऋषिप्रवरः प्रशान्तः।
नैष्कर्म्यलक्षणमुवाच चचार कर्म योऽद्यापिंचास्त ऋषिवर्य निषेवितांघ्रिः॥]
3. [नैष्कर्म्यमप्यच्युत भाववर्जितं न शोभते ज्ञानमलं निरञ्जनम्।
कुतः पुनः शश्वदभद्रमीश्वरे न चार्पितं कर्म यदप्यकारणम्॥]

गीता और भागवत पुराण ये ही वैष्णव भक्तिमार्ग के दो प्रधान ग्रन्थ हैं जिनमें गीता प्राचीन है और भक्ति का कर्म-ज्ञान-समन्वित व्यापक रूप प्रत्यक्ष करती है। उसके पीछे भागवत में कर्म और ज्ञान के क्षेत्र से अलग भक्ति का एक स्वतन्त्र क्षेत्र तैयार किया गया। आगे चलकर भक्ति के सिद्धान्त पक्ष के प्रतिपादन के लिए कुछ छोटे-छोटे ग्रन्थ भी बने, जैसे शांडिल्यसूत्र, नारदसूत्र, नारदपांचरात्र। इनमें से पिछले दो ग्रन्थ तो भागवत के बाद के हैं। शांडिल्यसूत्र उसके पहले का हो सकता है। उसमें भक्ति का लक्षण यह कहा है–''सा परानुरक्तिरीश्वरे'' अर्थात् ईश्वर में परानुरक्ति ही भक्ति है। निर्हेतुक या निष्काम अनुरक्ति ही परानुरक्ति कही जा सकती है। भक्ति का यह स्वरूप गीता से लेकर भागवत तक बराबर चला आया है। भागवत में स्पष्ट कहा गया है कि ''अहेतुक्यव्यवहिता या भक्तिः पुरुषोत्तमे''। यही निष्कामता तो वैदिक पूजा से भक्ति का मानसिक उत्कर्ष प्रकट करती है। सच्चे प्रेम का कोई बाहरी हेतु नहीं होता। न जाने क्यों कोई अच्छा लगा, बस प्रेम की नींव पड़ गई। यदि प्रेम का कोई हेतु कहा जा सकता है तो बस यही अच्छा लगना। पर नारदपांचरात्र में भक्ति के इस स्वरूप का पूरा ध्यान न रखकर मन्त्र-तन्त्र का भी कुछ समोवश कर दिया गया है। भगवान् का यह मन्त्र जपने से बुखार छूट जाएगा, इस विधि से पूजा करने से व्यापार में लाभ होगा, इस प्रकार की बातें भक्तिक्षेत्र के बाहर की हैं।

पहले कह आए हैं कि गीता में भक्ति का कर्म-ज्ञान-समन्वित व्यापक रूप था पर भागवत में भक्ति को सबके ऊपर प्रधानता देकर उसका अलग क्षेत्र तैयार किया गया। यह प्रधानता किस प्रकार धीरे-धीरे प्रस्फुटित होती हुई भागवत के समय में पूर्णतया विकसित हुई, इसका कुछ आभास शांडिल्यसूत्र में मिलता है। गीता के कई श्लोकों से यह ध्वनि निकलती है कि मोक्ष ज्ञान से ही होता है; भक्ति द्वारा ज्ञान की प्राप्ति होती है अतः भक्ति-ज्ञान का साधन है। उदाहरण के लिए ये दो श्लोक लीजिए–

श्रद्धावान् लभते ज्ञानं तत्परः संयतेन्द्रियः।
ज्ञानं लब्ध्वा परां शान्तिं अचिरेणाधिगच्छति॥
भक्त्या मामभिजानाति यावान् यश्चास्मि तत्त्वतः।
ततो मां तत्त्वतो ज्ञात्वा विशते तदनन्तरम्॥

दूसरे श्लोक को लेकर शांडिल्यसूत्र में यह कहा गया है कि भक्ति ही के द्वारा भगवान् तत्त्वतः जैसे हैं वैसे जाने जा सकते हैं। अतः भक्ति साधन नहीं साध्य है। पर यह बात यहाँ तक नहीं पहुँचाई गई है कि जानने का काम प्रेम या भक्ति से लिया जा सकता है।

ज्ञान और भक्ति बुद्धिपक्ष और भावपक्ष, के सम्बन्ध में यह विवाद पाश्चात्य देशों में भी रहस्यवादी भक्त साधकों के कारण उठा और अब भी वहाँ के विचार-क्षेत्र में है। हमारे यहाँ के निवृत्तिमार्गी ज्ञानियों के समान योरप में ईसाई धर्मोपदेशक भी मनोविकारों के सर्वथा दमन का उपदेश दिया करते थे। पर इंग्लैंड के रहस्यवादी कवि विलियम ब्लेक (William Blake) ने भाव या मनोवेग (Passion) को हृदय की परम पवित्र सम्पत्ति

कहा और भावना या कल्पना को ईश्वर का साक्षात्कार या झाँकी। रहस्यवादी भक्तों और कवियों के अनुसार भक्ति ज्ञानस्वरूपा है। शुद्ध भाव द्वारा प्रेरित भावना की उमंग में भक्त या साधक को ईश्वर के स्वरूप का बोध होता है। अतः भक्त भावुक और कवि एक प्रकार के रहस्यद्रष्टा (Seet) या पैग़म्बर हैं। तात्पर्य्य यह कि योरप के रहस्यवादियों ने ज्ञान का–विशेषतः आध्यात्मिक ज्ञान का–बुद्धि-व्यवसाय से एक स्वतन्त्र साधन 'स्वानुभूति' (Intution) का प्रचार किया जिसका खंडन बहुत-से वैज्ञानिक और दार्शनिक करते रहे।

पर ईसा की उन्नीसवीं शताब्दी की कट्टर आधिभौतिक दृष्टि के विरुद्ध पीछे जो आध्यात्मिक प्रतिवर्त्तन (Reaction) आरम्भ हुआ उसके प्रभाव से बहुत-से लेखक बुद्धि-व्यवसायात्मक ज्ञान को अपूर्ण बताकर 'स्वानुभूति' का समर्थन भी करते पाए गए। एडवर्ड कार्पेटर ने अपनी प्रसिद्ध अंग्रेजी पुस्तक 'Civilization, Its Causes and Cure' में वर्त्तमान समय की उस वैज्ञानिक प्रवृत्ति का विरोध किया है जिसमें बुद्धि-क्रिया ही सब कुछ मानी गई है; मनुष्य के हृदयपक्ष तथा स्वानुभूति का एकदम तिरस्कार कर दिया है। उसने "शब्दबोध की प्रणाली" को "अज्ञान की प्रणाली" कहा है। दर्शन तक के क्षेत्र में 'स्वानुभूतिवाद' किसी-न-किसी रूप में इधर-उधर पाया जाता है। आजकल के एक प्रसिद्ध योरपीय दार्शनिक बर्गसाँ (Bergson) ने भी कोरी-बुद्धिक्रिया को एकदेशीय, भ्रान्तिजनक और असमर्थ बताकर स्वानुभूति (Intution) का पक्ष ग्रहण किया है। हाल के प्रसिद्ध उर्दू शायर अकबर ने भी 'बुद्धिरोग' से छुटकारा पाने पर इस तरह कि खुशी जाहिर की है–'मैं मरीज़े होश था, मस्ती ने अच्छा कर दिया।'

हमारे यहाँ भक्तिमार्गियों की ओर से ज्ञानक्षेत्र की ऐसी अवहेलना नहीं हुई; भक्ति ने ज्ञान का काम अपने ऊपर नहीं लिया। गीता का उपदेश तो यही रहा कि जानते चलो, भक्ति करते चलो और कर्म करते चलो। ज्ञान-प्रसार के भीतर ही भक्ति होती है। जहाँ तक हम ईश्वर को जान पाते हैं वहीं तक उसकी भक्ति कर सकते हैं। उपनिषदों ने ब्रह्म के व्यापक स्वरूप का ज्ञान कराकर तब उपासना का मार्ग खोला है। भिन्न-भिन्न देवताओं का एक ब्रह्म में अन्तर्भाव निश्चयात्मिका बुद्धि ने किया था, हृदय ने नहीं। जानना और बात है और जानकर हृदय को प्रवत्त करना और बात। पर जानने का फल हृदय को प्रवत्त करने में ही हैं। ज्ञान की सार्थकता भक्ति में ही है। केवल जानने से ही मनुष्य के जीवन में, उसके सम्पूर्ण व्यक्तित्व में, उन्नति नहीं होती। जाने हुए स्वरूप की ओर जब हृदय आकर्षित होता है और उस स्वरूप तक पहुँचने के लिए जब व्यक्ति का स्वरूप उसके मेल में होने लगता है तभी जीवन की साधना का आरम्भ होता है। जाना हुआ स्वरूप जैसा होगा उस स्वरूप का भक्त वैसे ही स्वरूप को प्राप्त होगा। इसीलिए गीता में ज्ञानी भक्त श्रेष्ठ कहा गया है। वहाँ भक्ति ज्ञान का पर्य्याय नहीं है।

भागवत धर्म या वैष्णव धर्म की जो परम्परा भारतवर्ष में चली उसमें ज्ञान का स्थान अलग रहा है और प्रेम या भक्ति का अलग। प्रत्येक सम्प्रदाय के ज्ञानपक्ष या सिद्धान्तपक्ष का प्रतिपादन आचार्य्य लोग करते थे और प्रेम या भक्ति भाव का जनता

में संचार 'आड़वार' लोग भजन-कीर्त्तन द्वारा करते थे। आचार्य्य ज्ञानी और भक्त दोनों होते थे। वे तर्क और वाद का अवलम्बन करके विद्वानों से शास्त्रार्थ करते थे। श्री रामानुज, वल्लभाचार्य्य, रामानन्द इत्यादि सबके दिग्विजय के वृत्तान्त प्रसिद्ध चले आते हैं। केवल हृदयपक्ष को लेकर चलनेवाले उनके अनुयायी भक्त ज्ञानी होने का दावा कभी नहीं करते थे। तुलसी, सूर आदि पहुँचे हुए भक्तों के सम्बन्ध में भी यह कहीं नहीं कहा जाता कि जहाँ तक शंकराचार्य्य का ज्ञान भी नहीं पहुँचा था वहाँ तक उनका ज्ञान पहुँचा था। प्रेम और भक्ति की गूढ़ता के प्रभाव से वे भगवान् के उपास्य स्वरूप का साक्षात्कार करनेवाले कहे जाते हैं पर ब्रह्म या ईश्वर के सम्बन्ध में कोई ऐसी नई बात जाननेवाले नहीं जो किसी को मालूम नहीं। भक्तिमार्ग में जहाँ रहस्य का अवयव अधिक रहा वहीं भक्तों में एक प्रकार की लोकोत्तर चेतना मानने की चाल चली और वे परोक्ष-ज्ञान-सम्पन्न कहे जाने लगे। अतः यह मानना भी आवश्यक हुआ कि दर्शन-क्षेत्र की बड़ी-से-बड़ी बात की तह तक सीधे, बुद्धि-क्रिया का मार्ग छोड़कर, पहुँचा देनेवाली कोई अलौकिक प्रज्ञा अवश्य होती है।

पर हमारे यहाँ के भक्तिमार्ग में ज्ञान या स्वरूप-बोध के लिए तत्त्व-चिन्तन की स्वाभाविक पद्धति ही स्वीकृत है। भागवत में स्पष्ट कहा गया है भगवान् लक्षणों के सहारे अनुमान द्वारा ही लक्षित होते हैं–

भगवान्सर्वभूतेषु लक्षितः स्वात्मना हरिः।
दृश्यैर्बुद्ध्यादिभिर्द्रष्टा लक्षणैरनुमापकैः॥

इसी प्रकार उक्त पुराण में भगवान् ने ब्रह्मा को अपना तात्त्विक स्वरूप बताते हुए कहा है–

एतावदेव जिज्ञास्यं तत्त्वजिज्ञासुनात्मनः।
अन्वय-व्यतिरेकाभ्यां यत्स्यात् सर्वत्र सर्वदा॥

अब यह देखना चाहिए कि गीता में श्रीकृष्ण भगवान् ने जो यह कहा है कि भक्त द्वारा मैं तत्वतः जाना जा सकता हूँ, उसका अभिप्राय क्या है। उसका अभिप्राय यही है कि भक्त भक्ति के ही प्रभाव से उस ज्ञानमार्ग में तत्पर होता है जिससे भगवान् का स्वरूप अधिकाधिक प्रत्यक्ष होता जाता है। कोरे ज्ञानी में और भक्त ज्ञानी में यह अन्तर है कि कोरा ज्ञानी भगवान् के स्वरूप का जो ज्ञान प्राप्त करता है उससे तटस्थ रहता है, पर भक्त ज्ञानी उस स्वरूप में हृदय से लीन हो जाता है, उस स्वरूप को निष्पन्न करनेवाली एक-एक बात पर मुग्ध होता चलता है जिससे उसका ज्ञान पुष्ट होता हुआ 'आस्था' की दशा को पहुँचता है। इसी 'आस्था' की दशा को पहुँचे हुए ज्ञान द्वारा–हृदय का योग पाकर समर्थ और बलवान् ज्ञान द्वारा–व्यक्ति की सम्पूर्ण सत्ता में शुभ परिवर्त्तन होता है; तटस्थ, निष्क्रिय और असमर्थ ज्ञान द्वारा नहीं। भक्ति का आरम्भ ज्ञानपूर्वक ही होता है। जब हम उपास्य के स्वरूप को, उसके गुणों को थोड़ा-बहुत जान लेते हैं तब उसके प्रति श्रद्धा और प्रेम का स्फुरण होता है। प्रेमी प्रिय के स्वरूप को जितना जाने रहता है, उतने में मग्न होकर भी उसको और जानने के

लिए बीच-बीच में उत्कंठित होता रहता है। पूर्ण दर्शन की यह उत्कंठा श्रेष्ठ भक्त का लक्षण है। पहले पहल तो मनुष्य कुछ जानकर तब प्रेम करता है, फिर उस प्रेम की प्रेरणा से कुछ और जानने की ओर अग्रसर होता है। इस प्रकार आगे चलकर ज्ञान और भक्ति का पूर्वापर क्रम असंलक्ष्य हो जाता है। यह भी कहा जा सकता है कि ज्ञान द्वारा भक्ति होती है और यह भी कहा जा सकता है कि भक्ति द्वारा ज्ञान होता है। पर इसका मतलब यह नहीं कि कभी ज्ञान या चैतन्य का अभाव हो जाता है और उसका काम प्रेम का उन्माद करने लगता है।

संराधन-काल में भक्त को ब्रह्म के स्वरूप का दर्शन होता है, यह बात वेदान्त-सूत्र में कही गई है–अपि च संराधने प्रत्यक्षानुमानाभ्याम्। इस दर्शन को शंकराचार्य्य ने 'ज्ञानप्रसाद' कहा है। भक्ति को केवल रहस्यवाद की दृष्टि से देखनेवाले पाश्चात्य लेखक इस 'ज्ञानप्रसाद' को 'रहस्यानुभव' (Mystical Experience) कहेंगे। 'रहस्यानुभव' के सम्बन्ध में साधारणतः यही समझा जाता है कि वह किसी अज्ञात तथ्य का अनायास उपलब्ध ज्ञान होता है। यह योग की एक अलौकिक सिद्धि या दिव्य दृष्टि के रूप में माना जाता है जिससे बिना किसी प्रकार के ऊहापोह के त्रिकाल की बातें प्रत्यक्ष हो जाती हैं। पर भक्तों का 'ज्ञानप्रसाद' इस प्रकार के 'योगज प्रत्यक्ष' से भिन्न वस्तु है। भक्तिमार्ग शुद्ध भावमार्ग या प्रेममार्ग है। वह योगमार्ग से अलग है, यह बात सदा ध्यान में रखनी चाहिए। भक्त अपने ध्यान या भाव की मग्नता में भगवान् के सम्बन्ध में किसी नई बात का, उसके किसी स्वरूप का जिसका निरूपण कहीं न हुआ हो, उद्‌घाटन नहीं करता।

ज्ञानी ब्रह्म के जिस स्वरूप का अपने चिन्तन के बल से उद्‌घाटन करके तटस्थ हो जाता है उसी स्वरूप को भावुक भक्त लेता है और ध्यान या भाव-मग्नता के समय उसमें अपनी सारी सत्ता को–हृदय, प्राण, बुद्धि, कल्पना, संकल्प इत्यादि सारी वृत्तियों को–समाहित और घनीभूत करके बड़े वेग के साथ लीन कर देता है। इस प्रकार अपनी व्यक्तिगत सत्ता की भावना का पूर्ण विसर्जन हो जाने पर केवल उसी ध्येय स्वरूप की अत्यन्त तीव्र अनुभूति मात्र शेष रह जाती है। यह एकान्त अनुभूति प्रत्यक्ष दर्शन के ही तुल्य होती है। संराधन काल के ज्ञान की यही विशेषता है। यही उसका मूल्य है। इस ज्ञान द्वारा किसी नए तथ्य का उद्‌घाटन नहीं होता, किसी ऐसी बात की जानकारी नहीं होती जिसे कोई न जानता हो। भक्तों के 'ज्ञानप्रसाद' या 'रहस्यानुभूति' का यही स्वरूप रहस्यवाद के विवेचन करनेवाले प्रसिद्ध पाश्चात्य विद्वानों ने भी स्वीकार किया है।[1]

---

1. आर. एम. जोन्स लिखते हैं–

"द मिस्टिकल एक्स्पीरिएंस हैज अनडाउटेड्ली ए पोएटिक वैल्यू बट इट कंजिस्ट्स इन लीप्स अव इनसाइट थ्रू हाइटेंड लाइफ, इन ऐन इंटेंसिफाइंग अव विजन थ्रू द फ्यूजिंग अव आल द डीप लाइंग पावर्स अव इंटेलेक्ट, इमोशंस ऐंड विल, ऐंड इन ए करेस्पांडिंग सर्ज अव कन्विक्शन थ्रू द डाइनैमिक इंटीग्रेशन अव पर्सनैलिटी, रादर दैन इन द 'गिफ्ट' अव न्यू नालेज-फैक्ट्स।"

–एन्साइक्लोपीडिया अव रेलिजन ऐंड एथिक्स

कोरे ज्ञानी को भगवान् के स्वरूप की–व्यक्त और सगुण स्वरूप की–कुछ जानकारी भर रहती है। पर भक्त को उसी कुछ जाने हुए या विज्ञात स्वरूप का साक्षात्कार और रसात्मक अनुभूति होती है। साक्षात्कार भावना या कल्पना (Imagination) द्वारा होता है और रसात्मक अनुभूति भाव (Emotion) द्वारा। प्राचीन ऋषि 'साक्षात्कृतधर्मा' कहलाते थे। बौद्धों ने भी केवल 'विज्ञात' और 'साक्षात्कृत' में भेद किया है। गोस्वामी तुलसीदास ने इसी 'विज्ञान' को, केवल जान लेने भर को, 'वाक्यज्ञान' कहकर यह भी बतलाया है कि–

वाक्यज्ञान अत्यन्त निपुन भव पार न पावै कोई।

साक्षात्कार होने पर ही, कल्पना में पूर्ण बिम्बन होने पर ही, रसानुभूति हो सकती है। भक्त की अनुभूति वही है जिसे काव्य की लीनता या 'रसप्रतीति' कहते हैं। प्रक्रिया भी वही स्वाभाविक और सीधी-सादी है। कल्पना या भावना जिससे विज्ञात का भीतरी साक्षात्कार होता है और भाव या रागात्मिका वृत्ति, जिससे आनन्दानुभूति होती है, दोनों मनुष्य की स्वाभाविक वृत्तियाँ हैं। बस इन्हीं दो स्वाभाविक वृत्तियों के सहारे भक्तिरस की निष्पत्ति हो जाती है। इसके सीधे-सादे विधान में न इला पिंगला नाड़ियाँ हैं, न सहस्रार चक्र, न ब्रह्मरंध्र, न आसन, न प्राणायाम।

एक उदाहरण लीजिए। कोई शुष्क उपदेशक या ज्ञानी तो यह कहकर ही छुट्टी पा जाता है कि भगवान् जगत् की रक्षा, पालन और रंजन करते हैं। पर भक्त की जगी हुई भावना या कल्पना रक्षा, पालन और रंजन के न जाने कितने दृश्यों तक पहुँचती चली जाती है जिससे पालक और रंजक स्वरूप का साक्षात्कार हो जाता है और करुणा, शक्ति, शील, सौन्दर्य्य इत्यादि के अनन्त प्रवाह में अवगाहन करके भक्त की सारी अन्तर्वृत्ति मंगल-विधायिनी हो जाती है। भक्त की अन्तर्दृष्टि का यही रमण, उसकी पहुँच की दूरी नहीं, उसकी यथार्थ विभूति है। भक्त का थोड़ा-सा जानना भी औरों के बहुत अधिक जानने से अधिक कल्याणकारी होता है–उसके लिए भी, संसार के लिए भी। भक्त की सम्पत्ति केवल उसके प्रेम की गम्भीरता है; किसी नई बात की जानकारी, कोई अलौकिक सिद्धि आदि नहीं। सर्वसाधारण में भक्तों को अलौकिक ज्ञान-सम्पन्न, अलौकिक सिद्धि-सम्पन्न समझने की चाल योगियों के साथ उनका घालमेल करने के कारण चली है। वैष्णव भक्तिमार्ग तो सीधा-सादा प्रेममार्ग है और योग के सिद्धि-मार्ग से सर्वथा भिन्न है। इसमें अलौकिक ज्ञान, अलौकिक सिद्धि, करामात, चमत्कार आदि के लिए कोई जगह नहीं–

अति सूधो सनेह को मारग है जहँ नेकु सयानप बाँक नहीं

भागवत पुराण में भक्ति के नौ प्रकार के विधान बताए गए हैं–

श्रवणं, कीर्त्तनं, विष्णोः स्मरणं, पादसेवनम्।
अर्चनं, वन्दनं, दास्यं, सख्यं, आत्मनिवेदनम्॥

यह प्रेम-पुष्टि का सीधा-सादा और स्वाभाविक विधान है। इसमें वे ही बातें हैं जो किसी के अनन्य प्रेमी होकर लोग बराबर किया करते हैं। लोग अपने प्रिय के सम्बन्ध

की बातें सुनते हैं, उसकी बातों का वर्णन करते हैं, उसके गुण गाते हैं, मन में उसका स्मरण किया करते हैं, इत्यादि। तुलसी, सूर आदि जितने भारतीय परम्परा वाले (सगुणोपासक) भक्त हुए हैं सबने भक्तिमार्ग की सरलता और सुगमता पर बहुत अधिक जोर दिया है। वैष्णव भक्त भी ध्यान करते हैं, आँख भी मूँदते हैं, पर 'स्मरण' के लिए, स्वरूप को मन में लाने के लिए; 'अनाहत नाद' सुनने के लिए नहीं, सुरति की डोरी पकड़कर निर्गुण और अव्यक्त तक पहुँचने के लिए नहीं। भागवत धर्म या वैष्णव भक्तिमार्ग के सम्बन्ध में यह बात अच्छी तरह ध्यान में रखनी चाहिए। इसकी साधना का आधार मनुष्य की सहज रागात्मिका वृत्ति (Psychology of Human Emotions) है। इसकी पद्धति शुद्ध प्रेम-पद्धति है–यह प्रेम-पद्धति जिसे सब लोग स्वभावतः जानते हैं, जिसका अनुसरण थोड़ा बहुत प्राणिमात्र करते पाए जाते हैं, जिसके लिए कोई पेचीली शारीरिक या मानसिक क्रिया आवश्यक नहीं, कोई अलौकिक सिद्धि अपेक्षित नहीं। योग-सिद्धि की बातों के प्रचार से भक्त के इस यथार्थ स्वरूप की भावना किस प्रकार आच्छन्न और बाधित हो रही थी, इसे लोक-प्रवृत्ति पर सूक्ष्म दृष्टि रखनेवाले गोस्वामी तुलसीदासजी ने अच्छी तरह परखकर कहा था–

गोरख जगायो जोग, भगति भगायो लोग,
निगम नियोग सो तो कलि ही छरो सो है।

योग साधनात्मक रहस्यवाद है। हमारे यहाँ के वैष्णव भक्तिमार्ग में तो उसके लिए स्थान न था, पर फारस का रहस्यवादी सूफी सम्प्रदाय ज्यों ही भारतवर्ष में आया उसने उसका पूरा समावेश अपने भीतर कर लिया। योग के नाम से जो साधनात्मक रहस्यवाद बौद्ध और शैव सम्प्रदायों में चला आ रहा था वही सूफियों को मिला। वह बौद्धों के 'सहजिया' सम्प्रदाय से होता हुआ गोरखपंथियों में जिस रूप में था उसी रूप में सूफियों के बीच फैलता गया। कई प्रकार के रसायनी रहस्यवाद भी कुछ शैव सम्प्रदायों में चले आ रहे थे। इन सबकी पूरी चर्चा कुतबन, जायसी इत्यादि 'प्रेममार्गी सूफी शाखा' के हिन्दी काव्यों में मिलती है। ध्यान देने की बात यह है कि सूफियों का रहस्यवाद भावात्मक था–उसमें हृदयपक्ष की प्रधानता थी। वह इस रूखे साधनात्मक रहस्यवाद की ओर कैसे लपका ? लपकने का एकमात्र कारण था रहस्य की प्रवृत्ति, ज्ञान के किसी गुप्त अप्राकृत उद्‍गम का कुतूहल, जिसका पैगम्बरी मज़हबों के भीतर प्रवर्त्तित भक्तिमार्गों में प्राबल्य होना अनिवार्य्य था। सूफियों की देखादेखी उनके मेल का जो भक्तिमार्ग 'निर्गुण-पंथ' के नाम से कबीरदास के समय में चला उसमें भी रहस्य की प्रवृत्ति–भक्तों में अलौकिक ज्ञान के आरोप द्वारा सामान्य जनता में कुतूहल उत्पन्न करने की प्रवृत्ति–पूरी-पूरी थी।

यह कहा जा चुका है कि हमारे यहाँ का भक्तिमार्ग ब्रह्म का उभयात्मक स्वरूप लेकर चला था। उसे सगुण भक्तिमार्ग कहने का अभिप्राय यह है कि वह प्रेम का वास्तविक संचार, हृदय का सचमुच रमण, ब्रह्म के उतने ही स्वरूप के भीतर मानता है जितना व्यक्त अतः सगुण है। प्रेम का संचार वहीं तक हो ही सकता है। अतः भारतीय

भक्तिमार्ग का आरम्भ ही से यही पक्ष रहा और अब तक है। 'सगुण' विशेषण जो उसके साथ लगने लगा वह पीछे, जब कबीर द्वारा प्रवर्त्तित भक्तिमार्ग 'निर्गुण' के नाम से प्रसिद्ध हुआ। 'निर्गुण' और 'अव्यक्त' को लेकर कभी कोई भक्तिमार्ग भारतीय आर्य्य धर्म के भीतर नहीं चला।

अव्यक्त को लेकर चलनेवाला हमारे यहाँ का योगमार्ग है। योगमार्ग भक्तिमार्ग से बिलकुल अलग है। भक्तिमार्ग मनुष्य की स्वाभाविक रागात्मिका वृत्ति को साधन बनाकर चला है; योगमार्ग सम्पूर्ण रागात्मिकता वृत्ति को, सारे मनोविकारों को, मारकर अन्तःकरण की एक रहस्यात्मक पद्धति द्वारा ब्रह्म के उस अव्यक्त स्वरूप के साक्षात्कार को लक्ष्य रखकर चला है जिसके पास तक तत्त्वचिन्तन द्वारा नहीं पहुँच सकते। अतः योगमार्ग का पुरुषार्थ एक प्रकार की ज्ञानोपलब्धि ही है, पर तत्त्वचिन्तन की प्रकृत पद्धति से नहीं, बल्कि अन्तःकरण की एक कठोर रहस्यात्मक प्रक्रिया से जिसमें प्रेम, अनुराग, स्नेह, आसक्ति इत्यादि का कहीं नाम नहीं। भागवत में इस योग की प्रक्रिया से भक्ति और सेवा की पद्धति को अलग ही नहीं, विशेष शान्ति-प्रद भी बतलाया है–

यमादिभिर्योगपथैः कामलोभहतो मुहुः
मुकुन्दसेवाया यद्वत्तथाऽऽमाऽद्धा न शाम्यति ॥ (1-7-36)

सूफियों ने हिन्दुस्तान में आकर क्यों और किस तरह योगमार्ग को अपने प्रेममार्ग के साथ संयुक्त किया इसका वर्णन ऊपर कर आए हैं। कबीरदासजी ने इसी योगमार्ग-संयुक्त प्रेममार्ग का प्रचार किया। 'निर्गुण भक्तिमार्ग' का ढाँचा सूफ़ी ही रहा केवल उपास्य का स्वरूप वेदान्त के निर्गुण परब्रह्म का भी ग्रहण कर लेने से अव्यवस्थित हो गया। सूफियों के सिद्धान्तपक्ष में जो प्रतिबिम्बवाद था; वह एक प्रकार का सूक्ष्म सगुणवाद था, इसी से प्रकृति के प्रति उसमें बड़ी भावुकता थी। उनके प्रतिबिम्बवाद के अनुसार जगत् का जो यह स्थूल रूप है उसी के अनुरूप पर अत्यन्त सूक्ष्म स्वरूप आत्मा या परमात्मा का भी है।[1] यह स्थूल जगत् सूक्ष्म ब्रह्म की छाया या प्रतिबिम्ब है। पर-जगत् और दृश्य जगत् का यही सारूप्य ही सूफ़ी रहस्यवाद की रमणीयता है जो उसे हृदय-रंजक बनाती है।[2] 'निर्गुण पंथ' ने वेदान्त के निर्गुण और अव्यक्त तथा योगियों के स्वान्तःस्थ ईश्वर– इन दोनों को जान या अनजान में समेटकर सूफ़ियों के प्रेममार्ग का एक विलक्षण स्वरूप बनाया। उक्त पंथ की वाणी जहाँ प्रेमभाव की व्यंजना करती है वहाँ तो सूफ़ी ढंग पूरा-पूरा रहता है, पर जहाँ वह ज्ञानोन्मुख होती है वहाँ योगियों और शुष्क वेदान्तियों का ढर्रा पकड़ती है। कबीरदास ने गोरख आदि योगियों के साथ अपना मेल साफ शब्दों में मिलाया है–

गोरख, भरथरि, गोपीचन्दा।
तेहि मन सों मिलि करहिं अनन्दा।

---

1. दे. जायसी ग्रंथावली की भूमिका।
2. इट इज वन अव द ऐग्जियम्स अव मिस्टिसिज्म दैट देयर इज ए करेसपांडेंस बिट्वीन द माइक्रोकाज्म ऐंड मैक्रोकाज्म, द सीन ऐंड द अनसीन वर्ल्ड्स। –एन्साइक्लोपीडिया अव रेलिजन ऐंड एथिक्स।

अकल निरंजन सकल सरीरा।
तेहि मन सों मिलि रहा कबीरा।

दृश्य जगत् और पर-जगत् की जिस सारूप्य-भावना का ऊपर उल्लेख है उसके बिना प्रेमयोग या भक्तिमार्ग चल ही नहीं सकता। उपनिषदों ने ब्रह्म के लिए जो 'व्यक्ताव्यक्त' शब्द का प्रयोग किया है उसमें सारूप्य की यह भावना स्पष्ट है। अव्यक्त की ही अभिव्यक्ति यह व्यक्त या दृश्य जगत् है। दोनों को एकदम भिन्न समझना भक्तिमार्गी ठीक नहीं मानता। भागवत में लिखा है कि जब सृष्टि के आदि में ब्रह्मा ने कमल पर बैठे-बैठे चारों ओर ताका तो कहीं कुछ न दिखाई पड़ा जिससे वे समझते कि हम क्या हैं, कहाँ से उत्पन्न हुए। वे उस कमलनाल का मूल ढूँढ़ते-ढूँढ़ते बहुत नीचे तक गए, पर उसका अन्त न मिला। तब उन्होंने ध्यान किया और शेष पर सोए भगवान् का साक्षात्कार किया। उस समय वे बोले—

नातः परं परम यद्भवतः स्वरूप—
मानन्दमात्रमविकल्पमविद्धवर्चः।
पश्यामि विश्वसृजमेकमविश्वमात्मन्
भूतेन्द्रियात्मकमदस्त उपाश्रितोस्मि॥

भारतीय भक्तिमार्ग में गृहीत इस अभिव्यक्तिवाद में और सूफ़ियों द्वारा गृहीत वेदान्त के प्रतिबिम्बवाद में जो थोड़ा-सा भेद है उसे समझ रखना चाहिए। अभिव्यक्तिवाद इस जगत् को ब्रह्म का प्रकाश कहता है और प्रतिबिम्बवाद उसकी छाया। अभिव्यक्तिवाद के अनुसार यह दृश्य जगत् भी ब्रह्म ही है, उसकी छाया नहीं। गीता में भगवान् ने स्पष्ट कहा है कि जगत् में जो कुछ ऊर्जित और दिव्य दिखाई दे वह मैं ही हूँ। इसका तात्पर्य्य यही है कि सम्पूर्ण जगत् ब्रह्म ही है पर हमारा परिमित ज्ञान ऐसा है कि उसके गोचर होने योग्य ब्रह्मत्व हमें सर्वत्र नहीं दिखाई पड़ता, कहीं-कहीं दिखाई पड़ता है। अवतारों में ब्रह्मत्व सबसे अधिक दिखाई पड़ा है इसी से ब्रह्मबुद्धि से उनकी उपासना चली है।

पैग़म्बरी मज़हबों के भीतर चले हुए भक्तिमार्गों में प्रेमभाव का प्रधान आधार होने पर भी उनके अनुयायियों में ज्ञान-कौतुक की प्रवृत्ति बहुत अधिक रही। भारतीय सगुण भक्तिमार्ग के अनुयायियों में क्यों इसका प्राबल्य नहीं हुआ, इसका लम्बा-चौड़ा कारण है। लाल समुद्र के आसपास चले हुए मज़हबों में एकेश्वरवाद की जो प्रतिष्ठा हुई वह ईश्वर के प्रेषित आदेश के रूप में अर्थात् रहस्यात्मक ढंग से। प्रवर्त्तकों ने ईश्वर के स्वरूपचिन्तन की पद्धति का समावेश अपनी धर्मपुस्तकों में नहीं किया था, इससे मज़हब में अक़्ल को दख़ल देने से लोग डरते थे। पर जीव, जगत् और ईश्वर—इन अपने सबसे बड़े विषयों की ओर गए बिना धार्मिकों की बुद्धि रह भी नहीं सकती थी। अतः मूल में न रहने पर भी ज्ञानकांड का समावेश पीछे से उन मज़हबों में तत्त्वचिन्तक आर्य्य जातियों के 'ब्रह्मवाद' या 'अद्वैतवाद' से लेकर हुआ। पर मनुष्य की प्राकृतिक बुद्धि का अधिकार स्वीकृत न होने के कारण तत्त्वज्ञान की बातों के प्रचार

का यही उपाय था कि वे बातें बुद्धि से सोची हुई न कही जाएँ, सीधे ईश्वर के यहाँ से भक्त महात्माओं के अन्तस् में प्रेषित कही जाएँ। अतः आर्य्य जातियों का 'ब्रह्मवाद' पैग़म्बरी मज़हबों के रहस्यवाद का आधार हुआ।[1]

ईसाई धर्म का इतिहास लीजिए। उसका मूल रहस्यात्मक स्वरूप तो यहूदी धर्म की परम्परा से ही आया था जिसमें फरिश्तों के द्वारा ईश्वर के सन्देश की प्राप्ति, विलक्षण-विलक्षण रूपकसंकेतों द्वारा ईश्वरीय बातों को प्रकट करनेवाले स्वप्न आदि का प्रचार चला आता था।[2] पीछे जिस तत्त्वज्ञान या ज्ञानकांड का ईसाई रहस्यात्मक भक्तिमार्ग में समावेश किया गया वह सुकरात, अफ़लातून, अरस्तू, प्लोटिनस इत्यादि यूनानी दार्शनिकों के निरूपित सिद्धान्तों के आधार पर था। ये सिद्धान्त वास्तव में वे ही थे जिनका प्रतिपादन भारतवर्ष में उपनिषदों के भीतर बहुत प्राचीन काल में हो चुका था और जो वेदान्त के आधार हुए। ब्रह्म और जीव का वही स्वरूप और सम्बन्ध; परब्रह्म की वही निर्विशेषता और अप्रमेयता, वही 'नेति नेति', दृश्य और गोचर की वही इयत्ता और क्षणभंगुरता जो उपनिषद् और वेदान्त में कही गई थी, उक्त यूनानी दर्शनों में भी थी।[3]

इसी प्रकार फारस की सीमा पर इस्लाम धर्म के भीतर जिस रहस्यात्मक सूफी भक्तिमार्ग का प्रचार हुआ उसका आधार अधिकतर भारतवर्ष का वेदान्ती अद्वैतवाद था। तात्पर्य्य यह कि उक्त भक्तिमार्ग का जो रहस्यात्मक स्वरूप था वह तो सामी (Semitic) मज़हब का था, और उसका जो तत्त्वज्ञानात्मक (Ratianalistic) आधार था वह आर्य्यजाति के ज्ञानकांड का था। सूफ़ियों पर चाहे यूनानी दर्शन (Neo-Plationism) का भी कुछ प्रभाव पड़ा हो, क्योंकि तत्त्वज्ञान की कुछ यूनानी पुस्तकों के छायानुवाद भी अरबी में हुए थे, पर उनके पूरे सिद्धान्त की नींव भारतीय वेदान्त पर ही पड़ी थी। जिस साहस के साथ उन्होंने 'अनहलक़' की घोषणा की थी वह उपनिषदों के 'तत्त्वमसि' और 'अहं ब्रह्मास्मि' वाला साहस था। उनका 'प्रतिबिम्बवाद' वेदान्त के विवर्त्तवाद, दृष्टिसृष्टिवाद,

---

1. मिस्टिकल स्टेट्स अव माइंड इन एव्री डिग्री आर शोन बाइ हिस्ट्री टु मेक फार द मोनड द व्यू।

—डब्ल्यू. जेम्स (प्रैग्मैटिज्म)।

2. द बिलीफ इन मिस्टिकल थियोलाजी ऐंड इट्स कनेक्टेड फेनामेना वाज टेकेन ओवर बाई क्रिश्चिऐनिटी फ्राम जूडाइज्म। जूडाइज्म टेंडेड टु रिगार्ड गाड ऐज सो ट्रैंसेंडेंट ऐंड इनइफेब्ल दैट ही कुड डील विद क्रीचर्स ओन्ली बाई ऐंजेलिक मेडिएशन। इट वाज द फैशन टु सी आर राइट अव ऐपोकैलिप्स, सिंबालिक विजन्स, ऐंजेलिक मिनिस्टर्स।

—एन्साइक्लोपीडिया आव रेलिजन ऐंड एथिक्स

3. द फंडामेंटल मेटाफिजिक्स इन ह्विच द डाक्ट्रिन अव क्रिश्चियन मिस्टिसिज्म इज ग्राउंडेड इन ग्रीक रैशनलिस्टिक मेटाफिजिक्स, फार्म्युलेटेड बाइ साक्रेटीज ऐंड हिज ग्रेट सक्सेसर्ज प्लैटो, ऐरिस्टाट्ल ऐंड प्लाटिनस...।

गाड, ऐकार्डिंग टु दिस ग्रीक इंटरप्रिटेशन इज ऐब्सोल्यूट रियालिटी विद नो ऐडमिक्श्चर अव मैटर, दैट इज विद नो पोटेंशैलिटी आर पासिबिलिटी अव चेंज। देयर इज हाउएवर समथिंग इन द ह्यूमन सोल ह्विच इच अनऐसंडर्ड फ्राम द ऐब्सोल्यूट, समथिंग ह्विच एसेंशली इज दैट रियालिटी।...दिस इंटेलेक्चुअल फार्म्युलेशन नेसैसैरिली इनवाल्व्स ए *वाया निगेटिवा*। ही इज नाट 'दिस', ही इज नाट 'दिस'।

—एन्साइक्लोपीडिया अव रेलिजन ऐंड एथिक्स

अजातवाद आदि अनेक वादों में से एक प्रसिद्ध वाद है। मूल धर्म का स्वरूप रहस्यात्मक होने के कारण तत्त्वज्ञान की इन बातों की उपलब्धि रहस्यात्मक ढंग से ही मानी जा सकती थी। अतः ऐसी बातें महात्माओं के अन्तस् में प्रेमोन्माद की तुरीयावस्था में प्रेषित कही जाती थीं। इसी रूप में उनका समावेश मज़हब के भीतर हो सकता था।

भक्तिमार्ग अपने विशुद्ध रूप में धर्मभावना का भावात्मक या रसात्मक विकास है। यह विकास उपास्य ईश्वर के स्वरूप की प्रतिष्ठा के उपरान्त ही होता है। स्वरूप की यह प्रतिष्ठा तत्त्वचिन्तन या ज्ञान की प्रकृत पद्धति के द्वारा ही हो सकती है और सर्वत्र हुई है। परोक्ष के सम्बन्ध में, ईश्वर के सम्बन्ध में, मूल नित्य सत्ता के सम्बन्ध में, जो बातें कही जाएँगी वे वास्तव में शुद्ध बुद्धि की क्रिया द्वारा ही प्रस्तुत मानी जा सकती हैं। रागात्मिका वृत्ति द्वारा, भावोन्माद द्वारा, ऐसी बातें तो दूर रहीं, साधारण बातें भी नहीं जानी जा सकतीं। न हम कान से देख सकते हैं, न नाक से सुन सकते हैं। पर भावात्मिका भक्ति क्यों और किस प्रकार ज्ञान का भी एक रहस्यमय साधन पैग़म्बरी मज़हबों के भीतर मानी गई, यह हम ऊपर दिखा आए। ज्ञान इने-गिने लोगों की सम्पत्ति होता है। ज्ञान के अधिकारी वे ही हो सकते हैं जिनमें बुद्धि का विकास अधिक हो, जिनकी ग्रहण-शक्ति शास्त्र-चिन्तन आदि द्वारा परिष्कृत, व्यवस्थित और समुन्नत हो। पर भक्ति का अधिकार, गहरी से गहरी भक्ति का अधिकार, मूर्ख से मूर्ख को भी पूरा रहता है। अतः किसी में केवल भक्ति देखकर इसे ज्ञान का भी अधिकारी मान लेने की चाल चल पड़ने का यह परिणाम अनिवार्य्य है कि भक्ति की ओट में बहुत-से मूर्ख भी ऐसे बड़े-बड़े विषयों की अनधिकार चर्चा करते फिरें जो उनकी बुद्धि में कभी धँस ही नहीं सकते।

चिन्तन करनेवाली निश्चयात्मिका बुद्धि भी, सूक्ष्म और दूरारूढ़ ज्ञान का एकमात्र साधन होने के कारण, ईश्वर का बड़ा भारी प्रसाद है। इस बात का पूर्ण स्वीकार आर्य्यधर्म के प्रारम्भिक काल में ही हुआ और श्रुति के भीतर ही ज्ञानकांड की प्रतिष्ठा उपनिषदों के रूप में हुई। उपनिषद् तत्त्वचिन्तक ज्ञानसम्पन्न ऋषियों के आध्यात्मिक विचारों के संग्रह हैं। उनमें बहुत-से स्थल संवाद के रूप में हैं, जिनमें शंका-समाधान भी है। इस प्रकार उनका तत्त्वज्ञानात्मक (Rationalistic) स्वरूप स्पष्ट है। उनमें उपासना का संकेत भी बीच-बीच में है, पर उनका प्रधान लक्ष्य ब्रह्म के तात्त्विक या पारमार्थिक स्वरूप की प्रतिष्ठा है। हमारे यहाँ की कई हजार वर्ष पुरानी परम्परा भी वेदों के उपनिषद्-भाग को 'ज्ञानकांड' कहती चली आ रही है। उपनिषदों के स्फुट विचारों को ही व्यवस्थित शास्त्र के रूप में संकलित करने के लिए वादरायण ने ब्रह्मसूत्रों की रचना की।

ऊपर कह आए हैं कि 'पूजा' के उपरान्त 'उपासना' और 'भक्ति' का जो विकास हुआ वह उपास्य ईश्वर के स्वरूप की प्रतिष्ठा–ज्ञानकांड के अनुष्ठान–के उपरान्त हुआ। इसका स्पष्ट संकेत जिस क्रम से धर्म के तीनों कांडों के नाम लिए जाते हैं वह क्रम देता है–कर्म, ज्ञान और उपासना; कर्मकांड, ज्ञानकांड और उपासनाकांड। स्वरूपचिन्तन के पहले परोक्ष शक्ति की तुष्टि के लिए जो विधान होते थे वे 'पूजा' के ही अन्तर्भूत थे। मानसी पद्धति में पूजा से आगे बढ़कर 'उपासना' का भाव है, जो स्वरूप-चिन्तन द्वारा

परिचय बढ़ने पर ही जगता है। 'उपासना' के आगे 'भक्ति' है। इस भक्ति का सबसे प्राचीन प्रतिपादक ग्रन्थ गीता है जिसमें प्रेम या भक्ति से अलग ज्ञानमार्ग का स्पष्ट निर्देश है। भागवत में भी यही बात है। भक्ति को लेकर आगे जो भिन्न-भिन्न सम्प्रदाय चले वे भी आचार्य्यों के तर्क और तत्त्वचिन्तन द्वारा निरूपित स्पष्ट सिद्धान्तों का आधार मानकर चले। रामानुज, निम्बार्क, वल्लभ आदि आचार्य्यों ने ब्रह्मसूत्र अर्थात् वेदान्त दर्शन की अपनी-अपनी प्रज्ञा और भावना के अनुसार व्याख्या करके भिन्न-भिन्न वैष्णव भक्त-सम्प्रदायों का प्रवर्त्तन किया। सारांश यह कि भारतीय भक्तिमार्ग में ज्ञान की उपलब्धि और भाव की उपलब्धि बराबर अन्तःकरण की दो अलग-अलग वृत्तियों द्वारा मानी गई है। किसी कोरे भक्त को, जो शास्त्र-ज्ञान-सम्पन्न न हो, अपने को ज्ञानी प्रकट करने का साहस नहीं हुआ है।

शास्त्र-ज्ञान-सम्पन्न होकर भी अपनी प्रवृत्ति के अनुसार जिन्होंने विशुद्ध हृदय-पद्धति या भक्तिमार्ग का अवलम्बन किया वे हृदय के निष्कपट सीधे-सादे प्रेमभाव को ही अपने लिए भगवान् का प्रसाद या अनुग्रह समझते आए। रहस्यज्ञाता या परोक्ष-द्रष्टा समझे जाने के लिए अपने मन, वचन और कर्म को कुछ वक्र और विलक्षण रूप देने की चाल उनमें नहीं चली। ऐसी बातें उनके प्रेममार्ग की दीनता और सरलता के सिद्धान्त के विरुद्ध थीं। सीधा मन, सीधी वाणी और सीधे कर्म इन भक्तों के लक्षण रहे। सूर और तुलसी भक्त होने के साथ ही पढ़े-लिखे विद्वान् थे। कबीरदास की अपेक्षा वेदान्त, योग इत्यादि की बातें—जैसे, ब्रह्म, जीव, माया, पंचेन्द्रिय, षड्रिपु, इला, पिंगला, चक्र, ब्रह्मरंध्र इत्यादि—वे कहीं अधिक और अच्छी तरह जानते थे। वे यदि चाहते तो उन बातों को लेकर वे भी बड़े-बड़े उलझाऊ रूपक बाँधते, तरह-तरह की टेढ़ी पहेलियाँ गढ़ते और पंडितों से बुझाते। पर ऐसा चाहना उनकी भक्ति की स्वाभाविक सरलता के विरुद्ध था। शास्त्र में निरूपित साधारण बातों को ही लेकर पहेली गढ़ना और उसके द्वारा यह प्रकट करना कि हम ऐसी बातें जानते हैं जो किसी के द्वारा नहीं जानी गईं, वे अपना काम नहीं समझते थे। ऐसे काम का इसके सिवा कोई फल भी नहीं कि अशास्त्रज्ञ और तत्त्वज्ञानहीन-जनता कुतूहल-मुग्ध और आश्चर्य्य-भ्रान्त होकर मुँह ताके। कबीर या और किसी रहस्योन्मुख निर्गुण भक्त की वाणी में कोई एक भी ऐसी तत्त्व की बात बता सकता है जो शास्त्र की एक बहुत ही साधारण बात न हो ? उक्ति-वैलक्षण्य मात्र में कोई नया तथ्य नहीं होता। किसी रहस्यदर्शी भक्त ने आज तक कहीं तत्त्वज्ञान की कोई नई बात बताई है ? सौ बात की एक बात यह कि जो भक्त हो वह भक्ति की राह रहे पर रहस्यज्ञान के प्रवाद से ग्रस्त भक्त अपना मन विशुद्ध भक्ति के मार्ग पर रख नहीं सकता। वह कोई बात पूरी तरह न जानने पर भी इशारेबाजी करने के लिए इधर-उधर जरूर दौड़ा करेगा। निर्गुण-सम्प्रदाय के भक्तों ने अपना रहस्यज्ञानी स्वरूप छोड़कर भक्त के रूप में जो शुद्ध भाव-प्रेरित उक्तियाँ कही हैं वे बड़ी ही हृदयग्राहिणी हैं, पर ब्रह्म, जीव, माया, पंचेन्द्रिय, योग की नाड़ियों, चक्रों आदि को लेकर जो रूपक और पहेलियाँ रची हैं उनका न तो काव्य-क्षेत्र में कोई मूल्य है न ज्ञानक्षेत्र में।

जगत् की कार्य्य-कारण परम्परा से बाहर की किसी अज्ञात शक्ति के योग या हस्तक्षेप से मन के भीतर या बाह्य जगत् में ऐसी बातें घटित होने की धारणा जो प्राकृतिक नियमानुसार न निष्पन्न हुई हों–एक प्रकार की रहस्य-भावना तो यह है। दूसरे प्रकार की समुन्नत और सच्ची रहस्य-भावना वह है जिसका उपयोग भाव के सम्यक् संचार के लिए काव्य या भक्ति की रस-पद्धति में होता है। इस दृष्टि से विचार करने पर हमें रहस्यवाद तीनों रूपों में गृहीत मिलता है–

(1) **भावोपलब्धि के साधन के रूप में**–रहस्य की प्रवृत्ति को ऐसी जगह यहीं मिल सकती है जहाँ से वह कोई गड़बड़ न कर सके। रहस्य-भावना का यदि कहीं मूल्य हो सकता है तो भाव के क्षेत्र में–पर यदि वह उसी क्षेत्र के प्रकृत विधान के भीतर रहे और उसमें भी उपयुक्त अवसर पर योग दे। उसके द्वारा कभी अपनी प्रिय और मधुर जीवन-भावना के अवस्थान के लिए किसी अज्ञात क्षेत्र की ओर बड़ा सुहावना संकेत मिलता है, कभी मनोरंजक कुतूहल या आश्चर्य्य की स्तब्धता के मिश्रण से भावों में अत्यन्त रमणीयता या तीव्रता आ जाती है, कभी ज्ञात के परे भी आलम्बन की सत्ता की भावना आ जाने से हमारे भाव ज्ञान की सीमा को पार करते जान पड़ते हैं। शिशिर के अन्त में धूल छाई रहने के कारण किसी बड़े मैदान के क्षितिज से मिले हुए छोर पर वृक्षावली की जो धुँधली श्यामल रेखा दिखाई पड़ती है उसके पार हमारी कल्पना को किसी अत्यन्त प्रिय और मधुर अतीत या भविष्य जगत् के अवस्थान के लिए अवकाश मिलता है। इसी प्रकार अज्ञात की भावना के मेल से भाव में एक अद्‌भुत गूढ़ता आ जाती है। इसका अनुभव सामान्य व्यापारों में भी कभी-कभी होता है। यदि कोई अज्ञात रहकर किसी की ठीक समय पर आपत्ति से रक्षा करता चला जाए तो उसके प्रति जो कृतज्ञता या पूज्य-बुद्धि होगी उसकी अनुभूति कुतूहल-मिश्रित होकर बड़ी ही अनूठी होगी। इसी प्रकार किसी अज्ञात द्वारा समय-समय पर उपस्थित की हुई आपत्ति का भय अत्यन्त स्तम्भित करनेवाला होगा।

जिसकी शक्ति या महत्ता की बड़ी गहरी धारणा मन में होती है उसके सम्बन्ध में बातचीत करते हुए आश्चर्य्य-मुग्ध होकर हम प्रायः कहा करते हैं कि 'न जाने कहाँ से उसमें इतनी शक्ति आ जाती है; न जाने कैसे वह इतने बड़े-बड़े काम बात की बात में कर डालता है; न जाने सब बातें उसे पहले से कैसे मालूम हो जाती हैं।' यही 'न जाने' रहस्य का मूल मन्त्र है। इस 'न जाने' के आ जाने से–'कौन', 'किसका', 'कहाँ', 'कहाँ से', 'किस ओर' आदि जिज्ञासा की प्रणाली के अवलम्बन से–महत्त्व, शक्ति, ऐश्वर्य्य, सौन्दर्य्य इत्यादि की भावना का बहुत अधिक प्रसार प्रतीत होता है। इस प्रकार की रहस्य-योजना भक्ति-काव्य के क्षेत्र में अधिक होती है जिससे हमारी भावना ज्ञान की सीमा को पार करती-सी जान पड़ती है। इसी को लाक्षणिक भाषा में 'भावना का असीम की ओर जाना' कह सकते हैं। इसका अभिप्राय सिर्फ इतना ही है कि जहाँ तक व्यक्त और ज्ञात है उसके आगे भी न जाने क्या और कितना है। अज्ञात अज्ञात ही रहता है। दूसरी बात यह कि इस रहस्य-योजना के काव्य या भक्तिरस में उपयुक्त

स्थल होते हैं। जगह-जगह 'कौन' 'कहाँ से', 'किस ओर' इत्यादि रखना खेलवाड़-सा हो जाता है।

भक्तिरस में यह रहस्य-प्रवृत्ति अधिकतर ईश्वर को कुछ ज्ञात और कुछ अज्ञात भूमि में रखकर उनके महत्त्व और असीमता की भावना करने में–जिसे अचिन्त्यैश्वर्य-योग कहते हैं–काम आती है। यह भावना ईश्वर को जितना ही अधिक अज्ञात की ओर रखकर होगी उतनी ही रहस्यात्मक कही जाएगी। अर्थात् ईश्वर के किसी सगुण और व्यक्त स्वरूप की भावना के साथ-ही-साथ जितनी अधिक यह भावना भी लगी रहेगी कि इसके आगे वह न जाने क्या और कहाँ तक और है, उतना ही अधिक 'रहस्य' की ओर झुकाव कहा जाएगा। ऐसी भावना में कुतूहल और आश्चर्य्य प्रधान भाव होंगे। इस कुतूहल या आश्चर्य्य की रहस्यात्मक रमणीयता ज्ञात और अज्ञात, व्यक्त और अव्यक्त, ससीम और असीम, इन विरुद्धों को एक साथ रखने में अनुभूत होती है।[1]

सब जगह भक्तिमार्ग ब्रह्म के उभयात्मक स्वरूप को लेकर चला है। अतः यह प्रकट करना कि व्यक्त और ससीम से हमसे कोई मतलब नहीं, हम तो केवल असीम में जाकर रमा करते हैं, भक्ति के वास्तविक सिद्धान्त के विरुद्ध है। हम यह अच्छी तरह दिखा आए हैं कि अव्यक्त, निर्गुण, असीम इत्यादि निषेधवाचक शब्दों का अभिप्राय केवल इतना ही है कि जहाँ तक ब्रह्म हमारी परिमित बुद्धि को व्यक्त है, जिस सीमा तक हमारा ज्ञान पहुँच सकता है, जिस गुण-समूह तक हमारी अनुभूति जा सकती है, उसके आगे भी वह अनन्त है, उसके आगे उसका स्वरूप न जाने कैसा है, उसके आगे उसके गुण न जाने क्या-क्या हैं।[2] अतः व्यक्त और ससीम को ही लेकर भक्त ध्यान करने बैठता है, पर उसमें यह भावना और जोड़ देता है, कि वह यहीं तक नहीं है इसके आगे भी न जाने और कहाँ तक है।

गोस्वामी तुलसीदास, सूरदास इत्यादि शुद्ध भक्तिमार्गी कवि राम या कृष्ण की नरलीला का मुग्ध वर्णन करते-करते जो यह भी संकेत कर देते हैं कि वे वही ब्रह्म हैं जो व्यापक, अव्यक्त, निर्गुण, अप्रमेय इत्यादि हैं उसका तात्पर्य्य सम्यग्दर्शन के लिए ब्रह्म के इन दोनों–व्यक्ताव्यक्त, सगुण-निर्गुण, मूर्त्तामूर्त्त–स्वरूपों को एक साथ रखकर भावना करना है। ज्ञानपक्ष में इस उभयात्मक भावना से इयत्ता का परिहार होता है और भावपक्ष

---

1. इन द वेरी कंट्रास्ट अव द फाइनाइट विद द इनएफेब्ल द मिस्टिसिज्म लिव्स, ह्वेदर इट बी हिन्दू आर क्रिश्चियन मिस्टिसिज्म।–जे. रायस (द वर्ल्ड ऐंड द इंडिविजुअल)
2. इस वाक्य के अनन्तर त्रुटि का चिह्न लगाकर लिखा है–'कोट रघुवंश 10'। रघुवंश के दशम सर्ग में रावण के उपप्लव से पीड़ित देवताओं ने जब समुद्रतट पर जाकर विष्णु की स्तुति की है तो उभयात्मक स्वरूप का कीर्त्तन इस प्रकार किया है–

    अमेयो मितलोकस्त्वमनर्थी प्रार्थनावहः।
    अजितो विष्णुरत्यन्तमव्यक्तो व्यक्तकारणम् ॥ 18 ॥ इत्यादि,

    और अन्त में यह कह दिया है कि

    महिमानं यदुत्कीर्त्य तव संह्रियते वचः।
    श्रमेण तदशक्त्या वा न गुणानामियत्तया ॥ 32 ॥

    अर्थात् ब्रह्म की महिमा के उत्कीर्त्तन में वाणी के रुकने का कारण गुणों की इयत्ता नहीं, श्रम अथवा अशक्ति है। उसके अनन्त गुणों का कथन सम्भव ही नहीं है।

में कुतूहल और आश्चर्य्य की योजना। तुलसीदासजी ने राम में ब्रह्म के उभयात्मक स्वरूप की भावना स्पष्ट शब्दों में की है–

जय सगुन-निर्गुन रूप राम अनूप भूप-सिरोमने।

शुद्ध भक्तिमार्ग के अनुयायी का यही पक्ष हो ही सकता है। ईश्वर के महत्त्व और असीमता की एक अस्फुट भावना जगाकर भक्त को आश्चर्य्यमुग्ध करने के लिए अज्ञात की ओर संकेत तथा भगवान् को रागात्मक हृदय के बिलकुल पास लाने के लिए कल्पना में उनके किसी मधुर और रमणीय विग्रह की प्रतिष्ठा–बस यहीं तक रहस्यवाद का उपयोग हम असली और सच्चा मानते हैं।

(2) **ज्ञानोपलब्धि के साधन के रूप में**–इसके आगे जहाँ ज्ञान के क्षेत्र पर उसका धावा होता है, जहाँ वह ज्ञान का एक साधन बनने लगता है, वहाँ वह एक झूठे खेल के सिवा और कुछ नहीं रह जाता। पर इस प्रकार के खेल भी बराबर रहस्यज्ञानी भक्त और रहस्यवादी कवि खड़े किया करते हैं। वे अव्यक्त को अव्यक्त ही कहकर नहीं छोड़ना चाहते। अपनी दृष्टि की दिव्यता का प्रमाण देने के लिए, अव्यक्त तक अपने ज्ञान की पहुँच सूचित करने के लिए, वे उस अव्यक्त का वर्णन भी करने लगते हैं। ज्ञान की पहुँच या सिद्धि दिखानेवाले भक्त हुए तो निर्विशेषता का ब्योरा देने बैठते हैं--जैसे, जहाँ न रात है न दिन है, न अँधेरा है न उजाला है, न पाप है न पुण्य है; प्रेम ही प्रेम है इत्यादि। यदि रहस्यवादी कवि हुए तो प्रकृति के रंग-रूप को लेकर तरह-तरह के विराट् और अलौकिक चित्र खड़े करके यह धारणा उत्पन्न करना चाहते हैं कि हमारी दिव्य कल्पना उस असीम और अव्यक्त तक पहुँचा करती है। भावना या काव्यकला की दृष्टि से ऐसे चित्रण का कुछ मूल्य अवश्य होता है, पर उक्त धारणा उत्पन्न करने की चेष्टा की झलक से उसमें बट्टा लग जाता है। कोरी कल्पना की उड़ान को हम 'ब्लेक' की तरह आध्यात्मिक तथ्य या साक्षात्कार या ज्ञानोपलब्धि नहीं मान सकते।

(3) **अर्थोपलब्धि के साधन के रूप में**–कर्म के क्षेत्र में रहस्य की प्रवृत्ति का परिणाम सबसे बुरा होता है। जिस फल की प्राप्ति उपयुक्त श्रम और सोचे-समझे उद्योग से होती है उसे अनायास एक अलौकिक सिद्धि के रूप में रहस्यात्मक ढंग से प्राप्त करने की वासना के कारण चिरकाल से मनुष्य जाति अपने समय, धन और शक्ति का अपव्यय करती चली आ रही है। योग की अनेक प्रकार की अलौकिक सिद्धियाँ, यन्त्र, मन्त्र, तन्त्र इत्यादि इसी वासनावाला रहस्यवाद है।

इन तीनों के रहस्यवादों में से तीसरे को तो पाश्चात्य विद्वान् भी झूठा रहस्यवाद (False Mysticism) कहते हैं। पर हम दूसरे को भी झूठा रहस्यवाद मानते हैं। जिस प्रकार किसी फल या वस्तु की उपलब्धि के लिए रहस्यवाद असत् है, उसी प्रकार ज्ञान की उपलब्धि के लिए भी। हम केवल भाव (Emotion, Sentiment) की उपलब्धि के लिए उसका अवलम्बन ठीक और सच्चा मानते हैं। क्यों पाश्चात्य विद्वान् ज्ञान की उपलब्धि-वाले रहस्यवाद के विरुद्ध कुछ कहना नहीं चाहते, इसका कारण उनके

भक्तिमार्ग के विकास की पद्धति पर, जिसका थोड़ा-सा दिग्दर्शन ऊपर हो चुका है, ध्यान देने से स्पष्ट हो जाएगा।

यहूदी धर्म और ईसाई धर्म दोनों का स्वरूप मूल में केवल रहस्यात्मक था, उसमें तत्त्वचिन्तन की पद्धति अर्थात् ज्ञानकांड का उपदेश नहीं था। अतः भक्ति के उदार और व्यापक विधान के लिए जब एकेश्वरवाद (Monotheism) के स्थान पर आर्य्य जातियों का ब्रह्मवाद या अद्वैतवाद (Monism) लिया गया तब रहस्यात्मक ढंग से अर्थात् ईश्वरानुग्रह-प्राप्त भक्त महात्माओं के हृदय में भावावेश के समय अनायास प्रेषित ज्ञान या इलहाम के रूप में। अतः ज्ञान की उपलब्धि से रहस्यवाद का कोई सम्बन्ध न कहना उनके लिए कुछ कठिन पड़ता है। ईसा की गत 19वीं शताब्दी में जब आधिभौतिक वैज्ञानिकों (Materialists) द्वारा ईसाई मज़हब पर कड़े हमले हुए तब यूनान के ज्ञानकांड से गृहीत सर्ववाद (Phantheism) और ब्रह्मवाद का बहुत कुछ सहारा लिया गया। पर जैसा कि ऊपर कहा जा चुका है, यूनानियों का यह तात्त्विक (Rationalistic) सिद्धान्त योरप के भक्तिमार्ग में रहस्य सिद्धान्त (Mystical dogma) के रूप में गृहीत हुआ था। काव्य के क्षेत्र में जो भक्तिमार्गी रहस्यवाद नए सिरे से 19वीं शताब्दी के अन्तिम चरण में योरप में उठा था उसका ऐतिहासिक कारण इस बात से स्पष्ट हो जाएगा।

ऊपर जो कुछ कहा गया उससे इस बात का ठीक पता चल जाता है कि क्यों भक्तिमार्ग पाश्चात्यों में रहस्यवाद (Mysticism) कहा जाता है। भक्तिमार्ग ही नहीं, उसके तात्त्विक आधार ब्रह्मवाद को भी वे उसी के अन्तर्गत लेना चाहते हैं और उपनिषदों के ज्ञानकांड को भी रहस्यवाद कहकर उसका दार्शनिक या तात्त्विक स्वरूप उड़ाना चाहते हैं। इस प्रयत्न में उन्हें कठिनाइयाँ बहुत पड़ती हैं, पर वे रहस्यवाद के लक्षण उपनिषदों पर घटाने की चेष्टा करते रहते हैं। उनका तत्त्वज्ञानात्मक (Rational) स्वरूप प्रत्यक्ष देखते हुए भी उनके बीच अनिर्वचनीयता, भावुकता, अद्वैतसिद्धि की लालसा, सान्त से असन्तोष, अन्तस् के गूढ़तम तल में जो कुछ है उसमें ब्रह्मबुद्धि–इन बातों का यत्र-तत्र आभास बताकर वे उन्हें रहस्यात्मक स्वरूप देना चाहते हैं।[1]

---

1. देखिए एन. मैकनिकल की पुस्तक इंडियन थेइज्म फ्राम द वेदिक टु द मुहम्मदन पीरियड तथा एन्साइक्लोपीडिया आव रेलिजन ऐंड एथिक्स में उनका निबन्ध जिसके नीचे लिखे वाक्य ध्यान देने योग्य हैं–

   इट इज ट्रू अव मच इन द उपनिषद्स दैट इट इज सीकिंग टु डिस्कवर द रिलेशंस अव मैन विद द यूनिवर्स रादर दैन हिज रिलेशन विद गाड। इट इज आफेन कंसर्न्ड विद द रिलेशन अव द नोअर ऐंड द नोन, रादर दैन विद दैट अव द वर्शिपर ऐंड गाड। इट गिव्स ए मेटाफिजिक रादर दैन ऐन एथिक आर रेलिजन। इन द ब्राड लाइंस अव इट्स ऐस्पिरेशंस, हाउएवर,–इट्स क्रेविंग आफेन फिल्ड विद डीप इमोशन, इट्स डिस्कंटेंट विद द फाइनाइट, इट्स कन्विक्शन दैट इज डीपेस्ट विदिन इज नियरेस्ट एकिन टु ह्वाट इज हाएस्ट अबव–इट्स वैल्यू ऐज मिस्टिसिज्म इज अनचैलेंज्ड।

   उसी पुस्तक में बौद्ध रहस्यवाद (योग, तन्त्र आदि) पर जो लेख है उसमें साफ कहा गया है कि हिन्दुओं का प्राचीन ज्ञानकांड बिल्कुल तत्त्वचिन्तनात्मक था–प्रिमिटिव बुद्धिज्म, लाइक दि आर्थोडाक्स सिस्टम्स, वाज एंटायर्ली रैशनलिस्टिक।

अब देखिए कि क्या ये ही बातें तत्त्वचिन्तन के फलस्वरूप नहीं हैं–

अनिर्वचनीयता लीजिए। हम पहले ही दिखा चुके हैं कि अनिर्वचनीयता का अभिप्राय यही है कि जहाँ तक ब्रह्म ज्ञेय और व्यक्त है वहीं तक वह नहीं है, उसके परे भी जो कुछ है सब ब्रह्म ही है। ज्ञेय और व्यक्त के परे ब्रह्म कैसा है, यह जाना ही नहीं जा सकता। बस, अनिर्वचनीयता का इतना ही मतलब है। वाष्कलि के तीन बार पूछने पर कि 'ब्रह्म कैसा है ?' बाह्व का तीनों बार चुप रहना और अन्त में कहना कि 'बता तो रहा हूँ' (अर्थात् ब्रह्म कैसा है, यह बताया ही नहीं जा सकता) यही सूचित करता है। उसका मतलब यह नहीं कि इस दृश्य और व्यक्त के परे अव्यक्त निर्गुण ब्रह्म जैसा है उसे बाह्वजी एक रहस्यवादी सिद्ध की तरह पूरा जाने हुए बैठे थे, पर उनसे कहते नहीं बनता था। इस उपाख्यान को तो अव्यक्त को बताने के ढोंग का श्रुति-निषेध ही समझना चाहिए। इसलिए शंकराचार्य्यजी ने अपने भाष्य में इसका उल्लेख किया है।

अद्वैत या एकत्व-सिद्धि की प्रवृत्ति लीजिए। जगत् के इन बदलते हुए नाना रूपों की तह में कोई एक नित्य, अपरिच्छिन्न और अपरिणामशील सत्ता है, मनुष्य की सोचनेवाली बुद्धि ज्ञान-विकास की उन्नत दशा में अवश्य इस बात तक पहुँचती है। दर्शन शास्त्र (Metaphysics) का यही मुख्य विषय है। यह कोई इलहामी बात नहीं है।

सान्त से असन्तोष भी सभ्य दशा को पहुँची मनुष्य जाति के लिए स्वाभाविक है। जब उसकी बुद्धि इस विराट् विश्व की ओर देखती है तब उसकी अनन्तता और प्रवाह-नित्यता का अनुमान बँधता है और वह सान्त रूपों में चिन्तन से सन्तुष्ट न होकर अनन्त और नित्य समष्टि के चिन्तन की ओर बढ़ती है। यह ज्ञानियों की जिज्ञासा या ज्ञान-पिपासा है, रहस्य-भावना नहीं।

इसी प्रकार अन्तस् के मूल में चित् या द्रष्टा के रूप में जिस प्रकार आत्मा स्थित है उसी प्रकार इस अखिल विश्व की तह में कोई चित् या परमात्मा है, यह भी सोचते-सोचते, तत्त्वचिन्तन करते-करते, एक अनुमान की हुई बात है; गैब से कान में फूँकी हुई बात नहीं।

अब रही भावुकता। यह हम दिखा आए हैं कि हृदय के योग के बिना बुद्धि द्वारा निरूपित ज्ञान निष्फल है; उसकी कुछ सार्थकता नहीं। इसी से उपनिषदों में ज्ञान की पूरी-पूरी प्रतिष्ठा के साथ-साथ उपासना का भी संकेत है। ज्ञान और भाव का प्रकृत क्रम हम यह ऊपर बता आए हैं कि पहले तत्त्वचिन्तन द्वारा स्वरूप की प्रतिष्ठा होती है; फिर उस स्वरूप में हृदय का योग होता है। मनुष्य की बुद्धि और मनुष्य का हृदय, इन्हीं दोनों अन्तर्वृत्तियों का ठीक और स्वाभाविक ढंग से संचालन उपनिषदों के ज्ञानकांड और उपासनाकांड दोनों का विधान है।

इनके अतिरिक्त उपनिषदों की जो और बातें उनका रहस्यात्मक स्वरूप दिखाने के लिए पेश की जाती हैं उनका भी लगे हाथ विचार कर लेना चाहिए। वृहदारण्यक

उपनिषद् में ब्रह्मचिन्तन की मग्नता या ब्रह्मानन्द की अनुभूति का इस दृष्टान्त द्वारा वर्णन किया गया है–

'जैसे पुरुष को अपनी प्रियतमा स्त्री के आलिंगन काल में यह सुध नहीं रहती कि क्या बाहर है क्या भीतर, उसी प्रकार जब उपासक प्राज्ञ द्वारा आलिंगित होता है तब उसे भीतर-बाहर की सुध नहीं रहती।'[1]

यह जिस स्वरूप की उपासना की जाती है उसी स्वरूप की भावना की चरम दशा का वर्णन है जिसका उल्लेख मैं पहले कर आया हूँ। यह 'विज्ञात' स्वरूप के 'साक्षात्कार' की अवस्था है। यह न तो योगियों की तुरीयावस्था है, न सूफियों का 'हाल' है, न मूर्च्छा है, न बेहोशी। उपनिषदों में किसी ऋषि की मूर्च्छा या बेहोशी की कहीं कुछ भी चर्चा नहीं है। उपनिषदों की बातें बेहोशों और मूर्च्छितों की बातें नहीं हैं, स्वाभाविक पद्धति से तत्त्वचिन्तन करनेवाले ऋषियों की बातें हैं।

वृहदारण्यक के उक्त वचन में सूफियों और कैथलिक ईसाइयों का 'माधुर्य्य भाव' भी किसी-किसी को दिखाई पड़ता है। पर वह वचन केवल दृष्टान्त रूप में कहा गया है; 'जैसे' शब्द से यह बात स्पष्ट है। उसमें उपास्य ब्रह्म की प्रियतमा के रूप में भावना नहीं है, केवल स्वरूप-साक्षात्कार की अनुभूति का उपमिति प्रमाण द्वारा अनुमान कराया गया है। एक स्थान पर उपनिषद् में यही बात इस ढंग से कही गई है कि ब्रह्म-साक्षात्कार का आनन्द या ब्रह्मानन्द प्रियतमा के समागम से सौ गुना होता है। हमारे यहाँ के कृष्णोपासक भक्त-सम्प्रदाय में जो 'माधुर्य्य भाव' पाया जाता है उसमें और सूफ़ियों तथा रोमन कैथलिक ईसाइयों के 'माधुर्य्य भाव' में स्वरूप-भेद है। उसे हम आगे चलकर दिखाएँगे।

पाश्चात्य दृष्टि के अनुसार धर्म का भक्तिपक्ष या प्रेमपक्ष रहस्यवाद (Mysticism) कहलाता है और भक्ति या प्रेम का आधारभूत तत्त्वज्ञान भी उसी रहस्यवाद के भीतर घसीटा जाता है। योरप के लोग हमारे भक्तिमार्ग का भी वर्णन 'रहस्यवाद' के नाम से करते हैं और उपनिषद् के ज्ञानकांड को भी, उसमें दर्शनशास्त्र या वेदान्त का मूल देखते हुए भी, रहस्यवाद कहते हैं। अतः 'रहस्यवाद' शब्द की जो भावना योरप में है उसी के ठीक-ठीक अनुरूप अपने यहाँ के भक्तिमार्ग की और उपनिषद् की ब्रह्मविद्या की व्याख्या करने की प्रवृत्ति यहाँ भी कुछ दिनों से दिखाई पड़ती आ रही है। महर्षि देवेन्द्रनाथ ठाकुर ने अपने लेखों, व्याख्यानों तथा अपने आत्मचरित में उपनिषदों पर रहस्यवाद का बहुत कुछ रंग चढ़ाया, जो योरपवालों को बहुत पसन्द आया। विदेशी संस्कृति के देश में कुछ गहराई तक फैलने से विदेशी दृष्टि से अपने यहाँ की बातों को देखने का रिवाज इतिहास, काव्य आदि में भी थोड़ा-बहुत पाया जाता है। शुद्ध ज्ञान के प्रकरण में तो सम्यक् दृष्टि चाहिए–न देशी, न विदेशी।

---

1. तद्वा अस्यैतदतिच्छन्दा अवहतपाप्माऽभयं रूपं तद्यथा प्रियया (4-3-21)
स्त्रिया संपरिष्वक्तो न बाह्यं किंचन वेद नान्तरंमेवमेवायं
पुरुषः प्राज्ञेनात्मना संपरिष्वक्तो न बाह्यं किंचन वेद नान्तरं
तद्वा अस्यैदाप्तकाममात्मकाममकाम रूपं शोकांतरम्। (4-3-21)

यूनानी, रोमन आदि और प्राचीन आर्य्य जातियों के समान प्राचीन भारतीय आर्यों की दृष्टि भी तात्त्विक ही रही।[1] उपनिषद् का 'ज्ञान-कांड' पाश्चात्यों को 'रहस्यकांड' के रूप में केवल इसलिए दिखाई पड़ता है कि उनमें कहीं-कहीं जिस पद्धति से स्वरूप-निरूपण हुआ है वह चिन्तन-पद्धति या तर्क-पद्धति नहीं दी हुई है। पर उपनिषदों में विचारधारा बराबर मिलती है। बातों को दृष्टान्त आदि देकर समझाने का प्रयत्न बराबर पाया जाता है। याज्ञवल्क्यजी जनक राजा की सभा में जाकर लोगों से पूरा शास्त्रार्थ करते हैं, और खंडन-मंडन के उपरान्त ब्रह्म का प्रतिपादन करते हैं। यह सब तत्त्वचिन्तन (Rationalism) का मार्ग है, दर्शनशास्त्र की पद्धति है, 'रहस्यवाद' नहीं। ऋषियों की इसी परम्परा का अनुसरण कर, वादरायण ने ब्रह्मसूत्रों की रचना की, जिनमें बादरि, काशकृत्स्न, औडुलोमि इत्यादि के भिन्न-भिन्न मतों का भी उल्लेख है। 'रहस्यवाद' का मूल मन्त्र है 'अज्ञात की उपासना'। उपनिषदों का मूल मन्त्र है स्वरूप-बोध के सहित उपासना। उपनिषदों के पूर्व यज्ञादि कर्मकांड के द्वारा जो 'पूजा' होती थी वह पूज्य के स्वरूप-बोध के साथ नहीं होती थी–उसमें पूज्य का वास्तविक ब्रह्म-स्वरूप ज्ञान या विद्या द्वारा प्रतिष्ठित नहीं रहा करता था। इसलिए केवल ऐसी उपासना उपनिषदों में अविद्या की उपासना कही गई, जिसके सम्बन्ध में ईशोपनिषद् में कहा गया है–

अन्धतमः प्रविशन्ति येऽविद्यामुपासते।

जो अविद्या की उपासना करते हैं वे गहरे अन्धकार में पड़े रहते हैं। इस प्रकार हमारे यहाँ आरम्भ में ही केवल 'अज्ञात की उपासना' का, 'रहस्यवाद' का, निषेध कर दिया गया।

भारतवर्ष में भक्तिमार्ग का विकास किस प्रकार हुआ यह हम दिखा आए हैं। उसका तात्त्विक आधार कहीं बाहर से नहीं लिया गया। 'पूजा' की भूमि के उपरान्त जब तत्त्वचिन्तन द्वारा ब्रह्म के स्वरूप की प्रतिष्ठा हुई तब साथ ही उसके उभयात्मक स्वरूप को लेकर 'उपासना' की भूमि तैयार हुई। इसी 'उपासना' से आगे चलकर प्रेम-प्रधान भक्ति का प्रवर्त्तन हुआ। अतः इस भक्ति के तात्त्विक आधार का जहाँ तक सम्बन्ध है वहाँ तक रहस्यवाद का कहीं नाम तक नहीं है। रहस्यवादी यह प्रकट करता है कि 'ज्ञात से, मुझसे कोई प्रयोजन नहीं, मैं तो सीधे अज्ञात में जाकर रमता हूँ।' शुद्ध भक्त साफ कहता है कि 'अज्ञात में कोई हृदय रमा ही नहीं सकता; मैं ज्ञात में हृदय रमाता हूँ पर इस बात की भावना रखता हुआ कि जितना मुझे ज्ञात है वह उतना ही नहीं है–वह उसके आगे अनन्त और असीम है।' 'अज्ञात की उपासना' कहने से यह ध्वनि निकलती है कि उपासक 'अज्ञात' को भी जानता है। पर इस प्रकार के ज्ञानरहस्य का हमारे यहाँ की भक्ति में कोई स्थान नहीं है।

---

1. टेकेन आल इन आल, इट इज एविडेंट दैट मिस्टिसिज्म प्लेड ऐन इनकांस्पिक्युअस रोल इन द रेलिजस लाइफ अव द हेलेनीज। द ग्रीक जीनिअस लव्ड क्लिअरनेस ऐंड सेल्फ पजेशन टू वेल् टु सीक द डिवाइन इन मिस्टिकल डार्कनेस ऐंड सेल्फ सरेंडर।

× × ×

परहैप्स नो सेमी-सिविलाइज्ड पीपुल वाज एवर मोर फ्री फ्राम मिस्टिसिज्म, इन अवर सेंस अव द टर्म, दैन द ओल्ड रोमन्स। –जेम्स एच. ल्यूबा (द साइकोलाजी अव रेलिजस मिस्टिसिज्म)

उसी भक्तिमार्ग को हम 'रहस्यवाद' का पर्य्याय कह सकते हैं जिसमें प्रेम के आलम्बन का स्वरूप बिलकुल आरोपित हो, तत्त्वचिन्तन द्वारा प्रतिष्ठित न हो। अब हम इस दृष्टि से विचार करते हैं कि भारतीय भक्तिमार्ग को रहस्यवाद कहना कहाँ तक ठीक है। यह हम दिखा आए हैं कि भागवत धर्म में भक्ति के लिए ब्रह्म का जो 'नारायण' स्वरूप लिया गया उसका उल्लेख शतपथ ब्राह्मण में है। 'नारायण' का अभिप्राय है ब्रह्म का वह स्वरूप जो नर-प्रकृति का अनुरंजनकारी हो। कार्य्यलक्षण लेने पर वह स्वरूप रक्षक और पालक का ठहराया गया। रक्षक और पालक स्वरूप किस प्रकार नित्य और सत् है, यह सिद्ध किया जा चुका है। यह आरोपित स्वरूप नहीं है, तत्त्वतः ज्ञात स्वरूप है।

ज्ञान द्वारा प्रदत्त उक्त स्वरूप का आधार पाकर तब भावक्षेत्र में प्रवेश हुआ है। जैसा कि पहले दिखाया जा चुका है, इसी भावक्षेत्र में 'रहस्य' का प्रकृत उपयोग है। नर-प्रकृति का अनुरंजन करनेवाला ब्रह्म का जो पालक और रक्षक स्वरूप कार्य्यलक्षण द्वारा प्राप्त हुआ वह सार्वभौम स्वरूप था–वह मनुष्यमात्र के लिए था। किसी जातिविशेष या व्यक्तिविशेष से उसका सम्बन्ध नहीं। इसके उपरान्त आलम्बन के स्वरूप की पूर्णता के लिए जब प्रेमभाव आकार भावना की ओर बढ़ा तब 'रहस्य' का समावेश हुआ। नारायण में परम सुन्दर चतुर्भुज स्वरूप का आरोप किया गया; श्वेतद्वीप उनका एक अलग लोक माना गया, भगवान् के विग्रह की ऐसी प्रतिष्ठा का सम्बन्ध जातीय या व्यक्तिगत रुचि से है। अतः किसी समुदायविशेष या व्यक्तिविशेष की भावना को ग्राह्य 'विग्रह' की प्रतिष्ठा अवश्य रहस्य की बात है। प्रेम-मार्ग में और आगे बढ़ने पर आलम्बन के स्वरूप को निर्दिष्ट और हृदयग्राह्य तथा निकटस्थ करने के लिए नारायण का दर्शन इसी लोक में और नर-रूप में किया गया। इसी पद्धति से भगवान् वासुदेव या श्रीकृष्ण भक्ति या प्रेम के निर्दिष्ट आलम्बन हुए। आरम्भ में भगवान् के इस विग्रह की भावना एक विशेष जनसमुदाय के बीच स्फुरित हुई इसी से भागवत धर्म को सात्वत धर्म कहते थे।

किसी विशेष जनसमुदाय या व्यक्ति के भीतर स्फुरित स्वरूपभावना का ही नाम हमारे यहाँ 'रहस्य' है। 'रहस्य' का अर्थ है किसी का निजी या (Private)। वासुदेवोपासना को जो महाभारत में कहीं-कहीं 'रहस्य', राजगुह्य' आदि कहा है, उसका बस इतना ही मतलब है। पर कुरुक्षेत्र युद्ध के उपरान्त इस उपासना का गुह्यत्व या रहस्यत्व नहीं रह गया। गहरे प्रेम के लिए उपास्य का यही लोकप्रचलित स्वरूप हुआ। भगवान् कृष्ण में जिन-जिन लोगों ने पहले-पहल ईश्वर का साक्षात्कार किया उन लोगों तक तो उनकी ईश्वरता एक रहस्य-भावना के रूप में रही। पर उसके आगे जब वह लोकग्राह्य हुई तब भक्तिमार्ग में उसके रहस्यत्व का परिहार हो गया। भागवत ने भक्तों को भक्ति का यही रहस्य-विमुक्त मार्ग–सीधा राजपथ–दिखाया, जैसा कि सूरदासजी ने कहा है–

काहे को रोकत मारग सूधो।
सुनि ऊधो ! निर्गुन-कंकट तें राजपंथ क्यों रूँधो।

इस मार्ग का बिलकुल सीधा-सादा होना ही इसकी विशेषता है। इसमें रहस्य, दुराव, छिपाव इत्यादि नहीं–न उपासक की ओर, न उपास्य की ओर।

गीता द्वारा उपासना के क्षेत्र में जिस तथ्य का प्रकाश हुआ उसकी ओर हमारे देखने में कम ध्यान दिया गया है। कृष्ण ने कहा है कि इस जगत् में जो कुछ 'श्रीमत्' और 'ऊर्जित' दिखाई पड़े उसमें मुझे समझो। इसका अर्थ कहाँ तक जाता है, यह विचारना चाहिए। इस वचन में इस बात का संकेत है कि उपास्य को बिलकुल परोक्ष रखकर उपासना करने की आवश्यकता नहीं। यह जगत् ब्रह्म से भिन्न नहीं है अतः इसी में उपासना और भक्ति करने के लिए भगवान् की प्रत्यक्ष कला मिल जाएगी। आगे चलकर भागवत में हम इसी तथ्य का स्पष्टीकरण पाते हैं। व्रज के गोप इन्द्र की पूजा किया करते थे। श्रीकृष्ण ने नंद से कहा कि इससे अच्छा तो यह है कि हम इस पर्वत (गोवर्द्धन) की पूजा करें, गायों की पूजा करें, ब्राह्मणों की पूजा करें। जो साक्षात् या सीधे पालन-पोषण आदि करता दिखाई दे वही देवता है–

तस्मात्सम्पूजयेत्कर्म स्वभावस्थः स्वकर्मकृत्।
अञ्जसा येन वर्त्तेत तदेवास्य हि दैवतम्॥
तस्माद्गवां ब्राह्मणानामद्रेश्चारभ्यतां मखः।
य इन्द्रयागसम्भारास्तैरयं साध्यतां मखः॥

–भागवत 10-24-23-24

यही 'अंजस पूजा' साक्षात् रक्षक, साक्षात् पालक और साक्षात् रंजक की पूजा–हमारी भक्ति-भावना का प्रधान लक्षण है। बिना इस 'अंजस पूजा' के हृदय का परिष्कार और शुद्धि कदापि नहीं हो सकती। यदि किसी पर्वत से, किसी नदी से, किसी वृक्ष से, किसी पशु से प्रकृति के छोटे-बड़े किसी पदार्थ से–लोक का उपकार होता है तो उसमें जो हमारी पूज्य-बुद्धि होगी वह भगवान् ही के प्रति समझनी चाहिए। जिस व्यक्ति या वस्तु या लोक का कल्याण और रंजन होता है, हमें समझना चाहिए कि उस व्यक्ति या वस्तु के रूप में भगवान् ही हमारा कल्याण और रंजन कर रहे हैं। इस प्रकार के प्रत्यक्ष रूपों के प्रति पूज्य बुद्धि हमारे धर्म की वह हृदयवृत्ति है जो उसे उन सामी (पैग़म्बरी) मज़हबों से अलग करती है जो ऐसे प्रत्यक्ष रूपों के प्रति पूज्य भाव रखना पाप कहते हैं।

'पूजा' से आगे 'उपासना' और 'भक्ति' के लिए भी इसी 'अंजस मार्ग' सीधे मार्ग का अवलम्बन हमारे यहाँ हुआ। उपास्य को अज्ञात रखकर उपासना करने की पद्धति को, 'अविद्योपासना' की पद्धति को, हटाने का प्रयत्न तो उपनिषदों ने किया। उसी विचारसूत्र को पकड़े हुए और आगे बढ़कर भक्तिमार्ग में 'परोक्षता' का भी परिहार किया गया और प्रेमलक्षणा भक्ति के लिए भगवान् की पूर्ण प्रत्यक्ष कला के अधिष्ठान अवतार लिए गए। पाश्चात्य भक्तिमार्ग 'अज्ञात के प्रेम' के कारण शुद्ध प्रेममार्ग न रहकर 'रहस्यवाद' हो गया।

भगवान् के अवतार श्रीकृष्ण का इसी भू-लोक पर एक निर्दिष्ट व्यक्तित्व है जिसके मधुर पक्ष का पूर्ण प्रकाश भागवत ने किया। श्रीकृष्ण की बाललीला और

प्रेमलीला का बहुत ही स्वाभाविक और चित्ताकर्षक वर्णन उक्त पुराण में पाया जाता है। उसी निर्दिष्ट लीला को लेकर भक्त लोग प्रेममग्न हुआ करते हैं–अज्ञात की अनिर्दिष्ट भावना को लेकर नहीं। भारतीय भक्तिमार्ग (सगुण) के भक्त भगवान् को मनुष्य के जीवन-क्षेत्र में रखकर उनकी प्राकृत नरलीला में–उनकी शैशव क्रीड़ा में, उनके गोचारण में, उनके वेणुवादन में–अपना हृदय रमाया करते हैं। यही उनके हृदय की स्थायी वृत्ति है; रहस्य-भावना नहीं। हाँ, उनकी वृत्ति बीच-बीच में कभी रहस्योन्मुख भी हो जाती है, जैसे बालकृष्ण के मिट्टी खाने पर जब यशोदा उनका मुँह खुलवाती हैं तब उसके भीतर अखिल विश्व का प्रसार देख वे स्तम्भित हो जाती हैं। इसी प्रकार रहस्योन्मुख होकर वे प्राकृत नरलीला का वर्णन करते-करते इस बात की ओर भी संकेत देते हैं कि ये वही हैं जो अव्यक्त, अनादि, अप्रमेय और त्रिगुणातीत हैं, इस त्रिगुणातीत की भावना भी जोड़ लेने से उनकी सगुण भावना में कुछ भी बाधा नहीं पड़ती। प्रेममयी गोपिकाएँ उद्धव से कहती हैं कि वे त्रिगुणातीत भी हैं, इससे क्या !

सूर इते पै गारि कहा है जो पै त्रिगुण-अतीत।

पर, जैसा कि ऊपर कहा गया है, यह रहस्य-कुतूहल भक्त के हृदय की स्थायी वृत्ति नहीं। इसका केवल बीच-बीच में संचरण हुआ करता है। भक्त जो अपना हृदय निछावर किए रहता है वह भगवान् की व्यक्त स्वाभाविक नरलीला पर। वह प्रकृति को, भगवान् की योगमाया को, उनसे अलग नहीं करता। भगवान् के जिस नर-स्वरूप और नरलीला में भक्त अपना हृदय लीन रखता है उसकी नित्यता उसका नित्य अभिलाष है। उस स्वरूप और लीला के नित्य अवस्थान के लिए वह गोलोक, साकेत आदि की भावना करता है। गोलोक में वही वृन्दावन, वही यमुना, वही वंशीवट, वही कृष्ण, वही राधा, वही सब कुछ नित्य स्वरूप में रहता है। नित्यता की यह रहस्य-भावना भी भावप्रेरित है। जो स्वरूप और जो लीला भक्त के हृदय का एकमात्र आधार है उसके बिना न तो इस पार्थिव जीवन में उसके लिए कुछ तत्त्व है और न पर-जीवन में। उस आधार के बिना अपना कहीं होना वह एक क्षण के लिए भी नहीं सह सकता। भगवान् की उक्त नित्य लीला-सृष्टि में प्रवेश ही भक्त का परम लक्ष्य है; किसी अज्ञात निर्विशेष (Absolute) दशा की प्राप्ति नहीं।

भावक्षेत्र की जो थोड़ी-बहुत रहस्य-भावना ऊपर दिखाई गई वह पाश्चात्यों के रहस्यवाद (Mysticism) का प्रधान लक्षण नहीं है। 'रहस्यवाद' की सबसे पहली बात है अज्ञात निर्विशेष परम सत्ता के साथ समागम और संलाप, सीधे जिसके द्वारा भक्त या साधक को लोकोत्तर या पारमार्थिक ज्ञान की उपलब्धि होती है। हमारे भक्तिमार्ग में इस बात का कहीं नाम नहीं है। ज्ञानोपलब्धि का यह मार्ग हमारे यहाँ स्वीकृत ही नहीं है। रहस्यवाद का तात्त्विक विवेचन करनेवाले पाश्चात्य विद्वानों ने भी रहस्यमार्गी (Mystic) भक्तों के कथनों में–जिन्हें लोग 'ईश्वर-प्रेरित सन्देश', 'रहस्य-वार्त्ता', 'परोक्ष की वाणी' इत्यादि न जाने क्या-क्या कहा करते हैं–किसी प्रकार के नए ज्ञान

की उपलब्धि नहीं मानी है। विलक्षण शब्दजाल को हटाकर परीक्षा करने पर उनमें धर्म और ज्ञान की वे ही सामान्य बातें पाई जाती हैं जिनके क्रमशः विकास का खुला इतिहास है।[1]

रहस्यमार्गी भक्तों की उक्तियों में जो वैलक्षण्य या अनूठा रूपक-जाल रहता है उसका भी साम्प्रदायिक कारण और इतिहास है। ईसवी सन् 604 में सन्त ग्रेगरी (St. Greogory the Great) नामक एक प्रसिद्ध महात्मा हो गए हैं। उन्होंने ध्यान में ईश्वर का जो साक्षात्कार होता है उसके सम्बन्ध में कहा है कि साधक ईश्वर को ठीक वैसा ही नहीं देखता जैसा वह परमार्थतः है; बल्कि उसका कनिष्ठ रूप देखता है। हमारे भीतर कल्मष का जो अन्धकार रहता है वह उस शुद्ध ज्योति को ठीक-ठीक हम तक पहुँचने नहीं देता। हम उसे साफ़-साफ़ नहीं देख सकते, वैसे ही देख सकते हैं जैसे बहुत दूर की वस्तु कुछ धुँधली-सी दिखाई पड़ती है। इसके उपरान्त ईसा की बारहवीं शताब्दी में सन्त बरनार्ड (St. Bernard) ने यह बताया कि रहस्यमार्गी को 'हाल' या आवेश की दशा में आध्यात्मिक ज्ञान की उपलब्धि किस ढंग से होती है। उन्होंने कहा कि "जब साधक के हृदय-देश में ईश्वर की भेजी हुई ज्योति की किरन झलक की तरह क्षण मात्र के लिए आ जाती है तब, या तो उस परम तेज की चकाचौंध कम करने के लिए अथवा उसके द्वारा प्रकाशित ज्ञान को दूसरे तक कुछ पहुँचाने योग्य बनाने के लिए, उस प्रेषित ज्ञान या तथ्य को व्यंजित करने के उपयुक्त पार्थिव जगत् का कुछ अनूठा रूप-विधान (रूपक) सामने आ जाता है।" छलावा की तरह आए हुए इस रूपक को 'छाया-दृश्य' (Phantasmata) कहते हैं।[2]

इसी 'छाया-दृश्य' के लक्षणों का अनुसरण सामी (Semitic) मज़हबों के भीतर चले हुए भक्ति के रहस्यमार्गों में पाया जाता है। सूफ़ियों में इसी परम्परा का निर्वाह शराब,

---

1. इट इज नाट नेसेसरी टु कंक्लूड दैट 'ओरैक्युलर कम्युनिकेशन' आर मिस्टीरिअस इनफर्मेशन, आर आइडियाज विद नावेल्टी अव कंटेंट कम इंटू द वर्ल्ड थ्रू द सीक्रेट डोर अव मिस्टिकल ओपेनिंग्ज। 'आइडिया' ऐंड 'कम्युनिकेशंस' ऐंड 'इनफर्मेशन' प्रूव आलवेज, ह्वेन दे आर एग्जैमिंड, टु हैव ए हिस्टारिकल बैकग्राउंड। दे शो द मार्क्स अव ग्रूप-एक्स्पीरिएंस ऐंड दे डू नाट ड्राप रेडीमेड इंटू द वर्ल्ड फ्राम सम अदर रीजन।
—रूफस एम. जोन्स (एंसाइक्लोपीडिया अव रेलिजन ऐंड एथिक्स)

जेम्स ल्यूबा का भी यही मत है—इन ट्रैंस द इंप्रेशन अव एग्जैक्टनेस ऐंड फुलनेस अव पर्सेप्शन इज ऐन इल्यूजन। इट मस्ट बी एंफैसाइज्ड दैट हाउएवर कन्विंसिंग द एक्स्पीरिएंस, द नेचर अव द प्रेजेंस रिमेंड एक्स्ट्रीम्ली वेग। —द साइकोलाजी अव रेलिजस मिस्टिसिज्म।

2. ह्वेन समथिंग फ्राम गाड हैज मोमेंटैरिली ऐंड ऐज इट वेयर विद द स्विफ्टनेस अव द फ्लेश अव लाइट, शेड इट्स रे अवौन द फाइंड इन एक्स्टैसी अव स्पिरिट, इम्मीडिएट्ली, ह्वेदर फार द टेंपरिंग अव दिस टू ग्रेट रैडिएंस, आर द सेक अव इंपार्टिंग इट टु अदर्स, देयर प्रेजेंट देमसेल्व्स सर्टेन इमैजिनरी लाइकनेसेज अव लोवर थिंग्ज, सूटेड टु द मीनिंग्ज ह्विच हैव बीन इन्फ्यूज्ड फ्राम अबव, बाइ मीन्स अव ह्विच दैट मोस्ट प्योर ऐंड ब्रिलिऐंट रे इज इन ए मैनर शेडेड, ऐंड बोथ बिकम मोर बेयरेबुल टु द सोल इटसेल्फ ऐंड मोर केपेबुल अव बीइंग कम्यूनिकेटेड।
—द साइकोलाजी अव रेलिजस मिस्टिसिज्म

प्याले आदि के रूपकों में मिलता है जो एक प्रकार के प्रतीक (Symbols) से हो गए हैं। निर्गुण-पंथ की बानियों में–विशेषतः कबीरदास की बानी में–जो वेदान्त आदि की बातों को लेकर पहेली के ढंग के रूपक बाँधने की प्रवृत्ति पाई जाती है वह भी इसी रूढ़ि का निर्वाह है। Blake ने कल्पना को जो ईश्वर का दिव्य साक्षात्कार बताया उसका भी यही साम्प्रदायिक मूल है। ईसाई भक्तिमार्ग के इस छाया-दृश्य (Phantasmata) वाले सिद्धान्त का प्रभाव योरप के काव्यक्षेत्र पर भी पड़ा। सन् 1885 में 'प्रतीकवादियों' (Symbolists or Decadents) ने कविता का जो ढंग पकड़ा था उसमें उक्त 'छाया-दृश्य' वाले सिद्धान्त का पूरा अनुसरण था इसी से जब उक्त 'प्रतीकवाद' का ढंग बंगाल में ब्रह्मसमाज के भजनों में दिखाई दिया तब उसी 'छाया-दृश्य' (Phantasmata) के सिद्धान्त की दृष्टि से उस ढंग की रचनाओं को 'छायावाद' कहने लगे। इस वर्ग की कविताओं में साध्यवसान रूपकों का ही जो प्राचुर्य देखा जाता है, बहुत धुँधले साम्य के बल पर गृहीत तथा कुछ असम्बद्धता के साथ विन्यस्त मधुर और रमणीय अप्रस्तुत रूपों के जो आभास पर आभास दिखाए जाते हैं वे इसी छाया-दृश्य की-सी प्रतीति उत्पन्न करने के लिए। बंगाल से होता हुआ यह छायावाद हिन्दी में भी आया है। उसके द्वारा हिन्दी के काव्यक्षेत्र में दो बातों का समावेश बड़ी प्रचुरता के साथ–हद से ज्यादा भी कह सकते हैं–हुआ है–स्वप्नाभास कल्पना (Fantasy) का और लाक्षणिक वक्रोक्ति का।

विलियम जेम्स (William James) ने रहस्यानुभूति की दशा के लक्षण बताए हैं–

(1) अनिर्वचनीयता (Ineffability)

(2) ज्ञानोदय (Noetic Quality)

(3) क्षणिकता (Transiency) और

(4) निश्चेष्टता (Passivity)

अब देखिए कि भारतीय (सगुणमार्गी) भक्त की भावमग्नता में ये बातें कहाँ तक पाई जाती हैं। यह हम कह आए हैं कि भक्त की भावानुभूति की दशा वही है जिसे काव्य में रस-दशा कहते हैं। हमारे यहाँ भक्तिमार्ग में भक्त के आनन्द को स्पष्ट शब्दों में 'भक्ति-रस' कहा है। रस की अनुभूति एक प्राकृतिक और स्वाभाविक अनुभूति है जो किसी प्रकार के उत्कृष्ट काव्य द्वारा भी हो सकती है। उसी प्रकार की अनुभूति भक्त की भी मानी गई है। पर रहस्यवादी की ईश्वर-समागम वाली दशा चित्त-विक्षेप के रूप में मानी जाती है जैसी किसी भूत या देवता के सिर आने पर होती है। इस दशा पर आस्था किसी प्राचीन दशा का संस्कार है जो किसी-न-किसी रूप में अब तक चला चलता है। उसी के कारण जैसा भूत-प्रेत, कुलदेवता आदि का सिर पर आना वैसा ही यह ईश्वर का सिर पर आना भी समझा जाता है। हमारे यहाँ के भक्तिमार्ग में यह बिलकुल नहीं है। आज तक किसी भक्त महात्मा के सिर पर रामकृष्ण नहीं आए। हाँ, हनुमान् जी अलबत कभी-कभी भक्तमंडली से उछलकर किसी-किसी के सिर आ जाया करते हैं। रसानुभूति का आनन्द अनिर्वचनीय कहा गया है, अतः भक्तिरस की चरमानुभूति भी अनिर्वचनीय

कही जाती है। पर इस अनिर्वचनीयता का यह अर्थ कभी नहीं समझा जाता कि किसी अलौकिक तथ्य का ज्ञान प्राप्त करना उसे बता न सकना। भक्ति की रसमग्नता में किसी प्रकार का ज्ञानोदय नहीं माना जाता, यह हम अच्छी तरह दिखा आए हैं। भक्तिरस की दशा के लिए आवश्यक नहीं कि वह क्षणिक ही हो। श्रवण और कीर्त्तन के समय की मग्नता कुछ देर तक रहती है। ध्यान में उपास्य स्वरूप का जो साक्षात्कार होगा वह अलबत थोड़ी ही देर के लिए होगा। किसी भाव के रस-रूप में उमड़ने पर बुद्धि और शरीर दोनों की क्रियाएँ कुछ देर के लिए रुक जाती हैं, पर यह कोई अलौकिक और अप्राकृतिक दशा नहीं। सारांश यह कि रसदशा और देवी-देवता के आवेश की दशा में कुछ बाहरी लक्षणों का साम्य देख दोनों को एक ही समझने की भूल न करनी चाहिए। भक्त भी सब सुध-बुध खोकर अपने भाव में लीन, कभी-कभी उन्मत्त और गूँगा-बहरा-सा घूमता दिखाई पड़ता है। परम विरागी और भक्त शुकदेवजी इसी रूप में कुरुजांगल प्रदेश में घूमते हुए कहे गए हैं—

कथमालक्षितः पौरैः सम्प्राप्तः कुरुजांगलान्।
उन्मत्त-मूकजडवद्विचरन् गजसाह्वये॥

(भागवत 1-4-6)

पर उनकी यह दशा देवोन्माद नहीं थी, प्रेम की रसलीनता थी।

भक्त आचार्य्यों में चैतन्य महाप्रभु अलबत नृत्य-कीर्तन करते-करते मूर्छित होते हुए सुने जाते हैं। इसे वंगदेश का भावावेश समझना चाहिए। उस भावावेश की दशा का जो वृत्त प्रचलित हुआ उसे सूफ़ियों के 'हाल' की दशा का स्वरूप बहुत कुछ उस समय की परिस्थिति के कारण प्राप्त हुआ। फकीरों की सिद्धि आदि के विश्वास के सहारे पठानों के समय में सूफ़ी संस्कारों के प्रचार का बड़ा भारी आयोजन सारे उत्तरी भारत में रहा। अजमेर, जौनपुर, झाँसी, ऊँजी, सहसराम इत्यादि में सूफ़ी पीरों के प्रसिद्ध स्थान थे। बंगाल में 'हुसैनसाह' ने 'सत्यपीर' की उपासना चलाई थी। निर्गुण भक्ति-पंथों का प्रचार इसी परिस्थिति में हुआ।

पहले कह आए हैं कि हमारे भक्तिमार्ग में जो कृष्णोपासना चली आ रही है वह भागवत दशम-स्कन्ध के पूर्वार्द्ध में प्रकाशित बालकृष्ण और गोपियों के प्रियतम, प्रेममूर्त्ति कृष्ण को लेकर। भागवत दशम स्कन्ध के उत्तरार्ध में जो कृष्ण-चरित्र है—जिसमें रुक्मिणी, सत्यभामा इत्यादि के साथ विवाह और द्वारका में विहार तथा जरासंध-वध, राजाओं के उद्धार इत्यादि का वर्णन है—वह उपासना के लिए नहीं लिया गया। लोक और वेद के ऊपर प्रेम की प्रतिष्ठा ही कृष्णोपासक भक्तों की 'प्रेम-लक्षणा भक्ति' का सिद्धान्त हुआ। गोपियों का एकान्त प्रेम इसी रूप में देखा गया है। उसकी कहीं किसी ओर कोई सीमा नहीं रखी गई है। वह लोक और वेद दोनों की मर्य्यादाओं के परे है। श्रीकृष्ण के मधुर स्वरूप का आकर्षण ही उसका एकमात्र कारण और उस स्वरूप के अधिक-से-अधिक सान्निध्य का अभिलाष उसका लक्षण है। गोपियों का प्रेम दाम्पत्य-प्रेम के रूप में होने के कारण अभिलषित सान्निध्य भी स्त्री-पुरुष समागम के रूप में,

आलिंगन के रूप में ही वर्णन किया गया है। प्रियतम के रूप में भगवान् की भावना को 'माधुर्य्य भाव' और उनके प्रति प्रेमानुभूति को 'मधुर रस' कहते हैं। स्त्री-पुरुष का प्रेम सबसे प्रबल और अन्तर्व्यापक होता है और उसमें आलम्बन के साथ सबसे अधिक गूढ़ और घनिष्ठ समागम की लालसा होती है, इससे इस 'माधुर्य्य भाव' का समावेश कई देशों की भक्तिपद्धति में किया गया। मीराबाई की 'माधुर्य्य भाव' की उपासना प्रसिद्ध ही है। इस उपासना को बड़ी भद्दी हद तक पहुँचाकर कई प्रकार के 'सखी-सम्प्रदाय' वैष्णवों में चले। सूफियों का माधुर्य्य भाव प्रसिद्ध ही है। ईसाइयों के रहस्यमार्ग (भक्तिमार्ग), में भी कैथलिक सम्प्रदाय के बीच इस 'माधुर्य्य भाव' का पूरा प्रचार था और अब भी किसी-न-किसी रूप में है।

ईसाइयों की धर्मपुस्तक में एक जगह आया है कि "जिस प्रकार दूल्हा दुलहिन के साथ रमण करता है, उसी प्रकार ईश्वर मुझमें रमण करे।" इसी को लेकर 'स्वर्गीय दूल्हा' (Heavenly Bridegroom) की भावना प्रवर्द्धित हुई। जिस प्रकार हमारे यहाँ के हठयोगियों ने मनुष्य के भीतर चक्रों, कमलों, मणिपूर इत्यादि की कल्पना की है उसी प्रकार साधक ईसाइयों ने उस स्वर्गीय दूल्हे के साथ विहार करने के लिए अन्तर्देश में कई प्रकार के रंगमहल या कोठरियाँ कायम की थीं। ईसा की 12वीं शताब्दी के मध्य भाग में सेंट बरनार्ड (St. Bernard) नामक एक प्रसिद्ध भक्त या सन्त हो गए हैं जिन्होंने दूल्हे के 'तीसरे कक्ष' में प्रवेश का इस प्रकार वर्णन किया है–

"यद्यपि वे (ईश्वर) कई बार मेरे भीतर आए पर मैंने न जाना कि वे कब आए। आ जाने पर मुझे कभी-कभी उनकी आहट मिली है; उनके विद्यमान होने का स्मरण भी मुझे है; वे आनेवाले हैं, इसका आभास भी कभी-कभी मुझे पहले से मिला है; पर वे कब भीतर आए और कब बाहर गए इसका पता मुझे नहीं चला।" ईसाई रहस्यमार्ग (भक्तिमार्ग) में सेंट थेरेसा (St. Theresa) ईसा की 16वीं शताब्दी के अन्तिम चरण में बहुत प्रसिद्ध हुई हैं जिन्होंने उस मार्ग की बहुत-सी पुस्तकें लिखी हैं। उन्होंने अपनी पुस्तक 'आध्यात्मिक महल' (The Spiritual Castle) में योग की भूमियों के समान सात खंड स्थिर किए हैं जिनमें साधक क्रमशः पहुँचता है।

दाम्पत्य वासना (Sexual Instinct) का भक्ति साधना में जो व्यवहार किया गया उसमें विशिष्ट इन्द्रियाँ भी उत्तेजित होकर योग देती हैं या नहीं, यह प्रश्न स्वभावतः उठता है। कृष्णोपासना के क्षेत्र में यदि इस प्रश्न पर हम विचार करते हैं तो दो पक्ष मिलते हैं–लीला और ध्यानपक्ष। लीलापक्ष में तो स्पष्ट है कि गोपियाँ कामिनी के रूप में श्रीकृष्ण से प्रेम करती थीं और काम-वासना की तृप्ति के रूप में ही उस प्रेम की तृप्ति प्राप्त करती और चाहती थीं। ध्यानपक्ष में यह प्रश्न उपस्थित होता है, पर उतने कठिन रूप में नहीं। जब श्रीकृष्ण और गोपिकाओं का इस भूमंडल पर प्रियतम और प्रेमिका का रूप निर्दिष्ट है तब स्त्री यदि माधुर्य्य भाव से उपासना करेगी तो वह अपने को गोपिका रूप में रखकर शृंगार के आनन्द का अनुभव काव्य की रसानुभूति के ढंग पर कर सकती है। पर जहाँ पुरुष उक्त भाव से ध्यान करेगा वह शृंगार आलंकारिक आरोप मात्र रहेगा।

सूफियों और ईसाई भक्तों के माधुर्य्य भाव के सम्बन्ध में उक्त प्रश्न थोड़ा कठिन हो जाता है। वहाँ केवल ध्यानपक्ष है; वह भी निराकार ईश्वर का। अतः पति या दूल्हे के रूप का मूल में ही आरोप करना पड़ेगा। पुरुष उपासक के ध्यान में तो वह रूप केवल आरोपित रहेगा। पर स्त्री के ध्यान में कभी-कभी ऐसा हो सकता है कि आरोप की भावना हट जाए और वह पुरुष के आलिंगन की कल्पना के आनन्द में मग्न हो जाए।[1]

यहाँ पर कृष्णोपासक भक्तों के 'माधुर्य्य भाव' में और सूफियों तथा रहस्यमार्गी ईसाई भक्तों के 'माधुर्य्य भाव' में जो भेद है उसे समझ लेना चाहिए। कृष्णभक्ति-मार्ग में जो कृष्ण लिए गए हैं वे वास्तव में शृंगार के आलम्बन थे, पर पैगम्बरी मज़हबों के भक्तिमार्ग में खुदा को प्रियतम या माशूक़ का जो रूप दिया गया है; वह आरोप मात्र है—अज्ञात के प्रति रहस्यभावना या कल्पना मात्र है। सारांश यह है कि सूफ़ियों और ईसाई भक्तों में माधुर्य्य भाव रहस्यवाद का एक अंग है, पर कृष्णोपासकों में वह भगवान् की विज्ञात नरलीला का एक अंग है। दूसरी बात ध्यान देने की यह है कि कृष्णोपासकों में माधुर्य्य भाव से उपासना सर्वत्र नहीं है—कहीं वात्सल्य भाव है, कहीं सख्य भाव, कहीं सेव्य-सेवक भाव। उनके श्रवण, कीर्त्तन और ध्यान में जो मधुर रस है वह लीला-रस है। अर्थात् भक्त लोग राधा और कृष्ण के परस्पर प्रेम की भावना द्वारा मधुर रस में लीन होते हैं—ठीक उसी प्रकार जैसे किसी काव्य में नायक-नायिका के प्रेम-व्यापार को पढ़-सुनकर पाठक या श्रोता शृंगार रस में मग्न होता है।

भारतीय भक्ति का जो शुद्ध स्वरूप हम निरूपित कर आए हैं और उसके विकास का जो संक्षिप्त विवरण दे चुके हैं उससे स्पष्ट हो गया होगा कि भारतीय भक्तिमार्ग को 'रहस्यवाद' कहना ठीक नहीं। भाव की उपलब्धि और उत्कर्ष के लिए यत्र-तत्र उसमें रहस्य-भावना का उपयोग होता आया है; पर 'रहस्य' उसकी कोई स्थायी वृत्ति या नित्य लक्षण नहीं है। जिसमें ज्ञानोपलब्धि के साधन के रूप में रहस्य का समावेश न हो वह मार्ग 'रहस्यवाद' नहीं कहला सकता। हमारे यहाँ रहस्यवाद योग है जिससे भक्तिमार्ग अलग है। कुछ सगुणमार्गी सम्प्रदायों ने जो प्राणायाम या श्वास की कुछ साधना ध्यान और जप के लिए इधर-उधर ले ली है, वह एक ऊपरी वस्तु है। भक्ति की साधना की वही शुद्ध, मुख्य और प्राचीन पद्धति है जिसे 'नवधा' (श्रवण, कीर्त्तन इत्यादि) भक्ति कहते हैं। इनमें से श्रवण और कीर्त्तन भक्ति की प्राप्ति, भक्ति के दृढ़ीकरण और भक्ति के प्रचार, तीनों के साधन हैं।

---

1. जेम्स एच. ल्यूबा अपनी पुस्तक द साइकोलाजी आव रेलिजस मिस्टिसिज्म में इस सम्बन्ध में लिखे हैं—जेसस आर दि वर्जिन वेयर नाट टु देम सिंपुल आइडियाज; दे ऐक्वायर्ड ऐट टाइम्स, इन पर्टिक्युलर ड्यूरिंग द ऐक्स्टैसी, द कंक्रीटनेस अव ए बाडिली प्रेजेंस।...ईविन द मोस्ट चेस्ट थाट्स अव लव, दोज अव द मदर फार हर इनफंट ऐंड द प्रेसिंग अव इट टु हर ब्रेस्ट, अवेकेन द ऐक्टिविटि अव द सेक्जुअल आर्गेनिज्म।...

दे आल्सो मेक अपौन गाड आर द वर्जिन ए स्टार्मी डिमैंड फार लव; दे आल्सो विश टु बी लवर्स आर मिस्ट्रसेंज; ऐंड ईविन दो दे हैव नो थाट् अदर दैन दैट अव एन आइडियल प्लैटानिक लव्स, नेवरदलेस देयर सेक्जुअल आर्गेनिज्म पार्टिसिपेट्स इन द इंटरकोर्स।

यह हम कह चुके हैं कि हमारे यहाँ का भक्तिमार्ग भगवान् को अनन्त शक्ति, शील और सौन्दर्य्य के अधिष्ठान-रूप में इसी जगत् के व्यवहार के बीच रखकर चला है। अतः अत्यन्त अन्तर्व्यापक और गहरे प्रेमवाली भक्ति के लिए राम और कृष्ण ये दो मुख्य अवतार ही लिए गए हैं। रामोपासक भक्ति-सम्प्रदाय तो उक्त तीनों विभूतियों–शक्ति शील, सौन्दर्य्य–से समन्वित 'राम' में अपने हृदय को लीन करते आए हैं। पर भागवत के पीछे जो बहुत-से कृष्णोपासक सम्प्रदाय चले उन्होंने वात्सल्य और शृंगार के आलम्बन-रूप में ही श्रीकृष्ण को लिया है। श्रीकृष्ण की गोपिका-वल्लभ प्रेममूर्त्ति ही प्रेमाराधन के उपयुक्त उन्हें दिखाई पड़ी है। यद्यपि राम के समान कृष्ण भी लोककंटक अत्याचारियों का पराभव कर धर्म की शक्ति और सौन्दर्य्य का प्रकाश करने के लिए नर-रूप में आविर्भूत कहे गए हैं पर कृष्णोपासक भक्तों ने इस लोकपक्ष को छोड़ दिया है। महाभारत में जो दिव्य शक्ति भारत के सबसे प्रतापी और अत्याचारी सम्राट् जरासंध को लोकमार्ग से हटाती है, अधर्म में रत कौरवों के पराभव द्वारा धर्म की विजय-घोषणा करती है–सुख-वैभव के रंग में रँगी अधर्म की लीक मिटाकर धर्म की जगमगाती गहरी लीक खींचती दिखाई पड़ती है–उस दिव्य शक्ति के रूप में श्रीकृष्ण भक्तों के हृदय में नहीं प्रतिष्ठित किए गए। भागवत कृष्णोपासक भक्तों का सर्वमान्य ग्रन्थ है जिसके दशम स्कन्ध में श्रीकृष्ण का चरित्र बड़े विस्तार के साथ वर्णित है। पर श्रवण और कीर्त्तन के लिए दशम स्कन्ध के पूर्वार्द्ध ही की, अर्थात् व्रज के भीतर ही की, लीला ली गई है। कृष्णोपासक भक्त और कवि कुछ तो कृष्ण की बाललीला, पर अधिकतर गोपियों के साथ उनकी प्रेमलीला ही वर्णन करते पाए जाते हैं। तात्पर्य्य यह कि भगवान् के रक्षक, पालक और रंजक रूपों में से उन्होंने रंजक रूप ही छाँट लिया है। पर रामोपासक भक्तों का हृदय भगवान् के तीनों रूपों की ओर आकर्षित रहता है। अतः आगे हम भारतीय भक्ति के सम्बन्ध में जो कुछ कहेंगे वह उनके सामान्य स्वरूप को सामने रखकर कहेंगे।

वैष्णव भक्तिमार्ग में सबसे पहली बात ध्यान देने की यह है कि उसमें राम और कृष्ण उपदेशक के रूप में कहीं नहीं लिए गए हैं। कृष्ण भगवान् ने गीता का परमोपदेश किया पर भक्तों के कृष्ण गीता का उपदेश देनेवाले कृष्ण नहीं हैं। इसी प्रकार राम भी कोई शब्द-सन्देश लानेवाले नहीं माने जाते। यद्यपि कुछ लोग ईसा, मूसा, कनफूची, जरतुश्त, बुद्ध इत्यादि के वर्ग में इन्हें रखकर देखा करते हैं पर ये वहाँ बिलकुल बेमेल पड़ते हैं। भागवत में जो 24 अवतार गिनाए गए हैं उनमें अलबत कुछ उपदेशक अवतार हैं–जैसे कपिल, ऋषभ, बुद्ध। पर दस अवतारों में जिनकी ब्रह्मबुद्धि से उपासना चली वे राम और कृष्ण शब्दोपदेष्टा के रूप में हृदय के सम्मुख नहीं लाए गए हैं बल्कि जीवन के प्रत्येक पक्ष में सौन्दर्य्य और मंगल की ज्योति जगानेवाली भगवत्कला के रूप में लाए गए हैं। इन अवतारों में शक्ति, शील और सौन्दर्य्य तीनों की चरम अभिव्यक्ति एक साथ समन्वित होकर मनुष्य के सम्पूर्ण हृदय को–उसके किसी एक ही पक्ष को नहीं–आकर्षित कर लेती है। सारांश यह कि ये लोक-व्यवहार के भीतर दिखाए गए हैं;

उसके बाहर खड़े होकर उपदेश देते हुए नहीं। मनुष्य का इस जगत् के साथ जो अनेक रूपात्मक सम्बन्ध है उस सम्बन्ध को भगवत्सम्बन्ध के रूप में प्रकाशित करने के लिए ये अवतार पृथ्वी पर आए हैं। माता-पिता जिस प्रेम से बालक की रक्षा और पालन करते हैं, पति-पत्नी जिस प्रेम से एक-दूसरे को अनुरंजित करते हैं, भाई-भाई जिस प्रेम की प्रेरणा से एक दूसरे को सहारा देते हैं, जिस करुणा से प्राणियों की रक्षा की जाती है, जिस क्रोध से जनसमाज को पीड़ित करते हुए आततायियों और अत्याचारियों का दमन किया जाता है वह प्रेम, वह करुणा, वह क्रोध भगवान् का प्रेम, भगवान् की करुणा और भगवान् का क्रोध है।

जिस प्रकार भारतीय (सगुणमार्गी) भक्तों के उपास्य उपदेशक नहीं, उसी प्रकार भक्त भी उपदेशक नहीं। इनके उपास्यों ने लोक-व्यापार में मग्न होकर जो मंगल-ज्योति उसके भीतर जगाई उसकी दीप्ति और माधुर्य्य का अनेक रूपों में साक्षात्कार करके मुग्ध होना और मुग्ध करना ही इन भक्तों का प्रधान व्यवसाय है। इनका शस्त्र भी मानव हृदय है और लक्ष्य भी। भक्ति को मैं धर्म का हृदय कह आया हूँ। जिसके हृदय में भक्ति की प्रतिष्ठा हो गई उसका हृदय धर्म का हृदय हो गया। इस हृदय को लेकर भक्त हृदय को ही स्पर्श करना चाहता है। उपदेश द्वारा 'वाक्य ज्ञान' कराने की प्रवृत्ति उसका लक्षण नहीं। कोरे उपदेशों का ग्रहण ऊपर ही ऊपर से होता है। वे न तो हृदय के मर्म को ही भेद सकते हैं, न बुद्धि की कसौटी पर स्थिर भाव से जमे रह सकते हैं। हृदय तो उनकी ओर मुड़ता ही नहीं और बुद्धि उनको लेकर अनेक दार्शनिक वादों के बीच जा उलझती है। अतः भक्त केवल हृदय के सहारे अपनी सत्ता को मंगलविधायनी सत्ता में परिणत करता है और दूसरों के भी हृदय पर ही प्रभाव डालकर उन्हें कल्याण-मार्ग की ओर आकर्षित करता है। वह धर्म की ओर लोगों को आकर्षित करता है; लाठी लेकर हाँकता नहीं। वह धर्म-सौन्दर्य्य की छटा दिखाकर मुग्ध करता है, औचित्य-अनौचित्य की बातें कहकर क़ायल नहीं करता। 'पाप' और 'पुण्य' शब्द भक्तिमार्ग के नहीं हैं–धर्म के शासन और शास्त्र-पक्ष के हैं। भक्ति धर्म का हृदय है। उसमें 'रुचिर' और 'घृणित' ये ही दो विरुद्ध भावनाएँ हैं।

भक्त धर्म के शासन-पक्ष और शास्त्र-पक्ष का अवलम्बन न करके उसके हृदय-पक्ष का अवलम्बन करता है, वह धर्म के भय का प्रचार नहीं करता; धर्म की उपयोगिता का प्रचार नहीं करता, भक्ति का प्रचार करता है जिससे हृदय धर्ममय हो जाता है। प्रसिद्ध मनोविज्ञान-वेत्ता शैंड (Shand) ने अपनी पुस्तक 'शील का आधार' (Foundation of Character) में यह अच्छी तरह सिद्ध कर दिया है कि शील का मूल स्थान भावात्मक हृदय है; निश्चयात्मिका बुद्धि नहीं। व्यक्ति की व्यवहार-पद्धति जब प्रकृतिस्थ हो जाती है तब शील कहलाती है। जिस व्यवहार से दूसरे को किसी प्रकार की पीड़ा या कष्ट न पहुँचे, जिस व्यवहार से किसी की पीड़ा या कष्ट दूर हो, जिस व्यवहार से लोगों के सुख और सन्तोष की वृद्धि हो वह उत्तम शील या सुशीलता के अन्तर्गत माना जाता है। ऐसा व्यवहार जब तक व्यवहार करनेवाले को

रुचिकर और आनन्दप्रद न होगा तब तक वह प्रकृतिस्थ नहीं कहा जा सकता। कोई बात रुचिकर या आनन्दप्रद हृदय को होती है। भक्त हृदय को ही जगाता है। जगाने की पद्धति बहुत सीधी है। भक्त भगवान् के पालक, रक्षक और रंजक रूप को जीवन के ऐसे स्थलों के भीतर रखकर दिखाता है जहाँ उसका सौन्दर्य्य फूट पड़ता है। भगवान् की अनन्त शक्ति और अपार सौन्दर्य्य के योग में उनके अनन्त शील की जो मधुधारा प्रवाहित होती है वह प्रकृति को मधुर कर देती है। जब तक इस मधुधारा का संचार नहीं होता तब तक प्रकृति की कटुता नहीं जाती। इसी से गोस्वामी तुलसीदासजी ने कहा है–

सूर, सुजान, सपूत, सुलच्छन, गनियत गुन गरुआई।
बिनु हरिभजन इँदारुन के फल, तजत नहीं करुआई॥

उपास्य के सान्निध्य की जो प्रबल लालसा बराबर रहती है वही भक्त को भगवान् के रक्षक, पालक और रंजक रूप के मेल में अपनी सत्ता ले आने की छिपी प्रेरणा करती रहती है। इसी दिव्य प्रेरणा के प्रभाव से कर्मक्षेत्र के भीतर भक्त की जीवनयात्रा मंगल-विधायिनी धारा के रूप में हो जाती है। इस प्रकृतिमाधुर्य्य या सुशीलता को तुलसीदासजी ने भक्ति के उदय का लक्षण बताया है।

जिन मनोविकारों या भावों के बल से भक्त के शरीर से सारे शील-धर्म का पालन अनायास–बिना उसकी ओर ध्यान गए कि क्या शील है, क्या धर्म है–होता जाता है वे 'प्रेम' और 'करुणा' हैं। करुणा की प्रेरणा से रक्षा की ओर प्रवृत्ति होती है; प्रेम की प्रेरणा से पालन और रंजन की ओर। ये दोनों वृत्तियाँ प्रत्येक मनुष्य में थोड़ी-बहुत होती हैं। रक्षक, पालक और रंजक भगवान् की लीला के श्रवण और कीर्त्तन से ये वृत्तियाँ उद्‌बुद्ध, उद्‌दीप्त और परिपुष्ट होती चली जाती हैं। इस प्रकार ये जितनी ही परिपुष्ट होंगी इनके प्रवर्त्तन का क्षेत्र उतना ही विस्तृत और व्यापक होता जाएगा। इस पुष्टि को प्राप्त करके यदि भक्त संसार से अलग रहा तो कहना चाहिए कि उसने आत्म-निवेदन नहीं किया, अपना जीवन भगवान् को अर्पित नहीं किया। मैं इस पुष्टि को जीवन-यज्ञ के अनुष्ठान के लिए समझता हूँ। इस यज्ञ के पूर्ण होने पर ही भक्त की सत्ता भगवान् की सत्ता में लीन होती दिखाई पड़ती है। सगुणमार्गी भक्त के लिए भगवान् की ओर ले जानेवाला रास्ता इसी संसार के बीच से होकर जाता है।

भारतीय भक्तिमार्ग के सर्वसाधारण में प्रचार की व्यवस्था (Propaganda) श्रवण और कीर्त्तन द्वारा ही सदा से रही है; उपदेश, तर्क या वाद-विवाद द्वारा नहीं। 'कीर्त्तन' को 'वन्दन' या 'स्तवन' से भिन्न समझना चाहिए। वन्दन या स्तवन व्यक्तिगत वस्तु है। वह उस 'पूजा' का अंग है जो व्यक्ति केवल अपनी ओर से और अपने लिए करता है पर कीर्त्तन का सम्बन्ध जनसमुदाय की मर्मानुभूति (Group Experience) से होता है। कीर्त्तन भगवान् के अनन्त सौन्दर्य्य, अनन्त शक्ति और अखंड शील की सर्वसाधारण के बीच रसमयी घोषणा है। कीर्त्तन द्वारा भक्तिरस का संचार सहस्रों नर-नारियों में एक साथ होता है। किसी भजन-मंडली के चारों ओर बैठे सैकड़ों मनुष्य भक्तिरस में झूमते

पाए जाते हैं। किसी कथावाचक के मुँह से कोई मार्मिक प्रसंग सुनकर सहस्रों श्रोता भीतर-बाहर की सब सुध भूल रसमग्न हो जाते हैं।

भक्ति के द्वारा जिस शील या धर्म की अनायास सम्प्राप्ति की बात ऊपर कही गई है वह 'साधारण धर्म' है–मनुष्य का मनुष्य के प्रति या अन्य प्राणियों के प्रति सामान्यतः जो धर्म होना चाहिए वह धर्म है। विशेष धर्मों का–जैसे, लोकधर्म, कुलधर्म, गृहधर्म, वर्णधर्म, आश्रमधर्म–भक्तिमार्ग में क्या स्थान है, इसका कुछ विचार कर लेना चाहिए। पहली बात तो भक्ति के अधिकार की है। जहाँ तक इस अधिकार का सम्बन्ध है वहाँ तक वर्ण, आश्रम, जाति-पाँति आदि का कुछ भी प्रतिबन्ध नहीं है। भक्ति में नीच-ऊँच, छोटे-बड़े, बालक-वृद्ध इत्यादि का कोई भेद नहीं है जैसा कि इस पुरानी कहावत से प्रकट है–

जाति-पाँति पूछै नहिं कोई।
हरि को भजै सो हरि को होई॥

जिसमें जितनी ही भक्ति हो वह उतना ही श्रेष्ठ कहा जाएगा–चाहे वह गृहस्थ हो चाहे संन्यासी, चाहे नीच जाति का हो चाहे ऊँची जाति का। भक्ति के व्यवहार-क्षेत्र में तो यही स्थिति सगुण-निर्गुण, रामोपासक-कृष्णोपासक सब सम्प्रदायों की है। भक्ति के अधिकारी मनुष्यमात्र हैं। यहाँ तक तो कोई मतभेद या झगड़ा नहीं। भारतीय जनता का भी यही भाव चला आ रहा है। भक्त के वेश में चांडाल भी दरवाजे पर आता है तो उसका वैसा ही आदर होता है जैसा ब्राह्मण पंडित का।

भक्ति के व्यवहार-क्षेत्र के बाहर यह प्रश्न टेढ़ा हो जाता है। वहाँ यह इस जटिल रूप में आता है कि क्या भक्त को कर्ममार्ग और ज्ञानमार्ग की सत्ता ही न माननी चाहिए। अपना सब कुछ त्यागकर लोकहित में तत्पर रहनेवाले कर्मवीर, ज्ञान-विज्ञान की उन्नति में रत विद्वान् या तत्त्वचिन्तक, अपने पराक्रम से अत्याचारियों और लोकपीड़कों का दमन करनेवाले योद्धा, अपने शरीर पर अनेक संकट सहकर भी राजधर्म का पालन करनेवाले राजा क्या भक्तों के सम्मान के पात्र नहीं ? अपने यहाँ की भक्ति के मूल और शुद्ध स्वरूप की दृष्टि से तो वे पूर्ण रूप से भक्त के सम्मान और पूजा के पात्र हैं। गीता में जिस कर्म-ज्ञान समन्वित भक्ति का प्रतिपादन है उसके अनुसार यही सम्यक् दृष्टि है। गीता में भगवान् ने स्पष्ट कहा है कि किसी शुभ गुण का–चाहे वह शील हो या सौन्दर्य्य, चाहे शक्ति या पराक्रम हो, चाहे ज्ञान या बुद्धि–जहाँ पूर्ण उत्कर्ष दिखाई पड़े वहाँ मेरी विशेष कला समझना। इस विशेष कला के सम्मुख सिर झुकाना सच्ची भक्ति का एक अंग है। यह सिर झुकाना शरणागत की दीनता नहीं है। यह श्रद्धा और सम्मान का भाव है जिसका सबसे उत्तम आश्रय भक्त का अहंभावशून्य हृदय है। जो भगवान् की उपासना पालक, रक्षक और रंजक के रूप में करता है वह पालन, रक्षण और रंजन में एकाग्रचित्त से रत महात्माओं की उपेक्षा कैसे कर सकता है ?

शुद्ध भारतीय भक्तिमार्ग का अनुयायी जिस प्रकार ज्ञानमार्ग में अड़ंगा लगाने नहीं जाता उसी प्रकार कर्ममार्ग के भीतर भी अपनी व्यवस्था चलाने नहीं दौड़ता। कर्ममार्ग से मेरा अभिप्राय केवल यज्ञ-यागादि से नहीं है; बल्कि मन, वचन और कर्म की उस प्रवृत्ति

से है जिसके द्वारा लोक का परिचालन होता है–जिसके द्वारा परस्पर भिन्न और विरुद्ध प्रकृतियों के प्राणी समाजबद्ध होकर रहते हैं। माता-पिता, आचार्य्य, विद्याव्रती, वीरव्रती, दानव्रती के प्रति मन में श्रद्धा, वचन में नम्रता और कर्म में अनुकूलता सत्त्वस्थ प्रकृति का विधान है। जगत् भिन्न गुणात्मक है और भिन्नगुणात्मक रहेगा। इस दशा में लोकधर्म का प्रवर्त्तन इसी रूप में हो सकता है कि 'सत्त्व' ऐसी प्रधानता प्राप्त करे कि शेष गुण उसके अधीन होकर उसी के लक्ष्य की पूर्त्ति करें। अतः शील की व्यक्तिगत या एकान्त साधना से लोकधर्म का स्वरूप कभी-कभी बिलकुल भिन्न होता है। यदि हम पर कोई प्रहार या गालियों की बौछार करे तो क्षमा द्वारा शील की एकान्त साधना समीचीन होगी, पर यदि हमारे सामने कोई अत्यन्त क्रूर और निष्ठुर अत्याचारी किसी दीन या असहाय को पीड़ित कर रहा है तो बलपूर्वक उस अत्याचारी को रोकना और यदि आवश्यक हो तो उसे आघात द्वारा असमर्थ करना लोकधर्म होगा। इसी प्रकार राजा-प्रजा, सेनापति-सैनिक, अफसर-मातहत, मूर्ख-पंडित इत्यादि के बीच जो पारस्परिक विशेष धर्म हैं वे भी लोकधर्म के अन्तर्गत हैं।

भक्त की सम्यक् दृष्टि वही कही जा सकती है जिसके सामने अन्तर्मुख शील-साधना और बहिर्मुख लोकधर्मपालन के बीच तथा 'साधारण धर्म' और 'विशेष धर्म' के बीच सामंजस्य स्पष्ट हो। हमारे भक्तिमार्ग की सौन्दर्य्य भावना में लोकधर्म का सौन्दर्य्य भी सम्मिलित है। इसी से उसके भीतर पंडितों और विद्वानों की निन्दा, कर्मवीरों और लोकरक्षकों की अवज्ञा, अपनी सिद्धि और महत्ता के प्रचार की चेष्टा, उस चेष्टा में बाधक सामाजिक व्यवस्था से विद्वेष की प्रवृत्ति नहीं पाई जाती। लोकधर्म के साथ ही यही सामंजस्य भारतीय पद्धति के भक्तों की एक ऐसी पहचान है जो उन्हें विदेशी पद्धति के निर्गुण भक्तों से अलग करती है। यह भेद तुलसी, सूर, नन्ददास, हित-हरिवंश इत्यादि भक्तों की रचनाओं को कबीर, दादू, मलूकदास इत्यादि की बानियों के साथ मिलाने से स्पष्ट हो जाता है।

जो अपने यहाँ की भक्ति के स्वरूप को समझनेवाले पढ़े-लिखे, शास्त्रज्ञ, सच्ची भावनावाले भक्त थे वे तो अपने शुद्ध सरलभाव में स्थिर रहे, पर सधुक्कड़ भक्तों का जो भारी समुदाय धीरे-धीरे सगुण-मार्ग के भीतर खड़ा हुआ और बढ़ता गया उसमें कुछ प्रवृत्तियाँ निर्गुणपंथियों की भी आ गईं। भक्तों की अलौकिक विभूतियाँ प्रकट करने, उनके माहात्म्य का प्रचार करने, तत्त्वदर्शी विद्वानों और पंडितों से उन्हें कहीं अधिक पूजार्ह बनाने का प्रयत्न उसमें भी दिखाई पड़ा। 'भक्तमाल' इसी प्रकार के प्रयत्न का फल है। इसमें उपयुक्त सामंजस्य का भाव जो भारतीय भक्ति का प्रधान लक्षण है, नीचे दब गया है। इस प्रकार की पुस्तकों को मैं 'भंडारा' करनेवाले और भूमंडल पर सुख स्वच्छन्दता के साथ विचरनेवाले साधुओं का 'प्रोपेगंडा' (Propaganda) मात्र समझता हूँ।

भारतीय भक्तिमार्ग के विकास और उसके स्वरूप का इतना निरूपण हमारे प्रयोजन के लिए बहुत है। श्रीमद्भागवत के आविर्भाव के उपरान्त भक्ति ने जो बाह्य और

आभ्यन्तर स्वरूप प्राप्त किया उसके प्रवर्त्तकों में चार मुख्य आचार्य्य दिखाई पड़ते हैं–रामानुज, मध्व, निम्बार्क और वल्लभ। इन सब आचार्यों का सामान्य प्रयत्न शंकराचार्य्य के मायावाद अर्थात् जगत् के मिथ्यात्व का प्रतिषेध था। यह कहा जा चुका है कि ये आचार्य्य भावुक तत्त्ववेत्ता थे। ये भक्त और दार्शनिक दोनों थे। इन्होंने उपनिषद् और ब्रह्मसूत्र के चिन्तन द्वारा ब्रह्म के स्वरूप का बोध प्राप्त करके अपनी-अपनी रुचि और भावना के अनुसार उपासना की पद्धतियाँ चलाई हैं। सूरदासजी ने वल्लभाचार्य्यजी के शिष्य होकर ही भगवान् की लीला का कीर्त्तन किया है, इससे अगले प्रकरण में उक्त आचार्य्य तथा उनके सिद्धान्तों का संक्षिप्त परिचय दिया जाएगा।

श्रीवल्लभाचार्य्य

वल्लभाचार्य्य जी का जन्म वैशाख कृष्ण 11 संवत् 1535 में रायपुर के पास चम्पारण्य नामक स्थान में हुआ। उनके पिता का नाम लक्ष्मण भट्ट और माता का एल्लम्मागारु था। वे तैलंग ब्राह्मण थे और उनके कुल में गोपाल-रूप में श्रीकृष्ण की उपासना चली आती थी। सम्भवतः वे विष्णुस्वामी सम्प्रदाय के अनुयायी थे। वल्लभाचार्य्यजी ने अपने पिता के साथ काशी में रहकर वेद, वेदांग, दर्शन इत्यादि का अध्ययन किया। उनकी अवस्था बहुत नहीं हुई थी कि उनके पिता लक्ष्मण भट्ट का देहान्त हो गया। इसके उपरान्त उन्हें मध्व, रामानुज, निम्बार्क आदि के साम्प्रदायिक तत्त्वों के पूर्ण रूप से अनुशीलन की उत्कंठा हुई और वे दक्षिण की ओर गए। वहाँ उस समय विजयनगर का हिन्दू साम्राज्य बहुत समृद्ध दशा में था। कृष्णदेव राय उसके शासक थे। वे पूर्ण वैष्णव थे। जिन दिनों वल्लभाचार्य्यजी वहाँ पहुँचे उन दिनों राजधानी में बड़े समारोह के साथ भारतवर्ष के सब सम्प्रदायों के विद्वानों की महासभा हो रही थी और शास्त्रार्थ चल रहा था। वल्लभ जिस समय उस सभा में गए उस समय द्वैतवादी माध्व सम्प्रदाय के अनुयायी व्यासतीर्थ और शंकरमतानुयायी अद्वैतवादियों से वाद छिड़ा हुआ था। वल्लभाचार्य्य जी ने जाकर जब अपने शुद्धाद्वैत का प्रतिपादन किया तब सब लोग उनकी प्रकांड विद्वत्ता और प्रबल युक्तियों पर मुग्ध हो गए और सबने उन्हें एक बड़ा आचार्य्य माना। महाराज ने उनका बड़ा सम्मान किया और 'कनकाभिषेक' करके सौ मन सोना इन्हें देना चाहा, पर वे अस्वीकार करके चले गए।

काशी में शंकरमतानुयायी अद्वैतवादी विद्वानों के सामने आचार्य्यजी का वाद-विवाद चलता रहा। अन्त में उन्होंने स्वपक्ष-प्रतिपादक एक गद्यपद्यमय प्रबन्ध विश्वनाथजी के मन्दिर के द्वार पर यह लिखकर लटका दिया कि जिसे खंडन करना हो करे। इस पर बहुत विरोध बढ़ा और वल्लभाचार्य्यजी काशी छोड़कर गंगा के उस पार अड़ेल नामक स्थान पर चले गए। वहाँ पर उन्होंने बहुत-से ग्रन्थों का प्रणयन किया। वंश देश के प्रसिद्ध वैष्णव महात्मा श्री चैतन्य महाप्रभु तथा निम्बार्क सम्प्रदाय के प्रसिद्ध विद्वान् केशव काश्मीरी के साथ उनका समागम होने पर परस्पर बहुत स्नेह स्थापित हो गया। केशव काश्मीरी ने वल्लभाचार्य्यजी से भागवत की कथा सुनी और दक्षिणा में अपने शिष्य माधव भट्ट काश्मीरी को उन्हें भेंट किया। माधव भट्ट आचार्य्यजी के बड़े भारी भक्त थे और अड़ेल में लेखक और सहायक

का काम करते थे। जैसा कि ऊपर कहा जा चुका है, अड़ेल में ही आचार्य्यजी के अधिकतर ग्रन्थ लिखे गए।

वल्लभाचार्य्यजी के मुख्य ग्रन्थ ये हैं–(1) पूर्वमीमांसा भाष्य, (2) उत्तरमीमांसा या ब्रह्मसूत्र भाष्य जो अणुभाष्य के नाम से प्रसिद्ध हैं। यह इनके शुद्धाद्वैतवाद का प्रतिपादक प्रधान ग्रन्थ है, (3) श्रीमद्भागवत की सूक्ष्म टीका और सुबोधिनी टीका, (4) तत्त्वदीप-निबन्ध तथा (5) सोलह छोटे-बड़े प्रकरण ग्रन्थ। इनमें से पूर्वमीमांसा भाष्य का बहुत थोड़ा-सा अंश मिलता है। अणुभाष्य आचार्य्यजी पूरा नहीं कर सके थे। अन्त के डेढ़ अध्याय उनके पुत्र गोसाईं विट्ठलनाथजी ने लिखकर ग्रन्थ पूर्ण किया था। भागवत की सूक्ष्म टीका नहीं मिलती, लुप्तप्राय है। सुबोधिनी टीका भी प्रथम, द्वितीय, तृतीय और दशम स्कन्धों की ही मिलती है। प्रकरण ग्रन्थों में से 'पुष्टिप्रवाह-मर्य्यादा' नाम की पुस्तक श्री मूलचन्द तुलसीदास तेलीवाला बी.ए., एल.एल.बी. ने सम्पादित करके प्रकाशित कराई है।

आचार्य्यजी के जीवन का अन्तिम भाग अड़ेल में ही अधिकतर व्यतीत हुआ। यहाँ वे कृष्णप्रेम में उसी प्रकार लीन रहते थे जिस प्रकार गोपियाँ रहती थीं। अन्य आचार्यों के समान वल्लभाचार्य्यजी के सम्बन्ध में भी प्रसिद्ध है कि ये दिग्विजय के लिए कई बार निकले और भारतवर्ष के प्रसिद्ध-प्रसिद्ध स्थानों में जाकर शास्त्रार्थ किया। व्रज की यात्रा उन्होंने कई बार की। कहते हैं कि गोवर्धन पर्वत पर देवदमन या श्रीनाथजी की मूर्त्ति प्रकट हुई जिसने उन्हें स्वप्न दिया कि 'यहाँ मन्दिर बनाकर मेरी प्रतिष्ठा करो और पुष्टि-मार्ग का प्रचार करो।' गोवर्धन पर जाकर वल्लभाचार्य्यजी ने श्रीनाथजी की मूर्त्ति का दर्शन किया। पूरनमल खत्री ने वहाँ एक विशाल मन्दिर बनवाया जिसमें श्रीनाथजी की मूर्त्ति की प्रतिष्ठा की गई। आचार्य्यजी चतुर्मास यहीं बिताया करते थे। यहीं पर उन्होंने 'सेवामार्ग' की नवीन व्यवस्था की और बड़ी सजावट, भोगराग और धूमधाम के साथ भगवान् की पूजा करने की पद्धति चलाई। 52 वर्ष की अवस्था में वल्लभाचार्य्यजी संन्यास लेकर काशी आए और एक मास का निराहार व्रत रहकर आषाढ़ शुक्ल 2 संवत् 1587 में शरीर त्याग किया।

आचार्य्यजी का विवाह हुआ था। इनकी स्त्री का नाम महालक्ष्मी था। उस विवाह से इन्हें दो पुत्र हुए थे–गोपीनाथ और विट्ठलेश्वर। गोपीनाथजी के पुत्र पुरुषोत्तम हुए जिनकी वंश-परम्परा नहीं चली। विट्ठलेश्वर के सात पुत्र हुए। वर्त्तमान समय में वल्लभ-परम्परा के जो महाराज या गोस्वामी भिन्न-भिन्न स्थानों के अधिकारी हैं वे सब विट्ठलेश्वर के वंश में हैं। व्रज में ये ही विट्ठलेश्वर गोसाईं विट्ठलनाथजी के नाम से प्रसिद्ध थे। इनके समय में सम्प्रदाय का प्रचार और प्रभाव बहुत कुछ बढ़ा। टोडरमल, बीरबल, राय पुरुषोत्तम ऐसे लोग गोसाईंजी के भक्तों में थे। अकबर ने भी गोकुल और जातिपुर नामक गाँव गद्दी को प्रदान किए थे।

वल्लभाचार्य्यजी के दार्शनिक सिद्धान्त का थोड़ा दिग्दर्शन आवश्यक प्रतीत होता है। यह कहा जा चुका है कि वल्लभाचार्य्यजी विष्णुस्वामी के सिद्धान्त के अनुयायी

थे जिसका सम्यक् प्रतिपादन उन्होंने अपने अणुभाष्य आदि ग्रन्थों द्वारा किया। विष्णुस्वामी एक द्रविड़ राजा के मन्त्री के पुत्र थे। नाभाजी ने अपने भक्तमाल में विष्णुस्वामी की शिष्य-परम्परा में चार नाम दिए हैं—ज्ञानदेव, नामदेव, त्रिलोचन और वल्लभ। विष्णुस्वामी के दार्शनिक सिद्धान्त का पूर्णतया निरूपण वल्लभाचार्य्यजी ने किया अतः यह उन्हीं का सिद्धान्त कहा जाता है। यह सूचित किया जा चुका है कि रामानुज से लेकर वल्लभाचार्य्य तक जितने भक्त दार्शनिक या आचार्य्य हुए हैं सबका लक्ष्य शंकराचार्य्य के मायावाद या विवर्तवाद को हटाने का था जिसके भीतर उपासना या भक्ति अविद्या या भ्रान्ति ही ठहरती थी। 'भक्ति का विकास' नामक प्रकरण में यह दिखाया जा चुका है कि उपनिषद् के ज्ञानकांड में ब्रह्म के स्वरूप का कथन कई ढंग का है—कहीं ब्रह्म 'अशब्द, अस्पर्श, अरूप, अरस, अगन्ध, अदृश्य, अग्राह्य' अर्थात् निर्गुण और अव्यक्त कहा गया है और कहीं 'सर्वकर्मा, सर्वकाम, सर्वरस, सर्वज्ञ, सर्वशक्तिमान् अर्थात् सगुण और सर्वरूप'। इसके अतिरिक्त बहुत जगह वह उभयात्मक कहा गया है।

शंकराचार्य्यजी ने निर्गुण और अव्यक्त को ही ब्रह्मलक्षण स्वीकार करके इस निरन्तर बदलते रहनेवाले नामरूपात्मक जगत् को ब्रह्म की सत्ता से भिन्न केवल भ्रान्त प्रतीति या माया कहा। जगत् की वास्तव सत्ता न होते हुए भी मन की जिस वृत्ति द्वारा उसकी सत्ता की प्रतीति होती है शंकर के अद्वैतवाद में वह विवर्त्त कही गई है। सर्प न होने पर भी रस्सी में उसके होने की जो मिथ्या प्रतीति होती है, वह विवर्त्त के कारण। इस विवर्त्तवाद की प्रतिष्ठा शंकर ने परिणामवाद के प्रतिषेध में की है। उनका कहना है कि ब्रह्म का पारमार्थिक स्वरूप नित्य, एकरस और अधिकारी है इसका परिणाम या विकार (एक रूप से दूसरे रूप को प्राप्त होना) हो नहीं सकता। अतः ब्रह्म जगत् का उपादान कारण नहीं हो सकता। इसी प्रकार ब्रह्म सर्वकामनारहित, नित्य–शुद्ध-बुद्ध-मुक्त होकर निमित्त कारण भी नहीं हो सकता। ब्रह्म न कर्त्ता है न भोक्ता। शंकराचार्य्य ने उपनिषदों में कथित ईश्वर, सर्वज्ञ, सर्वशक्तिमान्, सर्वकर्मा इत्यादि को ब्रह्म का पारमार्थिक रूप नहीं माना बल्कि अविद्यात्मक उपाधि-विशिष्ट रूप कहा। इस प्रकार उन्होंने ब्रह्म के दो रूप बताए—एक नामरूपविकारभेदोपाधि-विशिष्ट या सगुण और दूसरा सर्वोपाधिविवर्जित या निर्गुण। इसी दूसरे निर्गुण, निराकार और निर्विशेष (Absolute) को ही उन्होंने ब्रह्म का असली या पारमार्थिक रूप स्वीकार किया।[1] सोपाधि या सगुण रूप को उन्होंने केवल व्यावहारिक अर्थात् उपासना के लिए माना।

वल्लभाचार्य्यजी ने उपनिषद् के वाक्यों और वादरायण के ब्रह्मसूत्रों को ही लेकर ब्रह्म को उभयलिंग-युक्त अर्थात् निर्गुण और सगुण दोनों माना। उन्होंने 'सर्ववाद' स्वीकार करके ब्रह्म में सब धर्म—मनुष्य की बुद्धि को परस्पर विरुद्ध जान पड़ते हुए

---

1. द्विरूपं हि ब्रह्मावगम्यते; नामरूपविकारभेदोपाधिविशिष्टं; तद्विपरीतं च सर्वोपाधिविवर्जितम्।
अपि च यत्र तु निरस्तसर्वविशेषं पारमेश्वरं रूपं उपदिश्यते, भवति तत्र शास्त्रम्।
—शारीरक भाष्य

धर्म भी माने।[1] उनसे पूर्व निम्बार्क ने भी यही पक्ष ग्रहण किया। दोनों ने 'अरूप, अशब्द' इत्यादि निषेध-वाचक श्रुतियों में इयत्ता का निषेध—इस बात का निषेध कि ब्रह्म सर्वरूप, सर्वकर्म इत्यादि ही है, आगे कुछ और नहीं—कहा। दोनों रूपों में जो विरोध दिखाई पड़ता है वह वास्तविक नहीं, विरोधाभास मात्र है। वल्लभाचार्य्यजी ने शंकरकृत व्यावहारिक और पारमार्थिक तथा सोपाधि-निरुपाधि या सगुण-निर्गुण का भेद उपनिषद् या ब्रह्मसूत्र द्वारा सिद्ध नहीं स्वीकार किया। उन्होंने कहा कि सारे श्रुति-वाक्यों के समन्वय के लिए वादरायण ने ब्रह्मसूत्रों की रचना की है और उन सूत्रों के आरम्भ में जिज्ञासा के उपरान्त "जन्माद्यस्य यतः" (जिससे इस जगत् की उत्पत्ति, स्थिति और लय होता है) द्वारा जिस ब्रह्म का निर्देश किया है वह केवल निर्विशेष और निर्गुण नहीं हो सकता, सर्वशक्तिमान् और सर्वधर्मा ही हो सकता है। जब ब्रह्म सर्वकर्मा और सर्वशक्तिमान् ठहरा तब कारण रूप में सर्वकर्ता और सर्वभोक्ता भी वही है।

वल्लभाचार्य्यजी ने ब्रह्मसूत्र के "आत्मकृतेः परिणामात् (1-4-26)" को लेकर कहा कि यह सारी सृष्टि ब्रह्म की ही आत्मसृष्टि या आत्मकृति है। किसलिए ? केवल लीला या खेल के लिए, जैसा कि वादरायण ने अपने "लोकवतु लीलाकैवल्यम् (2-1-33)" सूत्र में कहा है। जबकि अपने को सृष्टिरूप में परिणत करना और अपने को अंशरूप जीवों में बिखराना ब्रह्म की लीला मात्र है तब इस कर्तृत्व से उसके आनन्द-स्वरूप में किसी प्रकार की बाधा नहीं पड़ सकती। वह केवल आनन्द का ही भोक्ता बना रहता है।

'उसने अपने को स्वयं किया', 'बहुत हो जाना चाहिए', 'एक मैं हूँ बहुत हो जाऊँ'[2] आदि श्रुतियों का आशय लेकर, जिनसे ब्रह्म का कर्त्ता और कर्म दोनों होना ध्वनित होता है, ब्रह्मसूत्र में प्रकृति ब्रह्म से अलग नहीं कही गई है।[3] इस प्रकार ब्रह्म जगत् का निमित्त कारण और उपादान दोनों बताया गया है। शंकराचार्य्य ने यह सब कथन ईश्वर या सोपाधि ब्रह्म के सम्बन्ध में माना है। और आचार्यों ने भी ब्रह्म को परिणामी या विकारी होने से बचाया है। रामानुज और श्रीकंठ ने चिद्चिद्विशिष्ट ब्रह्म के शरीर को उपादान कहा है, भास्कर और निम्बार्क ने ब्रह्म की शक्ति को, विज्ञानभिक्षु ने प्रकृति को, जो ब्रह्म से अविभक्त है। विष्णुस्वामी और वल्लभाचार्य्य ने ही साहस के साथ सीधे ब्रह्म का ही परिणाम स्वीकार किया है। उन्होंने कहा है कि अक्षर (ब्रह्म) अपनी आविर्भाव तिरोभाव की अचिंत्य शक्ति से जगत् के रूप में परिणत भी होता है और उसके परे भी रहता है। ब्रह्म का यह परिणाम रूप अर्थात् जगत् असत् या मिथ्या नहीं है, यह भी सत् है। ब्रह्म के विकार या परिणाम नामरूप ब्रह्म से अनन्य हैं; उसी प्रकार जैसे मिट्टी के बने हुए घड़े आदि भिन्न-भिन्न होने

---

1. वल्लभाचार्य्यजी ने 'उभयव्यपदेशात् अहिकुण्डलवत्' इस ब्रह्मसूत्र (3-2-27) को लेकर कहा है—
यथा सर्पः ऋजुरनेकाकारः कुण्डलश्व भवति तथा ब्रह्मस्वरूप सर्वप्रकार भक्तेच्छया तथा स्फुरति। × × × तस्मात् सकलविरुद्धधर्मा भगवत्येव वर्त्तन्त इति न कापि श्रुतिरुपचरितार्थेति सिद्धम्।

—अणुभाष्य

2. 'तदात्मानं स्वयमकुरुत', 'बहु स्यां प्रजायेय', 'एकोऽहं बहु स्याम्'।
3. 'प्रकृतिश्च प्रतिज्ञादृष्टानुपराधात्' (1-4-22)।
'आत्मकृतेः परिणामात्' (1-4-26)।

पर भी मिट्टी से अनन्य हैं; सोने के बने हुए कड़े, कुंडल इत्यादि गहने भिन्न-भिन्न होने पर भी सोने से अनन्य हैं। कारण से बना हुआ कार्य्य उससे अनन्य होता है, मिथ्या नहीं होता।[1]

यहाँ तक तो ब्रह्म और जगत् का सम्बन्ध लेकर जो मतभेद है वह दिखाया गया। अब ब्रह्म और जीवात्मा का सम्बन्ध लेकर जो मतभेद है उसका उल्लेख किया जाता है। 'पादोऽस्य सर्वा भूतानि' इस वेदवाक्य का आशय 'अंशो नानाव्यपदेशात्' इस ब्रह्मसूत्र में प्रकट किया गया है। 'शंकराचार्य्यजी' ने ब्रह्म को 'निष्कल' और 'निरवयव' बतानेवाले उपनिषद्वाक्यों को ही प्रमाण मानकर 'ब्रह्म' का अंश होना नहीं माना है और सूत्र के 'अंश' को 'अंश इव' के अर्थ में ग्रहण किया है। वल्लभाचार्य्य ने "यथाग्नेः क्षुद्राः विस्फुलिंगाः" (जैसे अग्नि से छोटी-छोटी चिंगारियाँ निकलती हैं वैसे ही ब्रह्म से जीव निकलते हैं) इस श्रुति और 'अंशो नानाव्यपदेशात्' इस सूत्र के अनुसार जीव को ब्रह्म का ही वास्तव अंश माना है।[2] विज्ञानभिक्षु ने भी जीव को वास्तव अंश माना है। रामानुज ने 'अंश' का अर्थ (ब्रह्मविशेष्य का) विशेषण किया है और निम्बार्क ने (शक्तिमान् ब्रह्म की) शक्ति।

इसी प्रकार जीवात्मा के स्वरूप को लेकर भी मतभेद है। शंकर ने जीवात्मा और ब्रह्म के स्वरूप में कोई भेद नहीं माना है। वे ब्रह्म के समान ही जीवात्मा को भी नित्य ज्ञान-स्वरूप और विभु (सर्वव्यापी) मानते हैं। इसके विरुद्ध उपर्युक्त 'स्फुलिंग' के दृष्टान्त तथा जीवात्मा की 'गति-आगति' के उल्लेख को लेकर रामानुज, निम्बार्क आदि भक्त आचार्यों ने जीवात्मा को अणुरूप माना है। वल्लभाचार्य्यजी ने भी अपने भाष्य में जीव के अणुत्व का ही प्रतिपादन किया है जिससे उनका भाष्य 'अणुभाष्य' कहलाता है। उनका मत है कि जीवात्मा जो कहीं-कहीं विभु या ब्रह्म ही कहा गया है[3] वह ब्रह्म के साथ उनकी अनन्यता की दृष्टि से। जब जीव ज्ञान द्वारा ब्रह्मभाव को प्राप्त करता है अर्थात् ब्रह्मदशा में होता है तब वह अलबत विभु हो जाता है। यद्यपि जीवात्मा ब्रह्म से अनन्य है, पर ब्रह्म अधिक है, यह भेद है।[4] इस प्रकार जीवात्मा एक ओर तो ब्रह्म से अनन्य है,

---

1. इस सम्बन्ध में श्रुति यह है–'तथा सोम्यैकेन मृत्पिण्डेन सर्वं मृणमयं विज्ञातं स्याद्वाचारंभणं विकारो नामधेयं मृत्तिकेत्येव सत्यम्'। उपनिषदों में कार्य्य कारण के अनन्यत्व के दृष्टान्त इसी प्रकार के दिए गए हैं, पर शंकराचार्य्य ने अपनी ओर से भ्रान्ति या मिथ्यात्वसूचक दृष्टान्त दिए हैं–जैसे मृगतृष्णा के जल का ऊपर मैदान से अनन्यत्व, सर्प का रज्जु से, रजत का शुक्ति से। इस पर वल्लभ ने कहा है–'तदनन्यत्वं प्रतीयते कार्यस्य कारणानन्यत्वं, न मिथ्यात्वम्'। वल्लभ ने कारण की सत्यता से कार्य्य की सत्यता मानी है। मिट्टी से अलग घड़े की सत्यता नहीं है, पर मूलतः मिट्टी होने में उसकी सत्यता है। जैनदर्शन में 'द्रव्य' और 'पर्य्याय' का सम्बन्ध इसी प्रकार कहा गया है।
2. विस्फुलिंगा इवाग्नेर्हि जडजीवा विनिर्गताः।
सर्वतःपाणिपादान्तात् सर्वतोऽक्षि शिरोमुखात्॥
निरिन्द्रियात् स्वरूपेण तादृशादिति निश्चयः।
सदंशेन जडाः पूर्व चिदंशेनेतरे अपि॥
अन्यधर्मतिरोभावान्मूलेच्छातोऽस्वतन्त्रिणाः।
3. जैसे 'तत्त्वमसि' आदि महावाक्यों में।
4. अधिकं तु भेदनिर्देशात् (ब्रह्मसूत्र 2-1-28)।

दूसरी ओर भिन्न है। अनन्य वस्तु भिन्न हो सकती है। शंकर ने जीवात्मा को ज्ञानस्वरूप कहा है, पर वल्लभ ने ज्ञाता माना है।

शंकराचार्य्य ने जीवात्मा को ब्रह्म ही के समान अकर्त्ता अभोक्ता माना है। उसके अनुसार कर्म करना और भोग करना दोनों औपाधिक या आविद्यक हैं। उनका कहना है कि कर्तृत्व यदि जीवात्मा में स्वाभाविक हो तब तो वह जीवात्मा से उसी प्रकार कभी अलग नहीं हो सकता जैसे ताप अग्नि से कभी अलग नहीं हो सकता और जीव का मोक्ष असम्भव हो जाएगा। कर्तृत्व दुःखरूप है, अतः वह दुःख में ही पड़ा रहेगा। वल्लभाचार्य्य का यह उत्तर है कि कर्म सदा दुःखरूप हो, यह आवश्यक नहीं। कर्म दुःखरूप तब होता है जब वह अभिमानपूर्वक किया जाता है कि 'मैं कर रहा हूँ'। ब्रह्मविद् जो कर्म करता है वह अपने को कर्त्ता मानकर नहीं, ब्रह्म को असली कर्त्ता मानकर।[1] इस प्रकार उसके सारे कर्म ब्रह्म को अर्पित हो जाते हैं। जिस प्रकार जगत् के सारे व्यापारों को वह ब्रह्म-प्रयत्न के रूप में देखता है वैसे ही अपने कर्मों को भी। सब कुछ करता हुआ भी वह समझता है कि मैं कुछ नहीं कर रहा हूँ।[2] इस प्रकार व्यक्तिगत सत्ता का लोकसत्ता में लय हो जाने से प्रिय-अप्रिय की परिमित भावना का परिहार हो जाता है। इस दशा को प्राप्त जीव कर्त्ता और भोक्ता होकर भी दुःख से परे रहता है।

दर्शन के क्षेत्र में वल्लभाचार्य्य की सबसे गहरी पहुँच उनके आविर्भाव-तिरोभाव के प्रखर सिद्धान्त में दिखाई पड़ती है। वह सिद्धान्त यह है। अक्षर ब्रह्म अपने सत्, चित् और आनन्द इन तीनों स्वरूपों का आविर्भाव और तिरोभाव करता रहता है। तीनों स्वरूपों का प्रकाश तीन भिन्न-भिन्न शक्तियों से होता है–'सत्' का प्रकाश 'सन्धिनी' से, 'चित्त्' का 'संवित्' से और 'आनन्द' का 'ह्लादिनी' से। पुरुषोत्तम (ब्रह्म) में ये तीनों शक्तियाँ अनावृत रहती हैं, अर्थात् सत्, चित् और आनन्द तीनों स्वरूपों का प्रकाश रहता है। जीव में 'सन्धिनी' और 'संवित्' अनावृत रहती हैं और 'ह्लादिनी' आवृत रहती है–अर्थात् 'सत्' और 'चित्' का आविर्भाव रहता है और 'आनन्द' का तिरोभाव। जड़ में केवल 'सन्धिनी' अनावृत रहती है और 'संवित्' और 'ह्लादिनी' दोनों आवृत रहती हैं–अर्थात् केवल 'सत्' का आविर्भाव रहता है और 'चित्' और 'आनन्द' का तिरोभाव। इस व्यवस्था के अनुसार न तो ब्रह्म ही को ग्रस्त करनेवाली उससे अन्य कोई दूसरी वस्तु माया है और न जीवात्मा को ही। जीवात्मा भी वस्तुतः ब्रह्म ही है जिसमें 'आनन्दस्वरूप' आवृत रहता है। इस प्रकार आत्मा और परमात्मा के शुद्ध अद्वैतभाव का प्रतिपादन करने से वल्लभाचार्य्यजी का सिद्धान्त 'शुद्धाद्वैतवाद' कहलाता है।

वल्लभाचार्य्यजी के आविर्भाव-तिरोभाव सिद्धान्त के लिए ब्रह्मसूत्रों में संकेत मिलता है; जैसे, जीव का ब्रह्म-स्वरूप ब्रह्म के अभिध्यान से तिरोहित रहता है; ब्रह्म की प्राप्ति

---

1. परात् तु तच्छु तेः (2-3-41) अर्थात् जीव का कर्तृत्व परब्रह्म ही से है।
2. न च ब्रह्मरूपात्मविज्ञाने देहाध्यासाभावेन कर्तृत्वाभावात् कर्मानधिकार इति वाच्यम्; निरध्यस्तैरेव देहादिभिः कर्मकरणसम्भवात्; अतएव जीवन्मुक्तानां सर्वे व्यापाराः। तथा च स्मृतिः, नैव किंचित्करोम्यहमिति युक्तो मन्येत तत्त्ववित् इत्यादि। –अणुभाष्य।

होने पर उसका आविर्भाव होता है।[1] पर इस सिद्धान्त को वल्लभ ही ने पूर्ण रूप से पल्लवित किया। इस आविर्भाव-तिरोभाव का स्वतन्त्र रीति से विचार करने पर प्रकट होता है कि अस्तित्व, ज्ञान और हृदय तीनों बातें वल्लभ ने पुरुषोत्तम या ब्रह्म में मानी हैं। मनुष्य में भी ये तीनों बातें–बहुत थोड़े परिणाम में सही–पाई जाती हैं। मनुष्य भी अपने हृदय द्वारा आनन्द का थोड़ा-बहुत अनुभव करता है। फिर वल्लभाचार्य्यजी ने जीवात्मा में 'आनन्द' को तिरोहित क्यों कहा ? 'आनन्द' से उनका अभिप्राय उस निरपेक्ष आनन्द का है जो ब्रह्मदशा में ही प्राप्त हो सकता है, जबकि जगत् के सारे व्यापार खेल या लीला के रूप में ही दिखाई पड़ने लगते हैं और उनमें से किसी के कारण दुःख का सम्पर्क नहीं होता। पर जीवात्मा में 'सत्' और 'चित्' का जो अनावृत होना उन्होंने कहा है वह पूर्ण अनावरण या प्रकाश नहीं कहा जा सकता। 'सत्' और 'चित्' का अंशतः प्रकाश ही ब्रह्मांश जीव में कहा जा सकता है। अतः उसमें 'आनन्द' का भी अंशतः प्रकाश मानने में कोई बाधा नहीं प्रतीत होती। उपर्युक्त ब्रह्मदशा के निरपेक्ष आनन्द के ढंग का आनन्द भी जीव को भगवान् की लीला, मनोहर काव्य आदि के श्रवण से प्राप्त होता देखा जाता है। इस दृष्टि से सत्, चित् और आनन्द तीनों का अंशतः प्रकाश मनुष्य में कहा जाए तो असंगत न होगा।

यहाँ तक तो संक्षेप में वल्लभाचार्य्यजी के दार्शनिक सिद्धान्त का उल्लेख हुआ। अब उनके साधन मार्ग या भक्तिमार्ग का थोड़ा वर्णन आवश्यक प्रतीत होता है। जिस प्रकार दर्शन के क्षेत्र में उनका सिद्धान्त 'शुद्धाद्वैतवाद' कहलाता है उसी प्रकार भक्ति के क्षेत्र में उनका साधन मार्ग 'पुष्टिमार्ग' कहलाता है। भागवत में एक स्थल पर आया है कि "पोषणं तदनुग्रहः"। इसी वाक्य के आधार पर वल्लभ ने अपने मार्ग का नाम 'पुष्टिमार्ग' रखा। 'कृष्णाश्रय' नामक अपने एक प्रकरण-ग्रन्थ में आचार्य्यजी ने देश-काल की अत्यन्त विपरीत दशा का वर्णन किया है जिसमें वेदमार्ग या मर्य्यादा मार्ग का अनुसरण उन्हें अत्यन्त कठिन या असम्भव दिखाई पड़ा। वल्लभाचार्य्यजी के समय में देश में मुसलमानी साम्राज्य अच्छी तरह दृढ़ हो चुका था। हिन्दुओं का एकमात्र स्वतन्त्र और प्रभावशाली राज्य दक्षिण का विजयनगर राज्य रह गया था; पर बहमनी सुलतानों के पड़ोस में रहने के कारण उसके दिन भी गिने हुए दिखाई पड़ते थे। इसलामी संस्कृति का प्रभाव अच्छी तरह जम रहा था। सूफ़ी भक्तों या पीरों के द्वारा सूफ़ी पद्धति की भक्ति का प्रचार-कार्य्य चल रहा था।

इस परिस्थिति में भागवत की प्रेम-लक्षणा भक्ति के प्रचार द्वारा ही लोगों के कल्याण-मार्ग की ओर आकर्षित होने और साथ ही भारतीय संस्कृति के बने रहने की सम्भावना आचार्य्यजी को दिखाई पड़ी। उन्होंने अपने 'पुष्टिमार्ग' का प्रचार किया। भगवान् का अनुग्रह ही जीवन का असली पोषण या पुष्टि है जिससे उसके हृदय में भक्ति का संचार होता है। हृदय पर प्रभाव उत्पन्न हुए बिना, धर्मस्वरूप भगवान् की विभूति में हृदय लगे बिना, अन्तःप्रकृति को वह पुष्टता नहीं प्राप्त हो सकती जिसके

1. पराभिध्यानात् तु तिरोहितं ततोह्यस्य बंधविपर्ययौ (3-2-5)। सम्पद्याविर्भावः स्वेन शब्दात् (4-4-1)।

बल से कल्याण-पथ की ओर मनुष्य बराबर चला चल सकता है। जिसमें भक्ति दिखाई पड़े उसके सम्बन्ध में समझ लेना चाहिए कि उसे भगवान् का अनुग्रह अर्थात् पोषण प्राप्त है।

'पुष्टिमार्ग' स्त्री-पुरुष, द्विज-शूद्र सबके लिए खुला है। मनुष्यमात्र इसके अधिकारी हैं। इस भक्तिमार्ग में परमात्मा का स्वरूप तो वही लिया गया है जो उपनिषदों के ज्ञानकांड में प्रतिपादित है, पर साधना का आधार शुद्ध प्रेम रखा गया है जो भगवान् के अनुग्रह या पोषण से प्राप्त होता है तथा जिससे भगवान् का अनुग्रह या पोषण प्राप्त होता है। भगवान् के स्वरूप के प्रति जितना ही अधिक प्रेम होगा उतना ही लोक और वेद के प्रति आसक्ति कम होगी। बिना प्रेम के भगवान् की जो आराधना होगी वह 'पूजा' मात्र होगी; 'सेवा' न होगी। अतः इस पुष्टिमार्ग में आने के लिए सबसे पहली आवश्यक बात यह है कि लोक और वेद दोनों के प्रलोभनों से दूर हो जाए–उन फलों की आकांक्षा छोड़ दे जो लोक का अनुसरण करने से प्राप्त होते हैं तथा जिनकी प्राप्ति वैदिक कर्मों के सम्पादन द्वारा कही गई है। यह तभी हो सकता है जबकि साधक अपने को भगवान् के चरणों में समर्पित कर दे। इसी 'समर्पण' से इस मार्ग का आरम्भ होता है और पुरुषोत्तम भगवान् के स्वरूप का अनुभव और लीला-सृष्टि में प्रवेश हो जाने पर अन्त। बीच में जो मार्ग पड़ता है उसका अनुसरण 'तनुजा' और 'वित्तजा' सेवा द्वारा होता है। इस सेवा द्वारा धीरे-धीरे अहंता और ममता का नाश हो जाता है और भगवान् के स्वरूप के अनुभव की क्षमता प्राप्त होती है।

वल्लभाचार्य्यजी ने प्राणियों के अनुसरण के तीन मार्ग कहे हैं–पुष्टिमार्ग, प्रवाहमार्ग और मर्य्यादामार्ग। इनमें से भक्तिमार्ग ही 'पुष्टिमार्ग' है। केवल वेद प्रतिपादित कर्म और ज्ञान के सम्पादन का मार्ग 'मर्य्यादामार्ग' है। संसार या लोक के प्रवाह में पड़कर लौकिक सुख-भोग के हेतु प्रयत्न करते रहना 'प्रवाहमार्ग' है।[1] इनमें से पुष्टिमार्ग ही प्रशस्त मार्ग है। जिसे भगवान् का पोषण या अनुग्रह प्राप्त हो जाता है वह इस मार्ग पर आता है। वह आत्मकल्याण के लिए अपने कर्मों या अपने ज्ञान का भरोसा नहीं रखता, केवल भगवान् के अनुग्रह का भरोसा रखता है। उसकी भीतरी आस्था न लोक पर होती है, न वेद पर; केवल भगवत्स्वरूप पर होती है। वेद में मनुष्य की वाणी में प्रतिध्वनित भगवान् के केवल 'शब्द' हैं–आड़ में खड़े होकर किए हुए आदेश या उपदेश हैं कि ऐसा करोगे तो ऐसा फल मिलेगा। फल का भरोसा देनेवाले कर्मों के अनुष्ठान में हृदय का जो योग रहता है वह फल की ओर उन्मुख रहता है। उपनिषदों में आकर परमात्मा के उस स्वरूप का परिचय या निश्चय कराया गया है जिसकी उपासना हो सकती है। उसी स्वरूप पर जिसका प्रेम हो जाता है वह भक्तिमार्ग का अनुसरण करता है। भक्त जो भजन या कीर्तन करता है वह केवल प्रेम की प्रेरणा से; किसी फल की आशा से या वेद की आज्ञा से नहीं।

---

1. अत्रैव स्वरूपनिश्चायनेन यावन्तः पुष्टिप्रयुक्ता मार्गा भक्तिरूपास्ते पुष्टिमार्गेऽन्तर्भवन्ति, ये लौकिकाः सर्गपरम्परां न विच्छन्दन्ति ते प्रवाहेऽन्तर्भवन्ति, ये वेदनियमं नातिवर्त्तन्ते मर्य्यादामन्तर्भवन्ति।

उपर्युक्त तीन मार्गों के अनुरूप ही जीव भी तीन प्रकार के कहे गए हैं—पुष्टि-जीव, मर्य्यादा-जीव और प्रवाह-जीव। पुष्टि-जीव का लक्षण यह है कि वह केवल भगवान् के अनुग्रह का भरोसा रखता है। मर्य्यादा-जीव वेद की विधियों पर भरोसा रखते हैं। प्रवाह-जीव सांसारिक सुखों की प्राप्ति में ही लगे रहते हैं। जीवों में यह भेद उत्पत्ति-भेद से होता है। पुष्टि-सृष्टि सच्चिदानन्द के काय (शरीर) या आनन्द-शृंग से होती है, मर्य्यादा-सृष्टि मन से। पुष्टि-सृष्टि आनन्दांश-प्रधान होती है, मर्य्यादा-सृष्टि चिदंश-प्रधान और प्रवाह-सृष्टि सदंश-प्रधान। पुष्टि-जीव शुद्ध भगवत्प्रेम से प्रेरित होते हैं, मर्य्यादा-जीव वेद में कहे हुए परमेश्वर के 'शब्द' से और प्रवाह-जीव परमेश्वर के मन या संकल्प से। प्रवाह-जीव जन्म और मरण के चक्र में पड़े रहते हैं; मर्य्यादा-जीव वैदिक मोक्ष प्राप्त करते हैं और पुष्टि-जीव पुरुषोत्तम भगवान् की लीला-सृष्टि में प्रवेश करते हैं।

'पुष्टि-प्रवाह-मर्य्यादा' नामक प्रकरण-ग्रन्थ में वल्लभाचार्य्यजी ने प्रवाह-जीवों को 'असुर' कहा है और उनके दो भेद किए हैं—दुर्ज्ञ और अज्ञ। असली असुर दुर्ज्ञ ही हैं। अज्ञ लोग केवल दुर्ज्ञों का अनुसरण करते हैं। उनका असुरत्व बाहरी होता है और अच्छा संस्कार प्राप्त होने पर दूर हो सकता है। पर दुर्ज्ञों की अन्तःप्रकृति ही आसुरी होती है। वे मायिक होते हैं और माया में ही जाकर लीन होते हैं।

उक्त चार प्रकार के जीवों के अतिरिक्त आचार्य्यजी ने एक प्रकार के और जीव ठहराए हैं जिन्हें उन्होंने सम्बन्धि-जीव कहा है। उसका कोई स्थिर स्वरूप नहीं होता। वे बराबर डावाँडोल रहते हैं। वे वास्तव में उक्त चार प्रकार के जीवों में से किसी की श्रेणी में नहीं होते। जब जिस प्रकार के जीव के सम्पर्क में वे पड़ जाते हैं तब उस प्रकार के जीव वे हो जाते हैं।

पुष्टि-जीव कभी-कभी प्रवाह और मर्य्यादा में भी पड़ जाते हैं। उस दशा में वे मिश्र-पुष्टिजीव कहलाते हैं। पुष्टि-सम्पन्न होने के कारण प्रवाह और मर्य्यादा में पड़ जाने पर भी उनका अकल्याण नहीं होता। उनकी परनिष्ठा भगवान् में ही होती है अतः वे लौकिक और वैदिक कर्मों का जो सम्पादन करते हैं वह बिना आस्था के। उनकी वैष्णवता सहज या स्वाभाविक होती है। यद्यपि विशेष परिस्थिति में पड़ जाने के कारण वे अनेक प्रकार के व्यापार करते पाए जाते हैं पर उनका चरम साध्य 'भगवत्प्रपत्ति' ही होती है।

पुरुषोत्तम श्रीकृष्ण ही सूर्य्य, चन्द्र, देवता, पृथ्वी इत्यादि के भीतर 'अन्तर्यामी' स्वरूप में सारे विश्व का परिचालन करते हैं। विश्व की तह में (Immanent) रहकर उसका परिचालन करनेवाला 'अन्तर्यामी' ही पृथ्वी पर नाना अवतार लिया करता है। पुरुषोत्तम श्रीकृष्ण का दिव्य सत्त्वगुण ही विष्णु होकर सब लोकों की रक्षा करता है। इसी प्रकार उनमें दिव्य रजोगुण और तमोगुण ब्रह्मा और रुद्र होकर लोकों की सृष्टि और संहार किया करते हैं।

श्रीकृष्ण ही परब्रह्म हैं। वे ही सब दिव्य गुणों से सम्पन्न होकर 'पुरुषोत्तम' कहलाते हैं। उनका शरीर सत्-चित्-आनन्दमय है। उनकी सब लीलाएँ नित्य हैं। वे अपने चतुर्भुज

या द्विभुज रूप में अपने भक्तों के साथ अनेक प्रकार की क्रीड़ाएँ व्यापी-वैकुंठ में, जो विष्णु के वैकुंठ से ऊपर है, किया करते हैं। इसमें नित्यरूप में वृन्दावन, यमुना, अनेक प्रकार के निकुंज इत्यादि हैं। गोलोक इसी 'व्यापी'-वैकुंठ का एक खंड है। जिन भक्तों में भक्ति परमावस्था को पहुँच जाती है, जिनका भगवत्प्रेम व्यसन के रूप में हो जाता है, उन्हें उस व्यापी-वैकुंठ में भगवान् अनेक क्रीड़ाएँ करनेवाले श्रीकृष्ण के रूप में प्रकट होते हैं। भगवान् का यह कृष्ण-स्वरूप ही 'परमानन्द-स्वरूप' है। श्रीकृष्ण अपनी इच्छा से सत्स्वरूप को प्रधान कर देते हैं और अक्षर होकर सृष्टि के मूल कारण होते हैं। 'अक्षर ब्रह्म' दो प्रकार का है। एक तो वह जिसे भक्तजन पुरुषोत्तम धाम कहते हैं और जो व्यापी-वैकुंठ के रूप में प्रकाशित रहता है। दूसरा उसी का वह रूप जो ज्ञानियों को प्राप्त होता है और उन्हें सच्चिदानन्द, स्वयंप्रकाश, अनादि अनन्त, निर्गुण और निर्विशेष प्रतीत होता है। यह दूसरा रूप केवल आविर्भाव-तिरोभाव की अचिन्त्य शक्ति से प्रतीत होता है जिसके कारण परमात्मा के दिव्य गुण आवृत या तिरोहित रहते हैं। ब्रह्म जब निर्गुण, निर्विशेष आदि कहा जाता है तब उसका यही तात्पर्य्य समझना चाहिए। इस प्रकार परमात्मा के तीन रूप ठहरते हैं—पुरुषोत्तम जिसमें आनन्दांश का पूर्ण आविर्भाव रहता है तथा उक्त दो प्रकार के अक्षर ब्रह्म।

ऊपर के विवरण में भक्तों की परम गति और ज्ञानियों की परम गति या मोक्ष का भेद बताया गया है। उसमें इस बात का स्पष्ट संकेत किया गया है कि भक्त अपनी साधना पूर्ण करके जिस स्वरूप के मेल में हो जाता है वही आनन्द-प्रधान रूप ब्रह्म का असली और श्रेष्ठ रूप है। ज्ञानी जिस कैवल्य दशा को प्राप्त करता है, वह ब्रह्म का अंशतः तिरोहित रूप है। यहाँ पर वल्लभाचार्य्यजी निर्गुण-निर्विशेषवादी ज्ञानियों से पूरा बदला लेते हुए दिखाई देते हैं। ज्ञानमार्गियों ने ब्रह्म के निर्गुण स्वरूप को ही पारिमार्थिक या असली स्वरूप कहा है और सगुण स्वरूप को व्यावहारिक या मायिक। आचार्य्यजी ने बात उलटकर सगुण स्वरूप को ही असली और श्रेष्ठ स्वरूप बतलाया है और निर्गुण स्वरूप को उसी का अंशतः तिरोहित स्वरूप। वल्लभाचार्य्यजी के अनुसार आनन्दांश-प्रधान रूप ही ब्रह्म का असली रूप है जिसके मेल में होकर पुष्टि-जीव नित्य लीला-सृष्टि में प्रवेश करता है और लीला में योग देकर पुरुषोत्तम-स्वरूप की सेवा करता है। पुष्टि-जीवों की उत्पत्ति इसी स्वरूप सेवा के लिए ही होती है। जिस प्रकार पुरुषोत्तम भगवान् में सत्, चित् और आनन्द तीनों का आविर्भाव रहता है उसी प्रकार पुष्टिमार्गी भक्त भी, भगवान् के 'काय' या आनन्दस्वरूप से उत्पन्न होने के कारण, उनके ही समान 'अ-तिरोहित-सच्चिदानन्द-स्वरूप' प्राप्त करता है और 'लीला-सृष्टिस्थ' हो जाता है। जिस प्रकार भगवान् प्रकृति के सत्त्वगुण में अधिष्ठित होकर इस संसार में अवतार लेते हैं उसी प्रकार पुष्टि-जीव जब तक संसार में रहता है सत्त्वस्थ रहता है। मतलब यह कि वह हर तरह से भगवान् के साथ उनकी लीला में योग देने योग्य हो जाता है। उपनिषदों में जो 'एकोऽहं बहु स्याम्', 'स एकाकी न रमते', 'स द्वितीयमैच्छत्' इत्यादि वाक्य हैं, भक्तिमार्ग के अनुसार वे ऐसे ही जीवों के साथ क्रीड़ा करने की इच्छा सूचित करते हैं।

पुष्टि-भक्ति भी चार प्रकार की कही गई है—प्रवाह-पुष्टि-भक्ति, मर्य्यादा- पुष्टि-भक्ति, पुष्टि-पुष्टि-भक्ति, और शुद्ध-पुष्टि-भक्ति। इनमें से प्रथम मार्ग में वे कहे जा सकते हैं जो संसार के प्रवाह में पड़े 'मैं' और 'मेरा' करते रहते हुए भी ऐसे कर्म करते जाते हैं जिनसे भगवान् की प्राप्ति हो सकती है। दूसरा मार्ग उन लोगों का समझना चाहिए जो संसार के विषयभोग से अपना मन हटाकर अपनी इन्द्रियों को वश में रखते हुए भगवान् की लीला के श्रवण-कीर्त्तन आदि द्वारा अपने को भगवान् की ओर लगाते हैं। तीसरा मार्ग उन पहले से पुष्टि-प्राप्त लोगों का है जो और अधिक पुष्टि (अनुग्रह) पाकर भक्ति का सहगामी ज्ञान अर्जित करने की योग्यता सम्पादित करते हैं। वे तत्त्वचिन्तन के प्रयास द्वारा क्रमशः भगवान् के नाना विधानों को समझ जाते हैं। उन्हें ज्ञान-प्राप्ति के निमित्त बुद्धि-प्रयत्न करना पड़ता है। चौथे प्रकार की शुद्ध-पुष्टि भक्ति जिनमें होती है वे केवल भगवान् के प्रेम में मग्न रहते हैं। भगवान् का भजन-कीर्त्तन उनका एक व्यसन हो जाता है। किसी प्रकार का बुद्धि-प्रयत्न वे नहीं करने जाते।

जिस पर भगवान् का अनुग्रह (पोषण) होता है पहले तो उसकी भगवान् की ओर प्रवृत्ति होती है, भगवान् उसे अच्छे लगते हैं। फिर वह अपनी बुद्धि द्वारा ब्रह्म का ज्ञान प्राप्त करने में लगता है। ज्ञान प्राप्त करने पर उसमें प्रेम-लक्षणा-भक्ति का उदय होता है। इस प्रेमभक्ति की क्रमशः चार भूमियाँ या अवस्थाएँ होती हैं—प्रेम, आसक्ति और व्यसन। व्यसन ही प्रेम की सबसे परिपुष्ट दशा है। इसी व्यसन द्वारा पुष्टि-जीव 'परमानन्द' की ओर अग्रसर होता है। वह चारों प्रकार की मुक्तियों का तिरस्कार कर देता है और भगवान् की नित्य सेवा को ही अपना परम साध्य मानता है। इसी व्यसन के प्रभाव से भगवान् उसे चारों ओर दिखाई पड़ते हैं। वह भीतर और बाहर सर्वत्र पुरुषोत्तममय देखता है। अतः संसार की सब वस्तुएँ उसे अपनी सगी समझ पड़ती हैं और सबके साथ वह प्रेमभाव रखता है।

वल्लभाचार्य्यजी के दार्शनिक और भक्तिसम्बन्धी सिद्धान्तों का उल्लेख हो चुका। उनके सम्प्रदाय की पूजा या सेवा की पद्धति के सम्बन्ध में यह समझ लेना चाहिए कि वह अत्यन्त आडम्बरपूर्ण है। यज्ञ-यागादि कर्मों के लम्बे-चौड़े बाह्य विधान के स्थान पर भावयज्ञ के रूप में भक्तिमार्ग का प्रवर्त्तन हुआ था पर इस सम्प्रदाय के ठाकुरजी की सेवा का विधान उससे भी बढ़कर लम्बा-चौड़ा हो गया, जिसमें बहुत धन और सुख-भोग की प्रचुर सामग्री अपेक्षित होती है। इस सम्प्रदाय के शिष्यों के लिए अपने आचार्य्य या गोसाईं के मन्दिर में ही जाकर दर्शन और आराधना करना चाहिए। इस सम्प्रदाय के मन्दिरों में बराबर भोग-विलास की सामग्री का प्रदर्शन होता रहता है तथा एक न एक उत्सव लगा रहता है जिसमें चमक-दमक, सजावट, नाच-रंग का कुतूहल 'बलिहारी है' कहनेवाले बहुत-से स्त्री-पुरुषों को आकर्षित करता है। इस सम्प्रदाय के जो मुख्य-मुख्य स्थान हैं उनकी बड़ाई यही सुनाई पड़ती है कि "वहाँ केसर की चक्कियाँ चलै हैं।" सारांश यह कि इस सम्प्रदाय की सेवा-पूजा, आचार-व्यवहार, बातचीत सबमें भोगवासना (Epicureanism) का आभास रहता है।

इस 'पुष्टि-मार्ग' की सामान्य प्रवृत्ति विषय-भोग के त्याग या निवृत्ति की ओर नहीं दिखाई पड़ती। इसी प्रकार धर्म या शील के पालन पर भी वैसा जोर इसमें नहीं दिया गया है। ऊपर जो चार प्रकार की पुष्टि-भक्ति कही गई है उनमें संसार के विषय-भोग से मन हटाकर अपनी इन्द्रियों और आचरण को वश में रखनेवालों को तीसरा स्थान दिया गया है। यह बात ठीक है कि भक्ति केवल हृदय की पद्धति है। अतः भक्त के मन, वचन और कर्म में जो कुछ शुभवृत्ति हो वह हृदय के द्वारा स्वतः प्रेरित होनी चाहिए, धर्म-शासन के प्रतिबन्ध के रूप में ज़बरदस्ती लाई हुई नहीं। पर भक्त का जीवन इसी लोक के भीतर व्यतीत होता है अतः उसके जीवन में पवित्रता का आभास अवश्य होना चाहिए। जिस भक्ति की उच्च दशा में उच्चतम शील या सदाचार का अन्तर्भाव न हो वह लोक की रक्षा, पालन और पोषण करनेवाले भगवान् की भक्ति कैसे कही जा सकती है ? जो हृदय किसी पीड़ित की रक्षा के लिए, किसी जनसमुदाय के सुख-सन्तोष-विधान के लिए, अपना सब सुख, अपना सर्वस्व, अपना प्राण तक अर्पित करने के लिए तैयार न कर दे वह हृदय भक्त-हृदय कैसे कहा जा सकता है ?

मर्य्यादा के अतिक्रमण का अर्थ इतना ही है कि भक्त का आचरण हृदय-प्रेरित होने के कारण स्वच्छन्द होता है। जो कुछ वह करता है शास्त्र की आज्ञा के दबाव से नहीं, अपनी इच्छा से करता है। पर भक्ति के प्रभाव से उसकी इच्छा मंगलेच्छा हो जाती है। उसे आप से आप ऐसे ही कर्मों की इच्छा होती है, जिसका संसार भर के धर्म-मार्ग अनुमोदन करते हैं। मर्य्यादा-पुरुषोत्तम भगवान् रामचन्द्र के परम भक्त गोस्वामी तुलसीदासजी ने इस मंगलेच्छा को भक्ति प्राप्त हो जाने का लक्षण बताया है। उन्होंने कहा है कि–

तुम अपनायो, तब जानिहौं जब मन फिरि परिहै।

तुलसी के अनुसार शील का प्रकृतिस्थ हो जाना ही भक्ति का लक्षण है। इसी के द्वारा भक्त पहचाने जा सकते हैं।

पुष्टि-मार्ग में स्पष्ट रूप से 'शील' और 'त्याग' का अन्तर्भाव उच्च कोटि की भक्ति में न करने से और उन्हें तीसरी श्रेणी में रखने से भ्रम के लिए बहुत जगह रह गई। भक्ति को 'मर्य्यादा' के परे रखकर भी यदि वे बातें जिनके लिए लोक और वेद या धर्म की मर्य्यादा बाँधी गई है, शुद्ध भाव-क्षेत्र के भीतर ले ली जातीं तो किसी प्रकार की अव्यवस्था न उत्पन्न होती। ऐसा न होने से इस बात की सम्भावना पूरी-पूरी रह गई है कि इस मार्ग के अनुयायी 'मर्य्यादा' के उल्लंघन का अर्थ शील और सदाचार का उल्लंघन समझें। जब हम इस मार्ग में गृहीत उपास्य के रूप की ओर ध्यान देते हैं तब तो यह सम्भावना पूर्ण आशंका के रूप में आ जाती है। जैसा कि हम पहले दिखा आए हैं, भक्ति के लिए भगवान् कृष्ण की केवल बालक्रीड़ा और यौवन-लीला ही ली गई है। उनका धर्म की स्थापनावाला रूप–जो गीता के अनुसार प्रधान स्वरूप है–नहीं लिया गया है। भगवान् का वह स्वरूप जिससे हृदय की उच्च और उदात्त वृत्तियों का रंजन होता है, पीछे डाल देने से हृदय के लिए उच्च भूमि पर पहुँचने का परिष्कृत अभ्यास-पथ

न निकल सका। अतः सामान्य जनता के हृदय पर केवल भोग-विलास, क्रीड़ा-कुतूहल का संस्कार जम सकता है। परलोक में भी भक्तों के लिए इसी ढंग की लीला अखंड और नित्य रूप में करके रखी गई है। इस प्रकार यहाँ से वहाँ तक क्रीड़ा, खेल, मनोरंजन इत्यादि की हलकी वृत्ति ही सामने पाकर जीवन के व्यापक और गम्भीर लक्ष्य की ओर दृष्टि कैसे जा सकती है ?

[1. लौकिक क्रीड़ा या लीला को] वल्लभाचार्य्यजी ने 'आनन्द' का लक्षण माना है और [इस क्रीड़ा या लीला का जिस रूप में] पूर्ण आविर्भाव हो उसे ब्रह्म का असली या पारमार्थिक [रूप कहा है। यह बताया जा चुका है] है कि शंकराचार्य्यजी ने ब्रह्म को चित्स्वरूप कहकर 'ज्ञान' [को उसका पारमार्थिक] स्वरूप कहा था, पर वल्लभाचार्य्यजी ने 'हृदय' को प्रधानता दी। हृदय-पक्ष पर जोर देना तो भक्तिमार्ग के लिए बहुत आवश्यक है। उपास्य में हृदय मानकर ही प्रेम किया जा सकता है। पर क्रीड़ा या लीला का लौकिक स्वरूप लेकर उसी को ब्रह्म की लीला या क्रीड़ा के रूप में रखना ब्रह्म के 'आनन्द' स्वरूप को बहुत परिमित करना है। जिन व्यापारों को मनुष्य क्रीड़ा या लीला मानता है–जैसे स्त्री-पुरुष का हास-विलास, नाच-रंग, लुकना-छिपना इत्यादि–उन्हीं व्यापारों तक ब्रह्म की लीला नहीं कहीं जा सकती। ब्रह्म की विराट् लीला है। सारा विश्वव्यापार ब्रह्म की लीला है। यह कहा जा चुका है कि जगत्प्रवाह नित्य और अखंड है। यह सम्पूर्ण जगत्प्रवाह ब्रह्म के रक्षण, पालन और रंजन से चल रहा है। अतः ये तीनों ब्रह्म की लीला के अन्तर्गत हैं; केवल रंजन ही नहीं।

यह कहा जा चुका है कि लोक के रक्षण और पालन में ब्रह्म अपने 'सत्' स्वरूप का प्रकाश करता है और रंजन द्वारा अपने 'आनन्द' स्वरूप का। 'आनन्द' स्वरूप को 'सत्' स्वरूप से विच्छिन्न नहीं कर सकते। गीता में जिस भक्ति का उपदेश है, वह 'सदानन्द' स्वरूप को लेकर चलनेवाली भक्ति है। राम-भक्ति-शाखा में भी 'सदानन्द' स्वरूप लिया गया है। पर जितने कृष्णोपासक सम्प्रदाय चले सब 'आनन्द' की सिद्धावस्था या उपभोग-पक्ष को ही लेकर चले। आनन्द की साधनावस्था, जिसमें 'असत्' के बीच से 'सत्' अपना प्रकाश करता है, उनमें नहीं ली गई है। कृष्ण-भक्त अपने उपास्य को केवल प्रेमक्रीड़ा के एकान्त क्षेत्र में रखकर देखना चाहते हैं। लोक के बीच उनके रक्षक और पालक स्वरूप के प्रति आकर्षित होने का अभ्यास वे नहीं करते। इस स्वरूप की ओर पूर्णतया आकर्षित हुए बिना भक्त भगवान् के स्वरूप के मेल में नहीं आ सकता और भगवान् की लीला में योग देनेवाला नहीं कहा जा सकता। जो अपना सारा पराक्रम अत्याचार-पीड़ितों की रक्षा में, अपना सारा वित्त दीनों के पालन-पोषण में, अपना सारा शरीर लोक की सेवा में अर्पित कर देते हैं वे ही यथार्थ में भगवान् की विराट् लीला में योग देनेवाले सच्चे सखा और सेवक हैं। रामभक्ति के क्षेत्र में हनुमान इसी प्रकार के भक्त हैं।

---

1. (अन्तिम पृष्ठ का बायाँ कोना ऊपर की ओर से फटकर निकल गया है। बड़े कोष्टकों के बीच की पदावली अनुमित है।)

भक्ति की साधना के लिए वल्लभ ने उसके 'श्रद्धा' के अवयव को छोड़कर जो महत्त्व की भावना में मग्न करता है, केवल 'प्रेम' लिया। प्रेमलक्षणा भक्ति ही उन्होंने ग्रहण की। 'चौरासी वैष्णवों की वार्त्ता' में सूरदास की एक वार्त्ता के अन्तर्गत प्रेम को ही मुख्य और श्रद्धा या पूज्यबुद्धि को आनुषंगिक या सहायक कहा है–

'श्री आचार्य्यजी महाप्रभु के मार्ग को कहा स्वरूप है ? माहात्म्य-ज्ञानपूर्वक सुदृढ़ स्नेह को तो पराकाष्ठा है। स्नेह आगे भगवान् को रहत नाही ताते भगवान् बेर बेर माहात्म्य जनावत हैं। × × × × इन ब्रजभक्तन को स्नेह परमकाष्ठापन्न है। ताही समय तो माहात्म्य रहे, पीछे विस्मृत होय जाय।'

वल्लभ-सम्प्रदाय में जो उपासना-पद्धति या सेवा-पद्धति ग्रहण की गई उसमें भोगराग तथा विलास की प्रभूत सामग्री के प्रदर्शन की प्रधानता रही है। भोग-विलास के इस आकर्षण का प्रभाव लेखक-सेविकाओं पर कहाँ तक अच्छा षड़ सकता है। जनता पर चाहे जो प्रभाव पड़ा हो पर उक्त गद्दी के भक्त शिष्यों ने सुन्दर-सुन्दर पदों द्वारा जो मनोहर प्रेम-संगीत-धारा बहाई उसने मुरझाते हुए हिन्दू-जीवन को सरस और प्रफुल्ल किया। इस संगीत-धारा में दूसरे सम्प्रदायों के कृष्ण-भक्तों ने भी पूरा योग दिया।

सब सम्प्रदायों के कृष्ण-भक्त भागवत में वर्णित कृष्ण की व्रजलीला को ही लेकर चले क्योंकि उन्होंने अपनी प्रेमलक्षणा भक्ति के लिए कृष्ण का मधुर रूप ही पर्य्याप्त समझा। महत्त्व की भावना से उत्पन्न श्रद्धा या पूज्य-बुद्धि का अवयव छोड़ देने के कारण कृष्ण के लोक-रक्षक और धर्म-संस्थापक स्वरूप को सामने रखने की आवश्यकता उन्होंने न समझी। भगवान् के धर्मस्वरूप को इस प्रकार किनारे रख देने से उनकी ओर आकर्षित होने और आकर्षित करने की प्रवृत्ति का विकास कृष्ण-भक्तों में न हो पाया। फल यह हुआ कि कृष्ण-भक्त कवि अधिकतर फुटकल शृंगारी पदों की रचना में ही लगे रहे। उनकी रचनाओं में न तो जीवन के अनेक गम्भीर पक्षों के मार्मिक रूप स्फुरित हुए, न अनेकरूपता आई। श्रीकृष्ण का इतना चरित ही उन्होंने न लिया जो खंडकाव्य, महाकाव्य आदि के लिए पर्य्याप्त होता। राधाकृष्ण की प्रेमलीला ही सबने गाई।

भागवत धर्म का उदय यद्यपि महाभारत-काल में ही हो चुका था और अवतारों की भावना देश में बहुत प्राचीन काल से चली आती थी पर वैष्णव धर्म के साम्प्रदायिक स्वरूप का संगठन दक्षिण में ही हुआ। वैदिक परम्परा के अनुकरण पर अनेक संहिताएँ, उपनिषद्, सूत्रग्रन्थ इत्यादि तैयार हुए। श्रीमद्भागवत में श्रीकृष्ण के मधुर रूप का विशेष वर्णन होने से भक्ति-क्षेत्र में गोपियों के ढंग के प्रेम का; माधुर्य्य भाव का रास्ता खुला। इसके प्रचार में दक्षिण के मन्दिरों की देवदासी प्रथा विशेष रूप में सहायक हुई। माता-पिता लड़कियों को मन्दिरों में चढ़ा आते थे जहाँ उनका विवाह भी ठाकुरजी के साथ हो जाता था। उनके लिए मन्दिर में प्रतिष्ठित भगवान् की उपासना पतिरूप में विधेय थी। इन्हीं देवदासियों में कुछ प्रसिद्ध भक्तिनें भी हो गई हैं।

दक्षिण में अंदाल इसी प्रकार की एक प्रसिद्ध भक्तिन हो गई हैं जिनका जन्म संवत् 773 में हुआ था। अंदाल के पद द्राविड़ भाषा में 'तिरुप्पावइ' नामक पुस्तक में मिलते हैं। अंदाल एक स्थल पर कहती है–"अब मैं पूर्ण यौवन को प्राप्त हूँ और स्वामी कृष्ण के अतिरिक्त और किसी को अपना पति नहीं बना सकती।" इस भाव की उपासना यदि कुछ दिन चले तो उसमें गुह्य और रहस्य की प्रवृत्ति हो ही जाएगी। रहस्यवादी सूफ़ियों का उल्लेख ऊपर हो चुका है जिनकी उपासना भी 'माधुर्य्य भाव' की थी। मुसलमानी ज़माने में इन सूफ़ियों का प्रभाव देश की भक्ति-भावना के स्वरूप पर बहुत कुछ पड़ा। 'माधुर्य्य भाव' को प्रोत्साहन मिला। माधुर्य्य भाव की जो उपासना चली आ रही थी उसमें सूफ़ियों के प्रभाव से 'आभ्यन्तर मिलन', 'मूर्छा', 'उन्माद' आदि की भी रहस्यमयी योजना हुई। मीराबाई और चैतन्य महाप्रभु दोनों पर सूफ़ियों का प्रभाव पाया जाता है।

सूरदास : जीवनवृत्त

सूरदासजी का वृत्त 'चौरासी वैष्णवों की वार्ता' से केवल इतना ज्ञात होता है कि वे पहले गऊघाट (आगरे और मथुरा के बीच) पर एक साधु या स्वामी के रूप में रहा करते थे और शिष्य किया करते थे। गोवर्धन पर श्रीनाथजी का मन्दिर बन जाने के पीछे एक बार जब वल्लभाचार्यजी गऊघाट पर उतरे तब सूरदास उनके दर्शन को आए और उन्हें अपना बनाया एक पद गाकर सुनाया। आचार्यजी ने उन्हें अपना शिष्य किया और भागवत की कथाओं को गाने योग्य पदों में करने का आदेश दिया। उनकी सच्ची भक्ति और पदरचना की निपुणता देख वल्लभाचार्यजी ने उन्हें अपने श्रीनाथजी के मन्दिर की कीर्तनसेवा सौंपी। इस मन्दिर को पूरनमल खत्री ने गोवर्धन पर्वत पर संवत् 1576 में पूरा बनवाकर खड़ा किया था। मन्दिर पूरा होने के 11 वर्ष पीछे अर्थात् संवत् 1587 में वल्लभाचार्यजी की मृत्यु हुई।

श्रीनाथजी के मन्दिर निर्माण के थोड़ा ही पीछे सूरदासजी वल्लभ सम्प्रदाय में आए, यह 'चौरासी वैष्णवों की वार्ता' के इन शब्दों से स्पष्ट हो जाता है–

'औरहु पद गाए तब श्री महाप्रभु जी अपने मन में बिचारे जो श्रीनाथ जी के यहाँ और तो सब सेवा को मंडान भयो है, पर कीर्तन को मंडान नाहीं कियो है, तातें अब सूरदास जी को दीजिए।'

अतः संवत् 1580 के आसपास सूरदासजी वल्लभाचार्य के शिष्य हुए होंगे और शिष्य होने के कुछ ही पीछे उन्हें कीर्तनसेवा मिली होगी। तबसे वे बराबर गोवर्धन पर्वत पर ही मन्दिर की सेवा में रहा करते थे, इसका स्पष्ट आभास उनकी 'सूरसारावली' के भीतर मौजूद है। ××× भक्त लोग कभी-कभी किसी ढंग से अपने को अपने इष्टदेव की कथा के भीतर डालकर उनके चरणों तक अपने पहुँचने की भावना करते हैं। इसी भावना के अनुसार तुलसी और सूर दोनों ने कथाप्रसंग के भीतर अपने को गुप्त या प्रकट रूप में राम और कृष्ण के समीप तक पहुँचाया है। जिस स्थल पर ऐसा हुआ है वहीं कवि के निवासस्थान का संकेत भी है। 'रामचिरतमानस' के अयोध्याकांड में वह स्थल देखिए जहाँ प्रयाग से चित्रकूट जाते हुए राम जमुना पार करते हैं और भरद्वाज के द्वारा साथ लगाए हुए शिष्यों को विदा करते हैं। राम सीता तट पर के लोगों से बातचीत कर ही रहे हैं कि–

तेहि अवसर एक तापस आवा। तेजपुंज लघु बयस सुहावा।
कवि अलषित गति वेष बिरागी। मन क्रम बचन राम अनुरागी।

सजल नयन तन पुलक निज इष्ट देव पहिचानि।
परेउ दंड जिमि धरनितल दसा न जाइ बखानि।

यह तापस एकाएक आता है। कब जाता है, कौन है, इसका कहीं कोई उल्लेख नहीं। बात यह है कि इस ढंग से कवि ने अपने को ही तापस रूप में राम के पास पहुँचाया है और ठीक उसी प्रदेश में जहाँ के वे निवासी थे अर्थात् राजापुर के पास।

तुलसी ने तो अपने को कुछ प्रच्छन्न रूप में पहुँचाया है, पर सूर ने प्रकट रूप में। यह तो निर्विवाद है कि वल्लभाचार्यजी से दीक्षा लेने के उपरान्त सूरदासजी गोवर्धन पर श्रीनाथजी के मन्दिर में कीर्तन किया करते थे। अपने सूरसागर के दशमस्कन्ध के आरम्भ में सूरदास ने श्रीकृष्ण के दर्शन के लिये अपने को ढाढ़ी के रूप में नन्द के द्वार पर पहुँचाया है। कृष्णजन्म के उपरान्त नन्द के घर बराबर आनन्दोत्सव हो रहे हैं। उसी बीच एक ढाढ़ी आकर करता है–

नंद जू मेरे मन आनंद भयो, हौं गोवर्धन ते आयो।
तुम्हरे पुत्र भयो, मैं सुनि कै अति आतुर उठि धायो॥

× × ×

जब तुम मदन मोहन करि टेरौ, यह सुनि कै घर जाऊँ।
हौं तो तेरे घर को ढाढ़ी, सूरदास मेरो नाऊँ॥

वल्लभाचार्यजी के पुत्र गोसाईं विट्ठलनाथ के सामने गोवर्धन ही तलहटी के पारसोली ग्राम में सूरदास की मृत्यु हुई, इसका पता भी उक्त 'वार्ता' से लगता है। गोसाईं विट्ठलनाथ की मृत्यु सं. 1642 में हुई। इसके कितने पहले सूरदास का परलोकवास हुआ, यह निश्चित रूप से नहीं कहा जा सकता।

'सुरसागर' समाप्त करने पर सूर ने जो 'सूरसागर सारावली' लिखी है उसमें अपनी अवस्था 67 वर्ष की कही है–

गुरु परसाद होत यह दरसन सरसठ बरस प्रचीन।

तात्पर्य यह कि 67 वर्ष के होने के कुछ पहले वे 'सूरसागर' समाप्त कर चुके थे। सूरसागर समाप्त होने के थोड़ा ही पीछे उन्होंने 'सारावली' लिखी होगी। एक और ग्रन्थ सूरदास का 'साहित्य लहरी' है, जिसमें अलंकारों और नायिका भेदों के उदाहरण प्रस्तुत करनेवाले कूट पद हैं। इसका रचनाकाल सूर ने इस प्रकार व्यक्त किया है–

मुनि सुनि रसन के रस लेख।
दसन गौरीनंद को लिखि सुबल संबत पेख॥

इसके अनुसार संवत् 1607 में 'साहित्य लहरी' समाप्त हुई। यह तो मानना ही पड़ेगा कि साहित्यक्रीड़ा का यह ग्रन्थ 'सूरसागर' से छुट्टी पाकर ही सूर ने संकलित किया होगा। उसके दो वर्ष पहले यदि 'सूरसारावली' की रचना हुई तो कह सकते हैं कि संवत् 1605 में सूरदास जी 67 वर्ष के थे। अब यदि उनकी आयु 80 या 82 वर्ष की मानें तो उनका जन्मकाल सं. 1540 के आसपास तथा मृत्युकाल सं. 1620 के आसपास अनुमित होता है।

'साहित्य लहरी' के अन्त में एक पद है जिसमें सूर अपनी वंशपरम्परा देते हैं। उस पद के अनुसार सूर पृथ्वीराज के कवि चन्दबरदाई के वंशज ब्रह्म भट्ट थे। चन्द कवि के कुल में हरीचन्द हुए जिनके सात पुत्रों में सबसे छोटे सूरजदास या सूरदास थे। शेष 6 भाई जब मुसलमानों से युद्ध करते हुए मारे गए तब अन्धे सूरदास बहुत दिनों तक इधर-उधर भटकते रहे। एक दिन वे कुएँ में गिर पड़े और छह दिन उसी में पड़े रहे। सातवें दिन कृष्ण भगवान उनके सामने प्रकट हुए और दृष्टि देकर अपना दर्शन दिया। भगवान् ने कहा कि दक्षिण के एक प्रबल ब्राह्मण कुल द्वारा शत्रुओं का नाश होगा और तू सब विद्याओं में निपुण होगा। इस पर सूरदास ने वर माँगा कि जिन आँखों से मैंने आपका दर्शन किया उनसे अब और कुछ न देखूँ और सदा आपका भजन करूँ। कुएँ से जब भगवान ने बाहर निकाला तब वे ज्यों के त्यों अन्धे हो गए और ब्रज में आकर भजन करने लगे। वहाँ गोसाईं जी ने उन्हें 'अष्टछाप' में लिया। वह पद यह हैं–

प्रथम ही प्रथु यज्ञ तें भे प्रकट अद्भुत रूप।
ब्रह्मराव विचरि ब्रह्मा राखु नाम अनूप॥

पान पय देवी दियो सिव आदि सुर सुख पाय।
कह्यो दुर्गा पुत्र तेरो भयो अति अधिकाय॥

पारि पयँन सुरन के सुर सहित अस्तुति कीन।
तासु बंस प्रसंस में भौ चंद चारु नवीन॥

भूप पृथ्वीराज दीन्हों तिन्हें ज्वाला देस।
तनय ताके चार कोनो प्रथम आप नरेस॥

दूसरे गुनचंद ता सुत सीलचंद सरूप।
वीरचंद प्रताप पूजन भयो अद्भुत रूप॥

रंथभौर हमीर भूपति सँगत खेलत जात।
तासु बंस अनूप भो हरिचंद अति विख्यात॥

आगरे रहि गोप चल में रह्यो ता सुत वीर।
पुत्र जनमे सात ताके महा भट गंभीर॥

कृष्णचंद उदारचंद जु रूपचंद सुभाइ।
बुद्धिचंद प्रकाश चौथे चंद भे सुखदाइ॥

देवचंद प्रबोध संसृतचंद ताको नाम।
भयो सप्तो नाम सूरजचंद मंद निकाम॥

[सो समर करि साहि सेवक गए बिधि के लोक।
रहो सूरजचंद दृग तें हीन भरि वर सोक॥

परो कूप पुकार काहू सुनी ना संसार।
सातएँ दिन आइ जदुपति कियौ आप उधार॥

दियौ चष दै कही सिसु सुनु माँग वर जो चाइ।
हौं कही प्रभु भगति चाहत सत्रु नास सुथाइ॥

दूसरो ना रूप देखौ देखि राधा स्याम।
सुनत करुनासिंधु भाषी एवमस्तु मुदाम॥

प्रबल दच्छिन विप्रकुल तें सत्रु ह्वै है नास।
अमित बुद्‌धि विचारि विद्यावान माने मास॥

नाम राखे मोर सूरजदास सूर सुस्याम।
भए अंतर्धान बीते पाछली निसि याम॥

मोहि पन सो इहै ब्रज की बसे सुख चित थाप।
थपि गोसाईं करी मेरी आठ मद्‌धे छाप॥

विप्र है प्रथ जागते को भाव पूर निकाम।
'सूर' है नँदनंद जू को लियो मोल गुलाम॥]

हमारा अनुमान है कि 'साहित्य लहरी' में यह पद पीछे किसी भाट के द्वारा जोड़ा गया है। यह पंक्ति ही–

'प्रबल दच्छिन विप्रकुल ते सत्रु ह्वै है नास'

इसे सूर के बहुत पीछे की रचना बता रही है। 'प्रबल दच्छिन विप्रकुल' से साफ पेशवाओं की ओर संकेत है। इसे खींचकर अध्यात्म पक्ष की ओर मोड़ने का प्रयत्न व्यर्थ है।

सारांश यह है कि हमें सूरदास का जो थोड़ा-सा वृत्त 'चौरासी वैष्णवों की वार्ता' में मिलता है उसी पर संतोष करना पड़ता है। यह 'वार्ता' भी यद्यपि वल्लभाचार्य के पौत्र गोकुलनाथजी की लिखी कही जाती है, पर उनकी लिखी नहीं जान पड़ती। इसमें कई जगह गोकुलनाथजी के श्रीमुख से कही हुई बातों का बड़े आदर और सम्मान के शब्दों में उल्लेख है और वल्लभाचार्यजी की शिष्या न होने के कारण मीराबाई को बहुत बुरा-भला कहा गया है और गालियाँ तक दी गई हैं। रंग-ढंग से यह वार्ता गोकुलनाथजी के पीछे उनके किसी गुजराती शिष्य की रचना जान पड़ती है।

'भक्तमाल' में सूरदास के सम्बन्ध में केवल एक ही छप्पय मिलता है–

उक्ति चोज अनुप्रास बरन अस्थिति अति भारी।
बचन प्रीति निर्वाह अर्थ अद्‌भुत तुकधारी॥
प्रतिबिंबित दिवि दिष्टि हृदय हरिलीला भासी।
जनम करम गुन रूप सबै रसना परकासी॥
विमल बुद्धि गुन और की जो यह गुन श्रवननि धरै।
सूर कबित सुनि कौन कवि जो नहि सिर चालन करै॥

इस छप्पय में सूर के अन्धे होने का संकेत है, जो परम्परा से प्रसिद्ध चला आता है।

जीवन का कोई विशेष प्रामाणिक वृत्त न पाकर इधर कुछ लोगों ने सूर के समय के असपास के किसी ऐतिहासिक लेख में जहाँ कहीं सूरदास नाम मिला है वहीं का वृत्त प्रसिद्ध सूरदास पर घटाने का प्रयत्न किया है। ऐसे दो उल्लेख लोगों को मिले हैं–

(1) 'आईन अकबरी' में अकबर के दरबार में नौकर, गवैयों, बीनकारों आदि कलावन्तों की जो फेहरिस्त है उसमें बाबा रामदास और उनके बेटे सूरदास दोनों के नाम दर्ज हैं। उसी ग्रन्थ में यह भी लिखा है कि सब कलावन्तों की सात मंडलियाँ बना दी गई थीं। प्रत्येक मंडली सप्ताह में एक बार दरबार में हाजिर होकर बादशाह का मनोरंजन करती थी। अकबर सं. 1613 में गद्दी पर बैठा। हमारे सूरदास सं. 1580 के आसपास ही वल्लभाचार्यजी के शिष्य हो गए थे और उसके पहले भी विरक्त साधु के रूप में गऊघाट पर रहा करते थे। इस दशा में सं. 1613 के बहुत बाद वे दरबारी नौकरी करने कैसे पहुँचे। अतः 'आईन अकबरी' के सूरदास और सूरसागर के सूरदास एक ही व्यक्ति नहीं ठहरते।

(2) 'मुंशियात अब्बुलफजल' नामक अब्बुलफजल के पत्रों का एक संग्रह है जिसमें बनारस के किसी संत सूरदास के नाम अब्बुलफजल का एक पत्र है! बनारस का करोड़ी इन सूरदास के साथ अच्छा बर्ताव नहीं करता था, इससे उसकी शिकायत लिखकर इन्होंने शाही दरबार में भेजी थी। उसी के उत्तर में अब्बुफजल का पत्र है। बनारस के ये सूरदास बादशाह से इलाहाबाद में मिलने के लिए इस तरह बुलाए गए हैं–

'हजरत बादशाह इलाहाबाद में तशरीफ लाएँगे। उम्मीद है कि आप भी सर्फ मुलाजमत से मुशर्रफ होकर मुरीद हकीकी होंगे और खुदा का शुक्र है कि हजरत भी आपको हकशिनाश जानकर दोस्त रखते हैं।' (फारसी का अनुवाद)

इन शब्दों से ऐसी ध्वनि निकलती है कि ये कोई ऐसे संत थे जिनके अकबर के 'दीनइलाही' में दीक्षित होने की सम्भावना अब्बुलफजल समझता था। सम्भव है कि ये कबीर के अनुयायी कोई संत हों। अकबर का दो बार इलाहाबाद जाना तय पाया जाता है। एक तो संवत् 1640 में, फिर संवत् 1661 में। पहली यात्रा के समय का लिखा हुआ भी यदि इस पत्र को मानें तो भी उस समय हमारे सूर का गोलोकवास हो चुका था। यदि उन्हें तब तक जीवित मानें तो वे 100 वर्ष के ऊपर रहे होंगे। मृत्यु के इतने समीप आकर वे इन सब झमेलों में क्यों पड़ने जाएँगे, या उनके 'दीनइलाही' में दीक्षित होने की आशा कैसे की जाएगी?

श्री वल्लभाचार्य जी के पीछे उनके पुत्र गोसाईं विट्ठलनाथजी गद्दी पर बैठे। उस समय तक पुष्टिमार्गी कई कवि बहुत से सुन्दर-सुन्दर पदों की रचना कर चुके थे। इससे गोसाईं विट्ठलनाथजी ने उनमें से आठ सर्वोत्तम कवियों को चुनकर 'अष्टछाप' की प्रतिष्ठा की। 'अष्टछाप' के आठ कवि ये हैं–सूरदास, कुम्भनदास, परमानंददास, कृष्णदास, छीत स्वामी, गोविन्द स्वामी, चतुर्भुजदास और नन्ददास।

कृष्णभक्ति परम्परा में कृष्ण की प्रेममयी मूर्ति को ही लेकर प्रेमतत्त्व की बड़े विस्तार के साथ व्यंज़ना हुई है, उनके लोकपक्ष का समावेश उसमें नहीं है। इन कृष्णभक्तों के

कृष्ण प्रेमोन्मत्त गोपिकाओं से घिरे हुए गोकुल के श्रीकृष्ण हैं, बड़े-बड़े भूपालों के बीच लोक-व्यवस्था की रक्षा करते हुए द्वारका के श्रीकृष्ण नहीं हैं। कृष्ण के जिस रूप को लेकर ये भक्त कवि चले हैं वह हासविलास की तरंगों से परिपूर्ण अनन्त सौन्दर्य का समुद्र है। उस सार्वभौम प्रेमालम्बन के सम्मुख मनुष्य का हृदय निराले प्रेमलोक में फूला-फूला फिरता है। अतः इन कृष्णभक्त कवियों के सम्बन्ध में यह कह देना आवश्यक है कि ये अपने रंग में मस्त रहनेवाले जीव थे, तुलसीदासजी के समान लोकसंग्रह का भाव इनमें न था। समाज किधर जा रहा है, इस बात की ये परवा नहीं करते थे, यहाँ तक कि अपने भगवत्प्रेम की पुष्टि के लिए जिस शृंगारमयी लोकोत्तर छटा और आत्मोत्सर्ग की अभिव्यंजना से इन्होंने जनता को रसोन्मत्त किया, उसका लौकिक स्थूल दृष्टि रखनेवाले विषय वासनापूर्ण जीवों पर कैसा प्रभाव पड़ेगा, इसकी ओर इन्होंने ध्यान न दिया। जिस राधा और कृष्ण के प्रेम को इन भक्तों ने अपनी गूढ़ातिगूढ़ चरम भक्ति का व्यंजक बनाया उसको लेकर आगे के कवियों ने शृंगार की उन्मादकारिणी उक्तियों से हिन्दी काव्य को भर दिया।

कृष्णचरित के गाने में गीतकाव्य की जो धारा पूरब में जयदेव और विद्यापति ने बहाई उसी का अवलम्बन ब्रज के भक्त कवियों ने भी किया। आगे चलकर अलंकार काल के कवियों ने अपनी शृंगारमयी मुक्तक कविता के लिये राधा और कृष्ण का ही प्रेम लिया। इस प्रकार कृष्ण सम्बन्धिनी कविता का स्फुरण मुक्तक के क्षेत्र में हुआ, प्रबन्ध क्षेत्र में नहीं। बहुत पीछे 1809 में ब्रजवासीदास ने रामचरित मानस के ढंग पर दोहा-चौपाइयों में प्रबन्ध काव्य के रूप में कृष्णचरित वर्णन किया, पर ग्रन्थ बहुत साधारण कोटि का हुआ और उसका वैसा प्रसार न हो सका। कारण स्पष्ट है। कृष्ण-भक्त कवियों ने श्रीकृष्ण भगवान के चरित का जितना अंश लिया वह एक अच्छे प्रबन्ध काव्य के लिए पर्याप्त न था। उसमें मानव जीवन की वह अनेकरूपता न थी जो अच्छे प्रबन्ध काव्य के लिए आवश्यक है। कृष्णभक्त कवियों की परम्परा अपने इष्टदेव की केवल बाललीला और यौवनलीला लेकर ही अग्रसर हुई जो गीत और मुक्तक के लिए ही उपयुक्त थी। मुक्तक के क्षेत्र में कृष्णभक्त कवियों तथा आलंकारिक कवियों ने शृंगार और वात्सल्य रसों को पराकाष्ठा पर पहुँचा दिया, इसमें कोई सन्देह नहीं।

पहले कहा गया है कि श्री वल्लभाचार्य की आज्ञा से सूरदासजी ने श्रीमद्‌भागवत की कथा को पदों में गाया। इनके सूरसागर में वास्तव में भागवत के दशमस्कन्ध की कथा ही ली गई है, उसी को इन्होंने विस्तार से गाया। शेष स्कन्धों की कथा संक्षेपतः इतिवृत्त के रूप में थोड़े से पदों में कह दी गई है। सूरसागर में कृष्णजन्म से लेकर श्रीकृष्ण के मथुरा जाने तक की कथा अत्यन्त विस्तार से फुटकल पदों में गाई गई दै। भिन्न-भिन्न लीलाओं के प्रसंग लेकर इस सच्चे रसमग्न कवि ने अत्यन्त मधुर और मनोहर पदों की झड़ी-सी बाँध दी है। इन पदों के सम्बन्ध में सबसे पहली बात ध्यान देने की यह है कि चलती हुई ब्रजभाषा में सबसे पहली साहित्यिक रचना होने पर भी ये इतने सुडौल और परिमार्जित हैं। यह रचना इतनी प्रगल्भ और काव्यांगपूर्ण है कि आगे

होनेवाले कवियों की शृंगार और वात्सल्य की उक्तियाँ सूर की जूठी-सी जान पड़ती हैं। अतः सूरसागर किसी चली आती हुई गीतकाव्य परम्परा का–चाहे वह मौखिक ही रही हो–पूर्ण विकास-सा प्रतीत होता है।

गीतों की परम्परा तो सभ्य-असभ्य सब जातियों में अत्यन्त प्राचीन काल से चली आ रही है। सभ्य जातियों ने लिखित साहित्य के भीतर भी उनका समावेश किया है। लिखित रूप में आकर उनका रूप पंडितों की काव्यपरम्परा की रूढ़ियों के अनुसार बहुत कुछ बदल जाता है। इससे जीवन के कैसे-कैसे योग सामान्य जनता का मर्मस्पर्श करते आए हैं और भाषा की किन-किन पद्धतियों पर वे अपने गहरे भावों की व्यंजना करते आए हैं, इसका ठीक पता हमें बहुत काल से चले आते हुए मौखिक गीतों से ही लग सकता है। किसी देश की काव्यधारा के मूल प्राकृतिक स्वरूप का परिचय हमें चिरकाल से चले आते हुए इन्हीं गीतों से मिल सकता है। घर-घर प्रचलित स्त्रियों के घरेलू गीतों में शृंगार और करुणा दोनों का बहुत स्वाभाविक विकास हम पाएँगे। इसी प्रकार आल्हा, कड़खा आदि पुरुषों के गीतों में वीरता की व्यंजना की सरल स्वाभाविक पद्धति मिलेगी। देश की अन्तर्वर्तिनी मूल भावधारा के स्वरूप के ठीक-ठीक परिचय के लिए ऐसे गीतों का पूर्ण संग्रह बहुत आवश्यक है। पर इस संग्रह-कार्य में उन्हीं का हाथ लगाना ठीक है जिन्हें भारतीय संस्कृति के मार्मिक स्वरूप की परख हो और जिनमें पूरी ऐतिहासिक दृष्टि हो।

स्त्रियों के बीच चले आते हुए बहुत पुराने गीतों को ध्यान से देखने पर पता लगेगा कि उनमें स्वकीया के ही प्रेम की सरल गम्भीर व्यंजना है। परकीया प्रेम के जो गीत हैं वे कृष्ण और गोपिकाओं की प्रेमलीला को ही लेकर चले हैं, इससे उन पर भक्ति या धर्म का भी कुछ रंग चढ़ा रहता है। इस प्रकार के मौखिक गीत देश के प्रायः सब भागों में गाए जाते थे। मैथिल कवि विद्यापति (संवत् 1460) की पदावली में हमें उनका साहित्यिक रूप मिलता है। सूर के शृंगारी पदों की रचना बहुत कुछ विद्यापति की पद्धति पर हुई है। कुछ पदों के तो भाव भी बिलकुल मिलते है, जैसे–

अनुखन माधव माधव सुमिरइत सुंदरि भेलि मधाई।
ओ निज भाव सुभावहि बिसरल अपने गुन लुबधाई॥

× × ×

भोरहि सहचरि कातर दिठि हेरि छल छल लोचन पानि।
अनुखन राधा राधा रटइत आधा आधा वानि॥
राधा सयँ जब पनितहि माधव, माधव सयँ जब राधा।
दारुन प्रेम तबहि नहिं टूटत बाढ़त बिरह क बाधा॥
दुहु दिसि दारु दहन जइसे दगधई, आकुल कीट परान।
ऐसन बल्लभ हेरि सुधामुखि कबि विद्यापति भान॥

इस पद का भावार्थ यह है कि प्रतिक्षण कृष्ण का स्मरण करते-करते राधा कृष्णरूप हो जाती हैं और अपने को कृष्ण समझकर राधा के वियोग में 'राधा राधा' रटने लगती

हैं। फिर जब होश में आती हैं तब कृष्ण के विरह में संतप्त रोकर फिर 'कृष्ण कृष्ण' करने लगती हैं। इस प्रकार अपनी सुध में रहती हैं तब भी, नहीं रहती हैं तब भी, दोनों अवस्थाओं में उन्हें विरह का ताप सहना पड़ता है। उनकी दशा उस लकड़ी के भीतर के कीड़े की सी रहती है जिसके दोनों छोरों पर आग लगी हो। अब इसी भाव का सूर का यह पद देखिए–

सुनौ स्याम! यह बात और कोउ क्यों समझाय कहै।
दुहुँ दिसि की रति विरह बिरहिनी कैसे कै जो सहै॥
जब राधे, तब ही मुख 'माधौ माधौ' रटति रहै।
जब माधो है जाति, सकल तनु राधा बिरह दहै॥
उभय अग्र दव दारुकीट ज्यों सीतलताहि चहै।
सूरदास अति विकल बिरहिनी कैसेहु सुख न लहै॥

(सूरसागर, पृ. 564, वेंकटेश्वर)

'सूरसागर' में जगह-जगह दृष्टिकूटवाले पद मिलते हैं। यह भी विद्यापति का अनुकरण है। 'सारंग' शब्द को लेकर सूर ने कई जगह कूट पद कहे हैं। विद्यापति की पदावली में इसी प्रकार का एक कूट देखिए–

सारँगनयन, बयन पुनि सरँग, सारँग तासु समधाने।
सारँग उपर उगल दस सारँग, केलि करथि मधुपाने॥

पच्छिमी हिन्दी बोलनेवाले सारे प्रदेशों में गीतों की भाषा ब्रज ही थी, दिल्ली के आसपास भी गीत ब्रजभाषा में ही गाए लाते थे, खुसरो (संवत् 1340) के गीत और दोहे बिलकुल ब्रजभाषा में हैं। कबीर (संवत् 1560) की 'साखी' की भाषा तो 'सधुक्कड़ी' है, पर पदों की भाषा काव्य में प्रचलित ब्रजभाषा है। यह एक पद तो कबीर और सूर दोनों की रचनाओं के भीतर ज्यों का त्यों मिलता है–

है हरि भजन को परवाँन।
नीच पावै ऊँच पदवी, बाजते नीसान।
भजन को परताप ऐसो तिरे जल पाषान।
अधम भील अजाति गनिका चढ़े जात बिवाँन॥
नव लख तारा चलै मडल, चलै ससहर भान।
दास धू कौं अटल पदवी राम को दीवान।
निगम जाकी साखि बोलैं कथे संत सुजान।
जन कबीर तेरी सरनि आयौ, राखि लेहु भगवान्॥

(कबीर ग्रन्थावली, पृ. 190)

है हरि भजन को परमान।
नीच पावै ऊँच पदवी, बाजते नीसान।
भजन को परताप ऐसो जल तरै पाषान।
अजामिल अरु भील गनिका चढ़े जात विमान।

चलत तारे सकल मंडल, चलत ससि अरु भान।
भक्त ध्रुव को अटल पदवी राम को दीवान।
निगम जाको सुजस गावत, सुनत संत सुजान।
सूर हरि की सरन आयौ, राखि ले भगवान॥

(सूरसागर, पृ. 19, वेंकटेश्वर)

कबीर की सबसे प्राचीन प्रति में भी यह पद मिलता है, इससे नहीं कहा जा सकता है कि सूर की रचनाओं के भीतर यह कैसे पहुँच गया।

राधाकृष्ण की प्रेमलीला के गीत सूर के पहले से चले आते थे, यह तो कहा ही जा चुका है। बैजू बावरा एक प्रसिद्ध गवैया हो गया है जिसकी ख्याति तानसेन के पहले देश में फैली हुई थी। उसका एक पद देखिए–

मुरली बजाय रिझाय लई मुख मोहन तें।
गोपी रीझि रही रसतानन सों सुधबुध सब बिसराई।
धुनि सुनि मन मोहे, मगन भई देखत हरि आनन।
जीव जंतु पसु पंछी सुर नर मुनि मोहे, हरे सब के प्रानन।
बैजू बनवारी बंसो अधर धरि बृंदावनचंद बस किए सुनत ही कानन।

जिस प्रकार रामचरित गान करनेवाले भक्त कवियों में गोस्वामी तुलसीदासजी का स्थान सर्वश्रेष्ठ है उसी प्रकार कृष्णचरित गानेवाले भक्त कवियों में महात्मा सूरदासजी का। वास्तव में ये हिन्दी काव्य गगन के सूर्य और चन्द्र हैं। जो तन्मयता इन दोनों भक्तशिरोमणि कवियों की वाणी में पाई जाती है वह अन्य कवियों में कहाँ? हिन्दी काव्य इन्हीं के प्रभाव से अमर हुआ, इन्हीं की सरसता से उसका स्रोत सूखने न पाया। सूर की स्तुति में, एक संस्कृत श्लोक के भाव को लेकर, यह दोहा कहा गया है–

उत्तम पद कवि गंग के, कविता को बल बीर।
केशव अर्थगंभीर को, सूर तीन गुन धीर॥

इसी प्रकार यह दोहा भी बहुत प्रसिद्ध है–

किधौं सूर को सर लग्यो, किधौं सूर की पीर।
किधौं सूर को पद लग्यो, बेध्यो सकल सरीर॥

यद्यपि तुलसी के समान सूर का काव्यक्षेत्र इतना व्यापक नहीं कि उसमें जीवन की भिन्न-भिन्न दशाओं का समावेश हो पर जिस परिमित पुण्यभूमि में उनकी वाणी ने संचरण किया उसका कोई कोना अछूता न छूटा। शृंगार और वात्सल्य के क्षेत्र में जहाँ तक इनकी दृष्टि पहुँची वहाँ तक और किसी कवि की नहीं। इन दोनों क्षेत्रों में तो इस महाकवि ने मानो औरों के लिए कुछ छोड़ा ही नहीं। गोस्वामी तुलसीदास ने गीतावली में बाललीला को इनकी देखादेखी बहुत अधिक विस्तार दिया सही, पर उसमें बालसुलभ भावों और चेष्टाओं की वह प्रचुरता नहीं आई, उसमें रूप वर्णन की ही प्रचुरता रही। बालचेष्टा के स्वाभाविक मनोहर चित्रों का इतना बड़ा भंडार और कहीं नहीं।

सूर की बड़ी भारी विशेषता है नवीन प्रसंगों की उद्‌भावना। प्रसंगोद्‌भावना

करनेवाली ऐसी प्रतिभा हम तुलसी में नहीं पाते। बाललीला और प्रेमलीला दोनों के अन्तर्गत कुछ दूर तक चलनेवाले न जाने कितने छोटे-छोटे मनोरंजक वृत्तों की कल्पना सूर ने की है। जीवन के एक क्षेत्र के भीतर कथावस्तु की यह रमणीय कल्पना ध्यान देने योग्य है।

राधाकृष्ण के प्रेम को लेकर कृष्णभक्ति की जो काव्यधारा चली उसमें लीलापक्ष अर्थात् बाह्यार्थविधान की प्रधानता रही है। उसमें केलि, विलास, रास, छेड़छाड़, मिलन की युक्तियों आदि बाहरी बातों का ही विशेष वर्णन है। प्रेमलीन हृदय की नाना अनुभूतियों की व्यंजना कम है। वियोग वर्णन में कुछ संचारियों का समावेश मिलता है, पर वे रूढ़ और परम्परागत है, उनमें नूतन उद्भावना बहुत थोड़ी पाई जाती है। भ्रमरगीत के अन्तर्गत अलबत्ता सूर ने आभ्यन्तर पक्ष का भी विस्तृत उद्घाटन किया है। प्रेमदशा के भीतर की न जाने कितनी मनोवृत्तियों की व्यंजना गोपियों के वचनों द्वारा होती है।

काव्य में लोकमंगल

आत्मबोध और जगद्‌बोध के बीच ज्ञानियों ने गहरी खाई खोदी पर हृदय ने कभी उसकी परवाह न की, भावना दोनों को एक ही मानकर चलती रही। इस दृश्य-जगत् के बीच जिस आनन्दमंगल की विभूति का साक्षात्कार होता रहा उसी के स्वरूप की नित्य और चरम भावना द्वारा भक्तों के हृदय में भगवान् के स्वरूप की प्रतिष्ठा हुई। लोक में इसी स्वरूप के प्रकाश को किसी ने 'रामराज्य' कहा, किसी ने 'आसमान की बादशाहत'। यद्यपि मूसाइयों और उनके अनुगामी ईसाइयों की धर्म-पुस्तक में आदम खुदा की प्रतिमूर्ति बताया गया पर लोक के बीच नर में नारायण की दिव्य कला का सम्यक् दर्शन और उसके प्रति हृदय का पूर्ण निवेदन भारतीय भक्तिमार्ग में ही दिखाई पड़ा।

सत्, चित् और आनन्द–ब्रह्म के इन तीन स्वरूपों में से काव्य और भक्तिमार्ग 'आनन्द' स्वरूप को लेकर चले। विचार करने पर लोक में इस आनन्द की अभिव्यक्ति की दो अवस्थाएँ पाई जाएँगी–साधनावस्था और सिद्धावस्था। अभिव्यक्ति के क्षेत्र में ब्रह्म के 'आनन्द' स्वरूप का सतत आभास नहीं रहता, उसका आविर्भाव और तिरोभाव होता रहता है। इस जगत् में न तो सदा और सर्वत्र लहलहाता वसन्त विकास रहता है, न सुख-समृद्धिपूर्ण हासविलास। शिशिर के आतंक से सिमटी और झोंके झेलती वनस्थली की खिन्नता और हीनता के बीच से ही क्रमशः आनन्द की अरुण आभा धुँधली-धुँधली फूटती हुई अन्त में वसन्त की पूर्ण प्रफुल्लता और प्रचुरता के रूप में फैल जाती है, इसी प्रकार लोक की पीड़ा, बीधा, अन्याय, अत्याचार के बीच दबी हुई आनन्दज्योति भीषण शक्ति में परिणत होकर अपना मार्ग निकालती है और फिर लोकमंगल और लोकरंजन के रूप में अपना प्रकाश करती है।

कुछ कवि और भक्त तो जिस प्रकार आनन्दमंगल के सिद्ध या आविर्भूत स्वरूप को लेकर सुख-सौन्दर्यमय माधुर्य, सुषमा, विभूति, उल्लास, प्रेम-व्यापार इत्यादि उपभोग पक्ष की ओर आकर्षित होते हैं उसी प्रकार आनन्द-मंगल की साधनावस्था या प्रयत्नपक्ष को लेकर पीड़ा, बाधा, अन्याय, अत्याचार आदि के दमन में तत्पर शक्ति के संचरण में भी–उत्साह, क्रोध, करुणा, भय, घृणा इत्यादि की गतिविधि में भी–पूरी रमणीयता देखते हैं। वे जिस प्रकाश को फैला हुआ देखकर मुग्ध होते हैं उसी प्रकार फैलने के पूर्व उसका अंधकार को हटाना देखकर भी। ये ही पूर्ण कवि हैं, क्योंकि जीवन की

अनेक परिस्थितियों के भीतर ये सौन्दर्य का साक्षात्कार करते हैं, साधनावस्था या प्रयत्नपक्ष को ग्रहण करनेवाले कुछ ऐसे कवि भी होते हैं जिनका मन सिद्धावस्था या उपभोग पक्ष की ओर नहीं जाता, जैसे, भूषण। इसी प्रकार कुछ कवि या भावुक आनन्द के केवल सिद्ध स्वरूप या उपभोग पक्ष में ही अपनी वृत्ति रमा सकते हैं। उनका मन सदा सुखसौन्दर्यमय, माधुर्य, दीप्ति, उल्लास, प्रेमक्रीड़ा इत्यादि के प्राचुर्य ही की भावना में लगता है। इसी प्रकार की भावना या कल्पना उन्हें कलाक्षेत्र के भीतर समझ पड़ती है।

उपर्युक्त दृष्टि से हम काव्यों के दो विभाग कर सकते हैं–

(1) आनन्द की साधनावस्था या प्रयत्नपक्ष को लेकर चलनेवाले।

(2) आनन्द की सिद्धावस्था या उपभोगपक्ष को लेकर चलनेवाले।

डंटन (थियोडोर वैट्स) ने जिसे शक्तिकाव्य (पोएट्री ऐज ऐन एनर्जी)[1] कहा है वह हमारे प्रथम प्रकार के अन्तर्गत आ जाता है जिसमें लोकप्रवृत्ति को परिचालित करनेवाला प्रभाव होता है, जो पाठकों या श्रोताओं के हृदय में भावों की स्थायी प्रेरणा उत्पन्न कर सकता है। पर डंटन ने शक्तिकाव्य से भिन्न को जो कलाकाव्य (पोएट्री ऐज ऐन आर्ट) कहा है वह कला का उद्देश्य केवल मनोरंजन मानकर। वास्तव में कला की दृष्टि दोनों प्रकार के काव्यों में अपेक्षित है। साधनावस्था या प्रयत्नपक्ष को लेकर चलनेवाले काव्यों में भी यदि कला में चूक हुई तो लोकगति को परिचालित करनेवाला स्थायी प्रभाव न उत्पन्न हो सकेगा। यहीं तक नहीं, व्यंजित भावों के साथ पाठकों की सहानुभूति या साधारणीकरण तक, जो रस की पूर्ण अनुभूति के लिए आवश्यक है, न हो सकेगा। यदि 'कला' का वही अर्थ लेना है जो कामशास्त्र की चौंसठ कलाओं में है–अर्थात् मनोरंजन या उपभोगमात्र का विधायक– तो काव्य के सम्बन्ध में दूर ही से इस शब्द को नमस्कार करना चाहिए। काव्यसमीक्षा में फ्रांसीसियों की प्रधानता के कारण इस शब्द को इसी अर्थ में ग्रहण करने से यूरोप में काव्यदृष्टि इधर कितनी संकुचित हो गई, इसका निरूपण हम किसी अन्य प्रबन्ध में करेंगे।

आनन्द की साधनावस्था या प्रयत्नपक्ष को लेकर चलनेवाले काव्यों के उदाहरण हैं–रामायण, महाभारत, रघुवंश, शिशुपालवध, किरातार्जुनीय। हिन्दी में रामचरित मानस, पद्मावत (उत्तरार्ध), हम्मीररासो, पृथ्वीराजरासो, छत्रप्रकाश इत्यादि प्रबन्ध काव्य, भूषण आदि कवियों के वीररसात्मक मुक्तक तथा आल्हा आदि प्रचलित वीरगाथात्मक गीत। उर्दू के वीररसात्मक मरसिये। यूरोपीय भाषाओं में इलियड, ओडेसी, पैराडाइज लास्ट, रिवोल्ट ऑफ इस्लाम इत्यादि प्रबन्ध काव्य तथा पुराने बैलड।

आनन्द की सिद्धावस्था या उपभोग पक्ष को लेकर चलनेवाले काव्यों के उदाहरण हैं–आर्यासप्तशती, गाथासप्तशती, अमरुशतक, गीतगोविंद तथा शृंगाररस के फुटकल पद्य। हिन्दी में सूरसागर, कृष्णभक्त कवियों की पदावली, बिहारी सतसई, रीतिकाल

1. देखिए पोयट्री एंड दि रिनेसाँ आव वंडर।

के कवियों के फुटकल शृंगारी पद्य, रासपंचाध्यायी ऐसे वर्णानात्मक काव्य तथा आजकल की अधिकांश छायावादी कविताएँ। फारसी, उर्दू के शेर और गजलें। अंग्रेजी की लीरिक कविताएँ तथा कई प्रकार की वर्णनात्मक कविताएँ।

आनन्द की साधनावस्था

लोक में फैली दुख की छाया को हटाने में ब्रह्म की आनन्दकला जो शक्तिमय रूप धारण करती है उसकी भीषणता में भी अद्‌भुत मनोहरता, कटुता में भी अपूर्व मधुरता, प्रचंडता में भी गहरी आर्द्रता साथ लगी रहती है। विरुद्धों का यही सामंजस्य कर्मक्षेत्र का सौन्दर्य है जिसकी ओर आकर्षित हुए बिना मनुष्य का हृदय नहीं रह सकता। इस सामंजस्य का और कई रूपों में भी दर्शन होता है। किसी कोट पतलून हैटवाले को धाराप्रवाह संस्कृत बोलते अथवा किसी पंडितवेशधारी सज्जन को अंग्रेजी की प्रगल्भ वक्तृता देते सुन व्यक्तित्व का जो एक चमत्कार-सा दिखाई पड़ता है उसकी तह में भी सामंजस्य का यही सौन्दर्य समझना चाहिए। भीषणता और सरसता, कोमलता और कठोरता, कटुता और मधुरता, प्रचंडता और मृदुता का सामंजस्य ही लोकधर्म का सौन्दर्य है। आदिकवि वाल्मीकि की वाणी इसी सौन्दर्य के उद्‌घाटन-महोत्सव का दिव्य संगीत है। सौन्दर्य का यह उद्‌घाटन असौन्दर्य का आवरण हटाकर होता है। धर्म और मंगल की यह ज्योति अधर्म और अमंगल की घटा को फाड़ती हुई फूटती है। इससे कवि हमारे सामने असौन्दर्य, अमंगल, अत्याचार, क्लेश इत्यादि भी रखता है; रोष, हाहाकार और ध्वंस का दृश्य भी लाता है। पर सारे भाव, सारे रूप और सारे व्यापार भीतर-भीतर आनन्द-कला के विकास में ही योग देते पाए जाते हैं। यदि किसी ओर उन्मुख ज्वलन्त रोष है तो उसके और सब ओर करुणा 'दृष्टि फैली दिखाई पड़ती है। यदि किसी ओर ध्वंस और हाहाकार है तो और सब ओर उसका सहगामी रक्षा और कल्याण है। व्यास ने भी अपने 'जयकाव्य'[1] में अधर्म के पराभव और धर्म की जय का सौन्दर्य प्रत्यक्ष किया था।

वह व्यवस्था या वृत्ति, जिससे लोक में मंगल का विधान होता है, 'अभ्युदय' की सिद्धि होती है, धर्म है। अत्तः अधर्मवृत्ति को हटाने में धर्म-प्रवृत्ति की तत्परता–चाहे वह उग्र और प्रचंड हो, चाहे कोमल और मधुर–भगवान की आनन्दकला के विकास की ओर बढ़ती हुई गति है। यह गति यदि सफल हुई तो 'धर्म की जय' कहलाती है। इस गति में भी सुन्दरता है और इसकी सफलता में भी। यह बात नहीं है कि जब यह गति सफल होती है तभी इसमें सुन्दरता आती है। गति में सुदरता रहती ही है, आगे चलकर चाहे यह सफल हो, चाहे विफल। विफलता में भी एक निराला ही सौन्दर्य होता है। तात्पर्य यह कि यह गति आदि से अन्त तक सुन्दर होती है–अन्त चाहे सफलता के रूप में हो चाहे विफलता के। उपर्युक्त दोनों आर्ष कवियों ने पूर्णता के विचार से धर्म की

1. महाभारत।

गति का सौन्दर्य दिखाते हुए उसका सफलता में पर्यवसान किया है। ऐसा उन्होंने उपदेशक की बुद्धि से नहीं किया है, धर्म की जय के बीच भगवान की मूर्ति के साक्षात्कार पर मुग्ध होकर किया है। यदि राम द्वारा रावण का वध तथा कृष्ण के साहाय्य द्वारा जरासंध और कौरवों का दमन न हो सकता तो भी रामकृष्ण की गतिविधि में पूरा सौन्दर्य रहता, पर उनमें भगवान की पूर्ण कला का दर्शन न होता क्योंकि भगवान की शक्ति अमोघ है।

आनन्दकला के प्रकाश की ओर बढ़ती हुई गति की विफलता में भी सौन्दर्य का दर्शन करनेवाले अनेक कवि हुए हैं। अंग्रेजी कवि शेली संसार में फैले पाखंड, अन्याय और अत्याचार के दमन तथा मनुष्य-मनुष्य के बीच सीधे सरल प्रेमभाव के सार्वभौम संचार का स्वप्न देखनेवाले कवि थे। उनके 'इस्लाम का विप्लव' (द रिवोल्ट ऑफ इस्लाम) नामक द्वादश सर्गबद्ध महाकाव्य में मनुष्य जाति के उद्धार में रत नायक और नायिका (लाओं एंड सिद्ना) में मंगलशक्ति के अपूर्व संचय की छटा दिखाकर तथा उनके द्वारा एक बार दुर्दान्त अत्याचार के पराभव के मनोरम आभास से अनुरंजित करके अन्त में उस शक्ति की विफलता की विषादमयी छाया से लोक को फिर आवृत दिखाकर छोड़ दिया है।

जैसा ऊपर कह आए हैं, मंगल-अमंगल के द्वन्द्व में कवि लोग अन्त में मंगलशक्ति की जो सफलता दिखा दिया करते हैं उसमें सदा शिक्षावाद (डिडैक्टिसिज्म) या अस्वाभाविकता की गन्ध समझकर नाक-भौं सिकोड़ना ठीक नहीं। अस्वाभाविकता तभी आएगी जब बीच का विधान ठीक न होगा अर्थात् जब प्रत्येक अवसर पर सत्पात्र सफल और दुष्ट पात्र विफल या ध्वस्त दिखाए जाएँगे। पर सच्चे कवि ऐसा कभी नहीं करते। इस जगत् में अधर्म प्रायः दुर्दमनीय शक्ति प्राप्त करता है जिसके सामने धर्म की शक्ति बार-बार उठकर व्यर्थ होती रहती है। कवि जहाँ मंगलशक्ति की सफलता दिखाता है वहाँ कला की दृष्टि से सौन्दर्य का प्रभाव डालने के लिए धर्मशासक की हैसियत से डराने के लिए नहीं कि यदि ऐसा कर्म करोगे तो ऐसा फल पाओगे। कवि कर्मसौन्दर्य के प्रभाव द्वारा प्रवृत्ति या निवृत्ति अन्तःप्रकृति में उत्पन्न करता है, उसका उपदेश नहीं देता।

कवि सौन्दर्य से प्रभावित रहता है और दूसरों को भी प्रभावित करना चाहता है। किसी रहस्यमयी प्रेरणा से उसकी कल्पना में कई प्रकार के सौन्दर्यों का जो मेल आपसे आप हो जाया करता है उसे पाठक के सामने भी वह प्रायः रख देता है जिस पर कुछ लोग कह सकते हैं कि ऐसा मेल क्या संसार में बराबर देखा जाता है। मंगलशक्ति के अधिष्ठान राम और कृष्ण जैसे पराक्रमशाली और धीर हैं वैसा ही उनका रूपमाधुर्य और उनका शील भी लोकोत्तर है। लोकहृदय आकृति और गुण, सौन्दर्य और सुशीलता, एक ही अधिष्ठान में देखना चाहता है। इसी से 'यत्राकृतिस्तत्र गुणा वसंत' सामुद्रिक की यह उक्ति लोकोक्ति के रूप में चल पड़ी। 'नैषध' में नल हंस से कहते हैं—

न तुलाविषये तवाकृतिर्न वचो वर्त्मनि ते सुशीलता।
त्वदुदाहरणाऽकृतौ गुणा इति सामुद्रिकसारमुद्रणा॥[1]

(नैषधीय चरित, द्वितीय सर्ग, 5)

भीतरी और बाहरी सौन्दर्य, रूपसौन्दर्य और कर्मसौन्दर्य के मेल की यह आदत धीरोदात्त आदि भेदनिरूपण से बहुत पुरानी है और बिलकुल छूट भी नहीं सकती। यह हृदय की एक भीतरी वासना की तुष्टि के हेतु कला की रहस्यमयी प्रेरणा है। 19वीं शताब्दी के कवि शेली–जो राजशासन, धर्मशासन, समाजशासन आदि सब प्रकार की शासन व्यवस्था के घोर विरोधी थे–इस प्रेरणा से पीछा न छुड़ा सके। उन्होंने भी अपने प्रबन्ध काव्य में रूपसौन्दर्य और कर्मसौन्दर्य का ऐसा ही मेल किया है। उनके नायक (या नायिका) जिस प्रकार पीड़ा, अत्याचार आदि से मनुष्य जाति का उद्धार करने के लिए अपना प्राण तक उत्सर्ग करनेवाले घोर से घोर कष्ट और यंत्रणा से मुँह न मोड़नेवाले, पराक्रमी, दयालु और धीर हैं उसी प्रकार रूपमाधुर्य–सम्पन्न भी।[2]

आज भी किसी कवि से राम की शारीरिक सुन्दरता कुम्भकर्ण को और कुंभकर्ण की कुरूपता राम को न देते बनेगी। माइकेल मधुसूदन दत्त ने मेघनाद को अपने काव्य का रूपगुणसम्पन्न नायक बनाया पर लक्ष्मण को वे कुरूप न कर सके। उन्होंने जो उलटफेर किया वह कला या काव्यानुभूति की किसी प्रकार की प्रे रणा से नहीं, बल्कि एक पुरानी धारणा तोड़ने की बहादुरी दिखाने के लिए, जिसका शौक किसी विदेशी नई शिक्षा के पहले-पहल प्रचलित होने पर प्रायः सब देशों में कुछ दिन रहा करता है। इसी प्रकार बंगभाषा के एक दूसरे कवि नवीनचंद्र ने अपने 'कुरुक्षेत्र' नामक काव्य में कृष्ण का आदर्श ही बदल दिया है। उसमें वे ब्राह्मणों के अत्याचार से पीड़ित जनता के उद्धार के लिए उठ खड़े हुए एक क्षत्रिय महात्मा के रूप में अंकित किए गए हैं। अपने समय में उठी हुई किसी खास हवा की झोंक में प्राचीन आर्ष काव्यों के पूर्णतया निर्दिष्ट स्वरूपवाले आदर्श पात्रों को एकदम कोई नया मनमाना रूप देना भारती के पवित्र मन्दिर में व्यर्थ गड़बड़ मचाना है।

शुद्ध मर्मानुभूति द्वारा प्रेरित कुशल कवि भी प्राचीन आख्यानों को बराबर लेते आए हैं और अब भी लेते हैं। वे उनके पात्रों में अपनी नवीन उद्भावना का, अपनी नई कल्पित

1. आपकी आकृति का न तो कोई उपमान है और न आपकी सुशीलता ही वाणी के पथ पर आ सकती–वाणी द्वारा कही जा सकती। 'आकृति में गुणों का निवास होता' सामुद्रिकशास्त्ररहस्य के इस नियम के उदाहरण आप ही हैं।

2. सर्टेन इट इज दैट विद शेली गुडनेस इज एवर नियर टु सेंसुअस ब्यूटी एंड पासेज ईजिली इंटू पैशन। हेंस हिज च्वाएस आव हिरोइक टाइप रादर दैन सिंपुल वंस, अव लाओं एंड सिद्ना एंड प्रोमेथिअस रादर दैन माइकेल, मैथ्यू एटसेटरा। लाओं एंड सिद्ना पजैस यूथ, स्ट्रेंथ एंड ब्यूटी नो लेस दैन करेज एंड द इंस्टिक्ट फार सेल्फ-सैक्रिफाइस एंड देयर पैशन फार फ्रीडम। ए फर्दर ऐडमिरेबुल इंस्टैंस आव दिस हारमनी आव गुडनेस एंड ब्यूटी इज सीन इन द डेस्क्रिशन आव लेडी बेनी फिशेंट हू टेंडेड–द गार्डेन अव 'द सेंजिटिव प्लैंट'।

–'स्टडीज इन शेली', ए.टी. स्ट्रांग कृत।

बातों का, बराबर आरोप करते हैं, पर वे बातें उन पात्रों के चिरप्रतिष्ठित आदर्शों के मेल में होती हैं। केवल अपने समय की परिस्थिति विशेष को लेकर जो भावनाएँ उठती हैं उनके आश्रय के लिए जब कि नए आख्यानों और नए पात्रों की उद्भावना स्वच्छन्दतापूर्वक की जा सकती है तब पुराने आदर्शों को विकृत या खंडित करने की क्या आवश्यकता है।

कर्मसौन्दर्य के जिस स्वरूप पर मुग्ध होना मनुष्य के लिए स्वाभाविक है और जिसका विधान कविपरम्परा बराबर करती चली आ रही है, उसके प्रति उपेक्षा प्रकट करने, और कर्मसौन्दर्य के एक दूसरे पक्ष में ही—केवल प्रेम और भ्रातृभाव के प्रदर्शन और आचरण में ही—काव्य का उत्कर्ष मानने का जो एक नया फैशन टालस्टाय के समय से चला है वह एकदेशीय है। दीन और असहाय जनता को निरन्तर पीड़ा पहुँचाते चले जानेवाले क्रूर आततायियों को उपदेश देने, उनसे दया की भिक्षा माँगने और प्रेम जताने तथा उनकी सेवाशुश्रूषा करने में ही कर्तव्य की सीमा नहीं मानी जा सकती, कर्मक्षेत्र का एकमात्र सौन्दर्य नहीं कहा जा सकता। मनुष्य के शरीर के जैसे दक्षिण और वाम दो पक्ष हैं वैसे ही उसके हृदय के भी कोमल और कठोर, मधुर और तीक्ष्ण, दो पक्ष हैं और बराबर रहेंगे। काव्यकला की पूरी रमणीयता इन दोनों पक्षों के समन्वय के बीच मंगल या सौन्दर्य के विकास में दिखाई पड़ती है।

भावों की प्रक्रिया की समीक्षा से पता चलता है कि उदय से अस्त तक भावमंडल का कुछ भाग तो आश्रय की चेतना के प्रकाश (कांशस) में रहता है और कुछ अन्तसंज्ञा के क्षेत्र (सबकांशस रीजन) में छिपा रहता है। संचारी भावों के संचरण काल में कभी-कभी उनके स्थायी भाव कारणरूप में अन्तसंज्ञा के भीतर पड़ जाते हैं। रतिभाव में संचारी होकर आई हुई असूया या ईर्ष्या ही को लीजिए। जिस क्षण में वह अपनी चरम सीमा पर पहुँची हुई होती है उस क्षण में आश्रय को ही रति भाव की कोमल सत्ता का ज्ञान नहीं रहता, उस क्षण में उसके भीतर ईर्ष्या की ही तीक्ष्ण प्रतीति रहती है और बाहर ईर्ष्या के ही लक्षण दिखाई देते हैं। जिस प्रकार किसी आश्रय के भीतर कोई एक भाव स्थायी रहता है और अनेक भाव तथा अन्तर्दशाएँ उसके संचारी के रूप में आती हैं उसी प्रकार किसी प्रबन्ध काव्य के प्रधान पात्र में कोई मूल प्रेरक भाव या बीजभाव रहता है जिसकी प्रेरणा से घटनाचक्र चलता है और अनेक भावों के स्फुटन के लिए जगह निकलती चलती है। इस बीजभाव को साहित्य ग्रन्थों में निरूपित स्थायीभाव और अंगीभाव[1] दोनों से भिन्न समझना चाहिए।

बीजभाव द्वारा स्फुरित भावों में कोमल और मधुर-कठोर और तीक्ष्ण—दोनों प्रकार के भाव रहते हैं। यदि बीजभाव की प्रकृति मंगलविधायनी होती है तो उसकी व्यापकता और निविशेषता के अनुसार सारे प्रेरित भाव तीक्ष्ण और कठोर होने पर भी सुन्दर होते हैं। ऐसे बीजभाव की प्रतिष्ठा जिस पात्र में होती है उसके सब भावों के साथ पाठकों की सहानुभूति होती है अर्थात् पाठक या श्रोता भी रसरूप में उन्हीं भावों का अनुभव करते हैं जिन भावों की वह व्यंजना करता है। ऐसे पात्र की गति में बाधा

1. प्रधान भाव, नाटकों के लक्षण में कथित अंगी रस।

डालनेवाले पात्रों के उग्र या तीक्ष्ण भावों के साथ पाठकों का वास्तव में तादात्म्य नहीं होता, चाहे उनकी व्यंजना में रस की निष्पत्ति करनेवाले तीनों अवयव वर्तमान हों। राम यदि रावण के प्रति क्रोध, या घृणा की व्यंजना करेंगे तो पाठक या श्रोता का भी हृदय उस क्रोध या घृणा की अनुभूति में योग देगा। इस क्रोध या घृणा में भी काव्य का पूर्ण सौन्दर्य होगा। पर रावण यदि राम के प्रति क्रोध या घृणा की व्यंजना करेगा तो रस के तीनों अवयवों के कारण 'शास्त्रस्थिति संपादन'[1] चाहे हो जाए पर उस व्यंजित भाव के साथ पाठक के भाव का तादात्म्य कभी न होगा, पाठक केवल चरित्रद्रष्टा मात्र रहेगा; उसका केवल मनोरंजन होगा, भाव में लीन करनेवाली प्रथम कोटि की रसानुभूति उसकी न होगी।

ऊपर कहा गया है कि किसी शुभ बीजभाव की प्रेरणा से प्रवर्तित तीक्ष्ण और उग्र भावों की सुन्दरता की मात्रा उस बीजभाव की निर्विशेषता और व्यापकता के अनुसार होती है। जैसे यदि करुणा किसी व्यक्ति की विशेषता पर अवलम्बित होगी–कि पीड़ित व्यक्ति हमारा कुटुम्बी मित्र आदि है–तो उस करुणा के द्वारा प्रवर्तित तीक्ष्ण या उग्र भावों में उतनी सुन्दरता न होगी। पर बीजरूप में अन्तस्संज्ञा में स्थित करुणा यदि इस ढब की होगी कि इतने पुरवासी, इतने देशवासी, इतने मनुष्य पीड़ा पा रहे हैं तो उसके द्वारा प्रवर्तित तीक्ष्ण या उग्र भावों का सौन्दर्य उत्तरोत्तर अधिक होगा। यदि किसी काव्य में वर्णित दो पात्रों में से एक तो अपने भाई को अत्याचार और पीड़ा से बचाने के लिए अग्रसर हो रहा है और दूसरा किसी बड़े भारी जनसमूह को, गति में बाधा डालनेवालों के प्रति, दोनों के प्रदर्शित क्रोध के सौन्दर्य के परिमाण में बहुत अन्तर होगा।

भावों की छानबीन करने पर मंगल का विधान करनेवाले दो भाव ठहरते हैं–करुणा और प्रेम। करुणा की गति रक्षा की ओर होती है और प्रेम की रंजन की ओर। लोक में प्रथम साध्य रक्षा है। रंजन का अवसर उसके पीछे आता है। अतः साधनावस्था या प्रयत्नपक्ष को लेकर चलनेवाले काव्यों का बीजभाव करुणा ही ठहरता है। इसी से शायद अपने दो नाटकों में रामचरित को लेकर चलनेवाले महाकवि भवभूति ने 'करुण' को ही एकमात्र रस कह दिया।[2] रामायण का बीजभाव करुणा है जिसका संकेत क्रौंच को मारनेवाले निषाद के प्रति वाल्मीकि के मुँह से निकले वचन द्वारा आरम्भ ही में मिलता है। उसके उपरान्त भी बालकांड के 15वें सर्ग में इसका आभास दिया गया है जहाँ

1. रसव्यक्तिमपेक्ष्यैषामंगानां सन्निवेशनम्।
न तु केवलया शास्त्रस्थिति सम्पादनेच्छया॥

–साहित्यदर्पण।

2. एको रसः करुण एव निमित्तभेदात्
भिन्नः पृथक् पृथगिवाश्रयते विवर्त्तान्।
आवर्तबुद्‌बुतरंगमयान् विकरान्
अम्भो यथा सलिलमेव हि तत्समस्तम्॥

–उत्तररामचरित, 347

देवताओं ने ब्रह्मा से रावण द्वारा पीड़ित लोक की दारुण दशा का निवेदन किया है। उक्त आदिकाव्य के भीतर लोकमंगल की शक्ति के उदय का आभास ताड़का और मारीच के दमन के प्रसंग में ही मिल जाता है। पंचवटी से वह शक्ति जोर पकड़ती दिखाई देती है। सीताहरण होने पर उसमें आत्मगौरव और दाम्पत्य-प्रेम की प्रेरणा का भी योग हो जाता है। ध्यान देने की बात यह है कि इस आत्मगौरव और दाम्पत्य-प्रेम की प्रेरणा बीच से प्रकट होकर वह उस विराट् मंगलोन्मुखी गति में समन्वित हो जाती है। यदि राक्षसराज पर चढ़ाई करने का मूल कारण केवल आत्मगौरव या दाम्पत्य प्रेम होता तो राम के 'कालाग्नि सदृश क्रोध' में काव्य का वह लोकोत्तर सौन्दर्य न होता। लोक के प्रति करुणा जब सफल हो जाती है, लोक जब पीड़ा और विघ्नबाधा से मुक्त हो जाता है तब रामराज्य में जाकर लोक के प्रति प्रेमप्रवर्तन का, प्रजा के रंजन का, उसके अधिकाधिक सुख के विधान का अवकाश मिलता है।

जो कुछ ऊपर कहा गया है उससे यह स्पष्ट है कि काव्य का उत्कर्ष केवल प्रेमभाव की कोमल व्यंजना में ही नहीं माना जा सकता जैसा कि टाल्सटाय के अनुयायी या कुछ कलावादी कहते हैं। क्रोध आदि उग्र और प्रचंड भावों के विधान में भी, यदि उनकी तह में करुण भाव अव्यक्त रूप में स्थित हो, पूर्ण सौन्दर्य का साक्षात्कार होता है। स्वतंत्रता के उन्मत्त उपासक, घोर परिवर्तनवादी शेली के महाकाव्य 'दि रिवोल्ट ऑव इस्लाम' के नायक-नायिका अत्याचारियों के पास जाकर उपदेश देनेवाले, गिड़गिड़ानेवाले, अपनी साधुता, सहनशीलता और शान्त वृत्ति का चमत्कारपूर्ण प्रदर्शन करनेवाले नहीं हैं। वे उत्साह की उमंग में प्रचंड वेग से युद्धक्षेत्र में बढ़नेवाले, पाखंड, लोकपीड़ा और अत्याचार देख पुनीत क्रोध के सात्विक तेज से तमतमानेवाले, भय या स्वार्थवश आततायियों की सेवा स्वीकार करनेवालों के प्रति उपेक्षा प्रकट करनेवाले हैं। शेली ने भी काव्यकला का मूलतत्त्व प्रेमभाव ही माना था पर अपने को सुखसौन्दर्यमय में माधुर्य भाव तक ही बद्ध न रखकर प्रबन्ध क्षेत्र में भी अच्छी तरह घुसकर भावों की अनेकरूपता का विन्यास किया था। स्थिर (स्टैटिक) सौन्दर्य और गत्यात्मक (डायनैमिक) सौन्दर्य, उपभोगपक्ष और प्रयत्नपक्ष, दोनों उनमें पाए जाते हैं।

टाल्सटाय के मनुष्य-मनुष्य में भातृप्रेम में संचार को ही एकमात्र काव्यतत्त्व कहने का बहुत कुछ कारण साम्प्रदायिक था। इसी प्रकार कलावादियों का केवल कोमल और मधुर की लीक पकड़ना मनोरंजन मात्र की हलकी रुचि और दृष्टि की परिमिति के कारण समझना चाहिए। टाल्सटाय के अनुयायी प्रयत्न पक्ष को लेते अवश्य हैं पर केवल पीड़ितों की सेवा-शुश्रूषा की दौड़धूप, आततायियों पर प्रभाव डालने के लिए साधुता के लोकोत्तर प्रदर्शन, त्याग, कष्ट सहिष्णुता इत्यादि में ही उसका सौन्दर्य स्वीकार करते हैं। साधुता की इस मृदुल गति को वे 'आध्यात्मिक शक्ति' कहते हैं। पर भारतीय दृष्टि से हम इसे भी प्राकृतिक शक्ति—मनुष्य की अन्तःप्रकृति की सात्विक विभूति—मानते हैं। विदेशी अर्थ में इस 'आध्यात्मिक' शब्द का प्रयोग हमारी देशभाषाओं में भी प्रचार पा रहा है। 'अध्यात्म' शब्द की, मेरी समझ में, काव्य या कला के क्षेत्र में कहीं कोई जरूरत नहीं है।

पूर्ण प्रभविष्णुता के लिए काव्य में हम भी सत्वगुण की सत्ता आवश्यक मानते हैं पर दोनों रूपों में–दूसरे भावों की तह में अर्थात् अन्तस्संज्ञा में स्थित अव्यक्त बीजरूप में भी और प्रकाशरूप में भी। हम पहले कह आए हैं कि लोक में मंगलविधान की ओर प्रवृत्त करनेवाले दो भाव हैं–करुणा और प्रेम। यह भी दिखा आए हैं कि क्रोध, युद्धोत्साह आदि प्रचंड और उग्र वृत्तियों की तह में यदि इन दोनों में से कोई भाव बीजरूप में स्थित होगा तभी सच्चा साधारणीकरण और पूर्ण सौन्दर्य का प्रकाश होगा। उच्च दशा का प्रेम और करुणा दोनों सत्वगुण-प्रधान हैं। त्रिगुणों में सत्वगुण सबके ऊपर है। यहाँ तक कि उसकी ऊपरी सीमा नित्य पारमार्थिक सत्ता के पास तक–व्यक्त और अव्यक्त की सीध तक–जा पहुँचती है। इसी से शायद वल्लभाचार्यजी ने सच्चिदानंद के सत् स्वरूप का प्रकाश करनेवाली शक्ति को 'संधिनी' कहा है। व्यवहार में भी 'सत्' शब्द के दो अर्थ लिए जाते हैं–'जो वास्तव में हो,' तथा 'अच्छा या शुभ'।

जब कि अव्यक्तावस्था से छूटी हुई प्रकृति के व्यक्त स्वरूप जगत् में आदि से अन्त तक सत्व, रजस और तमस् तीनों गुण रहेंगे तब समष्टि रूप लोक के बीच मंगल का विधान करनेवाला ब्रह्म की आनन्दकला के प्रकाश की यही पद्धति हो सकती है कि तमोगुण और रजोगुण दोनों सत्वगुण के अधीन होकर इशारे पर काम करें। इस दशा में किसी ओर अपनी प्रवृत्ति के अनुसार काम करने पर भी समष्टि रूप में और सब ओर वे सत्वगुण के लक्ष्य की ही पूर्ति करेंगे। सत्वगुण के इस शासन में कठोरता, उग्रता और प्रचंडता भी सात्विक तेज के रूप में भासित होगी। इसी से अवतार रूप में हमारे यहाँ भगवान की मूर्ति एक ओर तो 'वज्रादपि कठोर' और दूसरी ओर 'कुसुमादपि मृदु' रखी गई है–

'कुलिसहु चाहि कठोर अति, कोमल कुसुमहु चाहि'।

आनन्द की सिद्धावस्था

साधना या प्रयत्न में तत्पर रहने के लिए फल की सुन्दरता या सुखदता की पूर्ण भावना जाग्रत करने की आवश्यकता हुआ करती है। साध्य आनन्द की प्रचुरता तथा उस आनन्द के विषय की सुन्दरता या सुखदता हमारे मन में जितना ही घर करेगी उतनी ही अधिक तन्मयता के साथ हम उस आनन्द तथा उसके विषय तक पहुँचनेवाली साधना में प्रवृत्त होंगे। एक बहुत ही ऊँचे प्रकार का सुख देनेवाली वस्तु का नाम सुन्दरता है। लड्डू खाना, इत्र सूँघना, मुलायम गद्दे पर सोना, कोमल संगीत सुनना, सुन्दर रूप देखना– ये सब सुखद होते हैं। इनमें से पिछली दो बातों का सुख पहली तीन बातों के सुख से ऊँचे दरजे का जान पड़ता है। कारण विचारने पर यही सुझाई पड़ता है कि आँख और कान दोनों का ज्ञानव्यापार में प्रधान योग रहता है। अतः इनका सुख शेष इंद्रियों के सुखों से ऊँचे दरजे का होना चाहिए। वास्तव में यदि यह सुख अपने शुद्ध रूप में रखा जाए, और प्रकार के स्थूल सुखों से मिलाया न जाए, तो ऊँचा जरूर दिखाई देता है।

दर्शनवृत्ति की बोधदशा भी होती है और रागात्मिका दशा भी। नई वस्तुओं को देखकर जानकारी भी हो सकती है, प्रेम, क्रोध आदि भी। मन की दर्शनवृत्ति की रागात्मिका दशा ही सौन्दर्य की अनुभूति कहलाती है। जो सुदर्शन हो, जिसकी आकृति रुचिकर हो, वही सुन्दर होता है, यद्यपि इस शब्द का प्रयोग लक्षणा से और विस्तृत अर्थ में भी किया जाता है। उदाहरण के लिए कर्मसौन्दर्य शब्द लीजिए जिसका व्यवहार हमने अन्यत्र अनेक स्थलों पर किया है। रूपसौन्दर्य से मध्यम कोटि की वस्तु नादसौन्दर्य या शब्द-माधुर्य है। जिस प्रकार दर्शनवृत्ति की बोधदशा और रागात्मिका दशा ये दो दशाएँ होती हैं, उसी प्रकार श्रवण-वृत्ति की भी। शब्द द्वारा ज्ञानसंचार और माधुर्यसंचार दोनों होते हैं। वार्तालाप, उपदेश, व्याख्यान इत्यादि में शब्द द्वारा नई बातों की जानकारी होती है? संगीत में हमें शब्द द्वारा माधुर्य की अनुभूति होती है। कहने की आवश्यकता नहीं कि नाम के सम्बन्ध में 'सुन्दर', 'मधुर', 'कोमल' आदि शब्दों का प्रयोग भी लाक्षणिक ही होता है। शास्त्रीय दृष्टि से इस प्रकार के लाक्षणिक प्रयोग भाषा की त्रुटि सूचित करते हैं। श्रवण के विषय शब्द की रुचिरता के लिए यदि कोई अलग शब्द होता तो दर्शनेंद्रिय रसनेंद्रिय और त्वगिंद्रिय की अनुभूतियों से लिए हुए 'सुन्दर', 'मधुर', और 'कोमल' शब्द अधिकतर कवियों और साहित्य समीक्षकों के ही काम में आते हैं।

रूप और गति दोनों दृष्टि के विषय हैं। अतः दर्शनवृत्ति को तुष्ट करनेवाले दो प्रकार के विषय ठहरते हैं—रूप और गति। प्रयत्नपक्ष में गति की रुचिरता का वर्णन साधनावस्था के अन्तर्गत हो चुका है। उपभोगपक्ष में गति की रुचिरता हमें नृत्यकला आदि में दिखाई पड़ती है। इस प्रकार दर्शन और श्रवण दोनों के उपभोगपक्ष लेकर कई कलाओं का प्रादुर्भाव हुआ। दर्शन की तुष्टि के लिए चित्रकला, मूर्तिकला और नृत्यकला का, श्रवण की तुष्टि के लिए संगीत का। काव्य का इतना व्यापक विधान होता है कि उसमें इन सबका थोड़ा बहुत योग रहा करता है पर इससे यह न समझना चाहिए कि उपभोगपक्ष की तुष्टि ही काव्य का एकान्त लक्ष्य है। रसात्मक तुष्टि का क्षेत्र उपयोगवृत्ति से और आगे तक है, यह बात साधनावस्था के अन्तर्गत कही जा चुकी है। गोस्वामी तुलसीदास जी का रामचरितमानस मनोरंजन करके या जी बहलाकर ही नहीं रह जाता। वह हृदय के मूल में सत्व की ज्योति जगाता है।

पर यहाँ हमें उस काव्यभूमि का वर्णन करना है जिसमें 'आनन्द' अपनी सिद्धावस्था में दिखाई पड़ती है, जहाँ सब प्रकार के प्रयत्नों की अशान्ति तिरोहित और उपभोग की कला जगी रहती है। 'आनन्द' का ध्वज यहाँ चलता नहीं दिखाई पड़ता, गड़ा दिखाई पड़ता है। यहाँ नगाड़े की धमक, गर्जन-तर्जन और हुँकार नहीं, विप्लव, ध्वंस और हाहाकार नहीं, वेग और तेज की तिग्मता नहीं। यह दीप्ति, माधुर्य और कोमलता की स्निग्ध भूमि है, लहलहाते सरस प्रसार और परिमल घटित पुष्पहास कलकंठकू जित क्षेत्र है, मद और उल्लास की मृदुल तरंगमयी संगीतधार का मानसलोक है। इस भूमि का प्रवर्तक भाव है प्रेम।

देश के विस्तार और काल की दौड़ के बीच ऐसी भूमियाँ कहीं-कहीं और कभी-कभी मिल जाया करती हैं। सच पूछिए तो मनुष्य अपने जीवनपथ पर इनहीं के लोभ में बराबर दौड़ता चला आता है।[1] यहीं तक नहीं, 'सुगुन छीर और अवगुन जल' मिले इस महाप्रपंच से कल्पना द्वारा इन्हें अलग करके वह एक निराला आनन्दलोक खड़ा करता है जो शुष्क धार्मिकों का स्वर्ग और कवियों का स्वप्न ठहरता है। जिनके भीतर सत्व की ज्योति अत्यन्त क्षीण या मन्द होती है, जिन्हें धर्म के सौन्दर्य का साक्षात्कार नहीं होता, जिनका मन कर्म की भावना में न लगकर फल ही की भावना में लगता है, वे इसी स्वर्ग की कामना से बहुत से गिनाए हुए पुण्य कार्य, बिना उनके सम्पादन का प्रकृत सुख अनुभव किए यों ही रूखे ढंग से करते पाए जाते हैं।

ऊपर कह आए हैं कि उस काव्यभूमि में जहाँ आनन्द अपनी सिद्धावस्था में दिखाई पड़ता है प्रवर्तक भाव है प्रेम। इसी भाव के विविध प्रकार के आलम्बनों और उद्दीपनों का चित्रण इस भूमि के विभाव पक्ष में पाया जाता है। दीप्ति, माधुर्य और कोमलता के नाना रूप यहाँ मिलते हैं। बाहर नयनाभिराम रूपरेखा, विकसित वर्णवैचित्र्य, दीप्ति, विभूति प्रभूति, चमक-दमक, शीतल स्निग्ध छाया, कल कंठस्वर स्पंदित सौरभ समन्वित समीर, स्मित आनन, चपल भ्रूविलास, हास-परिहास, संगीतसज्जा, वीणा की झंकार इत्यादि है तो भीतर सौन्दर्य की मादक अनुभूति प्रेमोल्लास, स्वप्न, स्मृति-विस्मृति, ब्रीड़ा क्रीड़ा, दर्शनपिपासा, उत्कंठा, मुग्धता इत्यादि।

इस भूमि के मानस या आभ्यन्तर पक्ष की एक खासी उलझन हमारे पुराने आचार्य सुलझा गए हैं। यद्यपि प्रेमदशा के भीतर सुखात्मक और दुःखात्मक दोनों प्रकार के भाव पाए जाते हैं पर कान में 'प्रेमानंद, शब्द ही पड़ता है, 'प्रेमापन्न' नहीं। इससे प्रेम आनन्द स्वरूप है' यह लोकधारणा प्रकट होती है, जो साहित्या-मीमांसकों को भी मान्य है। वियोगकाल की सारी अश्रुधारा इस आनन्दस्वरूप को नहीं धो सकती; अश्रुधारा के तल में आनन्द की रेखाएँ दिखाई पड़ती रहती हैं। विरह में आनन्द नष्ट नहीं हुआ रहता, केवल 'आवृत' रहता है। विरहियों का रोना एक प्रकार का हँसना ही है। उनके तीव्र ताप और प्रचंड ज्वाला की जड़ में एक रसमयी शीतलता रहती है। जब तक प्रिय इस जगत् में रहता है तब तक उसके कहीं दूर चले जाने पर भी, उसका कहीं पता न रहने पर भी, जो दुख और वेदना होती है, वह प्रेम-भाव की ही अनुभूति समझी जाती है और साहित्य में विप्रलंभ शृंगार के ही अन्तर्गत मानी जाती है। बात यह है कि वियोगकाल चाहे कितना ही दारुण हो उसके बीच-बीच में मिलने की लालसा जगती रहती है, संयोग की कल्पना के सुख का अनुभव होता रहता है, प्रिय के रूप आदि का ध्यान आने पर मन लुभाता रहता है। यह लालसा या यह लुब्धता, आनन्द के ढंग की

1. मेनी ए ग्रीन आइल नीड्स मस्ट बी
इन द डीप वाइड सी अब मिजरी;
आर द मैराइनर, बर्न ऐंड वैन,
नेवर दस कुड वाएज आन। —शेली

चीज है, दुख के ढंग की नहीं। आनन्द के रूप में ही प्रेम का उदय होता है और उसका यह भीतरी रूप बराबर बना रहता है। किसी के रूपसौन्दर्य और शीलसौन्दर्य का पहलेपहल साक्षात्कार या परिचय होते ही सबसे पहली अनुभूति आनन्द की होती है; सबने पहले हृदय विकसित और लुब्ध होता है। सारांश यह कि प्रेमकाल जीवन का आनन्दकाल ही है। इसी से भक्ति-मार्ग में वल्लभाचार्यजी ने भक्ति या प्रेम ही को साध्य कह दिया है।

प्रेम वास्तव में राग का ही पूर्ण विकसित रूप है। राग और द्वेष दोनों की स्थिति वासना के रूप में प्रत्येक प्राणी में होती है। वासनात्मक अवस्था में इन दोनों के विषय सामान्य रहते हैं। समान्यतः सुख देनेवाली या चिरकाल से साथ रहनेवाली वस्तुओं के प्रति राग और दुख देनेवाली वस्तुओं के प्रति द्वेष का बीज सबके हृदयक्षेत्र में ढँका रहता है। यही राग जब व्यक्त होकर किसी विशेष व्यक्ति की ओर पहलेपहल उन्मुख होता है तब 'लुभाना' कहलाता है और जब उस विशेष में जाकर स्थिर हो जाता है तब प्रेम कहा जाता है। सीधी बात यह कि वासनात्मक अवस्था से भावात्मक अवस्था में आया हुआ राग ही अनुराग या प्रेम है। राग वास्तव में व्यक्तिबद्ध नहीं होता। किसी के रूप, गुण आदि का उत्कर्ष सुनकर जो पूर्वराग होता है वह भी उत्तेजित राग ही रहता है, यद्यपि उत्तेजना व्यक्ति विशेष के ही उत्कर्ष का परिचय पाकर होता है पर पूर्वराग की दशा में प्रेम की अनन्यता और पूर्ण एकनिष्ठता नहीं रहती, वह पीछे प्राप्त होती है। किसी के प्रति पूर्वराग उत्पन्न होने पर यह सम्भावना रहती है कि अन्य समय उससे अधिक उत्कर्षवाले किसी दूसरे का परिचय पाकर वह उस पर हो जाए।

राग मिलनेवाली वासना है और द्वेष अलग करनेवाली। रासायनिक मूल द्रव्यों के राग से ही सृष्टि का विकास होता है। राग की अभिव्यक्ति विशेष, दाम्पत्य और वात्सल्य भाव से ही सजीव प्राणियों की परम्परा चिरकाल से चलती आ रही है। प्रेम में पालन की प्रवृत्ति प्रत्यक्ष है। माता का प्रेम शिशु का पालन करता है। पर प्रेम द्वारा पालन का विधान एक परिमित क्षेत्र के भीतर तथा अबोध और निर्विघ्न दशा में ही सम्भव है। विघ्न और बाधा की दशा में प्रेम काम करता हुआ नहीं दिखाई देता, एक ओर करुणा और दूसरी ओर क्रोध का प्रवर्तन ही देखा जाता है। जब तक शान्ति है, कहीं से अत्याचार आदि की बाधा नहीं उपस्थित हुई है तब तक तो माता प्रेम के बल से अपने शिशुओं का पालन करती चली चलती है। पर जब कोई बच्चों को मारता है, कष्ट या पीड़ा पहुँचाता है तब रक्षा अपेक्षित होती है अतः प्रेम तो हृदय के किसी कोने में जा छिपता है, क्रोध और करुणा का उदय होता है। तात्पर्य यह कि अत्याचार द्वारा उपस्थित घोर विघ्नबाधा की दशा में प्रेमपात्र की भी रक्षा का सीधा लगाव प्रेम से नहीं रहता करुणा से रहता है।

उपर्युक्त विवेचन से यह स्पष्ट है कि 'आनन्द' की सिद्धावस्था–शान्ति सुख की अवस्था–लेकर चलनेवाले कवियों का ही 'प्रेम' को बीजभाव मानना ठीक है 'आनन्द' की साधनावस्था लेकर चलनेवालों का ही नहीं। पर आनन्द की साधनावस्था या

प्रयत्नपक्ष को लेकर चलनेवाले यूरोपीय लोकमंगलवादियों का एक दल, जिसके अनुयायी हमारे यहाँ के श्री रवीन्द्रनाथ ठाकुर भी हैं, मनुष्य-मनुष्य के बीच भ्रातृप्रेम को ही काव्यभूमि का एकमात्र आधिकारिक भाव मानता है। इस दल के लोग साधनावस्था को लेकर भी माधुर्य और कोमलता के बाहर नहीं जाना चाहते। ये अपने हृदयगत काव्यदेश की कोमलता और मधुरता के साथ तीक्ष्णता, कठोरता और उग्रता का सामंजस्य नहीं कर सकते, अतः काव्य के कोमल और मधुर पक्ष में ही लीन रहते हैं। ऐसे लोग लोकरक्षा की साधनावस्था के विधान में भी 'प्रेम' को ही बीजभाव बनाना चाहते हैं। पर साधनावस्था के वर्णन में हम कह आए हैं कि उक्त विधान में हमारे यहाँ के कवियों ने 'करुणा' को ही बीजभाव रखा है। इन दोनों मतों में, सच पूछिए तो, तत्त्व-भेद नहीं है, दृष्टिभेद है। 'प्रेम' को बीजभाव माननेवालों की दृष्टि उसके मूल वासनात्मक रूप 'राग' की ओर रहती है जो मनुष्य की अन्तःप्रकृति में निहित रहकर सम्पूर्ण सजीव सृष्टि के साथ किसी गूढ़ सम्बन्ध की अनुभूति के रूप में समय-समय पर जगा करता है। अच्छी तरह देखा जाए तो मनुष्य की प्रकृति के भीतर अव्यक्त रूप में यह रागात्मक सम्बन्ध-सूत्र चर-अचर सारे प्राणियों के साथ जुड़ा हुआ है। केवल मनुष्य-मनुष्य को ही जोड़नेवाला नहीं है। पर इतने असीम और व्यापक रूप से वासनात्मक राग ही रह सकता है, उसका व्यक्त और स्फुरित स्वरूप प्रेम नहीं। प्रेम का आलम्बन–परिमित, परिचित और निर्दिष्ट होगा; अपरिमित, अपरिचित और अनिर्दिष्ट नहीं।

राग की वासना दो भावों का प्रवर्तन करती है–प्रेम का और करुणा का। इनमें से प्रेम का व्यापार तो परिमित, परिचित और निर्दिष्ट के प्रति होता है। प्रेम के लिए व्यक्ति की कोई विशेषता अपेक्षित होती है। अपने प्रवर्तक 'राग' के समान उसमें निर्विशेषता नहीं होती। इस प्रकार की निर्विशेषता करुणा में ही होती है।

यदि किसी अत्याचारपीड़ित अपरिचित को देख कोई व्याकुल होकर सहायता के लिए दौड़ पड़े तो प्रेम को बीजभाव माननेवाला कहेगा 'उसके हृदय में बड़ा प्रेम है', पर करुणा को बीजभाव माननेवाला कहेगा 'बह बड़ा दयालु है।' इनमें से प्रथम जिसे 'प्रेम' कहता है वह वास्तव में प्रत्यक्ष प्रेरणा करनेवाले करुण भाव के मूल में रहनेवाली 'राग' नाम की वासना है। यह पहले कहा जा चुका है कि राग नाम की वासना का विषय सामान्य होता है और प्रेम नामक भाव का आलम्बन कोई निर्दिष्ट विशेष होता है। आर्द्र होकर सहायता करनेवाले का उस अपरिचित पीड़ित व्यक्ति से प्रेम था, यह न कहा जाता है न कहा जा सकता है। कहा यहाँ तक जा सकता है कि अन्तःप्रकृति में सामान्यतः सब जीवों के प्रति जो राग की वासना निहित थी उसी प्रभाव से करुणा उत्पन्न हुई जिसने उसे व्याकुल और सहायता के लिए सन्नद्ध किया। यह कहा जा चुका है कि शुद्ध करुणा के उद्रेक के लिए पीड़ित आलम्बन में किसी प्रकार की विशेषता अपेक्षित नहीं। यह बात नहीं है कि जिससे प्रेम हो उसी की पीड़ा देख करुणा उत्पन्न हो। करुणा वैर प्रीति कुछ नहीं देखती। करुणा करनेवाले के मन में केवल यही रहता

है कि उसके समान ही सुख-दुख अनुभव करनेवाला कोई प्राणी है जिसे कष्ट या पीड़ा पहुँच रही है। इससे स्पष्ट है कि करुणा प्रेम से एक स्वतंत्र भाव है। वह रक्षा का कार्य प्रेम के संचारी के रूप में करती हो, यह बात भी नहीं है। यह कार्य उसका अपना है। उसका मूल चाहे अन्तर्निहित राग की वासना में हो, पर कविता अव्यक्त मूल को लेकर नहीं चलती, व्यक्त प्रसार को लेकर चलती है।

कविता अभिव्यंजना है। वह अभिव्यक्ति या विकास को लेकर चलती है। इस दृष्टि से हमारे यहाँ के कवियों ने लोकरक्षा के विधान में करुणा को ही बीजभाव रखा है। करुणा से रक्षा का विधान होता है; प्रेम से पालन और रंजन का। रक्षा और पालन में अन्तर अच्छी तरह समझ लेना चाहिए। विष्णु भगवान जगत का पालन तो हर समय करते रहते हैं, पर रक्षा समय-समय पर किया करते हैं। रक्षा आपद्ग्रस्त की होती है, पालन रक्षित का होता है। बच्चे को समय पर दूध पिलाना पालन है; भूख से मरते को खिला देना रक्षा है। लोकरक्षा का विधान किसी आई हुई आपत्ति से बचाने का विधान है। अतः लोकमंगल की साधनावस्था या प्रयत्न पक्ष को लेकर चलनेवाले कवियों या समीक्षकों को 'करुणा' ही को बीजभाव कहना चाहिए। सिद्धावस्था की प्रशान्त भूमि पर चलनेवाले कवियों का ही 'प्रेमतत्व' को बीजभाव कहना ठीक है।

यहाँ पर अब हमें सिद्धावस्था के सम्बन्ध में ही विचार करना है जो काव्य की प्रशान्त, निर्विघ्न और अबाध भूमि है। इस भूमि में पालन और रंजन का ही पूर्ण प्रसाद दिखाई पड़ता है। इस भूमि का एकमात्र अधिष्ठाता देवता-प्रेम है। उसी के द्वारा पालन और रंजन दोनों सम्पन्न होते हैं। वात्सल्य भाव द्वारा पालन का और दाम्पत्य भाव द्वारा रंजन का विधान होता है। इसका तात्पर्य यह नहीं कि इनके अतिरिक्त अन्य प्रकार के प्रेम द्वारा पालन और रंजन नहीं होता। इन दोनों भावों को रसपद्धति में मुख्य रूप से ग्रहण करने का अभिप्राय केवल इतना ही है कि इनमें पालन और रंजन दोनों चरम उत्कर्ष को पहुँचते हैं। आनन्द की सिद्धावस्था पर ही दृष्टि रखनेवाले कवियों का 'प्रेम' को ही प्रर्वतक या बीजभाव मानना ठीक है किन्तु पालन और रंजन दोनों पक्षों के सहित। पर महाराज भोज ने रंजन पक्ष ही लेकर शृंगार (दाम्पत्य भाव) को ही एकमात्र रस कहा है।[1] इससे यह प्रकट होता है कि काव्यसमीक्षा के क्षेत्र में सिद्धान्त या 'वाद' बहुत कुछ रुचिवैचित्र्य के इशारे पर खड़े हुआ करते हैं, सम्यक् दृष्टि के अनुरोध से कम। काव्य के जिस देश की ओर किसी की रुचि अधिक होती है उसी को वह काव्य का सम्पूर्ण देश मानना मनाना चाहता है।

आरम्भ में ही यह कहा जा चुका है कि आनन्द की सिद्धावस्था या उपभोग-पक्ष का दर्शन करनेवाली काव्यभूमि दीप्ति, माधुर्य और कोमलता की भूमि है जिसमें प्रवर्तक या बीजभाव प्रेम है। काव्य की इस भोगभूमि में दुःखात्मक भावों को बेधड़क चले आने की इजाजत नहीं। आने के पहले उन्हें प्रेम का पूरा शासन स्वीकार करना पड़ता है और

---

1. शृंगार एवैकश्चतुर्वर्गैककारणं रस इति।

—शृंगारप्रकाश, प्रथम प्रकाश, 3

बहुत दबकर आना पड़ता है। पड़ोसियों का नाकों दम करनेवाले, माघ में लू चलानेवाले विरहताप की अपेक्षा बीच-बीच में छानेवाली आशासुख की शीतलता अधिक मानी गई है।[1] यहाँ अधर्म, ईर्ष्या, त्रास इत्यादि स्वतंत्र सिर नहीं उठा सकते। हास्य और आश्चर्य नामक आनन्दात्मक भाव अलबत्त स्वतंत्र विचर सकते हैं। आश्चर्य असामान्यता पर होता है अतः उसका आविर्भाव काव्य की कर्मभूमि और भोग-भूमि–आनन्द की साधनावस्था और सिद्धावस्था–दोनों में देखा जाता है। यहाँ हमें केवल भोगभूमि की चर्चा करना है। इस भूमि में आश्चर्य के विषय असामान्य शोभा, सौन्दर्य, दीप्ति, आत्मोत्सर्ग, विरहवेदना इत्यादि पाए जाते हैं।

बहुत से लोग इस असामान्य या विरल को ही काव्य की एकमात्र सामग्री मानते हैं जिनमें से कुछ तो उसे प्रस्तुत अर्थ या विषय के स्वरूप में और कुछ युक्ति के स्वरूप में देखना चाहते हैं। आनन्द की सिद्धावस्था लेकर चलनेवाले काव्यों में अर्थात् काव्य की भोगभूमि में आश्चर्य अधिकतर रंजन का अंग होकर आया करता है। विभाव पक्ष में असामान्य शोभा, दीप्ति, प्राचुर्य प्रफुल्लता, कोमलता, सौकुमार्य इत्यादि के द्वारा अद्‌भुत या अलौकिक रंजन की योजना की जाती है। सारांश यह कि मन और इन्द्रियों के सुखद विषय ही काव्य की इस भूमि में लिये जाते हैं अतः उन विषयों की प्रचुरता और असामान्यता की भावना रंजन की अनुभूति में योग देती है। असामान्यता या चमत्कार की रुचिवाले कार्य बाह्य प्रकृति का चित्रण उसकी असाधारण विभूति को–उसकी चमक-दमक, सजावट, वैचित्र्य, अनोखेपन इत्यादि को–लेकर ही करते हैं। इसी रुचि को बहुत से लोग कला की रुचि मानते हैं। उनके मत से जगत् के साधारण और अरुचि के बीच से असाधारण और रुचिर को छाँट-छाँटकर सजाना ही और कलाओं के समान काव्यकला का भी काम है। श्रीयुत रवीन्द्रनाथ ठाकुर अपने 'साहित्य' धर्म नामक निबन्ध में कहते हैं–

'कोठार और रसोईघर की गृहस्थ को रोज आवश्यकता पड़ती है, पर संसार के लोगों से वह उन्हें छिपाए रखने की कोशिश करता है। बैठक के बिना भी काम चल सकता है, फिर भी उसी घर में सारा साज-सामान रहता है, पूरी सजावट रहती है। घर का मालिक उसी घर में तसवीरें टाँगकर, कार्पेट बिछाकर उस पर सदा के लिए अपनी छाप लगा देना चाहता है। उस घर को उसने खास तौर से छाँटा है। उसी के द्वारा वह सबसे परिचित होना चाहता है–अपनी व्यक्तिगत महिमा से। इसीलिए उसकी बैठक अलंकृत रहती है।'

इस कथन का अभिप्राय यह है कि इस 'सजावट की रुचि' का ही एक रूप काव्य

---

1. सीरै जतननु सिसिर रितु सहि बिरहिनि तन तापु।
बसिबे कौं ग्रीषम दिननु परयौ परोसिनि पापु॥266॥
सुनत पथिक मुँह, माह निसि चलति लुवै उहि गाम।
बिनु बूझै, बिनुही कहैं, जियति बिचारी बाम ॥285॥

–बिहारीरत्नाकर

की रुचि है, इसी रुचि की प्रेरणा से कवि ही कल्पना काम करती है और इसी रुचि की तुष्टि के लिए कविता पढ़ी या सुनी जाती है। पर जो कुछ अब तक कहा जा चुका है उसके अनुसार ऊपर उद्धृत कथन काव्य के केवल एक पक्षविशेष का निरूपण करता है। यह अवश्य है कि इस पक्ष पर खड़े होनेवाले पहले भी रहे हैं और अब भी बहुत से लोग हैं। शृंगार को ही एकमात्र रस माननेवाले महाराज भोज का जिक्र हो चुका है। भोज ऐसे राजाओं के दरबार में रत्नों की जगमगाहट और यश की चाँदनी फैलानेवाली वाणी का बहुत ही अनुरंजनकारी संग्रह हमारे साहित्य में है। फारस की शायरी भी अधिकतर चुनी हुई सजावट लेकर चली है। फ्रांस और इटली के प्रभाव से यूरोप में भी 'सजावट और अनूठेपन' की वासना को ही कला की मूल वासना समझनेवाले बहुत से हैं।

कहना न होगा कि 'सजावट और अनूठेपन' का वह सिद्धान्त असामान्यतावाद के ही अन्तर्गत है। काव्य का यह असामान्यतावाद धीरे-धीरे उस लोकोत्तरवाद तक पहुँचा जिसका प्रतिपादन काव्य को आध्यात्मिक क्षेत्र में ले जाने के लिए किया गया। श्रीयुत रवीन्द्र कहते हैं–

'जिसे सीमा में बाँध सकें उसका नाम भी रखा जा सकता है, किन्तु जो सीमा के बाहर है, जो पकड़ने या छूने में नहीं आ सकता, उसे बुद्धि द्वारा नहीं पाते, बोध के अन्दर–किसी भीतरी तह में–पाते हैं। उपनिषद् में ब्रह्म के सम्बन्ध में कहा है–न तो उसे मन में पाते हैं, न वचन में। उसे जब पाते हैं तब आनन्द के अनुभव में। हमारी इस अनुभव की भूख आत्मा की भूख है। वह इसी अनुभव से अपने को पहचानती है। जिस प्रेम में, जिस ध्यान में, जिस दर्शन में केवल इस अनुभव की भूख मिटती है वही स्थान पाता है साहित्य में, रूपकला में।'

श्रीयुत रवीन्द्र के उपयुक्त दोनों कथनों को मिलाकर विचार करने पर यह स्पष्ट हो जाता है कि उनका लक्ष्य आनन्द ही सिद्धावस्था या उपभोगपक्ष को भासित करनेवाली काव्यभूमि की ओर है। यह कहा जा चुका है कि इस भूमि में शोभा, दीप्ति, प्राचुर्य, प्रफुल्लता, कोमलता इत्यादि द्वारा रंजन की योजना की जाती है। प्रथम उद्धरण इसी भूमि की ओर स्पष्ट संकेत करता है। उसमें सजावट की रुचि का–शोभन, दीप्त और रुचिर के चुनाव की प्रवृत्ति का–पूरा आभास मिलता है। इस उपभोग या रंजन की जो वृत्ति आश्चर्य के मेल में होती है उसकी ओर दूसरा उद्धरण इशारा करता है। उस उद्धरण में शोभा सौन्दर्य की असीमता के आनन्द का उल्लेख है जो आगे चलकर इस प्रकार बताया गया है–

'बाहर जिस अखंड आकाश में ग्रह ताराओं का मेला लगा रहता है उसकी असीमता का आनन्द सिर्फ हमारे अनुभव में ही है। जीवनलीला के लिए वह आकाश बिल्कुल फालतू है। जमीन के भीतर रहनेवाला कीड़ा इस बात का सबूत है।'

विभाव पक्ष में शोभन और दीप्त को चुनकर उनकी असामान्यता द्वारा अद्भुत रंजन की सामग्री तैयार करना तथा भावपक्ष में अनुभूति और व्यंजना का वैचित्र्य प्रदर्शित करना

काव्य में कलावान् के नए और पुराने अनुयायियों का लक्ष्य रहा है। शोभा और दीप्ति की लोकोत्तर कल्पना हमारे यहाँ के भक्तों में भी भगवान की विभूति की भावना मानी जाती है और विलायती ढंग की 'आध्यात्मिक कविता' में भी असीम और अनन्त की झाँकी समझी जाती है। हमारे यहाँ के भक्तिमार्ग में इसे 'अचिंत्यैश्वर्य योग' कहते हैं।

माधुर्य पक्ष

असामान्यता, दीप्ति, चमत्कार इत्यादि से सर्वथा स्वतंत्र आकर्षण माधुर्य का है। इस गुण के अधिष्ठान का असामान्य, अलौकिक या दीप्त होना आवश्यक नहीं। सामान्य से सामान्य, तुच्छ से तुच्छ वस्तुओं और दृश्यों में माधुर्य का पूरा आकर्षण रहता है। महाकवि कालिदास ने बरसात में चारों ओर दिखाई पड़नेवाले खुमी के पौधों[1], तुरन्त के जुते खेतों की मिट्टी और 'भ्रूविलासानभिज्ञ' गाँव की सीधी-सादी स्त्रियों और पुरानी कहानी कहते हुए बुड्ढों तक में इस माधुर्य का साक्षात्कार किया है। परम भावुक अँग्रेज कवि वड्र्सवर्थ का हृदय पगडंडी के किनारे उगे हुए गर्द से मैले तुच्छ से तुच्छ फूल के पौधे (मीनेस्ट फ्लावर) को भी अपनाता था।[2] हृदय की पूरी व्यापकता हम दीप्ति और माधुर्य, असामान्य और सामान्य, दोनों पक्षों के रसात्मक ग्रहण में मानते हैं। साहित्य की पुस्तकों में 'सब अवस्थाओं में पाई जानेवाली रमणीयता' को माधुर्य कहा है–

सर्वावस्थाविशेषेषु माधुर्यं रमणीयता।

—साहित्यदर्पण 3।97

सामान्य से सामान्य प्राकृतिक वस्तुओं में, नगण्य से नगण्य के जीवन-व्यापार में इस माधुर्य का अनुभव होता है। अतीत की स्मृति में, कौमार अवस्था के परिचित पुराने पेड़ों और उजाड़ टीलों में, किसानों के झोंपड़ों में, काई और कीचड़भरे तालों में, चरकर लौटती हुई गायों के धूल उड़ाते हुए झुंड में, गड़रियों और ग्वालों की कमली में, ऊसर की पगडंडियों में मन को लीन करनेवाला जो गुण है, वह माधुर्य है। प्रत्येक देश के सच्चे कवियों ने सीधे-सादे और सामान्य में भी बराबर इस माधुर्य का अनुभव किया है। इस माधुर्य की अनुभूति के स्वरूप को दीप्ति और सज्जा की अनुभूति के स्वरूप से सर्वथा भिन्न समझना चाहिए। जैसे घास के चौरस मैदान को मखमली कालीन या पन्ने का फर्श कहने से माधुर्य की अनुभूति के ठीक स्वरूप की व्यंजना नहीं होगी। ऐसे कथन में केवल दीप्ति और सजावट की भावना पाई जाएगी।

रूपसौन्दर्य के अन्तर्गत प्रायः दीप्ति और माधुर्य दोनों मिले रहते हैं। दीप्ति चकित और स्तम्भित करती है। प्रेमकाव्यों में कहीं-कहीं नायिका के रूप को देखते ही नायक जो मूर्च्छित होकर गिर जाया करते हैं उसे दीप्ति का प्रभाव समझना चाहिए। जायसी की

1. मेघदूत, पूर्वमेघ, 11, 16, 32
2. टु मी द मीनेस्ट फ्लावर दैट ब्लोज कैन गिव थॉट्स दैट डू आफेन लाइ टू डीप फार टीयर्स। ओड आन इंटिमेशंस आव–इंमाटैलिटी फ्रॉम रिकलेक्शंज आव अर्ली चाइल्डहुड।

पदमावत में शिवमन्दिर में प्रवेश करती हुई पद्मिनी को देखते ही राजा रत्नसेन तो मूर्च्छित हो ही गए, शिव और देवता लोग भी स्तब्ध[1] हो गए। रूप में लोभ उत्पन्न करनेवाली या लुभानेवाली वस्तु, मन को पास खींचनेवाली शक्ति माधुर्य है। दीप्ति मात्र में चिपक नहीं होती। लोग न जाने कितने दमकते हुए रूप देखते हैं, चकित होते हैं पर सब जगह उनका मन नहीं चिपका करता। प्रेम के रूप में राग का आविर्भाव माधुर्य पाकर ही होता है। पर इस माधुर्य की अनुभूति व्यक्तिगत होती है। दीप्ति का स्वीकार तो बहुत से आदमी एक साथ करते हैं, पर किसी व्यक्ति या वस्तु में माधुर्य दस-पाँच आदमियों में एक या दो ही आदमी देखेंगे। लैला में मजनूँ की ही आँख ने माधुर्य देखा था। सान्निध्य और सम्पर्क की प्रबल प्रवृत्ति जगानेवाली दशा, जिसे आसक्ति कहते हैं माधुर्य भावना के संचार से ही प्राप्त होती है। भवधारा के भीतर चलनेवाली जो भावधारा है मनुष्य के हृदय को द्रवीभूत करके उसमें मिलनेवाली भावना माधुर्य की है। 'कविता क्या है' नामक प्रबन्ध[2] में काव्य को हमने भावयोग कहा है।[3] इस भावयोग की चर साधना से हृदय को जो मुक्तावस्था प्राप्त होती है वह इसी माधुर्य की अनुभूति के सहारे। भेद में अभेद की रसात्मक प्रतीति इसी माधुर्य का स्वाद है जिसे हमारे यहाँ के भक्तों ने भगवान का प्रसाद बताया है—ऐसा प्रसाद जिससे आत्मा का पोषण होता है।

---

1. देखिए पद्मावत, वसन्त खंड।
2. देखिए 'विचार वीथी'।
3. देखिए चिंतामणि, प्रथम भाग।

आलोचना

हिन्दुओं के स्वातन्त्र्य के साथ ही वीर-गाथाओं की परम्परा भी काल के अँधेरे में जा छिपी। उस हीन दशा के बीच वे अपने पराक्रम के गीत किस मुँह से गाते और किन कानों से सुनते ? जनता पर गहरी उदासी छा गई थी। राम और रहीम को एक बतानेवाली बानी मुरझाए मन को हरा न कर सकी, क्योंकि उसके भीतर उस कट्टर एकेश्वरवाद का सुर मिला हुआ था, जिसका ध्वंसकारी स्वरूप लोग नित्य अपनी आँखों देख रहे थे। सर्वस्व गँवाकर भी हिन्दू जाति अपनी स्वतन्त्र सत्ता बनाए रखने की वासना नहीं छोड़ सकी थी। इससे उसने अपनी सभ्यता, अपने चिर-संचित संस्कार आदि की रक्षा के लिए राम और कृष्ण का आश्रय लिया; और उनकी भक्ति का स्रोत देश के एक कोने से दूसरे कोने तक फैल गया। जिस प्रकार वंग देश में कृष्ण चैतन्य ने, उसी प्रकार उत्तर भारत में वल्लभाचार्य्यजी ने परम भाव का उस आनन्द-विधायिनी कला का दर्शन कराकर, जिसे प्रेम कहते हैं, जीवन में सरसता का संचार किया। दिव्य प्रेम-संगीत की धारा में इस लोक का सुखद पक्ष निखर आया और जमती हुई उदासी या खिन्नता बह गई।

जयदेव की देववाणी की स्निग्ध पीयूष-धारा, जो काल की कठोरता में दब गई थी, अवकाश पाते ही लोकभाषा की सरलता में परिणत होकर मिथिला की अमराइयों में विद्यापति के कोकिल कंठ से प्रकट हुई और आगे चलकर ब्रज के करीलकुंजों के बीच फैल मुरझाए मनों को सींचने लगी। आचार्यों की छाप लगी हुई आठ वीणाएँ श्रीकृष्ण की प्रेम-लीला का कीर्त्तन करने उठीं, जिनमें सबसे ऊँची, सुरीली और मधुर झनकार अन्धे कवि सूरदास की वीणा की थी। ये भक्त कवि सगुण उपासना का रास्ता साफ करने लगे। निर्गुण उपासना की नीरसता और अग्राह्यता दिखाते हुए ये उपासना का हृदयग्राही स्वरूप सामने लाने में लग गए। इन्होंने भगवान् से प्रेममय रूप ही लिया; इससे हृदय की कोमल वृत्तियों के ही आश्रय और आलम्बन खड़े किए। आगे जो इनके अनुयायी कृष्ण-भक्त हुए, वे भी उन्हीं वृत्तियों में लीन रहे। हृदय की अन्य वृत्तियों (उत्साह आदि) के रंजनकारी रूप भी यदि वे चाहते, तो कृष्ण में ही मिल जाते; पर उनकी ओर वे न बढ़े। भगवान् का यह व्यक्त स्वरूप यद्यपि एकदेशीय था—केवल प्रेममय था—पर उस समय नैराश्य के कारण जनता के हृदय में जीवन की ओर से एक प्रकार की जो अरुचि-सी उत्पन्न हो रही थी, उसे हटाने में उपयोगी हुआ। मनुष्यता के सौन्दर्य्यपूर्ण

और माधुर्य्यपूर्ण पक्ष को दिखाकर इन कृष्णोपासक वैष्णव कवियों ने जीवन के प्रति अनुराग जगाया, या कम-से-कम जीने की चाह बनी रहने दी।

बाल्यकाल और यौवनकाल कितने मनोहर हैं ! उसके बीच की नाना मनोरम परिस्थितियों के विशद चित्रण द्वारा सूरदासजी ने जीवन की जो रमणीयता सामने रखी, उससे गिरे हुए हृदय नाच उठे। 'वात्सल्य' और 'शृंगार के क्षेत्रों का जितना अधिक उद्घाटन सूर ने अपनी बन्द आँखों से किया, उतना किसी और कवि ने नहीं। इन क्षेत्रों का कोना-कोना वे झाँक आए। उक्त दोनों रसों के प्रवर्त्तक रति भाव के भीतर की जितनी मानसिक वृत्तियों और दशाओं का अनुभव और प्रत्यक्षीकरण सूर कर सके, उतनी का और कोई नहीं। हिन्दी साहित्य में शृंगार का रस-राजत्व यदि किसी ने पूर्ण रूप से दिखाया, तो सूर ने।

उनकी उमड़ती हुई वाग्धारा उदाहरण रचनेवाले कवियों के समान गिनाए हुए संचारियों से बँधकर चलनेवाली न थी। यदि हम सूर के केवल विप्रलंभ शृंगार को ही लें, अथवा भ्रमरगीत को ही देखें, तो न जाने कितने प्रकार की मानसिक दशाएँ ऐसी मिलेंगी, जिनके नामकरण तक नहीं हुए हैं। मैं इसी को कवियों की पहुँच कहता हूँ। यदि हम मनुष्य-जीवन के सम्पूर्ण क्षेत्र को लेते हैं, तो सूरदासजी की दृष्टि परिमित दिखाई पड़ती है। पर यदि उनके चुने हुए क्षेत्रों (शृंगार और वात्सल्य) को लेते हैं, तो उनके भीतर उनकी पहुँच का विस्तार बहुत अधिक पाते हैं। उन क्षेत्रों में इतना अन्तर्दृष्टि विस्तार और किसी कवि का नहीं। बात यह है कि सूर को 'गीतकाव्य' की जो परम्परा (जयदेव और विद्यापति की) मिली, वह शृंगार की ही थी। इसी से सूर के संगीत में भी उसी की प्रधानता रही। दूसरी बात है उपासना का स्वरूप। सूरदासजी वल्लभाचार्य्यजी के शिष्य थे, जिन्होंने भक्तिमार्ग में भगवान् का प्रेममय स्वरूप प्रतिष्ठित करके उसके आकर्षण द्वारा 'सायुज्य मुक्ति' का मार्ग दिखाया था। भक्ति-साधना के इस चरम लक्ष्य या फल (सायुज्य) की ओर सूर ने कहीं-कहीं संकेत भी किया है, जैसे–

सीत उष्ण सुख दुःख नहिं मानै, हानि भए कछु सोच न राचै।
जाय समाय सूर वा निधि में बहुरि न उलटि जगत में नाचै॥

जिस प्रकार ज्ञान की चरम सीमा ज्ञाता और ज्ञेय की एकता है उसी प्रकार प्रेम-भाव की चरम सीमा आश्रय और आलम्बन की एकता है। अतः भगवद्भक्ति की साधना के लिए इसी प्रेमतत्त्व को वल्लभाचार्य्यजी ने सामने रखा और उसके अनुयायी कृष्ण-भक्त कवि इसी को लेकर चले। गोस्वामी तुलसीदासजी की दृष्टि व्यक्तिगत साधना के अतिरिक्त लोकपक्ष पर भी थी; इसी से वे मर्य्यादा पुरुषोत्तम के चरित्र को लेकर चले; और उसमें लोकरक्षा के अनुकूल जीवन की और-और वृत्तियों का भी उन्होंने उत्कर्ष दिखाया और अनुरंजन किया।

उक्त प्रेमतत्त्व की पुष्टि में ही सूर की वाणी मुख्यतः प्रयुक्त जान पड़ती है। रतिभाव के तीनों प्रबल और प्रधान रूप–भगवद्विषयक रति, वात्सल्य और दाम्पत्य रति–सूर ने लिए हैं। यद्यपि पिछले दोनों प्रकार के रतिभाव भी कृष्णोन्मुख होने के कारण

तत्त्वतः भगवत्प्रेम के अन्तर्भूत ही हैं, पर निरूपण-भेद से और रचना-विभाग की दृष्टि से वे अलग रखे गए हैं। इस दृष्टि में विभाग करने से विनय के जितने पद हैं, वे भगवद्विषयक रति के अन्तर्गत आवेंगे; बाललीला के पद वात्सल्य के अन्तर्गत और गोपियों के प्रेम-सम्बन्धी पद दाम्पत्य रति-भाव के अन्तर्गत होंगे। हृदय से निकली हुई प्रेम की इन तीनों प्रबल धाराओं से सूर ने बड़ा भारी सागर भरकर तैयार किया है।

कवि-कर्म-विधान के दो पक्ष होते हैं—विभाव-पक्ष और भाव-पक्ष। कवि एक ओर तो ऐसी वस्तुओं का चित्रण करता है, जो मन में कोई भाव उठाने या उठे भाव को और जगाने में समर्थ होती हैं, और दूसरी ओर उन वस्तुओं के अनुरूप भावों के अनेक स्वरूप शब्दों द्वारा व्यक्त करता है। एक विभाव-पक्ष है, दूसरा भाव-पक्ष। कहने की आवश्यकता नहीं कि काव्य में ये दोनों अन्योन्याश्रित हैं, अतः दोनों रहते हैं। जहाँ एक ही पक्ष का वर्णन रहता है, वहाँ भी दूसरा पक्ष अव्यक्त रूप में रहता है। जैसे, नायिका के रूप का नखशिख का कोरा वर्णन लें, तो उसमें भी आश्रय का रति-भाव अव्यक्त रूप में वर्त्तमान रहता है। भाव-पक्ष में सूर की पहुँच का उल्लेख ऊपर हो चुका है। सूरदासजी ने शृंगार और वात्सल्य ये ही दो रस लिए हैं। अतः विभाव-पक्ष में भी उनका वर्णन उन्हीं वस्तुओं तक परिमित है, जो उक्त दोनों रसों के आलम्बन या उद्दीपन के रूप में आ सकती हैं; जैसे, राधा और कृष्ण के नाना रूप, वेश और चेष्टाएँ तथा करीज-कुंज, उपवन, जमुना, पवन, चन्द्र, ऋतु इत्यादि।

विभाव-पक्ष के अन्तर्गत भी वस्तुएँ दो रूपों में लाई जाती हैं—वस्तु-रूप और अलंकार-रूप में; अर्थात् प्रस्तुत रूप में और अप्रस्तुत रूप में। मान लीजिए कि कोई कवि कृष्ण का वर्णन कर रहा है, पहले वह कृष्ण के श्याम या नीलवर्ण शरीर को, उस पर पड़े हुए पीताम्बर को, त्रिभंगी मुद्रा को, स्मित आनन को, हाथ में ली हुई मुरली को, सिर के कुंचित केश और मोर-मुकुट आदि को सामने रखता है। यह विन्यास वस्तु-रूप में हुआ। इसी प्रकार का विन्यास यमुना-तट निकुंज की लहराती लताओं, चन्द्रिका, कोकिल-कूजन आदि का होगा। इनके साथ ही यदि कृष्ण के शोभा-वर्णन में घन और दामिनी, सनाल कमल आदि उपमान के रूप में वह लाता है, तो यही विन्यास अलंकार-रूप में होगा। वर्ण्य विषय की परिमिति के कारण वस्तु-विन्यास का जो संकोच सूर की रचना में दिखाई पड़ता है, उसकी बहुत कुछ कसर अलंकार रूप में लाए हुए पदार्थों के प्राचुर्य्य द्वारा पूरी हो जाती है। कहने का तात्पर्य्य यह कि प्रस्तुत रूप में लाए हुए पदार्थों की संख्या बहुत अधिक है। यह दूसरे प्रकार की (आलंकारिक) रूप-योजना या व्यापार-योजना किसी और (प्रस्तुत) रूप के प्रभाव को बढ़ाने के लिए ही होती है, अतः इसमें लाए हुए रूप या व्यापार ऐसे ही होने चाहिए जो प्रभाव में उन प्रस्तुत रूपों या व्यापारों के समान हों। सूर अलंकार-योजना के लिए अधिकतर ऐसे ही पदार्थ लाए हैं।

सारांश यह कि यदि हम बाह्य सृष्टि से लिए रूपों और व्यापारों के सम्बन्ध में सूर की पहुँच का विचार करते हैं, तो यह बात स्पष्ट देखने में आती है कि प्रस्तुत रूप में लिए हुए पदार्थों और व्यापारों की संख्या परिमित है। उन्होंने कृष्ण और राधा के

अंग-प्रत्यंग, मुद्राओं और चेष्टाओं, यमुना-तट, वंशीवट, निकुंज, गो-चारण, वन-विहार, बाल-लीला, चोरी, नटखटी तथा कवि-परिपाटी में परिगणित ऋतु-सुलभ वस्तुओं तक ही अपने को रखा है।

इसके कारण दो हैं—पहली बात तो यह है कि इनकी रचना 'गीतकाव्य' है जिसमें मधुर ध्वनि-प्रवाह के बीच कुछ चुने हुए पदार्थों और व्यापारों की झलक भर काफी होती है। गोस्वामी तुलसीदासजी के समान सूरसागर प्रबन्ध-काव्य नहीं है; जिसमें कथा-क्रम से अनेक पदार्थों और व्यापारों की शृंखला जुड़ती चली चलती है। सूरदासजी ने प्रत्येक लीला या प्रसंग पर फुटकल पद कहे हैं। एक पद दूसरे पद से सम्बद्ध नहीं है। प्रत्येक पद स्वतन्त्र है। इसी से किसी एक प्रसंग पर कहे हुए पदों को यदि हम लेते हैं, तो एक ही घटना से सम्बन्ध रखनेवाली एक ही बात भिन्न-भिन्न रागिनियों में कुछ फेरफार के साथ बहुत-से पदों में मिलती है, जिससे पढ़नेवाले का जी कभी-कभी ऊब-सा जाता है। यह बात प्रकृत प्रबन्ध-काव्य में नहीं होती।

परिमिति का दूसरा कारण पहले ही कहा जा चुका है कि सूरदासजी ने जीवन की वास्तव में दो ही वृत्तियाँ ली हैं—बाल-वृत्ति और यौवन-वृत्ति। इन दोनों के अन्तर्गत आए हुए व्यापार क्रीड़ा, उमंग और उद्रेक के रूप में ही हैं। प्रेम भी घटनापूर्ण नहीं है। उसमें किसी प्रकार का प्रयत्न-विस्तार नहीं है, जिसके भीतर नई-नई वस्तुओं और व्यापारों का सन्निवेश होता चलता है। लोक-संघर्ष से उत्पन्न विविध व्यापारों की योजना सूर का उद्देश्य नहीं है। उनकी रचना जीवन की अनेकरूपता की ओर नहीं गई है; बाल-क्रीड़ा, प्रेम के रंग-रहस्य और उसकी अतृप्त वासना तक ही रह गई है। जीवन की गम्भीर समस्याओं से तटस्थ रहने के कारण उसमें वह वस्तु-गाम्भीर्य नहीं है जो गोस्वामीजी की रचनाओं में है। परिस्थिति की गम्भीरता के अभाव से गोपियों के वियोग में भी वह गम्भीरता नहीं दिखाई पड़ती जो सीता के वियोग में है। उनका वियोग खाली बैठे का काम-सा दिखाई पड़ता है। सीता अपने प्रिय से वियुक्त होकर कई सौ कोस दूर दूसरे द्वीप में राक्षसों के बीच पड़ी हुई थीं। गोपियों के गोपाल केवल दो-चार कोस दूर के एक नगर में राजसुख भोग रहे थे। सूर का वियोग-वर्णन वियोग-वर्णन के लिए ही है, परिस्थिति के अनुरोध से नहीं। कृष्ण गोपियों के साथ क्रीड़ा करते-करते किसी कुंज या झाड़ी में जा छिपते हैं; या यों कहिए कि थोड़ी देर के लिए अन्तर्धान हो जाते हैं। बस गोपियाँ मूर्च्छित होकर गिर पड़ती हैं। उनकी आँखों से आँसुओं की धारा उमड़ चलती है। पूर्ण वियोग-दशा उन्हें आ घेरती है। यदि परिस्थिति का विचार करें, तो ऐसा विरह-वर्णन असंगत प्रतीत होगा; पर जैसा कहा जा चुका है, सूरसागर प्रबन्ध-काव्य नहीं है, जिसमें वर्णन की उपयुक्तता या अनुपयुक्तता के निर्णय में घटना या परिस्थिति के विचार का बहुत कुछ योग रहता है।

पारिवारिक और सामाजिक जीवन के बीच हम सूर के बालकृष्ण को ही थोड़ा-बहुत देखते हैं। कृष्ण के केवल बाल-चरित्र का प्रभाव नंद, यशोदा आदि परिवार के लोगों और पड़ोसियों पर पड़ता दिखाई देता है। सूर का बाललीला-वर्णन ही पारिवारिक

जीवन से सम्बद्ध है। कृष्ण के छोटे-छोटे पैरों से चलने, मुँह से मक्खन लिपटाकर भागने या इधर-उधर नटखटी करने पर नंद बाबा और यशोदा मैया का कभी पुलकित होना, कभी खीझना, कभी पड़ोसियों का प्रेम से उलाहना देना आदि बातें एक छोटे-से जन-समूह के भीतर आनन्द का संचार करती दिखाई गई हैं। इसी बाल-लीला के भीतर कृष्णचरित का लोकपक्ष अधिकतर आया है; जैसे कंस के भेजे हुए असुरों के उत्पात से गोपों को बचाना, काली नाग को नाथकर लोगों का भय छुड़ाना। इन्द्र के कोप से डूबती हुई बस्ती की रक्षा करने और नंद को वरुण लोक से लाने का वृत्तान्त यद्यपि प्रेम-लीला आरम्भ होने के पीछे आया है, पर उससे सम्बद्ध नहीं है। कृष्ण के चरित में जो यह थोड़ा बहुत लोकसंग्रह दिखाई पड़ता है, उसके स्वरूप में सूर की वृत्ति लीन नहीं हुई है। जिस शक्ति से उस बाल्यावस्था में ऐसे प्रबल शत्रुओं का दमन किया गया, उसके उत्कर्ष का अनुरंजनकारी और विस्तृत वर्णन उन्होंने नहीं किया है। जिस ओज और उत्साह से तुलसीदासजी ने मारीच, ताड़का, खरदूषण आदि के निपात का वर्णन किया है, उस खोज और उत्साह से सूरदासजी ने वकासुर, अघासुर, कंस आदि के वध और इन्द्र के गर्व-मोचन का वर्णन नहीं किया है। कंस और उसके साथी असुर भी कृष्ण के शत्रु के रूप में ही सामने आते हैं, लोकशत्रु या लोक-पीड़क के रूप में नहीं। रावण के साथी राक्षसों के समान वे ब्राह्मणों को चबा-चबाकर उनकी हड्डियों का ढेर लगानेवाले या स्त्री चुरानेवाले नहीं दिखाई पड़ते। उनके कारण वैसा हाहाकार नहीं सुनाई पड़ता। उनका अत्याचार 'सभ्य अत्याचार' जान पड़ता है। शक्ति, शील और सौन्दर्य्य भगवान् की इन तीन विभूतियों में से सूर ने केवल सौन्दर्य्य तक ही अपने को रखा है, जो प्रेम को आकर्षित करता है। शेष दो विभूतियों को भी लेकर भगवान् के लोक-रंजनकारी स्वरूप की पूर्ण प्रतिष्ठा हमारे हिन्दी साहित्य में गोस्वामी तुलसीदासजी ने की। श्रद्धा या महत्त्वबुद्धि को पुष्ट करने के लिए कृष्ण की शक्ति या लौकिक महत्त्व की प्रतिष्ठा में आग्रह न दिखाने के कारण ही सूर की उपासना सख्य भाव की कही जाती है।

पारिवारिक और सामाजिक जीवन के साथ सूरदास द्वारा वर्णित कृष्णचरित का जो थोड़ा-बहुत सम्बन्ध दिखाई पड़ता है उसका सम्यक् स्फुरण नहीं हुआ है। रहा प्रेमपक्ष; वह ऐकान्तिक है। सूर का प्रेमपक्ष लोक से न्यारा है। गोपियों के प्रेमभाव की गम्भीरता आगे चलकर उद्धव का ज्ञान-गर्व मिटाती हुई दिखाई पड़ती है। वह भक्ति की एकान्त साधना का आदर्श प्रतिष्ठित करती हुई जान पड़ती है; लोकधर्म के किसी अंग का नहीं। सूरदास सच्चे प्रेममार्ग के त्याग और पवित्रता को ज्ञानमार्ग के त्याग और पवित्रता के समक्ष रखने में खूब समर्थ हुए हैं, और साथ ही उन्होंने उस त्याग को रागात्मिका वृत्ति द्वारा प्रेरित दिखाकर भक्तिमार्ग या प्रेममार्ग की सुगमता भी प्रतिपादित की है।

तुलसी के समान लोकव्यापी प्रभाववाले कर्म और लोकव्यापिनी दशाएँ सूर ने वर्णन के लिए नहीं ली हैं। असुरों के अत्याचार से दुःखी पृथ्वी की प्रार्थना पर भगवान्

का कृष्णावतार हुआ, इस बात को उन्होंने केवल एक ही पद में कह डाला है। इसी प्रकार कागासुर, वकासुर, शकटासुर आदि को हम लोक-पीड़कों के रूप में नहीं पाते हैं। केवल प्रलम्ब और कंस के वध पर देवताओं का फूल बरसाना देखकर उक्त कर्म के लोक-व्यापी प्रभाव का कुछ आभास मिलता है। पर वह वर्णन विस्तृत नहीं है। सूरदास का मन जितना नंद के घर की आनन्द-बधाई, बाल-क्रीड़ा, मुरली की मोहनी तान, रास-नृत्य, प्रेम के रंग-रहस्य और संयोग-वियोग की नाना दशाओं में लगा है, उतना ऐसे प्रसंगों में नहीं। ऐसे प्रसंगों को उन्होंने किसी प्रकार चलता कर दिया है। कुछ लोग रामचरितमानस में राम के प्रत्येक कर्म पर देवताओं का फूल बरसाना देखकर ऊबते से हैं। उन्हें समझना चाहिए कि गोस्वामीजी ने राम के प्रत्येक कर्म को ऐसे व्यापक प्रभाव का चित्रित किया है, जिस पर तीनों लोकों की दृष्टि लगी रहती थी। कृष्ण का गो-चारण और रासलीला आदि देखने को भी देवगण एकत्र हो जाते हैं, पर केवल तमाशबीन की तरह।

सूरदासजी को मुख्यतः शृंगार और वात्सल्य का कवि समझना चाहिए, यद्यपि और रसों का भी एक आध जगह अच्छा वर्णन मिल जाता है; जैसे, दावानल के इस वर्णन में भयानक रस का–

भहरात झहरात दावानल आयो।
घेरि चहुँ ओर करि सोर अंदोर बन
धरनि आकास चहुँ पास छायो।
बरत बन बाँस, थरहरत कुस काँस,
जरि उड़त बहु झाँस, अति प्रबल धायो।
झपटि झपटत लपट, फूल फूटत पटकि,
चटकि लट लटकि द्रुम फटि नवायो।
अति अगिनि झार भंभार धुंधार करि
उचटि अंगार झंझार छायो।
बत बनपात, भहरात, झहरात,
अररात तरु महा धरनी गिरायो॥

पर जैसा कहते आ रहे हैं, मुख्यता शृंगार और वात्सल्य की ही है। पर इसमें सन्देह नहीं कि इन दोनों रसों के वे सबसे बड़े कवि हैं।

यहाँ तक तो सूर की रचना की सामान्य दृष्टि से समीक्षा हुई। अब इन महाकवि की उन विशेषताओं का थोड़ा-बहुत दिग्दर्शन होना चाहिए जिनके कारण हिन्दी साहित्य में इनका स्थान इतना ऊँचा है। ध्यान देने की सबसे पहली बात यह है कि चलती हुई व्रजभाषा में सबसे पहली साहित्यिक कृति इन्हीं की मिलती है, जो अपनी पूर्णता के कारण आश्चर्य में डाल देती है। पहली साहित्यिक रचना और इतनी प्रचुर, प्रगल्भ और काव्यांगपूर्ण कि अगले कवियों की शृंगार और वात्सल्य की उक्तियाँ इनकी जूठी जान पड़ती हैं। यह बात हिन्दी साहित्य का इतिहास लिखनेवालों को उलझन में डालनेवाली

होगी। सूरसागर किसी चली आती हुई परम्परा का–चाहे वह मौखिक ही रही हो–पूर्ण विकास-सा जान पड़ता है, आगे चलनेवाली परम्परा का मूल रूप नहीं।

यदि भाषा को लेकर देखते हैं, तो वह ब्रज की चलती बोली होने पर भी एक साहित्यिक भाषा के रूप में मिलती है, जो और प्रान्तों के कुछ प्रचलित शब्दों और प्रत्ययों के साथ-ही-साथ पुरानी काव्यभाषा या अपभ्रंश के शब्दों को लिए हुए है। सूर की भाषा बिलकुल बोलचाल की ब्रजभाषा नहीं है। 'जाकों', 'तासों', 'वाकों' चलती ब्रजभाषा के रूपों के समान ही 'जेहि', 'तेहि' आदि पुराने रूपों का प्रयोग बराबर मिलता है, जो अवधी की बोलचाल में तो अब तक हैं, पर ब्रज की बोलचाल में सूर के समय में भी नहीं थे। पुराने निश्चयार्थक 'पै' का व्यवहार भी पाया जाता है; जैसे, 'जाहि लगै सोई पै जानै, प्रेम-बान अनियारो'। 'गोड़' 'आपन' 'हमार' आदि पूरबी प्रयोग भी बराबर पाए जाते हैं। कुछ पंजाबी प्रयोग भी मौजूद हैं, जैसे महँगी के अर्थ में 'प्यारी' शब्द। ये सब बातें एक व्यापक काव्यभाषा के अस्तित्व की सूचना देती हैं।

अब हम संक्षेप में उन प्रसंगों को लेते हैं जिनमें सूर की प्रतिभा पूर्णतया लीन हुई है। कृष्ण-जन्म की आनन्द-बधाई के उपरान्त ही बाललीला का आरम्भ हो जाता है। जितने विस्तृत और विशद रूप में बाल्यजीवन का चित्रण इन्होंने किया है, उतने विस्तृत रूप में और किसी कवि ने नहीं किया। शैशव से लेकर कौमार अवस्था तक के क्रम से लगे हुए न जाने कितने चित्र मौजूद हैं। उनमें केवल बाहरी रूपों और चेष्टाओं का ही विस्तृत और सूक्ष्म वर्णन नहीं है, कवि ने बालकों की अन्तःप्रकृति में भी पूरा प्रवेश किया है और अनेक बाल्य भावों की सुन्दर स्वाभाविक व्यंजना की है। देखिए, 'स्पर्द्धा' का भाव, जो बालकों में स्वाभाविक होता है, इन वाक्यों से किस प्रकार व्यंजित हो रहा है–

मैया कबहिं बढ़ैगी चोटी ?
किती बार मोहिं दूध पियत भई, यह अजहूँ है छोटी।
तू जो कहति 'बल' की बेनी ज्यों ह्वै है लाँबी मोटी॥

बालचेष्टा के स्वाभाविक मनोहर चित्रों का इतना बड़ा भंडार और कहीं नहीं है, जितना बड़ा सूरसागर में है। दो-चार चित्र देखिए–

(1) *कत हौ आरि करत मेरे मोहन यों तुम आँगन लोटी ?*
जो माँगहु सो देहुँ मनोहर यहै बात तेरी खोटी।
सूरदास को ठाकुर ठाढ़ो हाथ लकुटि लिए छोटी।

(2) *सोभित कर नवनीत लिए।*
घुटरुन चलत, रेनु तन मंडित, मुख दधि लेप किये।

(3) *सिखवत चलन जसौदा मैया।*
अरबराय करि पानि गहावत, डगमगाय धरै पैयाँ॥

(4) *पाहुनि करि दै तनक मह्यौ।*
आरि करै मनमोहन मेरो, अंचल आनि गह्यौ।
व्याकुल मथत मथनियाँ रीती, दधि भ्वैं ढरकि रह्यौ॥

हार-जीत के खेल में बालकों के 'क्षोभ' के कैसे स्वाभाविक वचन सूर ने रखे हैं–

खेलत में को काको गोसैयाँ।
हरि हारे, जीते श्रीदामा, बरबस ही कत करत रिसैयाँ ॥
जाति-पाँति हमतें कछु नाहीं, न बसत तुम्हारी छैयाँ।
अति अधिकार जनावत यातें, अधिक तुम्हारे हैं कछु गैयाँ ॥

अब यहाँ पर थोड़ा इसका भी निर्णय हो जाना चाहिए कि इन बाल-चेष्टाओं का काव्य-विधान में क्या स्थान होगा। वात्सल्य रस के अनुसार बालक कृष्ण आलम्बन होंगे और नंद या यशोदा आश्रय। अतः ये चेष्टाएँ अनुभाव के अन्तर्गत आती हैं; पर आलम्बनगत चेष्टाएँ उद्दीपन के ही भीतर आ सकती हैं। इससे यह स्पष्ट है कि ऐसी चेष्टाओं का स्थान भावविधान के ही भीतर है। उन्हें अलंकार-विधान के भीतर घसीटकर 'स्वभावोक्ति अलंकार' कहना मेरी समझ में ठीक नहीं।

बाल-लीला के आगे फिर उस गो-चारण का मनोरम दृश्य सामने आता है, जो मनुष्य जाति की अत्यन्त प्राचीन वृत्ति होने के कारण अनेक देशों में काव्य का प्रिय विषय रहा है। यवन देश (यूनान) के 'पशुचारण काव्य' (Pastoral Poetry) का मधुर संस्कार योरप की कविता पर अब तक कुछ-न-कुछ चला ही जाता है। कवियों को आकर्षित करनेवाली गोपजीवन की सबसे बड़ी विशेषता है–प्रकृति के विस्तृत क्षेत्र में विचरने के लिए सबसे अधिक अवकाश। कृषि, वाणिज्य आदि और व्यवसाय जो आगे चलकर निकले, वे अधिक जटिल हुए–उनमें उतनी स्वच्छन्दता न रही। कविश्रेष्ठ कालिदास ने अपने रघुवंश काव्य के आरम्भ में दिलीप को नन्दिनी के साथ वन-वन फिराकर इसी मधुर जीवन का आभास दिखाया है। सूरदासजी ने जमुना के कछारों के बीच गो-चारण के बड़े सुन्दर-सुन्दर दृश्यों का विधान किया है। यथा–

मैया री ! मोहि दाऊ टेरत।
मोको बनफल तोरि देत हैं, आपुन गैयन घेरत ॥

यमुना-तट पर किसी बड़े पेड़ की शीतल छाया में बैठकर कभी सब सखा कलेऊ बाँटकर खाते हैं, कभी इधर-उधर दौड़ते हैं। कभी कोई चिल्लाता है–

द्रुम चढ़ि काहे न टेरत, कान्हा, गैयाँ दूरि गईं।
धाई जाति सबन के आगे जे वृषभान दईं।

'जे वृषभान दईं' कहकर सूर ने पशु-प्रकृति का अच्छा परिचय दिया है। नए खूँटे पर आई हुई गायें बहुत दिनों तक चंचल रहती हैं और भागने का उद्योग करती हैं। इसी से वृषभानु की दी हुई गायें चरते समय भी भाग खड़ी होती हैं; और कुछ दूसरी गायें भी स्वभावानुसार उनके पीछे दौड़ पड़ती हैं।

वृन्दावन के उसी सुखमय जीवन के हास-परिहास के बीच गोपियों के प्रेम का उदय होता है। गोपियाँ कृष्ण के दिन-दिन खिलते हुए सौन्दर्य्य और मनोहर चेष्टाओं को देख मुग्ध होती चली जाती हैं; और कृष्ण कौमार अवस्था की स्वाभाविक चपलतावश उनसे छेड़छाड़ करना आरम्भ करते हैं। हास-परिहास और छेड़छाड़ के साथ प्रेम-व्यापार का

अत्यन्त स्वाभाविक आरम्भ सूर ने दिखाया है। किसी की रूप-चर्चा सुन, या अकस्मात् किसी की एक झलक पाकर हाय-हाय करते हुए इस प्रेम का आरम्भ नहीं हुआ है। नित्य अपने बीच चलते-फिरते, हँसते-बोलते वन में गाय चराते देखते-देखते गोपियाँ कृष्ण में अनुरक्त होती हैं और कृष्ण गोपियों में। इस प्रेम को हम जीवनोत्सव के रूप में पाते हैं; सहसा उठ खड़े हुए तूफान या मानसिक विप्लव के रूप में नहीं, जिसमें अनेक प्रकार के प्रतिबन्धों और विघ्नबाधाओं को पार करने की लम्बी-चौड़ी कथा खड़ी होती है। सूर के कृष्ण और गोपियाँ पक्षियों के समान स्वच्छन्द हैं। वे लोकबन्धनों से जकड़े हुए नहीं दिखाए गए हैं। जिस प्रकार स्वच्छन्द समाज का स्वप्न अँगरेज कवि शेली देखा करते थे, उसी प्रकार का यह समाज सूर ने चित्रित किया।

सूर के प्रेम की उत्पत्ति में रूप-लिप्सा और साहचर्य दोनों का योग है। बालक्रीड़ा के सखा-सखी आगे चलकर यौवनक्रीड़ा के सखा-सखी हो जाते हैं। गोपियों ने उद्धव से साफ कहा–''लरिकाई को प्रेम कहौ अलि, कैसे छूटै ?'' केवल एक साथ रहते-रहते भी दो प्राणियों में स्वभावतः प्रेम हो जाता है ? कृष्ण एक तो बाल्यावस्था से ही गोपियों के बीच रहे, दूसरे सुन्दरता में भी अद्वितीय थे। अतः गोपियों के प्रेम का क्रमशः विकास दो प्राकृतिक शक्तियों के प्रभाव से होने के कारण बहुत ही स्वाभाविक प्रतीत होता है। बालक्रीड़ा इस प्रकार क्रमशः यौवन-क्रीड़ा के रूप में परिणत होती गई है कि सन्धि का पता ही नहीं चलता। रूप का आकर्षण बाल्यावस्था से ही आरम्भ हो जाता है। राधा और कृष्ण के विशेष प्रेम की उत्पत्ति सूर ने रूप के आकर्षण द्वारा ही कही है।

(क) *खेलन हरि निकसे ब्रज खोरी।*
गए श्याम रवि-तनया के तट अंग लसति चन्दन की खौरी।
औचक ही देखी तहँ राधा, नैन बिसाल भाल दिए रोरी।
सूर श्याम देखत ही रीझे, नैन नैन मिलि परी ठगोरी॥

(ख) *बूझत श्याम, कौन तू गोरी।*
''कहाँ रहति, काकी तू बेटी ? देखी नाहिं कहूँ ब्रज-खोरी'' ॥
''काहे को हम ब्रज तन आवति खेलति रहति आपनी पौरी।
सुनति रहति श्रवनन नंद ढोटा करत रहत माखन दधि चोरी'' ॥
''तुम्हरी कहा चोरि हम लैहैं ? खेलन चलौ संग मिलि जोरी'' ।
सूरदास प्रभु रसिक-सिरोमनि बातन भुरइ राधिका भोरी॥

इस खेल ही खेल में इतनी बड़ी बात पैदा हो गई है, जिसे प्रेम कहते हैं। प्रेम का आरम्भ उभय पक्ष में सम है। आगे चलकर कृष्ण के मथुरा चले जाने पर उसमें कुछ विषमता दिखाई पडती है। कृष्ण यद्यपि गोपियों को भूले नहीं हैं, उद्धव के मुख से उनका वृत्तान्त सुनकर वे आँखों में आँसू भर लाते हैं, पर गोपियों ने जैसा वेदनापूर्ण उपालम्भ दिया है, उससे अनुराग की कमी ही व्यंजित होती है।

पहले कहा जा चुका है कि शृंगार और वात्सल्य के क्षेत्र में सूर की समता को और कोई कवि नहीं पहुँचा है। शृंगार के संयोग और वियोग दोनों पक्षों का इतना प्रचुर

विस्तार और किसी कवि में नहीं मिलता। वृन्दावन में कृष्ण और गोपियों का सम्पूर्ण जीवन क्रीड़ामय है और वह सम्पूर्ण क्रीड़ा संयोगपक्ष है। उसके अन्तर्गत विभावों की परिपूर्णता, कृष्ण और राधा के अंग-प्रत्यंग की शोभा के अत्यन्त प्रचुर और चमत्कारपूर्ण वर्णन में तथा वृन्दावन के करील-कुंजों, लोनी लताओं, हरे-भरे कछारों, खिली हुई चाँदनी, कोकिल-कूजन आदि में देखी जाती है। अनुभावों और संचारियों का इतना बाहुल्य और कहाँ मिलेगा। सारांश यह कि संयोग-सुख के जितने प्रकार के और क्रीड़ा-विधान हो सकते हैं, वे सब सूर ने लाकर इकट्ठे कर दिए हैं। यहाँ तक कि कुछ ऐसी बातें भी आ गई हैं–जैसे, कृष्ण के कन्धे पर चढ़कर फिरने का राधा का आग्रह–जो कम रसिक लोगों को अरुचिकर स्त्रैणता प्रतीत होंगी।

सूर का संयोग-वर्णन एक क्षणिक घटना नहीं है, प्रेम-संगीतमय जीवन की एक गहरी चलती धारा है, जिसमें अवगाहन करनेवाले को दिव्य माधुर्य्य के अतिरिक्त और कहीं कुछ नहीं दिखाई पड़ता। राधाकृष्ण के रंग-रहस्य के इतने प्रकार के चित्र सामने आते हैं कि सूर का हृदय प्रेम की नाना उमंगों का अक्षय भंडार प्रतीत होता है। प्रेमोदयकाल की विनोद-वृत्ति और हृदय-प्रेरित हावों की छटा चारों ओर छलकी पड़ती है। राधा और कृष्ण का गाय चराते समय वन में भी साथ हो जाता है, एक दूसरे के घर आने-जाने भी लगे हैं, इसलिए ऐसी-ऐसी बातें नित्य न जाने कितनी हुआ करती हैं–

(क) *करि ल्यो न्यारी, हरि, आपनि गैयाँ।*
नहिंन बसात लाल कछु तुमसों, सबै ग्वाल इक ठैंया ॥

(ख) *धेनु दुहत अति ही रति बाढ़ी।*
एक धार दोहनि पहुँचावत, एक धार जहँ प्यारी ठाढ़ी।
मोहनकर तें धार चलति पय मोहनि-मुख अति ही छबि बाढ़ी ॥

(ग) *तुम पै कौन दुहावै गैया ?*
इत चितवत, उत धार चलावत, एहि सिखयो है मैया ?

यशोदा के इस कथन का कि बार-बार तू यहाँ क्यों उत्पात मचाने आती है राधा जो उत्तर देती हैं उसमें प्रेम के आविर्भाव की कैसी सीधी-सादी और भोली-भाली व्यंजना है–

बार-बार तू ह्याँ जनि आवै।
'मैं कहा करौं सुतहि नहिं बरजति, घर तें मोहिं बुलावै।
मोसों कहत तोहि बिनु देखे रहत न मेरो प्रान।
छोह लगत मोको सुनि बानी, महरि ! तिहारी आन' ॥

कहने का सारांश यह कि प्रेम नाम की मनोवृत्ति का जैसा विस्तृत और पूर्ण परिज्ञान सूर को था, वैसा और किसी कवि को नहीं। इनका सारा संयोग-वर्णन लम्बी-चौड़ी प्रेमचर्य्या है जिसमें आनन्दोल्लास के न जाने कितने स्वरूपों का विधान है। रासलीला, दानलीला, मानलीला इत्यादि सब उसी के अन्तर्भूत हैं। पीछे देव कवि ने एक 'अष्टयाम' रचकर प्रेमचर्य्या दिखाने का प्रयत्न किया; पर वह अधिकतर एक घर के भीतर के

भोग-विलास की कृत्रिम दिनचर्य्या के रूप में है। उसमें न तो वह अनेकरूपता है न प्राकृतिक जीवन की वह उमंग।

आलम्बन की रूप-प्रतिष्ठा के लिए कृष्ण के अंग-प्रत्यंग का सूर ने जो सैकड़ों पदों में वर्णन किया है, वह तो किया ही है, आश्रय-पक्ष में नेत्र व्यापार और उसके अद्भुत प्रभाव पर एक दूसरी ही पद्धति पर बड़ी ही रम्य उक्तियाँ और बहुत अधिक हैं। रूप को हृदय तक पहुँचानेवाले नेत्र ही हैं। इससे हृदय की सारी आकुलता, अभिलाषा और उत्कंठा का दोष इन्हीं रूप-वाहकों के सिर मढ़कर सूर ने इनके प्रभाव-प्रदर्शन के लिए बड़े अनूठे ढंग निकाले हैं। कहीं इनकी न बुझनेवाली प्यास की परेशानी दिखाई है; कहीं इनकी चपलता और निरंकुशता पर इन्हें कोसा है; पीछे बिहारी, रामसहाय, गुलाम नबी और रसनिधि ने भी इस पद्धति का बहुत कुछ अनुकरण किया, पर यहाँ तो भंडार भरा हुआ है। इस प्रकार के नेत्र-व्यापार-वर्णन आश्रय-पक्ष और आलम्बन-पक्ष दोनों में होते हैं। सूर ने आश्रय-पक्ष में ही इस प्रकार के वर्णन किए हैं; जैसे–

मेरे नैना बिरह की बेलि बई।
सींचत नीर नैन के सजनी मूल पताल गई।
बिगसति लता सुभाय आपने, छाया सघन भई।
अब कैसे निरुवारौं, सजनी ! सब तन पसरि छई ॥

आलम्बन-पक्ष में सूर के नेत्र-वर्णन उपमा उत्प्रेक्षा आदि से भरी रूप-चित्रण की शैली पर ही हैं, जैसे–

देखि, री ! हरि के चंचल नैन।
खंजन मीन मृगज चपलाई नहिं पटतर एक सैन।
राजिवदल, इंदीवर, शतदल कमल कुशेशय जाति।
निसि मुद्रित, प्रातहि वै बिगसत, ये बिगसत दिन राति।
अरुन असित सित झलक पलक प्रति को बरनै उपमाय।
मनौ सरस्वति गंग जमुन मिलि आगम कीन्ही आय।

आलम्बन में स्थित नेत्र क्या करते हैं; इसका वर्णन सूर ने बहुत ही कम किया है। पिछले कुछ कवियों ने इस पक्ष में भी चमत्कारपूर्ण उक्तियाँ कही हैं। जैसे–सूर ने तो "अरुन, असित सित झलक" पर गंगा, यमुना और सरस्वती की उत्प्रेक्षा की है, पर गुलाम नबी (रसलीन) ने उसी झलक की यह करतूत दिखाई है–

अमिय हलाहल मद भरे स्वेत, स्याम, रतनार।
जियत, मरत, झुकि झुकि परत जेहि चितवत एक बार।

मुरली पर कही हुई उक्तियाँ भी ध्यान देने योग्य हैं; क्योंकि उनसे प्रेम की सजीवता टपकती है। यह वह सजीवता है, जो मरे हुए हृदय से छलककर निर्जीव वस्तुओं पर भी अपना रंग चढ़ाती है। गोपियों की छेड़छाड़ कृष्ण ही तक नहीं रहती, उनकी मुरली तक भी–जो जड़ और निर्जीव है–पहुँचती है। उन्हें वह मुरली कृष्ण के सम्बन्ध से कभी इठलाती, कभी चिढ़ाती और कभी प्रेमगर्व दिखाती जान पड़ती है।

उसी सम्बन्ध भावना से वे उसे कभी फटकारती हैं, कभी उसका भाग्य सराहती हैं और कभी उससे ईर्ष्या प्रकट करती हैं–

(क) *माई री ! मुरली अति गर्व काहू बदति नहिं आज।*
हरि के मुख-कमल देख पायो सुखराज॥

(ख) *मुरली तऊ गोपालहि भावति।*
सुन, री सखी ! जदपि नँदनंदहि नाना भाँति नचावति।
राखति एक पायँ ठाढ़े करि, अति अधिकार जनावति।
आपुन पौढ़ि अधर-सज्जा पर कर-पल्लव सों पद पलुटावति।
भृकुटी कुटिल, कोप नासापुट हम पर कोपि कँपापति॥

हृदय के पारखी सूर ने सम्बन्ध-भावना की शक्ति का अच्छा प्रसार दिखाया है। कृष्ण के प्रेम ने गोपियों में इतनी सजीवता भर दी है कि कृष्ण क्या, कृष्ण की मुरली तक से छेड़छाड़ करने को उनका जी चाहता है। हवा से लड़नेवाली स्त्रियाँ देखी नहीं, तो कम-से-कम सुनी बहुतों ने होंगी, चाहे उनकी जिन्दादिली की क़द्र न की हो। मुरली के सम्बन्ध में कहे हुए गोपियों के वचन से दो मानसिक तथ्य उपलब्ध होते हैं–आलम्बन के साथ किसी वस्तु की सम्बन्ध-भावना का प्रभाव तथा अत्यन्त अधिक या फालतू उमंग के स्वरूप। मुरली-सम्बन्धिनी उक्तियों में प्रधानता पहली बात की है, यद्यपि दूसरे तत्त्व का भी मिश्रण है। फालतू उमंग के बहुत अच्छे उदाहरण उस समय देखने में आते हैं, जब कोई स्त्री अपने प्रिय को कुछ दूर पर देख कभी ठोकर खाने पर कंकड़-पत्थर को दो-चार मीठी गालियाँ सुनाती है, कभी रास्ते में पड़ती हुई पेड़ की टहनी पर भ्रू-भंग सहित झुँझलाती है और कभी अपने किसी साथी को यों ही ढकेल देती है।

यह सूचित करने की आवश्यकता तो कदाचित् न हो कि रूप पर मोहित होना, दर्शन के लिए आकुल रहना, वियोग में तड़पना आदि गोपियों के पक्ष में जितना कहा गया है उतना कृष्ण-पक्ष में नहीं। यह यहाँ के शृंगारी कवियों की–विशेषतः फुटकल पद्य रचनेवालों की–सामान्य प्रवृत्ति ही रही है। तुल्यानुराग होने पर भी स्त्रियों की प्रेम-दशा या काम-दशा का वर्णन करने में ही यहाँ के कवियों का मन अधिक लगा है। पुराने प्रबन्ध-काव्यों में तो यह भेद उतना लक्षित नहीं होता, पर पीछे के काव्यों में यह स्पष्ट झलकता है। वाल्मीकिजी ने रामायण में सीता-हरण के उपरान्त राम और सीता दोनों वियोग-दुःख-वर्णन में प्रायः समान ही शब्द-व्यय किया है। कालिदास ने मेघदूत का आरम्भ यक्ष की विरहावस्था से करके उत्तर-मेघ में यक्षिणी के विरह का वर्णन किया है। उनके नाटकों में भी प्रायः यही बात पाई जाती है। अतः मेरी समझ में शृंगार में नायिका की प्रेम-दशा या विरह-दशा का प्राधान्य श्रीमद्भागवत और ब्रह्मवैवर्त्तपुराण की कृष्णलीला के अधिकाधिक प्रचार के साथ हुआ, जिसमें एक ओर तो अनन्त सौन्दर्य्य की स्थापना की गई और दूसरी ओर स्वाभाविक प्रेम का उदय दिखाया गया।

पुरुष आलम्बन हुआ और स्त्री आश्रय। जनता के बीच प्रेम के इस स्वरूप ने यहाँ तक प्रचार पाया कि क्या नगरों में, क्या ग्रामों में सर्वत्र प्रेम के गीतों के नायक कृष्ण हुए और नायिका राधा। 'बनवारी' या 'कन्हैया' नायक का एक सामान्य नाम-सा हो गया। दिल्ली के पिछले बादशाह मुहम्मदशाह रँगीले तक को होली के दिनों में 'कन्हैया' बनने का शौक हुआ करता था !

और देशों की फुटकल शृंगारी कविताओं में प्रेमियों के ही विरह आदि के वर्णन की प्रधानता देखी जाती है। जैसे एशिया के अरब, फारस आदि देशों में वैसे ही योरप के इटली आदि काव्य-संगीत-प्रिय देशों में भी यही पद्धति प्रचलित रही। इटली में पीट्रार्क की शृंगारी कविता एक प्रेमी के हृदय का उद्‌गार हैं। भारत में कृष्ण-कथा के प्रभाव से नायक के आकर्षक रूप में प्रतिष्ठित होने से पुरुषों की प्राधान्य-वासना की अधिक तृप्ति हुई। आगे चलकर पुरुषत्व पर इसका कुछ बुरा प्रभाव भी पड़ा। बहुतेरे शौर्य्य, पराक्रम आदि पुरुषोचित गुणों से मुँह मोड़ 'चटक मटक लटक' लाने में लगे–बहुत जगह तो माँगपट्टी, सुरमे, मिस्सी तक की नौबत पहुँची ! योरप में, जहाँ स्त्री प्रधान आकर्षक के रूप में प्रतिष्ठित हुई, इसका उलटा हुआ। वहाँ स्त्रियों के बनाव, सिंगार और पहनावे के खर्च के मारे पुरुषों के नाकों दम हो गया !

सूर के संयोग-वर्णन की बात हो चुकी। इनका विप्रलम्भ भी ऐसा ही विस्तृत और व्यापक है। वियोग की जितनी अन्तर्दशाएँ हो सकती हैं, जितने ढंगों से उन दशाओं का साहित्य में वर्णन हुआ है और सामान्यतः हो सकता है, वे उसके भीतर मौजूद हैं। आरम्भ वात्सल्य रस के वियोग-पक्ष से हुआ है। कृष्ण के मथुरा न लौटने पर नंद और यशोदा दुःख के सागर में मग्न हो गए हैं। अनेक दुःखात्मक भाव-तरंगें उनके हृदय में उठती हैं। कभी यशोदा नंद से खीझकर कहती हैं–

छाँड़ि सनेह चले मथुरा, कत दौरि न चीर गह्यो।
फाटि न गई ब्रज की छाती, कत यह सूल सह्यो॥

इस पर नंद यशोदा पर उलट पड़ते हैं–

तब तू मारिबोई करति।
रिसनि आगे कहै जो आवत, अब लै भाँड़े भरति।
रोस कै कर दाँवरी लै फिरति घर घर धरति।
कठिन हिय करि तब जो बाँध्यो, अब बृथा करि मरति॥

यह 'झुँझलाहट' वियोग-जन्य है, प्रेमभाव के ही अन्तर्गत है और कितनी स्वाभाविक है ! सुख-शान्ति के भंग का कैसा यथातथ्य चित्र है।

आगे देखिए, गहरी 'उत्सुकता' और 'अधीरता' के बीच 'विरक्ति' (निर्वेद) और तिरस्कार-मिश्रित 'खिझलाहट' का यह मेल कैसा अनूठा उतरा है। यशोदा नंद से कहती हैं–

नंद ! ब्रज लीजै ठोंकि बजाय।
देहु बिदा मिलि जाहिं मधुपुरी जहँ गोकुल के राय॥

'ठोंकि बजाय' में कितनी व्यंजना है ! 'तुम अपना ब्रज अच्छी तरह सँभालो; तुम्हें इसका गहरा लोभ है; मैं जाती हूँ।' एक-एक वाक्य के साथ हृदय लिपटा हुआ आता दिखाई दे रहा है। एक वाक्य दो-दो तीन-तीन भावों से लदा हुआ है। श्लेष आदि कृत्रिम विधानों से मुक्त ऐसा ही भाव-गुरुत्व हृदय को सीधे जाकर स्पर्श करता है। इसे भावशवलता कहें या भावपंचामृत; क्योंकि एक ही वाक्य "नंद ! ब्रज लीजै ठोंकि बजाय" में कुछ निर्वेद, कुछ तिरस्कार और कुछ अमर्ष इन तीनों की मिश्र व्यंजना–जिसे शवलता ही कहने से सन्तोष नहीं होता–पाई जाती है। शवलता के प्रदत्त उदाहरणों में प्रत्येक भाव अलग शब्दों या वाक्यों द्वारा निर्दिष्ट किया जा सकता है; पर उक्त वाक्य में यह बात नहीं है।

ग्वाल और सखाओं की भी यही दशा हो रही है। कभी वे व्याकुल और अधीर होते हैं, कभी कृष्ण की निष्ठुरता पर क्षुब्ध होकर कहते हैं–

भए हरि मधुपुरी-राजा, बड़े बंस कहाय।
सूत मागध बदत बिरुदहि बरनि बसुधौ तात।
राजभूषन अंग भ्राजत, अहिर कहत लजात ॥

वियुक्त प्रिय पुत्र के सुख के अनिश्चय की 'शंका' तक न पहुँचती हुई भावना, 'दीनता' और क्षोभ-जन्य 'उदासीनता' किस प्रकार इन वचनों से टपक रही है–

सँदेसो देवकी सों कहियो।
हौं तो धाय तिहारो सुत की, कृपा करति ही रहियो।
तुम तो टेव जानतिहि ह्वैहो, तऊ मोहिं कहि आवै।
प्रात उठत मेरे लाल-लड़ैतहि माखन रोटी भावै ॥

कृष्ण राजभवन में जा पहुँचे हैं, यह जानते हुए भी यशोदा के प्रेमपूर्ण हृदय में यह बात जल्दी नहीं बैठती कि कृष्ण के सुख का ध्यान जितना वे रखती थीं उतना संसार में और भी कोई रख सकता है। रसमग्न हृदय ही ऐसी दशाओं का अनुभव कर सकता है। केवल उदाहरण की लीक पीटनेवालों के भाग्य में यह बात कहाँ।

आगे चलकर गोपियों की वियोग-दशा का जो धारा-प्रवाह वर्णन है उसका तो कहना ही क्या है। न जाने कितनी मानसिक दशाओं का संचार उसके भीतर है। कौन गिना सकता है ? संयोग और वियोग दो अंग होने से शृंगार की व्यापकता बहुत अधिक है। इसी से वह रसराज कहलाता है। इस दृष्टि से यदि सूरसागर को हम रससागर कहें तो बेखटके कह सकते हैं। कृष्ण के चले जाने पर सायं प्रभात तो उसी प्रकार होते हैं, पर "मदन गोपाल बिना या तन की सबै बात बदली"। व्रज में पहले सायंकाल में जो मनोहर दृश्य देखने में आया करता था वह अब बाहर नहीं दिखाई पड़ता; पर मन से उसकी 'स्मृति' नहीं जाती–

एहि बेरियाँ बन तें व्रज आवते।
दूरहिं तें वह बेनु अधर धरि बारंबार बजावते ॥

संयोग के दिनों में आनन्द की तरंगें उठानेवाले प्राकृतिक पदार्थों को वियोग के दिनों में देखकर जो दुःख होता है उसकी व्यंजना के लिए कवियों में उपालम्भ की चाल बहुत

दिनों से चली आती है। चन्द्रोपालम्भ-सम्बन्धिनी बड़ी सुन्दर कविताएँ संस्कृत साहित्य में हैं। देखिए, सागर-मंथन के समय चन्द्रमा को निकालनेवालों तक, इस उपालम्भ में, किस प्रकार गोपियाँ अपनी दृष्टि दौड़ाती हैं–

या बिनु होत कहा अब सूनो ?
लै किन प्रकट कियो प्राची दिसि, बिरहिनि को दुःख दूनो ?
सब निरदय सुर, असुर, शैल सखि ! सायर सर्प समेत।
धन्य कहौं वर्षा ऋतु, तमचुर और कमलन को हेत।
जुग जुग जीवै जरा बापुरी मिलै राहु अरु केत॥

इसी पद्धति के अनुसार वे वियोगिनी गोपियाँ अपने उजड़े हुए नीरस जीवन के मेल में न होने के कारण वृन्दावन के हरे-भरे पेड़ों को कोसती हैं–

मधुबन ! तुम कत रहत हरे ?
बिरह-बियोग श्यामसुन्दर के ठाढ़े क्यों न जरे ?
तुम हौ निलज, लाज नहिं तुमको फिर सिर पुहुप धरे।
ससा स्यार औ बन के पखेरू धिक धिक सबन करे।
कौन काज ठाढ़े रहे बन में, काहे न उकठि परे ?

इसी प्रकार रात उन्हें साँपिन-सी लग रही है। साँपिन की पीठ काली और पेट सफ़ेद होता है। ऐसा प्रसिद्ध है कि वह काटकर उलट जाती है जिससे सफेद भाग ऊपर हो जाता है। बरसात की अँधेरी रात में कभी-कभी बादलों के हट जाने से जो चाँदनी फैल जाती है वह ऐसी ही लगती है–

पिया बिनु साँपिन कारी राति।
कबहुँ जामिनी होति जुन्हैया डसि उलटी ह्वै जाति॥

इस पद पर न जाने कितने लोग लट्टू हैं !

सूरदासजी का बिरह-स्थल जिस प्रकार घर की चारदीवारी के भीतर तक ही न रहकर यमुना के हरे-भरे कछारों, करील के कुंजों और वन-स्थलियों तक फैला है उसी प्रकार उनका विरह-वर्णन भी "बैरिन भईं रतियाँ" और "साँपिन भइ सेजिया" तक ही न रहकर प्रकृति के खुले क्षेत्र के बीच दूर-दूर तक पहुँचता है। मनुष्य के आदिम वन्य जीवन के परम्परागत मधुर संस्कार को उद्दीप्त करनेवाले इन शब्दों में कितना माधुर्य्य है–"एक बन ढूँढ़ि सकल बन ढूँढ़ौं, कतहुँ न श्याम लहौं"। ऋतुओं का आना-जाना उसी प्रकार लगा है। प्रकृति पर उनका रंग वैसा ही चढ़ता-उतरता दिखाई पड़ता है। भिन्न-भिन्न ऋतुओं की वस्तुएँ देख जैसे गोपियों के हृदय में मिलने की उत्कंठा उत्पन्न होती है वैसे ही कृष्ण के हृदय में क्यों नहीं उत्पन्न होती ? जान पड़ता है कि ये सब उधर जाती ही नहीं, जिधर कृष्ण बसते हैं। सब वृन्दावन में ही आ-आकर अपना अड्डा जमाती हैं–

मानौ, भाई ! सबन्ह इतै ही भावत।
अब वहि देस नंदनंदन को कोउ न समौ जनावत।

धरत न बन नवपत्र, फूल, फल पिक बसन्त नहिं गावत।
मुदित न सर सरोज अलि गुंजत, पवन पराग उड़ावत।
पावस बिबिध बरन बर बादर उठि नहिं अम्बर छावत।
चातक मोर चकोर सोर करैं, दामिनि रूप दुरावत॥

अपनी अन्तर्दशा को ऋतु-सुलभ व्यापारों के बीच बिम्ब-प्रतिबिम्ब रूप में देखना भाव-मग्न अन्तःकरण की एक विशेषता है। इसके वर्णन में प्रस्तुत अप्रस्तुत का भेद मिट-सा जाता है। ऐसे वर्णन पावस के प्रसंग में सूर ने बहुत अच्छे किए हैं। "निसि दिन बरसत नैन हमारे" बहुत प्रसिद्ध पद है। विरहोन्माद में भिन्न-भिन्न प्रकार की उठती हुई भावनाओं से रंजित होकर एक ही वस्तु कभी किसी रूप में दिखाई पड़ती है, कभी किसी रूप में। उठते हुए बादल कभी तो ऐसे भीषण रूप में दिखाई पड़ते हैं–

देखियत चहुँ दिसि तें घन घोरे।
मानौ मत्त मदन के हथियन बल करि बन्धन तोरे।
कारे तन अति चुवत गंड मद, बरसत थोरे थोरे।
रुकत न पवन-महावत हू पै, मुरत न अंकुस मोरे॥

कभी अपने प्रकृत लोक-सुखदायक रूप में ही सामने आते हैं और कृष्ण की अपेक्षा कहीं दयालु और परोपकारी लगते हैं–

बरु ये बदराऊ बरसन आए।
अपनी अवधि जानि, नँदनंदन ! गरजि गगन घन छाए।
कहियत है सुरलोक बसत, सखि ! सेवक सदा पराए।
चातक कुल की पीर जानि कै, तेउ तहाँ ते छाए।
तृष्ण किए हरित, हरषि बेली मिलि, दादुर मृतक जिवाए॥

'बरु' और 'बदराऊ' के 'ऊ' में कैसी व्यंजना है ! 'बादल तक'–जो जड़ समझे जाते हैं–आश्रितों के दुःख से द्रवीभूत होकर आते हैं !

प्रिय के साथ कुछ रूप-साम्य के कारण वे ही मेघ कभी प्रिय लगने लगते हैं–

आजु घन श्याम की अनुहारि।
उनै आए साँवरे ते सजनी ! देखि, रूप की आरि।
इन्द्रधनुष मनो नवल बसन छबि, दामिनि दसन विचारि।
जनु बग-पाँति माल मोतिन की चितवन हितहि निहारि॥

इसी प्रकार पपीहा कभी तो अपनी बोली के द्वारा प्रिय का स्मरण कराकर दुःख बढ़ाता हुआ प्रतीत होता है और वह फटकार सुनाता है–

हौं तो मोहन के विरह जरी, रे ! तू कत जारत !
रे पापी तू पंखि पपीहा ? 'पिउ पिउ पिउ' अधिराति पुकारत।
सब जग सुखी, दुःखी तू जल बिनु तऊ न तन की बिथहि बिचारत।
सूरश्याम बिनु व्रज पर बोलत, हठि अगिलोऊ जनम बिगारत।

और कभी समदुःख-भोगी के रूप में अत्यन्त सुहृद् जान पड़ता है और समान प्रेम व्रत पालन के द्वारा उनका उत्साह बढ़ाता प्रतीत होता है–

बहुत दिन जीवौ, पपिहा प्यारो।
बासर रैनि नाँव लै बोलत, भयौ बिरह-जुर कारो।
आपु दुखित पर दुखित जानि जिय चातक[1] नाम तिहारो।
देखौ सकल बिचारि, सखी ! जिय बिछुरन को दुःख न्यारो।
जाहि लगैं सोई पै जानै प्रेम बान अनियारो।
सूरदास प्रभु स्वाति-बूँद लगि, तज्यो सिन्धु करि खारो॥

काव्य-जगत् की रचना करनेवाली कल्पना इसी को कहते हैं। किसी भावोद्रेक द्वारा परिचालित अन्तर्वृत्ति जब उस भाव के पोषक स्वरूप गढ़कर या काट-छाँटकर सामने रखने लगती है तब हम उसे सच्ची कवि-कल्पना कह सकते हैं। यों ही सिरपच्ची करके–बिना किसी भाव में मग्न हुए–कुछ अनोखे रूप खड़े करना या कुछ को कुछ कहने लगना तो बावलापन है, या दिमाग़ी कसरत; सच्चे कवि की कल्पना नहीं। वास्तव के अतिरिक्त या वास्तव के स्थान पर जो रूप सामने लाए गए हों, उनके सम्बन्ध में यह देखना चाहिए कि वे किसी भाव की उमंग में उस भाव को सँभालनेवाले या बढ़ानेवाले होकर आ खड़े हुए हैं या यों ही तमाशा दिखाने के लिए–कुतूहल उत्पन्न करने के लिए ज़बरदस्ती पकड़कर लाए गए हैं। यदि ऐसे रूपों की तह में उनके प्रवर्त्तक या प्रेषक भाव का पता लग जाए तो समझिए कि कवि के हृदय का पता लग गया और वे रूप हृदयप्रेरित हुए। अँगरेज कवि कालरिज ने, जिसने कवि-कल्पना पर अच्छा विवेचन किया है, अपनी एक कविता[2] में ऐसे रूपावरण को आनन्दस्वरूप आत्मा से निकला हुआ कहा है, जिसके प्रभाव से जीवन में रोचकता रहती है। जब तक यह रूपावरण (कल्पना का) जीवन में साथ लगा चलता है तब तक दुःख की परिस्थिति में भी आनन्द-स्वरूप नहीं टूटता। पर धीरे-धीरे यह दिव्य आवरण हट जाता है और मन गिरने लगता है। भावोद्रेक और कल्पना में इतना घनिष्ठ सम्बन्ध है कि एक काव्य-मीमांसक ने दोनों को एक ही कहना ठीक समझकर कह दिया है–'कल्पना आनन्द है' (Imagination is Joy)[3]।

सच्चे कवियों की कल्पना की बात जाने दीजिए, साधारण व्यवहार में भी लोग जोश में आकर कल्पना का जो व्यवहार बराबर किया करते हैं वह भी किसी पहाड़ को 'शिशु' और 'पांडव' कहनेवाले कवियों के व्यवहार से कहीं उचित होता है। किसी निष्ठुर कर्म करनेवाले को यदि कोई 'हत्यारा' कह देता है तो वह सच्ची कल्पना का उपयोग करता है; क्योंकि विरक्ति या घृणा के अतिरेक से प्रेरित होकर ही उसकी अन्तर्वृत्ति हत्यारे का रूप सामने करती है, जिससे भाव की मात्रा के अनुरूप आलम्बन खड़ा हो जाता है। 'हत्यारा' शब्द का लाक्षणिक प्रयोग ही विरक्ति की अधिकता का व्यंजक है।

---

1. चातक = (चत् = माँगना) याचना करनेवाला।
2. Dejection ode 4 अप्रैल, 1802
3. G.W. Mackael,s Lectures om Poetry.

उसके स्थान पर यदि कोई उसे 'बकरा' कहे, तो या तो किसी भाव की व्यंजना न होगी या किसी ऐसे भाव की होगी जो प्रस्तुत विषय के मेल में नहीं। कहलानेवाला कोई भाव अवश्य चाहिए और उस भाव को प्रस्तुत वस्तु के अनुरूप होना चाहिए। 'भारी मूर्ख' को लोग जो 'गदहा' कहते हैं वह इसीलिए कि 'मूर्ख' कहने से उनका जी नहीं भरता—उनके हृदय में उपहास अथवा तिरस्कार का जो भाव रहता है उसकी व्यंजना नहीं होती।

कहने की आवश्यकता नहीं कि अलंकार-विधान में उपयुक्त उपमान लाने में कल्पना ही काम करती है; जहाँ वस्तु, गुण या क्रिया के पृथक्-पृथक् साम्य पर ही कवि की दृष्टि रहती है वहाँ वह उपमा, रूपक, उत्प्रेक्षा आदि का सहारा लेता है और जहाँ व्यापार-समष्टि या पूर्ण प्रसंग का साम्य अपेक्षित होता है वहाँ दृष्टान्त, अर्थान्तरन्यास और अन्योक्ति का। उपर्युक्त विवेचन से यह प्रकट होता है कि प्रस्तुत के मेल में जो अप्रस्तुत रखा जाए—चाहे वह वस्तु, गुण या क्रिया हो अथवा व्यापार-समष्टि—वह प्राकृतिक और चित्ताकर्षक हो तथा उसी प्रकार का भाव जगानेवाला हो जिस प्रकार का प्रस्तुत। व्यापार-सर्माष्ट के समन्वय में कवि की सहृदयता का जिस पूर्णता के साथ हमें दर्शन होता है उस पूर्णता के साथ वस्तु क्रिया आदि के पृथक्-पृथक् समन्वय में नहीं। इसी से सुन्दर अन्योक्तियाँ इतनी मर्मस्पर्शिणी होती हैं। चुना हुआ अप्रस्तुत व्यापार जितना ही प्राकृतिक होगा—जितना ही अधिक मनुष्य जाति के आदिम जीवन में सुलभ दृश्यों में अन्तर्गत होगा—उतना ही रमणीय और अनुरंजनकारी होगा। सूरदासजी ने कई स्थलों पर अपनी कल्पना के बल से प्रस्तुत प्रसंग के मेल में अत्यन्त मनोरम व्यापार-समष्टि की योजना की है। कोई गोपिका या राधा स्वप्न में श्रीकृष्ण के दर्शनों का सुख प्राप्त कर रही थी कि उसकी नींद उचट गई। इस व्यापार के मेल में कैसा प्रकृति-व्यापी और गूढ़ व्यापार सूर ने रखा है, देखिए—

हमको सपनेहू में सोच।
जा दिन ते बिछुरे नँदनंदन ता दिन ते यह पोच॥
मनौ गोपाल आए मेरे घर, हँसि कर भुजा गही।
कहा करौं बैरिनि भइ निंदिया, निमिष न और रही।
ज्यों चकई प्रतिबिंब देखि कै आनंदी पिय जानि।
सूर पवन मिलि निठुर विधाता चपल कियो जल आनि॥

स्वप्न में अपने ही मानस में किसी का रूप देखने और जल में अपना ही प्रतिबिम्ब देखने का कैसा गूढ़ और सुन्दर साम्य है। इसके उपरान्त पवन द्वारा प्रशान्त जल के हिल जाने से छाया का मिट जाना कैसा भूतव्यापी व्यापार स्वप्नभंग के मेल में लाया गया है !

इसी प्रकार प्राकृतिक चित्रों द्वारा सूर ने कई जगह पूरे प्रसंग की व्यंजना की है। जैसे, गोपियाँ मथुरा से कुछ ही दूर पर पड़ी विरह से तड़फड़ा रही हैं; पर कृष्ण राज-सुख के आनन्द में फूले नहीं समा रहे हैं। यह बात वे इस चित्र द्वारा कहते हैं—

सागर-कूल मीन तरफत है, हुलसि होत जल पीन।

जैसा ऊपर कहा गया है, जिसे निर्माण करनेवाली–सृष्टि खड़ी करनेवाली–कल्पना कहते हैं उसकी पूर्णता किसी एक प्रस्तुत वस्तु के लिए कोई दूसरी अप्रस्तुत वस्तु–जो कि प्रायः कवि-परम्परा में प्रसिद्ध हुआ करती है–रख देने में उतनी नहीं दिखाई पड़ती जितनी किसी एक पूर्ण प्रसंग के मेल का कोई दूसरा प्रसंग–जिसमें अनेक प्राकृतिक वस्तुओं और व्यापारों की नवीन योजना रहती है–रखने में देखी जाती है। सूरदासजी ने कल्पना की इस पूर्णता का परिचय जगह-जगह दिया है, इसका अनुमान ऊपर उद्धृत पदों से हो सकता है। कबीर, जायसी आदि कुछ रहस्यवादी कवियों ने इस जीवन का मार्मिक स्वरूप तथा परोक्ष जगत् की कुछ धुँधली-सी झलक दिखाने के लिए इसी अन्योक्ति की पद्धति का अवलम्बन किया है; जैसे–

हंसा प्यारे ! सरवर तजि कहँ जाय ?
जेहि सरवर बिच मोती चुनते, बहुबिधि केलि कराय ॥
सूर ताल, पुरइन जल छोड़े, कमल गयो कुँभिलाय।
कह कबीर जो अब की बिछुरै, बहुरि मिलै कब आय ॥

रहस्यवादी कवियों के समान सूर की कल्पना भी कभी-कभी इस लोक का अतिक्रमण करके आदर्श लोक की ओर संकेत करने लगती है; जैसे–

चकई री ! चलि चरन-सरोवर जहाँ न प्रेम-वियोग।
निसि दिन राम राम की वर्षा, भय रुज नहिं दुःख सोग।
जहाँ सनक से मीन, हंस शिव, मुनिजन-नख-रवि-प्रभा-प्रकास।
प्रफुलित कमल, निमिष नहिं ससि डर, गुंजत निगम सुबास।
जेहि सर सुभग मुक्ति मुक्ता-फल, सुकृत अमृत-रस पीजै।
सो सर छाँड़ि कुबुद्धि बिहंगम ! इहाँ कहा रहि कीजै ? ॥

पर एक व्यक्तवादी सगुणोपासक कवि की उक्ति के कारण इस चित्र में वह रहस्यमयी अव्यक्तता या धुँधलापन नहीं है। कवि अपनी भावना को स्पष्ट और अधिक व्यक्त करने के लिए जगह-जगह आकुल दिखाई पड़ता है। इसी से अन्योक्ति का मार्ग छोड़ जगह-जगह उसने रूपक का आश्रय लिया है। इस अन्योक्ति का दीनदयाल गिरिजी ने अच्छा निर्वाह किया है–

चल चकई ! वा सर विषय जहँ नहि रैनि बिछोह।
रहत एकरस दिवस ही सुहृद हंस-संदोह ॥
सुहृद हंस-संदोह कोह अरु द्रोह न जाके।
भोगत सुख-अंबोह, मोह-दुःख होय न ताके ॥
बरनै दीनदयाल भाग्य बिनु जाय न सकई।
पिय-मिलाप नित रहै ताहि सर चल तू चकई ॥

इसी अन्योक्ति-पद्धति को कवीन्द्र रवीन्द्र ने आजकल अपने विस्तृत प्रकृति-निरीक्षण के बल से और अधिक पल्लवित करके जो पूर्ण और भव्य स्वरूप प्रदान किया है वह हमारे नवीन हिन्दी साहित्य-क्षेत्र में 'गाँव में नया-नया आया ऊँट' हो रहा है। बहुत-से

नवयुवकों को अपना एक नया ऊँट छोड़ने का हौसला हो गया है। जैसे भावों या तथ्यों की व्यंजना के लिए श्रीयुत रवीन्द्र प्रकृति के क्रीड़ास्थल से लेकर नाना मूर्त्त स्वरूप खड़ा करते हैं वैसे भावों को ग्रहण करने तक की क्षमता न रखनेवाले बहुतेरे ऊटपटाँग चित्र खड़ा करने और कुछ असम्बद्ध प्रलाप करने को ही 'छायावाद' की कविता समझ अपनी भी कुछ करामात दिखाने के फेर में पड़ गए हैं। चित्रों के द्वारा बात कहना बहुत ठीक है, पर कहने के लिए कोई बात भी तो हो। कुछ तो काव्य-रीति से सर्वथा अनभिज्ञ, छन्द, अलंकार आदि के ज्ञान से बिलकुल कोरे देखे जाते हैं। बड़ी भारी बुराई यह है कि अपने को एक 'नए सम्प्रदाय' में समझ अहंकारवश वे कुछ सीखने का कभी नाम भी नहीं लेना चाहते और अपनी अनभिज्ञता को एक चलते नाम की ओट में छिपाना चाहते हैं। मैंने कई एक से उन्हीं की रचना लेकर कुछ प्रश्न किए, पर उनका मानसिक विकास बहुत साधारण कोटि का–कोई गम्भीर तत्त्व ग्रहण करने के अनुपयुक्त–पाया। ऐसों के द्वारा काव्य-क्षेत्र में भी, राजनीतिक क्षेत्र के समान, पाषंड के प्रचार की आशंका है। अतः आवश्यकता इस बात की है कि रहस्यवाद का प्रकृत स्वरूप और उसका इतिहास आदि साहित्य-सेवियों के सामने रखा जाए तथा पुराने और नए रहस्यवादी कवियों की रचनाओं की सूक्ष्म परीक्षा द्वारा रहस्यवाद की कविता के साहित्यिक स्वरूप की मीमांसा की जाए। इस विषय पर अपने विचार मैं किसी दूसरे समय प्रकट करूँगा; इस समय जो इतना कह गया, उसके लिए क्षमा चाहता हूँ।

यहाँ तक तो सूर की सहृदयता की बात हुई। अब उनकी साहित्यिक निपुणता के सम्बन्ध में दो-चार बातें कहना आवश्यक है। किसी कवि की रचना के विचार के सुबीते के लिए हम दो पक्ष कर सकते हैं–हृदय-पक्ष और कला-पक्ष। हृदय-पक्ष का कुछ दिग्दर्शन हो चुका। अब सूर की कला-निपुणता के, काव्य के बाह्यांग के सम्बन्ध में यह समझ रखना चाहिए कि वह भी उनमें पूर्ण रूप से वर्त्तमान है। यद्यपि काव्य में हृदय-पक्ष ही प्रधान है, पर बहिरंग भी कम आवश्यक नहीं है। रीति, अलंकार, छन्द ये सब बहिरंगविधान के अन्तर्गत हैं, जिनके द्वारा काव्यात्मा की अभिव्यक्ति होती है। सूर, तुलसी, बिहारी आदि कवियों में दोनों पक्ष प्रायः सम हैं। जायसी में हृदय-पक्ष की प्रधानता है, कला-पक्ष में (अलंकारों का बहुत कुछ व्यवहार होते हुए भी) त्रुटि और न्यूनता है। केशव में कला-पक्ष ही प्रधान है, हृदय-पक्ष न्यून है।

यह तो प्रारम्भ में ही कहा जा चुका है कि सूर की रचना जयदेव और विद्यापति के गीत-काव्यों की शैली पर है, जिसमें सुर और लय के सौन्दर्य्य या माधुर्य्य का भी रसपरिपाक में बहुत कुछ योग रहता है। सूरसागर में कोई राग या रागिनी छूटी न होगी, इससे वह संगीत-प्रेमियों के लिए भी बड़ा भारी खजाना है। नाद-सौन्दर्य्य के साधनों में अनुप्रास आदि शब्दालंकार भी हैं। संस्कृत के गीत-गोविन्द में कोमल-कान्त पदावली और अनुप्रास की ओर बहुत कुछ ध्यान है। विद्यापति की रचना में कोमल पदावली का आग्रह तो है, पर अनुप्रास का उतना नहीं। सूर में चलती भाषा की कोमलता है, वृत्ति-विधान और अनुप्रास की ओर झुकाव कम है। इससे भाषा की स्वाभाविकता में

बाधा नहीं पड़ने पाई है। भावुक सूर ने अपना 'शब्द शोधन' दूसरी ओर दिखाया है। उन्होंने चलते हुए वाक्यों, मुहावरों और कहीं-कहीं कहावतों का बहुत अच्छा प्रयोग किया है। कहने का तात्पर्य्य यह कि सूर की भाषा बहुत चलती हुई और स्वाभाविक है। काव्य-भाषा होने से यद्यपि उसमें कहीं-कहीं संस्कृत के पद, कवि के समय से पूर्व के परम्परागत प्रयोग तथा व्रज से दूर-दूर के प्रदेशों के शब्द भी आ मिले हैं, पर उनकी मात्रा इतनी नहीं है कि भाषा के स्वरूप में कुछ अन्तर पड़े या कृत्रिमता आए। श्लेष और यमक कूट पदों में ही अधिकतर पाए जाते हैं।

अर्थालंकारों की अलबत पूर्ण प्रचुरता है, विशेषतः उपमा, रूपक, उत्प्रेक्षा आदि सादृश्य-मूलक अलंकारों की। यद्यपि उपमान अधिकतर साहित्य-प्रसिद्ध और परम्परागत ही हैं, पर स्वकल्पित नए-नए उपमानों की भी कमी नहीं है। कहीं-कहीं तो जो प्रसिद्ध उपमान भी लिए गए हैं, वे प्रसंग के बीच बड़ी ही अनूठी उद्भावना के साथ बैठाए गए हैं। स्फटिक के आँगन में बालक कृष्ण घुटनों के बल चल रहे हैं और उनके हाथ-पैर का प्रतिबिम्ब पड़ता चलता है। इस पर कवि की उत्प्रेक्षा देखिए—

फटिक-भूमि पर कर-पग-छाया यह शोभा अति राजति।
करि करि प्रति पद प्रति मनो बसुधा कमल बैठकी साजति ॥

रूप या अंगों की शोभा के वर्णन में उपमा, उत्प्रेक्षा की भरमार बराबर मिलेगी। इनमें बहुत-सी तो पुरानी और बँधी हुई हैं और कुछ नवीन भी हैं। उपमा, उत्प्रेक्षा की सबसे अधिकता 'हरि जू की बाल-छवि' के वर्णन में पाई जाती है; यों तो जहाँ-जहाँ रूप-वर्णन है सर्वत्र ये अलंकार भरे पड़े हैं। उपमान सब तरह के हैं, पृथ्वी पर के भी और पृथ्वी के बाहर के भी—सामान्य प्राकृतिक व्यापार भी और पौराणिक प्रसंग भी। पिछले प्रकार के उपमानों के उदाहरण इस प्रकार के हैं—

(क) *नील स्वेत पर पीत लाल मनि लटकन माल रुराई।*
सनि, गुरु, असुर, देवगुरु मिलि मनो भौम सहित समुदाई ॥

(ख) *हरि कर राजत माखन रोटी।*
मनौ बराह भूधर सह पृथिवी धरी दसनन की कोटी ॥

अंग-शोभा और वेशभूषा आदि के वर्णन में सूर को उपमा देने की झक-सी चढ़ जाती है और वे उपमा पर उपमा, उत्प्रेक्षा पर उत्प्रेक्षा कहते चले जाते हैं। इस झक में कभी-कभी परिमिति या मर्य्यादा का विचार (Sense of Proportion) नहीं रह जाता; जैसे, ऊपर के उदाहरण (ख) में कहाँ मक्खन लगी हुई छोटी-सी रोटी और कहाँ गोल पृथ्वी ! हाँ, जहाँ ईश्वरत्व या देवत्व की भावना से किसी छोटे व्यापार द्वारा अत्यन्त बृहद् व्यापार की ओर संकेत मात्र किया है वहाँ ऐसी बात नहीं खटकती; जैसे इस पद में—

मथत दधि मथनी टेकि रह्यौ।
आरि करत मटकी गहि मोहन वासुकि संभु डर्‌यो
मंदर डरत, सिंधु पुनि काँपत फिरि जनि मथन करै।
प्रलय होय जनि गहे मथानी, प्रभु मर्य्याद टरै।

पर उक्त दोनों उदाहरणों के सम्बन्ध में तो इतना बिना कहे नहीं रहा जाता कि ऐसे उपमान बहुत काव्योपयोगी नहीं जँचते। काव्य में ऐसे ही उपमान अच्छी सहायता पहुँचाते हैं जो सामान्यतः प्रत्यक्ष रूप में परिचित होते हैं और जिनकी भव्यता, विशालता या रमणीयता आदि का संस्कार जनसाधारण के हृदय पर पहले से जमा चला आता है। न शनि का कोयले-सा कालापन ही किसी ने आँखों देखा है न वराह भगवान् का दाँत की नोक पर पृथ्वी उठाना। यह बात दूसरी है कि केशव ऐसे कुछ प्रसिद्ध कवियों ने भी "भानु मनो शनि अंक लिए" ऐसी उत्प्रेक्षा की ओर रुचि दिखाई है।

हमारे कहने का यह तात्पर्य्य नहीं कि ज्ञान-विज्ञान के प्रसार से जो सूक्ष्म-से-सूक्ष्म और बृहत् से बृहत् क्षेत्र मनुष्य के लिए खुलते जाते हैं उनके भीतर के नाना रमणीय और अद्‌भुत रूपों और व्यापारों का–जो सर्वसाधारण को प्रत्यक्ष नहीं हैं–काव्य में उपयोग करके उसके क्षेत्र का विस्तार न किया जाए। उनका प्रयोग किया जाए, कवि की प्रतिभा द्वारा वे गोचर रूप में सामने लाए जाएँ, पर दूसरे प्रकार की रचनाओं में लाए जाएँ, केवल अंग, आभूषण आदि की उपमा के लिए नहीं। ज्योतिर्विज्ञान द्वारा खगोल के बीच न जाने कितने चक्कर खाते, बनते-बिगड़ते, रंग-बिरंग के पिंडों, अपार ज्योति-समूहों आदि का पता लगा है जिनके सामने पृथ्वी किसी गिनती में नहीं। कोई विश्व-व्यापिनी ज्ञान-दृष्टिवाला कवि यदि विश्व की कोई गम्भीर समस्या लेकर उसे काव्य-रूप में रखना चाहता है तो वह इन सबको हस्तामलक बनाकर सामने ला सकता है।

सूरदासजी में जितनी सहृदयता और भावुकता है, प्रायः उतनी ही चतुरता और वाग्विदग्धता (Wit) भी है। किसी बात को कहने के न जाने कितने टेढ़े-सीधे ढंग उन्हें मालूम थे। गोपियों के वचन में कितनी विदग्धता और वक्रता भरी है। वचन-रचना की उस वक्रता के सम्बन्ध में आगे विचार किया जाएगा। यहाँ पर हम वैदग्ध्य के उस उपयोग का उल्लेख करना चाहते हैं जो आलंकारिक कुतूहल उत्पन्न करने के लिए किया गया है। साहित्य-प्रसिद्ध उपमानों को लेकर सूर ने बड़ी-बड़ी क्रीड़ाएँ की हैं। कहीं उनको लेकर रूपकातिशयोक्ति द्वारा "अद्‌भुत एक अनूपम बाग" लगाया है, कहीं, जब जैसा जी चाहा, उन्हें संगत सिद्ध करके दिखा दिया है, कहीं असंगत। गोपियाँ वियोग में कुढ़कर एक स्थान पर कृष्ण के अंगों के उपमानों को लेकर उपमा को इस प्रकार न्यायसंगत ठहराती हैं–

ऊधो ! अब यह समुझि भई।
नंदनँदन के अंग अंग प्रति उपमा न्याय दई।
कुंतल कुटिल भँवर भरि भाँवरि मालति भुरै लई।
तजत न गहरु कियो कपटी जब जानी निरस गई।
आनन इंदुबरन सन्मुख तजि करखे तें न नई।
निरमोही नहिं नेह, कुमुदिनी अंतहि हेम हई।
तन घनश्याम सेई निसिबासर, रटि रसना छिजई।
सूर विवेकहीन चातक-मुख बूँदौ तौ न सई॥

इसी प्रकार दूसरे स्थान पर वे अपने नेत्रों के उपमानों को अनुपयुक्त ठहराती हैं–

उपमा एक न नैन गही।
कविजन कहत कहत चलि आए, सुधि करि करि काहू न कही।
कहे चकोर, मुख-बिधु बिनु जीवन; भँवर न तहँ उड़ि जात।
हरिमुख-कमलकोस बिछुरे तें ठाले क्यों ठहरात।
खंजन मनरंजन जन जौ पै, कबहु नाहिं सतरात।
पंख पसारि न उड़त, मंद ह्वै समर समीप बिकात।
आए बधन व्याध ह्वै ऊधो, जौ मृग क्यों न पलाय।
देखत भागि बसै घन बन में जहँ कोउ संग न धाय।
व्रजलोचन बिनु लोचन कैसे ? प्रति छिन अति दुःख बाढ़त।
सूरदास मीनता कछू इक, जल भरि संग न छाँड़त।

दोनों उदाहरणों में उपमानों की उपयुक्तता और अनुपयुक्तता का जो आरोप किया गया है, वह हृदय के क्षोभ से उत्पन्न है इसी से उसमें सरसता है, काव्य की योग्यता है। यदि कोई कठ-हुज्जती इन्हीं उपमानों को लेकर कहने लगे–"वाह ! नेत्र भ्रमर कैसे हो सकते हैं ? भ्रमर होते तो उड़ न जाते। मृग कैसे हो सकते हैं ? मृग होते तो जमीन पर चौकड़ी न भरते," तो उसके कथन में कुछ भी काव्यत्व न होगा।

उपमानों की आनन्द-दशा का वर्णन करके इसी प्रकार सूर ने 'अप्रस्तुत-प्रशंसा' द्वारा राधा के अंगों और चेष्टाओं का विरह से द्युतिहीन और मन्द होना व्यंजित किया है–

तब तें इन सबहिन सचु पायो।
जब तें हरि संदेस तिहारो सुनत ताँवरो आयो।
फूले ब्याल दुरे तें प्रगटे पवन पेट भरि खायो।
ऊँचे बैठि बिहंग-सभा बिच कोकिल मंगल गायो।
निकसि कन्दरा तें केहरिहू माथे पूँछ हिलायो।
बनगृह तें गजराज निकसि कै अँग अँग गर्व जनायो॥

चेष्टाओं और अंगों का मन्द और श्रीहीन होना कारण है और उपमानों का आनन्दित होना कार्य्य है। यहाँ अप्रस्तुत कार्य्य के वर्णन द्वारा प्रस्तुत कारण की व्यंजना की गई है। गो. तुलसीदासजी ने जानकी के न रहने पर उपमानों का प्रसन्न होना राम के मुख से कहलाया है–

कुंदकली, दाड़िम, दामिनी। कमल सरदससि, अहि-भामिनो॥
श्रीफल कनक कदलि हरषाहीं। नेकु न संक सकुच मन माहीं॥
सुनु जानकी ! तोहि बिनु आजू। हरषे सकल पाइ जनु राजू॥

पर यहाँ उपमानों के आनन्द से केवल सीता के न रहने की व्यंजना होती है। सूर की 'अप्रस्तुत-प्रशंसा' में उक्ति का चमत्कार भी कुछ विशेष है और रसात्मकता भी।

दूर की सूझ या ऊहावाले चमत्कार-प्रधान पद भी सूर ने बहुत-से कहे हैं; जैसे–

(क) *दूर करहु बीना कर धरिबो।*
मोहे मृग नाहीं रथ हाँक्यौ, नाहिंन होत चंद को ढरिबो॥

(ख) *मन राखन को बेनु लियो कर, मृग थाके उडुपति न चरै॥*
अति आतुर ह्वै सिंह लिख्यो कर जेहि भामिनि को करुन टरै।

राधा मन बहलाने के लिए, किसी प्रकार रात बिताने के लिए, वीणा लेकर बैठी। उस वीणा या वेणु के स्वर से मोहित होकर चन्द्रमा के रथ का हिरन अड़ गया और चन्द्रमा के रुक जाने से रात और भी बढ़ गई। इस पर घबराकर वे सिंह का चित्र बताने लगीं जिससे मृग डरकर भाग जाए। जायसी की 'पद्मावत' में भी यह उक्ति ज्यों की त्यों आई है–

गहै बीन मकु रैन बिहाई। ससि-बाहन तहँ रहै ओनाई।
पुनि धनि सिंह उरेहै लागै। ऐसेहि बिथा रैनि सब जागै।

जायसी की पद्मावत विक्रम संवत् 1597 में बनी और सूरसागर संवत् 1607 के लगभग बन चुका था। अतः जायसी की रचना कुछ पूर्व की ही मानी जाएगी। पूर्व की न सही, तो भी किसी एक ने दूसरे से यह उक्ति ली हो, इसकी सम्भावना नहीं। उक्ति सूर और जायसी दोनों से पुरानी है। दोनों ने स्वतन्त्र रूप में इसे कवि-परम्परा द्वारा प्राप्त किया।

कहीं-कहीं सूर ने कल्पना को अधिक बढ़ाकर या यों कहिए कि ऊहा का सहारा लेकर–जैसा पीछे बिहारी ने बहुत किया–वर्णन कुछ अस्वाभाविक कर दिया है। चन्द्र की दाहकता से चिढ़कर एक गोपी राधा से कहती है–

कर धनु लै किन चंदहि मारि ?
तू हरुवाय जाय मंदिर चढ़ि ससि सन्मुख दर्पन बिस्तारि।
याही भाँति बुलाय, मुकुर महि अति बल खंड खंड करि डारि॥

गोपियों का विरहोन्माद कितना ही बढ़ा हो, पर उनकी बुद्धि बिलकुल बच्चों की-सी दिखाना स्वाभाविक नहीं जँचता। कविता में दूर की सूझ या चमत्कार ही सब कुछ नहीं है।

पावस के घन-गर्जन आदि वियोगिनी को सन्तापदायक होते हैं, यह तो एक बँधी चली आती हुई बात है। सूर ने एक प्रसंग कल्पित करके इस बात को ऐसी युक्ति से रख दिया है कि इसमें एक अनूठापन आ गया है। कहते हैं कि पावस आने पर सखियाँ राधा को मालूम ही नहीं होने देतीं कि पावस आया है। वे और-और बातें बताकर उन्हें बहकाती रहती हैं–

बातें बूझत यों बहरावति।
सुनहु श्याम ! वै सखी सयानी पावस ऋतु राधहि न सुनावति।
घन गरजत तौ कहत कुसलमति गूँजत गुहा सिंह समझावति।
नहिं दामिनि, द्रुम-दवा शैल चढ़ि, फिरि बयारि उलटी झर लावति।
नाहिंन मोर बकत पिक दादुर, ग्वाल-मंडली खगन खेलावति॥

सुर को वचन-रचना की चतुराई और शब्दों की क्रीड़ा का भी पूरा शौक था। बीच-बीच में आए हुए कूट पद इस बात के प्रमाण हैं, जिनमें या तो अनेकार्थवाची शब्दों

को लेकर या किसी वस्तु को सूचित करने के लिए अनेक शब्दों की लम्बी लड़ी जोड़कर खेलवाड़ किया गया है। सूर की प्रकृति कुछ क्रीड़ाशील थी। उन्हें कुछ खेल-तमाशे का भी शौक था। लीला-पुरुषोत्तम के उपासक कवि में यह विशेषता होनी ही चाहिए। तुलसी के गम्भीर मानस में इस प्रवृत्ति का आभास नहीं मिलता। अपनी इसी शब्द-कौशल की प्रवृत्ति के कारण सूर ने व्यवहार के कुछ पारिभाषिक शब्दों को लेकर भी एक आध जगह उक्तियाँ बाँधी हैं; जैसे–

साँचो सो लिखवार कहावै।
काया-ग्राम मसाहत करि कैं, जमा बाँधि ठहरावै।
मन्मथ करै कैद अपनी में, जान जहतिया लावै॥

काव्य में इस प्रकार की उक्तियाँ ठीक नहीं होतीं। आचार्यों ने 'अप्रतीतत्त्व' दोष के अन्तर्गत इस बात का संकेत किया है। सूर भी एक ही आध जगह ऐसी उक्तियाँ लाए हैं; पर वे 'प्रेम-फौजदारी' ऐसी पुस्तकों के लिए नमूने का काम दे गई हैं।

यहाँ तक तो सूरदासजी की कुछ विशेषताओं का अनुसंधान हुआ। अब उनकी सम्पूर्ण रचना के सम्बन्ध में कुछ सामान्य मत स्थिर करना चाहिए। पहले तो यह समझ रखना चाहिए कि सूरसागर वास्तव में एक महासागर है जिसमें हर एक प्रकार का जल आकर मिलता है। जिस प्रकार उसमें मधुर अमृत है उसी प्रकार कुछ खारा, फीका और साधारण जल भी। खारे, फीके और साधारण जल से अमृत को अलग करने में विवेचकों को प्रवृत्त रहना चाहिए। सूरसागर में बहुत-से पद बिलकुल साधारण श्रेणी के मिलेंगे। एक ही पद में भी कुछ चरण तो अनूठे और अद्वितीय मिलेंगे और कुछ साधारण, और कभी-कभी तो भरती के। कोई जगह वाक्य-रचना अव्यवस्थित मिलेगी और छन्द या तुकान्त में खपाने के लिए शब्द भी कुछ विकृत किए हुए, तोड़े-मरोड़े हुए, पाए जाएँगे, जैसे 'रहत' के लिए 'राहत', 'जितेक' के लिए 'जितेत', 'पानी' के लिए 'पान्यो' इत्यादि। व्याकरण के लिंग आदि का विपर्य्यय या अनियम भी कहीं-कहीं मिल जाता है। जैसे, 'सूल' शब्द कहीं पुल्लिंग आया है, कहीं स्त्रीलिंग। सारांश यह कि यदि हम भाषा पर सामान्यतः विचार करते हैं तो वह सर्वत्र तुलसी की-सी गठी हुई, सुव्यस्थित और अपरिवर्त्तनीय न मिलेगी। कहीं-कहीं किसी वाक्य क्या किसी चरण तक को हम बदल दें तो कोई हानि न होगी। किसी-किसी पद में कुछ वाक्य कुछ विशेष अर्थ-शक्ति नहीं रखते, चरण की पूर्त्ति करने का ही काम देते जान पड़ते हैं। बात यह है कि नित्य कुछ-न-कुछ पद बनाना उनका नियम था। उन्होंने बहुत अधिक पद कहे हैं। फुटकल पद कहते चले गए हैं; इससे एक ही भाववाले बहुत-से पद भी आ गए हैं और कहीं-कहीं भाषा भी शिथिल हो गई है। अन्धे होने के कारण लिखे पदों को सामने रखकर काटने-छाँटने या हरताल लगाने का उन्हें वैसा मौका न था जैसा तुलसीदास को।

उपासना-पद्धति के भेद के कारण सूर और तुलसी की रचना में जो भेद कहा जाता है उस पर भी थोड़ा ध्यान देना चाहिए। तुलसी की उपासना सेव्य-सेवक भाव से कही

जाती है और सूर की सख्य भाव से। यहाँ तक कि भक्तों में सूरदासजी श्रीकृष्ण के सखा उद्धव के अवतार कहे जाते हैं। यहाँ पर हमें केवल यह देखना है कि इस उपासना-भेद का सूर की रचना के स्वरूप पर क्या प्रभाव पड़ा। यदि विचार करके देखा जाए तो सूर में जो कुछ संकोच का अभाव या प्रगल्भता पाई जाती है वह गृहीत विषय के कारण। इन्होंने वात्सल्य और शृंगार ही वर्णन के लिए चुने हैं। जिसे बालक्रीड़ा और शृंगार-क्रीड़ा का अत्यन्त विस्तृत वर्णन करना है वह यदि संकोच भाव छोड़ लड़कों की नटखटी, यौवन-सुलभ हास-परिहास आदि का वर्णन न करेगा तो काम कैसे चलेगा ? कालिदास ने भी कुमारसम्भव में पार्वती के अंग-प्रत्यंग का शृंगारी वर्णन किया है। तो क्या उनकी शंकर की उपासना भी सख्य भाव की हुई और उनका वह वर्णन उसी सख्य भाव के कारण हुआ ? थोड़ा-सा ध्यान देने से ही यह जाना जा सकता है कि आरम्भ में सूर ने जो बहुत दूर तक विनय के पद कहे हैं, वे दीन सेवक या दास के रूप में ही कहे हैं। मिलान करने पर सूर की विनयावली और तुलसी की विनय-पत्रिका में सखा और सेवक का कोई भेद न पाया जाएगा। विनय में सूर भी ऐसा ही कहते पाए जाएँगे–"प्रभु ! हौं सब पतितन को टीकौ"। यों तो तुलसी भी प्रेमभाव में मग्न होकर सामीप्य और घनिष्ठता का अनुभव करते हुए 'पूतरा बाँधने' के लिए तैयार हो गए हैं और शबरी आदि को तारने पर कहते हैं–"तारेहु का रही सगाई ?"

इसी साम्प्रदायिक प्रवाद से प्रभावित होकर कुछ महानुभावों ने सूर और तुलसी में प्रकृति-भेद बताने का प्रयत्न किया है और सूर को खरा तथा स्पष्टवादी और तुलसी को सिफारशी, खुशामदी या लल्लोचप्पो करनेवाला कहा है। उनकी राय में तुलसी कभी राम की निन्दा नहीं करते; पर सूर ने दो-चार स्थानों पर कृष्ण के कामों की निन्दा भी की है यथा–

(क) *तुम जानत राधा है छोटी।*
हमसों सदा दुरावति है यह, बात कहै मुख चोटी पोटी।
नँदनंदन वाही के बस हैं, बिबस देखि बेंदी छबि चोटी।
सूरदास प्रभु वै अति खोटे, यह उनहूँ तें अति ही खोटी ॥

(ख) *सखी री ! श्याम कहा हित जानै।*
सूरदास सर्बस जौ दीजै कारो कृतहि न मानै।

पर यह कथन कहाँ तक ठीक है इसका निर्णय इस प्रश्न के उत्तर द्वारा झटपट हो सकता है। "सूरदास प्रभु वै अति खोटे", "कारो कृतहि न मानै" इन दोनों वाक्यों में वाच्यार्थ के अतिरिक्त संलक्ष्य असंलक्ष्य किसी प्रकार का व्यंग्यार्थ भी है या नहीं ? यदि किसी प्रकार का व्यंग्य नहीं है तो उक्त कथन ठीक हो सकता है। पर किसी प्रकार का व्यंग्यार्थ न होने पर ये दोनों वाक्य रसात्मक न होंगे, इनमें कुछ भी काव्यत्व न होगा। पर हमारे देखने में ये दोनों वाक्य असंलक्ष्य-क्रम व्यंग्य के कारण रसात्मक हैं। इन दोनों पदों पर साहित्यिक दृष्टि से जो थोड़ा भी ध्यान देगा वह जान लेगा कि कृष्ण न तो वास्तव में खोटे कहे गए हैं, न कलूटे कृतघ्न। प्रथम पद में जो सखी की उक्ति है वह विनोद या परिहास की उक्ति है, सरासर गाली नहीं है। सखी का यह विनोद हर्ष का ही एक स्वरूप है और

संचारी के रूप में प्रिय सखी राधा के प्रति रतिभाव की व्यंजना करती है। इससे सखी के उस आनन्द का पता चलता है जो राधा-कृष्ण के परस्पर प्रेम को देख उसे हो रहा है। इसी प्रकार दूसरा पद विरहाकुल गोपी का वचन है जिससे कुछ विनोद-मिश्रित अमर्ष भी व्यंजित होता है। यह अमर्ष भी यहाँ रतिभाव का व्यंजक है, इसके कहने की आवश्यकता नहीं। यह आरम्भ में ही कहा जा चुका है कि कृष्ण और गोपियों का प्रेम लोक-मर्य्यादा से परे जीवनोत्सव या क्रीड़ा के रूप में सामने रखा गया है। इस सम्बन्ध में हमारा केवल यही निवेदन है कि साम्प्रदायिक परिभाषाओं के चक्कर में साहित्यिक दृष्टि खो न देना चाहिए।

तुलसी पर दूसरा इलजाम, जिससे सूर बरी किए गए हैं, यह है कि वे रह-रहकर फजूल याद दिलाया करते हैं कि राम परमेश्वर हैं। ठीक है; तुलसी ऐसा जरूर करते हैं। पर कहाँ ? रामचरित-मानस में। पर रामचरित-मानस तुलसीदास का एकमात्र ग्रन्थ नहीं है। उसके अतिरिक्त तुलसीदासजी के और भी कई ग्रन्थ हैं। क्या सब में यही बात पाई जाती है ? यदि नहीं, तो इसका विवेचन करना चाहिए कि रामचरित-मानस में ही यह बात क्यों है। मेरी समझ में इसके कारण ये हैं।

(1) रामचरित-मानस की कथा के वक्ता तीन हैं–शिव, याज्ञवल्क्य और काक-भुशुंडि। श्रोता हैं पार्वती, भरद्वाज और गरुड़। इन तीनों श्रोताओं ने अपना यह मोह प्रकट किया है कि कहीं राम मनुष्य तो नहीं हैं। तीनों वक्ता जो कथा कह रहे हैं वह उसी मोह को छुड़ाने के लिए। इसलिए कथा के बीच-बीच में याद दिलाते जाना बहुत उचित है। गोस्वामीजी ने भूमिका में ही इस बात को स्पष्ट करके शंका की जगह नहीं छोड़ी है।

(2) रामचरित-मानस एक प्रबन्ध-काव्य है जिसमें कथा का प्रभाव अनेक घटनाओं पर से होता हुआ लगातार चला चलता है। इस दशा में कथा-प्रवाह में मग्न पाठक या श्रोता को असल बात की ओर ध्यान दिलाते रहने की आवश्यकता समय-समय पर उस कवि को अवश्य मालूम होगी जो नायक को ईश्वरावतार के रूप में ही दिखाना चाहता है। फुटकल पद्यों में इसकी आवश्यकता न प्रतीत होगी। सूरसागर की शैली पर तुलसी की 'गीतावली' है। उसमें यह बात नहीं पाई जाती। जबकि समान शैली की रचना मिलती है तब मिलान के लिए उसी को लेना चाहिए।

(3) श्रीकृष्ण के लिए 'हरि', 'जनार्दन' आदि विष्णुवाचक शब्द बराबर लाए जाते हैं, इससे चेतावनी की आवश्यकता नहीं रह जाती। गोपियों ने कृष्ण के लिए बराबर 'हरि' शब्द का व्यवहार किया है।

इस प्रसंग को छोड़ने के पहले इतना और कह देना चाहता हूँ कि जिस प्रकार तुलसी ने राम की सान्निध्य-प्राप्ति के कारण दशरथ, कौशल्या, केवट, शवरी, जटायु आदि के भाग्य को शिव, सनकादिक के भाग्य से भी बढ़कर कहा है, उसी प्रकार उन्हीं शब्दों में सूर ने भी जगह-जगह नंद-यशोदा और गोप, गोपियों के भाग्य को सराहा है। यह भी याद ही दिलाना है कि कृष्ण परमेश्वर हैं।

सूरदासजी अपने भाव में मग्न रहनेवाले थे, अपने चारों ओर की परिस्थिति की आलोचना करनेवाले नहीं। संसार में क्या हो रहा है, लोक की प्रवृत्ति क्या है, समाज

किस ओर जा रहा है, इन बातों की ओर उन्होंने अधिक ध्यान नहीं दिया है। तुलसीदासजी लोक की गति के सूक्ष्म पर्य्यालोचक थे। वे उसके बीच पैदा होनेवाली बुराइयों को तीव्र दृष्टि से देखनेवाले थे। जिस प्रकार उन्होंने अपने समय की जनता की दुःख दशा और दुर्वृत्ति तथा मर्य्यादा के ह्रास पर दृष्टिपात किया है, उसी प्रकार लोक-मर्य्यादा के ह्रास में सहायता पहुँचानेवाली प्रच्छन्न शक्तियों को भी पहचाना है। किस प्रकार उन्होंने कबीर, दादू आदि के लोक-विरोधी स्वरूप को पहचानकर उनके उद्धत व्यक्तिवाद के विरुद्ध घोषणा की, यह हम गोस्वामीजी की आलोचना में दिखा चुके हैं।[1] सूरदासजी अपने भाव-भजन और मन्दिर के नृत्य गीत में ही लीन रहते थे; इन सब अन्देशों से बहुत दुबले नहीं रहते थे। 'निर्गुन बानी' की जो हवा बन रही थी उसकी ओर उनके कान अवश्य थे।

तुलसी की आलोचना में हम सूचित कर चुके हैं कि तुलसी का व्रजभाषा और अवधी दोनों काव्य-भाषाओं पर तुल्य अधिकार था और उन्होंने जितनी शैलियों की काव्य-रचना प्रचलित थी उन सब पर बहुत उत्कृष्ट रचना की है। यह बात सूर में नहीं है। सूरसागर की पद्धति पर वैसी ही मन हारिणी और सरस रचना तुलसी की 'गीतावली' मौजूद है; पर रामचरित-मानस और कवितावली की शैली की सूर की कोई कृति नहीं है। इसके अतिरिक्त मनुष्य-जीवन की जितनी अधिक दशाएँ, जितनी अधिक वृत्तियाँ, तुलसी ने दिखाई हैं, उतनी सूर ने नहीं। तुलसी ने अपने चरित्र-चित्रण द्वारा जैसे विविध प्रकार के ऊँचे आदर्श खड़े किए हैं वैसे सूर ने नहीं। तुलसी की प्रतिभा सर्वतोमुखी है और सूर की एकमुखी। पर एकमुखी होकर उसने अपनी दिशा में जितनी दूर तक की दौड़ लगाई है उतनी दूर तक की तुलसी ने भी नहीं और किसी कवि की तो बात ही क्या है। जिस क्षेत्र को सूर ने चुना है उस पर उनका अधिकार अपरिमित है, उसके वे सम्राट हैं।

सूर की विशेषताओं के इस संक्षिप्त दिग्दर्शन को समाप्त करने से पहले इतना और कह देने को जी चाहता है कि सूर में साम्प्रदायिकता की छाप तुलसी की अपेक्षा अधिक है। अष्टछाप में वे थे ही। उन्होंने अपनी अनन्य उपासना के अनुसार कृष्ण या हरि को छोड़ और देवताओं की स्तुति नहीं की है। ग्रन्थारम्भ में भी प्रथानुसार गणेश या सरस्वती को याद नहीं किया है। पर तुलसीदासजी की वन्दना कितनी विस्तृत है, यह रामचरित-मानस और विनय-पत्रिका के पढ़नेवाले मात्र जानते हैं। उनमें लोक-संग्रह का भाव पूरा-पूरा था। उनकी दृष्टि लोक-विस्तृत थी। जनसमाज के बीच—या कम-से-कम हिन्दू समाज के बीच—परस्पर सहानुभूति और सम्मान का भाव तथा सुखद व्यवस्था स्थापित देखने का अभिलाष भी उनमें बहुत कुछ था। शिव और राम को एक दूसरे का उपासक बनाकर उन्होंने शैवों और वैष्णवों में भेदबुद्धि रोकने का प्रयत्न किया था। पर सूरदासजी का इन सब बातों की ओर ध्यान नहीं था।

जो तुलसीदासजी के ग्रन्थों को पढ़ता है वह उन्हें देवताओं से उदासीन भी नहीं समझता, उनका शत्रु और द्रोही समझना तो दूर रहा। इतने पर भी कुछ लोगों ने वनवास

1. देखिए काशी नागरीप्रचारिणी सभा द्वारा प्रकाशित 'गोस्वामी तुलसीदासजी' नामक ग्रन्थ।

के करुण प्रसंग के भीतर अथवा राम के महत्त्व आदि की भावना में लीन करनेवाले किसी पद में "सुर स्वारथी" आदि शब्द देखकर यह कहना बहुत जरूरी समझा है कि "सूर ने तुलसी के समान देवताओं को गालियाँ नहीं दी हैं।" इस पर यही समझकर रह जाना पड़ता है कि यह मत-वैलक्षण्य के प्रदर्शन का युग है।

सूर की विशेषताओं पर स्थूल रूप से इतना विचार करने के उपरान्त अब हम उनकी उस संगीत-भूमि में थोड़ा प्रवेश करते हैं जो 'भ्रमरगीत' के नाम से प्रसिद्ध है और जिसमें वचन की भाव-प्रेरित वक्रता द्वारा प्रेम-प्रसूत न जाने कितनी अन्तर्वृत्तियों का उद्घाटन परम मनोहर है। 'भ्रमरगीत' का प्रसंग इस प्रकार आया है। श्रीकृष्ण अक्रूर के साथ कंस के निमन्त्रण पर मथुरा गए और वहाँ कंस को मारकर अपने पिता वसुदेव का उद्धार किया। इसी बीच में कुब्जा नाम की कंस की एक दासी को उसकी सेवा से प्रसन्न होकर उन्होंने अपने प्रेम की अधिकारिणी बनाया। जब अवधि बीत जाने पर भी वे लौटकर गोकुल न आए तब नंद, यशोदा और सारे व्रजवासी बड़े दुःखी हुए। उन गोपियों के विरह का क्या कहना है जिनके साथ उन्होंने इतनी क्रीड़ाएँ की थीं। बहुत दिनों पीछे श्रीकृष्ण ने ज्ञानोपदेश द्वारा गोपियों को समझाने-बुझाने के लिए अपने सखा उद्धव को व्रज में भेजा। उद्धव ही को क्यों भेजा ? कारण यह था कि उद्धव को अपने ज्ञान का बड़ा गर्व था, प्रेम या भक्ति मार्ग की वे उपेक्षा करते थे। कृष्ण का उन्हें गोपियों के पास भेजने में यह अभिप्राय था कि वे उनकी प्रीति की गूढ़ता और तन्मयता देखकर शिक्षा ग्रहण करें और सगुण भक्तिमार्ग की सरसता और सुगमता के सामने उनका ज्ञान गर्व दूर हो–

जदुपति जानि उद्धव रीति।
जेहि प्रगट निज सखा कहियत करत भाव अनीति।
बिरह-दुःख जहँ नाहिं जामत, नाहिं उपजत प्रेम।
रेख, रूप न बरन जाके यह धर्‌यो वह नेम।
त्रिगुण तन करि लखत हमकों, ब्रह्म मानत और।
बिना गुण क्यों पुहुमि उधरै, यह करत मन डौर।
बिरह-रस के मंत्र कहिए क्यों चलै संसार।
कछु कहत यह एक प्रगटत, अति भर्‌यौ हंकार।
प्रेम भजन न नेकु याके, जाय क्यों समझाय ?
सूर प्रभु मन यहै आनी, ब्रजहि देहुँ पठाय॥

"त्रिगुण तन करि लखत हमकों, ब्रह्म मानत और" इसी भ्रम का निवारण कृष्ण चाहते थे। जगत् से ब्रह्म को सदा अलग मानना, जगत् की नाना विभूतियों में उसे न स्वीकार करना भक्तिमार्गियों के निकट बड़ी भारी भ्रान्ति है। "अहमात्मा गुडाकेश सर्वभूताशयस्थितः" भगवद्वाक्य को मन में बैठाए हुए भक्तजन गीता के इस उपदेश के अनुसार भगवान् के व्यक्त स्वरूप की ओर आकर्षित रहते हैं–

क्लेशोऽधिकतरस्तेषामव्यक्तासक्तचेतसाम्।
अव्यक्ता हि गतिर्दुःख देहवद्भिरवाप्यते॥

उद्धव बात-बात में "एक प्रगटत"–अद्वैतवाद का राग अलापते थे। पर "विरह रस के मन्त्र कहिए क्यों चले संसार ?"–रसविहीन उपदेश से लोक-व्यवहार कैसे चल सकता है ? रसविहीन उपदेश किस प्रकार असर नहीं करते, यही दिखाने को भ्रमरगीत की रचना हुई।

उद्धव के व्रज में दिखाई पड़ते ही सारे ब्रजवासी उन्हें घेर लेते हैं। वे नंद-यशोदा के सँदेसा कह चुकने के उपरान्त गोपियों की ओर फिरकर कृष्ण के सन्देश के रूप में ज्ञानचर्चा छेड़ते हैं। इसी बीच में एक भौंरा उड़ता-उड़ता गोपियों के पास आकर गुनगुनाने लगता है–

यहि अन्तर मधुकर इक आयो।
निज सुभाव अनुसार निकट होइ सुन्दर शब्द सुनायो।
पूजन लागीं ताहि गोपिका "कुबजा तोहिं पठायो ॥
कैधौं सूर श्यामसुन्दर को हमैं सँदेसो लायो ?"

फिर तो गोपियाँ मानो उसी भ्रमर को सम्बोधन करके जो-जो जी में आता है, खरी-खोटी, उलटी-सीधी सब सुना चलती हैं। इसी से इस प्रसंग का नाम 'भ्रमरगीत' पड़ा है। कभी गोपियाँ उद्धव का नाम लेकर कहती हैं, कभी उसी भ्रमर को सम्बोधन करके कहती हैं–विशेषतः जब परुष और कठोर वचन मुँह से निकालना होता है। शृंगार रस का ऐसा सुन्दर 'उपालम्भ काव्य' दूसरा नहीं है।

उद्धव को देखते ही गोपियों का सम्बन्ध-भावना के कारण कृष्ण के मिलने का-सा सुख हुआ–

ऊधौ ! पा लागौं भले आए।
तुम देखे जनु माधव देखे, तुम त्रय ताप नसाए ॥

प्रिय के सम्बन्ध से बहुत-सी वस्तुएँ प्रिय लगने लगती हैं। यही बात यहाँ अपने स्वाभाविक रूप में दिखाई गई है। इसको बढ़ाकर बिहारी कुछ और दूर तक ले गए हैं। उनकी नायिका को नायक के भेजे हुए पंखे की हवा लगने से उलटा और पसीना होता है। यह एक तमाशे की बात जरूर हो गई है–

हित करि तुम पठयो, लगे वा बिजना की बाय।
टरी तपनि तन की तऊ चली पसीने न्हाय ॥

सूर ने भी प्रिय वस्तु पाकर 'सात्त्विक' होना दिखाया है, पर तमाशे के रूप में नहीं, अत्यन्त स्वाभाविक और मर्मस्पर्शी रूप में तथा अत्यन्त अर्थ-प्राचुर्य्य के साथ। उद्धव के हाथ से श्याम की पत्री राधा अपने हाथ में लेती हैं और–

निरखत अंक श्यामसुन्दर के बार बार लावति छाती।
लोचन-जल कागद-मसि मिलि कै है गइ श्याम श्याम की पाती।

आँसुओं से भींगकर स्याही फैलने से सारी चिट्ठी काली हो गई, इससे कृष्ण-सम्बन्ध की भावना के कारण प्रबल प्रेमोद्रेक सूचित हुआ। आगे देखिए तो इस प्रेमोद्रेक की तीव्रता व्यंजित करने के लिए 'अंक' और 'श्याम' शब्दों में श्लेष कैसा काम कर रहा है। पत्री पाकर वैसा ही प्रेम उमड़ा जैसा कृष्ण को पाकर उमड़ता है। कृष्ण की पत्री ही

उनके लिए कृष्ण हो गई। जैसा वे कृष्ण के अंक (गोद अर्थात् शरीर) को पाकर आलिंगन करतीं वैसे ही कृष्ण के लिखे अंक (अक्षर) देखकर वे पत्री को बार-बार हृदय से लगाती हैं। यहाँ भावाधिपति सूर ने भाव का और आधिक्य व्यंजित करने के लिए शब्द-साम्य की सहायता ऐसे कौशल से ली है कि एक बार शब्दों का साधारण अर्थ (अक्षर और कला) लेने से जिस भाव की अधिकता सूचित हुई फिर आगे उनका श्लिष्ट अर्थ (गोद और श्रीकृष्ण) लेने से उसी भाव की और अधिकता व्यंजित हुई। इससे जो लाघव हुआ है–मज़मून में जो चुस्ती आई है–वह तो है ही, साथ ही प्रेम के अन्तर्भूत एक मानसिक दशा के चित्र का रंग कैसा चटकीला हो गया ! शब्द-साम्य को उपयोग में लानेवाला सच्चा कवि-कौशल यही है।

यदि केशवदास के ढंग पर सूर भी यहाँ उक्त शब्द-साम्य को लेकर 'कृष्ण और 'पत्री' की तुलना पर ज़ोर देने लगते–कहते कि पत्री मानो कृष्ण ही है, क्योंकि वह भी श्याम है और उसके भी अंक (वक्षस्थल) है–तो काव्य की रमणीयता कुछ भी न आती। राधा को वह पत्री जो कृष्ण के समान लग रही है, वह सादृश्य या साधर्म्य के कारण नहीं, बल्कि सम्बन्ध-भावना के कारण, कृष्ण के हाथ की लिखी होने के कारण। केवल शब्दात्मक साम्य को लेकर यदि हम किसी पहाड़ को कहें कि यह बैल है क्योंकि इसे भी 'शृंग' है, तो यह काव्य-कला तो न होगी, और कोई कला हो तो हो। क्या जरूरत है कि शब्दों की जितनी कलाबाजियाँ हों, सब काव्य ही कहलाएँ ?

गोपियाँ कहती हैं कि हमने इतने सँदेसे भेजे हैं कि शायद उनसे मथुरा के कुएँ भी भर गए होंगे, पर जो सँदेसा लेकर जाता है वह लौटता नहीं–

सँदेसनि मधुबन कूप भरे।
जो कोउ पथिक गए हैं ह्याँ तें फिरि नहिं गवन करे।
कै वै श्याम सिखाय समोधे, कै वै बीच मरे ?
अपने नहिं पठवत नँदनंदन हमरेउ फेरि धरे।
मसि खूँटी, कागद जल भीजे, शर दव लागि जरे॥

प्रिय से सम्बन्ध रखनेवाले व्यक्तियों या वस्तुओं का प्रिय लगना ऊपर दिखा आए हैं। इस पद में प्रेमाभिलाष की पूर्त्ति में जो वस्तुएँ बाधक होती हैं, सहायक नहीं होतीं या उपयोग में नहीं आतीं, उनके ऊपर बड़ी सुन्दर झल्लाहट स्त्रियों की स्वाभाविक बोली में प्रकट की गई है। पथिक सँदेसा लेकर गए, पर न लौटे, न जाने कहाँ मर गए ! कोई चिट्ठी भी नहीं आती है। मथुरा भर में स्याही ही चुक गई, या कागज भींगकर गल गए अथवा सरकंडों में (जिनकी कलम बनती है) आग लग गई, वे जल गए ?

जो कोई पथिक उधर से होकर निकलता है उसे रोककर गोपियाँ अपना सँदेसा कहने लगती हैं। अब तो यह दशा है कि इसी डर से पथिकों ने उधर से होकर जाना ही छोड़ दिया है–

सूरदास सँदेसन के डर पथिक न वा मग जात।

ज्यों ही उद्धव अपना ज्ञान-सन्देश सुनाना आरम्भ करते हैं त्यों ही गोपियाँ चकपकाकर पूछने लगती हैं–

हमसों कहत कौन की बातें ?
सुनि, उधो ! हम समझति नाहीं, फिरि बूझति हैं तातें।
को नृप भयो, कंस किन मार्‌यो, को बसुद्यो-सुत आहि ?
यहाँ हमारे परम मनोहर जीजत हैं मुख चाहि॥

गोपियों को यह 'चकपकाहट' उद्धव की बात की असंगति पर होती है। जिसने ऐसा सँदेसा भेजा है वह न जाने कौन है। परम प्रेमी कृष्ण तो हो नहीं सकते। इसका तात्पर्य्य यह नहीं कि वे सचमुच उद्धव को कृष्ण का दूत नहीं समझ रही हैं। वे केवल विश्वास करने की अपनी अतत्परता और आश्चर्य मात्र व्यंजित कर रही हैं। कृष्ण के सम्बन्ध से उद्धव भी गोपियों को प्रिय और अनोखे लग रहे हैं। इसी से बीच-बीच में वे उन्हें बनाने और उनसे परिहास करने लगती हैं। वे कृष्ण पर भी फबती छोड़ती हैं और उद्धव को भी बनाती हैं–

ऊधो ! जान्यो ज्ञान तिहारो।
जानैं कहा राजगति लीला अंत अहीर बेचारो।
आवत नाहि लाज के मारे, मानहु कान्ह खिसान्यो।
हम सबै अयानी, एक सयानी कुबजा सों मन मान्यो।
ऊधो जाहु बाँह धरि ल्याओ सुन्दर श्याम पियारो।
ब्याहौ लाख, धरौ दस कुबरी, अंतहि कान्ह हमारो॥

परिहास के अतिरिक्त अन्तिम चरण में प्रेम की उच्च दशा के 'औदार्य्य' की कैसी साफ झलक है !

उद्धव कहते जाते हैं, पर गोपियों के मन में यह बात समाती ही नहीं कि यह कृष्ण का सँदेसा है। कभी वे कहती हैं–"ऊधो ! जाय बहुरि सुनि आवहु कहा कह्यो है नंदकुमार"; कभी कहती हैं–"श्याम तुम्हें ह्याँ नाहिं पठाए; तुम हौ बीच भुलाने"। जब उद्धव बकते ही जाते हैं तब वे और भी बनाती हैं; कहती हैं कि अपने होश की दवा करो–

ऊधो ! तुम अपनो जतन करो।
हित की कहत कुहित की लागै, किन बेकाज ररौ ?
जाय करो उपचार आपनो, हम जो कहत हैं जी की।
कछू कहत कछुवै कहि डारत, धुन देखियत नहिं नीकी॥

बीच-बीच में वे खिझला भी उठती हैं और कहती हैं कि तुम्हारे मुँह कौन लगे, तुम तो सनक गए हो। वहाँ सिर खाने लगे थे। तभी तुम्हें यहाँ भेजकर श्रीकृष्ण ने अपना पल्ला छुड़ाया–

साधु होय तेहि उत्तर दीजै तुमसों मानी हारि।
याहीं ते तुम्हैं नँदनंदन जू यहाँ पठाए टारि॥

फिर चित्त में कुछ विनोद-वृत्ति के आ जाने पर वे कहती हैं–भाई ! खूब आए ! इस दुःखदशा में भी अपनी बेढब बातों से एक बार लोगों को हँसा दिया–

'ऊधो ! भली करी तुम आए।
ये बातें कहि कहि या दुःख में व्रज के लोग हँसाए।''

प्रेम के जिस हास क्रीड़ामय स्वरूप को सूर ने लिया है, विप्रलम्भ दशा के अश्रु और दीर्घ निःश्वास के बीच-बीच में भी बराबर उसकी क्षणिक और क्षीण रेखा झलक जाती है। श्याम गोपियों के पास नहीं हैं; उनके सखा ही संयोग से उनके बीच आ फँसे हैं जो सदा उनके पास रहते हैं। बस यही सम्बन्ध-भावना कृष्ण के सन्देश की विलक्षणता की भावना के साथ मिलते ही रह-रहकर थोड़ी देर के लिए वृत्ति को विनोदमयी कर देती है–

ऊधो हम आज भईं बड़भागी।
बिसरे सब दुःख देखत तुमकों, श्यामसुँदर हम लागीं।
ज्यों दर्पन मधि दृग निरखत जहँ हाथ तहाँ नहिं जाई।
त्यों ही सूर हम मिली साँवरे बिरह-बिथा बिसहाई॥

मध्यस्थ द्वारा संयोगसूत्र का कैसा सुन्दर स्पष्टीकरण सूर ने किया है! जो सम्बन्ध-भावना बीच-बीच में गोपियों की वृत्ति विनोदमयी कर देती है वह कभी-कभी स्पष्ट शब्दों में निर्दिष्ट होकर सामने आ जाती है और पाठक उसे पहचान सकते हैं; जैसे–

मधुकर ! जानत है सब कोऊ।
जैसे तुम औ मीत तुम्हारे, गुननि निपुन हौ दोऊ।
पाके चोर, हृदय के कपटी, तुम कारे औ वोऊ॥

उद्धव को जो 'पक्के चोर और कपटी' प्रेम के ये सम्बोधन मिल रहे हैं वह कृष्ण के संसर्ग के प्रसाद से।

ऐसेई जन दूत कहावत।
ऐसी परकृति परति छाहँ की जुवतिन जोग बुझावत॥

गोपियाँ कहती हैं कि बैठे-बैठे योग और ज्ञान का सँदेसा भेजनेवाले कैसे हैं, यह हम अच्छी तरह जानती हैं–

हम तौ निपट अहीरि बावरी जोग दीजिए ज्ञानिन।
कहा कथत मामी के आगे जानत नानी नानन॥

कृष्ण की सम्बन्ध-भावना स्थान को भी कुछ अनुरंजक रूप प्रदान करती है–

बिलग जनि मानहुँ, ऊधो प्यारे !
वह मथुरा काजर की कोठरि जे आवहि ते कारे।
तुम कारे, सुफलक-सुत कारे, कारे मधुप भँवारे॥

गोपियाँ कहती हैं–''तुम्हारा दोष नहीं। वह स्थान ही ऐसा हो रहा है जहाँ से तुम आ रहे हो। एक कृष्ण से वहाँ ऐसी कृष्णता छा रही है कि तुम काले हो; अक्रूर जो आए थे वे भी ऐसे ही काले थे; और यह घूमता हुआ भौंरा भी (जो बहुत दिन वहाँ न रहा होगा, घूमता-फिरता जा पड़ा होगा) वैसा ही काला है।''

उद्धव अपने ज्ञानोपदेश की भूमिका ही बाँध रहे थे कि गोपियों के मन में कुछ 'शंका' होने लगी–

मधुकर ! देखि श्याम तन तेरो।
हरिमुख की सुनि मीठी बातें डरपत है मन मेरो।
अब लौं कौन हेतु गावत है हम्ह आगे यह गीत।
सूर इते सों गारि कहा है जो पै त्रिगुन-अतीत।

'त्रिगुणातीत' होंगे, हमें इससे क्या ? तू क्या बार-बार यह कहता है ? कुछ भेद जान नहीं पड़ता।

उद्धव को कभी एक भोला-भाला आदमी ठहराकर गोपियाँ अनुमान करती हैं कि कहीं श्रीकृष्ण ने यह सँदेसा इनके हाथ भेजकर हँसी न की हो और ये इसे ठीक मानकर बक-बक कर रहे हों। यही पता लगाने के लिए वे उद्धव से पूछती हैं– "अच्छा यह तो बताओ कि जब वे तुम्हें सन्देश कहकर भेजने लगे थे तब कुछ मुस्कराए भी थे ?"

ऊधो ! जाहु तुम्हैं हम जाने।
साँच कहो तुमको अपनी सौं, बूझत बात निदाने।
सूर श्याम जब तुम्हें पठाए तब नेकहु मुसकाने ?

यह अनुमान या 'वितर्क' रागात्मिका वृत्ति से सर्वथा निर्लिप्त शुद्ध बुद्धि की क्रिया नहीं है। संचारी 'मति' के समान यह भी भाव-प्रेरित है; हृदय की रागद्वेष वृत्ति से सम्बन्ध रखता है। किसी बात को मानने न मानने की भी रुचि हुआ करती है। कृष्ण के प्रेम को गोपियाँ छोड़ना नहीं चाहतीं; अतः यह बात मानने को उनका जी नहीं करता कि कृष्ण ने ऐसा अप्रिय सन्देश भेजा होगा। जिस बात को कोई मानना नहीं चाहता उसको न मानने के वह अनेक रास्ते ढूँढ़ता है। बस, गोपियों के अन्तःकरण की यही स्थिति ऊपर के पद में दिखाई गई है।

उद्धव के ज्ञान-योग की गोपियाँ कितनी कद्र करती हैं, अब थोड़ा यह भी देखिए। जो ऐसी चीज ढोए फिरता है जिसे बहुत-से लोग बिलकुल निकम्मी समझ रहे हैं उसे वे बेवकूफ समझकर ही नहीं रह जाते, बल्कि उसे बनाने में भी कभी-कभी पूरी कल्पना खर्च करते हैं। बेवकूफी पर हँसने का रिवाज बहुत पुराना है। लोग बना-बनाया बेवकूफ पाकर हँसते भी हैं और हँसने के लिए बेवकूफ बनाते भी हैं। हास की प्रेरणा ही कल्पना को मूर्ख का स्वरूप जोड़ने और वाणी को कुछ शब्द-रचना करने में तत्पर करती है। गोपियाँ कुछ-कुछ इसी प्रेरणावश उद्धव से नीचे लिखी बात उस समय कहती हैं जब वे घबराकर उठने को तैयार होते हैं–

उद्धव ! जोग बिसरि जनि जाहु।
बाँधहु गाँठ, कहूँ जनि टूटै, फिर पाछे पछिताहु।
ऐसी वस्तु अनूपम, मधुकर ! मरम न जानै और।
ब्रजबासिन के नाहि काम की, तुम्हरे ही है ठौर ॥

"देखना, अपना योग कहीं भूल न जाना। गाँठ में बाँध रखो; कहीं छूट जाय तो फिर पीछे पछताओगे। ऐसी वस्तु जिसका मर्म सिवा तुम्हारे या तुम्हारे ऐसे दो-चार फालतू दिमागवालों के और कोई जान ही नहीं सकता वह ब्रजवासियों के किसी काम की नहीं। ऐसी फालतू चीज़ के लिए तुम्हारे ही यहाँ जगह होगी, यहाँ नहीं है।" जिसके सखा के दर्शन से विरह से मुरझाई हुई गोपियों में इतनी चपलता आ गई कि वे लड़कों की तरह चिढ़ाने को तैयार हो गईं उसके दर्शन से उनमें कितनी सजीवता आती, यह समझने की बात है। ज्ञान-योग पर भी कैसी मीठी चुटकी है। जिसे केवल एक आध आदमी समझते हैं वह वस्तु सबके काम की नहीं हो सकती। उद्धव जब उसे गले लगाते हैं तब गोपियों का भाव बदलता है और वे उन्हें सीधे-सादे बेवकूफ नहीं लगते, बल्कि एक ठग या धूर्त के रूप में दिखाई पड़ते हैं। यह भावान्तर उनकी कल्पना का कैसा चित्र खड़ा करने लगता है, देखिए–

(क) *आयो घोष बड़ो व्यापारी।*
लादि खेप यह ज्ञान-जोग की व्रज में आय उतारी।
फाटक दै कर हाटक माँगत भोरी निपट सु धारी॥

(ख) *ऊधो ! व्रज में पैंठ करी।*
यह निर्गुन निर्मूल गाठरी अब किन करहु खरी।
नफा जानिकै ह्याँ लै आए सबै वस्तु अकरी॥

उदाहरण (ख) में 'निर्मूल' शब्द कितना अर्थगर्भित है। साधारण दृष्टि से तो यही अर्थ दिखाई पड़ता है कि 'बिना जड़ पत्ते की वस्तुवाली' अर्थात् जिसमें कुछ भी नहीं है, शून्य है। पर साथ ही इस अर्थ का भी पूरा संकेत मिलता है–"जिसमें मूलधन या पास की पूँजी नहीं लगी है" अर्थात् वह (ज्ञान-गठरी) केवल किसी के मुँह से सुनकर इकट्ठी कर ली गई है, उसमें हृदय नहीं लग रहा है–लग ही नहीं सकता–जो मनुष्य की असल पूँजी है। सूर ने यहाँ जिस बात को इस मार्मिक ढंग से कहा है उसी को गोस्वामी तुलसीदासजी ने दार्शनिक निरूपण के ढंग पर 'स्वानुभूति' और 'वाक्य-ज्ञान' का भेद बताकर कहा है–

वाक्य ज्ञान अत्यन्त निपुन भव पार न पावै कोई।
जिमि गृह मध्य दीप की बातन तम निवृत्त नहिं होई॥

पूर्ण तत्वाभास केवल कोरी बुद्धि की क्रिया में नहीं हो सकता, यह बात शंकराचार्य्य ऐसे बुद्धि के दार्शनिक को भी माननी पड़ी थी। पारमार्थिक सत्ता के बोध की सम्भावना उन्होंने बहुत कुछ स्वानुभूति द्वारा कही है, केवल शब्दबोध या तर्क द्वारा नहीं। वर्त्तमान समय का सबसे आगे बढ़ा हुआ दार्शनिक बर्गसन (Bergson) भी कोरी बुद्धि-क्रिया को एकांगी, भ्रान्तिजनक और असमर्थ बताकर स्वानुभूति (Intution) की ओर संकेत कर रहा है। एडवर्ड कार्पेंटर ने भी अपनी प्रसिद्ध अँगरेजी पुस्तक 'Civilization, its Causes and Cure' में वर्त्तमान समय की उस वैज्ञानिक प्रवृत्ति का विरोध किया है जिसमें बुद्धि-क्रिया ही सब कुछ मानी गई है, मनुष्य के हृदय-पक्ष या स्वानुभूति-पक्ष का

एकदम तिरस्कार कर दिया गया है। उसने 'शब्द-बोध की प्रणाली' को 'अज्ञान प्रणाली' कहा है। वर्त्तमान काल के प्रसिद्ध उर्दू शायर अकबर ने भी 'बुद्धि-रोग' से छुटकारा पाने पर खुशी जाहिर की है–''मैं मरीजे होश था, मस्ती ने अच्छा कर दिया।'' यही पक्ष तुलसी, सूर आदि भक्तों का भी रहा है। गोस्वामी तुलसीदासजी ने स्पष्ट कह दिया है कि अज्ञान ही के द्वारा–शब्दबोध के सहारे–तो ज्ञान की बात कही जाती है। वे ललकारकर कहते हैं–''ज्ञान कहै अज्ञान बिनु, सो गुरु, तुलसीदास।''

जब उद्धव की बकवाद बन्द नहीं होती, वे ऐसी बातें बकते ही जाते हैं जो गोपियों को बेसिर-पैर की लगती हैं, जिनका कुछ स्पष्ट अर्थ नहीं जान पड़ता तब वे ऊबकर झुँझला उठती हैं। कहती हैं–''तुझसे कौन सिरपच्ची करे–'ऐसी को ठाली बैठी है तोसों मूड़ खपावै' कह दिया कि तेरा सिर पटकना व्यर्थ है।''

'कत श्रम करत, सुनत को ह्याँ है ? होत ज्यों बन को रोयो।
सूर इते पै समझत नाहीं निपट दई को खोयो।'

'निपट दई को खोयो'–स्त्रियों की झुँझलाहट के कैसे स्वाभाविक वचन हैं ! अन्त में उद्धव पर इस प्रकार झल्ला उठती हैं–

(क) *ऊधो ! राखति हौं पति तेरी।*
ह्याँ ते जाहु, दुरहु आगे तें, देखति आँखि बरति हैं मेरी।
ते तौ तैसेइ दोउ बने हैं, वै अहीर, वह कंस की चेरी॥

(ख) *रहु रे मधुकर मधु-मतवारे।*
कहा करौं निर्गुन लैकै हौं ? जीवहु कान्ह हमारे॥

क्या यह कहने की आवश्यकता है कि इस सारी 'झुँझलाहट' और 'झल्लाहट' (उग्रता) की तह में प्रेम की एक अखंड धारा बह रही है ?

यह झल्लाहट बराबर नहीं रहती। थोड़ी देर में शान्त भाव आ जाता है और 'मति' का उदय दिखाई पड़ता है–

(क) *ऊधो ! जो तुम हमहिं सुनायो।*
सो हम निपट कठिनई करिकै या मन को समझायो।
जुगुति जतन करि हमहु ताहि गहि सुपथ पंथ लौं लायौ।
भटकि फिर्‌यो बोहित के खग ज्यों, पुनि फिरि हरि पै आयो॥

(ख) *मधुकर ! हम जो कहै करैं।*
पठयो है गोपाल कृपा कै, आयसु ते न टरैं।
रसना वारि फेरि नवखँड कै दैं निर्गुन के साथ।
इतनी तनक बिलग जनि मानहु, अँखियाँ नाहीं हाथ॥

ध्यान रखना चाहिए कि यह 'मति' संचारी भाव है, बुद्धि की स्वतन्त्र निर्लिप्त क्रिया नहीं है। यह कृष्ण के प्रेम का आधार लिए हुए है। उद्धव का उपदेश गोपियों के मन में बैठा हो, यह बात नहीं है। वे बड़ी मुश्किल से उसे मनाने का जो प्रयत्न कर रही हैं, वह केवल इस खयाल से कि कृष्ण ने कहलाया है और उनके खास दोस्त कह रहे हैं।

यह खयाल आते ही फिर तो वे अपनी विवशता का अनुभव मात्र सामने रखती हैं। वे कहती हैं कि ज़बान तो कहो हम अभी 'निर्गुण' के हवाले कर दें; तुम्हारी तरह मुँह से 'निर्गुण-निर्गुण' बका करें, या ज़बान ही कटा डालें–सब दिन के लिए मौन हो जाएँ; पर आँखों से हम लाचार हैं, वे दर्शन की लालसा नहीं छोड़ सकतीं।

कभी-कभी उनकी वृत्ति अत्यन्त हीन और नम्र हो जाती है और उनके मुँह से ऐसे वचन निकलते हैं–

(क) *ऊधो ! हम हैं तुम्हारी दासी।*
काहे को कटु बचन कहत हौ, करत आपनी हाँसी ॥

(ख) *अपने मन सुरति करत रहिबी।*
ऊधो ! इतनी बात श्याम सों समय पाय कहिबी।
घोष बसत की चूक हमारी कछू न जिय गहिबी ॥

कहाँ वह 'उग्रता और कहाँ यह अदब से भरी 'दीनता' !

ऐसी ही दशा के बीच राधा अपनी सखी से अपनी इस विह्वलता या 'मोह' की बात कहती हैं जिसके कारण उद्धव के आगे कुछ कहते नहीं बनता–

सँदेसो कैसे कै अब कहौं ?
इन नैंनन्ह या तन को पहरो कब लौं देति रहौं ?
जो कछु विचार होय उर अंतर रचि पचि सोचि गहौं।
मुख आनत, ऊधो तन चितवत न सो विचार न हौं ॥

इस प्रकार वे अपनी दुःख-दशा कहते-कहते थक जाती हैं। फिर वे सोचती हैं कि हमारी दशा पर कृष्ण कदाचित् उतना ध्यान न दें; इससे वे नन्द और यशोदा की व्याकुलता का वर्णन करती हैं, गायों का दुःख सुनाती हैं कि कदाचित् उन्हीं का खयाल करके वे एक बार आ जाएँ–

ऊधो ! इतनी कहियो जाय।
अति कृशगात भई हैं तुम बिन बहुत दुःखारी गाय।
जल समूह बरसत अँखियन तें, हूँकति लीन्हें नावँ।
जहाँ जहाँ गोदोहन करते ढूँढ़ति सोइ सोइ ठावँ ॥

कृष्ण किसी प्रकार आवें, बस यही अभिलाषा सबके ऊपर है। वे किसी खयाल से आवें, आवें तो सही। बदले में कृष्ण भी वैसा ही प्रेम रखें, इतनी बड़ी बात की आशा गोपियों से अब नहीं करते बनती। अब तो वे बहुत थोड़े में सन्तुष्ट होने को तैयार हैं। केवल उनका दर्शन पा जाएँ, बस। यह तोष वृत्ति नैराश्यजन्य है। नीचे के पद में जो 'क्षमा' या 'उदारता' है वह भी अभाव के दुःख की ही ओर से आती हुई जान पड़ती है–

ऊधो ! कहियो यह सन्देस।
लोग कहत कुब्जा-रस माते, तातें तुम सकुचौ जनि लेस ॥

जिसके न रहने से जीवन की धारा ही खंडित जान पड़ती है उसके दोषों का ध्यान कैसा ? वह आवे, चाहे दो-चार और दोष भी साथ लगाता आवे। यह चीज की वह कदर

है जो उसके न रहने पर मालूम होती है। वियोग के अन्तर्गत यह हृदय की बड़ी ही उदार दशा है। इसमें दृष्टि दोषों की ओर जाती ही नहीं। यह दशा दूसरे के दोषों को ही आँख के सामने से नहीं हटाती, बल्कि स्वयं अपने में ही दोष सुझाने लगती है। प्रेम द्वारा आत्म-शुद्धि का यह विधान कैसा अचूक है ! राधा अपनी एक-एक त्रुटि का स्मरण या कल्पना करती हैं, और व्याकुल होती है–

मेरे मन इतनी सूल रही।
वै बतियाँ छतियाँ लिखि राखीं जे नँदलाल कहीं।
एक दिवस मेरे गृह आए, मैं ही मथति दही।
देखि तिन्हैं हौं मान कियो, सों हरि गुसा गही॥

कभी-कभी उन्हें अपने प्रेम की ही कमी पर पछतावा होता है।

कहाँ लगि मानिए अपनी चूक।
बिन गोपाल, ऊधो ! मेरी छाती है न गई द्वै टूक॥

वियोग गोपियों के हृदय को कभी-कभी ऐसा कोमल, उदार और सहिष्णु कर देता है इसकी कैसी अनुतापमिश्रित सूचना इस पद में है–

फिर व्रज बसहु, गोकुलनाथ !
बहुरि तुमहि न जगाय पठवौं गोधनन के साथ।
बरजौं न माखन खात कबहूँ, देहुँ देन लुटाय।
कबहूँ न दैहौं उराहनो जसुमति के आगे जाय।
दौरि दाम न देहुँगी, लकुटी न जसुमति पानि।
चोरी न देहुँ उघारि, किए अवगुन न कहिहौं आनि।
करिहौ न तुमसों मान हठ, हठिहौं न माँगत दान।
कहिहौं न मृदु मुरली बजावन, करन तुमसों गान।
कहिहौं न चरनन देन जावक, गुहन बेनी फूल।
कहिहौं न करन सिंगार बट तर वसन जमुना कूल।
भुज भूषनन जुत कंध धरि कै रास नाहि कराउँ।
हौं संकेत निकुंज बसि कै दूति मुख न बुलाउँ।
एक बार जो देहु दरसन प्रीति पंथ बसाय।
करौं चौंर चढ़ाय आसन नैन अँग अँग लाय।
देहु दरसन, नंदनंदन ! मिलन ही की आस।
सूर प्रभु की कुँवर छबि को मरत लोचन प्यास॥

इन मर्म-भरी भोली-भाली प्रतिज्ञाओं में जो अनुताप, अधीनता और त्याग के उद्‌गार हैं उनका यह प्रेम-गर्वसूचक वाक्य ''कहिहौं न चरनन देन जावक'' स्मर्यमाण विषय होने के कारण विरोधी नहीं होता। उक्त पद में ध्यान देने की सबसे बड़ी बात यह है कि प्रेम अब किस प्रकार चपल क्रीड़ा-वृत्ति छोड़ शान्त आराधना के रूप में परिणत होने को तैयार हो गया है। वह प्रेम का भक्ति में पर्य्यवसान है।

सुख-क्रीड़ा-त्यागरूप विरति पक्ष दिखाकर मानो सूर ने भक्तिमार्ग के शान्त रस का स्वरूप दिखाया है।

आत्मोत्सर्ग की पराकाष्ठा वहाँ समझनी चाहिए जहाँ प्रेमी निराश होकर प्रिय के दर्शन का आग्रह भी छोड़ देता है। इस अवस्था में वह अपने लिए प्रिय से कुछ चाहना छोड़ देता है और उसका प्रेम इस अविचल कामना के रूप में आ जाता है कि प्रिय चाहे जहाँ रहे, सुख से रहे; उसका बाल भी बाँका न हो–

जहँ जहँ रहौ राज करौ तहँ तहँ, लेहु कोटि सिर भार।
यह असीम हम देति सूर सुनु 'न्हात खसै जनि बार' ॥

विरहोन्माद की गहरी व्याकुलता के बीच में भी यह कामना बराबर बनी रहती है। गोपियों के वियोग में चन्द्रमा तपते सूर्य्य, गाय-बछड़े बाघ और भेड़िए जान पड़ रहे हैं। वे उद्धव से कहती हैं–"तुम तो यहाँ की दशा देख ही रहे हो; कह देना कि जब तक ये सब आफतें यहाँ से टल न जाएँ तब तक वहीं रहें; ऐसी हालत में यहाँ न आवें"–

ऊधो ! इतनी जाय कहौ।
सब बल्लभी कहति हरि सों 'ये दिन मधुपुरी रहौ।
आज कालि तुमहू देखत हौ तपत तरनि सम चन्द।
सुन्दर श्याम परम कोमल तनु, क्यों सहिहैं नँदनंद।
मधुर मोर पिक परुष प्रबल अति बन उपबन चढ़ि बोलत।
सिंह बृकन सम गाय बच्छ ब्रज बीथिन बीथिन डोलत।
तुम तौ परम साधु कोमलचित जानत हौ सब रीति।
सूर श्याम को क्यों बौलैं ब्रज दिन टारे यह ईति।'

विरही घोर दुःख सहता हुआ भी यह कभी मन में नहीं लाता कि यह प्रेम दूर हो जाता तो अच्छा था। कोई मन्त्रशास्त्री आकर कहे–'अच्छा, हम वह प्रेम ही मन्त्रबल से उड़ा देते हैं जो सारे बखेड़े की जड़ है' तो कोई वियोगी शायद ही तैयार होगा–चाहे वह दुनिया भर से कहता फिरे कि 'प्रीति करि काहू सुख न लह्यो'। और दुःखों से वियोग-दुःख में यही विशेषता है। वियोगी रस्सी तुड़ाकर प्रेम के बाड़े के बाहर नहीं भागना चाहता। गोपियाँ प्रेम-क्षेत्र के बाहर की किसी वस्तु के प्रति कैसी उपेक्षा या लापरवाही प्रकट करती हैं–

मधुकर ! कौन मनायो मानै ?
सिखवहु तिनहिं समाधि की बातैं जे हैं लोग सयाने।
हम अपने ब्रज ऐसेइ बसिहैं बिरह-बाय बौराने ॥

वे उद्धव को उलटा समझाती हैं कि विरह से भी प्रेम की पुष्टि होती है, वह पक्का होता है–

ऊधो ! बिरहौ प्रेम करै।
ज्यों बिन पुट पट गहै न रंगहि, पुट गहे रसहि परै।
जौ आवैं घट दहत अनल तनु तौ पुनि अमिय भरै ॥

इसे प्रेम-सिद्धान्त या उपदेश मात्र समझकर न छोड़िए, भाव के स्वरूप पर भी ध्यान दीजिए। यह प्रतिकूल स्थिति की अनिवार्य्यता से उत्पन्न 'आत्म-समाधान' की स्वाभाविक वृत्ति है। एक अफीमची घोड़ी पर सवार कहीं जा रहे थे। जिधर उन्हें जाना था उधर का रास्ता छोड़ घोड़ी दूसरी ओर चलने लगी। जब बहुत मोड़ने पर भी वह न मुड़ी तब उन्होंने बाग ढीली करके कहा–'अच्छा चल ! इधर भी मेरा काम है' इसी प्रकार की अन्तर्वृत्ति इस वाक्य से झलकती है–

हम तौ दुहूँ भाँति फल पायौ।
जो ब्रजनाथ मिलैं तौ नीको, नातरु जंग जस गायो ॥

यह दो 'आत्म-समाधान' हुआ। दूसरे की कोई बात न मानने पर मन में कुछ खटक-सी रहती है कि इसे दुःख पहुँचा होगा। अपनी इस खटक को मिटाने के लिए दूसरे के समाधान की प्रवृत्ति होती है; जैसे–

ऊधो ! मनमाने की बात।
जरत पतंग दीप में जैसे औ फिर फिरि लपटात।
रहत चकोर पुहुमि पर, मधुकर ! ससि अकास भरमात ॥

इस समाधान के अतिरिक्त 'धृति' की भी व्यंजना देखिए–

अब हमरे जिय बैठ्यो यह पद 'होनी होउ सो होऊ'।
मिटि गयो मान परेखो, ऊधो ! हिरदय हतो सो होऊ ॥

'भ्रमरगीत' में कुब्जा का नाम भी बार-बार आया है। इसके कारण 'असूया' की बड़ी वक्रतापूर्ण व्यंजनाएँ मिलती हैं। जब उद्धव कृष्ण का सन्देश कहकर अपनी ज्ञानचर्चा छेड़ते हैं तभी गोपियाँ कहती हैं कि यह कृष्ण का सन्देश नहीं जान पड़ता; यह तो उसी कुबड़ी पीठवाली की कारस्तानी मालूम पड़ती है–

मधुकर ! कान्ह कही नहिं होहीं।
यह तौ नई सखी सिखई है निज अनुराग बरोहीं।
सचि राखी कूबरी पीठ पै ये बातें चकचोहीं ॥

फिर वे 'असूया' का भाव इन साफ शब्दों में प्रकट करती हैं कि इस समय कृष्ण की चहेती कुब्जा का ही जीवन सफल है–

जीवन मुहँचाही को नीको।
दरस परस दिन राति करति है कान्ह पियारे पी को ॥

वे उद्धव से कहती हैं कि तुम अपनी ज्ञानकथा वहीं रखो जहाँ इस समय खूब आनन्द-मंगल हो रहा है; यहाँ जगह नहीं है–

या कहँ यहाँ ठौर नाहीं, लै राखो जहाँ सुचैन।
हम सब सखि गोपाल-उपासिनि हमसों बातैं छाँड़ि।
सूर, मधुप ! लै राखु मधुपुरी कुबजा के घर गाड़ि ॥

'वहीं कुब्जा के घर गाड़ रखो' स्त्रियों के कैसे जले-कटे स्वाभाविक शब्द हैं ! सन्देश का उत्तर थोड़े ही में वे यह देती हैं कि यदि वह ज्ञान-योग ऐसी उत्तम वस्तु है तो इसे

उस कुबड़ी को दो; हमारे सामने वह (कृष्ण का) रूप ही कर दो, हम अपना उसी को देखा करें–

पा लागौं कहियो मोहन सों जोग कूबरी दीजै।
सूरदास प्रभु रूप निहारैं, हमरे सम्मुख कीजै ॥

वे कृष्ण जिन्होंने इतनी गोपियों का मन चुराया, एक साधारण कुबड़ी दासी के प्रेम-जाल में फँस गए, इस पर देखिए कैसी मीठी चुटकी और कैसा कुतूहलपूर्ण कृत्रिम सन्तोष प्रकाशित किया गया है–

बरु वै कुबजा भलो कियो।
सुनि सुनि समाचार, ऊधो ! मो कछुक सिरात हियो।
जाके गुन, गति, नाम, रूप हरि हार्‍यो फिरि न दियो ॥
तिन अपनो मन हरत न जान्यो, हँसि हँसि लोग जियो ॥

क्षुब्ध हृदय की कैसी भाव-प्रेरित वचन-रचना है। इसी प्रकार की वाग्विदग्धता और वक्रता (बाँकपन) उद्धव के 'निराकार' शब्द पर गोपियों की विलक्षण उक्ति में दिखाई पड़ती है। वे राधा को सम्बोधन करके कहती हैं–

मोहन माँग्यो अपनो रूप।
या व्रज बसत अँचै तुम बैठी, ता बिनु तहाँ निरूप ॥

'कृष्ण का रूप तो तुम पी गई हो', वह तुम्हारे हृदय में रह गया है (तुम निरन्तर उनके रूप का ध्यान करती रहती हो) इससे वे वहाँ 'निरूप'–बिना आकार के हो रहे हैं। उद्धव के द्वारा उन्होंने अपना वही रूप माँग भेजा है कि निराकारता मिटे। तुम जो रात-दिन उनके रूप का ध्यान करती रहती हो उसे भी उद्धव छुड़ाने आए हैं, यह बात कितने टेढ़े ढंग से, किस वक्रता के साथ, प्रकट की गई है। वाणी ने यह वक्रता हृदय की प्रेरणा से, उठते हुए भावों की लपेट में, ग्रहण की है। इसकी तह में भाव-स्रोत छिपा हुआ है।

ऐसे ही बाँकपन के साथ वे कृष्ण के रूप का ध्यान हृदय से न निकलने का कारण बताती हैं–

उर में माखनचोर गड़े।
अब कैसहु निकसत नहिं, ऊधो ! तिरछे ह्वै जो अड़े ॥

जो लम्बी चीज़ किसी बरतन में जाकर तिरछी हो जाएगी, वह बड़ी मुश्किल से निकलेगी। कृष्ण की मूर्त्ति का राधा जब ध्यान करने लगती हैं। तब उनकी त्रिभंगी मूर्त्ति ही ध्यान में आती है, इसी से वह मन में अँटक-सी गई है, निकलती नहीं है।

वचन की जो वक्रता भाव-प्रेरित होती है, वही काव्य होती है 'वक्रोक्तिः काव्यजीवितम्' से यही वक्रता अभिप्रेत है, वक्रोक्ति अलंकार नहीं। भावोद्रेक से उक्ति में जो एक प्रकार का बाँकपन आ जाता है, तात्पर्य्य कथन के सीधे मार्ग को छोड़कर वचन जो एक भिन्न प्रणाली ग्रहण करते हैं, उसी की रमणीयता काव्य की रमणीयता के भीतर

आ सकती है। भाव-प्रसूत वचन-रचना में ही भाव या भावना तीव्र करने की क्षमता पाई जाती है। कोई मनुष्य किसी को बड़ा बहादुर कह रहा है। दूसरे से सुनकर रहा नहीं जाता; वह कहता है–"हाँ ! तभी न बिल्ली देखकर गिर पड़े थे।" कहनेवाला सीधी तरह से कह सकता था–"वह बहादुर नहीं, भारी डरपोक है; बिल्ली देखकर डर जाता है।" पर इस सीधे वाक्य से उसका सन्तोष नहीं हो सकता था। भीरु को वीर सुनकर जो उपहास की उमंग उसके हृदय में उठी, उसने श्रोताओं को भी उपहासोन्मुख करने के लिए बिल्ली से डरने का बहादुरी के सबूत में पेश करा दिया। काव्य की उक्ति का लक्ष्य किसी वस्तु या विषय का बोध कराना नहीं, बल्कि उस वस्तु या विषय के सम्बन्ध में कोई भाव या रागात्मक स्थिति उत्पन्न करना होता है। तार्किक जिस प्रकार श्रोता को अपनी विचार-पद्धति पर लाना चाहता है उसी प्रकार कवि अपनी भाव-पद्धति पर।

उपर्युक्त विवेचन से यह स्पष्ट है कि 'विदग्धता' वहीं तक काव्योपयोगी हो सकती है जहाँ तक वह भाव-प्रेरित हो, जहाँ तक उसका कारण कोई भाव या कम-से-कम कोई रागात्मक दशा हो। 'विदग्धा नायिका' की वचन-विदग्धता या क्रिया विदग्धता में काव्य की रमणीयता इसीलिए होती है कि उसकी तह में रतिभाव वर्त्तमान रहता है। किसी पुराने चोर या चाईं की विदग्धता का ब्योरेवार वर्णन काव्य के अन्तर्गत नहीं आ सकता; क्योंकि उसमें रसात्मकता नहीं। सूर ने कई स्थलों पर बालक कृष्ण की वचन-विदग्धता दिखाई है; जैसे–

मैं अपने मंदिर के कोने माखन राख्यो जानि।
सोई जाय तुम्हारे ढोटा लीनो है पहिचानि।
बूझी ग्वालिन घर में आयो, नेकु न संका मानी।
सूर श्याम यह उतर बनायो चींटी काढ़त पानी।

इस विदग्धता में जो रमणीयता है वह इसी कारण कि इससे बाल-प्रकृति का चित्रण होता है और यह भय-प्रेरित है।

अब सूर ने अपने सिद्धान्त पक्ष का जो काव्यात्मक निरूपण किया है थोड़ा उसे भी दिखाकर इस प्रबन्ध को समाप्त करते हैं। उद्धव के ज्ञान-योग का पूरा लेक्चर सुनकर और उसे अपने सीधे-सादे प्रेममार्ग की अपेक्षा कहीं दुर्गम और दुर्बोध देखकर गोपियाँ कहती हैं–

काहे को रोकत मारग सूधो ?
सुनहु, मधुप ! निर्गुन-कंटक ते राजपंथ क्यों रूँधो ?
ताको कहा परेखो कीजै जानत छाँछ न दूधो।
सूर मूर अक्रूर गए लै ब्याज निबेरत ऊधो॥

हम अपने प्रेम या भक्ति के सीधे और चौड़े राजमार्ग पर जा रही हैं। उस मार्ग में तुम ये निर्गुण-रूपी काँटे क्यों बिछाते हो ? हमारा रास्ता क्यों रोकते हो ? जैसे तुम्हारे लिए रास्ता है वैसे ही हमारे लिए भी है। तुम अपने रास्ते चलो, हम अपने रास्ते। एक

दूसरे का रास्ता रोकने क्यों जाएँ ? भक्ति और ज्ञान के सम्बन्ध में सूर का यही मत समझिए। वे ज्ञान के विरोधी नहीं, भक्ति-विरोधी ज्ञान के विरोधी हैं। गोपियों से वे उद्धव की बातों के अन्तिम उत्तर के रूप में कहलाते हैं–

बार बार ये वचन निवारो।
भक्ति-विरोधी ज्ञान तिहारो॥

मनुष्यत्व की पूर्ण अभिव्यक्ति रागात्मिका वृत्ति और बोधवृत्ति दोनों के मेल में है। अतः इनमें किसी का निषेध उचित नहीं। कोई एक की ओर मुख्यतः प्रवृत्त रहता है, कोई दूसरे की ओर। कुछ ऐसे पूर्णप्रज्ञ भी होते हैं जिनमें हृदय-पक्ष और बुद्धि-पक्ष दोनों की पूर्णता रहती है। वल्लभाचार्य्यजी ऐसे ही थे।

सूरदासजी वल्लभाचार्य्यजी के शिष्यों में से थे। वल्लभाचार्य्यजी ज्ञान-मार्ग की ओर तो वेदान्त की एक शाखा के प्रवर्त्तक थे और भक्ति-मार्ग की ओर एक अत्यन्तप्रेमोपासक सम्प्रदाय के। वल्लभाचार्य्यजी का अद्वैतवाद 'शुद्धाद्वैत' कहलाता है। रामानुजाचार्यजी ने अद्वैत को दो पक्षों (चित् और अचित्) से युक्त या विशिष्ट दिखाया था। वल्लभ ने यह विशिष्टता हटाकर ब्रह्म को फिर शुद्ध किया। उन्होंने निरूपित किया कि सत्, चित् और आनन्द-स्वरूप ब्रह्म अपने इच्छानुसार इन तीनों स्वरूपों का आविर्भाव (विंकास) और तिरोभाव करता रहता है। जड़ जगत् भी ब्रह्म ही है, पर अपने चित् और आनन्द स्वरूपों का पूर्ण तिरोभाव किए हुए तथा सत् स्वरूप का कुछ अंशतः आविर्भाव लिए हुए। चेतन जगत् भी ब्रह्म ही है जिसमें सत्, चित् और आनन्द इन तीनों स्वरूपों का कुछ आविर्भाव और कुछ तिरोभाव रहता है। इस सिद्धान्त में मायात्मक जगत् मिथ्या नहीं माना गया है। माया ब्रह्म ही की शक्ति मानी गई है जो उसी की इच्छा से विभक्त होती है। जीव अपने शुद्ध ब्रह्म स्वरूप को तभी प्राप्त करता है जब आविर्भाव और तिरोभाव दोनों मिट जाते हैं; और यह बात केवल ईश्वर के अनुग्रह से ही, जिसे 'पुष्टि' या 'पोषण' कहते हैं, हो सकती है। इस अनुग्रह की प्राप्ति के लिए वल्लभाचार्य्य ने एक विस्तृत उपासना-पद्धति भी चलाई, जिसे 'पुष्टिमार्ग' कहते हैं। रामानुज और वल्लभ दोनों का मोक्ष कैवल्य से भिन्न है। रामानुज की मुक्ति सारूप्य या सालोक्य मुक्ति है, वल्लभ की सायुज्य। जिस प्रकार वल्लभ की मुक्ति प्रेम के चरमानन्द की दशा है उसी प्रकार उनके उपास्य भी प्रेम-मूर्त्ति कृष्ण हैं।

जगत् के नाना रूपों में बह्म की जो प्रत्यक्ष सत्ता दिखाई पड़ रही है, उसका जो सगुण स्वरूप चारों ओर भासित हो रहा है, उसका बार-बार निषेध और निर्गुण ब्रह्म का अत्यन्त सूक्ष्म निरूपण सुनकर गोपियाँ उद्धव से कहती हैं कि तुम क्यों व्यर्थ तिनके की ओट में इतना भारी दमकता हुआ सुमेरु छिपाने का उद्योग कर रहे हो–

सुनिहै कथा कौन निर्गुन की, रचि पचि बात बनावत।
सगुन सुमेरु प्रगट देखियत, तुम तृन की ओट दुरावत॥

उद्धव के ब्रह्म-निरूपण का कुछ भी आशय गोपियों की समझ में नहीं आता। वे पूछती हैं कि वह बिना रूप-रेखावाला तुम्हें कभी प्रत्यक्ष भी होता है, तुम्हें आकर्षित और मोहित भी करता है–

रेख न रूप, बरन जाके नहिं ताको हमैं बतावत।
अपनी कहौ दरस वैसे को तुम कबहूँ हौ पावत।
मुरली अधर धरत है सो, पुनि गोधन बन बन चारत ?
नैन विसाल, भौंह बंकट करि देख्यो कबहूँ निहारत ?
तन त्रिभंग करि, नटबर वपु धरि पीतांबर तेहि सोहत ?
सूरश्याम ज्यों देत हमैं सुख त्यों तुमको सोउ मोहत ?

'बतावत' पद से असंगतता किस प्रकार व्यंग्य है ! जिसकी न कोई 'रूपरेखा' न वर्ण उसे बनाना या बताने का प्रयत्न करना असंगत ही है। बताई वह वस्तु जाती है जिसका कुछ विशिष्ट स्वरूप होता है। पूर्णतया स्पष्ट और निर्दिष्ट अर्थ व्यक्त न होने पर भी कुछ शब्दों और वाक्यों को बार-बार दुहराना ही तो किसी वस्तु का सम्यक् साक्षात्कार नहीं है। यदि किसी प्रकार मान भी लें कि तुमने उस निर्गुण-ब्रह्म के स्वरूप को समझा है तो यह बताओ कि वह स्वरूप तुम्हारे मन को मोहता भी है, तुम्हें कुछ आकर्षित भी करता है। यदि नहीं तो, वह व्यवहार या उपासना के योग्य नहीं, केवल तर्क-वितर्क के लिए ही है।

गोपियाँ आग्रह के साथ कहती हैं कि जिसमें तुम मन लगाने को कहते हो उसकी कोई ऐसी बात या ऐसा लक्षण तो बताओ, जिस पर मन ठहराया जा सके। पहले तो देश और काल के बीच उसका कोई स्थान हमारे लिए निर्दिष्ट कर दो–

निर्गुन कौन देस को बासी ?
मधुकर ! हँसि समझाय, सौंह दै बूझति साँच, न हाँसी ॥

स्त्रियों के कैसे स्वाभाविक हाव-भाव भरे ये वचन हैं–"कसम है, हम ठीक-ठीक पूछती हैं, हँसी नहीं, कि तुम्हारा निर्गुण कहाँ का रहनेवाला है।" कुछ विनोद, कुछ चपलता, कुछ भोलापन, कुछ घनिष्ठता–कितनी बातें इस छोटे से वाक्य से टपकती हैं !

ज्ञानमार्गी वेदान्तियों और दार्शनिकों के सिद्धान्तों की लोक में अव्यवहार्य्यता तथा उनके बेडौल और भड़कीले शब्दों के अर्थों की अस्पष्टता और दुर्बोधता आदि की ओर गोपियों की यह झुँझलाहट कैसा संकेत कर रही है–

याकी सीख सुनै व्रज को, रे !
जाकी रहनि कहनि अनमिल अति, कहत समुझि अति थोरे ॥

"इसकी बात कौन सुने जो कहता कुछ है और करता कुछ है; तथा जो ऐसी बातें मुँह से निकालता है जिनको खुद बहुत ही कम समझता है।" पिछले कथन से सबके नहीं तो अधिकांश ब्रह्मज्ञान छाँटनेवालों के स्वरूप का चित्रण हो जाता है। वे बहुत-से ऐसे बँधे हुए वाक्यों और शब्दों की झड़ी बाँधा करते हैं जिनके अर्थ की अस्पष्ट धारणा उन्हें कुछ भी नहीं रहती। बिना समझी हुई बातें बककर वे लोगों के बीच बड़े समझदार बना करते हैं।

निर्गुण की नीरसता और सगुण की सरसता किस प्रकार अपने हृदय के सच्चे अनुभव के रूप में गोपियाँ उद्धव के सामने क्या, जगत् के सामने रखती हैं–

ऊधो कर्म कियो मातुल बधि मदिरा मत्त प्रमाद।
सूरश्याम एते अवगुन में निर्गुन तें अति स्वाद॥

ज्ञान-मार्ग का गोपियों ने तिरस्कार तो किया; पर यह सोचकर कि कहीं उद्धव का जी न दुःखी हो, वे उनका समाधान भी करती हैं, वे समझाती हैं कि ज्ञान-मार्ग को हम बुरा नहीं कहती हैं; वह अत्यन्त श्रेष्ठ मार्ग है; पर अपनी रुचि को हम क्या करें ? वह हमारे अनुकूल नहीं पड़ता। रुचि-भिन्नता दो समान वस्तुओं में भी भेद करके एक की ओर आकर्षित करती है और दूसरी से दूर रखती है–

ऊधो ! तुम अति चतुर सुजान।
द्वै लोचन जो विरद किए श्रुति गावत एक समान।
भेद चकोर कियो तिनहू में बिधु प्रीतम, रिपु भान॥

उद्धव अपनी-सी कहते जा रहे हैं कि बीच में कोयल बोल उठती है। गोपियाँ चट उद्धव का ध्यान उधर ले गाती हैं–

ऊधो ! कोकिल कूजत कानन।
तुम हमको उपदेश करत हौ भस्म लगावन आनन॥

वह सुनो ! कोयल कूक रही है। तुम तो हमें राख मलने को कह रहे हो; उधर प्रकृति क्या कह रही है, वह भी सुनो।

परिशिष्ट

Points for Discussion

1. Didactic element in Tulsi, not in Surdas.
2. Two different view points of Poetry–(i) Love and Beauty poetry. (ii) Brotherhood of man. Love the only poetic sentiment. All other feelings and emotions e.g. करुणा have their source in love.
3. Epicurianism of the cult.
4. सूर ने कृष्ण-लीला के कीर्त्तन में केवल सौन्दर्य्य-विभूति ली है, विनय में अपने व्यवहार के लिए 'शील' विभूति ली है। 'शक्ति' का उद्‌घाटन नहीं किया है।
5. Painting-aspect and Music-aspect. नाद-पक्ष और रूप-पक्ष। In गीत-काव्य the latter predominates.
6. कोई प्रबन्ध-काव्य पढ़ने पर पाठकों की कुछ पात्रों के साथ सहानुभूति हो जाती है और कुछ के प्रति द्वेष। प्रथम प्रकार के पात्रों द्वारा भावों की अनुभूति होती है, पाठकों को भी होती है, पर द्वितीय प्रकार के भावों को वह केवल द्रष्टा के रूप में देखता है। जिन पात्रों के साथ पाठकों की सहानुभूति हो जाती है उनकी गतिविधि धर्म या मंगल की गतिविधि समझनी चाहिए। मंगल और अमंगल की गतिविधि की सीधी पहचान यही है।
7. प्रयत्न-पक्ष और उपभोग-पक्ष अथवा स्थिर सौन्दर्य्य और गत्यात्मक सौन्दर्य्य।
8. शक्ति के साथ भलाई-बुराई का नित्य सम्बन्ध नहीं। दोनों का सम्बन्ध आगंतुक होता है। Watts Dunton ने...

   दीप्ति, माधुर्य्य और कोमलता ? Various combinations of these. दीप्ति spelendour, sublimity, flash appealing to sense of wonder. माधुर्य्य sweet agreeableness not confined to uncommon, but embracing simple and common-place and touching deeper emotions.
9. सूर ने वृन्दावन-विहार वर्णन में कृष्ण के जरा-सा छिप जाने पर राधिका के विरह का गहरा वर्णन किया है। उससे वियोग की दुःखदशा की अस्थिरता और आनन्द की स्थिरता साफ झलकती है।

10. श्रवण और कीर्त्तन–भक्ति के इन दो अंगों द्वारा भक्ति-काव्य का प्रवर्त्तन। (वल्लभाचार्य्य के वृत्त के उपरान्त इसका निर्देश करके तब सूरदास का आरम्भ हो।)

[N. B. टि.–सूरदास ने सगुण-निर्गुणवाद का प्रसंग अपनी ओर से लगाया है। उस समय के निर्गुणपंथियों की ओर उनका ध्यान। भागवत में यह नहीं है। भागवत में तो केवल मनोनिग्रह और मन से चिन्तन (सगुण स्वरूप) का सन्देशा कृष्ण ने कहलाया है। इसी प्रकार योगमार्ग का जो विरोध और सुखोपभोग का पक्ष-मंडन गोपियों की ओर है वह भी वल्लभ सम्प्रदाय का पक्ष है, भागवत में यह (Epicurianism) नहीं है।]

टिप्पणियाँ

भागवत
पूर्वार्द्ध

1

असौ गुणमयैर्भावैर्भूतसूक्ष्मेन्द्रियात्मभिः।
स्वनिर्मितेषु निर्विष्टो भुंक्ते भूतेषु तद्गुणान्॥ 1-2-33॥

2

द्वितीय स्कन्ध में योग की क्रिया के अनुसार प्राण-त्याग करने का उपदेश है जिसमें चक्र, मणिपूर, ब्रह्मरंध्र इत्यादि का उल्लेख है। शरीर छोड़ने पर योगी क्रमशः पृथ्वी आदि होता हुआ संज्ञभूत आकाश हो जाता है और फिर अव्यक्त प्रकृति और उससे फिर ब्रह्मरूप हो जाता है।

यस्माद्दंडं विराड् जज्ञे भूतेन्द्रियगुणात्मकः।
तद्द्रव्यमत्यगाद्विश्वं गोभिः सूर्य इवातपन्॥ [2-6-21]

(जिससे ब्रह्मांड भूतइंद्रियगुणयुक्त विराट् उत्पन्न हुआ है वह विराट् देह वा ब्रह्मांड गोलक के परे–उनके बाहर भी–रहता है) विराट् पुरुष आदि अवतार (1)

सर्ग-विसर्ग आदि जो भागवत पुराण के 10 विषय कहे गए हैं उनमें दसवाँ आश्रय है।

आभासश्च निरोधश्च यतश्चाध्यवसीयते।
स आश्रयः परं ब्रह्म परमात्मेति शब्यते॥ [2-10-7]

3

(1) *सा श्रद्दधानस्य विवर्धमाना*
विरक्तमन्यत्र करोति पुंसः।

3-5-13

तस्मै नमो भगवते भुवनद्रुमाय।

(1) भगवान् पहले चतुर्भुज विष्णु रूप में ही प्रकट हुए फिर प्राकृत बालक का रूप धारण किया।

(2) शृंगार या प्रेम-वर्णन का सूत्रपात 21 अध्याय से–कामोद्दीपक वेणुनाद को सुन गोपिकाएँ मन-ही-मन कृष्ण का आलिंगन करने लगीं। वंशी के प्रेम-प्रभाव का अद्‌भुत वर्णन। देवांगनाओं, पशु-पक्षियों तक का मोहित होना, घास का मुँह में ही रह जाना। नदियाँ तक तरंग द्वारा प्रेम प्रकट करती हैं।

गोपियाँ नित्य देवी से मनाया करतीं कि कृष्ण पति मिलें। इसके उपरान्त वस्त्र-हरण लीला। वरदान कि तुम्हारी कामना पूर्ण होगी।

रासलीला

शंका–गोपियाँ केवल जार जानती थीं उनका मोक्ष कैसे हुआ ?

उत्तर–भगवान् में किसी तरह आसक्ति करो मोक्ष होगा।

गोपियों को भगवान् ने पातिव्रत आदि धर्म पहले समझाया। उन्होंने कहा सब धर्मों का फल तुम्हारी सेवा है। गोपियों में कृष्ण के प्रति ईश्वर-बुद्धि का वर्णन कर दिया गया है।

कृष्ण का समागम के उपरान्त अन्तर्धान होना। गोपियों का विरह।

श्रीकृष्ण एक गोपी को ले कहीं जा छिपे, शेष गोपियाँ ढूँढ़ने लगीं। उस गोपी को अभिमान हुआ कि मुझे ही प्रिय सबसे अधिक चाहते हैं। उसने कहा मैं चल नहीं सकती, मुझे ले चलो। ज्यों ही वह कन्धे पर चढ़ने को तैयार हुई तब कृष्ण अन्तर्धान हो गए और गोपी विलाप करने लगी।

रास में योगेश्वर कृष्ण प्रति दो-दो गोपियों के बीच उनके गले में हाथ डाले प्रकट हुए। देवताओं की आकाश में भीड़ लगी।

राजा परीक्षित की शंका–धर्म की स्थापना के अर्थ अवतार ने यह अधर्म कैसे किया?

'शुक समाधान'–

धर्मव्यतिक्रमो दृष्टः ईश्वराणां च साहसम्।
तेजीयसां न दोषाय वह्नेः सर्वभुजो यथा॥
नैतत्समाचरेज्जातु मनसाऽपि ह्यनीश्वरः।
विनश्यत्याचरन्मौढ्याद्यथा रुद्रोऽब्धिजं विषम्॥

[10-33-30-31]

जब महात्मा लोग पुण्य-पाप के सम्पर्क से परे हो जाते हैं तब भगवान् को पुण्य-पाप का स्पर्श कैसे हो सकता है ? भगवान् के लिए तो कोई पर है ही नहीं। वे तो गोपियों,

उनके पतियों, सबके अन्तःकरण में संचार करनेवाले हैं। पतियों ने तो गोपियों को अपने पास ही समझा, ऐसी भगवान् की माया थी।

भौरे को देख एक गोपी उसे प्रिय का भेजा दूत मानकर भौरे के मिस उद्धव से कहने लगी—हे भ्रमर, हे कपटी के मित्र !

उद्धव ने गोपियों को देखते ही उनके भाग्य को सराहा और कहा—तुम्हें विरह द्वारा उनकी एकान्त भक्ति प्राप्त हुई जो मुनियों और योगियों को भी दुर्लभ है।

श्रीकृष्ण ने उद्धव द्वारा केवल यही सन्देश भेजा था कि "यह जो वियोग है वह वास्तविक नहीं; मैं मन, प्राण, भूत, इन्द्रिय सब गुणों का अधिष्ठान-रूप होकर व्याप्त हूँ। आत्मा ज्ञान-स्वरूप और गुणों से अलग है। मन को विषयों की ओर जाने से रोकना चाहिए। मनोनिग्रह ही वेद, योग, सांख्य सबका फल है। जो मैं तुमसे दूर रहता हूँ वह तुम्हारे चिन्तन के लिए—अनुध्यान की पुष्टि के लिए। जिनके पतियों ने रास-क्रीड़ा के समय रोक रखा था उन्होंने चिन्तन द्वारा तत्काल मुझको प्राप्त कर लिया।" गोपियाँ इससे सन्तुष्ट होकर भगवान् के ध्यान में सुखपूर्वक रहने लगीं। उद्धव भी महीनों रहकर प्रेम का आनन्द लेते रहे।

उत्तरार्ध

में जरासंध-वध, मुचकुंद राजा की कथा, रुक्मिणी, सत्यभामा आदि के अनेक विवाह, सोलह सहस्र रानियों के साथ द्वारका की क्रीड़ा आदि का वर्णन है (यह सूरसागर में नहीं—वल्लभ-सम्प्रदाय के उपयोग की नहीं)।

4

ज्ञानकांड का उपदेश है।

चतुर्व्यूह

कुछ लोग भागवत धर्म में सृष्टि की उत्पत्ति का यह क्रम बतलाते हैं—

वासुदेव (परमेश्वर) से संकर्षण (जीव); संकर्षण (जीव) से प्रद्युम्न (मन) और प्रद्युम्न (मन) से अनिरुद्ध (अहंकार)। पर यह सब साम्प्रदायिक कल्पना ऊटपटाँग है। उपनिषदों के आधार पर वेदान्त सूत्र (2.3.17 और 2.3.42;45) में जीव सनातन परमेश्वर का सनातन अंश कहा गया है। अतः गीता में यह चतुर्व्यूह-कल्पना छोड़ दी गई है और उपनिषद् और वेदान्त का ही जीव-सम्बन्धी सिद्धान्त ग्रहण किया गया है।

वर्णाश्रम धर्म का जितना महत्त्व स्मार्त्त धर्म में है उतना भागवत धर्म में नहीं। जिसमें जितनी ही भक्ति हो वह उतना ही श्रेष्ठ–चाहे वह गृहस्थ हो चाहे संन्यासी। (–भागवत)। संन्यास आश्रम स्मार्त्त धर्म का एक आवश्यक अंग है, पर भागवत धर्म का नहीं। पर भागवत धर्म में रहकर विरक्त या संन्यासी भी मनुष्य हो सकता है। यद्यपि गीता के अनुसार गृहस्थ और संन्यासी दोनों की मोक्ष के लिए समान योग्यता है, इधर धीरे-धीरे वैष्णवों में भी विरक्त होना पूरे भक्त का लक्षण-सा माना जाने लगा है।

गीतारहस्य

जब भक्तों के सगुण भगवान् स्वयं संसार के कर्त्ता-धर्त्ता हैं और लोक के पालन और रक्षा में तत्पर रहते हैं तब भक्त को भी उसी स्वरूप का अनुकरण करना चाहिए। यह अनुकरण निष्काम कर्म में है। (निष्काम का अर्थ यह होना चाहिए कि ऐसे कर्म किए जाएँ जिनका लक्ष्य लोक की रक्षा, पालन और कल्याण हो, अपने शरीर का ही भला नहीं।)

जो कर्म या ज्ञान के अधिकारी नहीं वे भी परमात्मा के अनुग्रह से अर्थात् भक्ति की साधना से मुक्त होते हैं। विशेषानुग्रहश्च (वेदान्त-सूत्र 3.4.38)।

सत्–सधिनी }
चित्–संवित् } शक्तियाँ
आनन्द–ह्लादिनी }

पुरुषोत्तम में तीनों अनावृत।

जीव–ह्लादिनी आवृत, शेष अनावृत।

Matter–जड़–ह्लादिनी संवित् दो आवृत। आवरणकारी माया है। ब्रह्ममाया का तादात्म्य।

उपासना

भक्ति–साधनरूपा, फलरूपा।

साधन द्वारा प्रेमलक्षणा भक्ति की प्राप्ति।

शान्त, दास्य, सख्य, वात्सल्य, माधुर्य्य वा शृंगार–ये 5 मुख्य रस।

'भक्ति' में शेष रौद्र, भयानक आदि गौण हैं।

वात्सल्य की प्रधानता।

'सख्य' is used in the sense of the tradition that the अष्टछाप poets were the...of सखाs and do not denote his उपासना।

माधुर्य्य में शेष तीनों भाव का सहायक होना। वात्सल्य में दास्य सख्य भी मिला रहता है। सख्य में दास्य भी।

× × ×

तद्दर्शनाह्लादविधूतहृद्रुजो मनोरथान्तं श्रुतयो यथा ययुः।
स्वैरुत्तरीयैः कुचकुंकुमांकितैरचीक्लृपन्नसनामात्मबंधवे

10-32-13

None of our grerat mystics enjoy a normal sex life; either they lived unmarried & under an exciting love infulence–the women in contemplation of the Heavenly Bridegroom; the men of the Holy virgin; or they were married without finding in that relation the physiological and the moral satisfaction which it should give.

In Trance the impression of exactness and fullness of perception or understanding is usually an illusion. It must be emphasized that however convincing the experience, the nature of the Presence remained extremely vague.

× × ×

महिमानं यदुत्कीर्त्य तव संह्रियते वचः।
श्रमेण तदशक्त्या वा न गुणानामियत्तया॥–रघुवंश, 10

(रचनावर्ष)

कृष्ण भक्त सम्प्रदाय का हिन्दी साहित्य पर प्रभाव

कृष्णभक्त सम्प्रदाय का हिन्दी साहित्य पर क्या प्रभाव पड़ा है, इस विषय पर कुछ कहने के लिए मुझसे कहा गया है। और कुछ कहने के पहले हमें यह समझ लेना होगा कि हिन्दी साहित्य का जब से आरम्भ हुआ उसके बहुत पहले से श्रीकृष्ण की भक्ति किस प्रकार की भावना प्रधान रही है। चाहे कोई भक्तिमार्ग हो उपास्य की भावना के अनुसार ही वह हृदयरंग पकड़ता है। मनुष्य अपने जीवन-क्षेत्र के भीतर भगवान की कला का प्रकाश देखना चाहता है। उस कला के अवतार से किस प्रकार सारे लोक कल्याण की अमोघ शक्ति का साक्षात्कार करके दिव्य उत्साह से भर जाता है; सौन्दर्य माधुर्य्य की अपूर्व छटा से जगमगाकर आनन्द में मग्न हो जाता है। राम और कृष्ण की लीला द्वारा यही बात दिखाई गई है।

यद्यपि राम और कृष्ण दोनों के अवतार का उद्देश्य लोक को पीड़ा पहुँचानेवालों और अधर्म्म की धाक जमानेवालों का नाश करके लोक की रक्षा और धर्म्म की स्थापना करना ही कहा गया है, पर भक्तिमार्ग में अवतार का उद्देश्य केवल भक्तों का रंजन ही माना जाता है। गोस्वामी तुलसीदास जी ने कहा है भगवान जो मनुष्य शरीर धरते हैं–सा केवल भगवान-हित लागी। भगवान के भक्त इस संसार में रहते हैं तब भी किसी न किसी रूप में उनकी कला का दर्शन करना चाहते हैं। अन्याय, अत्याचार और अधर्म्म को दबाकर संसार में सुख-शान्ति की मंगल की प्रतिष्ठा करनेवाली शक्ति में वे भगवान की शक्ति की कला देखते हैं, चारों ओर भगवान की सौन्दर्य-कला का दर्शन करते हैं। अन्याय, अत्याचार, अधर्म्म की प्रवंलता के समय आए कुरूप और वीभत्स दृश्यों के प्रसार के समय भगवान की कला उनकी दृष्टि से ओझल जान पड़ती है और वे एक प्रकार का वियोग-सा अनुभव करते हैं। अतः भक्तों की शक्ति में भगवान केवल भक्तों की भावना को तप्त करने के लिए अवतार लेते हैं दुष्टों और अत्याचारियों का नाश तो वे अवतार लिए बिना भी कर सकते हैं।

भक्ति के भीतर दो भावों का मेल होता है, श्रद्धा और प्रेम का। श्रद्धा भगवान के आहाल्य या महत्त्व की भावना से जगती है और प्रेम उनके सौन्दर्य की भावना से। महत्त्व की ओर झुककर भक्त भगवान की शक्ति और शील के ध्यान में मग्न होता है। सौन्दर्य की ओर झुककर वह भगवान की रूप-माधुरी में लीन होता है।

भक्ति की दो शाखाएँ चलती हैं–एक राम को लेकर दूसरी कृष्ण को लेकर।

रामभक्ति भगवान के महत्त्व और सौन्दर्य दोनों की भावना सम्मान रूप से है। कृष्ण-भक्ति में माहात्म्य या महत्त्व पीछे हटा दिया गया है। केवल सौन्दर्य-माधुर्य्य सामने रक्खा गया है जो प्रेम जगाता है। वल्लभाचार्य जी ने यह बात साफ कही है। उनका पक्ष यह था कि महात्म्य या महत्त्व की भावना भक्ति-साधना की पहली सीढ़ी है जिसमें भगवान के साथ घनिष्ठता नहीं रहती; उसके आगे प्रेम-भूमि है जिसमें भक्त और भगवान का सम्बन्ध बहुत गूढ़ और गहरा रहता है। सूफियों के भक्ति मार्ग में भी भगवान की उक्त दो विभूतियों की अलग-अलग भावना 'जलाल' और 'जमाल' के नाम से पाई जाती है। 'जलाल' है महत्त्व शक्ति और प्रताप। 'जमाल' है सौन्दर्य माधुर्य्य और दीप्ति।

हमारे हिन्दी साहित्य में रामभक्तों के प्रतिनिधि हैं तुलसीदास जी और कृष्णभक्तों के प्रतिनिधि हैं सूरदास जी। तुलसीदास जी राम का महत्त्व और सौन्दर्य दोनों लेकर चले हैं। उनके राम धर्म्मशक्ति स्वरूप भी हैं और सौन्दर्य के अनन्त समुद्र भी हैं। जिस प्रकार राम की अनन्त शक्ति की भावना से वे अधर्म्म के तेज का अनुभव करते हैं उनके अपार शील और उदारता की भावना से पुलकित होते हैं। उसी प्रकार उनके अनन्त सौन्दर्य की भावना से आनन्दमग्न होते हैं। वे अपने राम की कला का प्रकाश जीवन के हर एक पक्ष में देखते और दिखाते हैं। परिवार में, समाज में, लोकव्यवस्था में, राजनीति में, रंगक्षेत्र में, सम्पत्ति में, विपत्ति में हम राम को रमणीयता प्रदान करते हुए पाते हैं।

सूरदासजी ने श्रीकृष्ण के माहात्म्य या महत्त्व की भावना को पीछे करके केवल उनके सौन्दर्य-माधुर्य्य को लिया है क्योंकि उनकी भक्ति पूज्यभाव या श्रद्धा को छोड़कर केवल प्रेम को लेकर चलती है। प्रेम को आकर्षित करने के लिए केवल सौन्दर्य और माधुर्य्य की प्रतिष्ठा चाहिए। उनके कृष्ण लोकरक्षक या धर्म्म-संरक्षक कृष्ण न होकर प्रेम-स्वरूप कृष्ण हैं। भक्त केवल उनकी बाललीला और प्रेमलीला सामने रखकर हृदय की सुकुमार, कोमल और मधुर व्यक्तियों में लीन होते हैं। भगवान की उस तेजस्वी स्वरूप की रमणीयता सामने रखना वे आवश्यक नहीं समझते जो लोकपीड़क, दुर्दान्त अत्याचारियों के दमन में प्रकट होता है। सारांश यह कि कृष्णभक्त अपनी साधना के लिए एक ऐसे प्रेमक्षेत्र के भीतर अपने आराध्य की प्रतिष्ठा करते हैं जो लोक से न्यारा है, जिसमें न लोक मर्यादा चलती है, न वेदमर्यादा।

इस प्रेमक्षेत्र के मध्य में कृष्ण हैं और चारों ओर उनकी अलौकिक रूपछटा पर निछावर होनेवाली गोपियाँ। ब्रजमंडल में और सब लोक व्यापार चलते रहते हैं पर उसी के भीतर सब लोकव्यापार के अन्तरंग एक दिव्य प्रेमलोक का अवतार होता है जहाँ प्रेम-व्यापार के अतिरिक्त और कोई व्यापार नहीं। उस प्रभुलोक की रमणीयता का क्या कहना है ! हरे-भरे कछार के बीच से जमुना बह रही है। जगह-जगह करील आदि की झाड़ियाँ खड़ी है, कदम्ब आदि की शीतल छाया है। यमुना का कछार, गोबर्द्धन की तलहटी, गोकुल की रानियाँ यही कृष्ण की प्रेमलीला के रंगस्थल हैं। राधा और कृष्ण के

प्रेम का आरम्भ सूर ने बहुत ही स्वाभाविक ढर्रे पर दिखाया है। कुमार कृष्ण यमुना के तट पर खेलने निकलते हैं। वहाँ राधा मिलती है। दोनों एक दूसरे के रूप की ओर खिंचते हैं और कुछ बातचीत करना चाहते हैं। कृष्ण पूछते हैं–

कहा रहति काकी तू बेटी? देखी नाहि कहूं ब्रज लोरी

राधा कहती हैं–

कहे को हम व्रज तज आवति, खेलती रहति सायनी पौरी
सुनति रहति श्रवननिनंद ढोटा करत रहत आखन दधि चोरी।

इस पर कृष्ण कहते हैं–

तुम्हारे कहा चोरि हम लैहें, खेलन चलौ संग भित्ति जोरी

खेल ही खेल में वह बड़ी बात पैदा हो जाती है जिसे प्रेम कहते हैं। वृन्दावन के उस सरस जीवन के हास-परिहास के बीच गोपियों के प्रेम का उदय होता है। प्रेम आनन्द स्वरूप है। अतः हास-परिहास और छेड़छाड़ के साथ प्रेम-व्यापार का आरम्भ बहुत ही स्वाभाविक है। इसी रूप में प्रेम का आरम्भ सूर आदि सब कृष्णभक्त कवियों ने दिखाया है। किसी की रूप चर्चा सुन या अकस्मात् किसी की एक झलक पाकर हाय-हाय करते हुए इस प्रेम का आरम्भ नहीं होता है। नित्य अपने बीच चलते-फिरते, हँसते-बोलते, गाय चराते देखते-देखते गोपियाँ कृष्ण में अनुक्त होती हैं और कृष्ण गोपियों में। इस प्रेम को हम जीवन के उत्सव के रूप में पाते हैं। एकबारगी उठ खड़े हुए तूफान के रूप में नहीं। प्रेम का जो हँसता-खेलता विनोदभरा रूप आरम्भ में प्रकट होता है वह संयोग काल में तो चलता ही चलता है, वियोग के आँसुओं के बीच भी रह-रहकर झलक मारता है। यह बात उद्धव और गोपियों के संवाद में साफ देखी जा सकती है। इस प्रकार कृष्णभक्त कवियों ने प्रेम का मूल आनन्दमय स्वरूप सर्वथा लुप्त नहीं होने नहीं दिया है। हास-परिहास और छेड़छाड़ प्रेम की उमंग का एक ऐसा स्वाभाविक रोग है जिसे हमारे कृष्णभक्त कवियों ने ही पूरा-पूरा पहचाना है और भारतीय शृंगार काव्य की एक विशेषता के रूप में हमारे सामने रक्खा है। सारे उत्तरी भारत के ग्रामीणों में, फुटकल शृंगारी कविताओं में यह विशेषता हमें मिलेगी।

सूर आदि कृष्णभक्तों ने श्रीकृष्ण को आलंबन रखकर प्रेमलीला की जो भूमि तैयार की उसी के भीतर हिन्दी की प्रायः सारी फुटकल शृंगारी कविता ने अपना करतब दिखाया। भक्तिधारा से स्वतन्त्र जो फुटकल शृंगारी कविता हुई उसमें भी सर्वत्र नायक कृष्ण रहे और नायिका राधा या गोपियाँ। संयोग-काल के वर्णन में वही रास-विलास, छेड़छाड़, होली हिंडोले आदि के उत्सव; वियोग-काल में व्रज से गए हुए कृष्ण के विरह में गोपियों का अनेक मधुर स्मृतियों के साथ आँसू बहाना। स्वच्छन्द-प्रेम को लेकर लोकगीत चलते आ रहे हैं उनमें भी कृष्ण और गोपियों का प्रेभ लहराता चला आ रहा है।

रूप पर मोहित होना, दर्शन के लिए व्याकुल रहना, विरह-ताप से झुलसना गोपियों

के पक्ष में ही कहा गया है, कृष्ण के पक्ष में नहीं। यही परम्परा हमारे सब शृंगारी कवियों ने ग्रहण की। यह यहाँ की शृंगारी कविता का एक सामान्य लक्षण हो गया। समान प्रेम होने पर भी स्त्रियों की प्रेमदशा का वर्णन करने में ही यहाँ के कवियों का मन लगा है। संस्कृत के पुराने प्रबन्ध काव्यों में यह बात नहीं पाई जाती। वाल्मीकि ने रामायण में सीताहरण के पीछे राम और सीता दोनों का विरह-दर्शन बराबर किया है। कालिदास ने अपने मेघदूत का यक्ष की विरहावस्था से करके उत्तरमेघ में यक्षिणी के विरह का वर्णन किया है। उनकें नाटकों में भी यही बात पाई जाती है। जहाँ तक मैं समझता हूँ नायिका की प्रेमदशा या विरहदशा के वर्णन की प्रधानता कृष्णलीला के अधिक प्रचार के साथ हुई। पुरुष आलंबन हुआ और स्त्री आश्रय। प्रेम के गीतों के नायक कृष्ण हुए और नायिका राधा। 'कन्हैया' नायक का एक सामान्य नाम सा हो गया। दिल्ली के पिछले बादशाह मुहम्मदशाह रंगीले तक को होली के दिनों में 'कन्हैया' बनने का शौक हुआ करता था।

और देशों की फुटकल शृंगारी कविताओं में प्रेमियों के ही विरह आदि के वर्णन की प्रधानता देखी जाती है, प्रेमिका के नहीं। जैसे एशिया के अरब, फारस आदि मुल्कों में वैसे ही योरप के इटली आदि काव्य-संगीत-प्रिय देशों में भी यही परम्परा रही। फारसी की प्रेम-कहानियों के बीच विरह में सूखने, फरहाद और मजनूं ही अधिक दिखाई देते हैं। इटली में वीट्रार्क की शृंगारी कविताएँ एक प्रेमिका के हृदय के उद्गार हैं। हिन्दुस्तान में कृष्णकथा का प्रभाव नायक पर मोहित होकर नायिका ही वियोग में तड़पती और कलपती दिखाई देने लगी। इस आकर्षक रूप में प्रतिष्ठित होने से पुरुषों को प्रेमव्यापार में भी अपनी प्रधानता देख अवश्य आनन्द आने लगा। पर उस पर इसका प्रभाव बुरा भी पड़ा। बहुतेरे शूरता, वीरता, पराक्रम आदि पुरुषोचित गुणों से मुँह मोड़ ''चटक मटक लटक' लाने में लगे—बहुत जगह तो भांगपट्टी में जहाँ स्त्री प्रधान आकर्षक के रूप में प्रतिबिम्बत हुई इसका उलटा हुआ। वहाँ स्त्रियों के बनाव-सिंगार और पहनावे के खर्च के मारे पुरुषों का नाकोदम आ गया।

कृष्णकाव्य की जो विशेषताएँ कही जा चुकी हैं वे सब सम्प्रदाय के कृष्णभक्त कवियों की रचनाओं में समान रूप से पाई जाती हैं। सबसे अधिक परिमाण में रचना वल्लभ सम्प्रदाय के कवियों की हैं जिनमें प्रधान है सूरदास, चतुर्भुजदास, छीतस्वामी, गोविन्द स्वामी। ये आठों कवि अष्ठछाप के नाम से प्रसिद्ध है। इनके अतिरिक्त दूसरे सम्प्रदाय के अनेक प्रसिद्ध भक्ति कवि संवत् 1600 और 1700 के बीच हुए हैं जिन्होंने कृष्णलीला का गान किया है जैसे, हितहरिवंश, गदाधार भट्ट, स्वामी हरिदास, श्रीभट्ट, व्यासजी इत्यादि। कृष्णाभक्तों में मीराबाई की उपासना मार्धुयभाव की थी। वे कृष्ण को अपना प्रियतम मानकर अपना प्रेम ही प्रकट करती थीं, बाहरी लीला के रूप में गोपी-कृष्ण के प्रेम का वर्णन नहीं करती थीं। सब कृष्णभक्त कवियों ने प्रायः गाने के पदों की ही रचना की है।

जैसा कि मैं पहले निवेदन कर चुका हूँ हिन्दी साहित्य के भक्तिकाल के पीछे

फुटकल शृंगारी कविताओं की जो बाढ़ सी कवित्त-सवैया में आई उसमें भी कृष्ण और राधा ही नायक-नायिका के रूप में ऊपर रहे। संयोगकाल में प्रेम का वही छेड़छाड़वाला हँसता-खेलता रूप और वियोग काल में विरह-वेदना का सारा भार गोपियों या नायिकाओं के मत्थे। छेड़छाड़ के समय मधुर चेष्टा का बिहारी ने यह चित्र खींचा–

बतरस लालच लाल के मुरली धरी लुकाय।
सौंह करै, भौंहनि हंसै, दैन कहै, नटि जाय।

मासा मोरि नचाय हम करी ककाकी सौंह।

पद्माकर ने होली के प्रसंग में यह दिखाया–

खैंचि पितंबर ऊपर तें सो विदादई मीडिकपोलन रोरी।
नैन नचाय कही मुसकाय लला फिर आइयो खेलन होरी॥

कृष्णलीला के इस प्रेमक्षेत्र ने न जाने कितने सहृदय मुसलमान भाइयों को आकर्षित किया और उन्होंने राधाकृष्ण की प्रेमलीला को लेकर वज्र भाषा की बहुत सुन्दर कविता की है। भक्त रसखान का तो कहना ही क्या है। उन्होंने न जाने कितने ऐसे प्रसंगों का वर्णन किया है। कृष्ण एक गोपकन्या के साथ लगे कुछ प्रेम की बातें करते चलते हैं, चतुराई से वह चुपचाप सुनती चलती है। जब घर आ जाता है तब–

नैन नचाय चितै मुसकाय सुओट है जाय अंगूठो दिखायो।

कुमार कृष्ण दही बेचने के लिए आनेवालों का रास्ता रोकते हैं। इस पर एक गोपी की झुँझलाहट रसखान जी इस प्रकार दिखाते हैं–

रोकतहौ वनमें रसखान पसारत हाथ घनो दुःख पैहौ।
जैहै जौ भूबन काहू सखी को तो मोल छला के लला न बिकैहौ।

घनानन्दजी तो प्रेम की तीर लेकर इस संसार में आए ही थे। वेदना की जो गहराई उनके वचनों में है वह और जगह दुर्लभ है। कृष्ण के प्रेम में लीन राधा उलाहने के रूप में कहती है कि तुम औरों को तो मोहित करते हो आप मोहित होते नहीं–तुम्हें मेरी दशा का क्या अनुभव हो सकता है–

कान्ह परे बहुतायत में इकलैन की वेदना जानौ कहा तुम
हौ मनमोहन, ओहे कहूँ न विथा बिमनैन की मानौ कहा तुम
बौरे बियोगिन्ह आप सुजान है हाय कुछ उर आनौ कहा तुम।
आरतिवंत पसीहन का घनआनंदजू पहिचानै कहा तुम।

जैसा कि अभी कह चुका हूँ नायक द्वारा प्रेमदशा या वियोग वेदना की शृंगारी कवियों ने बहुत कम व्यंजना कराई है, कहीं-कहीं उसकी सूचना भर सखियों द्वारा दिलाई है। ब्रजभाषा के कवियों में ठाकुर एक स्वतन्त्र प्रकृति के कवि थे। उन्होंने कहीं-कहीं प्रेमी नायक के हृदय का भाव बड़े सुन्दर ढंग से, और बड़ी सूक्ष्म दृष्टि के साथ और बड़ी ही चलती भाषा में प्रकट कराया है। प्रेम के उदय होने पर नायक बहुत दिनों तक इस चिन्ता में रहता है कि उसके प्रेम का पता नायिका को लगा या नहीं। वह अपने प्रेम का

परिचय देने की भूल करती रहती है। देखिए इसका कैसा सुन्दर उदाहरण, कैसी सीधी-सादी भाषा में ठाकुर देते हैं–

वा निरमोहिनि रूप की रासिजऊ डर हेतु न आनति ह्वैहै
बारहिबार बिलोकि धरी धरी सूरति तौ पहिचानति ह्वैहै,
ठाकुर या मन को परतीति है, जो पै सनेह न मानति ह्वै है।
आवत हैं नित मेरे लिए इतने तो विशेष के जानति ह्वै है।

यहाँ तक तो श्रृंगारी कविता पर कृष्णभक्त सम्प्रदाय का जो प्रभाव पड़ा उसकी बात हुई। पर सगुण भक्ति की रामभक्ति शाखा के साहित्य पर भी कृष्णोपासक सम्प्रदाय की रचनाओं का प्रभाव कम नहीं पड़ा है। यद्यपि राम का लोकरक्षक और तेजस्वी रूप प्रधान है। मधुर रूप गौण पर गोस्वामीजी सूर आदि कृष्णभक्तों की देखा देखी अपने राम के आकर्षण मधुरमय की भावना में भी पूरी तरह लीन हुए हैं। राम की बाल छवि का वर्णन वे उसी प्रकार मग्न होकर करते हैं जिस प्रकार कृष्णभक्त कृष्ण की बालछवि का। एक बात अवश्य है कि आगे चलकर राम के सौन्दर्य पर सीता के अतिरिक्त किसी और का जो मोहित होना दिखाते हैं वह कामवासना से बिल्कुल अलग है। जनकपुर में नर-नारी दोनों का मोहित होना वे कहते हैं। वन में जाते हुए सुकुमार और कोमल राजकुमार के रूप में राम को देख ग्राम की स्त्रियाँ सहानुभूतिपूर्वक जो प्रेम दिखाती है वह अत्यन्त स्वाभाविक होने पर भी शुद्ध प्रेम है–कामवासना का कहीं से कोई लगाव नहीं दिखाई पड़ता। यह सब होते हुए भी 'गीतावली' की रचना में उन्होंने सूरदास का बहुत अधिक अनुकरण किया है। बाललीला का बहुत अधिक विस्तार तो है ही उत्तरकांड में राजगद्दी के पीछे अपने राम की प्रकृत रूप भी उन्हें कुछ भूल सा गया है। राम वहाँ प्रौढ़ावस्था में भी सीता की सखियों के साथ हिंडोला झूलते हैं, वसन्तोत्सव और होली में स्त्रियों की भीड़ के बीच रंग खेलते और पिचकारी चलाते हैं। वहाँ कृष्णलीला का प्रभाव स्पष्ट है। आगे चलकर भी भक्तों ने राम के सम्बन्ध में इस प्रकार की बहुत कविता की है।

इधर इस बीसवीं शताब्दी के भीतर पुरानी परिपाटी के व्रजभाषा कवियों में तो राधाकृष्ण सबन्धी श्रृंगारी कविता चली ही चलती है। जैसे खड़ी बोली में भी *प्रियप्रवास* ऐसे बड़े काव्य बने हैं। इधर 'छायावाद' के नाम से जो नई रंगत की कविता चली है उसके कवि भी कृष्णभक्तों की भावना का वह मधुर प्रेमलीला का क्षेत्र भुला नहीं सके हैं। उनकी वीणा के बीच में मुरली की तान भी सुनाई पड़ जाती है। निरालाजी भी यमुना को देख उसके तट पर की वह अपूर्व प्रेमलीला अपनी कल्पना में लाए हैं। जयशंकर प्रसाद ने इस जले जगत को आनन्द धाम वृन्दावन बन जाने की आशा प्रकट की है। जीवनधन! इस जले जगत को वृन्दावन बन जाने दो।

जायसी

वक्तव्य
(प्रथम संस्करण)

'पद्मावत' हिन्दी के सर्वोत्तम प्रबन्ध-काव्यों में है। ठेठ अवधी भाषा के माधुर्य्य और भावों की गम्भीरता की दृष्टि से यह काव्य निराला है। पर खेद के साथ कहना पड़ता है कि इसके पठन-पाठन का मार्ग कठिनाइयों के कारण अब तक बन्द-सा रहा। एक तो इसकी भाषा पुरानी और ठेठ अवधी, दूसरे भाव भी गूढ़, अतः किसी शुद्ध अच्छे संस्करण के बिना इसके अध्ययन का प्रयास कोई कर भी कैसे सकता था ? पर इसका अध्ययन हिन्दी साहित्य की जानकारी के लिए कितना आवश्यक है, यह इसी से अनुमान किया जा सकता है कि इसी के ढाँचे पर 34 वष पीछे गोस्वामी तुलसीदासजी ने अपने लोकप्रसिद्ध ग्रन्थ 'रामचरित-मानस' की रचना की। यही अवधी भाषा और चौपाई दोहों का क्रम दोनों में है, जो आख्यानकाव्यों के लिए हिन्दी में सम्भवतः पहले से चला आता रहा हो। कुछ शब्द ऐसे हैं जिनका प्रयोग जायसी और तुलसी को छोड़ और किसी कवि ने नहीं किया है। तुलसी के भाषा के स्वरूप को पूर्णतया समझने के लिए जायसी की भाषा का अध्ययन आवश्यक है।

इस ग्रन्थ के चार संस्करण मेरे देखने में आए हैं–एक नवलकिशोर प्रेस का, दूसरा पं. रामजसन मिश्र सम्पादित काशी के चन्द्रप्रभा प्रेस का, तीसरा कानपुर के किसी पुराने प्रेस का फारसी अक्षरों में और म.प. पं. सुधाकर द्विवेदी और डॉक्टर ग्रियर्सन सम्पादित एशियाटिक सोसाइटी का, जो पूरा नहीं, तृतीयांश मात्र है।

इनमें से प्रथम दो संस्करण तो किसी काम के नहीं। एक चौथाई का भी पाठ शुद्ध नहीं, शब्द बिना इस विचार के रखे हुए हैं कि उनका कुछ अर्थ भी हो सकता है या नहीं। कानपुरवाले उर्दू संस्करण को कुछ लोगों ने अच्छा बताया। पर देखने पर वह भी इसी श्रेणी का निकला। उसमें विशेषता केवल इतनी ही है कि चौपाइयों के नीचे अर्थ भी दिया हुआ दिखाई पड़ता है। यह अर्थ भी अटकलपच्चू है; किसी मुंशी या मौलवी साहब ने प्रसंग के अनुसार अन्दाज से ही लगाया है, शब्दार्थ की ओर ध्यान देकर नहीं। कुछ नमूने देखिए–

(1) 'जाएउ नागमती नगसेनहि। ऊँच भाग, ऊँचै दिन रैनहि।'

इसका साफ अर्थ यह है कि नागमती ने नागसेन को उत्पन्न किया; उसका भाग्य ऊँचा था और दिन-रात ऊँचा ही होता गया। इसके स्थान पर यह विलक्षण अर्थ किया गया है–

'फिर नागमती अपनी सहेलियों को हमराह लेकर बहुत बलन्द मकान में बलन्दीए बख्त से रहने लगी'। इसी प्रकार 'कवलसेन पदमावति जाएउ' का अर्थ लिखा गया है ''और पदमावत, मिस्ल कवल के थी, अपने मकान में गई''। बस दो नमूने और देखिए–

(2) 'फेरत नैन चेरि सौ छूटी। भई कूटन कुटनी तस कूटी'।

इसका ठीक अर्थ यह है कि पद्मावती के दृष्टि फेरते ही सौ दासियाँ छूटीं और उस कुटनी को खूब मारा। पर 'चेरि' को 'चीर' समझकर इसका यह अर्थ किया गया है–

'अगर वह आँखें फेर के देखे तो तेरा लहँगा खुल पड़े और जैसी कुटनी है, वैसा ही तुझको कूटे'।

(3) 'गढ़ सौंपा बादल कहँ, गए टिकठि बसि देव'।

ठीक अर्थ–चित्तौरगढ़ बादल को सौंपा और टिकठी या अरथी पर बसकर राजा (परलोक) गए।

कानपुर की प्रति में इसका अर्थ इस प्रकार किया गया है--'किलअ बादल को सौंपा गया और बासदेव सिधारे'। बस इन्हीं नमूनों से अर्थ का और अर्थ करनेवाले का अन्दाज कर लीजिए।

अब रहा चौथा, सुधाकरजी और डॉक्टर ग्रियर्सन साहब वाला भड़कीला संस्करण। इसमें सुधाकरजी की बड़ी लम्बी-चौड़ी टीका-टिप्पणी लगी हुई है; पर दुर्भाग्य से या सौभाग्य से 'पदमावत' के तृतीयांश तक ही यह संस्करण पहुँचा। इसकी तड़क-भड़क का तो कहना ही क्या है ! शब्दार्थ, टीका और इधर-उधर के किस्सों और कहानियों से इसका डीलडौल बहुत बड़ा हो गया है। पर टिप्पणियाँ अधिकतर अशुद्ध और टीका स्थान-स्थान पर भ्रमपूर्ण है। सुधाकरजी में एक गुण यह सुना जाता है कि यदि कोई उसके पास कोई कविता अर्थ पूछने के लिए ले जाता तो वह विमुख नहीं लौटता था, वे खींचतानकर कुछ-न-कुछ अर्थ लगा ही देते थे। बस, इसी गुण से इस टीका में भी काम लिया गया है। शब्दार्थ में कहीं यह नहीं स्वीकार किया गया है कि इस शब्द से टीकाकार परिचित नहीं। सब शब्दों का कुछ-न-कुछ अर्थ मौजूद है, चाहे वह अर्थ ठीक हो या न हो। शब्दार्थ के कुछ नमूने देखिए–

(1) ताईं = तिन्हें (कीन्ह खंभ दुइ जग के ताईं)। (2) आछहि = अच्छा (बिरिछ जो आछहि चंदन पासा)। (3) अँबरउर = आम्रराज, अच्छे जाति का आम या अमरावती। (4) सारउ = सारा, दूर्वा, दूब (सारिउ सुआ जो रहचह करहीं)। (5) खड़ुवानी = गड़ुवा, झा7री। (6) अहूठ = अनुत्थ, न उठने योग्य। (7) कनक कचोरी = कनिक या आटे की कचौड़ी। (8) करसी = कर्षित की, खिंचवाई (सिर करवत, तन करसी बहुत सीझ तेहि आस)।

कहीं-कहीं अर्थ ठीक बैठाने के लिए पाठ भी विकृत कर दिया गया है, जैसे, 'कतहु चिरहटा पंखिन्ह लावा' का 'कतहु छरहठा पेखन्ह लावा' कर दिया गया है और 'छरहटा' का अर्थ किया गया है 'क्षार लगानेवाले, नकल करनेवाले'। जहाँ 'गथ' शब्द आया है (जिसे हिन्दी कविता का साधारण ज्ञान रखनेवाले भी जानते हैं) वहाँ 'गंठि' कर दिया

गया है। इसी प्रकार 'अरकाना' (अरकाने दौलत अर्थात् सरदार या उमरा) का 'अरगाना' करके 'अलग होना' अर्थ किया गया है।

स्थान-स्थान पर शब्दों की व्युत्पत्ति भी दी हुई मिलती है जिसका दिया जाना ही अच्छा था। उदाहरण के लिए दो शब्द ही काफी हैं–

पउनारि–पयोनाली, कमल की डंडी।

अहुठ–अनुत्थ, न उठने योग्य।

'पौनार' शब्द की ठीक व्युत्पत्ति इस प्रकार है–सं. पद्म + नाल = प्रा. पउम् + नाल = हिं. पउनाड़ या पौनार। इसी प्रकार अहुठ = सं. अर्धचतुर्थ[1] प्रा. अज्झुट्ठ, अहवे = हि. अहुठ (साढ़े तीन, 'हूँठा' शब्द इसी से बना है)।

शब्दार्थों से ही टीका का अनुमान भी किया जा सकता है, फिर भी मनोरंजन के लिए कुछ पद्यों की टीका नीचे दी जाती है–

(1) अहुठ हाथ तन सरवर, हिया कवल तेहि माँझ।

सुधाकरी अर्थ–राजा कहता है कि (मेरा) हाथ तो अहुठ अर्थात् शक्ति के लग जाने से सामर्थ्यहीन होकर बेकाम हो गया और (मेरा) तनु सरोवर है जिसके हृदय मध्य अर्थात् बीच में कमल अर्थात् पद्मावती बसी हुई है।

ठीक अर्थ–साढ़े तीन हाथ का शरीररूपी सरोवर है जिसके मध्य में हृदय रूपी कमल है।

(2) हिया थार कुच कंचन लारू। कनक कचोरि उठे जनु चारू।

सुधाकरी अर्थ–हृदय थार में कुच कंचन का लड्डू है। (अथवा) जानों बल करके कनिक (आटे) की कचौरी उठती है अर्थात् फूल रही है (चक्राकार उठते हुए स्तन कराही में फूलती हुई बादामी रंग की कचौरी से जान पड़ते हैं)।

ठीक अर्थ–मानो सोने के सुन्दर कटोरे उठे हुए (औंधे) हैं।

(3) धानुक आप, बेझ जग कीन्हा।

'बेझ' का अर्थ ज्ञात न होने के कारण आपने 'बोझ' पाठ कर दिया और इस प्रकार टीका कर दी–

सुधाकरी अर्थ–आप धानुक अर्थात् अहेरी होकर जग (के प्राणी) के बोझ कर लिया अर्थात् जगत् के प्राणियों को भ्रूधनु और कटाक्षबाण से मारकर उन प्राणियों का बोझा अर्थात् ढेर कर दिया।

ठीक अर्थ–आप धनुर्धर हैं और सारे जगत् को वेध्य सा लक्ष्य किया है।

(4) नैहर चाह न पाउब जहाँ।

सुधाकरी अर्थ–जहाँ हम लोग नैहर (जाने) की इच्छा (तक) न करने पावेंगी ('पाउब' के स्थान पर 'पाउबि' पाठ रखा गया है, शायद स्त्रीलिंग के विचार से। पर अवधी में उत्तमपुरुष बहुवचन में स्त्री. पुं. दोनों में एक ही रूप रहता है)।

---

1. एक शब्द 'अध्युष्ट' भी मिलता है पर वह केवल प्राकृत 'अज्झुट्ठ' की व्युत्पत्ति के लिए गढ़ा हुआ जान पड़ता है।

ठीक अर्थ–जहाँ नैहर (मायके) की खबर तक हम न पाएँगी।

(5) चलौं पउनि सब गोहने फूल डार लेइ हाथ।

सुधाकरी अर्थ–सब हवा ऐसी या पवित्र हाथ में फूलों की डालियाँ ले-लेकर चलीं।

ठीक अर्थ–सब पौनी (इनाम आदि पानेवाली) प्रजा–नाइन, बारिन आदि–फूलों की डालियाँ लेकर साथ चलीं।

इसी प्रकार की भूलों से टीका भरी हुई है। टीका का नाम रखा गया है 'सुधाकर-चन्द्रिका'। पर यह चन्द्रिका है कि घोर अन्धकार ? अच्छा हुआ कि एशियाटिक सोसाइटी ने थोड़ा-सा निकालकर ही छोड़ दिया।

सारांश यह कि इस प्राचीन मनोहर ग्रन्थ का कोई अच्छा संस्करण अब तक न था और हिन्दी प्रेमियों की रुचि अपने साहित्य के सम्यक् अध्ययन की ओर दिन-दिन बढ़ रही थी। आठ-नौ वर्ष हुए, काशी नागरीप्रचारिणी सभा ने अपनी 'मनोरंजन पुस्तकमाला' के लिए मुझसे 'पद्मावत' का एक संक्षिप्त संस्करण शब्दार्थ और टिप्पणी सहित तैयार करने के लिए कहा था। मैंने आधे के लगभग ग्रन्थ तैयार भी किया था। पर पीछे यह निश्चय हुआ कि जायसी के दोनों ग्रन्थ पूरे-पूरे निकाले जाएँ। अतः 'पद्मावत' की वह अधूरी तैयारी की हुई कापी बहुत दिनों तक पड़ी रही।

इधर जब विश्वविद्यालयों में हिन्दी का प्रवेश हुआ और हिन्दू विश्वविद्यालय में हिन्दी साहित्य भी परीक्षा के वैकल्पिक विषयों में रखा गया, तब तो जायसी का एक शुद्ध उत्तम संस्करण निकालना अनिवार्य्य हो गया क्योंकि बी.ए. और एम.ए. दोनों की परीक्षाओं में पद्मावत रखी गई। पढ़ाई प्रारम्भ हो चुकी थी और पुस्तक के बिना हर्ज हो रहा था; इससे यह निश्चय किया गया कि समग्र ग्रन्थ एकबारगी निकालने में देर होगी; अतः उसके छह-छह फार्म के खंड करके निकाले जाएँ जिससे छात्रों का काम भी चलता रहे। कार्तिक संवत् 1980 से इन खंडों का निकलना प्रारम्भ हो गया। चार खंडों में 'पद्मावत' और 'अखरावट' दोनों पुस्तकें समाप्त हुईं।

'पद्मावत' की चार छपी प्रतियों के अतिरिक्त मेरे पास कैथी लिपि में लिखी एक हस्तलिखित प्रति भी थी जिससे पाठ के निश्चय करने में कुछ सहायता मिली। पाठ के सम्बन्ध में यह कह देना आवश्यक है कि वह अवधी व्याकरण और उच्चारण तथा भाषाविकास के अनुसार रखा गया है। एशियाटिक सोसाइटी की प्रति में 'ए' और 'औ' इन अक्षरों का व्यवहार नहीं हुआ है; इनके स्थान पर 'अइ' और 'अउ' प्रयुक्त हुए हैं। इस विधान में प्राकृत की पुरानी पद्धति का अनुसरण चाहे हो, पर उच्चारण की उस आगे बढ़ी हुई अवस्था का पता नहीं लगता जिसे हमारी भाषा, जायसी और तुलसी के समय में, प्राप्त कर चुकी थी। उस समय चलती भाषा में 'अइ' और 'अउ' के 'अ' और 'इ' तथा 'अ' और 'उ' के पृथक्-पृथक् स्फुट उच्चारण नहीं रह गए थे, दोनों स्वर मिलकर 'ए' और 'औ' के समान उच्चरित होने लगे थे। प्राकृत के 'दैत्यादिष्वइ' और 'पौरादिष्वउ'

सब दिन के लिए स्थायी नहीं हो सकते थे। प्राकृत और अपभ्रंश अवस्था पार करने पर उलटी गंगा बही। प्राकृत के 'अइ' और 'अउ' के स्थान पर 'ए' और 'औ' उच्चारण में आए–जैसे प्राकृत और अपभ्रंश रूप 'चलइ', 'पइट्ठ', 'कइसे', 'चउक्कोण' इत्यादि हमारी भाषा में आकर 'चलै', पैठ 'कैसे', 'चौकोन' इस प्रकार बोले जाने लगे। यदि कहिए कि इनका उच्चारण आजकल तो ऐसा होता है पर जायसी बहुत पुराने हैं, सम्भवतः उस समय इनका उच्चारण प्राकृत के अनुसार ही होता रहा हो, तो इसका उत्तर यह है कि अभी तुलसीदासजी के थोड़े ही दिनों पीछे की लिखी 'मानस' की कुछ पुरानी प्रतियाँ मौजूद हैं जिनमें बराबर 'कैसे', 'जैसे', 'तैसे', 'कै', 'करै', 'चौथे', 'करौं', 'आवौं' इत्यादि अवध की चलती भाषा के रूप पाए जाते हैं। जायसी और तुलसी ने चलती भाषा में रचना की है, प्राकृत के समान व्याकरण के अनुसार गढ़ी हुई भाषा में नहीं। यह दूसरी बात है कि प्राचीन रूपों का व्यवहार परम्परा के विचार से उन्होंने बहुत जगह किया है, पर भाषा उनकी प्रचलित भाषा ही है।

डॉक्टर ग्रियर्सन ने 'करइ', 'चलइ', आदि रूपों को ही कविप्रयुक्त सिद्ध करने के लिए 'करई', 'धावई' आदि चरण के अन्त में आनेवाले रूपों का प्रमाण दिया है। पर 'चलै', 'गनै' आदि रूप भी चरण के अन्त में बराबर आए हैं, जैसे–

(क) इहै बहुत जो बोहित पावौं।–जायसी

(ख) रघुबीर बल गर्वित बीभीषनु घाल नहिं ताकहँ गनै।–तुलसी।

चरणांत में ही नहीं, वर्णवृत्तों के बीच में भी ये चलते रूप बराबर दिखाए जा सकते हैं जैसे–

एक एक की न सँभार। करैं तात भ्रात पुकार ॥ –तुलसी

जब एक ही कवि की रचना में नए और पुराने दोनों रूपों का प्रयोग मिलता है, तब यह निश्चित है कि नए रूप का प्रचार कवि के समय में ही हो गया था और पुराने रूप का प्रयोग या तो उसने छन्द की आवश्यकतावश किया है अथवा परम्परापालन के लिए।

हाँ, 'ए' और 'औ' के सम्बन्ध में ध्यान रखने की बात यह है कि इनके 'पूरबी' और 'पच्छिमी' दो प्रकार के उच्चारण होते हैं। पूरबी उच्चारण संस्कृत के समान 'अइ' और 'अउ' से मिलता-जुलता और पच्छिमी उच्चारण 'अय' और 'अव' से मिलता-जुलता होता है। अवधी भाषा में शब्द के आदि के 'ए' और 'औ' का अधिकतर पूरबी तथा अन्त में पड़नेवाले 'ए' 'औ' का उच्चारण पच्छिमी ढंग पर होता है।

'हि' विभक्ति का प्रयोग प्राचीन पद्धति के अनुसार जायसी में सब कारकों के लिए मिलेगा। पर कर्ता कारक में केवल सकर्मक भूतकालिक क्रिया के सर्वनाम कर्ता के तथा आकारान्त संज्ञा कर्ता में मिलता है। इन दोनों स्थलों में मैंने प्रायः वैकल्पिक रूप 'इ' (जो 'हि' का ही विकार है) रखा है, जैसे केइ, जेइ, तेइ, राजै, सूए, गौरे (किसने, जिसने, उसने, राजा ने, सूए ने, गौरा ने)। इस 'हि' विभक्ति का ही दूसरा रूप 'ह' है जो सर्वनामों के अन्तिम वर्ण के साथ संयुक्त होकर प्रायः सब कारकों में आया है। अतः जहाँ कहीं 'हम्ह' 'तुम्ह', 'तिन्ह' या 'उन्ह' हो वहाँ यह समझना चाहिए कि यह सर्वनाम

कर्ता के अतिरिक्त किसी और कारक में है–जैसे हम्म हमको, हमसे, हमारा, हममें, हमपर। सम्बन्धवाचक सर्वनाम के लिए 'जो' रखा गया है तथा यदि या जब के अर्थ में अव्यय रूप 'जौ'।

प्रत्येक पृष्ठ में असाधारण या कठिन शब्दों, वाक्यों और कहीं चरणों के अर्थ फुटनोट में बराबर दिए गए हैं जिससे पाठकों को बहुत सुबीता होगा। इसके अतिरिक्त 'मलिक मुहम्मद जायसी' पर एक विस्तृत निबन्ध भी ग्रन्थारम्भ के पहले लगा दिया गया है जिसमें कवि की विशेषताओं के अन्वेषण और गुण-दोषों के विवेचन का प्रयत्न अपनी अल्प बुद्धि के अनुसार किया है।

अपने वक्तव्य में 'पद्मावत' के संस्करणों का मैंने जो उल्लेख किया है, वह केवल कार्य्य की कठिनता का अनुमान कराने के लिए। कभी-कभी किसी चौपाई का पाठ और अर्थ निश्चित करने में कई दिनों का समय लग गया है। झंझट का एक बड़ा कारण यह भी था कि जायसी के ग्रन्थ बहुतों ने फारसी लिपि में उतारे। फिर उन्हें सामने रखकर बहुत-सी प्रतियाँ हिन्दी अक्षरों में तैयार हुईं। इससे एक ही शब्द को किसी ने एक रूप में पढ़ा, किसी ने दूसरे रूप में। अतः मुझे बहुत स्थलों पर इस प्रक्रिया से काम लेना पड़ा है कि अमुक शब्द फारसी अक्षरों में लिखे जाने पर कितने प्रकार से पढ़ा जा सकता है। काव्य भाषा के प्राचीन स्वरूप पर भी पूरा ध्यान रखना पड़ा है। जायसी की रचना में भिन्न-भिन्न तत्त्वसिद्धान्तों के आभास को समझने के लिए दूर तक दृष्टि दौड़ाने की आवश्यकता थी। इतनी बड़ी-बड़ी कठिनाइयों को बिना धोखा खाए पार करना मेरे ऐसे अल्पज्ञ और आलसी के लिए असम्भव ही समझिए। अतः न जाने कितनी भूलें मुझसे इस कार्य्य में हुई होंगी, जिनके सम्बन्ध में सिवाय इसके कि मैं क्षमा माँगूँ और उदार पाठक क्षमा करें, और हो ही क्या सकता है ?

–रामचन्द्र शुक्ल

कृष्ण जन्माष्टमी
संवत् 1981

वक्तव्य

(द्वितीय संस्करण)

प्रथम संस्करण में इधर-उधर जो कुछ अशुद्धियाँ या भूलें रह गई थीं वे इस संस्करण में, जहाँ तक हो सका है, दूर कर दी गई हैं। इसके अतिरिक्त जायसी के 'मत और सिद्धान्त' तथा 'रहस्यवाद' के अन्तर्गत भी कुछ बातें बढ़ाई गई हैं जिनसे आशा है, सूफी भक्तिमार्ग और भारतीय भक्तिमार्ग का स्वरूपभेद समझने में, कुछ अधिक सहायता पहुँचेगी। इधर मेरे प्रिय शिष्य पं. चन्द्रबली पांडेय एम.ए., जो हिन्दी के सूफी कवियों के सम्बन्ध में अनुसन्धान कर रहे हैं, जायस गए और मलिक मुहम्मद की कुछ बातों का पता लगा लाए। उनकी खोज के अनुसार जायसी का जीवनवृत्त भी नए रूप में दिया गया है जिसके लिए उनके प्रति अपनी कृतज्ञता प्रकट करना मैं आवश्यक समझता हूँ।'

इस ग्रन्थावली के प्रथम संस्करण में जायसी के दो ग्रन्थ–'पद्मावत' और 'अखरावट'– संगृहीत थे। उनका एक ग्रन्थ 'आखिरी कलाम' फारसी लिपि में बहुत पुराना छपा हुआ हाल में मिला। यह ग्रन्थ भी इस संस्करण में सम्मिलित कर लिया गया है। कोई और दूसरी प्रति न मिलने के कारण इसका ठीक-ठीक पाठ निश्चित करने में बड़ी कठिनता पड़ी है। एक तो इसकी भाषा 'पद्मावत' और 'अखरावट' की अपेक्षा अधिक ठेठ और बोलचाल की अवधी, दूसरे फारसी अक्षरों में लिखी हुई। बड़े परिश्रम से किसी प्रकार मैंने इसका पाठ ठीक किया है, फिर भी इधर-उधर कुछ भूलें रह जाने की आशंका से मैं मुक्त नहीं हूँ।

जायसी के और दो ग्रन्थों की अपेक्षा इसकी रचना बहुत निम्न कोटि की है। इसमें इसलाम की मजहबी किताबों के अनुसार कयामत के दिनों का लम्बा-चौड़ा वर्णन है। किस प्रकार जल प्रलय होगा, सूर्य बहुत निकट आकर पृथ्वी को तपाएगा, सारे जीव-जन्तु और फरिश्ते भी अपना जीवन समाप्त करेंगे, ईश्वर न्याय करने बैठेगा और अपने अपराधों के कारण सारे प्राणी थर-थर काँपेंगे, इन्हीं सब बातों का ब्यौरा इस छोटी-सी पुस्तक में है। जायसी ने दिखाया है कि ईसा, मूसा आदि और सब पैगम्बरों को तो आप आपकी पड़ी रहेगी, वे अपने-अपने आसनों पर रक्षित स्थान में चुपचाप बैठे रहेंगे; पर परम दयालु हजरत मुहम्मद साहब अपने अनुयायियों के उद्धार के लिए

उस शरीर को जलानेवाली धूप में इधर-उधर व्याकुल घूमते दिखाई देंगे, एक क्षण के लिए भी कहीं छाया में न बैठेंगे। सबसे अधिक ध्यान देने की बात इमाम हसन हुसैन के प्रति जायसी की सहानुभूति है। उन्होंने लिखा है कि जब तक हसन हुसैन को अन्यायपूर्वक मारनेवाले और कष्ट देनेवाले घोर यन्त्रणापूर्ण नरक में डाल न दिए जाएँगे, तब तक अल्लाह का कोप शान्त न होगा। अन्त में मुहम्मद साहब और उनके अनुयायी किस प्रकार स्वर्ग की अप्सराओं से विवाह करके नाना प्रकार के सुख भोगेंगे, यही दिखाकर पुस्तक समाप्त की गई है।

—रामचन्द्र शुक्ल

चैत्र पूर्णिमा
संवत् 1992

मलिक मुहम्मद जायसी

सौ वर्ष पूर्व कबीरदास हिन्दू और मुसलमान दोनों के कट्टरपन को फटकार चुके थे। पंडितों और मुल्लाओं की तो नहीं कह सकते पर साधारण जनता 'राम और रहीम' की एकता मान चुकी थी। साधुओं और फकीरों को दोनों दीन के लोग आदर और मान की दृष्टि से देखते थे। साधु या फकीर भी सर्वप्रिय वे ही हो सकते थे जो भेदभाव से परे दिखाई पड़ते थे। बहुत दिनों तक एक साथ रहते-रहते हिन्दू और मुसलमान एक- दूसरे के सामने अपना-अपना हृदय खोलने लग गए थे, जिससे मनुष्यता के सामान्य भावों के प्रवाह में मग्न होने और मग्न करने का समय आ गया था। जनता की प्रवृत्ति भेद से अभेद की ओर हो चली थी। मुसलमान हिन्दुओं की रामकहानी सुनने को तैयार हो गए थे और हिन्दू मुसलमान का दास्तानहमजा। नल और दमयन्ती की कथा मुसलमान जानने लगे थे और लैला और मजनूँ की हिन्दू। ईश्वर तक पहुँचनेवाला मार्ग ढूँढ़ने की सलाह भी दोनों कभी-कभी साथ बैठकर करने लगे थे। इधर भक्तिमार्ग के आचार्य्य और महात्मा भगवत्प्रेम को सर्वोपरि ठहरा चुके थे और उधर सूफी महात्मा मुसलमानों को 'इश्क हकीकी' का सबक पढ़ाते आ रहे थे।

चैतन्य महाप्रभु, वल्लभाचार्य्य और रामानन्द के प्रभाव से प्रेमप्रधान वैष्णव धर्म का जो प्रवाह बंग देश से गुजरात तक रहा, उसका सबसे अधिक विरोध शाक्त मत और वाममार्ग के साथ दिखाई पड़ा। शाक्तमतविहित पशुहिंसा, मन्त्र, तन्त्र तथा यक्षिणी आदि की पूजा वेद-विरुद्ध अनाचार के रूप में समझी जाने लगी। हिन्दुओं और मुसलमानों दोनों के बीच 'साधुता' का सामान्य आदर्श प्रतिष्ठित हो गया था। बहुत-से मुसलमान फकीर भी अहिंसा का सिद्धान्त स्वीकार करके मांसभक्षण को बुरा कहने लगे।

ऐसे समय में कुछ भावुक मुसलमान 'प्रेम की पीर' की कहानियाँ लेकर साहित्यक्षेत्र में उतरे। ये कहानियाँ हिन्दुओं के ही घर की थीं। इनकी मधुरता और कोमलता का अनुभव करके इन कवियों ने दिखला दिया कि एक ही गुप्त तार मनुष्य मात्र के हृदयों से होता हुआ गया है जिसे छूते ही मनुष्य सारे बाहरी रूपरंग के भेदों की ओर ध्यान हटा एकत्व का अनुभव करने लगता है।

अमीर खुसरो ने मुसलमानी राजत्वकाल के आरम्भ में ही हिन्दू जनता के प्रेम और विनोद में योग देकर भावों के परस्पर आदान-प्रदान का सूत्रपात किया था, पर अलाउद्दीन के कट्टरपन और अत्याचार के कारण जो दोनों जातियाँ एक-दूसरे से

खिंची-सी रहीं, उनका हृदय मिल न सका। कबीर की अटपटी वाणी से भी दोनों के दिल साफ न हुए। मनुष्य मनुष्य के बीच रागात्मक सम्बन्ध है, यह उसके द्वारा व्यक्त न हुआ। अपने नित्य के व्यवहार में जिस हृदयसाम्य का अनुभव मनुष्य कभी-कभी किया करता है उसकी अभिव्यंजना उससे न हुई। जिस प्रकार दूसरी जाति या मतवाले के हृदय हैं उसी प्रकार हमारे भी हैं, जिस प्रकार दूसरे के हृदय में प्रेम की तरंगें उठती हैं, उसी प्रकार हमारे हृदय में भी, प्रिय का वियोग जैसे दूसरे को व्याकुल करता है वैसे ही हमें भी, माता का जो हृदय दूसरे के यहाँ है वही हमारे यहाँ भी, जिन बातों से दूसरों को सुख-दुःख होता है उन्हीं बातों से हमें भी, इस तथ्य का प्रत्यक्षीकरण कुतबन, जायसी आदि प्रेमकहानी के कवियों द्वारा हुआ। अपनी कहानियों द्वारा इन्होंने प्रेम का शुद्ध मार्ग दिखाते हुए उन सामान्य जीवनदशाओं को सामने रखा जिनका मनुष्य मात्र के हृदय पर एक प्रभाव दिखाई पड़ता है। हिन्दू हृदय और मुसलमान हृदय आमने-सामने करके अजनबीपन मिटानेवालों में इन्हीं का नाम लेना पड़ेगा। इन्होंने मुसलमान होकर हिन्दुओं की कहानियाँ हिन्दुओं की ही बोली में पूरी सहृदयता से कहकर उनके जीवन की मर्मस्पर्शिनी अवस्थाओं के साथ अपने उदार हृदय का पूर्ण सामंजस्य दिखा दिया। कबीर ने केवल भिन्न प्रतीत होती हुई परोक्ष सत्ता की एकता का आभास दिया था। प्रत्यक्ष जीवन की एकता का दृश्य सामने रखने की आवश्यकता बनी थी। वह जायसी द्वारा पूरी हुई।

प्रेमगाथा की परम्परा

इस नवीन शैली की प्रेमगाथा का आविर्भाव इस बात के प्रमाणों में से है कि इतिहास में किसी राजा के कार्य्य सदा लोकप्रवृत्ति के प्रतिबिम्ब नहीं हुआ करते। इसी को ध्यान में रखकर कुछ नवीन पद्धति के इतिहासकार प्रकरणों का विभाग राजाओं के राजत्वकाल के अनुसार न कर लोक की प्रवृत्ति के अनुसार करना चाहते हैं। एक ओर तो कट्टर और अन्यायी सिकन्दर लोदी मथुरा के मन्दिरों को गिराकर मसजिदें खड़ी कर रहा था और हिन्दुओं पर अनेक प्रकार के अत्याचार कर रहा था, दूसरी ओर पूरब में बंगाल के शासक हुसैनशाह के अनुरोध से, जिसने 'सत्य पीर' की कथा चलाई थी, कुतबन मियाँ एक ऐसी कहानी लेकर जनता के सामने आए जिसके द्वारा उन्होंने मुसलमान होते हुए भी अपने मनुष्य होने का परिचय दिया। इसी मनुष्यत्व को ऊपर करने से हिन्दूपन, मुसलमानपन, ईसाईपन आदि के उस स्वरूप का प्रतिरोध होता है जो विरोध की ओर ले जाता है। हिन्दुओं और मुसलमानों को एक साथ रहते अब इतने दिन हो गए थे कि दोनों का ध्यान मनुष्यता के सामान्य स्वरूप की ओर स्वभावतः जाए।

कुतबन चिश्ती वंश के शेख बुरहान के शिष्य थे। उन्होंने 'मृगावती' नाम का एक काव्य सन् 909 हिजरी में लिखा। इसमें चन्द्रनगर के राजा गणपतिदेव के राजकुमार और कंचननगर के राजा रूपमुरार की कन्या मृगावती के प्रेम की कथा है।

जायसी ने प्रेमियों के दृष्टान्त देते हुए अपने पूर्व की लिखी हुई प्रेम-कहानियों का उल्लेख किया है–

विक्रम धँसा प्रेम के बारा। सपनावति कहँ गएउ पतारा ॥
मधूपाछ मुगुधावति लागी। गगनपूर होइगा बैरागी ॥
राजकुँवर कंचनपुर गयऊ। मिरगावति कहँ जोगी भयऊ ॥
साधु कुँवर खंडावत जोगू। मधुमालति कर कीन्ह वियोगू ॥
प्रेमावति कहँ सुरसरि साधा। ऊषा लगि अनिरुध बर बाधा ॥

विक्रमादित्य और ऊषा अनिरुद्ध की प्रसिद्ध कथाओं को छोड़ देने से चार प्रेम-कहानियाँ जायसी के पूर्व लिखी हुई पाई जाती हैं। इनमें से 'मृगावती' की एक खंडित प्रति का पता तो नागरीप्रचारिणी सभा को लग चुका है। 'मधुमालती' की भी फारसी अक्षरों में लिखी हुई एक प्रति मैंने किसी सज्जन के पास देखी थी पर किसके पास, यह स्मरण नहीं। चतुर्भुजदास कृत 'मधुमालती कथा' नागरीप्रचारिणी सभा को मिली है जिसका निर्माणकाल ज्ञात नहीं और जो अत्यन्त भ्रष्ट गद्य में है। 'मुग्धावती' और 'प्रेमावती' का पता अभी तक नहीं लगा है। जायसी के पीछे भी 'प्रेमगाथा' की यह परम्परा कुछ दिनों तक चलती रही। गाजीपुर निवासी शेख हुसेन के पुत्र उसमान (मान) ने संवत् 1670 के लगभग चित्रावली लिखी जिसमें नेपाल के राजा धरनीधर के पुत्र सुजान और रूपनगर के राजा चित्रसेन की कन्या चित्रावली की प्रेमकहानी है। भाषा इसकी अवधी होने पर भी कुछ भोजपुरी लिए है। यह नागरीप्रचारिणी सभा द्वारा प्रकाशित हो चुकी है। दूसरी पुस्तक नूरमुहम्मद की 'इन्द्रावत' है जो संवत् 1796 में लिखी गई थी। इसे भी उक्त सभा प्रकाशित कर चुकी है।

इन प्रेमगाथा काव्यों में पहली बात ध्यान देने की यह है कि इनकी रचना बिलकुल भारतीय चरितकाव्यों की सर्गबद्ध शैली पर न होकर फारसी की मसनवियों के ढंग पर हुई है, जिसमें कथा सर्गों या अध्यायों में विस्तार के हिसाब से विभक्त नहीं होती, बराबर चली चलती है, केवल स्थान-स्थान पर घटनाओं या प्रसंगों का उल्लेख शीर्षक के रूप में रहता है। मसनवी के लिए साहित्यिक नियम तो केवल इतना ही समझा जाता है कि सारा काव्य एक ही मसनवी छन्द में हो पर परम्परा के अनुसार उसमें कथारम्भ के पहले ईश्वरस्तुति, पैगम्बर की वन्दना और उस समय के राजा (शाहे वक्त) की प्रशंसा होनी चाहिए। ये बातें पद्मावत, इन्द्रावत, मृगावती इत्यादि सबमें पाई जाती हैं।

दूसरी बात ध्यान देने की यह है कि ये सब प्रेमकहानियाँ पूरबी हिन्दी अर्थात् अवधी भाषा में एक नियमक्रम के साथ केवल चौपाई, दोहे में लिखी गई हैं। जायसी ने सात चौपाइयों (अर्धालियों) के बाद एक-एक दोहे का क्रम रखा है। जायसी के पीछे गोस्वामी तुलसीदासजी ने अपने 'रामचरितमानस' के लिए यही दोहे चौपाई का क्रम ग्रहण किया। चौपाई और बरवै मानो अवधी भाषा के अपने छन्द हैं, इनमें अवधी भाषा जिस सौष्ठव के साथ ढली है उस सौष्ठव के साथ ब्रजभाषा नहीं। उदाहरण के

लिए लाल कवि के 'छत्रप्रकाश', पद्माकर के 'रामरसायन' और ब्रजवासीदास के 'ब्रजविलास' को लीजिए। 'बरवै', तो ब्रजभाषा में कहा ही नहीं जा सकता। किसी पुराने कवि ने ब्रजभाषा में बरवै लिखने का प्रयास भी नहीं किया।

तीसरी बात ध्यान देने की यह है कि इस शैली की प्रेम-कहानियाँ मुसलमानों के ही द्वारा लिखी गईं। इन भावुक और उदार मुसलमानों ने इनके द्वारा मानो हिन्दू जीवन के साथ अपनी सहानुभूति प्रकट की। यदि मुसलमान हिन्दी और हिन्दू साहित्य से दूर न भागते, इनके अध्ययन का क्रम जारी रखते, तो उनमें हिन्दुओं के प्रति सद्भाव की वह कमी न रह जाती जो कभी-कभी दिखाई पड़ती है। हिन्दुओं ने फारसी और उर्दू के अभ्यास द्वारा मुसलमानों की जीवन-कथाओं के प्रति अपने हृदय का सामंजस्य पूर्ण रूप से स्थापित किया, पर खेद है कि मुसलमानों ने इसका सिलसिला बन्द कर दिया। किसी जाति की जीवन-कथाओं को बार-बार सामने लाना उस जाति के प्रति और सहानुभूति प्राप्त करने का स्वाभाविक साधन है। 'पद्मावत' की हस्तलिखित प्रतियाँ अधिकतर मुसलमानों के ही घर में पाई गई हैं। इतना मैं अनुभव से कहता हूँ कि जिन मुसलमानों के यहाँ यह पोथी देखी गई है, उन सबको मैंने विरोध से दूर और अत्यन्त उदार पाया।

जायसी का जीवनवृत्त

जायसी की एक छोटी-सी पुस्तक 'आखिरी कलाम' के नाम से फारसी अक्षरों में छपी है। यह सन् 936 हिजरी में (सन् 1528 ई. के लगभग) बाबर के समय में लिखी गई थी। इसमें बाबर बादशाह की प्रशंसा है। इस पुस्तक में मलिक मुहम्मद जायसी ने अपने जन्म के सम्बन्ध में लिखा है–

भा अवतार मोर नव सदी। तीस बरस ऊपर कवि बदी।

इन पंक्तियों का ठीक तात्पर्य्य नहीं खुलता। 'नव सदी' ही पाठ मानें तो जन्म काल 900 हिजरी (सन् 1492 के लगभग) ठहरता है। दूसरी पंक्ति का अर्थ यही निकलेगा कि जन्म के 30 वर्ष पीछे जायसी अच्छी कविता करने लगे। जायसी का सबसे प्रसिद्ध ग्रन्थ है पद्मावत जिसका निर्माण-काल कवि ने इस प्रकार किया है–

सन नव सै सत्ताइस अहा। कथा अरंभ बैन कवि कहा।

इसका अर्थ होता है पद्मावत की कथा के प्रारम्भिक वचन अरंभ बैन कवि ने सन् 927 हिजरी सन् 1520 ई. के लगभग में कहे थे। पर ग्रन्थारंभ में कवि ने मसनवी की रूढ़ि के अनुसार 'शाहे वक्त' शेरशाह की प्रशंसा की है जिसके शासनकाल का आरम्भ 947 हिजरी अर्थात् सन् 1540 ई. से हुआ था। इस दशा में यही सम्भव जान पड़ता है कि कवि ने कुछ थोड़े से पद्य तो 1520 ई. में ही बनाए थे, पर ग्रन्थ को 19 या 20 वर्ष पीछे शेरशाह के समय में पूरा किया। इसी से कवि ने भूतकालिक क्रिया 'अहा' (=था) और 'कहा' का प्रयोग किया[1]।

जान पड़ता है कि 'पद्मावत' की कथा को लेकर थोड़े से पद्य जायसी ने रचे थे। उसके पीछे वे जायस छोड़कर बहुत दिनों तक इधर-उधर रहे। अन्त में जब वे जायस में आकर रहने लगे तब उन्होंने इस ग्रन्थ को उठाया और पूरा किया। इस बात का संकेत इन पंक्तियों में पाया जाता है–

जायस नगर धरम अस्थानू। तहाँ आइ कवि कीन्ह बखानू॥

'तहाँ आइ' से पं. सुधाकर और डॉक्टर ग्रियर्सन ने यह अनुमान किया था कि मलिक मुहम्मद किसी और जगह से आकर जायस में बसे थे। पर यह ठीक नहीं। जायसवाले ऐसा नहीं कहते। उनके कथनानुसार मलिक मुहम्मद जायस ही के रहनेवाले थे। उनके घर का स्थान अब तक लोग वहाँ के कंचाने मुहल्ले में बताते हैं। 'पद्मावत' में कवि ने अपने चार दोस्तों के नाम लिए हैं–यूसुफ मलिक, सालार कादिम, सलोने मियाँ और बड़े शेख। ये चारों जायस ही के थे। सलोने मियाँ के सम्बन्ध में अब तक जायस में यह जनश्रुति चली आती है कि वे बड़े बलवान थे और एक बार हाथी से लड़ गए थे। इन चारों में से दो-एक के खानदान अब तक हैं। जायसी का वंश नहीं चला, पर उनके भाई के खानदान में एक साहब मौजूद हैं जिनके पास वंशवृक्ष भी है। यह वंशवृक्ष कुछ गड़बड़-सा है।

जायसी कुरूप और काने थे। कुछ लोगों के अनुसार वे जन्म से ही ऐसे थे पर अधिकतर लोगों का कहना है कि शीतला या अर्धांग रोग से उनका शरीर विकृत हो गया था। अपने काने होने का उल्लेख कवि ने आप ही इस प्रकार किया है–'एक नयन कवि मुहम्मद गुनी'। उनकी दाहिनी आँख फूटी थी या बाईं, इसका उत्तर शायद इस दोहे से मिले–

मुहमद बाईं दिसि तजा, एक सरवन एक आँखि।

इससे अनुमान होता है कि बाएँ कान से भी उन्हें कम सुनाई पड़ता था। जायस में प्रसिद्ध है कि वे एक बार शेरशाह के दरबार में गए। शेरशाह उनके भद्दे चेहरे को देख हँस पड़ा। उन्होंने अत्यन्त शान्त भाव से पूछा–'मोहिका हससि, कि कोहरहि ?' अर्थात् तू मुझ पर हँसा या उस कुम्हार (गढ़नेवाले ईश्वर) पर ? इस पर शेरशाह ने लज्जित होकर क्षमा माँगी। कुछ लोग कहते हैं कि वे शेरशाह के दरबार में नहीं गए थे, शेरशाह ही उनका नाम सुनकर उनके पास आया था।

मलिक मुहम्मद एक गृहस्थ किसान के रूप में ही जायस में रहते थे। वे आरम्भ से बड़े ईश्वरभक्त और साधु प्रकृति के थे। उनका नियम था कि जब वे अपने खेतों में

---

1. पहले संस्करण में दिए हुए सन् को शेरशाह के समय में लाने के लिए, 'नव सै सैंतालिस' पाठ माना गया था। फारसी लिपि में सत्ताइस और सैंतालिस में भ्रम हो सकता है पर 'पद्मावत' का एक पुराना बँगला अनुवाद है, उसमें भी 'नव सै सत्ताइस' ही पाठ माना गया है–
शेख मुहमद जति जखन रचित ग्रंथ संख्या सप्तविंश नवशत।
यह अनुवाद, अराकान राज्य के वजीर मगन ठाकुर ने सन् 1650 ई. के आसपास आलो उजाला नामक एक कवि से कराया था।

होते तब अपना खाना वहीं मँगा लिया करते थे। खाना वे अकेले कभी न खाते; जो आसपास दिखाई पड़ता उसके पास बैठकर खाते थे। एक दिन उन्हें इधर-उधर कोई न दिखाई पड़ा। बहुत देर तक आसरा देखते-देखते अन्त में एक कोढ़ी दिखाई पड़ा। जायसी ने बड़े आग्रह से उसे अपने साथ खाने को बिठाया और एक ही बरतन में उसके साथ भोजन करने लगे। उसके शरीर में कोढ़ चू रहा था। कुछ थोड़ा-सा मवाद भोजन में भी चू पड़ा। जायसी ने उस अंश को खाने के लिए उठाया पर उस कोढ़ी ने हाथ थाम लिया और कहा, 'इसे मैं खाऊँगा, आप साफ हिस्सा खाइए' पर जायसी झट से उसे खा गए। इसके पीछे वह कोढ़ी अदृश्य हो गया। इस घटना के उपरान्त जायसी की मनोवृत्ति ईश्वर की ओर और भी अधिक हो गई। उक्त घटना की ओर संकेत लोग अखरावट के इस दोहे में बताते हैं–

बुंदहिं समुद्र समान, यह अचरज कासौं कहौं।
जो हेरा सो हेरान, मुहमद आपुहिं आपु महँ॥

कहते हैं कि जायसी के पुत्र थे, पर वे मकान के नीचे दबकर, या ऐसी ही किसी और दुर्घटना से मर गए। तब से जायसी संसार से और भी अधिक विरक्त हो गए और कुछ दिनों में घर-बार छोड़कर इधर-उधर फकीर होकर घूमने लगे। वे अपने समय के एक सिद्ध फकीर माने जाते थे और चारों ओर उनका बड़ा मान था। अमेठी के राजा रामसिंह उन पर बड़ी श्रद्धा रखते थे। जीवन के अन्तिम दिनों में जायसी अमेठी से कुछ दूर एक घने जंगल में रहा करते थे। कहते हैं कि उनकी मृत्यु विचित्र ढंग से हुई। जब उनका अन्तिम समय निकट आया तब उन्होंने अमेठी के राजा से कह दिया कि मैं किसी शिकारी की गोली खाकर मरूँगा। इस पर अमेठी के राजा ने आसपास के जंगलों में शिकार की मनाही कर दी। जिस जंगल में जायसी रहते थे उसमें एक दिन एक शिकारी को एक बड़ा भारी बाघ दिखाई पड़ा। उसने डरकर उस पर गोली छोड़ दी। पास जाकर देखा तो बाघ के स्थान पर जायसी मरे पड़े थे। कहते हैं कि जायसी कभी-कभी योगबल से इस प्रकार के रूप धारण कर लिया करते थे।

काजी नसरुद्दीन हुसैन जायसी ने, जिन्हें अवध के नवाब शुजाउद्दौला से सनद मिली थी, अपनी याददाश्त में मलिक मुहम्मद जायसी का मृत्युकाल रज्जब 949 हिजरी (सन् 1542 ई.) दिया है। यह काल कहाँ तक ठीक है, नहीं कहा जा सकता। इसे ठीक मानने पर जायसी दीर्घायु नहीं ठहरते। उनका परलोकवास 49 वर्ष से भी कम अवस्था में सिद्ध होता है पर जायसी ने 'पद्मावत' के उपसंहार में वृद्धावस्था का जो वर्णन किया है वह स्वतः अनुभूत-सा जान पड़ता है।

जायसी की कब्र अमेठी के राजा के वर्त्तमान कोट से पौन मील के लगभग है। यह वर्त्तमान कोट जायसी के मरने के बहुत पीछे बना है। अमेठी के राजाओं का पुराना कोट जायसी की कब्र से डेढ़ कोस की दूरी पर था। अतः यह प्रवाद कि अमेठी के राजा को जायसी की दुआ से पुत्र हुआ और उन्होंने अपने कोट के पास उनकी कब्र बनाई, निराधार है।

मलिक मुहम्मद, निजामुद्दीन औलिया की शिष्य-परम्परा में थे। इस परम्परा की दो शाखाएँ हुईं–एक मानिकपुर, कालपी आदि की, दूसरी जायस की। पहली शाखा के पीरों की परम्परा जायसी ने बहुत दूर तक दी है। पर जायसवाली शाखा की पूरी परम्परा उन्होंने नहीं दी है; अपने पीर या दीक्षागुरु सैयद अशरफ जहाँगीर तथा उनके पुत्र-पौत्रों का ही उल्लेख किया है। सूफी लोग निजामुद्दीन औलिया की मानिकपुर कालपीवाली शिष्य-परम्परा इस प्रकार बतलाते हैं–

निजामुद्दीन औलिया (मृत्यु सन् 1325 ई.)

- सिराजुद्दीन
  - शेख अलाउल हक
    - शेख कुतुब आलम (पंडोई के, सन् 1415)
      - शेख हशमुद्दीन (मानिकपुर)
        - सैयद राजे हामिदशाह
          - शेख दानियाल
            - सैयद मुहम्मद
              - शेख अलहदाद
                - शेर बुरहान (कालपी)
                  - शेख मोहिदी (मुहीउद्दीन)
    - (जायस)
      - ×
        - ×
          - ×
            - ×
              - सैयद अशरफ जहाँगीर
                - शेख हाजी
                  - शेख मुहम्मद या मुबारक
                  - शेख कमाल

'पद्मावत' और 'अखरावट' दोनों में जायसी ने मानिकपुर कालपीवाली गुरुपरम्परा का उल्लेख विस्तार से किया है, इससे डॉक्टर ग्रियर्सन ने शेख मोहिदी को ही उनका दीक्षा-गुरु माना है। गुरु-वन्दना से इस बात का ठीक-ठीक निश्चय नहीं होता कि वे

मानिकपुर के मुहीउद्दीन के मुरीद थे अथवा जायस के सैयद अशरफ के। पद्मावत में दोनों पीरों का उल्लेख इस प्रकार है–

सैयद असरफ पीर पियारा। जेइ मोहिं पंथ दीन्ह उजियारा ॥
गुरु मोहिदी खेवक मैं सेवा। चलै उताइल जेहि कर खेवा ॥

अखरावट में इन दोनों की चर्चा इस प्रकार है–

कही सरीअत चिस्ती पीरू। उधरी असरफ औ जहँगीरू।
पा पाएउँ गुरु मोहिदी मीठा। मिला पंथ सो दरसन दीठा।

'आखिरी कलाम' में केवल सैयद अशरफ जहाँगीर का ही उल्लेख है। 'पीर' शब्द का प्रयोग भी जायसी ने सैयद अशरफ के नाम के पहले किया है और अपने को उनके घर का बन्दा कहा है। इससे हमारा अनुमान है कि उनके दीक्षागुरु तो थे सैयद अशरफ पर पीछे से उन्होंने मुहीउद्दीन की भी सेवा करके उनसे बहुत कुछ ज्ञानोपदेश और शिक्षा प्राप्त की। जायसवाले तो सैयद अशरफ के पोते मुबारकशाह बोदले को उनका पीर बताते हैं, पर यह ठीक नहीं जँचता।

सूफी मुसलमान फकीरों के सिवा कई सम्प्रदायों (जैसे, गोरखपन्थी, रसायनी, वेदान्ती) के हिन्दू साधुओं से भी उनका बहुत सत्संग रहा, जिनसे उन्होंने बहुत-सी बातों की जानकारी प्राप्त की। हठयोग, वेदान्त, रसायन आदि की बहुत-सी बातों का सन्निवेश उनकी रचना में मिलता है। हठयोग में मानी हुई इला, पिंगला और सुषुम्ना नाड़ियों की ही चर्चा उन्होंने नहीं की है बल्कि सुषुम्ना नाड़ी में मस्तिष्क, नाभिचक्र (कुंडलिनी), हृत्कमल और दशमद्वार (ब्रह्मरन्ध) का भी बार-बार उल्लेख किया है। योगी ब्रह्म की अनुभूति के लिए कुंडलिनी को जगाकर ब्रह्मद्वार तक पहुँचाने का यत्न करता है। उसकी इस साधना में अनेक अन्तराय (विघ्न) होते हैं। जायसी ने योग के इस निरूपण में अपने इसलाम की कथा का भी विचित्र मिश्रण किया है। अन्तराय के स्थान पर उन्होंने शैतान को रखा है और उसे 'नारद' नाम दिया है। यही नारद दशमद्वार का पहरेदार है और काम, क्रोध आदि इसके सिपाही हैं। यही साधकों को बहकाया करता है (दे. अखरावट)। कवि ने नारद को झगड़ा लगानेवाला सुनकर ही शायद शैतान बनाया है। इसी प्रकार 'पद्मावत' में रसायनियों की बहुत-सी बातें आई हैं। 'जोड़ा करना' आदि उनके कुछ पारिभाषिक शब्द भी पाए जाते हैं। गोरखपन्थियों की तो जायसी ने बहुत-सी बातें रखी हैं। सिंहलद्वीप में पद्मिनी स्त्रियों का होना और योगियों का सिद्ध होने के लिए वहाँ जाना उन्हीं की कथाओं के अनुसार है। इन सब बातों से पता चलता है कि जायसी साधारण मुसलमान फकीरों के समान नहीं थे। वे सच्चे जिज्ञासु थे और हर एक मत के साधु-महात्माओं से मिलते-जुलते रहते थे और उनकी बातें सुना करते थे। सूफी तो वे थे ही।

इस उदार सारग्राहिणी प्रवृत्ति के साथ ही साथ उन्हें अपने इसलाम धर्म और पैगम्बर पर भी पूरी आस्था थी, यद्यपि कबीरदास के समान उन्होंने भी उदारतापूर्वक ईश्वर तक पहुँचने के अनेक मार्गों का होना तत्वतः स्वीकार किया है–

विधिना के मारग हैं तेते। सरग नखत, तन रोवाँ जेते।

पर इन असंख्य मार्गों के होते हुए भी मुहम्मद साहब के मार्ग पर अपनी श्रद्धा प्रकट की है–

तिन्ह महँ पंथ कहौं भल गाई। जेहि दूनौं जग छाज बड़ाई ॥
सो बड़ पंथ मुहम्मद केरा। है निरमल कैलास बसेरा ॥

जायसी बड़े भावुक भगवद्भक्त थे और अपने समय में बड़े ही सिद्ध पहुँचे हुए फकीर माने जाते थे, पर कबीरदास के समान अपना एक 'निराला पन्थ' निकालने का हौसला उन्होंने कभी न किया। जिस मिल्लत या समाज में उनका जन्म हुआ उसके प्रति अपने विशेष कर्तव्यों के पालन के साथ-साथ वे सामान्य मनुष्यधर्म के सच्चे अनुयायी थे। सच्चे भक्त का प्रधान गुण दैन्य उनमें पूरा-पूरा था। कबीरदास के समान उन्होंने अपने को सबसे अधिक पहुँचा हुआ कहीं नहीं कहा है। कबीर ने तो यहाँ तक कह डाला कि इस चादर को सुर, नर, मुनि सबने ओढ़कर मैली किया, पर मैंने 'ज्यों की त्यों धर दीनी चदरिया'। इस प्रकार की गर्वोक्तियों से जायसी बहुत दूर थे। उनके भगवत्प्रेमपूर्ण मानस में अहंकार के लिए कहीं जगह न थी। उनका औदार्य वह प्रच्छन्न औद्धत्य न था जो किसी धर्म के चिढ़ाने के काम में आ सके। उनकी वह उदारता ऐसी थी जिससे कट्टरपन को भी चोट नहीं पहुँच सकती थी। प्रत्येक प्रकार का महत्त्व स्वीकार करने की क्षमता उनमें थी। वीरता, ऐश्वर्य्य, रूप, गुण, शील सबके उत्कर्ष पर मुग्ध होनेवाला हृदय उन्हें प्राप्त था, तभी 'पद्मावत' ऐसा चरितकाव्य लिखने की उत्कंठा उन्हें हुई। अपने को सर्वज्ञ मानकर पंडितों और विद्वानों की निन्दा और उपहास करने की प्रवृत्ति उनमें न थी। वे जो कुछ थोड़ा-बहुत जानते थे उसे पंडितों का प्रसाद मानते थे–

हौं पंडितन्ह केर पछलगा। किछु कहि चला तबल देइ डगा ॥

यद्यपि कबीरदास की और उनकी प्रवृत्ति में बहुत भेद था–कबीर विधिविरोधी थे और वे विधि पर आस्था रखनेवाले, कबीर लोकव्यवस्था का तिरस्कार करनेवाले थे और वे सम्मान करनेवाले–पर कबीर को वे बड़ा साधक मानते थे, जैसा कि इन चौपाइयों से प्रकट होता है–

ना–नारद तब रोई पुकारा। एक जोलाहे सौं मैं हारा ॥
प्रेम तंतु निति ताना तनई। जप तप साधि सैकरा भरई ॥

जायसी को सिद्ध योगी मानकर बहुत-से लोग उनके शिष्य हुए। कहते हैं कि पद्मावत के कई अंशों को वे गाते फिरते थे और चेले लोग भी साथ-साथ गाते चलते थे। परम्परा से प्रसिद्ध है कि एक चेला अमेठी (अवध) में जाकर उनका नागमती का बारहमासा गा-गाकर घर-घर भीख माँगा करता था। एक दिन अमेठी के राजा ने उस बारहमासे को सुना। उन्हें वह बहुत अच्छा लगा, विशेषतः उसका यह अंश–

कँवल जो बिगसा मानसर, बिनु जल गयउ सुखाइ।
सूखि बेलि पुनि पलुहै, जौ पिय सींचै आइ ॥

राजा इस पर मुग्ध हो गए। उन्होंने फकीर से पूछा, 'शाहजी ! यह दोहा किसका बनाया है ?' उस फकीर से मलिक मुहम्मद का नाम सुनकर राजा ने बड़े सम्मान और विनय के साथ उन्हें अपने यहाँ बुलाया था।

'पद्मावत' को पढ़ने से यह प्रकट हो जाएगा कि जायसी का हृदय कैसा कोमल और 'प्रेम की पीर' से भरा हुआ था। क्या लोकपक्ष में और क्या भगवत्पक्ष में, दोनों ओर उसकी गूढ़ता और गम्भीरता विलक्षण दिखाई देती है। जायसी की 'पद्मावत' बहुत प्रसिद्ध हुई। मुसलमानों के भक्त घरानों में इसका बहुत आदर है। यद्यपि उसको समझनेवाले अब बहुत कम हैं पर उसे गूढ़ पोथी मानकर यत्न से रखते हैं। जायसी की एक और छोटी-सी पुस्तक 'अखरावट' है जो मिरजापुर में एक वृद्ध मुसलमान के घर मिली थी। इसमें वर्णमाला के एक-एक अक्षर को लेकर सिद्धान्त सम्बन्धी कुछ बातें कही गई हैं। तीसरी पुस्तक 'आखरी कलाम' के नाम से फारसी अक्षरों में छपी है। यह भी दोहे चौपाइयों में है और बहुत छोटी है। इसमें मरणोपरान्त जीव की दशा और कयामत के अन्तिम न्याय आदि का वर्णन है। बस ये ही तीन पुस्तकें जायसी की मिली हैं। इनमें से जायसी की कीर्ति का आधार 'पद्मावत' ही है। यह प्रबन्ध-काव्य हिन्दी में अपने ढंग का निराला है। यह इतना लोकप्रिय हुआ कि इसका अनुवाद बंगभाषा में सन् 1650 ई. के आसपास अराकान में हुआ। जायसवाले इन तीन पुस्तकों के अतिरिक्त जायसी की दो और पुस्तकें बतलाते हैं–'पोस्तीनामा' तथा 'नैनावत' नाम की प्रेमकहानी। 'पोस्तीनामा' के सम्बन्ध में उनका कहना है कि मुबारकशाह बोदले को लक्ष्य करके लिखी गई थी, जो चंडू पिया करते थे।

पद्मावत की कथा

कवि सिंहलद्वीप, उसके राजा गन्धर्वसेन, राजसभा, नगर, बगीचे इत्यादि का वर्णन करके पद्मावती के जन्म का उल्लेख करता है। राजभवन में हीरामन नाम का एक अद्भुत सुआ था जिसे पद्मावती बहुत चाहती थी और सदा उसी के पास रहकर अनेक प्रकार की बातें कहा करती थी। पद्मावती क्रमशः सयानी हुई और उसके रूप की ज्योति भूमंडल में सबसे ऊपर हुई। जब उसका कहीं विवाह न हुआ तब वह रात-दिन हीरामन से इसी बात की चर्चा किया करती थी। सूए ने एक दिन कहा कि यदि कहो तो देश-देशान्तर में फिरकर मैं तुम्हारे योग्य वर ढूँढ़ूँ। राजा को जब इस बातचीत का पता लगा तब उसने क्रुद्ध होकर सूए को मार डालने की आज्ञा दी। पद्मावती ने विनती कर किसी प्रकार सूए के प्राण बचाए। सूए ने पद्मावती से विदा माँगी, पर पद्मावती ने प्रेम के मारे सूए को रोक लिया। सूआ उस समय तो रुक गया, पर उसके मन में खटका बना रहा।

एक दिन पद्मावती सखियों को लिए हुए मानसरोवर में स्नान और जलक्रीड़ा करने गई। सूए ने सोचा कि अब यहाँ से चटपट चल देना चाहिए। यह बन की ओर उड़ा, जहाँ पक्षियों ने उसका बड़ा सत्कार किया। दस दिन पीछे एक बहेलिया हरी पत्तियों की टट्टी

लिए उस बन में चला आ रहा था। और पक्षी तो उस चलते पेड़ को देखकर उड़ गए पर हीरामन चारे के लोभ में वहीं रहा। अन्त में बहेलिए ने उसे पकड़ लिया और बाजार में उसे बेचने के लिए ले गया। चित्तौर के एक व्यापारी के साथ एक दीन ब्राह्मण भी कहीं से रुपए लेकर लोभ की आशा से सिंघल की हाट में आया था। उसने सूए को पंडित देख मोल ले लिया और लेकर चित्तौर आया। चित्तौर में उस समय राजा चित्रसेन मर चुका था और उसका बेटा रत्नसेन गद्दी पर बैठा था। प्रशंसा सुनकर रत्नसेन ने लाख रुपए देकर हीरामन सूए को मोल ले लिया।

एक दिन रत्नसेन कहीं शिकार को गया था। उसकी रानी नागमती सूए के पास आई और बोली–'मेरे समान सुन्दरी और भी कोई संसार में है ?' इस पर सूआ हँसा और उसने सिंघल की पद्मिनी स्त्रियों का वर्णन करके कहा कि उनमें और तुममें दिन और अँधेरी रात का अन्तर है। रानी ने सोचा कि यदि यह तोता रहेगा तो किसी दिन राजा से भी ऐसा ही कहेगा और वह मुझसे प्रेम करना छोड़कर पद्मावती के लिए जोगी होकर निकल पड़ेगा। उसने अपनी धाय से उसे ले जाकर मार डालने को कहा। धाय ने परिणाम सोचकर उसे मारा नहीं, छिपा रखा। जब राजा ने लौटकर सूए को न देखा तब उसने बड़ा कोप किया। अन्त में हीरामन उसके सामने लाया गया और उसने सब वृत्तान्त कह सुनाया। राजा को पद्मावती का रूप-वर्णन सुनने की बड़ी उत्कंठा हुई और हीरामन ने उसके रूप का लम्बा-चौड़ा वर्णन किया। उस वर्णन को सुन राजा बेसुध हो गया। उसके हृदय में ऐसा प्रबल अभिलाष जगा कि वह रास्ता बताने के लिए हीरामन को साथ ले जोगी होकर घर से निकल पड़ा।

उसके साथ सोलह हजार कुँवर भी जोगी होकर चले। मध्यप्रदेश के नाना दुर्गम स्थानों के बीच होते हुए सब लोग कलिंग देश में पहुँचे। वहाँ के राजा गजपति से जहाज लेकर रत्नसेन ने और सब जोगियों के सहित सिंहलद्वीप की ओर प्रस्थान किया। क्षार समुद्र, क्षीर समुद्र, दधि समुद्र, उदधि समुद्र, सुरा समुद्र और किलकिला समुद्र को पार करके वे सातवें मानसरोवर समुद्र में पहुँचे जो सिंघलद्वीप के चारों ओर है। सिंघलद्वीप में उतरकर जोगी रत्नसेन तो अपने सब जोगियों के साथ महादेव के मन्दिर में बैठकर तप और पद्मावती का ध्यान करने लगा और हीरामन पद्मावती से भेंट करने गया। जाते समय वह रत्नसेन से कहता गया कि वसन्त पंचमी के दिन पद्मावती इसी महादेव के मंडप में वसन्तपूजा करने आएगी; उस समय तुम्हें उसका दर्शन होगा और तुम्हारी आशा पूर्ण होगी।

बहुत दिन पर हीरामन को देख पद्मावती बहुत रोई। हीरामन ने अपने निकल भागने और बेचे जाने का वृत्तान्त कह सुनाया। इसके उपरान्त उसने रत्नसेन के रूप, कुल, ऐश्वर्य्य, तेज आदि की बड़ी प्रशंसा करके कहा कि वह सब प्रकार से तुम्हारे योग्य वर है और तुम्हारे प्रेम में जोगी होकर यहाँ तक आ पहुँचा है। पद्मावती ने उसकी प्रेमव्यथा सुनकर जयमाल देने की प्रतिज्ञा की और कहा कि वसन्त पंचमी के दिन पूजा के बहाने मैं उसे देखने जाऊँगी। सूआ यह समाचार लेकर राजा के पास मंडप में लौट आया।

वसन्त पंचमी के दिन पद्मावती सखियों के सहित मंडप में गई और उधर भी पहुँची जिधर रत्नसेन और उसके साथी जोगी थे। पर ज्योंही रत्नसेन की आँखें उस पर पड़ीं, वह मूर्छित होकर गिर पड़ा। पद्मावती ने रत्नसेन को सब प्रकार से वैसा ही पाया जैसा सूए ने कहा था। वह मूर्छित जोगी के पास पहुँची और उसे होश में लाने के लिए उस पर चन्दन छिड़का। जब वह न जागा तब चन्दन से उसके हृदय पर यह बात लिखकर वह चली गई कि 'जोगी, तूने भिक्षा प्राप्त करने योग्य योग नहीं सीखा, जब फलप्राप्ति का समय आया तब तू सो गया।'

राजा को जब होश आया तब वह बहुत पछताने लगा और जल मरने को तैयार हुआ। सब देवताओं को भय हुआ कि यदि कहीं यह जला तो इसकी घोर विरहाग्नि से सारे लोक भस्म हो जाएँगे। उन्होंने जाकर महादेव पार्वती के यहाँ पुकार की। महादेव कोढ़ी के वेश में बैल पर चढ़े राजा के पास आए और जलने का कारण पूछने लगे। इधर पार्वती की, जो महादेव के साथ आई थीं, यह इच्छा हुई कि राजा के प्रेम की परीक्षा लें। ये अत्यन्त सुन्दरी अप्सरा का रूप धरकर आईं और बोलीं–'मुझे इन्द्र ने भेजा है। पद्मावती को जाने दे, तुझे अप्सरा प्राप्त हुई।' रत्नसेन ने कहा–'मुझे पद्मावती को छोड़ और किसी से कुछ प्रयोजन नहीं।' पार्वती ने महादेव से कहा कि रत्नसेन का प्रेम सच्चा है। रत्नसेन ने देखा कि इस कोढ़ी की छाया नहीं पड़ती है, इसके शरीर पर मक्खियाँ नहीं बैठती हैं और इसकी पलकें नहीं गिरती हैं अतः यह निश्चय ही कोई सिद्ध पुरुष है। फिर महादेव को पहचानकर वह उनके पैरों पर गिर पड़ा। महादेव ने उसे सिद्धि गुटिका दी और सिंघलगढ़ में घुसने का मार्ग बताया। सिद्धि गुटिका पाकर रत्नसेन सब जोगियों को लिए सिंघलगढ़ पर चढ़ने लगा।

राजा गन्धर्वसेन के यहाँ जब यह खबर पहुँची तब उसने दूत भेजे। दूतों से जोगी रत्नसेन ने पद्मिनी के पाने का अभिप्राय कहा। दूत क्रुद्ध होकर लौट गए। इस बीच हीरामन रत्नसेन का प्रेमसन्देश लेकर पद्मावती के पास गया और पद्मावती का प्रेम भरा सन्देसा आकर उसने रत्नसेन से कहा। इस सन्देश से रत्नसेन के शरीर में और भी बल आ गया। गढ़ के भीतर जो अगाध कुंड था वह रात को उसमें धँसा और भीतरी द्वार को, जिसमें वज्र के किवाड़ लगे थे, उसने जा खोला। पर इस बीच सबेरा हो गया और वह अपने साथी जोगियों के सहित घेर लिया गया। राजा गन्धर्वसेन के यहाँ विचार हुआ कि जोगियों को पकड़कर सूली दे दी जाए। दल-बल के सहित सब सरदारों ने जोगियों पर चढ़ाई की। रत्नसेन के साथी युद्ध के लिए उत्सुक हुए पर रत्नसेन ने उन्हें यह उपदेश देकर शान्त किया कि प्रेममार्ग में क्रोध करना उचित नहीं है। अन्त में सब जोगियों सहित रत्नसेन पकड़ा गया। इधर यह सब समाचार सुन पद्मावती की बुरी दशा हो रही थी। हीरामन सूए ने जाकर उसे धीरज बँधाया कि रत्नसेन पूर्ण सिद्ध हो गया है, वह मर नहीं सकता।

जब रत्नसेन को बाँधकर सूली देने के लिए लाए तब जिस-जिसने उसे देखा सबने कहा कि यह कोई राजपुत्र जान पड़ता है। इधर सूली की तैयारी हो रही थी, उधर

रत्नसेन पद्मावती का नाम रट रहा था। महादेव ने जब जोगी पर ऐसा संकट देखा तब वे और पार्वती भाँट भाँटिनी का रूप धरकर वहाँ पहुँचे। इस बीच हीरामन सूआ भी रत्नसेन के पास पद्मावती का यह सन्देसा लेकर आया कि 'मैं भी हथेली पर प्राण लिए बैठी हूँ, मेरा जीना-मरना तुम्हारे साथ है।' भाँट (जो वास्तव में महादेव थे) ने राजा गन्धर्वसेन को बहुत समझाया कि यह जोगी नहीं राजा और तुम्हारी कन्या के योग्य वर है, पर राजा इस पर और भी क्रुद्ध हुआ। इस बीच जोगियों का दल चारों ओर से लड़ाई के लिए चढ़ा। महादेव के साथ हनुमान आदि सब देवता जोगियों की सहायता के लिए आ खड़े हुए। गन्धर्वसेन की सेना के हाथियों का समूह जब आगे बढ़ा तब हनुमानजी ने अपनी लम्बी पूँछ में सबको लपेटकर आकाश में फेंक दिया। राजा गन्धर्वसेन को फिर महादेव का घंटा और विष्णु का शंख जोगियों की ओर सुनाई पड़ा और साक्षात् शिव युद्ध-स्थल में दिखाई पड़े। यह देखते ही गन्धर्वसेन महादेव के चरणों पर जा गिरा और बोला–'कन्या आपकी है, जिसे चाहिए उसे दीजिए'। इसके उपरान्त हीरामन सूए ने आकर राजा रत्नसेन के चित्तौर से आने का सब वृत्तान्त कह सुनाया और गन्धर्वसेन ने बड़ी धूमधाम से रत्नसेन के साथ पद्मावती का विवाह कर दिया। रत्नसेन के साथी जो सोलह हजार कुँवर थे उन सबका विवाह भी पद्मिनी स्त्रियों के साथ हो गया और सब लोग बड़े आनन्द के साथ कुछ दिनों तक सिंहल में रहे।

इधर चित्तौर में वियोगिनी नागमती को राजा की बाट जोहते एक वर्ष हो गया। उसके विलाप से पशु-पक्षी विकल हो गए। अन्त में आधी रात को एक पक्षी ने नागमती के दुःख का कारण पूछा। नागमती ने उससे रत्नसेन के पास पहुँचाने के लिए अपना सन्देसा कहा। वह पक्षी नागमती का सन्देसा लेकर सिंहलद्वीप गया और समुद्र के किनारे एक पेड़ पर बैठा। संयोग से रत्नसेन शिकार खेलते-खेलते उसी पेड़ के नीचे जा खड़ा हुआ। पक्षी ने पेड़ पर नागमती की दुःखकथा और चित्तौर की हीन दशा का वर्णन किया। रत्नसेन का जी सिंहल से उचटा और उसने स्वदेश की ओर प्रस्थान किया। चलते समय उसे सिंहल के राजा के यहाँ से विदाई में बहुत-सा सामान और धन मिला। इतनी अधिक सम्पत्ति देख राजा के मन में गर्व और लोभ हुआ। वह सोचने लगा कि इतना अधिक धन लेकर यदि मैं स्वदेश पहुँचा तो फिर मेरे समान संसार में कौन है। इस प्रकार लोभ ने राजा को आ घेरा।

समुद्रतट पर जब रत्नसेन आया तब समुद्र याचक का रूप धरकर राजा से दान माँगने आया, पर राजा ने लोभवश उसका तिरस्कार कर दिया। राजा आधे समुद्र में भी नहीं पहुँचा था कि बड़े जोर का तूफान आया जिससे जहाज दक्खिन लंका की ओर बह गए। वहाँ विभीषण का एक राक्षस माँझी मछली मार रहा था। वह अच्छा आहार देख राजा से आकर बोला कि चलो हम तुम्हें रास्ते पर लगा दें। राजा उसकी बातों में आ गया। वह राक्षस सब जहाजों को एक भयंकर समुद्र में ले गया जहाँ से निकलना कठिन था। जहाज चक्कर खाने लगे और हाथी, घोड़े, मनुष्य आदि डूबने लगे। वह राक्षस

आनन्द से नाचने लगा। इस बीच समुद्र का राजपक्षी वहाँ आ पहुँचा जिसके डैनों का ऐसा घोर शब्द हुआ मानो पहाड़ के शिखर टूट रहे हों। वह पक्षी उस दुष्ट राक्षस को चंगुल में दबाकर उड़ गया। जहाज के एक तख्ते पर एक ओर राजा बहा और दूसरे तख्ते पर दूसरी ओर रानी।

पद्मावती बहते-बहते वहाँ जा लगी जहाँ समुद्र की कन्या लक्ष्मी अपनी सहेलियों के साथ खेल रही थी। लक्ष्मी मूर्छित पद्मावती को अपने घर ले गई। पद्मावती को जब चेत हुआ तब वह रत्नसेन के लिए विलाप करने लगी। लक्ष्मी ने उसे धीरज बँधाया और अपने पिता समुद्र से राजा की खोज कराने का वचन दिया। इधर राजा बहते-बहते एक ऐसे निर्जन स्थान पर पहुँचा जहाँ मूँगों के टीलों के सिवा और कुछ न था। राजा पद्मिनी के लिए बहुत विलाप करने लगा और कटार लेकर अपने गले में मारना ही चाहता था कि ब्राह्मण का रूप धरकर समुद्र उसके सामने आ खड़ा हुआ और उसे मरने से रोका। अन्त में समुद्र ने राजा से कहा कि तुम मेरी लाठी पकड़कर आँख मूँद लो; मैं तुम्हें जहाँ पद्मावती है उसी तट पर पहुँचा दूँगा।

जब राजा उस तट पर पहुँच गया तब लक्ष्मी उसकी परीक्षा लेने के लिए पद्मावती का रूप धारण कर रास्ते में जा बैठी। रत्नसेन उन्हें पद्मावती समझ उनकी ओर लपका। पास जाने पर वे कहने लगीं–'मैं पद्मावती हूँ।' पर रत्नसेन ने देखा कि वह पद्मावती नहीं है, तब चट मुँह फेर लिया। अन्त में लक्ष्मी रत्नसेन को पद्मावती के पास ले गई। रत्नसेन और पद्मावती कई दिनों तक समुद्र और लक्ष्मी के मेहमान रहे। पद्मावती की प्रार्थना पर लक्ष्मी ने उन सब साथियों को भी ला खड़ा किया जो इधर-उधर बह गए थे। जो मर गए थे वे भी अमृत से जिला दिए गए। इस प्रकार बड़े आनन्द से दोनों वहाँ से विदा हुए। विदा होते समय समुद्र ने बहुत-से अमूल्य रत्न दिए। सबसे बढ़कर पाँच पदार्थ दिए–अमृत, हंस, राजपक्षी, शार्दूल और पारस पत्थर। इन सब अनमोल पदार्थों को लिए अन्त में रत्नसेन और पद्मावती चित्तौर पहुँच गए। नागमती और पद्मावती दोनों रानियों के साथ रत्नसेन सुखपूर्वक रहने लगे। नागमती से नागसेन और पद्मावती से कमलसेन– ये दो पुत्र राजा को हुए।

चित्तौर की राजसभा में राघव चेतन नाम का एक पंडित था जिसे यक्षिणी सिद्ध थी। एक दिन राजा ने पंडितों से पूछा 'दूज कब है ?' राघव के मुँह से निकला 'आज'। और सब पंडितों ने एक स्वर से कहा कि 'आज नहीं हो सकती, कल होगी।' राघव ने कहा कि 'यदि आज दूज न हो तो मैं पंडित नहीं।' पंडितों ने कहा कि 'राघव वाममार्गी है; यक्षिणी की पूजा करता है, जो चाहे सो कर दिखावे, पर आज दूज नहीं हो सकती।' राघव ने यक्षिणी के प्रभाव से उसी दिन सन्ध्या के समय द्वितीया का चन्द्रमा दिखा दिया।[1] पर जब दूसरे दिन चन्द्रमा देखा गया तब वह द्वितीया का ही चन्द्रमा था।

1. लोना चमारिन के सम्बन्ध में भी प्रसिद्ध है कि उसकी बात इसी प्रकार से सत्य करने के लिए देवी ने प्रतिपदा के दिन आकाश में जाकर अपने हाथ का कंगन दिखाया था जिसे देखनेवालों को द्वितीया के चन्द्रमा का भ्रम हुआ था।

इस पर पंडितों ने राजा रत्नसेन से कहा–'देखिए, यदि कल द्वितीया रही होती, तो आज चन्द्रमा की कला कुछ अधिक होती; झूठ और सच की परख कर लीजिए।' राघव का भेद खुल गया और वह वेदविरुद्ध आचार करनेवाला प्रमाणित हुआ। राजा रत्नसेन ने उसे देशनिकाले का दंड दिया।

पद्मावती ने जब यह सुना तब उसने ऐसे गुणी पंडित का असन्तुष्ट होकर जाना राज्य के लिए अच्छा नहीं समझा। उसने भारी दान देकर राघव को प्रसन्न करना चाहा। सूर्यग्रहण का दान देने के लिए उसने उसे बुलाया। जब राघव महल के नीचे आया तब पद्मावती ने अपने हाथ का एक अमूल्य कंगन–जिसका जोड़ा और कहीं दुष्प्राप्य था–झरोखे पर से फेंका। झरोखे पर पद्मावती की झलक देख राघव बेसुध होकर गिर पड़ा। जब उसे चेत हुआ तब उसने सोचा कि अब यह कंगन लेकर बादशाह के पास दिल्ली चलूँ और पद्मिनी के रूप का उसके सामने वर्णन करूँ। वह लम्पट है, तुरन्त चित्तौर पर चढ़ाई करेगा और इसके जोड़ का दूसरा कंगन भी मुझे इनाम देगा। यदि ऐसा हुआ तो राजा से मैं बदला भी ले लूँगा और सुख से जीवन भी बिताऊँगा।

यह सोचकर राघव दिल्ली पहुँचा और वहाँ बादशाह अलाउद्दीन को कंगन दिखाकर उसने पद्मिनी के रूप का वर्णन किया। अलाउद्दीन ने बड़े आदर से उसे अपने यहाँ रखा और सरजा नामक एक दूत के हाथ एक पत्र रत्नसेन के पास भेजा कि पद्मिनी को तुरन्त भेज दो, बदले में और जितना राज्य चाहो, ले लो। पत्र पाते ही राजा रत्नसेन क्रोध से लाल हो गया और बिगड़कर दूत को वापस कर दिया। अलाउद्दीन ने चित्तौड़ गढ़ पर चढ़ाई कर दी। आठ वर्ष तक मुसलमान चित्तौड़ को घेरे रहे और घोर युद्ध होता रहा, पर गढ़ न टूट सका। इसी बीच दिल्ली से एक पत्र अलाउद्दीन को मिला जिसमें हरेव लोगों के फिर से चढ़ आने का समाचार लिखा था। बादशाह ने जब यह देखा कि गढ़ नहीं टूटता है तब उसने कपट की एक चाल सोची। उसने रत्नसेन के पास सन्धि का एक प्रस्ताव भेजा और यह कहलाया कि मुझे पद्मिनी नहीं चाहिए; समुद्र से जो पाँच अमूल्य वस्तुएँ तुम्हें मिली हैं उन्हें देकर मेल कर लो।

राजा ने स्वीकार कर लिया और बादशाह को चित्तौरगढ़ के भीतर ले जाकर बड़ी धूमधाम से उसकी दावत की। गोरा-बादल नामक विश्वासपात्र सरदारों ने राजा को बहुत समझाया कि मुसलमानों का विश्वास करना ठीक नहीं, पर राजा ने ध्यान न दिया। वे दोनों वीर नीतिज्ञ सरदार रूठकर अपने घर चले गए। कई दिनों तक बादशाह की मेहमानदारी होती रही। एक दिन वह टहलते-टहलते पद्मिनी के महल की ओर भी जा निकला, जहाँ एक से एक रूपवती स्त्रियाँ स्वागत के लिए खड़ी थीं। बादशाह ने राघव से, जो बराबर उसके साथ-साथ था, पूछा कि 'इनमें पद्मिनी कौन है ?' राघव ने कहा, 'पद्मिनी इनमें कहाँ ? ये तो उसकी दासियाँ हैं।' बादशाह पद्मिनी के महल के सामने ही एक स्थान पर बैठकर राजा के साथ शतरंज खेलने लगा। जहाँ वह बैठा था वहाँ उसने एक दर्पण भी रख दिया था कि पद्मिनी यदि झरोखे पर आवेगी तो

उसका प्रतिबिम्ब दर्पण में देखूँगा। पद्मिनी कुतूहलवश झरोखे के पास आई और बादशाह ने उसका प्रतिबिम्ब दर्पण में देखा। देखते ही वह बेहोश होकर गिर पड़ा।

अन्त में बादशाह ने राजा से विदा माँगी। राजा उसे पहुँचाने के लिए साथ-साथ चला। एक-एक फाटक पर बादशाह राजा को कुछ-न-कुछ देता चला। अन्तिम फाटक पार होते ही राघव के इशारे से बादशाह ने रत्नसेन को पकड़ लिया और बाँधकर दिल्ली ले गया। वहाँ राजा को तंग कोठरी में बन्द करके वह अनेक प्रकार के भयंकर कष्ट देने लगा। इधर चित्तौर में हाहाकार मच गया। दोनों रानियाँ रो-रोकर प्राण देने लगीं। इस अवसर पर राजा रत्नसेन के शत्रु कुम्भलनेर के राजा देवपाल को दुष्टता सूझी। उसने कुमुदनी नाम की दूती को पद्मावती के पास भेजा। पहले तो पद्मिनी अपने मायके की स्त्री सुनकर बड़े प्रेम से मिली और उससे अपना दुःख कहने लगी, पर जब धीरे-धीरे उसका भेद खुला तब उसने उचित दंड देकर उसे निकलवा दिया। इसके पीछे अलाउद्दीन ने भी जोगिन के वेश में एक दूती इस आशा से भेजी कि वह रत्नसेन से भेंट कराने के बहाने पद्मिनी को जोगिन बनाकर अपने साथ दिल्ली लाएगी। पर उसकी दाल भी न गली।

अन्त में पद्मिनी गोरा और बादल के घर गई और उन दोनों क्षत्रिय वीरों के सामने अपना दुःख रोकर उसने उनसे राजा को छुड़ाने की प्रार्थना की। दोनों ने राजा को छुड़ाने की दृढ़ प्रतिज्ञा की और रानी को बहुत धीरज बँधाया। दोनों ने सोचा कि जिस प्रकार मुसलमानों ने धोखा दिया है उसी प्रकार उनके साथ भी चाल चलनी चाहिए। उन्होंने सोलह सौ ढकी पालकियों के भीतर सशस्त्र राजपूत सरदारों को बिठाया और जो सबसे उत्तम और बहुमूल्य पालकी थी उसके भीतर औजार के साथ एक लोहार को बिठाया। इस प्रकार वे यह प्रसिद्ध करके चले कि सोलह सौ दासियों के सहित पद्मिनी दिल्ली जा रही है।

गोरा के पुत्र बादल की अवस्था बहुत थोड़ी थी। जिस दिन दिल्ली जाना था उसी दिन उसका गौना आया था। उसकी नवागता वधू ने उसे युद्ध में जाने से बहुत रोका पर उस वीर कुमार ने एक न सुनी। अन्त में सोलह सौ सवारियों के सहित वे दिल्ली के किले में पहुँचे। वहाँ कर्मचारियों को घूस देकर अपने अनुकूल किया जिससे किसी ने पालकियों की तलाशी न ली। बादशाह के यहाँ खबर गई कि पद्मिनी आई है और कहती है कि राजा से मिल लूँ और उन्हें चित्तौर के खजाने की कुंजी सुपुर्द कर दूँ तब महल में जाऊँ। बादशाह ने आज्ञा दे दी। वह सजी हुई पालकी वहाँ पहुँचाई गई जहाँ राजा रत्नसेन कैद था। पालकी में से निकलकर लोहार ने चट राजा की बेड़ी काट दी और वह शस्त्र लेकर एक घोड़े पर सवार हो गया जो पहले से तैयार था। देखते-देखते और हथियारबन्द सरदार भी पालकियों में से निकल पड़े। इस प्रकार गोरा और बादल राजा को छुड़ाकर चित्तौर चले।

बादशाह ने जब सुना तब अपनी सेना सहित पीछा किया। गोरा-बादल ने जब शाही फौज पीछे देखी तब एक हजार सैनिकों को लेकर गोरा तो शाही फौज को रोकने

के लिए डट गया और बादल राजा रत्नसेन को लेकर चित्तौर की ओर बढ़ा। वृद्ध वीर गोरा बड़ी वीरता से लड़कर और हजारों को मारकर अन्त में सरजा के हाथ से मारा गया। इस बीच राजा रत्नसेन चित्तौर पहुँच गया। पहुँचते ही उसी दिन रात को पद्मिनी के मुँह से रत्नसेन ने जब देवपाल की दृष्टता का हाल सुना तब उसने उसे बाँध लाने की प्रतिज्ञा की। सबेरा होते ही रत्नसेन ने कुम्भलनेर पर चढ़ाई कर दी। रत्नसेन और देवपाल के बीच द्वन्द्व युद्ध हुआ। देवपाल की साँग रत्नसेन की नाभि में घुसकर उस पार निकल गई। देवपाल साँग मारकर लौटना ही चाहता था कि रत्नसेन ने उसे जा पकड़ा और उसका सिर काटकर उसके हाथ-पैर बाँधे। इस प्रकार अपनी प्रतिज्ञा पूरी कर और चित्तौरगढ़ की रक्षा का भार बादल को सौंप रत्नसेन ने शरीर छोड़ा।

राजा के शव को लेकर पद्मावती और नागमती दोनों रानियाँ सती हो गईं। इतने में शाही सेना चित्तौरगढ़ आ पहुँची। बादशाह ने पद्मिनी के सती होने का समाचार सुना। बादल ने प्राण रहते गढ़ की रक्षा की पर अन्त में वह फाटक की लड़ाई में मारा गया और चित्तौरगढ़ पर मुसलमानों का अधिकार हो गया।

ऐतिहासिक आधार

पद्मावत की सम्पूर्ण आख्यायिका को हम दो भागों में विभक्त कर सकते हैं। रत्नसेन की सिंहलद्वीप यात्रा से लेकर चित्तौर लौटने तक हम कथा का पूर्वार्ध मान सकते हैं और राघव के निकाले जाने से लेकर पद्मिनी के सती होने तक उत्तरार्ध। ध्यान देने की बात यह है कि पूर्वार्ध तो बिलकुल कल्पित कहानी है और उत्तरार्ध ऐतिहासिक आधार पर है। ऐतिहासिक अंश के स्पष्टीकरण के लिए टाड राजस्थान में दिया हुआ चित्तौरगढ़ पर अलाउद्दीन की चढ़ाई का वृत्तान्त हम नीचे देते हैं–

'विक्रम संवत् 1331 में लखनसी चित्तौर के सिंहासन पर बैठा। वह छोटा था इससे इसका चाचा भीमसी (भीमसिंह) ही राज्य करता था। भीमसी का विवाह सिंहल के चौहान राजा हम्मीर शंक की कन्या पद्मिनी से हुआ था जो रूप-गुणों में जगत् में अद्वितीय थी। उसके रूप की ख्याति सुनकर दिल्ली के बादशाह अलाउद्दीन ने चित्तौर पर चढ़ाई की। घोर युद्ध के उपरान्त अलाउद्दीन ने सन्धि का प्रस्ताव भेजा कि मुझे एक बार पद्मिनी का दर्शन ही हो जाए तो मैं दिल्ली लौट जाऊँ। इस पर यह ठहरी कि अलाउद्दीन दर्पण में पद्मिनी की छाया मात्र देख सकता है। इस प्रकार युद्ध बन्द हुआ और अलाउद्दीन बहुत थोड़े से सिपाहियों के साथ चित्तौरगढ़ के भीतर लाया गया। वहाँ से जब वह दर्पण में छाया देखकर लौटने लगा तब राजा उस पर पूरा विश्वास करके गढ़ के बाहर तक उसको पहुँचाने आया। बाहर अलाउद्दीन के सैनिक पहले से घात में लगे हुए थे। ज्यों ही राजा बाहर आया, वह पकड़ लिया गया और मुसलमानों के शिविर में, जो चित्तौर से थोड़ी दूर पर था, कैद कर लिया गया। राजा को कैद करके यह घोषणा की गई कि जब तक पद्मिनी न भेज दी जाएगी, राजा नहीं छूट सकता।

'चित्तौर में हाहाकार मच गया। पद्मिनी ने जब यह सुना तब उसने अपने मायके के गोरा और बादल नाम के दो सरदारों से मन्त्रणा की। गोरा पद्मिनी का चाचा लगता था और बादल गोरा का भतीजा था। उन दोनों ने राजा के उद्धार की एक युक्ति सोची। अलाउद्दीन के पास कहलाया गया कि पद्मिनी जाएगी, पर रानी की मर्य्यादा के साथ। अलाउद्दीन अपनी सब सेना वहाँ से हटा दे और परदे का पूरा इन्तजाम कर दे। पद्मिनी के साथ बहुत-सी दासियाँ रहेंगी और दासियों के सिवा बहुत-सी सखियाँ भी होंगी जो उसे केवल पहुँचाने और विदा करने जाएँगी। अन्त में सौ पालकियाँ अलाउद्दीन के खेमे की ओर चलीं। हर एक पालकी में एक-एक सशस्त्र वीर राजपूत बैठा था। एक-एक पालकी उठानेवाले जो छह-छह कहार थे वे भी कहार बने हुए सशस्त्र सैनिक थे। जब वे शाही खेमे के पास पहुँचे तब चारों ओर कनातें घेर दी गईं। पालकियाँ उतारी गईं।

'पद्मिनी को अपने पति से अन्तिम भेंट के लिए आधे घंटे का समय दिया गया। राजपूत चटपट राजा को पालकी में बिठाकर चित्तौरगढ़ की ओर चल पड़े। शेष पालकियाँ मानो पद्मिनी के साथ दिल्ली जाने के लिए रह गईं। अलाउद्दीन की भीतरी इच्छा भीमसी को चित्तौरगढ़ जाने देने की न थी। देर देखकर वह घबराया। इतने में पालकियों से वीर राजपूत निकल पड़े। अलाउद्दीन पहले से सतर्क था। उसने पीछा करने का हुक्म दिया। पालकियों से निकले हुए राजपूत बड़ी वीरता से उन पीछा करनेवालों को कुछ देर तक रोके रहे पर अन्त में एक-एक करके वे सब मारे गए।

'इधर भीमसी के लिए बहुत तेज घोड़ा तैयार खड़ा था। वह उस पर सवार होकर गोरा, बादल आदि कुछ चुने साथियों के साथ चित्तौरगढ़ के भीतर पहुँच गया। पीछा करनेवाली मुसलमान सेना फाटक तक साथ लगी आई। फाटक पर घोर युद्ध हुआ। गोरा-बादल के नेतृत्व में राजपूत वीर खूब लड़े। अलाउद्दीन अपना सा मुँह लेकर दिल्ली लौट गया; पर इस युद्ध में चित्तौर के चुने-चुने वीर काम आए। गोरा भी इसी युद्ध में मारा गया। बादल, जो चारणों के अनुसार केवल बारह वर्ष का था, बड़ी वीरता के साथ लड़कर जीता बच आया। उसके मुँह से अपने पति की वीरता का वृत्तान्त सुनकर गोरा की स्त्री सती हो गई।

'अलाउद्दीन ने संवत् 1346 (सन् 1290 ई.; पर फरिश्ता के अनुसार सन् 1303 ई. जो कि ठीक माना जाता है) में फिर चित्तौरगढ़ पर चढ़ाई की। इसी दूसरी चढ़ाई में राणा अपने ग्यारह पुत्रों सहित मारे गए। जब राणा के ग्यारह पुत्र मारे जा चुके और स्वयं राणा के युद्धक्षेत्र में जाने की बारी आई तब पद्मिनी ने जौहर किया। कई सहस्र राजपूत ललनाओं के साथ पद्मिनी ने चित्तौरगढ़ के उस गुप्त भूधरे में प्रवेश किया जहाँ उन सती स्त्रियों को अपनी गोद में लेने के लिए आग दहक रही थी। इधर यह कांड समाप्त हुआ उधर वीर भीमसी ने रणक्षेत्र में शरीरत्याग किया।'

टाड ने जो वृत्त दिया है वह राजपूताने में रक्षित चारणों के इतिहासों के आधार पर है। दो-चार ब्योरों को छोड़कर ठीक यही वृत्तान्त 'आइने अकबरी' में दिया हुआ है।

'आइने अकबरी' में भीमसी के स्थान पर रतनसी (रत्नसिंह या रत्नसेन) नाम है। रतनसी के मारे जाने का ब्योरा भी दूसरे ढंग पर है। 'आइने अकबरी' में लिखा है कि अलाउद्दीन दूसरी चढ़ाई में भी हारकर लौटा। वह लौटकर चित्तौर से सात कोस पहुँचा था कि रुक गया और मैत्री का नया प्रस्ताव भेजकर रतनसी को मिलने के लिए बुलाया। अलाउद्दीन की बार-बार की चढ़ाइयों से रतनसी ऊब गया था इससे उसने मिलना स्वीकार किया। एक विश्वासघाती को साथ लेकर वह अलाउद्दीन से मिलने गया और धोखे से मार डाला गया। उसका सम्बन्धी अरसी चटपट चित्तौर के सिंहासन पर बिठाया गया। अलाउद्दीन चित्तौर की ओर फिर लौटा और उस पर अधिकार किया। अरसी मारा गया और पद्मिनी सब स्त्रियों के सहित सती हो गई।

इन दोनों ऐतिहासिक वृत्तों के साथ जायसी द्वारा वर्णित कथा का मिलान करने से कई बातों का पता चलता है। पहली बात तो यह है कि जायसी ने जो 'रत्नसेन' नाम दिया है यह उनका कल्पित नहीं है, क्योंकि प्रायः उनके समसामयिक या थोड़े ही पीछे के ग्रन्थ 'आइने अकबरी' में भी यही नाम आया था। यह नाम अवश्य इतिहासज्ञों में प्रसिद्ध था। जायसी को इतिहास की जानकारी थी, यह 'जायसी की जानकारी' के प्रकरण में हम दिखावेंगे। दूसरी बात यह है कि जायसी ने रत्नसेन का मुसलमानों के हाथ से मारा जाना न लिखकर जो देवपाल के साथ द्वन्द्वयुद्ध में कुम्भलनेरगढ़ के नीचे मारा जाना लिखा है। उसका आधार शायद विश्वासघाती के साथ बादशाह से मिलने जानेवाला वह प्रवाद हो जिसका उल्लेख आइने अकबरीकार ने किया।

अपनी कथा को काव्योपयोगी स्वरूप देने के लिए ऐतिहासिक घटनाओं के ब्योरों में कुछ फेरफार करने का अधिकार कवि को बराबर रहता है। जायसी ने भी इस अधिकार का उपयोग कई स्थानों पर किया है। सबसे पहले तो हमें राघव चेतन की कल्पना मिलती है। इसके उपरान्त अलाउद्दीन ने चित्तौरगढ़ घेरने पर सन्धि की जो शर्त (समुद्र से पाई हुई पाँच वस्तुओं को देने की) अलाउद्दीन की ओर से पेश की गई वह भी कल्पित है। इतिहास में दर्पण के बीच पद्मिनी की छाया देखने की शर्त प्रसिद्ध है। पर दर्पण के प्रतिबिम्ब देखने की बात का जायसी ने आकस्मिक घटना के रूप में वर्णन किया है। इतना परिवर्तन कर देने में नायक रत्नसेन के गौरव की पूर्ण रूप से रक्षा हुई है। पद्मिनी की छाया भी दूसरे को दिखाने पर सम्मत होना रत्नसेन ऐसे पुरुषार्थी के लिए कवि ने अच्छा नहीं समझा। तीसरा परिवर्तन कवि ने यह किया है कि अलाउद्दीन के शिविर में बन्दी होने के स्थान पर रत्नसेन का दिल्ली में बन्दी होना लिखा है। रत्नसेन को दिल्ली में ले जाने से कवि को दूती और जोगिन के वृत्तान्त, रानियों के विरह और विलाप तथा गोरा-बादल के प्रयत्न-विस्तार का पूरा अवकाश मिला है। इस अवकाश के भीतर जायसी ने पद्मिनी के सतीत्व की मनोहर व्यंजना के अनन्तर बालक बादल का वह क्षात्र तेज तथा कर्तव्य की कठोरता का वह दिव्य और मर्मस्पर्शी दृश्य दिखाया है जो पाठक के हृदय को द्रवीभूत कर देता है। देवपाल और अलाउद्दीन का दूती भेजना तथा बादल और उसकी स्त्री का संवाद, ये दोनों प्रसंग इसी निमित्त कल्पित किए गए हैं।

देवपाल कल्पित पात्र है, पीछा करते हुए अलाउद्दीन के चित्तौर पहुँचने के पहले ही रत्नसेन का देवपाल के हाथ से मारा जाना और अलाउद्दीन के हाथ से न पराजित होना दिखाकर कवि ने अपने चरितनायक की आन रखी है।

पद्मिनी क्या सचमुच सिंहल की थी ? पद्मिनी सिंहलद्वीप की हो नहीं सकती। यदि 'सिंहल' नाम ठीक मानें तो वह राजपूताने या गुजरात का कोई स्थान होगा। न तो सिंहलद्वीप में चौहान आदि राजपूतों की बस्ती का कोई पता है, न इधर हजार वर्ष से कूपमंडूक बने हुए हिन्दुओं के सिंहलद्वीप में जाकर विवाह सम्बन्ध करने का। दुनिया जानती है कि सिंहलद्वीप के लोग (तमिल और सिंहली दोनों) कैसे काले-कलूटे होते हैं। यहाँ पर पद्मिनी स्त्रियों का पाया जाना गोरखपन्थी साधुओं की कल्पना है।

नाथपन्थ की परम्परा वास्तव में महायान शाखा के योगमार्गी बौद्धों की थी जिसे गोरखनाथ ने शैव रूप दिया। बौद्ध धर्म जब भारतवर्ष से उठ गया तब उसके शास्त्रों के अध्ययन-अध्यापन का प्रचार यहाँ न रह गया। सिंहलद्वीप में ही बौद्ध शास्त्रों के अच्छे-अच्छे पंडित रह गए। इसी से भारतवर्ष के अवशिष्ट योगमार्गी बौद्धों में सिंहलद्वीप एक सिद्धपीठ समझा जाता रहा। इसी धारणा के अनुसार गोरखनाथ के अनुयायी भी सिंहलद्वीप को एक सिद्धपीठ मानते हैं। उनका कहना है कि योगियों को पूर्ण सिद्धि प्राप्त करने के लिए सिंहलद्वीप जाना पड़ता है जहाँ साक्षात् शिव परीक्षा के पीछे सिद्धि प्रदान करते हैं। पर वहाँ जानेवाले योगियों के शम दम की पूरी परीक्षा होती है। वहाँ सुवर्ण और रत्नों की अतुल राशि सामने आती है तथा पद्मिनी स्त्रियाँ अनेक प्रकार से लुभाती हैं। बहुत-से योगी उन पद्मिनियों के हाव-भाव में फँस योगभ्रष्ट हो जाते हैं। कहते हैं, गोरखनाथ (वि. संवत् 1407) के गुरु मत्स्येन्द्रनाथ (मछन्दरनाथ) जब सिंहल में सिद्धि की पूर्णता के लिए गए तब पद्मिनियों के जाल में इसी प्रकार फँस गए। पद्मिनियों ने उन्हें एक कुएँ में डाल रखा था। अपने गुरु की खोज में गोरखनाथ भी सिंहल गए और उसी कुएँ के पास से होकर निकले। उन्होंने अपने गुरु की आवाज पहचानी और कुएँ के किनारे खड़े होकर बोले 'जाग मछंदर गोरख आया।' इसी प्रकार की और कहानियाँ प्रसिद्ध हैं।

अब 'पद्मावत' की पूर्वार्ध कथा के सम्बन्ध में एक और प्रश्न यह होता है कि वह जायसी द्वारा कल्पित है अथवा जायसी के पहले से कहानी के रूप में जनसाधारण के बीच प्रचलित चली आती है। उत्तर भारत में, विशेषतः अवध में, 'पद्मिनी रानी और हीरामन सूए' की कहानी अब तक प्रायः उसी रूप में कही जाती है जिस रूप में जायसी ने उसका वर्णन किया है। जायसी इतिहासविज्ञ थे इससे उन्होंने रत्नसेन, अलाउद्दीन आदि नाम दिए हैं, पर कहानी कहनेवाले नाम नहीं लेते हैं; केवल यही कहते हैं कि 'एक राजा था', 'दिल्ली का एक बादशाह था', इत्यादि। यह कहानी बीच-बीच में गा-गाकर कही जाती है। जैसे, राजा की पहली रानी जब दर्पण में अपना मुँह देखती है तब सूए से पूछती है–

देस देस तुम फिरौ हौ सुअटा ! मोरे रूप और कहु कोई ?

सूआ उत्तर देता है–

काह बखानौं सिंहल कै रानी। तोरे रूप भरैं सब पानी।

इसी प्रकार 'बाला लखनदेव' आदि की और रसात्मक कहानियाँ अवध में प्रचलित हैं जो बीच-बीच में गा-गाकर कही जाती हैं।

इस सम्बन्ध में हमारा अनुमान है कि जायसी ने प्रचलित कहानी को ही लेकर सूक्ष्म ब्योरों की मनोहर कल्पना करके, इसे काव्य का सुन्दर स्वरूप दिया है। इस मनोहर कहानी को कई लोगों ने काव्य के रूप में बाँधा। हुसैन गजनवी ने 'किस्सए पद्मावत' नाम का एक फारसी काव्य लिखा। सन् 1652 ई. में रायगोविन्द मुंशी ने पद्मावती की कहानी फारसी गद्य में 'तुकफतुल कुलूब' के नाम से लिखी। उसके पीछे मीर जियाउद्दीन 'इब्रत' और गुलामअली 'इशरत' ने मिलकर सन् 1769 ई. में उर्दू शेरों में इस कहानी को लिखा। यह कहा जा चुका है कि मलिक मुहम्मद जायसी ने अपनी पद्मावत सन् 1520 ई. में लिखी थी।

'पद्मावत' की प्रेमपद्धति

'पद्मावत' की जो आख्यायिका ऊपर दी जा चुकी है उससे स्पष्ट है कि वह एक प्रेम-कहानी है। अब संक्षेप में यह देखना चाहिए कि कवियों में दाम्पत्य प्रेम का आविर्भाव वर्णन करने की जो प्रणालियाँ प्रचलित हैं उनमें से 'पद्मावत' में वर्णित प्रेम किसके अन्तर्गत आता है।

(1) सबसे पहले उस प्रेम को लीजिए जो आदिकाव्य रामायण में दिखाया गया है। इसका विकास विवाह सम्बन्ध हो जाने के पीछे और पूर्ण उत्कर्ष जीवन की विकट स्थितियों में दिखाई पड़ता है। राम के वन जाने की तैयारी के साथ ही सीता के प्रेम का स्फुरण होता है; सीताहरण होने पर राम के प्रेम की कान्ति सहसा फूटती हुई दिखाई पड़ती है। वन के जीवन में इस पारस्परिक प्रेम की आनन्दविधायिनी शक्ति लक्षित है और लंका की चढ़ाई में इसका तेज, साहस और पौरुष। यह प्रेम अत्यन्त स्वाभाविक, शुद्ध और निर्मल है। यह विलासिता या कामुकता के रूप में हमारे सामने नहीं आता बल्कि मनुष्य और जीवन के बीच एक मानसिक शक्ति के रूप में दिखाई पड़ता है। उभय पक्ष में सम होने पर भी नायक पक्ष में यह कर्तव्यबुद्धि द्वारा कुछ संयत-सा दिखाई पड़ता है।

(2) दूसरे प्रकार का प्रेम विवाह के पूर्व का होता है, विवाह जिसका फलस्वरूप होता है। इसमें नायक-नायिका संसार-क्षेत्र में घूमते-फिरते हुए कहीं–जैसे उपवन, नदीतट, वीथी इत्यादि में एक दूसरे को देख मोहित होते हैं और दोनों में प्रीति हो जाती है। अधिकतर नायक की ओर से नायिका की प्राप्ति का प्रयत्न होता है। इसी प्रयत्नकाल में संयोग और विप्रलम्भ दोनों के अवसरों का सन्निवेश रहता है और विवाह हो जाने पर प्रायः कथा की समाप्ति हो जाती है। इसमें कहीं बाहर घूमते-फिरते साक्षात्कार होता है,

इससे मनुष्य के आदिम प्राकृतिक जीवन की स्वाभाविकता बनी रहती है। अभिज्ञान शाकुन्तल, विक्रमोर्वशीय आदि की कथा इसी प्रकार की है। गोस्वामी तुलसीदासजी ने सीता और राम के प्रेम का आरम्भ विवाह से पूर्व दिखाने के लिए ही उनका जनक की वाटिका में परस्पर साक्षात्कार कराया है। पर साक्षात्कार और विवाह के बीच के थोड़े से अवकाश में परशुरामवाले झमेले को छोड़ प्रयत्न का कोई विस्तार दिखाई नहीं पड़ता। अतः रामकथा को इस दूसरे प्रकार की प्रेमकथा का स्वरूप न प्राप्त हो सका।

(3) तीसरे प्रकार के प्रेम का उदय प्रायः राजाओं के अन्तःपुर, उद्यान आदि के भीतर भोगविलास या रंग रहस्य के रूप में दिखाया जाता है, जिसमें सपत्नियों के द्वेष, विदूषक आदि के हास-परिहास और राजाओं की स्त्रैणता आदि का दृश्य होता है। उत्तरकाल के संस्कृत नाटकों में इसी प्रकार के पौरुषहीन, निःसार और विलासमय प्रेम का प्रायः वर्णन हुआ है, जैसे रत्नावली, प्रियदर्शिका, कर्पूरमंजरी इत्यादि में। इसमें नायक को कहीं वन, पर्वत आदि के बीच नहीं जाना पड़ता है; वह घर के भीतर ही लुकता-छिपता है, चौकड़ी भरता दिखाया गया है।

(4) चौथे प्रकार का वह प्रेम है जो गुणश्रवण, चित्रदर्शन, स्वप्नदर्शन आदि से बैठे-बिठाए उत्पन्न होता है और नायक या नायिका को संयोग के लिए प्रयत्नवान करता है। उषा और अनिरुद्ध का प्रेम इसी प्रकार का समझिए जिसमें प्रयत्न स्त्री जाति की ओर से होने के कारण कुछ अधिक विस्तार या उत्कर्ष नहीं प्राप्त कर सका है। पर स्त्रियों का प्रयत्न भी यह विस्तार या उत्कर्ष प्राप्त कर सकता है इसकी सूचना भारतेन्दु ने 'पगन में छाले परे, नाँघिबे को नाले परे, तऊ लाल लाल परे रावरे दरस के' के द्वारा दिया है।

इन चार प्रकार के प्रेमों का वर्णन नए और पुराने भारतीय साहित्य में है। ध्यान देने की बात यह है कि विरह की व्याकुलता और असह्य वेदना स्त्रियों के मत्थे अधिक मढ़ी गई है। प्रेम के वेग की मात्रा स्त्रियों में अधिक दिखाई गई है। नायक के दिन-दिन क्षीण होने, विरहताप में भस्म होने, सूखकर ठठरी होने के वर्णन में कवियों का जी उतना नहीं लगा है। बात यह कि स्त्रियों की शृंगारचेष्टा वर्णन करने में पुरुषों को जो आनन्द आता है, वह पुरुषों की दशा का वर्णन करने में नहीं। इसी से स्त्रियों का विरहवर्णन हिन्दी काव्य का एक प्रधान अंग ही बन गया। ऋतुवर्णन तो केवल इसी की बदौलत रह गया।

कहने की आवश्यकता नहीं कि जायसी ने 'पद्मावत' में जिस प्रेम का वर्णन किया है वह चौथे ढंग का है। पर इसमें वे कुछ विशेषता भी लाए हैं। जायसी के शृंगार में मानसिक पक्ष प्रधान है, शारीरिक गौण है। चुम्बन, आलिंगन आदि का वर्णन कवि ने बहुत कम किया है, केवल मन के उल्लास और वेदना का कथन अधिक किया है। प्रयत्न नायक की ओर से है और उसकी कठिनता द्वारा कवि ने नायक के प्रेम को नापा है। नायक का यह आदर्श लैला-मजनूँ, शीरीं-फरहाद आदि उन अरबी फारसी कहानियों के आदर्श से मिलता-जुलता है जिनसे हड्डी की ठठरी भर लिए हुए टाँकियों से पहाड़ खोद डालनेवाले आंशिक पाए जाते हैं। फारस के प्रेम में नायक के प्रेम का वेग अधिक तीव्र

दिखाई पड़ता है और भारत के प्रेम में नायिका के प्रेम का। जायसी ने आगे चलकर नायक और नायिका दोनों के प्रेम की तीव्रता समान करके दोनों आदर्शों का एक में मेल कर दिया है। राजा रत्नसेन सुए के मुँह से पद्मावती का रूपवर्णन सुन योगी होकर घर से निकल जाता है और मार्ग के अनेक दुःखों को झेलता हुआ सात समुद्र पार करके सिंहलद्वीप पहुँचता है। उधर पद्मावती भी राजा के प्रेम को सुन विरहाग्नि में जलती हुई साक्षात्कार के लिए विह्वल होती है और जब रत्नसेन को सूली की आज्ञा होती है तब उसके लिए मरने को तैयार होती है।

एक प्रकार का और मेल भी कवि ने किया है। फारसी की मसनवियों का प्रेम ऐकान्तिक, लोकबाह्य और आदर्शात्मक (आयडियलिस्टिक) होता है। वह संसार की वास्तविक परिस्थिति के बीच नहीं दिखाया जाता, संसार की और सब बातों से अलग एक स्वतन्त्र सत्ता के रूप में दिखाया जाता है। उसमें जो घटनाएँ आती हैं वे केवल प्रेममार्ग की होती हैं, संसार के और व्यवहारों से उत्पन्न नहीं। साहस, दृढ़ता और वीरता भी यदि कहीं दिखाई पड़ती है, तो प्रेमोन्माद के रूप में, लोककर्तव्य के रूप में नहीं। भारतीय प्रेमपद्धति आदि में तो लोकसम्बद्ध और व्यवहारात्मक थी ही, पीछे भी अधिकतर वैसी ही रही। आदिकवि के काव्य में प्रेम लोकव्यवहार से कहीं अलग नहीं दिखाया गया है, जीवन के और विभागों के सौन्दर्य्य के बीच उसके सौन्दर्य्य की प्रभा फूटती दिखाई पड़ती है। राम के समुद्र में पुल बाँधने और रावण ऐसे प्रचंड शत्रु के मार गिराने को हम केवल एक प्रेमी के प्रयत्न के रूप में नहीं देखते, वीर धर्मानुसार पृथ्वी का भार उतारने के प्रयत्न के रूप में देखते हैं। पीछे कृष्णचरित, कादम्बरी, नैषधीय चरित, माधवानल कामकन्दला आदि ऐकान्तिक प्रेमकहानियों का भी भारतीय साहित्य में प्रचुर प्रचार हुआ। ये कहानियाँ अब फारस की प्रेमपद्धति के अधिक मेल में थीं। नल-दमयन्ती की प्रेम-कहानी का अनुवाद बहुत पहले फारसी क्या, अरबी तक में हुआ। इन कहानियों का उल्लेख 'पद्मावत' में स्थान-स्थान पर हुआ है।

जायसी ने यद्यपि इश्क के दास्तानवाली मसनवियों के प्रेम के स्वरूप को प्रधान रखा है पर बीच-बीच में भारत के लोक-व्यवहार-संलग्न स्वरूप का भी मेल किया है। इश्क की मसनवियों के समान 'पद्मावत' लोकपक्षशून्य नहीं है। राजा जोगी होकर घर से निकलता है, इतना कहकर कवि यह भी कहता है कि चलते समय उसकी माता और रानी दोनों उसे रो-रोकर रोकती हैं। जैसे कवि ने राजा से संयोग होने पर पद्मावती के रसरंग का वर्णन किया वैसे ही सिंहलद्वीप से विदा होते समय परिजनों और सखियों से अलग होने का स्वाभाविक दुःख भी। कवि ने जगह-जगह पद्मावती को जैसे चन्द्र, कमल इत्यादि के रूप में देखा है, वैसे ही उसे प्रथम समागम से डरते, सपत्नी से झगड़ते और प्रिय के हित के अनुकूल लोकव्यवहार करते भी देखा है। राघव चेतन के निकाले जाने पर राजा और राज्य के अनिष्ट की आशंका से पद्मावती उस ब्राह्मण को अपना खास कंगन दान देकर सन्तुष्ट करना चाहती है। प्रेम का लोकपक्ष कैसा सुन्दर है ! लोकव्यवहार के बीच भी अपनी आभा का प्रसार करनेवाली प्रेमज्योति का महत्त्व कुछ कम नहीं।

जायसी ऐकान्तिक प्रेम की गूढ़ता और गम्भीरता के बीच में जीवन के और अंगों के साथ भी उस प्रेम के सम्पर्क का स्वरूप कुछ दिखाते गए हैं, इससे उनकी प्रेमगाथा पारिवारिक और सामाजिक जीवन से विच्छिन्न होने से बच गई है। उसमें भावात्मक और व्यवहारात्मक दोनों शैलियों का मेल है। पर है वह प्रेमगाथा ही, पूर्ण जीवनगाथा नहीं। ग्रन्थ का पूर्वार्ध–आधे से अधिक भाग–तो प्रेममार्ग के विवरण से ही भरा है। उत्तरार्ध में जीवन के और अंगों का सन्निवेश मिलता है पर वे पूर्णतया परिस्फुट नहीं हैं। दाम्पत्य प्रेम के अतिरिक्त मनुष्य की और वृत्तियाँ, जिनका कुछ विस्तार के साथ समावेश है, वे यात्रा, युद्ध, सपत्नीकलह, मातृस्नेह, स्वामिभक्ति, वीरता, छल और सतीत्व हैं। पर इनके होते हुए भी 'पद्मावत' को हम शृंगार-रस-प्रधान काव्य ही कह सकते हैं। 'रामचरित' के समान मनुष्य जीवन की भिन्न-भिन्न बहुत-सी परिस्थितियों और सम्बन्धों का इसमें समन्वय नहीं है।

तोते के मुँह से पद्मावती का रूपवर्णन सुनने से राजा रत्नसेन को जो पूर्वराग हुआ, अब उस पर थोड़ा विचार कीजिए। देखने में तो वह उसी प्रकार का जान पड़ता है जिस प्रकार का हंस के मुख से दमयन्ती का रूपवर्णन सुनकर नल को या नल का रूपवर्णन सुनकर दमयन्ती को हुआ था। पर ध्यान देकर विचार करने से दोनों में एक ऐसा अन्तर दिखाई पड़ेगा जिसके कारण एक की तीव्रता जितनी अयुक्त दिखाई देगी उतनी दूसरे की नहीं। पूर्वराग में ही विप्रलम्भ शृंगार की बहुत-सी दशाओं की योजना श्रीहर्ष ने भी की है और जायसी ने भी। पूर्वराग पूर्ण रति नहीं है, अतः उसमें केवल 'अभिलाष' स्वाभाविक जान पड़ता है; शरीर का सूखकर काँटा होना, मूर्छा, उन्माद नहीं। तोते के मुँह से पहले ही पहले पद्मावती का वर्णन सुनते ही रत्नसेन का मूर्छित हो जाना और पूर्ण वियोगी बन जाना अस्वाभाविक-सा लगता है। पर हंस के मुँह से रूप, गुण आदि की प्रशंसा सुनने पर जो विरह की दारुण दशा दिखाई गई है वह इसलिए नहीं अधिक खटकती कि नल और दमयन्ती दोनों बहुत दिनों से एक-दूसरे के रूप-गुण की प्रशंसा सुनते आ रहे थे जिससे उनका पूर्वराग 'मंजिष्ठा राग' की अवस्था को पहुँच गया था।

जब तक पूर्वराग आगे चलकर पूर्ण रति या प्रेम के रूप में परिणत नहीं होता तब तक उसे हम चित्त की कोई उदात्त या गम्भीर वृत्ति नहीं कह सकते। हमारी समझ में तो दूसरे के द्वारा, चाहे वह चिड़िया हो या आदमी, किसी पुरुष या स्त्री के रूप, गुण आदि को सुनकर चट उसकी प्राप्ति की इच्छा उत्पन्न करनेवाला भाव लोभ मात्र कहला सकता है, परिपुष्ट प्रेम नहीं। लोभ और प्रेम के लक्ष्य में सामान्य और विशेष का ही अन्तर समझा जाता है। कहीं कोई अच्छी चीज सुनकर दौड़ पड़ना, यह लोभ है। विशेष वस्तु–चाहे दूसरों के निकट वह अच्छी हो या बुरी–देख उसमें इस प्रकार रम जाना कि उससे कितनी ही बढ़कर अच्छी वस्तुओं के सामने आने पर भी उनकी ओर ध्यान न जाए, प्रेम है। व्यवहार में भी प्रायः देखा जाता है कि वस्तुविशेष के ही प्रति जो लोभ होता है वह लोभ नहीं कहलाता। जैसे, यदि कोई मनुष्य पकवान या मिठाई का नाम सुनते ही चंचल हो जाए तो लोग कहेंगे कि यह बड़ा लालची है, पर यदि कोई केवल

गुलाबजामुन का नाम आने पर चाह प्रकट करे तो लोग यही कहेंगे कि इन्हें गुलाबजामुन बहुत अच्छी लगती है। तत्काल सुने हुए रूपवर्णन से उत्पन्न 'पूर्वराग' और 'प्रेम' में भी इसी प्रकार का अन्तर समझिए। पूर्वराग रूपगुणप्रधान होने के कारण सामान्योन्मुख होता है पर प्रेम व्यक्तिप्रधान होने के कारण विशेषोन्मुख होता है। एक ने आकर कहा, अमुक बहुत सुन्दर है; फिर कोई दूसरा आकर कहता है कि अमुक नहीं, अमुक बहुत सुन्दर है। इस अवस्था में बुद्धि का व्यभिचार बना रहेगा। प्रेम में पूर्ण व्यभिचारशान्ति प्राप्त हो जाती है।

कोई वस्तु बहुत बढ़िया है, जैसे यह सुनकर हमें उसका लोभ हो जाता है, वैसे ही कोई व्यक्ति बहुत सुन्दर है, इतना सुनते ही उसकी जो चाह उत्पन्न हो जाती है वह साधारण लोभ से भिन्न नहीं कही जा सकती है। प्रेम भी लोभ ही है पर विशेषोन्मुख। वह मन और मन के बीच का लोभ है, हृदय और हृदय के बीच का सम्बन्ध है। उसके एक पक्ष में भी हृदय है और दूसरे पक्ष में भी। अतः सच्चा सजीव प्रेम प्रेमपात्र के हृदय को स्पर्श करने का प्रयत्न पहले करता है, शरीर पर अधिकार करने का प्रयत्न पीछे करता है, सुन्दर स्त्री कोई बहुमूल्य पत्थर नहीं है कि अच्छा सुना और लेने के लिए दौड़ पड़े। इस प्रकार का दौड़ना रूपलोभ ही कहा जाएगा, प्रेम नहीं।

बिना परिचय के प्रेम नहीं हो सकता। यह परिचय पूर्णतया तो साक्षात्कार से होता है; पर बहुत दिनों तक किसी के रूप, गुण, कर्म आदि का ब्योरा सुनते-सुनते भी उसका ध्यान मन में जगह कर लेता है। किसी के रूप-गुण की प्रशंसा सुनते ही एकबारगी प्रेम उत्पन्न हो जाना स्वाभाविक नहीं जान पड़ता। प्रेम दूसरे की आँखों नहीं देखता, अपनी आँखों देखता है। अतः राजा रत्नसेन तोते के मुँह से पद्मावती का अलौकिक रूपवर्णन सुन जिस भाव की प्रेरणा से निकल पड़ता है वह पहले रूपलोभ ही कहा जा सकता है। इस दृष्टि से देखने पर कवि जो उसके प्रयत्न को तप का स्वरूप देता हुआ आत्मत्याग और विरहविकलता का विस्तृत वर्णन करता है वह एक नकल-सा मालूम होता है। प्रेमलक्षण उसी समय दिखाई पड़ता है जब वह शिवमन्दिर में पद्मावती की झलक देख बेसुध हो जाता है। इस प्रेम की पूर्णता उस समय स्फुट होती है जब पार्वती अप्सरा का रूप धारण करके उसके सामने आती हैं और वह उनके रूप की ओर ध्यान न देकर कहता है कि–

भलेहि रंग अछरी तोर राता। मोहिं दुसरे सौं भाव न बाता॥

उक्त कथन से रूपलोभ की व्यंजना नहीं होती, प्रेम की व्यंजना होती है। प्रेम दूसरा रूप चाहता नहीं, चाहे वह प्रेमपात्र के रूप से कितना ही बढ़कर हो। लैला कुछ बहुत खूबसूरत न थी, पर मजनूँ उसी पर मरता था। यही विशिष्टता और एकनिष्ठता प्रेम है। पर इस विशिष्टता के लिए निर्दिष्ट भावना चाहिए जो एक तोते के वर्णन मात्र से नहीं प्राप्त हो सकती। भावना को निर्दिष्ट करने के लिए ही मनस्तत्व से अभिज्ञ कवि पूर्वराग के बीच चित्रदर्शन की योजना करते हैं। पर यह रूपभावना पूर्ण रूप से निर्दिष्ट साक्षात्कार द्वारा ही होती है। शिवमन्दिर में पद्मावती की एक झलक जब राजा ने देखी

तभी उसकी भावना निर्दिष्ट हुई। मन्दिर में उस साक्षात्कार के पूर्व राजा की भावना निर्दिष्ट नहीं कही जा सकती। मान लीजिए कि सिंहल के तट पर उतरते ही वही अप्सरा कहती है कि 'मैं ही पद्मावती हूँ' और तोता भी सकारता, तो रत्नसेन उसे स्वीकार ही कर लेता। ऐसी अवस्था में उसके प्रेम का लक्ष्य निर्दिष्ट कैसे कहा जा सकता है ? अतः रूपवर्णन सुनते ही रत्नसेन के प्रेम का जो प्रबल और अदम्य स्वरूप दिखाया गया है वह प्राकृतिक व्यवहार की दृष्टि से उपयुक्त नहीं दिखाई पड़ता।

राजा रत्नसेन तोते के मुँह से पद्मावती का रूपवर्णन सुन उसके लिए जोगी होकर निकल पड़ा और अलाउद्दीन ने राघव चेतन के मुँह से वैसा ही वर्णन सुन उसके लिए चित्तौर पर चढ़ाई कर दी। क्यों एक प्रेमी के रूप में दिखाई पड़ता है और दूसरा रूप-लोभी लम्पट के रूप में ? अलाउद्दीन के विपक्ष में दो बातें ठहरती हैं–(1) पद्मावती का दूसरे की विवाहिता स्त्री होना और (2) अलाउद्दीन का उग्र प्रयत्न करना। दोनों प्रकार के अनौचित्य अलाउद्दीन की चाह को प्रेम का स्वरूप प्राप्त नहीं होने देते। यदि इस अनौचित्य का विचार छोड़ दें तो रूपवर्णन सुनते ही तत्काल दोनों के हृदय में जो चाह उत्पन्न हुई वह एक-दूसरे से भिन्न नहीं जान पड़ती।

रत्नसेन के पूर्वराग के वर्णन में जो यह अस्वाभाविकता आई है इसका कारण है लौकिक प्रेम और ईश्वरप्रेम दोनों को एक स्थान पर व्यंजित करने का प्रयत्न। शिष्य जिस प्रकार गुरु से परोक्ष ईश्वर के स्वरूप का कुछ आभास पाकर प्रेममग्न होता है उसी प्रकार रत्नसेन तोते के मुँह से पद्मिनी का रूपवर्णन सुन बेसुध हो जाता है। ऐसी ही अलौकिकता पद्मिनी के पक्ष में भी कवि ने दिखाई है।

राजा रत्नसेन के सिंहल पहुँचते ही कवि ने पद्मावती की बेचैनी का वर्णन किया है। पद्मावती को अभी तक रत्नसेन के आने की कुछ भी खबर नहीं है। अतः यह व्याकुलता केवल काम की कही जा सकती है, वियोग की नहीं। बाह्य या अभ्यन्तर संयोग के पीछे ही वियोगदशा सम्भव है। यद्यपि आचार्यों ने वियोगदशा को कामदशा ही कहा है पर दोनों में अन्तर है। समागम के सामान्य अभाव का दुःख कामवेदना है और विशेष व्यक्ति के समागम के अभाव का दुःख वियोग है। जायसी के वर्णन में दोनों का मिश्रण है। रत्नसेन का नाम तक सुनने के पहले वियोग की व्याकुलता कैसे हुई, इसका समाधान कवि के पास यदि कुछ है तो रत्नसेन के योग का अलक्ष्य प्रभाव–

पद्मावति तेहि जोग सँजोगा। परी प्रेम बस गहे वियोगा ॥

साधनात्मक रहस्यवाद में योग जिस प्रकार अज्ञात ईश्वर के प्रति होता है उसी प्रकार सूफियों का प्रेमयोग भी अज्ञात के प्रति होता है। पर इस प्रकार के परोक्षवाद या योग के चमत्कार पर ध्यान जाने पर भी वह वर्णन के अनौचित्य की ओर बिना गए नहीं रह सकता। जब कोई व्यक्ति निर्दिष्ट ही नहीं तब कहाँ का प्रेम और कहाँ का वियोग ? उस कामदशा में पद्मावती को धाय समझा ही रही है कि हीरामन सूआ आकर रत्नसेन के रूप-गुण का वर्णन करता है और पद्मावती उसकी प्रेमव्यथा और तप को सुनकर दयार्द्र और पूर्वरागयुक्त होती है। पूर्वराग का आरम्भ पद्मावती में यहीं से

समझना चाहिए। अतः इसके पहले योग की दुहाई देकर भी वियोग का नाम लेना ठीक नहीं जँचता।

विवाह हो जाने के पीछे पद्मावती का प्रेम दो अवसरों पर अपना बल दिखाता है। एक तो उस समय जब राजा रत्नसेन के दिल्ली में बन्दी होने का समाचार मिलता है और फिर उस समय जब राजा युद्ध में मारा जाता है, ये दोनों अवसर विपत्ति के हैं। साधारण दृष्टि से एक में आशा के लिए स्थान है, दूसरे में नहीं। पर सच्चे पहुँचे हुए प्रेमी के समान प्रथम स्थिति में तो पद्मावती संसार की ओर दृष्टि रखती हुई विह्वल और क्षुब्ध दिखाई पड़ती है; और दूसरी स्थिति में दूसरे लोक की ओर दृष्टि फेरे हुए पूर्ण आनन्दमयी और प्रशान्त। राजा के बन्दी होने का समाचार पाने पर रानी के विरहविह्वल हृदय में उद्योग और साहस का उदय होता है। वह गोरा और बादल के पास आप दौड़ी जाती है और रो-रोकर अपने पति के उद्धार की प्रार्थना करती है। राजा रत्नसेन के मरने पर रोना-धोना नहीं सुनाई देता। नागमती और पद्मावती दोनों शृंगार करके प्रिय से उस लोक में मिलने के लिए तैयार होती हैं। यह दृश्य हिन्दू स्त्री के जीवन दीपक की अत्यन्त उज्ज्वल और दिव्य प्रभा है जो निर्वाण के पूर्व दिखाई पड़ती है।

राजा के बन्दी होने पर जिस प्रकार कवि ने पद्मावती के प्रेमप्रसूत साहस का दृश्य दिखाया है उसी प्रकार सतीत्व की दृढ़ता का भी। पर यह कहना पड़ता है कि कवि ने जो कसौटी तैयार की है वह इतने बड़े प्रेम के उपयुक्त नहीं हुई है। कुम्भलनेर का राजा देवपाल रूप, गुण, ऐश्वर्य्य, पराक्रम, प्रतिष्ठा किसी में भी रत्नसेन की बराबरी का न था। अतः उसका दूती भेजकर पद्मावती को बहकाने का प्रयत्न गड़ा हुआ खम्भा ढकेलने का बाल-प्रयत्न-सा लगता है। इस घटना के सन्निवेश से पद्मावती के सतीत्व की उज्ज्वल क्रान्ति में और अधिक ओप चढ़ती नहीं दिखाई देती। यदि वह दूती दिल्ली के बादशाह की होती और वह दिल्लीश्वर की सारी शक्ति और विभूति का लोभ दिखाती तो अलबत यह घटना किसी हद तक इतने बड़े प्रेम की परीक्षा का पद प्राप्त कर सकती थी, क्योंकि देवलदेवी और कमलादेवी के विपरीत आचरण का दृष्टान्त इतिहासविज्ञ जानते ही हैं।

पद्मावती के नवप्रस्फुटित प्रेम के साथ-साथ नागमती का गार्हस्थ्यपरिपुष्ट प्रेम भी अत्यन्त मनोहर है। पद्मावती प्रेमिका के रूप में अधिक लक्षित होती है, पर नागमती पतिप्राण हिन्दू पत्नी के मधुर रूप में ही हमारे सामने आती है। उसे पहले पहल हम रूपगर्विता और प्रेमगर्विता के रूप में देखते हैं। ये दोनों प्रकार के गर्व दाम्पत्य सुख के द्योतक हैं। राजा के निकल जाने के पीछे फिर हम उसे प्रोषितपतिका के उस निर्मल स्वरूप में देखते हैं जिसका भारतीय काव्य और संगीत में प्रधान अधिकार रहा है, और है। यह देखकर अत्यन्त दुःख होता है कि प्रेम का यह पुनीत भारतीय स्वरूप विदेशीय प्रभाव से–विशेषतः उर्दू शायरी के चलते गीतों से–हटता-सा जा रहा है। यार, महबूब, सितम, तेग, खंजर, जख्म, आबले, खून और मवाद आदि का प्रचार बढ़ रहा है। जायसी के भावुक हृदय ने स्वकीया के पुनीत प्रेम के सौन्दर्य्य को पहचाना। नागमती का वियोग हिन्दी साहित्य में विप्रलम्भ शृंगार का अत्यन्त उत्कृष्ट निरूपण है।

पुरुषों के बहुविवाह की प्रथा से उत्पन्न प्रेममार्ग की व्यावहारिक जटिलता को जिस दार्शनिक ढंग से कवि ने सुलझाया है वह ध्यान देने योग्य है। नागमती और पद्मावती को झगड़ते सुनकर दक्षिण नायक राजा रत्नसेन दोनों को समझाता है–

एक बार जेइ प्रिय मन बूझा। सो दुसरे सौं काहे क जूझा ?
ऐस ज्ञान मन जान न कोई। कबहुँ राति, कबहुँ दिन होई॥
धूप छाँह दूनौ एक रंगा। दूनौ मिल रहहिं एक संगा॥
जूझब छाँड़हु, बूझहु दोऊ। सेव करहु, सेवाफल होऊ॥

कवि के अनुसार जिस प्रकार करोड़ों मनुष्यों का उपास्य एक ईश्वर होता है उसी प्रकार कई स्त्रियों का उपास्य एक पुरुष हो सकता है। पुरुष की यह विशेषता उसकी सबलता और उच्च स्थिति की भावना के कारण है जो बहुत प्राचीन काल से बद्धमूल है। इस भावना के अनुसार पुरुष स्त्री के प्रेम का ही अधिकारी नहीं है, पूज्य भाव का भी अधिकारी है। ऊपर की चौपाइयों में पति-पत्नी के पारस्परिक प्रेमसम्बन्ध की बात बचाकर सेव्य-सेवक-भाव पर जोर दिया गया है। इसी प्रकार की युक्तियों से पुरानी रीतियों का समर्थन प्रायः किया जाता है। हिन्दुओं और मुसलमानों दोनों में कई स्त्रियों से विवाह करने की रीति बराबर से है। अतः एक प्रेमगाथा के भीतर भी जायसी ने उसका सन्निवेश करके बड़े कौशल से उसके द्वारा मत सम्बन्धी विवादशान्ति का उपदेश निकाला है।

वियोग पक्ष

जायसी का विरहवर्णन कहीं-कहीं अत्यन्त अत्युक्तिपूर्ण होने पर भी मजाक की हद तक नहीं पहुँचने पाया है, उसमें गाम्भीर्य बना हुआ है। इनकी अत्युक्तियाँ बात की करामात नहीं जान पड़तीं, हृदय की अत्यन्त तीव्र वेदना के शब्दसंकेत प्रतीत होती हैं। उनके अन्तर्गत जिन पदार्थों का उल्लेख होता है वे हृदयस्थ ताप की अनुभूति का आभास देनेवाले होते हैं; बाहर-बाहर से ताप की मात्रा नापनेवाले मानदंड मात्र नहीं। जाड़े के दिनों में भी पड़ोसियों तक पहुँच उन्हें बेचैन करनेवाले, शरीर पर रखे हुए कमल के पत्तों को भूनकर पापड़ बना डालनेवाले, बोतल का गुलाबजल सुखा डालनेवाले ताप से कम ताप जायसी का नहीं है पर उन्होंने उसके वेदनात्मक और दृश्य अंश पर जितनी दृष्टि रखी है उतनी उसकी बाहरी नापजोख पर नहीं जो प्रायः ऊहात्मक हुआ करती है। नाप-जोखवाली ऊहात्मक पद्धति का जायसी ने कुछ ही स्थानों पर प्रयोग किया है। जैसे, राजा की प्रेमपत्रिका के इस वर्णन में–

आखर जरहिं, न काहू छूआ। तब दुःख देखि चला लेइ सूआ॥

अथवा नागमती के विरहताप की इस व्यंजना में–

जेहि पंखी के नियर होइ, कहै बिरह कै बात।
सोई पंखी जाइ जरि, तरिवर होहिं निपात॥

इस ऊहात्मक पद्धति का दो-चार जगह व्यवहार चाहे जायसी ने किया हो पर अधिकतर विरहताप के वेदनात्मक स्वरूप की अत्यन्त विशद व्यंजना ही जायसी की विशेषता है। इन्होंने अत्युक्ति की है और खूब की है पर वह अधिकांश संवेदना के स्वरूप में है, परिमाणनिर्देश के रूप में नहीं है। संवेदना का यह स्वरूप उत्प्रेक्षा अलंकार द्वारा व्यक्त किया गया है। अत्युक्ति या अतिशयोक्ति और उत्प्रेक्षा में सिद्ध और साध्य का भेद होता है। उत्प्रेक्षा में अध्यवसाय साध्य (सम्भावना या संवेदना के रूप में) होता है और अत्युक्ति या अतिशयोक्ति में सिद्ध। 'धूप ऐसी है कि रखते-रखते पानी खौल जाता है', यह वाक्य मात्रा का आधिक्य मात्र सूचित करता है। मात्रा के आधिक्य का निरूपण ऊहा द्वारा कुछ चक्कर के साथ भी हो सकता है, जैसा कि बिहारी ने प्रायः किया है। पर यह पद्धति काव्य के लिए सर्वत्र उपयुक्त नहीं। लाक्षणिक प्रयोगों को लेकर कुछ कवियों ने ऊहा का जो विस्तार किया है वह अस्वाभाविक, नीरस और भद्दा हो गया है। वह 'कुल का दीपक है' इस बात को लेकर कोई कहे कि 'उसके घर तेल के खर्च की बिलकुल बचत होती है' तो इस उक्ति में कवित्व की कुछ भी सरसता न पाई जाएगी। बिहारी का 'पत्रा ही तिथि पाइए' वाला दोहा इसी प्रकार का है। अस्तु, 'धूप ऐसी है कि रखते-रखते पानी खौल जाता है' यह कथन ऊहा द्वारा मात्रानिरूपण के रूप में हुआ। यही बात यदि इस प्रकार कही जाए कि 'धूप क्या है, मानो चारों ओर आग बरस रही है' तो यह संवेदना के रूप में कहा जाना होगा। पहले कथन में ताप की मात्रा का आधिक्य व्यंग्य है, दूसरे में उस ताप से उत्पन्न हृदय की वेदना। एक में वस्तु व्यंग्य है, दूसरे में संवेदना। पहला वाक्य बाह्य वृत्त का व्यंजक है और दूसरा आभ्यन्तर अनुभूति का। मतलब यह कि जायसी ने यह कम कहा है कि विरहताप इतनी मात्रा का है, यह अधिक कहा है कि ताप हृदय में ऐसा जान पड़ता है; जैसे–

(क) *जानहुँ अगिनि के उठहिं पहारा। औ सब लागहि अंग अँगारा।*

(ख) *जरत बजागिनी करु, पिउ छाहाँ। आइ बुझाउ अँगारन्ह माँहा॥*
लागिउँ जरै, जरै जस भारू। फिरि फिरि भूँजेसि तजिउँ न बारू॥

'फिरि फिरि भूँजेसि तजिउँ न बारू।' भाड़ की तपती बालू के बीच पड़ा हुआ अनाज का दाना जैसे बार-बार भूने जाने पर उछल-उछल पड़ता है पर उस बालू से बाहर नहीं जाता, उसी प्रकार इस प्रेमजन्य सन्ताप के अतिरेक से मेरा जी हट-हटकर भी उस सन्ताप के सहने की बुरी लत के कारण उसी की ओर प्रवृत्त रहता है। मतलब यह कि वियुक्त प्रिय का ध्यान आते ही चित्त ताप से विह्वल हो जाता है फिर भी वह बार-बार उसी का ध्यान करता रहता है। प्रेमदशा चाहे घोर यन्त्रणामय हो जाए पर हृदय उस दशा से अलग होना नहीं चाहता। यहाँ इसी विलक्षण स्थिति का चित्रण है। यहाँ हम कवि को वेदना के स्वरूपविश्लेषण में प्रवृत्त पाते हैं, ताप की मात्रा नापने में नहीं। मात्रा की नाप तो बाहर-बाहर से भी हो सकती है, पर प्रेमवेदना के आभ्यन्तर स्वरूप की पहचान प्रेम-वेदनापूर्ण हृदय में ही हो सकती है। जायसी का ऐसा ही हृदय था। विरहताप का वर्णन कवि ने अधिकतर सादृश्य-सम्बन्ध-मूलक गौणी लक्षणा द्वारा किया है।

आधिक्य या न्यूनता सूचित करने के लिए ऊहात्मक या वस्तुव्यंजनात्मक शैली का विधान कवियों में तीन प्रकार का देखा जाता है–

(1) ऊहा की आधारभूत वस्तु असत्य अर्थात् कवि-प्रौढ़ोक्ति-सिद्ध है।

(2) ऊहा की आधारभूत वस्तु का स्वरूप तो सत्य या स्वतःसंभवी है और किसी प्रकार की कल्पना नहीं की गई है।

(3) ऊहा की आधारभूत वस्तु का स्वरूप तो सत्य है पर उसके हेतु की कल्पना की गई है।

इनमें से प्रथम प्रकार के उदाहरण वे हैं जिन्हें बिहारी ने विरहताप के वर्णन में दिए हैं–जैसे पड़ोसियों को जाड़े की रात में भी बेचैन करनेवाला, या बोतल में भरे गुलाबजल को सुखा डालनेवाला ताप। दूसरे प्रकार का उदाहरण एक स्थल पर जायसी ने बहुत अच्छा किया है, पर वह विरहताप के वर्णन में नहीं है, काल की दीर्घता के वर्णन में है। आठ वर्ष तक अलाउद्दीन चित्तौरगढ़ घेरे रहा। इस बात को एक बार तो कवि ने साधारण इतिवृत्त के रूप में कहा, पर उससे वह गोचर प्रत्यक्षीकरण न हो सका जिसका प्रयत्न काव्य करता है। आठ वर्ष की दीर्घता के अनुमान के लिए फिर उसने यह दृश्य आधार सामने रखा–

आइ साह अमराव जो लाए। फरे, झरे पर गढ़ नहीं पाए॥

सच पूछिए तो वस्तु व्यंजनात्मक या ऊहात्मक पद्धति का इसी रूप में अवलम्बन सबसे अधिक उपयुक्त जान पड़ता है। इसमें अनुमान का आधार सत्य या स्वतःसंभवी है। जायसी अनुमान या ऊहा के आधार के लिए ऐसी वस्तु सामने लाए हैं जिसका स्वरूप प्राकृतिक है और जिससे सामान्यतः सब लोग परिचित होते हैं। इसी प्रकार एक गीत में एक वियोगिनी नायिका कहती है कि 'मेरा प्रिय दरवाजे पर जो नीम का पेड़ लगा गया था वह बढ़कर अब फूल रहा है, पर प्रिय न लौटा।' आधार के सत्य और प्राकृतिक स्वरूप के कारण इस उक्ति से कितना भोलापन बरस रहा है !

विरहताप की मात्रा का आधिक्य सूचित करने के लिए जहाँ कहीं जायसी ने ऊहात्मक या वस्तुव्यंजनात्मक शैली का अवलम्बन किया है वहाँ अधिकतर तीसरे प्रकार का विधान ही देखने में आता है जिसमें ऊहा की आधारभूत वस्तु का स्वरूप तो सत्य और स्वतःसंभवी होता है पर उसके हेतु की कुछ और ही कल्पना की जाती। इस प्रकार का विधान भी प्रथम प्रकार के विधान से अधिक उपयुक्त होता है। इसमें हेतूत्प्रेक्षा का सहारा लिया जाता है जिसमें 'अप्रस्तुत' वस्तुओं का गृहीत दृश्य वास्तविक होता है, केवल उसका हेतु कल्पित होता है। हेतु परोक्ष हुआ करता है इससे उसकी अतथ्यता सामने आकर प्रतीति में बाधा डालती नहीं जान पड़ती। इस युक्ति से कवि विरहताप के प्रभाव की व्यापकता को बढ़ाता-बढ़ाता सृष्टि भर में दिखा देता है। एक उदाहरण काफी होगा–

अध परजरा विरह कर गठा। मेघ साम भए धूम जो उठा॥
दाढ़ा राहु केतु गा दाधा। सूरुज जरा, चाँद जरि आधा॥

औ सब नखत तराईं जरहीं। टूटहिं लूक, धरति महँ परहीं॥
जरै सो धरती ठावहिं ठाऊँ। दहकि पलास जरै तेहि दाऊँ॥

इन चौपाइयों में मेघों का श्याम होना, राहु, केतु का काला (झुलसा-सा) होना, सूर्य का तपना, चन्द्रमा की कला का खंडित होना, पलाश के फूलों का लाल (दहकते अंगारे-सा) होना आदि सत्य है। वे विरहताप के कारण ऐसे हैं, केवल यह बात कल्पित है।

ताप के अतिरिक्त विरह के और-और अंगों का भी विन्यास जायसी ने इसी हृदयहारिणी और व्यापकत्वविधायिनी पद्धति पर बाह्य प्रकृति को मूल आभ्यन्तर जगत् का प्रतिबिम्ब-सा दिखाते हुए किया है। काम हेतूत्प्रेक्षा से लिया गया है। प्रेमयोगी रत्नसेन के विरहव्यथित हृदय का भाव हम सूर्य, चन्द्र, वन के पेड़, पक्षी, पत्थर, चट्टान सबमें देखते चलते हैं–

रोवँ रोवँ वै बान जो फूटे। सूतहि सूत रुहिर मुख छूटे॥
नैनहिं चली रकत कै धारा। कंथा भीजि भएउ रतनारा॥
सूरूज बूड़ि उठा होइ ताता। औ मजीठ टेसू बन राता॥
भा बसंत, रातीं बनसपती। औ राते सब जोगी जती॥
भूमि जो भीजि भएउ सब गेरू। औ राते तहँ पंखि पखेरू॥
राती सती, अगिनि सब काया। गगन मेघ राते तेहि छाया॥
ईंगुर भा पहार जौ भीजा। पै तुम्हार नहिं रोवँ पसीजा॥

इसी प्रकार नागमती के आँसुओं से सारी सृष्टि भीगी हुई जान पड़ती है–

कुहुकि कुहुकि जस कोइल रोई। रकत आँसु घुँघची बन बोई॥
जहँ जहँ ठाढ़ि होइ बनबासी। तहँ तहँ होइ घुँघची कै रासी॥
बूँद बूँद महँ जानहुँ जीऊ। गूँजा गुंजि करै, 'पिउ पीऊ'॥
तेहि दुःख भए परास निपाते। लोहू बूड़ि उठे होइ राते॥
राते बिंब भीजि तेहि लोहू। परवर पाक, फाट हिय गोहूँ॥

विरहवर्णन में भक्तवर सूरदासजी ने भी गोपियों के हृदय के रंग में बाह्य प्रकृति को रँगा है। एक स्थान पर तो गोपियों ने उन-उन पदार्थों को कोसा है जो उस रंग से कोरे दिखाई पड़े हैं–

मधुबन ! तुम कत रहत हरे ?
विरह वियोग स्यामसुंदर के ठाढ़े क्यों न जरे ?
कौन काज ठाढ़े रहे बन में, काहे न उकठि परे ?

नागमती का विरहवर्णन हिन्दी साहित्य में एक अद्वितीय वस्तु है। नागमती उपवनों के पेड़ों के नीचे रात भर रोती फिरती है। इस दशा में पशु, पक्षी, पेड़, पल्लव जो कुछ सामने आता है उसे वह अपना दुःखड़ा सुनाती है। वह पुण्यदशा धन्य है जिसमें ये सब अपने सगे लगते हैं और यह जान पड़ने लगता है कि इन्हें दुःख सुनाने से भी जी हल्का होगा। सब जीवों का शिरोमणि मनुष्य और मनुष्यों का अधीश्वर

राजा ! उसकी पटरानी, जो कभी बड़े-बड़े राजाओं और सरदारों की बातों की ओर भी ध्यान न देती थी, वह पक्षियों से अपने हृदय की वेदना कह रही है, उनके सामने अपना हृदय खोल रही है। हृदय की इस उदार और व्यापक दशा का कवियों ने केवल प्रेमदशा के भीतर ही वर्णन किया है, यह बात ध्यान देने योग्य है। मारने के लिए शत्रु का पीछा करता हुआ क्रोधातुर मनुष्य पेड़ों और पक्षियों से यह पूछता हुआ कहीं नहीं कहा गया है कि 'भाई ! किधर गया ?' वाल्मीकि, कालिदास आदि से लेकर जायसी, सूर, तुलसी आदि भाषाकवियों तक सबने इस दशा का सन्निवेश विप्रलम्भ (या कहीं-कहीं करुण) में ही किया है। वाल्मीकि के राम सीताहरण होने पर वन-वन पूछते फिरते हैं–

'हे कदम्ब ! तुम्हारे फूलों से अधिक प्रतीति रखनेवाली मेरी प्रिया को यदि जानते हो तो बताओ। हे बिल्ववृक्ष ! यदि तुमने उस पीतवस्त्रधारिणी को देखा हो तो बताओ। हे मृग ! उस मृगनयनी को तुम जानते हो ?'

इसी प्रकार तुलसी के राम भी वन के पशु-पक्षियों से पूछते हैं–

हे खग, मृग, हे मधुकर स्रेनी। तुम देखी सीता मृगनैनी ?

कालिदास का यक्ष भी चेतनाचेतन भेद इसी प्रेमदशा के ही भीतर भूला है। इससे यह सिद्ध है कि कविपरम्परा के बीच यह एक मान्य परिपाटी है कि इस प्रकार की दशा का वर्णन प्रेमदशा के भीतर ही हो।

इस सम्बन्ध में मामूली तौर पर तो इतना ही कहना काफी समझा जाता है कि 'उन्माद' की व्यंजना के लिए इस प्रकार का आचरण दिखाया जाता है। 'उन्माद' ही सही पर एक खास ढर्रे का है। इसका आविर्भाव प्रेमताप से पिघलकर फैले हुए हृदय में ही होता है। सम्बन्ध का मूल प्रेम है, अतः प्रेमदशा के भीतर ही मनुष्य का हृदय उस सम्बन्ध का आभास पाता है जो पशु, पक्षी द्रुम, लता आदि के साथ अनादि काल से चला आ रहा है।

नागमती उपवनों में रोती फिरती है। उसके विलाप से घोंसलों में बैठे हुए पक्षियों की नींद हराम हो गई है–

फिरि फिरि रोव, कोइ नहीं डोला। आधी रात विहंगम बोला ॥
तू फिरि फिरि दाहै सब पाँखी। केहि दुःख रैनि न लावसि आँखी ॥

और कवियों ने पशु-पक्षियों को सम्बोधन भर करने का उल्लेख करके बात और आगे नहीं बढ़ाई है जिससे ऊपर से देखनेवालों का ध्यान 'उन्माद' की दशा ही तक रह जाता है। पर जायसी ने जिस प्रकार मनुष्य के हृदय में पशु-पक्षियों से सहानुभूति प्राप्त करने की सम्भावना की है, उसी प्रकार पक्षियों के हृदय में सहानुभूति के संचार की भी। उन्होंने सामान्य हृदयतत्त्व की सृष्टिव्यापिनी भावना द्वारा मनुष्य और पशु-पक्षी सबको एक जीवन-सूत्र में बद्ध देखा है। राम के प्रश्न का खग, मृग और मधुकर कुछ जवाब नहीं देते। राजा पुरूरवा कोकिल, हंस इत्यादि को पुकारता ही फिरता है, पर कोई सहानुभूति प्रकट करता नहीं दिखाई पड़ता (विक्रमोर्वशीय अंक 4) पर नागमती की

दशा पर एक पक्षी को दया आती है–वह उसके दुःख का कारण पूछता है। नागमती उस पक्षी से कहती है–

चारिउ चक्र उजार भए, कोई न सँदेसा टेक।
कहौं बिरह दुःख आपन, बैठि सुनहु दँड एक॥

इस पर वह पक्षी सन्देश ले जाने को तैयार हो जाता है।

पद्मावती से कहने के लिए नागमती ने जो सन्देशा कहा है, वह अत्यन्त मर्मस्पर्शी है। उसमें मान, गर्व आदि से रहित, सुखभोग की लालसा से अलग, अत्यन्त नम्र, शीतल और विशुद्ध प्रेम की झलक पाई जाती है–

पद्मावती सौ कहेहु, बिहंगम। कंत लोभाइ रही करि संगम॥
तोहि चैन सुख मिलै सरीरा। मो कहँ दिए दुंद दुःख पूरा।
हमहुँ बिआही सँग ओहि पीऊ। आपुहिं पाइ, जानु पर जीऊ।
मोहि भोग सौं काज न बारी। सौंह दिस्टि कै चाहनहारी।

मनुष्य के आश्रित, मनुष्य के पाले हुए, पेड़-पौधे किस प्रकार मनुष्य के सुख से सुखी और दुःख से दुःखी दिखाई देते हैं, यह दृश्य बड़े कौशल और बड़ी सहृदयता से जायसी ने दिखाया है। नागमती की विरहदशा में उसके बाग-बगीचों में उदासी बरस रही थी। पेड़-पौधे सब मुरझाए पड़े थे। उनकी सुध कौन लेता है ? पर राजा रत्नसेन के चित्तौर लौटते ही–

पलुही नागमती कै बारी। सोने फूल फूलि फुलवारी॥
जावत पंखि रहे सब दहे। सबै पंखि बोले गहगहे॥

जब पेड़-पौधे सूख रहे थे तब पक्षी भी आश्रय न पाकर ताप से झुलस रहे थे। इस प्रकार नागमती की वियोगदशा का विस्तार केवल मनुष्य जाति तक ही नहीं, पशु-पक्षियों और पेड़-पौधों तक दिखाई पड़ता था। कालिदास ने पाले हुए मृग और पौधों के प्रति शकुन्तला का स्नेह दिखाकर इसी व्यापक और विशद भाव की व्यंजना की है।

विप्रलम्भ शृंगार ही 'पद्मावत' में प्रधान है। विरहदशा के वर्णन में जहाँ कवि ने भारतीय पद्धति का अनुसरण किया है, वहाँ कोई अरुचिकारक वीभत्स दृश्य नहीं आया है। कृशता, ताप, वेदना आदि के वर्णन में भी उन्होंने शृंगार के उपयुक्त वस्तु सामने रखी है, केवल उसके स्वरूप में कुछ अन्तर दिखा दिया है। जो पद्मिनी स्वभावतः पद्मिनी के समान विकसित रहा करती थी वह सूखकर मुरझाई हुई लगती है–

कँवल सूख, पखुरी बेहरानी। गलि गलि कै मिलि छार हेरानी॥

इस रूप में प्रदर्शित व्यक्ति के प्रति सहानुभूति और दया का पूरा अवसर रहता है। पाठक उसकी दशा व्यंजित करनेवाली वस्तु की ओर कुछ देर दृष्टि गड़ाकर देख सकते हैं। मुरझाया फूल भी फूल ही है। अतीत सौन्दर्य्य के स्मरण से भाव और उद्दीप्त होता है। पर उसके स्थान पर यदि चीरकर हृदय का खून, नसें

और हड्डियाँ आदि दिखाई जाएँ तो दया होते हुए भी इन वस्तुओं की ओर दृष्टि जमाते न बनेगा।

विरहदशा के भीतर 'निरवलम्बता' की अनुभूति रह-रहकर विरही को होती है। देखिए, कैसा परिचित और साधारण प्राकृतिक व्यापार सामने रखकर कवि ने इस 'निरवलम्बता' का गोचर प्रत्यक्षीकरण किया है–

आवा पवन बिछोह कर पात परा बेकरार।
तरिवर तजा जो चूरि कै लागै केहि के डार॥

'लागै केहि के डार' मुहावरा भी बहुत अच्छा आया है।

'पद्मावत' में यद्यपि हिन्दू जीवन के परिचायक भावों की ही प्रधानता है, पर बीच-बीच में फारसी साहित्य द्वारा घोषित भावों के भी छींटे कहीं-कहीं मिलते हैं। विदेशीय प्रभाव के कारण वियोगदशा के वर्णन में कहीं-कहीं वीभत्स चित्र सामने आ जाते हैं; जैसे 'कबाबे सीख' वाला यह भाव–

विरह सरागन्हि भूँजे माँसू। गिरि गिरि परै रकत कै आँसू॥
कटि कटि माँसु सराग पिरोवा। रकत कै आँसु माँसु सब रोवा॥
खिन एक बार माँसु अस भूँजा। खिनहिं चबाइ सिंघ अस गूँजा॥

वियोग में इस प्रकार के वीभत्स दृश्य का समावेश जायसी ने जो किया है वह तो किया ही है, संयोग के प्रसंग में भी वे एक स्थान पर ऐसा ही वीभत्स चित्र सामने लाए हैं। बादल जब अपनी नवागत वधू की ओर से दृष्टि फेर लेता है, तब वह सोचती है कि क्या मेरे कटाक्ष तो उसके हृदय को बेधकर पीठ की ओर नहीं जा निकले हैं। यदि ऐसा है तो तूँबी लगाकर मैं उसे खींच लूँ और जब वह पीड़ा से चौंककर मुझे पकड़े तो गहरे रस से उसे धो डालूँ–

मकु पिउ दिस्टि समानेउ सालू। हुलसा पीठि कढ़ावौं सालू॥
कुच तूँबी अब पीठि गड़ोवौं। गँहै जो हूकि, गाढ़ रस धोवौं॥

कटाक्ष या नेत्रों को 'अनियारे', 'नुकीले' तक कह देना तो ठीक है, पर ऊहात्मक या वस्तुव्यंजनात्मक पद्धति पर इस कल्पना को और आगे बढ़ाकर शरीर पर सचमुच घाव आदि दिखाने लगना काव्य की सीमा के बाहर जाना है, जैसा कि एक कवि जी ने किया है–

काजर दे नहिं, एरी सुहागिनि ! आँगुरी तेरी कटैगी कटाछन।

यदि कटाक्ष से उँगली कटने का डर है तब तो तरकारी चीरने या फल काटने के लिए छुरी, हँसिया आदि की कोई जरूरत न होनी चाहिए। कटाक्ष मन में चुभते हैं न कि प्रत्यक्ष शरीर पर घाव करते हैं।

विरहजन्य कृशता के वर्णन में जायसी ने कविप्रथानुसार पूरी अत्युक्ति की है, पर उस अत्युक्ति में भी गम्भीरता बनी हुई है, वह खेलवाड़ या मजाक नहीं होने पाई है। बिहारी की नायिका इतनी क्षीण हो गई है कि जब साँस खींचती है तब उसके झोंके से चार कदम पीछे हट जाती है और जब साँस निकालती है तब

उसके साथ चार कदम आगे बढ़ जाती है। घड़ी के पेंडुलम की-सी दशा उसकी रहती है। इसी प्रकार उर्दू के एक शायर साहब ने आशिक को जूँ या खटमल का बच्चा बना डाला–

इंतहाए लागरी से जब नजर आया न मैं।
हँस के वो कहने लगे, बिस्तर को झाड़ा चाहिए॥

पर जायसी का यह वर्णन सुन हृदय द्रवीभूत होता है, हँसी नहीं आती–

दहि कोइला भइ कंत सनेहा। तोला माँसु रहा नहिं देहा।
रकत न रहा, बिरह तन जरा। रती रती होइ नैनन्ह ढरा॥
हाड़ भए सब किंगरी, नसै भई सब ताँति।
रोवँ रोवँ ते धुनि उठै, कहौं बिथा केहि भाँति॥

इसी नागमती के विरहवर्णन के अन्तर्गत वह प्रसिद्ध बारहमासा है जिसमें वेदना का अत्यन्त निर्मल और कोमल स्वरूप, हिन्दू दाम्पत्य जीवन का अत्यन्त मर्मस्पर्शी माधुर्य्य, अपने चारों ओर की प्राकृतिक वस्तुओं और व्यापारों के साथ विशुद्ध भारतीय हृदय की साहचर्य भावना तथा विषय के अनुसार भाषा का अत्यन्त स्निग्ध, सरल मृदुल और अकृत्रिम प्रवाह देखने योग्य है। पर इन कुछ विशेषताओं की ओर ध्यान जाने पर भी इसके सौन्दर्य्य का बहुत कुछ हेतु अनिर्वचनीय रह जाता है। इस बारहमासे में वर्ष के बारह महीनों का वर्णन विप्रलम्भ शृंगार के उद्दीपन की दृष्टि से है जिसमें आनन्दप्रद वस्तुओं का दुःखप्रद होना दिखाया जाता है, जैसा कि मंडन कवि ने कहा है–

जेइ जेइ सुखद, दुःखद अब तेइ तेइ कवि मंडन बिछुरत जदुपत्ती।

प्रेम में सुख और दुःख दोनों की अनुभूति की मात्रा जिस प्रकार बढ़ जाती है उसी प्रकार अनुभूति के विषयों का विस्तार भी। संयोग की अवस्था में जो प्रेम सृष्टि की सब वस्तुओं से आनन्द का संग्रह करता है वही वियोग की दशा में सब वस्तुओं में दुःख का संग्रह करने लगता है। इसी दुःखद रूप में प्रत्येक मास की उन सामान्य प्राकृतिक वस्तुओं और व्यापारों का वर्णन जायसी ने किया है जिनके साहचर्य का अनुभव मनुष्यमात्र–राजा से लेकर रंक तक–करते हैं। अतः इस बारहमासे में मुख्यतः दो बातें देखने की हैं–

(1) प्राकृतिक वस्तुओं और व्यापारों का दिग्दर्शन।

(2) दुःख के नाना रूपों और कारणों की उद्भावना।

प्रथम के सम्बन्ध में यह जान लेना चाहिए कि प्राचीन संस्कृत कवियों का-सा संश्लिष्ट विशद् चित्रण उद्दीपन की दृष्टि से किए हुए ऋतुवर्णन में नहीं हुआ करता, केवल वस्तुओं और व्यापारों की अलग-अलग झलक भर दिखाकर प्रेमी के हृदय की अवस्था की व्यंजना हुआ करती है। परिचित प्राकृतिक दृश्यों को साहचर्य द्वारा और कवियों की वाणी द्वारा जो मर्मस्पर्शी प्रभाव प्राप्त है, उसका अनुभव उनकी ओर संकेत करने मात्र से भी सहृदयों को हो जाता है। इस प्रकार बहुत ही

सुन्दर संकेत—बहुत ही मनोहर झलक—इस बारहमासे में हम पाते हैं। कुछ उदाहरण लीजिए—

चढ़ा असाढ़, गगन घन गाजा। साजा बिरह, दुंद दल बाजा॥
धूम, साम धौरे घन धाए। सेत धजा बगपाँति देखाए॥
खड़ग बीजु चमकै चहुँ ओरा। बुंदबान बरिसहिं चहुँ ओरा॥
बाट असूझ अथाह गँभीरी। जिउ बाउर भा फिरै भँभीरी॥
जग जल बूड़ जहाँ लगि ताकी। मोरि नाव खेवक बिनु थाकी॥
जेठ जरै जग चलै लुवारा। उठिहिं बवंडर परहिं अँगारा॥
उठै आगि औ आवै आँधी। नैन न सूझ मरौं दुःख बाँधी॥

अपनी भावुकता का बड़ा भारी परिचय जायसी ने इस बात में दिया है कि रानी नागमती विरहदशा में अपना रानीपन बिलकुल भूल जाती है और अपने को केवल साधारण स्त्री के रूप में देखती है। इसी सामान्य स्वाभाविक वृत्ति के बल पर उसके विरहवाक्य छोटे-बड़े सबके हृदय को समान रूप में स्पर्श करते हैं। यदि कनकपर्यंक, मखमली सेज, रत्नजटित अलंकार, संगमरमर के महल, खसखाने इत्यादि की बातें होतीं तो वे जनता के एक बड़े भाग के अनुभव से कुछ दूर की होतीं। जायसी ने स्त्री जाति की या कम-से-कम हिन्दू गृहिणी मात्र की सामान्य स्थिति के भीतर विप्रलम्भ शृंगार के अत्यन्त समुज्वल रूप का विकास दिखाया है। देखिए, चौमासे में स्वामी के न रहने से घर की जो दशा होती है वह किस प्रकार गृहिणी के विरह का उद्दीपन करती है—

पुष्य नखत सिर ऊपर आवा। हौं बिनु नाह, मँदिर को छावा ?

इसी प्रकार शरीर का रूपक देकर बरसात आने पर साधारण गृहस्थों की चिन्ता और आयोजना की झलक दिखाई गई है—

तपै लागि अब जेठ असाढ़ा। मोहि पिउ बिन छाजनि भइ गाढ़ी।
तन तिनउर भा, झूरौं खरी। भइ बरखा, दुःख आगरि जरी॥
बंध नाहिं औ कंध न कोई। बात न आव, कहौं का रोई ?
साँठि नाँठि, जग बात को पूछा। बिनु जिउ फिरै मूँज तनु छूछा॥
भई दुहेली टेक बिहूनी। थाँभ नाहिं, उठि सकै न थूनी॥
बरसै मेह, चुवहिं नैनाहा। छपर छपर होइ रहि बिनु नाहा॥
कोरौ कहाँ, ठाट नव साजा। तुम बिनु कंत न छाजनि छाजा॥

यह आशिक-माशूकों का निर्लज्ज प्रलाप नहीं है; यह हिन्दू गृहिणी की विरहवाणी है। इसका सात्त्विक मर्य्यादापूर्ण माधुर्य्य परम मनोहर है।

यद्यपि इस बारहमासे में प्राकृतिक वस्तुओं और व्यापारों की रूढ़ि के अनुसार अलग-अलग झलक भर दिखाई गई है, उनका संश्लिष्ट चित्रण नहीं है, पर एक आध जगह कवि का अपना निरीक्षण भी बहुत सूक्ष्म और सुन्दर है जिसका उल्लेख वस्तुवर्णन के अन्तर्गत किया जाएगा।

अब दुःख के नाना रूपों और कारणों की उद्भावना लीजिए। जायसी के विरहोद्गार अत्यन्त मर्मस्पर्शी हैं। जायसी को हम विप्रलम्भ शृंगार का प्रधान कवि कह सकते हैं। जो वेदना, जो कोमलता, जो सरलता और जो गम्भीरता इनके वचनों में है, वह अन्यत्र दुर्लभ है। नागमती सब जीव-जन्तुओं, पशु-पक्षियों में सहानुभूति की भावना करती हुई कहती है–

पिउ सों कहेउ सँदेसड़ा, हे भौंरा ! हे काग !
सो धनि बिरहै जरि मुई, तेहि क धुवाँ हम्ह लाग ॥

इस सहानुभूति की सम्भावना रानी के हृदय में होती कैसे है ? यह समझकर होती है कि भौंरा और कौवा दोनों उसी विरहाग्नि के धुएँ से काले हो गए हैं जिसमें मैं जल रही हूँ। सब दुःखभोगियों में परस्पर सहानुभूति का उदय अत्यन्त स्वाभाविक है। 'सँदेसड़ा' शब्द में स्वार्थे 'ड़ा' का प्रयोग भी बहुत उपयुक्त है। ऐसा शब्द उस दशा में मुँह से निकलता है जब हृदय प्रेम, माधुर्य्य, अल्पता, तुच्छता, आदि में से कोई भाव लिए हुए होता है। 'हे भौंरा।' 'हे काग !' से एक-एक को अलग-अलग सम्बोधन करना सूचित होता है। आवेग की दशा में यही उचित है। 'हे भौंरा औ काग' कहने में यह बात न होती।

दुःख और आह्लाद की दशा में एक बड़ा भारी भेद है। जब हृदय दुःख में मग्न रहता है तब सुखद और दुःखद दोनों प्रकार की वस्तुओं से दुःख का संग्रह करता है। पर आनन्द की दशा का पोषण केवल सामान्य या आनन्ददायक वस्तुओं से ही होता है, दुःखप्रद वस्तुओं से नहीं। विरहदशा दुःखदशा है। इसमें कष्टदायक वस्तुएँ तो और भी कष्टदायक हो ही जाती हैं, जैसे–

(क) *काँपै हिया जनावै सीऊ। तो पै जाइ होइ सँग पीऊ ॥*
पहल पहल तन रूई झाँपै। हहरि हहरि अधिकौ हिय काँपै ॥

(ख) *चारिहु पवन झकोरै आगी। लंका दाहि पलंका लागी ॥*
उठै आगि औ आवै आँधी। नैन न सूझ, मरौं दुःख बाँधी।

सुखदायक वस्तुएँ भी दुःख को बढ़ाती हैं, जैसे–

कातिक सरद चंद उजियारी। जग सीतल हौं बिरहै जारी ॥
चौदह करा चाँद परगासा। जनहुँ जरै सब धरति अकासा ॥
तन, मन, सेज करै अगिदाहू। सब कहँ चंद भयहु मोहिं राहू ॥

कहीं संयोगसुख या आनन्दोत्सव देखकर अपने पक्ष में उसके अभाव की भावना से विरह की आग और भी भड़कती है–

(क) *अबहूँ निठुर आउ एहि बारा। परब देवारी होइ सँसारा ॥*
सखि झूमुक गावैं अंग मोरी। हौं झुरावँ, बिछुरी मोरी जोरी ॥

(ख) *करहिं बनसपति हिये हुलासू। मोकहँ भा जग दून उदासू ॥*
फागु करहिं सब चाँचरि जोरी। मोहिं तन लाइ दीन्हि जस होरी ॥

नागमती देखती है कि बहुतों के बिछुड़े हुए प्रिय मित्र आ रहे हैं पर मेरे प्रिय नहीं आ रहे हैं। इस वैषम्य की भावना उसे और भी व्याकुल करती है। किसी वस्तु के

अभाव में दुःखी मनुष्य के हृदय की यह एक अत्यन्त स्वाभाविक वृत्ति है। पपीहे का प्रिय पयोधर आ गया, सीप के मुँह में स्वाति की बूँद पड़ गई, पर नागमती का प्रिय न आया–

चित्रा मित्र मीन कर आवा। पपिहा पीउ पुकारत पावा॥
स्वाति बूँद चातक मुख परे। समुद सीप मोती सब भरे॥
सरवर सँवरि हंस चलि आए। सारस कुरलहिं खँजन देखाए॥

विरह का दुःख ऐसा नहीं है कि चारों ओर जो वस्तुएँ दिखाई पड़ती हैं उनसे कुछ जी बहले। उनसे तो और भी अपनी दशा की ओर विरही का ध्यान जाता है, और उस दशा का दुःसह स्वरूप स्पष्ट होता है–चाहे वे उसकी दुःखदशा से भिन्न दशा में दिखाई पड़ें, चाहे कुछ सादृश्य लिए हुए। भिन्न भाव में दिखाई पड़नेवाली वस्तुओं के नमूने तो ऊपर के उदाहरणों में आ गए हैं। अब भिन्न-भिन्न ऋतुओं की नाना वस्तुओं और व्यापारों को विरही लोग किस प्रकार सादृश्यभावना द्वारा अपनी दशा की व्यंजना का सुलभ साधन बनाया करते हैं, यह भी देखिए–

बरसै मघा झकोरि झकोरी। मोर दुइ नैन चुवैं जस ओरी॥
पुरवा लाग, भूमि जल पूरी। आक जवास भई तस झूरी॥
सखिन्ह रचा पिउ संग हिंडोला। हरियर भूमि, कुसुंभी चोला॥
हिय हिंडोल अस डोलै मोरा। बिरह झुलाइ देइ झकझोरा॥

तन जस पियर पात भा मोरा। तेहि पर विरह देह झकझोरा॥

विरहिणी की इस सादृश्य भावना का वर्णन कविपरम्परासिद्ध है। सूरदास का 'निसि दिन बरसत नैन हमारे' यह पद प्रसिद्ध है। और कवियों ने भी ऋतुसुलभ वस्तुओं और व्यापारों के साथ विरहिणी के तन और मन की दशा का सादृश्यवर्णन किया है। यह सादृश्यकथन अत्यन्त स्वाभाविक होता है, क्योंकि इसमें उपमान ऊहा द्वारा सोचकर निकाला हुआ नहीं होता बल्कि सामने प्रस्तुत रहता है, और प्रस्तुत रहकर उपमेय की ओर ध्यान ले जाता है। वैशाख में विरहिणी एक ओर सूखते तालों की दरारों को देखती है, दूसरी ओर विदीर्ण होते हुए अपने हृदय को। बरसात में वह एक ओर तो टपकती हुई ओलती देखती है, दूसरी ओर अपने आँसुओं की धारा। एक ओर सूखे हुए 'आक जवास' को देखती है, दूसरी ओर अपने शरीर को। शिशिर में एक ओर सूखकर झड़े हुए पीले पत्तों को देखती है, दूसरी ओर अपनी पीली पड़ी देह को। अतः उक्त उपमाएँ 'दूर की सूझ' नहीं हैं। उनमें सादृश्य बहुत सोचा-विचारा हुआ नहीं है, उनका उदय विरहविह्वल अन्तःकरण में बिना प्रयास हुआ है। दो उपस्थित वस्तुओं में सादृश्य की ऐसी स्वाभाविक भावना संस्कृत कवियों ने बहुत अच्छी की है। कालिदास का यह श्लोक ही लीजिए–

स पाटलायां गवि तस्थिवांसं धनुर्धरः केसरिणं ददर्श।
अधित्यकायामिव धातुमय्यां लोध्रद्रुमं सानुमतः प्रफुल्लम्॥ (रघु. 2-29)

इस बारहमासे में हृदय के वेग की व्यंजना अत्यन्त स्वाभाविक रीति से होने पर भी भाव अत्यन्त उत्कर्ष दशा को पहुँचे हुए दिखाए गए हैं। देखिए, अभिलाष का यहाँ कैसा उत्कर्ष है–

रात दिवस बस यहू जिउ मोरे। लगौं निहोर कंत अब तोरे ॥
यह तन जारौं छार कै कहौं कि पवन उड़ाव।
मकु तेहि मारग उड़ि परै कंत धरै जहँ पाव ॥

संयोग शृंगार

यद्यपि 'पद्मावत' में वियोग शृंगार ही प्रधान है, पर संयोग शृंगार का भी पूरा वर्णन हुआ है। जिस प्रकार 'बारहमासा' विप्रलम्भ के उद्दीपन की दृष्टि से लिखा गया है, उसी प्रकार षड्ऋतु वर्णन संयोग शृंगार के उद्दीपन की दृष्टि से। राजा रत्नसेन के साथ संयोग होने पर पद्मावती को पावस की शोभा का कैसा अनुभव हो रहा है–

पद्मावति चाहत ऋतु पाई। गगन सोहावन भूमि सोहाई ॥
चमक बीजु, बरसै जल सोना। दादुर मोर सबद सुठि लोना ॥
रँगराती पीतम सँग जागी। गरजै गगन चौंकि गर लागी ॥
सीतल बूँद ऊँच चौपारा। हरियर सब देखाइ संसारा ॥

नागमती को जो बूँदें विरहदशा में बाण की तरह लगती हैं, पद्मावती को संयोग दशा में वे ही बूँदें कौंधे की चमक में सोने की-सी लगती हैं। मनुष्य के आनन्द या दुःख के रंग में रँगी हुई प्रकृति को ही जायसी ने देखा है, स्वतन्त्र रूप में नहीं। यह षड्ऋतुवर्णन रूढ़ि के अनुसार ही है। इसमें आनन्दोत्सव और सुखसम्भोग आदि का कविप्रथानुसार वर्णन है।

विवाह के उपरान्त पद्मावती और रत्नसेन के समागम का वर्णन कवि ने विस्तार के साथ किया है। ऐसे अवसर के उपयुक्त पहले कवि ने कुछ विनोद का विधान किया है। सखियाँ पद्मावती को छिपा देती हैं और राजा उससे मिलने के लिए आतुर होता है। पर इस विधान में जायसी को सफलता नहीं हुई है। विनोद का कुछ भाव उत्पन्न होने के पहले ही रसायनियों की परिभाषाएँ आ दबाती हैं। सखियों के मुँह से 'धातु कमाय सिखे तैं जोगी' सुनते ही राजा धातुवादियों की तरह बर्राने लगता है जिसमें पाठक या श्रोता का हृदय कुछ भी लीन नहीं होता। कवियों के बहुज्ञताप्रदर्शन की जो प्रवृत्ति कुछ दिनों से चल पड़ी, उसके कारण कवियों के प्रबन्धाश्रित भावप्रवाह में कहीं-कहीं बेतरह बाधा पड़ी है। प्रथम समागम के रसरंग प्रवाह के बीच 'पारे, गन्धक और हरताल' का प्रसंग अनुकूल नहीं पड़ता। यदि प्रसंग अनुकूल हो तो उसका समावेश रसधारा के बाहर नहीं लगता, जैसा कि इसी समागम के प्रसंग में 'सोलह शृंगार' और 'बारह आभरण' का वर्णन। यह वर्णन नायिका अर्थात् आलम्बन की रूपभावना में सहायक होता है। फिर भी वस्तुओं की गिनती से पाठक या श्रोता का जी अवश्य ऊबता है।

इस प्रकार के कुछ बाधक प्रसंगों के होते हुए भी वर्णन अत्यन्त रसपूर्ण है। पद्मावती जिस समय शृंगार करके राजा के पास जाती है उस समय कवि कैसा मनोहर चित्र खड़ा करता है–

साजन लेइ पठावा, आयसु जाइ न मेट।
तन, मन, जोबन साजि कै देइ चली लेइ भेंट ॥

इस दोहे में तन, मन और यौवन तीनों का अलग-अलग उल्लेख बहुत ही सुन्दर है। मन का सजाना क्या है ? समागम की उत्कंठा या अभिलाष। बिना इस मन की तैयारी के तन की सब तैयारी व्यर्थ हो जाती है। देखिए, प्रिय के पास गमन करते समय कविपरम्परा के अनुसार शेष सृष्टि से चुनकर सौन्दर्य्य का कैसा संचार कैसी सीधी-सादी भाषा में किया गया है–

पदमिनि गवन हंस गए दूरी। कुंजर लाज मेल सिर धूरी ॥
बदन देख घटि चंद समाना। दसन देखि कै बीजु लजाना ॥
खंजन छपे देखि कै नैना। कोकिल छपी सुनत मधु बैना ॥
पहुँचहि छपी कँवल पौनारी। जाँघ छपा कदली होइ बारी ॥

संयोगवर्णन में जायसी पहले तो सहसा सौन्दर्य्य के साक्षात्कार से हृदय के उस आनन्दसम्मोहन का वर्णन करते हैं जो मूर्च्छा की दशा तक पहुँचा हुआ जान पड़ता है। फिर राजा अपने दुःख की कहानी और प्रेममार्ग में अपने ऊपर पड़े हुए संकट का वर्णन करके प्रेममार्ग की उस सामान्य प्रवृत्ति का परिचय देता है जिसके अनुसार प्रेमी अपने प्रियतम के हृदय में अपने ऊपर दया तथा करुणा का भाव जाग्रत करने का बराबर प्रयत्न किया करता है। इस प्रवृत्ति की उत्कर्षव्यंजना के लिए फारसी या उर्दू शायरी में मुर्दे अपना हाल सुनाया करते हैं। सबसे बड़ा दुःख होने के कारण 'मरणदशा' के प्रति सबसे अधिक दया या करुणा का उद्रेक स्वभावसिद्ध है। शत्रु तक का मरण सुनकर सहानुभूति का एक आध शब्द मुँह से निकल ही जाता है। प्रिय के मुख से सहानुभूति के वचन का मूल्य प्रेमियों के निकट बहुत अधिक होता है। 'बेचारा बहुत अच्छा था', प्रिय के मुख से इस प्रकार के शब्दों की सम्भावना ही पर वे अपने मर जाने की कल्पना बड़े आनन्द से किया करते हैं। जो हमें अच्छा लगता है उसे हमारी भी कोई बात अच्छी लगे, यह अभिलाषा प्रेम का एक विशेष लक्षण है। इस अभिलाषापूर्ति की आशा प्रिय हृदय को दयार्द्र करने में सबसे अधिक दिखाई पड़ती है, इसी से प्रेमी अपने दुःख और कष्ट की बात बड़े तूल के साथ प्रिय को सुनाया करते हैं।

नायक-नायिका के बीच कुछ वाक्चातुर्य और परिहास भी भारतीय प्रेमप्रवृत्ति का एक मनोहर अंग है, अतः उसका विधान यहाँ के कवियों की शृंगारपद्धति में चला आ रहा है। फारसी, अंग्रेजी आदि के साहित्य में हम इसका विधान नहीं पाते। पर नए प्रेम से प्रभावित प्रत्येक भारतीय हृदय इस प्रवृत्ति का अनुभव करता है। देश और काल के भेद से हृदय के स्वरूप में भी भेद होता है। भारतीय प्रकृति के अनुसार

संयोग पक्ष की नाना वृत्तियों का भी कुछ विधान हो जाने से जायसी का प्रेम आनन्दी जीवों द्वारा बिलकुल 'मुहर्रमी' कहे जाने से बाल-बाल बच गया है।

पीछे तो उर्दूवालों में भी 'खूबाँ से छेड़छाड़' की रस्म चल पड़ी।

राजा की सारी कहानी सुनकर पद्मावती कहती है कि "तू जोगी और मैं रानी, तेरा मेरा कैसा साथ ?"

हौं रानी, तुम जोगि, भिखारी। जोगिहि भोगिहि कौनि चिन्हारी॥
जोगी सवै छंद अस खेला। तू भिखारि तिन्ह माँह अकेला॥
एही भाँति सिष्टि सब छरी। एही भेख रावन सिय हरी॥

संयोग शृंगार में कविपरम्परा 'हावों' का विधान करती आई है। अतः यहाँ पर यह कह देना आवश्यक है कि जायसी ने 'हावों' का सन्निवेश एक प्रकार से नहीं के बराबर किया है। केवल इसी प्रसंग में 'विव्वोक हाव' की कुछ झलक मिलती है, जैसे–

ओहट होसि, जोगि ! तोरि चेरी। आवै बास कुरकुटा केरी।
जोगि तोरि तपसी कै काया। लागि चहै मोरे अँग छाया॥

'हावों' की सम्यक् योजना न होने से जायसी के संयोग पक्ष में वैसी सजीवता नहीं दिखाई देती।

राजा इस प्रेमगर्भ फटकार पर भी अपने कष्टपूर्ण प्रयत्नों और प्रेम की गम्भीरता की बात कहता ही चला जाता है। इस पर पद्मावती सच्चे प्रेम की व्याख्या करने लगती है–

कापर रँगे रंग नहिं होइ। उपजै औटि रंग भल सोई॥
जो मजीठ औटै बहु आँचा। सो रँग जनम न डोलै राँचा॥
जरि परास होइ कोइल भेसू। तब फूलै राता होइ टेसू॥

पर सच पूछिए तो यह गम्भीर व्याख्या अवसर के उपयुक्त नहीं है। इस प्रकार का निरूपण प्रशान्त मानस में ही ठीक है, मोदतरंगाकुल मानस में नहीं। पर कवि अपनी चिन्तनशील प्रकृति के अनुसार अवसर-अनवसर का विचार न करके ऐसी बातों को बीच-बीच में बराबर घुमाया करता है।

पहले पद्मावती में प्रिय समागम का भय दिखाकर कवि ने उसे नवोढ़ा का रूप दिया। अतः उसके मुँह से इस प्रकार का प्रौढ़ परिहास या प्रगल्भता नायिकाभेद के उस्तादों को खटकेगी। समाधान केवल यही हो सकता है कि सूए ने पद्मावती को बहुत पहले से प्रेममार्ग में दीक्षित कर रखा था। राजा रत्नसेन के सिंहल आने पर सूआ सन्देसों के द्वारा पद्मावती को प्रेम में पक्की करता रहा। अतः इस प्रकार के परिपुष्ट वचन अनुपयुक्त नहीं।

संयोग शृंगार की रीति के अनुसार जायसी ने अभिसार का पूरा वर्णन किया है। पद्मावती के समागम की कुछ पंक्तियाँ अश्लील भी हो गई हैं; पर सर्वत्र जायसी ने प्रेम का भावात्मक रूप ही प्रधान रखा है। शारीरिक भोग-विलास का वर्णन कवि ने यहाँ कुछ ब्यौरे के साथ किया है, पर इस विलासिता के बीच-बीच में भी प्रेम का भावात्मक स्वरूप

प्रस्फुटित दिखाई पड़ता है। राजा जिससे मतवाला हो रहा है वह प्रेम की सुरा है जिसका जिक्र सूफी शायरों ने बहुत ज्यादा किया है–

सुनु धनि ! प्रेम सुरा के पिए। मरन जियन डर रहै न हिए ॥
जेहि मद तेहि कहाँ संसारा। की सो घूमि रह, की मतवारा ॥
जाकहँ होइ बार एक लाहा। रहै न ओहि बिनु, ओही चाहा ॥
अरथ दरब सो देह बहाई। की सब जाहु, न जाहु पियाई ॥

पद्मावती पासा खेलने का विचार करती है। नवदम्पति का पासा खेलना बहुत पुरानी रीति है। अब भी बहुत जगह विवाह के समय वरकन्या के पासा खेलने की नकल चली आती है। पर इस प्रसंग में भी कवि ने श्लेष और अन्योक्ति आदि द्वारा उभय पक्ष का वाक्‌चातुर्य दिखाने का आयोजन बाँधा है जिससे पाठक का कुछ भी मनोरंजन नहीं होता। जैसा कि आगे चलकर दिखाया जाएगा, जायसी की इस प्रवृत्ति के कारण प्रबन्ध के रसपूर्ण प्रवाह में बहुत जगह बाधा पड़ी है–

बिहँसी धनि सुनिकै सब बाता। निहचय तू मोरे रँग राता ॥
जब हीरामन भयउ सँदेसी। तुम्ह हुँत मँडप गइउँ, परदेसी ॥
तोर रूप तस देखिउँ लोना। जनु जोगी तू मेलेसि टोना ॥
भुगुति देइ कहँ मैं तोहि दीठा। कँवल नयन होइ भँवर बइठा ॥
नैन पुहुप, तू अलि भा सोभी। रहा बेधि अस, उड़ा न लोभी ॥
कौन मोहिनी दहुँ हुति तोही। जो तोहि बिथा सो उपनी मोही ॥
तोरे प्रेम प्रेम मोहि भएऊ। राता हेम अगिनि जौं तएऊ ॥

प्रेम की पूर्वापर (युगपत् नहीं) स्थिति में एक की व्यथा से दूसरे की व्यथा या करुणा उत्पन्न हुई कि एक के प्रेमप्रवाह से दूसरे में प्रेम की नींव पड़ी समझनी चाहिए। रत्नसेन और पद्मावती का प्रेम पूर्वापर है। पद्मावती के अलौकिक रूपसौन्दर्य्य को सुनकर पहले राजा रत्नसेन के हृदय में प्रेमव्यथा उत्पन्न होती है, पीछे पद्मावती के हृदय में उस व्यथा के प्रति सहानुभूति–

सुनि कै धनि, 'जारी अस काया'। तन भा मयन, हिये भइ माया ॥

यही 'माया' या सहानुभूति प्रेम की पवित्र जननी हो जाती है। सहसा साक्षात्कार के द्वारा प्रेम के युगपत् आविर्भाव में उक्त पूर्वापर क्रम नहीं होता इसलिए उसमें प्रेमी और प्रिय का भेद नहीं होता। उसमें दोनों एक-दूसरे के प्रेमी और एक-दूसरे को प्रिय साथ-साथ होते हैं। उसमें यार की संगदिली या बेवफाई की शिकायत–निष्ठुरता के उपालम्भ–की जगह पहले तो नहीं होती, आगे चलकर हो जाए तो हो जाए। तुलसीदास द्वारा वर्णित जनकपुर के बगीचे में उत्पन्न सीता और राम का युगपत् प्रेम बराबर सम रहा। पर सूरदास द्वारा वर्णित गोपी कृष्ण का प्रेम आगे चलकर सम से विषम हो गया। इसीलिए अयोध्या से निर्वासित सीता राम की बेवफाई की कुछ भी शिकायत नहीं करतीं, पर गोपियाँ मारे शिकायतों के उद्धव के कान बहरे कर देती हैं। रत्नसेन और पद्मावती के प्रेम में आरम्भ में विषमता है और गोपी कृष्ण के प्रेम में अन्त में। दोनों की विषमता

की स्थिति में यही अन्तर है। गोपी-कृष्ण-प्रेम समता से विषमता की ओर प्रवृत्त हुआ है और रत्नसेन पद्मावती का प्रेम विषमता से समता की ओर। इस समता की प्राप्ति की व्यंजना पद्मावती कैसे भोले-भाले शब्दों में अपनी सखियों से करती है–

आजु मरम मैं जानिउँ सोई। जस पियार पिउ और न कोई ॥
हिये छाहँ अपना औ सीऊ। पिउ न रिसाउ लेउ बरु जीऊ ॥

करि सिंगार तापहँ का जाऊँ। ओही देखहुँ ठावहिं ठाऊँ ॥
जौ जिउ महँ तौ उहै पियारा। तन मन सौं नहिं होइ निनारा ॥
नैन माँह है उहै समाना ॥ देखौं तहाँ नाहिं कोउ आना ॥

अब यहाँ प्रश्न उठता है कि जायसी ने विषम प्रेम से क्यों आरम्भ किया, आरम्भ ही से सम प्रेम क्यों नहीं लिया। इसका उत्तर यह है कि जायसी को इस प्रेम को लेकर भगवत्पक्ष में भी घटाना था। ईश्वर के प्रति प्रेम का उदय पहले भक्त के हृदय में होता है। ज्यों-ज्यों यह प्रेम बढ़ता जाता है, त्यों-त्यों भगवान् की कृपादृष्टि भी होती जाती है यहाँ तक कि पूर्ण प्रेमदशा को प्राप्त भक्त भगवान् का भी प्रिय हो जाता है। प्रेमी होकर प्रिय होने की यह पद्धति भक्तों की है। भक्ति की साधना का क्रम यही है कि पहले भगवान् हमें प्रिय लगें, पीछे अपने प्रेम के प्रभाव से हम भी भगवान् को प्रिय लगने लगेंगे।

ईश्वरोन्मुख प्रेम

पहले कहा जा चुका है कि जायसी का झुकाव सूफी मत की ओर था जिसमें जीवात्मा और परमात्मा में पारमार्थिक भेद न माना जाने पर भी साधकों के व्यवहार में ईश्वर की भावना प्रियतम के रूप में की जाती है। इन्होंने ग्रन्थ के अन्त में सारी कहानी को अन्योक्ति कह दिया है और बीच-बीच में भी उनका प्रेमवर्णन लौकिक पक्ष में अलौकिक पक्ष की ओर संकेत करता जान पड़ता है। इसी विशेषता के कारण कहीं-कहीं इनके प्रेम की गम्भीरता और व्यापकता अनन्तता की ओर अग्रसर दिखाई पड़ती है। 'रति भाव' का वर्णन हिन्दी के बहुत-से कवियों ने किया है–कुछ लोगों का तो कहना है कि इसके अतिरिक्त और हमने किया ही क्या है–पर एक प्रबन्ध के भीतर शुद्ध भाव के स्वरूप का ऐसा उत्कर्ष जो पार्थिव प्रतिबन्धों से परे होकर आध्यात्मिक क्षेत्र में जाता दिखाई पड़े, जायसी का मुख्य लक्ष्य है। क्या संयोग, क्या वियोग, दोनों में कवि प्रेम के उस आध्यात्मिक स्वरूप का आभास देने लगता है, जगत् के समस्त व्यापार जिसकी छाया से प्रतीत होते हैं। वियोगपक्ष में जब कवि लीन होता है तब सूर्य, चन्द्र और नक्षत्र सब उसी परम विरह में जलते और चक्कर लगाते दिखाई देते हैं, प्राणियों का लौकिक वियोग जिसका आभास मात्र है–

बिरह के आगि सूर जरि काँपा। रातिउ दिवस जरै ओहि तापा।

यद्यपि इस प्रकार के विरहवर्णन की ओर सगुण धारा के भक्तों की प्रवृत्ति नहीं रही है, पर तुलसी की 'विनयपत्रिका' में एक जगह ऐसे विश्वव्यापी विरह की भावना पाई जाती है–

बिछुरे रवि ससि, मन ! नैनन तें पावत दुःख बहुतेरो।
भ्रमत स्रमित निसि दिवस गगन महँ, तहँ रिपु राहु बड़ेरो॥
जद्यपि अति पुनीत सुरसरिता, तिहुँ पुर सुजस घनेरो।
तजे चरन अजहूँ न मिटत नित बहिबो ताहू केरो॥

इसी शुद्ध भावक्षेत्र में अग्नि, पवन इत्यादि सब उस प्रिय (ईश्वर) के पास तक पहुँचने में व्यस्त दिखाई पड़ते हैं–सारी सृष्टि उसी 'परम भाव' में लीन होने को बढ़ती जान पड़ती है। परम साधना पूरी हुए बिना कोई यों ही इच्छा मात्र करके नहीं पहुँच सकता है–

धाइ जो बाजा कै मन साधा। मारा चक्र, भएउ दुइ आधा॥
पवन धाइ तहँ पहुँचै चहा। मारा तेस, लोटि भुइँ रहा॥
अगिनि उठी, जरि उठा निआना। धुआँ उठा, उठि बीच बिलाना॥
पानि उठा, उठि जाइ न छूआ। बहुरा रोइ आइ भुँइ चूआ॥

लौकिक सौन्दर्य्य का वर्णन करते-करते कवि की दृष्टि किस प्रकार उस चरम सौन्दर्य्य की ओर जा पड़ती है, यह रूप-सौन्दर्य्य-वर्णन के अन्तर्गत देखिए। उस चरम सौन्दर्य्य की कुछ झलक मानो सृष्टि के वृक्ष, वल्ली, पशु, पक्षी, पृथ्वी, आकाश सबको मिली हुई है, सबके हृदय में मानो उसकी दृष्टिकोर गड़ी हुई है, सब उसके विरह में लीन हैं–

उन बानन्ह अस को जो न मारा। बेधि रहा सगरौ संसारा॥
गगन नखत जो जाहिं न गने। वै सब बान ओहि के हने॥
धरती बान बेधि सब राखी। साखी ठाढ़ देहिं सब साखी॥
रोवँ रोवँ मानुष तन ठाढ़े। सूतहि सूत बेध अस गाढ़े॥
बरुनि बान अस ओपहँ, बेधे रन, बन ढाँख।
सौजहि तन सब रोवाँ, पंखिहि तन सब पाँख॥

सृष्टि के नाना पदार्थ रूप, रस, गन्ध आदि का जो विकास करते दिखाई पड़ते हैं–सौन्दर्य्य और माधुर्य्य धारण करते दिखाई पड़ते हैं–वह मानो उस अनन्त सौन्दर्य्य के समागम के अभिलाष से उसके पास तक पहुँचने की आशा से–

पुहुप सुगंध करहिं एहि आसा। मकु हिरकाइ लेइ हम्ह पासा॥

रत्नसेन को पद्मावती तक पहुँचानेवाला प्रेमपन्थ जीवात्मा को परमात्मा में ले जाकर मिलानेवाले प्रेमपन्थ का स्थूल आभास है। प्रेमपथिक रत्नसेन में सच्चे साधक भक्त का स्वरूप दिखाया गया है। पद्मिनी ही ईश्वर से मिलानेवाला ज्ञान या बुद्धि है अथवा चैतन्यस्वरूप परमात्मा है, जिसकी प्राप्ति का मार्ग बतलानेवाला सूआ सद्गुरु है। उस मार्ग में अग्रसर होने से रोकनेवाली नागमती संसार का जंजाल है। तनरूपी चित्तौरगढ़ का राजा मन है। राघव चेतन शैतान है जो प्रेम का ठीक मार्ग न बताकर इधर-उधर भटकाता है। माया में पड़े हुए सुलतान अलाउद्दीन को मायारूप ही

समझना चाहिए। इसी प्रकार जायसी ने 'पद्मावत' के अन्त में अपने सारे प्रबन्ध को व्यंग्यगर्भित कह दिया है–

तन चितउर, मन राजा कीन्हा। हिय सिंहल, बुधि पदमिनि चीन्हा ॥
गुरू सुआ जेहि पंथ देखावा। बिन गुरु जगत को निरगुन पावा ॥
नागमती यह दुनिया धंधा। बाँचा सोइ न एहि चित बंधा॥
राघव दूत, सोइ सैतानू। माया अलादीन सुलतानू ॥

अब यदि कवि के स्पष्टीकरण के अनुसार व्यंग्य अर्थ को ही प्रधान या प्रस्तुत मानें तो जहाँ-जहाँ दूसरे अर्थ भी निकलते हैं, वहाँ-वहाँ अन्योक्ति माननी पड़ेगी। पर ऐसे स्थल अधिकतर कथा के अंग हैं और पढ़ते समय कथा के अप्रस्तुत होने की धारणा किसी पाठक को नहीं हो सकती। अतः इन स्थलों के वाच्यार्थ को अप्रस्तुत नहीं कह सकते। इस प्रकार वाच्यार्थ के प्रस्तुत और व्यंग्यार्थ के अप्रस्तुत होने से ऐसी जगह सर्वत्र 'समासोक्ति' ही माननी चाहिए। 'पद्मावत' के सारे वाक्यों के दोहरे अर्थ नहीं हैं, सर्वत्र अन्य पक्ष के व्यवहार का आरोप नहीं है। केवल बीच-बीच में कहीं-कहीं दूसरे अर्थ की व्यंजना होती है। ये बीच-बीच में आए हुए स्थल, जैसा कि कहा जा चुका है, अधिकतर तो कथाप्रसंग के अंग हैं, जैसे–सिंहलगढ़ की दुर्गमता और सिंहलद्वीप के मार्ग का वर्णन, रत्नसेन का लोभ के कारण तूफ़ान में पड़ना और लंका के राक्षस द्वारा बहकाया जाना। अतः इन स्थलों में वाच्यार्थ से अन्य अर्थ जो साधनापक्ष में व्यंग्य रखा गया है वह प्रबन्ध काव्य की दृष्टि से अप्रस्तुत ही कहा जा सकता है और 'समासोक्ति' ही माननी पड़ती है।

एक छोटा-सा उदाहरण लीजिए। राजा रत्नसेन जब दिल्ली में कैद हो गए तब रानी पद्मावती इस प्रकार विलाप करती है–

सो दिल्ली अस निबहुर देसू। केहिं पूछहूँ, को कहै सँदेसू ?
जो कोइ जाइ तहाँ कर होई। जो आवै किछु जान न सोई ॥
अगम पंथ पिय तहाँ सिधाबा। जो रे गयउ सो बहुरि न आवा ॥

प्रबन्ध के भीतर ये सारे वाक्य प्रस्तुत प्रसंग का वर्णन करते हैं पर इनमें परलोकयात्रा का अर्थ भी व्यंग्य है। यहाँ वाच्यार्थ को प्रस्तुत और व्यंग्यार्थ को अप्रस्तुत मानकर तथा 'कोई किछु जान न' और 'बहुरि न आवा' को दिल्ली गमन और परलोकगमन दोनों के सामान्य कार्य्य ठहराते हुए, दिल्ली गमन में परलोकगमन के व्यवहार का आरोप करके हम समासोक्ति ही कह सकते हैं।

जहाँ कथाप्रसंग से भिन्न वस्तुओं के द्वारा प्रस्तुत प्रसंग की व्यंजना होती है वहाँ 'अन्योक्ति' होगी, जैसे–

(क) *सूर उदयगिरि चढ़त भुलाना। गहनै गहा, कँवल कुँभिलाना ॥*

यहाँ इस 'अप्रस्तुत' के कथन द्वारा राजा रत्नसेन के सिंहलगढ़ पर चढ़ने और पकड़े जाने की व्यंजना की गई है। दूसरा उदाहरण लीजिए–

(ख) *कँवल जो बिगसा मानसर, बिनु जल गयउ सुखाइ।*
अबहुँ बेलि फिर पलुहै, जौ पिय सींचै आइ ॥

यहाँ जल कमल का प्रसंग प्रस्तुत नहीं है, प्रस्तुत है विरहिणी की दशा। अतः यहाँ अप्रस्तुत से प्रस्तुत की व्यंजना होने के कारण 'अन्योक्ति' है।

सारांश यह है कि जहाँ-जहाँ प्रबन्ध-प्रस्तुत-वर्णन में अध्यात्मपक्ष का कुछ अर्थ भी व्यंग्य हो वहाँ समासोक्ति ही माननी चाहिए। जहाँ प्रथम पक्ष में अर्थात् अभिधेयार्थ में किसी भाव की व्यंजना नहीं है (जैसे मार्ग की कठिनता और सिंहलगढ़ की दुर्गमता के वर्णन में) वहाँ तो वस्तुव्यंजना स्पष्ट ही है, क्योंकि वहाँ एक प्रस्तुत अर्थ से दूसरे वस्तुरूप अर्थ की ही व्यंजना है। पर जहाँ किसी भाव की भी व्यंजना है वहाँ यह जिज्ञासा हो सकती है कि एक पक्ष की वस्तु दूसरे पक्ष की दूसरी वस्तु को व्यंजित करती है अथवा एक पक्ष का भाव दूसरे पक्ष के दूसरे भाव को व्यंजित करता है। विचार के लिए यह पद्य लीजिए–

पिउ हिरदय महुँ भेंट न होई। को रे मिलाव, कहौं केहि रोई ॥

ये पद्मावती के वचन हैं जिसमें रतिभावव्यंजक 'विषाद' और 'औत्सुक्य' की व्यंजना है। ये वचन जब भगवत्पक्ष में घटते हैं तब भी इन भावों की व्यंजना बनी रहती हैं। इस अवस्था में क्या हम कह सकते हैं कि प्रथम पक्ष में व्यंजित भाव दूसरे पक्ष में उसी भाव की व्यंजना करता है ? नहीं; क्योंकि व्यंजना अन्य अर्थ की हुआ करती है, उसी अर्थ की नहीं। उक्त पद्य में भाव दोनों पक्षों में वे ही हैं। आलम्बन भिन्न होने से भाव अपर (अर्थात् अन्य और समान; समानता अपरता में ही होती है) नहीं हो सकता। प्रेम चाहे मनुष्य के प्रति हो चाहे ईश्वर के प्रति, दोनों पक्षों में प्रेम ही रहेगा। अतः यहाँ वस्तु से वस्तु ही व्यंग्य है और भावव्यंजना का विधान दोनों पक्षों में अलग-अलग माना जाएगा।

पहले तो पद्मावती और रत्नसेन के पक्ष में वाच्यार्थ की प्रतीति के साथ ही असंलक्ष्यक्रम व्यंग्य द्वारा उन दो भावों (विषाद और औत्सुक्य) की प्रतीति होती है। इसके उपरान्त हम फिर प्रथम पक्ष के वाच्यार्थ से चलकर लक्ष्यक्रम व्यंग्य द्वारा दूसरे पक्ष की इस वस्तु पर पहुँचते हैं–'ईश्वर तो अन्तःकरण में ही है, पर साक्षात्कार नहीं होता। किस गुरु से कहें जो उपदेश देकर मिलावे।' इसमें अन्य आश्रय और अन्य आलम्बन का ग्रहण है अतः यह वस्तुव्यंजना हुई। इस प्रकार दूसरे पक्ष की व्यंग्य वस्तु पर पहुँचकर हम चट उसके व्यंग्य भाव (ईश्वरप्रेम) पर पहुँच जाते हैं। मतलब यह है कि एक पक्ष में दूसरे पक्ष पर हम वस्तुव्यंजना द्वारा ही आते हैं। यह वस्तुव्यंजना अधिकतर अर्थशक्त्युद्भव ही है, शब्दशक्त्युद्भव नहीं–अर्थात् अर्थ के सादृश्य से ही लक्ष्यक्रम व्यंग्य जायसी में मिलता है, श्लेष के सहारे पर नहीं। कहीं एकाध जगह ऐसे उदाहरण मिलते हैं जिसमें शब्द के दोहरे अर्थ से कुछ काम लिया गया है, जैसे–

जो यहि खीर समुद महँ परे। जीव गँवाइ हंस होइ तरे ॥

यहाँ 'हंस' शब्द का पक्षी भी अर्थ है और उपाधिमुक्त शुद्ध आत्मा भी।

जैसा कि कह आए हैं, भगवत्पक्ष में घटनेवाले व्यंग्यार्थगर्भ वाक्य बीच-बीच में बहुत-से हैं। हीरामन तोते के मुँह से पद्मिनी का रूपवर्णन सुन राजा उसके ध्यान में बेसुध हो गया। पर राजा केवल संसार के देखने में बेसुध था। अपने ध्यान की गम्भीरता में,

समाधि की अवस्था में, उसे उस समय परम ज्योति के सामीप्य की आनन्दमयी अनुभूति हो रही थी जिसके भंग होने का दुःख वह सचेत होने पर प्रगट करता है–

आवत जग बालक जस रोवा। उठा रोइ 'हा ज्ञान सो खोवा' ॥
हौं तो अहा अमरपुर जहाँ। इहाँ मरनपुर आएउ कहाँ ?
केइ उपकार मरन कर कीन्हा। सकति हँकारि जीउ हरि लीन्हा ॥

यहाँ राजा का पद्मिनी के ध्यान में बेसुध होना कहकर साधक भक्त की समाधि द्वारा ईश्वर-सान्निध्य-प्राप्ति की व्यंजना की गई है। वह सान्निध्य कैसा आनन्दमय है ! उस अमर धाम से जीव जब इस संसार में आता है तब उसकी सुध करके एकबारगी रो पड़ता है। जायसी ने तो जन्म के समय में बच्चे के रोने पर हेतूत्प्रेक्षा करके भाव को यहीं छोड़ दिया है, पर अँगरेज कवि वड्‌र्सवर्थ इस भाव को और आगे ले गए हैं। वे कहते हैं कि अपने उस अमर धाम की सुध संसार में आते ही यद्यपि भूल जाती है, पर उसका संस्कार कुछ काल तक रहता है। अपने बचपन के दिनों का स्मरण कीजिए। ये ही हरे-भरे मैदान, अमराइयाँ और नाले आदि जो अब साधारण दृश्य जान पड़ते हैं, कैसी आनन्दमयी दिव्य प्रभा से मंडित दिखाई पड़ते थे। फूल अब भी सुन्दर लगते हैं, चन्द्रमा अब भी शरत्काल में सुहावना लगता है, पर इन सबकी वह दिव्य आभा अब पृथ्वी पर कहाँ, जो बचपन में हृदय को आनन्दोल्लास से भर देती थी। बचपन में हमारे चारों ओर स्वर्ग का आभास कुछ बना रहता है। पर ज्यों-ज्यों हम बड़े होते जाते हैं त्यों-त्यों इस भवसागर की छाया में बद्ध होते जाते हैं–वह आनन्दसंस्कार मिटता जाता है, हम उसे भूलते जाते हैं। अतः इस संसार में जन्म लेना क्या है, एक प्रकार का भूलना है, एक प्रकार की निद्रा है–

अवर बर्थ इज बट ए स्लीप ऐंड ए फारगेटिंग;
द सोल दैट राइजेज विथ अस, अवर लाइव्ज स्टार;
हैथ हैड एल्सह्वेयर इट्स सेटिंग
ऐंड कमेथ फ्राम एफार;
नाट इन एंटायर फारगेटफुलनेस
ऐंड नाट इन अटर नेकेडनेस
बट ट्रेलिंग क्लाउड्ज आव ग्लोरी डू वी कम
फ्राम गाड, हू इज अवर होम,
हेवेन लाइज एबाउट अस इन अवर इनफैंसी !
शेड्स आव द प्रिजन हाउस बिगिन टु क्लोज
अपान द ग्रोइंग ब्याय
–ओड आन इंटिमेशन आव इम्मारटैलिटी फ्राम रिकलेशन्स आव
अर्ली चाइल्डहुड।

शास्त्राभिमानी लोग तर्कबुद्धि से जिन तत्त्वों का साक्षात्कार करते हैं मनुष्य की रागात्मिकता वृत्ति भी पूर्ण शुद्धता प्राप्त करके उन तथ्यों में रमती है। पहुँचे हुए कवियों की वाणी में जो सत्य की मार्मिक अनुभूति (ज्ञान मात्र नहीं) मिलती है, वह भी अमूल्य है।

देखिए, जोगी होते हुए राजा के मुँह से कवि ने उसी अमरधाम की ओर स्वाभाविक दृश्य द्वारा संकेत कराया है–

हौं रे पथिक पखेरू, जेहि बन मोर निबाहु।
खेलि चला तेहि बन कहँ, तुम अपने घर जाहु ॥

राजा रत्नसेन जब सिंहल के पास सातवें समुद्र में पहुँचता है तब दुःख की सारी छाया हट जाती है, आनन्द की अमन्द आभा फूटती दिखाई पड़ती है और हृदय की कली खिल जाती है। यह है साधक का अपनी साधना के फल के निकट पहुँचना, जबकि सारे भ्रम और सन्ताप दूर होते दिखाई पड़ने लगते हैं और ब्रह्म की आनन्दमयी ज्योति के साक्षात्कार से आत्मा अपने शुद्ध स्वरूप की ओर अग्रसर होती जान पड़ने लगती है–

देखि मानसर रूप सोहावा। हिय हुलाम पुरइनि होइ छावा ॥
गा अँधियार, रैन मसि छूटी। भा भिनुसार किरिन रवि फूटी ॥
'अस्ति अस्ति' सब साथी बोले। अंध जो अहे, नैन बिधि खोले ॥

आनन्द की कैसी लोकव्यापिनी व्यंजना है। एक-एक शब्द से ऐसा उल्लास उमड़ा पड़ता है जिसमें वृत्ति मग्न हो जाती है।

मन्दिर में पद्मावती के आने पर राजा रत्नसेन जो बेसुध होकर सो गया है उससे इस बात की व्यंजना की गई है कि ईश्वर बराबर सामने रहता है, पर जो इस संसार की माया में लिप्त होकर सोए रहते हैं उन्हें साक्षात्कार नहीं होता, जो योगी जागते हैं उन्हीं को होता है–

तबहुँ न जागा, गा तू सोई। जागे भेंट, न सोए होई ॥

और जागनेवाले योगी कौन हैं, गोस्वामी तुलसीदासजी कहते हैं–

एहि जग जामिनि जागहिं जोगी। परमारथी प्रपंच वियोगी ॥

हीरामन के मुँह से सिंहलद्वीप और पद्मिनी का वर्णन सुन बेसुध होकर राजा जब फिर जागता है तब अपने चित्तौर के राजपाट और घरबार से उसकी दृष्टि फिरकर उस सिंहल द्वीप की ओर लग जाती है। यह दशा उस सच्चे भावुक जिज्ञासु की है जो गुरु से ब्रह्मज्योति का आभास पाकर उसी की ओर प्रवृत्त हो जाता है और इस संसार में सब व्यवहार उसे अज्ञानान्धकार के समान लगने लगते हैं–

हिय के जोति दीप वह सूझा। यह जो दीप अँधियारा बूझा।
उलटि दीठि माया सौं रूठी। पलटि न फिरी जानि कै झूठी ॥

प्रेमपथिक रत्नसेन के इस मार्ग में साधक के मार्ग की झलक देखिए–

ओहि मिलान जो पहुँचै कोई। तब हम कहब पुरुष भल सोई ॥
है आगे परबत कै बाटा। विषम पहार अगम गुठि घाटा ॥
बिच बिच नदी, खोह औ नारा। ठाँवहिं ठाँव बैठ बटपारा ॥

वह 'मिलान' जहाँ पहुँचना है ईश्वर है। अनेक प्रकार के विघ्न पहाड़ और नदी खोह हैं। काम, क्रोध, मोह आदि बटमार या डाकू हैं। साधक के विघ्नों का स्वरूप दिखाने के लिए ही कवि ने राजा रत्नसेन के लौटते समय तूफान की घटना का आयोजन

किया है। लोभ के कारण राजा विपत्ति में फँसता है और लंका का राक्षस उसे मिलकर भटकाता है। यह लंका का राक्षस शैतान है जो साधकों को भटकाया करता है।

इसी प्रकार सिंहलगढ़ का निम्नलिखित वर्णन भी हठयोग के विभागों के अनुसार शरीर का वर्णन है–

गढ़ तस बाँक जैसि तोरी काया। पुरुष देखु ओही कै छाया ॥
पाइय नाहिं जूझ हठि कीन्हें। जेइ पावा तेइ आपुहि चीन्हें ॥
नौ पौरी तेहि गढ़ मझियारा। औ तहँ फिरहिं पाँच कोटवारा ॥
दसहुँ दुआर गुपुत एक ताका। अगम चढ़ाव बाट सुठि बाँका ॥
भेदै जाइ कोइ वह घाटी। जो लह भेद चढ़ै होइ चाँटी ॥
गढ़तर कुंड सुरँग तेहिं माहाँ। तहँ वह पंथ, कहौं तोहि पाहाँ ॥
दसवँ दुआर ताल कै लेखा। उलटि दिस्ट जो लाव सो देखा ॥

हठयोगी अपनी साधना के लिए शरीर के भीतर तीन नाड़ियाँ मानते हैं। मेरुदंड या रीढ़ की बाईं ओर इला, दाहिनी ओर पिंगला नाड़ी है। इन दोनों के बीच में सुषुम्ना नाम की नाड़ी है। स्वरोदय के अनुसार बाएँ नथने से जो साँस आती-जाती है वह इला नाड़ी से होकर और दाहिने नथने से जो आती-जाती है वह पिंगला से होकर। यदि श्वास कुछ क्षण दाहिने और कुछ क्षण बाएँ नथने से निकले तो समझना चाहिए कि वह सुषुम्ना नाड़ी से आ रही है। मध्यस्था सुषुम्ना नाड़ी ब्रह्मस्वरूप है और उसी में जगत् अवस्थित है। बिना इन नाड़ियों के ज्ञान के योगाभ्यास में सिद्धि नहीं होती। जो योगाभ्यास करना चाहते हैं वे पहले इला, फिर पिंगला और उसके अनन्तर सुषुम्ना को साधते हैं। सुषुम्ना के सबसे नीचे के भाग में नाभि के नीचे, योगी कुंडलिनी मानते हैं। इसी को जगाने का प्रयत्न वे करते हैं। जाग्रत होने पर कुंडलिनी चंचल होकर सुषुम्ना नाड़ी के भीतर-भीतर सिर की ओर चढ़ने लगती है और हृत्कमल और बारह चक्रों को पार करती हुई ब्रह्मरन्ध्र या मूर्द्धज्योति तक चली जाती है। जैसे-जैसे वह ऊपर चढ़ती जाती है, योगी के सांसारिक बन्धन ढीले पड़ते जाते हैं। यहाँ तक कि ब्रह्मरन्ध्र में पहुँचने पर मन और शरीर से उसका सम्बन्ध छूट जाता है और साधक पूर्ण समाधि या तुरीयावस्था को प्राप्त होकर ब्रह्म के स्वरूप में मग्न हो जाता है।

ऊपर जो पंक्तियाँ उद्धृत हैं उनमें 'नौ पौरी' नाक, कान, मुँह आदि नव द्वार हैं। दशम द्वार ब्रह्मरन्ध्र है जिसके पास तक पहुँचने में बहुत-से विघ्न या अन्तराय पड़ते हैं। पाँच कोतवाल, काम, क्रोध, आदि विकार हैं। गढ़ के नीचे का कुंड नाभिकुंड है जहाँ कुंडलिनी है। इस नाभिकुंड से गई हुई सुरंग सुषुम्ना नाड़ी है जो ब्रह्मरन्ध्र तक चली गई है। वह ब्रह्मरन्ध्र बहुत ऊँचे है, वहाँ तक पहुँचना अत्यन्त कठिन है। संसार से अपनी दृष्टि हटाकर जो उसकी ओर निरन्तर ध्यान लगाए रहता है वही साधक वहाँ तक पहुँच पाता है। जैसे रत्नसेन को शिव ने सिंहलगढ़ के भीतर पहुँचने का मार्ग बताया है वैसे ही साधक को किसी सिद्ध पुरुष से उपदेश ग्रहण किए बिना ब्रह्म की प्राप्ति नहीं हो सकती। आरम्भ में कवि ने जो सिंहलगढ़ का वर्णन किया है उसमें कहा है कि 'चारि बसेरे सौं चढ़ै, सत सौं उतरै पार'। ये चार बसेरे सूफी साधकों की चार अवस्थाएँ हैं–

शरीअत, तरीकत, हकीकत और मारफत। यही मारफत पूर्ण समाधि की अवस्था है जिसमें ब्रह्म के स्वरूप की अनुभूति होती है।

रत्नसेन का सिंहलद्वीप में जाना भी हठयोगियों के प्रवाद के अनुकरण पर है। गोरखपन्थी जोगी सिंहलद्वीप को सिद्धपीठ मानते हैं जहाँ शिव से पूर्ण सिद्धि प्राप्त करने के लिए साधक को जाना पड़ता है।

लड़की का मायके से पति के पास जाना और जीव का ईश्वर के पास जाना दोनों में एक प्रकार के साम्य की कल्पना निर्गुणोपासक भावुक भक्तों में बहुत दिनों से चली आती है। कबीरदास के तो बहुत-से भजनों में यह कल्पना भरी हुई है, जैसे–

खेलि लेइ नैहर दिन चारी।
पहिली पठौनी तीनि जन आए, नाऊ, ब्राह्मण, बारी।
दुसरी पठौनी पिय आपुहिं आए, डोली, बाँस, कहारी॥
धरि बहियाँ डोलिया बैठावैं, कोउ न लगत गोहारी।
अब कर जाना, बहुरि नहीं अवना, इहै भेंट अँकवारी॥

सुनि कै गवन मोरा जिया घबराई।
आजु मँदिरवा में अगिया लगिहै, कोउ न बुझावन जाई॥

इस प्रकार की अन्योक्तियाँ हिन्दू गृहस्थों, विशेषतः स्त्रियों के मर्म को अधिक स्पर्श करनेवाली होती हैं, इससे इनके द्वारा माँगनेवाले साधु लोगों के हृदय पर प्रभाव डालकर भिक्षा का अच्छा योग कर लेते हैं। जायसी ने भी प्रथम समागम के अवसर पर पद्मावती के मुँह से इस प्रकार के व्यंग्यगर्भित वाक्य कहलाए हैं–

अनचिन्ह पिउ काँपौं मन माहाँ। का मैं कहब, गहब जो बाहाँ॥
बारि बैस गहै प्रीति न जानी। तरुनि भई मैमंत भुलानी॥
जीवन गरब न किछु मैं चेता। नेह न जानौं साम कि सेता॥
अब सो कंत जौ पूछिहि बाता। कस मुख होइहि पीत की राता॥

इसी प्रकार की उक्तियाँ पद्मिनी की बिदाई के समय भी हैं, जैसे–

रोवहिं मातु पिता औ भाई। कोइ न टेक जौ कंत चलाई॥
भरीं सखी सब, भेंटत फेरा। अंत कंत सौ भएउ गुरेरा॥
कोउ काहु कर नाहिं निआना। मया मोह बाँधा अरुझाना॥
जब पहुँचाइ फिरा सब कोऊ। चला साथ गुन अवगुन दोऊ॥

इसी मायके और ससुराल की प्रचलित अन्योक्ति को ध्यान में रखकर जायसी ने ग्रन्थ के आरम्भ में ही पद्मावती और सखियों के खेलकूद का ऐसा माधुर्य्यपूर्ण वर्णन किया है। सिंहल की हाट आदि के वर्णन में भी बीच-बीच में जायसी ने पारमार्थिक झलक दिखाई है, जैसे–

जिन्ह एहि हाट न लीन्ह बेसाहा। ता कहँ आन हाट कित लाहा?
कोई करै बेसाहनी, काहू केर बिकाइ।
कोई चलै लाभ सौं, कोई मूर गँवाइ॥

प्रेम तत्त्व

प्रेम के स्वरूप का दिग्दर्शन जायसी ने स्थान-स्थान पर किया है। कहीं तो यह स्वरूप लौकिक ही दिखाई पड़ता है और कहीं लोकबन्धन से परे। पिछले रूप में प्रेम इस लोक के भीतर अपने पूर्ण लक्ष्य तक पहुँचता हुआ नहीं जान पड़ता। उसका उपयुक्त आलम्बन वही दिखाई पड़ता है जो अपने प्रेम से सम्पूर्ण जगत् की रक्षा करता है।

प्रिय से सम्बन्ध रखनेवाली वस्तुएँ भी कितनी प्रिय होती हैं ! प्रिय की ओर ले जानेवाला मार्ग नागमती को कितना प्रिय होगा, उसी के मुँह से सुनिए–

वह पथ पलकन्ह जाइ बोहारौं। सीस चरन कै चलौं सिधारौं॥

पथ पर पलक बिछाने या उसे पलकों से बुहारने की बात उस अवसर पर कही जाती है जब प्रिय उस मार्ग से आने को होता है, पर जहाँ उस मार्ग पर चलने के लिए नागमती ही तैयार है, जैसा कि प्रसंग के पड़ने से विदित होगा (दे. पद्मावती-नागमती-विलाप खंड), तो क्या वह अपने चलने के आराम के लिए सफाई करने को कह रही है ? नहीं, उस मार्ग के प्रति जो स्नेह उमड़ रहा है, उसकी झोंक में कह रही है। जो मार्ग प्रिय की ओर ले जाएगा उस पर भला पैर कैसे रखेगी, वह उस पर सिर को पैर बनाकर चलेगी। प्रिय के सम्बन्ध से कितनी वस्तुओं से सुहृद भाव स्थापित हो जाता है। सच्चे प्रेमी को प्रिय ही नहीं, जो कुछ उस प्रिय का होता है, सब प्रिय होता है। जिसे यह जगत् प्रिय नहीं, जो इस जगत् के छोटे-बड़े सबसे सद्भाव नहीं रखता, जो लोक की भलाई के लिए सब कुछ सहने को तैयार नहीं रहता, वह कैसे कह सकता है कि ईश्वर का भक्त हूँ ? गो. तुलसीदासजी कहते हैं कि मैं भी वह भक्तजीवन प्राप्त कर सकूँगा और–

पर हित निरत निरंतर मन क्रम बचन नेम निबहौंगो ?

यह दिखाया जा चुका है कि रक्तसेन पद्मावती का प्रेम विषम से सम की ओर प्रवृत्त हुआ है जिसमें एक पक्ष की कष्टसाधना दूसरे पक्ष में पहले दया और फिर तुल्य प्रेम की प्रतिष्ठा करती है। साधना का फलारम्भस्वरूप उस दया की सूचना पाने पर जो तुल्यानुराग का पूर्वलक्षण है, रत्नसेन को समागम का-सा ही आनन्द होता है, उसकी संजीवनी शक्ति से वह मूर्च्छा से जाग उठता है–

सुनि पद्मावति कै असि मया। भा बसंत, उपनी नइ कया॥
सुआ के बोल पवन होइ लागा। उठा सोइ हनुवँत अस जागा॥

तुल्यानुराग की सूचना के अद्भुत प्रभाव का अनुभव राजा पुरूरवा ने भी उस समय किया है जब उर्वशी ने अदृश्य भाव से भोजपत्र पर अपने अनुराग की दशा लिखकर गिराई है–

तुल्यानुरागपिशुनं ललितार्थबंधं पत्रे निवेशितमुदाहरणं प्रियायाः।
उत्पक्ष्मणा, मम सखे ! मदिरेक्षणायास्तस्याः समागतमिवाननमाननेन॥

(विक्रमोर्वशी, अंक 2)

राजा रत्नसेन ने 'अनुराग' शब्द का प्रयोग न करके 'मया' शब्द का प्रयोग किया है। यह उनके प्रेम के विकास के हिसाब से बहुत ठीक है। पहले पद्मावती को रत्नसेन के कष्टों की सूचना मिली है, तब उसका हृदय उसकी ओर आकर्षित हुआ है; अतः

पद्मावती के हृदय में पहले दया का भाव ही स्वाभाविक है। पर उर्वशी और पुरूरवा का प्रेम आरम्भ ही से सम था, केवल एक-दूसरे के प्रेम का परिज्ञान नहीं था। आगे चलकर रत्नसेन जो हर्ष प्रकट करता है, वह तुल्यानुराग पर है। राजा रत्नसेन को जब सूली देने ले जा रहे थे तब हीरामन पद्मावती का यह सँदेसा लेकर आया–

काढ़ि प्रान बैठी लेइ हाथा। मरै तौ, मरौं, जिऔं एक साथा॥

इतना सुनते ही रत्नसेन के हृदय से सूली आदि का सब ध्यान हवा हो जाता है, वह आनन्द में मग्न हो जाता है–

सुनि सँदेस राजा तब हँसा। प्रान प्रान घट घट महँ बसा॥

प्रेम के प्रभाव से प्रेमी की वेदना मानो उसके हृदय के साथ प्रिय के साथ चली जाती है। अतः जब वह प्रेम चरम सीमा को पहुँच जाता है तब प्रेमी तो दुःख की अनुभूति से परे हो जाता है और उसकी सारी वेदना प्रिय के मत्थे जा पड़ती है। समवेदना का यही उत्कर्ष तुल्य प्रेम है–

जीउ काढ़ि लेइ तुम अपसई। वह भा कया, जीव तुम भई॥
कया जो लाग धूप औ सीऊ। कया न जान, जान पै जीऊ॥
भोग तुम्हार मिला ओहि जाई। जो ओहि बिथा सो तुम्ह कहँ आई॥

योगियों के परकाव्य-प्रवेश का-सा रहस्य समझना चाहिए–

"अस वह जोगी अमर भव, पर काया परवेस॥"

प्रेम की प्राप्ति से दृष्टि आनन्दमयी और निर्मल हो जाती है। जो बातें पहले नहीं सूझती थीं वे सूझने लगती हैं, चारों ओर सौन्दर्य्य का विकास दिखाई पड़ने लगता है। पद्मावती की प्रशंसा सुनते ही जो प्रेम रत्नसेन के हृदय में संचरित होता है उसके प्रभाव का वर्णन वह इस प्रकार करता है–

सहसौ करा रूप मन भूला। जहँ जहँ दीठ कँवल जनु फूला॥
तीनि लोक चौदह खँड, सबै परै मोहि सूझि।
प्रेम छाँड़ि नहिं लोन किछु, जौ देखा मन बूझि॥

प्रेम का क्षीर-समुद्र अपार और अगाध है। जो इस क्षीर-समुद्र को पार करते हैं उसकी शुभ्रता के प्रभाव से 'जीव' संज्ञा को त्याग शुद्ध आत्मस्वरूप को प्राप्त हो जाते हैं–'जो एहि खीर समुद महँ परे। जीव गँवाइ, हंस होइ तरे।' फिर तो वे 'बहुरि न आइ मिलहिं एहि छारा।'

प्रेम की यदि एक चिनगारी हृदय में पड़ गई और उसे सुलगाते बन पड़ा तो फिर ऐसी अद्‌भुत अग्नि प्रज्वलित हो सकती है जिससे सारे लोक विचलित हो जाएँ–

मुहमद चिनगी प्रेम कै सुनि महि गगन डेराइ।
धनि बिरही औ धनि हिया, जहँ अस अगिनि समाइ॥

भगवत्प्रेम की यह चिनगारी अच्छे गुरु से प्राप्त हो सकती है। पर गुरु एक चिनगारी भर डाल देगा, उसे सुलगाना चेले का काम है–

गुरू बिरह चिनगी जो मेला। जो सुलगाइ लेइ सो चेला॥

गुरु केवल उस प्रिय (ईश्वर) के रूप का बहुत थोड़ा-सा आभास भर दे सकता है– उसे शब्दों द्वारा पूर्ण रूप से व्यक्त करना असम्भव है। भावना के निरन्तर उत्कर्ष द्वारा शिष्य को उत्तरोत्तर अधिक साक्षात्कार प्राप्त होता जाएगा और उसके प्रेम की मात्रा बढ़ती चली जाएगी।

दूरारूढ़ प्रेम में प्रिय के साक्षात्कार के अतिरिक्त और कोई (सुख आदि की) कामना नहीं होती। ऐसा प्रेम प्रिय को छोड़ किसी अन्य वस्तु का आश्रित नहीं होता। न उसे सुराही चाहिए, न प्याला, न गुलगुली गिलमें, न गलीचा। न उसमें स्वर्ग की कामना होती है, न नरक का भय। ऐसी निष्कामता का अनुभव राजा रत्नसेन भयंकर समुद्र के बीच इस प्रकार कर रहा है–

ना हौं सरग क चाहौं राजू। ना मोहि नरक सेंति किछु काजू॥
चाहौं ओहिकर दरसन पावा। जेइ मोहि आनि प्रेम पथ लावा॥

प्रेम की कुछ विशेषताओं का वर्णन जायसी ने हीरामन तोते के मुँह से भी कराया है। सच्चा प्रेम एक बार उत्पन्न होकर फिर जा नहीं सकता। पहले उत्पन्न होते और बढ़ते समय तो उसमें सुख ही सुख दिखाई पड़ता है; पर बढ़ चुकने पर भारी दुःख का सामना करना पड़ता है। प्रेम बढ़ जाने पर और किसी भाव के लिए स्वतन्त्र स्थान नहीं छोड़ता। जो और भाव उत्पन्न भी होते हैं वे सब उसके अधीन और वशवर्ती होते हैं–

प्रीति बेलि जिन अरुझै कोई। अरुझे, मुए न छूटै सोई॥
प्रीति बेलि ऐसै तन डाढ़ा। पलुहत सुख, बाढ़त दुःख बाढ़ा॥
प्रीति अकेलि बेलि चढ़ि छावा। दूसर बेलि न सँचरै पावा॥

पद्मावती और नागमती के विवाद में जो 'असूया' का भाव प्रकट होता है वह स्त्री-स्वभाव-चित्रण की दृष्टि से है। वह प्रेम के लौकिक स्वरूप के अन्तर्गत है। जिन कालिदास ने प्रेम की प्रारम्भिक दशा में उर्वशी के मुँह से पुरूरवा की रानी की रूपश्री की प्रशंसा कराकर चित्रलेखा को 'असूया पराङ्मुखं मंत्रितम्' कहने का अवसर दिया उन्हीं ने आगे चलकर उर्वशी के लतारूप में परिणत हो जाने पर उसके सम्बन्ध में सहजन्या के मुँह से कहलाया कि 'दूरारूढ़ खलु प्रणयोऽसहनः'। पर जायसी की दृष्टि इस लौकिक प्रेम से आगे बढ़ी हुई है। वे प्रेम का वह विशुद्ध रूप दिखाना चाहते हैं जो भगवत्प्रेम में परिणत हो सके। इसी से वे प्रेम की और भी दूरारूढ़ भावना करके रत्नसेन के मुँह से विवादशान्ति का तत्त्व-भरा उपदेश दिलाते हैं।

प्रबन्ध-कल्पना

किसी प्रबन्ध-कल्पना पर और कुछ विचार करने के पहले यह देखना चाहिए कि कवि घटनाओं को किसी आदर्श परिणाम पर ले जाकर तोड़ना चाहता है अथवा यों ही स्वाभाविक गति पर छोड़ना चाहता है। यदि कवि का उद्‌देश्य सत् और असत् का

परिणाम दिखाकर शिक्षा देना होगा तो वह प्रत्येक पात्र का परिणाम वैसा ही दिखाएगा जैसा न्याय-नीति की दृष्टि से उसे उचित प्रतीत होगा। ऐसे नपे-तुले परिणाम काव्यकला की दृष्टि से कुछ कृत्रिम जान पड़ते हैं।

'पद्मावत' के कथानक से यह स्पष्ट है कि घटनाओं को आदर्श परिणाम पर पहुँचाने का लक्ष्य कवि का नहीं है। यदि ऐसा लक्ष्य होता तो राघव चेतन का बुरा परिणाम बिना दिखाए वह ग्रन्थ समाप्त न करता। कर्मों के लौकिक शुभाशुभ परिणाम दिखाना जायसी का उद्‌देश्य नहीं प्रतीत होता। संसार की गति जैसी दिखाई पड़ती है वैसे ही उन्होंने रखी है। संसार में अच्छे आदर्श चरित्रवालों का परिणाम भी आदर्श अर्थात् अत्यन्त आनन्दपूर्ण ही होता है और बुरे कर्म करनेवालों पर अन्त में आपत्ति का पहाड़ ही आ टूटता हो, ऐसा कोई निर्दिष्ट नियम नहीं दिखाई पड़ता। पर आदर्श परिणाम के विधान पर लक्ष्य न रहने पर भी जो बात बचानी चाहिए वह बच गई है। किसी सत्पात्र का न तो ऐसा भीषण परिणाम ही दिखाया गया है जिससे चित्त को क्षोभ प्राप्त होता हो और न किसी बुरे पात्र की ऐसी सुख-समृद्धि ही दिखाई गई है जिससे अरुचि और उदासीनता उत्पन्न होती हो। अन्तिम दृश्य से अत्यन्त शान्तिपूर्ण उदासीनता बरसती है। कवि की दृष्टि में मनुष्य जीवन का सच्चा अन्त करुण क्रन्दन नहीं, पूर्ण शान्ति है। राजा के मरने पर रानियाँ विलाप नहीं करती हैं, बल्कि इस लोक से अपना मुँह फेरकर दूसरे लोक की ओर दृष्टि किए आनन्द के साथ पति की चिता में बैठ जाती हैं। इस प्रकार कवि ने सारी कथा का शान्त रस में पर्य्यवसान किया है। पुरुषों के वीरगति प्राप्त हो जाने और स्त्रियों के सती हो जाने पर अलाउद्‌दीन गढ़ के भीतर घुसा और–

'छार उठाइ लीन्ह एक मूठी। दीन्ह उठाइ पिरिथिवी झूठी।'

प्रबन्धकाव्य में मानवजीवन का एक पूर्ण दृश्य होता है। उसमें घटनाओं की सम्बद्धशृंखला और स्वाभाविक क्रम के ठीक-ठीक निर्वाह के साथ-साथ हृदय को स्पर्श करनेवाले–उसे नाना भावों का रसात्मक अनुभव करानेवाले–प्रसंगों का समावेश होना चाहिए। इतिवृत्त मात्र के निर्वाह से रसानुभव नहीं कराया जा सकता। उसके लिए घटनाचक्र के अन्तर्गत ऐसी वस्तुओं और व्यापारों का प्रतिबिम्बवत् चित्रण चाहिए जो श्रोता के हृदय में रसात्मक तरंगें उठाने में समर्थ हो। अतः कवि को कहीं तो घटना का संकोच करना पड़ता है, कहीं विस्तार।

घटना का संकुचित उल्लेख तो केवल इतिवृत्त मात्र होता है। उसमें एक-एक ब्यौरे पर ध्यान नहीं दिया जाता और न पात्रों के हृदय की झलक दिखाई जाती है। प्रबन्धकाव्य के भीतर ऐसे स्थल रसपूर्ण स्थलों की केवल परिस्थिति की सूचना देते हैं। इतिवृत्तरूप इन वर्णनों के बिना उन परिस्थितियों का ठीक परिज्ञान नहीं हो सकता जिनके बीच पात्रों को देखकर श्रोता उनके हृदय की अवस्था का अपनी सहृदयता के अनुसार अनुमान करते हैं। यदि परिस्थिति के अनुकूल पात्र के भाव नहीं हैं तो विभाव, अनुभाव और संचारी द्वारा उनकी अत्यन्त विशद व्यंजना भी फीकी लगती है। प्रबन्ध और मुक्तक में यही बड़ा भारी भेद होता है। मुक्तक में किसी भाव की रसपद्धति के

अनुसार अच्छी व्यंजना हो गई, बस। पर प्रबन्ध में इस बात पर भी ध्यान रहता है कि वह भाव परिस्थिति के अनुरूप है या नहीं। पात्र की परिस्थिति भी सहृदय श्रोता के हृदय में भाव का उद्बोधन करती है। उसके ऊपर से जब श्रोता के भाव के अनुकूल उसकी पूर्ण व्यंजना भी पात्र द्वारा हो जाती है तब रस की गहरी अनुभूति उत्पन्न होती है। 'वनवासी राम स्वर्णमृग को मार जब कुटी पर लौटे तब देखा कि सीता नहीं है' यह इतिवृत्तमात्र है; पर यह सहृदयों के हृदय को उस दुःखानुभव की ओर प्रवृत्त कर देता है, जिसकी व्यंजना राम ने अपने विरहवाक्यों में की। इसी बात को ध्यान में रखकर विश्वनाथ ने कहा है कि प्रबन्ध के रस से नीरस पद्यों में भी रसवत्ता मानी जाती है--रसवत्पद्यांतर्गतनीरसपदानामिव पद्यरसेन प्रबंधरसेनैव तेषां रसवत्ताङ्गीकारात्।

जिनके प्रभाव से सारी कथा में रसात्मकता आ जाती है वे मनुष्य जीवन के मर्मस्पर्शी स्थल हैं जो कथाप्रवाह के बीच-बीच में आते रहते हैं। यह समझिए कि काव्य में कथावस्तु की गति इन्हीं स्थलों तक पहुँचने के लिए होती है। 'पद्मावत' में ऐसे स्थल बहुत से हैं--जैसे, मायके में कुमारियों की स्वच्छन्द क्रीड़ा, रत्नसेन के प्रस्थान पर नागमती आदि का शोक, प्रेममार्ग के कष्ट, रत्नसेन को सूली की व्यवस्था, उस दंड के संवाद से विप्रलम्भ दशा में पद्मावती की करुण सहानुभूति, रत्नसेन और पद्मावती का संयोग, सिंहल से लौटते समय की सामुद्रिक घटना से दोनों की विह्वल स्थिति, नागमती की विरहदशा और वियोगसन्देश, उस सन्देश को पाकर रत्नसेन की स्वाभाविक प्रणयस्मृति, अलाउद्दीन के सन्देसे पर रत्नसेन का गौरवपूर्ण रोष और युद्धोत्साह, गोरा-बादल की स्वामिभक्ति और क्षात्रतेज से भरी प्रतिज्ञा, अपनी सजलनेत्रा भोली-भाली नवागता वधू की ओर पीठ फेर बादल का युद्ध के लिए प्रस्थान, देवपाल की दूती के आने पर पद्मावती द्वारा सतीत्वगौरव की अपूर्व व्यंजना, पद्मावती और नागमती का उत्साहपूर्ण सहगमन, चित्तौर की दशा इत्यादि। इनमें से पाँच स्थल तो बहुत ही अगाध और गम्भीर हैं--नागमती वियोग, गोरा-बादल प्रतिज्ञा, कुँवर बादल का घर से निकलकर युद्ध के लिए प्रस्थान, दूती के निकट पद्मावती द्वारा सतीत्व गौरव की व्यंजना और सहगमन। ये पाँचों प्रसंग ग्रन्थ के उत्तरार्द्ध में हैं। पूर्वार्द्ध में तो प्रेम ही प्रेम है; मानव जीवन की और-और उदात्त वृत्तियों का जो कुछ समावेश है वह उत्तरार्द्ध में है।

जायसी के प्रबन्ध की परीक्षा के लिए सुभीते के विचार से हम उसके दो विभाग कर सकते हैं--इतिवृत्तात्मक और रसात्मक।

पहले इतिवृत्त लीजिए। प्रबन्धकाव्य में इतिवृत्त की गति इस ढंग से होनी चाहिए कि मार्ग में जीवन की ऐसी बहुत-सी दशाएँ पड़ जाएँ जिनमें मनुष्य के हृदय में भिन्न-भिन्न भावों का स्फुरण होता है और जिनका सामान्य अनुभव प्रत्येक मनुष्य स्वभावतः कर सकता है। इन्हीं स्थलों में रसात्मक वर्णनों की प्रतिष्ठा होती है। अतः इनमें एक प्रकार से इतिवृत्त या कथा के प्रवाह का विराम-सा रहता है। ऐसे रसात्मक वर्णन यदि छोड़ भी दिए जाएँ तो वृत्त खंडित नहीं होता। रसानुकूल परिस्थिति तक श्रोता

को पहुँचाने के लिए बीच-बीच में घटनाओं के सामान्य कथन या उल्लेख मात्र को ही शुद्ध इतिवृत्त समझना चाहिए, जैसी कि 'रामचरितमानस' की ये चौपाइयाँ हैं–

आगे चले बहुरि रघुराया। ऋष्यमूक पर्वत नियराया॥
तहँ रह सचिव सहित सुग्रीवा। आवत देखि अतुल बल सीवा॥
अति सभीत कह सुनु हनुमाना। पुरुष जुगल बल-रूप निधाना॥
धरि बटुरूप देख तैं जाई। कहेसि जानि जिय सैन बुझाई॥

हितोपदेश, कथासरित्सागर, सिंहासन बत्तीसी, बैताल पच्चीसी आदि की कहानियाँ इतिवृत्त रूप में ही हैं, इसी से उन्हें कोई काव्य नहीं कहता। ऐसी कहानियों से भी श्रोता या पाठक का मनोरंजन होता है पर वह काव्य के मनोरंजन से भिन्न होता है। रसात्मक वाक्यों में मनुष्य के हृदय की वृत्तियाँ लीन होती हैं और इतिवृत्त से उसकी जिज्ञासा वृत्ति तुष्ट होती है। 'तब क्या हुआ ?' इस वाक्य द्वारा श्रोता अपनी जिज्ञासा प्रायः प्रकट करते हैं। इससे प्रत्यक्ष है कि जो कहा गया है उसमें कुछ देर के लिए भी श्रोता का हृदय रमा नहीं है, आगे की बात जानने की उत्कंठा ही मुख्य है। कोरी कहानियों में मनोरंजन इसी कुतूहलपूर्ण जिज्ञासा के रूप में होता है। उनके द्वारा हृदय की वृत्तियों (रति, शोक आदि) का व्यायाम नहीं होता; जिज्ञासा वृत्ति का व्यायाम होता है। उनका प्रधान गुण घटना-वैचित्र्य द्वारा कुतूहल को बनाए रखना ही होता है। कही जानेवाली कहानियाँ अधिकतर ऐसी ही होती हैं। पर कुछ कहानियाँ ऐसी भी जनसाधारण के बीच प्रचलित होती हैं जिनके बीच-बीच में भावोद्रेक करनेवाली दशाएँ भी पड़ती चलती हैं। इन्हें हम रसात्मक कहानियाँ कह सकते हैं। इनमें भावुकता का अंश बहुत कुछ होता है और ये अपढ़ जनता के बीच प्रबन्धकाव्य का ही काम देती हैं। इनमें जहाँ-जहाँ मार्मिक स्थल आते हैं वहाँ-वहाँ कथोपकथन आदि के रूप में कुछ पद्य या गाना रहता है।

ऐसी रसात्मक कहानियों का घटनाचक्र ही ऐसा होता है जिसके भीतर सुख-दुःख-पूर्ण जीवनदशाओं का बहुत कुछ समावेश रहता है। पहले कहा जा चुका है कि 'पद्मिनी और हीरामन तोते की कहानी' इसी प्रकार की है। इसके घटनाचक्र के भीतर प्रेम, वियोग, माता की ममता, यात्रा का कष्ट, विपत्ति, आनन्दोत्सव, युद्ध, जय, पराजय आदि के साथ-साथ विश्वासघात, वैर, छल, स्वामिभक्ति, पातिव्रत, वीरता आदि का भी विधान है। पर 'पद्मावत' शृंगारप्रधान काव्य है। इसी से इसके घटनाचक्र के भीतर जीवन- दशाओं और मानवसम्बन्धों की वह अनेकरूपता नहीं है जो रामचरितमानस में है। इसमें रामायण की अपेक्षा बहुत मानव दशाओं और सम्बन्धों का रसपूर्ण प्रदर्शन और बहुत कम प्रकार के चरित्रों का समावेश है। इसका मुख्य कारण यह है कि जायसी का लक्ष्य प्रेमपथ का निरूपण है। जो कुछ हो, यह अवश्य मानना पड़ता है कि रसात्मकता के संचार के लिए प्रबन्धकाव्य का जैसा घटनाचक्र चाहिए पद्मावत का वैसा ही है। चाहे इसमें अधिक जीवन-दशाओं को अन्तर्भूत करनेवाला विस्तार और व्यापक तत्त्व न हो, पर इसका स्वरूप बहुत ठीक है।

सम्बन्ध-निर्वाह

प्रबन्धकाव्य में बड़ी भारी बात है सम्बन्ध-निर्वाह। माघ ने कहा है–

बह्वपि स्वेच्छया कामं प्रकीर्णमभिधीयते।
अनुज्झितार्थसंबंधः प्रबन्धो दुरुदाहरः ॥

जायसी का सम्बन्ध-निर्वाह अच्छा है। एक प्रसंग से दूसरे प्रसंग की शृंखला बराबर लगी हुई है। कथाप्रवाह खंडित नहीं है जैसा केशव की 'रामचन्द्रिका' का है, जो अभिनय के लिए चुने हुए फुटकर पद्यों का संग्रह-सी जान पड़ती है। जायसी में विराम अवश्य हैं–जो कहीं-कहीं अनावश्यक हैं–पर विवरण का लोप नहीं है जिससे प्रवाह खंडित होता है।

हमारे आचार्यों ने कथावस्तु दो प्रकार की कही है–आधिकारिक और प्रासंगिक। अतः सम्बन्धनिर्वाह पर विचार करते समय सबसे पहले तो यह देखना चाहिए कि प्रासंगिक कथाओं का जोड़ आधिकारिक वस्तु के साथ अच्छी तरह मिला हुआ है या नहीं अर्थात् उनका आधिकारिक वस्तु के साथ ऐसा सम्बन्ध है या नहीं जिससे उसकी गति में कुछ सहायता पहुँचती हो। जो वृत्तान्त इस प्रकार सम्बद्ध न होंगे वे ऊपर से व्यर्थ ठूँसे हुए मालूम होंगे चाहे उनमें कितनी ही अधिक रसात्मकता हो। 'हितोपदेश' में एक कथा के भीतर कोई जो दूसरी कथा कहने लगता है या 'अलिफलैला' में एक कहानी के भीतर का कोई पात्र जो दूसरी कहानी छेड़ बैठता है वह मुख्य कथाप्रवाह से सम्बद्ध नहीं कही जा सकती। पद्मावत में कई प्रासंगिक वृत्त हैं–जैसे, हीरामन तोता खरीदनेवाले ब्राह्मण का वृत्तान्त, राघव चेतन का हाल, बादल का प्रसंग–जिनका आधिकारिक वस्तु के प्रवाह पर पूरा प्रभाव है। उनके कारण आधिकारिक वस्तुस्रोत का मार्ग बहुत कुछ निर्धारित हुआ है। प्रासंगिक वस्तु ऐसी ही होनी चाहिए जो आधिकारिक वस्तु की गति आगे बढ़ाती या किसी ओर मोड़ती हो, जैसे देवपाल के वृत्त ने अलाउद्दीन के फिर चित्तौर पहुँचने के पहले ही रत्नसेन के जीवन का अन्त कर दिया।

यह तो हुई प्रासंगिक कथा की बात जिसमें प्रधान नायक के अतिरिक्त किसी अन्य का वृत्त रहता है। अब आधिकारिक वस्तु की योजना पर आइए। सबसे पहले तो यह प्रश्न उठता है कि प्रबन्ध-काव्य में क्या जीवनचरित के समान उन सब बातों का विवरण होना चाहिए जो नायक के जीवन में हुई हों। संस्कृत के प्रबन्ध-काव्यों को देखने से पता चलता है कि कुछ में तो इस प्रकार का विवरण होता है और कुछ में नहीं, कुछ की दृष्टि तो व्यक्ति पर होती है और कुछ की किसी प्रधान घटना पर। जिनकी दृष्टि व्यक्ति पर होती है उसमें नायक के जीवन की सारी मुख्य घटनाओं का वर्णन–गौरववृद्धि या गौरवरक्षा के ध्यान से अवश्य कहीं-कहीं कुछ उलटफेर के साथ–होता है। जिनकी दृष्टि किसी मुख्य घटना पर होती है उनका सारा वस्तुविन्यास उस घटना के उपक्रम के रूप में होता है। प्रथम प्रकार के प्रबन्धों को हम व्यक्तिप्रधान कह सकते हैं जिसके अन्तर्गत रघुवंश, बुद्धचरित, विक्रमांकदेवचरित आदि हैं। दूसरे प्रकार

के घटनाप्रधान प्रबन्धों के अन्तर्गत कुमारसम्भव, किरातार्जुनीय, शिशुपालवध आदि हैं। 'पद्मावत' को इसी दूसरे प्रकार के प्रबन्ध के अन्तर्गत समझना चाहिए।

कहने की आवश्यकता नहीं कि दृश्य काव्य का स्वरूप भी घटनाप्रधान ही होता है। अतः इस प्रकार के प्रबन्ध के वस्तुविन्यास की समीक्षा बहुत कुछ दृश्य काव्य के वस्तु-विन्यास के समान ही होनी चाहिए। जैसे दृश्य काव्य का वैसे ही प्रत्येक घटनाप्रधान प्रबन्ध-काव्य का एक 'कार्य्य' होता है जिसके लिए घटनाओं का सारा आयोजन होता है; जैसे, रामचरित में रावण का वध। अतः घटनाप्रधान प्रबन्ध-काव्य में उन्हीं वृत्तान्तों का सन्निवेश अपेक्षित होता है जो उस साध्य 'कार्य्य' के साधन मार्ग में पड़ते हैं अर्थात् जिनका उस कार्य्य से सम्बन्ध होता है। प्राचीन यवन आचार्य्य अरस्तू ने इसका विचार अपने 'काव्य सिद्धान्त' के आठवें प्रकरण में किया है और यह अब भी पाश्चात्य समालोचकों में 'कार्यान्वय' (यूनिटी आफ ऐक्शन) के नाम से प्रसिद्ध है।

'पद्मावत' में कार्य्य है पद्मावती का सती होना। उसकी दृष्टि से राघव चेतन का उतना ही वृत्त आया है जितने का घटनाओं के 'कार्य्य' की ओर अग्रसर करने में योग है। इसी सिद्धान्त पर न तो चित्तौर की चढ़ाई के उपरान्त राघव की कोई चर्चा आती है और न विवाह के उपरान्त तोते की। यहाँ पर दो प्रसंगों पर विचार कीजिए–सिंहल से लौटते समय समुद्र के तूफान के प्रसंग पर और देवपाल के दूती भेजने के प्रसंग पर। तूफानवाली घटना यद्यपि प्रधान नायक के जीवन की घटना है पर यों देखने में 'कार्य्य' के साथ उसका स्पष्ट सम्बन्ध नहीं जान पड़ता। वह केवल भाग्य की अस्थिरता, संयोग की आकस्मिकता और विरह की विह्वलता दिखाने तथा लोभ के विरुद्ध शिक्षा देने के निमित्त लाई जान पड़ती है। पर उक्त उद्देश्य प्रधान होने पर भी वह घटना 'कार्य्य' से बिलकुल असम्बद्ध नहीं है। कवि ने बड़े कौशल से सूक्ष्म सम्बन्धसूत्र रखा है। उसी घटना के अन्तर्गत रत्नसेन को समुद्र से पाँच रत्न प्राप्त हुए थे। जब अलाउद्दीन से चित्तौरगढ़ न टूट सका तब उसने सन्धि के लिए वे ही पाँच रत्न रत्नसेन से माँगे। अतः वे ही पाँच रत्न उस सन्धि के हेतु हुए जिनके द्वारा बादशाह का गढ़ में प्रवेश और रत्नसेन का बन्धन हुआ। प्रबन्धनिपुणता यही है कि जिस घटना का सन्निवेश हो वह ऐसी हो कि 'कार्य्य' से दूर या निकट का सम्बन्ध भी रखती हो और नए-नए विशद भावों की व्यंजना का अवसर भी देती हो। देवपाल की दूती का आना भी इसी प्रकार की घटना है जो सतीत्वगौरव की अपूर्व व्यंजना के लिए अवकाश भी निकालती है और रत्नसेन की उस मृत्यु का हेतु भी होती है जो 'कार्य्य' का (पद्मावती के सती होने का) कारण है।

'कार्यान्वयन' के अन्तर्गत ही यवनाचार्य ने कहा है कि कथावस्तु के आदि, मध्य और अन्त तीनों स्फुट हों। आदि से आरम्भ होकर कथाप्रवाह मध्य में जाकर कुछ ठहरा-सा जान पड़ता है, फिर चट 'कार्य्य' की ओर मुड़ पड़ता है। 'पद्मावत' की कथा में हम तीनों अवस्थाओं को अलग-अलग बता सकते हैं। पद्मावती के जन्म से लेकर रत्नसेन के सिंहलगढ़ घेरने तक कथाप्रवाह का आदि समझिए, विवाह से लेकर

सिंहलद्वीप से प्रस्थान तक मध्य और राघव चेतन के देशनिर्वासन से लेकर पद्मिनी के सती होने तक अन्त। आदि अंश की सब घटनाएँ मध्य अर्थात् विवाह की ओर उन्मुख हैं। विवाह के उपरान्त जो उत्सव, समागम और सुखभोग आदि का वर्णन है उसे मध्य का विराम समझिए। उसके उपरान्त राघव चेतन के निर्वासन से घटनाओं का प्रवाह 'कार्य्य' की ओर मुड़ता है।

प्राचीनों के अनुसार 'कार्य्य' महत्त्वपूर्ण होना चाहिए; नैतिक, सामाजिक या मार्मिक प्रभाव की दृष्टि से 'कार्य्य' बड़ा होना चाहिए, जैसा 'रामचरित' में रावण का वध है और 'पद्मावत' में पद्मिनी का सती होना। आधुनिक पाश्चात्य काव्यमर्मज्ञ यह आवश्यक नहीं मानते। काउपर, बर्न्स और वर्ड्सवर्थ के प्रभाव से अंग्रेजी काव्यक्षेत्र में जो विचारविप्लव घटित हुआ उसके अनुसार जिस प्रकार साधारण दीन जीवन के दृश्य काव्य के उपयुक्त विषय हो सकते हैं उसी प्रकार साधारण 'कार्य्य' भी। इस सम्बन्ध में आज से पचहत्तर वर्ष पहले प्रसिद्ध साहित्यमर्मज्ञ मैथ्यू आर्नल्ड ने कहा है–

"मैं यह नहीं कहता कि कवित्वशक्ति का विकास साधारण से साधारण 'कार्य्य' के वर्णन में नहीं हो सकता या नहीं होता है। पर यह खेद की बात है कि कवि विषय से भी और शक्ति तथा रोचकता प्राप्त करते हुए अपनी प्रभविष्णुता को दूनी न करके विषय को ही अपनी कवित्वशक्ति से जबरदस्ती शक्ति और रोचकता प्रदान कराए।'[1]

इस प्रकार आर्नल्ड ने प्राचीन आदर्श का समर्थन किया है। जो हो; जायसी का भी यही आदर्श है। उन्होंने भी अपने काव्य के लिए 'महत्कार्य्य' चुना है जिसका आयोजन करनेवाली घटनाएँ भी बड़े डील-डौल की हैं–जैसे, बड़े-बड़े कुँवरों और सरदारों की तैयारी, राजाओं और बादशाहों की लड़ाई इत्यादि। इसी प्रकार दृश्यवर्णन भी ऐसे-ऐसे आते हैं, जैसे, गढ़ वाटिका, राजसभा, राजसी भोज और उत्सव आदि के वर्णन।

सम्बन्ध-निर्वाह के अन्तर्गत ही गति के विराम का विचार कर लेना चाहिए। यह कहना पड़ता है कि 'पद्मावत' में कथा की गति के बीच-बीच में अनावश्यक विराम बहुत-से हैं। मार्मिक परिस्थिति के विवरण और चित्रण के लिए घटनावली का जो विराम पहले कह आए हैं वह तो काव्य के लिए अत्यन्त आवश्यक विराम है क्योंकि उसी से सारे प्रबन्ध में रसात्मकता आती है, पर उसके अतिरिक्त केवल पांडित्यप्रदर्शन के लिए, केवल जानकारी प्रकट करने के लिए, केवल अपनी अभिरुचि के अनुसार असम्बद्ध प्रसंग छेड़ने के लिए या इसी प्रकार की और बातों के लिए जो विराम होता है वह अनावश्यक होता है। जायसी के कथाप्रवाह में इस प्रकार के अनावश्यक विराम बहुत-से हैं।

---

1. नार डू आइ डिनाइ दैट ए पोएटिक फैकल्टी कैन ऐंड डज मैनिफेस्ट इटसेल्फ इन ट्रीटिंग द मोस्ट ट्राइफ्लिग एक्शन, द मोस्ट होपलेस सब्जेक्ट, बट इट इज ए पिटी दैट पावर शुड वी कंपेल्ड टु इंपार्ट इंटरेस्ट ऐंड फोर्स, इंस्टीड आव रिसीविंग देम फ्राम इट, ऐंड देअर बाइ डब्लिंग इट्स इंप्रेसिवनेस। –प्रीफेस टु पोएम्स।

बहुत स्थलों पर तो ऐसा विराम कुछ दिनों से चली हुई उस भद्दी वर्णनपरम्परा का अनुसरण है जिसमें वस्तुओं के बहुत-से नाम और भेद गिनाए जाते हैं–जैसे सिंहलद्वीप वर्णन खंड में फलों, फूलों और घोड़ों के नाम, रत्नसेन के विवाह और बादशाह की दावत में पकवानों और व्यंजनों की बड़ी लम्बी सूची। कुछ स्थलों पर तो केवल विषयों की जानकारी के लिए ही अनावश्यक विवरण जोड़े गए हैं–जैसे, पद्मावती के प्रथम समागम के अवसर पर सोलह शृंगारों और बारह आभरणों के नाम, सिंहलद्वीप से रत्नसेन और पद्मावती की यात्रा के समय फलित ज्योतिष के यात्राविचार की पूरी उद्धरणी, राघव का बादशाह के सामने पद्मिनी, चित्रणी आदि स्त्री-भेद-कथन।

कई स्थलों पर तो 'गूढ़ बानी' का दम भरनेवाले मूर्खपन्थियों के अनुकरण पर कुछ पारिभाषिक शब्दों से ढँकी हुई थिगलियाँ व्यर्थ जोड़ी जान पड़ती हैं, जैसे, विवाह के समय भोजन के अवसर पर बाजा न बजने पर यह कथोपकथन–

तुम पंडित जानहु सब भेदू। पहिले नाद भएउ तब वेदू॥
आदि पिता जो बिधि अवतारा। नाद संग जिउ ज्ञान सँचारा॥
नाद, वेद, मद, पैड़ जो चारी। काया महँ ते लेहु बिचारी॥
नाद हिये, मद उपनै काया। जहँ मद तहाँ पैड़ नहीं छाया॥

अथवा प्रथम समागम के समय सखियों द्वारा पद्मावती के छिपाए जाने पर राजा रत्नसेन का यह रसायनी प्रलाप–

का पूछहु तुम धातु, निछोही। जो गुरु कीन्ह अँतरपट ओही॥
सिधि गुटिका अब मो सँग कहा। भएउँ राँग, सत हिये न रहा॥
सो न रूप जासौं दुःख खोलौं। गएउ भरोस तहाँ का बोलौं ?॥
जहँ लोना बिरवा कै जाती। कहि कै सँदेस आन को पाती ?॥
कै जो पार हरतार करीजै। गंधक देखि अबहि जिउ दीजै॥
तुम जोरा कै सूर मयंकू। पुनि बिछोहि सो लीन कलंकू॥

इन पंक्तियों में 'सोन', 'रूप', 'लोना', 'जोरा कै' आदि में श्लेष और मुद्रा का कुछ चमत्कार अवश्य है पर यह सारा कथन रस में सहायता पहुँचाता नहीं जान पड़ता। कुछ समाधान यह कहकर किया जा सकता है कि राजा रत्नसेन भी जोगी होकर अनेक प्रकार के साधुओं का सत्संग कर चुका था इससे विप्रलब्ध दशा में उसका यह पारिभाषिक प्रलाप बहुत अनुचित नहीं। पर कवि ने इस दृष्टि से उसकी योजना नहीं की है। पारिभाषिक शब्दों से भरे कुछ प्रसंग घुसेड़ने का जायसी को शौक ही रहता है, जैसे पद्मावती के मुँह से 'तौ लगि रंग न राँचै जौ लगि होई न चून' सुनते ही राजा रत्नसेन पानों की जातियाँ गिनाने लगता है–

हौं तुम नेह पियर भा पानू। पेड़ी हुँत सोनरास बखानू॥
सुनि तुम्हार संसार बड़ौना। जोग लीन्ह, तन कीन्ह गड़ौना॥
फेरि फेरि तन कीन्ह भुँजौना। औटि रकत रँग हिरदय औना॥

एक देश प्रसिद्ध ऐसे शब्दों के प्रयोग से जो 'अप्रतीतत्व' दोष आता है वह इस अनावश्यक विराम के बीच और भी खटकता है। कहीं-कहीं तो जायसी कोई शब्द पकड़ लेते हैं और उस पर यों ही बिना प्रसंग के उक्तियाँ बाँध चलते हैं–जैसे, बादशाह की दावत के प्रकरण में पानी का जिक्र आया कि 'पानी' को ही लेकर वे यह ज्ञानचर्चा छेड़ चले–

पानी मूल परख जौ कोई। पानी बिना सवाद न होई ॥
अमृतपान यह अमृत आना। पानी सौं घट रहै पराना ॥
पानी दूध औ पानी घीऊ। पानि घटे घट रहै न जीऊ ॥
पानी माँझ समानी जोती। पानिहि उपजै मानिक मोती ॥
सो पानी मन गरब न करई। सीस नाइ खाले पग धरई ॥

जायसी के प्रबन्धविस्तार पर और कुछ विचार करने के पहले हमने उसके दो विभाग किए थे–इतिवृत्तात्मक और रसात्मक। इतिवृत्त की दृष्टि से तो विचार हो चुका। अब रसात्मक विधान की भी थोड़ी-बहुत समीक्षा आवश्यक है। इतिवृत्त के विषय में यह कहा जा चुका है कि 'पद्मावत' के घटनाचक्र के भीतर ऐसे स्थलों का पूरा सन्निवेश है जो मनुष्य की रागात्मिका प्रकृति का उद्‌बोधन कर सकते हैं, उसके हृदय को भावमग्न कर सकते हैं। अब देखना यह है कि कवि ने घटनाक्रम के बीच उन स्थलों को पहचानकर उनका कुछ विस्तृत वर्णन किया है या नहीं। किसी कथा के सब स्थल ऐसे नहीं होते जिनमें मनुष्य की रागात्मिका वृत्ति लीन होती है। एक उदाहरण लीजिए। किसी वणिक को व्यापार में घाटा आया जिसके कारण उसके परिवार की दशा बहुत बुरी हो गई। कवि यदि इस घटना को लेगा तो वह घाटा किस प्रकार आया, पूरे ब्यौरे के साथ इसका सूक्ष्म वर्णन न करके दीन दशा का ही विस्तृत वर्णन करेगा। पर यदि व्यापारशिक्षा की किसी पुस्तक में यह घटना ली जाएगी तो उसमें घाटे के कारण आदि का पूरा सूक्ष्म ब्यौरा होगा। 'पद्मावत' की कथा पर विचार करके हम कह सकते हैं कि उसमें जिन-जिन स्थलों का वर्णन अधिक ब्यौरे के साथ है–ऐसे ब्यौरे के साथ है जो इतिवृत्त मात्र के लिए आवश्यक नहीं, जैसे, किसी का वचन, संवाद या वस्तु व्यापारचित्रण–वे सब रागात्मिका वृत्ति से सम्बन्ध रखनेवाले हैं; केवल उन प्रसंगों को छोड़ जिनका उल्लेख 'अनावश्यक विराम' के अन्तर्गत हो चुका है। काव्यों में विस्तृत विवरण दो रूपों में मिलते हैं–

(1) कवि द्वारा वस्तु-वर्णन के रूप में।
(2) पात्र द्वारा भाव-व्यंजना के रूप में।

कवि द्वारा वस्तु-वर्णन

वस्तु-वर्णन-कौशल से कवि लोग इतिवृत्तात्मक अंशों को भी सरस बना सकते हैं। इस बात में हम संस्कृत के कवियों को अत्यन्त निपुण पाते हैं। भाषा के कवियों में वह निपुणता नहीं पाई जाती है। मार्ग चलने का ही एक छोटा-सा उदाहरण लीजिए। राम

किष्किन्धा की ओर जा रहे हैं। तुलसीदासजी इसका कथन इतिवृत्त के रूप में इस प्रकार करते हैं–

आगे चले बहुरि रघुराया। ऋष्यमूक पर्वत नियराया॥

किसी पर्वत की ओर जाते समय दूर से उसका दृश्य कैसा जान पड़ता है, फिर ज्यों-ज्यों उसके पास पहुँचते हैं त्यों-त्यों उस दृश्य में किस प्रकार का अन्तर पड़ता जाता है, पहाड़ी मार्ग के आसपास का दृश्य कैसा हुआ करता है, यह सब ब्यौरा उक्त कथन में या उसके आगे कुछ भी नहीं है। वहीं रघुवंश के द्वितीय सर्ग में दिलीप, उनकी पत्नी और नन्दिनी गाय के 'मार्ग चलने का दृश्य' देखिए। आसपास की प्राकृतिक परिस्थिति का कैसा सूक्ष्म बिम्बग्रहण कराता हुआ कवि चला है। चलने में मार्ग के स्वरूप को ही देखिए, कवि ने कैसा प्रत्यक्ष किया है–

तस्याः खुरन्यासपवित्रपांसुमपांसुलानां धुरि कीर्त्तनीया।
मार्ग मनुष्येश्वर-धर्मपत्नी श्रुतेरिवार्थ स्मृतिरन्वगच्छत्॥

'गाय के पीछे-पीछे पगडंडी पर सुदक्षिणा चली' इतना ही तो इतिवृत्त है, पर जिसकी धूल पर नन्दिनी के खुर के चिह्न पड़ते चलते हैं यह विशेषण वाक्य देकर कवि ने उस मार्ग का चित्र भी खड़ा कर दिया है। वस्तुओं की ऐसी संश्लिष्ट योजना द्वारा बिम्बग्रहण कराने का–वस्तुओं का अलग-अलग नाम लेकर अर्थग्रहण मात्र कराने का नहीं–प्रयत्न हिन्दी कवियों में बहुत ही कम दिखाई पड़ता है। अतः जायसी में भी हम इसका आभास बहुत कम पाते हैं। इन्होंने जहाँ-जहाँ वस्तुवर्णन किया है वहाँ-वहाँ भाषाकवियों को पृथक्-पृथक् वस्तुपरिगणनवाली शैली ही पर अधिकतर किया है। अतः ये वर्णन परम्परायुक्त ही कहे जा सकते हैं। केवल वस्तुपरिगणन में नवीनता कहाँ तक आ सकती है ? ऋत का वर्णन होगा तो उस ऋतु में फलने-फूलनेवाले पेड़-पौधों और दिखाई पड़नेवाले पक्षियों के नाम होंगे, वन का वर्णन होगा तो कुछ इने-गिने जंगली पेड़ों के नाम आ जाएँगे, नगर या हाट का वर्णन होगा तो बाग, बगीचों, मकानों और दुकानों का उल्लेख होगा। नवीनता की सम्भावना तो कवि के निज परीक्षण द्वारा प्रत्यक्ष की हुई वस्तुओं और व्यापारों की संश्लिष्ट योजना में ही हो सकती है। सामग्री नई नहीं होती, उसकी योजना नए रूप में होती है।

ऊपर लिखी बात का ध्यान रखते हुए भी यह मानना पड़ता है कि वस्तुवर्णन के लिए जायसी ने घटनाचक्र के बीच उपयुक्त स्थलों को चुना है और उनका विस्तृत वर्णन अधिकतर भाषाकवियों की पद्धति पर होते हुए भी बहुत ही भावपूर्ण है। अब संक्षेप में कुछ मुख्य स्थलों का उल्लेख किया जाता है जिन्हें वर्णनविस्तार के लिए जायसी ने चुना है।

सिंहलद्वीप वर्णन–इसमें बगीचों, सरोवरों, कुओं, बावलियों, पक्षियों, नगर, हाट, गढ़, राजद्वार और हाथी-घोड़ों का वर्णन है। अमराई की शीतलता और सघनता का अन्दाज इस वर्णन से कीजिए–

घन अमराउ लाग चहुँ पासा। उठा भूमि हुँत लागि अकासा॥
तरिवर सबै मलयगिरि लाई। भइ जग छाँह, रैनि होइ आई॥

मलय समीर सोहावनि छाँहा। जेठ जाड़ लागै तेहि माहाँ ॥
ओही छाँह रैनि होइ आवै। हरियर सबै अकास देखावै ॥
पथिक जो पहुँचै सहिकै घामू। दुःख बिसरै, सुख होइ बिसरामू ॥

इतना कहते-कहते कवि का ध्यान ईश्वर के सामीप्य की भावना की ओर चला जाता है और वह उस अमर धाम की ओर, जहाँ पहुँचने पर भवताप से निवृत्ति हो जाती है, इस प्रकार संकेत करता है–

जेइ पाई वह छाँह अनूपा। फिरि नहिं आइ सहै यह धूपा ॥

कवि की यही पारमार्थिक प्रवृत्ति उसे हेतूत्प्रेक्षा की ओर ले जाती है। ऐसा जान पड़ता है, मानो उसी अमराई की छाया से ही संसार में रात होती है और आकाश हरा (प्राचीन दृष्टि हरे और नीले में इतना भेद नहीं करती थी) दिखाई देता है।

जैसा कि पहले कहा जा चुका है, जिन दृश्यों का माधुर्य्य भारतीय हृदय पर चिरकाल से अंकित चला आ रहा है उन्हें चुनने की सहृदयता जायसी का एक विशेष गुण है। भारत के शृंगारप्रिय हृदयों में 'पनिघट का दृश्य' एक विशेष स्थान रखता है। बूढ़े केशवदास ने पनिघट ही पर बैठ-बैठे अपने सफेद बालों को कोसा था। सिंहल के पनिघट का वर्णन जायसी इस प्रकार करते हैं–

पानि भरै आवहिं पनिहारी। रूप सुरूप पदमिनी नारी ॥
पद्म गंध तिन्ह अंग बसाहीं। भँवर लागि तिन्ह संग फिराहीं ॥
लंक सिंघिनी, सारँग नैनी। हंस गामिनी, कोकिल बैनी ॥
आवहिं झुंड सो पाँतिहि पाँती। गवन सोहाइ सो भाँतिहि भाँती ॥
कनक कलस, मुख चंद दिपाहीं। रहस केलि सन आवहिं जाहीं ॥
जा सहुँ वै हेरहिं चख नारी। बाँक नैन जनु हनहिं कटारी ॥
केस मेघावर सिर ता पाईं। चमकहिं दसन बीजु कै नाईं ॥

पद्मावती का अलौकिक रूप ही सारी आख्यायिका का आधार है। अतः कवि इन पनिहारियों के रूप की झलक दिखाकर पद्मावती के रूप के प्रति पहले ही से इस प्रकार उत्कंठा उत्पन्न करता है–

माथे कनक गागरी आवहिं रूप अनूप।
जेहिके अस पनिहारी सो रानी केहि रूप ?

बाजार के वर्णन में 'हिन्दू हाट' की अच्छी झलक मिल जाती है–

कनक हाट सब कुहँकुहँ लीपी। बैठ महाजन सिंघलदीपी ॥
सोन रूप भल भएउ पसारा। धवल सिरी पोते घर बारा ॥

जिस प्रकार नगर हाट के वर्णन से सुख-समृद्धि टपकती है उसी प्रकार गढ़ और राजद्वार के अतिशयोक्तिपूर्ण वर्णन से प्रताप और आतंक–

निति गढ़ बाँचि चलै ससि सूरू। नाहिं त होइ बाजि रथ चूरू ॥
पौरी नवौ वज्र कै साजी। सहस सहस तहँ बैठे पाजी ॥
फिरहिं पाँच कोटवार सुभौरी। काँपै पाँव चपत वह पौरी ॥

जलक्रीड़ा वर्णन–सिंहलद्वीप वर्णन के उपरान्त सखियों सहित पद्मावती की जलक्रीड़ा का वर्णन है (दे. मानसरोदक खंड)। यद्यपि जायसी ने इस प्रकरण की योजना कौमार अवस्था के स्वाभाविक उल्लास और मायके की स्वच्छन्दता की व्यंजना के लिए की है, पर सरोवर के जल में घुसी हुई कुमारियों का मनोहर दृश्य भी दिखाया है और जल में उनके केशों के लहराने आदि का चित्रण भी किया है–

घरी तीर सब कंचुकि सारी। सरवर मँह पैठीं सब नारी ॥
पाइ नीर जानहु सब बेली। हुलसहिं करहिं काम कै केली ॥
करिल केस बिसहर बिस भरे। लहरैं लेहिं कवँल मुख घरे ॥
नवल बसंत सँवारी करी। भई प्रगट जानहु रस भरी ॥
सरवर नहिं समाइ संसारा। चाँद नहाइ पैठ लेइ तारा ॥

उल्लास के अनुरूप क्रिया जायसी ने इस खेल में दिखाई है–

सँवरिहिं साँवरि, गोरिहि गोरी। आपनि आपनि लीन्हि सो जोरी ॥

सिंहलद्वीप यात्रा-वर्णन–वस्तुवर्णन की जो पद्धति जायसी की कही गई है उसे ध्यान में रखते हुए मार्गवर्णन जैसा चाहिए वैसे की आशा नहीं की जा सकती। चित्तौर से कलिंग तक जाने में मार्ग में न जाने कितने वन, पर्वत, नदी, निर्झर, ग्राम, नगर तथा भिन्न-भिन्न आकृति-प्रकृति के मनुष्य इत्यादि पड़ेंगे पर जायसी ने उनका चित्रण करने की आवश्यकता नहीं समझी। केवल इतना ही कहकर वे छुट्टी पा गए–

है आगे परबत कै बाटा। विषम पहार अगम सुठि घाटा ॥
बिच बिच नदी खोह औ नारा। ठाँवहिं ठाँव बैठ बटपारा ॥

प्राकृतिक दृश्यों के साथ जायसी के हृदय का वैसा मेल नहीं जान पड़ता। मनुष्यों के शारीरिक सुख-दुःख से, उनके आराम और तकलीफ से, उनका जहाँ तक सम्बन्ध होता है वहीं तक उनकी ओर उनका ध्यान जाता है। बगीचों और अमराइयों का वर्णन वे जो करते हैं सो केवल उनकी सघन शीतल छाया के विचार से। वन का जो वे वर्णन करते हैं वह कुश कंटकों के विचार से, कष्ट और भय के विचार से–

करहु दीठि थिर होइ बटाऊ। आगे देखि धरहु भुइँ पाऊ ॥
जो रे उबट होइ परे भुलाने। गए मारि, पथ चलै न जाने ॥
पायँन पहिरि लेहु सब पौरी। काँट धँसै न गड़ै अँकरौरी ॥
परे आइ बन परबत माहाँ। दंडाकरन बीझ बन गाहाँ ॥
सघन ढाक बन चहुँदिसि फूला। बहु दुःख पाव उहाँ कर भूला ॥
झाँखर जहाँ सो छाँड़हु पंथा। हिलगि मकोय न फारहु कंथा ॥

फारसी की शायरी में जंगल और बियाबान का वर्णन केवल कष्ट या विपत्ति के प्रसंग में आता है। वहाँ जिस प्रकार चमन आनन्दोत्सव का सूचक है उसी प्रकार कोह या बियाबान विपत्ति का। संस्कृत साहित्य का जायसी को परिचय न था। वे वन, पर्वत आदि के अनुरंजनकारी स्वरूप के चित्रण की पद्धति पाते तो कहाँ पाते ? उनकी प्रतिभा इस प्रकार की न थी कि किसी नई पद्धति की उद्भावना करके उस पर चल खड़ी होती।

समुद्र-वर्णन–हिन्दी के कवियों में केवल जायसी ने समुद्र का वर्णन किया है, पर पुराणों के 'सात समुद्र' के अनुकरण के कारण समुद्र का प्रकृत वर्णन वैसा होने नहीं पाया। क्षीर, दधि और सुरा के कारण समुद्र के प्राकृतिक स्वरूप का अच्छा प्रत्यक्षीकरण न हो सका। आरम्भ में समुद्र का जो सामान्य वर्णन है उसके कुछ पद्य अवश्य समुद्र की महत्ता और भीषणता का चित्र खड़ा करते हैं, जैसे–

समुद अपार सरग जनु लागा। सरग न घाल गनै बैरागा।
उठै लहरि जनु ठाढ़ पहारा। चढ़ै सरग औ परै पतारा ॥

विशेष समुद्रों में से केवल 'किलकिला समुद्र' का वर्णन अत्यन्त स्वाभाविक तथा वैसे महत्त्वजन्य आश्चर्य और भय का संचार करनेवाला है जैसा समुद्र के वर्णन द्वारा होना चाहिए–

भा किलकिल अस उठै हिलोरा। जनु अकास टूटै चहुँ ओरा ॥
उठहिं लहरि परबत कै नाईं। फिरि आवहिं जोजन सौ ताईं ॥
धरती लेइ सरग लहि बाढ़ा। सकल समुद जानहु भा ठाढ़ा ॥
नीर होइ तर ऊपर सोई। माथे रंभ समुद जस होई ॥

यदि इसी प्रकार के वर्णन का विस्तार और अधिक होता तो क्या अच्छा होता ! 'समुद अपार सरग जनु लागा' इस वाक्य में विस्तार का बहुत ही सुन्दर प्रत्यक्षीकरण हुआ है। जहाँ तक दृष्टि जाती है वहाँ तक समुद्र ही फैला हुआ और क्षितिज से लगा हुआ दिखाई पड़ता है। दृश्यरूप में विस्तार का यह कथन अत्यन्त काव्योचित है। अंग्रेजी के कवि गोल्डस्मिथ ने भी अपने 'श्रांत पथिक' (ट्रैवेलर) नामक काव्य में विस्तार का प्रत्यक्षीकरण– 'ए वेयरी वेस्ट इक्स्पैडिंग टु द स्काईज' (आकाश तक फैला हुआ मैदान) कहकर किया है। 'परबत कै नाईं' इस साम्य द्वारा भी लहरों की ऊँचाई की जो भावना उत्पन्न की गई वह काव्य-पद्धति के बहुत ही अनुकूल है। इसके स्थान पर यदि कहा गया होता कि लहरें बीस-पच्चीस हाथ ऊँची उठती हैं तो माप शायद ठीक होती पर जो प्रभाव कवि उत्पन्न किया चाहता था वह उत्पन्न न होता। इसी से काव्य के वर्णनों में संख्या या परिमाण का उल्लेख नहीं होता और जहाँ होता भी है वहाँ उसका लाक्षणिक अर्थ ही लिया जाता है, जैसे 'फिरि आवहिं जोजन सौ ताईं' में। काव्य के वाक्य श्रोता की ठीक मान निर्धारित करनेवाली या सिद्धान्त निरूपित करनेवाली निश्चयात्मिका बुद्धि को सम्बोधन करके नहीं कहे जाते।

समुद्र के जीव-जन्तुओं का जो काल्पनिक और अत्युक्त वर्णन जायसी ने किया है उससे सूचित होता है कि उन्होंने किस्से-कहानियों में सुनी-सुनाई बातें ही लिखी हैं, अपने अनुभव की नहीं। उन्होंने शायद समुद्र देखा भी न रहा हो।

सात समुद्रों के जो नाम जायसी ने लिखे हैं उनमें से प्रथम पाँच तो पुराणानुकूल हैं, पर अन्तिम दो किलकिला और मानसर–भिन्न हैं। पुराणों के अनुसार सात समुद्रों के नाम हैं : क्षार (खारे पानी का), जल (मीठे पानी का) क्षीर, दधि, घृत, सुरा और मधु। इनमें से जायसी ने घृत और मधु को छोड़ दिया है। सिंहलद्वीप के पास 'मानसर' की कल्पना वैसी ही है जैसी कैलास में इन्द्र और अप्सराओं की।

विवाह-वर्णन—इसमें आनन्दोत्सव और ओज का वर्णन है। सजावट आदि का चित्रण अच्छा है। इसमें राजा के ऐश्वर्य्य और प्रजा के उल्लास का आभास मिलता है—

रचि रचि मानिक माँड़व छावा। औं भुइँ रात बिछाव बिछावा॥
चंदन खाँभ रचे बहु भाँती। मानिक दिया बरहिं दिन राती॥
साजा राजा, बाजन बाजे। मदन सहाय दुवौ दर गाजे॥
औ राता सोने रथ साजा। भए बरात गोहने सब राजा॥
घर घर बंदन रचे दुवारा। गावत नगर गीत झनकारा॥
हाट बाट सब सिंघल, जहँ देखहुँ तहँ रात।
धनि रानी पद्मावती, जेहिकै ऐसि बरात॥

बरात निकलने के समय अटारियों पर दूल्हा देखने की उत्कंठा से भरी स्त्रियों का जमावड़ा भारतवर्ष का एक बहुत पुराना दृश्य है। ऐसे दृश्यों को रखना जायसी नहीं भूलते, यह पहले कहा जा चुका है। पद्मावती अपनी सखियों को लेकर वर देखने की उत्कंठा से कोठे पर चढ़ती है—

पद्मावति धौराहर चढ़ी। दहुँ कस रवि जेहि कहँ ससि गढ़ी॥
देखि बरात सखिन्ह सौं कहा। इन्ह महँ सो जोगी कहँ अहा ?॥

सखियाँ उँगली से दिखाती हैं कि वह देखो—

जस रवि, देखु, उठै परभाता। उठा छत्र तस बीच बराता॥
ओहि माँझ भा दूलह सोई। और बरात संग सब कोई॥

इस कथन में कवि ने निपुणता यह दिखाई है कि सखी उस बरात के बीच पहले सबसे अधिक लक्षित होनेवाली वस्तु छत्र की ओर संकेत करती है; फिर कहती है कि उसके नीचे वह जोगी दूल्हा बना बैठा है।

भोज के वर्णन में व्यंजनों और पकवानों की नामावली है।

गोस्वामी तुलसीदासजी ने राम-सीता के विवाह का जितना विस्तृत वर्णन किया है उतना विस्तृत वर्णन जायसी का नहीं है। गोस्वामीजी का रामचरितमानस लोकपक्षप्रधान काव्य है और जायसी के 'पद्मावत' में व्यक्तिगत प्रेमसाधना का पक्ष प्रधान है। अतः 'पद्मावत' में लोकव्यवहार का जो इतना चित्रण मिलता है उसी को बहुत समझना चाहिए। जैसा पहले कह आए हैं, इश्क की मसनवियों के समान यह लोकपक्षशून्य नहीं है।

युद्ध-यात्रा-वर्णन—सेना की चढ़ाई का वर्णन बड़ी धूमधाम का है। ग्रन्थारम्भ में शेरशाह की सेना के प्रसंग की चौपाइयाँ ही देखिए, कितनी प्रभावपूर्ण हैं—

हय गय सेन चलै जग पूरी। परबत टूटि मिलहिं होइ धूरी॥
रेनु रैनि होइ रविहिं गरासा। मानुख पंखि लेहिं फिरि बासा॥
भुइँ उड़ि अंतरिक्ख मृदमंडा। खंड खंड धरती बरम्हंडा॥
डोलै गगन, इंद्र डरि काँपा। बासुकि जाइ पतारहिं चाँपा॥

मेरु धसमसै, समुद्र सुखाई। बनखँड टूटि खेह मिलि जाई॥
अगिलन्ह कहँ पानी लेइं बाँटा। पलिछन्ह कहँ नहिं काँदौ आँटा॥

इसी ढंग का चित्तौर पर अलाउद्दीन की चढ़ाई का बड़ा विस्तृत वर्णन है–

बादसाह हठि कीन्ह पयाना। इंद्र भँडार डोल भय माना॥
नब्बे लाख सवार जो चढ़ा। जो देखा सो सोने मढ़ा॥
बीस सहस घुम्मरहिं निसाना। गलगंजहिं फेरहिं असमाना॥
बैरख ढाल गगन गा छाई। चला कटक धरती न समाई॥
सहस पाँति गज मत्त चलावा। घुसत अकास, धँसत भुइँ आवा॥
बिरिछ उपारि पेड़ि स्यों लेहीं। मस्तक झारि तोरि मुख देहीं॥
कोउ काहू न सँभारे, होत आव डर चाप।
धरति आपु कहँ काँपै, सरग आपु कहँ काँप॥
आवै डोलत सरग उतारू। काँपै धरति, न अँगवै भारू॥
टूटहिं परबत मेरु पहारा। होइ होइ चूरि उड़हि होइ छारा॥
सत खँड धरती भइ षट खंडा। ऊपर अस्ट भए बरम्हांडा॥
गगन छपान खेह तस छाई। सूरुज छपा, रैनि होइ आई॥
दिनहिं राति अस परी अचाका। भा रवि अस्त, चंद रथ हाँका॥
मँदिरन्ह जगत दीप परगसे। पंथी चलत बसेरहि बसे॥
दिन के पंखि चरत उड़ि भागे। निसि के निसरि चरै सब लागे॥

कैसे घोर सृष्टिविप्लव का दृश्य जायसी ने सामने रखा है ! मानव व्यापारों की व्यापकता और शक्तिमत्ता का प्रभाव वर्णन करने में जायसी को पूरी सफलता हुई है। मनुष्य की शक्ति तो देखिए ! उसकी एक गति में सारी सृष्टि में खलबली पड़ गई है। पृथ्वी और आकाश दोनों हिल रहे हैं। एक के सात के छह ही खंड रहते दिखाई देते हैं और दूसरे के सात के आठ हुए जाते हैं। दिन की रात हो रही है। जिन जायसी ने विशुद्ध प्रेममार्ग में मनुष्य की मानसिक और आध्यात्मिक शक्ति का साक्षात्कार किया–सच्चे प्रेमी की वियोगाग्नि की लपट को लोकलोकान्तर में पहुँचाया–उन्होंने यहाँ उसकी भौतिक शक्ति का प्रसार दिखाया है।

इस वर्णन में बिम्बग्रहण कराने के हेतु चित्रण का प्रयत्न भी पाया जाता है। इसमें कई व्यापारों की संश्लिष्ट योजना कई स्थलों पर दिखाई देती है। जैसे, हाथी पेड़ों को पेड़ी सहित उखाड़ लेते हैं, और फिर मस्तक झाड़ते हुए उन्हें तोड़कर मुँह में डाल लेते हैं। इस रूप में वर्णन न होकर यदि एक स्थान पर यह कहा जाता है कि हाथी पेड़ उखाड़ लेते हैं, फिर कहीं कहा जाता कि वे मस्तक झाड़ते हैं और आगे चलकर यह कहा जाता कि वे डालियाँ मुँह में डाल लेते हैं तो यह संकेत रूप में (अर्थग्रहण मात्र कराने के लिए, चित्त में प्रतिबिम्ब उपस्थित करने के लिए नहीं) कथन मात्र होता, चित्रण न होता। इसी प्रकार पहाड़ टूटते हैं, टूटकर चूर-चूर होते हैं और फिर धूल होकर ऊपर छा जाते हैं। इस पंक्ति में भी व्यापारों की शृंखला एक

में गुँथी हुई है। ये वर्णन संस्कृत चित्रणप्रणाली पर हैं। जिन व्यापारों या वस्तुओं में जायसी के हृदय की वृत्ति पूर्णतया लीन हुई है उनका ऐसा चित्रण मानो आपसे आप हो गया है।

इसके आगे राजा रत्नसेन के घोड़ों, हथियारों और उनकी सजावट आदि का अच्छे विस्तार के साथ वर्णन है। सब बातों की दृष्टि से यह युद्ध-यात्रा-वर्णन सर्वांगपूर्ण कहा जा सकता है।

युद्ध-वर्णन–घमासान युद्ध-वर्णन करने का भी जायसी ने अच्छा आयोजन किया है। शस्त्रों की चमक और झनकार, हथियारों की रेलपेल, सिर और धड़ का गिरना आदि सब कुछ है–

हस्ती सहुँ हस्ती हठि गाजहिं। जनु परबत परबत सौं बाजहिं॥
कोउ गयंद न टारे टरहीं। टूटहिं दाँत, सूँड़ गिरि परहीं॥
बाजहिं खड़ग, उठै दर आगी। भुइँ जरि चहै सरग कहँ लागी॥
चमकहिं बीजु होइ उंजियारा। जेहिं सिर परे होइ दुइ फारा॥
बरसहिं सेल बान, होइ काँदों। जस बरसे सावन औ भादों॥
लपटहिं कोपि परहिं तरवारी। औ गोला ओला जस भारी॥
जूझे बीर लखौं कहँ ताई। लेइ अछरी कैलास सिधाई॥

अन्तिम पंक्ति में वीरों के प्रति जो सम्मान का भाव प्रकट किया गया है वह हिन्दुओं और मुसलमानों दोनों की महत्त्वभावना के अनुकूल है। रणक्षेत्र में वीरगति को प्राप्त शूरवीरों का स्वागत जैसे हिन्दुओं के स्वर्ग में अप्सराएँ करती हैं वैसे ही मुसलमानों के बहिश्त में भी। लोकसंगत आदर्श के प्रति यह पूज्य बुद्धि जायसी को कबीर आदि व्यक्तिपक्ष ही तक दृष्टि ले जानेवाले साधकों से अलग करती है।

भारतीय कविपरम्परा युद्ध की भीषणता के बीच गीध, गीदड़ आदि के रूप में कुछ वीभत्स दृश्य भी लाया करती है। जायसी ने भी इस परम्परा का अनुसरण किया है–

आनँद ब्याह करहिं मँसखावा। अब भख जनम जनम कहँ पावा॥
चौंसठ जोगिनि खप्पर पूरा। विग जंबुक पर बाजहिं तूरा॥
गिद्ध चील सब मंडप छावहिं। काग कलोल करहिं औ गावहिं॥

बादशाह-भोजन वर्णन–जैसा पहले कह आए हैं, इसमें अनेक युक्तियों से बनाए हुए व्यंजनों, पकवानों, तरकारियों और मिठाइयों इत्यादि की बड़ी लम्बी सूची है–इतनी लम्बी कि पढ़नेवाले का जी ऊब जाता है। यह भद्दी परम्परा जायसी के पहले से चली आ रही थी। सूरदासजी ने भी इसका अनुसरण किया है।

चित्तौरगढ़ वर्णन–यह भी उसी ढंग का है जिस ढंग का सिंहलगढ़ का वर्णन है। इसमें भी सात पौरें हैं, पर नवद्वारवाली कल्पना नहीं आई है क्योंकि कवि को यहाँ किसी अप्रस्तुत अर्थ का समावेश नहीं करना था। चित्तौर बहुत दिनों तक हिन्दुओं के बल, प्रताप और वैभव का केन्द्र रहा। सारी हिन्दू जाति उसे सम्मान और गौरव की दृष्टि से देखती रही। चित्तौर के नाम के साथ हिन्दूपन का भाव लगा हुआ था। यह

नाम हिन्दुओं के मर्म को स्पर्श करनेवाला है। भारतेन्दु के इस वाक्य में हिन्दूहृदय की कैसी वेदना भरी है–

हाय चितौर ! निलज तू भारी। अजहुँ खरो भारतहि मँझारी ॥

उसी प्रिय भूमि के सम्बन्ध में जायसी क्षत्रिय राजाओं के मुँह से कहलाते हैं–

चितउर हिंदुन कर अस्थाना। सत्रु तुरुक हठि कीन्ह पयाना ॥
है चितउर हिंदुन कै माता। गाढ़ परे तजि जाइ न नाता ॥

चित्तौर के इसी गौरव और ऐश्वर्य्य के अनुरूप गढ़ का यह वर्णन है–

सातौ पँवरी कनक केवारा। सातहु पर बाजहिं घरियारा ॥
खँड खँड साज पलँग औ पीढ़ी। मानहुँ इंद्रलोक कै सीढ़ी ॥
चंदन बिरिछ सुहाई छाहाँ। अमृत कुंड भरे तेहि माहाँ ॥
फरे खजहजा दारिउँ दाखा। जो ओहि पंथ जाइ सो चाखा ॥
कनक छत्र सिंघासन साजा। पैठत पँवरि मिला लेइ राजा ॥
चढ़ा साह, गढ़ चितउर देखा। सब संसार पायँ तर लेखा ॥
देखा साह गगन गढ़, इंद्रलोक कर साज।
कहिय राज फुर ताकर, करै सरग अस राज ॥

षट्ऋतु, बारहमासा वर्णन–उद्दीपन की दृष्टि से तो इन पर विचार 'विप्रलम्भ शृंगार' और 'संयोग शृंगार' के अन्तर्गत हो चुका है। वहाँ इनके नाना दृश्यों का जो आनन्ददायक या दुःखदायक स्वरूप दिखाया गया है वह किसी अन्य (आलम्बन रत्नसेन) के प्रति प्रतिष्ठित रतिभाव के कारण है। उद्दीपन में वर्णन दृश्यों के स्वतन्त्र प्रभाव की दृष्टि से नहीं होता। पर यहाँ उन दृश्यों का विचार हमें इस दृष्टि से करना है कि उनका मनुष्य मात्र की रागात्मिका वृत्ति के आलम्बन के रूप में चित्रण कहाँ तक और कैसा हुआ है। ऐसे दृश्यों में स्वतः एक प्रकार का आकर्षण होता है, यह बात तो सहृदय मात्र स्वीकार करेंगे। इसी आकर्षण के कारण प्राचीन कवियों ने प्राकृतिक वस्तुओं और व्यापारों का सूक्ष्म निरीक्षण करके तथा उनके संश्लिष्ट ब्यौरों को संश्लिष्ट रूप में ही रखकर दृश्यों का मनोहर चित्रण किया है। पर जैसा कि पहले कह आए हैं, जायसी के ये वर्णन उद्दीपन की दृष्टि से हैं जिसमें वस्तुओं और व्यापारों की झलक मात्र–जो नामोल्लेख मात्र से भी मिल सकती है–काफी समझी जाती है। पर बहुत ही प्यारे शब्दों में दिखाई हुई यह झलक है बहुत मनोहर। कुछ उदाहरण 'विप्रलम्भ शृंगार' के अन्तर्गत दिए जा चुके हैं, कुछ और लीजिए–

अद्रा लाग, लागि भुइँ लेई। मोहि बिनु पिउ को आदर देई ? ॥
सावन बरस मेह अति पानी। भरनि परी, हौं बिरह झुरानी ॥
भा परगास काँस बन फूले। कंत न फिरे, बिदेसहिं भूले ॥
कातिक सरद चंद उजियारी। जग सीतल, हौं बिरहै जारी ॥
टप टप बूँद परहिं, औ ओला। बिरह पवन होइ मारै झोला ॥
तरिवर झरहिं झरहिं बन ढाखा। भई ओनंत फूलि फरि साखा ॥
बौरे आम फरै अब लागे। अबहुँ आउ घर, कंत सभागे ॥

यह झलक बारहमासे में हमें मिलती है। षट्ऋतु के वर्णन में सुखसम्भोग का ही उल्लेख अधिक है, प्राकृतिक वस्तुओं और व्यापारों का बहुत कम। दोनों का वर्णन यद्यपि उद्दीपन की दृष्टि से है, दोनों में यद्यपि प्राकृतिक वस्तुओं और व्यापारों की अलग-अलग झलक भर दिखाई गई है, पर एक आध जगह कवि का अपना निरीक्षण भी अत्यन्त सूक्ष्म और सुन्दर है, जैसे–

चमक बीजु बरसै जल सोना। दादुर मोर सबद सुठि लोना ॥

इसमें बिजली का चमकना और उसकी चमक में बूँदों का सुवर्ण के समान झलकना इन दो व्यापारों की एक साथ योजना दृश्य पर कुछ देर ठहरी हुई दृष्टि सूचित करती है। यही बात बैसाख के इस रूपकवर्णन में भी है–

सरवर हिया घटत निति जाई। टूक टूक होइ कै बिहराई ॥
बिहरत हिया करहु, पिउ ! टेका। दीठि दवँगरा, मेरवहु एका ॥

तालों का पानी जब सूखने लगता है तब पानी में सूखे हुए स्थान में बहुत-सी दरारें पड़ जाती हैं जिससे खाने कटे दिखाई पड़ते हैं। वर्षा के आरम्भ की झड़ी (दवँगरा) जब पड़ती है तब वे दरारें फिर मिल जाती हैं। विदीर्ण होते हुए हृदय को सूखता हुआ सरोवर और प्रिय के दृष्टिपात को 'दवँगरा' बनाकर कवि ने प्रकृति के सूक्ष्म निरीक्षण का बहुत ही अच्छा परिचय दिया है। इसके अतिरिक्त दो प्रस्तुत (बैसाख का वर्णन है इससे सूखते हुए सरोवर का वर्णन प्रस्तुत है, नागमती वियोगिनी है इससे विदीर्ण होते हृदय का वर्णन भी प्रस्तुत ही है) वस्तुओं के बीच सादृश्य की भावना भी अत्यन्त माधुर्य्यपूर्ण और स्वाभाविक है। मैं तो समझता हूँ इसके जोड़ की सुन्दर और स्वाभाविक उक्ति हिन्दी काव्यों में बहुत ढूँढ़ने पर कहीं मिले तो मिले।

बारहमासे के सम्बन्ध में यह जिज्ञासा हो सकती है कि कवि ने वर्णन का आरम्भ आषाढ़ से क्यों किया है, चैत से क्यों नहीं किया। बात यह है कि राजा रत्नसेन ने गंगा-दशहरे को चित्तौर से प्रस्थान किया था जैसा कि इस चौपाई से प्रकट है–

दसवँ दावँ कै गा जो दसहरा। पलटा सोइ नाव लेइ महरा ॥

यह वचन नागमती ने उस समय कहा है जब राजा रत्नसेन सिंहल से लौटकर चित्तौर के पास पहुँचा है। इसका अभिप्राय यह है कि जो केवट दसहरे के दिन मेरी दशम दशा (मरण) करके गया था, जान पड़ता है कि वह नाव लेकर आ रहा है। दसहरे के पाँच दिन पीछे ही आषाढ़ लगता है इससे कवि ने नागमती की वियोगदशा का आरम्भ आषाढ़ से किया है।

रूप-सौन्दर्य्य-वर्णन–जैसा कि पहले कह आए हैं, रूपसौन्दर्य्य ही सारी आख्यायिका का आधार है अतः पद्मावती के रूप का बहुत ही विस्तृत वर्णन तोते के मुँह से जायसी ने कराया है। यह वर्णन यद्यपि परम्पराभुक्त ही है, अधिकतर परम्परा से चले आते हुए उपमानों के आधार पर ही है, पर कवि की भोली-भाली और प्यारी भाषा के बल से यह श्रोता के हृदय को सौन्दर्य्य की अपरिमित भावना से भर देता है। सृष्टि के जिन-जिन पदार्थों में सौन्दर्य्य की झलक है, पद्मावती की रूपराशि की योजना के लिए कवि ने मानो

सबको एकत्र कर दिया है। जिस प्रकार कमल, चन्द्र, हंस आदि अनेक पदार्थों से सौन्दर्य्य लेकर तिलोत्तमा का रूप संघटित हुआ था उसी प्रकार कवि ने मानो पद्मावती का रूपविधान किया है। पद्मावती का सौन्दर्य्य अपरिमेय है, अलौकिक है और दिव्य है। उसके वर्णन मात्र से, उसकी भावना मात्र से, राजा रत्नसेन बेसुध हो जाता है। उसकी दृष्टि संसार के सारे पदार्थों से फिर जाती है, उसका हृदय उसी रूपसागर में मग्न हो जाता है। वह जोगी होकर निकल पड़ता है।

पद्मावती के रूप का वर्णन दो स्थानों पर है। एक स्थान पर हीरामन सूआ चित्तौर में राजा रत्नसेन के सामने वर्णन करता है; दूसरे स्थान पर राघव चेतन दिल्ली में बादशाह अलाउद्दीन के सामने। दोनों स्थानों पर वर्णन नखशिख की प्रणाली पर और सादृश्यमूलक है अतः उसका विचार अलंकारों के अन्तर्गत करना अधिक उपयुक्त जान पड़ता है। यहाँ पर केवल उन दो-चार स्थलों का उल्लेख किया जाता है जहाँ सौन्दर्य्य के सृष्टिव्यापी प्रभाव की लोकोत्तर कल्पना पाई जाती है, जैसे–

सरवर तीर पदमिनी आई। खोंपा छोरि केस मुकलाई॥
ओनई घटा, परी जग छाहाँ।
बेनी छोरि झार जौ बारा। सरग पतार होइ अँधियारा॥

केशों की दीर्घता, सघनता और श्यामता के वर्णन के लिए सादृश्य पर जोर न देकर कवि ने उनके प्रभाव की उद्भावना की है। इस छाया और अन्धकार में माधुर्य्य और शीतलता है, भीषणता नहीं।

पद्मावती के पुतली फेरने से उत्पन्न इस रस-समुद्र-प्रवाह को तो देखिए–

जग डोलै डोलत नैनाहाँ। उलटि अड़ार जाहिं पल माहाँ॥
जबहिं फिराहिं गगन गहि बोरा। अस वै भँवर चक्र के जोरा॥
पवन झकोरहिं देइ हिलोरा। सरग लाइ भुँइँ लाइ बहोरा॥

उसके मन्द मृदु हास के प्रभाव से देखिए कैसी शुभ्र उज्ज्वल शोभा कितने रूप धारण करके सरोवर के बीच विकीर्ण हो रही है–

बिगसा कुमुद देखि ससिरेखा। भइ तहँ ओप जहाँ जो देखा॥
पावा रूप, रूप जस चहा। ससिमुख सहुँ दरपन होइ रहा॥
नयन जो देखा कँवल भा, निरमल नीर सरीर॥
हँसत जो देखा हंस भा, दसन ज्योति नग हीर॥

पद्मावती के हँसते ही चन्द्रकिरण-सी आभा फूटी इससे सरोवर के कुमुद खिल उठे। यहीं तक नहीं, उसके चन्द्रमुख के सामने वह सारा सरोवर दर्पण-सा हो उठा अर्थात् उसमें जो-जो सुन्दर वस्तुएँ दिखाई पड़ती थीं वे सब मानो उसी के अंगों की छाया थीं। सरोवर में चारों ओर जो कमल दिखाई पड़ रहे थे वे उसके नेत्रों के प्रतिबिम्ब थे, जल जो इतना स्वच्छ दिखाई पड़ रहा था वह उसके स्वच्छ निर्मल शरीर के प्रतिबिम्ब के कारण। उसके हास की शुभ्र कान्ति की छाया वे हंस थे जो इधर-उधर दिखाई पड़ते थे और उस सरोवर में (जिसे जायसी ने एक झील या छोटा समुद्र माना है) जो हीरे थे वे

उसके दशनों की उज्ज्वल दीप्ति से उत्पन्न हो गए थे। पद्मावती का रूपवर्णन करते-करते किस अनन्त सौन्दर्य्यसत्ता की ओर कवि की दृष्टि जा पड़ी है ! जिसकी भावना संसार के सारे रूपों को भेदती हुई उस मूल सौन्दर्य्यसत्ता का कुछ आभास पा चुकी है। वह सृष्टि के सारे सुन्दर पदार्थों में उसी का प्रतिबिम्ब देखता है।

इसी प्रकार उस 'पारसरूप' का आभास–जिसके छायास्पर्श से यह जगत् रूपवान् है–जायसी ने उस स्थल पर भी दिया है जहाँ अलाउद्दीन ने दर्पण में पद्मावती के स्मित आनन का प्रतिबिम्ब देखा है–

बिहँसि झरोखे आइ सरेखी। निरखि साह दरपन महँ देखी ॥
होतहिं दरस, परस भा लोना। धरती सरग भएउ सब सोना ॥

उसकी एक जरा-सी झलक मिलते ही सारा जगत् सौन्दर्य्यमय हो गया, जैसे पारस मणि के स्पर्श से लोहा सोना हो जाता है। उस 'पारस-रूप-दरस' के प्रभाव से शाह बेसुध हो जाता है और उस दर्पण को एक सरोवर के रूप में देखता है।

'नखशिख खंड' में भी दाँतों का वर्णन करते-करते कवि की भावना उस अनन्त ज्योति की ओर बढ़ती जान पड़ती है–

जेहि दिन दसन जोति निरमई। बहुतै जोति जोति ओहि भई ॥
रवि ससि नखत दिपहिं ओहि जोती। रतन पदारथ मानिक मोती ॥
जहँ जहँ बिहँसि सुभावहिं हँसी। तहँ तहँ छिटकि जोति परगसी ॥

इसी रहस्यमय परोक्षाभास के कारण जायसी की अत्युक्तियाँ उतनी नहीं खटकतीं जितनी श्रृंगाररस के उद्भट पद्यों की वे उक्तियाँ जो ऊहा अथवा नापजोख द्वारा निर्धारित की जाती हैं। 'शरीर की निर्मलता' और 'जल की स्वच्छता' के बीच जो बिम्ब-प्रतिबिम्ब-सम्बन्ध जायसी ने देखा है वह हृदय को कितना प्यारा जान पड़ता है। इसके सामने बिहारी की वह स्वच्छता जिसमें भूषण 'दोहरे, तिहरे, चौहरे' जान पड़ते हैं, कितनी अस्वाभाविक और कृत्रिम लगती है। शरीर के ऊपर दर्पण के गुण का यह आरोप भद्दा लगता है। यह बात नहीं है कि उपमान के चाहे जिस गुण का आरोप हम उपमेय में करें वह मनोहर ही होगा।

कवियों की प्रथा के अनुसार पद्मावती की सुकुमारता का भी अत्युक्तिपूर्ण वर्णन जायसी ने किया है। उसकी शय्या पर फूल की पंखड़ियाँ चुन-चुनकर बिछाई जाती हैं। यदि कहीं समूचा फूल रह जाए तो रात भर नींद न आए–

पखुरी काढ़हिं फूलन्ह सेंती। सोई डासहिं सौंर सपेती ॥
फूल समूचे रहै जो पावा। व्याकुल होइ नींद नहिं आवा ॥

बिहारी इससे भी बढ़ गए हैं। उन्होंने अपनी नायिका के सारे शरीर को फोड़ा बना डाला है। वह तो 'झिझकति हिये गुलाब के झवाँ झवाँवत पाय'। जायसी ने भी इस प्रकार की भद्दी अत्युक्तियाँ की हैं, जैसे–

नस पानन्ह कै काढ़हिं हेरी। अधर न गड़ै फाँस ओहि केरी ॥
मकरि क तार ताहि कर चीरू। सो पहिरे छिरि जाइ सरीरू ॥

सुकुमारता की ऐसी अत्युक्तियाँ अस्वाभाविकता के कारण, केवल ऊहा द्वारा मात्रा या परिमाण के आधिक्य की व्यंजना के कारण कोई रमणीय चित्र सामने नहीं लाती। प्राचीन कवियों के 'शिरीषपुष्पाधिकसौकुमार्य्य' का जो प्रभाव हृदय पर पड़ता है वह इस खरोंट और छालेवाले सौकुमार्य का नहीं। कहीं-कहीं गुण की अवस्थिति मात्र का दृश्य जितना मनोरम होता है उतना उस गुण के कारण उत्पन्न दशान्तर का चित्र नहीं। जैसे, नायिका के ओठ की ललाई का वर्णन करते-करते यदि कोई 'तद्गुण' अलंकार की झोंक में यह कह डाले कि जब वह नायिका पीने के लिए पानी ओठों से लगाती है तब वह खून हो जाता है तो यह दृश्य कभी रुचिकर नहीं लग सकता। ईंगुर, बिंबा आदि सामने रखकर उस लाली की मनोहर भावना उत्पन्न कर देना ही काफी समझना चाहिए। उस लाली के कारण क्या-क्या बातें पैदा हो सकती हैं, इसका हिसाब-किताब बैठाना जरूरी नहीं।

इसी प्रकार की विस्तारपूर्ण अत्युक्ति ग्रीवा की कोमलता और स्वच्छता के इस वर्णन में भी है–

पुनि तेहि ठाँव परीं तिनि रेखा। घूँट जो पीक लीक सब देखा॥

इस वर्णन से तो चिड़ियों के अंडे से तुरन्त फूटकर निकले हुए बच्चे का चित्र सामने आता है। वस्तु या गुण का परिमाण अत्यन्त अधिक बढ़ाने से ही सर्वत्र सरसता नहीं आती। इस प्रकार की वस्तुव्यंग्य उक्तियों की भरमार उस काल से आरम्भ हुई जब से 'ध्वनि' का आग्रह बहुत बढ़ा, और सब प्रकार की व्यंजनाएँ उत्तम काव्य समझी जाने लगीं। पर वस्तु-व्यंजनाएँ ऊहा द्वारा ही की और समझी जाती हैं, सहृदयता से उनका नित्य सम्बन्ध नहीं होता।

वस्तुवर्णन का संक्षेप में इतना दिग्दर्शन कराके हम यह कह देना आवश्यक समझते हैं कि जिन-जिन वस्तुओं का वर्णन हुआ है उन सबको हम 'आलम्बन' मानते हैं। जो वस्तुएँ किसी पात्र के आलम्बन के रूप में नहीं आतीं उन्हें कवि और श्रोता दोनों के आलम्बन समझना चाहिए। कवि ही आश्रय बनकर श्रोता या पाठक के प्रति उनका प्रत्यक्षीकरण करता है। उनके प्रत्यक्षीकरण में कवि की भी वृत्ति रमती है और श्रोता या पाठक की भी। वन, सरोवर, नगर, प्रदेश, उत्सव, सजावट, युद्ध, यात्रा, ऋतु, इत्यादि सब वस्तुएँ और व्यापार मनुष्य की रागात्मिका वृत्ति के सामान्य आलम्बन हैं। अतः इनके वर्णनों को भी हम रसात्मक वर्णन मानते हैं। आलम्बन मात्र के वर्णन में भी रसात्मकता माननी पड़ेगी। 'नखशिख' की पुस्तकों में शृंगार रस के आलम्बन का ही वर्णन होता है और वे काव्य की पुस्तकें मानी जाती हैं। जिन वस्तुओं का कवि विस्तृत चित्रण करता है उनमें से कुछ शोभा, या सौन्दर्य्य या चिर साहचर्य के कारण मनुष्य के रतिभाव का आलम्बन होती हैं; कुछ भव्यता, विशालता, दीर्घता आदि के कारण उसके आश्चर्य का; कुछ घिनौने रूप के कारण जुगुप्सा का, इत्यादि। यदि बलभद्र कृत 'नखशिख' और गुलाम नबी कृत 'अंगदर्पण' रसात्मक काव्य है तो कालिदास कृत हिमालय-वर्णन और भू-प्रदेश-वर्णन भी।

पात्र द्वारा भावव्यंजना

पात्र द्वारा जिन स्थायी भावों की प्रधानतः व्यंजना जायसी ने कराई है वे रति, शोक और युद्धोत्साह हैं। दो-एक स्थानों पर क्रोध की भी व्यंजना है। भय का केवल आलम्बन मात्र हम समुद्रवर्णन के भीतर पाते हैं, किसी पात्र द्वारा भय का प्रदर्शन नहीं। वीभत्स का भी आलम्बन ही प्रथानुसार युद्धवर्णन में है। हास का तो अभाव ही समझना चाहिए। गौण भावों की व्यंजना कुछ तो अन्य भाव के संचारियों के रूप में है, कुछ स्वतन्त्र रूप में। जायसी की भावव्यंजना के सम्बन्ध में यह समझ रखना चाहिए कि उन्होंने जबरदस्ती विभाव, अनुभाव और संचारी ठूँसकर पूर्ण रस की रस्म अदा करने की कोशिश नहीं की है। भाव का उत्कर्ष जितने से सध गया है उतने ही से उन्होंने प्रयोजन रखा है। अनुभावों की योजना कम है। 'पद्मावत' में यद्यपि शृंगार ही प्रधान है पर उसके सम्भोगपक्ष में स्तम्भ, स्वेद, रोमांच नहीं मिलते। वियोग में अश्रुओं का बाहुल्य है। हावों का भी विधान नहीं है। विप्रलम्भ में वैवर्ण्य आदि थोड़े से सात्विकों का कहीं-कहीं आभास मिलता है। इस कमी से रतिभाव के स्वरूप के उत्कर्ष में तो कोई कमी नहीं हुई है पर सम्भोगपक्ष उतना अनुरंजनकारी नहीं हुआ है।

भावव्यंजना का विचार करते समय दो बातें देखनी चाहिए–

(1) कितने भावों और गूढ़ मानसिक विकारों तक कवि की दृष्टि पहुँची है।

(2) कोई भाव कितने उत्कर्ष तक पहुँचा है।

पहली बात में हम जायसी को बढ़ा-चढ़ा नहीं पाते। इनमें गोस्वामी तुलसीदासजी की-सी वह सूक्ष्म अन्तर्दृष्टि नहीं है जो भिन्न-भिन्न परिस्थितियों के बीच संघटित होनेवाली अनेक मानसिक अवस्थाओं का विश्लेषण करती है। कैकेयी और मन्थरा के संवाद में मानव प्रकृति का जैसा सूक्ष्म अध्ययन पाया जाता है वैसा पद्मिनी और दूती के संवाद में नहीं। क्षोभ से उत्पन्न उदासीनता और आत्मनिन्दा, आश्चर्य से भिन्न चकपकाहट ऐसे गूढ़ भावों तक जायसी की पहुँच नहीं पाई जाती। सारांश यह कि मनुष्यहृदय की अधिक अवस्थाओं का सन्निवेश जायसी में नहीं मिलता। जो भाव संचारियों में गिना दिए हैं उनका भी बहुत ही कम संचरण किसी स्थायी भाव के भीतर दिखाई पड़ता है। इन गिनाए हुए भावों के अतिरिक्त और न जाने कितने छोटे-छोटे भाव और मानसिक दशाएँ हैं जो व्यवहार में देखी जाती हैं और अनुसन्धान करने पर भावुक कवियों की रचनाओं में बराबर पाई जाएँगी। आश्चर्य ऐसे लोगों पर होता है जो 'देव' कवि के 'छल' नामक एक और संचारी ढूँढ़ निकालने पर वाह-वाह का पुल बाँधते हैं और देव को एक आचार्य्य समझते हैं। गोस्वामीजी की आलोचना में मैं कई ऐसे भाव दिखा चुका हूँ जिनके नाम संचारियों की गिनती में नहीं हैं। संचारियों में गिनाए हुए भाव तो उपलक्षण मात्र हैं। खैर, यहाँ केवल हमें इतना ही कहना है कि जायसी में भावों के भीतर संचारियों का सन्निवेश बहुत कम मिलता है। 'पद्मावत' में रतिभाव की प्रधानता है पर उसके अन्तर्गत भी हम 'असूया', 'गर्व' आदि दो-एक संचारियों को छोड़

'व्रीड़ा', 'अवहित्था' आदि अनेक भावों का कहीं पता नहीं पाते। इनके अवसर आए हैं पर कवि ने इनका विधान नहीं किया है–जैसे पद्मिनी के मंडपगमन का अवसर, प्रथम समागम का अवसर।

अब दूसरी बात भाव के उत्कर्ष पर आइए। इसमें जायसी बहुत बढ़े-चढ़े हैं, पर जैसा कि दिखाया जा चुका है, यह उत्कर्ष विप्रलम्भ पक्ष में ही अधिक दिखाई पड़ता है।

श्रृंगार का बहुत कुछ विवेचन विप्रलम्भ श्रृंगार और संयोग श्रृंगार के अन्तर्गत हो चुका है। यहाँ पर केवल रतिभाव के अन्तर्गत कुछ मानसिक दशाओं की व्यंजना के उदाहरण ही काफी समझता हूँ। रत्नसेन से विवाह हो जाने पर पद्मावती अपनी कामदशा का वर्णन कैसे सीधे-साधे पर भावगर्भित वचनों द्वारा करती है–

कौन मोहनी दहुँ हुति तोही। जो तोहि बिथा सो उपनी मोही।
बिनु जल मीन तलफ जस जीऊ। चातक भइउँ कहत 'पिउ पीऊ' ॥
जरिउँ बिरह जस दीपक बाती। पथ जोहत भइँ सीप सेवाती ॥
भइउँ बिरह दहि कोइल कारी। डारि डारि जिमि कूकि पुकारी ॥
कौन सो दिन जब पिउ मिले, यह मन राता जासु।
वह दुःख देखै मोर सब, हौं दुःख देखौं तासु ॥

दोहे में 'अभिलाष' का कैसा सच्चा प्रकृत स्वरूप है। प्रेम प्रेम चाहता है। इसी अभिलाष के अन्तर्गत अपना दुःख प्रिय के सामने रखने, और प्रिय भी मेरे विरह में दुःखी है, इस बात का निश्चय प्राप्त करने की उत्कंठा प्रेमी को होती है। रतिभाव के संचारी के रूप में 'आशा' या 'विश्वास' की बड़ी सुन्दर व्यंजना जायसी ने पद्मावती के मुँह से कराई है। देवपाल की दूती के यह कहने पर कि 'कस तुइँ, बारि, रहसि कुँभिलानी ?' पद्मावती कहती है–

तौ लौं रहौं झुरानी जौ लहि आव सो कंत।
एहि फूल, एहि सेंदुर होइ सो उठै बसंत ॥

इसी फूल (शरीर) से जिसे तुम इतना कुँभलाया हुआ कहती हो और इसी सिन्दूर की फीकी रेखा से जो रूखे सिर में दिखाई पड़ती है फिर वसन्त का विकास और उत्सव हो सकता है, यदि पति आ जाए। इस बात का ध्यान रखना चाहिए कि होली के उत्सव के लिए जायसी ने अबीर के स्थान पर बराबर सिन्दूर का व्यवहार किया है। सम्भव है, उस समय सिन्दूर से ही अबीर बनाया जाता रहा हो।

श्रृंगार के संचारी 'वितर्क' का एक उदाहरण है, जो नया नहीं कहा जा सकता, लीजिए। बादल की नवागता वधू युद्ध के लिए जाने को तैयार पति की ओर देख रही है और खड़ी-खड़ी सोचती है–

रहौं लजाइ तो पिउ चलै, कहौं तो कह मोंहिं ढीठ।

'वात्सल्य' के उद्‌गार दो स्थानों पर हैं। एक तो वहाँ जहाँ राजा रत्नसेन जोगी होकर घर से निकलने को तैयार होता है; फिर वहाँ जहाँ बादल रत्नसेन को छुड़ाने की प्रतिज्ञा करने के उपरान्त युद्धयात्रा के लिए चलने को उद्यत होता है। दोनों स्थानों

पर व्यंजना माता के मुख से है पर विस्तीर्ण और गम्भीर नहीं है, साधारण है। परिस्थिति के अनुसार रत्नसेन की माता का वात्सल्य 'सुख के अनिश्चय' के द्वारा व्यक्त होता है और बादल की माता का 'शंका संचारी' द्वारा। रत्नसेन की माता कहती है–

सब दिन रहेहु करत तुम भोगू। सो कैसे साधब तप जोगू ॥
कैसे धूप सहब बिनु छाहाँ। कैसे नींद परिहि भुइँ माहाँ ॥
कैसे ओढ़ब काथरि कंथा ? कैसे पावँ चलब तुम पंथा ॥
कैसे सहब खनहि खन भूखा ? कैसे खाब कुरकुटा रूखा ॥

जितना दुःख औरों के दुःख को सुनकर होता है, उतना दुःख प्रिय व्यक्ति के सुख के अनिश्चय मात्र से होता है। यह अनिश्चय प्रिय व्यक्ति के आँख से ओझल होते ही उत्पन्न होने लगता है। तुलसी और सूर ने कौशल्या और यशोदा के मुख से ऐसे अनिश्चय की बड़ी सुन्दर व्यंजना कराई है। ऐसे स्थलों पर इस अनिश्चय का कारण रतिभाव ही होता है; अतः जिस प्रकार 'शंका' रतिभाव का संचारी होती है उसी प्रकार यह 'अनिश्चय' भी। परिस्थितिभेद से कहीं संचारी केवल 'अनिश्चय' तक रहता है और कहीं 'शंका' तक पहुँचता है। छोटी अवस्था का बादल जिस समय रणक्षेत्र में जाने को तैयार होता है, उस समय माता की यह 'शंका' बहुत ही स्वाभाविक है–

बादल राय मोर तुइ बारा। का जानसि कस होइ जुझारा ॥
बादसाह पुहुमीपति राजा। सनमुख होइ न हमीरहि छाजा ॥
बरिसहिं सेल बान घन घोरा। धीरज धीर न बाँधिहिं तोरा ॥
जहाँ दलपती दलमलहिं, तहाँ तोर का काज ?
आजु गवन तोर आवै, बैठि मानु सुख राज ॥

शंका तक पहुँचता हुआ यह 'अनिश्चय' प्रेमप्रसूत है, गूढ़ रतिभाव का द्योतक है–

ह्वेयर लव इज ग्रेट, द लिटिलेस्ट डाउट्स आर फियर्स।
ह्वेयर लिटिल फियर्स ग्रो ग्रेट, ग्रेट लव इज देयर ॥ –शेक्सपियर

मायके के स्वाभाविक प्रेम की कैसी गम्भीर व्यंजना इन पंक्तियों में है–

गहबर नैन आए भरि आँसू। छाँड़व यह सिंघल कैलासू ॥
छाँड़िउँ नैहर, चलिउँ बिछोई। एहि रे दिवस कहँ हौं तब रोई ॥
छाड़िउँ आपनि सखी सहेली। दूरि गवन तजि चलिउँ अकेली ॥
नैहर आइ काह सुख देखा। जनु होइगा सपने कर लेखा ॥
मिलहु सखी हम तहँवा जाहीं। जहाँ जाइ पुनि आउब नाहीं ॥
हम तुम मिलि एकै सँग खेला। अंत बिछोह आनि गिउ मेला ॥

दूती और पद्मावती के संवाद में पद्मावती द्वारा पातिव्रत की बड़ी ही विशद व्यंजना हुई है। पातिव्रत कोई भाव नहीं है। वह धर्म और पूज्यबुद्धिमिश्रित दाम्पत्य प्रेम है। उसके अन्तर्गत कभी रतिभाव की व्यंजना होती है, कभी प्रिय के महत्त्व को

प्रकाशित करनेवाले पूज्य भाव की, कभी प्रिय के महत्त्व के गर्व की और कभी धर्मानुराग की। पहले पद्मावती उस दूती को अपने अनन्य प्रेम की सूचना इस प्रकार देती है–

अहा न राजा रतन अँजोरा। केहि क सिंहासन केहि क पटोरा॥
चहुँ दिसि यह घर भा अँधियारा। सब सिंगार लेइ साथ सिधारा॥
काया बेलि जानु तब जामी। सींचनहार आव घर स्वामी॥

इस पर जब दूती दूसरे पुरुष की बात कहती है तब वह क्रोध से तमतमा उठती है और धर्म के तेज से भरे ये वचन कहती है–

रँग ताकर हौं जारौं काँचा। आपन तजि जो पराएहि राँचा॥
दूसर करै जाइ दुइ बाटा। राजा दुइ न होहिं एक पाटा॥

साथ ही अपने पति का महत्त्व दिखाती हुई उस पर इस प्रकार गर्व प्रकट करती है–

कुल कर पुरुषसिंह जेहि केरा। तेहि थल कैस सियार बसेरा ?॥
हिया फार कूकुर तेहि केरा। सिंघहि तजि सियारमुख हेरा॥
सोन नदी अस मोर पिउ गरुवा। पाहन होइ परै जौ हरुवा॥
जेहि ऊपर अस गरुआ पीऊ। सो कस डोलाए डोलै जीऊ॥

पिछली चौपाई में 'गरुआ' और 'डोलै' शब्दों के प्रयोग द्वारा कवि ने जो एक अगोचर मानसिक विषय का गोचर भौतिक व्यापार के रूप में प्रत्यक्षीकरण किया है वह काव्य-पद्धति का अत्यन्त उत्कृष्ट उदाहरण है, पर उससे भी बढ़कर है व्यंजित गर्व की मार्मिकता। यह गर्व पातिव्रत की अचल धुरी है। जिसमें यह गर्व नहीं, वह पतिव्रता नहीं। एक बार एक लुच्चे ने रास्ते में एक स्त्री को छेड़ा। वह स्त्री छोटी जाति की थी पर उसके ये शब्द मुझे अब तक याद हैं कि "क्या तू मेरे पति से बहुत सुन्दर है ?"

'सम्मान' और 'कृतज्ञता' ऐसे भावों की व्यंजना भी जायसी ने बड़ी ही मार्मिक भाषा में कराई है। बादल जब राजा रत्नसेन को दिल्ली से छुड़ाकर लाता है तब पद्मिनी बादल की आरती पूजा करके कहती है–

यह गजगवन गरब सौं मोरा। तुम राखा बादल औ गोरा॥
सेंदुर तिलक जो आँकुस अहा। तुम राखा माथे तौ रहा॥
काछ काछि तुम जिउ पर खेला। तुम जिउ आनि मँजूसा मेला॥
राखा छात, चँवर औधारा। राखा छुद्रघंट झनकारा॥

राजा रत्नसेन के बन्दी होने पर नागमती जो विलाप करती है उसके बीच पद्मिनी के प्रति उसकी झुँझलाहट कितनी स्वाभाविक है, देखिए–

पदमिनि ठगिनी भइ कित साथा। जेहि ते रतन परा पर हाथा।

शोक के दो प्रसंग 'पद्मावत' में आए हैं–पहला रत्नसेन के जोगी होने पर और दूसरा रत्नसेन के मारे जाने पर। इनमें से पात्र द्वारा व्यंजना पहले ही प्रसंग में है, दूसरे में केवल करुण दृश्य का चित्रण है। रत्नसेन के जोगी होकर घर से निकलने पर रानियाँ

जो विलाप करती हैं उसमें पहले सुख के आधार के हटने का उल्लेख है फिर उससे उत्पन्न विषाद की व्यंजना है–

रोवहिं रानी तजहिं पराना। नोंचहिं बार करहिं खरिहाना॥
चूरहिं गिउ-अभरन उर हारा। अब कापर हम करब सिंगारा॥
जाकहँ कहहिं रहसि कै पीऊ। सोइ चला, काकर यह जीऊ॥
मरै चहहिं पै मरै न पावहिं। उठै आगि सब लोग बुझावहिं॥

रसज्ञों की दृष्टि में यहाँ करुण रस की पूरी व्यंजना है, क्योंकि विभाव के अतिरिक्त रोना और बाल नोचना अनुभाव और विषाद संचारी भी है।

जैसा पहले कहा जा चुका है, राजा रत्नसेन के मरने पर कवि ने जिस करुण परिस्थिति का दृश्य दिखाया है वह अत्यन्त प्रशान्त और गम्भीर है। रानियों के मुख से क्षुब्ध आवेग की व्यंजना नहीं कराई गई है, केवल पद्मिनी के उस समय के रूप की झलक दिखाकर परिस्थिति की गम्भीरता का आभास दिया गया है–

पदमावति पुनि पहिरि पटोरी। चली साथ पिय कै होइ जोरी॥
सूरुज छिपा रैनि होइ गई। पूनिउँ ससी अमावस भई॥
छूटे केस, मोति लर छूटीं। जानहुँ रैनि नखत सब टूटीं॥
सेंदुर परा जो सीस उघारी। आगि लागि चह जग अँधियारी॥

सूर्यरूपी रत्नसेन अस्त हुआ। पद्मावती के पूर्ण-चन्द्र-मुख में एक कला भी नहीं रह गई। पहले एक स्थान पर कवि कह चुका है कि 'चाँदहिं कहाँ जोति औ करा ? सुरुज के जोति चाँद निरमरा'। जब सूर्य ही नहीं रहा, तब चन्द्रमा में कला कहाँ से रह सकती है ? काले केश छूट पड़े हैं, मोती बिखरकर गिर रहे हैं–अमावस्या की अँधेरी छा गई है जिसमें नक्षत्र इधर-उधर टूटकर गिरते दिखाई पड़ते हैं। वह घने काले केशों के बीच सिन्दूर की रेखा दिखाई पड़ी–अब घोर अन्धकार के बीच आग भी लगा चाहती है–सती की ज्योति से सारा जगत् जगमगाया चाहता है।

देखिए, पद्मिनी के तात्कालिक रूप में ही कवि ने प्रस्तुत करुण परिस्थिति की गम्भीरता की पूर्ण छाया दिखा दी है। पद्मिनी सारे जगत् के शोक का स्वच्छ आदर्श हो गई जिसमें सारे जगत् के गम्भीर शोक का प्रशान्त स्वरूप दिखाई पड़ता है। कुछ काल के लिए पद्मिनी के सहित सारा जगत् शोकसागर में मग्न दिखाई पड़ता है। फिर पद्मिनी और नागमती दोनों इस दुःखमय जगत् से मुँह फेरती हैं और उस लोक की ओर दृष्टि करती हैं जहाँ दुःख का लेश नहीं–

दोउ सौति चढ़ि खाट बईठीं। औ सिवलोक परा तिन्ह दीठी॥

इस जगत् से दृष्टि फिरते ही सारे दुःख द्वन्द्व छूट गए हैं। अब न झगड़ा और कलह है, न क्लेश और सन्ताप। दोनों सपत्नी एक साथ मिलकर दूसरे लोक में पति से जा मिलने की आशा से परिपूर्ण और शान्त दिखाई पड़ती हैं और सती होने जा रही हैं। आगे बाजा बजता चलता है। यह प्रेममार्ग की विजय का बाजा है–

एक जो बाजा भएउ बियाहू। अब दुसरे होइ ओर निबाहू॥

रत्नसेन की चिता तैयार है। दोनों रानियाँ चिता की सात प्रदक्षिणा करती हैं। एक बार जो भाँवरी (विवाह के समय) हुई थी उससे इस संसारयात्रा में रत्नसेन का साथ हुआ था, अब इस भाँवरी से परलोक के मार्ग में साथ हो रहा है–

एक जो भाँवरि भई बियाही। अब दुसरै होइ गोहन जाहीं॥
जियत कंत ! तुम हम्ह घर लाई। मुए कंठ नहिं छाड़हिं साँई॥
अही जो गाँठि कंत ! तुम जोरी। आदि अंत लहि जाइ न छोरी॥
एहि जग काह जो अछहि न आथी। हम तुम नाह ! दुवौ जगसाथी॥

सतियों के मुख पर आनन्द की शुभ्र ज्योति दिखाई पड़ती है। इस लोक से मुँह मोड़ अब वे दूसरे लोक के मार्ग पर खड़ी हैं। इस लोक की अग्नि में अब उन्हें क्लेश और ताप पहुँचाने की शक्ति नहीं रही है। उनके लिए वह सबसे शीतल करनेवाली वस्तु हो गई है क्योंकि वह पतिलोक का द्वार खोला चाहती है। हिन्दू सती का यह कैसा गम्भीर, शान्त और मर्मभेदी उत्सव है !

आजु सूर दिन अथवा, आजु रैनि ससि बूड़।
आजु नाचि जिउ दीजिय, आजु आगि हम्ह जूड़॥

फिर क्या था ?

लेइ सर ऊपर खाट बिछाई। पौढ़ीं दुवौ कंत गर लाई॥
लागी कंठ आगि दिय होरी। छार भईं जरि, अंग न मोरी॥

क्रोध का प्रसंग केवल वहाँ आया है जहाँ राजा रत्नसेन को अलाउद्दीन की चिट्ठी मिलती है। पर वहाँ भी रौद्र रस का विस्तृत संचार नहीं है। क्रोध का वह आवेश नहीं है जिसमें नीति और विचार का पता नहीं रह जाता। चिट्ठी पढ़ी जाने पर–

सुनि अस लिखा उठा जरि राजा। जानहु देव तड़पि घन गाजा॥
का मोहि सिंध देखावसि आई। कहौं तौ सारदूल धरि खाई॥
तुरुक जाइ कहु मरै न धाई। होइहिं इसकंदर कै नाई॥

पर इस उग्र वचन के उपरान्त ही राजा अलाउद्दीन के सन्देश के औचित्य-अनौचित्य की मीमांसा करने लगता है–

भलेहि जौ साह भूमिपति भारी। माँग न कोउ पुरुष कै नारी॥

रस की रस्म के विचार से तो उपर्युक्त वर्णन पूरा ठहर जाता है क्योंकि इसके अनुभाव के रूप में डाँट-डपट और उग्र वचन तथा संचारी के रूप में अमर्ष मौजूद है। यहीं तक नहीं, साहित्य के आचार्यों ने आत्मावदानकथन अर्थात् अपने मुँह से अपनी बड़ाई को भी रौद्र रस का अनुभाव कहा है। आगे वह भी मौजूद है–

हौं रनथँभउर नाथ हमीरू। कलपि माथ जेइ दीन्ह सरीरू॥
हौं सो रतनसेन सकबंधी। राहु बेधि जीता सैरंधी॥
हनुमत सरिस भार जेइ काँधा। राघव सरिस समुद जेइ बाँधा॥
विक्रम सरिस कीन्ह जेइ साका। सिंघलदीप लीन्ह जौ ताका॥
जौ अस लिखा, भएउँ नहिं ओछा। जियत सिंघ कै गह को मोछा॥

पर यह सामग्री होते हुए भी यह कहना पड़ता है कि रौद्र रस का परिपाक जायसी में नहीं है। न तो अनुभावों और संचारियों की मात्रा ही यथेष्ट है, न स्वरूप ही पूर्ण स्फुट है। जायसी का कोमल भावपूर्ण हृदय उग्र वृत्तियों के वर्णन के उपयुक्त नहीं था।

वीर रस का वर्णन अच्छा है। अलाउद्दीन के चित्तौरगढ़ घेरने पर तो केवल सेना की सजावट और तैयारी, चढ़ाई की हलचल तथा युद्ध की धमासान के वर्णन में ही कवि रह गया है, युद्धोत्साह की व्यंजना किसी व्यक्ति द्वारा नहीं कराई गई है। उत्साह की व्यंजना गोरा-बादल के प्रसंग में हमें मिलती है। पद्मिनी के विलाप पर दोनों वीरों ने कैसी क्षात्र तेज से भरी प्रतिज्ञा की है–

जौ लगि जियहि न भागहिं दोऊ। स्वामि जियत कित जोगिन होऊ॥
उए अगस्त हस्ति जब गाजा। नीर घटे घर आइहि राजा॥
बरषा गए अगस्त के दीठी। परै पलानि तुरंगन पीठी॥
बेधौं राहु छोड़ावहुँ सूरू। रहै न दुःख कर मूल अँकूरू॥

इसको कहते हैं उत्साह–आशा से भरी हुई साहस की उमंग। अगस्त्य के उदय होने पर नदियों और तालों का जल जब घटने लगेगा तब बन्दीगृह से छूटकर राजा अपने घर आ जाएँगे। शरत्काल आते ही चढ़ाई हो जाएगी।

बादल की माता जब हाथियों की रेलपेल और युद्ध की भीषणता दिखाकर उसे रोकना चाहती है, तब वह कहता है–

मातु न जानेसि बालक आदी। हौं बादला सिंघ-रन बादी॥
सुनि गजजूह अधिक जिउ तपा। सिंघ जाति कहुँ रहहिं न छपा॥
तब दलगंजन गाजि सिंघेला। सौंह साह सौं जुरौं अकेला॥
को मोहिं सौंह होइ मैमंता। फारौं सूँड़, उखारौं दंता॥
जुरौं स्वामि सँकरे जस ढारा। औ भिवँ जस दुरजोधन मारा॥
अंगद कोपि पाँव जस राखा। टेकौं कटक छतीसौ लाखा॥
हनुमत सरिस जंघ बल जोरौं। दहौं समुद्र, स्वामिबँदि छोरौं॥

इसी प्रकार के उत्साहपूर्ण वाक्य वृद्ध वीर गोरा के हैं जब वह केवल हजार कुँवर लेकर बादशाह की उमड़ती हुई सेना को रोकने के लिए खड़ा होता है। ऐसे वाक्यों में अपने बल का पूर्ण निश्चय और समुपस्थित कर्म की अल्पता का भाव प्रधान हुआ करता है। इस वीरदर्प को उत्साह का मुख्य अवयव समझना चाहिए। देखिए, इस उक्ति में कैसा अमर्ष-मिश्रित वीरदर्प है–

रतनसेन जो बाँधा, मसि गोरा के गात॥
जौ लगि रुहिर न धोवौं, तौ लगि होइ न रात॥

हास्य और बीभत्स–ये दो रस ऐसे हैं जिनमें आलम्बन के स्वरूप से ही कवि-परम्परा काम चलाती है, आश्रय द्वारा व्यंजना की अपेक्षा नहीं रहती। वस्तुवर्णन के अन्तर्गत युद्धवर्णन में डाकिनियों आदि का बीभत्स दृश्य दिया जा चुका है। जैसा कहा जा चुका

है, भय के भी आलम्बन का ही चित्रण कवि ने किया है। हास्य रस का तो 'पद्मावत' में अभाव ही है।

अब एक विशेष बात पर पाठकों का ध्यान आकर्षित करके इस भावव्यंजना के प्रकरण को समाप्त करता हूँ। एक स्थायी भाव दूसरे स्थायी भाव का संचारी होकर आ सकता है, यह बात तो ग्रन्थों में प्रसिद्ध ही है। पर रीतिग्रन्थों में जो संचारी कहे गए हैं उनमें से भी कुछ ऐसे हैं जो कभी-कभी स्थायी बनकर आते हैं और दूसरे भावों को अपना संचारी बनाते हैं। जायसी का एक छोटा-सा उदाहरण देते हैं। जब पद्मावती ने सुना कि उपपत्नी नागमती के बगीचे में बड़ी चहल-पहल है और राजा भी वहीं बैठा है तब–

सुनि पदमावति रिस न सँभारी। सखिन्ह साथ आई फुलवारी ॥

यह रिम या अमर्ष स्वतन्त्र भाव नहीं है, क्योंकि पद्मावती का कोई अनिष्ट नागमती ने नहीं किया था। यह 'असूया' का संचारी होकर आया है; क्योंकि यह 'असूया' से उत्पन्न भी है और रस की दृष्टि से उससे विरुद्ध भी नहीं पड़ता। एक संचारी का दूसरे संचारी का स्थायी बनकर आना लक्षण ग्रन्थों के अभ्यासियों को कुछ विलक्षण अवश्य लगेगा। किसी दूसरे स्थल पर हम कुछ संचारियों को विभाव, अनुभाव और संचारी तीनों से युक्त दिखाएँगे।

उक्त उदाहरण में यह नहीं कहा जा सकता कि जिस प्रकार 'असूया' रतिभाव का संचारी होकर आया है उसी प्रकार 'अमर्ष' भी। इस अमर्ष का सीधा लगाव 'असूया' से है, न कि रति से। यदि असूया न होती तो यह अमर्ष न होता। अब प्रश्न यह उठता है कि यदि किसी स्थायी भाव का संचारी भी विभाव, अनुभाव और संचारी से युक्त हो तो क्या वह भी स्थायी कहा जाएगा। स्थायी तो वह अवश्य होगा, पर ऐसा स्थायी नहीं जो रसावस्था तक पहुँचानेवाला हो। इन सब बातों का विवेचन मैं कभी अन्यत्र करूँगा, यहाँ इतना ही दिग्दर्शन बहुत है।

अलंकार

अधिकतर अलंकारों का विधान सादृश्य के आधार पर होता है। जायसी ने सादृश्यमूलक अलंकारों का ही प्रयोग अधिक किया है। सादृश्य की योजना दो दृष्टियों से की जाती है–स्वरूपबोध के लिए और भाव तीव्र करने के लिए। कवि लोग सदृश्य वस्तुएँ भाव तीव्र करने के लिए ही अधिकतर लाया करते हैं पर बाह्य कारणों से अगोचर तथ्यों के स्पष्टीकरण के लिए जहाँ सादृश्य का आश्रय लिया जाता है वहाँ कवि का लक्ष्य स्वरूपबोध भी रहता है। भगवद्भक्तों की ज्ञानगाथा में सादृश्य की योजना दोनों दृष्टियों से रहती है। 'माया' को ठगिनी और काम, क्रोध आदि को बटपार, संसार को मायका और ईश्वर को पति रूप में दिखाकर बहुत दिनों से रमते साधु उपदेश देते आ रहे हैं। पर इन सदृश वस्तुओं की योजना से केवल स्वरूपबोध ही नहीं होता, भावोत्तेजना भी

प्राप्त होती है। बल्कि यों कहना चाहिए कि उत्तेजित भाव ही उन सदृश वस्तुओं की कल्पना कराता है। विरक्तों के हृदय में माया और काम, क्रोध आदि का भाव ही उस भय की ओर ध्यान ले जाता है जो ठगों और बटपारों से होता है। तात्पर्य्य यह कि स्वरूपबोध के लिए भी काव्य में जो सदृश वस्तु लाई जाती है उसमें यदि भाव उत्तेजित करने की शक्ति भी हो तो काव्य के स्वरूप की प्रतिष्ठा हो जाती है। नाना रागबन्धनों से युक्त इस संसार के छूटने का दृश्य कैसा मर्मस्पर्शी है ! भावुक हृदय में उसका क्षणिक साम्य मायके से स्वामी के घर जाने में दिखाई पड़ता है। बस इतनी ही झलक मिल सकती है। सदृश वस्तु के इस कथन द्वारा अगोचर आध्यात्मिक तथ्यों का कुछ स्पष्टीकरण भी हो जाता है और उनकी रुखाई भी दूर हो जाती है।

यह कहा जा चुका है कि जायसी का कथानक व्यंग्यगर्भित है। यहाँ पर इतना और जान लेना चाहिए कि भगवत्पक्ष को प्रस्तुत मानने पर अप्रस्तुत की योजना दोनों दृष्टियों से की हुई मिलेगी–अगोचर बातों को गोचर स्वरूप देने की दृष्टि से भी और भावोत्तेजन की दृष्टि से भी। साधक के मार्ग की कठिनाइयों की भावना उत्पन्न करने के लिए कवि विषम पहाड़, अगम घाट तथा खोह और नालों की ओर ध्यान ले जाता है; काम, क्रोध आदि की भीषणता दिखाने को वह ऐसे प्रबल चोरों को सामने करता है जिनका घर का कोना-कोना देखा हो और जो दिन-रात चोरी की ताक में रहते हों।

सादृश्य की योजना में पहले यह देखना चाहिए कि जिस वस्तु, व्यापार या गुण के सदृश वस्तु, व्यापार या गुण सामने लाया जाता है वह ऐसा तो नहीं है जो किसी भाव–स्थायी या क्षणिक का आलम्बन या आलम्बन का अंग हो। यदि प्रस्तुत वस्तुव्यापार आदि ऐसे हैं तो यह विचार करना चाहिए कि उनके सदृश अप्रस्तुत वस्तु या व्यापार भी उसी भाव के आलम्बन हो सकते हैं या नहीं। यदि कवि द्वारा लाए हुए अप्रस्तुत वस्तुव्यापार ऐसे हैं तो कविकर्म सिद्ध समझना चाहिए। उदाहरण के लिए रमणी के नेत्र, वीर का युद्धार्थ गमन और हृदय की कोमलता लीजिए। इन तीनों के वर्णन क्रमशः रतिभाव, उत्साह और श्रद्धा द्वारा प्रेरित समझे जाएँगे और कवि का मुख्य उद्देश्य यह ठहरेगा कि वह श्रोता को भी इन भावों की रसात्मक अनुभूति कराए। अतः जब कवि कहता है कि नेत्र कमल के समान हैं, वीर सिंह के समान झपटता है और हृदय नवनीत के समान है तो ये सदृश्य वस्तुएँ सौन्दर्य्य, वीरत्व और कोमल सुखदता की व्यंजना भी साथ ही साथ करेंगी। इनके स्थान पर यदि हम रसात्मकता का विचार न करके केवल नेत्र के आकार, झपटने की तेजी और प्रकृति की नरमी की मात्रा पर ही दृष्टि रखकर कहें कि 'नेत्र बड़ी कौड़ी या बादाम के समान हैं', 'वीर बिल्ली की तरह झपटता है' और 'हृदय सेमर के घूए के समान है' तो काव्योपयुक्त कभी न होगा। कवियों की प्राचीन परम्परा में जो उपमान बँधे चले आ रहे हैं उनमें से अधिकांश सौन्दर्य्य आदि की अनुभूति के उत्तेजक होने के कारण रस में सहायक होते हैं। पर कुछ ऐसे भी हैं जो आकार आदि ही निर्दिष्ट करते हैं; सौन्दर्य्य की अनुभूति अधिक करने में सहायक नहीं होते–जैसे जंघों की उपमा के लिए हाथी की सूँड़,

नायिका की कटि की उपमा के लिए भिड़ या सिंहनी की कमर इत्यादि। इनसे आकार के चढ़ाव, उतार और कटि की सूक्ष्मता भर का ज्ञान होता है, सौन्दर्य्य की भावना नहीं उत्पन्न होती; क्योंकि न तो हाथी की सूँड़ में ही दाम्पत्य रति के अनुकूल अनुरंजनकारी सौन्दर्य्य है और न भिड़ की कमर में ही। अतः रसात्मक प्रसंगों में इस बात का ध्यान रहना चाहिए कि अप्रस्तुत (उपमान) भी उसी प्रकार के भाव के उत्तेजक हों, प्रस्तुत जिस प्रकार के भाव का उत्तेजक हो।

उपर्युक्त कथन का यह अभिप्राय कदापि नहीं कि ऐसे प्रसंगों में पुरानी बँधी हुई उपमाएँ ही लाई जाएँ, नई न लाई जाएँ। 'अप्रसिद्धि' मात्र उपमा का कोई दोष नहीं, पर नई उपमाओं की सारी जिम्मेदारी कवि पर होती है। अतः रसात्मक प्रसंगों में ऊपर लिखी बातों का ध्यान रखना आवश्यक है। जहाँ कोई रस स्फुट न भी हो वहाँ भी यह देख लेना चाहिए कि किसी पात्र के लिए जो उपमान लाया जाए वह उस भाव के अनुरूप हो जो कवि ने उस पात्र के सम्बन्ध में अपने हृदय में प्रतिष्ठित किया है और पाठक के हृदय में भी प्रतिष्ठित करना चाहता है। राम की सेवा करते हुए लक्ष्मण के प्रति श्रद्धा का भाव उत्पन्न होता है अतः उनकी सेवा का यह वर्णन जो गोस्वामीजी ने किया है, कुछ खटकता है–

सेवत लखन सिया रघुबीरहि। जिमि अविवेकी पुरुष सरीरहि॥

इस दृष्टान्त में लक्ष्मण का सादृश्य जो अविवेकी पुरुष से किया गया है उससे सेवा का आधिक्य तो प्रकट होता है पर लक्ष्मण के प्रति प्रतिष्ठित भाव में व्याघात पड़ता है। यहाँ यह कहा जा सकता है कि लक्ष्मण का सादृश्य अविवेकी पुरुष के साथ कवि ने नहीं दिखाया है बल्कि लक्ष्मण के सेवाकार्य्य का सादृश्य अविवेकी के सेवाकर्म से दिखाया गया है। ठीक है, पर लक्ष्मण का कर्म श्लाघ्य है और अविवेकी का निन्द्य, इससे ऐसे अप्रस्तुत कर्म को मेल में रखने से प्रस्तुत कर्मसम्बन्धिनी भावना में बाधा अवश्य पड़ती है। रसात्मक प्रसंगों में केवल किसी बात के आधिक्य या न्यूनता की हद से ही काम नहीं चलता। जो भावुक और रसज्ञ न होकर केवल अपनी दूर की पहुँच दिखाना चाहते हैं वे कभी-कभी आधिक्य या न्यूनता की हद दिखाने में ही फँसकर भाव के प्रकृत स्वरूप को भूल जाते हैं। कोई आँखों के कोनों को कान तक पहुँचाता है, कोई नायिका की कटि को ब्रह्म के समान अगोचर और सूक्ष्म बताता है, कोई यार की कमर 'कहाँ है, किधर है' यही पता लगाने में रह जाता है। नायिका शृंगार का आलम्बन होती है। उसके स्वरूप के संघटन में इस बात का ध्यान चाहिए कि उसकी रमणीयता बनी रहे। प्राचीन कवि जहाँ मृणाल की ओर संकेत करके सूक्ष्मता और सौन्दर्य्य एक साथ दिखाते थे, वहाँ लोग या तो भिड़ की कमर सामने लाने लगे या कमर ही गायब करने लगे। चमत्कारवादी इसमें अद्भुत रस का आनन्द मानने लगे। पर सोचने की बात है कि नायिका अद्भुत रस का आलम्बन है या शृंगार रस का। शृंगार रस के आलम्बन में 'अद्भुत' केवल सौन्दर्य्य का विशेषण हो सकता है। 'अद्भुत सौन्दर्य्य' हम दिखा सकते हैं पर सौन्दर्य्य को गायब नहीं कर सकते।

कहने की आवश्यकता नहीं कि ऊपर जो बात कही गई है वह ऐसी वस्तुओं के सम्बन्ध में कही गई है जिनका वर्णन कवि किसी भाव में मग्न होकर उसी भाव में मग्न करने के लिए करता है–जैसे, नायिका का वर्णन, प्राकृतिक शोभा का वर्णन, वीर कर्म का वर्णन; इत्यादि। जहाँ वस्तुएँ ऐसी होती हैं कि उनके सम्बन्ध में अलग कोई उपयुक्त भाव (जैसे रति, भय, हर्ष, घृणा, श्रद्धा इत्यादि) नहीं होता, केवल उनका रूप, गुण, क्रिया आदि का ही गोचर स्पष्टीकरण करना या अधिकता न्यूनता की ही भावना तीव्र करना अपेक्षित होता है–उनके द्वारा किसी भाव की अनुभूति की वृद्धि करना नहीं–वहाँ आकृति, गुण आदि का निरूपण और आधिक्य या न्यूनता का बोध करानेवाली सदृश वस्तुओं से ही प्रयोजन रहता है। हाथियों के डीलडौल, तलवार की धार, किसी कर्म की कठिनता, खाई की चौड़ाई इत्यादि के वर्णन से केवल इस प्रकार का सादृश्य अपेक्षित रहता है जैसे पहाड़ के समान हाथी, बाल की तरह धार, पहाड़-सा काम, नदी-सी खाई, इत्यादि।

जायसी ने सादृश्यमूलक अलंकारों का ही आश्रय अधिक लिया है। अतः उपर्युक्त विवेचन के साथ जब हम उनके अप्रस्तुतान्वय या सादृश्यविधान पर विचार करते हैं, तब देखते हैं कि रसात्मक प्रसंगों में अधिकांश भाव के अनुरूप ही अनुरंजनकारी अप्रस्तुत वस्तुओं की योजना हुई है। पर साथ ही यह बात भी ध्यान में रखनी चाहिए कि जायसी के वर्णन अधिकतर परम्परानुगत ही हैं इससे उनमें कविसमयसिद्ध उपमान ही अधिक मिलते हैं और इन परम्परागत उपमानों में कुछ अवश्य ऐसे हैं जो प्रसंग के अनुकूल भाव को पुष्ट करने में सहायक नहीं होते, जैसे हाथी की सूँड़; सिंहनी और भिड़ की कमर। सुन्दरी नायिका की भावना करते समय सिंहनी, भिड़ और हाथी सामने आ जाने से उस भावना की पुष्टि में सहायता के स्थान पर बाधा ही पहुँचती है। ऐसे उपमानों को भी जायसी ने छोड़ा नहीं है। बल्कि यों कहिए कि सादृश्य का आरोप करने में फारसी के जोर पर वे एक आध जगह और बढ़ गए हैं। भारतीय काव्यपद्धति में उपमान चाहे उदासीन हों, पर भाव के विरोधी कभी नहीं होते। 'भाव' से मेरा अर्थ वही है जो साहित्य में लिया जाता है। 'भाव' का अभिप्राय साहित्य में तात्पर्य्यबोध मात्र नहीं है बल्कि वह वेगयुक्त और जटिल अवस्थाविशेष है जिसमें शरीरवृत्ति और मनोवृत्ति दोनों का योग रहता है। क्रोध को ही लीजिए। उसके स्वरूप के अन्तर्गत अपनी हानि या अपमान की बात का तात्पर्य्यबोध, उग्र वचन और कर्म की प्रवृत्ति का वेग तथा त्योरी चढ़ना, आँखें लाल होना, हाथ उठना, ये सब बातें रहती हैं। मनोविज्ञान की दृष्टि से इन सबके समष्टिविधान का नाम क्रोध का भाव है। रौद्र रस प्रसंग में कवि लोग जो उपमान लाते हैं वे भी सन्तापदायक या उग्र होते हैं, जैसे अग्नि। क्रोध से रक्तवर्ण नेत्रों की उपमा जब कोई कवि देगा तब अंगार आदि की देगा, रक्तकमल या बन्धूकपुष्प की नहीं। इसी प्रकार शृंगार रस में रक्त, मांस, फफोले, हड्डी आदि का बीभत्स दृश्य सामने आना अरुचिकर प्रतीत होता है। पर जहाँ केवल 'तात्पर्य्य' के उत्कर्ष का ध्यान प्रधान रहेगा–खयाल की बारीकी या बलन्दपरवाजी पर

ही नजर रहेगी–वहाँ भाव के स्वरूप का उतना विचार न रह जाएगा। फारसी की शायरी में विप्रलम्भ शृंगार के अन्तर्गत ऐसे बीभत्स दृश्य प्रायः लाए जाते हैं। इस बात का उल्लेख हो चुका है कि जायसी में कहीं-कहीं इस प्रकार के वर्णन मिलते हैं; जैसे, 'विरह सरागन्हि भूजै माँसू। ढरि ढरि परहि रकत कै आँसू'। इसी प्रकार नखशिख के प्रसंग में, हथेली के वर्णन में जो यह हेतूत्प्रेक्षा की गई है वह भी कोई रमणीय रुचिकर दृश्य सामने नहीं लाती–

हिया काढ़ि जनु लीन्हेसि हाथा। रुहिर भरी अँगुरी तेहि साथा॥

यदि कवि सच्चा है, शेष सृष्टि के साथ उसके हृदय का पूर्ण सामंजस्य है, उसमें सृष्टिव्यापिनी सहृदयता है तो उसके सादृश्यविधान में एक बात और लक्षित होगी। वह जिस सदृश वस्तु या व्यापार की ओर ध्यान ले जाएगा कहीं-कहीं उससे मनुष्य को और प्राकृतिक पदार्थों के साथ अपने सम्बन्ध की बड़ी सच्ची अनुभूति होगी। विरहताप से झुलसी और सूखी हुई नागमती को जब प्रिय के आगमन का आभास मिलता है तब उसकी दशा कैसी होती है–

जस भुइँ दहि असाढ़ पलुहाई। परहिं बूँद औ सोंध बसाई॥
ओहि भाँति पलुही सुख बारी। उठी करिल नइ कोंप सँवारी॥

इसमें मनुष्य देखता है कि जिस प्रकार सन्ताप और आह्लाद के चिह्न मेरे शरीर में दिखाई पड़ते हैं वैसे ही पेड़-पौधों के भी। इस प्रकार उनके साथ अपने सम्बन्ध की अनुभूति का उदय उसके हृदय में होता है। ऐसी अनुभूति द्वारा मानवहृदय का प्रसार करने में जो कवि समर्थ हो वह धन्य है। 'शरीर पनपना' आदि लाक्षणिक प्रयोग जो बोलचाल में आए हैं वे ऐसे ही कवियों की कृपा से प्राप्त हुए हैं।

सादृश्यमूलक अलंकारों में उपमा, रूपक और उत्प्रेक्षा का व्यवहार अधिक मिलता है। इनमें से हेतूत्प्रेक्षा जायसी को बहुत प्रिय थी। इसके सहारे उन्होंने अपनी कल्पना का विस्तार बहुत दूर तक बढ़ाया है–कहीं-कहीं तो सारी सृष्टि को अपने भाव के भीतर ले लिया है (दे. विरहवर्णन)। रूपवर्णन में कवियों को अलंकार भरने का खूब मौका मिलता है। जायसी का शिखनख वर्णन भी अधिकतर परम्परानुगत ही है। इससे अलंकारों की भरमार उसमें और जगहों से अधिक देखी जाती है। सादृश्यमूलक अलंकारों में वस्तूत्प्रेक्षा अधिक है। काले केशों के बीच माँग की शोभा देखिए–

कंचन रेख कसौटी कसी। जनु घन महँ दामिनी परगसी॥
सुरुज किरन जनु गगन बिसेखी। जमुना माँह सुरसती देखी॥

इसी प्रकार आँख की बरुनियाँ भी कुछ और ही जान पड़ती हैं–

बरुनी का बरनौं इमि बनी। साधे बान जान दुइ अनी॥
जुरी राम रावन कै सैना। बीच समुद्र भए दुइ नैना॥

इस सादृश्य में उपमानों की परिमाणगत अधिकता यदि कुछ खटके तो इस बात का स्मरण कर लेना चाहिए कि जायसी का प्रेम केवल लौकिक नहीं है अतः उसका आलम्बन भी अनन्त सौन्दर्य्य की ओर संकेत करनेवाला है।ॐ

इस सम्बन्ध में वस्तूत्प्रेक्षा का एक और उदाहरण देकर आगे चलता हूँ। पद्मिनी की कटि इतनी सूक्ष्म जान पड़ती है–

मानहुँ नाल खंड दुइ भए। दुहुँ बिच लंकतार रहि गए॥

ये तो वस्तूत्प्रेक्षा या स्वरूपोत्प्रेक्षा के उदाहरण हुए। क्रियोत्प्रेक्षा के भी बहुत बढ़े-चढ़े उदाहरण इस रूपवर्णन के भीतर मिलते हैं, जैसे–

अस वै नयन चक्र दुइ, भँवर समुद उलथाहिं।
जनु जिउ घालिहिं डोल महँ, लेइ आवहिं लेइ जाहिं॥

हेतूत्प्रेक्षा के कुछ उदाहरण विरहवर्णन आदि के अन्तर्गत आ चुके हैं। यह अलंकार उत्कर्ष की व्यंजना के लिए बड़ा शक्तिशाली होता है। लोक में कार्य्य और कारण एक साथ बहुत ही कम देखे जाते हैं। प्रायः कारण परोक्ष ही रहता है। अतः कोई रूप या क्रिया यदि अपने प्रकृत रूप में हमारे सामने रख दी गई तो वह उस प्रभाव का प्रमाणस्वरूप लगने लगती है जिसे कवि खूब बढ़ाकर दिखाना चाहता है और हम इस बात की छानबीन में नहीं पड़ने जाते कि हेतु ठीक है या नहीं। इस अलंकार के दो-एक उदाहरण देकर हम यह सूचित कर देना चाहते हैं कि जायसी की हेतूत्प्रेक्षाएँ अधिकतर असिद्धविषया ही मिलती हैं। ललाट का वर्णन करता हुआ कवि कहता है–

सहस किरिन जो सुरुज दिपाई। देखि लिलार सोउ छपि जाई॥

सूर्य छिपता अवश्य है पर उसके छिपने का जो हेतु कहा गया है वह कविकल्पित है और उस हेतु का आधार 'लज्जित होना' सिद्ध नहीं है। इसी प्रकार की हेतूत्प्रेक्षा दाँतों पर है–

दारिउँ सरि जो न कै सका, फाटेउ हिया दरक्कि।

रूपवर्णन के अन्तर्गत फलोत्प्रेक्षा भी कई जगह दिखाई देती है, जैसे नासिका के वर्णन में यह पद्य–

पुहुप सुगंध करहिं एहि आसा। मकु हिरकाइ लेइ हम्ह पासा॥

अथवा माँग के सम्बन्ध में ये उक्तियाँ–

करवत तपा लेहिं होइ चूरू। मकु सो रुहिर लेइ सेंदूरू॥
कनक दुवादस बानि होइ, चह सोहाग ओहि माँग॥

व्यतिरेक के दो उदाहरण नीचे दिए जाते हैं–

का सरवरि तेहि देउँ मयंकू। चाँद कलंकी वह निकलंकू॥
औ चाँदहिं पुनिं राहु गरासा। वह बिनु राहु सदा परगासा॥
सुवा सो नाक कठोर पँवारी। वह कोमल तिलपुहुप सँवारी॥

दूसरे उदाहरण में 'तिलपुहुप' पद आक्षेप द्वारा दूसरे उपमान के रूप में नहीं लाया गया है बल्कि तृतीयांत (तिलपुष्प से) है। इससे व्यतिरेक ही अलंकार कहा जाएगा।

'रूपकातिशयोक्ति' (भेदेप्यभेदः) भी जायसी की अत्यन्त मनोहर है। इसके द्वारा कवि ऐसी मनोहर और रमणीय प्राकृतिक वस्तुएँ सामने रखता है कि हृदय सौन्दर्य्य की

भावना में मग्न हो जाता है। हेतूत्प्रेक्षा के समान यह अलंकार भी कवि को बहुत प्रिय है। स्थान-स्थान पर इसका प्रयोग मिलता है। रतनारे नेत्रों के बीच घूमती हुई पुतलियों की शोभा की ओर कवि इस प्रकार इशारा करता है–

राते कँवल करहिं अलि भँवा। घूमहिं माति चहहिं अपसवाँ॥

इसी कमल और भ्रमरवाले रूपक को अतिशयोक्ति में जायसी और जगह भी बड़ी सुन्दरता से लाए हैं। प्रेमजोगी रत्नसेन के सिंहलगढ़ में पकड़े जाने पर पद्मावती विरह में अचेत पड़ी है, आँखें नहीं खोलती है। इतने में कोई सखी आकर कहती है–

कँवल कली तू, पदमिनी ! गइ निसि भएउ बिहानु।
अबहुँ न संपुट खोलसि, जब रे उवा जग भानु॥

यह सुनते ही पद्मावती आँखें खोलती है जिसकी सूचना रूपकातिशयोक्ति के बल से कवि इन शब्दों में देता है–

भानु नावँ सुनि कँवल बिगासा। फिर कै भँवर लीन्ह मधु बासा॥

यहाँ भी कवि ने केवल कमलदल पर बैठे भौंरे का उल्लेख करके आँख खुलने (डेले के बीच काली पुतली दिखाई देने) की सूचना दी है। इसी अलंकार के कुछ और नमूने देखिए–

(क) *साम भुअंगिनि रोमावली। नाभिहि निकसि कँवल कहँ चली।*
आइ दुवौ नारँग बिच भई। देखि मयूर ठमकि रहि गई॥

(ख) *पन्नग पंकज मुख गहे, खंजन तहाँ बईठ।*
छत्र, सिंघासन, राज, धन, ता कहँ होइ जो दीठ॥

कहीं-कहीं तो जायसी ने अलंकारों की बड़ी जटिल और गूढ़ योजना की है। देवपाल की दूती पद्मिनी को बहका रही है कि जब तक यौवन है तब तक भोगविलास कर ले–

जोबन जल दिन दिन जस घटा। भँवर छपान, हंस परगटा॥

जैसे-जैसे यौवनरूपी जल दिन-दिन घटता जाता है वैसे ही वैसे (शरीर रूपी नदी या सरोवर में) पानी की बाढ़ के भँवर छिपते जाते हैं और हंस (मानसरोवर से आकर) दिखाई पड़ने लगते हैं। यह तो हुआ सांग रूपक। पर एक बात है। जल का आरोप जिस पर किया गया है उस यौवन का उल्लेख तो साथ ही है। पर दूसरी पंक्ति में भँवर और हंस का जिन पर आरोप है उन काले और श्वेत केशों का उल्लेख नहीं है अतः दूसरी पंक्ति में हमें रूपकातिशयोक्ति माननी पड़ती है। दोनों पंक्तियों का एक साथ विचार करने पर नदी या सरोवर के ही अंग भँवर (पानी के भँवर) और हंस ठहरते हैं जो शरत् के दृश्य को पूरा करते हैं। अतः दूसरी पंक्ति में अतिशयोक्ति सिद्ध हो जाने पर ही 'सांग रूपक' होता है। पर अतिशयोक्ति की सिद्धि के लिए श्लेष द्वारा 'भँवर' शब्द का दूसरा अर्थ, काला भौंरा, लेना पड़ता है तब जाकर उपमेय अर्थात् काले केश की उपलब्धि होती है। इस प्रकार रूपक को प्रधान या अंगी मानने से श्लेष और अतिशयोक्ति उसके अंग हो जाते हैं और अलंकारों का यह मेल 'अंगांगि भाव संकर' ठहरता है।

प्रसंगवश 'सांग रूपक' के गुण-दोष का भी थोड़ा विचार कर लेना चाहिए। यह तो मानना ही पड़ेगा कि एक वस्तु से दूसरी वस्तु का आरोप सादृश्य और सामंजस्य के आधार पर ही होता है। अधिकतर देखा जाता है कि 'निरंग रूपक' में तो सादृश्य और साधर्म्य का ध्यान रहता है पर सांग और परम्परित में इनका पूरा निर्वाह नहीं होता और जल्दी हो भी नहीं सकता। दो में से एक का भी पूरा निर्वाह हो जाए तो बड़ी बात है, दोनों का एक साथ निर्वाह तो बहुत कम देखा जाता है। सादृश्य से हमारा अभिप्राय बिम्बप्रतिबिम्ब रूप और साधर्म्य से वस्तुप्रतिवस्तु धर्म है। साहित्यदर्पणकार का यह उदाहरण लेकर विचार कीजिए–

'रावणरूप अवर्षण से क्लान्त देवतारूप शस्य को इस प्रकार वाणीरूप अमृतजल से सींच वह कृष्णरूप मेघ अन्तर्हित हो गया।'

इस उदाहरण में रावण और अवर्षण में रूपसादृश्य नहीं है, केवल साधर्म्य है। इसी प्रकार देवता और शस्य में तथा वाणी और जल में कोई रूपसादृश्य नहीं है, साधर्म्य मात्र है–विष्णु का स्वरूप नील जलद का-सा और धर्म भी उसी के समान लोकानन्दप्रदान है। पर सांग रूपक में कहीं-कहीं तो केवल अप्रस्तुत (उपमान) दृश्य को किसी प्रकार बढ़ाकर पूरा करने का ही ध्यान कवियों को रहता है। वे यह नहीं देखने जाते कि एक-एक अंग या ब्योरे में किसी प्रकार का सादृश्य या साधर्म्य है अथवा नहीं। विनयपत्रिका के 'सेइय सहित सनेह देह भरि कामधेनु कलि कासी' वाले पद में रूपक के अंगों की योजना अधिकतर इसी प्रकार की है।

अब इस विवेचन के अनुसार जायसी के उपर्युक्त रूपक की समीक्षा कीजिए–यौवनरूप जल, काले केशरूपी भँवर (जलावर्त) और श्वेत केशरूपी हंस। यौवन और जल में उमड़ने या उमंग के धर्म को लेकर साधर्म्य मात्र है। काले केश का पहले तो अतिशयोक्ति में काले भँवरों के साथ वर्णसादृश्य है फिर श्लेष द्वारा रूपक में पहुँचकर जलावर्त के साथ कुछ आकृतिसादृश्य (केश कुंचित या घूमे हुए होने से) है। श्वेत केश और हंस में वर्णसादृश्य है। इसके उपरान्त जब दूसरी पंक्ति के इस व्यंग्यार्थ पर आते हैं कि युवावस्था में मनुष्य विषयों के चक्कर में पड़ा रहता है और वृद्धावस्था में उसमें सदसद्विवेक करनेवाली आत्मा (हंस) का उदय होता है तब हमें सादृश्य और साधर्म्य दोनों मिल जाते हैं क्योंकि जलावर्त का धर्म है चक्कर में डालना और हंस का स्वभाव है नीर-क्षीर-विवेक।

उसी दूती के मुख से वृद्धावस्था का यह वर्णन गूढ़ 'अप्रस्तुत प्रशंसा' द्वारा कवि ने कराया है–

छल कै जाइहि बान पै, धनुष छाँड़ि कै हाथ।

बान या तीर सीधे शरीर का उपमान है और धनुष झुके हुए शरीर का। ये दोनों क्रमशः युवावस्था और बुढ़ापे के कार्य्य हैं। अतः कार्य्य द्वारा कारण के निर्देश से यहाँ 'अप्रस्तुत प्रशंसा' हुई, जो रूपकातिशयोक्ति द्वारा सिद्ध हुई है। इस प्रकार दोनों का 'अंगांगिभाव संकर है'। इसके अतिरिक्त 'बान' शब्द का दूसरा अर्थ वर्ण या कान्ति लेने से श्लेष की 'संसृष्टि' भी हुई।

कहीं-कहीं तो संकर या 'संसृष्टि' के बिना ही रूपकातिशयोक्ति बहुत दुर्बोध हो गई है, जैसे–

जौ लगि कालिंदि, होहि बिरासी। पुनि सुरसरि होइ समुद परासी॥

यह भी उसी दूती का वचन है। अभिप्राय यह है कि जब तक तू काले केशोंवाली (अर्थात् युवती) है तब तक विलास कर ले, फिर जब श्वेत केशोंवाली हो जाएगी तब तो काल के मुँह में पड़ने के लिए जल्दी-जल्दी बढ़ने लगेगी। जमुना की काली धारा सीधे समुद्र में गिरती है। जब वह श्वेत धारावाली गंगा के साथ मिलकर श्वेत गंगा हो जाती है तब समुद्र की ओर जाती है जहाँ जाकर उसका अलग अस्तित्व नहीं रह जाता। यह अतिशयोक्ति दुर्बोध हो गई है। दुर्बोधता का कारण है अप्रसिद्धि। रूपकातिशयोक्ति में प्रसिद्ध उपमान ही लाए जाते हैं। प्रसिद्ध और नये कल्पित उपमानों के रखने से तो पद्य पहेली हो जाएगा। उक्त पद्य में जायसी ने स्वतन्त्रता यह दिखाई कि परम्परा से व्यवहृत प्रसिद्ध उपमान न लेकर स्वकल्पित अप्रसिद्ध उपमान लिए हैं, जिससे एक प्रकार की दुरूहता आ गई है। काले केशों के लिए कालिन्दी नदी की और श्वेत केशों के लिए गंगा की उपमा प्रसिद्ध नहीं है। यह रूपकातिशयोक्ति अलंकार ही लीक पीटनेवालों के लिए है। जो नये उपमानों की उद्भावना करे वह इस अलंकार की ओर जाए क्यों ?

इसी प्रकार की गूढ़ और अर्थगर्भित योजना 'तद्गुण अलंकार' की भी लीजिए। देवपाल की दूती बहुत से पकवान लाकर पद्मावती के सामने रखती है। वह उन्हें हाथों से भी न छूकर कहती है–

रतन छुवा जिन्ह हाथन्ह सेंती। और न छुवौं सो हाथ सँकेती॥
दमक रंग भए हाथ मँजीठी। मुकुता लेउँ पै घुघुँची दीठी॥

अर्थात् जिन हाथों से मैंने उस दिव्य रत्न (राजा रत्नसेन) का स्पर्श किया अब उनसे और वस्तु क्या छूऊँ ? उस दिव्य रत्न या माणिक्य के प्रभाव से मेरे हाथ इतने लाल हैं कि मोती भी अपने हाथ में लेकर देखती हूँ तो वह गुंजा (हाथ की ललाई से गुंजा का लाल रंग और देखने से पुतली की छाया पड़ने के कारण गुंजा का-सा काला दाग) हो जाता है, अर्थात् उसका कुछ भी मूल्य नहीं दिखाई पड़ता।

अब इसके अलंकारों पर विचार कीजिए। सबसे पहले तो 'रतन' पद में हमें श्लेष मिलता है। फिर दूसरे चरण में काकु वक्रोक्ति। तीसरे-चौथे चरण में जटिलता है। 'उस रत्न के स्पर्श से मेरे हाथ लाल हुए' इसका विचार यदि हम गुण की दृष्टि से करते हैं तो 'तद्गुण' अलंकार ठहरता है। फिर जब हम यह विचार करते हैं कि पद्मिनी के हाथ तो स्वभावतः लाल हैं (उनमें लाली का आरोप नहीं है) तब हमें रत्नस्पर्श रूप हेतु का आरोप करके हेतूत्प्रेक्षा कहनी पड़ती है। अतः यहाँ इन दोनों अलंकारों का 'सन्देह संकर' हुआ। चौथे चरण में 'तद्गुण' अलंकार स्पष्ट है। पर यह अलंकारनिर्णय भी हमें व्यंग्य अर्थ तक नहीं पहुँचाता। अतः हम लक्षणा से तो 'मुक्ता' का अर्थ लेते हैं 'बहुमूल्य वस्तु' और घुँघुची का अर्थ लेते हैं 'तुच्छ वस्तु'। इस प्रकार हम इस व्यंग्य अर्थ पर पहुँचते हैं कि रत्नसेन के सामने मुझे संसार की उत्तम वस्तु तुच्छातितुच्छ दिखाई पड़ती है।

इन उदाहरणों से पाठक समझ सकते हैं कि जायसी ने अलंकारों से अर्थ पर अर्थ भरने का कैसा कड़ा काम किया है। इसी 'मुक्ता' को लेकर कवियों ने भी तद्गुण अलंकार बाँधा है, पर वे रूपाधिक्य की व्यंजना के आगे नहीं बढ़ सके हैं, जैसे कि इस प्रसिद्ध दोहे में–

अधर जोति बिद्रुम लसत, पिय मुकुता कर दीन्ह।
देखत ही गुंजा भयो, पुनि हँसि मुकुता कीन्ह॥

सिन्दूर से लाल माँग के इस वर्णन में जायसी ने तद्गुण और हेतूत्प्रेक्षा का मेल किया है–

भोर साँझ रवि होइ जो राता। ओहि देखि राता भा गाता॥

'निदर्शना' और 'यमक' का यह उदाहरण है–

धरती बान बेधि सब राखी। साखी ठाढ़ देहिं सब साखी॥

इसी प्रकार दाँतों के इस वर्णन में भी 'तृतीय निदर्शना' है–'हारी जोति सो तेहि परिछाहीं।'

देखिए, 'गोरा' नाम का कैसा अर्थगर्भित प्रयोग इस सुन्दर दोहे में जायसी ने किया है–

रतनसेन जो बाँधा, मसि गोरा के गात।
जौ लगि रुहिर न धोवौं, तौ लगि होइ न रात॥

'गोरा' नाम भी है और शुभ्रश्वेत अर्थ का द्योतक भी है। जो वस्तु श्वेत और निर्मल है उस पर मसि या स्याही का धब्बा पड़ना कितना बुरा है ! यह धब्बा मिटेगा कैसे ? जब (अपने या शत्रु के) रुधिर से धोया जाएगा। इस दोहे में यदि 'गात' के स्थान पर 'वदन' या 'मुख' शब्द आया होता तो इसका मोल अधिक बढ़ जाता क्योंकि उस अवस्था में 'सुर्खरू' होने का मुहाविरा भी सटीक बैठ जाता।

एक स्थान पर तो जायसी ने ऐसी ढकी हुई या गूढ़ रमणीय रूपयोजना (अप्रस्तुत) रखी है जिसका आभास मिलने पर कवि के कौशल पर चित्त चमत्कृत हो जाता है। जब पद्मिनी हँसती है तब उसके लाल ओठों पर सफेद दाँतों की द्युति का प्रसार किस प्रकार होता है, देखिए–

हीरा लेइ सो विद्रुम धारा। बिहँसत जगत होइ उजियारा॥

हीरे की ज्योति लिए हुए जब वह विद्रुम वर्ण की (अरुण) द्युतिधारा फैलती है तब सारा जगत् प्रकाशित हो जाता है। इस उक्ति में उषा की मधुर श्वेत अरुण ज्योति के उदय का दृश्य किस प्रकार छिपा है ! जब पद्मिनी हँसती है तब संसार उसी प्रकार खिल उठता है, जगमगा उठता है, जिस प्रकार उषा का मधुर प्रकाश फैलने पर। उक्ति के भीतर अप्रस्तुत रूप में इस प्रकार का दबा हुआ रूपविधान (सप्रेस्ड इमैजरी) आधुनिक काव्याभिव्यंजन की दृष्टि से भी परम रमणीय माना जाता है।

'सन्देहालंकार' का उदाहरण जायसी में नहीं मिलता। एक स्थान पर (नखशिख में) रोमावली के वर्णन में वह खंडित रूप में मिलता है–

मनहुँ चढ़ी भौंरन्ह कै पाँती। चंदन खाँभ बास कै माती॥
की कालिंदी बिरह सताई। चलि पयाग अरइल बिच आई॥

सन्देह में दो कोटियाँ होनी चाहिए और दोनों कोटियों में समान रूप से ज्ञान होना चाहिए। यहाँ एक ही कोटि है, चौपाई के पिछले दो चरणों में। चौपाई के प्रथम दो चरणों में उत्प्रेक्षा है। अतः सन्देह अलंकार सिद्ध नहीं है, खंडित है।

कुछ और अलंकारों के उदाहरण लीजिए–

(1) *कहाँ छपाए चाँद हमारा। जेहि बिनु रैनि जगत अँधियारा॥* (विनोक्ति)

(2) *बसा लंक बरनै जग झीनी। तेहि ते अधिक लंक वह खीनी॥*
परिहस पियर भए तेहि बसा। लये डंक लोगन्ह कहँ डसा॥ (प्रत्यनीक)
सिंह न जीता लंक सरि, हारि लीन्ह बनबासु।
तेहि रिस मानुस रकत पिय, खाइ मारि कै माँसु॥ (प्रत्यनीक)

(3) *निति गढ़ बाँचि चलै ससि सूरू। नाहि त होइ बाजि रथ चूरू॥* (सम्बन्धातिशयोक्ति)

(4) *मिलिहहिं बिछुरे साजन अकम भेंटि गहंत।*
तपनि मृगसिरा जे सहहिं ते अद्रा पलुहंत॥ (अर्थान्तरन्यास)

(5) *का भा जोग कथनि के कथे। निकसै घिउ न बिना दधि मथे॥* (दृष्टान्त)

(6) *घट महँ निकट, बिकट होइ मेरू। मिलहिं न मिले परा तस फेरू॥* (विशेषोक्ति)

(7) *ना जिउ जिए, न दसवँ अवस्था। कठिन मरन तें प्रेम बेवस्था॥* (विरोध)

(8) *भूलि चकोर दीठि मुख लावा।* (भ्रम)

(9) *नैन नीर सौं पोता किया। तस मद चुवा बरा जस दिया॥* (परिणाम)

(10) *जीभ नाहिं पै सब किछु बोला। तन नाहीं सब ठाहर डोला॥* (विभावना)

(11) *पदमिनि ठगिनी भइ कित साथा। जेहिं तें रतन परा पर हाथा।* (परिकरांकुर)

(12) *रतन चला भा घर अँधियारा॥* (परिकरांकुर)

नीचे पहली पंक्ति में तो 'विषादन' अलंकार की पुरानी उक्ति है जिसका व्यवहार सूरदास ने भी किया है, पर आगे उसमें जायसी ने 'द्वितीय पर्यायोक्ति' का मेल बड़ी सफाई से किया है–

गहै बीन मकु रैनि बिहाई। ससि बाहन तहँ रहै ओनाई॥ (विषादन)
पुनि धनि सिंघ उरेहे लागै। ऐसिहि बिथा रैनि सब जागै॥ (द्वितीय पर्यायोक्ति)

इतने उदाहरणों से यह स्पष्ट हो गया होगा कि जायसी ने बहुत से अलंकारों का विधान किया है और यह विधान अधिकतर भाव या विषय के अनुरूप तथा अर्थविस्तार में सहायता की दृष्टि से किया है। पर यह कहा जा चुका है कि उन्होंने परम्परापालन का ध्यान भी बहुत रखा है। इससे कहीं-कहीं भद्दी परम्परा के भी उदाहरण मिलते हैं। इस प्रकार का एक सांग रूपक और एक परिणाम नीचे दिया जाता है। एक में तो वीररस की सामग्री में शृंगार की सामग्री का आरोप है और दूसरे में शृंगार की सामग्री में वीररस की सामग्री का। पहले स्त्री के रूपक में तोप का यह वर्णन लीजिए–

कहौं सिंगार जैसि वै नारी। दारू पियहिं जैसि मतवारी॥
सेंदुर आगि सीस उपराहीं। पहिया तरिवन चमकत जाहीं॥
कुच गोला दुइ हिरदय लाई। अंचल धुजा रहै छिटकाई॥

रसना लूक रहहिं मुख खोले। लंका जरै सो उनके बोले॥
अलक जँजीर बहुत गिउ बाँधे। खींचहिं हस्ती, टूटहिं काँधे॥
बीर सिंगार दोउ एक ठाऊँ। सत्रुसाल गढ़भंजन नाऊँ॥

इसी प्रकार का उदाहरण नीचे 'परिणाम' अलंकार का भी है जो बादल की नवागता वधू के मुँह से कहलाया गया है–

जौ तुम चहहु जुझि, पिय बाजा। कीन्ह सिंगार जूझ मैं साजा॥
जोबन आइ सौंह होइ रोपा। पिघला बिरह कामदल कोपा॥
भौहैं धनुष, नयन सर साधे। बरुनि बीच काजर विष बाँधे॥
अलक फाँस गिउ मेलि असूझा। अधर अधर सौं चाहहिं जूझा॥
कुंभस्थल कुच दोउ मैमंता। पेलौं सौंह, सँभारहु कंता॥

इन दोनों उदाहरणों में प्रस्तुत रस के विरुद्ध सामग्री का आरोप है। यद्यपि साहित्य के आचार्यों ने साम्य से कहे हुए विरोधी रस या भाव को (विभाव आदि को भी) दोषाधायक नहीं माना है, पर इस प्रकार के आरोपों में रस की प्रतीति में व्याघात अवश्य पड़ता है, वाग्वैदग्ध्य द्वारा मनोरंजन चाहे कुछ हो जाए। काव्य में बिम्बस्थापना (इमैजरी) प्रधान वस्तु है। वाल्मीकि, कालिदास आदि प्राचीन कवियों में यह पूर्णता को प्राप्त है। अंग्रेजी कवि शेली इसके लिए प्रसिद्ध है। भाषा के दो पक्ष होते हैं–एक सांकेतिक (सिम्बोलिक) और दूसरा बिम्बाधायक (प्रेजेंटेटिव)। एक में तो नियत संकेत द्वारा अर्थबोध मात्र हो जाता है, दूसरे में वस्तु का बिम्ब या चित्र अन्तःकरण में उपस्थित होता है। वर्णनों में सच्चे कवि द्वितीय पक्ष का आलम्बन करते हैं। वे वर्णन इस ढंग से करते हैं कि बिम्बग्रहण हो। अतः रसात्मक वर्णनों में यह आवश्यक है कि ऐसी वस्तुओं का बिम्बग्रहण कराया जाए, ऐसी वस्तुएँ सामने लाई जाएँ, जो प्रस्तुत रस के अनुकूल हों, उसकी प्रतीति में बाधक न हों। सादृश्य और साधर्म्य के आधार पर आरोप द्वारा भी जो वस्तुएँ लाई जाएँ, वे भी ऐसी ही होनी चाहिए। वीररस की अनुभूति के समय कुच, तरिवन, सिन्दूर आदि सामने लाना या श्रृंगार रस की अनुभूति के अवसर पर मस्त हाथी, भाले, बरछे, सामने रखना रसानुभूति में सहायक कदापि नहीं।

बात की काट-छाँटवाले अलंकार–जैसे, परिसंख्या–यद्यपि जायसी में कम हैं पर कई प्रसंगों में जहाँ किसी पात्र का वाक्चातुर्य दिखाना कवि को इष्ट है वहाँ श्लेष और मुद्रा अलंकार का आश्रय बहुत लिया गया है–यहाँ तक कि जी ऊबने लगता है। रत्नसेन-पद्मावती के प्रथम समागम के अवसर पर जब सखियाँ पद्मावती को छिपा देती हैं तब राजा के रसायनी प्रलाप में धातुओं आदि के बहुत से नाम निकलते हैं जैसे–

सो न रूप जासौं दुःख खोलौं। गएउ भरोस तहाँ का बोलौं॥
*जहँ **लोना** बिरवा कै जाती। कहि कै सँदेस आन को **पाती**॥*
*जो एहि घरी मिलावै मोहीं। **सीस** देउँ बलिहारी ओही॥*

राजा कहता है 'वह रूप (पद्मावती) सामने नहीं है जिसके आगे मैं अपना दुःख खोलूँ।...जहाँ वह सलोनी लता (पद्मावती) है वहाँ सँदेसा कहकर उसका पत्र कौन

लावे ?' इत्यादि। इसमें श्लेष और मुद्रा दोनों अलंकार हैं। इसी प्रकार की एक उक्ति वियोगदशा में नागमती की है–

__धौरी पंडुक__ कह __पिउ__ नाऊँ। जौं __चित रोख__ न दूसर ठाऊँ॥
जाहि __बया__ होइ __पिउ कंठ लवा__। करै मेराव सोइ __गौरवा__॥

अर्थात्–सफेद और पीली (पांडुवर्ण) पड़कर भी मैं उस प्रिय का नाम लेती हूँ (क्योंकि) यदि मैं चित्त में रोष करूँ तो मेरे लिए और दूसरा ठिकाना नहीं है। जा और (सन्देसा कहकर) आ[1], जिसमें प्रिय कंठ से लगे। जो मिलाप करावे वही गौरवान्वित है। (चौपाई के बड़े टाइपों के शब्द चिड़ियों के नाम भी हैं।)

इसी प्रकार रत्नसेन के सिंहलद्वीप से चलने की तैयारी करने पर पद्मावती कहती है–

मोहि असि कहाँ सो मालति बेली। __कदम सेवतीं__ चंप चमेली॥

(कदम सेवतीं = (1) चरणों की सेवा करती हैं, (2) कदंब और सेवती फूल)।

यहाँ तक अर्थालंकारों के नमूने हुए। शब्दालंकारों में जायसी ने वृत्यनुप्रास, यमक और श्लेष का प्रयोग किया है, पर संयम के साथ। अनुप्रास आदि पर ही लक्ष्य रखकर खेलवाड़ इन्होंने कहीं नहीं किया है। नीचे कुछ उदाहरण दिए जाते हैं–

(1) *रसनहि रस नहिं एकौ भावा।* (यमक)
(2) *गइ सो पूजि, मन पूजि न आसा।* (यमक)
(3) *भूमि जो भीजि भएउ सब गेरू।* (अनुप्रास)
(4) *पपिहा पीउ पुकारत पावा।* (अनुप्रास)
(5) *रंग रकत रह हिरदय राता।* (अनुप्रास)
(6) *भइ बगमेल सेन घनघोरा। औ गजपेल अकेल सो गोरा।* (अनुप्रास)

श्लेष के बहुत से उदाहरण पहले आ चुके हैं।

अलंकार हैं क्या ? वर्णन करने की अनेक प्रकार की चमत्कारपूर्ण शैलियाँ, जिन्हें काव्यों से चुनकर प्राचीन आचार्यों ने नाम रखे और लक्षण बनाए। ये शैलियाँ न जाने कितनी हो सकती हैं। अतः यह नहीं कहा जा सकता कि जितने अलंकारों के नाम ग्रन्थों में मिलते हैं उतने ही अलंकार हो सकते हैं। बीच-बीच में नए आचार्य्य नए अलंकार बढ़ाते आए हैं; जैसे, 'विकल्प' अलंकार को अलंकारसर्वस्वकार राजानक रुय्यक ने ही निकाला था। इसलिए यह न समझना चाहिए कि किसी कवि की रचना में उतनी ही चमत्कारपूर्ण शैलियों का समावेश होगा जितनी नाम रखकर गिना दी गई हैं। बहुत से स्थलों पर कवि ऐसी शैली का अवलम्बन कर जाएगा जिसके प्रभाव या चमत्कार की ओर लोगों का ध्यान न गया होगा और जिसका कोई नाम न रखा होगा; यदि रखा भी गया होगा तो किसी दूसरे देश के रीतिग्रन्थ में। उदाहरण के लिए यह पद्य लीजिए–

कँवलहि बिरह बिथा जस बाढ़ी। केसर बरन पीर हिय गाढ़ी॥

1. बया (फारसी)=आ।

'केसर बरन पीर हिय गाढ़ी', इस पंक्ति का अर्थ अन्वयभेद से तीन ढंग से हो सकता है–(1) कमल केसरवर्ण (पीला) हो रहा है, हृदय में गाढ़ी पीर है। (2) गाढ़ी पीर से हृदय केसरवर्ण हो रहा है। (3) हृदय में केसर वर्ण गाढ़ी पीर है। इनमें से पहला अर्थ तो ठीक नहीं होगा, क्योंकि कवि की उक्ति का आधार केवल कमल के हृदय का पीला होना है, सारे कमल का पीला होना नहीं। दूसरा अर्थ अलबत्ते सीधा और ठीक जँचता है, पर अन्वय इस प्रकार खींचतान कर करना पड़ता है–'गाढ़ी पीर हिय केसर बरन।' तीसरा अर्थ यदि लेते हैं तो 'पीर' का एक असाधारण विशेषण 'केसर बरन' रखना पड़ता है। इस दशा में 'केसरवर्ण' का लक्षणा से अर्थ करना होगा केसरवर्ण करनेवाली, पीला करनेवाली, और पीड़ा का आतिशय्य लक्षणा का प्रयोजन होगा। पर यूरोपीय साहित्य में इस प्रकार की शैली अलंकार रूप से स्वीकृत है और हाईपैलेज कहलाती है। इसमें कोई गुण प्रकृत गुणी से हटाकर दूसरी वस्तु में आरोपित कर दिया जाता है; जैसे यहाँ पीलेपन का गुण 'हृदय' से हटाकर 'पीड़ा' पर आरोपित किया गया है।

एक उदाहरण और लीजिए–'जस भुइँ दहि असाढ़ पलुहाई।' इस वाक्य में 'पलुहाई' की संगति के लिए 'भुइँ' शब्द का अर्थ उस पर के घास-पौधे अर्थात् आधार के स्थान पर आधेय लक्षणा से लेना पड़ता है। बोलचाल में भी इस प्रकार के रूढ़ प्रयोग आते हैं, जैसे 'इन दोनों घरों में झगड़ा है।' यूरोपीय अलंकारशास्त्र में आधेय के स्थान पर आधार के कथन की प्रणाली को मेटानमी अलंकार कहेंगे। इसी प्रकार अंगी के स्थान पर अंग, व्यक्ति के स्थान पर जाति आदि का लाक्षणिक प्रयोग सिनेकडोकी अलंकार कहा जाता है। सारांश यह कि चमत्कार प्रणालियाँ बहुत-सी हो सकती हैं।

स्वभाव-चित्रण

आरम्भ में ही हम यह कह देना अच्छा समझते हैं कि जायसी का ध्यान स्वभावचित्रण की ओर वैसा न था। 'पद्मावत' में हम न तो किसी व्यक्ति के ही स्वभाव का ऐसा प्रदर्शन पाते हैं जिसमें कोई व्यक्तिगत विलक्षणता पूर्ण रूप से लक्षित होती हो, और न किसी वर्ग या समुदाय की ही विशेषताओं का विस्तृत प्रत्यक्षीकरण हमें मिलता है। मनुष्यप्रकृति के सूक्ष्म निरीक्षण का प्रमाण हमें जायसी के प्रबन्ध के भीतर नहीं मिलता। राम, लक्ष्मण, भरत और परशुराम आदि के चरित्रों में जैसी व्यक्तिगत विशेषताएँ तथा कैकेयी, कौशल्या और मन्थरा आदि के व्यवहारों में जैसी वर्गगत विशेषताएँ गोस्वामी तुलसीदास जी हमारे सामने रखते हैं, वैसी विभिन्न विशेषताएँ जायसी अपने पात्रों के द्वारा नहीं सामने लाते। इतना होने पर भी कोई यह नहीं कह सकता कि 'पद्मावत' में मानवी प्रकृति के चित्रण का एकदम अभाव है।

प्रबन्ध-काव्य में भाव की व्यंजना पात्रों के वचन और कर्म द्वारा ही होती है, उनके स्वगत भावों और विचारों का उल्लेख बहुत कम मिलता है। 'पद्मावत' में प्रबन्ध के आदि से लेकर अन्त तक चलनेवाले पात्र तीन मिलते हैं–पद्मावती, रत्नसेन और नागमती।

इनमें से किसी के चरित्र में कोई ऐसी व्यक्तिगत विशेषता कवि ने नहीं रखी है जिसे पकड़कर हम इस बात का विचार करें कि उस विशेषता का निर्वाह अनेक अवसरों पर हुआ है या नहीं। इन्हें हम प्रेमी और पति-पत्नी के रूप में ही देखते हैं, अपनी किसी व्यक्तिगत विशेषता का परिचय देते नहीं पाते। अतः इनके सम्बन्ध में चरित्रनिर्वाह का एक प्रकार से प्रश्न ही नहीं रह जाता। राजा रत्नसेन में हम जो कष्टसहिष्णुता, धीरता या साहस इत्यादि देखते हैं वे कोई व्यक्तिगत विशिष्ट लक्षण नहीं जान पड़ते, बल्कि सब सच्चे प्रेमियों का आदर्श पूरा करते पाए जाते हैं। वियोग या विपत्ति की दशा में उसी रत्नसेन को आत्मघात करने को तैयार देखते हैं। पद्मावती भी चित्तौर आने से पहले तक तो आदर्श प्रेमिका के रूप में दिखाई पड़ती है और चित्तौर आने पर उसके सतीत्व का विकास आरम्भ होता है। नागमती को भी हम सामान्य स्त्रीस्वभाव से युक्त पतिपरायण हिन्दू स्त्री के रूप में देखते हैं। आदि से अन्त तक चलनेवाले इन तीनों पात्रों का व्यवहार या तो किसी आदर्श की पूर्ति करता है या किसी वर्ग की सामान्य प्रवृत्ति का परिचय कराता है।

चरित्र का विधान चार रूपों में हो सकता है–(1) आदर्श रूप में, (2) जाति-स्वभाव के रूप में, (3) व्यक्तिस्वभाव के रूप में, और (4) सामान्य स्वभाव के रूप में। अतः जिन पात्रों के चरित्र का हम विवेचन करेंगे उनके सम्बन्ध में पहले यह देखेंगे कि उनके चरित्रों का चित्रण किन-किन रूपों में हुआ है। जो चार रूप पीछे कहे गए हैं, उनमें सामान्य स्वरूप का चित्रण तो चरित्रचित्रण के अन्तर्गत नहीं, वह सामान्य प्रकृतिवर्णन के अन्तर्गत है, जिसे पुराने ढंग के आलंकारिक 'स्वभावोक्ति' कहेंगे। आदर्श चित्रण के सम्बन्ध में एक बात ध्यान देने की यह है कि ज़ायसी का आदर्श चित्रण एकदेशव्यापी है। तुलसीदासजी के समान किसी सर्वांगपूर्ण आदर्श की प्रतिष्ठा का प्रयत्न उन्होंने नहीं किया है। रत्नसेन प्रेम का आदर्श है, गोरा-बादल वीरता के आदर्श हैं, पर एक साथ ही शक्ति, वीरता, दया, क्षमा, शील, सौन्दर्य्य और विनय इत्यादि सबका कोई एक आदर्श जायसी के पात्रों में नहीं है। गोस्वामीजी का लक्ष्य था मनुष्यत्व के सर्वतोमुख उत्कर्ष द्वारा भगवान् के लोकपालक स्वरूप का आभास देना। जायसी का लक्ष्य था प्रेम का वह उत्कर्ष दिखाना जिसके द्वारा साधक अपने विशेष अभीष्ट की सिद्धि प्राप्त कर सकता है। रत्नसेन प्रेममार्ग के भीतर तो अपना सुखभोग क्या प्राण तक त्याग करने को तैयार है; पर वह ऐसा नहीं है कि प्रेममार्ग के बाहर भी उसे द्रव्य आदि का लोभ कभी स्पर्श न कर सके। प्रेममार्ग के भीतर तो उसे लड़ाई-भिड़ाई अच्छी नहीं लगती, अपने साथियों के कहने पर भी वह गन्धर्वसेन की सेना से लड़ना नहीं चाहता, पर अलाउद्दीन का पत्र पढ़कर वह युद्ध के उत्साह से पूर्ण हो जाता है। इसी प्रकार पद्मावती को देखिए। जहाँ तक रत्नसेन से सम्बन्ध है वहाँ तक वह त्याग की मूर्त्ति है, पर इसका मतलब यह नहीं है कि सपत्नी के प्रति स्वप्न में भी वह ईर्ष्या का भाव नहीं रखती।

यह तो स्पष्ट ही है कि कथा का नायक रत्नसेन और नायिका पद्मावती है। अतः पहले इन्हीं दोनों चरित्रों को लेते हैं–

रत्नसेन–नायक होने से प्राचीन पद्धति के अनुसार रत्नसेन के चरित्र में आदर्श की प्रधानता है। यद्यपि उसके व्यक्तिगत स्वभाव (जैसे, बुद्धि की अतत्परता, अदूरदर्शिता) तथा जातिगत स्वभाव (जैसे राजपूतों की प्रतिकारवासना) की भी कुछ झलक मिलती है, पर प्रधानता आदर्शप्रतिष्ठापक व्यवहारों की ही है। आदर्श प्रेम का है, और गहरे सच्चे प्रेम का। अतः उस प्रबल प्रेम के आवेग में जो कुछ करणीय-अकरणीय रत्नसेन ने भी किया है उसका विचार साधारण कर्मनीति की दृष्टि से न करना चाहिए। प्रसिद्ध पाश्चात्य भाववेत्ता मनोविज्ञानी शैंड ने बहुत ठीक कहा है–'प्रत्येक भाव (रति, शोक, जुगुप्सा आदि) के कुछ अपने निज के गुण होते हैं, जिनमें से लोकनीति के अनुसार कुछ सद्‌गुण कहे जाते हैं, और कुछ दुर्गुण–जो उस भाव की लक्ष्यपूर्ति के लिए आवश्यक होते हैं।'[1] इन गुणों का विकास भावोत्कर्ष की दृष्टि से करना चाहिए, लोकनीति की दृष्टि से नहीं। रत्नसेन अपनी विवाहिता पत्नी नागमती की प्रीति का कुछ विचार न करके घर से निकल पड़ता है और सिंघलगढ़ के भीतर चोरों की तरह सेंध देकर घुसना चाहता है। पहली बात चाहे हिन्दुओं में प्रचलित रीति के कारण बुरी न लगे पर दूसरी बात लोकदृष्टि में निन्द्य अवश्य जान पड़ेगी। बात-बात में अपने सदाचार का दम्भ दिखानेवाले तो इसे 'बहुत बुरी बात' कहेंगे। पर प्रेममार्ग की नीति जाननेवाले चोरी से गढ़ में घुसनेवाले रत्नसेन को कभी चोर न कहेंगे। वे इस बात का विचार करेंगे कि वह प्रेम के लक्ष्य से कहीं च्युत तो नहीं हुआ। उनकी व्यवस्था के अनुसार रत्नसेन का आचरण उस समय निन्दनीय होता जब वह अप्सरा के वेश में हुई पार्वती और लक्ष्मी के रूपजाल और बातों में फँसकर मार्ग-भ्रष्ट हो जाता। पर उस परीक्षा में वह पूरा उतरा।

उपर्युक्त विवेचन का तात्पर्य्य यह है कि प्रेम के साधनकाल में रत्नसेन में जो साहस, कष्ट-सहिष्णुता, नम्रता, कोमलता, त्याग आदि गुण तथा अधीरता, दुराग्रह और चौर्य आदि दुर्गुण दिखाई पड़ते हैं वे प्रेमजन्य हैं, वे स्वतन्त्र गुण या दोष नहीं माने जा सकते। यदि ये बातें प्रेमपथ के अतिरिक्त जीवन के दूसरे व्यवहारों में भी दिखाई गई होतीं तो इन्हें हम रत्नसेन के व्यक्तिगत स्वभाव के अन्तर्गत ले सकते थे।

इसी प्रकार सिंहलद्वीप से लौटते समय रत्नसेन का जो अर्थलोभ कवि ने दिखाया है वह भी रत्नसेन के व्यक्तिगत स्वभाव के अन्तर्गत नहीं आता। किसी विशेष अवसर पर असाधारण सामग्री के प्रति लोभ प्रकट करते देख हम किसी को लोभी नहीं कह

1. एव्री सेंटिमेंट टेंड्स टु ऐक्वायर द वरच्यूज ऐंड वाइसेज दैट आर रिक्वायर्ड बाई इट्स सिस्टम...दोज वरच्यूज ऐंड वाइसेज आर एकाउंटेड सच फ्राम टू डिफरेंट प्वाइंट्स आव व्यू, फर्स्ट, फ्राम द प्वाइंट आव व्यू आव सोसाइटी; सेकेंडली, फ्राम द प्वाइंट आव व्यू आव द सेंटिमेंट इटसेल्फ एकार्डिंग टु ए स्टैंडर्ड ह्विच इट इटसेल्फ फर्निशेज। –फाउंडेशन्स आव कैरेक्टर।

सकते। हाँ, उस असाधारण सामग्री के तिरस्कार से उसे निर्लोभ अवश्य कह सकते हैं। दोनों अवस्थाओं में अन्तर यह है कि एक में लोभ करना साधारण बात है और दूसरी में त्याग करना असाधारण बात है। किसी एक अवसर पर प्रदर्शित मनोवृत्ति स्वभाव के अन्तर्गत तभी समझी जा सकती है जब वह या तो साधारण से अधिक मात्रा में हो अथवा वह ऐसे शब्दों में व्यक्त की जाए जिससे उसका स्वभावगत होना पाया जाए। जैसे 'चाहे लोग कितना ही बुरा कहें मैं इतना धन छोड़ नहीं सकता' अथवा 'चार पैसे के लिए तो मैं कोस भर दौड़ा जाऊँ, इसमें से चार पैसे तुम्हें कैसे दे दूँ ?' पर रत्नसेन के लोभ में इन दोनों में से एक बात भी नहीं पाई जाती। वह लोभवाला प्रसंग केवल इस उपदेश के निमित्त जोड़ा गया है कि बहुत अधिक सम्पत्ति देखकर बड़े-बड़े त्यागियों को भी लोभ हो जाता है।

रत्नसेन की व्यक्तिगत विशेषता की झलक हमें उस स्थान पर मिलती है जहाँ गोरा-बादल के चेताने पर भी वह अलाउद्दीन के छल को नहीं समझता और उसके साथ गढ़ के बाहर तक चला जाता है। दूसरे पर छल का सन्देह न करने में राजा के हृदय की उदारता और सरलता तथा नीति की दृष्टि से अपनी रक्षा का पूरा ध्यान न रखने में अदूरदर्शिता प्रकट होती है।

जातिगत स्वभाव का आभास इस घटना से मिलता है। दिल्ली से छूटकर जिस दिन राजा चित्तौर आया है उसी दिन रात को पद्मिनी से देवपाल की दुष्टता का हाल सुनकर क्रोध से भर जाता है और सबेरा होते ही बिना पहले से किसी प्रकार की तैयारी किए देवपाल को बाँधने की प्रतिज्ञा करके कुम्भलनेर पर जा टूटता है। पेट में साँग घुसने पर भी वह मरने के पहले देवपाल को मारकर बाँधता है। प्रतिकार की यह प्रबल वासना राजपूतों का जातिगत लक्षण है। वीर लड़ाकी जातियों में प्रतिकारवासना बड़ी प्रबल हुआ करती है। अरबों का भी यही हाल था।

पद्मावती—नायिका होने से पद्मावती के चरित्र में भी आदर्श ही की प्रधानता है। चित्तौर आने के पूर्व वह सच्ची प्रेमिका के रूप में दिखाई पड़ती है। जब रत्नसेन को सूली की आज्ञा होती है तब वह भी प्राण देने को तैयार होती है। इसके उपरान्त सिंहल से चित्तौर के मार्ग में ही उसमें चतुर गृहिणी के गुण का स्फुरण होने लगता है। समुद्र में जहाज नष्ट हो गए और राजा-रानी बहकर दो घाट लगे। राजा का खजाना और हाथी-घोड़े डूब गए। समुद्र के यहाँ से जब राजा-रानी विदा होकर चलने लगे तब राजा को समुद्र ने हंस, शार्दूल आदि पाँच अलभ्य वस्तुएँ दीं और रानी को लक्ष्मी ने पान के बीड़े के साथ कुछ रत्न दिए। जगन्नाथपुरी में आने पर राजा ने जब देखा कि उसके पास उन पाँच वस्तुओं के सिवा कुछ द्रव्य नहीं है तब वह मार्गव्यय की चिन्ता में पड़ गया।[1]

1. यद्यपि समुद्र से विदा होते समय 'और दीन्ह बहु रतन पखाना' कवि ने कहा है पर जगन्नाथपुरी में आने पर राजा के पास कुछ भी नहीं रह गया था, यह स्पष्ट लिखा है—'राजै पदमावति सौं कहा। साँठि नाठि, किछु गाँठि न रहा॥' अब या तो यह मानें कि समुद्र का दिया हुआ रत्न द्रव्य सब रास्ते में खर्च हो गया अथवा यह मानें कि समुद्र से उन पाँच वस्तुओं के अतिरिक्त द्रव्य मिलने का प्रसंग प्रक्षिप्त है।

उसी समय पद्मावती ने वे रत्न बेचने के लिए निकाले जो लक्ष्मी ने विदा होते समय छिपाकर दिए थे। इस बात से पद्मावती की उस संचयबुद्धि का आभास मिलता है जो उत्तम गृहिणी में स्वाभाविक होती है।

अपनी व्यक्तिगत दूरदर्शिता और बुद्धिमत्ता का परिचय पद्मावती ने निकाले हुए राघवचेतन को दान द्वारा सन्तुष्ट करने के प्रयत्न में दिया है। राघव को निकालने का परिणाम उसे अच्छा नहीं दिखाई पड़ा–

'ज्ञान दिस्टि धनि अगम विचारा। भल न कीन्ह अस गुनी निकारा॥

बुद्धिमानी का दूसरा परिचय पद्मिनी ने राजा के बन्दी होने पर गोरा-बादल के पास जाने में दिया है। यद्यपि वे राजा से रूठे थे पर पद्मिनी ने उन्हीं को सच्चे हितैषी और सच्चे वीर पहचाना।

जातिगत स्वभाव उस स्त्रीसुलभ प्रेमगर्व और सपत्नी के प्रति उस ईर्ष्या में मिलता है जो नागमती के साथ विवाद का कारण है। नागमती के बगीचे में बड़ी चहल-पहल है और राजा भी वहीं है, यह सुनते ही पद्मावती को इतना बुरा लगता है कि वह तुरन्त वहाँ जा पहुँचती है और विवाद छेड़ती है। उस विवाद में वह राजा के प्रेम का गर्व भी प्रकट करती है। यह ईर्ष्या और प्रेमगर्व स्त्री जाति के सामान्य स्वभाव के अन्तर्गत माना जाता है। इसी से इनके वर्णन में रसिकों को एक विशेष प्रकार का आनन्द आया करता है। ये भाव व्यक्तिगत दुष्ट प्रकृति के अन्तर्गत नहीं कहे जा सकते। पुरुषों ने अपनी जबरदस्ती से स्त्रियों के कुछ दुःखात्मक भावों को भी अपने विलास और मनोरंजन की सामग्री बना रखा है। जिस दिलचस्पी के साथ वे मेढ़ों की लड़ाई देखते हैं उसी दिलचस्पी के साथ अपनी कई स्त्रियों के परस्पर कलह को। नवोढ़ा का 'भय और कष्ट' भी नायिकाभेद और रसिकों के आनन्द के प्रसंग हैं। इसी परिपाटी के अनुसार स्त्रियों की प्रेमसम्बन्धिनी ईर्ष्या का भी शृंगाररस में एक विशेष स्थान है। यदि स्त्रियाँ भी इसी प्रकार पुरुषों की प्रेमसम्बन्धिनी ईर्ष्या को अपने खेलवाड़ की चीज बनावें तो कैसा ?

सबसे उज्ज्वल रूप जिसमें हम पद्मिनी को देखते हैं वह सती का है। यह हिन्दू नारी का चरम उत्कर्ष को पहुँचा हुआ रूप है। जायसी ने उसके सतीत्व की परीक्षा का भी आयोजन किया है। पर जैसा पहले कहा जा चुका है, जायसी ने ऐसे लोकोत्तर दिव्य प्रेम की परीक्षा के लिए जो कसौटी तैयार की है, वह कदापि उसके महत्त्व के उपयुक्त नहीं है।

राजपूतों में जौहर की प्रथा थी। पर पद्मावती का सती होना 'जौहर' के रूप में नहीं कहा जा सकता। जौहर तो उस समय होता था जब शत्रुओं से घिरे गढ़ के भीतर सैनिक गढ़रक्षा की आशा न देख शस्त्र लेकर बाहर निकल पड़ते थे और उनके पराजित होने या मारे जाने का समाचार गढ़ के भीतर पहुँचने पर स्त्रियाँ शत्रु के हाथ में पड़ने के पहले अग्नि में कूद पड़ती थीं। पर जायसी ने मुसलमान सेना के आने के पहले ही रत्नसेन की मृत्यु दिखाकर पद्मिनी और नागमती का विधिपूर्वक पति की

चिता में बैठकर 'सती होना' दिखाया है। इसके उपरान्त और सब क्षत्राणियों का 'जौहर' कहा गया है।

जातिगत स्वभाव के भीतर क्षत्रिय नारी के उपयुक्त पद्मिनी के उस साहसपूर्ण उद्योग को भी लेना चाहिए जो उसने अपने पति के छुटकारे के लिए किया। उसने कैसे ओजभरे शब्दों में गोरा-बादल को बढ़ावा दिया है।

नागमती–सती नागमती को पहले हम 'रूपगर्विता' के रूप में देखते हैं। यह रूपगर्व स्त्रियों के जातिगत सामान्य स्वभाव के अन्तर्गत समझिए। ऐसा ही सपत्नी के प्रति उसकी ईर्ष्या को भी समझना चाहिए। इस जातिगत ईर्ष्या की मात्रा सामान्य से अधिक बढ़ी हुई हम नहीं पाते हैं जिससे विशेष ईर्ष्यालु प्रकृति का अनुमान कर सकें। नागमती पद्मिनी के विरुद्ध कोई भीषण षड्यन्त्र आदि नहीं रचती है। कहीं-कहीं तो उसकी ईर्ष्या भी पति की हितकामना के साथ मिश्रित दिखाई पड़ती है। राजा रत्नसेन के बन्दी होने पर नागमती इस प्रकार विलाप करती है–

पदमिनि ठगिनि भइ कित साथा। जेहि तैं रतन परा पर हाथा॥

इस जातिगत स्वभाव से आगे बढ़कर हम नागमती के आदर्श पक्ष पर आते हैं। पति पर उसका कैसा गूढ़ और गम्भीर प्रेम है–यह उसकी वियोगदशा द्वारा व्यक्त होता है। पारिवारिक जीवन की दृष्टि से यह पक्ष अत्यन्त गम्भीर और मधुर है। पतिपरायणा नागमती जीवनकाल में अपनी प्रेमज्योति से गृह को आलोकित करके अन्त में सती की दिगंतव्यापिनी प्रभा से दमककर इस लोक से अदृश्य हो जाती है।

रत्नसेन और बादल की माता–ये दोनों सामान्य माता के रूप में हमारे सामने आती हैं, क्षत्रिय माता के रूप में नहीं। इनके वात्सल्य की व्यंजना में हम उस स्नेह की झलक पाते हैं जो पुत्र के प्रति माता में सामान्यतः होता है। दोनों में किसी प्रकार की व्यक्तिगत विशेषता नहीं दिखाई पड़ती। वर्गविशेष की किसी प्रवृत्ति का भी पता उनमें नहीं है। रण में जाते हुए पुत्र को रोकने का प्रयत्न करके बादल की माता सामान्य माता का रूप दिखाती है, क्षत्राणी या क्षत्रिय माता का नहीं।

राघवचेतन–इस पात्र का स्वरूप समाज की उस भावना का पता देता है जो लोकप्रिय वैष्णव धर्म के कई रूपों में प्रचार के कारण शाक्तों, तान्त्रिकों या वाममार्गियों के विरुद्ध हो रही थी। इस सामाजिक दृष्टि से यदि हम देखते हैं तो राघवचेतन वर्गविशेष का उसी प्रकार प्रतिनिधि ठहरता है जिस प्रकार शेक्सपियर के 'वेनिस नगर का व्यापारी' का शाइलाक। यह भूत, प्रेत, यक्षिणी की पूजा करता था। उसकी वृत्ति उग्र और हिंसापूर्ण थी, कोमल और उदात्त भावों से उसका हृदय शून्य था। विवेक का उसमें लेश न था। वह इस बात का मूर्तिमान प्रमाण था कि उत्तम संस्कार और बात हैं, पांडित्य और बात। हृदय के उत्तम संस्कार के बिना श्रेष्ठ आचरण का विधान नहीं हो सकता। उसकी सम्प्रदायगत प्रवृत्ति के अतिरिक्त उसकी

व्यक्तिगत अहंकार वृत्ति का भी कुछ पता इस बात से मिलता है कि वह अपने को औरों से भिन्न और श्रेष्ठ प्रकट करना चाहता था। जो बात सब लोग कहते उसके प्रतिकूल कहकर वह अपनी धाक जमाने की फिक्र में रहता था। सब पंडितों ने अमावस्या बताई तब उसने द्वितीया कहकर सिद्ध यक्षिणी के बल से अपनी बात रखनी चाही।

जिस राजा रत्नसेन के यहाँ वह जीवन भर रहा, उसके प्रति कृतज्ञता का कुछ भाव उसके हृदय में हम नहीं पाते। देश से निकाले जाने की आज्ञा होते ही उसे बदला लेने की धुन हुई। पद्मिनी ने अत्यन्त अमूल्य दान देकर उसे सन्तुष्ट करना चाहा पर उस कृपा का उस पर उलटा प्रभाव पड़ा। पहले तो अपने स्वामी की पत्नी को बुरे भाव से देख उसने घोर अविवेक का परिचय दिया, फिर उसके हृदय में हिंसावृत्ति और प्रतिकारवासना के साथ ही साथ लोभ का उदय हुआ। वह सोचने लगा कि दिल्ली का बादशाह अलाउद्दीन अत्यन्त प्रबल और लम्पट है, उसके यहाँ चलकर पद्मिनी के रूप का वर्णन करूँ तो वह चित्तौर पर अवश्य चढ़ाई कर देगा जिससे पूरा बदला भी चुक जाएगा और धन भी बहुत प्राप्त होगा। निर्लज्ज भी वह परले सिरे का दिखाई पड़ता है। जिस स्वामी के साथ उसने इतनी कृतघ्नता की, चित्तौरगढ़ के भीतर बादशाह के साथ जाकर, उसको मुँह दिखाते कुछ भी लज्जा न आई। अपनी नीचता की हद को वह उस समय पहुँचता है जब राजा रत्नसेन के गढ़ के बाहर निकलने पर वह उन्हें बन्दी करने का इशारा करता है।

सारांश यह कि अहंकार, अविवेक, कृतघ्नता, लोभ, निर्लज्जता और हिंसा द्वारा ही उसका हृदय संघटित रहता है। यदि पद्मावती के कथानक की रचना सदसत् के लौकिक परिणाम की दृष्टि से की गई होती तो राघव का परिणाम अत्यन्त भयंकर दिखाया गया होता। पर कवि ने उसके परिणाम की कुछ भी चर्चा नहीं की है।

गोरा-बादल—क्षत्रिय वीरता के ये दो अत्यन्त निर्मल आदर्श जायसी ने सामने रखे हैं। अबलाओं की रक्षा से जो माधुर्य्य योरप के मध्य युग के नाइटों की वीरता में दिखाई पड़ता था उसकी झलक के साथ स्वामिभक्ति का अपूर्व गौरव इनकी वीरता में देख मन मुग्ध हो जाता है। जायसी की अन्तर्दृष्टि धन्य है जिसने भारत के इस लोकरंजनकारी क्षात्र तेज को पहचाना।

पहले हम इन दोनों वीरों के खरेपन, दूरदर्शिता, आत्मसम्मान और स्वामिभक्ति, इन व्यक्तिगत गुणों की ओर ध्यान देते हैं। गढ़ के भीतर बादशाह को घूमते देख इनसे न रहा गया। इन्हें बादशाह के रंग-ढंग से छल का सन्देह हुआ और इन्होंने राजा को तुरन्त सावधान किया। जब राजा ने इनकी बात न मानी तब ये आत्मसम्मान के विचार से रूठकर घर बैठ रहे। मन्त्रणा के कर्तव्य से मुक्त होकर शस्त्रग्रहण के कर्तव्य का अवसर देखने लगे। वह अवसर भी आया। रानी पद्मिनी पैदल इनके घर आई और रो-रोकर उसने राजा को छुड़ाने की प्रार्थना की। कठोरता के अवसर पर कठोर होनेवाला और कोमलता के अवसर पर कोमल से कोमल होनेवाला हृदय ही प्रकृत

क्षत्रिय हृदय है। अत्याचार से द्रवीभूत होनेवाले हृदय की उग्रता ही लोकरक्षा के उपयोग में आ सकती है। रानी की दशा देखते ही–

गोरा बादल दुवौ पसीजे। रोवत रुहिर सीस लहि भीजे॥

दोनों की तेज भरी प्रतिज्ञा सुनकर पद्मिनी ने जो साधुवाद दिया उसके भीतर क्षात्र धर्म की ओर स्पष्ट संकेत है–

तुम टारन भारन्ह जग जाने। तुम सुपुरुष औ करन बखाने॥

संसार का भार टालना, विपत्ति से उद्धार करना, अन्याय और अत्याचार का दमन करना ही क्षात्र धर्म है।

इस क्षात्र धर्म का अत्यन्त उज्ज्वल स्वरूप इन दोनों वीरों के आचरण में झलकता है। कवि ने बादल की छोटी अवस्था दिखाकर उसकी नवागता वधू को लाकर कर्तव्य की एक बड़ी कड़ी कसौटी सामने रखने के साथ सम्पूर्ण प्रसंग को अत्यन्त मर्मस्पर्शी बना दिया। बादल युद्धयात्रा के लिए तैयार होता है। उसकी माता स्नेहवश युद्ध की भीषणता दिखाकर रोकना चाहती है। इस पर वह अपने बल के विश्वास की दृढ़ता दिखाता है। इसके पीछे उसकी तुरन्त की आई हुई वधू सामने आकर खड़ी होती है, पर वह हृदय को कठोर करके मुँह फेर लेता है–

तब धनि कीन्हि बिहँसि चंख दीठी। बादल तबहि दीन्हि फिरि पीठी॥
मुख फिराइ मन अपने रीसा। चलत न तिरिया कर मुख दीसा॥

यह कर्तव्य की कठोरता है। फिर स्त्री फेंटा पकड़ती है; पर बादल छुड़ाकर अपना कर्तव्य समझाता है–

जौ तुइँ गवन आइ गजगामी। गवन मोर जहँवा मोर स्वामी॥

कर्तव्य की यह कठोरता कितनी सुन्दर और कितनी मर्मस्पर्शिनी है।

इस आदर्श क्षत्रिय वीरता के अतिरिक्त दोनों में युक्तिपटुता का व्यक्तिगत गुण भी हम पूरा-पूरा पाते हैं। सोलह सौ पालकियों के भीतर राजपूत योद्धाओं को बिठाकर दिल्ली ले जाने की युक्ति इन्हीं दोनों वीरों की सोची हुई थी, जो पूरी उतरी।

वृद्ध वीर गोरा ने अपने पुत्र बादल को 600 सरदारों के साथ छूटे हुए राजा को पहुँचाने चित्तौर की ओर भेजा और आप केवल एक हजार सरदारों को लेकर बादशाही फौज को तब तक रोके रहा जब तक राजा चित्तौर नहीं पहुँच गया। अन्त में उसी युद्ध में वह वीरगति को प्राप्त हुआ। उसके पेट में साँग धँसी और आँतें जमीन पर गिर पड़ीं पर आँतों को बाँधकर वह फिर घोड़े पर सवार हो लड़ने लगा। उसी समय चारण ने साधुवाद किया–

भाँट कहा, धनि गोरा ! तू भी रावन राव।
आँति समेटी बाँधि कै, तुरयं देत है पाव॥

बादल भी रत्नसेन की मृत्यु के पीछे चित्तौरगढ़ की रक्षा में फाटक पर मारा गया।

बादल की स्त्री–बादल की स्त्री का चित्रण बराबर तो सामान्य स्त्री के रूप में है पर अन्त में वह अपना वीरपत्नी और क्षत्राणी का रूप प्रकट करती है। जब उसने देखा कि पति किसी प्रकार युद्ध से विमुख न होंगे, तब वह कहती है–

जौ तुम कंत ! जूझ जिउ काँधा। तुम, पिउ ! साहस, मैं सत बाँधा॥
रन संग्राम जूझि जिति आवहु। लाज होइ जो पीठि देखावहु॥

इसके उपरान्त अपनी दृढ़ता और छात्रगौरव की व्यंजना देखिए, कैसे अर्थगर्भित वाक्य द्वारा वह करती है–

तुम, पिउ ! साहस बाँधा, मैं दिय माँग सेंदूर।
दोउ सँभारे होइ सँग, बाजै मादर तूर॥

तुम युद्ध का साहस बाँधते हो और मैं सती का बाना बना लेती हूँ। इन दोनों बातों का जब दोनों ओर से निर्वाह होगा तभी फिर हमारा-तुम्हारा साथ हो सकता है। यदि तुम युद्ध में वीरगति को प्राप्त हुए और मैं सती न हुई तो साथ न होगा; यदि तुम पीठ दिखाकर भाग आए तब भी मैं तुमसे न मिल सकूँगी। यदि दोनों ने अपने-अपने पक्ष का निर्वाह किया, जय और पराजय दोनों अवस्थाओं में मिलाप हो सकता है–तुम जीतकर आए तो इसी लोक में और मारे गए तो उस लोक में।

देवपाल की दूती–इसका चित्रण दूतियों का सामान्य लक्षण लेकर ही हुआ है। दूतियों में जैसा आडम्बर, धूर्तता, प्रगल्भता, वाक्चातुर्य दिखाने की परिपाटी है, वैसा ही कवि ने दिखाया है। पहले तो अपने ऊपर कुछ स्नेह और विश्वास उत्पन्न करने के लिए वह पद्मिनी के मायके की बनती है, फिर उसके रूप, यौवन आदि का वर्णन करके उसके हृदय में विषयवासना उद्दीप्त करना चाहती है। परपुरुष की चर्चा छेड़ने पर जब पद्मिनी चौंककर कहती है कि तू मेरे ऊपर मसि या कालिमा लगाना चाहती है तब वह 'मसि' शब्द पर इस प्रकार तर्क करती है–

पद्मिनि ! पुनि मसि बोलु न बैना। सो मसि देखु दुहूँ तोरे नैना॥
मसि सिँगार, काजर सब बोला। मसि क बुंद तिल सोह कपोला॥
लोना सोइ जहाँ मसि रेखा। मसि पुतरिन्ह जिन्हसों जग देखा॥
मसि केसहि, मसि भौंह उरेही। मसि बिनु दसन सोभ नहिं देही॥
सो कस सेत जहाँ मसि नाहीं। सो कस पिंड न जहँ परछाँहीं ?॥

देखिए, 'लोना सोइ जहाँ मसि रेखा' कहकर दूती किस प्रकार मसि भीनते हुए जवान की ओर इशारा करके कामवासना उत्पन्न करना चाहती है। फिर अन्त में श्वेत और कृष्ण–सफेद और स्याह–को जगत् में सापेक्ष दिखाकर पद्मिनी का संकोच दूर करना चाहती है। अन्तिम युक्ति तो दार्शनिकों की-सी है।

अलाउद्दीन–अपने बल, प्रताप और श्रेष्ठता के अभिमान में अलाउद्दीन इस बात को सहन नहीं कर सकता कि और किसी के पास कोई ऐसी वस्तु रहे जैसी उसके पास न हो। जब राघव चेतन पद्मिनी की प्रशंसा करता है तब पहले तो उसे यह समझकर बुरा

लगता है कि मेरे हरम में एक से एक बढ़कर सुन्दरी स्त्रियाँ हैं, उन सबसे बढ़कर सुन्दरी का होना यह एक राजा के यहाँ बतला रहा है। पर जब राघव चेतन स्त्रियों के चार भेद बतलाकर पद्मिनी के रूप का विस्तृत वर्णन करता है तब उसे रूपलोभ आ धरता है और वह चित्तौर दूत भेजता है। रत्नसेन के क्रोधपूर्ण उत्तर पर चढ़ाई कर देता है। इस चढ़ाई के कारण लोभ और अभिमान ही कहे जाएँगे, क्रोध तो लोभ और अभिमान की तुष्टि के मार्ग में बाधा पड़ने के कारण उत्पन्न हुआ। अलाउद्दीन वीर था। अतः वीरों का सम्मान उसके हृदय में था। बादशाह का सन्धि सम्बन्धी प्रस्ताव जब राजा रत्नसेन ने स्वीकार कर लिया तब इस बात की सूचना बादशाह को देते समय सरजा ने चापलूसी के ढंग पर राजपूतों को 'काग' कह दिया। इस पर अलाउद्दीन ने उसको यह कहकर फटकारा कि 'वे काग नहीं हैं, काग हो तुम जो धूर्तता करते हो और इधर का सन्देसा उधर कहते फिरते हो। काग धनुष पर बाण चढ़ा हुआ देखते ही भाग खड़े होते हैं, पर वे राजपूत यदि हमारी ओर धनुष पर बाण चढ़ा देखें तो तुरन्त सामना करने के लिए लौट पड़ें।'

'पद्मावत' के पात्रों में राघव और अलाउद्दीन ही ऐसे हैं जिनके प्रति अरुचि या विरक्ति का भाव पाठकों के मन में उत्पन्न हो सकता है। इनमें से राघव के प्रति तो जायसी ने अपनी अरुचि का आभास दिया है, पर कथा के बीच में अलाउद्दीन के प्रति उनके किसी भाव की झलक नहीं मिलती। हाँ, ग्रन्थ के अन्त में 'माया अलादीन सुलतानू' कहकर उसके असत् रूप का आभास दिया गया है। अलाउद्दीन का आचरण अच्छा कभी नहीं कहा जा सकता। किसी की ब्याही स्त्री माँगना धर्म और शिष्टता के विरुद्ध है। उसके आचरण के प्रति कवि की यह उदासीनता कैसी है ? पक्षपात तो हम कह नहीं सकते, क्योंकि जायसी ने कहीं इसका परिचय नहीं दिया है। उसके बल और प्रताप को कवि ने जो रत्नसेन के बल प्रताप से अधिक दिखाया है वह उचित ही है क्योंकि अलाउद्दीन एक बड़े भूखंड का बादशाह था। पर राजपूतों की वीरता बादशाह के बल और प्रताप के ऊपर दिखाई पड़ती है। आठ वर्ष तक चित्तौरगढ़ को घेरे रहने पर भी अलाउद्दीन उसे न तोड़ सका। इसके अतिरिक्त कवि ने अलाउद्दीन की दूसरी चढ़ाई में रत्नसेन का मारा जाना जैसा कि इतिहास में प्रसिद्ध है, न दिखाकर उसके पहले ही एक राजपूत के हाथ से मारा जाना दिखाया है। यदि कवि बादशाह द्वारा राजा का गर्व चूर्ण होना दिखाया चाहता तो ऐसा कभी न करता। उसने रत्नसेन के मान की रक्षा की है। अतः कवि की उदासीनता या मौन का कारण पक्षपात नहीं है, बल्कि मुसलमान बादशाहों की बराबर चली आती हुई चाल है जो कुचाल होने पर भी व्यक्तिगत नहीं कही जा सकती।

इस प्रकरण के आरम्भ में ही स्वभावचित्रण हमने चार प्रकार के कहे थे। इनमें से जायसी के सामान्य मानवी प्रकृति के चित्रण के सम्बन्ध में अभी तक कुछ विशेष नहीं कहा गया। कारण यह कि इसका सन्निवेश 'पद्मावत' में बहुत कम मिलता है। गोस्वामी तुलसीदासजी ने जिस प्रकार स्थान-स्थान पर मनुष्य मात्र में सामान्यतः पाई जानेवाली

अन्तर्वृत्ति की झलक दिखाई है, उस प्रकार जायसी ने नहीं। एक उदाहरण लीजिए। गौरी के मन्दिर में जाकर इच्छा रहते भी जानकी का राम की ओर न ताककर आँख मूँदकर ध्यान करने लगना उस कृत्रिम उदासीनता की व्यंजना करता है जो ऐसे अवसरों पर स्वाभाविक होती है। साक्षियों ने उस अवसर पर जो परिहास की स्वच्छन्दता दिखाई है वह भी सामान्य स्वभावगत है। पर जायसी की पद्मावती महादेव के मंडप में सीधे जोगी रत्नसेन के पास जा पहुँचती है और उसकी सखियों में ऐसे अवसर पर स्वाभाविक परिहास का उदय भी नहीं दिखाई पड़ता है।

रूप और शील के साक्षात्कार से मनुष्य मात्र की अन्तर्वृत्ति जिस रूप की हो जाती है उसकी बहुत सुन्दर झाँकी गोस्वामीजी ने उस समय दिखाई है जिस समय वनवासी राम को जनपदवासी कुछ दूर तक पहुँचा आते हैं और उनकी वाणी सुनने के लिए कुछ प्रश्न करते हैं। कैकेयी और मंथरा के संवाद में भी मनोवृत्तियों का बहुत ही सूक्ष्म निरीक्षण है। जायसी भिन्न-भिन्न मनोवृत्तियों की परख में ऐसी दक्षता नहीं दिखलाते।

कहने का मतलब यह नहीं कि जायसी ने इस बात की ओर ध्यान कुछ नहीं दिया है। गोरा-बादल के प्रतिज्ञा करने पर कृतज्ञतावश पद्मिनी के हृदय में उन दोनों वीरों के प्रति जो महत्त्व की भावना जाग्रत होती हैं वह बहुत ही स्वाभाविक है। पर ऐसे स्थल बहुत कम हैं। सामान्यतः यही कहा जा सकता है कि भिन्न-भिन्न परिस्थितियों की अन्तर्वृत्ति का सूक्ष्म निरीक्षण जायसी में बहुत कम है।

मत और सिद्धान्त

यह आरम्भ में ही कहा जा चुका है कि मुसलमान फकीरों की एक प्रसिद्ध गद्दी की शिष्यपरम्परा में होते हुए भी, तत्वदृष्टिसम्पन्न होने के कारण, जायसी के भाव अत्यन्त उदार थे। पर विधिविरोध, विद्वानों की निन्दा, अनधिकार चर्चा, समाजविद्वेष आदि इनकी उदारता के भीतर नहीं थे। व्यक्तिगत साधना की उच्च भूमि पर पहुँचकर भी लोकरक्षा और लोकरंजन के प्रतिष्ठित आदर्शों को ये प्रेम और सम्मान की दृष्टि से देखते थे। न्यायनिष्ठ राजशक्ति, सच्ची वीरता, सुखविधायक प्रभुत्व, अनुरंजनकारी ऐश्वर्य्य, ज्ञानवर्धक पांडित्य में ये भगवान् की लोकरक्षिणी कला का दर्शन करते थे और उनकी स्तुति करना वाणी का सदुपयोग मानते थे। साधारण धर्म और विशेष धर्म दोनों के तत्त्व को ये समझते थे। लोकमर्य्यादा के अनुसार जो सम्मान की दृष्टि से देखे जाते हैं उनके उपहास और निन्दा द्वारा निम्न श्रेणी की जनता की ईर्ष्या और अहंकार वृत्ति को तुष्ट करके यदि चाहते तो ये भी एक नया 'पन्थ' खड़ा कर सकते थे। पर इनके हृदय में यह वासना न थी। पीरों, पैगम्बरों, मुल्लों और पंडितों की निन्दा करने के स्थान पर इन्होंने ग्रन्थारम्भ में इनकी स्तुति की है और अपने को 'पंडितों का पछलगा' कहा है।

विधि पर इनकी पूरी आस्था थी। 'वेद, पुराण' और 'कुरान' आदि को ये लोक-कल्याणमार्ग प्रतिपादित करनेवाले वचन मानते थें। जो वेदप्रतिपादित मार्ग पर न चलकर मनमाने मार्ग पर चलते हैं उन्हें जायसी अच्छा नहीं समझते–

राघव पूज जाखिनी, दुइज देखाएसि साँझ।
वेदपंथ जे नहिं चलहिं, ते भूलहिं बन माँझ ?
झूठ बोल थिर रहै न राँचा। पंडित सोइ वेदमत साँचा॥
वेद वचन मुख साँच जो कहा। सो जुग जुग अहथिर होइ रहा॥

आरम्भ में ही कहा जा चुका है कि वल्लभाचार्य्य, रामानन्द, चैतन्य महाप्रभु आदि के प्रभाव से जिस शान्तिपूर्ण और अहिंसामय वैष्णव धर्म के प्रवाह ने सारे देश को भक्तिरस में मग्न किया उसका सबसे अधिक विरोध उग्र हिंसापूर्ण शाक्त मत और वाममार्ग से दिखाई पड़ा। मन्त्र-तन्त्र के प्रयोग करनेवाले, भूत, प्रेत और यक्षिणी आदि सिद्ध करनेवाले तान्त्रिकों और शाक्तों के प्रति उस समय समाज के भाव कैसे हो रहे थे, इसका पता राघव चेतन के चरित्रचित्रण से मिलता है। शाक्तमत विहित मन्त्र-तन्त्र और प्रयोग आदि वेदविरुद्ध अनाचार के रूप में समझे जाने लगे थे। गोस्वामी तुलसीदास ने भी कई जगह समाज की प्रवृत्ति का आभास दिया है; जैसे–

जे परिहरि हरिहर चरन, भजहिं भूतगन घोर।
तिनकी गति मोहिं देहु विधि जो जननी मत मोर॥

प्रेमप्रधान वैष्णव मत के इस पुनरुत्थान में अहिंसा का भाव यों तो सारी जनता में आदरलाभ कर चुका था पर साधुओं और फकीरों के हृदय में विशेष रूप से बद्धमूल हो गया था। क्या हिन्दू, क्या मुसलमान, क्या सगुणोपासक, क्या निर्गुणोपासक, सब प्रकार के साधु और फकीर इसका महत्त्व स्वीकार कर चुके थे। कबीरदास का यह दोहा प्रसिद्ध ही है–

बकरी पाती खाति है ताकी काढ़ी खाल।
जो नर बकरी खात हैं तिनको कौन हवाल ?॥

इसी प्रकार और बहुत जगह कबीरदासजी ने पशुहिंसा के विरुद्ध वाणी सुनाई है, जैसे–

दिन को रोजा रहत हैं, राति हनत हैं गाय।
यह तो खून, वह बंदगी, कहु क्यों खुसी खुदाय॥
खुस खाना है खीचरी, माँझ परा टुक लोन।
माँस पराया खाय कै, गला कटावै कौन ?॥

इस साधु प्रवृत्ति के अनुसार जायसी ने पशुहिंसा के विरुद्ध अपने विचार, युद्धस्थल के वर्णन में, इस प्रकार प्रकट किए हैं–

जिन्ह जस माँसू भखा परावा। तस तिन्ह कर लेइ औरन खावा॥

जायसी मुसलमान थे इससे उनकी उपासना निराकारोपासना ही कही जाएगी। पर सूफी मत की ओर पूरी तरह झुकी होने के कारण उनकी उपासना में साकारोपासना की-सी सहृदयता थी। उपासना के व्यवहार के लिए सूफी परमात्मा को अनन्त सौन्दर्य्य, अनन्त शक्ति और अनन्त गुणों का समुद्र मानकर चलते हैं। सूफियों के अद्वैतवाद ने एक बार

मुसलमानी देशों में बड़ी हलचल मचाई थी। ईरान, तूरान, आदि में आर्य्य संस्कार बहुत दिनों तक दबा न रह सका। शामी कट्टरपन के प्रवाह के बीच भी उसने अपना सिर उठाया। मंसूर हल्लाज खलीफा के हुक्म से सूली पर चढ़ाया गया पर 'अनलहक' (मैं ब्रह्म हूँ) की आवाज बन्द न हुई। फारस के पहुँचे हुए शायरों की प्रवृत्ति इसी अद्वैतपक्ष की ओर रही।

पैगम्बरी एकेश्वरवाद (मोनोथेइज्म) और इस अद्वैतवाद (मोनिज्म) में बड़ा सिद्धान्तभेद था। एकेश्वरवाद और बात है, अद्वैतवाद और बात। एकेश्वरवाद स्थूल देववाद है और अद्वैतवाद सूक्ष्म आत्मवाद या ब्रह्मवाद। बहुत-से देवी-देवताओं को मानना और सबके दादा एक बड़े देवता (ईश्वर) को मानना एक ही बात है। एकेश्वरवाद भी देववाद ही है। भावना में कोई अन्तर नहीं है। पर अद्वैतवाद गूढ़ दार्शनिक चिन्तन का फल है, सूक्ष्म अन्तर्दृष्टि द्वारा प्राप्त तत्त्व है, जिसको अनुभूतिमार्ग में लेकर सूफी आदि अद्वैती भक्त सम्प्रदाय चले। एकेश्वरवाद का मतलब यह है कि एक सर्वशक्तिमान् सबसे बड़ा देवता है जो सृष्टि की रचना, पालन और नाश करता है। अद्वैतवाद का मतलब है कि दृश्य जगत् की तह में उसका आधारस्वरूप एक ही अखंड नित्य तत्त्व है और वही सत्य है। उससे स्वतन्त्र और कोई अलग सत्ता नहीं है और न आत्मा परमात्मा में कोई भेद है। दृश्य जगत् के नाना रूपों को उसी अव्यक्त ब्रह्म के व्यक्त आभास मानकर सूफी लोग भावमग्न हुआ करते हैं।

अतः स्थूल एकेश्वरवाद और ब्रह्मवाद में भेद यह हुआ कि एकेश्वरवाद के भीतर ब्राह्यार्थवाद छिपा है क्योंकि यह जीवात्मा, परमात्मा और जड़ जगत् तीनों को अलग-अलग तत्त्व मानता है पर ब्रह्मवाद में शुद्ध परमात्मा के अतिरिक्त और सत्ता नहीं मानी जाती, आत्मा और परमात्मा में भी कोई भेद नहीं माना जाता। अतः स्थूल दृष्टिवाले पैगम्बरी एकेश्वरवादियों के निकट यह कहना कि 'आत्मा और परमात्मा एक ही है' अथवा 'मैं ही ब्रह्म हूँ' कुफ्र की बात है। इसी से सूफियों को कट्टर मुसलमान एक तरह के काफिर समझते थे। सूफी मजहबी दस्तूर (कर्मकांड और संस्कार) आदि के सम्बन्ध में भी कुछ आजाद दिखाई देते थे और मोक्ष के लिए किसी पैगम्बर आदि मध्यस्थ की जरूरत नहीं बताते थे। इस प्रकार के भावों का प्रचार वे कथाओं द्वारा भी किया करते थे। जैसे कयामत के दिन जब मुहम्मद साहब खुदा के सामने सबको पेश करने लगेंगे तब कुछ लोग भीड़ से अलग दिखाई देंगे। मुहम्मद साहब कहेंगे 'ऐ खुदावन्द ! ये लोग कौन हैं, मैं नहीं जानता।' खुदा उस वक्त कहेगा 'ऐ मुहम्मद ! जिनको तुमने पेश किया वे तुम्हें जानते हैं, मुझे नहीं जानते। ये लोग मुझे जानते हैं, तुम्हें नहीं जानते।' फारस के शिक्षित समाज का झुकाव इसी सूफी मत की ओर बहुत कुछ रहा। जायसी ने सूफियों के उदार प्रेममार्ग के प्रति अपना अनुराग प्रकट किया है—

प्रेम पहार कठिन बिधि गढ़ा। सो पै चढ़े जो सिर सौं चढ़ा॥
पंथ सूरि कर उठा अँकूरू। चोर चढ़ै की चढ़ मंसूरू॥

यहाँ पर संक्षेप में सूफी मत का कुछ परिचय दे देना आवश्यक जान पड़ता है। आरम्भ में सूफी एक प्रकार के फकीर या दरवेश थे जो खुदा की राह पर अपना जीवन

ले चलते थे, दीनता और नम्रता के साथ बड़ी फटी हालत में दिन बिताते थे, ऊन के कम्बल लपेटे रहते थे, भूख-प्यास सहते थे, और ईश्वर के प्रेम में लीन रहते थे। कुछ दिनों तक तो इस्लाम की साधारण धर्मशिक्षा के पालन में विशेष त्याग और आग्रह के अतिरिक्त इनमें कोई नई बात या विलक्षणता नहीं दिखाई पड़ती थी। पर ज्यों-ज्यों ये साधना के मानसिक पक्ष की ओर अधिक प्रवृत्त होते गए, त्यों-त्यों इस्लाम के बाह्य विधानों से उदासीन होते गए। फिर तो धीरे-धीरे अन्तःकरण की पवित्रता और हृदय के प्रेम को ही मुख्य कहने लगे और बाहरी बातों को आडम्बर। मुहम्मद साहब के लगभग ढाई सौ वर्ष पीछे इनकी चिन्तन-पद्धति का विकास हुआ और ये इस्लाम के एकेश्वरवाद (तौहीद) से अद्वैतवाद पर जा पहुँचे। जिस प्रकार हमारे यहाँ अद्वैतवादी, विशिष्टाद्वैतवादी, विशुद्धाद्वैतवादी और द्वैतवादी आदि सब श्रुतियों को ही आधार मानकर उन्हीं के वचनों को प्रमाण में लाते थे उसी प्रकार वे कुरान के वचनों की अपने ढंग पर व्याख्या करते थे। कहते हैं कि अद्वैतवाद का बीज इन्हें कुरान के कुछ वचनों में ही मिला, जैसे 'अल्लाह के मुख के सिवा सब वस्तुएँ नाशवान् (हालिक) हैं; चाहे तू जिधर फिरे अल्लाह का मुँह उधर ही पावेगा।' चाहे ज़ो हो, कुरान का अल्लाह रूप 'पुरुषविशेष' सूफियों के यहाँ आकर अद्वैत पारमार्थिक सत्ता हुआ।

इसमें सन्देह नहीं कि सूफियों को अद्वैतवाद पर लानेवाले प्रभाव अधिकतर बाहर के थे। खलीफा लोगों के जमाने में कई देशों के विद्वान् बगदाद और बसरे में आते-जाते थे। आयुर्वेद, दर्शन, ज्योतिष, विज्ञान आदि अनेक भाषाओं के ग्रन्थों का अरबी में भाषान्तर भी हुआ। यूनानी भाषा के किसी ग्रन्थ का अनुवाद 'अरस्तू के सिद्धान्त' के नाम से अरबी भाषा में हुआ जिसमें अद्वैतवाद का दार्शनिक रीति पर प्रतिपादन था। इसके अतिरिक्त भारतवर्ष के वेदान्तकेसरी का गर्जन भी दूर-दूर तक गूँज गया था। मुहम्मद बिन कासिम के साथ आए हुए कुछ अरब सिन्ध में रह गए थे। इतिहासों में लिखा है कि वे और उनकी सन्तति ब्राह्मणों के साथ बहुत मेलजोल से रहीं। इन अरबों में कुछ सूफी भी थे जिन्होंने हिन्दुओं के अद्वैतवाद का ज्ञान प्राप्त किया और साधना की बातें भी सीखीं। सिन्ध के अबूअली प्राणायाम की विधि (पास-ए-अनफास) जानते थे। उन्होंने बायजीद को 'फना' (गुजर जाना अर्थात् अहं भाव का सर्वथा त्याग और विषयवासना की निवृत्ति) का सिद्धान्त बताया। कहने की आवश्यकता नहीं कि यह 'फना' बौद्धों के निर्वाण की प्रतिध्वनि थी। बल्ख और तुर्किस्तान आदि देशों में बौद्ध सिद्धान्तों की गूँज तब तक कुछ बनी हुई थी। बहुत से शक और तुरुष्क उस समय तक बौद्ध बने और पीछे भी कुछ दिनों तक रहे। चंगेज खाँ बौद्ध ही था। अलाउद्दीन के समय में कुछ ऐसे मंगोल भारतवर्ष में भी आकर बसे थे जो 'नये बने हुए मुसलमान' कहे गए हैं।

अब सूफियों की सिद्धान्त सम्बन्धिनी कुछ खास बातों का थोड़े में उल्लेख करता हूँ जिससे जायसी के दोनों ग्रन्थों का तात्पर्य्य समझने में सहायता मिलेगी। सूफी लोग मनुष्य के चार विभाग मानते हैं–(1) नफ्स (विषयभोग वृत्ति या इन्द्रिय), (2) रूह (आत्मा या चित्), (3) कल्ब (हृदय) और (4) अक्ल (बुद्धि)।

नफ्स के साथ युद्ध साधक का प्रथम लक्ष्य होना चाहिए। कल्ब (हृदय) और रूह (आत्मा) द्वारा ही साधक अपनी साधना करते हैं। कुछ लोग हृदय का एक सबसे भीतरी तल 'सिर्र' भी मानते हैं। कल्ब और रूह का भेद सूफियों में बहुत स्पष्ट नहीं है। हमारे यहाँ मन (अन्तःकरण) और आत्मा में प्राकृतिक-अप्राकृतिक का जैसा भेद है वैसा कोई भेद नहीं है। 'कल्ब' भी एक भूतातीत पदार्थ कहा गया है, प्रकृति का विकार या भौतिक पदार्थ नहीं। उसके द्वारा ही सब प्रकार का वस्तुज्ञान होता है अर्थात् उसी पर वस्तु का प्रतिबिम्ब पड़ता है, ठीक वैसे जैसे दर्पण पर पड़ता है। शाहजहाँ के पुत्र दाराशिकोह ने अपनी छोटी-सी पुस्तक 'रिसालए हकनुमा' में चार जगत् कहे हैं– (1) आलमे नासूत–भौतिक जगत्, (2) आलमे मलकूत या आलमे अरवाह–चित् जगत् या आत्म जगत्, (3) आलमे जबरूत–आनन्दमय जगत् जिसमें सुख-दुःख आदि द्वन्द्व नहीं और (4) आलमे लाहत–सत्य जगत् या ब्रह्म। 'कल्ब' रूह (आत्मा) और रूपात्मक जगत् के बीच का एक साधनरूप पदार्थ है। इसका कुछ स्पष्टीकरण दाराशिकोह के इस विवरण से होता है–

'दृश्य जगत् में जो नाना रूप दिखाई पड़ते हैं वे तो अनित्य हैं पर उन रूपों की जो भावनाएँ होती हैं वे अनित्य नहीं हैं। वे भावचित्र नित्य हैं। उसी भावचित्र जगत् (आलमे मिसाल) से हम आत्मजगत् को जान सकते हैं जिसे 'आलमे गै़ब' और 'आलमे ख्वाब' भी कहते हैं। आँख मूँदने पर जो रूप दिखाई पड़ता है वही उस रूप की आत्मा या सारसत्ता है। अतः यह स्पष्ट है कि मनुष्य की आत्मा उन्हीं रूपों की है जो रूप बाहर दिखाई पड़ते हैं, भेद इतना ही है कि अपनी सारसत्ता में स्थित रूप पिंड या शरीर से मुक्त होते हैं। सारांश यह कि आत्मा और बाह्य रूपों का बिम्ब प्रतिबिम्ब सम्बन्ध है। स्वप्न की अवस्था में आत्मा का यही सूक्ष्म रूप दिखाई पड़ता है जिसमें आँख, कान, नाक आदि सबकी वृत्तियाँ रहती हैं पर स्थूल रूप नहीं रहते।'

इस विवरण से यह आभास मिलता है कि सूफियों के अनुसार 'ज्ञान' या 'प्रत्यय' तो है आत्मा और जिस पर विविध ज्ञान या भावचित्र अंकित होते हैं वह है 'कल्ब' वा हृदय। ऊपर जो चार जगत् कहे गए हैं उन पर ध्यान देने से प्रथम को छोड़ शेष तीन जगत् हमारे यहाँ के 'सच्चिदानन्द' के विश्लेषण प्रतीत होंगे। सूफियों के अनुसार 'सत्' ही चरम पारमार्थिक सत्ता है। वह सत्य या ब्रह्म चित् या आत्मजगत् से भी परे है। हमारे यहाँ बहुत से वेदान्ती भी ब्रह्म को आत्मस्वरूप या परमात्मा कहते हुए भी चिद्रूप कहना ठीक नहीं समझते। उनका कहना है कि आत्मा के सान्निध्य से जड़ बुद्धि में उत्पन्न धर्म ही चित् अर्थात् ज्ञान कहलाता है। अतः बुद्धि के इस धर्म का आरोप आत्मा या ब्रह्म पर उचित नहीं। ब्रह्म को निर्गुण और अज्ञेय ही कहना चाहिए।

पारमार्थिक वस्तु या सत्य के बोध के लिए 'कल्ब' का स्वच्छ निर्मल होना आवश्यक है। उसकी शुद्धि जिक्र (स्मरण) और मुराकबत (ध्यान) से होती है। स्मरण और ध्यान से ही 'मंजु मन मुकुर' का मल छूट सकता है। जिक्र या स्मरण की

प्रथमावस्था है अहंभाव का त्याग अर्थात् अपने को भूल जाना और परमावस्था है ज्ञाता और ज्ञान दोनों की भावना का नाश अर्थात् यह भावना न रहना कि हम ज्ञाता हैं और यह किसी वस्तु का ज्ञान है बल्कि अर्थ या विषय के आकार का ही रह जाना। कहने की आवश्यकता नहीं कि यह योग की निर्विकल्प या असंप्रज्ञात समाधि है।

सूफी मत की भक्ति का स्वरूप प्रायः वही है जो हमारे यहाँ की भक्ति का। नफ्स के साथ जिहाद (धर्मयुद्ध) विरति पक्ष है और जिक्र और मुराकबत (स्मरण और ध्यान) नवधा भक्ति पक्ष। रति और विरति इन दोनों पक्षों को लिए बिना अनन्य भक्ति की साधना हो नहीं सकती। हम व्यावहारिक सत्ता के बीच अपने होने का अनुभव करते हैं। जगत् केवल नामरूप और असत् सही पर ये नामरूपात्मक दृश्य जब तक ध्यान की परमावस्था द्वारा एकदम मिटा न दिए जाएँ, तब तक हमें इनका कुछ इन्तजाम करके चलना चाहिए। जबकि हम अपने रतिभाव को पूर्णतया दूसरे (अदृश्य) पक्ष में लगाना चाहते हैं तब पहले उसे दृश्य पक्ष से धीरे-धीरे सुलझाकर अलग करना पड़ेगा। साधना के व्यवहारक्षेत्र में हमें ईश्वर और जगत्, ये दो पक्ष मानकर चलना ही पड़ेगा। तीसरे हम ऊपर से होंगे। इसी से भक्ति के साथ एक ओर तो वैराग्य दिखाई पड़ता है, दूसरी ओर योग।[1]

'कल्ब' क्या है, इस पर कुछ विचार हो चुका। जबकि कल्ब पर पड़े हुए प्रतिबिम्ब का ही आत्मा को बोध होता है तब वह शुद्ध वेदान्त की दृष्टि से आत्मा के साथ लगा हुआ अन्तःकरण ही है और जड़ प्रकृति का ही विकार है। प्रकृति का विकार होने से वह भी 'जगत्' के अन्तर्भूत है। इस पद्धति पर चलने से हम वेदान्त के 'प्रतिबिम्बवाद' पर पहुँचते हैं। जायसी ने इसी भारतीय पद्धति का अनुसरण करके जगत् को दर्पण कहा है जिसमें ब्रह्म का प्रतिबिम्ब पड़ता है।

'कल्ब' या हृदय को भी सूफियों ने जो रूह (आत्मा) के समान अभौतिक माना है वह अपने प्रेममार्ग या भक्तिमार्ग की भावना के अनुसार उसे परमात्मा के नित्य स्वरूप के अन्तर्भूत करने के लिए। जैसा कि गोस्वामी तुलसीदासजी की आलोचना में हम कह चुके हैं, परोक्ष 'चित्' और परोक्ष 'शक्ति' मात्र की भावना से मनुष्य की वृत्ति पूर्णतया तुष्ट न हुई, इससे वह परोक्ष 'हृदय' की खोज में बराबर रहा। भक्ति मार्ग में जाकर परमात्मा का 'हृदय' मनुष्य को मिला और मनुष्य की सम्पूर्ण सत्ता का एक परोक्ष आधार प्रतिष्ठित हो गया। मनुष्य का हृदय मानो उस परोक्ष हृदय के बिना अकेले ऊबता-सा था। किस प्रकार उस 'परोक्ष हृदय' का आभास ईसाई मत ने पहले पहल संसार की भिन्न-भिन्न जातियों को दिया, इसका वर्णन अँगरेज कवि ब्राउनिंग ने मार्मिक ढंग से किया है। कारसिश नामक एक विद्वान् अरब हकीम की भेंट लाजरस नामक एक यहूदी से होती है जो अपनी जाति के एक ईसाई हकीम द्वारा अपने मरकर जिलाए जाने की बात कहता है और ईसाई मत के प्रेमतत्त्व का सन्देश भी सुनाता है।

---

1. यहाँ 'योग' शब्द का व्यवहार उसी अर्थ में है जो 'याज्ञवल्क्य स्मृति' में है–संयोगो योग इत्युक्तो जीवात्मपरमात्मनः।

अरब हकीम उस यहूदी से मिलने का वृत्तान्त अपने एक मित्र को लिखते हुए उक्त प्रेममार्ग की चर्चा इस प्रकार करता है–

'द वेरी गाड ! थिंक अबीब डस्ट दाऊ थिंक ?
सो द आल-ग्रेट वेयर द आल-लविंग टू–
सो, थ्रू द थन्डर कम्स ए ह्यूमन वाएस,
सेइंग, 'ओ हार्ट आइ मेड, ए हार्ट बीट्स हियर !
फेस, माइ हैन्ड्स फैशन्ड, सी इट इन माइसेल्फ्।
दाऊ हैस्ट नो पावर, नार मेएस्ट कन्सीव आव् माइन।
बट लव आइ गेव दी, विद माइसेल्फ टु लव,
ऐंड दाऊ मस्ट लव मी हू हैव डाइड फार दी'।[1]

(भावार्थ–'हबीब ! सोचो तो; वही सर्वशक्तिमान् ईश्वर प्रेममय भी है। मेघगर्जन के बीच से मनुष्य का-सा यह स्वर सुनाई पड़ता है–'हे मेरे बनाए हुए हृदय ! इधर भी हृदय है। हे मेरे बनाए हुए मुखड़े ! मुझमें भी मुखड़ा देख। तुझमें शक्ति नहीं है और न तू मेरी शक्ति का अनुमान कर सकता है। पर प्रेम मैंने तुझको दिया है कि तू मुझसे प्रेम कर जो तेरे लिए मर चुका है'।)

तत्त्वज्ञानसम्पन्न प्राचीन यूनानी (यवन) जाति के बीच जब 'पाल' नामक यहूदी स्थूल सीधे-सादे प्रेममय ईसाई मत का ही प्रचार करने गया तब किस प्रकार ज्ञानगर्व से भरे यूनानियों ने उस 'असभ्य यहूदी' की बातों की पहले उपेक्षा की, पर पीछे उसके शान्तिदायक सन्देश पर मुग्ध हुए, यह बात वर्णन करने के लिए ब्राउनिंग ने इसी प्रकार के एक और पत्र की रचना की है।

ब्राउनिंग के समान ही और यूरोपियनों की भी यही धारणा थी कि प्रेमतत्त्व या भक्तिमार्ग का आविर्भाव पहले पहल ईसाई मत में हुआ और ईसाई उपदेशकों द्वारा भिन्न-भिन्न देशों में फैला। भारतवर्ष के 'भागवत सम्प्रदाय' की प्राचीनता पूर्णतया सिद्ध हो जाने पर भी बहुतेरे अब तक उस प्रिय धारणा को छोड़ना नहीं चाहते। सच पूछिए तो 'भगवान्' के हृदय की पूर्ण भावना भारतीय भक्तिमार्ग में ही हुई। ईसाई मत को पीछे से भगवान् के हृदय का वहाँ तक आभास मिला जहाँ तक उपास्य उपासक का सम्बन्ध है। व्यक्तिगत साधना के क्षेत्र के बाहर उस हृदय की खोज नहीं की गई। केवल इतने ही से सन्तोष किया गया कि ईश्वर शरणागत भक्तों के पापों को क्षमा करता है और सब प्राणियों से प्रेम रखता है। इतने से ईश्वर और मनुष्य के बीच के व्यवहार में तो वह हृदय दिखाई पड़ा पर मनुष्य मनुष्य के बीच के व्यवहार में अभिव्यक्त होनेवाले तथा लोकरक्षा और लोकरंजन करनेवाले हृदय की ओर ध्यान न गया। लोक में जिस हृदय से दीन-दुखियों की रक्षा की जाती है, गुरुजनों का आदर-सम्मान किया जाता है, भारी-भारी अपराध क्षमा किए जाते हैं, अत्यन्त प्रबल और असाध्य अत्याचारियों का ध्वंस करने में अद्भुत पराक्रम दिखाया जाता है, नाना कर्तव्यों और स्नेह सम्बन्धों का अत्यन्त भव्य

1. ऐन एपिसल कंटेनिंग द स्ट्रेंज मेडिकल एक्स्पीरिएंस आव् कारसिस दि अरब फिजीशियन।

निर्वाह किया जाता है, सारांश यह कि जिससे लोक का सुखद परिपालन होता है, वह भी उसी एक 'परम हृदय' की अभिव्यक्ति है, इसकी भावना भारतीय भक्तिपद्धति में ही हुई।

जिस समय 'निर्गुनिए' भक्तों की लोकधर्म से उदासीन या विमुख करनेवाली वाणी सर्वसाधारण के कानों में गूँज रही थी उस समय गोस्वामी तुलसीदासजी ने किस प्रकार भक्ति के उपयुक्त प्राचीन व्यापक स्वरूप की जनसाधारण के बीच प्रतिष्ठा की, गोस्वामी जी की आलोचना में हम दिखा चुके हैं।

सूफी लोग साधक की क्रमशः चार अवस्थाएँ कहते हैं–(1) 'शरीअत'–अर्थात् धर्मग्रन्थों के विधिनिषेध का सम्यक् पालन। यह है हमारे यहाँ का कर्मकांड। (2) 'तरीकत'–अर्थात् बाहरी क्रियाकलाप से परे होकर हृदय की शुद्धता द्वारा भगवान् का ध्यान। इसे उपासना कांड कह सकते हैं। (3) 'हकीकत'–भक्ति और उपासना के प्रभाव से सत्य का सम्यक् बोध जिससे साधक तत्त्वदृष्टिसम्पन्न और त्रिकालज्ञ हो जाता है। इसे ज्ञानकांड समझिए। (4) 'मारफत'–अर्थात् सिद्धावस्था जिसमें कठिन उपवास और मौन आदि की साधना द्वारा अन्त में साधक की आत्मा परमात्मा में लीन हो जाती है और वह भगवान् की सुन्दर प्रेममयी प्रकृति (जमाल) का अनुसरण करता हुआ प्रेममय हो जाता है।

जायसी ने इन अवस्थाओं का उल्लेख 'अखरावट' में इस प्रकार किया है–

कही 'सरीअत' चिस्ती पीरू। उधरित असरफ औ जहँगीरू॥
राह 'हकीकत' परै न चूकी। पैठि 'मारफत' मार बुड़ूकी॥

यह कह आए हैं कि जायसी को विधि पर पूरी आस्था थी। वे उसको साधना की पहली सीढ़ी कहते हैं जिस पर पैर रखे बिना कोई आगे बढ़ नहीं सकता–

साँची राह 'सरीअत' जेहि बिसवास न होइ।
पाँव रखै तेहि सीढ़ी, निभरम पहुँचै सोइ॥

साधक के लिए कहा गया है कि वह प्रकट में तो सब लोकव्यवहार करता रहे, सैकड़ों लोगों के बीच अपना काम करता रहे, पर भीतर हृदय में भगवान् की भावना करता रहे, जैसा कि जायसी ने कहा है–

परगट लोक चार कहु बाता। गुपुत भाउ मन जासौं राता॥

इसे 'खिलवत दर अंजुमन' कहते हैं।

नफ्स के साथ जिहाद करते हुए–इन्द्रियदमन करते हुए–उस परमात्मा तक पहुँचने का जो मार्ग बताया गया है वह 'तरीकत' कहलाता है। इस मार्ग का अनुसरण करनेवाले को क्षुत्पिपासा सहन, एकान्तवास और मौन का आश्रय लेना चाहिए। इस मार्ग में कई पड़ाव हैं जो 'मुकामात' कहलाते हैं। इनमें से पहला 'मुकाम' है 'तौबा'। जायसी ने जो चार टिकान या बसेरे कहे हैं (चारि बसेरे सौं चढ़े, सत सौं उतरै पार) वे या तो ऊपर कही हुई चार अवस्थाएँ हैं अथवा ये ही मुकामात हैं। ये 'मुकामात' या अवस्थाएँ उन आभ्यन्तर अवस्थाओं के अधीन हैं जो परमात्मा के अनुग्रह से कल्ब या हृदय के बीच उपस्थित होती हैं और 'अहवाल' कहलाती हैं। इसी 'अहवाल' की अवस्था का प्राप्त होना 'हाल आना' कहलाता है जिसमें भक्त अपने को बिलकुल भूल

जाता है और ब्रह्मानन्द में झूमने लगता है। जायसी ने इन पद्यों में इसी अवस्था की ओर संकेत किया है–

कया जो परम तंत मन लावा। घूम माति, सुनि और न भावा॥
जस मद पिए घूम कोइ नाद सुने पै घूम।
तेहि तें बरजै नीक है, चढ़े रहसि कै दूम॥

इस 'हाल'[1] या प्रलयावस्था के दो पक्ष हैं–त्यागपक्ष और प्राप्तिपक्ष। त्यागपक्ष के अन्तर्गत हैं–(1) फना (अपनी अलग सत्ता की प्रतीति के परे हो जाना), (2) फकद (अहंभाव का नाश) और सुक्र (प्रेममद)। प्राप्तिपक्ष के अन्तर्गत हैं–(1) बका (परमात्मा में स्थिति), (2) वज्द (परमात्मा की प्राप्ति) और (3) शह्व (पूर्ण शान्ति)।

बसरा और बगदाद बहुत दिनों तक सूफियों के प्रधान स्थान रहे। बसरे में 'राबिया' और बगदाद में 'मंसूर हल्लाज' प्रसिद्ध सूफी हुए हैं। मंसूर हल्लाज की पुस्तक 'किताबे तवासीफ' सूफियों का सिद्धान्त ग्रन्थ माना जाता है। अतः उसके अनुसार ईश्वर और सृष्टि के सम्बन्ध में सूफियों का सिद्धान्त नीचे दिया जाता है–

परमात्मा की सत्ता का सार है प्रेम। सृष्टि के पूर्व परमात्मा का प्रेम निर्विशेष भाव से अपने ऊपर था इससे वह अपने को–अकेले अपने आपको ही–व्यक्त करता रहा। फिर अपने उस एकान्त अद्वैतवाद प्रेम को, उस अपरत्वरहित प्रेम को, बाह्य विषय के रूप में देखने की इच्छा से उस शून्य से अपना एक प्रतिरूप या प्रतिबिम्ब उत्पन्न किया जिसमें उसी के गुण और नामरूप थे। यही प्रतिरूप 'आदम' कहलाया जिसमें और जिसके द्वारा परमात्मा ने अपने को व्यक्त किया–

आपुहि आपुहि चाह देखावा। आदम रूप भेस धरि आवा॥

हल्लाज ने ईश्वरत्व और मनुष्यत्व में कुछ भेद रखा है। वह 'ब्रह्मैव भवति' तक नहीं पहुँचता है। साधना द्वारा ईश्वर की प्राप्ति हो जाने पर भी, ईश्वर की सत्ता में लीन हो जाने पर भी, कुछ विशिष्टता बनी रहती है। ईश्वरत्व (लाहूत), मनुष्यत्व (नासूत) में वैसे ही ओतप्रोत हो जाता है–बिलकुल एक नहीं हो जाता–जैसे शराब में पानी। इसी से ईश्वर दशाप्राप्त मनुष्य कहने लगता है 'अनहलक'–मैं ही ईश्वर हूँ। ईश्वरत्व का इस प्रकार मनुष्यत्व में ओतप्रोत हो जाना–हल हो जाना–'हुलूल' कहलाता है। इस हुलूल में अवतारवाद की झलक है, इससे मुल्लाओं ने इसका घोर विरोध किया। जो कुछ हो, हल्लाज ने यह प्रतिपादित किया कि अद्वैत परमसत्ता में ही भेदविधान है, उसमें भी विशिष्टता है, जैसे कि रामानुजाचार्यजी ने किया था।

इब्न अरबी ने 'लाहूत' और 'नासूत' की यह व्याख्या की है कि दोनों एक ही परमसत्ता के दो पक्ष हैं। लाहूत नासूत हो सकता है और नासूत लाहूत। इस प्रकार उसने ईश्वर और जीव दोनों के परे ब्रह्म को रखा और वेदान्तियों के उस भेद पर आ पहुँचा जो वे ब्रह्म और ईश्वर अर्थात् निर्गुण ब्रह्म और सगुण ब्रह्म में करते हैं। वेदान्त में भी एक ही ब्रह्म शुद्ध सत्व में प्रतिबिम्बित होने पर ईश्वर और अशुद्ध सत्व में प्रतिबिम्बित होने

1. यह 'हाल' समाधि की अवस्था है जिसकी प्राप्ति सूफी एकमात्र 'ईश्वरप्रणिधान' द्वारा ही मानते हैं।

पर जीव कहलाता है। परब्रह्म के नीचे एक और ज्योतिस्वरूप की भावना पश्चिम की पुरानी जातियों में भी थी–जैसे, प्राचीन मिस्रियों में 'लोगस' की, यहूदियों में 'कबाला' की और पारसियों में 'बहमन' की। ईसाइयों में भी 'पवित्रात्मा' के रूप में वह बना हुआ है।

सूफियों के एक प्रधान वर्ग का मत है कि नित्य पारमार्थिक सत्ता एक ही है। यह अनेकत्व जो दिखाई पड़ता है वह उसी एक का ही भिन्न-भिन्न रूपों में आभास है। यह नामरूपात्मक दृश्य जगत् उसी एक सत् की बाह्य अभिव्यक्ति है। परमात्मा का बोध इन्हीं नामों और गुणों के द्वारा हो सकता है। इसी बात को ध्यान में रखकर जायसी ने कहा–

दीन्ह रतन बिधि चारि, नैन, बैन, सरवन्न, मुख।
पुनि जब मेटिहि मारि, मुहमद तब पछिताब मैं॥ (अखरावट)

इस परम सत्ता के दो स्वरूप हैं–नित्यत्व और अनन्तत्व; दो गुण हैं–जनकत्व और जन्यत्व। शुद्ध सत्ता में न तो नाम है, न गुण। जब वह निर्विशेषत्व या निर्गुणत्व से क्रमशः अभिव्यक्ति के क्षेत्र में आती है तब उस पर नाम और गुण लगे प्रतीत होते हैं। इन्हीं नामरूपों और गुणों की समष्टि का नाम जगत् है। सत्ता और गुण दोनों मूल में जाकर एक ही हैं। दृश्य जगत् भ्रम नहीं है, उस परम सत्ता की आत्माभिव्यक्ति या अपर रूप में उसका अस्तित्व है। वेदान्त की भाषा में वह ब्रह्म का ही 'कनिष्ठ स्वरूप' है। हल्लाज के मत की अपेक्षा यह मत वेदान्त के अद्वैतवाद के अधिक निकट है।

सूफियों के मत का जो थोड़ा-सा दिग्दर्शन ऊपर कराया गया उससे इस बात पर ध्यान गया होगा कि उनके अद्वैतवाद में दो बातें स्फुट नहीं हैं–(1) परम सत्ता चित्स्वरूप ही है, (2) जगत् अध्यास मात्र है। पर जैसा कि पाठकों को पढ़ने से ज्ञात होगा, जायसी सूफियों के अद्वैतवाद तक ही नहीं रहे हैं, वेदान्त के अद्वैतवाद तक भी पहुँचे हैं। भारतीय मत-मतान्तरों की उनमें अधिक झलक है।

ज्ञानकांड के निर्गुण ब्रह्म को यदि उपासना क्षेत्र में ले जाएँगे तो उसे सगुण करना ही पड़ेगा। जिन्होंने मूर्त्ति के निषेध को ठीक खुदा के पास तक पहुँचा देनेवाला रास्ता समझा था, वे भी उसकी देशकाल-सम्बन्ध शून्य भावना नहीं कर सके थे। खुदा का कयामत के दिन एक जगह बैठना, चारों ओर सब जीवों का इकट्ठा होना, बगल में हजरत मुहम्मद या ईसा का होना, जड़ द्रव्य लेकर अपनी ही सूरत-शक्ल का पुतला बनाना और उसमें रूह फूकना, छह दिन काम करके सातवें दिन आराम करना, ये सब बातें अव्यक्त और निर्गुण की नहीं हैं। ज्ञानेन्द्रियगोचर आकार के बिना चाहे किसी प्रकार काम चल भी जाए पर मन का गोचर गुणों के बिना तो किसी दशा में नहीं चल सकता। अतः मूर्तामूर्त सबको उस ब्रह्म का व्यक्ताव्यक्त रूप माननेवाले सूफी यदि उस ब्रह्म की भावना अनन्त सौन्दर्य्य और अनन्त गुणों से सम्पन्न प्रियतम के रूप में करें तो उनके सिद्धान्त में कोई विरोध नहीं आ सकता। उपनिषदों में भी उपासना के लिए ब्रह्म की सगुण भावना की गई है। सूफी लोग ब्रह्मानन्द का वर्णन लौकिक प्रेमानन्द के रूप में करते हैं और इस प्रसंग में शराब, मद, आदि को भी लाते हैं।

प्रतीकोपासना (अग्नि, जल, वायु आदि के रूप में) और प्रतिमापूजन के प्रति जो घोर द्वेषभाव पैगम्बरी मतों में फैला हुआ था वह सूफियों की उदार और व्यापक दृष्टि

में अत्यन्त अनुचित और घोर अज्ञानमूलक दिखाई पड़ा। उस कट्टरपन का शान्त विरोध प्रकट करने के लिए वे कभी-कभी अपने उपास्य प्रियतम की भावना 'बुत' (प्रतिमा) के रूप में करते थे। जितना ही इस 'बुत' का विरोध किया गया उतना ही वह फारसी की शायरी में दखल जमाता गया। सूफी बराबर 'खुदा के नूर को हुस्ने बुताँ के परदे में' देखते रहे। सूफियों के प्राधान्य के कारण धीरे-धीरे 'बुत' और 'मै' (शराब) दोनों शायरी के अंग हो गए। शायर लोग 'खुदा खुदा करना' और 'बुतों के आगे सिजदा करना' दोनों बराबर ही समझने लगे।[1]

पद्मावत में अद्वैतवाद की झलक स्थान-स्थान पर दिखाई पड़ती है। अद्वैतवाद के अन्तर्गत दो प्रकार के द्वैत का त्याग लिया जाता है—आत्मा और परमात्मा के द्वैत का तथा ब्रह्म और जड़ जगत् के द्वैत का। इनमें से सूफियों का जोर पहली बात पर ही समझना चाहिए। यजुर्वेद के वृहदारण्यक उपनिषद का 'अहं ब्रह्मास्मि' वाक्य जिस प्रकार ब्रह्म की एकता और अपरिच्छिन्नता का प्रतिपादन करता है उसी प्रकार सूफियों का 'अनलहक' वाक्य भी। इस अद्वैतवाद के मार्ग में बाधक होता है अहंकार। यह अहंकार यदि छूट जाए तो इस ज्ञान का उदय हो जाए कि 'सब मैं ही हूँ', मुझसे अलग कुछ नहीं है—

हौं हौं कहत सबै मति खोई। जौ तू नाहिं आहि सब कोई॥
आपुहि गुरु सो आपुहि चेला। आपुहि सब औ आपु अकेला॥

'अखरावट' में जायसी ने 'सोऽहं' इस तत्व की अनुभूति से ही पूर्ण शान्ति की प्राप्ति बताई है—

'सोऽहं सोऽहं' बसि जो करई। सो बूझै, सो धीरज धरई॥

वेदान्त का अनुसरण करते हुए जायसी ब्रह्म और जगत् की समस्या पर भी जाते हैं और जगत् को ब्रह्म से अलग नहीं करते। जगत् की जो अलग सत्ता प्रतीत होती है, वह पारमार्थिक नहीं है, अवभास या छायामात्र है—

जब चीन्हा तब और न कोई। तन मन, जिउ, जीवन सब सोई॥
'हौं हौं' कहत धोख इतराहीं। जब भा सिद्ध कहाँ परछाहीं ?

चित् अचित् की इस अनन्यता के प्रतिपादन के लिए वेदान्त 'विवर्तवाद' का आश्रय लेता है जिसके अनुसार यह जगत् ब्रह्म का विवर्त (कल्पित कार्य्य) है। मूल सत्य द्रव्य ब्रह्म ही है जिस पर अनेक असत्य अर्थात् सदा बदलते रहनेवाले दृश्यों का अध्यारोप होता है। जो नामरूपात्मक दृश्य हम देखते हैं वह न तो ब्रह्म का वास्तव स्वरूप ही है, न ब्रह्म का कार्य्य या परिणाम ही है। वह है केवल अध्यास या भ्रान्तिज्ञान। उसकी कोई अलग सत्ता नहीं है। नित्य तत्व एक ब्रह्म ही है। इसी सामान्य सिद्धान्त के स्पष्टीकरण के लिए वेदान्त में प्रतिबिम्बवाद, दृष्टिसृष्टिवाद, अवच्छेदवाद, अजातवाद (प्रौढ़िवाद) आदि कई वाद चलते हैं।

'प्रतिबिम्बवाद' का तात्पर्य्य यह है कि नामरूपात्मक दृश्य (जगत्) ब्रह्म के प्रतिबिम्ब हैं। बिम्ब ब्रह्म है; यह जगत् उसका प्रतिबिम्ब है। इस प्रतिबिम्बवाद की ओर जायसी

1. करूँ मैं सिजदः बुतों के आगे, तू ऐ बरहमन ! 'खुदा, खुदा' कर।

ने 'पद्मावत' में बड़े ही अनूठे ढंग से संकेत किया है। दर्पण में पद्मिनी के रूप की झलक देख अलाउद्दीन कहता है–

देख एक कौतुक हौं रहा। रहा अँतरपट पै नहिं अहा॥
सरवर देख एक मैं सोई। रहा पानि औ पान न होई॥
सरग आइ धरती महँ छावा। रहा धरति, पै धरत न आवा॥

परदा था भी और नहीं भी था–अर्थात् इस विचार से तो व्यवधान था कि उस स्वरूप का हम स्पर्श नहीं कर सकते थे और इस विचार से नहीं भी था कि उस व्यवधान में उस स्वरूप की छाया दिखाई पड़ती थी। प्रकृति की दो शक्तियाँ मानी जाती हैं–आवरण और विक्षेप। आवरण द्वारा वह मूल निर्गुण सत्ता के वास्तव स्वरूप को ढँकती है और विक्षेप द्वारा उसके स्थान पर बदलनेवाले नाना रूपों को निकालती है। जबकि ये नाना रूप ब्रह्म ही के प्रतिबिम्ब हैं तब हम यह नहीं कह सकते कि वह आवरण या परदा ऐसा है जिसमें ब्रह्म का आभास बिलकुल नहीं मिल सकता। सरोवर में पानी था, पर पानी तक पहुँच नहीं होती थी–उस शीतल करनेवाले तत्व की झलक मिलती है, पर उसकी प्राप्ति यों नहीं हो सकती। पूर्ण साधना द्वारा यदि उसकी प्राप्ति हो जाए तो भवताप से चिर-निवृत्ति हो जाए और आत्मा की प्यास सब दिन के लिए बुझ जाए। 'सरग आइ धरती महँ छावा'–स्वर्गीय अमृत तत्व इसी पृथ्वी में व्याप्त है और पकड़ में नहीं आता है। इसी भाव को जायसी ने 'अखरावट' में अधिक स्पष्ट रूप में प्रकट किया है–

आपुहि आपु जो देखै चहा। आपनि प्रभुत आप से कहा॥
सबै जगत दरपन कै लेखा। आपुहि दरपन, आपुहि देखा॥
आपुहि बन औ आपु पखेरू। आपुहि सौजा, आपु अहेरू॥
आपुहि पुहुप फूलि बन फूलै। आपुहि भँवर बासरस भूलै॥
आपुहि घट घट महँ मुख चाहै। आपुहि आपन रूप सराहै॥
दरपन बालक हाथ, मुख देखै, दूसर गनै।
तस भा दुइ एक साथ, मुहमद एकै जानिए॥

'आपुहि दरपन आपुहि देखा' इस वाक्य से दृश्य और द्रष्टा, ज्ञेय और ज्ञाता का एक दूसरे से अलग न होना सूचित होता है। इसी अर्थ को लेकर वेदान्त में यह कहा जाता है ब्रह्म जगत् का केवल निमित्त कारण ही नहीं, उपादान कारण भी है। 'आपुहि आपु जो देखै चहा' का मतलब यह है कि अपनी ही शक्ति की लीला का विस्तार जब देखना चाहा। शक्ति या माया ब्रह्म ही की है, ब्रह्म से पृथक् उसकी कोई स्वतन्त्र सत्ता नहीं। 'आपुहि घट घट महँ मुख चाहै'–प्रत्येक शरीर में जो कुछ सौन्दर्य्य दिखाई पड़ता है वह उसी का है। किस प्रकार एक ही अखंड सत्ता के अलग-अलग बहुत से प्रतिबिम्ब दिखाई पड़ते हैं, यह बताने के लिए जायसी यह पुराना उदाहरण देते हैं–

गगरी सहस पचास, जो कोउ पानी भरि धरै।
सूरुज दिपै अकास, मुहमद सब महँ देखिए॥

जिस ज्योति से मनुष्य उस परमहंस ब्रह्म की छाया देखता है वह स्थिर है क्योंकि वह ब्रह्म ही है। वह ब्रह्मज्योति अपनी माया से आच्छादित होने पर भी न उससे मिली हुई कही जा सकती है न अलग–मिली हुई इसलिए नहीं कि नामरूपात्मक दृश्यों का उसके स्वरूप पर कोई प्रभाव नहीं पड़ सकता, अलग इसलिए नहीं कि उसकी अभिव्यक्ति छाया रूप में रहती है–

देखेउ परमहंस परछाहीं। नयन ज्योति सौं बिछुरति नाहीं॥
जगमग जल महँ दीसै जैसे। नाहिं मिला नहिं बेहरा तैसे॥

नाम, रूप असत्य हैं अर्थात् बदलते रहते हैं पर उनकी तह में जो आत्मसत्ता है वह नित्य और अपरिणामी है, इसका स्पष्ट शब्दों में उल्लेख इस सोरठे में है–

बिगरि गए सब नावँ, हाथ, पाँव, मुँह, सीस धर।
तोर नाँव केहि ठाँव, मुहमद सोइ बिचारिए॥ (अखरावट)

नित्य तत्व और नामरूप का भेद समझाने के लिए वेदान्ती समुद्र और तरंग का या सुवर्ण और अलंकार का दृष्टान्त लाया करते हैं। अखरावट में वह भी मौजूद है–

सुन्न समुद चख माहिं, जल जैसी लहरै उठहिं।
उठि उठि मिटि मिटि जाहिं, मुहमद खोज न पाइए॥

वह अव्यक्त तत्व यद्यपि घट-घट में व्याप्त है, नामरूपात्मक जगत् की तह में है, पर नामरूपों का उस पर कोई प्रभाव नहीं, वह निर्लिप्त और अविकारी है–'न चैनं क्लेदयन्त्यापो न शोषयति मारुतः'–

चख महँ नियर, निहारत दूरी। सब घट माहँ रहा भरि पूरी।
पवन न उड़ै, न भीजै पानी। अगिनि जरै जस निरमल बानी॥

ब्रह्म अपनी माया का विस्तार करके उसमें अपना प्रतिबिम्ब देखता है। इस बात को समझाने के लिए जायसी आँख की पुतली के बिन्दु की ओर संकेत करते हैं। यह बिन्दु जब अपनी शक्ति का प्रसार करता है तभी जगत् को देखता है। इस बात की ओर पूर्ण ध्यान देकर विचार करने से मनुष्य को दृग्दृश्य विवेक प्राप्त हो सकता है और वह यह समझ सकता है कि दृश्य की प्रतीति होना अव्यक्त में अव्यक्त का समाना ही है, नित्य अव्यक्त तत्व ब्रह्म मायापट का विस्तार करके–अर्थात् दिक्काल आदि का आरोप करके–अपना प्रतिबिम्ब डालता है। अव्यक्तमूल प्रतिबिम्ब प्रतीति के रूप में फिर उसी अव्यक्त नित्य चित्तत्व में पलटकर समाता है–

पुतरी महँ जो बिंदि एक कारी। देखै जगत सो पट बिस्तारी॥
हेरत दिस्टि उघरि तस आई। निरखि सुन्न महँ सुन्न समाई॥

प्रसिद्ध जर्मन दार्शनिक फिक्ट ने भी जगत् की प्रतीति की प्रायः यही पद्धति बताई है।

ब्रह्म को 'ईश्वर' संज्ञा किस प्रकार प्राप्त होती है इसका विवरण वेदान्त के ग्रन्थों में मिलता है। पहले प्रकृति रजोगुण की प्रवृत्ति से दो रूपों में विभक्त होती है–सत्वप्रधान और तमःप्रधान। सत्वप्रधान के भी दो रूप हो जाते हैं–शुद्ध सत्व (जिसमें

सत्व गुण पूर्ण हों) और अशुद्ध सत्व (जिसमें सत्व अंशतः हो)। प्रकृति के इन्हीं भेदों में प्रतिबिम्बित होने के अनुसार ब्रह्म कभी 'ईश्वर', कभी 'हिरण्यगर्भ' और कभी 'जीव' कहलाता है। जब माया या शक्ति के तीन गुणों में से शुद्ध सत्व का उत्कर्ष होता है तब उसे 'माया' कहते हैं और इस माया में प्रतिबिम्बित होनेवाले ब्रह्म को सगुण यानी व्यक्त ईश्वर कहते हैं। अशुद्ध सत्व की प्रधानता को 'अविद्या' और उसमें प्रतिबिम्बित होनेवाले चित् या ब्रह्म को प्राज्ञ या जीव कहते हैं–इस सिद्धान्त का भी आभास जायसी ने इस प्रकार किया है–

भए आपु औ कहा गोसाईं। सिर नावहु सगरिउ दुनियाईं ॥

आप ही तो सब कुछ हुआ, पर माया के भेद के अनुसार एक ओर तो ईश्वर (सर्वशक्तिमान् विधायक और शासक) रूप में व्यक्त हुआ और दूसरी ओर जीव रूप में, जो उस ईश्वर को सिर नवाता है।

ब्रह्म और जीव, आत्मा और परमात्मा की एकता इस प्रकार भी समझाई जाती है कि 'जो पिंड में है वही ब्रह्मांड में है'। इस तथ्य को लेकर साधना के क्षेत्र में एक विलक्षण रहस्यवाद की उत्पत्ति हुई जिसकी प्रेरणा से योग में पिंड या घट के भीतर ही ब्रह्म का एक विशेष स्थान निर्दिष्ट हुआ और उसके पास तक पहुँचानेवाले विकट मार्ग (नाभि से चलकर) की कल्पना की गई। जायसी ने इस रहस्यवादी भावना को स्वीकार किया है–

सातौं दीप नवौ खँड, आठौ दिसा जो आहिं।
जो बरह्मंड सो पिंड है, हेरत अंत न जाहि ॥

और एक पूरा रूपक बाँधकर पिंड को ही ब्रह्मांड बनाया है–

टा टुक झाँकहु सातौं खंडा। खंडै खंड लखहु बरम्हंडा ॥
पहिल खंड जो सनीचर नाऊँ। लखि न अँटकु पौरी महँ ठाऊँ ॥
दूसर खंड बृहस्पति तहँवाँ। काम दुवार भोगघर जहँवाँ ॥
तीसर खंड जो मंगल मानहुँ। नाभि कँवल महँ ओहि अस्थानहु ॥
चौथ खंड जो आदित अहई। बाईं दिसि अस्तन महँ रहई ॥
पाँचवँ खंड सुक्र उपराहीं। कंठ माहँ औ जीभ तराहीं ॥
छठएँ खंड बुद्धि कर बासा। दोउ भौंहन्ह के बीच निवासा ॥
सातवँ सोम कपार महँ, कहा जो दसवँ दुवार।
जो वह पवँरि उघारै, सो बड़ सिद्ध अपार ॥

इसमें जायसी ने मनुष्य शरीर के पैर, गुह्येन्द्रिय, नाभि, स्तन, कंठ, दोनों भौंहों के बीच के स्थान और कपाल को क्रमशः शनि, बृहस्पति, मंगल, आदित्य, शुक्र, बुध और सोम-स्वरूप कहा है। एक और ध्यान देने की बात यह है कि कवि ने जिस क्रम से एक दूसरे के ऊपर ग्रहों की स्थिति लिखी है वह सूर्यसिद्धान्त आदि ज्योतिष के ग्रन्थों के अनुकूल है।

तत्व दृष्टि से 'पिंड और ब्रह्मांड की एकता' के निश्चय पर पहुँच जाने पर फिर उसी के अनुकूल साधना मार्ग सामने आता है, जो योगशास्त्र का विषय है। पतंजलि ने

विभूतिपाद में नाभिचक्र, कंठकूप, कूर्मनाड़ी और मूर्धज्योति का ही उल्लेख किया है, पर हठयोग में काव्यव्यूह का विशेष विस्तार से वर्णन है जिसकी चर्चा पहले कर आए हैं। मूर्धज्योति या ब्रह्मरन्ध्र को ही जायसी ने 'दसवाँ द्वार' कहा है जहाँ वृत्ति को ले जाकर लीन करने से ब्रह्म के स्वरूप का साक्षात्कार हो सकता है। जायसी ने वेदान्त के सिद्धान्तों के साथ हठयोग की बातों का भी समावेश क्यों किया, इसका कारण उपर्युक्त विवेचन से स्पष्ट हो गया होगा। तंत्वज्ञान के पश्चात् उसके अनुकूल साधना होनी चाहिए। जबकि यह सिद्ध हो गया कि जो ब्रह्म विश्व की आत्मा के रूप में ब्रह्मांड में व्याप रहा है वही मनुष्य के पिंड या शरीर में भी है तब शरीर के भीतर ही उसके साक्षात्कार की साधना का निरूपण होना ही चाहिए।

अब यह देखिए कि तत्व दृष्टि से जायसी सृष्टिविकास का किस रूप में वर्णन करते हैं। वे कहते हैं कि सृष्टि के पहले ब्रह्म अपने को अपने में समेटे हुए था–'रहा आपु महँ आपु समाना' (अखरावट)। सर्गोन्मुख होने के पहले वह 'वज्रबीज' अव्यक्त था–

बजर बीज बीरौ अस, ओहि न रंग न भेस।

अंकुरित होने पर उसमें से दो पत्ते निकले–एक चित्तत्व, दूसरा पार्थिव तत्व–

होतै बिरवा भए दुइ पाता। पिता सरग औ धरती माता ॥

इन्हीं दो से फिर अनेक प्रकार की चराचर सृष्टि हुई–

बिरिछ एक लागीं दुइ डारा। एकहिं ते नाना परकारा ॥
मातु के रकत पिता के बिंदू। उपने दुवौ तुरुक औ हिंदू ॥
रकत हुते तन भए चौरंगा। बिंदु हुते जिउ पाँचौ संगा ॥
जस ए चारिउ धरति बिलाहीं। तस वै पाँचहु सरगहिं जाहीं ॥

एक ही वृक्ष की दो डालियाँ हुईं–एक चेतन तत्व अर्थात् जीवात्मा और दूसरा अचेतन अर्थात् जड़ द्रव्य। चित् पुरुषपक्ष या पितृपक्ष है और अचित् प्रकृति पक्ष या मातृपक्ष है। चित् को आकाशरूप (चिदाकाश) सूक्ष्म समझना चाहिए और अचित् को पृथ्वीस्वरूप स्थूल।

जबकि व्यक्त चित् (जीव) और व्यक्त अचित् (विकृति) दोनों एक ब्रह्म से उत्पन्न हैं तब ब्रह्मा में भी ये दोनों पक्ष अव्यक्त या सूक्ष्म रूप में होंगे। इस प्रकार जायसी के उक्त कथन में रामानुज के विशिष्टाद्वैत की झलक साफ है जिसके अनुसार ब्रह्म चिदचिद्विशिष्ट है अर्थात् चित् और अचित् दोनों उसके अंग हैं। जायसी ने आगे चलकर तो ब्रह्म को द्विकलात्मक साफ कहा है–

खा खेलार जस है दुइ करा। उहै रूप आदम अवतरा ॥

ब्रह्म के सूक्ष्म चित् से जीवात्माओं की उत्पत्ति और सूक्ष्म अचित् से उनके शरीर और जड़ जगत् की उत्पत्ति हुई। विशिष्टाद्वैत के अनुसार ब्रह्म केवल निमित्त कारण है; उपादान हैं जड़ (स्थूल अचित्) और जीव (स्थूल चित्)। पर दूरारूढ़ वेदान्त के अद्वैतवाद में ब्रह्म सब भेदों (स्वगत, सजातीय और विजातीय) से रहित तथा जगत् का निमित्त और उपादान दोनों माना जाता है। सूफियों को भी आत्मा और परमात्मा में किसी

प्रकार का पारमार्थिक भेद (जन्य जनक का भी), मान्य नहीं है। अतः अद्वैतियों के अनुकूल यदि हम 'बिरिछ एक लागीं दुइ डारा' का अर्थ करना चाहें तो जीव और जड़ को क्रमशः ब्रह्म के श्रेष्ठ और कनिष्ठ स्वरूप (जिन्हें गीता में परा और अपरा प्रकृति कहा है) मानकर कर सकते हैं। श्रेष्ठ स्वरूप निर्विकार रहता है और कनिष्ठ स्वरूप (माया) में अनेक प्रकार के भेद और विकार दिखाई पड़ते हैं। पर अद्वैतवाद के अनुकूल सृष्टि के वर्णन में अधिक जटिलता है और शब्दों के प्रयोग में सावधानी की भी बहुत आवश्यकता है। इसका निर्वाह जायसी के लिए कठिन था। इसी से आगे चलकर इन्होंने चित्‌तत्व के समुद्र से जो असंख्य प्रकार के भीतर जीवबिन्दुओं की वर्षा कराई है वह शुद्ध वेदान्त के अपरिच्छिन्न चित् के अनुकूल नहीं है, विशिष्टाद्वैत भावना से ही मेल खाती है–

रहा जो एक जल गुपुत समुंदा। बरसा सहस अठारह बुंदा।
सोई अंश घटहिं घट मेला। औ सोइ बरन बरन होइ खेला॥

इस चौपाई में 'गुपुत समुंदा' सूक्ष्म चित् है जिससे अनेक प्रकार के जीवात्माओं की उत्पत्ति हुई।

यहीं तक नहीं[1] उत्पत्ति का और आगे चलकर जो वर्गीकरण किया गया है वह भी विचारणीय है; जैसे–

रकत हुते तन भए चौरंगा। बिंदु हुते जिउ पाँचौ संगा॥
जस ए चारिउ धरति बिलाहीं। तस वै पाँचौ सरगहि जाहीं॥

'रक्त' से अभिप्राय यहाँ माता के रज अर्थात् प्रकृति के उपादान से है। प्रकृति के क्रमागत विकार से नाना प्रकार के शरीर संघटित हुए, यहाँ तक तो ठीक ही ठीक है। पर चित्‌तत्व के अन्तर्गत जीवात्मा के अतिरिक्त पाँचों ज्ञानेन्द्रियाँ (या पंचप्राण अर्थ लीजिए) भी हैं। यह मत भारतीय दृष्टि से शास्त्रसम्मत नहीं है। सांख्य और वेदान्त दोनों में ज्ञानेन्द्रियाँ और अन्तःकरण तथा प्राण भी प्रकृति के उत्तरोत्तर विकास माने जाते हैं। पर अन्तःकरण या मन से आत्मा भिन्न है, यह सूक्ष्म भावना पश्चिमी देशों में स्फुट नहीं थी। पर 'जस वै पाँचौ सरगहि जाहीं' का भारतीय अध्यात्म की दृष्टि से यह अर्थ ले सकते हैं कि जीवात्मा के साथ 'लिंग' शरीर लगा जाता है।

पद्मावत के आरम्भ में सृष्टि का जो वर्णन है वह तो बिलकुल स्थूल तथा नैयायिकों, पौराणिकों तथा जनसाधारण के 'आरम्भवाद' के अनुसार है। यहीं तक नहीं, उसमें हिन्दुओं और मुसलमानों दोनों की भावनाओं का मेल है। उसमें एक ओर तो पुराणों के 'सप्तद्वीप' और 'नव खंड' हैं, और दूसरी ओर 'नूर' की उत्पत्ति और 'हिशद हजार आलम'। उक्त वर्णन में एक बात पर और ध्यान जाता है। कवि ने सर्वत्र भूतकालिक रूप 'कीन्हेसि' का प्रयोग किया है जिसमें शामी पैगम्बरी मतों (यहूदी, ईसाई और इस्लाम की इसी परिमित भावना का आभास मिलता है कि वर्त्तमान सृष्टि प्रथम और अन्तिम है।

---

1. द्वेवावब्रह्मणो रूपे, मूर्तञ्चैवामूर्तञ्च, मर्त्यञ्चामृतञ्च।

–बृहदारण्यक (मूर्तामूर्त ब्राह्मण)

इन मतों के अनुसार ईश्वर ने न तो इसके पहले सृष्टि की थी और न वह आगे कभी करेगा। इसमें न तो कल्पान्तर की कल्पना है, न जीवों के पुनर्जन्म की। कयामत या प्रलय आने तक सब जीवात्मा इकट्ठे होते जाएँगे और अन्त में सबका फैसला एक साथ हो जाएगा। जो पुण्यात्मा होंगे वे अनन्त काल तक स्वर्ग भोगने चले जाएँगे और जो पापी होंगे वे अनन्त काल तक नरक भोगा करेंगे। 'पद्मावत' में तो एक ही बार सृष्टि होने का थोड़ा-सा आभास मात्र है। पर 'अखरावट' में यह बात कुछ अधिक खोलकर कही गई है–

ऐस जो ठाकुर किय एक दाऊँ। पहिले रचा मुहम्मद नाऊँ॥

हिन्दू पौराणिक भावना के अनुसार भी सृष्टि का जहाँ वर्णन होगा वहाँ यही अभिप्राय प्रकट होगा कि ईश्वर 'सृष्टि करता है' अर्थात् बराबर करता रहता है।

आदम की उत्पत्ति का और गेहूँ खाने के अपराध में आदम हौवा के स्वर्ग से निकाले जाने का उल्लेख भी है–

जबहीं किएउ जगत सब साजा। आदि चहेउ आदम उपराजा॥
खाएनि गोहूँ कुमति भुलाने। परे आइ जग मँह, पछिताने॥ (अखरावट)
छोह न कीन्ह निछोही ओहू। का हम्ह दोष लाग एक गोहूँ॥ (पद्मावत)

स्तुति खंड में यह इसलामी विश्वास भी मौजूद है कि ईश्वर ने पहले नूर (पैगम्बर) या ज्योति उत्पन्न की और मुहम्मद ही की खातिर से स्वर्ग और पृथ्वी की रचना की–

कीन्हेसि प्रथम जोति परगासू। कीन्हेसि तेहि पिरीति कविलासू॥

'कविलास' शब्द का प्रयोग जायसी ने बराबर स्वर्ग के अर्थ में किया है।

यह तो प्रसिद्ध ही है कि यहूदियों के पुराने पैगम्बर मूसा की उस सृष्टिकथा को ईसाइयों ने भी माना और मुसलमानों ने भी लिया जिसके अनुसार ईश्वर ने छह दिन में आकाश, पृथ्वी, जल तथा वनस्पतियों और जीवों को अलग-अलग उत्पन्न किया और अन्त में मनुष्य का पुतला बनाकर उसमें अपनी रूह फूँकी। इसलाम में आकर सृष्टि की इस पौराणिक कथा में दो-एक बातों का अन्तर पड़ा। मूसा के खुदा को सृष्टि बनाने में छह दिन लगे थे, पर अल्लाह ने सिर्फ 'कुन' कहकर एक क्षण में सारी सृष्टि खड़ी कर दी। ज्योति की प्रथम उत्पत्ति का उल्लेख मूसा के वर्णन में भी है पर इसलाम में उस ज्योति का अर्थ 'मुहम्मद का नूर' किया जाता है। कहने की आवश्यकता नहीं कि सृष्टि का उक्त पैगम्बरी वर्णन किसी तात्विक क्रम पर नहीं है। जायसी ने भी आरम्भ में ज्योति का नाम लेकर फिर आगे किसी क्रम का अनुसरण नहीं किया है। वे सिर्फ वस्तुएँ गिनाते गए हैं। पर 'पद्मावत' में एक स्थान पर भूतों की उत्पत्ति का क्रम इस प्रकार कहा गया है–

पवन होइ भा पानी, पानी होइ भइ आगि।
आगि होइ भइ माटी, गोरखधंधै लागि॥

यह क्रम तैत्तिरीयोपनिषद् में जो क्रम कहा गया है उससे नहीं मिलता। तैत्तिरीयोपनिषद् में यह क्रम है–आत्मा (परमात्मा) से आकाश, आकाश से वायु, वायु से अग्नि, अग्नि

से जल और जल से पृथ्वी। यह क्रम इस आधार पर है कि पहले एक गुण का पदार्थ हुआ, फिर उससे दो गुणवाला और फिर उस दो गुणवाले से तीन गुणवाला–इसी प्रकार बराबर होता गया। पर जायसी का क्रम किस आधार पर है, नहीं कहा जा सकता। हाँ, पाँच भूतों के स्थान पर जायसी ने जो चार ही कहे हैं वह प्राचीन यूनानियों के विचार के अनुसार है जिसका प्रचार अरब आदि देशों में हुआ। प्राचीन पाश्चात्यों की भूतकल्पना इतनी सूक्ष्म न थी कि वे भूतों के अन्तर्गत आकाश को लेते। आकाश के सम्बन्ध में अरब और फारस आदि मुसलमानी देशों के जनसाधारण की भावना भी बहुत स्थूल थी। वे उसे नक्षत्रों से जुड़ा हुआ एक शामियाना समझते थे, इसी से जायसी ने कहा है–

गगन अंतरिख राखा, बाज खंभ बिनु टेक ॥

'अखरावट' में उपनिषद् की कुछ बातें कहीं-कहीं ज्यों की त्यों मिलती हैं। आत्मा के सम्बन्ध में जायसी कहते हैं–

पवन चाहि मन बहुत उताइल। तेहि तें परम आसु सुठि पाइल ॥
मन एक खंड न पहुँचै पावै। आसु भुवन चौदह फिरि आवै ॥
पवनहिं महँ जो आपु समाना। सब भा बरन जो आपु अमाना ॥
जैस डोलाए बेना डोलै। पवन सबद होइ किछुइ न बोलै ॥

यही बात ईशोपनिषद् में कही गई है–

अनेजदेकं मनसो जवीयो नैनद्देवाऽऽप्नुवन् पूर्वमर्षत्।
तद्धावतोऽन्यानत्येति तिष्ठत्तस्मिन्नपो मातरिश्वा दधाति ॥ 4 ॥

अर्थात्–आत्मा अचल मन से अधिक वेगवाला है, इन्द्रियाँ उसको नहीं पा सकतीं। वह मन, इन्द्रिय आदि दौड़नेवालों से ठहरा हुआ भी, परे निकल जाता है और उसी की सत्ता से वायु में कर्मशक्ति है।

सारांश यह है कि अद्वैतपक्ष मान्य होने पर भी जायसी ने अन्य पक्षों की भावना द्वारा उद्घाटित स्वरूपों का भी पूरे औत्सुक्य के साथ अवलोकन किया है। सूक्ष्म और स्थूल दोनों प्रकार के विचारों का समावेश उनमें है। जगह-जगह उन्होंने संसार को असत्य और माया कहा है जिससे मूल पारमार्थिक सत्ता का केवल आत्मस्वरूप होना ध्वनित होता है। साथ ही, जगत् को दर्पण कहना, नामरूपात्मक दृश्यों को प्रतिबिम्ब या छाया कहना यह सूचित करता है कि अचित् को ब्रह्म तो नहीं कह सकते, पर है वह उसी रूप की छाया जिस रूप में यह जगत् दिखाई पड़ता है। दूसरी ओर ईश्वर की भावना कर्ता या केवल निमित्त कारण के रूप में भी सृष्टिवर्णन में उन्होंने की है। यहीं तक नहीं, कहीं-कहीं उन्होंने हिन्दू और मुस्लिम भावना का मेल भी एक नए और अनूठे ढंग से किया है।

इस प्रकार के कई परस्पर भिन्न सिद्धान्तों की झलक से यह लक्षित होता है कि उन्होंने जो कुछ कहा है वह उनके तर्क या 'ब्रह्मजिज्ञासा' का फल नहीं है; उनकी सारग्राहिणी और उदार भावुकता का फल है, उनके अनन्य प्रेम का फल है। इसी

प्रेमाभिलाष की प्रेरणा से प्रेमी भक्त उस अखंड रूपज्योति को किसी-न-किसी कला के दर्शन के लिए सृष्टि का कोना-कोना झाँकता है, प्रत्येक मत और सिद्धान्त की ओर आँख उठाता है और सर्वत्र जिधर देखता है उधर उसका कुछ-न-कुछ आभास पाता है। यही उदार प्रवृत्ति सब सच्चे भक्तों की रही है। जायसी की उपासना 'माधुर्य्य भाव' से, प्रेमी और प्रिय के भाव से है। उनका प्रियतम संसार के परदे के भीतर छिपा हुआ है। जहाँ जिस रूप में उसका आभास कोई दिखाता है वहाँ उसी रूप में उसे देख ये गद्‌गद होते हैं। वे उसे पूर्णतया ज्ञेय या प्रमेथ नहीं मानते। उन्हें यही दिखाई पड़ता है कि प्रत्येक मत अपनी पहुँच के अनुसार, अपने मार्ग के अनुसार, उसका कुछ अंशतः वर्णन करता है। किसी मत या सिद्धान्त विशेष का यह आग्रह कि ईश्वर ऐसा ही है, भ्रम है। जायसी कहते हैं–

सुनि हस्ती कर नावँ, अँधरन्ह टोवा धाइकै।
जेइ टोवा जेहि ठाँव, मुहमद सो तैसै कहा॥

'एकांगदस्सिनो' (एकांगदर्शियों) का यह दृष्टान्त पहले पहल बुद्ध ने दिया था। इसको जायसी ने बड़ी मार्मिकता से अपनी उदार मनोवृत्ति की व्यंजना के लिए लिया है। इससे यह व्यंजित होता है कि प्रत्येक मत में सत्य का कुछ-न-कुछ अंश रहता है। इंग्लैंड के प्रसिद्ध तत्वदर्शी हर्बर्ट स्पेंसर ने भी यही कहा है कि 'कोई मत कैसा ही हो उसमें कुछ-न-कुछ सत्य का अंश रहता है। भूतप्रेतवाद से लेकर बड़े-बड़े दार्शनिक वादों तक सबमें एक बात सामान्यतः पाई जाती है कि सबके सब संसार का मूल कोई अज्ञेय और अप्रमेय रहस्य समझते हैं जिसका वर्णन प्रत्येक मत करना चाहता है, पर पूरी तरह कर नहीं सकता।'

यह बात प्रसिद्ध है कि पहुँचे हुए साधक अपने अनुभव को गुप्त रखते हैं। उसे प्रकट करना वे ठीक नहीं समझते। जायसी भी कहते हैं–

मति ठाकुर कै सुनि कै, कहै जो हिय मझियार।
बहुरि न मत तासौं करै, ठाकुर दूजी बार॥

इस मौन का रहस्य यही है कि अध्यात्म का विषय स्वसंवेद्य और अनिर्वचनीय है। शब्दों में उसका ठीक-ठीक प्रकाश हो नहीं सकता। शब्दों में प्रकट करने के प्रयत्न से दो बातें होती हैं–एक तो शब्द भावना को परिमित करके अनुभूति में कुछ बाधक हो जाते हैं–दूसरे श्रोता के तर्क-वितर्क से भी वृत्ति चंचल हो जाती है। जो अचिंत्य है वह शब्दों में ठीक-ठीक कैसे आ सकता है ?

अचिंत्याः खलु ये भावा न तांस्तर्केण साधयेत्।

इसी से ब्रह्म के सम्बन्ध में तीन बार प्रश्न करने पर एक ऋषि ने तीनों बार मौन ही द्वारा उत्तर दिया था।

यहाँ तक तो तत्वसिद्धान्त की बात हुई। सामाजिक विचार जायसी के प्रायः वैसे ही थे जैसे उस समय जनसाधारण के थे। अरब, फारस आदि देशों में स्त्रियों का पद बहुत नीचा समझा जाता था। वे विलास की सामग्री मात्र समझी जाती थीं। प्राचीन भारत की

बात तो नहीं कह सकते पर इधर बहुत दिनों से इस देश में भी यही भाव चला आ रहा है। बादल युद्ध में जाते समय अपनी स्त्री का हाथ छुड़ाकर उससे कहता है–

तिरिया भूमि खड़ग कै चेरी। जीत जो खड़ग होइ तेहि केरी॥

जायसी का रहस्यवाद

सूफियों के अद्वैतवाद का जो विचार पूर्व प्रकरण में हुआ था उससे यह स्पष्ट हो गया कि किस प्रकार आर्य्य जाति (भारतीय और यूनानी) के तत्वचिन्तकों द्वारा प्रतिपादित इस सिद्धान्त को सामी पैगम्बरी मतों में रहस्यभावना के भीतर स्थान मिला। उक्त मतों (यहूदी, ईसाई, इसलाम) के बीच तत्वचिन्तन की पद्धति या ज्ञानकांड का स्थान न होने के कारण–मनुष्य की स्वाभाविक बुद्धि या अक्ल का दखल न होने के कारण–अद्वैतवाद का ग्रहण रहस्यवाद के रूप में ही हो सकता था। इस रूप में पड़कर वह धार्मिक विश्वास में बाधक नहीं समझा गया। भारतवर्ष में तो यह ज्ञानक्षेत्र से निकला और अधिकतर ज्ञानक्षेत्र में ही रहा; पर अरब, फारस आदि में जाकर यह भावक्षेत्र के बीच मनोहर रहस्यभावना के रूप में फैला।

योरप में भी प्राचीन यूनानी दार्शनिकों द्वारा प्रतिष्ठित अद्वैतवाद ईसाई मजहब के भीतर रहस्यभावना के ही रूप में लिया गया। रहस्योन्मुख सूफियों और पुराने कैथलिक ईसाई भक्तों की साधना समान रूप से माधुर्य्य भाव की ओर प्रवृत्त रही। जिस प्रकार सूफी ईश्वर की भावना प्रियतम के रूप में करते थे उसी प्रकार स्पेन, इटली आदि यूरोपीय प्रदेशों के भक्त भी। जिस प्रकार सूफी 'हाल' की दशा में उस माशूक से भीतर ही भीतर मिला करते थे उसी प्रकार पुराने ईसाई भक्त साधक भी दुलहनें बनकर उस दूल्हे से मिलने के लिए अपने अन्तर्देश में कई खंडों के रंगमहल तैयार किया करते थे। ईश्वर की पति रूप में उपासना करनेवाली सैफो, सेंट टेरेसा आदि कई भक्तिनें भी योरप में हुई हैं।

अद्वैतवाद के दो पक्ष हैं–आत्मा और परमात्मा की एकता तथा ब्रह्म और जगत् की एकता। दोनों मिलकर सर्ववाद की प्रतिष्ठा करते हैं–सर्व खल्विदं ब्रह्म। यद्यपि साधना के क्षेत्र में सूफियों और पुराने ईसाई भक्तों, दोनों की दृष्टि प्रथम पक्ष पर ही दिखाई देती है। पर भावक्षेत्र में जाकर सूफी प्रकृति की नाना विभूतियों से भी उसकी छवि का अनुभव करते आए हैं।

ईसा की 19वीं शताब्दी में रहस्यात्मक कविता का जो पुनरुत्थान योरप के कई प्रदेशों में हुआ उसमें सर्ववाद (पैनथेइज्म) का–ब्रह्म और जगत् की एकता का–भी बहुत कुछ आभास रहा। वहाँ इसकी ओर प्रवृत्ति–स्वातन्त्र्य और लोकसत्तात्मक भावों के प्रचार के साथ ही साथ दिखाई पड़ने लगी। स्वातन्त्र्य के बड़े भारी उपासक अँगरेज कवि शेली में इस प्रकार के सर्ववाद की झलक पाई जाती है। आयरलैंड में स्वतन्त्रता की भीषण पुकार के बीच ईट्स की रहस्यमयी कविवाणी भी सुनाई देती रही है। ठीक समय पर

पहुँचकर हमारे यहाँ के कवीन्द्र रवीन्द्र भी वहाँ के सुर में सुर मिला आए थे। पश्चिम के समालोचकों की समझ में वहाँ के इस काव्यगत सर्ववाद का सम्बन्ध लोकसत्तात्मक भावों के साथ है। इन भावों के प्रचार के साथ ही स्थूल गोचर पदार्थों के स्थान पर सूक्ष्म अगोचर भावना (ऐब्स्ट्रैक्शन्स) की प्रवृत्ति हुई और वही काव्यक्षेत्र में जाकर भड़कीली और अस्फुट भावनाओं तथा चित्रों के विधान के रूप में प्रकट हुई।[1]

अद्वैतवाद मूल में एक दार्शनिक सिद्धान्त है, कविकल्पना या भावना नहीं है। वह मनुष्य के बुद्धिप्रयास या तत्वचिन्तन का फल है। वह ज्ञानक्षेत्र की वस्तु है। जब उसका आधार लेकर कल्पना या भावना उठ खड़ी होती है अर्थात् जब उसका संचार भावक्षेत्र में होता है तब उच्च कोटि के भावात्मक रहस्यवाद की प्रतिष्ठा होती है। रहस्यवाद दो प्रकार का होता है—भावात्मक और साधनात्मक। हमारे यहाँ का योगमार्ग साधनात्मक रहस्यवाद है। यह अनेक अप्राकृतिक और जटिल अभ्यासों द्वारा मन को अव्यक्त तथ्यों का साक्षात्कार कराने तथा साधक को अनेक अलौकिक सिद्धियाँ प्राप्त कराने की आशा देता है। तन्त्र और रसायन भी साधनात्मक रहस्यवाद हैं, पर निम्न कोटि के। भावात्मक रहस्यवाद की भी कई श्रेणियाँ हैं जैसे, भूत-प्रेत की सत्ता मानकर चलनेवाली भावना, परम सत्ता के रूप में एक ईश्वर की सत्ता मानकर चलनेवाली भावना स्थूल रहस्यवाद के अन्तर्गत होगी। अद्वैतवाद या ब्रह्मवाद को लेकर चलनेवाली भावना से सूक्ष्म और उच्च कोटि के रहस्यवाद की प्रतिष्ठा होती है। तात्पर्य्य यह कि रहस्यभावना किसी विश्वास के आधार पर चलती है, विश्वास करने के लिए कोई नया तथ्य या सिद्धान्त नहीं उपस्थित कर सकती। किसी नवीन ज्ञान का उदय उसके द्वारा नहीं हो सकता। जिस कोटि का ज्ञान या विश्वास होगा उसी कोटि की उसमें उद्भूत रहस्यभावना होगी।

अद्वैतवाद का प्रतिपादन सबसे पहले उपनिषदों में मिलता है। उपनिषद् भारतीय ज्ञानकांड के मूल हैं। प्राचीन ऋषि तत्वचिन्तन द्वारा ही अद्वैतवाद के सिद्धान्त पर पहुँचे थे। उनमें इस ज्ञान का उदय बुद्धि की स्वाभाविक क्रिया द्वारा हुआ था, प्रेमोन्माद या बेहोशी की दशा में सहसा एक दिव्य आभास या इलहाम के रूप में नहीं। विविध धर्मों का इतिहास लिखनेवाले कुछ पाश्चात्य लेखकों ने उपनिषदों के ज्ञान को जो रहस्यवाद की कोटि में रखा है, वह उनका भ्रम या दृष्टिसंकोच है। बात यह है कि उस प्राचीन काल में दार्शनिक विवेचन को व्यक्त करने की व्यवस्थित शैली नहीं निकली थी। जगत् और उसके मूल कारण का चिन्तन करते-करते जिस तथ्य तक वे पहुँचते थे उसकी व्यंजना अनेक प्रकार से वे करते थे। जैसे आजकल किसी गम्भीर विचारात्मक लेख के भीतर

---

1. द पैशन फार इनटेलेक्चुअल ऐब्स्ट्रैक्शन्स, ह्वेन ट्रांसफर्ड टु द लिटरेचर आव इमैजिनेशन, बिकम्स ए पैशन फार ह्वाट इज ग्रैंडियोज ऐंड वेग इन सेंटिमेंट ऐंड इन इमैजरी।...द ग्रेट लारिएट आव यूरोपियन डिमाक्रेसी, विक्टर ह्यूगो, एग्जिबिट्स, ऐटवन्स द डिमाक्रैटिक लव आव ऐब्स्ट्रैक्ट आइडियाज, द डिमाक्रैटिक डिलाइट इन ह्वाट इज ग्रैंडियोज (ऐज वेल ऐज ह्वाट इज ग्रैंड) इन सेंटिमेंट, ऐंड द डिमाक्रैटिक टेंडेंसी टुवर्ड्स ए पोएटिकल पैनथेइज्म। –डाउडेंस 'न्यू स्टडीज इन लिटरेचर' (इंट्रोडक्शन)

कोई मार्मिक स्थल आ जाने पर लेखक की मनोवृत्ति भावोन्मुख हो जाती है और वह काव्य की भावात्मक शैली का अवलम्बन करता है उसी प्रकार उन प्राचीन ऋषियों को भी विचार करते-करते गम्भीर मार्मिक तथ्य पर पहुँचने पर कभी-कभी भावोन्मेष हो जाता था और वे अपनी उक्ति का प्रकाश रहस्यात्मक और अनूठे ढंग से कर देते थे।

गीता के दसवें अध्याय में सर्ववाद का भावात्मक प्रणाली पर निरूपण है। वहाँ भगवान् ने अपनी विभूतियों का जो वर्णन किया है वह अत्यन्त रहस्यपूर्ण है। सर्ववाद को लेकर जब भक्त की मनोवृत्ति रहस्योन्मुख होगी तब वह अपने को जगत् के नाना रूपों के सहारे उस परोक्ष सत्ता की ओर ले जाता हुआ जान पड़ेगा। वह खिले हुए फूलों में, शिशु के स्मित आनन में, सुन्दर मेघमाला में, निखरे हुए चन्द्रबिम्ब में उसके सौन्दर्य्य का, गम्भीर मेघगर्जन में, बिजली की कड़क में, वज्रपात में, भूकम्प आदि प्राकृतिक विप्लवों में उसकी रौद्र मूर्त्ति का, संसार के असामान्य वीरों, परोपकारियों और त्यागियों में उसकी शक्ति, शील आदि का साक्षात्कार करता है। इस प्रकार अवतारवाद का मूल भी रहस्यभावना ही ठहरती है।

पर अवतारवाद के सिद्धान्त रूप में गृहीत हो जाने पर, राम और कृष्ण के व्यक्त ईश्वर विष्णु के अवतार स्थिर हो जाने पर रहस्यदशा की एक प्रकार से समाप्ति हो गई। फिर राम और कृष्ण का ईश्वर के रूप में ग्रहण व्यक्तिगत रहस्यभावना के रूप में नहीं रह गया। वह समस्त जनसमाज के धार्मिक विश्वास का एक अंग हो गया। इस व्यक्त जगत् के बीच प्रकाशित राम कृष्ण की नरलीला भक्तों के भावोद्रेक का विषय हुई। अतः रामकृष्णोपासकों की भक्ति रहस्यवाद की कोटि में नहीं आ सकती।

यद्यपि समष्टि रूप में वैष्णवों की सगुणोपासना रहस्यवाद के अन्तर्गत नहीं कही जा सकती, पर श्रीमद्भागवत के उपरान्त कृष्णभक्ति को जो रूप प्राप्त हुआ उसमें रहस्यभावना की गुंजाइश हुई। भक्तों की दृष्टि से जब धीरे-धीरे श्रीकृष्ण का लोकसंग्रही रूप हटने लगा और वे प्रेममूर्त्तिमात्र रह गए तब उनकी भावना ऐकान्तिक हो चली। भक्त लोग भगवान् को अधिकतर अपने सम्बन्ध से देखने लगे, जगत् के सम्बन्ध से नहीं। गोपियों का प्रेम जिस प्रकार एकान्त और रूपमाधुर्य्यमात्र पर आश्रित था, उसी प्रकार भक्तों का भी हो चला। यहाँ तक कि कुछ स्त्री भक्तों में भगवान् के प्रति उसी रूप का प्रेमभाव स्थान पाने लगा जिस रूप का गोपियों का कहा गया था। उन्होंने भगवान् की भावना प्रियतम के रूप में की। बड़े-बड़े मन्दिरों में देवदासियों की जो प्रथा थी उससे इस 'माधुर्य्यभाव' को और भी सहारा मिला। माता-पिता कुमारी लड़कियों को मन्दिर में दान कर आते थे, जहाँ उनका विवाह देवता के साथ हो जाता था। अतः उनके लिए उस देवता की भक्ति पतिरूप में ही विधेय थी। इन देवदासियों में से कुछ उच्च कोटि की भक्तिनें भी निकल आती थीं। दक्षिण में अन्दाल इसी प्रकार की भक्तिन थी जिसका जन्म विक्रम संवत् 773 के आसपास हुआ था। वह बहुत छोटी अवस्था में किसी साधु को एक पेड़ के नीचे मिली थी। वह साधु भगवान् का स्वप्न पाकर, इसे विवाह के वस्त्र पहनाकर श्रीरंगजी के मन्दिर में छोड़ आया था।

अन्दाल के पद द्रविड़ भाषा में 'तिरुप्पावइ' नामक पुस्तक में अब तक मिलते हैं। अन्दाल एक स्थान पर कहती है—'अब मैं पूर्ण यौवन को प्राप्त हूँ और स्वामी कृष्ण के अतिरिक्त और किसी को अपना पति नहीं बना सकती।' पति या प्रियतम के रूप में भगवान् की भावना को वैष्णव भक्तिमार्ग में 'माधुर्य्य भाव' कहते हैं। इस भाव की उपासना में रहस्य का समावेश अनिवार्य और स्वाभाविक है। भारतीय भक्ति का सामान्य स्वरूप रहस्यात्मक न होने के कारण इस 'माधुर्य्य भाव' का अधिक प्रचार नहीं हुआ। आगे चलकर मुसलमानी जमाने में सूफियों की देखादेखी इस भाव की ओर कृष्णभक्ति शाखा के कुछ भक्त प्रवृत्त हुए। इनमें मुख्य मीराबाई हुईं जो 'लोकलाज खोकर' अपने प्रियतम श्रीकृष्ण के प्रेम में मतवाली रहा करती थीं। उन्होंने एक बार कहा था कि 'कृष्ण को छोड़ और पुरुष है कौन ? सारे जीव स्त्रीरूप हैं।'

सूफियों का असर कुछ और कृष्णभक्तों पर भी पूरा-पूरा पाया जाता है। चैतन्य महाप्रभु में सूफियों की प्रवृत्तियाँ साफ झलकती हैं। जैसे सूफी कव्वाल गाते-गाते हाल की दशा में हो जाते हैं वैसे ही महाप्रभुजी की मंडली भी नाचते-नाचते मूर्छित हो जाती थी। यह मूर्छा रहस्यवादी सूफियों की रूढ़ि है। इसी प्रकार मद, प्याला, उन्माद तथा प्रियतम ईश्वर के विरह की दूरारूढ़ व्यंजना भी सूफियों की बँधी हुई परम्परा है। इस परम्परा का अनुसरण भी कुछ पिछले कृष्णभक्तों ने किया। नागरीदासजी इश्क का प्याला पीकर बराबर झूमा करते थे। कृष्ण की मधुर मूर्त्ति ने कुछ आजाद सूफी फकीरों को भी आकर्षित किया। नजीर अकबराबादी ने खड़ी बोली के अपने बहुत से पद्यों में श्रीकृष्ण का स्मरण प्रेमालम्बन के रूप में किया है।

निर्गुण शाखा के कबीर, दादू आदि सन्तों की परम्परा में ज्ञान का जो थोड़ा-बहुत अवयव है वह भारतीय वेदान्त का है—पर प्रेमतत्व बिलकुल सूफियों का है। इनमें से दादू, दरियासाहब आदि तो खालिस सूफी ही जान पड़ते हैं। कबीर में 'माधुर्य्य भाव' जगह-जगह पाया जाता है। वे कहते हैं—

हरि मोर पिय, मैं राम की बहुरिया।

'राम की बहुरिया' कभी तो प्रिय से मिलने की उत्कंठा और मार्ग की कठिनता प्रकट करती है, जैसे—

मिलना कठिन है, कैसे मिलौंगी पिय जाय ?
समुझि सोचि पग धरौं जतन से, बार बार डगि जाय।
ऊँची गैल, राह रपटीली, पाँव नहीं ठहराय।

और कभी विरहदुःख निवेदन करती है।

पहले कहा जा चुका है कि भारतवर्ष में साधनात्मक रहस्यवाद ही हठयोग, तन्त्र और रसायन के रूप में प्रचलित था। जिस समय सूफी यहाँ आए उस समय उन्हें रहस्य की प्रवृत्ति हठयोगियों, रसायनियों और तान्त्रिकों में ही दिखाई पड़ी। हठयोग की तो अधिकांश बातों का समावेश उन्होंने अपनी साधनापद्धति में कर लिया। पीछे कबीर ने भारतीय ब्रह्मवाद और सूफियों की प्रेमभावना को मिलाकर जो 'निर्गुण संत मत' खड़ा

किया, उसमें भी 'इला, पिंगला, सुषमना नारी' तथा भीतरी चक्रों की पूरी चर्चा रही। हठयोगियों वा नाथपन्थियों की दो मुख्य बातें सूफियों और निर्गुण मत वाले सन्तों को अपने अनुकूल दिखाई पड़ीं–(1) रहस्य की प्रवृत्ति, (2) ईश्वर को केवल मन के भीतर समझना और ढूँढ़ना।

कहने की आवश्यकता नहीं कि ये दोनों बातें भारतीय भक्तिमार्ग से पूरा मेल खानेवाली नहीं थीं। अवतारवाद के सिद्धान्त रूप से प्रतिष्ठित हो जाने के कारण भारतीय परम्परा का भक्त अपने उपास्य को बाहर लोक के बीच प्रतिष्ठित करके देखता है, अपने हृदय के एकान्त कोने में ही नहीं। पर फारस में भावात्मक अद्वैती रहस्यवाद खूब फैला। वहाँ की शायरी पर इसका रंग बहुत गहरा चढ़ा। खलीफा लोगों के कठोर धर्मशासन के बीच भी सूफियों की प्रेममयी वाणी ने जनता को भावमग्न कर दिया।

इसलाम के प्रारम्भिक काल में ही भारत का सिन्ध प्रदेश ऐसे सूफियों का अड्डा रहा जो यहाँ वेदान्तियों और साधकों के सत्संग से अपने मार्ग की पुष्टि करते रहे। अतः मुसलमानों का साम्राज्य स्थापित हो जाने पर हिन्दुओं और मुसलमानों के समागम से दोनों के लिए जो एक 'सामान्य भक्तिमार्ग' आविर्भूत हुआ वह अद्वैती रहस्यवाद को लेकर, जिसमें वेदान्त और सूफी मत दोनों का मेल था। पहले पहल नामदेव ने, फिर रामानन्द के शिष्य कबीर ने जनता के बीच इस 'सामान्य भक्तिमार्ग' की अटपटी वाणी सुनाई। नानक, दादू आदि कई साधक इस नए मार्ग के अनुयायी हुए, और 'निर्गुण संत मत' चल पड़ा। पर इधर यह निर्गुण भक्तिमार्ग निकला उधर भारत के प्राचीन 'सगुण मार्ग' ने भी, जो पहले से चला आ रहा था, जोर पकड़ा और राम कृष्ण की भक्ति का स्रोत बड़े वेग से हिन्दू जनता के बीच बहा। दोनों की प्रवृत्ति में बड़ा अन्तर यह दिखाई पड़ा कि एक तो लोकपक्ष से उदासीन होकर केवल व्यक्तिगत साधना का उपदेश देता रहा पर दूसरा अपने प्राचीन स्वरूप के अनुसार लोकपक्ष को लिए रहा। 'निर्गुन बानी' वाले सन्तों के लोकविरोधी स्वरूप को गोस्वामी तुलसीदासजी ने अच्छी तरह पहचाना था।

जैसा कि अभी कहा जा चुका है, रहस्यवाद का स्फुरण सूफियों में पूरा-पूरा हुआ। कबीरदास में जो रहस्यवाद पाया जाता है वह अधिकतर सूफियों के प्रभाव के कारण। पर कबीरदास पर इस्लाम के कट्टर एकेश्वरवाद और वेदान्त के मायावाद का रूखा संस्कार भी पूरा-पूरा था। उनमें वाक्चातुर्य था, प्रतिभा थी, पर प्रकृति के प्रसार में भगवान् की कला का दर्शन करनेवाली भावुकता न थी। इससे रहस्यमयी परोक्ष सत्ता की ओर संकेत करने के लिए जिन दृश्यों को वे सामने करते हैं वे अधिकतर वेदान्त और हठयोग की बातों के खड़े किए हुए रूपक मात्र होते हैं। अतः कबीर में जो कुछ रहस्यवाद है वह सर्वत्र एक भावुक या कवि का रहस्यवाद नहीं है। हिन्दी के कवियों में यदि कहीं रमणीय और सुन्दर अद्वैती रहस्यवाद है तो जायसी में, जिनकी भावुकता बहुत ही ऊँची कोटि की है। वे सूफियों की भक्तिभावना के अनुसार कहीं तो परमात्मा को प्रियतम के रूप में देखकर जगत् के नाना रूपों में उस प्रियतम के रूपमाधुर्य्य की छाया

देखते हैं और कहीं सारे प्राकृतिक रूपों और व्यापारों का 'पुरुष' के समागम के हेतु प्रकृति के शृंगार, उत्कंठा या विरहविकलता के रूप में अनुभव करते हैं। दूसरे प्रकार की भावना पद्मावत में अधिक मिलती है।

आरम्भ में कह आए हैं कि 'पद्मावत' के ढंग के रहस्यवादपूर्ण प्रबन्धों की परम्परा जायसी से पहले की है। मृगावती, मधुमालती आदि की रचना जायसी के पहले हो चुकी थी और उनके पीछे भी ऐसी रचनाओं की परम्परा चली। सबमें रहस्यवाद मौजूद है। अतः हिन्दी के पुराने साहित्य में 'रहस्यवादी कविसम्प्रदाय' यदि कोई कहा जा सकता है तो इन कहानी कहनेवाले मुसलमान कवियों का ही।

जायसी कवि थे और भारतवर्ष के कवि थे। भारतीय पद्धति के कवियों की दृष्टि फारसवालों की अपेक्षा प्राकृतिक वस्तुओं और व्यापारों पर कहीं अधिक विस्तृत तथा उनके मर्मस्पर्शी स्वरूपों को कहीं अधिक परखनेवाली होती है। इससे उस रहस्यमयी सत्ता का आभास देने के लिए जायसी बहुत ही रमणीय और मर्मस्पर्शी दृश्यसंकेत उपस्थित करने में समर्थ हुए हैं। कबीर के चित्रों (इमैजरी) में न वह अनेकरूपता है, न वह मधुरता। देखिए, उस परोक्ष ज्योति और सौन्दर्य्यसत्ता की ओर कैसी लौकिक दीप्ति और सौन्दर्य्य के द्वारा जायसी संकेत करते हैं–

बहुतै जोति जोति ओहि भई।
रवि, ससि, नखत दिपहिं ओहि जोती। रतन पदारथ मानिक मोती॥
जहँ जहँ बिहँसि सुभावहिं हँसी। तहँ तहँ छिटकि जोति परगसी॥
नयन जो देखा कँवल भा, निरमल नीर सरीर।
हँसत जो देखा हंस भा, दसनजोति नग हीर॥

प्रकृति के बीच दिखाई देनेवाली सारी दीप्ति उसी से है, इस बात का आभास पद्मावती के प्रति रत्नसेन के ये वाक्य दे रहे हैं–

अनु धनि ! तू निसिअर निसि माहाँ। हौं दिनिअर जेहि कै तू छाहाँ॥
चाँदहिं कहाँ जोति औ करा। सुरुज के जोति चाँद निरमरा॥

अँगरेज कवि शेली की पिछली रचनाओं में इस प्रकार के रहस्यवाद की झलक बड़ी सुन्दर दृश्यावली के बीच दिखाई देती है। स्त्रीत्व का आध्यात्मिक आदर्श उपस्थित करनेवाले (एपीसाइकीडियन) में प्रिया की मधुर वाणी प्रकृति के क्षेत्र में कहाँ-कहाँ सुनाई पड़ती है–

इन सालीट्यूड्स,
हर वायस केम टु मी थ्रू द ह्विस्परिंग उड्स,
ऐंड फ्राम द फाउन्टेंस, ऐंड दि ओडर्स डीप
आव फ्लावर्स ह्विच, लाइक लिप्स मरमरिंग इन देयर स्लीप
आव द स्वीट किसेज ह्विच हैड लल्ड देम देयर,
ब्रीद्ड बट आव हर टु दि इनैमर्ड एअर;
ऐंड फ्राम द ब्रीजेज, ह्वेदर लो आर लाउड,

ऐंड फ्राम द रेन आव एव्री पासिंग क्लाउड,
ऐंड फ्राम द सिंगिंग आव द समर बर्ड्स,
ऐंड फ्राम आल साउंड्स, आल साइलेंस।

भावार्थ–निर्जन स्थानों के बीच मर्मर करते हुए काननों में, झरनों में, उन पुष्पों की परागगन्ध में जो उस दिव्य चुम्बन के सुखस्पर्श से सोए हुए कुछ बर्राते से मुग्ध पवन को उसका परिचय दे रहे हैं; इसी प्रकार मन्द या तीव्र समीर में, प्रत्येक दौड़ते हुए मेघखंड की झंड़ी में, वसन्त के विहंगमों में, कलकूजन में तथा प्रत्येक ध्वनि में और निःस्तब्धता में भी मैं उसी की वाणी सुनता हूँ।

कबीरदास में यह बात नहीं है। उन्हें बाहर जगत् में भगवान् की रूपकला नहीं दिखाई देती। वे सिद्धों और योगियों के अनुकरण पर ईश्वर को केवल अन्तस् में बताते हैं–

मो को कहाँ ढूँढ़ै बंदे मैं तो तेरे पास में।
ना मैं देवल ना मैं मसजिद; ना काबे कैलास में॥

जायसी भी उसे भीतर बताते हैं–

पिउ हिरदय महँ भेंट न होई। को रे मिलाव, कहौं केहि रोई!

पर, जैसा कि पहले दिखा चुके हैं, वे उसके रूप की छटा प्रकृति के नाना रूपों में भी देखते हैं।

मानस के भीतर उस प्रियतम के सामीप्य से उत्पन्न कैसे अपरिमित आनन्द की, कैसे विश्वव्यापी आनन्द की, व्यंजना जायसी की इन पंक्तियों में है–

देखि मानसर रूप सोहावा। हिय हुलास पुरइनि होइ छावा॥
गा अँधियार रैनि मसि छूटी। भा भिनसार किरिन रवि फूटी॥
कँवल बिगस तत बिहँसी देही। भँवर दसन होइ कै रस लेहीं॥

देखि अर्थात् उस अखंड ज्योति का आभास पाकर वह मानस (मानसरोवर और हृदय) जगमगा उठा। देखिए न, खिले कमल के रूप में उल्लास मानसर में चारों ओर फैला है। उस ज्योति के साक्षात्कार से अज्ञान छूट गया–प्रभात हुआ, पृथ्वी पर से अन्धकार हट गया। आनन्द से चेहरा (देही=बदन=मुँह) खिल उठा, बत्तीसी निकल आई[1]–कमल खिल उठे और उन पर भौंरे दिखाई दे रहे हैं। अन्तर्जगत् और बाह्यजगत् का कैसा अपूर्व सामंजस्य है, कैसी बिम्ब-प्रतिबिम्ब स्थिति है!

उस प्रियतम पुरुष के प्रेम से प्रकृति कैसी बिद्ध दिखाई देती है–

उन्ह बानन्ह अस को जो न मारा? वेधि रहा सगरौ संसारा॥
गगन नखत जो जाहि न गने। वै सब बान ओहि के हने॥
धरती बान बेधि सब राखी। साखी ठाढ़ देहिं सब साखी॥
रोवँ रोवँ मानुष तन ठाढ़े। सूतहि सूत बेध अस गाढ़े॥

---

1. एक स्थान पर जायसी ने कहा है–'मसि बिनु दसन सोह नहिं देहीं।' लखनऊ में मर्द लोग भी मिस्सी से दाँत काले करते हैं। पान के रंग से भी दाँतों पर स्याही चढ़ जाती है।

बरुनि चाप अस ओपहँ, बेधे रन बन ढाँख।
सौजहि तन सब रोवाँ, पंखिहि तन सब पाँख॥

पृथ्वी और स्वर्ग, जीव और ईश्वर, दोनों एक थे, बीच में न जाने किसने इतना भेद डाल दिया है–

धरती सरग मिले हुत दोऊ। केइ निनार कै दीन्ह बिछोऊ।

जो इस पृथ्वी और स्वर्ग के वियोगत्व को समझेगा और उस वियोग में पूर्ण रूप से सम्मिलित होगा उसी का वियोग सारी सृष्टि में इस प्रकार फैला दिखाई देगा–

सूरुज बूड़ि उठा होइ ताता। औ मजीठ टैसू बन राता॥
भा बसंत, रातीं बनसपती। औ राते सब जोगी जती॥
भूमि जो भीजि भएउ सब गेरू। औ राते सब पंखि पखेरू॥
राती सती, अगिनि सब काया। गगन मेघ राते तेहि छाया॥

सायं प्रभात न जाने कितने लोग मेघखंडों को रक्तवर्ण होते देखते हैं पर किस अनुराग से वे लाल हैं इसे जायसी ऐसे रहस्यदर्शी भावुक ही समझते हैं।

प्रकृति के सारे महाभूत उस 'अमरधाम' तक पहुँचने का बराबर प्रयत्न करते रहते हैं पर साधना पूरी हुए बिना पहुँचना असम्भव है–

धाइ जो बाजा कै मन साधा। मारा चक्र, भएउ दुइ आधा॥
चाँद सुरुज औ नखत तराईं। तेहि डर अँतरिख फिरहिं सबाईं॥
पवन जाइ तहँ पहुँचै चहा। मारा तैस लोटि भुइँ रहा॥
अगिनि उठी, जरि बुझी निआना। धुँआ उठा, उठि बीच बिलाना॥
पानि उठा, उठि जाइ न छूआ[1]। बहुरा रोइ, आइ भुइ चूआ॥

इस अद्वैती रहस्यवाद के अतिरिक्त जायसी कहीं-कहीं उस रहस्यवाद में आ फँसे हैं जो पाश्चात्यों की दृष्टि में 'झूठा रहस्यवाद' है। उन्होंने स्थान-स्थान पर हठयोग, रसायन आदि का भी आश्रय लिया है।

सूक्तियाँ

सूक्तियों से मेरा अभिप्राय वैचित्र्यपूर्ण उक्तियों से है जिनमें वाक्चातुर्य ही प्रधान होता है। कोई बात यदि अनूठे ढंग से कही जाए तो उससे लोगों का बहुत कुछ मनोरंजन हो जाता है, इससे कवि लोग वाग्वैदग्ध से प्रायः काम लिया करते हैं। नीति-सम्बन्धी पद्यों में चमत्कार की योजना अकसर देखने में आती है। जैसे, बिहारी के 'कनक कनक ते सौ गुना' वाले दोहे में अथवा रहीम के इस प्रकार के दोहों में–

(क) *बड़े पेट के भरन में, है रहीम दुःख बाढ़ि।*
यातें हाथी हहरि कै, दिए दाँत द्वै काढ़ि॥

---

1. 'उठि जाइ न छूआ' के स्थान पर यदि 'उठि होइ गा धूआ' पाठ होता तो और भी अच्छा होता।

(ख) *ज्यों रहीम गति दीप की, कुल कुपूत गति सोइ।*
बारे उजियारो लगै, बढ़ै अँधेरो होइ॥

ऐसे कथनों में आकर्षित करनेवाली वस्तु होती है वर्णन के ढंग का चमत्कार। इस प्रकार का चमत्कार चित्त को आकर्षित करता है पर उसी रूप में जिस रूप में कोई तमाशा आकर्षित करता है। इस प्रकार के आकर्षण में ही काव्यत्व नहीं है। मन को इस प्रकार से ऊपर से ऊपर आकर्षित करना, केवल कुतूहल उत्पन्न करना, काव्य का लक्ष्य नहीं है। उसका लक्ष्य है मन को भिन्न-भिन्न भावों में (केवल आश्चर्य में ही नहीं, जैसा चमत्कारवादी कहा करते हैं) लीन करना। कुछ वैलक्षण्य द्वारा आकर्षण साधन हो सकता है, साध्य नहीं। जो लोग कथन की चतुराई या अनूठेपन को ही काव्य समझा करते हैं उन्हें अग्निपुराण के वचन पर ध्यान देना चाहिए–

वाग्वैदग्ध्यप्रधानेऽपि रस एवात्र जीवितम्॥

भावव्यंजना, वस्तुवर्णन और तथ्यप्रकाश सबके अन्तर्गत चमत्कारपूर्ण कथन हो सकता है। ऊपर जो दोहे दिए गए हैं वे तथ्यप्रकाश के उदाहरण हैं। भावव्यंजना के अन्तर्गत जायसी की चमत्कारयोजना के कुछ उदाहरण आ चुके हैं, जैसे–

यह तन जारौं छार कै, कहौं कि 'पवन ! उड़ाव'।
मकु तेहि मारग उड़ि परै, कंत धरै जहँ पाव॥

वस्तुचित्रण के बीच भी जायसी में उक्तिवैचित्र्य स्थान-स्थान पर है, जैसे–

चकई बिछुरि पुकारै, कहाँ मिलौं, हो नाह।
एक चाँद निसिं सरग महँ, दिन दूसर जल माँह॥

भावव्यंजना, वस्तुवर्णन और तथ्यप्रकाश तीनों में यह बात है कि यदि चमत्कार के साथ ही किसी भाव की अनुभूति में उपयोगी सामग्री भी है तब तो उक्ति प्रकृत काव्य कही जा सकती है नहीं तो काव्याभास होगी। जायसी के दोनों दोहों को लेकर देखते हैं तो प्रथम में जो चमत्कार है वह अभिलाष के उत्कर्ष की व्यंजना में सहायक है और द्वितीय में जो चमत्कार है वह आलम्बन के सौन्दर्य्य की अनुभूति में।

यहाँ पर चमत्कारपद्धति और रसपद्धति में जो भेद है उसे स्पष्ट करने का थोड़ा प्रयत्न करना चाहिए। किसी वस्तु के वर्णन या किसी तथ्य के कथन में बुद्धि को दौड़ाकर यदि ऐसी वस्तु या प्रसंग की योजना की जाए जिसकी ओर प्रस्तुत वस्तु या प्रसंग के सम्बन्ध में श्रोता का ध्यान पहले कभी न गया हो और इस कारण बिलकुल नया या विलक्षण लगे तो एक प्रकार का कुतूहल उत्पन्न होगा। यही कुतूहल उत्पन्न करना चमत्कार का उद्‌देश्य है। रससंचार के निमित्त जो कथन किया जाता है उसमें भी कभी-कभी साधारण से कुछ और ढंग पकड़ना पड़ता है (क्या ढंग पकड़ना पड़ता है, इस पर और कभी विचार किया जाएगा) पर उसमें यह उद्‌देश्य मुख्य नहीं होता कि जिस वस्तु या प्रसंग की योजना की जाए वह श्रोता को नया, विलक्षण या झूठा लगे बल्कि अपने मर्मस्पर्शी स्वरूप के कारण भाव की गहरी व्यंजना करे या श्रोता के हृदय में वासनारूप में स्थित किसी भाव को जाग्रत करे।

इस प्रकार विचार करने से कवि की उक्ति तीन प्रकार की हो सकती है–(1) जिसमें केवल चमत्कार या वैलक्षण्य हो; (2) जिसमें केवल रस या भावुकता हो; (3) जिसमें रस और चमत्कार दोनों हों।

इनमें से प्रकृत काव्य हम केवल पिछली दो उक्तियों में ही मान सकते हैं, प्रथम में केवल काव्याभास मानेंगे। यहाँ पर हमें प्रयोजन प्रथम और द्वितीय प्रकार की उक्ति से है। ऊपर बिहारी और रहीम के जिन दोहों का उल्लेख हुआ है वे जनसमाज से स्वीकृत साधारण तथ्यों को एक अनूठे ढंग से सामने रखते हैं। अब यह देखिए कि इनमें काव्य का प्रकृत स्वरूप किसमें हैं, किसमें नहीं। किसी तथ्य का कथन जब काव्यपद्धति द्वारा किया जाता है तब उसकी सत्यता का निश्चय करना विवक्षित नहीं रहता, बल्कि उस तथ्य के प्रति किसी स्वाभाविक भाव के अनुभव को तीव्र करना–जैसे, 'कनक कनक तें सौ गुनी' वाले दोहे में कवि धन के बुरे प्रभाव के कारण उसके प्रति श्रोता की तिरस्कार बुद्धि जाग्रत करना चाहता है, इसलिए धतूरे का उल्लेख करता है। इसी प्रकार 'बड़े पेट के भरन में' वाले दोहे में असन्तोषजन्य दीनता के प्रति जो जुगुप्सा विवक्षित है वह हाथी जैसे बड़े जानवर का दाँत निकलना देखकर उत्पन्न हो सकती है। इन दोनों उक्तियों की तह में कुछ भाव निहित हैं अतः हम इन्हें चमत्कारप्रधान काव्य कह सकते हैं। इस प्रकार का काव्य रसप्रधान काव्य की कोटि तक तो नहीं पहुँच सकता पर काव्य कहला सकता है।

जिसमें भाव का पता देनेवाला अथवा भाव जाग्रत करनेवाला कोई शब्द या वाक्य अथवा प्रस्तुत प्रसंग के प्रति किसी प्रकार का भाव उत्पन्न कराने में समर्थ अप्रस्तुत वस्तु या व्यापार न हो, केवल दूर की सूझ या शब्दसाम्यमूलक विलक्षणता हो वह उक्ति काव्याभास होगी। जैसे, मिस्सी लगे काले दाँत को देखकर यह कहना कि 'मनो खेलत हैं लरिका हबसी के', दूर की सूझ या अनूठापन चाहे सूचित करे पर सौन्दर्य्य का भाव उत्पन्न करने में समर्थ नहीं है। दूर की सूझ दिखाने के लिए लोगों ने 'भानु मनो सनि अंक लिए' तक कह डाला है पर उनकी यह सूझ वास्तव में दूर की नहीं है–उन पोथियों तक की है जिनमें ग्रहों का रंग लिखा रहता है। ऐसी भद्दी उक्तियाँ भी सूक्ति कहलाती हैं। सूक्ति कहलाएँ, पर इनका उत्तम काव्य कहा जाना तो रोकना चाहिए।

तथ्यवर्णन में अब रहीम का 'ज्यों रहीम गति दीप की' वाला दूसरा दोहा लीजिए। इसमें कही हुई बात यह है कि कुपुत्र जब तक बच्चा रहता है तभी तक अच्छा लगता है, जब बढ़ता है तब दुःखदायी हो जाता है। 'बारे' और 'बाढ़े' शब्दों के श्लेष के आधार पर ही कवि ने दीपक का उल्लेख किया है। पर इस दीपक के व्यापार की योजना कुपुत्र के प्रति विरक्ति आदि के अनुभव में कुछ जोर नहीं पहुँचाती। अतः इन दोहों में कोरा चमत्कार ही कहा जा सकता है। इसी चमत्कार के कारण हम इस उक्ति को कोरा तथ्यकथन न कहकर काव्याभास कहेंगे। काव्य का

बाहरी रूप-रंग इसमें पूरा है, पर प्राण नहीं है। रहीम के कुछ ही दोहे ऐसे मिलेंगे। उनके दोहे भावुकता रो भरे हुए हैं। पर नीति के अधिकांश दोहे (जैसे वृन्द के) काव्याभास ही के अन्तर्गत आ सकते हैं।

यहाँ पर सूक्ति के अन्तर्गत हम जायसी के उन्हीं कथनों को लेते हैं जिनमें किसी तथ्य का प्रकाश है। इन कथनों के सम्बन्ध में हम यह कह सकते हैं कि इनमें अधिकतर चमत्कार के साथ भावुकता भी है। जैसे, बुढ़ापे पर ये उक्तियाँ लीजिए–

मुहमद बिरिध जो नइ चलै, काह चलै भुइँ टोइ।
जीवन रतन हेरान है, मकु धरती पर होइ॥
बिरिध जो सीस डोलावै, सीस धुनै तेहि रीस॥
बूढी आऊ होहु तुम्ह, केइ यह दीन्ह असीस॥

यहाँ यौवनावस्था के प्रति मनुष्य का जो स्वाभाविक राग होता है उसकी व्यंजना चमत्कार की अपेक्षा प्रधान है।

मिट्टी पर यह उक्ति देखिए–

माटी मोल न किछु लहै, औ माटी सब मोल।
दिस्टि जो माटी सौं करै, माटी होइ अमोल॥

यों तो मिट्टी का कुछ भी मूल्य नहीं कहा जाता पर इसी मिट्टी अर्थात् मनुष्य-शरीर का बहुत कुछ मूल्य है। मिट्टी पर भी यदि दृष्टि करें अर्थात् तुच्छ से तुच्छ का भी तिरस्कार न करें तो मिट्टी (शरीर) अमूल्य हो जाए। इसमें विनय या दैन्य का भाव प्रकट होता है।

'जेहिपर जेहिकर सत्य सनेहू, सो तेहि मिलत न कछु संदेहू' इस बात को प्रत्यक्ष करने के लिए जायसी ने बहुत दूर की दो वस्तुओं का एकत्र होना दिखाया है–

बसै मीन जल धरती, अंबा बसै अकास।
जो पिरीत पै दुवौ महँ, अंत होहिं एक पास॥

इस कथन में जायसी केवल प्रमाण द्वारा निश्चय करते हुए जान पड़ते हैं, यद्यपि प्रमाण तर्क की कोटि का नहीं है। यदि प्रमाण तर्क की कोटि का होता तो हम इस उक्ति को साधारण तथ्यकथन कहते, पर उसका न्यास काव्य की रीति पर है अतः इस उक्ति को हम काव्याभास कहेंगे।

कौवे सबेरा होने पर क्यों काँव-काँव करके चिल्लाते हैं ? जायसी कहते हैं कि वे यह देखकर चिल्लाते हैं कि रात्रि की इतनी फैली हुई कालिमा तो छूट गई, वे ही ऐसे अभागे हैं जिनकी कालिमा ज्यों की त्यों बनी है–

भोर होइ जौ लागै, उठहिं रोर कै काग।
मसि छूटै सब रैनि कै, कागहिं केर अभाग॥

इस उक्ति में भी जो कुछ है वह वैलक्षण्य ही है, यद्यपि कालिमा या बुराई की ओर अरुचि की भी झलक है।

फुटकल प्रसंग

पद्मावत के बीच-बीच में बहुत से ऐसे फुटकल प्रसंग भी आए हैं जैसे, दानमहिमा, द्रव्यमहिमा, विनय इत्यादि। ऐसे विषयों के वर्णन को काव्यपद्धति के भीतर करने के लिए कविजन या तो उनके प्रति अनुराग, श्रद्धा, विरक्ति आदि अपना कोई भाव व्यंग्य रखते हैं या कुछ चमत्कार की योजना करते हैं। कवि के भाव का पता विषय को प्रिय या अप्रिय, विशद या कुत्सित रूप में प्रदर्शित करने से लग सकता है। इस रूप में प्रदर्शित करते समय अत्युक्ति प्रायः करनी पड़ती है क्योंकि रूप के उत्कर्ष या अपकर्ष से ही कवि (आश्रय) की रति या विरक्ति का आभास मिलता है। जैसे यदि कोई पात्र किसी स्त्री का बहुत सुन्दर रूप में वर्णन करता है तो उसके प्रति उसके रतिभाव का पता लगता है, वैसे ही यदि कवि दानशीलता, विनय आदि गुणों का खूब बढ़ा-चढ़ाकर वर्णन करता है तो उन गुणों के प्रति उसका अनुराग प्रकट होता है। नीचे कुछ फुटकल प्रसंग दिए जाते हैं।

दान-महिमा–

धनि जीवन औ ताकर हीया। ऊँच जगत महँ जाकर दीया॥
दिया जो जप तप सब उपराहीं। दिया बराबर जग किछु नाहीं॥
एक दिया ते दसगुन लहा। दिया देखि सब जग मुख चहा॥
दिया करै आगे उजियारा। जहाँ न दिया तहाँ अँधियारा॥
दिया मँदिर निसि करै अँजोरा। दिया नाहिं, घर मूसहिं चोरा॥

नम्रता की शक्ति–

एहि सेंति बहुरि जूझ नहिं करिए। खड़ग देखि पानी होइ ढरिए॥
पानिहि काह खड़ग कै धारा। लौटि पानि होइ सोइ जो मारा॥
पानी केर आगि का करई। जाइ बुझाइ जौ पानी परई॥

दुःख की घोरता–

दुःख जारै, दुःख भूँजै, दुःख खोवै सब लाज।
गाजहि चाहि अधिक दुःख, दुःखी जान जेहि बाज॥

इस दोहे से कवि के हृदय की कोमलता, प्राणिमात्र के दुःख से सहानुभूति प्रकट होती है।

अपकार के बदले उपकार–

मंदहि भल जो करै भल सोई। अंतहि भला भले कर होई॥
शत्रु जो विष देइ चाहै मारा। दीजिय लोन जानि विषहारा॥
विष दीन्हें विसहर होइ खाई। लोन दिए होइ लोन बिलाई॥
मारे खड़ग खड़ग कर लेई। मारे लोन नाइ सिर देई॥

साहस–

साहस जहाँ सिद्धि तहँ होई

द्रव्य-महिमा–

(क) *दरब तें गरब करै जो चाहा। दरब तें धरती सरग बेसाहा।*
दरब तें हाथ आव कविलासू। दरब तें अछरी छाँड़ न पासू॥
दरब तें निरगुन होइ गुनवंता। दरब तें कुबुज होइ रुपवंता॥
दरब रहै भुइँ, दिपै लिलारा। अस मन दरब देइ को पारा ?

(ख) *साँठि होइ जेहि तेहि सब बोला। निसँठ जो पुरुष पात जिमि डोला॥*
साँठिहि रंक चलै झौंराई। निसँठ राव सब कह बौराई॥
साँठिहि आव गरब तन फूला। निसँठिहि बोल बुद्धि बल भूला॥
साँठिहि जागि नींद निसि जाई। निसँठहिं काह होइ औंघाई॥
साँठिहि दिस्टि जोति होइ नैना। निसँठ होइ, मुख आव न बैना॥

जायसी की जानकारी

साहित्य की दृष्टि से जायसी की रचना की जो थोड़ी-बहुत समीक्षा हुई उससे यह तो प्रकट ही है कि उन्हें भारतीय काव्यपद्धति और भाषासाहित्य का अच्छा परिचय था। भिन्न-भिन्न अलंकारों की योजना, काव्यसिद्ध उक्तियों का विस्तृत समावेश (जैसा कि नखशिख वर्णन में है); प्रबन्ध काव्य के भीतर निर्दिष्ट वर्ण्यविषयों का सन्निवेश (जैसे जलक्रीड़ा, समुद्रवर्णन) प्रचलित काव्यरीति के परिज्ञान के परिचायक हैं। यह परिज्ञान किस प्रकार का था, यह ठीक नहीं कहा जा सकता। वे बहुश्रुत थे, बहुत प्रकार के लोगों से उनका सत्संग था, यह तो आरम्भ में ही कहा जा चुका है। पर उनके पहले चारणों के वीरकाव्यों और कबीर आदि कुछ निर्गुणोपासक भक्तों की वाणियों के अतिरिक्त और नाम लेने लायक काव्यों का पता न होने से यह निश्चयपूर्वक नहीं कहा जा सकता कि उन्होंने काव्यों और रीतिग्रन्थों का क्रमपूर्वक अध्ययन किया था। ग्रियर्सन साहब ने लिखा है कि जायस में आकर जायसी ने पंडितों से संस्कृत काव्यरीति का अध्ययन किया। इस अनुमान का उन्होंने कोई आधार नहीं बताया। संस्कृत ज्ञान का अनुमान जायसी की रचना से तो नहीं होता। उनका संस्कृत शब्दभंडार बहुत परिमित है। उदाहरण के लिए 'सूर्य' और 'चन्द्र' ये दो शब्द लीजिए जिनका व्यवहार जायसी ने इतना अधिक किया है कि जी ऊब जाता है। इन दोनों शब्दों के कितने अधिक पर्याय संस्कृत में हैं, यह हिन्दी जाननेवाले भी जानते हैं। पर जायसी ने सूर्य के लिए रवि, भानु और दिनअर (दिनकर) और चन्द्र के लिए ससि, ससहर और मयंक (मृगांक) शब्दों का ही व्यवहार किया है। दूसरी बात यह है कि संस्कृताभ्यासी से चन्द्र को स्त्रीरूप में कल्पित करते न बनेगा।

यह आरम्भ में ही कह आए हैं कि पद्मावत के ढंग के चरितकाव्य जायसी के पहले बन चुके थे। अतः जायसी ने काव्यशैली किसी पंडित से न सीखकर किसी कवि से सीखी। उस समय काव्यव्यवसायियों को प्राकृत और अपभ्रंश से पूर्ण परिचित होना

पड़ता था। छन्द और रीति आदि के परिज्ञान के लिए भाषाकविजन प्राकृत और अपभ्रंश का सहारा लेते थे। ऐसे ही किसी कवि से जायसी ने काव्यरीति सीखी होगी। पद्मावत में 'दिनअर', 'ससहर, 'अहुठ', 'भुवाल', 'बिसहर', 'पुहुमी' आदि शब्दों का प्रयोग तथा प्राकृत अपभ्रंश की पुरानी प्रथा के अनुसार 'हि' विभक्ति का सब कारकों में व्यवहार देख यह दृढ़ अनुमान होता है कि जायसी ने किसी से भाषा-काव्य-परम्परा की जानकारी प्राप्त की थी। 'सैरंधी' (सैरंध्री=द्रौपदी), 'गंगेऊ' (गांगेय=भीष्म), 'पारथ' ऐसे प्रचलित शब्दों का जो कहीं-कहीं उन्होंने व्यवहार किया है वह इसी जानकारी के बल से, न कि संस्कृत के अभ्यास के बल से।

यह ठीक है कि संस्कृत कवियों के भाव कहीं-कहीं ज्यों के त्यों पाए जाते हैं, जैसे इस दोहे में–

भवँर जो पावा कँवल कहँ, मन चीता बहु केलि।
आइ परा क इ हस्ति तहँ, चूर किएउ सो बेलि॥

यह इस श्लोक का अनुवाद जान पड़ता है–

रात्रिर्गमिष्यति भविष्यति सुप्रभातं
भान्वातुदेष्यति हसिष्यति पंकजश्री।
इत्थं विचिन्तयति कोशगते द्विरेफे
हा हन्त ! हन्त ! नलिनीं गज उज्जहार॥

इसी प्रकार

'शैले शैले न माणिक्यं, मौक्तिकं न गजे गजे।
साधवो न हि सर्वत्र, चंदनं न वने वने॥'

चाणक्य के इस श्लोक का हिन्दी रूप भी पद्मावत में मौजूद है–

थल थल नग न होहिं जेहि जोती। जल जल सीप न उपनहिं मोती॥
बन बन बिरिछ न चंदन होई। तन तन बिरह न उपनै सोई॥

पर इस प्रकार के भाव भी उन्हें भाषा काव्य द्वारा ही मिले।

छन्दःशास्त्र के ज्ञान का प्रमाण जायसी की रचनाओं से नहीं मिलता। चौपाई बहुत ही सीधा छन्द है, पर उसमें भी कहीं 16 मात्राएँ हैं, कहीं 15 ही। दोहों के चरण तो प्रायः गड़बड़ हैं। तुलसीदासजी के दोहों में भी कहीं-कहीं मात्राएँ घटती हैं, पर जायसी में तो बहुत कम दोहे ऐसे मिलेंगे जो ठीक उतरते हों। विषम चरण कोई 11 मात्राओं का है, कोई 16–जैसे,

(क) *जो चाहा सो चीन्हेसि, करै जो चाहै कीन्ह।*
(ख) *काया मरम जान पै रोगी, भोगी रहै निचिंत॥*

'नखशिख' में आए हुए उपमान प्रायः सब काव्यप्रसिद्ध ही हैं। बहुत-सी चमत्कारपूर्ण उक्तियाँ भी पुरानी हैं जिनका प्रयोग सूर आदि और समसामयिक कवियों ने भी किया है। उदाहरण के लिए यह मनोहर उक्ति लीजिए–

गहै बीन मकु रैनि बिहाई। ससि बाहन तहँ रहै ओनाई।

सूरदासजी ने भी इस उक्ति की योजना की है–

दूर करहु बीना कर धरिबो।
मोहे मृग नाहीं रथ हाँक्यौ, नाहिं न होत चंद को ढरिबो ॥

पर जायसी ने इस उक्ति को बढ़ाकर कुछ और भी सुसज्जित किया है।

यह तो हुई साहित्य की अभिज्ञता। अब थोड़ा यह भी देखना चाहिए कि और विषयों का ज्ञान उनका कैसा था। पद्मावत में ज्योतिष, हठयोग, कामशास्त्र और रसायन की बातें भी आई हैं। हमारी समझ में ज्योतिष को छोड़कर और बातों की जानकारी उन्हें सत्संग द्वारा प्राप्त हुई थी, न कि ग्रन्थों के अध्ययन द्वारा। किसी कवि की रचना में किसी शास्त्र की साधारण बातों का कुछ उल्लेख देख चट यह कह बैठना कि वह उस शास्त्र का बड़ा भारी पंडित था, अपनी भी हँसी करना है और उस कवि की भी। 'कहत सबै बेंदी दिए आँक दसगुनो होत' और 'यह जग काँचो काँच सो मैं समुझ्यौ निरधार' को आगे करके जो लोग कह बैठते हैं कि 'वाह ! वाह ! कवि गणित और वेदान्त शास्त्र का कैसा भारी पंडित था', उन्हें विचार से काम लेने और वाणी का संयम रखने का अभ्यास करना चाहिए। 'अहा हा !' और 'वाह वाह' वाली इस चाल की समालोचना जितनी ही जल्द बन्द हो उतना ही अच्छा। सिद्धान्तों पर विचार करते समय वेदान्त की कई बातों की झलक हम पद्मावत और अखरावट में दिखा आए हैं। पर उसका यह अभिप्राय नहीं है कि जायसी 'शारीरिक भाष्य' और 'पंचदशी' घोखे बैठे थे। 'पंचभूत' शब्द का प्रयोग उन्होंने पाँच ज्ञानेन्द्रियों के अर्थ में किया है। यह बात दर्शनशास्त्र का अभ्यास नहीं सूचित करती।

हिन्दुओं के पौराणिक वृत्तों की जानकारी जायसी को थी, पर बहुत पक्की न थी। कुबेर का स्थान अलकापुरी है, इसका पता उन्हें था क्योंकि वह बादशाह की भेजी योगिनी से कहलाते हैं–'गइउँ अलकपुर जहाँ कुबेरू'। 'नारद' को जो उन्होंने शैतान के स्थान पर रखा है, उसका कारण सूफियों की प्रवृत्तिविशेष है। सूफी शैतान को ईश्वर का विरोधी नहीं मानते बल्कि उसकी आज्ञा के अनुसार अनधिकारियों को ईश्वर तक पहुँचने से रोकनेवाला मानते हैं। 'सरग' शब्द जायसी आसमान के अर्थ में ही लाए हैं। हिन्दू कथाओं का यदि उन्हें अच्छा परिचय होता तो वे चन्द्रमा को स्त्री कभी न बनाते। उनके चन्द्रमा वही हैं जिन्हें अवध की स्त्रियाँ 'चंदा माई ! धाय आव' कहकर बुलाती हैं। सप्तद्वीपों के तो उन्होंने कहीं नाम नहीं लिए हैं, पर सात समुद्रों के नाम उन्हें समुद्रवर्णन में गिनने पड़े हैं। इन नामों में दो (किलकिला और मानसर) पुराणों के अनुसार नहीं हैं। पुराणों में एक ही मानसरोवर उत्तर में माना गया है पर जायसी ने उसे सिंहल के पास कहा और सात समुद्रों में गिन लिया है। पर रामायण, महाभारत आदि के प्रसिद्ध-प्रसिद्ध पात्रों के स्वरूप से वे अच्छी तरह परिचित थे। इन्द्र द्वारा कर्ण से अक्षय कवच ले लिए जाने तथा इसी प्रकार के और प्रसंगों का उन्होंने उल्लेख किया है।

अब उनका भौगोलिक ज्ञान लीजिए। इतिहास और भूगोल दोनों में हमारे देश के पुराने लोग कच्चे होते थे। अपने देश के ही भिन्न-भिन्न प्रदेशों और स्थानों की यदि ठीक-ठीक जानकारी उस समय किसी को हो तो उसे बहुत समझना चाहिए। अपने देश

के बाहर की बात जानना तो कई सौ वर्षों से भारतवासी छोड़े हुए थे। सिंहलद्वीप, लंका आदि के नाम ही जायसी के समय में याद रह गए थे। अतः जायसी को यदि सिंहल की ठीक-ठीक स्थिति का पता न हो तो कोई आश्चर्य नहीं। जायसी सिंहलद्वीप को चित्तौर से पूरब समझते थे, जैसा कि इस चौपाई से प्रकट होता है–

पच्छिउँ कर बर, पुरुब क बारी।
जोरी लिखी न होइ निनारी॥

लंका को वे सिंहल के दक्षिण मानते थे, यह बात उस प्रसंग को ध्यान देकर पढ़ने से विदित हो जाती है जिसमें सिंहल से लौटते समय तूफान में बहकर रत्नसेन के जहाज नष्ट हुए थे। जायसी लिखते हैं कि जहाज आधे समुद्र में भी नहीं आए थे कि उत्तर की हवा बड़े जोर से उठी–

आधे समुद ते आए नाहीं।
उठी बाउ आँधी उतराहीं॥

इस तूफान के कारण जहाज भटककर लंका की ओर चल पड़े–

बोहित चले जो चितउर ताके। भए कुपंथ लंक दिसि हाँके॥

उत्तर की ओर से आँधी आने से जहाज दक्षिण की ओर ही जाएँगे। इससे लंका सिंहल से दक्षिण की ओर हुई।

इस अज्ञान के होते हुए भी जनता के बीच प्राचीन काल की विलक्षण स्मृति का आभास पद्मावत में मिलता है। भारत के प्राचीन इतिहास का विस्तृत परिचय रखनेवाले मात्र यह जानते होंगे कि प्राचीन हिन्दुओं के अर्णवपोत पूर्वीय समुद्रों में बराबर दौड़ा करते थे। पच्छिम के समुद्रों में जाने का प्रमाण तो वैसा नहीं मिलता पर पूर्वीय समुद्रों में जाने के चिह्न अब तक वर्त्तमान हैं। सुमात्रा, जावा आदि द्वीपों में हिन्दू मन्दिरों के चिह्न तथा सुदूर बाली, लंबक आदि द्वीपों में हिन्दुओं की बस्ती अब तक पाई जाती है। बंगाल की खाड़ी से लेकर प्रशान्त महासागर के बीच होते हुए चीन तक हिन्दुओं के जहाज जाते थे। ताम्रलिप्ति (आधुनिक तमलूक जो मेदिनीपुर जिले में है) और कलिंग में पूर्व समुद्र में जाने के लिए प्रसिद्ध बन्दरगाह थे। फाहियान नामक चीनी यात्री, जो द्वितीय चन्द्रगुप्त के समय भारतवर्ष में आया था, ताम्रलिप्ति ही से जहाज पर बैठकर सिंहल और जावा होता हुआ अपने देश को लौटा था। उड़ीसा के दक्षिण कलिंग देश में कोरिंगापटम (कलिंगपट्टन) नाम का एक पुराना नगर अब भी समुद्रतट पर है। बाली और लंबक टापुओं के हिन्दू अपने को कलिंग ही से आए हुए बताते हैं। जायसी के समय में यद्यपि हिन्दुओं का भारतवर्ष के बाहर जाना बन्द हो गया था पर समुद्र के उस पुराने घाट (कलिंग) की स्मृति बनी हुई थी–

आगे पाव उड़ैसा, बाएँ दिए सो बाट। दहिनाबरत देइकै उतरु समुद के घाट॥

यहीं तक नहीं, पूर्वीय समुद्र की कुछ विशेष बातें भी उस समय तक लोकस्मृति में बनी हुई थीं। प्रशान्त महासागर के दक्षिण भाग में मूँगों से बने हुए टापू बहुत से हैं। कहीं-कहीं मूँगों की तरह जमते-जमते टीले बन जाते हैं। कपूर निकालनेवाले पेड़ भी प्रशान्त महासागर के टापुओं में बहुत हैं। इन दोनों बातों पर प्राचीन समुद्रयात्रियों का

ध्यान विशेष रूप से गया होगा। इनका स्मरण जनता के बीच बना हुआ था, इसका पता जायसी इस प्रकार देते हैं–

राजा जाइ तहाँ बहि लागा। जहाँ न कोई सँदेसी कागा ॥
तहाँ एक परबत अह डूँगा। जहवाँ सब कपूर और मूँगा ॥

जायसी ने चित्तौर से सिंहल जाने का जो मार्ग वर्णन किया है वह यद्यपि बहुत संक्षिप्त है पर उससे कवि की दक्षिण अर्थात् मध्य प्रदेश के स्थानों की जानकारी प्रकट होती है। चित्तौर से रत्नसेन पूर्व की ओर चले हैं। कुछ दूर चलने पर जायसी कहते हैं–

'दहिने बिदर, चँदेरी बाएँ ॥'

'चँदेरी' आजकल ग्वालियर राज्य के अन्तर्गत है और ललितपुर से पश्चिम पड़ता है। बिदर गोलकुंडे के पासवाला सुदूर दक्षिण का बिदर नहीं बल्कि बरार (प्राचीन विदर्भ) के अन्तर्गत एक स्थान था[1]। जायसी का बिदर से अभिप्राय बिदर्भ या बरार से है। रत्नसेन चित्तौर से कुछ दक्षिण लिए पूर्व की ओर चला और रतलाम के पास आ निकला जहाँ से चँदेरी बाईं ओर या उत्तर और बरार दक्षिण पड़ेगा। यहाँ से शुक राजा को विजयगढ़ (जो सूबा मालवा के भीतर था और जिसका प्रधान नगर विजयगढ़ था) होते हुए और अँधियार खटोला (होशंगाबाद और सागर के बीच के प्रदेश) बाईं या उत्तर की ओर छोड़ते हुए गोंडों के देश गोंडवाने में पहुँचने को क़हता है–

सुनु मत, काज चहसि जौ साजा। बीजानगर बिजयगढ़ राजा ॥
पहुँचहु जहाँ गोड़ औ कोला। तजि बाएँ अँधियार खटोला ॥

विजयगढ़ इन्दौर के दक्षिण नर्मदा के दोनों ओर फैला हुआ राज्य था। तात्पर्य्य यह कि रत्नसेन रतलाम के पास से चलकर इन्दौर के दक्षिण नर्मदा के किनारे होता हुआ हँड़िया या हरदा के पास निकला जहाँ से पूरब जानेवाले को होशंगाबाद (अँधियार खटोला) उत्तर या बाईं ओर पड़ेगा। हँड़िया बरार की उत्तरी सीमा पर था और बरार के दक्षिण तिलंगाना देश माना जाता था जो आजकल के बरार का ही दक्षिणी भाग है। हँड़िया के उत्तर जबलपुर पड़ेगा जिसके पास गढ़कंटक था। अतः इस स्थान पर (हँड़िया के पास) शुक का कहना बहुत ही ठीक है कि–

दक्खिन दहिने रहहिं तिलंगा। उत्तर बाएँ गढ़ काटंगा ॥

हँड़िया के पास से फिर आगे बढ़ने के लिए तोता इस प्रकार कहता है–

माँझ रतनपुर सिंहदुवारा। झारखंड देइ बाँव पहारा ॥

यहाँ पर कवि ने केवल छन्द के बन्धन के कारण 'सिंहदुवारा' (छिंदवाड़ा) के पहले रतनपुर रख दिया है। हँड़िया के पास पूरब चलनेवाले को पहले छिंदवाड़ा पड़ेगा तब रतनपुर जो बिलासपुर जिले में है। रतनपुर से फिर शुक झारखंड (सरगुजा का जंगल) उत्तर छोड़ते हुए आगे बढ़ने को कहता है। यदि बराबर आगे बढ़ा जाएगा तो चलनेवाला

---

1. आईने अकबरी में सूबा बरार का उत्तर दक्षिण विस्तार हँड़िया (मध्य प्रदेश की पश्चिमी सीमा पर नर्मदा के किनारे एक छोटा कस्बा) से बिदर तक 180 कोस लिखा है और बरार के दक्षिण तिलंगाना बताया गया है।

उड़ीसा में पहुँचेगा, अतः कुछ दूर बढ़ने पर उड़ीसा जानेवाला मार्ग छोड़कर शुक रत्नसेन को दक्षिण की ओर घूम पड़ने को कहता है। दक्षिण घूमने पर कलिंग देश में समुद्र का घाट मिलेगा—

आगे पाव उड़ैसा, बाएँ दिए सो वाट।
दहिनावरत देइ कै, उतरु समुद के घाट ॥

ऊपर के विवरण से यह स्पष्ट हो जाता है कि जायसी ने चित्तौर से कलिंग तक जाने का मार्ग लिखा है वह यों ही ऊटपटाँग नहीं है। उत्तरोत्तर पड़नेवाले प्रदेशों का क्रम ठीक है।

जायसी को बहुत दूर-दूर के स्थानों के नाम मालूम थे। बादशाह की दूती जब योगिनी बनकर चित्तौर गई है तब उसने अपने तीर्थाटन के वर्णन में बहुत से तीर्थों के नाम बताए हैं जिनमें से अधिकतर तो बहुत प्रसिद्ध हैं पर कुछ ऐसे अप्रसिद्ध स्थान भी आए हैं जिन्हें इधर के लोग कम जानते हैं, जैसे नागरकोट और बालनाथ का टीला-

गउमुख हरिद्वार फिरि कीन्हिउँ। नगरकोट कटि रसना दीन्हिउ ॥
ढूँढ़िउँ बालनाथ कर टीला। मथुरा मथिउँ न सो पिउ मीला ॥

'नागरकोट' काँगड़े में है जहाँ लोग ज्वालादेवी के दर्शन को जाते हैं। 'बालनाथ का टीला' भी पंजाब में है। सिन्ध और झेलम के बीच सिन्ध सागर दोआब में जो नमक के पहाड़ पड़ते हैं उसी के अन्तर्गत यह एक बहुत ऊँची पहाड़ी है जिसमें बालनाथ नामक एक योगी की गुफा है।[1] साधु यहाँ बहुत जाते हैं।

इतिहास का ज्ञान भी जायसी को जनसाधारण से बहुत अधिक था। इसका एक प्रमाण तो 'पद्मावत' का प्रबन्ध ही है। जैसा कि आरम्भ में कहा जा चुका है, पद्मिनी और हीरामन सूए की कहानी उत्तरीय भारत में, विशेषतः अवध में, बहुत दिनों से प्रसिद्ध चली आ रही है। कहानी बिलकुल ज्यों की त्यों यही है। पर कहानी कहनेवाले राजा का नाम, बादशाह का नाम आदि कुछ भी नहीं बताते। वे यों ही कहते हैं कि 'एक राजा था', 'एक बादशाह था'। समय के फेर से जैसे कहानी इतिहास हो जाती है वैसे ही इतिहास कहानी। अतः जायसी ने जो चित्तौर, रत्नसेन, अलाउद्दीन, गोरा, बादल आदि नाम देकर इस कहानी का वर्णन किया है उससे यह स्पष्ट है कि वे जानते थे कि घटना किस स्थान की और किस बादशाह के समय की है, पद्मिनी किसकी रानी थी, और किस राजपूत ने युद्ध में सबसे अधिक वीरता दिखाई थी। इसके अतिरिक्त अलाउददीन की और चढ़ाइयों का भी उन्हें पूरा पता था, जैसे देवगिरि और रणथम्भौर गढ़ पर की चढ़ाई का। देवगिरि पर चढ़ाई अलाउद्दीन ने अपने चाचा सुल्तान जलालुद्दीन के समय में ही सन् 1296 ई. में की थी। रणथम्भौर पर चढ़ाई उसने बादशाह होने के चार वर्ष पीछे अर्थात् सन् 1300 में की थी पर उसे ले न सका था। दूसरे वर्ष सन् 1301 में रणथम्भौर गढ़ टूटा है और प्रसिद्ध वीर हम्मीर मारे गए हैं। ये दोनों घटनाएँ चित्तौर टूटने (सन् 1301 ई.) के पहले की हैं, अतः इनका उल्लेख ग्रन्थ में इतिहास की दृष्टि से अत्यन्त उचित हुआ है।

1. बालनाथ नाथसम्प्रदाय या गोरखपन्थ के एक योगी हो गए हैं।

अलाउद्दीन के समय की और घटनाओं का भी जायसी को पूरा पता था। मंगोलों के देश का नाम उन्होंने 'हरेव' लिखा है। अलाउद्दीन के समय में मंगोलों के कई आक्रमण हुए थे जिनमें सबसे जबरदस्त हमला सन् 1303 ई. में हुआ था। सन् 1303 ई. में ही चित्तौर पर अलाउद्दीन ने चढ़ाई की। अब देखिए मंगोलों की इस चढ़ाई का उल्लेख जायसी नं किस प्रकार किया है। अलाउद्दीन चित्तौर गढ़ को घेरे हुए है, इसी बीच में दिल्ली से चिट्ठी आती है–

एहि बिधि ढील दीन्ह तब ताईं ! दिल्ली तें अरदासैं आईं ॥
पछिउँ हरेव दीन्हि जो पीठी। सो अब चढ़ा सौंह कै दीठी ॥
जिन्ह भुइँ माथ गगन तेहि लागा। थाने उठे आव सब भागा ॥
उहाँ साह चितउर गढ़ छावा। इहाँ देस अब होइ परावा ॥

ज्योतिष का परिज्ञान जायसी को अच्छा प्रतीत होता है। रत्नसेन के सिंहलद्वीप से प्रस्थान करने के पहले उन्होंने जो यात्राविचार लिखा है वह बहुत विस्तृत भी है और ग्रन्थों के अनुकूल भी। इस प्रसंग की उनकी बहुत-सी चौपाइयाँ तो सर्वसाधारण की जबान पर हैं, जैसे–

सोम सनीचर पुरुब न चालू। मंगर बुद्ध उतर दिसि कालू ॥

पिंड और ब्रह्मांड की एकता का प्रतिपादन करते हुए अखरावट में जायसी ने शरीर में ही जो ग्रहों की नीचे ऊपर स्थिति लिखी है वह सूर्यसिद्धान्त आदि ज्योतिष ग्रन्थों के ठीक अनुकूल है। अरबी, फारसी नामों के साथ भारतीय नामों के तारतम्य का भी ज्ञान कवि को पूरा-पूरा था, जो एक कठिन बात है। 'सुहैल' तारे का 'सोहिल' के नाम से पद्मावत में उन्होंने कई बार उल्लेख किया है। यह 'सुहैल' अरबी शब्द है। फारसी और उर्दू की शायरी में इस तारे का नाम बराबर आता है, पर शोभावर्णन की दृष्टि से प्रायः हिलाल के साथ। यह तारा भारतीयों का अगस्त्य तारा है, इस बात का पता जायसी को था। अतः उन्होंने इसका वर्णन उस रूप में भी किया है जिस रूप में भारतीय कवि किया करते हैं। भारतीय कवि इसका वर्णन वर्षा का अन्त और शरत् का आगमन सूचित करने के लिए किया करते हैं, जैसे गोस्वामी तुलसीदासजी ने कहा है–

उदित अगस्त पंथ जल सोषा। जिमि लोभहिं सोखै संतोषा ॥

जायसी ने ठीक इसी प्रकार का वर्णन 'सुहैल' का किया है–

बिछरंता जब भेंटें, सो जानै जेहि नेह।
सुक्ख सुहेला उग्गवै, दुःख झरै जिमि मेह ॥

ऐसा ही एक स्थल पर और है। राजा रत्नसेन को दिल्ली से छुड़ाकर जब गोरा-बादल लेकर चले हैं तब बादशाही सेना ने उनका पीछा किया है। उस समय गोरा के कहने से बादल तो रत्नसेन को लेकर चित्तौर की ओर जाता है और वृद्ध गोरा मुसलमान सेना की ओर लौटकर इस प्रकार ललकारता है–

सोहिल जैस गगन उपराहीं। मेघ घटा मोहिं देखि बिलाहीं ॥

इसी प्रकार 'अगस्त' शब्द का उल्लेख भी वे गोरा-बादल की प्रतिज्ञा में करते हैं–

उए अगस्त हस्ति जब गाजा। नीर घटे पर आवहिं राजा॥

यह तो हुआ शास्त्रीय ज्ञान। व्यवहारज्ञान भी जायसी का बहुत बढ़ा-चढ़ा था। घोड़ों और भोजनों के अनेक भेद तो इन्होंने कहे ही हैं, पुराने समय के वस्त्रों के नाम भी 'पद्मावती रत्नसेन भेंट' के प्रसंग में बहुत से गिनाए हैं।

जायसी मुसलमान थे, इससे कुरान के वचनों का पूरा अभ्यास उन्हें होना ही चाहिए। पद्मावत के आरम्भ में ही चौपाई के ये दो चरण–

कीन्हेंसि प्रथम जोति परगासू। कीन्हेंसि तेहि पिरीत कैलासू॥

कुरान की एक आयत के अनुसार है जिसका मतलब है–'अगर न पैदा करता मैं तुझको, न पैदा करता मैं स्वर्ग को।' इसके अतिरिक्त ये पंक्तियाँ भी कुरान के भाव को लिए हुए हैं–

(1) सबै नास्ति वह अहथिर ऐस साज जेहि केर।

(2) ना ओहि पूत, न पिता न माता।

(3) 'अति अपार करता कर करना' से लेकर कई चौपाइयों तक।

(4) 'दूसर ठाँव दई ओहि लिखे।'

अभिप्राय यह है कि खुदा ने अपने नाम के बाद पैगम्बर का ही नाम रखा, जैसा कि मुसलमानों के कलमा में है।

इस्लाम धर्म की और अनेक बातों का समावेश पद्मावत और अखरावट में हम पाते हैं। सिद्धान्तों के प्रसंग में हम कह आए हैं कि सामी पैगम्बरी मतों के अनुसार कयामत या प्रलय के दिन ही सब मनुष्यों के कर्मों का विचार होगा। मुसलमानों का विश्वास है कि भले और बुरे कर्मों के लेख की बही खुदा के सामने एक तराजू में तोली जाएगी और वह तराजू जिब्राईल फरिश्ते के हाथ में होगा। सबूत के लिए सब अंग और इन्द्रियाँ अपने द्वारा किए हुए कर्मों की साख देंगी। उस समय मुहम्मद साहब उन लोगों की ओर से प्रार्थना करेंगे जो उन पर ईमान लाए होंगे। इन बातों का उल्लेख पद्मावत में स्पष्ट शब्दों में है–

गुन अवगुन बिधि पूछब, होइहि लेख औ जोख।
वै बिनउब आगे होइ, करब जगत कर मोख॥
हाथ पाँव, सरवन औ आँखी। ए सब उहाँ भरहिं मिलि साखी॥

स्वर्ग के रास्ते में एक पुल पड़ता है जिसे 'पुले सरात' कहते हैं। पुल के नीचे घोर अन्धकारपूर्ण नरक है। पुण्यात्माओं के लिए वह पुल खूब लम्बी-चौड़ी सड़क हो जाता है पर पापियों के लिए तलवार की धार की तरह पतला हो जाता है। पुल का उल्लेख पद्मावत में तो बिना नाम दिए और अखरावट में नाम देकर स्पष्ट रूप में हुआ है–

खाड़ै चाहि पैनि बहुताई। बार चाहि ताकर पतराई॥

पुराने पैगम्बर मूसा की किताब में आदम के स्वर्ग से निकाले जाने का कारण हौवा के कहने से एक वृक्षविशेष का फल खाना लिखा है। मुसलमानों में यह वृक्ष गेहूँ प्रसिद्ध है। अखरावट में तो इस कहानी का उल्लेख है ही, पद्मावत में भी पद्मावती की सखियाँ उसकी विदाई के समय कहती हैं–

आदि अंत जो पिता हमारा। ओहु न यह दिन हिए बिचारा॥
छोह न कीन्ह निछोही ओहू। का हम्ह दोष लाग एक गोहूँ॥

एक पढ़ा-लिखा मुसलमान फारसी से अपरिचित हो, यह हो ही नहीं सकता। फारसी शायरों की कई उक्तियाँ पद्मावत में ज्यों की त्यों आई हैं। अलाउद्दीन की चढ़ाई करने का वर्णन करते हुए घोड़ों की टापों से उठी धूल के आकाश में छा जाने पर जायसी कहते हैं–

सत खँड धरती भइ षट खंडा। ऊपर अस्ट भए बरम्हंडा॥

यह फिरदौसी के शाहनामे के इस शेर का ज्यों का त्यों अनुवाद है–

जे सुम्मे सितौराँ दरा पन्हे दश्त। जमीं शश शुदो, आस्माँ गश्त हश्त॥

अर्थात्–उस लम्बे-चौड़े मैदान में घोड़ों की टाप से जमीन सात खंड के स्थान पर छह ही खंड की रह गई और आसमान सात खंड (तबक) के स्थान पर आठ खंड का हो गया। मुसलमानों की कल्पना के अनुसार भी सात लोक नीचे हैं (तल, वितल, रसातल के समान) और सात लोक ऊपर।

राजा रत्नसेन का सन्देश सुआ इस प्रकार कहता है–

दहुँ जिउ रहै कि निसरै, काह रजायसु होइ ?

यह हाफिज के इस शेर का भाव है–

अज्म दीदारे तू दारद जान बर लब आमदः।
बाज गरदद या बर आयद चीस्त फरमाने शुमा॥

कवियों के भावों के अतिरिक्त फारसी की चलती कहावतों की भी छाया कहीं-कहीं दिखाई पड़ती है; जैसे–

(क) *नियरहिं दूर फूल जस काँटा। दूरहिं नियर सो जस गुर चाँटा॥*

फारसी–दूराँ बाबसर नजदीक वा नजदीकाँ बेबसर दूर (अर्थात् दृष्टिवाले को दूर भी नजदीक और बिना दृष्टिवाले को नजदीक भी दूर है)।

(ख) *परिमल प्रेम न आछे छपा।*
फारसी–इश्क व मुश्क रा नतवाँ नहुफ्तन।
(प्रीति और कस्तूरी छिपाए नहीं छिपती)

हिन्दुओं की ऐसी प्राचीन रीतियों का उल्लेख भी पद्मावत में मिलता है जो जायसी के समय तक न रह गई होंगी। जायसी ने उनका उल्लेख साहित्य की परम्परा के अनुसार किया है। पत्रावलि या पत्रभंगरचना प्राचीन समय में ही शृंगार करने में होती थी। वह किस प्रकार होती थी, इसका ठीक पता आजकल नहीं है। कुछ लोग चन्दन या रंग से गंडस्थल पर चित्र बनाने को पत्रभंग कहते हैं। प्राचीन रीति, नीति और

वेशविन्यास जानने की अपनी बड़ी पुरानी उत्कंठा के कारण उनके सम्बन्ध में जो कुछ विचार हम अपने मन में जमा सके हैं उसके अनुसार पत्रभंग सोने या चाँदी के महीन वरक या पत्रों के कटे हुए टुकड़े होते थे जिन्हें कानों के पास से लेकर कपोलों तक एक पंक्ति में चिपकाते थे। आजकल हम रामलीला आदि में उसी रीति पर चमकी या सितारे चिपकाते हैं। स्त्रियाँ अब तक माथे पर इस प्रकार की बूँदें चिपकाती हैं। पत्रभंग शब्द से भी इसी बात का संकेत मिलता है। खैर जो हो, जायसी ने इस पत्रावलिरचना का उल्लेख पद्मावती के शृंगार के प्रसंग में (विवाह के उपरान्त प्रथम समागम के अवसर पर) किया है–

रचि पत्रावलि, माँग सेंदुरू। भरे मोति औ मानिक चूरू॥

प्राचीन काल में प्रधान राजमहिषी या पटरानी को 'पट्टमहादेवी' कहते थे। यह उस समय की बात है जब क्षत्रिय लोग एक दूसरे को 'सलाम' नहीं करते थे और 'रानी' शब्द के आगे 'साहबा' नहीं लगता था–जब हमारा अपना निज का शिष्टाचार था, फारसी तहजीब की नकल मात्र नहीं। राजा रत्नसेन को चित्तौर से गए बहुत दिन हो जाने पर जब नागमती विरह से व्याकुल होती है तब दासियाँ समझाती हैं–

पाट महादेइ ! हिये न हारू। समुझि जीउ चित चेत सँभारू॥

यह 'पाट महादेइ' शब्द 'पट्टमहादेवी' का अपभ्रंश है।

भारतीय 'वीरपूजा' का प्रसंग बड़ी मार्मिकता से बड़े सुन्दर अवसर पर जायसी लाए हैं। जिस समय बादल के साथ राजा रत्नसेन छूटकर आता है उस समय पद्मावती बादल की आरती उतारती है–

परसि पायँ राजा के रानी। पुनि आरति बादल कहँ आनी॥
पूजे बादल कै भुजदंडा। तुरी के पाँव दाब करखंडा॥

प्राचीन काल में वर्षाऋतु में सब प्रकार की यात्रा बन्द रहती थी। शरद् ऋतु आते ही वणिकों की विदेशयात्रा और राजाओं की युद्धयात्रा होती थी। शरत् के वर्णन में पुराने कवि राजाओं की युद्धयात्रा का भी उल्लेख करते हैं। इसी पुरानी रीति के अनुकूल गोरा-बादल प्रतिज्ञा करते समय पद्मिनी से कहते हैं–

उए अगस्त हस्ति जब गाजा। नीर घटै, घर आइहि राजा॥
बरसा गए, अगस्त के दीठी। परै पलानि तुरंगन्ह पीठी॥

राजपूतों की भिन्न-भिन्न जातियों के बहुत से नाम तो जायसी को मालूम थे पर इस बात का ठीक पता उन्हें न था कि किस जाति का राज्य कहाँ था। यदि इसका पता होता तो वे रत्नसेन को चौहान न लिखते। रत्नसेन को जब सूली देने के लिए ले जाते थे तब भाँट ने राजा गन्धर्वसेन से उनका परिचय इस प्रकार दिया था–

जंबूदीप चित्तउर देसा। चित्रसेन बड़ तहाँ नरेसा।
रतनसेन यह ताकर बेटा। कुल चौहान जाइ नहिं मेटा॥

यह इतिहास-प्रसिद्ध बात है कि चित्तौर में बाप्पा रावल के समय से अन्त तक सिसोदियों का राज्य चला आ रहा है।

जायसी की भाषा

जायसी की भाषा ठेठ अवधी है और पूरबी हिन्दी के अन्तर्गत है इससे उसमें ब्रजभाषा और खड़ी बोली दोनों से कई बातों में विभिन्नता है। जायसी को अच्छी तरह समझने के लिए अवधी की मुख्य-मुख्य विशेषताओं को जान लेना आवश्यक है। अतः संक्षेप में कुछ बातों का उल्लेख किया जाता है।

शुद्ध अवधी की बोलचाल में क्रिया का रूप सदा कर्ता के पुरुष, लिंग और वचन के अनुसार होता है; कर्म के अनुसार सकर्मक भूतकालिक क्रिया में भी नहीं होता। कारण यह है कि पूरबी बोलियाँ भूतकाल में कृदत रूप नहीं लेती हैं, तिङंत रूप ही रखती हैं। मूल चाहे इन रूपों का कृदन्त ही हो, जैसा कि कहीं-कहीं लिंगभेद से प्रकट होता है, पर व्यवहार तिङंत ही-सा होता है। नीचे के उदाहरणों से यह बात स्पष्ट हो जाएगी–

(1) उत्तम पुरुष

(क)	**देखेउँ** तोरे मंदिर घमोई।	(पुं. एकवचन)	मैं
(ख)	**ढूँढ़िउँ** बालनाथ कर टीला।	(स्त्री. एकवचन)	मैं
(ग)	औ हम **देखा,** सखी सरेखा।	(पुं. स्त्री बहुवचन)	हम

(2) मध्यम पुरुष

(क)	**चाहेसि** परा नरक के कूआँ धातु कमाय **सिखे** तैं जोगी	पुं. स्त्री. एकवचन	तू या तैं
(ख)	रूप चीन्ह कै जोग **बिसेखेहु**	(पुं. बहुवचन)	तुम
(ग)	पूजि **मनाइउ** बहुतै भाँती।	(स्त्री. बहुवचन)	तुम

(3) प्रथम पुरुष

(क)	रोइ **हँकारेसि** माझी सूआ।	(पुं. स्त्री एकवचन)	वह
(ख)	**कहेन्हि** 'न रोव, बहुत तैं रोवा'।	(पुं. बहुवचन)	तुम

मध्यम पुरुष के रूप ही आज्ञा में भी वहाँ आते हैं जहाँ खड़ी बोली में साधारण क्रिया का प्रयोग होता है; जैसे–

*आयसु लिहे **रहिउ** निति हाथा। सेवा **करिउ** लाइ भुँइ माथा॥*

प्रथम पुरुष की भूतकालिक क्रिया के स्त्रीलिंग रूपों में 'एसि' और 'एनि' की जगह 'इसि' और 'इनि' अन्त में होते हैं। जैसे–पुं. 'लखेनि', स्त्री. 'लखिनि'। बोलचाल में अकसर अंत्य 'नि' निकालकर बचे हुए खंड के अन्तिम स्वर को सानुनासिक कर देते हैं– जैसे पुं. 'गएनि', 'लखेनि' को 'गएँ', 'लखें' और स्त्री. 'गइनि', 'लखिनि' को 'गईं', 'लखीं' भी बोलते हैं। जायसी ने बोलचाल के इस रूप का भी प्रयोग किया है–

*लछिमी लखन बतीसौ **लखीं**।*

(लखीं=लखिन्हि या लखिनि)

ऊपर जो सकर्मक क्रिया के रूपों के उदाहरण दिए गए हैं वे ठेठ या पूरबी अवधी के हैं और उनमें पुरुषभेद बराबर बना हुआ है। पश्चिमी हिन्दी की सकर्मक भूतकालिक

क्रिया में पुरुषभेद नहीं रहता–जैसे, मैंने किया, तुमने किया, उसने किया। ठेठ अवधी के ऊपर दिए हुए रूपों के अतिरिक्त जायसी और तुलसी दोनों एक सामान्य अकारान्त रूप भी रखते हैं जिसका प्रयोग वे तीनों पुरुषों, दोनों लिंगों और दोनों वचनों में समान रूप से करते हैं, जैसे–

उत्तम पुरुष	(1) का मैं **बाआ** जनम ओहि भूँजी ? (2) हम तो ताहिं **देखावा** पीऊ।
मध्यम पुरुष	(3) तुइ **सिरजा** यह समुद अपारा। (4) अब तुम आइ अँतरपट **साजा**।
प्रथम पुरुष	(5) भूलि चकोर दिस्टि तहँ **लावा**। (6) तिन्ह **पावा** उत्तिम कैलासू।

वर्त्तमानकालिक क्रिया के रूप ब्रजभाषा के समान ही होते हैं। केवल मध्यम पुरुष एकवचन के रूप के अन्त में संस्कृत के समान 'सि' होता है जैसे करसि, जासि–

तू जुग सारि, ***चहसि*** *पुनि छूवा।*

विधि और आज्ञा में भी यही रूप रहता है, पर कभी-कभी संस्कृत के समान 'हि' से अन्त होनेवाला रूप भी आता है, जैसे–

'तू सपूत माता कर अस परदेस न ***लेहि****।*
अब ताईं मुइ होइहि, मुए जाइ गति ***देहि*** *॥*

भविष्यंत् के रूप ठेठ अवधी के कुछ निज के होते हैं–

उत्तम पुरुष

(1) कौन उतर **देबौं** तेहि पूछे। (एकवचन) मैं
(2) कौन उतर **पाउब** पैसारू (बहुवचन) हम

प्रथम पुरुष

(1) **होइहि** नाप औ जोख (एकवचन)
(2) देव बार सब **जैहैं** बारी। (बहुवचन)

'होइहि' पुराना रूप है। 'ह' के घिस जाने से आजकल 'होई' (=होगा) बोलते हैं।

इनमें उत्तम पुरुष के बहुवचन का जो रूप (पाउब) है वह अवधी साहित्य में सब पुरुषों में मिलता है (यद्यपि बोलचाल में उत्तम पुरुष बहुवचन 'हम' के ही साथ आता है)। जायसी और तुलसी दोनों ने सब पुरुषों में और दोनों वचनों में इस रूप का व्यवहार किया है, जैसे–

घर कैसे **पैठब** मैं छूछे (उत्तम पुरुष, एकवचन)
गुन अवगुन विधि **पूछब** (प्रथम पुरुष, एकवचन)

पूरबी अवधी में साधारण क्रिया (इनफिनिटिव) का भी यही 'ब' वर्णांत रूप है।

ठेठ अवधी की एक बड़ी भारी विशेषता को सदा ध्यान में रखना चाहिए। खड़ी बोली और ब्रजभाषा दोनों में कारकचिह्न सदा क्रिया के साधारण रूप में लगते हैं, जैसे– 'करने का', 'करने को' या 'करिबे को'। पर ठेठ या पूरबी अवधी में कारकचिह्न प्रथम

पुरुष, एकवचन की वर्त्तमानकालिक क्रिया के से रूप में लगता है, जैसे–'आवै कहँ', 'खाय माँ', 'बैठै कर'–

(क) दीन्हेसि स्रवन **सुनै** कहँ मैना।

(ख) सती **होइ** कहँ सीस उघारा।

कहीं-कहीं कारकचिह्न का लोप भी मिलता है, जैसे–

(क) जो नित **चलै** सँवारै पाँखा। आजु जो रहा कालि को राखा ॥

(ख) सबै सहेली **देखै** धाईं।

(चलै=चलने के लिए; देखै=देखने के लिए)

इसी प्रकार संयुक्त क्रिया में भी जहाँ पहले साधारण क्रिया का रूप रहता है वहाँ भी अवधी में यही वर्त्तमान का-सा रूप ही रहता है–

(क) **तपै लागि** अब जेठ असाढ़ी।

(ख) **मरै चहहिं पै मरै न पावहिं।**

पूरबी अवधी में मागधी की प्रवृत्ति के अनुसार ब्रजभाषा के ओकारांत सर्वनामों के स्थान पर एकारान्त सर्वनाम होते हैं, जैसे–'को' (=कौन) के स्थान पर 'के', 'जो' के स्थान पर 'जे' और 'कोऊ' के स्थान पर 'केऊ' या 'कोहू'। नीचे कुछ उदाहरण दिए जाते हैं–

(क) **केइ** उपकार मरन कर कीन्हा। (=किसने)

(ख) **जेइ** जिउ दीन्ह कीन्ह संसारू। (=जिसने)

(ग) तजा राज रावन, का **केहू** ? (=कोई)

(घ) जियत न रहा जगत महँ **केऊ** (=कोई)

इन सर्वनामों का रूप विभक्ति और कारकचिह्न लगाने के पहले एकारान्त ही रहता है (जैसे, केहि कर, जेहि पर); ब्रजभाषा या पश्चिमी अवधी के समान आकारान्त (जैसे, जाको और जाकर, तापर और तापै) नहीं होता।

जायसी और तुलसी दोनों की रचनाओं में एक विलक्षण नियम मिलता है। वे सकर्मक भूतकालिक क्रिया के कर्ता को तो सविभक्ति पूरबी रूप 'केइ', 'जेइ', 'तेइ' रखते हैं, पर अकर्मक क्रिया के कर्ता का 'को, जो, सो', जैसे–

(क) **जो** एहि खीर समुद महँ परे।

(ख) **जो** ओहि विषै मारि कै खाई ॥

अवधी के कारकचिह्न इस प्रकार हैं–

कर्ता–×

कर्म–कहँ (आधुनिक 'काँ'), के

करण–सन, से (पश्चिमी अवधी 'सौं')

सम्प्रदान–कहँ (आधुनिक 'काँ'), के

अपादान–से (पश्चिमी अवधी 'तइँ', 'तैं')

सम्बन्ध–कर, कै

अधिकरण–पुराना रूप 'महँ', आधुनिक 'माँ', 'पर'

हिन्दी के सम्बन्धकारक चिह्न में लिंगभेद होता है। खड़ी बोली में पुं. सम्बन्धकारक चिह्न है 'का' और स्त्री. 'की'। ब्रजभाषा में भी यह भेद है। अवधी की बोलचाल में तो यह भेद लक्षित नहीं होता पर साहित्य की भाषा में भेद दिखाई पड़ता है। जायसी और तुलसी दोनों पुं. सम्बन्धकारक चिह्न 'कर' रखते हैं और स्त्री. सम्बन्धकारक चिह्न 'कै' जैसे–

(1) राम तें अधिक राम कर दासा।
जेहि पर कृपा राम कै होई॥ –तुलसी

(2) सुनि तेहि सन राजा कर नाऊँ।
पलुही नागमती कै बारी॥ –जायसी

इससे यह स्पष्ट ही है कि अवधी में स्त्री. सम्बन्धकारक चिह्न 'की' कभी नहीं होता, 'कै' ही होता है।

बोलचाल में उच्चारण संक्षिप्त करने की प्रवृत्ति स्वाभाविक होती है। इसी प्रवृत्ति के अनुसार 'कर' के स्थान पर केवल 'क' बोल देते हैं। तुलसी और जायसी दोनों में यह संक्षिप्त रूप मिलता है, जैसे–

(क) धनपति उहै जेहि **क** संसारू।–जायसी

(ख) पितु आयसु सब धरम **क** टीका।–तुलसी

ठेठ अवधी का एक प्रकार का प्रयोग भाषा के इतिहास की दृष्टि से ध्यान देने योग्य है। वर्त्तमान रूप में आने के पहले हमारी भाषा के कारकों की कुछ दिनों तक बड़ी अव्यवस्थित दशा रही। कुछ तो सम्बन्धकारक की 'ही' विभक्ति (मागधी 'ह', अप. हो) से काम चलता रहा जिसका प्रयोग सब कारकों में होता था और कुछ स्वतन्त्र शब्दों द्वारा। पुराने काव्य के नमूने अभी टीकाओं आदि में मिल सकते हैं जिसमें 'पृथ्वी पर' के स्थान में 'पृथ्वी विषय' लिखा मिलेगा, जैसे–'नारद जी पृथ्वी विषय आए।' सम्बन्धकारक के चिह्न के रूप में इस 'कृत' शब्द का प्रयोग गोस्वामी तुलसीदासजी ने कई जगह किया है, जिससे वर्त्तमान 'कर' और 'का' निकले हैं। यह तो हुई पुरानी बात। पूरबी अवधी में अब तक अपादान कारक के (और करण के भी) चिह्न के रूप में 'भै' या 'भए' शब्द का प्रयोग होता है, जैसे–'मीत भै' (= मित्र से), 'तर भै' (= नीचे से), 'ऊपर भै' (= ऊपर से)। जायसी और तुलसी ने ऐसा प्रयोग किया है–

(1) **मीत भै** माँगा बेगि बिमानू। (= मित्र से तुरन्त विमान माँगा)।

(2) **ऊपर भए** सो पातुर नाचहिं (= ऊपर से)
तर भए तुरुक कमानहिं खाँचहिं (= नीचे से)

(3) भरत आइ **आगे भए** लीन्हें (= आगे से) –तुलसी

इसी तरह जायसी ने 'होइ' शब्द का प्रयोग भी पंचमी विभक्ति के स्थान पर किया है, जैसे–

बैठि **तहाँ होइ** लंका ताका (= वहाँ से)

इसमें तो कुछ कहना ही नहीं है कि यह 'भए' या 'होइ' 'भू' धातु से निकले हुए 'होना' क्रिया के रूप हैं। प्राकृत की 'हितो' विभक्ति भी वास्तव में 'भू' धातु से निकली है और 'भूत्वा' शब्द का अपभ्रंश है। जायसी ने 'हुँत' रूप में ही इस विभक्ति का बराबर प्रयोग किया है, जैसे–

(क) तेहि **बंदि हुँत** छुटै जो पावा। (= बंदि से)

(ख) **जल हुँत** निकसि भुवै नहिं काछू। (= जल से)

(ग) **जबहुँत** कहिगा पंखि सँदेसी। (= जब से)

(घ) **तबहुँत** तुम बिनु रहै न जीउ। (= तब से)

'कारण' और 'द्वारा' के अर्थ में भी 'हुँत' का प्रयोग होता है, जैसे–

(क) **तुम हुँत** मँडप गइउँ परदेसी। (= तुम्हारे लिए, तुम्हारे कारण)

(ख) **उन्ह हुँत** देखै पाएउँ दरस गोसाईं केर (= उनके द्वारा)

जायसी ने ठेठ पूरबी अवधी के शब्दों का जितना अधिक व्यवहार किया है उतना अधिक तुलसीदासजी ने नहीं। नीचे कुछ शब्दों के उदाहरण दिएं जाते हैं–

(1) **राँध** जो मंत्री बोले सोई।

तेहि डर **राँध** न बैठों, मकु साँवरि होइ जाउँ।

(राँध = निकट, पास)

इस शब्द का व्यवहार अब केवल यौगिक रूप में रह गया है, जैसे–राँध पड़ोसी। और ठेठ शब्द लीजिए, जो साहित्यज्ञों को ग्राम्य लगेंगे–

(2) **अहक** मोरि पुरुषारथ देखेहु। (अहक = लालसा)

(3) **नौजि** होइ घर पुरुष बिहूना। (नौजि = ईश्वर न करे। अरबी नऊज = बिल्ला)

(4) **जहिया** लंक दही श्रीरामा। (जहिया = जब)

(5) जौ देखा **तीवइ** है साँसा। (तीवइ = स्त्री)

(6) जस यह समुद दीन्ह दुःख **मौकाँ**। (मोंका = मोंकहँ = मुझको)

(7) जाना नहिं कि होब अस **महूँ**। (महूँ = मैं भी)

(8) हहरि हहरि **अधिकौ** हिय काँपै। (अधिकौ = और भी अधिक)

ऊपर जो पूरबी अवधी के रूप दिखाए गए उनसे यह न समझना चाहिए कि जायसी ने सर्वत्र पूरबी अवधी ही के व्याकरण का अनुसरण किया है। कवि ने तुलसीदासजी के समान सकर्मक भूतकालिक क्रिया के लिंग, वचन अधिकतर पच्छिमी हिन्दी के ढंग पर कर्म के अनुसार ही रखे हैं, जैसे–

बसिठन्ह आइ कही अस बाता।

इसी प्रकार भूतकालिक क्रिया का पुरुष-भेद-शून्य पश्चिमी रूप भी प्रायः मिलता है, जैसे–

*तुम तौ **खेलि** मँदिर महँ **आईं**।*

इसके अतिरिक्त पश्चिमी साधारण क्रिया (इनफिनिटिव) के 'न' वर्णांत रूप का प्रयोग भी कहीं-कहीं देखा जाता है, जैसे–

*कित **आवन** पुनि अपने हाथा। कित मिल कै खेलब एक साथा ॥*

पूरबी हिन्दी में जब तक कोई कारकचिह्न नहीं लगता तब तक संज्ञाओं के बहुवचन का रूप वही रहता है जो एकवचन का। पर जायसी ने पछाँही हिन्दी के बहुवचन रूप कहीं-कहीं रखे हैं, जैसे–

(क) **नसैं** भईं सब ताँति।

(ख) जोबन लाग **हिलोरैं** लेई ॥

जायसी 'तू' या 'तैं' के स्थान पर अकसर 'तुइँ' का प्रयोग करते हैं। यह कन्नौजी और पच्छिमी अवधी का रूप है जो खीरी, शाहजहाँपुर से लेकर कन्नौज तक बोला जाता है।

खड़ी बोली और ब्रजभाषा दोनों पछाहीं बोलियों की प्रवृत्ति दीर्घांत पदों की ओर है, पर अवधी की लघ्वन्त प्रवृत्ति है। खड़ी बोली और ब्रजभाषा में जो विशेषण और सम्बन्धकारक के सर्वनाम आकारान्त और ओकारान्त मिलते हैं वे अवधी में अकारान्त पाए जाते हैं। नीचे कुछ शब्द दिए जाते हैं–

खड़ी बोली	ब्रजभाषा	अवधी
ऐसा	ऐसो	ऐस या अस
जैसा	जैसो	जैस या जस
तैसा	तैसो	तैस या तस
कैसा	कैसो	कैस या कस
छोटा	छोटो	छोट
बड़ा	बड़ो	बड़
खोटा	खोटो	खोट
खरा	खरो	खर
भला	भलो	भल
×	नीको	नीक
थोड़ा	थोरो	थोर
गहिरा	गहिरो	गहिर
पतला	पतरो, पातरो	पातर
पिछला	पाछिलो	पाछिल
चकला	चकरो	चाकर
दूना	दूनो	दून
साँवला	साँवरो	साँवर
गोरा	गोरो	गोर
प्यारा	प्यारो	पियार
ऊँचा	ऊँचो	ऊँच

नीचा	नीचो	नीच
अपना	अपनो	आपन
मेरा	मेरो	मोर
तेरा	तेरो	तोर
हमारा	हमारो	हमार
तुम्हारा	तुम्हारो	तुम्हार
पीला	पीरो	पीयर
हरा	हरो	हरियर

साधारण क्रिया (इनफिनिटिव) के रूप अवधी में लघ्वंत बकारांत होते ही हैं जैसे– आउब, जाब, करब, खाब इत्यादि। पच्छिमी हिन्दी के कुछ दीर्घांत संज्ञा शब्द भी अवधी में कहीं-कहीं लघ्वंत होते हैं, जैसे–

*बहल **घोड़** हस्ती सिंहनी*

खड़ी बोली के समान अवधी में भी भूतकालिक कृदंत होते हैं। बहुत से अकर्मक कृदंत विकल्प से लघ्वंत भी होते हैं जैसे ठाढ़, बैठ, आय, गय इत्यादि। नीचे कुछ उदाहरण दिए जाते हैं–

(1) **बैठ** महाजन सिंहलदीपी। (बैठ=बैठ हैं=बैठे हैं)

(2) रहा न जोबन **आव** बुढ़ापा। (आव=आया)

(3) कटक सरह अस **छूट** (छूट=छूटा)

सकर्मक में करना, देना और लेना इन तीनों क्रियाओं के भी विकल्प से क्रमशः 'कीन्ह', 'दीन्ह', और 'लीन्ह' रूप होते हैं। इसी प्रकार पद्य में कभी-कभी वर्त्तमान काल के रूप के स्थान पर संक्षेप के लिए धातु का रूप रख दिया जाता है जैसे–

(क) हौं अंधा जेहि **सूझ** न पीठी। (सूझ=सूझती है)

(ख) बिनु गथ बिरिछ निपात जिमि ठाढ़ ठाढ़ पै **सूख**। (सूख=सूखता है)

सम्भाव्य भविष्यत् का रूप साधारणतः तो वर्त्तमान ही के समान पुरुषभेद लिए हुए होता है पर ठेठ पूरबी अवधी में प्रायः प्रथम पुरुष में भी मध्यम पुरुष बहुवचन का रूप ही रहता है जैसे–

(क) जोबन **जाउ,** जाउ सो भँवरा।

(जाउ=जाय, चाहे चला जाय)

(ख) सब लिखनी कै **लिखु** संसारा।

(लिखु=यदि लिखे)

(ग) अजस **होउ,** जग सुजस **नसाऊ**।

(होउ=चाहे हो। नसाऊ=चाहे नसाय)

तुलसी और जायसी के लिंगनिर्णय में ऊपर लिखी बातों का ध्यान रखना चाहिए। चौपाई में चरण के अन्त का पद यदि लघ्वन्त हो तो भी दीर्घांत कर दिया

जाता है, यह तो प्रसिद्ध ही है। अतः चरण के अन्त में आए हुए किसी पद के लिंग का निर्णय करते समय यह विचार लेना चाहिए कि वह छन्द की दृष्टि से लघ्वन्त से दीर्घांत तो नहीं किया गया है। तुलसी और जायसी के कुछ उदाहरण लीजिए—

(क) मरम वचन जब सीता **बोला**—तुलसी।

(ख) देखि चरित पदमावति **हँसा**—जायसी।

ऊपर कह आए हैं कि कभी-कभी वर्त्तमान में संक्षेप के लिए धातु का रूप रख दिया जाता है। अतः 'बोला' और 'हँसा' वास्तव में 'बोल' और 'हँस' हैं जो छन्द की दृष्टि से दीर्घांत कर दिए गए हैं। कहने की आवश्यकता नहीं कि इन संक्षिप्त रूपों का व्यवहार दोनों लिंगों में समान रूप से हो सकता है। इसी प्रकार सम्भाव्य भविष्यत् का रूप भी कभी-कभी दीर्घांत होकर चरण के अन्त में आ जाता है जैसे—

(क) को हींछा पूरै, दुःख **खोवा** ?

(खोवा—खोव या खोउ अर्थात् खोवे)

(ख) दरपन साहि भीति तहँ **लावा**। देखहुँ जबहि झरोखे **आवा** ॥

(आव = **आव** या आउ अर्थात् आवे)

जायसी और तुलसी दोनों कवियों ने कहीं-कहीं बहुत पुराने शब्दों और रूपों का व्यवहार किया है जिनसे परिचय हो जाना बहुत ही आवश्यक है। दिनिअर, ससहर, अहुट्ठ, भुवाल, पइट्ठ, बिसहर, सरह, पुहुमी (दिनकर, शशधर, अध्युष्ठ, भूपाल, प्रविष्ट, विषधर, शलभ, पृथ्वी) आदि प्राकृत संज्ञाओं के अतिरिक्त और प्रकार के पुराने शब्द और रूप भी मिलते हैं। उनमें से मुख्य-मुख्य का उल्लेख नीचे किया जाता है।

किसी समय सम्बन्ध की 'हि' विभक्ति से सब कारकों का काम लिया जाता था, पीछे वह कर्म और सम्प्रदान में नियत सी हो गई। इस 'हि' या 'ह' विभक्ति का सब कारकों में प्रयोग जायसी और तुलसी दोनों की रचनाओं में देखा जाता है। जायसी के उदाहरण लीजिए—

(1) **जेहि** जिउ दीन्ह कीन्ह संसारू। (कर्ता)

(2) **चाँटहि** करै हस्ति सरि जोगू। (कर्म)

(3) **बज्रहि** तिनकहि मारि उड़ाई। (करण)

(4) देस देस के बर **मोहिं** आवहि। (सम्प्रदान)

(5) राजा **गरबहि** बोल नाहीं। (अपादान)

(6) **सौंजहि** तन सब रोवाँ, पंखिहि तन सब पाँख
चतुर वेद हौ पंडित, हीरामन **मोहि** नावँ } (सम्बन्ध)

(7) **तेहि** चढ़ि हेर, कोइ नहिं साथा।
कौन पानि **जेहि** पवन न मिला ? } (अधिकरण)

कर्ता कारक में 'हि' की विभक्ति गोस्वामी तुलसीदासजी ने तो केवल सकर्मक भूतकालिक क्रिया के सर्वनाम कर्ता में ही लगाई है (जैसे, तेइ सब लोक लोकपति जीते) पर जायसी में अकारान्त संज्ञा कर्ता में भी यह चिह्न प्रायः मिलता है, जैसे–

(क) **राजै** कहा 'सत्य कहु सूआ'।

(राजै = राजहिं = राजा ने)

(ख) **राजै** लीन्ह ऊबि कै साँसा।

(ग) **सुऐ** तहाँ दिन दस कल काटी।

(सूऐ = सुअहि = सुए ने)

उच्चारण में 'हि' के 'ह' के घिस जाने से केवल स्वर रह गया जिससे 'राजहि' का 'राजइ' हुआ और 'राजइ' से 'राजै'। इसी तरह 'केहि', 'जेहि', 'तेहि' भी 'केइ' 'जेइ' 'तेइ' बोले जाने लगे। इसी से हमने पाठ में ये पिछले रूप ही रखे हैं। जायसी के समय 'ह' का लोप हो चला था इसका प्रमाण दो-चार जगह हकारलुप्त कारकचिह्नों का प्रयोग है, जैसे–

जस यह समुद दीन्ह दुःख ***मोकाँ***।

यह 'काँ' आजकल की अवधी बोलचाल में कर्म और सम्प्रदान का चिह्न है और 'कहँ' का बिगड़ा हुआ (हकारलुप्त) रूप है। 'कहँ' पुराना रूप है। बोलचाल की अवधी में 'काँ' और 'के' दो रूप चलते हैं। यह 'के' भी अपभ्रंश की पुरानी कर्मविभक्ति 'केहि' का घिसा हुआ रूप है।

'हि' और 'ह' दोनों एक ही हैं। 'ह' का व्यवहार पृथ्वीराज रासो में बराबर मिलता है। 'तुम्हारा' में यह 'ह' अब तक लिपटा चला आ रहा है। 'ह' के साथ संयुक्त सर्वनामों का व्यवहार जायसी ने बहुत किया है, जैसे–हम्ह=हमको, तुम्ह=तुमको। इसी प्रकार और कारकों में भी यह 'ह' सर्वनाम में संयुक्त मिलता है। कुछ उदाहरण देखिए–

(क) गुरु भएउँ आप कीन्ह **तुम्ह** चेला। (= तुमको)

(ख) आजु आगि **हम्ह** जूड़। (= हमको, हमारे लिए)

(ग) पदुम गंध **तिन्ह** अंग बसाहीं। (= उनके)

(घ) **जिन्ह** एहि हाट न लीन्ह बेसाहा। (= जिन्होंने)

(ङ) मैं **तुम्ह** राज बहुत सुख देखा। (= तुम्हारे)

(च) एहि बन बसत गई **हम्ह** आऊ। (हमारी)

(छ) परसन आइ भए **तुम्ह** राती। (= तुम्हारे ऊपर)

इस पुरानी विभक्ति के अतिरिक्त जायसी और तुलसी ने कुछ पुराने शब्दों का भी व्यवहार किया है। इनमें से कई एक ऐसे हैं जो अब प्रसिद्ध नहीं हैं। उदाहरण के लिए 'चाहि' और 'बाज' इन दो शब्दों को लीजिए। चाहि का अर्थ है अपेक्षाकृत अधिक बढ़कर–

(क) मेघहु **चाहि** अधिक वै कारे।

(ख) एक सो एक **चाहि** रुपमनी।

(ग) कुलिसहु **चाहि** कठोर अति, कोमल कुसुमहु **चाहि**।–तुलसी

यह 'चाहि' शायद संस्कृत 'चापि' से निकला हो। बँगला में यह 'चेये' इस रूप में बोला जाता है। अब दूसरा शब्द 'बाज' लीजिए जिसके अर्थ होते हैं बिना, बगैर, अतिरिक्त, छोड़कर।

(क) गगन अंतरिख राखा, **बाज** खंभ बिनु टेक।

(ख) को उठाइ बैठारे **बाज** पियारे जीउ।

(ग) दीन दुःख दारिद दरै को कृपाबारिधि **बाज** ? –तुलसी

यह 'बाज' संस्कृत 'वर्ज्य' का अपभ्रंश है।

'पारना' क्रिया के रूप अब बंगाल ही में सुनाई पड़ते हैं पर जायसी और तुलसी के जमाने तक शायद वे अवध की बोलचाल में भी रहे हों; क्योंकि इनके पहले के कबीर साहब की वाणी में भी वे पाए जाते हैं। जो कुछ हो, जायसी और तुलसी दोनों ने इस 'पारना' (=सकना) क्रिया का खूब व्यवहार किया है, जैसे–

(क) परी नाथ कोई **छुवै न पारा**। –जायसी

(ख) तुमहि अछत को **बरनै पारा**। –तुलसी

यही दशा 'आछना' क्रिया की भी है। यह 'अस' धातु से निकली जान पड़ती है जिसके रूप पाली में 'अच्छति' 'अच्छंति' आदि होते हैं। अब हिन्दी में तो उसका वर्त्तमान कृदंत रूप 'अछत' या 'आछत ही बोलचाल में है, पर बँगला में इसके और रूप प्रचलित हैं। कबीर साहब और जायसी दोनों में इसके कुछ रूप पाए जाते हैं–

(क) कह कबीर किछु **अछिलो** न जहिया।

(अछिलो=था; मिलाओ बँगला 'छिलो')

(ख) कँवल न **आछै** आपनि बारी।

(आछै=है; बँगला 'आछे')

(ग) का निचिंत रे मानुष आपन चीते **आछु**।

(आछु=रह)

इसी प्रकार 'आदि' शब्द का प्रयोग 'बिलकुल' या 'निपट' के अर्थ में अब केवल बंगभाषा में ही सुनाई पड़ता है, जैसे, नदी में **बिल्कुल पानी नहीं है** = आदौ जल नाय); पर जायसी ने 'पद्मावत' में किया है। 'बादल' अपनी माता से कहता है–

मातु न जानसि बालक आदी। हौं बादला सिंह रनबादी॥

अर्थात् माता मुझे बिलकुल बालक न समझ।

सत्तार्थक 'होना' क्रिया के रूपों के आदि में 'अ' अक्षर पहले रहता था वह अब तक अवध के कुछ हिस्सों में–जायस और अमेठी के आसपास–वर्त्तमान काल में बना हुआ है। वहाँ 'है' के स्थान में 'अहै' बोलते हैं। जायसी ने भूतकालिक रूप 'अह' (= था) का भी व्यवहार किया है। सम्भव है उस समय बोला जाता रहा हो। उदाहरण–

(क) भाँट **अहै** ईसर कै कला।

(ख) परबत एक **अहा** तहँ डूँगा।

(ग) जब लग गुरु हौं **अहा** न चीन्हा।

तुलसीदासजी में केवल वर्त्तमान का रूप 'अहै' मिलता है। यह सत्तार्थक क्रिया 'भू' धातु से न निकलकर अस् धातु से निकली जान पड़ती है। भू धातु से निकले हुए पुराने प्राकृत कृदंत 'हुत' (=था) का प्रयोग जायसी की भाषा में हमें प्रायः मिलता है–

(क) हुत पहले औ अब है सोई।

(ख) गगन हुता नहिं महि **हुती,** हुते चंद नहिं सूर।

व्रज और बुंदेलखंड में यह शब्द 'हतो' इस रूप में अब तक बोला जाता है।

एक बहुत पुराना निश्चयार्थक शब्द 'पै' है जो निश्चय या 'ही' के अर्थ में आता है। यह ठीक नहीं मालूम होता कि यह 'अपि' शब्द से आया है या और किसी शब्द से; क्योंकि 'अपि' शब्द 'भी' के अर्थ में आता है। जायसी ने इसका प्रयोग बहुत किया है। तुलसी ने कम किया है; पर किया है, जैसे–

माँगु माँगु पै कहहु पिय, कबहुँ न देहु न लेहु।

उच्चारण–दो से अधिक वर्णों के शब्द के आदि में ह्रस्व 'इ' और ह्रस्व 'उ' के उपरान्त 'आ' का उच्चारण अवधी को पसन्द और पच्छिमी हिन्दी (खड़ी और व्रज) को नापसन्द है। इसी भिन्न प्रवृत्ति के अनुसार अवधी में बोले जानेवाले 'सियार', 'कियारी', 'बियारी', 'बियाज', 'बियाह', 'पियार', 'नियाव' आदि शब्द तथा 'दुआर', 'कुआर', 'खुआर', 'गुवाल' आदि शब्द खड़ी बोली और ब्रजभाषा में क्रमशः स्यार, क्यारी, ब्यारौ, ब्याज, ब्याह, प्यारा, प्यारो, न्याव तथा द्वार, क्वार, ख्वार, ग्वाल बोले जाएँगे। 'इ' और 'उ' के स्थान पर 'य' और 'व' की इसी प्रवृत्ति के अनुसार अवधी 'इहाँ', 'उहाँ' या 'हिआँ' 'हुआँ' खड़ी बोली और ब्रजभाषा में 'यहाँ', 'वहाँ' और 'ह्याँ', 'ह्वाँ' बोले जाते हैं। इसी प्रकार 'अ' और 'आ' के उपरान्त अवधी को 'इ' पसन्द है और ब्रजभाषा को 'य' जैसे–अवधी के 'आइ, जाइ, पाइ, कराइ' तथा 'आइहै, जाइहै, पाइहै, कराइहै', (अथवा अइहै, जइहै, पइहै, करइहै) के स्थान पर ब्रजभाषा में क्रमशः 'आय, पाय, जाय, कराय', 'आयहै, जायहै, पायहै, करायहै (अथवा आयहै=ऐहै, जायहै=जैहै)' कहेंगे।

इसी रुचिवैचित्र्य के कारण 'ऐ' और 'औ' का संस्कृत उच्चारण (अइ, अउ के समान) पच्छिमी हिन्दी से जाता सा रहा, केवल 'यकार' और 'वकार' के पहले रह गया (जैसे, गैया, कन्हैया) पर यह अवधी में बना हुआ है। इससे अवधी में 'ऐ' और 'औ' का उच्चारण 'अय' और 'अव' सा न करके 'अइ' और 'अउ' सा करना चाहिए, जैसे–ऐस-अइस, जैस-जइस, भैंस-भँइस, दौरि-दउरि इत्यादि। केवल पदान्त के 'ऐ' और 'औ' का उच्चारण पश्चिमी हिन्दी के समान 'अय' और 'अव' सा करना चाहिए, जैसे–कहै लाग=कहय लाग, तपै=लाग तपय लाग, चलौ=चलव इत्यादि।

प्राकृत की एक पंचमी विभक्ति 'सुंतो' थी, जो 'से' के अर्थ में आती थी। इसका हिन्दी रूप 'सेंता' (तृतीया में) बहुत दिनों तक बोला जाता रहा। 'वली' आदि उर्दू के पुराने शायरों तक में यह विभक्ति मिलती है। कबीरदास ने भी इसका व्यवहार किया है, जैसे–

*तोहि पीर जो प्रेम की पाका **सेंती** खेल॥*

तुलसीदासजी ने इसका कहीं व्यवहार किया है या नहीं, ठीक-ठीक नहीं कह सकते पर जायसी इसे बहुत जगह लाए हैं, जैसे–

(क) सबन्ह कहा मन समझहु राजा।
काल **सेंति** कै जूझ न छाजा॥

(ख) रतन छुवा जिन्ह हाथन्ह **सेंती**।

हिन्दी कवि कभी-कभी श्रवणसुखदता की दृष्टि से लकार के स्थान पर रकार कर दिया करते हैं, जैसे 'दल' के स्थान पर 'दर', 'बल' के स्थान पर 'बर'। जायसी ने ऐसा बहुत किया है। नीचे कुछ उदाहरण दिए जाते हैं–

(क) होत आव **दर** जंगत असूझ। (=दल)

(ख) सत्त के **बर** जो नहिं हिय फटा। (=बल)

(ग) कीन्हेसि पुरुष एक **निरमरा।** (=निर्मल)

(घ) नाम मुहम्मद पूनिउँ **करा।** (=कला)

यहाँ तक तो इस बात का विचार हुआ कि जायसी की भाषा कौन-सी है और उसका व्याकरण क्या है। अब थोड़ा यह भी देखना चाहिए कि जायसी की भाषा कैसी है।

जायसी ने अपनी भाषा अधिकांश पूरबी या ठेठ अवधी रखते हुए भी जो बीच-बीच में नए-पुराने, पूरबी-पच्छिमी कई प्रकार के रूपों को स्थान दिया है, इससे भाषा कुछ अव्यवस्थित-सी लगती है। पर उन रूपों का विवेचन कर लेने पर यह अवस्था नहीं रह जाती। केशव के अनुयायी भूषण, देव आदि फुटकरिए कवियों की भाषा से इनकी भाषा कहीं स्वच्छ और व्यवस्थित है। चरणों की पूर्ति के लिए अर्थसम्बन्ध और व्याकरण-सम्बन्ध-रहित शब्दों की भरती कहीं नहीं है। कहीं कुछ शब्दों के रूप व्याकरणविरुद्ध मिल जाएँ तो मिल जाएँ पर वाक्य का वाक्य शिथिल और बेढंगा कहीं नहीं मिलेगा। शब्दों के व्याकरणविरुद्ध रूप अवश्य कहीं-कहीं मिल जाते हैं, जैसे–

दसन देखि कै बीजु लजाना॥

'लजाना' के स्थान पर 'लजानी' चाहिए। पूरबी अवधी में भी 'लजानि' रूप होगा जिसे छन्द के विचार से यदि दीर्घांत करेंगे तो 'लजानी' होगा। कहीं-कहीं तो जायसी के वाक्य बहुत चलते हुए हैं; जैसे देवपाल की दूती पद्मिनी के मायके की स्त्री बनकर उससे कहती है–

सुनि तुम कहँ चितउर महँ कहिउँ कि भेटौं जाइ।

बोलचाल में ठीक इसी तरह कहा जाता है–'तुमको चित्तौर में सुनकर मैंने कहा कि जरा चलकर भेंट कर लूँ।' कहावतें और मुहाविरे भी कहीं-कहीं मिलते हैं पर वे यों ही भाषा के स्वाभाविक प्रवाह में आए हुए हैं, काव्यरचना के कोई आवश्यक अंग समझकर नहीं बाँधे गए हैं। मुहाविरे को अधिक प्राधान्य देने से रूढ़ पदसमूहों में भाषा बँधी-सी रहती है, उसकी शक्तियों का नवीन विकास नहीं होने पाता।

कवि अपने विचारों को ढालने के लिए नए-नए साँचे न तैयार करके बने-बनाए साँचों में ढलनेवाले विचारों को ही बाहर करता है। खैर, इस प्रसंग में यहाँ कुछ अधिक कहने की आवश्यकता नहीं। जायसी के दो-एक उदाहरण देकर आगे चलते हैं–

(क) *जोबन नीर घटे का घटा। सत्त के बर जौ नहिं हिय फटा॥*

यहाँ कवि ने 'हृदय फटना' या 'जी फटना' इस मुहावरे का बड़े कौशल से प्रयोग किया है। कवि ने हृदय को सरोवर माना है, यद्यपि 'सरोवर' पद आ नहीं सका है। पद की न्यूनता से अभिप्राय जरा देर से खुलता है। जब जल घटने लगता है तब ताल की गीली मिट्‌टी सूखकर फट जाती है। कवि का अभिप्राय है कि जिस प्रकार जल घटने से ताल फट जाता है उसी प्रकार यदि यौवन के ह्रास से प्रिय से जी न फटे, प्रीति वैसी ही बनी रहे तो कोई हर्ज नहीं। कुछ और उदाहरण लीजिए–

(क) हाथ लिए अपना जिउ होइ।

(ख) आवा पवन बिछोह कर, पात परा बेकरार।
तरिवर तजा जो चूरि कै, लागै केहि डार ?।

दूसरे उदाहरण में 'किसी की डाल लगना' यह मुहावरा अन्योक्ति में खूब ही बैठा है। लोकोक्तियों के भी कुछ नमूने देखिए–

(क) सूधी अँगुरि न निकसै घीऊ।

(ख) दरब रहै भुइँ, दिपै लिलारा।

(ग) धरती परा सरग को चाटा।

जायसी की काव्यरचना स्वच्छ होने पर भी तुलसी के समान सुव्यवस्थित नहीं है। उसमें जो वाक्यदोष मुख्यतः दिखाई पड़ता है वह 'न्यूनपदत्व' है। विभक्तियों का लोप, सम्बन्धवाचक सर्वनामों का लोप, अव्ययों का लोप, जायसी में बहुत मिलता है। विभक्ति का कारकचिह्न का अध्याहार तुलसी की रचनाओं में कहीं-कहीं करना पड़ता है, पर उन्होंने लोप या तो ऐसा किया है जैसा बोलचाल में भी प्रायः होता है–जैसे सप्तमी के चिह्न का–अथवा लुप्त चिह्न का पता प्रसंग से बहुत जल्द लग जाता है। पर जायसी ने मनमाना लोप किया है–विभक्तियों का ही नहीं, सर्वनामों, अव्ययों का भी। कहीं-कहीं तो इस लोप के कारण 'प्रसादगुण' बिलकुल जाता रहा है और अर्थ का पता लगाना दुष्कर हो गया है, जैसे–

सरजै लीन्ह साँग पर घाऊ। परा खड़ग जनु परा निहाऊ॥

इसमें दूसरे चरण का अर्थ शब्दों से यही निकलता है कि 'खड्ग ऐसा पड़ा मानो निहाई पड़ी' पर कवि का तात्पर्य्य यह है कि 'खड्ग निहाई पर पड़ा।' देखिए इस 'पर' के लोप से अर्थ में कितनी गड़बड़ी पड़ गई। विभक्ति और कारकचिह्न के बेढंगे लोप के और नमूने देखिए–

(क) जंघ छपा कदली होइ बारी।
(जंघ=जंघ से)

(ख) करन पास लीन्हेउ कै छंदू ?

(पास=पास से)

अव्ययों का लोप भी प्रायः मिलता है—और ऐसा जिससे अर्थ समझने में भी कभी-कभी कुछ देर लगती है, जैसे—

(1) तब तहँ चढ़े फिरै नौ भँवरी। (फिरै=जब फिरै)

(2) दरपन साहि भीति तहँ लावा।
देखहुँ जबहिं झरोखे=आवा।
(देखहुँ=इसलिए जिसमें देखूँ)

(3) पुनि सो रहै, रहै नहिं कोई।
(दूसरे 'रहै' के पहले 'जब' चाहिए)

(4) काँच रहा तुम कंचन कीन्हा।
तब भा रतन जोति तुम दीन्हा।
('जोति' के पहले 'जब' चाहिए)

सम्बन्धवाचक सर्वनामों के लोप में तो जायसी अँगरेज कवि ब्राउनिंग से भी बढ़े हैं। एक नमूना काफी है—

कह सो दीप पतँग कै मारा।

इस चरण में 'पतँग' के पहले 'जेई' (=जिसने) पद लुप्त है जिससे अभिप्रेत अर्थ तक पहुँचने में व्यर्थ देर होती है। पहले देखने में यही अर्थ भासित होता है कि 'पतँग का मारा हुआ दीपक कहाँ है ?' न्यूनपदत्व के अतिरिक्त 'समाप्तपुनरात्तत्व' भी प्रायः मिलता है, जैसे—'हिये छाहँ उपना औ सीऊ।' यदि उपना शब्द आदि में कर दें तो यह दोष दूर हो जाए।

हिन्दी के अधिकांश कवियों पर शब्दों का अंगभंग करने का दोष लगाया जा सकता है। पर जायसी के चरण के अन्त में पड़नेवाले शब्द को दीर्घांत करने में जितना रूपान्तर होता है उतने से अधिक किसी शब्द का रूप नहीं बिगड़ा है। कहीं एकाध जगह ऐसा उदाहरण मिल जाए तो मिल जाए जैसे कि ये हैं—

(क) दंडा करन बीझ बन **जाहाँ** ? (=जहाँ)

(ख) करन पास लीन्हेंउ कै **छंदू**।
विप्र रूप धरि झिलमिल इंदू ॥
(इन्द्र के स्थान पर 'इन्दू' करना ठीक नहीं हुआ है।)

जायसी के दो शब्दों का व्यवहार पाठकों को कुछ विलक्षण प्रतीत होगा। उन्होंने 'निरास' शब्द का प्रयोग 'जो किसी की आशा का न हो, जो किसी का आश्रित न हो' इस अर्थ में किया है, जैसे—

ओहि न मोरि किछु आसा, हौं ओहि आस करउँ।
*तेहि **निरास** प्रीतम कह, जिउ न देउँ, का देउँ ? ॥*

व्युत्पत्ति के अनुसार तो इस अर्थ में कोई बाधा नहीं पर प्रवृत्ति से भिन्न होने के कारण 'अप्रयुक्तत्व' दोष अवश्य है। दूसरा शब्द है 'बिसवास' जिसे जायसी 'विश्वासघात' के अर्थ में लाए हैं, जैसे–

(क) राजै वीरा दीन्हा, नहिं जाना **बिसवास**।

(ख) आदम हौवा कहँ सृजा, लेइ घाला कैलास।

पुनि तहँवा से काढ़ा, नारद के **बिसवास**॥

इसी प्रकार 'बिसवासी' शब्द भी विश्वासघाती के अर्थ में कई जगह लाया गया है–

अरे मलिछ ***बिसवासी*** *देवा। कित मैं आइ कीन्हि तोरि सेवा॥*

और कवियों ने भी 'बिसासी' शब्द का इसी अर्थ में प्रयोग किया है, जैसे–

(क) कबहूँ वा **बिसासी** सुजान के आँगन भों अँसुवान को लै बरसौ॥ **–घनानन्द**

(ख) अब तौ उर माहि बसाय कै मारत ए जू **बिसासी**! कहाँ धौं बसे। **–घनानन्द**

(ग) सेखर घेरे करें सिगरे, पुरवासी **बिसासी** भंए दुःखदात हैं। **–शेखर**

(घ) जापै हौं पठाईं ता **बिसासी** पै गई न दीसै;

संकर की चाही चंदकला तैं लहाई री। **–दूलह**

जायसी की भाषा बोलचाल की और सीधी है। समस्त पदों का व्यवहार उन्होंने बहुत ही कम किया है। जहाँ किया भी है वहाँ दो से अधिक पदों के समास का नहीं। दो पदों के समासों का भी हाल यह है कि वे तत्पुरुष ही हैं और अधिकतर संस्कृत की रीति पर नहीं हैं, विपरीत क्रम से हैं, जैसे कि फारसी में हुआ करते हैं। दो उदाहरण नमूने के लिए काफी होंगे–

(क) **लीक पखान** पुरुष कर बोला। (=पखान-लीक)

(ख) भा भिनसार **किरिन रवि** फूटी। (=रवि-किरिन)

एक स्थान में तो पद्मावत में फारसी का एक वाक्यखंड ही उठाकर रख दिया गया है–

केस मेघावरि ***सिर ता पाईं।***

यह 'सिर ता पाईं' फारसी का 'सर ता पा' है जिसका अर्थ होता है, 'सिर से पैर तक।' फारसी की बस इतनी ही थोड़ी-सी झलक कहीं-कहीं पर दिखाई पड़ती है, और सब तरह से जायसी की भाषा देशी साँचे में ढली हुई, हिन्दुओं के घरेलू भावों से भरी हुई, बहुत ही मधुर और हृदयग्राहिणी है। 'खुसबोय', 'दराज', ऐसे भौंड़े शब्द, 'खुसाल खुसबाही सौं' ऐसे बेहूदा वाक्य कहीं नहीं मिलते। बादशाही दरबार आदि के वर्णन में 'अरकान', 'बारिगह' आदि कुछ शब्द आए हैं पर वे प्रसंग के विचार से नहीं खटकते।

जायसी की भाषा बहुत ही मधुर है पर उसका माधुर्य्य निराला है। वह माधुर्य्य 'भाषा' का माधुर्य्य है, संस्कृत का माधुर्य्य नहीं। वह संस्कृत की कोमलकान्त पदावली पर अवलम्बित नहीं। उसमें अवधी अपनी निज की स्वाभाविक मिठास लिए हुए है। 'मंजु', 'अमंद' आदि की चाशनी उसमें नहीं है। जायसी की भाषा और तुलसी की भाषा में यह बड़ा भारी अन्तर है। जायसी की पहुँच अवध में प्रचलित लोकभाषा के भीतर बहते हुए माधुर्य्यस्रोत तक ही थी, पर गोस्वामीजी की पहुँच दीर्घ संस्कृतपरम्परा द्वारा

परिपक्व चाशनी के भांडागार तक भी पूरी-पूरी थी। दोनों के भिन्न प्रकार के माधुर्य्य का अनुमान नीचे उद्धृत चौपाइयों से हो सकता है–

(1) *जब हुँत कहि गा पंखि सँदेसी। सुनिउँ की आवा है परदेसी॥*
तब हुँत तुम्ह बिनु रहै न जीऊ। चातक भइउँ कहत 'पिउ पीऊ'॥
भइउँ चकोरि सो पंथ निहारी। समुद सीप जस नयन पसारी॥
भइउँ विरह जरि कोइलि कारी। डार डार जिमि कूकि पुकारी॥

–जायसी

(1) *अमिय मूरि मय चूरन चारू। समन सकल भवरुज परिवारू।*
सुकृत संभु तन बिमल विभूती। मंजुल मंगल मोद प्रसूती॥
जन मन मंजु मुकुर मल हरनी। किए तिलक गुनगन बस करनी॥
श्रीगुरु पद नख मनि गन जोती। सुमिरत दिव्य दृष्टि हिय होती॥

–तुलसी

यदि गोस्वामीजी ने अपने 'मानस' की रचना ऐसी ही भाषा में की होती जैसी कि इन चौपाइयों की है–

कोउ नृप होउ हमै का हानी। चेरि छाँड़ि अब होब कि रानी ?
जारै जोग सुभाउ हमारा। अनभल देखि न जाइ तुम्हारा॥

तो उनकी भाषा 'पद्मावत' की ही भाषा होती और यदि जायसी ने सारी 'पद्मावत' की रचना ऐसी भाषा में की होती जैसी कि इस चौपाई की है–

उदधि आइ तेइ बंधन कीन्हा। हति दसमाथ अमरपद दीन्हा॥

तो उसकी और 'रामचरितमानस' की एक भाषा होती। पर जायसी में इस प्रकार की भाषा कहीं ढूँढ़ने से एकाध जगह मिल सकती है। तुलसीदासजी में ठेठ अवधी की मधुरता भी प्रसंग के अनुसार जगह-जगह मिलती है। सारांश यह कि तुलसीदासजी को दोनों प्रकार की भाषाओं पर अधिकार था और जायसी को एक ही प्रकार की भाषा पर। एक ही ढंग की भाषा की निपुणता उनकी अनूठी थी। अवधी की खालिस, बेमेल मिठास के लिए 'पद्मावत' का नाम बराबर लिया जाएगा।

संक्षिप्त समीक्षा

अब तक जो कुछ लिखा गया उसमें जायसी की इन विशेषताओं और गुणों की ओर मुख्यतः ध्यान गया होगा–

(1) विशुद्ध प्रेममार्ग का विस्तृत प्रत्यक्षीकरण

लौकिक प्रेमपथ के त्याग, कष्टसहिष्णुता तथा विघ्नबाधाओं का चित्रण करके कवि ने भगवत्प्रेम की उस साधना का स्वरूप दिखाया है जो मनुष्य की वृत्तियों को विश्व का पालन और रंजन करनेवाली उस परम वृत्ति में लीन कर सकती है।

(2) प्रेम की अत्यन्त व्यापक और गूढ़ भावना

लौकिक प्रेम के उत्कर्ष द्वारा जायसी को भगवत्प्रेम की गम्भीरता का निरूपण करना था इससे वियोगवर्णन में सारी सृष्टि वियोगिनी की अनुभूति में योग देती दिखाई गई है। जिस प्रेम का आलम्बन इतना बड़ा है–अनन्त और विश्वव्यापक है–उसके अनुरूप प्रेम की व्यंजना के लिए एक मनुष्य का क्षुद्र हृदय पर्य्याप्त नहीं जान पड़ता; इससे कहीं-कहीं वियोगिनी सारी सृष्टि के प्रतिनिधि के रूप में दिखाई पड़ती है। उसकी 'प्रेमपीर' सारे विश्व की 'प्रेमपीर' सी लगती है।

(3) मर्मस्पर्शिनी भावव्यंजना

प्रेम या रतिभाव के अतिरिक्त स्वामिभक्ति, वीरदर्प, पातिव्रत तथा और छोटे-छोटे भावों की व्यंजना अत्यन्त स्वाभाविक और हृदयग्राही रूप में जायसी ने कराई है; जिससे उनके हृदय की उदात्त वृत्ति और कोमलता का परिचय मिलता है।

(4) प्रबन्धसौष्ठव

पद्मावत की कथावस्तु का प्रवाह स्वाभाविक है। केवल कुतूहल उत्पन्न करने के लिए घटनाएँ इस प्रकार कहीं नहीं मोड़ी गई हैं जिससे बनावट या अलौकिकता प्रकट हो। किसी गुण का उत्कर्ष दिखाने के लिए भी घटना में अस्वाभाविकता जायसी ने नहीं आने दी है। दूसरी बात यह है कि वर्णन के लिए जायसी ने मनुष्य जीवन के मर्मस्पर्शी स्थलों को पहचानकर रखा है। परिणाम वैसे ही दिखाए गए हैं जैसे संसार में दिखाई पड़ते हैं। कर्मफल के उपदेश के लिए उनकी योजना नहीं की गई है। पद्मावत में राघवचेतन ही का चरित्र खोटा दिखाया गया है; पर उसकी कोई दुर्गति कवि ने नहीं दिखाई। राघव का उतना ही वृत्त आया है जितने का घटनाओं को 'कार्य्य' की ओर अग्रसर करने में योग है।

(5) वर्णन की प्रचुरता

जायसी के वर्णन बहुत विस्तृत हैं–विशेषतः सिंहलद्वीप, नखशिख, भोज, बारहमासा, चढ़ाई और युद्ध के–जिनसे उनकी जानकारी और वस्तुपरिचय का अच्छा पता लगता है। कहीं तो इतनी वस्तुएँ गिनाई गई हैं कि जी ऊब जाता है।

(6) प्रस्तुत-अप्रस्तुत का सुन्दर समन्वय

पद्मावत की अन्योक्तियों और समासोक्तियों में प्रस्तुत अप्रस्तुत का जैसा सुन्दर समन्वय देखा जाता है वैसा हिन्दी के कम कवियों में पाया जाता है। अप्रस्तुत की व्यंजना के लिए जो प्रस्तुत वस्तुएँ काम में लाई गई हैं और प्रस्तुत की व्यंजना के लिए जो अप्रस्तुत वस्तुएँ सामने रखी गई हैं, वे आवश्यकतानुसार कहीं बोधवृत्ति में सहायक होती हैं और कहीं भावों के उद्दीपन में। योगसाधकों के मार्ग की जो व्यंजना चित्तौरगढ़ के प्रस्तुत वर्णन

द्वारा कराई गई है, वह रोचक चाहे न हो पर ज्ञानप्रद अवश्य है। इसी प्रकार 'कँवल जो बिगसा मानसर बिनु जल गएउ सुखाइ' वाले दोहे में जो जल बिना सूखते कमल का अप्रस्तुत दृश्य सामने रखा गया है वह सौन्दर्य्य की भावना के साथ-साथ दया और सहानुभूति के भाव को उद्दीप्त करता है।

(7) ठेठ अवधी का माधुर्य्य

जायसी ने संस्कृत के सुन्दर पदों की सहायता के बिना ठेठ अवधी का भोला-भाला माधुर्य्य दिखाया है, इसका वर्णन पूर्व प्रकरण में आ चुका है।

जिस प्रकार जायसी के उपर्युक्त गुणों और विशेषताओं की ओर पाठक का ध्यान गए बिना नहीं रह सकता उसी प्रकार इन नीचे लिखी त्रुटियों की ओर भी—

(1) पुनरुक्ति

'पद्मावत' में एक ही भाव, एक ही उपमा, कहीं-कहीं तो एक ही वाक्य में न जाने कितनी जगह और कितनी बार आई है। सूर और चाँद के जोड़े से तो शायद ही कोई पृष्ठ खाली मिले। पद्मावती के नखशिख का जो वर्णन सूए ने रत्नसेन से किया है, प्रायः वही राघवचेतन अलाउद्दीन के सामने दुहराता है। प्रायः वे उपमाएँ और उत्प्रेक्षाएँ फिर आई हैं; कुछ थोड़ी-सी दूसरी हों तो हों। सूखे सरोवर के फटने का भाव तीन जगह लाया गया है। इसी प्रकार और बहुत-सी पुनरुक्तियाँ हैं जिनके कारण पाठकों को कभी-कभी विरक्ति हो जाती है।

(2) अरोचक और अनपेक्षित प्रसंगों का सन्निवेश

रत्नसेन-पद्मावती-समागम के वर्णन में राजा का रसायनी प्रलाप और शतरंज के मोहरों और चालों की बन्दिश, नागमती-पद्मावती-विवाद के भीतर फूल-पौधों के नामों की अनावश्यक योजना इसी प्रकार की है। सोलह शृंगार और बारह आभरणों का वर्णन तथा ज्योतिष का लम्बा-चौड़ा यात्राविचार केवल जानकारी प्रकट करने के लिए जोड़े हुए जान पड़ते हैं। ये किसी काव्य के प्रकृत अंग कदापि नहीं हो सकते। पद्मिनी, चित्रिणी आदि चार प्रकार की स्त्रियों के वर्णन भी कामशास्त्र के ग्रन्थ में ही उपयुक्त हो सकते हैं। काव्य कामशास्त्र नहीं है।

(3) वर्णनों में वस्तुनामावली का अरोचक विस्तार

रत्नसेन के विवाह और बादशाह की दावत के वर्णन में पकवानों और व्यंजनों की लम्बी सूची, बगीचे के वर्णन में पौधों के नाम ही नाम, युद्धयात्रा आदि के वर्णन में घोड़ों की जातियों की गिनती से पाठक का जी ऊबने लगता है। वर्णन का अर्थ गिनती नहीं है।

(4) अनुचितार्थत्व

कई जगह शृंगार के प्रसंग में नायक रत्नसेन रावण कहा गया है–ऐसा हिन्दी के कुछ सूफी कवियों ने भी, शायद 'रावण' का अर्थ रमण करनेवाला मानकर, किया है। पर इस शब्द से 'रुलानेवाले' रावण की ओर ही ध्यान जाता है। रावण बड़ा भारी प्रतापी और शूरवीर रहा हो, पर मनोहर नायक के रूप में कविपरम्परा से उसकी प्रसिद्धि नहीं है। वह हीन और दुष्ट पात्र ही प्रसिद्ध है।

(5) न्यूनपदत्व

भाषा पर विचार करते समय विभक्तियों, कारकचिह्नों, सम्बन्धवाचक सर्वनामों और अव्ययों के लोप के ऐसे उदाहरण दिए जा चुके हैं जिनके कारण अर्थ में गड़बड़ी होती है।

(6) च्युतसंस्कृति

इसका एक उदाहरण दिया जाता है–

दसन देखि कै बीजु लजाना।

हिन्दी में चरित्रकाव्य बहुत थोड़ा है। ब्रजभाषा में तो कोई ऐसा चरितकाव्य नहीं जिसने जनता के बीच प्रसिद्धि प्राप्त की हो। पुरानी हिन्दी के पृथ्वीराजरासो, बीसलदेवरासो, हम्मीररासो आदि वीरगाथाओं के पीछे चरितकाव्य की परम्परा हमें अवधी भाषा में ही मिलती है। ब्रजभाषा में केवल ब्रजवासीदास के ब्रजविलास का कुछ प्रचार कृष्णभक्तों में हुआ, शेष रामरसायन आदि जो दो एक प्रबन्धकाव्य लिखे गए वे जनता को कुछ भी आकर्षित न कर सके। केशव की रामचन्द्रिका का काव्यप्रेमियों में आदर रहा पर उसमें प्रबन्धकाव्य के वे गुण नहीं हैं जो होने चाहिए। चरितकाव्य में अवधी भाषा को ही सफलता हुई और अवधी साहित्य में हम जायसी के उच्च स्थान का अनुमान कर सकते हैं।

बिना किसी निर्दिष्ट विवेचन-पद्धति के यों ही कवियों की श्रेणी बाँधना और एक कवि को दूसरे कवि से छोटा या बड़ा कहना हम एक बहुत भोंड़ी बात समझते हैं। जायसी के स्थान का निश्चय करने के लिए हमें चाहिए कि हम पहले अलग-अलग क्षेत्र निश्चित कर लें। सुबीते के लिए यहाँ हम हिन्दी काव्य के दो ही क्षेत्रविभाग करके चलते हैं–प्रबन्ध क्षेत्र और मुक्तक क्षेत्र। इन दोनों क्षेत्रों के भीतर भी कई उपविभाग हो सकते हैं। यहाँ मुक्तक क्षेत्र से कोई प्रयोजन नहीं जिसके अन्तर्गत केशव, बिहारी, भूषण, देव, पद्माकर आदि कवि आते हैं। प्रबन्ध क्षेत्र के भीतर हम कह चुके हैं, दो काव्य सर्वश्रेष्ठ हैं–'रामचरितमानस' और 'पद्मावत'। दोनों में 'रामचरितमानस' का पद ऊँचा है यह हम स्थान-स्थान पर दिखाते भी आए हैं और सबको स्वीकृत भी होगा। अतः समग्र प्रबन्धक्षेत्र के विचार से हम कह सकते हैं कि प्रबन्धक्षेत्र में जायसी का

स्थान तुलसी से दूसरा है। और जीवनगाथा—और इस व्यवस्था के अनुसार रासो आदि की वीरगाथा के अन्तर्गत, मृगावती, पद्मावती, आदि को प्रेमगाथा के अन्तर्गत तथा रामचरितमानस को जीवनगाथा के अन्तर्गत रखते हैं तो प्रेमगाथा की परम्परा के भीतर (जिसमें कुतुबन, उसमान, नूर मुहम्मद आदि हैं) जायसी का नम्बर सबसे ऊँचा ठहरता है। मृगावती, चन्द्रावती, चित्रावली आदि को बहुत कम लोग जानते हैं, पर 'पद्मावत' हिन्दी साहित्य का एक जगमगाता रत्न है।

यदि कोई इसके विचार का आग्रह करे कि प्रबन्ध और मुक्तक इन दो क्षेत्रों में कौन क्षेत्र अधिक महत्त्व का है, किस क्षेत्र में कवि की सहृदयता और भावुकता की पूरी परख हो सकती है, तो हम बार-बार वही बात कहेंगे जो गोस्वामीजी की आलोचना में कह आए हैं अर्थात् प्रबन्ध के भीतर आई हुई मानव-जीवन की भिन्न-भिन्न दशाओं के साथ जो अपने हृदय का पूर्ण सामंजस्य दिखा सके वही पूरा और सच्चा कवि है। प्रबन्धक्षेत्र में तुलसीदासजी का जो सर्वोच्च आसन है, उसका कारण यह है कि वीरता, प्रेम आदि जीवन का कोई एक ही पक्ष न लेकर उन्होंने सम्पूर्ण जीवन को लिया है और उसके भीतर आनेवाली अनेक दशाओं के प्रति अपनी गहरी अनुभूति का परिचय दिया है। जायसी का क्षेत्र तुलसी की अपेक्षा परिमित है पर प्रेमवेदना उनकी अत्यन्त गूढ़ है।

रामचन्द्र शुक्ल रचनावली

खंड-3

रामचन्द्र शुक्ल रचनावली

खंड : 3

मनोविकार विषयक निबन्ध, सैद्धान्तिक समीक्षा,
भाषा विमर्श, आधुनिक साहित्य विषयक निबन्ध

सम्पादक
नामवर सिंह
आशीष त्रिपाठी

राजकमल प्रकाशन

ISBN : 978-81-267-2920-3

मूल्य : ₹ 8800
(आठ खंडों में)

पहला संस्करण : 2016

प्रकाशक : राजकमल प्रकाशन प्रा. लि.
1-बी, नेताजी सुभाष मार्ग, दरियागंज
नई दिल्ली-110 002

शाखाएँ : अशोक राजपथ, साइंस कॉलेज के सामने, पटना-800 006
पहली मंजिल, दरबारी बिल्डिंग, महात्मा गांधी मार्ग, इलाहाबाद-211 001
36 ए, शेक्सपियर सरणी, कोलकाता-700 017

वेबसाइट : www.rajkamalprakashan.com
ई-मेल : info@rajkamalprakashan.com

मुद्रक : बी.के. ऑफसेट
नवीन शाहदरा, दिल्ली-110 032

RAMCHANDRA SHUKLA RACHANAWALI-3
Edited by Namvar Singh & Ashish Tripathi

देहरी

आचार्य रामचन्द्र शुक्ल हिन्दी में वैचारिकता के शीर्ष प्रतिनिधि और वैचारिक साहित्य के आदि प्रस्तावक हैं। वे निबन्ध, आलोचना और साहित्येतिहास को एक अलंघ्य ऊचाई तक ले गए। वे परवर्ती जनों के लिए अनवरत प्रेरणा स्रोत रहे हैं। उनकी स्थापनाएँ निरन्तर वाद-विवाद के केन्द्र में रही हैं और आज भी उन पर चर्चा किए बगैर आगे बढ़ पाना सम्भव नहीं है। उन्हें पढ़ना आज भी एक अनिवार्यता है। स्वतंत्रता संग्राम और नवजागरण के हलचल भरे युग और उसकी अन्तर्धाराओं तथा अन्तर्द्वन्द्वों का गहरा प्रभाव उनकी रचनाशीलता पर पड़ा है। उनकी रचनाशीलता के अनेक आयाम रहे हैं–कवि, कहानीकार, निबन्धकार, आलोचक, साहित्येतिहासकार और अनुवादक। उनके इन सभी रूपों को समग्रता में प्रकाशित करने का काम उनके देहावसान के पश्चात से निरन्तर जारी है। आचार्य विश्वनाथ प्रसाद मिश्र ने 'रसमीमांसा' और 'चिंतामणि भाग-2' का प्रकाशन कर एक उच्चतर दायित्व का निर्वहन किया था। पश्चात प्रो. नामवर सिंह ने 'चिंतामणि भाग-3' और डॉ. ओम प्रकाश सिंह एवं श्रीमती कुसुम चतुर्वेदी ने 'चिंतामणि भाग-4' का सम्पादन-प्रकाशन कर इस शृंखला को आगे बढ़ाया। इसके बावजूद अभी अनेक निबन्ध यहाँ-वहाँ असंकलित मिलते हैं।

आचार्य शुक्ल के समग्र साहित्य के प्रकाशन के क्रम में यह रचनावली हिन्दी समाज के सम्मुख प्रस्तुत है। रचनावली को हमने आठ खंडों में विभाजित किया है :

1. हिन्दी साहित्य का इतिहास
2. व्यावहारिक समीक्षा–तीन पुस्तकें : गोस्वामी तुलसीदास, सूरदास, जायसी
3. निबन्ध–मनोविकार विषयक निबन्ध, सैद्धान्तिक समीक्षा, भाषा विमर्श, आधुनिक साहित्य विषयक निबन्ध
4. निबन्ध–इतिहास, समाज, विज्ञान, अंग्रेजी में लिखित निबन्ध और उनके हिन्दी अनुवाद
5. 'रस मीमांसा' एवं रसविषयक निबन्ध
6. रचनात्मक साहित्य–कविताएँ, कहानियाँ, जीवनी, रचनात्मक साहित्य का अनुवाद
7. अनुवाद
8. विविध

रचनावली के विविध खंडों में संकलित निबन्धों के प्रकाशन में पूर्व प्रकाशित पुस्तकों/संकलनों के क्रम को प्रायः बदल दिया गया है और उन्हें एक नई तरतीब दी गई है जो विषय की एकसूत्रता के अनुसार है। अनेक निबन्ध–जिन्हें शुक्ल जी पुनः-पुनः लिखते और विकसित करते रहे हैं–के सभी उपलब्ध ड्राफ्टों को उनके भिन्न या एक ही नाम (जिससे वे प्रकाशित हुए) से संकलित किया गया है, ताकि शुक्ल जी की विकास प्रक्रिया को भी समझा जा सके। हम 'हिन्दी साहित्य का इतिहास' के सभी प्रारूपों को भी पृथक्-पृथक् संकलित करने की इच्छा रखते थे–परन्तु इसमें रचनावली का असीमित विस्तार हो रहा था, इसलिए उसके अंतिम और आजकल प्रचलित लोकप्रिय प्रारूप को ही यहाँ संकलित किया गया है। इस रचनावली के एक खंड में आचार्य शुक्ल द्वारा पढ़ी गई कुछ विशिष्ट पुस्तकों को, शुक्ल जी द्वारा लिखी गई टिप्पणियों के साथ प्रकाशित किया जा रहा है। इससे शुक्ल जी की पाठ-प्रक्रिया और उनकी आलोचना-प्रक्रिया को भी समझने में एक हद तक मदद मिलेगी। इस खंड की परिकल्पना प्रो. नामवर सिंह की मूल योजना का हिस्सा रही है और हमने इसे ज्यूँ का त्यूँ लेना जरूरी समझा है।

'रामचन्द्र शुक्ल रचनावली' की इच्छा प्रो. नामवर सिंह के मन में पाँच दशक से भी अधिक समय से बनी रही है। रामचन्द्र शुक्ल की जन्मशती के अवसर पर वे ग्रन्थावली का प्रकाशन करना चाहते थे। परन्तु कतिपय कारणों से यह सम्भव न हुआ। जब शुक्लजी की रचनाएँ कॉपीराइट से मुक्त हो गईं तो यह इच्छा फिर से तीव्र हो गई। पर किन्हीं कारणों से यह फिर सम्भव न हुआ। अन्ततः अब यह सम्भव हो पा रहा है। एक गहरी रचनात्मक इच्छा की तरह इसे देखा जाना चाहिए। आचार्य रामचन्द्र शुक्ल के अनेक विचारों से गहरी असहमति के बावजूद, नामवर जी के मन में मौजूद गहरे कृतज्ञता भाव का ही यह एक प्रतिफल है। हम इसे हिन्दी समाज की एक बड़ी चारित्रिक खूबी के रूप में देख सकते हैं और इस काम को इस तरह पूरा होते देख, एक गहरा सन्तोष अनुभव करते हैं।

नामवर जी की गहरी इच्छा के बावजूद रचनावली के प्रकाशन में दो वर्ष से अधिक की देर के लिए व्यक्तिगत रूप से मैं जवाबदेह हूँ। खेद प्रकट करने के लिए मेरे पास शब्द नहीं हैं। इस काम को पूरा करने में युवा साथियों सर्वश्री विशाल विक्रम सिंह, रवि श्याम द्विवेदी, अनूप कुमार सिंह और अभिलाष कुमार का आभारी हूँ जिन्होंने अनेक अवसरों पर मेरा साथ दिया। राजकमल प्रकाशन के प्रबन्ध निदेशक श्री अशोक महेश्वरी जी के असीम धीरज और संवादी व्यक्तित्व के कारण ही देर के बावजूद यह काम इस तरह हो सका, जिन्होंने इसे शीर्ष वरीयता देने के साथ ही, इसके प्रकाशन में आने वाली अनेक अड़चनों को दूर किया। रचनावली के प्रकाशन के अवसर पर हम आचार्य शुक्ल के संकलन/प्रकाशन का महती उत्तरदायित्व निभाने वाले सम्पादकों एवं प्रकाशकों के प्रति कृतज्ञता का अनुभव करते हैं। इस रचनावली के प्रकाशन से आचार्य शुक्ल पर समग्रता से बात करना संभव हो सकेगा, इस बहाने यदि पुनः उनके कार्य पर चर्चा हो तो हमारा श्रम सार्थक होगा।

–आशीष त्रिपाठी

अनुक्रम

भाषा विमर्श

आधुनिक साहित्य का विकास

रामचन्द्र शुक्ल का आलोचना-संघर्ष और आलोचना के वैचारिक आधार

[1]

आचार्य रामचन्द्र शुक्ल जैसा गम्भीर और स्वतंत्र समालोचक हिन्दी तो क्या अन्य भारतीय भाषाओं में भी दूसरा नहीं हुआ। शुक्लजी की जन्मशती के अवसर पर आचार्य हजारीप्रसाद द्विवेदी के इस कथन के स्मरण से गर्व की भी अनुभूति होती है और आत्मविश्वास की भी। किन्तु सवाल यह है कि अपने इस महान समालोचक की गम्भीरता और स्वतंत्रता को हमने कितना समझा है?

हिन्दी आलोचना की स्वतंत्रता से आचार्य शुक्ल का क्या तात्पर्य है, यह 'काव्य में रहस्यवाद' के इस अनुच्छेद से स्पष्ट है : ''यह अच्छी तरह समझ रखना चाहिए कि हमारे काव्य का, हमारे साहित्य-शास्त्र का, एक स्वतंत्र रूप है जिसके विकास की क्षमता और प्रणाली भी स्वतंत्र है। उसकी आत्मा को, उसकी छिपी हुई भीतरी प्रकृति को पहले जब सूक्ष्मता से पहचान लेंगे तभी दूसरे देशों के साहित्य के स्वतंत्र पर्यालोचन द्वारा अपने साहित्य के उत्तरोत्तर विकास का विधान कर सकेंगे। हमें अपनी दृष्टि से दूसरे देशों के साहित्य को देखना होगा; दूसरे देशों की दृष्टि से अपने साहित्य को नहीं।''

किन्तु इसका अर्थ अपने अतीत की ओर प्रत्यावर्तन नहीं, इसका स्पष्टीकरण आगे के इस कथन से हो जाता है कि ''हम सारा काव्य-क्षेत्र देव, मतिराम और बिहारी आदि के घेरे के भीतर देखनेवाले पुराने लकीर के फकीर न कभी रहे हैं और न हैं। हम अपने हिन्दी काव्य को विश्व की नित्य और अनन्त विभूति में स्वच्छन्दतापूर्वक, अपनी स्वाभाविक प्रेरणा के अनुसार, अपनी आँख खोलकर, विचरण करते देखना चाहते हैं। पर यह दिन तभी आ सकता है जब हमारी अन्तर्दृष्टि को आच्छन्न करनेवाले पर्दे हटेंगे और हमारे विचारों में बल आएगा।''

आचार्य शुक्ल की यह स्वातंत्र्य चिन्ता सिर्फ साहित्य और साहित्य-शास्त्र तक सीमित नहीं है, बल्कि इसकी जड़ें ज़्यादा गहरी हैं और क्षेत्र भी अधिक व्यापक है। वस्तुतः इसका सम्बन्ध सम्पूर्ण जाति अथवा राष्ट्र की स्वतंत्र सत्ता से है, जैसा कि अन्यत्र उनके इस कथन से स्पष्ट है : ''जो हृदय संसार की जातियों के बीच अपनी जाति की

स्वतंत्र सत्ता का अनुभव नहीं कर सकता, वह देश-प्रेम का दावा नहीं कर सकता। इस स्वतंत्र सत्ता से अभिप्राय स्वरूप की स्वतंत्र सत्ता से है; केवल अन्न-धन संचित करने और अधिकार भोगने की स्वतंत्रता से नहीं। अपने स्वरूप को भूलकर यदि भारतवासियों ने संसार में सुरक्षा-समृद्धि प्राप्त की तो क्या?''

इसी प्रकार आचार्य शुक्ल की 'गम्भीरता' भी सिर्फ चिन्तन की गहराई नहीं, बल्कि दायित्व की गम्भीरता है। उनके लिए समालोचना-कर्म केवल साहित्यिक कृतियों के विश्लेषण और मूल्यांकन तक सीमित नहीं है, बल्कि उसके सम्मुख एक बड़ा सामाजिक और सांस्कृतिक दायित्व है, जिसे वे प्रायः 'लोक-मंगल', 'लोक-संग्रह' और 'लोक-रक्षा' आदि शब्दों से व्यक्त करते हैं। हिन्दी आलोचना का यह सौभाग्य है कि उसकी प्रतिष्ठा साहित्य के व्यापक सामाजिक दायित्व की गहरी नींव पर हुई, जिसे आलोचना-कर्म के दौरान अक्सर भुला दिया जाता है। इसीलिए शुक्लजी की आलोचना में कर्म के लिए, संघर्ष के लिए आह्वान है, अन्य रसवादी आचार्यों के समान काव्यानुभूति अथवा सौन्दर्यानुभूति के 'आस्वाद' के लिए आमंत्रण नहीं!

किन्तु महत्त्वपूर्ण बात यह है कि साहित्य की सामाजिक सार्थकता पर बल देते हुए भी आचार्य शुक्ल की दृष्टि साहित्य के स्वधर्म पर बराबर टिकी रहती है और वे बड़ी तत्परता से हर समय इस बात का निर्णय करते चलते हैं कि साहित्य की कोटि में क्या आता है, क्या नहीं आता। 1935 के इन्दौर साहित्य सम्मेलन की साहित्य परिषद के अपने अध्यक्षीय भाषण के आरम्भ में ही वे घोषणा करते हैं कि ''कुछ हदबन्दी मैं कर लेना चाहता हूँ; यह स्थिर कर लेना चाहता हूँ कि शुद्ध साहित्य के भीतर क्या-क्या आता है।''

यहाँ 'शुद्ध साहित्य' शब्द से यह भ्रम न होना चाहिए कि आचार्य शुक्ल तथाकथित 'शुद्ध साहित्य' के हिमायती थे। अपने 'हिन्दी साहित्य का इतिहास' में शुक्लजी ने जिस प्रकार 'साहित्य कोटि' में रचनाओं को सम्मिलित और तिरस्कृत किया है, उससे स्पष्ट है कि उनकी 'साहित्य कोटि' उतनी शुद्ध न थी, बल्कि उसमें एक निश्चित जीवन-दृष्टि भी समाविष्ट थी। उदाहरण के लिए, जब वे कहते हैं कि ''देवकीनन्दन खत्री के उपन्यास 'साहित्य-कोटि में नहीं आते', जबकि किशोरी लाल गोस्वामी की रचनाएँ 'साहित्य-कोटि में आती हैं' तो दृष्टि बहुत कुछ साहित्यिक ही दिखाई पड़ती है। किन्तु एक विशेष प्रकार की जीवन-दृष्टि से समन्वित 'साहित्य-कोटि' उस समय खुलकर सामने आ जाती है जब वे सिद्धों और योगियों की रचनाओं पर यह निर्णय देते हैं कि वे ''शुद्ध साहित्य की कोटि में नहीं आतीं।'' अन्ततः आचार्य शुक्ल की संश्लिष्ट साहित्य-कोटि अथवा काव्य-कोटि का प्रतिनिधि मत वह है जब वे कहते हैं कि ''सच्चा कवि वही है जिसे लोक-हृदय की पहचान हो, जो अनेक विशेषताओं और विचित्रताओं के बीच से मनुष्य जाति के सामान्य हृदय को अलग करके देख सके।''

साहित्य की इस 'कोटि' से मतभेद हो सकता है, किन्तु इस बात में मतभेद की गुंजाइश नहीं है कि साहित्य को जाँचने-परखने के लिए आचार्य शुक्ल का एक निश्चित

मानदंड था और साहित्य में वे एक मानदंड कायम करने के लिए निरन्तर संघर्षशील थे। आकस्मिक नहीं है कि अन्तिम दिनों में वे 'मानदंड' नाम से एक पत्रिका भी निकालना चाहते थे, जैसा कि विश्वनाथ प्रसाद मिश्र के साक्ष्य से ज्ञात होता है। अपने साहित्यिक मानदंड को वे अन्ततः व्यवस्थित सैद्धान्तिक रूप भी देना चाहते थे, जिसका आभास मरणोत्तर सम्पादित और प्रकाशित 'रस-मीमांसा' नामक ग्रन्थ की योजना से मिलता है, जिसमें पूर्व प्रकाशित निबन्धों को एक योजना के अन्तर्गत क्रमबद्ध करके रिक्त स्थानों की पूर्ति के लिए नए विषयों पर लिखने का प्रयास जारी था।

अन्तिम व्यवस्थित रूप में प्राप्त न होने पर भी आचार्य शुक्ल के मानदंड का स्वरूप बहुत-कुछ पूर्ण और स्पष्ट है। इस मानदंड की विशेषता यह है कि साहित्य के अन्तर्गत क्या आ सकता है और क्या नहीं तथा कौन-सा साहित्य महान है–इन दोनों बातों का निर्णय एक ही साहित्यिक मानदंड से सम्भव है। आचार्य शुक्ल टी.एस. इलियट की दुहरे मानदंडों की इस विडम्बना से सर्वथा मुक्त दिखाई पड़ते हैं कि कविता क्या है और क्या नहीं–इसे जाँचने के लिए तो शुद्ध साहित्यिक मानदंड अपेक्षित है; किन्तु महान काव्य के निर्णय के लिए साहित्येतर मानदंड की आवश्यकता पड़ती है।

आचार्य शुक्ल के मानदंड की एक बड़ी भारी विशेषता यह भी है कि वह अपने सैद्धान्तिक और व्यावहारिक दोनों रूपों में सुलभ हैं। यदि 'कविता क्या है', 'काव्य में लोक-मंगल की साधनावस्था' आदि निबन्धों में सिद्धान्त का निरूपण है तो जायसी, सूरदास और तुलसीदास की समीक्षाओं में उस सिद्धान्त का विनियोग। यदि कोई सिद्धान्त और व्यवहार को एकत्र ही समन्वित रूप में देखना चाहता है तो शुक्लजी का 'हिन्दी साहित्य का इतिहास' मूर्तिमान मानदंड है।

अब स्वभावतः यह सवाल उठता है कि आचार्य शुक्ल की आलोचना का वह मानदंड क्या है?

आचार्य शुक्ल की रचनाओं से उभरकर सबसे पहले जो बात सामने आती है वह है साहित्य में वस्तुमत्ता अथवा वास्तविकता-सिद्धान्त का आग्रह, जिसे यथार्थवाद की संज्ञा भी दी जा सकती है। 'रस-मीमांसा' में उन्होंने स्पष्ट लिखा है कि "शब्द-काव्य की सिद्धि के लिए वस्तुकाव्य का अनुशीलन परम आवश्यक है।" तुलसीदास की पंक्ति 'अन्तरजामिहु ते बड़ बाहिरजामी है...' को बार-बार दुहराते वे थकते नहीं। इस अनन्त रूपात्मक जगत् की रूप-तरंगों से उन्हें इतना लगाव है कि वे इसी के चित्रण को काव्य का चरम लक्ष्य मानते हैं। इतना ही नहीं, वस्तुमत्ता के प्रति उनका आग्रह इस सीमा तक है कि वे प्रत्यक्षानुभूति को भी काव्यानुभूति की कोटि का मान लेते हैं और सीधे प्रकृति-दर्शन को भी रसानुभूति का दर्जा देने के लिए तैयार हो जाते हैं। तुलसी, सूर और जायसी इसी वस्तुमत्ता के कारण उनके प्रिय कवि हैं और इसी के अभाव में वे योगियों, सिद्धों यहाँ तक कि कबीर की भी आलोचना करते हैं। रहस्यवाद और अध्यात्मवाद पर भी उनके प्रहार का यही कारण है कि वहाँ वस्तु जगत् का तिरस्कार करके या तो अन्तःसाधना पर बल दिया जाता है या फिर अलौकिक की ओर संकेत होता है।

वस्तुमत्ता के साथ ही आचार्य शुक्ल का आग्रह 'समग्रता' पर है, इसीलिए वे काव्य में 'रामचरितमानस' जैसे प्रबन्ध काव्य को श्रेष्ठ मानते हैं और प्रबन्ध काव्यों की तुलना में प्रगति मुक्तकों तथा गीतों को दूसरा स्थान देते हैं–फिर वह गीत काव्य 'सूरसागर' ही क्यों न हो! जीवन की समग्रता पर दृष्टि होने के कारण ही आचार्य शुक्ल साहित्य में 'विरुद्धों का सामंजस्य' देखना चाहते हैं, जिसके अन्दर मधुर और कोमल के साथ भीषण और प्रचंड का भी चित्रण अपेक्षित है और वहाँ रसराज शृंगार का ही अखंड राज्य नहीं है, बल्कि क्रोध और करुणा की भी प्रतिष्ठा है।

साहित्य में वस्तुमत्ता और समग्रता की स्वाभाविक परिणति है लोकसामान्य अथवा साधारण की प्रतिष्ठा और विशिष्ट, विलक्षण अथवा असाधारण का तिरस्कार। कवि मलयज ने अपने एक लेख में बड़े विस्तार से दिखलाने का प्रयत्न किया है कि 'सामान्य मनुष्य' ही शुक्लजी की लड़ाई का 'हीरो' था और इसी के द्वारा उन्होंने साहित्य में हर तरह की विलक्षणता के विरुद्ध संघर्ष किया–चाहे वह प्रकृति चित्रण के क्षेत्र में असामान्य वस्तुओं का चित्रण हो, चाहे कथात्मक कृतियों में व्यक्ति-वैचित्र्यवाद अथवा कविता में चमत्कारवाद या कलावाद। आचार्य शुक्ल ने स्पष्ट लिखा है कि "केवल असाधारणत्व-दर्शन की रुचि सच्ची सहृदयता की पहचान नहीं है।" क्योंकि उनका दृढ़ विश्वास था कि "साधारण-से-साधारण वस्तु हमारे गम्भीर-से-गम्भीर भाव का आलम्बन हो सकती है।"

संक्षेप में, आचार्य शुक्ल ने वस्तुमत्ता, समग्रता और साधारणता की त्रयी के आधार पर साहित्य में उस सिद्धान्त की स्थापना की, जिसे सुविधा के लिए 'यथार्थवाद' की संज्ञा दी जा सकती है।

आचार्य शुक्ल के मानदंड को सूत्रबद्ध करते हुए अनायास ही मुझे प्रसिद्ध मार्क्सवादी आलोचक जॉर्ज लूकाच का स्मरण हो आता है। विचारधारा में अन्तर होते हुए भी आचार्य शुक्ल और जॉर्ज लूकाच में कम-से-कम एक बात में अद्‌भुत समानता दिखाई पड़ती है कि दोनों ही आलोचक वस्तुमत्ता, समग्रता और साधारणता के प्रबल आग्रही थे और इन सिद्धान्तों के आधार पर उन्होंने बड़ी दृढ़ता से अपने साहित्य की परम्परा का मूल्यांकन किया–साथ ही अपने समकालीन साहित्य की कड़ी आलोचना भी की। लूकाच यदि 'मॉडर्निज़्म' अथवा 'आधुनिकतावाद' से आजीवन जूझते रहे तो शुक्लजी 'छायावाद' पर कुप्रभाव डालनेवाले रहस्यवाद, अभिव्यंजनावाद और कलावाद से! इन दोनों महान आलोचकों में एक आश्चर्यजनक समानता यह भी है कि दोनों के मानदंड एक-सी नियति को प्राप्त हुए। लूकाच को चुनौती दी ब्रेष्ट ने तो रामचन्द्र शुक्ल को निराला ने! और यही वह घटना है जो शुक्लजी के मानदंड की सीमाओं पर सोचने के लिए मजबूर करती है।

यह सही है कि आचार्य शुक्ल की मृत्यु पर निराला ने उनके महत्त्व को स्वीकार करते हुए कविता लिखी, जिसमें उन्हें समालोचना की अमानिशा में 'दिव्य कलाधर' के रूप में उदित होनेवाला बताया। इसी के साथ यह भी उल्लेखनीय है कि 'हिन्दी साहित्य का इतिहास' के अन्तिम संस्करण में आचार्य शुक्ल ने भी निराला की 'बहुवस्तु-स्पर्शिनी

प्रतिभा' की प्रशंसा की, यद्यपि निराला पर उन्होंने उतने विस्तार से नहीं लिखा जितने विस्तार से प्रसाद और पन्त पर लिखा था। किन्तु ये सब बाद की बातें हैं। 1928 में शुक्लजी ने 'पाखंड प्रतिशेष' शीर्षक कविता में निराला की ओर स्पष्ट संकेत करते हुए लिखा :

'काव्य' में 'रहस्य' कोई 'वाद' है न ऐसा जिसे
लेकर 'निराला' कोई पन्थ ही खड़ा करे।

मर्यादावादी आचार्य के मन में इस विषय को लेकर इतना क्षोभ था कि 'नवीनता की डींग भरी बकबक' और 'कहीं अंग्रेजी अनुवाद का अनाड़ीपन' लिखकर ही सन्तुष्ट नहीं हुए बल्कि समस्त मर्यादाओं का उल्लंघन कर यह भी लिख डाला :

कहाँ का अध्यात्म? अरे कैसी ब्रह्मलिप्सा यह—
वासना का लम्बा-चौड़ा रूप विकराल अति।
देह के मलों का यह सागर अपार!
काव्यवृत्तियों का झंझावात झूठ की प्रचंड गति।
अये अये भंडता की कैसी है पुकार यह?
जड़ता से जड़ी हुई कैसी यह मोटी मति?
अन्धाधुन्ध कैसी? यह भेड़ियाधसान कैसी!
नकलनवीसी कैसी? कैसी अज्ञान-रति!

इसके ठीक बाद शुक्लजी का 'काव्य में रहस्यवाद' नामक ग्रन्थ प्रकाशित हुआ जिस पर निराला ने 'काव्य-साहित्य' शीर्षक निबन्ध में टिप्पणी करते हुए लिखा : "पंडित रामचन्द्र शुक्लजी की 'काव्य में रहस्यवाद' पुस्तक उनकी आलोचना से पहले उनके अहंकार, हठ, मिथ्याभिमान, गुरुडम तथा रहस्यवादी या छायावादी कहलाने वालों के प्रति उनकी अपार घृणा सूचित करती है। ऐसा दुर्वासा समालोचक कभी भी किसी कृति-शकुन्तला का कुछ बिगाड़ नहीं सके, अपने शाप से उसे और चमका दिया है।"

इस प्रसंग में डॉ. रामविलास शर्मा की टिप्पणी उल्लेखनीय है—विशेषतः इसलिए कि उन्हें आचार्य रामचन्द्र शुक्ल को प्रतिष्ठित करने का श्रेय है। डॉ. शर्मा ने 1948 में प्रकाशित 'निराला' नामक अपनी पुस्तक में निराला के पक्ष से शुक्लजी की आलोचना करते हुए लिखा कि "रहस्यवाद के नाम पर नई गीतात्मकता, भावव्यंजना, शब्दावली, छन्द आदि के प्रति भी शुक्लजी उदासीन रहे। छायावादी कवियों ने साहित्य के सभी रूपों में जो व्यापक परिवर्तन किए थे, उन पर रहस्यवाद का पर्दा डालकर एक महान परिवर्तन का तिरस्कार किया गया। इस एकांगी आलोचना से साहित्य का अहित ही हो सकता था।"

इस सन्दर्भ में शुक्लजी की 'एकांगी आलोचना' का कारण बतलाते हुए डॉ. शर्मा ने यह भी लिखा है कि "शुक्लजी द्विवेदी युग के सामाजिक रूढ़िवाद के समर्थक थे। तुलसीदास पर अपनी पुस्तक लिखते हुए उन्होंने इस बात को भी एक आदर्श के रूप

में स्वीकार किया है कि गोस्वामी जी ने वर्णाश्रम धर्म का समर्थन किया था। कबीर को वह केवल एक ध्वंसात्मक और विशृंखल विचारों का कवि मानते थे। इन दोनों कवियों के ही क्रान्तिकारी पहलू उनकी दृष्टि से ओझल रहे। इसलिए यह स्वाभाविक था कि नए कवियों ने रूढ़ियों के प्रति जो विद्रोह किया था, उनका मूल्य वे न आँक सके। छायावाद का विरोध करके वे द्विवेदी युग की रूढ़ियों को स्थायी बनाने का असफल प्रयत्न करते रहे।''

आगे चलकर 1972 में 'निराला की साहित्य-साधना' के दूसरे भाग में डॉ. शर्मा ने अपने इन विचारों में सिर्फ इतना ही परिवर्तन किया कि ''अनेक दृष्टियों से विचारधारा में प्रगतिशील होने पर भी शुक्लजी भावबोध की उसी दुनिया में रहते थे जिसके सम्राट महावीरप्रसाद द्विवेदी थे।'' इस क्रम में उन्होंने आचार्य शुक्ल की सीमा की ओर संकेत करते हुए यह भी कहा कि ''शुक्लजी प्रकृति के सौन्दर्य पर तो मुग्ध हो लेते थे, नारी के सौन्दर्य को साधारणतः लोक-मंगल की भावना का विरोधी समझते थे।''

यदि आचार्य शुक्ल के भावबोध की ये सीमाएँ हैं तो निश्चय ही इनके कारण उनकी साहित्य-दृष्टि भी सीमित हुई होगी; किन्तु क्या यह भावबोध विचारधारा की सीमा का भी संकेत नहीं देता? सिद्धान्त के स्तर पर विचारधारा और भावबोध के बीच अन्तर्विरोध की सम्भावना को स्वीकार करते हुए भी इस मामले की सूक्ष्म परीक्षा आवश्यक है। फिलहाल ब्योरे में जाने के लिए अवकाश नहीं है, इसलिए संक्षेपतः इतना ही कहना काफी होगा कि कबीर और निराला के क्रान्तिकारी कृतित्व का विरोध केवल भावबोध की सीमा नहीं हो सकती, बल्कि इसका कुछ-न-कुछ सम्बन्ध विचारधारा से भी होना चाहिए।

ऐसा प्रतीत होता है कि आचार्य शुक्ल जीवन और साहित्य दोनों क्षेत्रों में किसी प्रकार के क्रान्तिकारी परिवर्तन के पक्ष में न थे। परिवर्तन के कारण उन्हें लोकजीवन और साहित्य के अन्दर विशृंखलता फैलने की आशंका थी। उनकी दृष्टि से वह युग ज़रूरत से ज़्यादा विशृंखल हो चला था और उसे अधिक बिखरने देने की अपेक्षा बाँधकर रखने की आवश्यकता अधिक थी। युग के बारे में अपनी इसी समझ के कारण वे बार-बार 'सामंजस्य' पर बल दे रहे थे और 'लोक-संग्रह' तथा 'लोक-रक्षा' जैसे शब्दों के द्वारा अपनी चिन्ता व्यक्त करते थे। इसलिए प्राचीन और नवीन के द्वन्द्व तथा प्राचीन से नवीन की दिशा में संक्रमण को वे 'परम्परा' के सूत्र में बाँधने का प्रयास कर रहे थे। अपने उस कार्य में उन्हें यदि सबसे अधिक उपयोगी तुलसीदास प्रतीत हुए तो इसीलिए कि स्वयं तुलसीदास भी अपने युग को इसी रूप में देख रहे थे और 'मर्यादा' तथा 'समन्वय' को ही सर्वोच्च आदर्श मान रहे थे। इसीलिए यह अकारण नहीं है कि उस युग के अनेक रचनाकारों को आचार्य शुक्ल परम्परावादी प्रतीत हुए।

इस दृष्टि से आचार्य शुक्ल के विषय में जैनेन्द्र कुमार के लेख 'शुक्लजी की

मानसिक भूमि' की कुछ स्थापनाएँ अप्रत्याशित रूप से सत्य के काफी निकट दिखाई देती हैं। जैनेन्द्रजी ने स्पष्ट लिखा है कि "वह (शुक्लजी) स्थिति के प्रतिनिधि थे। गति के विपक्ष और स्थिति पक्ष के योद्धा के रूप में वह खड़े हुए और जूझे। वह स्थिरासन थे।" इतना होते हुए भी जैनेन्द्र जी के अनुसार "उन्होंने इस अंश में वर्तमान का हित किया कि अपनी परम्परा से उसे बिछुड़ने न देने में अपनी शक्ति लगाई। अर्थात् साहित्य में अनुत्तरदायी और उच्छृंखल तत्त्वों को उन्होंने उभरने से रोका। वर्तमान को भविष्य की ओर बढ़ने में उनसे प्रेरणा नहीं मिली सही, पर साहित्य में प्रतिगामी और हलकी प्रवृत्तियों को उनसे अवरोध मिला।"

आचार्य शुक्ल ने अपनी आलोचना का मानदंड भी सम्भवतः इसी प्रयोजन के लिए निर्मित किया था और इस बात में कोई सन्देह नहीं कि वे कृतकार्य हुए। मर्यादा बाँधने में वे निश्चय ही सफल हुए। एक मानदंड के लिए यह सामान्य उपलब्धि नहीं है; पर मानदंड की नियति भी कदाचित् यही है। जॉर्ज लूकाच के यथार्थवाद की नियति भी भिन्न नहीं! पर इससे आलोचक की महानता में अन्तर नहीं पड़ता। आचार्य अपने आलोचना के मापदंड के कारण ही नहीं बल्कि इसके बावजूद महान हैं : आज भी हिन्दी के सबसे बड़े समालोचक! 'स्थितः पृथिव्या इव मानदंडः।'

[2]

डॉ. राममूर्ति त्रिपाठी ने आचार्य शुक्ल की आलोचना करते हुए जगह-जगह यह दिखाने की कोशिश की है कि आचार्य शुक्ल को संस्कृत काव्यशास्त्र की सही जानकारी न थी। अब यदि आचार्य शुक्ल को हिन्दी में प्रतिष्ठित करने का यही तरीका है, तो मुझे कुछ नहीं कहना, लेकिन इस प्रयास में त्रिपाठी जी अकेले नहीं हैं, ऐसे पंडित और भी हैं जिन्होंने संस्कृत काव्यशास्त्र के विषय में आचार्य शुक्ल की 'भ्रान्तियों के उद्घाटन' (?) से ही सुख-लाभ कमाया है।

वस्तुतः शुक्लोत्तर आलोचना का अधिकांश शुक्लेतर है—शुक्ल-विरोध में भी और शुक्ल-समर्थन में भी। एक तरह से देखें तो वह हिन्दी आलोचना का शुक्लपक्ष नहीं, कृष्णपक्ष है। विरोधियों में एक वर्ग उन आलोचकों का है जो अपने आपको छायावादी काव्य का पक्षधर कहते थे। पं. नन्ददुलारे वाजपेयी इनमें विशेष रूप से उल्लेखनीय हैं। यह सही है कि बाद में वे शुक्लजी के रस-सिद्धान्त के समर्थक हो गए थे किन्तु शुक्ल जी के 'रस' को भी उन्होंने अपने तथाकथित सौष्ठववादी साँचे में ढाल लिया था, अन्यथा, शुक्लजी की लोकवादी साहित्य-दृष्टि पर तो उन्होंने प्रहार ही किए थे जिसका दिलचस्प दस्तावेज है 'हिन्दी साहित्य : बीसवीं शताब्दी'। इसी क्रम में 'रस-सिद्धान्त' के शुक्लोत्तर हिमायती डॉ. नगेन्द्र का भी उल्लेख किया जा सकता है, जिनकी दृष्टि में शुक्लजी का 'रस-सिद्धान्त' बहुत सी बातों में सदोष और असंगतिपूर्ण था। इसी प्रकार 'छायावाद का पतन' के लेखक डॉ. देवराज भी आचार्य शुक्ल की छायावाद सम्बन्धी आलोचना से सहमत होने और उनकी क्लासिकी साहित्य-दृष्टि का समर्थन करने के

बावजूद 'काव्य में लोक-मंगल की साधनावस्था' को अस्वीकार करते दिखाई पड़ते हैं। दूसरी ओर शिवदान सिंह चौहान और रांगेय राघव जैसे प्रगतिवादी आलोचक हैं जो आचार्य शुक्ल पर 'ब्राह्मणवाद' और 'एकांगी समाजशास्त्रीयता' का आरोप कर रहे थे।

जहाँ तक विश्वविद्यालयों के हिन्दी विभागों का सवाल है, उनमें से बहुतों को आचार्य शुक्ल के आचार्यत्व में भी सन्देह था। इलाहाबाद विश्वविद्यालय से डी.फिल. की उपाधि के लिए स्वीकृत और प्रकाशित 'तुलसीदास' नामक एक शोध-प्रबन्ध में तो यहाँ तक कहा गया कि शुक्लजी साधारण बातों को असाधारण ढंग से कहने में कुशल थे; अर्थात् वाग्जाल को हटाकर देखें तो उनकी बातें साधारण ही हैं।

यह है शुक्लोत्तर हिन्दी आलोचना का मानचित्र, जिसमें आचार्य शुक्ल के विरुद्ध रूढ़िवादी, छायावादी और प्रगतिवादी आलोचक तथा विश्वविद्यालयों के डॉक्टर-प्रोफेसर सभी एक पाँत में खड़े दिखाई पड़ते हैं। इस पंक्ति में जो अनुपस्थित हैं जैसे कि प्रयोगवादी और नई-कवितावादी, उन्होंने तो शुक्लजी को विरोध के योग्य भी नहीं समझा, जिसका स्पष्ट अर्थ है कि उनके लिए आचार्य शुक्ल का अस्तित्व ही न था।

डॉ. रामविलास शर्मा की पुस्तक 'आचार्य रामचन्द्र शुक्ल और हिन्दी आलोचना' इसी वातावरण में आई–आचार्य शुक्ल के निधन के 14 वर्ष बाद 1955 में। डॉ. शर्मा ने आचार्य शुक्ल पर तब तक किए गए समस्त आक्षेपों का तथ्यपूर्ण और तर्कपूर्ण उत्तर देते हुए उनकी साम्राज्यवाद-विरोधी, सामन्तवाद-विरोधी लोकवादी जीवन दृष्टि तथा लोक-मंगलकारी साहित्यिक मान्यताओं को दृढ़ता के साथ प्रतिष्ठापित किया। जरूरी नहीं कि डॉ. शर्मा की सभी मान्यताओं से हमारी सहमति हो ही, किन्तु यह तथ्य है–ऐतिहासिक तथ्य कि तमाम विरोधों और आक्षेपों के बीच आचार्य शुक्ल को साहित्य में प्रतिष्ठित करने का श्रेय डॉ. रामविलास शर्मा को ही है, और मैं बिना हिचक कह सकता हूँ कि आचार्य शुक्ल पर डॉ. शर्मा की पुस्तक से बेहतर पुस्तक अभी तक नहीं लिखी गई है। वस्तुतः इस पुस्तक के द्वारा डॉ. रामविलास शर्मा ने स्वयं प्रगतिशील लेखकों को भी आचार्य शुक्ल की बहुमूल्य विरासत से अवगत कराया, साथ ही यह प्रमाणित कर दिया कि आचार्य शुक्ल की लोकवादी विचारधारा के सच्चे वारिस प्रगतिशील लेखक हैं और उन्हीं पर शुक्लजी की परम्परा को सुरक्षित और विकसित करने का दायित्व भी है! आचार्य शुक्ल सर्वसंग्रहीन थे जो एक ही साँस में 'यह भी ठीक, वह भी ठीक' कहें। उनकी राय दो-टूक होती थी। प्रमाण है इन्दौर साहित्य सम्मेलन की साहित्य परिषद के अध्यक्ष पद से दिए गए भाषण के आरम्भ का ही यह वाक्य : "यह स्थिर कर लेना चाहता हूँ कि शुद्ध साहित्य के भीतर क्या-क्या आता है।" स्पष्ट है कि यदि साहित्य के अन्दर सब कुछ आ जाता होता तो फिर 'स्थिर' करने की क्या आवश्यकता थी। मैं इस विषय में आचार्य शुक्ल के अनेक उद्धरण देकर बतला चुका हूँ कि साहित्य सम्बन्धी एक निश्चित धारणा के कारण ही सिद्धों-योगियों की वाणियों को वे साहित्य-कोटि में नहीं मानते थे। यही नहीं बल्कि आधुनिक युग में जहाँ वे किशोरी लाल गोस्वामी के उपन्यासों को 'साहित्य कोटि' में मानते थे, देवकीनन्दन

खत्री के उपन्यासों को 'साहित्य कोटि' में स्वीकार करने के लिए तैयार न थे। इसी प्रकार वे 'सूक्ति' को भी काव्य नहीं मानते थे।

नवल किशोर जी का यह कथन ध्यान देने योग्य है कि शुक्लजी पर पश्चिम के 'उदारतावादी' विचारों का प्रभाव पड़ा था। इस बात से असहमत वही होंगे जो अन्धराष्ट्रवादी 'भारतव्याकुल' हैं। जिस व्यक्ति ने हैकेल की 'रिडल्स आफ यूनिवर्स' पुस्तक का हिन्दी अनुवाद किया हो और जिसने समालोचना के सन्दर्भ में आई.ए. रिचर्ड्स के मत को अपने समर्थन में उद्धृत किया हो, उसे पश्चिम के विचारों का अन्ध-विरोधी कहना गलत होगा। किन्तु शुक्लजी ने जिस तरह एक ओर आई.ए. रिचर्ड्स को अंशतः स्वीकार किया और क्रोचे का ज़ोरदार खंडन किया, उससे स्पष्ट है कि पश्चिम के प्रति संग्रह और त्याग के मामले में शुक्लजी बहुत सतर्क थे। उनके लिए पश्चिम में भी दो पश्चिम थे : एक था वैज्ञानिक, जनतांत्रिक और मानववादी मूल्यों के लिए संघर्षरत पश्चिम और दूसरा पश्चिम इन मूल्यों का विरोधी तथा प्रतिगामी था। कहने की आवश्यकता नहीं कि शुक्लजी ने पहली धारा से प्रेरणा ली और दूसरी धारा का विरोध किया; और ऐसा करना अपनी राष्ट्रीय अस्मिता की खोज में बाधक नहीं। यहाँ मेरी आपत्ति नवल किशोर जी द्वारा प्रयुक्त 'लिबरलिज्म' अथवा 'उदारतावाद' शब्द पर है, जिससे वे शुक्लजी को प्रभावित मानते हैं। मेरे खयाल में नवल किशोर जी ने नेक इरादे से ही इस शब्द का प्रयोग किया है, लेकिन शब्द उपयुक्त नहीं है। पश्चिम के उदारतावाद से प्रभाव ग्रहण करनेवाले उस समय के अधिकांश भारतीय विचारकों में रानाडे, गोखले, मदनमोहन मालवीय जैसे लोग थे, जिनका सम्बन्ध कांग्रेस में 'नरम दल' से था। तथ्य यह है कि शुक्लजी गरम दलीय लोकमान्य तिलक के अनुयायी थे। जीवन और साहित्य में आचार्य शुक्ल जिस प्रकार सात्विक क्रोध, संघर्ष, कर्म-सौन्दर्य आदि पर बल देते थे, उससे स्पष्ट है कि उदारतावाद उनके लिए नरम चारा था। इसलिए आचार्य शुक्ल के सन्दर्भ में 'उदारतावाद' के स्थान पर पश्चिम के जनवादी अथवा लोकवादी विचारों के प्रभाव का उल्लेख अधिक संगत है।

प्रसंगवश, नवल किशोर जी ने आचार्य शुक्ल को 'आभिजात्यवादी' भी कहा है, और सामन्त-विरोधी भी। मेरी समझ में ये दोनों बातें परस्पर-विरोधी हैं, जो व्यक्ति सामन्त-विरोधी होगा वह आभिजात्यवादी कैसे हो सकता है? उदाहरण के लिए प्रकृति के सन्दर्भ में शुक्लजी ने स्पष्टतः उस रुचि का विरोध किया है जिसका सम्बन्ध दरबारों से है। रीतिकाव्य की कड़ी आलोचना का भी यही कारण है। इसलिए दरबारी संस्कृति और अभिरुचि के प्रबल विरोधी आचार्य शुक्ल को आभिजात्यवादी कहना गाली है।

वस्तुतः शुक्ल जी का अपना पक्ष 'लोक' का ही था। लोक-जीवन, लोक-धर्म, लोक-मर्यादा, लोक-मंगल, लोक-संग्रह, लोक-रुचि, लोक-काव्य आदि उनकी समालोचना के बीज शब्द हैं, जिनसे उनकी मूल दृष्टि का पता चलता है। इस 'लोक' शब्द से सामान्य ग्राम जीवन और कृषिप्रधान जीवनचर्या की ओर उनके झुकाव का बोध होता

है और इस बात के पर्याप्त संकेत हैं कि वे शहरों की औद्योगिक एवं व्यावसायिक सभ्यता के घातक प्रभाव के बारे में सशंक थे। किन्तु इसका अर्थ यह नहीं कि वे सरल आदिम वन्य जीवन की वापसी में विश्वास रखते थे। आचार्य शुक्ल के सामाजिक चिन्तन की कुंजी उनके द्वारा बहु-प्रयुक्त 'लोक' शब्द है जिस पर और अधिक गहराई से विचार करने की जरूरत है।

आचार्य रामचन्द्र शुक्ल की आलोचना को समझने का एक तरीका यह भी है कि उन्हें समकालीन रचनाशीलता के साथ और सम्मुख रखकर देखा जाय। हम समकालीन रचना और आलोचना की द्वन्द्वात्मकता में उन्हें देखें।

[3]

द्वन्द्वात्मकता की सही समझ के लिए पहली शर्त है समग्रता। इसलिए सबसे पहले हमारे सामने आचार्य शुक्ल के युग की रचना और आलोचना का पूरा मानचित्र होना चाहिए। शुक्लजी के ज़माने में रचना के रूप में सिर्फ छायावादी काव्य न था। छायावाद के अलावा श्रीधर पाठक, रामनरेश त्रिपाठी आदि की प्राक्-छायावादी कविताएँ भी थीं जिन्हें शुक्लजी 'नैसर्गिक स्वच्छन्दतावाद' कहते थे। इनके साथ ही वह राष्ट्रीयतावादी काव्य भी था, जिसके प्रतिनिधि कवि मैथिलीशरण गुप्त थे। फिर रीतिकाल के अवशेष के रूप में पुरानी चाल का ब्रजभाषा काव्य भी था, जिसके सबसे समर्थ कवि रत्नाकर थे। इसी तरह आलोचकों में भी आचार्य शुक्ल अकेले न थे। पं. महावीरप्रसाद द्विवेदी, पं. पद्मसिंह शर्मा और मिश्रबन्धु जैसे वरिष्ठ और प्रभावशाली आलोचकों के अलावा शान्तिप्रिय द्विवेदी, नन्ददुलारे वाजपेयी और नगेन्द्र जैसे उदीयमान नए आलोचक भी शुक्ल जी के समकालीन थे। द्वन्द्व सिर्फ रचना और आलोचना के बीच ही न था, रचनाकारों के बीच भी आपसी द्वन्द्व था और आलोचकों के बीच भी। सवाल यह है कि इस चौतरफा द्वन्द्वात्मकता के बीच आचार्य शुक्ल ही उस युग के सबसे बड़े आलोचक के रूप में क्यों उभरे?

यदि नई रचनाशीलता के समर्थन से ही आलोचक बड़ा होता तो कायदे से शान्तिप्रिय द्विवेदी, नन्ददुलारे वाजपेयी और नगेन्द्र को वह महत्त्व मिलना चाहिए था; क्योंकि उन्होंने छायावाद को खुला समर्थन दिया था। इसके विपरीत यदि नई रचनाशीलता के विरोध से ही बड़े आलोचक की पहचान बनती तो महावीरप्रसाद द्विवेदी ने छायावादी काव्य का ज्यादा उग्र विरोध किया था। स्पष्ट है कि आलोचक का महत्त्व नई रचनाशीलता के समर्थन या विरोध जैसे सतही स्तर से अधिक ऊँची भूमिका पर स्थित है।

शुक्ल जी के आलोचना-कर्म पर विचार करते हुए यह न भूलना चाहिए कि वे स्वयं भी कवि थे और समय-समय पर उन्होंने जो कविताएँ लिखीं उनका सम्बन्ध उस ज़माने की सभी काव्य-प्रवृत्तियों से है। 'बुद्ध चरित' पुराने ढंग की ब्रजभाषा में है तो 'मधु स्रोत' की कुछ कविताएँ द्विवेदीयुगीन खड़ी बोली के पद्यों की याद दिलाती हैं,

और कुछ प्रकृति-चित्र तथाकथित नैसर्गिक स्वच्छन्दतावाद का आभास देते हैं—यहाँ तक कि कहीं "उठे तरल श्यामल दल गुंफित, अरुण दिगंचल से प्राची के" जैसे छायावादी भावबोध और शब्द-योजना वाले टुकड़े भी मिल जाते हैं। स्पष्ट है कि भावबोध की दृष्टि से शुक्लजी अपने युग की विकसित रचनाशीलता से कुछ पीछे, बल्कि एक युग पहले के थे। फिर भी आश्चर्य है कि काव्य का मूल्यांकन करते समय वे प्रायः अपनी इस सीमा के अतिक्रमण का प्रयास करते हैं। उनका 'हिन्दी साहित्य का इतिहास' पढ़ते समय पाठक को इस विषय में तनिक भी सन्देह नहीं रहता कि पन्त, प्रसाद प्रभृति छायावादी कहे जानेवाले कवि रत्नाकर, मैथिलीशरण गुप्त और रामनरेश त्रिपाठी से बड़े कवि हैं। स्पष्ट है कि काव्य-सृजन के क्षेत्र में सार्थक और जीवन्त क्या है—इस विषय में आलोचक से चूक नहीं हुई। पहचान में अचूक यही वह काव्य-दृष्टि है जो आचार्य शुक्ल को महावीरप्रसाद द्विवेदी, पद्‌मसिंह शर्मा आदि अन्य छायावाद-विरोधी आलोचकों से अलग करती है।

अब शुक्लजी को छायावाद-समर्थक शान्तिप्रिय द्विवेदी, नन्ददुलारे वाजपेयी, नगेन्द्र आदि आलोचकों के साथ रखकर देखें। इन आलोचकों ने छायावाद को सहानुभूति और समर्थन चाहे जितना दिया हो, स्वयं छायावादी कविताओं को समझने में वे ज्यादा मददगार साबित न हुए। कुछ कविताओं को लेकर भावोच्छ्‌वसित उद्‌गार इन्होंने चाहे जितना व्यक्त किया हो, किन्तु छायावादी कविता की सूक्ष्म अर्थ-छायाओं से जूझने का कठिन कार्य तो आचार्य शुक्ल ने ही किया—जिसका अप्रतिम उदाहरण 'हिन्दी साहित्य का इतिहास' है। कहने की आवश्यकता नहीं कि आलोचना में समझ का स्थान सहानुभूति से ऊपर है।

आचार्य शुक्ल के छायावाद-विरोध की चर्चा तो बहुत हुई है किन्तु इस वैचारिक मुठभेड़ में स्वयं शुक्लजी की आलोचना ने छायावाद से जो कुछ लिया, वह प्रायः आँख से ओझल हो जाता है। कविता में अनुभूति पर बल और 'भावयोग' के रूप में कविता की परिभाषा, अपनी पुरानी शास्त्रीय शब्दावली के कारण यह भ्रम पैदा करती है कि उसका मूल स्रोत संस्कृत का रस सिद्धान्त है, बल्कि वस्तुतः वह छायावाद की 'स्वानुभूति' की देन है। वैसे, इस बात को यदि 'सन्देह का लाभ' दे भी दें तो 'बिम्ब विधान' संस्कृत काव्यशास्त्र के किस सिद्धान्त से आया? छायावादी काव्य के अलावा इसका स्रोत और कौन सा हो सकता है? इसी प्रकार काव्य-भाषा का निरूपण करते समय 'लाक्षणिक वक्रता' और 'लाक्षणिक मूर्तिमत्ता' जैसी शब्दावली भले ही संस्कृत काव्यशास्त्र का आभास देती हो, किन्तु सहृदयों के सामने स्पष्ट है कि इन संकल्पनाओं का आधार वस्तुतः छायावादी काव्य ही है। इस प्रकार रचना और आलोचना के द्वन्द्वात्मक सम्बन्ध का एक रूप यह भी है जिसमें मुठभेड़ के दौरान आलोचना रचना से बहुत कुछ ग्रहण करती है और उसके आधार पर नई संकल्पनाएँ निर्मित करती है।

बड़ी भारी विडम्बना यह है कि अक्सर हम शुक्लजी की साहित्यिक मान्यताओं से उलझने के दौरान आलोचना की उस भाषा को भूल ही जाते हैं जिसका निर्माण आचार्य

शुक्ल ने किया और जिसकी सुदृढ़ तथा समृद्ध पीठिका पर आज हिन्दी आलोचना की भाषा खड़ी है। काव्य भाषा के निर्माण में जो महत्त्व छायावादी कवियों का है द्विवेदी युगीन पद्यों की खड़ी बोली के सम्मुख, उससे किसी तरह कम महत्त्व आलोचना की भाषा के निर्माण में आचार्य शुक्ल का नहीं। आचार्य शुक्ल की इस भाषा की विशेषता यह है कि एक ओर यदि वह महावीरप्रसाद द्विवेदी की सपाट भाषा से अधिक गम्भीर, प्रौढ़ और विचार क्षम है तो दूसरी ओर नन्ददुलारे वाजपेयी से अधिक सुनिश्चित और वागाडम्बरमुक्त है। यह हिन्दी आलोचना का सौभाग्य है कि उसे उदयकाल में ही ऐसी समर्थ, व्यंजक और सर्जनात्मक भाषा मिल गई—यथातथ्यता में क्लासिकी और बोधगम्यता में लोकसामान्य! आचार्य शुक्ल का यह प्रयास क्या छायावादी कवियों के प्रयास के समतुल्य नहीं है?

इतना होते हुए भी आचार्य शुक्ल की आलोचना समकालीन रचना की अनुगामिनी होकर नहीं रह गई, बल्कि वह समकालीन रचनाशीलता का अतिक्रमण करती है और इस अतिक्रमण की प्रक्रिया में ही वह अपनी वास्तविक तेजस्विता प्रकट करती है। आलोचक के सम्मुख समकालीन रचनाशीलता को प्रोत्साहन देने से भी बड़ा दायित्व था—लोक-जीवन के प्रति और साहित्य की पूरी परम्परा के प्रति। यदि आलोचना इस दायित्व का निर्वाह नहीं करती तो फिर वह 'आलोचना' नहीं, कोई और चीज़ है।

आचार्य शुक्ल को लगा कि छायावादी काव्य केवल प्रेमगीतों तक सिमटकर रह गया है और इस प्रकार उसकी अर्थभूमि संकुचित हो रही है। इसलिए उन्होंने छायावाद की इस सीमा की आलोचना की। लेकिन बाद में प्रसाद की 'लहर' और 'कामायनी' जैसी कृतियाँ सामने आईं तो उन्होंने कवि को जीवन की व्यापक भूमि पर संचरण करते देखकर प्रसन्नता व्यक्त की। यहाँ आचार्य शुक्ल के इस विवेक की ओर ध्यान देना चाहिए कि प्रबन्धकाव्य को तरजीह देते हुए भी उन्होंने 'मानवता का रसात्मक महाकाव्य' 'कामायनी' को ही कहा, 'साकेत' या 'प्रिय प्रवास' को नहीं। इसी प्रकार निराला के काव्य में 'बहुजीवन की छवि' को देखकर आचार्य ने कवि की 'बहुवस्तु- स्पर्शिनी' प्रतिभा की मुक्त प्रशंसा की।

छायावादी काव्य की आलोचना का दूसरा बिन्दु है कल्पना का अतिरेक। आचार्य शुक्ल काव्य में कल्पना के विरोधी नहीं, बल्कि समर्थक थे, किन्तु जब उन्होंने देखा कि कल्पना की प्रबलता के कारण कविता में अप्रस्तुत विधान सीमा पार कर रहा है तो उन्होंने स्पष्ट घोषणा की कि कल्पना काव्य में साधन-मात्र है, साध्य नहीं; साध्य तो अनुभूति ही है। इसी क्रम में आचार्य शुक्ल ने कलावाद के प्रभाव का जोरदार विरोध किया। हिन्दी कविता के इतिहास में लगभग ढाई सौ वर्षों के रीतिवादी दौर का जीवन-विरोधी रूप उनके सामने प्रत्यक्ष था और आधुनिक युग की छायावादी कविता में उसकी पुनरावृत्ति देखने का धीरज उनमें न था। उन्हें कुछ ऐसा लगा कि यह पश्चिम के 'कलावाद' और क्रोचे के अभिव्यंजनावाद का प्रभाव है, इसलिए उन्होंने इस बात की तथ्यपरक जाँच करने की जगह उसके मूल स्रोत पर ही कुठाराघात करना जरूरी

समझा। कहने की आवश्यकता नहीं कि आचार्य शुक्ल के आलोचनात्मक कृतित्व का एक बड़ा भाग कलावाद-विरोध से सम्बद्ध है, जिसकी प्रासंगिकता आज भी कम नहीं है।

छायावादी काव्य की आलोचना का तीसरा और सम्भवतः सबसे महत्त्वपूर्ण बिन्दु है रहस्यवाद। रहस्यवाद के विरोध में आचार्य शुक्ल ने 1929 में पूरी एक पुस्तक प्रकाशित की और इतने ही से सन्तुष्ट न होकर कुछ कविताएँ भी लिखीं। ऐसा प्रतीत होता है कि शुक्लजी की दृष्टि में विचारधारा के रूप में रहस्यवाद समकालीन हिन्दी कविता के लिए सबसे घातक था। उल्लेखनीय है कि रहस्यवाद का विरोध करते समय उन्होंने रवीन्द्रनाथ ठाकुर से भी लोहा लिया और इस बात की परवाह न की कि नोबेल पुरस्कार ने उन्हें विश्वकवि का रुतबा दे दिया है। अपने खास लहजे में उन्होंने लिखा कि यदि रवि ठाकुर अनन्त की ओर ताका करें तो ज़रूरी नहीं कि हिन्दी के कवियों की टकटकी भी उसी ओर लग जाय। इस क्रम में शुक्लजी ने काव्य के क्षेत्र में अध्यात्मवाद के प्रभाव को भी अवांछनीय बतलाया। निश्चय ही शुक्लजी के अध्यात्मवाद-विरोध का ऐतिहासिक महत्त्व है किन्तु उसकी प्रासंगिकता आज भी कम नहीं हुई है क्योंकि इस बीच आत्मानुभूति के माध्यम से परोक्ष सत्तावाद को साहित्य में प्रतिष्ठित करने के प्रयास होते रहे हैं।

यह सोचना गलत है कि रचना पर आलोचना का प्रभाव नहीं पड़ता। स्वयं शुक्लजी के जीवनकाल में ही सन् तीस के आसपास छायावादी कवि कलावाद और रहस्यवाद से एक हद तक मुक्त होकर जीवन की सामान्य भूमि पर काव्य-रचना को प्रवृत्त करने लगे थे, जिस पर आचार्य ने अन्तिम दिनों में सन्तोष भी व्यक्त किया। मेरा खयाल है कि पन्त, निराला यहाँ तक कि प्रसाद जैसे कवि अन्ततः जीवनोन्मुख यथार्थ के दबाव से प्रगतिशील चिन्ताधारा की ओर जो अग्रसर हुए उस संक्रमण में आचार्य शुक्लजी की आलोचना की निश्चित भूमिका है। हिन्दी में प्रगतिशील आन्दोलन के उदय में राष्ट्रीय-अन्तर्राष्ट्रीय परिस्थितियों की चर्चा तो बहुत मिलती है किन्तु, जहाँ तक मुझे मालूम है, आचार्य शुक्ल के इस अवदान की कोई चर्चा नहीं हुई है; जबकि मेरे विचार से यह एक तात्कालिक और समर्थ कारण होना चाहिए।

किन्तु यहीं आचार्य शुक्ल के विचारधारात्मक संघर्ष की सीमा भी प्रकट होती है। वस्तुतः काव्यालोचन में विचारधारा का विरोध तभी कारगर होता है जब वह भावबोध के क्षेत्र से उदित होता है और यह तभी सम्भव है जब आलोचक का भावबोध भी रचना-प्रक्रिया के उसी लहर-मान (वेव लेंथ) पर हो। आचार्य शुक्ल ने छायावादी काव्य की विचारधारा की तो आलोचना की, लेकिन वे भावबोध के उस 'लहर-मान' से कोसों दूर थे जहाँ से कविता का सृजन हो रहा था। इसलिए व्यापक जीवन के आग्रह के बावजूद उनकी आलोचना वैसी गहरी काट न कर सकी जिससे छायावादी कविता में आन्तरिक रूपान्तरण सम्भव होता।

लेकिन शुक्लजी से जो न हो सका उसके लिए चिन्ता करने से ज्यादा जरूरी है,

शुक्लोत्तर रचना और आलोचना की द्वन्द्वात्मकता की जाँच, क्योंकि हमारे लिए आज अधिक प्रासंगिक वही है।

यदि मोटे तौर से नई कविता को उसकी समस्त अन्तर्धाराओं के साथ समकालीन रचनाशीलता का प्रतिनिधि मान लें तो इसके सम्मुख आलोचना की द्वन्द्वात्मकता के विचार के लिए मुझे सबसे महत्त्वपूर्ण आलोचक डॉ. रामविलास शर्मा ही लगते हैं। देखना यह है कि क्या डॉ. शर्मा ने भी आचार्य शुक्ल के समान ही अपने युग की रचना के प्रति दायित्व का निर्वाह किया?

सामान्यतः डॉ. रामविलास शर्मा को नई कविता का विरोधी समझा जाता है, वैसे ही जैसे आचार्य शुक्ल को छायावाद का विरोधी। शुक्लोत्तर आलोचकों में नई कविता के विरोधी नन्ददुलारे वाजपेयी और नगेन्द्र भी हैं; किन्तु इनका विरोध कुछ वैसा ही है जैसा महावीरप्रसाद द्विवेदी का छायावाद-विरोध। वैसे नई कविता के अपने शान्तिप्रिय द्विवेदी भी हैं। ध्यान रखिए, इस श्रेणी में लक्ष्मीकांत वर्मा अकेले आलोचक नहीं हैं। लेकिन जैसा कि मैंने पहले कहा था, आलोचना का महत्त्व थोथे विरोध या समर्थन के स्तर से कहीं अधिक ऊँची भूमिका पर स्थित होता है। इसलिए नई कविता के विरोधी के रूप में जहाँ नन्ददुलारे वाजपेयी और नगेन्द्र समकालीन रचनाशीलता के लिए अप्रासंगिक हैं, डॉ. रामविलास शर्मा विरोध करते हुए भी सर्वथा प्रासंगिक हैं। उनके प्रासंगिक होने का एक कारण यह भी है कि उन्होंने इस दौर के प्रायः सभी प्रमुख कवियों–अज्ञेय, मुक्तिबोध, शमशेर, नागार्जुन, केदारनाथ अग्रवाल पर विस्तार से तथा श्रीकान्त, सर्वेश्वर, भारती, साही आदि पर संक्षेप में किन्तु अवधानतापूर्वक लिखा है जो सरसरी तौर से खारिज कर देने लायक नहीं है।

समकालीन रचना के सन्दर्भ में डॉ. शर्मा का सबसे महत्त्वपूर्ण कार्य है विचारधारात्मक संघर्ष। नई कविता के अन्तर्गत अस्तित्ववाद के प्रभाव के विरुद्ध जैसा उत्कट संघर्ष डॉ. शर्मा ने चलाया, वह अपनी स्पष्टता में आचार्य शुक्ल के रहस्यवाद- विरोध की याद ताजा कर देता है। मुझे यह स्वीकार करने में तनिक भी संकोच नहीं कि साहित्य में सक्रिय विचारधाराओं–विशेषतः प्रतिक्रियावादी और भटकानेवाली विचारधाराओं की जैसी अचूक और पैनी पकड़ डॉ. शर्मा की है किसी अन्य में नहीं दिखती–यहाँ तक कि मुक्तिबोध में भी नहीं, फिर मेरी तो चर्चा ही क्या? फिर भी हैरानी की बात है कि समकालीन रचनाकारों को डॉ. शर्मा की वैचारिक आलोचना उतनी विचलित नहीं करती जितनी मुक्तिबोध की। कारण सम्भवतः भावबोध में निहित है। निश्चय ही अन्तर यह नहीं है कि मुक्तिबोध कवि हैं और रामविलास शर्मा आलोचक। तथ्य तो यह है कि रामविलास शर्मा भी स्वीकृत कवि हैं–'तार सप्तक' के कवियों में से ही एक नहीं, बल्कि 'रूप तरंग' के भी कृती कवि। किन्तु यह भी तथ्य है कि जिस तरह मुक्तिबोध अधिकांश नए कवियों के साथ भावबोध के स्तर पर एक 'लहर-मान' पर हैं, रामविलास शर्मा शायद नहीं हैं। इसीलिए मुक्तिबोध जब रचना-प्रक्रिया का विश्लेषण करते हुए नई कविता के अन्दर भावबोध और विचारधारा की सीमाएँ दिखलाते हैं तो वह ज्यादा

विश्वसनीय लगता है, जबकि डॉ. शर्मा का वैचारिक विरोध ऊपर-ऊपर से छूकर निकल जाता है। साफ़ है कि आज की रचनाशीलता के साथ डॉ. शर्मा का उतना लगाव नहीं है जितना अपने युग की रचनाशीलता के साथ आचार्य शुक्ल का था। शायद इसीलिए आचार्य शुक्ल तो अपने युग के सर्जनात्मक काव्य से आलोचना के लिए अपेक्षित संकल्पनाएँ ले सके, लेकिन डॉ. शर्मा ने इस प्रकार का कोई उल्लेख्य प्रयास नहीं किया। इस सीमा के बावजूद आचार्य शुक्ल के समान ही डॉ. शर्मा ने भी अपने आपको नितान्त समसामयिक साहित्य तक ही सीमित न रखकर हिन्दी साहित्य की पूरी परम्परा का पुनर्मूल्यांकन किया और उस जीवन्त परम्परा के आलोक में समकालीन साहित्य को जाँचने-परखने का प्रयास भी किया। आचार्य शुक्ल के समान ही डॉ. शर्मा की दृष्टि भी साहित्य के मूल्यांकन के समय बराबर लोक-जीवन पर ही रही है और लोकहित ही उनकी आलोचना का लक्ष्य भी है।

आलोचना के इस दायित्व-निर्वाह में यदि आचार्य शुक्ल के समान ही डॉ. शर्मा से भी कहीं-कहीं चूक हुई है तो इससे उस प्रयास का महत्त्व कम नहीं होता। बड़ा आलोचक जहाँ सही होता है वहाँ तो सिखलाता ही है, जहाँ वह चूकता है वहाँ और अधिक सीखने का अवसर देता है। इस चूक पर यदि किसी रचनाकार का अहंकार तुष्ट होता है और वह रचना को आलोचना से श्रेष्ठ समझने की खुशफ़हमी में जीता है तो उससे क्या वार्ता? विकास की सम्भावना तो वहीं है जहाँ सच्ची द्वन्द्वात्मकता है, और कहना न होगा कि वह काफी पेचीदा है!

[4]

सन् 1884 में भारतेन्दु हरिश्चन्द्र का अवसान हुआ और रामचन्द्र शुक्ल का उदय। सौभाग्य से होश सँभालते ही उन्हें भारतेन्दु के घनिष्ठ मित्र उपाध्याय बदरीनारायण चौधरी 'प्रेमघन' का सान्निध्य प्राप्त हो गया। शुक्ल जी 1893 में नौ वर्ष की वय में प्रेमघन के परिचय-क्षेत्र में आए और चौबीस वर्ष की वय (1908) तक उनकी छाया में विकसित हुए। चन्द्रशेखर शुक्ल ने अपने पितृव्य की जीवनी 'रामचन्द्र शुक्ल' (1962) में लिखा है : ''यदि उन्हें 'प्रेमघनजी' का पथ-प्रदर्शन और उनके द्वारा बनाया हुआ हिन्दी समाज न मिला होता तो वे भी प्रेमचन्दजी की तरह हिन्दी के लिए 'उर्दू की देन' से अधिक सिद्ध न होते। शुक्ल जी भी इस बात को खूब समझते थे।'' (पृ. 52)

शुक्ल जी इस बात को कितना समझते थे, इसका प्रमाण है उनका लेख 'प्रेमघन की छाया-स्मृति'। यह एकमात्र ऐसा लेख है जिसमें शुक्ल जी ने अपने बारे में कुछ लिखा है। अवश्य ही इसका श्रेय प्रेमचन्द को मिलना चाहिए, जिन्होंने 'हंस' के आत्मकथा अंक (1931) के लिए शुक्ल जी से यह लेख लिखवा लिया, वरना अपने बारे में शुक्ल जी कब लिखनेवाले थे—खासतौर से तब जब आत्मकथांक की योजना का कुछ लोग विरोध कर रहे हों। बहरहाल, मिर्जापुर में बीते किशोरावस्था के दिनों को

तीस साल बाद याद करते हुए प्रेमघन के बारे में शुक्ल जी लिखते हैं : "हम लोग उन्हें एक पुरानी चीज समझा करते थे। इस पुरातत्व की दृष्टि में प्रेम और कुतूहल का एक अद्भुत मिश्रण रहता था।" वस्तुतः प्रेमघन के प्रति 'उत्कंठा' इसलिए थी कि वे "भारतेन्दु-मंडल की सजीव स्मृति" थे। इस प्रकार शुक्ल जी के मन में "उसके पहिले ही से भारतेन्दु के सम्बन्ध में एक अपूर्व मधुर भावना जगी रहती थी।" अपनी इस भावना का आभास देने के लिए उसी लेख में शुक्ल जी एक घटना का उल्लेख इस प्रकार करते हैं : "एक बार एक आदमी साथ करके मेरे पिताजी ने मुझे एक बारात में काशी भेजा। मैं उसी के साथ घूमता-फिरता चौखम्भा की ओर जा निकला। वहीं पर एक घर में से पं. केदारनाथजी पाठक निकलते दिखाई पड़े। पुस्तकालय में वे मुझे प्रायः देखा करते थे। इससे मुझे देखते ही वे वहीं खड़े हो गए। बात ही बात में मालूम हुआ कि जिस मकान में से वे निकले थे, वह भारतेन्दु जी का घर था। मैं बड़ी चाह और कुतूहल की दृष्टि से कुछ देर तक उस मकान की ओर, न जाने किन भावनाओं में लीन होकर, देखता रहा।" (पृ. 229) भारतेन्दु के ऐतिहासिक महत्व को रेखांकित करते हुए शुक्ल जी ने लिखा : "यद्यपि देश में नए-नए भावों का संचार हो गया था पर हमारी भाषा उनसे दूर थी। यद्यपि लोगों की अभिरुचि बदल चली थी पर हमारे साहित्य पर उसका आभास नहीं पड़ा था। शिक्षित लोगों के विचारों और व्यापारों ने दूसरा मार्ग तो पकड़ लिया था पर उनका साहित्य उसी पुराने मार्ग पर ही था। ये लोग समय के साथ तो कुछ आगे बढ़ आए थे पर जल्दी से अपने साहित्य को साथ न ले सके। उसका साथ छूट गया और वह उनके कार्यक्षेत्र से अलग पड़ गया।...उस समय एक ऐसे साहसी और प्रतिभासम्पन्न पुरुष की आवश्यकता थी जो कौशल से इन बढ़ते हुए विचारों का मेल देश के परम्परागत साहित्य से करा देता। बाबू हरिश्चन्द्र का प्रादुर्भाव ठीक ऐसे ही समय हुआ।" (पृ. 106) आगे उचित गौरवबोध के साथ ही उन्होंने यह लिखा : "आज जो हम लोग नए-नए विचारों को मँजी हुई भाषा में प्रकट करते हैं वह इन्हीं बाबू हरिश्चन्द्र की बदौलत।...हिन्दी को उन्नति के आधुनिक मार्ग पर लाकर खड़ा करने वाले और उसे हमारे साथ फिर से लगानेवाले बाबू हरिश्चन्द्र ही हुए।" (पृ. 109) अन्त में भारतेन्दु की इस विरासत को आगे बढ़ाने का आह्वान करते हुए शुक्ल जी ने लिखा : "अब हमें चाहिए कि राजनीति, विज्ञान, दर्शन, कला आदि के जो-जो भाव हम अपनी संसार यात्रा में प्राप्त करते जाएँ उन्हें इस अपनी मातृभाषा हिन्दी को बराबर सौंपते जाएँ क्योंकि यही उन्हें हमारी भावी सन्तति के लिए संचित रखेगी।" (पृ. 109)

साहित्य-निर्माण के इस पथ पर दूसरों का आह्वान करने से पहले शुक्ल जी स्वयं ही कदम उठा चुके थे। 'प्रेमघन की छाया-स्मृति' वाले लेख के साक्ष्य पर 16 वर्ष की अवस्था तक पहुँचते-पहुँचते वे भी "अब अपने को एक लेखक मानने लगे थे।" क्रमशः प्रतिष्ठित पत्रिकाओं में रचनाएँ भी छपने लगी थीं। पहले प्रेमघन की 'आनन्द कादम्बिनी' में, फिर 'सरस्वती' में। 'सरस्वती' में तो उसके प्रकाशन के प्रथम वर्ष से

ही। किन्तु इस दौर के विशेष रूप से उल्लेखनीय लेख तीन हैं : 'साहित्य', 'कल्पना का आनन्द' और 'कविता क्या है?' अक्टूबर 1908 में काशी आने से पहले शुक्ल जी ने ये तीनों निबन्ध पूरे कर लिए थे, जिनमें पहले दो तो तब तक छप भी चुके थे। यह है समालोचक आचार्य रामचन्द्र शुक्ल की चिन्तनयात्रा की पहली मंजिल की उपलब्धि। यह मिर्जापुर-प्रवास-काल की देन है।

[5]

'साहित्य' 1904 की 'सरस्वती' में प्रकाशित हुआ था। आचार्य महावीरप्रसाद द्विवेदी को 'सरस्वती' का सम्पादन सँभाले साल भर हो चुका था। निबन्ध के अन्त में पादटिप्पणी है : "Newman's Idea of a University के Literature नामक निबन्ध के आधार पर।" यदि इस पादटिप्पणी पर नजर न पड़े तो मौलिक लेख का भ्रम होता है। जिस तरह कालिदास और तुलसीदास का नामोल्लेख है और उनकी कविता से उद्धरण दिए गए हैं तथा गीता से भी दो श्लोक उद्धृत किए गए हैं, भ्रम स्वाभाविक है। वस्तुतः यह अनुवाद नहीं बल्कि न्यूमन के लेख का हिन्दीकरण है। आज हमारे पास यह जानने का कोई सूत्र नहीं है कि शुक्ल जी ने अंग्रेजी के साहित्य और कविता-सम्बन्धी अन्य लेखों के रहते हुए भी कार्डिनल न्यूमन के लेख को ही क्यों चुना? हम सिर्फ अनुमान ही कर सकते हैं। उन्नीसवीं सदी के अन्त और बीसवीं सदी के आरम्भ में विक्टोरिया युग के जो अंग्रेज विचारक भारत के शिक्षित समाज में प्रसिद्ध हो चले थे, उनमें कार्डिनल न्यूमन निश्चय ही महत्वपूर्ण थे। ऑक्सफोर्ड आन्दोलन के उत्साही नेता के रूप में उनका व्यक्तित्व और भी आकर्षक हो गया था। सम्भवतः भारत की शिक्षा संस्थाओं में 'दि आइडिया ऑफ़ ए यूनिवर्सिटी' का उस समय काफ़ी प्रचार था। उसकी ओर शुक्ल जी के आकृष्ट होने का कारण शायद यही रहा हो। जो हो, भावानुवाद होने के बावजूद इस 'साहित्य' निबन्ध का ऐतिहासिक महत्व है–शुक्ल जी के लिए भी और हिन्दी के लिए भी।

निबन्ध में पहला प्रश्न यह उठाया गया है कि साहित्य का यथार्थ धर्म क्या है और विज्ञान से उसका क्या सम्बन्ध है? उत्तर है : "विज्ञान पदार्थ या 'तत्व' का बोधक है और साहित्य 'कल्पना' और 'विचार' का; विज्ञान ब्रह्मांड-व्याप्त है और साहित्य का स्थान किसी एक व्यक्ति में। विज्ञान शब्दों को संकेत की भाँति काम में लाता है; किन्तु साहित्य में भाषा का सबसे प्रशस्त प्रयोग है और अलंकार, मुहावरा, वाक्य-रचना, माधुर्य और सरसता तथा अन्यान्य लक्षण उसमें सम्मिलित हैं।" (पृ. 26-27)

> न्यूमन का मूल पाठ इस प्रकार है : "Science has to do with things, literature with thought; science is universal, literature is personal, Science uses words merely as symbols, but literature uses language in its full compass, as including phraseology, idiom, style, composition, rhythm, eloquence, and whatever other properties are included in it."

निस्सन्देह न्यूमन का 'थॉट' बहुत व्यापक है, किन्तु उल्लेखनीय है कि उन्होंने साहित्य के सन्दर्भ में 'कल्पना' का समतुल्य 'इमैजिनेशन' इस्तेमाल नहीं किया है। इसी प्रकार साहित्य के बारे में न्यूमन का जोर 'यूनिवर्सल' के विरुद्ध 'पर्सनल' पर है जो शुक्ल जी के भावानुवाद में खो-सा गया है। यह भी उल्लेखनीय है कि शुक्ल जी ने अपने अनुवाद में न्यूमन का यह महत्वपूर्ण वाक्य बिलकुल छोड़ दिया है : "Literature is the personal use or exercise of language." क्या इस वैयक्तिक अथवा 'निजी' की उपेक्षा के मूल में शुक्ल जी की लोकबद्ध दृष्टि है–वह लोकदृष्टि जिसका सम्यक् विकास आगामी चिन्तन में व्यापक स्तर पर हुआ?

'साहित्य' नामक निबन्ध में दूसरा प्रश्न यह उठाया गया है कि क्या वाक्य रचना ही का नाम साहित्य है? अथवा साहित्य सुन्दर गढ़ी हुई स्टाइल में लिखने को कहते हैं? या यह लिखने की एक कृत्रिम और उपार्जित प्रणाली है? दरअसल निबन्ध का मुख्य प्रश्न यही है और समूचा निबन्ध इसी धारणा के खंडन का ओजस्वी प्रयास है। यहाँ स्पष्ट कहा गया है : "बहुतों का मत है कि सुन्दर रचना अर्थात् साहित्य किसी वस्तु पर ऊपर से कलई कर देना है; अथवा एक प्रकार के आभूषणों से विभूषित करना है, जिसका साधन केवल ऐसे ही मनुष्य करते हैं जिन्हें ऐसी तुच्छ बातों में रुचि होती है और उसके लिए समय मिलता है।...वे साहित्य रचना को एक प्रकार का व्यवसाय और चातुरी मानते हैं। वे उनको ऐसा ही समझते हैं जैसे भोजन के समय सोने का पात्र और गुलदस्ते आदि, जो भोजन को तो अधिक स्वादिष्ट नहीं बना देते, किन्तु आनन्द को बढ़ाते हैं।" (पृ. 27-28)

> अंग्रेजी मूल : "Such men...consider fine writing to be an *addition from without* to the matter treated of–a sort of ornament superinduced, or a luxury indulged in, by those who have time and inclination for such varities...they agree together in this,–in considering such composition a trick and a trade; they put it on a par with the gold plate and the flowers and the music of a banquet, which do not make the viands better, but the entertainment more pleasurable; as if language were the hired servant, the mere mistress of the reason, and not the lawful wife in her own house."

यहाँ महत्वपूर्ण यह नहीं कि 'ट्रिक एंड ट्रेड' में 'ट्रेड' का अर्थ 'व्यवसाय' नहीं है और न यही कि भाषा के बारे में आखिरी रूपक एकदम छोड़ दिया गया है। इन छोटी-छोटी बातों से ज़्यादा महत्वपूर्ण है साहित्य की अलंकारवादी धारणा का विरोध, क्योंकि इस निबन्ध का यही वह पक्ष है जिसके कारण शुक्ल जी इसके अनुवाद के लिए प्रेरित प्रतीत होते हैं।

इस रीतिवाद के विरुद्ध निबन्ध में स्पष्ट रूप से स्थापित किया गया है कि 'विचार' और 'वाणी' एक-दूसरे से पृथक् नहीं किए जा सकते। गोस्वामी तुलसीदास जी

कहते हैं—"गिरा अर्थ जल बीचि सम, कहियत भिन्न-न-भिन्न।" (पृ. 27) कहने की आवश्यकता नहीं कि यहाँ तुलसीदास की उक्ति शुक्ल जी का अपना योग है।

निष्कर्ष यह कि "उत्तम ग्रन्थकार वह नहीं है जो गद्य या पद्य में, सुन्दर भड़कीले शब्दों से गुँथा हुआ कोई पद बना सके; उत्कृष्ट कवि वही है जिसे कुछ कहना होता है और जो यह जानता है कि उसे किस प्रकार कहना चाहिए।" इसलिए "यदि शब्दों द्वारा अन्तःकरण के गुप्त रहस्य प्रगट किए जाते हैं; चित्त की वेदना को शान्ति दी जाती है; हृदय में बैठा हुआ शोक बाहर निकाल दिया जाता है; दया उत्पन्न की जाती है और बुद्धि चिरस्थायी बनाई जाती है; यदि बड़े ग्रन्थकारों द्वारा बहुत-से मनुष्य मिलकर एक बनाए जाते हैं; जातीय लक्षण स्थापित होता है; भूत और भविष्य तथा पूर्व-पश्चिम एक दूसरे के सम्मुख उपस्थित किए जाते हैं; और यदि ऐसे लोग मनुष्य जाति में अवतार स्वरूप माने जाते हैं—तो साहित्य की अवहेलना करना और उसके अध्ययन से मुख मोड़ना कितनी बड़ी कृतघ्नता है! हम लोगों को यह दृढ़ विश्वास रखना चाहिए कि जितना ही हम इसमें, चाहे जिस भाषा द्वारा हो, अधिकार प्राप्त करेंगे और उसके रस का आस्वादन करेंगे, उतना ही हम दूसरों को लाभ पहुँचाने में समर्थ होंगे, चाहे वे कम हों या अधिक, धनी हों या दरिद्र; क्योंकि वे सब हमारी लेखनी के प्रभाव-मंडल के भीतर आ जाएँगे।" (पृ. 32-33)

शुक्ल जी के सामने साहित्य का यही ऊँचा आदर्श था; और कहने की आवश्यकता नहीं कि वे हिन्दी साहित्य को सदियों की रीतिवादी शब्द-क्रीड़ा से मुक्त करके इसी महान् लक्ष्य की ओर उन्मुख करने के लिए तत्पर थे।

[6]

'कल्पना का आनन्द' अठारहवीं सदी के अंग्रेजी निबन्धकार जोसेफ़ एडिसन के 'प्लेज़र्स ऑफ़ इमैजिनेशन' शीर्षक ग्यारह निबन्धों की लेखमाला (दि स्पेक्टेटर सं. 411-421, जून-जुलाई 1712) का अनुवाद है। इस अनुवाद का प्रकाशन 1905 की नागरी प्रचारिणी पत्रिका में धारावाहिक रूप से हुआ। चन्द्रशेखर शुक्ल के अनुसार शुक्ल जी ने यह अनुवाद 1901 में ही पूरा कर लिया था, जब वे हाईस्कूल के विद्यार्थी थे। इसमें सन्देह करने का कोई कारण नहीं दिखता। अन्तःसाक्ष्य से भी प्रतीत होता है कि न्यूमन का 'साहित्य' नामक निबन्ध प्रकाशित भले ही पहले हुआ, किन्तु वह 'कल्पना के आनन्द' के बाद का अनुवाद है। एक तो 'साहित्य' का अनुवाद अपेक्षाकृत अधिक साफ-सुथरा है, दूसरे उसमें मूल की तुलना में 'कल्पना' शब्द का प्रयोग भी बहुत हुआ है—यहाँ तक कि मूल में जहाँ-जहाँ सिर्फ 'थॉट' है उसके लिए शुक्ल जी ने प्रायः 'विचार' और 'कल्पना' दो शब्दों का युगपत् प्रयोग किया है। इस प्रकार 'कल्पना का आनन्द' शुक्ल जी का पहला अनुवाद प्रतीत होता है और शुक्ल जी की वय तथा शिक्षा को देखते हुए सचमुच ही एक चमत्कार है। हिन्दी गद्य की तत्कालीन स्थिति को

देखते हुए तो 'कल्पना का आनन्द' और भी साहसिक प्रयास प्रतीत होता है।

इस अनुवाद में अंग्रेजी के अनेक पारिभाषिक शब्दों के वैकल्पिक हिन्दी प्रति-शब्द रखे गए हैं; उनसे अनिर्दिष्ट दिशा में रास्ता टटोलने का एहसास होता है। उदाहरण के लिए 'इमेज' के लिए कहीं 'प्रतिरूप' है तो कहीं 'स्वरूप'। स्पष्ट है कि तब तक 'बिम्ब' शब्द न बना था और न 'बिम्ब-ग्रहण', 'बिम्ब-विधान', बिम्ब-योजना' आदि शब्द ही अस्तित्व में आए थे। इसी प्रकार 'सिमिट्री' के लिए कहीं 'अंग-संयोग' है, कहीं 'योजना'। 'ऐलिगरी' के लिए 'रूपक', 'मेटफर' के लिए 'उपमा', 'अल्युज़न' के लिए 'दृष्टान्त' जैसे शब्दों का प्रयोग भी हिन्दी की लगभग ऐसी ही अनिश्चित स्थिति का आभास देते हैं।

एडिसन के कल्पना वाले लेखों को अनुवाद के लिए चुनना भी एक बड़ी सूझ का सूचक है। कल्पना की चर्चा हिन्दी में निश्चय ही उन्नीसवीं सदी के आखिरी दो दशकों से होने लगी थी। भारतेन्दु मंडल के भाव-प्रवण कवि और गद्य लेखक ठाकुर जगमोहन सिंह ने अपनी गद्यकृति 'श्यामा स्वप्न' को एक 'कल्पना' कहा था। स्वयं शुक्ल जी के अनुसार हिन्दी में एडिसन जैसा महत्व रखनेवाले पं. बालकृष्ण भट्ट ने भी 'कल्पना' पर एक मनोरंजक लेख लिखा था, तथा आचार्य महावीरप्रसाद द्विवेदी ने बीसवीं सदी के आरम्भ में कवि के लिए उस 'इमैजिनेशन' की बड़ी ज़रूरत बताई थी जिसका अर्थ उनके अनुसार था 'नई-नई बातों का सूझना।' किन्तु ये छिटपुट प्रयास 'कल्पना' के वास्तविक स्वरूप को स्पष्ट करने में समर्थ न थे। एडिसन के कल्पना वाले लेखों का अनुवाद सम्भवतः इसी आवश्यकता की पूर्ति के निमित्त था। कहने की आवश्यकता नहीं कि इस आवश्यकता की पहचान का श्रेय शुक्ल जी को है, और इस पहचान का ऐतिहासिक महत्व है।

एडिसन ने अपनी लेखमाला के तीसरे प्रकरण (दि स्पेक्टेटर सं. 413) के अन्त में मि. लॉक के 'एसे ऑन ह्यूमन अंडरस्टैंडिंग' के दूसरे भाग के आठवें अध्याय का हवाला दिया है जो किन्हीं कारणों से शुक्ल जी के अनुवाद में छूट गया है। इस प्रकार एडिसन के कल्पना सम्बन्धी विचारों का आधार अंग्रेज दार्शनिक जॉन लॉक का वह अनुभववादी दर्शन है, जिसके अनुसार समस्त ज्ञान का आधार इन्द्रियबोध है। पूर्णतः भौतिकवादी न होते हुए भी इस अनुभववादी दर्शन ने ज्ञानमीमांसा के क्षेत्र में क्रान्तिकारी भूमिका निभाई, जो तत्कालीन विज्ञान के मेल में है। इस प्रकार एडिसन के कल्पना वाले लेखों के द्वारा शुक्ल जी ने हिन्दी में विज्ञानसम्मत भौतिकवादी दृष्टि का सूत्रपात किया, जिसका अगला कदम हैकेल की पुस्तक 'दि रिडिल ऑफ़ यूनिवर्स' का अनुवाद 'विश्व प्रपंच' है।

एडिसन ने लॉक की अनुभववादी ज्ञानमीमांसा के आधार पर एक नए सौन्दर्यशास्त्र का सूत्रपात किया, जिसके अनुसार इन्द्रियबोध सौन्दर्यानुभूति के लिए भी सामग्री प्रदान करता है और इस सौन्दर्यानुभूति को ही एडिसन ने कल्पना के आनन्द की संज्ञा दी है। शुक्ल जी ने एडिसन के इस सूत्र के आधार पर आगे चलकर 'रसात्मक बोध

के विविध रूपों' का निरूपण किया। स्वयं शुक्ल जी के शब्दों में "प्रत्यक्ष या स्मरण द्वारा जागरित वास्तविक अनुभूति भी विशेष दशाओं में रसानुभूति की कोटि में आ सकती है, इसी बात की ओर ध्यान दिलाना इस लेख का उद्देश्य है।" (चिन्तामणि, पहला भाग, 1939, पृ. 331) कहने की आवश्यकता नहीं कि रसानुभूति की यह यथार्थवादी धारणा काव्यशास्त्र ही नहीं, सौन्दर्यशास्त्र के लिए भी क्रान्तिकारी है।

वस्तुतः 'रसात्मक बोध के विविध रूप' का पूरा महल 'कल्पना के आनन्द' की नींव पर खड़ा है। एडिसन के समान ही शुक्ल जी भी कल्पना-सम्बन्धी विवेचन का आरम्भ 'दृष्टि' नामक इन्द्रिय के महत्व से करते हैं : "जब हमारी आँखें देखने में प्रवृत्त रहती हैं तब रूप हमारे बाहर प्रतीत होते हैं; जब हमारी वृत्ति अन्तर्मुखी रहती है तब रूप हमारे भीतर दिखाई पड़ते हैं। बाहर भीतर दोनों ओर रहते हैं रूप ही।... तात्पर्य यह कि मानसिक रूप-विधान का नाम ही सम्भावना या कल्पना है।" (वही, पृ. 329-30) एडिसन के लिए भी "यही (दृष्टि ही) इन्द्रिय है जो कल्पना को सामग्री प्रदान करती है।" इसे थोड़ा और स्पष्ट करते हुए आगे कहा गया है : "इसलिए कल्पना के आनन्द से मेरा अभिप्राय उस आनन्द से है, जो दृश्य पदार्थों से प्राप्त होता है, चाहे वे पदार्थ ही हम लोगों के सम्मुख हों अथवा उनका रूप हम चित्र, प्रतिमा या वर्णनों द्वारा अपने मन में लावें। निस्सन्देह हमारे चित्त में एक भी प्रतिरूप ऐसा न निकलेगा जो नेत्रों के द्वार से न गया हो।" (चिन्तामणि, तीसरा भाग, पृ. 34)

'रसात्मक बोध के विविध रूप' में 'रूपविधान' अथवा कल्पना के त्रिविध भेद करते हुए लिखा है : "मन के भीतर यह रूपविधान दो तरह का होता है। या तो यह कभी प्रत्यक्ष देखी हुई वस्तुओं का ज्यों-का-त्यों प्रतिबिम्ब होता है अथवा प्रत्यक्ष देखे हुए पदार्थों के रूप, रंग, गति आदि के आधार पर खड़ा किया हुआ नया वस्तु व्यापार-विधान। प्रथम प्रकार की आभ्यन्तर रूप-प्रतीति स्मृति कहलाती है और द्वितीय प्रकार की रूप-योजना या मूर्ति-विधान को कल्पना कहते हैं। कहने की आवश्यकता नहीं कि इन दोनों प्रकार के भीतरी रूप-विधानों के मूल हैं प्रत्यक्ष अनुभव किए हुए बाहरी रूप विधान। अतः रूप-विधान तीन प्रकार के हुए—(1) प्रत्यक्ष रूप-विधान, (2) स्मृत रूप-विधान, और (3) कल्पित रूप-विधान।" (चि., पहला भाग, पृ. 330)

इसके समानान्तर 'कल्पना के आनन्द' में एडिसन का कहना है : "मैं इस आनन्द को दो भागों में विभक्त करूँगा। पहिले तो उस प्रथम श्रेणी के आनन्द के विषय में कहूँगा, जो सर्वथा ऐसे पदार्थों ही से उत्पन्न होता है, जो हमारे सामने हैं; तदनन्तर उस द्वितीय श्रेणी के आनन्द के विषय में, जो दृश्य पदार्थों के केवल ध्यान मात्र से उत्पन्न होता है, जबकि वे पदार्थ हम लोगों की आँखों के सामने नहीं रहते, वरन् हमारी स्मृति में लाए जाते हैं, अथवा कल्पना द्वारा रमणीय रूपों में निर्मित किए जाते हैं।" (चि., तीसरा भाग, पृ. 34-35)

कहने के लिए एडिसन ने, यद्यपि यहाँ आनन्द की दो ही श्रेणियों की बात की है, किन्तु यथार्थ में द्वितीय श्रेणी के अन्दर दो भेद हैं : स्मृत और कल्पित। मूल

अंग्रेजी में ये दोनों स्पष्टता के साथ उभरकर सामने आते हैं खासतौर से कल्पित (fictitious) का :

> "and in the next place to speak of those secondary pleasures of the imagination which flow from the ideas of visible objects, when the objects are not actually before the eye, but are called up into our *memories,* or formed into agreeable visions of things that are either absent or *fictitious*."

'कल्पना के आनन्द' और 'रसात्मक बोध के विविध रूप'—इन दोनों निबन्धों में इस बात पर समान रूप से बल दिया गया है कि वही कल्पित रूप-विधान श्रेयस्कर है जो प्रत्यक्ष रूप-विधान के मेल में हो। किन्तु 'कल्पित रूप-विधान' के अन्तर्गत एडिसन ने कल्पना के उस व्यापार को भी स्वीकार्य ठहराया है जिसके द्वारा "यह अपनी एक नई सृष्टि निर्माण करती है, ऐसे-ऐसे व्यक्तियों का दर्शन कराती है जो इस भूमंडल पर नहीं पाए जाते।" (चि., तीसरा भाग, पृ. 55) इस सन्दर्भ में एडिसन ने 'फेयरी वे ऑफ़ राइटिंग' का ज़िक्र किया है। यह लिखने की एक ऐसी रीति है "जिसमें कवि प्रकृति की ओर बिलकुल दृष्टिपात नहीं करता और अपने पाठकों के चित्त को ऐसे-ऐसे पात्रों के कर्मों और स्वभावों से पूर्ण कर देता हैं जिनका सिवाय उसकी रचना में और कहीं अस्तित्व नहीं। अप्सरा, डाइन, भूत, प्रेत और मृत पुरुषों की आत्मा इत्यादि इसी प्रकार की हैं।" (वही, पृ. 53) एडिसन इन कल्पित रूपों को अपने कल्पना के आनन्द से बाहर करने के लिए तैयार नहीं है क्योंकि शेक्सपियर जैसे महाकवि ने ऐसे चित्रण किए हैं और एडिसन की दृष्टि में "शेक्सपियर के भूत-प्रेत और परियों की वार्ताओं में कोई बात ऐसी बीहड़ पर साथ ही ऐसी गम्भीर है कि हम उसको बिना स्वाभाविक समझे नहीं रह सकते यद्यपि हमारे पास उनकी परीक्षा के लिए कोई साधन नहीं है।" (वही, पृ. 55)

'कल्पना के आनन्द' में कल्पना की नूतन सृष्टि विधायनी शक्ति के साथ ही उस अन्तर्दृष्टिदायिनी शक्ति की भी चर्चा की गई है जिसके द्वारा कवि "संसार को एक दूसरे ही रूप में देखता है, और उसमें ऐसी बहुत-सी सुन्दर वस्तुओं का पता लगाता है, जो जनसाधारण की दृष्टि से छिपी रहती हैं।" इसी दृष्टि के कारण "प्रकृति के सबसे बेढंगे और उजाड़ भाग भी उसके आनन्द में सहायता पहुँचाते हैं।" (वही, पृ. 35) यही वह आरम्भिक प्रेरणास्रोत है जिसके कारण शुक्ल जी जीवनपर्यन्त प्रकृति के कोमल और रुचिर रूपों के साथ-साथ कठोर, उग्र और भीषण रूपों के सौन्दर्य की ओर भी हिन्दी कवियों तथा पाठकों का ध्यान आकृष्ट करते रहे। 'कल्पना के आनन्द' में स्पष्ट कहा गया है : "यदि उपयुक्त शब्दों में दरसाया जाए तो ग्राम के गोबड़ौर का (यद्यपि उसको देखने से एक प्रकार की अरुचि होगी) वर्णन भी कल्पना को आनन्ददायक होता है।" (वही, पृ. 51)

इस प्रकार 'कल्पना के आनन्द' में प्रकृति के एक नए दर्शन का भी संकेत है। एडिसन ने विशेष रूप से प्रकृति के उन रूपों को आनन्ददायक माना है जो विराट,

असाधारण और सुन्दर हों। जैसे "एक खुले हुए बराबर मैदान का दृश्य, विस्तृत ऊसर रेगिस्तान, विपुल पर्वत राशि, ऊँची-ऊँची चट्टानें और समुद्र का अपार जल विस्तार"; "नदी, दर्रा और झरने जहाँ पर दृश्य सदैव बदलता रहता और प्रत्येक क्षण दृष्टि को रंजित करता रहता है।" फिर भी 'कल्पना के आनन्द' का वास्तविक झुकाव साधारण ग्रामीण दृश्यों की ओर है। एक जगह एडिसन ने स्पष्ट कहा है कि कवि को "प्राकृतिक कार्यों की ओर रुचि प्राप्त करनी चाहिए और तरह-तरह के ग्रामीण दृश्यों से भली-भाँति परिचित हो जाना चाहिए।" (वही, पृ. 50)

कहने की आवश्यकता नहीं कि आगे चलकर 'काव्य में प्राकृतिक दृश्य' शीर्षक निबन्ध के द्वारा शुक्ल जी ने काव्य में स्वतन्त्र रूप से प्रकृति-चित्रण को जो इतना महत्व दिया उसका बीज भाव 'कल्पना के आनन्द' में है—और आलम्बन मिर्जापुर के आसपास की पहाड़ी प्रकृति, जिसकी गोद में कल्पना के आनन्दवाले लेखों के अनुवादक का कैशोर काल बीता। वस्तुतः प्रत्यक्षानुभूति को रसानुभूति के रूप में मनवाने का आग्रह इस प्रकृति-प्रेम की ही उपज है।

यह आकस्मिक नहीं है कि 'बिम्ब-ग्रहण' को काव्य धर्म के रूप में प्रतिष्ठा स्पष्ट रूप से पहले-पहल 'काव्य में प्राकृतिक दृश्य' नामक निबन्ध में ही मिली। इस प्रकार 'कल्पना के आनन्द' ने प्रकृति का एक नया दर्शन ही नहीं बल्कि बिम्बविधान का एक नया काव्य-सिद्धान्त भी दिया। एक अमूर्त विचार की तुलना में किसी दृश्य का बिम्ब इसलिए श्रेयस्कर है कि वह सुगमतापूर्वक ग्राह्य होता है। "सुन्दर दृश्य चित्त का उतना ही रंजन करता है जितना एक तत्व का उद्घाटन; और वाल्मीकि के एक सर्ग ने गौतम के न्याय सूत्रों की अपेक्षा अधिक पाठकों का मनोरंजन किया है। इसके अतिरिक्त कल्पना के आनन्द की इस अंश में विशेषता है कि यह अधिक प्रत्यक्ष होता है और अधिक सुगमतापूर्वक प्राप्त किया जाता है। आँखों का खोलना है कि दृश्य प्रवेश कर जाता है। नाना रंग आप-से-आप, देखनेवालों के बहुत ही अल्प विचार द्वारा, कल्पना-पटल पर अंकित हो जाते हैं।" (वही, पृ. 5) इस उदाहरण में स्पष्टतः शुक्ल जी का अपना भी रंग है। 'कल्पना के आनन्द' में गोचरता, मूर्तिमत्ता अथवा बिम्ब-विधान के प्रति कितना आग्रह है, यह चित्रकला, मूर्तिकला और वास्तुकला की लम्बी-लम्बी ब्योरेवार चर्चा से ही आभास हो जाता है। वस्तुतः इन मूर्त कलाओं के व्यापक सन्दर्भ में काव्य-कल्पना का विवेचन करके एडिसन ने बिम्बधर्मिता को और भी सुदृढ़ सौन्दर्यशास्त्रीय आधार प्रदान कर दिया। आकस्मिक नहीं कि शुक्ल जी का चित्रकर्मी मन इस दृष्टि से भी 'कल्पना के आनन्द' की ओर आकृष्ट हुआ हो।

अन्ततः शुक्ल जी के काव्यशास्त्रीय चिन्तन के विकास में 'कल्पना के आनन्द' की नियामक भूमिका स्वीकार करते हुए भी यह तथ्य अनदेखा नहीं किया जा सकता कि उनकी मूल्यांकन पद्धति के ढाँचे में कल्पना काव्य का साधन ही है, साध्य नहीं। साध्य तो अनुभूति ही है। हो सकता है, बीज रूप में यह धारणा एडिसन का अनुवाद करते समय भी रही हो, किन्तु भावों पर विस्तार से विचार उन्होंने मिर्जापुर से काशी

आने पर दूसरे दशक में ही किया और कविता को 'भाव योग' कहने की स्थिति तो और बाद में आई—सम्भवतः एक और दशक बाद। प्रसंगवश एडिसन के साथ समुचित न्याय करने के लिए इस तथ्य का उल्लेख आवश्यक है कि 'कल्पना के आनन्द' में—विशेषतः आठवें प्रकरण में—स्वीकार किया गया है कि किसी सुन्दर चेहरे का चित्र भावों के योग से और सुन्दर हो जाता है। (वही, पृ. 51) इस प्रकार एडिसन की कल्पना सर्वथा भाव-शून्य न थी। उल्लेखनीय है कि एडिसन ने चित्रण के साथ भावों के योग की चर्चा भय और शोक व्यंजक चित्रों की आनन्दरूपता के विवेचन-क्रम में विस्तार से की है।

[7]

'कविता क्या है' शुक्ल जी का पहला मौलिक निबन्ध है—मौलिक और मूलभूत। प्रकाशित हुआ अप्रैल 1909 की सरस्वती में। अक्टूबर 1908 में मिर्जापुर छोड़ने से पहले ही लिखा जा चुका था, सम्भवतः। लेकिन यह वही लेख नहीं है जो 'चिन्तामणि' के पहले भाग में संकलित है और इसके माध्यम से हिन्दी जगत के लिए सुपरिचित। इस लेख में इतनी बार परिवर्तन और परिवर्धन हुआ है कि लगता है, शुक्ल जी इसे आजीवन लिखते रहे। यों तो वे अपनी हर रचना में कुछ-न-कुछ संशोधन और परिवर्धन बराबर ही करते रहे, किन्तु 'कविता क्या है' को इस प्रक्रिया से कुछ ज़्यादा ही गुजरना पड़ा। शायद न्यूमन के 'साहित्य' वाले लेख का अनुवाद करते हुए उनके प्रिय लेखक एडिसन के बारे में कथित, यह प्रसंग मन में कहीं टिका रह गया था। "एडिसन के समान स्वच्छन्द लेखक के विषय में किंवदन्ती है—चाहे वह सत्य हो वा असत्य—कि एक बार उसे कुछ राजकीय पत्रों को प्रकाशित करने में इस कारण देर हो गई कि उसे लेख को कई बार पढ़कर ठीक करने की आदत पड़ गई थी।" शुक्ल जी पर इस उद्धरण के ठीक बाद का यह कथन सटीक बैठता है : "ऐसे ग्रन्थकार अपने हृदय स्थित नमूने को सामने रखकर काम करते थे और ऐसे-ऐसे शब्दों को निकालने के लिए यत्न और परिश्रम करते थे जिससे वह ठीक-ठीक उतारा जा सके।" लेकिन यहाँ संशोधन केवल शब्दों तक ही सीमित न था। चिन्तन-क्रम में नई-नई बातें भी सूझती गईं, जिनका समावेश जरूरी था।

शुक्ल जी के 'कविता क्या है' नामक लेख से पहले 'सरस्वती' में इस विषय पर अनेक लेख प्रकाशित हो चुके थे। जून 1901 की 'सरस्वती' में 'कवि-कर्तव्य' समझाने के बाद आचार्य महावीरप्रसाद द्विवेदी ने जुलाई 1907 में फिर 'कवि और कविता' नामक लेख लिखा। बीच की अवधि में राधाचरण गोस्वामी का 'कवि कल्पना' शीर्षक लेख निकला और चतुर्भुज औदीच्य का 'कवित्व'। इसके अलावा अलंकारवाद के समर्थन में एक लेख 'कवि और काव्य' शीर्षक भी छपा, लेकिन यह बात आचार्य द्विवेदी द्वारा 'सरस्वती' सँभालने के पहले की है। शुक्ल जी का लेख जैसे इसका जवाब है, लेकिन जवाब भर नहीं। 'कविता क्या है' की पूर्णाहुति 'अलंकारवाद' के खंडन से

होती है और अलंकार चर्चा की शुरुआत इस प्रकार : "कई वर्ष हुए 'अलंकार-प्रकाश' नामक पुस्तक के कर्त्ता का एक लेख 'सरस्वती' में निकला था। उसका नाम था—'कवि और काव्य'। उसमें उन्होंने अलंकारों की प्रधानता स्थापित करते हुए और उन्हें काव्य का सर्वस्व मानते हुए लिखा था कि आजकल के बहुत से विद्वानों का मत विदेशी भाषा के प्रभाव से काव्य के विषय में कुछ परिवर्तित दीख पड़ता है। वे महाशय सर्वलोकमान्य साहित्य ग्रन्थों में विवेचन किए हुए व्यंग्य-अलंकार-युक्त काव्य को उत्कृष्ट न समझ केवल सृष्टि-वैचित्र्य वर्णन में काव्य समझते हैं। (चि., तीसरा भाग, पृ. 99-100) शुक्ल जी का जवाब है : "इस विषय में पूर्वोक्त ग्रन्थकार महोदय को एक बात कहनी थी; पर उन्होंने नहीं कही। वे कह सकते थे कि सृष्टि-वैचित्र्य वर्णन भी तो स्वभावोक्ति अलंकार है। इसका उत्तर है कि स्वभावोक्ति को अलंकार मानना उचित नहीं। वह अलंकारों की श्रेणी में आ ही नहीं सकती।" (वही) 'कविता क्या है' नामक निबन्ध के वर्तमान संशोधित रूप से यह अंश निकाल दिया गया है, लेकिन विवाद के पूरे सन्दर्भ की जानकारी लिए यह प्रासंगिक है।

'विदेशी भाषा के प्रभाव से' काव्य की जो 'परिवर्तित' दृष्टि 'सृष्टि-वैचित्र्य वर्णन' की हिमायत कर रही थी, स्पष्टतः, शुक्ल जी उस पक्ष में थे। यह भी स्पष्ट है कि इस परिवर्तन से घबड़ाकर पुराने अलंकारवादी आत्मरक्षा में इस पक्ष पर आक्रमण कर रहे थे। इसलिए शुक्ल जी का लेख एक प्रकार का प्रत्याक्रमण है। उन्होंने इस लेख के बहाने सीधे उन 'सर्वलोकमान्य साहित्य-ग्रन्थों' पर आक्रमण किया, जो निश्चय ही साहस की बात है। विषय स्वभावोक्ति के अलंकारत्व का है, पर चुनौती मम्मटाचार्य को दी गई। वस्तुतः स्वभावोक्ति को अलंकारों के संकुचित घेरे से निकालकर शुक्ल जी 'सृष्टि-वैचित्र्य वर्णन' का स्वच्छन्द पथ प्रशस्त कर रहे थे। पश्चात् शुक्ल जी ने घोषित किया : "जिस प्रकार एक कुरूपा स्त्री अलंकार धारण करने से सुन्दर नहीं हो सकती उसी प्रकार अस्वाभाविक, भद्दे और क्षुद्र भावों को अलंकार-स्थापना सुन्दर और मनोहर नहीं बना सकती। महाराज भोज ने भी अलंकार को 'अलमर्थमलंकर्त्तुः' अर्थात् सुन्दर अर्थ को शोभित करने वाला ही कहा है। इस कथन से अलंकार आने से पहले ही कविता की सुन्दरता सिद्ध है। अतः उसे अलंकारों में ढूँढ़ना भूल है।" निष्कर्ष यह कि "आदिकवि महर्षि वाल्मीकि ने 'मा निषाद प्रतिष्ठां त्वमगमः शाश्वतीः समाः' का उच्चारण किसी अलंकार को ध्यान में रखकर नहीं किया। अलंकार लक्षणों के बनने के बहुत पहले कविता होती थी, और अच्छी होती थी। अथवा यों कहना चाहिए कि जब से इन अलंकारों को हठात् लाने का उद्योग होने लगा तब से कविता कुछ बिगड़ चली।" (वही, पृ. 101)

किन्तु अलंकारवाद का विरोध करते हुए भी शुक्ल जी ने कविता में भाषा के विशिष्ट प्रयोग की उपेक्षा न की। 'कविता क्या है' नामक निबन्ध में कविता की भाषा पर विस्तार से विचार किया गया है और वह भी सोदाहरण। यह अवश्य है कि सभी उदाहरण पुराने कवियों के ही हैं। ग़नीमत इतनी है कि यहाँ सिर्फ पद्‌माकर ही नहीं

हैं बल्कि तुलसीदास भी हैं। अलंकार चर्चा में शुक्ल जी ने स्पष्ट कर दिया था कि उनका सम्बन्ध 'कल्पना' से है, किन्तु शुक्ल जी के सामने कविता में कल्पना की भूमिका भिन्न थी। उनके अनुसार "कविता प्राकृतिक व्यापारों को कल्पना द्वारा प्रत्यक्ष कराती है।" इस दृष्टि से "प्रत्यक्ष और स्वभावसिद्ध व्यापारसूचक शब्दों की संख्या अधिक रहती है। समय बीता जाता है, कहने की अपेक्षा समय भागा जाता है, कहना अधिक काव्य-सम्मत है।" कहने की आवश्यकता नहीं कि 1909 तक शुक्ल जी काव्य भाषा की बिम्बधर्मिता महसूस करने लगे थे, किन्तु अवधारणा के रूप में वह उतनी स्पष्ट न थी। इसलिए 'कविता क्या है' नामक निबन्ध को बाद में सुधारते हुए उन्होंने 'कविता की भाषा' वाले प्रकरण को दुबारा लिखा और आरम्भ में यह बात स्पष्ट कर दी कि "कविता में कही गई बात चित्ररूप में हमारे सामने आनी चाहिए।" इतना ही नहीं बल्कि "अगोचर बातों या भावनाओं को भी, जहाँ तक हो सकता है, कविता स्थूल गोचर रूप में रखने का प्रयास करती है। इस मूर्ति विधान के लिए वह भाषा की लक्षणा शक्ति से काम लेती है।" (चि., पहला भाग, पृ. 238) इसी क्रम में 'श्रुति सुखदाता' शीर्षक द्वारा उन्होंने कविता में नाद-सौन्दर्य और छन्दोःरचना पर भी विचार किया और कहा, "नाद-सौन्दर्य कविता के स्थायित्व का वर्द्धक है, उसके बल से कविता ग्रन्थाश्रयविहीन होने पर भी किसी-न-किसी अंश में लोगों की जिह्वा पर बनी रहती है।" (चि., तीसरा भाग, पृ. 98) निबन्ध के संशोधित रूप में उन्होंने 'श्रुति सुखदाता' शीर्षक हटाकर 'कविता की भाषा' के ही अन्दर उन बातों को समाविष्ट कर लिया और पूर्वोक्त वाक्य को एक अविस्मरणीय सूक्ति बनाकर इस प्रकार लिखा : "नाद-सौन्दर्य से कविता की आयु बढ़ती है।" (चि., पहला भाग, पृ. 245)

अलंकारों के दुष्प्रभाव के साथ ही शुक्ल जी के सामने हिन्दी में कविता के 'दुरुपयोग' के उदाहरण थे, जिसके लिए दरबारी प्रवृत्ति जिम्मेदार थी। ऐसा लगता है कि शुक्ल जी अपने ज़माने में भी इस दरबारी प्रवृत्ति को देख रहे थे। तभी तो उन्होंने लिखा कि "श्रीमानों के शुभागमन की कविता लिखना, और बात-बात पर उन्हें बधाई देना सत्कवि का काम नहीं। हाँ, जिसने निःस्वार्थ होकर और कष्ट सहकर देश और समाज की सेवा की है, दूसरों का हित-साधन किया है, धर्म का पालन किया है, ऐसे परोपकारी महात्मा का गुणगान करना उसका कर्तव्य है।" (चि., तीसरा भाग, पृ. 95) तात्पर्य यह है कि किसी राजा, नवाब या लाट साहब के लिए कविता लिखना गर्हित है, लेकिन किसी समाजसुधारक या राजनीतिक नेता की प्रशस्ति लिखने में हर्ज नहीं है। आगे चलकर, लगता है, शुक्ल जी को यह बात भी उचित न लगी। निबन्ध के संशोधित रूप में वह बात यों बन गई : "जिनके रूप या कर्मकलाप जगत् और जीवन के बीच उसे सुन्दर लगते हैं उन्हीं के वर्णन में वह 'स्वान्तः सुखाय' प्रवृत्त होता है।" (चि., पहला भाग, पृ. 253) इतना ही नहीं, इस प्रवृत्ति से शुक्ल जी इतने क्षुब्ध प्रतीत होते हैं कि निबन्ध के संशोधित रूप में उन्होंने 'कविता का दुरुपयोग' को 'कविता पर अत्याचार' कर दिया।

किन्तु खंडन-पक्ष से कहीं अधिक महत्वपूर्ण है, 'कविता क्या है' का मंडन पक्ष। सच तो यह है कि निबन्ध का आरम्भ शुक्ल जी की अपनी काव्य-धारणा से ही होता है। निबन्ध के 1909 वाले रूप का पहला वाक्य है : "कविता से मनुष्य भाव की रक्षा होती है।" अत्यन्त सामान्य प्रतीत होनेवाला यह छोटा-सा वाक्य वस्तुतः हिन्दी साहित्य में नए मानववाद का बीज मन्त्र है। शुक्ल जी के अनुसार 'मनुष्य भाव' के आधार हैं मनुष्य के भाव। यदि किन्हीं कारणों से मनुष्य के हृदयगत भाव दब गए या दबा दिए गए तो फिर मनुष्यता की सम्भावना भी समाप्त हो गई। निश्चय ही मनुष्य विचारवान प्राणी है और उसके लिए विचारों का भी बड़ा महत्व है। लेकिन विचार काफी नहीं है। विचारों से मनुष्य चालित नहीं होता। यदि ऐसा होता तो समाज का काम उपदेशों से ही चल जाता और उपदेशक लोग समाज के लिए सबसे उपयोगी होते। शुक्ल जी के अनुसार मनुष्य भावों से चालित होता है। 'कार्य में प्रवृत्ति' भावों के कारण ही होती है और कवि इस कार्य में सबसे अधिक सक्षम है। क्योंकि शुक्ल जी के शब्दों में "कविता मनोवेगों को उत्तेजित करने का उत्तम साधन है।" और "कविता हमारे मनोभावों को उच्छ्वसित करके हमारे जीवन में एक नया जीव डाल देती है। हम सृष्टि के सौन्दर्य को देखकर मोहित होने लगते हैं। कोई अनुचित या निष्ठुर काम हमें असह्य होने लगता है। हमें जान पड़ता है कि हमारा जीवन कई गुना अधिक होकर समस्त संसार में व्याप्त हो गया है।" (चि., तीसरा भाग, पृ. 91) इस प्रकार कविता के द्वारा मनोवेगों की उत्तेजना से मनुष्य में सौन्दर्यबोध ही नहीं बल्कि अन्याय-बोध भी जाग्रत होता है और इस प्रक्रिया में वह अपनी सीमा से बाहर निकलकर समस्त संसार में फैल जाता है और इस प्रकार उसका जीवन कई गुना अधिक हो जाता है। इस प्रकार शुक्ल जी ने कविता के संसार में मनोवेगों के महत्व को प्रतिष्ठित किया।

पुराने रसवादियों के लेखे यह कोई नई बात नहीं है—न नई, न मौलिक। स्वयं शुक्ल जी ने यहाँ यह पादटिप्पणी दी है : "इन्हीं मनोवेगों का नाम अलंकारशास्त्र में रस रखा गया है।" किन्तु क्या अन्याय का असह्य लगना और समस्त संसार में व्याप्त हो जाना पुराना रसवाद भर है? उल्लेखनीय है कि शुक्ल जी के कवि-कर्म में जहाँ "भक्ति, श्रद्धा, दया, करुणा, क्रोध और प्रेम आदि मनोवेगों को तीव्र और परिमार्जित करना" शामिल है वहीं कवि का काम "सृष्टि की वस्तुओं और व्यापारों से उनका उचित और उपयुक्त सम्बन्ध स्थिर करना है।" (चि., तीसरा भाग, पृ. 93) इस प्रकार कोरे मनोरंजन की अपेक्षा कविता का 'उच्च आदर्श' है। 'कविता की आवश्यकता' पर प्रकाश डालते हुए शुक्ल जी ने एक बार फिर इस बात पर ज़ोर दिया है कि "संसार के अनेक कृत्रिम व्यापारों में फँसे रहने से मनुष्य की मनुष्यता जाती रहने का डर रहता है। अतएव मानुषी प्रकृति को जागृत रखने के लिए ईश्वर ने कविता रूपी औषधि बनाई है। कविता यही प्रयत्न करती है कि प्रकृति से मनुष्य की दृष्टि फिरने न पाए।" (वही, पृ. 94)

1909 वाले 'कविता क्या है' शीर्षक लेख की बुनियादी स्थापनाएँ मोटे तौर से

यही हैं। सुपरिचित अन्तिम रूप को देखते हुए प्रथम रूप की ये स्थापनाएँ सपाट और बहुत कुछ अनाकर्षक प्रतीत हो सकती हैं और "ईश्वर ने कविता रूपी औषधि बनाई है" जैसे वाक्य पर कुछ लोगों की भौंहें भी तन सकती हैं, किन्तु ध्यान से देखने पर पूर्ण निर्मित लेख की सभी नहीं तो अधिकांश मान्यताएँ बीज रूप में यहीं मिल जाएँगी।

'कविता क्या है' शीर्षक लेख का पहला परिवर्धित रूप काशी नागरी प्रचारिणी सभा की 'मनोरंजन पुस्तकमाला' संख्या 39 के रूप में प्रकाशित 'हिन्दी निबन्ध माला' : दूसरा भाग, 1979 वि. (1922 ई.) में प्राप्त होता है, जिसके आरम्भ में लगभग चार पृष्ठों की नई सामग्री जोड़ दी गई है। आरम्भ इस प्रकार होता है : "कविता वह साधन है जिसके द्वारा शेष सृष्टि के साथ मनुष्य के रागात्मक सम्बन्ध की रक्षा और निर्वाह होता है।" पहले जहाँ केवल 'मनुष्य भाव की रक्षा' की चर्चा थी, वहाँ अब 'शेष सृष्टि के साथ मनुष्य के रागात्मक सम्बन्ध की रक्षा' की बात की गई है। 'रक्षा' ही नहीं 'निर्वाह' भी। यह 'मनुष्य भाव' की व्याख्या नहीं, पुनर्व्याख्या है—सम्भवतः नई व्याख्या। "सृष्टि की वस्तुओं और व्यापारों के साथ उचित सम्बन्ध" की चर्चा पहले भी आई थी लेकिन तब न 'शेष सृष्टि' का इतना विस्तार था न 'रागात्मक सम्बन्ध' का इतना महत्व। इस प्रकार काल क्रम से कविता के लक्ष्य में भी परिवर्तन हो गया। अब "सृष्टि के नाना रूपों के साथ मनुष्य की भीतरी रागात्मिका प्रकृति का सामंजस्य ही कविता का लक्ष्य है।" यहाँ प्रकृति पूरी महिमा के साथ प्रकट होती है। अब कविता केवल मनोभावों का व्यापार नहीं रही, बल्कि "उन मूल और आदिम मनोवृत्तियों का व्यवसाय हैं जो सजीव सृष्टि के बीच सुख और दुःख की अनुभूति से विरूप परिणाम द्वारा अत्यन्त प्राचीन कल्प में प्रकट हुईं और जिनके सूत्र से शेष सृष्टि के साथ तादात्म्य का अनुभव मनुष्य जाति आदिकाल से करती चली आई है।"

ये रागात्मक सम्बन्ध पुराने रसवाद के साथ गड्डमड्ड न हो जाएँ—इस खतरे के प्रति शुक्ल जी इस अवसर पर अधिक सतर्क दिखते हैं। लिखते हैं : "इस बात का निश्चय हो जाने पर वे सब मतभेद दूर हो जाते हैं जो काव्य के नाना लक्षणों और विशेषतः रस आदि के भेद प्रतिबन्धों के कारण चल पड़े हैं। ध्वनि सम्प्रदायवालों का नैयायिकों से उलझना, आलंकारिकों का रस-प्रतिपादकों से झगड़ना एक पतली गली में बहुत-से लोगों का धक्कमधक्का करने के समान है। 'वाक्यं रसात्मकं काव्यम्' में कुछ लोगों को जो अव्याप्ति दिखाई पड़ी है वह नौ भेदों के कारण। रस के नौ भेदों की लोक के भीतर सृष्टि के बहुत थोड़े से अंश के वर्णन के लिए शृंगार के उद्दीपन विभाव के अन्तर्गत उन्हें थोड़ी-सी जगह दिखाई पड़ी।" संस्कृत के पुराने काव्यशास्त्रियों की आपसी बहस को "एक पतली गली में बहुत से लोगों का धक्कम-धक्का" कहना सचमुच ही बड़े साहस का काम है। इस समीक्षा में अर्थग्रहण के साथ-साथ बिम्ब ग्रहण की भी क्षमता है।

'कविता क्या है' शीर्षक निबन्ध में तीसरी बार संशोधन और परिवर्धन किए जाने का संकेत 1929 में प्रकाशित 'काव्य में रहस्यवाद' नामक निबन्ध में मिलता है।

निबन्ध के आरम्भ में ही शुक्ल जी कहते हैं : " 'कविता क्या है' शीर्षक निबन्ध में हम कह चुके हैं कि कविता मनुष्य के हृदय को व्यक्तिगत सम्बन्ध के संकुचित मंडल से ऊपर उठाकर लोक सामान्य भावभूमि पर ले जाती है, जहाँ जगत के नाना रूपों और व्यापारों के साथ उसके प्रकृत सम्बन्ध का सौन्दर्य दिखाई पड़ता है। इस सौन्दर्य के अभ्यास से हमारे मनोविकारों का परिष्कार और जगत के साथ हमारे रागात्मक सम्बन्ध की रक्षा और निर्वाह होता है। जिस प्रकार जगत अनेक रूपात्मक है उसी प्रकार हमारा हृदय भी अनेक भावात्मक है। इन अनेक भावों का व्यायाम और परिष्कार तभी हो सकता है जब कि उनका प्रकृत सामंजस्य जगत के भिन्न-भिन्न रूपों और व्यापारों के साथ हो जाए। जब तक यह सामंजस्य पूरा-पूरा न होगा तब तक यह नहीं कहा जा सकता कि कोई पूरी तरह जी रहा है।" (चि, दूसरा भाग, चतुर्थ आवृत्ति, सं. 2014, पृ. 46)

इस उद्धरण में ऐसी कई नई बातें कही गई हैं जो 'निबन्ध माला' में संकलित 'कविता क्या है' शीर्षक निबन्ध में नहीं हैं। वहाँ "हृदय को व्यक्तिगत सम्बन्ध के संकुचित मंडल से ऊपर उठाकर लोक सामान्य भावभूमि" पर ले जाने की बात नहीं कही गई है और न यही कहा गया है कि "जिस प्रकार जगत अनेक रूपात्मक है उसी प्रकार हमारा हृदय भी अनेक भावात्मक है।" यही नहीं कि ये स्थापनाएँ निबन्धमाला के प्रथम संस्करण (1922) में नहीं हैं, बल्कि द्वितीय संस्करण (1927) में भी नहीं हैं और न तृतीय (नवीन) संस्करण (1932) में हैं। इस बीच 1930 में शुक्ल जी ने 'विचार वीथी' नाम से अपने निबन्धों का पहला संग्रह प्रकाशित किया और उसमें 'कविता क्या है' नामक निबन्ध का संशोधित-परिवर्धित रूप रखा। 'विचार वीथी', यद्यपि 'काव्य में रहस्यवाद' के लगभग एक साल बाद प्रकाशित हुई, फिर भी सामग्री संकलन का कार्य लगभग रहस्यवादवाले लेख के लिखे जाने के दौरान ही सम्पन्न हुआ होगा, इसलिए अनुमान किया जा सकता है कि 'काव्य में रहस्यवाद' में शुक्ल जी 'कविता क्या है' शीर्षक वाले संशोधित-परिवर्धित किन्तु तब तक अप्रकाशित लेख का ही हवाला दे गए।

जो हो, अभी तक 'व्यक्तिगत सम्बन्ध के संकुचित मंडल से ऊपर लोक सामान्य भावभूमि' पर हृदय को उठाने की बात तो की गई किन्तु उसे हृदय की 'मुक्तावस्था' कहना शेष था और शेष था हृदय की इस 'मुक्ति साधना' के लिए शब्द-विधान करने वाली वाणी को 'भावयोग' कहना। ये दोनों ही महत्वपूर्ण स्थापनाएँ 'कविता क्या है' निबन्ध के उस अन्तिम रूप में न्यस्त हुईं जो पहली बार 'विचार वीथी' (1930) में संकलित हुआ। इस बीच अक्टूबर 1928 की 'सुधा' में 'सभ्यता का आवरण और कविता' शीर्षक एक निबन्ध-खंड प्रकाशित हुआ जो 'कविता क्या है' में शामिल करने के प्रयोजन से लिखा गया प्रतीत होता है, क्योंकि अन्ततः वह अंश उक्त निबन्ध में समाविष्ट कर लिया गया। इसी प्रकार 'काव्य में प्राकृतिक दृश्य' (1922) वाले निबन्ध की भी 'बिम्ब ग्रहण' और प्रकृति-सौन्दर्य सम्बन्धी स्थापनाएँ भी सारतः 'कविता क्या

है' शीर्षक निबन्ध का अभिन्न अंग बन गईं। क्रमशः 'सौन्दर्य' और 'कल्पना' सम्बन्धी अंशों को जोड़कर निबन्ध को मुकम्मल बनाने की कोशिश की गई। कहना न होगा कि इस प्रक्रिया में निबन्ध के अनेक विषयों का क्रम-विपर्यय भी हुआ और कुछ बातें हलकी, तात्कालिक अथवा अप्रासंगिक समझकर छोड़ दी गईं। इस प्रकार 1909 से 1930 तक लगभग इक्कीस वर्षों में 'कविता क्या है' नामक निबन्ध का पूर्णतः कायाकल्प हो गया। कविता व्यक्ति-हृदय से चलकर लोक-हृदय तक पहुँची और बद्धावस्था से मुक्तावस्था तक। भावों का व्यापार भावयोग हुआ—ज्ञानयोग और कर्मयोग के समकक्ष, किन्तु ज्ञान और कर्म से संयुक्त भी। हिन्दी आलोचना के इतिहास में यह अन्तर्यात्रा जितनी रोमांचकारी है उतनी ही अभूतपूर्व भी। इस अन्तर्यात्रा का अप्रतिम दस्तावेज है 'कविता क्या है' शीर्षक निबन्ध।

[8]

अक्टूबर 1908 से आचार्य शुक्ल के विकास का दूसरा चरण शुरू होता है जो 1919 के आसपास तक चला। इस बीच वे काशी नागरी प्रचारिणी सभा से सम्बद्ध रहे और मुख्यतः हिन्दी शब्द सागर के निर्माण में रत रहे। सभा की पत्रिका के सम्पादक भी वे इसी दौर में हुए। इस अवधि के लेखन में मुख्य है 'मनोविकारों का विकास' नाम लेखमाला और 'विश्वप्रपंच' नामक अनुवाद तथा उसकी लम्बी भूमिका। एक तरह से ये दोनों ही काम मनोविज्ञान और दर्शन क्षेत्र के हैं, किन्तु यह वह ठोस भूमि है जिस पर आगे चलकर साहित्य-चिन्तन का भव्य भवन खड़ा हुआ। इसलिए साहित्यिक दृष्टि से लगभग घटनाहीन दिखाई देते हुए भी यह ग्यारह वर्ष का समय बहुत बड़ी तैयारी के रूप में स्मरणीय है। कहते हैं, 'हिन्दी शब्द सागर' में दर्शन और मनोविज्ञान सम्बन्धी जितनी भी प्रविष्टियाँ हैं, उनके अर्थ और व्याख्यात्मक टिप्पणियाँ शुक्ल जी की लिखी हुई हैं। बाबू श्यामसुन्दरदास के इस कथन में काफी सच्चाई है कि "कोश ने शुक्ल जी को बनाया और कोश को शुक्ल जी ने।"

वस्तुतः विचार-गाम्भीर्य को देखते हुए इस दूसरे चरण का लेखन मिर्जापुर वाले दिनों के लेखन के बाद एक बड़ी छलाँग प्रतीत होती है। उदाहरण के लिए जुलाई 1912 की नागरी प्रचारिणी प्रत्रिका में प्रकाशित 'मनोविकारों का विकास' लेखमाला का यह आरम्भ : "मूल तत्व की दोरंगी झलक का नाम व्यक्तावस्था है। यदि दुःख के बिना सुख है तो वह अव्यक्त है। जीवन अपने अस्तित्व की घोषणा द्वन्द्वाभास ही से आरम्भ करता है। उच्च प्राणी कहलाने वाला मनुष्य भी भावों की एक जोड़ी लेकर धरती पर गिरता है।"

समय की दृष्टि से यह लेख 'कविता क्या है' के सिर्फ़ तीन वर्ष बाद का है किन्तु विचार और भाषा की प्रौढ़ता की दृष्टि से कितना आगे है? यहाँ सहसा 'व्यक्तावस्था', 'अव्यक्त', 'द्वन्द्वाभास' जैसे नए शब्दों से साक्षात्कार होता है। स्पष्टतः ये उस शब्द सम्पदा की समृद्धि का आभास देते हैं जो भावी शुक्ल-गद्य की निधि है। निश्चय ही

'मूल तत्व' और 'व्यक्तावस्था' के बीच 'दोरंगी झलक' का दोरंगीपन खटकता है और मनुष्य की 'धरती पर गिरना' भी साधु प्रयोग नहीं लगता, किन्तु विषय की उठान इतनी ऊँची है कि सारा अटपटापन दब जाता है। और सच पूछिए तो आज इस अटपटेपन का एहसास भी होता है तो इसलिए कि चिन्तामणि के पहले भाग में शुक्ल जी ने उन वाक्यों को सँवारकर इस प्रकार लिख दिया—''अनुभूति के द्वन्द्व ही से प्राणी के जीवन का आरम्भ होता है। उच्च प्राणी मनुष्य भी केवल एक जोड़ी अनुभूति लेकर इस संसार में आता है।''

'लोभ या प्रेम' मनोविकारों सम्बन्धी लेखमाला की अन्तिम कड़ी है, जिसका प्रकाशन नागरी प्रचारिणी पत्रिका के फरवरी 1919 के अंक में हुआ। मनोविकार वाले लेखों में यह लेख सबसे बड़ा ही नहीं, सबसे प्रौढ़ भी है। एक दशक में आचार्य शुक्ल के चिन्तन में कितना विकास हुआ, इसका ठोस प्रमाण यह लेख है। इसी समय के आसपास 'विश्वप्रपंच' की भूमिका लिखी गई होगी जो उस युग को ही नहीं बल्कि आज के युग को देखते हुए भी दार्शनिक विवेचन का अप्रतिम निबन्ध है। चाहे विकासवाद की वैज्ञानिक खोजों का साफ-सुथरा निरूपण हो, चाहे उसकी सूक्ष्म समीक्षा; चाहे योरपीय और भारतीय दर्शन के विकास का तुलनात्मक विवेचन हो चाहे विज्ञान की नई खोजों के आलोक में विभिन्न धर्मों की आलोचना—सर्वथा एक गम्भीर मेधा तथा स्वच्छ दृष्टि के दर्शन होते हैं। भूमिका से स्पष्ट है कि 'विश्वप्रपंच' का अनुवाद करने के क्रम में स्वयं आचार्य शुक्ल की दृष्टि में भी परिवर्तन हुआ और वह धर्म से उत्पन्न होनेवाले अनेक प्रचलित अन्धविश्वासों तथा संस्कारों से मुक्त होकर एक वैज्ञानिक दृष्टि की ओर अग्रसर हुई। इस निबन्ध को पढ़ने पर यह समझने में दिक्कत नहीं होती कि हिन्दी काव्य में रहस्यवाद के प्रसार का विरोध करना शुक्ल जी ने जरूरी क्यों समझा।

इसी दौर के अन्तिम दिनों का लिखा हुआ निबन्ध है 'क्षात्र-धर्म का सौन्दर्य'। यह लेख गोरखपुर से पं. दशरथ द्विवेदी के सम्पादन में निकलनेवाले 'स्वदेश' के 1 अक्टूबर, 1921 के अंक में प्रकाशित हुआ था। निबन्ध में जिस तरह रामलीला का विस्तृत वर्णन किया गया है और 'भगवान रामचन्द्र की जय' के साथ अन्त हुआ है, उससे ऐसा प्रतीत होता है कि विजयादशमी के पर्व के लिए लिखा गया है। इस निबन्ध का अधिकांश 'श्रद्धा-भक्ति' नामक लेख में अन्तर्भुक्त है। 'लोकमंगल की साधनावस्था' सम्बन्धी प्रसिद्ध स्थापना का यदि बीज ढूँढ़ना हो तो उसका पहला आलेख 'क्षात्रधर्म का सौन्दर्य' है। यहाँ शुक्ल जी क्षात्रधर्म की प्रशंसा इसलिए करते हैं कि ''कर्म सौन्दर्य की योजना जितने रूपों में क्षात्र जीवन में सम्भव है, उतने रूपों में किसी जीवन में नहीं। शक्ति के साथ क्षमा, वैभव के साथ विनय, पराक्रम के साथ रूप माधुर्य, तेज के साथ कोमलता, सुखभोग के साथ परदुःख-कातरता, प्रताप के साथ कठिन धर्म-पथ का अवलम्बन इत्यादि कर्म-सौन्दर्य के इतने अधिक प्रकार के उत्कर्ष-योग और कहाँ घट सकते हैं?'' (चि., तीसरा भाग, पृ. 188)

कहने की आवश्यकता नहीं कि शुक्ल जी अपने साहित्य में कर्म सौन्दर्य से युक्त यह 'क्षात्रधर्म' देखना चाहते थे और ऐसे साहित्य को ही श्रेष्ठ मानते थे। वर्ण-व्यवस्था के अतिरिक्त तारतमिक ढाँचे में 'क्षात्रधर्म' भले ही मध्यम श्रेणी का हो किन्तु शुक्ल जी की अपनी काव्य-मूल्यों की प्रणाली में 'क्षात्रधर्म' सर्वश्रेष्ठ है। 'काव्य में रहस्यवाद' में उन्होंने ताल्सताय और रवीन्द्रनाथ ठाकुर के उस लोकादर्शवाद (ह्यूमैनिटेरियन आइडियलिज्म) की कड़ी आलोचना की है जिसके अनुसार "संसार में यदि क्रूरता, हिंसा, अत्याचार, स्वार्थमद आदि है तो अत्याचारी को विवेकी, क्रूर को सदय, पापी को पुण्यात्मा, अनिष्टकारी को प्रेमी बनाने के अविचल प्रयत्न-प्रदर्शन में ही साहित्य की उच्चता है।... क्रूरता पर क्रोध, अत्याचारियों का ध्वंस, पापियों को जगत के मार्ग से हटाना, मध्यम काव्य का विधान है। वर्ण-व्यवस्था से शब्द लें तो एक ब्राह्मण-काव्य है, दूसरा क्षत्रिय-काव्य।" (चि., दूसरा भाग, पृ. 48)

'क्षात्रधर्म का सौन्दर्य' में कुछ ऐसे राजनीतिक संकेत हैं जिनसे शुक्ल जी की विकसित राष्ट्रीय चेतना का आभास मिलता है। उपनिवेशवादी शोषण पर प्रहार करते हुए वे कहते हैं : "बड़े-बड़े राज्य माल की बिक्री के लिए लड़नेवाले सौदागर हो गए हैं। अब सदा एक देश दूसरे देशों का चुपचाप दबे पाँव धन-हरण करने की ताक में रहता है। कोई-कोई देश लोभवश इतना माल तैयार करते हैं कि उसे किसी देश के गले मढ़ने की फ़िक्र में दिन-रात मरते रहते हैं। जब तक यह व्यापारोन्माद दूर न होगा तब तक इस पृथ्वी पर सुख-शान्ति न होगी। दूर यह अवश्य होगा; पर जिस प्रकार और सब पागलपन दूर होते हैं उसी प्रकार। क्षात्रधर्म की संसार में फिर प्रतिष्ठा होगी। चोरी का बदला डकैती से लिया जाएगा।" (चि., तीसरा भाग, पृ. 188)

यहाँ प्रथम विश्वयुद्ध का कटु अनुभव ही नहीं बोल रहा है, बल्कि "चोरी का बदला डकैती" के द्वारा जलियाँवाला बाग़ के जवाब में चौरी-चौरा का प्रतिशोधभाव भी प्रज्वलित है। जहाँ यह राजनीतिक अन्तर्दृष्टि है कि विश्वयुद्ध उपनिवेशवादी राज्यों की बाजार सम्बन्धी आपसी होड़ का नतीजा था, वहीं राष्ट्रीय स्तर पर इतना लड़ाकूपन है कि गांधीजी के सत्य-अहिंसा से काम न चलेगा। निबन्ध के अन्त में स्वाधीनता संग्राम की ओर स्पष्ट संकेत करते हुए शुक्ल जी कहते हैं : "आज संसार के बीच अपनी स्थिति बनाए रखने के लिए जिस युद्ध में हम प्रवृत्त हैं उसमें विजय प्राप्त करने की कामना से हम मर्यादा पुरुषोत्तम की भू-भार-हारिणी विजय का स्मरण करते हैं।" (वही, पृ. 190)

इन तमाम बातों से डॉ. रामविलास शर्मा के इन अनुमान की पुष्टि होती है कि "प्रथम महायुद्ध के दौरान शुक्ल जी ने अवश्य ही अपने मानसिक विकास की कई मंजिलें पार की होंगी। रूढ़िवादी आस्तिकता से हटकर वह चेतना और संसार के परस्पर सम्बन्ध के नए व्याख्याकार बने, विकासवादी विचारक हैकेल की पुस्तक का अनुवाद किया, भक्ति और रीति के सम्बन्ध में अपनी मान्यताएँ स्थिर कीं। हिन्दी साहित्य के सुपरिचित आचार्य शुक्ल का यह विकास प्रथम महायुद्ध के दौरान और

भारत के नवीन राष्ट्रीय उत्थान के साथ हुआ।'' ('आचार्य रामचन्द्र शुक्ल और हिन्दी आलोचना', तृतीय संस्करण, 1973, पृ. 233)

[9]

जुलाई 1919 से आचार्य शुक्ल ने काशी हिन्दू विश्वविद्यालय में शिक्षण कार्य शुरू किया, जो उनके जीवन के साथ ही साहित्य में भी विकास के नए–तीसरे चरण की शुरुआत है। वस्तुतः 1920 से 1930 का दशक शुक्ल जी की साहित्य साधना का सबसे सर्जनात्मक दौर है और सम्भवतः सर्वोच्च शिखर भी। तुलसी, सूर और जायसी का युगान्तरकारी मूल्यांकन इस दशक की उपलब्धि है, 'हिन्दी साहित्य का इतिहास' इस दशक की समाप्ति के साथ सम्पन्न हुआ; दशक पूरा होते-होते 'काव्य में प्राकृतिक दृश्य', 'काव्य में रहस्यवाद', 'कविता क्या है' जैसे काव्य सिद्धान्त के नए निबन्ध प्रकाश में आ चुके थे; और इस बात के भी प्रमाण हैं कि 'रस मीमांसा' नाम से मरणोत्तर प्रकाशित पुस्तक का अधिकांश इसी दशक में लिखा गया। शुक्ल जी का यह विकास समूचे हिन्दी साहित्य के उत्कर्ष से तो जुड़ा ही हुआ है, स्वाधीनता संघर्ष के इतिहास के भी मेल में है। प्रेमचन्द, प्रसाद, निराला और पन्त ने अपनी सर्जनात्मक प्रतिभा का उत्तमांश इसी दशक में हिन्दी को दिया और यह दशक हमारे स्वाधीनता संघर्ष के भी उत्थान का साक्षी है। हिन्दी साहित्य सम्मेलन के इन्दौर अधिवेशन की साहित्य परिषद् के अध्यक्ष पद से दिया हुआ ऐतिहासिक भाषण (1935) जो आगे चलकर 'चिन्तामणि' के दूसरे भाग में 'काव्य में अभिव्यंजनावाद' नाम से संकलित हुआ, निश्चय ही इस दशक के बाद की महत्वपूर्ण कृति है। फिर 'काव्य में लोक-मंगल की साधनावस्था', 'साधारणीकरण और व्यक्ति-वैचित्र्यवाद', 'रसात्मक बोध के विविध रूप' जैसे महत्वपूर्ण निबन्ध भी हैं जो आगामी दशक में लिखे गए। किन्तु बाद वाली रचनाएँ इसी दशक के बने विचारों का ही पल्लवन हैं। हिन्दी में आचार्य शुक्ल की जो प्रतिमा आज प्रतिष्ठित है वह इसी दशक की कृतियों के आधार पर; और यह गरिमामयी मूर्ति इतनी सुपरिचित है कि सम्प्रति उसके विषय में विशेष कुछ कहने की आवश्यकता नहीं है। यही वह मंजिल है जो अब तक समूची अन्तर्यात्रा को सार्थकता प्रदान करती है। लेकिन यह जगह तो बार-बार लौटने की है, इसलिए इस पर फिर कभी।

नामवर सिंह

भाव या मनोविकार

भाव या मनोविकार

अनुभूति के द्वन्द्व ही से प्राणी के जीवन का आरम्भ होता है। उच्च प्राणी मनुष्य भी केवल एक जोड़ी अनुभूति लेकर इस संसार में आता है। बच्चे के छोटे-से हृदय में पहले सुख और दुख की सामान्य अनुभूति भरने के लिए जगह होती है। पेट का भरा या खाली रहना ही ऐसी अनुभूति के लिए पर्याप्त होता है। जीवन के आरम्भ में इन्हीं दोनों के चिह्न हँसना और रोना देखे जाते हैं पर ये अनुभूतियाँ बिल्कुल सामान्य रूप में रहती हैं, विशेष-विशेष विषयों की ओर विशेष-विशेष रूपों में ज्ञानपूर्वक उन्मुख नहीं होतीं।

नाना विषयों के बोध का विधान होने पर ही उनसे सम्बन्ध रखनेवाली इच्छा की अनेकरूपता के अनुसार अनुभूति के भिन्न-भिन्न योग संघटित होते हैं जो भाव या मनोविकार कहलाते हैं। अतः हम कह सकते हैं कि सुख और दुख की मूल अनुभूति ही विषय-भेद के अनुसार प्रेम, हास, उत्साह, आश्चर्य, क्रोध, भय, करुणा, घृणा इत्यादि मनोविकारों का जटिल रूप धारण करती है। जैसे यदि शरीर में कहीं सुई चुभने की पीड़ा हो तो केवल सामान्य दुख होगा; पर यदि साथ ही यह ज्ञात हो जाए कि सुई चुभानेवाला कोई व्यक्ति है तो उस दुख की भावना कई मानसिक और शारीरिक वृत्तियों के साथ संश्लिष्ट होकर उस मनोविकार की योजना करेगी जिसे क्रोध कहते हैं। जिस बच्चे को पहले अपने ही दुख का ज्ञान होता था, बढ़ने पर असंलक्ष्यक्रम अनुमान द्वारा उसे और बालकों का कष्ट या रोना देखकर भी एक विशेष प्रकार का दुख होने लगता है जिसे दया या करुणा कहते हैं। इसी प्रकार जिस पर अपना वश न हो ऐसे कारण से पहुँचानेवाले भावी अनिष्ट के निश्चय से जो दुख होता है वह भय कहलाता है। बहुत छोटे बच्चे को, जिसे यह निश्चयात्मिका बुद्धि नहीं होती, भय कुछ भी नहीं होता। यहाँ तक कि उसे मारने के लिए हाथ उठाएँ तो भी वह विचलित न होगा; क्योंकि वह निश्चय नहीं कर सकता कि इस हाथ उठाने का परिणाम दुख होगा।

मनोविकारों या भावों की अनुभूतियाँ परस्पर तथा सुख या दुख की मूल अनुभूति से ऐसी ही भिन्न होती हैं जैसे रासायनिक मिश्रण परस्पर तथा अपने संयोजक द्रव्यों से भिन्न होते हैं। विषय-बोध की विभिन्नता तथा उससे सम्बन्ध रखनेवाली इच्छाओं की विभिन्नता के अनुसार मनोविकारों की अनेकरूपता का विकास होता है। हानि या दुख के कारण में हानि या दुख पहुँचाने की चेतन वृत्ति का पता पाने पर हमारा काम उस मूल अनुभूति से नहीं चल सकता जिसे दुख कहते हैं, बल्कि उसके योग से संघटित क्रोध नामक जटिल भाव की आवश्यकता होती है। जब हमारी इन्द्रियाँ दूर से आती हुई क्लेशकारिणी बातों

का पता देने लगती हैं, जब हमारा अन्तःकरण हमें भावी आपदा का निश्चय कराने लगता है; तब हमारा काम दुख मात्र से नहीं चल सकता, बल्कि भागने या बचने की प्रेरणा करनेवाले भय से चल सकता है। इसी प्रकार अच्छी लगनेवाली वस्तु या व्यक्ति के प्रति जो सुखानुभूति होती है उसी तक प्रयत्नवान प्राणी नहीं रह सकता, बल्कि उसकी प्राप्ति, रक्षा या संयोग की प्रेरणा करनेवाले लोभ या प्रेम के वशीभूत होता है।

अपने मूल रूपों में सुख और दुख दोनों की अनुभूतियाँ कुछ बँधी हुई शारीरिक क्रियाओं की ही प्रेरणा प्रवृत्ति के रूप में करती हैं। उनकी भावना, इच्छा और प्रयत्न की अनेकरूपता का स्फुरण नहीं होता। विशुद्ध सुख की अनुभूति होने पर हम बहुत करेंगे–दाँत निकालकर हँसेंगे, कूदेंगे या सुख पहुँचानेवाली वस्तु से लगे रहेंगे, इसी प्रकार शुद्ध दुख में हम बहुत करेंगे–हाथ-पैर पटकेंगे, रोएँगे या दुख पहुँचानेवाली वस्तु से हटेंगे–पर हम चाहे कितना ही उछल-कूदकर हँसें, कितना ही हाथ-पैर पटककर रोएँ, इस हँसने या रोने को प्रयत्न नहीं कह सकते। ये सुख और दुख के अनिवार्य लक्षण मात्र हैं जो किसी प्रकार की इच्छा का पता नहीं देते। इच्छा के बिना कोई शारीरिक क्रिया प्रयत्न नहीं कहला सकती।

शरीर-मात्र धर्म के प्रकाश से बहुत थोड़े भावों की निर्दिष्ट और पूर्ण व्यंजना हो सकती है। उदाहरण के लिए, कम्प को लीजिए, कम्प शीत की संवेदना से भी हो सकता है, भय से भी, क्रोध से भी और प्रेम के वेग से भी। अतः जब तक भागना, छिपना या मारना, झपटना इत्यादि प्रयत्नों के द्वारा इच्छा के स्वरूप का पता न लगेगा तब तक भय या क्रोध की सत्ता पूर्णतया व्यक्त न होगी। सभ्य जातियों के बीच इन प्रयत्नों का स्थान बहुत कुछ शब्दों ने लिया है। मुँह से निकले हुए वचन ही अधिकतर भिन्न-भिन्न प्रकार की इच्छाओं का पता देकर भावों की व्यंजना किया करते हैं। इसी से साहित्य-मीमांसकों ने अनुभव के अन्तर्गत आश्रय की उक्तियों को विशेष स्थान दिया है।

क्रोधी चाहे किसी ओर झपटे या न झपटे, उसका यह कहना ही कि 'मैं उसे पीस डालूँगा' क्रोध की व्यंजना के लिए काफी होता है। इसी प्रकार लोभी चाहे लपके या न लपके, उसका कहना ही कि 'कहीं वह वस्तु हमें मिल जाती' उसके लोभ का पता देने के लिए बहुत है। वीर रस की जैसी अच्छी और परिष्कृत अनुभूति उत्साहपूर्ण उक्तियों द्वारा होती है वैसी तत्परता के साथ हथियार चलाने और रणक्षेत्र में उछलने-कूदने के वर्णन में नहीं। बात यह है कि भावों द्वारा प्रेरित प्रयत्न या व्यापार परिमित होते हैं। पर वाणी के प्रसार की कोई सीमा नहीं। उक्तियों में जितनी नवीनता और अनेकरूपता आ सकती है या भावों का जितना अधिक वेग व्यंजित हो सकता है उतना अनुभाव कहलानेवाले व्यापारों द्वारा नहीं। क्रोध के वास्तविक व्यापार तोड़ना-फोड़ना, मारना-पीटना इत्यादि ही हुआ करते हैं, पर क्रोध की उक्ति चाहे जहाँ तक बढ़ सकती है। 'किसी को धूल में मिला देना, चटनी कर डालना, किसी का घर खोदकर तालाब बना डालना' तो मामूली बात है। यही बात सब भावों के सम्बन्ध में समझिए।

समस्त मानव-जीवन के प्रवर्त्तक भाव या मनोविकार ही होते हैं। मनुष्य की प्रवृत्तियों की तह में अनेक प्रकार के भाव ही प्रेरक के रूप में पाए जाते हैं। शील या

चरित्र का मूल भी भावों के विशेष प्रकार के संगठन में ही समझना चाहिए। लोक-रक्षा और लोक-रंजन की सारी व्यवस्था का ढाँचा इन्हीं पर ठहराया गया है। धर्म-शासन, राज-शासन, मत-शासन—सबमें इनसे पूरा काम लिया गया है। इनका सदुपयोग भी हुआ है और दुरुपयोग भी। जिस प्रकार लोक-कल्याण के व्यापक उद्देश्य की सिद्धि के लिए मनुष्य के मनोविकार काम में लाए गए हैं उसी प्रकार किसी सम्प्रदाय या संस्था के संकुचित और परिमित विधान की सफलता के लिए भी।

सब प्रकार के शासन में—चाहे धर्म-शासन हो, चाहे राज-शासन, या सम्प्रदाय- शासन—मनुष्य-जाति के भय और लोभ से पूरा काम लिया गया है। दंड का भय और अनुग्रह का लोभ दिखाते हुए राज-शासन तथा नरक का भय और स्वर्ग का लोभ दिखाते हुए धर्म-शासन और मत-शासन चलते आ रहे हैं। इनके द्वारा भय और लोभ का प्रवर्त्तन उचित सीमा के बाहर भी प्रायः हुआ है और होता रहता है। जिस प्रकार शासकवर्ग अपनी रक्षा और स्वार्थ-सिद्धि के लिए भी इनसे काम लेते आए हैं उसी प्रकार धर्म-प्रवर्त्तक और आचार्य आपके स्वरूप वैचित्र्य की रक्षा और अपने प्रभाव की प्रतिष्ठा के लिए भी। शासकवर्ग अपने अन्याय और अत्याचार के विरोध को शान्ति के लिए भी डराते और ललचाते आए हैं। मत-प्रवर्त्तक अपने द्वेष और संकुचित विचारों के प्रचार के लिए भी जनता को कँपाते और लपकाते आए हैं। एक जाति की मूर्ति-पूजा करते देख दूसरी जाति के मत-प्रवर्त्तक ने उसे गुनाहों में दाखिल किया है। एक सम्प्रदाय को भस्म और रुद्राक्ष धारण करते देख दूसरे सम्प्रदाय के प्रचारक ने उसके दर्शन तक में पाप लगाया है। भावक्षेत्र अत्यन्त पवित्र क्षेत्र है। उसे इस प्रकार गन्दा करना लोक के प्रति भारी अपराध समझना चाहिए।

शासन की पहुँच प्रवृत्ति और निवृत्ति की बाहरी व्यवस्था तक ही होती है। उनके मूल या मर्म तक उनकी गति नहीं होती। भीतरी या सच्ची प्रवृत्ति-निवृत्ति को जागृत रखनेवाली शक्ति कविता है जो धर्म-क्षेत्र में शक्ति-भावना को जगाती रहती है। भक्ति धर्म की रसात्मक अनुभूति है। अपने मंगल और लोक के मंगल का संगम उसी के भीतर दिखाई पड़ता है। इस संगम के लिए प्रकृति के क्षेत्र के बीच मनुष्य को अपने हृदय के प्रसार का अभ्यास करना चाहिए। जिस प्रकार ज्ञान नरसत्ता के प्रसार के लिए है उसी प्रकार हृदय भी। रागात्मिका वृत्ति के प्रसार के बिना विश्व के साथ जीवन का प्रकृत सामंजस्य घटित नहीं हो सकता। जब मनुष्य के सुख और आनन्द का मेल शेष प्रकृति के सुख-सौन्दर्य के साथ हो जाएगा, जब उसकी रक्षा का भाव तृणगुल्म, वृक्ष-लता, पशु-पक्षी, कीट-पतंग, सब की रक्षा के भाव के साथ समन्वित हो जाएगा, तब उसके अवतार का उद्देश्य पूर्ण हो जाएगा और वह जगत् का सच्चा प्रतिनिधि हो जाएगा। काव्य योग की साधना इसी भूमि पर पहुँचाने के लिए है। सच्चे कवियों की वाणी बराबर पुकारती आ रही है—

विधि के बनाए जीव जेते हैं जहाँ के तहाँ,
खेलत फिरत तिन्हें खेलन फिरन देव।

—ठाकुर

मनोविकारों का विकास

मूल तत्त्व की दोरंगी झलक का नाम व्यक्तावस्था है। यदि दुःख के बिना सुख है तो यह अव्यक्त है। जीव अपने अस्तित्व की घोषणा द्वन्द्वाभास ही से आरम्भ करता है। उच्च प्राणी कहलाने वाला मनुष्य भी भावों की एक जोड़ी लेकर धरती पर गिरता है। उसके छोटे-से हृदय में पहले दुःख और आनन्द भर ही के लिए जगह रहती है। ये मनोवेग ऐसे हैं जो मनुष्य यदि जन्म से स्वर्गियों से अलग रक्खा जाय तो भी उत्पन्न होंगे। पेट के भरे रहने या खाली रहने के अनुभव ही से इनका आरम्भ होता है। इन उद्वेगों के लिए दूसरे व्यक्तियों के साथ की अपेक्षा नहीं। जीवनारम्भ में इन्हीं दोनों के चिह्न हँसना और रोना देखे जाते हैं। यह न समझना चाहिए कि और प्रकार के भाव भी शिशु के हृदय में उमड़ते हैं पर वह उनका बोध नहीं करा सकता। प्रकृति इतना अन्याय कभी नहीं कर सकती। बच्चे के हृदय में उसी रूप में भाव उत्पन्न होते हैं जिस रूप में वह व्यंजित करता है। यह बात इस विचार से प्रत्यक्ष हो जायगी कि इन्हीं दोनों मनोवेगों से क्रमशः और दूसरे मनोवेगों की उत्पत्ति और विकास होता है। सब मनोवेग दुःख और आनन्द ही के सामाजिक विकार हैं। दुःख ही के गर्भ में क्रोध, भय, करुणा, घृणा और ईर्ष्या आदि के भाव रहते हैं जो आगे चलकर समाज के साथ सम्बन्ध बढ़ने और शरीर के साथ-साथ मानसिक शक्तियों के पुष्ट और प्रशस्त होने पर पृथक-पृथक रूप में प्रकट होने लगते हैं। जैसे यदि शरीर में कहीं सुई चुभने की पीड़ा हो तो केवल दुःख होगा। पर यदि यह ज्ञान हो जाय कि सुई चुभानेवाला कोई दूसरा व्यक्ति है तो दुःख अनिष्ट वा प्रतिकार की प्रबल इच्छा से मिश्रित हो जायगा और क्रोध कहलावेगा। जिस शिशु को पहले अपने ही दुःख का ज्ञान होता था बढ़ने पर उसे अनुमान द्वारा औरों का क्लेश देखकर भी दुःख होने लगता है जिसे हम करुणा वा दया कहते हैं। इसी प्रकार अज्ञान वा जिस पर अपना वश न हो ऐसे कारण से पहुँचने वाले भावी अनिष्ट के निश्चय से जो दुःख होता है वह भय कहलाता है। शिशु को जिसे यह निश्चयात्मक बुद्धि नहीं होती भय बिलकुल नहीं होता। यहाँ तक कि उसे मारने के लिए हाथ उठाएँ तो वह विचलित न होगा क्योंकि वह यह नहीं निश्चय कर सकता कि इस हाथ उठाने का परिणाम दुःख होगा।

इसी प्रकार जैसे-जैसे सम्बन्ध, काल, मात्रा और स्थान आदि का ज्ञान और विवेक शिशु में होता जाता है वैसे ही वैसे उसी आनन्द से सन्तोष, प्रसन्नता, उत्साह, प्रेम, लोभ, आदि फूट-फूटकर निकलने लगते हैं। जिस प्रकार दुःख पहुँचानेवाले का ज्ञान होने पर

हमें क्रोध होता है उसी प्रकार जिससे आनन्द मिला है उसका ज्ञान होने पर हम उस पर प्रसन्न होते हैं और उसे भी प्रसन्न करना चाहते हैं। जो बात हम जैसी चाहते हैं यदि किसी से वैसी ही बन पड़ी तो हमें सन्तोष होता है। यदि उससे बढ़कर हुई तो हमें प्रसन्नता होती है। इसी प्रकार आनेवाले सुख को सोचकर हमें उत्साह होता है और उसके निमित्त हम किसी कार्य्य में प्रवृत्त होते हैं। प्रकृति को मनुष्य से काम कराना मंजूर रहता है इसी से सुख के अनुभव की अपेक्षा भावी सुख की आशा बहुत बलवती होती है। सन्तोष और प्रसन्नता की अपेक्षा उत्साह में कहीं अधिक क्रियोत्पादिनी शक्ति होती है। कोई किसी पर सन्तुष्ट वा प्रसन्न होगा तो बहुत करेगा उसे कुछ दे दिला देगा पर यदि वह भावी आनन्द के अनुमान से उत्साहित होगा तो कोसों पैदल चलेगा, नदी-नाले पार करेगा और रात-रात भर जागेगा। लोग कहते हैं कि जब हमारा काम हो जायगा तब तुम्हें इतना देंगे पर जब वह काम हो जाता है तब देने का जी नहीं करता। इसी से कहा गया है कि Man never is but will be happy अर्थात् मनुष्य सुखी नहीं है पर सुखी होगा। किसी पर प्रसन्न होकर फिर उसे प्रसन्न करने के लिए जिस भाव की प्रेरणा से हम अनेक प्रकार के आयोजन करते हैं और श्रम उठाते हैं वह भी उत्साह ही कहलाता है क्योंकि उसे प्रसन्न देखकर हमें जो सन्तोष होगा उसी की चाह से हम दौड़-धूप करते हैं। देशोपकारियों के आगमन पर जो उत्साह दिखाया जाता है वह इसी प्रकार का है।

जिससे हमें बराबर किसी प्रकार का सुख मिलता है वा एकबारगी अत्यन्त सुख मिलता है उसका ज्ञान होने पर उससे हमें प्रेम हो जाता है अर्थात् उसके सामीप्य की एक स्थायी इच्छा जिसे हम एक प्रकार का लोभ कह सकते हैं चित्त में स्थान कर लेती है जो अभाव में बड़ा उग्र रूप धारण करती है। शिशु अपनी माता का दूध पी-पीकर सुखी होता है और उससे प्रेम करता है। युवक किसी युवती के रूप, गुण आदि को देखकर एकबारगी आनन्दित हो उठता है और उसका अत्यन्त सान्निध्य चाहता है। इसी से कवि लोग ऐसे प्रेम को 'रूप का लोभ' भी कहते हैं। इधर-उधर सुनाई भी पड़ता है कि 'वे उसके रूप पर लुभा गए।'

संसार में दुःख की निवृत्ति की अधिक और चटपट आवश्यकता होती है इसी से उसका इतना स्पष्ट विश्लेषण हुआ है। आनन्द के इतने स्पष्ट विभाग नहीं हुए हैं। सन्तोष, प्रसन्नता, उत्साह आदि के अनुभव प्रायः एक ही से जान पड़ते हैं। उनमें इतना भेद नहीं जान पड़ता जितना क्रोध, भय, करुणा, घृणा, ईर्ष्या आदि में परस्पर मालूम होता है। इससे यह अनुमान होता है कि संसार में जितने रूपों में दुःख की निवृत्ति की आवश्यकता पड़ती है उतने रूपों में प्राप्त सुख के उपभोग की नहीं। प्रकृति या नियामक आत्मा संसार में जीवों के लिए कठिनाइयाँ अधिक समझती है इसी से उसने उनको दूर करने के लिए अधिक उग्र उपाय रखे हैं। सारांश यह कि संजीवता दुःख निवृत्ति के लिए छटपटाने ही का नाम है, पड़े-पड़े आनन्द के चसक लेने का नहीं।

मनुष्य जिस समय होश सँभालकर समाज में प्रवेश करता है वह अपने आनन्द और दुःख के बहुत-से अंशों को क्रिया और दशा पर अवलम्बित कर अपने जीवन को अधिक

विस्तृत और व्यापक बनाता है। इस व्यापकत्व के लिए लालायित होना आत्मा का गुण है। समाज के संसर्ग से ही दुःख और आनन्द के अनेक मनोविकारों की सृष्टि होती है। क्रोध, करुणा, ईर्ष्या, राग आदि के आधार के लिए दूसरे प्राणियों और वस्तुओं की अपेक्षा होती है।

दुःख से निकले हुए मनोविकारों की ओर ध्यान देते हुए पहले हम उनको लेते हैं जो दुःख से अपनी रक्षा के हेतु रक्खे गए हैं, जैसे क्रोध और भय।

क्रोध

क्रोध दुःख के कारण के साक्षात्कार वा अनुमान से उत्पन्न होता है। साक्षात्कार से मेरा अभिप्राय केवल इन्द्रियों पर संघात से नहीं बल्कि दुःख और उसके कारण के सम्बन्ध के परिज्ञान से है। जैसे 3-4 महीने के बच्चे को कोई हाथ उठाकर मार दे तो उसने हाथ उठाते तो देखा है पर अपनी पीड़ा और उस हाथ उठाने से क्या सम्बन्ध है यह वह नहीं जानता है। अतः वह केवल रोकर अपना दुःख मात्र प्रकट कर देता है। दुःख के कारण के साक्षात्कार के निश्चय के बिना क्रोध का उदय नहीं हो सकता। दुःख के हेतु पर प्रबल प्रभाव डालने में प्रवृत्त करने की मानसिक क्रिया होने के कारण क्रोध का आविर्भाव बहुत पहले देखा जाता है। शिशु अपनी माता की आकृति से अभ्यस्त हो ज्यों ही यह जान जाता है कि दूध इसी से मिलता है, भूखा होने पर वह उसकी आहट या रोने में कुछ क्रोध के चिह्न दिखाने लगता है।

सामाजिक जीवन के लिए क्रोध की बड़ी आवश्यकता है। यदि क्रोध न हो तो जीव बहुत-से दुःखों की चिर निवृत्ति के लिए यत्न ही न करे। कोई मनुष्य किसी दुष्ट के नित्य दो-चार प्रहार सहता है। यदि उसमें क्रोध का विकास नहीं हुआ है तो वह केवल आह ऊह करेगा जिसका उस दुष्ट पर कोई प्रभाव नहीं। उस दुष्ट के हृदय में दया आदि उत्पन्न करने में बड़ी देर लगेगी। प्रकृति किसी को इतना समय ऐसे छोटे-छोटे कामों के लिए नहीं दे सकती। भय के द्वारा भी प्राणी अपनी रक्षा करता है पर समाज में इस प्रकार की दुःख निवृत्ति चिर स्थायिनी नहीं होती। मेरे कहने का यह अभिप्राय नहीं कि क्रोध के समय क्रोधकर्ता के हृदय में भावी दुःख से बचने या औरों को बचाने की इच्छा ही रहती है बल्कि प्रकृति ने क्रोध को इसी अभिप्राय से रक्खा है।

ऊपर कहा जा चुका है कि क्रोध दुःख के कारण के परिज्ञान या साक्षात्कार से होता है। अतः एक तो जहाँ इस ज्ञान में त्रुटि हुई वहाँ क्रोध धोखा देता है। दूसरी बात यह है कि क्रोध जिस ओर से दुःख आता है उसी ओर देखता है अपने धारणकर्ता की ओर नहीं। जिससे दुःख पहुँचा है या पहुँचेगा उसका नाश हो वा उसे दुःख पहुँचे यही क्रोध का लक्ष्य है, जिसे दुःख पहुँचा है उसका फिर क्या होगा इससे उसे कुछ सरोकार नहीं। इसी से एक तो मनोवेग ही एक-दूसरे को परिमित किया करते हैं दूसरे विचारशक्ति भी उन पर अंकुश रखती है। यदि क्रोध इतना उग्र हुआ कि हृदय के दुःख के कारण की अवरोधावरोधिनी शक्ति के रूप और परिमाण के विचार तथा भय आदि और विचारों

के संचार के लिए जगह ही न रही तो बहुत हानि पहुँच जाती है। जैसे कोई सुने कि उसका शत्रु बीस आदमी लेकर उसे मारने आ रहा है और वह चट क्रोध से व्याकुल होकर बिना शत्रु की शक्ति के विचार या भय किए उसे मारने के लिए अकेला दौड़े तो उसके मारे जाने में बहुत कम सन्देह है। अतः कारण के यथार्थ निश्चय के उपरान्त आवश्यक मात्रा में ही क्रोध वह काम दे सकता है जिसके लिए उसका विकास होता है।

कभी-कभी लोग अपने कुटुम्बियों या स्नेहियों से झगड़कर उन्हें थोड़ा-सा दुःख पहुँचाने के अभिप्राय से अपना सिर तक पटक देते हैं। यह सिर पटकना अपने को दुःख पहुँचाने के अभिप्राय से नहीं होता क्योंकि बिलकुल बेगानों के साथ कोई ऐसा नहीं करता। जब किसी को क्रोध में सिर पटकते देखें तो समझ लेना चाहिए कि उसका क्रोध ऐसे व्यक्ति के ऊपर है जिसे उसके सिर पटकने की परवाह है अर्थात् जिसे उसके सिर फूटने से यदि उस समय नहीं तो आगे चलकर दुःख पहुँचेगा।

क्रोध का वेग इतना प्रबल होता है कि कभी-कभी मनुष्य यह विचार नहीं करता कि जिसने दुःख पहुँचाया है उसमें दुःख पहुँचाने की इच्छा थी या नहीं। इसी से कभी तो वह अचानक पैर कुचल जाने पर किसी को मार बैठता है और कभी ठोकर खाकर कंकड़-पत्थर तोड़ने लगता है। चाणक्य ब्राह्मण अपना विवाह करने जाता था। मार्ग में कुश उसके पैर में गड़े। वह चट मट्ठा और कुदाली लेकर पहुँचा और कुशों को उखाड़-उखाड़कर उनकी जड़ों में मट्ठा देने लगा। मैंने देखा कि एक ब्राह्मण देवता चूल्हा फूँकते-फूँकते हैरान हो गए, जब आग नहीं जली, तब उस पर कोप करके चूल्हे में पानी डाल किनारे हो गए। इस प्रकार का क्रोध असंस्कृत है। यात्रियों ने बहुत-सी ऐसी जंगली जातियों का हाल लिखा है जो रास्ते में पत्थर की ठोकर लगने पर बिना उसको चूर-चूर किए आगे नहीं बढ़ते। इस प्रकार का क्रोध अपने दूसरे भाइयों के स्थान को दबाए हुए है। अधिक अभ्यास के कारण यदि कोई मनोवेग अधिक प्रबल पड़ गया तो वह ऊपर कहे हुए विश्लेषण को व्यर्थ कर मनुष्य को फिर बचपन से मिलती-जुलती अवस्था में ले जाकर पटक देता है।

जिससे एक बार दुःख पहुँचा पर उसके दोहराए जाने की सम्भावना कुछ भी नहीं है उसको जो कष्ट पहुँचाया जाता है वह प्रतिकार कहलाता है। एक-दूसरे से अपरिचित दो आदमी रेल पर चले जाते हैं। इनमें से एक को आगे ही के स्टेशन पर उतरना है। स्टेशन तक पहुँचते-पहुँचते बात ही बात में एक ने दूसरे को एक तमाचा जड़ दिया और उतरने की तैयारी करने लगा। अब दूसरा मनुष्य भी यदि उतरते-उतरते उसको एक तमाचा लगा दे तो यह उसका प्रतिकार का बदला कहा जायगा क्योंकि उसे फिर उसी व्यक्ति से तमाचे खाने की सम्भावना को कुछ भी निश्चय नहीं था। जहाँ और दुःख पहुँचाने की कुछ भी सम्भावना होगी वहाँ शुद्ध प्रतिकार नहीं होगा। हमारा पड़ोसी कई दिनों से नित्य आकर हमें दो-चार अंड-बंड सुना जाता है। यदि हम उसको एक दिन पकड़कर पीट दें तो हमारा यह कर्म शुद्ध प्रतिकार नहीं कहलाएगा क्योंकि नित्य गाली सुनने के दुःख से बचने के परिणाम की ओर भी हमारी दृष्टि रही। इन दोनों अवस्थाओं

को ध्यानपूर्वक देखने से पता लगेगा कि दुःख से उद्विग्न होकर दुःखदाता को कष्ट पहुँचाने की प्रवृत्ति दोनों में है, पर एक में वह परिणाम इत्यादि के विचार को बिलकुल छोड़े हुए है और दूसरे में कुछ लिये हुए। इनमें से पहले प्रकार का क्रोध निष्फल समझा जाता है। पर थोड़े धैर्य्य के साथ सोचने पर जान पड़ेगा कि इस प्रकार के क्रोध से स्वार्थ साधन तो नहीं होता पर परोक्ष रूप में परमार्थ साधन अवश्य हो जाता है। दुःख पहुँचानेवाले से हमें फिर दुःख पहुँचने का डर न सही पर समाज को है। इससे उसे उचित दंड देने से पहले तो उसी की शिक्षा या भलाई हो जाती है फिर समाज का और लोगों का भी बचाव हो जाता है। क्रोधकर्ता की दृष्टि तो इन परिणामों की ओर नहीं रहती है पर सृष्टिविधान में इस प्रकार की क्रोध की नियुक्ति है इन्हीं परिणामों के लिए।

क्रोध सब मनोविकारों से फुरतीला है इसीलिए अवसर पड़ने पर यह और दूसरे भी मनोविकारों का साथ देकर उनकी सहायता करता है। कभी वह दया के साथ कूदता है कभी घृणा के। एक क्रूर कुमार्गी किसी अनाथ अबला पर अत्याचार कर रहा है। हमारे हृदय में इस अनाथ अबला के प्रति दया उमड़ रही है। पर दया की पहुँच तो आर्त ही तक है। यदि वह स्त्री भूखी होती तो हम उसे कुछ रुपया-पैसा देकर अपने दया के वेग को शान्त कर लेते। पर यहाँ तो उस दुःख का हेतु मूर्तिमान तथा अपने विरुद्ध प्रयत्नों को ज्ञानपूर्वक व्यर्थ करने की शक्ति रखनेवाला है। ऐसी अवस्था में क्रोध ही उस अत्याचारी के दमन के लिए उत्तेजित करता है जिसके बिना हमारी दया ही व्यर्थ जाती है। क्रोध अपनी इस सहायता के बदले में दया के यश को नहीं बाँटता। यद्यपि काम क्रोध करता है पर नाम दया का ही होता है। लोग यही कहते हैं उसने दया करके बचा लिया। क्रोध दया का साथ न दे तो दया अपने अनुकूल प्रमाण उपस्थित ही नहीं कर सकती। एक अघोरी हमारे सामने मक्खियाँ मार-मारकर खा रहा है और हमें घिन लग रही है। हम उससे नम्रतापूर्वक हटने के लिए कह रहे हैं और वह नहीं सुन रहा है। चट हमें क्रोध आ जाता है और हम उसे बलात् हटाने में प्रवृत्त हो जाते हैं।

बैर क्रोध का अचार या मुरब्बा है। जिससे हमें दुःख पहुँचा उस पर हमने जो क्रोध किया वह यदि हमारे हृदय में बहुत दिनों तक टिका रहा तो वह बैर कहलाता है। इस स्थायी रूप में टिक जाने के कारण क्रोध की क्षिप्रता और हड़बड़ी तो कम हो जाती है पर वह और धैर्य्य, विचार और युक्ति के साथ दुःखदाता को पीड़ित करने की प्रेरणा बराबर बहुत काल तक किया करता है। क्रोध अपना बचाव करते हुए शत्रु को पीड़ित करने की युक्ति आदि सोचने का समय नहीं देता पर बैर इसके लिए बहुत समय देता है। वास्तव में क्रोध और बैर में केवल काल भेद है। दुःख पहुँचाने के साथ ही दुःखदाता को पीड़ित करने की प्रेरणा क्रोध और कुछ काल बीत जाने पर बैर है। किसी ने हमें गाली दी। यदि हमने उसी समय उसे मार दिया तो हमने क्रोध किया। अब मान लीजिए कि वह गाली देकर भाग गया और दो महीने बाद हमें कहीं मिला। अब यदि फिर बिना गाली दिए हमने उसे मिलने के साथ ही मार दिया तो यह हमारा बैर निकालना हुआ। इस विवरण से स्पष्ट है कि बैर उन्हीं प्राणियों में होता है जिनमें धारणा या भावों के

संचय की शक्ति होती है। पशु और बच्चे किसी से बैर नहीं मानते। वे क्रोध करते हैं और थोड़ी देर के बाद भूल जाते हैं। क्रोध का यह स्थायी रूप भी आपदाओं की पहचान कराकर उनसे बहुत काल तक बचाए रखने के लिए दिया गया है।

भय

क्रोध के समान भय भी दुःख से बचाने के कार्य्य पर नियुक्त है। पर इन दोनों में अन्तर यह है कि क्रोध दुःख के निमित्त पर प्रभाव डालने के लिए आकुल करता है और भय उसकी पहुँच से अपने को बाहर करने के लिए। क्रोध का कार्य्य जैसा बड़ा और विचारापेक्ष है वैसे ही उसका फल भी अधिक स्थायी है अर्थात् वह क्रोध की स्थिति के अनन्तर भी या तो बराबर या बहुत दिनों तक रहता है। पर ऐसे सज्ञान प्राणियों के बीच जिनमें भाव बहुत काल तक संचित रहते हैं और ऐसे उन्नत समाज में जहाँ एक व्यक्ति की पहुँच और परिचय का विस्तार बहुत बड़ा होता है, प्रायः भय का फल भय के भोग काल तक ही रहता है। जहाँ वह भय भूला कि आफत आई। यदि कोई मनुष्य किसी बात पर आप से बुरा मान गया और आपको मारने के लिए दौड़ा तो उस समय भय के उद्वेग में आप भागकर अपने को बचा लेंगे। पर सम्भव है कि उस मनुष्य का क्रोध जो आप पर है वह उसी समय दूर न हो जाय बल्कि कुछ दिन के लिए बैर के रूप में टिक जाय तो उसके लिए आपके सामने आना फिर कोई कठिन बात नहीं होगी। प्राणियों की अनुन्नत दशा ही में भय से अधिक काम निकलता है जबकि भावों के संचय की शक्ति नहीं होती और समाज का ऐसा उन्नत गठन नहीं होता कि बहुत-से लोगों को एक-दूसरे का पता और उनके विषय में जानकारी रहती हो। जंगली मनुष्यों के परिचय का विस्तार बहुत थोड़ा होता है। बहुत-सी ऐसी जंगली जातियाँ हैं जिनमें कोई एक व्यक्ति बीस से अधिक आदमियों को नहीं जानता। अतः उसे दस या पन्द्रह कोस ही पर रहनेवाला यदि कोई दूसरा जंगली मिले और मारने दौड़े तो वह भागकर अपनी रक्षा उसी समय तक के लिए नहीं बल्कि सब दिन के लिए कर सकता है। पर सभ्य, उन्नत और विस्तृत समाज में भय के द्वारा स्थायी रक्षा की उतनी सम्भावना नहीं होती। इसी से जंगली और असभ्य जातियों में ही भय अधिक होता है। उनके देवी-देवता भय द्वारा ही कल्पित हैं। किसी आपत्ति वा दुःख से बचने के लिए ही वे उसकी पूजा करते हैं। अति भय असभ्यता का पहला लक्षण है। अशिक्षित होने के कारण अधिकांश भारतवासी भी भय के उपासक हैं। वे जितना सम्मान एक थानेदार वा तहसीलदार का करते हैं उतना किसी विद्वान या कालेज के अध्यापक का नहीं। जब तक यह दशा रहे तब तक भारत को असभ्य समझना चाहिए और जब इसका विपर्यय देख पड़े तब उसकी उन्नति में सन्देह न करना चाहिए।

चलने-फिरने वाले बच्चों में जिनमें भाव देर तक नहीं टिकते और दुःख परिहार का ज्ञान वा बल नहीं होता भय अधिक होता है। बहुत-से बच्चे तो किसी अपरिचित आदमी को देखते ही घर के भीतर भागते हैं। पशुओं में भी भय अधिक देखा जाता है।

दुःख के चेतन कारण का ज्ञान हुए बिना प्रायः क्रोध नहीं होता पर भय को कारण के निर्दिष्ट किए जाने की आवश्यकता नहीं है, इतना भर मालूम हो जाना चाहिए कि दुःख पहुँचेगा। यदि कोई किसी से आकर कहे कि कल तुम्हारे हाथ-पाँव टूट जायँगे तो उसे क्रोध नहीं आवेगा पर भय हो सकता है। पर यदि उसी से कहा जाय कि 'कल दो-एक आदमी (चाहे उनका नाम न भी लिया जाय) तुम्हारे हाथ-पैर तोड़ देंगे, तो वह तुरन्त त्योरी बदलकर कहेगा कि 'कौन हैं हाथ-पैर तोड़नेवाले, देखेंगे।'

क्लेश के कारण के ज्ञान होने पर जो भय होता है उसमें उस कारण पर प्रभाव डालने की अक्षमता का अवश्य निश्चय होता है। यदि यह निश्चय ठीक हुआ तब तो भय को अपने उचित स्थान पर समझना चाहिए। यदि यह निश्चय कठिनाइयों और आपत्तियों को दूर करने के अनभ्यास के कारण स्वभाव के अन्तर्गत आ गया है तो उसे कायरता कहना चाहिए।

दुःख के निश्चय के अभाव में केवल सम्भावना के अनुमान से जो भय होता है उसे आशंका कहते हैं। वह इतनी प्रबल नहीं होती। जैसे कोई जंगल में चला जाता है और रास्ते भर डरता जाता है कि कहीं बाघ न मिल जाय। यदि उसे ठीक-ठीक भय होता तो वह लौट जाता, आगे पैर ही न रखता। दुःख की कोटि में जो स्थान भय का है आनन्द के विभाग में वही स्थान उत्साह का है। भय के अनुग्र रूप आशंका का उलटा आशा है।

भय दो प्रकार का होता है—एक असाध्य और दूसरा साध्य। असाध्य भय वह है जिसमें यह पूरा निश्चय हो जाय कि चाहे हम किसी अवस्था में रहें दुःख अवश्य ही पहुँचेगा।

साध्य भय वह है जिसमें जिस अवस्था में मनुष्य है उसी अवस्था में बने रहने से किसी ज्ञात कारण द्वारा दुःख पहुँचने का निश्चय हो। इसमें मनुष्य को बचाव के लिए प्राप्त अवस्था से भिन्न अवस्था में होना पड़ता है, यद्यपि कभी-कभी इस अवस्थान्तर से भी उसकी रक्षा नहीं होती। दो मनुष्य एक पहाड़ी नदी के किनारे बैठे वा आनन्द से बातचीत करते चले जा रहे हैं। इतने में सामने शेर की आहट मालूम हुई। अब इन दोनों व्यक्तियों को उसी अवस्था में रहने से अर्थात् बैठे ही रह जाने वा जिस ओर जिस प्रकार से जा रहे हैं उसी ओर उसी प्रकार चलते रहने से आपत्ति का निश्चय है। अतः यदि वे बैठे हैं तो उठकर भागने वा पेड़ इत्यादि पर चढ़ने का यत्न करेंगे और यदि चले जा रहे हैं तो जितने वेग से जा रहे हैं उससे अधिक वेग से किसी दूसरी ओर जिधर छिपने के लिए स्थान होगा उधर चलेंगे।

जिस कार्य्य के करने से मनुष्य को भय होगा उस कार्य्य के करने के पहले भी लोग कहते हैं कि उस कार्य्य से भय मालूम होता है। जैसे कोई किसी से कहे कि इस गड्ढे को फाँद जाओ वा जिधर शेर बैठा है उधर से निकल जाओ और वह कहे कि डर मालूम होता है तो उसे यथार्थ में डर नहीं मालूम होता है बल्कि हिचक मालूम होती है। भय से उसका चित्त तो उस समय विचलित होगा जब वह कार्य्य को आरम्भ कर देगा वा करता होगा। हाँ, भय लगने का भय मालूम होता हो तो बात दूसरी है। जब तक दुःख का उपादान अपनी क्रिया से हमारा सामीप्य लाभ करता न जान पड़ेगा तब तक यथार्थ में

भय न जान पड़ेगा। जब तक कुएँ में गिरना वा न गिरना, शेर की माँद में जाना वा न जाना अपने हाथ में है तब तक भय कैसा। हिचक वह है जिससे लोग कोई काम करें ही नहीं और भय वह है जिससे लोग करते हुए काम ही छोड़ दें।

घृणा

सृष्टि विस्तार से अभ्यस्त होने पर प्राणियों को कुछ विषय ग्राह्य और कुछ अग्राह्य प्रतीत होने लगते हैं। इन अग्राह्य विषयों के उपस्थित होने पर जो दुःख होता है उसे घृणा कहते हैं। सुभीते के लिए हम यहाँ घृणा के दो विभाग करते हैं–स्थूल और मानसिक। स्थूल घृणा आँख, कान और नाक इन्हीं तीन इन्द्रियों से सम्बन्ध रखती है। हम चिपटी नाक और कानी आँख से सुसज्जित चेहरे को देख घृणा करते हैं खरस्वन खुर्राट की तान सुनकर कान में उँगली डालते हैं और म्युनिसिपैलिटी की मैलागाड़ी सामने आने पर नाक पर रूमाल रखते हैं। रस और स्पर्श अकेले घृणा नहीं उत्पन्न कर सकते। रस का भला या बुरा अनुभव तो कई अंशों के घ्राण से मिला हुआ है। यहाँ पर यह न समझना चाहिए कि हम इन्द्रियानुभव और मनोवेग को एक करते हैं। विषय का भला वा बुरा लगना उसका ज्ञान मात्र नहीं है कुछ और भी है। मानसिक घृणा मन में कुछ अपनी ही क्रिया से आरोपित और कुछ शिक्षा द्वारा प्राप्त आदर्शों के प्रतिकूल विषयों की उपस्थिति से उत्पन्न होती है। यह मानसिक घृणा स्थूल घृणा से भिन्न है। निर्लज्जता की कथा कितनी ही सुरीली तान में सुनाई जाय घृणा उत्पन्न ही करेगी। कैसा ही गन्दा आदमी परोपकार करे उसे देख श्रद्धा उत्पन्न हुए बिना न रहेगी। आनन्द की कोटि में मानसिक घृणा का उलटा श्रद्धा है।

ऐसे अग्राह्य और प्रतिकूल विषयों के उपस्थिति काल में इन्द्रिय वा मन का व्यापार अच्छा नहीं लगता, इससे या तो प्राणी ऐसे विषयों को दूर करना चाहता है अथवा अपने इन्द्रिय वा मन के व्यापार को बन्द करना। इसके अतिरिक्त वह और कुछ नहीं करना चाहता। क्रोध और घृणा में जो अन्तर है वह यहाँ देखा जा सकता है। क्रोध का विषय पीड़ा वा हानि पहुँचानेवाला होता है इससे क्रोधी उसे नष्ट करने में प्रवृत्त होता है। घृणा का विषय इन्द्रिय वा मन के व्यापार में संकोच मात्र उत्पन्न करनेवाला है। इसी से मनुष्य को उतना उग्र उद्वेग नहीं होता और वह घृणा के विषय की हानि करने में तुरन्त बिना कुछ और विचार किए प्रवृत्त नहीं होता। हम अत्याचारी पर क्रोध और व्यभिचारी पर घृणा करते हैं। क्रोध और घृणा के बीच एक अन्तर और ध्यान देने योग्य है। घृणा का विषय हमें घृणा का दुःख पहुँचाने के विचार से हमारे सामने उपस्थित नहीं होता पर क्रोध का चेतन विषय हमें आघात वा पीड़ा पहुँचाने के उद्देश्य से हमारे सामने उपस्थित होता है वा समझा जाता है। न दुर्गन्ध ही इसलिए हमारी नाक में घुसती है कि हमें घिन लगे और न व्यभिचारी ही इसलिए व्यभिचार करता है कि हमें उसकी करतूत सुन उससे घृणा करने का दुःख उठाना पड़े। यदि घृणा का विषय जानबूझकर हमें घृणा का दुःख पहुँचाने के अभिप्राय से हमारे सामने उपस्थित हो तो हमारा ध्यान उस घृणा के विषय से हटकर

उसकी उपस्थिति के कारण की ओर हो जाता है और हम क्रोध साधन में तत्पर हो जाते हैं। यदि आपको किसी के पीले दाँत देख घिन लगेगी तो आप अपना मुँह दूसरी ओर फेर लेंगे उसके दाँत नहीं तोड़ने जायँगे। पर यदि जिधर-जिधर आप मुँह फेरते हैं उधर-उधर वह भी आकर खड़ा हो तो आश्चर्य्य नहीं कि वह थप्पड़ खा जाय। यदि होली में कोई गन्दी गालियाँ बकता चला जाता है तो घृणा मात्र लगने पर आप उसे मारने न लग जायँगे उससे दूर हटेंगे पर यदि जहाँ-जहाँ आप जाते हैं वहाँ-वहाँ वह भी आपके साथ-साथ अश्लील बकता जाता है तो आप उस पर टूट पड़ेंगे।

घृणा के दुःख और पीड़ा के बीच जो अन्तर है वह स्पष्ट है। वज्रपात के शब्द का अनुभव भद्दे गले के आलाप के अनुभव से भिन्न है। आँख में किरकिरी पड़ना और बात है सड़ी बिल्ली सामने आना और बात। यदि कोई स्त्री आपके सामने मीठे शब्दों में कलुषित प्रस्ताव करे तो उसके प्रति आपको घृणा होगी पर वही स्त्री यदि आपको छड़ी लेकर मारने आवे तो आप उस पर क्रोध करेंगे। घृणा का भाव शान्त है, उसमें क्रियोत्पादिनी शक्ति नहीं है। घृणा निवृत्ति का मार्ग दिखलाती है और क्रोध प्रवृत्ति का। यदि हम किसी से घृणा करेंगे तो बहुत करेंगे उसकी राह बचाएँगे। उससे बोलेंगे नहीं पर यदि किसी पर आप क्रोध करेंगे तो ढूँढ़कर उससे मिलेंगे और उसे और नहीं तो दस-पाँच ऊँची-नीची सुनावेंगे। घृणा विषय से दूर ले जानेवाली है और क्रोध हानि पहुँचाने की प्रवृत्ति उत्पन्न कर विषय के पास ले जानेवाला है। कहीं-कहीं घृणा क्रोध का शान्त रूपान्तर प्रतीत होती है। साधारण लोग जिन बातों पर क्रोध करते देखे जाते हैं साधु लोग उनसे घृणा मात्र करके, और यदि साधुता ने बहुत जोर दिया तो उदासीन ही होकर रह जाते हैं। दुर्जनों की गाली सुनकर साधारण लोग क्रोध करते हैं पर साधु लोग उपेक्षा ही करके सन्तोष कर लेते हैं। जो क्रोध एक बार उत्पन्न होकर सामान्य लोगों में बैर के रूप में टिक जाता है वही क्रोध साधु लोगों में घृणा के रूप में टिकता है। दोनों के जो भिन्न-भिन्न परिणाम हैं वे प्रत्यक्ष हैं। यदि जिस पर एक बार क्रोध उत्पन्न हुआ उसका व्यवहार आकस्मिक है तो बैर कर बैठना और यदि बराबर अग्रसर होनेवाला है तो घृणा मात्र करना निष्फल है।

आजकल की बनावटी सभ्यता वा शिष्टता में 'घृणा' शब्द बैर वा क्रोध को छिपाने का काम दे जाता है। यदि हमें किसी से बैर है तो हम दस-पाँच सभ्यों के बीच बैठकर कहते हैं कि हमें उससे घृणा है। इस बात से हमारी चालाकी प्रत्यक्ष है। बैर का आधार व्यक्तिगत है, घृणा का सार्वजनिक। बैर के नाम पर यह समझा जाता है कि कहीं दो वा अधिक मनुष्यों के लक्ष्य का परस्पर विरोध हुआ है पर घृणा का नाम सुनकर अधिकतर यही अनुमान होता है कि समाज के लक्ष्य वा आदर्श का विरोध हुआ है। बैर करना एक छोटी बात समझी जाती है अतः बैर के स्थान पर घृणा का नाम ले लेने से हमारा बदला और बचाव दोनों हो जाता है।

स्थूल घृणा के विषय प्रायः सब मनुष्यों के लिए समान हैं। सुगन्ध और दुर्गन्ध, सौन्दर्य और भद्दापन इत्यादि के विषय में प्रायः एक मत रहता है। यह दूसरी बात है कि एक प्रकार की सुगन्ध की अपेक्षा दूसरी प्रकार की सुगन्ध किसी को बहुत अच्छी

लगे, पर गुलाब की गन्ध को कोई दुर्गन्ध नहीं कहेगा। मानसिक घृणा और श्रद्धा के मूलाधार भी सब मनुष्यों में समान और निर्दिष्ट हैं। वेश्यागमन, जुआ, मद्यपान, स्वार्थपरता, कायरता, आलस्य, लम्पटता, पाखंड, अनधिकार चर्चा, मिथ्याभिमान आदि विषय उपस्थित होने पर सब मनुष्य घृणा करने के लिए विवश हैं। इसी प्रकार से स्वार्थ, त्याग, परोपकार, इन्द्रियसंयम आदि पर श्रद्धा होना एक प्रकार स्वाभाविक-सा हो गया है। मतभेद वहाँ देखा जाता है जहाँ और-और विषयों को पार कर लोग अनुबन्ध द्वारा इन मूलाधारों तक पहुँचते हैं। यदि एक ही व्यापार में एक आदमी को घृणा मालूम हो रही है और दूसरे को नहीं तो यह समझना चाहिए कि पहला उस व्यापार के आगे-पीछे चारों ओर जिन रूपों की उद्भावना करता है दूसरा नहीं। दलबल सहित भरत को वन में आते देख निषाद को उनके प्रति घृणा उत्पन्न हो रही है और राम को नहीं। क्योंकि निषादराज भरत के आगमन में असहाय राम को मार निष्कंटक राज्य करने की उद्भावना करता है और राम नहीं। इस प्रकार के भेद का कारण मनुष्य के अनुबन्ध ज्ञान की उलटी गति है। सृष्टि का क्रम मूल आधार से सिद्ध रूपों की ओर चलता है, पर अनुबन्ध ज्ञान का क्रम या तो सिद्ध रूप के पीछे मूल आधार की ओर जाता है अथवा आगे परिणाम की कल्पना करता है। प्रत्येक व्यक्ति के अनुबन्ध ज्ञान की गति एक ही ओर को नहीं हो सकती। किसी सिद्ध रूप को पाकर हर एक आदमी अनुबन्ध द्वारा उससे वास्तविक सम्बन्ध रखनेवाले अतः समान रूपों तक नहीं पहुँच सकता। एक बात को देखकर हर एक आदमी उसका एक ही वा समान कारण और परिणाम नहीं बतलालेगा। किसी रियासत के नौकर ने अपने एक मित्र से कहा कि 'तुम कभी भूलकर भी इस रियासत में नौकरी न करना।' इस कथन में एक आदमी को तो हित कामना की झलक दिखाई पड़ रही है और दूसरे को ईर्ष्या की। इससे एक उस पर श्रद्धा करता है दूसरा घृणा। जहाँ घृणा के मूलाधार प्रत्यक्ष रूप में हमारे सामने आते हैं वहाँ कोई मतभेद नहीं दिखाई देता। पर कभी-कभी ये विषय स्वयं हमारे सामने नहीं आते, उनके अनुमानित आभास हमारे सामने रहते हैं जो और-और विषयों (आधारों) के भी आभास हो सकते हैं। घृणा सम्बन्धी इस प्रकार का मतभेद सभ्य जातियों में जिनमें उद्देश्यों के छिपाने की चाल बहुत है, अधिक देखा जाता है। एक ही आदमी को कोई परम धार्मिक राजनीतिक नेता समझता है कोई मक्कार। एक ही राजकीय कार्रवाई को कोई व्यापार की स्वतन्त्रता प्राप्ति का प्रयत्न समझता है कोई राज्य का लोभ।

मूसाई और ईसाई लोग देवपूजकों से इसलिए घृणा नहीं करते कि वे छोटी-छोटी वस्तुओं पर श्रद्धा भक्ति करते हैं बल्कि यह समझकर कि वे उनके जमीन और आसमान बनानेवाले खुदा से दुश्मनी किए बैठे हैं। अपने बनाने और पालनेवाले से बैर ठानना कृतघ्नता है। अतः उनकी घृणा आरोपित कृतघ्नता के प्रति है देवपूजा के प्रति नहीं। संस्कार द्वारा ऐसे आरोपों पर यहाँ तक विश्वास बढ़ा कि अरब और यहूद की धर्म्म पुस्तकों में मूर्ति-पूजन वा देवाराधन महापातक ठहराया गया। अँगरेज कवि मिल्टन ने प्राचीन जातियों के देवताओं को शैतान की फौज के सरदार बनाकर बड़ी ही संकीर्णता

और कट्टरपन का परिचय दिया है। सीधे-सादे गोस्वामी तुलसीदास जी से भी बिना यह कहे न रहा गया–

जे परिहरि हरिहर चरण भजहिं भूत गण घोर।
तिनकी गति मोहिं देहु विधि जो जननी मत मोर॥

भिन्न-भिन्न मत वालों में जो परस्पर घृणा देखी जाती है वह अधिकतर ऐसे ही आरोपों के कारण है। एक के आचार-विचार से जब दूसरा घृणा करता है तब उसकी दृष्टि यथार्थ में उस आचार-विचार पर नहीं रहती है, बल्कि ऊपर लिखे घृणा के सामान्य मूलाधारों में से किसी पर रहती है।

घृणा के विषय में मतभेद का एक और कारण ग्राह्य और अग्राह्य होने के लिए विषम मात्रा की अनियति है। सृष्टि में बहुत-सी वस्तुओं के बीच की सीमाएँ अस्थिर हैं। एक ही वस्तु व्यापार वा गुण किसी मात्रा में श्रद्धा का विषय है किसी मात्रा में अश्रद्धा का। इसके अतिरिक्त शिक्षा और संस्कार के कारण एक ही मात्रा का प्रभाव प्रत्येक हृदय पर एक ही प्रकार का नहीं पड़ता। यह नहीं है कि एक बात एक आदमी को जहाँ तक अच्छी लगती है वहाँ तक दूसरे को भी अच्छी लगे। मन में प्रतिकूल बातें रखकर मुँह पर अनुकूल बातें करनेवाले को एक आदमी शिष्ट और दूसरा कुटिल कहता है। उपचार वा मुँह पर प्रसन्न करनेवाली बात कहने को जहाँ तक एक आदमी शिष्टता समझता चला जाता है दूसरा वहाँ से कुटिलता का आरम्भ मान लेता है। दो-चार बार किसी आदमी को थोड़ी-थोड़ी बात पर रोते वा कोप करते देखकर एक तो उसको दुर्बल चित्त और उद्वेगशील समझता है और दूसरा उसी को थोड़ी-थोड़ी बात पर विलाप करते और आपे के बाहर होते दस बार देखकर भी उसे सहृदय कहता है। रसिक लोग शुष्क हृदय लोगों से घृणा करते हैं और शुष्क हृदय लोग रसिकों से। यदि ये दोनों मिलकर एक दिन शुष्कता और रसिकता की सीमा तय कर डालें तो झगड़ा मिट जाय। शुष्क हृदय लोग नाप-तौलकर बतला दें कि यहाँ तक की रसिकता, शोहदापन या विषयासक्ति नहीं है और रसिक लोग यह बता दें कि यहाँ तक की शुष्कता कठोर हृदयता नहीं है, बस झगड़ा साफ। पर यह हो नहीं सकता। दृढ़ता और हठ, धीरता और आलस्य, सहनशीलता और भीरुता, उदारता और फ़ज़ूलखर्ची, किफायत और कंजूसी आदि के बीच की सीमाएँ सब मनुष्यों के हृदय में न एक हैं और न एक होंगी।

मनोवेग दो प्रकार के होते हैं–प्रत्यावर्ती और अनावर्ती। प्रत्यावर्ती वे हैं जो एक के हृदय में दूसरे के प्रति उत्पन्न होकर दूसरे के हृदय में भी पहले के प्रति उत्पन्न हो सकते हैं जैसे क्रोध, घृणा, प्रेम इत्यादि। जिस पर हम क्रोध करेंगे वह हमारे क्रोध के कारण हम पर भी क्रोध कर सकता है। जिससे हम प्रेम करेंगे वह हमारे प्रेम को देख हमसे भी प्रेम कर सकता है। अनावर्ती मनोवेग जिसके प्रति उत्पन्न होते हैं उसके हृदय में यदि करेंगे तो सदा दूसरे भावों की सृष्टि करेंगे। इनके अन्तर्गत भय, दया, ईर्ष्या आदि हैं। जिससे हम भय करेंगे वह हमसे हमारे भय के प्रभाव से भय नहीं करेगा बल्कि हम पर दया करेगा। जिस पर हम दया करेंगे वह हमारी दया के कारण हम पर दया नहीं करेगा बल्कि

श्रद्धा करेगा। जिससे हम ईर्ष्या करेंगे वह हमारी ईर्ष्या को देख हमसे ईर्ष्या नहीं करेगा बल्कि घृणा करेगा।

प्रत्यावर्ती मनोवेग सजातीय संयोग पाकर बहुत जल्दी बढ़ते हैं। एक के क्रोध को देख दूसरा क्रोध करेगा, दूसरे के क्रोध को देख पहले का क्रोध बढ़ेगा, पहले का क्रोध देख दूसरे का क्रोध बढ़ेगा, इस प्रकार एक अत्यन्त भीषण क्रोध का दृश्य उपस्थित हो सकता है। इसी प्रकार एक के प्रेम को देख, दूसरे को प्रेम हो सकता है, दूसरे के प्रेम को बढ़ते देख दूसरे का प्रेम और बढ़ सकता है और अन्त में रात-रात भर करवटें बदलते रहने की नौबत आ सकती है। अस्तु, प्रत्यावर्ती मनोवेगों से बहुत सावधान रहना चाहिए।

अनावर्ती मनोवेग का ऐसे विजातीय मनोवेगों से संयोग होता है जिनसे उनकी वृद्धि नहीं हो सकती है। जिससे हम भय करेंगे वह हम पर दया करेगा। उसकी दया को देख हमारा भय बढ़ेगा नहीं। हमें जिससे भय प्राप्त हुआ है उसमें फिर क्रोध को देख हमारा भय बढ़ सकता है, पर हमारे भय के कारण उसमें नया क्रोध उत्पन्न नहीं होगा। अपने ऊपर किसी को दया करते देख हम श्रद्धा प्रकट करेंगे, हमारी श्रद्धा से उसकी दया तत्क्षण बढ़ेगी नहीं। श्रद्धा पर दया नहीं होती है, दया होती है क्लेश पर। श्रद्धा पर जो वस्तु हो सकती है वह कृपा है। जिस पर हमें दया उत्पन्न हुई है उसको और क्लेशित वा भयभीत देखकर हमारी दया बढ़ सकती है। पर हमें दया करते देख (उस दया के कारण) उसका क्लेश वा भय बढ़ेगा नहीं किसी की अपने प्रति ईर्ष्या देखकर हम उससे घृणा प्रकट करेंगे। हमारी घृणा उसमें नई ईर्ष्या उत्पन्न कर उसकी ईर्ष्या बढ़ावेगी नहीं। घृणा पर ईर्ष्या नहीं होती है। ईर्ष्या होती है किसी की उन्नति वा बढ़ती देखकर। प्रतिकार के रूप में जो अहित कामना उत्पन्न होती है वह ईर्ष्या नहीं है। घृणा के बदले में तो घृणा, क्रोध वा बैर होता है।

यह जानकर कि घृणा प्रत्यावर्ती मनोविकारों में से है लोगों को बहुत समझ-बूझकर उसे स्थान देना और प्रकट करना चाहिए। अनुपयुक्त घृणा की स्थिति से अभाव रूप में और उपयुक्त घृणा के प्रदर्शन से कभी-कभी भाव रूप में हानि पहुँच सकती है। ऊपर कहा जा चुका है कि घृणा निवृत्ति का मार्ग दिखलाती है अर्थात् अपने विषयों से दूर रहने की प्रेरणा करती है। अतः हमारी घृणा अज्ञानवश ऐसी वस्तुओं से है जिनसे हमें लाभ पहुँच सकता है तो उनके अभाव का कष्ट हमें भोगना पड़ेगा। युवा-विवाह और शिक्षा आदि से जिन्हें घृणा है वे उनके लाभों से वंचित रहेंगे। किसी बुद्धिमान मनुष्य से जो मन में घृणा रक्खेगा वह उसके सत्संग के लाभों से हाथ धोएगा। उपयुक्त घृणा की यदि वह शुद्ध है तो प्रकट करने की आवश्यकता नहीं होती। घृणा का उद्देश्य जिसके हृदय में उत्पन्न होती है उसकी क्रियाओं को निर्धारित करना है, जिसके प्रति उत्पन्न होती है उस पर किसी प्रकार का प्रभाव डालना नहीं। अतः उपयुक्त घृणा को भी उसके पात्र पर यत्नपूर्वक प्रकट करने की आवश्यकता नहीं है। यदि हमें किसी आदमी से खालिस घृणा मात्र है तो हम उससे दूर रहेंगे, हमें इसकी जरूरत न होगी कि हम उसके पास जाकर कहें कि 'हमें तुमसे घृणा है।' जब क्रोध, करुणा वा हित कामना आदि का कुछ मेल

रहेगा तभी हम अपनी घृणा प्रकट करने को आकुल होंगे। हमें जिस पर क्रोधमिश्रित घृणा होगी, उसी के सामने हम अपनी घृणा प्रकट करके उसे दुःख पहुँचाना चाहेंगे, क्योंकि दुःख पहुँचाने की प्रवृत्ति क्रोध की है घृणा की नहीं। इसी प्रकार जिसके कार्य्यों से हमें घृणा उत्पन्न होगी यदि उस पर कुछ दया वा उसके हित की कुछ चिन्ता होगी तभी हम उसे उन कार्य्यों से विरक्त करने के अभिप्राय से उस पर अपनी घृणा प्रगट करने जायँगे। पर इन दोनों अवस्थाओं में यह भी हो सकता है कि जिस पर हम घृणा प्रकट करें वह हमसे बुरा मान जाय।

मनोवेगों को उत्पन्न होने देने और न उत्पन्न होने देने की इच्छा को मनोवेगों से स्वतन्त्र समझना चाहिए। किसी वस्तु से घृणा उत्पन्न होना एक बात है और घृणा के दुःख को न उत्पन्न होने देने के लिए उस वस्तु को दूर करने वा उससे दूर होने की इच्छा दूसरी बात है। हम घृणा के दुःख का अनुभव वा अनुभव की आशंका कर चुके तब उससे बचने को आकुल हुए। ऐसी आकुलता को हम 'घृणा लगने का भय' कह सकते हैं। एक पूछता है "क्यों भाई ! तुम उनके सामने क्यों नहीं जाते ?" दूसरा कहता है "उसका चेहरा देखकर, उसकी बात सुनकर हमें क्रोध लगता है।" इस प्रकार की अनिच्छा को 'क्रोध की अनिच्छा' कह सकते हैं। किसी वस्तु का अच्छा लगना एक बात है और उस अच्छा लगने के सुख को उत्पन्न करने के लिए वस्तु की प्राप्ति की इच्छा दूसरी बात।

घृणा और भय की प्रवृत्ति एक-सी है। दोनों अपने-अपने विषयों से दूर होने की प्रेरणा करते हैं। परन्तु भय का विषय भावी हानि का अत्यन्त निश्चय करानेवाला होता है। और घृणा का विषय उसी क्षण इन्द्रिय वा ज्ञान के व्यापारों में संकोच उत्पन्न करनेवाला। घृणा के विषय से यह समझा जाता है कि जिस प्रकार का दुःख यह दे रहा है उसी प्रकार का देता जायगा पर भय के विषय से यह समझा जाता है कि अभी और प्रकार का अधिक तीव्र दुःख देगा। भय क्लेश नहीं है, क्लेश की छाया है; पर ऐसी छाया है जो हमारे चारों ओर घोर अन्धकार फैला सकती है। सारांश यह कि भय एक अतिरिक्त क्लेश है। यदि जिस बात का हमें भय था वह हम पर आ पड़ी तो हमें दोहरा क्लेश पहुँचा। इसी से आनेवाली अनिवार्य आपदाओं की पूर्वापेक्ष्य की हमें उतनी आवश्यकता नहीं, क्योंकि उनसे भय करके हम अपने को बचा तो सकते नहीं उनके पहले के दिनों के सुख को भी खो अलबत सकते हैं।

सभ्यता वा शिष्टता के व्यवहार में घृणा उदासीनता के नाम से छिपाई जाती है। दोनों में जो अन्तर है वह प्रत्यक्ष है। जिस बात से हमें घृणा है हम चाहते क्या आकुल रहते हैं कि वह बात न हो, पर जिस बात से हम उदासीन हैं उसके विषय में हमें परवा नहीं रहती चाहे हो, चाहे न हो। यदि कोई काम किसी की रुचि के विरुद्ध होता है तो वह कहता है, "उहँ ! हमसे क्या मतलब जो चाहे सो हो।" वह सरासर झूठ बोलता है, पर इतना झूठ समाज स्थिति के लिए आवश्यक है।

(नागरी प्रचारिणी पत्रिका, अक्टूबर, 1912)

उत्साह

दुख के वर्ग में जो स्थान भय का है, वही स्थान आनन्द-वर्ग में उत्साह का है। भय में हम प्रस्तुत कठिन स्थिति के नियम से विशेष रूप में दुखी और कभी-कभी उस स्थिति से अपने को दूर रखने के लिए प्रयत्नवान् भी होते हैं। उत्साह में हम आनेवाली कठिन स्थिति के भीतर साहस के अवसर के निश्चय द्वारा प्रस्तुत कर्म-सुख की उमंग से अवश्य प्रयत्नवान् होते हैं। उत्साह में कष्ट या हानि सहने की दृढ़ता के साथ-साथ कर्म में प्रवृत्ति होने के आनन्द का योग रहता है। साहसपूर्ण आनन्द की उमंग का नाम उत्साह है। कर्म-सौन्दर्य के उपासक ही सच्चे उत्साही कहलाते हैं।

जिन कर्मों में किसी प्रकार का कष्ट या हानि सहने का साहस अपेक्षित होता है उन सबके प्रति उत्कंठापूर्ण आनन्द उत्साह के अन्तर्गत लिया जाता है। कष्ट या हानि के भेद के अनुसार उत्साह के भी भेद हो जाते हैं। साहित्य-मीमांसकों ने इसी दृष्टि से युद्ध-वीर, दान-वीर, दया-वीर इत्यादि भेद किए हैं। इनमें सबसे प्राचीन और प्रधान युद्ध वीरता है, जिसमें आघात, पीड़ा क्या मृत्यु तक की परवाह नहीं रहती। इस प्रकार की वीरता का प्रयोजन अत्यन्त प्राचीन काल से पड़ता चला आ रहा है, जिसमें साहस और प्रयत्न दोनों चरम उत्कर्ष पर पहुँचते हैं। पर केवल कष्ट या पीड़ा सहन करने के साहस में ही उत्साह का स्वरूप स्फूर्त नहीं होता, उसके साथ आनन्दपूर्ण प्रयत्न या उसकी उत्कंठा का योग चाहिए। बिना बेहोश हुए भारी फोड़ा चिराने को तैयार होना साहस कहा जाएगा, पर उत्साह नहीं। इसी प्रकार चुपचाप, बिना हाथ-पैर हिलाए, घोर प्रहार सहने के लिए तैयार रहना साहस और कठिन-से-कठिन प्रहार सहकर भी जगह से न हटना धीरता कही जाएगी। ऐसे साहस और धीरता को उत्साह के अन्तर्गत तभी ले सकते हैं जबकि साहसी या धीर उस काम को आनन्द के साथ करता चला जाएगा जिसके कारण उसे इतने प्रहार सहने पड़ते हैं। सारांश यह है कि आनन्दपूर्ण प्रयत्न या उसकी उत्कंठा में ही उत्साह का दर्शन होता है, केवल कष्ट सहने के निश्चेष्ट साहस में नहीं। धृति और साहस दोनों का उत्साह के बीच संचरण होता है।

दान-वीर में अर्थ-त्याग का साहस अर्थात् उसके कारण होनेवाले कष्ट या कठिनता को सहने की क्षमता अन्तर्हित रहती है। दानवीरता तभी कही जाएगी जब दान के कारण दानी को अपने जीवन-निर्वाह में किसी प्रकार का कष्ट या कठिनता दिखाई देगी। इसी कष्ट या कठिनता की मात्रा या सम्भावना जितनी ही अधिक होगी, दानवीरता उतनी ही

ऊँची समझी जाएगी। पर इस अर्थ-त्याग के साहस के साथ ही जब तक पूर्ण तत्परता और आनन्द के चिह्न न दिखाई पड़ेंगे तब तक उत्साह का स्वरूप न खड़ा होगा।

युद्ध के अतिरिक्त संसार में और भी ऐसे विकट काम होते हैं जिनमें घोर शारीरिक कष्ट सहना पड़ता है और प्राण-हानि तक की सम्भावना रहती है। अनुसन्धान के लिए तुषार-मंडित अभ्रभेदी अगम्य पर्वतों की चढ़ाई, ध्रुव देश या सहारा के रेगिस्तान का सफर; क्रूर, बर्बर जातियों के बीच अज्ञात घोर जंगलों में प्रवेश इत्यादि भी पूरी वीरता और पराक्रम के कर्म हैं। इनमें जिस आनन्दपूर्ण तत्परता के साथ लोग प्रवृत्त हुए हैं वह भी उत्साह ही है।

मनुष्य शारीरिक कष्ट से ही पीछे हटनेवाला प्राणी नहीं है। मानसिक क्लेश की सम्भावना से भी बहुत-से कर्मों की ओर प्रवृत्त होने का साहस उसे नहीं होता। जिन बातों से समाज के बीच उपहास, निन्दा, अपमान इत्यादि का भय रहता है उन्हें अच्छी और कल्याणकारिणी समझते हुए भी बहुत-से लोग उनसे दूर रहते हैं। प्रत्यक्ष हानि देखते हुए भी कुछ प्रथाओं का अनुसरण बड़े-बड़े समझदार तक इसलिए करते चलते हैं कि उनके त्याग से वे बुरे कहे जाएँगे; लोगों में उनका वैसा आदर-सम्मान न रह जाएगा। उसके लिए मानग्लानि का कष्ट सब शारीरिक क्लेशों से बढ़कर होता है। जो लोग मान-अपमान का कुछ भी ध्यान न करके, निन्दा-स्तुति की कुछ भी परवाह न करके किसी प्रचलित प्रथा के विरुद्ध पूर्ण तत्परता और प्रसन्नता के साथ कार्य करते जाते हैं वे एक ओर तो उत्साही और वीर कहलाते हैं दूसरी ओर भारी बेहया।

किसी शुभ परिणाम पर दृष्टि रखकर निन्दा-स्तुति, मान-अपमान आदि की कुछ परवाह न करके प्रचलित प्रथाओं का उल्लंघन करनेवाले वीर या उत्साही कहलाते हैं, यह देखकर बहुत-से लोग केवल इसके विरुद्ध लोभ में ही अपनी उछल-कूद दिखाया करते हैं। वे केवल उत्साही या साहसी कहे जाने के लिए ही चली आती हुई प्रथाओं को तोड़ने की धूम मचाया करते हैं। शुभ या अशुभ परिणाम से उन्हें कोई मतलब नहीं, उनकी ओर उनका ध्यान लेशमात्र नहीं रहता। जिस पक्ष के बीच की सुख्याति का वे अधिक महत्त्व समझते हैं उनकी वाहवाही से उत्पन्न आनन्द की चाह में वे दूसरे पक्ष के बीच की निन्दा या अपमान की कुछ परवाह नहीं करते। ऐसे ओछे लोगों के साहस या उत्साह की अपेक्षा उन लोगों का उत्साह या साहस-भाव की दृष्टि से—कहीं अधिक मूल्यवान है जो किसी प्राचीन प्रथा की—चाहे वह वास्तव में हानिकारिणी ही हो—उपयोगिता का सच्चा विश्वास रखते हुए प्रथा तोड़नेवालों की निन्दा, उपहास, अपमान आदि सहा करते हैं।

समाज-सुधार के वर्तमान आन्दोलनों के बीच जिस प्रकार सच्ची अनुभूति से प्रेरित उच्चाशय और गम्भीर पुरुष पाए जाते हैं उसी प्रकार तुच्छ मनोवृत्तियों द्वारा प्रेरित साहसी और दयावान् भी बहुत मिलते हैं। मैंने कई छिछोरों और लम्पटों को विधवाओं की दशा पर दया दिखाते हुए उनके पापाचार के लम्बे-चौड़े दास्तान हरदम सुनते-सुनाते पाया है। ऐसे लोग वास्तव में काम-कथा के रूप में ऐसे वृत्तान्तों का तन्मयता के साथ कथन और श्रवण करते हैं। इस ढाँचे के लोगों से सुधार के कार्य में कुछ सहायता

पहुँचाने के स्थान पर बाधा पहुँचाने की ही सम्भावना रहती है। 'सुधार' के नाम पर साहित्य के क्षेत्र में भी ऐसे लोग गन्दगी फैलाते पाए जाते हैं।

उत्साह की गिनती अच्छे गुणों में होती है। किसी भाव के अच्छे या बुरे होने का निश्चय अधिकतर उसकी प्रवृत्ति के शुभ या अशुभ परिणाम के विचार से होता है। वही उत्साह जो कर्त्तव्य कर्मों के प्रति इतना सुन्दर दिखाई पड़ता है, अकर्त्तव्य कर्मों की ओर होने पर वैसा श्लाघ्य नहीं प्रतीत होता। आत्म-रक्षा, पर-रक्षा, देश-रक्षा आदि के निमित्त साहस की जो उमंग देखी जाती है उसके सौन्दर्य को पर-पीड़न, डकैती आदि कर्मों का साहस कभी नहीं पहुँच सकता। यह बात होते हुए भी विशुद्ध उत्साह या साहस की प्रशंसा संसार में थोड़ी-बहुत होती ही है। अत्याचारियों या डाकुओं के शौर्य और साहस की कथाएँ भी लोग तारीफ करते हुए सुनते हैं।

अब तक उत्साह का प्रधान रूप ही हमारे सामने रहा, जिसमें साहस का पूरा योग रहता है। पर कर्ममात्र के सम्पादन में जो तत्परतापूर्ण आनन्द देखा जाता है वह उत्साह ही कहा जाता है। सह कामों में साहस अपेक्षित नहीं होता, पर थोड़ा-बहुत आराम-विश्राम, सुभीते आदि का त्याग सबको करना पड़ता है, और कुछ नहीं तो उठकर बैठना, खड़ा होना या दस-पाँच कदम चलना ही पड़ता है। जब तक आनन्द का लगाव किसी क्रिया, व्यापार या उसकी भावना के साथ नहीं दिखाई पड़ता तब तक उसे 'उत्साह' की संज्ञा प्राप्त नहीं होती। यदि किसी प्रिय मित्र के आने का समाचार पाकर हम चुपचाप ज्यों-के-त्यों आनन्दित होकर बैठे रह जाएँ या थोड़ा हँस भी दें तो यह हमारा उत्साह नहीं कहा जाएगा। हमारा उत्साह तभी कहा जाएगा जब हम अपने मित्र का आगमन सुनते ही उठ खड़े होंगे। उससे मिलने के लिए दौड़ पड़ेंगे और उसके ठहरने आदि के प्रबन्ध में प्रसन्न-मुख इधर-उधर आते-जाते दिखाई देंगे। प्रयत्न और कर्म संकल्प उत्साह नामक आनन्द के नित्य लक्षण हैं।

प्रत्येक कर्म में थोड़ा या बहुत बुद्धि का योग भी रहता है। कुछ कर्मों में तो बुद्धि की तत्परता और शरीर की तत्परता दोनों बराबर साथ-साथ चलती हैं। उत्साह की उमंग जिस प्रकार हाथ-पैर चलवाती है, उसी प्रकार बुद्धि से भी काम कराती है। ऐसे उत्साह वाले वीर को कर्मवीर कहना चाहिए या बुद्धिवीर–यह प्रश्न मुद्राराक्षस नाटक बहुत अच्छी तरह हमारे सामने लाता है। चाणक्य और राक्षस के बीच जो चोटें चली हैं वे नीति की हैं–शस्त्र की नहीं। अतः विचार करने की बात यह है कि उत्साह की अभिव्यक्ति बुद्धि-व्यापार के अवसर पर होती है अथवा बुद्धि द्वारा निश्चित उद्योग में तत्पर होने की दशा में। हमारे देखने में तो उद्योग की तत्परता में ही उत्साह की अभिव्यक्ति होती है; अतः कर्मवीर ही कहना ठीक है।

बुद्धि-वीर दृष्टान्त कभी-कभी हमारे पुराने ढंग के शास्त्रार्थों में देखने को मिल जाते हैं। जिस समय किसी भारी शास्त्रार्थी पंडित से भिड़ने के लिए कोई विद्यार्थी आनन्द के साथ सभा में आगे आता है, उस समय उसके बुद्धि-साहस की प्रशंसा अवश्य होती है। वह जीते या हारे, बुद्धि-वीर समझा ही जाता है। इस जमाने में वीरता का प्रसंग उठाकर

वाग्वीर का उल्लेख यदि न हो तो बात अधूरी ही समझी जाएगी। ये वाग्वीर आजकल बड़ी-बड़ी सभाओं के मंचों पर से लेकर स्त्रियों के उठाए हुए पारिवारिक प्रपंचों तक में पाए जाते हैं और काफी तादाद में।

थोड़ा यह भी देखना चाहिए कि उत्साह में ध्यान किस पर रहता है। कर्म पर, उसके फल पर अथवा व्यक्ति या वस्तु पर ? हमारे विचार में उत्साही वीर का ध्यान आदि से अन्त तक पूरी कर्म शृंखला पर से होता हुआ उसकी सफलता रूपी समाप्ति तक फैला रहता है। इसी ध्यान से जो आनन्द की तरंगें उठती हैं वे ही सारे प्रयत्न को आनन्दमय कर देती हैं। युद्ध-वीर में विजेतव्य को आलम्बन कहा गया है। उसका अभिप्राय यही है कि विजेतव्य कर्म-प्रेरक के रूप में वीर के ध्यान में स्थिर रहता है, यह कर्मस्वरूप का भी निर्धारण करता है। पर आनन्द और साहस के मिश्रित भाव का सीधा लगाव उसके साथ नहीं रहता। सच पूछिए तो वीर के उत्साह का विषय विजय-विधायक कर्म या युद्ध ही रहता है। दानवीर और धर्मवीर पर विचार करने से यह बात स्पष्ट हो जाती है। दान दयावश, श्रद्धावश या कीर्ति-लोभवश दिया जाता है। यदि श्रद्धावश दान दिया जा रहा है तो दान-पात्र वास्तव में श्रद्धा का और यदि दयावश दिया जा रहा है तो पीड़ित यथार्थ में दया का विषय या आलम्बन ठहरता है। अतः उस श्रद्धा या दया की प्रेरणा से जिस कठिन या दुस्साध्य कर्म की प्रवृत्ति होती है उसी की ओर उत्साही का साहसपूर्ण आनन्द उन्मुख कहा जा सकता है। अतः और रसों में आलम्बन का स्वरूप जैसा निर्दिष्ट रहता है वैसा वीररस में नहीं। बात यह है कि उत्साह एक यौगिक भाव है जिसमें साहस और आनन्द का मेल रहता है।

जिस व्यक्ति या वस्तु पर प्रभाव डालने के लिए वीरता दिखाई जाती है उसकी ओर उन्मुख कर्म होता है और कर्म की ओर उन्मुख उत्साह नामक भाव होता है। सारांश यह है कि किसी व्यक्ति या वस्तु के हाथ उत्साह का सीधा लगाव नहीं होता। समुद्र लाँघने के लिए जिस उत्साह के साथ हनुमान उठे हैं उसका कारण समुद्र नहीं–समुद्र लाँघने का विकट कर्म है। कर्म-भावना ही उत्साह उत्पन्न करती है, वस्तु या व्यक्ति की भावना नहीं।

किसी कर्म के सम्बन्ध में जहाँ आनन्दपूर्ण तत्परता दिखाई पड़ी कि हम उसे उत्साह कह देते हैं। कर्म के अनुष्ठान में जो आनन्द होता है उसका विधान तीन रूपों में दिखाई पड़ता है–

1. कर्म-भावना से उत्पन्न,
2. फल-भावना से उत्पन्न और
3. आगन्तुक, अर्थात् विषयान्तर से प्राप्त।

इनमें कर्म-भावना-प्रसूत आनन्द को ही सच्चे वीरों का आनन्द समझना चाहिए, जिसमें साहस का योग प्रायः बहुत अधिक रहा करता है। सच्चा वीर जिस समय मैदान में उतरता है उसी समय उसमें उतना आनन्द भरा रहता है जितना औरों को विजय या सफलता प्राप्त करने पर होता है। उसके सामने कर्म और फल के बीच या तो कोई

अन्तर होता ही नहीं या बहुत सिमटा हुआ होता है। इसी से कर्म की ओर यह उसी झोंक से लपकता है जिस झोंक से साधारण लोग फल की ओर लपका करते हैं। इसी कर्मप्रवर्त्तक आनन्द की मात्रा के हिसाब से शौर्य और साहस का स्फुरण होता है।

फल की भावना से उत्पन्न आनन्द भी साधक कर्मों की ओर हर्ष और तत्परता के साथ प्रवृत्त करता है। पर फल का लोभ जहाँ प्रधान रहता है वहाँ कर्म-विषयक आनन्द उसी फल की भावना की तीव्रता और मन्दता पर अवलम्बित रहता है। उद्योग के प्रभाव के बीच जब-जब फल की भावना मन्द पड़ती है—उसकी आशा कुछ धुँधली पड़ जाती है तब-तब आनन्द की उमंग गिर जाती है और उसी के साथ उद्योग में भी शिथिलता आ जाती है। पर कर्म-भावना-प्रधान उत्साह बराबर एकरस रहता है। फलासक्त उत्साही असफल होने पर खिन्न और दुखी होता है, पर कर्मासक्त उत्साही केवल कर्मानुष्ठान के पूर्व की अवस्था में हो जाता है। अतः हम कह सकते हैं कि कर्म-भावना-प्रधान उत्साह ही सच्चा उत्साह है। फल-भावना-प्रधान उत्साह तो लोभ ही का एक प्रच्छन्न रूप है।

उत्साह वास्तव में कर्म और फल की मिली-जुली अनुभूति है जिसकी प्रेरणा से तत्परता आती है। यदि फल दूर ही पर दिखाई पड़े, उसकी भावना के साथ ही उसका लेशमात्र भी कर्म या प्रयत्न के साथ लगाव न मालूम हो तो हमारे हाथ-पाँव कभी न उठें और उस फल के साथ हमारा संयोग ही न हो। इससे कर्म-शृंखला की पहली कड़ी पकड़ते ही फल के आनन्द की भी कुछ अनुभूति होने लगती है। यदि हमें यह निश्चय हो जाए कि अमुक स्थान पर जाने से हमें किसी प्रिय व्यक्ति का दर्शन होगा तो उस निश्चय के प्रभाव से हमारी यात्रा भी अत्यन्त प्रिय हो जाएगी। हम चल पड़ेंगे और हमारे अंगों की प्रत्येक गति में प्रफुल्लता दिखाई देगी। यही प्रफुल्लता कठिन-से-कठिन कर्मों के साधन में भी देखी जाती है। वे कर्म भी प्रिय हो जाते हैं और अच्छे लगने लगते हैं। जब तक फल तक पहुँचनेवाला कर्म-पथ अच्छा न लगेगा तब तक केवल फल का अच्छा लगना कुछ नहीं। फल की इच्छा मात्र हृदय में रखकर जो प्रयत्न किया जाएगा वह अभावमय और आनन्दशून्य होने के कारण निर्जीव-सा होगा।

कर्म-रुचि-शून्य प्रयत्न में कभी-कभी इतनी उतावली और आकुलता होती है कि मनुष्य साधना के उत्तरोत्तर क्रम का निर्वाह न कर सकने के कारण बीच ही में चूक जाता है। मान लीजिए कि एक ऊँचे पर्वत के शिखर पर विचरते हुए किसी व्यक्ति को नीचे बहुत दूर तक गई हुई सीढ़ियाँ दिखाई दीं और यह मालूम हुआ कि नीचे उतरने पर सोने का ढेर मिलेगा। यदि उसमें उतनी सजीवता है कि उक्त सूचना के साथ ही वह उस स्वर्ण-राशि के साथ एक प्रकार के मानसिक संयोग का अनुभव करने लगा तथा उसका चित्त प्रफुल्ल और अंग सचेष्ट हो गए, उसे एक-एक सीढ़ी स्वर्णमयी दिखाई देगी, एक-एक सीढ़ी उतरने में उसे आनन्द मिलता जाएगा, एक-एक क्षण उसे सुख से बीतता हुआ जान पड़ेगा और वह प्रसन्नता के साथ स्वर्णराशि तक पहुँचेगा। इस प्रकार उसके प्रयत्न-काल को भी फल-प्राप्ति काल के अन्तर्गत ही समझना चाहिए। इसके विरुद्ध यदि उसका हृदय दुर्बल होगा और उसमें इच्छामात्र ही उत्पन्न होकर रह जाएगी; तो अभाव

के बोध के कारण उसके चित्त में यही होगा कि कैसे झट से नीचे पहुँच जाए। उसे एक-एक सीढ़ी उतरना बुरा मालूम होगा और आश्चर्य नहीं कि वह या तो हारकर बैठ जाए या लड़खड़ाकर मुँह के बल गिर पड़े।

फल की विशेष आसक्ति से कर्म के लाघव की वासना उत्पन्न होती है; चित्त में यही आता है कि कर्म बुहत कम या बहुत सरल करना पड़े और फल बहुत-सा मिल जाए। श्रीकृष्ण ने कर्म-मार्ग से फलासक्ति की प्रबलता हटाने का बहुत ही स्पष्ट उपदेश दिया; पर उनके समझाने पर भी भारतवासी इस वासना से ग्रस्त होकर कर्म से तो उदास हो बैठे और फल के इतने पीछे पड़े कि गर्मी में ब्राह्मण को एक पेठा देकर पुत्र की आशा करने लगे; चार आने रोज का अनुष्ठान कराके व्यापार से लाभ, शत्रु पर विजय, रोग से मुक्ति, धन-धान्य की वृद्धि तथा और भी न जाने क्या-क्या चाहने लगे। आसक्ति प्रस्तुत या उपस्थित वस्तु में ही ठीक कही जा सकती है। कर्म सामने उपस्थित रहता है, इससे आसक्ति उसी में चाहिए। फल दूर रहता है, इससे उसकी ओर कर्म का लक्ष्य काफी है। जिस आनन्द से कर्म की उत्तेजना होती है और जो आनन्द कर्म करते समय तक बराबर चला चलता है उसी का नाम उत्साह है।

कर्म के मार्ग पर आनन्दपूर्वक चलता हुआ उत्साही मनुष्य यदि अन्तिम फल तक न भी पहुँचे तो भी उसकी दशा कर्म न करनेवाले की अपेक्षा अधिकतर अवस्थाओं में अच्छी रहेगी; क्योंकि एक तो कर्म-काल में उसका जो जीवन बीता वह सन्तोष या आनन्द में बीता, उसके उपरान्त फल की अप्राप्ति पर भी उसे यह पछतावा न रहा कि मैंने प्रयत्न नहीं किया। फल पहले से कोई बना-बनाया पदार्थ नहीं होता। अनुकूल प्रयत्न-कर्म के अनुसार, उसके एक-एक अंग की योजना होती है। बुद्धि द्वारा पूर्ण रूप से निश्चित की हुई व्यापार-परम्परा का नाम ही प्रयत्न है। किसी मनुष्य के घर का कोई प्राणी बीमार है। वह वैद्यों के यहाँ से जब तक औषधि ला-लाकर रोगी को देता जाता है और इधर-उधर दौड़-धूप करता जाता है तब तक उसके चित्त में जो सन्तोष रहता है—प्रत्येक नए उपचार के साथ जो आनन्द का उन्मेष होता रहता है—यह उसे कदापि न प्राप्त होता, यदि वह रोता हुआ बैठा रहता। प्रयत्न की अवस्था में उसके जीवन का जितना अंश सन्तोष, आशा और उत्साह में बीता, अप्रयत्न की दशा में उतना ही अंश केवल शोक और दुख में कटता। इसके अतिरिक्त रोगी के न अच्छे होने की दशा में भी वह आत्म-ग्लानि के उस कठोर दुख से बचा रहेगा जो उसे जीवन भर यह सोच-सोचकर होता कि मैंने पूरा प्रयत्न नहीं किया।

कर्म में आनन्द अनुभव करनेवालों ही का नाम कर्मण्य है। धर्म और उदारता के उच्च कर्मों के विधान में ही एक ऐसा दिव्य आनन्द भरा रहता है कि कर्त्ता को वे कर्म ही फल-स्वरूप लगते हैं। अत्याचार का दमन और क्लेश का शमन करते हुए चित्त में जो उल्लास और तुष्टि होती है वही लोकोपकारी कर्म-वीर का सच्चा सुख है। उसके लिए सुख तब तक के लिए रुका नहीं रहता जब तक कि फल प्राप्त न हो जाए; बल्कि उसी समय से थोड़ा-थोड़ा करके मिलने लगा है जब से वह कर्म की ओर हाथ बढ़ाता है।

कभी-कभी आनन्द का मूल विषय तो कुछ और रहता है, पर उस आनन्द के कारण एक ऐसी स्फूर्ति उत्पन्न होती है जो बहुत-से कामों की ओर हर्ष के साथ अग्रसर करती है। इसी प्रसन्नता और तत्परता को देख लोग कहते हैं कि वे काम बड़े उत्साह से किए जा रहे हैं। यदि किसी मनुष्य को बहुत-सा लाभ हो जाता है या उसकी कोई भारी कामना पूर्ण हो जाती है तो जो काम उसके सामने आते हैं उन सबको वह बड़े हर्ष और तत्परता के साथ करता है। उसके इस हर्ष और तत्परता को लोग उत्साह ही कहते हैं। इसी प्रकार किसी उत्तम फल या सुख-प्राप्ति की आशा या निश्चय से उत्पन्न आनन्द, फलोन्मुख प्रयत्नों के अतिरिक्त और दूसरे व्यापारों के साथ संलग्न होकर, उत्साह के रूप में दिखाई पड़ता है। यदि हम किसी ऐसे उद्योग में लगे हुए हैं जिससे आगे चलकर हमें बहुत लाभ या सुख की आशा है तो हम उस उद्योग को तो उत्साह के साथ करते ही हैं, अन्य कार्यों में भी प्रायः अपना उत्साह दिखा देते हैं।

यह बात उत्साह में नहीं, अन्य मनोविकारों में भी बराबर पाई जाती है। यदि हम किसी बात पर क्रुद्ध बैठे हैं और इसी बीच में कोई दूसरा आकर हमसे कोई बात सीधी तरह भी पूछता है तो भी हम उस पर झुँझला उठते हैं। इस झुँझलाहट का न तो कोई निर्दिष्ट कारण होता है न उद्देश्य। यह केवल क्रोध की स्थिति व्याघात को रोकने की क्रिया है, क्रोध की रक्षा का प्रयत्न है। इस झुँझलाहट द्वारा हम यह प्रकट करते हैं कि हम क्रोध में हैं और क्रोध ही में रहना चाहते हैं। क्रोध को बनाए रखने के लिए हम उन बातों से भी क्रोध ही संचित करते हैं जिनसे दूसरी अवस्था में हम विपरीत भाव प्राप्त करते हैं। इसी प्रकार यदि हमारा चित्त किसी विषय में उत्साहित रहता है तो हम अन्य विषयों में भी अपना उत्साह दिखा देते हैं। यदि हमारा मन बढ़ा हुआ रहता है तो हम बहुत-से काम प्रसन्नतापूर्वक करने के लिए तैयार हो जाते हैं। इसी बात का विचार करके सलाम-साधक लोग हाकिमों से मुलाकात करने के पहले अर्दलियों से उनका मिजाज पूछ लिया करते हैं।

श्रद्धा भक्ति

किसी मनुष्य में जन-साधारण से विशेष गुण व शक्ति का विकास देख उसके सम्बन्ध में जो एक स्थायी आनन्द-पद्धति हृदय में स्थापित हो जाती है उसे श्रद्धा कहते हैं। श्रद्धा महत्त्व की आनन्दपूर्ण स्वीकृति के साथ-साथ पूज्य बुद्धि का संचार है। यदि हमें निश्चय हो जाएगा कि कोई मनुष्य बड़ा वीर, बड़ा सज्जन, बड़ा गुणी, बड़ा दानी, बड़ा विद्वान्, बड़ा परोपकारी या बड़ा धर्मात्मा है तो वह हमारे आनन्द का एक विषय हो जाएगा। हम उसका नाम आने पर प्रशंसा करने लगेंगे, उसे सामने देख आदर से सिर नवाएँगे; किसी प्रकार का स्वार्थ न रहने पर भी हम सदा उसका भला चाहेंगे, उसकी बढ़ती से प्रसन्न होंगे और अपनी पोषित आनन्द-पद्धति में व्याघात पहुँचने के कारण उसकी निन्दा न सह सकेंगे। इससे सिद्ध होता है कि जिन कर्मों के प्रति श्रद्धा होती है उनका होना संसार को वांछित है। यही विश्व-कामना श्रद्धा की प्रेरणा का मूल है।

प्रेम और श्रद्धा में अन्तर यह है कि प्रेम स्वाधीन कार्यों पर उतना निर्भर नहीं–कभी-कभी किसी का रूप मात्र, जिसमें उसका कुछ भी हाथ नहीं, उसके प्रति प्रेम उत्पन्न होने का कारण होता है, पर श्रद्धा ऐसी नहीं है। किसी की सुन्दर आँख या नाक देखकर उसके प्रति श्रद्धा नहीं उत्पन्न होगी, प्रीति उत्पन्न हो सकती है। प्रेम के लिए इतना ही बस है कि कोई मनुष्य हमें अच्छा लगे, पर श्रद्धा के लिए आवश्यक यह है कि मनुष्य किसी बात में बढ़ा हुआ होने के कारण हमारे सम्मान का पात्र हो। श्रद्धा का व्यापार-स्थल विस्तृत है, प्रेम का एकान्त। प्रेम में घनत्व अधिक है और श्रद्धा में विस्तार। किसी मनुष्य से प्रेम रखनेवाले दो ही एक मिलेंगे, पर उस पर श्रद्धा रखनेवाले सैकड़ों, हजारों, लाखों क्या करोड़ों मिल सकते हैं। सच पूछिए तो इसी श्रद्धा के आश्रय से उन कर्मों के महत्त्व का भाव दृढ़ होता रहता है जिन्हें धर्म कहते हैं और जिनमें मनुष्य-समाज की स्थिति है। कर्त्ता से बढ़कर कर्म का स्मारक दूसरा नहीं। कर्म की क्षमता प्राप्त करने के लिए बार-बार कर्त्ता ही की ओर आँख उठती है। कर्मों से कर्त्ता की स्थिति को जो मनोहरता प्राप्त हो जाती है उस पर मुग्ध होकर बहुत-से प्राणी उन कर्मों की ओर प्रेरित होते हैं। कर्त्ता अपने सत्कर्म द्वारा एक विस्तृत क्षेत्र में मनुष्य की सद्वृत्तियों के आकर्षण का एक शक्ति केन्द्र हो जाता है। जिस समाज में किसी ऐसे ज्योतिष्मान शक्ति केन्द्र का उदय होता है उस समाज में भिन्न-भिन्न हृदयों से शुभ भावनाएँ मेघ-खंडों के समान उठकर तथा एक ओर और एक साथ अग्रसर होने के

कारण परस्पर मिलकर, इतनी घनी हो जाती हैं कि उनकी घटा-सी उमड़ पड़ती है और मंगल की ऐसी वर्षा होती है कि सारे दुख और क्लेश बह जाते हैं।

हमारे अन्तःकरण में प्रिय के आदर्श रूप का संघटन उसके शरीर या व्यक्ति मात्र के आश्रय से हो सकता है, पर श्रद्धेय के आदर्श रूप का संघटन उसके फैलाए हुए कर्म-तन्तु के उपादान से होता है। प्रिय का चिन्तन हम आँख मूँदे हुए, संसार को भुलाकर करते हैं, पर श्रद्धेय का चिन्तन हम आँख खोले हुए, संसार का कुछ अंश सामने रखकर करते हैं। यदि प्रेम स्वप्न है तो श्रद्धा जागरण है। प्रेमी प्रिय को अपने लिए और अपने को प्रिय के लिए संसार से अलग करना चाहता है। प्रेम में केवल दो पक्ष होते हैं, श्रद्धा में तीन। प्रेम में कोई मध्यस्थ नहीं, पर श्रद्धा में मध्यस्थ अपेक्षित है। प्रेमी और प्रिय के बीच कोई और वस्तु अनिवार्य नहीं, पर श्रद्धालु और श्रद्धेय के बीच कोई वस्तु चाहिए। इस बात का स्मरण रखने से यह पहचानना उतना कठिन न रह जाएगा कि किसी के प्रति किसी का कोई आनन्दान्तर्गत भाव प्रेम है या श्रद्धा। यदि किसी कवि का काव्य बहुत अच्छा लगा, किसी चित्रकार का बनाया चित्र बहुत सुन्दर जँचा और हमारे चित्त में उस कवि या चित्रकार के प्रति एक सुहृद्-भाव उत्पन्न हुआ तो वह श्रद्धा है; क्योंकि यह काव्य या चित्ररूप मध्यस्थ द्वारा प्राप्त हुआ है।

प्रेम का कारण बहुत कुछ अनिर्दिष्ट और अज्ञात होता है; पर श्रद्धा का कारण निर्दिष्ट और ज्ञात होता है। कभी-कभी केवल एक साथ रहते-रहते दो प्राणियों में यह भाव उत्पन्न हो जाता है कि वे बराबर साथ रहें; उनका साथ कभी न छूटे। प्रेमी प्रिय के सम्पूर्ण जीवन-क्रम के सतत् साक्षात्कार का अभिलाषी होता है। वह उसका उठना-बैठना, चलना-फिरना, सोना-जागना, खाना-पीना, सब कुछ देखना चाहता है। संसार में बहुत-से लोग उठते-बैठते, चलते-फिरते हैं, पर सबका उठना-बैठना, चलना-फिरना उसको वैसा अच्छा नहीं लगता। प्रेमी प्रिय के जीवन को अपने जीवन से मिलाकर एक निराला मिश्रण तैयार करना चाहता है। वह दो से एक करना चाहता है। सारांश यह कि श्रद्धा में दृष्टि पहले कर्मों पर से होती हुई श्रद्धेय तक पहुँचती है और प्रीति में प्रिय पर से होती हुई उसके कर्मों आदि पर आ जाती है। एक में व्यक्ति को कर्मों द्वारा मनोहरता प्राप्त होती है, दूसरी में कर्मों को व्यक्ति द्वारा। एक में कर्म प्रधान है, दूसरी में व्यक्ति।

किसी के रूप को स्वयं देखकर हम तुरन्त मोहित होकर उससे प्रेम कर सकते हैं, पर उसके रूप की प्रशंसा किसी दूसरे से सुनकर झट हमारा प्रेम नहीं उमड़ पड़ेगा। कुछ काल तक हमारा भाव लोभ के रूप में रहेगा, पीछे यह प्रेम में परिणत हो सकता है। बात यह है कि प्रेम एकमात्र अपने ही अनुभव पर निर्भर रहता है; पर श्रद्धा अपनी सामाजिक विशेषता के कारण दूसरों के अनुभव पर भी जगती है। रूप की भावना का बहुत कुछ सम्बन्ध व्यक्तिगत रुचि से होता है। अतः किसी के रूप और हमारे बीच यदि तीसरा व्यक्ति आया तो इस व्यापार में सामाजिकता आ गई; क्योंकि हमें उस समय यह ध्यान हुआ कि उस रूप से एक तीसरे व्यक्ति को आनन्द या सुख मिला और हमें भी मिल सकता है। जब तक हम किसी के रूप का बखान सुनकर 'वाह-वाह' करते जाएँगे तब

तक हम एक प्रकार के लोभी अथवा रीझनेवाले या कद्रदान ही कहलाएँगे, पर जब हम उसके दर्शन के लिए आकुल होंगे, उसे बराबर अपने सामने ही रखना चाहेंगे; तब प्रेम का सूत्रपात समझा जाएगा। श्रद्धा-भजन पर श्रद्धावान अपना किसी प्रकार का अधिकार नहीं चाहता, पर प्रेमी प्रिय के हृदय पर अपना अधिकार चाहता है।

श्रद्धा एक सामाजिक भाव है, इससे अपनी श्रद्धा के बदले में हम श्रद्धेय से अपने लिए कोई बात नहीं चाहते। श्रद्धा धारण करते हुए हम अपने को उस समाज में समझते हैं जिसके किसी अंश पर—चाहे हम व्यष्टि रूप में उनके अन्तर्गत न भी हों—जान-बूझकर उसने कोई शुभ प्रभाव डाला। श्रद्धा स्वयं ऐसे कर्मों के प्रतिकार में होती है जिनका शुभ प्रभाव अकेले हम पर नहीं, बल्कि सारे मनुष्य समाज पर पड़ सकता है। श्रद्धा एक ऐसी आनन्दपूर्ण कृतज्ञता है जिसे हम केवल समाज के प्रतिनिधि रूप में प्रकट करते हैं। सदाचार पर श्रद्धा और अत्याचार पर क्रोध या घृणा प्रकट करने के लिए समाज ने प्रत्येक व्यक्ति को प्रतिनिधित्व प्रदान कर रखा है। यह काम उसने इतना भारी समझा है कि उसका भार सारे मनुष्यों को बाँट दिया है, दो-चार माननीय लोगों के ही सिर पर नहीं छोड़ रखा है। जिस समाज में सदाचार पर श्रद्धा और अत्याचार पर क्रोध प्रकट करने के लिए जितने ही अधिक लोग तत्पर पाए जाएँगे उतना ही वह समाज जागृत समझा जाएगा। श्रद्धा की सामाजिक विशेषता एक इसी बात से समझ लीजिए कि जिस पर हम श्रद्धा रखते हैं उस पर चाहते हैं कि और लोग भी श्रद्धा रखें—जिस पर हमारा प्रेम होता है उससे और दस-पाँच आदमी प्रेम रखें—इसकी हमें परवाह क्या, इच्छा ही नहीं होती; क्योंकि हम प्रिय पर लोभवश एक प्रकार का अनन्य अधिकार या इजारा चाहते हैं। श्रद्धालु अपने भाव में संसार को भी सम्मिलित करना चाहता है, पर प्रेमी नहीं।

जब तक समष्टि-रूप में हमें संसार के लक्ष्य का बोध नहीं होता और हमारे अन्तःकरण में सामान्य आदर्शों की स्थापना नहीं होती तब तक हमें श्रद्धा का अनुभव नहीं होता। बच्चों में कृतज्ञता का भाव पाया जाता है पर सदाचार के प्रति उस कृतज्ञता का नहीं जिसे श्रद्धा कहते हैं। अपने साथ किए जानेवाले जिस व्यवहार के लिए वे कृतज्ञ होते हैं उसी को दूसरों के साथ होते देख कर्त्ता के प्रति कृतज्ञ होना वे देर में सीखते हैं—उस समय सीखते हैं जब वे अपने को किसी समुदाय का अंग समझने लगते हैं। अपने साथ या किसी विशेष मनुष्य के साथ किए जानेवाले व्यवहार के लिए जो कृतज्ञता होती है वह श्रद्धा नहीं है। श्रद्धालु की दृष्टि सामान्य की ओर होनी चाहिए, विशेष की ओर नहीं। अपने सम्बन्धी के प्रति किसी को कोई उपकार करते देख यदि हम कहें कि उस पर हमारी श्रद्धा हो गई है तो यह हमारा पाखंड है, हम झूठ-मूठ अपने को ऐसे उच्च भाव का धारणकर्त्ता प्रकट करते हैं। पर उसी सज्जन को दस-पाँच और ऐसे आदमियों का जब हम उपकार करते देखते हैं जिन्हें हम जानते तक नहीं और इस प्रकार हमारी दृष्टि विशेष से सामान्य की ओर हो जाए, तब यदि हमारे चित्त में उसके प्रति पहले से कहीं अधिक कृतज्ञता या पूज्य-बुद्धि का उदय हो तो हम श्रद्धालु की उच्च पदवी के अधिकारी हो सकते हैं। सामान्य रूप में हम किसी के गुण या शक्ति का विचार सारे संसार से सम्बद्ध करके करते हैं, अपने

से या किसी विशेष प्राणी से सम्बद्ध करके नहीं। हम देखते हैं कि किसी मनुष्य में कोई गुण या शक्ति है जिसका प्रयोग वह चाहे जहाँ और जिसके प्रति कर सकता है।

श्रद्धा का मूल-तत्त्व है दूसरे का महत्त्व स्वीकारना। अतः जिनकी स्वार्थबद्ध दृष्टि अपने से आगे नहीं जा सकती अथवा अभिमान के कारण जिन्हें अपनी ही बड़ाई के अनुभव की लत लग गई है उनकी इतनी समाई नहीं कि वे श्रद्धा ऐसे पवित्र भाव को धारण करें। स्वार्थियों और अभिमानियों के हृदय में श्रद्धा नहीं टिक सकती। उनका अन्तःकरण संकुचित और मलिन होता है कि वे दूसरों की कृति का यथार्थ मूल्य नहीं परख सकते।

स्थूल रूप से श्रद्धा तीन प्रकार की कही जा सकती है–

1. प्रतिभा-सम्बन्धिनी,
2. शील-सम्बन्धिनी और
3. साधन-सम्पत्ति-सम्बन्धिनी।

प्रतिभा से मेरा अभिप्राय अन्तःकरण की उस उद्‌भाविका क्रिया से है जिसके द्वारा कला, विज्ञान आदि नाना क्षेत्रों में नई-नई बातें या कृतियाँ उपस्थित की जाती हैं। यह ग्रहण और धारणा-शक्ति से भिन्न है, जिसके द्वारा इधर-उधर से प्राप्त ज्ञान (विद्वत्ता) संचित किया जाता है। कला सम्बन्धिनी श्रद्धा के लिए श्रद्धालु में भी थोड़ी-बहुत मार्मिक निपुणता चाहिए, इससे उसका अभाव कोई भारी त्रुटि नहीं, वह क्षम्य है। यदि किसी उत्तम काव्य या चित्र की विशेषता न समझने के कारण हम कवि या चित्रकार पर श्रद्धा न कर सके तो यह हमारा अनाड़ीपन है–हमारे रुचि-संस्कार की त्रुटि है। इसका उपाय यही है कि समाज कला-सम्बन्धिनी मर्मज्ञता के प्रचार की व्यवस्था करे, जिससे विविध कलाओं के सामान्य आदर्श की स्थापना जन-समूह में हो जाए। पर इतना होने पर भी कला-सम्बन्धिनी रुचि की विभिन्नता थोड़ी-बहुत अवश्य रहेगी। अश्रद्धालु रुचि का नाम लेकर ईर्ष्या या अहंकार के दोषारोपण से बच जाया करेंगे।

पर शील-सम्बन्धिनी श्रद्धा प्रत्येक व्यक्ति का कर्त्तव्य है। शील या धर्म के सामान्य लक्षण संसार के प्रत्येक सभ्य जन-समुदाय में प्रतिष्ठित हैं। धर्म ही से मनुष्य-समाज की स्थिति है, अतः उसके सम्बन्ध में किसी प्रकार का रुचि-भेद, मत-भेद आदि नहीं। सदाचारी के प्रति यदि हम श्रद्धा नहीं रखते तो समाज के प्रति अपने कर्त्तव्य का पालन नहीं करते। यदि किसी को दूसरों के कल्याण के लिए भारी स्वार्थ-त्याग करते देख हमारे मुँह से 'धन्य-धन्य' भी न निकला तो हम समाज के किसी काम के न ठहरे, समाज को हमसे कोई आशा नहीं, हम समाज में रहने योग्य नहीं। किसी कर्म में प्रवृत्त होने से पहले यह स्वीकार करना आवश्यक होता है कि वह कर्म या तो हमारे लिए या समाज के लिए अच्छा है। इस प्रकार की स्वीकृति कर्म की पहली तैयारी है। श्रद्धा द्वारा हम यह आनन्दपूर्वक स्वीकार करते हैं कि कर्म के अमुक-अमुक दृष्टान्त धर्म के हैं, अतः श्रद्धा धर्म की पहली सीढ़ी है। धर्म के इस प्रथम सोपान पर प्रत्येक मनुष्य को रहना चाहिए, जिसमें जब कभी अवसर आए तब वह कर्म-रूपी दूसरे सोपान पर हो जाए।

अब रह गई साधन-सम्पत्ति-सम्बन्धिनी श्रद्धा की बात। यहाँ पर साधन-सम्पन्नता का ठीक-ठीक भाव समझ लेना आवश्यक है। साधन-सम्पत्ति का अनुपयोग भी हो सकता है, सदुपयोग भी हो सकता है और दुरुपयोग भी हो सकता है। किसी को पद्य रचने की अच्छी अभ्यास-सम्पन्नता है। यदि शिक्षा द्वारा उसके भाव उन्नत हैं, वह सहृदय है तो वह अपनी इस सम्पन्नता का उपयोग मनोहर उच्चभावपूर्ण काव्य प्रस्तुत करने में कर सकता है; यदि उसकी अवस्था ऐसी नहीं है तो वह या तो साधारण, भाव-शून्य गद्य को गीतिका, शिखरिणी आदि नाना छन्दों में परिणत करेगा या अपनी भद्दी और कुरुचिपूर्ण भावनाओं को छन्दोबद्ध करेगा। उसके इस कृत्य पर श्रद्धा रखनेवाले भी बहुत मिल जाएँगे। ऐसे व्यक्ति के प्रति जो श्रद्धा होती है वह साधन-सम्पन्नता पर ही होती है, साध्य की पूर्णता पर नहीं।

देशी कारीगरी, चित्रकारी, संगीत, आदि में नियम पालन के अभ्यास द्वारा प्राप्त इस साधन-सम्पन्नता ही पर इधर बहुत दिनों से अधिक ध्यान दिया जाने लगा था और मानव-हृदय पर इन मनोहारिणी कलाओं के प्रभाव का बहुत कम विचार होने लगा था। बहुत-से पुराने मकानों की कारीगरी देखिए तो उनमें बहुत-सा काम गिचपिच किया हुआ दिखाई देगा, ऐसे महीन बेल-बूटों की भिन्न-भिन्न पटरियाँ दीवारों में जमाई हुई मिलेंगी जो बिना आँखों के पास ले जाकर सटाए स्पष्ट न जान पड़ेंगे। सारे मकान को एक बार में देखने से इन सबों का सम्मिलित प्रभाव दृष्टि और मन पर क्या पड़ेगा। इसका कुछ भी विचार बनानेवालों ने नहीं किया, यह स्पष्ट दिखाई पड़ेगा, ऐसे कामों में अभ्यास का तथा समय और श्रम के व्यय (या अपव्यय) का पूरा परिचय मिलता है, पर विचार और सहृदयतापूर्वक उनके उपयोग का बहुत कम। समझने की बात है कि इमारत हाथ पर लेकर देखने की चीज नहीं है, दस-पाँच हाथ दूर पर खड़े होकर देखने की चीज है।

चित्रकारी की दशा भी इसी प्रकार की हो गई थी। राधा-कृष्ण कदम्ब के नीचे खड़े हैं। कदम्ब की एक-एक पत्ती अलग-अलग बारीकी के साथ बनी दिखाई पड़ती है। राधा की चुनरी की एक-एक बूटी बड़ी सावधानी और मेहनत के साथ बनाई गई है। देखनेवाले को यह नहीं जान पड़ता कि वह कुछ दूर पर खड़ा होकर कदम्ब और राधा-कृष्ण को एक साथ देख रहा है, बल्कि यह जान पड़ता है कि कभी तो पत्तियाँ गिनने के लिए वह पेड़ पर चढ़ता है और कभी नमूना लेने के लिए चुनरी हाथ में लेता है। ऐसी रचनाओं के प्रति यदि श्रद्धा प्रकट की जाएगी तो वह अभ्यास, श्रम और बारीकी अर्थात् साधन-सम्पन्नता के विचार से होगी, साध्य की पूर्णता अर्थात् कला के विचार से नहीं, जिसका उद्देश्य मानव-हृदय पर मधुर प्रभाव डालता है।

संगीत के पेच-पाँच देखकर भी हठयोग याद आता है। जिस समय कोई कलावन्त पक्का गाना गाने के लिए आठ अंगुल मुँह फैलाता है और 'आ आ' करके विकल होता है, उस समय बड़े-बड़े धीरों का धैर्य छूट जाता है–दिन-दिन भर चुपचाप बैठे रहनेवाले बड़े-बड़े आलसियों का आसन डिग जाता है। जो संगीत नाद की मधुर गति द्वारा मन में माधुर्य का संचार करने के लिए था वह इन पक्के लोगों के हाथ में पड़कर केवल

स्वरग्राम की लम्बी-चौड़ी कवायद हो गया। श्रद्धालुओं के अन्तःकरण की मार्मिकता इतनी स्तब्ध हो गई कि एक खर-श्वान के गले से भी इस लम्बी कवायद को ठीक उतरते देख उनके मुँह से 'वाह-वाह', 'ओहो हो' निकलने लगा। काव्य पर शब्दालंकार आदि का इतना बोझ लादा गया कि उसका सारा रूप ही छिप गया। बात यह हुई कि इन विविध कलाओं के जितने अभ्यासगम्य और श्रमसाध्य अंग थे वे तो हद से बाहर घसीटे गए और जितने सहृदयता से सम्बन्ध रखनेवाले थे उन पर ध्यान ही न रहा। यदि ये कलाएँ मूर्तिमान् रूप धारण करके सामने आतीं तो दिखाई पड़ता कि किसी को जलोदर हुआ है, किसी को फीलपाँव ! इनकी दशा सोने और रत्नों से जड़ी गुठली धारदारा तलवार की-सी हो गई।

किसी मनुष्य में बहुत अधिक शारीरिक बल देख उस पर जन-साधारण की श्रद्धा होती है और होनी चाहिए। प्रो. राममूर्ति को मोटर रोकते, लोहे के मोटे-मोटे सीकड़े तोड़ते, छाती पर 40 मन का पत्थर रखते, हाथी खड़ा करते और गाड़ी दौड़ाते देख उनके शारीरिक बल के कारण उन पर श्रद्धा होती है। अब इस सम्पन्नता का वे सदुपयोग भी कर सकते हैं, दुरुपयोग भी कर सकते हैं और अनुपयोग भी कर सकते हैं। वे इसके द्वारा किसी भारी संकट से अपनी या दूसरे की रक्षा भी कर सकते हैं और किसी निरपराध को पीड़ित भी कर सकते हैं पर हमारी श्रद्धा बिना सदुपयोग या दुरुपयोग की सम्भावना की कल्पना किए शुभ-साधन-सम्पन्नता ही पर होती है। कोरे विद्वानों के प्रति जो श्रद्धा होती है वह भी साधन-सम्पन्नता ही के सम्बन्ध में होती है, उसके उपयोग की निपुणता या प्रतिभा पर निर्भर नहीं होती। विद्वत्ता किसी विषय की बहुत-सी बातों की जानकारी का नाम है, जिसका संचय बहुत कष्ट, श्रम और धारणा से होता है। यह बात विद्वान् की प्रतिभा पर निर्भर है कि वह ज्ञान का भंडारी और उपयोगकर्त्ता दोनों हो—अर्थात् वह उत्तम चिन्तक, वक्ता, लेखक, अन्वेषक या कवि भी होकर उस संचित साधन का उपयोग करे और अपने मूल विचारों का प्रभावपूर्ण प्रकाश करे। यदि विद्वान् में यह प्रतिभा नहीं है—यह शक्ति नहीं है—तो वह अपनी संचित जानकारी को कला-कुशल और प्रतिभाशाली लेखकों या तत्त्वान्वेषकों के सामने रख दे कि वे उससे आवश्यकतानुसार काम लें। इस रीति से उसकी विद्वत्ता सामाजिक उपयोग में आ जाएगी।

भिन्न-भिन्न मानसिक संस्कार के लोगों में किसी विषय से सम्बन्ध रखनेवाली श्रद्धा भिन्न-भिन्न मात्रा की हुआ करती है। यदि किसी को शारीरिक बल, साहस या चतुराई पर अत्यन्त अधिक श्रद्धा है तो वह इनका दुरुपयोग देखकर भी बनी रह सकती है। अत्याचारियों के बल, डाकुओं के साहस और लम्पटों की चालाकी की तारीफ संसार में थोड़ी-बहुत होती ही है। एक बात और है। यदि किसी पर किसी एक विषय में अत्यन्त अधिक श्रद्धा है तो उसकी अन्य विषयों की त्रुटियों पर ध्यान नहीं जाता और कभी ध्यान जाता भी है तो वे भी सुहावनी लगती हैं। कोई प्रतिभाशाली कवि विलासप्रिय, मद्यप या सनकी है तो जो अत्यन्त काव्य-प्रेमी होंगे उनकी घृणा को उसके ये दुर्गुण पूर्ण रूप से आकर्षित न कर सकेंगे। यहाँ तक कि उसके इन दुर्गुणों की चर्चा

भी वे बड़ी रुचि के साथ करेंगे और सुनेंगे। बात यह है कि मनुष्य का अन्तःकरण एक है। उसकी एक साथ दो परस्पर-विरुद्ध स्थितियाँ नहीं हो सकतीं। इस प्रकार की मानसिक स्तब्धता को श्रद्धान्धता कह सकते हैं। यद्यपि श्रद्धान्ध समाज में उतना अनर्थकारी नहीं हो सकता, उतना अपराधी नहीं ठहराया जा सकता, जितना मदान्ध, क्रोधान्ध या ईर्ष्यान्ध, पर उसकी श्रद्धा के बढ़ते-बढ़ते क्रियमाण रूप धारण करने पर और शील-सम्बन्धिनी चेतना को बिलकुल जवाब मिल जाने पर समाज के अनिष्ट में ब्याज से सहायता पहुँच सकती है।

यदि किसी अपव्ययी और मद्यप कवि पर अत्यन्त श्रद्धालु होकर कोई उसकी आर्थिक सहायता करता जाता है तो वह उस अन्याय और उपद्रव का थोड़ा-बहुत उत्तरदाता अवश्य होता है जो कवि जी अपने सहवर्तियों के बीच करने में समर्थ होते हैं। यदि किसी पहलवान के बल पर प्रसन्न होकर कोई उसे हलवा-पूरी खाने के लिए कुछ महीना बाँधता है तो उसके गुंडेपन के कारण लोगों को पहुँची हुई पीड़ा के दोष का वह कम-से-कम उतना भाग अवश्य पा सकता है जितना इन्द्रकृत हत्या की बँटाई के समय बहुतों को मिला था। उद्देश्य के अभाव के बल से यद्यपि इन श्रद्धालुओं पर दोष उतना सटीक नहीं लग सकता, पर समाज की दृष्टि में वे दान के पात्रता-सम्बन्धी अविवेक के अभियोग से नहीं बच सकते।

अब यहाँ पर यह प्रश्न उठता है कि शील, कला और साधन-सम्पत्ति–श्रद्धा के इन तीनों विषयों में से किसका ध्यान मनुष्य को पहले होना चाहिए और किसका पीछे। इसका बेधड़क यही उत्तर दिया जा सकता है कि जन-साधारण के लिए शील का ही सबसे पहले ध्यान होना स्वाभाविक है; क्योंकि उसका सम्बन्ध मनुष्य-मात्र की सामान्य स्थिति रक्षा से है। उसके अभाव में समाज या उस आधार की स्थिति ही नहीं रह सकती जिसमें कलाओं की उपयोगिता या मनोहारिता का प्रसार और साधन-सम्पत्ति की प्रचुरता का वितरण और व्यवहार होता है।

दूसरों की श्रद्धा संसार में एक अत्यन्त वांछनीय वस्तु है, क्योंकि वह एक प्रकार का ऐसा परकीय निश्चय या विश्वास है जिसके सहारे स्वकीय कार्य सुगम होता है–जीवन की कठिनता कम होती है। जिस पर लोगों की अश्रद्धा होती है–उसके लिए व्यवहार के सब सीधे और सुगम मार्ग बन्द हो जाते हैं–उसे या तो काँटों पर या ढाई कोस नौ दिन में चलना पड़ता है। पर जो किसी प्रकार दूसरों की श्रद्धा सम्पादित कर लेता है, उसके पैर रखने के लिए फूलों की पंखड़ियाँ–आजकल लाल बनातें–बिछाई जाती हैं। समाज में ये वस्तुएँ सच्चे गुणियों और परोपकारियों के लिए हैं पर इन्हें छीनने और चुराने की ताक में बहुत-से चोर, चाईं और लुटेरे रहते हैं जो इनके द्वारा स्वार्थ-साधन करना या अपनी तुच्छ मानसिक वृत्तियों को तृप्त करना चाहते हैं। इनसे समाज को हर घड़ी सावधान रहना चाहिए। इन्हें सामाजिक दंड देने के लिए उसे सदा सन्नद्ध रहना चाहिए। ये अनेक रूपों में दिखाई पड़ते हैं। कोई गेरुआ वस्त्र लपेटे धर्म का डंका पीटता दिखाई देता है, कोई देश-हितैषिता का लम्बा चोगा पहने देशोद्धार की पुकार करता पाया जाता है।

मनुष्य किसी ओर तीन प्रकार से प्रवृत्त होता है—मन से, वचन से और कर्म से। इनमें से मन तो देखने-दिखाने की चीज नहीं। वाणी और कार्य-प्रणाली की नकल की जाती है और बड़ी सफाई से की जाती है। हितोपदेश के गदहे ने तो बाघ की खाल ही ओढ़ी थी, पर ये लोग बाघ की बोली भी बोल लेते हैं। कहीं-कहीं केवल वचन ही से काम निकल जाता है। एक दिन मैं काशी की एक गली से जा रहा था। एक ठठेरे की दुकान पर कुछ परदेशी यात्री किसी बर्तन का मोल-भाव कर रहे थे और कह रहे थे कि इतना नहीं, इतना लो तो लें। इतने में ही सौभाग्यवश दुकानदार जी को ब्रह्मज्ञानियों के वाक्य याद आ गए और उन्होंने चट कहा—"माया छोड़ो और इसे ले लो।" सोचिए तो, काशी ऐसा पुण्य-क्षेत्र ! वहाँ न माया छोड़ी जाएगी तो कहाँ छोड़ी जाएगी ! थोड़े दिन हुए, किसी लेखक ने कहीं पढ़ा कि प्रतिभाशाली लोग कुछ उग्रता और पागलपन लिए होते हैं। तब से वे बराबर अपने में इन दोनों शुभ लक्षणों की स्थापना के यत्न में लगे रहते हैं। सुनते हैं कि पहले में वे कुछ कृतकार्य भी हुए हैं, पर पागलपन की नकल करना कुछ हँसी-खेल नहीं; भूल-चूक से कुछ समझदारी की बातें मुँह से निकल ही जाती हैं।

जैसे और सब विद्याओं की, वैसी ही पर-श्रद्धा-कर्षण की विद्या की भी आजकल खूब उन्नति हुई है। आश्चर्य नहीं कि इसके लिए कुछ दिनों में एक अलग विद्यालय खुले। श्रद्धा के यथार्थ कारण का जितना ही अभाव हो, आकर्षक को, अपनी विद्या में उतना ही दक्ष समझना चाहिए। आजकल सार्वजनिक उद्योगों की बड़ी धूम रहा करती है और बहुत-से लोग निराहार परोपकार-व्रत करते सुने जाते हैं। ऊपर कहा जा चुका है कि पर-श्रद्धा के सहारे कार्य में सुगमता आती है, अतः किसी कार्य-साधना के लिए जो लोग प्रयत्न द्वारा दूसरों के हृदय में श्रद्धा उत्पन्न करते हैं वे उस कार्य के अनुसार चतुर, नीति-कुशल, धूर्त या पाखंडी कहे जाते हैं। पर संसार में बहुत ऐसे लोग भी होते हैं जिन्हें अपने ऊपर पराई श्रद्धा के चिन्तन से जो एक प्रकार का आनन्द मिलता है उसकी लत पड़ जाती है। वे पर-श्रद्धा को मनोरंजन या मानसिक भोग-विलास की एक सामग्री समझते हैं। वे पराई श्रद्धा केवल इसी निमित्त चाहते हैं, और किसी उद्देश्य से नहीं। ऐसे पर-श्रद्धाभिलाषियों को मानसिक दुर्व्यसन रहता है और वे उसी प्रकार दुर्व्यसनी कहे जा सकते हैं जिस प्रकार शराबी, गँजेड़ी और चंडूबाज आदि। पर समाज की श्रद्धा ऐसे अपव्यय के लिए नहीं है, प्रयोजन के लिए है। ऐसे लोग अपनी धुन में कभी-कभी बड़े-बड़े सार्वजनिक कार्य भी छोड़ बैठते हैं जिनका होना उन्हें इतना अभीष्ट नहीं होता जितना अपने द्वारा होना। ये लोग पहचाने इस प्रकार जाते हैं कि उन कार्यों से अपने नाम का वियोग घड़ी भर भी नहीं सह सकते, यहाँ तक कि यदि वे दूसरों को कोई ऐसा कार्य हाथ में लेते देखते हैं जिससे समाज के साधुवाद की सम्भावना होती है तो इनका पेट फूलने लगता है और ये या तो गुप्त रूप से उसमें विघ्न की व्यवस्था करते हैं या कम-से-कम उसके महत्त्व को बहुत कम करके दिखाया करते हैं। दूसरी पहचान यह है कि वे लोग ऐसे ही काम ठानते हैं जिनका नाम और आडम्बर बड़ा होता है।

ऊपर कहा जा चुका है कि श्रद्धावान् अपनी श्रद्धा द्वारा श्रद्धेय में कोई ऐसा परिवर्तन उपस्थित नहीं करना चाहता जिसका अपने लिए कोई अनुकूल फल हो। श्रद्धावान् श्रद्धेय को प्रसन्न करने की इच्छा कर सकता है, पर उस प्रसन्नता से आप कोई लाभ उठाने की नहीं। श्रद्धा न्याय-बुद्धि के पलड़े पर तुली हुई एक वस्तु है जो दूसरे पलड़े पर रखे हुए श्रद्धेय के गुण, कर्म आदि के हिसाब से होती है। श्रद्धा सत्कर्म या सद्‌गुण ही का मूल्य है जिससे और किसी प्रकार का सौदा नहीं हो सकता; पर जबकि इस व्यापार युग में ज्ञान बिकता है, न्याय बिकता है, धर्म बिकता है–तब श्रद्धा ऐसे भाव क्यों न बिके ? पर असली भाव तो इस लेन-देन के व्यवहार के लिए उपस्थित नहीं किए जा सकते। खैर, नकली सही। एक भाव पर दूसरे भाव की कलई करके हम बाजार में क्यों न जाएँ ? अपनी भीरुता या चापलूसी को हम 'श्रद्धा-श्रद्धा' कहकर गलियों और संवाद-पत्रों में क्यों न पुकारें ? ऐसे झूठे श्रद्धावानों से घिरकर झूठे श्रद्धा-पात्र सच्चे श्रद्धा-पात्रों को क्यों न मात करें, जबकि आजकल झूठे मोती सच्चे मोतियों को मात करते हैं ?

कला-कुशल या सदाचारी अपने चारों ओर प्रसन्नता देखना चाहता है, अतः अपनी श्रद्धा द्वारा हम उसे अपनी प्रसन्नता का निश्चय मात्र कराते हैं। हमारी प्रसन्नता से उसे अपनी सामर्थ्य का बोध हो जाता है और उसका उत्साह बढ़ता है। इस प्रकार अपनी श्रद्धा द्वारा हम भी समाज का मंगल साधन करते हैं। दूसरे की श्रद्धा का श्रद्धेय पर इतना ही प्रभाव पड़ना चाहिए, इससे अधिक नहीं। यदि हमारी श्रद्धा के कराण वह हमें किसी प्रकार का लाभ पहुँचाना चाहता है तो वह हमारी श्रद्धा को खुशामद समझता है और हमारा अपमान करता है। श्रद्धा में याचकता का भाव लेश-मात्र भी नहीं है। श्रद्धा द्वारा हम अपने हृदय का परिचय मात्र देते हैं कि उसमें मार्मिकता या धर्म-भाव है–सात्विक आचरण या प्रतिभा की कला से प्रसन्न होने की क्षमता है। यदि हमें किसी पर श्रद्धा है तो हमें उसके पास जाकर यह कहने की कोई आवश्यकता नहीं है कि 'महाराज ! मेरी यह श्रद्धा स्वीकार हो।' इस प्रकार की स्वीकृति की हमें कोई आवश्यकता नहीं। हम अपनी श्रद्धा लिए अपने घर बैठे रह सकते हैं या उसे इस रीति से प्रकट कर सकते हैं जिस पर श्रद्धेय का कोई वश नहीं। यदि हमें किसी सुलेखक पर श्रद्धा है और वह हमसे रुष्ट है तो भी हम उसका सच्चा चित्र और चरित्र छाप सकते हैं। इसका स्वत्व हमें समाज द्वारा प्राप्त है–इसका हक हमें कानूनन हासिल है पर वहीं यदि हम उस सुलेखक से प्रेम करने चलें, उसके साथ-साथ लगे फिरें और हरदम उसे घेरे रहें तो वह हमें हटा सकता है। श्रद्धा प्रदर्शित करने का जितना विस्तृत सामाजिक अधिकार हमें प्राप्त है उतना उसके विपरीत भाव अश्रद्धा या घृणा प्रकट करने का नहीं, क्योंकि श्रद्धा यदि हमने भूल से या स्वार्थवश प्रकट की तो किसी को उतनी हानि नहीं, पर यदि घृणा भूल से या द्वेष-वश प्रकट की तो व्यर्थ का असन्तोष और दुख फैल सकता है।

ऊपर कहा जा चुका है कि श्रद्धा के विषय तीन हैं–शील, प्रतिभा और साधन-सम्पत्ति। शील या धर्म से समाज की स्थिति, प्रतिभा से रञ्जन और साधन-सम्पत्ति से

शील-साधन और प्रतिभा-विकास दोनों की सम्भावना है। श्रद्धेय समाज की स्थिति या सुख का विधान करता है और समाज उसकी स्थिति और सुख का विधान करता है। समाज अपने श्रद्धालु प्रतिनिधियों को कभी तो उसे आपत्ति से बचाने के लिए भेजता है–कभी कुछ भेंट उसके सामने रखने के लिए। श्रद्धावश जो दान दिया जाता है वह उसी प्रकार की भेंट है। सच्चा दान दो प्रकार का होता है–एक वह जो श्रद्धा-वश दिया जाता है, दूसरा वह जो दया-वश दिया जाता है। पंडितों, विद्वानों और धार्मिकों को जो दान दिया जाता है वह श्रद्धावश दिया जाता है। अन्धों, लूलों और लँगड़ों को जो दान दिया जाता है वह दया-वश दिया जाता है। श्रद्धा सामर्थ्य के प्रति होती है और दया असामर्थ्य के प्रति। जन-साधारण अपनी दया द्वारा केवल असामर्थ्य के उपस्थित परिणामों का, कुछ स्थान के बीच और कुछ काल तक के लिए निवारण कर सकते हैं, अतः श्रद्धा द्वारा वे ऐसे असाधारण जनों को अपने वित्तानुसार थोड़ी-थोड़ी शक्ति प्रदान करते हैं जो असामर्थ्य के कारणों के निराकरण में समर्थ होते हैं।

श्रद्धा-वश दान में उपयोगिता का तत्त्व छिपा हुआ है। स्मृतियों में श्रद्धा-वश दान पर बड़ा जोर दिया गया है और ऐसे दान के विषय में पात्रापात्र का विचार भी खूब किया गया है। विद्या-दान में रत विद्वानों को, परोपकार में रत कर्म-वीरों को, मानव-ज्ञान की वृद्धि में तत्पर तत्त्वान्वेषकों को जो अभाव हो उसे हमें समाज की भूख समझना चाहिए। इन्हें जो कुछ हम श्रद्धावश देते हैं, वह ठीक समाज के दुरुस्त पेट में जाता है, जहाँ से रस-रूप में उसका संचार अंग-अंग होता है। इसके विरुद्ध स्वार्थियों, अन्यायियों आदि को जो कुछ दिया जाता है वह समाज के अंग में उसी प्रकार नहीं लगता जिस प्रकार अतिसार या संग्रहणी वाले को खिलाया हुआ अन्न। भारतवर्ष में श्रद्धा का सम्बन्ध दान के साथ इतना गहरा समझा जाता है कि अश्रद्धापूर्वक दिया हुआ दान निष्फल माना जाता है। इसी से शुष्क प्रथानुसरण के रूप में भी यदि कुछ दिया जाता है तो श्रद्धा का नाम ले लिया जाता है। पंडों-पुरोहितों को देते हुए यजमान भी कहता है कि 'महाराज ! इतनी ही श्रद्धा है' और पंडे-पुरोहित भी कहते हैं कि 'जितनी श्रद्धा हो उतना दो', यद्यपि इन पंडों और पुरोहितों के सम्बन्ध में सदा यह निश्चय नहीं रहता कि वे बड़े विद्वान्, बड़े धार्मिक या बड़े परोपकारी हैं। मनोविकार के उपयुक्त विषयों के निश्चय में कभी-कभी बुद्धि की भी थोड़ी-बहुत आवश्यकता होती है क्योंकि एक ही व्यक्ति के प्रति किसी को श्रद्धा होती है और किसी को अश्रद्धा। इसका कारण घृणा के अन्तर्गत अच्छी तरह दिखाया गया है।

श्रद्धा और प्रेम के योग का नाम भक्ति है। जब पूज्यभाव की वृद्धि के साथ श्रद्धाभाजन के सामीप्य-लाभ की प्रवृत्ति हो, उसकी सत्ता के कई रूपों के साक्षात्कार की वासना हो, तब हृदय में भक्ति का प्रादुर्भाव समझना चाहिए। जब श्रद्धेय के दर्शन, श्रवण, कीर्तन, ध्यान आदि से आनन्द का अनुभव होने लगे–जब उससे सम्बन्ध रखनेवाले श्रद्धा के विषयों के अतिरिक्त बातों की ओर भी मन आकर्षित होने लगे, तब भक्ति रस का संचार समझना चाहिए। जब श्रद्धेय का उठना-बैठना, चलना-फ़िरना,

हँसना-बोलना, क्रोध करना आदि भी हमें अच्छा लगने लगे तब हम समझ लें कि हम उसके भक्त हो गए। भक्ति की अवस्था प्राप्त होने पर हम अपने जीवन-क्रम का थोड़ा या बहुत अंश उसे अर्पित करने को प्रस्तुत होते हैं और उसके जीवन-क्रम पर भी अपना कुछ प्रभाव रखना चाहते हैं। कभी हम अर्पण करते हैं और कभी याचना करते हैं। सारांश यह कि भक्ति द्वारा हम भक्ति-भाजन से विशेष घनिष्ठ सम्बन्ध स्थापित करते हैं—उसकी सत्ता में विशेष रूप से योग देना चाहते हैं। किसी के प्रति श्रद्धा धारण करके हम बहुत करेंगे तो समय-समय पर उसकी प्रशंसा करेंगे, उसकी निन्दा करनेवालों से झगड़ा करेंगे या कभी कुछ उपहार लेकर उपस्थित होंगे, पर जिसके प्रति हमारी अनन्य भक्ति हो जाएगी वह अपने जीवन के बहुत-से अवसरों पर हमें अपने साथ देख सकता है। वह अपने बहुत-से उद्योगों में हमारा योगदान पा सकता है। भक्त वे ही कहला सकते हैं जो अपने जीवन का बहुत अंश स्वार्थ (परिवार वा शारीरिक सुख आदि) से विभक्त करके किसी के आश्रय से किसी ओर लगा सकते हैं। इसी का नाम है आत्म-निवेदन।

महात्माओं के ऊपर श्रद्धा मात्र करके हम उन्हें जीवन-शक्ति द्वारा उपार्जित कोई फल अर्पित कर सकते हैं, पर उनके भक्त होकर हम उन्हें अपने जीवन ही के कुछ अंश को अर्पित कर देते हैं। किसी वीरव्रती महात्मा पर बहुत श्रद्धालु होकर हम आर्थिक सहायता द्वारा उसके लिए कुछ सुभीता कर सकते हैं, अपने वचनों से उसे प्रसन्न और उत्साहित कर सकते हैं, पर उसके भक्त बनकर हम अपने शारीरिक बल को उसका शारीरिक बल बनाएँगे, अपनी जानकारी और चतुराई को उसकी जानकारी और चतुराई बनाएँगे, अपनी वाग्मिता को उसकी वाग्मिता बनाएँगे, अपनी तत्परता को उसकी तत्परता बनाएँगे, यहाँ तक कि जो कुछ हमसे होगा उसे हम उसका कर डालेंगे और इसी प्रकार उसके जीवन में अपने जीवन का योग देकर उसके सामाजिक महत्त्व या प्रभाव को बढ़ाएँगे और उसके थोड़े-बहुत हम भी भागी होंगे। श्रद्धा द्वारा हम दूसरे के महत्त्व के किसी अंश के अधिकारी नहीं हो सकते, पर भक्ति द्वारा हो सकते हैं। यहाँ तक कि दूसरे की भक्ति करके हम तीसरे की भक्ति के अधिकारी हो सकते हैं। राम पर अनन्य भक्ति करके हनुमान, अन्य राम-भक्तों की भक्ति के अधिकारी हुए।

श्रद्धालु महत्त्व को स्वीकार करता है, पर भक्त महत्त्व की ओर अग्रसर होता है। श्रद्धालु अपने जीवन-क्रम को ज्यों-का-त्यों छोड़ता है; पर भक्त उसकी काट-छाँट में लग जाता है। अपने आचरण द्वारा दूसरों की भक्ति के अधिकारी होकर ही संसार के बड़े-बड़े महात्मा समाज के कल्याण-साधन में समर्थ हुए हैं। गुरु गोविन्दसिंह को यदि केवल दंडवत् करनेवाले और गद्दी पर भेंट चढ़ानेवाले श्रद्धालु ही मिलते, दिन-रात साथ रहनेवाले—अपने सारे जीवन को अर्पित करनेवाले—भक्त न मिलते तो वे अन्याय-दमन में कभी समर्थ न होते। इससे भक्ति के सामाजिक महत्त्व को, इसकी लोक-हितकारिणी शक्ति को स्वीकार करने में किसी को आगा-पीछा नहीं हो सकता। सामाजिक महत्त्व के लिए आवश्यक है कि या तो आकर्षित करो या आकर्षित हो। जैसे इस आकर्षण-विधान

के बिना अणुओं द्वारा व्यक्त पिंडों का आविर्भाव नहीं हो सकता, वैसे ही मानव-जीवन की विशद् अभिव्यक्ति भी नहीं हो सकती।

भक्ति में किसी ऐसे सान्निध्य की प्रवृत्ति होती है जिसके द्वारा हमारी महत्त्व के अनुकूल गति का प्रसार और प्रतिकूल गति का संकोच होता है। इस प्रकार का सामीप्य-लाभ करके हम अपने ऊपर पहरा बैठा देते हैं–अपने को ऐसे स्वच्छ आदर्श के सामने कर देते हैं जिसमें हमारे कर्मों का प्रतिबिम्ब ठीक-ठीक दिखाई पड़ता है। जिसे अपनी वास्तविक क्षुद्रता का परिज्ञान अरुचिकर होगा वह सापेक्षिकता के भय से ऐसे महत्वादर्श का सामीप्य कभी न चाहेगा, दूर-दूर भागा फिरेगा। 'हमीं-हम' वाले 'तुम भी' नहीं सह सकते, 'तुम्हीं-तुम' की क्या बात है ? ऐसे लोग तो स्वयं अपने लिए भक्त ढूँढ़ने निकलते हैं। भक्ति के लिए दैन्य अर्थात् दूसरे के महत्त्व के साथ अपने लघुत्व की भावना पहली बात है। इस भावना को जब हम मुक्त हृदय से मुग्ध होकर धारण करेंगे और दूसरे पर श्रद्धा कर लेंगे, तब हम उसके महत्त्व के सतत् साक्षात्कार के लिए–अनेक रूपों में परिचय के लिए–उसके सामीप्य की इच्छा करते हुए उस श्रद्धा से प्रेम का भी मिश्रण करेंगे और अपने बहुत-से क्रिया-कलाप को अपने पूज्य प्रेम-पात्र के अधीन करके स्वयं महत्त्व के अभ्यास में प्रवृत्त होंगे। जन-साधारण के लिए इस प्रकार के आश्रय द्वारा महत्त्व-प्राप्ति सुगम होती है। जो उच्च पथ पहले कष्टकर और श्रम-साध्य जान पड़ता है वही भक्ति के बल से मनोहर लगने लगता है।

व्यक्ति-सम्बन्धहीन सिद्धान्त-मार्ग निश्चयात्मिका बुद्धि को चाहे व्यक्त हों, पर प्रवर्त्तक मन को अव्यक्त रहते हैं। वे मनोरंजनकारी तभी लगते हैं, जब किसी व्यक्ति के जीवन-क्रम के रूप में देखे जाते हैं। शील की विभूतियाँ अनन्त रूपों में दिखाई पड़ती हैं। मनुष्य जाति ने जब से होश सँभाला, तब से वह इन अनन्त रूपों को महात्माओं के आचरणों तथा आख्यानों और चरित्र-सम्बन्धी पुस्तकों में देखती चली आ रही है। जब इन रूपों पर मनुष्य मोहित होता है, तब सात्विक शील की ओर आप से आप आकर्षित होता है। शून्य सिद्धान्त वाक्यों में कोई आकर्षण-शक्ति या प्रवृत्तिकारिणी क्षमता नहीं होती। 'सदा सत्य बोलो', 'दूसरों की भलाई करो', 'क्षमा करना सीखो'– ऐसे-ऐसे सिद्धान्त-वाक्य किसी को बार-बार बकते सुन वैसा ही क्रोध आता है जैसे किसी बेहूदे की बात सुनकर। जो इस प्रकार की बातें करता चला जाए उससे चट कहना चाहिए–'बस चुप रहो, तुम्हें बोलने की तमीज नहीं, तुम बच्चों या कोल-भीलों के पास जाओ। ये बातें हम पहले से जानते हैं। मानव-जीवन के बीच हम इसके सौन्दर्य का विकास देखना चाहते हैं। यदि तुम्हें दिखाने की प्रतिभा या शक्ति हो तो दिखाओ, नहीं तो चुपचाप अपना रास्ता लो।' गुण प्रत्यक्ष नहीं होता, उसके आश्रय और परिणाम प्रत्यक्ष होते हैं। अनुभावात्मक मन को आकर्षित करनेवाले आश्रय और परिणाम हैं, गुण नहीं। ये ही अनुभूति के विषय हैं। अनुभूति पर प्रवृत्ति और निवृत्ति निर्भर हैं। अनुभूति मन की पहली क्रिया है, संकल्प-विकल्प दूसरी। अतः सिद्धान्त-पथों के सम्बन्ध में जो आनन्दानुभव करने की बातें हैं, जो अच्छी लगने की बातें हैं, वे पथिकों में तथा उनके चारों ओर पाई जाएँगी। सत्पथ के दीपक उन्हीं

के हाथ में हैं–या वे सत्पथ के दीपक हैं। सत्वोन्मुख प्राणियों के लिए ऐसे पथिकों के सामीप्य-लाभ की कामना करना स्वाभाविक ही है।

सामीप्य से अभिप्राय केवल किसी के साथ-साथ लगा रहना नहीं है। श्रवण, कीर्तन और स्मरण आदि भी सामीप्य ही के विधान हैं। बाह्य और अभ्यन्तर दोनों प्रयत्नों से सामीप्य की सिद्धि होती है। स्मरण द्वारा हम अपने आराध्य को–उसके कर्म-क्षेत्र को अपने अन्तःकरण के सामने उपस्थित करते हैं। यहाँ पर यह कहा जा सकता है कि जब हम इष्ट के कर्म-क्षेत्र को सामने लाते हैं तब उसमें ऐसे लोग भी तो आ जाते हैं जिन पर हमारी कुछ भी भक्ति नहीं। हाँ, आते अवश्य हैं। इनके द्वारा हमारे इष्ट के स्वरूप का पूर्ण विकास दिखाई पड़ता है–इनके बीच उनका (इष्ट का) रंग और खुल पड़ता है। यदि राम हमारे काम के हैं तो रावण भी हमारे काम का है। एक में हम अपने लिए प्रवृत्ति का क्रम पाते हैं, दूसरे में निवृत्ति का। जीवन में इस निवृत्ति और प्रवृत्ति का प्रवाह साथ-साथ चलता है। दुराचारी भी यदि अपने दुराचार का फल संसार के सामने पूर्ण रूप से भोग लेता है तो समाज के लिए उपयोगी ठहर जाता है। राम के हाथ से मारे जाने से रावण का जीवन भी सार्थक हो गया। यदि पापी अपने पाप का फल एकान्त में या आत्मा में ही, भोगकर चला जाता है तो वह अपनी जीवन की सामाजिक उपयोगिता की एकमात्र सम्भावना को भी नष्ट कर देता है। इसी से बहुत-से प्रायश्चितों के विधान में किए हुए पापों का सबके समक्ष कथन आवश्यक होता है।

पाप का फल छिपानेवाला पाप छिपानेवाले से अधिक अपराधी है पर ऐसे बहुत-से लोग होते हैं जो किसी का घर जलाते हाथ जलता है तो कहते हैं कि होम करते जला है। दुराचारियों के जीवन का सामाजिक उपयोग करने के लिए ही–संसार में धर्म की मर्यादा स्थापित करने के लिए ही श्रीकृष्ण ने अर्जुन को युद्ध में प्रवृत्त किया। यदि अधर्म में तत्पर कौरवों का नाश न होता और पांडव जीवन भर मारे-मारे ही फिरते तो संसार में अन्याय और अधर्म की ऐसी लीक खिंच जाती जो मिटाए न मिटती। जिस समाज में सुख और वैभव के रंग में रँगी अधर्म की ऐसी लीक दिखाई पड़े उसमें रक्षा करनेवाली आत्मा का अभाव तथा विश्वात्मा की विशेष कला के अवतार की आवश्यकता समझनी चाहिए, क्योंकि भगवान श्रीकृष्ण ने कहा है–

यदा यदा हि धर्मस्य ग्लानिर्भवति, भारत।
अभ्युत्थानमधर्मस्य तदात्मानं सृजाम्यहम् ॥

यदि कहीं पाप है, अन्याय है, अत्याचार है तो उनका आशुफल उत्पन्न करना और संसार के समक्ष रखना, लोक-रक्षा का कार्य है। अपने ऊपर किए जानेवाले अत्याचार और अन्याय का फल ईश्वर के ऊपर छोड़ना व्यक्तिगत आत्मोन्नति के लिए चाहे श्रेष्ठ हो; पर यदि अन्यायी या अत्याचारी अपना हाथ नहीं खींचता है तो लोक-संग्रह की दृष्टि से वह उसी प्रकार आलस्य या कायरपन है जिस प्रकार अपने ऊपर किए हुए उपकार का कुछ भी बदला न देना कृतघ्नता है।

अब भगवद् शक्ति को लीजिए। ऊपर जो कुछ कहा गया उससे स्पष्ट हो गया होगा कि मनुष्य की भक्ति के आधार क्या-क्या हैं। मनुष्य विश्व-विधान का एक क्षुद्र चेतन अंश है। उसमें धर्म, अधर्म, दया, निष्ठुरता आदि के भाव विश्व के उतने ही अंश से सम्बन्ध रखते हैं जितने के भीतर उसे कार्य करना है। यह कार्य और कुछ नहीं, अपनी समष्टि-स्थिति और सुख-सन्तोष का प्रयत्न मात्र है। अपने कार्य-क्षेत्र के बाहर यदि वह अपने इन भावों का सामंजस्य ढूँढ़ता है तो नहीं पाता है—कहीं उसे 'जीवो जीवस्य जीवनम्' का सिद्धान्त चलता दिखाई पड़ता है, कहीं लाठी और भैंस का। वह सोचता है कि इन बातों का अनुसरण मनुष्य-समाज में भी जान-बूझकर क्यों न किया जाए, यह नहीं सोचता कि मनुष्य-जाति की स्थिति इन अवस्थाओं में बहुत आगे बढ़ी है और चेतना की श्रेणी में उससे आगे की ओर से कोई भूमि दिखाई नहीं पड़ रही है। वह दया को निरर्थक समझ अपने अन्तःकरण का एक अंग ही खंडित करना चाहता है। वह किसी को काना देखकर अपनी एक आँख फोड़ने चलता है। कुछ दिन पहले की सभ्यता मनुष्य जीवन को देवतुल्य बनाने में थी; अब मर्कटतुल्य और मत्स्यतुल्य बनाने में समझी जाने लगी है। पर यह सभ्यता जड़त्व और नाश की ओर ले जानेवाली है। जब हृदय की कुछ उदात्त प्रवृत्तियाँ बोझ मालूम होने लगी हैं तब और प्राणियों की अपेक्षा अपने अन्तःकरण की पूर्णता का गर्व मनुष्य जाति कब तक कर सकती है ? उसके मार्मिक अंग की व्यापकता के ह्रास और स्तब्धता की बुद्धि के भयंकर परिणाम का आभास योरप दे रहा है। अन्तःकरण की जितनी वृत्तियाँ हैं उनमें से कोई निरर्थक नहीं—सबका उपयोग है। इनमें से किसी की शक्ति फालतू नहीं। यदि मनुष्य इनमें से किसी को निष्क्रिय करने का अभ्यास डालेगा तो अपनी पूर्णता को खोएगा और अपनी स्थिति को जोखिम में डालेगा।

मिट्टी के ढेले, गुलाब के पौधे, कुत्ते और बिल्ली की अपेक्षा मनुष्य अपने में अंशी का अधिक अंश समझता है—उस सर्वात्मा का अधिक अंश समझता है—विश्व-विधान जिसकी नित्य क्रिया है; अतः स्थिति रक्षा-विधान की जो-जो बातें अपने में हैं उनका अभाव उसे अंशी या सर्व में मानते नहीं बनता। दया, दाक्षिण्य, प्रेम, क्रोध आदि अपनी अंशात्मा में देखते हुए सर्वात्मा में उनके अभाव की धारणा मनुष्य करे तो कैसे करे ? अतः ज्ञानक्षेत्र में ईश्वर की खोज हम उतने ही घेरे में करेंगे जितने में इन्द्रियों की सहायता लेकर बुद्धि पहुँचती है और कर्म-क्षेत्र में उसकी भावना हम उसे उतने ही भावों से परिमित करके करेंगे जितने की हमारे मन में जगह है। हम हैं, हम समझते हैं कि हम हैं और हम चाहते हैं कि हम रहें, ऐसी अवस्था में हम अपने स्थिति-रक्षा-सम्बन्धी भावों को परमावस्था पर पहुँचाकर ही उस परम-भावमय की भावना करेंगे। हम उसे धर्ममय, दयामय, प्रेममय मानेंगे और यह प्रेम उसी का रूप होगा जिस रूप में उसका व्यवहार मनुष्य-जाति में दिखाई पड़ता है—जिस रूप में मनुष्य-जाति को उसकी आवश्यकता पड़ती है। अत्याचारी से पीड़ित होकर मनुष्य उसके कोप का आह्वान करता है, आपद्ग्रस्त होकर उसकी दया का भिखारी होता है, सुख से सम्पन्न होकर उसके

धन्यवाद के लिए हाथ उठाता है, भक्ति से पूर्ण होकर उसके आश्रय की वांक्षा करता है। ये ही व्यवहार वह मनुष्यों के साथ भी करता है।

अपने व्यवहार-पथ में आश्रय-प्राप्ति के निमित्त मनुष्य के लिए ईश्वर की स्वानुरूप भावना ही सम्भव है। स्वानुभूति द्वारा ही वह उस परमानुभूति की धारणा कर सकता है। इसी से भर्तहरि ने 'स्वानुभूत्यैकमानव' कहकर नमस्कार किया है। यदि चिन्मय में अपनी इतनी अनुभूति का भी निश्चय मनुष्य को न हो तो वह प्रार्थना आदि क्यों करने जाए ? कुत्ते प्रार्थना क्यों नहीं करते ? उनमें धर्म की प्रतिष्ठा नहीं है–अर्थात् वे चेतना की उस भूमि तक नहीं पहुँचे हैं जिसमें समष्टि स्थिति की रक्षा से सम्बन्ध रखनेवालों का संचार होता है। वे यह नहीं जानते कि एक-दूसरे को काटने दौड़ने से कुक्कर-समाज की उन्नति और वृद्धि नहीं हो सकती। समष्टि-रक्षा या धर्म की ओर प्रवृत्त करनेवाले दया आदि भाव उन्हें प्राप्त नहीं हैं। उनमें स्वार्थ का भाव है, परमार्थ का भाव नहीं। धर्मो रक्षितः की धारणा उन्हें नहीं होती। जहाँ धर्म-भाव है वहीं ईश्वर की भावना है। जिन प्राणियों में जिन भावों का विकास नहीं हुआ है उनमें उनकी चरितार्थता की आवश्यकता प्रकृति नहीं समझती।

भक्ति का स्थान जहाँ मानव-हृदय है–वहीं श्रद्धा और प्रेम के संयोग से उसका प्रादुर्भाव होता है। अतः मनुष्य की श्रद्धा के जो विषय ऊपर कहे जा चुके हैं उन्हीं को परमात्मा में अत्यन्त विशद् रूप में देखकर ही उसका मन खिंचता है और वह उस विशद् रूप-विशिष्ट का सामीप्य चाहता है, उसके हृदय में जो सौन्दर्य का भाव है, जो शील का भाव है, जो उदारता का भाव है, जो शक्ति का भाव है, उसे वह अत्यन्त पूर्ण रूप में परमात्मा में देखता है और ऐसे पूर्ण पुरुष की भावना से उसका हृदय गद्गद् हो जाता है, और उसका धर्म-पथ आनन्द से जगमगा उठता है। धर्म-क्षेत्र या व्यवहार-पथ में वह अपने मतलब भर ही ईश्वरता से प्रयोजन रखता है। राम, कृष्ण आदि अवतारों में परमात्मा की विशेष कला देख एक हिन्दू के हृदय की सारी शुभ और आनन्दमयी वृत्तियाँ उनकी ओर दौड़ पड़ती हैं, उनके प्रेम, श्रद्धा आदि को बड़ा भारी अवलम्ब मिल जाता है। उसके सारे जीवन में एक अपूर्व माधुर्य और बल का संचार हो जाता है। उसके सामीप्य का आनन्द लेने के लिए कभी वह उसके अलौकिक रूप-सौन्दर्य की भावना करता है, कभी उनकी बाललीला के चिन्तन से विनोद प्राप्त करता है, कभी धर्म-बलपूर्ण उनके निर्मल चरित्र का गान करता है, कभी सिर झुकाकर वन्दना करता है–यहाँ तक कि जब जी में आता है, प्रेम से भरा उलाहना भी देता है। यह हृदय द्वारा अर्थात् आनन्द अनुभव करते हुए धर्म में प्रवृत्त होने का सुगम मार्ग है। भक्ति हृदय से की जाती है। बुद्धि से भक्ति करना ऐसा ही है जैसे नाक से खाना और कान से सूँघना। हमारे यहाँ भक्ति-विधान के अन्तर्गत श्रवण, कीर्तन, स्मरण, सेवा, अर्चन, वन्दन, दास्य, संख्य और आत्म-निवेदन ये नौ बातें ली गई हैं। जैसा कि ऊपर कहा जा चुका है, कोरी श्रद्धा में याचकता का भाव नहीं है, जब प्रेम के साथ उसका संयोग होता है तभी इस भाव की प्राप्ति होती है। श्रद्धावान्

श्रद्धेय पर अपने निमित्त किसी प्रकार का प्रभाव डालना नहीं चाहता, पर भक्त दाक्षिण्य चाहता है।

रामलीला, कृष्णलीला आदि सामीप्य-सिद्धि के विधान हैं। इस सामीप्य की कामना, भक्तवर रसखान ने बड़ी मार्मिकता से इस प्रकार प्रकट की है–

मानुष हौं तो वही 'रसखान'
बसौं सँग गोकुल गाँव के ग्वारन।
जो पसु हौं तो कहा बस मेरो,
चरौं नित नन्द की धेनु मँझारन।
पाहन हौं तो वही गिरि को,
जो किए हरि छत्र पुरन्दर-धारन।
जो खग हौं तो बसेरो करौं,
मिलि कालिंदी-कूल कदंब की डारन ॥

रामलीला द्वारा लोग वर्ष में एक बार अपने पूज्यदेव की आदर्श मानवलीला का माधुर्य देखते हैं। जिस समय दूर-दूर के गाँवों के लोग एक मैदान में आकर इकट्ठे होते हैं तथा एक ओर जटा-मुकुटधारी विजयी राम-लक्ष्मण की मधुर मूर्ति देखते हैं और दूसरी ओर तीरों से बिंधा रावण का विशाल शरीर जलता देखते हैं, उस समय वे धर्म के सौन्दर्य पर लुब्ध और धर्म की घोरता पर क्षुब्ध हो जाते हैं। इसी प्रकार जब कृष्णलीला में जीवन की प्रफुल्लता के साथ धर्म-रक्षा के अलौकिक बल का विकास देखते हैं, तब हमारी जीवन-धारणा की अभिलाषा दूनी-चौगुनी हो जाती है। हिन्दू-जाति इन्हीं की भक्ति के बल से इनकी प्रतिकूल अवस्थाओं के बीच अपना स्वतन्त्र अस्तित्व बचाती चलती चली आई है–इन्हीं की अद्भुत आकर्षण शक्ति से वह इधर-उधर ढलने नहीं पाई है। राम और कृष्ण को बिना आँसू बहाए छोड़ना हिन्दू-जाति के लिए सहज नहीं था, क्योंकि ये अवतार अलग टीले पर खड़े होकर उपदेश देनेवाले नहीं थे, बल्कि मानव-जीवन में पूर्ण रूप से सम्मिलित होकर उसके एक-एक अंग की मनोहरता दिखानेवाले थे। मंगल के अवसरों पर उनके गीत गाए जाते हैं। विमाताओं की कुटिलता की, बड़ों के आदर की, दुष्टों के दमन की, जीवन के कष्ट की, घर की, वन की, सम्पद की, विपद की जहाँ चर्चा होती है, वहाँ इनका स्मरण किया जाता है।

संसार में तटस्थ रहकर शान्ति-सुखपूर्वक लोक-व्यवहार-सम्बन्धी उपदेश देनेवालों का उतना अधिक महत्त्व हिन्दू धर्म में नहीं है जितना संसार के भीतर घुसकर उसके व्यवहारों के बीच सात्त्विक विभूति की ज्योति जगानेवालों का है। हमारे यहाँ उपदेशक ईश्वर के अवतार नहीं माने गए हैं। अपने जीवन द्वारा कर्म-सौन्दर्य संगठित करनेवाले ही अवतार कहे गए हैं। कर्म-सौन्दर्य के योग से उनके स्वरूप में इतना माधुर्य आ गया है कि हमारा हृदय आप से आप उनकी ओर खिंच पड़ता है। जो कुछ हम करते हैं– खेलन-कूदना, हँसना-बोलना, क्रोध करना, शोक करना, प्रेम करना, विनोद करना उन सब में सौन्दर्य लाते हुए हम जिन्हें देखेंगे उन्हीं की ओर ढल सकते हैं। वे हमें दूर से

रास्ता दिखानेवाले नहीं हैं, आप रास्ते में चलकर हमें अपने पीछे लगाने क्या खींचनेवाले हैं। जो उनके स्वरूप पर मोहित न हो वह निस्सन्देह जड़ है।

सुनि सीतापति सील सुभाउ।
मोद न मन, तन पुलक, नयन जल सो नर खेहर खाउ ॥

जो उनका नाम सुनकर पुलकित होता है, जो उनके स्वरूप पर मोहित होता है, उसके सुधरने की बहुत कुछ आशा हो सकती है। जो संसार या मनुष्यत्व का सर्वथा त्याग न कर दे, उसके लिए शुद्ध सात्विक जीवन का यही मार्ग है। रागों के सम्पूर्ण दमन की अपेक्षा रागों का परिष्कार ज्यादा काम में आनेवाली बात है। निर्लिप्त रहकर दूसरों का गला काटनेवालों से लिप्त होकर दूसरों की भलाई करनेवाले लोक-कल्याण के विचार से कहीं अच्छे हैं।

जनता के सम्पूर्ण जीवन को स्पर्श करनेवाला क्षात्र-धर्म है। क्षात्र-धर्म के इसी व्यापकत्व के कारण हमारे मुख्य अवतार राम और कृष्ण क्षत्रिय हैं। क्षात्र-धर्म ऐकान्तिक नहीं है। उसका सम्बन्ध लोक-रक्षा से है। 'कोई राजा होगा तो अपने घर का होगा' इससे बढ़कर झूठ बात शायद ही कोई मिले। झूठे खिताबों के द्वारा यह कभी सच नहीं की जा सकती। कर्म-सौन्दर्य की योजना छात्र-जीवन में जितने रूपों में सम्भव है, उतने रूपों में और किसी जीवन में नहीं। शक्ति के साथ क्षमा, वैभव के साथ विनय, पराक्रम के साथ रूप-माधुर्य, तेज के साथ कोमलता, सुख-भोग के साथ परदुखकातरता, प्रताप के साथ कठिन धर्म-पथ का अवलम्बन इत्यादि कर्म-सौन्दर्य के इतने अधिक प्रकार के उत्कर्ष-योग और कहाँ घट सकते हैं ? इसी से क्षात्र-धर्म के सौन्दर्य में जो मधुर आकर्षण है वह अधिक व्यापक, अधिक मर्मस्पर्शी और अधिक स्पष्ट है। मनुष्य की सम्पूर्ण रागात्मिका वृत्तियों को उत्कर्ष पर ले जाने और विशुद्ध करने की सामर्थ्य उसमें है।

संसार में मनुष्य मात्र की समान वृत्ति कभी नहीं हो सकती। इस बात को भूलकर जो उपदेश दिए जाया करते हैं, वे पाखंड के अन्तर्गत आते हैं। वृत्तियों की भिन्नता के बीच से जो मार्ग निकल सकेगा वही लोक-रक्षा का मार्ग होगा—वही धर्म का चलता हुआ मार्ग होगा। जिसमें शिष्टों के आदर, दीनों पर दया, दुष्टों के दमन आदि जीवन के अनेक रूपों का सौन्दर्य दिखाई पड़ेगा, वही सर्वांगपूर्ण लोक-धर्म का मार्ग होगा। क्षात्र-धर्म-पालन की आवश्यकता संसार में सब दिन बनी रहेगी। कोई व्यापार-युग उसे नहीं हटा सकता। किसी अनाथ अबला पर अत्याचार करने पर एक क्रूर पिशाच को हम उद्यत देख रहे हैं। समझाना-बुझाना या तो व्यर्थ है अथवा उसका समय ही नहीं है। ऐसी दशा में यदि उन अबला की रक्षा इष्ट है, तो हमें चटपट उस कर्म में प्रवृत्त होना होगा जिससे उस दुष्ट को बाधा पहुँचे। उस समय का हमारा क्रोध कितना सुन्दर और अक्रोध कितना गर्हित होगा !

करुणा

जब बच्चे को सम्बन्धज्ञान कुछ-कुछ होने लगता है, तभी दुख के उस भेद की नींव पड़ जाती है जिसे करुणा कहते हैं। बच्चा पहले परखता है कि जैसे हम हैं वैसे ही ये और प्राणी भी हैं और बिना किसी विवेचना-क्रम के स्वाभाविक प्रवृत्ति द्वारा, वह अपने अनुभवों का आरोप दूसरे प्राणियों पर करता है। फिर कार्य-कारण सम्बन्ध से अभ्यस्त होने पर दूसरों के दुख के कारण या कार्य को देखकर उनके दुख का अनुमान करता है और स्वयं एक प्रकार का दुख अनुभव करता है। प्रायः देखा जाता है कि जब माँ झूठ-मूठ 'ऊँ-ऊँ' करके रोने लगती है तब कोई-कोई बच्चे भी रो पड़ते हैं। इसी प्रकार जब उनके किसी भी भाई या बहिन को कोई मारने उठता है तब वे कुछ चंचल हो उठते हैं।

दुख की श्रेणी में प्रवृत्ति के विचार से करुणा का उल्टा क्रोध है। क्रोध जिसके प्रति उत्पन्न होता है उसकी हानि की चेष्टा की जाती है। करुणा जिसके प्रति उत्पन्न होती है उसकी भलाई का उद्योग किया जाता है। किसी पर प्रसन्न होकर भी लोग उसकी भलाई करते हैं। इस प्रकार पात्र की भलाई की उत्तेजना दुख और आनन्द दोनों की श्रेणियों में रखी गई है। आनन्द की श्रेणी में ऐसा कोई शुद्ध मनोविकार नहीं है जो पात्र की हानि की उत्तेजना करे, पर दुख की श्रेणी में ऐसा मनोविकार है जो पात्र की भलाई की उत्तेजना करता है। लोभ से, जिसे मैंने आनन्द की श्रेणी में रखा है, चाहे कभी-कभी और व्यक्तियों या वस्तुओं को हानि पहुँच जाए पर जिसे जिस व्यक्ति या वस्तु का लोभ होगा, उसकी हानि वह कभी न करेगा। लोभी महमूद ने सोमनाथ को तोड़ा, पर भीतर से जो जवाहरात निकले उनको खूब सँभालकर रखा। नूरजहाँ के रूप के लोभी जहाँगीर ने शेर अफगन को मरवाया, पर नूरजहाँ को बड़े चैन से रखा।

ऊपर कहा जा चुका है कि मनुष्य ज्योंही समाज में प्रवेश करता है, उसके सुख और दुख का बहुत-सा अंश दूसरे की क्रिया या अवस्था पर अवलम्बित हो जाता है और उसके मनोविकारों के प्रवाह तथा जीवन के विस्तार के लिए अधिक क्षेत्र हो जाता है। वह दूसरों के दुख से दुखी और दूसरों के सुख से सुखी होने लगता है। अब देखना यह है कि दूसरों के दुख से दुखी होने का नियम जितना व्यापक है क्या उतना ही दूसरों के सुख से सुखी होने का भी। मैं समझता हूँ, नहीं। हम अज्ञात-कुल-शील मनुष्य के दुख को देखकर भी दुखी होते हैं। किसी दुखी मनुष्य को सामने देख हम अपना दुखी होना तब तक के लिए बन्द नहीं रखते जब तक कि यह न मालूम हो जाए कि वह कौन है,

कहाँ रहता है और कैसा है; यह और बात है कि यह जानकर कि जिसे पीड़ा पहुँच रही है उसने कोई भारी अपराध या अत्याचार किया है हमारी दया दूर या कम हो जाए। ऐसे अवसर पर हमारे ध्यान के सामने वह अपराध या अत्याचार आ जाता है और उस अपराधी या अत्याचारी का वर्तमान क्लेश हमारे क्रोध की तुष्टि या साधक हो जाता है।

सारांश यह है कि करुणा की प्राप्ति के लिए पात्र में दुख के अतिरिक्त और किसी विशेषता की अपेक्षा नहीं। पर आनन्दित हम ऐसे ही आदमी के सुख को देखकर होते हैं जो या तो हमारा सुहृद् या सम्बन्धी हो अथवा अत्यन्त सज्जन, शीलवान् या चरित्रवान् होने के कारण समाज का मित्र या हितकारी हो। यों ही किसी अज्ञात व्यक्ति के लाभ या कल्याण सुनने से हमारे हृदय में किसी प्रकार के आनन्द का उदय नहीं होता। इससे प्रकट है कि दूसरों के दुख से दुखी होने का नियम बहुत व्यापक है और दूसरों के सुख से सुखी होने का नियम उसकी अपेक्षा परिमित है। इसके अतिरिक्त, दूसरों को सुखी देखकर जो आनन्द होता है उसका न तो कोई अलग नाम रखा गया है और न उनमें वेग या प्रेरणा होती है। पर दूसरों के दुख के परिज्ञान से जो दुख होता है वह करुणा, दया आदि नामों से पुकारा जाता है और अपने कारण को दूर करने की उत्तेजना करता है।

जबकि अज्ञात व्यक्ति के दुख पर दया बराबर उत्पन्न होती है तो जिस व्यक्ति के साथ हमारा अधिक संसर्ग होता है, जिसके गुणों से हम अच्छी तरह परिचित रहते हैं, जिसका रूप हमें भला मालूम होता है उसके उतने ही दुख पर हमें अवश्य अधिक करुणा होगी। किसी भोली-भाली सुन्दरी रमणी को, किसी सच्चरित्र परोपकारी महात्मा को, किसी अपने भाई-बन्धु को दुख में देख, हमें अधिक व्याकुलता होगी। करुणा की तीव्रता का सापेक्ष विधान जीवन-निर्वाह की सुगमता और कार्य-विभाग की पूर्णता के उद्‌देश्य से समझना चाहिए।

मनुष्य की प्रकृति में शील और सात्विकता का आदि संस्थापक यही मनोविकार है। मनुष्य की सज्जनता या दुर्जनता अन्य प्राणियों के साथ उसके सम्बन्ध या संसर्ग द्वारा ही व्यक्त होती है। यदि कोई मनुष्य जन्म से ही किसी निर्जन स्थान में अपना निर्वाह करे तो उसका कोई कर्म सज्जनता या दुर्जनता की कोटि में न आएगा। उसके सब कर्म निर्लिप्त होंगे। संसार में प्रत्येक प्राणी के जीवन का उद्‌देश्य दुख की निवृत्ति और सुख की प्राप्ति है। अतः सबके उद्‌देश्य को एक साथ जोड़ने से संसार का उद्‌देश्य सुख का स्थापन और दुख का निराकरण हुआ। अतः जिन कर्मों से संसार के इस उद्‌देश्य के साधन हों वे उत्तम हैं। प्रत्येक प्राणी के लिए उससे भिन्न प्राणी संसार है। जिन कर्मों से दूसरे के वास्तविक सुख का साधन और दुख की निवृत्ति हो वे शुभ और सात्विक हैं तथा जिस अन्तःकरणवृत्ति से इन कर्मों में प्रवृत्ति हो वह सात्विक है। कृपा या अनुग्रह से भी दूसरों के सुख की योजना की जाती है, पर एक तो कृपा-अनुग्रह में आत्म-भाव छिपा रहता है और उनकी और प्रेरणा से पहुँचाया हुआ सुख एक प्रकार का प्रतिकार है। दूसरी बात यह है कि नवीन सुख की योजना की अपेक्षा प्राप्तः दुख की निवृत्ति की आवश्यकता अत्यन्त अधिक है।

दूसरे के उपस्थित दुख से उत्पन्न दुख का अनुभव अपनी तीव्रता के कराण मनोविकारों की श्रेणी में माना जाता है पर अपने भावी आचरण द्वारा दूसरे के सम्भाव्य दुख का ध्यान या अनुमान, जिसके द्वारा हम ऐसी बातों से बचते हैं जिनसे अकारण दूसरे को दुख पहुँचे, शील या साधारण सद्वृत्ति के अन्तर्गत समझा जाता है। बोलचाल की भाषा में तो 'शील' शब्द से चित्त की कोमलता या मुरौवत ही का भाव समझा जाता है, जैसे 'उनकी आँखों में शील नहीं है', 'शील तोड़ना अच्छा नहीं', दूसरों का दुख दूर करना और दूसरों को दुख न पहुँचाना इन दोनों बातों का निर्वाह करनेवाला नियम न पालने का दोषी हो सकता है, पर दुखशीलता या दुर्भाव का नहीं। ऐसा मनुष्य झूठ बोल सकता है, पर ऐसा नहीं जिससे किसी का कोई काम बिगड़े या जी दुखे। यदि वह किसी अवसर पर बड़ों की कोई बात न मानेगा तो इसलिए कि वह उसे ठीक नहीं जँचती या वह उसके अनुकूल चलने में असमर्थ है, इसलिए नहीं कि बड़ों का अकारण जी दुखे।

मेरे विचार में तो 'सदा सत्य बोलना,' 'बड़ों का कहना मानना,' ये नियम के अन्तर्गत हैं, शील या सद्भाव के अन्तर्गत नहीं। झूठ बोलने में बहुधा बड़े-बड़े अनर्थ हो जाते हैं इसी से उसका अभ्यास रोकने के लिए यह नियम कर दिया गया कि किसी अवस्था में झूठ बोला ही न जाए। पर मनोरंजन, खुशामद और शिष्टाचार आदि के बहाने संसार में बहुत-सा झूठ बोला जाता है जिस पर कोई समाज कुपित नहीं होता। किसी-किसी अवस्था में तो धर्म-ग्रन्थों में झूठ बोलने की इजाजत तक दे दी गई है, विशेषतः जब इस नियम-भंग द्वारा अन्तःकरण की किसी उच्च्य और उदार वृत्ति का साधन होता हो। यदि किसी के झूठ बोलने से कोई निरपराध और निःसहाय व्यक्ति अनुचित दंड से बच जाए तो ऐसा झूठ बोलना बुरा नहीं बतलाया गया है क्योंकि नियम शील या सद्वृत्ति का साधक है, समकक्ष नहीं। मनोवेग-वर्जित सदाचार दम्भ या झूठी कवायद है। मनुष्य के अन्तःकरण में सात्विकता की ज्योति जगानेवाली यही करुणा है। इसी से जैन और बौद्ध धर्म में इसको बड़ी प्रधानता दी गई है और गोस्वामी तुलसीदास जी ने भी कहा है–

पर उपकार सरिस न भलाई।
पर-पीड़ा सम नहिं अधमाई॥

यह बात स्थिर और निर्विवाद है कि श्रद्धा का विषय किसी-न-किसी रूप में सात्विक शील ही होता है। अतः करुणा और सात्विकता का सम्बन्ध इस बात से और भी सिद्ध होता है कि किसी पुरुष को दूसरे पर करुणा करते देख तीसरे को करुणा करनेवाले पर श्रद्धा उत्पन्न होती है। किसी प्राणी में और किसी मनोवेग को देख श्रद्धा नहीं उत्पन्न होती। किसी को क्रोध, भय, ईर्ष्या, घृणा, आनन्द आदि करते देख लोग उस पर श्रद्धा नहीं कर बैठते। क्रिया में तत्पर करनेवाली प्राणियों की आदि अन्तःकरण वृत्ति मन या मनोवेग है। अतः इन मनोवेगों में से जो श्रद्धा का विषय हो वही सात्विकता का आदि संस्थापक ठहरा। दूसरी बात यह भी ध्यान देने की है कि मनुष्य के आचरण के प्रवर्त्तक भाव या मनोविकार ही होते हैं, बुद्धि नहीं। बुद्धि दो वस्तुओं के रूपों को अलग-अलग दिखला देगी, यह मनुष्य के मन के वेग या प्रवृत्ति पर है कि वह उनमें से

किसी एक को चुनकर कार्य में प्रवृत्त हो। यदि विचार कर देखा जाए तो स्मृति, अनुमान, बुद्धि आदि अन्तःकरण की सारी वृत्तियाँ केवल मनोवेगों की सहायक हैं, वे भावों या मनोवेगों के लिए उपयुक्त विषय मात्र ढूँढ़ती हैं। मनुष्य की प्रवृत्ति पर भाव को और भावना को तीव्र करनेवाले कवियों का प्रभाव प्रकट ही है।

प्रिय के वियोग से जो दुख होता है उसमें कभी-कभी दया या करुणा का भी कुछ अंश मिला रहता है। ऊपर कहा जा चुका है कि करुणा का विषय दूसरे का दुख है। अतः प्रिय के वियोग में इस विषय की भावना किस प्रकार होती है, यह देखना है। प्रत्यक्ष निश्चय कराता है और परोक्ष अनिश्चय में डालता है। प्रिय व्यक्ति के सामने रहने से उसके सुख का जो निश्चय होता रहता है, वह उसके दूर होने से अनिश्चय में परिवर्तित हो जाता है। अतः प्रिय के वियोग पर उत्पन्न करुणा का विषय प्रिय के सुख का निश्चय है। जो करुणा हमें साधारण जनों के वास्तविक दुख के परिज्ञान से होती है, वही करुणा हमें प्रियजनों के सुख के अनिश्चय मात्र में होती है। साधारण जनों का तो हमें दुख असह्य होता है, पर प्रियजनों के सुख का अनिश्चय ही। अनिश्चय बात पर सुखी या दुखी होना ज्ञानवादियों के निकट अज्ञान है, इसी से इस प्रकार के दुख या करुणा को किसी-किसी प्रान्तिक भाषा में 'मोह' भी कहते हैं। सारांश यह कि प्रिय से वियोग-जनित दुख में जो करुणा का अंश रहता है उसका विषय प्रिय के सुख का अनिश्चय है। राम-जानकी के वन चले जाने पर कौशल्या उनके सुख के अनिश्चय पर इस प्रकार दुखी होती हैं–

बन को निकरि गए दोउ भाई।
सावन गरजै, भादौं बरसै, पवन चले पुरवाई।
कौन बिरिछ तर भीजत ह्वै हैं राम लखन दोउ भाई।

(–गीता.)

प्रेमी को यह विश्वास कभी नहीं होता कि उसके प्रिय के सुख का ध्यान जितना वह रखता है उतना संसार में और भी कोई रख सकता है। श्रीकृष्ण गोकुल से मथुरा चले गए जहाँ सब प्रकार का सुख-वैभव था; पर यशोदा इसी सोच में मरती रहीं कि–

प्रात समय उठि माखन रोटी को बिन माँगे दैहै ?
को मेरे बालक कुँवर कान्ह को छिन-छिन आगे लैहै ?

और उद्धव से कहती हैं–

सँदेसो देवकी सों कहियो।
हौं तो धाय, तिहारे सुत की कृपा करत ही रहियो॥
उबटन, तेल और तातो जल देखत ही भजि जाते।
जोइ जोइ माँगत सोइ सोइ देती क्रम-क्रम करि कै न्हाते॥
तुम जो टेव जानतिहि ह्वै हौ तऊ मोहि कहि आवै।
प्रात उठत मेरे लाल लड़ैतनि माखन रोटी भावै॥
अब यह सूर मोहि निसि बासर बड़ो रहत जिय सोच।
अब मेरे अलकलड़ैते लालन ह्वै है करत सँकोच॥

वियोग की दशा में गहरे प्रेमियों को प्रिय के सुख का अनिश्चय ही नहीं, कभी-कभी घोर अनिष्ट की आशंका तक होती है; जैसे एक पति-वियोगिनी सन्देह करती है कि--

नदी किनारे धुआँ उठत है, मैं जानूँ कछु होय।
जिसके कारन मैं जली, वही न जलता होय॥

शुद्ध वियोग का दुख केवल प्रिय के अलग हो जाने की भावना से उत्पन्न क्षोभ या विषाद है जिसमें प्रिय के दुख या कष्ट आदि की कोई भावना नहीं रहती।

जिस व्यक्ति से किसी की घनिष्ठता और प्रीति होती है वह उसके जीवन के बहुत-से व्यापारों तथा मनोवृत्तियों का आधार होता है। उसके जीवन का बहुत-सा अंश उसी के सम्बन्ध द्वारा व्यक्त होता है। मनुष्य अपने लिए संसार आप बनाता है। संसार तो कहने-सुनने के लिए है, वास्तव में किसी मनुष्य का संसार तो वे ही लोग हैं जिनसे उसका संसर्ग या व्यवहार है। अतः ऐसे लोगों में से किसी का दूर होना उसके संसार के एक प्रधान अंश का कट जाना या जीवन के एक अंग का खंडित हो जाना है। किसी प्रिय या सुहृदय के चिरवियोग या मृत्यु के शोक के साथ करुणा या दया का भाव मिलकर चित्त को बहुत व्याकुल करता है। किसी के मरने पर उसके प्राणी उसके साथ किए हुए अन्याय या कुव्यवहार तथा उसकी इच्छा-पूर्ति करने में अपनी त्रुटियों का स्मरण कर और यह सोचकर कि उसकी आत्मा को सन्तुष्ट करने की भावना सब दिन के लिए जाती रही, बहुत अधीर और विकल होते हैं।

सामाजिक जीवन की स्थिति और पुष्टि के लिए करुणा का प्रसार आवश्यक है। समाज-शास्त्र के पश्चिमी ग्रन्थकार कहा करें कि समाज में एक-दूसरे की सहायता अपनी-अपनी रक्षा के विचार से की जाती है; यदि ध्यान से देखा जाए तो कर्म-क्षेत्र में परस्पर सहायता की सच्ची उत्तेजना देनेवाली किसी-न-किसी रूप में करुणा ही दिखाई देगी। मेरा यह कहना नहीं कि परस्पर की सहायता या परिणाम प्रत्येक का कल्याण नहीं है। मेरे कहने का अभिप्राय है कि संसार में एक-दूसरे की सहायता विवेचना द्वारा निश्चित इस प्रकार के दूरस्थ परिणाम पर दृष्टि रखकर नहीं की जाती बल्कि मन को अन्तःप्रवृत्त करनेवाली प्रेरणा से की जाती है। दूसरे की सहायता करने से अपनी रक्षा की भी सम्भावना है, इस बात या उद्देश्य का ध्यान प्रत्येक, विशेषकर सच्चे सहायक को तो नहीं रहता। ऐसे विस्तृत उद्देश्यों का ध्यान तो विश्वात्मा स्वयं रखती है; वह उसे प्राणियों की बुद्धि ऐसी चंचल और मुण्डे-मुण्डे भिन्न वस्तु के भरोसे नहीं छोड़ती। किस युग में और किस प्रकार मनुष्यों ने समाज-रक्षा के लिए एक-दूसरे की सहायता करने की गोष्ठी की होगी, यह समाज-शास्त्र के बहुत-से वक्ता लोग ही जानते होंगे। यदि परस्पर सहायता की प्रवृत्ति पुरखों की उस पुरानी पंचायत ही के कारण होती और यदि उसका उद्देश्य वहीं तक होता जहाँ तक समाज-शास्त्र के वक्ता बतलाते हैं, तो हमारी दया मोटे, मुसटण्डे और समर्थ लोगों पर जितनी होती उतनी दीन, अशक्त और अपाहिज लोगों पर नहीं, जिनसे समाज को उतना लाभ नहीं। पर इसका बिलकुल उल्टा देखने में आता है। दुखी व्यक्ति जितना ही असहाय और असमर्थ होगा उतनी ही अधिक उसके

प्रति हमारी करुणा होगी। एक अनाथ अबला को मार खाते देख हमें जितनी करुणा होगी उतनी एक सिपाही या पहलवान को पिटते देख नहीं। इससे स्पष्ट है कि परस्पर साहाय्य के जो व्यापक उद्देश्य हैं उनका धारण करनेवाला मनुष्य का छोटा-सा अन्तःकरण नहीं, विश्वात्मा है।

दूसरों के, विशेषतया अपने परिचितों के, थोड़े क्लेश या शोक पर जो वेगरहित दुख होता है उसे सहानुभूति कहते हैं। शिष्टाचार में इस शब्द का प्रयोग इतना अधिक होने लगा है कि वह निकम्मा-सा हो गया है। अब प्रायः इस शब्द से हृदय का कोई सच्चा भाव नहीं समझा जाता है। सहानुभूति के तार, सहानुभूति की चिट्ठियाँ लोग यों ही भेजा करते हैं। यह छद्म-शिष्टता मनुष्य के व्यवहार-क्षेत्र से सच्चाई के अंश को क्रमशः चरती जा रही है।

करुणा अपना बीज अपने आलम्बन या पात्र में नहीं फेंकती है अर्थात् जिस पर करुणा की जाती है वह बदले में करुणा करनेवाले पर भी करुणा नहीं करता–जैसा कि क्रोध और प्रेम में होता है–बल्कि कृतज्ञ होता अथवा श्रद्धा या प्रीति करता है। बहुत-सी औपन्यासिक कथाओं में यह बात दिखाई गई कि युवतियाँ दुष्टों के हाथ से अपना उद्धार करनेवाले युवकों के प्रेम में फँस गई हैं। कोमल भावों की योजना में दक्ष बँगला के उपन्यास-लेखक करुणा और प्रीति के मेल से बड़े ही प्रभावोत्पादक दृश्य उपस्थित करते हैं।

मनुष्य के प्रत्यक्ष ज्ञान में देश और काल की परिमिति अत्यन्त संकुचित होती है। मनुष्य जिस वस्तु को जिस समय और जिस स्थान पर देखता है उसकी उसी समय और उसी स्थान की अवस्था का अनुभव उसे होता है। पर स्मृति, अनुमान या दूसरों से प्राप्त ज्ञान के सहारे मनुष्य का ज्ञान इस परिमिति को लाँघता हुआ अपना देशकाल-सम्बन्धी विस्तार बढ़ाता है। प्रस्तुत विषय के सम्बन्ध में उपयुक्त भाव प्राप्त करने के लिए यह विस्तार कभी-कभी आवश्यक होता है। मनोविकारों की उपयुक्तता कभी-कभी इस विस्तार पर निर्भर रहती है। किसी मार खाते हुए अपराधी के विलाप पर हमें दया आती है, पर जब हम सुनते हैं कि कई बार वह बड़े-बड़े अपराध कर चुका है, इससे आगे भी ऐसे ही अत्याचार करेगा, तो हमें अपनी दया की अनुपयुक्तता मालूम हो जाती है। ऊपर कहा जा चुका है कि स्मृति और अनुमान आदि भावों या मनोविकारों के केवल सहायक हैं अर्थात् प्रकारान्तर से वे उनके लिए विषय उपस्थित करते हैं। वे कभी तो आप से आप विषयों को मन के सामने लाते हैं, कभी किसी विषय के सामने आने पर उससे सम्बन्ध (पूर्वापर व कार्य-कारण-सम्बन्ध) रखनेवाले और बहुत-से विषय उपस्थित करते हैं जो कभी तो सबके सब एक ही भाव के विषय होते हैं और उस प्रत्यक्ष विषय से उत्पन्न भाव को तीव्र करते हैं; कभी भिन्न-भिन्न भावों के विषय होकर प्रत्यक्ष विषय से उत्पन्न भावों को परिवर्तित या धीमा करते हैं। इससे यह स्पष्ट है कि मनोवेग या भावों को मन्द या दूर करनेवाली स्मृति, अनुमान या बुद्धि आदि कोई दूसरी अन्तःकरण-वृत्ति नहीं है, मन का दूसरा भाव या वेग ही है।

मनुष्य की सजीवता मनोवेग या प्रवृत्ति में, भावों की तत्परता में है। नीतिज्ञों और धार्मिकों का मनोविकारों को दूर करने का उपदेश घोर पाखंड है। इस विषय में कवियों

का प्रयत्न सच्चा है। जो मनोविकारों पर सान ही नहीं चढ़ाते बल्कि उन्हें परिमार्जित करते हुए सृष्टि के पदार्थों के साथ उनके उपयुक्त सम्बन्ध निर्वाह पर जोर देते हैं। यदि मनोवेग न हो तो स्मृति, अनुमान, बुद्धि आदि के रहते भी मनुष्य बिलकुल जड़ है। प्रचलित सभ्यता और जीवन की कठिनता से मनुष्य अपने इन मनोवेगों के मारने और अशक्त करने पर विवश हो जाता है, इनका पूर्ण और सच्चा निर्वाह उसके लिए कठिन होता जाता है और इस प्रकार उसके जीवन का स्वाद निकलता जाता है। वन, नदी, पर्वत आदि को देख आनन्दित होने के लिए अब उसके हृदय में उतनी जगह नहीं। दुराचार पर उसे क्रोध या घृणा होती है पर झूठे शिष्टाचार के अनुसार उसे दुराचारी की मुँह पर प्रशंसा करनी पड़ती है। जीवन-निर्वाह की कठिनता से उत्पन्न स्वार्थ की शुष्क प्रेरणा के कारण उसे दूसरे के दुख की ओर ध्यान देने, उस पर दया करने और उसके दुख की निवृत्ति का सुख प्राप्त करने की फुरसत नहीं। इस प्रकार मनुष्य हृदय को दबाकर केवल क्रूर आवश्यकता और कृत्रिम नियमों के अनुसार ही चलने पर विवश और कठपुतली-सा जड़ होता जाता है। उसकी भावुकता का नाश होता जाता है। पाखंडी लोग मनोवेगों का सच्चा निर्वाह न देख, हताश हो मुँह बनाकर कहने लगे हैं–"करुणा छोड़ो, प्रेम छोड़ो, आनन्द छोड़ो। बस, हाथ-पैर हिलाओ, काम करो।"

यह ठीक है कि मनोवेग उत्पन्न होना और बात है और मनोवेग के अनुसार व्यवहार करना और बात; पर अनुसारी परिणाम के निरन्तर अभाव के मनोवगों का अभ्यास भी घटने लगता है। यदि कोई मनुष्य आवश्यकतावश कोई निष्ठुर कार्य अपने ऊपर ले ले तो पहले दो-चार बार उसे दया उत्पन्न होगी; पर जब बार-बार दया की प्रेरणा के अनुसार कोई परिणाम वह उपस्थित न कर सकेगा तब धीरे-धीरे उसका दया का अभ्यास कम होने लगेगा; यहाँ तक कि उसकी दया की वृत्ति ही मारी जाएगी।

बहुत-से ऐसे अवसर आ पड़ते हैं जिनमें करुणा आदि मनोवेगों के अनुसार काम नहीं किया जा सकता। पर ऐसे अवसरों की संख्या का बहुत बढ़ना ठीक नहीं है। जीवन में मनोवेगों के अनुसार परिणामों का विरोध प्रायः तीन वस्तुओं से होता है– 1. आवश्यकता, 2. नियम और 3. न्याय। हमारा कोई नौकर बहुत बुड्ढा और कार्य करने में अशक्त हो गया है जिससे हमारे काम में हर्ज होता है। हमें उसकी अवस्था पर दया तो आती है पर आवश्यकता के अनुरोध से उसे अलग करना पड़ता है। किसी दुष्ट अफसर के कुवाक्य पर क्रोध तो आता है पर मातहत लोग आवश्यकता के वश उस क्रोध के अनुसार कार्य करने की कौन कहे, उसका चिह्न तक नहीं प्रकट होने देते। यदि कहीं पर यह नियम है कि इतना रुपया देकर लोग कोई कार्य करने पाएँ तो जो व्यक्ति रुपया वसूल करने पर नियुक्त होगा वह किसी ऐसे दीन अकिंचन को देख जिसके पास एक पैसा भी न होगा, दया तो करेगा पर नियम के वशीभूत हो उसे वह उस कार्य के करने से रोकेगा। राजा हरिश्चन्द्र ने अपनी रानी शैव्या से अपने ही मृत पुत्र के कफन का टुकड़ा फड़वा नियम का अद्भुत पालन किया था। पर यह समझ रखना चाहिए कि यदि शैव्या के स्थान पर कोई दूसरी स्त्री होती तो राजा हरिश्चन्द्र के उस नियम-पालन

का उतना महत्त्व न दिखाई पड़ता; करुणा ही लोगों की श्रद्धा को अपनी ओर अधिक खींचती है। करुणा का विषय दूसरे का दुख है; अपना दुख नहीं। आत्मीय जनों का दुख एक प्रकार से अपना ही दुख है। इससे राजा हरिश्चन्द्र के नियम-पालन का जितना स्वार्थ से विरोध था उतना करुणा से नहीं।

न्याय और करुणा का विरोध प्रायः सुनने में आता है। न्याय से ठीक प्रतिकार का भाव समझा जाता है। यदि किसी ने हमसे 1000 रु. उधार लिए तो न्याय यह है कि वह हमें 1000 रु. लौटा दे। यदि किसी ने कोई अपराध किया तो न्याय यह है कि उसको दंड मिले। यदि 1000 रु. लेने के उपरान्त उस व्यक्ति पर कोई आपत्ति पड़ी और उसकी दशा अत्यन्त शोचनीय हो गई तो न्याय पालने के विचार का विरोध करुणा कर सकती है। इसी प्रकार, यदि अपराधी मनुष्य बहुत रोता, गिड़गिड़ाता और कान पकड़ता है तथा पूर्ण दंड की अवस्था में अपने परिवार की घोर दुर्दशा का वर्णन करता है, तो न्याय के पूर्ण निर्वाह का विरोध करुणा कर सकती है। ऐसी अवस्थाओं में करुणा करने का सारा अधिकार विपक्षी अर्थात् जिसका रुपया चाहिए या जिसका अपराध किया गया है उसको है, न्यायकर्त्ता या तीसरे व्यक्ति को नहीं। जिसने अपनी कमाई के 1000 रु. अलग किए, या अपराध द्वारा जो क्षतिग्रस्त हुआ, विश्वात्मा उसी के हाथ में करुणा ऐसी उच्च सद्वृत्ति के पालन का शुभ अवसर देती है। करुणा सेंत का सौदा नहीं है। यदि न्यायकर्त्ता को करुणा है तो वह उसकी शान्ति पृथक् रूप से कर सकता है, जैसे ऊपर लिखे मामले में वह चाहे तो दुखिया ऋणी को हजार-पाँच सौ अपने पास से दे दे या दंडित व्यक्ति तथा उसके परिवार की और प्रकार से सहायता कर दे। उसके लिए भी करुणा का द्वार खुला है।

लज्जा और ग्लानि

हम जिन लोगों के बीच रहते हैं अपने विषय में उनकी धारणा का जितना ही अधिक ध्यान रखते हैं उतना ही अधिक प्रतिबन्ध अपने आचरण पर रखते हैं। जो हमारी बुराई, मूर्खता या तुच्छता के प्रमाण पा चुके रहते हैं, उनके सामने हम उसी धड़ाके के साथ नहीं जाते जिस धड़ाके के साथ औरों के सामने जाते हैं। यहीं तक नहीं, जिन्हें इस प्रकार का प्रमाण नहीं भी मिला रहता है, उनके आगे भी कोई काम करते हुए यह सोचकर कुछ आगा-पीछा होता है कि कहीं इस प्रकार का प्रमाण उन्हें मिल न रहा हो। दूसरों के चित्त में अपने विषय में बुरी या तुच्छ धारणा होने के निश्चय या आशंका मात्र से वृत्तियों का जो संकोच होता है–उनकी स्वच्छन्दता के विघात का जो अनुभव होता है–उसे लज्जा कहते हैं। इस मनोवेग के मारे लोग सिर ऊँचा नहीं करते, मुँह नहीं दिखाते, सामने नहीं आते, साफ-साफ कहते नहीं, और भी न जाने क्या-क्या नहीं करते। 'हम बुरे न समझे जाएँ' यह स्थायी भावना जिसमें जितनी ही अधिक होगी, वह उतना ही लज्जाशील होगा। 'कोई बुरा कहे चाहे भला' इसकी परवाह करके जो काम किया करते हैं वे ही निर्लज्ज कहलाते हैं।

जिस समाज में हम कोई बुराई करते हैं, जिस समाज में हम अपनी मूर्खता, धृष्टता आदि का प्रमाण दे चुके रहते हैं, उसके अंग होने का स्वत्व हम जता नहीं सकते, अतः उसके सामने अपनी सजीवता के लक्षणों को उपस्थित करते या रखते नहीं बनता–यह प्रकट करते नहीं बनता कि हम भी इस संसार में हैं। जिसके साथ हमने कोई बुराई की होती है उसे देखते ही हमरी क्या दशा होती है ? हमारी चेष्टाएँ मन्द पड़ जाती हैं। हमारे ऊपर घड़ों पानी पड़ जाता है, हम गड़ जाते हैं या चाहते हैं कि धरती फट जाती और हम उसमें समा जाते। सारांश यह है कि यदि हम कुछ देर के लिए मर नहीं जाते तो कम-से-कम अपने जीने के प्रमाण अवश्य समेट लेते हैं।

ऊपर जो कुछ कहा गया है उससे यह स्पष्ट हो गया होगा कि लज्जा का कारण अपनी बुराई, त्रुटि या दोष हमारा अपना निश्चय नहीं, दूसरे के निश्चय का निश्चय या अनुमान है, जो हम बिना किसी प्रकार का प्रमाण पाए केवल अपने आचरण या परिस्थिति विशेष पर दृष्टि रखकर ही कभी-कभी कर लिया करते हैं। हम अपने को दोषी समझें यह आवश्यक नहीं; दूसरे हमें दोषी या बुरा समझें यह भी आवश्यक नहीं, आवश्यक है हमारा यह समझना कि दूसरा हमें दोषी या बुरा समझता है या समझता होगा। जो आचरण लोगों को बुरा लगा करता है, जिस अवस्था का लोग उपहास किया

करते हैं, जिस बात से लोग घृणा किया करते हैं यदि हम समझते हैं कि लज्जित होने के लिए लोगों के देखने में वह आचरण हमसे हो गया, उस अवस्था में हम पड़ गए या वह बात हमसे बन पड़ी, तो हम लज्जित होने के लिए इनका आसरा न देखेंगे कि जिन लोगों के सामने ऐसी बात हुई है वे निन्दा करें उपहास करें या छिः-छिः करें। वे निन्दा करें या न करें, उपहास करें या न करें, घृणा प्रकट करें या न करें, पर हम समझते हैं कि मधुशाला उनके पास है, वे उसका उपयोग करें या न करें। यह अवश्य है कि उपयोग होने पर हमारी लज्जा का वेग या भार बहुत बढ़ जाता है, पर कभी-कभी इसका उल्टा भी होता है। जिसके साथ हमने कोई भारी बुराई की होती है वह यदि दस आदमियों के सामने मिलने पर मौन रहे, हमारा गुणानुवाद करने लगे, हम से प्रेम जताने लगे या हमारा उपकार करने लगे, तो शायद हम अपने डूबने के लिए चुल्लू भर पानी ढूँढ़ने लगेंगे। वन से लौटने पर रामचन्द्र कैकेयी से मिले और "रामहिं मिलत कैकेयी हृदय बहुत सकुचानि।" पर जब लक्ष्मण "कैकेयी कहँ पुनि-पुनि मिले" तो वह लज्जा से धँस गई होगी ! चित्रकूट में जब राम पहले कैकेयी से मिले होंगे तब उसकी क्या दशा हुई होगी ?

निन्दा का भय लज्जा नहीं है, भय ही है और कई बातों का, जिसमें लज्जा भी एक है। हमें निन्दा का भय है; इसका मतलब है कि हमें उसके परिणामों का भय है–अपने कुढ़ने, दुखी होने, लज्जित होने, हानि सहने इत्यादि का भय है।

विशुद्ध लज्जा अपने विषय में दूसरे की ही भावना पर दृष्टि रखने से होती है। अपनी बुराई, मूर्खता, तुच्छता इत्यादि का एकान्त अनुभव करने से वृत्तियों में जो शैथिल्य आता है, उसे 'ग्लानि' कहते हैं। इसे अधिकतर उन लोगों को भोगना पड़ता है जिनका अन्तःकरण सत्त्वप्रधान होता है, जिनके संस्कार सात्विक होते हैं, जिनके भाव कोमल और उदार होते हैं, जिनका हृदय कठोर होता है, जिनकी वृत्ति क्रूर होती है, जो सिर से पैर तक स्वार्थ में निमग्न होते हैं, उन्हें सहने के लिए संसार में इतनी बाधाएँ, इतनी कठिनाइयाँ, इतने कष्ट होते हैं कि ऊपर से और इसकी भी न उतनी जरूरत रहती है, न जगह। मन में ग्लानि आने के लिए यह आवश्यक नहीं कि जो हमारी बुराई, मूर्खता, तुच्छता आदि से परिचित हों, या परिचित समझे जाते हों, उनका सामना हो। हम अपना मुँह न दिखाकर लज्जा से बच सकते हैं, पर ग्लानि से नहीं। कोठरी में बन्द, चारपाई पर पड़े-पड़े लिहाफ के नीचे भी लोग ग्लानि से गल सकते हैं। चित्रकूट में भरत-राम के मिलाप के स्थान पर जब जनक के आने का समाचार पहुँचा तब "सुनत जनक-आगमन सब हरखेउ अवध समाज।" पर "गरइ ग्लानि कुटिल कैकेयी।"

ग्लानि में अपनी बुराई, मूर्खता, तुच्छता आदि के अनुभव से जो सन्ताप होता है वह अकेले में भी होता है और दस आदमियों के सामने प्रकट भी किया जाता है। ग्लानि अन्तःकरण की शुद्धि का एक विधान है। उससे इसके उद्‌गार में अपने दोष, अपराध, तुच्छता, बुराई इत्यादि का लोग दुख से या सुख के कथन से भी अनुभव करते हैं–उनमें दुराव या छिपाव की प्रवृत्ति नहीं रहती है। अपने दोष का अनुभव, अपने अपराध का स्वीकार, आन्तरिक अस्वस्थता का उपचार तथा सच्चे सुधार का द्वार है। 'हम बुरे हैं'

जब तक यह न समझेंगे तब तक अच्छे नहीं हो सकते। 'हम बुरे हैं' दूसरों के कान में पड़ते ही इसका अर्थ उलट जाता है।

दूसरों को हम अच्छे नहीं लगते, यह समझकर हम लज्जित होते हैं। अतः औरों को अच्छी न लगने वाली अपनी बातों को केवल उनकी दृष्टि से दूर रखकर ही बहुत-से लोग न लज्जित होते हैं, न निर्लज्ज कहलाते हैं। दूसरों के हृदय में अज्ञान की प्रतिष्ठा करके वे उसकी शरण में जाते हैं। पर अज्ञान, चाहे अपना हो चाहे पराया, सब दिन रक्षा नहीं कर सकता। बलिपशु होकर ही हम उसके आश्रय में पलते हैं। जीवन के किसी अंग की यदि वह रक्षा करता है तो सर्वांग भक्षण के लिए। अज्ञान अन्धकार स्वरूप है। दीया बुझाकर भागने वाला यदि समझता है कि दूसरे उसे देख नहीं सकते, तो उसे यह भी समझ रखना चाहिए कि वह ठोकर खाकर गिर भी सकता है।

कोई बात ऐसी है जिसके प्रकट हो जाने के कारण हम दूसरों को अच्छे नहीं लगते हैं। यह जानकर अपने आपको, और प्रकट होने पर अच्छे नहीं लगेंगे, यह समझकर उस बात को, थोड़े-बहुत यत्न से उसके दृष्टिपथ से दूर करके भी जब हम समय पर अपना बचाव कर सकते हैं, यही नहीं, अपने व्यवधान-कौशल पर विश्वास कर सदा बचते चले जाने की आशा तक—चाहे झूठी ही क्यों न हो—कर सकते हैं, तब हमारा केवल यह जानना या समझना सदा सुधार की इच्छा ही उत्पन्न करेगा, कैसे कहा जा सकता है ? दूसरों का भय हमें भगा सकता है, हमारी बुराइयों को नहीं। दूसरों से हम भाग सकते हैं, पर अपने से नहीं। जब अपने को हम अच्छे न लगेंगे तब सिवाय इसके कि हम अच्छे हों या अच्छे होने की आशा करें, आत्म-ग्लानि से बचने का और कोई दूसरा उपाय न रहेगा। पर जिसके अन्तःकरण में अच्छे संस्कारों का बीज रहता है, ग्लानि उन्हीं को होती है।

संकल्प या प्रवृत्ति हो जाने पर बुराई से बचानेवाले तीन मनोविकार हैं—सात्विक वृत्तिवालों के लिए ग्लानि, राजसी वृत्तिवालों के लिए लज्जा और तामसी वृत्तिवालों के लिए भय। जिन्हें अपने किए पर ग्लानि नहीं हो सकती वे लोकलज्जा से, जिनमें लोकलज्जा का लेश नहीं रहता वे भय से, बहुत-से कामों को करते हुए हिचकते हैं। प्रायः कहा जाता है कि बहुत-से लोग इच्छा रखते हुए भी बुरे काम लज्जा के मारे नहीं करते। पर लज्जा का अनुभव एक प्रकार के दुख का ही अनुभव है, अतः यह नहीं कहा जा सकता कि कर्म न करने पर भी अपनी इच्छा मात्र पर उन्हें यह दुख होता है; क्योंकि यदि ऐसा होता तो वे इच्छा रखते ही क्यों ? सच पूछिए तो उन्हें उस दुख की आशंका मात्र रहती है जो लोगों के धिक्कार, बुरी धारणा आदि से उन्हें होगा। वास्तव में उन्हें लज्जा की आशंका रहती है, इस बात का डर रहता है कि कहीं लज्जित न होना पड़े। लज्जा का अनुभव तो तभी होगा जब वे कुकर्म की ओर इतने अग्रसर हो चुके रहेंगे कि यह समझ सकें कि लोगों के मन में बुरी धारणा हो गई होगी। उस समय उनका पैर आगे नहीं बढ़ेगा।

आशंका अनिश्चयात्मक वृत्ति है। इससे लज्जा की ही हो सकती है; जिसका सम्बन्ध दूसरों की धारणा से होता है। ग्लानि की आशंका नहीं हो सकती। क्योंकि उसका सम्बन्ध अपने से कहीं बाहर की बुरी धारणा से तो होता नहीं, अपनी ही बुरी

धारणा से होता है जिसमें अनिश्चय का भाव नहीं रह सकता। जिससे बुराई की जितनी ही अधिकतम सम्भावना होती है उसे रोकने का उतने ही पहले से उपाय किया जाता है। जिन्हें अपने किए पर ग्लानि हो सकती है उनके लिए उतने पहले से प्रतिबन्ध की आवश्यकता नहीं होती जितने पहले से उनके लिए होती है, जो केवल यही समझकर दुखी होते हैं कि 'लोग बुरा समझते हैं' यह समझकर नहीं कि 'हम बुरे हैं।' जो निपट निर्लज्ज होते हैं, जो दूसरों की बुरी धारणा की भी तब तक परवाह नहीं करते जब तक उससे किसी उग्र फल की आशंका नहीं होती, उनके कर्म प्रायः इतने बुरे, इतने असह्य हुआ करते हैं कि दूसरे उन्हें बुरा समझकर ही नहीं रह जाते, छिः-छिः करके ही सन्तोष नहीं कर लेते, बल्कि मरम्मत करने के लिए तैयार हो जाते हैं, जिससे उन्हें कभी भयभीत होना पड़ता है, कभी सशंक।

मनुष्य लोक-बद्ध प्राणी है, इससे वह अपने को उनके कर्मों के गुण-दोष का भी भागी समझता है जिनसे उनका सम्बन्ध होता है, जिनके साथ में वह देखा जाता है। पुत्र की अयोग्यता और दुराचार, भाई के दुर्गुण और असभ्य व्यवहार आदि का ध्यान करके भी दस आदमियों के सामने सिर नीचा होता है। यदि हमारा साथी हमारे सामने किसी तीसरे आदमी से बातचीत करने में भारी मूर्खता का प्रमाण देता है, भद्दी और ग्राम्य भाषा का प्रयोग करता है, तो हमें भी लज्जा आती है। मैंने कुत्ते के कई शौकीनों को अपने कुत्ते की बदतमीजी पर शरमाते देखा है। जिसे लोग कुमार्गी जानते हैं, उसके साथ यदि हम कभी देवमन्दिर के मार्ग पर भी देखे जाते हैं तो सिर झुका लेते हैं या बगलें झाँकते हैं। बात यह है कि जिसके साथ हम देखे जाते हैं, उसका हमारा कितनी बातों में कहाँ तक साथ है, दूसरों को इसके अनुमान की पूरी स्वच्छन्दता रहती है, उनकी कल्पना की कोई सीमा हम तत्काल बाँध नहीं सकते।

किसी बुरे प्रसंग में यदि निमित्त रूप से भी हमारा नाम आ जाता है तो हमें लज्जा होती है—चाहे ऐसा हमारी जानकारी में हुआ हो, चाहे अनजान में। यदि बिना हमें जताए हमारे पक्ष में कोई कुचक्र रचा जाए तो उसका वृत्तान्त फैलने पर हमें लज्जा क्या ग्लानि तक हो सकती है। लज्जा का होना तो ठीक है क्योंकि वह दूसरों की धारणा के कारण होती है, अपनी धारणा के कारण नहीं। पर ग्लानि कैसे होती है, 'हम बुरे या तुच्छ हैं', यह धारणा कहाँ से आती है, यही देखना है। अपमान होने पर यदि क्रोध के लिए स्थान हुआ हो तो क्रोध का, नहीं तो अपनी तुच्छता का अनुभव होता है। दूसरों के चित्त में हमारे प्रति जो प्रेम या प्रतिष्ठा का भाव रहता है, उसका ह्रास किसी कुचक्र के साथ अपना नाम मात्र का सम्बन्ध समझकर भी, हम समझे बिना नहीं रह सकते। जब स्थिति ऐसी होती है कि इस ह्रास का न समाधान द्वारा निराकरण कर सकते हैं, न क्रोध द्वारा प्रतीकार तो, सिवाय इसके कि हम अपनी हीनता का अनुभव करें, और कर ही क्या सकते हैं ? भरत को इसी दशा में पाकर राम ने उन्हें समझाया था कि—

तात जाय जनि करहु गलानी।
ईस अधीन जीव-गति जानी॥

तीनि-काल त्रिभुवन मत मोरे।
पुन्यसलोक तात तर तोरे॥
उर आनत तुभ पर कुटिलाई।
जाइ लोक परलोक नसाई॥

जिसने इतनी बुराई की वह मेरी माता है, इस भावना से लज्जा भरत को थी उसे दूर करने के लिए ही आगे का वचन है–

दोष देहिं जननिहिं जड़ तेई।
जिन गुरु-साधु सभा नहिं सेई॥

इस प्रकार दोष देनेवाले से दोषोद्‌भावना द्वारा अनाधिकार का आरोप करके माता के दोष का परिहार किया गया है।

उत्तम कोटि के मनुष्यों को अपने दुष्कर्म पर ग्लानि होती है और मध्यम कोटि के मनुष्यों को अपने दुष्कर्म के किसी कड़वे फल पर। दुष्कर्म के अनेक अप्रिय फलों में से एक अपमान है, जिसे सहकर अपनी तुच्छता का अनुभव किए बिना लोग प्रायः नहीं रहते। जिन्हें अपनी किसी कर्म की बुराई का ध्यान आपसे आप नहीं होता उन्हें ध्यान कराने का श्रम उसकी बुराई का विशेष अनुभव करानेवाले, अपनी बुराई का सब ध्यान, अपने हाथ का सब धन्धा, छोड़कर उठाते हैं। इस श्रम से दूसरों के लिए उनकी बुराई का फल पैदा किया जाता है। उसकी नीरसता और कटुता कभी-कभी अत्यन्त ग्लानिकारिणी होती है पर आँख खुलने पर जो आँख खोलनेवालों को देख सकें, उनकी आँख की दुरुस्ती में बहुत कसर समझनी चाहिए। अपमान या हानि की ही ग्लानि जो उस अपमान या हानि ही तक ध्यान को ले जाए–उसके कारण तक न बढ़ाए–वह बुराई के मार्ग पर चल चुकनेवालों का थोड़ी देर के लिए पैर थाम या बल तोड़ सकती है, पर उसका मुँह दूसरी ओर मोड़ नहीं सकती। अपमान का जो दुख केवल इन शब्दों में व्यक्त किया जाता है कि 'हा ! हमारी यह गति हुई ?' उससे अपमान करनेवालों का काम तो हो जाता है पर दुख करनेवालों का कोई मतलब नहीं निकलता। जो ग्लानि हमसे यह कहलाए कि 'यदि हमने ऐसा न किया होता तो हमारी यह गति क्यों होती ?' यही पश्चात्ताप की ग्लानि है, जिससे हमारा हृदय पिघलकर किसी नए साँचे में ढलने के योग्य हो सकता है। अतः कोई ऐसी बुराई करके जिससे चार आदमियों को कष्ट पहुँचाता हो, हम यह समझने में कि 'हमने बुरा किया' जितनी ही जल्दी करते हैं उतने ही मजे में रहते हैं क्योंकि बहुधा ऐसा है कि जिन्हें कष्ट पहुँचा रहता है वे हमारी इस समझ का पता पाकर सन्तुष्ट हो जाते हैं। अपनी किसी बुराई को वन्ध्या मानकर मन का खटका छुड़ानेवाले धोखा खाते हैं।

अपमान से जो ग्लानि होती है वह दो भावों के आधार पर–'हम ऐसे तुच्छ हैं' और 'हम ऐसे बुरे हैं' इन दोनों भावों को कभी-कभी लोग बड़ी फुरती और सफाई से रोकते हैं। अपनी तुच्छता का भाव अधिकांश में अपनी असामर्थ्य और दूसरे की सामर्थ्य का भाव है। हम इतने असमर्थ हैं कि दूसरे हमारा अपमान कर सकते हैं, इस भाव से निवृत्ति

तो लोग चट अपनी सामर्थ्य का परिचय देकर—अपमान करनेवाले का अपमान करके—कर लेते हैं। रहा अपने दोष या बुराई का भाव, उससे छुटकारा लोग दोष देनेवालों में दोष ढूँढ़कर कर लेते हैं। इस प्रकार अपनी सामर्थ्य और दूसरे के दोष की भावना मन में भरकर वे अपनी तुच्छता और बुराई के अनुभव के लिए कोई कोना खाली ही नहीं छोड़ते। ऐसे लोग चाहे लाख बुराई करें, एक की दस सुनाने को सदा तैयार रहते हैं। अपने को ऐसा ही कल्पित करके तुलसीदास जी कहते हैं—

जानत हूँ निज पाप जलधि जिय,
जल-सीकर सम सुनत लरौं।
रजसम पर-अवगुन सुमेरु करि,
गुन गिरि सम रज ते निदरौं॥

अकारण अपमान पर जो ग्लानि होती है वह अपनी तुच्छता, अपनी सामर्थ्यहीनता पर ही होती है। लोक-मर्यादा की दृष्टि से हमको इतनी सामर्थ्य सम्पादन करना चाहिए कि दूसरे अकारण हमारा अपमान करने का साहस न कर सकें। समाज में रहकर मान-मर्यादा का भाव हम छोड़ नहीं सकते। अतः इस सामर्थ्य का अभाव हमें खटक सकता है। उसकी हमें ग्लानि हो सकती है। जो संसार-त्यागी या आत्म-त्यागी हैं उनका विगतमान होना तो बहुत ठीक है, पर लोक-व्यवहार की दृष्टि से अनिष्ट से बचने-बचाने के लिए इष्ट यही है कि हम दुष्टों का हाथ थामें और धृष्टों का मुँह—उनकी वन्दना करके हम पार नहीं पा सकते। इधर हम हाथ जोड़ेंगे, उधर वे हाथ छोड़ेंगे। असामर्थ्य हमें क्षमा या सहनशीलता का श्रेय भी पूरा-पूरा नहीं प्राप्त करने देगी।

मान लीजिए कि एक ओर से हमारे गुरुजी और दूसरी ओर से एक दंडधारी दुष्ट, दोनों आते दिखाई पड़े। ऐसी अवस्था में पहले हमें उस दुष्ट का सत्कार करके तब गुरुजी को दंडवत् करना चाहिए। पहले उस दुष्ट द्वारा होनेवाले अनिष्ट का निवारण कर्त्तव्य है, फिर उस आनन्द का अनुभव जो गुरुजी के चरण-स्पर्श से होगा। यदि हम पहले गुरुजी को साष्टांग दंडवत् करने लगेंगे तो बहुत सम्भव है कि वह दुष्ट हमारे अंगों को फिर उठाने लायक ही न रखे। यदि हममें सामर्थ्य नहीं है तो हमें बिना गुरुजी को प्रणाम दंडवत् किए ही भागना पड़ेगा जिसकी शायद हमें बहुत दिनों तक ग्लानि रहे।

लज्जा का हल्का रूप संकोच है जो किसी काम को करने के पहले ही होता है। कर्म पूरा होने के साथ ही उसका अवसर निकल जाता है, फिर तो लज्जा-ही-लज्जा हाथ रह जाती है। सामान्य-से-सामान्य व्यवहार में भी संकोच देखा जाता है। लोग अपना रुपया माँगने में संकोच करते हैं, साफ-साफ बात कहने में संकोच करते हैं, उठने-बैठने में संकोच करते हैं। लेटने में संकोच करते हैं, खाने-पीने में संकोच करते हैं यहाँ तक कि एक सभा के सहायक मन्त्री हैं जो कार्य-विवरण पढ़ने में संकोच करते हैं, सारांश यह कि एक बेवकूफी करने में लोग संकोच नहीं करते और सब बातों में करते हैं। इससे उतना हर्ज भी नहीं क्योंकि बिना बेवकूफ हुए बेवकूफी का बुरा लोग प्रायः नहीं मानते। इतनी क्रियाओं का प्रतिबन्धक होने के कारण संकोचशील का एक प्रधान अंग, सदाचार का एक

सहज साधक और शिष्टाचार का एकमात्र आधार है। जिनमें शील-संकोच नहीं वह पूरा मनुष्य नहीं। बाहरी प्रतिबन्धों से ही हमारा पूरा शासन नहीं हो सकता—उन सब बातों की रुकावट नहीं हो सकती जिन्हें हमें न करना चाहिए। प्रतिबन्ध हमारे अन्तःकरण में होना चाहिए। यह आभ्यन्तर प्रतिबन्ध दो प्रकार का हो सकता है—एक विवेचनात्मक जो प्रयत्नसाध्य होता है, दूसरा मनःप्रवृत्यात्मक जो स्वभावज होता है। बुद्धि द्वारा प्रवृत्ति जबरदस्ती रोकी जाती है, पर लज्जा, संकोच आदि की अवस्था में प्राप्त होकर प्रवर्त्तक मन आपसे आप रुकता है—चेष्टाएँ आपसे आप शिथिल पड़ती हैं। यही रुकावट सच्ची है। मन की जो वृत्ति बड़ों की बात का उत्तर देने से रोकती है, बार-बार किसी से कुछ माँगने से रोकती है, किसी पर किसी प्रकार का भार डालने से रोकती है, उसके न रहने से भलमनसाहत भला कहाँ रहेगी ? यदि सबकी धड़क एकबारगी खुल जाए तो एक ओर छोटे मुँह से बड़ी-बड़ी बातें निकलने लगें, चार दिन के मेहमान तरह-तरह की फरमाइशें करने लगें, अँगुली का सहारा पानेवाले बाँह पकड़कर खींचने लगें, दूसरी ओर बड़ों का बहुत कुछ बड़प्पन निकल जाए, गहरे-गहरे साथी बहरे हो जाएँ या सूखा जवाब देने लगें; जो हाथ सहारा देने के लिए बढ़ते हैं वे ढकेलने के लिए बढ़ने लगें—फिर तो भलमनसाहत का भार उठानेवाले इतने कम रह जाएँ कि उसे लेकर चल ही न सके।

संकोच इस बात के ध्यान या आशंका से होता है कि जो कुछ हम करने जा रहे हैं वह किसी को अप्रिय या बेढंगा तो न लगेगा; उससे हमारी दुःशीलता या धृष्टता तो न प्रकट होगी। इस बात का जिन्हें कुछ भी ध्यान नहीं रहता उनका दस आदमियों का साथ नहीं निभ सकता और जिन्हें अत्यन्त अधिक ध्यान रहता है उनके भी कामों में बाधा पड़ती है। मनोभावों की परस्पर अनुकूल स्थिति होने से ही संसार के व्यवहार चलते हैं। यदि एक इस बात का ध्यान रखता है कि दूसरे को कोई बात खटके न, बुरी न लगे और दूसरा उसकी हानि, कठिनाई आदि का कुछ भी ध्यान नहीं रखता है तो वह स्थिति व्यवहार-बाधक है। ऐसी स्थिति में भी संकोच करनेवालों के काम देर से निकलते हैं या निकलते ही नहीं। पर इससे यह न समझना चाहिए कि जितने 'अपने संकोची स्वभाव' की शिकायत के बहाने अपनी तारीफ किया करते हैं वे सब अपनी भलमनसाहत से ही दुख भोगा करते हैं। ऐसे लोगों में संकोच का तो नाममात्र न समझना चाहिए। जिन्हें यह कहने में संकोच नहीं कि 'हम बड़े संकोची हैं' उनमें संकोच कहाँ ? उन्हें यह कहते देर नहीं कि 'अमुक बड़ा निर्लज्ज है, बड़ा दुष्ट है।'

लज्जा या संकोच यदि बहुत अधिक होता है तो उसे छुड़ाने की फिक्र की जाती है, क्योंकि उससे कभी-कभी आवश्यकता से अधिक कष्ट उठाना पड़ता है तथा व्यवहार तो व्यवहार शिष्टाचार तक का निर्वाह कठिन हो जाता है। सुख से रहने का सीधा रास्ता बतलानेवाले ने तो 'आहार और व्यवहार' में लज्जा का एकदम त्याग ही विधेय ठहराया है। पर मुझे तो यहाँ यह देखना है कि बात-बात में लज्जा करनेवालों की मनोवृत्ति कैसी होती है, उनके चित्त में समाई क्या रहती है। कोई क्रिया या व्यापार किसी को बुरा, बेढंगा या अप्रिय न लगे यह ध्यान तो निर्दिष्ट और स्पष्ट होने के कारण कुछ विशिष्ट व्यापारों

का ही अवरोध करता है क्योंकि जो-जो काम लोगों को बुरे, बेढंगे या अप्रिय लगा करते हैं, उनकी एक छोटी या बड़ी सूची सबके अनुभव में रहती है। पर जो यही अनिश्चित भावना रखकर संकुचित होते हैं, कि कोई बात 'लोगों को न जाने कैसी लगे' उन्हें न जाने कितनी बातों में संकोच या लज्जा हुआ करती है। उन्हें बात-बात में खटका होता है कि उनका बैठना न जाने कैसा मालूम होता हो, बोलना न जाने कैसा मालूम होता हो, हाथ-पैर हिलाना न जाने कैसा मालूम होता हो, ताकना न जाने कैसा मालूम होता हो, यहाँ तक कि उनके ऐसे आदमी का होना–वे कैसे हैं चाहे वे कुछ भी न जानते हों–न जाने कैसा मालूम होता हो। न जाने कैसे लगने का डर उन्हें लोगों के लगाव से दूर-दूर रखता है। यह आशंका इतनी अव्यक्त होती है, लज्जा और इसके बीच का अन्तर इतना क्षणिक होता है कि, साधारणतः इसका लज्जा से अलग अनुभव नहीं होता।

कुछ लोगों के मुँह से लज्जा या संकोच के मारे आदर-सत्कार के आवश्यक वचन नहीं निकलते, बहुत-से लड़कों को प्रणाम करने में लज्जा मालूम होती है ऐसी लज्जा किसी काम की नहीं समझी जाती। बच्चों को अपनी तुच्छता, बुराई या बेढंगेपन की भावना बहुत कम होती है। वे अपनी क्रियाओं में स्वभावतः स्वच्छन्द होते हैं। पर विशेष स्थिति में पड़कर वे इतने भीरु और लज्जालु हो जाते हैं कि नए आदमियों के सामने नहीं जाते, लाख पूछने पर कोई बात मुँह से नहीं निकालते। ऐसी दशा अधिकतर उन बच्चों की हो जाती है जो बात-बात पर, उठते-बैठते, हिलते-डोलते, डाँटे, धिक्कारे या चिढ़ाए जाते हैं। लोग अक्सर प्यार से बच्चों को किसी भद्दे, बेढंगे या बुरे आदमी का ध्यान कराकर उन्हें चिढ़ाते हैं कि 'तुम वही हो।' इस प्रकार उन्हें सहमने, संकोच करने, लज्जित होने आदि का अभ्यास कराया जाता है जो बढ़ते-बढ़ते बहुत बढ़ जाता है।

अपनी त्रुटि, बेढंगेपन, धृष्टता इत्यादि का परिचय दूसरों को–विशेषतः पुरुषों को–न मिले इसका ध्यान स्त्रियों में बहुत अधिक और स्वाभाविक होता है, इसी से उनमें लज्जा अधिक देखी जाती है। वे सदा से पुरुषों के आश्रय में रहती आई हैं, इससे हम धृष्ट या अप्रिय न लगें, इसकी आशंका उनमें चिरस्थायिनी होकर लज्जा के रूप में हो गई हैं। बहुत-सी स्त्रियाँ ऐसी होती हैं–विशेषतः बड़े घरों की–जिनकी काम-धन्धे के रूप में भी लोगों के सामने हाथ-पैर हिलाने की धड़क नहीं खुली रहती, अतः उनका अधिक लज्जाशील होना ठीक ही है। लोग लज्जा को स्त्रियों के भूषण कह-कहकर उनमें धृष्टता के दूषण से बचने का ध्यान और भी पक्का करते रहे। धीरे-धीरे उनके रूप-रंग के समान उनकी लज्जा भी पुरुषों के आनन्द और विलास की एक सामग्री हुई। रस-कोविद लोग मुग्धा और मध्या की लज्जा का वर्णन कान में डालकर रसिकों को आनन्द से उन्मत्त करने लगे।

लोभ और प्रीति

जिस प्रकार का सुख या आनन्द देनेवाली वस्तु के सम्बन्ध में मन की ऐसी स्थिति को जिसमें उस वस्तु के अभाव की भावना होते ही प्राप्ति, सान्निध्य या रक्षा की प्रबल इच्छा जग पड़े, लोभ कहते हैं। दूसरे की वस्तु का लोभ करके उसे लोग लेना चाहते हैं, अपनी वस्तु का लोभ करके उसे लोग देना या नष्ट होने देना नहीं चाहते। प्राप्य या प्राप्त सुख के अभाव या अभाव-कल्पना के बिना लोभ की अभिव्यक्ति नहीं होती। अतः इसके सुखात्मक और दुखात्मक दोनों पक्ष हैं। जब लोभ अप्राप्त के लिए होता है तब तो दुख स्पष्ट ही रहता है। प्राप्त के सम्बन्ध में दुख का अंग निहित रहता है और अभाव के निश्चय या आशंका मात्र पर व्यक्त हो जाता है। कोई सुखद वस्तु पास में रहने पर भी मन में इस इच्छा का बीज रहता है कि उसका अभाव न हो। पर अभाव का जब तक ध्यान नहीं होता तब तक इस वासना का कहीं पता नहीं रहता। हम बैठे-बैठे किसी वस्तु का आनन्द ले रहे हैं। उस आनन्द के अभाव से जो दुख होगा उसका कुछ भी ध्यान हमारे मन में नहीं है। इसी बीच में कोई आकर उस वस्तु को ले जाना चाहता है; तब हम उससे कुछ व्यग्र होकर कहते हैं 'अभी रहने दो।' इसके पहले कोरे आनन्द के अभाव में इच्छा का कहीं पता न था कि वह वस्तु हटाई न जाए।

विशिष्ट वस्तु या व्यक्ति के प्रति होने पर लोभ वह सात्विक रूप प्राप्त करता है जिसे प्रीति या प्रेम कहते हैं। जहाँ लोभ सामान्य या जाति के प्रति होता है, वहाँ वह लोभ ही रहता है, जहाँ पर किसी जाति के एक ही विशेष व्यक्ति के प्रति होता है वहाँ 'रुचि' या 'प्रीति' का पद प्राप्त करता है। लोभ सामान्योन्मुख होता है और प्रेम विशेषोन्मुख। कहीं कोई अच्छी चीज सुनकर दौड़ पड़ना लोभ है। किसी विशेष वस्तु पर इस प्रकार मुग्ध रहना कि उससे कितनी अच्छी-अच्छी वस्तुओं के सामने आने पर भी उस विशेष वस्तु से प्रवृत्ति न हटे, रुचि या प्रेम है। किसी स्त्री या पुरुष के रूप की प्रशंसा सुनते ही पहला भाव लोभ का होगा। किसी को हमने बहुत सुन्दर देखा और लुभा गए, उसके पीछे दूसरे को उससे भी सुन्दर देखा तो उस पर लुभा गए। जब तक प्रवृत्ति का यह व्यभिचार रहेगा, तब तक हम रूप-लोभी ही माने जाएँगे। जब हमारा लोभ किसी एक ही व्यक्ति पर स्थिर हो जाएगा, हमारी वृत्ति एकनिष्ठ हो जाएगी, तब हम प्रेमी कहे जाने के अधिकारी होंगे, पर साधारणतः मन की ललक यदि वस्तु के प्रति है तो वह लोभ और किसी प्राणी या मनुष्य के प्रति होती है तो वह प्रीति कहलाती है।

लोभ का प्रथम संवेदनात्मक अवयव है किसी वस्तु का बहुत अच्छा लगना, उससे बहुत सुख या आनन्द का अनुभव होना। अतः वह आनन्द-स्वरूप है। इसी से किसी अच्छी वस्तु को देखकर लुभा जाना कहा जाता है। पर केवल इस अवस्था में लोभ की पूरी अभिव्यक्ति नहीं होती। कोई वस्तु हमें बहुत अच्छी लगी, किसी वस्तु से हमें बहुत सुख या आनन्द मिला, इतने ही पर दुनिया में यह नहीं कहा जाता कि हमने लोभ किया। जब संवेदनात्मक अवयव के साथ इच्छात्मक अवयव का संयोग होगा अर्थात् जब उस वस्तु को प्राप्त करने की, दूर न करने की, नष्ट न होने देने की इच्छा प्रकट होगी तभी हमारा लोभ लोगों पर खुलेगा। इच्छा लोभ या प्रीति का ऐसा आवश्यक अंग है कि यदि किसी को कोई बहुत अच्छा और प्रिय लगता है तो लोग कहते हैं कि 'वह उसे चाहता है।'

भूखे रहने पर सबको पेड़ा अच्छा लगता है पर चौबेजी पेट भर भोजन के ऊपर भी पेड़े पर हाथ फेरते हैं। अतः हम कह सकते हैं कि चौबेजी को मिष्ठान्न से अधिक रुचि है। यह अभिरुचि भी लोभ की चेष्टाएँ उत्पन्न करती है। इन्द्रियों के विषय-भेद से अभिरुचि के विषय भी भिन्न-भिन्न हो सकते हैं। कमल का फूल और रमणी का सुन्दर मुख अच्छा लगता है। वीणा की तान और अपनी तारीफ अच्छी लगती है, जूही और केसर की गन्ध अच्छी लगती है, रबड़ी और मालपुआ अच्छा लगता है, मुलायम गद्दा अच्छा लगता है। ये सब वस्तुएँ तो आपको आनन्द देती हैं, इससे इनकी प्राप्ति की इच्छा बहुत सीधी-सादी और स्वाभाविक कही जा सकती है। पर जिससे इन सब वस्तुओं की प्राप्ति की इच्छा होती है, उसमें चाहे आनन्द देनेवाली स्वतः कोई बात न हो पर उसकी प्राप्ति की इच्छा होती है, उसका लोभ होता है। रुपये के रूप, रस, गन्ध आदि में कोई आकर्षण नहीं होता, पर जिस वेग से मनुष्य उस पर टूटते हैं उस वेग से भौंरे कमल पर और कौए मांस पर भी न टूटते होंगे। यहाँ तक कि 'लोभी' शब्द से साधारणतः रुपये-पैसे का लोभी, धन का लोभी समझा जाता है। एक धातु खंड के गर्भ में कितने प्रकार के सुख और आनन्द मनुष्य समझता है। पर यह समझ इतनी पुरानी पड़ गई है कि इसकी ओर हमारा ध्यान अब प्रायः नहीं रहता। धन संचय करने में बहुतों का लक्ष्य धन ही रहता है, उससे प्राप्त सुख नहीं। वे बड़े-से-बड़े सुख के बदले में या कठिन-से-कठिन कष्ट निवारण के लिए थोड़ा-सा धन अलग करना नहीं चाहते। उनके लिए साधन ही साध्य हो जाता है।

स्थिति भेद से प्रिय या अच्छी लगने वाली वस्तु के सम्बन्ध में इच्छा दो प्रकार की होती है–

1. प्राप्ति या सान्निध्य की इच्छा।
2. दूर न करने या नष्ट न होने देने की इच्छा।

प्राप्ति या सान्निध्य की इच्छा भी दो प्रकार की हो सकती है–

1. इतने सम्पर्क की इच्छा जितना और किसी का न हो।
2. इतने सम्पर्क की इच्छा जितना सब कोई या बहुत-से लोग एक साथ रख सकते हों।

इसमें से प्रथम प्रतिषेधात्मक होने के कारण प्रायः विरोधग्रस्त होती है, इससे उस पर समाज का अधिक ध्यान रहता है। कोई वस्तु हमें बहुत अच्छी लगती है, लगा करे,

दूसरों को इससे क्या ? पर जब हम उस वस्तु की ओर हाथ बढ़ाएँगे या औरों को उसकी ओर हाथ बढ़ाने न देंगे तब बहुत-से लोगों का ध्यान हमारे इस कृत्य पर जाएगा जिनमें से कुछ हाथ थामनेवाले और मुँह लटकानेवाले भी निकल सकते हैं। हमारे लोभ की शिकायत ऐसे ही लोग अधिक करते पाए जाएँगे। दूसरों के लोभ की निन्दा जैसे अच्छे लोभी कर सकते हैं वैसे और लोग नहीं। माँगने पर पानेवाले और न देनेवाले दोनों इसमें प्रवृत्त होते हैं। एक कहता है 'वह बड़ा लोभी है, देता नहीं,' दूसरा कहता है 'वह बड़ा लोभी है, बराबर माँगा करता है।' रहीम दोनों को लोभी, दोनों को बुरा कहते हैं–

रहिमन वे नर मर चुके जे कहुँ माँगन जाहिं।
उनसे पहले वे मुए जिन मुख निकसत 'नाहिं' ॥

ऐसा उस समय होता है जब एक ही वस्तु के सम्बन्ध में एक ओर तो प्राप्त करने और दूसरी ओर दूर न करने की इच्छा बिम्ब-प्रतिबिम्ब रूप से दो व्यक्तियों में होती है। इसके अतिरिक्त, एक ही वस्तु को प्राप्त करने की इच्छा यदि संयोग से कई प्राणियों के चित्त में हुई तो भी विरोध का पूरा विधान होता है। सारांश यह कि दोनों अवस्थाओं में लोभ का लक्ष्य एक होने पर लोभी एक-दूसरे को बहुत व्याकुल करते हैं।

प्राप्ति की प्रतिषेधात्मक इच्छा की सदोषता और निर्दोषता लोभ के विषय पर निर्भर रहती है। लोभ के विषय दो प्रकार के होते हैं–सामान्य और विशेष। अच्छा खाना, अच्छा कपड़ा, अच्छा घर तथा धन, जिससे ये सब वस्तुएँ सुलभ होती हैं, सबको भाता है, सबको उसकी प्राप्ति की आकांक्षा है। ये लोभ के सामान्य विषय हुए जिन पर प्रायः मनुष्य मात्र का लक्ष्य रहता है, अतः इनके प्रति जो लोभ होता है उस पर बहुत लोगों का ध्यान जाता है। पर यदि किसी को गुलाबजामुन या विशेष बूटी की छींट बहुत अच्छी लगे और वह उसे प्राप्त करना या न देना चाहे तो उसके इस लोभ पर बहुत कम लोगों का ध्यान जाएगा और जिनका ध्यान जाएगा भी उन्हें वह खटकेगा नहीं। ऐसे लोभ को वे रुचि कहेंगे। सबको जिसकी हाय-हाय होती है, सब जिसको पाना या रखना चाहते हैं, वह बहुत-से लोगों को एक मैदान में लाकर खड़ा किया करता है जहाँ एक-दूसरे की गतिविधि का निरीक्षण और अवरोध बड़ी कड़ी नजर और पूरी मुस्तैदी से होता है।

यदि मनुष्य समाज में सबके लोभ के लक्ष्य भिन्न-भिन्न होते तो लोभ को बुरा कहनेवाले कहीं न मिलते। यदि एक साथ रहनेवाले दस आदमियों से कोई गाय बहुत चाहता, कोई घोड़ा, कोई कपड़ा, कोई ईंट, कोई पत्थर, कोई सोना, कोई चाँदी, कोई ताँबा; और इन वस्तुओं में से किसी को शेष सब वस्तुओं को प्राप्त कराने की कृत्रिम शक्ति न दी जाती, तो एक के लोभ से दूसरे को कोई कष्ट न पहुँचता और दूसरी बात यह होती कि लोभ का एक बुरा लक्षण जो असन्तोष है, उसकी भी एक सीमा हो जाती–कोई कितनी गायें रखता, कितने घोड़े बाँधता, कहाँ तक सोना-चाँदी इकट्ठा करता। पर विनिमय की कठिनता दूर करने के लिए मनुष्यों ने कुछ धातुओं में सब आवश्यक वस्तुएँ प्राप्त कराने का कृत्रिम गुण आरोपित किया जिससे मनुष्य मात्र की सांसारिक इच्छा और प्रयत्न का लक्ष्य एक हो गया, सबकी टकटकी टके की ओर लग गई।

लक्ष्य की इस एकता में समाज में एक-दूसरे की आँखों में खटकनेवालों की वृद्धि हुई। जब एक ही को चाहनेवाले बहुत-से हो गए तब एक की चाह को दूसरे कहाँ तक पसन्द करते हैं ? लक्ष्मी की मूर्ति धातुमयी हो गई, उपासक सब पत्थर के हो गए, धीरे-धीरे यह दशा आई कि जो बातें पारस्परिक प्रेम की दृष्टि से, धर्म की दृष्टि से की जाती थीं, वे भी रुपये-पैसे की दृष्टि से होने लगीं। आजकल तो बहुत-सी बातें धातु के ठीकरों पर ठहरा दी गई हैं। पैसे से राज-सम्मान की प्राप्ति, विद्या की प्राप्ति और न्याय की प्राप्ति होती है जिसके पास कुछ रुपया है बड़े-बड़े विद्यालयों में अपने लड़कों को भेज सकते हैं, न्यायालयों में फीस देकर अपने मुकद्दमे दाखिल कर सकते हैं, अत्यन्त भीरु और कायर होकर बहादुर कहला सकते हैं, राजधर्म, आचार्यधर्म, वीरधर्म सब पर सोने का पानी फिर गया, सब टकाधर्म हो गए। धन की पैठ मनुष्य के सब कार्य-क्षेत्रों में करा देने से, उसके प्रभाव को इतना विस्तृत कर देने से, ब्राह्मण-धर्म और क्षात्र-धर्म का लोप हो गया; केवल वाण्डिधर्म रह गया।

व्यापारनीति राजनीति का प्रधान अंग हो गई। बड़े-बड़े राज्य माल की बिक्री के लिए लड़नेवाले सौदागर हो गए। जिस समय क्षात्र-धर्म की प्रतिष्ठा थी, एक राज्य दूसरे राज्य पर कभी-कभी विजय-कीर्ति की कामना से डंके की चोट पर चढ़ाई करता था। अब सदा एक देश दूसरे देशों का चुपचाप दबे पाँव धन हरण करने की ताक में लगा रहता है। इसी से भिन्न-भिन्न राज्यों की परस्पर सम्बन्ध-समस्या इतनी जटिल हो गई है। कोई-कोई देश लोभवश इतना अधिक माल तैयार करते हैं कि उसे किसी देश के गले मढ़ने की फिक्र में दिन-रात मरते रहते हैं। जब तक यह व्यापारोन्माद दूर न होगा तब तक इस पृथ्वी पर सुख-शान्ति न होगी। दूर वह अवश्य होगा। क्षात्र-धर्म की संसार में एक बार फिर प्रतिष्ठा होगी, चोरी का बदला डकैती से लिया जाएगा।

सामान्य-विषयगत प्रतिषेधात्मक लोभ में भी लोभदृष्टि जितनी ही संकुचित होती है, उसके भीतर जितनी ही कम वस्तुएँ आती हैं, उतना ही उसका दोष कम होता है। अच्छे भोजन की सबको चाह होती है। अतः उसे बहुत चाहनेवाला लोभी कहला सकता है, पर अच्छे भोजनों में से यदि किसी को मिठाई की चाह अधिक रहे, तो उसका दोष कम और मिठाइयों में से यदि केवल गुलाबजामुन की अधिक चाह रहे तो और भी कम क्या कुछ भी न समझा जाएगा। इसी प्रकार जहाँ एक ही वस्तु बहुत प्रकार की रखी हुई है वहाँ भी यदि कोई एक किसी को बहुत पसन्द आ जाए और वह उसे लेना चाहे तो उसकी गिनती लोभियों में न होगी। विश्वामित्र को वशिष्ठ की गाय बहुत पसन्द आई और वे उसके बदले में बहुत-सी गायें देने के लिए तैयार हो गए पर वशिष्ठ ने अपनी गाय नहीं दी। इसके लिए लड़-भिड़कर भी न वशिष्ठ लोभी कहलाए, न विश्वामित्र। इसी प्रकार एक नवाब साहब को बाबू हरिश्चन्द्र का एक अलबम बहुत पसन्द आया था। ये लोभ के विशेष विषय के उदाहरण हैं। इनके प्रति जो लोभ होता है उसके अवसर इतने कम होते हैं कि उनके स्वभाव या अधिक अभ्यास का अनुमान नहीं किया जा सकता। पर किसी की अच्छी चीज देखते ही मुँह में पानी आ जाता है, बराबर खरी-खोटी सुना करते

हैं। एक लोभ से दूसरे लोभ का निवारण भी होता है जिससे लोभी में अन्य वस्तुओं के त्याग का साहस आता है। विशेष विषयगत लोभ यदि बहुत प्रबल और सच्चा हुआ तो लोभी के त्याग का विस्तार बहुत बड़ा होता है। लोभ तो उसे एक विशेष और निर्दिष्ट वस्तु से है अतः उसके अतिरिक्त अन्य अनेक वस्तुओं का त्याग वह उसके लिए कर सकता है। विश्वामित्र एक गाय के लिए अपना सारा राजपाट देने को तैयार हो गए थे। अन्य का त्याग अनन्य और सच्चे लोभ की पहचान है।

यहाँ तक तो प्राप्ति की प्रतिषेधात्मक इच्छा वाले लोभ की बात हुई जिसका प्रायः विरोध होता है। अब प्राप्ति की उस इच्छा का विचार करता हूँ जिसे एक ही वस्तु के सम्बन्ध में बहुत-से लोग बिना किसी विरोध के रख सकते हैं। जिस लोभ से दूसरे को कोई बाधा या कष्ट पहुँचता है, उसी को पहले एक–प्रायः जिसे बाधा या कष्ट होता है– बुरा कहता है, फिर दूसरा, फिर तीसरा, इसी प्रकार बहुत-से बुरा कहनेवाले हो जाते हैं। सारांश यह कि जो लोग दूसरे की सुख-शान्ति या स्वच्छन्दता के बाधक होते हैं, अधिकतर वही निन्ध समझे जाते हैं। उपवन की शोभा सबको लुभाती है। यदि कोई नित्य किसी के बगीचे में जाकर टहला करे तो उसका क्या जाता है ? यदि हम किसी वस्तु पर लुभाकर उससे उतना ही सम्पर्क रखना चाहते हैं जितना सब लोग एक साथ रख सकते हैं, तो हमारा लोभ किसी की आँखों में नहीं खटक सकता। बगीचे को आँख से एक साथ बहुत लोग देख सकते हैं, पर उसमें से फल नहीं खा सकते। जहाँ देखने का भी दाम लगता है या कुछ आदमियों का देखना बिना बन्द किए देखा नहीं जा सकता, वहाँ दृष्टि-सम्पर्क की इच्छा भी मुश्किल में डाल देती है। पर जहाँ एक इच्छा दूसरे की इच्छा की बाधक न होकर साधक होती है, वहाँ एक ही वस्तु का लोभ रखनेवाले बहुत-से लोग बड़े सद्भाव के साथ रहते हैं। लुटेरे या डाकू इसी प्रकार दल-बद्ध होकर काम करते हैं।

किसी को कोई स्थान बहुत प्रिय हो जाता है और वह हानि और कष्ट उठाकर भी वहाँ से नहीं जाना चाहता। हम कह सकते हैं कि उसे उस स्थान का पूरा लोभ है। जन्म-भूमि का प्रेम यदि वास्तव में अन्तःकरण का कोई भाव है तो स्थान के लोभ के अतिरिक्त और कुछ नहीं है। इस लोभ के लक्षणों से शून्य देश-प्रेम कोरी बकवास या फैशन के लिए गढ़ा हुआ शब्द है। यदि किसी को अपने देश से प्रेम है तो उसे अपने देश के मनुष्य, पशु, पक्षी, लता, गुल्म, पेड़, पत्ते, वन, पर्वत, नदी, निर्झर सबसे प्रेम होगा, सबको वह चाहभरी दृष्टि से देखेगा, सबकी सुध करके वह विदेश में आँसू बहाएगा। जो यह भी नहीं जानते कि कोयल किस चिड़िया का नाम है, जो यह भी नहीं सुनते कि चातक कहाँ चिल्लाता है, जो आँख भर यह भी नहीं देखते कि आम प्रणय-सौरभपूर्ण मंजिरयों से कैसे लदे हुए हैं, जो यह भी नहीं झाँकते कि किसानों के झोपड़ों के भीतर क्या हो रहा है, वे यदि दस बने-ठने मित्रों के बीच प्रत्येक भारतवासी की औसत आदमनी का परता बताकर देश-प्रेम का दावा करें तो उनसे पूछना चाहिए कि, "भाइयो ! बिना परिचय का यह प्रेम कैसा ? जिनके सुख-दुख के तुम कभी साथी न हुए उन्हें तुम सुखी देखना

चाहते हो, यह समझते नहीं बनता। उनसे कोसों दूर, बैठे-बैठे, पड़े-पड़े या खड़े-खड़े तुम विलायती बोली में अर्थशास्त्र की दुहाई दिया करो, पर प्रेम का नाम उसके साथ न घसीटो। प्रेम हिसाब-किताब की बात नहीं है। हिसाब-किताब करनेवाले भाड़े पर भी मिल सकते हैं पर प्रेम करनेवाले नहीं। हिसाब-किताब से देश की दशा का ज्ञान मात्र हो सकता है। हितचिन्तन और हितसाधन की प्रवृत्ति इस ज्ञान से भिन्न है। वह मन के वेग पर निर्भर है, उसका सम्बन्ध लोभ या प्रेम से है जिसके बिना आवश्यक त्याग का उत्साह हो ही नहीं सकता। जिसे ब्रज की भूमि से प्रेम होगा वह इस प्रकार कहेगा–

नैनन सों रसखान जबै ब्रज के बन बाग तड़ाग निहारौ।
केतिक ये कलधौत के धाम करील के कुञ्जन ऊपर बारौ॥

रसखान तो किसी की "लकुटी अरु कामरिया" पर तीनों पुरों का राजसिंहासन तक त्यागने को तैयार थे, पर देश-प्रेम की दुहाई देनेवालों में से कितने अपने किसी थके-माँदे भाई के फटे-पुराने कपड़ों और धूल भरे पैरों पर रीझकर या कम-से-कम खीझकर, बिना मन मैला किए कचरे की फर्श भी मैली होने देंगे ? मोटे आदमियो! तुम जरा-सा दुबले हो जाते–अपने अन्देशे से नहीं–तो न जाने कितनी ठठरियों पर मांस चढ़ जाता।

जब पूछिए कि जिनमें यह देश-प्रेम नहीं है उनमें वह किसी प्रकार हो भी सकता है ? हाँ, हो सकता है–परिचय से, सान्निध्य से जिस प्रकार लोभ से सान्निध्य की इच्छा उत्पन्न होती है उसी प्रकार सान्निध्य से भी लोभ या प्रेम की प्रतिष्ठा होती है। जिनके बीच हम रहते हैं, जिन्हें हम बराबर आँखों से देखते हैं, जिनकी बातें हम बराबर सुनते रहते हैं, जिनका हमारा हर घड़ी का साथ हो जाता है; सारांश यह है कि जिनके सान्निध्य का हमें अभ्यास पड़ जाता है, उनके प्रति लोभ या राग हो जाता है। जिस स्थान पर कोई बहुत दिनों तक रह जाता है उसे छोड़ते हुए दुख होता है। पशु और बालक भी जिनके साथ अधिक रहते हैं उन्हें परच जाते हैं। यह 'परचना' परिचय से निकला है। परिचय प्रेम का प्रवर्त्तक है। बिना परिचय के प्रेम नहीं हो सकता। यदि देश-प्रेम के लिए हृदय में जगह करनी है तो देश के स्वरूप से परिचित और अभ्यस्त हो जाओ। बाहर निकलो तो आँखें खोलकर देखो कि खेत कैसे लहलहा रहे हैं, नाले झाड़ियों के बीच से कैसे बह रहे हैं, टेसू के फूलों से वनस्थली कैसी लाल हो रही है, चौपायों के झुंड चरते हैं, चरवाहे तान लड़ा रहे हैं, अमराइयों के बीच में गाँव झाँक रहे हैं। उनमें घुसो, देखो क्या हो रहा है। जो मिलें उनसे दो-दो बातें करो; उनके साथ किसी पेड़ की छाया के नीचे घड़ी-आधघड़ी बैठ जाओ और समझो कि ये सब हमारे हैं। इस प्रकार जब देश का रूप तुम्हारी आँखों में समा जाएगा, तुम उसके अंग-प्रत्यंग से परिचित हो जाओगे, तब तुम्हारे अन्तःकरण में इस इच्छा का उदय होगा कि वह हमसे कभी न छूटे; वह सदा हरा-भरा और फूला-फूला रहे; उसके धन-धान्य की वृद्धि हो, उसके सब प्राणी सुखी रहें। यह तो वर्तमान प्रेमसूत्र हुआ। अतीत की ओर दृष्टि फैलाओ। राम, कृष्ण, भीम, अर्जुन, विक्रम, कालिदास, भवभूति, इत्यादि का स्मरण करो जिससे यह सब नाम तुम्हारे हो जाएँ। इनके नाते भी यह भूमि और इस भूमि के निवासी तुम्हें प्रिय होंगे।

पर आजकल इस प्रकार का परिचय बाबुओं की लज्जा का एक विषय हो रहा है। वे देश के स्वरूप से अनजान रहने या बनने में अपनी बड़ी शान समझते हैं। मैं अपने एक लखनवी दोस्त के साथ साँची का स्तूप देखने गया। यह स्तूप एक बहुत सुन्दर छोटी-सी पहाड़ी के ऊपर है, नीचे एक छोटा-सा जंगल है जिसमें महुए के पेड़ भी बहुत-से हैं। संयोग से उन दिनों पुरातत्त्व-विभाग का कैम्प पड़ा हुआ था। रात हो जाने से हम लोग उस दिन स्तूप नहीं देख सके। सवेरे देखने का विचार करके नीचे उतर रहे थे। वसन्त का समय था। महुए चारों ओर टपक रहे थे। मेरे मुँह से निकला–"महुओं की कैसी मीठी महक आ रही है।" इस पर लखनवी महाशय ने मुझे रोककर कहा, "यहाँ महुए-सहुए का नाम न लीजिए, लोग देहाती समझेंगे।" मैं चुप हो गया, समझ गया कि महुए का नाम जानने से बाबूपन में बड़ा भारी बट्टा लगता है।

आरम्भ में ही कहा जा चुका है कि प्रवृत्ति-भेद से प्रिय वस्तु के सम्बन्ध में इच्छा दो प्रकार की होती है–प्राप्ति या सान्निध्य की इच्छा तथा दूर न करने या कष्ट न होने देने की इच्छा। प्राप्ति या सान्निध्य की इच्छा का विचार तो हो चुका, अब रक्षा की इच्छा का अन्वेषण करना है। रक्षा की इच्छा भी दो प्रकार की होती है–

1. स्वायत्त रक्षा की इच्छा अर्थात् अपने अधिकार में रखने की इच्छा।
2. स्व-निरपेक्ष रक्षा की इच्छा अर्थात् केवल बने रहने देने की इच्छा।

स्वायत्त रखने की इच्छा प्रायः अनन्य उपभोग या उपभोग की वासना से सम्बद्ध रहती है। इससे वह कभी-कभी लोगों को खटकती है और लोग उसका विरोध करते हैं। कोई बहुत मीठे आम का पेड़ है जिसका फल सब लोग खाते हैं और जिसकी रखवाली सब लोग करते हैं। यदि उनमें से कोई एक अकेले उसकी रखवाली करने चले और किसी को पास न आने दे, तो सब लोग मिलकर विरोध करेंगे। पर कभी-कभी स्वायत्त रखने की इच्छा अन्य द्वारा यथेष्ट रक्षा के उस अविश्वास के कारण होती है जो लोभ या प्रीति की अधिकता से उत्पन्न होता है। ऐसी दशा में यदि संरक्ष्य वस्तु के उपयोग या उपभोग आदि से औरों को कोई बाधा नहीं पहुँचती है तो किसी एक का उसे अपनी रक्षा में रखना दूसरे को बुरा नहीं लगता।

यदि लोभ की वस्तु ऐसी है जिससे सबको सुख और आनन्द है तो उस पर जितना ही अधिक ध्यान रहेगा, रक्षा के भाव की एकता के कारण परस्पर मेल की उतनी ही प्रवृत्ति होगी। यदि दस आदमियों में से सबकी यह इच्छा है कि कोई मन्दिर बना रहे; गिरने-पड़ने न पाए अथवा और अधिक उन्नत और सुसज्जित हो, तो यह सम्मिलित इच्छा ऐक्य-सूत्र होगी। मिलकर कोई कार्य करने से उसका साधन अधिक या सुगम होता है, यह बतलाना 'पर उपदेश कुशल' नीतिज्ञों का काम है, मेरे विचार का विषय नहीं। मेरा उद्देश्य तो मनुष्य की स्वाभाविक प्रवृत्तियों की छानबीन है जो निश्चयात्मिका वृत्ति से भिन्न हैं। मुझे तो यह कहना है कि इन-इन अवस्थाओं में मेल की प्रवृत्ति होती है। अब मेल से क्या-क्या लाभ होते हैं, यह तो न जाने कितने झगड़ालू बताते हैं और न जाने कितने लोग सुनकर झगड़ा करते हैं।

लोभ का सबसे प्रशस्त रूप वह है जो रक्षा मात्र की इच्छा का प्रवर्त्तक होता है, जो मन में ही वासना उत्पन्न करता है कि कोई चीज बनी रहे, चाहे वह हमारे किसी उपयोग में आए या न आए। इस लोभ में दोष का लेश उसी अवस्था में आ सकता है जबकि वह वस्तु ऐसी हो जिससे किसी को कोई बाधा या हानि पहुँचती हो। कोई सुन्दर कृष्णसार मृग नित्य आकर खेती की हानि किया करता है। उसके सौन्दर्य पर मुग्ध होकर उसकी रक्षा चाहनेवाला यदि बराबर उसकी रक्षा में प्रवृत्त रहेगा तो बहुतों से उसकी अनबन हो सकती है। वह लोभ धन्य है जिससे किसी के लोभ का विरोध नहीं और लोभ की जो वस्तु अपने सब लोभियों को एक-दूसरे का लोभी बनाए रहती है वह भी परम पूज्य है। घर का प्रेम, पुर या ग्राम का प्रेम, देश का प्रेम इसी पवित्र लोभ के क्रमशः विस्तृत रूप हैं। मनुष्य के प्रयत्नों की पहुँच बहुत परिमित होती है। अतः जो प्रेम-क्षेत्र जितना ही निकटस्थ होगा उसमें उतने ही अधिक प्रयत्न की आवश्यकता होगी और जो जितना ही दूर होगा, प्रयत्नों का उतना ही कम अंश उसके लिए आवश्यक होगा। सबसे अधिक घर की रक्षा का, फिर पुर या ग्राम की रक्षा का और फिर देश का ध्यान जन-साधारण के लिए स्वाभाविक है। पर जिनकी दृष्टि बहुत व्यापक होती है, जिनके अन्तःकरण में परार्थ को छोड़ स्वार्थ के लिए अलग जगह नहीं होती वे इस क्रम का विपर्यय कर दिखाते हैं। वे देश की रक्षा के लिए अवसर पड़ने पर घर का लोभ क्या, प्राणों तक का लोभ छोड़ देते हैं। पर ऐसे लोग विरले होते हैं। सबसे ऐसी आशा नहीं की जा सकती।

अब घर का प्रेम, पुर का प्रेम, देश का प्रेम, कहाँ तक विरोध-शून्य होता है, यह भी देखिए। इनका अवरोध परिमित होता है–"घर के भीतर, पुर या ग्राम के भीतर" ही उसके होने का निश्चय रहता है। घर के बाहर, पुर या ग्राम के बाहर, देश के बाहर विरोध करनेवाले मिल सकते हैं। एक घर की रक्षा दूसरे घर वालों से, एक पुर की रक्षा दूसरे पुर वालों से और एक देश की रक्षा दूसरे देश वालों से करनी पड़ती है।

जिनकी आत्मा समस्त भेदभाव को भेदकर अत्यन्त उत्कर्ष पर पहुँची हुई होती है, वे सारे संसार की रक्षा चाहते हैं–जिस स्थिति में भूमंडल के समस्त प्राणी कीट-पतंग से लेकर मनुष्य तक सुखपूर्वक रह सकते हैं, उसके अभिलाषी होते हैं, ऐसे लोग विरोध के परे होते हैं। उनसे जो विरोध रखें वे सारे संसार के विरोधी हैं, वे लोक के कंटक हैं।

कोई वस्तु हमें बराबर सुख या आनन्द देती रहे और कोई वस्तु बनी रहे, इन्हीं दो भावों को लेकर स्वायत्त की रक्षा की इच्छा और स्वनिरपेक्ष रक्षा की इच्छा ये दो विभाग पहले किए गए हैं। अतः पहली को यदि हम अपने सुख की रक्षा की इच्छा कहें तो बहुत अनुचित न होगा। वस्तु के दूसरे के पास जाने से या नष्ट हो जाने से हमें सुख या आनन्द न मिल सकेगा, इसी से हम उसकी रक्षा के लिए व्यग्र होते हैं। यदि ऐसी वस्तु को कोई उठाए लिये जाता हो और वह बीच में नष्ट हो जाए, तो हमें दुख न होगा; क्योंकि जब चीज हमारे हाथ से निकल गई, हमें वह सुख या आनन्द दे नहीं सकती, तब वह चाहे रहे, चाहे नष्ट हो। यहाँ तक कि यदि ले जाने के प्रति हमें क्रोध होगा या ईर्ष्या होगी तब हम प्रसन्न होंगे। जहाँ वस्तु-रक्षा की इच्छा होगी, वहाँ यह बात न होगी। हम

किसी देश में उस वस्तु का नाश न चाहेंगे। किसी पुराने काजी के पास दो स्त्रियाँ एक बच्चे को लेकर लड़ती हुई आईं। एक कहती थी कि बच्चा मेरा है, दूसरी कहती थी मेरा। काजी साहब ने परीक्षा के विचार से कहा–"अच्छा, तुम दोनों को बच्चा काटकर आधा-आधा बाँट दिया जाएगा।" इतना सुनते ही दोनों में से एक स्त्री घबराकर बोल उठी–"जाने दीजिए, बच्चा मुझे न चाहिए, उसी को दे दीजिए।" काजी साहब समझ गए कि बच्चा इसी का है। वह स्त्री बच्चे की माँ थी, अतः उसे उसका सच्चा लोभ था।

अब तक लोभ के सम्बन्ध में जो कुछ कहा गया वह उसका व्यापक अर्थ लेकर। पर जैसा पहले कहा जा चुका है, 'लोभ' शब्द कहने से आजकल प्रायः धन के लोभ की भावना होती है, प्राप्ति की रक्षा की उस इच्छा की ओर ध्यान जाता है जो जीवन-निर्वाह की सामग्रियों के प्रति होती है। धन से अनेक सुखों की प्राप्ति और अनेक कष्टों का निवारण होता है अथवा यों कहिए कि धन के बिना संसार में रहना सम्भव नहीं। संसार में जो इतने लोग धन इकट्ठा करते दिखाई देते हैं उनमें से कुछ तो घोर कष्ट के निवारण के लिए, कुछ अधिक सुख की प्राप्ति के लिए, कुछ भविष्य में सुख के अभाव या कष्ट की शशंका से और कुछ बिना किसी उद्देश्य-भावना के। इनमें से प्रथम श्रेणी के लोग तो धन की जितनी प्रबल इच्छा करें, उसके लिए चाहे जितना आतुर हों, लोभी नहीं कहला सकते। धन के बिना जिन्हें पेट भर अन्न नहीं मिलता, जो शीत और ताप से अपने शरीर की रक्षा नहीं कर सकते, उन्हें जो लोभी कहें, वे बड़े भारी लोभी और बड़े भारी क्रूर हैं। दूसरी श्रेणी के लोगों पर से लोभ के आरोप की सम्भावना क्रमशः बढ़ते-बढ़ते चौथी श्रेणी के लोगों पर जाकर निश्चय कोटि को पहुँच जाती है। कष्ट-निवारण की इच्छा, अधिक सुख-प्राप्ति की इच्छा, सुखाभाव या कष्ट की आशंका–ये तीनों धन और उसकी प्राप्ति की इच्छा के बीच ओट या व्यवधान के रूप में रहती हैं। जहाँ इन तीनों में से कोई परदा नहीं रहता वहाँ शुद्ध धन-लोभी की जघन्य मूर्ति साक्षात् दिखाई पड़ती है।

धन की कितनी इच्छा लोभ के लक्षणों तक पहुँचती है, इसका निर्णय कठिन है। पर किसी मनोविकार की उचित सीमा का अतिक्रमण प्रायः वहाँ समझा जाता है जहाँ और मनोवृत्तियाँ दब जाती हैं या उनके लिए बहुत कम स्थान रह जाता है और मनोवेगों के आधिक्य से लोभ के आधिक्य में विशेषता यह होती है कि लोग स्वविषयान्वेषी होने के कारण अपनी स्थिति और वृद्धि का आधार आप खड़ा करते रहते हैं, जिससे असन्तोष की प्रतिष्ठा के साथ-ही-साथ और वृत्तियों के लिए स्थायी अनवकाश हो जाता है, और मनोविकारों में यह बात नहीं होती। क्रोध को ही लीजिए। क्रोध कुछ बातों पर आता है, पर उन बातों को ढूँढ़ने में प्रवृत्त नहीं होता। क्रोधी स्वभाव का मनुष्य ऐसी बातों पर चिढ़ जाता है जिनसे और लोग नहीं चिढ़ते पर वह सदा इस फेर में नहीं घूमा करता कि कोई बात चिढ़ने को मिले। क्रोध में आग-बबूला होनेवाले तुरन्त करुणा से आर्द्र और लज्जा से पानी-पानी हुए भी देखे जाते हैं। क्रोध आदि में अन्य वृत्तियों का जो बोध हो जाता है वह प्रायः क्षणिक होता है, पर लोभ द्वारा स्थायी हो जाता है। बात यह है कि लोभ का प्रथम अवयव सुखात्मक होने के कारण लोभी को विषय की ओर

बराबर प्रवृत्त रखता है। धन का लोभी धन पाकर लोभ से निवृत्त नहीं हो जाता, या तो भले-बुरे का सब विचार छोड़ रक्षा में तत्पर दिखाई देता है या और अधिक प्राप्ति में। इस प्रकार लोभ से अन्यमुख वृत्तियों का जो स्तम्भन होता है, वह स्वभावान्तर्गत हो जाता है। अस्तु, स्थूल रूप से उद्धत लोभ के दो उग्र लक्षण कहे जा सकते हैं :

(1) असन्तोष।

(2) अन्य वृत्तियों का दमन।

लोभ चाहे जिस वस्तु का हो, जब बहुत बढ़ जाता है तब उस वस्तु की प्राप्ति, सान्निध्य या उपभोग से जी नहीं भरता। मनुष्य चाहता है कि वह बार-बार मिले या बराबर मिलता रहे। धन का लोभ जब रोग होकर चित्त में घर कर लेता है तब प्राप्ति होने पर भी और प्राप्ति की इच्छा बराबर जगी रहती है। जिससे मनुष्य सदा आतुर और प्राप्ति के आनन्द से विमुख रहता है। जितना नहीं है उतने के पीछे जितना है उतने से प्रसन्न होने का उसे कभी अवसर ही नहीं मिलता। उसका सारा अन्तःकरण सदा अभावमय रहता है। उसके लिए जो है वह भी नहीं है। असन्तोष अभाव-कल्पना से उत्पन्न दुख है, अतः जिस किसी में यह अभाव-कल्पना स्वाभाविक हो जाती है, सुख से उसका नाता सब दिनों के लिए टूट जाता है। न किसी को देखकर वह प्रसन्न होता है और न उसे देखकर कोई प्रसन्न होता है। इसी से सन्तोष सात्विक जीवन का एक अंग बतलाया गया है। भक्तवर तुलसीदास जी सन्तोष-वृत्ति की वांछा इस प्रकार करते हैं—

कबहुँक हौं यहि रहनि रहौंगो।
यथालाभ सन्तोष सदा काहू सों कछु न चहौंगो॥

पर जिस स्थिति से कोई कष्ट या कठिनता हो उससे असन्तुष्ट रहना गृहस्थ का धर्म है क्योंकि ऐसे असन्तोष से जिस प्रयत्न की प्रेरणा होती है वह एक अच्छे फल के निमित्त होता है। ऐसे असन्तोष का अभाव आलस्य-सूचक होता है। पर प्राप्ति की जो इच्छा व्यसन के रूप में होती है उसका निरसन ही ठीक है।

धन का जो लोभ मानसिक व्याधि या व्यसन के रूप में होता है उसका प्रभाव अन्तःकरण की शेष वृत्तियों पर यह होता है कि वे अनभ्यास से कुंठित हो जाती हैं। जो लोभ मान-अपमान के भावों को, करुणा और दया के भाव को, न्याय-अन्याय के भाव को, यहाँ तक कि अपने कष्ट-निवारण या सुखभोग की इच्छा तक को दबा दे, वह मनुष्यता कहाँ तक रहने देगा ? जो अनाथ विधवा का सर्वस्व हरण करने के लिए कुर्क अमीन लेकर चढ़ाई करते हैं, जो अभिमानी धनिकों की दुतकार सुनकर त्योरी पर बल नहीं आने देते, जो मिट्टी में रुपया गाड़कर न आप खाते हैं और न दूसरों को खाने देते हैं, परिजनों का कष्टक्रन्दन सुनकर भी रुपये गिनने में लगे रहते हैं, वे अधमरे होकर जीते हैं। उनका आधा अन्तःकरण मारा गया समझिए। जो किसी के लिए नहीं जीते उनका जीना न जीना बराबर है।

लोभियों का दमन योगियों के दमन से किसी प्रकार कम नहीं होता। लोभ के बल से वे काम और क्रोध को जीतते हैं, सुख की वासना का त्याग करते हैं, मान-अपमान

में समान भाव रखते हैं। अब और चाहिए क्या ? जिससे वे कुछ पाने की आशा रखते हैं वह यदि उन्हें दस गालियाँ भी देता है तो उनकी आकृति पर न रोष का कोई चिह्न प्रकट होता है और न मन में ग्लानि होती है। न उन्हें मक्खी चूसने से घृणा होती है और न रक्त चूसने में दया। सुन्दर-से-सुन्दर रूप देखकर वे अपनी एक कौड़ी भी नहीं भूलते। करुण-से-करुण स्वर सुनकर वे अपना एक पैसा भी किसी के यहाँ नहीं छोड़ते; तुच्छ-से-तुच्छ व्यक्ति के सामने हाथ फैलाने में वे लज्जित नहीं होते। क्रोध, दया, घृणा, लज्जा आदि करने से क्या मिलता है कि वे करने जाएँ ? जिस बात से उन्हें कुछ मिलता नहीं जबकि उसके लिए उनके मन के किसी कोने में जगह नहीं होती, तब जिस बात से पास का कुछ जाता है, वह बात उन्हें कैसी लगती होगी; यह यों ही समझा जा सकता है। जिस बात में कुछ लगे वह उनके किसी काम की नहीं चाहे वह कष्ट-निवारण हो या सुख-प्राप्ति, धर्म हो या न्याय। वे शरीर सुखाते हैं, अच्छे भोजन, अच्छे वस्त्र आदि की आकांक्षा नहीं करते। लोभ के अंकुश से अपनी सम्पूर्ण इन्द्रियों को वश में रखते हैं। लोभियो ! तुम्हारा अक्रोध, तुम्हारा इन्द्रिय-निग्रह, तुम्हारा मानापमान-समता, तुम्हारा तप अनुकरणीय है, तुम्हारी निष्ठुरता, तुम्हारी निर्लज्जता, तुम्हारा अविवेक, तुम्हारा अन्याय विगर्हणीय है। तुम धन्य हो ! तुम्हें धिक्कार है ! !

पक्के लोभी लक्ष्य-भ्रष्ट नहीं होते, कच्चे हो जाते हैं। किसी वस्तु को लेने के लिए कई आदमी खींच-तान कर रहे हैं। उनमें से एक क्रोध में आकर उस वस्तु को नष्ट कर देता है। उसे पक्का लोभी नहीं कह सकते, क्योंकि क्रोध ने उसके लोभ को दबा दिया, वह लक्ष्य-भ्रष्ट हो गया।

अब एक प्राणी के प्रति दूसरे प्राणी के लोभ का प्रसंग सामने आता है जिसे प्रीति या प्रेम कहते हैं। यद्यपि किसी व्यक्ति की ओर प्रवृत्ति भी जब तक एकनिष्ठ न हो, लोभ ही कही जा सकती है, पर साधारण बोल-चाल में वस्तु के प्रति मन की जो ललक होती है उसे 'लोभ' और किसी व्यक्ति के प्रति जो ललक होती है उसे 'प्रेम' कहते हैं। वस्तु और व्यक्ति के विषय-भेद से लोभ के स्वरूप और प्रवृत्ति में बहुत कुछ भेद पड़ जाता है, इससे व्यक्ति के लोभ को अलग नाम दिया गया है। पर मूल में लोभ और प्रेम दोनों एक ही हैं, इसका पता हमारी भाषा ही देती है। किसी रूपवान् या रूपवती को देखकर उस पर 'लुभा जाना' बराबर कहा जाता है। अँगरेजी के प्रेम-वाचक शब्द 'लव' (Love) सैक्सन के 'लुफु' (Lufu) और लैटिन के 'लुबेट' (Lubet) का सम्बन्ध संस्कृत का 'लोभ' शब्द वा लुभ् धातु से स्पष्ट लक्षित होता है।

किसी व्यक्ति का लोभ वस्तु के लोभ से कितना विलक्षण होता है, अब यह देखना चाहिए। विलक्षणता का सबसे बड़ा कारण है दोनों पक्षों में मनस्तत्व का विधान। जो लुब्ध होता है उसके भी हृदय होता है, जिस पर वह लुब्ध होता है उसके भी। अतः किसी व्यक्ति का लोभी उस व्यक्ति से केवल बाह्य सम्पर्क रखकर ही तुष्ट नहीं हो सकता; उसके हृदय का सम्पर्क भी चाहता है। अतः मनुष्य का मनुष्य के साथ जितना गूढ़, जटिल और व्यापक सम्बन्ध हो सकता है उतना वस्तु के साथ नहीं। वस्तु-लोभ के

आश्रय और आलम्बन इन दो पक्षों में भिन्न-भिन्न कोटि की सत्ताएँ रहती हैं। पर प्रेम एक ही कोटि की दो सत्ताओं का योग है, इससे कहीं अधिक गूढ़ और पूर्ण होता है।

वस्तु के भीतर लोभी चेतना का कोई विधान नहीं देखता जिस पर प्रभाव डालने का वह प्रयत्न करे। पर प्रेमी प्रिय की अन्तर्वृत्ति पर प्रभाव डालने में तत्पर रहा करता है। प्रभाव डालने की यह वासना प्रेम उत्पन्न होने के साथ ही जगती है और बढ़ी चली जाती है। वस्तु पर लुब्ध होकर कोई उस चिन्ता में नहीं पड़ता कि उस वस्तु को मालूम ही जाए कि वह उस पर लुब्ध है। पर किसी पर लुब्ध या प्रेमासक्त होते ही प्रेमी इस बात के लिए आतुर होने लगता है कि प्रिय को उसके प्रेम की सूचना मिल जाए। उसे इस बात की चिन्ता रहती है कि प्रिय को भी उससे प्रेम हो गया है, कम-से-कम उसके प्रेम का पता लग गया है, या नहीं–

वा निरमोहिनि रूप की रासि जऊ उर हेतु न ठानति ह्वै है।
बारहिं बार बिलोकि घरी घरी सूरत तो पहिचानति ह्वै है।
ठाकुर या मन को परतीति है, जो पै सनेह न मानति ह्वै है।
आवत हैं नित मेरे लिए, इतनी तो विशेष कै जानति ह्वै है।

इस प्रवृत्ति के मूल में कई बातें दिखाई पड़ती हैं। पहली बात तो तुष्टि का विधान है। लोभी या प्रेमी सान्निध्य या सम्पर्क द्वारा तुष्ट होना चाहता है। वस्तु के सान्निध्य या सम्पर्क के लिए तो वस्तु की ओर से किसी प्रकार की स्वीकृति या प्रयत्न की अपेक्षा नहीं। पर किसी चेतन प्राणी से प्रेम करके कोई उसके सान्निध्य या सम्पर्क की आशा तब तक नहीं कर सकता जब तक वह उससे भी सान्निध्य या सम्पर्क की इच्छा न उत्पन्न कर ले। दूसरी बात यह है कि प्रेम का पूर्ण विकास तभी होता है जब दो हृदय एक-दूसरे की ओर क्रमशः खिंचते हुए मिल जाते हैं। इस अन्तर्योग के बिना प्रेम की सफलता नहीं मानी जा सकती अतः प्रिय को अपने प्रेम की सूचना देना उसके मन को अपने मन से मिलाने के लिए न्योता देना है।

अपने प्रेम की सूचना देने के उपरान्त प्रेमी प्रिय के हृदय में अपनी ओर कुछ भावों की प्रतिष्ठा चाहता है। पहले कहा जा चुका है कि सहसा उत्पन्न लोभ या प्रीति का प्रथम संवेदनात्मक अवयव है "अच्छा लगना"। वस्तु के सम्बन्ध में तो उसी वस्तु का अच्छा लगना काफी होता है। लोभियों को इस फेर में नहीं पड़ना पड़ता कि कोई वस्तु उन्हें अच्छी लग रही है उसे वे भी अच्छे लगें पर प्रेमी यह चाहने लगता है कि जिस प्रकार प्रिय मुझे अच्छा लगता है उसी प्रकार मैं भी प्रिय को अच्छा लगूँ। वह अपना सारा अच्छापन किसी-न-किसी बहाने उसके सामने रखना चाहता है। यह बराबर देखने में आता है कि जब कभी किसी नवयुवक का चित्त किसी युवती की ओर आकर्षित होता है तब ऐसे स्थानों पर जाते समय जहाँ उसके दिखाई पड़ने की सम्भावना होती है, उसका ध्यान कपड़े-लत्ते की सफाई और सजावट की ओर कुछ अधिक हो जाता है। सामने होने पर बातचीत और चेष्टा में भी एक खास ढब देखा जाता है। अवसर पड़ने पर चित्त की कोमलता, सुशीलता, वीरता, निपुणता इत्यादि का भी प्रदर्शन होता है।

प्रेमी को जिस घड़ी यह पता चलता है कि प्रिय का चित्त भी उसकी ओर थोड़ा-बहुत खिंचा है उसी घड़ी से वह लोभ की ऊपरी सतह से और गहरे में जाकर प्रेम के आनन्द-लोक में मग्न हो जाता है।

एक-दूसरे की ओर आकर्षित दो हृदयों के योग से जीवन में एक नया रस उत्पन्न हो जाता है या दूनी सजीवता आ जाती है। आनन्द की सद्भावना भी बहुत अधिक बढ़ जाती है और दुख की भी। प्रिय के हृदय का आनन्द प्रेमी के हृदय का आनन्द हो जाता है। अतः एक ओर तो प्रिय के आनन्द का मेल हो जाने से प्रेमी संसार की नाना वस्तुओं में कई गुने अधिक आनन्द का अनुभव करने लगता है; दूसरी ओर प्रिय के अभाव में उन्हीं वस्तुओं में उसके लिए आनन्द बहुत कम या कुछ भी नहीं रह जाता है। वियोग की दशा में तो वे वस्तुएँ उल्टा दुख देने लगती हैं। होते-होते यहाँ तक होता है कि प्रेमी के लिए प्रिय के आनन्द से अलग आनन्द रह ही नहीं जाता। प्रिय के आनन्द में ही वह अपना आनन्द ढूँढ़ा करता है। दो हृदयों की यह अभिन्नता अखिल जीवन की एकता के अनुभव पथ का द्वार है, प्रेम का यह एक रहस्यपूर्ण महत्त्व है।

प्रेम का अभाव एकान्त भी होता है और लोक-जीवन के नाना क्षेत्रों में भी दिखाई पड़ता है। एकान्त प्रभाव उस अन्तर्मुख प्रेम में देखा जाता है जो प्रेमी को लोक के कर्म-क्षेत्र से खींचकर केवल दो प्राणियों के एक छोटे-से संसार में बन्द कर देता है। उसका उठना-बैठना, चलना-फिरना, मरना-जीना, सब उसी घेरे के भीतर होता है। वह उस घेरे के बाहर कोई प्रभाव उत्पन्न करने के उद्देश्य से कुछ भी नहीं करता। उसमें जो साहस, धीरता, दृढ़ता, कष्ट-सहिष्णुता आदि दिखाई देती है वह प्रेम-मार्ग के बीच प्रेमोन्माद के रूप में, लोक के बीच कर्त्तव्य के रूप में नहीं। सारांश यह है कि इस प्रकार के प्रेम का क्षेत्र सामाजिक और पारिवारिक जीवन से विच्छिन्न होता है। उसमें प्रियपक्ष का प्रबल राग जीवन के अन्य सब पक्षों से पूर्ण विराग की प्रतिष्ठा कर देता है। फारसी के साहित्य में ऐसे ही ऐकान्तिक और लोक-बाह्य प्रेम की प्रधानता है। भारतीय साहित्य में गोपियों के प्रेम को प्रायः यही स्वरूप दिया गया है। भक्तिमार्ग में प्रायः यही ऐकान्तिक और अनन्य प्रेम लिया गया है। क्योंकि यह एक ऐसा राग है जिसके प्रभाव से विराग की साधना आप से आप, बिना किसी मानसिक प्रयत्न के हो जाती है।

प्रेम का दूसरा स्वरूप वह है जो अपना मधुर और अनुरंजनकारी प्रकाश जीवनयात्रा के नाना पथों पर फेंकता है। प्रेमी जगत् के बीच अपने अस्तित्व की रमणीयता का अनुभव आप भी करता है और अपने प्रिय को भी कराना चाहता है। प्रेम के दिव्य प्रभाव से उसे अपने आसपास चारों ओर सौन्दर्य की आभा फैली दिखाई पड़ती है, जिसके बीच वह बड़े उत्साह और प्रफुल्लता के साथ अपना कर्म-सौन्दर्य प्रदर्शित करता है। वह प्रिय को अपने समग्र जीवन का सौन्दर्य जगत् के बीच दिखाना चाहता है। यह प्रवृत्ति इस बात का पूरा संकेत करती है कि मनुष्य की अन्तःप्रवृत्ति में जाकर प्रेम का जो विकास हुआ है वह सृष्टि के बीच सौन्दर्य-विधान की प्रेरणा करनेवाली एक दिव्य शक्ति के रूप

में। मनुष्य का प्रेम-सौन्दर्य, वस्तु-सौन्दर्य, कर्म-सौन्दर्य, वाक्-सौन्दर्य, भाव-सौन्दर्य, सब–देखना और दिखाना चाहता है। वीरता के पुराने जमाने में युवक योद्धा यह समझकर कि गढ़ी की ऊँची अट्टालिका के गवाक्षों से हमारी प्रेयसी झाँकती होगी, किस सौन्दर्य-भावनापूर्ण उमंग के साथ रणक्षेत्र में उतरता था। कर्म का सबसे अधिक विकट क्षेत्र युद्ध है। इससे आर्य जाति के वीरकाल के काव्यों में श्रृंगार और वीर का अत्यन्त मनोहर समन्वय पाया जाता है। जिस प्रकार योरोपीय साहित्य में वीर धर्म का एक युग रहा है उसी प्रकार हमारे हिन्दी-साहित्य में भी। उस काल की कविता का प्रसंग अधिकतर 'युद्ध और प्रेम' (Love and war) ही पाया जाता है।

भारतीय प्रबन्ध काव्यों की मूल प्रवृत्ति लोक-जीवन के संश्लिष्ट प्रेम के वर्णन की ओर ही रही। आदि कवि वाल्मीकि ने राम और सीता के प्रेम का विकास मिथिला या अयोध्या के महलों और बगीचों में न दिखाकर दंडकारण्य के विस्तृत कर्म-क्षेत्र के बीच दिखाया है। उनका प्रेम जीवन-यात्रा के मार्ग में माधुर्य फैलानेवाला है; उससे अलग किसी कोने में चौकड़ी या आहें भराने वाला नहीं; उसके प्रभाव में वनचर्या में एक अद्भुत रमणीयता आ गई है। सारे कँटीले पथ प्रसूनमय हो गए हैं, सम्पूर्ण कर्म-क्षेत्र एक मधुर ज्योति से जगमगा उठा है। कोमलांगी सीता अपने प्रिय पति की विशाल भुजाओं और कन्धे के ऊपर निकली हुई धनुष की वक्रकोटि पर मुग्ध निविड़ और निर्जन काननों में निश्शंक विचर रही है। खर-दूषण की राक्षसी सेना कोलाहल करती आ रही है। राम कुछ मुस्कराकर एक बार प्रेम भरी दृष्टि से सीता की ओर देखते हैं, फिर वीरदर्प से राक्षसों की ओर दृष्टि फेरकर अपना धनुष चढ़ाते हैं। उस वीरदर्प में कितनी उमंग, कितना उत्साह, कितना माधुर्य रहा होगा ! सीता-हरण होने पर राम का वियोग जो सामने आता है वह भी चारपाई पर करवटें बदलने वाला नहीं है, समुद्र पार कराकर पृथ्वी का भार उतारने वाला है।

उस ऐकान्तिक प्रेम की अपेक्षा जो प्रेमी को एक घेरे में उसी प्रकार बन्द कर देता है जिस प्रकार कोई मर्ज मरीज को एक कोठरी में डाल देता है, हम उस प्रेम का अधिक मान करते हैं जो संजीवन रस के रूप में प्रेमी के सारे जीवन-पथ को रमणीय और सुन्दर कर देता है, उसके सारे कर्म-क्षेत्र को अपनी ज्योति से जगमगा देता है। जो प्रेम जीवन की नीरसता हटाकर उसमें सरलता ला दे, वह प्रेम धन्य है। जिस प्रेम का रंजनकारी प्रभाव विद्वान् की बुद्धि, कवि की प्रतिभा, चित्रकार की कला, उद्योगी की तत्परता, वीर के उत्साह तक बराबर फैला दिखाई दे उसे हम भगवान् का अनुग्रह समझते हैं। भगवद्भक्ति के लिए हम तो प्रेम की यही पद्धति समीचीन मानते हैं। जबकि प्रिय के सम्बन्ध से न जाने कितनी वस्तुएँ प्रिय हो जाती हैं तब उस परम प्रिय के सम्बन्ध से सारा जगत् प्रिय हो सकता है। शुद्ध भक्ति-मार्ग में जगत् से विरक्ति का स्थान हम ढूँढ़ते हैं और नहीं पाते हैं। भक्ति-राग की वह दिव्य-भूमि है जिसके भीतर सारा चराचर जगत् आ जाता है। जो भक्त इस जगत् को ब्रह्म की ही व्यक्त सत्ता या विभूति समझेगा, भगवान् के लोकपालक और लोकरंजक स्वरूप पर मुग्ध रहेगा, वह अपने स्नेह, अपनी

दया, अपनी सहानुभूति को लोक में और फैलाएगा कि चारों ओर से खींच लेगा ? हम तो जगत् के बीच हृदय के सम्यक् प्रसार में ही भक्ति का प्रकृत लक्षण देखते हैं क्योंकि राम की ओर ले जानेवाला रास्ता इसी संसार से होता हुआ गया है।

जब कोई रामभक्त पुत्र-कलत्र, भाई-बन्धु का राग छोड़ने, कर्मपथ से मुँह मोड़ने और जगत् का नाता तोड़ने का उपदेश देता है तब मेरी समझ जवाब देने लगती है। मेरे देखने में तो वही रामभक्त-सा लगता है जो अपने पुत्र-कलत्र, भाई-बहिन, माता-पिता से स्नेह का व्यवहार करता है, रास्ते में चींटियाँ बचाता है, किसी प्राणी का दुख देख आँसू बहाता हुआ रुक जाता है, किसी दीन पर निष्ठुर अत्याचार होते देख क्रोध से तिलमिलाता हुआ अत्याचारी का हाथ थामने के लिए कूद पड़ता है, बालकों की क्रीड़ा देख विनोद से पूर्ण हो जाता है, लहलहाती हुई हरियाली देख लहलहा उठता है और खिले हुए फूलों को देख खिल जाता है। जो यह सब देख 'मुझसे क्या प्रयोजन ?' कहकर विरक्त या उदासीन रहेगा–क्रोध, करुणा, स्नेह, आनन्द आदि को पास तक न फटकने देगा–उसे मैं ज्ञानी, ध्यानी, संयमी चाहे जो कहूँ, भक्त कदापि न कह सकूँगा। 'राम का नाता' सारे संसार से नाता जोड़ता है, तोड़ता नहीं। लोकमंगल की प्रेरणा द्वारा भक्त अपने 'नेह का नाता' संसार से निभाता हुआ राम से जोड़ने का प्रयत्न करता है। इस सम्बन्ध-निर्वाह में जो बाधक हों, भक्त के लिए वे अवश्य त्याज्य हैं, चाहे वे अपने सुहृद् और स्नेही परिजन ही क्यों न हों, क्योंकि–

नाते सबै राम के मनियत सुहृद् सुसेव्य जहाँ लौं।

ऐकान्तिक और लोकबद्ध प्रेम के इन दो स्वरूपों का परिचय हो चुका। अब हम प्रेमी और प्रिय, इन दो पक्षों की पारस्परिक स्थिति पर कुछ विचार करना चाहते हैं। प्रेम कहीं तो दोनों पक्षों में युगपद् होता है अर्थात् आरम्भ ही से सम है; कहीं पहले एक में उत्पन्न होकर फिर दूसरे में होता है और कहीं एक ही में उत्पन्न होकर रह जाता है, दूसरे में होता ही नहीं अर्थात् विषम ही रह जाता है। पहले कहा जा चुका है कि किसी के प्रति प्रेम का प्रादुर्भाव होते ही प्रेमी उसे अपने प्रेम का परिचय देने के लिए आतुर होता है। यह आतुरता तुल्यानुराग की प्रतिष्ठा के लिए होती है जिसके बिना प्रेम सफल नहीं जान पड़ता। तुल्यानुराग के प्रयत्न की भी एक बँधी हुई पद्धति दिखाई पड़ती है।

दूसरों की ओर द्रवित करनेवाली हृदय की दो कोमल वृत्तियाँ हैं–करुणा और प्रेम। इसमें से प्रेम का पात्र होने के लिए भिन्न-भिन्न प्रकार की विशिष्टता अपेक्षित होती है। इससे दूसरे के हृदय में प्रेम उत्पन्न कर सकने का निश्चय किसी को जल्दी नहीं हो सकता। पर दया का पात्र होने के लिए केवल दुख या पीड़ा का प्रदर्शन ही पर्याप्त होता है। दया का क्षेत्र अत्यन्त विस्तृत है। दया मनुष्य-मात्र का धर्म है और प्राणी-मात्र उसके अधिकारी हैं। दया यह नहीं देखने जाती कि दुखी या पीड़ित कौन और कैसा है ? इसी से प्रेमी कभी तो यह चेष्टा करता दिखाई पड़ता है कि वह भी प्रिय को अच्छा लगे और कभी ऐसे उपायों का अवलम्बन करता है जिससे प्रिय के हृदय में उसके ऊपर दया उत्पन्न हो। दया उत्पन्न करके वह प्रिय के अन्तस् में प्रेम

की भूमिका बाँधना चाहता है। वह समझता है कि दया उत्पन्न होगी तो धीरे-धीरे प्रेम भी उत्पन्न हो जाएगा। वह वियोग की अपनी दारुण वेदना प्रिय के कानों तक बराबर पहुँचाता रहता है।

यह न समझना चाहिए कि प्रिय के हृदय में क्या उत्पन्न करने की यह चाह तुल्यानुराग की प्रतिष्ठा के पूर्व तक ही रहती है। वह प्रेम-मार्ग की एक सामान्य प्रवृत्ति है जो प्रेमी के हृदय में सदा बनी रहती है। बात यह है कि जिस प्रकार दूसरे के हृदय में प्रेम उत्पन्न करने की जरूरत होती है उसी प्रकार बराबर बनाए रखने की भी। प्रेम की रखवाली करने के लिए प्रेमी प्रिय के हृदय में दया को बराबर जगाता रहता है। दया या करुणा का भाव जागृत रखने की इस प्रवृत्ति का प्रकर्ष फारसी या उर्दू की शायरी में विशेष रूप से पाया जाता है। वहाँ प्रेमी जीते-जी यार के कूचे में अपनी कब्र बनवाते हैं, उस कूचे के कुत्तों के नाम अपनी हड्डियाँ वक्फ करते हैं और बार-बार मरकर अपना हाल सुनाया करते हैं। मरण से बढ़कर करुणा का विषय और क्या हो सकता है ? शत्रु तक का मरना सुनकर सहानुभूति के एक-आध शब्द मुँह से निकल आते हैं। प्रिय के मुख से निकले हुए सहानुभूतिक शब्द-सा प्रिय संसार में कोई शब्द नहीं हो सकता। 'बेचारा बहुत अच्छा था' प्रिय के मुँह से इस प्रकार के कुछ शब्दों की सम्भावना पर ही आंशिक लोग अपने मर जाने की कल्पना बड़े आनन्द से किया करते हैं। जबकि सहानुभूति के एक शब्द का इतना मोल है तब अश्रु का तो कोई मोल ही नहीं हो सकता; प्राण के बदले में भी वह सस्ता ही जँचेगा। यदि प्रेमी को यह निश्चय हो जाए कि मर जाने पर प्रिय की आँखों में आई हुई आँसू की बूँद वह देख सकेगा तो वह अपना शरीर छोड़ने के लिए तैयार हो सकता है।

यह कहा जा चुका है कि तुल्यानुराग की प्रतिष्ठा हो जाने पर ही प्रेम को पूर्ण तुष्टि और सफलता प्राप्त होती है। हमारे साहित्य के पुराने आचार्यों ने एक पक्ष की प्रीति को रसाभास के अन्तर्गत लिया है। जब तक तुल्यानुराग की सम्भावना रहती है या प्रिय-पक्ष की विरक्ति और उदासीनता का प्रमाण सामने नहीं रहता तब तक रस में त्रुटि नहीं मानी जाती। प्रेमी का तिरस्कार करता हुआ प्रिय जब अन्य में अनुरक्त पाया जाता है तब उसकी विरक्ति का पक्का प्रमाण सामने आ जाता है। ऐसी दशा में भी बने रहनेवाले प्रेम की चर्चा काव्यों में मिलती है। फारसी और उर्दू की शायरी में आशिकों की अक्सर यह शिकायत रहती है कि "माशूक गैरों से मिला करता है और हमारी ओर ताकता तक नहीं।" कृष्ण के मथुरा चले जाने पर गोपियों की शिकायत भी कुछ-कुछ इस ढंग की हो गई थी।

रस और रसाभास की बात छोड़ हमें प्रेम के स्वरूप पर विचार करना है जिसमें प्रेमी तो प्रेम में विह्वल रहता है और प्रिय उसकी ओर ध्यान ही नहीं देता या बराबर उसका तिरस्कार करता जाता है। क्या ऐसा प्रेम कोई प्रेम ही नहीं है ? यह नहीं कहा जा सकता। प्रेमी तो प्रेम कर चुका, उसका कोई प्रभाव प्रिय पर पड़े या न पड़े। उसके प्रेम में कोई कसर नहीं। प्रिय यदि उससे प्रेम करके उसकी आत्मा को तुष्ट नहीं करता तो

इसमें उसका क्या दोष ? तुष्टि का विधान न होने से प्रेम के स्वरूप की पूर्णता में कोई त्रुटि नहीं आ सकती। जहाँ तक ऐसे प्रेम के साथ तुष्टि की कामना या अतृप्ति का लोभ लगा दिखाई पड़ता है वहाँ तक तो उसका उत्कर्ष प्रकट नहीं होता; पर जहाँ आत्म-तुष्टि की वासना विरत हो जाती है या पहले ही से नहीं रहती, वहाँ प्रेम का अत्यन्त निखरा हुआ निर्मल और विशुद्ध रूप दिखाई पड़ता है। ऐसे प्रेम की अविचल प्रतिष्ठा अत्यन्त उच्च भूमि पर होती है जहाँ सामान्य हृदयों की पहुँच नहीं हो सकती। इस उच्च भूमि पर पहुँचा हुआ प्रेमी प्रिय से कुछ भी नहीं चाहता, केवल यही चाहता है–प्रिय से नहीं, ईश्वर से–कि हमारा प्रिय बना रहे और हमें ऐसा ही प्रिय रहे। इसी उच्च दशा का अनुभव करती हुई सूर की गोपियाँ कहती हैं :

जहँ जहँ रहौ राज करौ तहँ तहँ लेहु कोटि सिर भार।
यह असीस हम देति सूर सुनु 'न्हात खसै जनि बार'॥

ऐसे प्रेमी के लिए प्रिय की तुष्टि या सुख से अलग अपनी कोई तुष्टि या सुख रह ही नहीं जाता। प्रिय का सुख-सन्तोष ही उसका सुख-सन्तोष हो जाता है। बंकिम बाबू की 'दुर्गेशनन्दिनी' में आयशा का जगतसिंह पर अनुराग इसी उच्च भूमि पर लाकर छोड़ा गया है। जिस दिन से उसे जगतसिंह और तिलोत्तमा के प्रेम का पता चलता है उसी दिन से वह अपने प्रेम को भौतिक कामनाओं से मुक्त करने लगती है और अन्त में तिलोत्तमा के साथ जगतसिंह का विवाह कराकर पूर्ण शान्ति के साथ प्रेम के विरुद्ध मानव लोक में प्रवेश करती है।

प्रेमी यदि अपने प्रेम का कोई प्रभाव प्रिय पर न देखे तो उसके सामने प्रेम की यही उच्च भूमि दिखाई पड़ती है। सान्निध्य या सम्पर्क की कामना के त्याग द्वारा ही वह प्रेम रक्षा और शान्ति लाभ कर सकता है। यदि उसमें यह क्षमता न होगी तो प्रतिवर्तन (Reaction) द्वारा घोर मानसिक विप्लव और पतन की आशंका रहेगी, ईर्ष्या आदि बुरे भावों के संचार के लिए रास्ता खुल जाएगा। यहाँ तक कि समय-समय पर क्रोध का दौरा और प्रेम का स्थान बैर ले लेगा।

प्रेम-काव्यों में प्रायः रूप-लोभ ही प्रेम का प्रवर्त्तक दिखाया जाता है। किसी के उत्कृष्ट रूप-गुण पर कोई मुग्ध होता है और उसका प्रेमी बन जाता है। पर प्रेम का एक और कारण, जो रूप-गुण से सर्वथा स्वतन्त्र और उनकी अपेक्षा अधिक निश्चित प्रभाव वाला होता है, साहचर्य है। देश-प्रेम के अन्तर्गत उसका उल्लेख हो चुका है। किसी अरब को उसकी रेगिस्तानी जन्म-भूमि से ले जाकर कश्मीर के हरे-भरे मैदान में रख दें तो भी वह अपने देश के वियोग में रोया करेगा। इसी प्रकार जिन मनुष्यों के बीच कोई बचपन से या बहुत दिनों से रहता चला आता है, उनके प्रति हृदय में एक स्थायी प्रेम होता है। इस साहचर्यगत प्रेम में विशेषता यह होती है कि इसका वेग साहचर्य काल से कुछ अवसरों पर ही रह-रहकर व्यक्त होता है, पर विच्छेद काल में बराबर उमड़ता रहता है। भाई-बहिन, पिता-पुत्र, इष्ट-मित्र से लेकर चिर-परिचित पशु-पक्षी और वृक्ष तक का प्रेम इसी ढंग का होता है। रूप-गुण की भावना से उत्पन्न प्रेम भी आगे चलकर कुछ दिनों

में यह साहचर्यजन्य स्वरूप प्राप्त करता है अतः प्रेम के स्वरूप का महत्त्व बराबर ध्यान में रहना चाहिए।

लोभ या प्रेम या प्रेम की सबसे बड़ी विलक्षणता का उल्लेख करके अब हम यह निबन्ध समाप्त करते हैं। यही एक ऐसा भाव है जिसकी व्यंजना हँसकर भी की जाती है और रोकर भी; जिसके व्यंजक दीर्घ निःश्वास और अश्रु भी होते हैं तथा हर्ष-पुलक और उछल-कूद भी। इसके विस्तृत शासन के भीतर आनन्दात्मक और दुखात्मक दोनों प्रकार के मनोविकार आ जाते हैं। साहित्य के आचार्यों ने इससे शृंगार के दो पक्ष कर दिए हैं–संयोगपक्ष और वियोगपक्ष। कोई और भाव ऐसा नहीं है जो आलम्बन के रहने पर तो एक प्रकार की मनोवृत्तियाँ और चेष्टाएँ उत्पन्न करे और न रहने पर बिलकुल दूसरे प्रकार की। कुछ और भाव भी लोभ या प्रेम का-सा स्थायित्व प्राप्त करते हैं–जैसे क्रोध बहुत दिनों तक टिका रह जाने पर द्वेष या वैर का रूप धारण करता है और जुगुप्सा घृणा या विरक्ति का–पर यह विशेषता और किसी में नहीं पाई जाती। मनुष्य की अन्तर्वृत्तियों पर लोभ या प्रेम के शासन का यही दीर्घ विस्तार देखकर लोगों ने शृंगार को 'रसराज' कहा है।

प्रेम आनन्द स्वरूप है

काव्य की उस भूमि में जहाँ आनन्द अपनी पूर्णावस्था को प्राप्त दिखाई पड़ता है, प्रवर्तक भाव 'प्रेम' रहता है। इसी भाव के विविध प्रकार के आलम्बनों और उद्‌दीपनों का चित्रण इस भूमि के विभाव पक्ष में पाया जाता है। दीप्ति, माधुर्य और कोमलता के नाना रूप यहाँ मिलते हैं। बाहर नयनाभिराम रूपरेखा, विकसित वर्ण-वैचित्र्य, विभूति, प्रभूति, चमक-दमक, शीतल स्निग्ध छाया; कलकंठ स्वर स्पन्दित, सौरभ समन्वित समीर, स्मित आनन, चपल भ्रू विलास, हास-परिहास, संगीत-सज्जा, वीणा की झंकार इत्यादि हैं तो भीतर सौन्दर्य की मादक अनुभूति, प्रेमोल्लास स्वप्न, स्मृति-विस्मृति, क्रीड़ा-व्रीड़ा, दर्शन पिपासा, उत्कंठा, मुग्धता इत्यादि।

इस भूमि के मानस या आभ्यन्तर पक्ष की खाली उलझन हमारे पुराने आचार्य सुलझा रहे हैं। यद्यपि प्रेम दशा के भीतर सुखात्मक और दुःखात्मक दोनों प्रकार के भाव पाए जाते हैं; पर कान में 'प्रेमानन्द' शब्द ही पड़ता है, 'प्रेमापन्न' नहीं। इससे, प्रेम आनन्द स्वरूप है, यह लोकधारणा प्रकट होती है, जो साहित्य मीमांसकों को भी मान्य है। वियोग काल की सारी अश्रुधारा के तल में आनन्द की रेखाएँ दिखाई पड़ती रहती हैं। विरह में आनन्द नष्ट नहीं हुआ रहता; केवल 'आवृत्त' रहता है। विरहियों का रोना एक प्रकार हँसना ही है। उनके तीव्र ताप और ज्वाला की जड़ में एक रसमयी शीतलता रहती है। जब तक प्रिय इस जगत् में रहता है, तब तक, कहीं दूर चले जाने पर भी, उसका कहीं पता न रहने पर भी, जो दुःख और वेदना होती है, वह प्रेम भाव की ही अनुभूति समझी जाती है और साहित्य में विप्रलम्भ शृंगार के ही अन्तर्गत मानी जाती है।

बात यह है कि वियोग काल चाहे कितना ही दारुण हो, उसके बीच-बीच में मिलने की लालसा जगती रहती है, संयोग की कल्पना के सुख का अनुभव होता रहता है, प्रिय के रूप आदि का ध्यान आने पर मन लुब्ध होता रहता है। यह लालसा, यह लुब्धता आनन्द के ढंग की चीज है; दुःख के ढंग की नहीं। आनन्द के रूप में ही प्रेम का उदय होता है और उसका यह रूप भीतर-भीतर बराबर बना रहता है। किसी के रूप-सौन्दर्य और शील-सौन्दर्य का पहले-पहल साक्षात्कार या परिचय होते ही सबसे पहली अनुभूति आनन्द की होती है। सबसे पहले हृदय विकसित और लुब्ध होता है। सारांश यह कि प्रेमकाल जीवन का आनन्द काल ही है। इसी से भक्तगण भक्ति या प्रेम को ही साध्य कहा करते हैं।

प्रेम वास्तव में 'राग' का ही पूर्ण विकसित रूप है। राग और द्वेष दोनों की स्थिति वासना के रूप में प्रत्येक प्राणी में होती है। वासनात्मक अवस्था में इन दोनों के विषय सामान्य रहते हैं। सामान्यतः सुख देनेवाली या चिरकाल के साथ रहनेवाली वस्तुओं के प्रति राग और दुःख देनेवाली वस्तुओं के प्रति द्वेष का बीज सबके हृदय क्षेत्र में ढँका रहता है। यही राग जब अंकुरित या व्यक्त होकर किसी व्यक्ति विशेष की ओर पहले-पहल उन्मुख होता है, तब 'लुभाना' कहलाता है और जब उस विशेष में जाकर स्थिर हो जाता है, तब 'प्रेम' कहा जाता है। सीधी बात यह है कि वासनात्मक अवस्था से भावात्मक अवस्था में हुआ आया राग ही 'अनुराग' या प्रेम है। किसी के रूप, गुण आदि का उत्कर्ष सुनकर जो 'पूर्वराग' होता है, वह भी उत्तेजित 'राग' ही रहता है, प्रेम नहीं। यद्यपि उत्तेजना व्यक्ति विशेष के ही उत्कर्ष का परिचय पाकर होती है, पर पूर्व राग की दशा में प्रेम की अनन्यता और पूर्ण एकनिष्ठता नहीं रहती, वह पीछे प्राप्त होती है। किसी के प्रति पूर्वराग उत्पन्न होने पर यह सम्भावना रहती है कि अन्य समय उससे अधिक उत्कर्षवाले किसी दूसरे का परिचय पाकर वह उस पर हो जाए।

राग मिलानेवाली वासना है और द्वेष अलग करनेवाली। रासायनिक मूल द्रव्यों के राग से ही पिंड सृष्टि का विकास होता है। राग की अभिव्यक्ति विशेष दाम्पत्य और वात्सल्यभाव में ही होती है जिससे प्राणियों की परम्परा चिरकाल से चलती आ रही है। अतः प्रेम में पालन और रंजन दोनों की प्रवृत्ति प्रत्यक्ष है।

('प्रेमा', अप्रैल, मई 1932)
[चिन्तामणि, भाग–3]

घृणा

सृष्टि-विस्तार से अभ्यस्त होने पर प्राणियों को कुछ विषय रुचिकर और कुछ अरुचिकर प्रतीत होने लगते हैं। इन अरुचिकर विषयों के उपस्थित होने पर अपने ज्ञान-पथ से उन्हें दूर रखने की प्रेरणा करनेवाला जो दुख होता है उसे घृणा कहते हैं। सुबीते के लिए हम यहाँ घृणा के विषयों के दो विभाग करते हैं–स्थूल और मानसिक। स्थूल विषय आँख, कान और नाक इन्हीं तीन इन्द्रियों से सम्बन्ध रखते हैं। हम चपटी नाक और मोटे ओठ से सुसज्जित चेहरे को देख दृष्टि फेरते हैं, खरस्वान खर्राट तान सुनकर कान में उँगली डालते हैं और म्युनिसिपैलिटी की मैलागाड़ी सामने आने पर नाक पर रूमाल रखते हैं। रस और स्पर्श अकेले घृणा नहीं उत्पन्न करते। रस का रुचिकर या अरुचिकर लगना तो कई अंशों में घ्राण से सम्बद्ध है। मानसिक विषयों की घृणा मन में कुछ अपनी ही क्रिया से आरोपित और कुछ शिक्षा द्वारा आदर्शों के प्रतिकूल विषयों से सर्वथा स्वतन्त्र होती है। निर्लज्जता की कथा कितनी ही सुरीली तान में सुनाई जाए, घृणा उत्पन्न ही करेगी। कैसा ही गन्दा आदमी परोपकार करे उसे देख श्रद्धा उत्पन्न हुए बिना न रहेगी।

अरुचिकर और प्रतिकूल विषयों के उपस्थितिकाल में इन्द्रिय या मन का व्यापार अच्छा नहीं लगता; इससे या तो प्राणी ऐसे विषयों को दूर करना चाहता है अथवा अपने इन्द्रिय या मन के व्यापार को बन्द करना। इसके अतिरिक्त वह और कुछ नहीं करना चाहता। क्रोध और घृणा में जो अन्तर है वह यहाँ देखा जा सकता है। क्रोध का विषय पीड़ा या हानि पहुँचानेवाला नहीं होता है, इससे क्रोधी उसे नष्ट करने में प्रवृत्त होता है। घृणा का विषय इन्द्रिय या मन के व्यापार में संकोच मात्र उत्पन्न करनेवाला होता है इससे मनुष्य को उतना उग्र उद्वेग नहीं होता और वह घृणा के विषय की हानि करने में तुरन्त बिना कुछ और विचार किए प्रवृत्त नहीं होता। हम अत्याचारी पर क्रोध और व्यभिचारी से घृणा करते हैं। क्रोध और घृणा के बीच एक अन्तर और ध्यान देने योग्य है। घृणा का विषय हमें घृणा का दुख पहुँचाने के विचार से हमारे सामने उपस्थित नहीं होता, पर क्रोध का चेतन विषय हमें आघात या पीड़ा पहुँचाने के उद्देश्य से हमारे सामने उपस्थित होता है या समझा जाता है। न दुर्गन्ध ही इसलिए हमारी नाक में घुसती है कि हमें घिन लगे और न व्यभिचारी ही इसलिए व्यभिचार करता है कि हमें उसकी करतूत सुन उससे घृणा करने का दुख उठाना पड़े। यदि घृणा का विषय जान-बूझकर हमें घृणा का दुख पहुँचाने के अभिप्राय से हमारे सामने उपस्थित हो तो हमारा ध्यान उस घृणा के

विषय से हटकर उसकी उपस्थिति के कारण की ओर हो जाता है और हम क्रोध-साधन में तत्पर हो जाते हैं। यदि आपको किसी के पीले दाँत देख घिन लगेगी तो आप अपना मुँह दूसरी ओर फेर लेंगे, उसके दाँत नहीं तोड़ने जाएँगे। पर यदि जिधर-जिधर आप मुँह फेरते हैं, उधर-उधर वह भी आकर खड़ा हो तो आश्चर्य नहीं कि वह थप्पड़ खा जाए। यदि होली में कोई गन्दी गालियाँ बकता चला जाता है तो घृणा मात्र लगने पर आप उसे मारने न जाएँगे; उससे दूर हटेंगे, पर यदि जहाँ-जहाँ आप जाते हैं वहाँ-वहाँ वह भी आपके साथ-साथ अश्लील शब्द बकता जाता है तो आप उस पर बिफर पड़ेंगे।

घृणा और पीड़ा के स्वरूप में जो अन्तर है वह स्पष्ट है। वज्रपात के शब्द का अनुभव भद्दे गले के आलाप के अनुभव से भिन्न है। आँख में किरकिरी पड़ना और बात है, सड़ी बिल्ली सामने आना और बात। यदि कोई स्त्री आपसे मीठे शब्दों में कलुषित प्रस्ताव करे तो उसके प्रति आपको घृणा होगी, पर वही स्त्री यदि आपको छड़ी लेकर मारने आए तो आप उस पर क्रोध करेंगे। घृणा का भाव शान्त है उसमें क्रियोत्पादिनी शक्ति नहीं है। घृणा निवृत्ति का मार्ग दिखलाती है और क्रोध प्रवृत्ति का। हम किसी से घृणा करेंगे तो बहुत करेंगे उसकी राह बचाएँगे, उससे बोलेंगे नहीं, पर यदि किसी पर क्रोध करेंगे तो ढूँढ़कर उससे मिलेंगे और उसे और नहीं तो दस-पाँच ऊँची-नीची सुनाएँगे। घृणा विषय से दूर ले जाने वाली है और क्रोध हानि पहुँचाने की प्रवृत्ति उत्पन्न कर विषय के पास ले जाने वाला। कहीं-कहीं घृणा क्रोध का शान्त रूपान्तर मात्र प्रतीत होती है। साधारण लोग जिन बातों पर क्रोध करते देखे जाते हैं साधु लोग उनसे घृणा मात्र करके; और यदि साधुता ने बहुत जोर किया तो उदासीन होकर रह जाते हैं। दुर्जनों की गाली सुनकर साधारण लोग क्रोध करते हैं पर साधु लोग उपेक्षा ही करके सन्तोष कर लेते हैं, जो क्रोध एक बार उत्पन्न होकर सामान्य लोगों में बैर के रूप में टिक जाता है वही क्रोध साधु में घृणा के रूप में टिकता है। दोनों के जो भिन्न-भिन्न परिणाम हैं वे प्रत्यक्ष हैं। यदि जिस पर एक बार क्रोध उत्पन्न हुआ उसका व्यवहार आकस्मिक है तो बैर कर बैठना और बराबर अग्रसर होनेवाला है जो घृणा मात्र करना निष्फल होता है।

आजकल की बनावटी सभ्यता या शिष्टता में 'घृणा' शब्द बैर या क्रोध को छिपाने का भी काम दे जाता है। यदि हमें किसी से बैर है तो हम दस-पाँच सभ्यों के बीच बैठकर कहते हैं कि हमें उससे घृणा है। इस बात में हमारी चालाकी प्रत्यक्ष है। बैर का आधार व्यक्तिगत होता है, घृणा का सार्वजनिक। बैर के नाम पर यह समझा जाता है कि कहीं दो या अधिक मनुष्यों के लक्ष्य का परस्पर विरोध हुआ है; पर घृणा का नाम सुनकर अधिकतर यही अनुमान होता है कि समाज के लक्ष्य या आदर्श का विरोध हुआ है। बैर करना एक छोटी बात समझी जाती है। अतः बैर के स्थान पर घृणा का नाम लेने से बदला, बचाव दोनों हो जाते हैं।

घृणा के स्थूल विषय प्रायः सब मनुष्यों के लिए समान होते हैं। सुगन्ध और दुर्गन्ध, सौन्दर्य और भद्दापन इत्यादि के विषय में अधिकांश एकमत रहता है। यह दूसरी बात

है कि एक प्रकार की सुगन्ध की अपेक्षा दूसरे प्रकार की सुगन्ध किसी को अधिक अच्छी लगे, पर गुलाब की गन्ध को कोई दुर्गन्ध नहीं कहेगा। घृणा और श्रद्धा के मानसिक विषय भी सभ्य जातियों के बीच प्रायः सब हृदयों के समान और निर्दिष्ट होते हैं। वेश्यागमन, जुआ, मद्यपान, स्वार्थपरता, कायरता, आलस्य, लम्पटता, पाखंड, अनधिकार-चर्चा, मिथ्याभिमान आदि विषय उपस्थित होने पर प्रायः सब मनुष्य घृणा करने के लिए विवश हैं। इसी प्रकार स्वार्थ त्याग, परोपकार, इन्द्रिय-संयम आदि पर श्रद्धा होना एक प्रकार से स्वाभाविक-सा हो गया है। मतभेद वहाँ देखा जाता है जहाँ और विषयों को पाकर लोग अनुबन्ध द्वारा घृणा के इन प्रतिष्ठित मूल विषयों तक पहुँचते हैं। यदि एक ही व्यापार से एक आदमी को घृणा मालूम हो रही है और दूसरे को नहीं तो यह समझना चाहिए कि पहला उस व्यापार के आगे-पीछे चारों ओर जिन रूपों की उद्‌भावना करता है, दूसरा नहीं।

दल-बल सहित भरत को वन में आते देख निषाद को उनके प्रति घृणा उत्पन्न हो रही है और राम को नहीं, क्योंकि निषादराज भरत के आगमन में असहाय राम को मार निष्कंटक राज करने की उद्‌भावना करता है और राम नहीं। इस प्रकार के भेद का कारण मनुष्य के अनुबन्ध-ज्ञान की उल्टी गति है। अनुबन्ध-ज्ञान का क्रम या तो प्रस्तुत विषय पर से उसे संघटित करनेवाले कारणों की ओर चलता है या परिणामों की ओर। किसी प्रस्तुत विषय को पाकर हर एक आदमी अनुबन्ध द्वारा उससे वास्तविक सम्बन्ध रखनेवाले अतः समान विषयों तक नहीं पहुँच सकता। एक बात को देखकर हर एक आदमी उसका एक ही या समान कारण या परिणाम नहीं बतलाएगा। किसी रियासत के नौकर ने अपने एक मित्र से कहा कि 'तुम कभी भूलकर भी इस रियासत में नौकरी न करना।' इस कथन में एक आदमी को तो हित-कामना की झलक दिखाई पड़ रही है और दूसरे को ईर्ष्या की। इससे एक उस पर श्रद्धा करता है और दूसरा घृणा। जहाँ घृणा के मूल विषय प्रत्यक्ष रूप में सीधे हमारे सामने आते हैं वहाँ कोई मतभेद नहीं दिखाई देता। पर कभी-कभी स्वयं ये और विषय हमारे सामने नहीं आते। इनके अनुमित लक्षण हमारे सामने रहते हैं जो विषयों के लक्षण हो सकते हैं। घृणा सम्बन्धी इस प्रकार का मतभेद सभ्य जातियों में, जिनमें उद्‌देश्यों के छिपाने की चाल बहुत है अधिक देखा जाता है। एक ही आदमी को कोई परम धार्मिक नेता समझता है, कोई पूरा मक्कार। एक ही राजकीय कार्यवाई को कोई व्यापार-स्वातन्त्र्य का प्रयत्न समझता है, कोई राज्य का लोभ।

मूसाई और ईसाई लोग देव-पूजकों से इसलिए घृणा नहीं करते कि वे छोटी वस्तुओं पर श्रद्धा-भक्ति करते हैं, बल्कि यह समझकर करते हैं कि वे उनके जमीन और आसमान बनानेवाले खुदा से दुश्मनी किए बैठे हैं। अपने बनाने और पालनेवाले से बैर ठानना कृतघ्नता है। अतः उनकी घृणा आरोपित कृतघ्नता के प्रति है, देव-पूजा के प्रति नहीं। संसार द्वारा ऐसे आरोपों पर यहाँ तक विश्वास बढ़ा कि अरब और यहूद की धर्म-पुस्तकों में मूर्तिपूजन या देवाराधन महापातक ठहराया गया। अँगरेज कवि मिल्टन ने प्राचीन

जातियों के देवताओं को शैतान की फौज के सरदार बनाकर बड़ी ही संकीर्णता और कट्टरपन का परिचय दिया है। सीधे-सादे गोस्वामी तुलसीदास जी से भी बिना यह कहे न रहा गया–

जे परिहर हरि-हर-चरन, भजहिं भूतगन घोर।
तिनकी गति मोहिं देहु विधि, जो जननी मत मोर॥

भिन्न-भिन्न मतवालों में जो परस्पर घृणा देखी जाती है वह अधिकतर ऐसे ही आरोपों के कारण। एक के आचार-विचार से जब दूसरा घृणा करता है तब उसकी दृष्टि यथार्थ में उस आचार-विचार पर नहीं रहती है, बल्कि ऊपर लिखे घृणा के सामान्य मूलाधारों में से किसी एक पर रहती है।

घृणा के विषय में मतभेद का एक और कारण ग्राह्य और अग्राह्य होने के लिए विषय-मात्र की अनियति है। सृष्टि में बहुत-सी वस्तुओं के बीच की सीमाएँ अस्थिर हैं। एक ही वस्तु, व्यापार या गुण किसी मात्रा में श्रद्धा का विषय होता है किसी मात्रा में अश्रद्धा का। इसके अतिरिक्त, शिक्षा और संस्कार के कारण एक ही मात्रा का प्रभाव प्रत्येक हृदय पर एक ही प्रकार का नहीं पड़ता। यह नहीं है कि एक बात एक आदमी को जहाँ तक अच्छी लगती है वहाँ तक दूसरे को भी अच्छे लगे। मन में प्रतिकूल बातें रखकर मुँह पर अनुकूल बातें कहनेवाले को एक आदमी शिष्ट और दूसरा कुटिल कहता है। उपचार या मुँह पर प्रसन्न करनेवाली बात कहने को जहाँ तक एक आदमी शिष्टता समझता चला जाता है, दूसरा वहाँ से कुटिलता का आरम्भ मान लेता है। दो-चार बार किसी आदमी को थोड़ी-थोड़ी बात पर रोते या कोप करते देखकर एक तो उसको दुर्बल चित्त और उद्वेगशील समझता है और दूसरा उसी को थोड़ी-थोड़ी बात पर विलाप करते और आपे के बाहर होते दस बार देखकर भी उसे सहृदय कहता है। रसिक लोग शुष्क-हृदय लोगों से घृणा करते हैं और शुष्क-हृदय लोग रसिकों से। यदि ये दोनों मिलकर एक दिन शुष्कता और रसिकता की सीमा तय कर डालें तो झगड़ा मिट जाए। शुष्क-हृदय लोग नाप-तोलकर यह बतला दें कि यहाँ तक की रसिकता शोहदापन या विषयासक्त नहीं है और रसिक लोग यह बतला दें कि यहाँ तक की शुष्कता कठोर-हृदयता नहीं है, बस झगड़ा साफ। पर यह हो नहीं सकता। दृढ़ता और हठ, धीरता और आलस्य, सहनशीलता और भीरुता, उदारता और फिजूलखर्ची, किफायत और कंजूसी आदि के बीच की सीमाएँ सब मनुष्यों के हृदय में न एक हैं और न एक होंगी।

मनोविकार दो प्रकार के होते हैं–प्रेष्य और अप्रेष्य। प्रेष्य वे हैं जो एक के हृदय में पहले के प्रति उत्पन्न होकर दूसरे के हृदय में भी पहले के प्रति उत्पन्न हो सकते हैं, जैसे क्रोध, घृणा, प्रेम इत्यादि। हम जिस पर क्रोध करेंगे वह (हमारे क्रोध के कारण) हम पर भी क्रोध कर सकता है। जिससे हम प्रेम करेंगे वह हमारे प्रेम को देखकर हमसे भी प्रेम कर सकता है। अप्रेष्य मनोविकार जिसके प्रति उत्पन्न होते हैं उसके हृदय में यदि करेंगे तो सदा दूसरे भावों की सृष्टि करेंगे। उसके अन्तर्गत भय, दया, ईर्ष्या आदि हैं। जिससे हम भय करेंगे वह हमसे हमारे भय के प्रभाव से भय नहीं, बल्कि हम पर दया करेगा।

जिस पर हम दया करेंगे वह हमारी दया के कराण हम पर दया नहीं करेगा, बल्कि श्रद्धा करेगा। जिससे हम ईर्ष्या करेंगे वह हमारी ईर्ष्या को देख हमसे ईर्ष्या नहीं करेगा, बल्कि घृणा करेगा।

प्रेष्य मनोवेग सजातीय संयोग पाकर बहुत जल्दी बढ़ते हैं। एक के क्रोध को देख दूसरा क्रोध करेगा, दूसरे का क्रोध बढ़ते देख पहले का क्रोध बढ़ेगा, पहले का क्रोध बढ़ते देख दूसरे का क्रोध और बढ़ेगा, इस प्रकार एक अत्यन्त भीषण क्रोध का दृश्य उपस्थित हो सकता है। इसी प्रकार एक के प्रेम को देख दूसरे को प्रेम हो सकता है, दूसरे के प्रेम को देख पहले का प्रेम बढ़ सकता है, पहले के प्रेम को बढ़ते देख दूसरे का प्रेम और बढ़ सकता है और अन्त में रात-रात भर करवटें बदलते रहने की नौबत आ सकती है। अतः प्रेष्य मनोवेगों से बहुत सावधान रहना चाहिए। अप्रेष्य मनोवेगों का ऐसे विजातीय मनोवेगों से संयोग होता है जिनसे उनकी वृद्धि नहीं हो सकती। जिससे हम भय करेंगे वह हम पर दया करेगा। उसकी दया को देख हमारा भय बढ़ेगा नहीं। हमें जिससे भय प्राप्त हुआ है उसमें फिर क्रोध को देख हमारा भय बढ़ सकता है; पर हमारे भय के कारण उसमें नया क्रोध उत्पन्न ही नहीं होगा। अपने ऊपर किसी को दया करते देख हम उस पर श्रद्धा प्रकट करेंगे। हमारी श्रद्धा से उसकी दया तत्क्षण बढ़ेगी नहीं। श्रद्धा पर दया नहीं होती है, दया होती है क्लेश पर। श्रद्धा पर जो वस्तु हो सकती है वह कृपा है। जिस पर हमें दया उत्पन्न हुई है उसको क्लेशित या भयभीत देखकर हमारी दया बढ़ सकती है। पर हमें दया करते देख (उस दया के कारण) उसका क्लेश या भय बढ़ेगा नहीं। किसी को अपने प्रति ईर्ष्या करते देख हम उससे घृणा प्रकट करेंगे। हमारी घृणा उसमें नई ईर्ष्या उत्पन्न कर उसकी ईर्ष्या बढ़ाएगी नहीं। घृणा पर ईर्ष्या नहीं होती है, ईर्ष्या होती है किसी की उन्नति या बढ़ती देखकर। प्रतिकार के रूप में जो अहित-कामना उत्पन्न होती है वह ईष्या नहीं है। घृणा के बदले में तो घृणा, क्रोध या बैर होता है।

यह जानकर घृणा, प्रेष्य मनोविकारों में से है, लोगों को बहुत समझ-बूझकर उसे स्थान देना और प्रकट करना चाहिए। ऊपर कहा जा चुका है कि घृणा निवृत्ति के मार्ग को दिखलाती है अर्थात् अपने विषयों से दूर रखने की प्रेरणा करती है। अतः यदि हमारी घृणा अज्ञानवश ऐसी वस्तुओं से है जिनसे हमें लाभ पहुँच सकता है तो उनके अभाव का कष्ट हमें भोगना पड़ेगा। शारीरिक बल और शिक्षा आदि से जिन्हें घृणा है वे उनके लाभों से वंचित रहेंगे। किसी बुद्धिमान् मनुष्य से जो मन में घृणा रखेगा वह उसके सत्संग के लाभ से हाथ धोएगा।

उपयुक्त घृणा को भी यदि वह शुद्ध है, तो प्रकट करने की आवश्यकता नहीं होती। घृणा का उद्देश्य जिसके हृदय में वह उत्पन्न होती है उसी की क्रियाओं को निर्धारित करना है, जिसके प्रति उत्पन्न होती है उस पर किसी तरह का प्रभाव डालना नहीं। अतः उपयुक्त घृणा को भी उसके पात्र पर यत्नपूर्वक प्रकट करने की आवश्यकता नहीं है। यदि हमें किसी आदमी से खालिस घृणा-मात्र है तो हम उससे दूर रहेंगे; हमें इसकी जरूरत न होगी कि हम उसके पास जाकर कहें कि "हमें तुमसे घृणा है।" जब क्रोध,

करुणा या हितकामना आदि का कुछ मेल रहेगा तभी हम अपनी घृणा प्रकट करने को आकुल होंगे। हमें जिस पर क्रोध मिश्रित घृणा होगी उसी के सामने हम अपनी घृणा प्रकट करके उसे दुख पहुँचाना चाहेंगे क्योंकि दुख पहुँचाने की प्रवृत्ति क्रोध की है, घृणा की नहीं। इसी प्रकार के कार्यों से हमें घृणा उत्पन्न होगी। यदि उस पर कुछ दया या उसके हित की कुछ चिन्ता होगी तभी हम उसे उन कार्यों से विरत करने के अभिप्राय से उस पर अपनी घृणा प्रकट करने जाएँगे। पर इन दोनों अवस्थाओं में यह भी हो सकता है कि जिस पर हम घृणा प्रकट करें वह हमसे बुरा मान जाए।

मनोविकारों को उत्पन्न होने देने और न उत्पन्न होने देने की इच्छा को मनोविकारों से स्वतन्त्र समझना चाहिए। किसी वस्तु से घृणा उत्पन्न होना एक बात है और घृणा के दुख को न उत्पन्न होने देने के लिए उस वस्तु को दूर करने या उससे दूर होने की इच्छा दूसरी बात। हम घृणा के दुख का अनुभव या अनुभव की आशंका कर चुके तब उससे बचने को आकुल हुए। ऐसी आकुलता को हम 'घृणा लगने का भय' कह सकते हैं। एक पूछता है, "क्यों भाई ! तुम उसके सामने क्यों नहीं जाते ?" दूसरा कहता है, "उसका चेहरा देखकर और उसकी बात सुनकर हमें क्रोध लगता है।" इस प्रकार की अनिच्छा को हम "क्रोध की अनिच्छा" कह सकते हैं। किसी वस्तु का अच्छा लगना एक बात है और उस अच्छा लगने के सुख को उत्पन्न करने के लिए उस वस्तु की प्राप्ति की इच्छा दूसरी बात।

घृणा और भय की प्रवृत्ति एक-सी है। दोनों अपने-अपने विषयों से दूर होने की प्रेरणा करते हैं। परन्तु भय का विषय भावी हानि का अत्यन्त निश्चय करानेवाला होता है और घृणा का विषय उसी क्षण इन्द्रिय या मन के व्यापारों में संकोच उत्पन्न करनेवाला। घृणा के विषय से यह समझा जाता है कि जिस प्रकार का दुख यह दे रहा है उसी प्रकार का देता जाएगा, पर भय के विषय से यह समझा जाता है कि अभी और प्रकार का अधिक तीव्र दुख देगा। भय क्लेश नहीं, क्लेश की छाया है, पर ऐसी छाया है जो हमारे चारों ओर अन्धकार फैला सकती है। सारांश यह है कि भय एक अतिरिक्त क्लेश है। यदि जिस बात का हमें भय था वह हम पर आ पड़ी तो हमें दोहरा क्लेश पहुँचा। इसी से आनेवाली अनिवार्य आपदाओं के पूर्वज्ञान की हमें उतनी आवश्यकता नहीं, क्योंकि उनसे भय करके हम अपने को बचा तो सकते नहीं, उनके पहले के दिनों से सुख को भी खो अलबत्ता सकते हैं।

सभ्यता या शिष्टता के व्यवहार में 'घृणा' उदासीनता के नाम से छिपाई जाती है। दोनों में जो अन्तर है वह प्रत्यक्ष है। जिस बात से हमें घृणा है, हम चाहते क्या आकुल रहते हैं कि वह बात न हो, पर जिस बात से हम उदासीन हैं उसके विषय में हमें परवाह नहीं रहती; वह चाहे हो, चाहे न हो। यदि कोई काम किसी की रुचि के विरुद्ध होता है तो वह कहता है, "ऊँह ! हमसे क्या मतलब, जो चाहे सो हो।" वह सरासर झूठ बोलता है, पर इतना झूठ समाज-स्थिति के लिए आवश्यक है।

घृणा

सृष्टि विस्तार से अभ्यस्त होने पर प्राणियों को कुछ विषय ग्राह्य और कुछ अग्राह्य प्रतीत होने लगते हैं। इन अग्राह्य विषयों के उपस्थित होने पर जो दुःख होता है उसे घृणा कहते हैं। सुबीते के लिए हम यहाँ घृणा के दो विभाग करते हैं—स्थूल और मानसिक। स्थूल घृणा, आँख, कान और नाक इन्हीं तीन इन्द्रियों से सम्बन्ध रखती है। हम चिपटी नाक और कानी, आँख से सुसज्जित चेहरे को देख घृणा करते हैं। खरस्वान खर्राट की तान सुनकर कान में उँगली डालते हैं और म्युनिसिपैलिटी की मैलागाड़ी सामने आने पर नाक पर रूमाल रखते हैं। रस और स्पर्श अकेले घृणा नहीं उत्पन्न कर सकते। रस का भला या बुरा अनुभव तो कई अंशों में घ्राण से मिला हुआ है। यहाँ पर यह न समझना चाहिए कि हम इन्द्रियानुभव और मनोवेग को एक करते हैं। विषय का भला व बुरा लगना उसका ज्ञान मात्र नहीं है कुछ और भी है। मानसिक घृणा मन में कुछ अपनी ही क्रिया से आरोपित और कुछ शिक्षा द्वारा प्राप्त आदर्शों के प्रतिकूल विषयों की उपस्थिति से उत्पन्न होती है। यह मानसिक घृणा स्थूल घृणा से भिन्न है। निर्लज्जता की कथा कितनी ही सुरीली तान में सुनाई जाए घृणा उत्पन्न ही करेगी। कैसा ही गन्दा आदमी परोपकार करे उसे देख श्रद्धा उत्पन्न हुए बिना न रहेगी। आनन्द की कोटि में मानसिक घृणा का उलटा श्रद्धा है।

ऐसे अग्राह्य और प्रतिकूल विषयों के उपस्थित काल में इन्द्रिय व मन का व्यापार अच्छा नहीं लगता, इससे या तो प्राणी ऐसे विषयों को दूर करना चाहता है अथवा अपने इन्द्रिय व मन के व्यापार को बन्द करना। इसके अतिरिक्त वह और कुछ नहीं करना चाहता। क्रोध और घृणा में जो अन्तर है वह यहाँ देखा जा सकता है। क्रोध का विषय पीड़ा व हानि पहुँचानेवाला होता है इससे क्रोधी उसे नष्ट करने में प्रवृत्त होता है। घृणा का विषय इन्द्रिय व मन के व्यापार में संकोच मात्र उत्पन्न करनेवाला है। इसी से मनुष्य को उतना उग्र उद्वेग नहीं होता और वह घृणा के विषय की हानि करने में तुरन्त बिना कुछ और विचार किए प्रवृत्त नहीं होता। हम अत्याचारी पर क्रोध और व्यभिचारी पर घृणा करते हैं। क्रोध और घृणा के बीच एक अन्तर और ध्यान देने योग्य है। घृणा का विषय हमें घृणा का दुःख पहुँचाने के विचार से हमारे सामने उपस्थित नहीं होता पर क्रोध का चेतन विषय हमें आघात व पीड़ा पहुँचाने के उद्देश्य से हमारे सामने उपस्थित होता है व समझा जाता है। न दुर्गंध ही इसलिए हमारी नाक में घुसती है कि हमें घिन लगे और न व्यभिचारी ही इसलिए व्यभिचार करता है कि हमें उसकी करतूत सुन उससे घृणा

करने का दुःख उठाना पड़े। यदि घृणा का विषय जान-बूझकर हमें घृणा का दुःख पहुँचाने के अभिप्राय से हमारे सामने उपस्थित हो तो हमारा ध्यान उस घृणा के विषय से हटकर उसकी उपस्थिति के कारण की ओर हो जाता है और हम क्रोध साधन में तत्पर हो जाते हैं। यदि आपको किसी के पीले दाँत देख घिन लगेगी तो आप अपना मुँह दूसरी ओर फेर लेंगे उसके दाँत नहीं तोड़ने जाएँगे। पर यदि जिधर-जिधर आप मुँह फेरते हैं उधर-उधर वह भी आकर खड़ा हो तो आश्चर्य नहीं कि वह थप्पड़ खा जाए। यदि होली में कोई गन्दी गालियाँ बकता चला जाता है, तो घृणा मात्र लगने पर आप उसे मारने न लग जाएँगे उससे दूर हटेंगे पर यदि जहाँ-जहाँ आप जाते हैं वहाँ-वहाँ वह भी आपके साथ-साथ अश्लील बकता जाता है तो आप उसपर टूट पड़ेंगे।

घृणा के दुःख और पीड़ा के बीच जो अन्तर है वह स्पष्ट है। वज्रपात के शब्द का अनुभव भद्दे गले के आलाप के अनुभव से भिन्न है। आँख में किरकिरी पड़ना और बात है सड़ी बिल्ली सामने आना और बात। यदि कोई स्त्री आपके सामने मीठे शब्दों में कलुषित प्रस्ताव करें तो उसके प्रति आपको घृणा होगी पर वही स्त्री यदि आपको छड़ी लेकर मारने आए तो आप उसपर क्रोध करेंगे। घृणा का भाव शान्त है, उसमें क्रियोत्पादिनी शक्ति नहीं है। घृणा निवृत्ति का मार्ग दिखलाती है और क्रोध प्रवृत्ति का। यदि हम किसी से घृणा करेंगे तो बहुत करेंगे उसकी राह बचाएँगे। उससे बोलेंगे नहीं पर यदि किसी पर आप क्रोध करेंगे तो ढूँढ़कर उससे मिलेंगे और उसे और नहीं तो दस पाँच ऊँची-नीची सुनाएँगे। घृणा विषय से दूर ले जानेवाली है और क्रोध हानि पहुँचाने की प्रवृत्ति उत्पन्न कर विषय के पास ले जानेवाली है। कहीं-कहीं घृणा क्रोध का शान्त रूपान्तर प्रतीत होती है। साधारण लोग जिन बातों पर क्रोध करते देखे जाते हैं साधु लोग उससे घृणा मात्र करके, और यदि साधुता ने बहुत जोर दिया तो उदासीन ही होकर रह जाते हैं। दुर्जनों की गाली सुनकर साधारण लोग क्रोध करते हैं पर साधु लोग उपेक्षा ही करके सन्तोष कर लेते हैं। जो क्रोध एक बार उत्पन्न होकर सामान्य लोगों में वैर के रूप में टिक जाता है वही क्रोध साधु लोगों में घृणा के रूप में टिकता है। दोनों के जो भिन्न-भिन्न परिणाम हैं वे प्रत्यक्ष हैं। यदि जिसपर एक बार क्रोध उत्पन्न हुआ, उसका व्यापार आकस्मिक है तो वैर कर बैठना और यदि बराबर अग्रसर होनेवाला है तो घृणा मात्र करना निष्फल है।

आजकल की बनावटी सभ्यता व शिष्टता में 'घृणा' शब्द वैर व क्रोध को छिपाने का काम दे जाता है। यदि हमें किसी से वैर है तो हम दस-पाँच सभ्यों के बीच बैठकर कहते हैं कि हमें उससे घृणा है। इस बात से हमारी चालाकी प्रत्यक्ष है। वैर का आधार व्यक्तिगत है, घृणा का सार्वजनिक। वैर के नाम पर यह समझा जाता है कि कहीं दो व अधिक मनुष्यों के लक्ष्य का परस्पर विरोध हुआ है पर घृणा का नाम सुनकर अधिकतर यही अनुमान होता है कि समाज के लक्ष्य व आदर्श का विरोध हुआ है। वैर करना एक छोटी बात समझी जाती है अतः वैर के स्थान पर घृणा का नाम ले लेने से हमारा बदला और बचाव दोनों हो जाता है।

स्थूल घृणा के विषय प्रायः सब मनुष्यों के लिए समान हैं। सुगन्ध और दुर्गन्ध, सौन्दर्य और भद्दापन इत्यादि के विषय में प्रायः एक मत रहता है। यह दूसरी बात है कि एक

प्रकार की सुगन्ध की अपेक्षा दूसरी प्रकार की सुगन्ध किसी को बहुत अच्छी लगे, पर गुलाब की गन्ध को कोई दुर्गन्ध नहीं कहेगा। मानसिक घृणा और श्रद्धा के मूलाधार भी सब मनुष्यों में समान और निर्दिष्ट हैं। वेश्यागमन, जुआ, मद्यपान, स्वार्थपरता, कायरता, आलस्य, लम्पटता, पाषंड, अनधिकार चर्चा, मिथ्याभिमान आदि विषय उपस्थित होने पर सब मनुष्य घृणा करने के लिए विवश हैं। इसी प्रकार से स्वार्थ, परोपकार, इन्द्रियसंयम आदि पर श्रद्धा होना एक प्रकार स्वाभाविक-सा हो गया है। मतभेद वहाँ देखा जाता है जहाँ और-और विषयों को पार कर लोग अनुबन्ध द्वारा इन मूलाधारों तक पहुँचते हैं। यदि एक ही व्यापार में एक आदमी को घृणा मालूम हो रही है और दूसरे को नहीं तो यह समझना चाहिए कि पहला उस व्यापार के आगे-पीछे चारों ओर जिन रूपों की उद्भावना करता है दूसरा नहीं। दलबल सहित भरत को वन में आते देख निषाद को उनके प्रति घृणा उत्पन्न हो रही है और राम को नहीं। क्योंकि निषादराज भरत के आगमन में असहाय राम को मार निष्कंटक राज्य करने की उद्भावना करता है और राम नहीं। इस प्रकार के भेद का कारण मनुष्य के अनुबन्ध ज्ञान की उलटी गति है। सृष्टि का क्रम मूल आधार से सिद्ध रूपों की ओर चलता है, पर अनुबन्ध ज्ञान का क्रम या तो सिद्ध रूप के पीछे मूल आधार की ओर जाता है अथवा आगे परिणाम की कल्पना करता है। प्रत्येक व्यक्ति के अनुबन्ध ज्ञान की गति एक ही ओर को नहीं हो सकती। किसी सिद्ध रूप को पाकर हरएक आदमी अनुबन्ध द्वारा उससे वास्तविक सम्बन्ध रखनेवाले अतः समान रूपों तक नहीं पहुँच सकता। एक बात को देखकर हरएक आदमी उसका एक ही व समान कारण और परिणाम नहीं बतलावेगा। किसी रियासत के नौकर ने अपने एक मित्र से कहा कि "तुम कभी भूलकर भी इस रियासत में नौकरी न करना।" इस कथन में एक आदमी को तो हित कामना की झलक दिखलाई पड़ रही है और दूसरे को ईर्ष्या की। इससे एक उसपर श्रद्धा करता है दूसरा घृणा। जहाँ घृणा के मूलाधार प्रत्यक्ष रूप में हमारे सामने आते हैं वहाँ कोई मतभेद नहीं दिखाई देता। पर कभी-कभी ये विषय स्वयं हमारे सामने नहीं आते, उनके अनुमानित आभास हमारे सामने रहते हैं जो और-और विषयों (आधारों) के भी आभास हो सकते हैं। घृणा सम्बन्धी इस प्रकार का मतभेद सभ्य जातियों में जिनमें उद्देश्यों के छिपाने की चाल बहुत है, अधिक देखा जाता है। एक ही आदमी को कोई परम धार्मिक राजनीतिक नेता समझता है कोई मक्कार। एक ही राजकीय कार्रवाई को कोई व्यापार की स्वतन्त्रता प्राप्ति का प्रयत्न समझता है कोई राज्य का लोभ।

मूसाई और ईसाई लोग देवपूजकों से इसलिए घृणा इसलिए नहीं करते कि वे छोटी-छोटी वस्तुओं पर श्रद्धा भक्ति करते हैं बल्कि यह समझकर कि वे उनके जमीन और आसमान बनानेवाले खुदा से दुश्मनी किए बैठे हैं। अपने बनाने और पालनेवाले से वैर ठानना कृतघ्नता है। अतः उसकी घृणा आरोपित कृतघ्नता के प्रति है देवपूजा के प्रति नहीं। संस्कार द्वारा ऐसे आरोपों पर यहाँ तक विश्वास बढ़ा कि अरब और यहूद की धर्म पुस्तकों में मूर्तिपूजन व देवाराधन महापातक ठहराया गया। अंग्रेज कवि मिल्टन ने प्राचीन जातियों के देवताओं को शैतान की फौज के सरदार बनाकर बड़ी ही संकीर्णता

और कट्टरपन का परिचय दिया है। सीधे-सादे गोस्वामी तुलसीदासजी से भी बिना यह कहे न रहा गया—

जे परिहरि हरिहर चरण भजहिं भूत गण घोर।
तिनकी गति मोहिं देहु विधि जो जननी मत मोर॥

भिन्न-भिन्न मत वालों में जो परस्पर घृणा देखी जाती है वह अधिकतर ऐसे ही आरोपों के कारण है। एक के आचार-विचार से जब दूसरा घृणा करता है तब उसकी दृष्टि यथार्थ में उस आचार-विचार पर नहीं रहती है बल्कि ऊपर लिखे घृणा के सामान्य मूलाधारों में से किसी पर रहती है।

घृणा के विषय में मतभेद का एक और कारण ग्राह्य और अग्राह्य होने के लिए विषम मात्रा की अनियति है। सृष्टि में बहुत-सी वस्तुओं के बीच की सीमाएँ अस्थिर हैं। एक ही वस्तु व्यापार व गुण किसी मात्रा में श्रद्धा का विषय है किसी मात्रा में अश्रद्धा का। इसके अतिरिक्त शिक्षा और संस्कार के कारण एक ही मात्रा का प्रभाव प्रत्येक हृदय पर एक ही प्रकार का नहीं पड़ता। यह नहीं है कि एक बात एक आदमी को जहाँ तक अच्छी लगती है वहाँ तक दूसरे को भी अच्छी लगे। मन में प्रतिकूल बातें रखकर मुँह पर अनुकूल बातें करनेवाले को एक आदमी शिष्ट और दूसरा कुटिल कहता है। उपचार व मुँह पर प्रसन्न करनेवाली बात कहने को जहाँ तक एक आदमी शिष्टता समझता चला जाता है दूसरा वहाँ से कुटिलता का आरम्भ मान लेता है। दो-चार बार किसी आदमी को थोड़ी-थोड़ी बात पर रोते व कोप करते देखकर एक तो उसको दुर्बल चित्त और उद्वेगशील समझता है और दूसरा उसी को थोड़ी-थोड़ी बात पर विलाप करते और आपे से बाहर होते दस बार देखकर भी उसे सहृदय कहता है। रसिक लोग शुष्क हृदय लोगों से घृणा करते हैं और शुष्क हृदय लोग रसिकों से। यदि ये दोनों मिलकर एक दिन शुष्कता और रसिकता की सीमा तय कर डालें तो झगड़ा मिट जाए। शुष्क हृदय लोग नाप-तोल कर बतला दें कि यहाँ तक कि रसिकता शोहदापन या विषयासक्ति नहीं है और रसिक लोग यह बतला दें कि यहाँ तक कि शुष्कता कठोर हृदयता नहीं है, बस झगड़ा साफ। पर यह हो नहीं सकता। दृढ़ता और हठ, धीरता और आलस्य, सहनशीलता और भीरुता, उदारता और फिजूलखर्ची, किफायत और कंजूसी आदि के बीच की सीमाएँ सब मनुष्यों के हृदय में न एक हैं और न एक होंगी।

मनोवेग दो प्रकार के होते हैं—प्रत्यावर्ती और अनावर्ती। प्रत्यावर्ती वे हैं जो एक के हृदय में दूसरे के प्रति उत्पन्न होकर दूसरे के हृदय में भी पहले के प्रति उत्पन्न हो सकते हैं, जैसे—क्रोध, घृणा, प्रेम इत्यादि। जिस पर हम क्रोध करेंगे वह हमारे क्रोध के कारण हम पर भी क्रोध कर सकता है। जिससे हम प्रेम करेंगे वह हमारे प्रेम को देख हमसे भी प्रेम कर सकता है। अनावर्ती मनोवेग जिसके प्रति उत्पन्न होते हैं उसके हृदय में यदि करेंगे तो सदा दूसरे भावों की सृष्टि करेंगे। इनके अन्तर्गत भय, दया, ईर्ष्या आदि हैं। जिससे हम भय करेंगे वह हमसे हमारे भय के प्रभाव से भय नहीं करेगा बल्कि हम पर दया करेगा। जिसपर हम दया करेंगे वह हमारी दया के कारण हमपर दया नहीं करेगा

बल्कि श्रद्धा करेगा। जिससे हम ईर्ष्या करेंगे वह हमारी ईर्ष्या को देख हमसे ईर्ष्या नहीं करेगा बल्कि घृणा करेगा।

प्रत्यावर्ती मनोवेग सजातीय संयोग पाकर बहुत जल्दी बढ़ते हैं। एक के क्रोध को देख दूसरा क्रोध करेगा, दूसरे के क्रोध को देख पहले का क्रोध बढ़ेगा, पहले का क्रोध देख दूसरे का क्रोध बढ़ेगा, इस प्रकार एक अत्यन्त भीषण क्रोध का दृश्य उपस्थित हो सकता है। इसी प्रकार एक के प्रेम को देख, दूसरे को प्रेम हो सकता है, दूसरे के प्रेम को बढ़ते देख दूसरे का प्रेम और बढ़ सकता है और अन्त में रात-रात भर करवटें बदलते रहने की नौबत आ सकती है। अस्तु, प्रत्यावर्ती मनोवेगों से बहुत सावधान रहना चाहिए।

अनावर्ती मनोवेग का ऐसे विजातीय मनोवेगों से संयोग होता है जिनसे उनकी वृद्धि नहीं हो सकती है। जिससे हम भय करेंगे वह हमपर दया करेगा। उसकी दया को देख हमारा भय बढ़ेगा नहीं। हमें जिससे भय प्राप्त हुआ है उसमें फिर क्रोध को देख हमारा भय बढ़ सकता है, पर हमारे भय के कारण उसमें नया क्रोध उत्पन्न नहीं होगा। अपने ऊपर किसी को दया करते देख हम श्रद्धा प्रकट करेंगे, हमारी श्रद्धा से उसकी दया तत्क्षण बढ़ेगी नहीं। श्रद्धा पर दया नहीं होती है, दया होती है क्लेश पर। श्रद्धा पर जो वस्तु हो सकती है वह कृपा है। जिस पर हमें दया उत्पन्न हुई है उसको और क्लेशित व भयभीत देखकर हमारी दया बढ़ सकती है। पर हमें दया करते देख (उस दया के कारण) उसका क्लेश व भय बढ़ेगा नहीं। किसी की अपने प्रति ईर्ष्या देखकर हम उससे घृणा प्रकट करेंगे। हमारी घृणा उसमें नई ईर्ष्या उत्पन्न कर उसकी ईर्ष्या बढ़ावेगी नहीं। घृणा पर ईर्ष्या नहीं होती है। ईर्ष्या होती है किसी की उन्नति व बढ़ती देखकर। प्रतिकार के रूप में जो अहित कामना उत्पन्न होती है वह ईर्ष्या नहीं है। घृणा के बदले में तो घृणा, क्रोध व वैर होता है।

यह जानकर कि घृणा प्रत्यावर्ती मनोविकारों में से है लोगों को बहुत समझा-बूझाकर उसे स्थान देना और प्रकट करना चाहिए। अनुपयुक्त घृणा की स्थिति से अभाव रूप में और उपयुक्त घृणा के प्रदर्शन से कभी-कभी भाव रूप में हानि पहुँच सकती है। ऊपर कहा जा चुका है कि घृणा निवृत्ति का मार्ग दिखलाती है अर्थात् अपने विषयों से दूर रहने की प्रेरणा करती है। अतः हमारी घृणा अज्ञानवश ऐसी वस्तुओं से है जिनसे हमें लाभ पहुँच सकता है तो उनके अभाव का कष्ट हमें भोगना पड़ेगा। युवा विवाह और शिक्षा आदि से जिन्हें घृणा है वे उनके लाभों से वंचित रहेंगे। किसी बुद्धिमान् मनुष्य से जो मन में घृणा रखेगा वह उसके सत्संग के लाभों से हाथ धोएगा। उपयुक्त घृणा की यदि वह शुद्ध है तो प्रकट करने की आवश्यकता नहीं होती। घृणा का उद्देश्य जिसके हृदय में वह उत्पन्न होती है उसकी क्रियाओं को निर्धारित करना है, जिसके प्रति उत्पन्न होती है उस पर किसी प्रकार का प्रभाव डालना नहीं। अतः उपयुक्त घृणा को भी उसके पात्र पर यत्नपूर्वक प्रकट करने की आवश्यकता नहीं है। यदि हमें किसी आदमी से खालिस घृणा मात्र है तो हम उससे दूर रहेंगे, हमें इसकी जरूरत न होगी कि हम उसके पास जाकर कहें कि "हमें तुमसे घृणा है।" जब क्रोध, करुणा व हित कामना आदि का कुछ मेल रहेगा तभी हम अपनी घृणा प्रकट करने को आकुल होंगे। हमें जिसपर क्रोधमिश्रित

घृणा होगी, उसी के सामने हम अपनी घृणा प्रकट करके उसे दुःख पहुँचाना चाहेंगे, क्योंकि दुःख पहुँचाने की प्रवृत्ति क्रोध की है घृणा की नहीं। इसी प्रकार जिसके कार्यों से हमें घृणा उत्पन्न होगी यदि उसपर कुछ दया व उसके हित की कुछ चिन्ता होगी तभी हम उसे उन कार्यों से विरक्त करने के अभिप्राय से उसपर अपनी घृणा प्रकट करने जाएँगे। पर इन दोनों अवस्थाओं में यह भी हो सकता है कि जिसपर हम घृणा प्रकट करें वह हमसे बुरा मान जाए।

मनोवेगों को उत्पन्न होने देने और न उत्पन्न होने देने की इच्छा को मनोवेगों से स्वतन्त्र समझना चाहिए। किसी वस्तु से घृणा उत्पन्न होना एक बात है और घृणा के दुःख को न उत्पन्न होने देने के लिए उस वस्तु को दूर करने व उससे दूर होने की इच्छा दूसरी बात है। हम घृणा के दुःख का अनुभव व अनुभव की आशंका कर चुके तब उससे बचने को आकुल हुए। ऐसी आकुलता को हम 'घृणा लगने का भय' कह सकते हैं। एक पूछता है, "क्यों भाई! तुम उसके सामने क्यों नहीं जाते?" दूसरा कहता है, "उसका चेहरा देखकर, उसकी बात सुनकर हमें क्रोध लगता है।" इस प्रकार की अनिच्छा को 'क्रोध की अनिच्छा' कह सकते हैं। किसी वस्तु का अच्छा लगना एक बात है और उस अच्छा लगने के सुख को उत्पन्न करने के लिए वस्तु की प्राप्ति की इच्छा दूसरी बात।

घृणा और भय की प्रवृत्ति एक सी है। दोनों अपने-अपने विषयों से दूर होने की प्रेरणा करते हैं। परन्तु भय का विषय भावी हानि का अत्यन्त निश्चय करानेवाला होता है। और घृणा का विषय उसी क्षण इन्द्रिय व ज्ञान के व्यापारों में संकोच उत्पन्न करनेवाला। घृणा के विषय से यह समझा जाता है कि जिस प्रकार का दुःख यह दे रहा है उसी प्रकार का देता जाएगा पर भय के विषय से यह समझा जाता है कि अभी और प्रकार का अधिक तीव्र दुःख देगा। भय क्लेश नहीं है, क्लेश की छाया है; पर ऐसी छाया है जो हमारे चारों और घोर अन्धकार फैला सकती है। सारांश यह है कि भय एक अतिरिक्त क्लेश है। यदि जिस बात का हमें भय था वह हम पर आ पड़ी तो हमें दोहरा क्लेश पहुँचा। इसी से आनेवाली अनिवार्य आपदाओं की पूर्वापेक्ष्य की हमें उतनी आवश्यकता नहीं, क्योंकि उनसे भय करके हम अपने को बचा तो सकते नहीं उनके पहले के दिनों के सुख को भी खो अलबता सकते हैं।

सभ्यता व शिष्टता के व्यवहार में घृणा उदासीनता के नाम से छिपाई जाती है। दोनों में जो अन्तर है वह प्रत्यक्ष है। जिस बात से हमें घृणा है हम चाहते क्या आकुल रहते हैं कि वह बात न हो, पर जिस बात से हमें उदासीन हैं उसके विषय में हमें परवा नहीं रहती चाहे हो, चाहे न हो। यदि कोई काम किसी की रुचि के विरुद्ध होता है तो वह कहता है, "उहँ! हमसे क्या मतलब जो चाहे सो हो।" वह सरासर झूठ बोलता है, पर इतना झूठ समाज स्थिति के लिए आवश्यक है।

('नागरीप्रचारिणी पत्रिका', सितम्बर 1912 ई.)

[चिन्तामणि, भाग-4]

ईर्ष्या

जैसे दूसरे के दुख को देख दुख होता है वैसे ही दूसरे के सुख या भलाई को देखकर भी एक प्रकार का दुख होता है, जिसे ईर्ष्या कहते हैं। ईर्ष्या की उत्पत्ति कई भावों के संयोग से होती है, इससे इसका प्रादुर्भाव बच्चों में कुछ देर में देखा जाता है और पशुओं में तो शायद होता ही न हो। ईर्ष्या एक संकर भाव है, जिसकी सम्प्राप्ति आलस्य, अभिमान और नैराश्य के युग से होती है। जब दो बच्चे किसी खिलौने के लिए झगड़ते हैं तब कभी-कभी ऐसा देखा जाता है कि एक उस खिलौने को लेकर फोड़ देता है जिससे वह किसी के काम में नहीं आता। इससे अनुमान हो सकता है कि उस लड़के के मन में यही रहता है कि चाहे वह खिलौना मुझे मिले या न मिले, दूसरे के काम में न आए अर्थात् उसकी स्थिति मुझसे अच्छी न रहे। ईर्ष्या पहले-पहल इसी रूप में व्यक्त होती है।

ईर्ष्या प्राप्ति की उत्तेजित इच्छा नहीं है। एक के पास कोई वस्तु है और दूसरे के पास नहीं है तो वह दूसरा व्यक्ति इस बात के लिए तीन प्रकार के दुख प्रकट कर सकता है–

1. क्या कहें, हमारे पास भी वह वस्तु होती।
2. हाय ! वह वस्तु उसके पास न होकर हमारे पास होती तो अच्छा था।
3. वह वस्तु किसी प्रकार उसके हाथ से निकल जाती, चाहे जहाँ जाती।

इन तीनों वाक्यों को ध्यानपूर्वक देखने से जान पड़ेगा कि इनमें दूसरे व्यक्ति की ओर जो लक्ष्य है उसे क्रमशः विशेषत्व प्राप्त होता गया है और वस्तु की ओर जो लक्ष्य है वह कम होता गया है। पहले वाक्य से जो भाव झलकता है वह ईर्ष्या नहीं है, साधारण स्पर्द्धा अर्थात् लाभ की उत्तेजित इच्छा का एक अच्छा रूप है। उसमें वस्तु की ओर लक्ष्य है, व्यक्ति की ओर नहीं। ईर्ष्या व्यक्तिगत होती है और स्पर्द्धा वस्तुगत। दूसरे वाक्य में ईर्ष्या का कुछ और तीसरे में पूरा आभास है। इन दोनों में से एक (दूसरे) में दूसरे को वंचित न कर सकने का दुख गौण और दूसरे (तीसरे) में प्रधान या एकान्त है।

स्पर्द्धा में किसी सुख, ऐश्वर्य, गुण या मान से किसी व्यक्ति-विशेष को सम्पन्न देख अपनी त्रुटि पर दुख होता है, फिर प्राप्ति की एक प्रकार की उद्वेगपूर्ण इच्छा उत्पन्न होती है, या यदि इच्छा पहले से होती है तो उस इच्छा को उत्तेजना मिलती है। इस प्रकार की वेगपूर्ण इच्छा या इच्छा की उत्तेजना अन्तःकरण की उन प्रेरणाओं में से है जो मनुष्य को अपने उन्नति-साधन में तत्पर करती हैं। इसे कोई संसार को सच्चा समझने वाला बुरा नहीं कह सकता। यह उत्तेजना ऐश्वर्य, गुण या मान के किसी चित्ताकर्षक रूप या प्रभाव

के साक्षात्कार से उत्पन्न होती है और कभी-कभी उस ऐश्वर्य, गुण या मान को धारण करनेवाले की पूर्व-स्थिति के परिज्ञान से बहुत बढ़ जाती है। किसी अपने पड़ोसी या मित्र की विद्या का चमत्कार या आदर देख विद्या-प्राप्ति की इच्छा उत्तेजित होती है और यह जानकर कि पहले वह एक बहुत साधारण बुद्धि या वित्त का मनुष्य था, यह उत्तेजना आशाप्रेरित होकर और भी बढ़ जाती है। प्राप्ति की इस उत्तेजित इच्छा के लिए सम्पन्न व्यक्ति ऐसा मूर्तिमान और प्रत्यक्ष आधार हो जाता है जिससे अपनी उन्नति या सम्पन्नता की भी आशा बँधती है, और कार्यक्रम की शिक्षा मिलती है। किसी वस्तु की प्राप्ति की इच्छा वाले को किसी ऐसे व्यक्ति को देख जिसने अपने पुरुषार्थ से वह वस्तु प्राप्त की हो, कभी-कभी बड़ा सहारा हो जाता है और वह सोचता है कि 'जब उस मनुष्य ने उस वस्तु को प्राप्त कर लिया तब क्या मैं भी नहीं कर सकता ?' ऐसे सम्पन्न व्यक्ति की ओर जो इच्छुक या स्पर्द्धावान् का बार-बार ध्यान जाता है वह उसकी स्थिति में किसी प्रकार का परिवर्तन करने के लिए नहीं, बल्कि अपनी स्थिति में परिवर्तन करने के लिए। स्पर्द्धा में अपनी कमी या त्रुटि पर दुख होता है, दूसरे की सम्पन्नता पर नहीं। स्पर्द्धा में दुख का विषय होता है, "मैंने उन्नति क्यों नहीं की ?" और ईर्ष्या में दुख का विषय होता है, "उसने उन्नति क्यों की ?" स्पर्द्धा संसार में गुणी, प्रतिष्ठित और सुखी लोगों की संख्या में कुछ बढ़ती करना चाहती है और ईर्ष्या में कमी।

ऊपर के विवरण से यह बात झलक गई होगी कि ईर्ष्या एक अनावश्यक विकार है, इससे उसकी गणना मूल मनोविकारों में नहीं हो सकती। यह यथार्थ में कई भावों के विचित्र मिश्रण से संघटित एक विष है। जब किसी विषय में अपनी स्थिति को रक्षित रख सकने या समुन्नत कर सकने के निश्चय में अयोग्यता या आलस्य आदि के कारण कुछ कसर रहती है तभी इस इच्छा का उदय होता है। किसी व्यक्ति-विशेष की स्थिति उस विषय में हमारे तुल्य या हमसे बढ़कर न होने पाए। यही इच्छा बढ़कर द्वेष में परिवर्तित हो जाती है और तब उस दूसरे व्यक्ति का अनिष्ट, न केवल उस विषय में बल्कि प्रत्येक विषय में वांछित हो जाता है। बैर और द्वेष में अन्तर यह है कि बैर अपनी किसी वास्तविक हानि के प्रतिकार में होता है, पर द्वेष अपनी किसी हानि के कारण या लाभ की आशा से नहीं किया जाता।

यह बात ध्यान देने की है कि ईर्ष्या व्यक्ति-विशेष से होती है। यह नहीं होता कि जिस किसी को ऐश्वर्य, गुण या मान से सम्पन्न देखा उसी से ईर्ष्या हो गई। ईर्ष्या उन्हीं से होती है जिनके विषय में यह धारणा होती है कि लोगों की दृष्टि हमारे साथ-साथ उन पर भी अवश्य पड़ेगी या पड़ती होगी। अपने से दूरस्थ होने के कारण अपने साथ-साथ जिन पर लोगों का ध्यान जाने का निश्चय नहीं होता उनके प्रति ईर्ष्या नहीं उत्पन्न होती। काशी में रहनेवाले किसी धनी को अमेरिका के किसी धनी की बात सुनकर ईर्ष्या नहीं होगी। हिन्दी के किसी कवि को इटली के किसी कवि का महत्त्व सुनकर ईर्ष्या नहीं होगी। सम्बन्धियों, बाल-सखाओं, सहपाठियों और पड़ोसियों के बीच ईर्ष्या का विकास अधिक देखा जाता है। लड़कपन से जो आदमी एक साथ उठते-बैठते देखे गए हैं उन्हीं

में से कोई एक-दूसरे की बढ़ती से जलता हुआ भी पाया गया है। यदि दो साथियों में से कोई किसी अच्छे पद पर पहुँच गया तो वह इस उद्योग में देखा जाता है कि दूसरे किसी अच्छे पद पर न पहुँचने पाएँ। प्रायः अपनी उन्नति के गुप्त बाधकों का पता लगाते-लगाते लोग अपने किसी बड़े पुराने मित्र तक पहुँच जाते हैं। जिस समय संसर्ग-सूत्र में बाँधकर हम औरों को अपने साथ एक पंक्ति में खड़ा करते हैं उस समय सहानुभूति, सहायता आदि की सम्भावना प्रतिष्ठित होने के साथ-ही-साथ ईर्ष्या और द्वेष की सम्भावना की नींव भी पड़ जाती है। अपने किसी विधान से हम भलाई-ही-भलाई की सम्भावना का सूत्रपात करें और इस प्रकार भविष्य के अनिश्चय में बाधा डालें, यह कभी हो ही नहीं सकता। भविष्य की अनिश्चयात्मकता अटल और अजेय है। अपनी लाख विद्या-बुद्धि से भी हम उसे बिलकुल हटा नहीं सकते।

अब ध्यान देने की बात यह निकली कि ईर्ष्या के संसार के लिए ईर्ष्या करनेवाले और ईर्ष्या के पात्र के अतिरिक्त स्थिति पर ध्यान देनेवाले समाज की भी आवश्यकता है। इसी समाज की धारणा पर प्रभाव डालने के लिए ही ईर्ष्या की जाती है; ऐश्वर्य, गुण या मान का गुप्त रूप से, बिना किसी समुदाय को विदित कराए, सुख या सन्तोष भोगने के लिए नहीं। ऐश्वर्य या गुण में हम चाहे किसी व्यक्ति से वस्तुतः बढ़कर या उसके तुल्य न हों, पर यदि समाज की यह धारणा है कि हम उससे बढ़कर या उसके तुल्य हैं तो हम सन्तुष्ट रहेंगे, ईर्ष्या का घोर कष्ट न उठाने जाएँगे। कैसी अनोखी बात है कि वस्तु-प्राप्ति से वंचित रहकर भी हम समाज की धारणा मात्र से सन्तुष्ट रहते हैं। ईर्ष्या सामाजिक जीवन की कृत्रिमता से उत्पन्न एक विष है। इसके प्रभाव से हम दूसरे की बढ़ती से अपनी कोई वास्तविक हानि न देखकर भी व्यर्थ दुखी होते हैं। समाज के संघर्ष से जो अवास्तविकता उत्पन्न होती है वह हम पर प्रभाव डालने में वास्तविकता से कम नहीं। वह हमें सुखी भी कर सकती है, दुखी भी। फारसी मसल है—"मार्गे अम्बोह जशने दारद"। हम किसी कष्ट में हैं, इसी बीच में कोई दूसरा व्यक्ति हमसे अपना भी कष्ट वर्णन करने लगता है तो हमारे मुँह पर कुछ हँसी आ जाती है और हम कुछ आनन्दित होकर कहते हैं, "भाई ! हम भी तो इसी बला में गिरफ्तार हैं।" यदि दस-पाँच आदमी वही कष्ट बतानेवाले मिलें तो हमारी हँसी कुछ बढ़ भी जाती है। एक बार किसी ने अपने सम्बन्धी के मरने पर एक विद्वान् से पूछा कि "हम धैर्य कैसे धारण करें ?" उसने कहा, "थोड़ी देर के लिए सोचो कि इसी संसार में लाखों अनाथ इधर-उधर ठोकर खा रहे हैं, लाखों बच्चे बिना माँ-बाप के रो रहे हैं, लाखों विधवाएँ आँसू बहा रही हैं। यदि हमें कोई कष्ट है तो क्या दूसरों को भी उसी कष्ट में देखकर थोड़ी देर के लिए हमारा यह कष्ट सचमुच घट जाता है ? यदि नहीं घटता है तो यह हँसी कैसी, यह धैर्य कैसा ? यह हँसी केवल स्थिति के मिलान पर निर्भर है, जिससे अपनी स्थिति के विशेषत्व का परिहार होता है। यह लोक संश्रय का एक गुण है कि कभी-कभी स्थिति के बने रहने पर भी उसके विशेषत्व के परिहार से तत्सम्बन्धी भावना में अन्तर पड़ जाता है। पर यह अन्तर ऐसा ही है जैसे रोते-रोते सो जाना या फोड़ा चिराते समय क्लोरोफॉर्म सूँघ लेना।

समाज में पड़ते ही मनुष्य देखने लगता है कि उसकी स्थिति दोहरी हो गई है। वह देखता है कि "मैं यह हूँ", और "मैं यह समझा जाता हूँ"। इस दोहरेपन से उसका सुख भी दोहरा हो जाता है और दुख भी। "मैं बड़ा हूँ"–इस निश्चय के साथ एक यह निश्चय और जुड़ जाने से कि 'मैं बड़ा समझा जाता हूँ' मनुष्य के आनन्द या सुख के अनुभव में वृद्धि होती है। इसी प्रकार "मैं क्षुद्र हूँ"–इस धारणा के साथ "मैं क्षुद्र समझा जाता हूँ" इस धारणा के योग से दुख के अनुभव की वृद्धि होती है। इस प्रकार स्थिति के एकान्त और सामाजिक दो विभाग हो जाने से कोई तो दोनों विभागों पर दृष्टि रख सकते हैं और कोई एक ही पर। शक्तिशाली और प्रतिभासम्पन्न मनुष्य पहले यह प्रयत्न करते हैं कि "हम ऐसे हों।" फिर वैसे हो जाने पर यदि आवश्यक हुआ तो वे यह प्रयत्न भी करते हैं कि "हम ऐसे समझे जाएँ।" इन दोनों के प्रयत्न जुदे-जुदे हैं। संसार में शक्ति-सम्पन्न सब नहीं होते, इससे बहुत-से लोग स्थिति के पहले विभाग के लिए जिन प्रयत्नों की आवश्यकता है उनमें अपने को असमर्थ देख दूसरे ही विभाग से किसी प्रकार अपना सन्तोष करना चाहते हैं और उसी पर दृष्टि रखकर प्रयत्न करते हैं। ईर्ष्या ऐसे लोगों के हृदय में बहुत जगह पाती है और उनके प्रयत्नों में सहायक भी होती है। भाव-प्रवर्त्तन आदि के बल से जिस समुदाय के प्राणी परस्पर ऐसे बन गए हैं कि अपने इन्द्रियानुभाव और भावनाओं तक को जवाब देकर दूसरों के इन्द्रियानुभाव और भावनाओं द्वारा निर्वाह कर सकते हैं, उसी से ईर्ष्या का विकास हो सकता है। अतः ईर्ष्या का अनन्य अधिकार मनुष्य-जाति ही पर है। एक कुत्ता किसी दूसरे कुत्ते को कुछ खाते देख उसे आप खाने की इच्छा कर सकता है, पर वह यह नहीं चाह सकता कि चाहे हम खाएँ या न खाएँ, वह दूसरा कुत्ता न खाने पाए। दूसरे कुत्तों की दृष्टि में हमारी स्थिति कैसी है, इसकी चिन्ता उस कुत्ते को न होगी।

अपने विषय में दूसरों के चित्त में अच्छी धारणा उत्पन्न करने का प्रयत्न अच्छी बात है। इस प्रयत्न को जो बुरा रूप प्राप्त होता है वह असत्य के समावेश के कारण दूसरों की धारणा की वास्तविक और अपनी स्थिति की सापेक्षता के कारण–जब हम अपने विषय में दूसरों की झूठी धारणा और अपनी स्थिति के सापेक्ष रूप मात्र से सन्तोष करना चाहते हैं तभी बुराइयों के लिए जगह होती है और ईर्ष्या की राह खुलती है। जैसी स्थिति हमारी नहीं है, जैसी स्थिति प्राप्त करने की योग्यता हममें नहीं है, हम चाहते हैं कि लोग हमारी वैसी स्थिति समझें। जैसी स्थिति से वास्तव में हमें कोई सुख नहीं है वैसी स्थिति किसी दूसरे के समान या दूसरे से अच्छी स्वयं समझने से नहीं बल्कि दूसरों के द्वारा समझी जाने से ही हम सन्तोष करते हैं। ऐसे असत्य आरोपों के बीच यदि ईर्ष्या ऐसी असार वृत्ति का उदय हो तो इसमें आश्चर्य ही क्या है ?

ऊपर जो कुछ कहा गया उससे शायद यह धारणा हो सकती है कि ईर्ष्या अप्राप्त वस्तु ही के लिए होती है। पर यह बात नहीं है। हमारे पास जो वस्तु है उसे भी दूसरे के पास देखकर कभी-कभी हमें बुरा लगता है, हम दुखी होते हैं। किसी गरीब पड़ोसी को क्रमशः धनी होते देख आस-पास में धनी माना जानेवाला मनुष्य कभी-कभी बुरा

मानने लगता है। एक ऊँची जाति का आदमी किसी नीच जाति के आदमी को अपने ही समान वस्त्र आदि पहने देख बुरा मानता और कुढ़ता है। इसका कारण यह अस्थायी बुद्धि या अहंकार है कि 'हम ऊँचे हैं वह नीचा है, हम बड़े हैं, वह छोटा है।' लोक-व्यवस्था के भीतर कुछ विशेष वर्ग के लोग, जैसे शिष्ट, विद्वान्, धर्म-चिन्तक, शासन-कार्य पर नियुक्त अधिकारी, देश-रक्षा में प्राण देने को तैयार वीर इत्यादि औरों से अधिक आदर और सम्मान के पात्र होते हैं। इनके प्रति उचित सम्मान न प्रदर्शित करना अपराध है। अन्य वर्ग के लोग धर्मानुसार इन्हें बड़ा मानने को विवश हैं। पर इन्हें दूसरों को छोटा प्रकट करने, या मानने तक का अधिकार नहीं है। जहाँ इन्होंने ऐसा किया कि सम्मान का स्वत्व खोया।

न्यायाधीश न्याय करता है, कारीगर ईंट जोड़ता है। समाज-कल्याण के विचार से न्यायाधीश का साधारण व्यवहार में कारीगर के प्रति यह प्रकट करना उचित नहीं कि तुम हमसे छोटे हो। जिस जाति में इस छोटाई-बड़ाई का अभिमान जगह-जगह जमकर दृढ़ हो जाता है, उसके भिन्न-भिन्न वर्गों के बीच स्थायी ईर्ष्या स्थापित हो जाती है, और संघ शक्ति का विकास बहुत कम अवसरों पर देखा जाता है। यदि समाज में कार्यों की, जिनके द्वारा भिन्न-भिन्न प्राणी जीवन-निर्वाह करते हैं परस्पर छोटाई-बड़ाई का ढिंढोरा न पीटा जाए, बल्कि उनकी विभिन्नता ही स्वीकार की जाए, तो बहुत-सा असन्तोष दूर हो जाए, राजनीतिक स्वत्व की आकांक्षा से स्त्रियों को पुरुषों की हद में न जाना पड़े, सब पढ़े-लिखे आदमियों को सरकारी नौकरियों ही के पीछे न दौड़ना पड़े। जहाँ इस छोटाई-बड़ाई का भाव बहुत प्रचार पा जाता है और जीवन-व्यवहारों में निर्दिष्ट और स्पष्ट रूपों में दिखाई पड़ता है, वहाँ लोगों की शक्तियाँ केवल कुछ विशेष-विशेष स्थानों की ओर प्रवृत्त होकर उन-उन स्थानों पर इकट्ठी होने लगती हैं और समाज के कार्य-विभागों में विषमता आ जाती है। अर्थात् कुछ विभाग सूने पड़ जाते हैं, और कुछ आवश्यकता से अधिक भर जाते हैं, जैसा कि आजकल इस देश में देखा जा रहा है। यहाँ कृषि, विज्ञान, शिल्प, वाणिज्य आदि की ओर तब तक पढ़े-लिखे लोग ध्यान न देंगे जब तक कुछ पेशों और नौकरियों की शान लोगों की नजरों में समाई रहेगी। इसी प्रकार की शान प्रायः किसी शक्ति के अनुचित प्रयोग में अधिक समझी जाती है। कोई पुलिस का कर्मचारी जब अपने पद का अभिमान प्रकट करता है तब यह नहीं कहता कि 'मैं जिस बदमाश को चाहूँ उसको पकड़कर तंग कर सकता हूँ, बल्कि यह कहता है कि 'मैं जिसको चाहूँ उसको पकड़कर तंग कर सकता हूँ।'

अधिकार सम्बन्धी अभिमान अनौचित्य की सामर्थ्य का अधिक होता है। यदि अधिकार के अनुचित उपयोग की सम्भावना दूर कर दी जाए तो स्थान-स्थान पर अभिमान की जमी हुई मैल साफ हो जाए और समाज के कार्य-विभाग चमक जाएँ। यदि समाज इस बात की पूरी चौकसी रखे कि पुलिस के अफसर उन्हीं लोगों को कष्ट दे सकें जो दोषी हैं, माल के अफसर उन्हीं लोगों को क्षतिग्रस्त कर सकें जो कुछ गड़बड़ करते हैं, तो उन्हें शेष लोगों पर, जो निर्दोष हैं, जिनका मामला साफ है और जिनसे हर घड़ी

काम पड़ता है, अभिमान प्रकट करने का अवसर कहाँ मिल सकता है ? जब तक किसी कार्यालय में छोटे से बड़े तक सब अपना-अपना नियमित कार्य ठीक-ठीक करते हैं तब तक एक के लिए दूसरे पर अपनी बड़ाई प्रकट करने का अवसर नहीं आता है। पर जब कोई अपने कार्य में त्रुटि करता है तब उसका अफसर उसे दंड देकर अपनी बड़ाई या अधिक सामर्थ्य दिखलाता है। सापेक्ष बड़ाई दूसरे को क्षतिग्रस्त करने और दूसरे को नम्र करने की सामर्थ्य का नाम है। अधिकार की सापेक्ष बड़ाई दूसरे को क्षतिग्रस्त करने की सामर्थ्य है और धन या गुण की सापेक्ष बड़ाई में दूसरे को नम्र करनी की सामर्थ्य है। इससे विदित हुआ कि यह छोटाई-बड़ाई हर समय तमाशा दिखाने के लिए नहीं है, बल्कि अवसर पड़ने पर संशोधन या शिक्षा के लिए है। किसी अवध के ताल्लुकेदार के लिए बड़ाई का यह स्वाँग दिखाना आवश्यक नहीं है कि वह जब मन में आए तब कामदार टोपी सिर पर रख, हाथी पर चढ़ गरीबों को पिटवाता चले। किसी देहाती थानेदार के लिए यह जरूरी नहीं है कि वह सिर पर लाल पगड़ी रख गँवारों को गाली देकर हर समय अपनी बड़ाई का अनुभव करता और कराता रहे। अभिमान एक व्यक्तिगत गुण है, उसे समाज के भिन्न-भिन्न व्यवसायों के साथ जोड़ना ठीक नहीं। समाज में स्थान-स्थान पर अभिमान के अजायबघर स्थापित होना अच्छा नहीं। इस बात का ध्यान रखना समाज का कर्त्तव्य है कि धर्म और राजबल से प्रतिष्ठित संस्थाओं के अन्तर्गत अभिमानालय और खुशामदखाने न खुलने पाएँ।

इसी प्रकार किसी बड़े धनी या गुणी का यह हर घड़ी का काम न हो जाना चाहिए कि वह औरों के धन या गुण से अपने धन या गुण का मिलान किया करे और अपने से कम धनी या गुणी लोगों से अपनी श्रेष्ठता देख-दिखाकर सन्तोष किया करे। इस प्रकार सन्तोष करना, वस्तु को छोड़ छाया पर सन्तोष करना है। इस प्रकार सन्तोष का सुख मनुष्य के लिए स्वाभाविक है; पर वह ऐसे ही अवसरों तक के लिए निर्दिष्ट है जब किसी त्रुटि का संशोधन हो, कठिनता का निराकरण हो या आवश्यकता की पूर्ति हो। उसे ऐसे अवसरों के अतिरिक्त और अवसरों में घसीटना बुराई है। कई आदमी किसी रास्ते के पत्थर के हटाने में लगे हैं और वह नहीं हिलता है। एक दूसरा आदमी आकर अकेले उस पत्थर को हटाकर फेंक देता है उस समय उसे अपने बल को औरों से बढ़कर देख सन्तोष और आनन्द होगा और शेष लोग भी उसके कृत्य से प्रभावित रहने के कारण उस समय उसके इस सापेक्ष आनन्द या आनन्द-प्रदर्शन से कुढ़ेंगे नहीं, बल्कि कुतूहल-युक्त होंगे और शायद कुछ शिक्षा भी ग्रहण करें। पर यदि उसे इस बड़ाई के आनन्द का चसका लग जाएगा और वह हर घड़ी इसका अनुभव करना चाहेगा, उसे प्रकट किया करेगा, तो यह एक प्रकार का दुर्व्यसन हो जाएगा और अहंकार के नाम से पुकारा जाएगा।

जिस किसी के चित्त में इस प्रकार अहंकार घर करेगा, उसमें अपने चारों ओर अपने से घटकर धन, मान, गुण या बल देखने की स्थायी इच्छा स्थापित हो जाएगी और जो वस्तु उसे प्राप्त है, उसे भी दूसरों को प्राप्त करते देख कुढ़न या ईर्ष्या होगी। उसके अहंकार से आहत होकर दूसरे लोभी उसकी उन्नति न देखना चाहेंगे और उससे एक

प्रकार की उचित ईर्ष्या रखेंगे। इस प्रकार ईर्ष्या की अच्छी खेती होगी। सारांश यह कि अभिमान हर घड़ी बड़ाई की भावना भोगने का दुर्व्यसन है और ईर्ष्या उसकी सहगामिनी है। इस बड़ाई के अनुभव को भोगने का जिसे दुर्व्यसन हो जाता है, उसके लिए उन्नति का द्वार बन्द-सा हो जाता है। उसे हर घड़ी अपनी बड़ाई अनुभव करते रहने का नशा हो जाता है, इससे उसकी चाट के लिए वह सदा अपने से घटकर लोगों की ओर दृष्टि डाला करता है और अपने से बड़े लोगों की ओर नशा मिट्‌टी होने के भय से देखने का साहस नहीं करता। ऐसी अवस्था में वह उन्नति की उत्तेजना और शिक्षा से वंचित रहता है। इसी से अभिमान को 'मद' भी कहते हैं। दुर्व्यसन किसी प्रकार का हो, मद है।

यह तो कहा ही जा चुका है कि ईर्ष्या दूसरे की असम्पन्नता की इच्छा की अपूर्ति से उत्पन्न होती है। ऐसी इच्छा यदि किसी हानि के बदले में अथवा हानि की आशंका से हो तो वह शुद्ध ईर्ष्या नहीं है। किसी दूसरे से हानि उठाकर उसकी हानि की आकांक्षा करना केवल बुराई का बुराई से जवाब देना है और क्रोध या बैर के अन्तर्गत है। इसी प्रकार यदि किसी की सम्पन्नता से हमें क्लेश या हानि की आशंका है और हम उसकी ऐसी सम्पन्नता की अनिच्छा या उसका दुख करते हैं तो केवल अपना बचाव करते हैं– आजकल के शब्दों में अपनी रक्षा के स्वत्व का उपयोग करते हैं। यदि हम किसी अन्यायी को कोई अधिकार पाते देख कुढ़ते हैं, तो केवल अपने या समाज के बचाव की फिक्र करते हैं, ईर्ष्या नहीं करते। यदि हमें निश्चय है कि हमारा कोई मित्र इतना घमंडी है कि यदि उसे किसी वस्तु की प्राप्ति होगी तो वह हमसे ऐंठ दिखाकर हमारा अपमान करेगा, तो हमारा यह चाहना कि वह मित्र वह वस्तु न पाए अथवा इस बात पर दुखी होना कि वह मित्र वह वस्तु पा गया, ईर्ष्या नहीं; बचाव की चिन्ता है। इसी से अभिमानियों से ईर्ष्या करने का अधिकार मनुष्य मात्र को है। लोग इस अधिकार का उपयोग भी खूब करते हैं। क्या राजनीति में, क्या साहित्य में, क्या व्यवहार में, मानव-जीवन के सब विभागों में इस अधिकार का उपयोग होते देखा जाता है। ऐसा देखा गया है कि अच्छे लेखकों के गुणों पर उनके अभिमान से आहत लोगों के प्रयत्न या उदासीनता से बहुत दिनों तक परदा पड़ा रहा है और वे जिन्दगी भर भवभूति के इस वाक्य पर सन्तोष किए बैठे रहे हैं–

उत्पत्स्यते हि मम कोऽपि समानधर्म्मा
कालो ह्ययं निरबधिर्विपुला च पृथ्वी।

अभिमान-ग्रस्त गुण को लोग देखकर भी नहीं देखते हैं। अभिमानी स्वयं अन्धा होकर दूसरों की आँखें भी फोड़ता है। न उसे दूसरों के उत्कृष्ट गुण की ओर ताकने का साहस होता है और न दूसरों को उसके गुण को स्वीकार करने की उत्कंठा होती है। अभिमान दोनों ओर ज्ञान का निषेध करता है। अतः जिस प्रकार अभिमान न करना श्रेष्ठ गुण है उसी प्रकार दूसरे के अभिमान को देख क्षुब्ध न होना भी श्रेष्ठ गुण है।

अब यह स्पष्ट हो गया होगा कि ईर्ष्या दूसरे की प्राप्ति या प्राप्ति की सम्भावना से उत्पन्न दुख है, चाहे वह वस्तु में प्राप्त हो या न हो। अतः ईर्ष्या धारण करने वालों के दो रूप होते हैं, एक असम्पन्न और दूसरा सम्पन्न। असम्पन्न रूप वह है, जिसमें ईर्ष्या

करने वाला दूसरों को ऐसी वस्तु प्राप्त करते देख दुखी होता है जो उसके पास नहीं है। ऐसे दुख में आलस्य या असामर्थ्य से उत्पन्न नैराश्य, दूसरे की प्राप्ति से अपनी सापेक्षिक छोटाई का बोध, दूसरे की असम्पन्नता की इच्छा और अन्त में इस इच्छा की पूर्ति में बाधक उस दूसरे व्यक्ति पर एक प्रकार का मीठा क्रोध, इतने भावों का मेल रहता है। किसी वस्तु को हम नहीं प्राप्त कर सकते। दूसरा उसी को प्राप्त करता है। हम समझते हैं कि लोगों की दृष्टि जब हमारी स्थिति पर पड़ती होगी तब उसकी स्थिति पर भी पड़ती होगी। इससे लोगों की दृष्टि में हमारी स्थिति अवश्य कुछ न्यून जँचती होगी। अतः स्थिति की समानता के लिए हम चाहते हैं कि वह दूसरा व्यक्ति उस वस्तु को न प्राप्त करता या खो देता। पर वह दूसरा व्यक्ति जीता-जागता यत्नवान् प्राणी होने के कारण उसे प्राप्त करता या रक्षित रखता है। इससे हमारी इच्छा-पूर्ति में बाधा होती है और हम बाधक के ऊपर मन-ही-मन चिड़चिड़ाते हैं।

ईर्ष्या में क्रोध का भाव किस प्रकार मिला रहता है, इसका प्रमाण बराबर मिलता रहता है। दूसरे व्यक्ति को किसी वस्तु से सम्पन्न देख यदि कोई उससे ईर्ष्या करता है तो केवल यही नहीं होता कि वह उसी वस्तु को उससे अलग करके या अलग करने का प्रयत्न करके सन्तोष कर ले, बल्कि वह उस सम्पन्न व्यक्ति को अवसर पाने पर, बिना किसी अन्य कारण के, कुवाक्य भी कह बैठता है। जी दुखाने का यह प्रयत्न बिना किसी प्रकार के क्रोध के नहीं हो सकता। इसी कारण जैसे 'क्रोध से जलना' कहा जाता है वैसे ही 'ईर्ष्या से जलना' भी कहा जाता है। साहित्य के शब्दों में, क्रोध ईर्ष्या के संचारी के रूप में समय-समय पर व्यक्त होता हुआ देखा जाता है। अब यहाँ पर लगे हाथों यह भी देख लेना चाहिए कि यह क्रोध है किस प्रकार का। यह क्रोध बिलकुल जड़ क्रोध है। जिसके प्रति ऐसा क्रोध किया जाता है उसके मानसिक उद्देश्य की ओर नहीं ध्यान दिया जाता। यदि हम असावधानी से दौड़ते समय किसी सोए आदमी से टकराकर उस पर बिगड़ने लगें, या रास्ते में पत्थर की ठोकर खाकर उसे चूर-चूर करने पर उतारू हों तो हमारा यह क्रोध जड़ क्रोध होगा; क्योंकि हमने यह विचार नहीं किया कि क्या वह आदमी हमें ठोकर खिलाने के लिए ही सोया था; या वह पत्थर हमारे पैर में लगने के ही नामाकूल इरादे से वहाँ आ पड़ा था। यदि हमारे पास कोई वस्तु नहीं है और दूसरा उसे प्राप्त करता है, तो वह उस उद्देश्य से नहीं प्राप्त करता कि उससे हम अपनी हेठी समझकर दुखी हों और हमारी इच्छापूर्ति में बाधा पड़े। यह दूसरी बात है कि पीछे से यह मालूम करके भी कि उसकी प्राप्ति से हम अपनी हेठी समझ-समझकर बेचैन हो रहे हैं, वह हमारे दुख में सहानुभूति न करे और उस वस्तु को लिए आनन्द से कान में तेल डाले बैठा रहे। प्रायः तो ऐसा होता है कि किसी वस्तु को प्राप्त करनेवाले मनुष्य को पहले यह ख्याल भी नहीं होता कि उसकी प्राप्ति से किन-किन महाशयों की मान-हानि हो रही है।

ऊपर कहा जा चुका है कि ईर्ष्या धारण करनेवालों की दो दशाएँ होती हैं। असम्पन्न और सम्पन्न। असम्पन्न दशा का दिग्दर्शन तो ऊपर हो चुका। सम्पन्न दशा वह है जिसमें जो वस्तु हमें प्राप्त है, उसे दूसरे को भी प्राप्त करते देख हमें दुख होता

है। असम्पन्नता में दूसरे को अपने से बढ़कर होते देख दुख होता है। असम्पन्न दशा में यह प्रवृत्ति पाई जाती है कि हम दूसरे से घटकर न रहें, बराबर रहें; और सम्पन्न दशा में यह प्रवृत्ति पाई जाती है कि हम दूसरे से बढ़कर रहें, उसके बराबर न रहें। सम्पन्न की ईर्ष्या में आकांक्षा बढ़ी-चढ़ी होती है, इससे उसका अनौचित्य भी बढ़कर होता है। असम्पन्न ईर्ष्या वाला केवल अपने को नीचा समझे जाने से बचाने के लिए आकुल रहता है, पर सम्पन्न ईर्ष्या वाला दूसरे को नीचा समझते रहने के लिए व्याकुल रहता है। असम्पन्न की ईर्ष्या में नैराश्य का भाव और अपनी कमी का दुख मिला रहता है, इससे उसकी कलुषता उतनी गहरी नहीं जान पड़ती। निराश और अभाव-पीड़ित मनुष्य जैसे इधर-उधर भूलता-भटकता फिरता है, वैसे ही ईर्ष्या की राह में भी जा पड़ता है। पर सम्पन्न ईर्ष्यालु की स्थिति ऐसी क्षोभकारिणी नहीं होती।

हमारा कोई साथी है जो किसी वस्तु में हमसे कम है। उसकी कमी और अपनी बड़ाई देख-दिखाकर हर घड़ी प्रसन्न होने का हमें दुर्व्यसन हो गया है। इसी बीच उसको भी वह वस्तु प्राप्त हो जाती है और हमें जान पड़ता है कि हमारी स्थिति, जो सापेक्ष थी, मारी गई। अपने आनन्द में इस प्रकार बाधा पड़ते देख हम अपने साथी की उस प्राप्ति से दुखी होते हैं, और मन-ही-मन उस पर कुढ़ते भी हैं। साथी को बहुत दिनों तक तो इसका पता ही नहीं चलता, पीछे पता चलने पर भी वह हमारे इस दुख में कुछ भी सहानुभूति नहीं करता। हमारी कुप्रवृत्ति का कारण बिना अवसर के हर घड़ी बड़ाई का अनुभव व स्थिति की सापेक्षिकता का सुख भोगने की लत है। किसी स्थिति की वास्तविकता पर मुख्य और सापेक्षिकता पर गौण दृष्टि रखनी चाहिए। सापेक्षिकता नजर का खेल है, और कुछ नहीं। यदि हमें पेट भर अन्न नहीं मिलता है, पर लोग समझते हैं कि हम अपने किसी साथी से अच्छे या धनी हैं, तो लोगों की इस धारणा से हमारा पेट नहीं भर सकता। लोगों की इस धारणा से आनन्द होता है पर वह उस आनन्द का शतांश भी नहीं है जो वास्तविक स्थिति में प्राप्त वस्तुओं से मिलता है। अतः स्थिति के वास्तविक आनन्दों को छोड़ इस छाया रूपी आनन्द पर मुख्य रूप से ध्यान रखना प्रमाद और स्थिति की रक्षा का बाधक है। यदि हम वास्तविक दशा की ओर ध्यान रख आवश्यक प्रयत्न न करते रहेंगे तो अपनी सँभाल नहीं कर सकते।

कभी-कभी ऐसा होता है कि लोगों की धारणा का कुछ मूल्य होता है अर्थात् उससे कोई अनुकूल स्थिति प्राप्त होती है। जैसे, यदि किसी गाँव में मूर्ख और विद्वान् दो वैद्य हैं तो लोग दूसरे को अधिक निपुण समझ उसके पास अधिक जाएँगे और उसकी आमदनी अधिक होगी। अब यदि पहला वैद्य भी परिश्रम करके वैद्यक पढ़ लेगा और लोगों की यह धारणा हो जाएगी कि यह भी विद्वान् है तो दूसरे वैद्य की आमदनी कम हो जाएगी। ऐसी अवस्था में उस दूसरे वैद्य का पहले वैद्य की उन्नति से कुढ़ना शुद्ध ईर्ष्या नहीं, हानि का दुख या झुँझलाहट है। ईर्ष्या निःस्वार्थ होनी चाहिए।

ईर्ष्या का दुख प्रायः निष्फल हो जाता है। अधिकतर तो जिस बात की ईर्ष्या होती है, वह ऐसी बात होती है, जिस पर हमारा वश नहीं होता। जब हममें अपनी ही स्थिति

में अनुकूल परिवर्तन करने की सामर्थ्य नहीं है तब हम दूसरे की स्थिति में कहाँ तक परिवर्तन कर सकते हैं ? जितनी जानकारी हमें अपनी स्थिति से हो सकती है उतनी दूसरे की स्थिति से नहीं। किसी स्थिति में परिवर्तन करने के लिए उसके अंग-प्रत्यंग का परिचय आवश्यक होता है पर कभी-कभी ऐसे अवसर आ जाते हैं जिनमें ईर्ष्या की तुष्टि का साधन सुगम होता है, जैसे यदि किसी आदमी को किसी दूसरे से कुछ लाभ पहुँचनेवाला होता है या पहुँचता होता है तो हम उस दूसरे से उसकी कुछ बुराई कर आते हैं और उसे उस लाभ से वंचित कर देते हैं। पर हमारी यह सफलता निरापद नहीं। यदि वंचित व्यक्ति को हमारी कार्यवाई का पता लग गया तो वह क्रुद्ध होकर हमारी हानि करने के लिए हमसे अधिक वेग के साथ यत्न करेगा। हमने तो केवल जरा-सा जाकर जबान हिलाने का कष्ट उठाया था; पर वह हमारी हानि करने के लिए पूरा परिश्रम करेगा।

ईर्ष्या में प्रयत्नोत्पादिनी शक्ति बहुत कम होती है। उसमें वह वेग नहीं होता जो क्रोध आदि में होता है क्योंकि आलस्य और नैराश्य के आश्रय से तो उसकी उत्पत्ति ही होती है। जब आलस्य और नैराश्य के कारण अपनी उन्नति के हेतु प्रयत्न करना तो दूर रहा, हम अपनी उन्नति का ध्यान तक अपने मन में नहीं ला सकते, तभी हम हारकर दूसरे की स्थिति की ओर बार-बार देखते हैं और सोचते हैं कि यदि उसकी स्थिति ऐसी न होती तो हमारी स्थिति जैसी है वैसी ही रहने पर भी बुरी न दिखाई देती। अपनी स्थिति को ज्यों-की-त्यों रख सापेक्षिकता द्वारा सन्तोष-लाभ करने का ढीला यत्न आलस्य और नैराश्य नहीं तो और क्या है ? जो वस्तु उज्ज्वल नहीं है उसे मैली वस्तु के पास रखकर हम उसकी उज्ज्वलता से कब तक और कहाँ तक सन्तोष कर सकते हैं ? जो अपनी उन्नति के प्रयत्न में बराबर लगा रहता है उसे न तो नैराश्य होता है और न हर घड़ी दूसरे की स्थिति से अपनी स्थिति के मिलान करते रहने की फुरसत। ईर्ष्या की सबसे अच्छी दवा है उद्योग और आशा। जिस वस्तु के लिए उद्योग और आशा निष्फल हो, उस पर से अपना ध्यान हटाकर दृष्टि की अनन्तता से लाभ उठाना चाहिए।

जिससे ईर्ष्या की जाती है उस पर ईर्ष्या का प्रभाव क्या पड़ता है, यह भी देख लेना चाहिए। ईर्ष्या अप्रेष्य मनोविकार है। यह पहले ही कहा जा चुका है कि किसी मनुष्य को अपने से ईर्ष्या करते देख हम भी बदले में उससे ईर्ष्या नहीं करने लगते। दूसरे को ईर्ष्या करते देख हम उससे घृणा करते हैं। दूसरे की ईर्ष्या का फल भोग हम उस पर क्रोध करते हैं, जिसमें अधिक अनिष्टकारिणी शक्ति होती है। अतः ईर्ष्या एक ऐसी बुराई है, जिसका बदला यदि मिलता है तो कुछ अधिक ही मिलता है। इससे इस बात का आभास मिलता है कि प्रकृति के कानून में ईर्ष्या एक पाप या जुर्म है। अपराधी ने अपने अपराध से जितना कष्ट दूसरे को पहुँचाया, अपराधी को भी केवल उतना ही कष्ट पहुँचाना सामाजिक न्याय नहीं है, अधिक कष्ट पहुँचाना न्याय है; क्योंकि निरपराध व्यक्ति की स्थिति को अपराधी की स्थिति से अच्छा दिखलाना न्याय का काम है।

ईर्ष्या अत्यन्त लज्जावती वृत्ति है। वह अपने धारणकर्ता अर्थात् स्वामी के सामने भी मुँह खोलकर नहीं आती। उससे रूप आदि का पूरा परिचय न पाकर भी धारणकर्ता

उसकी हरम की बेगमों से अधिक परदा करता है। वह कभी प्रत्यक्ष रूप से समाज के सामने नहीं आती। उसका कोई बाहरी लक्षण धारणकर्ता पर नहीं दिखाई देता। क्रोध में आँखें लाल हों, भय में आकुलता हो, घृणा में नाक-भौं सिकुड़े, करुणा में आँसू आएँ, पर ईर्ष्या में शायद ही कभी असावधानी से ठंडी साँस निकल जाए। ईर्ष्या इतनी कुत्सित वृत्ति है कि सभा-समाज में, मित्रमंडली में, परिवार में, एकान्त कोठरी में, कहीं भी स्वीकार नहीं की जाती। लोग अपना क्रोध स्वीकार करते हैं, भय स्वीकार करते हैं, घृणा स्वीकार करते हैं, लोभ स्वीकार करते हैं पर ईर्ष्या का नाम कभी मुँह पर नहीं लाते; ईर्ष्या से उत्पन्न अपने कार्यों को दूसरी मनोवृत्तियों के सिर मढ़ते हैं। यदि हमें ईर्ष्या के कारण किसी की प्रशंसा अच्छी नहीं लग रही है तो हम बड़ी गम्भीरता और सज्जनता प्रकट करते हुए उसके दोषों और त्रुटियों का निदर्शन करते हैं। बैर ऐसी बुरी वृत्ति तक कभी-कभी ईर्ष्या को छिपाने का काम दे जाती है।

भय

किसी आती हुई आपदा की भावना या दुख के कारण के साक्षात्कार से जो एक प्रकार का आवेगपूर्ण अथवा स्तम्भ-कारक मनोविकार होता है उसी को भय कहते हैं। क्रोध दुख के कारण पर प्रभाव डालने के लिए आकुल करता है और भय उसकी पहुँच से बाहर होने के लिए। क्रोध दुख के कारण के स्वरूप-बोध के बिना नहीं होता। यदि दुख का कारण चेतन होगा और यह समझा जाएगा कि उसने जान-बूझकर दुख पहुँचाया है, तभी क्रोध होगा। पर भय के लिए कारण का निर्दिष्ट होना जरूरी नहीं; इतना भर मालूम होना चाहिए कि दुख या हानि पहुँचेगी। यदि कोई ज्योतिषी किसी गँवार से कहे कि "कल तुम्हारे हाथ-पाँव टूट जाएँगे" तो उसे क्रोध न आएगा; भय होगा। पर उसी से यदि कोई दूसरा आकर कहे कि "कल अमुक-अमुक तुम्हारे हाथ-पैर तोड़ देंगे" तो वह तुरन्त त्योरी बदलकर कहेगा कि "कौन हैं हाथ-पैर तोड़नेवाले ? देख लूँगा।"

भय का विषय दो रूपों में सामने आता है--असाध्य रूप में और साध्य रूप में। असाध्य विषय वह है जिसका किसी प्रयत्न द्वारा निवारण असम्भव हो या असम्भव समझ पड़े। साध्य विषय वह है जो प्रयत्न द्वारा दूर किया या रखा जा सकता हो। दो मनुष्य एक पहाड़ी नदी के किनारे बैठे या आनन्द से बातचीत करते चले जा रहे थे। इतने में सामने शेर की दहाड़ सुनाई पड़ी। यदि वे दोनों उठकर भागने, छिपने या पेड़ पर चढ़ने आदि का प्रयत्न करें तो बच सकते हैं। विषय के साध्य या असाध्य होने की धारणा परिस्थिति की विशेषता के अनुसार तो होती ही है पर बहुत कुछ मनुष्य की प्रकृति पर भी अवलम्बित रहती है। क्लेश के कारण का ज्ञान होने पर उसकी अनिवार्यता का निश्चय अपनी विवशता या अक्षमता की अनुभूति के कारण होता है। यदि यह अनुभूति कठिनाइयों और आपत्तियों को दूर करने के अनभ्यास या साहस के अभाव के कारण होती है, तो मनुष्य स्तम्भित हो जाता है और उसके हाथ-पाँव नहीं हिल सकते। पर कड़े दिल का या साहसी आदमी पहले तो जल्दी डरता नहीं और डरता भी है तो सँभलकर अपने बचाव के उद्योग में लग जाता है।

भय जब स्वभावगत हो जाता है तब कायरता या भीरुता कहलाता है और भारी दोष माना जाता है, विशेषतः पुरुषों में। स्त्रियों की भीरुता तो उनकी लज्जा के समान ही रसिकों के मनोरंजन की वस्तु रही है। पुरुषों की भीरुता की पूरी निन्दा होती है। ऐसा जान पड़ता है कि बहुत पुराने जमाने से पुरुषों ने न डरने का ठेका ले रखा है। भीरुता

के संयोजक अवयवों में क्लेश सहने की आवश्यकता और अपनी शक्ति का अविश्वास प्रधान है। शत्रु का सामना करने से भागने का अभिप्राय यही होता है कि भागनेवाला शारीरिक पीड़ा नहीं सह सकता, तभी अपनी शक्ति के द्वारा उस पीड़ा से अपनी रक्षा का विश्वास नहीं रखता। यह तो बहुत पुरानी चाल की भीरुता हुई। जीवन के और अनेक व्यापारों में भी भीरुता दिखाई देता है। अर्थहानि के भय से बहुत-से व्यापारी कभी-कभी किसी विशेष व्यवसाय में हाथ नहीं डालते, परास्त होने के भय से बहुत-से पंडित कभी-कभी शास्त्रार्थ से मुँह चुराते हैं। इस प्रकार की भीरुता की तह में सहन करने की अक्षमता और अपनी शक्ति का अविश्वास छिपा रहता है। भीरु व्यापारी में अर्थहानि सहने की अक्षमता और अपने व्यवसाय कौशल पर अविश्वास तथा भीरु पंडित में मान-हानि सहने की अक्षमता और अपने विद्या-बुद्धि-बल पर अविश्वास निहित है।

एक ही प्रकार की भीरुता ऐसी दिखाई पड़ती है जिसकी प्रशंसा होती है। वह धर्म-भीरुता है। पर हम तो उसे भी कोई बड़ी प्रशंसा की बात नहीं समझते। धर्म से डरनेवालों की अपेक्षा धर्म की ओर आकर्षित होनेवाले हमें अधिक धन्य जान पड़ते हैं। जो किसी बुराई से यही समझकर पीछे हटते हैं कि उसके करने से अधर्म होगा, उसकी अपेक्षा वे कहीं श्रेष्ठ हैं जिन्हें बुराई अच्छी ही नहीं लगती।

दुख या आपत्ति का पूर्ण निश्चय न रहने पर उसकी सम्भावना-मात्र के अनुमान से जो आवेग-शून्य भय होता है, उसे आशंका कहते हैं। उसमें वैसी आकुलता नहीं होती। उसका संचार कुछ धीमा पर अधिक काल तक रहता है। घने जंगल से होकर जाता हुआ यात्री चाहे रास्ते भर इस आशंका में रहे कि कहीं चीता न मिल जाए, पर वह बराबर चला चल सकता है। यदि उसे असली भय हो जाएगा तो वह या तो लौट जाएगा अथवा एक पैर आगे न रखेगा। दुखात्मक भावों में आशंका की वही स्थिति समझनी चाहिए जो सुखात्मक भावों में आशा की। अपने द्वारा कोई भयंकर काम किए जाने की कल्पना या भावना-मात्र से भी क्षणिक स्तम्भ के रूप में एक प्रकार के भय का अनुभव होता है। जैसे, कोई किसी से कहे कि "इस छत पर से कूद जाओ" तो कूदना और न कूदना उसके हाथ में होते हुए भी वह कहेगा कि "डर मालूम होता है।" पर यह डर भी पूर्ण भय नहीं है।

क्रोध का अभाव दुख के कारण पर डाला जाता है, इससे उसके द्वारा दुख का निवारण यदि होता है तो सब दिन के लिए या बहुत दिनों के लिए। भय के द्वारा बहुत-सी अवस्थाओं में यह बात नहीं हो सकती। ऐसे सज्ञान प्राणियों के बीच जिनमें भाव बहुत काल तक संचित रहते हैं और ऐसे उन्नत समाज में जहाँ एक-एक व्यक्ति की पहुँच और परिचय का विस्तार बहुत अधिक होता है, प्रायः भय का फल भय के संचार-काल तक ही रहता है। जहाँ वह भय भूला कि आफत आई। यदि कोई क्रूर मनुष्य किसी बात पर आपसे बुरा मान गया और आपको मारने दौड़ा तो उस समय भय की प्रेरणा से आप भागकर अपने को बचा लेंगे। पर सम्भव है कि उस मनुष्य का क्रोध जो आप पर था उसी समय दूर न हो, बल्कि कुछ दिन के लिए बैर के रूप में टिक जाए, तो उसके लिए आपके

सामने फिर आना कोई बड़ी बात न होगी। प्राणियों की असभ्य दशा में ही भय से अधिक काम निकलता है जबकि समाज का ऐसा गहरा संगठन नहीं होता है कि बहुत-से लोगों को एक-दूसरे का पता और उसके विषय में जानकारी रहती हो।

जंगली मनुष्यों के परिचय का विस्तार बहुत थोड़ा होता है। बहुत-सी ऐसी जंगली जातियाँ अब भी हैं जिनमें कोई एक व्यक्ति बीस-पच्चीस से अधिक आदमियों को नहीं जानता। अतः उसे दस-बारह कोस पर ही रहनेवाला यदि कोई दूसरा जंगली मिले और मारने दौड़े तो वह भागकर उससे अपनी रक्षा उसी समय के लिए ही नहीं, बल्कि सब दिनों के लिए कर सकता है। पर सभ्य, उन्नत और विस्तृत समाज में भय के द्वारा स्थायी रक्षा की उतनी सम्भावना नहीं होती। इसी से जंगली और असभ्य जातियों में भय अधिक होता है। जिससे वे भयभीत हो सकते हैं उसी को वे श्रेष्ठ मानते हैं और उसी की स्तुति करते हैं। उनके देवी-देवता भय के प्रभाव से ही कल्पित होते हैं। किसी आपत्ति या दुख से बचे रहने के लिए ही अधिकतर वे उनकी पूजा करते हैं। अति भय और भयकारक का सम्मान असभ्यता के लक्षण हैं। अशिक्षित होने के कारण अधिकांश भारतवासी भी भय के उपासक हो गए हैं। वे जितना सम्मान एक थानेदार का करते हैं, उतना किसी विद्वान् का नहीं।

चलने-फिरनेवाले बच्चों में, जिनमें भाव देर तक नहीं टिकते और दुख परिहार का ज्ञान या बल नहीं होता, भय अधिक होता है। बहुत-से बच्चे तो किसी अपरिचित आदमी को देखते ही घर के भीतर भागते हैं। पशुओं में भी भय अधिक पाया जाता है। अपरिचित के भय में जीवन का कोई गूढ़ रहस्य छिपा जान पड़ता है। प्रत्येक प्राणी भीतरी आँख कुछ खुलते ही अपने सामने मानो एक दुख-कारण-पूर्ण संसार फैला हुआ पाता है जिसे क्रमशः कुछ अपने ज्ञानबल से और कुछ बाहुबल से थोड़ा-बहुत सुखमय बनाता चलता है। क्लेश और बाधा का ही सामान्य आरोप करते जीव संसार में पैर रखता है, सुख और आनन्द को वह सामान्य का व्यतिक्रम समझता है; विरल विशेष मानता है। इस विशेष से सामान्य की ओर जाने का साहस उसे बहुत दिनों तक नहीं होता। परिचय के उत्तरोत्तर अभ्यास के बल से अपने माता-पिता या नित्य दिखाई पड़नेवाले कुछ थोड़े-से और लोगों के ही सम्बन्ध में वह यह धारणा रखता है कि वे मुझे सुख पहुँचाते हैं और कष्ट न पहुँचाएँगे। जिन्हें वह नहीं जानता, जो पहले-पहल उसके सामने आते हैं, उनके पास वह बेधड़क नहीं चला जाता। बिलकुल अज्ञात वस्तुओं के प्रति भी वह ऐसा ही करता है।

भय की इस वासना का परिहार क्रमशः होता चलता है। ज्यों-ज्यों वह नाना रूपों से अभ्यस्त होता है त्यों-त्यों उसकी धड़क खुलती जाती है। इस प्रकार अपने ज्ञानबल, हृदयबल और शरीर बल की वृद्धि के साथ वह दुख की छाया मानो हटाता चलता है। समस्त मनुष्य-जाति की सभ्यता के विकास का ही यही क्रम रहा है। भूतों का भय तो अब बहुत कुछ छूट गया है, पशुओं की बाधा भी मनुष्य के लिए प्रायः नहीं रह गई है; पर मनुष्य के लिए मनुष्य का भय बना हुआ है। इस भय के छूटने के लक्षण भी नहीं

दिखाई देते। अब मनुष्यों के दुख का कारण मनुष्य ही है। सभ्यता से अन्तर केवल इतना ही पड़ा है कि दुख-दान की विधियाँ बहुत गूढ़ और जटिल हो गई हैं। उनका क्षोभकारक रूप बहुत-से आवरणों के भीतर ढँक गया है। अब इस बात की आशंका तो नहीं रहती है कि कोई जबरदस्ती आकर हमारे घर, खेत, बाग-बगीचे, रुपये-पैसे छीन न ले, पर इस बात का खटका रहता है कि कोई नकली दस्तावेजों, झूठे गवाहों और कानूनी बहसों के बल से हमें इन वस्तुओं से वंचित न कर दे। दोनों बातों का परिणाम एक ही है।

एक-एक व्यक्ति के दूसरे-दूसरे व्यक्तियों के लिए सुखद और दुखद दोनों रूप बराबर रहे हैं और बराबर रहेंगे। किसी प्रकार की राजनीतिक और सामाजिक व्यवस्था–एकाशाही से लेकर साम्यवाद तक–इस दोरंगी झलक को दूर नहीं कर सकती। मानवी प्रकृति की अनेकरूपता शेष प्रकृति की अनेकरूपता के साथ चलती रहेगी। ऐसे समाज की कल्पना, ऐसी परिस्थिति का स्वप्न, जिसमें सुख-ही-सुख, प्रेम-ही-प्रेम हो, या लम्बी-चौड़ी बात बनाने के लिए अथवा अपने को या दूसरों को फुसलाने के लिए ही समझा जा सकता है।

ऊपर जिस व्यक्तिगत विषमता की बात कही गई है, उससे समष्टि रूप में मनुष्य-जाति का वैसा अमंगल नहीं है। कुछ लोग अलग-अलग यदि क्रूर लोभ के व्यापार में रत रहें, तो थोड़े-से लोग ही उनके द्वारा दुखी या त्रस्त होंगे। यदि उक्त व्यापार का साधन एक बड़ा दल बाँधकर किया जाएगा, तो उसमें अधिक सफलता होगी और उसका अनिष्ट प्रभाव बहुत दूर तक फैलेगा। संघ एक शक्ति है जिसके द्वारा शुभ और अशुभ दोनों के प्रसार की सम्भावना बहुत बढ़ जाती है। प्राचीन काल में जिस प्रकार के स्वदेश-प्रेम की प्रतिष्ठा यूनान में हुई थी, उसने आगे चलकर योरप में बड़ा भयंकर रूप धारण किया। अर्थशास्त्र के प्रभाव के अर्थोन्माद का उसके साथ संयोग हुआ और व्यापार, राजनीति या राष्ट्रनीति का प्रधान अंग हो गया। योरप के देश-के-देश इस धुन में लगे कि व्यापार के बहाने दूसरे देशों से जहाँ तक धन खींचा जा सके, बराबर खींचा जाता रहे। पुरानी चढ़ाइयों की लूट-पाट का सिलसिला आक्रमण-काल तक ही–जो बहुत दीर्घ नहीं हुआ करता था–रहता था। पर योरप के अर्थोन्मादियों ने ऐसी गूढ़, जटिल और स्थायी प्रणालियाँ प्रतिष्ठित कीं जिनके द्वारा भू-मंडल की न जाने कितनी जनता का क्रम-क्रम से रक्त चूसता चला जा रहा है–न जाने कितने देश चलते-फिरते कंकालों के कारागार हो रहे हैं।

जब तक योरप की जातियों ने आपस में लड़कर अपना रक्त नहीं बहाया तब तक उनका ध्यान अपनी उस अन्धनीति से अनर्थ की ओर नहीं गया। गत महायुद्ध के पीछे जगह-जगह स्वदेश-प्रेम के साथ-साथ विश्व-प्रेम उमड़ता दिखाई देने लगा; आध्यात्मिकता की भी बहुत कुछ पूछ होने लगी। पर इस विश्व-प्रेम और आध्यात्मिकता का शाब्दिक प्रचार ही तो अभी देखने में आया है। इस फैशन की लहर भारतवर्ष में आई। पर फैशन के रूप में गृहीत इस 'विश्व-प्रेम' और 'अध्यात्म' की चर्चा का कोई स्थायी मूल्य नहीं। इसे हवा का एक झोंका समझना चाहिए।

सभ्यता की वर्तमान स्थिति में एक व्यक्ति को दूसरे व्यक्ति से वैसा भय तो नहीं रहा जैसा पहले रहा करता था, पर एक जाति को दूसरी जाति से, एक देश को दूसरे देश से, भय के स्थायी कारण प्रतिष्ठित हो गए हैं। सबल और सबल देशों के बीच अर्थ संघर्ष की, सबल और निर्बल देशों के बीच अर्थ-शोषण की प्रक्रिया अनवरत चल रही है; एक क्षण का विराम नहीं है। इस सार्वभौम वणिग्वृत्ति से उतना अनर्थ कभी न होता यदि क्षात्रवृत्ति उसके लक्ष्य से अपना लक्ष्य अलग रखती। पर इस युग में दोनों का विलक्षण सहयोग हो गया है। वर्तमान अर्थोन्माद को शासन के भीतर रखने के लिए क्षात्रधर्म के उच्च और पवित्र आदर्श को लेकर क्षात्रसंघ की प्रतिष्ठा आवश्यक है।

जिस प्रकार सुखी होने का प्रत्येक प्राणी को अधिकार है, उसी प्रकार मुक्तातंक होने का भी। पर कर्म-क्षेत्र के चक्रव्यूह में पड़कर जिस प्रकार सुखी होना प्रयत्न-साध्य होता है उसी प्रकार निर्भय रहना भी। निर्भयता के सम्पादन के लिए दो बातें अपेक्षित होती हैं—पहली तो यह कि दूसरों को हमसे किसी प्रकार का भय या कष्ट न हो; दूसरी यह कि दूसरे हमको कष्ट या भय पहुँचाने का साहस न कर सकें। इनमें से एक का सम्बन्ध उत्कृष्ट शील से है और दूसरी का शक्ति और पुरुषार्थ से। इस संसार में किसी को न डराने से ही डरने की सम्भावना दूर नहीं हो सकती। साधु-से-साधु प्रकृति वाले को क्रूर लोभियों और दुर्जनों से क्लेश पहुँचता है। अतः उनके प्रयत्नों को विफल करने या भय-संचार द्वारा रोकने की आवश्यकता से हम बच नहीं सकते।

क्रोध

क्रोध दुख के चेतन कारण से साक्षात्कार या अनुमान से उत्पन्न होता है। साक्षात्कार के समय दुख और उसके कारण के सम्बन्ध का परिज्ञान आवश्यक है। तीन-चार महीने के बच्चे को कोई हाथ उठाकर मार दे, तो उसने हाथ उठाते तो देखा है पर अपनी पीड़ा और उस हाथ उठाने से क्या सम्बन्ध है, यह वह नहीं जानता है। अतः वह केवल रोकर अपना दुख मात्र प्रकट कर देता। दुख के कारण की स्पष्ट धारणा के बिना क्रोध का उदय नहीं होता। दुख के सज्ञान कारण पर प्रबल प्रभाव डालने में प्रवृत्त करने वाला मनोविकार होने के कारण क्रोध का आविर्भाव बहुत पहले देखा जाता है। शिशु अपनी माता की आकृति से परिचित हो जाने पर ज्योंही यह जान जाता है कि दूध इसी से मिलता है, भूखा होने पर वह उसे देखते ही अपने रोने में कुछ क्रोध का आभास देने लगता है।

सामाजिक जीवन में क्रोध की जरूरत बराबर पड़ती है। यदि क्रोध न हो तो मनुष्य दूसरों के द्वारा पहुँचाए जानेवाले बहुत-से कष्टों की चिर-निवृत्ति का उपाय ही न कर सके। कोई मनुष्य किसी दुष्ट के नित्य दो-चार प्रहार सहता है। यदि उसमें क्रोध का विकास नहीं हुआ है तो केवल आह-ऊह करेगा जिसका उस दुष्ट पर कोई प्रभाव नहीं। उस दुष्ट के हृदय में विवेक, दया आदि उत्पन्न करने में बहुत समय लगेगा। संसार किसी को इतना समय ऐसे छोटे-छोटे कामों के लिए नहीं दे सकता। भयभीत होकर प्राणी अपनी रक्षा कभी-कभी कर लेता है; पर समाज में इस प्रकार प्राप्त दुख-निवृत्ति चिरस्थायिनी नहीं होती। हमारे कहने का अभिप्राय यह नहीं है कि क्रोध के समय क्रोध करनेवाले के मन में सदा भावी कष्ट से बचने का उद्देश्य रहा करता है। कहने का तात्पर्य केवल इतना ही है कि चेतना सृष्टि के भीतर क्रोध का विधान इसीलिए है।

जिससे एक बार दुख पहुँचा पर उसके दोहराए जाने की सम्भावना कुछ भी नहीं है, जो कष्ट पहुँचाया जाता है वह प्रतिकार मात्र है; उसमें रक्षा की भावना कुछ भी नहीं रहती। अधिकतर क्रोध इसी रूप में देखा जाता है। एक-दूसरे से अपरिचित दो आदमी रेल पर चले जा रहे हैं। इनमें से एक को आगे ही के स्टेशन पर उतरना है। स्टेशन तक पहुँचते-पहुँचते बात-ही-बात में एक ने दूसरे को एक तमाचा जड़ दिया और उतरने की तैयारी करने लगा। अब दूसरा मनुष्य भी यदि उतरते-उतरते उसे एक तमाचा लगा दे तो यह उसका बदला या प्रतिकार ही कहा जाएगा, क्योंकि उसे फिर उसी व्यक्ति से तमाचे

खाने का कुछ भी निश्चय नहीं था। जहाँ और दुख पहुँचने की कुछ भी सम्भावना होगी, वहाँ शुद्ध प्रतिकार न होगा, उसमें स्वरक्षा की भावना भी मिली होगी।

हमारा पड़ोसी कई दिनों से नित्य आकर हमें दो-चार टेढ़ी-सीधी सुना जाता है। यदि हम एक दिन उसे पकड़कर पीट दें तो हमारा यह कर्म शुद्ध प्रतिकार न कहलाएगा, क्योंकि हमारी दृष्टि नित्य गालियाँ सहने के दुख से बचने के परिणाम की ओर भी समझी जाएगी। इन दोनों दृष्टान्तों को ध्यानपूर्वक देखने से पता लगेगा कि दुख से उद्विग्न होकर दुखदाता को कष्ट पहुँचाने की प्रवृत्ति दोनों में है; पर एक में वह परिणाम आदि का विचार बिलकुल छोड़े हुए हैं और दूसरे में कुछ लिए हुए। इनमें से पहले दृष्टान्त का क्रोध उपयोगी नहीं दिखाई पड़ता। पर क्रोध करनेवाले के पक्ष में उसका उपयोग चाहे न हो, परलोक के भीतर, वह बिलकुल खाली नहीं जाता। दुख पहुँचानेवाले से हमें फिर दुख पहुँचने का डर न सही, पर समाज को तो है इससे उसे उचित दंड देने से पहले तो उसी की शिक्षा या भलाई हो जाती है फिर समाज के और लोगों के बचाव का बीज भी बो दिया जाता है। यहाँ पर भी वही बात है कि क्रोध के समय लोगों के मन में लोक-कल्याण की यह व्यापक भावना सदा नहीं रहा करती। अधिकतर तो ऐसा क्रोध प्रतिकार के रूप में ही होता है।

यह कहा जा चुका है कि क्रोध दुख के चेतन कारण के साक्षात्कार या परिज्ञान से होता है, अतः एक तो जहाँ कार्य-कारण के सम्बन्ध-ज्ञान में त्रुटि या भूल होती है, वहाँ क्रोध धोखा देता है। दूसरी बात यह है कि क्रोध करने वाला जिस ओर से दुख आता है उसी ओर देखता है; अपनी ओर नहीं। जिसने दुख पहुँचाया उसका नाश हो या उसे दुख पहुँचे; क्रुद्ध का यही लक्ष्य होता है। न तो वह यह देखता है कि मैंने भी कुछ किया है या नहीं, और न इस बात का ध्यान रहता है कि क्रोध के वेग में मैं जो कुछ करूँगा उसका परिणाम क्या होगा। यही क्रोध का अन्धापन है। इसी से एक तो मनोविकार ही एक-दूसरे को परिमित किया करते हैं, ऊपर से बुद्धि या विवेक भी उन पर अंकुश रखता है। यदि क्रोध इतना उग्र हुआ कि मन में दुखदाता की शक्ति के रूप और परिणाम के निश्चय, दया-भय आदि और भावों के संचार तथा अनुचित के विचार के लिए जगह ही न रही तो बड़ा अनर्थ खड़ा हो जाता है जैसे यदि कोई सुने कि उसका शत्रु बीस-पच्चीस आदमी लेकर उसे मारने आ रहा है और वह चट क्रोध से व्याकुल होकर बिना शत्रु की शक्ति का विचार और अपनी रक्षा का पूरा प्रबन्ध किए उसे मारने के लिए अकेले दौड़ पड़े, तो उसके मारे जाने में बहुत कम सन्देह समझा जाएगा। अतः कारण के यथार्थ निश्चय के उपरान्त, उसका उद्देश्य अच्छी तरह समझ लेने पर ही आवश्यक मात्रा और उपयुक्त स्थिति में ही क्रोध वह काम दे सकता है जिसके लिए उसका विकास होता है।

क्रोध की उग्र चेष्टाओं का लक्ष्य हानि या पीड़ा पहुँचाने के पहले आलम्बन में भय का संचार करना रहता है। जिस पर क्रोध प्रकट किया जाता है वह यदि डर जाता है और नम्र होकर पश्चात्ताप करता है तो क्षमा का अवसर सामने आता है। क्रोध का गर्जन-तर्जन क्रोधपात्र के लिए भावी दुष्परिणाम की सूचना है, जिससे कभी-कभी

उद्देश्य की पूर्ति हो जाती है और दुष्परिणाम की नौबत नहीं आती। एक की उग्र आकृति देख दूसरा किसी अनिष्ट व्यापार से विरत हो जाता है या नम्र होकर पूर्वकृत दुर्व्यवहार के लिए क्षमा चाहता है। बहुत-से स्थलों पर क्रोध का लक्ष्य किसी का गर्व चूर्ण करना मात्र रहता है अर्थात् दुख का विषय केवल दूसरे का गर्व या अहंकार होता है। अभिमान दूसरों के मन में या उसकी भावना में बाधा डालता है, उससे वह बहुत-से लोगों को यों ही खटका करता है। लोग जिस तरह हो सके—अपराध द्वारा, हानि द्वारा—अभिमानी को नम्र करना चाहते हैं। अभिमान पर जो रोष होता है उसकी प्रवृत्ति अभिमानी को केवल नम्र करने की रहती है; उसको हानि या पीड़ा पहुँचाने का उद्देश्य नहीं होता। संसार में बहुत-से अभिमान का उपचार अपमान द्वारा ही हो जाता है।

कभी-कभी लोग अपने कुटुम्बियों या स्नेहियों से झगड़कर क्रोध में अपना ही सिर पटक देते हैं। यह सिर पटकना अपने को दुख पहुँचाने के अभिप्राय से नहीं होता; क्योंकि बिलकुल बेगानों के साथ कोई ऐसा नहीं करता। जब किसी को क्रोध में अपना ही सिर पटकते या अंग-भंग करते देखें तब समझ लेना चाहिए कि उसका क्रोध ऐसे व्यक्ति के ऊपर है जिसे उसके सिर पटकने की परवाह है अर्थात् जिसे उसका सिर फटने से उस समय नहीं तो आगे चलकर दुख पहुँचेगा।

क्रोध का वेग इतना प्रबल होता है कि कभी-कभी मनुष्य यह भी विचार नहीं करता कि जिसने दुख पहुँचाया है, उसमें दुख पहुँचाने की इच्छा थी या नहीं। इसी से कभी तो वह अचानक पैर कुचल जाने पर किसी को मार बैठता है और कभी ठोकर खाकर कंकड़-पत्थर तोड़ने लगता है। चाणक्य ब्राह्मण गंगा-स्नान करने जाता था। मार्ग में कुश उसके पैर में चुभे। वह चट मट्ठा और कुदाली लेकर पहुँचा और कुशों को उखाड़कर उनकी जड़ों में मट्ठा देने लगा। एक बार मैंने देखा कि एक ब्राह्मण देवता चूल्हा फूँकते-फूँकते थक गए। जब आग न जली तब उस पर क्रोध करके चूल्हे में पानी डाल किनारे हो गए। इस प्रकार का क्रोध अपरिष्कृत है। यात्रियों ने बहुत-से ऐसे जंगलियों का हाल लिखा है जो रास्ते में पत्थर की ठोकर लगने पर बिना उसको चूर-चूर किए आगे नहीं बढ़ते। अधिक अभ्यास के कारण यदि कोई मनोविकार बहुत प्रबल पड़ जाता है, तो वह अन्तःप्रकृति में अव्यवस्था उत्पन्न कर मनुष्य को बचपन से मिलती-जुलती अवस्था में ले जाकर पटक देता है।

क्रोध सब मनोविकारों से फुर्तीला है, इसी से अवसर पड़ने पर वह और मनोविकारों का भी साथ देकर उनकी तुष्टि का साधक होता है। कभी वह दया के साथ कूदता है, कभी घृणा के। एक क्रूर कुमार्गी किसी अनाथ अबला पर अत्याचार कर रहा है। हमारे हृदय में उस अनाथ अबला के प्रति दया उमड़ रही है। पर दया की अपनी शक्ति तो त्याग और कोमल व्यवहार तक होती है। यदि वह स्त्री अर्थकष्ट में होती तो उसे कुछ देकर हम अपनी दया के वेग को शान्त कर लेते। पर यहाँ तो उस अबला के दुख का कारण मूर्तिमान् तथा अपने विरुद्ध प्रयत्नों को ज्ञानपूर्वक रोकने की शक्ति रखने वाला है। ऐसी अवस्था में क्रोध ही उस अत्याचारी के दमन के लिए उत्तेजित करता है जिसके

बिना हमारी दया ही व्यर्थ जाती। क्रोध अपनी इस सहायता के बदले में दया की वाहवाही को नहीं बँटाता। काम क्रोध करता है, पर नाम दया ही का होता है। लोग यही कहते हैं कि "उसने दया करके बचा लिया।" यह कोई नहीं कहता कि "क्रोध करके बचा लिया।" ऐसे अवसरों पर यदि क्रोध दया का साथ न दे तो दया अपनी प्रवृत्ति के अनुसार परिणाम उपस्थित ही नहीं करती।

क्रोध शान्ति-भंग करने वाला मनोविकार है। एक का क्रोध दूसरे में भी क्रोध का संचार करता है। जिसके प्रति क्रोध-प्रदर्शन होता है वह तत्काल अपमान का अनुभव करता है और इस दुख पर उसकी भी त्योरी चढ़ जाती है। यह विचार करनेवाले बहुत थोड़े निकलते हैं कि हम पर जो क्रोध प्रकट किया जा रहा है, वह उचित है या अनुचित। इसी से धर्म, नीति और शिष्टचार तीनों में क्रोध के निरोध का उपदेश पाया जाता है। सन्त लोग तो खलों के वचन सहते ही हैं, दुनियादार लोग भी न जाने कितनी ऊँची-ऊँची पचाते रहते हैं। सभ्यता के व्यवहार में भी क्रोध नहीं तो क्रोध के चिह्न दबाए जाते हैं। इस प्रकार का प्रतिबन्ध समाज की सुख-शान्ति के लिए बहुत आवश्यक है। पर इस प्रतिबन्ध की भी सीमा है। यह परपीड़कोन्मुख क्रोध तक नहीं पहुँचता।

क्रोध के निरोध का उपदेश अर्थ-परायण और धर्म-परायण दोनों देते हैं। पर दोनों में जिसे अति से अधिक सावधान रहना चाहिए वही कुछ भी नहीं रहता। बाकी रुपया वसूल करने का ढंग बताने वाला चाहे कड़े पड़ने की शिक्षा दे भी दे, पर धज के साथ धर्म की ध्वजा लेकर चलने वाला धोखे में भी क्रोध को पाप का बाप ही कहेगा। क्रोध रोकने का अभ्यास ठगों और स्वार्थियों को सिद्धों और साधकों से कम नहीं होता। जिससे कुछ स्वार्थ निकालना रहता है, जिसे बातों में फँसाकर ठगना रहता है, उसकी कठोर और अनुचित बातों पर न जाने कितने लोग जरा भी क्रोध नहीं करते, पर उसका यह अक्रोध न धर्म का लक्षण है, न साधन।

क्रोध के प्रेरक दो प्रकार के दुख हो सकते हैं—अपना दुख और पराया दुख। जिस क्रोध के त्याग का उपेदश दिया जाता है वह पहले प्रकार के दुख से उत्पन्न क्रोध है दूसरे के दुख पर उत्पन्न क्रोध बुराई की हद के बाहर समझा जाता है। क्रोधोत्तेजक दुख जितना ही अपने सम्पर्क से दूर होगा, उतना ही लोक में क्रोध का स्वरूप सुन्दर और मनोहर दिखाई देगा। दुख से आगे बढ़ने पर भी कुछ दूर तक क्रोध का कारण थोड़ा-बहुत अपना ही दुख कहा जा सकता है—जैसे, अपने या आत्मीय परिजन का दुख, इष्ट-मित्र का दुख। इसके आगे भी जहाँ तक दुख की भावना के साथ कुछ ऐसी विशेषता लगी रहेगी कि जिसे कष्ट पहुँचाया जा रहा है वह हमारे ग्राम, पुर या देश का रहने वाला है, वहाँ तक हमारे क्रोध से सौन्दर्य की पूर्णता में कुछ कसर रहेगी। जहाँ उक्त भावना निर्विशेष रहेगी वही सच्ची पर-दुख कातरता मानी जाएगी, वहीं क्रोध के स्वरूप को पूर्ण सौन्दर्य प्राप्त होगा—ऐसा सौन्दर्य जो काव्य-क्षेत्र के बीच भी जगमगाता है।

यह क्रोध करुणा के आज्ञाकारी सेवक के रूप में हमारे सामने आता है। स्वामी से सेवक कुछ कठिन होते ही हैं, उनमें कुछ अधिक कठोरता रहती ही है। पर यह कठोरता

ऐसी कठोरता को भंग करने के लिए होती है जो पिघलने वाली नहीं होती। कौंच के वध पर वाल्मीकि मुनि से करुण क्रोध का सौन्दर्य एक महाकाव्य का सौन्दर्य हुआ। उक्त सौन्दर्य का कारण है निर्विशेषता। वाल्मीकि के क्रोध के भीतर प्राणिमात्र के दुख की सहानुभूति छिपी है—राम के क्रोध के भीतर सम्पूर्ण लोक के दुख का क्षोभ समाया हुआ है। क्षमा जहाँ से श्रीहत हो जाती है, वहीं से क्रोध के सौन्दर्य का आरम्भ होता है। शिशुपाल की बहुत-सी बुराइयों तक जब श्रीकृष्ण की क्षमा पहुँच चुकी तब जाकर उसका लौकिक लावण्य फीका पड़ने लगा और क्रोध की समीचीनता का सूत्रपात हुआ। अपने ही दुख पर उत्पन्न क्रोध तो प्रायः समीचीनता ही तक रह जाता है, सौन्दर्य-दशा तक नहीं पहुँचता। दूसरे के दुख पर उत्पन्न क्रोध में या तो हमें तत्काल क्षमा का अवसर या अधिकार ही नहीं रहता अथवा वह अपना प्रभाव खो चुकी रहती है।

बहुत दूर तक और बहुत काल से पीड़ा पहुँचाते चले आते हुए किसी घोर अत्याचारी का बना रहना ही लोक की क्षमा की सीमा है। इसके आगे क्षमा न दिखाई देगी—नैराश्य, कायरता और शिथिलता ही छाई दिखाई पड़ेगी। ऐसी गहरी उदासी की छाया के बीच आशा, उत्साह और तत्परता की प्रभा जिस क्रोधाग्नि के साथ फूटती दिखाई पड़ेगी, उसके सौन्दर्य का अनुभव सारा लोक करेगा। राम का कालाग्नि-सदृश क्रोध ऐसा ही है। वह सात्विक तेज है; तामस ताप नहीं।

दंड कोप का ही एक विधान है। राजदंड राजकोप है, जहाँ कोप लोककोप और लोककोप धर्मकोप है। जहाँ राजकोप धर्मकोप से एकदम भिन्न दिखाई पड़े, वहाँ उसे राजकोप न समझकर कुछ विशेष मनुष्यों का कोप समझना चाहिए। ऐसा कोप राजकोप के महत्त्व और पवित्रता का अधिकारी नहीं हो सकता। उसका सम्मान जनता अपने लिए आवश्यक नहीं समझ सकती।

बैर क्रोध का अचार या मुरब्बा है। जिससे हमें दुख पहुँचा है उस पर यदि हमने क्रोध किया और यह क्रोध हमारे हृदय में बहुत दिनों तक टिका रहा तो वह बैर कहलाता है। इस स्थायी रूप में टिक जाने के कारण क्रोध का वेग और उग्रता तो धीमी पड़ जाती है; पर लक्ष्य को पीड़ित करने की प्रेरणा बराबर बहुत काल तक हुआ करती है। क्रोध अपना बचाव करते हुए शत्रु को पीड़ित करने की युक्ति आदि सोचने का समय प्रायः नहीं देता, पर बैर उसके लिए बहुत समय देता है। पूछिए तो क्रोध और बैर का भेद केवल कालकृत है। दुख पहुँचाने के साथ ही दुखदाता को पीड़ित करने की प्रेरणा करने वाला मनोविकार क्रोध और कुछ काल बीत जाने पर प्रेरणा करने वाला भाव बैर है। किसी ने आपको गाली दी। यदि आपने उसी समय उसे मार दिया तो आपने क्रोध किया। मान लीजिए कि वह गाली देकर भाग गया और दो महीने बाद आपको कहीं मिला। अब यदि आपने उससे बिना फिर गाली सुने, मिलने के साथ ही उसे मार दिया तो यह आपका बैर निकालना हुआ। विवरण से स्पष्ट है कि बैर उन्हीं प्राणियों में होता है जिनमें धारणा अर्थात् भावों के संचय की शक्ति होती है। पशु और बच्चे किसी से बैर नहीं मानते। चूहे और बिल्ली के सम्बन्ध का 'बैर' नाम आलंकारिक है। आदमी का

न आम-अंगूर से कुछ बैर है न भेड़-बकरे से। पशु और बच्चे दोनों क्रोध करते हैं और थोड़ी देर के बाद भूल जाते हैं।

क्रोध का एक हल्का रूप है चिड़चिड़ाहट, जिसकी व्यंजना प्रायः शब्दों ही तक रहती है। इसका कारण भी वैसा उग्र नहीं होता। कभी-कभी चित्त व्यग्र रहने, किसी प्रवृत्ति में बाधा पड़ने या किसी बात का ठीक सुभीता न बैठने के कारण ही लोग चिड़चिड़ा उठते हैं। ऐसे सामान्य कारणों के अवसर बहुत अधिक आते रहते हैं इसमें चिड़चिड़ाहट स्वभावगत होने की सम्भावना बहुत अधिक रहती है। किसी मत, सम्प्रदाय या संस्था के भीतर निरूपित आदर्शों पर ही अनन्य दृष्टि रखनेवाले बाहर की दुनिया देख-देखकर अपने जीवन भर चिड़चिड़ाते चले जाते हैं। जिधर निकलते हैं, रास्ते भर मुँह बिगड़ा रहता है। चिड़चिड़ाहट एक प्रकार की मानसिक दुर्बलता है, इसी से यह रोगियों और बुड्ढों में अधिक पाई जाती है। इसका स्वरूप उग्र और भयंकर न होने से यह बहुतों के–विशेषतः बालकों के–विनोद की एक सामग्री भी हो जाती है। बालकों को चिड़चिड़े बुड्ढों को चिढ़ाने में बहुत आनन्द आता है और कुछ विनोदी बुड्ढे भी चिढ़ाने की नकल किया करते हैं। कोई 'राधाकृष्ण' कहने से, कोई 'सीताराम' पुकारने से और कोई 'करेले' का नाम लेने से चिढ़ता है और अपने पीछे लड़कों की एक खासी भीड़ लगाए फिरता है। जिस प्रकार लोगों को हँसाने के लिए कुछ लोग मूर्ख या बेवकूफ बनते हैं उसी प्रकार चिड़चिड़े भी। मूर्खता मूर्ख को चाहे रुलाए पर दुनिया को तो हँसाती ही है। मूर्ख हास्यरस के बड़े प्राचीन आलम्बन हैं। न जाने कब से इस संसार की रुखाई के बीच हास का विकास करते चले आ रहे हैं। आज भी दुनिया को हँसाने का हौसला बहुत कुछ उन्हीं की बरकत से हुआ करता है।

किसी बता का बुरा लगना, उसकी असह्यता का क्षोभयुक्त और आवेगपूर्ण अनुभव होना, अमर्ष कहलाता है। पूर्ण क्रोध की अवस्था में मनुष्य दुख पहुँचानेवाले पात्र की ओर ही उन्मुख रहता है–उसी को भयभीत या पीड़ित करने की चेष्टा में प्रवृत्त रहता है। अमर्ष में दुख पहुँचानेवाली बात के ब्यौरों पर और उसकी असह्यता पर विशेष ध्यान रहता है। इसकी ठीक व्यंजना ऐसे वाक्यों में समझनी चाहिए–"तुमने मेरे साथ यह किया, वह किया। अब तक तो मैं सहता आया, अब नहीं सह सकता।" इसके आगे बढ़कर जब कोई दाँत पीसता और गरजता हुआ यह कहने लगे कि "मैं तुम्हें धूल में मिला दूँगा, तुम्हारा घर खोदकर फेंक दूँगा" तब क्रोध का पूर्ण स्वरूप समझना चाहिए।

सैद्धान्तिक समीक्षा

साहित्य

बहुधा यह प्रश्न होता है कि साहित्य क्या है ? विद्या के वैज्ञानिक विभागों का नाम लेते ही हमें उनके यथार्थ धर्म्म का ज्ञान हो जाता है। हम लोग जानते हैं कि न्याय क्या है, ज्योतिष क्या है, सांख्य क्या है; किन्तु यह हम सुगमता के साथ नहीं कह सकते कि साहित्य से किस वस्तु से अभिप्राय है। हम यहाँ पर यह दिखलावेंगे कि साहित्य का यथार्थ धर्म्म क्या है और विज्ञान से उसका कहाँ तक सम्बन्ध है। क्या साहित्य से पुस्तक मात्र का बोध होता है ? कभी नहीं। क्योंकि, तब, उसके अन्तर्गत विज्ञान, ज्योतिष, न्याय और विद्या के और भी अन्य विभाग आ जायँगे। कभी हम लोग वेदव्यास की गीता को अध्यात्म के अन्तर्गत और कभी साहित्य के अन्तर्गत मान लेते हैं; किन्तु कोई मनुष्य, यदि वह उन्मत्त न हो, ज्योतिष या यूक्लिड (Euclid) के रेखा-गणित को साहित्य के नाम से नहीं पुकारेगा। क्या वाक्य रचना ही का नाम साहित्य है ? अथवा साहित्य सुन्दर गढ़ी हुई स्टाइल में लिखने को कहते हैं ? या यह लिखने की एक कृत्रिम और उपार्जित प्रणाली है ?

बहुत से विचारवान पुरुष इन्हीं पूर्वोक्त बातों को साहित्य का लक्षण मान उससे घृणा करते हैं। उनके मत में साहित्य और कुछ नहीं, शब्दों की क्रीड़ा मात्र है।

साहित्य केवल लेखन-प्रणाली ही का नाम है; वाचालता का नहीं। भिन्नता उसकी प्रणाली में, उसके सर्वांग-पूर्ण और दिगन्तव्यापी होने में है। जो बात कही जाती है वह बोलनेवाले के पास से बहुत दूर नहीं जा सकती; वायु में उसका नाश हो जाता है। जब शब्दों को, सारगर्भित और उन्नत भावों को प्रगट करने के लिए, प्रयोग करना होता है; जब उन्हें सृष्टि के अन्त तक स्थायी रखना आवश्यक होता है; और जब उनके द्वारा भावी सन्तति का उपकार वांछित होता है, तब उन्हें लिखना पड़ता है, अर्थात् साहित्य के रूप में ढालना पड़ता है। किन्तु इससे यह न समझना चाहिए कि यह हाथ की किसी प्रकार की कारीगरी है; नहीं–यह गुण वाणी ही का है। यह कानों को सम्बोधन करता है, न कि नेत्रों को। इसको हम वाणी की शक्ति कहते हैं। जब हम लिखने लगते हैं तब ऐसे शब्दों का हम प्रयोग करते हैं जैसे 'बोलना,' 'पुकारना' इत्यादि। हम इस पर अधिक ज़ोर देते हैं, क्योंकि इससे यह देखा जाता है कि वाणी, अर्थात् साहित्य, एक व्यक्ति की निज की क्रिया है। यह कई मनुष्यों के संयोग से अथवा किसी यन्त्र की सहायता से उत्पन्न हुई कोई वस्तु नहीं है। किन्तु सदा इसकी स्फूर्ति एक साथ एक ही व्यक्ति में होती है। एक ही ध्वनि के दो पृथक् व्यक्ति कर्ता नहीं हो सकते और एक ही कथा को दो मनुष्य एक

साथ नहीं कह सकते; अर्थात् वाणी एक समय में एक ही मनुष्य की हो सकती है और वह उसी की कल्पना और उसी का अनुभव है। किसी एक विशेष प्रकार की कल्पना एक मनुष्य-विशेष की निज की और स्वाभाविक सम्पत्ति है, यद्यपि सम्भव है कि और लोग भी वैसी ही या उससे मिलती-जुलती कल्पना रखते हों। यह कल्पना मनुष्य में वैसी ही निराला है जैसे उसकी बोली और क्रियाएँ उसमें निराली हैं, और जैसे उसका चेहरा और उसका ढंग उसमें निराला है। सारांश यह कि, साहित्य 'विचार' का बोधक है, न कि 'पदार्थ' का।

यह बात विद्या के उस विभाग की परीक्षा करने से स्पष्ट हो जायगी जो विज्ञान से सम्बन्ध रखता है, अर्थात् जो ऐसी वस्तुओं का बोध कराता है जो किसी व्यक्ति-विशेष में नहीं, वरन् जो, यदि इस सम्पूर्ण संसार में कोई मनुष्य उनको जानने वा उनके विषय में चर्चा करने को भी न होता, तो भी वे स्थित रहतीं और यद्यपि शब्द उनको प्रगट करने के लिए प्रयोग किए जाते हैं, तथापि ऐसे शब्द केवल एक प्रकार के संकेत या चिह्न-स्वरूप हैं—भाषा नहीं। चाहे कितना ही अधिक हम उनका व्यवहार करें और कितने ही प्रकार से उन्हें लिखकर स्थायी बनाएँ, तिस पर भी उनसे हम किसी प्रकार का साहित्य नहीं निकाल सकते और न उन्हें उस नाम से पुकार ही सकते हैं। रेखा-गणित की शकलें इसी प्रकार की हैं। वे स्वयं-स्थित हैं; उनका होना हम लोगों के उनके समझने पर अवलम्बित नहीं और न हम लोगों की इच्छा पर; वे पदार्थों के स्वभाव से सम्बद्ध हैं और ऐसे नियमों के अधीन हैं जो हम लोगों से अलग हैं। वे शब्द जिनमें वे शकलें प्रगट की गई हैं, भाषा या साहित्य नहीं, वरन् संकेत मात्र हैं। रेखा-गणित की शकलें बीच-गणित के अंकों में दिखलाई जा सकती हैं। यह बात प्रमाणसिद्ध है। जो बात गणित के विषय में घटती है वही और-और वैज्ञानिक विषयों में भी पाई जाती है। शब्दों की सहायता वे केवल पहियों की भाँति लेते हैं, जो उन्हें खींचकर साहित्य-प्रदेश से बाहर ले जाते हैं। अध्यात्म, धर्म्मशास्त्र, अर्थ-विद्या और रसायन इत्यादि साहित्य के अन्तर्गत नहीं आ सकते, क्योंकि वे तीक्ष्ण वैज्ञानिक परीक्षा को सहन करने योग्य हैं।

इसी से अरस्तू के ग्रन्थ पहले देखने में तो साहित्य-विषयक जान पड़ते हैं; किन्तु उनमें से बहुतेरे लक्षण का विचार करने पर विज्ञान के निकट पहुँच जाते हैं, यद्यपि वे वस्तुएँ जिनका वह वर्णन करता है सर्वदा सारवान और प्रत्यक्ष नहीं हैं; परन्तु उन्हें वह इस ढंग से प्रगट करता है, मानो वे उसके हृदय की कल्पना और विचार नहीं हैं, अर्थात् उन्हें वह वैज्ञानिक रीति से प्रगट करता है। बहुत से ऐतिहासिक लेखक भी अपने ग्रन्थों पर अपने मानसिक भाव, चित्त की प्रवृत्ति और पक्षपात इत्यादि का ऐसा रंग चढ़ा देते हैं कि उनमें साहित्य की सी झलक आ जाती है। सारांश यह कि विज्ञान पदार्थ, या 'तत्व' का बोधक है और साहित्य 'कल्पना' और 'विचार' का; विज्ञान ब्रह्मांड-व्याप्त है और साहित्य का स्थान किसी एक व्यक्ति में। विज्ञान शब्दों को संकेत की भाँति काम में लाता है; किन्तु साहित्य में भाषा का सबसे प्रशस्त प्रयोग है और अलंकार, मुहाविरा, वाक्य-रचना, माधुर्य्य और सरसता तथा अन्यान्य लक्षण उसमें सम्मिलित हैं। साहित्य भिन्न-भिन्न लोगों का भिन्न-भिन्न प्रकार से भाषा को काम में लाना है। यह बात बहुत-से ग्रन्थों को देखने से विदित होती

है। भाषा स्वयं अपना मूल किसी जाति-विशेष में रखती है। उसके रहन-सहन का बड़ा भारी प्रभाव उस पर पड़ता है; कभी-कभी तो यहाँ तक कि किसी मुहाविरे या वाक्य-विशेष की उत्पत्ति हम लोग किसी व्यक्ति-विशेष से बतलाते हैं; हम उसका इतिहास तक जानते हैं।

किसी भाषा के शब्दों के भाव और रूप, और उसको बोलनेवाली जाति के स्वभाव और आशय, में जो सम्बन्ध है वह प्रत्यक्ष है। बहुतेरे लोग भाषा का उसी प्रकार प्रयोग करते हैं जैसा कि वे होता हुआ देखते हैं। प्रतिभाशाली पुरुष उसका प्रयोग तो करता है, किन्तु उसे अपने आाशय के अधीन रखता है और उसे एक निराले ढंग पर ले चलता है। कल्पना-समूह, विचार-माला, अनुभव और उत्साह इत्यादि जो उसके चित्त में उत्पन्न होते हैं, उन्हीं को वह अपनी भाषा में व्यक्त करता है। उसकी भाषा वैसी ही बहु-रूपिणी है जैसे उसकी आन्तरिक क्रियाएँ हैं; क्रियाएँ वास्तव में उसकी छाया के सदृश हैं। जैसे उसकी कल्पना उसकी निज की है; उसके विचार उसके निज के हैं; वैसे ही उसकी भाषा या स्टाइल भी उसकी निज की है।

'विचार' और 'वाणी' एक-दूसरे से पृथक् नहीं किए जा सकते। गोस्वामी तुलसीदासजी कहते हैं—"गिरा अर्थ जल बीचि सम, कहियत भिन्न न भिन्न।" वे एक ही वस्तु के दो विभाग हैं। 'विचार' और 'कल्पना' भाषा द्वारा प्रगट किए जाते हैं। यही साहित्य है। पदार्थ साहित्य नहीं, पदार्थों का शब्द-रूपी संकेत भी साहित्य नहीं और केवल शब्द भी साहित्य नहीं—'विचार' का नाम साहित्य है। ये विचार भाषा द्वारा प्रगट किए जाते हैं। मनुष्य की बुद्धि को पशुओं की बुद्धि से जिस अंश में विशेषता है उसको ग्रीक भाषा में Logos कहते हैं। Logos का तात्पर्य 'बुद्धि' और 'वाणी' से है। यह नहीं जान पड़ता कि इनमें से कौन अर्थ यथार्थ है; मेरी जान तो उसमें दोनों बातें सम्मिलित हैं; क्योंकि वे एक-दूसरे से पृथक् नहीं कही जा सकतीं; वे यथार्थ में एक ही हैं। जिस प्रकार अग्नि से प्रकाश का जुदा होना असम्भव है उसी प्रकार 'वाणी' या भाषा के बिना 'विचार' का होना असम्भव है। समालोचकों को इस विषय पर बहुत विचार कर सम्मति स्थिर करनी चाहिए। बहुतों का मत है कि सुन्दर रचना अर्थात् साहित्य किसी वस्तु पर ऊपर से कलई कर देना है; अथवा एक प्रकार के आभूषणों से विभूषित करना है, जिसका साधन केवल ऐसे ही मनुष्य करते हैं जिन्हें ऐसी तुच्छ बातों में रुचि होती है और उसके लिए समय मिलता है। वे समझते हैं कि विचारों का कर्त्ता एक पुरुष हो सकता है और वाणी या भाषा का दूसरा। जैसे कोई मनुष्य जो लिखना-पढ़ना नहीं जानता है, एक पत्र-लेखक के पास जाता है और अपने चित्त का भाव उस पर किसी प्रकार प्रगट करता है। कभी वह किसी धनी आदमी से उपकार चाहता है, कभी किसी पदाधिकारी से किसी त्रुटि का संशोधन चाहता है, कभी किसी रमणी से प्रेम की अभिलाषा रखता है, इत्यादि। और वह पत्र-लेखक उस मनुष्य के भावों को ग्रहण करके उसे ऐसे-ऐसे शब्द ढूँढ़कर देता है जिनकी आवश्यकता होती है। यह बात वह उसी भाँति करता है जैसे बिसाती ने उसे काग़ज़, क़लम इत्यादि लिखने की सामग्री दी थी। सो 'विचार' और 'शब्द' किसी-किसी की समझ में दो पृथक् वस्तु हैं; इसी से उनकी क्रियाएँ भी विभक्त हैं। (बहुत से देशों में इसी का

नाम सुन्दर रचना है) वे साहित्य-रचना को एक प्रकार का व्यवसाय और चातुरी मानते हैं। वे उसको ऐसा ही समझते हैं जैसे भोजन के समय सोने के पात्र और गुलदस्ते इत्यादि, जो भोजन को तो अधिक स्वादिष्ट नहीं बना देते, किन्तु आनन्द को बढ़ाते हैं।

परन्तु क्या यह कोई कह सकता है कि वाल्मीकि, वेदव्यास, कालिदास और भवभूति इत्यादि की रचना वाक्य-रचना ही के निमित्त थी; उन विचारों को प्रगट करने के लिए न थी जो उनके चित्त में थे। यह कहना तो प्रचलित पद्धति के कभी अनुकूल न होगा। बल्कि यों कहा जा सकता है कि लेखक के चित्त में कल्पना अथवा विचार एक प्रकार की धारा है जो वाणी के द्वारा वेग के साथ बह निकलती है। 'कल्पना' और 'विचार' उसके अन्तःकरण के निवासी हैं जो शब्दों के रूप में परिवर्तित होकर, जैसे भाप जल के रूप में परिवर्तित हो जाता है, उसके मुख से निकल पड़ते हैं और उसके चित्त को एक तरह से हल्का कर देते हैं। उसके चित्त की अवस्था और प्रवृत्ति, उसका आन्तरिक स्वभाव सौन्दर्य, तथा उसके विवेचन की सूक्ष्मता और शक्ति इत्यादि उसकी भाषा में प्रतिबिम्बित हो जाते हैं। केवल शब्द ही नहीं बल्कि उसके छन्द, अनुप्रास, समास इत्यादि भी उसके चित्त के उद्वेग से उत्पन्न होते हैं। ये सब बातें जन्म से होती हैं, उनका अस्तित्व और उनकी पूर्णता उसके गुण के उतने स्मारक नहीं हैं जितने उसकी शक्ति के। यह बात गद्य और पद्य दोनों प्रकार की रचना में समान रूप से पाई जाती है। कादम्बरी की शब्द-योजना का अपूर्व माधुर्य्य और, साथ ही साथ, उसका उन भावों के अनुकूल होना जिन्हें कवि ने प्रगट किया है, कौन नहीं स्वीकार करेगा ?

जब विचार और कल्पना कवि की निज की वस्तु हैं तो कोई आश्चर्य्य नहीं जो उसका स्टाइल अर्थात् लिखने का तर्ज़ और उसकी भाषा भी केवल उसके विषय ही का प्रतिबिम्ब न हो, बल्कि उसके हृदय का भी प्रतिबिम्ब हो। भाषा की प्रगल्भता, रचना की सरसता और शब्दों के चुनाव और प्रयोग में स्वच्छन्दता, जो प्रायः गद्य के लेखकों में कृत्रिम जान पड़ती हैं, स्वाभाविक उन्नत बुद्धि और उन्नत प्रणाली के सिवा और कुछ नहीं है। विशाल बुद्धि की कार्य-प्रणाली भी विशाल होती है। कवि की भाषा न केवल उसके उन्नत विचार ही प्रगट करती है, वरन् स्वयं उसको भी। चाहे कवि बहुत थोड़े शब्द काम में लावे; किन्तु वह अपनी साधारण कल्पनाओं को भी उपजाऊ बनाता है। उनमें से नए-नए अंकुर निकालता है, और अपने पदों की गति को बढ़ाता हुआ तथा अपनी वाग्वीणा के प्रत्येक स्वर को खींचकर एक करता हुआ अपनी शक्ति और पूर्णता का अनुभव कराता है। एक तीव्र समालोचक शायद इसको शब्दों की भरमार कहे, किन्तु वास्तव में यह हृदय की सम्पन्नता है।

कालिदास ने भी इस प्रकार के अनेक उदाहरण अपने काव्यों में दिए हैं जो सब ऐसे सुन्दर हैं कि उनमें से किसी एक को उद्‌धृत करने के लिए चुनना कठिन है; यथा–

पितुरनन्तरमुत्तरकोसलान्
समधिगम्य समाधिजितेन्द्रियः।
दशरथः प्रशशास महारथो
यमवतामवताञ्च धुरि स्थितः॥

इसीलिए संस्कृत कवि 'शब्द-शिल्पकार'[1] कहे जाते हैं। मैं यहाँ पर यह कहना चाहता हूँ कि यह लेखन-प्रणाली पूर्वकथित नियमों के सर्वथा अनुसार है। उन नियमों के अवलम्बी लेखकों में किसी प्रकार की कृत्रिमता वा भाव-रंकता नहीं पाई जाती। संस्कृत साहित्य की रचना निस्सन्देह बहुत गम्भीर और विस्तृत है। उसमें बहुत सा समय, परिश्रम और विचार व्यय हुए हैं। मैं यह मानता हूँ कि उसमें कहीं-कहीं भद्दापन है। बहुत से प्राचीन और नवीन कवि ऐसे हैं जो वास्तव में लम्बे-लम्बे सामासिक पदों की रचना ही में अपनी साहित्य-रचना का उद्‌देश्य और अन्त मानने के दोषी हैं; वे विचारों और भावों को तिलांजलि देकर शब्दों ही पर टूट पड़े हैं। उनका पक्ष मैं नहीं ले सकता। इस प्रकार के कई कवि हमारे यहाँ हो गए हैं। दंडी की गद्य-रचना यद्यपि बहुत ही पांडित्य-पूर्ण है, परन्तु किसी-किसी स्थान पर उसकी प्रणाली, भाव और अवसर से अनावश्यक रूप से आगे बढ़ गई है।

इन पिछली बातों को मानने पर भी मैं यह नहीं स्वीकार कर सकता कि प्रतिभा को परिश्रम की आवश्यकता ही नहीं। प्रतिभा अभ्यास से उन्नति ही नहीं कर सकती, उसमें भूल-चूक होने की सम्भावना ही नहीं, और जो एक बार चित्त के उद्वेग में निकला और लिखा गया वह किसी दूसरे अवसर पर पूर्ण और संशोधित नहीं किया जा सकता। चित्रकार या शिल्पकार की ओर देखिए। जिस वस्तु को उसे प्रगट करना होता है उसकी वह पहले अपने चित्त में कल्पना कर लेता है। क्या यह कोई कह सकता है कि अपने विषय का वह अध्ययन नहीं करता ? क्या वह पहले हलकी रेखाएँ नहीं खींच लेता है ? क्या कोई कहेगा कि शकुन्तला के पत्र-लेखन का आधुनिक रूप कल्पना को कुछ समय तक धैर्य्य के साथ काम में लाने से नहीं सिद्ध हुआ है ? तो फिर जो बात चित्रकारी, शिल्पविद्या और संगीत के विषय में पाई जाती है वही साहित्य-रचना में भी चरितार्थ क्यों न हो ? भाषा क्यों न उसी प्रकार उपयोग में लाई जाय जैसे बढ़ई की लकड़ी ? शब्द क्यों न उसी प्रकार काम में लाए जायँ जैसे रंग ? शेक्सपियर कहता है–

"The Poet's eye in fine frenfy rolling
Doth glance from heaven to earth, from earth to heaven
And as imagination bodies forth
The forms of things unknown, the Poets pen
Turns them to shapes and give to airy nothing
A local habitation and a name."

अर्थात् "कवि की मतवाली दृष्टि लहराती हुई स्वर्ग से पृथ्वी और पृथ्वी से स्वर्ग तक जाती है; और जैसे-जैसे कल्पना अज्ञात-पूर्व वस्तुओं का स्वरूप सामने उपस्थित करती है, उसकी लेखनी उन्हें आकार में लाती है और अदृष्ट और असार वस्तुओं को लोक में नाम और स्थान देती है।"

1. संस्कृत के प्रसिद्ध विद्वान सर मोनियर विलियम्स ने निज सम्पादित 'नलोपाख्यान' की भूमिका में संस्कृत-साहित्य की आलोचना करते हुए कहा हैं।
"Here the words are not used as vehicle of ideas but ideas are made subservient to them.

यह क्या कोई आश्चर्य्य की बात है जो उसकी लेखनी किसी समय भूल में पड़ जाय, कहीं विश्राम ले, काटे और फिर से लिखे ? यह वह तब तक करेगी जब तक उसे यह निश्चय न हो जायगा कि उन भावों या कल्पनाओं को, जो उसके हृदयनेत्र के सम्मुख हैं, यथावत् प्रदर्शित करने में वह कृतकार्य हो गई। इसके प्रमाण बहुत से कवि और ग्रन्थकार हो गए हैं। ऐडिसन (Addison) के समान स्वच्छन्द लेखक के विषय में भी किंवदन्ती है–चाहे वह सत्य हो वा असत्य–कि एक बार उसे कुछ राजकीय पत्रों के प्रकाशित करने में इस कारण देर हो गई कि उसे लेख को कई बार पढ़-पढ़कर ठीक करने की आदत पड़ गई थी। ऐसे ग्रन्थकार अपने हृदयस्थित नमूने को सामने रखकर काम करते थे और ऐसे-ऐसे शब्दों को निकालने के लिए यत्न और परिश्रम करते थे जिनसे वह ठीक-ठीक उतारा जा सके। वरजिल (Virgil) ने अपनी एनीड (Eneid) को, यद्यपि उसकी रचना बहुत ही मनोहर है, जला देना चाहा था, क्योंकि उसने उसे सर्वांग सुन्दर बनाने के लिए और अधिक परिश्रम आवश्यक समझा।

इन बातों से मेरा अभिप्राय उस दूषित लेखन प्रणाली को माननीय ठहराने का नहीं है, जिसके अवलम्बी लेखकगण विषय और भाव की ओर कुछ न ध्यान करके उपयुक्त या अनुपयुक्त शब्द रूपी भड़कीले रंग भरते चले जाते हैं। मैं उसी को स्वाभाविक चित्रकार मानता हूँ जिसके नेत्रों के सामने प्रचुर और सुन्दर कल्पनाएँ उपस्थित हों और जिसका उद्देश्य केवल उसी को (अधिक को नहीं) यथावत रूप से प्रदर्शित कर देने का रहता है जिसे वह कल्पित करता है, या जिसका वह अनुभव करता है।

इस चित्रकार और शिल्पकार के उदाहरण द्वारा हम और-और बातों का भी निर्णय कर सकते हैं। मैं अब तक साहित्य-रचना में 'विचार' और 'भाषा' का सम्बन्ध दिखलाता आया हूँ। मैं यह भी दिखला चुका हूँ कि यह अनुमान, कि भाषा एक बाहरी वस्तु है और कल्पना से भिन्न, मनुष्य की इच्छानुसार, काम में लाई जा सकती है–कहाँ तक सत्य है। अब एक दूसरी बात का विचार करना है। एक भाषा का किसी अन्य भाषा में सुगमतापूर्वक अनुवादित हो जाना साहित्य-रचना के उत्तम होने की परख नहीं है। जिन लोगों को ऐसा भ्रम है वे समझते हैं कि एक भाषा ठीक दूसरी भाषा के सदृश है; और जो जो भाव, जो जो कल्पनाओं की तरंगें, तथा जो जो अलंकार और शब्द-सौन्दर्य्य एक भाषा में हैं वही दूसरे में भी हैं। हाँ, विज्ञान-विषयक बातों को प्रगट करने के लिए संसार की सब सभ्य भाषाएँ किसी एक वैज्ञानिक विभाग के लिए उनसे अधिक उपुयक्त होती हैं जिनमें वैज्ञानिक तत्त्वों के प्रतिपादन के लिए नए शब्द गढ़ना पड़ते हैं या किसी अन्य भाषा से लेना पड़ते हैं।

जब कुल भाषाएँ वैज्ञानिक तत्त्वों को संकेत रूप से प्रदर्शित करने में एक ही प्रकार से उपयुक्त नहीं हैं, तब कब सम्भव है कि संसार की सब भाषाएँ समान प्रभावशालिनी, समान सरस और किसी सम्पन्न अन्तःकरण की जातीय रुचिर कल्पनाओं की समान व्यंजक हों। एक बड़ा ग्रन्थकार अपनी मातृभाषा को चुन लेता है; उसका अध्ययन करता है; उसको पढ़ता और उपयुक्त बनाता है; और तब अपनी कल्पनाओं के समुदाय को उस अपनी प्राप्त की हुई और बनाई हुई भाषा की नलियों द्वारा बहाता है। अब यह कैसे

हो सकता है कि यह सृष्टि जो उसकी निज की है, भूमंडल की किसी दूसरी भाषा में परिवर्तित कर दी जा सके। कुछ लोग समझते हैं कि ग्रन्थकार वही श्रेष्ठ है जिसकी रचना किसी दूसरी भाषा में अनुवादित हो सके, अर्थात् एक ग्रन्थकार का भाव एक भाषा में उसी रुचिरता के साथ समझा जाय जैसा कि दूसरी में। इस सिद्धान्त से तो पहाड़े संसार की सब साहित्य-रचना से उत्कृष्ट ठहरते हैं; क्योंकि अनुवाद करने से उनका कोई भाग नष्ट नहीं होता और वे किसी एक भाषा की सम्पत्ति नहीं कहे जा सकते। मैं तो यह समझता हूँ कि कल्पनाएँ जितनी ही अद्भुत और नवीन होंगी, उतना ही उनको शब्दों में लाना कठिन होगा; उनका किसी एक भाषा में प्रादुर्भाव होना ही उनके किसी अन्य भाषा में कहे जाने की सम्भावना को कम कर देता है। जंगली जातियों की भाषाओं में मुश्किल से कोई उत्तम कल्पना या बुद्धि-विषयक बात प्रगट की जा सकती है। हॉटेंटॉट (Hotentot) वायसक्विमस (Esquimaux) लोगों की भाषा से क्या कालिदास, भवभूति और शेक्सपियर की प्रतिभा भी नापी जा सकती है ?

अब फिर हम अपने शिल्पकार और चित्रकार के उदाहरण की ओर झुकते हैं। जो बात चित्रकार अपने पटल पर प्रगट कर सकता है, कारीगर उसे पत्थर पर नहीं कर सकता। एक व्यक्ति जितना ही अधिक किसी कला विशेष के नियमों और शैलियों के अनुसार अपने गुण को ले चलेगा, इतना ही कम वह उसको किसी दूसरी कला की ओर लगा सकेगा। हर एक कला-कौशल का धर्म्म जुदा-जुदा होता है, जो आप एक के द्वारा कर सकते हैं, दूसरे के द्वारा नहीं कर सकते; जो आप चित्रकारी में प्रगट कर सकते हैं पच्चीकारी में नहीं; जो वस्तु आप स्फटिक पर प्रदर्शित कर सकते हैं; वह हाथी दाँत पर नहीं। ठीक यही बात भिन्न-भिन्न भाषाओं के विषय में भी चरितार्थ होती है। हम संस्कृत साहित्य को उस कारण क्यों दूषित मान लें कि उसका अनुवाद अँगरेजी में नहीं हो सकता ? वह मनोहरता जो उसमें है, अँगरेजी के लिए नहीं बनाई गई। जैसाकि ऊपर कहा जा चुका है, भाषा किसी जाति विशेष की सम्पत्ति है जिसका रहन-सहन और स्वभाव उसमें चित्रित रहता है और जो उसी जाति की आवश्यकताओं को पूर्ण करने के लिए बनाई गई है।

अब हम अपनी तीसरी बात की जाँच के लिए उद्यत होते हैं। वह धर्म्म सम्बन्धी तथा वेद और स्मृति इत्यादि पुस्तकों की रचना की बात है। अब तक हम इस परीक्षा में तत्पर थे कि स्टाइल या वाक्यरचना एक बाहरी और कृत्रिम वस्तु है। इससे उसका किसी दूसरी भाषा में अनुवादित होना कठिन होता है। अब हम इसका विचार करते हैं कि वेद आदि धार्म्मिक ग्रन्थ इस प्रकार की अलंकृत रचना से सर्वथा मुक्त हैं कि नहीं ! क्या आप समझते हैं कि उनमें कहीं शब्द वैचित्र्य अलंकार, और सरसता नहीं है ? इस वेदान्त वाक्य ही को लीजिए–

आत्मानं रथिनं बिद्धि शरीरं रथमेव तु।
बुद्धिं तु सारथिं बिद्धि मनः प्रग्रहमेव च॥
इन्द्रियणि ह्यानाहुर्विषयांस्तेषु गोचरान्।
सोध्वनः पारमाप्नोति तद्विष्णोः परमम्पदम्॥

क्या यह समझने में कठिन नहीं है ? क्या इसमें रूपक अलंकार नहीं है ? मैं तो कहता हूँ कि जितना अंश ऐसे ग्रन्थों का अलंकृत रचना इत्यादि लक्षणों से रहित है, और जो शुद्ध सीधी-सादी भाषा में पवित्र पदार्थों का बोध करता है, वह विज्ञान के अन्तर्गत है, साहित्य के नहीं।

ऊपर जो बातें कही गईं उन सबका अब मैं सारांश प्रकाशित करता हूँ, कि साहित्य क्या है ? इस प्रश्न का उत्तर यह दिया जा चुका है कि वह 'विचारों' का शब्दों में अवतीर्ण होना है। और विचारों से तात्पर्य कल्पना, अनुभव, विवेचना तथा और अन्यान्य मन की क्रियाओं से है। साहित्य उन श्रेष्ठ मनुष्यों की शिक्षा और वार्ता है जिन्हें अपनी जाति के प्रतिनिधि रूप में बोलने का अधिकार प्राप्त है और जिनके शब्दों में उनके स्वदेशीय बन्धुगण अपने-अपने भावों का प्रतिबिम्ब देखते हैं और अपने अनुभव के सारांश का पता लगाते हैं।

उत्तम ग्रन्थकार वह नहीं है जो, गद्य या पद्य में, सुन्दर भड़कीले भड़कीले शब्दों से गुँथा हुआ कोई पद बना सके; उत्कृष्ट कवि वही है जिसे कुछ कहना होता है और जो यह जानता है कि उसे किस प्रकार कहना चाहिए। मैं उसके लिए सूक्ष्म और गहरे विचार, ज्ञान की अधिकता, न्याय और तर्क, तथा मानुषी प्रकृति का अध्ययन इत्यादि आवश्यक नहीं बतलाना चाहता हूँ। उसकी ईश्वर-प्रदत्त प्रतिभा ही प्रगट करने की शक्ति है। वह दो वस्तुओं का स्वामी है। 'विचार' और 'शब्द' ये दो नाम में तो एक-दूसरे से भिन्न हैं; किन्तु पृथक् नहीं किए जा सकते। वह उद्वेग के साथ लिखता है, क्योंकि वह तीव्र अनुभव करता है; जोर के साथ लिखता है, क्योंकि वह प्रत्यक्ष देखता है, उसकी दृष्टि स्वच्छ है, इस कारण उसकी रचना में कहीं गड़बड़ नहीं हो तो कल्पनाएँ उसके हृदय से उठती हैं और उसके मुख से सुन्दर सुन्दर शब्दों का रूप धारण करके निकलती हैं। जब उसके चित्त पर कोई प्रभाव पड़ता है तब उसकी सारी काल्पनिक सृष्टि कम्पायमान हो जाती है। शुद्ध कल्पना के प्रगट करने को वह शुद्ध और तदनुकूल शब्द रखता है। एक भी शब्द अधिक किंवा कम नहीं। यदि वह संक्षेप में कोई बात कहता है तो इसलिए कि वहाँ थोड़े ही शब्दों की आवश्यकता रहती है। जहाँ अधिक शब्द रखकर वह अपनी रचना को विस्तृत करता है वहाँ भी हर एक शब्द अपना-अपना लक्ष्य रखता है, और सब मिलकर उसकी वाणी की प्रौढ़गति को सहायता पहुँचाते हैं, न कि उसको अपने बोझ से दबाते हैं। वह उसको प्रगट करता है जिसका अनुभव सब करते हैं; किन्तु प्रगट नहीं कर सकते। उसकी बातें उसके देश के लोगों में कहावत के रूप में प्रचलित हो जाती हैं और उसके वाक्य लोगों की नित्यप्रति की बोलचाल में व्यवहृत होने लगते हैं।

हम लोगों में कालिदास और अँगरेजी में शेक्सपियर इसी प्रकार के कवियों में हैं। भाषाओं में विभिन्नता के कारण उनका सम्बन्ध किसी एक ही से हो जाता है, किन्तु जो बात वे प्रगट करते हैं वह सम्पूर्ण मनुष्य-जाति से सम्बन्ध रखती है।

यदि वाणी की शक्ति ईश्वर का सबसे उत्तम प्रसाद है; यदि भाषा की उत्पत्ति बहुत से विद्वानों द्वारा ईश्वर से मानी गई है; यदि शब्दों द्वारा अन्तःकरण के गुप्त रहस्य प्रगट

किए जाते हैं; चित्त की वेदना को शान्ति दी जाती है; हृदय में बैठा हुआ शोक बाहर निकाल दिया जाता है; दया उत्पन्न की जाती है और बुद्धि चिरस्थायी बनाई जाती है; यदि बड़े ग्रन्थकारों द्वारा बहुत से मनुष्य मिलकर एक बनाए जाते हैं; जातीय लक्षण स्थापित होता है; भूत और भविष्य तथा पूर्व-पश्चिम एक-दूसरे के सम्मुख उपस्थित किए जाते हैं; और यदि ऐसे लोग मनुष्य जाति में अवतार स्वरूप माने जाते हैं–तो साहित्य की अवहेलना करना और उसके अध्ययन से मुख मोड़ना कितनी बड़ी भारी कृतघ्नता है ! हम लोगों को यह दृढ़ विश्वास रखना चाहिए कि जितना ही हम इसमें, चाहे जिस भाषा द्वारा हो, अधिकार प्राप्त करेंगे और उसके रस का आस्वादन करेंगे, उतना ही हम दूसरों को लाभ पहुँचाने में समर्थ होंगे–चाहें वे कम हों या अधिक, धनी हों या दरिद्र; क्योंकि वे सब हमारी लेखनी के प्रभाव-मंडल के भीतर आ जायँगे।

(सरस्वती, मई 1904)
Newman's Idea of a University के Literature
नामक निबन्ध के आधार पर।

कविता क्या है?*

कविता से मनुष्य-भाव की रक्षा होती है। सृष्टि के पदार्थ या व्यापार-विशेष को कविता इस तरह व्यक्त करती है मानो वे पदार्थ या व्यापार-विशेष नेत्रों के सामने नाचने लगते हैं। वे मूर्तिमान दिखाई देने लगते हैं। उनकी उत्तमता या अनुत्तमता का विवेचन करने में बुद्धि से काम लेने की ज़रूरत नहीं पड़ती। कविता की प्रेरणा से मनोवेगों[1] के प्रवाह जोर से बहने लगते हैं। तात्पर्य यह कि कविता मनोवेगों को उत्तेजित करने का एक उत्तम साधन है। यदि क्रोध, करुणा, दया, प्रेम आदि मनोभाव मनुष्य के अन्तःकरण से निकल जायँ तो वह कुछ भी नहीं कर सकता। कविता हमारे मनोभावों को उच्छ्वसित करके हमारे जीवन में एक नया जीव डाल देती है। हम सृष्टि के सौन्दर्य को देखकर मोहित होने लगते हैं। कोई अनुचित या निष्ठुर काम हमें असह्य होने लगता है। हमें जान पड़ता है कि हमारा जीवन कई गुना अधिक होकर समस्त संसार में व्याप्त हो गया है।

कार्य्य में प्रवृत्ति

कविता की प्रेरणा से कार्य्य में प्रवृत्ति बढ़ जाती है। केवल विवेचना के बल से हम किसी कार्य्य में बहुत कम प्रवृत्त होते हैं। केवल इस बात को जानकर ही हम किसी काम के करने या न करने के लिए प्रायः तैयार नहीं होते कि वह काम अच्छा है या बुरा, लाभदायक है या हानिकारक। जब उसकी या उसके परिणाम की कोई ऐसी बात हमारे सामने उपस्थित हो जाती है जो हमें आह्लाद, क्रोध और करुणा आदि से विचलित कर देती है तभी हम उस काम को करने या न करने के लिए प्रस्तुत होते हैं। केवल बुद्धि हमें काम करने के लिए उत्तेजित नहीं करती। काम करने के लिए मन ही हमको उत्साहित करता है। अतः कार्य्य-प्रवृत्ति के लिए मन में वेग का आना आवश्यक है। यदि किसी से कहा जाय कि अमुक देश तुम्हारा इतना रुपया प्रतिवर्ष उठा ले जाता है; इसी से तुम्हारे यहाँ अकाल और दारिद्र्य बना रहता है ? तो सम्भव है कि उस पर कुछ प्रभाव न पड़े। पर यदि दारिद्र्य और अकाल का भीषण दृश्य दिखाया जाय, पेट की ज्वाला से जले हुए प्राणियों के अस्थिरपंजर सामने पेश किए जायँ, और भूख से तड़पते हुए बालक के पास बैठी हुई माता का आर्त्तस्वर सुनाया जाय तो वह मनुष्य क्रोध और करुणा से विह्वल हो उठेगा और इन बातों को दूर करने का यदि उपाय नहीं तो संकल्प अवश्य करेगा।

* पहला ड्राफ्ट।

1. इन्हीं मनोवेगों का नाम अलंकारशास्त्र में रस रक्खा गया है।

पहले प्रकार की बात कहना राजनीतिज्ञ का काम है और पिछले प्रकार का दृश्य दिखाना, कवि का कर्त्तव्य है। मानव-हृदय पर दोनों में से किसका अधिकार अधिक हो सकता है, यह बतलाने की आवश्यकता नहीं।

मनोरंजन और स्वभाव-संशोधन

कविता के द्वारा हम संसार के सुख, दुःख, आनन्द और क्लेश आदि यथार्थ रूप से अनुभव कर सकते हैं। किसी लोभी और कंजूस दुकानदार को देखिए जिसने लोभ के वशीभूत होकर क्रोध, दया, भक्ति, आत्माभिमान आदि मनोविकारों को दबा दिया है। और संसार के सब सुखों से मुँह मोड़ लिया है। अथवा किसी महाक्रूर राजकर्मचारी के पास जाइए जिसका हृदय पत्थर के समान जड़ और कठोर हो गया है, जिसे दूसरे के दुःख और कलेश का अनुभव स्वप्न में भी नहीं होता। ऐसा करने से आपके मन में यह प्रश्न अवश्य उठेगा कि क्या इनकी भी कोई दवा है। ऐसे हृदयों को द्रवीभूत करके उन्हें अपने स्वाभाविक धर्म्म पर लाने का सामर्थ्य काव्य ही में है। कविता ही उस दुकानदार की प्रवृत्ति भौतिक और आध्यात्मिक सृष्टि के सौन्दर्य्य की ओर ले जायगी; कविता ही उसका ध्यान औरों की आवश्यकता की ओर आकर्षित करेगी और उनकी पूर्ति करने की इच्छा उत्पन्न करेगी; कविता ही उसे उचित अवसर पर क्रोध, दया, भक्ति, आत्माभिमान आदि सिखावेगी। इसी प्रकार उस राजकर्मचारी के सामने कविता ही उसके कार्य्यों का प्रतिबिम्ब खींचकर रक्खेगी और उनकी जघन्यता और भयंकरता का आभास दिखलावेगी; तथा दैवी किंवा अन्य मनुष्यों द्वारा पहुँचाई हुई पीड़ा और क्लेश के सूक्ष्म से सूक्ष्म अंश को दिखलाकर उसे दया दिखाने की शिक्षा देगी।

प्रायः लोग कहा करते हैं कि कविता का अन्तिम उद्देश्य मनोरंजन है। पर मेरी समझ में मनोरंजन उसका अन्तिम उद्देश्य नहीं है। कविता पढ़ते समय मनोरंजन अवश्य होता है, पर इसके सिवा कुछ और भी होता है। मनोरंजन करना कविता का प्रधान गुण है। इससे मनुष्य का चित्त एकाग्र हो जाता है; इधर-उधर जाने नहीं पाता। यही कारण है कि नीति और धर्म्म-सम्बन्धी उपदेश चित्त पर वैसा असर नहीं करते जैसाकि किसी काव्य या उपन्यास से निकली हुई शिक्षा असर करती है। केवल यही कहकर कि 'परोपकार करो,' 'सदैव सच बोलो,' 'चोरी करना महापाप है।' हम यह आशा कदापि नहीं कर सकते कि कोई अपकारी मनुष्य परोपकारी हो जायगा, झूठा सच्चा हो जायगा, और चोर चोरी करना छोड़ देगा। क्योंकि पहले तो मनुष्य का चित्त ऐसी शिक्षा ग्रहण करने के लिए उद्यत ही नहीं होता, दूसरे मानव-जीवन पर उसका कोई प्रभाव अंकित हुआ न देखकर वह उनकी कुछ परवा नहीं करता। पर कविता अपनी मनोरंजक शक्ति के द्वारा पढ़ने या सुननेवाले का चित्त उचटने नहीं देती, उसके हृदय आदि अत्यन्त कोमल स्थानों का स्पर्श करती है, और सृष्टि में उक्त कर्मो के स्थान और सम्बन्ध की सूचना देकर मानव जीवन पर उनके प्रभाव और परिणाम को विस्तृत रूप से अंकित करके

दिखलाती है। इन्द्रासन खाली कराने का वचन देकर, हूर और गिलमा का लालच दिखाकर, यमराज का स्मरण दिलाकर और दोजख की जलती हुई आग की धमकी देकर हम बहुधा किसी मनुष्य को सदाचारी और कर्त्तव्य-परायण नहीं बना सकते। बात यह है कि इस तरह का लालच या धमकी ऐसी है जिससे मनुष्य परिचित नहीं और जो इतनी दूर की है कि उसकी परवा करना मानव-प्रकृति के विरुद्ध है। सदाचार में एक अलौकिक सौन्दर्य और माधुर्य्य होता है। अतः लोगों को सदाचार की ओर आकर्षित करने का प्रकृत उपाय यही है कि उनको उसका सौन्दर्य और माधुर्य्य दिखाकर लुभाया जाय, जिससे वे बिना आगा-पीछा सोचे मोहित होकर उसकी ओर ढल पड़ें।

मन को हमारे आचार्य्यों ने ग्यारहवीं इन्द्रिय माना है। उसका रंजन करना और उसे सुख पहुँचाना ही यदि कविता का धर्म्म माना जाय तो कविता भी केवल विलास की सामग्री हुई। परन्तु क्या हम कह सकते हैं कि वाल्मीकि का आदि-काव्य, तुलसीदास का रामचतिमानस, या सूरदास का सूरसागर विलास की सामग्री है ? यदि इन ग्रन्थों से मनोरंजन होगा तो चरित्र-संशोधन भी अवश्य ही होगा। खेद के साथ कहना पड़ता है कि हिन्दी भाषा के अनेक कवियों ने श्रृंगार रस की उन्मादकारिणी उक्तियों से साहित्य को इतना भर दिया है कि कविता भी विलास की एक सामग्री समझी जाने लगी है। पीछे से तो ग्रीष्मोपचार आदि के नुस्खे भी कवि लोग तैयार करने लगे। ऐसी श्रृंगारिक कविता को कोई विलास की सामग्री कह बैठे तो उसका क्या दोष ? सारांश यह कि कविता का काम मनोरंजन ही नहीं, कुछ और भी है।

चरित्र-चित्रण द्वारा जितनी सुगमता से शिक्षा दी जा सकती है उतनी सुगमता से किसी और उपाय द्वारा नहीं। आदि-काव्य रामायण में जब हम भगवान रामचन्द्र के प्रतिज्ञा-पालन, सत्यव्रताचरण और पितृभक्ति आदि की छटा देखते हैं; भरत के सर्वोच्च स्वार्थत्याग और सर्वांगपूर्ण सात्विक चरित का अलौकिक तेज देखते हैं; तब हमारा हृदय श्रद्धा, भक्ति और आश्चर्य्य से स्तम्भित हो जाता है। इसके विरुद्ध जब हम रावण की दुष्टता और उद्दंडता का चित्र देखते हैं तब समझते कि दुष्टता क्या चीज है और उसका प्रभाव और परिणाम सृष्टि में क्या है। अब देखिए कविता द्वारा कितना उपकार होता है। उसका काम भक्ति, श्रद्धा, दया, करुणा, क्रोध और प्रेम आदि मनोवेगों को तीव्र और परिमार्जित करना तथा सृष्टि की वस्तुओं और व्यापारों से उनका उचित और उपयुक्त सम्बन्ध स्थिर करना है।

उच्च आदर्श कविता मनुष्य के हृदय को उन्नत करती है और उसे उत्कृष्ट और अलौकिक पदार्थों का परिचय कराती है जिनके द्वारा यह लोक देवलोक और मनुष्य देवता हो सकता है।

कविता की आवश्यकता

कविता इतनी प्रयोजनीय वस्तु है कि संसार की सभ्य और असभ्य सभी जातियों में पाई जाती है। चाहे इतिहास न हो, विज्ञान न हो, दर्शन न हो, पर कविता अवश्य ही होगी।

इसका क्या कारण है ? बात यह है कि संसार के अनेक कृत्रिम व्यापारों में फँसे रहने से मनुष्य की मनुष्यता जाती रहने का डर रहता है। अतएव मानुषी प्रकृति को जागृत रखने के लिए ईश्वर ने कविता रूपी औषधि बनाई है। कविता यही प्रयत्न करती है कि प्रकृति से मनुष्य की दृष्टि फिरने न पावे। जानवरों को इसकी ज़रूरत नहीं। हमने किसी उपन्यास में पढ़ा है कि एक चिड़चिड़ा बनिया अपनी सुशीला और परम रूपवती पुत्रवधू को अकारण निकालने पर उद्यत हुआ। जब उसके पुत्र ने अपनी स्त्री की ओर से कुछ कहा तब वह चिढ़कर बोला, "चल चल ! भोली सूरत पर मरा जाता है !" आह ! यह कैसा अमानुषिक बर्ताव है ! सांसारिक बन्धनों में फँसकर मनुष्य का हृदय कभी-कभी इतना कठोर और कुंठित हो जाता है कि उसकी चेतनता उसका मानुषभाव—कम हो जाता है। न उसे किसी का रूप-माधुर्य्य देखकर उस पर उपकार करने की इच्छा होती है; न उसे किसी दीन दुखिया की पीड़ा देखकर करुणा आती है; न उसे अपमानसूचक बात सुनकर क्रोध आता है। ऐसे लोगों से यदि किसी लोमहर्षण अत्याचार की बात कही जाय तो, मनुष्य के स्वाभाविक धर्मानुसार, वे क्रोध या घृणा प्रकट करने के स्थान पर रुखाई के साथ यही कहेंगे "जाने दो; हमसे क्या मतलब; चलो अपना काम देखो।" याद रखिए, यह महा भयानक मानसिक रोग है। इससे मनुष्य जीते जी मृतवत् हो जाता है। कविता इसी मरज़ की दवा है।

सृष्टि-सौन्दर्य

कविता सृष्टि-सौन्दर्य का अनुभव कराती है और मनुष्य को सुन्दर वस्तुओं में अनुरक्त करती है। जो कविता रमणी के रूप-माधुर्य्य से हमें आह्लादित करती है वही उसके अन्तःकरण की सुन्दरता और कोमलता आदि की मनोहारिणी छाया दिखाकर मुग्ध भी करती है। जिस बंकिम की लेखनी ने गढ़ के ऊपर बैठी हुई राजकुमारी तिलोत्तमा के अंग-प्रत्यंग की शोभा को अंकित किया है उसी ने आयशा के अन्तःकरण की अपूर्व सात्त्विकी ज्योति दिखाकर पाठकों को चमत्कृत किया है। भौतिक सौन्दर्य के अवलोकन से हमारी आत्मा को जिस प्रकार सन्तोष होता है उसी प्रकार मानसिक सौन्दर्य से भी। जिस प्रकार वन, पर्वत, नदी, झरना आदि से हम प्रफुल्लित होते हैं उसी प्रकार मानवी अन्तःकरण से प्रेम, दया, करुणा, भक्ति आदि मनोवेगों के अनुभव से हम आनन्दित होते हैं। और यदि इन दोनों पार्थिव और अपार्थिव सौन्दर्यों का कहीं संयोग देख पड़े तो फिर क्या कहना है। यदि किसी अत्यन्त सुन्दर पुरुष या अत्यन्त रूपवती स्त्री के रूप मात्र का वर्णन करके हम छोड़ दें तो चित्र अपूर्ण होगा; किन्तु यदि हम साथ ही उसके हृदय को दृढ़ता और सत्यप्रियता अथवा कोमलता और स्नेह-शीलता आदि की भी झलक दिखावें तो उस वर्णन में सजीवता आ जायगी। महाकवियों ने प्रायः इन दोनों सौन्दर्यों का मेल कराया है जो किसी-किसी को अस्वाभाविक प्रतीत होता है। किन्तु संसार में प्रायः देखा जाता है रूपवान् जन सुशील और कोमल होते हैं और रूपहीन जन क्रूर और दुःशील। इसके सिवा मनुष्य के आन्तरिक भावों का प्रतिबिम्ब भी चेहरे पर पड़कर उसे रुचिर या अरुचिर बना देता है। पार्थिव सौन्दर्य्य का अनुभव करके हम मानसिक अर्थात्

अपार्थिव सौन्दर्य की ओर आकर्षित होते हैं। अतएव पार्थिव सौन्दर्य को दिखलाना कवि का प्रधान कर्म है।

कविता का दुरुपयोग

जो लोग स्वार्थवश व्यर्थ की प्रशंसा और खुशामद करके वाणी का दुरुपयोग करते हैं वे सरस्वती का गला घोंटते हैं। ऐसी तुच्छ वृत्ति वालों को कविता न करना चाहिए। कविता उच्चाशय, उदार और निःस्वार्थ हृदय की उपज हैं। सत्कवि मनुष्य मात्र के हृदय में सौन्दर्य का प्रवाह बहानेवाला है। उसकी दृष्टि में राजा और रंक सब समान हैं। वह उन्हें मनुष्य के सिवा और कुछ नहीं समझता। जिस प्रकार महल में रहनेवाले बादशाह के वास्तविक सद्गुणों की वह प्रशंसा करता है उसी प्रकार झोंपड़े में रहनेवाले किसान के सद्गुणों की भी। श्रीमानों के शुभागमन की कविता लिखना, और बात-बात पर उन्हें बधाई देना सत्कवि का काम नहीं। हाँ जिसने निःस्वार्थ होकर और कष्ट सहकर देश और समाज की सेवा की है, दूसरों का हित-साधन किया है, धर्म्म का पालन किया है, ऐसे परोपकारी महात्मा का गुणगान करना उसका कर्त्तव्य है।

कविता की भाषा

मनुष्य स्वभाव ही से प्राचीन पुरुषों और वस्तुओं को श्रद्धा की दृष्टि से देखता है। पुराने शब्द हम लोगों को मालूम ही रहते हैं। इसीं से कविता में कुछ न कुछ पुराने शब्द आ ही जाते हैं। उनका थोड़ा-बहुत बना रहना अच्छा भी है। वे आधुनिक और पुरातन कविता के बीच सम्बन्ध-सूत्र का काम देते हैं। हिन्दी में 'राजते हैं,' 'गहते हैं,' 'लहते हैं,' 'सरसाते हैं' आदि प्रयोगों का खड़ी बोली तक की कविता में बना रहना कोई अचम्भे की बात नहीं। अँगरेजी कविता में भी ऐसे शब्दों का अभाव नहीं जिनका व्यवहार बहुत पुराने ज़माने से कविता में होता आया है। 'Main,' 'Swain' आदि शब्द ऐसे ही हैं। अँगरेजी कविता समझने के लिए इनसे परिचित होना पड़ता है। पर ऐसे शब्द बहुत थोड़े आने चाहिए; वे भी ऐसे जो भद्दे और गँवारू न हों। खड़ी बोली में संयुक्त क्रियाएँ बहुत लम्बी होती हैं; जैसे–"लाभ करते हैं," "प्रकाश करते हैं" आदि। कविता में इनके स्थान पर "लहते हैं," "प्रकाशते हैं" कर देने से कोई हानि नहीं, पर यह बात इस तरह के सभी शब्दों के लिए ठीक नहीं हो सकती।

कविता में कही गई बात हृत्पटल पर अधिक स्थायी होती है। अतः कविता में प्रत्यक्ष और स्वाभावसिद्ध व्यापार-सूचक शब्दों की संख्या अधिक रहती है। समय बीता जाता है, कहने की अपेक्षा, समय भागा जाता है, कहना अधिक काव्य-सम्मत है। किसी काम से हाथ खींचना, किसी का रुपया खा जाना, कोई बात पी जाना, दिन ढलना या डूबना, मन मारना, मन छूना, शोभा बरसना आदि ऐसे ही कवि-समय-सिद्ध वाक्य हैं जो बोल-चाल में आ गए हैं। नीचे कुछ पद्य उदाहरण-स्वरूप दिए जाते हैं–

(क) धन्य भूमि वन पंथ पहारा।
जहँ जहँ नाथ **पाँव तुम धारा** ॥ –तुलसीदास

(ख) मनहुँ उमगि अँग अँग छवि **छलकै** ॥–तुलसीदास, गीतावली

(ग) चूनरि चारु **चुई सी परै** चटकीली हरी अँगिया ललचावे।

(घ) वीथिन में ब्रज में नवेलिन में बेलिन में बनन में बागन में **बगरो** बसन्त है।
–पद्माकर

(ङ) रंग रंग रागन पै, संग ही परागन पै, वृन्दावन बागन पै बसन्त **बरसो परै**।

बहुत से ऐसे शब्द हैं जिनसे एक ही का नहीं किन्तु कई क्रियाओं का एक ही साथ बोध होता है। ऐसे शब्दों को हम जटिल शब्द कह सकते हैं। ऐसे शब्द वैज्ञानिक विषयों में अधिक आते हैं। उनमें से कुछ शब्द तो एक विलक्षण ही अर्थ देते हैं और पारिभाषिक कहलाते हैं। विज्ञानवेत्ता को किसी बात की सत्यता या असत्यता के निर्णय की जल्दी रहती है। इससे वह कई बातों को एक मानकर अपना काम चलाता है; प्रत्येक काम को पृथक्-पृथक् दृष्टि से नहीं देखता। यही कारण है जो वह ऐसे शब्द अधिक व्यवहार करता है जिनसे कई क्रियाओं से घटित एक ही भाव का अर्थ निकलता है। परन्तु कविता प्राकृतिक व्यापारों को कल्पना द्वारा प्रत्यक्ष कराती है–मानव-हृदय पर अंकित करती है। अतएव पूर्वोक्त प्रकार के शब्द अधिक लाने से कविता के प्रसाद गुण की हानि होती है और व्यक्त किए गए भाव हृदय पर अच्छी तरह अंकित नहीं होते। बात यह है कि मानवी कल्पना इतनी प्रशस्त नहीं कि एक-दो बार में कई व्यापार उसके द्वारा हृदय पर स्पष्ट रीति से खचित हो सकें। यदि कोई ऐसा शब्द प्रयोग में लाया गया जो कई संयुक्त व्यापारों का बोधक है तो सम्भव है, कल्पना-शक्ति किसी एक व्यापार को भी न ग्रहण कर सके; अथवा तदन्तर्गत कोई ऐसा व्यापार प्रगट करे जो मानवी प्रकृति का उद्दीपक न हो। तात्पर्य यह कि पारिभाषिक शब्दों का प्रयोग, तथा ऐसे शब्दों का समावेश जो कई संयुक्त व्यापारों की सूचना देते हैं, कविता में वांछित नहीं।

किसी ने 'प्रेम फ़ौजदारी' नाम की शृंगार-रस-विशिष्ट एक छोटी-सी कविता अदालती काररवाइयों पर घटाकर लिखी है और उसे 'एक तरफा डिगरी' आदि क़ानूनी शब्दों से भर दिया है। यह उचित नहीं। कविता का उद्देश्य इसके विपरीत व्यवहार से सिद्ध होता है। जब कोई कवि किसी दार्शनिक सिद्धान्त को अधिक प्रभावोत्पादक बनाकर उसे लोगों के चित्त पर अंकित करना चाहता है तब वह जटिल और पारिभाषिक शब्दों को निकालकर उसे अधिक प्रत्यक्ष और मर्मस्पर्शी रूप देता है। भर्तृहरि और गोस्वामी तुलसीदास आदि इस बात में बहुत निपुण थे। भर्तृहरि का एक श्लोक लीजिए–

तृषा शुष्यत्यास्ये पिबति सलिलं स्वादु सुरभि
क्षुधार्त्तः संछालीन्कवलयति शाकादिवलितान्।
प्रदीप्ते रागाग्नो सुदृढ़तरमाश्लिष्यति वधूं
प्रतीकारो व्याधेः सुखमिति विपर्यस्यति जनः ॥

भावार्थ–प्यासे होने पर स्वादिष्ट और सुगन्धित जल-पान, भूखे होने पर शाकादि के साथ चावलों का भोजन, और हृदय में अनुरागाग्नि के प्रज्वलित होने पर प्रियात्मा का आलिंगन करनेवाले मनुष्य विलक्षण मूर्ख हैं। क्योंकि प्यास आदि व्याधियों की शान्ति के

लिए जल-पान आदि प्रतीकारों ही को वे सुख समझते हैं। वे नहीं जानते कि उनका यह उपचार बिल्कुल ही उलटा है।

देखिए, यहाँ पर कवि ने कैसी विलक्षण उक्ति के द्वारा मनुष्य की सुख-दुःख विषयक बुद्धि की भ्रामिकता दिखलाई है।

अँगरेजों में भी पोप कवि इस विषय में बहुत सिद्धहस्त था। नीचे उसका एक साधारण सिद्धान्त लिखा जाता है–

"भविष्यत् में क्या होनेवाला है, इस बात की अनभिज्ञता इसलिए दी गई है जिसमें सब लोग, आनेवाले अनिष्ट की शंका से, उस अनिष्ट घटना के पूर्ववर्त्ती दिनों के सुख को भी न खो बैठें।"

इसी बात को पोप कवि इस तरह कहता है–

The lamb thyariot dooms to bleed to day
Had he thy reason would he skip and play ?
Pleased to the last he crops the flow'ry food
*And licks the hand just raised to shed his blood.**
The blindness to the future kindly given.

—*Essay on man*

भावार्थ–उस भेड़ के बच्चे को, जिसका तू आज रक्त बहाना चाहता है, यदि तेरा ही सा ज्ञान होता तो क्या वह उछलता-कूदता फिरता ? अन्त तक वह आनन्दपूर्वक चारा खाता है और उस हाथ को चाटता है जो उसका रक्त बहाने के लिए उठाया गया है।...भविष्यत् का अज्ञान हमें (ईश्वर ने) बड़ी कृपा करके दिया है।

'अनिष्ट' शब्द बहुत व्यापक और सन्दिग्ध है; अतः कवि मृत्यु ही को सबसे अधिक अनिष्ट वस्तु समझता है। मृत्यु की आशंका से प्राणिमात्र का विचलित होना स्वाभाविक है। कवि दिखलाता है कि परम अज्ञानी पशु भी मृत्यु सिर पर नाचते रहते भी सुखी रहता है। यहाँ तक कि वह प्रहारकर्त्ता के हाथ को चाटता जाता है। यह एक अद्‌भुत और मर्मस्पर्शी दृश्य है। पूर्वोक्त सिद्धान्त को यहाँ काव्य का रूप प्राप्त हुआ है।

एक और साधारण सा उदाहरण लीजिए। "तुमने उससे विवाह किया" यह एक बहुत ही साधारण वाक्य है। पर "तुमने उसका हाथ पकड़ा" यह एक विशेष अर्थ-गर्भित और काव्योचित वाक्य है। 'विवाह' शब्द के अन्तर्गत बहुत से विधान हैं जिन सब पर कोई एक दफ़े दृष्टि नहीं डाल सकता। अतः उससे कोई बात स्पष्ट रूप से कल्पना में नहीं आती। इस कारण उन विधानों में से सबसे प्रधान और स्वाभाविक बात जो हाथ पकड़ना है उसे चुनकर कवि अपने अर्थ को मनुष्य के हृत्पटल पर रेखांकित करता है।

श्रुति सुखदाता

कविता की बोली और साधारण बोली में बड़ा अन्तर है। "शुष्को वृक्षस्तिष्ठत्यग्रे" और "नीरसतरुरिह विलसति पुरतः" वाली बात हमारी पंडित मंडली में बहुत दिन से चली आती है। भाव-सौन्दर्य और नाद-सौन्दर्य दोनों के संयोग से कविता की सृष्टि होती है।

श्रुति-कटु मानकर कुछ अक्षरों का परित्याग, वृत्त-विधान और अन्त्यानुप्रास का बन्धन, इस नाद-सौन्दर्य के निबाहने के लिए हैं। बिना इसके कविता करना, अथवा केवल इसी को सर्वस्व मानकर कविता की कोशिश करना, निष्फल है। नाद-सौन्दर्य के साथ भाव-सौन्दर्य भी होना चाहिए। हिन्दी के कुछ पुराने कवि इसी नाद-सौन्दर्य के इतना पीछे पड़ गए थे कि उनकी अधिकांश कविता विकृत और प्रायः भावशून्य हो गई है। यह देखकर आजकल के कुछ समालोचक इतना चिढ़ गए हैं कि ऐसी कविता को एकदम निकाल बाहर करना चाहते हैं। किसी को अन्त्यानुप्रास का बन्धन खलता है; कोई गणात्मक द्वन्द्वों को देखकर नाक-भौं चढ़ाता है; कोई फारसी के मुखम्मस और रुबाई की ओर झुकता है। हमारी छन्दोरचना तक की कोई कोई अवहेलना करते हैं—वह छन्दोरचना जिसके माधुर्य्य को भूमंडल के किसी देश का छन्दशास्त्र नहीं पा सकता और जो हमारी श्रुति-सुखदता के स्वाभाविक प्रेम के सर्वथा अनुकूल है। जो लोग अन्त्यानुप्रास की बिल्कुल आवश्यकता नहीं समझते, उनसे मुझे यही पूछना है कि अन्त्यानुप्रास ही पर इतना कोप क्यों ? छन्द (Metre) और तुक (Rhyme) दोनों ही नाद-सौन्दर्य के उद्देश्य से रक्खे गए हैं। फिर क्यों एक निकाला जाय, दूसरा नहीं ? यदि कहा जाय कि सिर्फ छन्द ही से उस उद्देश्य की सिद्धि हो जाती है तो यह जानने की इच्छा बनी रहती है कि क्या कविता के लिए नाद-सौन्दर्य की कोई सीमा नियत है। यदि किसी कविता में भाव-सौन्दर्य के साथ नाद-सौन्दर्य भी वर्तमान हो तो वह अधिक ओजस्विनी और चिरस्थायिनी होगी। नाद-सौन्दर्य कविता के स्थायित्व का वर्द्धक है, उसके बल से कविता ग्रन्थाश्रय-विहीन होने पर भी किसी न किसी अंश में लोगों की जिह्वा पर बनी रहती है। अतएव इस नाद-सौन्दर्य को केवल बन्धन ही न समझना चाहिए। यह कविता की आत्मा नहीं तो शरीर अवश्य है।

नाद-सौन्दर्य सम्बन्धी नियमों को गणित-क्रिया समान काम में लाने से हमारी कविता में कहीं-कहीं बड़ी विलक्षणता आ गई है। श्रुति-कटु वर्णों का निर्देश इसलिए नहीं किया गया कि जितने अक्षर श्रवण-कटु हैं, वे एकदम त्याज्य समझे जायँ और उनकी जगह पर श्रवण-सुखद वर्ण ढूँढ़-ढूँढ़कर रक्खे जायँ। इस नियम-निर्देश का मतलब सिर्फ इतना ही है कि यदि मधुराक्षरवाले शब्द मिल सकें और बिना तोड़-मरोड़ के प्रसंगानुसार खप सकें तो उनके स्थान पर श्रुति-कर्कश अक्षरवाले शब्द न लाए जायँ। संस्कृत से सम्बन्ध रखनेवाली भाषाओं में इस नाद-सौन्दर्य का निर्वाह अधिकता से हो सकता है। अतः अँगरेजी यदि अन्य भाषाओं की देखा-देखी जिनमें इसके लिए कम जगह है, अपनी कविता को भी हमें इस विशेषता से वंचित कर देना बुद्धिमानी का काम नहीं। पर, याद रहे, सिर्फ श्रुति-मधुर अक्षरों के पीछे दीवाने रहना और कविता को अन्यान्य गुणों से भूषित न करना सबसे बड़ा दोष है। एक और विशेषता हमारी कविता में है। वह यह है कि कहीं-कहीं व्यक्तियों के नामों के स्थान पर उनके रूप या कार्यबोधक शब्दों का व्यवहार किया जाता है। पद्य के नपे हुए चरणों के लिए शब्दों की संख्या का बढ़ाना ही इसका प्रयोजन जान पड़ता है; पर विचार करने से इसका इससे भी गुरुतर उद्देश्य प्रगट

होता है। सच पूछिए तो यह बात कृत्रिमता बचाने के लिए की जाती है। मनुष्यों के नाम यथार्थ में कृत्रिम संकेत हैं जिनसें कविता की परिपोषकता नहीं होती। अतएव कवि मनुष्यों के नामों के स्थान पर कभी-कभी उनके ऐसे रूप, गुण या व्यापार की ओर इशारा करता है जो स्वाभाविक होने के कारण सुननेवाले के ध्यान में अधिक आ सकते हैं और प्रसंग विशेष के अनुकूल होने से वर्णन की यथार्थता को बढ़ाते हैं। गिरिधर, मुरारि, त्रिपुरारि, दीनबन्धु, चक्रपाणि, दशमुख आदि शब्द ऐसे ही हैं। ऐसे शब्दों को चुनते समय प्रसंग या अवसर का ध्यान अवश्य रखना चाहिए। जैसे, यदि कोई मनुष्य किसी दुर्धर्ष अत्याचारी के हाथ से छुटकारा पाना चाहता हो तो उसके लिए–'हे गोपिकारमण !' 'हे वृन्दावनबिहारी !' आदि कहकर कृष्ण को पुकारने की अपेक्षा 'हे मुरारि।' 'हे कंसनिकन्दन !' आदि सम्बोधनों से पुकारना अधिक उपयुक्त है। क्योंकि श्रीकृष्ण के द्वारा मुर और कंस आदि दुष्टों का मारा जाना देखकर उसे उनसे अपनी रक्षा की आशा हुई है, न कि उनका वृन्दावन में गोपियों के साथ विहार करना देखकर। इसी तरह किसी आपत्ति से उद्धार पाने के लिए कृष्ण को 'मुरलीधर' कहकर पुकारने की अपेक्षा 'गिरिधर' कहना अधिक अर्थ-संगत है।

अलंकार

कविता में भाषा को खूब ज़ोरदार बनाना पड़ता है–उसकी सब शक्तियों से काम लेना पड़ता है। कल्पना को चटकीली करने और रस-परिपाक के लिए कभी-कभी किसी वस्तु का गुण या आकार बहुत बढ़ाकर दिखाना पड़ता है और कभी घटाकर। कल्पना-तरंग को ऊँचा करने के लिए कभी-कभी वस्तु के रूप और गुण को उसके समान रूप और धर्मवाली और-और वस्तुओं के सामने लाकर रखना पड़ता है। इनका उपयोग काव्य में प्रसंगानुसार विशेष रूप से होता है। इनसे वस्तुवर्णन में बहुत सहायता मिलती है। कहीं-कहीं तो इनके बिना कविता का काम ही नहीं चल सकता। किन्तु इससे यह न समझना चाहिए कि अलंकार ही कविता है। ये अलंकार बोलचाल में भी रोज़ आते रहते हैं। जैसे, लोग कहते हैं 'जिसने शालग्राम को भून डाला उसे भंटा भूनते क्या लगता है ?' इसमें काव्यार्थापत्ति अलंकार है। 'क्या हमसे बैर करके तुम यहाँ टिक सकते हो ?' इसमें वक्रोक्ति है।

कई वर्ष हुए 'अलंकारप्रकाश' नामक पुस्तक के कर्त्ता का एक लेख 'सरस्वती' में निकला था। उसका नाम था–'कवि और काव्य।' उसमें उन्होंने अलंकारों की प्रधानता स्थापित करते हुए और उन्हें काव्य का सर्वस्व मानते हुए लिखा था कि "आजकल के बहुत से विद्वानों का मत विदेशी भाषा के प्रभाव से काव्य विषय में कुछ परिवर्तित देख पड़ता है। वे महाशय सर्वलोकमान्य साहित्य-ग्रन्थों में विवेचन किए हुए व्यंग्य-अलंकार-युक्त काव्य को उत्कृष्ट न समझ केवल सृष्टि-वैचित्र्य-वर्णन में काव्यत्व समझते हैं। यदि ऐसा है तो इसमें आश्चर्य्य ही क्या ? रस और भाव ही कविता के प्राण हैं। पुराने विद्वान् रसात्मक कविता ही को कविता कहते थे। रसों अथवा मनोविकारों के यथेष्ट परिपाक

ही की ओर उनका ध्यान अधिक था। अलंकारों को वे आवश्यकतानुसार वर्णित विषय को विशेषतया हृदयंगम करने के लिए ही लाते थे। यह नहीं समझा जाता था कि अलंकार के बिना कविता हो ही नहीं सकती। स्वयं काव्य-प्रकाश के कर्ता मम्मटाचार्य ने बिना अलंकार के काव्य का होना माना है और उदाहरण भी दिया है–"तददोषौ शब्दार्थौ सगुणावनलंकृती पुनः क्वापि।" किन्तु पीछे से इन अलंकारों ही में काव्यत्व मान लेने से कविता अभ्यासगम्य और सुगम प्रतीत होने लगी। इसी से लोग उनकी ओर अधिक पड़े। धीरे-धीरे इन अलंकारों के लिए आग्रह होने लगा। यहाँ तक कि चन्द्रालोककार ने कह डाला कि–

अंगीकरोति यः काव्यं शब्दार्थावनलंकृती।
असौ न मन्यतेकस्मादनुष्णमनलंकृती॥

अर्थात्–जो अलंकार-रहित शब्द और अर्थ को काव्य मानता है वह अग्नि को उष्णता रहित क्यों नहीं मानता ? परन्तु यथार्थ बात कब तक छिपाई जा सकती है। इतने दिनों पीछे समय ने अब पलटा खाया। विचारशील लोगों पर यह बात प्रगट हो गई कि रसात्मक वाक्यों ही का नाम कविता है और रस ही कविता की आत्मा है।

इस विषय में पूर्वोक्त ग्रन्थकार महोदय को एक बात कहनी थी; पर उन्होंने नहीं कही। वे कह सकते थे कि सृष्टि-वैचित्र्य-वर्णन भी तो स्वभावोक्ति अलंकार है। इसका उत्तर यह है कि स्वभावोक्ति को अलंकार मानना उचित नहीं। वह अलंकारों की श्रेणी में आ ही नहीं सकती। वर्णन करने की प्रणाली का नाम अलंकार है। जिस वस्तु को हम चाहें उस प्रणाली के अन्तर्गत करके उसका वर्णन कर सकते हैं। किसी वस्तु-विशेष से उसका सम्बन्ध नहीं। यह बात अलंकारों की परीक्षा से स्पष्ट हो जायगी। स्वभावोक्ति में वर्ण्य वस्तु का निर्देश है; पर वस्तु-निर्वाचन अलंकार का काम नहीं।

इससे स्वभावोक्ति को अलंकार मानना ठीक नहीं। उसे अलंकारों में गिननेवालों ने बहुत सिर खपाया है; पर उसका निर्दोष लक्षण नहीं कर सके। काव्य-प्रकाश के कारिकाकार ने उसका लक्षण लिखा है–

स्वभावोक्तिवस्तु डिम्भादेः स्वक्रियारूपवर्णनम्।

अर्थात्–जिसमें बालकादिकों की निज की क्रिया या रूप का वर्णन हो वह स्वभावोक्ति है। बालकादिक कहने से किसी वस्तु विशेष का बोध तो होता नहीं। इससे यही समझा जा सकता है कि सृष्टि की वस्तुओं के व्यापार और रूप का वर्णन स्वभावोक्ति है। इस लक्षण में अतिव्याप्ति दोष के कारण अलंकारता नहीं आती। अलंकारसर्वस्व के कर्त्ता राजानक रुय्यक ने इसका यह लक्षण लिखा है–

सूक्ष्मवस्तु स्वभावयथावद्वर्णनं स्वभावोक्तिः।

अर्थात्–वस्तु के सूक्ष्म स्वभाव का ठीक-ठीक वर्णन करना स्वभावोक्ति है।

आचार्य दंडी ने अवस्था की योजना करके यह लक्षण लिखा है :

नानावस्थं पदार्थानां रूपं साक्षाद्विवृण्वती।
स्वभावोक्तिश्च जातिश्चेत्याद्या सालंकृतिर्यथा॥

बात यह है कि स्वभावोक्ति अलंकार के अन्तर्गत आ ही नहीं सकती, क्योंकि वह वर्णन की शैली नहीं, किन्तु वर्ण्य वस्तु या विषय है।

ज़िस प्रकार एक कुरूपा स्त्री अलंकार धारण करने से सुन्दर नहीं हो सकती उसी प्रकार अस्वाभाविक भद्दे और क्षुद्र भावों को अलंकार-स्थापना सुन्दर और मनोहर नहीं बना सकती। महाराज भोज ने भी अलंकार की 'अलमर्थमलंकर्त्तुः' अर्थात् सुन्दर अर्थ को शोभित करनेवाला ही कहा है। इस कथन से अलंकार आने के पहले ही कविता की सुन्दरता सिद्ध है। अतः उसे अलंकारों में ढूँढ़ना भूल है। अलंकारों से युक्त बहुत से ऐसे काव्योदाहरण दिए जा सकते हैं जिनको अलंकार के प्रेमी लोग भी भद्दा और नीरस कहने में संकोच न करेंगे। इसी तरह बहुत से ऐसे उदाहरण भी दिए जा सकते हैं जिनमें एक भी अलंकार नहीं, परन्तु उनके सौन्दर्य और मनोरंजकत्व को सब स्वीकार करेंगे। जिन वाक्यों से मनुष्य के चित्त में रस-संचार न हो–उसकी मानसिक स्थिति में कोई परिवर्तन न हो–वे कदापि काव्य नहीं। अलंकारशास्त्र की कुछ बातें ऐसी हैं जो केवल शब्द चातुरी मात्र हैं। उसी शब्दकौशल के कारण वे चित्त को चमत्कृत करती हैं। उनसे रस-संचार नहीं होता। वे कान को चाहे चमत्कृत करें, पर मानव-हृदय से उनका विशेष सम्बन्ध नहीं। उनका चमत्कार शिल्पकारों की कारीगरी के समान सिर्फ शिल्प-प्रदर्शनी में रखने योग्य होता है। हर्ष की बात है कि एक ऐसी रचना अपने उचित स्थान पर पहुँच गई। सुनते हैं कि नागपुर की शिल्प-प्रदर्शनी में चित्र-काव्य के बहुत अच्छे नमूने आए थे।

अलंकार है क्या वस्तु ? विद्वानों ने काव्यों के सुन्दर-सुन्दर स्थलों को पहले चुना। फिर उनकी वर्णन-शैली के सौन्दर्य का कारण ढूँढ़ा। तब वर्णन-वैचित्र्य के अनुसार भिन्न-भिन्न लक्षण बनाए। जैसे 'विकल्प' अलंकार को पहले-पहल राजानक रुय्यक ने ही निकाला है। अब कौन कह सकता है कि काव्यों के जितने सुन्दर-सुन्दर स्थल थे सब ढूँढ़ डाले गए, अथवा जो सुन्दर समझे गए--जिन्हें लक्ष्य करके लक्षण बने–उनकी सुन्दरता का कारण कही हुई वर्णन प्रणाली ही थी। अलंकारों के लक्षण बनने तक काव्यों का बनना नहीं रुका रहा। आदि-कवि महर्षि वाल्मीकि ने–"मां निषाद प्रतिष्ठां त्वमगमः शाश्वतीः समाः" का उच्चारण किसी अलंकार को ध्यान में रखकर नहीं किया। अलंकार लक्षणों के बनने के बहुत पहले कविता होती थी, और अच्छी होती थी। अथवा यों कहना चाहिए कि जब से इन अलंकारों को हठात् लाने का उद्योग होने लगा तब से कविता कुछ बिगड़ चली।

('सरस्वती,' अप्रैल 1909)

सभ्यता के आवरण और कविता

ज्यों-ज्यों मनुष्य के व्यापार बहुरूपी, गूढ़ और जटिल होते गए, त्यों-त्यों भावों के आदिम लक्ष्यों के अतिरिक्त और-और लक्ष्यों की भी स्थापना होती गई, और वासनाजन्य व्यापारों के अतिरिक्त बुद्धि द्वारा स्थिर व्यापारों का विधान भी भावों के शासन के भीतर आता गया। जैसे आदि में भय का लक्ष्य अपने शरीर और अपनी सन्तति की रक्षा तक ही था, पर पीछे गाय, बैल, अन्न आदि की रक्षा आवश्यक हुई; यहाँ तक कि होते-होते धन, मान, अधिकार, प्रभुत्व आदि अनेक बातों की रक्षा के सम्बन्ध में आशंका ने मनुष्य के हृदय में घर किया, और रक्षा के उपाय भी वासनाजन्य प्रवृत्ति से भिन्न प्रकार के होने लगे। इसी प्रकार क्रोध, घृणा, शोक आदि अन्य भावों के सम्बन्ध में भी समझ लेना चाहिए। कुछ भावों के विषय अमूर्त तक होने लगे, जैसे कीर्ति की लालसा। ऐसे भावों को ही बौद्धदर्शन में 'अरूपराग' कहते हैं।

पर भावों के विषयों (आलम्बन) और प्रेरित व्यापारों में यह प्रत्यक्ष अनेकरूपता आने पर भी उनका सम्बन्ध अपने मूल रूपों और अपने मूल विषयों के साथ प्रच्छन्न रूप में बना है, और बराबर बना रहेगा। किसी का कुटिल भाई उसे सम्पत्ति से एकदम वंचित रखने के लिए वकीलों की सलाह से कोई जाली दस्तावेज़ तैयार कराता है। इसकी खबर पाकर वह क्रोध से तड़प उठता है। प्रत्यक्ष रूप में उसके क्रोध का विषय है वह दस्तावेज़। पर उस दस्तावेज़ का सम्बन्ध अन्ततः जाकर इस बात से ठहरता है कि उसे और उसके बाल-बच्चों को अच्छी तरह अन्न-वस्त्र न मिलेगा। अतः उसके क्रोध में और उस कुत्ते के क्रोध में, जिसके सामने की रोटी कोई दूसरा कुत्ता छीन रहा है, कोई वास्तविक भेद नहीं। भेद है केवल विषय के थोड़ा रूप बदलकर आने में। इसी रूप बदलने का नाम है सभ्यता। इस रूप बदलने से होता यह है कि उससे उत्तेजित क्रोध आदि को भी अपना रूप कुछ बदलना पड़ता है। वह भी कुछ कपड़े-लत्ते लपेटकर समाज में आता है, जिससे मार-पीट, छीन-खसोट आदि भद्दे समझे जानेवाले व्यापारों का कुछ निवारण होता है।

पर यह प्रच्छन्न रूप इतना मर्मस्पर्शी नहीं हो सकता कि काव्य के प्रयोजन का हो। इसी से इस प्रच्छन्नता का उद्घाटन कवि का पहला काम हो जाता है। ज्यों-ज्यों सभ्यता बढ़ती जायगी, त्यों-त्यों यह काम भी बढ़ता जायगा। मनुष्य की रागात्मिका वृत्ति से सीधा सम्बन्ध रखनेवाले रूपों को सामने लाने के लिए उसे बहुत से परदों को हटाना पड़ेगा।

इससे यह स्पष्ट है कि ज्यों-ज्यों सभ्यता बढ़ती जायगी, त्यों-त्यों एक ओर तो काव्य की आवश्यता बढ़ती जायगी, दूसरी ओर कवि-कर्म कठिन होता जायगा। ऊपर जिस क्रुद्ध व्यक्ति का उदाहरण दिया गया है, वह यदि क्रोध से छुट्टी पाकर अपने भाई के हृदय में दया का संचार करना चाहेगा, तो क्षुब्ध होकर उससे कहेगा–"भाई ! तुम यह सब इसीलिए न कर रहे हो कि तुम पक्की हवेली में बैठकर हलवा-पूरी खाओ, और मैं एक झोंपड़ी में बैठा सूखे चने चबाऊँ ! तुम्हारे लड़के दुशाले ओढ़कर सैर करने निकलें, और मेरे बच्चे एक कोने में बैठे ठंड से काँपते रहें !"

यह हुआ प्रकृत रूप का प्रत्यक्षीकरण। इसमें सभ्यता के बहुत से आवरणों को हटाकर वे मूल गोचर रूप सामने रक्खे गए हैं, जिनसे हमारे भावों का सीधा लगाव है। अतः वे भावों को जाग्रत करने में समर्थ हैं। कोई बात जब इस रूप में कही जायगी, तभी वह कवि-कर्म के उपयोग में आ सकती है। 'तुमने हमें हानि पहुँचाने के लिए दस्तावेज़ बनवाई' इस वाक्य में कुछ भी रसात्मकता न होगी; इसी बात को ध्यान में रखकर ध्वनिकार ने कहा है–'न हि कवेरितिवृत्तमात्र निर्वहिणात्म पदलाभः।' देश की आजकल की दशा के वर्णन में यदि हम केवल इसी प्रकार के वाक्य कहते जायँ–"हम मूर्ख, बलहीन और आलसी हो गए हैं, हमारा धन विदेश चला जाता है, रुपए का डेढ़ पाव घी बिकता है इत्यादि-इत्यादि," तो वे छन्दोबद्ध होने पर भी काव्य-पद के अधिकारी न होंगे। सारांश यह कि काव्य के लिए अनेक स्थलों पर हमें भावों के विषयों के मूल और आदिम रूपों तक जाना होगा, जो मूर्त और गोचर होंगे। जब तक भावों से सीधा लगाव रखनेवाले मूर्त और गोचर रूप न मिलेंगे, तब तक काव्य का प्रकृत रूप खड़ा न हो सकेगा। भावों के अमूर्त विषय भी यदि भावुकता की दृष्टि गड़ाकर देखे जायँगे, तो मूल में मूर्त और गोचर रूप मिल जायँगे। यशोलिप्सा को ही लीजिए, उसमें कुछ दूर चलकर उस आनन्द के उपभोग की प्रवृत्ति छिपी मिलेगी, जो अपनी तारीफ कानों में पड़ने से हुआ करती है।

काव्य में अर्थग्रहण-मात्र से काम नहीं चलता। बिम्बग्रहण अपेक्षित होता है। यह बिम्बग्रहण गोचर और मूर्त विषय का ही हो सकता है। "रुपए का डेढ़ पाव घी बिकता है"–इस कथन से कल्पना में यदि कोई बिम्ब या मूर्ति उपस्थित होगी, तो वह तराजू लिये हुए बनिए की होगी, जिससे हमारे करुण भाव का सीधा लगाव न होगा। बहुत कम लोगों को घी खाने को मिलता है, अधिकतर लोग रूखी-सूखी खाकर रहते हैं, इस बात तक हम अर्थ-ग्रहण-परम्परा द्वारा इस चक्कर के साथ पहुँचते हैं–एक रुपए का बहुत कम घी मिलता है, इससे रुपएवाले ही घी खा सकते हैं। पर रुपएवाले बहुत कम हैं, इससे जनता का अधिक भाग घी नहीं पा सकता, रूखी-सूखी खाकर रहता है। यदि इसे व्यंजना कहें, तो यह वस्तु-व्यंजना होगी, जिससे काव्य को उतना सरोकार नहीं। मैं तो काव्य में इसको भी 'प्रसाद गुण' का अभाव ही कहूँगा।

(सुधा, अक्टूबर 1928)

कविता की परख

कविता का उद्‌देश्य हमारे हृदय पर प्रभाव डालना होता है, जिससे उसके भीतर प्रेम, आनन्द, हास्य, करुणा, उत्साह, आश्चर्य्य इत्यादि अनेक भावों में से किसी का संचार हो। जिस पद्य में इस प्रकार प्रभाव डालने की शक्ति न हो, उसे कविता नहीं कह सकते। ऐसा प्रभाव उत्पन्न करने के लिए कविता पहले कुछ रूप और व्यापार हमारे मन में इस ढंग से खड़ा करती है कि हमें यह प्रतीत होने लगता है कि वे हमारे सामने उपस्थित हैं। जिस मानसिक शक्ति से कवि ऐसी वस्तुओं और व्यापारों की योजना करता है और हम अपने मन में उन्हें धारण करते हैं, वह कल्पना कहलाती है। इस शक्ति के बिना न तो अच्छी कविता ही हो सकती है, न उसका पूरा आनन्द ही लिया जा सकता है। सृष्टि में हम देखते हैं कि भिन्न-भिन्न प्रकार की वस्तुओं को देखकर हमारे मन पर भिन्न-भिन्न प्रकार का प्रभाव पड़ता है। किसी सुन्दर वस्तु को देखकर हम प्रफुल्ल हो जाते हैं, किसी अद्‌भुत वस्तु या व्यापार को देखकर आश्चर्य्यमग्न हो जाते हैं, किसी दुःख के दारुण दृश्य को देखकर करुणा से आर्द्र हो जाते हैं। यही बात कविता में भी होती है।

जिस भाव का उदय कवि को पाठक के मन में कराना होता है, उसी भाव को जगानेवाले रूप और व्यापार वह अपने वर्णन द्वारा पाठक के मन में लाता है। यदि सौन्दर्य की भावना उत्पन्न करके मन को प्रफुल्ल और आह्लादित करना होता है तो कवि किसी सुन्दर व्यक्ति अथवा किसी सुन्दर और रमणीय स्थल का शब्दों द्वारा चित्रण करता है। सूरदासजी ने श्रीकृष्ण के अंग-प्रत्यंग का जो वर्णन किया है उसे पढ़कर या सुनकर मन सौन्दर्य की भावना में लीन हो जाता है। गोस्वामी तुलसीदासजी की गीतावली में चित्रकूट का यह वर्णन कितनी सुन्दरता हमारे समक्ष लाता है।

"सोहत स्याम जलद मृदु घोरत धातु-रंगमगे शृंगनि।"

इसी प्रकार भय का भाव उत्पन्न करने के लिए कवि जो रूप सामने रखेगा वह बहुत ही विकराल होगा। जैसा कुम्भकरण का रूप रामचरितमानस में है। राम के वन-गमन पर अयोध्या की दशा का जो वर्णन रामायण में है, उससे किसका हृदय दुःख और करुणा का अनुभव न करेगा ?

अपने वर्णनों में कवि लोग उपमा आदि का भी सहारा लिया करते हैं। वे, जिस वस्तु के वर्णन का प्रसंग होता है, उस वस्तु के समान कुछ और वस्तुओं का उल्लेख भी किया करते हैं; जैसे मुख को चन्द्र या कमल के समान, नेत्रों को मीन, खंजन, कमल आदि के

समान। प्रतापी या तेजस्वी को सूर्य के समान; कायर को शृगाल के समान, वीर और पराक्रमी को सिंह के समान प्रायः कहा करते हैं। ऐसा कहने में उनका वास्तविक लक्ष्य यही होता है कि जिस वस्तु का वे वर्णन कर रहे हैं, उसकी सुन्दरता, कोमलता, मधुरता या उग्रता, कठोरता, भीषणता, वीरता, कायरता इत्यादि की भावनाएँ और तीव्र हो जायँ। किसी के मुख की मधुर-कान्ति की भावना उत्पन्न करने के लिए कवि उस मुख के साथ एक और अत्यन्त मधुर-कान्तिवाला दूसरा पदार्थ—चन्द्रमा भी रख देता है, जिससे मधुर-कान्ति की भावना और भी बढ़ जाती है। सारांश यह कि उपमा का उद्देश्य भावना को तीव्र करना ही होता है, किसी वस्तु का बोध या परिज्ञान कराना नहीं। बोध या परिज्ञान कराने के लिए भी एक वस्तु को दूसरी वस्तु के समान कह देते हैं। जैसे—जिसने हारमोनियम बाजा न देखा हो, उसे कहना, "अजी ! वह सन्दूक के समान होता है।" पर इस प्रकार की समानता उपमा नहीं।

कोई उपमा कैसी है, इसके निर्णय के लिए पहले तो यह देखा जाता है कि कवि किस वस्तु का वास्तव में वर्णन कर रहा है और उस वर्णन द्वारा उस वस्तु के सम्बन्ध में कैसी भावना उत्पन्न करना चाहता है। उसके पीछे इसका विचार होता है कि उपमा के लिए जो वस्तु लाई गई है, उससे वही भावना उत्पन्न होती है और बहुत अधिक परिमाण में, तो उपमा अच्छी कही जाती है। केवल आकार, छोटाई-बड़ाई आदि में ही समानता देखकर अच्छे कवि उपमा नहीं दिया करते। वे प्रभाव की समानता देखते हैं, जैसे यदि कोई आकार और बड़ाई को ही ध्यान में रखकर आँख की उपमा बादाम या आम की फाँक से दे तो उसकी उपमा भद्दी होगी क्योंकि उक्त वस्तुओं से सौन्दर्य की भावना वैसी नहीं जगती। कवि लोग आँख की उपमा के लिए कभी कमल-दल लाते हैं, जिससे रंग की मनोहरता, प्रफुल्लता, कोमलता आदि की भावना एक साथ उत्पन्न होती है; कभी मीन या खंजन लाते हैं, जिससे स्वच्छता और चंचलता प्रकट होती है; उठे हुए बादल के टुकड़े के ऊपर उदित होते हुए पूर्ण चन्द्रमा का दृश्य कितना रमणीय होता है ! यदि कोई उसे देखकर कहे कि 'मानो ऊँट की पीठ पर घंटा रक्खा है' तो यह उक्ति रमणीयता की भावना में कुछ भी योग न देगी, थोड़ा-बहुत कुतूहल चाहे भले ही उत्पन्न कर दे।

कवि लोग प्रेम, शोक, करुणा, आश्चर्य्य, भय, उत्साह इत्यादि भावों को पात्रों के मुँह से प्रायः प्रकट कराया करते हैं। वाणी के द्वारा मनुष्य के हृदय के भावों की पूर्ण रूप से व्यंजना हो सकती है। मनुष्य के मुख से प्रेम में कैसे वचन निकलते हैं, क्रोध में कैसे, शोक में कैसे, आश्चर्य्य में कैसे, उत्साह में कैसे इसका अनुभव सच्चे कवियों को पूरा-पूरा होता है। शोक के वेग में मनुष्य थोड़ी देर के लिए बुद्धि और विवेक भूल जाता है, उचित-अनुचित का ध्यान छोड़ देता है। इसी बात को दृष्टि में रखकर तुलसीदासजी ने लक्ष्मण के शक्ति लगने पर राम के मुँह से कहलाया।

('हिन्दी-पद्य-चन्द्रिका' : हाई स्कूल तथा उसके समकक्ष परीक्षा के लिए हिन्दी के विविध विषयों पर चुने हुए सुसम्पादित पद्यांशों का संकलन। सम्पादक : पंडित रामचन्द्र शुक्ल, प्रोफेसर, हिन्दू विश्वविद्यालय, काशी। प्रकाशक : रत्नाश्रम, आगरा। सम्वत् 1990।)

भाषा की शक्ति

भाषा का प्रयोग मन में आई हुई भावनाओं को प्रदर्शित करने के लिए होता है। इससे यह समझना कि संसार की किसी भाषा द्वारा मनुष्य के हृदय के भीतर की सब भावनाएँ ज्यों की त्यों बाहरी सृष्टि में लाई जा सकती हैं, ठीक नहीं। किन्तु किसी भाषा की श्रेष्ठता निश्चित करने के लिए यह विचार करना आवश्यक होता है कि वह अपने इस कार्य में कहाँ तक समर्थ है अर्थात् हृदयस्थित भावनाओं का कितना अंश वह प्रतिबिम्बित करके झलका सकती है। अभी तक मानव कल्पना में, ऐसे-ऐसे रहस्य छिपे पड़े हैं जिनको प्रकाशित करने के लिए कोई भाषा ही नहीं बनी है। यद्यपि विचारों की सृष्टि भाषा से पहिले की है पर आगे चलकर जब भाषा खूब पुष्ट हो जाती है तब वह विचार करने का उन्नत ढंग बतलाने लगती है। जो जातियाँ हमसे उन्नत हैं उनके विषय में यह अवश्य समझना चाहिए कि उनके विचार करने का ढंग हमसे उन्नत है। अतः सब सुधारों से पहले विचार करने की प्रणाली का सुधार आवश्यक है।

भाषा की बोधनशक्ति दो वस्तुओं पर अवलम्बित है–'शब्दविस्तार' और 'शब्दयोजना'।

शब्दविस्तार

जिस भाषा में शब्दों की कमी है उसका प्रभाव मनुष्य के कार्यकलाप पर बहुत थोड़ा है। उस भाषा को बोलनेवाला बहुत-सी बातों को जानता हुआ भी अनजान बना रहता है। यद्यपि शब्दों की बहुतायत से भाषा की पुष्टि होती है तथापि कई बातें ऐसी हैं जो उसकी सीमा स्थिर करती है। जिस जलवायु ने हमारे स्वभाव और रूप, रंग को रचा उसी ने हमारे शब्दों को भी सृजा। ये शब्द हमारे जीवन के अंग के समान हैं; इनमें से हर एक हमारी किसी न किसी मानसिक अवस्था का चित्र है। इनकी ध्वनि में भी हमारे लिए एक आकर्षण विशेष है। निज भाषा के किसी शब्द से जिस मात्रा का भाव उद्भुत होता है उस मात्रा का समानअर्थवाची किसी विदेशीय शब्द से नहीं। क्योंकि पहिले तो विजातीय शब्दों की ध्वनि ही हमारी स्वाभाविक रुचि से मेल नहीं खाती दूसरे वे विस्तार में हमारे मानसिक संस्कार के नाप के नहीं होते। आजकल हिन्दी की अवस्था कुछ विलक्षण हो रही है। उचित पथ के सिवाय उसके लिए तीन और मार्ग खोले गए हैं–एक जिसमें बिना विचार के संस्कृत के शब्द और समास बिछाए जाते हैं, दूसरा जिसको उर्दू कहना चाहिए, इनके अतिरिक्त एक तृतीय पथ, भी खुल गया है जिसमें अप्रचलित अरबी, फारसी और

संस्कृत शब्द एक पंक्ति में बैठाए जाते हैं। मैं यह नहीं चाहता कि अरबी और फारसी आदि विदेशीय भाषाओं के शब्द जो हमारी बोली में आ गए हैं, जिन्हें बिना बोले हम नहीं रह सकते, वे निकाल दिए जाएँ। किन्तु क्लिष्ट और अचलित विदेशीय शब्दों को व्यर्थ लाकर भाषा के सिर ऋण मढ़ना ठीक नहीं। सहायता के लिए किसी अन्य विदेशीय भाषा के शब्दों को लाना हानिकारक नहीं; किन्तु उनकी संख्या इतनी न हो कि मिल्टन के शब्दों में, वे स्थानीय भाषा के अधीन रहकर काम करने के स्थान पर उसी को अधिकारच्युत करने का यत्न करने लगें। अब यहाँ पर प्रश्न हो सकता है कि अरबी व फारसी के कौन शब्द हिन्दी में लिए जाएँ और कौन न लिए जाएँ। मेरी समझ में तो वे ही अरबी फारसी शब्द लिए जा सकते हैं जिनको वे लोग भी बोलते हैं जिन्होंने उर्दू कभी नहीं पढ़ी है, जैसे--ज़रूर, मुक़दमा, मज़दूर आदि। जो शब्द लोग मौलवी साहब से सीखकर बोलते हैं उनका दूर होना ही हिन्दी के लिए अच्छा है।

राजा शिवप्रसाद खिचड़ी हिन्दी का स्वप्न ही देखते रहे कि भारतेन्दु ने स्वच्छ हिन्दी की शुभ्र छटा दिखाकर लोगों को चमत्कृत कर दिया। लोग चकपका उठे। यह बात उन्हें प्रत्यक्ष देख पड़ी कि यदि हमारे प्राचीन धर्म, गौरव और इतिहास की रक्षा होगी तो इसी भाषा के द्वारा। स्वार्थी लोग समय-समय पर चक्र चलाते ही रहे किन्तु भारतेन्दु की स्वच्छ चन्द्रिका में जो एक बेर अपने गौरव की झलक लोगों ने देख पाई वह उनके चित से न हटी। कहने की आवश्यकता नहीं कि भाषा ही किसी जाति की सभ्यता को सबसे अलग झलकाती है, वही उसके हृदय के भीतरी पुरजों का पता देती है जिसका निदान उन्नति के उपचार के लिए आवश्यक है। वही उसके पूर्व गौरव का स्मरण कराती हुई, हीन से हीन दशा में भी, उसमें आत्माभिमान का स्रोत बहाती है। किसी जाति को अशक्त करने का सबसे सहज उपाय उसकी भाषा को नष्ट करना है। हमारी नस-नस से स्वदेश और स्वजाति का अभिमान कैसे निकल गया? हमारे हृदय से आर्य भावनाओं का कैसे लोप हो गया? क्या यह भी बतलाना पड़ेगा? इधर सैकड़ों वर्षों से हम अपने पूर्वसंचित संस्कारों को जलांजलि दे रहे थे। भारतवर्ष की भुवनमोहिनी छटा से मुँह मोड़कर शीराज़ और इस्फहान की ओर लौ लगाए थे, गंगा-जमुना के शीतल शान्तिदायक तट को छोड़कर इफ़रात और दजला के रेतीले मैदानों के लिए लालायित हो रहे थे। हाथ में अलिफ़ लैला की किताब पड़ी रहती थी, एक झपकी ले लेते थे तो अलीबाबा के अस्तबल में जा पहुँचते थे। हातिम की मख़ावत के सामने कर्ण का दान और युधिष्ठिन का सत्यवाद भूल गया था; शीरीफरहाद के इश्क़ ने नल दमयन्ती के सात्विक और स्वाभाविक प्रेम की चर्चा बन्द कर दी थी। मालती, मल्लिका, केतकी आदि फूलों का नाम लेते या तो हमारी जीभ लटपटाती थी या हमको शर्म मालूम होती थी। बसन्त ऋतु का आगमन भारत में होता था, आमों की मंजरियों से चारों दिशाएँ आच्छादित होती थीं। पर हमको कुछ खबर नहीं रहती थी, हम उन दिनों गुलेलाला और गुले नरगिस के फ़िराक़ में रहते थे। मधुकर गूँजते और कोइलें कूकती थीं, पर हम तनिक भी न चौंकते थे। अड्डे पर कान लगाए हम बुलबुल का नाला सुनते थे।

अप्रचलित फारसी शब्दों के बिना हमारा कोई काम भी नहीं अटकता क्योंकि उनके स्थान पर रखने के लिए हमें न जाने कितने संस्कृत क्या हिन्दी ही शब्द मिल सकते हैं। हाँ, जिन विचारों के लिए हिन्दी व संस्कृत शब्द न मिलें उनको प्रकट करने के लिए हम विजातीय अप्रचलित शब्द लगाकर अपनी भाषा की वृद्धि मान सकते हैं। एक ही निर्दिष्ट वस्तु के लिए अनेक शब्दों के होने से भाषा की क्रिया में कुछ नहीं होती। जैसे सूर्य के लिए रवि, मार्त्तंड, प्रभाकर, दिवाकर और चन्द्रमा के लिए शशि, इन्दु, विधु मयंक आदि बहुत से शब्दों के होने से भाषा की बोधनशक्ति में कुछ भी वृद्धि नहीं होती, केवल ध्वनि की भिन्नता व नवीनता से हमारा मनोरंजन होता है और भाषा में एक प्रकार का चमत्कार आ जाता है जो कविता के लिए आवश्यक है। इन अनेक नाभों में से साधारण गद्य में उसी शब्द को स्थान देना चाहिए जो सबसे अधिक प्रचलित है जैसे सूर्य चन्द्रमा। 'रवि उदय होता है', 'भास्कर अस्त होता है', 'विधु का प्रकाश फैलता है' ऐसे-ऐसे वाक्य कानों को खटकते हैं और कृत्रिम जान पड़ते हैं। हाँ, जहाँ 'प्रचंड मार्त्तंड की उद्‌दंडता, दिखाना हो वहाँ की बात दूसरी है पर मैं तो वहाँ भी ऐसे शब्दों की उतनी अधिक आवश्यकता नहीं समझता। शब्दालंकार केवल कविता के लिए प्रयोजनीय कहा जा सकता है। गद्य में उसकी कोई विशेष आवश्यकता नहीं। गद्य में तो उसके और गुणों के अन्वेषण ही से छुट्‌टी नहीं मिलती। गद्य की श्रेष्ठता तो भावों की गुरुता और प्रदर्शन प्रणाली की स्पष्टता व स्वच्छता ही पर अवलंबित है; और यह स्पष्टता और स्वच्छता अधिकतर व्याकरण की पाबन्दी और तर्क की उपयुक्तता के सम्बन्ध रखती है। सारांश यह है कि आधुनिक शैली के अनुसार गद्य में वाक्य क्रम और अर्थ ही का विचार होता है नाद का नहीं।

शब्दयोजना

यहाँ तक तो शब्दविस्तार की बात हुई। आगे भाषा के इससे भी गुरुतर और प्रयोजनीय अंश अर्थात् शब्दयोजना पर ध्यान देना है। भाषा उत्पन्न करने के लिए असंख्य शब्दों का होना ही बस नहीं है। क्योंकि पृथक्-पृथक् वे कुछ भी नहीं कर सकते हैं। वे कल्पना में इन्द्रियकम्प द्वारा खचित एक-एक स्वरूप के लिए भिन्न-भिन्न संकेत मात्र हैं। कोई ऐसा पूरा विचार (Complete notion) उत्पन्न करने के लिए जो मनुष्य की प्रवृत्ति पर कोई प्रभाव डाले अर्थात् उसकी भौतिक व मानसिक स्थिति में कुछ फेरफार उत्पन्न करे हमें शब्दों को एक साथ संयोजित करना पड़ता है। जैसे कोई मनुष्य सड़क पर चला जाता है, यदि हम पीछे से उसको सुनाकर कहें कि 'मकान' तो वह मनुष्य कुछ भी ध्यान न देगा और चला जाएगा, किन्तु यदि पुकारें कि 'मकान गिरता है' तो वह अवश्य चौंक पड़ेगा और भागने का उद्योग करेगा। शब्द योजना का प्रभाव देखिए! प्रत्येक मनुष्य का धर्म है कि वह इस कार्य में बड़ी सावधानी रखे। बहुत से शब्दों को जोड़ने ही से भाषा उत्पन्न नहीं होती; उसमें उपयुक्त क्रम, चुनाव और परिणाम का विचार रखना होता है। निश्चय जानिए कि शब्दों के मेल में बड़ी शक्ति है। एक भावुक मनुष्य थोड़े से शब्दों को लेकर भी वह चमत्कार दिखला सकता है जो एक स्तब्ध चित्त का मनुष्य चार

भाषाओं का कोश लेकर भी नहीं सुझा सकता। कुछ दिन पहिले हमारी हिन्दी की स्थिति ऐसी ही गई थी कि उसका विचार-क्षेत्र में अग्रसर होना कठिन देख पड़ता था। बने-बनाए समास, जिनका व्यवहार हजारों वर्ष पहिले हो चुका था, लाकर भाषा अलंकृत की जाती थी। किसी परिचित वस्तु के लिए जो-जो विशेषण बहुत काल से स्थिर थे, उनके अतिरिक्त कोई अपनी ओर से लाना मानो भारतभूमि के बाहर पैर बढ़ाना था। यहाँ तक कि उपमाएँ भी स्थिर थीं। मुख के लिए चन्द्रमा, हाथ-पैर के लिए कमल, प्रताप के लिए सूर्य, कहाँ तक गिनाएँ। जहाँ इनसे आगे कोई बढ़ा कि वह साहित्य से अनभिज्ञ ठहराया गया अर्थात् इन सब नियम उपमाओं का जानना भी आवश्यक समझा जाता था। पाठक! यह भाषा की स्तब्धता है, विचारों की शिथिलता है और जाति की मानसिक अवनति का चिह्न है। अब भी यदि हमारे कोरे संस्कृतज्ञ पंडितों से कोई बात छेड़ी जाती है तो वे चट कोई न कोई श्लोक उपस्थित कर देते हैं और उसी के शब्दों के भीतर चक्कर खाया करते हैं, हजार सिर पटकिए वे उसके आगे एक पग भी नहीं बढ़ते। यदि कोई जाल व धोखे से किसी की सम्पत्ति हर ले तो पंडित जी कदाचित् उसके सम्मुख उसके कार्य की आलोचना इसी चरण से करेंगे–''स्वकार्य साधयेद्धीमान्।'' उनकी विचार शक्ति इन श्लोकों से चारों ओर जकड़ी हुई है; उसको अपना हाथ-पैर हिलाने की स्वच्छन्दता कभी नहीं मिलती है। ऐसी दशा में उन्नति के मार्ग में एक पग भी आगे बढ़ना कठिन होता है। समाज की यह एक बड़ी भयानक अवस्था है।

अलंकार

इसी प्रकार अनुप्रास से टँकी हुई शब्दों की लम्बी लरी इस बात को सूचित करती है कि लेखक का ध्यान विचारों की अपेक्षा शब्दों की ध्वनि की ओर अधिक है। आरम्भ ही में कहा गया कि भाषा का प्रधान उद्देश्य लोगों को भावों व विचारों तक पहुँचाना है न कि नाद से रिझाना जो कि संगीत का धर्म है। शब्दमैत्री व यमक दिखलाने के उद्देश्य से ही लेखनी उठाना ठीक नहीं। यदि आपकी कल्पना में सतोगुण की कोई मनोहारिणी छाया देख पड़ी हो तो आप उसे खींचकर संसार के सम्मुख उपस्थित कीजिए, यदि आपके हृदय में विचारों की रगड़ से कोई ऐसी ज्योति उत्पन्न हुई हो जिसके प्रकाश में जीव अपना भला-बुरा देख सकते हों तो आप उसे बाहर लाइए, अन्यथा व्यर्थ कष्ट न उठाइए। हम देखते हैं कि इसी रुचि वैलक्षण्य के कारण हमारे हिन्दी काव्य का अधिक भाग हमारे काम का न रहा। वहाँ विचित्र ही लीला देखने में आती है। घनाक्षरी, कवित्त, सवैया के 'कविन्दों' ने कुछ शब्दों का अंग-भंग कर दो एक ('सु' ऐसे) अक्षरों की अगाड़ी पिछाड़ी लगाकर बलात् और निष्प्रयोजन उन्हें एक में नाद रखा है। वर्णन शक्ति की शिथिलता के कारण रसों (Sentiments) के उद्रेक के लिए अत्यन्त अधिकता से नादवैलक्षण्य का सहारा लिया गया है। शृंगार रस की कविता में 'सरस', 'मंजु', 'मंजुल' आदि शब्दों के हेतु कुछ स्थान खाली करना पड़ा है–''मंजुल मलिंद गुंजै मंजरीन मंजु मंजु मुदित मुरैली अलवेली डोलैं पात पात।''

कविजी ने न जाने किस लोक में मुरैलियों को पत्तों पर दौड़ते देखा है। इसी प्रकार जहाँ वीर रस की चर्चा है वहाँ परुषा वृत्ति अर्थात् द्वित्व और टवर्ग का विस्तार है, जैसे, 'डरि डरि ढरि गए अडर डराय डर ढर ढर ढर के धराधर के धर के।" किन्तु इस 'खड्ग बड्ड' के बिना भी वीर रस का संचार किया जा सकता है, इस बात के उदाहरण शेखर कवि का 'हम्मीर हठ', भारतेन्दु की 'विजयिनी विजय वैजयन्ती' और नीलदेवी विद्यमान हैं। आज सैकड़ा पीछे कितने आदमी मतिराम, भूषण और श्रीपति सुजान के कवित्तों को अनुराग से पढ़ते तथा उनके द्वारा किसी आवेग में होते हैं? पर वही सूर, तुलसी, रहीम और बिहारी आदि की कविता हमारे जातीय जीवन के साथ हो गई है। उनकी एक-एक बात हमारे किसी काम में अग्रसर होने व न होने का कारण होती है। इस भेदभाव का कारण क्या है? वही, एक में शब्दों का व्यर्थ आडम्बर और दूसरी में भावों की स्वच्छन्दता तथा वर्णन की उपयुक्तता। वे 'चटकीले मटकीले' शब्द लाख करने पर भी हमारे हृदय पर अधिकार नहीं जमा सकते, निकलकर हवा में मिल जाना ही उनके कार्य का शेष होता है। क्योंकि सृष्टि के नियमानुसार स्वर्गीय पदार्थ ही एक-दूसरे में लीन होने को झुकते हैं, जल ही जल की ओर जाता है, इसी प्रकार चित्त की उपज ही चित्त में धँसती है।

प्रत्येक साहित्य के अर्थालंकार में, प्रत्यक्ष व अप्रत्यक्ष, उपमा का प्रयोग बहुत अधिक होता है क्योंकि भौतिक पदार्थों के व्यापार, विस्तार, रूप, रंग तथा मानसिक अवस्थाओं की स्थिति, क्रम, विभेद आदि का सम्यक् ज्ञान उत्पन्न करने के लिए बिना उसके काम नहीं चल सकता। जन्म से लेकर मनुष्य का सारा ज्ञान सृष्टि के पदार्थों के मिलान व अन्वय व्यतिरेक से उत्पन्न है। शिशु का ज्ञान संचय इसी क्रिया से आरम्भ होता है[1] धरती पर गिरते ही वह वस्तुओं के सादृश्य और विभेद को परखने में लग जाता है। उपमा का प्रयोग जान व अनजान में हम हर घड़ी किया करते हैं। छोटे-छोटे विचारों को व्यक्त करने में भी हम बिना उसका सहारा लिए नहीं रह सकते। यहाँ तक कि हमारे सब अगोचर पदार्थवाची शब्द आरम्भ में इसी (उपमा) की क्रिया से बने हैं। यह भाषा की बनावट के इतिहास से प्रमाणित है। जब शब्दों का यह हाल है तब फिर इस प्रकार की अभौतिक भावनाओं का क्या कहना है उनका अनुभव तो हम पार्थिव पदार्थों ही के गुण और व्यापार के अनुसार करते हैं अर्थात् भौतिक वस्तुओं के गुण और धर्म को अभौतिक वस्तुओं में स्थापित करके ही हम आध्यात्मिक विषयों की मीमांसा करते हैं। साधारण दृष्टान्त लीजिए 'दया ने प्रतिकार की इच्छा को दबा दिया।' "उसके प्रेम से परिपूर्ण हृदय में प्रिय के दुर्गुणों के विचार की जगह न रही।"[2] पहिले में भौतिक पदार्थों के गुरुत्व और अपने से हल्के पदार्थों को दबा कर उभड़ने से रोकने की क्रिया का आभास है; इसी प्रकार दूसरे में पदार्थों के स्थान छेंकने का धर्म स्थापित किया गया है। बात यह है कि इन नियमों से पार्थिव और आध्यात्मिक दोनों सृष्टियाँ समान रूप से बद्ध हैं।

उपमा का कार्य सादृश्य दिखलाकर भावना को तीव्र करना है। जिस वस्तु के लिए

1. देखिए Lock's Essay on the Human Understanding.
2. Brown's Pilosphy of the Human mind.

हम कोई शब्द नहीं जानते उसका बोध हम उपमा के ही द्वारा करा सकते हैं, जैसे जो मनुष्य हारमोनियम का नाम नहीं जानता वह उसकी चर्चा करते समय यही कहेगा कि वह सन्दूक के समान एक बाजा है। यदि किसी वस्तु का विस्तार इतना बड़ा है कि हम उसे निर्दिष्ट शब्दों में नहीं बतला सकते तो हम चटपट उतने ही व उससे बहुत अधिक विस्तृत किसी अन्य पदार्थ की ओर इंगित करते हैं, जैसे–'हरियाली चारों ओर समुद्र के समान लहराती देख पड़ी।' 'ज्वालामुखी से भाप और राख उठकर बादल के समान आकाश में छा गई।' हम यह न देखने जाएँगे कि समुद्र का विस्तार हरियाली के फैलाव के नाप में न जाने कितने वर्ग मील बड़ा है। इसकी हमें कोई आवश्यकता नहीं। यह बात निरीक्षण के समय हमारी दृष्टि की पहुँच के बाहर की है अतः जब तक हम विवेचन शक्ति का सहारा न लें यह हमारी प्राप्त भावनाओं में अन्तर नहीं डाल सकती। निरीक्षण के समय हमारी दृष्टि की पहुँच के भीतर इन दोनों (हरियाली और समुद्र) का अन्त नहीं होता यही इनमें समानता है। यदि किसी महाविशाल पिंड के आकार आदि का परिज्ञान कराना रहता है तो उसकी तुलना हम समान आकार वाले किसी छोटे पदार्थ से करते हैं, तदन्तर उस छोटे पिंड में उस आकार के गुणधर्म को परखकर हम उनकी स्थापना बड़े पिंड में करते हैं, जैसे स्कूल में लड़कों से कहा जाता है कि "लड़को! पृथ्वी नारंगी के समान गोल है," पर यह कोई नहीं कहता कि नारंगी पृथ्वी के समान गोल है, क्यों, क्योंकि ऐसी उपमा से हमारा कुछ काम नहीं निकलता। पदाथर्बों के व्यापार, गुण और स्थिति को स्पष्ट करके उसका तीव्र अनुभव कराना उपमा का काम है और कुछ नहीं। अतएव एक ही वस्तु के लिए पचीसों उपमाओं का तार बाँध देना, उपमा कथन के हेतु ही किसी वस्तु को वर्णन करने बैठ जाना और उससे किसी अंश में समानता रखने वाले पदार्थों की सूची तैयार करना उचित नहीं है। जैसे प्रभातकालीन सूर्य मंडल को देख यही बकने लगना कि "यह थाली के समान है।" अथवा "शोणित सागर में बहता हुआ स्वर्ग कलश है" व "स्वर्गलोक की झलक दिखलानेवाली गोली खिड़की है" किंवा "होली की महफिल में रखे हुए लैम्प का ग्लोब है।" वाणी का सदुपयोग नहीं कहा जा सकता। मेरा अभिप्राय यह है कि उपमा का प्रयोग आवश्यकतानुसार ही होता है, उनका अनावश्यक और अपरिमित प्रयोग प्रलाप है। पर हमारे हिन्दी कवि उपमा के पीछे ऐसा लट्ठ लेकर पड़े कि उन्होंने केवल उपमा ही के बहुत से कवित्त और सवैये कह डाले, जैसे–

भोजन ज्यों घृत बिनु, पंथ जैसे साथी बिनु,
हाथी बिनु दल जैसे दारू बिनु बान है।
राव जैसे रानी बिनु, कूप जैसे पानी बिनु,
कवि जैसे बानी बिनु, सुर बिनु तान है।
रंग जैसे केसर बिनु, मुख जैसे बेसर बिनु,
प्यारी बिनु रैनि ज्यों सुपारी बिनु पान है।

भूषण कवि का 'इन्द्र जिमि जृम्भ पर, बाड़व सुअंबु पर' वाला कवित्त इसी श्रेणी का है। न जाने कैसे लोग ऐसे पद्यों को सुनते हैं और ऊबते नहीं।

अकेले या पृथक रूप में उपमा इस योग्य नहीं कि उसे भरने के लिए हम एक प्रबन्ध व पुस्तक लिख डालें। यही बात सब अलंकारों के लिए कही जा सकती है। किसी वस्तु को उसकी सीमा के बाहर घसीटना उसको उसके गुण से च्युत करना है। यह बात हमारी हिन्दी कविता में प्रत्यक्ष देखने में आती है। एक साधारण दृष्टान्त लीजिए। भौरे प्रायः लोगों के पीछे लग जाते हैं। इस प्राकृतिक व्यापार से महाकवि कालिदास ने अपने 'अभिज्ञान शाकुन्तल' में शकुन्तला के मुख का लावण्य दिखलाने का काम लिया है, जैसे–

शकुन्तला–(ससंभ्रमम)–अम्मो
सलिलसेअसंभमुग्गदोणोमालिअं
उज्झिअ वअणं मे महुअरो अहिबट्टइ। *(इति भ्रमरबाधां रूपयति)*

बेचारे कालिदास ने तो पहिले प्रकृति के एक वास्तविक व्यापार का आरोप किया तब उस पर अपनी उक्ति ठहराई पर हमारी हिन्दी के एक अलंकार कला कुशल कवि अपनी नायिका का सर्वाङ्गसौन्दर्य झलकाने के लिए बहुत से अप्राकृतिक व्यापार स्वयं गढ़ लेते हैं और होंठों को बिम्ब आदि बनाकर यह विचित्र स्वाङ्ग खड़ा करते हैं–

आनन है अरविन्द न फूल्यो अलीगन भूले कहा मँड़रात हैं।
कीर कहा तोहि बाई चढ़ी, भ्रम बिम्ब के ओठन को ललचात हैं।
दास जू व्याली न, बेनी बनाइए, पापी कलाही कहा हरखात हैं।
बाजत बीन न, बोलति बाल कहा सिगरे मृग घेरत जात हैं।

हमारी समझ में तो कीर को नहीं कविजी को बाई चढ़ी थी जो व्यर्थ इतना बक गए। हमने आज तक किसी नायिका को ऐसी आफत में फँसते नहीं देखा है।

किसी नायिका भेद के भक्त ने अकेली नवोढ़ा ही का आदर्श दिखलाया है; किसी नखसिख निहारने वाले ने 'अलक' और 'तिल' ही पर शतक बाँधा है। आप ही कहिए कि इतने संकुचित स्थान में भीतरी और बाहरी सृष्टि के कितने अंश का व्यापार दिखलाया जा सकता है और पाठक का ध्यान बिना ऊबे हुए कब तक उसमें बद्ध रह सकता है।

धर्म व व्यापार के पूर्णतया प्रत्यक्ष न होने के कारण जब किसी वस्तु की भावना धुँधली व मन्द होती है तब उसको तीक्ष्ण और चटकीली करने के लिए समान धर्म और गुणवाले अन्य अधिक परिचित पदार्थों को हम आगे रखते हैं। किन्तु काव्य की उपमा में एक और बात का विचार भी रखना होता है–वह यह कि सादृश्य दिखलाने के लिए जो पदार्थ उपस्थित किए जाएँ वे प्राकृतिक और मनोहर हों, कृत्रिम और क्षुद्र नहीं, जिसमें ज्ञान दान के अर्थ जो रूप उपस्थित किए जाएँ वे रुचिकर होने के कारण कल्पना में कुछ देर टिकें और हमारे मनोवेगों (Sentiments) को उभाड़ें जो हमें चंचल करके कार्य में प्रवृत्त करते हैं। उपमान और उपमेय में जितनी ही अधिक बातों में समानता होगी उतनी ही उपमा उत्कृष्ट कही जाएगी।

(नागरीप्रचारिणी पत्रिका, जनवरी, 1912)

अपनी भाषा पर विचार

भाषा का प्रयोग मन में आई हुई भावनाओं को प्रदर्शित करने के लिए होता है। इससे यह समझना कि संसार की किसी भाषा द्वारा मनुष्य के हृदय के भीतर की सब भावनाएँ ज्यों की त्यों बाहरी सृष्टि में लाई जा सकती हैं सो ठीक नहीं। किन्तु किसी भाषा की श्रेष्ठता निश्चित करने के लिए यह विचार करना आवश्यक होता है कि वह अपने इस कार्य्य में कहाँ तक समर्थ है अर्थात् हृदयस्थित भावनाओं का कितना अंश वह प्रतिबिम्बित करके झलका सकती है। अभी तक मानव-कल्पना में ऐसे-ऐसे रहस्य छिपे पड़े हैं जिनको प्रकाशित करने के लिए कोई भाषा ही नहीं बनी है। स्मरण रखिए कि यह बात मैंने भावनाओ (Impressions) के विषय में कही है, विचारों (General notions) के विषय में नहीं।

भाषा की व्यंजक-शक्ति दो वस्तुओं पर अवलम्बित है–'शब्द-विस्तार' और 'शब्द-योजना।'

शब्द-विस्तार

जिस भाषा में शब्दों की कमी है उसका प्रभाव मनुष्य के कार्यकलाप पर बहुत थोड़ा है। उस भाषा का बोलनेवाला बहुत सी बातों को जानता हुआ भी अनजान बना रहता है। यद्यपि शब्दों की बहुतायत से भाषा की पुष्टि होती है तथापि कई बातें ऐसी हैं जो उसकी सीमा स्थिर करती हैं। जिस जलवायु ने हमारे स्वभाव और रूपरंग को रचा उसी ने हमारे शब्दों को भी सृजा। ये शब्द हमारे जीवन के अंश समान हैं; इनमें से हर एक हमारी किसी न किसी मानसिक अवस्था का चित्र है। इनकी ध्वनि में भी हमारे लिए आकर्षण विशेष है। निज भाषा के किसी शब्द से जिस मात्रा का भाव उद्भूत होता है उस मात्रा का समान अर्थवाची किसी विदेशी शब्द से नहीं। क्योंकि पहले तो विजातीय शब्दों की ध्वनि ही हमारी स्वाभाविक रुचि से मेल नहीं खाती, दूसरे वे विस्तार में हमारे मानसिक संस्कार के नाप के नहीं होते। आजकल हिन्दी की अवस्था कुछ विलक्षण हो रही है। उचित पथ के सिवाय उसके लिए तीन और मार्ग खोले गए हैं–एक, जिसमें बिना किसी विचार के संस्कृत के शब्द और समास बिछाए जाते हैं; दूसरा, जिसको उर्दू कहना चाहिए; इनके अतिरिक्त एक 'तृतीय पथ' भी खुल रहा है जिसमें अप्रचलित अरबी, फारसी और संस्कृत शब्द एक पंक्ति में बैठाए जाते हैं। मैं यह नहीं चाहता कि अरबी और फारसी आदि विदेशी भाषाओं के शब्द जो हमारी बोली में आ गए हैं, जिन्हें बिना

बोले हम नहीं रह सकते, वे निकाल दिए जायँ। किन्तु क्लिष्ट और अप्रचलित विदेशी शब्दों को व्यर्थ लाकर भाषा के सिर ऋण मढ़ना ठीक नहीं। सहायता के लिए किसी अन्य विदेशी भाषा के शब्दों को लाना हानिकारक नहीं; किन्तु उनकी संख्या इतनी न हो कि स्थानीय भाषा के अधीन रहकर काम करने के स्थान पर, वे उसी को अधिकारच्युत करने का यत्न करने लगें। अब यहाँ पर प्रश्न हो सकता है कि अरबी या फारसी के कौन शब्द हिन्दी में लिये जायँ और कौन न लिये जायँ। मेरी समझ में तो हिन्दी में वे ही अरबी-फारसी शब्द लिये जा सकते हैं जिनको वे लोग भी बोलते हैं जिन्होंने उर्दू कभी नहीं पढ़ी है–जैसे ज़रूर, मुक़दमा, मज़दूर। जो शब्द लोग मौलवी साहब से सीखकर बोलते हैं उनका दूर होना ही हिन्दी के लिए अच्छा है।

राजा शिवप्रसाद मुसलमानी हिन्दी का स्वप्न ही देखते रहे कि भारतेन्दु ने स्वच्छ आर्य्य हिन्दी की शुभ्र छटा दिखाकर लोगों को चमत्कृत कर दिया। लोग चकपका उठे, यह बात उन्हें प्रत्यक्ष देख पड़ी कि यदि हमारे प्राचीन धर्म्म, गौरव और विचारों की रक्षा होगी तो इसी भाषा के द्वारा। स्वार्थी लोग समय-समय पर चक्र चलाते ही रहे किन्तु भारतेन्दु की स्वच्छ चन्द्रिका में जो एक बेर अपने गौरव की झलक लोगों ने देख पाई वह उनके चित्त से न हटी। कहने की आवश्यकता नहीं कि भाषा ही जाति के धार्मिक और जातीय विचारों की रक्षिणी है; वही उसके पूर्ण गौरव का स्मरण कराती हुई, हीन से हीन दशा में भी, उसमें आत्माभिमान का स्रोत बहाती है। किसी जाति को अशक्त करने का सबसे सहज उपाय उसकी भाषा को नष्ट करना है। हमारी नस-नस से स्वदेश और स्वजाति का अभिमान कैसे निकल गया; हमारे हृदय से आर्य्य भावनाओं का कैसे लोप हो गया ? क्या यह भी बतलाना पड़ेगा ? इधर सैकड़ों वर्ष से हम अपने पूर्व संचित संस्कारों को जलांजलि दे रहे थे। भारतवर्ष की भुवनमोहिनी छटा से मुँह मोड़कर शीराज और इस्फ़हान की ओर लौ लगाए थे : गंगा-जमुना के शीतल शान्तिदायक तट को छोड़कर इफ़रात और दजला के रेतीले मैदानों के लिए लालायित हो रहे थे; हाथ में अलिफ़लैला की किताब पड़ी रहती थी, एक झपकी ले लेते थे तो अलीबाबा के अस्तबल में जा पहुँचते थे। हातिम की सख़ावत के सामने कर्ण का दान और युधिष्ठिर का सत्यवाद भूल गया था; शीरीं फरहाद के इश्क ने नलदमयन्ती के सात्विक और स्वाभाविक प्रेम की चर्चा बन्द कर दी थी। मालती, मल्लिका केतकी आदि फूलों का नाम लेते या तो हमारी जीभ लटपटाती थी या हमको शर्म मालूम होती थी। वसन्त ऋतु का आगमन भारत में होता था, आमों की मंजरी से चारों दिशाएँ आच्छादित होती थीं पर हमको कुछ खबर नहीं रहती थी, हम उन दिनों गुले लाला और गुले नरगिस के फ़िराक़ में रहते थे; मधुकर गूँजते और कोइलें कूकती थीं, पर हम तनिक भी न चौंकते थे, अड्डे पर कान लगाए हम बुलबुल का नाला सुनते थे।

यहाँ पर एक बात हम स्पष्ट रूप से कह देना चाहते हैं। हम हिन्दू हैं, हिन्दुस्तान हमारा देश है, हिन्दी हमारी भाषा है। इस भाषा में अवश्यमेव हिन्दुओं के आचार-विचार का आभास रहेगा, इसमें अवश्य उनके प्राचीन गौरव की गन्ध रहेगी–कुढ़नेवाले भले ही कुढ़ें। वह सहायता के लिए भरसक संस्कृत ही का मुँह देखेगी। मुट्ठी भर मुसलमानों के

लिए हम कदापि अपनी भाषा को लांछित न करेंगे। यदि मुसलमान लोग उसे नहीं समझना चाहते तो न समझें, हमारी कोई हानि नहीं। मुसलमान लोग तो तनिक भी शीन क़ाफ़ के बाहर न हों और हम भोंदू बने उनके पास खसकते जायँ ऐसी कौन आफ़त आई है। यह भी कोई राजनैतिक युक्ति नहीं है कि एक तरफ तो मुसलमान लोग ऐंठे जा रहे हैं, दूसरी तरफ हमारे माननीय लोग अपनी मधुर वक्तृताओं में उन्हें लपेटते जाते हैं। यदि कहिए कि इस प्रान्त के अधिकांश शिक्षित लोगों की एक भाषा बन गई थी उसी को चटपट ग्रहण कर लेने से समय की बचत होगी तो भी ठीक नहीं, क्योंकि वह भाषा एक अस्वाभाविक शिक्षा से बनी है और उसी शिक्षा ही के साथ हवा हो सकती है। यदि आज से हमारे बच्चों के हाथ में खालकबारी के स्थान पर अमरकोश दे दिया जाय और अँगरेजी के साथ उन्हें संस्कृत या हिन्दी ही का अभ्यास कराय जाय तो यही हिन्दी 20 वर्ष के भीतर ही गली-गली सुनाई देने लगे। क्या बंगदेश में मुसलमान नहीं हैं ? क्या संस्कृत मिश्रित बंगभाषा के लिए वहाँ राह नहीं निकल गई ? क्या छोटे-छोटे बंगालियों के बालक उन संस्कृत शब्दों को मधुरता से उच्चारण करते नहीं पाए जाते जिनको सुनकर हमारे मुंशी लोग इतना चौंकते हैं ? जबकि देश में राष्ट्रीयता की इतनी चर्चा फैल रही है, जब नागरी को राष्ट्रलिपि और हिन्दी और राष्ट्रभाषा बनाने का उद्योग बंगाल और महाराष्ट्र प्रदेशों में भी हो रहा है, उस समय हिन्दी को इन प्रदेशों की भाषाओं से दूर हटना ठीक नहीं वरन् उसको अपने उस अंश की कुछ वृद्धि करनी चाहिए जो उन सब भाषाओं में सम्मिलित (Common) है। यह सम्मिलित अंश संस्कृत शब्दों का समूह है।

जब एक बार राजा शिवप्रसाद की मुसलमानी हिन्दी को दबाकर भारतेन्दु की हिन्दी अग्रसर हुई और आज तक बराबर निर्विवाद रूप से स्वीकृत होती आई तब इस फ़ारसीदार हिन्दी की चर्चा फिर कैसे आरम्भ हो गई इसका विचार करना है। इसका दूसरा उत्थान फिर काशी के तिलस्मी उपन्यासों में देख पड़ा जिनकी रचना उर्दूदाँ 'क ख' पहिचाननेवालों को भी फँसाने में समर्थ हुई। एक को लाभ उठाते देख दूसरे ने भी उसी मार्ग पर पैर रक्खा—वही ऐय्यारी, वही तिलस्म, वही भाषा, वही सब कुछ। कई लोग साहसपूर्वक आगे बढ़े और उर्दू नाबेलों को सामने रख और उन्हें नागरी अक्षरों में उतारकर नाम और दाम कमाने लगे। किन्तु तब तक यह हवा और श्रेणी के लेखकों को नहीं लगी थी। सहसा प्रयाग की सरस्वती के मालिकों का ध्यान सरलता की ओर जा पड़ा; ग्राहक बढ़ाने के हेतु पत्रिका को सरल और कौतूहल प्रदायिनी बनाने की चेष्टा होने लगी। इस सरलता का जाज्वल्यमान उदाहरण पहिले-पहल 1904 ई. में 'नास्तिक आस्तिक सम्वाद' प्रकाशित हुआ। इसमें मजाज़, तक़रीर, दक़ीक़ा, महदूद, ऐब-जोई, हकीर और कोताह बुद्धि[1] आदि शब्दों द्वारा भाषा एकबारगी सरल कर दी गई। उसी में

1. आश्चर्य्य की बात है कि एक महीने पहिले द्विवेदीजी ने नागरी प्रचारिणी सभा द्वारा प्रकाशित 'भौगोलिक परिभाषा' के 'थाह-मापक' सूत्र की आलोचना इस प्रकार की थी—"'थाह' प्राकृत और 'मापक' संस्कृत ! इस तरह का समास, हमने सुना था, नहीं होता।" हम नहीं समझते कि फिर 'कोताह' फ़ारसी और 'बुद्धि' संस्कृत का समास कैसे हो गया।

ये वाक्य देख पड़े–"जिस समय ईश्वर, जिसकी हस्ती की बाबत आपको शंका है, आपकी ज्ञान-लव-दुर्विदग्धता को खो देगा..."

कहिए यह भाषा को सरल करना है या उसको और भी कठिन बनाना है। ऐसी भाषा लिखने के पहिले 'करीमुल्लुग़ात' का एक नागरी संस्करण छापना चाहिए। जो लोग केवल हिन्दी वा संस्कृत ही जानते हैं वे इस 'हस्ती' को 'हाथी' समझें या और कुछ।

यह पत्रिका सरलता के इतना पीछे पड़ी है कि कभी-कभी साधारण प्रचलित शब्द भी बिना अरबी टीका के नहीं जाने पाते, देखिए–

"यदि वह बात वा राय सर्वथा सच नहीं है, केवल उसका कुछ ही अंश सच तो भी यदि वह प्रगट न की जायगी–ज़ाहिर न की जायगी।"

"तथापि वे कृतकार्य नहीं हुए उनको कामयाबी नहीं हुई।" "यह बात विधि-विरुद्ध है–जाब्ते के ख़िलाफ़ है।" जो मनुष्य 'सर्वथा' और 'अंश' को समझ सकता था क्या वह 'प्रगट' को न समझता जो फिर से 'ज़ाहिर' लिखने की ज़रूरत हुई ? इस प्रकार की भाषा लिखना मानो उर्दू वालों को यह कहने का अवसर देना है कि उर्दू इतनी आम फ़हम है कि बिना उसकी सहायता के हिन्दी किसी को एक बात भी नहीं समझा सकती। मेरी जान में तो फ़ौक़ियत, जुहला, मजामीन, मुहक़्क़िक़ीन, तमसूखुर आदि शब्द साधारण हिन्दी जाननेवाले लोग नहीं समझ सकते।

गवर्नमेंट तथा शिक्षा-विभाग की अभिरुचि का कुछ अंश भी इस प्रवृत्ति का परिचालक है। सरकार कोई निज की स्वतन्त्र सम्मति तो रखती नहीं; जो हाकिमों और नवाबों ने सुझाया वही उसका अटल सिद्धान्त हो गया, उसी पर वह जम गई। यदि और कोई प्रान्त होता तो सरकार को अपनी इस कुरुचि का फल चखाने में कुछ देर भी लगती पर यह सर सैयद अहमद और राजा शिवप्रसाद की जन्मभूमि कब उसको मीठा कहकर बाँटनेवाले लोगों से खाली रह सकती है।

ऐसे अप्रचलित फ़ारसी शब्दों के बिना हमारा कोई काम भी नहीं अटकता; क्योंकि उनके स्थान पर रखने के लिए हमें न जाने कितने संस्कृत क्या हिन्दी ही शब्द मिल सकते हैं। हाँ, जिन विचारों के लिए हिन्दी वा संस्कृत शब्द न मिलें उनको प्रगट करने के लिए हम विजातीय शब्द लाकर अपनी भाषा की वृद्धि मान सकते हैं। एक ही वस्तु के लिए अनेक शब्दों के होने से भाषा की क्रिया में कुछ उन्नति नहीं होती। जैसे सूर्य के लिए रवि, मार्त्तण्ड, प्रभाकर, दिवाकर और चन्द्रमा के लिए शशि, इन्दु, विधु, मयंक आदि बहुत से शब्दों के होने से भाषा की व्यंजक-शक्ति में कुछ भी वृद्धि नहीं होती, केवल ध्वनि की भिन्नता वा नवीनता से हमारा मनोरंजन होता है और भाषा में एक प्रकार का चमत्कार आ जाता है जो कविता के लिए आवश्यक है। इन अनेक नामों में से साधारण गद्य में उसी शब्द को स्थान देना चाहिए जो सबसे अधिक प्रचलित है–जैसे सूर्य, चन्द्रमा। 'रवि उदय होता है,' 'भास्कर अस्त होता है,' 'विधु का प्रकाश फैलता है', ऐसे-ऐसे वाक्य कानों को खटकते हैं और कृत्रिम जान पड़ते हैं। हाँ, जहाँ 'प्रचंड मार्तण्ड की उद्‌दंडता' दिखाना हो वहाँ की बात दूसरी है पर मैं तो वहाँ भी ऐसे शब्दों की उतनी

अधिक आवश्यकता नहीं समझता। शब्दालंकार केवल कविता के लिए प्रयोजनीय कहा जा सकता है। गद्य में उसकी कोई विशेष आवश्यकता नहीं है, गद्य में तो उसके और-और गुणों के अन्वेषण ही से छुट्टी नहीं मिलती। गद्य की श्रेष्ठता तो भावों की गुरुता और उनके प्रदर्शन प्रणाली की स्पष्टता वा स्वच्छता ही पर अवलम्बित है; और यह स्पष्टता और स्वच्छता अधिकतर व्याकरण की पाबन्दी और तर्कना की उपयुक्तता से सम्बन्ध रखती है। सारांश यह कि आधुनिक शैली के अनुसार गद्य में शब्द और अर्थ ही का विचार होता है, ध्वनि[1] का नहीं।

शब्द-योजना

यहाँ तक तो शब्द विस्तार की बात हुई। आगे भाषा के इससे भी गुरुतर और प्रयोजनीय अंश अर्थात् शब्द-योजना पर ध्यान देना है। भाषा उत्पन्न करने के लिए असंख्य शब्दों का होना ही बस नहीं है। क्योंकि पृथक्-पृथक् वे कुछ भी नहीं कर सकते। वे कल्पना में इन्द्रिय कम्प द्वारा खचित एक-एक स्वरूप के लिए भिन्न-भिन्न संकेत मात्र हैं। कोई ऐसा पूरा विचार (Complete notion) उत्पन्न करने के लिए जो मनुष्य की प्रकृति पर कोई प्रभाव डाले अर्थात् उसकी भौतिक वा मानसिक स्थिति में कुछ फेरफार उत्पन्न करे, हमें शब्दों को एक साथ संयोजित करना पड़ता है। जैसे कोई मनुष्य सड़क पर चला जाता है, यदि हम पीछे से उसको सुनाकर कहें कि 'मकान,' तो वह मनुष्य कुछ भी ध्यान न देगा और चला जायगा; किन्तु यदि पुकारें कि 'मकान गिरता है' तो वह अवश्य चौंक पड़ेगा और भागने का उद्योग करेगा। शब्द-योजना का प्रभाव देखिए ! प्रत्येक मनुष्य का धर्म्म है कि वह इस कार्य्य में बड़ी सावधानी रक्खे। बहुत से शब्दों को जोड़ने ही से भाषा उत्पन्न नहीं होगी, उसमें उपयुक्त क्रम, चुनाव और परिमाण का विचार रखना होता है। निश्चय जानिए कि शब्दों के मेल में बड़ी शक्ति है। एक भावुक मनुष्य थोड़े से शब्दों को लेकर भी वह-वह चमत्कार दिखला सकता है जो एक स्तब्ध चित्त का मनुष्य चार भाषाओं का कोश लेकर भी नहीं सुझा सकता। कुछ दिन पहिले हमारी हिन्दी की स्थिति ऐसी हो गई थी कि उसका विचार क्षेत्र में अग्रसर होना कठिन देख पड़ता था। बने बनाए समास, जिनका व्यवहार हजारों वर्ष पहिले हो चुका था, लाकर भाषा अलंकृत की जाती थी। किसी परिचित वस्तु के लिए जो-जो विशेषण बहुल काल से स्थिर थे, उनके अतिरिक्त कोई अपनी ओर से लाना मानो भारतभूमि के बारह पैर बढ़ाना था। यहाँ तक कि उपमाएँ भी स्थिर थीं—मुख के लिए चन्द्रमा, हाथ-पैर के लिए कमल, प्रताप के लिए सूर्य, कहाँ तक गिनावैं। जहाँ इनसे आगे कोई बढ़ा कि वह साहित्य में अनभिज्ञ ठहराया गया अर्थात् इन सब नियत उपमाओं का जानना भी आवयक समझा जाता था। पाठक ! यह भाषा की स्तब्धता है, विचारों की शिथिलता है और जाति की मानसिक अवनति का चिह्न है। अब भी यदि हमारे कोरे संस्कृतज्ञ पंडितों से कोई बात छेड़ी जाती

---

1. यहाँ ध्वनि से मेरा अभिप्राय "यत्र वाच्याविशयि व्यंग्य स ध्वनिः" नहीं वरन् नाद से है।

है तो वे चट कोई न कोई श्लोक उपस्थित कर देते हैं और उसी के शब्दों के भीतर चक्कर खाया करते हैं, हज़ार सिर पटकिए वे उसके आगे एक पग भी नहीं बढ़ते। यदि कोई जाल वा धोखे से किसी की सम्पत्ति हर ले तो पंडितजी कदाचित् उसके सम्मुख उसके कार्य्य की आलोचना इसी चरण से करेंगे–'स्वकार्यं साधयेद्धीमान्।' उनकी विचार शक्ति इन श्लोकों से चारों ओर जकड़ी हुई है, उसको अपना हाथ-पैर हिलाने की स्वच्छन्दता कभी नहीं मिलती। ऐसी दशा में उन्नति के मार्ग में एक पग भी आगे बढ़ना कठिन होता है।

इसी प्रकार अनुप्रास से टँकी हुई शब्दों की लम्बी-लम्बी लरी इस बात को सूचित करती है कि लेखक का ध्यान विचारों की अपेक्षा शब्दों की ध्वनि की ओर अधिक है। आरम्भ ही में कहा गया कि भाषा का प्रधान उद्देश्य लोगों को भावों वा विचारों तक पहुँचाना है न कि नाद से रिझाना जो कि संगीत का धर्म्म है। शब्दमैत्री वा यमक दिखलाने के उद्देश्य से ही लेखनी उठाना ठीक नहीं; यदि आपकी कल्पना में सद्गुण की कोई मनोहारिणी छाया देख पड़ी हो तो आप उसे खींचकर संसार के सन्मुख उपस्थित कीजिए, यदि आपके हृदय में विचारों के रगड़ से कोई ऐसी ज्योति उत्पन्न हुई हो जिसके प्रकाश में जीव अपना भला-बुरा देख सकते हों तो आप उसे बाहर लाइए; अन्यथा व्यर्थ कष्ट न उठाइए। हम देखते हैं कि इसी रुचि वैलक्षण्य के कारण हमारे हिन्दी काव्य का अधिक भाग हमारे काम का न रहा। वहाँ विचित्र ही लीला देखने में आती है। घनाक्षरी, कवित्त और सवैया के 'कविन्दों' ने कुछ शब्दों का अंग भंग कर दो-एक ('सु' ऐसे) अक्षरों की अगाड़ी-पिछाड़ी लगाकर बलात् और निष्प्रयोजन उन्हें एक में नाथ रक्खा है। वर्णन शक्ति की शिथिलता के कारण रसों (Sentiments) के उद्रेक के लिए अत्यन्त अधिकता से ध्वनि का सहारा लिया गया है। शृंगार रस की कविता में 'सरस,' 'मंजु,' 'मंजुल' आदि शब्दों के हेतु कुछ स्थान खाली करना पड़ा है–"मंजुल मलिद गुंजै मंजरीन-मंजु मंजु मुदित मुरैली अलबेरी डोलैं पात पात।" कवि जी ने न जाने किस लोक में मुरैलियों को पत्तों पर दौड़ते देखा है। इसी प्रकार जहाँ वीररस की चर्चा है वहाँ द्वित्व और टवर्ग का विस्तार है, जैसे–"डरि डरि ढरि गए अडर डराय ढह ढरढर ढर के धराधर के धरके" किन्तु इस 'खडड-बडड' के बिना भी वीर रस का संचार किया जा सकता है, इस बात के उदाहरण शेखर कवि का 'हम्मीर हठ,' भारतेन्दु की विजयिनी विजय-वैजयन्ती और नीलदेवी विद्यमान हैं। आज सैकड़ा पीछे कितने आदमी मतिराम, भूषण और श्रीपति सुजान के कवित्तों को अनुराग से पढ़ते तथा उनके द्वारा किसी आवेग में होते हैं ? पर वहीं सूर, तुलसी, केशव, रहीम और बिहारी आदि की कविता हमारे जातीय जीवन के साथ हो गई है। उनकी एक-एक बात हमारे किसी काम में अग्रसर होने वा न होने का कारण होती है। इस भेदभाव का कारण क्या है ? वही एक में शब्दों का व्यर्थ आडम्बर और दूसरी में भावों की स्वच्छता तथा वर्णन की उपयुक्तता। वे 'चटकीले-मटकीले' शब्द लाख करने पर भी हमारे हृदय पर अधिकार न जमा सके; निकलकर हवा में मिल जाना ही उनके कार्य्य का शेष होता है। क्योंकि सृष्टि के नियमानुसार स्वर्गीय पदार्थ ही

एक-दूसरे में लीन होने को झुकते हैं; जल ही जल की ओर जाता है, इसी प्रकार चित्त की उपज ही चित्त में धँसती है।

प्रत्येक साहित्य के अर्थालंकार में, प्रत्यक्ष वा अप्रत्यक्ष, उपमा का प्रयोग बहुत अधिक होता है क्योंकि भौतिक पदार्थों के व्यापार, विस्तार, रूप-रंग तथा मानसिक अवस्थाओं की स्थिति, क्रम, विभेद आदि का सम्यक् ज्ञान उत्पन्न करने के लिए बिना उसके काम नहीं चल सकता। इसका प्रयोग जान वा अनजान में हम हर घड़ी किया करते हैं; छोटे-छोटे विचारों को व्यक्त करने में भी हम बिना उसका सहारा लिये नहीं रह सकते, यहाँ तक कि हमारे सब अगोचर पदार्थवाची शब्द आरम्भ में इसी (उपमा) की क्रिया से बने हैं; यह भाषा की बनावट के इतिहास से प्रमाणित है। जब शब्दों का यह हाल है तब फिर इस प्रकार की अपार्थिव भावनाओं का क्या कहना है। उनका अनुभव तो हम पार्थिव पदार्थों ही के गुण और व्यापार के अनुसार करते हैं। अर्थात् भौतिक वस्तुओं के गुण और धर्म्म को अपार्थिव वस्तुओं में स्थापित करके ही हम आध्यात्मिक विषयों की मीमांसा करते हैं। साधारण दृष्टान्त लीजिए–"दया ने प्रतिकार की इच्छा को दबा दिया।" "उसके प्रेम से परिपूर्ण हृदय में प्रिय के दुर्गुणों के विचार की जगह न रही।" पहिले में भौतिक पदार्थों के गुरुत्व और अपने से हलके पदार्थों को दबाकर उभड़ने से रोकने की क्रिया का आभास है; इसी प्रकार दूसरे में पदार्थों के स्थान छेंकने का धर्म्म स्थापित किया गया है। बात यह है कि इन नियमों से पार्थिव और आध्यात्मिक दोनों सृष्टियाँ समान रूप से बद्ध हैं।

उपमा का कार्य्य सादृश्य दिखलाकर भावना को तीव्र करना है। जिस वस्तु के लिए हम कोई शब्द नहीं जानते उसका बोध हम उपमा ही द्वारा कराते हैं, जैसे जो मनुष्य हारमोनियम का नाम नहीं जानता वह उसकी चर्चा करते समय यही कहेगा कि वह सन्दूक के समान एक बाजा है। यदि किसी वस्तु का विस्तार इतना बड़ा है कि हम उसे निर्दिष्ट शब्दों में नहीं बतला सकते तो हम चट उतने ही वा उससे बहुत अधिक विस्तृत किसी अन्य पदार्थ की ओर इंगित करते हैं, जैसे–"हरियाली चारों ओर समुद्र के समान लहराती देख पड़ी।" "ज्वालामुखी से भाप और राख उठकर बादल के समान आकाश मे छा गई।" हम यह न देखने जायँगे कि समुद्र का विस्तार हरियाली के फैलाव से नाप में न जाने कितने वर्गमील बड़ा है; इसकी हमें कोई आवश्यकता नहीं, यह बात निरीक्षण के समय हमारी दृष्टि की पहुँच के बाहर की है। अतएव जब तक हम विवेचना शक्ति का सहारा न लें, वह हमारी प्राप्त भावनाओं में अन्तर नहीं डाल सकती। निरीक्षण के समय हमारी दृष्टि की पहुँच के भीतर इन दोनों (हरियाली और समुद्र) का अन्त नहीं होता यही इनमें समानता है। यदि किसी महाविशाल पिंड के आकार का परिज्ञान कराना रहता है तो उसकी तुलना हम समान आकार वाले किसी छोटे पदार्थ से करते हैं, तदनन्तर उस छोटे पिंड में उस आकार के गुण धर्म्म को दिखलाकर हम उनकी स्थापना बड़े पिंड में करते हैं, जैसे–स्कूलों में लड़कों से कहा जाता है कि "लड़को ! पृथ्वी नारंगी के समान गोल है"; क्योंकि ऐसी उपमा से हमारा कुछ काम नहीं निकलता। पदार्थों के

व्यापार, गुण और स्थिति को स्पष्ट करके उनका तीव्र अनुभव कराना उपमा का काम है, और कुछ नहीं। अतएव एक ही वस्तु के लिए पचीसों उपमाओं का तार बाँध देना, उपमा कथन के हेतु ही किसी वस्तु को वर्णन करने बैठ जाना और उससे किसी अंश में समानता रखनेवाले पदार्थों की सूची तैयार करना उचित नहीं है। जैसे प्रभातकालीन सूर्यमंडल को देख यही बकने लगना कि "यह थाली के समान है" अथवा "शोणित सागर में बहता हुआ स्वर्ण कलश है" वा "स्वर्ग लोक की झलक दिखलानेवाली गोल खिड़की है" किंवा "होली की महफिल में रखे हुए लैम्प का ग्लोब है" यह वाणी का सदुपयोग नहीं कहा जा सकता। मेरा अभिप्राय यह है कि उपमा का प्रयोग आवश्यकतानुसार ही होता है; उसका अनावश्यक और अपरिमित प्रयोग प्रलाप है। अकेले वा पृथक् रूप में वह इस योग्य नहीं कि उसे भरने के लिए हम एक प्रबन्ध वा पुस्तक लिख डालें। यही बात सब अलंकारों के लिए कही जा सकती है। किसी वस्तु को उसकी सीमा के बाहर घसीटना उसको उसके गुण से च्युत करना है। यह बात हमारी हिन्दी कविता में प्रत्यक्ष देखने में आती है। किसी नीतिज्ञ ने अन्योक्तियों ही का कल्पवृक्ष लगाया है; किसी नायिका भेद के भक्त ने अकेली नवोढ़ा ही का आदर्श दिखलाया है; किसी नखसिख निहारनेवाले ने 'अलक' और 'तिल' ही पर शतक बाँधा है। आप ही कहिए कि इतने संकुचित स्थान में भीतरी और बाहरी सृष्टि के कितने अंश का व्यापार दिखलाया जा सकता है और पाठक का ध्यान बिना ऊबे हुए कब तक उसमें बद्ध रह सकता है।

धर्म्म वा व्यापार के पूर्णतया प्रत्यक्ष न होने के कारण जब किसी वस्तु की भावना धुँधली वा मन्द होती है तब उसको तीक्ष्ण और चटक करने के लिए समान धर्म्म और गुण वाले अन्य अधिक परिचित पदार्थों को हम आगे रखते हैं। किन्तु काव्य की उपमा में एक और बात का विचार भी रखना होता है। वह यह है कि सादृश्य दिखलाने के लिए जो पदार्थ उपस्थित किए जायँ वे प्राकृतिक और मनोहर हों, कृत्रिम और क्षुद्र नहीं, जिसमें ज्ञानदान के अर्थ जो रूप उपस्थित किए जायँ वे रुचिकर होने कारण कल्पना में कुछ देर टिकें और हमारे मनावेगों (Sentiments) को उभाड़ें जो हमें चंचल करके कार्य्य में प्रवृत्त करते हैं। उपमान और उपमेय में जितनी ही अधिक बातों में समानता होगी उतनी ही उपमा उत्कृष्ट कही जायगी।

('आनन्द कादम्बिनी,' ज्येष्ठ से अग्रहायण सं. 1964 वि.)

कविता क्या है?*

मनुष्य अपने भावों, विचारों और व्यापारों के लिए दूसरों के भावों, विचारों और व्यापारों के साथ कहीं मिलाता और कहीं लड़ाता हुआ अन्त तक चला चलता है और इसी को जीना कहता है। जिस अनन्त-रूपात्मक क्षेत्र में यह व्यवसाय चलता रहता है उसका नाम है जगत्। जब तक कोई अपनी पृथक् सत्ता की भावना को ऊपर किए इस क्षेत्र के नाना रूपों और व्यापारों को अपने योगक्षेम, हानि-लाभ, सुख-दुख आदि से सम्बद्ध करके देखता रहता है तब तक उसका हृदय एक प्रकार से बद्ध रहता है। इन रूपों और व्यापारों के सामने जब कभी वह अपनी पृथक् सत्ता की धारणा से छूटकर–अपने आपको बिलकुल भूलकर–विशुद्ध अनुभूति मात्र रह जाता है, तब वह मुक्त हृदय हो जाता है। जिस प्रकार आत्मा की मुक्तावस्था ज्ञानदशा कहलाती है, उसी प्रकार हृदय की यह मुक्तावस्था रसदशा कहलाती है। हृदय की इसी मुक्ति की साधना के लिए मनुष्य की वाणी जो शब्द-विधान करती आई है, उसे कविता कहते हैं। इस साधना को हम भावयोग कहते हैं और कर्मयोग एवं ज्ञानयोग का समकक्ष मानते हैं।

कविता ही मनुष्य के हृदय को स्वार्थ-सम्बन्धों के संकुचित मंडल से ऊपर उठाकर लोक-सामान्य भाव-भूमि पर ले जाती है, जहाँ जगत् की नाना गतियों के मार्मिक स्वरूप का साक्षात्कार और शुद्ध अनुभूतियों का संचार होता है, इस भूमि पर पहुँचे हुए मनुष्य को कुछ काल के लिए अपना पता नहीं रहता। वह अपनी सत्ता को लोक-सत्ता में लीन किए रहता है। उसकी अनुभूति सबकी अनुभूति होती है या हो सकती है। इस अनुभूति-योग के अभ्यास से हमारे मनोविकार का परिष्कार तथा शेष सृष्टि के साथ हमारे रागात्मक सम्बन्ध की रक्षा और निर्वाह होता है। जिस प्रकार जगत् अनेक रूपात्मक है उसी प्रकार हमारा हृदय भी अनेक भावात्मक है। इन अनेक भावों का व्यायाम और परिष्कार तभी समझा जा सकता है जब कि इन सबका प्रकृत सामंजस्य जगत् के भिन्न-भिन्न रूपों, व्यापारों या तथ्यों के साथ हो जाए। इन्हीं भावों के सूत्र से मनुष्य-जाति जगत् के साथ तादात्म्य का अनुभव चिरकाल से करती चली आई है। जिन रूपों और व्यापारों से मनुष्य आदिम युगों से ही परिचित है, जिन रूपों और व्यापारों को सामने पाकर वह नर-जीवन के आरम्भ से ही लुब्ध और क्षुब्ध होता आ रहा है, उनका हमारे भावों के साथ मूल या सीधा सम्बन्ध है। अतः काव्य के प्रयोजन के लिए हम उन्हें

* दूसरा ड्राफ्ट।

मूल रूप और सूल व्यापार कह सकते हैं। इस विशाल विश्व के प्रत्यक्ष से अप्रत्यक्ष और गूढ़ से गूढ़ तथ्यों को भावों के विषय या आलम्बन बनाने के लिए इन्हीं मूल रूपों में और व्यापारों में परिणत करना पड़ता है। जब तक वे इन मूल मार्मिक रूपों से नहीं लाए जाते तब तक उन पर काव्य दृष्टि नहीं पड़ती।

वन, पर्वत, नदी, नाले, निर्झर, कछार, पटपर, चट्टान, वृक्ष, लता, झाड़, फूस, शाखा, पशु, पक्षी, आकाश, मेघ, नक्षत्र, समुद्र इत्यादि ऐसे ही चिर-सहचर रूप हैं। खेत, ढुर्री, हल, झोपड़े, चौपाये इत्यादि भी कुछ कम पुराने नहीं हैं। इसी प्रकार पानी का बहना, सूखे पत्तों का झड़ना, बिजली का चमकना, घटा का घिरना, नदी का उमड़ना, मेह का बरसना, कोहरे का छाना, डर से भागना, लोभ से लपकना, छीनना, झपटना, नदी या दल-दल से बाँह पकड़कर निकालना, हाथ से खिलाना, आग मे झोंकना, गला काटना ऐसे व्यापारों का भी मनुष्य-जाति के भावों के साथ अत्यन्त प्राचीन साहचर्य है। ऐसे आदि रूपों और व्यापारों में वंशानुगत वासना की दीर्घ-परम्परा के प्रभाव से, भावों के उद्‍बोधन की गहरी शक्ति संचित है, अतः इनके द्वारा जैसा रस-परिपाक सम्भव है वैसा कल-कारखाने, गोदाम, स्टेशन, एंजिन, हवाई जहाज ऐसी वस्तुओं तथा अनाथालय के लिए चेक काटना, सर्वस्वहरण के लिए जाली दस्तावेज बनाना, मोटर की चरखी घुमाना या एंजिन में कोयला झोंकना आदि व्यापारों द्वारा नहीं।

सभ्यता के आवरण और कविता

सभ्यता की वृद्धि के साथ-साथ ज्यों-ज्यों मनुष्यों के व्यापार बहुरूपी और जटिल होते गए त्यों-त्यों उसके मूल रूप बहुत कुछ आच्छन्न होते गए। भावों के आदिम और सीधे लक्ष्यों के अतिरिक्त और-और लक्ष्यों की स्थापना होती गई; वासनाजन्य मूल व्यापारों के सिवा बुद्धि द्वारा निश्चित व्यापारों का विधान बढ़ता गया। इस प्रकार बहुत-से ऐसे व्यापारों से मनुष्य घिरता गया जिनके साथ उसके भावों का सीधा लगाव नहीं। जैसे आदि में भय का लक्ष्य अपने शरीर और अपनी सन्तति ही की रक्षा तक था, पर पीछे गाय, बैल, अन्न आदि की रक्षा आवश्यक हुई, यहाँ तक कि होते-होते धन, मान, अधिकार, प्रभुत्व इत्यादि अनेक बातों की रक्षा की चिन्ता ने घर किया और रक्षा के उपाय भी वासना-जन्य प्रवृत्ति से भिन्न प्रकार के होने लगे। इसी प्रकार क्रोध, घृणा, लोभ आदि अन्य भावों के विषय भी अपने मूल रूपों से भिन्न रूप धारण करने लगे। कुछ भावों के विषय तो अमूर्त्त तक होने लगे, जैसे कीर्ति की लालसा। ऐसे भावों को ही बौद्धदर्शन में 'अरूपराग' कहते हैं।

भावों के विषयों और उनके द्वारा प्रेरित व्यापारों से जटिलता आने पर भी उनका सम्बन्ध मूल विषयों और मूल व्यापारों से भीतर-भीतर बना है और बराबर बना रहेगा। किसी का कुटिल भाई उसे सम्पत्ति से एकदम वंचित रखने के लिए वकीलों की सलाह से एक नया दस्तावेज तैयार करता है। इसकी खबर पाकर वह क्रोध से नाच उठता है। प्रत्यक्ष व्यावहारिक दृष्टि से तो उसके क्रोध का विषय है वह दस्तावेज या कागज का

टुकड़ा। पर उस कागज के टुकड़े के भीतर वह देखता है कि उसे और उसकी सन्तति को अन्न-वस्त्र न मिलेगा। उसके क्रोध का प्रकृत विषय न तो वह कागज का टुकड़ा है और न उस पर लिखे हुए काले-काले अक्षर। ये तो सभ्यता के आवरण मात्र हैं। अतः उसके क्रोध में और कुत्ते के क्रोध में जिसके सामने का भोजन कोई दूसरा कुत्ता छीन रहा है, काव्य-दृष्टि से कोई भेद नहीं है—भेद है केवल विषय का थोड़ा रूप बदलकर आने का। इसी रूप बदलने का नाम है सभ्यता। इस रूप बदलने से होता यह है कि क्रोध आदि को भी अपना रूप कुछ बदलना पड़ता है, वह भी कुछ सभ्यता के साथ अच्छे कपड़े-लत्ते पहनकर समाज में आता है जिससे मार-पीट, छीन-खसोट आदि भद्दे समझे जानेवाले व्यापारों का कुछ निवारण होता है।

पर यह प्रच्छन्न रूप वैसा मर्मस्पर्शी नहीं हो सकता। इसी से प्रच्छन्नता का उद्घाटन कवि-कर्म का एक मुख्य अंग है। ज्यों-ज्यों सभ्यता बढ़ती जाएगी त्यों-त्यों कवियों के लिए यह काम बढ़ता जाएगा। मनुष्य के हृदय की वृत्तियों से सीधा सम्बन्ध रखनेवाले रूपों और व्यापारों को प्रत्यक्ष करने के लिए उसे बहुत-से पदों को हटाना पड़ेगा। इससे यह स्पष्ट है कि ज्यों-ज्यों हमारी वृत्तियों पर सभ्यता के नए-नए आवरण चढ़ते जाएँगे त्यों-त्यों एक ओर तो कविता की आवश्यकता बढ़ती जाएगी, दूसरी ओर कवि-धर्म कठिन होता जाएगा। ऊपर जिस क्रुद्ध व्यक्ति का उदहारण दिया गया है, वह यदि क्रोध से छुट्टी पाकर अपने भाई के मन में दया का संचार करना चाहेगा तो क्षोभ के साथ उससे कहेगा, "भाई ! तुम यह सब इसीलिए न कर रहे हो कि पक्की हवेली में बैठकर हलवा-पूरी खाओ, मैं बैठा सूखे चने चबाऊँ; तुम्हारे लड़के दोपहर को भी दुशाले ओढ़कर निकलें और मेरे बच्चे रात को भी ठंड से काँपते रहें।" यह हुआ प्राकृत रूप का प्रत्यक्षीकरण। इसमें सभ्यता के बहुत-से आवरणों को हटाकर वे मूल गोचर रूप सामने रख गए हैं जिनसे हमारे भावों का सीधा लगाव है और इस कारण भावों को उत्तेजित करने में अधिक समर्थ हैं। कोई बात जब इस रूप में आएगी तभी उसे काव्य के उपयुक्त रूप प्राप्त होगा। "तुमने हमें नुकसान पहुँचाने के लिए जाली दस्तावेज बनाया" इस काव्य में रसात्मकता नहीं। इसी बात को ध्यान में रखकर ध्वनिकार ने कहा है—"नहि कवेरितिवृत्तमात्रनिर्वाहिणात्मपदलाभः।"

देश की वर्तमान दशा के वर्णन में यदि हम केवल इस प्रकार वाक्य कहते जाएँ कि "हम मूर्ख, बलहीन और आलसी हो गए हैं, हमारा धन विदेश चला जाता है, रुपए का डेढ़ पाव घी बिकता है, स्त्री-शिक्षा का अभाव है" तो ये छन्दोबद्ध होकर भी काव्य पद के अधिकारी न होंगे। सारांश यह है कि काव्य के लिए अनेक स्थलों पर हमें भावों के विषयों के मूल और आदिम रूपों तक जाना होगा जो मूर्त और गोचर होंगे। जब तक भावों से सीधा और पुराना लगाव रखनेवाले मूर्त और गोचर रूप न मिलेंगे तब तक काव्य का वास्तविक ढाँचा खड़ा न हो सकेगा। भावों के अमूर्त विषयों की तह में भी मूर्त और गोचर रूप छिपे मिलेंगे, जैसे यशोलिप्सा में कुछ दूर भीतर चलकर उस आनन्द के उपभोग की प्रवृत्ति छिपी हुई पाई जाएगी जो अपनी तारीफ कान में पड़ने से हुआ करता है।

काव्य में अर्थग्रहण मात्र से काम नहीं चलता; बिम्बग्रहण अपेक्षित होता है। यह बिम्बग्रहण निर्दिष्ट, गोचर और मूर्त विषय का ही हो सकता है। 'रुपए का डेढ़ पाव घी मिलता है' इस कथन से कल्पना में यदि कोई बिम्ब या मूर्ति उपस्थित होगी तो वह तराजू लिए हुए बनिए की होगी जिससे हमारे करुण भाव का कोई लगाव न होगा बहुत कम लोगों को घी खाने को मिलता है, अधिकतर लोग रूखी-सूखी खाकर रहते हैं, इस तथ्य तक हम अर्थग्रहण परम्परा द्वारा इस चक्कर के साथ पहुँचते हैं–एक रुपए का बहुत कम घी मिलता है, इससे रुपए वाले ही घी खा सकते हैं, पर रुपए वाले बहुत कम हैं, इससे अधिकांश जनता घी नहीं खा सकती, रूखी-सूखी खाकर रहती है।

कविता और सृष्टि-प्रसार

हृदय पर नित्य प्रभाव रखनेवाले रूपों और व्यापारों की भावना के सामने लाकर कविता बाह्य प्रकृति के साथ मनुष्य की अन्तःप्रकृति का सामंजस्य घटित करती हुई उसके भावात्मक सत्ता के प्रकार का प्रसार करती है। यदि अपने भावों को समेटकर मनुष्य अपने हृदय को शेष सृष्टि से किनारे कर ले या स्वार्थ की पशुवृत्ति में ही लिप्त रखे तो उसकी मनुष्यता कहाँ रहेगी ? यदि वह लहलहाते हुए खेतों और जंगलों, हरी घास के बीच घूम-घूमकर बहते हुए नालों, काली चट्टानों पर चाँदी की तरह ढलते हुए झरनों, मंजरियों से लदी हुई अमराइयों और पटपर के बीच खड़ी झाड़ियों को देख क्षण भर लीन न हुआ, यदि कलरव करते हुए पक्षियों के आनन्दोत्सव में उसने योग न दिया, यदि खुले हुए फूलों को देख वह न खिला, यदि सुन्दर रूप सामने पाकर अपनी भीतरी कुरूपता का उसने विसर्जन न किया, यदि दीन-दुखी का आर्त्तनाद सुन वह न पसीजा, यदि अनाथों और अबलाओं पर अत्याचार होते देख क्रोध से न तिलमिलाया, यदि किसी बेढब और विनोदपूर्ण दृश्य या उक्ति पर न हँसा, तो उसके जीवन में रह क्या गया ? इस विश्व-काव्य की रस-धारा में जो थोड़ी देर के लिए निमग्न न हुआ उसके जीवन को मरुस्थल की यात्रा ही समझना चाहिए।

काव्यदृष्टि कहीं तो 1. नर-क्षेत्र के भीतर रहती है, 2. कहीं मनुष्येतर बाह्य सृष्टि के और 3. कहीं समस्त चराचर के।

1. पहले नर-क्षेत्र को लेते हैं। संसार में अधिकतर कविता इसी क्षेत्र के भीतर हुई है। नरत्व की बाह्य प्रकृति और अन्तःप्रकृति के नाना सम्बन्धों और पारस्परिक विधानों का संकलन या उद्‌भावना ही काव्यों में–मुक्तक हों या प्रबन्ध–अधिकतर पाई जाती है।

प्राचीन महाकाव्यों और खंडकाव्यों के मार्ग में यद्यपि शेष दो क्षेत्र भी बीच-बीच में पड़ जाते हैं पर मुख्य यात्रा नर-क्षेत्र के भीतर ही होती है। वाल्मीकि रामायण में यद्यपि बीच-बीच में ऐसे विषद वर्णन बहुत कुछ मिलते हैं, जिनमें कवि की मुग्ध दृष्टि प्रधानतः मनुष्येतर बाह्य प्रकृति के रूप-जाल में फँसी पाई जाती है, पर उसका प्रधान विषय लोक-चरित ही है। और प्रबन्ध-काव्यों के सम्बन्ध में भी यही बात कही जा सकती है। रहे मुक्तक या फुटकर पद्य, वे भी अधिकतर मनुष्य ही की भीतरी-बाहरी वृत्तियों से

सम्बन्ध रखते हैं। साहित्य-शास्त्र की रस-निरूपण-पद्धति में आलम्बनों के बीच बाह्य प्रकृति को स्थान ही नहीं मिला है। यह उद्दीपन मात्र मानी गई है। शृंगार के उद्दीपन रूप में जो प्राकृतिक दृश्य लाए जाते हैं, उनके प्रति रतिभाव नहीं होता, नायक या नायिका के प्रति होता है। वे दूसरे के प्रति उत्पन्न प्रीति को उद्दीपित करनेवाले होते हैं, स्वयं प्रीति के पात्र या आलम्बन नहीं होते। संयोग में वे सुख बढ़ाते हैं और वियोग में काटने दौड़ते हैं। जिस भावोद्रेक और जिस ब्योरे के साथ नायक या नायिका के रूप का वर्णन किया जाता है, उस भावोद्रेक और उस ब्योरे के साथ उनका नहीं। कहीं-कहीं तो उनके नाम गिनाकर ही काम चला लिया जाता है।

मनुष्यों के रूप, व्यापार या मनोवृत्तियों के सादृश्य, साधर्म्य की दृष्टि से जो प्राकृतिक वस्तु-व्यापार आदि लाए जाते हैं उनका स्थान भी गौण ही समझना चाहिए। वे नर-सम्बन्धी भावना को ही तीव्र करने के लिए रखे जाते हैं।

2. मनुष्येतर बाह्य प्रकृति का आलम्बन के रूप में ग्रहण हमारे यहाँ संस्कृत के प्राचीन प्रबन्ध काव्यों के बीच-बीच में ही पाया जाता है। वहाँ प्रकृति का ग्रहण आलम्बन के रूप में हुआ है, इसका पता वर्णन की प्रणाली से लग जाता है। पहले कह आए हैं कि किसी वर्णन में आई हुई वस्तुओं का मन में ग्रहण दो प्रकार का हो सकता है– बिम्बग्रहण और अर्थग्रहण। किसी ने कहा 'कमल' ! अब इस 'कमल' पद का ग्रहण कोई इस प्रकार भी कर सकता है कि ललाई लिए हुए सफेद पंखुड़ियों और झुके हुए नाल आदि के सहित एक फूल की मूर्ति मन में थोड़ी देर के लिए आ जाए या कुछ देर बनी रहे; और इस प्रकार भी कह सकता है कि कोई चित्र उपस्थित न हो; केवल पद का अर्थ मात्र समझकर काम चला लिया जाए। काव्य के दृश्य-चित्रण में पहले प्रकार का संकेत-ग्रहण अपेक्षित होता है और व्यवहार तथा शास्त्रचर्चा में दूसरे प्रकार का। बिम्बग्रहण वहीं होता है जहाँ कवि अपने सूक्ष्म निरीक्षण द्वारा वस्तुओं के अंग-प्रत्यंग, वर्ण, आकृति तथा उनके आस-पास की परिस्थितियों का परस्पर संश्लिष्ट विवरण देता है। बिना अनुराग के ऐसे सूक्ष्म ब्योरों पर न दृष्टि जा ही सकती है, न रम ही सकती है। अतः जहाँ ऐसा पूर्ण और संश्लिष्ट चित्रण मिले, वहाँ समझना चाहिए कि कवि ने बाह्य प्रकृति को आलम्बन के रूप में ग्रहण किया है। उदाहरण के लिए वाल्मीकि का यह हेमन्त वर्णन लीजिए–

अवश्याय-निपातेन किञ्चित्प्रक्लिन्नशाद्वला।
वनानां शोभते भूमिर्निविष्टतरुणातपा॥
स्पृशंतु विपुलं शीतमृदकं द्विरदः सुखम्।
अत्यन्ततृषितो वन्यः प्रतिसंहरते करम्॥
अवश्याय-तमोनद्धा नीहार-तमसावृताः।
प्रसुप्ता इव लक्ष्यन्ते विपुष्पा वनराजयः॥
वाष्पसंछन्नसलिला रुतविज्ञेयसारसाः।
हिमार्द्र बालुकैस्तीरैः सरितो भान्ति साम्प्रतम्॥

जरा-जर्जरितैः पद्मैः शीर्णकेशरकर्णिकैः।
नालशेषैर्हिमध्वस्तैर्न भान्ति कमलाकरः॥

(वन की भूमि जिसकी हरी-हरी घास ओस गिरने से कुछ-कुछ नीली हो गई है, तरुण धूप के पड़ने से कैसी शोभा दे रही है। अत्यन्त प्यासा जंगली हाथी बहुत शीतल जल के स्पर्श से अपनी सूँड सिकोड़ लेता है। बिना फूल के वन-समूह कोहरे के अन्धकार में सोए से जान पड़ते हैं। नदियाँ, जिनका जल कोहरे से ढका हुआ है और जिनमें सारस पक्षियों का पता केवल उनके शब्द से लगता है, हिम से आर्द्र बालू के तटों से ही पहचानी जाती हैं। कमल, जिनके पत्ते जीर्ण होकर झड़ गए हैं, जिनकी केसर-कणिकाएँ टूट-फूटकर छितरा गई हैं, पाले से ध्वस्त होकर नाल मात्र खड़े हैं।)

मनुष्येतर बाह्य प्रकृति का इसी रूप में ग्रहण कुमारसम्भव के आरम्भ तथा रघुवंश के बीच-बीच में मिलता है। नाटक यद्यपि मनुष्य ही की भीतरी-बाहरी प्रवृत्तियों के प्रदर्शन के लिए लिखे जाते हैं और भवभूति अपने मार्मिक और तीव्र अन्तर्वृत्ति विधान् के लिए ही प्रसिद्ध हैं, पर उनके 'उत्तर रामचरित' में कहीं-कहीं बाह्य प्रकृति के बहुत ही सांग और संश्लिष्ट खंड-चित्र पाए जाते हैं। पर मनुष्येतर बाह्य प्रकृति की जो प्रधानता मेघदूत में मिली है, वह संस्कृत के और किसी काव्य में नहीं। 'पूर्वमेघ' तो यहाँ से वहाँ तक प्रकृति की ही एक मनोहर झाँकी या भारत भूमि के स्वरूप का ही मधुर ध्यान है। जो इस स्वरूप के ध्यान में अपने को भूलकर कभी-कभी मग्न हुआ करता है वह घूम-घूमकर वक्तृता दे या न दे, चन्दा इकट्ठा करे या न करे, देशवासियों को आमदनी का औसत निकाले या न निकाले, सच्चा देश-प्रेमी है। मेघदूत न कल्पना की क्रीड़ा है, न कला की विचित्रता। वह है प्राचीन भारत के सबसे भावुक हृदय की अपनी प्यारी भूमि की रूप-माधुरी पर सीधी-सादी प्रेम-दृष्टि।

अनन्त रूपों में, प्रकृति हमारे सामने आती है—कहीं मधुर, सुसज्जित या सुन्दर रूप में, कहीं रूखे बेडौल या कर्कश रूप में, कहीं भव्य, विशाल या विचित्र रूप में, कहीं उग्र, कराल या भयंकर रूप में। सच्चे कवि का हृदय उसके इन सब रूपों में लीन होता है, क्योंकि उसके अनुराग का कारण अपना खास सुख-भोग नहीं, बल्कि चिरसाहचर्य द्वारा प्रतिष्ठित वासना है। जो केवल प्रफुल्ल-प्रसून प्रसार के सौरभ-संचार, मकरन्द-लोलुप, मधुप-गुंजार, कोकिल-कूजित निकुंज और शीतल सुख-स्पर्श समीर इत्यादि की चर्चा किया करते हैं; वे विषयी या भोगलिप्सु हैं। इसी प्रकार जो केवल मुक्ताभास हिमबिन्दु मंडित मरकताभ शाद्वल-जल, अत्यन्त विशाल गिरिशिखर से गिरते हुए जल-प्रपात के गम्भीर गर्त्त से उठी हुई सीकर-नीहारिका के बीच विविधवर्णस्फुरण की विशालता, भव्यता और विचित्रता में ही अपने हृदय के लिए कुछ पाते हैं, वे तमाशबीन हैं, सच्चे भावुक या सहृदय नहीं। प्रकृति के साधारण-असाधारण सब प्रकार के रूपों में रमनेवाले वर्णन हमें वाल्मीकि, कालिदास, भवभूति आदि संस्कृत के प्राचीन कवियों में मिलते हैं। पिछले खेवे के कवियों में मुक्तक-रचना में तो अधिकतर प्राकृतिक वस्तुओं का अलग-अलग उल्लेख मात्र उद्दीपन की दृष्टि से किया गया है। प्रबन्ध-रचना में जो

थोड़ा-बहुत संश्लिष्ट चित्रण किया है वह प्रकृति की विशेष रूप-विभूति को लेकर ही। अँगरेजी के पिछले कवियों के वड्र्सवर्थ की दृष्टि सामान्य में चिरपरिचित, सीधे-सादे प्रशान्त और मधुर दृश्यों की ओर रहती थी, पर शैली की असाधारण-भव्य और विशाल की ओर।

साहचर्य-सम्भूत रस के प्रभाव से सामान्य सीधे-सादे चिरपरिचित दृश्यों में कितने माधुर्य की अनुभूति होती है ! पुराने कवि कालिदास ने वर्षा के प्रथम जल से सिक्त तुरन्त की जोती हुई धरती तथा उसके पास बिखरी हुई भोली चितवन वाली ग्रामवनिताओं में साफ-सुथरे ग्रामचैत्यों और कथा-कोविद ग्रामवृद्धों में इसी प्रकार के माधुर्य का अनुभव किया था। आज भी इसका अनुभव लोग करते हैं। बाल्य या कौमार अवस्था में जिस पेड़ के नीचे हम अपनी मंडली के साथ बैठा करते थे; चिड़चिड़ी बुढ़िया की जिस झोंपड़ी के पास से होकर हम आते-जाते थे, उसकी मधुर स्मृति हमारी भावना को बराबर लीन किया करती है। बुड्ढी की झोंपड़ी में न कोई चमक-दमक थी, न कला-कौशल का वैचित्र्य। मिट्टी की दीवारों पर फूस का छप्पर पड़ा था, नींव के किनारे चढ़ी हुई मिट्टी पर सत्यानाशी के नीलाभ हरित कँटीले, कटावदार पौधे खड़े थे जिनके पीले फूलों के गोल सम्पुटों के बीच लाल-लाल बिन्दियाँ झलकती थीं।

सारांश यह है कि केवल असाधारणत्व की रुचि सच्ची सहृदयता की पहचान नहीं है। शोभा और सौन्दर्य की भावना के साथ जिसमें मनुष्य-जाति के उस समय के पुराने सहचरों की वंश-परम्परागत स्मृति वासना के रूप में बनी हुई है, जब वह प्रकृति के खुले क्षेत्र में विचरती थी, वे ही पूरे सहृदय भावुक कहे जा सकते हैं। वन्य और ग्रामीण दोनों प्रकार के जीवन प्राचीन हैं; दोनों पेड़-पौधों, पशु-पक्षियों, नदी-नालों और पर्वत-मैदानों के बीच व्यतीत होते हैं, अतः प्रकृति के अधिक रूपों के साथ सम्बन्ध रखते हैं। हम पेड़-पौधों और पशु-पक्षियों से सम्बन्ध तोड़कर बड़े-बड़े नगरों में आ बसे, पर उनके बिना रहा नहीं जाता। हम उन्हें हर वक्त पास न रखकर एक घेरे में बन्द करते हैं और कभी-कभी मन बहलाने के लिए उनके पास चले जाते हैं। हमारा साथ उनसे भी छोड़ते नहीं बनता। कबूतर हमारे घर के छज्जों के नीचे सुख से सोते हैं, गौरे हमारे घर के भीतर आ बैठते हैं, बिल्ली अपना हिस्सा या तो म्याँव-म्याँव करके माँगती है या चोरी से ले जाती है, कुत्ते घर की रखवाली करते हैं, और वासुदेवजी कभी-कभी दीवार फोड़कर निकल पड़ते हैं। बरसात के दिनों में जब सुर्खी-चूने की कड़ाई की परवाह न कर हरी-हरी घास पुरानी छत पर निकलने लगती है, तब हमें उसके प्रेम का अनुभव होता है। वह मानो हमें ढूँढ़ती हुई आती है कि "तुम हमसे क्यों दूर-दूर भागे फिरते हो ?"

जो केवल अपने विलास या शरीर-सुख की सामग्री ही प्रकृति में ढूँढ़ा करते हैं उनमें उस रागात्मक 'सत्व' की कमी है जो व्यक्त सत्ता मात्र के साथ एकता की अनुभूति में लीन करके हृदय के व्यापकत्व का आभास देता है। सम्पूर्ण सत्ताएँ एक ही परम सत्ता और सम्पूर्ण भाव एक ही परम भाव के अन्तर्भूत हैं। अतः बुद्धि की क्रिया से हमारा ज्ञान जिस अद्वैत भूमि पर पहुँचता है उसी भूमि तक हमारा भावात्मक हृदय भी इस सत्व-रस

के प्रभाव से पहुँचता है। इस प्रकार अन्त में जाकर दोनों पक्षों की वृत्तियों का समन्वय हो जाता है। इस समन्वय के बिना मनुष्यत्व की साधना पूरी नहीं हो सकती।

मार्मिक तथ्य

मनुष्येतर प्रकृति के बीच के रूप-व्यापार कुछ भीतरी भावों या तथ्यों की भी व्यंजना करते हैं। पशु-व्यापार के सुख, हर्ष-विषाद, रागद्वेष, तोष-क्षोभ, कृपा-क्रोध इत्यादि भावों की व्यंजना जो उनकी आकृति, चेष्टा, शब्द आदि से होती है, वह तो प्रायः बहुत प्रत्यक्ष होती है। कवियों को उन पर अपने भावों का आरोप करने की आवश्यकता प्रायः नहीं होती। तथ्यों का आरोप या सम्भावना अलबत्ता वे कभी-कभी किया करते हैं। पर इस प्रकार का आरोप कभी-कभी कथन को 'काव्य' के क्षेत्र से घसीटकर 'सूक्ति' या 'सुभाषित' के क्षेत्र में डाल देता है। जैसे 'कौवे सबेरा होते ही क्यों चिल्लाने लगते हैं ? वे समझते हैं कि सूर्य अन्धकार का नाश करता बढ़ा आ रहा है, कहीं धोखे से हमारा भी नाश न कर दे।' यह सूक्ति मात्र है, काव्य नहीं। जहाँ तथ्य केवल आरोपित या सम्भावित रहते हैं वहाँ वे अलंकार रूप में ही रहते हैं। पर जिन तथ्यों का आभास हमें पशु-पक्षियों के रूप, व्यापार की परिस्थिति में ही मिलता है वे हमारे भावों के विषय वास्तव में हो सकते हैं। मनुष्य सारी पृथ्वी छेकता चला जा रहा है। जंगल कट-कटकर खेत, गाँव और नगर बनते चले जा रहे हैं। पशु-पक्षियों का भाग छिनता चला जा रहा है। उनके सब ठिकानों पर हमारा निष्ठुर अधिकार होता चला जा रहा है। वे कहाँ जाएँ ? कुछ तो हमारी गुलामी करते हैं। कुछ हमारी बस्ती के भीतर या आस-पास रहते हैं और छीन-झपटकर अपना हक ले जाते हैं। हम उनके साथ बराबर ऐसा ही व्यवहार करते हैं, मानो उन्हें जीने का कोई अधिकार ही नहीं है। इन तथ्यों का सच्चा आभास हमें उनकी परिस्थिति से मिलता है। अतः उनमें से किसी की चेष्टा-विशेष में इन तथ्यों की मार्मिक व्यंजना की प्रतीति काव्यानुभूति के अन्तर्गत होगी। यदि कोई बन्दर हमारे सामने से कोई खाने-पीने की चीज उठा ले जाए और किसी पेड़ के ऊपर बैठा-बैठा हमें घुड़की दे, तो काव्य-दृष्टि से हमें ऐसा मालूम हो सकता है कि–

देते हैं घुड़की यह अर्थ-ओज-भरी हरि
"जीने का हमारा अधिकार क्या न गया रह ?
पर प्रतिषेध के प्रसार बीच तेरे नर !
क्रीड़ामय जीवन-उपाय है हमारा यह।
दानी जो हमारे रहे, वे भी दास तेरे हुए,
उनकी उदारता भी सकता नहीं तू सह।
फूली-फली उनकी उमंग उपकार की तू
छेंकता है जाता, हम जायँ कहाँ, तू ही कह !"

पेड़-पौधे, लता-गुल्म आदि कभी इसी प्रकार कुछ भावों या तथ्यों की व्यंजना करते हैं जो कभी-कभी कुछ गूढ़ होती है। सामान्य दृष्टि भी वर्षा की झड़ी के पीछे उनके हर्ष

और उल्लास को, ग्रीष्म के प्रचंड आतप में उनकी शिथिलता और म्लानता को, शिशिर के कठोर शासन में उनकी दीनता को, मधुकाल में उनके रसोन्माद, उमंग और हास को, प्रबल वात के झकोरों में उनकी विकलता को, प्रकाश के प्रति उनकी ललक को देख सकती है। इसी प्रकार भावुकों के समक्ष वे अपनी रूपचेष्टा आदि द्वारा कुछ मार्मिक तथ्यों की भी व्यंजना करते हैं। हमारे यहाँ के पुराने अन्योक्तिकारों ने कहीं-कहीं इस व्यंजना की ओर ध्यान दिया है। कहीं-कहीं का मतलब यह है कि बहुत जगह उन्होंने अपनी भावना का आरोप किया है, उनकी रूपचेष्टा या परिस्थिति से तथ्य-चयन नहीं ! पर उनकी विशेष परिस्थितियों की ओर भावुकता से ध्यान देने पर बहुत-से मार्मिक तथ्य सामने आते हैं। कोसों तक फैले, कड़ी धूप में तपते मैदान के बीच एक अकेला वट-वृक्ष दूर तक छाया फैलाए खड़ा है। हवा के झोंकों से उसकी टहनियाँ और पत्ते हिल-हिलकर मानो बुला रहे हैं। हम धूप से व्याकुल होकर उसकी ओर बढ़ते हैं। देखते हैं, उसकी जड़ के पास एक गाय बैठी आँखें मूँदे जुगाली कर रही है। हम लोग भी उसी के पास आराम से जा बैठते हैं। इतने में एक कुत्ता जीभ बाहर निकाले हाँफता हुआ उस छाया के नीचे आता है और हममें से कोई उठकर उसे छड़ी लेकर भगाने लगता है। इस परिस्थिति को देख हममें से कोई भावुक पुरुष उस पेड़ को इस प्रकार सम्बोधन करे तो कर सकता—

काया की न छाया यह केवल तुम्हारी द्रुम
अंतस के मर्म का प्रकाश यह छाया है।
भरी है इसी में वह स्वर्ग-स्वप्न-धरा अभी
जिसमें न पूरा-पूरा नर बह पाया है।
शांतिसार शीतल प्रसार यह छाया धन्य !
प्रीति सा पसारे इसे कैसी हरी काया है।
हे नर ! तू प्यारा इस तरु का स्वरूप देख,
देख फिर घोर रूप तूने जो कमाया है॥

ऊपर नर-क्षेत्र और मनुष्येतर सजीव सृष्टि के क्षेत्र का उल्लेख हुआ है। काव्य-दृष्टि कभी तो इन पर अलग-अलग रहती है कभी समष्टि-रूप में समस्त जीवन-क्षेत्र पर। कहने की आवश्यकता नहीं कि विच्छिन्न दृष्टि की अपेक्षा समष्टि-दृष्टि में अधिक व्यापकता और गम्भीरता रहती है। काव्य का अनुशीलन करनेवाले मात्र जानते हैं कि काव्य-सृष्टि सजीव दृष्टि तक ही बद्ध नहीं रहती है। वह प्रकृति के उस भाग की ओर भी जाती है जो निर्जीव या जड़ कहलाता है। भूमि, पर्वत, चट्टान, नाले, टीले, मैदान, समुद्र, आकाश, मेघ, नक्षत्र इत्यादि की रूप-गति आदि से भी हम सौन्दर्य, माधुर्य, भीषणता, भव्यता, विचित्रता, उदासी, उदारता, सम्पन्नता इत्यादि की भावना प्राप्त करते हैं। कड़कड़ाती धूप के पीछे उमड़ी हुई घटा की श्यामल स्निग्धता और शीतलता का अनुभव मनुष्य क्या पशु-पक्षी, पेड़-पौधे तक करते हैं। अपने इधर-उधर हरी-भरी लहलहाती प्रफुल्लता का विधान करती हुई नदी की अविराम जीवन-धारा में हम द्रवीभूत औदार्य का दर्शन करते हैं। पर्वत की ऊँची चोटियों में विशालता और भव्यता का,

बाल-विलोड़ित जल-प्रसार में क्षोभ और आकुलता का, विकीर्णघन-खंड-मंडित, रश्मि-रंजित सान्ध्य-दिगंचल में चमत्कारपूर्ण सौन्दर्य का, ताप से तिलमिलाती धरा पर धूल झोंकते हुए अंधड़ के प्रचंड झोंकों में उग्रता और उच्छृंखलता का, बिजली की कँपाने वाली कड़क और ज्वालामुखी के ज्वलन्त स्फोट में भीषणता का आभास मिलता है। ये सब विश्वरूपी महाकाव्य की भावनाएँ या कल्पनाएँ हैं। स्वार्थ-भूमि से परे पहुँचे हुए सच्चे अनुभूति-योगी या कवि इनके द्रष्टा मात्र होते हैं।

जड़ जगत् के भीतर पाए जानेवाले रूप, व्यापार या परिस्थितियाँ अपने मार्मिक तथ्यों की भी व्यंजना करती है। जीवन में तथ्यों के साथ उनके साम्य का बहुत अच्छा मार्मिक उद्घाटन कहीं-कहीं हमारे यहाँ के अन्योक्तिकारों ने किया है। जैसे, इधर नर-क्षेत्र के बीच देखते हैं तो सुख-समृद्धि और सम्पन्नता की दशा में दिन-रात घेरे रहनेवाले, स्तुति का खासा कोलाहल खड़ा करनेवाले, विपत्ति और दुर्दिन में पास नहीं फटकते; उधर जड़ जगत् के भीतर देखते हैं तो भरे हुए सरोवर के किनारे जो पक्षी बराबर कलरव करते रहते हैं, वे उसके सूखने पर अपना-अपना रास्ता लेते हैं।

कोलाहल सुनि खगन के, सरवर! जनि अनुरागि।
ये सब स्वारथ के सखा, दुर्दिन दैहैं त्यागि॥
दुर्दिन दैहैं त्यागि, तोय तेरो जब जैहैं।
दूरहि ते तजि आस, पास कोऊ नहिं ऐहैं॥

इस प्रकार सूक्ष्म और मार्मिक दृष्टिवालों को और गूढ़ व्यंजना भी मिल सकती है। अपने इधर-उधर हरियाली और प्रफुल्लता का विधान करने के लिए यह आवश्यक है कि नदी कुछ काल तक एक बँधी हुई मर्यादा के भीतर बहती रहे। वर्षा की उमड़ी हुई उच्छृंखलता में पोषित हरियाली और प्रफुल्लता का ध्वंस सामने आता है। पर यह उच्छृंखलता और ध्वंस अल्पकालिक होता है और इसके द्वारा आगे के लिए पोषण की नई शक्ति का संचय होता है। उच्छृंखलता नदी की स्थायी वृत्ति नहीं है। नदी के इस स्वरूप के भीतर सूक्ष्म मार्मिक दृष्टि लोकगति के स्वरूप का साक्षात्कार करती है। लोकजीवन की धारा जब एक बँधे मार्ग पर कुछ काल तक अबाध गति से चलने पाती है तभी सभ्यता के किसी रूप का पूर्ण विकास और उसके भीतर सुख-शान्ति की प्रतिष्ठा होती है। जब जीवन-प्रवाह क्षीण और शाक्त पड़ने लगता है और गहरी विषमता आने लगती है तब नई शक्ति का प्रवाह फूट पड़ता है जिसमें वेग की उच्छृंखलता के सामने बहुत कुछ ध्वंस भी होता है। पर यह उच्छृंखल वेग जीवन का या जगत् का नित्य स्वरूप नहीं है।

3. पहले कहा जा चुका है कि नर-क्षेत्र के भीतर बद्ध रहनेवाली काव्य-दृष्टि की अपेक्षा सम्पूर्ण जीवन-क्षेत्र और समस्त चराचर के क्षेत्र से मार्मिक तथ्यों का चयन करनेवाली दृष्टि उत्तरोत्तर अधिक व्यापक और गम्भीर कही आएगी। जब कभी हमारी भावना का प्रसार इतना विस्तीर्ण और व्यापक होता है कि हम अनन्त व्यक्ति सत्ता के भीतर नरसत्ता के स्थान का अनुभव करते हैं तब हमारी पार्थक्य-बुद्धि का परिहार हो

जाता है। उस समय हमारा हृदय ऐसी उच्च भूमि पर पहुँचा रहता है जहाँ उसकी वृत्ति प्रशान्त और गम्भीर हो जाती है, उसकी अनुभूति का विषय ही कुछ बदल जाता है।

तथ्य चाहे नरक्षेत्र के ही हों, चाहे अधिक व्यापक क्षेत्र के हों, कुछ प्रत्यक्ष होते हैं और कुछ गूढ़। जो तथ्य हमारे किसी भाव को उत्पन्न करे उसे उस भाव का आलम्बन कहना चाहिए। ऐसे रसात्मक तथ्य आरम्भ में ज्ञानेन्द्रियाँ उपस्थित करती हैं। फिर ज्ञानेन्द्रियों द्वारा प्राप्त सामग्री से भावना या कल्पना उनकी योजना करती है। अतः यह कहा जा सकता है कि ज्ञान ही भावों में संचार के लिए मार्ग खोलता है। ज्ञान-प्रसार के भीतर ही भाव-प्रसार होता है। आरम्भ में मनुष्य की चेतन सत्ता अधिकतर इन्द्रियज ज्ञान की समष्टि के रूप में ही रही। फिर ज्यों-ज्यों अन्तःकरण का विकास होता गया और सभ्यता बढ़ती गई त्यों-त्यों मनुष्य का ज्ञान बुद्धि-व्यवसायात्मक होता गया। अब मनुष्य का ज्ञान-क्षेत्र बुद्धि-व्यवसायात्मक या विचारात्मक होकर बहुत ही विस्तृत हो गया है। अतः उसके विस्तार के साथ हमें अपने हृदय का विस्तार भी बढ़ाना पड़ेगा। विचारों की क्रिया से, वैज्ञानिक विवेचन और अनुसंधान द्वारा उद्घाटित परिस्थितियों और तथ्यों के मर्मस्पर्शी पक्ष का मूर्त और सजीव चित्रण भी—उसका इस रूप में प्रत्यक्षीकरण भी कि वह हमारे किसी भाव का आलम्बन हो सके—कवियों का काम और उच्च काव्य का एक लक्षण होगा। कहने की आवश्यकता नहीं कि इन तथ्यों और परिस्थितियों के मार्मिक रूप न जाने कितनी बातों की तह में छिपे होंगे।

काव्य और व्यवहार

भावों या मनोविकारों के विवेचन में हम कह चुके हैं कि मनुष्य को कर्म में प्रवृत्त करनेवाली मूल वृत्ति भावात्मिका है। केवल तर्क-बुद्धि या विवेचना के बल से हम किसी कार्य में प्रवृत्त नहीं होते। जहाँ जटिल बुद्धि-व्यापार के अन्तर में किसी कर्म का अनुष्ठान देखा जाता है वहाँ भी तह में कोई भाव या वासना छिपी रहती है। चाणक्य जिस समय अपनी नीति की सफलता के लिए किसी निष्ठुर व्यापार में प्रवृत्त दिखाई पड़ता है उस समय वह दया, करुणा आदि सब मनोविकारों या भावों से परे दिखाई पड़ता है। पर थोड़ा अन्तर्दृष्टि गड़ाकर देखने से कौटिल्य को नचानेवाली डोर का छोर भी अन्तःकरण के रागात्मक खंड की ओर मिलेगा। प्रतिज्ञा-पूर्ति का आनन्द भावना और नन्दवंश के प्रति क्रोध या बैर की वासना बारी-बारी से उस डोर को हिलाती हुई मिलेगी। अर्वाचीन राष्ट्रनीति के गुरु-घंटाल जिस समय अपनी किसी गहरी चाल से किसी देश की निरपराध जनता का सर्वनाश करते हैं, उस समय वे दया आदि दुर्बलताओं से निर्लिप्त, केवल बुद्धि के कठपुतले दिखाई पड़ते हैं। पर उनके भीतर यदि छानबीन की जाए तो कभी अपने देशवासियों के सुख की उत्कंठा, कभी अन्य जाति के प्रति घोर विद्वेष, कभी अपनी जातीय श्रेष्ठता का नया या पुराना घमंड, इशारे करता हुआ मिलेगा।

बात यह कि केवल इस बात को जानकर ही हम किसी काम को करने या न करने के लिए तैयार नहीं होते कि वह काम अच्छा है या बुरा, लाभदायक है या हानिकारक !

जब उसकी या उसके परिणाम की कोई ऐसी बात हमारी भावना में आती है जो आह्लाद, क्रोध, करुणा, भय, उत्कंठा आदि का संचार कर देती है तभी हम उस काम को करने या न करने के लिए उद्यत होते हैं। शुद्ध ज्ञान या विवेक में कर्म की उत्तेजना नहीं होती। कर्म-प्रवृत्ति के लिए मन में कुछ वेग का आना आवश्यक है। यदि किसी जन-समुदाय के बीच कहा जाए कि अमुक देश तुम्हारा इतना रुपया प्रतिवर्ष उठा ले जाता है तो सम्भव है कि उस पर कुछ प्रभाव न पड़े। पर यदि दारिद्र्य और अकाल का भीषण और करुण दृश्य दिखाया जाए, पेट की ज्वाला से जले हुए कंकाल कल्पना के सम्मुख रखे जाएँ और भूख से तड़पते हुए बालक के पास बैठी हुई माता का आर्त्त-क्रन्दन सुनाया जाए तो बहुत-से लोग क्रोध और करुणा से व्याकुल हो उठेंगे और इस दशा को दूर करने का यदि उपाय नहीं तो संकल्प अवश्य करेंगे। पहले ढंग की बात कहना राजनीतिक या अर्थशास्त्री का काम है और पिछले प्रकार का दृश्य भावना में लाना कवि का। अतः यह धारणा कि काव्य व्यवहार का बाधक है, उसके अनुशीलन से अकर्मण्यता आती है, ठीक नहीं। कविता तो भाव-प्रसार द्वारा कर्मण्य के लिए कर्म-क्षेत्र का और विस्तार कर देती है।

उक्त धारणा का आधार यदि कुछ हो सकता है तो यही कि जो भावुक या सहृदय होते हैं अथवा काव्य के अनुशीलन से जिनके भाव-प्रसार का क्षेत्र विस्तृत हो जाता है, उनकी वृत्तियाँ उतनी स्वार्थबद्ध नहीं रह सकतीं। कभी-कभी वे दूसरों का जी दुखाने के डर से, आत्म-गौरव या कुल-गौरव या जाति-गौरव के ध्यान से अथवा जीवन के किसी पक्ष की उत्कर्ष-भावना में नग्न होकर अपने लाभ के कर्म में अतत्पर या उससे विरत देखे जाते हैं। अतः अर्थागम से 'हृष्ट, स्वकार्य साधयेत्' के अनुयायी काशी के ज्योतिषी और कर्मकांडी, कानपुर के बनिए और दलाल, कचहरियों के अमले और मुख़्तार ऐसों को कार्य-भ्रंशकारी, मूर्ख, निरे निठल्ले या खब्त-उल-हवास समझ सकते हैं। जिनकी भावना किसी बात के मार्मिक पक्ष का चित्रानुभव करने में तत्पर रहती है, जिनके भाव चराचर के बीच किसी की भी आलम्बनोपयुक्त रूप या दशा में पाते ही उसकी ओर दौड़ पड़ते हैं, वे सदा अपने लाभ के ध्यान से या स्वार्थ-बुद्धि द्वारा ही परिचालित नहीं होते। उसकी यही विशेषता अर्थपरायणों को—अपने काम से काम रखनेवालों को—एक त्रुटि-सी जान पड़ती है। कवि और भावुक हाथ-पैर न हिलाते हों, यह बात नहीं है। पर अर्थियों के निकट उनकी बहुत-सी क्रियाओं का कोई अर्थ नहीं होता।

मनुष्यता की उच्च भूमि

मनुष्य की चेष्टाओं और कर्मकलाप के भावों का मूल सम्बन्ध निरूपित हो चुका है और यह भी दिखाया जा चुका है कि कविता इन भावों या मनोविकारों के क्षेत्र को विस्तृत करती हुई इनका प्रसार करती है। पशुत्व से मनुष्यत्व में जिस प्रकार अधिक ज्ञान-प्रसार की विशेषता है उसी प्रकार अधिक भाव-प्रसार की भी। पशुओं के प्रेम की पहुँच प्रायः अपने जोड़े, बच्चों या खिलाने-पिलानेवालों तक ही होती है। इसी प्रकार उनका क्रोध भी अपने सतानेवालों तक ही जाता है, स्ववर्ग या पशुमात्र को सतानेवालों तक नहीं

पहुँचता। पर मनुष्य में ज्ञान-प्रसार के साथ भाव-प्रसार भी क्रमशः बढ़ता गया है। अपने परिजनों, अपने सम्बन्धियों, अपने पड़ोसियों, अपने देशवासियों क्या मनुष्य मात्र और प्राणिमात्र तक से प्रेम करने भर को जगह उसके हृदय में बन गई है। मनुष्य की त्योरी मनुष्य को ही सतानेवाले पर नहीं चढ़ती, गाय-बैल और कुत्ते-बिल्ली को सतानेवाले पर भी चढ़ती है। पशु की वेदना देखकर भी उनके नेत्र सजल होते हैं। बन्दर को शायद बंदरिया के मुँह में ही सौन्दर्य दिखाई पड़ता होगा; पर मनुष्य पशु-पक्षी, फूल-पत्ते और रेत-पत्थर में भी सौन्दर्य पाकर मुग्ध होता है। इस हृदय-प्रसार का स्मारक स्तम्भ काव्य है जिसकी उत्तेजना से हमारे जीवन में एक नया जीवन आ जाता है। हम सृष्टि के सौन्दर्य को देखकर रसमग्न होने लगते हैं, कोई निष्ठुर कार्य हमें असह्य होने लगता है, हमें जान पड़ता है कि हमारा जीवन कई गुना बढ़कर सारे संसार में व्याप्त हो गया है।

कवि-वाणी के प्रसार से हम संसार के सुख-दुख, आनन्द-क्लेश आदि का शुद्ध स्वार्थमुक्त रूप में अनुभव करते हैं। इस प्रकार के अनुभव के अभ्यास से हृदय का बन्धन खुलता है और मनुष्यता की उच्च भूमि की प्राप्ति होती है। किसी अर्थपिशाच कृपण को देखिए, जिसने केवल अर्थ लोभ के वशीभूत होकर क्रोध, दया, श्रद्धा, भक्ति, आत्माभिमान आदि भावों को एकदम दबा दिया है और संसार के मार्मिक पक्ष से मुँह मोड़ लिया है। न सृष्टि के किसी रूपमाधुर्य को देख वह पैसों का हिसाब-किताब भूल कभी मुग्ध होता है, न किसी दीन-दुनिया को देख कभी करुणा से द्रवीभूत होता है, न कोई अपमानसूचक बात सुनकर क्रुद्ध या क्षुब्ध होता है। यदि उससे किसी लोमहर्षण अत्याचार की बात कही जाए तो वह मनुष्य धर्मानुसार क्रोध या घृणा प्रकट करने के स्थान पर रुखाई के साथ कहेगा कि "जाने दो, हमसे क्या मतलब; चलो अपना काम देखें।" यह महाभयानक मानसिक रोग है। इससे मनुष्य आधा मर जाता है। इसी प्रकार किसी महाक्रूर पुलिस कर्मचारी को जाकर देखिए जिसका हृदय पत्थर के समान जड़ और कठोर हो गया है, जिसे दूसरे के दुख और क्लेश की भावना स्वप्न में भी नहीं होती है। ऐसों को सामने पाकर स्वभावतः यह मन में आता है कि क्या इनकी भी कोई दवा है ? इनकी दवा कविता है।

कविता ही हृदय को प्रकृत दशा में लाती है और जगत् के बीच क्रमशः उसका अधिकाधिक प्रसार करती हुई उसे मनुष्यत्व की उच्च भूमि पर ले जाती है। भावयोग की सबसे उच्च कक्षा पर पहुँचे हुए मनुष्य का जगत् के साथ पूर्ण तादात्म्य हो जाता है, उसकी अलग भावसत्ता नहीं रह जाती, उसका हृदय विश्व-हृदय हो जाता है। उसकी अश्रुधारा में जगत् की अश्रुधारा का, उसके हास-विलास में जगत् के आनन्द-नृत्य का, उसके गर्जन-तर्जन में जगत् के गर्जन-तर्जन का आभास मिलता है।

भावना या कल्पना

इस निबन्ध के आरम्भ में ही हम काव्यानुशीलन को भावयोग कह आए हैं और उसे कर्मयोग और ज्ञानयोग के समकक्ष बता आए हैं। यहाँ पर अब यह कहने की आवश्यकता प्रतीत होती है कि 'उपासना' भावयोग का ही एक अंग है। पुराने धार्मिक

लोग उपासना का अर्थ 'ध्यान' ही लिया करते हैं। जो वस्तु हमसे अलग है, हमसे दूर प्रतीत होती है, उसकी मूर्ति मन में लाकर उसके सामीप्य का अनुभव करना ही उपासना है। साहित्य वाले इसी को 'भावना' कहते हैं और आजकल के लोग 'कल्पना'। जिस प्रकार भक्ति के लिए उपासना या ध्यान की आवश्यकता होती है, उसी प्रकार और भावों के प्रवर्त्तन के लिए भी भावना या कल्पना अपेक्षित होती है। जिनकी भावना या कल्पना शिथिल या अशक्त होती है, किसी कविता या सरस उक्ति को पढ़-सुनकर उनके हृदय में मार्मिकता होते हुए भी वैसी अनुभूति नहीं होती। बात यह है कि उनके अन्तःकरण में चटपट वह सजीव और स्पष्ट मूर्ति-विधान नहीं होता जो भावों को परिचालित कर देता है। कुछ कवि किसी बात के सारे मार्मिक अंगों का पूरे ब्योरे के साथ चित्रण कर देते हैं, पाठक या श्रोता की कल्पना के लिए बहुत कम काम छोड़ते हैं और कुछ कवि कुछ मार्मिक खंड रखते हैं जिन्हें पाठक की तत्पर कल्पना आप से आप पूर्ण करती है।

कल्पना दो प्रकार की होती है–विधायक और ग्राहक। कवि में विधायक कल्पना अपेक्षित होती है और श्रोता या पाठक में अधिकतर ग्राहक। अधिकतर कहने का अभिप्राय यह है जहाँ कवि पूर्ण चित्रण नहीं करता वहाँ पाठक या श्रोता को भी अपनी ओर से कुछ मूर्ति-विधान करना पड़ता है। योरपीय साहित्य-मीमांसा में कल्पना को बहुत प्रधानता दी गई है। है भी यह काव्य का अनिवार्य साधन, पर है साधन ही साध्य नहीं, जैसा कि उपर्युक्त विवेचन से स्पष्ट है। किसी प्रसंग के अन्तर्गत कैसा ही, विचित्र मूर्ति-विधान हो पर यदि उसमें उपर्युक्त भावसंचार की क्षमता नहीं है तो वह काव्य के अन्तर्गत न होगा।

मनोरंजन

प्रायः सुनने में आता है कि कविता का उद्देश्य मनोरंजन है। पर जैसा कि हम पहले कह आए हैं, कविता का अन्तिम लक्ष्य जगत् के मार्मिक पक्षों का प्रत्यक्षीकरण करके उनके साथ मनुष्य-हृदय का सामंजस्य-स्थापन है। इतने गम्भीर उद्देश्य के स्थान पर केवल मनोरंजन का हल्का उद्देश्य सामने रखकर जो कविता का पठन-पाठन या विचार करते हैं, वे रास्ते ही में रह जानेवाले पथिक के समान हैं। कविता पढ़ते समय मनोरंजन अवश्य होता है, पर उसके उपरान्त कुछ और भी होता है और वही सब कुछ है। मनोरंजन वह शक्ति है जिससे कविता अपना प्रभाव जमाने के लिए मनुष्य की चित्तवृत्ति को स्थिर किए रहती है, इधर-उधर जाने नहीं देती। अच्छी-से-अच्छी बात को भी कभी-कभी जो केवल कान से सुन भर लेते हैं, उनकी ओर उनका मनोयोग नहीं होता। केवल यही कहकर कि 'परोपकार करो,' 'दूसरों पर दया करो,' 'चोरी करना महापाप है,' हमें यह आशा कदापि न करनी चाहिए कि कोई अपकारी उपकारी, कोई क्रूर दयावान् या कोई चोर साधु हो जाएगा। क्योंकि ऐसे वाक्यों के अर्थ की पहुँच हृदय तक होती ही नहीं, वह ऊपर-ही-ऊपर रह जाता है। ऐसे वाक्यों द्वारा सूचित व्यापारों का मानव-जीवन के बीच कोई मार्मिक चित्र सामने न पाकर हृदय उनकी अनुभूति की ओर प्रवृत्त ही नहीं होता।

पर कविता अपनी मनोरंजन-शक्ति द्वारा पढ़ने या सुननेवाले का चित्त रमाए रहती है, जीवन-पट पर उक्त कर्मों की सुन्दरता या विरूपता अंकित करके हृदय के मर्मस्थलों का स्पर्श करती है। मनुष्य के कुछ कर्मों में जिस प्रकार दिव्य सौन्दर्य और माधुर्य होता है, उसी प्रकार कुछ कर्मों में भीषण कुरूपता और भद्दापन होता है। इसी सौन्दर्य या कुरूपता का प्रभाव मनुष्य के हृदय पर पड़ता है और इस सौन्दर्य या कुरूपता का सम्यक् प्रत्यक्षीकरण कविता ही कर सकती है।

कविता की इसी रमानेवाली शक्ति को देखकर जगन्नाथ पंडितराज ने रमणीयता का पल्ला पकड़ा और उसे काव्य का साध्य स्थिर किया तथा योरपीय समीक्षकों ने 'आनन्द' को काव्य का परम लक्ष्य ठहराया। इस प्रकार मार्ग को ही अन्तिम गन्तव्य स्थल मान लेने के कारण बड़ा गड़बड़झाला हुआ। मनोरंजन या आनन्द तो बहुत-सी बातों में हुआ करता है। किस्सा-कहानी सुनने में भी तो पूरा मनोरंजन होता है, लोग रात-रात भर सुनते रह जाते हैं। पर क्या कहानी सुनना और कविता सुनना एक ही बात है ? हम रसात्मक कथाओं या आख्यानों की बात नहीं कहते हैं; केवल घटना वैचित्र्यपूर्ण कहानियों की बात कहते हैं। कविता और कहानी का अन्तर स्पष्ट है। कविता सुननेवाला किसी भाव में मग्न रहता है और कभी-कभी बार-बार एक ही पद्य सुनना चाहता है। पर कहानी सुननेवाला आगे की घटना के लिए आकुल रहता है। कविता सुननेवाला कहता है, "जरा फिर तो कहिए।" कहानी सुननेवाला कहता है, "हाँ ! तब क्या हुआ !"

मन को अनुरंजित करना, उसे सुख या आनन्द पहुँचाना ही यदि कविता का अन्तिम लक्ष्य माना जाए तो कविता भी केवल विलास की एक सामग्री हुई। परन्तु क्या कोई कह सकता है कि वाल्मीकि ऐसे मुनि और तुलसीदास ऐसे भक्त ने केवल इतना ही समझकर श्रम किया कि लोगों को समय काटने का एक अच्छा सहारा मिल जाएगा ? क्या इससे गम्भीर कोई उद्देश्य उनका न था ? खेद के साथ कहना पड़ता है कि बहुत दिनों से बहुत-से लोग कविता को विलास की सामग्री समझते आ रहे हैं। हिन्दी के रीति-काल के कवि तो मानो राजाओं-महाराजाओं की कामवासना उत्तेजित करने के लिए ही रखे जाते थे। एक प्रकार के कविराज तो रईसों के मुँह में मकरध्वज रस झोंकते थे, दूसरे प्रकार के कविराज कान में मकरध्वज रस की पिचकारी देते थे, पीछे से तो ग्रीष्मोपचार आदि के नुस्खे भी कवि लोग तैयार करने लगे। गर्मी के मौसम के लिए एक कवि जी व्यवस्था करते हैं–

सीतल गुलाबजल भरि चहबच्चन में,
डारि कै कमलदल न्हायबे को धँसिए।
कालिदास अंग-अंग अगर अतर संग,
केसर उसीर नीर घनसार धँसिए।
जेठ में गोविंद लाल चन्दन के चहलन,
भरि-भरि गोकुल के महलन बसिए।

इसी प्रकार शिशिर के मसाले सुनिए–

गुलगुली गिलमैं, गलीचा हैं, गुनीजन हैं,
चिक हैं, चिराकैं हैं, चिरागन की माला हैं।
कहै पदमाकर है गणक गजा हू सजी,
सज्जा हैं, सुरा हैं, सुराही हैं सुप्याला हैं।
शिशिर के पाला को न व्यापत कसाला तिन्हैं,
जिनके अधीन एते उदित मसाला हैं।

सौन्दर्य

सौन्दर्य बाहर की कोई वस्तु नहीं है, मन के भीतर की वस्तु है। योरपीय कला-समीक्षा की यह एक बड़ी ऊँची उड़ान या बड़ी दूर की कौड़ी समझी गई है। पर वास्तव में यह भाषा के गड़बड़झाले के सिवा और कुछ नहीं है। जैसे वीरकर्म से पृथक् वीरत्व कोई पदार्थ नहीं वैसे ही सुन्दर वस्तु से पृथक् सौन्दर्य कोई पदार्थ नहीं। कुछ रूप-रंग की वस्तुएँ ऐसी होती हैं जो हमारे मन में आते ही थोड़ी देर के लिए हमारी सत्ता पर ऐसा अधिकार कर लेती हैं कि उसका ज्ञान ही हवा हो जाता है और हम उन वस्तुओं की भावना के रूप में ही परिणत हो जाते हैं। हमारी अन्तस्सत्ता की यही तदाकार-परिणति सौन्दर्य की अनुभूति है। इसके विपरीत कुछ रूप-रंग की वस्तुएँ ऐसी होती हैं जिनकी प्रतीति या जिनकी भावना हमारे मन में कुछ देर टिकने ही नहीं पाती और एक मानसिक आपत्ति-सी जान पड़ती है। जिस वस्तु के प्रत्यक्ष ज्ञान या भावना से तदाकार परिणति जितनी ही अधिक होगी, उतनी ही वह वस्तु हमारे लिए सुन्दर कही जाएगी। इस विवेचन से स्पष्ट है कि भीतर-बाहर का भेद व्यर्थ है। जो भीतर है वही बाहर है।

यही बाहर हँसता-खेलता, रोता-गाता, खिलता-मुरझाता जगत् भीतर भी है जिसे हम मन कहते हैं। जिस प्रकार यह जगत् रूपमय और गतिमय है उसी प्रकार मन भी। मन भी रूप-गति का संघात ही है। रूप मन और इन्द्रियों द्वारा संघटित है या मन और इन्द्रियाँ रूपों द्वारा, इससे यहाँ प्रयोजन नहीं। हमें तो केवल यही कहना है कि हमें अपने मन का और अपनी सत्ता का बोध रूपात्मक ही होता है।

किसी वस्तु के प्रत्यक्ष ज्ञान या भावना से हमारी अपनी सत्ता के क्रोध का जितना ही अधिक तिरोभाव और हमारे मन की उस वस्तु के रूप में जितनी ही पूर्ण परिणति होगी उतनी ही बढ़ी हुई हमारी सौन्दर्य की अनुभूति कही जाएगी। जिस प्रकार की रूपरेखा या वर्ण-विन्यास से किसी की तदाकार परिणति होती है, उसी प्रकार की रूपरेखा या वर्ण-विन्यास उसके लिए सुन्दर है। मनुष्यता की सामान्य भूमि पर पहुँची हुई संसार की सब सभ्य जातियों में सौन्दर्य के सामान्य आदर्श प्रतिष्ठित हैं। भेद अधिकतर अनुभूति की मात्रा में पाया जाता है। न सुन्दर को कोई एकबारगी कुरूप कहता है और न बिलकुल कुरूप को सुन्दर। जैसा कि कहा जा चुका है, सौन्दर्य का दर्शन मनुष्य मनुष्य ही में नहीं करता है, प्रत्युत पल्लव-गुम्फित पुष्पहास में, पक्षियों के पक्षजाल में, सिन्दूराभ सान्ध्य

दिगंचल के हिरण्य-मेखला-मंडित घनखंड में, तुषारावृत्त तुंग-गिरि-शिखर में, चन्द्रकिरण में झलझलाते निर्झर में और जाने कितनी वस्तुओं में वह सौन्दर्य की झलक पाता है।

जिस सौन्दर्य की भावना में मग्न होकर मनुष्य अपनी पृथक् सत्ता की प्रतीति का विसर्जन करता है वह अवश्य एक दिव्य विभूति है। भक्त लोग अपनी उपासना या ध्यान में इसी विभूति का अवलम्बन करते हैं। तुलसी और सूर ऐसे सगुणोपासक भक्त राम और कृष्ण की सौन्दर्य-भावना में मग्न होकर ऐसी मंगल-दशा का अनुभव कर गए हैं जिसके सामने कैवल्य या मुक्ति की कामना का कहीं पता नहीं लगता।

कविता केवल वस्तुओं के ही रंग-रूप में सौन्दर्य की छटा नहीं दिखाती, प्रत्युत कर्म और मनोवृत्ति के भी अत्यन्त मार्मिक दृश्य सामने रखती है। वह जिस प्रकार विकसित कमल, रमणी के मुखमंडल आदि का सौन्दर्य मन में लाती है उसी प्रकार उदारता, वीरता, त्याग, दया, प्रेमोत्कर्ष इत्यादि कर्मों और मनोवृत्तियों का सौन्दर्य भी मन में जमाती है। जिस प्रकार वह शव को नोचते हुए कुत्तों और शृगालों के वीभत्स व्यापार की झलक दिखाती है उसी प्रकार क्रूरों की हिंसावृत्ति और दुष्टों की ईर्ष्या आदि की कुरूपता से भी क्षुब्ध करती है। इस कुरूपता का अवस्थान सौन्दर्य को पूर्ण और स्पष्ट अभिव्यक्ति के लिए ही समझना चाहिए। जिन मनोवृत्तियों का अधिकतर बुरा रूप हम संसार में देखा करते हैं उनका भी रूप सुन्दर कविता ढूँढ़कर दिखाती है। दशवदन-निधनकारी राम के क्रोध के सौन्दर्य पर कौन मोहित न होगा ?

जो कविता रमणी के रूप-माधुर्य से हमें तृप्त करती है वही उसकी अन्तर्वृत्ति की सुन्दरता का आभास देकर हमें मुग्ध करती है। जिस बंकिम की लेखनी ने गढ़पर बैठी हुई राजकुमारी तिलोत्तमा के अंग-प्रत्यंग की सुषमा को अंकित किया है उसी ने नवाब-नन्दिनी आयशा के अन्तस् की अपूर्व सात्विकी ज्योति की झलक दिखाकर पाठकों को चमत्कृत किया है। जिस प्रकार बाह्य प्रकृति के बीच वन, पर्वत, नदी-निर्झर आदि की रूप-विभूति से हम सौन्दर्य-मग्न होते हैं, उसी प्रकार अन्तःप्रकृति में दया, दाक्षिण्य, श्रद्धा, भक्ति आदि वृत्तियों की स्निग्ध शीतल आभा में सौन्दर्य लहराता हुआ पाते हैं। यदि कहीं बाह्य और आभ्यन्तर दोनों सौन्दर्य का योग दिखाई पड़े तो फिर क्या कहना है ! यदि किसी अत्यन्त सुन्दर पुरुष को धीरता, वीरता, सत्यप्रियता आदि अथवा किसी अत्यन्त रूपवती स्त्री की सुशीलता, कोमलता और प्रेम-परायणता आदि भी सामने रख दी जाएँ तो सौन्दर्य की भावना सर्वांगपूर्ण हो जाती है।

सुन्दर और कुरूप काव्य में बस ये ही दो पक्ष हैं। भला-बुरा, शुभ-अशुभ, पाप-पुण्य, मंगल-अमंगल, उपयोगी-अनुपयोगी—ये सब शब्द काव्य-क्षेत्र के बाहर के हैं। ये नीति, धर्म, व्यवहार, अर्थशास्त्र आदि के शब्द हैं। शुद्ध काव्य-क्षेत्र में न कोई बात भली कही जाती है न बुरी, न शुभ न अशुभ, न उपयोगी न अनुपयोगी। सब बातें केवल दो रूपों में दिखाई जाती हैं—सुन्दर और असुन्दर। जिसे धार्मिक शुभ या मंगल कहता है, कवि उसके सौन्दर्य-पक्ष पर आप ही मुग्ध रहता है और दूसरों को भी मुग्ध करता है। जिसे धर्मज्ञ अपनी दृष्टि के अनुसार शुभ या मंगल समझता है, उसी को कवि अपनी दृष्टि के

अनुसार सुन्दर कहता है। दृष्टि-भेद अवश्य है। धार्मिक की दृष्टि जीव के कल्याण, परलोक में सुख, भवबन्धन से मोक्ष आदि की ओर रहती है। पर कवि की दृष्टि इन सब बातों की ओर नहीं रहती। वह उधर देखता है जिधर सौन्दर्य दिखाई पड़ता है। इतनी-सी बात ध्यान में रखने से ऐसे-ऐसे झमेलों में पड़ने की आवश्यकता बहुत कुछ दूर हो जाती है कि "कला में सत्-असत्, धर्माधर्म का विचार होना चाहिए या नहीं", "कवि को उपदेशक बनना चाहिए या नहीं।"

कवि की दृष्टि तो सौन्दर्य की ओर जाती है चाहे वह जहाँ हो—वस्तुओं के रूप-रंग में अथवा मनुष्यों के मन, वचन और कर्म में। उत्कर्ष-साधन के लिए, प्रभाव की वृद्धि के लिए, कवि लोग कई प्रकार के सौन्दर्यों का मेल भी किया करते हैं। राम की रूपमाधुरी और रावण की विकरालता भीतर का प्रतिबिम्ब-सी जान पड़ती है। मनुष्य के भीतरी-बाहरी सौन्दर्य के साथ चारों ओर की प्रकृति के सौन्दर्य को भी मिला देने से वर्णन का प्रभाव कभी-कभी बहुत बढ़ जाता है। चित्रकूट ऐसे रम्य स्थान में राम और भरत ऐसे रूपवानों की रम्य अन्तःप्रकृति की छटा का क्या कहना है !

चमत्कारवाद

काव्य के सम्बन्ध में 'चमत्कार' अनूठापन आदि शब्द बहुत दिनों से लाए जाते हैं। चमत्कार मनोरंजन की सामग्री है, इसमें सन्देह नहीं। इसमें जो लोग मनोरंजन को ही काव्य का लक्ष्य समझते हैं, वे यदि कविता में चमत्कार ही ढूँढ़ा करें तो कोई आश्चर्य की बात नहीं। पर जो लोग इससे ऊँचा और गम्भीर लक्ष्य समझते हैं वे चमत्कार मात्र को काव्य नहीं मान सकते। चमत्कार से हमारा अभिप्राय यहाँ प्रस्तुत वस्तु के अद्‌भुतत्व या वैलक्षण्य से नहीं जो अद्‌भुत रस के आलम्बन में होता है। 'चमत्कार' से हमारा तात्पर्य उक्ति के चमत्कार से है, जिसके अन्तर्गत वर्ण-विन्यास की विशेषता (जैसे, अनुप्रास में), शब्दों की क्रीड़ा (जैसे श्लेष, यमक आदि में), वाक्य की वक्रता या वचनभंगी (जैसे, काव्यार्थापत्ति, परिसंख्या, विरोधाभास, असंगति इत्यादि में) तथा अप्रस्तुत वस्तुओं का अद्‌भुतत्व अथवा प्रस्तुत वस्तुओं के साथ उनके सादृश्य या सम्बन्ध की अनहोनी या दूरारूढ़ कल्पना (जैसे उत्प्रेक्षा, अतिशयोक्ति आदि में) इत्यादि बातें आती हैं।

चमत्कार का प्रयोग भावुक कवि भी करते हैं, पर किसी भाव की अनुभूति को तीव्र करने के लिए। जिस रूप या जिस मात्रा में भाव की स्थिति है उसी रूप और उसी मात्रा में उसकी व्यंजना के लिए प्रायः कवियों की व्यंजना का कुछ असामान्य ढंग पकड़ना पड़ता है। बातचीत में भी देखा जाता है कि कभी-कभी हम किसी को मूर्ख न कहकर 'बैल' कह देते हैं। इसका मतलब यही है कि उसकी मूर्खता की जितनी गहरी भावना मन में है वह 'मूर्ख' शब्द से नहीं व्यक्त होती। इसी बात को देखकर कुछ लोगों ने यह निश्चय किया कि यही चमत्कार या उक्ति-वैचित्र्य ही काव्य का नित्य लक्षण है। इस निश्चय के अनुसार कोई वाक्य, चाहे वह कितना ही मर्मस्पर्शी हो, यदि उक्ति-वैचित्र्यशून्य है तो काव्य के अन्तर्गत न होगा और कोई वाक्य जिसमें किसी भाव या कर्म-विचार की

व्यंजना कुछ भी न हो पर उक्ति-वैचित्र्य हो, वह खासा काव्य कहा जाएगा। उदाहरण के लिए पद्माकर का यह सीधा-सादा वाक्य लीजिए–

"नैन नचाय कही मुसुकाय 'लला फिर आइयो खेलन होरी'।"

अथवा मंडन का यह सवैया लीजिए–

अलि ! हौं तौ गई जमुना-जल को,
सो कहा श्कहौं, वीर ! विपत्ति परी।
घहराय कै कारी घटा उनई,
इतनेई में गागर सीस धरी॥
रपट्यो पग, घाट चढ़यौ न गयो,
कवि मंडन ह्वै कै विहाल गिरी।
चिरजीबहु नन्द को वारो अरी,
गहि बाँह गरीब ने ठाढी करी॥

इसी प्रकार ठाकुर की यह अत्यन्त स्वाभाविक वितर्क-व्यंजना देखिए–

वा निरमोहिन रूप की रासि जऊ उर हेतु न ठानति ह्वै है।
बारहिं बार बिलोकि धरी-धरी सूरति तो पहिचानति ह्वै है।
ठाकुर या मन को परतीति है, जो पै सनेह न मानति ह्वै है।
आवत हैं नित मेरे लिए, इतनो तो विशेष कै जानति ह्वै है॥

मंडन ने प्रेम-गोपन के जो वचन कहलाए हैं, वे ऐसे ही हैं जैसे जल्दी में स्वभावतः मुँह से निकल पड़ते हैं। उनमें विदग्धता की अपेक्षा स्वाभाविकता कहीं अधिक झलक रही है। ठाकुर के सवैये में भी अपने प्रेम का परिचय देने के लिए आतुर नए प्रेमी के चित्त के वितर्क की बड़े सीधे-सादे शब्दों में, बिना किसी वैचित्र्य या लोकोत्तर चमत्कार के, व्यंजना की गई है। क्या कोई सहृदय वैचित्र्य के अभाव के कारण कह सकता है कि इनमें काव्यत्व नहीं है ?

अब इनके सामने उन केवल चमत्कार वाली उक्तियों का विचार कीजिए जिनमें कहीं कोई कवि किसी राजा की कीर्ति की धवलता चारों ओर फैलती देख यह आशंका प्रकट करता है कि कहीं मेरी स्त्री के बाल भी सफेद न हो जाएँ अथवा प्रभात होने पर कौवों की काँव-काँव का कारण यह भय बताता है कि कालिमा या अन्धकार का नाश करने में प्रवृत्त सूर्य कहीं उन्हें काला देख उनका भी नाश न कर दे। भोज-प्रबन्ध तथा और-और सुभाषित-संग्रहों में इस प्रकार की उक्तियाँ भरी पड़ी हैं। केशव की रामचन्द्रिका में पचीसों ऐसे पद्य हैं जिनमें अलंकारों की भद्दी भरती के चमत्कार के सिवा हृदय को स्पर्श करनेवाली या किसी भावना में मग्न करनेवाली कोई बात न मिलेगी। उदाहरण के लिए पताका और पंचवटी के ये वर्णन लीजिए–

पताका

अति सुन्दर अति साधु। थिर न रहति पल आधु।
परम तपोमय मानि। दंडधारिणी जानि॥

पंचवटी

बेर भयानक सी अति लगै। अर्क समूह जहाँ जगमगै।
पांडव की प्रतिमा सम लेखौ। अर्जुन भीम महामति देखौ ॥
है सुभगा सम दीपति पूरी। सिंदुर औ तिलकावलि रूरी।
राजति है यह ज्यौं कुलकन्या। धाय विराजति है सँग धन्या ॥

क्या कोई भावुक इन उक्तियों को शुद्ध काव्य कह सकता है ? क्या ये उसके मर्म का स्पर्श कर सकती हैं ?

ऊपर दिए अवतरणों में हम स्पष्ट देखते हैं कि किसी उक्ति की तह में उसके प्रवर्त्तक के रूप में यदि कोई भाव या मार्मिक अन्तर्वृत्ति छिपी है तो चाहे वैचित्र्य हो या न हो, काव्य की सरलता बराबर पाई जाएगी। पर यदि कोरा वैचित्र्य या चमत्कार ही चमत्कार है तो थोड़ी देर के लिए कुछ कुतूहल या मन-बहलाव चाहे हो जाए पर काव्य को लीन करनेवाली सरसता न पाई जाएगी। केवल कुतूहल तो बाल-वृत्ति है। कविता सुनना और तमाशा देखना एक ही बात नहीं है। यदि सब प्रकार की कविता में केवल आश्चर्य या कुतूहल का ही संचार मानें तब तो अलग-अलग स्थायी भावों की रसरूप में अनुभूति और भिन्न-भिन्न भावों के आश्रयों के साथ तादात्म्य का कहीं प्रयोजन ही नहीं रह जाता है।

यह बात ठीक है कि हृदय पर जो प्रभाव पड़ता है, उसके मर्म का जो स्पर्श होता है, वह उक्ति ही के द्वारा। पर उक्ति के लिए यह आवश्यक नहीं कि वह सदा विचित्र, अद्‌भुत या लोकोत्तर हो–ऐसी हो जो सुनने में नहीं आया करती या जिसमें बड़ी दूर की सूझ होती है। ऐसी उक्ति जिसे सुनते ही मन किसी भाव या मार्मिक भावना (जैसे प्रस्तुत वस्तु का सौन्दर्य आदि) में लीन न होकर एकबारगी कथन के अनूठे ढंग, वर्ण-विन्यास या पद-प्रयोग की विशेषता, दूर की सूझ, कवि की चातुरी या निपुणता इत्यादि का विचार करने लगे, वह काव्य नहीं, सूक्ति है। बहुत-से लोग काव्य और सूक्ति को एक ही समझा करते हैं। पर इन दोनों का भेद सदा ध्यान में रहना चाहिए। जो उक्ति हृदय में कोई भाव जागृत कर दे या उसे प्रस्तुत वस्तु या तथ्य की मार्मिक भावना में लीन कर दे, वह तो है काव्य। जो उक्ति केवल कथन के ढंग के अनूठेपन, रचना-वैचित्र्य, चमत्कार, कवि के श्रम या निपुणता के विचार में ही प्रवृत्त करे, वह है सूक्ति।

यदि किसी उक्ति में रसात्मकता और चमत्कार दोनों हों तो प्रधानता का विचार करके सूक्ति या काव्य का निर्णय हो सकता है। जहाँ उक्ति में अनूठापन अधिक मात्रा में होने पर भी उसकी तह में रहनेवाला भाव आच्छन्न नहीं हो जाता, वहाँ भी काव्य ही माना जाएगा। जैसे, देव का यह सवैया लीजिए–

साँसन में ही समीर गयो अरु आँसुन ही सब नीर गयो ढरि।
तेज गयो गुन लै अपनो अरु भूमि गई तन की तनुता करि ॥
देव जियै मिखिबेई को आस कै, आसहु पास अकास रह्यो भरि।
जा दिन ते मुख फेरि हरै हँसि हेरि हियो जो लिए हरि जू हरि ॥

सवैये का अर्थ यह है कि वियोग में उस नायिका के शरीर को संघटित करनेवाले पंचभूत धीरे-धीरे निकलते जा रहे हैं। वायु दीर्घ निःश्वासों के द्वारा निकल गई, जलत्त्व सारा आँसुओं-ही-आँसुओं में ढल गया, तेज भी न रह गया–शरीर की सारी दीप्ति या कान्ति जाती रही, पार्थिव तत्त्व के निकल जाने से शरीर भी क्षीण हो गया; अब तो उसके चारों ओर आकाश-ही-आकाश रह गया है–चारों ओर शून्य दिखाई पड़ रहा है। जिस दिन से श्रीकृष्ण ने उसकी ओर मुँह फेरकर ताका है और मन्द-मन्द हँसकर उसके मन को हर लिया है, उसी दिन से उसकी यह दशा है।

इस वर्णन में देवजी ने विरह की भिन्न-भिन्न दशाओं में चार भूतों के निकलने की बड़ी सटीक उद्भावना की है। आकाश का अस्तित्व भी बड़ी निपुणता से चरितार्थ किया है। यमक, अनुप्रास आदि भी हैं। सारांश यह कि उनकी उक्ति में एक पूरी सावयव कल्पना है, मजमून की पूरी बन्दिश है, पूरा चमत्कार या अनूठापन है। पर इस चमत्कार के बीच में भी विरह वेदना स्पष्ट झलक रही है, उसकी चकाचौंध में अदृश्य नहीं हो गई है। इसी प्रकार मतिराम के इस सवैये की पिछली दो पंक्तियों में वर्षा के रूपक का जो व्यंग्य चमत्कार है वह भाव-सबलता के साथ अनूठे ढंग से गुम्फित है–

दोऊ अनन्द सों आँगन माँझ
बिराजै असाढ़ की साँझ सुहाई।
प्यारी के बूझत और तिया को
अचानक नाम लियो रसिकाई।
आई उनै मुँह में हँसी, कोहि
तिया पुनि चाप सी भौंह चढ़ाई।
आँखिन ते गिरे आँसू के बूंद,
सुहास गयो उड़ि हंस की नाई॥

इसके विरुद्ध बिहारी को उन उक्तियों में जिनमें विरहिणी के शरीर के पास ले जाते ले जाते शीशी का गुलाबजल सूख जाता है, उसके विरह-ताप की लपट के मारे माघ के महीने में भी पड़ोसियों का रहना कठिन हो जाता है, कृशता के कारण विरहिणी साँस खींचने के साथ दो-चार हाथ पीछे और साँस छोड़ने के साथ दो-चार हाथ आगे उड़ जाती है, अत्युक्ति का एक बड़ा तमाशा ही खड़ा किया गया है। कहाँ यह सब मजाक, कहाँ विरह की वेदना !

यह कहा जा चुका है कि उमड़ते हुए भाव की प्रेरणा से अक्सर कथन के ढंग में कुछ वक्रता आ जाती है। ऐसी वक्रता काव्य की प्रक्रिया के भीतर रहती है। उसका अनूठापन भाव-विधान के बाहर की वस्तु नहीं। उदाहरण के लिए दासजी की ये विरहदशासूचक उक्तियाँ लीजिए–

अब तौ बिहारी के वे बानक गए री,
तेरी तनदुति-केसर को नैन कसमीर भो।
श्रौन तुव बानी स्वाति-बूँदन के चातक भे,
साँसन को भरिबो द्रुपदजा को चीर भो।

हिय को हरष मरु धरनि को नीर भो,
री ! जियरो मनोभव-शरन को तुनीर भो।
एरी ! बेगि करिकै मिलापु थिर थापु,
न तौ आपु अब चहक अतनु को शरीर भो ॥

ऐसी ही भाव-प्रेरित वक्रता द्विजदेव की इस मनोहर उक्ति में है–

तू जो कही, सखि ! लोनो सरूप,
सो मो अँखियान को लोनी गई लगि।

प्रेम के स्फुरण की विलक्षण अनुभूति नायिका को हो रही है–कभी आँसू आते हैं, कभी अपनी दशा पर आप अचरज होता है, कभी हल्की-सी हँसी भी आ जाती है कि अच्छी बला मैंने मोल ली। इसी बीच अपनी अन्तरंग सखी को सामने पाकर किंचित् विनोद-चातुरी की भी प्रवृत्ति होती है। ऐसी जटिल अन्तर्वृत्ति द्वारा प्रेरित उक्ति में विचित्रता आ ही जाती है। ऐसी चित्त-वृत्तियों के अवसर घड़ी-घड़ी नहीं आया करते। सूरदास जी का 'भ्रमरगीत' ऐसी भाव-प्रेरित वक्र उक्तियों से भरा पड़ा है।

उक्ति की वहीं तक की वचनभंगी या वक्रता के सम्बन्ध में हमसे कुन्तल जी का 'वक्रोक्तिः काव्यजीवितम्' मानते बनता है, जहाँ तक कि वह भावानुमोदित हो या किसी मार्मिक अन्तर्वृत्ति से सम्बद्ध हो; उसके आगे नहीं। कुन्तल जी की वक्रता बहुत व्यापक है जिसके अन्तर्गत वे वाक्य-वैचित्र्य की वक्रता और वस्तु-वैचित्र्य की वक्रता दोनों लेते हैं। सालंकृत वक्रता के चमत्कार ही में वे काव्यत्व मानते हैं। योरप में भी आजकल क्रोसे के प्रभाव से एक प्रकार का वक्रोक्तिवाद जोर पर है। विलायती वक्रोक्तिवाद लक्षणा-प्रधान है। लाक्षणिक चपलता और प्रगल्भता में ही, उक्ति के अनूठे स्वरूप में ही, बहुत-से लोग वहाँ कविता मानने लगे हैं। उक्ति ही काव्य होती है, यह तो सिद्ध बात है। हमारे यहाँ भी व्यंजक वाक्य ही काव्य माना जाता है। अब प्रश्न यह है कि कैसी उक्ति, किस प्रकार की व्यंजना करनेवाला वाक्य ? वक्रोक्तिवादी कहेंगे कि ऐसी उक्ति जिसमें कुछ वैचित्र्य या चमत्कार हो, व्यंजना चाहे जिसकी हो, या किसी ठीक-ठीक बात की न भी हो पर जैसा कि हम कह चुके हैं, मनोरंजन मात्र काव्य का उद्देश्य न माननेवाले इस बात का समर्थन करने में असमर्थ होंगे। वे किसी लक्षणा में उसका प्रयोज़न अवश्य ढूँढ़ेंगे।

कविता की भाषा

कविता में कही गई बात चित्र-रूप में हमारे सामने आनी चाहिए, यह हम पहले कह आए हैं। अतः उसमें गोचर-रूपों का विधान अधिक होता है। वह प्रायः ऐसे रूपों और व्यापारों को ही लेती है जो स्वाभाविक होते हैं और संसार में सबसे अधिक मनुष्यों को सबसे अधिक दिखाई पड़ते हैं।

अगोचर बातों या भावनाओं को भी, जहाँ तक हो सकता है, कविता स्थूल गोचर रूप में रखने का प्रयास करती है। इस मूर्ति विधान के लिए वह भाषा की लक्षणा-शक्ति से काम लेती है। जैसे, ''समय बीता जाता है।'' कहने की अपेक्षा ''समय भागा जाता

है” कहना वह अधिक पसन्द करेगी। किसी काम से हाथ खींचना, किसी का रुपया खा जाना, कोई बात पी जाना, दिन ढलना या डूबना, मन मारना, मन छूना, शोभा बरसना, उदासी टपकना इत्यादि ऐसी ही कवि-समय-सिद्ध उक्तियाँ हैं जो बोलचाल में रूढ़ि होकर आ गई हैं। लक्षणा द्वारा स्पष्ट और सजीव आकार-प्रदान का विधान प्रायः सब देशों के कवि-कर्म में पाया जाता है। कुछ उदाहरण देखिए–

(क) धन्य भूमि बनपंथ पहारा। जहँ जहँ नाथ पाँव तुम धारा।–तुलसी

(ख) मनहु उमगि अँग अँग छबि छलकै।–तुलसी

(ग) चूनरि चारु चुई सी परै।

(घ) बनन में बागन में बगरो बसन्त है।–पद्माकर

(ङ) वृन्दावन बागन पै बसन्त बरसो परै।–पद्माकर

(च) हौं तो श्यामरङ्ग में चोराय, चित चोरा-चोरी बोरत तो बोर्‌यो पै निचोरत बनै नहीं।–पद्माकर

(छ) एहो नन्दलाल ऐसो व्याकुल परी है बाल,
हाल ही चलौ तौ चलौ, जोरे, जुरि जाएगी।
कहै पद्माकर नहीं तौ ये झकोरे लगे,
ओरे लौं अचाका बिनु धोरे धुरि जाएगी।
तौ ही लगि चैन जौलौं चेतिहै न चन्द्रमुखी,
चेतैगी कहूँ तौ चाँदनी में चुरि जाएगी।

इन उदाहरणों से स्पष्ट है कि वस्तु या तथ्य के पूर्ण प्रत्यक्षीकरण तथा भाव या मार्मिक अन्तर्वृत्ति के अनुरूप व्यंजना के लिए लक्षणा का बहुत कुछ सहारा कवि को लेना पड़ता है।

भावना को मूर्त्त रूप में रखने की आवश्यकता के कारण कविता की भाषा में दूसरी विशेषता यह रहती है कि उसमें जाति संकेत वाले शब्दों की अपेक्षा विशेष-रूप-व्यापार सूचक शब्द अधिक रहते हैं। बहुत-से ऐसे शब्द होते हैं जिनसे किसी एक का नहीं, बल्कि बहुत-से रूपों का या व्यापारों का एक साथ चलता-सा अर्थ-ग्रहण हो जाता है। ऐसे शब्दों को हम जाति-संकेत कह सकते हैं। ये मूर्त्त विधान के प्रयोजन के नहीं होते। किसी ने कहा, “वहाँ बड़ा अत्याचार हो रहा है।” इस अत्याचार शब्द के अन्तर्गत मारना-पीटना, डाँटना-डपटना, लूटना-पाटना इत्यादि बहुत-से व्यापार हो सकते हैं, अतः ‘अत्याचार’ शब्द के सुनने से उन सब व्यापारों की एक मिली-जुली अस्पष्ट भावना थोड़ी देर के लिए मन में आ जाती है। कुछ विशेष व्यापारों का स्पष्ट चित्र या मूर्त्त रूप नहीं खड़ा होता। इसमें ऐसे शब्द कविता के उतने काम के नहीं। ये तत्त्व-निरूपण, शास्त्रीय विचार आदि में ही अधिक उपयोगी होते हैं। भिन्न-भिन्न शास्त्रों में बहुत-से शब्द तो विलक्षण ही अर्थ देते हैं और पारिभाषिक कहलाते हैं। शास्त्र-मीमांसक या तत्त्व-निरूपक को किसी सामान्य तथ्य या तत्त्व तक पहुँचने की जल्दी रहती है। इससे वह किसी सामान्य धर्म के अन्तर्गत आनेवाली बहुत-सी बातों को एक मानकर अपना काम चलाता है। प्रत्येक का अलग-अलग दृश्य देखने-दिखाने में नहीं उलझता।

पर कविता कुछ वस्तुओं और व्यापारों को मन के भीतर मूर्त्त रूप में लाना और प्रभाव उत्पन्न करने के लिए कुछ देर रखना चाहती है। अतः उक्त प्रकार के व्यापक अर्थ-संकेतों से ही उसका काम नहीं चल सकता। इससे जहाँ उसे किसी स्थिति का वर्णन करना रहता है, वहाँ वह उसके अन्तर्गत सबसे अधिक मर्म-स्पर्शिनी कुछ विशेष वस्तुओं या व्यापारों को लेकर उनका चित्र खड़ा करने का आयोजन करती है। यदि कहीं के घोर अत्याचार का वर्णन करना होगा, तो वह कुछ निरपराध व्यक्तियों के वध, भीषण यन्त्रणा, स्त्री-बच्चों पर निष्ठुर प्रहार आदि क्षोभकारी दृश्य सामने रखेगी। ''वहाँ घोर अत्याचार हो रहा है'' इस वाक्य द्वारा वह कोई प्रभाव नहीं उत्पन्न कर सकती। अत्याचार शब्द के अन्तर्गत न जाने कितने व्यापार आ सकते हैं, अतः उसे सुनकर या पढ़कर सम्भव है कि भावना में एक भी व्यापार स्पष्ट रूप से न आए या आए भी तो ऐसा जिसमें मर्म को क्षुब्ध करने की शक्ति न हो।

उपर्युक्त विचार से ही किसी व्यवहार या शास्त्र के पारिभाषिक शब्द भी काव्य में लाए जाने योग्य नहीं माने जाते। हमारे यहाँ के आचार्यों ने पारिभाषिक शब्दों के प्रयोग को 'अप्रतीतत्व' दोष माना है। पर दोष स्पष्ट होते हुए भी चमत्कार के प्रेमी कब मान सकते हैं ? संस्कृत के अनेक कवियों ने वेदान्त, आयुर्वेद, न्याय के पारिभाषिक शब्दों को लेकर बड़े-बड़े चमत्कार खड़े किए हैं या अपनी बहुज्ञता दिखाई है। हिन्दी के किसी मुकदमेबाज कवित्त करनेवाले ने 'प्रेम फौजदारी' नाम की एक छोटी-सी पुस्तक में शृंगार रस की बातें अदालती कार्यवाइयों पर घटाकर लिखी हैं। 'एकतरफा डिगरी,' 'तनकीह' ऐसे-ऐसे शब्द चारों ओर अपनी बहार दिखा रहे हैं, जिन्हें सुनकर कुछ अशिक्षित या भद्दी रुचि वाले वाह-वाह भी कर देते हैं।

शास्त्र के भीतर निरूपित तथ्य को भी जब कोई कवि अपनी रचना के भीतर लेता है, तब वह पारिभाषिक तथा अधिक व्याप्ति वाले जाति-संकेत शब्दों को हटाकर उस तथ्य को व्यंजित करनेवाले कुछ विशेष मार्मिक रूपों और व्यापारों का चित्रण करता है। कवि गोचर और मूर्त्त रूपों के द्वारा ही अपनी बात कहता है। उदाहरण के लिए गोस्वामी तुलसीदास जी के ये वचन लीजिए—

जेहि निसि सफल जीव सूतहिं तब कृपापात्र जन जागै।

इसमें माया में पड़े हुए जीव की अज्ञान दशा का काव्य-पद्धति पर कथन है। और देखिए—प्राणी आयु भर क्लेश-निवारण और सुख-प्राप्ति का प्रयास करता रह जाता है और कभी वास्तविक सुख-शान्ति प्राप्त नहीं करता; इस बात को गोस्वामी जी यों सामने रखते हैं—

डासत ही गई बीति निसा सब,
कबहुँ न नाथ ! नींद भर सोयो।

भविष्य का ज्ञान अत्यन्त अद्भुत और रहस्यमय है। जिसके कारण प्राणी आनेवाली विपत्ति की कुछ भी भावना न करके अपनी दशा में मग्न रहता है। इस बात को गोस्वामी जी ने ''चरै हरित तृन बलिपशु'' इस चित्र द्वारा व्यक्त किया है। अँगरेज कवि पोप ने

भी भविष्य के अज्ञान का यही मार्मिक चित्र लिया है, यद्यपि उसने इस अज्ञान को ईश्वर का बड़ा भारी अनुग्रह कहा है–

उस बलिपशु को देख आज जिसका तू, रे नर !
अपने रँग में रक्त बहायेगा बेदी पर।
होता उसको ज्ञान कहीं तेरा है जैसा,
क्रीड़ा करता कभी उछलता फिरता ऐसा !
अन्तकाल तक हरा-भरा चारा चभलाता।
हनन हेतु उस उठे हाथ को चाटे जाता॥
*आगम का अज्ञान ईश का परम अनुग्रह।**

बातचीत में भी जब किसी को अपने कथन द्वारा कोई मार्मिक प्रभाव उत्पन्न करना होता है, तब वह इसी पद्धति का अवलम्बन करता है। यदि अपनी पत्नी पर अत्याचार करनेवाले किसी व्यक्ति को उसे समझाना है तो वह कहेगा कि "तुमने इसका हाथ पकड़ा है।" यह न कहेगा कि "तुमने इसके साथ विवाह किया है।" विवाह शब्द के अन्तर्गत न जाने कितने विधि-विधान हैं जो सबके सब एकबारगी मन में आ भी नहीं सकते और उतने व्यंजक या मर्मस्पर्शी भी नहीं होते। अतः कहने वाला उनमें से जो सबसे अधिक व्यंजक और स्वाभाविक व्यापार 'हाथ पकड़ना' है, जिससे सहारा देने का चित्र सामने आता है, उसे भावना में लाता है।

तीसरी विशेषता कविता की भाषा में वर्ण-विन्यास की है। "शुष्को वृक्षस्तिष्ठत्यग्रे" और "नीरसतरुरिह विलसति पुरतः" का भेद हमारी पंडितमंडली में बहुत दिनों से प्रसिद्ध चला आता है। काव्य एक बहुत ही व्यापक कला है। जिस प्रकार मूर्त्त विधान के लिए कविता चित्र-विद्या की प्रणाली का अनुसरण करती है उसी प्रकार नाद-सौष्ठव के लिए वह संगीत का कुछ-कुछ सहारा लेती है। श्रुति-कटु मानकर कुछ वर्णों का त्याग, वृत्तिविधान, लय, अन्त्यानुप्रास आदि नाद सौन्दर्य-साधन के लिए ही हैं। नाद-सौष्ठव के निमित्त निरूपित वर्ण विशिष्टता को हिन्दी के हमारे कुछ पुराने कवि इतनी दूर तक घसीट ले गए कि उनकी बहुत-सी रचना बेडौल और भावशून्य हो गई। उसमें अनुप्रास की लम्बी लड़ी–वर्ण-विशेष की निरन्तर आवृत्ति–के सिवा और किसी बात पर ध्यान नहीं जाता। जो बात भाव या रस की धारा का मन के भीतर अधिक प्रसार करने के लिए थी, वह अलग चमत्कार या तमाशा खड़ा करने के लिए काम में लाई गई।

नाद-सौन्दर्य से कविता की आयु बढ़ती है। तालपत्र, भोजपत्र, कागज आदि का आश्रय छूट जाने पर भी वह बहुत दिनों तक लोगों की जिह्वा पर नाचती रहती है।

---

* The lamp thy riot dooms to bleed today,
Had he the reason, would he skip and play?
Pleased to the last he crops the flow'ry, food,
And licks the hand just raised to shed his blood,
The blindness to the future kindly given.
—Essay on Man.

बहुत-सी उक्तियों को लोग, उनके अर्थ की रमणीयता इत्यादि की ओर ध्यान ले जाने का कष्ट उठाए बिना ही, प्रसन्न-चित्त रहने पर गुनगुनाया करते हैं। अतः नाद-सौन्दर्य का योग भी कविता का पूर्ण स्वरूप खड़ा करने के लिए कुछ-न-कुछ आवश्यक होता है। इसे हम बिलकुल हटा नहीं सकते। जो अन्त्यानुप्रास को फालतू समझते हैं, वे छन्द को पकड़े रहते हैं, जो छन्द को भी फालतू समझते हैं, वे लय में ही लीन होने का प्रयास करते हैं। संस्कृत से सम्बन्ध रखनेवाली भाषाओं में नाद-सौन्दर्य के समावेश के लिए बहुत अवकाश रहता है। अतः अँगरेजी आदि अन्य भाषाओं की देखा-देखी, जिनमें इसके लिए कम जगह है, अपनी कविता को हम इस विशेषता से वंचित कैसे कर सकते हैं ?

हमारी काव्य-भाषा में एक चौथी विशेषता भी है जो संस्कृत से ही आई है। वह यह है कि कहीं-कहीं व्यक्तियों के नामों के स्थान पर उनके रूप-गुण या कार्यबोधक शब्दों का व्यवहार किया जाता है, ऊपर से देखने में तो पद्य के नपे हुए चरणों में शब्द खपाने के लिए ही ऐसा किया जाता है, पर थोड़ा विचार करने पर इसमें गुरुतर उद्देश्य प्रकट होता है। सच पूछिए तो यह बात कृत्रिमता बचाने के लिए की जाती है। मनुष्यों के नाम यथार्थ में कृत्रिम संकेत हैं जिनमें कविता की पूर्ण परिपोषकता नहीं होती। अतएव कवि मनुष्यों के नामों के स्थान पर कभी-कभी उनके ऐसे रूपगुण या व्यापार की ओर इशारा करता है जो स्वाभाविक और अर्थगर्भित होने के कारण सुननेवाले की भावना के निर्माण में योग देते हैं। गिरिधर, मुरारि, त्रिपुरारि, दीनबन्धु, चक्रपाणि, मुरलीधर, सव्यसाची इत्यादि शब्द ऐसे ही हैं।

ऐसे शब्दों को चुनते समय इस बात का ध्यान रखना चाहिए कि वे प्रकरण-विरुद्ध या अवसर के प्रतिकूल न हों। जैसे, यदि कोई मनुष्य दुर्धर्ष अत्याचारी के हाथ से छुटकारा पाना चाहता हो तो उसके लिए "हे गोपिकारमण ! हे वृन्दावन-बिहारी !" आदि कहकर कृष्ण को पुकारने की अपेक्षा "हे मुरारि ! हे कंसनिकन्दन !" आदि सम्बोधनों से पुकारना अधिक उपयुक्त है; क्योंकि श्रीकृष्ण के द्वारा कंस आदि दुष्टों का मारा जाना देखकर उसे अपनी रक्षा की आशा होती है, न कि उनका वृन्दावन में गोपियों के साथ विहार करना देखकर। इसी तरह किसी आपत्ति से उद्धार पाने के लिए कृष्ण को "मुरलीधर" कहकर पुकारने की अपेक्षा "गिरिधर" कहना अधिक अर्थसंगत है।

अलंकार

कविता में भाषा की सब शक्तियों से काम लेना पड़ता है। वस्तु या व्यापार की भावना चटकीली करने और भाव को अधिक उत्कर्ष पर पहुँचाने के लिए कभी किसी वस्तु का आकार या गुण बहुत बढ़ाकर दिखाना पड़ता है; कभी उसके रूप-रंग या गुण की भावना को उसी प्रकार के और रूप-रंग मिलाकर तीव्र करने के लिए समान रूप और धर्मशाली और-और वस्तुओं को सामने लाकर रखना पड़ता है। कभी-कभी बात को भी घुमा-फिराकर कहना पड़ता है। इस तरह के भिन्न-भिन्न विधान और कथन के ढंग अलंकार कहलाते हैं। इनके सहारे से कविता अपना प्रभाव बहुत कुछ बढ़ाती है। कहीं-कहीं तो इनके बिना

काम ही नहीं चल सकता। पर साथ ही यह भी स्पष्ट है कि ये साधन हैं, साध्य नहीं ! साध्य को भुलाकर इन्हीं को साध्य मान लेने से कविता का रूप कभी-कभी इतना विकृत हो जाता है कि वह कविता ही नहीं रह जाती। पुरानी कविता में कहीं-कहीं इस बात के उदाहरण मिल जाते हैं।

अलंकार चाहे अप्रस्तुत वस्तु-योजना के रूप में हों (जैसे–उपमा, रूपक, उत्प्रेक्षा, इत्यादि में), चाहे वाक्य-वक्रता के रूप में (जैसे–अप्रस्तुत-प्रशंसा, परिसंख्या, ब्याजस्तुति, विरोध इत्यादि में), चाहे वर्ण-विन्यास के रूप में (जैसे–अनुप्रास में) लाए जाते हैं, वे प्रस्तुत भाव या भावना के उत्कर्ष-साधन के लिए ही मुख के वर्णन में जो कमल, चन्द्र आदि सामने रखे जाते हैं वह इसीलिए जिनमें इनकी वर्ण-रुचिरता, कोमलता, दीप्ति इत्यादि के योग के सौन्दर्य की भावना और बढ़े। सादृश्य या साधर्म्य दिखाना उपमा, उत्प्रेक्षा इत्यादि का प्रकृत लक्ष्य नहीं है। इस बात को भूलकर कवि-परम्परा में बहुत-से ऐसे उपमान चला दिए गए हैं जो प्रस्तुत भावना में सहायता पहुँचाने के स्थान पर बाधा डालते हैं। जैसे, नायिका का अंग-वर्णन सौन्दर्य की भावना प्रतिष्ठित करने के लिए ही किया जाता है। ऐसे वर्णन में यदि कटि का प्रसंग आने पर भेड़ या सिंह की कमर सामने कर दी जाएगी तो सौन्दर्य की भावना में क्या वृद्धि होगी ? प्रभात के सूर्यबिम्ब के सम्बन्ध में इस कथन से कि "हे शोणित-कलित कपाल यह किल कापालिक काल को" अथवा शिखर की तरह उठे हुए मेघखंड के ऊपर उदित होते हुए चन्द्रबिम्ब के सम्बन्ध में इस उक्ति से कि "मनहुँ क्रमेलक-पीठि पै धर्‌यो गोल घंटा लसत," दूर की सूझ चाहे प्रकट हो, पर प्रस्तुत सौन्दर्य की भावना की कुछ भी पुष्टि नहीं होती।

पर जो लोग चमत्कार ही को काव्य स्वरूप मानते हैं, वे अलंकार को काव्य का सर्वस्व कहा ही चाहें। चन्द्रालोककार तो कहते हैं–

अंगीकरोति यः काव्यं शब्दार्थावनलंकृती।
असौ न मन्यते कस्मादनुष्णः मनलंकृती ॥

भरत मुनि ने रस की प्रधानता की ओर ही संकेत किया था; पर भामह, उद्‌भट आदि कुछ प्राचीन आचार्यो ने वैचित्र्य का पल्ला पकड़ अलंकार को प्रधानता दी। इनमें बहुतेरे आचार्यों ने अलंकार शब्द का प्रयोग व्यापक अर्थ में–रस, रीति, गुण आदि काव्य में प्रयुक्त होने वाली सारी सामग्री के अर्थ में–किया है। पर ज्यों-ज्यों शास्त्रीय विचार गम्भीर और सूक्ष्म होता गया त्यों-त्यों साध्य और साधनों को विविक्त करके काव्य के नित्य स्वरूप या मर्म-शरीर को अलग निकालने का प्रयास बढ़ता गया। रुद्रट और मम्मट के समय से ही काव्य का प्रकृत स्वरूप उभरते-उभरते विश्वनाथ महापात्र के साहित्य-दर्पण में साफ ऊपर आ गया।

प्राचीन गड़बड़झाला मिटे बहुत दिन हो गए। वर्ण्य-वस्तु और वर्णन-प्रणाली बहुत दिनों से एक-दूसरे से अलग कर दी गई है। प्रस्तुत-अप्रस्तुत के भेद ने बहुत-सी बातों के विचार और निर्णय के सीधे रास्ते खोल दिए हैं। अब यह स्पष्ट हो गया है कि अलंकार प्रस्तुत वर्ण्य-वस्तु नहीं; बल्कि वर्णन की भिन्न-भिन्न प्रणालियाँ हैं, कहने का

खास-खास ढंग है। पर प्राचीन अव्यवस्था के स्मारक-स्वरूप कुछ अलंकार ऐसे चले आ रहे हैं, जो वर्ण्य-वस्तु का निर्देश करते हैं, और अलंकार नहीं कहे जा सकते–जैसे स्वभावोक्ति, उदात्त, अत्युक्ति। स्वभावोक्ति को लेकर कुछ अलंकार-प्रेमी कह बैठते हैं कि प्रकृति का वर्णन भी तो स्वभावोक्ति अलंकार ही है। पर स्वभावोक्ति कोटि में आ ही नहीं सकती। अलंकार वर्णन करने की प्रणाली है। चाहे जिस वस्तु या तथ्य के कथन को हम किसी अलंकार-प्रणाली के अन्तर्गत ला सकते हैं। किसी वस्तु-विशेष से किसी अलंकार-प्रणाली का सम्बन्ध नहीं हो सकता। किसी तथ्य तक वह परिमित नहीं रह सकती। वस्तु-निर्देश अलंकार का काम नहीं, रस-व्यवस्था का विषय है। किन-किन वस्तुओं, चेष्टाओं या व्यापारों का वर्णन किन-किन रसों के विभावों और अनुभावों के अन्तर्गत आएगा, इसकी सूचना रस-निरूपण के अन्तर्गत ही हो सकती है।

अलंकारों के भीतर स्वभावोक्ति का ठीक-ठीक लक्षण-निरूपण हो भी नहीं सका है। काव्य प्रकाश की कारिका में यह लक्षण दिया गया है–

स्वभावोक्तिस्तु डिम्भावेः स्वक्रिया रूप-वर्णनम्

अर्थात्–जिसमें बालकादिकों की निज की क्रिया या रूप का वर्णन हो वह स्वभावोक्ति है। प्रथम तो बालकादिक पद की व्याप्ति कहाँ तक है, यही स्पष्ट नहीं। अतः यही समझा जा सकता है कि सृष्टि की वस्तुओं के रूप और व्यापार का वर्णन स्वभावोक्ति है। खैर, बालक की रूप-चेष्टा को लेकर ही स्वभावोक्ति की अलंकारता पर विचार कीजिए। वात्सल्य में बालक के रूप आदि का वर्णन आलम्बन विभाव के अन्तर्गत और उनकी चेष्टाओं का वर्णन उद्दीपन विभाव के अन्तर्गत होगा। प्रस्तुत वस्तु की रूप-क्रिया आदि के वर्णन को रस-क्षेत्र से घसीटकर अलंकार-क्षेत्र में हम कभी नहीं ले जा सकते। मम्मट ही के ढंग के और आचार्यों के लक्षण भी हैं। अलंकार-सर्वस्वकार राजानक रुय्यक कहते हैं–

सूक्ष्म-वस्तु-स्वभाव-यथावद्वर्णनं स्वभावोक्तिः।

आचार्य दंडी ने अवस्था की योजना करके यह लक्षण लिखा है–

नानावस्थं पदार्थानां रूपं साक्षाद्विवृण्वती।
स्वभावोक्तिश्च जातिश्चेत्याद्या सालंकृतिर्यथा ॥

बात यह है कि स्वभावोक्ति अलंकारों के भीतर आ ही नहीं सकती। वक्रोक्तिवादी कुन्तल ने भी इसे अलंकार नहीं माना है।

जिस प्रकार एक कुरूप स्त्री अलंकार लादकर सुन्दर नहीं हो सकती, उसी प्रकार प्रस्तुत या तथ्य की रमणीयता के अभाव में अलंकारों का ढेर काव्य का सजीव स्वरूप खड़ा नहीं कर सकता। केशवदास के पचीसों पद्य ऐसे रखे जा सकते हैं जिनमें यहाँ से वहाँ तक उपमाएँ और उत्प्रेक्षाएँ भरी हैं, शब्द साम्य के बड़े खेल-तमाशे जुटाए गए हैं, पर उनके द्वारा कोई मार्मिक अनुभूति नहीं उत्पन्न होती। इन्हें कोई सहृदय या भावुक काव्य न कहेगा। आचार्यों ने भी अलंकारों को 'काव्य शोभाकार,' 'शोभातिशायी' आदि ही कहा है। महाराज भोज भी अलंकार को 'अलमर्थमलङ्कर्त्तुः' ही कहते हैं। पहले से सुन्दर अर्थ को ही अलंकार शोभित कर सकता है। सुन्दर अर्थ की शोभा बढ़ाने में जो

अलंकार प्रयुक्त नहीं वे काव्यालंकार नहीं। वे ऐसे ही हैं जैसे शरीर पर से उतारकर किसी अलग कोने में रखा हुआ गहनों का ढेर। किसी भाव या मार्मिक भावना से असंपृक्त अलंकार चमत्कार या तमाशे हैं। चमत्कार विवेचन पहले हो चुका है।

अलंकार है क्या ? सूक्ष्म दृष्टिवालों ने काव्यों के सुन्दर-सुन्दर स्थल चुने और उनकी रमणीयता के कारणों की खोज करने लगे। वर्णन-शैली या कथन की पद्धति में ऐसे लोगों को जो-जो विशेषताएँ मालूम होती गईं, उनका वे नामकरण करते गए। जैसे, 'विकल्प' अलंकार का निरूपण पहले-पहल राजानक रुय्यक ने किया। कौन कह सकता है कि काव्यों में जितने रमणीक स्थल हैं, सब ढूँढ़ डाले गए, वर्णन की जितनी सुन्दर प्रणालियाँ हो सकती हैं सब निरूपित हो गईं अथवा जो-जो स्थल रमणीय लगे, उनकी रमणीयता का कारण वर्णन प्रणाली ही थी। आदि काव्य रामायण से लेकर इधर तक के काव्यों में न जाने कितनी विचित्र वर्णन प्रणालियाँ भरी पड़ी हैं, जो न निर्दिष्ट की गई हैं और न जिनके कुछ नाम रखे गए हैं।

कविता पर अत्याचार

भी बहुत कुछ हुआ है। लोभियों, स्वार्थियों और खुशामदियों ने उसका गला दबाकर कहीं अपात्रों की—आसमान पर चढ़नेवाली—स्तुति कराई है, कहीं द्रव्य न देने वालों की निराधार निन्दा। ऐसी तुच्छ वृत्ति वालों का अपवित्र हृदय है। कविता के निवास के योग्य नहीं। कविता देवी के मन्दिर ऊँचे खुले, विस्तृत और पुनीत हृदय हैं। सच्चे कवि राजाओं की सवारी, ऐश्वर्य की सामग्री में ही सौन्दर्य नहीं ढूँढ़ा करते। वे फूस के झोपड़ों, धूल-मिट्टी में सने किसानों, बच्चों के मुँह में चारा डालते हुए पक्षियों, दौड़ते हुए कुत्तों और चोरी करती हुई बिल्लियों में कभी-कभी सौन्दर्य का दर्शन करते हैं जिसकी छाया भी महलों और दरबारों तक नहीं पहुँच सकती। श्रीमानों के शुभागमन पर पद्य बनाना, बात-बात में उनको बधाई देना, कवि का काम नहीं। जिनके रूप या कर्म-कलाप जगत् और जीवन के बीच में उसे सुन्दर लगते हैं, उन्हीं के वर्णन में यह 'स्वान्तः सुखाय' प्रवृत्त होता है।

कविता की आवश्यकता

मनुष्य के लिए कविता इतनी प्रयोजनीय वस्तु है कि संसार की सभ्य-असभ्य सभी जातियों में, किसी-न-किसी रूप में, पाई जाती है। चाहे इतिहास न हो, विज्ञान न हो, दर्शन न हो, पर कविता का प्रचार आवश्य रहेगा। बात यह है कि मनुष्य अपने ही व्यापारों का ऐसा सघन और जटिल मंडल बाँधता चला आ रहा है जिसके भीतर बँधा-बँधा वह शेष सृष्टि के साथ अपने हृदय का सम्बन्ध भूला-सा रहता है। इस परिस्थिति में मनुष्य को अपनी मनुष्यता खोने का डर बराबर रहता है। इसी की अन्तःप्रकृति में मनुष्यता को समय-समय पर जगाते रहने के लिए कविता मनुष्य जाति के साथ लगी चली जा रही है और चली चलेगी। जानवरों को इसकी जरूरत नहीं।

कल्पना का आनन्द

पहला प्रकरण

हमारी दृष्टि हमारी इन्द्रियों में सबसे अधिक पूर्ण और आनन्ददायिनी है। चित्त को अधिकांश प्रकार के भावों से यह पूर्ण करती है, दूर से दूर की वस्तुओं से बातचीत करती है और अपने नियत आनन्द के अनुभव से बिना थके और सन्तुष्ट हुए सबसे अधिक काल तक अपनी क्रिया में तत्पर रहती है। इसमें सन्देह नहीं कि हमारी स्पर्शेन्द्रिय हमें पदार्थों के विस्तार, रूप तथा रंग के सिवाय और अन्यान्य भावों का, जिनका प्रवेश नेत्रपथ से होता है, बोध करा सकती है; किन्तु साथ ही पदार्थों की संख्या, दूरी और उनके पिंड के विषय में उसकी क्रिया बहुत ही संकुचित और परिमित है। हमारी दृष्टि उन सब अभावों को पूरा करने के लिए बनाई गई है। हमारा अवलोकन एक प्रकार का अधिक कोमल और प्रसृत स्पर्श है, जो अगणित वस्तु-समुदाय को अपने अन्तर्गत करता है, वृहद् से वृहद् रूपों का बोध कराता है और संसार के सबसे दूर स्थित भागों को हमारी पहुँच के भीतर लाता है।

यही इन्द्रिय है, जो कल्पना को सामग्री प्रदान करती है, इसलिए कल्पना के आनन्द से (जिसका प्रयोग इस निबन्ध में कई जगह किया जायगा) मेरा अभिप्राय उस आनन्द से है, जो दृश्य पदार्थों से प्राप्त होता है, चाहे वे पदार्थ ही हम लोगों के सम्मुख हों अथवा उनका रूप हम चित्र, प्रतिमा वा वर्णनों द्वारा अपने मन में लावें। निस्सन्देह हमारे चित्त में एक भी प्रतिरूप ऐसा न निकलेगा जो नेत्रों के द्वार से न गया हो; किन्तु हम लोगों को उन स्वरूपों को, जो एक बार प्राप्त हुए, धारण करने, और घटा-बढ़ाकर ऐसे रूपों में लाने की शक्ति है, जो कल्पना को सबसे अधिक प्रिय होते हैं। इसी शक्ति के प्रभाव से मनुष्य घोर कारगार में रहकर भी ऐसे ऐसे दृश्यों की बहार ले सकता है, जो इस सम्पूर्ण भूमंडल पर नहीं पाए जा सकते।

पाठकों को स्मरण रखना होगा कि कल्पना के आनन्द से मेरा अभिप्राय केवल उस आनन्द से है, जो दृष्टि द्वारा उत्पन्न होता है। मैं इस आनन्द को दो भागों में विभक्त करूँगा। पहिले तो मैं उस प्रथम श्रेणी के आनन्द के विषय में कहूँगा, जो सर्वथा ऐसे पदार्थों ही से उत्पन्न होता है, जो हमारे नेत्रों के सामने हैं; तदन्तर उस द्वितीय श्रेणी के आनन्द के विषय में, जो दृश्य पदार्थों के केवल ध्यान मात्र से उत्पन्न होता है, जब कि

वे पदार्थ हम लोगों की आँख के सामने नहीं रहते, वरन् हमारी स्मृति में लाए जाते हैं, अथवा कल्पना द्वारा रमणीय रूपों में निर्मित किए जाते हैं।

कल्पना का आनन्द अपने पूर्ण रूप में न तो ऐसा भद्दा ही है जैसा इन्द्रियों का; और न ऐसा संस्कृत ही है, जैसा विचार या विवेचन का। इस अन्तिम प्रकार (विचार) के आनन्द का साधन निस्सन्देह उत्तम है, क्योंकि उसकी स्थिति मनुष्य के किसी नवीन-प्राप्त-ज्ञान वा आत्मा की उन्नति पर रहती है। किन्तु यह भी स्वीकार करना पड़ेगा कि कल्पना का आनन्द भी वैसा ही बड़ा और हृदयग्राही है, एक सुन्दर दृश्य चित्र का उतना ही रंजन करता है, जितना एक तत्व का उद्‌घाटन; और वाल्मीकि के एक सर्ग ने गौतम के न्याय सूत्रों की अपेक्षा अधिक पाठकों का मनोरंजन किया है। इसके अतिरिक्त कल्पना के आनन्द को इस अंश में विशेषता है कि यह अधिक प्रत्यक्ष होता है और अधिक सुगमता-पूर्वक प्राप्त किया जाता है। आँखों का खोलना है कि दृश्य प्रवेश कर जाता है। नाना रंग आपसे-आप, देखनेवाले के बहुत ही अल्प विचार द्वारा, कल्पना-पटल पर अंकित हो जाते हैं। हम लोग जब किसी वस्तु की ओर देखते हैं तो उसके अंग-संयोग से मोहित हो जाते हैं और तुरन्त उसके सौन्दर्य को, बिना इसकी जिज्ञासा किए कि उस सौन्दर्य का कारण क्या है, स्वीकार कर लेते हैं।

एक सहृदय मनुष्य ऐसे-ऐसे आनन्दों का अनुभव करता है, जो गँवार लोग स्वप्न में भी नहीं पा सकते। वह एक सित्र से वार्तालाप कर सकता है, प्रतिमा से अपना जी बहला सकता है, वर्णनों में एक गुप्त सुख प्राप्त करता है और हरे-भरे खेतों और मैदानों को केवल देखने ही में उससे अधिक सन्तुष्ट होता है, जितना उनका स्वामी उन पर अधिकार रखने में। जितनी वस्तु वह देखता है, उनमें उसे एक प्रकार की सम्पत्ति प्राप्त हो जाती है और प्रकृति के सबसे बेढंगे और उजाड़ भाग भी उसके आनन्द में सहायता पहुँचाते हैं। वह संसार को एक दूसरे ही रूप में देखता है, और उसमें बहुत-सी सुन्दर वस्तुओं का पता लगाता है, जो जन-साधारण की दृष्टि से छिपी रहती हैं।

बहुत कम ऐसे लोग निकलेंगे जो, निरुद्यम (काहिल) रहकर भी पाप शून्य हों, या जो ऐसे आनन्द के लोलुप हों, जो पाप न हो। उद्यम के पथ से जहाँ एक पग भी वे भटके, तहाँ बुराई वा मूर्खता में जा फँसते हैं, इसलिए मनुष्य को चाहिए कि वह अपने दोष-रहित आनन्द की सीमा को, जहाँ तक सम्भव हो, बढ़ाता रहे, जिसमें वह समय पड़ने पर निर्भयता-पूर्वक उसका आश्रय ले सके और उससे इस प्रकार का सुख प्राप्त करे, जैसा एक बुद्धिमान पुरुष को उचित है। इस प्रकार का आनन्द कल्पना ही का है, जो न तो विचार की ऐसी प्रवृत्ति ही की आवश्यकता रखता है, जो हमारे और कार्य्यों में दरकार होती है, और न चित्त को ऐसी काहिली और बेपरवाही में पड़ने देता है, जो इन्द्रियों के आनन्द में लीन होने से उत्पन्न होती हैं। यह शक्तियों को एक प्रकार का बहुत ही मधुर परिश्रम देता है, जो बिना किसी कष्ट और कठिनता के, उनको निरुद्यमता वा आलस्य से उठाकर सचेत करता है।

यहाँ पर हमें यह भी कह देना चाहिए कि कल्पना का आनन्द, विचार वा विवेचना के आनन्द से, जिसमें मस्तिष्क को बड़ा कठिन परिश्रम पड़ता है, अधिक स्वास्थ्यकर है। सुन्दर दृश्य, चाहे वे प्रकृति में हों, चाहे चित्र वा काव्य में, शरीर और मन, दोनों पर बहुत उत्तम प्रभाव डालते हैं, और न कि केवल कल्पना ही को शुद्ध और कान्तिमयी करते हैं, बस शोक और विषाद का भी नाश करते हैं और मनुष्य की नस-नस में सुख और शान्ति का संचार करते हैं। इसी कारण बेकन (Bacon) ने अपने 'स्वास्थ्य' शीर्षक निबन्ध में अपने पाठकों को सुन्दर काव्य अथवा दृश्य के अवलोकन की सम्मति देना उपयुक्त विचारा। जहाँ पर उसने जटिल और पेचीले विषयों की ओर मन देने का निषेध किया है, वहीं पर ऐसी पुस्तकों के अध्ययन की भी सम्मति दी है, जो चित्र को सुन्दर और रमणीय वस्तुओं से पूर्ण करती हैं, जैसे इतिहास, आख्यान और प्राकृतिक वर्णन इत्यादि।

मैंने भूमिका की भाँति कल्पना के उस आनन्द का, जो इस समय हमारे इस निबन्ध का आलोच्य विषय है, लक्षण निर्धारित कर दिया और बहुत विचार करके इस आनन्द को प्राप्त करने की सम्मति अपने पाठकों को दी। मैं अब दूसरे प्रकरण में उन विविध मूलों की परीक्षा करूँगा, जिनसे ये आनन्द उत्पन्न होते हैं।

दूसरा प्रकरण
प्रथम श्रेणी आनन्द

मैं पहिले कल्पना के उस प्रथम श्रेणी के आनन्द पर विचार करूँगा–जो पदार्थों के वास्तविक अवलोकन और निरीक्षण से प्राप्त होता है। मेरी समझ में यह आनन्द किसी ऐसी वस्तु के देखने से उत्पन्न होता है, जो बड़ी, असाधारण और सुन्दर होती है। इसमें सन्देह नहीं और सम्भव है कि कोई बात ऐसी भयानक अथवा घृणित देख पड़े कि किसी पदार्थ से उत्पन्न भय वा घृणा उस आनन्द से बढ़ जाय, जो उसकी बड़ाई, असाधारणता और सौन्दर्य से प्राप्त होता है, किन्तु उस घृणा में भी, जो उत्पन्न होगी, आनन्द का ऐसा मिश्रण रहेगा कि हमें जान पड़ेगा, जैसे इन्हीं तीनों उपर्युक्त गुणों में से किसी एक गुण की मात्रा अधिक हो गई है।

बड़ाई–बड़ाई से मेरा तात्पर्य किसी एक पदार्थ के पिंड से नहीं है, किन्तु समस्त दृश्य को एक अकेला खंड मानकर उसकी बड़ाई से है। जैसे एक खुले हुए बराबर मैदान का दृश्य, विस्तृत ऊसर रेगिस्तान, विपुल पर्वत राशि, ऊँची-ऊँची चट्टानें और समुद्र का अपार जल विस्तार इत्यादि। इनको देखकर हम इनके सौन्दर्य के असाधारणत्व से आकर्षित नहीं होते, वरन् उस बोंगे चमत्कार से, जो प्रकृति की इन विशाल रचनाओं में पाया जाता है। हमारी कल्पना ऐसी वस्तुओं से पूर्ण होना तथा ऐसे पदार्थों को ग्रहण करना चाहती है जो उसमें समा न सकें। ऐसे विस्तृत और असीम दृश्यों से हम लोग एक आनन्दमय आश्चर्य्य में डूब जाते हैं और हमारी आत्मा उनका ध्यान करके एक प्रकार की मनोरंजक निस्तब्धता का अनुभव करती है। मनुष्य का चित्त स्वभावतः ऐसी वस्तुओं

से घृणा करता है, जो उस पर किसी प्रकार की रुकावट डालती हैं। जबकि दृष्टि किसी संकीर्ण स्थान में बँधी रहती और चारों ओर पहाड़ी और ऊँची नीची दीवारों से घिरी रहती है, उस समय वह अपने को कारागार में समझती है। इसके प्रतिकूल, एक विस्तीर्ण क्षितिज स्वाधीनता का स्वरूप है, जहाँ पर उसको बहुत दूर तक विचरने, निसर्ग के आधिक्य से चमत्कृत होने तथा उन अनेक प्रकार के पदार्थों में जो उसके सामने पड़ते हैं, लीन होने के लिए पूरा स्थान मिलता है। ऐसे विस्तृत और असीम दृश्य हमारी कल्पना को वैसे ही आनन्दायक हैं, जैसे नित्य और अनन्त विषयक विवेचना, बुद्धि या विचार को। किन्तु यदि इस विशालता के साथ असाधारणत्व और सौन्दर्य का भी संयोग हो जाता है—जैसे ज्वार-भाटे के सहित समुद्र में, सुन्दर तारों से विभूषित आकाश में तथा नदी, वन और पहाड़ों में विभक्त एक विस्तीर्ण भूमि में—तो हमारा आनन्द और भी बढ़ जाता है; क्योंकि तब वह एक से अधिक सिद्धान्तों के अनुसार उत्पन्न होता है।

प्रत्येक वस्तु, जो नवीन वा असाधारण होती है, इस कारण कल्पना में आनन्द उपजाती है कि आत्मा को वह रमणीय आश्चर्य्य से पूर्ण करती है, उसके कौतूहल को सन्तुष्ट करती है, और उसको एक ऐसा भाव प्रदान करती है जो पहिले उसको प्राप्त न था। यथार्थ में हम लोग एक ही प्रकार के पदार्थों से इतने परिचित हो जाते हैं और उन्हीं वस्तुओं को बार-बार देखते-देखते इतने ऊब जाते हैं कि जो कुछ उनमें नयापन वा असाधारणत्व होता है, वह मानवजीवन के परिवर्तन करने में और अपनी अद्‌भुतता से चित्त को आकर्षित करने में बहुत कम योग देने लगता है। अस्तु।

असाधारणता—यही (नवीनता वा असाधारणता) हमारे आनन्द को वाजः करनी रहती है, यही भयानक वस्तुओं को भी मनोहरता प्रदान करती है और यही प्रकृति के कार्य्यों की अपूर्णता को भी हमारे लिए आनन्द-दायिनी बनाती है। यही हममें भिन्न-भिन्न प्रकार की वस्तुओं के लिए रुचि उत्पन्न करती है, जिससे हमारा चित्त प्रत्येक क्षण किसी नई वस्तु की ओर जाता रहता है और हमारे ध्यान को किसी पदार्थ विशेष पर अधिक काल तक स्थिर रहकर अपनी मिट्टी नहीं खराब करती। यही उन वस्तुओं की भी, जो बड़ी और सुन्दर होती हैं, शोभा वृद्धि करती हैं और उन्हें हमारे चित्त को दूना आनन्द प्राप्त करने में समर्थ करती हैं। उदाहरणार्थ, जैसे बगीचे, खेत और चरागाह, यों तो सब ऋतुओं में देखने में सुखद होते हैं, किन्तु ऐसे मनोरंजक कभी नहीं होते, जैसे वसन्त ऋतु के आरम्भ में, जबकि वे सम्पूर्ण नए और ताजे रहते हैं और हमारे नेत्र भी उनसे बहुत परिचित और अभ्यस्त नहीं रहते। इसी कारण से कोई वस्तु स्थल को इतना सुहावना नहीं बनाती है, जितना नदी, दर्रा और झरने, जहाँ पर कि दृश्य सदैव बदलता रहता और प्रत्येक क्षण दृष्टि को ऐसी वस्तु से रञ्जित करता रहता है, जो नई होती है। हम लोग पहाड़ियों और घाटियों को देखने से बहुत शीघ्र ऊब जाते हैं, जहाँ पर प्रत्येक वस्तु एक ही स्थान पर एक ही अवस्था में स्थिर रहती है; किन्तु ऐसे पदार्थों के अवलोकन से हमारा चित्त प्रफुल्लित और उत्तेजित होता है, जो सर्वदा चलायमान रहते हैं और देखनेवाले की आँख के सामने से होकर गमन करते रहते हैं।

सुन्दरता–किन्तु कोई वस्तु चित्त में इतनी नहीं धँसती, जितनी सुन्दरता, जो कि तुरन्त एक गुप्त सुख और आनन्द को कल्पना में फैला देती है और जो वस्तुएँ विशाल और असाधारण होती हैं, उनको सम्पूर्णता प्रदान करती है। इसको देखते ही चित्त आन्तरिक प्रसन्नता से पूर्ण हो जाता है और उसकी समस्त क्रियाएँ आनन्दमय हो जाती हैं। सच पूछिए तो किसी एक प्रकार में दूसरे की अपेक्षा विशेष कोई वास्तविक सुन्दरता वा कुरूपता नहीं होती; क्योंकि सम्भव है कि हम लोग ऐसे स्वभाव के बनाए जाते कि जो वस्तु हमें अब घृणित जान पड़ती है, वही तब रुचिकर प्रतीत होती ! किन्तु अनुभव द्वारा हम देखते हैं कि पदार्थों में कुछ ऐसे परिवर्तन होते हैं, जिनको चित्त, बिना किसी विचार के, देखने के साथ ही सुन्दर वा कुरूप कह देता है। ऐसे ही हम देखते हैं कि प्रत्येक प्रकार का जीव सुन्दरता का अपना पृथक्-पृथक् लक्षण रखता है और उनमें से प्रत्येक अपने ही वर्ग की सुन्दरता से सबसे अधिक आकर्षित होता है। यह बात एक ही रंग और आकारवाले पक्षियों के बीच प्रत्यक्ष देखी जाती है जहाँ पर नर अपने ही वर्ग की मादा के साथ आनन्द पाता है, और दूसरे वर्ग के पक्षियों में कोई बात सुन्दरता की नहीं देखता।

एक दूसरे प्रकार की सुन्दरता है, जो हम प्रकृति तथा शिल्प के निर्माणों में देखते हैं। यह, कल्पना पर उस शक्ति के साथ तो प्रभाव नहीं डालती, जैसा अपने वर्ग की सुन्दरता, किन्तु तिस पर भी यह हममें आन्तरिक प्रसन्नता तथा उन वस्तुओं और स्थानों से, जिनमें हम उसको देखते हैं, एक प्रकार का प्रेम उपजाती है। यह सुन्दरता रंगों के विभेद और चमत्कार में, खंडों की योजना और उनके प्रमाण में, पदार्थों के संविधान और गठन में अथवा इन सबके उपयुक्त मिश्रण में होती है। इन कई प्रकार के सौन्दर्यों में रंग ही नेत्र को सबसे अधिक आनन्ददायक होता है। प्रकृति में हम कोई भी ऐसा चमत्कृत और मनोहर दृश्य नहीं देखते, जैसा कि सूर्य के उदय और अस्त के समय आकाशमंडल में; जब कि प्रकाश के रंग-बिरंग के छींटे भिन्न-भिन्न आकार और स्थिति के बादलों पर दिखलाई पड़ते हैं। इसी से कवि लोग, जो कि सर्वदा कल्पना ही को सम्बोधन करते हैं; बहुधा और वस्तुओं की अपेक्षा रंग ही से अपनी उपमाएँ अधिक लेते हैं।

जिस प्रकार कल्पना प्रत्येक ऐसी वस्तु को देख, जो बड़ी असाधारण और सुन्दर होती है; प्रफुल्लित होती है और जितना ही इन सब गुणों को एक ही वस्तु में एकत्र पाती है, उतना ही और अधिक आनन्दित होती है, उसी प्रकार यदि बीच में कोई दूसरी इन्द्रिय (आँख के सिवाय) भी सहायता दे देती है तो उसको एक नया सुख प्राप्त होने लगता है। जैसे कोई लगातार नाद–जैसे पक्षियों का कलरव, पानी गिरने का शब्द इत्यादि–प्रत्येक क्षण देखनेवाले के चित्त को उत्तेजित करता है और उस स्थल की सुन्दरता को और, जो उसके सामने है, उसको और भी अधिक आकर्षित कर देता है; वैसे, यदि उस स्थान पर भीनी-भीनी सुगन्ध भी आने लगती है तो वह कल्पना के आनन्द को और भी अधिक बढ़ा देती और सम्मुख-स्थित दृश्य की हरियाली और उसके रंगों को और भी रोचक बना देती है; क्योंकि दोनों इन्द्रियों (चक्षु और घ्राण) के अनुभव एक-दूसरे का अनुमोदन करते और एक साथ उत्पन्न होने से चित्त में पृथक्-पृथक् प्रविष्ट होने की

अपेक्षा अधिक आनन्द देते हैं; उसी प्रकार जैसे किसी चित्र के बहुत से रंग, जब उनका व्यवहार उत्तमता-पूर्वक किया जाता है, एक-दूसरे का विकास करते और अपनी स्थिति के कारण और भी शोभा प्राप्त करते हैं।

तीसरा प्रकरण

यद्यपि हमने पिछले प्रकरण में यह विचार स्थिर किया कि किस प्रकार प्रत्येक वस्तु जो बड़ी, नवीन, वा सुन्दर होती है कल्पना को आनन्दित करती है तथापि हमें यह स्वीकार करना पड़ेगा कि हम लोगों के लिए इस आनन्द का कोई वास्तविक कारण बतलाना असम्भव है क्योंकि न तो हम भावना ही के स्वभाव के विषय में कुछ जानते हैं और न मनुष्य की आत्मा ही के तत्त्व के विषय में, जो कि हमें उस बात के अनुसन्धान में सहायता पहुँचाता कि एक में कौन-सी बात दूसरी की रुचि के अनुकूल अथवा प्रतिकूल होती है। इसलिए इस ज्ञान के बिना जो कुछ हम कर सकते हैं, वह इतना ही है कि आत्मा की उन क्रियाओं पर विचार करें; जो सबसे अधिक प्रिय होती हैं और जो बातें चित्त को प्रसन्न और अप्रसन्न करनेवाली होती हैं, उनको एक-दूसरे से पृथक् करें, बिना उन मूल कारणों का अन्वेषण किए हुए, जिनसे यह प्रसन्नता उत्पन्न होती है।

अन्तिम कारण (आदि नहीं) हम लोगों की विचार-दृष्टि को अधिक प्रत्यक्ष होते हैं, क्योंकि एक ही कार्य्य के अन्तर्गत वे कई एक होते हैं। ये यद्यपि उतने सन्तोषदायक नहीं होते, पर दूसरे (मूल) से अधिक काम के होते हैं, क्योंकि यह हमें सृष्टिकर्ता की बुद्धि और दया की प्रशंसा करने का अधिक अवसर देते हैं।

किसी बड़ी वस्तु के देखने से जो हमें आनन्द होता है, उसका एक अन्तिम कारण यह भी हो सकता है कि जगदीश्वर ने मनुष्य की आत्मा को ऐसा बनाया है कि उस सच्चिदानन्द के अतिरिक्त और कोई वस्तु उसके चरम और वास्तविक आनन्द का कारण नहीं हो सकती। हमारे आनन्द का अधिकांश उसी सर्वव्यापक के अस्तित्व का ध्यान करने में है, जिसमें वह हमारी आत्मा में ऐसे ध्यान के लिए रुचि उत्पन्न करे; इसीलिए उसने उसको स्वभावतः ऐसी वस्तुओं के चिन्तन में आनन्द दिया है, जो विशाल और असीम होती हैं। हमारी प्रशंसा, जो कि हमारे चित्त की एक बहुत आनन्ददायिनी क्रिया है, तुरन्त ऐसी वस्तु के ध्यान से जागृत हो जाती है, जो कल्पना में बहुत-सा स्थान छेंकती है, अतः जब हम उस परमेश्वर के महत्त्व का ध्यान करते हैं, जिसके लिए न तो काल और स्थान का कोई बन्धन है और न जिसको जीवधारियों की प्रौढ़ से प्रौढ़ शक्तियाँ अनुमान कर सकती हैं, तो यही प्रशंसा बढ़ते-बढ़ते प्रगाढ़ आश्चर्य्य और भक्ति के रूप में परिणत हो जाती है।

परमेश्वर ने उन वस्तुओं के ध्यान में, जो नवीन वा असाधारण होती हैं, इस कारण आनन्द रख दिया है, जिसमें वह हमें ज्ञान प्राप्ति के लिए उत्तेजित करे और अपनी सृष्टि की अद्भुत-अद्भुत वस्तुओं को ढूँढ़ने में हमें लगाए; क्योंकि हर एक नई बात में एक ऐसा आनन्द भरा रहता है, जो उस कष्ट का, जो उसके प्राप्त करने के हेतु उठाना

पड़ता है, पुरस्कार स्वरूप हो जाता है और इस प्रकार हमारे नई-नई वस्तुओं के अन्वेषण का कारण होता है।

उसने उन वस्तुओं को, जो हमारे वर्ग में सुन्दर होती हैं, इस कारण आनन्ददायिनी बनाया है, जिसमें समस्त जीवधारी अपने-अपने वर्ग की वृद्धि करने में तत्पर हों और संसार को निवासियों से पूर्ण करें; क्योंकि यह बात ध्यान देने योग्य है कि यदि प्राकृतिक नियम के विरुद्ध कोई राक्षस उत्पन्न हो जाता है (जो दुष्ट संयोग से होता है) तो वह अपने अनुरूप जीव उत्पन्न करने और एक नए प्रकार की सृष्टि चलाने में सर्वथा असमर्थ होता है। सो यदि समस्त जीव अपने ही वर्ग के सौन्दर्य से आकर्षित न हों तो उत्पत्ति का अन्त हो जाय और पृथ्वी मानवशून्य हो जाय।

अन्त में उसने, और-और वस्तुओं में जो सुन्दरता होती है, उसको आनन्द-कारक बनाया है, अथवा यों कहिए कि इतने अधिक पदार्थों को हमारी दृष्टि में सुन्दर करके दिखलाया है, जिसमें वह अपनी सृष्टि को विशेष सुहावनी और रमणीय बनाए। उसमें हमारे चारों ओर की प्रायः समस्त वस्तुओं की कल्पना में रुचिकर भावना उत्पन्न करने की शक्ति ही है, इसलिए हम लोगों के लिए यह असम्भव है कि उसके कार्य्यों को बेपरवाही अथवा अश्रद्धा से देखें और बिना आन्तरिक सुख और प्रमोद के अनेक प्रकार की सुन्दर वस्तुओं का अवलोकन करें। यदि हम पदार्थों को उनके यथार्थ रूप और गति में देखें तो नेत्रों के लिए यह एक अत्यन्त तुच्छ दृश्य होगा; और ये पदार्थ हमारे चित्त में जो ऐसे-ऐसे भाव उत्पन्न करते हैं, जो उनके अंग में स्थित किसी वस्तु से सर्वथा भिन्न होते हैं (जैसे प्रकाश और रंग) इसका हम और क्या कारण दे सकते हैं। सिवाय इसके कि सृष्टि को आभूषणों से विभूषित करने और कल्पना के निकट उसको अधिक रोचक बनाने के लिए ही ऐसा होता है। हम अपने चारों ओर सुन्दर दृश्य और छाया देखते हैं, हम पृथ्वी और आकाश में काल्पनिक चमत्कार देखते हैं, और सम्पूर्ण सृष्टि पर इस अलौकिक सौन्दर्य, धारा का प्रवाह देखते हैं, किन्तु प्रकृति के कैसे भद्दे और उजाड़ दृश्य से हमारे नेत्रों का सत्कार किया जायगा, यदि उसके समस्त रंग लोप हो जायँ और आलोक और छाया के नाना भेद जाते रहें। जैसे हमारी आत्मा इस समय आनन्दमय स्वप्न में डूबी और चकित सी है और हम चारों ओर इस प्रकार घूमते हैं, जैसे किसी तिलस्मी कहानी का नायक, जो सुन्दर-सुन्दर वन, नदी और हरे-भरे मैदान देखता है और साथ ही पक्षियों का कलरव और झरनों का मधुर कलकल सुनता है, कि इतने ही में सहसा जादू के उस पर से हट जाने से वह स्वप्नवत् दृश्य खंडित हो जाता है और वह अपने को एक ऊसर भूमि अथवा निर्जन रेगिस्तान में खड़ा पाता है। सम्भव है कि आत्मा शरीर से वियोग होने के उपरान्त प्रथम इसी प्रकार की किसी अवस्था में रहती हो और द्रव्यों को ऐसे ही रूप में देखती हो, किन्तु रंग का ध्यान कल्पना में ऐसे सुहावना और प्रिय है कि यह भी सम्भव है कि आत्मा उससे रहित न की जाती हो, वरन् जैसे इस समय सूक्ष्मपदार्थ [Ether] के चक्षुरिन्द्रिय पर नाना आघातों से यह ध्यान उत्पन्न होता है, वैसे ही तब और किसी सामयिक कारणों द्वारा यह उत्तेजित किया जाता हो।

मैंने यहाँ पर यह मान लिया है कि पाठक उस बड़े आविष्कार से जानकार हैं, जो इस समय विज्ञान के समस्त अन्वेषियों द्वारा स्वीकृत किया गया है, अर्थात् प्रकाश और रंग जैसे कल्पना को बोध होते हैं, केवल चित्र में एक प्रकार की भावना मात्र हैं, वे पदार्थों में स्थित कोई गुण नहीं हैं। यह बात बहुत से आधुनिक तत्वज्ञों द्वारा सिद्ध की गई है और वास्तव में इस विद्या के अत्यन्त चमत्कारक रहस्यों में से है।

चौथा प्रकरण

यदि हम प्रकृति और शिल्प के निर्माणों के मनुष्य की कल्पना को सुख देने के गुण पर विचार करें तो हम दूसरे को पहिले की अपेक्षा अधिक हीन पावेंगे, क्योंकि यद्यपि वे कभी-कभी वैसे ही सुन्दर और अद्भुत देख पड़ते हैं, किन्तु उनमें वह विस्तार और आधिक्य नहीं होता, जो देखनेवाले के चित्त को इतना अधिक रुचिकर होता है। शिल्प की रचना वैसी ही बारीक और कोमल हो सकती है, जैसी प्रकृति की; किन्तु बनावट में वह वैसी विशाल और प्रभावशालिनी नहीं हो सकती। प्रकृति की बेपरवाही के और बेढंगे कामों में शिल्प की बारीकी और काट-छाँट की अपेक्षा कोई बात अधिक महत्त्व और निपुणता की पाई जाती है। किसी एक बड़े हर्म्य और उद्यान की शोभा का विस्तार एक बहुत ही संकीर्ण स्थान के बीच होता है; ध्यान उस पर से शीघ्रता से दौड़ जाता है और सन्तुष्ट होने के लिए किसी और वस्तु की आवश्यकता रखता है; किन्तु प्रकृति के विस्तीर्ण क्षेत्रों में दृष्टि बिना किसी बन्धन के नीचे-ऊपर भ्रमण करती है और बिना किसी नियमित संख्या और सीमा के न जाने कितने प्रकार के स्वरूपों का आनन्द लेती है। इसी कारण से हम देखते हैं कि कविजन सदैव ग्रामीण जीवन को पसन्द करते हैं, जहाँ पर प्रकृति अपनी पूर्णता को प्राप्त रहती है और ऐसे-ऐसे दृश्य प्रदान करती है, जो कल्पना को अधिक आह्लाद-कारक होते हैं।

परन्तु यद्यपि बहुत से नैसर्गिक बेढंगे दृश्य बनावटी दृश्यों से अधिक मनोरंजक होते हैं, तथापि प्रकृति के कार्य्यों को उसी हिसाब से और भी अधिक आनन्ददायक पाते हैं, जितना ही वे मनुष्य की कारीगरी से समानता रखते हैं; क्योंकि तब हमारी प्रसन्नता सिद्धान्तों से उत्पन्न होती है—अर्थात् एक तो पदार्थों ही की रुचिरता से और दूसरे उनके अन्य पदार्थों के सादृश्य से। हम पदार्थों की सुन्दरता को परस्पर मिलान करने से उतने ही प्रसन्न होते हैं, जितना उनको अवलोकन करने से; और उनमें से जिसको चाहते हैं, उसको अपने चित्त में मूल अथवा छाया मानकर धारण करते हैं। इसी से हम किसी ऐसे स्थान को देख, जो भले प्रकार अलंकृत होता है और खेतों, हरे-भरे मैदानों, वन और नदियों में विभक्त होता है, प्रसन्न होते हैं। स्फटिक (संगमरमर) की खान के दरारों में पेड़, नगर और बादलों के दृश्य, जो कभी-कभी निर्मित मिलते हैं, चट्टानों और विवरों में उभड़े हुए चित्र-विचित्र स्वरूप, तथा वे समस्त वस्तुएँ, जिनमें ऐसे भेद और क्रम होते हैं, जो मनुष्य की कारीगरी से मिलते-जुलते हैं और जिनको हम दैवी रचना कहते हैं, हमारे चित्त को आनन्द से पूर्ण करते हैं।

यदि प्रकृति की रचना की शोभा, जितनी ही वह शिल्प से समानता रखती है, उतनी ही अधिक बढ़ जाती है, तो यह निश्चय है कि शिल्प के निर्माण प्रकृति के निर्माणों से समानता रखने से और भी अधिक प्रतिष्ठा लाभ करते हैं, क्योंकि यहाँ पर न कि, केवल सादृश्य ही आनन्दप्रद है, वरन् मूल विशेष पूर्ण रहता है। सबसे उत्तम दृश्य जो मैंने आज तक देखा, वह एक परदे पर, जिसमें एक बड़ी नदी और एक उपवन का दृश्य एक साथ खींचा गया था। उसमें नदी के जल की ऊँची-नीची तरंगें उपयुक्त और चमकीले रंगों में दिखाई गई थीं; एक ओर से एक नाव धीरे-धीरे पानी पर चल रही थी, किनारे पर उपवन के पेड़ों की हरी-हरी पत्तियाँ हवा लगने से हिल रही थीं, जिनकी छाया नदी के जल में जाकर पड़ती थी; एक ओर हरिनों का एक झुंड भी कूदता हुआ दिखाया गया था। मैं स्वीकार करता हूँ कि ऐसे दृश्य की नवीनता कल्पना की प्रसन्नता का एक कारण हो सकती है, किन्तु यथार्थ में इसका मुख्य कारण उसकी प्रकृति से समानता है; क्योंकि यहाँ पर, और चित्रों की भाँति, हम केवल रंग और आकार ही नहीं दरसाया हुआ पाते हैं, वरन् उन पदार्थों की गति भी, जो चित्रित किए गए हैं।

हम पहिले कह चुके हैं कि प्रकृति में शिल्प की विचित्रता की अपेक्षा कोई बात अधिक प्रभावशालिनी और भव्य होती है। अतएव जब हम किसी अंश में इसका अनुकरण देखते हैं तो वह हमको उसकी अपेक्षा अधिक शुद्ध और ऊँचे प्रकार का आनन्द देता है, जो हम शिल्प के बारीक और सुडौल स्वरूपों से प्राप्त करते हैं। यही कारण है, जिससे इंगलैंड के बगीचे ऐसे मनोरंजक नहीं होते, जैसे फ्रांस और इटली के; जहाँ पर हम भूमि का बहुत-सा भाग उद्यान और जंगल के रमणीय मिश्रण से आच्छादित पाते हैं, जो कि सर्वत्र एक कृत्रिम बेढंगेपन का दृश्य सामने उपस्थित करता है और उस सफाई और सजावट की अपेक्षा अधिक मनोहर होता है, जो इंगलैंड में देखी जाती है। निस्सन्देह देश के ऐसे भागों में, जहाँ बस्ती बहुत घनी और खेती की उपज बहुत अधिक है—उसका परिणाम सर्वसाधारण के लिए बुरा और व्यवसायी लोगों के कम लाभ का होगा कि इतनी भूमि खेती और चरागाह से निकालकर अलग करें; किन्तु ऐसा क्यों न किया जाय कि जगह-जगह पर पेड़ लगाकर समस्त भूमि की भूमि एक प्रकार का उद्यान बना डाली जाय, जिसमें उसके स्वामी को उतना ही लाभ पहुँचेगा, जितना आनन्द। एक दलदल (लाल) जिसमें बेंत उगे हों, और एक पहाड़, जो देवदार के वृक्षों से आच्छादित हो, खाली ठूँठे रहने की अपेक्षा, न कि केवल अधिक सुन्दर ही हैं, वरन् आयवर्द्धक। अनाज के खेत बहुत सुहावने लगते हैं, पर यदि कहीं उनके बीच की मेड़ों पर थोड़ा और ध्यान दिया जाय और चरागाहों की स्वाभाविक बूटेकारी मनुष्य की कारीगरी द्वारा कुछ और प्रवर्द्धित कर दी जाय और उनके चारों ओर ऐसे फूल-पौधों की टट्टियाँ कई पंक्तियों में लगा दी जायँ, जो उस भूमि में उत्पन्न हो सकते हैं, तो मनुष्य अपनी ही सम्मति को एक मनोहर और रमणीय स्थल बना सकता है।

भ्रमणकार, जिन्होंने चीन देश के विषय में लिखा है, कहते हैं कि उस देश के निवासी योरपियनों की बगीचा लगाने की प्रणाली पर हँसते हैं, जिसमें कि सीधी-सीधी लकीरों का

प्रयोग होता है, क्योंकि वे कहते हैं कि कोई भी मनुष्य पेड़ों को सीधी बराबर पंक्तियों में रख सकता है; वे अपना गुण उपरोक्त प्रकार के ही कामों में दिखाते हैं; और इसलिए वे उस शैली को, जिस पर वे चलते हैं, सदा छिपाए रहते हैं। जान पड़ता है कि वे अपनी भाषा में कोई ऐसा शब्द रखते हैं, जिससे वे बगीचे की उस सुन्दरता को प्रगट करते हैं, जो देखते ही तत्काल कल्पना को लुभा लेती है, यद्यपि वे यह नहीं जानते कि वास्तव में वह कौन-सी वस्तु है, जो इतना मनोहर प्रभाव डालती है। अँगरेजी माली इसके विपरीत, प्रकृति का अनुसरण करने के स्थान पर, जहाँ तक सम्भव होता है, उससे दूर ही रहते हैं। वहाँ के वृक्ष गावदुम, वृत्ताकार और त्रिभुजाकार बनाए जाते हैं। प्रत्येक पौधे और झाड़ी पर हम कैंची का चिह्न लगा हुआ पाते हैं। मैं नहीं जानता कि मेरी यह सम्मति विलक्षण हो, पर मैं तो एक वृत्त को अपनी डालियों और पत्तियों से पूर्ण विकास और विस्तार में देखना, उसकी अपेक्षा, जब कि वह काट-छाँटकर रेखागणित की एक शक्ल बना दिया जाता है, अधिक पसन्द करता हूँ और समझता हूँ कि फूलों का एक साधारण उपवन मालियों के गोलम्बरों और कियारियों की सजावट से कहीं बढ़कर सुन्दर दिखलाई पड़ता है।

पाँचवाँ प्रकरण

मैंने पहले यह दिखलाया कि प्रकृति की रचना का कल्पना पर कैसा प्रभाव पड़ता है; तदुपरान्त साधारणतः प्रकृति और शिल्प दोनों के निर्माणों पर भी विचार किया कि किस प्रकार ऐसे दृश्यों को उपस्थित करने में, जो देखनेवाले के चित्त को सबसे अधिक प्रसन्न करते हैं, वे एक-दूसरे की सहायता करते हैं। अब मैं यहाँ पर उस कला-विशेष पर कुछ विचार करूँगा, जो तत्काल ही कल्पना में उस प्रथम श्रेणी के आनन्द को उत्पन्न कर देती है, जो हमारे इस लेख का विषय है। यह कला भवन निर्माण करने की है, जिसकी आलोचना मैं पूर्वकथित विचारों ही की दृष्टि से करूँगा; बिना उन नियमों और सूत्रों का उल्लेख किए हुए, जिनको इस कला के बड़े-बड़े आचार्यों ने स्वरचित इस विषय के अनेक ग्रन्थों में बड़ी लम्बी-चौड़ी व्याख्या के साथ निर्धारित किया है।

किसी इमारत की बड़ाई या तो उसके विस्तार किंवा शरीर के सम्बन्ध में होती है, अथवा उसकी रचना-प्रणाली के सम्बन्ध में। पहिली बात में तो हम प्राचीनों को–विशेष पूर्वीय जातियों को–आधुनिक लोगों की अपेक्षा कहीं बढ़ा-चढ़ा पाते हैं।

बाबेल की लाट की बात जाने दीजिए, जिसके विषय में एक प्राचीन ग्रन्थकार लिखता है कि उसके समय में उसकी नींव दिखाई देती थी, जो कि चौड़े-चौड़े पहाड़ों की भाँति प्रतीत होती थी। आप ऐसे निशान निर्माणों की ओर देखिए, जैसे वैवालिन की दीवार। वहाँ की छत पर के उद्यान और ज्यूपिटर वेल्स का बृहन्मन्दिर, जो एक मील ऊँचा था, अर्थात् प्रत्येक मरातिम एक-एक फर्लांग की ऊँचाई का था, जिन सबके ऊपर वैबलिन का मान मन्दिर था। मुझे यहाँ पर उस भारी चट्टान का भी उल्लेख कर देना चाहिए, जो सम्पूर्ण काटकर मेप्पेरामेस रानी की प्रतिमा के रूप में बना डाली गई थी,

और उसके आस-पास की चट्टानों का भी, जो आधीन राजाओं के रूप में खड़ी थी, तथा उस आश्चर्य्यमय कृत्रिम ताल का भी, जो समस्त इफ़रात के जल को तब तक धारण किए रहा, जब तक कि उस नदी के जल के बहाने के निमित्त नई नहरें नहीं बनाई गईं। मैं जानता हूँ कि बहुत से लोग ऐसे हैं, जो शिल्प के ऐसे अद्भुत कार्य्यों को कहानी समझते हैं, किन्तु मुझे तो इस प्रकार के सन्देह का कोई कारण नहीं देख पड़ता, सिवाय इसके कि हम लोगों के बीच इस समय ऐसे कोई उदाहरण नहीं हैं। उस काल में पृथ्वी के उन भागों में इमारत बनाने में बहुत-सी सुगमताएँ थीं, जो तब से आज तक कभी कहीं प्राप्त नहीं हुईं। पृथ्वी फलदार वृक्षों से भरी-पूरी थी, लोग बहुधा भेड़ इत्यादि पालकर निर्वाह करते थे, जिसमें कि खेती की अपेक्षा कम मनुष्यों की आवश्यकता होती थी। मनुष्यों के एक बड़े समूह को काम में लगाए रखने के लिए तब बहुत से व्यवसाय और व्यापार नहीं थे; विचारशील पुरुषों को लीन होने के लिए तब कला और विज्ञान के नाना विभाग नहीं थे; और उन सबसे बढ़कर तो बात यह थी कि राजा सर्वथा स्वाधीन था; इसलिए जब वह लड़ाई पर जाता था तो वह अपनी सारी प्रजा को अपने साथ ले लेता था। सो...मिस तीस लाख आदमियों को साथ ले रण-क्षेत्र में गई, पर तिस पर भी अपने शत्रुओं की संख्या से उसने हार खाई। अतएव कोई आश्चर्य्य की बात नहीं कि जब शान्ति स्थापित हुई और उसने अपना ध्यान इमारतों की ओर झुकाया तो ऐसे-ऐसे अद्भुत और विशाल भवन, जिनमें असंख्य मजदूर लगते थे, बनाकर खड़े कर दिए गए। इसके अतिरिक्त वहाँ का जलवायु ऐसा था कि घनघोर जाड़ा और कुहिरा; जिनके कारण पाश्चात्य मज़दूरों को वर्ष में छः महीने बैठे रहना पड़ता है, कोई विघ्न नहीं करते थे। मैं जलवायु की सुगमताओं में उस बात का उल्लेख किया चाहता हूँ, जो पृथ्वी के विषय में इतिहासकारों ने लिखा है कि उसमें से एक प्रकार का स्वाभाविक गारा पसीजकर निकलता था, जो कि वही है, जिसका वाबेल के निर्माण में व्यवहार होता, बाइबिल में वर्णित है–"वे गारे के स्थान पर लसीली मिट्टी काम में लाते थे।"

मिश्र देश में अब तक हम इन प्राचीनों के स्तूप पाते हैं, जो उन वर्णनों के सर्वथा अनुकूल हैं, जो उनके विषय में किए गए हैं। कोई भी यात्री, जो वहाँ गया होगा, उसने उस बड़ी भूलभुलैयाँ के अवशेषों को देखा होगा, जिसका विस्तार एक पूरे प्रान्त भर का था और जिसके विविध भागों के अन्तर्गत कोई 100 मन्दिर थे।

चीन की दीवार, उन पूर्वीय गौरव और महत्त्व के चिह्नों में से है, जो भूगोल के नक्शे में भी प्रत्यक्ष रहते हैं; यद्यपि उसका वर्णन एक गप्प समझा जाता, यदि वह दीवार अब तक न खड़ी होती।

उन बड़ी-बड़ी इमारतों के लिए, जिन्होंने संसार के बहुतेरे देशों को मंडित किया है, हम मनुष्य की भक्ति के अनुग्रहीत हैं। इसी भक्ति ने मनुष्यों को मन्दिर इत्यादि बनाने में संलग्न किया, न कि केवल इसलिए कि बड़े-बड़े विशाल भवन बनाकर वे देवता को उसमें निवास करने के लिए आह्वान करें, वरन् इसलिए भी कि ऐसे विशाल निर्माण चित्त को उन्नत और बड़े विचारों को समावेश होने के लिए प्रशस्त करें और उसको उस देवता से साक्षात्कार

के योग्य बनावें। क्योंकि प्रत्येक वस्तु, जो वृहत् होती है, देखनेवाले के चित्त पर भय और भक्ति का संचार कर देती है और आत्मा की स्वाभाविक बड़ाई का ध्यान दिलाती है।

अब मैं आगे इमारतों की रचना-प्रणाली की बड़ाई के विषय में विचार करूँगा, जो कि कल्पना पर इतना प्रभाव डालती है कि एक छोटी-सी इमारत, जिसमें यह बड़ाई प्रगट होती है, अपने से बीस गुनी बड़ी इमारत की अपेक्षा, जिसकी प्रणाली तुच्छ और साधारण होती है, अधिक सुन्दर भावों से चित्त को पूर्ण करती है। जैसे कोई मनुष्य उस प्रताप सूचक भाव को देख, जो कि लेसियस की बनाई हुई सिकन्दर की मूर्ति में झलकता था–यद्यपि वह मनुष्य की डील से ऊँची न थी–जितना चकित होता, कदाचित उतना (Athos) पहाड़ को देखकर नहीं, यदि वह समस्त काटकर जैसा कि फ़िदियस ने प्रस्ताव किया था, उस समय बिजली के स्वरूप में बना डाला जाता, जिसके एक हाथ में नदी और दूसरे में एक नगर होता।

कोई मनुष्य अपने चित्त की अवस्था पर तो विचार करे, जब वह रोम के पैन्थियान (Pantheon at Rome) के पहले फाटक पर पहुँचता है तो किस प्रकार की विशाल और चमत्कारिणी वस्तुओं से उसकी कल्पना पूर्ण हो जाती है, और साथ ही यह भी देखे कि उसकी अपेक्षा कितना कम प्रभाव एक गॉथिक (Gothic Cathedral) गिरजे के भीतरी दृश्य का चित्त पर होता है, चाहे वह पहले से पाँच गुना बड़ा हो। इसका कारण एक ही रचना-प्रणाली की बड़ाई और दूसरे की उसकी तुच्छता ही है–और कुछ नहीं।

इस विषय पर मैंने एक फ़रांसीसी ग्रन्थकार की आलोचना देखी, जिससे मैं बहुत प्रसन्न हुआ। मैं अपने पाठकों के लिए उसको ग्रन्थकार ही के शब्दों में यहाँ पर उद्धृत करता हूँ। वह कहता है–"मैं यह बात देखता हूँ, जो मुझे बड़ी अद्‌भुत प्रतीत होती है। वह यह है कि सतह (पृष्ठ) के समान विस्तार में एक प्रणाली तो विशाल और मनोहारिणी देख पड़ती है और दूसरी क्षुद्र और हीन। इसका कारण सूक्ष्म और असाधारण है। मेरी जान तो इमारतों में यह प्रणाली की मनोहरता लाने के लिए हमें इस प्रकार चलना चाहिए कि पिंड के प्रधान अंग बहुत कम भागों में विभक्त हों और वे बड़े हों; और उनकी रचना स्पष्ट और गम्भीर हो, तथा नेत्रों को कोई बात तुच्छ और लघु न दिखाई दे।" इसी प्रकार की कारीगरी कल्पना पर सबसे अधिक शक्ति के साथ प्रभाव डालती है; और यही प्रणाली सुन्दर और विशद देख पड़ती है; इसके प्रतिकूल जहाँ छोटी-छोटी महीन बेल-बूटियों की अधिकता रहती है, जो कि दृष्टि के कोणों को इतनी अधिक परस्पर गुछी हुई किरणों में छितरा देती है कि समस्त लीपपोत मालूम होता है, वहाँ कल्पना पर एक बहुत हीन और क्षुद्र प्रभाव पड़ता है।

इमारत के समस्त स्वरूपों में कोई ऐसे प्रभावशाली नहीं होते जैसे नतोदर (Concave) और उन्नतोदर (Converse); और हम प्राचीन और अर्वाचीन योरप की तथा चीन इत्यादि पूर्वीय देशों की उन समस्त इमारतों का अधिक भाग, जो ठाटबाट के हेतु निर्माण की गई हैं, गोल खम्भों और मिहराबदार छतों से बना हुआ पाते हैं। इसका कारण मैं तो यह समझता हूँ कि इन आकारों में (गोल तथा मिहराबदार) हम और दूसरे आकारों की अपेक्षा

अंग का अधिक भाग देख पाते हैं। इसमें सन्देह नहीं कि और भी ऐसे आकार हैं, जिनमें आँख 2/3 भाग तक सतह (पृष्ठ) को देख सकती है; किन्तु ऐसे आकारों में दृष्टि को बहुत से कोनों पर विभक्त होना पड़ता है, इससे एक ध्यान नहीं बँधने पाता, वरन् एक ही प्रकार के कई भाव उत्पन्न होते हैं। किसी गुम्बज (शिवालय इत्यादि के) को बाहर से देखिए तो उसका आधा भाग आपकी दृष्टि के अन्तर्गत आ जायगा; फिर उसी गुम्बज को भीतर से से देखिए तो एक ही बार में उसका सारा दृश्य आपके सामने उपस्थित हो जायगा; उसका सारा भीतरी झुकाव (नवांश) तुरन्त आँख पर आकर पड़ेगा; आपकी दृष्टि केन्द्र हो जायगी, जो कि परिधि की समस्त रेखाओं को खींचकर एकत्र कर लेगी। एक सम चतुर्भुज खम्भे में आँख बहुधा एक बार में सतह का चौथाई भाग ही देख पड़ती है; और एक चौखूँटी पटी हुई छतवाली कोठरी में दृष्टि को प्रथम इसके कि वह समस्त भीतरी सतह से जानकार हो जाय, सब बाहुओं पर ऊँचे-नीचे भटकना पड़ता है। इसी कारण से आकाश का दृश्य, जो एक मिहराब के भीतर से होकर आता है, उसकी अपेक्षा चित्त को कहीं अधिक आकर्षित करता है, जो चतुर्भुज वा और दूसरे आकारों के बीच में देखा जाता है। इन्द्रधनुष का आकार उनके गौरव का उतना ही कारण होता है जितना रंग और उसके सौन्दर्य का, जैसा कि सिराक के पुत्र ने कहा है–"इन्द्रधनुष की ओर देखो और उसकी प्रशंसा करो, जिसने उसे बनाया है; यह अपने चमत्कार में बहुत ही सुन्दर है, यह आकाश को एक सुन्दर वृत्त से नापता है और उस सर्वशक्तिमान के हाथों ने उसे झुकाया है।"

मैं इमारतों की उस बड़ाई के विषय में, जो चित्त पर प्रभाव डालती हैं, कह चुका। इसके अनन्तर मैं इस कला में जो बात नई और सुन्दर होती है और उसके देखने से जो आनन्द मिलता है, उसके विषय में भी कुछ कहता, किन्तु मैं देखता हूँ कि प्रत्येक मनुष्य स्वभावतः इमारत के इन दोनों गुणों के विषय में उससे अधिक मर्मज्ञ होता है, जितना कि उस बड़ाई के विषय में; जिसका मैंने वर्णन किया; इस कारण मैं पाठकों को और कष्ट नहीं दिया चाहता। मेरे लिए अब इतना ही कहना बस है कि इन समस्त कलाओं (भवन निर्माण) में और कोई दूसरी बात नहीं है, जो कल्पना को आनन्दित करती है; यह वही–बड़ाई, असाधारणता और सौन्दर्य है।

छठा प्रकरण

मैंने कल्पना के आनन्द का पहिले ही दो विभाग किया; एक तो वह, जो ऐसे पदार्थों से उत्पन्न होता है, जो यथार्थ में हमारे नेत्रों के सन्मुख है; और दूसरा वह, जो ऐसे पदार्थों से उद्भूत होता है, जिनको हमारी आँखों ने एक बार देखा और जो हमारे चित्त में फिर से या तो सर्वथा उसी की क्रिया से अथवा किसी और बाहरी वस्तु, जैसे प्रतिभा और वर्णन, द्वारा लाए जाते हैं। पहले विभाग पर तो मेरा विचार हो चुका; अब मैं दूसरे पर हाथ लगाता हूँ जिसको मैंने पहिचान के लिए कल्पना की द्वितीय श्रेणी का आनन्द कहा है। जब मैं कहता हूँ कि वर्णन और प्रतिमा इत्यादि से जो भाव हमें प्राप्त होते हैं, वे ही

हैं, जो एक बार कभी हमारी दृष्टि के सन्मुख आ चुके हैं, तो इससे यह न समझना चाहिए कि हमने उसी स्थान, उसी कार्य्य और उसी व्यक्ति को, जो वर्णित वा निर्मित है, देखा है। इतना ही बहुत है कि हमने ऐसे स्थान, ऐसे व्यक्ति और ऐसे कर्मों को देखा है, जो उनसे मिलते-जुलते वा समानता रखते हैं, जो प्रदर्शित हैं। क्योंकि कल्पना में यह शक्ति है कि जो-जो भावनाएँ विशेष उसको एक बार प्राप्त हुईं, उनको अपनी रुचि के अनुकूल घटावे, बढ़ावे वा परिवर्तित करे।

पदार्थों के रूप दरसाने में प्रतिमाकारी ही सबसे अधिक स्वाभाविक होती है और पदार्थों से सबसे अधिक समानता दिखलाती है। एक साधारण बात से इसकी परीक्षा कीजिए। एक जन्म से अन्धे मनुष्य के हाथ में एक पत्थर की प्रतिमा दे दीजिए; वह अपनी उँगलियों को फेरकर काँटी के चिह्न और चढ़ाव-उतार का पता लगा लेगा और बड़ी सुगमता से विचार कर लेगा कि किस प्रकार एक मनुष्य अथवा पशु का स्वरूप प्रदर्शित किया गया है। पर यदि वह अपना हाथ एक चित्र पर फेरे, जहाँ कि समस्त चिकना और बराबर रहता है तो वह कभी नहीं विचार कर सकता कि किस प्रकार मनुष्य के अंग के उभाड़ और उसकी गहराई एक साधारण पटल पर, जो कहीं ऊँचा-नीचा नहीं है, दरसाई गई है। वर्णन चित्र से भी अधिक उन वस्तुओं से दूर रहता है, जिनको वह प्रदर्शित करता है। क्योंकि एक चित्र अपने मूल से बहुत अधिक मेल खाता है; पर अक्षर और मात्राओं में यह गुण नहीं होता, रंग समस्त भाषा बोलते हैं, किन्तु शब्द किसी जाति विशेष ही द्वारा समझे जाते हैं। इसी कारण से हम कहते हैं कि यद्यपि मनुष्यों की आवश्यकता ने उन्हें पहिले वाणी की खोज में तत्पर किया, पर लिखने का आविष्कार चित्रकारी के पीछे हुआ है। कहा जाता है कि स्पेनवाले पहिले-पहिल जब अमेरिका में पहुँचे, उस समय मेक्सिको (Mexico) के राजा के पास जो सन्देश भेजा जाता था, वह चित्र द्वारा; उसके देश के समाचार पेंसिल से आकार बनाकर भेजे जाते थे, जो कि लिखने की अपेक्षा अधिक स्वाभाविक रीति थी—यद्यपि तदपेक्षा बहुत ही अपूर्ण; क्योंकि बचन छोटे-छोटे जोड़ों का आकार बनाना बहुत ही कठिन है और सम्बन्ध की विभक्तियों तथा संयोजक के चिन्हों का चित्र बनाना कोई साधारण काम नहीं है। इसी प्रकार दृश्य पदार्थों को ऐसी ध्वनि में, जो सर्वथा भावशून्य है (अर्थात् जो केवल ध्वनि मात्र है वर्णात्मक शब्द नहीं) प्रदर्शित करने का यत्न—जैसे बाँसुरी के सुर में किसी पदार्थ का वर्णन करना इससे भी विलक्षण होगा। यद्यपि यह सत्य है कि ध्वनि के कृत्रिम चढ़ाव-उतार में इस प्रकार के भाव अस्पष्ट और अपूर्ण रूप में चित्र में उत्पन्न हो जाते हैं। और हम देखते हैं कि गान विद्या के ज्ञाता लोग सुननेवालों को संग्राम के उद्वेग में कर देते हैं, उनके चित्र को शोक और उदासीनता से पूर्ण कर मृत्यु का रूप सन्मुख उपस्थित कर देते हैं, तथा उनको नन्दन कानन का मनोरंजक स्वप्न दिखाने लगते हैं। इन सब उदाहरणों में, कल्पना का यह द्वितीय श्रेणी का आनन्द चित्त की उस क्रिया से उद्भूत होता है, जो कि मूल पदार्थों से उत्पन्न भावों से मिलान करती है और जो कि हम उन पदार्थों की प्रतिमा, उनके चित्र तथा वर्णनों से प्राप्त करते हैं। हम लोगों के लिए

इसका वास्तविक कारण बतलाना कि क्यों चित्त की इस क्रिया के साथ इतना आनन्द लगा रहता है, असम्भव है; जैसा कि मैं पहले कह चुका हूँ, किन्तु हम अकेले सिद्धान्त के अनुसार अनेक प्रकार के आनन्द उत्पन्न होते देखते हैं, क्योंकि चित्त की यही क्रिया हम लोगों में न कि केवल चित्रकारी, प्रतिमाकारी तथा वर्णनों ही की ओर अभिरुचि दिलाती है, वरन् भाड़ों की कल और उनकी क्रियाओं में हमें आनन्द अनुभव कराती है। इसी प्रभाव से विविध भाँति की विनोद और दिल्लगी की उक्तियाँ हमारे चित्त का रंजन करती हैं, जिनमें कि, जैसा कि मैं पहिले कह चुका हूँ, भावों का परस्पर मिलान होता है। और हमारा यह कहना भी अत्युक्ति न होगी कि इसी के प्रभाव से बहुत-सी बेसिर-पैर की मिथ्या बातें भी हमारे चित्त को प्रसन्न करती हैं। उदाहरणार्थ–जैसे अक्षरों का उलटफेर, स्वरों का मेल, जैसा अन्त्यानुप्रास और प्रतिध्वनि में, अथवा शब्दों का परस्पर सादृश्य, जैसा यमक और श्लेष में; तथा समस्त पद किंवा कविता का दूसरे पदार्थों के अनुरूप होना–जैसा अन्योक्ति और व्यंग में। चित्त की इस क्रिया में इतना आनन्द उत्पन्न करने का अन्तिम कारण कदाचित हम लोगों का सत्य की खोज के लिए उत्तेजित करना है; क्योंकि एक वस्तु की दूसरी से पहिचान करना, तथा अपने विचारों में से कौन-सा विचार यथार्थ है, इसका पता लगाना, उनको आपस में मिलान करने और प्रकृति के नाना पदार्थों के सादृश्य और विभेद पर ध्यान देने ही पर निर्भर है।

किन्तु मैं यहाँ पर कल्पना के उसी आनन्द के विषय में विचार करूँगा, जो शब्दों द्वारा उत्पन्न किए हुए भावों से प्राप्त होता है। क्योंकि बहुत सी बातें, जो वर्णनों के विषय में पाई जाती हैं वे ही प्रायः चित्रकारी और प्रतिमाकारी में भी समभाव से घटित होती हैं।

शब्दों में, यदि उनका व्यवहार उत्तमता से किया जाय, इतनी बड़ी शक्ति होती है कि कभी-कभी पदार्थों का वर्णन स्वयं उन पदार्थों की अपेक्षा अधिक सुन्दर भावों से चित्त को पूर्ण करता है। वर्णनों (शाब्दिक) द्वारा पाठकगण दृश्यों को कल्पना पर जितना अधिक चटकीले रंगों में खींचा हुआ, तथा उनका जितना सजीव चित्र निर्मित किया हुआ पाते हैं, उतना उनके यथार्थ अवलोकन द्वारा नहीं। इस बात में कभी-कभी कवि प्रकृति से भी बढ़ जाता है। यद्यपि, इसमें सन्देह नहीं कि वह अपना दृश्य उसी (प्रकृति) से लेता है, तथापि वह उसको अधिक चटकीला करता है और उसकी शोभा को बढ़ाता है, तथा समस्त खंड को ऐसा सजीव बना देता है कि वे स्वरूप जो पदार्थों से प्राप्त होते हैं, उनकी अपेक्षा धुँधले और अस्पष्ट जान पड़ते लगते हैं, जो उनके वर्णनों में दरसाए जाते हैं। कारण इसका कदाचित यह है कि पदार्थों के देखने से उनका उतना ही भाग कल्पना पर चित्रित होता है, जितना हमारे नेत्रों के सामने रहता है; परन्तु उनके वर्णन में कवि अपनी इच्छानुसार उनका जितना विस्तृत दृश्य चाहता है, दिखलाता है और उनके ऐसे-ऐसे भागों का हमारे लिए पता लगाता है, जिन पर, जब पहले हमने उन पदार्थों को देखा था, या तो हमने ध्यान ही नहीं दिया था, या जो हमारी दृष्टि के बाहर थे। जब हम किसी वस्तु की ओर देखते हैं, तब उसके विषय में जो भाव उत्पन्न होता है, वह केवल दो या तीन छोटे-छोटे सामान्य भावों से मिलकर ही बना रहता है; किन्तु जब कवि उसी को

दरसाता है, तब या तो वह हमें उसके विषय में एक अधिक प्रवर्द्धित भाव प्रदान करता है, अथवा हमारे चित्त में केवल ऐसे ही भावों को उत्पन्न करता है, जो कल्पना पर सबसे अधिक प्रभाव डालते हैं।

इस बात का विचार करना भी समय का सदुपयोग ही होगा कि क्यों ऐसा होता है कि बहुतेरे पाठक, जो एक ही भाषा के जाननेवाले होते हैं और उन शब्दों का अर्थ समझते हैं, जिनको वे पढ़ते हैं, एक ही वर्णन के विषय में भिन्न-भिन्न रुचि रखते हैं। हम देखते हैं कि एक ही पद को कोई तो पढ़कर आकर्षित हो जाता है और कोई उसी को बेपरवाही के साथ झट से पढ़ जाता है; एक तो उसी में एक उत्तम स्वाभाविक चित्र खींचा हुआ पाता है और दूसरा उसमें किसी प्रकार की अनुरूपता और यथार्थता नहीं देखता। इस भिन्न-भिन्न रुचि का कारण या तो एक की अपेक्षा दूसरे की कल्पना की पूर्णता है, अथवा एक ही शब्द से प्रत्येक पाठक का भिन्न-भिन्न भाव ग्रहण करना। क्योंकि किसी वर्णन की उत्तमता के समझने तथा उसके विषय में विचार करने के लिए ऐसा मनुष्य होना चाहिए, जो जन्म से उत्तम कल्पनावाला हो और जिसने भाषा के शब्दों की शक्ति और उनके प्रभाव को भली भाँति तौला हो; जिसमें कि वह यह समझ सके कि कौन-कौन से शब्द किन-किन भावों के प्रगट करने के लिए उपयुक्त हैं और दूसरे शब्दों के संयोग से उन शब्दों में कितनी अधिक सुन्दरता और शक्ति आ जायगी। उन आकारों के धारण करने के लिए, जो बाहरी पदार्थों से प्राप्त होते हैं, कल्पना को तीव्र होना चाहिए; और यह जानने के लिए कि कैसे-कैसे वाक्य उन्हें उत्तमता-पूर्वक पटावृत्त और विभूषित करने के लिए सबसे अधिक उपयुक्त हैं, विचार को स्वच्छ होना चाहिए। वह मनुष्य, जिसमें इन सब बातों का अभाव है, चाहे वह किसी वर्णन का आभास मात्र समझ ले, किन्तु उसकी सुन्दरता को वह स्पष्ट रूप से नहीं समझ सकता, उसी प्रकार, जैसे एक क्षीण दृष्टिवाला मनुष्य अपने सामने के किसी स्थल का धुंधला और अस्पष्ट दृश्य तो देख सकता है, किन्तु उसके समस्त भागों का आनन्द नहीं ले सकता और न उसके नाना रंगों को अपने पूर्ण विकास और चमत्कार में देख सकता है।

सातवाँ प्रकरण

प्रायः देखने में आता है कि उन बहुत-सी वस्तुओं में से, जिनको हमने पहिले कभी देखा है, यदि एक भी वस्तु ध्यान में आ जाती है तो समस्त दृश्य का दृश्य सामने उपस्थित हो जाता है और ऐसे-ऐसे भाव जागृत हो जाते हैं जो पहिले कल्पना में निद्रित थे। जैसे कोई सुगन्ध अथवा रंग विशेष चट हमारे चित्त में बगीचों और खेतों का ध्यान दिला देता है जहाँ पर हमने पहिले उसको देखा था; और जो-जो स्वरूप उसके आसपास थे उनको भी वह लाकर सामने खड़ा कर देता है। हमारी कल्पना केवल एक संकेत मात्र पा जाती है और चट हमको नगरों और उपवनों, मैदानों और जंगलों में पहुँचा देती है। यह भी देखा जाता है कि जब हमारा चित्त उन दृश्यों को जिन्हें एक बार हम देख चुके हैं ध्यान करता

है तो जो-जो बातें उनमें हमें सुन्दर देख पड़ी थीं वे ध्यान कराने पर और भी अधिक सुन्दर प्रतीत होती हैं, स्मृति मूल पदार्थ की रमणीयता को और बढ़ा देती है। एक कार्टिशियन (Cartesian) तत्त्ववेत्ता इन दोनों बातों का कारण निम्नलिखित शब्दों में बतलाएगा।

वे विविध भाव जिनको हम बगीचों वा नैसर्गिक दृश्यों से प्राप्त करते हैं, चित्त में एक साथ प्रविष्ट होते हैं और उनकी जुदा-जुदा लकीरें मस्तिष्क में लग जाती हैं जो कि एक-दूसरे से बहुत पास-पास रहती हैं, अतः जब कभी कल्पना में इनमें से एक भाव भी उत्पन्न हो जाता है और अपनी निज की लकीर में एक उत्तेजक रस का प्रवाह प्रेषित कर देता है, तो यह उत्तेजक रस अपनी गति के आवेग में न कि केवल उसी लकीर विशेष में से होकर बहता है जिसमें कि वह परिचलित किया गया वरन् उनमें से भी बहुतों में से जो उसके आसपास रहती हैं। इसी युक्ति से वह और भी कुछ भावों को जागृत कर देता है जो कि पुनः नए सिरे से उत्तेजक रस को प्रेषित करते हैं और उसी प्रकार यह रस उनकी निकटवर्ती लकीरों को भी खोल देता है, यहाँ तक कि अन्त में समस्त भावों का समूह उपट आता है और वह सारा बगीचा किंवा नैसर्गिक दृश्य कल्पना में उद्भूत हो जाता है। चूँकि उस आनन्द ने जो हमने इन स्थानों से प्राप्त किया था उस घृणा को दबा दिया था जो कि हमें उनसे उत्पन्न हुई थी इस कारण से आनन्दकारक भावों रेखाएँ बहुत चौड़ी अंकित हुई और इसके विपरीत घृणित भावों की रेखाएँ इतनी संकीर्ण कि वे बहुत शीघ्र मुँद गईं और इस उत्तेजक रस को ग्रहण करने में असमर्थ हो गईं।

इस बात की जिज्ञासा करना तो व्यर्थ है कि यह पदार्थों की कल्पना करने की शक्ति वस्तुतः किसी मनुष्य की दूसरे की अपेक्षा अधिक आत्मिक सम्पन्नता से उत्पन्न होती है अथवा मस्तिष्क की बारीकी से। परन्तु, यह तो निश्चय है कि एक उत्कृष्ट ग्रन्थकार में यह शक्ति अपने पूर्ण रस और विकास में जन्म से होनी चाहिए जिसमें कि वह बाहरी पदार्थों से सुन्दर और सजीव भाव प्राप्त कर सके, उनको देर तक धारण कर सके और समय पर उनको ऐसे-ऐसे स्वरूपों में सजा सके जो पढ़नेवाले के चित्त को सबसे अधिक चुटीले होते हैं। कवि को अपनी कल्पना को सुधारने में उतना ही परिश्रम करना चाहिए जितना दार्शनिक को अपनी विचारशक्ति की अभिवृद्धि करने में। उसको प्राकृतिक कार्य्यों की ओर रुचि प्राप्त करनी चाहिए और तरह-तरह के ग्रामीण दृश्यों से भलीभाँति परिचित हो जाना चाहिए।

जब वह इस प्रकार ग्रामीण स्वरूपों से परिचित हो गया और अपनी कवित्व शक्ति को और भी विस्तृत करना चाहता है तब उसको राजदरबार के ठाट-बाट और सजावट से जानकर होना चाहिए। शिल्प की रचनाओं में भी जो बात सुन्दर और विशाल होती है उसका भी ज्ञान अच्छी तरह सम्पादन कर लेना चाहिए चाहे वह चित्र में हो अथवा प्रतिमा में, चाहे वर्तमान समय की बड़ी-बड़ी इमारतों में हो अथवा उनके अवशेषों में जो प्राचीन समय में विद्यमान थीं। ये सब बातें मनुष्य के हृदय को खोलने में तथा कल्पना को विस्तीर्ण करने में सहायता पहुँचाती हैं; और इनका प्रभाव सब प्रकार की लिखावट पर पड़ता है, यदि ग्रन्थकार इस बात को जानता है कि उनका व्यवहार किस ढंग पर

करना चाहिए। कदाचित् यह कहने की आवश्यकता न होगी कि बड़े-बड़े काव्यों में भी यही बड़ाई, असाधारणता वा सुन्दरता है जो चित्त को चमत्कृत करती है।

आठवाँ प्रकरण

कल्पना की यह द्वितीय श्रेणी का आनन्द उसकी अपेक्षा अधिक विस्तृत और व्यापक है जो नेत्रों के अवलोकन से प्राप्त होता है; क्योंकि एक उपयुक्त वर्णन में न कि केवल वही वस्तु जो कड़ी, असाधारण वा सुन्दर होती है वरन् वह भी जो हमारी रुचि के प्रतिकूल होती है, हमारे चित्त को प्रसन्न करती है! यहाँ पर हमारा आनन्द एक दूसरे ही सिद्धान्त पर रहता है; अर्थात् चित्त की उसी क्रिया से यह उत्पन्न होता है जो उन भावों को जो शब्दों से उत्पन्न होते हैं उन भावों से मिलान करती है जो वर्णित पदार्थों से प्राप्त होते हैं; और क्यों चित्त की यह क्रिया इतना आनन्द देती है इसका विचार हम पहिले कर चुके हैं। अतएव इसी कारण से यदि उपयुक्त शब्दों में उसका स्वरूप दरसाया जाय तो ग्राम के गोबड़ौर का (यद्यपि उसको देखने से एक प्रकार की अरुचि होगी) वर्णन भी कल्पना को आनन्द-दायक होता है। यद्यपि वास्तव में तो इसे कल्पना का आनन्द न कहके विचार वा विवेचना का आनन्द कहना चाहिए क्योंकि हम उस स्वरूप से जो वर्णन में दरसाया जाता है उतना प्रसन्न नहीं होते हैं जितना उस वर्णन के उस स्वरूप को प्रगट करने की योग्यता से।

परन्तु, यदि ऐसी वस्तु का वर्णन जो छोटी, साधारण वा कुरूप होती है कल्पना को रुचिकर होता है तो जो वस्तु बड़ी, असाधारण वा सुन्दर होती है उसका वर्णन तो और भी अधिक हृदयग्राही होगा; क्योंकि तब हम दरसाए हुए पदार्थ को केवल मूल से मिलान करने ही से नहीं प्रसन्न होंगे वरन् स्वयं मूल के स्वरूप से भी आनन्दित होंगे। बहुतेरे पाठक मैं समझता हूँ कि मिल्टन के नर्क के वर्णन को पढ़कर उतना मोहित न होते होंगे जितना स्वर्ग के। यद्यपि अपने-अपने ढंग के दोनों ही बहुत उपयुक्त हैं, किन्तु एक में भयानक अग्नि और दुर्गन्धि की कल्पना उतनी सुहावनी नहीं है जितनी दूसरे में फूलों के उपवन, और हरे-भरे कक्ष।

एक बात और है जिससे वर्णन सबसे अधिक रोचक हो जाता है; वह यह कि जब वह ऐसी-ऐसी बातों को दरसाता है जो पढ़नेवाले के चित्त में कोई उत्तेजना उत्पन्न करती हैं और उसके मनोवेगों पर शक्ति के साथ प्रभाव डालती हैं। क्योंकि इससे हम तुरन्त चंचल हो जाते हैं जिससे आनन्द और भी व्याप्त हो जाता है और कई प्रकार से हमें लीन करता है। जैसे चित्रकारी में, किसी के चेहरे के चित्र की ओर जो यथातथ्य उतरा हो देखने से हम प्रसन्न होते हैं; किन्तु यदि वह किसी ऐसे चेहरे का चित्र है जो सुन्दर है तो हमारी प्रसन्नता और भी बढ़ जाती है। और यदि कहीं उस सौन्दर्य में उदासीनता और शोक का भाव भी मिश्रित कर दिया जाता है तब तो हमारे आनन्द का कहीं ठिकाना नहीं रहता। चित्र के दो प्रबल वेग जिनको गम्भीर प्रकार की कविता उभाड़ने

का यत्न करती है वे भय और दया हैं। यहाँ पर लोगों को आश्चर्य्य होगा कि यह कैसे होता है कि वे मनोवेग जो और दूसरे अवसरों पर तो दुःखदायक होते हैं किन्तु जब उपर्युक्त वर्णनों द्वारा वे उत्तेजित किए जाते हैं तो बहुत ही मनोरंजक होते हैं। यह तो कोई आश्चर्य्य की बात नहीं है कि ऐसे-ऐसे प्रकरणों को पढ़कर हम आनन्दित हों जो आशा, आह्लाद, प्रशंसा, प्रेम तथा इसी प्रकार के और वेग उत्पन्न करते हैं; क्योंकि वे मनोवेग चाहे जिस अवसर पर उत्पन्न होंगे, हमें बिना आन्तरिक प्रसन्नता प्रदान किए न रहेंगे। परन्तु यह कैसे होता है कि किसी वर्णन द्वारा भयभीत अथवा हताश किए जाने से हम प्रसन्न होते हैं, जबकि उसी शोक और भय के दूसरे अवसरों पर उत्पन्न होने से हम इतने विह्वल हो जाते हैं ?

यदि हम इस आनन्द की भली प्रकार परीक्षा करें तो हम देखेंगे कि यह वास्तव में किसी ऐसी वस्तु के वर्णन से नहीं उत्पन्न होता है जो भयानक होती है वरन् हमारे उसे पढ़ते समय अपने विषय में विचार करने से। जब हम ऐसी भयानक वस्तुओं को देखते हैं तो यह विचार करके कुछ कम प्रसन्न नहीं होते कि हमें उनका कोई भय नहीं है। हम उन्हें भयानक तो समझते हैं किन्तु उसके साथ ही हानि पहुँचाने में असमर्थ; इसलिए जितना ही अधिक वे अपना भयानक रूप दिखलाती हैं उतना ही हम उनसे अपने को रक्षित समझकर और भी प्रसन्न होते हैं। सारांश यह कि हम किसी वर्णन की भयानक बातों को उसी कौतूहल के साथ देखते हैं जैसे एक मरे हुए राक्षस वा दैत्य को।

यही कारण है कि हम व्यतीत आपदाओं को विचार करके भी प्रसन्न होते हैं या किसी भारी चट्टान को दूर से देखकर हर्षित होते हैं जिसको यदि अपने सिर से ऊपर लटकती हुई हम देखें तो एक दूसरे ही प्रकार के भय से हमारा चित्त पूर्ण हो जाय।

इसी प्रकार जब हम पीड़ा, क्लेश, मृत्यु तथा इसी प्रकार की और दारुण घटनाओं के विषय में पढ़ते हैं तो हमारा आनन्द उस शोक से नहीं उत्पन्न होता है जो ऐसे दुःखमय वर्णनों से हमें प्राप्त होता है वरन् हमारे भीतर ही भीतर अपनी अवस्था को उस क्लेशित व्यक्ति की अवस्था से मिलान करने से। ऐसे वर्णन हमें अपनी अवस्था का यथार्थ मूल्य समझना तथा अपने सौभाग्य की सराहना करना, जिससे हम इस प्रकार की आपदाओं से बचे हैं, सिखलाते हैं। यह एक ऐसे प्रकार का आनन्द है जो हम उस समय नहीं प्राप्त कर सकते जब हम यथार्थ में किसी मनुष्य को उसी पीड़ा से क्लेशित देखते हैं जो वर्णन में दरसाई गई है, क्योंकि तब वह वस्तु हमारी इन्द्रियों के बहुत ही निकट हो जाती है और हमें इतना अखर जाती है कि हमें अपने विषय में विचार करने को समय और अवकाश ही नहीं मिलता। हमारा ध्यान पीड़ित व्यक्ति के क्लेश और दुःख की ओर इतना झुका रहता है कि उसे हम अपने सुख की ओर नहीं फेर सकते। परन्तु, इसके प्रतिकूल हम उन आपदाओं को जो इतिहास अथवा काल में पढ़ते हैं या तो व्यतीत समझते हैं अथवा कल्पित; इससे हमारे चित्त में अपनी अवस्था का ध्यान इस प्रकार दबे पाँव प्रवेश करता है कि हमें जान नहीं पड़ता और पीड़ित पुरुष के क्लेश से जो दुःख होता है उसको दबा देता है।

परन्तु मनुष्य का चित्त पदार्थों में कोई बात उससे और पूर्ण चाहता है जितना उनमें देखता है और प्रकृति में कोई ऐसा दृश्य नहीं देखता जो उसके आनन्द की सबसे उच्च अभिलाषाओं को सन्तुष्टि कर सके—अथवा यों कहिए कि कल्पना उससे कहीं अधिक बड़ी, असाधारण और सुन्दर वस्तुओं का अनुमान कर सकती है जिन्हें हम अपनी आँखों से देखते हैं, और कोई न कोई त्रुटि इन आँख से देखी हुई वस्तुओं में वह बोध कराती है। इसी से यह कवि का कर्त्तव्य है कि कल्पना का उसी की रुचि के अनुकूल अनुरंजन करे, अर्थात् जहाँ पर वह किसी सत्य और वास्तविक वस्तु का वर्णन करता है वहाँ पर प्रकृति को पूर्ण और दुरुस्त करे और जहाँ वह किसी कल्पित वस्तु का वर्णन करता है वहाँ प्रकृति की अपेक्षा अधिक सौन्दर्यों को बटोर कर एकत्रित करे।

उसके लिए प्रकृति की धीमी चाल के अनुसार एक से दूसरी ऋतु में जाना तथा फूलों और पौधों के विषय में उसके सामयिक नियमों का पालन करना कोई आवश्यक नहीं है। वह अपने वर्णन में वसन्त और शिशिर की शोभा एक साथ दिखला सकता है और उसको रोचक बनाने के लिए समस्त वर्ष की शोभा से थोड़ी-थोड़ी सहायता ले सकता है। उसके पारिजात, गुलाब और कदम्ब एक साथ फूल सकते हैं। उसकी (कवि की) भूमि किसी वर्ग विशेष के पौधों ही के लिए नहीं बनी है, आम और अखरोट समान रूप से उसमें मिल सकते हैं; अर्थात् प्रत्येक देश की जलवायु के पौधों के लिए उसकी भूमि उपयुक्त होती है; नारंगियों का बन वहाँ खड़ा मिल सकता है; हर एक झाड़ी फूलों से लदी हुई देखी जा सकती है, और यदि वह कवि मसालों का उपवन भी वहाँ होना उचित समझता है तो वह तुरन्त उन्हें पैदा होने भर के लिए उष्णता ला सकता है। यदि ये सब मिलकर भी रोचक दृश्य नहीं उपस्थित कर सकते तो वह नए प्रकार के फूलों की सृष्टि करता है जो उनकी उपेक्षा अधिक मधुर सुगन्धवाले तथा चटकीले रंगवाले होते हैं जो प्रकृति के उपवनों में पाए जाते हैं। उसके विहंगों का कलरव इतना मधुर और हृदयग्राही हो सकता है और उसके बन इतने निबिड़ और सघन हो सकते हैं जितना वह चाहे। दृश्य चाहे छोटा हो वा बड़ा उसके लिए दोनों बराबर हैं; वह अपने झरनों को आध मील की ऊँचाई से वैसी ही सुगमता से गिरा सकता है जैसी बीस गज की ऊँचाई से; वायु को वह जिस ओर चाहे बहा सकता है; और नदी की धारा को वह ऐसे-ऐसे घुमावों के साथ बहा सकता है जो कल्पना को सबसे अधिक आनन्ददायक होते हैं। सारांश यह कि प्रकृति का गढ़ना उसके हाथ में रहता है, उसको वह जैसी शोभा चाहता है वैसी प्रदान कर सकता है; किन्तु उसको वह अत्यन्त ही न सुधार डाले और उससे बढ़ जाने के निमित्त यत्न करने में कहीं बे सिर-पैर की व्यर्थ बातों में न फँस जाय।

नवाँ प्रकरण

एक लिखने की रीति है जिसमें कवि प्रकृति की ओर बिल्कुल नहीं दृष्टिपात करता और अपने पाठकों के चित्र को ऐसे-ऐसे पात्रों के कर्मों और स्वभावों से पूर्ण कर देता है जिनका सिवाय उसकी रचना में और कहीं अस्तित्व नहीं। अप्सरा, डाइन, भूत-प्रेम और

मृत पुरुषों की आत्मा इत्यादि इसी प्रकार की हैं। ऐसी रचनाओं में जो सर्वथा कवि की कल्पना ही पर निर्भर रहती हैं यह सबसे कठिन है क्योंकि इसमें उसके चलने के लिए कोई नमूना नहीं रहता, उसको बिल्कुल अपनी ही गढ़न्त पर काम करना होता है।

इस प्रकार की रचना के लिए चित्त की एक बहुत ही विलक्षण प्रवृत्ति की आवश्यकता है; और किसी ऐसे कवि का इसमें कृतकार्य होना असम्भव है जिसके भाव निराले न हों और जिसकी कल्पना स्वभाव ही से उपजाऊ और संशयी न हो। इसके अतिरिक्त उसको किस्से-कहानियों, पुराने-पुराने व्याख्यानों तथा बूढ़े लोगों की जनश्रुति इत्यादि में भली प्रकार प्रवीण होना चाहिए, जिसमें वह हम लोगों की स्वाभाविक रुचि के अनुसार अपने को ले चले, और जिन भावों को बचपन में हमने ग्रहण किया था उनका अनुमोदन करे; क्योंकि अन्यथा यह भूतों और डाइनों को अपने ही वर्ग के लोगों के समान बोलावेगा, न कि उन दूसरी ही श्रेणी के जीवों की तरह जिनके वार्तालाप का अभिप्राय तथा जिनकी विचार करने की प्रणाली मनुष्यों से भिन्न होती है।

मैं मि. वेज़ की भाँति यह नहीं कहता कि कोई बन्धन नहीं है कि भूत-प्रेत अर्थसूचक ही बात बोलें; परन्तु इतना तो अवश्य कहूँगा कि उनके अर्थ कुछ विलक्षण और असम्बद्ध होने चाहिए जिसमें वे बोलनेवाले के स्वरूप और अवस्था के अनुकूल हों।

इस प्रकार के वर्णन पढ़नेवाले के चित्त में एक प्रकार का आनन्दकारक त्रास उत्पन्न करते हैं और उसकी कल्पना को उन पात्रों की विलक्षणता और नवीनता से रंजित करते हैं जो उनमें दरसाए गए हैं। ये हमारी स्मृति में उन कहानियों को लाते हैं जिन्हें हमने लड़कपन में सुना था; और उन अन्तरस्थित भय और आशंकाओं का अनुमोदन करते हैं जो मनुष्य के चित्त में स्वभाविक हैं। हम लोग दूसरे देश के लोगों की भिन्न चाल-ढाल और रहन-सहन देखकर प्रसन्न होते हैं। कितने और अधिक हम प्रसन्न होंगे यदि मानो एक नई सृष्टि ही में हम पहुँचा दिए जायँ और वहाँ दूसरे ही प्रकार के जीवों के आकार और व्यवहार देखें। शुष्क-हृदय तथा तर्कनाप्रिय मनुष्य इस प्रकार की कविता का यह कहकर विरोध करते हैं कि उसके वर्णन इतने सम्भव नहीं होते कि किसी प्रकार का प्रभाव कल्पना पर डालें। किन्तु इसका उत्तर यह दिया जा सकता है कि हमें निश्चय है कि इस जगत् में हम लोगों के अतिरिक्त और भी बुद्धि सम्पन्न जीव हैं तथा और भी इस प्रकार की आत्माएँ हैं जो मनुष्य की आत्मा से भिन्न नियमों से प्रतिबद्ध हैं। इसलिए जब हम इनमें से किसी को स्वाभाविक रीति पर दरसाया हुआ पाते हैं तो उसे सर्वथा असम्भव और निर्मूल नहीं समझ लेते वरन् बहुतेरे लोग तो पहिले ही से उसके विषय में ऐसी सम्मति रखते हैं जो चट उन्हें ऐसी बातों पर विश्वास लाने को बाध्य कर देती है। हम लोगों ने, और कुछ नहीं तो उनके पक्ष में इतने मनोहर वर्णन सुने हैं कि हम असत्यता की ओर देखने की परवाह ही नहीं करते हैं और बड़े मन से ऐसे रोचक प्रलापों में अपने को लीन होने देते हैं।

अत्यन्त प्राचीन काल के लोगों में कविता की यह प्रथा प्रचलित न थी, क्योंकि, यथार्थ में, इसके सारे भाग की उत्पत्ति माध्यमिक काल के अन्धकार और भ्रम से है जबकि मनुष्यों के दिल बहलाव के लिए तथा उनको डराकर अपने मत पर दृढ़ करने के लिए धर्म्म की आड़

में जाल रचे जाते थे। संसार में विद्या और विज्ञान का प्रकाश फैलने के पहिले लोग प्रकृति को बहुत ही पूज्य तथा भय की दृष्टि से देखते थे और तन्त्र-मन्त्र, भूत-प्रेत आदि की आशंकाओं से चकित होना बहुत पसन्द करते थे। कोई भी गाँव देश में ऐसा न था जहाँ एक भूत न हो; श्मशानों पर सर्वत्र भूतों का डेरा रहता था; प्रत्येक ताल के किनारे चुड़ैलों की मंडली बैठती थी; एक भी ग्रामीण ऐसा न मिलता था जिसने एक भूत न देखा हो।

योरप के कवियों में अँगरेज़ कवि ही प्रायः इसमें अधिक कुशल होते हैं, चाहे इस कारण कि उनमें इस प्रकार की कहानियाँ बहुत हैं अथवा उस देश की प्रतिभा इस प्रकार की रचना के लिए विशेष उपयुक्त है क्योंकि अँगरेज़ लोग स्वभाव से कल्पनाप्रिय होते हैं।

अँगरेज़ कवियों में शेक्सपियर ही इस प्रकार की रचना में सबसे बढ़ा-चढ़ा है। वह कल्पना की उस प्रचुरता के प्रभाव से जो उसमें इतने पूर्ण रूप से थी अपने पाठकों के चित्त के कोमल और संशयी भाग को द्रवीभूत कर सका और ऐसे-ऐसे स्थलों पर कृतकार्य होने में समर्थ हुआ जहाँ उसकी प्रतिभा की शक्ति के अतिरिक्त और आश्रय और आधार न था। उसके भूत-प्रेत और परियों की वार्ताओं में कोई बात ऐसी बीहड़ पर साथ ही ऐसी गम्भीर है कि हम उनको बिना स्वाभाविक समझे नहीं रह सकते यद्यपि हमारे पास उनकी परीक्षा के लिए कोई साधन नहीं है। यह भी हम स्वीकार करेंगे कि यदि इस प्रकार के जीवों की सृष्टि जगत् में है तो यह बहुत सम्भव है कि वे इसी प्रकार की बोली बोलते होंगे और ऐसे ही कर्म करते होंगे जैसा उसने दरसाया है।

एक प्रकार के और कल्पित जीव हैं जो हमें कवियों की रचना में कभी-कभी मिलते हैं, अर्थात् जब रचयिता किसी मनोवेग, पाप, सत्य, धर्म्म इत्यादि दृग्गोचर स्वरूप में प्रदर्शित करता है और उनको अपने काव्य के पात्र बनाता है। प्रबोध चन्द्रोदय नाटक में आशा, आलस्य, रोग इत्यादि सब मनुष्यों के रूप में प्रगट हुए हैं। इस प्रकार की रचना बहुत ही मनोहारिणी और ओजस्विनी होती है। मैं स्थानाभाव से इन कल्पित पात्रों का उल्लेख मात्र यहाँ कर सकता हूँ। इस भाँति हम देखते हैं कि कितने रूपों में कविता कल्पना को सम्बोधन करती है; क्योंकि इसके कार्य्य का क्षेत्र न कि केवल सम्पूर्ण प्रकृति ही का मंडल है वरन् यह अपनी एक नई सृष्टि निर्माण करती है, ऐसे-ऐसे व्यक्तियों का दर्शन कराती है जो इस भूमंडल पर नहीं पाए जाते, और यहाँ तक कि आत्मा की विविध क्रियाओं को, उसके सद्भावों और विकारों को गोचर आकार और स्वभाव में दिखला देती है।

मैं अब अपने अगले दो प्रकरणों में यह विचार करूँगा कि किस प्रकार काव्य के अतिरिक्त और दूसरे प्रकार की लिखावट कल्पना को आनन्दित करने में योग्यता रखती है और फिर वहीं से इस निबन्ध की समाप्ति करूँगा।

दसवाँ प्रकरण

जैसे कि काव्य तथा काल्पनिक साहित्य के रचयितागण अपनी बहुत-सी सामग्रियों को बाहरी पदार्थों से लेते हैं और उनको अपने मनोनुकूल एक साथ संयोजित करते हैं वैसे

ही लेखकों का एक और समुदाय है जो प्रकृति का अनुगामी होने के लिए उनकी अपेक्षा अधिक विवश है और अपना सारा दृश्य उसी से लेता है। इतिहासकार, वैज्ञानिक, भ्रमणकार, भूगोलकार तथा वे सब जो भूस्थित वास्तविक पदार्थों का वर्णन करते हैं इसी समुदाय के अन्तर्गत हैं।

इतिहासकार का यह प्रधान गुण है कि वह उपयुक्त शब्दों में अपनी सेना का सुमन्त्रित होना और संग्राम में तत्पर होना वर्णन करे; हम लोगों की आँख के सामने बड़े लोगों के द्वेष, गर्द और छल को दरसावे और अपने इतिहास की बहुत-सी घटनाओं में क्रम-क्रम से हमें ले चले। घटनाओं का धीरे-धीरे यथाक्रम उद्भूत होना और हम पर इसी रीति से प्रगट होना कि हमको पहिले से उनका कुछ ज्ञान न होने पावे हमें बहुत प्रिय है; जिसमें कि हम एक प्रकार के मनोरंजक सन्देह में पड़े रहें और हमें अनुमान बाँधने का तथा वर्णन किए हुए दोनों पक्षों में से किसी एक पक्ष को अवलम्बन करने का समय मिले। यह मैं स्वीकार करता हूँ कि इससे इतिहासकार का जितना गुण प्रकट होता है उतना यथार्थवाद नहीं, किन्तु मैं तो उसका उल्लेख उतने ही अंश में करना चाहता हूँ जितना कल्पना को प्रफुल्लित करने में समर्थ है। इन बातों में लिवी (Livy) अपने आगे और पीछे के सब इतिहासकारों से बढ़ा-चढ़ा है। वह प्रत्येक वस्तु का ऐसा सजीव वर्णन करता है कि उसका समस्त इतिहास एक सुन्दर चित्र प्रतीत होता है, और हर एक कथा के ऐसे चुटीले वृत्तान्तों की ओर झुकता है कि उसका पढ़नेवाला एक प्रकार का निरीक्षक हो जाता है और उन समस्त मनोवेगों का अनुभव करने लगता है जो वर्णन के विविध भागों से सम्बन्ध रखते हैं।

किन्तु इस श्रेणी के लेखकों में कल्पना को इतना कोई सन्तुष्ट और प्रशस्त नहीं करते हैं जितना नए विज्ञान की पुस्तकों के प्रणेतागण; चाहे हम उनके पृथ्वी तथा आकाश विषयक सिद्धान्तों का और यन्त्रों द्वारा उनके नाना आविष्कारों का विचार करें अथवा प्रकृति विषयक उनके और अनुमानों पर ध्यान दें। हम हर एक हरी पत्ती को लाखों ऐसे जीवों से गुथी हुई देखकर कुछ कम प्रसन्न नहीं होते हैं जिनको कि खाली आँख कभी देख नहीं सकती। धातु, पौधों तथा तारों के विषय में जो पुस्तकें होती हैं उनमें कोई बात कल्पना और बुद्धि दोनों को बहुत ही रोचक होती है। किन्तु जब हम एक बेर समस्त पृथ्वी की ओर तथा उन सब उपग्रहों की ओर जो उसके निकटवर्ती हैं दृष्टि डालते हैं तो हम इतने लोगों को अन्तरिक्ष में एक-दूसरे के समानान्तर लटकते हुए तथा अपनी-अपनी कक्षाओं पर ऐसे अद्भुत चमत्कार और वेग के साथ परिक्रमण करते हुए देखकर एक मनोरंजक आश्चर्य्य से पूर्ण हो जाते हैं। यदि इसके उपरान्त हम सूक्ष्म पदार्थ (Ether) के अपार क्षेत्रों का विचार करते हैं जो ऊँचाई में शनैश्चर से लेकर स्थिरीकृत ग्रहों (Fixed stars) तक पहुँच गए हैं और इधर-उधर इतने विस्तार में फैले हुए हैं जिसका पारावार नहीं तो हमारी कल्पना-शक्ति ऐसे विपुल दृश्य से भर उठती है जिसके समावेश के लिए उसको बहुत ही फैलना पड़ता है। किन्तु यदि हम और आगे बढ़ते हैं और विचार करते हैं कि ये स्थिरीकृत गृह आग के अपार समुद्र हैं और प्रत्येक

के साथ भिन्न-भिन्न वर्ग के उपग्रह हैं; और फिर नए-नए आकाश और नए-नए प्रकाश का पता लगाते हैं जो इथर (Ether) के अगाध समुद्र में इस प्रकार मग्न पड़े हैं कि बड़े से बड़े दूरवीक्षण यन्त्रों द्वारा भी नहीं देखे जा सकते तो हम सूर्यों और लोकों की भूल-भुलैया में फँस जाते हैं और प्रकृति के चमत्कार और विस्तार से स्तम्भित हो जाते हैं।

कल्पना को कोई बात इतनी प्रिय नहीं है जितना पदार्थों के परस्पर विस्तार-सम्बन्ध को विचार करके क्रम-क्रम से प्रवर्द्धित होना, जब वह मनुष्य के शरीर को सम्पूर्ण पृथ्वी के पिंड से मिलान करती है; पृथ्वी को उस वृत्त से जो उसके चारों ओर वह बनाती है, उस वृत्त को स्थिरीकृत ग्रहों के मंडल से, स्थिरीकृत ग्रहों के मंडल को सम्पूर्ण सृष्टि से और समस्त सृष्टि को उस अपार शून्य स्थान से जो उसके चारों ओर फैला हुआ है; अथवा जब कल्पना नीचे की ओर जाती है और मनुष्य के शरीर को किसी मटर से भी सौ गुने छोटे जानवर से मिलान करती है, फिर उस जीव के विशेष-विशेष अवयवों से, तदनन्तर उन पुरजों से जो उन अवयवों में क्रिया उत्पन्न करते हैं; तदुपरान्त उस शक्ति से जो उन पुरजों को चलाती है और पुनः इन समस्त भागों की उस समय की सूक्ष्मता से जब कि वे पूरी बाढ़ को नहीं पहुँचे रहते हैं और यदि इन सबके पीछे इस शक्ति के क्षुद्रातिक्षुद्र अंश को हम लेते हैं और उसके द्वारा एक संसार निर्मित होने की सम्भावना पर विचार करते हैं जिसमें कि उतने ही विस्तार में पृथ्वी और आकाश, तारे और उपग्रह तथा सब तरह के जीव परस्पर उसी सम्बन्ध के साथ सन्निविष्ट रहेंगे जैसा कि हमारे इस संसार में, तो इस प्रकार का विचार अपनी सूक्ष्मता के कारण उन लोगों को उपहासजनक जान पड़ता है जिन्होंने अपना ध्यान इस ओर नहीं फेरा है यद्यपि उसकी स्थिति दृढ़ प्रमाणों के आधार पर है। यहीं तक नहीं, हम इस विचार को और भी आगे ले जा सकते हैं और इस क्षुद्र जगह के छोटे से छोटे कण में भी तत्त्व के ऐसे अतुल भंडार का पता लगा सकते हैं जिससे एक दूसरा ब्रह्माण्ड तक निर्मित हो सकता है।

इस विषय को मैंने विस्तार के साथ वर्णन किया है क्योंकि मैं समझता हूँ कि इससे कल्पना की यथार्थ पहुँच और उसकी त्रुटि का बोध हो जायगा और विदित हो जायगा कि किस प्रकार उसका प्रवेश बहुत ही थोड़े स्थान के बीच है और किस प्रकार किसी ऐसी वस्तु को ग्रहण करने के लिए जो अत्यन्त छोटी वा अत्यन्त बड़ी होती है जब वह यत्न करती है तो चट रोक दी जाती है। यदि कोई मनुष्य किसी ऐसे जीव के शरीर पिंड को जो सरसों से बीस गुना छोटा है, एक ऐसे जीव से मिलान करे जो सरसों से सौ गुना छोटा है, अथवा अपने ध्यान में पृथ्वी के सहस्र व्यासों की लम्बाई को उसी के दस लाख व्यासों की लम्बाई से मिलान करे तो उसे तुरन्त जान पड़ेगा कि ऐसी-ऐसी असाधारण मात्रा की सूक्ष्मता और विशालता का अन्दाज करने के लिए उसके चित्त में कोई पृथक्-पृथक् माप नहीं है। हमारी बुद्धि अलबत्ते हमारे चारों ओर अनुसन्धान का मार्ग खोल देती है; किन्तु कल्पना को वह बहुत शीघ्र अदृश्य हो जाता है। कल्पना अपने में एक तरह का रन्ध्र बोध करने लगती है जिसको कि वह किसी और विशेष गोचर पिंड की सामग्री में भरना चाहती है। हम इस शक्ति को न तो सिकोड़कर सूक्ष्मता के अन्त

तक ले जा सकते हैं और न फैलाकर विशालता के सिरे पर पहुँचा सकते हैं। जब हम पृथ्वी की परिधि का ध्यान करते हैं तो वह वस्तु हमारी शक्ति की पहुँच से अत्यन्त बड़ी हो जाती है और जब हम एक परमाणु का अनुमान करने के लिए यत्न करते हैं तब वह हमारे लिए कुछ भी नहीं रह जाती।

सम्भव है कि यह त्रुटि स्वयं आत्मा में न हो, वरन् जब वह शरीर के सहयोग से काम करती है तब उसमें यह दोष आ जाता हो। कदाचित् मस्तिष्क में इतने तरह के चिह्नों के लिए स्थान ही न हो अथवा चेतना शक्ति उनको इस ढंग पर निर्मित करने में असमर्थ हो कि वे इतनी बड़ी अथवा इतनी छोटी भावनाओं को उत्तेजित कर सकें। जो कुछ हो, हम यह मान सकते हैं कि दूसरे उच्च श्रेणी के जीव हमसे इस बात में बहुत बढ़े-चढ़े हैं; और सम्भव है कि मनुष्य की आत्मा आगामी काल में (शरीर से पृथक् होने पर) जैसे और सब बातों में वैसे ही इस शक्ति में भी पूर्णता प्राप्त करेगी; यहाँ तक कि कल्पना विचार के साथ-साथ चलने और विस्तार के समस्त जुदे-जुदे परिणाम और क्रम के लिए पृथक्-पृथक् भाव रखने में सक्षम होगी।

ग्यारहवाँ प्रकरण

कल्पना का आनन्द ऐसे ही ग्रन्थकारों के ऊपर अवलम्बित नहीं है जो भौतिक पदार्थों में कुशल होते हैं वरन् बहुधा नीति, समालोचना तथा द्रव्यों से निकाले हुए और-और निरूपणों के गम्भीर कर्त्ताओं में भी हम इस आनन्द को पाते हैं। ये लोग यद्यपि प्रकृति के दृग्गोचर भागों का स्पष्टतया वर्णन नहीं करते हैं तथापि वे प्रायः अपने उदाहरण, रूपक और अपनी उपमाएँ उनसे लेते हैं। इस प्रकार के दृष्टान्तों से बुद्धि में स्थित कोई तत्त्व मानो कल्पना में प्रतिबिम्बित हो जाता है; हम किसी विचार में रंग और आकार देखने लगते हैं और भावों को भौतिक द्रव्यों पर झलकाया हुआ पाते हैं। जब कल्पना बुद्धि की बातों को अवतरण करने और मानसिक सांसारिक भावों को खींचकर भौतिक संसार में लाने में लगी रहती है उस समय चित्त बहुत प्रसन्न होता है और उसकी दो शक्तियाँ एक साथ ही परितुष्ट होती हैं।

किसी ग्रन्थकार का गुण मनोरंजक दृष्टान्तों के चुनाव में प्रगट होता है जो कि प्रायः प्रकृति वा शिल्प के विशाल और सुन्दर निर्माणों से लिये जाते हैं; क्योंकि यद्यपि जो बात नई वा असाधारण होती है, कल्पना को प्रसन्न करती है पर दृष्टान्त का मुख्य उद्‌देश्य किसी ग्रन्थकार के वाक्यों का स्पष्टीकरण है इसलिए इसको सर्वथा ऐसे ही पदार्थों से लेना चाहिए जो उन वाक्यों की अपेक्षा जिन्हें स्पष्ट करना है, अधिक परिचित और जाने हुए हों।

रूपक यदि उत्तमतापूर्वक चुने जाते हैं तो किसी प्रसंग के बीच-बीच में प्रकाश की ज्योति की भाँति हो जाते हैं जो कि अपने पास की सारी वस्तुओं को स्पष्ट और सुन्दर कर देती है। एक उत्कृष्ट उपमा यदि कौशल के साथ रक्खी जाती है तो अपने चारों ओर

चमत्कार फैला देती है और सम्पूर्ण पद को कान्तिमय कर देती है। ये विविध प्रकार के दृष्टान्त (रूपक, उपमा इत्यादि) केवल दिखाने की भिन्न-भिन्न प्रणालियाँ हैं; जिसमें ये कल्पना को आनन्दित कर सकें इसलिए सादृश्य या तो बहुत ही ठीक अथवा बहुत सुन्दर और रोचक होना चाहिए; जैसे कि हम किसी ऐसे चित्र की ओर देखना पसन्द करते हैं जिसमें अनुरूपता ठीक अथवा चेष्टा और भाव सुन्दर होता है। परन्तु हम बहुधा बड़े-बड़े लेखकों को भी इस बात में दोषी पाते हैं; बड़े-बड़े पंडित लोग अपने दृष्टान्त और उदाहरण प्रायः उन शास्त्रों से लेते हैं जिनमें वे सबसे अधिक दक्ष होते हैं, अतएव उनके पांडित्य का समावेश लोग उनके सर्वथा भिन्न विषयों के प्रतिपादन में पाते हैं। मैंने 'प्रेम' पर एक प्रबन्ध पढ़ा है जिसको सिवाय एक गहिरे रासायनिक के और कोई नहीं समझ सकता, और बहुत से धर्मोपदेश सुने हैं जिनको दार्शनिकों की मंडली के बीच सुनाना चाहिए। इसके विपरीत, कामकाजी लोग ऐसे दृष्टान्तों का आश्रय लेते हैं जो अत्यन्त ही परिचित और क्षुद्र होते हैं। ये लोग या तो पाठकों को शतरंज और गेंद के खेल की ओर ले जाते हैं अथवा तरह-तरह के व्यवसाय की ओर ले जाते हैं अथवा तरह-तरह के व्यवसाय और व्यापार की धुन में एक दूकान से दूसरी दूकान पर ले जाकर खड़ा करते हैं। यह ठीक है कि इन दोनों प्रकार की बातों में भी न जाने कितने तरह के सुन्दर दृष्टान्त मिल सकते हैं पर सबसे हृदयग्राही प्रकृति के कामों ही में पाए जाते हैं जो कि समस्त शक्तियों को प्रत्यक्ष होते हैं और उनसे बढ़के आनन्ददायक होते हैं जो कला और विज्ञान में पाए जाते हैं।

कल्पना पर प्रभाव डालने का यही गुण है जो उत्तम बुद्धि को भी अलंकृत करता है और एक मनुष्य की रचना को दूसरे मनुष्य की रचना से विशेष रोचक बनाता है। यों तो प्रायः सब तरह की लिखावट को यह उज्ज्वल करता है पर कविता का तो यह जीव और सर्वस्व है। जिस काव्य में यह गुण भली प्रकार झलकाया गया है उसको यह युगान्तरों से रक्षित करता आया है, चाहे उसमें सिवाय इसके और कोई बात प्रशंसा की न हो; और जिसमें सब शोभा विद्यमान रहती है पर इसकी हीनता रहती है वह रचना शुष्क और नीरस जान पड़ती है। इसमें कोई बात सृष्टि की सी होती है; यह एक प्रकार का अस्तित्व प्रदान करता है और पाठकों के सामने ऐसे बहुत से पदार्थों को लाता है जो इस जगत् में नहीं पाए जाते। यह प्रकृति में बहुत सी बातें बढ़ाता है और परमेश्वर के कार्य्यों के बहुत से भेद दिखलाता है। संक्षेपतः यह सृष्टि के उत्तम से उत्तम दृश्यों को भी विभूषित और कान्तिमय कर सकता है, अथवा चित्त को उनसे अधिक चमत्कारक कौतुक और आभास दिखला सकता है जो उसके किसी भाग में पाए जा सकते हैं।

हम उन आनन्दों के बहुत से मूलों का पता लगा चुके जो कल्पना को सन्तुष्ट करते हैं; अब यहाँ पर कदाचित् उन विपरीत वस्तुओं को अलग करके दिखलाना कठिन न होगा जो उसको अरुचि और भय से पूर्ण कर देती है, क्योंकि कल्पना उतना ही क्लेश अनुभव कर सकती है जितना आनन्द। जबकि मस्तिष्क पर किसी दुर्घटना का आघात पहुँचता है, वा चित्त रोग और दुःस्वप्नों से विचलित हो जाता है तब कल्पना उन्मादकारक

और उदासीन भावों से उपप्लुत हो जाती है और अपने ही निर्मित सहस्रों भीषण आकारों से स्वयं भयभीत होती है।

प्रकृति में कोई दृश्य ऐसा क्लेशकर नहीं है जैसा एक व्यग्र मनुष्य का जबकि उसकी कल्पना व्यथित और उसकी सारी आत्मा व्यस्त और आकुल रहती है। बाबिलन भी अपनी उजाड़ अवस्था में ऐसा करुणोत्पादक नहीं है। पर इस दुःखदायी प्रसंग को मैं छोड़े देता हूँ। मैं अब उपसंहार की भाँति केवल यही विचार करूँगा कि यह शक्ति परमात्मा को मनुष्य की आत्मा के ऊपर कितना अधिकार देती है और हम एक कल्पना ही से किस सीमा तक का सुख और दुःख प्राप्त कर सकते हैं।

हम पहिले ही देख चुके हैं कि एक मनुष्य दूसरे मनुष्य की कल्पना के ऊपर कितना प्रभाव रखता है और किस सुगमता के साथ वह उसके भीतर तरह-तरह के स्वरूप ले जाता है। विचार तो कीजिए कि कितनी बड़ी शक्ति उस जगदीश्वर में स्थित होगी, जो कल्पना पर प्रभाव डालने की सब रीतियों को जानता है, जो उसमें जिन-जिन भावों का चाहे संचार कर सकता है और उन भावों में जिस मात्रा तक का भय वा आनन्द चाहे भर सकता है। वह बिना शब्दों की सहायता ही के चित्त में स्वरूप उद्दीपित कर सकता है और बिना पिंड वा बाहरी पदार्थों के ही ऐसे दृश्य हमारे सामने ला सकता है, जो नेत्रों को प्रत्यक्ष जान पड़ते हैं। वह कल्पना को ऐसी सुन्दर और चमत्कारिणी भावनाओं से मोहित कर सकता है, अथवा उसको ऐसे-ऐसे कराल भूतों और प्रेतों से सता सकता है कि हम मृत्यु की बाट जोहने और जीवन को एक बोझ समझने लगते हैं। सारांश यह कि वह कल्पना को इतना आनन्दित वा क्लेशित कर सकता है, जितना किसी एक जीव के निमित्त स्वर्ग वा नर्क बना देने के लिए दरकार होता है।

(एडिसन के 'Pleasures of Imagination' का अनुवाद, नागरी प्रचारिणी पत्रिका, भाग 9, सन् 1905)

काव्य में प्राकृतिक दृश्य

'दृश्य' शब्द के अन्तर्गत केवल नेत्रों के विषय का ही नहीं, अन्य ज्ञानेन्द्रियों के विषयों (जैसे शब्द, गन्ध, रस) का भी ग्रहण समझना चाहिए। 'महकती हुई मंजरियों से लदी और वायु के झकोरों से हिलती हुई आम की डाली पर काली कोयल बैठी मधुर कूक सुना रही है।' इस वाक्य में यद्यपि रूप, शब्द और गन्ध तीनों का विवरण है, पर इसे एक 'दृश्य' ही कहेंगे। बात यह है कि कल्पना द्वारा अन्य विषयों की अपेक्षा नेत्रों के विषयों का ही सबसे अधिक आनयन होता है, और सब विषय गौण रूप से आते हैं। बाह्यकरणों के सब विषय अन्तःकरण में 'चित्र' रूप से प्रतिबिम्बित हो सकते हैं। इसी प्रतिबिम्ब को हम 'दृश्य' कहते हैं।

यह तो स्पष्ट है कि 'प्रतिबिम्ब' या 'दृश्य' का ग्रहण 'अभिधा' द्वारा ही होता है। पर 'अभिधा' द्वारा ग्रहण एक ही प्रकार का नहीं होता। हमारे यहाँ आचार्यों ने संकेतग्रह के जाति, गुण, क्रिया और यदृच्छा ये चार विषय बताए, पर स्वयं संकेतग्रह के दो रूपों का विचार नहीं किया। अभिधा द्वारा ग्रहण दो प्रकार का होता है–'बिम्बग्रहण और अर्थग्रहण'। किसी ने कहा 'कमल'। अब इस 'कमल' पद का ग्रहण कोई इस प्रकार भी कर सकता कि ललाई लिये हुए सफेद पंखड़ियों और नाल आदि के सहित एक फूल का चित्र अन्तःकरण में थोड़ी देर के लिए उपस्थित हो जाए; और इस प्रकार भी कर सकता है कि चित्र उपस्थित न हो केवल पद का अर्थमात्र समझकर काम चलाया जाए। व्यवहार में तथा शास्त्रों में इसी दूसरे प्रकार के संकेतग्रह से काम चलता है। वहाँ एक-एक पद के वाच्यार्थ के रूप पर अड़ते चलने की फुरसत नहीं रहती। पर काव्य के दृश्य-चित्रण में संकेतग्रह पहले प्रकार का होता है। उसमें कवि का लक्ष्य 'बिम्बग्रहण' कराने का रहता है, केवल अर्थ ग्रहण कराने का नहीं। वस्तुओं के रूप और आसपास की परिस्थिति का ब्योरा जितना स्पष्ट या स्फुट होगा उतना ही पूर्ण बिम्बग्रहण होगा, और उतना ही अच्छा दृश्यचित्रण कहा जाएगा।

'बिम्बग्रहण' कराने के लिए चित्रण काव्य का प्रथम विधान है, जो 'विभाव' में दिखाई पड़ता है। काव्य में 'विभाव' मुख्य समझना चाहिए। भावों के प्रकृत आधार या विषय का कल्पना द्वारा पूर्ण और यथातथ्य प्रत्यक्षीकरण कवि का पहला और सबसे आवश्यक काम है। यों तो जिस प्रकार विभाव, अनुभाव आदि में हम कल्पना का प्रयोग पाते हैं उसी प्रकार उपमा, उत्प्रेक्षा आदि अलंकारों में भी, पर जबकि रस ही काव्य में प्रधान वस्तु है तब उसके संयोजकों में कल्पना का जो प्रयोग होता है वह आवश्यक और

प्रधान ठहरता है। रस का आधार खड़ा करनेवाला जो विभावन व्यापार है वही कल्पना का सबसे बड़ा प्रधान कार्यक्षेत्र है। किन्तु उसे यों ही उड़ान भरना नहीं होता, उसे अनुभूति या रागात्मिका वृत्ति के आदेश पर चलना पड़ता है। उसे ऐसे स्वप्न खड़े करने पड़ते हैं जिनके द्वारा रति, हास, शोक, क्रोध इत्यादि का स्वयं अनुभव करने के कारण कवि जानता है कि श्रोता या पाठक भी उनका वैसा ही अनुभव करेंगे। अपनी अनुभूति की व्यापकता के कारण मनुष्यमात्र की अनुभूति तथा उनके विषयों को अपने हृदय में रखनेवाले ही ऐसे स्वरूपों को अपने मन में ला सकते हैं और कवि कहे जाने के अधिकारी बन सकते हैं।

विभाव के अन्तर्गत दो पक्ष होते हैं–

(1) आलम्बन (भाव का विषय),

(2) आश्रय (भाव का अनुभव करनेवाला)।

इनमें से प्रथम तो मनुष्य से लेकर कीट-पतंग, वृक्ष, नदी, पर्वत आदि सृष्टि का कोई भी पदार्थ हो सकता है। किन्तु दूसरा हृदयसम्पन्न मनुष्य ही होता है। प्राचीन कविगण इऩ दोनों का स्वरूप प्रतिष्ठित करने में–इनका बिम्ब ग्रहण कराने में–कल्पना का पूरा-पूरा उपयोग करते थे। वाल्मीकीय रामायण को मैं आर्य काव्य का आदर्श मानता हूँ। इसमें राम के रूप, गुण, शीलस्वभाव तथा रावण की विरूपता, अनीति, अत्याचार आदि का पूरा चित्रण तो मिलता ही है, साथ ही अयोध्या, चित्रकूट, दंडकारण्य आदि का चित्र भी पूरे ब्योरे के साथ सामने आता है। इन स्थलों के वर्णन में हमें हाट, बाट, नदी, निर्झर, ग्राम, जनपद इत्यादि न जाने कितने पदार्थों का प्रत्यक्षीकरण मिलता है।

साहित्य के आचार्यों की दृष्टि में वन, उपवन, ऋतु आदि शृंगार के 'उद्दीपन' मात्र हैं; वे केवल नायक या नायिका को हँसाने या रुलाने के लिए हैं। जब यही बात है तब फिर इनका संश्लिष्ट चित्रण करके श्रोता को 'बिम्बग्रहण' कराने से क्या प्रयोजन ? उसके नाम गिनाकर अर्थग्रहण करा दिया, बस, हो गया। पर सोचने की बात है कि क्या प्राचीन कवियों ने इनका वर्णन इसी रूप में किया है ? क्या विश्वहृदय वाल्मीकि ने वनों और नदियों आदि का वर्णन इसी उद्देश्य से किया है ? क्या महाकवि कालिदास ने कुमारसम्भव के आरम्भ में ही हिमालय का जो विशद वर्णन किया है वह केवल शृंगार के उद्दीपन की दृष्टि से ? कभी नहीं। ये वर्णन पहले तो प्रसंग प्राप्त हैं अर्थात् आलम्बन की परिस्थिति को अंकित करनेवाले हैं। इनके बिना आश्रय और आलम्बन शून्य में खड़े मालूम होते हैं। इस पर यों गौर कीजिए। राम और लक्ष्मण के दो चित्र आपके सामने हैं। एक में केवल दो मूर्तियों के अतिरिक्त और कुछ नहीं है और दूसरे में पयस्विनी के द्रुमलताच्छादित तट पर पर्णकुटी के सामने दोनों भाई बैठे हैं। इनमें से दूसरा चित्र परिस्थिति को लिये हुए है, इससे उसमें हमारे भावों के लिए अधिक विस्तृत आलम्बन है। हमारी परिस्थिति हमारे जीवन का आलम्बन है, अतः उपचार से वह हमारे भावों का भी आलम्बन है। उसी परिस्थिति में–उसी संसार में–उन्हीं दृश्यों के बीच जिनमें हम रहते हैं, राम-लक्ष्मण् को पाकर हम उसके साथ तादात्म्य सम्बन्ध का अधिक अनुभव करते हैं, जिससे 'साधारणीकरण' पूरा-पूरा होता है।

पर प्राकृतिक वर्णन केवल अंग रूप से ही हमारे भावों के आलम्बन नहीं हैं, स्वतन्त्र रूप में भी हैं। जिन प्राकृतिक दृश्यों के बीच हमारा आदिम पूर्वज रहे और अब भी मनुष्य जाति का अधिकांश (जो नगरों में नहीं आ गया है) अपनी आयु व्यतीत करता है, उनके प्रति प्रेमभाव पूर्व साहचर्य के प्रभाव से संस्कार या वासना के रूप में हमारे अन्तःकरण में निहित है। उनके दर्शन या काव्य आदि में प्रदर्शन से हमारी भीतरी प्रकृति का जो अनुरंजन होता है वह अस्वीकृत नहीं किया जा सकता। इस अनुरंजन को केवल किसी दूसरे भाव का उत्तेजक रहना अपनी जड़ता का ढिंढोरा पीटना है। जो प्राकृतिक दृश्यों को केवल कामोद्दीपन की सामग्री समझते हैं; उनकी रुचि भ्रष्ट हो गई है और संस्कारसापेक्ष हैं। मैंने पहाड़ों पर या जंगलों में घूमते समय बहुत ऐसे साधु देखे हैं जो लहराते हुए हरे-भरे जंगलों, स्वच्छ शिलाओं पर चाँदी से ढलते हुए झरनों, कलरव कर रहे विहंगों को देख मुग्ध हो गए हैं। काले मेघ जब अपनी छाया डालकर चित्रकूट के पर्वतों को नीलवर्ण कर देते हैं तब नाचते हुए नीलकंठों (मोरों) को देखकर सभ्यताभिमान के कारण शरीर चाहे न नाचे, पर मन अवश्य नाचने लगता है। इसमें कोई सन्देह नहीं कि ऐसे दृश्यों को देखकर हर्ष होता है। हर्ष एक संचारी भाव है। इसलिए यह मानना पड़ेगा कि उसके मूल में रति भाव वर्तमान है और वह रति भाव उन दृश्यों के प्रति है।

रीतिग्रन्थों की बदौलत रसदृष्टि परिमित हो जाने से उसके संयोजक विषयों में से कुछ तो 'उद्दीपन' में डाल दिए गए और कुछ 'भाव क्षेत्र' से ही निकाले जाकर 'अलंकार' के हाते में हाँक दिए गए। इसी व्यवस्था के अनुसार वस्तुओं के स्वाभाविक रूप और क्रिया का वर्णन 'स्वभावोक्ति' अलंकार हो गया, जैसे, लड़कों का खेलना, चीते का पूँछ पटककर झपटना, हाथी का गंडस्थल रगड़ना इत्यादि। पर मैं इन्हें प्रस्तुत विषय मानता हूँ, जिन पर अप्रस्तुत विषयों का उत्प्रेक्षा आदि द्वारा आरोप हो सकता है। वात्सल्य रतिभाव के प्रदर्शन में यदि बच्चे की क्रीड़ा का वर्णन हो तो क्या वह अलंकार मात्र होगा ? प्रस्तुत वर्ण्य विषय अलंकार नहीं कहा जा सकता। वह स्वयं रस के संयोजकों में से है, उसकी शोभा मात्र बढ़ानेवाला नहीं। मैं अलंकार को केवल वर्णन-प्रणाली-मात्र मानता हूँ, जिसके अन्तर्गत करके किसी वस्तु का वर्णन किया जा सकता है। वस्तुनिर्देश अलंकार का काम नहीं। इस दृष्टि से कई अलंकार ऐसे हैं जिन्हें अलंकार न कहना चाहिए; जैसे स्वभावोक्ति, अतिशयोक्ति से भिन्न अत्युक्ति, उदात्त इत्यादि। सारांश यह कि 'स्वभावोक्ति' अलंकार नहीं है और इसी से उसका ठीक-ठीक लक्षण भी नहीं स्थिर हो सका है। कुछ लोग 'अलंकार' का बहुत व्यापक अर्थ लेने लगे हैं। इन सब बातों का विस्तृत विवेचन फिर कभी किया जाएगा।

मनुष्य शेष प्रकृति के साथ अपने रागात्मक सम्बन्ध का विच्छेद करने से अपने आनन्द की व्यापकता को नष्ट करता है। बुद्धि की व्याप्ति के लिए मनुष्य को जिस प्रकार विस्तृत और अनेक रूपात्मक क्षेत्र मिला है उसी प्रकार 'भावों' (मन के वेगों) की व्याप्ति के लिए भी। अब यदि आलस्य या प्रमाद के कारण मनुष्य इस द्वितीय क्षेत्र को संकुचित कर लेगा तो उसका आनन्द पशुओं के आनन्द से विशाल किसी प्रकार नहीं कहा जा

सकेगा। अतः यह सिद्ध हुआ कि वन, पर्वत, नदी, निर्झर, पशु, पक्षी, खेत, बारी इत्यादि के प्रति हमारा प्रेम स्वाभाविक है, या कम-से-कम वासना के रूप में अन्तःकरण में निहित है।

पर प्रेम की प्रतिष्ठा दो प्रकार से होती है–(1) सुन्दर रूप के अनुभव द्वारा (2) साहचर्य द्वारा। सुन्दर रूप के आधार पर जो प्रेमभाव का लोभ (मेरे मानसकोश में दोनों का अर्थ प्रायः एक ही निकलता है) प्रतिष्ठित होता है उसका हेतु संलक्ष्य होता है, और जो केवल साहचर्य के प्रभाव से अंकुरित और पल्लवित होता है वह एक प्रकार से हेतु-ज्ञान-शून्य होता है। यदि हम किसी किसान को उसकी झोपड़ी से हटाकर किसी दूर देश में ले जाकर राजभवन में टिका दें तो वह उस झोपड़ी का, उसके छप्पर पर चढ़ी हुई कुम्हढ़े की बेल का, सामने के नीम के पेड़ का, द्वार पर बँधे हुए चौपायों का ध्यान करके आँसू बहाएगा। वह यह कभी नहीं समझता कि मेरी झोपड़ी इस राजभवन से सुन्दर थी; परन्तु फिर भी झोपड़े का प्रेम उसके हृदय में बना हुआ है। यह प्रेम रूपसौन्दर्यगत नहीं है; सच्चा स्वाभाविक और हेतु-ज्ञान-शून्य प्रेम को रूप-सौन्दर्य-गत प्रेम नहीं पहुँच सकता।

इससे यह स्पष्ट है कि अपने सुखविलास की अथवा शोभा और सजावट की अपनी रचनाओं के आदर्श को लेकर जो प्रकृति के क्षेत्र का अवलोकन करते हैं और अपना प्रेमानन्द केवल इन शब्दों में प्रकट करते हैं कि "अहा हा ! कैसे लाल, पीले और सुन्दर फूल खिले हैं, पेड़ किस प्रकार यहाँ से वहाँ तक एक-एक पंक्ति में चले गए हैं, लताओं का कैसा सुन्दर मंडप-सा बन गया है, कैसी शीतल, मन्द, सुगन्ध हवा चल रही है।" उनका प्रेम कोई प्रेम नहीं–उसे अधूरा समझना चाहिए। वे प्रकृति के सच्चे उपासक नहीं। वे तमाशबीन हैं, और केवल अनोखापन, सजावट या चमत्कार देखने निकलते हैं। उनका हृदय मनुष्य प्रवर्तित व्यापारों में पड़कर इतना कुंठित हो गया है कि उसमें उन सामान्य प्राकृतिक परिस्थितियों में, जिनमें अत्यन्त आदिम काल में मनुष्यजाति ने अपना जीवन व्यतीत किया था तथा उन प्राचीन मानवव्यापारों में, जिनमें वन्य दशा से निकलकर वह अपने निर्वाह और रक्षा के लिए लगी, लीन होने की वृत्ति दब गई अथवा यों कहिए कि उनमें करोड़ों पीढ़ियों को पार करके आनेवाली अन्तःसंज्ञावर्तिनी वह अव्यक्त स्मृति नहीं रह गई जिसे वासना या संस्कार कहते हैं। वे तड़क-भड़क, सजावट, रंगों की चमक-दमक, कलाओं की बारीकी पर भले ही मुग्ध हो सकते हों, सच्चे सहृदय नहीं कहे जा सकते।

कँकरीले टीलों, ऊसर, पटपरों, पहाड़ के ऊबड़-खाबड़ किनारों या बबूल, करौंदे के झाड़ों में क्या आकर्षित करनेवाली कोई बात नहीं होती ? जो फारस की चाल के बगीचों के गोल चौखूँटे कटाव, सीधी-सीधी रविशें, मेहँदी के भद्दे हाथी-घोड़े, काट-छाँटकर सुडौल किए हुए सरो के पेड़ों की कतारें, एक पंक्ति में फूले हुए गुलाब आदि देखकर ही वाह-वाह करना जानते हैं उनका साथ सच्चे भावुक सहृदयों को वैसा ही दुखदायी होगा जैसा कि सज्जनों को खलों का। हमारे प्राचीन पूर्वज भी उपवन और वाटिकाएँ लगाते थे। पर उनका आदर्श कुछ और था। उनका आदर्श वही था जो अब तक चीन और योरप में थोड़ा-बहुत बना हुआ है। आजकल के पार्कों में हम भारतीय आदर्श की छाया पाते हैं। हमारे यहाँ के उपवन वन के प्रतिरूप ही होते थे। जो वनों में जाकर प्रकृति का शूद्र स्वरूप

और उसकी स्वच्छन्द क्रीड़ा नहीं देख सकते थे वे उपवनों में ही जाकर उसका थोड़ा-बहुत अनुभव कर लेते थे। वे सर्वत्र अपने को ही नहीं देखना चाहते थे। पेड़ों को मनुष्य को कवायद करते देखकर ही जो मनुष्य प्रसन्न होते हैं वे अपना ही रूप सर्वत्र देखना चाहते हैं, अहंकारवश अपने से बाहर प्रकृति की ओर देखने की इच्छा नहीं करते।

काव्य का जो चरम लक्ष्य सर्वभूत को आत्मभूत करके अनुभव कराना है (दर्शन के समान केवल ज्ञान कराना नहीं) उसके साधन में भी अहंकार का त्याग आवश्यक है। जब तक इस अहंकार से पीछा न छूटेगा तब तक प्रकृति के सब रूप मनुष्य की अनुभूति के भीतर नहीं आ सकते। खेद है कि फारस की उस महफिली शायरी का कुसंस्कार भारतीयों के हृदय में भी इधर बहुत दिनों से जम रहा है जिसमें चमन, गुल, बुलबुल, लाला, नरगिस आदि का भी कुछ वर्णन विलास की सामग्री के रूप में ही होता है—कोह, बयाबान आदि का उल्लेख किसी भारी विपत्ति या दुर्दिन के ही प्रसंग में मिलता है। फारस में क्या और पेड़-पौधे नहीं होते ? पर उनसे वहाँ के शायरों को कोई मतलब नहीं। अलबूर्ज जैसे सुन्दर पहाड़ का विशद वर्णन किस फारसी काव्य में है ? पर इधर वाल्मीकि को देखिए। उन्होंने प्राकृतिक दृश्यों के वर्णन में केवल मंजरियों से छाए हुए रसालों, सुरभित सुमनों से लदी हुई मालती लताओं, मकरन्द-पराग-पूरित सरोजों का ही वर्णन नहीं किया, इंगुदी, अंकोट, तेंदू, बबूल, बहेड़े आदि जंगली पेड़ों का भी पूर्ण तल्लीनता के साथ वर्णन किया है। इसी प्रकार योरप के कवियों ने भी अपने गाँव के पास से बहते हुए नाले के किनारे उगनेवाली झाड़ी या घास तक का नाम आँखों में आँसू भरकर लिया है।[1] इससे स्पष्ट है कि मनुष्य को उसके व्यापारगर्त से बाहर प्रकृति के विशाल और विस्तृत क्षेत्र में ले जाने की शक्ति फारस की परिमित काव्यपद्धति में नहीं है—भारत और योरप की पद्धति में है।

स्वाभाविक सहृदयता केवल अद्भुत, अनूठी, चमत्कारपूर्ण, विशद या असाधारण वस्तुओं पर मुग्ध होने में ही नहीं है। जितने आदमी भेड़ाघाट, गुलमर्ग आदि देखने जाते हैं वे सब प्रकृति के सच्चे आराधक नहीं होते, अधिकांश केवल तमाशबीन होते हैं। केवल असाधारणत्व के साक्षात्कार की यह रुचि स्थूल और भद्दी है और हृदय के गहरे तलों से सम्बन्ध नहीं रखती। जिस रुचि से प्रेरित होकर लोग आतशबाजी, जलूस वगैरह देखने दौड़ते हैं, यह वही रुचि है। काव्य में इसी असाधारणत्व और चमत्कार की छोटी रुचि के कारण बहुत-से लोग अतिशयोक्तिपूर्ण अशक्त वाक्यों में ही काव्यत्व समझने लगे ! कोई बिहारी के विरहवर्णन पर सिर हिलाता है, कोई 'यार' की कमर गायब होने पर वाह-वाह करता है। कालिदास ने अत्यन्त प्राकृतिक ढंग से रथ को धूल के आगे निकाला[2] तो भूषण ने घोड़े को छोड़े हुए तीर से एक तीर आगे कर दिया[3], पर मुकाबला जहाँ हद से ज्यादा बढ़ा कि मजाक हुआ। खेद है कि उर्दू की शायरी ऐसे ही मजाक की सूरत में आ गई।

---

1. देखिए, वर्ड्स्वर्थ की 'ऐडमानिशन टु ए 'ट्रैवेलर' शीर्षक कविता।
2. आत्मोद्धतैरपि रजोभिरङ्घनीया धावन्त्यमी मृगजवाक्षमयेव रथ्याः। अभिज्ञानशाकुन्तल, 1/8
3. जिन चढ़ि आगे को चलाइत तीर, तीर एक भरि तऊ तीर पीछे ही परत हैं। शिवभूषण, 372

'अनूठी बात' सुनने की उत्कंठा रखनेवाले जब काव्यरसिक समझे जाने लगे तब भिन्न-भिन्न रसों के प्रवाह को दबाकर अद्‌भुत रस ऊपर उछलने लगा, और नारायण पंडित जैसे लोगों को सर्वत्र वही दिखाई देने लगा। उन्होंने कह ही डाला कि–

रसे सारश्चमत्कारः सर्वत्राप्यनुभूयते।
तच्चमत्कारसारत्वे सर्वत्राप्यद्‌भुतो रसः॥

भावों का उत्कर्ष दिखाने के लिए काव्य में कहीं-कहीं असाधारणत्व अवश्य अपेक्षित होता है, पर उतनी ही मात्रा में जितनी से प्रकृत भाव दबने न पावे। इस उत्कर्ष के लिए कहीं-कहीं असाधारणत्व पहले आलम्बन में अधिष्ठित होकर भाव के उत्कर्ष का कारण स्वरूप होता है। पर यह कहा जा चुका है कि भावों के उत्कर्ष के लिए भी सर्वत्र आलम्बन का असाधारणत्व अपेक्षित नहीं होता। साधारण से साधारण वस्तु हमारे गम्भीर से गम्भीर भावों का आलम्बन हो सकती है। साहचर्यजन्य प्रेम कितना बलवान् होता है, उसमें वृत्तियों को तल्लीन करने की कितनी शक्ति होती है यह सब लोग जानते हैं; पर वह असाधारणतत्व पर अवलम्बित नहीं होता। जिनका हमारा लड़कपन में साथ रहा है, जिन पेड़ों के नीचे, जिन टीलों पर, जिन नदी-नालों के किनारे हम अपने साथियों को लेकर बैठा करते थे, उनके प्रति हमारा प्रेम जीवन भर स्थायी होकर बना रहता है। अतः चमत्कारियों की यह समझ ठीक नहीं कि जहाँ असाधारणत्व होता है वहीं रस का परिपाक होता है, अन्यत्र नहीं।

प्रसंगप्राप्त साधारण-असाधारण सभी वस्तुओं का वर्णन कवि का कर्तव्य है। काव्यक्षेत्र अजायबखाना या नुमाइशगाह नहीं है। जो सच्चा कवि है उसके द्वारा अंकित साधारण वस्तुएँ भी मन को तल्लीन करनेवाली होती हैं। साधारण के बीच में यथास्थान असाधारण की योजना करना सहृदय और कलाकुशल कवि का ही काम है। साधारण-असाधारण अनेक वस्तुओं के मेल से एक विस्तृत और पूर्ण चित्र संघटित करनेवाले ही कवि कहे जाने के अधिकारी हैं। साधारण के बीच में ही असाधारण की प्रकृत अभिव्यक्ति हो सकती है। साधारण से ही असाधारण की सत्ता है। अतः केवल वस्तु के असाधारणत्व या व्यंजनप्रणाली के असाधारणत्व में ही काव्य समझ बैठना अच्छी समझदारी नहीं।

सारांश यह कि केवल असाधारणत्वदर्शन की रुचि सच्ची सहृदयता की पहचान नहीं है। शोभा और सौन्दर्य की भावना के साथ-साथ जिनमें मनुष्य जाति के उस समय के पुराने सहचरों की वंशपरम्परा स्मृति वासना के रूप में बनी हुई है, वह प्रकृति के खुले क्षेत्र में विचरती थी, वे ही पूरे सहृदय कहे जा सकते हैं। पहले कह आए हैं कि वन्य और ग्रामीण दोनों प्रकार के जीवन प्राचीन हैं, दोनों पेड़-पौधों, पशु-पक्षियों, नदी-नालों और पर्वत-मैदानों के बीच व्यतीत होते हैं, अतः प्रकृति के अधिक रूपों के साथ सम्बन्ध रखते हैं। हम पेड़-पौधों और पशु-पक्षियों से सम्बन्ध तोड़कर नगरों में आ बसे; पर उनके बिना रहा नहीं जाता। हम उन्हें हर वक्त पास न रखकर एक घेरे में बन्द करते हैं, और कभी-कभी मन बहलाने को उनके पास चले

जाते हैं। हमारा साथ उनसे भी छोड़ते नहीं बनता। कबूतर हमारे घर के छज्जों पर सुख से सोते हैं–

तां कस्यांचिद्भवनवलभौ सुप्तपारावतायां,
नीत्वा रात्रिं चिरविलसनात्खिन्नविद्युत्कलत्रः।

गौरे हमारे घर के भीतर आ बैठते हैं, बिल्ली अपना हिस्सा या तो म्याऊँ-म्याऊँ करके माँगती है या चोरी से ले जाती है, कुत्ते घर की रखवाली करते हैं और वासुदेव जी कभी-कभी दीवार फोड़कर निकल पड़ते हैं। बरसात के दिनों में जब सुरखी चूने की कड़ाई की परवा न करके हरी-हरी घास पुरानी छत पर निकल पड़ती है तब मुझे उसके प्रेम का अनुभव होता है। वह मानो हमें ढूँढ़ती हुई आती है और कहती है कि तुम मुझसे क्यों दूर-दूर भागे फिरते हो ?

वनों, पर्वतों, नदी-नालों, कछारों, पटपरों, खेतों की नालियों, घास के बीच से गई हुई ढुर्रियों, हल-बैलों, झोपड़ों और श्रम में लगे हुए किसानों इत्यादि में जो आकर्षण हमारे लिए है वह हमारे अन्तःकरण में निहित वासना के कारण है, असाधारण चमत्कार या अपूर्व शोभा के कारण नहीं। जो केवल पावस की हरियाली और वसन्त के पुष्पहास के समय ही वनों और खेतों को देखकर प्रसन्न हो सकते हैं, जिन्हें केवल मंजरीमंडित रसालों, प्रफुल्ल कदम्बों और सघन मालतीकुंजों का ही दर्शन प्रिय लगता है ग्रीष्म के खुले हुए पटपर खेत और मैदान, शिशिर की पत्रविहीन नंगी वृक्षावली और झाड़ बबूल आदि जिनके हृदय को कुछ भी स्पर्श नहीं करते उनकी प्रवृत्ति राजसी समझनी चाहिए। वे केवल अपने विलास या सुख की सामग्री प्रकृति में ढूँढ़ते हैं। उसमें उस 'सत्व' की कमी है जो सत्तामात्र के साथ वशीकरण की अनुभूति द्वारा लीन करके आत्मसत्ता के विभुत्व का आभास देती है। सम्पूर्ण सत्ता, क्या भौतिक क्या आध्यात्मिक, एक ही परम सत्ता या परम भाव के अन्तर्गत है, अतः ज्ञान या तर्कबुद्धि द्वारा हम जिस अद्वैत भाव तक पहुँचते हैं। उसी भाव तक इस 'सत्व' गुण के बल पर हमारी रागात्मिका वृत्ति भी पहुँचती है इस प्रकार अन्ततः दोनों प्रवृत्तियों का समन्वय हो जाता है। यदि हम ज्ञान द्वारा सर्वभूत को आत्मवत् जान सकते हैं तो रागात्मिका वृत्ति द्वारा उसका अनुभव भी कर सकते हैं। तर्कबुद्धि से हारकर परम ज्ञानी भी इस 'स्वानुभूति' का आश्रय लेते हैं। अतः परमार्थ दृष्टि से दर्शन और काव्य दोनों अन्तःकरण की भिन्न-भिन्न वृत्तियों का आश्रय लेकर एक ही लक्ष्य की ओर ले जानेवाले हैं। इस व्यापक दृष्टि से काव्य का विवेचन करने से लक्षणग्रन्थों में निर्दिष्ट संकीर्णता कहीं-कहीं बहुत खटकती है। वन, उपवन, चाँदनी इत्यादि को दाम्पत्य रति का उद्दीपन मात्र मानने से सन्तोष नहीं होता।

पहले कहा जा चुका है कि रस के संयोजक जो विभाव आदि हैं वे ही कल्पना के प्रधान क्षेत्र हैं। कवि की कल्पना का पूर्ण विकास उन्हीं में देखना चाहिए। पर जहाँ कल्पना को कवि की अनुभूति के आदेश पर चलना पड़ता है, उसकी श्रेष्ठता कवि की सहृदयता से सम्बन्ध रखती है, अतः उस कृत्रिमता के काल में, जिसमें कविता केवल अभ्यासगम्य समझी जाने लगी, कल्पना का प्रयोग काव्य का प्रकृत स्वरूप संघटित

करने में कम होकर अलंकार आदि बाह्य आडम्बर फैलाने में अधिक होने लगा। पर विभाजन द्वारा जब वस्तुप्रतिष्ठा पूर्ण रूप से हो ले तब आगे और कुछ होना चाहिए। विभाव वस्तु-चित्र-मय होता है, अतः जहाँ वस्तु श्रोता या पाठक के भावों का आलम्बन होती है वहाँ अकेला उसका पूर्ण चित्रण ही काव्य कहलाने में समर्थ हो सकता है। पिछले कवियों में इस वस्तुचित्र का विस्तार क्रमशः कम होता गया। प्राकृतिक दृश्यों के विषय में वाल्मीकि, कालिदास, भवभूति आदि सच्चे कवियों की कल्पना ऐसे रूपों की योजना करने में, ऐसी वस्तुएँ इकट्ठी करने में प्रयुक्त होती थी जिससे किसी स्थल का चित्र पूरा होता था और जो श्रोता के भाव का स्वयं आलम्बन होती थी। वे जिन दृश्यों को अंकित कर गए हैं उनके ऐसे ब्योरों को उन्होंने सामने रखा है जिनसे एक भरा-पुरा चित्र सामने आता है। ऐसे दृश्य अंकित करने के लिए प्रकृति के सूक्ष्म निरीक्षण की आवश्यकता होती है, उनके स्वरूप से इस प्रकार तल्लीन होना पड़ता है कि एक-एक ब्योरे पर ध्यान जाए। उन्हें इस बात का अनुभव रहता था कि कल्पना के सहारे चित्र के भीतर एक-एक वस्तु और व्यापार का संश्लिष्ट रूप में भरना जितना जरूरी है उतना उपमा आदि ढूँढ़ता नहीं, इसी से उनके चित्र भरे-पुरे हैं, और इधर के कवियों ने जहाँ परम्परापालन के लिए ऐसे चित्र खींचे भी हैं वहाँ से पूर्ण चित्र क्या, चित्र भी नहीं हुए हैं। उनके चित्र (यदि चित्र कहे जा सकें) ऐसे ही हुए हैं जैसा किसी चित्रकार का अधूरा छोड़ा हुआ चित्र, जिसमें कहीं एक रेखा यहाँ लगी है, कहीं वहाँ–कहीं कुछ रंग भरा जा सकता है, कहीं जगह खाली है। चित्रकला के प्रयोग द्वारा इस बात की परीक्षा हो सकती है। वाल्मीकि के वर्षावर्णन को लीजिए और जो-जो वस्तुएँ आती जाएँ उनकी आकृति ऐसी सावधानी से अंकित करते चलिए कि कोई वस्तु छूटने न पावे। फिर गोस्वामी तुलसीदास जी का भागवत् से लिया गया वर्षावर्णन लेकर ऐसा ही कीजिए और दोनों चित्रों को इस बात का ध्यान रखकर मिलाइए कि ये किष्किन्धा की पर्वतस्थली के चित्र हैं।

आदिकवि का कैसा सूक्ष्म प्रकृतिनिरीक्षण है, वस्तुओं और व्यापारों की कैसी संश्लिष्ट योजना है, उन्होंने किस प्रकार एक-एक पेचीले ब्योरे पर ध्यान दिया है, यह दिखाने के लिए नीचे कुछ पद्य दिए जाते हैं–

व्यामिश्रितं सर्जकदम्बपुष्पैर्नवं जलं पर्वतधातुताम्रम्।
मयूरकेकाभिरनुप्रयातं शैलापगाः शीघ्रतरं वहन्ति॥
रसाकुलं षट्पदसन्निकाशं प्रभुज्यते जम्बुफलं प्रकामम्।
अनेकवर्ण पवनाच्चूतं भूमौ पतत्याम्रफलं विपक्वम्॥
मुक्तासकाशं सलिलं पतद्वै सुनिर्मलं पत्रपुटेषु लग्नम्।
हृष्टा विवर्णच्छदना विहङ्गाः सुरेन्द्रदत्तं तृषिताः पिबन्ति॥ 1॥

(पर्वत की नदियाँ सर्ज और कदम्ब के फूलों से मिश्रित, पर्वतधातुओं (गेरू) से लाल नए गिरे जल से कैसी शीघ्रता से बह रही हैं, जिसके साथ मोर बोल रहे हैं। रस से भरे भौंरे के समान काले-काले जामुन के फलों को लोग खा रहे हैं। अनेक रंग के पके आम

के फल वायु के झोंकों से टूटकर भूमि पर गिरते हैं। प्यासे पक्षी, जिनके पंख पानी से बिगड़ गए हैं, मोती के समान इन्द्र के दिए हुए जल को, जो पत्तों की नोंक पर लगा है, हर्षित होकर पी रहे हैं।)

अब पंचवटी में लक्ष्मण हेमन्त का कैसा दृश्य देख़ रहे हैं उसका एक छोटा-सा नमूना लीजिए–

अवश्यायनिपातेन किञ्चित्प्रक्लिन्नशाद्वला।
वनानां शोभते भूमिर्निविष्टतरुणातपा॥
स्पृशंस्तु विपुलं शीतमुदकं द्विरदः सुखम्।
अत्यन्ततृषितो वन्यः प्रतिसंहरते करम्॥
अवश्यायतमोनद्धा नीहारतमसाबृताः।
प्रसुप्ता इव लक्ष्यन्ते विपुष्पा वनराजयः॥
वाष्पसंछन्नसलिला रुतविज्ञेयसारसाः।
हिमार्दवालुकैस्तीरैः सरितो भान्ति साम्प्रतम॥
जराजर्जरितैः पद्मैः शीर्णकेसरकर्णिकैः।
नालशेषहिमध्वस्तैर्न भान्ति कमलाकराः॥

–अरण्य, 16 सर्ग

(वन की भूमि, जिसकी हरी-हरी घास पाला गिरने से कुछ पीली हो गई है, नई धूप पड़ने से कैसी शोभा दे रही है। अत्यन्त प्यासा जंगली हाथी बहुत शीतल जल के स्पर्श से अपनी सूँड़ सिकोड़ता है। बिना फूल के वन-समूह कुहरे के अन्धकार में सोए से जान पड़ते हैं। नदियाँ, जिनका जल कुहरे से ढका हुआ है और जिनमें के सारस पक्षी केवल शब्द से जाने जाते हैं, हिम से आर्द्र बालू के तटों से ही पहचानी जाती हैं। कमल, जिनके पत्ते जीर्ण होकर झड़ गए हैं जिनके केसर और कर्णिका टूट-फूटकर छितरा गई हैं, पाले से ध्वस्त होकर नालमात्र खड़े हैं।)

महाकवि कालिदास ने भी जहाँ स्थलवर्णन को सामने रखकर दृश्य अंकित किया है वहाँ उनका निरीक्षण अत्यन्त सूक्ष्म है–

आमेखलं सञ्चरतां घनानां छायामधः सानुस्तां निषेव्य।
उद्वेजिता वृष्टिभिराश्रयन्ते शृंगाणि यस्यातपवन्ति सिद्धाः॥
कपोलकण्डूः करिभिर्विनेतुं विघट्टितानां सरलद्रुमाणाम्।
यत्र स्रुतक्षीरतया प्रसूतः सानूनि गन्धः सुरभीकरोति॥
भागीरथीनिर्झरसीकराणां वोढा मुहुःकम्पितदेवदारुः।
यद्वायुरन्विष्टमृगैः किरातैरासेव्यते भिन्नशिखखण्डिबर्ह॥

(मेखला तक घूमनेवाले मेघों के नीचे के शिखरों में प्राप्त छाया का सेवन करके वृष्टि से कँपे हुए सिद्ध लोग जिसके धूपवाले शिखरों का सेवन करते हैं। जिस (हिमालय) में कपोलों की खुजली मिटाने के लिए हाथियों के द्वारा रगड़े गए सरल (सलई) के पेड़ों से टपके हुए दूध से उत्पन्न सुगन्ध शिखरों को सुगन्धित करती है। गंगा के झरने के

कणों को ले जानेवाला, बार-बार देवदारु के पेड़ों को कँपानेवाला, मयूरों की पूँछों को छितरानेवाला जिसका पवन मृगों के ढूँढ़नेवाले किरातों द्वारा सेवन किया जाता है।)

उपमाएँ देने में कालिदास अद्वितीय समझे जाते हैं, पर वस्तुचित्र को उपमा आदि का अधिक बोझ लादकर उन्होंने भद्दा नहीं किया। उनका मेघदूत–विशेषकर पूर्वमेघ–तो यहाँ से वहाँ तक एक मनोहर चित्र ही है। ऐसा काव्य तो संस्कृत क्या किसी भाषा में भी शायद ही हो। जिनमें ऐतिहासिक सहृदयता है, देश के प्रकृत स्वरूप के साथ जिनके हृदय का सामंजस्य है, मेघदूत उनके लिए भावों का भरा-पुरा भंडार है। जिनकी रुचि भ्रष्ट हो गई है, जो सर्वत्र, उपमा, उत्प्रेक्षा ही ढूँढ़ा करते हैं, जो 'अनूठी उक्तियों' पर ही वाह, वाह किया करते हैं, उनके लिए चाहे उसमें कुछ भी न हो।

कालिदास ने वनश्री, पुर की शोभा आदि का ही वर्णन एक-एक ब्योरे पर दृष्टि ले जाकर नहीं किया उजाड़ खँडहरों का भी वर्णन किया है, उसका ऐसा स्वरूप सामने रखा है जिसे अतीत स्वरूप के साथ मिलाने पर करुणा का उत्पन्न होना स्वाभाविक है। कुश जब कुशावती में जाकर राज्य लगे तब अयोध्या उजड़ गई। एक दिन रात को अयोध्या का अधिदेवता स्त्री का रूप धरकर उनके पास गया और अयोध्या की हीन दशा का अत्यन्त मर्मस्पर्शी शब्दों में वर्णन किया। उस प्रसंग के केवल दो श्लोक नीचे दिए जाते हैं, जिनसे सारे वर्णन का अनुमान पाठक कर लेंगे–

कालान्तरश्यामसुधेषु नक्तं इतस्ततो रूढतृणाङ्करेषु।
त एव मुक्तागुणशुद्धयोऽपि हर्म्येषु मूर्च्छन्ति न चंद्रपादाः॥
रात्रावनाविष्कृतदीपभासः कान्तामुखश्रीवियुता दिवापि।
तिरस्क्रियन्ते कृमितन्तुजालैर्विच्छिन्नधूमप्रसरा गवाक्षाः॥

(समय के फेर में काले पड़े हुए चूनेवाले मन्दिरों में, जिनके इधर-उधर घास के अंकुर उगे हैं, रात्रि के समय मोती की माला समान वे चन्द्रकिरणें अब प्रकाश नहीं करतीं। रात्रि में दीपक के प्रकाश से रहित और दिन में स्त्रियों के मुख की कान्ति से शून्य, जिनमें से धुएँ का निकलना बन्द हो गया है ऐसे झरोखे मकड़ियों के जालों से ढक गए हैं।)

भावमूर्ति भवभूति ने यद्यपि शब्दालंकार की ओर अधिक रुचि दिखाई पर प्रकृति के रूपमाधुर्य की ओर उनका पूर्ण ध्यान रहा। नाटक में स्थल-चित्रण के लिए पूर्ण अवकाश न होने पर भी उन्होंने बीच-बीच में उसकी जो झलक दिखाई उससे वन्य प्राकृतिक दृश्यों का गूढ़ अनुराग लक्षित होता है। खेद है कि जिस कल्पना का उपयोग मुख्यतः पदार्थों का रूप संघटित करने, प्राकृतिक व्यापारों को प्रत्यक्ष करने और इस प्रकार किसी दृश्यखंड के ब्योरे पूरे करने में होना चाहिए था उसका प्रयोग पिछले कवियों ने उपमा, उत्प्रेक्षा, दृष्टान्त आदि की उद्भावना करने में ही अधिक किया। महाकवि माघ प्रबन्धरचना में जैसे कुशल थे वैसे ही उसके पक्षपाती भी थे; पर उनकी प्रवृत्ति हम 'प्रस्तुत-वस्तु-विन्यास' की ओर कम और अलंकार योजना की ओर अधिक पाते हैं। उनके दृश्यवर्णन में वाल्मीकि आदि प्राचीन कवियों का-सा प्रकृति का रूप विश्लेषण नहीं

है; उपमा, उत्प्रेक्षा, दृष्टान्त, अर्थान्तरन्यास आदि की भरमार है। उदाहरण के लिए उनके प्रभाव-वर्णन से कुछ श्लोक दिए जाते हैं–

अरुणजलजराजीमुग्धहस्ताग्रपादा बहुलमधुपमालाकज्जलेन्दीवराक्षी।
अनुपतति विरावैः पत्रिणां व्याहरन्ती रजनिमचिरजाता पूर्वसन्ध्या सुतेब।
विततपृथुवरत्रातुल्यरूपैर्मयूखैः कलश इव गरीयनान् दिग्भिराकृष्यमाणः।
कृतचपलविहंगालापकोलाहलाभिर्जलनिधिजलमध्यादेश उत्तार्यतेऽर्कः॥
व्रजति विषयमक्ष्णामंशुमाली न यावत् तिमिरमखिलमस्तं तावदेवाऽरुणेन।
परपरिभवितेजस्तन्वतामाशु कर्तुं प्रभवति हि विपक्षोच्छेदमग्रेसरोऽपि॥

(अरुण कमलरूपी कोमल हाथ-पैरवाली, मधुममालारूपी कज्जलयुक्त कमल नेत्र वाली, पक्षियों के कलरवरूपी रोदनवाली यह प्रभात वेला सद्योजात बालिका के समान रात्रिरूपी अपनी माता की ओर लपकी आ रही है। जिस प्रकार घड़ा खींचते समय स्त्रियाँ कुछ कोलाहल करती हैं उसी प्रकार के पक्षियों के कोलाहल से पूर्ण दिशारूपी स्त्रियाँ दूर तक फैली हुई किरणरूपी रस्सियों से सूर्यरूपी घड़े को बाँधकर बड़े भारी कलश के समान समुद्र के भीतर से खींचकर ऊपर निकाल रही हैं। सूर्य के उदय होने से पहले ही सूर्य के साथी अरुण ने सारा अन्धकार दूर कर दिया, वैरियों को नष्ट करनेवाले स्वामियों के आगे चलनेवाला सेवक भी शत्रुओं को मार भगाने में समर्थ होता है।)

इस वर्णन में यह स्पष्ट लक्षित होता है कि कवि को दृश्य की एक-एक सूक्ष्म वस्तु और व्यापार प्रत्यक्ष करके चित्र पूरा करने की उतनी चिन्ता नहीं है जितनी कि अद्‌भुत उपमाओं आदि के द्वारा एक कौतुक खड़ा करने की। पर काव्य कौतुक नहीं है, इसका उद्‌देश्य गम्भीर है।

पाश्चात्य काव्यसमीक्षक किसी वर्णन के ज्ञातृपक्ष (सब्जेक्टिव) और ज्ञेयपक्ष (ऑब्जेक्टिव)–अथवा विषयिपक्ष और विषयपक्ष–दो पक्ष लिया करते हैं। जो वस्तुएँ बाह्य प्रकृति में हम देख रहे हैं उनका चित्रण ज्ञेयपक्ष के अन्तर्गत हुआ, और उन वस्तुओं के प्रभाव से हमारे चित्त में जो भाव या आभास उत्पन्न हो रहे हैं वे ज्ञातृपक्ष के अन्तर्गत हुए। अतः उपमा, उत्प्रेक्षा आदि के आधिक्य के पक्षपाती कह सकते हैं कि पिछले कवियों के दृश्यवर्णन ज्ञातृपक्षप्रधान हैं। ठीक है, पर वस्तु-विन्यास प्रधान कार्य है। यदि वह अच्छी तरह बन पड़ा तो पाठक के हृदय में दृश्य के सौन्दर्य, भीषणता, विशालता इत्यादि का अनुभव थोड़ा-बहुत आप से आप होगा। वस्तुओं के सम्बन्ध में इन भावों का ठीक-ठीक अनुभव करने में सहारा देने के लिए कवि कहीं बीच-बीच में अपने अन्तःकरण की भी झलक दिखाता चले तो यहाँ तक ठीक है। यह झलक दो प्रकार की हो सकती है–भावमय और अपर वस्तुमय। जैसे, किसी ने कहा–"तालाब के उस किनारे पर खिले कमल कैसे मनोहर लगते हैं !" यहाँ कमलों के दर्शन का जो भाव चित्त में उदित हुआ वह वाच्य द्वारा स्पष्ट कह दिया गया। यही बात यदि यों कही जाए कि "तालाब के उस किनारे पर खिले कमल ऐसे लगते हैं मानो प्रभात के गगनतट पर की ललाई" तो सौन्दर्य का भाव स्पष्ट न कहा जाकर दूसरी ऐसी वस्तु सामने ला दी गई जिसके साथ भी वैसे

ही सौन्दर्य का भाव लगा हुआ है। एक में भाव वाच्य द्वारा प्रकट किया गया, दूसरे में अलंकाररूप व्यंग्य द्वारा। इससे स्पष्ट है कि दृश्यवर्णन करते समय कवि उपमा, उत्प्रेक्षा आदि द्वारा वर्ण्य वस्तुओं के मेल में जो दूसरी वस्तुएँ रखता है सो केवल भाव को तीव्र करने के लिए। अतः वे दूसरी वस्तुएँ ऐसी होनी चाहिए जिनसे प्रायः सब मनुष्यों के चित्त में वे ही भाव उदित होते हों जो वर्ण्य वस्तुओं से होते हैं। यों ही खिलवाड़ के लिए बार-बार प्रसंगप्राप्त वस्तुओं से श्रोता या पाठक का ध्यान हटाकर दूसरी वस्तुओं की ओर ले जाना, जो प्रसंगानुकूल भाव उद्‌दीप्त करने में भी सहायक नहीं, काव्य के गाम्भीर्य और गौरव को नष्ट करना है, उसकी मर्यादा बिगाड़ना है। इसी प्रकार बात-बात में "अहाहा ! कैसा मनोहर है ! कैसा आह्लादजनक है !" ऐसे भावोद्‌गार भी भद्‌देपन से खाली नहीं, और काव्यशिष्टता के विरुद्ध हैं ! तात्पर्य यह कि भावों की अनुभूति में सहायता देने के लिए केवल कहीं-कहीं उपमा, उत्प्रेक्षा आदि का प्रयोग उतना ही उचित है जितने से बिम्बग्रहण करने में, दृश्य का चित्र हृदयंगम करने में, श्रोता या पाठक को बाधा न पड़े।

जहाँ एक व्यापार के मेल में दूसरा व्यापार रखा जाता है वहाँ या तो (क) प्रथम व्यापार से उत्पन्न भाव को अधिक तीव्र करना होता है, जैसे हिलती हुई मंजरियाँ भौरों को पास बुला रही हैं, अथवा (ख) द्वितीय व्यापार का सृष्टि के बीच एक गोचर प्रतिरूप दिखाना; जैसे–

"बुंद अघात सहै गिरि कैसे, खल के बचन संत सह जैसे।"

दूसरी अवस्था में प्रस्तुत दृश्य स्वयं सृष्टि या जीवन के किसी रहस्य का गोचर प्रतिबिम्बवत्‌ हो जाता है। अतः उस प्रतिबिम्ब का प्रतिबिम्ब ग्रहण करने में कल्पना उत्साह नहीं दिखाती इसी से जहाँ दृश्यचित्रण इष्ट होता है वहाँ के लिए यह अवस्था अनुकूल नहीं होती।

वाल्मीकि जी भी बीच-बीच में उपमाएँ देते गए हैं, पर उससे उनके सूक्ष्म निरीक्षण में कसर नहीं आने पाई है। वर्षा में पर्वत की गेरू से मिलकर नदियों की धारा का लाल होकर बहना, पर्वत के ऊपर से पानी की मोटी धारा का काली शिलाओं पर गिरकर छितराना, पेड़ों पर गिरे वर्षा के जल का पत्तियों की नोकों पर से बूँद-बूँद टपकना और पक्षियों का उसे पीना, हेमन्त में कमलों के नाल मात्र का खड़ा रहना और उसके छोर पर केसर का छितराना, ऐसे-ऐसे व्यापारी को वे सामने लाते चले गए हैं। सुन्दर कांड के पाँचवें सर्ग में जो छोटा-सा 'चन्द्रनामा' है वह इसके विरोध में नहीं उपस्थित किया जा सकता; क्योंकि वह एक प्रकार की स्तुति या वर्णन मात्र है, वहाँ कोई दृश्यचित्रण नहीं है।

विषयी या ज्ञाता अपने चारों ओर उपस्थित वस्तुओं को कभी-कभी किस प्रकार अपने तत्कालीन भावों के रंग में देखता है। इसका जैसा सुन्दर उदाहरण आदिकवि ने दिया है वह वैसा अन्यत्र कहीं कदाचित्‌ ही मिले। पंचवटी में आश्रम बनाकर हेमन्त में जब लक्ष्मण एक वस्तु और प्राकृतिक व्यापार का निरीक्षण करने लगे उस समय पाले में धुँधली पड़ी हुई चाँदनी उन्हें ऐसी दिखाई पड़ी जैसी धूप से साँवली पड़ी हुई सीता–

ज्योत्स्ना तुषारमलिना पौर्णमास्यां न राजते।
सीतेव चातपश्यामा लक्ष्यते न तु शोभते॥

इसी प्रकार सुग्रीव को राज्य देकर माल्यवान पर्वत पर निवास करते हुए सीता के विरह में व्याकुल, भगवान् रामचन्द्र को वर्षा आने पर ग्रीष्म की धूप से सन्तप्त पृथ्वी जल से पूर्ण होकर सीता के समान आँसू बहाती हुई दिखाई देती है, काले-काले बादलों के बीच में चमकती हुई बिजली रावण की गोद में छटपटाती हुई वैदेही के समान दिखाई पड़ती है और फूले हुए अर्जुन के वृक्षों से युक्त तथा केतकी से सुगन्धित शैल ऐसा लगता है जैसे शत्रु से रहित होकर सुग्रीव अभिषेक की जलधारा से सींचा जाता हो। यथा–

एषा घर्मपरिक्लिष्टा नववारिपरिप्लुता।
सीतेव शोकसन्तप्ता मही वाष्पं विमुञ्चति॥
नीलमेघाश्रिता विद्युत्स्फुरन्ती प्रतिभाति माम्।
स्फुरन्ती रावणस्याङ्के वैदेहीव तपस्विनी॥
एषः फुल्लार्जुनः शैलः केतकैरभिवासितः।
सुग्रीव इव शान्तारिर्धाराभिरभिषिच्यते॥

ऐसा अनुमान होता है कि कालिदास के समय से, या उसके कुछ पहले ही से दृश्यवर्णन के सम्बन्ध में कवियों ने दो मार्ग निकाले। स्थलवर्णन में तो वस्तुवर्णन की सूक्ष्मता कुछ दिनों तक वैसे ही बनी रही, पर ऋतुवर्णन में चित्रण उतना आवश्यक नहीं समझा गया जितना कुछ इनी-गिनी वस्तुओं का कथन मात्र करके भावों के उद्दीपन का वर्णन। जान पड़ता है, ऋतुवर्णन वैसे ही फुटकर पद्यों के रूप में पढ़े जाने लगे जैसे बारहमासा पढ़ा जाता है। अतः उनमें अनुप्रास और शब्दों के माधुर्य आदि का ध्यान अधिक रहने लगा। कालिदास के ऋतुसंहार और रघुवंश के नवें सर्ग में सन्निविष्ट वसन्तवर्णन से इसका कुछ आभास मिलता है। उक्त वर्णन के श्लोक इस ढंग के हैं–

कुसुमजन्म ततो नवपल्लवास्तदनु षट्पदकोकिलकूजितम्।
इति यथाक्रममाविरभून्मधुर्द्रुमवतीमवतीर्य वनस्थलीम्॥

रीति ग्रन्थों के अधिक बनने और प्रचार पाने से क्रमशः यह ढंग जोर पकड़ता गया। प्राकृतिक वस्तुव्यापार का सूक्ष्म निरीक्षण धीरे-धीरे कम होता गया। किस ऋतु में क्या-क्या वर्णन करना चाहिए, इसका आधार 'प्रत्यक्ष' अनुभव नहीं रह गया, 'आप्त शब्द' हुआ। वर्षा के वर्णन में जो कदम्ब, कुटज, इन्द्रवधू, मेघगर्जन, विद्युत् इत्यादि का नाम लिया जाता रहा वह इसलिए कि भगवान् भरत मुनि की आज्ञा थी–

कदंबनिम्बकुटजैः शाद्वलैः सेन्द्रगोपकैः।
मेघवर्तैः सुखस्पर्शैः प्रावृट्कालं प्रदर्शयेत्॥

कहना नहीं होगा कि हिन्दी के कवियों के हिस्से में यही आया। गिनी-गिनाई वस्तुओं के नाम लेकर अर्थ-ग्रहण-मात्र कराना अधिकतर उनका काम हुआ, सूक्ष्म रूपविवरण और आधार-आधेय की संश्लिष्ट योजना के साथ 'बिम्बग्रहण' कराना नहीं।

ऋतुवर्णन की यह प्रथा निकल ही रही थी कि कवियों को भी औरों की देखादेखी दंगल का शौक पैदा हुआ। राजसभाओं में ललकारकर टेढ़ी-मेढ़ी विकट समस्याएँ दी जाने लगीं और कवि लोग उपमा, उत्प्रेक्षा आदि की अद्भुत उक्तियों द्वारा उनकी पूर्ति

करने लगे। ये उक्तियाँ जितनी ही बे सिर-पैर की होतीं उतनी ही वाहवाही मिलती। काश्मीर के मंखक कवि जब अपना श्रीकंठचरित काव्य काश्मीर के राजा की सभा में ले गए तब वहाँ कन्नौज के राजा गोविन्दचन्द्र के दूत सुहल ने उन्हें यह समस्या दी--

एतद्बभ्रुकचानुचारिकिरणं राजद्रुहोऽह्नः शिर-
श्लेदाभं वियतः प्रतीचि निपतत्यब्धौ रवेर्मण्डलम् ॥

अर्थात् नेवले के बालों के सदृश पीली किरणों को प्रकट करता हुआ सूर्य का यह बिम्ब, चन्द्रमा का द्रोह करनेवाले दिन के कटे हुए सिर के समान, आकाश से पश्चिम समुद्र में गिरता है (राज = राजा, चन्द्रमा)। इसकी पूर्ति मंखक ने इस प्रकार की--

एषापि द्युरमा प्रियानुगमनं प्रोद्दामकाष्ठोत्थिते।
संध्याग्नौ विरचय्य तारकमिषाज्जातास्थिशेषस्थितिः ॥

अर्थात् दिशाओं में उत्पन्न सन्ध्यारूपी प्रचंड अग्नि में अपने प्रियतम का अनुगमन करके आकाश की श्री (शोभा) भी तारों के बहाने (रूप में) अस्थिशेष हो गई। (काष्ठोस्थिते = काष्ठा + उत्थिते और काष्ठ + उत्थिते। काष्ठा = दिशा; काष्ठ = लकड़ी।) मतलब यह कि सती हो जानेवाली आकाश श्री की जो हड्डियाँ रह गईं वे ही ये तारे हैं।

जो कल्पना पहले भावों और रसों की सामग्री जुटाया करती थी वह बाजीगर का तमाशा करने लगी। होते-होते यहाँ तक हुआ कि ''पिपीलिका नृत्यति बह्निमध्ये'' और ''मोम के मंदिर माखन के मुनि बैठे हुतासन आसन मारे'' की नौबत आ गई।

कहाँ ऋषि कवि का पाले से धुँधले चन्द्रमा का मुँह की भाप से अन्धे दर्पण के साथ मिलान और कहाँ तारे और हड्डियाँ ! खैर, यहाँ दोनों रंग तो सफेद हैं, और आगे चलकर तो यह दशा हुई कि दो वस्तुओं को लेकर सांगरूपक बाँधते चले जाते हैं, वे किसी बात में परस्पर मिलती-जुलती भी हैं या नहीं इससे कोई मतलब नहीं, सांगरूपक की रस्म तो अदा हो रही है। दूसरी बात विचारने की यह है कि सन्ध्या समय अस्त होते हुए सूर्य को देख मंखक कवि के हृदय में किसी भाव का उदय हुआ या नहीं, उनके कथन से किसी भाव की व्यंजना होती है या नहीं ? यहाँ अस्त होता हुआ सूर्य 'आलम्बन' और कवि ही आश्रय माना जा सकता है। पर मेरे देखने में तो यहाँ कवि का हृदय एकदम तटस्थ है। उससे सारे वर्णन से कोई मतलब ही नहीं। उसमें रति, कोक आदि किसी भाव का पता नहीं लगता। ऐसे पद्यों को काव्य में परिगणित देख यदि कोई ''वाक्यं रसात्मकं काव्यम्'' की व्याप्ति में सन्देह कर बैठे तो उसका क्या दोष ? ''ललाई के बीच सूर्य का बिम्ब समुद्र के छोर पर डूबा और तारे छिटक गए,'' इतना ही कथन यदि प्रधान होता तो वह दृश्य कवि और श्रोता दोनों के रतिभाव का आलम्बन होकर काव्य भी कहला सकता था। पर अलंकार से एकदम आक्रान्त होकर वह काव्य का स्वरूप ही खो बैठा। यदि कहिए कि अलंकार द्वारा उक्त दृश्यरूप वस्तुव्यंग्य है तो भी ठीक नहीं; क्योंकि 'विभाव' व्यंग्य नहीं हुआ करता। 'विभाव' में शब्द द्वारा उन वस्तुओं के स्वरूप की प्रतिष्ठा करनी होती है जो भावों का आश्रय, आलम्बन और उद्दीपन होती हैं। जब यह वस्तुप्रतिष्ठा हो लेती है तब भावों के व्यापार का आरम्भ होता है। मुक्तक

में जहाँ नायिका-नायक का चित्रण नहीं होता वहाँ उनका ग्रहण 'आक्षेप' द्वारा होता है, व्यंजना द्वारा नहीं।

दृश्यवर्णन में उपमा, उत्प्रेक्षा आदि का स्थान कितना गौण है, इनकी मनोविज्ञान की रीति से भी परीक्षा हो सकती है। एक पर्वतस्थली का दृश्यवर्णन करके किसी को सुनाइए। फिर महीने-दो महीने पीछे उससे उसी दृश्य का कुछ वर्णन करने के लिए कहिए। आप देखेंगे कि उसका सम्पूर्ण दृश्य की सुसंगत योजना करनेवाली वस्तुओं और व्यापारों में शायद ही किसी का उसे स्मरण हो। इसका मतलब यही है कि उस वर्णन के जितने अंश पर हृदय की तल्लीनता के कारण पूरा स्थान रहा उसका संस्कार बना रहा; और इसलिए संकेत पाकर उसकी तो पुनरुद्भावना हुई, शेष अंश छूट गया।

खेद के साथ कहना पड़ता है कि हिन्दी की कविता का उत्थान उस समय हुआ जब संस्कृत काव्य लक्ष्यच्युत हो चुका था। इसी से हिन्दी की कविताओं में प्राकृतिक दृश्यों का वह सूक्ष्म वर्णन नहीं मिलता जो संस्कृत की प्राचीन कविताओं में पाया जाता है। केशव के पीछे तो प्रबन्ध काव्यों का बनना एक प्रकार से बन्द ही हो गया। आचार्य बनने का ही हौसला रह गया, कवि बनने का नहीं। अलंकार और नायिकाभेद के लक्षणग्रन्थ लिखकर अपने रचे उदाहरण देने में ही कवियों ने अपने कार्य की समाप्ति मान ली। ऐसे फुटकर पद्यरचयिताओं की परिमित कृति में प्राकृतिक दृश्य ढूँढ़ना ही व्यर्थ है। शृंगार के उद्दीपन के रूप में, षट्ऋतु का वर्णन अवश्य कुछ मिलता है, पर उसमें बाह्य प्रकृति के रूपों का प्रत्यक्षीकरण मुख्य नहीं होता, नायक-नायिका का प्रमोद या सन्ताप मुख्य होता है। अब रहे दो-चार आख्यान काव्य। उसमें दृश्यवर्णन को स्थान ही बहुत कम दिया गया है। अगर कुछ वर्णन परम्परापालन की दृष्टि से है भी तो वह अलंकारप्रधान है। उपमा, उत्प्रेक्षा आदि की भरमार इस बात की स्पष्ट सूचना दे रही है कि कवि का मन दृश्यों के प्रत्यक्षीकरण में लगा नहीं है, उचट-उचटकर दूसरी ओर जा पड़ा है।

कोई एक वस्तु सामने आई कि उपमा के पीछे परेशान। श्याम के 'छबीले मुख' का प्रसंग आया, बस अन्धे सूरदास चारों ओर उपमा टटोल रहे हैं–

बलि बलि जाउँ छबीले मुख की, या पटतर को को है ?
या बानक उपमा दीबे को सुकबि कहा टकटो है ?

उपमाएँ यदि मिलती गईं तो सब ठीक ही ठीक, एक वस्तु के ऊपर उपमा पर उपमा, उत्प्रेक्षा पर उत्प्रेक्षा लादते चले जाते रहे हैं। "हरि कर राजत माखन रोटी" बस इतनी ही सी तो बात है, उस पर–

मनों बारिज ससि बैर जानि जिय गह्यो सुधांसुहि धोटी,
मनों बराह भूधर सह पृथिवी धरी दसनन की कोटी।

एक छोटी-सी रोटी की हकीकत ही कितनी, उस पर पहाड़ के सहित जमीन का बोझा लाकर रख दिया ! उपमाएँ यदि न मिलीं तो बस, 'शेष शारदा' पर फिरे, उनकी इज्जत लेने पर उतारू !

मलिक मुहम्मद जायसी की 'पद्मावत' यद्यपि एक आख्यानकाव्य है पर उसमें भी स्थूलवर्णन सूक्ष्म नहीं है। सिंहल द्वीप के गढ़, राजद्वार, बगीचे आदि का वर्णन है। बगीचे के वर्णन में पेड़ों और चिड़ियों की फेहरिस्त है, जो बहेलियों से भी मिल सकती है। प्राप्त प्रथा के अनुसार पद्मावती के संयोगसुख के सम्बन्ध में 'षट्ऋतु' और नागमती की विरहवेदना के प्रसंग में 'बारहमासा' अलबत हैं। दोनों का ढंग वही है जो ऊपर कहा गया है। दो उदाहरण यथेष्ट होंगे–

ऋतु पावस बरसे पिउ पावा, सावन भादों अधिक सुहावा।
दमावति चाहति ऋतु पाई, गगन सुहावन, भूमि सुहाई।
कोकिल बैन, पाँति बग छूटी, घन निसरीं जनु बीर बहूटी।
चमक बीजु, बरसै जल सोना, दादुर मोर सबद सुठि लोना।
रँगराती पिय सँग निसि जागी, गरजे गगन, चौंकि गर लागी।
सीतल बूँद, ऊँच चौपारा, हरियर सब दीखै संसारा।
हरियर भूमि, कुसुंभी चोला, औ धन पिय सँग रचा हिंडोला।

संयोग शृंगार की दृष्टि से यह वर्णन बड़ा मनोहर है। पर इसमें कवि का अपना सूक्ष्म निरीक्षण 'बरसै जल सोना' में ही दिखाई पड़ता है। और सब वर्णन परम्परानुरागी ही है। अब विप्रलम्भ शृंगार के अन्तर्गत आषाढ़ का वर्णन लीजिए–

चढ़ा अषाढ़, गगन घन गाजा, साजा बिरह बुंद दल बाजा।
धूम स्याम धोरी घन धाए, सेत धुजा बग पाँति दिखाए।
खरग बीजु चमकै चहुँ ओरा, बुंद बान बरसहिं घन घोरा।
उनई घटा आइ चहुँ फेरी, कंत ! उबार मदन हौं घेरी।
दादुर मोर, कोकिला, पीऊ, गिरहि बीज, घट रहै न जीऊ।
पुष्य नखत सिर ऊपर आवा, हौं बिनु नाह, मँदिर को छावा।

पाठक देख सकते हैं कि फुटकर कहने या गाने के लिए ये पद्य कितने सुन्दर हैं। पर एक प्रबन्धकाव्य के भीतर दृश्यचित्रण की दृष्टि से यदि इन्हें देखते हैं तो सन्तोष नहीं होता। अन्य के सम्बन्ध में स्थित किसी भाव के 'उद्दीपन' मात्र के लिए जितना वस्तुविन्यास अपेक्षित था उतना जायसी ने किया, इसमें कोई सन्देह नहीं। 'उद्दीपन' रूप में दृश्य जो प्रभाव उत्पन्न करता है वह दूसरे के–अर्थात् 'आलम्बन' के–सम्बन्ध से, स्वतन्त्र रूप में नहीं। पर, जैसा कि सिद्ध किया जा चुका है, प्राकृतिक दृश्य मनुष्य के भावों के स्वतन्त्र आलम्बन भी होते हैं। प्राचीन कवियों ने उन्हें पात्र के आलम्बन के रूप में और श्रोता के आलम्बन के रूप में, दोनों रूपों में सन्निविष्ट किया है। 'कुमारसम्भव' का हिमालयवर्णन श्रोता या पाठक के आलम्बन के रूप में है। वाल्मीकि रामायण में लक्ष्मण का हेमन्त के अन्तर्गत पंचवटी-दृश्य-वर्णन पात्र (राम) के पक्ष में तो 'उद्दीपन' है किन्तु रूप के सूक्ष्म विश्लेषण के बल से श्रोता के लिए आलम्बन हो गया है।

एक बड़े प्रबन्धकाव्य में प्राकृतिक दृश्यों का श्रोता के भाव के आलम्बन रूप में वर्णन भी आवश्यक है, और यह स्वरूप उन्हें तभी प्राप्त हो सकता है जब उनका चित्रण

ऐसे ब्योरे के साथ हो कि उनका बिम्बग्रहण हो, उनका पूर्ण स्वरूप पाठक या श्रोता की कल्पना में उपस्थित हो जाए। कारण, रति या तल्लीनता उत्पन्न करने के लिए प्रत्यक्ष स्वरूप का परिचय आवश्यक है। सारांश यह कि 'उद्दीपन' होने के लिए रूप का थोड़ा-थोड़ा प्रकाश क्या, संकेत मात्र यथेष्ट है; पर 'आलम्बन' होने के लिए पूर्ण और स्पष्ट स्फुरण होना चाहिए।

गोस्वामी तुलसीदासजी के भक्तिपूर्ण हृदय में भगवान् रामचन्द्र के सम्बन्ध से चित्रकूट के प्रति जो प्रेमभाव प्रतिष्ठित था उसके कारण उन्होंने उसके रम्य स्वरूप पर अधिक दृष्टि जमाई है। नीचे वर्णन में यद्यपि प्रचलित रीति के अनुसार प्रत्येक वस्तु और व्यापार के साथ दृष्टान्त और उत्प्रेक्षा लगी हुई है, पर निरीक्षण बहुत अच्छा है–

सब दिन चित्रकूट नीको लागत;
वरषा-ऋतु-प्रबेस बिसेष गिरि देखत मन अनुरागत।
चहुँ दिसि बन संपन्न, बिहग मृग बोलत सोभा पावत;
जनु सुनरेस-देस-पुर प्रमुदित प्रजा सकल सुख छावत।
सोहत स्याम जलद मृदु थोरत धातु रँगमगे सृंगनि;
मनहुँ आदि अंभोज बिराजत सेवित सुर-मुनि-भृंगनि।
सिखर परसि घन घटहि मिलति बगपाँति सो छबि कबि बरनी;
आदि बराह बिहरि बारिधि मनों उठ्यो है दसन धरि धरनी।
जल जुत बिमल सिलनि झलकत नभ-बन-प्रतिबिंब तरंग;
मानहुँ जग रचना बिचित्र बिलसति बिराट-अँग-अंग।
मंदाकिनिहि मिलत झरना और झरि झरि भरि जल आछे;
'तुलसी' सकल सुकृत सुख लागे मानौं राम भक्ति के पाछे।

बाह्य प्रकृति के सम्बन्ध में सूरदास जी की दृष्टि बहुत परिमित है। एक तो ब्रज की गोचारण भूमि के बाहर उन्होंने पैर ही नहीं निकाला, दूसरे उस भूमि का भी पूर्ण चित्र उन्होंने कहीं नहीं खींचा। उद्दीपन के रूप में केवल द्रुम, वल्ली और यमुना के किनारेवाले कदम्ब का उल्लेख भर बार-बार मिलता है। गोपियों के विरह के प्रसंग में रीति के अनुसार पावस आदि का वर्णन अवश्य है; पर कहने की आवश्यकता नहीं कि उसमें पावस स्वरूप में स्थित नहीं है; वियोगिनी गोपियों के मानस प्रदत्त रूप में है–कहीं वह कृष्ण रूप में है, कहीं चढ़ाई करते हुए राजा के रूप में, इत्यादि; जैसे–

आजु घन स्याम की अनुहारि;
उनइ आए साँवरे से, सजनी ! देखु रूप की आरि।
इंद्रधनुष मानों पीतबसन छबि, दामिनि दसन बिचारि;
जनु बगपाँति माल मोतिन की, चितवन हितहि निहारि।

अथवा

तुम्हारो गोकुल हो, ब्रजनाथ !
घेर्‌यो है अरि चतुरँगिनि लै मनमथ सेना साथ।

गरजत अति गंभीर गिरा, मनु मंगल मत्त अपार;
धुरवा धूरि उड़त रथ पायक घोरन की खुरतार।

केवल कहीं-कहीं नियत वस्तुओं की कुछ अधिक गिनती भर मिलती है; जैसे–

बरन बरन अनेक जलधर अति मनोहर बेष;
तिहि समय, सखि ! गगन सोभा सबहि ते सुबिसेष।
उड़त खग, बग बृंद राजत, रटत चातक, मोर;
बहुत बिधि बिधि रुचि बढ़ावत दामिनी घन घोर।
धरनि तृन तृन रोम पुलकित पिय समागम जानि;
द्रुमनि बर बल्ली बियोगिनि मिलति है पहिचानि।
हंस, सुक, पिक, सारिका, अलि गूँज नाना नाद;
मुदित मंडल भेक भेकी, बिहग बिगत बिषाद।
कुटज, कुमुद, कदंब, कोबिद कनक आरि, सुकंज;
केतकी करबीर, बेलउ बिमल बहु बिधि मंजु।

यह नामावली निरीक्षण का फल नहीं है। इसकी सूचना 'कुमुद' और 'कोबिद' (कोविदार) पद दे रहे हैं। कचनार की शोभा वसन्त ऋतु में ही होती है, जबकि यह फूलता है; और कुमुद की तो पत्तियाँ भी वर्षाकाल में अच्छी तरह नहीं बढ़ी रहतीं।

यहाँ पर यह कह देना आवश्यक है कि वस्तुओं की गिनती गिनाना ही वस्तु-विन्यास नहीं है। आसपास की और वस्तुओं के बीच उनकी प्रकृत स्थापना से दृश्य के एक पूर्ण सुसंगत रूप की योजना होती है। "मौर लगे हैं; समीर चलता है, कोयल बोलती है" इस प्रकार कहना केवल वस्तुओं और व्यापारों की गिनती गिनाना है। रीतिग्रन्थों में प्रत्येक ऋतु में वर्ण्य वस्तुओं की सूची देखकर यह तो हर एक कर सकता है। यह चित्रण नहीं है। इन्हीं वस्तुओं और व्यापारों को लेकर यदि हम इस प्रकार योजना करें–"वह देखो, भौंरों के गुँथी, मन्द-मन्द झूमती हुई आम की डाली पर, हरी-हरी पत्तियों के बीच अपने कृष्ण कलेवर को पूर्ण रूप से न छिपा सकती हुई कोयल बोल रही है !" तो यह दृश्य अंकित करने का प्रयत्न कहा जाएगा। किसी वस्तु का वर्णन जितना ही अधिक वस्तुओं के सम्बन्ध को लिये हुए होगा उतना ही वह पेचीला होगा, और कवि के निरीक्षण की सूक्ष्मता प्रकट करेगा। इस दृष्टि से प्राचीन कवियों के वर्णनों का विचार करने पर इस बात का पता लग जाएगा। देखिए, वाल्मीकि के 'मुक्तासकाशं' वाले श्लोक में पानी की बूँदों का आकाश से गिरना, गिरकर पत्तों की नोकों पर लगना और चिड़ियों के पंखों को बिगाड़ना, चिड़ियों का पत्तों की नोक पर लगी बूँदों को पीना इतने अधिक व्यापार एक सम्बन्ध सूत्र में एकत्र पिरोए हैं। इसी प्रकार कालिदास ने हिमालय के पवन के साथ भागीरथी के जलकण का फैलना, देवदारु के पेड़ों का काँपना, मोर की पूँछों का छितराना, किरातों का मृगों की खोज में निकलना और वायुसेवन करना, इतने व्यापारों का परस्पर सम्बन्ध दिखाया है। पर इतनी अधिक संश्लिष्ट योजना के प्रत्यक्षीकरण के लिए विस्तृत और गूढ़ निरीक्षण अपेक्षित है। ऊपर गोस्वामी तुलसीदासजी का जो

चित्रकूट वर्णन दिया गया है उसमें यह बात कुछ-कुछ है। "सोहत स्याम जलद मृदु घोरत धातु रँगमगे सृंगनि" में यों ही काले बादल का नाम नहीं ले लिया है; वह ऊपर उठे हुए शृंग पर दिखाया गया है, और वह शृंग भी गेरू के रंग में रँगा हुआ है। इसी प्रकार "जलजुत विमल सिलनि झलकत नभ-बन-प्रतिबिंब तरंग" में शिलाओं का धुलकर स्वच्छ होना, उन पर बरसाती पानी का लगना, स्वच्छता के कारण उनमें आकाश और वन का प्रतिबिम्ब दिखाई पड़ना, इतनी बातों की एक वाक्य में सम्बन्ध योजना पाई जाती है।

जायसी से कवियों के एक और झुकाव का पता लगता है। 'कवि' और 'सयाने जब एक ही समझे जाने लगे तब मनुष्य के व्यवसाय विशेष की जानकारी का खजाना भी काव्यों में खुलने लगा। घोड़ों का वर्णन है तो घोड़ों के पचासों भेदों के नाम सुन लीजिए; जिन्हें शायद घोड़ों के व्यवसायी ही जानते होंगे। भोजन का वर्णन है तो पूरी, कचौड़ी, कढ़ी, रायता, चटनी, मुरब्बा, पेड़ा, बरफी, जलेबी, फेनी, गुलाबजामुन आदि जितनी चीजों के नाम कविजी जानते हैं सब मौजूद ! इन व्यंजनों को सामने रखने से पाठकों को ललचाने के सिवा और क्या प्रयोजन सिद्ध हो सकता है ? पर काव्य भूख जगाने के लिए तो है नहीं। जिसे रोग आदि के कारण भोजन से अरुचि हो गई होगी वह किसी अच्छे वैद्य के नुस्खे का सेवन करेगा। भोजन का पत्तल का वर्णन करना प्राचीन कवि भद्‌दापन और काव्यशिष्टता के विरुद्ध समझते थे। इसी से उन्होंने दृश्यकाव्य में भोजन के दृश्य का निषेध किया है। नामावली की इन प्रथा का अनुसरण जायसी, सूरदास, सूदन और महाराज रघुराजसिंह ने अधिक किया है। अस्त्रशस्त्री और पहरावों के नामों की फेहरिस्त देखनी हो तो सूदन का 'सुजानचरित्र' पढ़िए। हाथी-घोड़ों, सवारियों और राजसी ठाट-बाट की वस्तुओं के नाम याद करने हों तो महाराज रघुराजसिंह का 'राम स्वयंवर' उठा लीजिए।

केशवदास जी को अपने श्लेष, यमक और उत्प्रेक्षा इत्यादि से फुरसत कहाँ कि विस्तृत सम्बन्धयोजना के साथ प्रकृति का निरीक्षण करने जाएँ। सीधी तरह से कुछ वस्तुओं के नाम ले जाएँ, यही गनीमत है–

फल-फूलन पूरे, तरुवर रूरे, कोकिल कुल कलरव बोलै;
अति मत्त मयूरी पियरस पूरी, बन-बन प्रति नाचति डोलै।

देखिए, दंडक वन के वर्णन में श्लेष का यह चमत्कार दिखाकर आप चलते हुए–

सोभत दंडक की रुचि बनी, भाँति-भाँतिन सुंदर घनी।
सेव बड़े नृप की जनु लसै, श्रीफल भूरिभाव जहँ बसै।
बेर भयानक सी अति लगै, अर्क समूह जहाँ जगमगै।

'बेर,' 'बनी,' 'श्रीफल' और 'अर्क' शब्दों में श्लेष की कारीगरी दिखा दी, बस हो गया। वनस्थली के प्रति उनका अनुराग तो था नहीं कि उसके रूप की छटा ब्योरे के साथ दिखाते। 'भयानक' शब्द जो रखा हुआ है वह 'भाव' का सूचक नहीं है, क्योंकि न तो 'बेर' ही कोई भयंकर वस्तु है, न आक (मदार) ही। श्लेष से 'अर्क' का अर्थ सूर्य लेने से 'समूह' के कारण प्रलयकाल का अर्थ निकलता है, जो प्रस्तुत नहीं है। दंडक वन

क्या देता 'आनन्द' दे सकता था, वह भी नहीं देता था–उसके रूप का विश्लेषण केशवदास जी करने जाते ? राजा की सेवा से 'श्रीफल' प्राप्त होता था, उसका मौजूद है।

जब केशवदासजी का यह हाल है तब फुटकर पद्य कहनेवाले उनके अनुयायी 'कविन्दों' में प्रकृति का रूपविश्लेषण ढूँढ़ना ही व्यर्थ है। ऋतुवर्णन की पुरानी रीति उन्होंने निबाही है। उनके वर्णन में उद्दीपन भर के लिए फुटकर वस्तुएँ आई हैं; सो ये भी उपमा, उत्प्रेक्षा, रूपक आदि की भीड़ में छिपी हुई है। वसन्त कहीं राजा होकर आया है, कहीं फौजदार, कहीं फकीर; कहीं कुछ, कहीं कुछ। किसी ने कुछ बढ़कर हाथ मारा तो शिशिर और ग्रीष्मऋतु में जो अपने शरीर की दशा देखी उसका वर्णन कर दिया, और उपचार का नुस्खा कह गए–

ग्रीषम की गजब धुकी है धूप धाम धाम,
गरमी झुकी है जाम-जाम अति तापिनी।
भीजे खस बीजन डुलाए ना सुखात सेद,
गात ना सुहात, बात दावा सी डरापिनी।
ग्वाल कवि कहें कोरे कुंभन में कूपन तें,
लै लै जलधार बार-बार मुख थापिनी।
जब पियो तब पियो, अब पियो फेरि अब,
पीवत हू पीवत बुझे न प्यास पापिनी॥

गरमी के मौसम के लिए एक कविजी राय देते हैं–

सीतल गुलाबजल भरि चहबच्चन में,
डारि के कमलदल न्हाइबे को धँसिए।
कालिदास अंग-अंग अगर-अतर-संग,
केसर, उसीर नीर घनसार घँसिए।
जेठ में गोविंदलाल चंदन के चहलन,
भरि-भरि गोकुल के महलन बसिए।

मेरे कहने का अभिप्राय यह नहीं कि इन कवियों में कहीं प्रकृति का निरीक्षण मिलेगा ही नहीं। मिलेगा, पर थोड़ा और वह भी बहुत ढूँढ़ने पर कहीं एकाग्र जगह। जैसे–

बृष को तरनि तेज सहसौ किरन तपै,
ज्वालनि के जाल बिकराल बरसत है।
तचति धरनि, जग झुरत झुरनि, सीरी
छाँह को पकरि पंथी, पंछी बिरमत है।
'सेनापति' नेक दुपहरी टरकत होत,
घमका[1] विषम, जो न पात खरकत है।
मेरे जान, पौन सीरे ठौर को पकरि कोऊ,
घरी एक बैठि कहूँ घामै बितवत है।

---

1. घमका = हवा का गिरना या ठहर जाना।

नन्ददासजी एक प्रसिद्ध कृष्णभक्त और कवि थे। पर ब्रजभूमि की महिमा का बखान करते समय दृश्य अंकित करने के बखेड़े में वे भी नहीं पड़े। वहाँ चिरवसन्त रहता है, इतने ही में अपना मतलब सबको समझा दिया–

श्रीबृंदावन, चिदघन कछु छबि बरनि न जाई,
कृष्ण ललित लीला के काज गहि रह्यो जड़ताई।
जहँ नग, खग, मृग, लता कुंज बीरुध, तृन जेते,
नहिन काल, गुन, प्रभा सदा सोभित रहैं तेते।
सकल जंतु अबिरुद्ध जहाँ, हरि भृग सँग चरहीं,
काम क्रोध मद लोभ रहित लीला अनुसरहीं।
सब दिन रहत बसंत कृष्ण अवलोकनि लोभा,
त्रिभुवन कानन जा बिभूति करि सोभित सोभा।
या बन को बर बानिक या बन ही बनि आवै,
सेस, महेस, सुरेस, गनेस न पारहिं पावै।

भारतेन्दु हरिश्चन्द्र के समय से हमारी भाषा नए मार्ग पर आ खड़ी हुई, पर दृश्यवर्णन में कोई संस्कार नहीं हुआ। वाल्मीकि, कालिदास आदि प्राचीन कवियों की प्रणाली का अध्ययन करके सुधार का यत्न नहीं किया गया। भारतेन्दुजी का जीवन एकदम नागरिक था। मानवी प्रकृति में ही उनकी तल्लीनता अधिक पाई जाती है, बाह्य प्रकृति के साथ उनके हृदय का वैसा सामंजस्य नहीं पाया जाता। 'सत्यहरिश्चन्द्र' में गंगा का और 'चन्द्रावली' में यमुना का वर्णन अच्छा कहा जाता है। पर ये दोनों वर्णन भी पिछले खेवे के कवियों की परम्परा के अनुसार ही हैं। इनमें भी एक-एक साथ कई वस्तुओं और व्यापारों की सूक्ष्म सम्बन्धयोजना नहीं है, केवल वस्तुओं और व्यापारों के पृथक्-पृथक् कथन के साथ उपमा, उत्प्रेक्षा आदि का प्राचुर्य है। दोनों के कुछ नमूने नीचे दिए जाते हैं–

(क)

नव उज्जल जल धार हार हीरक सी सोहति,
बिच बिच छहरति बूँद मध्य मुक्ता मनि पोहति।
लोल लहर लहि पवन एक पै इक इमि आवत,
जिमि नरगन मन बिबिध मनोरथ करत, विटावत।
कहूँ बँधे नवघाट उच्च गिरिवर सम सोहत,
कहुँ छतरी, कहुँ मढी बढ़ी मन मोहत जोहत।
धवल धाम चहुँ ओर फरहरत धुजा पताका,
घहरत घंटा धुनि धमकत धौंसा करि साका।
कहुँ सुंदरी नहाति, नीर कर जुगल उछारत,
जुग अंबुज मिलि मुक्तगुच्छ मनु सुच्छ निकारत।
धोवति सुंदरि बदन करन अति ही छबि पावत,
बारिधि नाते ससि कलंक मनु कमल मिटावत।

(ख)

तरनि तनूजा तट तमाल तरुवर बहु छाए,
झुके कूल सों जल परसन हित मनहुँ सुहाए।
किधौं मुकुर में लखत उझकि सब निज निज सोभा,
कै प्रनवत जल जानि परम पावन फल लोभा।
मनु आतप वारन तीर को मिमिट सबै छाए रहत,
कै हरि सेवा हित नै रहे, निरखी नैन मन सुख लहत।
कहूँ तीर पर अमल कमल सोभित बहु भाँतिन,
कहुँ सैवालन मध्य कुमुदिनी लगि रहि पाँतिन।
मनु दृग धारि अनेक जमुन निरखति ब्रज सोभा,
कै उमँगे प्रिय प्रिया प्रेम के अनगिन गोभा।
कै करिकै कर बहु पीय को टेरत निज ढिग सोहई।
कै पूजन को उपचार लै चलति मिलन मन मोहई।
कै प्रिय-पद-उपमान जानि यहि निज उर धारत,
कै मुख करि बहु भृंगन मिस अस्तुति उच्चारत।
कै ब्रज-तियगन-बदन-कमल की झलकति झाँईं,
कै ब्रज हरि-पद-परस-हेतु कमला बहु आईं।

देखिए, यमुना के वर्णन में 'सैवालन मध्य कुमुदिनी' में दो वस्तुओं की सम्बन्धयोजना थी; पर आगे चलकर जो 'उत्प्रेक्षा' और 'सन्देह' की भरमार हुई तो उसमें अलग-अलग कुमुद और कमल ही रह गए और वे अलंकारों के बोझ के नीचे दबे हुए।

मैं समझता हूँ, अब यह दिखाने के लिए और अधिक प्रयास की आवश्यकता नहीं है कि वन, पर्वत, नदी, निर्झर आदि प्राकृतिक दृश्य हमारे राग या रतिभाव के स्वतन्त्र आलम्बन हैं, उनमें सहृदयों के लिए सहज आकर्षण वर्तमान है। इन दृश्यों के अन्तर्गत जो वस्तुएँ और व्यापार होंगे उनमें जीवन के मूलस्वरूप और मूलपरिस्थिति का आभास पाकर हमारी वृत्तियाँ तल्लीन होती हैं। जो व्यापार केवल मुनष्य की अधिक समुन्नत बुद्धि के परिणाम होंगे, जो उसके आदिम जीवन में बहुत इधर के होंगे, उनमें प्राकृतिक या पुरातन व्यापारों की भी तल्लीन करने की शक्ति न होगी। जैसे, "सीतल गुलाबजल और चहबच्चन में" बैठे हुए कविजी की अपेक्षा तलैया के कीचड़ में बैठकर जीभ निकाल-निकाल हाँफते हुए कुत्ते का अधिक प्राकृतिक व्यापार कहा जाएगा। इसी प्रकार शिशिर में दुशाला ओढ़े "गुलगुली गिल में, गलीचा" बिछाकर बैठे हुए स्वाँग से धूप में खपरैल पर बैठी बदन चाटती हुई बिल्ली में अधिक प्राकृतिक भाव है। पुतलीघर में एंजिन चलाते हुए देशी साहब की अपेक्षा खेत में हल चलाते हुए किसान में अधिक स्वाभाविक आकर्षण है। विश्वास न हो तो भवभूति और कालिदास से पूछ लीजिए।

जबकि प्राकृतिक दृश्य हमारे भावों के आलम्बन हैं तब इस शंका के लिए कोई स्थान ही नहीं रहा कि प्राकृतिक दृश्यों के वर्णन में कौन-सा रस है ? जो पदार्थ हमारे

किसी-न-किसी भाव के विषय हो सकते हैं उन सबका वर्णन रस के अन्तर्गत है; क्योंकि 'भाव' का ग्रहण भी रस के समान ही होता है। यदि रतिभाव से रसदशा तक पहुँचने की योग्यता 'दाम्पत्य रति' में ही मानिए तो पूर्ण भाव के रूप में भी दृश्यों का वर्णन कवियों की रचनाओं में बराबर मिलता है। जैसे काव्य के किसी पात्र का यह कहना कि "जब मैं इस पुराने आम के पेड़ को देखता हूँ तब इस बात का स्मरण हो आता है कि यह वही है जिसके नीचे मैं लड़कपन में बैठा करता था। और सारा शरीर पुलकित हो जाता है, मन एक अपूर्व भाव में मग्न हो जाता है।" विभाव, अनुभाव और संचारी से पुष्ट भावव्यंजना का उदाहरण होगा।

पहले कहा जा चुका है कि जो वस्तु मनुष्य के भावों का विषय या आलम्बन होती है उसका शब्दचित्र यदि किसी कवि ने खींच दिया तो वह एक प्रकार से अपना काम कर चुका। उसके लिए यह अनिवार्य नहीं कि वह 'आश्रय' की भी कल्पना करके उसे उस भाव का अनुभव करता हुआ और उसे शब्द और चेष्टा द्वारा प्रकाशित करता हुआ न दिखाया जाए तब तक रसानुभव हो ही नहीं सकता। यदि ऐसा होता तो हिन्दी में 'नायिकाभेद' और 'नखशिख' के जो सैकड़ों ग्रन्थ बने हैं, उन्हें कोई पढ़ता ही नहीं। नायिकाभेद में केवल शृंगाररस के आलम्बन का वर्णन होता है, और 'नखशिख' के किसी पद्य में उस आलम्बन के भी किसी एक अंगमात्र का। पर ऐसे वर्णनों से रसिक लोग बराबर आनन्द प्राप्त करते हैं। इसी प्रकार प्राकृतिक दृश्यवर्णन मात्र को, चाहे कवि अपने हर्ष आदि का कुछ भी वर्णन न करे, हम काव्य कह सकते हैं। हिमालय वर्णन को यदि हम कुमारसम्भव से निकालकर अलग कर लें तो वह एक उत्तम काव्य कहला सकता है। मेघदूत में–विशेषकर पूर्वमेघ में–प्राकृतिक दृश्यों का वर्णन ही प्रधान है। यक्ष की कथा निकाल देने पर भी उसका काव्यत्व नष्ट नहीं हो सकता।

ऊपर 'नखशिख' की बात आ गई है, इसलिए मनुष्य के रूपवर्णन के सम्बन्ध में भी चार बातें कह देना अप्रासंगिक न होगा। कारण, दृश्यचित्रण के अन्तर्गत वह भी आता है। 'नखशिख' में केवल नायिका के रूप का वर्णन होता है। पर उसमें भी रूपचित्रण का कोई प्रयास हम नहीं पाते, केवल विलक्षण उत्प्रेक्षाओं और उपमानों की भरमार पाते हैं। इन उपमानों के योग द्वारा अंगों की सौन्दर्य-भावना से उत्पन्न सुखानुभूति में अवश्य वृद्धि होती है, पर रूप नहीं निर्दिष्ट होता। काव्य में मुख, नेत्र और अधर आदि के साथ चन्द्र, कमल और विद्रुम आदि के लाने का प्रमुख उद्देश्य वर्ण, आकृति आदि का ज्ञान कराना नहीं बल्कि कल्पना में साथ-साथ इन्हें भी रखकर सौन्दर्यगत आनन्द के अनुभव को तीव्र करना है। काव्य की उपमा का उद्देश्य भावानुभूति को तीव्र करना है, नैयायिकों के 'गोसदृशो गवयः' के समान ज्ञान उत्पन्न कराना नहीं। इस दृष्टि से विचार करने पर कई एक प्रचलित उपमान बहुत खटकते हैं– जैसे, नायिका की कटि की सूक्ष्मता दिखाने के लिए सिंहिनी को सामने लाना, जाँघों की उपमा के लिए हाथी की सूँड़ की ओर इशारा करना। खैर, इसका विवेचन उपमा आदि अलंकारों पर करते समय कभी किया जाएगा। अब प्रस्तुत विषय की ओर आता हूँ।

मनुष्य की आकृति और मुद्रा के चित्रण के लिए भी काव्यक्षेत्र में पूरा मैदान पड़ा है। आकृति-चित्रण का अत्यन्त उत्कर्ष वहाँ समझना चाहिए जहाँ दो व्यक्तियों के अलग-अलग चित्रों में हम भेद कर सकें। जैसे, दो सुन्दरियों की आँख, कान, नाक, भौं, कपोल, अधर, चिबुक इत्यादि सब अंगों को लेकर हमने वर्णन द्वारा दो अलग-अलग चित्र खींचे। फिर दोनों वर्णनों को किसी और के हाथ में देकर हमने उन दोनों स्त्रियों को उसके सामने बुलाया। यदि वह बतला दे कि 'यह इसका वर्णन है और यह उसका' तो समझिए कि पूर्ण सफलता हुई। योरप के उपन्यासों में इस ओर बहुत कुछ प्रयत्न दिखाई पड़ता है, पर हमारे यहाँ अभी इधर विशेष ध्यान नहीं दिया गया। मुद्रा चित्रित करने में गोस्वामी तुलसीदासजी अत्यन्त कुशल दिखाई पड़ते हैं। मृग पर चलाने के लिए तीर खींचे हुए रामचन्द्रजी को देखिए–

"जटा मुकुट सिर, सारस नयननि सौहैं तकत सुभौंह सिकोरे।"

इसी प्रकार राम के आगमन की प्रतीक्षा में शबरी–

"छन भवन छन बाहर बिलोकति पंथ भ्रू पर पानि कै।"

पूर्वजनों की दीर्घ परम्परा द्वारा चली आती हुई जन्मगत वासना के अतिरिक्त जीवन में भी बहुत-से संस्कार प्राप्त किए जाते हैं, जिनके कारण कुछ वस्तुओं के प्रति विशेष भाव अन्तःकरण में प्रतिष्ठित हो जाते हैं। बचपन से अपने घर में या बाहर हम जिन दृश्यों को बराबर देखते आए, जिनकी चर्चा बराबर सुनते आए, उनके प्रति एक प्रकार का सुहृद्भाव मन में घर कर लेता है। हिन्दुओं के बालक अपने घर में राम-कृष्ण की कथाएँ और भजन सुनते आते हैं, इससे राम-कृष्ण के चरित्रों से सम्बन्ध रखनवाले स्थानों को देखने की उत्कंठा उनमें बनी रहती है, गोस्वामी जी के इन शब्दों में यही उत्कंठा भरी है–

अब चित चेत चित्रकूटहिं चलु,
भूमि बिलोकु राम-पद-अंकित, बन बिलोकु रघुबर-बिहार-थलु।

ऐसे स्थानों के प्रति सम्बन्ध की योजना के कारण हृदय में विशेष रूप से भावों का उदय होता है। कोई रामभक्त जब चित्रकूट पहुँचता है तब वह वहाँ के प्राकृतिक सौन्दर्य पर ही मुग्ध नहीं होता, अपने इष्टदेव की मधुर भावना के योग से एक विशेष प्रकार के अनिर्वचनीय माधुर्य का भी अनुभव करता है। ऊबड़-खाबड़ पहाड़ी रास्तों में जब झाड़ियों के काँटे उसके शरीर में चुभते हैं तब उसमें सान्निध्य का यह मधुर भाव बिना उठे नहीं रह सकता कि वे झाड़ उन्हीं प्राचीन झाड़ों के वंशज हैं जो राम, लक्ष्मण और सीता को कभी देखने लगते हैं। यह दृष्टि औरों को नहीं प्राप्त हो सकती।

ऐसे संस्कार जीवन में हम बराबर प्राप्त करते जाते हैं। जो पढ़े-लिखे नहीं हैं वे भी आल्हा आदि सुनकर कन्नौज, कालिंजर, महोबा, नयनागढ़ (चुनारगढ़) आदि के प्रति एक विशेष 'भाव' सूचित करते हैं। पढ़े-लिखे लोग अनेक प्रकार के इतिहास, पुराण, जीवनचरित्र आदि पढ़कर उनमें वर्णित घटनाओं से सम्बन्ध रखनेवाले स्थानों के दर्शन की उत्कंठा प्राप्त करते हैं। इतिहासप्रसिद्ध स्थान उनके लिए तीर्थ-से हो जाते हैं। प्राचीन इतिहास पढ़ते समय कल्पना का योग पूरा-पूरा रहता है। जिन छोटे-छोटे ब्योरों का वर्णन

इतिहास नहीं करता उनका आरोप अज्ञात रूप से कल्पना करती चलती है। यदि इस प्रकार का थोड़ा-बहुत चित्रण कल्पना अपनी ओर से न करती चले तो इतिहास आदि पढ़नेवाले के मन में सिकन्दर और उसके साथियों का यवन देश तथा पौरव के उष्णीष और किरीट कुंडल मन में आवेंगे। मतलब यह कि परिस्थिति आदि का कोई चित्र कल्पना में थोड़ा-बहुत अवश्य रहेगा–जो भावुक होंगे उनमें अधिक रहेगा। प्राचीन समय का समाजचित्र हम 'मेघदूत,' 'मालविकाग्निमित्र' आदि में ढूँढ़ते हैं, और उसकी थोड़ी-बहुत झलक पाकर अपने को और अपने हृदय को भूलकर तल्लीन हो जाते हैं। एक दिन रात को मैं सारनाथ से लौटता हुआ काशी की कुंजगली में जा निकला। प्राचीन काल में पहुँची हुई कल्पना को लिये हुए उस सँकरी गली में जाकर मैं क्या देखता हूँ कि पीतल की सुन्दर दीवटों पर दीपक जल रहे हैं, दुकानों पर केवल धोती पहने और उत्तरीय डाले (गरमी के दिन थे) व्यापारी बैठे हुए हैं, दीवारों पर सिन्दूर से कुछ देवताओं के नाम लिखे हुए हैं, पुरानी चाल के चौखूँटे द्वार और खिड़कियाँ हैं। मुझे ऐसा भान हुआ कि मैं प्राचीन उज्जयिनी की किसी वीथिका में आ निकला हूँ। इतने ही में थोड़ी दूर चलकर म्युनिसिपैलिटी की लालटेन दिखाई दी। बस, सारी भावना हवा हो गई।

इतिहास के अध्ययन से, प्राचीन आख्यानों के श्रवण भूतकाल का जो दृश्य इस प्रकार कल्पना में बस जाता है, वह वर्तमान दृश्यों को खंडित प्रतीत होने से बचाता है, वह उन्हें दीर्घ कालक्षेत्र के बीच चले आए हुए अतीत दृश्यों के मेल में दिखाता है, और हमारे 'भावों' को कालबद्ध न रखकर अधिक व्यापकत्व प्रदान करता है। हम केवल उन्हीं से राग-द्वेष नहीं रखते जिनसे हम घिरे हुए हैं, बल्कि उनसे भी जो अब संसार में नहीं हैं, पहले कभी हो चुके हैं। पशुत्व और मनुष्यत्व में यही एक बड़ा भारी भेद है। मनुष्य उस कोटि की पहुँची हुई सत्ता है जो उस अल्प क्षण में ही आत्मप्रसार को बद्ध रखकर सन्तुष्ट नहीं हो सकती जिसे वर्तमान कहते हैं। यह अतीत के दीर्घ पटल को भेदकर अपनी अन्वीक्षण बुद्धि को ही नहीं, रागात्मिकता वृत्ति को भी ले जाती है। हमारे 'भावों' के लिए भूतकाल का क्षेत्र अत्यन्त्र पवित्र क्षेत्र है वहाँ के शरीर-यात्रा के स्थूल स्वार्थ से संश्लिष्ट होकर कलुषित नहीं होते–अपने विशुद्ध रूप में दिखाई पड़ते हैं। उक्त क्षेत्र में जिनके 'भावों' का व्यायाम के लिए संचरण होता रहता है उनके 'भावों' का वर्तमान विषयों के साथ उचित और उपयुक्त सम्बन्ध स्थापित हो जाता है। उनके घृणा, क्रोध आदि भाव भी बहुत कम अवसरों पर ऐसे होंगे कि कोई उन्हें बुरा कह सके।

मनुष्य अपने रति, क्रोध आदि भावों को या तो सर्वथा मार डाले, अथवा साधना के लिए उन्हें कभी-कभी ऐसे क्षेत्र में ले जाया करे जहाँ स्वार्थ की पहुँच न हो, तब जाकर सच्ची आत्माभिव्यक्ति होगी। नए अर्थवादी 'पुराने गीतों' को छोड़ने को लाख कहा करें पर जो विशालहृदय हैं वे भूत को बिना आत्मभूत किए नहीं रह सकते। अतीत काल की वस्तुओं और व्यक्तियों के प्रति जो हमारा रागात्मक भाव होता है वह प्राप्तकाल की वस्तुओं और व्यक्तियों के प्रति हमारे भावों को तीव्र भी करता है और उनका ठीक-ठीक अवस्थान भी करता है। वर्षा के आरम्भ में जब हम बाहर मैदान में निकल पड़ते हैं, जहाँ

जुते हुए खेतों की सोंधी महक आती है और किसानों की स्त्रियाँ टोकरी लिये इधर-उधर दिखाई देती हैं, उस समय कालिदास की लेखनी से अंकित इस दृश्य के भाव से–

त्वय्यायत्तं कृषिफलमिति भ्रूविकारानभिज्ञैः
प्रीतिस्निग्धैर्जनपदवधूलोचनैः पीयमानः।
सद्यः सीरोत्कषणसुरभिक्षेत्रमारुह्य मालं
किञ्चित्पश्चाद् ब्रज लघुगतिर्भूय एवोत्तरेण॥

हमारा भाव और तीव्र हो जाता है–हमें यह दृश्य और भी मनोहर लगने लगता है।

जिन वस्तुओं और व्यापारों के प्रति हमारे प्राचीन पूर्वज अपने 'भाव' अंकित कर गए हैं उनके सामने अपने को पाकर मानो हम उन पूर्वपुरुषों के निकट जा पहुँचते हैं, और उसी प्रकार के भावों का अनुभव कर उनके हृदय से अपना हृदय मिलाते हुए उनके सगे बन जाते हैं। वर्तमान सभ्यता ने जहाँ अपना दखल नहीं जमाया है, उन जंगली, पहाड़ों, गाँवों और मैदान में हम अपने को वाल्मीकि, कालिदास या भवभूति के समय में खड़ा कल्पित कर सकते हैं, कोई बाधक दृश्य सामने नहीं आता। पर्वतों की दरी कन्दराओं में, प्रभात के प्रफुल्ल पद्मजाल में, छिटकी चाँदनी में, खिली कुमुदिनी में हमारी आँखें कालिदास, भवभूति आदि की आँखों से जा मिलती हैं, पलाश, इंगुदी, अंकोट के वनों में अब भी खड़े हैं, सरोवरों में कमल अब भी खिलते हैं, तालाबों में कुमुदिनी अब भी चाँदनी के साथ हँसती है, वानीर शाखाएँ अब भी झुककर तीर का नीर चूमती हैं, पर हमारी आँखें उनकी ओर भूलकर भी नहीं जातीं, हमारे हृदय से मानो उनका कोई लगाव ही नहीं रह गया। अग्निमित्र, विक्रमादित्य आदि को अब हम नहीं देख सकते। उनकी आकृति वहन करनेवाला आलोक अब न जाने किस लोक में पहुँचा होगा; पर ऐसी वस्तुएँ अब भी हम देख सकते हैं जिन्हें उन्होंने भी देखा होगा। सिप्रा के किनारे दूर तक फैले हुए प्राचीन उज्जयिनी के ढूहों पर सूर्यास्त के समय खड़े हो जाइए, इधर-उधर उठती हुई पहाड़ियाँ कह रही हैं कि महाकाल के दर्शन को जाते हुए कालिदास जी हमें देर तक देखा करते थे; उस समय 'सिप्रावात' उनके उत्तरीय को फहराता था।[1] काली शिलाओं पर से बहती हुई वेत्रवती की स्वच्छ धारा के तट पर विदिशा के खँडहरों में वे ईंट-पत्थर अब भी पड़े हुए हैं जिन पर अंगरागलिप्त शरीर और सुगन्धधूम से बसे केशकलापवाली रमणियों के हाथ पड़े होंगे।[2]

बिजली के जगमगाते हुए नए अँगरेजी ढंग के शहरों में, धुआँ उगलती मिलों और ह्वाइट वे लेडला की दुकान के सामने, हम कालिदास आदि से अपने को बहुत दूर पाते हैं। पर प्रकृति के विस्तृत क्षेत्र में हमारा-उनका भेदभाव मिट जाता है, हम सामान्य परिस्थिति के साक्षात्कार द्वारा चिरकालव्यापी शुद्ध 'मनुष्यत्व' का अनुभव करते हैं, किसी विशेष-काल-बद्ध मनुष्यत्व का नहीं।

यहाँ पर कहा जा सकता है कि विशेष-काल-बद्ध मनुष्यत्व न सही, पर देशबद्ध मनुष्यत्व तो यह अवश्य है ? हाँ, है। इसी देशबद्ध मनुष्यत्व के अनुभव से सच्ची देशभक्ति या देशप्रेम

---

1. मेघदूत, पूर्वमेघ 32।
2. वही, 26।

की स्थापना होती है। जो हृदय संसार की जातियों के बीच अपनी जाति की स्वतन्त्र सत्ता का अनुभव नहीं कर सकता वह देशप्रेम का दावा नहीं कर सकता। इस स्वतन्त्र सत्ता से अभिप्राय स्वरूप की स्वतन्त्र सत्ता है; केवल अन्न-धन संचित करने और अधिकार भोगने की स्वतन्त्रता से नहीं। अपने स्वरूप को भूलकर यदि भारतवासियों ने संसार में सुख-समृद्धि प्राप्त की तो क्या ? क्योंकि उन्होंने उदात्त वृत्तियों को उत्तेजित करनेवाली बँधी-बँधाई परम्परा से अपना सम्बन्ध तोड़ लिया, नई उभरी हुई इतिहासशून्य जंगली जातियों में अपना नाम लिखाया। फिलीपाइन द्वीपवासियों से उनकी मर्यादा कुछ अधिक नहीं रह गई।

देशप्रेम है क्या ? प्रेम ही तो है। इस प्रेम का अवलम्बन क्या है ? सारा देश अर्थात् मनुष्य, पशु, पक्षी, नदी, नाले, वन, पर्वत सहित सारी भूमि। प्रेम किस प्रकार है ? यह साहचर्यगत प्रेम है। जिनके बीच हम रहते हैं, जिन्हें बराबर आँखों से देखते हैं, जिनकी बातें बराबर सुनते रहते हैं, जिनका हमारा हर घड़ी का साथ रहता है, सारांश यह है कि जिनके सान्निध्य का हमें अभ्यास पड़ जाता है, जिनके प्रति लोभ या राग हो जाता है। देशप्रेम यदि वास्तव में अन्तःकरण का कोई भाव है तो यही हो सकता है। यदि यह नहीं है तो वह कोरी बकवाद या किसी और भाव के संकेत के लिए गढ़ा हुआ शब्द है। यदि किसी को अपने देश से सचमुच प्रेम है तो उसे अपने देश के मनुष्य, पशु, पक्षी, लता, गुल्म, पेड़, पत्ते, वन, पर्वत, नदी, निर्झर आदि सबसे प्रेम होगा, वह सबको चाहभरी दृष्टि से देखेगा, वह सबकी सुध करके विदेश में आँसू बहावेगा। जो यह भी नहीं जानते कि कोयल किस चिड़िया का नाम है, जो यह भी नहीं सुनते कि चातक कहाँ चिल्लाता है, जो यह भी आँख भर नहीं देखते कि आम प्रणय-सौरभ-पूर्ण मंजरियों से कैसे लदे हुए हैं, जो यह भी नहीं झाँकते कि किसानों के झोपड़ों के भीतर क्या हो रहा है, वे यदि दस बने-ठने मित्रों के बीच प्रत्येक भारतवासी की औसत आमदनी का परता बताकर देशप्रेम का दावा करें तो उनसे पूछना चाहिए कि "भाइयो ! बिना रूप-परिचय का यह प्रेम कैसा ?" जिनके दुख के तुम कभी साथी नहीं हुए उन्हें तुम सुखी देखना चाहते हो, यह कैसे समझें ? उनसे कोसों दूर बैठे-बैठे, पड़े-पड़े या खड़े-खड़े तुम विलायती बोली में 'अर्थशास्त्र' की दुहाई दिया करो; पर प्रेम का नाम उनके साथ न घसीटो। प्रेम हिसाब-किताब नहीं है। हिसाब-किताब करनेवाले भाड़े पर मिल सकते हैं, पर प्रेम करनेवाले नहीं। एक अमेरिकन फारसवालों को उनके देश का सारा हिसाब-किताब समझाकर चला गया।

हिसाब-किताब से देश की दशा का ज्ञान मात्र हो सकता है। हितचिन्तन और हितसाधन की प्रवृत्ति कोरे ज्ञान से भिन्न है, वह मन के वेग या 'भाव' पर अवलम्बित है, उसका सम्बन्ध लोभ या प्रेम से है; जिसके बिना अन्य पक्ष में आवश्यक त्याग का उत्साह हो नहीं सकता। जिसे ब्रज की भूमि से प्रेम होगा वह इस प्रकार कहेगा–

नैनन सों 'रसखान' जबै ब्रज के बन, बाग, तड़ाग, निहारौं;
कोटिक वे कलधौत के धाम करील के कुंजन ऊपर वारौं।

रसखान तो किसी की 'लकुटी अरु कामरिया' पर तीनों पुरों का राजसिंहासन तक त्यागने को तैयार थे पर देशप्रेम की दुहाई देनेवालों में से कितने अपने किसी थके-माँदे

भाई के फटे-पुराने कपड़ों पर रीझकर–या कम-से-कम न खीझकर–बिना मन मैला किए कमरे का फर्श भी मैला होने देंगे ? मोटे आदमियो ! तुम जरा-सा दुबले हो जाते–अन्देशे से ही सही–तो न जाने कितनी ठठरियों पर मांस चढ़ जाता।

पशु और बालक भी जिनके साथ अधिक रहते हैं उनसे परच जाते हैं। यह परचना परिचय ही है। परिचय प्रेम का प्रवर्तक है। बिना परिचय के प्रेम नहीं हो सकता। यदि देशप्रेम के लिए हृदय में जगह करनी है तो देश के स्वरूप से परिचित और अभ्यस्त हो जाइए। बाहर निकलिए तो आँख खोलकर देखिए कि खेत कैसे लहलहा रहे हैं, नाले झाड़ियों के बीच कैसे बह रहे हैं, टेसू के फूलों से वनस्थली कैसी लाल हो रही है, कछारों में चौपायों के झुंड इधर-उधर चरते हैं, चरवाहे तान लड़ा रहे हैं, अमराइयों के बीच गाँव झाँक रहे हैं; उनमें घुसिए, देखिए तो क्या हो रहा है। जो मिलें उनसे दो-दो बातें कीजिए, उनके साथ किसी पेड़ की छाया के नीचे घड़ी-आध घड़ी बैठ जाइए और समझिए कि ये सब हमारे देश के हैं। इस प्रकार जब देश का रूप आपकी आँखों में समा जाएगा, आप उसके अंग-प्रत्यंग से परिचित हो जाएँगे, तब आपके अन्तःकरण में इस इच्छा का सचमुच उदय होगा कि वह हमसे कभी न छूटे, वह सदा हरा-भरा और फूला रहे, उसके धनधान्य की वृद्धि हो, उसके सब प्राणी सुखी रहें।

पर आजकल इस प्रकार का परिचय बाबुओं की लज्जा का एक विषय हो रहा है। वे देश के स्वरूप से अनजान रहने या बनने में अपनी बड़ी शान समझते हैं। मैं अपने एक लखनवी दोस्त के साथ साँची का स्तूप देखने गया। यह स्तूप एक बहुत सुन्दर छोटी-सी पहाड़ी के ऊपर है। नीचे छोटा-मोटा जंगल है, जिसमें महुए के पेड़ भी बहुत से हैं। संयोग से उन दिनों वहाँ पुरातत्व विभाग का कैम्प पड़ा हुआ था। रात हो जाने से उस दिन हम लोग स्तूप नहीं देख सके, सबेरे देखने का विचार करके नीचे उतर रहे थे। बसन्त का समय था। महुए चारों ओर टपक रहे थे। मेरे मुँह से निकला–"महुओं की कैसी महक आ रही है।" इस पर लखनवी महाशय ने चट मुझे रोककर कहा–"यहाँ महुए-सहुए का नाम न लीजिए, लोग देहाती समझेंगे।" मैं चुप हो रहा; समझ गया कि महुए का नाम जानने से बाबूपन में बड़ा भारी बट्टा लगता है। पीछे ध्यान आया कि यह वही लखनऊ है जहाँ कभी यह पूछनेवाले भी थे कि गेहूँ का पेड़ आम के पेड़ से छोटा होता है या बड़ा।

हिन्दूपन की अन्तिम झलक दिखानेवाले थानेश्वर, कन्नौज, दिल्ली, पानीपत आदि स्थान उनके गम्भीर भावों के आलम्बन हैं जिनमें ऐतिहासिक भावुकता है, जो देश के पुराने स्वरूप से परिचित हैं, उनके लिए इन स्थानों के नाम ही उद्दीपन स्वरूप हैं। इन्हें सुनते ही उनके हृदय में कैसे-कैसे भाव जाग्रत होते हैं वे नहीं कह सकते। भारतेन्दु का इतना ही कहना उनके लिए बहुत है कि–

हाय पंचनद ! हा पानीपत !
अजहुँ रहे तुम धरनि बिराजत ?
हाय चित्तौर ! निलज तू भारी,
अजहुँ खरो भारतहि मँझारी।

पानीपत, चित्तौड़, कन्नौज आदि का नाम सुनते ही भारत का प्राचीन हिन्दू दृश्य आँखों के सामने फिर जाता है। उनके साथ गम्भीर भावों का सम्बन्ध लगा हुआ है। ऐसे एक-एक नाम हमारे लिए काव्य के टुकड़े हैं। वे रसात्मक वाक्य नहीं, तो रसात्मक शब्द अवश्य हैं।

अब तक जो कुछ कहा गया उससे यह बात स्पष्ट हो गई होगी कि काव्य में 'आलम्बन' ही मुख्य है। यदि कवि ने ऐसी वस्तुओं और व्यापारों को अपने शब्द चित्र द्वारा सामने उपस्थित कर दिया जिससे श्रोता या पाठक के भाव जाग्रत होते हैं, तो वह एक प्रकार से अपना काम कर चुका। संसार की प्रत्येक भाषा में इस प्रकार के काव्य वर्तमान हैं जिनमें भावों को प्रदर्शित करनेवाले पात्र अर्थात् 'आश्रय' की योजना नहीं की गई है—केवल ऐसी वस्तुएँ और व्यापार सामने रख दिए गए हैं जिनसे श्रोता या पाठक ही भाव का अनुभव करते हैं। यदि किसी कवि ने किसी दृश्य का पूर्ण चित्रण करके रख दिया तो क्या वह इसीलिए काव्य न कहलाएगा कि उसके वर्णन के भीतर कोई पात्र उस दृश्य से प्राप्त आनन्द या शोक को अपने शब्द और चेष्टा द्वारा प्रकट करनेवाला नहीं है ? कुमारसम्भव के आरम्भ के उतने श्लोकों को जिनमें हिमालय का वर्णन है, क्या काव्य से खारिज समझें ? मेघदूत में जो आम्रकूट, विन्ध्य, रेवा आदि के वर्णन हैं उन सबमें क्या यक्ष की विरहव्यथा ही व्यंग्य है ?

विभाव, अनुभाव और व्यभिचारी की गिनती गिनाकर किसी प्रकार 'रस' की शर्त पूरी करना ही जब से कविजन अपना परम पुरुषार्थ मानने लगे तब से यह बात कुछ भूल-सी चली कि कवियों का मुख्य कार्य ऐसे विषयों को सामने रखना है जो श्रोता के विविध भावों के आलम्बन हो सकें। सच पूछिए तो काव्य में अंकित सारे दृश्य श्रोता के भिन्न-भिन्न भावों के आलम्बन स्वरूप होते हैं। किसी पात्र को रति, हास, शोक, क्रोध आदि प्रकट करता हुआ दिखाने में ही रसपरिपाक मानना और यह समझना कि श्रोता को पूरी रसानुभूति हो गई, बुरा हुआ। श्रोता या पाठक के भी हृदय होता है। वह जो किसी काव्य को पढ़ता या सुनता है सो केवल दूसरों का हँसना, रोना, क्रोध करना आदि देखने के लिए ही नहीं, बल्कि ऐसे विषयों को सामने लाने के लिए जो स्वयं उसे हँसाने, रुलाने, क्रुद्ध करने, आकृष्ट करने, लीन करने का गुण रखते हों। राजा हरिश्चन्द्र को श्मशान में रानी शैव्या से कफन माँगते हुए, रामजानकी को वनगमन के लिए निकलते हुए पढ़कर ही लोग क्या करुणार्द्र नहीं हो जाते ? उनकी करुणा क्या इस बात की अपेक्षा करती है कि कोई पात्र उन दृश्यों पर शोक या दुख, शब्दों और चेष्टा द्वारा, प्रकट करे ? तुलसीदास जी के इस सवैये में—

कागर कीर ज्यों भूषन चीर सरीर लस्यो तजि नीर ज्यों काई।
मातु, पिता, प्रिय लोग सबै सनमानि सुभाय सनेह सगाई।
संग सुभामिनि भाइ भलो, दिन द्वै जनु औंध हुते पहुनाई।
राजिवलोचन राम चले तजि बाप को राज बटाऊ की नाई॥

पाठक को करुण रस में मग्न करने की पूरी सामग्री मौजूद है। परिस्थिति के सहित राम हमारी करुणा के आलम्बन हैं, चाहे किसी पात्र की करुणा के आलम्बन हों या न हों।

काव्य में रहस्यवाद

[यह निबन्ध केवल इस उद्देश्य से लिखा गया कि 'रहस्यवाद' या 'छायावाद' की कविता के सम्बन्ध में भ्रान्तिवश या जान-बूझकर जो अनेक प्रकार की बे सिर-पैर की बातों का प्रचार किया जाता है, वह बन्द हो। कोई कहता है–"यही वर्तमान युग की कविता है', कोई कहता है–"इसमें आजकल की आकांक्षाएँ भरी रहती हैं" और कोई कहता है कि "बस, यही कविता का रूप है।" किसी सभ्य जाति के साहित्यक्षेत्र मे ऐसे प्रवादों का फैलना शोभा नहीं देता।

मैं 'रहस्यवाद' का विरोधी नहीं। मैं इसे भी कविता की एक शाखा विशेष मानता हूँ। पर जो इसे काव्य का सामान्य स्वरूप समझते हैं उनके अज्ञान का निवारण मैं बहुत ही आवश्यक समझता हूँ।]

'कविता क्या है ?' शीर्षक निबन्ध[1] में हम कह चुके हैं कि कविता मनुष्य के हृदय को व्यक्तिगत सम्बन्ध के संकुचित मंडल से ऊपर उठाकर लोकसामान्य भावभूमि पर ले जाती है, जहाँ जगत् के नाना रूपों और व्यापारों के साथ उसके प्रकृत प्रबन्ध का सौन्दर्य दिखाई पड़ता है। इस सौन्दर्य के अभ्यास से हमारे मनोविकारों का परिष्कार और जगत् के साथ हमारे रागात्मक सम्बन्ध की रक्षा और निर्वाह होता है। जिस प्रकार जगत् अनेकरूपात्मक है उसी प्रकार हमारा हृदय भी अनेकभावात्मक है। इन अनेक भावों का व्यायाम और परिष्कार तभी हो सकता है जबकि उन सबका प्रकृत सामंजस्य जगत् के भिन्न-भिन्न रूपों और व्यापारों के साथ हो जाय। जब तक यह सामंजस्य पूरा-पूरा न होगा तब तक यह नहीं कहा जा सकता है कि कोई पूरी तरह जी रहा है। उसकी सजीवता की मात्रा अधूरी और प्रसार संकुचित समझा जाएगा। अतः काव्य का काम मनुष्य के सब भावों और सब मनोविकारों के लिए प्रकृति के अपार क्षेत्र में आलम्बन या विषय चुनकर रखना है। इस प्रकार उसका सम्बन्ध जगत् और जीवन की अनेकरूपता के साथ स्वतः सिद्ध है।

काव्यदृष्टि से हम सब जगत् को देखते हैं तभी जीवन का स्वरूप और सौन्दर्य प्रत्यक्ष होता है। जहाँ व्यक्ति के भावों के पृथक् विषय नहीं रह जाते, मनुष्यमात्र के आलम्बनों में हृदय लीन हो जाता है, जहाँ व्यक्ति जीवन का लोकजीवन में लय हो जाता है वही भाव की पवित्र भूमि है। वहीं विश्वहृदय का आभास मिलता है।

1. देखिए चिन्तामणि, पहला भाग, पृष्ठ 192।

जहाँ जगत् के साथ ह्दय का पूर्ण सामंजस्य घटित हो जाता है वहाँ प्रवृत्ति और निवृत्ति भी स्वतः मंगलोन्मुखी हो जाती है। जो नरक के, परजन्म के अथवा राजदंड के भय से ही पाप या अपराध नहीं करते, तथा जो स्वर्ग के या परजन्म के सुख के लोभ से ही कोई शुभ कार्य करते हैं, उनमें ह्रदय के विकास का अभाव और जीवन के सौन्दर्य की कमी समझनी चाहिए।

जीवन का सौन्दर्य वैचित्र्यपूर्ण है। उसके भीतर किसी एक ही भाव का विधान नहीं है। उसमें एक ओर प्रेम, हास, उत्साह और आश्चर्य आदि हैं, दूसरी ओर क्रोध, शोक, घृणा और भय आदि–एक ओर आलिंगन, मधुरालाप, रक्षा, सुख-शान्ति आदि हैं, दूसरी ओर क्रोध, शोक, घृणा और भय आदि–एक ओर आलिंगन, मधुरालाप, रक्षा, सुख-शान्ति आदि हैं, दूसरी ओर गर्जन, तर्जन, तिरस्कार और ध्वंस। इन दो पक्षों के बिना क्रियात्मक या गत्यात्मक (डायनैमिक) सौन्दर्य का प्रकाश नहीं हो सकता। जहाँ इन दोनों पक्षों में साध्य-साधक-सम्बन्ध रहता है, जहाँ इनमें सामंजस्य दिखाई पड़ता है, वहाँ की उग्रता और प्रचंडता में भी सौन्दर्य का दर्शन होता है। कहने की आवश्यकता नहीं कि यह सौन्दर्य भी मंगल का ही पर्याय है। जो लोग केवल शान्त और निष्क्रिय (स्टैटिक) सौन्दर्य के अलौकिक स्वप्न में ही कविता समझते हैं वे कविता को जीवनक्षेत्र से बाहर खदेड़ना चाहते हैं।

योरप का वर्तमान लोकादर्शवाद (ह्यमैनिटेरियन आइडियलिज्म) मनुष्य की अन्तःप्रकृति के एक समूचे पक्ष के सर्वथा निराकरण में–केवल प्रेम और भ्रार्तृभाव की भीतरी शक्ति द्वारा क्रूरता, क्रोध, स्वार्थमद, हिंसावृत्ति आदि की चिरशान्ति में–काव्य का परम उत्कर्ष मानता है और उसी के भीतर सौन्दर्य और मंगल को बद्ध देखता है। उसका कहना कुछ इस प्रकार है–

"सौन्दर्य से, प्रेम से, मंगल से, पाप को एकदम समूल नष्ट कर देना ही हमारी आध्यात्मिक प्रकृति की एकमात्र आकांक्षा है।...उच्च साहित्य स्वभावनिसृत अश्रुजल से कलंकमोचन करते हैं और स्वाभाविक आनन्द से पुण्य का स्वागत करते हैं।"

यह परम भक्त ईसाई टाल्सटाय के साहित्यिक उपदेशों की बंग प्रतिध्वनि है।[1] थोड़े शब्दों में इसका खुलासा यह है कि संसार में क्रूरता, हिंसा, अत्याचार, स्वार्थमद आदि है तो अत्याचारी को विवेकी, क्रूरता को सदय, पापी को पुण्यात्मा, अनिष्टकारी को प्रेमी बनाने के अविचल-प्रयत्न-प्रदर्शन में ही साहित्य की उच्चता है अर्थात् शुभ और सात्विक भावों की अशुभ और तामस भावों पर चढ़ाई और विजय ऊँचे साहित्य का विधान है। क्रूरता पर क्रोध, अत्याचारियों का ध्वंस, पापियों को जगत् के मार्ग से हटाना, माध्यम काव्य का विधान है। वर्णव्यवस्था से शब्द लें तो एक ब्राह्मण काव्य है, दूसरा क्षत्रिय काव्य।

इन आदर्शवादियों का कहना है कि आदर्श तो सदा सामान्य जीवनभूमि से ऊँचे उठे हुए होते हैं। पर यह कहना कि उपर्युक्त आदर्श के भीतर ही सौन्दर्य और मंगल

1. श्री रवीन्द्रनाथ ठाकुर–प्राचीन साहित्य।

की अभिव्यक्ति होती है, काव्य की उच्चता केवल वहीं मिलती है, मंगल, सौन्दर्य तथा काव्य की उच्चता के क्षेत्र को बहुत संकुचित करना है। क्रूर अत्याचारी किसी दीन को निरन्तर पीड़ा पहुँचाता चला जाता है। और वह पीड़ित व्यक्ति बराबर प्रेम प्रदर्शित करता और उस अत्याचारी का उपकार साधता चला जाता है, यहाँ तक कि अन्त में उस अत्याचारी की वृत्ति कोमल हो जाती है, वह पश्चात्ताप करता है, और सुधर जाता है। यह एक ऊँचा आदर्श है, इसमें सन्देह नहीं। पर इस आदर्श में केवल दो पक्ष हैं– अत्याचारी और पीड़ित। उस क्रूरता और पीड़ा को देखनेवाले तीसरे व्यक्ति की मनोवृत्ति का मंगलमय सौन्दर्य कहाँ है, इसका अनुसन्धान नहीं है। विचारने की बात है कि दूसरों की निरन्तर बढ़ती हुई पीड़ा को देख-देख अत्याचारियों की शुश्रूषा और उनके साथ प्रेम का व्यवहार करते चले जाने में अधिक सौन्दर्य का विकास है कि करुणा से आर्द्र और फिर रोष से प्रज्वलित होकर पीड़ितों और अत्याचारियों के बीच उत्साहपूर्वक खड़े होने तथा अपने ऊपर अत्याचार, पीड़ा सहने और प्राण देने के लिए तत्पर होने में। हम तो करुणा और क्रोध के इसी सामंजस्य में मनुष्य के कर्मसौन्दर्य की पूर्ण अभिव्यक्ति और काव्य की चरम सफलता मानते हैं।

मनुष्य की अन्तःप्रकृति के एक पक्ष के सर्वथा अभाव को चरम साध्य रखकर निवृत्ति के आदर्श स्वप्न में लीन करने में ही काव्य की उच्चता हम नहीं मान सकते। यह स्वप्न सुन्दर अवश्य है, पर जागरण इससे कम सुन्दर नहीं। स्वप्न और जागरण दोनों काव्य के पक्ष हैं। इन दोनों पक्षों का सामंजस्य काव्य का चरम उत्कर्ष है। काव्य में हम 'वादों' का बाहर से आना ठीक नहीं समझते। पर यदि 'वाद' शब्द के बिना किसी पक्ष की पहचान न हो सकती हो तो हमें कहना पड़ेगा कि हमारा पक्ष है 'अभिव्यक्तिवाद' और 'सामंजस्यवाद'।

आदर्श व्यक्ति सिद्ध हो सकता है पर आदर्श लोक साध्य ही रहा है और रहेगा। जिस दिन यह सिद्ध हो जाएगा उस दिन यह लोक कर्मलोक न रहेगा। फिर इसके रहने की भी जरूरत रहेगी या नहीं, नहीं कह सकते। प्रयत्न ही जीवन की शोभा है; जीवन का सौन्दर्य है–केवल अपना पेट भरने या आनन्द से तृप्त होने का प्रयत्न। नहीं; लोक में उपस्थित बाधा, क्लेश, विषमता आदि से भिड़ने का प्रयत्न अँगरेज कवि ब्राउनिंग ने जीवन के इस प्रयत्नसौन्दर्य की ओर इस प्रकार संकेत किया है–

"यदि मनुष्य केवल आनन्द से तृप्त होने के लिए ही, ढूँढ़ने, पाने और आनन्द लेने के लिए ही, बना है तब तो जीवन का इतना गर्व–उसके महत्त्व की इतनी चर्चा–व्यर्थ है। यह आनन्द पूरा हुआ कि मनुष्यों के दिन भी पूरे हुए समझिए। क्या पेट भरे पशु-पक्षी को भी संशय या चिन्ता सताती है ?

फिर प्रत्येक बाधा को, जो भूतल के समसुगम को विषम और दुर्गम करती हो, खुशी से आने दो; प्रत्येक दंश (पहुँचाए हुए कष्ट) को जो न बैठा रहने देता हो, न खड़ा रहने, बराबर चलाता ही रहता हो, खुशी से लगने दो। हमारे आनन्द बारह आने क्लेश ही हो

जाएँ ? प्रयत्नवान् रहो और जो कुछ श्रम पड़े उसे गनीमत समझो। सीखो, कष्ट की परवाह न करो; साहस करो, क्लेश से मुँह न मोड़ो।''[1]

जगत् की विघ्न बाधा, अत्याचार, हाहाकार के बीच ही जीवन के प्रत्यत्नसौन्दर्य की पूर्ण अभिव्यक्ति तथा भगवान् की मंगलमय शक्ति का दर्शन होता है। अतः जो आँख मूँदकर काव्य का पता जगत् और जीवन से बाहर लगाने निकलते हैं वे काव्य के धोखे में, या उसके बहाने से, किसी और ही चीज के फेर में रहते हैं। इसी प्रकार जो लोग ज्ञात या अज्ञात के प्रेम, अभिलाष, लालसा या वियोग के नीरव-सरव क्रन्दन अथवा वीणा के तार झंकार तक ही काव्यभूमि समझते हैं उन्हें जगत् की अनेकरूपता और हृदय की अनेकभावात्मकता के सहारे अन्धकूपता से बाहर निकलने की फिक्र करनी चाहिए। निकलने पर वे देखेंगे कि काव्यभूमि कितनी विस्तृत है। जितना विस्तार जगत् और जीवन का है उतना ही विस्तार उसका है। काव्यदृष्टि से यह दृश्य जगत् ब्रह्म की नित्य और अनन्त कल्पना है जिसके साथ उसका नित्य हृदय भी लगा हुआ है।

यह अनन्त रूपात्मक कल्पना व्यक्त और गोचर है–हमारी आँखों के सामने बिछी हुई है। समष्टि रूप में यह शाश्वत और अनन्त है। इसी की भिन्न-भिन्न रूप चेष्टाओं की ओर हृदय के भिन्न-भिन्न भावों को अपने निज के सम्बन्धप्रभाव से मुक्त करके प्रवृत्त करना ब्रह्म की व्यक्त सत्ता में अपनी व्यक्त सत्ता को लीन करना है। इस पुनीत भावभूमि में जब तक मनुष्य रहता है तब तक यह अनन्त काव्य के भावुक श्रोता या द्रष्टा के रूप में रहता है। कुछ लोगों का यह ख्याल कि काव्यानुभूति एक और ही प्रकार की अनुभूति है, उसका प्रत्यक्ष या असली अनुभूति से कोई सम्बन्ध ही नहीं, या तो कोई ख्याल ही नहीं, या गलत है। काव्यानुभूति (एइस्थेटिक मोड ऑर स्टेट) एक निराली ही अनुभूति है, इस मत के कारण योरपीय समीक्षाक्षेत्र में बहुत-सा अर्थशून्य वाग्विस्तार बहुत दिनों से चला आ रहा है। इस मत की असारता रिचर्ड्स ने अपने 'काव्य-समीक्षा-सिद्धान्त' (प्रिंसिपल्स आव लिटररी क्रिटिसिज्म) में अच्छी तरह दिखाई है।

1. पुअर वांट आव लाइफ इंडीड,
वेयर मैन बट फार्म्ड टु फीड
आन ज्वाय, टु सोल्ली सीक ऐंड फाइंड ऐंड फीस्ट;
सच फीस्टिंग एंडेड, देन
ऐज श्योर ऐन एंड टु मैन;
इर्क्स केयर दि क्रापफुल बर्ड ? फ्रेट्स
डाउट दि मा-क्रैम्ड बीस्ट ?
देन वेलकम ईच रिबफ
दैट टर्न्स अर्थ्स स्मूथनेस रफ,
ईच स्टिंग दैट बिड्स नॉर सिट, नॉर स्टैंड बट गो।
बी अवर ज्वाइज थ्री-पार्ट्स पेन !
स्ट्राइव ऐंड होल्ड चियर दि स्ट्रेन;
लर्न, नॉर ऐकाउंट दि पैंग; डेयर नेवर
ग्रज दि थ्रो।

अपने को भूलकर; अपनी शरीरयात्रा का मार्ग छोड़कर, जब मनुष्य किसी व्यक्ति या वस्तु के सौन्दर्य पर प्रेममुग्ध होता है; किसी ऐसे के दुख पर, जिसके साथ अपना कोई खास सम्बन्ध नहीं, करुणा से व्याकुल होता है; दूसरे लोगों पर सामान्यतः घोर अत्याचार करनेवाले पर क्रोध से तिलमिलाता है; ऐसी वस्तु से घृणा अनुभव करता है जिससे सबकी रुचि को क्लेश पहुँचा है; ऐसी बात का भय करता है जिससे दूसरों को कष्ट या हानि पहुँचने की सम्भावना होती है; ऐसे कठिन और भयंकर कर्म के प्रति उत्साह से पूर्ण होता है जिसकी सिद्धि सबको वांछित होती है तथा ऐसी बात पर हँसता या आश्चर्य करता है जिसे देख-सुनकर सबको हँसी आती या आश्चर्य होता है तब उसके हृदय को सामान्य भावभूमि पर और उसकी अनुभूति को काव्यानुभूति के भीतर समझना चाहिए। इसलिए यह धारणा कि शब्द, रंग या पत्थर के द्वारा जो अनुभूति उत्पन्न की जाती है केवल वही काव्यानुभूति हो सकती है, ठीक नहीं है।

जिस अनुभूति की प्रेरणा से सच्चे कवि रचना करने बैठते हैं वह भी काव्यानुभूति ही होती है। सत्यकाव्य और असत्यकाव्य में—काव्य और काव्याभास में—यही भीतरी या मार्मिक अन्तर होता है कि सच्चा काव्य सामान्य भूमि पर पहुँची हुई अनुभूतियों का वर्णन करता है और काव्याभास ऐसे सच्चे वर्णनों की केवल नकल करता है। न जाने कितने भाट कवियों ने अपने आश्रयदाता राजाओं की खुशामद में अपनी समझ में वीर और रौद्र रस लबालब भरकर बड़ी-बड़ी पोथियाँ तैयार कीं, पर उनको लोक ने न अपनाया। वे या तो नष्ट हो गईं या उन राजाओं के वंशधरी के घरों में बेठनों में लपेटी पड़ी हैं। वे पोथियाँ सच्ची काव्यानुभूति की प्रेरणा से नहीं लिखी गई थीं, उनके नायकों की वीरमूर्ति या रौद्रमूर्ति राम-कृष्ण की, शिवा-प्रताप की, वीर-रौद्रमूर्ति कैसे हो सकती थी ? उनके उत्साह और उनके क्रोध का लोक अपना उत्साह और अपना क्रोध कैसे बन सकता था ?

अभिव्यक्ति केवल और निर्विशेष नहीं हो सकती। ब्रह्म अपनी व्यक्त सत्ता के भीतर अपने 'सत्' और 'आनन्द' स्वरूप की अभिव्यक्ति के लिए असत् और क्लेश का अवस्थान करता है—अपने मंगल रूप के प्रकाश के लिए अमंगल की छाया डालता है। मंगल पक्ष में सौन्दर्य, हास, विकास, प्रफुल्लता, रक्षा और रंजन इत्यादि हैं, अमंगल पक्ष में विरूपता, विलाप, क्लेश और ध्वंस इत्यादि हैं। इन दोनों पक्षों के द्वन्द्व के बीच से ही मंगल की कला शक्ति के साथ फूटती दिखाई पड़ा करती है। अत्याचार, क्रन्दन, पीड़न, ध्वंस का सहन जगत् की साधना या तप है, जो वह भगवान् की मंगल कला के दर्शन के लिए किया करता है। जीवन प्रयत्नरूप है, अतः मंगल भी साध्य रहता है; सिद्ध नहीं। जो कविता मंगल को सिद्ध रूप में देखने के लिए किसी अज्ञात लोक की ओर ही इशारा किया करती है, वह आलस्य, अकर्मण्यता और नैराश्य की वाणी है। वह जगत और जीवन के संघर्ष से कल्पना को भगाकर केवल मनमोदक और बाँधने और खयाली पुलाव पकाने में लगाती है। ऐसी कायर कल्पना ही से सच्चे काव्य का काम नहीं चल सकता जो जगत और जीवन से सौन्दर्य और मंगल की कुछ सामग्री ले भागे और अलग एक कोने में इकट्ठी करके उछला-कूदा करे।

ब्रह्म की व्यक्त सत्ता सतत् क्रियमणि है। अभिव्यक्ति के क्षेत्र में स्थिर (स्टैटिक) सौन्दर्य और स्थिर मंगल कहीं नहीं, गत्यात्मक (डायनैमिक) सौन्दर्य और गत्यात्मक मंगल ही है, पर सौन्दर्य की गति भी नित्य और अनन्त है और मंगल की भी। गति की यही नित्यता जगत् की नित्यता है। सौन्दर्य और मंगल वास्तव में पर्याय हैं। कलापक्ष से देखने में जो सौन्दर्य है, वही धर्मपक्ष से देखने में मंगल है, जिस सामान्य काव्यभूमि पर प्राप्त होकर हमारे भाव एक साथ ही सुन्दर और मंगलमय हो जाते हैं, उसकी व्याख्या पहले हो चुकी है। कवि मंगल का नाम न लेकर सौन्दर्य ही का जिक्र किया करता है। टाल्सटाय इस प्रवृत्तिभेद को न पहचानकर काव्यक्षेत्र में लोकमंगल का एकान्त उद्देश्य रखकर चले इससे उनकी समीक्षाएँ गिरजाघर के उपदेश के रूप में हो गईं। मनुष्य-मनुष्य में प्रेम और भ्रातृभाव की प्रतिष्ठा ही काव्य का सीधा लक्ष्य ठहराने से उनकी दृष्टि बहुत संकुचित हो गई, जैसा कि उनकी सबसे उत्तम ठहराई हुई पुस्तकों की विलक्षण सूची से विदित होगा। यदि टाल्स्टाय की धर्मभावना में व्यक्तिगत धर्म के अतिरिक्त लोकधर्म का समावेश होता तो उनके कथन में शायद इतना असामंजस्य न घटित होता।

अब यहाँ यह बात फिर स्पष्ट कर देना आवश्यक है कि कविता का सम्बन्ध ब्रह्म की व्यक्त सत्ता से नहीं। जगत् भी अभिव्यक्ति है, काव्य भी अभिव्यक्ति है। जगत् अव्यक्त की अभिव्यक्ति है और काव्य इस अभिव्यक्ति की भी अभिव्यक्ति है। मनुष्य का ज्ञान देश और काल के बीच बहुत परिमित है। वह एक बार में अपने भावों के लिए बहुत कम सामग्री उपस्थित कर सकता है। सदा और सर्वत्र किसी भाव के अनुकूल यह सामग्री उपलब्ध भी नहीं हो सकती। दूसरी बात यह है कि सबकी कल्पना उतनी तत्पर नहीं होती कि जगत् की खुली विभूति से संचित रूपों और व्यापारों को वे जब चाहें तब ऐसी धर्मस्पर्षिणी योजना मन में कर सकें जो भावों को एकबारगी जाग्रत कर दे। इसी से सूक्ष्म दृष्टि, तीव्र अनुभूति और तत्पर कल्पनावाले कुछ लोग ही कविकर्म अपने हाथ में लेते हैं।

प्रत्येक देश में काव्य का प्रादुर्भाव इसी जगत् रूपी अभिव्यक्ति को लेकर हुआ। इस अभिव्यक्ति के सम्मुख मनुष्य कहीं से लुब्ध हुआ, कहीं दुखी हुआ, कहीं क्रुद्ध हुआ, कहीं डरा, कहीं विस्मित हुआ और कहीं भक्ति और श्रद्धा से उसने सिर झुकाया। जब सब एक-दूसरे को ऐसा ही करते दिखाई पड़े तब सामान्य आलम्बनों की परख हुई और उनके सहारे एक ही साथ बहुत-से आदमियों में एक ही प्रकार की अनुभूति जगाने की कला का प्रादुभाव हुआ। इसका उपयोग जहाँ दस आदमी इकट्ठे होते–जैसे यज्ञ में, उत्सव में, युद्धयात्रा में, शोकसमाज में–वहाँ प्रायः होता था। धीरे-धीरे इसी अनुभूति योग की साधना से कुछ अन्तर्दृष्टिसम्पन्न महात्माओं को इस विशाल विश्वविग्रह के भीतर 'परम हृदय' की झलक मिली जिससे कविता और ऊँची भूमि पर आई। ये चराचर के साथ मनुष्यहृदय का संयोग कराने, सर्वभूतों के साथ मनुष्य को तादात्म्य अनुभव कराने, उठे।

वाल्मीकि मुनि तमसा के हरे-भरे कूल पर फिर रहे थे। नाना वृक्ष और लताएँ प्रफुल्लता से झूम रही थीं। मृग स्वच्छन्द विचर रहे थे; पक्षी आनन्द से कलरव कर रहे थे। प्रकृति के उस महोत्सव में मुनि के हृदय का भी पूरा योग था। उनकी वृत्ति भी उनमें रमी हुई थी। इतने में देखते ही देखते क्रौंच के एक जोड़े का नर पक्षी, रक्त से लिपटा, गिरकर मुनि के सामने तड़पने लगा। क्रौंची शोक से विह्वल ताकती रह गई। सुख-शान्ति का भंग हुआ। मुनि एकबारगी करुणा से व्याकुल, फिर रोष से उद्विग्न हो उठे। उनके मुँह से यह वाग्धारा फूट पड़ी–

मा निषाद प्रतिष्ठांस्त्वमगमः शाश्वतीः समाः।
यत्क्रौञ्चमिथुनादेकमवधीः काममोहितम्॥

इस करुण क्रोध की वाणी में लोकरक्षा और लोकरंजन की साधनाविधि और काव्य के अनेक भावात्मक स्वरूप की घोषणा थी। मुनि ने तमसातट की उस घटना में सम्पूर्ण लोकव्यापार का नित्य स्वरूप देखा। इससे वे हताश नहीं हुए। ध्यान करने पर उसी के भीतर उन्हें मंगलमयी ज्योति का दर्शन हुआ जिसमें शक्ति, शील और सौन्दर्य तीनों विभूतियों का दिव्य समन्वय जटिल है–इस प्रकार का है कि चाहे किसी एक को अलग करके लें, उसके साथ दूसरी दो विभूतियाँ भी इधर-उधर लगी रहेंगी। जैसे, यदि किसी ओर ध्वंस या नाश की ओर प्रवृत्त शक्ति को लें तो और सब ओर से यह शीलसाधन और सौन्दर्यविकास करती दिखाई देगी। यदि क्षमा अनुग्रह में प्रवृत्त शील को लें तो अपार शक्ति उस क्षमा और अनुग्रह के सौन्दर्य को बढ़ाती दिखाई पड़ेगी। यदि सौन्दर्य को लें तो वह केवल व्याधि के रूप का प्रेम उभारता न दिखाई पड़ेगा, बल्कि शक्ति शील के योग में भक्ति, आशा और उत्साह का संचार करेगा।

न तो अन्तःप्रकृति में एक ही प्रकार के भावों व वृत्तियों का विधान है और न बाह्य प्रकृति में एक ही प्रकार के रूपों या व्यापारों का। भीतरी और बाहरी दोनों विधानों में घोर जटिलता है। इन्हीं परस्पर सम्बद्ध विविध वृत्तियों का सामंजस्य काव्य का परम उत्कर्ष और सबसे बड़ा मूल्य है। सामंजस्य काव्य और जीवन दोनों की सफलता का मूल मन्त्र है। काव्य का जो स्वरूप महर्षि वाल्मीकि ने अत्यन्त प्राचीन काल में तमसा के किनारे प्रतिष्ठित किया था, आज ईसा की बीसवीं शताब्दी में इंग्लैंड के अत्यन्त निर्मलदृष्टि समालोचक रिचर्ड्स, योरपीय समीक्षाक्षेत्र का बहुत-सा निरर्थक शब्दजाल और कूड़ा-करकट पार करते हुए, उसी स्वरूप तक पहुँचे हैं।[1]

अब विचारने की बात है कि किसी अगोचर और अज्ञात के प्रेम में आँसुओं की आकाशगंगा में तैरने, हृदय की नसों का सितार बजाने, प्रियतम असीम के संग नग्न

1. एनीथिंग इज वैल्युएब्ल ह्विच सैटिसफाइ ऐन ऐपिटेंसी विदाउट इनवाल्विंग दि फ्रस्टेस्सन आव सम ईक्वल ऑर मोर इंपॉर्टेंट ऐपिटेंसी।

दि कांप्लिकेशंस पॉसिबुल इन दि सिस्टेमाइजेशन आव इंपल्सेज ऑर इंडेफिनिट। दि प्लैस्टिसिटी आव स्पेशल ऐपिटेंसीज ऐंड ऐक्टिविटीज वैरीज एनार्मस्ली

दि इंपॉर्टेंस आव ऐन इंम्पल्स कैन बि डिफाइंड ऐंज दि एक्स्टेंट आव दि डिस्टबैंस आव अदर इंपल्सेज इन दि इंडिविडुअल्स ऐक्टिविटीज ह्विच दि थ्वार्टिंग आव दि इंपल्स इनवाल्ब्स।

आई ए रिचर्ड्स, प्रिंसिपल आव लिटेररी क्रिटिसिज्म, अध्याय 7 (तृतीय संस्करण, 1928)

प्रलय या तांडव करने या मुँदी नयनपलकों के भीतर किसी रहस्य का सुखमय चित्र देखने को ही—'भी' तक तो कोई हर्ज न था—कविता, कहाँ तक ठीक है? चारों ओर से बेदखल होकर छोटे-छोटे कनकौवों पर भला कविता कब तक टिक सकती है? असीम और अनन्त की भावना के लिए अज्ञात या अव्यक्त की ओर झूठे इशारे करने की कोई जरूरत नहीं। व्यक्त पक्ष में भी वही असीमता और वही अनन्तता है। व्यक्त और अव्यक्त में कोई पारमार्थिक भेद नहीं। ये दोनों सापेक्ष और व्यावहारिक शब्द हैं और केवल मनुष्य के ज्ञान की परिमिति के द्योतक हैं। अज्ञान की 'जिज्ञासा' ही का कुछ अर्थ होता है; उसकी 'लालसा' या प्रेम का नहीं। भौतिक जगत् की रूपयोजना लेकर जिस प्रेम की व्यंजना होगी वह भाव की दृष्टि से वास्तव में भौतिक जगत् की उसी रूपयोजना के प्रति होगा। जगह-जगह जिज्ञासावाचक शब्द रखकर उसे किसी और के प्रति बताना या तो प्रिय असत्य या साम्प्रदायिक रूढ़ि ही माना जाएगा।

पहले कहा जा चुका है कि जिस प्रकार जगत् अनेकरूपात्मक है उसी प्रकार काव्य भी अनेकभात्मक है। प्रेम, अभिलाष, विरह, औत्सुक्य, हर्ष आदि थोड़ी-सी मनोवृत्तियों का एक छोटा-सा घेरा सम्पूर्ण काव्यक्षेत्र नहीं हो सकता। इन भावों के साथ और दूसरे भाव—जैसे क्रोध, भय, उत्साह, घृणा इत्यादि—ऐसी जटिलता से गुम्फित हैं कि सम्यक् काव्यदृष्टि उनको अलग नहीं छोड़ सकती; चाहे उनका सामंजस्य शेष अन्तःप्रवृत्तियों के साथ कभी-कभी मुश्किल से ही क्यों न बैठता हो।

आजकल कवि के 'सन्देश' (मेसेज) का फैशन बहुत हो रहा है। हमारे आदिकवि का—आदि से अभिप्राय प्रथम कवि से है जिसने काव्य के पूर्ण स्वरूप की प्रतिष्ठा की—सन्देश है कि सब भूतों तक, सम्पूर्ण चराचर तक अपने हृदय को फैलाकर जगत् में भावरूप में रम जाओ; हृदय की स्वाभाविक प्रवृत्ति के द्वारा विश्व के साथ एकता का अनुभव करो। करुण अमर्ष की जो वाणी उनके मुख से पहलेपहल निकली उसमें यही सन्देश भरा था। समस्त चराचर में एक सामान्य हृदय की अनुभूति का जैसा तीव्र और पूर्ण उन्मेष करुणा में होता है वैसा किसी और भाव में नहीं। इसी से आदिकवि की वाणी द्वारा पहले-पहल उसी की व्यंजना हुई। उस वाणी में काव्य के प्रकृत स्वरूप का भी पूरा संकेत था। मनुष्य की अन्तःप्रकृति के भीतर भावों का परस्पर जैसा जटिल सम्बन्ध है करुणा और क्रोध का वैसा ही जटिल सम्बन्ध वाणी में था। आलम्बनभेद से इन दो विरोधी भावों का कैसा सुन्दर सामंजस्य उस हृदय से निकले हुए सीधे-सादे वाक्य में था।

जब उनके सन्देश का कुछ और विवरण लीजिए। रामायण में—विशेषतः वर्षा और हेमन्त के वर्णन में—जिस संश्लिष्ट ब्योरे के साथ उन्होंने प्रकृति के नाना रूपों का सूक्ष्म निरीक्षण किया है उससे उन रूपों के साथ उनके हृदय का पूरा मेल पाया जाता है। बिना अनुराग के ऐसे सूक्ष्म ब्योरों पर दृष्टि न जा ही सकती है न रम ही सकती है। 'काव्य में प्राकृतिक दृश्य' नामक निबन्ध में हमने किसी वर्णन में आई हुई वस्तुओं का मन में दो प्रकार का ग्रहण बताया था—बिम्बग्रहण और अर्थग्रहण मात्र। वर्षा और हेमन्त के वर्णन में वाल्मीकि ने बिम्बग्रहण कराने का प्रयत्न किया है। उन्होंने वस्तुओं के अलग-अलग नाम नहीं गिनाए हैं; उनके आकार, वर्ण आदि का पूरा ब्योरा देते हुए

आसपास की वस्तुओं के साथ उनका संश्लिष्ट दृश्य सामने रखा है। इसी संश्लिष्ट रूपयोजना का नाम चित्रण है। कवि इस प्रकार के चित्रण में तभी प्रवृत्त होता है जब वह बाह्य प्रकृति को आलम्बन रूप में ग्रहण करता है। उद्दीपन रूप में जो वस्तुविधान होता है उसमें कुछ इनी-गिनी वस्तुओं के उल्लेख मात्र से काम चल जाता है।

वन, पर्वत, नदी, नाले, पशु, पक्षी, वृक्ष, लता, मैदान, कछार ये सब हमारे पुराने सहचर हैं और हमारे हृदय के प्रसार के लिए अभी तो बने हुए हैं; आगे की नहीं कह सकते। इनके प्रति युग-युगादि का संचित प्रेम जो मनुष्य की दीर्घवंश-परम्परा के बीच वासना रूप में निहित चला आ रहा है उसकी अनुभूति के उद्बोधन में ही मनुष्य की रागात्मिका प्रकृति का पूर्ण परिष्कार और मनुष्य के कल्याणमार्ग का अबोध प्रसार दिखाई पड़ता है। इन्हें सामने पाकर इनसे यही कहने को जी करता है–

एहो ! बन, बंजर कछार, हरे भरे खेत !
विटप, विहंग ! सुनो, अपनी सुनावें हम।
छूटे तुम, तो भी चाह चित्त से न छूटी यह
बसने तुम्हारे बीच फिर कभी आवें हम।
सड़े चले जा रहे हैं बँधे अपने ही बीच,
जो कुछ बचा है उसे बचा कहाँ पावें हम ?
मूल रसस्रोत हो हमारे वही छोड़ तुम्हें
सूखते हृदय सरसाने कहाँ जावें हम ?
रूपों से तुम्हारे पले होंगे जो हृदय वे ही
मंगल की योग विधि पूरी पाल पावेंगे।
जोड़ के चराचर की सुख सुषमा के साथ,
सुख को हमारे शोभा सृष्टि की बनवावेंगे।
वे ही इस महँगे हमारे नरजीवन का
कुछ उपयोग इस लोक में दिखावेंगे।
सुमनविकास, मृदुआनन के हास, खग
मृग के विलास बीच भेद को घटावेंगे॥
नर में नारायण की कला भासमान कर,
जीवन को वे ही दिव्य ज्योति सा जगावेंगे।
कूप से निकाल हमें छोड़ रूपसागर में
भव की विभूतियों में भाव सा रमावेंगे।
वैसे तो न जाने कितने कुछ काल कला,
अपनी दिखाते अस्त होते चले जावेंगे।
जीने के उपाय तो बतावेंगे, अनेक पर
जिया किस हेतु जाय, वे ही बतलावेंगे॥ [1]

---

1. ये कवित्त शुक्ल जी कृत 'हृदय का मधुर भार' शीर्षक कविता से उद्धृत हैं।

ज्यों-ज्यों मनुष्य अपनी सभ्यता की झोंक में इन प्राचीन सहचरों से दूर हटता हुआ अपने क्रियाकलाप का कृत्रिम आवरणों से आच्छन्न करता जा रहा है त्यों-त्यों उसका असली रूप छिपता चला जा रहा है। इस असली रूप का उद्घाटन तभी हुआ करेगा जब वह अपने बुने हुए घने जाल के घेरे से निकलकर कभी-कभी प्रकृति के अपार क्षेत्र की ओर दृष्टि फैलाएगा और अपने इस पुराने सहचरों के सम्बन्ध का अनुभव करेगा। अपने घेरे के बाहर की क्रूरता और निष्ठुरता के अभ्यास का परिणाम अन्त में घेरे के भीतर प्रकट होता है। योरपीय जातियों ने एशिया, अफ्रीका और अमेरिका आदि बाहरी भू-भागों में जाकर क्रूरता और निष्ठुरता का बड़े अध्यवसाय के साथ अभ्यास किया। फल क्या हुआ ? उसी निष्ठुर और क्रूर वृत्ति का अत्यन्त भीषण विधान अन्त में गत महायुद्ध में योरप ही के भीतर सामने आया जिससे वहाँ आध्यात्मिकता की चर्चा का फैशन जो उन्नीसवीं शताब्दी की आधिभौतिक प्रवृत्ति के हद से ज्यादा बढ़ने पर प्रतिवर्तन (रिऐक्शन) के रूप में पहले से चल पड़ा था, खूब बढ़ा। पर इस रोग की दवा अध्यात्मवाद, आत्मा की एकता, ब्रह्म की व्यापकता आदि की बनावटी पुकार नहीं है। इसका एकमात्र उपाय चराचर के बीच 'एक हृदय' की सच्ची अनुभूति तथा मनुष्य तक ही नहीं उसके बाहर भी भावों का सामंजस्यपूर्ण प्रसार है।

अब तक जो कविता हुई है उसमें मनुष्येतर प्राणियों के–वृक्ष, पशु, पक्षी आदि के–प्रति स्पष्ट रूप में प्रेम की व्यंजना कम पाई जाती है। यह प्रेम स्वाभाविक और वास्तविक है, इसका अनुभव थोड़ा-बहुत तो सबको होगा। लड़कपन में जिस पेड़ के नीचे कभी हम खेला करते थे उसे बहुत दिनों पीछे देखने पर हमारी दृष्टि कुछ देर उस पर थम जाती है। हम प्रेम से उसकी ओर देखते हुए उसके जीर्ण या बूढ़े होने की बात लोगों से कहते हैं, जिस कुत्ते ने कभी बहुत-से कामों में हमारा साथ दिया उसकी याद हमें कभी-कभी आया करती है। जो बिल्ली कभी-कभी जाड़े की धूप में हमारी छत की मुँडेर पर लेटकर अपना पेट चाटा करती थी उसके बच्चों को हम कुछ प्रेम के साथ पहचानते हैं। जिन झाड़ियों को हम अपने जन्मग्राम के पास के नाले के किनारे देखा करते थे उन्हें किसी दूर देश में पहले-पहल देखकर उनकी ओर कम-से-कम मुड़ जरूर जाते हैं। पशु भी बदले में प्रेम करते हैं–केवल हित-अनहित ही नहीं पहचानते–इसके कहने की आवश्यकता नहीं। राम के वन जाने पर उनके प्यारे घोड़ों का हींसना, कृष्ण के मथुरा चले जाने पर गायों का हूँकना, कवियों ने भी कहा है। तपोवन से प्रस्थान करते समय शकुन्तला की आँखों में अपने पोसे हुए मृगछौने और सींच-सींचकर बढ़ाए हुए पौधों को देखकर भी कुछ आँसू आए थे।

न जाने क्यों हमें मनुष्य जितना और चर-अचर प्राणियों के बीच में अच्छा लगता है उतना अकेले नहीं। हमारे राम भी हमें मन्दाकिनी या गोदावरी के किनारे बैठे जितने अच्छे लगते हैं उतने अयोध्या की राजसभा में नहीं। अपनी-अपनी रुचि है। अस्तु, यहाँ पर इतना ही कहना है कि भावसाहित्य में मनुष्येतर चर-अचर प्राणियों को थोड़ा और प्रेम का स्थान मिलना चाहिए। वे हमारी उपेक्षा के पात्र नहीं हैं। हम ऐसे आख्यान या उपन्यास की प्रतीक्षा में बहुत दिनों से हैं जिनमें मनुष्यों के वृत्त के साथ मिला हुआ किसी

कुत्ते-बिल्ली आदि का भी कुछ वृत्त हो, घटनाओं के साथ किसी चिरपरिचित पेड़, झाड़ी आदि का भी कुछ सम्बन्ध दिखाया गया हो।

कहीं-कहीं विलायती काव्यसमीक्षाओं में यह लिखा मिलेगा कि प्रकृति का केवल यथातथ्य चित्रण काव्य तो है, किन्तु प्रारम्भिक दशा का, उन्नत दशा या ऊँची श्रेणी का नहीं। इस कथन का अर्थ अगर बहुत दूर न घसीटा जाए, अपनी ठीक सीमा के भीतर रखा जाए, तो यही होगा कि प्रकृति के रूपों के चित्रण के अतिरिक्त उनकी व्यंजना पर भी ध्यान देना चाहिए। प्रकृति के नाना वस्तुव्यापार कुछ भावों, तथ्यों और अन्तर्दशाओं की व्यंजना भी करते ही हैं। यह व्यंजना ऐसी अगूढ़ तो नहीं होती कि सब पर समान रूप से भासित हो जाए, किन्तु ऐसी अवश्य होती है कि निदर्शन करो पर सहृदय या भावुक मात्र उसका अनुमोदन करें। यदि हम खिली कुमुदिनी को हँसती हुई कहें, मंजरियों से लदे आम को माता और फूले अंगों न समाता समझें, वर्षा का पहला जल पाकर साफ-सुथरे और हरे पेड़-पौधों को तृप्त और प्रसन्न बताएँ, कड़कड़ाती धूप से तपते किसी बड़े मैदान के अकेले ऊँचे पेड़ को धूप में चलते प्राणियों को विश्राम के लिए बुलाता हुआ कहें, पृथ्वी को पालती-पोसती हुई स्नेहमयी माता पुकारें, नदी की बहती धारा को जीवन का संचार सूचित करें, गिरिशिखर से स्पष्ट झुकी हुई मेघमाला के दृश्य में पृथ्वी और आकाश का उमंग भरा शीतल सरस और छायावृत आलिंगन देखें, तो प्रकृति की अभिव्यक्ति की सीमा के भीतर ही रहेंगे।

इसी प्रकार अभिव्यक्ति की प्रकृति प्रतीति के भीतर, प्रकृति की सच्ची व्यंजना के आधार पर, जो भाव, तथ्य या उपदेश निकाले जाएँगे वे भी सच्चे काव्य होंगे। उदाहरण के लिए अँगरेज कवि वड्र्सवर्थ की 'एक शिक्षा' (एलेसन) नाम की कविता लीजिए। इसमें एक फूल का वर्णन है जो बहुत ठंड, मेह या ओले पड़ने पर संकुचित होकर अपने दल समेट लेता है। कवि ने एक बार इस फूल को इस युक्ति से अपनी रक्षा करते देखा था। फिर कुछ दिनों पीछे देखा तब वह जीर्ण हो गया था, उसमें दल समेटने की शक्ति नहीं रह गई थी। वह मेह और ओले सह रहा था। उसका वर्णन कवि ने इस प्रकार किया–

आइ स्टाप्ड ऐंड सेड विद इन्ली मटर्ड बाएस।
इट डथ नॉट लव दि शावर, नॉर सीक दि कोल्ड,
दिस नाइदर इज इट्ज करेज नॉर इट्स चाएस,
बट इट्स नेसेसिटी इन बीइंग ओल्ड।

"मैं रुक गया और मन ही मन कहने लगा–यह न तो इस झड़ी को चाहता है, न इस ठंड ही को। न तो यह इनका साहस ही है, न रुचि। यह जरावस्था की अवशता है।"

प्रकृति की ऐसी ही सच्ची व्यंजनाओं को लेकर अन्योक्तियों का विधान होता है, जो इतनी मर्मस्पर्शिणी होती हैं। साहित्यमीमांसकों के अनुसार अन्योक्ति में प्रस्तुत वस्तु व्यंग्य होती है अर्थात् जो प्राकृतिक दृश्य सामने रखे जाते हैं उनसे किसी दूसरी वस्तु की, विशेषतः मनुष्य-जीवन-सम्बन्धी किसी मर्मस्पर्शी तथ्य की, व्यंजना की जाती है। अन्योक्तियों में ध्यान देने की बात यह है कि व्यंग्य तथ्य पूर्णतया ज्ञात होता है और हृदय को स्पर्श कर चुका रहता है; इससे प्रकृति के दृश्यों को लेकर जो व्यंजना की जाती है वह बहुत ही

स्वाभाविक और प्रभावपूर्ण होती है। संस्कृत की जितनी अन्योक्तियाँ मिलती हैं सब इसी ढंग की होती हैं। उनके आधार पर बाबा दीनदयाल गिरि ने अपने 'अन्योक्तिकल्पद्रुम' में बड़ी सुन्दर अन्योक्तियाँ कही हैं। पर दो-एक ऐसी अन्योक्तियाँ भी उस पुस्तक में मिलेंगी जिनमें परोक्ष, अव्यक्त या अज्ञात तथ्य की व्यंजना का अनुकरण किया गया है, जैसे–

चल चकई ! वा सर विषे जहँ नहिं रैनि बिछोह।
रहत एकरस दिवस ही सुहृद हंस संदोह।
सुहृद हंस संदोह कोह अरु द्रोह न जाके।
भोगत सुख अंबोह, मोह दुख होय न ताके।
बरनै दीनदयाल भाग्य बिनु जाय न सकई।
पिय मिलाप नित रहै ताहि सर तू चल चकई॥

अज्ञात या परोक्ष तथ्य की व्यंजना की यह हवा कबीर आदि निर्गुणपन्थी सन्तों की वाणी की है, जिसका एक-आध झोंका व्यक्तिगत एकान्त उपासना में लीन रहनेवाले सूरदास जी को भी लगा था। गोस्वामी तुलसीदास जी इससे बचे रहे। अन्योक्ति द्वारा अव्यक्त, परोक्ष या अज्ञात तथ्य की व्यंजना को हम कृत्रिम और काव्यगत सत्य (पोएटिक ट्रुथ) के विरुद्ध समझते हैं। जिस तथ्य का हमें ज्ञान नहीं, जिसकी अनुभूति से वास्तव में कभी हमारे हृदय में स्पन्दन नहीं हुआ, उसकी व्यंजना का आडम्बर रचकर दूसरों का समय नष्ट करने का कोई अधिकार नहीं। जो कोई यह कहे कि अज्ञात और अव्यक्त की अनुभूति से हम मतवाले हो रहे हैं, उसे काव्यक्षेत्र से निकलकर मतवालों (साम्प्रदायिकों) के बीच अपना हाव-भाव और नृत्य दिखाना चाहिए। वहीं ऐसी अनुभूति पर विश्वास करनेवाले मिलेंगे। खैर, इस बात को अभी हम यहीं छोड़ते हैं और प्रस्तुत प्रसंग पर आते हैं।

प्रकृति की सच्ची अभिव्यंजना द्वारा गृहीत तथ्यों का रमणीय वर्णन भी काव्य का एक बहुत आवश्यक अंग है, यह ऊपर कहा जा चुका है। अब हमें यह कहना है कि वैसा ही आवश्यक अंग प्रकृति के दृश्यों का यथातथ्य संश्लिष्ट चित्रण भी है। दोनों अलग-अलग अंग हैं। दोनों का विधान भिन्न-भिन्न दृष्टियों से होता है। प्रकृति के केवल यथातथ्य संश्लिष्ट चित्रण में कवि प्रकृति के सौन्दर्य के प्रति सीधे अपना अनुराग प्रगट करता है। प्रकृति के किसी खंड के ब्योरों में वृत्ति रमाना इसी अनुराग की बात है। प्रकृति की व्यंजना द्वारा गृहीत तथ्यों, उपदेशों आदि में कवि की दृष्टि मनुष्य जीवन पर रहती है। इस भेद को अच्छी तरह ध्यान में रखना चाहिए। दोनों विधानों का महत्त्व बराबर है। इनमें से किसी एक को उच्च और दूसरे को मध्यम कहना एक आँख बन्द करना है। यही एकांगदर्शिता योरपीय समीक्षकों का बड़ा भारी दोष है।[1]

1. रिचर्ड्स ने योरपीय समीक्षाक्षेत्र के अर्थशून्य वागाडम्बर और गड़बड़झाले पर बहुत खेद प्रकट किया है। उन्होंने संक्षेप में उसका स्वरूप इन शब्दों में सूचित किया है–"ए फ्यू कंजेक्चर्स, सप्लाई आव एडमानिशंस, मेनी ऐक्यूट आइसोलेट आब्जर्वेशंस सम ब्रिलिएंट गेसेज, मच ओरेटरी ऐंड एप्लाइड पोएट्री, इनएक्जास्टिबुल कन्फ्यूजन, ए सफिशैसी आव डाग्मा, टू स्माल स्टाक आव प्रेज्यूडिसेज, ह्विंसीज ऐंड क्राचेट्स, एप्रोफ्यूजन आव मिरिटसिज्म, ए लिटिल केनुइन रपेक्युलेशंस, संड्री स्ट्रे इरिपरेशंस आव सच ऐज वीज इज एक्स्टैंट क्रिटिकल थिअरी कंपोज्ड।"

यदि योरप के कवि उनकी बातें पर चलते तो वहाँ से कविता या तो अपना डेरा-डंडा उठा लिए होती, या लूली-लँगड़ी हो जाती। तथ्य ग्रहण में अत्यन्त निपुण शैली, वड्सवर्थ, मेरिडिथ आदि बड़े-बड़े कवियों ने वाल्मीकि, कालिदास, भवभूति आदि संस्कृत के प्राचीन कवियों की शैली पर कोरे प्राकृतिक दृश्यों का बिना किसी दूसरे तथ्यविधान के बड़ा ही सूक्ष्म और संश्लिष्ट चित्रण किया है—और बहुत अधिक किया है। वे इसके लिए प्रसिद्ध हैं।

प्रकृति की ठीक और सच्ची व्यंजना के बाहर जिस भाव, कथ्य आदि का आरोप हम प्रकृति के रूपों और व्यापारों पर करेंगे वह सर्वथा अप्रस्तुत अर्थात् अलंकार मात्र होगा, चाहे हम उसे किसी अलंकार के बँधे साँचे में ढालें या न ढालें। उनका मूल्य एक फालतू या ऊपरी चीज के मूल्य से अधिक न होगा। चाहे हम कोई उपदेश निकालें, चाहे सादृश्य या साधर्म्य के सहारे कोई नैतिक या 'आध्यात्मिक' तथ्य उपस्थित करें, चाहे अपनी कल्पना या भावना का मूर्त विधान करें, वह उपेदश, तथ्य या विधान प्रकृति के किसी वास्तविक मर्म का उद्घाटन न होगा। अन्तःकरण की किसी अनुभूति का उद्घाटन भी वह तभी होगा जब किसी सच्चे भाव से प्रेरित और सम्बद्ध जान पड़ेगा। ऐसे तथ्य कल्पना या विचार का—यदि उसकी कुछ सत्ता होगी—मुख्य पहले उसकी सूक्ष्मता, गम्भीरता, रमणीयता, नवीनता आदि की पृथक् परीक्षा द्वारा, प्राकृतिक रूपयोजना को अलग हटाकर आँका जाएगा। जब उसमें कुछ सार ठहरेगा तब प्राकृतिक रूपयोजना के साथ उसके साम्य (एनालजी) की रमणीयता का विचार होगा। बनावटी आडम्बरवाली कविताओं की परीक्षा के लिए इस पद्धति का बराबर स्मरण रखना चाहिए। इसके द्वारा अप्रस्तुत आरोप मात्र अलग हो जाएगा और यह पता चल जाएगा कि कुछ विचारात्मक या भावात्मक सार या सच्चाई है या नहीं।

कोरे अप्रस्तुत आरोप मात्र पर यदि कोई हृदय की लम्बी-चौड़ी उछल-कूद दिखाएगा तो या तो वह काव्यगत सत्य से बहुत दूर होगी, हृदय के किसी सच्चे भाव की व्यंजना न होगी अथवा जिसे वह प्रस्तुत बताता है, वह ज्ञात या अज्ञात, एक ओट या बहाना मात्र होगा। सत्य सबकी सामान्य सम्पत्ति होता है, झूठ हर एक का अलग-अलग होता है। यही बात काव्यगत सत्यासत्य के सम्बन्ध में ठीक समझनी चाहिए।

विलायती समीक्षा क्षेत्र में 'कल्पना', 'कल्पना' की पुकार बहुत बढ़ जाने पर प्रकृति की सच्ची अभिव्यक्ति से विमुख करनेवाले कई प्रकार के प्रवाद प्रचलित हुए। कल्पना के विधायक व्यापार पर ही पूरा जोर देकर यह कहा जाने लगा कि उत्कृष्ट कविता वही है जिसमें कवि अपनी कल्पना वैचित्र्यपूर्ण आरोप करके प्रकृति के रूपों और व्यापारों को कुछ और ही रमणीयता प्रदान करे या प्रकृति की रूपयोजना की कुछ भी परवा न करके अपनी अन्तर्वृत्ति से रूप चमत्कार निकाल-निकालकर बाहर रखा करे। पहली बात के सम्बन्ध में हमें केवल यही कहना है कि कल्पना की यह कार्रवाई वहीं तक उचित और कविकर्म के भीतर होगी जहाँ तक भावप्रेरित होगी और उसके आच्छादन से प्रस्तुत दृश्य पर से हमारे भाव का लक्ष्य हटने न पाएगा। दूसरी के सम्बन्ध में हमारा वक्तव्य यह है

कि न तो सच्ची कल्पना तमाशा खड़ा करने के लिए है और न कोई अजायबघर है। कविता में कल्पना को हम साधन मानते हैं, साध्य नहीं।

प्रकृति के रूपों और व्यापारों का उपयोग साधन रूप में भी होता है, जैसे अलंकारों में। अलंकार प्रस्तुत वस्तु या तथ्य की अनुभूति को तीव्र करने के लिए ही प्रयुक्त होते हैं; पर प्रकृति के रूप और व्यापार का व्यवहार प्रस्तुत के स्वरूप के गोचर प्रत्यक्षीकरण के लिए भी बराबर होता है। तीव्र अन्तर्दृष्टिवाले कवि अपने सूक्ष्म (ऐब्स्ट्रैक्ट) विचारों को बड़ा ही रमणीय मूर्त प्रत्यक्षीकरण करते हैं। यह बात गूढ़ और सूक्ष्म अर्थगर्भित कविताओं में बराबर पाई जाती है। ऊपर जिस प्रकार की आडम्बरी कविता का उल्लेख हुआ है उसका इस प्रकार की कविता से लेशमात्र सम्बन्ध नहीं। इसकी अन्यायपूर्ण व्याख्या होने पर विचार जगमगाते हुए बाहर निकलते आते हैं। उसकी तह में विचारधारा का नाम तक नहीं रहता।

सूक्ष्म भावना (ऐब्स्ट्रैक्ट) के मूर्त (कांक्रीट) प्रत्यक्षीकरण का विधान लक्षणा द्वारा भी होता है और 'साध्यवसान रूपक' द्वारा भी। लक्षणा व्यंग्य प्रयोजन सिद्ध करने के अतिरिक्त प्रस्तुत भावना के स्वरूप का प्रत्यक्षीकरण भी करती है। लोभ से चंचल मन को यदि कहा जाए कि "किसी ओर लपक रहा है" तो उसकी वृत्ति का स्वरूप गोचर होकर हमारे सामने आ जाता है। सूक्ष्म को मूर्त जिस प्रकार कवि लोग कहते हैं उसी प्रकार कभी-कभी मूर्त को सूक्ष्म भी कहते हैं। जब उन्हें किसी गोचर तथ्य के सम्बन्ध में अपने पाठकों की दृष्टि का अत्यन्त प्रसार करके उन्हें विचारोन्मुख और उनकी मनोवृत्ति को गम्भीर करना वांछित होता है तब वे उस तथ्य की स्थूलता या गोचरता हटाकर उसे सूक्ष्म भावना (ऐब्सट्रैक्ट) के रूप में रखते हैं। ये दोनों विधान उच्चकोटि की कविता में जिसमें सूक्ष्म विचारों का गूढ़ अन्तर्न्यास रहता है, बहुत ही प्रभाववर्धक होते हैं। पर इनका दुरुपयोग भी बहुत होता है। इधर 'अभिव्यंजनावाद' (एक्सप्रेशनिज्म) का आगे उल्लेख किया जाएगा।

पहले हम कह आए हैं कि सच्ची कविता किसी 'वाद' को लेकर नहीं चलती, जगत् की अभिव्यक्ति को लेकर ही चलती है। वादग्रस्त काव्य अधिकतर काव्याभास ही होता है। उससे प्रकृति के नाना रूप और व्यापार किसी वाद या सम्प्रदाय के घेरे में निरूपित बातों को मूर्त रूप में स्पष्ट करने का काव्य की भावात्मक शैली पर मनोरंजक बनाने के लिए, साधन रूप में ही व्यवहृत होते हैं। वे अध्यवसान मात्र होते हैं। यदि कोई कहे कि किसी 'वाद' या सम्प्रदाय के भीतर निरूपित बातों की अनुभूति मेरे हृदय में वैसी ही होती है जैसी उन गोचर रूपों या व्यापारों की जिन्हें अभिव्यंजना के लिए मैं सामने रखता हूँ तो एक दूसरा 'वादी' या सम्प्रदायी उन्हीं रूपों और व्यापारों को अपने सम्प्रदाय की बिलकुल उलटी बातों की अनुभूति प्रदर्शित करने के लिए रखेगा। इस प्रकार कविता के साम्प्रदायिक हो जाने पर प्रकृति के रूप और व्यापार अपने सच्चे अभिव्यक्ति क्षेत्र से बाहर घसीटे जाकर साम्प्रदायिकों की खींचतान में पड़े रहेंगे और अपना असली प्रभाव खो बैठेंगे।

काव्य को प्रस्तुत वस्तु या तथ्य विचार और अनुभव से सिद्ध, लोकस्वीकृत और ठीक ठिकाने का होना चाहिए, क्योंकि व्यंजना उसी की होती है। हमारे यहाँ दर्शन के नाना वादों को काव्यक्षेत्र में घसीटने की प्रथा नहीं थी। अद्वैत, विशिष्टाद्वैत, शुद्धाद्वैत इत्यादि अनेक वेदान्ती वाद प्रचलित हुए पर काव्यक्षेत्र से भक्ति काव्य में भी, वे दूर ही रखे गए। निर्गुण सम्प्रदायवाले ही सूफियों की नकल पर अद्वैतवाद, छायावाद, प्रतिबिम्बवाद इत्यादि की व्यंजना तरह-तरह के रूपकों, साध्यवसान रूपकों[1] अन्योक्तियों इत्यादि द्वारा चित्ताकर्षिणी मूर्तिमत्ता के साथ करते रहे। ब्रह्म, माया, पंचेन्द्रिय, जीवात्मा, विकार, परलोक आदि को लेकर कबीरदास ने अनेक मूर्तस्वरूप खड़े किए हैं।

इन मूर्त रूपकों में ध्यान देने की बात यह है कि जो रूपयोजना केवल अद्वैतवाद, मायावाद आदि वादों के स्पष्टीकरण के लिए की गई है उसकी अपेक्षा वह रूपयोजना जो किसी सर्वस्वीकृत, सर्वानुभूत तथ्य को भावक्षेत्र में लाने के लिए की गई है, कहीं अधिक मर्मस्पर्शिणी है। उदाहरण के लिए मायावादसमन्वित अद्वैतवाद के स्पष्टीकरण के लिए कबीर की यह उक्ति लीजिए—

जल में कुंभ, कुंभ में जल है, बाहरि भीतरि पानी।
फूटा कुंभ, जल जलहि समाना, यह तत कथो गियानी॥

यह वेदान्त ग्रन्थों में लिखा हुआ दृष्टान्त कथन मात्र है। अच्छा, इसी ढंग की एक दूसरी कुछ और विस्तृत रूपयोजना देखिए—

मन न डिगै ताथे तन न डराई।
अति अथाह जल गहिर गँभीर, बाँधि जँजीर जलि बोरे हैं कबीर।
जल की तरंग उठी, कटी है, जँजीर, हरि सुमिरत तट बैठे हैं कबीर॥

इसमें ज्ञानोदय द्वारा अज्ञान का बन्धन कटने और भवसागर के पार लगने का संकेत है। यह बन्धन हरि की कृपा से कटा है, इससे कबीरदास अब उनका स्मरण करते और गुण गाते हैं। यह एक निरूपित सिद्धान्त का वास्तव में घटित तथ्य के रूप में चित्रणमात्र है। "ज्ञान से मुक्ति होती है और ज्ञान ईश्वर के अनुग्रह से होता है।" यह एक 'वाद' या सिद्धान्त है। कबीरदासजी इस बात को इस रूप में सामने पेश करते हैं मानो यह सचमुच हुई है—वे भवसागर के पार हो गए हैं और फूले नहीं समा रहे हैं। हम जानते हैं कि इसकी व्याख्या के लिए ऐसे बँधे और मँजे हुए वाक्य मौजूद हैं कि "यह तो साधक की उस दिव्य अनुभूति की दशा है जिसमें वह अपने को इस भौतिक कारागार से मुक्त औ ब्रह्म की ओर अग्रसर देखता है।" पर यदि कोई कहे कि "यह सब कुछ नहीं; यह एक साम्प्रदायिक सिद्धान्त का काव्य के ढंग पर स्वीकार मात्र है," तो हम उसका मुँह नहीं थाम सकते।

---

1. इसे रूपकातिशयोक्ति से भिन्न समझना चाहिए जिसमें अध्यवसान आतिशय्य की व्यंजना के लिए होता है। साध्यवसान रूपक (ऐलिगरी) में अध्यवसान केवल मूर्त प्रत्यक्षीकरण के लिए होता है, आतिशय्य की व्यंजना के लिए नहीं। साध्यवसान रूपक एक भद्दी चीज है, इसे विलायती रहस्यवादी ईट्स तक स्वीकार करते हैं।

अब देखिए कि उक्त उक्तियों की अपेक्षा कबीरदासजी की नीचे दी हुई दो उक्तियाँ, जो लोकमत या अनुभवसिद्ध तथ्यों को सामने रखती हैं, कितनी मर्मस्पर्शिणी हैं। देहावसान सबसे अधिक निश्चित एक भीषण तथ्य है। उसके निकट होने की कैसी मूर्तिमान् चेतावनी इस साखी में है–

बाढ़ी आवत देखि करि तरिवर डोलन लाग।
हमें कटे की कुछ नहीं, पंखेरू घर भाग।

"हवा में हिलता पेड़ मानो बढ़ई को आता देख काँपता है–बुढ़ापे से हिलता शरीर मानो काल को पास पहुँचता देख थर्राता है। शरीर कहता है कि हमारे नष्ट होने की परवा नहीं; हे आत्मा ! तू अपनी तैयारी कर।"

मेरो हार हिरानो मैं लजाउँ।
हार गुह्यो मेरो राम ताग, बिचि बिचि मानकि एक लाग।
पंच सखी मिली हैं सुजान, 'चलहु स जइए त्रिवेनी न्हान'।
न्हाइ धोइ के तिलक दीन्ह, ना जानूँ हार किनहि लीन्ह।
हार हिरानौ, जन बिलम कीन्ह, मेरौ हार परोसिनी आहि लीन्ह।

यह उस मन के खो जाने का पछतावा है जो ईश्वर का स्मरण किया करता था। जीवात्मा कहती है कि "मुझे पंचेन्द्रियाँ बहकाकर त्रिगुणात्मक प्रवाह में अवगाहन कराने ले गईं जहाँ मेरा मन फँस गया। उसी मन के प्रेम को लेकर मुझे उस प्रिय के पास जाने का अधिकार था। अब उसके बिना जाते नहीं बनता। इन्द्रियों ने मुझे बेतरह ठगा।" इस पद में ईश्वर और परलोक माननेवाले मनुष्य मात्र की सामान्य भावना का अनुसरण करके बड़ा ही मधुर मूर्त विधान है। कुछ खटकनेवाला शब्द 'त्रिवेणी' (त्रिगुणात्मक प्रवाह) है क्योंकि प्रकृति के तीन गुण एक दर्शन विशेष के भीतर ही निरूपित संख्या है। पर इस शब्द से अध्यवसान में बड़ा सुन्दर समन्वय हो गया है।

अन्योक्ति पद्धति का अवलम्बन कबीरदास जी ने कम ही किया है। अधिकतर स्थानों में उन्होंने विकारों, भूतों, इन्द्रियों, चक्रों, नाड़ियों इत्यादि की शास्त्रों में बाँधी हुई केवल संख्याओं का उल्लेख साध्यवसान रूपकों में करके पहेली बुझाने का काम किया है। उनकी जो अन्योक्तियाँ या अध्यवसान प्रहेलिका के रूप में नहीं और वादमुक्त हैं वे शुद्ध काव्य के अन्तर्गत आ सकती हैं। वाद या सिद्धान्त के रूप में प्रतिपादित बातों को स्वभावसिद्ध तथ्य के रूप में चित्रित करना और उनके प्रति अपने भावों का वेग प्रदर्शित करके औरों के हृदय में उस प्रकार की अनुभूति उत्पन्न करने की चेष्टा करना, हम सच्चे कवि का काम नहीं मानते; मतवादी का काम मानते हैं। मनुष्य का हृदय अत्यन्त पवित्र वस्तु है। उसे प्रकृत मार्ग से यों ही इधर-उधर भटकाने की चेष्टा, चाहे वह निष्फल ही क्यों न हो, उचित नहीं।

मनुष्य जीवन की वर्तमान और भविष्य स्थिति के सम्बन्ध में सूक्ष्म विचार द्वारा उपलब्ध तथ्यों और भावनाओं का मूर्त प्रत्यक्षीकरण आजकल योरप के काव्य क्षेत्र की सामान्य प्रवृत्ति है। सभ्यता की वर्तमान अवस्था में, जबकि मनुष्य का ज्ञान विचारात्मक होकर बहुत विस्तृत

हो गया है, ऐसा होना बहुत उचित और स्वाभाविक है। यहाँ पर यह दिखाने के लिए कि सूक्ष्म विचार और व्यापक दृष्टिवाले जीवित योरपीय कवियों की कविता भी कभी-कभी वादग्रस्त होकर किस प्रकार अपना स्वरूप बहुत कुछ खो देती है, हम अँगरेजी के आजकल के एक अच्छे कवि अवरक्रोंबे को लेते हैं जो संकुचित दृष्टि के सिद्धान्ती रहस्यवादी न होने पर भी अध्यात्म की ओर झुककर कभी-कभी रहस्योन्मुख ही होते हैं।

अबरक्रोंबे में योरप के वर्तमान कवियों की थोड़ी-बहुत सब प्रवृत्तियाँ पाई जाती हैं। कभी वे मिलों, कल-कारखानों आदि में काम करनेवाले मजदूरों की दुरवस्था पर, उनके साथ होनेवाले अन्याय और अत्याचार पर, करुणा और रोष प्रकट करते हैं; कभी जगत्, जीवन आदि के सम्बन्ध में तत्वचिन्तन करते हैं; कभी शरीर, आत्मा, असीम-ससीम की जिज्ञासा की प्रेरणा से रहस्यभावना में प्रवृत्त होते हैं। इसी जिज्ञासा के क्षेत्र में उन्होंने कहीं-कहीं परोक्ष सम्बन्धी किसी वाद का प्रत्यक्षीकरण या 'अज्ञात' के अभिलाष का काव्यात्मक प्रतिपादन किया है। 'मूर्ख का अनुसन्धान साहस' (दि फूल्स ऐडवेंचर) में उन्होंने 'तत्वमसि' के निरूपण के लिए जीवात्मा और ब्रह्म का एक खासा संवाद कराया है। एक जिज्ञासु ईश्वर (ब्रह्म) की खोज में मन और आत्मा का सारा प्रदेश छान डालता है और पहले विश्व की आत्मा तक पहुँचता है और उसी को ब्रह्म मान लेता है, इस पर एक ब्रह्मज्ञानी इस प्रकार उसकी भूल सुझाता है–

......पुअर फूल,
ऐंड डिड्स्ट दी थिंक दिस प्रेजेंट सेंसिबुल वर्ल्ड
वाज गुड ?
इट इज ए नेम......
दि नेम लार्ड गाड चूजेज टु गो बाइ, मेड इन
लैंग्वेज आव स्टार्स ऐंड, हेवेन्स ऐंड लाइफ।

'अरे मूर्ख, तूने क्या इस प्रस्तुत गोचर जगत को ब्रह्म समझा था ? यह तो आकाश, नक्षत्र और जीवनरूपी भाषा में व्यक्त एक नाम है जो अपने लिए उसने रख लिया है।''

अन्त में चराचर की सीमा पर पहुँचकर वह अपने अन्तस् के अदृश्य अधिष्ठाता से पूछता है–

सीकर–देन दाउ आर्ट गाड ?
विदिन–ऐ मेनी काल मी सो।
ऐंड येट, दो वर्ड्स वेयर नेवर लार्ज एनफ टु टेक मी मेड;
आई हैव ए वेटर नेम।
सीकर–देन ट्रूली हू आर्ट दाउ ?
विदिन–आइ ऐम दाइ सेल्फ।
जिज्ञासु–तो फिर तू ही ब्रह्म है ?

अन्तर्वाणी–हाँ बहुत लोग ऐसा ही कहते हैं। फिर भी, यद्यपि शब्दों के भीतर मेरा स्वरूप नहीं आ सकता, मेरा इससे अच्छा नाम भी है।

जिज्ञासु–फिर तू है कौन ?

अन्तर्वाणी–मैं तू ही हूँ (तेरी आत्मा हूँ)।

उसी प्रकार 'तुरीयावस्था' (दि ट्रैंस) नाम की कविता में उन्होंने ब्रह्मानुभूति का वर्णन इस प्रकार किया है–

'मैं निश्चय (जिसका सम्बन्ध बुद्धि या विचार से होता है) के ऊपर उठ गया था, काल से परे हो गया था। दिक् के ज्योतिष्क मंडलों से तथा उस कोने से जिसे चेतना या ज्ञान कहते हैं, बिलकुल बाहर हो गया था। उस दशा में हे प्रभो ! क्या मैं तुम्हारे बीच में नहीं था?'[1]

यहाँ पर हम यह स्पष्ट कह देना चाहते हैं कि उक्त ज्ञानातीत (ट्रैंसेडेंटल) दशा से–चाहे वह कोई दशा हो या न हो–काव्य का कोई सम्बन्ध नहीं है। स्वयं अबरक्रोंबे ने ही अपनी एक दूसरी कविता, 'शरीर और आत्मा' (सोल ऐंड बॉडी) में, काव्य की वास्तविक भूमि क्या है, इसका आभास दिया है। उस कविता में, आत्मा इस 'चेतना के तंग घेरे' से बाहर होने के लिए मनोमय कोश (ज्ञानेन्द्रियाँ और मन जिनसे सांसारिक विषयों की प्रतीति होती है) को फेंका ही चाहती है कि शरीर उसको चेतावनी देता है कि ऐसा करने से–

"तू इस विस्मयपूर्ण आनन्द को खो बैठेगा जिसे मैंने अपनी विषयविधायिनी इन्द्रियों द्वारा इस प्रिय जगत में खड़ा कर रखा है। फिर यह नीलहरित, यह सौरभ, यह संगीत कहाँ? फिर यह शाद्वलप्रसार, यह मन्द प्रशान्त अनिलस्पर्श और ढलते सूर्य का स्वर्णाभविराम कहाँ? फिर ये ऊँची उठी हुई पर्वतों की चोटियाँ कहाँ' जो आँखों पर कुहरे की पट्टी बाँधे (ध्यानावस्थित हो) मानो नित्य और दिव्य अनाहत स्वर सुन रही हैं।"[2]

मनोमय कोश ही प्रकृत काव्यभूमि है, यही हमारा पक्ष है। इसके शरीर की वस्तुओं की कोई मनमानी योजना खड़ी करके उसे इससे बाहर के किसी तथ्य का–जिसका कुछ ठीक ठिकाना नहीं–सूचक बताना हम सच्चे कवि का क्या, सच्चे आदमी का काम नहीं समझते।

---

1. आइ वाज एक्जाल्टेड अबव श्योरिटी
ऐंड आउट आव टाइम डिड फाल।
× × ×
आइ स्टुड आउटसाइड दि बर्निंग रिम्स आव प्लेस,
आउटसाइड दैट कार्नर, कांशसनेस।
देन वाज आइ नॉट इन दि मिड्स्ट आव दी
लार्ड गाड ?

2. दाउ विल्ट मिस दि वंडर आइ हैव मेड फार दी
आव दिस डिअर वर्ल्ड विद माइ फैशनिंग ससेज–
दि ब्ल्यू, दि फ्रैग्रैंस, दि सिंगिग ऐंड दि ग्रीन।
× × ×
ग्रेट स्पेसेज आव ग्रासी लैंड, ऐंड आल दि एअर
वन क्वाएट दि सन टेकिंग गोल्डेन ईज
अपान ऐन आफ्टरनून टाल हिल्स दैट स्टैंड इन वेदर-ब्लाइंडेड ट्रेसेज
ऐज इफ दे हर्ड, ड्रान आपवर्ड ऐंड हेल्ड देयर
सम गाड्स एटर्नल ट्यून।

अब थोड़ा 'अज्ञात की लालसा' का विचार भी कर लेना चाहिए जिसका निरूपण अबरक्रोंबे ने मजहबी ढंग पर अपने 'सन्त थूमा का आत्मविक्रय' (सेल आव सेंट टामस) नामक काव्य में किया है। ईसाइयों में एक प्रवाद प्रचलित है कि ईसा के चेले थूमा दक्षिण भारत में उपदेश करते आए थे। उसी प्रवाद के आधार पर यह कविता रची गई है। ईसा थूमा को भारतवर्ष में प्रचार के लिए भेजते हैं और वे भाग-भाग आते हैं। जब वे दूसरी बार भागने पर होते हैं, तब हजरत ईसा उनसे कहते हैं–

"थूमा ! अपना पाप समझो। तुम डर से नहीं भागे हो न, आदमी एक बार डर से सिटपिटाता है, पर फिर साहस करके सब प्रकार की आपत्तियाँ झेलने के लिए तैयार हो जाता है। तुम जागे हो अपनी बुद्धिमानी और दूरदर्शिता के कारण। यह बुद्धिमानी भी बड़ा भारी पाप है क्योंकि यह मनुष्य की अन्तःप्रकृति में निहित अज्ञात शक्तिपथों पर विश्वास नहीं करने देती। उनकी प्रेरणाओं को यह सस्ते अनुभवलब्ध विवेचन के पलड़े पर रखकर तोलती है। यह लालसा को ज्ञान या विचार के घेरे में डालकर संकुचित करती है। पर यह समझ रखो कि मनुष्य उतना ही बड़ा हो सकता है जितना बड़ा उसका अभिलाष होगा। अतः आत्मदृष्टि उतनी हो दूर तक बँधी न रखो जितनी दूर तक तुम्हारे ज्ञान और बुद्धि के दीपक का प्रकाश पहुँचता है। अपनी लालसा को अज्ञात के अन्धकार की ओर छानबीन करने के लिए बढ़ाओ। सम्भव को जानकर उसके बाहर अनहोनी बातों और असम्भव लक्ष्यों की ओर बढ़ो। धीरे-धीरे तुम देखोगे कि तुम्हारी ज्ञात की लालसा का क्षेत्र भी आपसे आप वैसा ही व्यापक हो जाएगा।"

इस प्रकार हजरत ईसा के मुँह से रहस्यवाद के सिद्धान्त पक्ष का निरूपण कराया गया है। इसका निचोड़ यही है कि लालसा को व्यक्त और ज्ञात के बाहर अव्यक्त और अज्ञात तक ले जाना चाहिए। इस कथन पर विचार करने के पहले लालसा या अभिलाष का स्वरूप निश्चित कर लेना चाहिए। लालसा ऐसी वस्तुओं के प्रति होती है जिनकी प्राप्ति या साक्षात्कार से सुख और आनन्द होता है। इस जगत् में सुख या आनन्द दुख और क्लेश के साथ मिला-जुला पाया जाता है। दूसरी बात यह है कि जितना सुख-सौन्दर्य इस जगत् में देखा जाता है उतने से मनुष्य की भावना परितृप्त नहीं होती। वह सुख-सौन्दर्य को अधिक पूर्ण रूप में देखना चाहती है। भावना या कल्पना को इस पूर्णता के अवस्थान के लिए चार क्षेत्र मिल सकते हैं–

(1) इस भूलोक के बाहर, पर व्यक्त जगत् के भीतर ही किसी अन्य लोक में।

(2) इस भूलोक के भीतर ही, पर अतीत के क्षेत्र में।

(3) इस भूलोक के भीतर ही, पर भविष्य के गर्भ में।

(4) इस गोचर जगत् से परे अभौतिक और अव्यक्त के क्षेत्र में।

1. इन चारों क्षेत्रों के भीतर ले जाकर मनुष्य अपनी सौन्दर्य और मंगल की भावना को पूर्णता या पराकाष्ठा तक पहुँचाने का थोड़ा या बहुत प्रयत्न करता रहा है। इनमें से प्रथम क्षेत्र की ओर मनुष्य जाति का ध्यान स्वभावतः सबसे पहले गया। पृथ्वी पर रहकर भी मनुष्य ने व्यक्त जगत् की अनन्तता का प्रत्यक्ष अनुभव किया। अनन्त आकाश के

बीच नक्षत्रों के रूप में अनन्त लोकों का निश्चय उसे सहज में हो गया। वहीं पर कहीं उसकी भावना ने स्वर्ग आदि पुण्य लोकों का अवस्थान किया जहाँ जरा-मृत्यु का भय नहीं, दुख, क्लेश, भय का नाम नहीं, आनन्द ही आनन्द है–आनन्द भी ऐसा-वैसा नहीं, नन्दकानन का विहार। लोकसामान्य धर्म व्यवस्था और काव्य दोनों में इस भावना का उपयोग हुआ।

2. द्वितीय क्षेत्र में सुख-सौन्दर्य की पूर्णता की भावना उस समय से हुई जब प्राचीन इतिहास, कथा-पुराण आदि का मौखिक प्रचार मनुष्य जाति के बीच हुआ। इन कथाओं में पूर्वकाल की वीरता, धीरता, धर्मपरायणता, सुख-समृद्धि आदि का बहुत ही मनोरंजक और अत्युक्त वर्णन रहता था जिसे सुनते-सुनते भूतकाल के बीच सुख-सौन्दर्य की पूर्णता की सामान्य धारणा और पुष्ट होती रही। यह धारणा पूरबी (एशियाई) जातियों में अब तक मूलबद्ध है।

3. तृतीय क्षेत्र में सुख-सौन्दर्य की पूर्णता की भावना बिलकुल आधुनिक है। इसका प्रादुर्भाव मनुष्य आदि की स्थिति पर व्यापक दृष्टि से विचार करने की वर्तमान प्रवृत्ति के साथ-साथ हुआ है। धर्म-नीति, राजनति, व्यापार-नीति आदि के कारण मनुष्य-जाति के भीतर फैली हुई विषमता, क्लेश, ताप, अन्याय, अत्याचार इत्यादि के परिहार की भावना और प्रयत्न के साथ आशा और उत्साह का संयोग करने के लिए कवियों की वाणी भी अग्रसर हुई। इस प्रकार की कविता का प्रचार योरपीय देशों में सुख-समृद्धि और स्वातन्त्र्य के संगीत के रूप में शैली के समय से लेकर अब तक जारी है। भविष्य का सुख-स्वप्न वर्तमान योरपीय कविता के प्रधान लक्षणों में है। यह मंगलाशा बहुत ही प्रशस्त भाव है, इसमें सन्देह नहीं, पर इसके सम्बन्ध में कुछ अस्वाभाविक और कृत्रिम चर्चा का प्रचार भी देखा जाता है। यह सुख-स्वप्न "भविष्य की उपासना या भविष्य का प्रेम" कहा जाता है। वास्तव में यह प्रस्तुत जीवन का प्रेम है। आशा इसी प्रेम के संचारी के रूप में उठकर इस जीवन के पूर्ण सौन्दर्य का दर्शन इसे भविष्य के क्षेत्र में ले जाकर कराती है। भविष्य के सुख-सौन्दर्य के चित्रण की प्रवृत्ति का यही मूल है।

यह चित्रण भी उसी हद तक पहुँचा दिया है जिस हद तक किसी परलोक के सुख-सौन्दर्य का चित्रण। अबरकोंबे ने इस जीवन के साथ 'नित्य का संयोग' (दि एटर्नल वेडिंग) किसी भविष्यकाल में निर्विशेष और निरपेक्ष आनन्द का स्वप्न देखते हुए, इस प्रकार कराया है–

......सी वी आर ड्रिबेन
आनवर्ड ऐंड अपवर्ड, इन ए विंड आव ब्यूटी,
अनटिल मैन्स रेस बी बील्डेड बाइ इट्स जाय
इनूटु सम हाइ इनूकंपेयरेबुल डे,
ह्वेअर परफेक्ट्ली डिट्लाइट मे नो इटसेल्फ–
नो लांगर नीड ए स्ट्राइफ टु नो इटसेल्फ
ओन्ली बाइ प्रिबेलिंग ओबर पेन।

"हम सौन्दर्य की वायु में पड़े बराबर आगे और ऊँचे बढ़ते जाते हैं। इस प्रकार मनुष्य-जाति अन्त में वह अनुपम दिन देखेगी जब आनन्द अपनी अनुभूति आप अकेले कर लेगा–इस अनुभूति के लिए उसे किसी प्रकार द्वन्द्व की अपेक्षा न होगी। आनन्द स्वयं प्रकाश होगा, केवल क्लेश के परिहार के रूप में न होगा।"

पर यह कहना कि अब 'भूत के प्रेम' के स्थान पर 'भविष्य के प्रेम' ने घर किया है, एक प्रकार की रूढ़ि (कनूवेंशन) या बनावट ही है। हृदय की दीर्घ वंश परम्परागत वासना का उल्लेख हम पहले कर चुके हैं। इस वासना के संघटन में इतिहास कथा आख्यान आदि का भी बहुत कुछ योग रहता है। एक भावुक योरपियन के लिए एथन्स, रोम आदि नामों में तथा एक भावुक भारतीय के लिए अयोध्या, मथुरा, दिल्ली, कन्नौज, चित्तौड़, पानीपत इत्यादि नामों से कितना मधुर प्रभाव भरा है ! अतीत का यह राग कहाँ तक उपयोगी है, इसका विचार करने हम नहीं बैठे हैं। उपयोगिता अनुपयोगिता का विचार छोड़ शुद्ध कला की दृष्टि से हम मनुष्य की रागात्मिका प्रकृति के स्वरूप का विचार कर रहे हैं। मनुष्य का हृदय वास्तव में जैसा है वैसा मानकर हम चल रहे हैं। हमारे कहने का अभिप्राय केवल यही है कि 'अतीत का राग' एक बहुत ही प्रबल भाव है। उसकी सत्ता का अस्वीकार किसी दशा में हम नहीं कर सकते। मनुष्य शरीर यात्रा के संकीर्ण मार्ग में मैले पड़े हुए अपने भावों को अतीत की पुनीत धारा में अवगाहन कराकर न जाने कब से निर्मल और स्वच्छ करता चला आ रहा है। अतीत का और हमारा साहचर्य बहुत पुराना है। उसे हम जानते हैं, पहचानते हैं; इसीलिए प्यार करते हैं। भविष्य को हम नहीं जानते, उसकी-हमारी जान-पहचान तक नहीं। उसके साथ प्रेम कैसा ? परिचय के बिना प्रेम हम नहीं मानते। प्रेम के लिए परिचय चाहिए, चाहे पूरा, चाहे अधूरा।

4. अब इस गोचर जगत् के परे अभौतिक, अव्यक्त और अज्ञात क्षेत्र को लीजिए। सुख-सौन्दर्य की पूर्ति के लिए जो तीन क्षेत्र ऊपर निर्दिष्ट किए गए उनमें सबसे अज्ञात भविष्य का क्षेत्र है। उसके अन्तर्गत हम दिखा चुके हैं कि जो 'भविष्य का प्रेम' कहा जाता है वह वास्तव में प्रस्तुत जीवन का प्रेम है जो आशा का संचरण कराके कवि को भविष्य-सुख-सौन्दर्य के चित्रण में प्रवृत्त करता है। वही बात यहाँ भी है। वास्तव में यह जगत् सुख के सौन्दर्य की आसक्ति या प्रेम है जो संचारी के रूप में आशा या अभिलाष का उन्मेष करके, इस सुख-सौन्दर्य को किसी अज्ञात या अव्यक्त क्षेत्र में ले जाकर पूर्ण करने की ओर प्रवृत्त करता है। अतः तत्वदृष्टि से, मनोविज्ञान की दृष्टि से, साहित्य की दृष्टि से 'अज्ञात की लालसा' कोई भाव ही नहीं है। यह केवल 'ज्ञात की लालसा' है जो भाषा की छिपानेवाली वृत्ति के सहारे 'अज्ञात की लालसा' कही जाती है।

अपने सुख-सौन्दर्य की भावना को पूर्णता पर पहुँचाने के लिए इस क्षेत्र की ओर पहले-पहल दृष्टि करनेवाले सूफी थे। उसकी भावुकता इस जगत् की ऐसी विचित्र और रमणीय रूपविभूति को केवल ईश्वर की कृति या रचना मानने से तृप्त नहीं हुई। किसी के बनाए खिलौने की सुन्दरता देख हम चाहे जितने मुग्ध हों–इतने मुग्ध हों कि बनानेवाले का हाथ चूमने को जी चाहे–पर हमारा प्रेम उस (बनानेवाले) से दूर ही दूर

रहेगा। इससे सूफियों ने उस प्रत्यक्ष रूपविभूति को ईश्वर की कृति न कहकर उसकी छाया या प्रतिबिम्ब कहा। किसी प्रकार इस 'प्रतिबिम्ब' के साथ 'अभिव्यक्तिवाद' का संयोग करके उन्होंने अपने काव्यक्षेत्र में कृत्रिमता न आने दी, इसका वर्णन हम आगे चलकर करेंगे। यहाँ प्रस्तुत विषय है सुख-सौन्दर्य की भावना को अव्यक्त और अभौतिक क्षेत्र में ले जाकर पूर्णता को पहुँचाना। इस सम्बन्ध में यह अच्छी तरह समझ रखना चाहिए कि सूफी कविता इस काया के बीच में ही—इस दृश्य जगत् के भीतर ही—उस प्रियतम की झलक देखने-दिखाने में प्रवृत्त रही है। अव्यक्त के क्षेत्र में सौन्दर्य का अनन्त सागर, आनन्द की अपरिमित राशि, प्रेम वासना की असीम तृप्ति का विवरण देने बहुत ही कम गई है। भारतवर्ष में निर्गुण सम्प्रदाय के भीतर जो सूफी भावना प्रकट हुई उसमें अलबत यह प्रवृत्ति कुछ दिखलाई पड़ती है। कारण यह है कि भारतीय काव्यक्षेत्र में उसे अरबी-फारसी के काव्यक्षेत्र की अपेक्षा अधिक रमणीय और प्रचुर रूपविधान मिला। पर 'कल्पवाद' के सहारे अव्यक्त और अज्ञात की सबसे अधिक झाँकियाँ विलायती 'रहस्यवाद' में ही खोली गईं।

विलायती काव्यक्षेत्र में सुख-सौन्दर्य की भावना को अज्ञात और अव्यक्त के क्षेत्र में ले जाकर पूर्णता पर पहुँचाने का इशारा किधर से मिला, थोड़ा यह भी देख लेना चाहिए। यह इशारा जर्मन दार्शनिकों के 'प्रत्ययवाद' (आइडिएलिज्म) से मिला, जिसके प्रवर्तक कांट थे। उन्होंने मनुष्य के ज्ञान की विस्तृत परीक्षा करके यह प्रतिपादित किया कि इन्द्रियों की सहायता से मन को जिन रूपों का बोध होता है वे उसी के रूप हैं, किसी बाह्य वस्तु के नहीं। परमार्थ पक्ष (क्रीटिक आव प्योर रीजन) में ईश्वर, जगत् और आत्मा का पक्ष-विपक्ष दोनों के प्रमाणों के खंडन द्वारा, प्रसिद्ध ठहराकर, व्यवहार पक्ष (क्रीटिक आव प्रैक्टिकल रीजन) में उन्होंने ईश्वर, अमर आत्मा और अनन्त जीवन सबका प्रतिपादन किया। उन्होंने कहा कि शुद्ध अमर आत्मा और ईश्वर का अस्तित्व मिल जाता है। जीवन का चरम मंगल क्या है ? न अकेला धर्म, न अकेला सुख। धर्म का सूख से कोई स्वतःसिद्ध सम्बन्ध नहीं। जीवन के चरम मंगल में धर्म और सुख दोनों की पराकाष्ठा है। अब इन दोनों का संयोग कैसे होता है। कोई मध्यस्थ चाहिए। इसलिए ईश्वर का अस्तित्व मानना पड़ता है। ईश्वर दोनों के बीच संयोग स्थापित करता है। इसी विचार-पद्धति से आत्मा का अमरत्व भी मानना पड़ता है। धर्म की पराकाष्ठा और सुख की पराकाष्ठा के साधन के लिए यह अल्पकालिक जीवन काफी नहीं है। अतः अनन्त जीवन मानकर चलना पड़ता है।[1]

कट्टर दार्शनिक कांट के इस व्यवहार-पक्ष-निरूपण पर वैसी आस्था नहीं रखते। कांट अपने परमार्थ-पक्ष-निरूपण के लिए ही प्रसिद्ध हैं। विचार करने पर यह स्पष्ट होगा कि कांट का व्यवहार-पक्ष-निरूपण उसी दृष्टि से हुआ है जिस दृष्टि से शंकराचार्य का; पर दोनों में उतना ही अन्तर है जितना भारत और योरप में। व्यवहारपक्ष में शंकराचार्य ने जिस उपासनागम्य ब्रह्म का अवस्थान किया है वह सोपाधि या सगुण ब्रह्म है; अव्यक्त पारमार्थिक सत् नहीं। अव्यक्त निर्गुण, निर्विशेष (ऐब्सोल्यूट) ब्रह्म उपासना

1. विशेष देखिए, 'विश्वप्रपंच' की भूमिका।

के व्यवहार में सगुण ईश्वर हो जाता है। इसका तात्पर्य यह है कि उपासना जब होगी तब व्यक्त और सगुण की ही होगी; अव्यक्त और निर्गुण की नहीं। 'ईश्वर' शब्द ही सगुण और विशेष का द्योतक है, निर्गुण और निर्विशेष का नहीं। उसके भीतर सेव्य-सेवक-भाव छिपा हुआ है। स्थूल आकार मात्र हटाकर दया अनुग्रह, प्रेम, सौन्दर्य इत्यादि में योरपवाले चाहे अभौतिक, अगोचर, अव्यक्त या पूरा सत्ता की प्राप्ति समझ लें; पर सूक्ष्म भारतीय दार्शनिक दृष्टि इन सबको प्रकृति के भीतर ही लेगी। दया, अनुग्रह, औदार्य, माधुर्य आदि भूतों के गुण हैं। ये सब गोचर के अन्तर्भूत हैं, क्योंकि मन, जो इनका बोध करता है, भीतरी इन्द्रिय ही है। भारतीय और योरपीय दृष्टि के इस भेद को ध्यान में रखना चाहिए।

भारतीय दृष्टि के अनुसार अज्ञात और अव्यक्त के प्रति केवल जिज्ञासा हो सकती है, अभिलाष या लालसा नहीं। यदि कहा जाए कि 'मोक्ष' की इच्छा का फिर क्या अर्थ होगा ? इसका उत्तर यह है कि मोक्ष या मुक्ति केवल अभावसूचक (निगेटिव) शब्द है, जिसका अर्थ है छुटकारा। जिससे मोक्षार्थी छुटकारा चाहता है वह दुख, क्लेशादि का संघात उसे ज्ञात होता है। छुटकारे के पीछे क्या दशा होगी, इसका न तो उसे कुछ ज्ञान होता है, न अभिलाष हो सकता है। इसी से हमारे यहाँ के भक्त लोग, ब्रह्म के सगुण रूप में आसक्त होते हैं, मुक्ति के मुँह में धूल डाला करते हैं। जिज्ञासा और लालसा में बड़ा भेद है। जिज्ञासा केवल जानने की इच्छा है। उसका ज्ञेय वस्तु के प्रति राग, द्वेष, प्रेम, घृणा इत्यादि का कोई लगाव नहीं होता। उसका सम्बन्ध शुद्ध ज्ञान के साथ होता है। इसके विपरीत लालसा या अभिलाष रतिभाव का एक अंग है। अव्यक्त ब्रह्म की जिज्ञासा और व्यक्त सगुण ईश्वर या भगवान् के सान्निध्य का अभिलाष, यही भारतीय पद्धति है। अव्यक्त, अभौतिक और अज्ञात का अभिलाष यह बिल्कुल विदेशी कल्पना है और मजहबी रुकावटों के कारण पैगम्बरी मत माननेवाले देशों में की गई है। इसकी साम्प्रदायिकता हम आगे चलकर दिखाएँगे। यहाँ इतना ही कहने का प्रयोजन है कि अव्यक्त, अगोचर ज्ञानकांड का विषय है। हमारे यहाँ न वह उपासनाक्षेत्र में घसीटा गया है, न काव्यक्षेत्र में। ऐसी बेढब जरूरत ही नहीं पड़ी।

उपासना के लिए इन्द्रिय और मन से परे ब्रह्म को पास लाने की जरूरत हुई। वहीं तो वह ईश्वर के रूप में केवल मन के पास लाया गया अर्थात् उससे रूप, आकार आदि की भावना न करके केवल दया, दाक्षिण्य, प्रेम, औदार्य आदि की ही भावना की गई। कहने की आवश्यकता नहीं कि यह केवल अन्तःकरणग्राह्य भावना भी गोचर भावना ही है। कहीं इसके आगे बढ़कर विष्णु, शिव इन देवरूपों में-अर्थात्—मनुष्य से ऊँची कोटि में—बाह्यकरणग्राह्य भावना भी हुई। भारतीय भक्तिभावना यहीं तक पुष्ट न हुई। बड़े साहस के साथ आगे बढ़कर उसने नर में ही नारायणत्व का दर्शन किया। राम और कृष्ण को लेकर भक्तिकाव्य का प्रवाह बड़े वेग से चल पड़ा। सारांश यह कि सान्निध्य का अभिलाष व्यक्त और ज्ञात की ओर ही आकर्षित होता हुआ बढ़ा है और उसी को उसने अपना चरम लक्ष्य भी रखा है। यहाँ के भक्तों का साध्य कैवल्य नहीं रहा।

अब यह देखना चाहिए कि मनुष्य अपनी सुख-सौन्दर्य-भावना को जब पूर्णता के लिए चरम सीमा पर पहुँचाता है तब क्या वह सचमुच व्यक्त, भौतिक या प्राकृतिक के परे हो जाता है ? उपर्युक्त विवेचन से स्पष्ट है कि वह इसके भीतर ही रहता है। भावना या कल्पना में आई हुई संघटित रूपयोजना चाहे वह कितनी ही दूरारूढ़ हो, व्यक्त प्रकृतिविकार ही रहेगी। अब रही असीम-ससीम और नित्य-अनित्य की बात। हम पहले कह चुके हैं कि समष्टि रूप में यह विश्व या व्यक्त जगत् अनन्त और शाश्वत है। ब्रह्म के मूर्त, अमूर्त दो रूपों से मूर्त और सत्[1] को जो मर्त्य कहा है वह केवल सतत गतियुक्त या परिवर्तनशील के अर्थ में, सत्ता के अभाव के अर्थ में नहीं। अतः असीम और नित्य के लिए अव्यक्त और अगोचर में जाने की कोई जरूरत नहीं। ब्रह्म के दोनों रूप असीम और नित्य हैं। इस मूर्त विराट् के भीतर न जाने कितने लोक, ब्रह्मांड, सौरचक्र, बनते-बिगड़ते रहते हैं, पर इसकी रूपसत्ता ज्यों की त्यों रहती है। अबरकोंबे ने अपनी 'निकास' (ऐन एस्केप) नाम की कविता में असीम के अभिलाष के जिस द्वन्द्व का वर्णन बड़े स्मरणीय रूपविधान के साथ किया है, वह वास्तव में–भारतीय दृष्टि से–व्यक्त और गोचर के भीतर ही है।[2]

हमारा कहना यही है कि हृदय का अव्यक्त और अगोचर से कोई सम्बन्ध नहीं हो सकता। प्रेम, अभिलाष जो प्रकट किया जाएगा वह व्यक्त और गोचर ही के प्रति होगा। प्रतिबिम्बवाद, कल्पनावाद आदि वादों का सहारा लेकर इन भावों को अव्यक्त और अगोचर के प्रति कहना और अपने काल्पनिक रूपविधान को ब्रह्म या पारमार्थिक सत्ता की अनुभूति बताना काव्य क्षेत्र में एक अनावश्यक आडम्बर खड़ा करना है। यदि यह कहा जाए कि सदा बदलते रहनेवाले इस दृश्यप्रसार की तह में सदा एकरस रहनेवाली अव्यक्त सत्ता है ही, अतः जिस अनुराग के साथ प्रकृति की भव्य रूपयोजना की जाती है उसे उसी अव्यक्त शक्ति या सत्ता के प्रति कहने में क्या हर्ज है, तो इसका उत्तर यह है कि इससे भावक्षेत्र में असत्य का प्रचार होता और पाखंड का द्वार खुलता है। यदि कोई चटोरा आदमी कोई बहुत ही मीठा फल खाकर जीभ चटकारता हुआ उसका बड़े प्रेम से वर्णन करे और पूछने पर कहे कि मेरा लक्ष्य उस फल की ओर नहीं, उस वृक्ष के

1. द्वेवाव ब्रह्म गोरूपं मूर्तञ्चैवामूर्तञ्च मर्त्यचामृतञ्च, स्थितञ्च यच्च, सच्च त्यच्च।–मूर्त्तामूर्त्तब्राह्मण (बृहदारण्यकोपनिषद्)। दृश्य या मूर्त्त के लिए 'सत्' शब्द का प्रयोग उपनिषदों में बहुत जगह हुआ है।
2. डिजायर आव् इनफिनिट थिंग्ज, डिजायर आव् फाइन इट टिज दि रेसज आव् दि ट्वेन मेक्स मेन।– ऐज टू यंग विंड्स स्कूल्ड अमंग दि स्लोप्स ऐंड बोब्ज आव् राइवल हिल्स दैट ईच टु अदर लुक।
ऐक्रास एर्सकेन टार्न ए स्टिल डे,
रन फोर्थ फ्राम देयर संडर्ड नर्सरीज, एंड मीट
इन दी मिडि्ल एअर
ऐंड ह्वेन दे क्लोज, देअर स्ट्रगल इज काल्ड मेत।
डिस्ट्रेसिंग विद हिज स्ट्राइफ ऐंड फ्लरी दि ब्लैड
पूल आव् ऐक्जिस्टेंस, बैट ले क्वाएट बिफ़ोर
होल्डिंग दि कास बाच आव् एटर्निटी।

मूल या बीज की ओर है जिसका फल है, तो उसके इस कथन का क्या मूल्य होगा ? जो यह भी नहीं जानता कि 'ब्रह्मवाद' और 'कविता' किन चिड़ियों के नाम हैं, जो अँगरेजी की अन्धी नकल पर बनी बँगला की कविताओं तथा वैष्णव कवियों की बंग समीक्षाओं तक ही सारी दुनिया खतम समझता है, वह यदि मुँह बना-बनाकर कहने लगे कि "जब मैं ब्रह्मवाद की कोई कविता देखता हूँ तब हर्ष से नाच उठता हूँ" तो एक सुशिक्षित सुननेवाले पर क्या असर होगा ?

अब यहाँ पर थोड़ा यह भी विचार करने की आवश्यकता प्रतीत होती है कि भाव के क्षेत्र में परोक्ष की 'जिज्ञासा' का क्या उपयोग हो सकता है। स्वाभाविक रहस्यभावना में–जिसका किसी वाद के साथ कोई सम्बन्ध नहीं–इसका कभी-कभी बहुत सुन्दर उपयोग होता है। वहाँ पर यह प्रकृति के क्षेत्र के किसी अभिव्यक्त सौन्दर्य या माधुर्य से उठे हुए आह्लाद की अनुभूति की व्यंजना करता है। जैसे, शिशु की मधुर मुस्कान पर मुग्ध होकर यदि कोई कवि कहे कि "इसके अधरों पर किस आनन्दलोक की मधुर स्मृति संचरित हो रही है ?" सौरभपूर्ण कुसुमविकास देख यदि कहा जाए कि "यह सुख-सौन्दर्य की अनन्त राशि से चोरी करके भाग आया है", तो प्रस्तुत माधुर्य या सुख-सौन्दर्य के प्राचर्य के निमित्त बड़ा सुन्दर औत्सुक्य व्यंजित होगा। यह औत्सुक्य का अभिलाष अव्यक्त या अज्ञात प्रेम के प्रति कभी नहीं कहा जा सकता, यह व्यक्त या ज्ञात के प्रति ही होगा। कवि को अपने सामने उपस्थित माधुर्य या सुख-सौन्दर्य इतना अच्छा लग रहा है कि भूलोक के अतिरिक्त किसी और–व्यक्त और गोचर ही–लोक की भावना करता है जहाँ इस प्रकार के सुख-सौन्दर्य का दर्शन इतना विरल न हो; बराबर चारों ओर देखने को मिला करे। इसमें से कहीं असीम का अभिलाष है, न अज्ञात की लालसा। यह उसी पुरानी स्वर्ग भावना का आधुनिक सभ्यता के अनुकूल पड़ता हुआ रूप है। स्वर्ग के पुराने निश्चित विवरण में, आधुनिक परिष्कृत रुचि के अनुसार, जो भद्दापन है वह इस अनिश्चित भावना में दूर हो जाता है।

शेली ने अपनी 'जिज्ञासा' (दि क्वेश्चन) नाम की कविता बड़ी सुन्दर जिज्ञासा के साथ समाप्त की है। स्वप्न में वह वसन्त विकास और सौरभ से पूर्ण एक अत्यन्त रमणीय नदी तट पर पहुँचते हैं। उस व्यक्त और गोचर स्थल का ही बहुत सम्बद्ध और संश्लिष्ट चित्रण सारी कविता में हुआ है। अन्त में जाकर वे कहते हैं कि मैंने फूलों को चुन-चुनकर बहुत सुन्दर स्तबक तैयार किया और बड़े आह्लाद के साथ वहाँ दौड़ा गया जहाँ से आया था कि उसे अर्पित करूँ। 'पर अरे ! किसे ?' इस 'किसे' में अद्वैत का कैसा सुन्दर आभास मात्र है। 'वाद' का कोई विस्तार नहीं है।

आई मेड ए नोजगे......
केप्ट दीज इंप्रिजंड चिल्ड्रेन आव् दि हाउस
विदिन माइ हैड;–ऐंड देन इलेट ऐंड गे;
आइ हेसेंड टु स्पाट फ्राम ह्वेन्स आइ हैड कम,
दैट आइ माइट देअर प्रेजेंट इट–ओ ! टु हूम ?

इस प्रकार की स्वाभाविक और सच्ची रहस्य भावना का माधुर्य प्रत्येक सहृदय स्वीकार करेगा। पर जब किसी वाद के सहारे वेदना की तरी पर सवार होकर अन्धड़ और अन्धकार के बीच असीम की ओर यात्रा होगी, सामने अलौकिक ज्योति फूटती दिखाई देगी, लोकलोकान्तर और कल्पान्तर के समाहृत अरुणोदय में असीम-ससीम के मिलन पर विश्व हृदय की तन्त्री के सब तार झंकारोत्सव करने लगेंगे, आप ही आपको खोजने का स्वप्न टूटने पर अट्टहास होने लगेगा, तब सहृदयता, भावुकता तो कोई और ठिकाना ढूँढ़ेगी; हाँ, अज्ञानोपासना सिद्धता का मुकुट या पैगम्बरी का चौगोशिया ताज पहनने के लिए ठहरे तो ठहरे।

सारांश यह कि जहाँ तक अज्ञात की ओर अनिश्चित संकेत मात्र रहता है वहाँ तक तो प्रकृत काव्यदृष्टि रहती है पर जब उसके आगे बढ़कर उस अज्ञात को अव्यक्त और अगोचर कहकर उसका चित्रण होने लगता है, उसका पूरा ब्योरा दिया जाने लगता है, तब लोकोत्तर दिव्य दृष्टि का दावा-सा पेश होता हुआ जान पड़ता है। इस दावे का हृदय पर बड़ा बुरा प्रभाव है। एक ओर–श्रोता या पाठक के पक्ष में–तो इससे अज्ञानप्रियता का अनुरंजन होता है; दूसरी ओर–कवि के पक्ष में–उस अज्ञानप्रियता से लाभ उठा अहंकारतुष्टि का अभ्यास पड़ता है। पहुँचे हुए सिद्ध या ब्रह्मदर्शी बननेवाले बहुत-से साधु शास्त्रों की सुनी-सुनाई बातों को–उनकी कुछ अगाड़ी-पिछाड़ी खोल–पहेली के रूप में करके गँवारों को चकित किया करते हैं। यह प्रवृत्ति शिक्षितों और पढ़े-लिखे लोगों में और भी अनर्थ खड़ा करती है। यदि कोई व्यक्ति अभिज्ञान शाकुन्तल की आध्यात्मिक व्याख्या करे, मेघ की यात्रा को जीवात्मा का परमात्मा में लीन होने का साधन बताए, तो कुछ लोग तो विरक्ति से मुँह फेर लेंगे, पर बहुत-से लोग आँखें फाड़कर काष्ठ-कौशिक की तरह ताकते रह जाएँगे।

कौन कविता सच्ची रहस्यभावना को लेकर चली है और कौन वादग्रस्त आडम्बर मात्र है, यह पहचानना बहुत कठिन नहीं है। ऊपर जो पहचान बताई गई है वह वर्ण्य वस्तु (मैटर) के सम्बन्ध में है। वर्णन प्रणाली (फॉर्म) की कुछ पहचान आगे कही जायगी।

एक ही कवि कभी वादग्रस्त होकर अपने को लोक से परे प्रकट करने का शब्दप्रयत्न करता है, कभी भाव की स्वच्छ भूमि पर विचरण करता है। वही अबरक्रोंबे जो कभी वादग्रस्त होकर 'चेतना नामक होने से बाहर' की बात कहने जाता है, जब लोकवादी (ह्यूमैनिटेरिअन) के रूप में हमारे सामने आता है, विशुद्ध काव्यदृष्टि का प्रमाण देता है, तब उसकी सच्चाई में सन्देह करने की कोई जगह नहीं रह जाती। यही बात श्री रवीन्द्रनाथ ठाकुर के सम्बन्ध में भी ठीक समझनी चाहिए। उनकी रहस्यवाद की वे ही कविताएँ स्मरणीय हैं जो लोकपक्षसमन्वित है, जैसे, 'गीतांजलि' का यह पद–

जो कुछ दे तू हमें उसी से काम हमारा सरता है।
कभी न होती उसमें कुछ वह पीछे तुझ पर फिरता है।
सरिताएँ सब बहती-बहती जग हित आतीं-जातीं।
अविच्छिन्न धारा से तेरे पद धोने को फिर आतीं।

सभी कुसुम अपने सौरभ से सकल सृष्टि को महकाते।
तेरी पूजा में वे अपना महायोग हैं रच पाते।
जग वंचित हो जिससे ऐसी तेरी पूजनवस्तु नहीं।
जग हित में आई न वस्तु जो तब पूजन की नहीं, नहीं।

'तूने मुझे असीम बनाया है' ऐसी कविताओं में यह बात नहीं है। इस ढंग की कविताओं के स्वरूप का कुछ उद्‌घाटन स्वर्गीय द्विजेन्द्रलाल राय ने अपनी समीक्षाओं में किया था।

भारतीय काव्यदृष्टि के निरूपण में हम दिखा चुके हैं कि भारतवर्ष में कविता इस गोचर अभिव्यक्ति को लेकर ही बराबर चलती रही है और यह अभिव्यक्ति उसी प्रकृत की भूमि है। मनुष्य के ज्ञानक्षेत्र के भीतर ही उसका संचार होता है। 'चेतना के कोने के बाहर' न वह झाँकने जाती है, न जा ही सकती है। वहीं पर हम यह भी कह चुके हैं कि अभिव्यक्ति के क्षेत्र में स्थिर और निर्विशेष (स्टेटिक ऐंड ऐब्सोल्यूट) सौन्दर्य या मंगल कहीं नहीं है। वह केवल किसी वाद के भीतर ही मिल सकता है। अभिव्यक्ति के क्षेत्र में गत्यात्मक सौन्दर्य गत्यात्मक मंगल ही है। सौन्दर्यमंगल की यह गति नित्य है। गति की यही नित्यता जगत् की नित्यता है। रवीन्द्र बाबू के दोस्त ईट्स एक ओर कट्टर देशभक्त और आयरलैंड की अनन्य आराधना प्रवर्तित करनेवाले हैं, दूसरी ओर ब्लेक के साम्प्रदायिक और सिद्धान्ती रहस्यवाद का पूरा समर्थन करनेवाले। वे भी जब वादमुक्त होकर काव्य की शुद्ध सामान्य भूमि पर आए हैं तब भारतीय दृष्टि के अनुसार सापेक्ष गत्यात्मक (डाइनैमिक) सौन्दर्य की नित्यता और अनन्तता का अनुभव करते हैं। अपनी 'गुलाब' शीर्षक कविताओं में एक स्थान पर वे साफ कहते हैं–

रेड रोज, प्राउड रोज, सैड रोज आव आल माइ डेजन।

× × ×

कम नियर, दैट नो मोर ब्लाइंडेड बाइ मैन्स फेंट,
आइ फाइंड अंडर दि बाउज आवुलव ऐंड हैड हेट हेट,
इन आल पुअर फूलिश थिंग्ज दैट लिच ए डे,
एटर्नल ब्यूटी वांडरिंग आन हर वे।

(लाल गुलाब, गर्वीले गुलाब, मेरे सब दिन के उदास गुलाब ! पास आओ, जिसमें मनुष्य की गति देखकर मुझमें जो अन्धापन आ जाता है वह दूर हो और मैं राग और द्वेष की नाना शाखाओं के तले बैठा हुआ बेचारा इन सब क्षण भर रहनेवाली मुग्ध वस्तुओं में अनन्त सौन्दर्य की अनन्त गति का दर्शन करूँ।)

कविता के मूल में भाव या मनोविकार ही रहते हैं, काव्य की आत्मा रस ही है, यह बात इतनी पुरानी पड़ गई है कि नवीनता के बहुत-से अभिलाषी तथ्यातथ्य की बहुत परवा छोड़; इसके स्थान पर कोई और बात कहने का प्रयत्न करते आ रहे हैं। जगन्नाथ पंडितराज ने रस के स्थान पर 'अर्थ की रमणीयता' ग्रहण की; पर रमणीयता भी रसात्मकता से सम्बद्ध है। मन का रमना किसी भाव में लीन होना ही है। हृदय के

प्रभावित होने का नाम ही रसानुभूति है। बिलायती साहित्य में 'कल्पना' शब्द की बड़ी धूम देख कुछ लोग कभी-कभी कह देते हैं कि "रसात्मक वाक्य काव्य होता है।" इस लक्षण में कल्पनापक्ष बिलकुल छूट गया है; केवल भावपक्ष (इमोशन) आया है। पर जो लोग रसपद्धति को अच्छी तरह समझते हैं और आधुनिक मनोविज्ञान द्वारा निरूपित भाव (इमोशन, सेंटिमेंट) के स्वरूप से ही परिचित हैं, उनके निकट इस कथन का कोई अर्थ नहीं है, यह ठीक वृत्तिचक्र (सिस्टम) है जिसके अन्तर्गत प्रत्यय (काग्निशन); अनुभूति (फीलिंग), इच्छा (कोनेशन), गति या प्रवृत्ति (टेंडेंसी), शरीरधर्म (सिंप्टम्स), सबका योग रहता है। हमारे यहाँ रस निष्पक्ष करनेवाली पूर्ण भावपद्धति में ये सब अवयव रखे हुए हैं। विभावों और अनुभावों की प्रतिष्ठा कवि की कल्पना द्वारा ही होती है और श्रोता या पाठक भी उनकी मूर्ति या रूप का ग्रहण अच्छी कल्पना के बिना पूरा नहीं कर सकता। विभाव और अनुभाव कल्पनासाध्य हैं।

किसी भाव की रसात्मक प्रतीति उत्पन्न करने के लिए कविकर्म के दो पक्ष होते हैं– अनुभावपक्ष और विभावपक्ष। अनुभावपक्ष में आश्रय के रूप, चेष्टा और वचन का और विभावपक्ष में आलम्बन के रूप, चेष्टा और वचन का विन्यास होता है। इस दृष्टि से शृंगाररस में स्त्रियों के जो हाव या अलंकार माने गए हैं वे विभावपक्ष के अन्तर्गत होंगे; अनुभावपक्ष के नहीं। नायिकाओं में अलंकार की योजना उनकी मनमोहकता बढ़ाने के लिए–उन्हें और मनोहर रूप प्रदान करने के लिए होती है, भाव की व्यंजना के उद्देश्य से नहीं। नायिका को आलम्बन मानकर, उद्दीपन की दृष्टि से ही, उसमें उन चेष्टाओं का विधान होता है जो हाव और अलंकार कहलाती हैं। अनुभाव और विभाव दोनों पक्षों के विधान के लिए भी और सम्यक् ग्रहण के लिए भी कल्पना शक्ति अपेक्षित है। विधान के लिए कवि में 'विधायक कल्पना' अपेक्षित होती है और सम्यक् ग्रहण के लिए पाठक या श्रोता में 'ग्राहक कल्पना'।

रसात्मक प्रतीति एक ही प्रकार की नहीं होती। दो प्रकार की अनुभूति तो लक्षणग्रन्थों की रसपद्धति के भीतर ही सूक्ष्मता से विचार करने से मिलती है। भारतीय भावुकता काव्य के दो प्रकार के प्रभाव स्वीकार करती है–

(1) जिस भाव की व्यंजना हो उसी भाव में लीन हो जाना।

(2) जिस भाव की व्यंजना हो उसमें लीन न होना; पर उसकी व्यंजना की स्वाभाविकता और उत्कर्ष का हृदय से अनुमोदन करना।

दूसरे प्रकार के प्रभाव को मध्यम स्थान प्राप्त है। पूर्णरस की अनुभूति प्रथम प्रकार का प्रभाव है। जिन्हें साहित्य में स्थायी भाव कहते हैं केवल उन्हीं की अनुभूति पूर्णरस के रूप में होती है। वे ही ऐसे भाव हैं जो व्यंजित होने पर पाठक या श्रोता के हृदय में भी उत्पन्न होते हैं। यह नहीं है कि चाहे जिस भाव का विभाव, अनुभाव और संचारी द्वारा विधान किया जाए, वह पूर्णरस के रूप में अनुभूत होगा। असूया या ब्रीड़ा को यदि हम स्वतन्त्र भाव के रूप में लेकर उसका विभाव, अनुभाव और संचारी के द्वारा वर्णन करें तो भी सुननेवाले को ईर्ष्या या लज्जा का अनुभव न होगा। उनकी अच्छी से अच्छी

व्यंजना को भी वह उसी रूप में ग्रहण करेगा कि "हाँ ! बहुत ठीक है। ईर्ष्या या ब्रीड़ा में ठीक ऐसे ही वचन मुँह से निकलते हैं, ऐसी ही चेष्टाएँ होती हैं, ऐसी ही वृत्ति हो जाती हैं।" सारांश यह कि श्रोता या पाठक भाव की व्यंजना का अनुमोदन मात्र करेगा, उस भाव की अनुभूति में मग्न न होगा।

पूर्णरस की अनुभूति–अर्थात् जिस भाव की व्यंजना हो उसी भाव में लीन हो जाना–क्यों उत्तम या श्रेष्ठ है, इसका भी कुछ विवेचन कर लेना चाहिए। काव्य-दृष्टि में जब हम जगत् को देखते हैं तभी जीवन का प्रकृत रूप प्रत्यक्ष होता है। जहाँ व्यक्ति के भावों के पृथक् विषय नहीं जाते, मनुष्यमात्र के भावों के आलम्बनों में हृदय लीन हो जाता है, जहाँ हमारी भावसत्ता का सामान्य भावसत्ता में लय हो जाता है, वही पुनीत रसभूमि है। आश्रय के साथ वह तादात्म्य, आलम्बन का वह साधारणीकरण, जो स्थायी भावों में होता है, दूसरे शब्दों में–चाहे वे स्वतन्त्र रूप में भी आएँ–नहीं होता। दूसरे भावों की व्यंजना का हम अनुमोदन मात्र करते हैं। इस अनुमोदन में भी रसात्मकता रहती है, पर उस कोटि की नहीं।

आश्रय के साथ तादात्म्य और आलम्बन के साथ साधारणीकरण सर्वत्र व्यंजना की प्रगल्भता और प्रचुरता पर ही अवलम्बित नहीं होता। या तो आलम्बन स्वभावतः ऐसा हो, या उसका चित्रण इस रूप में हो, अथवा लोक में उसकी ख्याति ऐसी हो कि वह मनुष्यमात्र के किसी भाव को आकर्षित कर सके, तभी पूर्ण रसानुभूति के उपयुक्त साधारणीकरण होगा। अधिकतर कविता स्वभावतः अत्यन्त सामान्य आकर्षण वाले विषयों या आलम्बनों को लेकर होती है। दाम्पत्य प्रेम या शृंगार की कविता की अधिकता का एक यह भी कारण है कि अत्यन्त सामान्य रूप में उनका आलम्बन–पुरुष के लिए स्त्री, स्त्री के लिए पुरुष–मनुष्य क्या प्राणिमात्र को आकर्षित करता है। उसकी आलम्बनता स्त्री जाति और पुरुष जाति के बीच नैसर्गिक आकर्षण की बड़ी चौड़ी नींव पर ठहरी है। यहाँ तक कि वर्णन न होने पर भी उनका आक्षेप सहज में हो जाता है। दूसरे भावों के आलम्बनों में कुछ विशिष्टता अपेक्षित होती है, पर साधारणीकरण शीघ्र हो जाता है। क्रोध के आलम्बन का साधारणीकरण सब दशाओं में नहीं होता। यह आवश्यक नहीं है कि सर्वत्र आश्रय के क्रोध का पात्र मनुष्य मात्र के क्रोध का पात्र हो। रौद्ररस में आलम्बन का साधारणीकरण पूर्ण तभी हो सकता है जबकि वह अपनी क्रूरता, अन्याय, अत्याचार आदि के कारण मनुष्यमात्र के क्रोध का पात्र बनाया जा सके।

पूर्णरस में लीन करनेवाले वाग्विधान में भी यह बात देखी जाती है कि जहाँ वह धारा के रूप में कुछ दूर तक चलता है वहीं पूरी तन्मयता प्राप्त होती है। जहाँ सहृदय और सुकंठ कथावाचक सहस्रों श्रोताओं को किसी भाव में बहुत देर तक मग्न किए रहते हैं, जहाँ आल्हा गानेवाले सैकड़ों सुननेवालों को घंटों वीरदर्प से पूर्ण किए रहते हैं, वहाँ भेदभूमि से परे एक सामान्य हृदयसत्ता की झलक दिखाई पड़ती है। भावों का ऐसा ही अभ्यास शीलनिर्माण में सहायक होता है। रामायण, भागवत आदि की कथा सुनकर लौटे हुए लोगों के हृदयों पर भावों का कुछ प्रभाव कुछ काल तक रहता है। खेद है कि हृदय

के व्यायाम और परिष्कार के लिए जो संस्थाएँ हमारे समाज में प्रतिष्ठित थीं उनकी ओर से हम उदासीन हो रहे हैं।

मुक्त कविताओं में इस प्रकार मग्न करनेवाली रसधारा नहीं चलती, छींटें उछलते हैं। उनका प्रभाव क्षणिक, अतः अधिकतर मनोरंजन या दिलबहलाव के रूप में होता है। राजाओं की सभा में जाकर जब से कवि लोग उनके मनबहलाव का काम करने लगे तब से हमारे साहित्य में उक्तिवैचित्र्यपूर्ण मुक्तकों का प्रचार बढ़ने लगा। भोज ऐसे राजाओं के सामने बात बनानेवाले पद्यकार बातों की फुलझड़ी छोड़कर लाखों रुपए पाने लगे। जब क्षणिक मनोरंजन या दिलबहलाव मात्र उद्देश्य रह गया तब कुछ अधिक कुतूहलवर्धक सामग्री अपेक्षित हुई। फारसी की महफिली शायरी का-सा ढंग यहाँ की कविता ने भी पकड़ा। पर फारस की शायरी अत्युक्तिपूर्ण होने पर भी संवेदनात्मक रही, उसमें भावपक्ष की प्रधानता रही। किन्तु वहाँ बाहरी आडम्बरों की अधिकता हुई; हृदयपक्ष बहुत कुछ दब गया, फुटकल कविता अधिकार सूक्ति रूप में आ गई।

इसी सम्बन्ध में लगे हाथों यह भी विचार कर लेना चाहिए कि रीति, लक्षणा, अलंकार आदि काव्य में किस रूप में सहायक हो सकते हैं और किस रूप में बाधक। पहली बात तो ध्यान देने की यह है कि लक्षणग्रन्थों के बनने के बहुत पहले से कविता होती आ रही थी। उन्हीं कविताओं को लक्ष्य करके लक्षण बनाए गए। इससे स्पष्ट है कि वाक्य की रचना उन पर अवलम्बित नहीं। ये लक्षण आदि वास्तव में काव्य चर्चा की सुगमता के लिए बने। पर बहुत-सी काव्यरचना हमारे यहाँ इन्हीं लक्षणों के भीतर आ जाने को ही सब कुछ मानकर होने लगी। कुछ सजीवता न रहने पर भी श्लेष, यमक, उपमा, उत्प्रेक्षा इत्यादि की कसी हुई भरती, तथा विभाव, अनुभाव और संचारी की रस्मअदाई पर ही वाह-वाह करने की चाल पड़ गई। कुछ-कुछ इसी प्रकार की दशा जब योरप में हुई और किसी काव्य की उत्तमता का निर्णय साहित्य की बँधी हुई रीतिविधि के अनुसार होने लगी तब प्रभाववादी (इम्प्रेशनिस्ट्स) उठ खड़े हुए, जिन्होंने सुझाया कि किसी काव्य की उत्तमता की सच्ची परख यही है कि वह हृदय पर कैसा प्रभाव डालता है, उससे किस प्रकार की अनुभूति उत्पन्न होती है।

प्रभाववादियों के अनुसार किसी वाक्य की ऐसी आलोचना कि "यहाँ पद्य का निर्वाह बहुत अच्छा हुआ है, यहाँ गतिभंग है, यहाँ रसविरोध है, यहाँ पूर्णरस है, यहाँ च्युतसंस्कृति या पतत्प्रकर्ष है" कोई आलोचना नहीं। मान लीजिए कि कोई सुन्दर काव्य हमारे सामने है। उसे पढ़ने में हमें आनन्द की गहरी अनुभूति हो रही है। बस यही हमारा आनन्द ही हमारा निर्णय है। इससे बढ़कर और निर्णय क्या हो सकता है ? इसके आगे हम बहुत करेंगे तो उस आनन्द की विवृत्ति करेंगे कि उक्त काव्य का हमारे हृदय पर यह प्रभाव पड़ता है, उससे ये अनुभूतियाँ उत्पन्न होती हैं। यह ठीक है कि दूसरे लोग उसी काव्य से दूसरे प्रकार की अनुभूतियाँ प्राप्त करेंगे और उन्हें और ही ढंग से प्रकट करेंगे। करें; प्रत्येक सहृदय को अधिकार है कि वह उसके सम्बन्ध में अपनी अनुभूतियाँ प्रकट करे। इस प्रकार एक ही काव्य पर भिन्न-भिन्न प्रकार के और कई कला ग्रन्थ तैयार हो

जाएँगे। वे सब ग्रन्थ उस काव्य से और ही वस्तु होंगे, यह अवश्य है। पर यही आलोचनाकला है। इनके आगे आलोचना जाएगी कहाँ ?

प्रभाववादी के उपर्युक्त कथन पर यदि कोई कहे तो कह सकता है कि ''हमें तुमसे प्रयोजन नहीं, उस काव्य से है। तुम्हारे भीतरी स्वास्थ्य को जानने में हमें उस काव्य के रसानुभव में क्या सहायता पहुँचेगी। तुम्हारी आलोचना तो हमारा ध्यान उस काव्य पर से हटाकर तुम पर और तुम्हारी अनुभूतियों पर ले जाती है।'' इस पर शायद वह यह कहे कि ''इसी प्रकार तो और ढंग की समालोचनाएँ–निर्णयात्मक, (ज्यूडिशल), ऐतिहासिक (हिस्टॉरिकल), मनोवैज्ञानिक (साइकोलाजिकल) इत्यादि[1] भी ध्यान हटाती है।'' यों यह वाद-प्रतिवाद और भी आगे बढ़ सकता है। पर हम समझते हैं कि उसे यहाँ पर आकर रुक जाना चाहिए कि ''समालोचना के लिए विद्वत्ता और प्रशस्त रुचि दोनों अपेक्षित हैं। न रुचि के स्थान पर विद्वत्ता काम कर सकती है और न विद्वत्ता के स्थान पर रुचि। अतः विद्वत्ता से सम्बन्ध रखनेवाली निर्णयात्मक आलोचना (ज्यूडिशल क्रिटिसिज्म) और रुचि से सम्बन्ध रखनेवाली प्रभावात्मक समीक्षा दोनों आवश्यक हैं। एक पुरुष है, दूसरी स्त्री। एक सक्रिय है, दूसरी निष्क्रिय। एक प्रतिष्ठित आदर्श को लेकर किसी काव्य की परीक्षा में प्रवृत्त होता है और उसके भाव में न आकर अपनी क्रिया में तत्पर रहता है, दूसरी उस काव्य के प्रभाव को चुपचाप ग्रहण करती हुई उसी में मग्न हो जाती है।''[2]

यह तो आवश्यक है कि काव्य में अनुभूति या प्रभाव ही मुख्य है। पर इस अनुभूति को एक हृदय से दूसरे तक पहुँचना रहता है अतः साधनों की उपयुक्तता की दृष्टि से परीक्षा करती है कि जब साधन ही ठीक न होंगे तब सिद्ध कहाँ से हो सकता है ! प्रभावात्मक आलोचना केवल यही कहती है कि साध्य सिद्ध हो गया है। यदि एक ओर साधन के सम्बन्ध में जो रीति, लक्षण, नियम आदि बने हैं उनमें पूर्णता होती और दूसरी ओर आलोचना के समय यदि हृदय लोक सामान्य भाव भूमि पर सदा पहुँच जाया करता–अपनी विशेष प्रकृति से बद्ध न रहता–तो इन दोनों प्रकार की आलोचनाओं में कोई झगड़ा न होता। पर ऐसा प्रायः होता है कि एक का निर्णय दूसरी के अनुमोदन से भिन्न पड़ता है। हृदय और बुद्धि दोनों के साथ-साथ चलने से ही इन दोनों का सामंजस्य हो सकता है। सभ्य और शिक्षित समाज में निर्णयात्मक आलोचना का व्यवहारपक्ष भी है। उसके द्वारा साधनहीन अधिकारियों की यदि कुछ रोकटोक न रहे तो साहित्यक्षेत्र कूड़ा-करकट से भर जाए।

---

1. इन सब प्रकार की आलोचनाओं के विवरण के लिए देखिए हमारा 'हिन्दी साहित्य का इतिहास' (पुस्तकाकार संस्करण)।
2. इन ऐव्री एज इंप्रेशनिज्म (ऑर एंजायमेंट) ऐंड डायमैटिज्म (ऑर जजमेंट) हैव ग्रैपल्ड विद वन ऐनदर। दे आर दि टू सेक्सेज आव क्रिटिसिज्म;...दि मैस्क्युलिन क्रिटिसिज्म, दैट मे आर मे नॉट फोर्स इट्स ओन स्टैंडर्ड आन लिटरेचर, बट दैट नेवर; ऐट आल ईवेंट्स इज डामिनेटेड बाइ दि आब्जेक्ट आव इट्स स्टडीज, ऐंड दि क्रेमिनिन क्रिटिसिज्म, दैट रेस्पांड्स टु दिल्योर आव आर्ट विद ए काइंड आव पैसिव एक्स्टैसी।–जे.ई. स्पिनगर्न, दि न्यू क्रिटिसिज्म

जैसा कि हम पहले कह आए हैं। साहित्य के शास्त्रपक्ष की प्रतिष्ठा काव्य चर्चा की सुगमता के लिए माननी चाहिए, रचना के प्रतिबन्ध के लिए नहीं। इस दृष्टि से जब हम अपने साहित्यशास्त्र को देखते हैं, तब उसकी अत्यन्त व्यापक और प्रौढ़ व्यवस्था स्वीकार करनी पड़ती है। शब्दशक्ति और रसपद्धति का निरूपण तो अत्यन्त गम्भीर है। उसकी तह में एक ऐसे स्वतन्त्र और विशाल भारतीय समीक्षा-भवन के निर्माण की सम्भावना छिपा हुई है जिसके भीतर लाकर हम सारे संसार के सारे साहित्य की आलोचना अपने ढंग पर कर सकते हैं।

कई प्रकार के साहित्यवाद–साहित्य के बाहर के 'वाद' नहीं–हमारे यहाँ भी चले हैं; जैसे, रसवाद, अलंकारवाद, ध्वनिवाद, रीतिवाद इत्यादि। बहुत से बालरुचिवाले चमत्कारवादी कवि भी हुए हैं और आचार्य भी। नारायण पंडित ने तो यहाँ तक कह डाला है कि–

रसे सारश्चमत्कारः सर्वत्राप्यनुभूयते।
तच्चमत्कारसारत्वे सर्वत्राप्यद्भुतो रसः॥

"जब कि रस में चमत्कार ही सार है, काव्य में सर्वत्र अनूठापन ही अच्छा लगता है, तब सर्वत्र अद्भुतरस ही क्यों न कहा जाए ?" पंडित जी ने इस बात पर ध्यान न दिया कि रस के भेद प्रस्तुत वस्तु या भाव के विचार से किए गए हैं; अप्रस्तुत या साधन के विचार से नहीं। शृंगाररस की किसी उक्ति में उनके शब्दविन्यास आदि में जो विचित्रता होगी वह वर्णन प्रणाली की विचित्रता होगी, प्रस्तुत वस्तु या भाव की नहीं। अद्भुतरस के लिए स्वतः आलम्बन विचित्र या आश्चर्यजनक होना चाहिए। शृंगार का वर्णन कौतुकी कवि लोग कभी-कभी वीररस की सामग्री अलंकार रूप में रखकर किया करते हैं। क्या ऐसे स्थलों पर शृंगाररस न मानकर वीररस मानना चाहिए ?

उक्तिवैचित्र्य या अनूठेपन पर जोर देनेवाले हमारे यहाँ भी हुए हैं और योरप में भी आजकल बहुत जोर पर हैं, जो कहते हैं कि कला या काव्य में अभिव्यंजना (एक्सप्रेशन) ही सब कुछ है, जिसकी अभिव्यंजना की जाती है वह कुछ नहीं। इस मत के प्रधान प्रवर्तक इटली के क्रोचे महोदय हैं। अभिव्यंजनावादियों (एक्सप्रेशनिस्ट्स) के अनुसार जिस रूप में अभिव्यंजना होती है उससे भिन्न अर्थ आदि का विचार कला में आवश्यक है। जैसे वाल्मीकि रामायण की इस उक्ति में–

न स संकुचितः पन्था येन बाली हतो गतः।

कवि का कथन यही वाक्य है, यह नहीं कि "जिस प्रकार बाली मारा गया उसी प्रकार तुम भी मारे जा सकते हो।" एक और नया उदाहरण लीजिए। यदि हम पर कभी कविता करने की सनक सवार हो और हम कहें कि–

भारत के फूटे भाग्य के टुकड़ो ! जुड़ते क्यों नहीं ?

तो हमारा कहना यही होगा, यह नहीं कि "हे फूट से अलग अभागे भारतवासियो ! एकता क्यों नहीं रखते ? यदि तुम एक हो जाओ तो भारत का भाग्योदय हो जाय।"

अभिव्यंजनावादियों के काव्यसम्बन्धी उपर्युक्त कथन में जो वास्तविक तथ्य है उसकी ओर हमारे यहाँ के आचार्यों ने अपने इस ढंग पर पूरा ध्यान दिया है। रसवादियों

ने रस को और ध्वनिवादियों ने काव्यवस्तु को व्यंग्य कहा है। उनके अनुसार रस की या वस्तु की व्यंजना होनी चाहिए, अभिधा द्वारा सीधे कथन नहीं। "रस व्यंग्य होता है" यह कथन कुछ भ्रामक अवश्य है। इससे यह भ्रम होता है कि जिस भाव की व्यंजना होती है वही भाव रस है। वही बात वस्तुव्यंजना में अर्थात् "व्यंजक वाक्य में रस होता है" यही कहना ठीक है और यही समझा ही जाता है। केशव की यह उक्ति लीजिए–

क्रूर कुठार निहारि तज्यो, फल ताको यहै जो हियो जरई।
आजु ते तो कहँ, बन्धु ! महा धिक, क्षत्रिन पै जो दया करई॥

यह उक्ति ही कविता है; न कि "परशुराम ने क्रोध किया" यह व्यंग्य या अभिप्राय। व्यंजक वाक्य ही काव्य होता है; व्यंग्य भाव या वस्तु नहीं। 'व्यंग्य' शब्द के प्रयोग में कहीं गड़बड़ी होने पर भी इस बात को सब लोग जानते हैं। पर इसका मतलब यह नहीं कि व्यंग्य अर्थ या लक्ष्य अर्थ का कोई विचार ही नहीं होता। व्यंजक या लक्षक वाक्य का जब तक व्यंग्यार्थ के साथ सामंजस्य न होगा तब तक यह उन्मत्त प्रलाप या जान-बूझकर खड़ा किया हुआ धोखा ही होगा।

'अभिव्यंजनावाद' अनुभूति या प्रभाव का विचार छोड़ केवल वाग्वैचित्र्य को पकड़कर चला है; पर वाग्वैचित्र्य का हृदय की गम्भीर वृत्तियों से कोई सम्बन्ध नहीं है। वह केवल कुतूहल उत्पन्न करता है। अभिव्यंजनावाद के अनुसार ही यदि कविता बनने लगे तो उसमें विलक्षण वाक्यों के ढेर के सिवा और कुछ न होना चाहिए–न विचारधारा, न भावों की रसधारा। पर इस प्रकार की ऊटपटांग कविता योरप में भी न बनी है, न बनती है।

योरप के समीक्षा क्षेत्र में उठते रहनेवाले वादों के सम्बन्ध में यह बात पक्की समझनी चाहिए कि वे एकांगदर्शी होते हैं। वे या तो प्रतिवर्तन (रिएक्शन) के रूप में अथवा प्रचलित मतों में कुछ अपनी विलक्षणता या नवीनता दिखाने की झोंक में, जोर-शोर के साथ प्रकाशित किए जाते हैं, इससे उनमें अत्युक्ति की मात्रा बहुत अधिक होती है। वे प्रायः अव्याप्ति या अतिव्याप्तिग्रस्त होते हैं। अपनी कसौटी पर बिना उनकी कड़ी परीक्षा किए उसका राग अलापना अन्धेपन का प्रचार करना है। 'प्रभाववाद' (इम्प्रेशनिज्म) और 'अभिव्यंजनावाद (एक्सप्रेशनिज्म) दोनों की एकांगदर्शिता ऊपर के विवरणों से स्पष्ट है। यही स्वरूप वहाँ के और वादों का भी समझिए।

हमारे यहाँ के पुराने ध्वनिवादियों के समान आधुनिक 'अभिव्यंजनावादी' भी भावव्यंजना और वस्तुव्यंजना दोनों में काव्यतत्व मानते हैं। उनके निकट अनूठे ढंग से की हुई वस्तुव्यंजना भी काव्य ही है। इस सम्बन्ध में हमारा यही वक्तव्य है कि अनूठी-से-अनूठी उक्ति काव्य तभी हो सकती है जबकि उसका सम्बन्ध–कुछ दूर का सही–हृदय के किसी भाव या वृत्ति से होगा। भाव लीजिए कि अनूठे भंग्यन्तर से कथित किसी लक्षणापूर्ण उक्ति में सौन्दर्य का वर्णन है। उस उक्ति में चाहे कोई भाव सीधे-सीधे व्यंग्य न हो, पर उसकी तह में सौन्दर्य को ऐसे अनूठे ढंग से कहने की प्रेरणा करनेवाला रतिभाव या प्रेम छिपा हुआ है। जिस वस्तु की सुन्दरता के वर्णन में हम प्रवृत्त होंगे वह

हमारे रतिभाव का आलम्बन होगी। आलम्बन मात्र का वर्णन भी रसात्मक माना जाता है और वास्तव में होता है।

योरप का यह 'अभिव्यंजनावाद' हमारे यहाँ के पुराने 'वक्रोक्तिवाद'–वक्रोक्तिः काव्यजीवितम्–का ही नया रूप बिलायती उत्साह है। अन्तर इतना ही है भंग्यन्तर के लिए हमारे यहाँ व्यंजना का अधिक सहारा लिया जाता है और योरप में लक्षणा का। योरप की भाषाओं में लाक्षणिक चपलता अधिक होती है। अनूठेपन का वाक्य में क्या स्थान है, यह बात अब विचार के लिए सामने आती है।

जगत् की नाना वस्तुओं, व्यापारों और बातों को ऐसे रूप में रखना कि वे हमारे भावचक्र के भीतर आ जाएँ, यही काव्य का लक्ष्य होता है। विश्व की अनन्तता के बीच जिस प्रकार ज्ञान अपना प्रसार चाहता है, उसी प्रकार हृदय भी। वह भी अपने रमने के लिए नई भूमि चाहता है। अनूठापन कहीं तो किसी भाव या मनोवृत्ति की व्यंजना में–अर्थात् जिन वाक्यों में उस भाव की व्यंजना होती है उनमें–और कहीं उस वस्तु या तथ्य में ही जिसकी ओर कवि अपने चित्रणकौशल में भाव को प्रवृत्त करता है, होता है। सुबीते के लिए एक को हम भावपक्ष का अनूठापन कह सकते हैं, दूसरे को विभावपक्ष का।

अनूठापन काव्य के नित्य स्वरूप के अन्तर्गत नहीं है, एक अतिरिक्त गुण है जिसमें मनोरंजन की मात्रा बढ़ जाती है। इसके बिना भी तन्मय करनेवाली कविता बराबर हुई है और होती है। पद्माकर की इस सीधी-सादी उक्ति में–"नैन नचाय कह्यो मुसकाय, लला ! फिर अइयो खेलन होरी"–पूरी रमणीयता है। जो लोग मनोरंजन को ही–किसी भाव में लीन होने को नहीं–काव्य का चरम समझते हैं, वे सब जगह कुछ कुतूहल की सामग्री ढूँढ़ते हैं। पर काव्य केवल कुतूहल उत्पन्न करनेवाली वस्तु नहीं है भिन्न-भिन्न भावों में लीन करनेवाली रमनेवाली वस्तु है। अतः वही वक्रोक्ति (अलंकार नहीं, उक्ति का बाँकपन या अनूठापन), वही वचनभंगी जो किसी-न-किसी भाव या मनोवृत्ति द्वारा प्रेरित होगी, काव्य के अन्तर्गत होगी ऐसी वस्तुव्यंजना जिसकी तह में कोई भाव न हो, चाहे कितने ही अनूठे ढंग से की गई हो, चाहे उसमें कितना ही लाक्षणिक चमत्कार हो, प्रकृत कविता न होगी, सूक्ति मात्र होगी। सारांश यह कि भाव या मनोविकार की नींव पर कविता की इमारत खड़ी हो सकती है। कुतूहल भी एक मनोवृत्ति है, पर वह अकेले काव्य का आधार नहीं हो सकती। तमाशा देखना और कविता सुनना एक ही बात नहीं है।

इस 'अभिव्यंजनावाद' के प्रभाव से मूर्तविधान का बड़ा ही दुरुपयोग होने लगा है। अँगरेजी में तो कम, पर बँगला में–जो हर एक विलायती ताल-सुर पर नाचने के लिए तैयार रहती है–यह बात बहुत भद्दी हद तक पहुँची। कहीं लालसा मधुपात्र लिए हृत्तन्त्री के नीरव तार झनझना रही है; कहीं स्मृतिवेदना करवटें बदलकर आँखें मल रही है, इत्यादि-इत्यादि। इस प्रकार लड़कों के खेल से निराधार विधान वहाँ चल पड़े, जिनकी नकल हिन्दी में भी बड़ी धूम से हो रही है। 'छायावाद' समझकर जो कविताएँ हिन्दी में लिखी जाती हैं उनमें से अधिकांश का 'छायावाद' या 'रहस्यवाद' से कोई सम्बन्ध नहीं होता। उनमें से कुछ तो विलायती 'अभिव्यंजनावाद' के आदेश पर रची हुई बँगला

कविताओं की नकल पर, और कुछ अँगरेजी कविताओं के लाक्षणिक चमत्कारपूर्ण वाक्य शब्द-प्रतिशब्द उठाकर, जोड़ी जाती हैं। इनके जोड़नेवाले यह नहीं जानते कि 'छायावाद' या 'रहस्यवाद' शब्द काव्यवस्तु (मैटर) का सूचक हैं, अतः जहाँ काव्यवस्तु में कोई 'वाद' नहीं है, केवल व्यंजनाशैली के वैचित्र्य का अनुकरण है, वहाँ 'अभिव्यंजनावाद' की नकल–जैसे और सब नकलें–बँगला में शुरू हुईं। अतः हिन्दीवालों में कुछ बेचारे तो बंग पदावली के अवतरण से ही सन्तुष्ट रहते हैं और कुछ–जिन्हें अँगरेजी का भी थोड़ा-बहुत परिचय रहता है–सीधे अँगरेजी से, जहाँ से बंगाली लेते हैं, लाक्षणिक पदावली बैठाया करते हैं। यही कारण है कि उनकी रचनाओं में उस अन्विति (यूनिटी) का सर्वथा अभाव रहता है, जिसके बिना कला की कोई कृति खड़ी ही नहीं हो सकती। इधर-उधर से बटोरे वाक्यों का एक असंश्लिष्ट और असम्बद्ध ढेर-सा लगा दिखाई पड़ता है। बात यह है कि अपनी किसी अनुभूति, भावना या तथ्य की व्यंजना के लिए अपने उद्‌भावित वाक्य ही एक में समन्वित हो सकते हैं।

भिन्न-भिन्न देशों की प्रवृत्ति की पहचान यदि हम काव्य के भाव और विभाव दो पक्ष करके करते हैं तो बड़ी सुगमता हो जाती है। 'भाव' से संवेदना होती है। विभाव से अभिप्राय उन वस्तुओं या विषयों के वर्णन से है जिनके प्रति किसी प्रकार का भाव या संवेदना होती है। भारतीय साहित्य में दोनों पक्षों का सम विधान पाया जाता है। वन, पर्वत, नदी, निर्झर, मनुष्य, पशु, पक्षी इत्यादि जगत् की नाना वस्तुओं का वर्णन आलम्बन और उद्‌दीपन दोनों की दृष्टि से होता रहा है। प्रबन्ध काव्यों में बहुत-से प्राकृतिक वर्णन आलम्बन रूप में ही हैं। कुमारसम्भव के आरम्भ का हिमालयवर्णन और मेघदूत के पूर्वमेघ का नाना-प्रदेश-वर्णन उद्‌दीपन की दृष्टि से नहीं कहा जा सकता। इन वर्णनों में कवि ही आश्रय है जो प्राकृतिक वस्तुओं के प्रति अपने अनुराग के कारण उनका रूप निवृत करके अपने सामने भी रखता है और पाठकों के भी। जैसा पहले कहा जा चुका है, केवल आलम्बन का वर्णन भी रसात्मक होता है। विभाव के समान भावपक्ष का भी पूरा विधान हमारे यहाँ मिलता है। उक्ति, चेष्टा और शरीरधर्म तीनों प्रकार के अनुभावों द्वारा भावों की व्यंजना होती आई है।

फारस की शायरी भावपक्ष-प्रधान है। उसमें विभाव पक्ष का विधान नहीं या नहीं के बराबर हुआ। भावपक्ष में भी केवल रतिभाव का ही सम्यक् ग्रहण पाया जाता है। इसी के अलौकिक उत्कर्ष की व्यंजना अलग-अलग एक-एक पद्य की गँठी हुई उक्ति में होती है। वेदना की विवृति की चाल फारसी और उर्दू की शायरी में बहुत अधिक है। विभाव और भाव के सम्बन्ध का स्पष्टीकरण न होने से–इस बात का ध्यान न होने से कि मन में लाए हुए रूप किस प्रकार रस में सहायक या बाधक होते हैं–वेदना की यह विवृति कभी-कभी बड़े वीभत्स दृश्य सामने लाती है। आबले फूटना, मवाद बहना, कलेजा चिरना, खून के कतरे टपकना, कबाब की तरह इधर-उधर भुनना–वेदना का इस प्रकार का ब्योरा शृंगार का पोषक नहीं हो सकता। खेद है कि उर्दू की देखादेखी वेदना की ऐसी विवृति की नकल हिन्दी की कविताओं में भी कुछ हुई है और अब भी कुछ नए ढंग पर

होती है। संस्कृत के कवियों में वेदना की विवृति भवभूति में ही सबसे अधिक पाई जाती है; पर वह भारतीय काव्यशिष्टता के विरुद्ध समझते हैं। हमें तो वेदना का अधिक ब्योरा पढ़ने पर ऐसा ही जान पड़ता है जैसे कोई भारी रोगी किसी वैद्य के सामने अपने पेट के भीतर की शिकायतें बता रहा हो। प्रेम को व्याधि के रूप में देखने की अपेक्षा हम संजीवनी शक्ति के रूप में देखना अधिक पसन्द करते हैं।

अश्रु, स्वेद आदि का उल्लेख हमारे काव्य में भी हुआ है, पर जमीन से आसमान तक उनकी गन्दी नदी नहीं बहाई गई है। जैसे अपनी प्रकृति का, अपने शरीरधर्मों का बहुत अधिक वर्णन बातचीत की सभ्यता के विरुद्ध समझा जाता है वैसे ही अब काव्य की शिष्टता के विरुद्ध समझा जाना चाहिए।

हम विभावपक्ष को कविता में प्रधान स्थान देते हैं। 'विभाव' से अभिप्राय लक्षणग्रन्थों से गिनाए हुए भिन्न-भिन्न रसों के आलम्बन मात्र से नहीं है, यह पहले सूचित किया जा चुका है। जगत् की जो वस्तुएँ, जो व्यापार या प्रसंग हमारे हृदय में किसी भाव का संचार कर सकें उन सबका वर्णन आलम्बन का ही वर्णन माना जाना चाहिए। विश्व की अनन्तता के भीतर, मनुष्यजाति के ज्ञानप्रसार के बीच, ऐसे वस्तु-व्यापार-योग और ऐसे प्रसंग भी हमारी पहुँच के हिसाब से अनन्त ही हैं। जिस मर्मस्पर्शिणी वस्तु-व्यापार-योजना का ज्ञानेन्द्रियों द्वारा या कल्पना के सहारे हमने साक्षात्कार किया हो उसे अपना प्रभाव उत्पन्न करने के लिए औरों तक ठीक-ठीक पहुँचाकर यदि हम अलग हो जाएँ, तो भी कविकर्म कर चुके। यदि लोक के मर्मस्थलों की पहचान हममें होगी तो हमारी उपस्थित की हुई योजना सहृदय मात्र को भावमग्न करेगी। यदि उस योजना में लोकहृदय को स्पर्श करने की क्षमता न होगी, तो भावानुभूति का हमारा सारा प्रदर्शन भाँड़ों की नकल-सा होगा। भावप्रधान कविता में—ऐसी कविता में जिसमें संवेदना की विवृति ही रहती है—आलम्बन का आक्षेप पाठक के ऊपर छोड़ दिया जाता है। विभावप्रधान कविता में—ऐसी कविता में जिसमें आलम्बन का ही विस्तृत रमणीय चित्रण रहता है—संवेदना पाठक के ऊपर छोड़ दी जाती है।

अपनी अनुभूति या संवेदना का लम्बा-चौड़ा ब्योरा पेश करने की अपेक्षा उन तथ्यों या वस्तुओं को पाठक की कल्पना में ठीक-ठीक पहुँचा देना जिन्होंने यह अनुभूति या संवेदना जगाई है कवि के लिए हम अधिक आवश्यक समझते हैं। सहृदय या भावुक पाठक अपनी अनुभूति का पथ बहुत कुछ आप से आप निकाल लेते हैं। इसी प्रकार सच्चे कवियों की अनुभूति का आभास बहुत कुछ उनकी वस्तुयोजना की शब्दभंगी में ही मिल जाता है।

भावों के लिए आलम्बन आरम्भ में ज्ञानेन्द्रियाँ उपस्थित करती हैं; फिर ज्ञानेन्द्रियों द्वारा प्राप्त सामग्री से कल्पना उनकी योजना करती है। अतः यह कहा जा सकता है कि ज्ञान ही भावों के संचार के लिए मार्ग खोलता है। ज्ञानप्रसार के भीतर ही भावप्रसार होता है। आरम्भ में मनुष्य की चेतन सत्ता इन्द्रियज ज्ञान की समष्टि के रूप में ही अधिकतर रही। पीछे ज्यों-ज्यों सभ्यता बढ़ती गई है त्यों-त्यों मनुष्य की ज्ञानसत्ता

बुद्धिव्यवसायात्मक होती गई है। अब मनुष्य का ज्ञान क्षेत्र बुद्धिव्यवसायात्मक या विचारात्मक होकर बहुत विस्तृत हो गया है। अतः उसके विस्तार के साथ हमें अपने हृदय का विस्तार भी बढ़ाना पड़ेगा। विचारों की क्रिया से वैज्ञानिक विवेचन और अनुसन्धान द्वारा उद्घाटित परिस्थितियों और तथ्यों के मर्मस्पर्शी पक्ष का मूर्त और सजीव चित्रण भी–उसका इस रूप में प्रत्यक्षीकरण कि वह हमारे किसी भाव का आलम्बन न हो सके–कवियों का काम होगा।

ये परिस्थितियाँ बहुत ही व्यापक होंगी, ये तथ्य न जाने कितनी बातों की तह में छिपे होंगे। यदि अत्याचार होगा तो उसका फैलाव औरंगजेब के अत्याचार का-सा न होगा, रावण के अत्याचार का-सा होगा। हाहाकार होगा तो जगद्व्यापी होगा। हाय होगी तो पृथ्वी के एक कोने से दूसरे कोने तक होगी, पर एक हाय करनेवाला दूसरे हाय करनेवाले से इतनी दूर होगा कि सम्मिलित हाय की दारुणता केवल बाहरी आँखों की पहुँच के बाहर होगी। यदि प्राणियों की किसी सामान्य प्रवृत्ति का चित्रण होगा, तो सामग्री कीटाणुओं की दुनिया तक ले जाई जा सकती है। जगत् रूपी घनचक्कर और गोरखधन्धे की महत्ता और जटिलता से चकित होने की चाह में हम अपनी अन्तर्दृष्टि के सामने एक ओर अणुओं, परमाणुओं और दूसरी ओर ज्योतिष्क पिंडों के भ्रमणचक्रों तक को ला सकते हैं।

रूखे और (बाह्य कारणों को) अगोचर को सरस और गोचर रूप में लाने का व्यवसाय काव्यक्षेत्र में बढ़ेगा। ये गोचर रूप झूठे रूपक न होंगे, किसी तथ्य के मार्मिक मूर्त उदाहरण होंगे। कितने गूढ़, ऊँचे और व्यापक विचारों के साथ हमारे किसी भाव या मनोविकार का संयोग कराया जा सका है, कितने भव्य और विशाल तथ्यों तक हमारा हृदय पहुँचाया जा सका है, इसका विचार भी कवियों की उच्चता स्थिर करने में हुआ करेगा।

काव्य के सम्बन्ध में भाव और कल्पना, ये दो शब्द बराबर सुनते-सुनते कभी-कभी यह जिज्ञासा होती है कि ये दोनों समकक्ष हैं या इनमें कोई प्रधान है। यह प्रश्न या इसका उत्तर, जरा टेढ़ा है, क्योंकि रसकाल के भीतर इसका युगपद् अन्योन्याश्रित व्यापार होता है। रस की स्थिति श्रोता या पाठक में मानी जाती है। अतः श्रोता या पाठक की दृष्टि से यदि विचार करते हैं तो उनमें सहृदयता या भावुकता अधिक अपेक्षित होती है, कल्पनाक्रिया कम। कवि की विधायक कल्पना रस की तैयारी सामग्री उनके सामने रख देती है। कविकर्म में कल्पना की बहुत आवश्यकता होती है, पर यह कल्पना विशेष प्रकार की होती है; इसकी क्रिया कवि की भावुकता के अनुरूप होती है। कवि अपनी भावुकता की तुष्टि के लिए ही कल्पना को रूपविधान में प्रवृत्त करता है। रस की प्रतीति पूर्ण व्यंजना होने पर ही, काव्य के पूर्ण हो जाने पर ही, मानी गई है, व्यंजना के पहले नहीं। अतः कवि अपनी स्वभावगत भावुकता की जिस उमंग में रचना करने में प्रवृत्त होता है और उसके विधान में तत्पर रहता है, उसे यदि हम कुछ कहना चाहें तो रसप्रवणता या रसोन्मुखता कह सकते हैं।

जब भाव की उमंग ही कल्पना को प्रेरित करती है तब कवि का मूल गुण भावुकता अर्थात् अनुभूति की तीव्रता है। कल्पना उसकी सहयोगिनी है। पर ऐसी सहयोगिनी है जिसके बिना कवि अपनी अनुभूति को दूसरे तक पहुँचा ही नहीं सकता। अनुभूति को दूसरे तक पहुँचाना ही कविकर्म है। अतः हम कह सकते हैं कि कल्पना और भावुकता कवि के लिए दोनों अनिवार्य हैं। भावुक जब कल्पनासम्पन्न और भाषा पर अधिकार रखनेवाला होता है तभी कवि होता है। पर यह भी निश्चय समझना चाहिए कि जिस रूप में अनुभूति कवि के हृदय में होती है, उसी रूप में व्यंजना कभी हो नहीं सकती। उसे प्रेषणीय बनाने के लिए—दूसरों के हृदय तक पहुँचाने के लिए—भाषा का सहारा लेना पड़ता है। शब्दों में ढलते ही अनुभूति बहुत विकृत हो जाती है, और की और हो जाती है। इसी से बहुत-सी दिव्य और सुन्दर अनुभूतियों को कवि यों ही छोड़ देते हैं, उनकी व्यंजना का प्रयास नहीं करते। वे जीवन भर एक प्रकार के मूक कवि बने रहते हैं। बहुत-सी कविता अनुभूति दशा में नहीं होती, स्मृति दशा में होती है। जो यह कहे कि जो कुछ हमारे भीतर था सब हमारी कविता में आ गया है, उसमें काव्यानुभूति का अभाव समझना चाहिए और उसकी कविता को कवियों की वाणी का अनुकरण मात्र।

जैसे कवि वैसे ही पाठक या श्रोता भी कभी-कभी रसप्रवण होते हैं। लोग कभी कहते हैं कि "वीर रस की कोई कविता सुनाइए," कभी कहते हैं "शृंगार रस की कोई कविता सुनाइए," इसका मतलब यही है कि कभी उनमें उत्साह का उन्मेष रहता है, कभी प्रेम का, कभी किसी और भाव का। इस प्रकार रसोन्मुख होने पर वे अपने अन्तस् में ऐसी वस्तु लाना चाहते हैं जिस पर भावविशेष टिके; उस वस्तु के ऐसे विवरणों में अन्तर्दृष्टि रमाना चाहते हैं जिनसे वह भाव उद्दीप्त रहे; ऐसी उक्तियाँ सुनना चाहते हैं जो उस भाव द्वारा प्रेरित या अनुप्राणित समझ पड़ें।

"अभिव्यंजना ही कला या काव्य है" इसका अर्थ यहाँ तक कभी नहीं घसीटा जा सकता कि व्यंजना या व्यंजक उक्ति से भिन्न काव्यानुभूति कोई वस्तु ही नहीं। काव्यानुभूति ही वह प्रधान वृत्ति है जो व्यंजना की प्रेरणा करती है। बात यह है कि पाठक या श्रोता के पास कवि की अन्तर्वृत्ति तक पहुँचने का कोई अचूक साधन नहीं होता जिससे वह यह देख सके कि अनुभूति के अनुरूप व्यंजना हुई है या नहीं। इससे वह व्यंजना या उक्ति से ही प्रयोजन रखता है। पर जब हम पूरे कविकर्म पर विचार करते हैं—केवल उसके फल पर ही नहीं—तब उसके मूल में काव्यानुभूति की सत्ता माननी पड़ती है। यह दिव्य अनुभूति समय-समय पर थोड़ी-बहुत सबको हुआ करती है : इसका प्रधान लक्षण है अपने खास सुख-दुख, हानि-लाभ आदि से उद्विग्न न होना, अपनी शरीरयात्रा से सम्बद्ध न होना। प्रेमियों के प्रेमव्यापार, दुखियों के दुख, अत्याचारियों की क्रूरता देख-सुनकर जो रति, करुणा और क्रोध जाग्रत होता है, छूटे हुए स्वदेश की अतीत काल के दृश्यों की जो प्रतिस्निग्ध स्मृति जाग्रत होती है, लोकरंजक महात्माओं के प्रति जिस श्रद्धा भक्ति का उदय होता है, उन सबकी अनुभूति शुद्ध भावक्षेत्र की अनुभूति है। जब तक इस प्रकार की अनुभूति में कोई लीन रहे, तब तक उस पर अव्यक्त काव्य का आवेश समझना चाहिए।

रसानुभूति या काव्यानुभूति की उपर्युक्त विशेषता के कारण उसे लोकोत्तर, जीवन से परे आदि कहने की चाल चल पड़ी है। पर वास्तव में वह जीवन के भीतर की ही अनुभूति है; आसमान से उतरी हुई कोई वस्तु नहीं है। इसी प्रकार कविता और कवि की स्मृति में जो बहुत-से अलंकारपूर्ण वाक्य इधर कुछ दिनों से कहे, सुने और लिखे जाने लगे हैं, उन्होंने अर्थशून्य शब्दों का एक ऐसा झूठा परदा खड़ा कर दिया है जिनके कारण काव्यभूमि बहुत कुछ अन्धकार में पड़ती जाती है। कविता स्वर्ग से गिरती हुई सुधाधारा है। नन्दनवन के कुसुमों से टपकी मकरन्द की बूँद है; अनन्त के दिव्य संगीत की स्वरलहरी है; कवि इस लोक का जीव ही नहीं है; वह पार्थिव जीवन से परे है; उसका एक दूसरा ही जगत् है; वह पैगम्बर है, औलिया है, रहस्यदर्शी है—ऐसी-ऐसी लचर बातें काव्य-समीक्षा के नाम से कही जाने लगी हैं। बुद्धि को रुग्ण करनेवाली, पाषंड का प्रचार करनेवाली यह हवा अँगरेजी से बँगला में और बँगला से हिन्दी में आई। आजकल मासिक पत्रिकाओं में किसी कवि या काव्य की समीक्षा के वेश में कभी-कभी बहुत-सी ऐसी अर्थशून्य पदावली—जो अँगरेजी या बँगला से उठाई हुई होती है—छपा करती है। निरर्थक शब्दों की इस आँधी से ऊबकर एक सूक्ष्मदर्शी अँगरेज समालोचक को यहाँ तक कहना पड़ा कि "भाषा अभी तक उन सब वस्तुओं के स्वरूप को छिपाने ही में कृतकार्य हुई है जिनकी हम चर्चा किया करते हैं।"[1]

कविता के सम्बन्ध में कई प्रवाद जो कुछ दिनों से योरप में प्रचलित चले आ रहे हैं, उनकी नकल हिन्दी में भी इधर-उधर सुनाई पड़ने लगी है। इन प्रवादों में एक यह भी है कि कला का उद्देश्य कला ही है, या 'काव्य का उद्देश्य काव्य ही है' इस उक्ति के अनुसार कविता का क्षेत्र जीवनक्षेत्र से बिलुकल अलग है। कविता का विचार करते समय जीवन की बातों को तो लाना ही नहीं चाहिए। कला की कृति का मूल्य निर्धारित करने में बाहरी बातों के मूल्य का विचार व्यर्थ है।[2] कला का तो अपना मूल्य अलग ही है। कला सम्बन्धी यह वाद सन् 1866 ईसवी से फ्रांस में चला। साहित्यसमीक्षा के नए-नए वाद फ्रांस ही में सबसे अधिक उठा दिए हैं। इस क्षेत्र में वही एक प्रकार से योरप का गुरु रहा है। अँगरेजी में उपर्युक्त मत का बहुत स्पष्ट प्रतिपादन डॉक्टर ब्रैडले ने अपनी पुस्तक 'आक्स्फर्ड लेक्चर्स आन पोएट्री' में किया है। हर्ष की बात है कि इस मत का, तथा इसी प्रकार के और प्रचलित प्रवादों का, निराकरण रिचर्ड्स ने अपने 'काव्यसमीक्षा के सिद्धान्त' में बहुत अच्छी तरह कर दिया है।[3] जो काव्यों का अनुशीलन और जनता पर उनके प्रभाव का अन्वीक्षण करते आ रहे हैं, वे अच्छी तरह जानते हैं कि कविता जीवन ही से उत्पन्न है और जीवन के भीतर ही अपनी विभूति का प्रकाश करती है। उसे जीवन से विच्छिन्न बताना कहीं की बात कहीं लगाना है।

---

1. लैंग्वेज हैज सक्सीडेड अनटिल रीसेंट्ली इन हाइडिंग फ्रॉम अस आलमोस्ट आल दि थिंग्ज वी टाक ऐबाउट।—आई.ए. रिचर्ड्स, प्रिंसिपल्स आव लिटररी क्रिटिसिज्म।
2. टु ऐप्रिशिए ए वर्क आव आर्ट वी नीड ब्रिंग विद अस नथिंग फ्राम लाइफ, नो नालेज इट्स आइडियाज ऐंड अफेयर्स, नो फैमिलिऐरिटी विद इट्स इमोशंस।—क्लाइव बेल आर्ट।
3. इस मत के विशेष विवरण और खंडन के लिए देखिए हमारा 'हिन्दी साहित्य का इतिहास' (पुस्तकाकार संस्करण)।

हम कह चुके हैं कि योरप में जो साहित्यिक वाद या प्रवाद चलते हैं उनमें से अधिकतर प्रतिवाद की धुन में अर्थात् प्रतिवर्तन (रिऐक्शन) के रूप में उठते हैं। सबमें कोई स्थायी मूल्य या तत्व नहीं होता; होता भी है तो बहुत थोड़ा। इसी से बहुत-से 'वाद' जिनका कुछ दिनों तक फैशन रहता है, आगे चलकर हवा हो जाते हैं। विज्ञान के वादों में ईमानदारी और सच्चाई से काम लिया जाता है, साहित्यिक वादों में नहीं। साहित्य के क्षेत्र में हर एक अपनी अलग हवा बहाने के फेर में रहता है और जरा-सा बढ़ावा पाने पर किसी एक बात को लेकर हद से बहुत दूर निकल जाता है। "कला का उद्‌देश्य कला है" इस वाद का प्रचार भी फ्रांस में प्रतिवर्तन के रूप में ही हुआ था। काव्य की पुरानी बँधी रूढ़ियों को हटाकर, केवल मुक्त कल्पना और भावों की अप्रतिबद्ध गति को लेकर योरप में स्वच्छन्दतावाद (रोमैंटिसिज्म) का प्रचार हुआ। वह जब हद के बाहर जाने लगा और काव्य के विषय ऊटपटाँग तथा वर्णनशैली शिथिल और अशक्त होने लगी तब सन् 1866 ई. में उसके प्रतिवाद के रूप में 'कला का उद्‌देश्य कला' का सिद्धान्त लेकर कुछ लोग खड़े हुए। ये लोग पारनेसियन कहलाए। इनका उद्‌देश्य काव्य में अधिक समीचीन प्रेरणा, सुडौल योजना और चित्ताकर्षक शैली का प्रचार करना था।

इन पारनेसियनों के पीछे सन् 1885 ई. में 'प्रतीकवादियों' (सिवालिस्ट्स या डीकेडेंट्स) का एक सम्प्रदाय फ्रांस में खड़ा हुआ जिसने अनूठे 'रहस्यवाद' और 'भावोन्मादमयी भक्ति' का सहारा लिया।[1] हमारे यहाँ के श्री रवीन्द्रनाथ ठाकुर ने अपनी 'गीतांजलि' का अँगरेजी अनुवाद प्रकाशित करके इसी सम्प्रदाय के सुर में सुर मिलाया था। कहने की आवश्यकता नहीं कि बंग भाषा के प्रसाद में हिन्दी में इस वर्ग की प्रवृत्ति का अनुकरण खूब चल पड़ा है। बंग भाषा के काव्यक्षेत्र के तो एक कोने ही में इस रहस्यवाद या छायावाद की तन्त्री बजी, मराठी, गुजराती को हर एक विलायती तालसुर पर नाचने की आदत नहीं, पर हिन्दी में तो इसकी नकल पर तूफान-सा आ गया।

यह 'प्रतीकवाद' सिद्धान्त रूप में यद्यपि आध्यात्मिक 'रहस्यवाद' के साथ सम्बद्ध होकर उठा है, पर प्रतीक रूप में वस्तुओं का व्यवहार अच्छी कविता में बराबर होता आया है।[2] किसी देवता का प्रतीक सामने आने पर जिस प्रकार उसके स्वरूप और उसकी विभूति की भावना चट मन में आ जाती है उसी प्रकार काव्य में आई हुई कुछ वस्तुएँ विशेष मनोविकारों या भावनाओं को जाग्रत कर देती हैं; जैसे, 'कमल' माधुर्यपूर्ण कोमल सौन्दर्य की भावना जाग्रत करता है; 'कुमुदिनी' शुभ हास की; 'चन्द्र' मृदुल आभा की; 'समुद्र' प्राचुर्य विस्तार 'सर्प' से क्रूरता और कुटिलता का, 'अग्नि' से तेज और क्रोध का; वीणा से वाणी या विद्या का; 'चातक' से निःस्वार्थ प्रेम का संकेत मिलता है।

1. फालोइंग अपान दि पारनेसिअंस, ऐबाउट 1885 केम दि सिंबालिस्ट्स आर डीकेडेंट्स—ए मूवमेंट आव् डेक्स्वरस मिस्टिसिज्म ऐंड 'सेंटिमेंटल रेलिजासिटी' टू रीसेंट फॉर सैटिस्फक्टरी हिस्टारिकल इन्वस्टिगेशन।—गेली ऐंड कुर्टज़ः मेथड्स ऐंड मैटीरिअल्स आव् लिटररी क्रिटिसिज्म।

2. सिंबालिज्म ऐज सीन इन दि राइटर्स आव् अवर डे, वुड हैव नो वैल्यू इफ इट वेअर नॉट सीन आल्सो, अंडर वन गाइज आर ऐनदर, इन एव्री ग्रेट इमैजिनेटिव-राइटर।—आर्थर साइमन्स : दि सिंबालिस्ट मूवमेंट इन लिटरेचर'।

प्रतीक दो प्रकार के होते हैं। कुछ तो मनोविकारों या भावों को जगाते हैं (इमोशनल सिंबल्स) और कुछ भावनाओं या विचारों को (इंटेलेक्चुअल सिंबल्स)। भावना या कल्पना जगानेवाले प्रतीकों के साथ भाव या मनोविकार भी प्रायः लगे रहते हैं।

ऊपर जिन प्रतीकों के नाम आए हैं वे सब ऐसे हैं जिनके स्वरूप में ही कुछ-न-कुछ व्यंजना है। पर उनमें इतनी अधिक शक्ति के संचय का कारण यह भी है कि वे कई सहस्र वर्षों से कम-से-कम भारतीय जनता की कल्पना के अंग और भावों के विषय रहते आए हैं। वे परम्परागत प्रतीक हैं। काव्य में ऐसे ही प्रतीकों का व्यवहार होता आया है और हो सकता है। यह तो प्रत्यक्ष है कि थोड़े से ही प्रतीक सार्वभौम हो सकते हैं। भिन्न-भिन्न देशों की परिस्थिति और संस्कृति के अनुसार प्रतीक भी भिन्न-भिन्न हुआ करते हैं। 'गुल बुलबुल' से जिस भावना का संकेत फारसवाले को मिलता है उस भावना का संकेत भारतवासी को नहीं; 'चातक' से जिस भावना का संकेत भारतवासी को मिलता है उस भावना का योरपीय को नहीं। क्रूस से जैसी पवित्रता और स्वर्गीय शान्ति का संकेत एक इसाई को मिलेगा, हिन्दू या बौद्ध को नहीं। प्रकृति के नाना रूपों को भिन्न-भिन्न देशों ने भिन्न-भिन्न भावों से देखा है। सघन वन, पर्वत आदि भारतीय या योरपीय हृदय को चाहे रमावें पर फारसी दृष्टिवाले को वे कष्ट या विपत्ति ही के सूचक होंगे। अधिकतर कुहरे और बदली से आच्छन्न रहनेवाले योरप में 'चमचमाती धूप' आनन्द और सुख-समृद्धि का संकेत हो, पर भारत के लिए नहीं हो सकती। 'स्निग्ध श्यामल घटा में जो उदार और शीतल माधुर्य भारतीय देखता है, योरपीय नहीं। जाड़े की सन्ध्या कुछ मनहूस और उदासी लिये होती है; इससे विलायतवाले उसे शोक और उदासी का प्रतीक मानें तो ठीक है। पर हिन्दुस्तान में जाड़ा बहुत थोड़े दिनों रहता है। यहाँ तो दिन की आँख तिलमिलानेवाली चमक के पीछे सन्ध्या की मधुर आभा मृदुलता का संकेत करती है। हाँ ! 'अन्धकार' या 'अँधेरी रात' शोक और उदासी का प्रतीक अवश्य मानी जाती है। जायसी ने रत्नसेन के परलोकवास पर अँधेरी रात ही ली है–

सूरज छपा रैनि होइ गई। पूनिउँ साँस जो अमावस भई

यहाँ पर यह कह देना आवश्यक है कि प्रतीकों का व्यवहार हमारे यहाँ के काव्य में बहुत अलंकार प्रणाली के भीतर ही हुआ है। पर इसका मतलब यह नहीं कि उपमा, रूपक, उत्प्रेक्षा इत्यादि के उपमान और प्रतीक एक ही वस्तु है। प्रतीक का आधार सादृश्य या साधर्म्य नहीं, बल्कि भावना जाग्रत करने की निहित शक्ति है। पर अलंकार में उपमान का सादृश्य या साधर्म्य ही माना जाता है। अतः सब उपमान प्रतीक नहीं होते। पर जो प्रतीक भी होते हैं वे काव्य की बहुत अच्छी सिद्धि करते हैं। अलंकारों में कभी-कभी किसी एक विषय के सादृश्य या साधर्म्य के विचार से ही बहुत-से उपमान ऐसे रख दिए जाते हैं जिनमें कुछ भी प्रतीकत्व नहीं होता–जैसे कटि को उपमा के लिए सिंह या भिड़ की कमर। ऐसे उपमानों से हम सच्चे काव्य की कुछ भी सिद्धि नहीं मानते। किसी वस्तु के मेल में उपमान खड़ा करने का उद्‌देश्य यही होता है कि उस वस्तु के सौन्दर्य आदि की जो भावना हो उसे और उत्कर्ष प्राप्त हो। अतः सच्ची परखवाले

कवि अप्रस्तुत या उपमान के रूप में जो वस्तुएँ लाते हैं उनमें प्रतीकत्व होता है। हंस, चातक, मेघ, सागर, दीपक, पतंग इत्यादि कुछ विशेष वस्तुओं पर अन्योक्तियाँ क्यों इतनी मर्मस्पर्शिणी हुई हैं ? इसलिए कि उनमें प्रतीकत्व है। उनके नाम मात्र हमारे हृदय में कुछ बँधी हुई भावनाओं का उद्‌बोधन करते हैं। इसी प्रकार फारसी की शायरी में बुलबुल, शमः, परवानः, शराब, प्याला आदि सिद्ध प्रतीक हैं।

यहाँ तक तो काव्य में प्रतीकों के सर्वसम्मत सामान्य व्यवहार का उल्लेख हुआ; पर यह कायदे की बात है कि जब कोई बात 'वाद' के रूप में किसी सम्प्रदाय विशेष के भीतर ग्रहण की जाती है तब वह बहुत दूर तक घसीटी जाती है—इतनी दूर कि वह सबके काम की नहीं रह जाती—और उसे कुछ विलक्षणता प्रदान की जाती है। रहस्यवाद को लेकर जो 'प्रतीकवादी' सम्प्रदाय योरप में खड़ा हुआ उसने परोक्षवाद (आकल्टिज्म) का सहारा लिया। प्रतीक के रूप में गृहीत वस्तुओं में भावों के उद्‌बोधन की शक्ति कैसे संचित हुई इसका वैज्ञानिक उत्तर यही होगा कि कुछ तो उन वस्तुओं के स्वरूपगत आकर्षण से, कुछ चिरपरिचित आरोप के बल से और कुछ वंशानुगत वासना की दीर्घ परम्परा के प्रभाव से। पर रहस्यवादी इसका उत्तर दूसरे ढंग से देंगे।

वे कहेंगे कि हमारे मन का विस्तार घटता-बढ़ता रहता है और कभी-कभी कई मन संचरित होकर एक-दूसरे में मिल जाते हैं और इस प्रकार एक मन या एक शक्ति का उद्‌घाटन करते हैं।[1] हमारी स्मृति का विस्तार भी ऐसे ही घटता-बढ़ता रहता है और उस महास्मृति का, प्रकृति की स्मृति का एक अंग है।[2] इस महामन और महास्मृति का आह्वान प्रतीकों द्वारा उसी प्रकार हो सकता है जिस प्रकार तान्त्रिकों के विविध चक्रों या यन्त्रों द्वारा देवताओं का।[3] इस प्रवृत्ति के अनुसार वे रचना में प्रवृत्त करनेवाली कवियों की प्रतिभा के जगने को वही दशा कहते हैं जिसे सूफी 'हाल आना' कहते हैं, जिसमें कुछ घड़ियों के लिए कवि की अन्तःसत्ता ईश्वरीय सारसत्ता (डिवाइन एसेंस) में मिल जाती है।

इस धारणा के अनुसार काव्य का लक्ष्य इस जगत् और जीवन से अलग हो जाता है। प्रकृति के जिन रूपों और व्यापारों का कवि सन्निवेश करेगा वे 'प्रतीक' मात्र होंगे। कवि की दृष्टि वास्तव में उन प्रतीकों के प्रति न मानी जाकर उन अज्ञात और परोक्ष शक्तियों या सत्ताओं के प्रति मानी जायगी जिनके वे प्रतीक होंगे। यदि वे प्रकृति का वर्णन करें तो उनका अनुराग प्रकृति पर न समझना चाहिए, प्रकृति के नाना रूपों के परदे के भीतर छिपी हुई अज्ञात और अव्यक्त सत्ता के प्रति समझना चाहिए। वे भरसक इस बात का प्रदर्शन करेंगे कि उनके भावोद्‌गार और उनके वर्णन व्यक्त और पार्थिव के सम्बन्ध में नहीं हैं, अव्यक्त और अपार्थिव के सम्बन्ध में हैं। समझनेवाले चाहे जो समझें।

1. दैट दि बार्डर्स आव् अवर माइंड एवर शिफ्टिंग, दैट मेनी माइंड्स कैन फ्लो इंटू वन ऐनदर, ऐज इट वेअर, ऐंड क्रिएट ऐंड रिवील ए सिंगल माइंड, ए सिंगल एनर्जी।
2. दैट दि बार्डर्स आव् अवर मेमरीज आर ऐज शिफ्टिंग, ऐंड दैट अवर मेमरीज आर ए पार्ट आव वन ग्रेट मेमरी आव् नेचर हरसेल्फ।
3. दैट दिस ग्रेट माइंड ऐंड ग्रेट मेमरी कैन बी इवोक्ड बाई सिंबल्स।

डब्ल्यू.बी. ईट्स : आइडिआज आव गुड ऐंड ईविल।

यदि कोई बाबा जी किसी रमणी के प्रेम में उसके रूप माधुर्य आदि का बड़े अनूठेपन के साथ वर्णन करके कहें कि "मेरा प्रेम उसके व्यक्त भौतिक शरीर से—उसकी रूपरेखा, वर्ण, चेष्टा आदि से—नहीं है बल्कि उस भौतिक शरीर के भीतर छिपी अव्यक्त आत्मसत्ता से है जो नित्य अनन्त और सर्वव्यापक है", तो कह सकते हैं। पर कहाँ तक लोग ऐसा समझेंगे यह बात दूसरी है। हाफिज के शराब और प्याले को सूफी चाहे जो कहें पर बहुत से पहुँचे हुए विद्वान उन्हें शराब और प्याला ही मानते हैं।

बात यह है कि हृदय का कोई भाव यदि व्यंजित किया जाएगा तो वह ज्ञात को ही लेकर होगा और गोचर के ही प्रति होगा। मनोविज्ञान की दृष्टि से यदि 'भाव' (इमोशन) के स्वरूप पर विचार किया जाए, तो उसके अन्तर्गत ज्ञानात्मक अवयव का विशिष्ट विन्यास पाया जाएगा। उसके बिना भाव का स्वरूप ही न पूर्ण होगा। यदि यह कहा जाए कि ईश्वर को किसी ने नहीं देखा है, पर ईश्वर भक्ति बराबर होती आई है और उसकी सचाई में कोई सन्देह नहीं हुआ है, तो इसका उत्तर यह है कि ईश्वर को ज्ञेय बनाकर ही उसकी उपासना और भक्ति का आरम्भ हुआ है। ईश्वर को प्रेमपूर्ण दयालु पिता या स्वामी के रूप में अन्तःकरण के सामने रखकर ही प्रेम या भक्ति का चरम आलम्बन मनुष्यजाति ने खड़ा किया है। रही मूर्त भावना, वह भी इतने गुणों का आरोप हो जाने के कारण प्रेमानुभूति के समय भक्त के मन में कुछ-न-कुछ हो ही जाती है। तात्पर्य यह है कि भाव के पूर्ण परिपाक के लिए आलम्बन की निर्दिष्ट भावना आवश्यक है।

अभिव्यक्ति को ही काव्यदृष्टि के भीतर माननेवाले विशुद्ध कवि और साम्प्रदायिक या रहस्यवादी कवि की मनोवृत्ति में यही भेद है कि एक बड़ी सचाई के साथ जिस पर उसका भाव टिका होगा उसे स्वीकार करेगा और दूसरा उसे स्वीकार न करके, इधर-उधर ताक-झाँक करेगा। वह वेदान्तियों के 'प्रतिबिम्बवाद' का सहारा लेकर कहेगा कि ये सब रूप तो छाया हैं; हम जो प्रेम प्रकट करते हैं उसे इस छाया पर न समझो, जिसकी वह छाया है उस पर समझो। शायद वह यह दृष्टान्त भी दे कि पूर्वराग में चित्र देखकर ही अनुराग उत्पन्न होता है, पर उस चित्र के प्रति जो अनुराग प्रकट किया जाता है वह उस चित्र के प्रति न होकर, जिसका वह चित्र होता है उसके प्रति होता है। पर पूर्वराग में जो अभिलाष होता है वह इस बात का होता है कि जिसे चित्र आदि छाया के रूप में देखते हैं उसे पूर्ण गोचर रूप में—दर्शन, श्रवण, स्पर्श आदि सबके विषय के रूप में—देखें। पर रहस्यवाद पूर्णगोचर को सामने पाकर अगोचर, अभौतिक आदि की ओर अपना अभिलाष बनाता है, जो वास्तव में अभिलाष के स्वरूप के सर्वथा विरुद्ध है। जिस प्रकार पूर्वराग में आलम्बन अज्ञात नहीं रहता, चित्र आदि द्वारा अंशतः ज्ञात रहता है, उसी प्रकार जिसे रहस्यवादी अज्ञात कहता है वह भी, छाया या प्रतिबिम्ब के द्वारा सही अंशतः ज्ञात रहता है। पर यदि रहस्यवादी 'अज्ञात', 'अगोचर', 'अभौतिक' का नाम न ले तो उसका 'वाद' कही नहीं रह जाता, जो उसे इतना प्रिय है। इस अज्ञात या अभौतिक के कारण उसे अपनी रचना में आडम्बर खड़ा करना पड़ता है, बात-बात में असीम राग अलापना पड़ता है।

अनिर्विष्ट और धुँधली झलक या भावना में भी एक विशेष प्रकार का आकर्षण होता है जो स्निग्ध विस्मय औत्सुक्य या अभिलाष उत्पन्न करता है। घने कुहरे या जाली के बीच किसी के रूपमाधुर्य की हलकी-सी झलक मात्र पाकर हम केवल उत्सुक होंगे। इसी औत्सुक्य की सतत प्रेरणा से उसका रूप निर्दिष्ट करने के लिए हमारी कल्पना प्रवृत्त रहा करेगी। रहस्यवादी अपनी यही स्थिति बतलाते हैं। वे भी प्रकृति के क्षेत्र से कुछ रूपों को चुनकर उनकी विलक्षण और दूरारूढ़ योजना कल्पना के भीतर करते हैं। अपना यह प्रयत्न वे 'अज्ञात के औत्सुक्य' द्वारा प्रेरित बताते हैं। यहीं तक कहकर रह जाते तो ज्यादा खटकने की बात न थी। इसके आगे बढ़कर वे यह भी सूचित करते हैं कि अपनी दूरारूढ़ रूपयोजना या भावना में वे अगोचर और अव्यक्त सत्ता का साक्षात्कार करते हैं। कुहरे या जाली के बीच में किसी के रूपमाधुर्य की हल्की झलक पानेवाला पीछे मन से उसके रूप की जो तरह-तरह की कल्पना किया करता है, उसे उसी का रूप न समझता है, न कहता है। यदि कल्पना में आया हुआ रूप ही बिम्ब या पारमार्थिक वस्तु है तब तो कल्पनात्मक रूप ही आलम्बन ठहरे। सारा अभिलाष, सारा औत्सुक्य उन्हीं के लिए समझना चाहिए।

कल्पनात्मक रूपों के इसी आलम्बनत्व की प्रतिष्ठा करके साम्प्रदायिक 'रहस्यवाद' काव्यक्षेत्र में खड़ा हुआ। इंग्लैंड के पूर्ववर्ती रहस्यवादी कवि ब्लेक (विलियम ब्लेक, 1757–1827) ने कल्पना का बड़े जोर से पल्ला पकड़ा और उसे नित्य पारमार्थिक सत्ता के रूप में ग्रहण करके कहा–

"कल्पना का लोक नित्य लोक है। यह शाश्वत और अनन्त है। उस नित्य लोक में उन सब वस्तुओं की नित्य और परमार्थ सत्ताएँ हैं जिन्हें हम प्रकृतिरूपी दर्पण में प्रतिबिम्बित देखते हैं।"[1]

इस प्रकार ब्लेक ने भक्तिरस में दृश्यजगत् की रूपयोजना को आलम्बन न कहकर, कल्पनाजगत् की रूपयोजना को आलम्बन कहा। इस युक्ति से एक बड़ी भारी मजहबी रुकावट दूर हुई। इधर कविता प्रकृति के क्षेत्र में नाना रूप, रंग और मूर्त लिये बिना एक कदम आगे बढ़ने को तैयार नहीं। इधर मजहब कागजी आँखें निकाले काले अक्षरों में घूर रहा था कि "खबरदार ! स्थूल इन्द्रियार्थों के प्रलोभन में न पड़ना। मूर्त पूजा का पाप मन में न लाना।" ब्लेक की कल्पना में वस्तुओं का सूक्ष्म रूप (यहाँ के पुराने लोगों के 'लिंगशरीर' के समान) मिल गया। स्थूलता के दोष का परिहार हो गया। मन भी छठी इन्द्रिय है, यह भावना स्पष्ट होने से इन्द्रियासक्ति (सेंसुऐलिज्म) के दोषारोपण की सम्भावना भी दूर हुई समझी गई। भक्त कवियों को नाना मनोहर रूपों के प्रति अनुराग प्रकट करने का लाइसेंस मिल गया। पूछताछ होने पर वे कह सकते थे कि वाह ! हम तो छाया के प्रेम द्वारा सारसत्ता का प्रेम प्रकट कर रहे हैं। एक हिसाब से बड़ा भारी काम हुआ। पर खुदा का कौन-सा ऐसा काम है जिसमें शैतान न कूदे ? कल्पना की

1. दि वर्ल्ड आव इमैजिनेशन इज दि वर्ल्ड आव् एटर्निटी...दि वर्ल्ड आव् इमैजिनेशन इज इनफाइनाइट ऐंड एटर्नल, ह्वेअरऐज दि वर्ल्ड आव् जेनरेशन आर वेजिटेशन इज फाइनाइट ऐंड टेंपोरल। देअर एक्जिस्ट इन दि एटर्नल वर्ल्ड रिएलिटीज आव् एव्रीथिंग ह्विच वी सी रिफ्लेक्टेड इन दि वेजिटेबुल ग्लास आव् नेचर।

ईश्वरीय सारसत्ता के समान ही शैतानी सारसत्ता का आना-जाना भी रहता ही है। अपने सूक्ष्म रूप के कारण दोनों नित्य ही होंगी।

यह सब जाने दीजिए। यह देखिए कि कल्पना की नित्यता के प्रतिपादन में उसे पारमार्थिक सत्ता बनाने में, प्रकृति और कल्पना के प्रत्यक्ष सम्बन्ध में कितना विपर्यय करना पड़ा है। यह तो प्रत्यक्ष बात है कि कल्पना के भीतर जो कुछ रहता है या आता है वह प्रकृति के ही विशाल क्षेत्र से प्राप्त होता है। अतः जब तक हम किसी 'नाद' का सहारा न लें तब तक यही कहेंगे कि कल्पना में आए हुए रूप ही प्रकृति के नाना रूपों के प्रतिबिम्ब हैं; प्रकृति के रूप कल्पना के प्रतिबिम्ब नहीं। इस 'कल्पनावाद' का कोई आभास न तो वेदान्त के प्रतिबिम्बवाद में है; न कांट से लेकर हेगल तक जर्मन दार्शनिकों के 'प्रत्ययवाद' (आइडिऐलिज्म) में। 'प्रत्ययवाद' इस दृश्य गोचर जगत् को ही प्रत्यय या भावना (आइडिआ) कहता है। यह 'कल्पनावाद' वास्तव में सूफियों के यहाँ से गया है, यह हम आगे चलकर दिखाएँगे।

सूफियों के कल्पनावाद की गन्ध पाकर ब्लेक ने, कुछ बर्कले के इशारे पर 'परम आत्मा' के समान दृश्य जगत् से परे 'परम कल्पना' का अंग या अंशलब्धि माना, प्रकृति के नाना रूप जिसकी छाया हैं। कल्पना को उसने इलहाम बनाया और कवियों को खासे पैगम्बर। इस प्रकार उसने काव्य के परम पुनीत क्षेत्र में पाषंड का रास्ता-सा खोल दिया।

साहित्यपक्ष भी कुछ देखना चाहिए। रचना के समय कवि के हृदय में कल्पना के रूप में आलम्बन आदि रहते या आते ही हैं। जबकि यही काल्पनिक रूप ही वस्तुओं की सारसत्ता है, ब्रह्म का रूप है, तब अभिलाष की जगह कहाँ रही? अभिलाष को साक्षात्कार की इच्छा है। वह साक्षात्कार ही हो जाता है। प्रकृति के क्षेत्र में जिसकी हम छाया मात्र देखते हैं, उसे हम कल्पना में मूल रूप में देख ही लेते हैं। भली-बुरी किसी प्रकार की कल्पना मन में आई कि ईश्वर का दर्शन हुआ। इस प्रकार रहस्यवादी कवि के लिए वियोगपक्ष–जिसकी इतनी दूरारूढ़ व्यंजना हुआ करती है–रह ही न गया।

अब संयोग पक्ष में व्यंजित भावों की सचाई की परीक्षा कीजिए। यह हम बार-बार कह चुके हैं कि कल्पना में आए हुए रूप प्रकृति ही के हैं, बाहर ही के हैं और गोचर हैं। कल्पना की सारी रूपसामग्री बाह्य जगत् की ही होती है। कल्पना उसकी केवल तरह-तरह की योजना किया करती है। प्रकृति के बाहरी रूप, रंग आदि हमें मुग्ध कर चुके रहते हैं तभी उनकी काल्पनिक योजना में हमारी वृत्ति रमती है। यदि कोई मनुष्य जन्म से ही एक घर में बन्द रखा जाए, तो उसकी कल्पना में दीवारों और खम्भों के 'सिवा' और कुछ नहीं पा सकता। इससे सिद्ध है कि हमारे भाव वास्तव में बाह्य प्रकृति के गोचर रूपों ही के प्रति होते हैं, इसलिए कल्पना में उनकी छाया भी हमें भावमग्न करती है। हमारे हृदय का सीधा लगाव बाह्य प्रकृति के गोचर रूपों से ही होता है।

इस दृष्टि से यदि देखा जाए तो रहस्यवादी जो कुछ सुन्दर, रमणीय और भव्य रूपयोजना करेगा वह वास्तव में या तो बाह्य प्रकृति के प्रेम द्वारा प्रेरित होगी अथवा प्रेम द्वारा प्रेरित ही न होगी। पर उसमें इस बात को स्वीकार करने का साहस ही नहीं होता।

इससे पाठक के मन में वह यह झूठी प्रतीति उत्पन्न करना चाहेगा कि उसके भाव इन छायात्मक रूपों के प्रति बिलकुल नहीं हैं; इनके परे जो अगोचर और अव्यक्त पारमार्थिक सत्ता है उसके प्रति है। वह यह प्रतीति उत्पन्न करने के लिए अपनी रचना का स्वरूप भी कुछ विशेष प्रकार का रखेगा, उससे कुछ अलौकिकता, अस्वाभाविकता, देशकाल का अतिक्रम अनुभूति की विचित्रता—जो बिलुकल झूठी होगी—लाने का भरपूर प्रयत्न करेगा। बातचीत में वह इस प्रयत्न तक को अस्वीकार करेगा; कहेगा कि सब भावना इसी रूप में परोक्ष जगत् से आकर मेरे हृदय में जबरदस्ती घुस गई है। पर वह वास्तव में इसकी प्रतीति उत्पन्न करने के लिए भी कि भावना इसी रूप में एकबारगी आई है, उसे पूरा श्रम करना पड़ता है, जैसे कि घोर रहस्यवादी कवि ईट्स तक ने कहा है।[1]

हमारे हृदय का सीधा लगाव गोचर जगत् से है, इसी बात के आधार पर सारे संसार में रसपद्धति चली है और सच्चे स्वाभाविक रूप में चल सकती है। मजहबी सुबीते के लिए अनुभूति के स्वाभाविक क्रम का विपर्यय करने से—मूल आलम्बनों को छाया और छाया को मूल आलम्बन बनाने से—कला के क्षेत्र में कितना आडम्बर खड़ा हुआ है, इसका अन्दाजा ऊपर के ब्योरे से लग सकता है।

कल्पना की यह लोकोत्तर व्याख्या ब्लेक की अपनी उपज नहीं है, यह हम पहले कह आए हैं। यह उसने सूफियों से ज्यों की त्यों ली थी। शाहजहाँ के पुत्र दाराशिकोह ने सूक्तियों के सिद्धान्त पर जो एक छोटी-सी पुस्तक 'रिसालए हकनुमा' संकलित की थी उसमें साफ यही बात लिखी है; देखिए—

"दृश्य जगत् में जो नाना रूप दिखाई पड़ते हैं वे तो अनित्य हैं, पर उन रूपों की जो भावनाएँ या कल्पनाएँ होती हैं वे अनित्य नहीं हैं। वे कल्पनाचित्र नित्य हैं। इसी कल्पनारूपी चित्र जगत् (आलमे मिसाल) से इस आत्मजगत् को जान सकते हैं जिसे 'आलमेगैब' और 'कोलमे ख्वाब' भी कहते हैं। आँख मूँदने पर किसी वस्तु का जो रूप दिखाई पड़ता है वही उस वस्तु की आत्मा या सारसत्ता है। अतः यह स्पष्ट है कि मनुष्य की आत्मा उन्हीं रूपों की है जो रूप बराहर दिखाई पड़ते हैं। भेद इतना ही है कि अपनी सारसत्ता में स्थित रूप पिंड या शरीर से मुक्त होते हैं। सारांश यह कि आत्मा और बाह्य रूपों का बिम्ब-प्रतिबिम्ब सम्बन्ध है, स्वप्न की अवस्था में आत्मा का यही सूक्ष्म दिखाई पड़ता है, उस अवस्था में आँख, कान, नाक आदि सबकी वृत्तियाँ रहती हैं, पर स्थूल रूप नहीं रहते।"

ब्लेक ने पैगम्बरी झोंक में रहस्यवाद की बहुत-सी कविताएँ लिखीं जिनमें 'येरूशलम' मुख्य है, इसके सम्बन्ध में उसने लिखा—"इसके रचयिता तो नित्यलोक में हैं मैं तो केवल सक्रेटर या खासकमल हूँ। मैं इसे संसार का सबसे भव्य काव्य समझता हूँ।" पर दुनिया

1. आइ सेड 'ए लाइन विल टेक अस आवर्स मे बी;
येट् इफ इट डज नॉट सीम ए मोमेंट्स थॉट,
अवर स्टिचिंग ऐंड अनस्टिचिंग हैज बीन नॉट।'

ईट्स ने इस बात का खंडन जोर के साथ किया है कि कवियों में भावना एकबारगी आती-जाती है और वे लिखते जाते हैं। स्वयं ईट्स अपनी कविताओं की बहुत काट-छाँट किया करते हैं; यहाँ तक कि दूसरे संस्करण में बहुत-सी कविताएँ बदली हुई मिलती हैं।

की राय इससे उलटी हुई और वही राय ठीक ठहरी। ब्लेक की और कविताएँ अच्छी हुईं; पर रहस्यवाद की रचनाएँ निकम्मी ठहराई गईं।[1]

ब्लेक के 58 वर्ष पीछे सन् 1885 में जो नया 'प्रतीकरहस्यवाद' उठा उसकी प्रवृत्ति भी प्रायः यही चली आती है। कल्पना को एक प्रकार का इलहाम कहना एक की कल्पना का दूसरे के अन्तःकरण में अज्ञात रूप में प्रवेश बताना, बैठे-बैठे अन्य देश और अन्य काल की घटनाएँ देखना, असीम-ससीम का राग अलापना, ये सब बातें आजकल के रहस्यवादी कवि ईट्स की पुस्तक 'आइडियाज आव् गुड ऐंड ईविल' में मौजूद हैं। यह साम्प्रदायिक प्रवृत्ति कहाँ तक शुद्ध काव्यदृष्टि प्रदान करने में सहायक हो सकती है, विचारने की बात है।

यह ठीक है कि भिन्न-भिन्न रहस्यवादी कवियों की दृष्टि में थोड़ा-बहुत भेद रहता है, कुछ कवि 'लोकवाद' भी लिये रहते हैं पर यह भी उतना ही ठीक है कि सब इस दृश्य और गोचर जगत् से परे एक अभौतिक जगत् की ओर झाँकने का दावा करते हैं। इस सम्प्रदाय के वर्तमान कवियों में से एक मिस मकाले (रोज मकाले) हैं जिन्होंने सन् 1913 ई. में 'दो अन्ध देश' (दि टू ब्लाइंड कंट्रीज) नाम की एक छोटी-सी पुस्तक में अपनी कविताओं का संग्रह निकाला है। इसमें उन्होंने नाना सुन्दर रूपों और व्यापारों से जगमगाते हुए इस भौतिक जगत् का बड़ी सहृदयता से निरीक्षण किया है, पर इसे चारों ओर वेष्ठिल किए हुए एक दूसरा मंडल या जगत् भी उन्हें दिखाई पड़ा है, जो भौतिक न होने पर भी सत्य है। इस भौतिक जगत् का उन्हें इतना प्रत्यक्ष आभास मिलता है कि कभी-कभी वे सन्देह में पड़ जाती हैं कि वे दोनों में से किस जगत् की हैं। उनके देखने में नाना कौतूकपूर्ण रूपों से युक्त इस छायामय जगत् में आत्मा एक परदेसी की तरह घूमती-फिरती आ जाती है। यहाँ वह ज्ञानद्वार की दूसरी ओर से (अर्थात् अगोचर जगत् से) किसी और ही जगत् के लोगों की परदे में दबी हुई-सी वाणी आती हुई सुना करती है।[2] हम समझते हैं कि इतने से इस प्रकार की कविता का साम्प्रदायिक रूप स्पष्ट हो गया होगा। अतः रहस्यवाद की कविता के सम्बन्ध में हिन्दीवालों के बीच यह भ्रान्ति फैलाना कि सारे योरप में

---

1. आव् दिस, डी सेड, ही वाज मियर्ली दि सेक्रेटरी; 'दि आथर्स आर इन एटर्निटी। आइ कंसिडर इट दि ग्रैटेस्ट पोएम दिस वर्ल्ड कंटेन्स'।
अनफार्चुनेट्ली दि वर्ल्ड्स ओपीनिअन वाज रैडिकली डिफरेंट, ऐंड इट्स ओपीनिअन वाज एंटायर्ली करेक्ट। दि मिस्टिक राइटिंग्ज ह्विच फॉर्म सो लार्ज ए पार्ट आव् ब्लेक्स आउटपुट वेयर वैल्यूलेस।
—ए.बी.डी.—मिल : लिटरेचर इन दि सेंचरी (दि नाइनटींथ सेंचरी सीरीज)

2. ओन्ली थ्रू ए क्रीक इन दि डोर्स ब्लाइंड फेस
ही वुड रीच ए थीविंग हैंड,
टु ड्रा सम क्ल्यू टु हिज ओन स्ट्रेंज प्लेस
फ्राम दि अदर लैंड।
बट हिज क्लोज्ड हैड केम बैक एंप्टिली,
ऐ एज ड्रीम ड्रॉप्स फ्रॉम हिम हू वेक्स;
ऐंड नाट माइट ही नो बट हाउ ए मफल्ड सी
इन ह्विस्पर्स ब्रेक्स।
ऑन आइदर साइड आव ए ग्रे बैरिअर,
दि टू ब्लाइंड कंट्रीज लाइ;
बट ही न्यू नॉट ह्विच हेंल्ड हिम प्रिजनर,
नॉर येट नो आई।

इसी प्रकार की कविता हो रही है, यही वर्तमान युग की कविता का स्वरूप है, घोर साहित्यिक अपराध है। रहस्यवाद की कविता एक छोटे से सम्प्रदाय के भीतर की वस्तु है। इंग्लैंड आयरलैंड को ही लीजिए। मेरी स्टर्जन ने अभी वर्तमान अँगरेजी कवियों का जो परिचय (स्टडीज आव् कंटेंपेररी पोएट्स) प्रकाशित किया है, उसमें बीस-बाईस कवि–जिनमें सरोजनी नायडू भी हैं–विशेष विवरण के साथ लिये गए हैं। इनमें रहस्यवादी केवल दो या तीन हैं।

पाश्चात्य साहित्यक्षेत्र में रहस्यवाद किस प्रकार एक साम्प्रदायिक वस्तु समझा जाता है और उसके प्रति अधिकांश साहित्यिकों और शिक्षित पाठकों की कैसी धारणा रहती है, इसका पता एक इसी बात से लग सकता है कि मेरी स्टर्जन की उपर्युक्त पुस्तक 'स्टडीज आव् कंटेंपोररी पोएट्स' में मिस मकालें की कविता के परिचय के आरम्भ में उसे 'रहस्यवाद' की बताकर यह भी कहना पड़ा है कि–"पर इससे (रहस्यवाद की कविता होने से किसी से) किसी को यह आशंका न होनी चाहिए कि अब निम्न कोटि की कविता का पाषंड सामने रखा जाएगा।"[1]

रहस्यवाद की कविताओं में सबसे अधिक विरक्तिजनक दो बातें होती हैं–भावों में सचाई का अभाव (इनसिनसिऐरिटी) और व्यंजना की कृत्रिमता (आर्टिफिशैलिटी)। उनमें व्यंजित अधिकांश भावों को कोई हृदय के सच्चे भाव नहीं कह सकता। अतः उनकी व्यंजना की उछल-कूद भी एक भद्दी नकल-सी जान पड़ती है। भावों की झूठी नकल का पता जल्दी लग जाता है। प्रत्येक सहृदय सच्ची कविता पढ़ते समय कवि या आश्रय के साथ तादात्म्य का अनुभव करता है। जहाँ अधिकांश पाठकों में इस प्रकार तादात्म्य का अभाव देखा गया कि बनावट का निश्चय स्वभावतः हो जाता है। पर साथ ही यह बात भी है कि चाहे किसी प्रकार की रचना हो वह एक फैशन के रूप में चला दी जाती है, तब कुछ लोग बिना किसी प्रकार की अनुभूति के यों ही रसज्ञ समझे जाने के लिए ही, वाह-वाह कर दिया करते हैं। इस प्रकार के लोग सब दिन रहे और रहेंगे। ऐसे ही लोगों के लिए उर्दू के एक पुराने शायर–शायद नासिख–ने कुछ ऊटपटाँग शेर बना रखे थे। जो उनके पास शेर सुनने की इच्छा से जाता था, उसे पहले वे ही शेर वे सुनाते थे। यदि सुननेवाला 'वाह-वाह' कहने लगता तो वे जान लेते थे कि वह मूर्ख है और उठकर चले जाते थे।

मनुष्य लोकबद्ध प्राणी है। उसका अपनी सत्ता का ज्ञान तक लोकबद्ध है। लोक के भीतर ही कविता क्या किसी कला का प्रयोजन और विकास होता है। एक की अनुभूति को दूसरे के हृदय तक पहुँचाना, यही कला का लक्ष्य होता है। इसके लिए दो बातें अपेक्षित होती हैं। भावपक्ष में तो अनुभूति का कवि के अपने व्यक्तिगत सम्बन्धों या योगक्षेम की वासनाओं से मुक्त या अलग होकर लोक सामान्य भावभूमि पर प्राप्त होना (इंपर्सनैलिटी ऐंड डीटैचमेंट); कला या विधानपक्ष में उस अनुभूति के प्रेषण के लिए

---

1. इट (दि बुक) इज क्यूरिअस्ली इंटरेस्टिंग; सिंस इट मे बी रिगार्डेड ऐज दि टेस्टामेंट आव मिस्टिसिज्म फॉर दि इयर आव् इट्स ऐपिअरेंस, नाइनटीन हंड्रेड फोर्टीन। दैट इज इनडीड दि मोस्ट इंपॉर्टेंट फैक्ट एबाउट इट; नो वन नीड बिगिन टु फिअर दैट ही इज टु बि फाब्ड ऑफ विद इनफीरिअर पोएट्री ऑन दैट ऐकाउंट।

उपयुक्त भाषाकौशल। प्रेरणा के लिए कवि में अनुभूति का होना पहली बात है, इसमें सन्देह नहीं; पर उस अनुभूति को जिस रूप में कवि प्रेषित करता है वह रूप उसे बहुत कुछ इस कारण दिया जाता है कि उसे प्रेषित करना रहता है।[1] यह हम पहले कह चुके हैं कि जिस रूप में कवि के हृदय में अनुभूति होती है ठीक उसी रूप में शब्दों द्वारा प्रेषित नहीं की जा सकती।

इस विलायती 'प्रतीकरहस्यवाद' के क्षेत्र में प्रकृति का क्या स्थान है, यह स्पष्ट है। जबकि प्रकृति के नाना रूपों और व्यापारों को हम उसकी छाया मानकर चलेंगे जिसके प्रति हमारा प्रेम उमड़ रहा है, तब वे रूप और व्यापार उद्दीपन मात्र होंगे। काव्य में उद्दीपन दो प्रकार के होते हैं—बाह्य और आलम्बनगत। यदि हम छाया को वस्तु के बाहर न मानकर, उसी का कुछ मानें, तो भी वह आलम्बनगत उद्दीपन मात्र होगी। इस प्रकार प्रकृति के साथ हमारा सीधा प्रेमसम्बन्ध योरप के इस रहस्यवाद के काव्य में न माना जाएगा।

यह समझ रखना चाहिए कि काव्यगत रहस्यवाद की उत्पत्ति भक्ति की व्यापक व्यंजना के लिए ही फारस, अरब तथा योरप में हुई जहाँ पैगम्बरी मतों के कारण मनुष्य का हृदय बँधा-बँधा ऊब रहा था। जिस प्रकार मनुष्य की बुद्धि का रास्ता रुका हुआ था, उसी प्रकार हृदय का भी। प्रकृति के प्रति भक्तों के भाव जिस हद तक और जिस गहराई तक जाना चाहते थे, नहीं जाने पाते थे। प्रकृति के मूर्त पदार्थों के प्रति अपने गहरे से गहरे भाव की व्यंजना पूरे धार्मिक या भक्त ऐसे ही शब्दों में कर सकते थे—'उस परमात्मा की कारीगरी भी क्या ही अद्भुत है कि कैसे-कैसे रूप, कैसे-कैसे रंग उसने सजाए हैं।" अपने भावों को सीधे अर्पित करते हुए उन्हें नरपूजा, वस्तुपूजा या मूर्तिपूजा के पाप का ध्यान होता था। पर उक्त प्रकार की व्यंजना से ही मनुष्य की भावतुष्टि कहाँ तक हो सकती थी ? यहूदियों और पुराने ईसाइयों में धर्मसम्बन्धी बातों को मूर्त रूप में प्रकट करने के लिए साध्यवसान रूपकों (एलिगरीज) का प्रचार था। पर साध्यवसाय रूपक एक भद्दा विधान है। इसी से अद्वैतवाद, सर्ववाद (पैनथेइज्म), प्रतिबिम्बवाद आदि कई वादों का मिला-जुला सहारा लेकर उन्होंने अपने हृदय की स्वाभाविक वृत्तियों के लिए गोचर भूमि तैयार की। उन्होंने प्रकृति के नाना रूपों के साथ परमात्मा के कर्तृत्वसम्बन्ध के स्थान पर थोड़े-बहुत स्वरूपसम्बन्ध की स्थापना की—पर किस प्रकार डरते-डरते, यह पूर्व विवरण से स्पष्ट है।

फारस की सूफी शायरी में बाह्य जगत् की सुन्दर वस्तुओं का प्रतीक 'बुत' (देवमूर्ति) रहा। बुतपरस्ती के इल्जाम के डर से भक्त कवि लोग अपने प्रेम को सीधे बुतों (प्रकृति की सुन्दर वस्तुओं) के प्रति न बताकर 'बुतों के परदे में छिपे हुए खुदा' के प्रति बताया करते थे। फारस में बाह्य प्रकृति के सौन्दर्यप्रसार की ओर दृष्टि बहुत परिमित रही। इससे वहाँ प्रतीक इने-गिने रहे। सुन्दर मनुष्य का ही प्रतीक लेकर वे अधिकतर चले। पर योरपवालों के प्रकृतिनिरीक्षण का विस्तार बहुत बड़ा था, इससे वहाँ जब रहस्यवाद गया तब वहाँ की विस्तृत काव्यदृष्टि के अनुसार उसमें मूर्त विधान अधिक वैचित्र्यपूर्ण हुआ।

1. ऐन एक्सपीरिऐंस हैज टु बी फार्म्ड, नो डाउट बिफोर इट इज कम्युनिकेटेड; बट इट टेक्स दि फॉर्म इट इज, बिकाज इट मे हैव टु बी कम्युनिकेटेड।—आई ए रिचर्ड्सः प्रिंसिपुल्स आव लिटररी क्रिटिसिज्म

ब्लेक को रूपात्मक बाह्य जगत् और मनुष्य की कल्पना के प्रत्यक्ष सम्बन्ध के विपर्यय का सिद्धान्त रूप में जोर-शोर से प्रतिपादन करना पड़ा। भक्तिकाव्य में रहस्यवाद की उत्पत्ति के धार्मिक और सामाजिक कारण पर जो विचार करेगा उसे यह लक्षित हो जाएगा कि यह सब द्राविड़ी प्राणायाम मजहबी, तहजीब, धार्मिक शिष्टता (रेलिजस कर्टसी) के अनुरोध से करना पड़ा।

भारतीय भक्तिकाव्य को 'रहस्यवाद' का आधार लेकर नहीं चलना पड़ा। यहाँ भक्त अपने हृदय से उठे सच्चे भाव भगवान् की प्रत्यक्ष विभूति को बिना किसी संकोच और भय के–बिना प्रतिबिम्बवाद आदि वेदान्ती वादों का सहारा लिये–सीधे–अर्पित करते रहे। मुसलमानी अमलदारी में रहस्यवाद को लेकर जो 'निर्गुण भक्ति' की बानी चली वह बाहर से–अरब और फारस की ओर से–आई थी। वह देशी देश में एक विदेशी वस्तु थी। इधर अँगरेजों के आने पर ईसाइयों के आन्दोलन के बीच जो ब्रह्मसमाज बंगाल में स्थापित हुआ उसमें भी 'पौत्तलिकता'[1] का भय कुछ कम न रहा।

अतः उसकी विनय और प्रार्थना जब काव्योन्मुख हुई तब उसमें भी 'रहस्यवाद' का सहारा लिया गया। सारांश यह है कि रहस्यवाद एक साम्प्रदायिक वस्तु है; काव्य का कोई सामान्य सिद्धान्त नहीं।

भारत में काव्यक्षेत्र इस प्रकार के वादों से बिलकुल अलग रखा गया। यहाँ 'रहस्य' और 'गुह्य' योग, तन्त्र आदि के भीतर ही रहे। भक्तिमार्ग के सिद्धान्त-प्रतिपादन में भी इधर-उधर इनकी झलक रही। पर कविता में भक्तों की वाग्धारा ने स्वाभाविक भावपद्धति का ही अनुसरण किया। उसके भीतर न तो उन्होंने रहस्यवाद का सहारा लिया, न प्रतिबिम्बवाद का–यद्यपि वेदान्त के और वादों के साथ प्रतिबिम्बवाद का निरूपण पहले भारतीय दर्शन में ही हुआ। महाभारत के समय में ही यहाँ भक्ति की प्रतिष्ठा हुई। वासुदेव या भागवत सम्प्रदाय के भीतर नरनारायण या भगवान् के अवतार श्रीकृष्ण की उपासना चली। नर में नारायण की पूर्ण कला का दर्शन आरम्भ में 'गुह्य' या रहस्य के रूप में ही कुछ लोगों ने किया, यह ठीक है। पर 'रहस्य' की समाप्ति वहीं पर हो गई। अवतारवाद मूल में तो रहस्यवाद के रूप में रहा, पर आगे चलकर वह पूर्ण प्रकाशवाद के रूप में पल्लवित हुआ। रहस्य का उद्‌घाटन हुआ, और राम और कृष्ण के निर्दिष्ट रूप और लोकविभूति का विकास हुआ। उसी प्रत्यक्ष अभिव्यक्ति का कला को लेकर हमारा भक्तिकाव्य अग्रसर हुआ; छिपे रहस्य को लेकर नहीं।

---

1. इस शब्द का प्रचार ब्रह्मो समाज में खूब था। यह अँगरेजी के 'आइडोलेट्री' शब्द का अनुवाद है। इसी प्रकार महर्षि देवेन्द्रनाथ ठाकुर द्वारा प्रवर्तित 'सत्यं, शिवं, सुन्दरम्' भी–जिसे आजकल कुछ लोग उपनिषद्‌वाक्य समझकर 'हमारे यहाँ भी कहा है' कहकर उद्धृत किया करते हैं–अँगरेजी के 'टि ट्रूथ, दि गुड ऐंड दि ब्यूटिफुल' का अनुवाद है। इस पदावली का प्रचार योरप के काव्य समीक्षा-क्षेत्र में पहले बहुत रहा है, जैसा कि रिचर्ड्स ने कहा है–

"दस ऐराइजेज दि फैंटक प्राब्लेम आव् दि एइस्थेटिक मोड आर ए इस्थेटिक स्टेट–ए लिगैंसी फ्राम दि डेज आव् ऐब्स्ट्रैक्ट इनवेस्टिगेशन इंटू दि गुड, दि ब्यूटिफुल ऐंड दि ट्रयू।"

हमें तो सब प्रकार की गुलामी से 'साहित्यिक गुलामी' का दृश्य सबसे खेदजनक प्रतीत होता है।

श्रीकृष्ण ने नर या नरोत्तम के रूप में आकर कहा कि सब भूतों के भीतर रहनेवाली आत्मा मैं हूँ।[1] अर्जुन को इस रहस्य पर विस्मय हुआ। पर एक ओर का वह रहस्य और दूसरी ओर का वह विस्मय, भक्ति या काव्यमयी उपासना के आधार नहीं हुए। उसके लिए भगवान् को फिर कहना पड़ा कि 'मैं पर्वतों में मेरु हूँ, ऋतुओं में वसन्त हूँ और यादवों में वासुदेव हूँ'[2] इस प्रकार जब प्रकृति की विशाल वेदी पर–अव्यक्त रूप में उसके भीतर (इंमैनेंट) या बाहर (ट्रैंसेंडेंट) नहीं–भगवान् के व्यक्त और गोचर रूप की प्रतिष्ठा हो गई तब काव्यमयी उपासना या भक्ति की धारा फूटी जिसने मनुष्यों के सम्पूर्ण जीवन को–उसके किसी एक खंड या कोने को ही नहीं–रसमय कर दिया।

श्रीकृष्ण और पूर्वोक्त दोनों कथनों के भेद पर सूक्ष्म विचार करने पर भारतीय भक्तिकाव्य का स्वरूप खुल जाएगा। पहले कथन में दो बातें हैं–"सब भूतों के भीतर मैं हूँ" और "अव्यक्त रूप मैं हूँ।" ये दोनों बातें मनुष्यहृदय के संचरणखेत्र से दूर की थीं। जिज्ञासापूर्ण नर ने पूछा, "जिसके भीतर आप हैं, जो नाना रूपों में हमें आकर्षित किया करता है, वह क्या है ?" उत्तर मिला "वह मैं ही हूँ–मैं छिपा हुआ भी हूँ और तुम्हारे सामने भी हूँ। मेरे दोनों रूप शाश्वत और अनन्त हैं !" नर ने कहा, "बस इसी सामनेवाले रूप की नित्यता और अनन्तता जरा मुझे दिखा दीजिए।" नारायण ने दिक्काल का परदा हटाकर अपना व्यक्त, गोचर और अव्यक्त विश्वरूप सामने कर दिया।[3]

सारा बाह्य जगत् भगवान् का व्यक्त स्वरूप है। समष्टि रूप में वह नित्य है, अतः 'सत्' है; अत्यन्त रंजनकारी है, अतः आनन्द है। अतः इस 'सदानन्द' स्वरूप का वह प्रत्यक्ष अंश जो मनुष्य की रक्षा में (बना रहने देने अर्थात् सत् को चरितार्थ करने में) और रंजन में (सुख और रंजन का विधान करने में) अपार शक्ति के साथ प्रवृत्त दिखाई पड़ा, वही उपासना के लिए, हृदय लगाने के लिए, लिया गया जिसमें शक्ति, शील और सौन्दर्य तीनों का योग चरमावस्था में दिखलाई पड़ा, वही प्राचीन भारतीय भक्तिरस का आलम्बन हुआ। कर्मक्षेत्र में प्रतिष्ठत यह आलम्बन मनुष्य के अनेक भावात्मक हृदय के साथ पूरा-पूरा बैठ गया, कोई कोना छटने न पाया। "मैं ऋतुओं में वसन्त हूँ, शास्त्रधारियों में राम हूँ[4], यादवों में कृष्ण हूँ" का संकेत यही है। राम और कृष्ण की व्यक्त और प्रत्यक्ष कला को लेकर ही भारतीय भक्तिकाव्य अब तक चला आ रहा है, ब्रह्म की अव्यक्त या परोक्ष सत्ता को लेकर नहीं।

इस सम्बन्ध में यह भी ध्यान देने की बात है कि भक्तिक्षेत्र में राम या कृष्ण की प्रतिष्ठा का रहस्य बतानेवाले 'सद्गुरु' या स्वर्ग का सन्देसा लानेवाले पैगम्बर के रूप में नहीं है, लोक के भीतर अपनी शक्तिमयी, शीलमयी और सौन्दर्यमयी कला का प्रकाश करनेवाले के रूप में है। इसी लोकरक्षक और लोकरंजक रूप पर भारतीय भक्त मुग्ध होते आए हैं। गोस्वामी तुलसीदासजी से जब किसी ने पूछा कि "आप कृष्ण की उपासना क्यों नहीं करते जो सोलह कला के अवतार हैं ?–राम की उपासना क्यों करते हैं जो

1. अहमात्मा गुडाकेश सर्वभूताशयस्थितः।–गीता, 10/20।
2. मेरु : शिखरिणामहम् ऋतूनां कुसुमाकरः। वृष्णीनां वासुदेवोऽस्मि। –गीता 10।
3. देखिए, गीता, अध्याय 11, विश्वदर्शनयोग।
4. रामो शस्त्रभृतामहम्–गीता, 10/31।

बारह ही कला के अवतार हैं ?" तब उन्होंने बड़े भोलेपन के साथ कहा कि "हमारे राम अवतार भी हैं, यह हमें आज मालूम हुआ ?" इस प्रकार उत्तर द्वारा गोस्वामीजी ने भारतीय भक्ति का स्वरूप अच्छी तरह स्पष्ट कर दिया।

ऊपर के विवेचन से स्पष्ट है कि यहाँ भक्तिकाव्य के क्षेत्र में भी अभिव्यक्तिवाद ही रहा, रहस्यवाद, प्रतिबिम्बवाद आदि नहीं। जो तुलसी, सूर आदि भारतीय पद्धति के भक्तों में भी रहस्यवाद सूँघा करते हैं उन्हें रहस्यवाद के स्वरूप का अध्ययन करना चाहिए, उसके इतिहास को देखना चाहिए। व्यक्ताव्यक्त, मूर्तामूर्त—ब्रह्म के इन दो रूपों या पक्षों—में से भारतीय भक्तिरस के भीतर व्यक्त और मूर्त पक्ष ही, जिसका हृदय के साथ सीधा लगाव है, लिया गया। इस रसविधान में जगत् या प्रकृति ब्रह्म का रूप ही रही है, छाया, प्रतिबिम्ब, आवरण आदि नहीं। जो मनोहर रूपयोजना सामने लाई जाती है, हृदय के भाव ठीक उसी के प्रति होते हैं, उसके भीतर (इंमैनेंट) या उसके बाहर (ट्रैंसेंडेंट) रहनेवाले किसी हाव के प्रति नहीं।

यह दिखाया जा चुका है कि यह योजना प्रकृति के रूपों को लेकर ही होती है। कल्पना भी बाह्य जगत् के रूपों या उनके संवेदनों की छाया है। सीधे उन रूपों से या रूपात्मक संवेदनों से हम प्रेम कर चुके रहते हैं तभी उनकी छाया अर्थात् कल्पना में हमारा हृदय रमता है। जगत् का यह व्यक्त प्रसार ही भाव के संचरण का वास्तविक क्षेत्र है। इससे अलग मनुष्यकल्पना की कोई वास्तव सत्ता नहीं, वह असत् है। क्षणिक विज्ञानवादी ह्यूम का यह सिद्धान्त बहुत पक्का है कि इम्प्रेशंस ही सब प्रकार के ज्ञान के मूल हैं, वे ही विचार होते हैं जो उनके आधार पर संघटित होते हैं। भाव के क्षेत्र में भी व्यक्त प्रसार की अनुभूति ही मूल है। यदि 'कल्पना' शब्द बहुत प्रिय हो तो यों कह सकते हैं कि यह नित्य और अनन्त गत्यात्मक दृश्य जगत् ही ब्रह्म की कल्पना है। मनुष्य की कल्पना तो इसी की एक विकृत और परिमित छाया है। अनन्त का जितना अंश पृथ्वी से लेकर आकाश तक बिना दूरबीन के दृष्टि दौड़ाने में ही हमारे सामने आ जाता है, उसका शतांश भी एक बार में कल्पना के भीतर नहीं आ सकता। केवल 'असीम' और 'अनन्त' शब्द रखने या रटने से यह कभी नहीं कहा जा सकता कि असीम या अनन्त कल्पना के भीतर आया हुआ है, उसकी सचमुच अनुभूति हो रही है।

यह ठीक है कि किसी के सामने न रहने पर उसके प्रति जो प्रेमानुभूति है उसमें आलम्बन के स्थान पर उसकी कल्पनात्मक मूर्ति ही रहती है; पर उस मूर्ति के रूप ग्रहण चित्रवत् होता है। उसके प्रत्यक्ष अर्थात् अधिक गोचर रूप में दर्शन, स्पर्श आदि की वासना बनी रहती है जिसकी अभिव्यक्ति कभी-कभी अभिलाष के रूप में होती है। राम या कृष्ण का ध्यान करनेवाले भक्त को भी ध्यान में आई हुई काल्पनिक मूर्ति का आना ही साक्षात्कार नहीं समझ पड़ता। यदि ऐसा होता तो ध्यानपूर्वक अभिलाष का कुछ अर्थ ही नहीं होता। सारांश यह कि भारतीय भक्तिकाव्य अनुभूति की स्वाभाविक और वास्तविक पद्धति को लेकर ही चला है, उसमें किसी 'वाद' के द्वारा विपर्यय करके नहीं : वह अभिव्यक्त या प्रकाश की ओर उन्मुख है, रहस्य या छिपाव की ओर नहीं।

अच्छी तरह विचार करने पर यह प्रकट होगा कि 'अज्ञान का राग' ही अन्तःवृत्ति को रहस्योन्मुख करता है। मनुष्य की रागात्मिका प्रकृति में इस अज्ञान के राग का भी ठीक उसी प्रकार एक विशेष स्थान है, जिस प्रकार ज्ञान के राग का। ज्ञान का राग बुद्धि को नाना तत्वों के अनुसन्धान की ओर प्रवृत्त करता और उनकी सफलता पर तुष्ट होता है। अज्ञान का राग मनुष्य के ज्ञान प्रसार के बीच-बीच में छँटे हुए अन्धकार या धुँधलेपन की ओर आकर्षित करता है तथा बुद्धि की असफलता और शान्ति पर तुष्ट होता है। अज्ञान के राग की इस तुष्टि की दशा में मानसिक श्रम से कुछ विराग-सा मिलता जान पड़ता है और उस अन्धकार या धुँधलेपन के भीतर मन के भीतर चिरपोषित रूपों की अवस्थिति के लिए दृश्य सागर के बीच अवकाश मिल जाता है। शिशिर के अन्त में उठी हुई धूल छाई रहने के कारण किसी भारी मैदान में क्षितिज से मिले हुए छोर पर वृक्षावली की जो धुँधली श्यामल रेखा दिखाई पड़ती है उसके उस पार किसी अज्ञात दूर देश का बहुत सुन्दर और मधुर आरोप स्वभावतः आपसे आप होता है। मनुष्य की सुन्दर आशा के गर्भ में भरी हुई रमणीयता की वैसी मनोहर और गोचर व्यंजना उसके द्वारा होती है–

धुँधले दिगंत में विलीन हरिदाभ रेखा,
किसी दूर देश की सी झलक दिखाती है।
जहाँ स्वर्ग भूतल का अन्तर मिटा है चिर,
पथिक के पथ की अवधि मिल जाती है।
भूत औ भविष्यत् की भव्यता भी सारी छिपी,
दिव्य भावना सी वही भासती भुलाती है।
दूरता के गर्भ में जो रूपता भरी है वही,
माधुरी हो जीवन की कटुता मिटाती है॥

इसी प्रकार दूर से दिखाई पड़ती हुई पर्वतों की धुँधली नीली चोटियाँ भी मनोवृत्ति को रहस्योन्मुख करती हैं और अपने भीतर कल्पना को रूपविन्यास करने का अवसर देती हैं। पश्चिम दिगंचल की सान्ध्य स्वर्णधारा के बीच धूम्र, कपिश घनद्वीपों से होकर आता हुआ स्वर्ग का मार्ग-सा खुला दिखाई पड़ता है। विश्व की विशाल विभूति के भीतर न जाने कितने ऐसे दृश्य हमारी अन्तःवृत्ति को रहस्योन्मुख करते हैं।

स्वाभाविक रहस्यभावना बड़ी रमणीय और मधुर भावना है, इसमें सन्देह नहीं। रसभूमि में इसका एक्र विशेष स्थान हम स्वीकार करते हैं। उसे हम अनेक मधुर और रमणीय मनोवृत्तियों में से एक मनोवृत्ति या अन्तर्दशा (मूड) मानते हैं जिसका अनुभव ऊँचे कवि और अनुभूतियों के बीच कभी-कभी प्रकरण प्राप्त होने पर, किया करते हैं। पर किसी 'वाद' के साथ सम्बद्ध करके उसे हम काव्य का एक सिद्धान्तमार्ग (क्रीड) स्वीकार करने के लिए तैयार नहीं।

योरप के जिस 'रहस्यवाद' का संक्षिप्त परिचय हमने दिया है वह सिद्धान्ती या साम्प्रदायिक रहस्यवाद है : स्वाभाविक रहस्यभावना उक्त वाद से सर्वथा भिन्न है। किसी

'वाद' के ध्यान से, साम्प्रदायिक सिद्धान्त के ध्यान से, जो कविता रची जाएगी उसमें बहुत कुछ अस्वाभाविकता और कृत्रिमता होगी। 'वाद' की रक्षा या प्रदर्शन के ध्यान में कभी-कभी क्या, प्रायः रससंचार का प्रकृत मार्ग किनारे छूट जाएगा।

सिद्धान्ती या साम्प्रदायिक रहस्यवादियों के अतिरिक्त योरप के प्रसिद्ध कवियों में भी बहुत से ऐसे कवि हुए हैं जिनकी कुछ रचनाओं के बीच-बीच में बड़ी सुन्दर स्वाभाविक रहस्यभावना पाई जाती है। वड्र्सवर्थ और शेली इसी प्रकार के कवि थे। इनकी रहस्यभावना स्वाभाविक पद्धति पर होने के कारण हृदय में सच्ची अनुभूति उत्पन्न करती है। जिन तथ्यों या दृश्यों को लेकर इनकी वृत्ति रहस्योन्मुख हुई है उनके समक्ष सहृदय मात्र रहस्य का अनुभव कर सकते हैं। बात यह है कि ये कवि रहस्यवादी नहीं। ये रहस्य को 'वाद' के रूप में लेकर नहीं चले हैं। इन्होंने सच्ची स्वाभाविक रहस्यभावना की व्यंजना की है। इनकी भावना अभिव्यक्ति का सूत्र ग्रहण करके ही कभी-कभी रहस्योन्मुख हुई है। जगत् रूपी अभिव्यक्ति से तटस्थ कल्पना की झूठी कलाबाजी, भावों की नकली उछल-कूद और वैचित्र्यविधायक कृत्रिम शब्दभंगी–जो आधुनिक रहस्यवादियों में अभिव्यंजनावादियों (एक्स्प्रेशनिस्ट्स) के प्रभाव से आई है–वड्र्सवर्थ और शेली की कविता का लक्षण नहीं है।

वड्र्सवर्थ की कविता ब्रह्म की प्रत्यक्ष विभूति प्रकृति से सीधा प्रेमसम्बन्ध रखती है। कहीं-कहीं उसमें सर्ववाद (पेनथेइज्म) की भी झलक है, परोक्ष जगत् की ओर भी इशारा है, पर उसकी विवरण भूमि प्रकृति का प्रकाशित क्षेत्र ही है। दूर तक फैले मैदान में कहीं धूप कहीं छाया बारी-बारी से पड़ती देख वड्र्सवर्थ ने अपने लिए प्रकाश का क्षेत्र चुना और उनके साथी कॉलरिज ने छाया का। पर कॉलरिज की छाया इस जगत् पर इस जीवन पर, पड़ी हुई छाया थी। वह किसी 'वाद' के अनुरोध से सारे जगत् को छाया और अपनी कल्पना की ईश्वरीय सत्ता बताता हुआ नहीं चला। उसका कहना यह था कि मनुष्य चारों ओर एक अज्ञात रहस्य से घिरा हुआ है, जिसका परोक्ष विधान उसके जीवन का रंग बदला करता है। कॉलरिज का प्रस्तुत विषय जीवन है; परोक्ष रहस्य उसके बदलते हुए रंगों की हेतुभावना के रूप में है। इससे कॉलरिज को भी हम सिद्धान्ती रहस्यवादी न कहकर स्वाभाविक रहस्यभावना-सम्पन्न कवि मानते हैं।

इधर हिन्दी में कभी-कभी रहस्यवाद के सम्बन्ध में जो लेख निकलने लगे हैं उनमें से बहुतों में एक साथ बहुत से नामों की उद्धरणी–जैसे, वड्र्सवर्थ, शेली, कालरिज, ब्राउनिंग यहाँ तक कि कीट्स भी–मिलती है। इनमें वड्र्सवर्थ तो प्रकृति के सच्चे उपासक थे। वे प्रकाश या अभिव्यक्ति को लेकर चले थे। उसका 'रहस्यवाद' से कोई सम्बन्ध नहीं। प्राकृतिक दृश्यों के प्रति जैसी सच्ची भावुकता उनकी थी, अँगरेजी के पिछले कवियों में किसी की न थी। एक छोटी-सी कविता में उन्होंने इस बात पर बहुत खेद प्रकट किया है कि ऐसे मधुर और प्रिय रूपों को नित्य प्रति सामने पाकर भी अब लोगों के हृदय उनकी ओर आकर्षित नहीं होते। उन्होंने यहाँ तक कहा है कि "इससे अच्छा तो यह था कि हम लोग ईसाई न होकर पुराने मूर्तिपूजक ही रहते और प्रकृति के नाना रूपों के साथ अपने हृदय के योग का अनुभव करते।" उनका प्रकृतिप्रेम कुतूहल, विस्मय और सुखविलास की

मनोवृत्ति से सम्बद्ध न था। वे अलौकिक, असामान्य अद्‌भुत और भव्य चमत्कार ढूँढ़नेवाले न थे। नित्यप्रति सामने आनेवाले चिरपरिचित सीधे-सादे सामान्य दृश्यों के प्रति अपने सच्चे अनुराग की व्यंजना जैसी वड्‌र्सवर्थ ने की है, और जगह नहीं मिलती। जो एक पुरानी गढ़ी के आसपास लगे पेड़ों के झुरमुट के कटवाने पर दुखी होता है, ऐसे सच्चे प्रकृतिप्रेमी कवि को 'रहस्यवादी' कहना उसकी अप्रतिष्ठा करना है। 'एक पथिक का शिक्षा' (ऐडमानिशन टु ए ट्रैवेलर) नाम की एक छोटी-सी कविता में वड्‌र्सवर्थ ने एक नागरिक पथिक की किसी ग्राम में छोटे-से नाले के तट पर, थोड़ी-सी गोचारण भूमि के बीच खड़े एक छोटे-से झोपड़े को ललचती आँखों से देखते देखकर कहा है—"उस घर का लालच न कर। बहुत से तेरे ऐसे लोग इसी तरह ताकते और सोचते-विचारते रह जाते हैं। उनकी चले तो वे प्रकृति की पुस्तक के इस बहुमूल्य पन्ने को अपवित्र निष्ठुरता से नोंच फेंकें। यह समझ रख कि यह यदि आज तेरा हो जाए तो जो कुछ आकर्षण इसमें है वह सब हवा हो जाय। इसकी छत, खिड़की, दरवाजे, चढ़ी हुई फूल की लताएँ सब दोनों की पवित्र वस्तुएँ हैं।" प्रकृति के प्रति जो भाव वड्‌र्सवर्थ का था उसी को मैं सच्चे कवि का भाव मानता हूँ : सदा असामान्य, अद्‌भुत और भव्य चमत्कार ढूँढ़नेवाली दृष्टि को मैं मार्मिक काव्यदृष्टि नहीं मानता।

जैसा पहले कहा जा चुका है, केवल कहीं-कहीं वड्‌र्सवर्थ ने प्रकृति को अन्तरात्मा[1] (स्पिरिट आव् नेचर की ओर संकेत किया है; एक-आध जगह प्रकृति के ही किसी तथ्य के भीतर परोक्ष जगत् का भी आभास दिया है, जैसे 'बाल्यावस्था की स्मृति द्वारा अमरत्व का संकेत) (ओड ऑन इंटिमेशंस आव् इंमॉर्टैलिटी फ्रॉम रिकलेक्शंस आव अर्ली चाइल्डहुड) नाम की कविता में कवि कहता है—

---

1. अवर बर्थ इज बट ए स्लीप ऐंड फरगटिंग
 दि सोल दैट राइजेज विद अस, अवर लाइफ्स स्टार।
 हैथ हैड एल्स्व्हेअर इट्स सेटिंग,
 ऐंड कमेथ फाम ऐफार,
 नॉट इन एंटायर फरगेंटफुलनेस,
 ऐंड नॉट इन अटर नेकेडनेस,
 बट ट्रेलिंग क्लाउड्स आव ग्लीरी डू वी कम
 फ्राम गाड, हु इज अवर होम :
 हेवेन लाइज ऐबाउट अस इन अवर इनफैंसी !
 शेड्स आव् दि प्रिजन हाउस बिगिन टु क्लोज
 अपांन दि ग्रोइंग बाइ,
 बट ही बिहोल्ड्स दि लाइट ऐंड ह्वेंस इट् फ्लोज
 ही सीज इट इन हिज जाय;
 दि यूथ, हू डेली फार्दर फ्रॉम दि ईस्ट
 मस्ट ट्रैवेल, स्टिल इन नेवर्स प्रीस्ट
 ऐंड बाइ दि विजन स्प्लेंडिड।
 इन आन हिज वे ऐटेडेड,
 ऐट लेंथ दि मैन पर्सीब्स इट डाई अवे,
 ऐंड फेड इंटु दि लाइव आव कॉमन डे।

"हमारा जन्म एक प्रकार की निद्रा या विस्मृति है। जीवन के नक्षत्र हमारी आत्मा का–जिसका उदय हमारे साथ होता है–विधान कहीं अन्यत्र ही हुआ करता है, वह किसी दूर देश से आती है। आने में न तो हममें एकदम विस्मृति ही रहती है, न शुद्धरूपता ही। ईश्वर के पास से हम दिव्य और भव्य घनखंडों में से होते हुए आते हैं। बचपन में हमारे चारों ओर स्वर्ग का आभास कुछ-कुछ बना रहता है। पर ज्यों-ज्यों बालक बढ़ता जाता है त्यों-त्यों इस भव्य कारागार की छाया में बन्द होता जाता है। फिर भी उस ज्योति का आभास कुछ-कुछ बना रहता है। युवावस्था की ओर बढ़ता हुआ वह यद्यपि अपने उदय की दिशा से दूर होता जाता है, पर प्रकृति का पुजारी तब तक भी बना रहता है। उसका मार्ग दिव्य सौन्दर्य की भावना से जगमगाता है। अन्त में जब वह बढ़कर पूरा मनुष्य हो जाता है तब आनन्द की वह आभा जीवन के मध्याह्न के प्रखर ताप में विलीन हो जाती है।"

कैसी स्वाभाविक रहस्य भावना है ! इसका संकेत कवि को अभिव्यक्ति के क्षेत्र के भीतर ही मिला है, इसमें किसी 'वाद' के भीतर निरूपित तथ्य की व्यंजना प्रकृति के रूपों और व्यापारों से जबरदस्ती नहीं कराई गई है। न असीम और ससीम का द्वन्द्व दर्शन है; न अव्यक्त और अगोचर की झाँकी है; न वेदना का अट्टहास और उन्मत्त नृत्य है। जिस आनन्दलोक की ओर संकेत है वह केवल लोकोत्तर है। यह संकेत जीवन के जिस वास्तव तथ्य से कवि को मिला है, उसका स्पष्ट उल्लेख आगे चलकर है–

"अपने लड़कपन के दिनों का स्मरण कीजिए ! वे ही हरे भरे मैदान, अमराइयाँ और नाले आदि जो अब साधारण दृश्य जान पड़ते हैं, कैसी आनन्दमयी दिव्य प्रभा से मंडित दिखाई पड़ते थे ! फूल अब भी सुन्दर लगते हैं, चन्द्रमा अब भी शरदाकाश में सुहावना लगता है, पर इन सबकी वह दिव्य आभा अब पृथ्वी पर कहाँ जो लड़कपन में हृदय को आनन्दोल्लास में भर देती थी।"

शेली की मनोवृत्ति वड्र्सवर्थ की मनोवृत्ति से बहुत भिन्न थी। उनकी वृत्ति प्रकृति के असामान्य, अद्भुत, भव्य और अधिक प्राचुर्यपूर्ण खंडों में रमती थी, इसी से उनमें कल्पना का आधिक्य है। सामान्य-से-सामान्य चिरपरिचित दृश्यों के माधुर्य की मार्मिक अनुभूति उनमें न थी। दूसरी बात यह है कि वे कुछ अपने बँधे हुए विचार मन में लेकर प्रकृति के क्षेत्र में प्रवेश करते थे। वे मनुष्यजाति की वर्तमान स्थिति में सिर से पैर तक उलटफेर चाहते थे। राजनीतिक, सामाजिक, साम्प्रदायिक सब प्रकार की व्यवस्थाओं और बन्धनों को वे छिन्न-भिन्न देखना चाहते थे। पर इस प्रकार की कुछ विशेष प्रवृत्तियाँ रहते हुए भी प्रकृति की रूपविभूति का ऐसा शृंखलाबद्ध और संश्लिष्ट चित्रण थोड़े से इने-गिने कवियों में ही मिल सकता है।

'अलास्टर' (लास्टर या स्पिरिट आव सालिट्यूड) में एकान्त सुख-शान्ति का अन्वेषी एक कवि सारे भूमंडल पर अकेला भ्रमण करता है। शेली उसे ऐसी-ऐसी भव्य विशाल, अदृश्यपूर्व और अद्भुत चमत्कारपूर्ण दृश्यावली के बीच से ले गए हैं कि पाठक पढ़कर उनमें गड़-सा जाता है। प्रकृति के ऐसे गूढ़ गह्वरों तथा अनुपम और कमनीय क्रीड़ाक्षेत्रों में वह कवि द्वारा पहुँचाया गया है जहाँ मनुष्य ने कभी पैर नहीं रखा। एक नमूना देखिए–

"प्रकृति के गुप्त-से-गुप्त पथों में वह उसकी छाया की तरह जाता है—जहाँ ज्वालामुखी से उठी लपट की रक्त आभा तुषारमंडित पर्वतशिखर के ऊपर छाई हुई है।...जहाँ ऐसी अँधेरी गुप्त गुफाएँ हैं, जो ज्वलन्त और विषाक्त धाराओं के बीच चक्कर खाती बड़ी दूर तक चली गई हैं और जिनमें अब तक न लोभ मनुष्य को ले गया है, न साहस का अभिमान। गुफा के भीतर बड़े-बड़े दीवानखाने पड़े हैं, जिनके ऊपर फैली हुई छत हीरे और सोने से जड़ी है। स्फटिक के ऊँचे-ऊँचे खम्बे खड़े हैं ? बीच-बीच में उज्ज्वल मुक्तामयी वेदियाँ दिखाई पड़ती हैं। पुष्पराग के सिंहासन इधर-उधर पड़े झलकते हैं।"

कोह काफ (काकेशस) की ऐसी-ऐसी दुर्गम घाटियों के भीतर घूमती फिरती उस कवि की छोटी-सी नाव बहती जाती है जिसके दोनों ओर ऊपर तो गगनस्पर्शी शिखर और नीचे जल में घुसी बेडोल चट्टानों पर अपनी जड़ों का जाल फैलाए हुए वृक्षों की निविड़ और सघन राशि ! प्रकृति के खंडों के ऐसे-ऐसे संश्लिष्ट और शृंखलाबद्ध चित्रण उनके 'इस्लाम का विप्लव' (दि रिवोल्ट आव इस्लाम) आदि काव्यों में भरे पड़े हैं जैसे कहीं किसी रहस्यवादी कवि की रचना में नहीं मिल सकते। रहस्यवादी की काव्यदृष्टि एक बार में इतने विस्तार तक पहुँचती ही नहीं या पहुँचाई ही नहीं जाती।

शेली की पिछली रचनाओं में ही कहीं-कहीं रहस्यभावना का उन्मेष पाया जाता है। 'सौन्दर्यबुद्धि की स्तुति' (हाइम टु इनटेलेक्चुअल ब्यूटी) नाम की कविता में शेली ने उस नित्य गतिशील सौन्दर्यसत्ता का स्तवन किया है जो समय-समय पर बाह्य प्रकृति को वसन्तविकास के रूप में अपने नाना रंगों से जगमगाया करती है और मनुष्य के हृदय को प्रेम, आशा और गर्व से प्रफुल्ल किया करती है। कहने की जरूरत नहीं कि यह भावना गत्यात्मक सौन्दर्य की अभिव्यक्ति को ही लेकर चली है। स्त्रीत्व का आध्यात्मिक आदर्श व्यंजित करनेवाली 'एपिसिडियन' नाम की कविता भी इसी ढंग की है। 'जिज्ञासा' का उल्लेख पहले हो चुका है। ऐसी ही कुछ थोड़ी-सी छोटी-छोटी कविताओं में रहस्यभावना पाई जाती है; पर ऐसी नहीं जो रहस्यवादियों के काम की हो। मेरे ध्यान में तो शेली की एक ही ऐसी छोटी-सी कविता आती है जिसमें रहस्यवादियों के काम की कुछ सामग्री है। वह है—'कविस्वप्न' (दि पोएट्स ड्रीम) जिसमें कवि के सम्बन्ध में कहा गया है कि—

"वह प्रभात से सायंकाल तक झील में झलमलाती धूप और इश्कपेचों के फूलों पर बैठी पीली मधुमक्खियों को देखता रहेगा। इसकी परवा न करेगा कि इन वस्तुओं की सत्ता क्या है। वह (इन रूपों के) द्वारा ऐसे रूप (कल्पना में) संघटित करेगा जो अमरत्व के अंगज होंगे और जिनकी सत्ता मनुष्यसत्ता में भी वास्तविक होगी।"[1]

---

1. ही विल वाच फ्रॉम डान टु ग्लुम
 दि लेक रिफ्लेक्टेड सन इल्युम,
दि येलो बीज इन दि आइबी-ब्लुम,
 नॉर हीड नॉर सी ह्वाट थिंग्ज दे बी;
बट फ्रॉम दीज क्रिएट ही कैन,
 फॉर्म्स मोर रिअल दैन लिविंग मैन
नर्सलिंग्स आव इंमार्टैलिटी।

पर एक-आध जगह मिलनेवाली 'वाद' की ऐसी सामग्री शेली को रहस्यवादी कवियों में नहीं ढकेल सकती। शेली पर जो समीक्षा पुस्तकें निकली हैं उनमें शेली रहस्यवादी कवि नहीं निरूपित हुए हैं।

इधर समय-समय पर हिन्दी पत्र-पत्रिकाओं में रहस्य या छायावाद की जानकारी कराने के लिए जो लेख निकलने लगे हैं उनमें से किसी-किसी में बेचारे कीट्स तक का नाम घसीटा जाता है, जिनसे रहस्यवाद का नाममात्र का भी लगाव नहीं। अँगरेजी साहित्य का थोड़ा परिचय रखनेवाला भी जानता है कि कीट्स प्राचीन यूनानी काव्य का आदर्श लेकर नए ढंग (रोमैंटिक) पर चले हैं जिसमें रहस्यवाद की गन्ध तक नहीं। यह दिखाया जा चुका है कि रहस्यवाद की उत्पत्ति पैगम्बरी (सेमिटिक) मतों के भीतर हुई है। प्राचीन आर्य काव्य में—क्या भारत के, क्या योरप के—रहस्यवाद का नाम तक नहीं, सीधा देववाद है। कीट्स की कल्पना बहुत ही तत्पर थी इससे उनमें मूर्तविधान (इमैजरी) का विलक्षण प्राचुर्य है। वे अपने इन्द्रियार्थवाद (सेंसुऐलिज्म) के लिए प्रसिद्ध हैं; रहस्यवाद के साथ तो उनका नाम कहीं लिया ही नहीं जाता। कहीं ईट्स के धोखे में उनका नाम न आ जाता हो ?

एक दूसरी कोटि के कवि भी होते हैं जिन्हें कभी-कभी भ्रान्तिवश कुछ लोग रहस्यवादी कह दिया करते हैं। अँगरेजी कवि ब्राउनिंग इसी तरह के कवि थे। उनकी कविता में बुद्धिव्यापार का बहुत योग है। विचारों की ऐसी सघनता बहुत कम कवियों में पाई जाती है। कहीं-कहीं विचारों की गति इतनी क्षिप्र होती है कि पाठक साथ-साथ नहीं चल पाता और उसे दुर्बोधता या अस्पष्टता का अनुभव होता है। कहीं-कहीं इसी प्रकार की अस्पष्टता की प्रतीति के कारण स्थूल दृष्टि से देखनेवालों को रहस्यवाद का धोखा होता है। पर ब्राउनिंग की अस्पष्टता में और रहस्यवादी की बनावटी अस्पष्टता में कौड़ी मुहर का फर्क है। दोनों की उत्पत्ति सर्वथा भिन्न कारणों से है। एक की अस्पष्टता विचारशृंखला की सघनता और जटिलता के कारण होती है और दूसरे की विचारशृंखला के सर्वथा अभाव के कारण। एक में बुद्धित्व (इंटेलेक्चुऐलिटी) के साथ पूरा साहचर्य और दूसरे में विच्छेद। दोनों एक-दूसरे के विरुद्ध हैं।

काव्यक्षेत्र में ब्राउनिंग का लक्ष्य बहुत ही उच्च था। उनका लक्ष्य था गूढ़ और ऊँचे विचारों के साथ हृदय के भावों का संयोग करना। जैसा हम पहले कह आए हैं अब मनुष्य का ज्ञानक्षेत्र बुद्धि व्यवसायात्मक या विचारात्मक होकर अत्यन्त विस्तृत हो गया है : अतः उसके विस्तार के साथ हमें अपने हृदय का विस्तार भी बढ़ाना पड़ेगा। कितने गहरे ऊँचे और व्यापक विचारों के साथ हमारे किसी भाव या मनोविकार का संयोग कराया जा सका है, कितने भव्य और विशाल तथ्यों तक हमारा हृदय पहुँचाया जा सका है, इसका विचार भी कवियों की उच्चता स्थिर करने में बराबर रखना पड़ता। ब्राउनिंग का आदर्श यही था। वे कविकर्म को बहुत गम्भीर समझते थे, मनबहलाव या कुतूहल की सामग्री नहीं। चित्रकला, मूर्तिकला आदि हलकी कलाओं के साथ कविता को बिल्कुल मिलाकर जो काव्यसमीक्षा योरप में चली उसने काव्य के लक्ष्य की धारणा बहुत हल्की और संकुचित कर दी।

सच्ची स्वाभाविक रहस्यभावनावाले कवि और साम्प्रदायिक या सिद्धान्ती रहस्यवादी की पहचान के लिए काव्यवस्तु (मैटर) का भेद आरम्भ में ही हम दिखा आए हैं। विधानविधि (फॉर्म) का भेद ऊपर सूचित किया गया। स्वाभाविक रहस्यभावनासम्पन्न कवि प्रकृति का कोई खंड लेकर व्यापार की संश्लिष्ट और शृंखलाबद्ध योजना द्वारा पूर्ण दृश्य का विधान करते चलते हैं। उनकी रूपयोजना विस्तीर्ण और जटिल होती है तथा कुछ दूर तक अखंड चलती है, पर साम्प्रदायिक या सिद्धान्ती रहस्यवादी कुछ बँधी हुई और इनी-गिनी वस्तुओं की ठीक उसी प्रकार अलग-अलग झलक दिखाकर रह जाते हैं जिस प्रकार हमारे पुराने शृंगारी कवि, ऋतुओं के वर्णन में, उद्दीपन सामग्री दिखाया करते हैं। इसीलिए स्वाभाविक रहस्यभावनावाले कवि चरितकाव्य वा प्रबन्ध काव्य का भी बराबर आश्रय लेते हैं; पर साम्प्रदायिक रहस्यवादी मुक्तकों या छोटे-छोटे रचनाखंडों पर ही सन्तोष करते हैं। प्रथम कोटि के कवियों में दृश्य के संश्लिष्ट प्रसार के साथ-साथ विचार और भाव बड़ी दूर तक मिली हुई एक अखंड धारा के रूप में चलते हैं। पर दूसरी कोटि के कवियों में यह अन्विति (यूनिटी) और मनोहर प्रसार अत्यन्त अल्प या नहीं के बराबर होता है। अतः इस दूसरी कोटि में वर्ड्सवर्थ और शेली क्या कॉलरिज भी नहीं आ सकते जिनकी रचनाओं में बहुत ही संश्लिष्ट और जटिल दृश्यविधान प्रस्तुत रूप में—रहस्यवादियों के समान अप्रस्तुत रूप में नहीं—पूरी मूर्तिमत्ता के साथ दूर तक चलते पाए जाते हैं।

पाश्चात्य रहस्यवाद और पाश्चात्य स्वाभाविक रहस्यभावना का थोड़ा विस्तृत उल्लेख इसीलिए करना पड़ा कि आजकल विचारों की पराधीनता के कारण योरप ही 'जगत्' समझा और कहा जाता है। जो कुछ अब तक कहा गया उससे इतना स्पष्ट हो गया होगा कि योरप का सिद्धान्ती रहस्यवाद, जो ब्लेक और ईट्स आदि में पाया जाता है, वह अरब और फारस के सूफियों के यहाँ से गया है। उसके पहले यहूदियों और कैथलिक सम्प्रदाय के ईसाइयों में जो रहस्यभावना प्रचलित थी वह ईश्वरवाद (थेइज्म) के भीतर थी। उसमें उस प्रेमपूर्ण परमपिता के दया दाक्षिण्य का आभास जगत् की नाना वस्तुओं और व्यापारों में रहस्यपूर्ण दृष्टि से देखा जाता था। सूफियों के रहस्यवाद में सर्ववाद (पैनथेइज्म) या अद्वैतवाद (मोनिज्म) के साथ प्रतिबिम्बवाद का योग था। वेदान्त में सर्ववाद और प्रतिबिम्बवाद एक ही नहीं हैं। सर्ववाद वेदान्त का पुराना रूप है। उसके उपरान्त विवर्तवाद, दृष्टिसृष्टिवाद, अजातवाद आदि जो कई वाद ब्रह्म और जगत् के सम्बन्धनिरूपण में चले, उसमें प्रतिबिम्बवाद भी एक है।

सर्ववाद का अभिप्राय यह है कि व्यक्ताव्यक्त, मूर्तामूर्त, चिदचित् जो कुछ है सब ब्रह्म है। पुराने वाद के अनुसार जगत् जिस रूप में हमारे सामने है उसमें ब्रह्म ही का प्रसार है। प्रतिबिम्बवाद के अनुसार जिस रूप में जगत् हमारे सामने है उस रूप में ब्रह्म तो नहीं है, हाँ उसकी छाया या प्रतिबिम्ब अवश्य है। सूफियों ने आत्मा और ब्रह्म के सम्बन्ध में प्रतिबिम्बवाद को अपनाया : इस प्रतिबिम्बवाद को लेकर सिद्धान्तपक्ष में उन्होंने उस 'कल्पनावाद' की उद्भावना की जिसका वर्णन हम कर आए हैं और जिसे काव्यपक्ष में लेकर ब्लेक आदि विलायती रहस्यवादियों ने साहित्य में एक विलक्षण

आडम्बर खड़ा किया। पर सूफियों ने अपने उस 'कल्पनावाद' को केवल ध्यान के लिए साधना या सिद्धान्तपक्ष में ही रखा, काव्यक्षेत्र में नहीं घसीटा। काव्यक्षेत्र में उन्होंने प्रतिबिम्बवाद के साथ 'अभिव्यक्तवाद' का मेल किया जिससे उनकी कविता का रंग वैसा ही स्वाभाविक और हृदयग्राही रहा जैसा और कविता का।

सूफी कवि इस बाहर फैले हुए परदे के बीच-बीच में ही—छाया के बीच-बीच में ही—अपने प्रियतम की झलक पाते रहे; अपने भीतर की उल्टी-सीधी, अव्यवस्थित कल्पना में नहीं। बाहरी जगत् के जिस रूप में उन्हें उसके सौन्दर्य, हास, औदार्य, प्रेम क्रीड़ा इत्यादि की छटा का आभास मिला उसे वे पीछे कल्पना में धारण करके भी रसमग्न होते रहे। सारांश यह कि सबके सामने बाह्य जगत् के रूपों और व्यापारों में कुछ सच्चा आभास या संकेत पाकर, तब वे उसके अनुरूप भावव्यंजना करते थे। इसमें सामान्य भावभूमि पर प्राप्त होकर श्रोता या पाठक का हृदय भी उनके भाव को अपना लेता था। इसके विपरीत विलायती या रहस्यवादी या उनके अनुयायी बाह्य जगत् की स्वच्छ और सच्ची अभिव्यक्ति से, जो मनुष्य मात्र के लिए कल्पना और भाव ग्रहण करने का सामान्य और अक्षय भंडार है, आँखें मूँदकर अपनी वात-पित्तग्रस्त कल्पना के कोने में इकट्ठे किए हुए रोड़े अकस्मात् लुढ़काकर भावों के उन्मादभार से हल्के होने का अभिनय किया करते हैं।

क्यों सूफी भाव की कविता हृदय को विकसित करनेवाली होती है और विलायती रहस्यवाद की कविता का अनुकरण, या उसके अनुकरण का अनुकरण हृदय की अनुभूति से दूर अपनी लपक-झपक दिखाया करती है, इसके एक बड़े भारी कारण का पता तो ऊपर लिखी बातों से लग जाता है। पर कुछ और कारण भी हैं। योरप के काव्यसमीक्षा क्षेत्र में प्रचलित 'अभिव्यंजना' (एक्स्प्रेशनिज्म) और 'कला का उद्देश्य कला ही है' का पूरा प्रभाव आधुनिक विलायती रहस्यवाद पर है। प्रभाव है क्या, कहना चाहें तो कह सकते हैं कि उक्त रहस्यवाद तीनों वादों के मेल से—ब्लेक द्वारा अंगीकृत 'कल्पनावाद' के साथ 'अभिव्यंजनावाद' और 'कला' का उद्देश्य कलावाद के मेल से—संघटित है।

'कल्पनावाद' के अवलम्बन से उत्पन्न विषमता का उल्लेख तो हो चुका। रहा पिछले दो वादों से ग्रस्त विलायती रहस्यवाद के अनुकरण, या अनुकरण के अनुकरण का फल, वह भी सुगमता से अनुमान में आ जाता है। 'अभिव्यंजनावाद' की प्रवृत्ति वाग्वैचित्र्य या शब्दभंगी की ओर अधिक है। वाग्वैचित्र्य का उचित स्थान काव्य में क्या है, वह हम पहले दिखा आए हैं। यहाँ हिन्दी में उसके अनुकरण में जो और विशेष विरूपता दिखाई पड़ती है उसी का यहाँ विचार करना है। योरपीय भाषाओं में वाग्वैचित्र्य का विधान अधिकतर उन भाषाओं की लाक्षणिक चपलता के बल पर होता है। प्रत्येक भाषा की लाक्षणिक प्रवृत्ति उसके बोलनेवालों की अन्तःप्रकृति और संस्कारों के अनुरूप हुआ करती है अतः एक भाषा के लाक्षणिक प्रयोग दूसरी भाषा में बहुत कम काम दे सकते हैं।

विलायती रहस्यवाद की कविताओं में बाहरी विशेषता जो दिखाई पड़ी, वह थी लाक्षणिक प्रगल्भता और वाग्वैचित्र्य। अतः उनका अनुकरण सबसे पहले और अधिक उतावली से हुआ; इससे ठीक ढंग पर न चला। अधिकतर तो अनुकरण न होकर

अवतरण हुआ जिससे वैचित्र्य की तत्काल सिद्धि दिखाई पड़ी। एक भाषा के पदविन्यास, लाक्षणिक प्रयोग और मुहावरे इत्यादि यदि शब्द-प्रतिशब्द दूसरी भाषा में रख दिए जाएँ तो यों ही एक तमाशा खड़ा हो जाता है। अँगरेजी के किसी एक साधारण पैराग्राफ का शब्द-प्रतिशब्द अनुवाद करके सामने रखिए और उसकी विचित्रता देखिए। तुर्की या चीनी का ऐसा ही अवतरण सामने रखिए तो और बहार दिखाई दे। विलायती रहस्यवाद जब बंग-भाषा-साहित्य के एक कोने से होता हुआ हिन्दी में आ निकला तब उस पर दो भाषाओं के अजनबीपन में ही मिल गया। पर यदि लाक्षणिक विधान अपनी भाषा की गतिविधि के अनुसार होता तो क्या अच्छी बात होती !

अभिव्यंजनावाद के प्रसंग में हम दिखा चुके हैं कि उसके अनुकूल विलायती रचना के अनुकरण को हद से बाहर घसीटने के कारण छायावाद समझकर लिखी जानेवाली कविताओं में अप्रस्तुत वस्तु व्यापारों की बड़ी लम्बी लड़ी के अतिरिक्त और कुछ सार नहीं होता। सब मिलाकर पढ़ने से न कोई सुसंगत और नूतन भावना मिलेगी, न कोई विचारधारा और न किसी उद्भावित सूक्ष्म तथ्य के साथ भाव-संयोग, जिसका कुछ स्थायी संस्कार हृदय पर रहे। अप्रस्तुत विधान, चाहे वे किसी रूप में रखे जाएँ, वास्तव में अलंकार मात्र होंगे। अतः ऐसी कविताओं की परीक्षा करने पर उपमान वाक्यों के ढेर के अतिरिक्त और कुछ नहीं बचता। किसी एक कविता के भीतर विचारों या भावनाओं का इधर-उधर भिन्न दशाओं में प्रसार न होते चलने के कारण अप्रस्तुत वस्तुओं में भी पूरी विभिन्नता नहीं होती। एक प्रकार से ढेर भी समान रंग-ढंग की वस्तुओं का ही होता है। अतः एकान्विति (यूनिटी) और सम्बन्ध (कोहेरेंस) की, सब पूछिए तो, जगह ही नहीं होती।

पर इन दोनों के बिना अच्छी-से-अच्छी सामग्री का बिखरा हुआ ढेर कला की कृति नहीं कहला सकता। सामग्री परस्पर जितनी ही भिन्न और अनेकांगस्पर्शिणी होगी उतना ही उनका सामंजस्यपूर्वक अन्वय कला का उत्कृष्ट विधान कहा जाएगा। 'छायावाद' का पास लेकर काव्यक्षेत्र में आनेवाली अधिकांश रचनाओं में कोई भावना उठकर कुछ दूर तक सांगोपांग चलती नहीं दिखाई पड़ती। यह वास्तव में उपर्युक्त अवतरण व्यापार का ही परिणाम है। वैचित्र्य के लोभ में भिन्न-भिन्न स्थलों से संगृहीत वाक्यों और पदविन्यासों को एक में समन्वित करना भी तो कठिन ही है।

किसी प्रकृत आलम्बन से सीधा लगाव न रखने के कारण भावों में जो सचाई का अभाव (इनसिनसिऐरिटी) या कृत्रिमता (आर्टिफिशैलिटी) रहती है वह तो मूल ही से आई है। यह बात मैं उन रचनाओं के सम्बन्ध में कहता हूँ जो वास्तव में रहस्यवाद या छायावाद के अन्तर्गत होती हैं।

एक चौथी बात जिसकी चर्चा छायावाद की कविता के साथ हुआ करती है, वह छन्दबन्धन का त्याग और लय (रिद्‌म) का अवलम्बन है। पर यह एक बिल्कुल दूसरी हवा है जो अमेरिका की ओर से आई है। इसका रहस्यवाद या छायावाद से कोई सम्बन्ध नहीं है। इसे एक आन्दोलन के रूप में खड़ा करने वाला अमेरिका का वाल्ट ह्विटमैन था जिसने सन् 1855 ई. में 'घास के पत्ते' (लीब्ज आव ग्रास) नाम की एक कविता केवल लय पर

चलनेवाली बिना छन्द की पंक्तियों में निकाली। इसके पीछे इस तरह की और बहुत-सी कविताएँ उसने लिखीं जिनमें समीक्षकों ने काव्यत्व, कलाविधान और साहित्यिक शिष्टता की बहुत कमी बताई। एक समीक्षक ने बहुत थोड़े में अपनी राय इस प्रकार दी–

"अनुभूतियों का गड़बड़झाला, भावों और विचारों का बिखरा हुआ ढेर, सामने रख दिया गया है–बिना तुक तुकान्त के, जो कोई त्रुटि नहीं; बिना छन्द के, जो त्रुटि है।

"यह सूचित करना आवश्यक है कि उत्तम काव्य के सब लक्षणों की दृष्टि से उसका विधान दूषित है। जैसा कि किसी ने कहा है, यदि शेक्सपियर, कीट्स और गेटे कवि हैं तो ह्विटमैन कदापि नहीं।"[1] और विलायती हवाओं की तरह यह हवा भी बँगला से होती हुई हिन्दी में आई है और छायावाद के साथ उसकी विलक्षणता बढ़ाने के लिए जोड़ी गई है। पर यह अच्छी तरह समझ रखना चाहिए कि इसका रहस्यवाद से कोई सम्बन्ध नहीं। अतः इसके सम्बन्ध में हम यहाँ कुछ अधिक नहीं कहना चाहते। छन्द और लय (रिद्म) के विषय में विचार करते समय इतना अवश्य ध्यान रखना चाहिए कि कविता एक बहुत ही पूर्ण कला है। इस पूर्णता के लिए वह संगीत और चित्रकला दोनों की पद्धति का थोड़ा-बहुत सहारा लेती है। दोनों की रमणीयता का योग उसकी रमणीयता के भीतर रहता है। जिस प्रकार रूपविधान में वह चित्रविधा का कुछ अनुसरण करती है, उसी प्रकार नादविधान में संगीत का। छन्द वास्तव में बँधी हुई लय के भीतर भिन्न-भिन्न ढाँचों (पैटर्न्स) का योग है जो निर्दिष्ट लम्बाई का होता है। लय स्वर के चढ़ाव-उतार के छोटे-छोटे ढाँचे ही हैं जो किसी छन्द के चरण के भीतर व्यस्त रहते हैं।

छन्द द्वारा होता यह है कि इन ढाँचों की मिति और इसके योग की मिति दोनों श्रोता को ज्ञात हो जाती हैं जिससे वह भीतर ही भीतर पढ़नेवाले के साथ ही साथ उसकी नाद की गति में योग देता चलता है। गाना सुनने के शौकीन गवैये के मुँह से किसी पद के पूरे होते उसे किस प्रकार लोक लेते हैं, यह बराबर देखा जाता है। लय तथा लय के योग की मिति बिल्कुल अज्ञात रहने से यह बात नहीं हो सकती। जब तक कवि आप ही गाकर अपनी लय का ठीक-ठीक पता न देगा तब तक पाठक अपने मन में उसका ठीक-ठीक अनुकरण न कर सकेगा। अतः छन्द के बन्धन के सर्वथा त्याग में हमें तो अनुभव नादसौन्दर्य की प्रेषणीयता (कम्युनिकेबिलिटी आव साउंड इम्पल्स) का प्रत्यक्ष ह्रास दिखाई पड़ता है। हाँ ! नए-नए छन्दों के विधान को हम अवश्य अच्छा समझते हैं।

प्रेष्य भाव या विचारधारा की छोटाई-बड़ाई के हिसाब से छोटे-बड़े चरणों की पूर्वापर स्थिति होनी चाहिए, यह प्रायः कहा जाता है, इस पर पहली बात तो यह पेश हो सकती है कि किसी भाव या विचार की पूर्णता का सम्बन्ध वाक्य से होता है और वाक्य के लिए आजकल की पद्यपद्धति के अनुसार यह आवश्यक नहीं कि वह चरण के अन्त में ही पूरा

---

1. ए केआस आव इम्प्रेशन, थाट आर फीलिंग्स थ्रोन टुगेदर विदाउट राइम, ह्विच मैटर्स लिटिल, विदाउट मीटर ह्विच मैटर्स मोर, ऐंड आफेन विदाउट रीजन ह्विच मैटर्स मच।

इट मस्ट बी प्वाइंटेड आउट, हाउएवर, दैट आल दि कैनन्स आव् गुड पोएट्री कनडेम हिज मेथड्स। ऐज सम हैज सेड, शेक्सपियर, कीट्स ऐंड गेटे वेअर पोएट्स ह्विटमैन नाट।–ए.बी.डि–मिल : लिटरेचर इन दि सेंचरी (दि नाइनटींथ सेंचरी सीरीज)

हो। वह बीच में भी पूरा हो सकता है। यह आवश्यक है कि चरण के बीच में एक वाक्य का अन्त और दूसरे का आरम्भ होने से कविता चुपचाप बाँचने के ही अधिक उपयुक्त होती है; लय के साथ जोर से सुनाने के उपयुक्त नहीं होती। जिन्होंने अच्छी लय के साथ किसी सुकंठ के मुँह से कविता का पाठ सुना है वे मानते हैं कि किसी कविता का पूर्ण सौन्दर्य उसके जोर से पढ़े जाने पर ही प्रकट होता है। छन्दों की चलती लय में कुछ विशेष माधुर्य होता है। हमें तो यह माधुर्य उस्तादों के पक्के गाने से, जिसके 'आ आ आ' के आगे बड़े-बड़े आलसियों का आसन डिग जाता है, कहीं अधिक आनन्दमग्न करता है। प्रसिद्ध रहस्यवादी कवि ईट्स ने भी अपनी ऐसी ही रुचि प्रकट की है–

"पक्के गाने में कुछ ऐसी बात होती है जो मुझे सब दिन से बुरी लगती आई है। इसी तरह कोई कविता कागज पर छपी हुई मुझे अच्छी नहीं लगती है। अब इसका कारण खुला। मैंने एक व्यक्ति को ऐसी सुन्दर लय और भाव के पूरे अनुसरण के साथ कविता पढ़ते सुना है कि यदि मेरे कहने के अनुसार कुछ लोग कविता पढ़ने की कला सीख लेते तो मैं कोई कविता की पुस्तक बाँचने के लिए कभी खोलता ही न।'[1]

जिन्होंने स्वर्गीय श्री सत्यनारायण कविरत्न को कभी 'या लकुटी अरु कामरिया' पढ़ते सुना है वे यह अवश्य समझ गए होंगे कि किसी कविता का पूर्ण सौन्दर्य उसके सुन्दर लय के साथ पढ़े जाने पर ही प्रकट होता है। हाँ, ऊपर छोटे-बड़े चरणों की बात चली थी। छोटे-बड़े चरणों की योजना करनी हो तो भिन्न-भिन्न छन्दों के दो-दो चरण रखते हुए बराबर चले चलने में हम कोई हर्ज नहीं समझते। यह हमारा प्रस्ताव मात्र है।

लय भी तो एक प्रकार का बंधेज ही है। जब तक नादसौन्दर्य का कुछ भी योग कविता में हम स्वीकार करेंगे तब तक बंधेज कुछ-न-कुछ रहेगा ही। नादसौन्दर्य की जितनी मात्रा आवश्यक समझी जायगी उसी के हिसाब से यह प्रतिबन्ध रहेगा। इस बात का अनुभव तो बहुत से लोगों ने किया होगा कि संस्कृत के मन्दाक्रान्ता स्रग्धरा, मालिनी, शिखरिणी, इन्द्रवज्रा, उपेन्द्रवज्रा इत्यादि वर्णवृत्तों में नादसौन्दर्य की पराकाष्ठा है पर उनका बन्धन बहुत कड़ा होता है। अतः भावधारा या विचारधारा पूरी स्वच्छन्दता के साथ कुछ दूर तक उनमें नहीं चल सकती, इसी से हिन्दी में मात्रिक छन्दों का ही अधिक प्रचार रहा है। वर्णवृत्तों में सवैये इसलिए ग्रहण किए गए कि उनमें लय के हिसाब से गुरुलघु का बन्धन बहुत कुछ शिथिल हो जाता है।

जो कविता में उतने ही नादसौन्दर्य की जरूरत समझते हैं जितना केवल लय (रिद्म) के द्वारा सिद्ध हो जाता है उनसे हमें कुछ कहना नहीं है। हम अधिक की जरूरत समझते हैं और शायद बहुत से लोग ऐसा ही समझते हों। रही यह बात कि छन्द के

1. आइ हैव आलवेज नोन दैट देअर वाज समथिंग आइ डिस्लाइक्ड ऐबाउट सिंगिंग ऐंड आइ नैचुरली डिसलाइक प्रिंट ऐंड पेपर, बट नाउ ऐट लास्ट आइ अंडरस्टैंड ह्वाई, फार आइ हैव फाउंड समथिंग बेटर। आइ जस्ट हर्ड ए पोएम स्पोकेन विद सो डेलिकेट एसेस आव इट्स रिद्म विद सो परफेक्ट ए रेस्पेक्ट फार इट्स मीनिंग, दैट इफ आइ वेअर वाइज मैन ऐंड कुड परसुएड ए फ्यू पीपुल टु लर्न दि आर्ट आइ कुड नेवर ओपेन ए बुक आव वर्सेज अगेन।

—आइडिआज आव गुड ऐंड ईविल

बन्धन से विचार के पैर बँध जाते हैं और कल्पना के पर सिमट जाते हैं। इसकी जाँच के लिए कवियों की रचना का इतना बड़ा मैदान खुला हुआ है। हिन्दुस्तानी कवियों की बात छोड़िए–क्योंकि विलायत की अन्धाधुन्ध नकल से घबराकर ही यह सारा निबन्ध लिखा गया है–अँगरेजी के कवियों को लीजिए। क्या वड्र्सवर्थ और शेली की ऊँची-से-ऊँची छन्दोमुक्त कविता उनके टक्कर में रखी जा सकती है ?

अब तक जो कुछ लिखा गया उससे यह स्पष्ट हो गया कि हिन्दी में आ निकला हुआ यह 'छायावाद' कितनी विलायती चीजों का मुरब्बा है। जैसा हम पहले दिखा आए हैं, 'रहस्यवाद' या 'छायावाद' काव्यवस्तु (मैटर) से सम्बन्ध रखता है और 'अभिव्यंजनावाद' का सम्बन्ध विधानविधि (फॉर्म) से होता है। 'अभिव्यंजनावाद' के साथ संयुक्त होकर बँगला से हिन्दी में आने के कारण साधारणतः 'छायावाद' के स्वरूप की ठीक भावना बहुत से रचयिताओं को भी नहीं होती। वे केवल ऊपरी रूपरंग (फॉर्म) का अनुकरण करके समझते हैं कि हमें 'रहस्यवाद' या 'छायावाद' का अनुसरण रहता है। 'छायावाद' या 'रहस्यवाद' के अन्तर्गत उन्हें रचनाओं को समझना चाहिए जिनकी काव्यवस्तु 'रहस्यवाद' के अनुसार है। रहस्यवादी काव्यवस्तु की पहचान हम पहले बता आए हैं।

यहाँ पर यह सूचित कर देना भी आवश्यक प्रतीत होता है कि छायावाद के अन्तर्गत बहुत-सी रचनाएँ ऐसी भी हुई हैं जिसमें 'अभिव्यंजनावाद' के अज्ञात अनुकरण के कारण बहुत सुन्दर लाक्षणिक चमत्कार स्थान-स्थान पर मिलता है। भावना का बहुत ही साहसपूर्ण संचालन, मूर्तिमत्ता का बहुत ही आकर्षक विधान और व्यंजना की पूरी प्रगल्भता पाई जाती है। ऐसी रचना करनेवाले कवियों से आगे चलकर बहुत कुछ आशा है। अपनी इस आशा की सफलता के लिए हम अत्यन्त प्रेमपूर्वक उनसे दो तीन बातों का अनुरोध करते हैं। पहली बात तो यह कि वे 'वाद' का साम्प्रदायिक पथ छोड़कर, अपनी सब विशेषताओं के सहित, प्रकृत काव्यभूमि पर आएँ जिस पर संसार के बड़े-बड़े कवि रहे हैं और हैं। दूसरी बात यह कि अनुकरण के लिए वे बँगला, अँगरेजी आदि दूसरी भाषाओं की ओर ताकना बिल्कुल छोड़ दें और अपनी भाषा की स्वाभाविक शक्ति से पूरा ध्यान रखना चाहिए कि जिस भाव से कोई शब्द लाया गया है उसके साथ वह ठीक बैठता है या नहीं।

इसी 'छायावाद' के भीतर कुछ लोगों की कविताएँ ऐसी भी मिलती हैं जिनका स्वरूप विलायती नहीं होता, जो कुछ थोड़ा-सा बँगलापन लिए हुए सूफियों के तर्ज पर होती हैं। इनमें लाक्षणिकता भी पूरी रहती है, पर वह अपनी भाषा की प्रकृति के अनुसार होती है, अँगरेजी से उठाई हुई नहीं होती। ऐसी कविता लिखनेवाले वे ही हैं जो हिन्दी काव्य परम्परा से पूर्णतया परिचित हैं, जिन्हें अपनी भाषा पर पूरा अधिकार है और जो हिन्दी में 'छायावाद' प्रकट होने के पहले से अच्छी कविता करते थे। इनकी 'छायावाद' की रचनाओं में भी भावुकता और रमणीयता रहती है। थोड़ा खटकनेवाली बात जो मिलती है वह है फारसी शायरी के ढंग पर वेदना की अरुचिकर और अत्युक्त विवृत्ति शरीरधर्मी का अधिक विन्यास (ऐनिमैलिटी) काव्यशिष्टता के विरुद्ध पड़ता है,

यह शायद हम पहले कहीं कह आए हैं। जो हो, कोरे विलायती तमाशे से हम इसे सौ दर्जे अच्छा समझते हैं। यद्यपि रहस्य की ओर भारतीय काव्य की स्वाभाविक प्रवृत्ति नहीं, पर हिन्दी काव्यक्षेत्र में उसकी प्रतिष्ठा बहुत दिनों पहले से बड़े हृदयग्राही रूप में हो चुकी है। इसके प्रवर्तक यद्यपि मुसलमान थे, पर वे सूफी 'रहस्यवाद' को भारतीय रूप देने में पूर्णतया सफल हुए थे। कबीर आदि निर्गुणपन्थियों और जायसी आदि सूफी प्रेममार्गियों ने 'रहस्यवाद' की जो व्यंजना की है वह भारतीय भावभंगी और शब्दभंगी को लेकर।

अँगरेजी लाक्षणिक वाक्यों के अवतरण द्वारा विलायती तमाशा खड़ा करनेवालों का आदि रूप बीस-बाईस वर्ष पीछे मुझे आज स्मरण आ रहा है। उस समय हिन्दी के प्रेम में बहुत से छात्र मेरे तथा मेरे साहित्यप्रेमी मित्रों के पास भी कविता सीखने की उत्कंठा प्रकट करते हुए, अँगरेजी की स्कूली किताबों में आई हुई कविताओं का प्रायः पद्यबद्ध शब्दानुवाद लेकर दिखाने आया करते थे। मैं उनसे बराबर यही कहता था कि 'कविता के अभ्यास का यह मार्ग नहीं है। पहले खड़ी बोली और ब्रजभाषा दोनों की कविताएँ पढ़कर अपनी काव्यभाषा की प्रकृति से पूर्णतया परिचित हो जाओ और इस प्रकार क्रमशः अपनी भाषा पर अधिकार प्राप्त करो। इसके पीछे रचना में हाथ लगाओ। अँगरेजी कविताओं के अनुवाद से हिन्दी कविता करना नहीं आ सकता। अँगरेजी कविता करना क्या कोई हिन्दी कविताओं का अनुवाद करके सीख सकता है ? ऐसे छात्रों को मैं बराबर उनके अनुवाद सहित लौटा दिया करता था। पर कुछ दिनों पीछे उन पद्यानुवादों में से कई एक मासिक पत्रिकाओं में छपे दिखाई पड़ते थे। जब यह प्रवृत्ति कुछ बढ़ती दिखाई पड़ने लगी तब मेरे मन में यह बात आई थी कि इसका परिणाम आगे चलकर अच्छा न होगा। आज वही परिणाम 'गद्यमय जीवन' (प्रोजेइक लाइफ), 'सुवर्णस्वप्न' (गोल्डेन ड्रीम), 'स्वप्न अनिल' (ड्रीमी ऐटमास्फिअर), 'स्वप्निल आभा' (ड्रीमी स्प्लेंडर) आदि के रूप में झलक रहा है।

अतः हिन्दी काव्यक्षेत्र में यदि 'रहस्यवाद' के लिए कुछ अधिक स्थान करना है तो स्वाभाविक रहस्यभावना का—उसके वादग्रस्त या साम्प्रदायिक रूप का नहीं—अवलम्बन करना चाहिए और उसकी व्यंजना के लिए अपनी भाषा की—विदेशी भाषा की नहीं—सब शक्तियाँ लगानी चाहिए। भद्दे अनुकरण के अभ्यास का अनिष्ट प्रभाव कई तरफ पड़ता है। यहाँ पर हमसे बिना यह कहे आगे नहीं बढ़ा जाता कि 'छायावाद' की कविताओं की अपेक्षा हमें तो रहस्यभावनापूर्ण जो दो-एक गद्यकाव्य निकले हैं वे अधिक भावुकतापूर्ण और रमणीय जान पड़ते हैं, विशेषतः राय कृष्णदास जी की 'साधना'। इसमें न तो साम्प्रदायिक 'रहस्यवाद' के शाबर मन्त्र हैं, न 'अभिव्यंजनावाद' का अभिनय और न शब्दों की विलायती कलाबाजी। इसका हृदय भी भारतीय है, वाणी भी भारतीय है। जिन अनुभूतियों की व्यंजना है वे कहीं भीतर से आती हुई जान पड़ती हैं; आसमान से उतारी जाती हुई नहीं। पदविन्यास में जो सरलता और प्रांजलता है वह भी हमारी है। जिन मधुर 'प्रतीकों' का व्यवहार हुआ है वे भी हमारे हृदय के सगे हैं।

अब तो कदाचित् इस बात के विशेष विवरण की आवश्यकता न होगी कि जो 'छायावाद' नाम प्रचलित है वह वेदान्त के पुराने 'प्रतिबिम्बवाद' का है। यह 'प्रतिबिम्बवाद' सूफियों के यहाँ से होता हुआ योरप में गया जहाँ कुछ दिनों पीछे 'प्रतीकवाद' से संश्लिष्ट होकर धीरे-धीरे बंगसाहित्य के एक कोने में आ निकला और नवीनता की धारणा उत्पन्न करने के लिए 'छायावाद' कहा जाने लगा। यह काव्यगत 'रहस्यवाद' के लिए गृहीत दार्शनिक सिद्धान्त का द्योतक शब्द है। इसके इतिहास की ओर ध्यान न देने के कारण अनेक प्रकार की मनमानी व्याख्याएँ हिन्दी पत्र-पत्रिकाओं में समय-समय पर निकला करती हैं, जिनमें कहीं 'रहस्यवाद' और 'छायावाद' का कल्पित भेद समझाया जाता है; कहीं छायावाद ही के अर्थ में एक और 'बिम्बवाद' खड़ा करके दोनों का 'वस्तुवाद' (?) के साथ विरोध कुछ शब्दाडम्बर के साथ दिखाया जाता है। ऐसे लोगों को शब्दों का प्रयोग करते समय शास्त्रपक्ष का कुछ पता रखना या कम-से-कम लगा लेना चाहिए। उन्हें समझना चाहिए कि 'बिम्ब' 'छाया' का बिल्कुल उल्टा है और उसी अर्थ में आता है जिस अर्थ में उन्होंने 'वस्तु' शब्द का प्रयोग किया है। जो मूल वस्तु प्रतिबिम्ब या छाया फेंकती है शास्त्रीय भाषा में वही बिम्ब कहलाती है। जिस रियलिज्म शब्द के लिए उन्होंने 'वस्तुवाद' शब्द बनाया है वह दार्शनिक भाषा में 'बाह्यार्थवाद' कहलाता है।

यहाँ पर हम यह स्पष्ट कह देना चाहते हैं कि हिन्दी काव्य क्षेत्र में हम 'रहस्यवाद' की भी एक शाखा चलने के विरोधी कभी नहीं हैं। हमारा कहना केवल यही है कि वह वाद के रूप में न चले; स्वाभाविक रहस्य भावना का आश्रय लेकर चले। छायावाद का रूप-रंग बनाकर आजकल जो बहुत-सी कविताएँ निकली हैं उनमें कुछ तो बहुत ही सुन्दर, स्वाभाविक और सच्ची रहस्य भावना लेकर चली हैं; कुछ वादग्रस्त और कृत्रिम हैं और अधिकांश कुछ भी नहीं हैं। शुद्ध काव्य दृष्टि का प्रचार हो जाने पर पूर्ण आशा है कि कूड़े-करकट के ढेर में सच्ची स्वाभाविक रहस्य भावना अपना मार्ग अवश्य निकाल लेगी और हिन्दी काव्य क्षेत्र की यह शाखा भी अपनी एक स्वतन्त्र भारतीय विभूति का प्रकाश करेगी। अनुकरण युग का अन्त होगा, इसका हमें पक्का भरोसा है।

'अभिव्यंजनावाद' किस प्रकार व्यंजनाप्रणाली की एकता और विलक्षणता पर ही जोर देता है, यह हम देख चुके। यह हमारे यहाँ का पुराना 'वक्रोक्तिवाद' ही है, यह भी हम निरूपित कर आए। उसके कारण शब्दाडम्बर की कितनी अधिकता हुई है यह बात भी हम देख रहे हैं। यह कई बार हम सूचित कर चुके हैं कि योरप के समीक्षा क्षेत्र में जितने 'वाद' निकलते हैं सब एकांगदर्शी होते हैं; किसी एक ही दिशा में आँख मूँदकर हद के बाहर बढ़ते चले जाते हैं। उनमें सामंजस्यबुद्धि का अभाव होता है। अतः इस 'अभिव्यंजनावाद' से हम केवल इतना ही तथ्य ग्रहण कर सकते हैं कि हमारी काव्यभाषा में व्यंजना-प्रणाली के और अधिक प्रसार और चित्ताकर्षक विकास की बहुत आवश्यकता है।

हमारी पुरानी कविता में व्यंजना-प्रणाली के प्रसार और चमत्कार के लिए अलंकारों का ही विधान अधिकतर होता था। पर अलंकारों के अधिक प्रयोग से कविता इतनी भाराक्रान्त और कहीं-कहीं कितनी भद्दी हो जाती है इसके उदाहरण केशवदासजी की

रचनाओं में बिना ढूँढ़े मिलेंगे। अलंकार बहुत जगह लेते हैं और बहुत दूर तक भावना को एक ढाँचे के भीतर बन्द किए रहते हैं। अतः उनका संयत प्रयोग वहीं होना चाहिए जहाँ विचार या भावना के पूर्ण प्रसार या भाव की यथेष्ट व्यंजना के लिए व्यासविधान अपेक्षित हो। अब इस समय हिन्दी काव्यभाषा में मूर्तिमत्ता की समासशक्ति का, लक्षणाशक्ति का अधिक विकास अपेक्षित है। काव्य में अधिकतर सादृश्य या साधर्म्यमूलक अलंकारों का व्यवहार होता है। पर बहुत-से स्थलों पर उपमा, रूपक, उत्प्रेक्षा इत्यादि के बँधे हुए लम्बे-चौड़े ढाँचे की अपेक्षा लक्षणा से बहुत अधिक रमणीयता और वाग्वैचित्र्य का सम्पादन हो सकता है। लाक्षणिकता के सम्यक् और स्वाभाविक विकास द्वारा भाषा भावक्षेत्र और विकासक्षेत्र दोनों में बहुत दूर तक, बहुत ऊँचाई तक और बहुत गहराई तक प्रकाश फेंक सकती है। छायावाद समझकर लिखी हुई कविताओं में से बहुतों में, अनुकरणवश सही, लाक्षणिकता की ओर अधिक प्रवृत्ति देख बड़ी प्रसन्नता होती है।

लाक्षणिकता के अधिक विधान की आवश्यकता किसी शाखाविशेष के भीतर ही नहीं, समूचे हिन्दी काव्यक्षेत्र के भीतर है। पर यह विधान खूब समझ-बूझकर होना चाहिए। न तो अपनी भाषा की प्रकृति की इतनी अवहेलना होनी चाहिए कि अँगरेजी के लाक्षणिक प्रयोग शब्द-प्रतिशब्द रख लिए जाएँ और न उर्दूवालों की तरह मुहावरे से फिसलने का इतना डर छाया रहना चाहिए कि बिलकुल उड़ने से कुछ पहले की अवस्था सूचित करने के लिए 'खबर फड़खड़ा रही है' लिखते हाथ रुक जाए। सामंजस्यबुद्धि से काम लेते हुए अग्रसर होना होगा। मुहावरे लाक्षणिक प्रयोग ही हैं, पर बँधे हुए। उनसे किसी भाषा की लाक्षणिक प्रवृत्ति के स्वरूप का पता चलता है। अतः उनका सूत्र पकड़े हुए लक्षणा इधर-उधर अच्छी तरह बढ़ सकती है। उदाहरण के लिए 'लालसा जगना' लीजिए। इसके इशारे पर 'लालसा सोती है' हम बेधड़क कह सकते हैं। पर बहुत आगे बढ़कर 'लालसा का आँख मलना, करवट बदलना, अँगड़ाइयाँ लेना', मुँह का कमल को लात मारना हो जाएगा। लाक्षणिक मूर्तिमत्ता गुड़ियों का खेल न होने पाए। हमारा मतलब यह नहीं कि मुहावरों के रास्ते के भीतर ही लक्षणा अपने हाथ-पैर फैलाए। तात्पर्य इतना है कि अपनी भाषा की प्रकृति परखकर और सुरुचि का ध्यान रखकर चला जाए।

'छायावाद' या 'रहस्यवाद' के सम्बन्ध में जान-बूझकर अज्ञानवश तरह-तरह की भ्रान्ति हिन्दी पाठकों के बीच फैलाने की चेष्टा की जाती है, वह असभ्यतासूचक है। यह कहना कि 'रहस्यवाद' ही वर्तमान युग की कविता है और योरप में चारों ओर यही कविता हो रही है, या तो घोर अज्ञान है या छल। ब्लेक आदि के पीछे सन् 1885 में जो प्रतीकवादमिश्रित नूतन रहस्यवाद फ्रांसीसी साहित्यक्षेत्र के एक कोने में प्रकट हुआ जिसकी नकल बँगला से होती हुई हिन्दी में आई–यह किस दृष्टि से देखा जाता है, यह हम अच्छी तरह दिखा चुके हैं। दूसरी बात लीजिए। हम नहीं समझते कि बिना हिन्दीवालों की खोपड़ी को एकदम खोखली माने उसके बीच इस प्रकार के अर्थशून्य वाक्य छायावाद के सम्बन्ध में कैसे कहे जाते हैं कि "यह नवीन-जागृति का चिह्न है, देश के नवयुवकों के हृदय की दहकती हुई आग है इत्यादि, इत्यादि।" भला देश की नई

'जागृति' से देशवासियों की दारुण दशा की अनुभूति से और असीम-ससीम के मिलन, अव्यक्त और अज्ञात की झाँकी आदि का क्या सम्बन्ध ! क्या हिन्दी के वर्तमान साहित्यक्षेत्र में शब्द और अर्थ का सम्बन्ध बिलकुल टूट गया है ? क्या शब्दों की गर्दभरी आँधी विलायत के कलाक्षेत्र से धीरे-धीरे हटती हुई अब हिन्दीवालों का आँख खोलना मुश्किल करेगी ?

यदि ऐसा नहीं है तो मासिक पत्रिकाओं में कभी-कभी योरप.की काव्य-समीक्षा की पुस्तकों की केवल आलंकारिक पदावली बिना किसी विचारसूत्र के काव्य या कला की आलोचना के नाम से कैसे निकला करती है ? किसी अँगरेजी या बँगला के कवि के सम्बन्ध में नई आलोचनाओं के रूप में कैसे भिड़ा दी जाती हैं ? ऐसी कार्रवाइयाँ हिन्दी साहित्य के स्वतन्त्र विकास में बाधक हो रही हैं। हिन्दी पाठकों को इस प्रकार अन्धा मान लेना हम बड़े अपमान की बात समझते हैं।

यह अच्छी तरह समझ रखना चाहिए कि हमारे काव्य का, हमारे साहित्यशास्त्र का, एक स्वतन्त्र रूप है जिसके विकास की क्षमता और प्रणाली भी स्वतन्त्र है। उसकी आत्मा को, उसकी छिपी हुई भीतरी प्रकृति को पहले हम जब सूक्ष्मता से पहचान लेंगे तभी दूसरे देशों के साहित्य के स्वतन्त्र पर्यालोचन द्वारा अपने साहित्य के उत्तरोत्तर विकास का विधान कर सकेंगे। हमें अपनी दृष्टि से दूसरे के साहित्य को देखना होगा, दूसरे देशों की दृष्टि से अपने साहित्य को नहीं। जब तक हम इस विचारसामर्थ्य का सम्पादन न कर लेंगे तब तक अफ्रीका के जंगलियों की तरह जो अँगरेजों के उतारे कपड़े बदन पर डालकर स्ववर्गियों के बीच बड़ी ऐंठ से चला करते हैं–भद्दी नकल को ही नवीनता मानकर सन्तोष करते रहेंगे और सभ्यजगत् के उपहासभाजन बने रहेंगे। हमारी आँख अपना स्वरूप तक न देख सकेगी, विदेशी दर्पण की आवश्यकता होगी। विदेशी लोग जैसा हमें बतावेंगे वैसा ही अपने को मानकर हम उसके प्रमाण उनके सामने रखा करेंगे। योरप ने कहा, "भारतवासी बड़े आध्यात्मिक होते हैं, उन्हें भौतिक सुख-समृद्धि की परवा नहीं होती।" बस, दिखा चले अपनी आध्यात्मिकता। देखिए, हमारे काव्य में भी आध्यात्मिकता है; यह देखिए हमारी चित्रविद्या की आध्यात्मिकता, यह देखिए हमारी मूर्तिकला की आध्यात्मिकता।

जितनी बातें आजकल काव्यक्षेत्र में 'नवीनता' कहकर पेश की जाती हैं, एक-एक करके सबका मूल हम योरप के नए-पुराने प्रचलित प्रवादों में दिखा चुके हैं। सब नकल हैं। इस नकल की प्रवृत्ति बंगाल में ही सबसे अधिक रही। वहीं के साहित्य में एक-एक बात की नकल शुरू हुई। नकल से किसी जाति के साहित्य का असली गौरव नहीं हो सकता। इससे उसकी अपनी संस्कृति, अपनी सभ्यता और अपनी उद्भावना का अभाव ही व्यंजित होता है। जिसकी नकल की जाती है वह और भी उपेक्षा की दृष्टि से देखता है। बंग भाषा के साहित्य में योरपीय साहित्य की प्रवृत्तियों की यह भद्दी नकल देखकर जॉर्ज ग्रियर्सन ने अपनी 'भाषाओं की जाँच' में स्पष्ट विरक्ति प्रकट की है। एक जगह की प्रचलित और सामान्य वस्तुओं को दूसरी जगह विकृत रूप में रखकर नवीनता की

विज्ञप्ति करना किसी सभ्य जाति को शोभा नहीं देता। यह नवीनता नहीं है—अपने स्वरूप का घोर अज्ञान है, अपनी शक्ति का घोर अविश्वास है, अपनी बुद्धि और उद्भावना का घोर आलस्य है, पराक्रान्त हृदय का घोर नैराश्य है, कहाँ तक कहें ? घोर साहित्यिक गुलामी है। जब तक इस गुलामी से छुटकारा न होगा तब तक नवीनता के दर्शन कहाँ ? नकल के भीतर की नवीनता भी नकल ही के पेट में समा जाती है।

दुनिया जानती है कि जब से फारसी और संस्कृत के काव्यों के अनुवाद योरप के भिन्न-भिन्न देशों में होने लगे तभी से पूरबी रंग (ओरिएंलिज्म) की बहुत कुछ झलक वहाँ की कविताओं में दिखाई पड़ने लगी। पर इस बाहरी रंग को उन्होंने अपने रंग में ऐसा मिला लिया कि इसकी पृथक् सत्ता कहीं से लक्षित नहीं होती। उनके अपने विचारों का ऐसा स्वतन्त्र और सघन प्रसार था कि बाहर से आते हुए विचार उसी में समाते गए। उनकी अपनी विचारधारा इतनी सबल थी कि बाहर से आकर मिले हुए सोते अपनी उछलकूद अलग न दिखाकर, उसी के वेग को बढ़ाते रहे। इसका नाम है स्वतन्त्र 'प्रगति' और स्वतन्त्र 'विकास'।

अन्त में हम इतना ही कहकर अलग होते हैं कि हम सारा काव्यक्षेत्र देव, मतिराम और बिहारी आदि के घेरे के भीतर देखनेवाले पुरानी लकीर के फकीर न कभी रहे हैं और न हैं। हम अपने हिन्दी काव्य को विश्व की नित्य और अनन्त विभूति में स्वच्छन्दतापूर्वक, अपनी स्वाभाविक प्रेरणा के अनुसार, अपनी आँख खोलकर विचरण करते देखना चाहते हैं। पर यह दिन तभी आ सकता है जब हमारी अन्तर्दृष्टि को आच्छन्न करनेवाले परदे हटेंगे और हमारे विचारों में बल आएगा। इसके पहले हम बाहर के नाना वादों और प्रवादों की ओर आँखें मूँदकर लपका करेंगे; अपने विचार के परीक्षालय में उनकी पूरी जाँच न करके उनके अनुकरण में ही अपने को धन्य माना करेंगे।

इस परीक्षालय की नूतन प्रतिष्ठा के लिए हमें अपनी रसनिरूपण पद्धति का आधुनिक मनोविज्ञान आदि की सहायता से खूब प्रसार संस्कार करना पड़ेगा। इस पद्धति की नींव बहुत दूर तक डाली गई है। इसके ढाँचों का नए-नए अनुभवों के अनुसार, अनेक दिशाओं में फैलाव बहुत जरूरी है। योरप के साहित्यिक वादों और प्रवादों के सम्बन्ध में यह अच्छी तरह समझ रखना चाहिए कि ये प्रतिवर्तन (रिऐक्शन) की झोंक में उठते हैं और किसी ओर हद के बाहर बढ़ते चले जाते हैं। उनमें सत्य की मात्रा कुछ-न-कुछ रहती अवश्य है; पर किसी हद तक ही। हमें देखना चारों ओर चाहिए, पर सब देखी हुई बातों का सामंजस्यबुद्धि से समन्वय करना चाहिए। जैसा हम आरम्भ ही में कह चुके हैं, यही सामंजस्य भारतीय काव्यदृष्टि की विशेषता है। यहीं सामंजस्य अनेकरूपात्मक जीवन और अनेकभावात्मक काव्य की सफलता का मूलमन्त्र है।

काव्य में अभिव्यंजनावाद*

(माननीय विद्वज्जन !

आज मेरे ऐसे अयोग्य और अकर्मण्य व्यक्ति को इस आसन पर पहुँचाकर आप महानुभावों ने केवल अपने अमोघ कृपाबल का परिचय दिया है, यह कहना तो कदाचित् बहुत दिनों से चली आती हुई एक रूढ़ि या परम्परा का पालन मात्र समझा जाएगा। पर इसका प्रमाण आपको अभी थोड़ी देर में मिल जाएगा। ऐसी जगमगाती विद्वन्मंडली के बीच मेरा कर्तव्य केवल अपने दोनों कान खुले रखने का था, न कि मुँह खोलने का। पर आप लोग शायद इधर कार्यभार से थककर कुछ विनोद की सामग्री चाहते थे। मूर्ख हास्यरस के प्राचीन आलम्बन हैं। न जाने कब से वे इस संसार की रुखाई के बीच लोगों को खुलकर हँसने का अवसर देते चले आ रहे हैं। यदि मुझसे इतना भी हो सके तो मैं अपना परम सौभाग्य समझूँगा।

सम्मेलन में जब से अपने अधिवेशन के साथ वाङ्मय के कुछ विभागों की अलग-अलग बैठकों की व्यवस्था की तभी से यह समझा जाने लगा है कि वह प्रचारकार्य के साथ-साथ प्रत्येक विभाग की स्थिति की निरन्तर समीक्षा का विधान भी करना चाहता है। वाङ्मय के भिन्न-भिन्न क्षेत्र किस दिशा में हैं इसकी सम्यक् विवृत्ति प्रत्येक क्षेत्र के कार्यकर्ताओं द्वारा मिलकर विचार करने से ही हो सकती है। आज जिस विभाग की विचारसभा में सम्मिलित होने का अधिकार आप महानुभावों ने मुझे दिया है वह है साहित्यविभाग। अतः इस बात का ध्यान मुझे बराबर रखना पड़ेगा कि जो कुछ मैं कहूँ वह उस विभाग के भीतर की बात हो। कहीं उसके बाहर न जा पड़ूँ, इस डर से कुछ हदबन्दी मैं कर लेना चाहता हूँ, यह स्थिर कर लेना चाहता हूँ, कि शुद्ध साहित्य के भीतर क्या-क्या आता है।)

साहित्य के अन्तर्गत वह सारा वाङ्मय लिया जा सकता है जिसमें अर्थबोध के अतिरिक्त भावोन्मेष अथवा चमत्कारपूर्ण अनुरंजन हो तथा जिसमें ऐसे वाङ्मय की विचारात्मक समीक्षा या व्याख्या हो। भावोन्मेष से मेरा अभिप्राय हृदय की किसी प्रकार की प्रवृत्ति से—रति, करुणा, क्रोध आदि से लेकर रुचि-अरुचि तक से है और चमत्कार से अभिप्राय उक्तिवैचित्र्य के कुतूहल से है। अर्थ से मेरा अभिप्राय वस्तु या विषय से है। अर्थ चार प्रकार के होते हैं—प्रत्यक्ष, अनुमित, आप्तोपलब्ध, और कल्पित। प्रत्यक्ष की

* चौबीसवें हिन्दी साहित्य सम्मेलन, इन्दौर की साहित्य परिषद के सभापति पद से दिया हुआ भाषण।

बात हम अभी छोड़ते हैं। भाव या चमत्कार से निःसंग विशुद्ध रूप में अनुमित अर्थ का क्षेत्र दर्शन विज्ञान है, आप्तोपलब्ध का क्षेत्र इतिहास है, कल्पित अर्थ का प्रधान क्षेत्र काव्य है। पर भाव या चमत्कार से समन्वित होकर ये तीनों प्रकार के अर्थ काव्य के आधार हो सकते हैं और होते हैं। यह अवश्य है कि अनुमित और आप्तोपलब्ध अर्थ के साथ काव्यभूमि में कल्पित अर्थ का योग थोड़ा रहता है, जैसे दार्शनिक कविताओं में, रामायण, पद्मावत आदि ऐतिहासिक काव्यों में। गम्भीर-भाव-प्रेरित काव्यों में कल्पना प्रत्यक्ष और अनुमान के दिखाए मार्ग पर काम करती है और बहुत प्रधान और बारीक काम करती है। कहने का तात्पर्य यह कि साहित्य के भीतर पहले तो वे सब कृतियाँ आती हैं जिनमें भावव्यंजक या चमत्कार विधायक अंश पर्याप्त होता है, फिर उन कृतियों की रमणीयता और मूल्य हृदयंगम करानेवाली समीक्षाएँ या व्याख्याएँ। अर्थबोध कराना मात्र, किसी बात की जानकारी कराना मात्र, जिस कथन या प्रबन्ध का उद्देश्य होगा वह साहित्य के भीतर न आएगा और चाहे जहाँ जाय।

इस दृश्य से साहित्यक्षेत्र के भीतर आनेवाली रचनाओं के तीन रूप तो हमारे यहाँ पहले से मिलते हैं—श्रव्यकाव्य, दृश्यकाव्य और कथात्मक गद्यकाव्य। इनमें से पहले दो तो अब तक ज्यों के त्यों बने हैं। कथात्मक गद्यकाव्य का स्थान अब उपन्यासों और छोटी कहानियों ने लिया है। चौथा रूप है काव्यात्मक गद्यप्रबन्ध या लेख। पाँचवाँ है वह विचारात्मक निबन्ध या लेख जिसमें भावव्यंजना और भाषा का वैचित्र्य या चमत्कार भी हो अथवा जिसमें पूर्वोक्त चारों प्रकार की कृतियों की मार्मिक समीक्षा या व्याख्या हो। काव्यसमीक्षा के अतिरिक्त और प्रकार के विचारपरम्परा द्वारा गृहीत अर्थों या तथ्यों के साथ लेखक का व्यक्तिगत वाग्वैचित्र्य तथा उसके हृदय के भाव या प्रवृत्तियाँ पूरी-पूरी झलकती हैं। इस प्रकार मेरे विचार के विषय ठहरते हैं—काव्य, नाटक, उपन्यास, गद्य काव्य और निबन्ध, जिनमें साहित्यालोचना भी सम्मिलित है। (इन्हीं के सम्बन्ध में मैं अपनी कुछ भली या बुरी धारणाएँ क्रम से आप लोगों के सम्मुख प्रकट करूँगा इस आशा से कि उनका बहुत कुछ संशोधन और परिष्कार इस विद्वन्मंडली के बीच हो जाएगा। पहले मैं प्रत्येक का स्वरूप समझने का प्रयास करूँगा, फिर अपने साहित्य में उसके विकास पर कुछ निवेदन करूँगा—'प्रकाश डालना' तो मुझे आता नहीं।)

उपर्युक्त पाँचों प्रकार की रचनाओं में भाव या चमत्कार के परिमाण में ही नहीं, उसकी शासनविधि में भी भेद होता है। कहीं तो यह शासन इतना सर्वग्रासी और कठोर होता है कि भाव या चमत्कार के इशारे पर ही भाषा अनेक प्रकार के रूप-रंग बनाकर नाचती दिखाई पड़ती है; अपना खास काम लुक-छिपकर करती है। कहीं इतनी कोमल होती है कि वह अपना पहला काम खुलकर करती हुई भाव का कार्यसाधन करती है और अच्छी तरह करती है। भाषा का असल काम यह है कि प्रयुक्त शब्दों के अर्थयोग द्वारा ही—या तात्पर्य वृत्ति द्वारा ही—पूर्वोक्त चार प्रकार के अर्थों में से किसी एक का बोध कराए। जहाँ इस रूप में कार्य न करके वह ऐसे अर्थों का बोध कराती है जो बाधित, असम्भव, असंगत या असम्बद्ध होते हैं वहाँ वह केवल भाव या चमत्कार की साधना

मात्र होती है, उसका वस्तुज्ञापन-कार्य एक प्रकार से कुछ नहीं होता। ऐसे अर्थों का मूल्य इस दृष्टि से नहीं आँका जाता कि वे कहाँ तक वास्तविक, सम्भव या अव्याहत हैं बल्कि इस दृष्टि से आँका जाता है कि वे किसी भावना को कितने तीव्र और बढ़े-चढ़े रूप में व्यंजित करते हैं अथवा उक्ति में कितना वैचित्र्य या चमत्कार लाकर अनुरंजन करते हैं। ऐसे अर्थविधान की सम्भावना काव्य में सबसे अधिक होती है। पर यह समझना चाहिए कि काव्य में अर्थ सदा इसी संक्रमित, अधीन दशा में ही पाया जाता है। बहुत-सी अत्यन्त मार्मिक और भावपूर्ण कविताएँ ऐसी होती हैं जिनमें भाषा कोई वेशभूषा या रंग-रूप नहीं बनाती; अर्थ अपने खुले रूप में ही पूरा रसात्मक प्रभाव डालते हैं।

काव्य की अपेक्षा रूपक या नाटक में भावव्यंजना या चमत्कार के लिए स्थान परिमित होता है। उसमें भाषा अपनी अर्थक्रिया अधिकतर सीधे ढंग से करती है, केवल बीच में ही भाव या चमत्कार उसे दबाकर अपना काम लेते हैं। बात यह है कि नाटक कथोपकथन के सहारे पर चलते हैं। पात्रों की बातचीत यदि बराबर वक्रता लिये अतिरंजित या हवाई होगी तो वह अस्वाभाविक हो जायगी और सारा नाटकत्व निकल जाएगा। वह ठीक है कि पश्चिम में कुछ कवियों ने (नाटककारों ने नहीं) केवल कल्पना की उड़ान दिखानेवाले नाटक लिखे हैं, पर वे शुद्ध नाटक की कोटि में नहीं लिये जाते। यही बात मन की भावनाओं या विकारों को मूर्त रूप—पात्रों के रूप में खड़े करनेवाले नाटकों के सम्बन्ध में भी कही जा सकती है।

आख्यायिका या उपन्यास के कथाप्रवाह और कथोपकथन में अर्थ अपने प्रकृत रूप में और भी अधिक विद्यमान रहता है और उसे दबानेवाले भावविधान या उक्तिवैचित्र्य के लिए और थोड़ा स्थान बचता है। उपन्यास में मन बहुत कुछ घटनाचक्र में लगा रहता है। पाठक का मर्मस्पर्श बहुत कुछ घटनाएँ ही करती हैं; पात्रों द्वारा भावों की लम्बी-चौड़ी व्यंजना की अपेक्षा उतनी नहीं रहती।

काव्यात्मक गद्यप्रबन्ध या लेख छन्द के बन्धन से मुक्त काव्य ही है, अतः रचना भेद में उनमें भी अर्थ का उन्हीं रूपों में ग्रहण होता है जिन रूपों में छन्दोबद्ध काव्य में होता है अर्थात् कहीं तो वह अपने प्रकृत और सीधे रूप में विद्यमान रहता है और कहीं भाव या चमत्कार द्वारा संक्रमित रहता है।

उपर्युक्त चारों प्रकार की रचनाओं में कल्पनासूत 'वस्तु' या अर्थ की प्रधानता रहती है, शेष तीन प्रकार के अर्थ सहायक के रूप में रहते हैं। पर निबन्ध में विचारप्रसूत अर्थ अंगी होता है और आप्तोपलब्ध या कल्पित अर्थ अंग रूप में रहता है। दूसरी बात यह है कि प्रकृत निबन्ध अर्थप्रधान होता है। व्यक्तिगत वाग्वैचित्र्य अर्थापहित होता है, अर्थ के साथ मिला-जुला होता है और हृदय के भाव या प्रवृत्तियाँ बीच-बीच में अर्थ के साथ झलक मारती हैं।

साहित्य के अन्तर्गत आनेवाली पाँचों प्रकार की रचनाओं का आभास देकर अब मैं सबसे पहले काव्य को लेता हूँ जिसकी परम्परा सभ्य, असभ्य सब जातियों में अत्यन्त प्राचीन काल से चली आती है। लोक में जैसे और सब विषयों का प्रकाश मनुष्य की

वाणी या भाषा द्वारा होता है वैसे ही काव्य का प्रकाश भी। भाषा का पहला काम है शब्दों के द्वारा अर्थ का बोध कराना। यह काम वह सर्वत्र करती है—इतिहास में, दर्शन में, विधान में, नित्य की बातचीत में, लड़ाई-झगड़े में और काव्य में भी। भावोन्मेष; चमत्कारपूर्ण अनुरंजन इत्यादि और जो कुछ वह करती है उसमें अर्थ का बोध अवश्य रहता है। अर्थ जहाँ होगा वहाँ उसकी योग्यता और प्रसंगानुकूलता अपेक्षित होगी। जहाँ वाक्य या कथन में यह 'योग्यता', उपपन्नता या प्रकरण सम्बद्धता नहीं दिखाई पड़ती वहाँ लक्षणा और व्यंजना नामक शक्तियों का आह्वान किया जाता है और 'योग्य' अथवा 'प्रकरणसम्बद्ध' अर्थ प्राप्त किया जाता है। यदि इस अनुष्ठान से भी योग्य या सम्बद्ध अर्थ की प्राप्ति नहीं होती तो वह काव्य या कथन प्रलाप मात्र मान लिया जाता है। यदि किसी लड़की को दिखाकर कोई किसी से कहे कि "तुमने इस लड़की को काटकर कुएँ में डाल दिया" तो सुननेवालों के मन में इस वाक्य का अर्थ सीधे न धँसेगा, वह एकदम असम्भव या अनुपयुक्त जान पड़ेगा। फिर चट लक्षणा के सहारे वे इस अबाधित या समझ में आनेवाले अर्थ तक पहुँच जाएँगे कि "तुमने इस लड़की को बुरे घर में ब्याहकर अत्यन्त कष्ट में डाल दिया।" इसी प्रकार गरमी से व्याकुल लोगों में से कोई बोल उठे कि "एक पत्ती भी नहीं हिल रही है" तो शेष लोगों को शायद पहले यह कथन नितान्त अप्रासंगिक जान पड़े, पर पीछे वे व्यंजना के सहारे कहनेवाले के इस सुसंगत अर्थ तक पहुँच जाएँगे कि "हवा बिलकुल नहीं चल रही है।" इससे यह स्पष्ट है कि लक्ष्यार्थ और व्यंग्यार्थ भी 'योग्यता' या 'उपयुक्तता' को पहुँचा हुआ, समझ में आने योग्य रूप में आया हुआ, अर्थ ही होता है। अयोग्य और अनुपपन्न वाच्यार्थ ही लक्षणा या व्यंजना द्वारा योग्य बुद्धिग्राह्य रूप में परिणत होकर हमारे सामने आता है।

व्यंजना के सम्बन्ध में कुछ विचार करने की आवश्यकता है। व्यंजना दो प्रकार की मानी गई—वस्तुव्यंजना और भावव्यंजना। किसी तथ्य या वृत्त की व्यंजना वस्तुव्यंजना कहलाती है और किसी भाव की व्यंजना भावव्यंजना (भाव की व्यंजना ही जब रस के सब अवयवों के सहित होती है तब रसव्यंजना कहलाती है)। यदि थोड़ा ध्यान देकर विचार किया जाए तो दोनों भिन्न प्रकार की वृत्तियाँ ठहरती हैं। वस्तुव्यंजना किसी तथ्य या वृत्त का बोध कराती है पर भावव्यंजना जिस रूप में मानी गई है उस रूप में किसी भाव का संचार करती है, उसकी अनुभूति उत्पन्न करती है। बोध या ज्ञान कराना एक बात है और कोई भाव जगाना दूसरी बात। दोनों भिन्न कोटि की क्रियाएँ हैं पर साहित्य के ग्रन्थों में दोनों में केवल इतना ही भेद स्वीकार किया गया है कि एक में वाच्यार्थ से व्यंग्यार्थ पर आने का पूर्वापर क्रम श्रोता या पाठक को लक्षित होता है, दूसरी में यह क्रम होने पर भी लक्षित नहीं होता। पर बात इतनी ही नहीं जान पड़ती। रति, क्रोध आदि भावों का अनुभव करना एक अर्थ से दूसरे अर्थ पर जाना नहीं है, अतः किसी भाव की अनुभूति को व्यंग्यार्थ कहना बहुत उपयुक्त नहीं जान पड़ता। यदि व्यंग्य कोई अर्थ होगा तो वस्तु या तथ्य ही होगा और इस रूप में होगा कि "अमुक प्रेम कर रहा है, अमुक क्रोध कर रहा है", स्वयं क्रोध या रतिभाव का रसात्मक अनुभव करना नहीं है।

रसव्यंजना इस रूप में मानी भी नहीं गई है। अतः भावव्यंजना या रसव्यंजना वस्तुव्यंजना से सर्वथा भिन्न कोटि की वृत्ति है।

रसव्यंजना की इसी भिन्नता या विशिष्टता के बल पर 'व्यक्तिविवेक' कार महिमभट्ट का सामना किया गया था जिनका कहना था कि "व्यंजना अनुमान से भिन्न कोई वस्तु नहीं।" विचार करने पर वस्तुव्यंजना के सम्बन्ध में भट्टजी का पक्ष ठीक ठहरता है। व्यंग्य वस्तु या तथ्य तक हम वास्तव में अनुमान द्वारा ही पहुँचते हैं पर रसव्यंजना लेकर जहाँ वे चले हैं वहाँ उनके मार्ग में बाधा पड़ी है। अनुमान द्वारा बेधड़क इस प्रकार के ज्ञान तक पहुँचकर कि "अमुक के मन में प्रेम है या क्रोध है" उन्हें फिर इस ज्ञान को 'आस्वाद पदवी' तक पहुँचाना पड़ा है। इस 'आस्वाद पदवी' तक इत्यादि का ज्ञान किस प्रक्रिया से पहुँचता है, यह सवाल ज्यों का त्यों रह जाता है। अतः इस विषय को स्पष्ट कर देना चाहिए। या तो हम भाव या रस के सम्बन्ध में 'व्यंजना' शब्द का प्रयोग न करें, अथवा वस्तु या तथ्य के सम्बन्ध में। शब्दशक्ति का विषय बड़े महत्त्व का है। वर्तमान साहित्यसेवियों को इसके सम्बन्ध में विचार परम्परा जारी रखनी चाहिए। काव्य की मीमांसा या स्वच्छ समीक्षा के लिए यह बहुत उपयोगी सिद्ध होगी।

आजकल के प्रसिद्ध अँगरेजी समालोचक रिचर्ड्स जो योरपीय साहित्य में समीक्षा के नाम पर फैलाए हुए बहुत-से अर्थशून्य वाग्जाल को हटाकर शुद्ध विवेचनात्मक समीक्षा का रास्ता निकाल रहे हैं, हमारे यहाँ के शब्दशक्तिनिरूपण के ढर्रे पर अर्थमीमांसा को लेकर चले हैं। उन्होंने 'व्यावहारिक काव्यसमीक्षा' (प्रेक्टिकल क्रिटिसिज्म) नामक अपने बड़े ग्रन्थ में चार प्रकार के अर्थ माने हैं–(1) प्रस्तुत अर्थ या व्यंग्य वस्तु (सेंस), (2) व्यंग्य भाव (फीलिंग), (3) बोधव्य की विशेषता (टोन) और भीतरी उद्देश्य (इटेंशन)। जिन्होंने अपने यहाँ के शब्द-शक्ति-निरूपण का अच्छी तरह मनन किया है वे देख सकते हैं कि इन चारों में दो ही मुख्य हैं। तीसरे का समावेश हमारे यहाँ आर्थी व्यंजना के कारणों के अन्तर्गत हो जाता है–

वक्तृबोद्धव्यवाक्यानामन्यसन्निधिवाच्ययोः।
प्रस्तावदेशकालानां काकोश्चेष्टादिकस्य च॥

चौथे का समावेश अभिधामूलक ध्वन्यार्थ के अन्तर्गत हो जाता है जिसका एक उदाहरण यह है–"हे धार्मिक ! बेधड़क फिरिए। उस कुत्ते को जो आपको सताता था, गोदावरी तट के उस कुंज में रहनेवाले सिंह ने मार डाला।" इसमें कहनेवाली नायिका का भीतरी उद्देश्य यह है कि भगतजी उस एकान्त कुंज के फूल आदि तोड़ने न जाया करें; पर वह और ही ढंग से कहती है कि 'बेधड़क फिरिए'। हमारे यहाँ शब्दशक्तियों के भेदनिरूपण का जैसा स्वच्छ मार्ग है वैसा यदि रिचर्ड्स को मिलता तो उन्हें उक्त पिछले दो प्रकार के अलग अर्थ न रखने पड़ते।

उक्त चार प्रकार के अर्थों का उल्लेख करके रिचर्ड्स ने कहा है कि उक्ति में कभी किसी अर्थ की प्रधानता रहती है, कभी किसी अर्थ की। काव्य में अधिकतर व्यंग्य भाव की प्रधानता रहती है। पर वे कहते हैं कि इसका यह अभिप्राय नहीं कि काव्य में प्रस्तुत

अर्थ या तथ्य ध्यान देने की वस्तु नहीं। कभी-कभी सीधी-सादी प्रस्तुत वस्तु या अर्थ ही से भाव की व्यंजना हो जाती है। कभी वाच्यार्थ से व्यंजित वस्तु निकालनी पड़ती है। क्या यह कहने की आवश्यकता है कि काव्यमीमांसा की यह वही पद्धति है जो हमारे यहाँ स्वीकृत है।

आजकल पाश्चात्य वादवृक्षों के बहुत-से पत्ते–कुछ हरे नोचे हुए, कुछ सूखकर गिरे पाए हुए–यहाँ पारिजातपत्र की तरह प्रदर्शित किए जाने लगे हैं, जिससे साहित्य के उपवन में बहुत गड़बड़ी दिखाई देने लगी है। इन पत्तों की परख के लिए अपनी आँखें खुली रखने और उन पेड़ों की परीक्षा करने की आवश्यकता है जिनके वे पत्ते हैं पर यह बात हो नहीं रही है। योरप के समीक्षाक्षेत्र में नवीनता और अनूठेपन की झोंक में काव्य के सम्बन्ध में न जाने कितनी अत्युक्त बातें चला करती हैं–जैसे 'कला कला ही के लिए', 'अभिव्यंजना ही सब कुछ है, अभिव्यंग्य कोई वस्तु नहीं', 'काव्य में अर्थ ध्यान देने की कोई वस्तु नहीं', 'काव्य में बुद्धि घातक होती है' इत्यादि इत्यादि। 'कला कला ही के लिए' का शोर योरप में तो बन्द हुआ, पर यहाँ उसकी गूँज अब तक सुनाई दिया करती है। और सब बात अभी छोड़कर यहाँ हम प्रसंगवश 'बुद्धि' और 'अर्थ' वाली बात लेते हैं।

ऊपर शब्दशक्तियों के सम्बन्ध में हम जो कुछ कह आए हैं उससे इस बात का आभास मिलता है कि भारतीय दृष्टि के अनुसार 'अर्थ' काव्य में क्या काम करता है और 'बुद्धि' का काव्य में क्या स्थान है। 'अर्थ' से अभिप्राय योग्य और उपपन्न अर्थ से है, यह दिखाया जा चुका है। वाच्यार्थ के अयोग्य या अनुपपन्न होने पर योग्य और उपपन्न अर्थ प्राप्त करने के लिए लक्षणा और व्यंजना का सहारा लिया जाता है। अब प्रश्न यह है कि काव्य की रमणीयता किसमें रहती है ? वाच्यार्थ में अथवा लक्ष्यार्थ या व्यंग्यार्थ में ? इसका बेधड़क उत्तर यही है कि वाच्यार्थ में, चाहे वह योग्य और उपपन्न हो, अथवा अयोग्य और अनुपपन्न। मेरा यह कथन विरोधाभास का चमत्कार दिखाने के लिए नहीं है, सोलह आने ठीक है। कोई रसात्मक या चमत्कारविधायक उक्ति लीजिए। उस उक्ति में ही अर्थात् उसके वाच्यार्थ ही में, काव्यत्व या रमणीयता होगी, उसके लक्ष्यार्थ या व्यंग्यार्थ में नहीं। जैसे, यह लक्षणायुक्त वाक्य लीजिए–

जीकर, हाय ! पतंग मरे क्या ?

इसमें भी यही बात है। जो कुछ वैचित्र्य या चमत्कार है वह इस अयोग्य और अनुपपन्न या उसके वाच्यार्थ में ही है। इसके स्थान पर यदि इसका यह लक्ष्यार्थ कहा जाए कि "जीकर पतंग क्यों कष्ट भोगें ?" तो कोई वैचित्र्य या चमत्कार न रहेगा। अब 'साकेत' में उर्मिला की यह रसात्मक उक्ति लीजिए–

आप अवधि बन सकूँ कहीं तो क्या कुछ देर लगाऊँ ?
मैं अपने को आप मिटाकर, जाकर उनको लाऊँ ?

जिसका वाच्यार्थ बहुत ही अत्युक्त व्याहत और बुद्धि को सर्वथा अग्राह्य है, उर्मिला जब आप मिट ही जाएगी तब अपने प्रिय लक्ष्मण को वन से लाएगी क्या ? पर सारा रस, सारी रमणीयता, इसी व्याहत और बुद्धि को अग्राह्य वाच्यार्थ में है; इस योग्य और बुद्धिग्राह्य व्यंग्यार्थ में नहीं कि 'उर्मिला को अत्यन्त औत्सुक्य है।' इससे स्पष्ट है कि

वाच्यार्थ ही काव्य होता है, व्यंग्यार्थ या लक्ष्यार्थ नहीं। हिन्दी के पुराने कवि देव ने शायद यही समझकर काव्य में केवल वाच्यार्थ माना था।[1] तो फिर लक्ष्यार्थ या व्यंग्यार्थ का काव्य में प्रयोजन क्या है ? वाच्यार्थ बाधित व्याहृत या अनुपपन्न होने पर लक्षणा और व्यंजना के सहारे योग्य और बुद्धिग्राह्य अर्थ प्राप्त करने का प्रयास क्यों किया जाता है ? इस प्रयास का अभिप्राय यही है कि काव्य की उक्ति चाहे कितनी ही अतिरंजित, दूरारूढ़ और उड़ानवाली हो–उसका वाच्यार्थ चाहे कितना प्रकरणच्युत, व्याहृत और असम्भव हो–उसकी तह में छिपा हुआ कुछ-न-कुछ योग्य और बुद्धिग्राह्य अर्थ होना चाहिए। योग्य और बुद्धिग्राह्य अर्थ प्राप्त करने के लिए चाहे कितनी ही मिट्टी–मिट्टी मैं तार्किकों की बुद्धि से कह गया, रसज्ञों और सहृदयों की दृष्टि से सोना या रत्न कहना चाहिए–खोदकर हटानी पड़े, उसे प्राप्त करना चाहिए। अब पूछिए कि जो योग्य और बुद्धिग्राह्य अर्थ खोदकर निकाला जाता है उसका काव्य में प्रयोजन क्या है, वह किस काम आता है। काव्य तो वह है नहीं : काव्य तो है अयोग्य, अनुपपन्न बुद्धि को अग्राह्य उक्ति। सुनिए वह काव्य नहीं, 'काव्य को धारण करनेवाला सत्य है जिसकी देखरेख में काव्य मनमानी क्रीड़ा पर सकता है।' व्यंजना करनेवाली उक्ति की साधुता और सच्चाई की परख के लिए उसको सामने रखने की आवश्यकता होती है। यह आवश्यकता अधिकतर समीक्षकों और आलोचकों को पड़ती है। वे उस सत्य के साथ किसी उक्ति का सम्बन्ध देखकर यह निर्णय करते हैं कि उस उक्ति का स्वरूप ठीक ठिकाने का है या ऊटपटाँग। इस प्रकार यहाँ के साहित्य-मीमांसकों की दृष्टि में काव्य में योग्य अर्थ होना अवश्य चाहिए–योग्यता चाहे खुली हो या छिपी हो; अत्यन्त अयोग्य और असम्बद्ध प्रलाप के भीतर भी कभी-कभी काव्य के प्रयोजन भर की योग्यता छिपी रहती है–जैसे; शोकोन्मत्त या वियोग-विक्षिप्त के प्रलाप में शोक की विह्वलता या वियोग की व्याकुलता ही 'योग्यता' है।

काव्य के साथ अर्थ की योग्यता अर्थात् बुद्धि का कितना और किधर से लगाव होता है, इस विषय में हमारे यहाँ का यही विवेचन समझना चाहिए। ऊपर काव्य और कला के सम्बन्ध में समय-समय पर फैशन की तरह चलनेवाले नाना वादों, और प्रवादों और अपवादों की चर्चा की जा चुकी है, जिनके बहुत-से वाक्यखंड हमारे वर्तमान साहित्य के क्षेत्र में भी मन्त्रों की तरह जपे जाने लगे हैं। इस प्रसंग में एक बात की ओर ध्यान देना सबसे पहले आवश्यक है। योरप में कला और काव्य समीक्षा के बड़े-बड़े सम्प्रदाय इटली और फ्रांस से चलते रहे हैं। इटली बहुत दिनों से चित्रकारी, मूर्तिकारी, नक्काशी, बेलबूटों की इमारती सजावट आदि के लिए प्रसिद्ध चला आ रहा है। इन्हीं इलाकों के बीच काव्य की भी गिनती की गई। फल यह हुआ कि काव्य के स्वरूप के सम्बन्ध में भी नक्काशी और बेलबूटों की सी भावना जड़ पकड़ती गई। काव्य का प्रभाव भी उसी प्रकार का समझा जाने लगा जिस प्रकार का बेलबूटों की सजावट और नक्काशी का पड़ता है। इससे अधिक गम्भीर श्रेणी का प्रभाव ढूँढ़ने की आवश्यकता धीरे-धीरे दूर सी होने लगी।

1. 'अभिधा' उत्तम काव्य है, मध्य लच्छना लीन।
   अधम व्यंजना रस बिरस, उलटी कहत नवीन॥

बेलबूटों की सजावट और नक्काशी में जिस ढंग से अनुरंजन करनेवाला सौन्दर्यविधान होता है उसी ढंग से अनुरंजन करनेवाला सौन्दर्यविधान काव्य में समझा जाने लगा। अतः जिस प्रकार बेलबूटे और नक्काशी का सम्बन्ध जगत् या जीवन की किसी वास्तविक दशा; स्थिति या तथ्य से नहीं होता, उसी प्रकार काव्य का भी नहीं होता। शिल्पकार या कलाकार के मन में सौन्दर्य की भावनाएँ जिन रूपरेखाओं या आकारों में प्रस्फुटित होती हैं उन्हीं रूपों और आकारों को वह बेलकूटों और नक्काशियों में अभिव्यंजित कर देता है। वे बेलबूटे कल्पना की स्वतन्त्र सृष्टि होते हैं—सृष्टि के किसी खंड से ठीक-ठीक अनुकरण नहीं। जीवन के किसी वास्तविक तथ्य, भाव (मन विकार) या विचार के रूप में उनका अर्थ ढूँढ़ना व्यर्थ है। अपने अर्थ आप ही हैं। यही बात काव्य के सम्बन्ध में भी समझी जाने लगी।

मेरे देखने में 'कला कला ही के लिए है', 'कला कल्पना की नूतन सृष्टि में है, प्रकृति के ज्यों के त्यों चित्रण में नहीं', 'काव्य कल्पना का लोक है'—ये सब उक्त बेलबूटेवाली हलकी धारणा के कच्चे-बच्चे हैं।

इस धारणा को बहुत दूर तक घसीटकर इसे शास्त्रीय रूप देने का सबसे प्रकांड प्रयास इटली के क्रोचे ने अपने 'सौन्दर्यशास्त्र' में किया जिसका प्रभाव केवल काव्यचर्चा में ही नहीं, काव्यरचना में भी बहुत कुछ दिखाई पड़ता है। उसने अभिव्यंजनावाद (एक्सप्रेशनिज्म) का प्रवर्तन किया जिसके अनुसार कला में अभिव्यंजना ही सब कुछ है—अभिव्यंजना से अलग कोई और अभिव्यंग्य वस्तु या अर्थ नहीं होता। काव्य की गिनती कलाओं में ही की गई है। अतः काव्य में उक्ति से अलग कोई दूसरा अर्थ—दूसरी वस्तु, तथ्य या भाव—नहीं होता। काव्य की उक्ति किसी दूसरी उक्ति की प्रतिनिधि नहीं। जो अर्थ किसी उक्ति के शब्दों से निकलता है उसका सम्बन्ध किसी दूसरे अर्थ में नहीं होता। साहित्य की परिभाषा में इसे यों कह सकते हैं कि काव्य में वाच्यार्थ का कोई व्यंग्यार्थ नहीं होता।

अब यह देखिए कि उक्त 'वाद' के भीतर प्रकृति की नाना वस्तुओं, दृष्टि और व्यापारों तथा हृदय के रति, क्रोध, शोक इत्यादि अनेक भावों का क्या स्थान ठहरता है। वे केवल उपादान मात्र रह जाते हैं। कुछ फूल-पत्तियों इत्यादि के रंग और आकार लेकर जिस प्रकार मनमाने बेलबूटे और नक्काशियाँ बनाई जाती हैं, उसी प्रकार काव्य में भी बाह्य प्रकृति से फूल-पत्तों, नदी-नालों, पर्वत-समुद्र, बुलबुल, कोकिल, चातक, भ्रमर, चाँदनी; समीर इत्यादि; मनुष्य के व्यापारों से रोना, गाना, हँसना, कूदना इत्यादि; शरीर से मुख, कान, नाक, अश्रु, श्वास, उच्छ्वास इत्यादि; मनुष्यों की अन्तःप्रकृति से रति, हास, शोक, भय इत्यादि लेकर और उनका मनमाना योग करके एक अनूठी सृष्टि, प्रकृति से सर्वथा स्वतन्त्र एक नई रचना, खड़ी की जाती है। इन अनेक पदार्थों का वर्णन या इन अनेक भावों की व्यंजना, काव्य का लक्ष्य नहीं होता। ये तो उपादान मात्र हैं—खिलौने बनानेवाले कुम्हार की मिट्टी और रंग हैं। अतः प्रस्तुत-अप्रस्तुत का, अलंकार-अलंकार्य का कोई सवाल नहीं।

यहाँ से अब स्पष्ट देखा जा सकता है कि उपर्युक्त वाद बेलबूटों और नक्काशियों के सम्बन्ध में तो बिलकुल ठीक घटता है पर काव्य की सच्ची मार्मिक भूमि से बहुत दूर रहता है। उसे दृष्टि में रखकर जो चलेगा उसके निकट काव्य का सहृदयता, भावुकता और मार्मिकता से कोई सम्बन्ध नहीं। उक्त वाद के प्रभाव से प्रस्तुत की हुई रचनाओं को देखकर कोई पूछ सकता है कि क्या कवि के लिए अनुभूति सचमुच आवश्यक है। यदि काव्य की तह में जीवन का कोई सच्चा धार्मिक तथ्य, सच्ची भावानुभूति नहीं तो उसका मूल्य मनोरंजन करनेवाली सजावट या खेल-तमाशे के मूल्य से कुछ भी अधिक नहीं। पर उक्त वाद के प्रतिपादक ने उसका मूल्य दूसरी दुनिया में ढूँढ़ निकालने की चेष्टा की है। उसके कला की अभिव्यंजना के इस व्यवसाय को बाह्यप्रकृति और अन्तःप्रकृति दोनों से परे जो आत्मा है, उसकी अपनी निज की क्रिया कहा है–इस जगत और जीवन से स्वतन्त्र। यहाँ पर यह सूचित कर देना आवश्यक है कि क्रोचे को यह आत्मावादी बात मिली कहाँ से। यह पुराने ईसाई भक्त सन्तों से मिली है जिन्हें दिव्य आभास हुआ करता था और जिसका उल्लेख आगे होगा। 'काव्य में रहस्यवाद' नामक पुस्तक में दिखा चुका हूँ कि किस प्रकार ईसा की 19वीं शताब्दी के आरम्भ में घोर रहस्यवादी अँगरेज कवि ब्लेक ने सन्तों के आभासवाली बात पकड़कर मनुष्य की कल्पना को इलहाम के दर्जे तक पहुँचाया था। उसने कहा था–

'कल्पना का लोक नित्यलोक है। यह शाश्वत और अनन्त है। उस नित्य लोक में उन सब वस्तुओं की नित्य और पारिभाषिक सत्ताएँ हैं जिन्हें हम प्रकृति रूपी दर्पण में प्रतिबिम्बित देखते हैं।'

परीक्षा के लिए क्रोचे के अभिव्यंजनावाद का संक्षेप में परिचय दे देना, मैं समझता हूँ, अच्छा होगा। मैं कई जगह दिखा चुका हूँ कि किस प्रकार योरप के समीक्षाक्षेत्र में, इधर बहुत दिनों से काव्य के, कल्पना और भाव इन दोनों अवयवों में से केवल 'कल्पना' की ही पुकार सुनाई पड़ती है। कल्पना है काव्य का क्रियात्मक बोधपक्ष जिसका विधान हमारे यहाँ के रसवासियों ने भाव के योग में ही काव्य के अन्तर्भूत माना है। अलंकारवादी या वक्रोक्तिवादी अलम्बत ज्ञानात्मक अवयव ही से प्रयोजन रखते हैं। जैसा कि ऊपर दिखाया जा चुका है, क्रोचे काव्य में कल्पना की क्रिया और उसके बोध ही को सब कुछ मानता है। अतः कलानुभूति या काव्यानुभूति को वह ज्ञान स्वरूप ही मानकर चला है। इसका सिद्धान्त संक्षेप में हम नीचे देते हैं, उसने कलासम्बन्धी ज्ञान को तर्कसम्बन्धी ज्ञान से इस प्रकार अलग किया है–

(1) कला सम्बन्धी ज्ञान है–स्वयंप्रकाश ज्ञान (इंट्यूशन), कल्पना में अद्भुत ज्ञान, व्यक्ति का संकेतग्रह अर्थात् किसी एक विशेष वस्तु का ज्ञान।

(2) तर्क सम्बन्धी ज्ञान–प्रभा (कंसेप्ट) निश्चयात्मिका बुद्धि द्वारा प्राप्त ज्ञान, भिन्न-भिन्न व्यक्तियों के परस्पर सम्बन्ध का ज्ञान अर्थात् जाति का संकेतग्रह।

स्वयंप्रकाश ज्ञान का अभिप्राय है मन में आपसे आप–बिना बुद्धि की क्रिया या सोच-विचार के–उठी हुई मूर्त भावना, जिसकी वास्तविकता-अवास्तविकता का कोई

सवाल नहीं। वह मूर्त भावना या कल्पना आत्मा की अपनी क्रिया है जो दृश्य जगत् के नाना रूपों और व्यापारों को (अर्थात् मन में संचित उनकी छाया और संस्कारों) द्रव्य या उपादान की तरह लेकर हुआ करती है। दृश्य जगत् के नाना रूप व्यापार हैं। द्रव्य (मैटर)। इसी द्रव्य के सहारे आत्मा की क्रिया मूर्त रूप में अपना प्रकाश करती है। 'द्रव्य' की प्रतीति मात्र तो जड़त्व या निष्क्रियता है–ऐसी प्रतीति है जो चित्रण होकर करनी ही पड़ती है। मनुष्य की आत्मा द्रव्य की प्रतीति मात्र करती है। उसकी सृष्टि नहीं करती। आत्मा की अपनी स्वतन्त्र क्रिया है। कल्पना, जो रूप का सूक्ष्म साँचा खड़ा करती है और उस साँचे में स्थूल द्रव्य को डालकर अपनी कृति को गोचर या व्यक्त करती है। वह 'साँचा' आत्मा की कृति या आध्यात्मिक वस्तु होने के कारण, परमार्थतः एकरस और स्थिर होता है। उसकी अभिव्यंजना में जो नानात्व दिखाई पड़ता है वह स्थूल 'द्रव्य' के कारण जो परिवर्तनशील होता है। कला के क्षेत्र में यही 'साँचा' (फॉर्म) सब कुछ है, द्रव्य या सामग्री (मैटर) ध्यान देने की वस्तु नहीं है।[1]

स्वयंप्रकाश ज्ञान (इंट्यूशन) का 'साँचे' में ढलकर व्यक्त होना ही कल्पना है और कल्पना ही मूल अभिव्यंजना (एक्स्प्रेशन) है जो भीतर होती है और शब्द, रंग आदि द्वारा बाहर प्रकाशित की जाती है। यदि सचमुच स्वयंप्रकाश ज्ञान हुआ है, भीतर अभिव्यंजना हुई है, तो वह बाहर भी प्रकाशित हो सकती है। लोगों का यह कहना कि कवि के हृदय में बहुत-सी भावनाएँ उठती हैं, जिन्हें वह अच्छी तरह व्यक्त नहीं कर सकता, क्रोचे नहीं मानता। वह कहता है कि जो भावना या कल्पना बाहर व्यक्त नहीं हो सकती उसे अच्छी तरह उठी हुई ही न होना समझना चाहिए। प्रत्येक अभिव्यंजना (एक्स्प्रेशन) या उसके बाहरी रूप उक्ति की अपनी अलग विशेष सत्ता होती है। अनेक अभिव्यंजनाओं या उक्तियों के बीच कुछ सामान्य लक्षण ढूँढ़कर काव्य के सम्बन्ध से कुछ कहना-सुनना व्यर्थ है।[2]

अतः साहित्यशास्त्र में रचनाओं के जो अनेक भेद किए गए हैं, कला की दृष्टि में वे निरर्थक हैं–जैसे, अनेक प्रकार के अलंकार तथा वास्तविक (रियलिस्टिक) और प्रतीकात्मक (सिंबालिक), बाह्य निरूपक (आब्जेक्टिव) और अन्तर्वृत्तिनिरूपक (सब्जेक्टिव), रूढ़िबद्ध और स्वच्छन्द, अलंकृत अनलंकृत इत्यादि भेद।

अलंकार के सम्बन्ध में क्रोचे कहता है कि अलंकार तो शोभा के लिए ऊपर से जोड़ी या पहनाई हुई वस्तु को कहते हैं। अभिव्यंजना या उक्ति में अलंकार जुड़ कैसे सकता है ? यदि कहिए बाहर से, तो उसे उक्ति से सदा अलग रहना चाहिए। यदि चाहिए भीतर से, तो वह या तो उक्ति के लिए 'दाल भात में मूसरचन्द' होगा अथवा उसका एक अंग ही होगा।

---

1. ऐन एइस्थेटिक फैक्ट इज फॉर्म ऐंड नथिंग एल्स।
2. आगे चलकर नीचे क्रोचे को कुछ अभिव्यंजनाओं में सजातीय साम्य (फैमिली लाइकनेसेज) स्वीकार करना पड़ा है। सजातीय, विजातीय भेद मान लेना वर्गीकरण की सम्भावना स्वीकार करना ही है।

रस, अलंकार आदि के नाना भेद क्रोचे के अनुसार, कला की सिद्धि में कोई योग न देकर तर्क या शास्त्रपक्ष में सहायक होते हैं। इन सबका मूल्य केवल 'वैज्ञानिक समीक्षा' में है, कलानिरूपिणी समीक्षा में नहीं। कला सम्बन्धी भाग उस प्रकार का अनुभव भी नहीं जिस प्रकार का सुख-दुख का अनुभव.होता है। यदि वह आनन्दानुभव माना जाए तो गुलाबजामुन खाने और इत्र सूँघने के आनन्द के समान ही ठहरता है और एक तरह का भोगविलास ही है। हाँ, यह अवश्य है कि जैसे और प्रकार आध्यात्मिक भासों के साथ आनन्दानुभूति लगी रहती है वैसे ही कलासम्बन्धी भास के साथ भी। पर इस आनुषंगिक वस्तु को मूल वस्तु से अलग समझना चाहिए। आगे चलकर क्रोचे उस रसवाद का भी खंडन करता है, जिसमें रति; क्रोध, शोक आदि भिन्न-भिन्न भावों की स्वरूप से अनुभूति ही काव्यानुभूति मानी गई है। वह कहता है कि रसवादी रसानुभूति को वास्तविक अनुभूति से इसी बात में विशेषता बतलाते हैं कि वह स्वार्थ और निर्लिप्त होती है। पर यह भेद व्यर्थ है। इस भेद के सहारे लोगों ने कलासमीक्षा के क्षेत्र में किसी जमाने में प्रचलित 'सत्यं शिवं सुन्दरम्' (दि ट्रयू, दि गुड ऐंड दि ब्युटीफुल)—इन भिन्न-भिन्न क्षेत्रों में शब्दों के बीच सामंजस्य स्थापना का प्रकांड प्रयत्न किया पर इसका जमाना लद गया।[1]

अनुभूति तो क्रोचे के अनुसार शरीर के योगक्षेम से सम्बन्ध रखनेवाली भीतरी क्रिया है अतः उसके सुखदायक-दुखदायक, उपयोगी-अनुपयोगी, लाभकारी-हानिकारी दो पक्ष अवश्य ही होंगे। यदि कला में सुखात्मक भाव (जैसे, रति, हास) का मूल्य होता है तो इसका मतलब यह है कि दुखात्मक भाव (जैसे, शोक, जुगुप्सा) का कोई मूल्य नहीं। पर काव्य में दोनों प्रकार के भाव बराबर देखे जाते हैं। कला या काव्य का मूल्य तो 'सुन्दर' शब्द द्वारा व्यक्त किया जाता है जैसे, योगक्षेम सम्बन्धी (इकॉनामिक) मूल्य 'उपयोगी' या 'कल्याणकारी' या 'शुभ' (शिवम्) शब्द द्वारा बुद्धिसम्बन्धी मूल्य 'सत्य' शब्द द्वारा; धर्मसम्बन्धी मूल्य 'उचित' शब्द द्वारा। पर कला के क्षेत्र में, 'सुन्दर' शब्द को भी क्रोचे एक विशेष अर्थ में स्वीकार करता है। सौन्दर्य से उसका तात्पर्य केवल अभिव्यंजना के सौन्दर्य से, उक्ति के सौन्दर्य से है, किसी प्रस्तुत वस्तु के सौन्दर्य से नहीं। किसी वास्तविक या प्रस्तुत में सौन्दर्य कहाँ ? क्रोचे तो कल्पना की सहायता के बिना प्रकृति में कोई सौन्दर्य नहीं मानते। जो कुछ सौन्दर्य होता है वह केवल अभिव्यंजना में,

1. पर यहाँ अभी तक चल रहा है। योरपीय समीक्षाक्षेत्र की इस पदावली को हिन्दुस्तान में सबसे पहले दाखिल करनेवाले ब्रह्मसमाज के प्रवर्तक राजा राममोहन राय थे। उनके पीछे महर्षि देवेन्द्रनाथ ठाकुर ने इसकी खूब उद्धरणी की और यह बँगला के साहित्यक्षेत्र में तब से बराबर चलती आ रही है। 'सत्यं शिवं सुन्दरम्' अँगरेजी के दि ट्रयू, दि गुड ऐंड दि ब्युटीफुल' का अनुवाद है यह मैं 'काव्य में रहस्यवाद' नाम की पुस्तक में दिखा चुका हूँ। आजकल हिन्दी में भी यह पदावली, शायद उपनिषद्वाक्य समझी जाकर बहुत उद्धृत की जाती है, यद्यपि योरप से इसका फैशन उठे बहुत दिन हुए। प्रसिद्ध आधुनिक समालोचक रिचर्ड्स ने इसका उल्लेख इस प्रकार किया है—दस ऐराइजेज दि फेंटम प्राब्लेम आव दि एइस्थेटिक मोड आर एइस्थेटिक स्टेट—ए लिगैली फ्रॉम दि डेज आव ऐब्स्ट्रैक्ट इनवेसिटगेशन इंटु दि गुड दि ब्यूटिफुल ऐंड दि ट्रयू।—प्रिंसिपुल्स आव क्रिटिसिज्म।

उक्तिस्वरूप में। यदि सुन्दर कही जा सकती है तो उक्ति ही, असुन्दर कही जा सकती है तो उक्ति ही। इस मौके पर अपने पुराने कवि केशवदास जी याद आ गए, जो कह गए हैं कि–'देखे मुख भावै, अनदेखेई कमलचन्द ताते मुखं नुखै सखी, कमलो न चंद री।' केशवदासजी को भी कमल चन्द इत्यादि देखने में कुछ भी अच्छे या सुन्दर नहीं लगते थे। हाँ, जब वे उपमा उत्प्रेक्षापूर्ण किसी काव्योक्ति में समन्वित होकर आते थे तब वे सुन्दर दिखाई पड़ने लगते थे।

फिर लोग क्यों नाहक 'प्रकृति' की सुषमा, शोभा, छटा, सुन्दरता इत्यादि कहा करते हैं ? क्रोचे कहता है कि बात यह है कि काव्य की उक्तियों के निर्माण में प्रकृति के क्षेत्र में बहुत-सी सामग्री न जाने कितने दिनों से लोग लेते चले आ रहे हैं। इससे उन वस्तुओं को असंख्य उक्तियों में सुन्दर देखते-देखते उनके सम्बन्ध में सुन्दरता की भावना बँध गई है और हम उन्हें वास्तविक या प्रत्यक्ष रूप में भी सुन्दर समझा करते हैं।

क्रोचे आरम्भ में ही कलासम्बन्धी उद्भावना को ज्ञानस्वरूप (भावानुभूतिस्वरूप या आस्वादस्वरूप नहीं) मानकर चला है, यद्यपि आगे चलकर उसने माना है कि इस ज्ञान के साथ एक विशेष प्रकार का आनन्द भी बराबर लगा रहता है। उसके मन में यह आनन्द और प्रकार के आनन्दों से सर्वथा भिन्न होता है। काव्य को ही लीजिए। उसमें सुखात्मक (जैसे, रति, हास) और दुखात्मक (जैसे, शोक, जुगुप्सा) दोनों प्रकार के भावों की अभिव्यंजना होती है। अतः यह प्रश्न उठता है कि शोक या करुणा की अनुभूति आनन्दस्वरूप कैसे होगी। इस उलझन से पीछा छुड़ाने के लिए आधुनिक 'सौन्दर्यशास्त्र' में अनुभूत्याभास (एपेरेंट फीलिंग) का सिद्धान्त निकाला गया है। इस सिद्धान्त के प्रवर्तकों का कहना है कि 'कला सम्बन्धी अनुभूति अनुभूत्याभास मात्र होती है, वह बहुत तीव्र और क्षोभकारिणी नहीं होती।' क्रोचे कहता है कि वह बहुत तीव्र या क्षोभकारिणी इसलिए नहीं होती कि उसका सम्बन्ध केवल उक्ति के स्वरूप (फॉर्म) से होता है। जीवन के वास्तविक मनोविकार जो इतने तीव्र और क्षोभकारक होते हैं वह इस कारण कि उनका सम्बन्ध वस्तु या तथ्य (मैटर) से होता है। वास्तविक स्थिति या वस्तु की अनुभूति एक बात है, अभिव्यंजना दूसरी बात। दोनों को भिन्न-भिन्न क्षेत्रों के विषय समझना चाहिए। कला में तो विचार की बात है अभिव्यंजना।

कला के क्षेत्र में 'सुन्दर-असुन्दर' का प्रयोग अभिव्यंजना या उक्ति के लिए ही हो सकता है, यह कह आए हैं। अभिव्यंजना या उक्ति को न लेकर यदि हम वर्ण्य वस्तुओं को लेते हैं तो सुन्दर-असुन्दर ही नहीं और भी अनेक प्रकार के भेद ठहरते हैं जैसे, सुन्दर, कुरूप, वीभत्स; भयानक, भव्य, अद्भुत, दिव्य, इत्यादि। आलम्बनों के इन गुणों के अनुसार साहित्य में अनेक भेद भी किए भी गए हैं। क्रोचे कहता है कि ये सब भेद कला के काम के नहीं, इनका ठीक स्थान मनोविज्ञान में है। इन अनेक श्रेणियों में विभक्त प्रमेयों या वस्तुओं का कला से केवल इतना लगाव है कि उसकी अभिव्यंजना में ये सब की सब वस्तुएँ जीवनक्षेत्र से संगृहीत उपादान या मसाले का काम देता है। अर्थात् काव्य की उक्ति में इनका भी प्रतिबिम्ब आ जाया करता है। एक दूसरा आकस्मिक सम्बन्ध

यह भी है कि वास्तविक जीवन में अनुभूत होनेवाली इन वस्तुओं की प्रतीति के भीतर कभी-कभी कला का आभास भी आ जाया करता है।[1]

इसमें तो कुछ कहना ही नहीं कि कला सौन्दर्य का विधान करती है। पर काव्य आदि कलाओं में असुन्दर और कुरूप वस्तुओं का वर्णन भी बराबर आया करता है। अतः अभिव्यंजना या उक्ति को न पकड़कर वर्ण्यवस्तु को पकड़नेवालों के लिए सुन्दर के भीतर कुरूप या असुन्दर वस्तुओं के लिए स्थान निकालने में बड़ी अड़चन पड़ी। कुछ लोगों ने कहा कि काव्य आदि में असुन्दर और वीभत्स आदि विरुद्ध वस्तुएँ सुन्दर को और झलकाने के लिए रखी जाती हैं पर क्रोचे के अनुसार यह सब बखेड़ा व्यर्थ है और अभिव्यंजना या उक्ति के स्वरूप को ही पकड़ने से दूर हो जाता है।

अब क्रोचे के अनुसार अभिव्यंजना का असल स्वरूप क्या है, यह भी थोड़ा देख लीजिए। वह कहता है कि साधारणतः लोग कवि के शब्दों, गायक के स्वरों, चित्रकार के खींचे हुए आकारों को ही अभिव्यंजना समझा करते हैं। कभी-कभी व्यंजना का अर्थ लज्जा से आँखें नीची करना, भय से काँपना, क्रोध से दाँत पीसना इत्यादि समझा जाता है। पर ये कला की अभिव्यंजनाएँ नहीं हैं, भौतिक अभिव्यंजनाएँ हैं। अनेक प्रकार की उग्र चेष्टाएँ करते हुए क्रोध से तिलमिलाते हुए मनुष्य में और कला पक्ष से क्रोध की अभिव्यंजना करते हुए मनुष्य में बड़ा अन्तर है। इस प्रकार की भौतिक अभिव्यंजना कलाशून्य होती है। कला की असल अभिव्यंजना तो है कल्पना, जो एक आध्यात्मिक क्रिया है। शब्द, रंग, भौतिक रूप, चेष्टा इत्यादि तो कल्पना को, आध्यात्मिक वस्तु को, प्रकाशित करनेवाली भौतिक अभिव्यंजना है। कला की अभिव्यंजना की प्रक्रिया का यह क्रम कहा जा सकता है–

(1) अन्तःसंस्कार (इंप्रेशंस)

(2) अभिव्यंजना अर्थात् कलापरक आध्यात्मिक योजना या कल्पना (एक्स्प्रेशन आव स्पिरिचुअल एइस्थेटिक सिंथेसिस)

(3) सौन्दर्य की भावना से उत्पन्न आनुषंगिक आनन्द (हेडोनिस्टिक ऐकम्पनीमेंट आर प्लेजर आव दि ब्यूटीफुल)

(क) कलापरक आध्यात्मिक वस्तु (कल्पना) का स्थूल भौतिक रूपों में अवतरण (शब्द), स्वर चेष्टा, रंग, रेखा आदि।

इन सबमें मूल प्रक्रिया है नम्बर (2) अर्थात् अभिव्यंजना। ये चारों विधान पूरे हो जाने पर अभिव्यंजना का अनुष्ठान पूर्ण हो जाता है।

यहाँ तक तो क्रोचे का 'अभिव्यंजनावाद' हुआ जिसे यहाँ तक संक्षेप में और जहाँ तक स्पष्ट रूप में हो सका मैंने आप महानुभावों के सम्मुख रखा। 'कल्पना आध्यात्मिक जगत् का आभास है,' 'कला कला ही के लिए है,' 'कल्पना का लोक ही निराला है,'

---

1. दि फैक्ट्स बेयर नो रिलेशन टु दि आर्टिस्टिक फैक्ट बियांड दि जेनेरिक वन दैट आल आव देम, इन सो फार ऐज दे डेंजिग्नेट दि मैटीरियल आव लाइफ, कैन बी रिप्रजेंटेड बाइ आर्ट, ऐंड दि अदर ऐक्सिडेंटल रिलेशन, दैट एइस्थेटिक फैक्ट आलसो मे समटाइम्स एंटर इंटू दि प्रोसेजे ड्रेस्क्राइब्ड।

‘काव्य नूतन सृष्टि है, प्रकृति के किसी खंड का अनुकरण नहीं,’ ‘प्रकृति को भावना के नए रूप रंग में दिखाना ही काव्य है,’ ‘काव्य सौन्दर्य की साधना है,’ इत्यादि अनेक वादों और प्रवादों का समन्वय इसके भीतर मिलता है। इसी से इसका थोड़ा विवरण देकर मैंने आप लोगों का समय लिया। आजकल हमारे साहित्य के समीक्षा क्षेत्र से भी बड़े यत्न से गृहीत जो अनेक चमत्कारपूर्ण वाक्य, शब्द और उक्तियाँ बिखरी हुई मिला करती हैं, उनके मूल स्थान और तात्पर्य का पता-ठिकाना भी इसमें मिलेगा। योरप में ‘कला’ और ‘सौन्दर्य’ की पुकार जिस प्रकार काव्य समीक्षा को भी इस ‘वाद की ओर धीरे-धीरे घसीटती रही,’ यह पहले कहा जा चुका है। ‘सौन्दर्यशास्त्र’ में जिस प्रकार चित्रकला, मूर्तिकला आदि शिल्पों का विचार होने लगा उसी प्रकार काव्य का भी। सबसे बेढंगी बात तो यही हुई। अतः इस वाद का प्रतिषेध करने के पहले मैं यही कह देना चाहता हूँ कि ‘सौन्दर्यशास्त्र,’ जिसके भीतर इसका निरूपण हुआ है काव्य सम्बन्धी मीमांसा का ठीक स्थान ही नहीं। पहले तो ‘सौन्दर्यशास्त्र’ अभी कोई ठीक ठिकाने का शास्त्र नहीं– कभी होगा, यह भी नहीं कहा जा सकता। यदि हो भी तो काव्य से उसका सम्बन्ध नहीं।

सच बात तो यह है कि काव्य के स्वरूपलक्षण में ‘सुन्दर’ शब्द उतने काम का नहीं जितना समझा जाने लगा है। इसी से पंडितराज ने अपने काव्यलक्षण में ‘सुन्दर’ शब्द का प्रयोग न करके ‘रमणीय’ शब्द का प्रयोग किया है, ‘रमणीय’ का अभिप्राय है जिसमें मन रमे अर्थात् जिसे मन अपने सामने कुछ देर रखना या बार-बार लाना चाहे। कोरी कहानी की अलग-अलग घटनाओं में मन रमता नहीं; उसके किसी खंड पर कुछ देर जमा नहीं रहना चाहता। कहानी सुननेवाला कहत है, ‘तब क्या हुआ ?’ ‘कविता सुननेवाला, ‘जरा फिर तो कहिए।’ अर्थ के मैदान में ‘सुन्दर शब्द की दौड़ उतना नहीं जितनी ‘रमणीय’ शब्द की। दूसरी बात यह है कि ‘सुन्दर’ शब्द बाह्यार्थ की ओर संकेत करता जान पड़ता है और ‘रमणीय’ शब्द हृदय की ओर। इसी से काव्य की समीक्षाओं में ‘सुन्दर’ शब्द का प्रयोग करके, कभी-कभी फिर यह कहने की जरूरत पड़ा करती है कि ‘सौन्दर्य तो मन की भावना है, किसी बाहरी वस्तु में स्थित कोई गुण नहीं।’ यह ‘सुन्दर’ शब्द काव्यानुभूति के स्वरूप को संकुचित करता है। प्रत्येक कविता का ग्रहण सौन्दर्यानुभूति के रूप में नहीं होता। क्रोचे या अपने यहाँ के चमत्कारवादी और वक्रोक्तिवादी के अनुसार यदि हम अभिव्यंजना या कल्पना की उड़ान को सब कुछ मानें तो भी ‘सुन्दर’ शब्द बिना खींचतान के सर्वत्र काम नहीं देता। बहुत-सी उक्तियों से केवल एक प्रकार का चमत्कारपूर्ण प्रसादन होता है।

संसार में मनुष्य जाति के बीच कविता हृदय के भावों को लेकर ही उठी है। प्रेम, उत्साह, आश्चर्य, करुणा आदि की व्यंजना के लिए ही आदिम कवियों ने अपना स्निग्ध कंठ खोला था। तब से आज तक संसार की प्रत्येक सच्ची कविता की तह में भावानुभूति आत्मा की तरह रहती चली आ रही है। काव्य में भाव के आलम्बन (कभी-कभी उद्दीपन) के रूप में ही जगत् की किसी वस्तु का ग्रहण हो सकता है, और किसी रूप में नहीं। कविता देवी के अन्तःपुर में ‘सुन्दर’ ‘प्रिय’ होकर ही प्रवेश कर सकता है। जो ‘सुन्दर’ प्रेम का

आलम्बन होता है, जिसकी ओर हमारी रागात्मिका वृत्ति प्रवृत्त होती है, जिसका स्मरण आने पर हृदय द्रवीभूत हो सकता है–चाहे वह व्यक्ति या वस्तु हो, चाहे प्रकृति का कोई खंड–वही काव्य का असली अंग हो सकता है। बेलबूटे या नक्काशी की सौन्दर्यभावना भावानुभूति के रूप में नहीं होती अतः कलावादियों को भावानुभूति से सौन्दर्यभावना को अलग करना पड़ा। तब से तरह-तरह के सौन्दर्यशास्त्र बनने लगे जिनमें एक-दूसरे से भिन्न सौन्दर्य के पचीसों लक्षण और उसके सम्बन्ध में पचीसों मत प्रकाशित होते आ रहे हैं, जो कलाओं पर तो कुछ दूर तक घटते हैं पर काव्य को दूर ही दूर से छूते हैं।

इन मतों का योरप के अनेक कवियों की रचनाओं पर थोड़ा-बहुत प्रभाव पड़ता ही है, पर सच्चे कवियों पर नहीं। अधिकांश की रचनाएँ हृदय की मार्मिकता से ही सम्बन्ध रखती हैं। कुछ को यह 'कलावाद' और 'सौन्दर्यवाद' का हल्ला खटकता भी है। हाल में इंग्लैंड में रूपर्ट ब्रुक नामक एक कवि हुआ है जो कवित्व की सच्ची मार्मिक भावना लेकर इस जगत् में आया था, पर थोड़ी अवस्था में ही सन् 1914 के योरपीय महायुद्ध में मरा। उसने सौन्दर्यवादियों के नाना मतों को अपनी भली-बुरी रुचि का आलाप मात्र कहा, विशेषतः क्रोचे के वितंडावाद को। वहाँ के और सच्चे कवियों के समान उसे भी उसी प्रकार भाव या हृदय की मार्मिक अनुभूति में ही कविता की आत्मा के दर्शन होते थे जिस प्रकार भारतीय सहृदयों और कवियों को। काव्य में सौन्दर्यभावना को एक अलग अनुभूति माननेवालों के इस तर्क को कि 'जब कोई कहता है कि यह वस्तु सुन्दर है तब उसका यह मतलब नहीं होता कि वह प्रिय (अर्थात् प्यार करने की वस्तु) है; अतः सिद्ध है कि सौन्दर्य की भावना का प्रिय की भावना से अलग अस्तित्व है' उसने लचर कहा था।[1]

सारा उपद्रव काव्य को कलाओं के भीतर लेने से हुआ है। इसी कारण काव्य के स्वरूप की भावना भी धीरे-धीरे बेलबूटे और नक्काशी की भावना के रूप में आती गई। हमारे यहाँ 'काव्य' की गिनती चौंसठ कलाओं में नहीं की गई है। इसी से यहाँ वाग्वैचित्र्य के अनुयायियों द्वारा चमत्कारवाद, वक्रोक्तिवाद आदि चलाए जाने पर भी इस प्रकार का वितंडावाद नहीं खड़ा किया गया। इधर हमारी हिन्दी में भी काव्यसमीक्षा के प्रसंग में 'कला' शब्द की बहुत अधिक उद्धरणी होने लगी है। मेरे देखने में तो हमारे काव्यसमीक्षा क्षेत्र से जितनी जल्दी यह शब्द निकले उतना ही अच्छा। इसका जड़ पकड़ना ठीक नहीं।

अब मैं क्रोचे की मुख्य बातों को, विशेषतः ऐसी बातों को जो काव्य के सम्बन्ध में भारतीय भावना के विरुद्ध पड़ती हैं, विचार के लिए लेता हूँ–

पहले इस प्रश्न को लीजिए कि काव्यसम्बन्धिनी भावना का मूल या प्रधान रूप क्या है? क्रोचे ने कल्पनापक्ष को प्रधानता देकर उसका रूप 'ज्ञानात्मक' कहा है। हमारे यहाँ के रससिद्धान्त के अनुसार उसका मूल रूप भावात्मक या अनुभूत्यात्मक है।

1. इट इज पासिब्ली ट्रयू, दैट ह्वेन मेन से 'दिस इज ब्यूटीफुल', दे डू नॉट मीन दिस इज लब्ली'। दे मे मीन दैट एइस्थेटिक इमोशन एक्जिस्ट्स। माइ ओन्ली कमेंट्स आर दैट इट डज नॉट फॉलो दैट दि एइस्थेटिक इमोशन डज एक्जिस्ट; ऐंड दैट, ऐजमैटर आव फैक्ट, दे आर रांग।–जान वेब्स्टर ऐंड दि एलिजावेथन ड्रामा।

मनोविज्ञान के अनुसार 'भाव' कोई एक अकेली वृत्ति नहीं, एक वृत्तिचक्र (सिस्टम) है जिसके भीतर बोधवृत्ति या ज्ञान (कॉग्निशन); इच्छा या संकल्प (कोनेशन), प्रवृत्ति (टेंडेंसी) और लक्षण (सिम्प्टम्स)–ये चार मानसिक और शारीरिक वृत्तियाँ आती हैं। अतः भाव का एक अवयव प्रतीति या बोध भी होता है। रसनिरूपण में जो 'विभाव' कहा गया है वही कल्पनात्मक या ज्ञानात्मक अवयव है जो भाव का संचार करता है। कवि और पाठक दोनों के मन में कल्पना कुछ मूर्त रूप या आलम्बन खड़ा करती है जिनके प्रति किसी भाव का अनुभव होता है। उस भाव की अनुभूति के साथ-साथ आलम्बन का बोध या ज्ञान भी बना रहता है। आलम्बन चाहे व्यक्ति हो, चाहे वस्तु, चाहे व्यापार या घटना, चाहे प्रकृति का कोई खंड। इससे यह स्पष्ट व्यंजित है कि भावानुभूति के योग में ही कल्पना का स्थान काव्य के विधान से हमारे यहाँ स्वीकार किया गया है। यों तो मूर्त रूप मन में बराबर उठा करते हैं–कभी-कभी ये रूप परस्पर अन्वित होकर भी कोई ऐसी योजना मन में नहीं लाते जिसे काव्य कह सकें–जैसे, किसी मशीन के सारे कल-पुरजों का रूप। कभी-कभी मूल भावना या कल्पना वैज्ञानिक या दार्शनिक विचार में प्रयोजनीय होती है जो या तो किसी भाव द्वारा प्रेरित हो अथवा भाव का प्रवर्तन और संचार करती हो। सब प्रकार की कल्पना काव्य की प्रक्रिया नहीं जा सकती। अतः काव्य में हृदय की अनुभूति अंगी है, मूर्त रूप अंग–भाव प्रधान है, कल्पना सहयोगिनी।

कल्पना में उठे हुए रूपों की प्रतीति (परसेप्शन) मात्र को 'ज्ञान' कहना उसे ऊँचे दर्जे को पहुँचाना है। योरप में पुराने जमाने के ईसाई सन्तों को, जब वे ईश्वर-प्रेम में बेसुध और उन्मत्त होते थे, अनेक प्रकार के आध्यात्मिक आभास हुआ करते थे जिन्हें वे अटपटी बानी में, अध्यवसित विचित्र रूपकों या अन्योक्तियों द्वारा प्रकट किया करते थे। उनके तरह-तरह के अर्थ लगाए जाते थे, पर 'लखै कोई बिरलै।' उन 'आभासों' के सम्बन्ध में कहा यह जाता था कि वे सूक्ष्म आध्यात्मिक जगत् की बातें हैं, अतः स्थूल जगत् के नाना रूपों के सहारे अभिव्यंजित होकर व्यक्त हो सकती हैं। इसी मजहबी रहस्यवाद का संस्कार क्रोचे के निरूपण में छिपा है जिसके कारण वह कल्पना को ज्ञान कहता है। 'ज्ञान' शब्द में एक विशेष गुरुत्व का महत्त्व है। अतः जो अन्तर्दशा जिसे बहुत प्रिय होगी उसे यह महत्त्व देना उनके लिए स्वाभाविक ही है। यदि ऐसी अन्तर्दशा लोगों की दृष्टि में बेठौर ठिकाने की हुई तो उसे वह उच्च भूमि का ज्ञान आध्यात्मिक या पारमार्थिक ज्ञान, कह देगा।[1]

फ्रांस के दार्शनिक बर्गमन पर भी उपर्युक्त संस्करण का प्रभाव पूरा-पूरा है। कल्पना रूपी स्वयंप्रकाश ज्ञान (इंट्यूशन) को वह भी 'आत्मा की अपनी सृष्टि' और 'पारमार्थिक

1. एनी स्टेट आव माइंड इन ह्विच एनी वन टेक्स ए ग्रेट इंटरेस्ट इज वेरी लाइक्ली टु बी कॉल्ड 'नालेज'। इफ दिस स्टेट आव माइंड इज वेरी अबलाइक दोज यूजुअली सो काल्ड, वि न्यू 'नॉलेज' विल बी सेट इन दि आपोजिशन टु बी ओल्ड ऐज आव सुपीरियर मोर रियल ऐंड मोर एसेंशल नेचर।–मीनिंग आव मीनिंग (सी.के. आगडेन ऐंड आई.ए. रिचड्र्स)

देअर थिअरी वाज दैट दे वेअर टुसिंग, ऐज पासिबुल लाइक बर्ड्स आव ऐनदर वर्ल्ड।–पोएट्री ऐंड रेनेसाँ आव वंडर (टी.डब्ल्यू. डंटन)।

ज्ञान' कहता है और बुद्धि की विवेचना द्वारा उपलब्ध ज्ञान या प्रभा को व्यावहारिक ज्ञान। कल्पना को आध्यात्मिक आभास घोषित करने का प्रभाव योरप के काव्य-रचना क्षेत्र में भी बहुतों पर पड़ा है, और बुरा पड़ा है। जब कि कल्पना में आई हुई बात आध्यात्मिक जगत् की होती है तब कम-से-कम उसका रूप-रंग तो जगत् से कुछ विलक्षण होना चाहिए। इस धारणा की हद पर पहुँचा हुआ 'दूसरे जगत् के पंछियों' का एक दल अँगरेजी के काव्यक्षेत्र से गुजर चुका है।

दार्शनिकता का यह मजहबी पुट कि मूर्त भावना या कल्पना आत्मा की अपनी क्रिया है, यह तो केवल आवश्यकता पड़ने पर अव्यक्त और अनिर्वचनीय का सहारा लेने के लिए दिया गया है। जिसे क्रोचे आत्मा के कारखाने से निकले हुए रूप कहता है, वे वास्तव में बाह्य जगत् से प्राप्त किए हुए रूप हैं इन्द्रियज ज्ञान के जो संस्कार (छाप) मन में संचित करते हैं वे ही कभी बुद्धि के धक्के से, कभी यों ही, भिन्न-भिन्न ढंग से अन्वित होकर जगा देते हैं। यही मूर्त भावना या कल्पना है। यह अन्विति या योजना बाह्य जगत् से प्राप्त रूपों के ढंग पर होती है जिसमें एक-एक रूप की सत्ता अलग-अलग बनी रहती है। इस अन्वित रूपसमूह को आध्यात्मिक 'साँचा' कहना और पृथक्-पृथक् रूपों को उस साँचे में भरा जानेवाला 'मसाला' बताना वितंडावाद के अतिरिक्त और क्या कहा जा सकता है ? किसी साँचे में जो वस्तुएँ भरी जाएँगी, वे घुल-मिलकर गीली मिट्टी या गारा हो जाएँगी, उनके पृथक्-पृथक् रूप कहाँ रह जाएँगे ? पर कल्पना में जो रूपसमष्टि खड़ी होती है, उसके अन्तर्भूत रूपों की अलग-अलग प्रतीति होती है।

कल्पना में आए हुए रूप आध्यात्मिक जगत् के हैं, बाह्य जगत् से प्राप्त नहीं हैं, पुराने ईसाई सन्तों और ब्लेक के इसी प्रवाद को ग्रहण करने के कारण 'साँचों' की विलक्षण उद्‌भावना की गई है। बात यह है कि उक्त प्रवाद को सुनकर एक साधारण समझ का आदमी भी शंका कर सकता है कि यदि कल्पना में आए हुए रूप बाह्य जगत् के रूपों की छाप नहीं हैं; खास आत्मा से निकले हुए हैं तो उनकी उद्‌भावना जन्मान्धों को भी वैसी ही होनी चाहिए जैसी आँखवालों को। इसके समाधान का प्रयास यह कहकर किया जाएगा कि आत्मा से केवल सूक्ष्म 'साँचे' निकला करते हैं जो बाह्य जगत् से प्राप्त मूर्त द्रव्य भराव के बिना व्यक्त ही नहीं हो सकते। जन्मान्धों की आत्मा से भी ये सूक्ष्म साँचे निकलते हैं, पर अव्यक्त ही रह जाते हैं। अब इस अव्यक्त का प्रमाण माँगने कौन जाएगा ?

क्रोचे ने जिसे बाह्य जगत् या जीवन से इकट्ठा किया हुआ 'द्रव्य' या उपादान (मसाला) कहा है उसके अन्तर्गत प्रकृति के नाना रूपव्यापार, जीवन की भिन्न-भिन्न घटनाएँ या तथ्य सब कुछ हैं। जबकि ये 'द्रव्य' या उपादान मात्र हैं तब कला की अभिव्यंजना में इनकी वास्तविकता-अवास्तविकता, औचित्य-अनौचित्य, योग्यता-अयोग्यता आदि का विचार अपेक्षित नहीं। योग्यता अयोग्यता का विचार कहाँ तक और किस रूप में अपेक्षित होता है, इसका विचार मैं शब्दशक्ति के प्रसंग में अर्थ की योग्यता के अन्तर्गत पहले कर चुका हूँ। अब औचित्य-अनौचित्य लीजिए। लोक की रीति-नीति,

आचार व्यवहार की दृष्टि से अनौचित्य शिल्प अर्थात् बेलबूटे, नक्काशी आदि की सौन्दर्यभावना में तो सचमुच कोई बाधा नहीं डालता, पर काव्य का प्रभाव कभी-कभी बहुत हलका कर देता है। यही बात हमारे यहाँ 'रसाभास' और भावाभास के अन्तर्गत सूचित की गई है। काव्य को हम जीवन से अलग नहीं कर सकते। उसे हम जीवन पर कार्मिक प्रभाव डालनेवाली वस्तु मानते हैं। 'कला कला ही के लिए' वाली बात को जीर्ण होकर मरे बहुत दिन हुए। एक क्या कई क्रोचे उसे फिर जिला नहीं सकते। काव्यानुभूति जीवन क्षेत्र में संचित अनुभूतियों का ही रसात्मक रूप है। अत्यन्त अनूठी उक्ति द्वारा कही हुई दुराचार की बात से अनुरंजन हो सकता है, पर उसमें कुछ विरक्ति भी मिली रहेगी। यदि भावव्यंजना में भाव अनुचित है, ऐसे के प्रति है जैसे के प्रति न होना चाहिए, तो 'साधारणीकरण' न होगा, अर्थात् श्रोता या पाठक का हृदय उस भाव की रसात्मक अनुभूति ग्रहण न करेगा; उस भाव में लीन न होगा।

'कला कला ही के लिए' इस पुराने प्रवाद ने कुछ दिनों से यह सवाल खड़ा कर रखा है कि 'सदाचार' का काव्य में कोई स्थान है या नहीं। सन् 1891 में इंग्लैंड के आस्कर वाइल्ड ने बड़े धड़ल्ले के साथ कहा, 'समालोचना में सबसे पहली बात तो यह है कि समालोचक को यह परख हो कि 'कला' और 'आचार' के क्षेत्र सर्वथा पृथक-पृथक् हैं।' तब से कई इसी का अनुवाद करते आए, जैसे 'कला स्वतः न सदाचारपरक हो सकती है, न दुराचारपरक', कला के भीतर नैतिक सदसत् का भेद आ नहीं सकता। आप लोग फिर देखें कि ये दोनों कथन भी बेलबूटे और नक्काशी पर ही ठीक घटते हैं। उन्हीं की धारणा यहाँ भी काम कर रही है। यह तो स्पष्ट ही है कि 'काव्य और सदाचार' के सम्बन्ध में यह मत 'कला कला ही के लिए' वाले वाद का पुछल्ला है। उस वाद को उड़े बहुत दिन हो गए। जो कुछ उसका अवशेष था उसे इंग्लैंड के अत्यन्त निर्मल दृष्टि वर्तमान समालोचक रिचड्र्स ने योरपीय समीक्षा क्षेत्र के बहुत-से निरर्थक शब्दजाल और कूड़ा-करकट के साथ हटा दिया है और साफ कह दिया है कि सदाचार से कला का घनिष्ठ सम्बन्ध है।

'कलावाद' और 'अभिव्यंजनावाद' के एक बड़े उत्साही प्रचारक मि. स्पिंगर्न हैं जिन्होंने 'समालोचना की नई पद्धति' (दि न्यू क्रिटिसिज्म) नाम की एक छोटी-सी पुस्तिका (जिसे एक पैम्फ्लेट कहना चाहिए) में इन वादों की कुछ बातें अधूरे, अनपचे और असम्बद्ध रूप में इकट्ठी कर दी हैं। 'काव्य में नैतिक सदसत् का विचार अनपेक्षित है। इस मत का बड़े जोश के साथ उन्होंने उस पुस्तिका में इस प्रकार कथन किया है– 'शुद्ध काव्य के भीतर सदाचार-दुराचार ढूँढ़ना ऐसा ही है जैसा रेखागणित के समत्रिकोण त्रिभुज को सदाचारपूर्ण कहना और समद्विबाहु त्रिभुज को दुराचारपूर्ण।' पर जिस पेड़ की जड़ ही कट गई, उसकी डालियों को कोई कैसे हरी कर सकता है ?

अभी सन् 1929 में कैलिफोर्निया (अमेरिका) विश्वविद्यालय के साहित्य विभाग के आचार्यों के आलोचनासम्बन्धी निबन्धों का जो संग्रह प्रकाशित हुआ है उसमें प्रो. टी.के. ह्विपल का 'काव्य और सदाचार' (पोएट्री ऐंड मॉरल्स) पर एक निबन्ध है।

इस निबन्ध में इस मत का कि 'काव्य' के भीतर नैतिक सदसत् का भेद आ ही नहीं सकता', कई तरह से निराकरण कर दिया गया है। निबन्ध के आरम्भ में ही उन्होंने स्पिंगर्न के उपर्युक्त कथन को यह कहकर लिया है कि 'और कुछ कहने के पहले मैं इस पुरानी लकीर के समर्थक मि. स्पिंगर्न के कथन को लेता हूँ।[1] प्रो. ह्विपल ने अपने निबन्ध में यह दिखा दिया है कि 'कला का स्वतः कोई अर्थ नहीं। कविता मनुष्य के हृदय की अनुभूति है जो मनुष्य के ही हृदय में पहुँचाई जाती है। अतः मनुष्य के साथ उसका सम्बन्ध नित्य है। मानव जीवन से असम्बद्ध उसका कुछ मूल्य नहीं। प्रो. ह्विपल अन्त में उस पक्ष पर आ गए हैं जिसके विचार से हमारे यहाँ 'रसाभास' और 'साधारणीकरण' का निरूपण हुआ है। वह है श्रोता या पाठक का पक्ष। श्रोता मनुष्य-समाज में रहनेवाला प्राणी है। जीवन में सत्-असत् की जो भावना वह प्राप्त किए रहेगा, किसी काव्य द्वारा प्राप्त अनुभूति का सामंजस्य उसके साथ वह अवश्य चाहेगा। यदि यह सामंजस्य न होगा तो उस काव्य का पूरा रसात्मक ग्रहण वह न कर सकेगा। कविता वही सार्थक है जो दूसरे के हृदय में जाकर अपना प्रकाश कर सके, जैसा कि गोस्वामी तुलसीदास जी ने कहा है–

'मनि, मानिक, मुकता-छबि जैसी।
अहि, गिरि, गज-सिर सोह न तैसी।
नृप-किरीट तरुनी तन पाई।
लहहिं सकल सोभा अधिकाई।
तैसई सुकबि-कबित बुध कहहीं।
उपजहिं अनत, अनत छबि लहहीं।'

हमारे यहाँ रस के आरम्भ में ही सच्ची रस की अनुभूति कैसे होती है यह बताते हुए 'सत्त्वोद्रेकात्' कहकर झगड़ा साफ कर दिया गया है। रसानुभूति के समय प्रकृति सत्वस्थ रहती है, रजोगुण और तमोगुण का प्रभाव उस समय नहीं रहता।

अब रही यह बात कि काव्य की अनुभूति और वस्तु है, भाव की अनुभूति और। अर्थात् काव्यानुभूति के रूप में नहीं होती। क्रोचे का तर्क यह है कि भावानुभूति सुखात्मक या दुखात्मक हुआ करती है। शोक, घृणा, भय आदि दुखात्मक अनुभूतियाँ हैं, पर उनकी व्यंजना काव्य में होती है। यदि भावानुभूति के रूप में काव्यानुभूति मानें तो इनकी व्यंजना की अनुभूति दुखात्मक होगी। पर इनकी व्यंजनावाले काव्य भी लोग बराबर पढ़ते हैं, सुनते हैं। क्या लोग व्यर्थ बैठे-बिठाए दुख मोल लेते हैं ? क्रोचे द्वारा उपस्थित की हुई बाधा बहुत पुरानी है। हजारों वर्ष से लोग इसके समाधान का प्रयत्न

1. बिफोर आई स्पीक फर्दर लेट् मी कोट ह्वाट आइ कंसिडर दि मोस्ट विगरस स्टेटमेंट दि आर्थोडाक्स व्यू, फ्राम मि. स्पिंगर्न्स 'दि न्यू क्रिटिसिज्म।' –एसेस इन क्रिटिसिज्म

(बाई मेम्बर आव दि डिपार्टमेंट आव इंगलिश, यूनिवर्सिटी आव कैलिफोर्निया, 1929)।

यह मैंने यहाँ इसलिए उद्धृत कर दिया है जिसमें 'कला में सदाचार का विचार अनपेक्षित है' इसे एक आधुनिक सिद्धान्त बताकर गन्दी और कुरुचिपूर्ण पुस्तकों की तीव्र आलोचना का रास्ता न रोका जाए।

करते आए हैं। हमारे यहाँ के साहित्यग्रन्थों में भी ऐसा प्रयत्न हुआ है, पर मुझे यह कहने में संकोच नहीं कि उससे समाधान नहीं होता। शंका का समाधान तो नहीं होता पर यह भासित अवश्य हो जाता है कि काव्यानुभूति भावानुभूति के रूप में ही होती है। बात यह है कि पूर्वपक्ष बहुत ही सटीक है। वह यह कि यदि रसानुभूति आनन्दस्वरूप ही है तो करुणरस के नाटक आदि पढ़ने-देखने से श्रोताओं या दर्शकों को आँसू क्यों आ जाते हैं ? आँसू का आना भावोद्रेक का बाह्य लक्षण (सिम्प्टम) है। अतः मनोविज्ञान की दृष्टि से यह तो साफ प्रकट है कि काव्यानुभूति भावानुभूति के रूप में ही होती है। रहा यह कि वह आनन्दस्वरूप होती है या नहीं। मुझे इस बात का विशेष आग्रह नहीं।

मनोविज्ञानियों ने भी इस विषय को विचार के लिए लिया है। कुछ ने तो काव्यश्रवण से उत्पन्न भावानुभूति की क्रीड़ावृत्ति (प्ले इम्पल्स) मानकर सन्तोष किया है कुछ ने अनुभूत्याभास (ऐपेरेंट फीलिंग्स) कहकर। मेरा अपना विचार कुछ और है। मैं इस दिशा को हृदय की मुक्त दशा मानता हूँ—ऐसी मुक्त दशा जिसमें व्यक्ति बद्ध घेरे से छूटकर वह अपनी स्वच्छन्द भावात्मिकता क्रिया में तत्पर रहता है। इस दशा को प्राप्त करने की प्रवृत्ति होना कोई आश्चर्य की बात नहीं, चाहे इस दशा को आप 'आनन्द' कहिए या न कहिए। 'आनन्द' कहिएगा तो उसके पहले 'अलौकिक' लगाना पड़ेगा और कहना न कहना बराबर हो जाएगा।

भाव या हृदय को अनुभूति ऐसी वस्तु से, जिसका सच्ची कविता के साथ नित्य सम्बन्ध है, पीछा छुड़ाना क्रोचे के लिए सहज न था। एक स्थान पर उसकी सत्ता उसे स्वीकार करनी पड़ी है। वह कहता है, 'द्रव्य वह भावात्मकता है जो कला के रूप में निरूपित न हुई हो।[1] 'द्रव्य' से उसका अभिप्राय मन के भीतर बाह्य प्रकृति के रूपसंस्कारों (छापों) से है, यह मैं सूचित कर आया हूँ। मन में संचित बाह्य जगत् के नाना रूपों की भावात्मकता का मतलब क्या हो सकता है ? बस यही न कि उनमें भावों के उद्‌बोधन की शक्ति होती है। बस, यही तो—मेरा क्या काव्य से वास्तव में प्रभावित होनेवाली मात्र का—पक्ष है। काव्य में उन रूपों का विधान इसीलिए होता है कि वे किसी भाव को, हृदय की किसी मार्मिक वृत्ति को जागएँ। अतः सच्ची काव्यानुभूति भावानुभूति के ही लय में होती है, यह सिद्ध है।

अब अलंकारों को लीजिए। क्रोचे अलंकार-अलंकार्य का भेद न मानकर अलंकार को शाब्दिक अभिव्यंजना या उक्ति से भिन्न कोई पदार्थ नहीं मानता। उसकी यही बात इधर-उधर से आकर हमारे नए काव्यक्षेत्र में भी इस रूप में सुनाई पड़ा करती है कि अलंकार कोई चीज नहीं, उसका जमाना गया। पर नई रंगत की कविताओं को देखिए तो पता चलता है कि उसी का जमाना आजकल आ गया है। बात यह है कि आजकल इस प्रकार के लटके कि 'रस, अलंकार तो पुरानी चीजें हैं, उनका जमाना गया' इधर-उधर से नोचकर ही दुहराए जाते हैं। वे कहाँ से आए हैं, उनका पूरा मतलब क्या है, यह सब

1. मैटर इज ए मोटिविटी नॉट एइस्थेटिकली एलाबोरेटेड।

जानने या समझने की कोई जरूरत नहीं समझी जाती। इन वाक्यों को बात-बात में दुहरानेवालों से अधिकांश तो इतना ही जानते हैं कि रस, अलंकार आदि हमारे साहित्य के बहुत काल से व्यवहृत शब्द हैं, अँगरेजी शब्दों के अनुवाद नहीं। इससे इनका नाम लेना फैशन के खिलाफ है। दिन में सैकड़ों बार 'हृदय की अनुभूति, हृदय की अनुभूति' चिल्लाएँगे, पर 'रस' का नाम सुनकर ऐसा मुँह बनाएँगे मानो उसे न जाने कितना पीछे छोड़ आए हैं। भलेमानस इतना भी नहीं जानते कि हृदय की अनुभूति ही साहित्य में 'रस' और 'भाव' कहलाती है। यदि जानते तो कोई नया आविष्कार समझकर 'हृदयवाद' लेकर सामने न आते। सम्भव है इसका पता पाने पर कि 'हृदयवाद' तो 'रसवाद' ही है, वे इस शब्द को छोड़ दें। शब्दशक्ति, रस और अलंकार ये विषय-विभाग काव्यसमीक्षा के लिए इतने उपयोगी हैं कि इनके अन्तर्भूत करके संसार की नई-पुरानी सब प्रकार की कविताओं की बहुत ही सूक्ष्म, मार्मिक और स्वच्छ आलोचना हो सकती है। रिचर्ड्स ऐसे वर्तमान अँगरेजी समालोचक किस प्रकार अब समीक्षा में बहुत कुछ भारतीय पद्धति का अवलम्बन करके कूड़ा-करकट हटा रहे हैं, यह मैं शब्दशक्ति के प्रसंग में दिखा चुका हूँ। खैर, अब प्रस्तुत विषय पर आना चाहिए।

अलंकार-अलंकार्य का भेद मिट नहीं सकता। शब्दशक्ति के प्रसंग में हम दिखा आए हैं कि उक्ति चाहे कितनी ही कल्पनामयी हो उसकी तह में कोई 'प्रस्तुत अर्थ' अवश्य ही होना चाहिए। इस अर्थ से या तो किसी तथ्य की या भास की व्यंजना होगी। इस 'अर्थ' का पता लगाकर इस बात का निर्णय होना कि व्यंज़ना ठीक हुई है या नहीं। अलंकारों (अर्थालंकारों) के भीतर भी कोई अर्थ व्यंग्य रहता है, चाहे उसे गौण ही कहिए। उदाहरण के लिए पन्त जी की ये पंक्तियाँ लीजिए–

'बाल्य सरिता के फूलों से
खेलती थी तरंग सी नित
इसी में था असीम अवसित।'

इसका प्रस्तुत अर्थ इस प्रकार कहा जा सकता है–'वह बालिका अपने बाल्यजीवन के प्रवाह की सीमा के भीतर उछलती-कूदती थी। उसके उस बाल्यजीवन में अत्यन्त अधिक और अनिवर्चनीय आनन्द प्रकट होता था।

बिना इस प्रस्तुत अर्थ को सामने रखे, न तो कवि की उक्ति की समीचीनता की परीक्षा हो सकती है, न उसकी रमणीयता के स्थल ही सूचित किए जा सकते हैं। अब यह देखिए कि उक्त प्रस्तुत अर्थ को कवि की उक्ति सुन्दरता के साथ अच्छी तरह व्यंजित कर सकी है या नहीं। पहले 'बाल्य सरिता' यह रूपक लीजिए। कोई अवस्था स्थिर नहीं होती, प्रवाह रूप में बहती चली जाती है, इससे साम्य ठीक है। अब नदी की मूर्त भावना का प्रभाव लीजिए। नदी की धारा देखने से स्वच्छता, द्रुत गति, चपलता, उल्लास आदि की स्वभावतः भावना होती है, अतः प्रभाव भी वैसा ही रम्य है जैसा भोलीभाली, स्वच्छ हृदय प्रफुल्ल और चंचल बालिका को देखने से पड़ता है। अतः कह

सकते हैं कि यह रूपक समीचीन और रम्य है। बाल्यावस्था या कोई अवस्था हो, उसकी दो सीमाएँ होती हैं–एक सीमा के पार व्यतीत अवस्था होती है दूसरी सीमा के पार आनेवाली अवस्था। अतः 'दो कूलों' भी बहुत ठीक है। तरंग नदी की सीमा के भीतर ही उछलती है, बालिका भी बाल्यावस्था के बीच स्वच्छन्द 'क्रीड़ा' करती है। अतः 'तरंग सी' उपमा भी अच्छी है। असीम अर्थात् ब्रह्म अनन्त-आनन्दस्वरूप है और उस बालिका में भी अपरिमित आनन्द का आभास मिलता है अतः यह कहना ठीक ही है कि मानो उस ससीम बाल्यजीवन के भीतर असीम आनन्दस्वरूप ब्रह्म ही आ बैठा है। इसलिए यह प्रतीयमान उत्प्रेक्षा भी अनूठी है क्योंकि इसके भीतर 'अधिक' अलंकार के वैचित्र्य की भी झलक है।

यह सब समीक्षा प्रस्तुत-अप्रस्तुत का भेद समझकर प्रस्तुत अर्थ को सामने रखने से ही सम्भव है। यह लटका कि 'कला की अभिव्यंजना का अर्थ क्या है ?' चल नहीं सकता। पुराने कलावाद के प्रचारक मि. स्पिंगर्न भी काव्य की समीक्षा में यह देखना आवश्यक समझते हैं कि 'कवि क्या करने बैठा था और कहाँ तक सफलता के साथ उसे वह कर सका।' अब इस प्रकार प्रस्तुत अर्थ तक पहुँचे बिना 'कवि क्या करने बैठा था' इसका पता कैसे लग सकता है ? इस प्रस्तुत अर्थ को सामने रखे बिना उस कविता की समालोचना किस रूप में हो सकती है ? इसी रूप में न कि 'बाल्यसरिता–वाह ! क्या सफलता की स्रोतस्वनी बहाई गई है जिसकी मधुमयी तरंगमाला में मन स्वर्गलोक का अक्ल चूम आता है। असीम अवसित–देखिए कल्पना किस प्रकार ससीम की दीवारें फाँदकर असीम से जा भिड़ी और उसे ससीम के भीतर खींच लाई और सम्पुटित कर दिया।'

रस, अलंकार आदि के नाना भेदनिरूपण क्रोचे के अनुसार कला के निरूपण में कोई योग न देकर तर्क या शास्त्रपक्ष में सहायक होते हैं। उन सबका मूल्य केवल वैज्ञानिक समीक्षा में है, कलानिरूपण समीक्षा में नहीं। इस सम्बन्ध में मेरा वक्तव्य यह है कि वैज्ञानिक या विचारात्मक समीक्षा ही कलानिरूपिणी समीक्षा है। उसी का नाम समीक्षा है। उसके अतिरिक्त जो कल्पनात्मक या भावात्मक पदावली व्यवहृत होगी वह समीक्षा न होगी, किसी कविता का आधार लेकर खड़ा किया हुआ एक हवाई महल होगा, 'धुएँ का धरहरा' होगा। किसी उक्ति के सम्बन्ध में पूछा जाएगा कि कैसी है, तो कहा जाएगा कि इसे पढ़कर ऐसी भावना होती है कि मानो स्वर्गंगा के सुनहरे तट पर कल्पवृक्ष के नीचे बैठकर पीयूषमान करती हुई किसी अप्सरा ने मेरे ऊपर भूल से कुल्ला कर दिया।' 'कलावाद' और 'अभिव्यंजनावाद' के प्रभाव से योरप में समीक्षा के क्षेत्र में इधर तरह-तरह की अर्थशून्य पदावली प्रचलित होती आ रही थी–जैसे, 'कला कला के लिए' के बड़े भारी प्रतिवादक डॉक्टर ब्रैडले की यह प्रशस्ति–'कविता एक आत्मा है। पता नहीं कहाँ से आती है। न तो हमारे आदेश पर वह बोलेगी, न हमारी भाषा में बोलेगी। वह हमारी दासी नहीं, हमारी स्वामिनी है।' इस प्रकार वाक्यरचना से काव्य के स्वरूपबोध में क्या सहायता पहुँच सकती है ? समीक्षा के नाम पर इस प्रकार अर्थशून्य

वागाडम्बर की चाल निकलती देख अत्यन्त सूक्ष्मदर्शी समालोचक रिचर्ड्स बहुत खिन्न हुए और उन्होंने इसका कठोर प्रतिषेध किया।[1]

खेद है कि यह अर्थशून्य वागाडम्बर पहले बँगला की मासिक पत्रिकाओं में पहुँचकर और वहाँ से 'छलना', 'कुहकिनी', 'काकली', इत्यादि लेता हुआ हिन्दी के समीक्षाक्षेत्र में घोर रूप में प्रकट हुआ। योरप के साहित्य क्षेत्र की भली-बुरी सब प्रकार की प्रवृत्तियों को ग्रहण करने में बंगाल उसके आगे रहता आया है। 'सत्यं, शिवं सुन्दरम्' की बात पहले कह चुका हूँ। सन् 1885 में फ्रांस में उठा हुआ रहस्यात्मक मजहबी प्रतीकवाद, जिसमें कुछ वस्तुओं, शब्दों और ध्वनियों में तान्त्रिकों के ढंग पर विशेष अर्थों का आरोप किया गया था, ब्रह्मसमाज की साम्प्रदायिक कविताओं में गृहीत हुआ, फिर श्री रवीन्द्रनाथ ठाकुर के प्रभाव से और व्यापक होकर हिन्दी में आया। पर यहाँ पर प्रसंग समीक्षा के नाम पर कल्पनात्मक और भावात्मक वागाडम्बर का है। इस सम्बन्ध में पहली बात समझने की यह है कि 'समीक्षा' अच्छी तरह देखना और विचार करना है। वह जब होगी तब विचारात्मक होगी। कल्पनात्मक या भावात्मक कृति की परीक्षा विचार या विवेचन द्वारा ही हो सकती है, उसके जोड़ में दूसरी कल्पना भिड़ाने से नहीं। भाषा के दो प्रकार के प्रयोग होते हैं–सांकेतिक (सिम्बालिक) या तथ्यबोधक तथा भावप्रवर्तक (एमोटिव)[2]। समीक्षा प्रथम प्रकार के प्रयोग से ही हो सकती है दूसरे प्रकार से नहीं।

कलावाद के प्रचारक मि. स्पिंगर्न का उल्लेख ऊपर हो चुका है। उन्होंने विचारात्मक आलोचना और भावात्मक समीक्षा में–जिसे उन्होंने प्रभावात्मक समीक्षा (इम्प्रेशनिस्ट क्रिटिसिज्म) कहा है–पुरुष और स्त्री का भेद बताया है। प्रथम को उन्होंने 'मरदानी समीक्षा' कहा है, द्वितीय को 'जनानी समीक्षा'।[3] खैर यही सही। तब भी अपने साहित्य के वर्तमान सहयोगियों से इतना निवेदन करूँगा कि 'भाई कुछ मरदानी समीक्षा भी होनी चाहिए।' केवल इसी प्रकार की समीक्षा से कि एक बार इस कविता के प्रवाह में पड़कर बहना ही पड़ता है। स्वयं कवि को भी विवशता के साथ बहना पड़ा है, वह एकाधिक बार मयूर की भाँति अपने सौन्दर्य पर आप ही नाच उठा है', काम नहीं चल सकता।

---

1. (क) बट दोज इनडाइरेक्ट डिवाइसेज फॉर एक्स्प्रेसिंग फीलिंग थ्रू लाजिकल इरेंलेवेंस ऐंड नॉनसेंस, थ्रू स्टेटमेंट्स नॉट टु बी टेकेन सिरिअस्ली दो प्री-एमिनेटली ऐपेरेंट इन पोयट्री, आर नॉट पेक्यूलिअर टु इट। ए ग्रेट पार्ट आव ह्वाट पासेज फॉर क्रिटिसिज्म कम्स अंडर दिस हेड। –प्रैक्टिल क्रिटिसिज्म, भाग 3, अध्याय 1।

   (ख) ए फ्यू कंजेक्चर्स, ए सप्लाइ आव ऐडमानिशंस, मेनी ऐक्यूट आइसोलेटेड आब्जर्वेशंस, सम ब्रिलिएंट गेसेज, मच ओरेटरी ऐंड ऐप्लाइड पोएट्री इनएक्लास्टिबुल कन्फ्यूजन, ए सफिशेंसी आव डाग्मा, नो स्माल स्टाक आब प्रेज्यूडिसेज ह्विम्सीज ऐंड क्राचेट्स, ए प्राफ्यूजन आव मिस्टिसिज्म, ए लिटिल जेनुइन स्पेक्यूलेशन, संड्री इंस्परेशंस, आव सच ऐज दीज इज एक्स्टैट क्रिटिकल थियरी कम्पोज्ड।–प्रिंसिपुल्स आव क्रिटिसिज्म।

2. दि मीनिंग आव मीनिंग (अध्याय 7), सी.के. आगडेन ऐंड आई.ए. रिचर्ड्स।

3. देअर आर टू सेक्सेज आव क्रिटिसज्म–दि मैस्क्युलिन क्रिटिसिज्म, दैट नेवर, ऐट आल ईवेंट्स इज डॉमिनेटेड बाइ दि ऑब्जेक्ट आव इट्स स्टडीज, ऐंड दि फेमिनिन क्रिटिसिज्म, दैट, रेस्पांड्स टु दि ल्योर आव आर्ट विद ए काइंड आव पैसिव एक्सटैसी।–दि न्यू क्रिटिसिज्म।

'कलावाद' और 'अभिव्यंजनावाद' का इतना विस्तृत उल्लेख मैंने इस कारण किया कि इनका प्रभाव योरप में समीक्षा के स्वरूप पर तो बहुत अधिक और काव्यरचना के स्वरूप पर भी थोड़ा-बहुत पड़ा है। यदि इन दोनों वादों से उत्पन्न प्रवृत्तियाँ वहीं की वहीं रह जातीं, बंगभाषा के प्रसाद से हमारे हिन्दी साहित्यक्षेत्र में भी न प्रकट होतीं तो मुझे इनके उल्लेख द्वारा आप लोगों का अमूल्य समय नष्ट करने की कोई आवश्यकता न होती। अब मैं नीचे संक्षेप में इन प्रवृत्तियों का उल्लेख करता हूँ–

(1) प्रस्तुत मार्मिक रूपविधान के प्रयत्न का त्याग और केवल प्रचुर अप्रस्तुत रूपविधान में ही प्रतिभा या कल्पना का प्रयोग।

(2) जीवन के किसी मार्मिक पक्ष को लेकर भाव या मार्मिक अनुभूति में लीन करने का प्रयास छोड़ केवल उक्ति में वैलक्षण्य लाने का प्रयास।

(3) जीवन की विविध मार्मिक दशाओं को प्रत्यक्ष करनेवाले प्रबन्धकाव्यों की ओर से उदासीनता और प्रेमसम्बन्धी मुक्तकों या प्रगीत मुक्तकों (लिरिक्स) की ओर अत्यन्त अधिक प्रवृत्ति।

(4) 'अनन्त', 'असीम' ऐसे कुछ शब्दों द्वारा उन पर आध्यात्मिक रंग चढ़ाने की प्रवृत्ति।

(5) काव्य के स्वरूप के सम्बन्ध में शिल्प अर्थात् बेलबूटे और नक्काशीवाली हलकी धारणा।

(6) समालोचना हवाई होना और विचारशीलता का ह्रास।

अब इनमें से एक-एक को लेकर कुछ विचार करने की आवश्यकता है। आप लोग घबराएँ न, जो कुछ कहना होगा बहुत थोड़े में कहूँगा।

इन छह बातों को अलग-अलग लेने के पहले मैं यह प्रतिपादित कर देना चाहता हूँ कि हमारे यहाँ काव्य का लक्ष्य है जगत् और जीवन के मार्मिक पक्ष को गोचर रूप में लाकर सामने रखना जिससे मनुष्य अपने व्यक्तिगत संकुचित घेरे से अपने हृदय को निकालकर उसे विश्वव्यापिनी और त्रिकालवर्तिनी अनुभूति में लीन करे। इसी लक्ष्य के भीतर जीवन के ऊँचे उद्‌देश्य आ जाते हैं। इसी लक्ष्य की साधना से मनुष्य का हृदय जब विश्वहृदय, भगवान् के लोकरक्षक और लोकरंजक हृदय, से जा मिलता है तब वह भक्ति में लीन कहा जाता है। इस दशा में धर्म-कर्म के साथ उसका पूर्ण सामंजस्य घटित हो जाता है। भक्ति, धर्म और ज्ञान दोनों की रसात्मक अनुभूति है। जिस धर्म की साधना में हृदय का योग नहीं वह शुष्क, नीरस और अधूरा है। इसी प्रकार जिस ज्ञान के साथ हृदय लगा नहीं चलता वह भी शुष्क, नीरस और अधूरा है–उसमें मिठास न रहने का मतलब यह है कि ब्रह्म के केवल चित्स्वरूप का कुछ स्पर्श हुआ, आनन्दस्वरूप छूने को रह गया। यही बात गोस्वामी जी ने इस ढंग से कही है–

ब्रह्मपयोनिधि, मंदरज्ञान, संत सुर आहि।
कथासुधा मथि काढ़ही, भक्तिमधुरता जाहि॥

ब्रह्म से गोस्वामी जी का अभिप्राय व्यक्त ब्रह्म–'सिया राममय सब जग'–से है। यह जगत् ब्रह्म का व्यक्त स्वरूप है और समष्टि रूप में शाश्वत और अनन्त है, विशेष

रूप अनित्य है, पर रूपपरम्परा नित्य है। ज्ञान इस रूपसागर का मन्थन करके अनेक कथाएँ या तथ्य निकालता है और हृदय उनको आलम्बन के रूप में सामने रखकर भक्ति की मधुरता का अनुभव करता है। इस प्रकार जब ज्ञान और भक्ति–बुद्धि और हृदय–दोनों सहयोगी होकर काम करें तब अन्तःकरण की पूर्णता समझनी चाहिए।

जिस प्रकार हृदय के योग के बिना, भक्ति के बिना, ज्ञान को गोस्वामीजी ने मधुरतारहित और नीरस कहा है, उसी प्रकार धर्माचरण और सदाचार को भी कड़ुवा कहा है–

सूर सुजान सपूत सुलच्छन गनियत गुन गरुवाई।
बिनु हरिभजन इँदारुन के फल तजत नहीं करुवाई॥

उन्होंने स्पष्ट कहा है कि धर्माचरण और शिष्टाचार हृदय के योग के बिना, हर्ष पुलक के बिना, व्यर्थ है–

रामहिं सुमिरत, रन भिरत, देत, परत गुरु पाय।
तुलसी जिनहिं न पुलक तन, ते जग जीवत जाय॥

सारांश यह है कि हृदय की ऐसी भावदशा कभी-कभी होती है जिसका न धर्म से विरोध होता है न ज्ञान से, और न किसी दूसरी भावदशा से। यही सामंजस्य हमारे यहाँ का मूल मन्त्र है। जिस काव्य में यह सामंजस्य न होगा उसका मूल्य गिरा हुआ होगा।

धर्म के साथ हृदय के भाव या काव्य की अभिव्यंजना के अविरोध की चर्चा पहले हो चुकी है। अब ज्ञान और भाव, बुद्धि और हृदय, के सामंजस्य के सम्बन्ध में थोड़ा विचार कर लेने की आवश्यकता है। इस सामंजस्य का अभिप्राय यह है कि बुद्धि अपना स्वतन्त्र रूप से ज्ञानसम्पादन का कार्य करे और हृदय भावप्रदर्शन का। एक दूसरे कार्य में बाधक न हो, हस्तक्षेप न करे। बुद्धि यह न कहने जाए कि हृदय क्या ? यह तो फालतू काम किया करता है। हृदय यह न कहने जाए कि बुद्धि क्या ? वह तो रूखे लक्कड़ चीरा करती है। दोनों एक-दूसरे के सहयोगी के रूप में काम करें। बुद्धि देश और काल के बीच हमारे ज्ञान का प्रसार बढ़ाती है। जगत् के अनेक तथ्य ऐसे होते हैं जो हमारी बाह्य इन्द्रियों तथा सामान्य स्थूल बुद्धि को प्रत्यक्ष नहीं होते। बुद्धि अपनी सूक्ष्म क्रिया द्वारा विशेष मनन और चिन्तन द्वारा उसका निरूपण करती है और कवि की प्रतिभा या कल्पना द्वारा उसे गोचर और मार्मिक रूप में सामने रखती है। ऐसी दशा में प्रतिभा या कल्पना अनुमान के इशारे पर चलती है और सामान्य रूप से निरूपित तथ्य के बीच से ऐसे विशेष दृश्य की उद्भावना कर लेती है जो मर्मस्पर्शी होता है। नाना भावों के लिए आलम्बन आरम्भ में ज्ञानेन्द्रियाँ उपस्थित करती हैं; फिर ज्ञानेन्द्रियों द्वारा प्राप्त सामग्री से प्रतिभा या कल्पना उनका भिन्न-भिन्न रूपों में समन्वय करती है। अतः यह कहा जा सकता है कि ज्ञान ही भावों के संचार के लिए मार्ग खोलता है। ज्ञानप्रसार के भीतर ही भावप्रसार होता है। आरम्भ में मनुष्य जाति की चेतन सत्ता इन्द्रियज ज्ञान की समष्टि के रूप में ही अधिकतर रही। पीछे ज्यों-ज्यों सभ्यता बढ़ती

गई है त्यों-त्यों मनुष्य की ज्ञानसत्ता बुद्धिव्यवसायात्मक होती गई है। अब मनुष्य का ज्ञानक्षेत्र बुद्धिव्यवसायात्मक या विचारात्मक होकर विस्तृत हो गया है। अतः उसके विस्तार के साथ हमें अपने हृदय का भी विस्तार बढ़ाना पड़ेगा। शुद्ध (किसी वाद या सम्प्रदाय के नहीं) विचार और चिन्तन की क्रिया से वैज्ञानिक विवेचन और अनुसन्धान द्वारा उद्घाटित परिस्थितियों और तथ्यों के मर्मस्पर्शी पक्ष का भी मूर्त और सजीव चित्रण—उसका भी इस रूप में प्रत्यक्षीकरण कि वह हमारे किसी भाव का आलम्बन हो सके—कुछ कवियों का काम होगा।

ये परिस्थितियाँ बहुत ही व्यापक होंगी, ये तथ्य न जाने कितनी बातों की तह में छिपे होंगे। यदि अत्याचार होगा तो रावण के अत्याचार-सा लोकव्यापी होगा। हाय होगी तो पृथ्वी के एक कोने से दूसरे कोने तक होगी; पर एक हाय करनेवाला दूसरे हाय करनेवाले से इतनी दूरी पर होगा कि सम्मिलित हाय की दारुणता केवल बाहरी आँखों की पहुँच के बाहर होगी। यदि प्राणियों की किसी सामान्य प्रवृत्ति का चित्रण होगा तो सामग्री कीटाणुओं की दुनिया तक से लाई जा सकती है। जगत् रूपी घनचक्कर और गोरखधन्धे की महत्ता और जटिलता से चकित होने की चाह में हम अपनी अन्तर्दृष्टि के सामने एक ओर अणुओं, परमाणुओं और दूसरी ओर ज्योतिष्क पिंडों के भ्रमणपत्रों तक को ला सकते हैं। उपर्युक्त सामंजस्य प्रतिष्ठित हो जाने पर ज्ञान-विज्ञान के साथ काव्य का कोई विरोध न दिखाई पड़ेगा।

हमारे यहाँ धर्म की रसात्मक अनुभूति या भक्ति में ज्ञान उक्त सामंजस्य के कारण कभी बाधक नहीं हुआ और न धर्म ने आग और कुल्हाड़े से ज्ञान-विज्ञान का विरोध किया। हमारे यहाँ 'कर्म' और 'उपासना' के समान 'ज्ञान' भी धर्म का एक अंग बहुत प्राचीन काल से माना गया था। पर सामी मजहबों में अक्ल की दखल न होने के कारण पाश्चात्य देशों में ज्ञान-विज्ञान के प्रचार में बहुत बाधा पड़ी थी। बुद्धि की स्वाभाविक क्रिया द्वारा उपलब्ध ज्ञान के लिए ईसाई मत में जगह न थी। अतः जब ईसाई मत में साम्प्रदायिक दर्शन (थियोलॉजी) की नींव डालने के लिए आर्य जातियों, विशेषतः यूनानियों के तत्वचिन्तकों द्वारा प्रवर्तित ज्ञान की बात को लेने की आवश्यकता हुई तब वे मनुष्य की स्वाभाविक बुद्धि द्वारा उपलब्ध ज्ञान के रूप में तो ली नहीं जा सकती थीं। यहूदी, ईसाई आदि सामी मतों के भीतर तो वे ही बातें ली जा नहीं सकती थीं जो किसी पैगम्बर, पहुँचे हुए रहस्यदर्शी सन्त या सिद्ध को 'हाल', 'मूर्छा' अथवा प्रेमोन्माद की दशा में दिव्य आभास के रूप में प्राप्त हुई हों।[1] प्रेमोन्माद या मूर्छा की दशा में रहस्यदर्शी भक्त सन्तों को अन्तःकरण के भीतर ईश्वर का समागम प्राप्त होता था और उस आध्यात्मिक जगत् की कुछ बातें आभास के रूप में उन पर प्रकाशित की जाती थीं। ईसा

1. दि विलीफ इन मिस्टिकल थियालजी ऐंड इट्स कनेक्टेड फेनामेना वाज टेकेन ओवर बाई क्रिश्चिऐनिटी फ्राम जूडाइजम। जूडाइज्म टेंडेड टु रिमार्ड नाड ऐज सो ट्रैसेडेंट ऐंड इनएफेमेबुल दैट ही कुड डील विद क्रीचर्स ओनली बाइ ऐंजेलिक मेडिएशन इट दाज दि फैशन टु सी आर राइट आव् ऐपीकैलिप्स, सिम्बालिक विजंस; ऐंजेलिक मिनिस्टर्स।—एनसाइक्लोपीडिया आव् रेलिजन ऐंड एथिक्स।

की छठी शताब्दी से लेकर बारहवीं-तेरहवीं शताब्दी तक यूनानी दर्शनों में निरूपित बात इन्हीं 'आभासों' के रूप में रहस्यदर्शी सन्त लोग कहा करते थे।[1]

ईश्वरीय आभास का रूप देने के लिए ये बातें नाना प्रकार की अन्योक्तियों और अध्यवसित रूपकों में लपेटकर विचित्र शब्दों में कही जाती थीं। अतः कबीर आदि रहस्यवादी सन्तों और योरप के रहस्यवादी कवियों की उक्तियों में जो वैलक्षण्य का विचित्र रूपकजाल रहता है उसका भी साम्प्रदायिक कारण और इतिहास है। ईसवी सन् 604 में सन्त ग्रेगरी नामक एक प्रसिद्ध महात्मा हो गए हैं। मूर्च्छा उन्माद की दशा में ईश्वर का जो समागम होता है उसके सम्बन्ध में उन्होंने कहा कि साधक ईश्वर को ठीक वैसा ही नहीं देखता जैसा कि वह परमार्थतः बल्कि उसका सोपाधि रूप देखता है। हमारे भीतर कल्मष का जो अन्धकार रहता है वह उस शुद्ध ज्योति को ठीक-ठीक हम तक पहुँचने नहीं देता। हम उसे साफ नहीं देख सकते, वैसे ही देख सकते हैं जैसे बहुत दूर की वस्तु कुछ धुँधली-सी दिखाई पड़ती है। इसके उपरान्त ईसा की बारहवीं शताब्दी में सन्त बरनार्ड ने यह बताया कि रहस्यदर्शी को 'हाल' या आध्यात्मिक ज्ञान की उपलब्धि किस ढंग से होती है। उन्होंने कहा कि 'जब साधक के हृदयदेश में ईश्वर की भेजी हुई ज्योति की किरण झलक की तरह क्षणमात्र के लिए आ जाती है तब या तो उस पर परम तेज की चकाचौंध कम करने के लिए अथवा उसके द्वारा प्रकाशित ज्ञान को दूसरों तक पहुँचाने के योग्य बनाने के लिए, उस प्रेषित ज्ञान या तथ्य को व्यंजित करने के उपयुक्त पार्थिव जगत् का कुछ अनूठा रूपविधान (रूपक) सामने आ जाता है। छलावे की तरह भासित हुए उस रूपक को 'छायादृश्य' (फैटैंज्माटा) कहते हैं।'[2]

इसी 'छायादृश्य' के लक्षणों का अनुकरण सामी मजहबों के भीतर चले हुए भक्ति के रहस्यमार्गों में पाया जाता है। सूफियों में इसी परम्परा का निर्वाह शराब, प्याले आदि के रूपकों में मिलता है जो एक प्रकार के प्रतीक (सिम्बल्स) से हो गए हैं। निर्गुन पन्थ की बानियों में–विशेषतः कबीरदास की बानी में–जो वेदान्त, हठयोग आदि की साधारण

1. दि फंडामेंटल मेटाफिजिक्स आन ह्विच दि डाक्ट्रिन आव क्रिश्चियन मिस्टिसिज्म इज ग्राउंडेड, इज ग्रीक रैशनलिस्टिक मेटाफिजिक्स, फार्म्युलेटेड बाइ साक्रेटीज ऐंड हिज ग्रेट सक्सेर्स प्लैटो, ऐरिस्टोटल ऐंड प्लाटिनस...गाड, ऐकार्डिंग टु दिस ग्रीक इंटरप्रिटेशन, इज ऐब्सोल्यूट रिएलिटी विद नो ऐडमिक्श्चर आव मैटर, दैट इज विद नो पोटेंशैलिटी एंड पासिबिलिटी आव चेंज। देयर इज, हाउएवर, समथिंग इन ह्यूमन सोल ह्विच इज अनसंडर्ड फ्राम दि ऐब्सोल्यूट, समथिंग ह्विच एसेंशली इज दैट रिएलिटी. ..दिस इनटेलेक्चुअल फार्म्युलेशन नेसेसैरिली इनवाल्ब्स ए वाया निगेटिव–ही इज नाट दिस, ही इज नाट दिस।–वही

देखिए किस प्रकार इस उद्धरण में उपनिषद् के ब्रह्मवाद का ही निरूपण है और 'नेति, नेति' वाक्य भी ज्यों का त्यों आया है।

2. ह्वेन समथिंग फ्राम गाड हैज मोमेंटैरिली ऐंड, ऐज इट वेयर, विद दि स्विफ्टनेस आव ए फ्लैश आव लाइट, शेड इट्स रे अपान दि माइंड इन एक्स्टेसी आव स्पिरिट, इम्मीडिएली, ह्वेयर फार दि टेंपरिंग आव दिस टू ग्रेट रेडिऐंस, आर फार दि सेक आव इपार्टिंग इन टु अदर्स, देयर प्रेजेंट, देमसेल्व्स सर्टेन इमैलाइकनेसेज आव लोअर थिंग्ज, सूटेड टु दि मीनिंग्ज ह्विच हैव बीन इन्फ्यूज्ड फ्राम ऐबव, बाइ मीन्स आव ह्विच दैट मोस्ट प्योर ऐंड ब्रिलिएंट रे इज ए इन मैनर शेडेड, ऐंड बोथबिकम मोर बेयरेबल टु दि सोल इटसेल्फ ऐंड मोर केपेबुल आव बीइंग कम्युनिकेटेड।–वही।

बातों को लेकर पहेली के ढंग के रूपक बाँधने की प्रवृत्ति पाई जाती है, वह भी इसी रूढ़ि का निर्वाह है। रहस्यवादी अँगरेज कवि ब्लेक ने कल्पना को जो ईश्वर का दिव्य साक्षात्कार बताया, उसका भी यही साम्प्रदायिक मूल है। इधर क्रोचे ने जो 'वाद' खड़ा किया है, वह भी इसी का आधुनिक वाग्विस्तार है।

ईसाई भक्तिमार्ग के इस 'छायादृश्य' (फैटेंज्माटा) वाले प्रवाद का प्रभाव योरप के काव्यक्षेत्र में भी समय-समय पर प्रकट होता रहा। सन् 1885 में फ्रांस में रहस्यात्मक प्रतीकवादियों (सिम्बालिस्टिक डिकेडेंट्स) कविता का जो ढंग पकड़ा था उसमें उक्त छायादृश्य वाली धारणा का पूरा अनुसरण था। इसी से जब उक्त रहसयवाद का ढंग ब्रह्मसमाज के भजनों में दिखाई दिया तब पुराने ईसाई भक्तों के उसी 'छायादृश्य' (फैटेंज्माटा) के अनुकरण के कारण उस ढंग की रचनाओं को 'छायावाद' कहने लगे। यह है हिन्दी के वर्तमान काव्यक्षेत्र में प्रचलित 'छायावाद' शब्द का मूल और इतिहास।

प्राचीन आर्य जातियों में रहस्यवाद की प्रवृत्ति नहीं थी—न योरप में, न भारत में। प्राचीन यूनानी और रोमन दोनों इससे बचे हुए थे।[1] तत्वज्ञानसम्पन्न यूनानी जाति स्वच्छ विचार और संयत आत्मा धारण करती थी। वह परमात्मबोध के लिए शुद्ध चिन्तनमार्ग को छोड़कर रहस्यवाद के अन्धकार में भटकनेवाली नहीं थी। यही स्थिति प्राचीन भारतीय आर्यों की भी थी। यहाँ परमार्थतत्व बोध के लिए बुद्धि की स्वाभाविक पद्धति, चिन्तन के विशुद्ध मार्ग के अतिरिक्त और कोई दूसरा मार्ग स्वीकृत न था। उपनिषद् की ब्रह्मविद्या के प्रवर्तक इसी स्वाभाविक बुद्धि की निश्चयात्मिका वृत्ति द्वारा, शुद्ध अनुमान और विचार की परम्परा द्वारा, ज्ञान की उपलब्धि करते थे। उनके द्वारा प्रवर्तित हमारा 'ज्ञानकांड' मूर्छा, स्वप्न या बेहोशी की उपज नहीं है, तत्वचिन्तन का फल है। वही हमारे वेदान्त के ब्रह्मस्पर्शी प्रसाद की नींव है। उपनिषदों का तत्वज्ञानात्मक (रशनलिस्टिक) स्वरूप स्पष्ट है। उनमें बहुत-से स्थल संवाद के रूप में हैं, जिसमें शंकासमाधान भी है। जनक की सभा में शास्त्रार्थ के रूप में ब्रह्मवाद की चर्चा होती थी। उपनिषदों के स्फुट विचारों को ही व्यवस्थित शास्त्र के रूप में संकलित करने के लिए वादरायण ब्रह्मसूत्रों की रचना की।[2]

---

1. टेकेन आल इन आल, इट इज एविडेंट दैट मिस्टिसिज्म प्लेड इन्कांस्पिक्युअस रोल इन दि रेलिजस लाइफ आव दि हेलेनीज। दि ग्रीक जीनियस लव्डक्लिअरनेस ऐंड सेल्फ पजेशन टू वेल टु सीक दि डिवाइन इन मिस्टिकल डार्कनेस ऐंड सेल्फ-सरेंडर।

    परहैप्स नो सेमी सिविलाइज्ड पीपुल वाज एवर मोर फ्री फ्राम मिस्टिसिज्म, इन अवर सेंस आव दि टर्म, दैन दि ओल्ड रोमंस।—दि साइकोलाजी आव रेलिजस मिस्टिसिज्म (बाई जेम्स एच.एल.ल्यूबा)

2. देखिए एन. मैकनिकल की पुस्तक 'इंडियन थेइज्म फ्राम दी वैदिक टु दी मुहम्मदन पीरियड' तथा 'इंसाइक्लोपीडिया आव् रेलिजन ऐंड एथिक्स' में उनका निबन्ध, जिसके नीचे लिखे हुए वाक्य देखने योग्य हैं—

    इट इज ट्र्यू आव मच इन दि उपनिषद्स दैट इट इज सीकिंग टु डिस्कवर दि रिलेशंस आव मैन विद दि यूनिवर्स रादर दैन हिज रिलेशन विद दि गाड। इट इज आफेन कंसर्न्ड विद दि रिलेशन आव दि नोअर ऐंड दि नोन, रादर दैन विद दैट आव दि वर्शिपर ऐंड गाड। इट गिव्स ए मेटाफिजिक रादर दैन ऐन एथिक आर रिलिजन।

खेद है कि ईसाई मत से प्रभावित ब्रह्मसमाज ने उपनिषदों का पल्ला पकड़कर उन्हें रहस्यवादी रूप देने का प्रयत्न किया। बहुत-से पाश्चात्य लेखकों ने बड़ी खुशी से इन्हें इस रूप में ग्रहण किया और उपनिषदों के ज्ञान को रहस्यवाद की कोटि में रखा। बात यह है कि उस कोटि में जाने से उसका तात्विक मूल्य घट जाता है और प्राचीन भारतीय आर्यों की तत्वज्ञानसम्पन्नता कुछ ओट में पड़ जाती है और यूनानियों की सामने दिखाई पड़ती है। उपनिषद् यदि रहस्यदर्शियों के स्वप्न या आभास हैं तब तो प्राचीन भारतीय भी सभ्यता की उसी सीढ़ी पर थे जिस पर प्राचीन यहूदी। उपनिषदों को रहस्यवाद कहने का आधार केवल यही है कि उनकी कुछ बातें उपमाओं या लक्षणाओं के द्वारा कुछ अनूठे ढंग से कही हुई मिलती हैं। बात यह है कि उस प्राचीन काल में दार्शनिक विवेचन को व्यक्त करने की व्यवस्थित शैली नहीं निकली थी। चिन्तन करते-करते कभी-कभी ऋषि भावोन्मुख भी हो जाते थे और अपनी बात अनूठी उक्ति के रूप में कह देते थे।

ज्ञान जब प्राप्त होगा तब शुद्धबुद्धि की क्रिया से ही। कल्पना, स्वप्न, भावोन्माद आदि द्वारा किसी उच्चकोटि का ज्ञान तो दूर की बात है, साधारण बातें भी नहीं जा सकतीं। न हम कान से देख सकते हैं न नाक से सुन सकते हैं। पर प्रेमलक्षणा भक्ति क्या और किस प्रकार (ज्ञान का भी एक रहस्यमय साधन) सामी मजहबों में मानी गई, यह हम अभी दिखा आए हैं। रहस्यवादी जो बातें कहते हैं वे तत्वज्ञ दार्शनिकों द्वारा निश्चित की हुई होती हैं, आसमान से टपकी या आत्मा से उठी नहीं होतीं। उन्हीं बातों को सुनकर या इधर-उधर से लेकर वे उन पर कल्पना का रंग चढ़ाते और उन्हें अनूठे रूपकों और अन्योक्तियों में कहा करते हैं।[1] कोई कह सकता है कि आज तक किसी पहुँचे हुए रहस्यवादी ने कोई एक भी बात ऐसी कही है जो पहले से प्रचलित न चली आती हो ? कबीर की बानी की कोई एक नूतन कणिका भी कोई दिखा सकता है ? ज्ञान के क्षेत्र के रहस्यवाद का कोई मूल्य नहीं। रहस्यवाद से किसी नए तथ्य की, नए ज्ञान की, उपलब्धि नहीं हो सकती, यह बात रहस्यवाद पर तात्विक दृष्टि से विचार करनेवालों ने लिखी है।[2]

सामी मतों के भक्तिमार्गों में ज्ञानपक्ष यद्यपि लिया गया है आर्य जाति के तत्वचिन्तकों से, पर बताया जाता है ऊपर लिखे रहस्यात्मक ढंग से आभास रूप में प्राप्त। इसी से पाश्चात्य लेखक भारतीय भक्तिमार्ग को भी रहस्यवाद के भीतर घसीटा

1. इट इज नाट नेसेसरी टु कन्क्लूड दैट 'ऑरैक्युलर कम्युकेशन' आर मिस्टीरिअस इनफार्मेशन, आर आइडियाज विद नावेल्टी आव कंटेंट, कम्स इंटू दि वर्ल्ड थ्रू दि सीक्रेट डोर आव मिस्टिकल ओपेनिंग्ज, 'आइडिआज' ऐंड 'कम्युनिकेशंस' ऐंड इन्फार्मेशन प्रूव आल्वेज, ह्वेन दे आर एग्जामिंड, टु हैव ए हिस्टारिक बैकग्राउंउ। दे शो दि मार्क्स आव ग्रुप एक्स्पीरिएंस ऐंड दे डू नाट ड्राप रेडी-मेड इंटू दि वर्ल्ड फ्राम सम अदर रीजन।–रूफस एम. जोन्स (एनसाइक्लोपीडिया आव रिलिजन ऐंड एथिक्स)

2. दि मिस्टिकल एक्स्पीरिएंस कंसिस्ट्स इन लीप्स आव इनसाइट थ्रू हाइटेंड लाइफ, इन ऐन इटैंसिफाइंग आव विजन थ्रू दि फ्यूजिंग आव आल दि डीप लाइंग पावर्स आव इंटेलेक्ट, इमोशंस ऐंड विल, ऐंड इन ए करेस्पांडिंग सर्ज आव कन्विक्शन, थ्रू दि डायनेमिक इंटीग्रेशन आव पर्सनैलिटी, रादर दैन इन दि गिफ्ट आव न्यू फैक्ट्स।–रूफस एम. जोन्स (एनसाइक्लोपीडिया आव रिलिजन ऐंड एथिक्स)।

करते हैं। पर यह उनका शुद्ध भ्रम है, यह मैं आगे दिखाऊँगा। सामी मतों की भक्तिसाधना में दाम्पत्य वासना (सेक्स इस्टिंक्ट) का सहारा लिया गया जिससे 'माधुर्य भाव' का विकास उनमें विशेष दिखाई पड़ता है। ईसाइयों की धर्मपुस्तक में एक जगह आया है कि 'जिस प्रकार दूल्हा दुलहिन के साथ रमण करता है, इसी प्रकार ईश्वर तुझमें रमण करे।' इसी को लेकर 'स्वर्गीय दूल्हा' (हेवेन्ली ब्राइडग्रुम) की भावना चली। जिस प्रकार हमारे यहाँ के हठयोगियों ने मनुष्य के भीतर चक्रों, कमलों, मणिपूर इत्यादि की कल्पना की है, उसी प्रकार साधक ईसाइयों ने उस स्वर्गीय दूल्हे के साथ विहार करने के लिए अन्तर्देश में कई प्रकार के रंगमहल या कोठरियाँ कायम की थीं।

ईसा की बारहवीं शताब्दी के द्वितीय चरण में सन्त बरनार्ड नाम के जो प्रसिद्ध भक्त हो गए हैं, उन्होंने दूल्हे के 'तीसरे कक्ष' में प्रवेश का इस प्रकार वर्णन किया–'यद्यपि वे (ईश्वर) कई बार मेरे भीतर आए पर मैंने न जाना कि कब आए। आ जाने पर कभी-कभी मुझे उनकी आहट मिली है, उनके विद्यमान होने का स्मरण भी मुझे है, वे आनेवाले हैं इसका आभास भी मुझे कभी-कभी पहले से मिला है, पर वे कब बाहर गए, इसका पता मुझे कभी न चला।'

अब इसी प्रकार की रचना की झलक आप आज इस बीसवीं शताब्दी में भी 'गीतांजलि,' 'साधना' तथा मासिक पत्रों में समय-समय पर निकलनेवाले गद्यकाव्यों में स्पष्ट देख सकते हैं। कबीर की 'सुन्नि महलिया' भी सामी रहस्यवाद की ओर से आई है।

भारतवर्ष के वैष्णव धर्म में भी जैसे सेव्य, सेवक आदि कई भावों से उपासना मानी गई थी वैसे ही गोपियों के कृष्णप्रेम को लेकर 'माधुर्यभाव' की उपासना भी मानी गई थी; पर उसका स्वरूप केवल भावात्मक था, उसमें न भीतर महलों आदि की कल्पना थी, न मूर्छा, उन्माद आदि लक्षण। पीछे मुसलमानी शासनकाल में कुछ कृष्णभक्तों पर–जैसे, चैतन्य महाप्रभु, मीरा नागरीदास पर–सूफियों का प्रभाव पड़ा। भारतवर्ष के भीतर माधुर्यभाव का ग्रहण प्राचीन काल में दक्षिण में हुआ। बड़े-बड़े मन्दिरों में जो देवदासियाँ रहा करती थीं, इसका प्रवर्तन पहले उन्हीं के बीच जान पड़ता है। माता-पिता लड़कियों को मन्दिर में चढ़ा आते थे, जहाँ उनका विवाह ठाकुर जी के साथ हो जाता था। वे ही देवदासियाँ हो जाती थीं। उनके लिए मन्दिर में प्रतिष्ठित भगवान् की उपासना पतिरूप में विधेय थी; इन देवदासियों में से कुछ उच्च कोटि की भक्तिनें निकल आती थीं।

दक्षिण में अन्दाल इसी प्रकार की भक्तिन थी, जिसका जन्म वि. सं. 773 के आसपास हुआ था। यह बहुत छोटी अवस्था में किसी साधु को एक पेड़ के नीचे मिली थी। वह साधु भगवान् का स्वप्न पाकर इसे विवाह के वस्त्र पहनाकर श्रीरंग जी के मन्दिर में छोड़ आया था। अन्दाल के पद द्रविड़ भाषा में 'तिरुप्पावइ' नामक पुस्तक में अब तक मिलते हैं। अन्दाल एक स्थान पर कहती है–'अब मैं यौवन को प्राप्त हूँ और स्वामी कृष्ण के अतिरिक्त और किसी को अपना पति नहीं बना सकती।' इस भाव की उपासना यदि कुछ दिन चले तो उसमें रहस्य का समावेश अवश्य हो जाएगा। भारतीय भक्ति का मूल रूप रहस्यात्मक न होने के कारण इस 'माधुर्यभाव' का अधिक प्रचार न

हुआ। पीछे मुसलमानी जमाने में सूफियों की देखादेखी इस भाव की ओर कुछ कृष्णभक्त रहस्यात्मक ढंग से प्रवृत्त हुए।

भारतवर्ष में धर्म के भीतर भी ज्ञान की प्रकृत पद्धति और प्रेम की प्रकृत पद्धति स्वीकृत थी; अतः न ज्ञान के क्षेत्र में और न भगवत्प्रेम के क्षेत्र में रहस्यवाद की आवश्यकता हुई। साधनात्मक और क्रियात्मक रहस्यवाद का अलबन योग, तन्त्र और रसायन के रूप में विकास हुआ। यहाँ ज्ञानमार्ग, भक्तिमार्ग और योगमार्ग तीनों अलग-अलग रहे हैं, इस स्पष्ट विभाग के कारण भारतीय परम्परा का भक्त न तो पारमार्थिक ज्ञान का दावा करता है, न अलौकिक सिद्धि या रहस्यदर्शन का। ज्ञान के अधिकारी तर्कबुद्धिसम्पन्न, चिन्तनशील दार्शनिक ही माने जाते हैं। तत्वज्ञान की झलक के लिए शुद्ध बुद्धि के अतिरिक्त और कोई दूसरी खिड़की नहीं मानी जाती। भारतीय भक्त हृदय भी उसी पद्धति से भगवान् से प्रेम करता है, जिस पद्धति से पुत्र, कलत्र से। इस प्रेम के लिए कोई अप्राकृतिक पद्धति अपेक्षित नहीं। भक्त की अनुभूति एक प्राकृतिक या स्वाभाविक अनुभूति है। पर रहस्यवादी की ईश्वरसमागमवाली दशा या तो योगिकों की तुरीयावस्था अथवा चित्तविक्षेप के रूप में मानी जाती है–जैसी–किसी भूत या देवता के सिर आने पर होती है। इस दशा पर आस्था सभ्यता की आदिम अवस्था का संस्कार है जो किसी-न-किसी रूप में अब तक चला चलता है। उसी के कारण जैसा भूतप्रेम, कुलदेवता आदि का सिर पर आना वैसा ही यह ईश्वर का सिर पर आना समझा जाता है। हमारे यहाँ के भक्तित्व मार्ग में यह बिलकुल नहीं है। आज तक किसी भक्त महात्मा के सिर पर न कभी राम-कृष्ण आए, न ब्रह्म–हाँ, ब्रह्मराक्षस अलबत आते हैं। हनुमानजी भी कभी-कभी भक्तमंडली से उछलकर किसी सेवक के सिर पर आ जाया करते हैं।

भारतीय परम्परा के भक्त का प्रेममार्ग सीधा-सादा और स्वाभाविक है, जिस पर चलना सब जानते हैं, चाहे चलें न। वह ऐसा नहीं जिसे कोई बिरला ही जानता हो या पा सकता हो। वह तो संसार में सबके लिए ऐसा ही सुलभ है जैसे अन्न और जल–

निगम अगम, साहब सुगम, राम साँचिली चाह।
अंबु अनन अबलोकियत, सुलभ सबै जग माह॥ –तुलसी

जिस हृदय से भक्ति की जाती है, वह सबके पास है। सरलता इस मार्ग का नित्यलक्षण है–मन की सरलता, बचन की सरलता और कर्म की सरलता–

सूधे मन, सूधे बचन, सूधी सब करतूति।
तुलसी सूधी सकल बिधि, रघुबर-प्रेम-प्रसूति॥

भारतीय परम्परा के सच्चे भक्त में दुराव-छिपाव की प्रवृत्ति नहीं होती। उसे यह प्रकट करना नहीं रहता कि जो बातें मैं जानता हूँ उसे कोई बिरला ही समझ सकता है, इससे अपनी वाणी को अटपटी और रहस्यमयी बनाने की आवश्यकता उसे कभी नहीं होती। वह सीधी-सादी सामान्य बात को भी रूपकों में लपेटकर पहेली बनाने और असम्बद्धता के साथ कहने नहीं जाता। बात यह है कि अपना प्रेम वह किसी अज्ञात के प्रति नहीं बताता। उसका उपास्य ज्ञात होता है। उसके निकट ईश्वर ज्ञात और अज्ञात

दोनों है। जितना अज्ञात है उसे तो वह परमार्थान्वेषी दार्शनिकों के चिन्तन के लिए छोड़ देता है और जितना ज्ञात है उसी को लेकर वह प्रेम में लीन रहता है। ज्ञात पक्ष में यह सारा जगत् ब्रह्म का व्यक्त प्रसार है जिनके भीतर रक्षण और रंजन की नित्यकला भासमान रहती है। बाहर जगत् के बीच इस कला का दर्शन भक्ति का पक्ष है। 'अपने मन के भीतर ढूँढ़ना' यह योग का पक्ष है। बाहर जगत् में जहाँ रक्षण और रंजन की यह कला भक्त को दिखाई पड़ती है वहाँ वह सिर झुकाता है। श्रीमद्‌भागवत में इस सिद्धान्त का स्पष्टीकरण हम पाते हैं। ब्रज के गोप इन्द्र की पूजा किया करते थे। श्रीकृष्ण ने नन्द से कहा कि इससे अच्छा तो यह है कि हम इस गोवर्धन पर्वत की पूजा करें। जो साक्षात् या सीधे पालन-पोषण, रंजन करता दिखाई दे वही देवता है–

तस्मात्सम्पूजयेत्कर्म स्वभावस्थः स्वकर्मकृत।
अञ्जसा येन वर्तेत तदेवास्य हि दैवतम्॥

–(भागवत, 10-24-18)

तस्माद्‌गवां ब्राह्मणानामद्रेश्चारभ्यतां मखः।
य इद्रियागसमारम्भास्तैरयं साध्यतां मख॥

–(भागवत, 10-24-25)

यही 'अंजसपूजा' सीधे उसकी पूजा जो प्रत्यक्ष रक्षक और प्रत्यक्ष रंजक है–भारतीय भक्तिभावना का प्रधान स्वरूप है। इसी से प्रत्यक्ष बाह्य जगत् के बीच राम-कृष्ण के रूप में अपनी रक्षण-रंजन-कला का प्रकाश करनेवाले भगवान् के व्यक्त रूप को लेकर भारतीय भक्तिमार्ग सच्ची भावुकता के साथ चला। यदि किसी पर्वत से, किसी वृक्ष से, किसी पशु से–प्रकृति के छोटे-बड़े किसी रूप से–लोक का उपकार है तो उसमें स्थित हमारी पूज्य बुद्धि भगवान् ही के प्रति समझनी चाहिए। इस प्रकार व्यक्त और प्रत्यक्ष रूपों के प्रति पूज्य बुद्धि हमारे भक्तिमार्ग का वह प्रधान अवयव है जो उसे उन मार्गों से अलग करता है जो ऐसे प्रत्यक्ष रूपों के प्रति पूज्य भाव रखना पाप कहते हैं।

सारांश यह है कि हमारे यहाँ का (सगुण) भक्तिकाव्य भी ब्रह्म के अज्ञात और अव्यक्त स्वरूप को आध्यात्मिक आभास द्वारा बताने का दावा करता हुआ नहीं चला है। वह इसी व्यक्त जगत् और जीवन के बीच भगवान् की कला का दर्शन कराकर भावमग्न करना चाहता है। भक्ति मार्ग के सम्बन्ध में यहाँ इतना निवेदन करने का मेरा अभिप्राय केवल इतना ही है कि सूर, तुलसी आदि भक्त कवियों की रचनाएँ भी रहस्यात्मक स्वप्न, आभास आदि की दृष्टि से न देखी जाएँ, और उनसे तरह-तरह के आध्यात्मिक अर्थ निकालने की बेजा हरकत न की जाए। भक्तिकाव्य भी काव्य ही है; और काव्य की तह में, जैसा कि मैं कहता आ रहा हूँ, इसी जगत् और जीवन की मार्मिक अनुभूतियाँ छिपी रहती हैं।

कविता के सम्बन्ध में मेरी धारणा बराबर से यही रही है कि वह एक ऐसी साधना है जिसके द्वारा शेष सृष्टि के साथ मनुष्य के शुद्ध रागात्मक सम्बन्ध की रक्षा और निर्वाह, तथा उसके हृदय का प्रसार और परिष्कार होता है। जब तक कोई अपनी पृथक् सत्ता भी भावना को ऊपर किए जगत् के नाना रूपों और व्यापारों को अपने व्यक्तिगत

योगक्षेम, हानि, लाभ, सुख-दुख आदि से सम्बद्ध करके देखता रहता है तब तक उसका हृदय एक प्रकार से बद्ध रहता है। इन रूपों और व्यापारों के सामने जब कभी वह अपनी पृथक् सत्ता की धारणा से छूटकर–अपने आपको, बिलकुल भूलकर–विशुद्ध अनुभूति मात्र रह जाता है, तब वह मुक्त हृदय हो जाता है। जिस प्रकार आत्मा की मुक्तावस्था ज्ञानदशा कहलाती है, उसी प्रकार हृदय की वह मुक्तावस्था रसदशा कहलाती है। हृदय की मुक्ति की साधना के लिए मनुष्य की वाणी जो शब्दविधान करती आई है वही कविता है। कविता के साथ 'आनन्द' शब्द जुड़ा रहने से उसे विलास की सामग्री न समझना चाहिए। जो केवल अपने विलास या सुखभोग की सामग्री को ढूँढ़ा करते हैं उनमें उस रागात्मक 'सत्व' की कमी है जिसके द्वारा व्यक्त सत्ता मात्र के साथ मनुष्य अपने हृदय के सब भावों का–केवल प्रेम, हर्ष, आश्चर्य आदि का ही नहीं, कारण, क्रोध, जुगुप्सा आदि का भी–ठीक और उपयुक्त सम्बन्ध घटित कर लेता है। इसी से हमारे यहाँ 'सत्वोद्रेक' के बिना सच्ची रसानुभूति नहीं मानी गई।

चिर प्रतिष्ठित काव्य के प्रकृत स्वरूप के सम्बन्ध में इतना कहकर अब मैं क्रोचे के 'अभिव्यंजनावाद' की उन छह बातों को लेता हूँ जो इस स्वरूप के विरुद्ध पड़ती हैं और जिनका प्रभाव इधर-उधर हमारे वर्तमान साहित्यक्षेत्र में भी दिखाई पड़ने लगा है।

(1) प्रस्तुत के मार्मिक रूपविधान का त्याग और केवल प्रचुर अप्रस्तुत रूपविधान में ही प्रतिभा या कल्पना का प्रयोग।

उक्त वाद के अनुसार तो काव्य में प्रस्तुत पक्ष कुछ होता ही नहीं। प्रस्तुत पक्ष तो तब होगा जब काव्य की अभिव्यंजना का जगत् या जीवन की बातों से कोई सम्बन्ध होगा। जबकि किसी प्रकार का सम्बन्ध ही नहीं, जबकि अभिव्यंजना अध्यात्म जगत् से उठी हुई वस्तु है, तब कैसा प्रस्तुत ? क्रोचे के केवल काव्य में जीवन की कुछ वस्तुएँ या बातें जो ले ली जाया करती हैं, वे केवल मसाले के रूप में। अब, ये ही वस्तुएँ या बातें साहित्य में 'प्रस्तुत' कहलाती हैं। अतः जब इन वस्तुओं या बातों के प्रति किसी प्रकार की अनुभूति उत्पन्न करना काव्य का उद्देश्य ही नहीं तब इनको ऐसे मार्मिक रूप में रखने की आवश्यकता ही क्या जिससे उनके प्रति कोई भाव जगे। प्रस्तुत कहलानेवाली जीवन की वस्तुओं या बातों का तो सहारा मात्र कल्पना की एक नूतन सृष्टि खड़ी करने में लिया जाता है। अतः कवि की प्रतिभा या कल्पना का प्रयोग प्रस्तुत के मार्मिक प्रत्यक्षीकरण में नहीं उससे अलग विचित्र या रमणीय रूपविधान में है। प्रस्तुत से अलग रूपविधान ही अप्रस्तुत या उपमान कहलाता है। उपर्युक्त धारणा अँगरेजी के समीक्षा क्षेत्र में इतना जोर पकड़ गई है कि 'रूपविधान' (इमैजरी) शब्द का प्रयोग अप्रस्तुत रूपविधान के लिए ही होता है। श्रीयुत रवीन्द्रनाथ ठाकुर का काव्य के अलंकारों पर एक लेख मैंने कहीं देखा था जिसमें रूपविधान के सम्बन्ध में यही धारणा स्पष्ट लक्षित होती थी। उनके 'रूप' और 'अरूप' नामक प्रबन्ध के अन्तर्गत इस कथन में भी इसी का आभास पाया जाता है–

'मनुष्य की साहित्य-शिल्पकला में हृदय का भाव रूप में धृत जरूर होता है, पर रूप में बद्ध नहीं होता। इसलिए वह केवल नए-नए रूप के प्रवाह की सृष्टि करता है,

इसीलिए प्रतिभा को नवनवोन्मेषिणी बुद्धि कहते हैं।' इसके आगे उन्होंने यह दृष्टान्त दिया है–'मान लिया जाए कि पूर्णिमा की शुभ्ररात्रि का सौन्दर्य देखकर किसी कवि ने वर्णन किया कि मानो सुरलोक से नीलकान्त मणिमय प्रांगण में सुरांगनाएँ नन्दन की नवमल्लिका की फूलशय्या।'

यह उद्धरण मैंने केवल यह दिखाने के लिए दिया है कि ठाकुर महोदय भी प्रतिभा का प्रयोग अप्रस्तुत विधान में ही समझते हैं। उनके उपर्युक्त वचन क्रोचे की इस बात का समर्थन नहीं करते हैं कि काव्य में न कोई प्रस्तुत पक्ष होता है, न उसके प्रति हृदय की कोई अनुभूति। यहाँ उन्होंने स्पष्ट रीति से प्रस्तुत वस्तु 'रात्रि' में सौन्दर्य माना है, और उनके प्रति हृदय में प्रिय भाव का उदय कहा है। अतः जो लोग विलायती समीक्षाओं में से इधर-उधर के ऐसे वाक्य लेकर कि 'काव्य का विषय क्या ?' 'काव्य का अर्थ क्या ?' अपनी जानकारी प्रकट किया करते हैं उन्हें ठाकुर महोदय के इस कथन पर ध्यान देना चाहिए।

यहाँ मेरा अभिप्राय केवल इस धारणा को असंगत सिद्ध करने का है कि काव्य में प्रतिभा या कल्पना का काम केवल ढूँढ़-ढूँढ़कर या अपनी अन्तरात्मा में से निकाल-निकालकर, तरह-तरह के अप्रस्तुत रूपों का विधान करना ही है। यह तो हमारे यहाँ का वही पुराना 'अलंकारवाद' ही हुआ जो थोड़ा रूप बदलकर और अलंकार शब्द को हटाकर प्रकट हुआ है। क्या रूप बदला है, यह मैं अलंकार के प्रसंग में सूचित करूँगा। जो अप्रस्तुत रूपविधान या उपमानों की योजना में ही प्रतिभा का प्रयोग और काव्यत्व मानेंगे उनके निकट वाल्मीकि का हेमन्तवर्णन, कालिदास का मेघदूत, वड्र्सवर्थ के सीधे-सीधे रूप में चित्रित बिना तड़क-भड़क वाले सामान्य ग्रामीण दृश्य काव्य ही न ठहरेंगे। मेघदूत न कल्पना की कोरी उड़ान है, न कला की विचित्रता। वह है प्राचीन भारत के सबसे भावुक हृदय का अपनी प्यारी भूमि की रूपमाधुरी पर सीधी-सादी प्रेमदृष्टि। क्या 'त्वय्यायत्तं कृषिफलमिति भ्रूविकारानभिज्ञैः, त्वामारूढं पवनपदवीम्, विश्रांतस्सन् ब्रज वननदीतीर जातानि सिंचन्' इत्यादि प्रस्तुत रूपविधान काव्य नहीं ? जिन्हें इनमें काव्य न दिखाई पड़े उनके सम्बन्ध में समझना चाहिए कि वे बरातों में निकलनेवाली कागज की फुलवारी को काव्य समझ बैठे हैं। वे केवल तमाशबीन हैं।

प्रस्तुत पक्ष का रूपविधान भी कवि की प्रतिभा द्वारा ही होता है। भाव की प्रेरणा से नाना रूपसंस्कार जग पड़ते हैं जिनका अपनी प्रतिभा या कल्पना द्वारा समन्वय करके कवि प्रस्तुत वस्तुओं या तथ्यों का एक मार्मिक दृश्य खड़ा करता है। काव्य में प्रतिभा या कल्पना का मैं यह पहला काम समझता हूँ। जो नाना प्रकार के अप्रस्तुत उपमान जोड़ने में ही काव्य समझेंगे उनके हृदय पर प्रकृति की नाना वस्तुओं और व्यापारों का कोई मार्मिक प्रभाव न रह जाएगा। वे मार्मिक से मार्मिक प्रत्यक्ष दृश्य के सामने वार्निश किए हुए काठ के कुन्दे या गढ़ी हुई पत्थर की मूर्ति के समान खड़े रह जाएँगे। ऐसे लोगों के द्वारा काव्य का विभाव पक्ष ही ध्वस्त हो जाएगा।

अप्रस्तुत योजना पर ही अधिक ध्यान देने की प्रवृत्ति आजकल की नई रंगत की कविताओं में भी दिखाई पड़ रही है। पं. सुमित्रानन्दन पन्त ऐसे कवियों पर भी, जो

जगत् और जीवन की मार्मिक अनुभूतियों से सम्पन्न हैं, 'अभिव्यंजनावाद' से निकली हुई इस प्रवृत्ति का प्रभाव कहीं-कहीं अधिक मात्रा में दिखाई पड़ जाता है, जैसे, उनकी 'छाया' नाम की कविता में।

(2) जीवन के किसी मार्मिक पक्ष को लेकर सच्ची भावानुभूति में लीन करने का प्रयास छोड़, अभिव्यंजनावाद या उक्ति में वैलक्षण्य लाने का प्रयास।

क्रोचे का 'अभिव्यंजनावाद' सच पूछिए तो एक प्रकार का 'वक्रोक्तिवाद' है। संस्कृत साहित्य के क्षेत्र में भी कुन्तक नाम के एक आचार्य 'वक्रोक्तिः काव्य जीवितम' कह उठे थे। उनकी दृष्टि में भी 'उक्ति की वक्रता' ही काव्य है। वक्रता काव्य में अपेक्षित अवश्य होती है, पर वहीं तक जहाँ तक उससे हृदय की किसी अनुभूति का सम्बन्ध होता है। यों ही बोध मात्र कराने के लिए जिस रूप में बात कही जाती है उसी रूप में रखने से भावानुभूति नहीं जगती। बात को ऐसे रूप में रखना पड़ता है जो भाव जगाने में समर्थ हो। इसी से कहा गया है कि 'इतिवृत्त-मात्र निर्वहिण नात्मपदलाभः।' इस रूप में बात बिना अलंकार के बिना किसी प्रकार की अप्रस्तुत योजना के भी कही जा सकती है। इसी से 'काव्यप्रकाश' और 'साहित्यदर्पण' में अलंकार काव्य का कोई नित्य अंग नहीं माना गया है। प्रस्तुत बातें ज्यों की त्यों सादे रूप में भी आकर भाव की बहुत अच्छी और स्वाभाविक व्यंजना कर देती हैं, जैसे ठाकुर कवि का सवैया लीजिए—

वा निरमोहिनी रूप की रासि जऊ उर हेतु न ठानति ह्वै है,
बीरहि बार बिलोकि घरी घरी सूरति तौ पहिचानति ह्वै है।
ठाकुर या मन की परतीति है जौ पै सनेह न मानति ह्वै है,
आवत हैं नित मेरे लिए इतनो तो विसेष कै जानति ह्वै है॥

इसमें अपने प्रेम का परिचय देने के लिए आतुर किसी नए प्रेमी के चित्त के 'वितर्क' की कैसी सीधी-सादी व्यंजना है। इसमें आई हुई बातें प्रस्तुत होने पर भी 'इतिवृत्त मात्र' की दृष्टि से फालतू हैं। 'इतिवृत्त' का मतलब है 'इतनी ही तो बात है।' 'इतनी ही तो बात है' कहनेवाला व्यर्थ वे सब बातें न कहने जाएगा जो सवैए में हैं।

भावना को गोचर और सजीव रूप देने के लिए, भाव भी विमुक्ति और स्वच्छन्द गति के लिए काव्य में वक्रता या वैचित्र्य अत्यन्त प्रयोजनीय वस्तु है, इसमें सन्देह नहीं। 'खड़ी बोली' की कविता जिस रूखी चेष्टा के साथ खड़ी हुई थी, उसमें काव्य की झलक बहुत कम थी। खड़ी बोली की कविताओं में उपमा, रूपक आदि के ढाँचे तो रहते थे पर लाक्षणिक मूर्तिमत्ता और भाषा की विमुक्त स्वच्छन्द गति दिखाई नहीं देती थी। 'अभिव्यंजनावाद' के कारण योरप के काव्यक्षेत्र में उत्पन्न वक्रोक्ति या वैचित्र्य की प्रवृत्ति जो हिन्दी के वर्तमान काव्यक्षेत्र में आई उससे खड़ी बोली की कविता की व्यंजनाप्रणाली में बहुत कुछ सजीवता और स्वच्छन्दता आई। लक्षणाओं के अधिक प्रचार से काव्यभाषा की व्यंजकता अवश्य बढ़ी रही है। दूसरी अच्छी बात यह हुई कि अप्रस्तुतों या उपमानों के रखने में केवल सादृश्य, साधर्म्य पर दृष्टि न रहकर उसके द्वारा उत्पन्न प्रभाव पर अधिक रहने लगी।

पर यह सब शुभ लक्षण देखकर जितना सन्तोष होता है उससे शायद ही कुछ कम खेद यह देखकर होता है कि अधिकतर लोग केवल वक्रता या अभिव्यंजना की विचित्रता को ही सब कुछ मानने लगे हैं। जीवन की अनेक मार्मिक दशाओं, जगत् की अनेक मार्मिक परिस्थितियों के उद्घाटन द्वारा भावों में मग्न करने में कवियों की वाणी तत्पर नहीं दिखाई दे रही है। अतः वर्तमान रचनाओं का बहुत-सा भाग जीवन से विच्छिन्न-सा दिखाई पड़ता है।

(3) जीवन की विविध मार्मिक दशाओं को प्रत्यक्ष करनेवाले प्रबन्धकाव्यों की ओर से उदासीनता और मुक्तकों–विशेषतः प्रेमोद्गारपूर्ण प्रगीत मुक्तकों (लिरिक्स) –की ओर अत्यन्त अधिक प्रवृत्ति।

यह योरप के वर्तमान काव्यक्षेत्र की बहुत व्यापक की क्या सामान्य प्रवृत्ति है जिसके कारण वहाँ बहुत दिनों से सफल महाकाव्य के दर्शन दुर्लभ हो गए हैं। मिल्टन, दाँते और गेटे की रचनाएँ ही अन्तिम के समान दिखाई पड़ रही हैं; शेली के समय से लेकर अब तक महाकाव्य के लिए प्रयत्न तो होते रहे, पर सफल नहीं। बात यह है कि प्रवृत्ति अन्तवृत्तिनिरूपक (सब्जेक्टिव) प्रतिभा का ह्रास हो गया और छोटी-छोटी फुटकल रचनाओं के अभ्यास के कारण किसी सुव्यवस्थित, भव्य और विशाल आयोजन की क्षमता जाती रही। इस सम्बन्ध में डॉक्टर डब्ल्यू.पी. केर की बात ध्यान देने योग्य है। योरप में महाकाव्य के ह्रास के कारणों का विचार करते हुए वे एक बड़ा भारी कारण उपन्यासों का चलन बताते हैं। उपन्यासों का बहुत कुछ आकर्षण संवादों में–बातचीत के रंग-ढंग से होता है। इस बात में पद्यबद्ध कथाकाव्य उसका सामना नहीं कर सकते। पर आधुनिक प्रबन्धकाव्यों के प्रयासी प्रायः संवादों को ही, आकर्षण की वस्तु समझ, प्रधानता दिया करते हैं। कथाप्रवाह को मार्मिक बनाने का प्रयत्न वे नहीं करते।[1]

इधर पन्द्रह वर्ष के भीतर हिन्दीसाहित्य क्षेत्र को लें तो डॉक्टर केर की बात बहुत कुछ ठीक घटती पाई जाएगी। बात यह है कि यदि एक जगह की प्रवृत्ति दूसरी जगह पहुँचाई जाएगी तो उसके साथ लगी हुई भलाई या बुराई भी। मैथिलीशरणजी गुप्त के 'साकेत' को लीजिए जिसे काव्य की दृष्टि से मैं खड़ी बोली की अत्यन्त प्रौढ़ रचना मानता हूँ, उसमें पुराने ढाँचे को शब्द-क्रौशलपूर्ण चमत्कार और नए ढंग की अभिव्यंजना का वैचित्र्य दोनों प्रचुर परिमाण में पाए जाते हैं। दोनों का सुन्दर मेल उस काव्य की विशेषता है। पर खेद है कि एक बड़ा प्रबन्धकाव्य या महाकाव्य लिखने की इच्छा उन्हें उस समय हुई जब उनकी प्रवृत्ति देखादेखी अँगरेजी ढंग के फुटकल प्रगीतकाव्यों (लिरिक्स) की ओर हो चुकी थी। इससे प्रबन्धकाव्य के अवयवों के–जीवन की विविध दशाएँ सामने लानेवाले घटनाचक्र, वस्तुवर्णन, संवाद और भावव्यंजना के ठीक-ठीक परिमाण की व्यवस्था वे न रख सके। संवाद और भावव्यंजना, इन्हीं दो अवयवों की

1. मोस्ट आव दि ग्रेट सक्सेसेज इन प्रोज-नरेटिव आर वन थ्रू डायलाग, नाट थ्रू प्योर नरेटिव। हियर वर्स कैनाट कंपीट नरेटिव पोएट्री मस्ट रिलाई फार मोर दैन दि नावेल आन प्योर नरेटिव। नरेटिव पोएट्री हैविंग टु रिलाई ग्रेट्ली अपान प्योर नरेटिव मस्ट गिव अप मोस्ट आव दि ओपेनिंग्ज यूज्ड सो फाइनली बाइ दि ग्रेट प्रोज स्टोरी-टेलर।–डब्ल्यू पी. केर।

प्रधानता हो गई। दो सर्ग तो उर्मिला के वियोग की नाना दशाओं की व्यंजना में ही लग गए। कथाप्रवाह या सम्बन्धनिर्वाह बहुत कम पाया जाता है। कथाप्रवाह या सम्बन्धनिर्वाह प्रबन्धकाव्य की पहली वस्तु है, जैसा कि माघ कवि ने कहा है–

बह्वपि स्वेच्छया कामं प्रकीर्णमभिधीयते।
अनुज्झितार्थसम्बन्धः प्रबन्धो दुरुदारहः॥

पर डा. केर ने महाकाव्य रचने की असफलता का कारण जो उपन्यासों का प्रचार बताया है, वह ठीक तो है, पर अकेला नहीं। इस असफलता का मुख्य कारण है 'कलावाद', 'अभिव्यंजनावाद' आदि के प्रभाव से प्रगीत मुक्तकों की ओर ही कवियों का टूट पड़ना। हिन्दी साहित्य के इतिहास में भी प्रबन्धकाव्यों की रचना भक्तिकाल के भीतर ही विशद रूप से मिलती है। रीतिकाल प्रकीर्णकों या मुक्तकों का काल था। तब से बराबर हिन्दी में भी फुटकल रचनाओं के अभ्यासी कवि चले आए, इससे अच्छे प्रबन्धकाव्य न बन सके।

पहले रीतिकाल की फुटकल रचनाओं के अभ्यास से प्रबन्धकाव्य का मार्ग रुका रहा, अब आजकल प्रगीत मुक्तकों (लिरिक्स) की योरपीय प्रवृत्ति के अनुसरण से उसके मार्ग में बाधा पड़ रही है। उपन्यासों के प्रचार को मैं वैसा बाधक नहीं समझता।

(4) असीम, अनन्त ऐसे शब्दों द्वारा रचनाओं पर आध्यात्मिक रंग चढ़ाने की प्रवृत्ति।

जो रचनाएँ वस्तुतः रहस्यवाद को लेकर चलें उनमें तो आध्यात्मिक पुट आवश्यक ही है। उनकी एक साम्प्रदायिक परम्परा के अन्तर्गत मानकर अलग ही छोड़ देना चाहिए। पर नए ढंग की जितनी कविताएँ बनें सबके भीतर कहीं-न-कहीं असीम, अनन्त को सम्पुटित करने की मैं कोई जरूरत नहीं समझता। मैं कई बार कह चुका हूँ कि आजकल जितनी कविताएँ 'छायावाद' की कही जाती हैं उनमें से अधिकांश का 'रहस्यवाद' से कोई सम्बन्ध ही नहीं। 'छायावाद' शब्द किस प्रकार रहस्यवादसूचक है, यह मैं दिखा आया हूँ। अतः नई रंगत की कविता के लिए मैं यह शब्द ठीक नहीं समझता। श्रीयुत पं. सुमित्रानन्दन पन्त की प्रायः सब कविताएँ जगत् और जीवन के किसी मार्मिक पक्ष से सम्बन्ध रखती हैं। श्री जयशंकर प्रसादजी की वाणी भी या तो वेदना की विवृत्ति में अथवा सुख-सौन्दर्य और रमणीयता की अनुभूति उत्पन्न करने में लीन देखी जाती है। इधर-उधर 'स्वप्न, छाया, मद, मन्दिर' आदि रहस्यवाद के कुछ रूढ़ शब्दों और कहीं-कहीं अनन्त, असीम की ओर संकेतों के रहने से ही कविता रहस्यवाद की नहीं हो जाती। नई पद्धति की कविताओं की सामान्य आकर्षक विशेषता व्यंजना की प्रणाली में है। वह प्रणाली हमारे कुछ नवीन कुशल कवियों के हाथ में स्वतन्त्र विकास कर रही है। अतः अब उस पर से 'छायावाद' के नाम की विलायती बँगला मुहर हट जानी चाहिए।

रवीन्द्र बाबू यदि अनन्त की ओर ताका करें तो यह आवश्यक नहीं कि सबकी टकटकी उसी ओर लगे। उनको तो मैं एक बड़ा भारी आलंकारिक मानता हूँ, किसी बात को जितने अधिक विलक्षण और व्यंजक शब्दों में वे लपेट सकते हैं, दूसरा नहीं। उनके लाए हुए अप्रस्तुत रूप अद्भुत दीप्ति के साथ अर्थ और भाव का प्रकाश

करते हैं। इतना होने पर भी उनकी जिन रचनाओं में 'आध्यात्मिक' अदा विशेष रहती है उनकी तह में अनुभूति की कोई नवीन भूमि नहीं मिलती। वही रूप की क्षणभंगुरता, ससीम का असीम के साथ मिलन आदि दिखाई पड़ता है। पर जो कविताएँ जगत् या जीवन की किसी मार्मिक वस्तु या तथ्य को लेकर अथवा लोकवाद के साथ समन्वित होकर चली हैं वे अत्यन्त हृदयग्राहिणी हैं। उदाहरण के लिए 'ताजमहल' को लक्ष्य करके लिखी हुई कविता लीजिए, जिसमें कवि शाहजहाँ को इस प्रकार सम्बोधित करके–

हे सम्राट् कवि, एइ तव हृदयेर छबि,
एइ तव नव मेघदूत, अपूर्व अद्भुत।

कहता है–'हीरा, मोती और माणिक की घटा, शून्य दिगन्त के इन्द्रजाल इन्द्रधनुष की छटा की भाँति यदि लुप्त हो जाती है तो हो जाए, केवल एक बूँद आँखों का आँसू–यह शुभ्र, समुज्ज्वल ताजमहल–काल के कपोलप्रान्त पर बचा रहे।'

कहने का तात्पर्य यह है कि वर्तमान काव्य और समीक्षा दोनों के क्षेत्र में 'आध्यात्मिक' शब्द भी बहुत-से निरर्थक वाग्जाल का कारण हो रहा है। इसके कारण अनुभूति की सचाई (सिंसिऐरिटी) की भी कम परवाह की जा रही है।

(5) 'कला' शब्द के कारण काव्य के स्वरूप के सम्बन्ध में शिल्पवाली, बेलबूटे और नक्काशी वाली हल्की धारणा।

इसके सम्बन्ध में पहले बहुत कुछ कहा जा चुका है। यह देखकर खेद होता है कि इस हल्की धारणा का प्रचार बढ़ता जाता है। कारण यह है कि बड़े लोगों की ओर से भी बीच-बीच में इसे सहारा मिलता जाता है। श्री रवीन्द्रनाथ ठाकुर पर भी इस धारणा का पूरा प्रभाव जान पड़ता है। वे भी कभी तो शिल्प के अन्तर्गत काव्य को भी ले लेते हैं और कभी शिल्प साहित्य एक साँस में कह जाते हैं। मैं फिर भी जोर के साथ कहता हूँ कि यदि काव्य के प्रकृत स्वरूप की रक्षा इष्ट है तो उसका 'पीछा' इस 'कला' शब्द से जहाँ तक शीघ्र छुड़ाया जाए अच्छा।

(अपने भाषण के आरम्भ में ही मैंने अपनी अयोग्यता प्रमाणित करने का वचन दिया था। कम-से-कम मैंने इतना तो अवश्य सिद्ध कर दिया कि मेरा इस परिषद् का सभासद चुना जाना 'कला की दृष्टि से' अनुपयुक्त हुआ।)

आजकल की नई रचनाओं में कुछ दूर तक चलनेवाली संश्लिष्ट रूप योजना तथा भावनाओं की अन्विति (यूनिटी) का जो अभाव पाया जाता है उसकी जवाबदेही भी मैं 'कलावाद' ही के सिर मढ़ना चाहता हूँ।

(6) समालोचना का हवाई होना और विचारशीलता का ह्रास।

इसके सम्बन्ध में भी पीछे बहुत कुछ कहा जा चुका है। यहाँ इतना ही कहना है कि विचारशीलता के ह्रास से पुष्ट और समर्थ साहित्य का विकास रुक जाएगा। भारतवर्ष का सम्पर्क संसार के और भागों में बढ़ रहा है। यदि हममें विवेक बल रहेगा तो हम चारों ओर से उपयोगी और पोषक सामग्री लेकर और पचाकर अपने साहित्य को पुष्ट और दृढ़ करेंगे। यदि यह विवेकबल न रहेगा तो जैसे अनेक प्रकार के विदेशी लोगों

ने आकर यहाँ अड्डा जमा लिया है, वैसे ही अनेक प्रकार की व्याधियाँ आकर हमारे साहित्य को ग्रस लेंगी और उसका स्वतन्त्र विकास रुक जाएगा।

यहाँ तक तो 'कलावाद' और 'अभिव्यंजनावाद' के भले-बुरे प्रभाव का वर्णन हुआ। अब मैं अपने यहाँ की साहित्य-मीमांसा-पद्धति के सम्बन्ध में दो-चार बातें निवेदन कर देना चाहता हूँ। शब्दशक्ति के प्रसंग में कह आया हूँ कि इस पद्धति पर चलकर हम सारे संसार के नए-पुराने काव्य की बहुत-सी स्पष्ट और स्वच्छ समीक्षा कर सकते हैं। मैं अब अधिक समय न लेकर रस, रीति और अलंकार के सम्बन्ध में कुछ अपने विचार प्रकट करूँगा।

पहले 'रस' लीजिए। इसका निरूपण बहुत ही व्यवस्थित रूप में हुआ है। स्थायी, संचारी का भेद बहुत ही मार्मिक और सूक्ष्म दृष्टि से वैज्ञानिक आधार पर हुआ है, क्योंकि कुछ भाव स्थायी कहे गए और कुछ संचारी। अच्छी तरह विचार करने पर भेद का आधार मिल जाता है। स्थायी वे ही भाव माने गए हैं जो संक्रामक हैं, जिनकी व्यंजना श्रोता या पाठक में उन्हीं भावों का संचार कर सकती है।

मनोविज्ञान में भावों की प्रधानता और स्थायित्व का जो विचार किया गया है वह दूसरी दृष्टि से। भावों के वर्गीकरण आदि की हमारे यहाँ बहुत अच्छी व्यवस्था हुई। पर इसका मतलब यह नहीं कि उत्तरोत्तर बढ़ती हुई विचारपरम्परा द्वारा उसकी और उन्नति, परिष्कृति और संशोधन न हो। स्थायित्व की ही बात लीजिए। अच्छी तरह ध्यान देने पर यह पता लगेगा कि भाव की तीन दशाएँ होती हैं—क्षणिक दशा, स्थायी दशा और शील दशा। किसी भाव की क्षणिक दशा अनेक अवसर पर एक आलम्बन के प्रति होती है, स्थायी दशा अनेक अवसरों पर एक ही आलम्बन के प्रति होती है और शीलदशा अनेक आलम्बनों के प्रति होती है। क्षणिक दशा मुक्तक रचनाओं में देखी जाती है; स्थायी दशा महाकाव्य, खंडकाव्य आदि प्रबन्धों में और शीलदशा पात्रों के चरित्रचित्रण में। इतना मैंने केवल उदाहरण के लिए कहा है, साहित्यक्षेत्र की इन सब बातों का विचार मैंने एक अलग ग्रन्थ में किया है जो समय पर प्रकाशित होगा।

इसके अन्तर्गत हमारे यहाँ बड़े महत्त्व का सिद्धान्त 'साधारणीकरण' का है। 'साधारणीकरण' का सीधे शब्दों में अर्थ है श्रोता का भी उसी भाव में मग्न होना जिस भाव की कोई काव्यगत पात्र (या कवि) व्यंजना कर रहा है। यह दशा तो रस की 'उत्तम दशा' है। पर रस की एक 'मध्यम दशा' भी होती है जिसमें पात्र द्वारा व्यंजित भाव में श्रोता का हृदय योग न देकर उस पात्र के प्रति किसी विपरीत भाव का अनुभव करने लगता है। जैसे कोई क्रोधी या क्रूर प्रकृति का पात्र यदि किसी निरपराध, दीन और अनाथ पर क्रोध की प्रबल व्यंजना कर रहा है तो श्रोता या पाठक के मन में क्रोध का रसात्मक संचार न होगा, बल्कि क्रोध प्रदर्शित करनेवाले उस पात्र के प्रति अश्रद्धा, घृणा आदि का भाव जग सकता है। यह भी एक प्रकार की रसात्मक अनुभूति ही है, पर मध्यम कोटि की। अतः प्रकृति के वैचित्र्यप्रदर्शन की दृष्टि से लिखे हुए पाश्चात्य नाटकों से इसी प्रकार की अनुभूति होती। पर हमारे यहाँ के पुराने नाटकों में रस की प्रधानता रहने से 'साधारणीकरण' अधिक अपेक्षित होता है।

'चमत्कारवादियों' के कुतूहल को भी काव्यानुभूति के अन्तर्गत ले लेने पर रसानुभूति की क्रमशः उत्तम, मध्यम और निकृष्ट तीन दशाएँ हो जाती हैं।

अब अलंकार लीजिए। अलंकारों में अधिकतर साम्यमूलक अलंकार ही अधिक चलते हैं अतः इस साम्य के सम्बन्ध में थोड़ा विवेचन कर लेना चाहिए। हमारे यहाँ साम्य मुख्यतः तीन प्रकार के माने गए हैं–सादृश्य (रूप की समानता), साधर्म्य (धर्म अर्थात् गुण, क्रिया आदि की समानता) तथा शब्दसाम्य (केवल शब्द या नाम के आधार पर समानता)। इनमें से तीसरे को लेकर तमाशे खड़े करना तो केशव ऐसे चमत्कारवादी कवियों का काम है। प्रथम दो के सम्बन्ध में ही कुछ निवेदन करने की आवश्यकता है। सादृश्य के सम्बन्ध में पहली बात ध्यान में रखने की यह है कि काव्य में उसकी योजना बोध या जानकारी कराने के लिए नहीं की जाती है, बल्कि सौन्दर्य, माधुर्य, भीषणता इत्यादि की भावना जगाने के लिए की जाती है। जैसे, किसी क्रुद्ध व्यक्ति की आँखों के सम्बन्ध में यही कहा जाएगा कि 'वे अंगारे सी लाल हैं', यह नहीं कहा जाएगा कि 'कमल के समान लाल है'।

इस बात का स्पष्ट शब्दों में निर्देश न होने से बहुत-से कवियों ने केवल सादृश्य को–रूपरंग की समानता को पकड़कर सुन्दर वस्तुओं के कुछ भद्दे उपमान खड़े कर दिए हैं। जैसे, केवल पतलापन लेकर कटि की उपमा भिड़ की कमर या सिंहनी की कमर से दे दी; यह न सोचा कि भिड़ की कमर का चित्र कल्पना में आने से किसी प्रकार की सौन्दर्यभावना पहले से जगी भी होगी वह भी भाग खड़ी होगी। तात्पर्य यह कि काव्य में जो अप्रस्तुत वस्तुएँ (उपमान) लाई जाती हैं वे यह देखकर कि उनके द्वारा प्रस्तुत के सम्बन्ध में सौन्दर्य, माधुर्य आदि की भावना में कुछ वृद्धि होगी। अतः प्रभावसाम्य पहले देख देना चाहिए।

बड़े हर्ष की बात है कि हिन्दी की वर्तमान नए ढंग की कविताओं में विशेषतः प्रभावसाम्य पर ही दृष्टि रखी जाती है। सादृश्य अत्यन्त अल्प या न रहने पर भी केवल प्रभावसाम्य का हलका-सा संकेत लेकर ही अप्रस्तुत की बेधड़क योजना कर दी जाती है। कुछ उदाहरण लीजिए–

'पल्लव' से–

(1) इंद्रधनु सा आशा का सेतु; अनिल में अटका कभी अछोर।

(साम्य के आधार–विविधता, आधार की सूक्ष्मता)

(2) नवोढ़ा बाल लहर।

(साम्य का आधार–लज्जा से खिसकना या सिकुड़ना)

(3) सिसकते हैं समुद्र से मन।

(साम्य का आधार–सिसकने का शब्द नहीं, सिसकने में छाती नीचे-ऊपर होना मात्र)।

'आँसू से–

(1) उनका सुख नाच रहा था,
दुख द्रुमदल के हिलने से।

श्रृंगार चमकता उनका
मेरी करुणा मिलने से।

(विरहव्यथा का क्षोभ = द्रुमदल का हिलना)

अभिप्राय यह है कि प्रेमी जितना ही विकल होता है प्रेमपात्र अपने सौन्दर्य का प्रभाव देख उतना ही प्रसन्न होता है। प्रेमी रोकर जितना ही आँसू गिराता है उतना ही मानो प्रेमपात्र का सौन्दर्य धुलकर निखरता आता है अर्थात् लोगों की दृष्टि में उसकी सुन्दरता और भी अधिक दिखाई पड़ती जाती है।

(2) जल उठा स्नेह दीपक सा
नवनीत हृदय था मेरा।
अब शेष धूमरेखा से
चित्रित कर रहा अँधेरा।

(धूमरेखा = बातों की धुँधली स्मृति। अँधेरा = हृदय का अन्धकार या शून्यता)

अभिप्राय यह है कि प्रिय के न रहने पर हृदय अन्धकारमय या शून्य हो गया, उसके बीच केवल धुँधली पुरानी स्मृतियाँ इस प्रकार उठ-उठकर घूम रही हैं जिस प्रकार दीपक बुझने पर धुएँ की रेखा अँधेरे में उठ-उठकर अनेक बल खाती घूमती है।

प्रभाव और रमणीयता पर दृष्टि रखकर कुछ हमारे पुराने कवियों ने भी अत्यन्त मार्मिक और सुन्दर अप्रस्तुत योजना की है, जैसे सूरदासजी ने इस पद में–

ज्यों चकई प्रतिबिंब देखि कै आनंदी पिय जानि।
सूर पवन मिस निठुर बिधाता चपल कियो जल आनि।

थोड़े से हेर-फेर के साथ यही भावना पन्त जी की इन पंक्तियों में है–

मिले थे दो मानस अज्ञात,
स्नेह शशि बिंबित था भरपूर।
अनिल सा कर अकरुण आघात,
प्रेम प्रतिमा कर दी वह चूर॥

काव्य के वर्तमान समीक्षकों की दृष्टि में दबी हुई या प्रच्छन्न अप्रस्तुत योजना जिसे हमारे यहाँ व्यंग्य रूपक कहेंगे, बहुत उत्कृष्ट मानी जाती है; जैसी कि जायसी की इस उक्ति में है–

हीरा लेइ सो विद्रुम धारा। विहँसत जगत भएउ उजियारा।

यह पद्मिनी के ओठों और दाँतों का वर्णन है, जिसमें अप्रस्तुत प्रभात का रूप बिलकुल छिपा हुआ है। पद्मिनी के हँसने पर दाँतों की उज्जवल आभा अधरों की अरुण आभा लेकर जब फैलती है तब सारा संसार प्रकाशित या प्रफुल्ल हो जाता है–उसी प्रकार जैसे प्रभात काल की श्वेत अरुण आभा फैलने से भूमंडल प्रकाशित हो जाता है। इसी प्रकार वर्षा का व्यंग्य रूपक पन्त जी के इस पद्य में है–

जब निरस्त्र त्रिभुवन का यौवन
गिरकर प्रबल तृषा के भार,

रोमावलि की शरशय्या में
तड़प तड़प करता चीत्कार,
हरते हो तब तुम जग का दुख
बहा प्रेम सुरसरि की धार।

अप्रस्तुत विधान के नए ढंग का अच्छा निरूपण आजकल के दो प्रतिनिधि की इन पंक्तियों से हो जाता है–

(क) सुरीले ढीले अधरों बीच
अधूरा उनका लचका गान;
बिकच बचपन को, मन को खींच
उचित बन जाता था उपमान। —पन्त

(इसमें कहा गया है कि उस बालिका का गान ही बाल्यावस्था और उसकी भोले मन का उपमान बन जाता था अर्थात् वह गान स्वतः शैशव और उसकी उमंग ही था। इसमें उपमान उपमेय के बीच व्यंग्य-व्यंजक-भाव का ही सम्बन्ध है, रूप साम्य कुछ भी नहीं।)

(ख) कामना कला की विकसी
कमनीय मूर्ति ही तेरी;
खिंचती अब हृदय पटल पर
अभिलाषा बनकर मेरी। —प्रसाद

(कला सौन्दर्य का विधान करती है। स्वयं कला के मन में जो सौन्दर्य की भावना है वही मानो तेरे रूप से मूर्त होकर व्यक्त हुई है, और इधर मेरे मन में उस रूपदर्शन का अभिलाष रूप रमणीय भाव बना है। इस प्रकार 'आश्रय' और 'आलम्बन' दोनों का विधान हो गया। इसमें भी वही व्यंग्य-व्यंजक-भाव का सम्बन्ध है।)

ये दोनों उक्तियाँ इस बात का पूरा संकेत करती हैं कि किस प्रकार अप्रस्तुत विधान में व्यंजकता पर ही मुख्य दृष्टि रखी जाती है।

नए ढंग की कविता की सबसे बड़ी विशेषता है लाक्षणिकता। कुछ वस्तुओं का प्रतीकवत् (सिम्बल्स) ग्रहण भी इसी के अन्तर्गत आ जाता है। लक्षणा का पेट बहुत गहरा है। नए ढंग की कविताओं के भीतर यहाँ से वहाँ तक लक्षणाएँ भरी मिलेंगी–उपादान लक्षणा भी, लक्षण लक्षणा भी; जैसे–

(1) मर्म पीड़ा के हास। (हास = पूर्ण विकसित या प्रबुद्ध रूप। पीड़ा और हास के विरोध के कारण 'विरोधाभास' का भी चमत्कार है।)

(2) चाँदनी का स्वभाव में भास।
विचारों में बच्चों की साँस।
(चाँदनी=स्वच्छता, शीतलता और मृदुलता। बच्चों की साँस=भोलापन)।

(3) स्नेह का वासंती संसार,
पुनः उच्छ्‌वासों का आकाश।

(वासन्ती संसार=संयोग की सुख दशा। आकाश=शून्य जीवन। वसन्त के पीछे ताप और बगोले भरे ग्रीष्म का अप्रस्तुत रूप भी छिपा हुआ है।)

व्यंजना की इन पद्धतियों में ही कहीं अँगरेजी भाषा की शैली ज्यों की त्यों मिलती है, जैसे–'बच्चों के तुतले भय सी' (तुतले=तुतली बोली में व्यंजित)। इस प्रकार का अनुकरण मैं अच्छा नहीं समझता। कहीं-कहीं इससे उक्ति बिलकुल अजनबी हो जाती है, जैसे–'विचारों में बच्चों की साँस।' जो अँगरेजी के 'इनोसेंट ब्रेथ' से परिचित नहीं, वे इसे लेकर व्यर्थ हैरान होंगे। रचना करते समय इस बात का ध्यान पहले रहना चाहिए कि जो कुछ मैं लिख रहा हूँ, हिन्दी पढ़े लोगों के लिए लिख रहा हूँ, अँगरेजी पढ़े लोगों के लिए नहीं। एक दिन मैंने देखा कि मेरे एक मित्र हिन्दी की एक मासिक पत्रिका लिये बैठे हैं। निकट आया, तब देखा कि उनके सामने एक कविता खुली है। उन्होंने मुझे देखते ही उसकी पहली ही पंक्ति इस प्रकार पढ़ी थी–

मेरे जीवन के अंतिम पाहन।

मैंने कहा यह कुछ नहीं, अँगरेजी का लास्ट माइलस्टोन है।

अब 'रीति' की बात लीजिए। 'रीति' का विधान शुद्ध नाद का प्रभाव उत्पन्न करने के लिए हुआ है। इसी दृष्टि से कोमल रसों में कोमल वर्णों और रौद्र, भयानक आदि उग्र और कठोर रसों में परुष और कर्कश वर्णों का प्रयोग अच्छा बताया गया है। पर इसका मतलब नहीं कि 'मंजु, मंजुल, प्रांजल' तथा 'उद्दंड, प्रचंड, मार्तंड' लिखकर ही काव्य की सिद्धि समझ ली जाए। इसका मतलब इतना ही है कि पूर्ण प्रभाव उत्पन्न करने के लिए काव्य बहुत कुछ संगीत तत्व का भी सहारा लेता है। बहुत-सी रचनाएँ तो केवल पदलालित्य और छन्द की मधुरता के कारण ही लोकप्रिय हो जाती हैं। संस्कृत साहित्य में रीति पर सबसे ज्यादा जोर देनेवाले वामन हुए हैं।

पर 'रीति' को बिलकुल एक पुरानी बात समझकर टालना न चाहिए। अभी एक प्रकार का फरांसीसी रीतिवाद (फ्रेंच इंप्रेशनिज्म) बड़े जोर-शोर से चला है, जिसमें शब्दों के अर्थों पर उतना जोर न देकर उनकी नाद शक्ति पर ही अधिक ध्यान देने का आग्रह किया गया है। इसका थोड़ा-सा परिचय मैं आगे दूँगा।

शब्दशक्ति, रस, रीति और अलंकार–अपने यहाँ की ये बातें काव्य की स्पष्ट और स्वच्छ मीमांसा में कितने काम की है, मैं समझता हूँ, इसके सम्बन्ध में अब और अधिक कहने की आवश्यकता नहीं। देशी-विदेशी, कई पुरानी सब प्रकार की कविताओं की समीक्षा का मार्ग, इनका सहारा लेने से सुगम होगा। आवश्यकता इस बात की है कि उत्तरोत्तर नवीन विचार परम्परा द्वारा इन पद्धतियों की परिष्कृति, उन्नति, और समृद्धि होती रहे। पर यह हो कैसे ? वर्तमान हिन्दी साहित्य के क्षेत्र में कुछ लोग तो ऐसे हैं जो लक्षणों की पुरानी लकीर से जरा भी इधर-उधर होने की कल्पना ही नहीं कर सकते। बेचारे नवीनतावादी अभी कलाबाजी कर रहे हैं; उन्हें विलायती समीक्षा क्षेत्र के उड़ते हुए लटकों की उद्धरणी और योरप के ग्रन्थकारों की नाममाला जपने से फुरसत नहीं। अब रहे उच्च आधुनिक शिक्षा प्राप्त 'संस्कृत स्कॉलर' नामक प्राणी। वे तो भारतीय वाङ्मय में जो कुछ हो चुका है उसी को संसार के सामने–संसार का अर्थ आजकल योरप और अमेरिका लिया जाता है–रखने में लगे हैं। यही

उनका परम पुरुषार्थ है। उन्हें अपने साहित्य को और आगे बढ़ाकर उन्नत करने से क्या प्रयोजन ?

यहाँ तक तो मैंने अपने यहाँ की काव्यमीमांसा की पद्धति का, पाश्चात्य समीक्षा क्षेत्र के नाना वादों-प्रवादों से चली प्रवृत्तियों का तथा हिन्दी के आधुनिक साहित्य क्षेत्र पर उन प्रवृत्तियों के भले-बुरे प्रभाव का वर्णन किया। पर वे प्रवृत्तियाँ पुरानी हैं–कुछ तो पचासों वर्ष, कुछ तो सैकड़ों वर्ष पुरानी। पर, जैसा कि मैं कई जगह कह चुका हूँ, योरप में साहित्य की प्रवृत्तियाँ तो इधर कपड़े के फैशन की तरह जल्दी-जल्दी बदला करती हैं। वहाँ की पुरानी प्रवृत्तियों से गला छूटेगा तो नई आकर दबाएँगी–चाहे कुछ दिनों पीछे, वहाँ पुरानी हो जाने पर। इससे पहले से सावधान रहना मैं अच्छा समझता हूँ।

योरप के वर्तमान साहित्य क्षेत्र की सबसे नई घटना है 'बुद्धि के साथ युद्ध'। इस युद्ध के नायक हैं फ्रांस के अनातोले फ्रांस जिन्होंने कहा है–'बुद्धि के द्वारा सत्य को छोड़कर और सब कुछ सिद्ध हो सकता है। मनुष्य बुद्धि या तर्क के आदर्श पर कोई कर्म नहीं करता, अपने प्रेम, घृणा, वैर, भय आदि मनोविकारों के आदेश पर ही सब कुछ करता है। बुद्धि पर उसे विश्वास नहीं होता। बुद्धि या तर्क का सहारा तो लोग अपनी भली-बुरी प्रवृत्तियों को ठीक प्रमाणित करने के लिए लेते हैं।' ईसा की 19वीं शताब्दी में जो आधिभौतिकवाद इतने जोर-शोर से योरप में उठा था उसी से क्षुब्ध होकर प्रतिकार स्वरूप वहाँ कई प्रकार के आन्दोलन चले। 'आध्यात्मिकता' जगी, मशीनों का विरोध शुरू हुआ, मनुष्य के साथ भ्रातृभाव उमड़ा और अक्ल पर चढ़ाई बोल दी गई। और क्षेत्रों में क्या हुआ, इससे तो यहाँ प्रयोजन नहीं। साहित्य के क्षेत्र में जो हुआ या हो रहा है उसी की ओर थोड़ा ध्यान देने की जरूरत है।

कुछ लोगों को एकबारगी यह भासित होने लगा कि अब जो अच्छे-अच्छे काव्य नहीं बनते हैं, उसका एकमात्र कारण है बुद्धि। बुद्धि इतनी अधिक बढ़ गई है कि उसने प्रतिभा और भावना के वे सब रास्ते ही रोक दिए हैं जिनसे कविता का स्रोत बहा करता था। यह दशा देख कुछ लोग तो हाथ पर हाथ रखकर, निराश होकर बैठे रहे और यह समझ लिया कि अब कविता देवी का भोलापन सब दिन के लिए गया। अब इस युग में मनुष्य जाति की अन्तर्वृत्ति बुद्धि से इतनी जकड़ उठी है कि कविता का पुनरुद्धार असम्भव है। इन्हीं नैराश्य-वासियों में अनातोले फ्रांस हैं। वर्तमान अँगरेजी साहित्य क्षेत्र में उनके नैराश्य में योग देनेवाले मि. हाजमन और टी.एस. एलियट। ये दोनों केवल समय-समय पर अपनी कुढ़न और बौखलाहट भर प्रकट कर देते हैं।

पर कुछ लोग ऐसे भी हैं जो एकबारगी निराश नहीं हैं। वे बुद्धि के पीछे डंडा लेकर खड़े हो गए हैं। वे भावना के खोए भोलेपन को लौटा लाने की कुछ आशा रखते हैं। वे समझते हैं कि बुद्धि द्वारा फैलाए हुए जाल को छिन्न-भिन्न करके वे भावना के स्वतन्त्र विचरण के लिए फिर मैदान निकाल लेंगे। इनमें से कुछ लोग तो बड़ी मेहनत से तरह-तरह के प्राचीन चित्र और जंगली जातियों की चित्रकारियाँ इकट्ठी कर रहे हैं कि शायद कला का रहस्य कुछ मिल जाए। इन चित्रों के रंग और रेखाएँ भद्दी भी होती

हैं तो विचित्र सिद्धान्तों की उद्भावना करके समझाया जाता है कि वे इस सिद्धान्त पर हैं, उस सिद्धान्त पर हैं। बुद्धिग्रस्त होने के कारण हम उनके सौन्दर्य की अनुभूति तक नहीं पहुँच पाते हैं। इंग्लैंड के प्रसिद्ध लेखक और नाटककार बरनार्ड शा भी सुधार की आशा रखनेवाले बुद्धि-विरोधियों में हैं। उनका कहना है कि बुद्धि उत्पादिका या क्रियात्मिका नहीं, केवल निश्चयात्मिका वृत्ति का सहारा लेना चाहिए, नहीं तो हम गए, सब दिन के लिए।

काव्य के क्षेत्र से बुद्धि को एकबारगी निकाल बाहर करने पर सबसे मुस्तैद दिखाई पड़ते हैं ई.ई. कमिंग्ज साहब जो अमेरिका के एक कवि हैं। इन्होंने बुद्धि का पूरा विरोध प्रदर्शित करने के लिए अपनी एक पुस्तक का नाम रखा है 'पाँच होता है'–अर्थात् दो और दो चार नहीं, पाँच होता है। इस सम्बन्ध में एक बड़ा मनोरंजक निबन्ध 'कविता का खोया हुआ भोलापन' (दि लास्ट इनोसेंस आव पोएट्री) कैलिफोर्निया विश्वविद्यालय के साहित्य विभाग के अध्यापकों के लिखे निबन्धों के सन् 1929 के संग्रह में है।[1]

आजकल कहीं-कहीं समीक्षाओं के भीतर जो यह लिखा देखने को मिलता है कि 'यह तो बुद्धिवाद है; यह तो बुद्धित्व है', वह किस दिशा से उड़कर आया हुआ वाक्य है, इसका कुछ पता उपर्युक्त विवरण से लग सकता है। पश्चिम में काव्य की भावना में बुद्धि क्यों इतनी बाधक दिखाई दे रही है, उसका कारण प्रत्यक्ष है। उसका कारण है काव्य के सम्बन्ध में यह संकुचित और बालोचित धारणा कि उसकी अनुभूति 'विस्मय' और 'कुतूहल' के रूप में होती है। 'विस्मय' और 'कुतूहल' बालकों और जंगली जातियों का लक्षण अवश्य है। पर बहुत निम्नकोटि की काव्यानुभूति 'कुतूहल' और 'विस्मय' के रूप में होती है, यह मैं अच्छी तरह दिखा चुका हूँ।

(अब वर्तमान योरपीय काव्यक्षेत्र की दो-चार और प्रवृत्तियों का उल्लेख करके मैं अपने भाषण को समाप्त करना चाहता हूँ।)

इधर हाल में इंग्लैंड के काव्यक्षेत्र में गत महायुद्ध के दो-चार वर्ष पहले से 'प्रकृति की ओर फिर लौटने' के लक्षण कवियों ने दिखाए। रूपर्ट ब्रुक जिनका उल्लेख पीछे हो चुका है, इसी पक्ष के अनुयायी थे। वे बड़ी ही सच्ची भावना के कवि थे। प्रकृति के चिरपरिचित सादे और सामान्य माधुर्य ने उनके मन में घर कर लिया था। रूपों की चमक, तड़क-भड़क, भव्यता, विशालता की ओर जिस प्रकार उनका मन नहीं लगता था उसी प्रकार वचनवक्रता, भाषा की उछलकूद, कल्पना की उड़ान की ओर भी उनकी प्रवृत्ति नहीं थी। हेरल्ड मुनरी आदि कई एक इस पक्ष के अनुयायी कवि अभी वर्तमान हैं। जीवन की सामान्य और घरेलू वस्तुओं को ये लोग बड़े प्यार की दृष्टि से देखते हैं।

एक दूसरे सिद्धान्त के प्रवर्तक एफ.एस. फ्लिंग हैं जिनकी 'तारकजाल में' नाम की पुस्तक सन् 1909 में प्रकाशित हुई थी। उनका सिद्धान्त है कि कविता में जो बात कही जाए वह सब इस रूप में हो कि उनकी मूर्त भावना हो सके। इसलिए इस सिद्धान्त को

---

1. ऐसेज इन क्रिटिसिज्म (बाइ मेम्बर्स आव दि डिपार्टमेंट आव इंग्लिश, यूनिवर्सिटी आव कैलिफोर्निया, 1929)।

लोग 'मूर्तविधानवाद' (इमैजिज्म) कहने लगे। इसके अनुयायी काव्य में भाववाचक शब्द रखने के विरोधी हैं। विचारात्मक तथा लम्बी कविताएँ भी ये लोग अच्छी नहीं समझते।

पहले एक प्रकार के 'रीतिवाद' का उल्लेख हो चुका है जो फ्रांस से 'संवेदनावाद' (इंप्रेशनिज्म) के नाम से चला है। उसके अनुयायी कविता को संगीत के और निकट लाना चाहते हैं। ये लोग शब्दों के प्रयोग में उनके अर्थों पर ध्यान देना उतना आवश्यक नहीं समझते जितना उनकी नादशक्ति पर। जैसे, यदि मधुमक्खियों के धावे का वर्णन होगा तो 'भिन-भिन-मिन-मिन' ऐसी ध्वनिवाले; हवा के बहने और पत्तों के बीच घुसने का वर्णन होगा तो 'सर-सर' 'मर्मर' ऐसी ध्वनिवाले शब्द इकट्ठे किए जाएँगे। तुलसीदासजी की चौपाई का यह चरण इसका उदाहरण होगा–

कंकन, किंकिनि नूपुर धुनि सुनि।

इसमें 'झनकार' की संवेदना का अनुभव सुनने मात्र से हो जाता है। वीररस की कविताओं में पाए जानेवाले 'चटाक-पटाक', 'कड़क-धड़क' आदि शब्दों तथा अमृतध्वनि छन्द से तो हिन्दी पाठक भी पूरे परिचित होंगे। सूदन कवि की ये पंक्तियाँ ही देखिए–

धड़धद्धरं धड़धद्धरं भड़भब्भरं भड़भब्भरं।
तड़तत्तरं तड़तत्तरं कड़कक्करं कड़कक्करं॥

'संवेदनावाद' और 'मूर्तविधानवाद' दोनों को मिलाकर सबसे विलक्षण तमाशा ई.ई. कमिंग्ज साहब ने खड़ा किया है। उन्होंने पदभंग, पदलोप, वाक्यलोप तथा अक्षरविन्यास, चरणविन्यास इत्यादि के न जाने कितने नए-नए करतब दिखाए हैं, जैसे–

सि-पाही स् (ि) टी देता है।

उनकी रचना का ढंग दिखाने के लिए उनकी एक कविता, थोड़े से आवश्यक हेर-फेर के साथ, नीचे देता हूँ। यद्यपि इसकी विशेषताएँ बहुत कुछ अँगरेजी भाषा और उसके छन्दों की मात्रा आदि से सम्बन्ध रखती हैं और हिन्दी में नहीं दिखाई जा सकतीं, फिर भी कुछ अन्दाजा रूप-रंग का हो जाएगा। कविता यह है–

सूर्यास्त

सं-दंश
स्वर्ण 'गुन्' जाल
शिखर पर
रजत
पाठ करता है
बड़े-बड़े घंटे बजते हैं गेरू से
मोटे निठल्ले नगाड़े
और एक उत्तुंग
पवन

खींचता हैं
सागर
को
स्वप्न
से

यह समुद्र के किनारे सूर्यास्त का वर्णन है जिसका विषय यह है। समुद्र की खारी हवा काटती-सी है। डूबते समय की किरणें ऊँची उठी तरंग की श्वेत फेनिल चोटी पर पड़कर पीली मधुमक्खियों के फैले हुए झुंड-सी लगती हैं। यह ऊपर उठी लहर देवमन्दिर के मंडप-सी जान पड़ती है, जिसके भीतर पाठ होता है, बड़े-बड़े घंटे बजते हैं, गेरू से पुते दरवाजे होते हैं, नगाड़े बजते हैं, बड़ी तोंदवाले मोटे निठल्ले पुजारी बैठे रहते हैं। हवा समुद्र के जल को वैसे ही खींचती जान पड़ती है जैसे मछुवा जाल खींचता हो। सूर्यास्त हो जाता है। धुँधलापन, फिर अन्धकार हो जाता है; लोग सोते हैं।

अब किस ढंग से इन सब बातों की संवेदना उत्पन्न करने के लिए पदविन्यास किया गया है, थोड़ा यह देखिए। 'स' से सनसनाहट अर्थात् हवा चलने की और 'दंश' से चमड़ा फटने, पानी की ठंडक और मधुमक्खियों के पीले रंग का आभास दिया गया है। 'गुन्' से गुनगुनाहट और गुंजार का संकेत किया गया है, जो 'दंश' के साथ मिलकर मधुमक्खियों की भावना उत्पन्न करता है। 'जाल' झुंड का द्योतक है। 'पाठ', 'घंटे' और 'नगाड़े' को मिलाकर, मन्दिरों में होनेवाले शब्द तथा समुद्र के गर्जन और छींटे के कलकल का आभास दिया गया है। लटके हुए 'घंटे' की मूर्त भावना में लहरों के नीचे-ऊपर झूलने का भी संकेत है। 'गेरू' में सन्ध्या की ललाई झलकाई गई है। 'नगाड़े' में निकली हुई तोंद का भी संकेत है। रचना के प्रथम खंड में 'सूर्य' और 'समुद्र' शब्द नहीं रखे गए हैं। 'स्वर्ण' में तपे सोने के ताप और दमक की भावना रखकर सूर्य का, और 'रजत' में शीतलता और स्वच्छता की भावना रखकर जलराशि वा समुद्र का संकेत फिर कर दिया गया है (बड़ी कृपा !) इसमें 'स' के अनुप्रास से भी सहायता ली गई है। यह अनुप्रास पहले खंड में 'स' अक्षर के आरम्भ होनेवाले 'सूर्य' और 'समुद्र'—इन दो शब्दों की ओर भी इशारा करता है।

कमिंग्ज साहब की समझ में यह विषय को ठीक वैसे ही सामने रखना है जैसे संवेदना उत्पन्न करने में काम नहीं देते (जैसे, 'और', 'किन्तु', 'फिर' इत्यादि)। उनके अनुसार यह खालिस कविता है, जिसमें से भाषा, व्याकरण तात्पर्य बोध आदि का अनुरोध पूरा करनेवाले फालतू शब्द निकाल दिए गए हैं।

थोड़ा सोचिए कि कमिंग्ज के इस विचित्र निधान के मूल में क्या है। काव्य-दृष्टि की परिमिति और प्रतिभा के अनवकाश के बीच नवीनता के लिए नैराश्यपूर्ण आकुलता। 'सूर्योदय', 'सूर्यास्त' आदि बहुत पुराने विषय हैं जिन पर न जाने कितने-कितने कवि अच्छी-अच्छी कविता कर गए हैं। अब इन्हीं को लेकर जो विलक्षणता और नवीनता दिखाना चाहेगा वह मार्मिक दृष्टि के प्रसार के अभाव में सिवा इसके कि नए-नए

वादों का अन्ध अनुसरण करे, शब्दों की कलाबाजी दिखाए, पहेली खड़ा करे और करेगा क्या ?[1]

(काव्य और समालोचना के विवेचन में मैं, समझता हूँ मैंने बहुत अधिक समय ले लिया है–इतना अधिक कि अब साहित्य के और अंगों के सम्बन्ध में केवल दो-दो बातों ही कही जा सकती हैं।)

नाटक

साहित्य का एक बड़ा आवश्यक अंग 'दृश्य काव्य' है जिसके अनेक भेद हमारे यहाँ किए गए हैं। रचना की प्रक्रिया का भी बड़ा प्रकांड, कौशलपूर्ण और जटिल निरूपण है। हमारे साहित्य में रूपक या नाटक भी काव्य ही है, अतः रस ही पर दृष्टि उनमें भी रखी गई है। पाश्चात्य नाटकों में अन्तःप्रकृति के वैचित्र्य प्रदर्शन पर विशेष दृष्टि रखी जाती है। हिन्दी में नाटकों का जिस रूप में विकास हुआ उनमें दोनों दृष्टियों का मेल है। यह बात बहुत अच्छी हुई है। भारतेन्दु-काल में जिन नाटकों की रचना हुई उनमें अन्तःप्रकृति के वैचित्र्य का विधान नहीं के बराबर है। पर इधर जो नाटक लिखे जा रहे हैं उनमें यह विधान भी आ रहा है।

पाश्चात्य नाटकों की प्रवृत्ति इधर एकदम 'वास्तविकता' की ओर ही रही है। नाटक से काव्यत्व और भावात्मकता दूर करने का प्रयास हो रहा है। पुराने साम्यवादी होने के कारण बरनार्ड शा ने मनुष्य समाज के व्यवस्था सम्बन्धी प्रश्नों को लेकर वर्तमान परिस्थितियों का बहुत सटीक प्रत्यक्षीकरण किया है। एक अंकवाले नाटकों का चलन भी वहाँ हो रहा है। हमारी हिन्दी में भी इस प्रकार के नाटकों के ऊपरी ढाँचे लेकर दो-एक सज्जन 'नवीनता के आन्दोलन' में अपना योग प्रदर्शित कर रहे हैं।

---

1. अँगरेजी में यह कविता इस रूप में लिखी गई है–

स्टिंगिंग
गोल्ड स्वार्म्स
अपान दि स्पायर्स
सिलवर
        चैंट्स दि लिटैंनीज दि
ग्रेट बेल्स आर रिंगिंग विद रोज
दि ल्यूड फैट बेल्स
        ऐंड ए टाल
विंड
इज ड्रैगिंग
दि
सी
विद
ड्रीम्   –सं.

मेरा नम्र निवेदन यह है कि पश्चिम में चाहे जो हो रहा है, हमें अपने दृश्य साहित्य को एकदम मँगनी की वस्तु बनाने की आवश्यकता नहीं। जिस देश में दृश्य काव्य का आविर्भाव अत्यन्त प्राचीन काल में हुआ हो उसके भीतर उसका स्वतन्त्र रूप में नूतन विकास न हो सके, यह खेद की बात होगी। यह देखकर मुझे अत्यन्त आनन्द होता है कि 'प्रसाद जी' के नाटकों में इस प्रकार के विकास के पूरे लक्षण मिलते हैं। उनके ऐतिहासिक नाटकों में सबसे बड़ी विशेषता है प्राचीन काल के रीति व्यवहार, शिष्टाचार, शासन व्यवस्था आदि का ठीक इतिहाससम्मत चित्रण। वस्तु विन्यास और शील निरूपण का कौशल भी उत्कृष्ट कोटि का है। उनके रचे 'अजातशत्रु', 'स्कन्दगुप्त' आदि नाटकों को लेकर आज हिन्दी पूरा गर्व कर सकती है। मेरे देखने में अच्छे सामाजिक नाटकों का अभाव अभी बना है। इसके लिए 'प्रसादजी' से न कहूँगा। जिस ऐतिहासिक क्षेत्र को उन्होंने लिया है उसी के भीतर उन्हें अपनी प्रतिभा का उत्तरोत्तर विकास करना चाहिए। 'वरमाला' के लेखक श्री गोविन्दबल्लभ पन्त भी अच्छे नाटककार हैं। स्वर्गीय पं. बदरीनाथ भट्ट की 'दुर्गावती' में अभिनय की विनोदपूर्ण सामग्री है।

इधर हाल में पं. सुमित्रानन्दन पन्त ने 'ज्योत्स्ना' लिखकर 'कल्पना जगत्' को प्रत्यक्ष रूप में लाने का अच्छा आयोजन किया है। पर ऐसे नाटक शुद्ध नाटक की कोटि में न आकर, काव्य की कोटि में ही अपना स्थान रखते हैं। शेली ने भी पृथिवी, पवन इत्यादि प्राकृतिक शक्तियों को लेकर इस ढंग के दो-एक नाटक लिखे थे, जिनके अभिनय का खयाल किसी ने कभी नहीं किया।

हर्ष की बात यह है कि पारसी ढंग की थिएटर कम्पनियों ने भी अब हिन्दी में लिखे नाटकों का अभिनय आरम्भ कर दिया है। इसके लिए सबसे पहले साधुवाद के पात्र हैं पं. नारायण प्रसाद बेताब। उनके अतिरिक्त आगा हशर साहब, मोहम्मद इसहाक साहब (शबाब), बाबू आनन्द प्रसाद कपूर, बाबू शिवप्रसाद गुप्त तथा व्याकुलजी ने भी थिएटरों में खेले जाने के लिए कई नाटक लिखे हैं।

उपन्यास

हमारे यहाँ के 'कादम्बरी,' 'दशकुमारचरित' आदि पुराने कथात्मक गद्य-प्रबन्ध गद्यकाव्य के रूप में ही मिलते हैं। उनकी रचना अत्यन्त अलंकृत और रसात्मक है। हमारे आधुनिक हिन्दी साहित्य में 'उपन्यास' का नाम भी बँगला से आया और उपन्यास का अँगरेजी ढाँचा भी। कथात्मक गद्य प्रबन्ध के लिए वास्तव में यह ढाँचा बहुत ही उत्कृष्ट है। उपन्यास के दो तरह के ढाँचे मिलते हैं–पुराने और नए। पुराने ढाँचे में काव्यत्व की मात्रा यथेष्ट रहती थी। परिच्छेदों के आरम्भ में अच्छे अलंकृत दृश्य वर्णन होते थे और पात्रों की बातचीत भी कहीं-कहीं रसात्मक होती थी। बँगला में जिस समय उपन्यास आए उस समय योरप में पुराना ढाँचा ही प्रचलित था, जिसे बहुत ही सुन्दर ढंग से बंकिमचन्द्र, रमेशचन्द्र दत्त आदि ने भारतीय साहित्य में लिया–ऐसे सुन्दर ढंग से कि यह

जान ही न पड़ा कि वह कहीं बाहर से आया है। भारतेन्दु काल से लेकर प्रेमचन्दजी के पहले तक हिन्दी में भी उपन्यास इसी ढाँचे पर लिखे जाते रहे।

पीछे योरप में 'नाटक' और 'उपन्यास' दोनों से काव्यत्व का अवयव बहुत कुछ निकालने की प्रवृत्ति हुई और दृश्य वर्णन, भावव्यंजना, आलंकारिक चमत्कार आदि हटाए जाने लगे। इस नए ढाँचे के उपन्यास, जहाँ तक मुझे स्मरण आता है, प्रेमचन्दजी के समय से हिन्दी से आने लगे। वर्तमान सामाजिक जीवन के विविध पक्षों और अन्तर्वृत्तियों की बड़ी पैनी परख प्रेमचन्द को मिली है। उन्होंने हिन्दी के उपन्यास क्षेत्र को जगमगा दिया। वे हमारे गर्व और गौरव के कारण हैं। सामाजिक उपन्यास हिन्दी में अच्छे लिखे जा रहे हैं पर एक मेरा निवेदन है। इधर बहुत-से उपन्यासों में देश की सामान्य जीवन-पद्धति को छोड़ बिलकुल योरपीय सभ्यता के साँचे में ढले हुए छोटे-से समुदाय के जीवन का चित्रण बहुत अधिक पाया जाता है। मिस्टर, मिसेज, मिस, ड्राइंग रूम, ट्रेनिस, मोटर पर हवाखोरी, सिनेमा इत्यादि ही उपन्यासों में अधिक दिखाई पड़ने लगे हैं। मैं जानता हूँ कि आधुनिक जीवन का यह भी एक पक्ष है, पर सामान्य पक्ष नहीं। देश के असली, सामाजिक और गार्हस्थ्य जीवन के जैसे चित्र पुराने उपन्यासों में रहते थे वैसे अब कम होते जा रहे हैं। यह मैं अच्छा नहीं समझता।

उपन्यास के पुराने ढाँचे के सम्बन्ध में मैं एक बात कहना चाहता हूँ। वह यह कि वह कुछ बुरा न था। उसमें हमारे भारतीय कथात्मक गद्य प्रबन्ध के स्वरूप का भी आभास रहता था।

मनुष्य के दोषों और पापों को उदार दृष्टि से देखना, सत्पथ से झटके हुए लोगों के प्रति घृणा का भाव न उत्पन्न करके दया का भाव उत्पन्न करना और जीवन की कठोर वास्तविक परिस्थितियों के बीच भी उदात्त और कोमल भावों का स्फुरण दिखाना आधुनिक उपन्यासों का आदर्श माना जाता है।

उपन्यासकारों में इधर प्रेमचन्दजी के अतिरिक्त पं. विश्वम्भरनाथ कौशिक, श्री सुदर्शन, बाबू वृन्दावनलाल वर्मा, बाबू प्रतापनारायण श्रीवास्तव, श्रीयुत जैनेन्द्रकुमार आदि महानुभाव बहुत अच्छा कार्य कर रहे हैं।

मेरे देखने में उत्कृष्ट कोटि के ऐतिहासिक उपन्यासों का अभाव ज्यों का त्यों बना है। यदि जयशंकर 'प्रसाद' जी इस ओर भी ध्यान दें तो इस अभाव की पूर्ति बहुत अच्छी तरह हो सकती है। मैं तो अपनी ओर से यही कहूँगा कि सामाजिक उपन्यास का क्षेत्र तो वे प्रेमचन्दजी ऐसे लोगों के लिए छोड़ दें जो ऐतिहासिक नाटकों की रचना को 'गड़े हुए मुर्दे उखाड़ना' कहते हैं और स्वयं इतिहास के प्राचीन क्षेत्र में स्वच्छन्द क्रीड़ा करनेवाली अपनी प्रतिभा को ऐतिहासिक उपन्यासों की ओर प्रवृत्त करें।

इधर योरप में छोटी कहानियों का बहुत अधिक प्रचार हुआ। ये होती भी हैं अत्यन्त मार्मिक। यह कम हर्ष की बात नहीं है कि हमारी हिन्दी में भी इनका अच्छा विकास हुआ। मेरे देखने में कहानियों के तीन रूप हिन्दी में दिखाई पड़ रहे हैं–(1) योरपीय आदर्श पर सादे ढंग से केवल कुछ घटनाएँ और बातचीत सामने रखनेवाला–जिसका

नमूना है स्वर्गीय गुलेरीजी की प्रसिद्ध कहानी 'उसने कहा था'। (2) कुछ अलंकृत दृश्य चित्रयुक्त–यह रूप 'हृदयेशजी' की कहानियों में मिलता है। (3) कल्पनात्मक और भावात्मक–यह रूप 'प्रसाद' जी और राय कृष्णदास जी की कहानियों में मिलेगा।

प्रेमचन्द जी ने भी बड़ी सुन्दर छोटी कहानियाँ लिखी हैं। कहानियों के क्षेत्र में श्री पं. ज्वालादत्त शर्मा, श्री पं. जनार्दन प्रसाद झा 'द्विज', श्री राजेश्वर प्रसाद सिंह, श्री चतुरसेन शास्त्री, श्रीयुत गोविन्दवल्लभ पन्त, बाबू शिवपूजन सहाय, पं. भगवती प्रसाद वाजपेयी, श्री बालकृष्ण शर्मा 'नवीन', श्रीयुत जैनेन्द्रकुमार विशेष उल्लेख योग्य हैं।

हास्यरस की कहानियाँ लिखनेवाले पहले तो श्रीयुत जी.पी. श्रीवास्तव ही थे, अब बा. अन्नपूर्णानन्द जी शिष्ट हास का बहुत अच्छा नमूना सामने ला रहे हैं।

हास्यरस के सम्बन्ध में पश्चिम में इस बात का भी निरूपण हुआ है कि हास्य के आलम्बन में विनोद तो होता ही है, पर उसके प्रति कोई और भाव भी–जैसे, घृणा, विरक्ति, उपेक्षा, दया–रहता है। अब तक यही विवेचित हुआ था कि उत्कृष्ट हास्यरस में आलम्बन के प्रति प्रेमभाव होता है, अर्थात् वह प्रिय लगता है। पर अब यह कहा जाने लगा है कि उसके प्रति दया का भाव होना चाहिए, और वह दया ऐसी हो जिसके पात्र, हम अपने को भी समझें–अर्थात् जिस स्थिति में आलम्बन को देख हम हँसें उसमें हम भी हों।

गद्य काव्य

जब से श्रीयुत् रवीन्द्रनाथ ठाकुर की 'गीतांजलि' की बहुत ख्याति हुई तब से हिन्दी में नए ढंग के गद्यकाव्य बहुत दिखाई पड़ने लगे। श्रीयुत राय कृष्णदासजी की 'साधना', वियोगी हरि का 'अन्तर्नाद' आदि कई प्रसिद्ध पुस्तकों के अतिरिक्त आजकल मासिक पत्रिकाओं में भी समय-समय पर अनेक रूप-रंग के भावात्मक गद्यप्रबन्ध निकला करते हैं। साहित्य में इस प्रकार के गद्यप्रबन्धों का भी एक विशिष्ट स्थान है। पर इनकी भरमार मैं अच्छी नहीं समझता। यदि इसी प्रकार के गद्य की ओर ही लोगों का ध्यान रहेगा, तो प्रकृत गद्य का विकास रुक जाएगा और भाषा की शक्ति की वृद्धि में बहुत बाधा पड़ेगी। वर्तमान उर्दू साहित्य के क्षेत्र में भी इस प्रकार के भावात्क्म गद्य की प्रवृत्ति देख उर्दू साहित्य के इतिहास लेखक श्रीयुत रामबाबू सक्सेना बहुत घबराए हैं।

निबन्ध

ऐसे प्रकृत निबन्ध जिनमें विचार प्रवाह के बीच लेखक के व्यक्तिगत वाग्वैचित्र्य तथा उसके हृदय के भावों की अच्छी झलक हो, हिन्दी में अभी कम देखने में आ रहे हैं। आशा है इस अंग की पूर्ति की ओर भी हमारे सहयोगी साहित्य सेवियों का ध्यान जाएगा।

भाषा

साहित्य के नाना अंगों का विशद रूप में निर्माण देख जितना आनन्द होता है उतना ही भाषा की ओर असावधानी देख खेद होता है। मासिक पत्रिकाओं में बहुत-से लेखों को

उठाकर देखिए तो उनमें व्याकरण की अशुद्धियाँ भरी मिलेंगी। हमारे सुयोग्य सम्पादकगण यदि इस ओर ध्यान दें तो मुझे विश्वास है कि यह बुराई दूर हो सकती है। खैर यह बुराई तो दूर हो जाएगी, पर हमारी भाषा का स्वरूप ही विकृत करनेवाली एक प्रवृत्ति बहुत भयंकर रूप में बढ़ रही है—वह है अँगरेजी के चलते वाक्यों और मुहावरों को शब्द-प्रतिशब्द अनुवाद करके रखना। 'दृष्टिकोण', 'प्रकाश डालना' आदि तक तो खैरियत थी, पर जब उपन्यासों में इस तरह के वाक्य भरे जाने लगे—जैसे

(1) उसके हृदय में अवश्य ही *एक ललितकोना होगा* जहाँ रतन ने स्थान पा लिया होगा।

(2) वह उन लोगों में से न था जो *घास को थोड़ी देर भी अपने पैरों तले उगने* देते हों।

तब हमारी भाषा अपना नया ठिकाना ढूँढ़ेगी ?

आजकल कभी-कभी हिन्दी-हिन्दुस्तानी का झगड़ा भी उठा करता है। हमारे साहित्य की भाषा का स्वरूप क्या होना चाहिए, यह पचासों वर्ष पहले स्थिर हो चुका। उसमें फेरफार करने की कोई आवश्यकता नहीं। अपने साहित्य की भाषा का स्वरूप हम वही रख सकते हैं जो बराबर से चला आ रहा है जो उत्तरी भारत के और भूखंडों के साहित्य की भाषा के स्वरूप के मेल में होगा। हिन्दी-हिन्दुस्तानी के सम्बन्ध में प्रो. धीरेन्द्र वर्मा ने अकेडमी की 'तिमाही पत्रिका' में जो कुछ लिखा था मैं उसे खासा स्पष्टवाद समझता हूँ।

(अब मैं आप महानुभावों का बहुत अधिक समय ले चुका। इस स्थान पर एक प्रकार से आप लोगों के धैर्य की पूरी परीक्षा हो गई। मेरी निस्सार और रूखी-सूखी बातों को इतनी देर बैठकर सुनना, अनुग्रह के अतिरिक्त और क्या कहा जा सकता है ? आज अपने वर्तमान हिन्दी साहित्य के प्रशस्त प्रसार को देख मुझे उन दिनों का स्मरण हो रहा है जब थोड़े से लोग किसी भव्य भविष्य की आशा बाँधे हिन्दी की सेवा कर रहे थे। आज अपने को इतने बड़े और प्रभावशाली विद्वन्मंडल के सामने खड़ा पाकर मुझे तो ऐसा भासित हो रहा है कि वह भव्य भविष्य यही था। मेरी पुरानी कामनाएँ तो आज पूर्ण हो गईं पर जीवनक्षेत्र में कामनाओं का अन्त नहीं। एक पूरी हुई, फिर दूसरी। जिन आँखों से मैंने इतना देखा उन्हीं से अब अपने हिन्दी साहित्य को विश्व की नित्य और अखंड विभूति से शक्ति, सौन्दर्य और मंगल का प्रभूत संचय करके एक स्वतन्त्र 'नव निधि' के रूप में प्रतिष्ठित देखना चाहता हूँ। अपनी इस कामना को आप महानुभावों के सम्मुख प्रकट करके अब मैं क्षमा माँगता और धन्यवाद देता हुआ अपना वक्तव्य समाप्त करता हूँ।)

'काम' नहीं सुरक्षा कला की मूल प्रेरणा है

भारतीय शास्त्रों तथा पुराणों में जीवन के चार लक्षण माने गए हैं–धर्म, काम, अर्थ तथा मोक्ष। वात्सायन ने 'चित्रसूत्रम' में कहा है–

"कलानां प्रवरं चित्रं धर्मकामार्थमोक्षदम् ॥"

अर्थात् कला के द्वारा धर्म, काम, अर्थ तथा मोक्ष की प्राप्ति होती है। इससे यह पता चलता है कि भारतीय शास्त्र तथा पुराण भी, कला का लक्ष्य धर्म, काम, अर्थ तथा मोक्ष मानते हैं। अर्थात् कला का सम्बन्ध जीवन के इन चारों लक्ष्यों से है।

पाश्चात्य देशों में 'कला कला के लिए है' ये मान्यता भी प्रचलित रही है और आधुनिक काल में बहुत से भारतीय विद्वानों ने भी इस पर विचार किया है। इसके अतिरिक्त कुछ विद्वानों ने कला का लक्ष्य सौन्दर्य प्राप्ति माना है। कुछ प्रसन्नता, सुख, रस तथा आनन्द की प्राप्ति मानते हैं। कुछ साम्यवादी विचारक कला का लक्ष्य सामाजिक यथार्थ की अभिव्यक्ति मानते हैं। जो भी हो, करीब-करीब सभी विद्वानों ने कला की चर्चा करते समय उसके लक्ष्य पर भी विचार किया है। इसका वास्तविक लक्ष्य चाहे जो भी हो, पर इतने से तो सभी विद्वान् सहमत मालूम पड़ते हैं कि कला का कोई न कोई लक्ष्य होता है अथवा होना चाहिए अर्थात् कला एक माध्यम है किसी लक्ष्य की प्राप्ति का।

कला जीवन का एक अंग है, जीवन के लिए है, जीवन में सहायक है। यदि जीवन को कोई लक्ष्य है तो निश्चित ही कला का लक्ष्य होना चाहिए और बहुत कुछ वही लक्ष्य होना चाहिए जो जीवन का है। कम-से-कम जीवन को सहायता पहुँचाना तो कला का लक्ष्य है ही; यह बात दूसरी है कि वह जीवन को किस प्रकार सहायता पहुँचाने में समर्थ है। यदि कला जीवन की सहायक है तो जीवन के लक्ष्य की पूर्ति में भी वह सहायक होनी चाहिए। प्रश्न यह हो सकता है कि आखिर जीवन का ही क्या लक्ष्य है?

जीवन का लक्ष्य होना चाहिए या है इस पर आदिकाल से मानव-जाति विचार करती आई है और उसी आधार पर जीवन ढालती आई है। इसी आधार पर जीवनदर्शन (फिलॉसफी) प्रचलित हुए हैं। जीवनदर्शन एक नहीं अनेक है। आज तक कोई भी एक ऐसा जीवनदर्शन नहीं जो संसार के सभी प्राणियों को मान्य हो। हर देश, हर जाति, हर सम्प्रदाय, यहाँ तक कि हर व्यक्ति की अलग-अलग मान्यताएँ रही हैं। इन्हीं आधारों पर नाना प्रकार के धर्म सामने आए हैं, और एक के बाद दूसरा आता ही गया है। एक धर्म अपने पहले के प्रचलित धर्म तथा जीवनदर्शन को गलत करार देता आया है। अपना धर्म

मनवाने के लिए घमासान शास्त्रार्थ के अलावा घमासान युद्ध भी हुए हैं। 'जिसकी लाठी उसकी भैंस' भी देखने को मिला है। फिर भी मानव-समाज अभी तक यह निश्चित नहीं कर सका कि उसके लिए कौन-सा धर्म अच्छा है, कौन-सा जीवनदर्शन अच्छा है या कौन-सा जीवन अच्छा है। इससे एक ही तथ्य सामने आता है कि कोई भी धर्म, जीवनदर्शन या जीवन प्रत्येक काल के लिए, प्रत्येक समाज या व्यक्ति के लिए, प्रत्येक स्थान के लिए, कभी भी उपयुक्त न हो सका और आज भी नहीं है; शायद भविष्य में भी न होगा। ऐसी स्थिति में जीवन के बारे में या जीवन के लक्ष्य के बारे में कोई सार्वभौम, सार्वजनिक, सार्वकालिक निर्णय नहीं दिया जा सकता, किन्तु इससे भी यह तथ्य प्राप्त होता है कि मानव का जीवन प्रगतिशील है और वह जीवन के लिए आदिकाल से नए तथ्य खोजता चला आ रहा है, और शायद भविष्य में भी यही होगा। वह एक लक्ष्य प्राप्त करता है; तत्पश्चात् उससे भी ज्यादा उपयुक्त दूसरा लक्ष्य प्रस्तुत हो जाता है। इसलिए जीवन के लक्ष्य के बारे में कोई अन्तिम निर्णय नहीं दिया जा सकता है। हाँ, यह बात निश्चित ही एक तथ्य के रूप में सामने आती है कि मानव प्रगतिशील प्राणी है और प्रगति उसके जीवन का प्रमुख तथ्य है। शायद ही इससे कोई इनकार करे। 'प्रागमैटिक दर्शन' प्रगति (ग्रोथ) को ही जीवन का लक्ष्य मानता है लेकिन इस पर मौन रहता है कि प्रगति का क्या लक्ष्य है। यह ठीक है कि मानव-जाति प्रगति चाहती है पर आखिर किस ओर? प्रगति के द्वारा वह कहाँ पहुँचना चाहती है, क्या प्राप्त करना चाहती है? साम्यवादी जीवनदर्शन भी प्रगति (प्रोग्रेस) की बात करता है पर उसे सामने भी यही सवाल है–प्रगति (प्रोग्रेस) का क्या लक्ष्य है? शायद इसका एक ही जवाब है और वह यह है कि प्रगति हम मानव-जाति के सुख, समृद्धि, प्रसन्नता अथवा आनन्द के लिए चाहते हैं; अब यह निश्चय करना दूसरी बात है कि किस चीज के द्वारा हमें सबसे अधिक सुख, प्रसन्नता, समृद्धि तथा आनन्द मिल सकता है?

भारतीय जीवनदर्शन ने इन चीजों को चार प्रकार का माना है–धर्म, काम, अर्थ तथा मोक्ष और कला के भी यही चार लक्ष्य बताए गए हैं। मोक्ष अन्तिम तथा चरम लक्ष्य माना गया है।

धर्म उचित कर्म का द्योतक है, काम, सुख का, अर्थ समृद्धि का और मोक्ष ब्रह्मप्राप्ति का द्योतक है।

उचित कार्य (धर्म) का निर्णय मस्तिष्क देता है। काम शरीर पर आधारित है। धर्म का सम्बन्ध मन से है और मोक्ष का सम्बन्ध आत्मा से है। धर्म के द्वारा सत्य प्राप्त होता है। काम के द्वारा ऐन्द्रिक सुख, अर्थ के द्वारा भौतिक उपलब्धि होती है और मोक्ष के द्वारा स्वतन्त्रता प्राप्त होती है। इस प्रकार काम, अर्थ, धर्म तथा मोक्ष क्रम से शरीर, मन, मस्तिष्क तथा आत्मा को सन्तोष प्रदान करते हैं और यही मानव के चार प्रमुख अंग हैं।

अब हम विचार कर सकते हैं कि क्या कला शरीर, मन, मस्तिष्क तथा आत्मा के विभिन्न लक्ष्यों को पूरा करने में किसी हद तक समर्थ हैं? क्या कला का सम्बन्ध शरीर, मन, मस्तिष्क तथा आत्मा से है।

शरीर अर्थात् शरीर की विभिन्न इन्द्रियों के बिना कला का काम किया ही नहीं जा सकता है। इन्द्रियों के द्वारा ही कलाकार विभिन्न प्रकार के अनुभव प्राप्त करता है और इन्द्रियों की सहायता से ही कलाकृति तैयार करता है। इसी प्रकार कला रसिक भी बिना इन्द्रियों की सहायता से कलाकृति का प्रभाव ग्रहण ही नहीं कर सकता। कला निश्चय ही इन्द्रियों के माध्यम से शरीर की आवश्यकता की पूर्ति करती है। आँख को आराम या सुख प्रदान करते हैं चित्त, मूर्ति अथवा नृत्य। ध्वनि तथा स्वर अर्थात् संगीत कान को सुख पहुँचाते हैं। इसी प्रकार अन्य कलाएँ तथा दस्तकारी के काम विभिन्न इन्द्रियों को सुख प्रदान करते हैं और कहा जाए उनकी आवश्यकताओं की पूर्ति करते हैं। इन्द्रियाँ बाह्य वस्तुओं द्वारा प्रदत्त स्पन्दन अथवा लय ग्रहण कर सुख प्राप्त करती है। इन्द्रिय सुख को ही भारतीय शास्त्रों ने 'काम' की संज्ञा दी है। काम के अन्तर्गत स्पर्शसुख भी आता है। स्पर्शसुख ऐन्द्रिक सुख का केवल एक भाग है। स्पर्शसुख प्राप्त करने के लिए भारतीय शास्त्रों ने 'काम कला' का भी निरूपण किया है। 'काम कला' का मूलभूत आधार स्पर्श सुख ही है। कुछ पाश्चात्य विचारकों ने काम को ही कला की मूल प्रेरणा माना है। फ्रायड इसके मूल प्रणेता माने जाते हैं। फ्रायड के अनुसार, कला ही नहीं जीवन के सारे कार्य तथा क्रियाएँ मूलतः काम से प्रभावित रहती हैं। यदि काम केवल स्पर्श सुख है तो वे कलाएँ जिनके द्वारा स्पर्श सुख प्राप्त होता है काम से निश्चित ही प्रेरित होती है। इस दृष्टि से शायद मूर्तिकला ही सबसे उपयुक्त है। मूर्ति का स्पर्श भी किया जा सकता है पर चित्र तो केवल आँख से ही देखा जाता है, उसे स्पर्श करने की आवश्यकता नहीं पड़ती। हाँ, यदि हम आँख से देखने को भी आँख से स्पर्श करना मानें तो चित्रकला भी काम पर आधारित हो जाती है। इस प्रकार इन्द्रियाँ किसी-न-किसी रूप में स्पर्श करती हैं और इन्द्रियों के आधार पर ही कला का काम होता है, इसलिए सभी कलाओं को 'काम' से प्रभावित माना जा सकता है। 'काम' की भावना का अर्थ ही है स्पर्श की भावना। स्पर्श के द्वारा सुख मिलता है। 'काम'-सुख अथवा 'स्पर्श' सुख एक ही चीज है। प्रश्न यह है कि 'काम' (सेक्स) का मूल लक्ष्य क्या है? 'काम' का मूल लक्ष्य सन्तान-उत्पत्ति है (प्रोक्रियेशन) और तब कलाओं का मूल लक्ष्य भी सन्तान-उत्पत्ति (प्रोक्रियेशन) होना चाहिए। कला के द्वारा सन्तान की उत्पत्ति तो नहीं होती पर कलाकृति जरूर उत्पन्न होती है। अकसर कलाकृति को कलाकार का शिशु कहा जाता है (आर्ट इज़ द चाइल्ड ऑव द आर्टिस्ट)। सन्तान-उत्पत्ति (प्रोक्रियेशन) और कलाकृति की उत्पत्ति (क्रियेशन ऑव आर्ट) दोनों में बड़ी समानता मानी जाती है। फर्क इतना ही है कि सन्तान तो जानवर भी पैदा करते हैं पर कला जानवर के बस के बाहर का काम है। सन्तान-उत्पत्ति एक मूर्ख, अन्धा, लंगड़ा, लूला तथा रोगी व्यक्ति भी कर सकता है पर ऐसे लोग कला की रचना नहीं कर सकते। कला की रचना प्रबुद्ध मानव ही कर सकता है। इसलिए 'काम' (सेक्स) ही कला का मूलाधार नहीं हो सकता। यदि 'काम' ही कला का मूलाधार होता तो फिर जानवरों को भी कलाकार मानना पड़ेगा और यदि जानवर भी कलाकार होते

तो वे जानवर ही न रह जाते, उनकी भी सभ्यता और संस्कृति होती और वे आदमी के बराबर ही समझे जाते।

कला का आधार मूल प्रेरणा 'काम' ही नहीं हो सकता, मन और मस्तिष्क की चेतना के द्वारा ही मानव कलाकार बन सका है; सभ्यता, समाज तथा संस्कृति को विकसित कर सकता है। इसीलिए आज कोई भी विद्वान् यह नहीं मानता कि कला का मूलाधार या कला की मूल प्रेरणा 'काम' है। हाँ, 'काम'-कला सृष्टि की एक प्रेरणा हो सकती है। कला-सृष्टि मन तथा मस्तिष्क की चेतना शक्ति पर भी आधारित है। आत्मा शायद कला का मूलाधार है। यदि मन, मस्तिष्क तथा आत्मा को भी 'काम' का गुलाम मान लिया जाए तो निश्चय ही कला को 'काम' का गुलाम मानना पड़ेगा। यदि ऐसा होता तो कम-से-कम मानव-समाज, सभ्यता तथा संस्कृति तो नहीं ही बन पाती। 'काम' का गुलाम होने का तात्पर्य है–'काम' को जीवन का अधिष्ठाता मान लेना और तब 'काम' निरंकुश होकर संसार में नंगा नाचता, बिलकुल पशुओं की भाँति। पर ऐसा हो नहीं सका, क्योंकि मन, मस्तिष्क तथा आत्मा की शक्तियों ने उस पर नियन्त्रण प्राप्त किया। 'काम' निश्चय ही जीवन का एक प्रमुख अंग है, पर 'काम' ही सब कुछ नहीं है। 'काम' पर विजय पाना मानव की ही शक्ति के बस का था और वह ऐसा इसीलिए कर सका, क्योंकि उसे बुद्धि तथा आत्मा की चेतना प्राप्त थी। यदि यह शक्तियाँ इसमें न होतीं तो आज भी वह जानवरों की ही श्रेणी में होता और जानवरों का-सा ही जीवन व्यतीत करता।

कुछ लोग कलाकारों को 'काम' तथा अतिशय गुलाम मानते हैं। कलाकार हैं जो 'काम' को कला की मूलभूत प्रेरणा तथा जीवन का अधिष्ठाता मानते हैं। कलाकार के पास भी मन, मस्तिष्क तथा आत्मा की चेतना है। यदि कलाकार को हम इन शक्तियों से वंचित मान लें तो हम कह सकते हैं कि कलाकार 'काम' की भावना से प्रेरित होकर ही कला की रचना करता है और तब उसे जानवर की कोटि में ही रखना पड़ेगा क्योंकि जानवर में कम-से-कम बुद्धि तो नहीं ही होती और होती भी हो तो नगण्य होती है। यदि कलाकार 'काम' का गुलाम है तो फिर प्रत्येक व्यक्ति को और उसको भी, जो कलाकार को 'काम' का गुलाम मानता है, 'काम' का गुलाम मानना पड़ेगा और सारी सभ्यता, संस्कृति, समाज, विज्ञान, ज्ञान को भी 'काम' के अधीन ही मानना पड़ेगा। शायद आज कोई भी विद्वान् ऐसा मानने के लिए तैयार नहीं है। कलाकार ऐसा भी हो सकता है जो 'काम' का अतिशय गुलाम हो और इसी की मूल भावना की प्रेरणा से रचना करता हो, पर केवल काम भावना के द्वारा ही वह उस प्रकार कला सृष्टि नहीं कर सकता जिस प्रकार मानव अनाम सन्तान उत्पन्न कर लेता है। सन्तान उत्पन्न करना एक स्वाभाविक गति है। इसमें बुद्धि की जरूरत नहीं पर कला का काम बिना बुद्धि अथवा चेतना के हो ही नहीं सकता।

काम भावना (सेक्सुअल अर्ज) एक स्वाभाविक प्रवृत्ति (नेचुरल इंस्टिक्ट) है जो प्रत्येक प्राणी में विद्यमान रहती है, किसी-किसी में बड़ी प्रबल भी रहती है। यह भावना

या प्रवृत्ति इसीलिए प्रबल होती है कि प्राणी अपनी जाति को बढ़ाता जाए। पशु-पक्षियों, कीड़े-मकोड़ों में भी यह प्रवृत्ति प्रबल होती है। जाति को बढ़ाना और उसे सुरक्षित रखना यह दोनों ही स्वाभाविक प्रवृत्तियाँ हैं। जाति की सुरक्षा के लिए ही पक्षी घोंसले बनाते हैं तथा जानवर खोह या माँद बनाते हैं। सुरक्षा के लिए ही भोजन की आवश्यकता पड़ती है और युद्ध की भी। भूख लगना, भोजन खोज कर खाना और अपनी प्राणरक्षा के लिए युद्ध करना, यह सभी प्राणियों में स्वाभाविक रूप से एक समान विद्यमान रहता है। मानव-जाति की भी यही मूलभूत आवश्यकताएँ हैं। इन्हीं लक्ष्यों की प्राप्ति में मानव ने बुद्धि की शक्ति द्वारा अतिशय प्रगति कर ली। समाज रचना की, सभ्यता तथा संस्कृति बनाई। ज्ञान, विज्ञान, दर्शन, शिक्षा आदि के द्वारा इन्हें और समृद्ध किया। इस सबका मूल लक्ष्य जाति की सुरक्षा, सुख, समृद्धि तथा आनन्द ही है। कलाओं के द्वारा भी मानव ने अपनी सुरक्षा, सुख, समृद्धि तथा आनन्द के माध्यम तथा साधन तैयार किए।

इस प्रकार 'काम' भावना (सेक्सुअल अर्ज) जाति के विकास तथा समृद्धि का मूलाधार है।

सुरक्षा एक स्वाभाविक प्रवृत्ति है। जानवर भी सुरक्षा का काम करता है, पर मानव-जाति के सामने वह पूरी तरह पराजित हो गया। मानव-जाति ने पशु-पक्षियों को अपना गुलाम बना लिया। कितने ही पशु-पक्षियों को वह मारकर खा जाता है और कितनों का उपयोग वह जीवन के अन्य क्षेत्रों में करता है। अपनी शक्ति से भी कहीं अधिक खूँखार जानवरों को उसने अपने काबू में कर लिया। इसके अतिरिक्त पशु-पक्षी अन्य प्राकृतिक संहार शक्तियों से भी, जैसे धूप, पानी, अग्नि, रोग इत्यादि से अपनी रक्षा नहीं कर सके और कितनी ही पशु-पक्षियों की जातियाँ नेस्तनाबूद हो गईं। प्रकृति पर विजय पाने में मानव ही सबसे अधिक सफल हो सका; और इस प्रकार उसने अपने जीवन को अतिशय सुरक्षित बनाया। इस सबका एक ही कारण है कि वह अन्य प्राणियों की समता में कहीं अधिक बुद्धिशाली है अर्थात् सुरक्षा बुद्धि पर सबसे अधिक आश्रित है।

बुद्धि के द्वारा ही मानव ने अपनी सुरक्षा के तमाम साधन उपलब्ध किए हैं। अपने शरीर की सुरक्षा के लिए उसने तमाम तरीके खोजे हैं और आज भी वह खोजता चला जा रहा है। शरीर की सुरक्षा, भोजन, वस्त्र, आवास तथा शरीर को सुख देनेवाले साधनों से ही होती है। जो चीजें शरीर को कष्ट पहुँचाती हैं वे मानव की सुरक्षा में बाधक हैं। जो उसे सुखी बनाती है वह उसे जीवित रहने में मदद पहुँचाती है। इसीलिए मानव अपने शरीर, मन, मस्तिष्क तथा आत्मा के सुख, प्रसन्नता, सुरक्षा तथा आनन्द के लिए अपनी बुद्धि से नए-नए तरीके तथा साधन खोजता आया है और कला उनमें से एक है। कला सुरक्षा की मूलभावना से प्रेरित होती है, न कि 'काम' भावना से। सुरक्षा का मूल आधार बुद्धि है। बुद्धि का मूल आधार आत्मा है।

बुद्धि मानव-जाति का एक विशेष गुण है। वह उसे जन्म से ही प्राप्त है और इसको वह निरन्तर विकसित भी करता आया है। बुद्धि का मूल प्रेरक कौन है? यह एक अतिशय कठिन प्रश्न है। अबतक तो मानव-जाति बुद्धि का प्रेरक आत्मा को ही मानती आई है।

बुद्धि में भी सूक्ष्म-गुण है और आत्मा उससे भी सूक्ष्म है। कुछ विचारक बुद्धि को ही अन्तिम मानते हैं और कुछ आत्मा को। भारतीय शास्त्र तथा पुराण आत्मा को ही अन्य सभी शक्तियों का स्रोत या आधार मानते हैं। आत्मा को समझना ही आत्मज्ञान (सेल्फ रियलाइजेशन) कहा जाता है और इसे ही जीवन का चरम लक्ष्य माना जाता है। जो जीवन का लक्ष्य है वही कला का लक्ष्य है। 'काम' या सन्तान-उत्पत्ति ही जीवन का लक्ष्य नहीं है, जीवन का लक्ष्य आत्म-सुरक्षा भी है। आत्म-सुरक्षा बुद्धि पर आधारित हैं और बुद्धि आत्मा पर। आत्म-सुरक्षा और जाति-सुरक्षा दोनों एक ही बात है। आत्म-सुरक्षा से ही सन्तान-उत्पत्ति होती है और जाति बनती है। जाति-सुरक्षा से आत्म-सुरक्षा का भी आधार मजबूत होता है और सारा समाजशास्त्र इसी आधार पर निर्मित हुआ है। सन्तान उत्पन्न करना 'काम' भावना पर आधारित है पर आत्म-रक्षा या जाति-सुरक्षा का आधार बुद्धि ही है। बुद्धि और आत्म कला की उत्पत्ति का मूलाधार है। जाति की संख्या बढ़ाना एक प्राकृतिक प्रवृत्ति है; इसे जाति की सुरक्षा तथा समृद्धि भी माना जा सकता है और इस दृष्टि से 'काम' सुरक्षा का भी आधार हो जाता है। ऐसी हालत में कला का भी आधार 'काम' हो जाता है क्योंकि कला की मूल प्रेरणा सुरक्षा ही है। फिर भी 'काम' भावना और सुरक्षा की भावना में बड़ा अन्तर है। 'काम' के लिए मनुष्य उत्तरदायी नहीं है लेकिन सुरक्षा के लिए मनुष्य का बड़ा भारी उत्तरदायित्व है और जिसे वह बुद्धि के द्वारा पूर्ण करता है। यही अन्तर 'काम' और कला में भी है। काम प्रकृतिवादी है और कला बुद्धिवादी। कला 'काम' से उतना प्रभावित नहीं होती जितना सुरक्षा की भावना से। मनुष्य में 'काम' की जितनी प्रबल भावना होती है उतनी ही प्रबल उसकी सुरक्षा की भावना होती है। सुरक्षा में उतनी ही सफलता मिलती है जितनी बुद्धि होती है। कला में भी उतनी ही सफलता मिलती है जितनी बुद्धि होती है। बुद्धि उतनी ही सफल होती है जितना वह आत्मा से प्रेरित होती है। आत्मा की प्रेरणा सूक्ष्म होती है। मगर उसका मूल गुण प्रेम है, सहानुभूति है तथा एकता की भावना के द्वारा ही वह प्रतिलक्षित होता है। प्रेम, सहानुभूति तथा एकता बुद्धि को परिष्कृत करते हैं, नियन्त्रित करते हैं और जिसमें यह गुण विशेष रूप से विकसित हो पाते हैं वह कलाकार बन जाता है। इसीलिए कला की मूलभूत प्रेरणा आत्मा को माना जाता है। प्रेम, सहानुभूति तथा एकता की भावना सुख, शान्ति, प्रसन्नता, समृद्धि तथा आनन्द प्रदान करती है; और इसीलिए कलाओं का इतना महत्त्व है।

'काम' की प्रवृत्ति (सेक्सुअल अर्ज) प्राकृतिक या स्वाभाविक प्रवृत्ति है। कलात्मक प्रवृत्ति (क्रिएटिव अर्ज) बुद्धि और आत्मा के विकास का द्योतक है। यह जरूरी नहीं कि जिसमें 'काम' की भावना प्रबल है उसी में कलात्मक प्रवृत्ति (क्रिएटिव अर्ज) भी प्रबल हो। काम की भावना जानवरों में सबसे अधिक प्रबल होती है पर कलात्मक प्रतिभा उनमें नगण्य होती है और इसीलिए वे अविकसित रह गए। कला विकसित मानव का ही गुण है अविकसित का नहीं, अबुद्धि का नहीं, जानवरों का नहीं, कामातुर प्राणियों का नहीं। यह बात दूसरी है कि कामातुर मानव भी कलाकार बन गए क्योंकि उसमें भी कुछ-न-कुछ बुद्धि तथा आत्मा के गुण विद्यमान रहते हैं। लेकिन काम का प्रबल होना

'कला' का प्रबल होना कदापि नहीं है। इसका यह भी तात्पर्य नहीं कि कला के प्रबल होने में 'काम' भावना पूरी तरह बाधक है। 'काम' भावना भी जीवन के लिए आवश्यक है और कला भी जीवन के लिए ही है। दोनों का अपना-अपना अलग-अलग महत्त्व है। दोनों को एक-दूसरे का बाधक भी नहीं समझना चाहिए। एक माने में दोनों एक-दूसरे के पूरक ही हैं, क्योंकि दोनों मिलकर ही जीवन को सुरक्षा, सुख, प्रसन्नता, आनन्द इत्यादि प्रदान करते हैं। यह भी निश्चित है कि कला के द्वारा ही मानव-जीवन विकसित होता आया है—'काम' भावना की प्रबलता के कारण नहीं। यह भी नहीं कहा जा सकता कि मानव के विकास में 'काम' भावना सदैव बाधक सिद्ध हुई है।

सुरक्षा की भावना से ही कलाएँ विकसित हुई हैं। सुरक्षा से जीवन सुखी होता है। सुरक्षा सुख तथा स्वतन्त्रता का द्योतक है। सुख और स्वतन्त्रता की भावना ही अन्त में विकसित होकर मोक्ष की भावना बन जाती है। मोक्ष भी जीवन का चरम लक्ष्य माना गया है और कला का भी। सुरक्षा की भावना मोक्ष-प्राप्ति का प्रथम चरण है। सुरक्षा की आवश्यकता तभी पड़ती है जब जन्म होता है। जन्म का आधार काम-भावना ही है।

(ज्ञानोदय, सितम्बर 1964)

गद्य प्रबन्ध के प्रकार

भाषा अपनी शक्तियों का व्यवस्थित रूप में विकास गद्य ही में करती है। एक ओर तो संसार के सारे व्यवहार गद्य द्वारा चलते हैं, दूसरी ओर गूढ़ और जटिल विचारों को व्यक्त करने का उपयुक्त साधन भी गद्य ही है। बातों का बोध कराने के अतिरिक्त हृदय के हर्ष, विषाद, प्रेम, करुणा इत्यादि भावों की व्यंजना के लिए भी गद्य का प्रयोग कम नहीं होता। इस प्रकार गद्य का क्षेत्र अत्यन्त विस्तृत है। प्रयोग का क्षेत्र इतना विस्तृत होने के कारण गद्य-प्रबन्ध कई प्रकार के होते है; जैसे–वर्णनात्मक, विचारात्मक, कथात्मक, भावात्मक इत्यादि। सबके लक्ष्य भिन्न-भिन्न होने से उनकी भाषा के स्वरूप में भी भेद दिखाई पड़ता है। यह भेद स्थूल रूप में यों समझा जा सकता है–

वर्णनात्मक प्रबन्ध का लक्ष्य होता है पाठक की कल्पना को जगाकर उसके सामने कुछ वस्तुएँ या व्यापार मूर्त रूप में लाना। वस्तुओं या व्यापारों को अन्तर्दृष्टि के सामने लाने के उद्देश्य हो सकते हैं–

1. उनके सम्बन्ध में पूरा बोध या जानकारी कराना।

2. उनके प्रति आनन्द, विस्मय, भय, करुणा, प्रेम इत्यादि भाव जगाना।

पहला उद्देश्य कहीं तो बिल्कुल व्यावहारिक होता है, जैसे : यदि किसी ने पुलतीघर नहीं देखा है तो उससे इसकी इमारतों, कलपुरजों, मजदूरों तथा और-और वस्तुओं और व्यापारों का ऐसे ब्योरे के साथ वर्णन करना कि उसे उसकी अच्छी जानकारी हो जाय। ऐसे वर्णन जहाँ तक जिज्ञासा की निवृत्ति मात्र करते हैं वहाँ तक व्यावहारिक ही समझे जाते हैं। पर इस प्रकार के वर्णन जब ऐसे ब्योरे सामने लाएँ जो जानकारी की दृष्टि से फालतू, अनुपयोगी या अप्रयोजनीय हों पर जिनसे पढ़नेवालों का मनोरंजन हो तो लेखक को व्यवहार-पक्ष पर न समझकर कला-पक्ष पर समझना चाहिए। जैसे किसी स्टेशन या मेले के वर्णन में लोगों की दौड़-धूप, सौदा बेचनेवालों की तरह-तरह की बोलियों, लोगों के दबने, गिरने-पड़ने, बच्चों के रोने-चिल्लाने इत्यादि के दृश्य उपस्थित किए जायँ तो लेखक का लक्ष्य अनुरंजन समझना चाहिए। ऐसे वर्णनों में स्पष्ट ब्योरे के साथ पूरा दृश्य उपस्थित करने का प्रयत्न दिखाई पड़ेगा। वाक्य कुछ छोटे होंगे; भाषा अधिकतर चलती और सुबोध होगी।

जिन वर्णनों का उद्देश्य आनन्द, विस्मय, करुणा, भय इत्यादि का रसात्मक संचार होगा वे ऐसे ही ब्योरे सामने लायँगे जो उक्त भावों को जगाने में समर्थ हों। आनन्द का

संचार शोभा की भावना उत्पन्न करनेवाले दृश्यों से; विस्मय का विभूति ऐश्वर्य, भव्यता इत्यादि की भावना उत्पन्न करनेवाले दृश्यों से; भय की भीषणता, कठोरता, उग्रता, प्रचंडता की भावना करनेवाले दृश्यों से; करुणा या दया का दूसरों के दुःख-पीड़ा इत्यादि की भावना करनेवाले दृश्यों से। भावों के भेद से भाषा की रंगत में भी भेद हो जाता है। शोभा सौन्दर्य की भावना उत्पन्न करनेवाले, दृश्यों के वर्णन की भाषा में मधुर, कोमल वर्ण युक्त संस्कृत शब्दों तथा समस्त पदों की अधिकता देखने में आएगी। उपमा, रूपक, उत्प्रेक्षा इत्यादि अलंकारों का प्रयोग भी स्थान-स्थान पर मिलेगा। तात्पर्य यह कि लेखक शब्दों की सजावट का ध्यान रखेगा; जगह-जगह भाषा को रंगीन और अलंकृत करने का प्रयत्न करेगा। विभूतियाँ, ऐश्वर्य चित्रित करनेवाली भाषा भी प्रायः इसी ढंग की होती है। विशालता और भव्यता के चित्रण में कुछ गम्भीर और भड़कीले शब्द प्रायः मिलेंगे। भीषण, कठोर और उग्र दृश्यों के वर्णन में 'प्रचंड मार्त्तण्ड' ऐसे कठोर और कर्कश वर्णवाले शब्द लाने का प्रयत्न लक्षित होगा। करुण दृश्यों में मार्मिक सरल वेदना प्रकट करनेवाले शब्द अधिक काम देते हैं। इसी प्रकार और समझना चाहिए। भाव जगानेवाले प्रबन्धों के लेखकों का लक्ष्य होता है कि वर्णित दृश्यों से जिस भाव का अनुभव वे कर रहे हैं उसी भाव का अनुसरण पाठक भी करें।

विचारात्मक निबन्धों में लेखक इस बात का प्रयत्न करता है कि किसी विषय में जो विचार या सिद्धान्त उसके हैं वे ही विचार या सिद्धान्त पाठक के भी हो जायँ। इसके लिए आवश्यक यह होता है कि सब बातें बड़ी स्पष्टता के साथ रखी जायँ। विचारों की शृंखला उखड़ी न हो। सब विचार एक-दूसरे से सम्बद्ध हों। शब्द और वाक्य नपे-तुले हों, अनावश्यक और फालतू शब्दों और वाक्यों के बीच में आ जाने से विचार ढक जाते हैं और पाठक का ध्यान गड़बड़ी में पड़ जाता है। मनुष्य-जीवन में विचार-क्षेत्र बड़े महत्त्व का है। उसमें भाषा के प्रयोग की बड़ी सफाई और सावधानी अपेक्षित होती है। उसमें भाषा की उछल-कूद, सजावट, अलंकार-चमत्कार इत्यादि के लिए बहुत कम जगह मिल सकती है। ऐसे लेखों में मुख्य ध्यान विषय के स्पष्टीकरण की ओर होना चाहिए, भाषा की रंगीनी दिखाने की ओर नहीं।

कथात्मक निबन्ध किसी उपाख्यान, वृत्तान्त या घटना को लेकर चलते हैं। विचारात्मक निबन्धों के समान उनमें भी सम्बन्ध निर्वाह अत्यन्त आवश्यक होता है। उसमें घटनाओं को एक-दूसरे के पीछे इस क्रम से रखना पड़ता है कि उलझन न पड़े और साथ ही इस बात का भी ध्यान रखना पड़ता है कि आगे की घटनाओं को जानने की उत्कंठा पाठक को बराबर बनी रहे और बढ़ती जाय। भाषा चलती और सरल रखनी पड़ती है। शुद्ध कथा या कहानी कहनेवाले वर्णन के विस्तार या भावों की व्यंजना में नहीं उलझते। कहानी सुननेवाले की उत्कंठा तो जिज्ञासा के रूप में होती है, जिसे पाठक बीच-बीच में 'तब क्या हुआ' कहकर प्रकट करता है।

भावात्मक निबन्ध में लेखक अपने प्रेम, आह्लाद, हर्ष, करुणा, क्रोध, विस्मय या किसी और भाव की व्यंजना करता है। भाव के आवेश के अनुसार कहीं-कहीं भाषा में

असम्बद्धता, विशृंखलता और वेग या तीव्रता दिखाई पड़ती है। कथन की सीमा पर मर्यादा का अतिक्रमण भी प्रायः अनिवार्य हो जाता है, इससे अत्युक्ति या अतिशयोक्ति का सहारा प्रायः लिया जाता है। जैसे, यदि किसी वेदना की व्यंजना हो रही है तो अनन्त ज्वाला में जलने, पहाड़ के नीचे पिसने आदि की बातें कही जाती हैं। उक्तियों में जितना वेग, जितनी नवीनता इत्यादि लाई जा सकती है उतनी शरीर की किसी चेष्टा से नहीं। क्रोधी के वास्तविक व्यापार तो तोड़ना-फोड़ना, मारना-पीटना, डाँटना-डपना, इत्यादि ही देखे जाते हैं। पर उक्ति चाहे जहाँ तक बढ़ सकती है। किसी को धूल में मिला देना, चटनी कर डालना, घर खोदकर तालाब बना डालना तो मामूली बात है। यही बात सब भावों के सम्बन्ध में समझिए।

ऊपर प्रबन्धों का जो वर्गीकरण किया गया है उससे यह न समझना चाहिए कि लेखक जब कोई लेख लिखता है तब उक्त वर्ग में से किसी एक में ही वह अपने को बाँध देता है। आवश्यकतानुसार वह भावात्मक, विचारात्मक कई पद्धतियों का मेल कर सकता है। जैसे कोई विचारात्मक लेख लिखते समय यदि कोई मार्मिक स्थल आया तो लेखक भावोन्मुख हो कुछ दूर तक भावावेश की शैली का अवलम्बन करेगा। इसी प्रकार किसी इमारत का वर्णन करते समय बहुत सम्भव है कि लेखक विवरण देने के स्थान पर अपने भावों की व्यंजना करने लगे। जैसा कि इस संकलन में उद्धृत 'ताजमहल' शीर्षक लेख में है।

मुख्य बात यह है कि शैली कोई हो, वाक्यरचना की व्यवस्था, भाषा की शुद्धता और प्रयोगों की समीचीनता सर्वत्र आवश्यक है। जब तक ये बातें न सध जायँ तब तक लिखने का अधिकार ही न समझना चाहिए। इनके बिना भाषा लिखने-पढ़ने की भाषा ही नहीं है जिसकी शैली आदि का विचार हो।

('हिन्दी-गद्य-चन्द्रिका' : हाई स्कूल तथा उसके समकक्ष परीक्षा के लिए हिन्दी के विविध विषयों पर चुने हुए सुसम्पादित गद्यांशों का संकलन। सम्पादक : पंडित रामचन्द्र शुक्ल, प्रोफेसर, हिन्दू विश्वविद्यालय, काशी। प्रकाशक : रत्नाश्रम, आगरा, सम्वत् 1990; भूमिका 'कुछ आवश्यक बातें' शीर्षक से।)

उपन्यास

आजकल उपन्यास लिखने में बहुत लोगों की धड़क खुल गई है। इनमें यदि थोड़े ऐसे हैं जिन्हें अपनी कल्पना और अनुभव का सहारा है तो बहुत से ऐसे भी हैं जिनका अन्य भाषाओं की विख्यात पुस्तकों ही पर गुज़ारा है। उपन्यास साहित्य का एक प्रधान अंग है। मानव प्रकृति पर इसका प्रभाव बहुत पड़ता है। अतः अच्छे उपन्यासों से भाषा की बहुत कुछ पूर्ति और समाज का बहुत कुछ कल्याण हो सकता हे।

मानव जीवन के अनेक रूपों का परिचय कराना उपन्यास का काम है। यह उन सूक्ष्म से सूक्ष्म घटनाओं को प्रत्यक्ष करने का यत्न करता है जिनसे मनुष्य का जीवन बनता है और जो इतिहास आदि की पहुँच के बाहर हैं। बहुत लोग उपन्यास का आधार शुद्ध कल्पना बतलाते हैं। पर उत्कृष्ट उपन्यासों का आधार अनुमान शक्ति है, न कि केवल कल्पना। तोता-मैना का किस्सा और तिलस्म ऐयारी की कहानियाँ निस्सन्देह कल्पना की क्रीड़ा हैं और असत्य हैं, पर स्वर्णलता, दुर्गेश नन्दिनी, बंगविजेता, जीवन सन्ध्या, बड़ा भाई आदि के ढंग के गार्हस्थ और ऐतिहासिक उपन्यास अनुमानमूलक और सत्य हैं, उच्च श्रेणी के उपन्यासों में वर्णित छोटी-छोटी घटनाओं पर यदि विचार किया जाय तो जान पड़ेगा कि वे यथार्थ में सृष्टि के असंख्य और अपरिमित व्यापारों से छाँटे हुए नमूने हैं।

संसार में मनुष्य जीवन सम्बन्धी बहुत सी ऐसी-ऐसी बातें नित्य होती रहती हैं जिनका इतिहास लेखा नहीं रख सकता पर जो बड़े महत्त्व की होती हैं। व्यक्तिगत और सामाजिक जीवन इन्हीं छोटी-छोटी घटनाओं का जोड़ है। पर बड़े से बड़े इतिहास और बड़े से बड़े जीवन चरित्र में भी इन घटनाओं का समावेश नहीं हो सकता। जब इन सूक्ष्म घटनाओं के संयोग में कोई उग्र घटना उमड़ पड़ती है तब जाकर इतिहास की दृष्टि उस पर पड़ती है। अपनी असंख्यता और क्षिप्रगति के कारण ऐतिहासिक प्रमाणों की पकड़ में न आनेवाली इन घटनाओं के निदर्शन के निमित्त मनुष्य की अनुमान शक्ति उठ खड़ी होती है जो अनेक व्यापारों के अभ्यास से वैसे ही किसी एक व्यापार का आरोपण कर सकती है। इस शक्ति को रखनेवाले उच्च कोटि के उपन्यास लेखक जिन-जिन बातों का उल्लेख अपनी कथाओं में करते हैं वे सब ऐसी बातें होती हैं जो संसार में बराबर होती रहती हैं और समाज की परिचित गति के अन्तर्भूत होती हैं। जबकि इन घटनाओं का आरोप करने में सृष्टि के व्यापारों के निरीक्षण करने की अपेक्षा

हुई तब वे बिल्कुल कल्पना कैसे कही जा सकती हैं ? उनका आधार सत्य पर है, उन्हें असत्य नहीं समझना चाहिए।

ऐतिहासिक आख्यानों के वर्णन करने में कविगण इस अनुमान का सहारा लेते हैं। जिन छोटे-छोटे अंशों को इतिहास छलाँग मारता हुआ छोड़ जाता है, कवि अपने सत्यमूलक अनुमान के बल पर उनकी एक लड़ी जोड़कर जीवन का एक चित्र पूरा करके खड़ा करता है। धनुषभंग होने पर परशुराम का राम और लक्ष्मण पर क्रोध करना इतिहास की बात है पर परशुराम और लक्ष्मण के बीच जो-जो बातें हुईं वह कवि का अनुमान है। कवि ने लक्ष्मण और परशुराम के स्वभाव तथा अवसर की ओर ध्यान देकर अनुमान किया कि उनके बीच ये या इसी तरह की बातें अवश्य हुई होंगी। कैकेयी का कोपभवन में जाना तो इतिहास ने बतलाया पर उसने जो चुटीली बातें राजा दशरथ को कहीं उन्हें भिन्न-भिन्न कवियों ने अपने अनुमान के अनुसार जोड़ा है। इन छोटी-छोटी बातों के समावेश के कारण कोई ऐतिहासिक काव्य वा आख्यान असत्यमूलक नहीं कहा जा सकता। बिना इन बातों का जोड़ लगाए ऐतिहासिक वृत्त स्वाभाविक मानव व्यापार समझ ही नहीं पड़ते। ऐतिहासिक उपन्यासों के बीच जो पात्र और व्यापार ऊपर से लाए जाते हैं और कल्पित कहे जाते हैं यदि वे उस समय की सामाजिक स्थिति के सर्वथा अनुकूल हों तो उन्हें ठीक मान लेना कोई बड़ी भारी भूल नहीं है। क्योंकि उनके अनुमान करने का साधन तो हमारे पास है पर खंडन करने का एक भी नहीं। यदि कोई अनुभवी लेखक महाराणा प्रतापसिंह वा शिवाजी की असंख्य सेना में से किसी सैनिक को च्युत कर उसका साहस तथा किसी रमणी पर प्रेम तथा उसका गार्हस्थ जीवन आदि दिखलावे तो हमें इन बातों को अघटित और असत्य मानने का कोई अधिकार नहीं है। क्योंकि हमें तो उस समय का सामाजिक चित्र देखना है, न कि किसी व्यक्ति के विषय में छानबीन करना। इसी प्रकार किसी इतिहास प्रसिद्ध घटना के ऐसे अंगों का वर्णन करना भी उपन्यास लेखक का काम है जिन पर इतिहास ने ध्यान नहीं दिया। यदि हल्दीघाटी की लड़ाई का दृश्य दिखाने में लिखा जाय कि 'रामसिंह ने भाला मारा, ग़ाजी खाँ की पगड़ी गिरी, राजपूतों को महाराणा ने यह कहकर बढ़ावा दिया, अमुक भील ने पत्थर लुढ़काया,' तो इन अनुमानित व्यापारों को उस लड़ाई के अन्तर्गत मानने में कोई बाधा नहीं है। ऐसे ही व्यापार की आंशिक वा साधारण सूचना पाकर उपन्यासकर्ता विशेष उदाहरण का अनुमान भी कर सकता है। जैसे औरंगजेब के लिए हिन्दुओं को सताना और उनके मन्दिर तोड़ना साधारण बात प्रसिद्ध है। अतः यदि उस समय की कहानी लिखते हुए कोई किसी बस्ती में एक विशेष नाम का मन्दिर अनुमान करके उसका तोड़ा जाना दिखलावे तथा किसी अनुमानित व्यक्ति विशेष की पीठ पर काज़ी के कट्टरपन के कारण कोड़े पड़ने की बात सुनावे तो वह मिथ्या-भाषण का दोषी नहीं।

इतिहास कभी उन बहुत से सूक्ष्म व्यापारों के लिए जिनसे जीवन का तार बँधा है एक सांकेतिक व्यापार का व्यवहार करके काम चला लेता है पर उपन्यास का सन्तोष

इस प्रकार नहीं हो सकता। इतिहास कहीं यह कहकर छुट्टी पा जायगा कि अमुक राजा ने बड़ा अत्याचार किया। अब इस अत्याचार शब्द के अन्तर्गत बहुत से व्यापार आ सकते हैं। इससे उपन्यास इन व्यापारों में से किसी-किसी को प्रत्यक्ष करने में लग जायगा।

यहाँ पर यह भी समझ रखना चाहिए कि ऐतिहासिक उपन्यासकर्ताओं के इस अधिकार की भी सीमा है। यह उन्हीं छोटी-छोटी घटनाओं को ऊपर से ला सकता है जो किसी ऐतिहासिक घटना के अन्तर्गत अनुमान की जा सकें, अथवा संसार की गति और समाज की तत्कालीन अवस्था का अंग समझी जा सकें। न वह किसी विख्यात घटना में उलटफेर कर सकता है और न ऐसी बातों को ठूँस सकता है जिनका अनुमान उस समय की अवस्था को देखते नहीं हो सकता। इन ऊपर लिखी बातों पर विचार करने ही से यह विदित हो गया होगा कि ऐतिहासिक उपन्यास लिखने के लिए इतिहास के पूरे ज्ञान के साथ ही साथ परम्परागत रहन-सहन, बोलचाल की आलोचना शक्ति आदि भी खूब होनी चाहिए।

सामाजिक उपन्यास जिन-जिन चरित्रों को सामने लाते हैं वे या तो ऐसे हैं जो सामाजिक व्यापारों के औसत हैं अथवा जिनका होना मानव प्रवृत्ति की चरमसीमा पर सम्भव है। कहीं पर ये उपन्यास यह दिखलाते हैं कि समाज कैसा है और कहीं पर यह दिखलाते हैं कि समाज को कैसा होना चाहिए। ये कहीं तो उन असंख्य व्यापारों में से जिनसे हम घिरे हैं कुछ एक को ऐसे स्थान पर लाकर अड़ा देते हैं जहाँ से हम उनका यथार्थ रूप और सृष्टि के बीच उनका सम्बन्ध दृष्टि गड़ाकर देख सकते हैं और कहीं उन सम्भावनाओं की सूचना देते हैं जिनसे यह मनुष्यजीवन, देवजीवन और यह धराधाम स्वर्गधाम हो सकता है। सतोगुण की जो मुग्धकारिणी छाया ये प्रतिभासम्पन्न लेखक एक बार डाल देते हैं वह पाठक के हृदय पर से जीवन भर नहीं हिलती, मानव अन्तःकरण के सौन्दर्य की जो झलक ये एक बार दिखा देते हैं वह कभी नहीं भूलती। कथा के मिस से मनुष्य जीवन के बीच भले और बुरे कर्मों की स्थिति दिखाकर जितना ये लेखक आँख खोल सकते हैं उतना अहंकार से भरे हुए नीति के कोरे उपदेश देनेवाले नहीं। चाणक्य, स्माइल्स आदि नीति छाँटनेवाले रूखे लेखक जनसाधारण से अपने को श्रेष्ठ समझ जिस ढब से आदेश चलाते हैं वह मनुष्य की आत्माभिमान वृत्ति को अखर सकता है। ये लोग सदाचार का स्वाभाविक सौन्दर्य नहीं दिखला सकते जिनकी ओर मनुष्य मोहित होकर आपसे आप ढल पड़ता है। अस्तु, चाणक्यनीति और स्माइल्स के 'कैरेक्टर' आदि की अपेक्षा उत्तम श्रेणी के उपन्यासों का पढ़ना आचरण पर कहीं बढ़कर प्रभाव डालता है।

बड़े लोगों के जो जीवनचरित्र लिखे जाते हैं वे भी मानव जीवन के पूरे और सच्चे चित्र नहीं। उनमें भी बहुत-सी सूक्ष्म घटनाएँ तो असामर्थ्य के कारण छूट जाती हैं और बहुत-सी स्थूल घटनाएँ किसी विशेष अभिप्राय से छिपा दी जाती हैं। उनमें मनुष्य के अन्तःकरण की वृत्तियाँ साफ-साफ नहीं झलकाई जातीं। बासवेल आदि अँगरेजी

लेखकों ने अपने चरित्र नायकों की बहुत छोटी-छोटी बातें भी दर्ज की हैं पर वे जोड़-सी मालूम होती हैं, उनमें औपन्यासिक पूर्णता नहीं आई। बादशाहों तथा वैभवशाली पुरुषों के जो चरित्र लिखे जाते हैं वे तो और भी कृत्रिम होते हैं। किसी महाराज ने अपनी गाड़ी पर से उतर अस्पताल में जा किसी रोगी से दो बातें पूछ लीं तो उनकी दया और करुणा का कहीं ठिकाना नहीं। क्या इन बातों से मानव अन्तःकरण की सच्ची परख हो सकती है। वड्र्सवर्थ, थैकरे, डिकेंस और जॉर्ज एलियट आदि बड़े-बड़े अँगरेजी कवि और उपन्यास लेखक तथा लेखिकाओं ने दीन से दीन और तुच्छ से तुच्छ लोगों की झोंपड़ियों में जीवन के ऊँचे से ऊँचे आदर्श दिखलाए हैं।

(नागरी प्राचारिणी पत्रिका, भाग 15, संख्या 1, 15 जुलाई, 1910)

निबन्ध लेखन कला

बोलने और लिखने का प्रयोजन एक ही होता है। लोग बोलते भी इसीलिए हैं कि दूसरा उनके मन के भाव को समझ ले और लिखते भी इसीलिए हैं। फिर भी बोलने और लिखने की भाषा में कुछ अन्तर दिखाई पड़ता है। बोलनेवाले के सामने सुननेवाला रहता है, इससे यदि बोलने में कुछ असावधानी भी हो जाती है तो पहले तो सुननेवाला प्रायः बातचीत के झुकाव के अनुसार अभिप्राय समझ लेता है और यदि न समझ सका तो कहनेवाले से पूछ लेता है। पर लेख में यह सुविधा नहीं रहती। इससे लिखने में भाषा का व्यवहार अधिक सावधानी से करना पड़ता है–इस ढंग से करना पड़ता है कि जिसमें भ्रम की सम्भावना न रहे। अतः लेख में जो बात सबसे पहले आवश्यक है वह भाषा शुद्धता और वाक्य रचना की व्यवस्था। लिखनेवाले को इस बात का ध्यान रखना पड़ता है कि शब्दों के जिन रूपों का वह प्रयोग कर रहा है वे व्याकरण से शुद्ध हैं तथा पदों और वाक्यों में जिस क्रम से वह रख रहा है वह क्रम उसकी विचार परम्परा के मेल में होने के कारण तात्पर्य बोध कराने में पूर्ण समर्थ हैं। इतनी बातें तो लिखने की केवल व्यावहारिक उपयोगिता के लिए अपेक्षित हैं।

पर लेखन भी एक कला है। जिस प्रकार और कलाओं में कुछ नियम होते हैं उसी प्रकार इसके भी। जिस प्रकार और कलाओं में अभ्यास से निपुणता बढ़ती है उसी प्रकार इस कला में भी। अतः लिखने में सफलता प्राप्त करने के लिए ज्ञान और अभ्यास दोनों चाहिए। ज्ञान से अभिप्राय यहाँ इस विषय के ज्ञान से नहीं है जिस विषय पर लिखना है बल्कि लेखन कला के नियमों के ज्ञान से है। इस ज्ञान के बिना किसी विषय का अच्छा जानकार होने पर भी कोई लेख द्वारा उस विषय का ज्ञान दूसरे को अच्छी तरह नहीं करा सकता। जिस विषय का ज्ञान एक निपुण लेखक चार पंक्तियों में करा सकता है उसी को इस कला से कोरा मनुष्य एक पृष्ठ रँगकर भी नहीं समझा सकता। निपुण और अनिपुण का यह भेद इस बात की सूचना देता है कि कथन का लाघव भी लेखकों का एक गुण हे। आवश्यकता से अधिक शब्द व्यय लेखक का अनाड़ीपन प्रकट करता है। पर साथ ही यह भी है कि लाघव के नाम पर भाषा गूँगों-बहरों का इशारा न हो जाय। किसी बात को दूसरों के मन में बैठाने के लिए या किसी भाव को पूर्ण रूप से व्यंजित करने के लिए जैसे शब्दों की जितनी आवश्यकता हो उतनी के व्यवहार में कृपणता न होनी चाहिए। स्पष्टता के बिना तो भाषा के मूल उद्‌देश्य की भी सिद्धि नहीं

हो सकती। स्पष्टता से सम्बद्ध ही भाव की स्वच्छता है जो बहुत कुछ विचार पद्धति की स्वच्छता पर अवलम्बित होती है। जिनके अन्तःकरण में विचारों का उदय स्पष्टता के साथ होता है उनके लेखों में तुले हुए शब्द और वाक्य पाए जाते हैं। पर जिनकी विचारमाला अव्यवस्थित और गड़बड़ होती है उनकी भाषा में स्वच्छता नहीं रह सकती। वे किसी बात को आईने की तरह झलका नहीं सकते। उनके लेखों में बहुत-से अशक्त शब्द असली विचारधारा को आच्छन्न किए रहते हैं जिससे पढ़नेवालों का जी ऊबता है।

लिखने के लक्ष्य दो होते हैं। या तो लेखक अपने लेख द्वारा किसी बात का बोध कराना चाहता है अथवा किसी भाव (मनोविकार) का संचार कराना चाहता है। इन दोनों लक्ष्यों के अनुसार भाषा की शैली में भी भेद हो जाता है। जिसे किसी विषय का बोध कराना होगा, अपने मत पर दूसरे को लाना होगा वह ऐसी बातें सामने रखेगा जो मन में धँसें और तर्क पद्धति के अनुसार अपने विचारों को ऐसे रूप में व्यक्त करेगा कि सुननेवाला उसकी विचार परम्परा में पूरा योग दे सके। अपने कथन की पुष्टि में वह अनेक प्रकार के दृष्टान्त देगा प्रमाण में आप्त वचन उद्धृत करेगा। यह सब करेगा, पर सुन्दर पद विन्यास शब्द चमत्कार, अलंकार आदि के फेर में वह न पड़ेगा, वह शब्दों और वाक्यों का विधान उनकी अर्थशक्ति के ध्यान में करेगा क्योंकि उसका लक्ष्य वस्तुबोध कराना है, भावोत्तेजन नहीं। इसके विपरीत जिसका लक्ष्य किसी के हृदय में क्रोध, करुणा, घृणा, सौन्दर्यानन्द आदि का भाव स्फुटित करना होगा वह भाव के अनुसार अपनी भाषा में कोमल कर्कश आदि पदों की योजना करेगा, उपमा, रूपक आदि अलंकारों का सहारा लेगा जिसमें भाव का स्फुरण पूर्ण रूप से हो।

निबन्ध लिखने में उक्त लक्ष्य-भेद का ध्यान रखना चाहिए। किस प्रकार के निबन्ध में क्या लक्ष्य होना चाहिए इसका स्पष्ट ज्ञान लेखक को होना चाहिए। जैसा निबन्ध का विषय हो वैसी ही उसकी भाषा होनी चाहिए। साधारणतः निबन्ध तीन तरह के माने जाते हैं—वर्णनात्मक, इतिवृत्तात्मक और विचारात्मक। अब तीनों प्रकार के निबन्धों में देखना चाहिए कि कहाँ क्या लक्ष्य रहता है।

वर्णानात्मक—इसके दोनों लक्ष्य हो सकते हैं, वस्तुबोध और भावोत्तेजना। यात्रा आदि के विवरणों में हम प्रायः किसी प्रदेश या स्थान का बहुत सूक्ष्म ब्योरे के साथ वर्णन पाते हैं जिसका उद्‌देश्य यह होता है कि पढ़नेवाले को स्थान की पूरी जानकारी हो जाय—उसके चित्त में वे दृश्य ज्यों-के-त्यों उपस्थित हो जायँ। इसके आगे लेखक का उद्‌देश्य यह भी हो सकता है कि उन दृश्यों से उसके दृश्य में जो आनन्द, करुणा, भय आदि का भाव भरा हुआ है पाठक भी उसका भागी हो। इस अवस्था में वह किसी सुन्दर प्राकृतिक दृश्य के वर्णन के लिए मंजु मधुर पदावली की योजना करेगा, संस्कृत की कोमलकान्त पदावली का सहारा लेगा और उपमा, उपेक्षा आदि को भी बीच-बीच में सहायता के लिए बुलाएगा।

इतिवृत्तात्मक—इसमें घटनाओं के पूर्वापर सम्बन्ध आदि पर ध्यान रखते हुए इस रीति से वृत्तान्त कहना चाहिए जिससे आगे की बात जानने के लिए सुननेवाले की

उत्कंठा बढ़ती चले। इतिवृत्ति के किसी अंग का इतना ब्योरेबार विस्तार न हो कि सुननेवाले का जी ऊबे। कोई बड़ी या चमत्कारपूर्ण घटना इस प्रकार लानी चाहिए कि उसका पूर्ण वैचित्र्य प्रकट करनेवाली परिस्थिति सामने आ जाय। तात्पर्य यह कि इस प्रकार के लेख में घटनाओं की परम्परा के विधान का कौशल दिखाना चाहिए। बिना इस कौशल के किसी कथा या कहानी में रोचकता नहीं आ सकती। इतिवृत्तात्मक निबन्धों में वस्तुबोध ही लक्ष्य रहता है।

विचारात्मक–इसका लक्ष्य भी वस्तुबोध ही है। अन्तर इतना ही है कि वस्तु घटनात्मक न होकर विचारात्मक होती है। ऐसे लेखों में ऐसी शैली का अवलम्ब किया जाता है जिसमें विचारों की समीचीनता पूर्ण रूप से लक्षित हो जाय। इसमें विचारों की स्पष्टता और उनकी पूर्वापर योजना का ध्यान प्रधान होना चाहिए। भाषा विषय के अनुसार सरल या क्लिष्ट हो सकती है। भरसक तो सरल और सुबोध भाषा का व्यवहार होना चाहिए, पर विषय की जटिलता या गूढ़ता कें हिसाब से कभी-कभी भाषा की क्लिष्टता अनिवार्य हो जाती है। पर भाषा चाहे क्लिष्ट हो या सरल, विचार परस्पर इस प्रकार सम्बद्ध होने चाहिएँ कि सब मिलकर लेखक के समूचे तात्पर्य को अभिव्यक्त कर दें। ऐसे लेखों में शब्द-चमत्कार लालित्य या अलंकार आदि के फेर में न पड़ना चाहिए। बात इस रूप से कहनी चाहिए कि पढ़नेवालों को उसकी यथार्थता स्वीकार करने में विलम्ब न हो। यह ध्यान रखने की बात है कि विचारात्मक निबन्ध में हमारे सारे विचार तर्क और युक्ति की शृंखला में बँधे रहने चाहिए।

रही भिन्न-भिन्न शैलियों की बात। यह तो निर्विवाद है कि प्रत्येक शैली प्रत्येक मनुष्य की विचार प्रणाली के उपयुक्त नहीं हो सकती। अतः किसी लेखक की शैली का अनुकरण आँख मूँदकर न करना चाहिए। उदाहरण के लिए जैसे किसी पूर्ण स्फुट स्वच्छ विचारवाले के लिए बंगालियों की प्रलाप शैली काम की न होगी। अपने विचारों के अनुकूल शैली आप निकालनी चाहिए।

('आज' साप्ताहिक विशेषांक सन् 1957 ई.)

निबन्धों में व्यक्तिगत विशेषता

आधुनिक पाश्चात्य कसौटी के अनुसार असली निबन्ध उसी को कहना चाहिए जिसमें व्यक्तित्व अर्थात् व्यक्तिगत विशेषता प्रधान हो। बात तो ठीक है, यदि ठीक तरह से समझी जाय। व्यक्तिगत विशेषता का यह मतलब नहीं कि उसके प्रदर्शन के लिए विचारों की कोई शृंखला रखी ही न जाय या कहीं-कहीं जानबूझकर तोड़ दी जाय, भावों की अभिव्यंजना के वैचित्र्य के लिए ऐसी अर्थ-योजना की जाय जो उनकी अनुभूति के सम्भव स्वरूप से कोई सम्बन्ध ही न रखे अथवा भाषा से सरकस वालों की-सी कसरतें या हठयोगियों के से आसन कराए जायँ, जिनका लक्ष्य तमाशा दिखाने के सिवा और कुछ न हो।

संसार की हर एक बात और सब बातों से सम्बद्ध है। अपने-अपने मानसिक संघटन के अनुसार किसी का मन किसी सम्बन्धसूत्र पर दौड़ता है, किसी का किसी पर। वे सम्बन्धसूत्र एक-दूसरे से नथे हुए पत्ते की भीतर की नसों के समान चारों ओर फैले हैं। तत्वचिन्तक या दार्शनिक अपने व्यापक सिद्धान्तों के प्रतिपादन के लिए उपयोगी कुछ सम्बन्धसूत्रों को पकड़कर किसी ओर सीधा चलता है। पर निबन्ध-लेखक अपने मन की प्रवृत्ति के अनुसार स्वच्छन्द गति से इधर-उधर नाना सम्बन्धसूत्रों पर विचरता चलता है यही उसकी अर्थ-सम्बन्धी व्यक्तिगत विशेषता है।

उपर्युक्त अर्थ-सम्बन्ध-सूत्रों की टेढ़ी-मेढ़ी रेखाएँ ही भिन्न-भिन्न लेखकों का दृष्टिपथ निर्दिष्ट करती हैं। एक ही बात को लेकर किसी का मन किसी रेखा पर विचरता है, किसी का किसी पर। इसी का नाम है एक ही बात को भिन्न-भिन्न दृष्टियों से देखना। व्यक्तिगत विशेषता का मूल आधार यही है। जो करुणाशील प्रकृति के हैं उनका मन किसी बात को लेकर सम्बन्ध-सूत्र पकड़े हुए करुण स्थलों की ओर झुकता और गम्भीर वेदना का अनुभव करता चलता है, जो विनोदशील है उनकी दृष्टि उसी बात को लेकर उसके ऐसे पक्षों की ओर दौड़ती है जिन्हें सामने पाकर कोई बिना हँसे नहीं रह सकता। कुछ बातों के सम्बन्ध में लोगों की चिरकाल से बँधी हुई धारणाओं के विपरीत विचरण करने में जिस लेखक को आनन्द मिलेगा वह उन बातों के ऐसे पक्षों पर वैचित्र्य से प्रफुल्ल होकर विचरेगा जो उन धारणाओं को अपूर्ण सिद्ध करते दिखाई देंगे। उदाहरण के लिए आलसियों और लोभियों को लीजिए जिनको दुनिया बुरा कहती आई है। कोई लेखक अपने निबन्ध में उनके अनेक गुणों को सामने रखता हुआ उनकी भरपेट प्रशंसा

कर एक वैचित्र्यपूर्ण आनन्द ले और दे सकता है। इसी प्रकार वस्तु के नाना पक्षों पर सूक्ष्मता के साथ दृष्टि गड़ानेवाले लेखक किसी छोटी-से-छोटी, तुच्छ-से-तुच्छ बात को भी गम्भीर विषय का रूप देकर, पांडित्यपूर्ण भाषा की पूरी नकल करते हुए, सामने रख सकते हैं। पर सब अवस्थाओं में कोई बात अवश्य चाहिए।

इस अर्थसम्बन्धी व्यक्तिगत विशेषता के आधार पर फिर भाषा और अभिव्यंजन प्रणाली की विशेषता–शैली की विशेषता–खड़ी होती है। जहाँ नाना अर्थसम्बन्धों का वैचित्र्य नहीं, वहाँ एक ही स्थान पर खड़ी तरह-तरह की मुद्रा और उछल-कूद दिखाती हुई भाषा केवल तमाशा करती हुई जान पड़ती है।

('गृहस्थ,' मासिक, बनारस, वर्ष : 1, संख्या : 7, अक्टूबर, 1939 ई.)

भाषा विमर्श

हिन्दी की पूर्व और वर्तमान स्थिति

समस्त उत्तरीय भारत के बीच हिन्दी की स्थिति क्या थी और अब क्या है इसका संक्षेप विचार आवश्यक जान पड़ता है। देश के गार्हस्थ्य, सामाजिक, राजनैतिक तथा धर्म्म सम्बन्धी जीवन से इसका कितना लगाव रहा है तथा और देशभाषाओं से इसका क्या सम्बन्ध चला आ रहा है यही देखने का थोड़ा-बहुत प्रयत्न हम यहाँ करेंगे।

कोई भाषा जितने ही अधिक व्यापारों में मनुष्य का साथ देगी उसके विकास और प्रचार की उतनी ही अधिक सम्भावना होगी। यह भाषा जो किसी विशेष अवसर वा स्थान के लिए गढ़ी जाती है, लाख उपाय करने पर भी जनसाधारण के नित्य प्रति के व्यवहार में नहीं घुस सकती। जिन बातों को हम अधिक सुनते हैं, जिन वस्तुओं को हम अधिक देखते हैं, जिन शब्दों को हम अधिक बोलते हैं, उन्हीं को लक्ष्य किए हुए जो साहित्य चला है वही हमारा साहित्य है और वही भूले-भटकों को प्रकाश का काम देगा। हमारे हृदय को उन शब्दों को सुनकर द्रवीभूत होने का अभ्यास अधिक रहता है जो हमारे घरों में सुनाई पड़ते हैं क्योंकि वहाँ प्रकृति से हमारा अधिक मेल रहता है। अब यदि हम इन शब्दों और वाक्यों को बिल्कुल छोड़ दें तो हमारी लिखने-पढ़ने की भाषा में वह शक्ति नहीं रह जाती। समाज भी इसी गार्हस्थ्य जीवन का एक विकास है अतः हमारी हिन्दी को जो प्रेरणा इतिहास की बड़ी-बड़ी घटनाओं से मिली है वह किसी से छिपी नहीं है। लाहौर के चन्दबरदाई की वीर रसोद्‌गारिणी कविता युद्ध में अग्रसर होते हुए महाराज पृथ्वीराज के कानों में बराबर पड़ती रही। बीकानेर के पृथ्वीराज के एक दोहे ने महाराणा प्रतापसिंह पर जादू का असर किया। भूषण के कवित्त महाराष्ट्र के वीर छत्रपति शिवाजी के मन में औरंगजेब के अन्याय को दमन करने की उत्तेजना बराबर बनाए रहे। शेख बुरहान के चेले कुतबन और मलिक मुहम्मद जायसी ऐसे हिन्दूभावों से सहानुभूति रखनेवाले कवि हुसेनशाह और शेरशाह को लोकप्रिय और प्रजापालक बनाने में सहायक हुए। 15वीं शताब्दी से देश में हिन्दी द्वारा भक्ति का जो स्रोत उमड़ा उसने सारे उत्तरीय भारत को प्रेम और शान्त रस में मग्न कर दिया। सारांश यह कि 800 वर्ष से जातीय जीवन में जितने उलट-फेर होते आए उन सबका आभास हिन्दी साहित्य में विद्यमान है और किसी जाति के साहित्य का यही लक्षण है। हिन्दी आरम्भ ही से उत्तरीय भारत के एक बड़े भूखंड की लिखने की भाषा रही। उसी में जाति का पूर्व अनुभव संचित है और अब भी उसी तक जनसाधारण की पहुँच है।

हिन्दी को राष्ट्रभाषा बनाने का विचार देश में फैल रहा है। हिन्दी की शब्दावली को कुछ रूपान्तरों के साथ बँगला, मराठी और गुजराती आदि में व्याप्त देख दूरदर्शियों को यह सूझने लगा कि हिन्दी उन स्थानों की भी साहित्य भाषा अच्छी तरह हो सकती है जहाँ उपर्युक्त भाषाएँ बर्ती जाती हैं। यद्यपि लोगों का ध्यान इस ओर अब आकर्षित हुआ है पर यह स्थिति हिन्दी को प्राचीन समय में प्राप्त थी और उसने उनके बल पर अपनी सीमा के बाहर हाथ-पैर भी फैलाए थे पर पीछे भिन्न-भिन्न देशभाषाओं में साहित्य की वृद्धि हो जाने पर वह कुछ दब-सी गई। हिन्दी सारे उत्तरीय भारत की राष्ट्रभाषा पुराने समय में भी थी। मैथिल कवि विद्यापति ठाकुर ने अपने पदों को हिन्दी से मिलती-जुलती भाषा में लिखने के अतिरिक्त कुछ कविताएँ शुद्ध हिन्दी में भी रची हैं। बंग भाषा के पुराने कवि भारतचन्द राय ने भी हिन्दी में कुछ कविताएँ की हैं। इससे प्रतीत होता है कि उत्तरीय भारत में हिन्दी किसी समय साहित्य की परिष्कृत भाषा समझी जाती थी। गुजराती के पुराने नाटकों में पहिले पात्रों का कथोपकथन ब्रजभाषा में कराया जाता था। अब भी गुजरात में ब्रजभाषा का व्यवहार बहुत है। तुलसी, सूर आदि महाकवियों के पद बहुत दूर-दूर तक फैले। जम्मू में 'सुदामा मन्दिर देख डरे' आदि पद स्त्रियों में बराबर प्रचलित हैं। महाराष्ट्र के राजदरबारों में हिन्दी कवियों का बड़ा मान होता था। हिन्दी पद्य महाराष्ट्र देश में बड़ी चाह से सुने जाते थे। पहिली ही भेंट में भूषण के कवित्तों को सुनकर शिवाजी का प्रसन्न होना यह सूचित करता है कि शिवाजी लिखने-पढ़ने की हिन्दी अच्छी तरह जानते थे। पूना, नागपुर, इन्दौर आदि के मरहठे दरबारों में हिन्दी कवियों के रहने का पता बराबर लगता है। अतः यह मान लेने में कोई संकोच नहीं कि हिन्दी को राष्ट्रभाषा का रूप पहिले से प्राप्त है। हाँ, यह ठीक है कि जान-बूझकर किसी ने एक भाषा फैलाने के विचार से कोई प्रयत्न नहीं किया था। कुछ और ही कारणों से उसने अपने लिए आपसे आप जगह की थी। उसी स्थान की प्रचलित भाषा (समुदाय विशेष की गढ़ी हुई नहीं) का लोग दूर-दूर तक अनुकरण करते हैं जहाँ सामाजिक, राजनैतिक तथा धर्म्म-सम्बन्धी अभिप्रायों से भिन्न-भिन्न प्रान्तों के लोग कुछ दिन आकर रहते हैं। दिल्ली और आगरा बहुत दिनों तक भारतवर्ष के प्रधान नगर रहे जहाँ अनेक भिन्न प्रदेशों के लोगों का समागम होता है। उसके अतिरिक्त करोड़ों यात्रियों का मथुरा (आगरे के पास ही है) में आकर तथा वार्ता में दिन बिताना भी पश्चिमी हिन्दी के प्रचार का उत्तेजक हुआ। अष्टछाप के कवियों ने तो ब्रजभाषा का सिक्का और भी जमा दिया और वह साहित्य की टकसाली भाषा बन गई। यहाँ तक कि गोस्वामी तुलसीदास जी ने भी, जिनके रामचरित मानस को डॉक्टर ग्रियर्सन साहब अवधी बोली में लिखा बतलाते हैं, कवितावली आदि की भाषा प्रायः ब्रजभाषा ही रक्खी है। दिल्ली-मेरठ की खड़ी बोली भी, यद्यपि यह साहित्य क्षेत्र में अग्रसर न हो सकी, लोगों की बोलचाल पर अपना अधिकार करती रही। भिन्न-भिन्न प्रान्तीय बोलियाँ बोलनेवाले लोग बड़े नगरों में परस्पर इस बोली का व्यवहार बोलचाल में करने लगे। जब मौलवी लोगों ने देखा कि बोलचाल में खड़ी बोली का प्रचार खूब हो रहा है तब उन्होंने एक

कपोलकल्पना की कि शाहजहाँ के लश्कर से एक नई ज़बान उर्दू पैदा हुई है और उसमें किताबें लिखने लगे। पीछे से ज़बान की तहक़ीक़ात करनेवाले आलिमों ने उसे "बिरज भाषा, फ़ारसी, अरबी और तुरकी का एक मुरक्कब बतलाया," यह न सोचा कि इस तरह से भी संसार में कोई नई भाषा बनी है। किसी देश की भाषा में चाहे और देश के शब्द मिल जायँ, और मिलते ही हैं, तथा उसका कुछ रूपान्तर हो जाय पर एक नई भाषा नहीं बन सकती। अतः उर्दू को एक नई भाषा बतलाना भ्रम है, वह यथार्थ में फ़ारसी-अरबी मिश्रित खड़ी हिन्दी है। यही बात डॉक्टर ग्रियर्सन ने भी स्वीकार की है और हिन्दुस्तानी को पश्चिमी हिन्दी का एक भेद माना है।

इसी प्रकार जिस भाषा का व्यापार, लेन-देन वा केवल राजकाज ही में अधिक काम पड़ता है वह सर्वप्रिय साहित्य भाषा नहीं बन सकती। क्योंकि उसकी पहुँच थोड़े से ऐसे मानव व्यापारों ही तक होती है जिनकी अवधि और सीमा बहुत थोड़ी तथा जिनका योगफल जीवन के और-और व्यापारों से बहुत कम होता है।

(नागरी प्रचारिणी पत्रिका, भाग 15, संख्या 8, मार्च 1911)

हिन्दी और हिन्दुस्तानी*

आज इस विज्ञ और कर्मकुशल समाज के बीच जो अपनी भाषा और उसमें साहित्य की गतिविधि का निरीक्षण करके दोनों का मार्ग स्वच्छ और परिष्कृत करने के लिए इस पुण्य-भूमि पर एकत्र हैं, मेरा हृदय एक अपूर्व आनन्द का अनुभव भी करता है और रह-रहकर संकोच से दबता भी है। संकोच का कारण है—जो स्थान मुझे यहाँ दिया गया है उससे यही प्रकट होता है कि आप लोग मुझसे अपने पवित्र प्रयत्न और शुभ अनुष्ठान में कुछ सहायता पहुँचने की आशा रखते हैं। पर अपनी शक्ति और योग्यता पर दृष्टि रखते हुए उस आशा के किसी अंश की भी पूर्ति की सम्भावना मुझे नहीं दिखाई पड़ रही है। इस विचित्र परिस्थिति में मुझे सन्तोष इसी बात का है कि मैं उपहास का पात्र होकर भी ऐसे विद्वानों और कर्मवीरों के संसर्ग से बहुत कुछ ज्ञान, बहुत कुछ उत्साह प्राप्त करूँगा।

हम सब लोग यहाँ यह समझने के लिए एकत्र हैं कि हमारा साहित्य किस दशा में है, उसमें किन-किन बातों का अभाव है, उसकी कौन-कौन प्रवृत्तियाँ उत्कर्ष की ओर ले जानेवाली हैं और कौन-कौन अपकर्ष की ओर तथा वर्तमान समय में वह किस रूप में हमारे जीवन को सरस, सबल और समृद्ध करने में सहायक हो सकता है।

साहित्य किसी जाति की रक्षित वाणी की वह अखंड परम्परा है जो उसके जीवन के स्वतन्त्र स्वरूप की रक्षा करती हुई जगत् की गति के अनुरूप उत्तरोत्तर उसका अन्तर्विकास करती चलती है। उसके भीतर प्राचीन के साथ नवीन का इस मात्रा में और इस सफाई के साथ मेल होता चलता है कि उसके दीर्घ इतिहास में कालगत विभिन्नताओं के रहते हुए भी यहाँ से वहाँ तक एक ही वस्तु के प्रसार की प्रतीति होती है। जबकि साहित्य व्यक्त वाणी या वाग्विभूति का संचित भंडार है तब पहले भाषा ही पर ध्यान जाना स्वाभाविक है। व्यक्त वाणी का यह संचय असभ्य जातियों में तो केवल मौखिक रहता है, पर सभ्य जातियों में पुस्तकों के भीतर हिफ़ाजत के साथ बन्द रक्खा जाता है। मौखिक अधिक समय तक स्थिर नहीं रह सकता पर पुस्तकस्थ होकर हजारों वर्ष तक चलता है।

साहित्य की अखंड दीर्घ परम्परा सभ्यता का लक्षण है। यह परम्परा शब्द की भी होती है और अर्थ की भी। शब्द-परम्परा भाषा को स्वरूप देती है और अर्थ-परम्परा साहित्य का स्वरूप निर्दिष्ट करती है। यह दोनों परम्पराएँ अभिन्न होती हैं। इन्हें एक ही परम्परा के दो पक्ष समझिए। किसी देश की शब्द-परम्परा अर्थात् भाषा कुछ काल तक

* फैजाबाद के प्रान्तीय साहित्य-सम्मेलन में पठित भाषण।

चलकर जो अर्थ विधान करती है वही उस देश का साहित्य कहलाता है। कुछ काल तक लगातार चलते रहने से शब्द-परम्परा या भाषा को भी एक विशेष स्वरूप प्राप्त हो जाता है और अर्थ-परम्परा या साहित्य को भी। इस प्रकार दोनों के स्वरूपों का सामंजस्य रहता है। इस सामंजस्य में यदि बाधा पड़ी तो साहित्य देश की प्राकृतिक जीवन धारा से विच्छिन्न हो जायगा और जनता के हृदय का स्पर्श न कर सकेगा। यदि अर्थ-परम्परा का स्वरूप बनाए रखकर शब्द-परम्परा का स्वरूप बदल जायगा तो परिणाम होगा 'कोयल का नग़मा' और 'महात्माजी के अलफाज़'। यदि शब्द-परम्परा स्थिर रखकर अर्थ-परम्परा या वस्तु-परम्परा बदली जायगी तो आपके सामने 'स्वर्ण अवसर' आयगा, 'हृदय के छाले' फूटेंगे और 'दुपट्टे फाड़े जायँगे।'

भाषा या साहित्य के विशिष्ट स्वरूप प्राप्त करने का अभिप्राय यह नहीं है कि उसमें बाहर से लाए हुए नए शब्द और नई-नई वस्तुएँ न मिलें। उसमें नए-नए शब्द भी बराबर मिलते जाते हैं और नए-नए अर्थों या वस्तुओं की योजना भी होती जाती है, पर इस मात्रा में और इस ढब से कि उसका स्वरूप अपनी विशिष्टता बनाए रहता है। हम यह बराबर कह सकते हैं कि वह इस देश का, इस जाति का और इस भाषा का साहित्य है। गंगा एक क्षीण धारा के रूप में गंगोत्तरी से चलती है, मार्ग में न जाने कितने नाले, न जाने कितनी नदियाँ उसमें मिलती जाती हैं, पर सागर-संगम तक वह 'गंगा' ही कहलाती है, उसका 'गंगापन' बना रहता है।

हमारे व्यावहारिक और भावात्मक जीवन से जिस भाषा का सम्बन्ध सदा से चला आ रहा है वह पहले चाहे जो कुछ कही जाती रही हो अब हिन्दी कही जाती है। इसका एक-एक शब्द हमारी सत्ता का व्यंजक है, हमारी संस्कृति का सम्पुट है, हमारी जन्मभूमि का स्मारक है, हमारे हृदय का प्रतिबिम्ब है, हमारी बुद्धि का वैभव है। देश की जिस प्रकृति ने हमारे हृदय में रूप-रंग भरा है उसी ने हमारी भाषा का भी रूप-रंग खड़ा किया है। यहाँ के वन, पर्वत, नदी, नाले, वृक्ष, लता, पशु, पक्षी सब इसी हमारी बोली में अपना परिचय देते हैं और अपनी ओर हमें खींचते हैं। इनकी सारी रूप-छटा, सारी भाव-भंगी हमारी भाषा में और हमारे साहित्य में समाई हुई है। यह वही भाषा है जिसकी धारा कभी संस्कृत के रूप में बहती थी, फिर प्राकृत और अपभ्रंश के रूप में और इधर हजार वर्ष से इस वर्तमान रूप में—जिसे हिन्दी कहते हैं—लगातार बहती चली आ रही है। यह वही भाषा है जिसमें सारे उत्तरीय भारत के बीच चन्द और जगनिक ने वीरता की उमंग उठाई; कबीर, सूर, और तुलसी ने भक्ति की धारा बहाई; बिहारी, देव और पद्माकर ने शृंगार रस की वर्षा की, भारतेन्दु हरिश्चन्द्र, प्रतापनारायण मिश्र ने आधुनिक युग का आभास दिया और आज आप व्यापक दृष्टि फैलाकर सम्पूर्ण मानव जगत् के मेल में लानेवाली भावनाएँ भर रहे हैं। हजारों वर्ष से यह दीर्घ परम्परा अखंड चली आ रही है। ऐसी भव्य परम्परा का गर्व जिसे न हो वह भारतीय नहीं।

हमारा गर्व यह सोचकर और भी बढ़ जाता है कि यह परम्परा इतनी प्रबल और शक्तिशालिनी सिद्ध हुई कि इधर सौ वर्ष से—अर्थात् अँगरेजी राज्य के पूर्णतया प्रतिष्ठित

हो जाने के पीछे इसे बन्द करने के तरह-तरह के प्रयत्न कुछ लोगों के द्वारा समय-समय पर होते आ रहे हैं, पर यह अपना मार्ग निकालती चली आ रही है। इस विरोध का मूल हमारे उन मुसलमान भाइयों की निर्मूल आशंका है जो अपनी भाषा और साहित्य को विदेशी साँचे में ढालकर अपने लिए अलग रखना चाहते हैं। यदि वे अपनी भाषा और अपने साहित्य की एक अलग परम्परा रखना चाहते हैं तो हमारे लिए यह प्रसन्नता की बात है। इधर अपनी भाषा की छटा, अपने साहित्य की विभूति हमारे सामने रहेगी, उधर उनके साहित्य के चमत्कार से भी हम अपना मनोरंजन करेंगे। यही मौका उन्हें भी रहेगा। मनोरंजन के क्षेत्र एक से दो रहें तो और अच्छी बात है। यही स्थिति मुसलमानी अमलदारी में रही है। दिल्ली और दक्खिन के बादशाह फारसी कविता का भी आनन्द लेते थे और परम्परागत हिन्दी कविता का भी। फारसी के स्थान पर जब उर्दू की शायरी होने लगी तब भी यही बात रही। अनेकरूपता का नाम ही संसार है। सौन्दर्य की विभूति अनेक रूपों में प्रकट होती है। सहृदय उन सबमें आनन्द का अनुभव करते हैं। अकबर की बात छोड़ दीजिए जो आप कभी-कभी हिन्दी में कविता करता था। औरगंजेब तक के दरबार में जाकर हिन्दी कवियों का कविता सुनाना प्रसिद्ध है। रहीम, रसखान, गुलाम नबी इत्यादि का नाम हिन्दी के अच्छे कवियों में है।

यहीं तक नहीं अपनी धार्मिक भावनाओं की व्यंजना के लिए भी मुसलमान यहाँ की परम्परागत भाषा को बराबर काम में लाते थे। हमारे हिन्दी-काव्य के इतिहास में सूफी कवियों का एक वर्ग ही अलग है, जिसके अन्तर्गत, कुतबन, जायसी, उसमान, नूर मुहम्मद इत्यादि दर्जनों कवि हुए हैं। उन्होंने हमारी ही प्यारी बोली में हमारे काव्यों की पदावली में, जिसमें संस्कृत का पुट बराबर रहता आया है, प्रेम कहानियाँ लिखी हैं।

यह देखना चाहिए कि हमारी भाषा और हमारे साहित्य में वह कौन-सी वस्तु है, जो अब हमारे मुसलमान भाइयों को नापसन्द है। इधर उनकी ओर से जो लेख आदि निकल रहे हैं उनसे पता चलता है कि भाषा में न पसन्द आनेवाली वस्तु हैं संस्कृत के शब्द और साहित्य में भारतीय दृश्य, भारतीय रीति-नीति और भारतीय इतिहास-पुराणों के प्रसंग। इस सम्बन्ध में हमारा नम्र निवेदन यह है कि जिस देश का साहित्य होगा उस देश की परम्परागत भाषा, उस देश के प्राकृतिक स्वरूप, रीति-नीति, कथा-प्रसंग आदि से वह कैसे दूर रह सकता है ?

अब थोड़ा यह भी देखिए कि पुराने मुसलमान भाइयों ने अपने वर्ग के लिए एक अलग साहित्य निर्माण करने में उसका क्या स्वरूप रक्खा था, और कितने दिनों तक वह स्वरूप वे बनाए रहे। हिन्दी में थोड़े से, अरबी-फारसी शब्द मिलाकर अपने साहित्य के लिए जो भाषा उन्होंने ग्रहण की, वह रेख़ता कहलाती थी। जो हिन्दी उन्होंने ली थी वह केवल व्यवहार और बोलचाल की हिन्दी न थी, परम्परागत काव्यों और गीतों की हिन्दी भी थी, जिसमें बहुत चलते संस्कृत शब्दों के साथ-साथ ठेठ घरेलू शब्द भी रहते थे।

यह तो हुई कविता और साहित्य की बात। सबसे अधिक ध्यान देने की बात यह है कि सर्वसाधारण मुसलमान जनता में इस्लाम के धार्मिक सिद्धान्तों के प्रचार के लिए

चार सौ वर्ष पहले जिस भाषा का प्रयोग वे अपनी किताबों में करते थे उसमें यहाँ के धार्मिक और दार्शनिक पुस्तकों में आनेवाले इन्द्रिय विकार आदि शब्द तक भी कभी-कभी लाते थे–

(1) सराहना नेवाजनां खुदा को बहुत कि वह पालनहारा है आलम का (शरह मरग़बुल कलूब-शाह मीराँजी, बीजापुरी, सन् 1495 के पहले)।

(2) सवाल–यह तन अलाधा (अलहदः) बल्कि सतन्तर (स्वतन्त्र) विकार रूप दिखाता है। एक तिल क़रार नहीं ज्यों मरकट रूप।

जवाब–ऐ आरिफ़ ! ज़ाहिर तनके फ़ेल से गुजर्‌या वा बातिन करतब विषै ? दूसरा तन सो भी कि इस इन्द्रियन का विकार वा चेष्टा करनहरा...सुख दुःख भोगनहारा। जेता विकार रूप वही दूसरा तन...। यह तन फ़हम सूँ गुजर्‌या तो गुन उसका क्यों रहे ?

(कलामतुल हक़ायक़, शाह बुरहानुद्‌दीन, बीजापुरी, सन् 1582)

उर्दू के इतिहास के लेखक उर्दू का उत्थान बीजापुर और गोलकुंडा की दक्खिनी रियासतों से मानते हैं। वहाँ शीया मुसलमानों की अधिक बस्ती थी। इससे इमामहुसैन की कथा को लेकर दक्खिनी उर्दू कवियों ने कई मसनवियों या प्रबन्ध-काव्यों की रचना की। इनमें से एक का नाम है 'करबल-कथा' (करबला की कथा)। यह कथा शब्द भला आजकल उर्दू में कभी जगह पा सकता है ? श्रृंगार की प्रेम कहानियों की रचना भी दक्खिनी उर्दू में बहुत कुछ हुई है। जैसे 'वजही' की 'मसनवी कुतुब-मुश्तरी' जिसकी पद्य-रचना का रूप देखिए–

न भुईं पर बसे वह न असमान में
रहा शद उसी नार के ध्यान में।
भुलाई चंचल धन वो यों शाह कों।
कि लुभवाए ज्यों कहरुबा काह कों।
लगा शाह उसासाँ भरन आह मार।
कि नज़दीक ना है वह गुनवन्त नार।

'वजही' की ग़ज़ल का नमूना यह है–

पिउ अपनेकाँ आज मैं निस सपने देखी सोयकर।
जब पिउ चलिया सेंति सेज तब सोते उट्‌ठी रोयकर॥
ना पूछँ बहमन जोयसी कब मिलना पिउ सों होयसी॥

'वजही' का रचना-काल सन् 1600 से 1625 तक माना जाता है। इसके उपरान्त सन् 1650 के लगभग 'नसरती' का समय आता है, जो कुछ दिनों तक तो दक्खिनी शायरी की उपर्युक्त परम्परा पर चला पर आगे चलकर वह 'हिन्दवीपन' को बहुत कुछ दूर हटाकर फ़ारसी रूप देने में लगा। अपना यह प्रयत्न उसने स्पष्ट स्वीकार किया है और कहा है, 'दखिन के शायरों की मैं रविश पर शेर बोल्या नहीं।' एक स्थान पर और कहता है–'मआनी की सूरत की है आरसी। दखिन का किया शेर जूँ फारसी॥ फ़साहत में गर फ़ारसी का कलाम।' धरे फ़ख़ हिन्दी वचन पर मुदाम॥ मैं इस दो हुनर के खुलासों

को पा। किया शेर ताज़ः दोनों फन मिला ॥' नसरती ने जो रास्ता दिखलाया उस पर कुछ लोग धीरे-धीरे चलने लगे, पर दक्खिनी शायरी की देशी परम्परा कुछ दिनों तक चलती रही। सन् 1691 ई. में अफ़ज़ल ने हिन्दी गीत-काव्य परम्परा के अनुसार 'बारहमासा' लिखा जिसकी भाषा इस ढंग की है–

सखी रे ! चैत रितु आई सुहाई।
अजहुँ उम्मीद मेरी बर न आई।
रहे हैं भँवर फूलों के गले लाग।
मेरे सीनः जुदाई की लगी आग।
सखी दिन रैन मुझ नागिन डसत है।
फिरूँ दौरी तमामै जग हँसत है।

सन् 1700 के पीछे वली ने और दक्खिनी शायरों के समान कुछ दिनों तक हिन्दीपन को रहने दिया। उसकी उन रचनाओं में हिन्दी-काव्य परम्परा के कुछ शब्द भारतीय कथा-प्रसंगों के कुछ संकेत, प्रेम व्यापार में स्त्री-पुरुष का भेद आदि बातें बनी रहीं। जैसे–

इस रैन अँधेरी में मत भूल पड़ूँ तिससूँ।
टुक पाँव के बिछुवों की आवाज़ सुनाती जा ॥
मुझ दिल के कबूतर को पकड़ा है तेरी लट ने ।
यह काम धरम का है टुक इसको छुड़ाती जा ॥
तुझ मुख की परस्तिश में गई उम्र मेरी सारी।
ऐ बुत की पुजनहारी इस बुत को पुजाती जा ॥
मुख बात बोलता हूँ शिकवः तेरे कपट का।
तुझ नैन देखने को दिल ठाँठ कर चुका था ॥

पीछे शाह सादुल्लाह गुलशन ने 'वली' को हिदायत की कि "ये इतने फ़ारसी के मज़मून जो बेकार पड़े हैं, इन्हें काम में ला।" फिर तो वली ने अपना रुख़ ही पलट दिया और वे इस तरह के कलाम सामने लाने लगे–

जब सनम को ख़याले बाग़ हुआ।
तालिबे नश्शए फ़राग़ हुआ।
फौज उश्शाक़ देख हर जानिब।
नाज़नीं साहबे दिमाग़ हुआ।
अश्क सूँ तुझ लबां की सुरखी के।
जिगर लाल दाग़ दाग़ हुआ।

पहले के दक्खिनी शायर तो देव की श्रुति-रुचि के अनुसार जगह को 'जाघा' और 'अलहदः' को 'अलाधा' तक लिखते थे। फ़ारसी शब्दों के बहुवचन आदि हिन्दी-व्याकरण के अनुसार रखते थे, पर वली ने 'आशिक' का बहुवचन अरबी के क़ायदे पर 'उश्शाक़' रक्खा है और फ़ारसी समाज के ढंग पर नश्शए-फराग़ और 'साहबे दिमाग़' लाए हैं।

वली सन् 1700 ई. में दिल्ली आए। क़ायम ने सन् 1720 में वली के दीवान का दिल्ली पहुँचना लिखा है।

यहाँ से अब दिल्ली के शायरों की परम्परा उर्दू साहित्य में चली है। सन् 1700 ई. दिल्ली में हातिम नाम के एक शायर थे। इन्होंने फिर हिन्दी के शब्दों की छँटाई की; जिसका वर्णन उन्होंने आप ही इस प्रकार किया है–

"लस्सान अरबी वा ज़बान फ़ारसी कि करीबुलफ़हम वा कसीरूल इश्तअमाल बाशद वा रोज़मर्रा देहली कि मिर्ज़ायाने हिन्द वा फसीहाने रिन्द दर महावरः दारंद मंजूर दाश्तः। सिवाए आँ ज़बान हिन्दवी कि आँरा भाखा गोयंद मौकूफ करदः।"

तात्पर्य यह कि हातिम ने अरबी-फ़ारसी के शब्द ला-लाकर रखे और हिन्दी या भाषा के शब्दों को निकाल फेंका। अरबी-फ़ारसी के बीच हिन्दी के वे ही शब्द और मुहाविरे रहने पाए जिन्हें शाहज़ादे सरदार लोग दरबार में बोलते थे। इस प्रकार उर्दू एक दरबारी भाषा भर रह गई। इतना होने पर भी इनकी कविताओं में भारतीय कथा-प्रसंगों के संकेत पाए जाते हैं–

खुदा के नूर का मथकर समुन्दर।
यही चौदह रतन काढ़े हैं बाहर॥
अगर फ़हमीदः हिक्मत आशना है।
इसी नुसख़े में चौदह बिद्दया हैं।

हातिम ही के समय में उर्दू के महाकवि 'सौदा' हुए हैं जो पहले हिन्दीपन से सटी हुई शायरी ही नहीं सर्वसाधारण में प्रचलित हिन्दी भाषा की कविता भी करते थे और अच्छी करते थे। कुछ उद्धृत किए बिना आगे बढ़ते नहीं बनता। सौदा की हिन्दी ग़ज़ल–

निकलके चौखट से घर की प्यारे जो पट की ओझल ठिठक रहा है।
सिमट के घट से तेरे दरस को नयन में जीआ अटक रहा है।
अगिन ने तेरे विरह की जबसे झुलस दिया है कलेजा मेरा,
हिए की धड़कन मैं क्या बताऊँ यूँ कोयला सा चटक रहा है।
जिन्हों की छाती से पार बरछी हुई है रन में वो सूरमा है,
पड़ा वो सावन्त मन में जिसके विरह का काँटा खटक रहा है।
मुझे पसीना जो तेरे मुख पर दिखाई दे है तो सोचता हूँ,
या क्योंकि सूरज की जोत आगे हर एक तारा छटक रहा है।
हिलोर यों लेती ओस की बूँद लगके फूलों की पंखड़ी से,
तुम्हारे कानों में जिस तरह से हर एक मोती लटक रहा है।
कहीं जो लग चलने साथ देता हो इस तरह का कटर है पापी,
न जानूँ पेड़ी की धूल मैं हूँ जो मुझसे मुल्ला भटक रहा है।
कभू लगा है न आते-आते जो बैठकर टुक इसे निकालूँ,
सजन ! जो काँटा है तुझ गली का सो पग में मेरे अटक रहा है।

कोई जो मुझसे य पूछता होय क्यों तू रोता है कह तो हमसे,
हर एक आँसू मेरे नयन का जगह-जगह सिर पटक रहा है।
गुनी हो कैसा ही ध्यान जिसका तेरे गुनों से लगा है प्यारे,
गयान परवत भी है जो उसका तो छोड़ उसको सटक रहा है।
जो बाट मिलने की होय उसका पता बता दो मुझे सिरीजन,
तुम्हारी बटियों में आज बरसों से यह बटोही भटक रहा है।
जो मैंने सौदा से जाके पूछा तुझे कुछ अपने भी मन की सुध-बुध,
य रोके मुझसे कहा किसी की लटक में लटकी लटक रहा है।

सौदा के हिन्दी दोहे–

कारी रैन डरावनी घर ते होइ निरास।
जंगल में जा सो रहे कोऊ आस न पास॥
बैरी पहुँचे आइके तेरी देहली पास।
वेग ख़बर लो या नबीं! अब पत की नहिं आस॥
खीझ खीझ चहुँ ओर से पड़े वह ज़ालिम टूट।
वेवों को डरपाय के ले गए घर को लूट॥
कहै हरम सर पीटकर खोकर अपनी लाज॥
माटी में तू रल गयो दीन दुनी के लाज॥
खोयो तैंने नीर बिन नबी के मन को चैन।
जालिम तेरे हाथ से प्यासो गयो हुसैन॥

उक्त दोहे मरसियों में आ गए हैं। उन्हीं में से अलग किए गए हैं। सौदा की पहेलियों की भाषा हिन्दी है पर उनकी और सब रचनाएँ हातिम की ही सरणी पर चलती हैं। उर्दू की शायरी में जो थोड़ा-बहुत हिन्दीपन लुका-छिपा था, वह लखनऊ जाने पर नासिख़ के हाथ से दूर किया गया। फिर तो वह हिन्दी से ऐसी हटी कि उसने अपना एक दायरा ही अलग कर लिया। उस दायरे से जगत, चंचल, नार, गुन, अकास, धर्म्म, धन, करम, दया, वीर, बली ऐसे शब्द एकदम निकाल बाहर हुए। इसी प्रकार वस्तुओं में न कमल और न भँवरे रह गए न बसन्त और कोकिल, न वर्षा ऋतु रह गई न सावन की हरयाली; न भीम और अर्जुन रह गए न और भोज। इस प्रकार यहाँ की परम्परागत भाषा के आधे हिस्से से और परम्परागत साहित्य के सर्वांश से अर्थात् देश के सामान्य जीवन से उर्दू दूर हटा दी गई। जबरदस्ती जान-बूझकर हटाई गई, आप से आप नहीं हटी।

उर्दू के इस रूप में आने का परिणाम यह हुआ कि अपना प्रसार करने की स्वाभाविक शक्ति उसमें न रह गई। वह अपने को बनाए रखने के लिए मक़तबों और सरकारी दफ़्तरों की मुहताज हो गई। यह बात अँगरेज़ी अमलदारी के प्रतिष्ठित हो जाने पर हमारे नवशिक्षित मुसलमान भाइयों को स्पष्ट दिखलाई पड़ने लगी और वे उसकी रक्षा और प्रसार के कृत्रिम साधनों का अवलम्बन करने में लगे। मुसलमानी अमलदारी में सरकारी दफ़्तर फ़ारसी में थे। अतः ईस्ट इंडिया कम्पनी ने भी कुछ दिनों तक सरकारी

दफ़्तरों की ज़बान फ़ारसी ही रहने दी पर पीछे अधिकारियों को यह बात खटकने लगी कि दफ़्तरों की भाषा सर्वसाधरण की भाषा से बिलकुल अलग है। उनका ध्यान देश की प्रचलित भाषा की ओर गया। सन् 1836 ई. में हमारे संयुक्त प्रदेश के सदर-बोर्ड से एक इश्तहारनामा निकला जो इस प्रकार था–

इश्तहारनामः बोर्ड सदर

पच्छाह के सदर बोर्ड के साहबों ने यह ध्यान किया है कि कचहरी के सब काम पारसी जबान में लिखा-पढ़ा होने से सब लोगों को बहुत हर्ज पड़ता है और बहुत कलप होता है, और जब कोई अपनी अर्जी अपनी भाषा में लिखके सरकार में दाखिल करने पावे तो बड़ी बात होगी। सबको चैन आराम होगा इसलिए हुक्म दिया गया है कि सन् 1244 की कुवार वदी प्रथम से जिसका जो मामला सदर बोर्ड में हो सो अपना-अपना सवाल अपनी हिन्दी बोली में और पारसी के नागरी अच्छरन में लिख के दाखिल करे कि डाक पर भेजे और सवाल जौन अच्छरन में लिखा हो तौने अच्छरन में और हिन्दी बोली में उस पर हुक्म लिखा जायगा। मिती 29 जुलाई सन् 1836 ई.।

खेद की बात है कि यह व्यवस्था चलने न पाई। मुसलमान भाइयों की ओर से इस बात का घोर प्रयत्न हुआ कि दफ़्तरों में हिन्दी घुसने न पाए, उर्दू चलाई जाय। अन्त में सन् 1837 ई. में उर्दू दफ़्तरों की भाषा कर दी गई। इसके उपरान्त जब सर्वसाधारण की शिक्षा के लिए सरकार की ओर से जगह-जगह मदरसे खुलने की बात उठी और सरकार ने यह निश्चय किया कि संस्कृत की कक्षाएँ तोड़ दी जायँ और हिन्दी भाषा का पढ़ना सब विद्यार्थियों के लिए आवश्यक कर दिया जाय, तब भी मुसलमन भाइयों की ओर से विरोध खड़ा किया गया और सन् 1848 में उनकी प्रेरणा से कम्पनी की सरकार ने यह आज्ञा निकाली 'ऐसी ज़बान का इल्म तमाम तुलवा के लिए लाज़िम क़रार देना जो मुल्क की सरकारी और दफ़्तरी ज़बान नहीं है हमारी राय में दुरुस्त नहीं। अलावः इसके मुसलमान तुलवा जिनकी तादाद इस देहली कालेज में बड़ी है, इसे अच्छी नज़र से नहीं देखेंगे।' हिन्दी के विरोध की यह चेष्टा बराबर बढ़ती गई। यहाँ तक कोशिश की गई कि वर्नाकुलर स्कूलों में उसकी शिक्षा जारी ही न होने पाए। हिन्दी की रक्षा के लिए राजा शिवप्रसाद को कितना यत्न करना पड़ा था, यह हिन्दी प्रेमी मात्र जानते हैं। सरकार की ओर से ज्ञान की वृद्धि के लिए एक संस्था (Society for Promotion of Knowledge in India through the medium of Vernacular language) स्थापित हुई थी, जिसका उद्देश्य था अँगरेजी, फारसी, संस्कृत आदि की पुस्तकों का देशी भाषा में अर्थात हिन्दी, उर्दू और बँगला में अनुवाद करना। पर उर्दू को छोड़कर न हिन्दी में कोई अनुवाद होने पाया न बँगला में।

सर सैय्यद अहमद साहब वास्तव में उर्दू को क्या समझते थे, यह उन्हीं की जबान से सुनिए। वे फ़रमाते हैं, "चूँकि यह ज़बान ख़ास बादशाही बाजारों में मुरव्वज थी इस वास्ते इसको ज़बान उर्दू कहा करते थे। और बादशाही अमीर उमरा इसको बोलते थे।

गोया हिन्दुस्तान के मुसलमानों की यह ज़बान थी।" इस प्रकार उर्दू को उन्होंने केवल दरबारी अमीर उमरा और मुसलमानों की ज़बान तसलीम किया है।

मुसलमान किस तरह पहले अपने मज़हब की तालीम के लिए थोड़ी अरबी-फ़ारसी मिली एक ख़ास ढंग की हिन्दी काम में लाए, फिर धीरे-धीरे हिन्दीपन निकालते-निकालते बिल्कुल एक विदेशी ढाँचे की भाषा गढ़कर अपने लिखने की भाषा एकदम अलग कर ली, यह बात अब स्पष्ट हो गई होगी। मुहम्मदशाह के समय तक इस नई गढ़ी हुई भाषा का, जो पीछे उर्दू कहलाई, साहित्य-रचना के लिए प्रचार न हो सका था, इसका आभास हिन्दी के सूफी कवि नूर मुहम्मद ने अपनी उस पुस्तक में दिया है जो उन्होंने अपने प्रसिद्ध ग्रन्थ 'इन्द्रावती' के पीछे लिखी। पुस्तक का नाम है 'अनुरागबाँसुरी'।[1] नूर मुहम्मद के समय से मुसलमान देश की प्रचलित भाषा हिन्दी से किनारा खींचने लगे थे और मुसलमानों के लिए फ़ारसी में रचना करना ही जायज़ समझने लगे थे। 'इन्द्रावती' लिखने पर उन्हें उनके मुसलमन भाइयों ने यह कहकर फटकारना शुरू किया कि "तुम मुसलमान होकर हिन्दी में क्यों लिखने गए" इसी से बेचारे को 'अनुरागबाँसुरी' में अपनी सफाई इन शब्दों में देनी पड़ी–

जानत है वह सिरजन हारा। जो कछु है मन मरम हमारा ॥
हिन्दू-मग पर पाँव न राखेउँ। का जो बहुतै हिन्दी भाखेउँ ॥

जिसे उर्दू कहते हैं उसका उस समय साहित्य में कोई स्थान न था, यह नूर मुहम्मद के इस कथन से साफ झलकता है–

कामयाब[2] कहँ कौन जगावा। फिर हिन्दी भाखे पर आया ॥
छाँडि पारसी कन्द नजातैं। अरुझाना हिन्दी-रस बातैं ॥

जनता से अपने को बिल्कुल अलग दिखाने के लिए मुसलमानों ने ही अपने लिए विदेशी ढाँचे की एक अलग भाषा और साहित्य खड़ा किया, यह इतनी प्रत्यक्ष बात है कि किसी प्रमाण की आवश्यकता नहीं। उर्दू की प्राचीनता दिखाने के लिए दक्खिनी शायरों की जो लम्बी सूची सामने लाई गई है, उसमें कोई हिन्दू भी है ? शायद एक या दो। और जाने दीजिए 'आवे हयात' ही उठा लीजिए। उसमें सबके सब शायर मुसलमान ही तो हैं। अब और सबूत क्या चाहिए ? इतने पर भी न जाने किस मुँह से यह कहा जाता है कि हिन्दुओं और मुसलमानों के मेल से उर्दू पैदा हुई। मेल से पैदा हुई चीज की यही सूरत होती है ?

आज सबसे बढ़कर खेद तो तब होता है जब कोई कानूनपेशा हिन्दू, पेट के पीछे जिसके घराने का लगाव देश की परम्परागत संस्कृति और साहित्य से बिल्कुल टूट गया हो, जिसकी प्रारम्भिक शिक्षा केवल फ़ारसी तथा अदालती भाषा उर्दू की हुई हो, किसी जलसे या मुशायरे में उर्दू को हिन्दू-मुसलिम कलचर के मेल से वजूद में आई हुई एक मुश्तरकः ज़बान बताने लगता है। हम पूछते हैं कि जब तुम 'हिन्दू कलचर' से कोसों दूर

1. यह पुस्तक अप्रकाशित है।
2. नूर मुहम्मद फ़ारसी की रचनाओं में अपना तख़ल्लुस 'कामयाब' रखते थे।

पड़ गए हो तब उसका मेल कहाँ और कितना है, यह क्या पहचान सकते हो ? बंगाल, महाराष्ट्र, गुजरात इत्यादि के साहित्य की कुछ खबर है ? जब तुम ऐसे कूप-मंडूक हो कि अपने तंग घेरे के बाहर नज़र ही नहीं फैला सकते, तब इस रोशनी के ज़माने में चुप क्यों नहीं रहते ? साहित्य की जो देश-व्यापक परम्परा बंगाल, महराष्ट्र, गुजरात आदि और प्रान्तों में चली आ रही है, वही परम्परा तो हिन्दी की भी है–अर्थ-परम्परा भी और शब्द-परम्परा भी। इसी अर्थ-परम्परा और शब्द-परम्परा से इस देश की दस बारह करोड़ जनता परिचित है। इसी को वह अपना समझती आई है जिसने उर्दू नहीं पढ़ी है। उसे जरा अपनी 'मुश्तरकः आम-फ़हम' में कोई 'सयासी तक़रीर' सुनाइए तो पता लगे। हमें सबसे बढ़कर क्षोभ उस समय हुआ था जब हिन्दुस्तानी के किसी जलसे में एक साहब यह फरमा गए थे कि "मैं तुलसी और कबीर को समझ लेता हूँ पर आजकल की हिन्दी बहुत कम समझ पाता हूँ।" इस प्रलाप का भी कहीं ठिकाना है ? जो आजकल के साहित्य की भाषा नहीं समझता वह भला तुलसी की भाषा क्या समझेगा ? संस्कृत शब्दों की जो परम्परा सूर, तुलसी आदि की रचनाओं में चली आई थी वही आजकल भी चली आ रही है।

जिस प्रकार 'हिन्दवीपन' निकाल-निकालकर एक विदेशी ढाँचे की भाषा खड़ी करने का क्रमबद्ध इतिहास है उसी प्रकार उस भाषा को सबके गले मढ़ने के लिए हिन्दी को दूर रखने के घोर प्रयत्न का भी खासा इतिहास है जो उस समय से शुरू होता है जब देश का पूरा शासन अँगेरजों के हाथ में आया। इन दोनों इतिहासों का संक्षेप में उल्लेख करके अब मैं वर्तमान परिस्थिति पर आता हूँ। अब तक शिक्षा का लक्ष्य अधिकतर सरकारी नौकरी रहा है। अतः इस बात का प्रयत्न बराबर होता रहा है कि दफ्तरों में हिन्दी न घुसने पाए। दफ्तरों की भाषा जब तक उर्दू रहेगी तब तक झख मारकर लोगों को अपने बच्चों को उर्दू की शिक्षा देनी पड़ेगी और यह कहने का मौक़ा रहेगा कि उर्दू पढ़े-लिखे लोगों की भाषा है। अगर दफ़्तरों की भाषा होना ही प्रचलित भाषा होने का प्रमाण है तब तो फ़ारसी भी, जो कई सौ वर्ष तक दफ्तरों की भाषा रही है, देश की प्रचलित भाषा मानी जानी चाहिए।

जिस समय उर्दू के साथ-साथ–उसे हटाकर नहीं–हिन्दी को भी स्थान दिलाने के लिए सर ऐंटनी मैकडानल के समय में आन्दोलन उठा उस समय भी पूरा विरोध मुसलमानों की ओर से खड़ा किया गया। अदालतों से ही नहीं शिक्षा पद्धति से भी हिन्दी को हटाने के लिए प्रयत्न बराबर होते रहे हैं, यह दिखाया जा चुका है। अब आजकल की परिस्थिति देखिए। जो लोग राजनीतिक दृष्टि से हिन्दू-मुस्लिम एकता अत्यन्त आवश्यक समझते हैं वे एक बीच का रास्ता पकड़कर 'हिन्दुस्तानी' लेकर उठे है। इस हिन्दुस्तानी का समर्थन कुछ उदार समझे जानेवाले मुसलमान और उर्दू की गोद में पले हिन्दू भी कर रहे हैं। हम भोली भाली जनता को उस 'हिन्दुस्तानी' से सावधान करना अत्यन्त आवश्यक समझते हैं। जो हिन्दुस्तानी इन लोगों के ध्यान में है वह थोड़ी छनी हुई उर्दू के सिवा और कुछ नहीं है। उर्दू के सब लक्षण–जैसे वाक्य-रचना की फ़ारसी

शैली, अरबी-फारसी के अप्रचलित मुंशी-फ़हम शब्द, अरबी-फ़ारसी क़ायदे के बहुवचन उसमें वर्तमान रहेंगे तब तो वह 'हिन्दुस्तानी' कहलाएगी, अन्यथा नहीं।

साहित्य, विज्ञान, दर्शन इत्यादि के काम की हिन्दुस्तानी नहीं हो सकती, यह तो इसके समर्थक भी स्वीकार करते हैं। हमारा कहना है कि साधारण बोलचाल और व्यवहार के लिए भी जिस प्रकार की 'हिन्दुस्तानी' हमारे उर्दू-परस्त दोस्तों के ध्यान में है वह चलनेवाली नहीं है। साधारण लिखा-पढ़ी और व्यवहार में भी वही भाषा चल सकती है जिसमें ठेठ हिन्दी शब्दों के अतिरिक्त जैसे सब प्रकार के लोगों द्वारा बोले जानेवाले अरबी-फ़ारसी के शब्द आएँ, वैसे ही संस्कृत के भी। पर क्या भूलकर भी प्रचलित से प्रचलित संस्कृत शब्द, जिसे गाँवों में बसनेवाली अपढ़ जनता तक बराबर बोलती आ रही है–हिन्दुस्तानी में कभी स्थान पा सकता है ? जहाँ एक भी ऐसा शब्द आया कि हमारे मेहरबान दोस्तों को 'भाखापन' की गन्ध आने लगेगी।

साधारण लिखा-पढ़ी अदालती व्यवहार तथा बोलचाल के लिए यदि एक सच्ची सामान्य भाषा 'हिन्दुस्तानी' के नाम से ग्रहण कर ली जाय तो कोई हर्ज नहीं। पर उस हिन्दुस्तानी में जिस प्रकार अरबी-फ़ारसी के ऐसे चलते शब्द आएँ जैसे–

ज़रूर, क़ाबू, इख्तियार, दावा, वक़्त, सलाह, क़ायदा, क़ानून, हिम्मत, हैरान, सिफ़ारिश, अरजी, नरम, गरम, मुलायम, गरीब, अमीर, इज़्ज़त, क़सूर, माफ़, मरज़ी, ग़रज, क़िफायत, नफ़ा, नुकसान, तकाज़ा, उम्र, दरवाज़ा, रंज, गुस्सा, किस्सा, तनख़ाह, तदबीर, पेशा, साल, शकल, सूरत, ऐब, हुनर, हाज़िर, सवाल, जवाब, सज़ा, मुनासिब, सही, ग़लत, मंजूर।

उसी प्रकार नित्य बोले जानेवाले ऐसे संस्कृत के शब्द भी आएँ जैसे–

विद्या, परीक्षा, ज्ञान, धर्म्म, अधर्म्म, पान, पुण्य, अपराध, न्याय, अन्याय, उपाय, युक्ति, कला, आकाश, पृथ्वी, क्षमा, दया, माया, प्रेम, प्रीति, क्रोध, ईर्षा, शोच, चिन्ता, सुख, दुःख, सम्पत्ति, विपत्ति, शरण, चरण धन, मान, मर्यादा, प्रतिष्ठा, कृपा, बन्धन, नाश, रक्षा, वस्तु, सन्तोष, औषध, वश, भोगविलास, आनन्द, पर्वत, जल, धारा, स्नान, ध्यान, शीत, ताप, शोभा, सुन्दरता, तेज, प्रताप, बल, पराक्रम, पौरुष, वीरता, शरीर, देह, कोमल, सुकुमार, शुद्ध, अशुद्ध, पवित्र, इच्छा, अक्षर, वाणी, कंठ, अर्थ, मनोरथ, कामना इत्यादि।

है ऐसी आशा ? यदि नहीं तो ऐसी हिन्दुस्तानी को दूर से नमस्कार।

(नागरी प्रचारिणी पत्रिका 1995 वि.)

मान्य भाषा

सबसे पहिले हमें यह देखना है कि साहित्य की भाषा का संगठन होता कैसे है। यह भाषा ग्रहण करने के पहिले लोग लिखने-पढ़ने में अपने-अपने प्रान्त की भिन्न-भिन्न बोलियों का व्यवहार करते हैं। जिस भू-भाग में लिखने-पढ़ने की चर्चा तथा भिन्न-भिन्न प्रदेशों के लोगों के सम्मेलन का अवसर अधिक होता है, अच्छे प्रभावशाली कवि और ग्रन्थकार होते हैं, उनकी बोली का अनुकरण धीरे-धीरे और भागों के लोग भी करने लगते हैं। इस प्रकार क्रमशः यह बोली और-और प्रान्तों के पढ़े-लिखे लोगों पर अपना अधिकार जमाकर एक बड़े भू-भाग की साहित्य भाषा बन जाती है। अतः यह सिद्ध हुआ कि साहित्य की भाषा यथार्थ में किसी एक प्रान्त की बोली ही है जो कुछ परिवर्तित और परिमार्जित होती, आवश्यकतानुसार दूसरी बोलियों के शब्दों को समेटती अन्य प्रान्तों के बीच भी फैल जाती है। वह कोई बिलकुल गढ़ी हुई, बनावटी या आकाश से उतरी हुई भाषा नहीं होती। यदि उस बोली का व्याकरण सीधा, और उसके नियम विस्तृत हुए तो वह और भी जल्दी अपने लिए जगह कर लेती है। जो लोग संस्कृत को बिलकुल बनावटी और गढ़ी हुई भाषा समझे हुए हैं उन्हें शायद यह बात अच्छी न लगे। पर यदि वे विचार कर देखेंगे तो उनके जी में भी यह बात जमने लगेगी कि आरम्भ में एक मूल आर्य्य भाषा से निकलकर फैली हुई अनेक बोलियों में से एक को चुनकर ही उसका संस्कार किया गया था। यदि ऐसा न होता तो पाणिनि को अपने सूत्रों में पूर्वीय और पाश्चात्य प्रयोगों का निर्देश नहीं करना पड़ता। जब कुछ आर्य्य लोग पंजाब से चलकर जहाँ उनकी बस्ती जम गई थी, पूर्व और दक्षिण की ओर फैलने लगे तब उनकी बोलियों में स्थानिक भाषाओं के संसर्ग से विभेद पड़ने लगा। इसी अनार्यत्व को बचाने के लिए प्राचीन वैयाकरण पंजाब और अफगानिस्तान के पास की बोली को आर्यों की टकसाली भाषा मानकर उसके नियम ढूँढ़-ढूँढ़कर निकालने लगे। अतः यह न समझना चाहिए कि इन नियमों और सूत्रों के जितने प्रयोग सिद्ध हो सकते हैं वा जितने शब्द बन सकते हैं वे सबके सब बोलचाल में थे।

यद्यपि आरम्भ में हिन्दी कविता भिन्न-भिन्न प्रदेशों में भिन्न-भिन्न बोलियों में होनी आरम्भ हुई पर 16वीं शताब्दी के कृष्णोपासक वैष्णव कवियों के समय से उसे कुछ-कुछ एकरूपता प्राप्त होने लगी। देश के प्रत्येक विभाग के लोग ब्रजभाषा में ही कविता करने का प्रयत्न करने लगे। कविता, सवैया, छप्पय आदि के लिए तो मानो ब्रजभाषा बनी ही थी। केवल दोहे और चौपाइयों में और प्रान्तों की बोलियों के लिए जगह रह गई। यहाँ

तक कि गोस्वामी तुलसीदास जी ने भी अपनी कवितावली की भाषा ब्रज ही रखी। अतः हमें यह कहने में कुछ संकोच नहीं कि इन्हीं ब्रज के भक्त कवियों की भाषा ऐसी हुई जो अपने मंडल से और आगे बढ़ी और फैली। आज यदि ये ब्रजभाषा के कवि राह न निकाल गए होते तो वर्तमान हिन्दी और उर्दू गद्य को इतने विस्तृत भू-भाग में स्थान न मिलता, सारे उत्तरीय भारत के लिए एक साहित्य भाषा संगठित न होती।

आगरे और दिल्ली के आसपास की बोली ही गद्य के लिए चुनी गई। लल्लू लाल ने अपना प्रेमसागर इसी बोली में लिखा। अब यह खड़ी बोली साहित्य की मान्य भाषा हो गई है। इधर बोलियों का मुख्य प्रभेद क्रिया के रूपों में देख पड़ता है। अतः यह जानने के लिए कि हिन्दी की यह टकसाली भाषा यथार्थ में कहाँ की है हमें देखना होता है कि उसकी क्रिया के रूपों का व्यवहार किस भू-भाग के ग्रामों में होता है। यह जानी हुई बात है कि 'हम आते हैं', 'वे जा रहे हैं' और 'वह आवेगी' आदि वाक्य दिल्ली, आगरा, मेरठ आदि के देहातों को छोड़ बनारस, बलिया और आजमगढ़ के देहातों में नहीं बोले जाते। अतः वर्तमान हिन्दी भाषा का घर दिल्ली, आगरे के आसपास की भूमि ही कही जा सकती है। यहाँ पर खड़ी बोली और ब्रजभाषा के भेद निर्णय की आवश्यकता नहीं है। पंजाबी तथा ब्रजभाषा का संगम स्थान दिल्ली की खड़ी भाषा पर अधिक जोर दिया गया है, जिससे पंजाब और गंगा-जमुना के प्रदेश एक भाषा सूत्र में बँध गए। अस्तु, किसी शब्द का कौन-सा रूप ग्राह्य होगा, इसे स्थिर करने के लिए हम यह देखते हैं कि उस शब्द का कौन-सा रूप ऊपर कहे हुए स्थानों में प्रयुक्त होता है। इसी प्रकार किस शब्द वा वाक्य की अपेक्षा कौन शब्द वा वाक्य माननीय है इसका निश्चय भी किया जाता है। जैसे बनारस, मिरजापुर, गोरखपुर आदि के पढ़े-लिखे लोग 'थरिया', 'सूति जाव' आदि न लिखकर 'थाली', 'सो जाओ' लिखेंगे। इसी तरह 'गोड़' के स्थान पर वे 'पैर' ही लिखेंगे। जो लोग लिखने-पढ़ने की हिन्दी में इन प्रान्तीय शब्दों को लाते हैं वे कुशिक्षित समझे जाते हैं। खेद के साथ कहना पड़ता है कि कुछ हिन्दी लेखक इस प्रान्तीय दोष (Provincialism) से अपने को नहीं बचा सकते हैं। अभी हाल में एक पुस्तक बनी है जिसमें खड़ी बोली के साथ एक पूर्वीय जिले के प्रचलित शब्दों का बड़ा बेढंगा मेल कराया गया है।

समाप्त करने के पहले एक बात कह देना आवश्यक है। यद्यपि यह मान्य भाषा (Standard Language) यथार्थ में एक प्रान्त की बोली ही होती है पर जब वह एक बड़े भू-भाग की साहित्य भाषा हो जाती है तब वह अपनी संकीर्णता को कम करने लगती है। वह अपने अभाव की पूर्ति के लिए और-और प्रान्तों के शब्दों को लेती है। यदि किसी पशु, पक्षी, वृक्ष या किसी और वस्तु का नाम उसके मूलस्थान में न हुआ तो और प्रान्तों में उनके जो नाम प्रचलित हैं वे ले लिये जाते हैं। अभी हमारी हिन्दी में बहुत-से पशु-पक्षी तथा और बहुत-सी वस्तुओं के नाम स्थिर नहीं हैं। लोग अपने प्रान्त के अनुसार उनके लिए भिन्न-भिन्न नामों का प्रयोग करते हैं। अब ये नाम उपर्युक्त प्रक्रियानुसार स्थिर हो जाने चाहिए।

(नागरी प्रचारिणी पत्रिका, मार्च 1910)

भाषा की उन्नति

भाग 14/15 जनवरी 1910/संख्या 5

सर्वसाधारण की शिक्षा देशीय भाषाओं ही के द्वारा हो सकती है। देशभक्ति जितनी अधिक उन्नत होगी सर्वसाधारण के विचार भी उतने ही अधिक उन्नत होंगे। भाषा की उन्नति से हमारा मतलब दो बातों से है–

1. एक तो भाषा रूपी काल की उन्नति अर्थात उसकी अवतरणा वा प्रकाशन शक्ति की वृद्धि जिससे हृदय का कोई भाव भी खींचकर बाहर निकाला जा सके, सृष्टि का कोई रहस्य भी हृदय के भीतर प्रत्यक्ष किया जा सके। यह उन्नति कुछ तो शब्दों की संख्या पर निर्भर करती है पर विशेषकर उनकी योजना पर। शब्दों का भंडार भरा-पूरा रहने पर भी नवीन और स्वतन्त्र योजना के बिना भाषा जहाँ की तहाँ पड़ती रहती है, आगे नहीं बढ़ती। अतः उसकी वृद्धि ऐसे लेखकों के हाथ में पड़कर होती है जो अपनी भावनाओं के अनुसार भाषा को ले चल सकते हैं जिन्हें किसी शब्द के पहिले एक बँधे हुए विशेषण के सिवाय कोई दूसरा रखते डर लगता है उनके किए कुछ नहीं हो सकता। जो कई भाषाओं की भिन्न-भिन्न प्रदर्शन-प्रणालियों को परखकर वस्तुओं के भिन्न-भिन्न रूपों और गुणों से जानकार रहते हैं आरम्भ में वे भी अपनी भाषा द्वारा देशवासियों को विस्तृत और सूक्ष्म दृष्टि प्रदान कर सकते हैं। अँगरेजी कई भाषाओं की वर्णन प्रणालियों को लेकर अपनी इतनी उन्नति कर सकी है। जो पुस्तकें और भाषाओं से अनुवादित होकर अँगरेजी में जाती हैं वे नई बातों की जानकरी फैलाने के साथ-ही-साथ प्रच्छन्न रूप से अँगरेजी भाषा में नवीन-नवीन वर्णन शैलियों की जड़ जमाती हैं। अँगरेजी भाषा पर पूर्वीय साहित्य का बड़ा भारी असर पड़ा है। संस्कृत और फारसी पुस्तकों के अनुवादों ने अँगरेजी भाषा की बहुत कुछ संकीर्णता हटाकर उसकी वर्णन-शैली को प्रशस्त किया है। 19वीं शताब्दी के कई अँगरेज कवियों में जगह-जगह पूर्वीय वर्णन-प्रणाली की छाया साफ दिखाई पड़ती है। इसी से संस्कृत आदि और भाषाओं के अनुवाद जहाँ तक अविकल हो सकते हैं अँगरेजी में किए जाते हैं। पृथ्वी पर की अनेक जातियाँ ज्यों-ज्यों अपना व्यवहार एक-दूसरे के साथ बढ़ाती जाती हैं त्यों-त्यों उनकी भाषाओं की वर्णन-प्रणालियाँ प्रशस्त होती जाती हैं। किसी वस्तु को कई रीति से वर्णन करना मानो उसे कई भिन्न-भिन्न स्थानों से खड़े होकर देखना है। अच्छे लेखक वे हैं जो अपने पाठकों को ऐसे स्थान पर ले जाकर खड़ा कर देते हैं जहाँ से

निर्दिष्ट वस्तु का अंग-प्रत्यंग प्रत्यक्ष हो जाता है। अतः वर्णन प्रणाली की प्रशस्तता वा उन्नति पहिली चीज है।

2. दूसरी उन्नति प्रत्येक विषय के ग्रन्थों की बढ़ती है। जब हम अच्छी समयोपयोगी कल प्रस्तुत कर चुके तब हमें उससे भरपूर काम लेने और अच्छा-अच्छा माल तैयार करने का उद्योग करना चाहिए। तैयारी के समय देश की माँग और आवश्यकता का ध्यान रख लेना भी बहुत जरूरी है। हिन्दी में अभी जिन-जिन विषयों का अभाव है उनका पूरा करना भिन्न-भिन्न वर्ग के लोगों के हाथ में है। आधुनिक विज्ञान, दर्शन, शिल्प शासनशास्त्र आदि के पारगामी जो हमारे प्रसिद्ध देशी भाई हैं हिन्दी की उनसे प्रार्थना है कि वे अपने-अपने विषयों के अच्छे सर्वांगपूर्ण ग्रन्थ या तो स्वयं लिखा करें या उनकी तैयारी में सहायता दिया करें। मुझे पूरा भरोसा है कि केवल ऐसे लोगों को छोड़ जिन्हें यह सूझ रही है कि इस देश में सब विधाओं और कलाओं का प्रचार अँगरेजी ही के द्वारा होगा और किसी को इसमें आपत्ति न होगी। पर सोचने की बात है कि क्या भारतवर्ष के प्रत्येक श्रेणी के स्त्री-पुरुष कभी एकदम अँगरेजी बोलने लगेंगे ? अथवा जो थोड़े से लोग अँगरेजी लिखे-पढ़े हैं उन्हीं से हमारी राजनैतिक, सामाजिक और औद्योगिक सब आवश्यकताएँ पूरी हो जाएँगी ? क्या सब दिन इस बात की जरूरत बनी रहनी चाहिए कि पहिले एक विदेशी भाषा सीखने का श्रम उठाए तब जाकर कहीं किसी वैज्ञानिक या औद्योगिक विषय का आरम्भ करे ? निश्चय समझिए कि विज्ञान और कला आदि जब तक दूसरे की भाषा में हैं तब तक वे दूसरे की सम्पत्ति हैं। फिर हम क्यों न इन विषयों की अपनी पूँजी और अपना सहारा बना लें। इनके बिना पृथ्वी पर की कोई गति जब अपना अस्तित्व कायम नहीं रख सकती।

मैं हर्ष से फूले अंग नहीं समाता जब देखता हूँ कि अमेरिका और इंग्लैंड की उच्च शिक्षा पाए हुए हमारे कुछ दूरदर्शी और विद्वान देश भाई इस बात को समझ रहे हैं। पंडित सत्यदेव ने, जिनके लेख "सरस्वती" में बराबर देखने में आते हैं, अमेरिका के शिकागो नगर में "हिन्दू साहित्य समिति" स्थापित करके बड़ी दूरदर्शिता का काम किया है। इस समिति का प्रभाव यह पड़ेगा कि जो भारतवासी अमेरिका में वैज्ञानिक शिक्षा पाने जायँगे वे अपना सम्बन्ध अपनी देश भाषा से बनाए रख सकेंगे और इसके प्रति अपने कर्तव्य को समझते रहेंगे। बाबू महेशचरण सिंह अमेरिका से विज्ञान और कृषि की ऊँचे दर्जे की शिक्षा प्राप्त करके लौटे हैं। इन्होंने रसायनशास्त्र की एक पुस्तक लिखकर हमारी भाषाओं के लिए एक अच्छा आधार खड़ा कर दिया है। इसी प्रकार हम प्रत्येक विभाग के विद्वानों से कुछ-न-कुछ आसरा रखते हैं। जापान की राजधानी टोकियो में एक हिन्दी विश्वविद्यालय का खुलना भी कुछ कम आशा बँधानेवाली बात नहीं है। सुनते हैं कि जापानी लोग भी नगारी अक्षरों के गुण को कुछ-कुछ पहचानने लगे हैं। वे देख रहे हैं कि उनकी भाषा भी नागरी अक्षरों में बड़ी सफाई के साथ लिखी जा सकती है।

हम हिन्दी-हिन्दी क्यों चिल्लाते हैं

यह तो सब लोग जानते हैं कि आज दिन जो हिन्दी की अवस्था देखी जाती है वह पूर्व उद्योगों से उपस्थित हुई है न कि समय की स्वच्छन्द गति से। यदि आज से 40 वर्ष पहले कुछ दूरदर्शी महात्मा समय की बिगड़ी हुई चाल के विरुद्ध खड़े होकर बल न लगाते तो सर सैयद अहमद के कथनानुसार हिन्दी गँवारों की ही बोली हो जाती और फिर उसमें न 'सम्पत्तिशास्त्र', 'केमिस्ट्री' और 'वैज्ञानिक कोश' बनने की नौबत आती, न भारतमित्र, हितवार्ता और अभ्युदय देखने में आते। इन प्रदेशों के बहुत-से आदमियों का गार्हस्थ्य जीवन किरकिरा होता चला जाता, उनके भावों से उनकी माता, पत्नी, भगिनी आदि के भावों की सहयोगिता बराबर घटती चली जाती और वे लाचार तवायफों की 'अदबीं खिदमात' से अपना पेट भरते रहते। जिन परम्परागत पवित्र भावों का पोषण भारत की रमणियाँ दृढ़ता से करती आ रही हैं उनसे उन्हें अलग करने की अपेक्षा उन पुरुषों को अपने लिए दूसरे समाज में आनन्द ढूँढ़ना सहज था। हमारे देश की स्त्रियाँ राम, लक्ष्मण, सीता, सावित्री, नल, दमयन्ती सम्बन्धी रोम-रोम में भरे हुए आवेग को निकालकर शीरी-फरहाद और लैला-मजनूँ के इश्क का सबक कहाँ तक सीखतीं। वे अपनी 'फूलों की सेज', 'पिया परदेश', 'कमल और भौंरा', 'कोयल और पपीहे', 'सावन भादों की अँधेरी रात' वाले प्यारे गीतों को भूल, खंजर और कफन लेकर अपने पतियों को जनाजे में सुला उन्हें सीधा कब्र का रास्ता कैसे दिखलातीं ? वे सुख-दुःख, दया, माया, प्रीति आदि सीधे-सादे शब्दों का बोलना छोड़ 'दक्काक', 'तगाफुल' और 'बुग्ज़' आदि सीखने के लिए अपना गला कहाँ तक दबातीं ? इसी से पुराने ढर्रे के केवल फारसी-उर्दू की तालीम पाए हुए लोगों का गार्हस्थ्य बन्धन बहुत ढीला देखा गया है, धर्मानुकूल पवित्र प्रणय का निर्वाह उनमें बहुत कम देखा गया है। इस प्रकृति के प्रभेद का शोचनीय प्रभाव हम बहुतेरे घरानों में अब तक देख रहे हैं। देश के चिर पोषित साहित्य के भावों से सहानुभूति न रखने के कारण न जाने कितने अभागे अपनी अर्द्धांगिनी तक के अन्तःकरण का सृष्टि-सौन्दर्य नहीं देख सकते। अपने परिवार में उन्हें वह सुख और शान्ति नहीं मिल सकती, जिनकी छाया में मनुष्य संसार के बड़े-बड़े कार्य्य कर सकते हैं। हमारे इन प्रदेशों के बहुतेरे पढ़े-लिखे लोगों का गार्हस्थ्य जीवन रोचकतारहित, फीका और शिथिल हो गया है। उनमें सहयोग, उत्साह और प्रेम की वह मात्रा नहीं जो बंग और महाराष्ट्र आदि देशों में देखी जाती है। स्त्री-पुरुष किसी एक आख्यायिका पर, किसी एक इतिहास पर, किसी एक कविता पर

वाग्विलास करते हुए यहाँ कम देखे जाते हैं। दोष अपनी हिन्दी भाषा से उदासीन कुछ पुरुषों का है। स्त्रियों से यह आशा करने की अपेक्षा कि वे विदेशी भावों को घोलकर पी जायँ इन कर्त्तव्यविमूढ़ पुरुषों के लिए स्वदेशीय साहित्य की ओर ध्यान देना अधिक उचित है। हे समाज सुधार की पुकार मचानेवालो, तुमने कभी इस दोरंगेपन पर भी ध्यान दिया है ? ध्यान रखो कि जब तक देशी साहित्य के संचार से परिवार में भावों का सम्मेलन न होगा तब तक ये लोग अपने गार्हस्थ्य जीवन से शक्ति, उत्साह और प्रफुल्लता नहीं प्राप्त कर सकते। अब से तुम हिन्दी भाषा को फैलाना अपना कर्तव्य समझो और समाज का इस विपत्ति से उद्धार करो।

उर्दू के लेखक भी अपने बेढंगेपन को अब देखने लगे हैं। अभी उस दिन उर्दू साहित्य सम्मेलन के सभापति ने उर्दू शायरी पर देशी रंगत चढ़ाने की तजवीज बतलाई थी। पर भाइयो ! 'कोयल के नगमों' और 'कदम्ब के गुंचों' से तो और भी बचना चाहिए। मेरा अभिप्राय यह कदापि नहीं कि विदेशी साहित्य का अध्ययन न किया जाय। मेरी विनती इतनी ही है कि अपना भाषा सम्बन्धी अस्तित्व न खो दो, अपने कई सहस्र वर्षों के संचित भावों को तिलांजलि मत दो।

ऊपर हम अपनी सामाजिक हानि दिखला चुके। कहना न होगा कि जो लोग अपने परिवार के मेल में नहीं वे जनसंख्या की सहानुभूति से कितनी दूर जा पड़े होंगे, सर्वसाधारण के हृदय को कैसे स्पर्श कर सकते होंगे ? उनके अक्षर, उनकी बोली तथा उनकी धारणाओं का सहारा लिये बिना वे उन पर क्या प्रभाव डाल सकते हैं ? अपने और प्रान्तों के भाइयों से जो भाषा सम्बन्ध था उसे तोड़ ये उर्दू को सर्वस्व माननेवाले लोग क्या बन गए इसे मैं अपने पिछले लेखों में दिखला चुका हूँ। अतः राजनीतिक सम्प्रदाय के लोगों का भी परम धर्म्म है कि वे इस भाषा सम्बन्धी एकता को नष्ट न होने दें और चटपट हिन्दी के प्रचार में लग जायँ।

धर्म्म सम्बन्धी सभाओं के लिए भी हिन्दी के द्वारा काम करना परम आवश्यक है। इस बात को ईसाई लोगों ने बहुत जल्दी समझा और अपनी पुस्तकें वा पैम्फलेट आदि हिन्दी में छपवाकर अपनी शिक्षाओं का प्रचार किया। देखिए, इनके भजन देश के प्रचलित भावों को लिये हुए कैसे देशी ढंग पर बने होते हैं। यदि मुसलमान लोग भी इसी बात का अनुसरण करें और हिन्दी की ओर ध्यान दें तो उनके बहुत-से भाई अपने धर्म्म की अमूल्य शिक्षाओं से वंचित न रहें। सनातन धर्म्म और आर्य्य समाज के प्रचारकों से भी हमारी इतनी प्रार्थना है कि वे अब हिन्दी की उन्नति के उपायों को अपनी कार्यावली में सम्मिलित करें।

अब हम अन्त में अपने हिन्दी प्रेमी भाइयों की ओर आते हैं जिन्होंने उसकी उन्नति का बीड़ा उठाया है। उनके ध्यान देने की बात यह है कि हिन्दी अभी ऐसे मार्ग पर नहीं आ गई कि आप लोग उसे समय के अधीन छोड़कर किनारे हो जायँ। इससे मेरा यह तात्पर्य नहीं कि हिन्दी में अच्छी पुस्तकें नहीं बन रही हैं, समाचार-पत्र नहीं निकल रहे हैं, मैं केवल यह कहना चाहता हूँ कि उनके प्रचार के लिए उस जोर-शोर के साथ उद्योग नहीं

हो रहा है जिस जोर-शोर के साथ पहले हो गया। उसके मार्ग की बाधाओं को हटाने का यत्न यथेष्ट नहीं देखने में आता। यही कारण है कि हिन्दी में अच्छी पुस्तकें भी छपती हैं समाचार-पत्र भी निकलते हैं पर जितने आदमियों के हाथों में उन्हें जाना चाहिए उतने आदमियों के हाथ में वे नहीं पहुँच पाते। इस प्रकार प्रकाशकों और लेखकों का उत्साह ढीला रहता है। अस्तु, नीचे लिखी बातों का चाहे जिस प्रकार हो प्रबन्ध करना चाहिए–

1. उपयुक्त स्थानों पर हिन्दी पुस्तकों की लाइब्रेरी और दुकान खोलना।
2. अँगरेजी स्कूलों में छात्रों को दूसरी भाषा हिन्दी लेने के लिए वृत्ति आदि द्वारा उत्साहित करना।
3. घूम-घूमकर हिन्दी की उपयोगिता पर व्याख्यान देनेवालों का प्रबन्ध करना।
4. प्रजा को चेताना कि अदालत में दरख्वास्तें आदि हिन्दी में भी पड़ सकती हैं तथा हिन्दी में अधिक दरख्वास्तों के पड़ने का प्रबन्ध।
5. सरकार से प्रार्थना करना कि अदालत के मुहर्रिर लोग समन और डिगरी आदि की नकल हिन्दी में भी लिखा करें।
6. राजा-महाराजाओं से अपने दरबार में हिन्दी को आश्रय देने और उसके साहित्य का पोषण करने के लिए अपील करना।
7. हिन्दी नाटकों का घूम-घूमकर अभिनय करनेवाली व्यवसायी मंडलियों की स्थापना।

(नागरी प्रचारिणी पत्रिका, अप्रैल-मई, 1910)

एक लिपि विस्तार कान्फरेंस

गत 29 दिसम्बर को कांग्रेस अधिवेशन के अवसर पर एक लिपि विस्तार कान्फरेंस की बैठक हुई। श्रीमान् शारदाचरण मित्र महोदय ने कान्फरेंस का कार्य्य आरम्भ किया। रायबहादुर लाला लालचन्द के प्रस्ताव और राजा पृथ्वीपाल सिंह के अनुमोदन पर मद्रास के जस्टिस कृष्णस्वामी अय्यर सभापति चुने गए। सभापति महाशय ने एक अत्यन्त युक्तिपूर्ण और मनोहर वक्तृता दी जिसका सारांश यह है–

"मैं केवल इसी कारण सभापति बनाया गया हूँ कि मैं एक ऐसे प्रान्त का हूँ जहाँ इस लिपि प्रचार की ओर लोगों का बहुत कम ध्यान है और जहाँ के लोगों को उस लिपि को ग्रहण करने पर उद्यत करना अत्यन्त कठिन है जिसकी उत्पत्ति दक्षिण लिपि से भिन्न है। वर्ष के इस अवसर पर कांग्रेस और कान्फरेंसों की धूम रहती है। यद्यपि यह एक लिपिविस्तार कान्फरेंस सबसे पीछे की है पर महत्त्व में यह किसी से घटकर नहीं है। देश में एक नई जागृति और एकता का जातीय भाव फैल रहा है। पर जातीय एकता के भाव का तब तक कुछ नहीं हो सकता जब तक कि हम एक भाषा और एक लिपि स्थापित करने का प्रयत्न न करें। इस सभा में हम एक भाषा का विषय नहीं लेते हैं, हम पहिले अपने देशवासियों को एक लिपि ग्रहण करने की उपयोगिता को बतलाना चाहते हैं। एकता तब तक पूर्ण रूप से स्थापित नहीं हो सकती जब तक हम उन विभेदों को दूर न कर दें जो हममें बहुत अधिक हैं। एक जाति का समाज बनाने के लिए एक भाषा और एक लिपि प्रधान सामग्रियाँ हैं। पर प्रायः 20,000 लिपियों और 147 भाषाओं के होते हुए एक लिपि और एक भाषा का प्रचलित होना पहिले-पहिल एक असम्भव स्वप्न समझा जायगा। पर कुछ ऐसे उन्नत दृष्टि के लोग भी हैं जो यह देख रहे हैं कि जो आज एक स्वप्न है और कल एक आशा मात्र है वही परसों एक प्रत्यक्ष बात हो जायगी। विधाता के यहाँ कोई बात अनहोनी नहीं है। इस समय 29 करोड़ मनुष्य आर्य्य भाषाएँ बोलते हैं और साढ़े पाँच करोड़ मनुष्य द्राविड़ भाषाएँ जिनका उद्भव संस्कृत से स्वतन्त्र समझा जाता है। अतः यदि भारतवासी अपनी निज की भाषा और लिपि के अतिरिक्त एक और व्यापक भाषा और लिपि का व्यवहार करने लगें तो इससे उपर्युक्त अनेक बोलियों और लिपियों पर किसी प्रकार का व्याघात न पहुँचेगा। विचार कीजिए कि भिन्न-भिन्न लिपियों के होने से हमें कितनी हानि है। भिन्न-भिन्न भाषाओं के होने पर भी यदि लिपि एक हो तो किसी एक भाषा का देश

में समझा जाना सम्भव है क्योंकि उनमें से अधिकांश आर्य्य हैं और उनके कुछ-न-कुछ शब्द सब भाषाओं में समान रूप से मिले-जुले हैं। अब जब कि इतने उत्कृष्ट लेखक देशी भाषाओं के साहित्य की पूर्ति कर रहे हैं और उन सब देशी साहित्यों का उठान प्राचीन आर्य्य से है तब क्या एक भाषा की सम्पत्ति को दूसरी के पास पहुँचाना आवश्यक नहीं है ? यदि आवश्यक है तो क्या इसका साधन एक लिपि के द्वारा धीरे-धीरे सम्भव नहीं है ? जहाँ तक मैं समझता हूँ कि अब लोगों को एक लिपि की आवश्यकता समझाने की जरूरत नहीं है। अब जरूरत है इस बात के बतलाने की कि एक लिपि का होना सम्भव है।

अब हम यदि किसी एक लिपि को ग्रहण करना चाहें तो हमारे सामने कई लिपियाँ हैं। एक ओर फारसी लिपि है जिसे यदि सब नहीं तो अधिकांश मुसलमान अपने संकीर्ण जातीय ममत्व के वशीभूत होकर अपनाए हुए हैं। कुछ लोग रोमन अक्षरों को उपयुक्त बतलाते हैं। फिर देवनागरी लिपि है जिसमें आजकल हिन्दी और प्रायः समस्त भारतीय भाषाओं की जड़ संस्कृत लिखी जाती है। अब यदि आपको एक लिपि स्वीकार करना है तो यह प्रश्न अवश्य उठेगा कि व्यापक लिपि होने के लिए गुण क्या होने चाहिए। सबसे पहिले तो यह जरूरी है कि वह सर्वांगपूर्ण हो। उसमें व्यर्थ अक्षरों की भरती न हो। प्रत्येक ध्वनि को सूचित करने के लिए अक्षरों की कमी न हो। इनके अतिरिक्त यह भी देखना है कि वह लिपि सुगमता से सीखी, लिखी और छापे जाने के योग्य हो।

अब मैं इन तीनों लिपियों पर एक-एक करके विचार करता हूँ। अरबी लिपि तो इस कारण तिरस्कृत है कि वह अपूर्ण भी है और उसमें व्यर्थ अक्षरों की भरती भी है (अनुमोदन ध्वनि)। उसमें कई ऐसे अक्षर हैं जो एक ही ध्वनि को सूचित करते हैं। कुछ ध्वनियों को व्यक्त करने के लिए इस अरबी वर्णमाला में स्वतन्त्र अक्षर भी नहीं है। आज मुझे इस विषय के अच्छे ज्ञाता मि. सैयद अली विलग्रामी का यह निश्चित मत सुनाया गया कि अरबी लिपि भारतीय लिपि होने के योग्य नहीं है और मुसलमानों को भी चाहिए कि वे इस लिपि को शीघ्र परित्याग कर उस लिपि को ग्रहण करें जिसका चलन सारे देश में है और जिसमें सब कामकाज निकल सकते हैं।

रोमन अक्षरों के विषय में हम यह तो अवश्य कहेंगे कि उसे स्वीकार कर लेने में कई सुभीते हैं। अँगरेजी क्या योरप की प्रायः सब भाषाएँ जिनमें वर्तमान काल की सर्वोच्च सभ्यता का विकास है इन्हीं अक्षरों में लिखी जाती हैं। यदि ये अक्षर प्रचलित हो जायँ तो देश के एक भाग के निवासियों को दूसरे भाग के निवासियों के साथ व्यवहार करने में सुविधा हो जायगी। साधारण यात्रा के लिए हिन्दी भाषा और रोमन अक्षरों में बने हुए टाइम टेबल से बहुत सहारा मिलेगा। यदि आपको दक्षिण में यात्रा करनी पड़े तो यह विदित हो जाय कि मेरे ऐसे आदमी को उत्तरीय भारत में यात्रा करने में कितनी कठिनाइयाँ पड़ती हैं। मैं यह कहने के लिए उद्यत नहीं हूँ कि रोमन अक्षरों के ग्रहण से हानियाँ न होंगी। बहुत सम्भव है कि इससे लोगों के जातीय भाव को धक्का पहुँचे जैसे

कि अरबी को हटाने से मुसलमान लोगों को जातीय भाव में धक्का पहुँचना सम्भव बतलाया जाता है। मैंने रोमन के पक्ष में लिखे हुए लेखों को सहमत होने के विचार से पढ़ा। पर जितनी ही मैंने इसकी परीक्षा की उतना ही मुझे इसका स्वीकार किया जाना असम्भव प्रतीत हुआ (अनुमोदन ध्वनि)। असम्भव इस कारण कि असम्पूर्णता और व्यर्थ की भरती के कारण यह लेखन का एक अनुपयुक्त साधन है। अँगरेजी वर्णमाला का कोई अक्षर लेकर देखिए। 'A' लीजिए। यह आ, ए, ऐ आदि अनेक ध्वनियों को सूचित करने के लिए प्रयुक्त होता है। 'U' को देखिए। इससे यू (Acute), उ (Put) और अ (Cut) आदि अनेक ध्वनियों का काम लिया जाता है। अँगरेजी भाषा को सीखने में बड़ी भारी अड़चन उसकी वर्णमाला की गड़बड़ के कारण है। कुछ लोग इस अपूर्णता को दूर करने के लिए कुछ संकेतों की सृष्टि का उपदेश देते हैं। पर मैं नहीं समझता कि जब वहाँ कई ध्वनियों को सूचित करने के लिए अक्षर ही नहीं हैं, तब इन संकेतों से क्या होगा। मैं यह मानता हूँ कि a और u लिखकर औ निकाला जा सकता है। पर यह भी स्मरण रखना चाहिए कि अधिकांश भाषाओं में सन्धि का प्रयोग है। अतः इस रीति से भी हमारा काम नहीं चल सकता।

भिन्न-भिन्न ध्वनियों को अक्षरों द्वारा व्यंजित करने में भारतवासी सबसे बढ़े-चढ़े हैं। उन्होंने जिह्वा, तालु, कंठ आदि उच्चारण के स्थानों के अनुसार नाद के विभाग किए हैं। पर इस पूर्णप्राग लेख शैली में कुछ त्रुटियाँ भी हैं। जैसे नागरी वा उससे निकली हुई वर्णमालाओं में रोमन और अरबी के 'फ' और 'ग' के लिए कोई स्वतन्त्र संकेत नहीं है। दक्षिण की तमिल, तैलंगी और मलयालम आदि भाषाओं में भी कुछ ऐसी ध्वनि हैं जिनके लिए नागरी वर्णमाला में कोई स्थान नहीं। पर नागरी अक्षरों को ग्रहण करने में यह कोई बड़ी बाधा नहीं है। जो जो संकेत नहीं हैं वे बना लिए जा सकते हैं। योरपियन विद्वानों ने भी संस्कृत के लिए इसी नागरी लिपि को स्वीकार किया है और गवर्नमेंट की अध्यक्षता में सम्पादित संस्कृत पुस्तकें भी इसी नागरी लिपि में छपती हैं। इन बातों का बहुत विस्तृत प्रभाव पड़ा है और तैलंग, कन्नड़ी, मलयालमी आदि सब दक्षिणी लोग जो पहिले अपनी भिन्न लिपियों में संस्कृत ग्रन्थों के छपाने के पक्षपाती थे, अब संस्कृत पुस्तकें नागरी अक्षरों में ही छपाते हैं। मेरे मित्र बाबू शारदाचरण मित्र कहते हैं कि "बंगाल में भी यही अवस्था है। महाशयो, मैंने सुना है कि जर्मनी और जापान के लोग भी, जिनके समान देशभक्त संसार में नहीं हैं, अपनी निज की लिपि को छोड़ सर्वव्यापक लिपि को ग्रहण कर रहे हैं वा ग्रहण करने पर उद्यत हो रहे हैं। अब मेरी यह प्रार्थना क्या निष्फल होगी कि पंजाब, बंगाल, संयुक्त प्रदेश आदि के लोग अपनी भिन्न-भिन्न लिपियों को छोड़ जो प्रायः सबकी सब या तो नागरी से निकली हैं या उससे मिलती-जुलती हैं, देश के हित के लिए नागरी अक्षरों का व्यवहार स्वीकार करें ?" इत्यादि। वक्तव्य के उपरान्त निम्नलिखित प्रस्ताव पास किए गए–

पहिले प्रस्ताव में भिन्न-भिन्न प्रान्तों में सामाजिक और साहित्य विषयक बातों में अधिक मेल बढ़ाने, विद्या के प्रचार करने और आपस के विचारों को फैलाने के लिए

भिन्न-भिन्न भाषाओं के लिखने में एक राष्ट्र लिपि व्यहृत होने की आवश्यकता स्वीकार की गई। इस प्रस्ताव को 'मॉडर्न रिव्यू' के प्रसिद्ध सम्पादक बाबू रामानन्द चटर्जी ने उपस्थित किया और मद्रास के मि. जी.ए. नैटूसन और लखनऊ के पं. गोकर्णनाथ मिश्र ने इसका समर्थन किया। दूसरे प्रस्ताव द्वारा यह निश्चय हुआ कि भारत की राष्ट्रलिपि होने के लिए देवनागरी लिपि ही सबसे उत्तम लिपि है। इस प्रस्ताव को रायबहादुर लाला बैजनाथ ने उपस्थित किया और मि. बी.एस. मित्र, पं. श्रीकृष्ण जोशी, मि. महादेव राजाराम बोड्स और विजगापटम के मि. पी.एल. नरसिंहम ने इसका समर्थन किया। तीसरे प्रस्ताव में स्वीकार किया गया कि भारत की एक राष्ट्रलिपि होने के लिए इस बात की आवश्यकता है कि इसकी उपयोगिता दिखाने के लिए सरक्यूलर और सूचनापत्र निकाले जायँ। इसका प्रचार करने के लिए उपदेशक भेजे जायँ और भारत की भिन्न-भिन्न भाषाओं की पुस्तकें देवनागरी लिपि में छापी जायँ और विद्यार्थियों को सुन्दर नागरी अक्षर लिखने के लिए पदक और पारितोषिक दिए जायँ। इस प्रस्ताव को पंजाब के प्रो. रामदेव ने उपस्थित किया और मॉरिशस के डॉ. मन्नीलाल ने इसका समर्थन किया। चौथे प्रस्ताव में यह निश्चय हुआ कि उक्त प्रस्तावों को कार्य्य में परिणत करने के लिए भिन्न-भिन्न प्रान्तों के प्रतिनिधियों की एक प्रधान कमेटी बनाई जाय और सब प्रान्तों में इसकी शाखा सभाएँ स्थापित की जायँ। इस प्रस्ताव को पं. श्यामबिहारी मिश्र ने उपस्थित किया और पं. रामनारायण मिश्र ने इसका समर्थन किया। इस कमेटी में मि. जस्टिस कृष्णस्वामी अय्यर, पं. मदनमोहन मालवीय, बा. शारदाचरण मित्र, पं. बालकृष्ण जोशी, माननीय मि. हरचन्द राय, डॉक्टर सतीशचन्द्र बैनरजी, लाला लालचन्द, लाला मुंशीराम, सर गुरुदास बैनरजी, प्रो. रंगाचारी, मि. अप्पाराव, बाबू गोविन्ददास और मि. मोहनदास करमचन्द गांधी चुने गए और इस कमेटी को यह अधिकार दिया गया कि वह इस कमेटी में और लोगों को भी बढ़ा सकती है। छठे प्रस्ताव में इस बात पर खेद प्रकट किया गया कि भारतवर्ष के अधिकांश लोगों में देवनागरी लिपि का प्रचार होने पर भी नए करेंसी नोटों से वह निकाल दी गई और प्रार्थना की गई कि अब जो नए नोट बनें उन पर उनका मूल्य नागरी अक्षरों में भी दिया जाय। इस प्रस्ताव को बाबू बलदेव प्रसाद ने उपस्थित किया और बा. शिवप्रसाद गुप्त ने इसका समर्थन किया। सातवें प्रस्ताव में गवर्नमेंट से प्रार्थना की गई कि नए सिक्कों पर उनका मूल्य नागरी में भी लिखा रहे। इस प्रस्ताव को पं. सूर्यनारायण दीक्षित ने उपस्थित किया और बा. गौरीशंकर प्रसाद ने इसका समर्थन किया। माननीय पं. मनमोहन मालवीय ने सभापति और श्रीमान शारदाचरण मित्र को धन्यवाद दिया।

इस कान्फरेंस में और जो हुआ सो अच्छा ही हुआ पर चौथे प्रस्ताव के सम्बन्ध में मुझे कुछ कहना है। प्रतिनिधियों की जो कमेटी बनाई गई है वह किस बात का लक्ष्य करके ? हिन्दी के प्रसिद्ध-प्रसिद्ध ग्रन्थकारों और लेखकों में से किसी का नाम न देख सन्देह होता है कि शायद इन प्रस्तावों को कार्य्य में परिणत करने के लिए उन

लोगों में से किसी की आवश्यकता नहीं है जिन्होंने मान-मर्यादा बढ़ाने की चिन्ता छोड़ अपने जीवन का मुख्य भाग हिन्दी भाषा का भंडार भरने में लगाया है। पं. महावीरप्रसाद द्विवेदी, बा. श्यामसुन्दर दास बी.ए., उपाध्याय पंडित बदरीनारायण चौधरी 'प्रेमघन', पंडित अमृतलाल चक्रवर्ती आदि में से क्या किसी का सम्बन्ध इन प्रस्तावित विषयों से नहीं है ? अन्त में हम यही कहते हैं कि जब तक भारतवासियों के हृदय से दिखावट और तड़क-भड़क की रुचि न जायगी तब तक कोई सच्चा हितकर कार्य्य नहीं हो सकता।

(नागरी प्रचारिणी पत्रिका, जनवरी 1911)

हिन्दी में लिंग नियम

12 मई के लीडर में एक महाशय हिन्दी भाषा के लिंग सम्बन्धी नियमों के विषय में लिखते हैं–"1. वर्तमान समय में बिहार और छोटा नागपुर के लोग अपने युक्त प्रान्त और पंजाब के भाइयों के साथ हिन्दी बोलने में बड़ा संकोच करते हैं क्योंकि बिहारी लोग सम्बन्ध कारक, सर्वनाम, विशेषण और क्रिया में उर्दू व्याकरण के नियमों का सदैव पालन नहीं कर सकते। इससे पश्चिमी प्रान्त के लोग इनकी कुछ हँसी उड़ाते हैं जो कि इन्हें बहुत बुरी लगती है। परिणाम यह होता है कि इन दोनों के बीच न वैसी घुलकर बातचीत होती है और न हेलमेल होता है। यह मेल की बाधा बहुत जल्दी दूर हो सकती है यदि उर्दू के लिंग सम्बन्धी अनावश्यक नियम हिन्दी से निकाल दिए जायँ।

2. हिन्दी बोलनेवाले लड़कों के मस्तिष्क पर इन सम्बन्धकारक, सर्वनाम, विशेषण और क्रिया के लिंग सम्बन्धी नियमों के सीखने में व्यर्थ का बोझ पड़ता है। इन लड़कों के अपनी भाषा सीखने के मार्ग में यह एक बड़ी भारी अड़चन है जिसके कारण वे अपनी भाषा अच्छी तरह सीख नहीं सकते। इन नियमों को उड़ा देने से हिन्दी भाषा बहुत जनप्रिय और घर के बच्चों के लिए बहुत सुगम हो जायगी।

3. भारतवर्ष के भिन्न-भिन्न भागों में हिन्दी को राष्ट्रभाषा बनाने का बहुत सच्चा प्रयत्न हो रहा है। पर दूसरे प्रान्त के निवासियों को इस भाषा को सीखने में जो बड़ी भारी अड़चन है वह सम्बन्धकारक, विशेषण और क्रिया आदि का लिंग सम्बन्धी नियम है। हम हिन्दी भाषियों को इस बात पर गर्व करना चाहिए कि हमारी भाषा राष्ट्रभाषा बनाई जानेवाली है। हम सब लोगों को उन अन्य भाषा-भाषियों की हर प्रकार से सहायता करनी चाहिए जो हिन्दी को राष्ट्रभाषा बनाने का प्रशंसनीय प्रयत्न कर रहे हैं तथा उन लोगों के लिए जिनकी वह मातृभाषा नहीं है जहाँ तक हो सके उसका सीखना आसान कर देना चाहिए।

4. दूसरा प्रशंसनीय उद्योग हिन्दी भाषा और हिन्दी साहित्य की उन्नति के लिए हो रहा है। इस उद्योग में तभी सफलता होगी जब हम आँख मूँदकर दूसरी भाषाओं का अनुकरण करना छोड़ दें। उर्दू हमारी मातृभाषा नहीं है इसलिए कोई आवश्यक नहीं है कि हम व्यर्थ के बन्धन में अपने को डालें। जब हम जानते हैं कि उस बन्धन से भाव और विचार प्रकट करने में किसी प्रकार की सहायता नहीं मिलती और जो केवल मकतब के मुसलमान मौलवियों का सिखाया हुआ है। अब तक उर्दू हिन्दी का पोषण करनेवाली

समझी जाती रही है जो इतिहास के बिलकुल विरुद्ध है। अतः जब तक हम उर्दू के अनावश्यक बन्धनों को न तोड़ फेकेंगे तब तक हमारी भाषा की उन्नति न होगी, क्योंकि स्वच्छन्दता ही वृद्धि का मूल और उसका अभाव ही उसका बाधक है।

5. इस समय उच्च श्रेणी के लोगों और निम्न श्रेणी के लोगों की हिन्दी में बड़ा अन्तर है। व्याकरण सम्बन्धी बन्धन जिसके कारण शुद्ध भाषा का सीखना साधारण जनों के लिए कठिन होता है जितने ही अधिक होंगे उतना ही शुद्ध हिन्दी और गँवारू हिन्दी, लिखने-पढ़ने की हिन्दी तथा बोलने-चालने की हिन्दी में अन्तर पड़ेगा। इन व्याकरण के अनावश्यक नियमों को दूर कर दीजिए, फिर शुद्ध हिन्दी और साधारण हिन्दी, लिखने की हिन्दी और बोलने की हिन्दी में वह अन्तर नहीं रह जायगा और हमारी भाषा और अपभ्रष्ट न होगी।

6. भिन्न-भिन्न वस्तुओं के नाम हिन्दी में 2000 से कम न होंगे अतः सम्बन्धकारक, विशेषण और क्रिया आदि के नियमों का पालन करने के लिए इनमें से प्रत्येक शब्द के जुदे-जुदे लिंगों को जो मनमाने निर्धारित किए गए हैं, याद करना पड़ता है। यह धारणाशक्ति पर एक बड़ा भारी बोझ डालता है जिसका जीवन में कुछ फल नहीं है। हिन्दी में उन जड़ पदार्थों के लिंग का निर्णय करने के लिए कोई नियम नहीं है जो और सब भाषाओं में क्लीव माने जाते हैं। अँगरेजी भाषा में बहुत थोड़े से जड़ पदार्थ हैं जो स्त्रीलिंग माने जाते हैं जैसे–Ship, Train, Earth etc. पर उसमें सम्बन्ध विशेषण वा क्रिया के लिए कोई लिंग नियम नहीं है। पर हिन्दी में ऐसे शब्दों की संख्या पर ध्यान दीजिए उसमें न जाने कै हजार शब्द ऐसे मिलेंगे जिनके लिंग का कोई नियम नहीं और जिनके अनुसार सम्बन्ध, विशेषण और क्रियाओं के रूप होते हैं। इनको सीखना व्यर्थ के लिए परिश्रम करना है जबकि इनसे विचारों के प्रकाशित करने में कोई विशेष सहायता नहीं मिलती।

7. भाषा का उद्‌देश्य एक-दूसरे पर अपने विचारों को प्रगट करना है। अतः व्याकरण का कोई ऐसा नियम जो उसमें सहायता देने के स्थान पर बाधा डाले सर्वथा त्याज्य है, यदि भाव पर विचार किया जाय तो उसकी बीबी और उसका बीबी, गाड़ी आती है और गाड़ी आता है तथा लू चलती है और लू चलता है में कोई अन्तर नहीं है। अस्तु, अपनी भाषा को हम ऐसे अनावश्यक बन्धनों से क्यों जकड़ दें जिससे सीखनेवालों के मस्तिष्क और धारणाशक्ति पर व्यर्थ का बोझ पड़े और वे हतोत्साह होकर उससे किनारा खींचें।

8. उर्दू को छोड़ और कोई ऐसी भाषा नहीं है जिसमें भूमंडल की रागरत वस्तुओं के लिए इस प्रकार मनमाने लिंग नियम हों और जिसमें सम्बन्ध, विशेषण और क्रियाओं के रूपों में लिंग का नियम हो। उड़िया, बंगाली और अँगरेजी आदि किसी भाषा में यह बात नहीं है। क्या कोई बुद्धि सम्पन्न मनुष्य यह कहेगा कि इसके बिना ये भाषाएँ कम मधुर हैं ? यह सच है कि कई पीढ़ियों से सुनते-सुनते हमें उनका अभ्यास पड़ गया है। पर यह भी सच है कि थोड़े ही दिनों के अभ्यास से वह दूर भी हो सकता है। यह आशा

की जा सकती है कि यदि यह अनावश्यक बन्धन न केवल पुस्तकों और सामाजिक पत्रों से वरन् लोगों की बोलचाल से भी निकाल दिया जाय तो बहुत नहीं दस वर्षों में हमें उसके अभाव का फिर अभ्यास हो जायगा।

9. प्रायः यह देखा गया है कि बंगालिन स्त्रियों को हिन्दी सीखने की अभिलाषा होती है जिससे वे अपनी हिन्दी बोलनेवाली बहिनों से हिलमिल सकें। भिन्न-भिन्न प्रान्तों की स्त्रियों के परस्पर मिलने की आवश्यकता पुरुषों के परस्पर हेल-मेल बढ़ाने की आवश्यकता से भी बढ़कर है, क्योंकि इसके लिए एक भाषा का होना परम आवश्यक है और हिन्दी ही इस योग्य है कि वह परस्पर की भाषा हो सके, यदि उसका व्याकरण सम्बन्धी यह मूढ़ विश्वास दूर हो जाय जो कई सौ वर्ष के मुसलमानी शासन के कारण उत्पन्न हो गया है। हिन्दी अब अपनी उन्नति के लक्षण दिखा रही है अतः इस अवसर पर उसे राष्ट्रभाषा होने योग्य करने का यत्न करना चाहिए।"

इस लेख में जो विषय उठाया गया है वह अवश्य हिन्दी प्रेमियों के ध्यान देने योग्य है पर उसमें जो दो-चार बातें कही गई हैं वे ठीक नहीं हैं, पहिले तो सम्बन्ध कारक विशेषण और क्रियाओं के लिंग सम्बन्धी नियमों को उर्दू के नियम बतलाना बिलकुल असम्भव है। यह रूपान्तर का नियम हिन्दी का है और बराबर चन्द कवि से लेकर आज तक व्यवहृत होता आया है। प्रान्तिक बोलचाल में भी इन नियमों का पालन पंजाब से लेकर बिहार तक बराबर होता है। यह लिंग नियम संस्कृत से हिन्दी में आया है, मुसलमानों के समय से नहीं चला है। विशेषण में लिंग भेद तो संस्कृत के अनुसार ही है। अब रही क्रिया की बात। लेखक महाशय को जानना चाहिए कि हिन्दी की क्रियाएँ प्रायः कृदन्त हैं। कृदन्त प्रतिपदिक के तुल्य माना जाता है। अतः इसमें लिंग आदि का विधान होगा ही।

काशी राज्य के स्टेट गजट को केवल अँगरेजी और उर्दू में देख समस्त हिन्दीभाषियों को बड़ा खेद हुआ है। काशिराज से हिन्दी प्रेमी बहुत कुछ उपकार की आशा रखते हैं। बनारस के जिले में प्रायः सब लोग हिन्दी ही जानते हैं और नागरी अक्षरों ही से परिचित हैं। उर्दू बहुत थोड़े-से लोग जानते हैं। बनारस के जुलाहे तथा अन्य रोजगारी मुसलमानों के हिसाब-किताब हिन्दी में हैं। न जाने क्या समझकर महाराज काशिराज ने हिन्दी को अपने दफ्तरों में स्थान देना उचित नहीं समझा। मैं समझता हूँ किसी अस्थायी कारणवश ही महाराज साहब ने ऐसा किया है और आगे चलकर वे इस आवश्यक विषय की ओर ध्यान देंगे और हिन्दी को स्थान देकर राज्य के शुभ की वृद्धि करेंगे।

(नागरी प्रचारिणी पत्रिका, मई 1911)

हिन्दी साहित्य सम्मेलन

बंगीय साहित्य सम्मेलन की सूचना देने के साथ ही हमने एक हिन्दी साहित्य सम्मेलन की आवश्यकता बतलाई थी। गतांक में बाबू श्यामसुन्दर दास बी.ए. ने इस बात को प्रवर्द्धित रूप में सर्वसाधारण के सामने उपस्थित किया था। इधर पंडित केदारनाथ भट्ट ने भी अभ्युदय में इस विषय में अपनी सम्मति प्रकट की जिसका समर्थन जी. शर्मा महाशय ने 25 अप्रैल के लीडर में बड़े उत्साह के साथ किया है। लीडर के सम्पादक महोदय ने भी इस प्रस्ताव की उपयोगिता की ओर लोगों का ध्यान आकर्षित किया है। बात तो यह है कि जिसके हृदय में हिन्दी के लिए कुछ भी प्रेम होगा, जिसे अपनी मातृभाषा और देश के गौरव का कुछ भी ध्यान होगा उसे इस अवसर पर एक हिन्दी साहित्य सम्मेलन का न होना अवश्य खटकेगा। जबकि बँगला, मराठी और उर्दू तक के प्रेमियों को एक स्थान में एकत्र होकर अपने-अपने साहित्य की उन्नति और वृद्धि के उपायों को विचारते हुए वह देखेगा तब उसे अवश्य अपनी हिन्दी की भी सुध आवेगी।

जिन-जिन प्रदेशों की भाषा हिन्दी कही जाती है, और वास्तव में है, उनमें यदि घूमकर देखा जाय तो जान पड़ेगा कि बहुत-से लोगों को यह भी खबर नहीं है कि वर्तमान हिन्दी भाषा ने कौन-सा रंग पकड़ा है, उसके लिए क्या-क्या उद्योग हो रहे हैं और होने चाहिए। वे मानो पड़े सो रहे हैं। हम लोगों ने अभी उनके कानों के पास इतना हल्ला नहीं मचाया कि उनकी नींद टूटे। हमारे उद्योगों की उपयोगिता को बिना मन में बैठाए वे हमारा साथ कैसे दे सकते हैं। जब तक हम लोगों को यह न बतावेंगे कि उनके किस कार्य्य से उनकी भाषा का हित होगा और किससे हानि, तब तक हम कैसे आशा कर सकते हैं कि वे जो कुछ करेंगे वह हमारी भाषा की भलाई और हमारे उद्देश्यों की पूर्ति ही के लिए होगा। वे अनजान में न जाने क्या कर बैठें ? तात्पर्य यह कि हमारे हिन्दी भाषा सम्बन्धी उद्योगों की बात को जनसाधारण में पहुँचाने के लिए अभी बहुत थोड़े मार्ग खुले हैं।

यह जानी हुई बात है कि किसी स्थान पर कोई असाधारण भीड़-भाड़ या मेला या तमाशा हो जाता है तब उसकी चर्चा वहाँ के निवासियों के बीच बहुत दिनों तक चलती रहती है। सभा-समाजों का भी यह प्रभाव प्रत्यक्ष है। जिस विषय की धूमधाम किसी सभा-समाज में एक बार हो जाती है उसकी ओर लोगों का ध्यान खिंच जाता है और उनकी दृष्टि में उसमें एक प्रकार का महत्त्व और मनोरंजकता आ जाती है। दूसरे लोगों

को भी उस विषय को लेकर अपनी कार्य्य शक्ति दिखाने की चाह होती है। उस विषय में पहिले से उद्योग करनेवालों को अपने सहकारियों के साक्षात्कार से अपनी शक्ति पर भरोसा हो जाता है और उनमें सफलता की आशा दृढ़ होकर उत्साह की मात्रा कई गुना बढ़ जाती है। अतः यदि हिन्दी साहित्य सेवियों का प्रति वर्ष एक सम्मेलन भिन्न-भिन्न नगरों में हुआ करे तो आज हिन्दी की ओर से जो उदासीनता और अज्ञानता देखने में आती है वह न रहे। जो साहित्य पथिक सन्नाटे में अपने को अकेला पाकर जी छोटा कर बैठ गए हैं वे कमर कसकर आगे बढ़ने को तैयार हों। साथ ही यह भी विदित हो जाय कि जिन शिक्षित लोगों ने अपनी हिन्दी भाषा की सेवा के सामने कभी अपनी शान बढ़ाने का अवसर न ताका और जो गँवारों तथा स्वार्थ को सर्वस्व माननेवाले अपने अधिकार लोलुप मित्रों की दृष्टि में तुच्छ बने रहे उनके सिर ऊँचा करने के लिए भी स्थान संसार में हैं। मुझे पूरा विश्वास है कि वार्षिक साहित्य सम्मेलन करने से बहुत-सी शिथिलता दूर हो जायगी और जागृति फैलेगी।

अब विचारना यह है कि यह सम्मेलन कहाँ और किस अवसर पर हो तथा इसका भार अपने ऊपर कौन ले। पं. केदारनाथ भट्ट और जी. शर्मा दोनों महाशयों ने नागरी प्रचारिणी सभा को इस कार्य्य के लिए उत्तेजित किया है। ठीक ही है क्योंकि जितने काम आज तक सभा कर चुकी है उनके देखते यह कोई बड़ी बात नहीं है। सभा में इस विषय का एक प्रस्ताव भी किया गया था। यदि यह सभा इस कार्य्य को अपने हाथ में ले तो कोई बात ही नहीं है पर यदि वह ऐसा न कर सके तो मेरी 'स्वतन्त्र सम्मति' में प्रयाग की 'भाषा संवर्द्धिनी सभा' को अपने नवीन और बढ़ते हुए उत्साह को इस ओर लगाना चाहिए। प्रयाग एक ऐसा स्थान है कि जहाँ सर्वसाधारण सम्बन्धी कार्य्यों के लिए विशेष तत्परता देखने में आती है।

इसके लिए उपयुक्त अवसर भी चाहिए। मैं लीडर के सम्पादक की सम्मति से पूर्णतया सहमत हूँ कि यह सम्मेलन बड़े दिन की छुट्टियों में न करके दशहरे की छुट्टियों में किया जाय। बड़े दिन में कांग्रेस प्रदर्शनी तथा और-और सम्मेलनों की भीड़-भाड़ में हम लोगों के चित्त को एकाग्र करके अपने उद्देश्य की ओर पूर्णतया न खींच सकेंगे। हमारा उद्देश्य बातों से कुछ लोगों का कुछ घड़ी के लिए मनोरंजन करना तो है नहीं वरन् कुछ दिनों के लिए लोगों को कार्य्य के लिए उद्यत और प्रवृत्त करना है। अस्तु, इन सब बातों के विचार से सम्मेलन को दशहरे की छुट्टियों में करना ठीक जँचता है।

मेरी समझ में सम्मेलन को इन सब बातों पर विचार करना आवश्यक होगा—

1. हिन्दी की उन्नति के लिए जो सभाएँ स्थापित हैं उनकी द्रव्य से तथा और प्रकार से सहायता करना।
2. भिन्न-भिन्न सभाओं के हाथ में भिन्न-भिन्न कार्य्य सौंपना और उनके सम्पादन के लिए उन्हें द्रव्य देना।
3. हिन्दी में उपयुक्त पुस्तकों को बनवाने और प्रकाशित कराने का प्रस्ताव और प्रबन्ध करने के लिए एक कमेटी नियुक्त करना।

4. हिन्दी बोलनेवाले लोगों में हिन्दी साहित्य का प्रचार।
5. हिन्दी न बोलनेवाले लोगों में हिन्दी साहित्य का प्रचार।
6. संयुक्त प्रदेशों में नागरी अक्षरों का प्रचार।
7. और-और प्रान्तों में नागरी अक्षरों का प्रचार।
8. हिन्दी व्याकरण
9. हिन्दी कोश
10. जो लोग हिन्दी की सेवा कर रहे हैं उनके अतिरिक्त सम्मान का प्रबन्ध करने के लिए एक कमेटी नियुक्त करना।
11. सम्मेलन का संगठन।
12. यूनिवर्सिटी की उच्च शिक्षा में हिन्दी को स्थान।
13. इन प्रान्तों के प्रत्येक जिले की कचहरियों के पास हिन्दी पुस्तकों की एक दुकान चलाने का प्रबन्ध करने के लिए एक कमेटी नियुक्त करना।
14. भिन्न-भिन्न देशभाषाओं के साहित्य के प्रतिनिधियों का एक सम्मेलन।
15. दूसरे वर्ष के लिए सम्मेलन का स्थान।

इस सम्मेलन का सभापति हमें किन लोगों में से चुनना चाहिए इसका विचार भी हो जाना परमावश्यक है। हमारी समझ में तो नामावली प्रस्तुत करते तथा सभापति चुनते समय केवल इसी बात का ध्यान रखना चाहिए कि किस महाशय ने हिन्दी की सेवा कितनी और किस प्रकार की है। हम नीचे कुछ महानुभावों के नाम अक्षरक्रम से देते हैं जो अपनी साहित्य सेवा के कारण इस नाम के अधिकारी हो सकते हैं–

1. पंडित गोविन्दनारायण मिश्र
2. पंडित गौरीशंकर हीराचन्द ओझा
3. पंडित दुर्गाप्रसाद मिश्र।
4. राय देवी प्रसाद (पूर्ण) बी.ए., यल.यल.बी.
5. उपाध्याय पंडित बदरीनारायण चौधरी
6. पंडित बालकृष्ण भट्ट
7. पं. मदन मोहन मालवीय, बी.ए., यल-यल.बी.
8. पंडित महावीर प्रसाद द्विवेदी
9. पंडित मोहनलाल विष्णुलाल पंड्या।
10. पंडित राधाचरण गोस्वामी
11. बाबू श्यामसुन्दर दास बी.ए.
12. पंडित श्रीधर पाठक

(नागरी प्रचारिणी पत्रिका, अप्रैल 1910)

अदालतों में नागरी-उर्दू का प्रयोग

लाहौर का 'पैसा' अखबार पंडित मदन मोहन मालवीय तथा नागरी के और दूसरे हितैषियों पर ताना छोड़ता है कि तुम लोगों ने सर अंटनी मैकडानल पर जोर डालकर नागरी को उर्दू के साथ अदालत में दाखिल तो करा दिया लेकिन इसका फायदा क्या हुआ क्योंकि इस समय तक सैकड़ा पीछे अस्सी दरख्वास्तें उर्दू में आती हैं। आगे चलकर वह अपने कथन की पुष्टि में यह प्रमाण उपस्थित करता है कि 'लीडर' में जिससे मालवीय जी का भी सम्बन्ध है जितने अदालती इश्तहार निकलते हैं वे सब उर्दू में।

'पैसा' अखबार को समझना चाहिए कि मनुष्य समाज छोटे-बड़े कई दलों में बँटा रहता है। संयुक्त प्रान्त में कचहरी के अमलों का भाषा व्यवहार बँधा चला आता है जो जनसंख्या के अधिकांश की समस्याओं को अपने द्वारा ही समझी या जोड़ी बातों में लिख पाता है, उनके साथ अन्याय करता है और अपना महत्त्व बनाए रखने के लिए अदालतों की कार्यवाहियाँ जहाँ तक जनता के न समझने योग्य रूपों में हों वहाँ तक उन लोगों के लिए आनन्द ही आनन्द है। सर्वसाधारण के मन में वे यह बात बैठाते आते हैं कि जो बोली तुम लोग बोलते हो, जो अक्षर तुम लिखते हो, उनसे अदालत का काम नहीं चलता। वहाँ के लिए तो एक दूसरी बोली है, दूसरे अक्षर हैं, जिन्हें हम थोड़े-से लोग ही जानते हैं। इन भलेमानुषों की चलने पावे तो अदालतों में इशारों से बातचीत हुआ करे और चीन देश से अक्षर लाकर जारी कर दिए जायँ। ये लोग भोली-भाली प्रजा पर यह बात प्रकट ही नहीं होने देते कि उनकी दरख्वास्त उनके जाने हुए नागरी अक्षरों में भी पड़ सकती हैं। यदि कहीं किसी हाकिम ने कोई नागरी की दरख्वास्त लौटा दी तब तो इन लोगों को और भी बहकाने का मौका मिल गया। दूसरी बात विचारने की यह है कि अभी नागरी के प्रवेश की आज्ञा का प्रचार हुए कितने दिन हुए हैं। अभी पुराने ढर्रे के कुशिक्षित अमलों की वह पीढ़ी जिसमें सदाचार, लोकहित और कर्तव्यपरायणता का भाव विशेष नहीं, जीती-जागती है। हमारा आसरा उन पर नहीं, वरन् आगे आनेवाली नवशिक्षित सन्तति पर है। इस बीच में हमारी हिन्दी भाषा दिन-दिन उन्नति करती हुई बँगला, मराठी, गुजराती आदि अपनी सगी बहनों के साथ मिलकर सारे उत्तरीय भारतवर्ष को एक भाषा सूत्र में बाँध देगी।

इसके अतिरिक्त 'पैसा' अखबार ने जो यह लिखा कि लीडर पत्र में जो कि मालवीय जी का आरगन और नागरी अक्षरों का पूर्ण पक्षपाती है अदालती इश्तहार सदा

उर्दू में छपा करते हैं। इसके सम्बन्ध में उसके सम्पादक को स्वयं विचारना चाहिए कि सम्पादकीय मत और विज्ञापनदाताओं की इच्छा भिन्न-भिन्न बात है। विज्ञापन में प्रकाशित किसी विषय के लिए सम्पादक उत्तरदाता नहीं हो सकता। इसके अतिरिक्त वह समय भी बहुत शीघ्र आवेगा जब उर्दू के पक्षपाती निर्विवाद होकर नागरी अक्षरों की उपयोगिता को स्वीकार कर लेंगे और प्रायः समस्त अदालती कागजात और विज्ञापनादि इन्हीं सर्वगुणालंकृत अक्षरों में प्रकाशित हुआ करेंगे।

(नागरी प्रचारिणी पत्रिका, अप्रैल-मई 1910;
*यह आलेख **'पैसा' अखबार का आक्षेप** शीर्षक से भी छपा था)*

उर्दू राष्ट्रभाषा

निजाम की राजधानी हैदराबाद में Young men's Improvement Society के बीच खड़े होकर डॉक्टर निशिकान्त चटर्जी ने उर्दू का खूब गुणानुवाद किया और उसे भारतभाषा होने के योग्य बतलाया। उन्होंने उठते ही कहा कि "क्या अच्छा होता यदि अँगरेजी यहाँ की देशभाषा हो जाती। पर यह बात असम्भव देख पड़ती है।" मैं भी कहता हूँ कि क्या अच्छा होता यदि भारतवासी आज कन्दराओं में से आँख मलते निकलते, उनका कोई इतिहास न होता, उनकी कोई भाषा न होती, उनका कोई साहित्य न होता। डॉक्टर साहब ने फिर कहा, "मैं बहुत दिनों से ऐसी देशभाषा की खोज में था जो सारे हिन्दुस्तान की भारतीय भाषा हो सके, अन्त में इतिहास परम्परा और शब्द भंडार के विचार से उर्दू ही इस योग्य देख पड़ी। सौ वर्ष से अधिक हुए कि अँगरेज शासकों के ध्यान में यह बात आई और वे फोर्ट विलियम कॉलेज द्वारा उसका पोषण और संस्कार करने लगे। इसी से अँगरेजी राज्य और पादरी लोग ही उसके पालनकर्ता कहे जाते हैं।"

जिस उर्दू की चर्चा दिल्ली के शाही दरबारों में भी औरंगजेब के पीछे मुगल राज्य के अधोपतन के साथ शुरू हुई उसकी इतिहास परम्परा के सामने हिन्दी की इतिहास परम्परा कुछ न ठहरी। जो पृथ्वीराज के समय के वीरों की भाषा रही, जिसमें अमीर खुसरो और मलिक मुहम्मद जायसी ने पहेलियाँ और कहानियाँ कहीं, जिसके महाकवियों ने भारत में भक्ति और प्रेम का स्रोत बहाया क्या उसके गौरव को भुलाने ही में अब देश का कल्याण है ? डॉक्टर साहब ने जो उर्दू के शब्द भंडार की बात कही वह भी विलक्षण ही है। हिन्दी शब्दों के सिवाय जो शब्द उर्दू में हैं वे अरबी, फारसी, तुर्की आदि के हैं। ये विदेशी शब्द अधिकतर सीख-सीखकर भाषा में भरे जाते हैं इसमें तो कुछ सन्देह ही नहीं। उन संस्कृत शब्दों की ओर जिनका प्रचार न केवल सारे हिन्दुस्तान ही में वरन् सिंहलद्वीप, ब्रह्म देश और श्याम आदि में है उर्दू भूलकर भी नहीं ताकती। और कहाँ तक कहें संस्कृत के उन साधारण शब्दों के लिए भी जो गाँव-गाँव घर-घर सुनने में आते हैं उर्दू में जगह नहीं। जैसे सुख-दुःख, माया, प्रेम, प्रीति, कलह, शोक, शोभा, रीति, प्राण, जीवन, ज्ञान, ऐश्वर्य, वैभव, मुख्य अतिथि, चिन्ता, अस्तित्व, पाप, पुण्य, धन इत्यादि। हिन्दी उन फारसी वा अरबी शब्दों को अपनाने में जरा भी संकोच नहीं करती जो लोगों के व्यवहार में आ गए हैं। यह प्रवृत्ति उसकी अपनी है। सूरदास और तुलसीदास आदि

अरबी-फारसी के शब्दों को जो देश में बस गए हैं, पूरा-पूरा ग्रहण करते हैं। बहुत-से ऐसे ठेठ हिन्दी के साधारण शब्द जिनके बिना हमारा नित्य का व्यवहार नहीं चल सकता पर जिनके बिना अरबी-फारसी का काम बड़े मजे से चला आता है, उन्हें हम क्या समझें ! यही न कि उर्दू साहित्य से और हमारे सांसारिक जीवन से बहुत कम लगाव दिखाई पड़ता है। वैज्ञानिक, दार्शनिक और गम्भीर विषयों को समझाने के लिए हिन्दी-संस्कृत से सहायता लेते हैं, जिनके समझने और जाननेवाले इस देश में फारसी-अरबी की अपेक्षा दस गुने अधिक हैं। दूसरी बात यह है कि उर्दू हिन्दुस्तानी, बंगाली, मराठी, गुजराती आदि किसी की शब्द परम्परा से नहीं मिलती अतः वह इन भाषाओं के बोलनेवालों के बीच प्रचार कैसे पा सकती है। पर हिन्दी से उनका बड़ा घनिष्ठ सम्बन्ध है। कहीं-कहीं तो केवल क्रिया आदि के रूपों को बदलने ही से दो भाषाएँ एक हो जाती हैं। अतः स्पष्ट है कि राजभाषा बनाने के लिए हम हिन्दी, बँगला, मराठी, गुजराती आदि ही में से किसी को चुन सकते हैं। उर्दू की ओर तो ध्यान ही नहीं जा सकता। ये भिन्न-भिन्न भाषाभाषी थोड़ी-बहुत राह दे सकते हैं, अपनी भाषाओं को बिलकुल किनारे नहीं कर सकते। हिन्दी की कोई पुस्तक उठाकर पढ़िए, उसे आपके पास बैठे हुए बंगाली, महाराष्ट्री और गुजराती थोड़ा-बहुत सब समझ लेंगे पर उर्दू की कोई इबारत पढ़ने लगिए तो वे आपका मुँह ताकने लगेंगे। डॉक्टर साहब की भाँति क्या सब बंगालियों को अपने मधुसूदन दत्त, बंकिम और नवीन के वाक्यों पर कुछ भी ममत्व नहीं ? क्या वे उनकी शब्दावली को बिलकुल पलट देंगे और गालिब और सौदा की भाषा लिखने-पढ़ने लगेंगे। क्या हम अपने, सूर, तुलसी, रहीम तथा हरिश्चन्द्र और प्रतापनारायण को बिलकुल भूल जायँ ? इन हिन्दी, बँगला, मराठी आदि भाषाओं के ठेठ शब्द भी प्रायः मिलते-जुलते क्या एक ही हैं। और वे सब आवश्यकतानुसार संस्कृत से सहायता लेती हैं। रह गईं तमिल और तैलंगी, वे भी संस्कृत शब्दों की सहायता से चलती हैं। इस एकता को नष्ट करने की जो चेष्टा करे वह देश का हितैषी कभी नहीं हो सकता।

इस बात को दुनिया जानती है कि उर्दू में संस्कृत वा प्राकृत शब्दों की रत्ती भर भी गुजर नहीं। अब उर्दू का ढाँचा और व्याकरण बिलकुल हिन्दी का है, उसके शब्द भी बहुत-से हिन्दी के हैं, अतः व्याकरण सम्बन्धी किसी बात की खोज के लिए प्राकृत से होते हुए संस्कृत तक जाना होगा। इसी प्रकार शब्दों की व्युत्पत्ति भी प्राकृत और संस्कृत में टटोलनी होगी पर यह बात उर्दू पंडितों के लिए असम्भव ही है क्योंकि उर्दू साहित्य सेवा के लिए अरबी और फारसी की लियाकत की जरूरत होती है न कि संस्कृत और प्राकृत की। प्रायः सब उर्दू लेखक इन संस्कृत और प्राकृत शब्दों से लगाव न रखने के कारण अपनी भाषा के शब्दों की व्युत्पत्ति आदि कुछ भी नहीं जानते। उनका व्याकरण विचार लखनऊ और दिल्ली के मुहावरों तक ही खत्म हो जाता है। हिन्दी में विभक्ति, प्रत्यय पर जो लेख संवाद पत्रों में निकले उन्हें उर्दूवालों ने बड़े आश्चर्य्य के साथ देखा। पर हिन्दी पढ़ने-लिखनेवाले लोग चाहे वे संस्कृत न भी जानें बहुत-से संस्कृत शब्दों के जानकार रहते हैं और प्राचीन (700 वर्ष तक के) ग्रन्थों को पढ़ते-पढ़ते शब्दों की

क्रमागत बनावट आदि का पूरा-पूरा ध्यान रख सकते हैं। अतः देश में उर्दू फैलाना मानो एक तरह से मूर्खता फैलाना है, किसी उर्दू पंडित ने कुछ दिन हुए इतिहास की एक पुस्तक लिखी। उसमें मौर्यवंश का जिक्र करते हुए आपने लिखा–''यह खानदान मोरिया इसलिए कहलाया कि उसके झंडों पर मोर का निशान बना रहता था।'' उर्दू द्वारा ऐसे ही लोगों की सृष्टि होगी ?

इसके बाद डॉक्टर निशिकान्त चटर्जी निजाम साहब के दरबार की तारीफ करते हुए उनकी शायरी की तारीफ करते हैं और कहते हैं कि 'आसफ' (निजाम बहादुर का तखल्लुस) की गजलें उनके राज्य के एक छोर से लेकर दूसरे छोर तक सबके मुँह से सुनाई पड़ती हैं। निजाम बहादुर की तारीफ गाकर फिर आप उनके वजीर महाराज सर किशुन परशाद की तारीफ करते हैं, जो अपनी शायरी में अपना तखल्लुस 'शाद' रखते हैं। मालूम होता है कि इसी इतने के लिए आपने इतना बखेड़ा रखा।

आप अपने पक्ष के समर्थन में ये पाँच दलीलें पेश करते हैं–

1. उर्दू भारतवर्ष की देशभाषा रही है और है। यह ढाका से लेकर कराची और लाहौर से लेकर तंजौर तक बोली और समझी जाती है। अतः उसके बोलनेवाले और भाषाओं के बोलनेवालों की अपेक्षा अधिक हैं।

जो बात हिन्दी के विषय में बड़े-बड़े विद्वानों द्वारा कही जा रही है उसी को डॉक्टर साहब ने उर्दू पर चढ़ाया है। हिन्दी बोलनेवाली जनसंख्या ही को आपने कौशल से उर्दू बोलने और समझनेवाली बताया है। पर इसे कोई स्वीकार नहीं कर सकता। उर्दू में जो हिन्दी के शब्द मिले हैं, उन्हीं ने आपको यह कहने का अवसर दिया है। आपके 'तशरीफ लाइए', 'इस्म शरीक' और 'दौलतखाना' को समझनेवाले किन-किन प्रान्तों में मिलेंगे, बताइए तो। 'बैठिए', 'आपका नाम क्या है', 'घर कहाँ है' जब कहा जायगा तभी सभी प्रान्त के लोग समझेंगे। ये वाक्य ठेठ हिन्दी के हैं और समझ लिए गए। अब यदि हम इनके स्थान पर संस्कृत मिलाकर 'विराजिए', 'आपका स्थान कहाँ है', कहें तो भी और प्रान्तवाले अच्छी तरह से समझ लेंगे। अब पक्षपात छोड़कर विचारने की बात है कि देश में हिन्दी के समझनेवाले अधिक हैं कि उर्दू के।

2. उर्दू अँगरेजी के समान एक मिली-जुली और खिचड़ी भाषा है, जिसमें हिन्दुओं और मुसलमानों दोनों के भाव हैं।

इस कथन की असारता हम पहले दिखा चुके हैं। खेद के साथ कहना पड़ता है कि इस भाषा में हिन्दुओं के कोई भाव नहीं हैं। इसमें उनके धार्मिक शब्द तक नहीं, उनके पूर्व पुरुषों की अधिक चर्चा नहीं। इसमें हमारे नित्य के काम के शब्दों का समावेश नहीं। हमारी बहुत-सी ऐसी गृहस्थी की चीजें हैं जिनका नाम लेना भी उर्दू को नापसन्द है। हमारे जीवन से इस भाषा का कोई लगाव नहीं। बहुत-से ऐसे संस्कृत शब्द हैं जिसे इस देश के स्त्री-पुरुष, पढ़े-अनपढ़े सब बोलते हैं पर जिनके उच्चारण करने तक की सामर्थ्य उर्दू में नहीं। किन्तु हमारे मुसलमान भाइयों के भाव और शब्द हिन्दी में बराबर पाए जाते हैं। मलिक मुहम्मद जायसी, नूर मुहम्मद आदि ने अपने धर्म्म की बहुत-सी बातें अपनी

हिन्दी पुस्तकों में लिखी हैं। हिन्दी अरबी वा फारसी के शब्दों को उच्चारण करने में जरा-सा भी नहीं हिचकती। मुसलमान लोग भी ईसाइयों की भाँति यदि अपने धर्म्म की बातों को हिन्दी में लिखा करें तो बड़ी अच्छी बात हो।

डॉक्टर साहब ने हिन्दी और उर्दू के बीच एंग्लो सैक्सन और अँगरेजी का सम्बन्ध बताकर बड़ी विचित्रता की है। डॉक्टर साहब को जानना चाहिए कि हिन्दी एक मिली-जुली और साहित्य की ऊँची भाषा है। इसको विदेशी विद्वानों ने भी स्पष्ट कहा है। बेट साहब ने लिखा है–

The number of Persian and Arabic words is sufficient to prove that Hindi, in common with other languages, is composite.

3. उर्दू अँगरेजी के समान एक कामकाजी और लचकदार भाषा है, जिसमें जितनी नई बातें मिलाई जायँ सब मिल सकती हैं। इससे भविष्य में उसकी बेहद उन्नति हो सकती है।

इसकी जाँच तो पहले हो चुकी। जिसमें हमारे नित्य के बोलचाल के संस्कृत शब्दों के उच्चारण करने की क्षमता नहीं, हमारे घरेलू और कामकाज के शब्द जिसकी नादरुचि के अनुकूल नहीं वह कितनी नई बातों को ग्रहण कर सकती है, समझने की बात है। नई बातों को ग्रहण करने का गुण हिन्दी में है। यह हिन्दी ही का गुण था कि उसमें अरबी और फारसी के बहुत ही कठिन रूढ़ शब्द मिलाकर कुछ लोगों ने अपने लिखने-पढ़ने के लिए एक अलग भाषा बनाई जिसकी ध्वनि यहाँ तक विदेशी हो गई कि देश की बोलचाल और कामकाज के शब्द भी उसे अपरिचित और बेमेल लगने लगे। अब हिन्दी और उर्दू में भेद किस बात का है वह सुनिए। जो अरबी-फारसी आदि के शब्द बोली में मिल गए हैं हिन्दी उनका व्यवहार बड़ी खुशी से करती है। पर यदि उसे नए शब्दों की जरूरत होती है तो अपनी और बहनों की तरह उसे संस्कृत से लेती है। यह स्थिर करने के लिए कि कौन-कौन से विदेशी शब्द हमारी बोली में मिल गए हैं हम देखते हैं कि किन-किन शब्दों को वे लोग बोलते हैं जिन्होंने उर्दू वा फारसी की शिक्षा कभी नहीं पाई। जिन शब्दों को लोग पढ़कर वा मौलवी साहब से सीखकर बोलते हैं वे हमारी भाषा के नहीं समझे जाते।

4. इसे अँगरेजी सरकार का सहारा रहा है और अब भी है।

यह ठीक है कि इसका कारण यह है कि अँगरेज सरकार ने इन प्रान्तों के शासन सम्बन्धी कागज-पत्र उसी भाषा में पाए। पर अँगरेज सरकार के पहले देश का राज्य जिन लोगों के हाथ में था उनका प्रबन्ध ऐसा विस्तृत और व्यवस्थित न था कि सारी प्रजा को वे लगाव में रख सकें। जिलों और तहसीलों के अमलों और क्लर्कों की इतनी बड़ी सेना तब नहीं थी। प्रजा के बहुत-से काम तो बिना किसी लिखा-पढ़ी के तय कर दिए जाते थे। अतः उस समय राजकाज किस भाषा में चलाया जाता है, इसकी परवा करने की किसी को उतनी जरूरत न थी। पर अब यह अवस्था नहीं है। अब सरकार इस बात को अच्छी तरह देख रही है कि कचहरियों में जो भाषा लिखी-पढ़ी जाती है वह

जनसाधारण की भाषा नहीं है। उसको समझने के लिए बहुत-से दीन प्रजा जन को पेट काटकर पैसे खर्च करने पड़ते हैं। दूसरे सरकार से सहारा पाकर ही कोई भाषा बड़ी नहीं हो जाती, उसे आप खुद आगे चलकर स्वीकार करते हैं।

5. उर्दू ऐसी लिपि में लिखी जाती है जिसमें शीघ्र लेखन प्रणाली का गुण है और जो कैथी वा नागरी की अपेक्षा अधिक आसानी से लिखी जाती है। इसके सिवाय इसके अक्षर ऐसे सुन्दर और मनोहर होते हैं कि देखते ही बनता है।

जनाब डॉक्टर साहब ! यह खयाल बहुत पुराने जमाने का है कि हिन्दी की अपेक्षा उर्दू बहुत ही जल्दी लिखी जाती है। अब यह गलत साबित हुआ। और थोड़ी जल्दी लिखी भी जाय तो उसके पढ़ने की दिक्कत उसकी तेजी से सौ गुनी हजार गुनी बढ़कर है। जिस फारसी लिपि की गड़बड़ी के कारण चौथाई प्रजा त्राहि-त्राहि कर रही है, जिसमें हमारे मुँह से निकले हुए शब्दों को ठीक-ठीक अंकित करने की शक्ति नहीं, उससे हमें क्या लाभ पहुँच सकता है ? जिनको एक दिन में सीखकर लोग मनुष्य के मुँह से निकली हुई प्रत्येक ध्वनि को अंकित करने में समर्थ हो सकते हैं उन नागरी अक्षरों के गुण बतलाने की यहाँ जगह नहीं। जिस वर्णमाला के वैज्ञानिक क्रम और विभाग को देखकर योरपियन विद्वान इतने चकित हुए कि उसे अपौरुषेय तक कह डाला उसके इस रूप से जो भारतवासी अपरिचित रहे तो उसे हमारे दुर्भाग्य के कारणों में से समझना चाहिए।

रही फारसी अक्षरों की खूबसूरती की बात। निगाह से देखनेवालों की तो बात ही क्या, इस देश के अधिकांश लोग इसे जानते हैं। जिन अक्षरों का अच्छा टाइप तक नहीं ढल सकता उन्हें लेकर शिक्षित समाज क्या करेगा ?

इसके उपरान्त चटर्जी साहब ने जान बीम्स और अपने उर्दू-हिन्दी के शिक्षक गार्सा डि टासी के वाक्य उद्धृत करके अपने मत को पुष्ट करना चाहा है। पर डॉक्टर साहब को चाहिए था कि वे सब विद्वानों की सम्मतियों का मिलान करके देखते। डॉक्टर हार्नली ने तो साफ कहा है–

With the extension of the Mohammedon Power, the use of Urdu spread over the Hindi area, but it remained the Language of those exclusively, who were more immediately connected with that power. It never became the vernacular of the people.

इसके सिवाय चटर्जी साहब को जानना चाहिए कि उन दोनों विद्वानों के पीछे जिनका आपने प्रमाण दिया है, भाषा सम्बन्धी खोज बड़ी छानबीन के साथ हुई है। डॉक्टर ग्रियर्सन ने अपना क्या मत प्रकट किया है इस पर भी आपने विचार किया ?

आगे चलकर चटर्जी महोदय उर्दू सेवियों को चेताते हैं कि 'भाइयो, अगर तुम उर्दू का प्रचार करना चाहते हो तो हिन्दी के अधिक शब्दों का व्यवहार करो, क्योंकि यह एक साधारण नियम है कि भाषा की उन्नति उसकी विशुद्धता, सरलता और सुबोधता के अनुसार होती है।' इस कथन में डॉक्टर महोदय स्वीकार करते हैं कि हिन्दी के शब्द अधिक सुबोध और सरल हैं। अगर आप एक अजनबी बोली को फैलाना चाहते हैं तो

इस देश की स्वाभाविक भाषा हिन्दी ने आपकी कौन-सी गठरी मारी है कि आप इतने जोश से उर्दू को और सब भाषाओं से जुड़ी हिन्दी की ओर से फेरा चाहते हैं ? अब तो महाराष्ट्र, बंगाल और गुजरात आदि प्रान्तों के विद्वान भाई नागरी अक्षरों और हिन्दी भाषा के लिए उद्योग कर रहे हैं तब आप अपनी डेढ़ चावल की खिचड़ी अलग क्यों पकाने लगे ?

दूसरी सलाह आप यह देते हैं कि उर्दू लेखकों और ग्रन्थकारों को चाहिए कि वे लोग अपने भाव, अपने नायक-नायिका और अपनी उपमाएँ भारतवर्ष से लिया करें, अरब और फारस से नहीं। अर्थात् वे हातिम, नौशेरवाँ और रुस्तम की जगह कर्ण, युधिष्ठिर और भीम की तारीफ किया करें, बुलबुल की सदा की जगह कोयल और पपीहे की वाणी सुनें। लाला और नरगिस की जगह कुन्द केतकी की बहार देखें, यारों के गन्दे कूचों को छोड़ लताकुंज और काननों के फेरा लगाएँ, शृंगार में कफन, खून और खंजर का बीभत्स व्यापार छोड़ दें।

अन्त में आप अपने इन नीचे लिखे हुए वाक्यों से उर्दू की यथार्थ स्थिति आप ही खोल देते हैं !

"मुसलमानों को भारतवर्ष के प्राचीन ऐतिहासिक महापुरुषों का उतना ही अभिमान करना चाहिए जितना कि हिन्दुओं को। यदि इस देश के सब मुसलमान भारतवर्ष के प्रति वैसा ही प्रेम प्रकट करते जैसा कि उनके एक भाई ने किया तो आज उर्दू साहित्य पर यह कलंक न लगाया जाता कि वह परिपूर्ण और उन्नत भावों से युक्त नहीं है, वह देश की आजकल की आवश्यकताओं के उपयुक्त नहीं है, वह देश के भविष्य के शिक्षित सन्तानों के काम की नहीं है।"

पाठक, इन उपर्युक्त वाक्यों से हम क्या समझें ? यही न कि उर्दू को एक विशेष वर्ग के लोगों ने अपने लिए बनाया है। वह देश के लोगों की भाषा नहीं है।

(नागरी प्रचारिणी पत्रिका, दिसम्बर 1909)

उर्दू साहित्य सम्मेलन

विगत ईस्टर की छुट्टियों में उर्दू भक्तों ने बदायूँ में अपना एक सम्मेलन कर डाला। हैदराबाद सरकार के पूर्व होम सेक्रेटरी मौलवी अजीज मिरजा सभापति के आसन पर सुशोभित हुए थे। मौलवी साहब ने पहले सम्मेलन करने का कारण बतलाकर फिर उर्दू का इतिहास कह सुनाया और इस बात को अस्वीकार किया कि उर्दू किसी धर्म्म या जाति विशेष के लोगों की भाषा है। आपकी समझ में वह हिन्दू और मुसलमानों को एक करनेवाली शक्ति से उत्पन्न हुई है। मुसलमान लोग उसे उर्दू कह सकते हैं और हिन्दू लोग हिन्दुस्तानी। (हिन्दू लोग तो नहीं, हाँ अँगरेज लोग अलबत्ता उसे उस नाम से पुकारते हैं)। सभापति ने अपने स्वधर्मियों को इसलिए कोसा कि वे संस्कृत के अमूल्य रत्नों से उर्दू का भंडार नहीं भरते। मौलवी साहब ने यह भी बतलाया कि उर्दू कविता में देशी रंगत इस कारण नहीं आती कि उसके कवि लोग बैठे तो रहते हैं हिन्दुस्तान में और ख्वाब देखते हैं फारस का। मौलवी साहब ने आगे चलकर कहा—"बड़े खेद की बात है कि यद्यपि संयुक्त प्रदेश उर्दू साहित्य का उद्गम स्थान है पर उसमें 'हिन्दुस्तानी' को छोड़ और कोई ऐसा पत्र नहीं है जो अपने कर्तव्य का पालन करता हो वा सर्वसाधारण की सम्मति पर कुछ प्रभाव डालता हो अथवा जिसका प्रचार इतना हो कि वह अपना खर्च निकाल सके।" हिन्दी प्रेमियों को अब भी चेतना चाहिए।

(नागरी प्रचारिणी पत्रिका, मार्च 1910)

बंगाल में उर्दू

बंगाल के कुछ थोड़े-से मुसलमान लोग स्वजातीय लोगों को बँगला छोड़कर उर्दू लिखने और बोलने की सलाह दे रहे हैं। इसका वहाँ के 'मुसलमान' नामक पत्र में एक बड़ा लेख़ लिखकर कड़ा विरोध किया है। वह लिखता है, "उर्दू हमारी मातृभाषा का स्थान नहीं पा सकती। हम लोग बंगाली मुसलमान हैं अतः हमें यह कहने में कुछ भी लज्जा नहीं कि हमारी मातृभाषा बँगला है जो कि अब इतनी समृद्ध और चित्ताकर्षक हो गई है। यद्यपि कुछ ऐसे मुसलमान हैं जो अपनी मातृभाषा का मूल्य नहीं समझते हैं, पर बहुत-से ऐसे भी हैं जो उससे पूरा प्रेम करते हैं। बंगाली मुसलमान भीतर-बाहर सर्वत्र बँगला ही बोलते हैं। यदि थोड़ी देर के लिए मान भी लें कि उर्दू हमारी मातृभाषा बन सकती है तो भी बड़ी-बड़ी कठिनाइयाँ दिखाई देती हैं। हिन्दू लोग तो बराबर अपनी मातृभाषा बँगला ही बोलते जायँगे अतः मुसलमान लोग अपनी भाषा को भिन्न करके कै घड़ी काम चला सकते हैं। हिन्दू और मुसलमान एक-दूसरे की बोली न समझ सकें यह कितनी बड़ी आफत है। अदालत और जमींदारी आदि के कारबार सब बँगला में होते हैं। बँगला का साहित्य उर्दू से कहीं अधिक उन्नत है और उसमें मुसलमानी धर्म्म की पुस्तकें भी बन गई हैं। प्रारम्भिक शिक्षा के लिए मुसलमान लेखकों ने भी बँगला की पुस्तकें लिखी हैं जिनमें से कुछ टेक्स्ट बुक कमेटी द्वारा स्वीकृत हुई हैं। अतः मुसलमान बालकों को अब आरम्भ में केवल राम, श्याम, काली के ही नाम नहीं वरन् मुहम्मद, अली, हसन, हुसैन के नाम भी पढ़ने पड़ेंगे।" पूर्वीय बंगाल की मोहमडन एजुकेशन कानफरेंस के विगत अधिवेशन के सभापति मौलवी तसलीमुद्दीन अहमद बी.यल. ने भी अपनी मातृभाषा बँगला पर बड़ी उत्तेजनापूर्ण भाषा में महत्त्व प्रकट किया था।

(नागरी प्रचारिणी पत्रिका, अप्रैल-मई 1910)

आधुनिक साहित्य का विकास

आधुनिक हिन्दी साहित्य

हमारे मान्य साहित्य-विधाकगण,

आज इस प्राचीन वाराणसी पुरी में आप महानुभावों को अपने साहित्य की समृद्धि, प्रसार और परिष्कार के लिए सुशोभित देख हम जिस अपूर्व भाव-शबलता का अनुभव कर रहे हैं, उसे शब्दों द्वारा व्यक्त करने का प्रयास तो हम हारकर छोड़ देते हैं। आपका प्रतिभा-प्रदीप्त सान्निध्य हमें हर्ष से पुलकित कर रहा है। यात्रा के अनेक कष्ट उठाकर आपका यहाँ पधारना हमें कृतज्ञता से झुका रहा है, आपका मातृभाषा-प्रेम हमें राजनीति के चक्रों में फँसी हुई अपनी भाषा के क्षेम की आशा बँधा रहा है और अपने साहित्य के समृद्धि-साधन के लिए आपकी यह सन्नद्धता हमें उत्साह से पूर्ण कर रही है। आप भावलोक के प्राणी हैं। अतः आपका सच्चा स्वागत हम अपने हृदय के इन भावों से से ही कर सकते है।

इस अत्यन्त प्राचीन पुरी की गणना मुख्य तीर्थों और सरस्वती-पीठों में होती आई है। हजारों वर्ष से यह संस्कृत-विद्या का केन्द्र रहती आई है। 'काशी पढ़ने जाना' पूर्ण पंडित बनने की तैयारी करना समझा जाता रहा है। यहाँ के संस्कृताभिमानी पंडितों द्वारा 'भाखा' का तिरस्कार भी एक पुरानी बात है। भाषा में रामायण लिखने के कारण गोस्वामी तुलसीदासजी की जो उपेक्षा यहाँ के कुछ प्रसिद्ध पंडितों ने की थी, वह उनके जीवन की एक विशेष घटना है। पर यह भी समझ रखना चाहिए कि इस तिरस्कार का सम्यक् परिहार भी इस विचित्र भूमि पर साथ ही साथ होता आया। भगवान् बुद्ध ने इसी काशी के अन्तर्गत इसिपतन (सारनाथ) से अपने धर्म्म-चक्र का प्रवर्त्तन संस्कृत छोड़ पाली भाषा में किया और वह पाली प्रौढ़ होकर बौद्धों की धर्म्म-भाषा और साहित्य-भाषा के रूप में विकसित हुई। स्वामी रामानन्द ने भक्ति-मार्ग में सब जातियों का समान अधिकार घोषित करके हिन्दी साहित्य के भक्ति-प्रवाह का उद्‌गम इसी पुण्य क्षेत्र में प्रतिष्ठित किया। उस उद्‌गम से एक ओर तो निर्गुण भक्ति-धारा बही, दूसरी ओर सगुण राम-भक्ति-धारा। पहली धारा को उत्तर भारत में फैलानेवाले कबीरदास इसी काशी के थे। रैदास की भक्ति-साधना की भूमि भी यही है। स्वतः रामानन्दजी द्वारा प्रवर्त्तित दूसरी धारा को अपनी दिव्य वाणी के प्रभाव से समस्त उत्तरायण में रमा देनेवाले गोस्वामी तुलसीदासजी भी यहीं आकर जमे थे।

आधुनिक हिन्दी साहित्य का सूत्रपात करनेवाले, हिन्दी गद्य की भाषा का स्वरूप स्थिर करनेवाले भारतेन्दु हरिश्चन्द्र की जन्मभूमि भी यही है। छायावाद के नाम से

प्रसिद्ध हिन्दी काव्य की उस लक्षणा-प्रधान नूतन शाखा को स्फुरित करनेवालों में जिसके भीतर अभिव्यंजना के वैचित्र्य का बड़ा रमणीय विकास हुआ है, काशी के स्वर्गीय बाबू जयशंकर प्रसादजी का प्रधान स्थान है। उपन्यास-सम्राट स्वर्गीय श्री प्रेमचन्दजी भी यहीं के थे। यह सब निवेदन करने का तात्पर्य केवल यही है कि अपनी भाषा और अपने साहित्य की इतनी सेवा तो लोक से न्यारी इस नगरी की है कि इसके हमारे ऐसे निवासी भी अपने को आप महानुभावों के सम्मुख स्वागत करने के लिए खड़े होने का अधिकार समझें।

आप हमारे हिन्दी-साहित्य की श्री-वृद्धि के लिए, उसके विस्तार के लिए, उसके भीतर वर्तमान जगत् की भिन्न-भिन्न भावनाओं के संचार के लिए जो कुछ कर रहे हैं, उसके लिए कृतज्ञता प्रकट करके ही यदि हम रह गए; अपनी आवश्यकताओं, अपनी आकांक्षाओं और अपनी आशंकाओं को आपके सामने न रख पाए, तो हाथ में आया हुआ एक बड़ा भारी अवसर हमने खो दिया। अपने साहित्य-क्षेत्र के इतने यशस्वी कर्मवीरों को सामने पाकर हमारे लिए यह स्वाभाविक है कि हम अपनी कुछ धारणाएँ और इच्छाएँ भी प्रकट करें क्योंकि उन धारणाओं का संशोधन और उन इच्छाओं की पूर्ति आप ही के द्वारा हो सकती है।

सबसे पहले हम आप महानुभावों के सामने अपनी वह आशंका प्रकट करना चाहते हैं जो वर्तमान राजनीति की गतिविधि देख अपनी भाषा के परम्परागत स्वरूप के सम्बन्ध में हो रही है। हजारों वर्ष से हमारी भाषा, उत्तरापथ की और दूसरी भाषाओं के समान, आवश्यकतानुसार संस्कृत पदावली का सहारा लेकर चलती आ रही है। हमारे आधुनिक साहित्य का जब से आरम्भ हुआ तभी से भाषा को विकृत और विकलांग करने का प्रयत्न भी चलने लगा, पर सारे देश के बीच चिरकाल से प्रचलित उसका शिष्ट रूप अनेक विघ्न-बाधाओं के बीच अपनी रक्षा करता अब तक चला आया। हम उसकी ओर से अब थोड़ा निश्चिन्त हो रहे थे कि आजकल का प्रकांड राजनीतिक अभिनय हमारे सामने आया, जिसके बीच फिर 'आमफ़हम, मुश्तरकः ज़बान' आदि की पुकार सुनाई देने लगी। इससे अपनी भाषा की स्वरूप-रक्षा की चिन्ता फिर हमें घेर रही है। पर हमें दृढ़ विश्वास है कि आप अपनी भाषा की वह दुर्दशा कभी नहीं देख सकेंगे जो ईरान में फ़ारसी की हुई—जिसके कारण ईरान के स्वदेशभक्तों को अपनी प्रकृत भाषा के उद्धार के लिए इतना प्रयास करना पड़ रहा है।

भाषा के सम्बन्ध में इतना निवेदन करने के उपरान्त अब हम अपने वर्तमान साहित्य की गति के सम्बन्ध में दो-चार बातें आपके सामने लाना चाहते हैं। इस समय हमारा साहित्य चार प्रधान शाखाओं में विभक्त होकर चल रहा है—काव्य, उपन्यास-कहानी, निबन्ध और आलोचना।

काव्य की तीन धाराएँ इस समय थोड़ी-बहुत चल रही हैं। प्रथम तो ब्रजभाषा की पुरानी धारा जो क्रमशः क्षीण होती जा रही है। दूसरी द्विवेदीजी के समय चली हुई खड़ी बोली की धारा जो क्रमशः परिष्कृत और कई शाखाओं में विभक्त होकर प्रौढ़ता प्राप्त

करती चली आ रही है; तीसरी खड़ी बोली की वह नूतन अभिव्यंजना-प्रधान धारा जो छायावाद के नाम से प्रसिद्ध है। हमें आज यह देखकर बहुत आनन्द होता है कि इन तीनों धाराओं के अनुयायियों के बीच अब पूर्ण सहिष्णुता और उदारता का भाव प्रतिष्ठित हो गया है। एक-दूसरे का सम्मान करने की प्रवृत्ति भी अब उनमें जग गई है। यह बहुत-कुछ हमारे कवि-सम्मेलनों का प्रभाव है।

हमारे देखने में खड़ी बोली की दोनों धाराओं के बीच मुख्य भेद वस्तु-विधान और अभिव्यंजन-कला के परिमाण में है। खड़ी बोली की पहली धारा में वस्तु-विधान की अनेकरूपता के साथ-साथ अभिव्यंजना लगी हुई चलती है। छायावाद कही जानेवाली धारा में अभिव्यंजना का वैचित्र्य प्रधान रहता है, वस्तु-विधान गौण। पर यह कोई ऐसी बात नहीं जो हममें परस्पर सामंजस्य का भाव बना न रहने दे। हमारे प्रेम और श्रद्धा के पात्र तीनों धाराओं के प्रतिभाशाली कविजन हैं। यदि हम नूतन धारा की कविता के विकास की ओर ध्यान देते हैं तो उसका किसी न किसी रूप में आविर्भाव अनिवार्य दिखाई पड़ता है।

हिन्दी कविता के लिए जब खड़ी बोली ली गई तब उसे हिन्दी के छन्दों में ढलते कुछ दिन लगे। इस अभ्यास-काल में यह स्वाभाविक था कि पहले भाषा की सफाई पर ही ध्यान रहे। इससे पहले इतिवृत्तात्मक पद्यों के रूप में खड़ी बोली सामने आई। धीरे-धीरे उसे इस रूखे-सूखे रूप में देख लोग ऊबने लगे। उन्हें उन पद्यों में काव्योपयुक्त पदावली, भावावेश के उन्मुक्त प्रवाह, भाव-प्रेरित वक्रता, अभिव्यंजना के लाक्षणिक वैचित्र्य आदि की बहुत कमी दिखाई देती थी। जिनकी दृष्टि बंगभाषा की नूतन कविताओं की ओर भी जाती थी उन्हें यह कमी और भी खटकती थी। कोमल-कान्त पदावली तो हरिऔधजी के 'प्रिय-प्रवास' में दिखाई पड़ी। पर बात केवल पदावली की ही न थी। धीरे-धीरे 'प्रसादजी' तथा बंगभाषा पर दृष्टि रखनेवाले कुछ और कवियों की रचनाओं में भी प्रतिवर्तन के चिह्न लक्षित होने लगे। इस प्रकार भाषा की भावानुकूल उन्मुक्त गति तथा कुछ लाक्षणिक वैचित्र्य का आभास हिन्दी कविता में दिखाई पड़ने ही लगा था कि श्री रवीन्द्र के प्रभाव से आध्यात्मिक रहस्य के रंग में रँगी कविताओं की धूम हुई और हिन्दी काव्य-क्षेत्र में भी उनका प्रवेश होने लगा।

हमारा विचार है कि आध्यात्मिक रहस्यवाद का यह नूतन रूप हिन्दी में न भी आता तो भी अभिव्यंजना की वे विशेषताएँ जिनका उल्लेख ऊपर हुआ है हिन्दी काव्य में स्फुरित होतीं; पर तब शायद 'छायावाद' नाम न आता। पर अब तो वह आ ही गया है, अतः इसका अर्थ स्पष्ट रखना चाहिए।

बात यह है कि छायावाद शब्द काव्य-वस्तु से भी सम्बन्ध रखता है और अभिव्यंजन-प्रणाली से भी। जहाँ वह वस्तु से सम्बन्ध रखता है वहाँ तो वह रहस्यवाद के अन्तगर्त, जहाँ अभिव्यंजन-प्रणाली से ही सम्बन्ध रखता है वहाँ प्रतीकवाद (Symbolism) और अभिव्यंजनवाद (Expressionism) के अन्तगर्त। नई रंगत की अधिकतर रचनाओं को छायावादी इसी दूसरे अर्थ में कह सकते हैं क्योंकि सबका सम्बन्ध आध्यात्मिक

रहस्यवाद से नहीं रहता। ऐसी कविताओं में कल्पना की उड़ान, लाक्षणिक प्रयोगों की विचित्रता सबसे बड़ी विशेषता होती है। जैसा कि हम अभी कह आए हैं भाषा की भावानुकूल उन्मुक्त गति, कल्पना की उड़ान, लाक्षणिक विचित्रता इत्यादि विशेषताओं का विकास वर्तमान समय में आकर हमारे काव्य-क्षेत्र में होता ही, चाहे आध्यात्मिक रहस्यवाद आता या न आता। इस विकास के बीज हमारे ब्रजभाषा-काव्य में भी–विशेषेतः घनानन्द की रचनाओं में--वर्तमान हैं। घनानन्द की कुछ पंक्तियाँ लीजिए–

1. **अरसानि गही वह बानि** कछू, सरसानि सों आनि निहोरत हे।
2. ह्वै है सोऊ **घरी भाग-उघरी** अनंदघन सुरस बरसि, लाल ! देखिहौ हरी हमैं।
3. **उघरो जग, छाय रहे घनआनंद,** चातक ज्यों तकिए अब तौ।
4. **झूठ की सचाई छाक्यो,** त्यों **हित-कचाई पाक्यो,** ताके। गुनगन घनआनन्द कहा कहौं।
5. **उजरनि बसी है** हमारी अँखिआनि, देख सुबस सुदेश जहाँ रावरे बसत हौ।

उद्धृत पंक्तियों में रेखांकित प्रयोगों के लाक्षणिक वैचित्र्य की ओर ध्यान दीजिए।

एक ओर खड़ी बोली की पहली काव्यधारा श्री मैथिलीशरण गुप्त और ठाकुर गोपालशरणसिंहजी ऐसे कवियों के हाथ में पड़कर बहुत कुछ निखरती तथा प्रौढ़ और प्रगल्भ होती चली चल रही है। दूसरी ओर छायावाद के अन्तर्भूत रचनाओं में उक्त पहली धारा से अपनी विशिष्टता को विभिन्नता की हद पर ले जाने की प्रवृत्ति का वेग क्रमशः कम तथा सुव्यवस्थित और सुसंयत रूप देने की रुचि क्रमशः अधिक होती जाती है। श्री सुमित्रानन्दन पन्त, इस परिषद् के सभापति निरालाजी तथा श्री भगवतीचरण वर्म्मा ऐसे प्रतिभासम्पन्न कवियों की इधर ही रचनाओं में इस बात का आभास मिलेगा। इससे पूरी आशा होती है कि खड़ी बोली की दोनों धाराएँ एक-दूसरे को देखकर प्रसन्न होती हुई बराबर साथ-साथ चली चलेंगी। इन दोनों धाराओं को पूर्ण स्वतन्त्र देखना चाहते हैं, जिसमें किसी को यह कहने का अवसर कहीं न मिले कि "यह अँगरेज़ी के इस-का अनुकरण है, वह बँगला के उस-का अवतरण है।" देश की स्वतन्त्रता के साथ-साथ हमारे साहित्य को भी विदेशी आधिपत्य में स्वतन्त्रता प्राप्त होती जायगी, इसका हमें पूरा भरोसा है।

अब उपन्यास और छोटी कहानियों के सम्बन्ध में भी कुछ बातें आपके विचार के लिए उपस्थित की जाती हैं। इसमें तो सन्देह नहीं कि इन दोनों के ढाँचे हमने पश्चिम से लिये हैं। हैं भी ये ढाँचे बड़े सुन्दर। हम समझते हैं, हमें ढाँचों ही तक रहना चाहिए। पश्चिम में भिन्न-भिन्न दृष्टियों से किए हुए उनके वर्गीकरण, उनके सम्बन्ध से निरूपित तरह-तरह के सिद्धान्त भी हम समेटते चलें, इसकी कोई आवश्यकता हमें नहीं दिखाई देती। हम तो समझते हैं कि उपन्यासों और छोटी कहानियों का हमारे वर्तमान हिन्दी साहित्य में इतनी अनेकरूपता के साथ विकास हुआ है कि उनके सम्बन्ध में हम कुछ अपने स्वतन्त्र सिद्धान्त स्थिर कर सकते हैं, अपने ढंग पर उनके भेद-उपभेद निरूपित कर सकते हैं। छोटी कहानियों के जो संग्रह निकलते हैं उनमें भूमिका के रूप में अँगरेजी

पुस्तकों से लेकर कुछ सिद्धान्त प्रायः रख दिए जाते हैं। यह देखकर हमें दुःख होता है, विशेष करके तब जब उन सिद्धान्तों से सर्वथा स्वतन्त्र कुछ सुन्दर कहानियाँ उन संग्रहों के भीतर ही मिल जाती हैं।

निबन्धों के सम्बन्ध में पहले तो हमें यह कहना है कि जितनी ही अधिक उनकी आवश्यकता है उतने ही कम वे हमारे सामने आ रहे हैं। दूसरी बात है उनके स्वरूप की। आधुनिक पाश्चात्य कसौटी के अनुसार शुद्ध निबन्ध उसी को कहना चाहिए जिसमें व्यक्तित्व अर्थात् व्यक्तिगत विशेषता प्रधान हो। बात तो ठीक है, पर यह व्यक्तिगत विशेषता किन-किन बातों में देखी जाय, यह स्पष्ट हो जाना चाहिए। क्या भाषा-शैली और अभिव्यंजन-प्रणाली ही तक से उसका सम्बन्ध माना जाय ? अर्थ-सम्बन्धी व्यक्तिगत विशेषता आवश्यक न समझी जाय ? इस संसार की हर एक बात और सब बातों से सम्बद्ध है। अपने-अपने मानसिक संघटन के अनुसार किसी का मन किसी सम्बन्ध-सूत्र पर दौड़ता है, किसी का किसी पर। ये सम्बन्ध-सूत्र पीपल के पत्तों के भीतर की नसों के समान एक-दूसरे नथे हुए चारों ओर जाल की तरह अनन्तता तक फैले हैं। निबन्ध-लेखक किसी बिन्दु से चलकर तार्किकों के समान किसी एक ओर सीधा न जाकर अपने मन की प्रवृत्ति के अनुसार स्वच्छन्द गति से कभी इधर कभी उधर मुड़ता हुआ नाना अर्थ-सम्बन्ध-सूत्रों पर विचरता चलता है। यही उसकी अर्थ-सम्बन्धी व्यक्तिगत विशेषता है। एक ही बात को कई लेखकों का भिन्न-भिन्न दृष्टियों से देखना भी यही है।

हमारी समझ में इस अर्थ-सम्बन्धी व्यक्तिगत विशेषता के आधार पर ही भाषा और अभिव्यंजन-प्रणाली की विशेषता—शैली की विशेषता—दृढ़ता के साथ खड़ी हो सकती है। जहाँ नाना अर्थसम्बन्धों के वैचित्र्य का आधार न रहेगा वहाँ केवल भाषा या शैली का निराधार वैचित्र्य किसी को विचार-शृंखला न रखने में लगाएगा, किसी को वह शृंखला बीच-बीच में तोड़ने के लिए उभारेगा, किसी को भाषा से सर्कसवालों-की-सी कसरत या हठयोगियों के-से आसन कराने में प्रवृत्त करेगा। सीधे ढंग से यों कह सकते हैं कि निबन्धों में व्यक्तिगत वैचित्र्य के लिए उत्तरोत्तर जुड़ती चलती हुई बातों की विचित्रता पहले होनी चाहिए। बात की विचित्रता पर टिकी भाषा की विचित्रता ही पूरा प्रभाव डालती है और मन अपनी ओर लगाए रहती है।

इधर कुछ दिनों से गद्य-काव्य के रूप में भावात्मक निबन्धों का चलन हो गया है। गद्य-साहित्य का यह रूप भी वांछनीय है। पर सारे प्रबन्ध ही इस रूप में लिखे जायँ, यह भाषा की शक्ति के सर्वतोमुखी विकास के लिए ठीक नहीं जान पड़ता।

समालोचना के सम्बन्ध में हमें इतना ही कहना है कि इधर शुद्ध समालोचनाएँ कम और भावात्मक समालोचनाएँ (Impressionist Criticism) बहुत अधिक देखने में आती हैं जिनमें कवियों की विशेषताएँ हमारे सामने उतनी नहीं आतीं जितनी आलोचकों की अपनी भावनाओं की अलंकृत छटा। पर किसी कवि की आलोचना कोई इसीलिए पढ़ने बैठता है कि उस कवि के लक्ष्य को, उसके भाव को ठीक-ठीक हृदयंगम करने में सहारा मिले; इसलिए नहीं कि आलोचक की भावभंगी और पद-विन्यास

द्वारा अपना मनोरंजन करे। हमें पूरा विश्वास है कि शुद्ध समालोचना की ओर अधिक ध्यान दिया जायगा।

अन्त में हमारी आप महानुभावों से यही प्रार्थना है कि आप हममें साहित्य-सम्बन्धी स्वतन्त्रता का ऐसा भाव जगा दें कि हम योरप में हर एक उठी हुई बात की ओर लपकना छोड़ दें; समझ-बूझकर उन्हीं बातों को ग्रहण करें जिनका कुछ स्थायी मूल्य हो, जो हमारी परिस्थिति के अनुकूल हों। योरप की दशा तो आजकल यह हो रही है कि वहाँ जीवन के हर एक विधान से उसे धारण करनेवाला शाश्वत तत्व निकलता जा रहा है। क्या राजनीति, क्या समाज, क्या साहित्य सब डगमगा रहे हैं। रूस के बोल्शेविकों की बात सुनिए तो वे बड़ी उपेक्षा से अब तक के सारे साहित्य को ऊँचे वर्ग के लोगों का साहित्य बताकर बढ़ैयों, लोहारों और मजदूरों के साहित्य का आसरा देखने को कहेंगे। जर्मनी की ओर दृष्टि दौड़ाइए तो वहाँ केवल नात्सी सिद्धान्तों का समर्थक साहित्य ही सिर उठा सकता है। फ्रायड सााहब अभी मरे हैं जिनकी समझ में स्वप्न भी हमारी अतृप्त वासनाओं के तृप्ति-विधान के छायामय रूप हैं और काव्यादि कलाएँ भी हमारी अतृप्त कामवासनाओं की तृप्ति के विधान हैं। अब हमारे लिए समझने की बात यह है कि क्या हमें इस सब बातों को ज्यों-का-त्यों लेते हुए अपने साहित्य का निर्माण करते चलना चाहिए अथवा संसार के भिन्न-भिन्न देशों की भिन्न-भिन्न प्रवृत्तियों की समीक्षा करते हुए अपनी बाह्य और आभ्यन्तर परिस्थिति के अनुसार उसके लिए स्वतन्त्र मार्ग निकालते रहना चाहिए।

ये दो-चार बातें विचार के लिए सामने रखकर अब हम आप महानुभावों को यहाँ तक पधारने का कष्ट उठाने के लिए भूरि-भूरि धन्यवाद देते हैं और जो कुछ भूलें या त्रुटियाँ हमसे हुई हैं उनके लिए बारबार क्षमता माँगते हैं।

(अट्ठाईसवें अखिल भारतीय हिन्दी साहित्य सम्मेलन, साहित्य परिषद, स्वागताध्यक्ष का भाषण, आश्विन सौर, मंगलवार, 17 अक्टूबर 1939)

हिन्दी गद्य का विकास

उत्पत्ति के क्रम से गद्य पद्य से पुराना होता है; नित्य व्यबहार में पद्य का प्रयोग हो नहीं सकता, गद्य ही उसके उपयुक्त है। परन्तु लिखित साहित्य में गद्य का प्रवेश पद्य के बहुत बाद होता है। गद्य इतनी साधारण वस्तु समझी जाती है कि पहले-पहले सुरक्षित रखने योग्य किसी भी भाव को उसका आवरण पहनाना उस भाव का निरादर माना जाता होगा। पद्य रचना में धीरे-धीरे भारतीयों ने इतनी निपुणता प्राप्त कर ली कि साहित्य में गद्य को प्रवेश पाने का अवसर ही न मिला। केवल गम्भीर साहित्य ही नहीं, वैद्यक, रसायन, वास्तु विद्या आदि व्यावहारिक शास्त्र भी पद्य में लिखे जाने लगे। पद्य निर्माण कौशल यहाँ तक बढ़ा कि लोलिंबराज ने वैद्यक के ऐसे ग्रन्थों की रचना की जिनसे वैद्यक की ज्ञानोपलब्धि के साथ-साथ काव्य का भी आनन्द मिलता है। इस पद्यप्रियता का यह परिणाम हुआ कि गद्य केवल टीका इत्यादि के ही काम की वस्तु रह गई या सूत्रों में ही उसका मन्त्र-तुल्य रूप दिखाई दिया। बाण की कादम्बरी और दंडी का दशकुमारचरित गद्य में लिखे गए सही, पर यह दिखलाने के लिए कि गद्य में भी काव्य लिखा जा सकता है। इन ग्रन्थों ने गद्य को काव्य के निकष (कसौटी) का पद तो दिला दिया परन्तु व्यवहारोपयोगी विषयों में भी गद्य को स्थान न दिला सके।

संस्कृत में प्रान्त भेद के अनुसार भिन्न-भिन्न प्राकृतों [महाराष्ट्री (समस्त आर्यावर्त में), शौरसेनी (शूरसेन प्रदेश में जिसमें ब्रजमंडल है), अर्ध-मागधी (पूर्वी युक्तप्रान्त में), मागधी (बिहार इत्यादि में)] और प्राकृतों ने अपभ्रंशों और अपभ्रंशों ने आजकल की प्रान्तीय भाषाओं का रूप धारण कर लिया परन्तु गद्य की यह उपेक्षा दूर न हुई। हिन्दी के आदि (900-1375) और मध्य काल (1375-1900) में भी उसके दर्शन होते हैं। आदि काल के वीरगाथाकारों ने तो गद्य को केवल उपेक्षणीय ही नहीं अस्पृश्य भी समझा। यद्यपि उस काल के कवियों में पद्य रचना-कौशल भी बहुत उन्नत नहीं जान पड़ता, फिर भी उन्होंने गद्य को नहीं अपनाया। नरपति नाल्हु के वीसलदेव के से पद्य से तो गद्य ही अच्छा रहता। अतएव हिन्दी के आरम्भिक काल के गद्य के स्पष्ट रूप के दर्शनों के लिए हिन्दी के गद्य-ग्रन्थों की आशा छोड़कर या तो चिट्ठियों और सनदों की शरण लेनी पड़ती है या अन्य ग्रन्थों में आए हुए भाषा सम्बन्धी किसी उल्लेख की टोह में रहना पड़ता है।

यह पहले ही कहा जा चुका है कि साहित्य में पद्य के आने से पहले बोलचाल में गद्य आ जाता है। भाषा के उदय और साहित्य में प्रवेश करने के बीच काफी समय रहता

है। हिन्दी के सम्बन्ध में यह समय और भी अधिक विस्तृत होना चाहिए। क्योंकि जब साहित्य के लिए अपनी ही एक अलग भाषा वर्तमान हो तो बोलचाल की भाषाओं को साहित्य में प्रवेश पाना कठिन हो जाता है। हिन्दी का सबसे पहला ग्रन्थ खुमानरासो समझा जाता है। उसका समय सं. 900 के लगभग ठहराया गया है। अतएव बोलचाल में हिन्दी का प्रवेश इससे 200 वर्ष नहीं तो 100 वर्ष पहले तब भी मानना चाहिए।

हिन्दी का जो सबसे प्राचीन लिखा हुआ रूप मिलता है वह कुसुम-माला नामक अपभ्रंश के ग्रन्थ में जिसमें दाक्षिण्यचिह्नोद्योतनाचार्य ने एक मझेसी (मध्य देशी) दुकानदार के मुँह से कहलाया है "तेरे मेरे आउ"। परन्तु इस छोटे से उल्लेख से हिन्दी के अस्तित्व का तो यद्यपि पूरा पता चल जाता है तथापि उसके स्वरूप का पर्याप्त परिचय नहीं मिलता। हाँ, तेरहवीं शताब्दी के कुछ दानपत्रों और सनदों से यह ज्ञान अवश्य प्राप्त हो सकता है। ये दानपत्र महाराज पृथ्वीराज और चित्तौर के रावल समर सिंह के हैं। मेवाड़ की एक सनद से जो सम्वत् 1229 की है एक अवतरण यहाँ दिया जाता है–

"स्वस्ति श्री चित्रकोट महाराजाधिराज तपेराज श्री श्री रावल जी श्री समर सी बचनातुदा अमा आचारजु ठाकुर रुसीकेष कस्य थाने दली सु दायजे लाया अणीराज में ओषद थारी लेवेगा ओषद ऊपरी माल की थाकी है ओ जनाना में थारा बंसरा टाला ओ दूजो जावेगा नहीं और थारी बैठक दली में ही जी प्रमाणे परधान बरोबर कारण होवेगा।"

यद्यपि खड़ी बोली बोलनेवालों को इस सनद का बहुत कुछ अंश अजनबी सा मालूम होगा फिर भी राजस्थान में आज भी प्रायः बिलकुल यही भाषा बोली जाती है। इसमें ऐसे रूपों की भी कमी नहीं है जिनसे खड़ी बोलीवाले खूब परिचित हैं। लाया, जावेगा, होवेगा ऐसे ही रूप हैं। चिट्ठी लिखने का यह ढंग भी राजस्थान ही में नहीं नेपाल में भी अब तक बरता जाता है।

इसके बाद 'सिष्ट प्रमाण' नामक एक गद्य का छोटा-सा ग्रन्थ मिलता है जिसके साथ गुरु गोरखनाथ जी का नाम लिया जाता है और जो सं. 1407 का माना जाता है। यद्यपि गोरखनाथ जी ग्यारहवीं शताब्दी से इधर के नहीं हैं, फिर भी उनके नाम से मिलनेवाले ग्रन्थों के सम्बन्ध में लोगों का खयाल है कि हो न हो, वे उनकी शिष्य-परम्परा में किसी ने लिखे हैं। इसमें सन्देह नहीं कुछ ग्रन्थ अवश्य ऐसे हैं जो स्वयं गोरखनाथ जी के लिखे नहीं हैं। और हो सकता है कि सिष्ट प्रमाण ग्रन्थ भी उन्हीं में से हो। जो कुछ भी हो, यह ग्रन्थ पन्द्रहवीं शताब्दी के गद्य की शिथिलता का कुछ आभास जरूर देता है–

"गुरु उपरांति दाता नाहीं। अज्ञान उपरांति अंधकार नाहीं। ज्ञान उपरांत प्रकाश नाहीं। चरचा उपरांति रस नाहीं।"

पुष्टिमार्गी वल्लभाचार्य जी के पुत्र गोस्वामी विट्ठलनाथ जी ने सं. 1600 के लगभग 'शृंगार रस मंडन' नामक गद्य का एक ग्रन्थ लिखा जिसमें ब्रजभाषा का रूप दिखाई देता है–

"जो गोपीजन के चरण विषै सेवक की दासी करि जो इनको प्रेमामृत में डूबि कै इनके मंद हास्य ने जीते हैं। अमृत समूह ता करि निकुञ्ज विषै शृंगार रस श्रेष्ठ रसकाँ कीनो सो पूर्ण होत भई।"

सत्रहवीं शताब्दी के इस गद्य में भी वाक्य रचना बड़ी उलझी हुई है और अर्थग्रहण में बहुत कुछ बाधा उपस्थित करती है। सं. 1648 में लिखनेवाले उनके पुत्र गोकुलनाथ की भाषा में यह बात नहीं पाई जाती। उनकी भाषा साफ और मीठी है। उन्होंने 'बनयात्रा,' 'चौरासी वैष्णवों की वार्ता,' 'दो सौ बावन वैष्णवों की वार्ता' नामक तीन ग्रन्थ लिखे हैं। यहाँ पर जो अवतरण दिया जाता है वह चौरासी वार्ता से है–

"जो नंद दास तू ऐसो कठोर क्यों भये है। तेरो मन होय तो अजुध्या मैं रहियो, तेरो मन होय तो प्रयाग मैं रहियो, चित्रकूट मैं रहियो।"

इसी समय के लगभग (सं. 1629) गंगाभाट ने 'चंद छंद बरनन की महिमा' नामक गद्य का एक ग्रन्थ लिखा। गंगाभाट का अकबर के दरबार से कुछ सम्बन्ध मालूम होता है। प्राचीन साहित्य अधिकतर ब्रजभाषा में मिलता है। परन्तु मुसलमानों ने जिस गद्य को सहारा दिया वह ब्रजभाषा का न होकर खड़ी बोली का है जिसका प्रचार मुसलमानों के ही द्वारा आगे चलकर भारत में हुआ। गंगाभाट का ग्रन्थ इसी भाषा में है–

"इतना सुन के बादशाह जी श्री अकबरशाह जी आदसेर सोना नरहरिदास चारन को दिया। इनके डेढ़ सेर सोना हो गया।"

गोसाईं तुलसीदास जी के समय का सं. 1669 का एक पंचनामा मिलता है जिससे उन्होंने अपने मित्र टोडरमल के पुत्रों में सम्पत्ति विभाग के झगड़े का निपटारा कराया था। इसमें केवल मंगलाचरण के श्लोक और दोहे गोसाईं जी के हाथ के हैं। स्वयं पंचनामे की इबारत किसी अन्य ने कैथी लिपि के ढंग पर लिखी है। इसी कारण उसमें ह्रस्व दीर्घ की शुद्धता का विचार नहीं रक्खा गया है–

"शं. 1669 शुमये कुआर शुदी तेरशी बार शुभ दीने लिखीतं पत्र आनंदराम तथा कन्हई के अंश वीभाग पुर्वक आगें कै आग्य दुनहु जने मागा जे आग्य भै शे प्रमाण माना दुनहु जने वीदीत।"

इसके बाद कुछ टीकाओं तथा अनुवादों के नाम खोज की रिपोर्टों को ढूँढ़ने से मिल जाते हैं। परन्तु उनमें हमें उस काल के स्वाभाविक गद्य का दर्शन नहीं प्राप्त होता। अनुवादों में संस्कृत गद्य की छाप है और टीकाएँ बिलकुल असमर्थ हैं। इनकी भाषा बहुत 'अनगढ़ और लद्धड़' होती थी। 'जो है सो' और 'क्या नाम' की उलझन में से अर्थ ग्रहण कर लेना टेढ़ी खीर होती है।

हिन्दी गद्य-साहित्य की अप्रतिहत धारा का आरम्भ बहुत आधुनिक है और अँगरेजी राज्य के आरम्भ से मेल खाता है। यद्यपि अँगरेजी राज्य के उत्तर भारत में पूर्ण रूप से प्रतिष्ठित होने के पहले भी इस धारा के स्रोत रूप-ग्रहण करने लग गए थे, फिर भी अँगरेजों के कारण ऐसी परिस्थिति उपस्थित हो गई कि ये स्रोत बहुत शीघ्र बृहदाकार होकर एक महानद का रूप धारण कर बहने लगे। इस नवीन धारा के लिए खड़ी बोली ग्रहण की गई जो दिल्ली के आसपास बोली जाती थी। मुसलमान जब पहले-पहल भारत में आए तो उन्होंने उसी भाषा को हिन्दुओं के साथ व्यवहार के लिए अपनाया था। मुसलमानों के राज्य-विस्तार के साथ-साथ उसके क्षेत्र का भी विस्तार होता गया और वह

देशव्यापिनी भाषा हो गई। खड़ी बोली का रूप पहले-पहल खुसरो की हिन्दी कविताओं में देखने को मिलता है। उनकी पहेलियाँ–दोसखुने आदि सब खड़ी बोली में हैं।

"जल कर उपजे जल में रहे। आँखों देखा खुसरो कहे।"

कबीर और चन्द की रचनाओं में भी यत्र-तत्र खड़ी बोली के दर्शन हो जाते हैं। रहीम का मदनाष्टक सुन्दर साफ़ खड़ी बोली में है–

कलित ललित माला वा जवाहर जड़ा था।
चपल चखनवाला चाँदनी में खड़ा था॥
कटि तट बिच मेला पीत सेला नवेला।
अलि बन अलबेला यार मेरा अकेला॥

सीतल ने भी खड़ी बोली के सुन्दर सँवरे हुए रूप को ग्रहण किया था–

हम खूब तरह से जान गये जैसा आनँद का कंद किया।
सब रूप सील गुन तेज पुंज तेरे ही तन में बंद किया॥
तुझ हुस्न प्रभा की बाकी ले फिर विधि ने यह फरपंद किया।
चंपकदल सोनजुही नरगिस चामीकर चपला चंद किया॥

खड़ी बोली का सबसे पहला गद्य-लेखक गंगाभाट जान पड़ता है जिसकी 'चंद छंद बरनन की महिमा' से एकाध पंक्ति ऊपर उद्धृत की जा चुकी है। परन्तु उसका सम्यक् आरम्भ मुंशी सदासुखलाल, इंशा अल्ला खाँ, लल्लूलाल और सदल मिश्र से होता है जो सं. 1860 के आसपास लिख रहे थे। मुंशी सदासुखलाल ने श्रीमद्भागवत का अनुवाद किया जिसका नाम उन्होंने 'सुकसागर' रखा। इस ग्रन्थ में उन्होंने हिन्दुओं के व्यवहार की शिष्ट भाषा का प्रयोग किया है जो उनके समय में प्रचलित थी। तत्सम शब्दों का उन्होंने स्थान-स्थान पर व्यवहार किया है जो आज भी हिन्दी की विशेषता हो रही है–

"विद्या...इस हेतु नहीं पढ़ते हैं कि चतुराई की बातें कह के लोगों को बहकाइए और फुसलाइए और सत्य छिपाइए, व्यभिचार कीजिए और सुरापान कीजिए और धन-द्रव्य को इकठौर कीजिए। और मन को कि तमोवृत्ति से भर रहा है, निर्मल न कीजिए।"

इंशा अल्ला खाँ इस प्रकार की भाषा को 'भाखा' कहते थे जिससे उनको ममता न थी। वे संस्कृत-फारसी के प्रभाव से शून्य ठेठ भाषा लिखना चाहते थे। उन्होंने रानी केतकी की कहानी को लिखने का कारण बतलाते हुए स्वयं लिखा है–

"एक दिन बैठे-बैठे यह बात अपने ध्यान में चढ़ी कि कोई कहानी ऐसी कहिए कि जिसमें हिन्दवी छुट और किसी बोली की पुट न हो, तब जाके मेरा जी कली के रूप में खिले। बाहर की बोली और गँवारी कुछ उसके बीच में न हो।...हिन्दवीपन भी न निकले और भाखापन भी न हो। बस जैसे भले लोग–अच्छों से अच्छे आपस में बोलते चालते हैं ज्यों-का-त्यों वही सब डौल रहे और छाँह किसी की भी न हो।"

फारसी शब्दों के व्यवहार से तो इंशा दूर रहे परन्तु वाक्य-रचना में फारसीपन से बचे न रह सके। "इस सिर झुकाने के साथ ही दिन-रात जपता हूँ उस अपने दाता के

भेजे हुए प्यारे को'' से यह बात स्पष्ट हो जायगी। इंशा की भाषा रंगीन, चुलबुली, मुहावरेदार और चलती है।

सदासुख और इंशा ने स्वतन्त्र रूप से गद्य लिखने का प्रयत्न किया था परन्तु लल्लूलाल और सदल मिश्र ने अँगरेजों की प्रेरणा से। ये दोनों व्यक्ति फोर्ट विलियम कॉलेज में अँगरेजों को हिन्दी पढ़ाने के लिए नियुक्त थे। कॉलेज के अध्यक्ष गिलक्राइस्ट साहब के अनुरोध से लल्लूलाल ने प्रेमसागर और सदल मिश्र ने 'नासिकेतोपाख्यान' लिखा। लल्लूलाल की बोली व्रज रंजित है। 'जाय' 'नाय' 'सोई' 'भई' आदि शब्द उनकी रचना में बहुत मिलते हैं। उनके गद्य में तुक की ओर भी बहुत झुकाव दिखाई देता है। फारसी शब्दों से बचने का उन्होंने बहुत प्रयत्न किया है–

''इतना कह महादेव जी गिरिजा को साथ ले गंगा तीर पर जाय, नीर में न्हाय न्हिलाय, अति लाड़-प्यार से लगे पार्वती जी को लगे वस्त्राभूषण पहिराने। निदान अति आनन्द में मग्न हो डमरू बजाय बजाय, तांडव नाच नाच, संगीत शास्त्र की रीति से गाय लगे रिझाने।''

इसके विपरीत सदल मिश्र ने व्यवहारोपयोगी भाषा लिखने का यत्न किया है यद्यपि उसमें वे सफल नहीं हुए हैं। ब्रजभाषा के फूलन्ह, सोनन्ह और अवधी के मतारी, जौन, इहाँ आदि शब्दों का उन्होंने प्रयोग किया है–

''इस प्रकार नासिकेत मुनि यम की पुरी सहित नरक का वर्णन कर फिर जौन जौन कर्म किये से जो भोग होता है सो सब ऋषियों को सुनाने लगे।''

इन चारों लेखकों में समय और भाषा की साधुता दोनों की दृष्टि से सदासुख का पहला स्थान है। उनकी भाषा अधिक व्यवहारोपयोगी है। उसमें आजकल की हिन्दी का पूरा आभास दिखलाई देता है।

सदासुख और इंशा की रचनाएँ इस बात की सूचना देती हैं कि हिन्दी का गद्य स्वतन्त्र रीति से अपना रूप धारण कर रहा था। परन्तु नई परिस्थितियों से उसका प्रचार अधिक होने लगा। अँगरेजी राज्य की प्रतिष्ठा से दो बातें हुईं–ईसाई धर्म्म के प्रचार का तीव्र प्रयत्न और स्कूलों की स्थापना। दोनों ने गद्य साहित्य की वृद्धि में योग दिया। अँगरेजी में गद्य अपने उचित आसन पर प्रतिष्ठित था। अँगरेजी ढंग की स्कूलों के द्वारा हमें भी हिन्दी के गद्य को वही सम्मान प्रदान करने की आवश्यकता का अनुभव हुआ। पहले-पहल तो बहुत-सा गद्य-साहित्य स्कूली शिक्षाओं की आवश्यकता को ही लक्ष्य कर रचा गया। छापेखानों का भी गद्य के प्रसार में बहुत योग रहा।

ईसाइयों को धर्म्म प्रचार की आवश्यकता से हिन्दी गद्य का आसरा लेना पड़ा। कलकत्ते के 'सीरामपुर प्रेस' से अन्धाधुन्ध प्रचार-साहित्य निकला। बाइबिल आदि ईसाई धर्म्म ग्रथों का अनुवाद हुआ। इस किरानी हिन्दी में वाक्यरचना में तो कहीं-कहीं अँगरेजीपन आ गया किन्तु शब्दावली शुद्ध स्वदेशी रही। यहाँ तक कि 'करनेवाले' 'तक' 'कमरबन्द' आदि शब्दों में उर्दू की बू पाई गई और उनके स्थान पर क्रमशः 'करने हारे' 'लौं' 'कमरबन्द' आदि प्रयोग किए गए। परन्तु इतना होने पर भी खड़ी बोली का रूप

बिगड़ा नहीं। संस्कृत तत्सम शब्द ही नहीं शुद्ध संस्कृत प्रयोग भी उनके ग्रन्थों में पाए जाते हैं। आत्मा हिन्दी में स्त्रीलिंग माना जाता है परन्तु नीचे के अवतरण में वह संस्कृत के अनुकरण पर पुल्लिंग माना गया है–

"यीसू बपतिस्मा ले के तुरन्त जल के ऊपर आया और देखो, उसके लिए स्वर्ग खुल गया और उसने ईश्वर के आत्मा को कपोत की नाईं उतरते और अपने ऊपर आते देखा, और देखो, यह आकाशवाणी हुई कि यह मेरा प्रिय पुत्र है जिससे मैं अति प्रसन्न हूँ।"

ईसाई धर्म्म के आक्रमण को रोकने के लिए स्वामी दयानन्द (सं. 1920) को आर्य्यसमाज के प्रवर्तन की आवश्यकता प्रतीत हुई। प्रचार की दृष्टि से उन्होंने भी हिन्दी ही को अपनाया। उन्होंने 'सत्यार्थ प्रकाश' आदि सब ग्रन्थ हिन्दी ही में लिखे। जहाँ हिन्दी आर्य्यसमाज के प्रचार में सहायक हुई वहाँ आर्य्यसमाज भी हिन्दी के प्रचार में सहायक हुआ। पंजाब सरीखे उर्दू के गढ़ में हिन्दी को आर्य्यसमाज ही के द्वारा अधिकार प्राप्त हुआ। स्वामी दयानन्दजी का गद्य कुछ उलझा हुआ होता था। क्योंकि उनको अधिकतर संस्कृत में सोचकर हिन्दी में लिखना पड़ता था।

सं. 1913 में राजा शिवप्रसाद ने स्कूली आवश्यकताओं को ध्यान में रखकर पुस्तकें लिखना आरम्भ किया। 'राजा भोज का सपना' उन्होंने सुन्दर सरल हिन्दी में लिखा है।

"वह कौन-सा मनुष्य है जिसने महाप्रतापी महाराजा भोज का नाम न सुना हो। उसकी महिमा और कीर्ति सारे जगत में व्याप रही है। बड़े-बड़े महिपाल उसका नाम सुनते ही काँप उठते और बड़े-बड़े भूपति उसके पाँव पर अपना सिर नवाते।"

परन्तु आगे चलकर वे फारसी मिश्रित भाषा के पक्षपाती हो गए। उनके बनारस अखबार में तो नागराक्षरों में निरी उर्दू ही रहती थी।

इसके विपरीत राजा लक्ष्मण सिंह (1919) अरबी, फारसी शब्दों से भरी भाषा को हिन्दी कहने के लिए तैयार ही नहीं थे। बिना इन विदेशी शब्दों के व्यवहार के भी बहुत सुन्दर हिन्दी लिखी जा सकती है, इसका उन्होंने अपनी रचनाओं के द्वारा पूरा प्रमाण दिया–अनसूया–"महात्मा ! तुम्हारे मधुर वचनों के विश्वास में आकर मेरा जी यह पूछने को चाहता है कि तुम किस राजवंश के भूषण हो और किस देश की प्रजा को विरह में व्याकुल छोड़ यहाँ पधारे हो ?" (शकुन्तला नाटक से)

परन्तु प्रान्तिकता का दोष थोड़ा-बहुत राजा साहब की भाषा में रह ही गया था। शुद्ध और मधुर होने पर भी उसमें आगरे की बोलचाल का काफी पुट पाया जाता है।

हमारे गद्य का शुद्ध आदर्श स्वरूप, जो आजकल साहित्य के लिए गृहीत है, वह भारतेन्दु हरिश्चन्द्र जी की रचनाओं में पाया जाता है। भारतेन्दुजी की भाषा प्रांजल, सभ्य और प्रभविष्णु होती थी। बोल-चाल में आनेवाले अरबी-फारसी शब्दों का उन्होंने बहिष्कार नहीं किया, परन्तु नवीन भावों के प्रकाशन के लिए उन्होंने संस्कृत की पदावली का प्रचुर रूप से व्यवहार किया। हाँ, इस बात का वे ध्यान रखते थे कि भाषा व्यर्थ के लिए बहुत कठिन न बना दी जाय। ऐसी संस्कृतगर्भित भाषा बहुत दिनों तक 'हरिश्चन्द्री हिन्दी' कहलाती रही। भारतेन्दु ने हिन्दी को अभिव्यंजना शक्ति प्रदान की। उनके पहले

तक तो वह केवल निर्मित होती आ रही थी। उन्होंने भिन्न-भिन्न विषयों के लिए उसके भिन्न-भिन्न रूपों को ढालना आरम्भ किया। नाटक, उपन्यास, कथा, कहानी, निबन्ध, इतिहास, साहित्य शास्त्र सभी विषयों पर उनकी लेखनी चली जिससे नई-नई शैलियों की नींव पड़ी। उनके बीस नाटकों में से 'कर्पूर मंजरी,' 'विद्या सुन्दर,' 'सत्यहरिश्चन्द्र,' 'भारत-दुर्दशा,' 'नील देवी' और 'चन्द्रावली' मुख्य हैं तथा इतिहास ग्रन्थों में 'काश्मीर कुसुम' और 'बादशाह दर्पण'। 'कविवचनसुधा,' 'हरिश्चन्द्र मैगजीन' और 'हरिश्चन्द्र चन्द्रिका' ये तीन अखबार भी उन्होंने निकाले। सब प्रकार की रचनाओं को हम दो बड़े-बड़े भागों के अन्तर्गत ले आ सकते हैं। एक जिसमें लेखक को विषय की तथ्यता की ओर अधिक ध्यान देना पड़ता है और दूसरी जिसमें वह कुछ उड़ान भी मार लेता है। पहली तथ्य-निरूपण की शैली कहलाती है और दूसरी भावावेश की। इतिहास, अखबारों की टिप्पणियाँ आदि विशेष विषयों के लिए पहली शैली ही उपयुक्त होती है, जबकि उपन्यास, कहानी इत्यादि के लिए दूसरी। भिन्न-भिन्न मात्राओं में इन दोनों की न्यूनाधिकता के सम्मिश्रण से शैली के नाना भेद हो जाते हैं।

पत्रकारी—पत्र साहित्य ने हरिश्चन्द्र जी के समय से खूब उन्नति की। स्वयं उन्होंने 'कविवचन सुधा,' 'हरिश्चन्द्र मैगजीन' और 'हरिश्चन्द्र चन्द्रिका' तीन पत्र निकाले थे। उनके ही समय में श्री बद्रीनारायण चौधरी प्रेमघन ने 'नागरी-नीरद' (साप्ताहिक) और 'आनन्द कादिम्बनी,' पं. तोताराम ने 'भारत बन्धु,' पं. बालकृष्ण भट्ट ने 'हिन्दी प्रदीप,' पं. प्रतापनारायण मिश्र ने 'ब्राह्मण' और पं. केशवराम भट्ट ने 'विहार बन्धु' निकाला। उस समय जो कुछ साहित्य निकला वह प्रायः इन्हीं पत्रों का प्रसाद था। पहले-पहल वह इन्हीं पत्रों में प्रकाशित होता था और बाद को पुस्तकाकार।

अखबारों की टिप्पणियों के लिए बहुत सरल और चलती भाषा ही उपयुक्त होती है। क्योंकि वह चुने हुए साहित्यिकों के ही लिए नहीं लिखी जाती हैं बल्कि जन-साधारण के लिए। भारतेन्दु की टिप्पणियों में यह बात ध्यान में रखी जाती थी। पं. तोताराम और केशवराम भट्ट इस विषय में अधिक सावधानी रखते थे। परन्तु अन्य कतिपय सम्पादक अधिक साहित्यिक हो जाया करते थे। पं. प्रताप नारायण मिश्र की भाषा अधिक व्यंग्यमय हुआ करती थी और चौधरीजी की अनुप्रास श्लेष आदि अलंकारों के आडम्बर के भार से दबकर मन्दगति से चलती थी। रानी बड़हर के कोर्ट आव वार्ड्स से छुटकारे का समाचार उन्होंने इस रूप में छपवाया था—

"दिव्य देवी श्रीमहारानी बड़हर लाख झंझट झेल और चिरकाल पर्यन्त बड़े-बड़े उद्योग और मेल से दुःख के दिन सकेल अचल 'कोर्ट' का पहाड़ ढकेल फिर गद्दी पर बैठ गईं। ईश्वर का भी कैसा खेल है कि कभी तो मनुष्य पर दुःख की रेल-पेल और उसी पर सुख की कलोल है।"

इसमें 'एल' से मेल खाते हुए शब्दों को ढूँढ़ने का अधिक प्रयत्न मालूम पड़ता है और समाचार को पाठक तक पहुँचाने का कम। हफ्ते या महीने भर तक माथा खपाकर अखबार निकालने का जिनके पास समय हो वह तो ऐसी भाषा लिख भी सकते हैं परन्तु

दैनिक पत्रकारों को जिन्हें समाचार मिलते ही छापेखाने में भेज देना होता है, ऐसी भाषा लिखने का प्रयत्न करना अपनी आजीविका पर कुल्हाड़ा मारना है।

गोविन्दनारायण मिश्र जी की भाषा भी संस्कृत से अत्यधिक लदी हुई होती थी और पत्रों के लिए उपयुक्त नहीं थी।

मासिक पत्रकारी के उपयुक्त साधुभाषा का सबसे प्रांजल रूप हमें पं. महावीर प्रसाद द्विवेदी में मिलता है जिसके दर्शन उनकी टिप्पणियों के संग्रह 'विचार-विमर्श' नामक ग्रन्थ में होते हैं और दैनिक पत्रकारी के उपयुक्त श्री बालमुकुन्द गुप्त में। दोनों व्यक्ति अपनी टिप्पणियों में साधारण पाठक का ध्यान रखते थे और उसकी समझ और समय पर अत्याचार करना पाप समझते थे। द्विवेदीजी की टिप्पणियाँ अधिक गम्भीर होती थीं और बालमुकुन्दजी की अधिक चटपटी।

आजकल हिन्दी में पत्रकारों की आशाजनक वृद्धि हो रही है। भिन्न-भिन्न उद्देश्यों को लेकर भिन्न-भिन्न पत्र अस्तित्व में आ रहे हैं। आशा होती है कि पत्रकारी के उपयुक्त ऐसी भाषा का उदय होने जा रहा है जिसमें शास्त्रीय से शास्त्रीय विषय को सबके समझने योग्य ढंग से लिखा जा सके।

निबन्ध—निबन्धों के लिए हम पत्रकार-जगत् के जितने ऋणी हैं उतने शायद किसी के नहीं। निबन्धों में हमें दो प्रकार के रूप मिलते हैं। एक तो जिसमें लेखक अपने मस्तिष्क की लगाम ढीली कर बिना किसी प्रणाली का अनुसरण किए जिधर जी में आता है, दौड़ लगाता है और दूसरे जिसमें तार्किक ढंग से तथा सुबद्ध रीति से किसी विषय का प्रतिपादन किया जाता है। आधुनिक गद्य के आरम्भिक काल में पहले प्रकार के निबन्धों का बाहुल्य है। या यों कहना चाहिए कि साहित्य के आरम्भिक काल में ऐसे ही निबन्ध लिखे जा सकते हैं। इस संग्रह में पं. प्रताप नारायण मिश्र का 'धोखा' और पं. बालकृष्ण भट्ट का 'चन्द्रोदय' ऐसे ही निबन्ध हैं। ऐसे निबन्धों की भाषा चलती और लहरदार हो सकती है। उनमें लेखकों की व्यक्तिगत प्रवृत्ति की अधिक झलक मिलती है। पं. प्रतापनारायण मिश्र हल्की तबीयत के आदमी थे हँसी-खुशी में उनका समय कटता था। अपनी और दूसरे की सबकी मज़ाक उड़ाया करते थे। यह उनके निबन्ध से स्पष्ट हो जाता है। हँसी के लोभ में वे ग्रामीण हो जाने में भी नहीं हिचकते। परन्तु पं. बालकृष्ण भट्ट संस्कृत-स्वभाव के आदमी थे। संस्कृत का सौरभ उनकी रग-रग में भिदा हुआ था। पद-पद पर संस्कृत की सरस ललित पदावली, संस्कृत-श्लोकों की ओर संकेत और संस्कृत साहित्य का ज्ञान इस बात का परिचय देते हैं। परन्तु उनके निबन्धों में पूरबीपन और स्थान-स्थान पर अँगरेजी शब्दों का त्यों-का-त्यों प्रयोग भी मिलता है जो अवांछनीय है।

तथ्य-निरूपण की शैली का विकसित रूप हिन्दी में पहले-पहल चरित्र-सुधार को दृष्टि में रखकर लिखे गए निबन्धों में दिखलाई दिया। ऐसे निबन्धों के लिए भाव तो अधिकतर अँगरेजी से लिए जाते थे, परन्तु संस्कृत श्लोक भी उनकी पुष्टि में उद्धृत किए जाते थे। परन्तु ऐसे निबन्धों में भी स्थल-स्थल पर भावावेश के लिए स्थान रहता

था। क्योंकि बिना भावों को उद्दीप्त किए असल में चरित्र-सुधार की भी आशा नहीं की जा सकती है। जहाँ भावोद्दीप्त करने का आयोजन किया जायगा वहाँ शैली स्वयमेव भावावेशमय हो जायगी। इस प्रकार के निबन्ध लेखकों में बा. श्यामसुन्दरदास, मिश्रबन्धु और बा. दयाचन्द गोयलीय के नाम उल्लेखनीय हैं। 'अध्ययन' शीर्षक निबन्ध इस प्रकार के निबन्धों का उदाहरण है।

ऐसे विषयों में आध्यात्मिक प्रवृत्ति का प्रवेश कर सरदार पूर्णसिंह ने एक सुन्दर शैली को जन्म दिया जिसकी भावावेशमय धुआँधार भाषा बहुत कुछ अनिश्चितता के धुएँ में आवेष्टित हो गई है। उनके 'सच्ची चीरता,' 'प्रेम मजदूरी' आदि निबन्धों में यह मधुर अनिश्चितता 'पूर्ण' रूप से विद्यमान है।

पं. महावीर प्रसाद द्विवेदीजी ने भी हिन्दी के निबन्ध-साहित्य की वृद्धि में योग दिया है। ऐतिहासिक खोज, वैज्ञानिक आविष्कार, औद्योगिक विकास–चाहे जिस विषय पर लिखे गए विशेषज्ञतापूर्ण निबन्ध उन्हें अँगरेजी तथा अन्य प्रान्तीय भाषाओं में मिलते थे, उनको वे सुबोध रूप देकर अपने पाठकों के सामने रख देते थे। 'अफगानिस्तान में बौद्ध कालीन चिन्ह' इसी प्रकार का निबन्ध है जो ऐतिहासिक खोज से सम्बन्ध रखता है।

तथ्य-निरूपण की शैली को उन निबन्धों में आश्रय मिलता है जिनमें किन्हीं विषयों पर दार्शनिक या मनोवैज्ञानिक ढंग का विवेचन हो अथवा साहित्यिक विषयों पर गम्भीर समालोचना हो। समाज नीति को लेकर पहले बा. गुलाबराय ने ऐसी शैली के दर्शन कराए। इस संग्रह में के 'भय' के ढंग के निबन्धों में यह शैली बहुत गम्भीर रूप में दिखाई देती है। इनमें भावों की सूक्ष्मता तथा विचारों की गहनता के कारण कहीं वाक्य-रचना जटिल हो जाती है और अर्थ ग्रहण में बाधा उपस्थित होने लगती है, जिसे दूर करने के लिए दृष्टान्तों का आश्रय लेना पड़ता है। साहित्यिक समालोचना के क्षेत्र में यह प्रवृत्ति जायसी, तुलसीदास, बा. श्यामसुन्दर दास की भारतेन्दु हरिश्चन्द्र नाटकावली और कबीर ग्रन्थावली की प्रस्तावनाओं में दिखलाई देती है। इस संग्रह का सबसे पहला निबन्ध नाटकावली की प्रस्तावना से ही लिया गया है। इस संग्रह का अन्तिम निबन्ध जो जगत्प्रसिद्ध कवीन्द्र रवीन्द्र की लेखनी से निकला है इसी श्रेणी का है।

इतिहास और ऐतिहासिक निबन्ध–तथ्यनिरूपण की शैली का शुद्ध रूप इतिहास में मिलता है। क्योंकि इतिहास में केवल यथातथ्य बात का वर्णन हो सकता है। अनिश्चय के लिए उसमें स्थान नहीं है। जो बात जैसी हुई है उसका नपे-तुले शब्दों में ज्यों-का-त्यों वर्णन करना उसमें अभीष्ट होता है। हमारी भाषा में अब तक सबसे बड़े और एक प्रकार से सबसे पहले इतिहास लेखक महामहोपाध्याय पं. गौरीशंकर हीराचन्द ओझा हैं जो राजपूताने के इतिहास के लिए प्रमाण माने जाते हैं। 'राणा साँगा और बाबर की लड़ाई' उन्हीं के इतिहास से लिया गया है। इसमें भावावेश को जहाँ तक हो सका है, बचाया गया है। जिसे हम 'आप' या 'उन' कहना चाहेंगे उन्हें भी निष्पक्षता के आग्रह से ऐसे ग्रन्थों में 'वह' कहना पड़ता है। हिन्दी भाषा में भी अब अच्छे-अच्छे इतिहास लेखकों का

उदय हो चुका है। पं. विश्वेश्वरनाथ रेऊ, पं. गंगाप्रसाद मेहता, श्री जयचन्द्र विद्यालंकार, श्री सम्पूर्णानन्द उनमें से मुख्य हैं।

जब किसी ऐसे विषय पर हम निबन्ध लिखने का प्रयत्न करते हैं जिसे देखकर हमें प्राचीनकाल के किसी उज्ज्वल अथवा मनोहारी घटना-समूह का स्मरण हो आता है, जिससें हमारी स्मृति ही नहीं, भावनाएँ भी उद्दीप्त हो जाती हैं, तब इतिहास और काव्य की कथा तथ्य-निरूपण और भावावेश की शैली का अनुपम सम्मिश्रण हो जाता है। प्राचीन काल के ताज, सीकरी आदि अवशेषों पर लिखे हुए राजकुमार रघुवीरसिंह के लेख इसी के उदाहरण हैं। मधुर भावनाओं से प्रेरित होकर उन्होंने संस्कृत की मधुर किन्तु प्रसन्न पदावली का प्रयोग किया है।

इस सम्मिश्रण का दूसरा उदाहरण पं. पद्मसिंह शर्मा के लेख हैं। आलोचना हो अथवा परिचयात्मक निबन्ध। बिना भावना के उद्दीप्त हुए वे लिख नहीं सकते थे। उनकी भाषा हर घड़ी चुलबुली, क्रीड़ाशील और भावापन्न रहती है। उनकी रचनाएँ और कुछ हों न हों, गद्य-काव्य अवश्य हैं। शर्माजी संस्कृत और फारसी दोनों के विद्वान् थे। दोनों भाषाओं की सरस पदावली उनके भावुक उद्गारों की प्रकाशिका होकर उनके निबन्धों में आती है। उनको इस बात का विचार भी बना रहता है कि कहीं उनकी संस्कृत अथवा फारसी लोगों की समझ में न आवे। अतएव वे स्थान-स्थान पर दोनों भाषा के शब्द एक ही साथ परिचयात्मक रख देते हैं। 'मौलाना आज़ाद' पर उन्होंने जो निबन्ध लिखा है उसमें यह बात स्पष्ट रूप से लक्षित होती है।

कथानक साहित्य–हिन्दी गद्य में कथा साहित्य की सृष्टि हरिश्चन्द्रजी के ही समय से आरम्भ हो गई थी। परन्तु सबसे पहले सफल उपन्यास लेखक बा. देवकीनन्दन खत्री हुए। उनकी 'चन्द्रकान्ता सन्तति' का अत्यधिक प्रचार हुआ। अन्य भाषा-भाषियों ने भी इस ऐयारी उपन्यास को पढ़ने के लिए हिन्दी सीखी। उनकी भाषा अत्यन्त सरल और सीधी होती थी जिसे साधारण हिन्दी अथवा उर्दू जाननेवाला भी समझ सकता था। उनके बाद पं. किशोरीलाल गोस्वामी ने उपन्यासों की ढेर लगा दी। उनकी भाषा चित्ताकर्षक होती थी परन्तु जब कभी वे उर्दू की नकल करने लगते थे तो भद्दी गलतियाँ कर डालते थे। उनकी रुचि भी कुछ असंस्कृत थी। देवकीनन्दनजी के उपन्यासों में तो चरित्र-चित्रण आ ही नहीं सकता था। गोस्वामीजी भी इसमें अधिक सफल न हुए। दिल्ली के लाला श्रीनिवासदासजी के 'परीक्षा गुरु' में अवश्य उसका कुछ-कुछ रूप दिखलाई दिया। परन्तु लाला साहब की भाषा में प्रान्तिकता की पुट विशेष रहती थी। 'रहें' को 'रहैं' और 'से' को 'सैं' करके लिखने से उनकी भाषा कुछ अजीब लगती थी। बहुत दिनों तक हिन्दी में श्री गोपालराम गहमरी के जासूसी उपन्यासों की ही धूम रही। चरित्र-चित्रण और भाषा-सौष्ठव का उपन्यास जगत् में प्रेमचन्दजी के साथ प्रवेश हुआ। प्रेमचन्दजी ने अपने उपन्यास सामाजिक और राजनीतिक सुधार की दृष्टि से लिखे। इसलिए उन्होंने ऐसी भाषा का प्रयोग किया है जिसको सब समझ सकें। उर्दू के साथ संसर्ग रहने के कारण उनकी भाषा मुहावरेदार अधिक है। स्थान-स्थान पर तथ्य-निरूपण और भावावेश दोनों

शैलियों का उपन्यासकार को प्रयोग करना पड़ता है। कभी तो वह कवि बन जाता है और कभी इतिहासकार की भाँति केवल इतिवृत्त कहता है। कभी वह हमारी भावनाओं को थोड़ी देर के लिए किसी एक भाव में तल्लीन कर देता है और कभी केवल वृत्त के साथ तेजी से आगे बढ़ने के लिए प्रेरित करता है। प्रेमचन्दजी में ये दोनों बातें प्रचुर मात्रा में पाई जाती हैं। और उपन्यासकारों में, जिन्होंने गद्य का सुधरा हुआ रूप हमारे सामने रक्खा है, वे हैं श्री वृन्दावन लाल वर्म्मा जिनके 'कुंडली-चक्र,' 'गढ़ कुंडार' आदि उपन्यास बहुत उत्तम बने हैं। श्री चतुरसेन शास्त्री, प्रताप नारायण श्रीवास्तव, ऋषभ चरण जैन भी अच्छे उपन्यास-लेखक हैं। परन्तु चतुरसेन शास्त्री की भाषा सबसे अधिक चोट करनेवाली होती है। श्री जयशंकर प्रसाद जी के साथ हिन्दी उपन्यास जगत् में एक नई बात हुई और वह है उपन्यासों में भी संस्कृत की रसाप्लुत भाषा का समावेश। उनका कंकाल इस बात का साक्षी है।

कहानी को जिसे लोग बँगला की नकल पर गल्प भी कहते हैं, उपन्यास का संक्षिप्त रूप समझना चाहिए। उसमें भावावेश की शैली के विस्तार का अवसर नहीं रहता। उपयुक्त मधुर व्यंजनापूर्ण शब्दों का प्रयोग और घटनाओं के कौशलपूर्ण अग्रसर-क्रम से ही यह काम सम्पन्न करना पड़ता है। इसलिए कहानी में बहुत कम लोगों को सफलता होती है। हिन्दी में प्रेमचन्दजी और सुदर्शनजी दो बहुत प्रसिद्ध और सफल कहानी लेखक हैं। ये दोनों व्यक्ति सैकड़ों सुन्दर कहानियाँ लिख चुके हैं। श्री जयशंकरप्रसादजी, बा. जैनेन्द्रकुमार, पं. विश्वम्भरनाथ शर्मा कौशिक, पं. विश्वम्भरनाथ जिज्जा आदि सज्जन भी अच्छे कहानी लेखक हैं। श्री बनवारी लाल सेवक ने 'जाबालि' नामक अपनी कहानी में शब्दावली ही के द्वारा प्राचीन काल का सा वातावरण उपस्थित कर दिया है।

गद्य-काव्य—श्री चतुरसेनजी ने अपने 'अन्तस्तल' के द्वारा दृश्य खंडों के एक ऐसे रूप को प्रस्तुत किया जिसमें भावावेश का अत्यधिक उपयोग किया गया है। इसको गद्य-काव्य की संज्ञा दी गई है। गद्य-काव्य का एक और रूप दृष्टिगत होता है जो कवीन्द्र रवीन्द्र की गीतांजली की शैली पर बनता है। श्रीरायकृष्णदास जी की साधना इसका उत्कृष्ट नमूना है। पर गद्य-काव्य की इन दोनों शैलियों ने जहाँ एकाध सुन्दर रचनाओं का उत्पादन किया है, वहाँ बहुत कुछ कूड़ा-करकट की सृष्टि का भी मार्ग खोल दिया है और 'आह' 'ऊह' से युक्त प्रत्येक अव्यवस्थित रचना ध्वनि और व्यंजना का दावा करके गद्य-काव्य श्री श्रेणी में पहुँचना चाहती है।

नाटक—नाटकों में भावावेश की शैली का संक्षिप्त किन्तु अधिक प्रयोग होता है, क्योंकि उसमें रचयिता की ओर से इतिवृत्त का विवरण न होकर पात्रों के कार्य्यों और संलापों द्वारा ही व्यापार को आगे बढ़ाया जाता है। वार्तालापों में केवल इतिवृत्त भरकर नहीं रक्खा जा सकता। पात्र जब इतिवृत्त भी कहता है तो उसे अपनी भावनाओं से रंजित करके। जब तक नाटक में यह बात न होगी तब तक उसमें सफलता भी प्राप्त नहीं हो सकती। इसी कारण बाबू जयशंकर प्रसाद जी के नाटक काव्य की दृष्टि से बहुत सफल हुए हैं, जयशंकर प्रसाद जी ने अजातशत्रु, स्कन्दगुप्त, चन्द्रगुप्त आदि कई नाटक

लिखे हैं जो इस दृष्टि से सब अच्छे हैं। पं. गोविन्द वल्लभ की 'वरमाला' भी बहुत सुन्दर नाटक है। बदरीनाथ भट्ट जी ने 'दुर्गावती' और 'तुलसीदास' ये दो नाटक लिखे हैं। हिन्दी के सर्वप्रथम स्वतन्त्र नाटक भारतेन्दु ने ही लिखे थे। उनके पहले जो नाटक लिखे गए, वे या तो अनुवाद थे या नाटक कहलाने के अयोग्य। अच्छे अनवुादों में पं. सत्यनारायण (1970 सं.) द्वारा अनुवादित 'मालती माधव', 'उत्तर रामचरित' और 'महावीरचरित' तथा द्विजेन्द्रलालराय के भिन्न नाटकों के अनुवाद उल्लेखनीय हैं। श्री अख्तर हुसेन रायपुरी का 'रामवन-गमन' यद्यपि एक छोटा-सा संवाद मात्र है, परन्तु भाषा की पुष्टता और आविष्ट भावों की मधुरता के कारण लेखक में नाटक लिखने की शक्ति का द्योतन करता है।

आलोचना–आलोचना में प्रायः दो प्रकार की शैलियाँ बरती जाती हैं। या तो उसमें आलोच्य विषय का विश्लेषण होता है और वह जैसा है उसके कारण का निदर्शन किया जाता है, या उसके दोष अथवा गुणाों का निर्देश कर दिया जाता है। दोष दिखलाते हुए तीक्ष्ण हास्य की वाण-वर्षा होती है और गुण दिखलाते हुए प्रशंसात्मक विशेषणों की झड़ी लग जाती है। हिन्दी के आरम्भिक युग में दूसरी प्रकार की ही शैली का प्रयोग किया जाता है। पं. महावीर प्रसाद जी ने इस युग में व्याकरण के दोषों को दिखा-दिखाकर भाषा को सुधारने का प्रयत्न किया। अँगरेजीवालों की मनमानी से भाषा की रक्षा का श्रेय उन्हीं को है। उनके दृढ़ शासन से खड़ी बोली की कविता भी व्याकरण के बन्धन से स्वच्छन्दता का दावा न कर सकी। कालिदास में भी उन्हें व्याकरण की अशुद्धियाँ ढूँढ़ने ही की सूझी। जायसी, सूर, तुलसी आदि की ग्रन्थावलियों में पहले-पहल समालोचना की दूसरी पद्धति का प्रयोग पाया जाता है। बा. श्यामसुन्दरदास जी की 'कबीर-ग्रन्थावली' की प्रस्तावना आदि में भी इसका उपयोग चारु रूप से हुआ है। 'हिन्दी गद्य और हरिश्चन्द्र', 'गोसाईंजी की कविता' और साहित्य की उपेक्षिता में ऐसी ही आलोचना के दर्शन होते हैं। आलोचना के सिद्धान्तों का विश्लेषण पहले-पहल बा. श्यामसुन्दरदास जी ने अपने 'साहित्यालोचन' में किया। श्रीपदुमलाल पुन्नालाल बख्शी जी ने भी 'पंचमात्र' और 'विश्व-साहित्य' लिखकर सराहनीय कार्य्य किया है। उनके उपन्यास नामक निबन्ध में आलोचना के सिद्धान्तों का ही विश्लेषण है। इसी प्रकार भाषा के मूल तत्वों का विश्लेषण भी बा. श्यामसुन्दरदास ने ही पहले-पहल अपने 'भाषा-विज्ञान' नामक ग्रन्थ में किया। उनके बाद श्री नलिनी मोहन सान्याल तथा डॉ. मंगलदेव शास्त्री ने भाषा-विज्ञान-सम्बन्धी अपने ग्रन्थ प्रस्तुत किए। हिन्दी के सम्बन्ध में भाषाशास्त्र सम्बन्धी विवेचन पं. गोविन्द नारायण मिश्र ही से हो जाता है जो भारतेन्दु जी के समकालीन थे। पं. चन्द्रधर शर्मा गुलेरी के पुरानी हिन्दी पर लिखे हुए निबन्ध अत्यन्त पांडित्यपूर्ण हैं।

गद्य का भविष्य–हिन्दी गद्य का काफी विकास हो चुका है। बहुत प्रकार के भावों का प्रकाशन उसके द्वारा इस समय सम्भव हो गया है। इस दिशा में उसका भविष्य बहुत आशामय है। परन्तु एक दिशा ऐसी भी है जिसके सम्बन्ध में हिन्दी अभी कुछ अशक्त

है। और वह है विज्ञान तथा विज्ञान का विनियोग। वैज्ञानिक तथ्यों का प्रकाशन करने में अभी हमारी भाषा पूर्ण रूप से समर्थ नहीं हुई है। और उद्योग-धन्धों के सम्बन्ध में तो हमारे यहाँ कुछ भी साहित्य नहीं है। इसका कुछ कारण यह भी है कि हिन्दी-भाषा-भाषी पहले तो विज्ञान में स्वतन्त्र अन्वेषण कर नहीं रहे हैं और यदि कर भी रहे हैं तो वे हिन्दी में उसे प्रकाशित नहीं करते। राष्ट्र भाषा में इस अभाव की पूर्ति हो जाना राष्ट्र के उन्नत भविष्य के लिए बहुत आवश्यक है। काशी नागरी प्रचारिणी सभा, और विज्ञान परिषद् तथा कुछ अन्य विद्वान इस ओर प्रयत्न कर रहे हैं जिससे आशा होती है कि बहुत शीघ्र यह कमी भी पूरी हो जायगी और हिन्दी गद्य की भाव-प्रकाशन-शक्ति पूर्णता को पहुँच जाएगी।

भारतेन्दु हरिश्चन्द्र : परिचय

भारतेन्दु हरिश्चन्द्र जी क्लाइव के चरित्र पर धब्बा डालनेवाले इतिहास-प्रसिद्ध सेठ अमीचन्द के घराने में थे। अमीचन्द के दोनों पुत्र राय रतनचन्द और साहु फतहचन्द काशी में आ बसे। साहु फतहचन्द के पौत्र बाबू हरपचन्द, जो काले हरपचन्द के नाम से प्रसिद्ध थे, काशी के एक सम्पत्तिशाली रईस थे। उनके पुत्र बा. गोपालचन्द (उपनाम गिरधरदास) हिन्दी के एक बहुत ही प्रौढ़ कवि थे। इन्हीं के पुत्र भारतेन्दु हरिश्चन्द्रजी हुए जिनका जन्म ता. 9 सितम्बर सन् 1850 ई. में हुआ।

आरम्भ ही से इनका स्वभाव चपल और बुद्धि तीव्र थी। कहते हैं कि सात ही वर्ष की अवस्था में इन्होंने एक दोहा बनाया था जिस पर इनके पिता ने इनके होनहार होने की आशा प्रकट की थी। 9 वर्ष की अवस्था में इनके पिताजी का देहावसान हो गया जिससे इनकी प्रकृति में और भी स्वतन्त्रता आ गई। कुछ दिनों तक ये राजा शिवप्रसाद से अँगरेजी पढ़ते रहे, पीछे बनारस के क्वींस कालेज में पढ़ने जाने लगे। पढ़ने में ये बहुत अच्छे थे, पर तीन-चार वर्ष पीछे जब अपनी माताजी के साथ जगन्नाथजी की यात्रा से लौटकर आए तब पढ़ने का सिलसिला टूट गया। इसी जगन्नाथ जी की यात्रा में वंग-साहित्य की नई गति से इनका परिचय हुआ और हिन्दी-साहित्य को भी नए मार्ग पर लाने का उत्साह इनके मन में उत्पन्न हुआ। साथ ही देश-प्रेम और देशहित का भाव भी जगा।

जगन्नाथ जी से लौटने पर पहले ये शिक्षा-प्रचार के आयोजन में लगे और अपने घर पर ही एक स्कूल खोला जिसमें आसपास के लड़के पढ़ने आने लगे। कुछ दिनों में बढ़ते-बढ़ते यह 'चौखम्भा स्कूल' हुआ और आज "हरिश्चन्द्र स्कूल" के नाम से काशी के अच्छे हाई-स्कूलों में गिना जाता है। शिक्षा-प्रसार के उद्योग के साथ ये साहित्य-निर्माण में भी लग गए। सन् 1868 में इन्होंने बँगला से अनुवाद करके "विद्यासुन्दर नाटक" प्रकाशित किया और "कविवचन-सुधा" नाम की पत्रिका निकाली। सन् 1873 ई. में "हरिश्चन्द्र मेगज़ीन" बड़ी धूम से निकली, जिसका नाम आठ महीने पीछे "हरिश्चन्द्र-चन्द्रिका" हो गया। इसी 'चन्द्रिका' से हिन्दी के नए युग का प्रवर्त्तन हुआ और कई एक प्रतिभाशाली लेखक साहित्य के इस नए उत्थान में योग देने के लिए खड़े हुए। इसी वर्ष इन्होंने "पेनी रीडिंग क्लब" नाम का समाज स्थापित किया जिसमें हिन्दी के अच्छे-अच्छे लेख और कविताएँ पढ़ी जाती थीं। "कर्पूरमंजरी" और "चन्द्रावली

नाटिका" की रचना तथा "तदीय समाज" की स्थापना भी इसी समय के लगभग हुई। इस समाज में धर्म्म और भगवत्प्रेम-सम्बन्धी वार्ता हुआ करती थी।

ये जैसे प्रतिभाशाली कवि और लेखक थे वैसे ही उदार और गुणग्राहक थे। ये जब तक रहे, कवियों और लेखकों को हर तरह से–प्रेमपूर्वक, अनुनय-विनय से, साधुवाद से, अर्थ-साहाय्य से–उत्साहित करते रहे। इनका सारा समय साहित्य-चर्चा में ही बीतता था। इनके यहाँ कवियों और लेखकों का दरबार-सा लगा रहता था। कोई गुणी, जो अर्थी होकर इनके पास आया, विमुख नहीं फिरा, आशा से कहीं अधिक सफलकाम होकर लौटा। हिन्दी के हित के लिए तो इन्होंने रुपया पानी की तरह बहाया। अपनी दशा क्या होगी, इसका तो इन्होंने कभी ख्याल ही नहीं किया। शारीरिक श्रम का अनुमान इसी से हो सकता है कि 35 वर्ष की आयु पाकर ही इन्होंने इतनी पुस्तकें लिख डालीं। हिन्दी की ओर प्रेम उत्पन्न करने के लिए ये जगह-जगह अपने इस सिद्धान्त की घोषणा करते हुए–

निज भाषा उन्नति अहै सब उन्नति को मूल।
बिनु निज भाषा ज्ञान के मिटत न हिय को शूल॥

व्याख्यान भी दिया करते थे। सारांश यह कि हिन्दी पर इन्होंने तन, मन, धन, सब कुछ निछावर किया।

हिन्दी-साहित्य की नवीन गति के प्रवर्त्तक भारतेन्दु जी ही माने जाते हैं। नए ढंग के रूपकों के अतिरिक्त इन्होंने गद्य-निबन्ध; इतिहास (जैसे, काश्मीर-कुसुम; बादशाहदर्पण) आदि भी लिखे। वंगभाषा के नई चाल के उपन्यासों को देख अपने जीवन के पिछले काल में उपन्यास लिखने की ओर भी इनकी प्रवृत्ति हो रही थी, पर अचानक अमर-लोक का निमन्त्रण आ पहुँचा और 35 वर्ष की अवस्था में ही 6 जनवरी 1885 को ये इस संसार को छोड़कर चले गए। चले तो गए, पर जब तक हिन्दी-भाषा और उसका साहित्य रहेगा तब तक इनकी मधुर स्मृति बनी रहेगी।

साहित्यिक प्रभाव

हिन्दी-गद्य-साहित्य का सूत्रपात करनेवाले चार महानुभाव कहे जाते हैं–मुंशी सदासुख लाल, इंशा अल्ला खाँ, लल्लूलाल और सदल मिश्र। ये चारों सम्वत् 1860 के आसपास वर्तमान थे। सच पूछिए तो ये गद्य के नमूने दिखानेवाले ही रहे; अपनी परम्परा प्रतिष्ठित करने का गौरव इनमें से किसी को भी प्राप्त न हुआ। हिन्दी गद्य-साहित्य की अखंड परम्परा का प्रवर्त्तन इन चारों लेखकों के 70-72 वर्ष पीछे हुआ। विक्रम की बीसवीं शताब्दी का प्रथम चरण समाप्त हो जाने पर जब भारतेन्दु ने हिन्दी-गद्य की भाषा को सुव्यवस्थित और परिमार्जित करके उसका स्वरूप स्थिर कर दिया तब से गद्य-साहित्य की परम्परा लगातार चली। इस दृष्टि से भारतेन्दुजी जिस प्रकार वर्तमान गद्य-भाषा के स्वरूप-प्रतिष्ठापक थे, उसी प्रकार वर्तमान-साहित्य-परम्परा के प्रवर्त्तक।

भारतेन्दुजी ने जिस प्रकार की हिन्दी चलाई उसके रूप का कुछ पूर्व आभास मुंशी सदासुख और पं. सदल मिश्र की भाषा में ही मिलता है। दोनों की भाषा के नमूने देखिए–

मुंशी सदासुख

''यद्यपि ऐसे विचार से हमें लोग नास्तिक कहेंगे, हमें इसका डर नहीं। जो बात सत्य है उसे कहा चाहिए, कोई बुरा माने कि भला माने। विद्या इस हेतु पढ़ते हैं कि तात्पर्य उसका सतोवृत्ति है वह प्राप्त हो और उससे निज स्वरूप में लय हूजिए। इस हेतु नहीं पढ़ते हैं कि चतुराई की बातें कहके लोगों को बहकाइए और फुसलाइए और सत्य छिपाइए।''

सदल मिश्र

''कब मैं सुन्दर बालक सहित चन्द्रावती का मुँह, कि जो बन के रहने से भोर के चन्द्रमा-सा मलीन हुआ होगा, देखोंगी। देखो, यह कर्म का खेल ! कहाँ इहाँ नाना भाँति भोग-विलास में वो फूलन्ह के बिछौने पर सुख से जिसके दिन-रात बीतते थे, सो अब जंगल में कन्दमूल खा काँटे कुश पर सोकर स्यारों के चहुँदिशि डरावने शब्द सुनि कैसे विपत्ति को काटती होगी ?''

पर इस आभास को पाकर भी उस समय साहित्य-सेवी गद्य लेखकों की परम्परा नहीं तैयार हुई। इसका उस समय यदि किसी ने लाभ उठाया तो ईसाई मत-प्रचारकों ने। सम्वत् 1866 में सिरामपुर से बाइबिल के कुछ अंश का हिन्दी-अनुवाद प्रकाशित हुआ और सम्वत् 1875 तक यह अनुवाद पूरा हो गया। तब से बराबर मिशनरियों की और से मतप्रचार की पुस्तकों के अतिरिक्त शिक्षासम्बन्धिनी पुस्तकें कुछ-न-कुछ बराबर प्रकाशित होती रहीं। ये पुस्तकें भूगोल, इतिहास, रसायन, जन्तु-विवरण आदि भिन्न-भिन्न विषयों पर होती थीं। आगरे की ''एजुकेशनल सोसाइटी'' और 'मिर्ज़ापुर' के 'आरफ़ेन प्रेस' से इस प्रकार की बहुत-सी पुस्तकें निकलीं। उनकी भाषा विशुद्ध रहती थी। उनमें फ़ारसी-अरबी के शब्द नहीं आने पाते थे। पर उन पुस्तकों की गिनती साहित्य में नहीं हो सकती।

इसके उपरान्त राजा लक्ष्मणसिंह और राजा शिवप्रसाद का समय आता है। उस समय अदालती भाषा उर्दू नियत हो चुकी थी और नवशिक्षित लोगों की वही भाषा हो रही थी। इससे जब देशभाषा की पढ़ाई की व्यवस्था हुई और गावों और क़सबों में मदरसे खुलने लगे तब भाषा का प्रश्न बड़े विकट रूप में सामने आया। मुसलमान लोग ''भाखा'' (संस्कृत-मिली हिन्दी) से बहुत डरने या चिढ़ने लगे थे। इससे वे हिन्दी की पढ़ाई का विरोध करने में बराबर तत्पर रहते थे। अँगरेज़ अफ़सर भी दो प्रकार की गद्य-भाषा प्रचलित होना ठीक नहीं समझते थे। इसी परिस्थितियों में अर्थात् सम्वत् 1913 में राजा शिवप्रसाद स्कूलों के इंस्पेक्टर हुए। वे हिन्दी को उर्दू से स्वतन्त्र रूप में प्रतिष्ठित करना चाहते थे, पर उनके मार्ग में बड़े-बड़े विघ्न थे। अन्त में उन्होंने ठेठ हिन्दी का आश्रय लिया जिसमें अरबी-फ़ारसी के प्रचलित शब्द भी रहते थे। उन्होंने ''राजा भोज का सपना,'' ''वीरसिंह का वृत्तान्त'' आदि कई छोटी पुस्तकें इस प्रकार की भाषा में आप तो लिखीं ही, पं. श्रीलाल, पं. वंशीधर आदि अपने अनेक मित्रों से

भी लिखाईं। पर पीछे शिक्षा-विभाग के अधिकारियों की प्रवृत्ति उर्दू की ही ओर अधिक देख "इतिहास-तिमिर-नाशक" आदि में राजा साहब ने "बैतालपचीसी" की भाषा का अनुकरण किया, जो बिलकुल उर्दू है। अपने इस बदले हुए सिद्धान्त का निरूपण उन्होंने "भाषा का इतिहास" नामक एक लेख मं किया जिसमें लिखा कि "हम लोगों को जहाँ तक बन पड़े चुनने में उन शब्दों को लेना चाहिए जो आमफ़हम और ख़ास-पसन्द हों।"

राजा शिवप्रसाद के उर्दू की ओर एकबारगी झुक पड़ने के पहले ही राजा लक्ष्मणसिंह अपने "शकुन्तला नाटक" द्वारा सम्वत् 1919 में थोड़ी संस्कृत-मिली ठेठ और विशुद्ध हिन्दी सामने रख चुके थे जिसमें अरबी-फ़ारसी के शब्द नहीं थे। उसका कुछ अंश राजा शिवप्रसाद ने अपने "गुटका" में सम्मिलित किया था। पीछे जब वे उर्दू की ओर झुके तब राजा लक्ष्मणसिंह ने अपने 'रघुवंश' के अनुवाद के प्राक्कथन में भाषा के सम्बन्ध में अपना मत इस प्रकार प्रकट किया–

"हमारे मत में हिन्दी और उर्दू दो बोली न्यारी-न्यारी हैं। हिन्दी इस देश के हिन्दू बोलते हैं और उर्दू यहाँ के मुसलमानों और पारसी पढ़े हुए हिन्दुओं की बोलबाल है। हिन्दी में संस्कृत के पद बहुत आते हैं; उर्दू में अरबी-पारसी के। परन्तु कुछ अवश्य नहीं है कि अरबी-पारसी के शब्दों के बिना हिन्दी न बोली जाय और न हम उस भाषा को हिन्दी कहते हैं जिसमें अरबी-पारसी के शब्द भरे हों।"

ऊपर के विवरण से स्पष्ट है कि जिस समय राजा लक्ष्मणसिंह और राजा शिवप्रसाद मैदान में आए थे उस समय खींच-तान बनी थी; भाषा के स्वरूप को स्थिरता नहीं प्राप्त हुई थी। वह भाषा का प्रस्ताव-काल था। प्रवर्तन-काल का आरम्भ भारतेन्दु की कुछ रचनाओं के निकल जाने के उपरान्त सम्वत् 1930 के लगभग हुआ। यद्यपि इसके पहले 'विद्यासुन्दर' (सम्वत् 1925) तथा और कई रचना भारतेन्दुजी लिख चुके थे, पर वर्तमान हिन्दी-गद्य के उदय का समय उन्होंने "हरिश्चन्द्र-मैगज़ीन" के निकलने पर, अर्थात् सम्वत् 1930 से, माना है।

भारतेन्दु की भाषा में ऐसी क्या विशेषता पाई गई कि उसका इतना चलन उन्हीं के सामने हो गया, इसका थोड़ा विचार कर लेना चाहिए। सम्वत् 1860 में खड़ी बोली के गद्य का सूत्रपात करनेवालों में मुंशी सदामुख और सदल मिश्र ने ही व्यवहार-योग्य चलती भाषा का नमूना तैयार किया था। पर इन दोनों की रचनाओं में सफाई नहीं थी। बहुत कुछ कूड़ा-करकट भरा था। मुंशी सदासुख भगवद्भक्त पुरुष थे और पंडितों और साधुसन्तों के सत्संग में रहा करते थे। इससे उनके "सुखसागर" की भाषा में बहुत कुछ पंडिताऊपन है। उनकी खड़ी बोली उस ढंग की है जिस ढंग की संस्कृत के विद्वान पंडित काशी, प्रयाग आदि पूरब के नगरों में बोलते थे और अब भी बोलते हैं। यद्यपि मुंशीजी खास दिल्ली के रहनेवाले थे और उर्दू के अच्छे कवि और लेखक थे; पर हिन्दी-गद्य के लिए उन्होंने पंडितों की बोली ही ग्रहण की। "स्वभाव करके वे दैत्य कहलाए," "उसे दुःख होएगा," "बहकावनेवाले बहुत हैं" इस प्रकार के प्रयोग उन्होंने बहुत किए हैं। रहे

सदल मिश्र; उनकी भाषा में पूरबीपन बहुत अधिक है। 'जो' के स्थान पर "जौन," 'माँ' के स्थान पर "मतारी," यहाँ के स्थान पर "इहाँ," "देखूँगी" के स्थान पर "देखौंगी" ऐसे शब्द बराबर मिलते हैं। इसके अतिरिक्त ब्रजभाषा या काव्य-भाषा के ऐसे-ऐसे प्रयोग जैसे "फूलन्ह के," "चहुँदिशि," "सुनि" भी लगे रह गए हैं।

पहले कहा जा चुका है कि लल्लूलाल और राजा शिवप्रसाद के बीच जो 50 वर्ष का अन्तर पड़ता है उसमें ईसाइयों के प्रबन्ध से शिक्षा-सम्बन्धिनी विविध विषयों की पुस्तकें निकलती रहीं। इनकी भाषा अरबी-फारसी के शब्दों से रहित तो अवश्य रहती थी, पर वाक्य-रचना ऊटपटाँग और शब्द-विन्यास विलक्षण होता था। इतना इन पुस्तकों से अवश्य हुआ कि खड़ी बोली गद्य का स्वतन्त्र हिन्दी रूप लोगों के सामने से हटने नहीं पाया। यही कारण है कि राजा शिवप्रसाद और लक्ष्मणसिंह के मैदान में आने के पहले ही साफ-सुथरी हिन्दी लिखनेवाले कुछ लेखक तैयार हो गए थे। सन् 1852 (सम्वत् 1908 + 1909) से "बुद्धिप्रकाश" नाम का एक पत्र आगरे से छपकर प्रकाशित होने लगा था जिसमें समाचारों के अतिरिक्त स्त्री-शिक्षा आदि विषयों पर कुछ निबन्ध भी रहते थे। इस पत्र की भाषा विशुद्ध होने पर भी सदासुख और सदल मिश्र की भाषा से बहुत परिमार्जित है। नमूना देखिए–

स्त्रियों की शिक्षा के विषय

"स्त्रियों में सन्तोष नम्रता और प्रीत यह सब गुण कर्ता ने उत्पन्न किए हैं केवल विद्या ही की न्यूनता है जो यह भी हो तो स्त्रियाँ अपने सारे ऋण से चुक सकती हैं और लड़कों को सिखाना-पढ़ाना जैसा उनसे बन सकता है पुरुषों से नहीं हो सकता यह काम उन्हीं का है कि शिक्षा के कारण बाल्यावस्था में लड़कों को भूल-चूक से बचावें और सरल-सरल विद्या उन्हें सिखावें।"

उद्धृत अंश में विराम-चिह्नों का जैसा अभाव है वैसा ही सारे लेख में है। एक में न जुड़ सकनेवाले वाक्य भी बराबर 'और' लगाकर यहाँ से वहाँ तक जुड़ते चले गए हैं। राजा शिवप्रसाद और राजा लक्ष्मणसिंह की लिखावट में भी यह दोष कुछ-न-कुछ बना रहा।

राजा शिवप्रसाद के गद्य में अधिक खटकनेवाली बात थी उर्दूपन जो दिन-दिन बढ़ता गया। इसी प्रकार राजा लक्ष्मणसिंह के गद्य में खटकनेवाली बात थी आगरे की बोलचाल का पुट। दूसरी बात यह थी कि विशुद्धता का जो आदर्श लेकर राजा लक्ष्मणसिंह चले थे वह एक चलती व्यावहारिक भाषा के उपयुक्त न था। जो फारसी-अरबी के शब्द लोगों की जबान पर नाचा करते थे उन्हें एकदम छोड़ देना भाषा की संचित शक्ति को घटाना था। हँसी-मज़ाक के लिए कुछ अरबी-फारसी के चलते शब्द कभी-कभी कितना अच्छा काम देते हैं, यह हम लोग बराबर देखते हैं।

ऊपर लिखी त्रुटियों को ध्यान में रखते हुए जब हम भारतेन्दु की भाषा पर विचार करने बैठते हैं तब इस बात का समझना कुछ सुगम हो जाता है कि उन्होंने हिन्दी-गद्य

का क्या संस्कार किया। उनकी भाषा में न तो लल्लूलाल का ब्रजभाषापन आने पाया, न मुंशी सदासुख का पंडिताऊपन, न सदल मिश्र का पूरबीपन, न राजा शिवप्रसाद का उर्दूपन, और न राजा लक्ष्मणसिंह का ख़ालिसपन और आगरापन। इतने 'पनों' से एक साथ पीछा छुड़ाना भाषा के सम्बन्ध में बहुत ही परिष्कृत रुचि का परिचय देता है। संस्कृत-शब्दों के आने पर भी भाषा का सुबोध बना रहना, फ़ारसी-अरबी के शब्द आने पर भी साथ-साथ उर्दूपन न आना, हिन्दी की स्वतन्त्र सत्ता का प्रमाण था। उनका भाषा-संस्कार शब्दों की काट-छाँट तक ही नहीं रहा। वाक्य-विन्यास में भी वे सफ़ाई लाए। उनकी लिखावट में एक साथ न जुड़ सकनेवाले वाक्य एक में गुँथे हुए प्रायः नहीं पाए जाते। तात्पर्य के उपयुक्त संयोजक अव्ययों का व्यवहार जैसा इन्होंने चलाया वैसा इनके पहले न था। विराम की परख भी इन्हें राजा लक्ष्मणसिंह और राजा शिवप्रसाद से अच्छी थी।

यह तो हुई भाषा की रूप-प्रतिष्टा की बात। इससे भी बढ़कर काम उन्होंने हिन्दी-साहित्य को एक नए मार्ग पर खड़ा करके किया। वे साहित्य के नए युग के प्रवर्त्तक हुए। यद्यपि देश में नए-नए विचारों और भावनाओं का संचार हो गया था, पर हिन्दी उनसे दूर थी। लोगों की अभिरुचि बदल चली थी, पर हमारे साहित्य पर उसका कोई प्रभाव नहीं दिखाई पड़ता था। शिक्षित लोगों के विचारों और व्यापारों ने तो दूसरा मार्ग पकड़ लिया था, पर उनका साहित्य उसी पुराने मार्ग पर था। ये लोग समय के साथ आप तो कुछ आगे बढ़ आए थे, पर जल्दी में अपने साहित्य को साथ न ले सके थे। उसका साथ छूट गया था और वह उनके विचारक्षेत्र और कार्यक्षेत्र दोनों से अलग पड़ गया था। प्रायः सभी सभ्य जातियों का साहित्य उनके विचारों और व्यापारों से लगा हुआ चलता है। यह नहीं कि उनकी चिन्ताओं और कार्य्यों का प्रवाह एक ओर जा रहा हो और उनके साहित्य का प्रवाह दूसरी ओर।*

फिर यह विचित्र घटना यहाँ कैसे हुई ? बात यह थी कि जिन लोगों के मन में नई शिक्षा के प्रभाव से नए विचार उत्पन्न हो रहे थे, जो आपनी आँखों काल की रीति देख रहे थे और देश की आवश्यकताओं को समझ रहे थे, उनमें अधिकांश तो ऐसे थे जिनका कई कारणों से–विशेषतः उर्दू के बीच में पड़ जाने से–हिन्दी-साहित्य से लगाव छूट-सा गया था और शेष–जिनमें नवीन भावों की कुछ प्रेरणा और विचारों की कुछ स्फूर्ति थी–ऐसे थे जिन्हें हिन्दी-साहित्य का क्षेत्र इतना परिमित दिखाई देता था कि नए-नए विचारों को सन्निविष्ट करने के लिए स्थान ही नहीं सूझता था। उस समय एक ऐसे सामंजस्य-पटु, साहसी और प्रतिभा-सम्पन्न पुरुष की आश्यकता थी जो कौशल से इन बढ़ते हुए विचारों का मेल देश के परम्परागत साहित्य से करा देता। ऐसे ही पुरुष के रूप में बाबू हरिश्चन्द्र साहित्यक्षेत्र में उतरे। उन्होंने हमारे जीवन के साथ हमारे साहित्य को फिर से लगा दिया। बड़े भारी विच्छेद से उन्होंने हमें बचाया।

---

1. इन सब बातों का पूरा विवेचन मैं 'हरिश्चन्द्र-समीक्षा' नामक एक लेख में कर चुका हूँ जो आज से 14-15 वर्ष पहले 'नागरी-प्रचारिणी पत्रिका' भाग 14-15 संख्या 10 में छपा है।

वे सिद्ध-वाणी के अत्यन्त सरस-हृदय कवि थे। इससे एक ओर तो उनकी लेखनी से शृंगाररस के ऐसे रसपूर्ण और मर्मस्पर्शी कवित-सवैये निकलते थे कि उनके जीवनकाल में ही इधर-उधर लोगों के मुँह से सुनाई पड़ने लगे थे और दूसरी ओर स्वदेश-प्रेम से भरे हुए उनके लेख और कविताएँ चारों ओर देश के मंगल का मन्त्र-सा फूँकती थीं। अपनी सर्वतोन्मुखी प्रतिभा के बल से एक ओर तो वे पद्‌माकर और द्विजदेव की परम्परा में दिखाई पड़ते थे, दूसरी ओर बंगदेश के मधुसूदन दत्त और हेमचन्द्र की श्रेणी में; एक ओर तो राधाकृष्ण की भक्ति में झूमते हुए नई 'भक्तमाल' गूँथते दिखाई देते थे, दूसरी ओर टीकाधारी बगला-भगतों की हँसी उड़ाते तथा स्त्री-शिक्षा, समाज-सुधार आदि पर व्याख्यान देते पाए जाते थे। प्राचीन और नवीन का यही सुन्दर सामंजस्य भारतेन्दु की कला का विशेष माधुर्य्य है। साहित्य के एक नवीन युग के आदि में प्रवर्त्तक के रूप में खड़े होकर उन्होंने यह भी प्रदर्शित किया कि नए-नए या बाहरी भावों को पचाकर इस ढंग से मिलाना चाहिए कि वे अपने ही साहित्य के विकसित अंग से लगें। प्राचीन और नवीन के उस सन्धिकाल में जैसी शीतल और मृदुल कला का संचार अपेक्षित था वैसी ही शीतल और मृदुल कला के साथ भारतेन्दु का उदय हुआ, इसमें सन्देह नहीं।

भारतेन्दु ने जिस समय कलम उठाई उस समय हिन्दी-साहित्य में भक्ति, शृंगार आदि की पुराने ढंग की कविताएँ ही होती चली आ रही थीं। गद्य का मैदान एक तरह से खाली ही था। बीच-बीच में साधारण शिक्षासम्बन्धिनी कुछ पुस्तकें अवश्य निकल जाती थीं, पर देशकाल के अनुकूल साहित्य-निर्माण का कोई विस्तृत प्रयत्न तब तक नहीं हुआ था। बंगदेश में ऐसे नए ढंग के नाटकों और उपन्यासों का सूत्रपात हो चुका था जिनमें देश और समाज की नई रुचि और भावना का प्रतिबिम्ब आने लगा था। पर हिन्दी-साहित्य अपने पुराने रास्ते पर ही पड़ा था। बंगदेश की इस नवीन साहित्यिक प्रगति से परिचित होते ही वे नूतन पद्धति पर साहित्य-निर्माण में लग गए। सम्वत् 1925 में उन्होंने 'विद्यासुन्दर' नाटक का बँगला से अनुवाद किया। इस अनुवाद में ही उन्होंने हिन्दी-गद्य के बहुत ही सुडौल रूप का आभास दिया। इसी वर्ष उन्होंने "कविवचनसुधा" नाम की एक पत्रिका निकाली जिसमें पहले पुराने कवियों की कविताएँ छपा करती थीं, पर पीछे गद्य-लेख भी रहने लगे। सम्वत् 1930 में उन्होंने "हरिश्चन्द्र-मैगज़ीन" नाम की मासिक-पत्रिका निकाली जिसका नाम आठ संख्याओं के उपरान्त "हरिश्चन्द्र-चन्द्रिका" हो गया। हिन्दी-गद्य का ठीक परिष्कृत रूप पहले-पहल इसी चन्द्रिका में प्रकट हुआ। जिस प्यारी हिन्दी को देश ने अपनी वाणी की विभूति समझा उसका दर्शन इस पत्रिका में हुआ। स्वयं भारतेन्दु ने नई सुधरी हुई हिन्दी का उदय इसी समय से माना है। उन्होंने "कालचक्र" नाम की अपनी पुस्तक में नोट किया है कि "हिन्दी नई चाल में ढली सन् 1873 ई."।

अपनी "चन्द्रिका" द्वारा भारतेन्दु ने छोटे-छोटे गद्य-निबन्धों का आयोजन किया। वे अपने ही निबन्धों से उस पत्रिका को भरना नहीं चाहते थे। रुचिवैचित्र्य के अनुसार वे अनेक प्रकार की शैलियों का विकास देखा चाहते थे। उसमें प्रकाशित उनका लिखा

"पाँचवें पैगम्बर," मुंशी ज्वाला प्रसाद का "कलिराज की सभा," बाबू तोताराम का "अद्‌भुत अपूर्व स्वप्न," मुंशी कमलाप्रसाद का "रेल का विकट खेल" आदि लेख बहुत दिनों तक लोग बड़े चाव से पढ़ते थे। उपाध्याय पं. बदरीनारायण चौधरी जब अपनी "आनन्दकादम्बिनी" में अपने ही लेख दे चले तब भारतेन्दुजी ने एक दिन उनसे कहा कि "जनाब ! यह किताब नहीं है जो आप अकेले ही इरक़ाम फ़रमाया करते हैं, यह अख़बार है, इसमें हर तरह के लेखकों के लेख चाहिये, यह भी अवश्य नहीं कि सब बड़े भारी लिक्खाड़ हों।" कहने की आवश्यकता नहीं कि भारतेन्दु की चलाई हुई इस साहित्यिक 'निबन्ध'-परम्परा का पालन पं. बालकृष्ण भट्ट, पं. प्रतापनारायण मिश्र, उपाध्याय पं. बदरीनारायण चौधरी आदि उनके कई सहयोगी कुछ दिनों तक करते रहे। परन्तु खेद है कि वह परम्परा खंडित हो गई और हिन्दी-साहित्य में उच्च तात्पर्यपूर्ण निबन्धों का अभाव अभी तक बना ही है।

भारतेन्दुजी की गद्यरचना के भीतर प्रधान स्थान नाटकों का दिखाई पड़ता है। गद्य की शैली आदि का विवेचन करनेवाले पाश्चात्य ग्रन्थों में विचार के लिए नाटकों की उक्तियाँ नहीं की जातीं; प्रायः निबन्ध ही लिये जाते हैं। इसके दो कारण ध्यान में आते हैं। एक तो वह कि निबन्ध में लेखक के अपने भाव और विचार होते हैं या आज कल की नई बोली में उसके "व्यक्तित्व की छाप लगी होती है।" दूसरा यह कि संश्लिष्ट विचारधारा व्यक्त करने की शक्ति की परीक्षा निबन्धों में ही हो सकती है। पर कला की दृष्टि से विचारात्मक गद्य के अतिरिक्त भावात्मक गद्य का भी बहुत-कुछ मूल्य है और जिस प्रकार अपने व्यक्तिगत भावों और विचारों के अभिव्यक्त करने में किसी लेखक की क्षमता का विचार हो सकता है, उसी प्रकार भिन्न-भिन्न प्रकृतिवाले प्राणियों के भावों और विचारों को शब्दों में ठीक-ठीक उतारने में भी। नाटकीय गद्य भी लेखकों की बड़ी भारी कसौटी है। उसकी सफलता भाषा पर विस्तृत अधिकार सूचित करती है। इसके अतिरिक्त नाटककार अपने व्यक्तिगत भावों और विचारों की व्यंजना भी तो कभी-कभी किसी पात्र के मुँह से कराते ही हैं।

इस संग्रह में भारतेन्दुजी के प्रायः सब नाटकों से एक-एक दृश्य तथा कुछ अन्य फुटकर लेख लेकर रखे गए हैं, जिसमें सब प्रकार के प्रसंगों के अनुरूप उनकी भाषा की गतिविधि भासित हो जाय।

नाटकीय गद्य में बहुत लम्बे-लम्बे और उलझे हुए वाक्य नहीं होने चाहिएँ। पात्रों के भाषण में वाक्य उतने ही बड़े होने चाहिएँ जितने सुनने के साथ ही समझे जा सकें। इस बात का ध्यान बाबू हरिश्चन्द्र के सब नाटकों में रक्खा गया है। हाँ, कहीं-कहीं लम्बी वक्तृताएँ अवश्य हैं जो नाट्‌यकला के आधुनिक झुकाव के अनुकूल नहीं। इस संग्रह में भी कुछ ऐसे लम्बे भाषण मिलेंगे, क्योंकि वह संग्रह भाषा के सौष्ठव की दृष्टि से किया गया है, नाट्‌यकला की दृष्टि से नहीं। भारतेन्दु की भाषा के सम्बन्ध में पहले विचार कर आए हैं। यहाँ पर इतना ही और कहने की ज़रूरत है कि भारतेन्दु और उनके समसामयिक लेखकों का ध्यान व्याकरण के नियमों पर उतना स्थिर नहीं हुआ था, इससे

'दीवार बनाया,' 'आज्ञा किया,' 'भेंड़ बेचा,' ऐसे व्याकरण-विरुद्ध प्रयोग कहीं-कहीं मिल जाते हैं जिन्हें चाहें तो 'पूरबीपन' भी कह सकते हैं। खड़ी बोली की दिल्लीवाली कसौटी पर कसते हैं तो भारतेन्दु की भाषा में कहीं-कहीं 'पूरबीपन' की कुछ झाईं मिल जाती है–पर बहुत कम।

आशा है, इस संग्रह द्वारा मनोरंजन के साथ-साथ भारतेन्दु के भाषा-सौष्ठव का भी अच्छा परिचय होगा।

('गुरुधाम' दुर्गाकुंड, काशी पौष-पूर्णिमा 1985 रामचन्द्र शुक्ल)

युगप्रवर्तक भारतेन्दु हरिश्चन्द्र

हिन्दी गद्य साहित्य का सूत्रपात करनेवाले चार महानुभाव कहे जाते हैं—मुंशी सदासुख लाल, इंशाअल्ला खाँ, लल्लू लाल और सदल मिश्र। ये चारों सं. 1860 के आसपास वर्तमान थे। सच पूछिए तो ये गद्य के नमूने दिखानेवाले ही रहे, अपनी परम्परा प्रतिष्ठित करने का गौरव इनमें से किसी को भी प्राप्त न हुआ। हिन्दी गद्य साहित्य की अखंड परम्परा का प्रवर्तन इन चारों लेखकों के 70-72 वर्ष पीछे हुआ। विक्रम की बीसवीं शताब्दी का प्रथम चरण समाप्त हो जाने पर जब भारतेन्दु ने हिन्दी गद्य की भाषा को सुव्यवस्थित और परिमार्जित करके उसका स्वरूप स्थिर कर दिया तब से गद्य साहित्य की परम्परा लगातार चली। इस दृष्टि से भारतेन्दु जी जिस प्रकार वर्तमान गद्य-भाषा के स्वरूप-प्रतिष्ठापक थे, उसी प्रकार वर्तमान साहित्य परम्परा के प्रवर्तक। जिस समय राजा लक्ष्मण सिंह और राजा शिवप्रसाद मैदान में आए थे उस समय खींचतान बनी थी, भाषा के स्वरूप को स्थिरता नहीं प्राप्त हुई थी। वह भाषा का प्रस्ताव काल था। प्रवर्तन काल का आरम्भ भारतेन्दु की कुछ रचनाओं के निकल जाने के उपरान्त सं. 1930 के लगभग हुआ। यद्यपि इसके पहले 'विद्यासुन्दर' (सं. 1925) तथा और कई नाटक भारतेन्दुजी लिख चुके थे, पर वर्तमान हिन्दी गद्य के उदय का समय उन्होंने 'हरिश्चन्द्र मैगजीन' के निकलने पर अर्थात् सं. 1930 से माना है।

भारतेन्दु की भाषा में ऐसी क्या विशेषता पाई गई कि उसका इतना चलन उन्हीं के सामने हो गया, इसका थोड़ा विचार कर लेना चाहिए। सं. 1860 में खड़ी बोली के गद्य का सूत्रपात करनेवालों में मुंशी सदासुख और सदल मिश्र ने ही व्यवहार योग्य चलती भाषा का नमूना तैयार किया था। पर इन दोनों की रचनाओं में सफाई नहीं थी। बहुत कुछ कूड़ा-करकट भरा था। मुंशी सदासुख भगवद्भक्त पुरुष थे और पंडितों तथा साधु सन्तों के सत्संग में रहा करते थे। इससे उनके 'सुखसागर' की भाषा में बहुत कुछ पंडिताऊपन है। इसके अतिरिक्त ब्रजभाषा या काव्यभाषा के ऐसे-ऐसे प्रयोग जैसे—'फूलन्ह के', 'चहुँदिशि', 'सुनि' भी लगे रह गए हैं।

इन दोनों के पीछे राजा शिवप्रसाद और लक्ष्मण सिंह का समय आता है। राजा शिवप्रसाद के गद्य में अधिक खटकनेवाली बात थी उर्दूपन, जो दिन-दिन बढ़ता गया। इसी प्रकार राजा लक्ष्मण सिंह के गद्य में खटकनेवाली बात थी आगरे की बोलचाल का पुट। दूसरी बात यह थी कि विशुद्धता का जो आदर्श लेकर राजा लक्ष्मण सिंह चले थे

वह एक चलती व्यावहारिक भाषा के उपयुक्त न था। फारसी-अरबी के जो शब्द लोगों की जबान पर नाचा करते थे उन्हें एकदम छोड़ देना भाषा की संचित शक्ति को घटाना था। हँसी-मजाक के लिए अरबी-फारसी के चलते शब्द कभी-कभी कितना अच्छा काम देते हैं यह हम लोग बराबर देखते हैं।

ऊपर लिखी त्रुटियों को ध्यान में रखते हुए जब हम भारतेन्दु की भाषा पर विचार करने बैठते हैं तब इस बात को समझना कुछ सुगम हो जाता है कि उन्होंने हिन्दी गद्य का क्या संस्कार किया। उनकी भाषा में न तो लल्लूलाल का ब्रजभाषापन आने पाया, न मुंशी सदासुख का पंडिताऊपन, न सदल मिश्र का पूरबीपन, न राजा शिवप्रसाद का उर्दूपन और न राजा लक्ष्मण सिंह का खालिसपन और आगरापन। इतने 'पनों' से एक साथ पीछा छुड़ाना भाषा के सम्बन्ध में बहुत ही परिष्कृत रुचि का परिचय देता है। संस्कृत शब्दों के रहने पर भी भाषा का सुबोध बना रहना, फारसी-अरबी के शब्द आने पर भी साथ-साथ उर्दूपन न आना, हिन्दी की स्वतन्त्र सत्ता का प्रमाण था। उनका भाषा संस्कार शब्दों की काट-छाँट तक ही नहीं रहा, वाक्य विन्यास में भी वे बड़ी सफाई लाए। उनकी लिखावट में एक साथ न जुड़ सकनेवाले वाक्य एक में गुँथे हुए प्रायः नहीं पाए जाते। तात्पर्य यह है कि उपयुक्त संयोजक अव्ययों का व्यवहार जैसा उन्होंने चलाया वैसा उनके पहले न था। विराम की परख भी उन्हें राजा लक्ष्मण सिंह और राजा शिवप्रसाद सिंह से कहीं अच्छी थी।

चली आती हुई काव्यभाषा के स्वरूप पर भी उनकी दृष्टि गई। उन्होंने देखा कि बहुत-से ऐसे शब्द जिन्हें बोलचाल से उठे कई सौ वर्ष हो गए थे, कविताओं में बराबर लाए जाते हैं, जिससे वे सर्वसाधारण के लगाव से कुछ दूर पड़ती जाती हैं। 'ठायो', 'करसायल', 'ईठ', 'दीह', 'ऊनी', 'लोय' आदि के कारण बहुत-से लोग हिन्दी कविता को अपने से कुछ दूर की चीज समझने लगे थे। दूसरा दोष जो बढ़ते-बढ़ते बहुत बुरी हद तक पहुँच गया था वह शब्दों का तोड़-मरोड़ था।

बाबू हरिश्चन्द्र द्वारा इन बातों का भी बहुत कुछ सुधार चाहे जान में या अनजान में हुआ। इस प्रकार काव्य की ब्रजभाषा के लिए भी उन्होंने बहुत अच्छा रास्ता दिखाया। अपने रसीले कवित्तों और सवैयों में उन्होंने चलती भाषा का ही व्यवहार किया है, जैसे–

आजु लौं जौं न मिले तौ कहा, हम तौ तुम्हरे सब भाँति कहावैं।
मेरो उराहनो है कछु नाहिं सबै फल आपने भाग को पावैं॥
जो 'हरिश्चन्द्र' भई सो भई अब प्रान चले चहैं तासों सुनावैं।
प्यारे जू ! है जग की यह रीति, विदा के समय सब कंठ लगावैं॥

यह तो हुई भाषा की रूप-प्रतिष्ठा की बात। इससे भी बढ़कर काम उन्होंने हिन्दी साहित्य को एक नए मार्ग पर खड़ा करके किया। वे साहित्य के नए युग के प्रवर्तक हुए। यद्यपि देश में नए-नए विचारों और भावनाओं का संचार हो गया था, पर हिन्दी उनसे दूर थी। लोगों की अभिरुचि बदल चली थी, पर हमारे साहित्य पर उनका कोई प्रभाव

नहीं दिखाई पड़ता था। शिक्षित लोगों के विचारों और व्यापारों ने तो दूसरा मार्ग पकड़ लिया था, पर उनका साहित्य उसी पुराने मार्ग पर था।

बात यह थी कि जिन लोगों के मन में नई दिशा के प्रभाव से नए विचार उत्पन्न हो रहे थे, जो अपनी आँखों काल की गति देख रहे थे और देश की आवश्यकताओं को समझ रहे थे, उनमें अधिकांश तो ऐसे थे जिनका कई कारणों से विशेषतः उर्दू के बीच में पड़ जाने से हिन्दी साहित्य से लगाव छूट-सा गया था और शेष जिनमें नवीन भावों की कुछ प्रेरणा और विचारों की कुछ स्फूर्ति थी—ऐसे थे जिन्हें हिन्दी साहित्य का क्षेत्र इतना परिमित दिखाई देता था कि नए-नए विचारों को सन्निविष्ट करने के लिए स्थान ही नहीं सूझता था। उस समय एक ऐसे सामंजस्य-पटु, साहसी और प्रतिभासम्पन्न पुरुष की आवश्यकता थी जो कौशल से इन बढ़ते हुए विचारों का मेल देश के परम्परागत साहित्य से करा देता। ऐसे ही पुरुष के रूप में बाबू हरिश्चन्द्र साहित्य-क्षेत्र में उतरे। उन्होंने हमारे जीवन के साथ हमारे साहित्य को फिर से लगा दिया। बड़े भारी विच्छेद से उन्होंने हमें बचाया।

वे सिद्ध वाणी के अत्यन्त सरस-हृदय कवि थे। इससे एक ओर तो उनकी लेखनी से शृंगार-रस के रसपूर्ण मर्मस्पर्शी कवित्त-सवैये निकलते थे जो उनके जीवनकाल में ही इधर-उधर लोगों के मुँह से सुनाई पड़ने लगे थे और दूसरी ओर स्वदेश प्रेम से भरे हुए उनके लेख और कविताएँ चारों ओर देश के मंगल का मन्त्र-सा फूँकती थीं। साहित्य के एक नवीन युग के आदि में प्रवर्तक के रूप में खड़े होकर उन्होंने यह भी प्रदर्शित किया कि नए-नए या बाहरी भावों को पचाकर इस ढंग से मिलाना चाहिए कि वे अपने ही साहित्य के विकसित अंग से लगें। प्राचीन और नवीन के उस सन्धिकाल में जैसी शीतल और मृदुल कला का संचार अपेक्षित था वैसे ही शीतल और मृदुल कला के साथ भारतेन्दु का उदय हुआ, इसमें सन्देह नहीं।

(वीणा, सितम्बर 1935)

भारतेन्दु हरिश्चन्द्र और हिन्दी

हिन्दी की वर्तमान गति का आरम्भ भारतेन्दु बाबू हरिश्चन्द्र की लेखनी ही से है। इनके पूर्व हिन्दी का प्रवाह किस ओर को था और इन्होंने उसे किस ओर फेरा यही दिखलाने का यत्न इस लेख में किया जायगा। भारतेन्दु ने जिस अवस्था में हिन्दी को पाया वह विलक्षण थी। पद्य में जायसी, सूर, तुलसी आदि के आख्यान काव्यों का समय एक प्रकार से बीत चुका था। केशव के चलाए हुए नायिका भेद, रस, अलंकार आदि को लक्ष्य करती हुई स्फुट कविताओं के छींटे उड़ गए थे। गद्य प्रेम-सागर, सिंहासन बत्तीसी और वैताल पच्चीसी से सन्तोष किए बैठा था।

यद्यपि देश में नए-नए भावों का संचार हो गया था पर हमारी भाषा उनसे दूर थी। यद्यपि लोगों की अभिरुचि बदल चली थी पर हमारे साहित्य पर उसका आभास नहीं पड़ा था। शिक्षित लोगों के विचारों और व्यापारों ने दूसरा मार्ग तो पकड़ लिया था पर उनका साहित्य उसी पुराने मार्ग ही पर था। ये लोग समय के साथ स्वयं तो कुछ आगे बढ़ आए पर जल्दी से अपने साहित्य को साथ न ले सके। उसका साथ छूट गया और वह उनके कार्यक्षेत्र में अलग पड़ गया। प्रायः सब सभ्य जातियों का साहित्य विचारों और व्यापारों से लगा हुआ चलता है। यह नहीं कि उनकी चिन्ताओं और कार्य्यों का प्रवाह तो एक ओर हो और उनके साहित्य का प्रवाह दूसरी ओर। फिर यह विचित्र घटना यहाँ कैसे हुई ? बात यह है कि जिन लोगों के हृदय में नई शिक्षा के प्रभाव से नए विचार उत्पन्न हो चले थे, जो अपनी आँखों से देश-काल का परिवर्तन देख रहे थे उनमें अधिकांश तो ऐसे थे जिनका कई कारणों से हिन्दी साहित्य से लगाव टूट-सा गया था और शेष ऐसे थे जिन्हें हिन्दी साहित्य का मंडल बहुत ही बद्ध और परिमित दिखाई देता था, जिन्हें इन नए विचारों को सन्निवेशित करने के लिए स्थान ही नहीं सूझता था। उस समय एक ऐसे साहसी और प्रतिभासम्पन्न पुरुष की आवश्यकता थी जो कौशल से इन बढ़ते हुए विचारों का मेल देश के परम्परागत साहित्य से करा देता। बाबू हरिश्चन्द्र का प्रादुर्भाव ठीक ऐसे ही समय में हुआ।

इन्होंने कविता पर जो दृष्टि डाली तो देखा कि बहुत से ऐसे शब्द जिन्हें बोलचाल से उठे कई सौ वर्ष हो गए, कवित्त और सवैयों में बराबर खपाए जाते हैं जिससे जनसाधारण का ध्यान उनकी ओर से फिरता जाता है। चक्कवै, अमेजे, मजेजे, ठायो, करसायल, ईठ, दीह, ऊनो, लोह आदि के कारण बहुत से लोग हिन्दी कविता से किनारा

खींचने लगे हैं। दूसरा दोष जो बढ़ते-बढ़ते बहुत बुरी सीमा को पहुँच गया था वह शब्दों का तोड़-मरोड़ और गढ़े हुए मनमाने शब्दों का प्रयोग था। जैसे "कपियों का स्वभाव रूख तोड़ना" गोस्वामी तुलसीदास ने लिखा है वैसे ही इन कवियों का स्वभाव शब्द तोड़ना हो चला था। बाबू हरिश्चन्द्र ने इन बातों का संशोधन करना आरम्भ किया और ब्रजभाषा की फुटकर कविताओं के लिए भी अच्छा मार्ग दिखलाया। उन्होंने अपने रसीले कवित्तों और सवैयों में ऐसे शब्दों का प्रयोग बहुत कम किया है और उनकी भाषा बोलचाल की भाषा से मिलती हुई रक्खी है। जैसे–

आजु लौं जो न मिले तो कहा, हम तो तुम्हरे सब भाँति कहावैं।
मेरो उराहनो है कछु नाहिं सबै फल आपने भाग को पावैं॥
जो हरिश्चन्द भई सो भई अब प्रान चले चहैं तासो सुनावैं।
प्यारे जू है जग की यह रीति विदा के समय सब कंठ लगावैं॥

इसी कारण इनकी कविताओं का प्रचार भी देखते-देखते हो गया। लोगों के मुँह से इनके सवैये चारों ओर सुनाई देने लगे; इनके गीतों को स्त्रियाँ तक घर-घर में गाने लगीं। इनकी कविता बहुत ही जनप्रिय हुई। इनके समय ही में जो-जो संग्रह बने उन सबमें प्रायः इनकी कविताएँ विशेषकर सवैये दिए गए। इन्होंने मनुष्य के मनोवेगों को बड़ी सीधी-सादी पर परिपूर्ण भाषा में निकालने का प्रयत्न किया है। लीक पीटनेवालों की उस शब्दावली को जो पुरानी पड़ गई थी, इन्होंने बहुत कुछ छाँटा। ये बड़े भारी साहित्य संशोधक हुए। इनके सीधे-सादे शब्दों से भाव टपके पड़ते हैं। जिसे इनकी कविता 'साधारण' जँचे उसे समझना चाहिए कि "खड्ड बड्ड" वाले कविन्दों ने भावकता का नाश करके उसके हृदय को कुरुचिपूर्ण कर दिया है।

पर सबसे बड़ा काम तो इस महात्मा को यह करना था कि वह स्वदेशाभिमान, स्वजाति प्रेम, समाज-सुधार आदि के आधुनिक उद्‌गारों के प्रवाह के लिए हिन्दी को चुने तथा इतिहास, विज्ञान, पुरावृत्त आदि समस्त समयापेक्षित विषयों की ओर हिन्दी को दौड़ा दे। इन्होंने अपनी लेखनी को इन नवीन विषयों पर चलाया। स्वदेशाभिमान और स्वदेश प्रेम को लेकर तो मानो यह कवि उतरा ही था। देश के प्राचीन गौरव को स्मरण कराके उसके एक-एक यशस्वी महापुरुष का नाम लेकर उसकी वर्तमान दुरवस्था पर आँसू बहवाने के लिए तो ये आए ही थे। इनके जीवन में "भारत, भारत" की जो धुन बँधी वह बराबर बँधी रही। विजयिनी विजय वैजयन्ती लेकर आप मिश्र से लौटी हुई हिन्दुस्तानी सेना को बड़ाई करने और सरकार को बधाई देने चले पर बीच में इस विचार में पड़ गए कि–

सहसन बरसन सों सुन्यो जो सपनेहुँ नहिं कान।
सो "जय भारत" शब्द क्यों पूर्‌यो आज जहान॥

फिर क्या था भारत का भूत सिर पर सवार हो गया।

हाय वही भारत भुव भारी।
सबही विधि सों भई दुःखारी॥
भारत भुज बल लहि जग रच्छित।

भारत विद्या सों जग सिच्छित॥
भारत किरिन जगत उँजियारा।
भारत जीव जियत संसारा॥

उन ऐतिहासिक स्थलों और घटनाओं को स्मरण कराने से यह कवि कब चूकता जिनके नाममात्र हिन्दू सन्तान के लिए कविता हैं। कविता वही जिससे चित्त किसी आवेग में लीन हो जाय।* कौन ऐसा इतिहासविज्ञ भारत सन्तान होगा जिसका रक्त पानीपत, थानेश्वर, चित्तौर, रणथंभौर आदि नाम सुनते ही चंचल न हो उठे। कौन ऐसा स्तब्ध और जड़ हिन्दू होगा जिसके हृदय में इन नामों को सुनते ही अनेक प्रकार के भाव न उठने लगें। यदि कोई कवि इन दो-चार नामों को केवल एक साथ ले ले तो वह अपना काम कर चुका। इन नामों ही में भाव भरे हैं। वे अकेले ही कल्पना को उभाड़ सकते हैं। मेकाले ने मिल्टन की कविता को इटली के एक कवि की कविता से मिलान करते हुए कहा है कि मिल्टन जब किसी वस्तु का वर्णन होता है तब उसे अपने शब्दों से नाप-जोखकर बिल्कुल परिमित नहीं कर देता वरन् कुछ काम अपने पाठकों की कल्पना के लिए भी छोड़ देता है। अब देखिए इन नामों को भारतेन्दु ने किस प्रकार लिया है :

हाय पंचनद हा पानीपत।
अजहूँ रहे तुम धरनि विराजत॥
हाय चितौर निलज तू भारी।
अजहूँ खरो भारतहि मझारी॥
जा दिन तब अधिकार नसायो।
ताही दिन किन धरनि समायो॥
तुममें जल नहिं जमुना गंगा।
बढ़हु बेगि करि प्रबल तरंगा॥
बोरहु किन झट मथुरा काशी।
धोवहु यह कलंक की राशी॥

भारत दुर्दशा में आलस्य आदि को लाकर इस कवि ने देश दशा को इस ढंग से झलकाया है कि नए और पुराने दोनों ढाँचे के लोगों का मन उसमें लगे। इस कारीगर में बड़ा भारी गुण यह था कि इसने नए और पुराने विचारों को अपनी रचनाओं में इस तरह मिलाया कि कहीं से जोड़ मालूम न हुआ। पुराने भावों और आदर्शों को लेकर इसने नए आदर्श खड़े किए। देखिए, नीलदेवी में एक देवता के मुँह से भारतवर्ष का कैसा मर्मभेदी भविष्य कहलाया है—

सब भाँति दैव प्रतिकूल होइ यहि नासा।
अब तजहु वीर वर भारत की सब आसा॥
अब सुख सूरज को उदय नहीं इत ह्वै है।
मंगलमय भारत भुव मसान ह्वै जै है॥

---

1. गत वर्ष की 'सरस्वती' में प्रकाशित मेरा 'कविता क्या है ?' शीर्षक प्रबन्ध देखिए।

राजा सूर्य देव के मारे जाने पर रानी नील देवी ने जिस रीति से भगवान को पुकारा है वह कोई नई नहीं, यह वही रीति है जिससे द्रौपदी ने कृष्णचन्द्र को पुकारा था, भेद इतना ही है कि द्रौपदी ने अपनी लज्जा रखने के लिए पुकार मचाई थी, इसने देश की लज्जा रखने के लिए पुकारा–

कहाँ करुणानिधि केशव सोए।
जागत नाहिं अनेक जतन करि भारतवासी रोए॥

इन्होंने समाज की कुरीतियों को दिखलाकर बराबर उनके सुधार पर जोर दिया है पर अपने विचारों को परम्परागत विचारों से बिलकुल अलग करते हुए नहीं वरन् उनसे लगाव रखते हुए काश्मीर कुसुम, बादशाह, दर्पण, कालचक्र, पुरावृत संग्रह आदि लिखकर इन्होंने इन विषयों की ओर हिन्दी को लगा दिया। इनके कविवचन सुधा, मैगजीन की देखादेखी हिन्दी में सामयिक पत्र और पत्रिकाएँ निकल पड़ीं। आज जो हम लोग नए-नए विचारों को मँजी हुई भाषा में प्रगट करते हैं वह इन्हीं बाबू हरिश्चन्द्र की बदौलत। न तो लल्लू लाल की बोली से हमारा काम चलता और न वैद्यक आदि के ग्रन्थों की टीकाओं की भाषा से। हिन्दी को उन्नति के आधुनिक मार्ग पर लाकर खड़ा करनेवाले और उसे हमारे साथ फिर लगानेवाले बाबू हरिश्चन्द्र ही हुए। अब हमें चाहिए कि राजनीति, विज्ञान, दर्शन, कला आदि के जो-जो भाव हम अपनी संसार यात्रा में प्राप्त करते जायँ उन्हें इस अपनी मातृभाषा हिन्दी को बराबर सौंपते जायँ क्योंकि यही उन्हें हमारी भावी सन्तति के लिए संचित रक्खेगी।

(1910)

हरिश्चन्द्र समीक्षा

बाबू हरिश्चन्द्र के हिन्दी को नए रास्ते पर लाने की बात हम पहिले कह चुके हैं। अब यह देखना है कि यदि वे कवि थे तो किस ढंग के थे। जिन लोगों ने कविता पर लिखे हुए मेरे सब निबन्धों को ध्यानपूर्वक पढ़ा होगा उन्हें विदित होगा कि मनोरंजन के साथ मैंने काव्य के दो उपयोगी कार्य्य माने हैं :

1. कल्पना की शुद्धि
2. मनोवेगों का परिष्कार

इन दोनों कार्य्यों का साधन कवि लोग प्रकृति के दो विभाग करके देते हैं, बाह्य प्रकृति (External Nature) और मानव प्रकृति (Human Nature)। प्रथम कार्य्य का साधन तो कवि वन, पर्वत, नदी, निर्झर, लता, वृक्ष आदि प्राकृतिक वस्तुओं को कल्पना में उपस्थित करके करता है। और दूसरे का मनोवेगों के उत्कर्ष तथा सृष्टि के बीच उनके उचित और सुन्दर स्थानों को दिखाकर। इनमें से कोई-कोई महाकवि तो दोनों कार्य्यों में कुशल होता है। जैसे वाल्मीकि, कालिदास, भवभूति और तुलसीदास और कोई प्रथम में कोई द्वितीय में। बाबू हरिश्चन्द्र अधिकांश भाषा कवियों के समान इन तीसरे प्रकार के कवियों में थे। यद्यपि इन्होंने अपनी कविता द्वारा नए-नए प्रभाव उत्पन्न किए पर उसके साधनों को परम्परानुसार ही रखा। मानव व्यापारों ही के उत्तेजक अंशों को छाँटकर इन्होंने मनोवेगों को उभाड़ने और ठीक करने का प्रयत्न किया है। और प्राकृतिक पदार्थों और व्यापारों की शक्ति पर बहुत कम ध्यान दिया। इन्होंने मनुष्य को सारी सृष्टि के बीच रखकर नहीं देखा वरन् उसे उसी के उठाए हुए घेरे में रखकर देखा। मनुष्य की सृष्टि को उसके फैलाए हुए प्रपंचावरण से बाहर प्राकृतिक दृश्यों की ओर ले जाने का प्रयत्न इन्होंने नहीं किया जिससे वह अपनी स्थिति के विस्तार को देख मनुष्य मात्र ही होने से सन्तोष कर सकता है। पर किया क्या जाता ? हिन्दी साहित्य का उत्थान ही ऐसे समय में हुआ जब लोगों की रुचि बिगड़ चुकी थी। वाल्मीकि, कालिदास और भवभूति के आदर्श लोगों के सामने से हट चुके थे।

हमारे आदि कवि वाल्मीकि के हृदय में जिस कविता का प्रादुर्भाव हुआ था वही सच्ची कविता थी। उन्होंने जो मार्ग दिखाया था, वही सच्चा मार्ग था। देखिए वर्षा का कैसा प्राकृतिक चित्र उन्होंने खीचा है–

क्वचित्प्रकाशं, क्वचिदप्रकाशं
नभः प्रकीर्णाम्बुः घनं विभाति।
क्वचित् क्वचित्पर्वतं सन्निरुद्धं,
रूपं यथा शान्तमहार्णवस्य॥
व्यामिश्रितं सर्जकदम्बपुष्पैः,
नैवं जलं पर्वतधातुताम्रम्॥
मयूर केकाभिरनुप्रयातं
शैलापगाः शीघ्रतरं बहन्ति॥
मेधाभिकामा परिसम्पतन्ती,
सम्मोदिता भाति बलाकपंक्तिः।
वातावधूतावर पौण्डरीकी,
लम्बेव माला रुचिराम्वरस्य॥
बालेन्द्र गोपान्तरचित्रितेन,
विभाति भूमिर्नवशाद्वलेन।
गात्रानुपृक्तेन शुकप्रभेण
नारीव लाक्षोक्षित कम्बलेन॥
समुद्वहन्तः सलिलातिभारं,
बलाकिनो वारिधरा नदन्तः।
महत्सु शृङ्गेषु महीधराणां,
विश्रम्य विश्रम्य पुनः प्रयाति॥
प्रहर्षिता केतकिपुष्पगन्ध
माघ्राय मत्ता बननिझरिषु।
प्रयात शब्दाकुलिता गजेन्द्रा,
सद्धिं मयूरैः समदा नदन्दि॥
अङ्गार चूर्णोत्कर सन्निकाशैः,
फलैः सुपर्य्याप्तरसैः समृद्धैः।
जम्बूद्रुमाणां प्रविभाति शाखा,
निपीयमाना इव षटपदौधैः॥
महान्ति कूटानि महीधराणां
धाराविधौतान्यधिकं विभान्ति।
महाप्रमाणैर्विपुलैः प्रयातै
मुक्ताकलापैरिव लम्बमानै॥

उपर्युक्त वर्णन में किस सूक्ष्मता के साथ कविकुल गुरु ने ऐसे प्राकृतिक व्यापारों का निरीक्षण किया है जिनको बिना किसी उक्ति के गिना देना ही कल्पना पर प्रभाव डाल उसे निरोग करने के लिए बहुत है। कालिदास के कुमारसम्भव का हिमालय वर्णन,

रघुवंश में उस वन का वर्णन जहाँ नन्दिनी को लेकर दिलीप गए हैं, तथा मेघदूत में यक्ष के बताए हुए मार्ग का वर्णन बार-बार पढ़ने योग्य है। भवभूति का तो कहना ही क्या है। देखिए–

एतेत एव गिरयो विरुवन्मयूरा।
स्तान्येव मत्तहरिणानि वनस्थलानि॥
आमंचु वंजुल लतानि च तान्यमूनि।
नीरन्ध्रनीलनिचुलानि सरित्तटानि॥

इस तरह की कविता क्या इनके पीछे फिर भारतवर्ष में हुई ? यहीं से तो उसने दूसरा मार्ग पकड़ा।

इन महाकवियों ने प्रसंगवश नहीं वरन् केवल वर्णन की रोचकता के लिए जहाँ मानुषी व्यापार दिखाने की इच्छा हुई है वहाँ उन्होंने ऐसे ही स्थलों के व्यापारों को दिखलाया है जहाँ मनुष्य से प्रकृति की सन्निकटता है। ऐसे ग्रामों के आसपास किसानों का खेत जोतना वा काटना, ग्वालों का गाय चराना इत्यादि इत्यादि। जैसे मेघदूत में यक्ष मेघ से कहता है–

(क) *त्वय्यायत्तं कृषिफलमिति भ्रू विकारानभिज्ञैः*
प्रीतिस्निग्धैर्जनपदवधूलोचनैः पीयमानः॥
सद्यस्सीकरोत्कर्षणसुरभिः क्षेत्रमारुह्य मालं
किंचितपश्चाद्व्रज लघुगतिः किंचिदेवोत्तरेण॥

(ख) *कृषी निरावहिं चतुर किसाना।*
जिमि बुध तजहिं मोह मद माना॥

सच्चे कवि ऋतु आदि के वर्णन में ऐसे ही व्यापारों को सामने लाए हैं। ऐसे कवि ग्रीष्म में छाया के नीचे बैठकर हाँफते हुए कुत्तों और पानी में बैठी हुई भैंसों का उल्लेख चाहे भले ही कर जायँ पर पसीने से तर रोकड़ मिलाते हुए मुनीम जी की ओर ध्यान न देंगे।

मनुष्य के व्यापार परिमित और संकुचित हैं। अतः वाह्य प्रकृति के अनन्त और असीम व्यापारों के सूक्ष्म-से-सूक्ष्म अंशों को तारतम्यपूर्वक दिखाकर कल्पना को शुद्ध और विस्तृत करना कवि का धर्म्म है। धीरे-धीरे लोग इस बात को भूल चले। इधर उच्च श्रेणी के जो भी कवि हुए उन्होंने अधिकतर मनुष्य की चित्तवृत्तियों के विविध रूपों को बड़े कौशल और तीव्रता के साथ दिखाया परन्तु वाह्य प्रकृति की स्वच्छन्द क्रीड़ा की ओर कम ध्यान दिया। पीछे से तो राजाश्रय-लोलुप मँगते कवियों के कारण कविता केवल वाक्पटुता वा शब्दों का शतरंज बन गई, विषयी लोगों के काम की चीज हो गई। भर्तृहरि के समय ही से यह दुर्व्यवस्था आरम्भ हो गई थी जिस पर उन्होंने दुःख के साथ कहा है–

पुरा विद्वत्तासीदुपशमदतां क्लेशहतये।
गता कालेनासौ विषय सुख सिध्यैर्विषयिणाम्॥

वन, नदी, पर्वत आदि इन याचक कवियों को क्या दे देते जो उसका वर्णन करते। जायसी, सूर, तुलसी आदि स्वच्छन्द कवियों ने हिन्दी कविता को उठाकर खड़ा ही किया था कि केशव ने पैर छानकर उसे गन्दे बाजारों में चरने के लिए छोड़ दिया। फिर क्या था, नायिकाओं के पैरों में मखमल के सुर्ख बिछौने गड़ने लगे। यदि कोई षट्ऋतु की लीक पीटने खड़े हुए तो कहीं शरद की चाँदनी से किसी विरहिणी का शरीर जलाया, कहीं कोयल की कूक से कलेजों के टूक किए, कहीं किसी को प्रमोद से प्रमत्त किया, क्योंकि उन्हें तो इन ऋतुओं के वर्णनों को उद्दीपन मात्र मानकर संयोग या वियोग शृंगार के अन्तर्गत ही लाना था। उनकी दृष्टि प्रकृति के इन व्यापारों पर तो जमती ही नहीं थी। नायक या नायिका ही पर दौड़-दौड़कर जाती थी अतः इसके नायक-नायिका की अवस्था विशेष और प्रकृति की दो-चार इनी-गिनी वस्तुओं से जो सम्बन्ध होता था उसी को दिखाकर ये किनारे हो जाते थे।

बाबू हरिश्चन्द्र ने यद्यपि समयानुकूल प्रसंगों को छेड़ नए-नए भाव उत्पन्न किए पर उन्होंने भी प्रकृति पर कुछ प्रेम नहीं दिखाया। इनका जीवन वृत्तान्त पढ़ने से भी पता लगता है कि वे प्रकृति के उपासक न थे। उन्हें जंगल, पहाड़, नदी आदि को देखने का उतना शौक न था। वे अपने भाव दस तरह के आदमी के साथ उठ-बैठकर प्राप्त करते थे। इसी से मनुष्यों के गुण स्वभाव को यथातथ्य अंकित करने में अद्वितीय हुए हैं। हिन्दी में इनके जोड़ का दूसरा मुश्किल से मिलेगा। भारत दुर्दशा, नील देवी, वैदिकी हिंसा हिंसा न भवति, विषस्य विषमौषधम् आदि देखने से यह बात अच्छी तरह मन में बैठ जाती है।

ऐसा भी कहा जाता है कि एक दिन इनके यहाँ बैठकर एक रंडी गा रही थी। जिसे देखकर इन्होंने कोई कविता बनाई और पास के लोगों से कहा, "देखो, यदि हम इसका सत्संग न रखें तो ये भाव कहाँ से सूझें ?" ये उर्दू कविता के भी प्रेमी थे जिसमें बाह्य प्रकृति के निरीक्षण की चाल ही नहीं और जिसमें कल्पना के सामने आनेवाले चित्रों के Imagery के वीभत्स और घिनौने होने की कुछ परवाह न कर उद्वेगों के उत्कर्ष ही की ओर ध्यान रक्खा जाता है। यदि ऐसा न होता तो 'मरे हूँ पै आँखें ये खुली ही रहि जायँगी', "विदा के समय सब कंठ लगावैं' वाले पद्य ये न लिखते जहाँ मनोवेगों का उत्कर्ष तो इन्होंने खूब दिखलाया है। इसकी विस्तृत समीक्षा आगे की जायगी। यहाँ पर तो मुझे यही दिखाना है कि वन, नदी, पर्वत आदि के चित्रों द्वारा इन्होंने मनुष्य की कल्पना की मैल छाँट उसे स्वच्छ और स्वस्थ करने का भार अपने ऊपर नहीं लिया है।

इनकी रचनाओं में विशुद्ध प्राकृतिक वर्णनों का अभाव बराबर पाया जाता है। वस्तु वर्णन में इन्होंने मनुष्य की कृति ही की ओर अधिक रुचि दिखाई जैसे 'सत्यहरिश्चन्द्र' के गंगा के इस वर्णन में–

नव उज्ज्वल जलधार हार हीरक-सी सोहति।
बिच बिच छहरत बूँद मध्य मुक्ता मनु पोहति॥
लोल लहर लहि पवन एक पै इक इमि आवत।

जिमि नरगन मन विविध मनोरथ करत मिटावत ॥
कासी कहँ प्रिय जानि ललकि भेंट्यो उठि धाई।
सपनेहू नहि तजी रही अंकम लपटाई ॥
कहूँ बँधे नवधार उच्च गिरिवर सम सोहत।
कहुँ छतरी, कहुँ गढ़ी बढ़ी मन मोहत जोहत ॥
धवल धाम चहुँ ओर फरहरत धुजा पताका।
घहरति घटा धुनि धमकत धौंसा करि साका ॥
मधुरी नौबत बजति, कहूँ नारी नर गावत।
बेद पढ़त कहुँ द्विज कहुँ योगी ध्यान लगावत ॥

काशी के लोगों के विलक्षण स्वभाव तथा ऊँची-ऊँची हवेलियों और तंग गलियों का वर्णन करने ही के लिए 'काशी के छायाचित्र' लिखा गया।

'चन्द्रावली नाटिका' में एक जगह यमुना के तट का वर्णन आया है। वह भी नियमानुगत और परम्पराभुक्त (Conventional) ही है। इसमें उपमाओं की भरमार इस बात को सूचित करती है कि कवि का ध्यान उल्लिखित प्राकृतिक वस्तुओं पर रमता नहीं था। हट-हट जाता था। देखिए नीचे उसका कुछ अंश देता हूँ–

1. *तरनि तनूजा तट तमाल तरुवर बहु छाए।*
झुके कूल सो जल परसन हित मनहुँ सुहाए।
किधौं मुकुर में लखत उझकि सब निज निज सोभा।
कै प्रनवत जल जानि परम पावन फल लोभा ॥
मनु आतप वारन तीर को सिमिट सबै छाये रहत।
कै हरि सेवा हित नै रहे निरखि नैन मन सुख लहत ॥

2. *कहूँ तीर पर कमल अमल सोभित बहु भाँतिन।*
कहुँ सैवालन मध्य कुमुदिनी लगि रहि पाँतिन ॥
मनु दृग धारि अनेक जमुन निरखति ब्रज सोभा।
कै उमगे पिय प्रिया प्रेम के अगनित शोभा ॥
कै करिके कर बहु, पीय को टेरत निज ढिग सोहई।
कै पूजन को उपचार लै चलति मिलन मन मोहई ॥

3. *कै पिय पद उपमान जानि यहि निज उर धारत।*
कै मुख कर बहु भृंगन मिस अस्तुति उच्चारत ॥
कै ब्रज तियगन-बदन कगल की झलकति झाँई।
कै ब्रज हरिपद परस हेतु कमला बहुआई ॥
कै सात्त्विक अरु अनुराग दोउ ब्रज मंडल बगरे फिरत।
कै जानि लच्छमी भौन यहि करि सतधा निज बल धरत ॥

(नागरी प्रचारिणी पत्रिका, अप्रैल 1911)

भारतेन्दु हरिश्चन्द्र

हिन्दी-गद्य-साहित्य का सूत्रपात करनेवाले चार महानुभाव कहे जाते हैं—मुंशी सदासुखलाल, इंशाअल्ला खाँ, लल्लूलाल और सदल मिश्र। ये चारों सम्वत् 1860 के आस-पास वर्तमान थे। सच पूछिए तो ये गद्य के नमूने दिखानेवाले ही रहे; अपनी परम्परा प्रतिष्ठित करने का गौरव इनमें से किसी को भी प्राप्त न हुआ। हिन्दी-गद्य साहित्य की अखंड परम्परा का प्रवर्तन इन चारों लेखकों के 70-72 वर्ष पीछे हुआ। विक्रम की बीसवीं शताब्दी का प्रथम चरण समाप्त हो जाने पर जब भारतेन्दु ने हिन्दी-गद्य की भाषा को सुव्यवस्थित और परिमार्जित करके उसका स्वरूप स्थिर कर दिया तब से गद्य-साहित्य की परम्परा लगातार चली। इस दृष्टि से भारतेन्दुजी जिस प्रकार वर्तमान गद्य-भाषा के स्वरूप के प्रतिष्ठापक थे, उसी प्रकार वर्तमान साहित्य-परम्परा के प्रवर्तक।

राजा शिवप्रसाद के उर्दू की ओर एकबारगी झुक पड़ने के पहले ही राजा लक्ष्मण सिंह अपने 'शकुन्तला' नाटक द्वारा सम्वत् 1919 में थोड़ी संस्कृत मिली ठेठ और विशुद्ध हिन्दी सामने रख चुके थे, जिसमें अरबी-फारसी के शब्द नहीं थे। उसका कुछ अंश राजा शिवप्रसाद ने 'गुटका' में दाखिल किया था। पीछे जब वे उर्दू की ओर झुके तब राजा लक्ष्मण सिंह ने अपने 'रघुवंश' के अनुवाद के प्राक्कथन में भाषा के सम्बन्ध में अपना मत इस प्रकार प्रकट किया—

"हमारे मत में हिन्दी और उर्दू दो बोली न्यारी-न्यारी हैं। हिन्दी इस देश के हिन्दू बोलते हैं और उर्दू यहाँ के मुसलमानों और फारसी पढ़े हुए हिन्दुओं की बोलचाल है। हिन्दी में संस्कृत के पद बहुत आते हैं; उर्दू में अरबी-फारसी के। परन्तु कुछ आवश्यक नहीं है कि अरबी-फारसी के शब्दों के बिना हिन्दी न बोली जाए और न हम उस भाषा को हिन्दी कहते हैं जिसमें अरबी-फारसी के शब्द भरे हों।"

ऊपर के अवतरण से स्पष्ट है कि जिस समय राजा लक्ष्मण सिंह और राजा शिवप्रसाद मैदान में आए थे, उस समय खींचतान बनी थी; भाषा के स्वरूप को स्थिरता नहीं प्राप्त हुई थी। वह भाषा का प्रस्ताव काल था। प्रवर्तन काल का आरम्भ भारतेन्दु की कुछ रचनाओं के निकल जाने के उपरान्त सम्वत् 1930 के लगभग हुआ। यद्यपि इसके पहले 'विद्यासुन्दर" (सम्वत् 1925) तथा और कई नाटक भारतेन्दुजी लिख चुके थे, पर वर्तमान हिन्दी-गद्य के उदय का समय उन्होंने "हरिश्चन्द्र मैगजीन" के निकलने पर, अर्थात् सम्वत् 1930 से, माना है।

भारतेन्दु की भाषा में ऐसी क्या विशेषता पाई गई कि उसका इतना चलन उन्हीं के सामने हो गया, इसका थोड़ा विचार कर लेना चाहिए। सम्वत् 1860 में खड़ी बोली के गद्य का सूत्रपात करने वालों में मुंशी सदासुख और सदल मिश्र ने ही व्यवहार-योग्य चलती भाषा का नमूना तैयार किया था। पर इन दोनों की रचनाओं में सफाई नहीं थी। बहुत कूड़ा-करकट भरा था। मुंशी सदासुख भगवद्भक्त पुरुष थे और पंडितों और साधु-सन्तों के सत्संग में रहा करते थे। इससे उनके 'सुखसागर' की भाषा में बहुत कुछ पंडिताऊपन है। उनकी खड़ी बोली उस ढंग की है जिस ढंग की संस्कृत के विद्वान, पंडित काशी, प्रयाग आदि पूरब के नगरों में बोलते थे और अब भी बोलते हैं। यद्यपि मुंशीजी खास दिल्ली के रहनेवाले थे और उर्दू के अच्छे कवि और लेखक थे; पर हिन्दी-गद्य के लिए उन्होंने पंडितों की बोली ही ग्रहण की। "स्वभाव करके वे दैत्य कहलाए," "उसे दुख होयगा," "बहकानेवाले बहुत हैं।" इस प्रकार के प्रयोग उन्होंने बहुत किए हैं। रहे सदल मिश्र; उनकी भाषा में पूरबीपन बहुत अधिक है "जो" के स्थान पर "जौन," "माँ" के स्थान पर "मतारी," "यहाँ" के स्थान पर "इहाँ," "देखूँगी" के स्थान पर "देखौंगी" ऐसे शब्द बराबर मिलते हैं। इसके अतिरिक्त ब्रजभाषा या काव्य-भाषा के ऐसे-ऐसे प्रयोग जैसे "फूलन्ह के," "चहुँदिशि," "सुनि" भी लगे रह गए हैं।

इन दोनों के पीछे राजा शिवप्रसाद और लक्ष्मणसिंह का समय आता है।

राजा शिवप्रसाद के गद्य में अधिक खटकनेवाली बात थी उर्दूपन, जो दिन-दिन बढ़ता गया। इसी प्रकार राजा लक्ष्मणसिंह के गद्य में खटकनेवाली बात थी आगरे की बोलचाल का पुट। दूसरी बात यह थी कि विशुद्धता का जो आदर्श लेकर राजा लक्ष्मणसिंह चले थे, वह एक चलती व्यावहारिक भाषा के उपयुक्त न था। फारसी-अरबी के जो शब्द लोगों की जबान पर नाचा करते थे उन्हें एकदम छोड़ देना भाषा की संचित शक्ति को घटाना था। हँसी-मजाक के लिए कुछ अरबी-फारसी के चलते शब्द कभी-कभी कितना अच्छा काम देते हैं, यह हम लोग बराबर देखते हैं।

ऊपर लिखी त्रुटियों को ध्यान में रखते हुए जब हम भारतेन्दु की भाषा पर विचार करने बैठते हैं, तब इस बात का समझना कुछ सुगम हो जाता है कि उन्होंने हिन्दी गद्य का क्या संस्कार किया। उनकी भाषा में न तो लल्लूलाल का ब्रजभाषापन आने पाया, न मुंशी सदासुख का पंडिताऊपन, न सदल मिश्र का पूरबीपन, न राजा शिवप्रसाद का उर्दूपन, और न राजा लक्ष्मणसिंह का खालिसपन और आगरापन। इतने 'पनों' से एक साथ पीछा छुड़ाना भाषा के सम्बन्ध में बहुत ही परिष्कृत रुचि का परिचय देता है। संस्कृत शब्दों के रहने पर भी भाषा का सुबोध बना रहना, फारसी-अरबी के शब्द आने पर भी साथ-साथ उर्दूपन न आना, हिन्दी की स्वतन्त्र सत्ता का प्रमाण था। उनका भाषा-संस्कार शब्दों की काट-छाँट तक ही नहीं रहा। वाक्य-विन्यास में भी वे सफाई लाए। उनकी लिखावट में एक साथ न जुड़ सकनेवाले वाक्य एक में गुँथे हुए प्रायः नहीं पाए जाते। तात्पर्य के उपर्युक्त संयोजक अव्ययों का व्यवहार जैसा उन्होंने चलाया, वैसा

उनके पहले न था। विराम की परख भी उन्हें राजा लक्ष्मणसिंह और राजा शिवप्रसाद से कहीं अच्छी थी।

चली आती हुई काव्य-भाषा के स्वरूप पर भी उनकी दृष्टि गई। उन्होंने देखा कि बहुत-से ऐसे शब्द, जिन्हें बोलचाल से उठे कई सौ वर्ष हो गए थे, कविताओं में बराबर लाए जाते हैं जिसमें वे सर्व-साधारण के लगाव से कुछ दूर पड़ती आती हैं। 'चक्कव', 'ठायो,' 'करसायल,' 'ईठ,' 'दीह,' 'ऊनी,' 'लोय' आदि के कारण बहुत-से लोग हिन्दी कविता को अपने से कुछ दूर की चीज़ समझने लगे थे। दूसरा दोष जो बढ़ते-बढ़ते बहुत बुरी हद तक पहुँच गया था, वह शब्दों का तोड़-मरोड़ था। जैसे कपियों का स्वभाव 'रूख तोड़ना' तुलसीदास जी ने बताया है, वैसे ही कवियों का स्वभाव शब्द तोड़ना-मरोड़ना हो गया था। भाषा की सफाई पर बहुत कम ध्यान रहता था ! बाबू हरिश्चन्द्र द्वारा इन बातों का भी बहुत कुछ सुधार–चाहे जान में या अनजान में–हुआ। इस प्रकार काव्य की ब्रजभाषा के लिए भी उन्होंने बहुत अच्छा रास्ता दिखाया। अपने रसीले कवित्तों और सवैयों में उन्होंने चलती भाषा का व्यवहार किया है, जैसे–

आजु लौं जो न मिले तो कहा, हम तौ तुम्हरे सब भाँति कहावैं।
मेरो उराहनो है कछु नाहिं, सबै फल आपने भाग को पावैं॥
जो हरिचन्द भई सो भई, अब प्रान चले चहैं तासों सुनावैं।
प्यारे जू! है जग की यह रीति, विदा के समय सब कंठ लगावैं॥

इसी कारण उनकी कविता का प्रचार भी देखते-देखते हो गया। लोगों के मुँह से उनके सवैये भी चारों ओर सुनाई देने लगे, उनके बनाए गीत स्त्रियाँ तक घर-घर में गाने लगीं। उनकी रचना लोकप्रिय हुई। उनके समय में जो संग्रह-ग्रन्थ बने, उन सब में उनकी कविताएँ विशेषतः सवैये भी रखे गए। लीक पीटने वालों की पुरानी पड़ी हुई शब्दावली हटा देने से उनकी काव्य-भाषा में भी बड़ी सफाई दिखाई पड़ी।

यह तो हुई भाषा की रूप-प्रतिष्ठा की बात। इससे भी बढ़कर काम उन्होंने हिन्दी-साहित्य को एक नए मार्ग पर खड़ा करके किया। वे साहित्य के नए युग के प्रवर्त्तक हुए। यद्यपि देश में नए-नए विचारों और भावनाओं का संचार हो गया था, पर हिन्दी उनसे दूर थी। लोगों की अभिरुचि बदल चली थी, पर हमारे साहित्य पर उसका कोई प्रभाव नहीं दिखाई पड़ता था। शिक्षित लोगों के विचारों और व्यापारों ने तो दूसरा मार्ग पकड़ लिया था, पर उनका साहित्य उसी पुराने मार्ग पर था। वे लोग समय के साथ आप तो कुछ आगे बढ़ आए थे, पर जल्दी में अपने साहित्य को साथ न ले सके थे। उसका साथ छूट गया था और वह उनके विचार-क्षेत्र और कार्य-क्षेत्र दोनों से अलग पड़ गया था। प्रायः सभी सभ्य जातियों का साहित्य उनके विचारों और व्यापारों से लगा हुआ चलता है। यह नहीं कि उनकी चिन्ताओं और कार्यों का प्रवाह एक ओर जा रहा हो और उनके साहित्य का प्रवाह दूसरी ओर।

फिर यह विचित्र घटना यहाँ कैसे हुई ? बात यह थी कि जिन लोगों के मन में नई शिक्षा के प्रभाव से नए विचार उत्पन्न हो रहे थे, जो अपनी आँखों काल की गति

देख रहे थे और देश की आवश्यकताओं को समझ रहे थे, उनमें अधिकांश तो ऐसे थे जिनका कई कारणों से–विशेषतः उर्दू के बीच में पड़ जाने से हिन्दी-साहित्य से लगाव छूट-सा गया था और शेष–जिनमें नवीन भावों की कुछ प्रेरणा और विचारों की कुछ स्फूर्ति थी–ऐसे थे जिन्हें हिन्दी-साहित्य का क्षेत्र इतना परिमित दिखाई देता था कि नए-नए विचारों को सन्निविष्ट करने के लिए स्थान ही नहीं सूझता था। उस समय एक ऐसे सामंजस्य पटु, साहसी और प्रतिभा-सम्पन्न पुरुष की आवश्यकता थी जो कौशल से इन बढ़ते हुए विचारों का मेल देश के परम्परागत साहित्य से करा देता। ऐसे ही पुरुष के रूप में बाबू हरिश्चन्द्र साहित्य-क्षेत्र में उतरे। उन्होंने हमारे जीवन के साथ हमारे साहित्य को फिर से लगा दिया। बड़े भारी विच्छेद से उन्होंने बचाया।

वे सिद्ध-वाणी के अत्यन्त सरस हृदय कवि थे। इससे एक ओर तो उनकी लेखनी से शृंगार रस के ऐसे रसपूर्ण और मर्मस्पर्शी कवित-सवैये निकलते थे, जो उनके जीवन-काल में ही इधर-उधर लोगों के मुँह से सुनाई पड़ने लगे थे और दूसरी ओर स्वदेश प्रेम से भरे हुए उनके लेख और कविताएँ चारों ओर देश के मंगल का मन्त्र-सा फूँकती थीं। अपनी सर्वतोन्मुखी प्रतिभा के बल से एक ओर तो वे पद्माकर और द्विजदेव की परम्परा में दिखाई पड़ते थे, दूसरी ओर बंगदेश के मधुसूदनदत्त और हेमचन्द की श्रेणी में, एक ओर तो राधा-कृष्ण की भक्ति में झूमते हुए 'नई भक्तमाल' गूँथते दिखाई देते थे, दूसरी ओर टीकाधारी बगुला भगतों की हँसी उड़ाते तथा स्त्री-शिक्षा, समाज-सुधार आदि पर व्याख्यान देते पाए जाते थे। प्राचीन और नवीन का यही सुन्दर सामंजस्य भारतेन्दु की कला का विशेष माधुर्य है। साहित्य के एक नवीन युग के आदि में प्रवर्त्तक के रूप में खड़े होकर उन्होंने यह भी प्रदर्शित किया कि नए-नए या बाहरी भावों को पचाकर इस ढंग से मिलाना चाहिए कि वे अपने ही साहित्य के विकसित अंग से लगें। प्राचीन और नवीन के उस सन्धिकाल में जैसी शीतल और मृदुल कला का संचार अपेक्षित था, वैसी ही शीतल और मृदुल कला के साथ भारतेन्दु का उदय हुआ; इसमें सन्देह नहीं।

कविता की नवीन धारा के बीच भारतेन्दु की वाणी का सबसे ऊँचा स्वर देश-भक्ति का था। नीलदेवी, भारतदुर्दशा आदि नाटकों के भीतर आई हुई कविताओं में देश-दशा की जो मार्मिक व्यंजना है, वह तो है ही; बहुत-सी स्वतन्त्र कविताएँ भी उन्होंने लिखीं जिनमें कहीं देश के अतीत गौरव गाथा का गर्व, कहीं वर्तमान अधोगति की क्षोभभरी वेदना, कहीं भविष्य की भावना से जगी हुई चिन्ता इत्यादि अनेक पुनीत भावों का संचार पाया जाता है। 'विजयिनी विजय वैजयन्ती' में जो मिस्र में, भारतीय सेना की विजय-प्राप्ति पर लिखी गई थी, देश-प्रेम-व्यंजक कैसे भिन्न-भिन्न संचारी भावों के उद्गार हैं ! कहीं गर्व, कहीं क्षोभ, कहीं विषाद। "सहसन-बरसन सों सुन्यो जो सपने नहिं कान, सो जय-आरज-शब्द" को सुन और "फरकि उठी सबकी भुजा, खरकि उठी तलवार। क्यों आपुहि ऊँचे भये आर्य मोंछ के बार" का कारण जान प्राचीन आर्य गौरव का गर्व कुछ

आ ही रहा था कि वर्तमान अधोगति का दृश्य ध्यान में आया और फिर वही 'हाय भारत !' की धुन–

हाय वहै भारत भुव भारी। सबही विधि सों भई दुखारी॥
हाय पंचनद ! हा पानीपत ! अजहुँ रहे तुम धरनि विराजत॥
हाय चित्तोर ! निलज तू भारी। अजहुँ खरो भारतहिं मँझारी॥
तुममें जल नहिं जमुना गंगा। बढ़हु बेगि किन प्रबल तरंगा॥
बोरहु किन झट मथुरा कासी। धोवहु वह कलंक की रासी॥

'चित्तौर,' 'पानीपत,' इन नामों में ही इतिहासविज्ञ हिन्दू-हृदय के लिए कितने भावों की व्यंजना भरी है। उनके लिए ये नाम ही काव्य हैं। यदि कोई कवि केवल इन दो-चार नामों को एक साथ ले ले तो वह अपना बहुत कुछ काम कर चुका। ये आप ही कल्पना के कपाट खोल ऐसे-ऐसे दृश्य सामने ला देंगे जिनसे क्षुब्ध होकर हृदय अनेक गम्भीर भावनाओं में मग्न हो जाएगा।

'भारत-दुर्दशा' में आलस्य आदि को लाकर इस कवि ने देशदशा को इस ढंग से झलकाया है कि नए और पुराने दोनों ढाँचों के लोगों का मन लगे। इस कलाकार में बड़ा भारी गुण यह था कि इसने नए और पुराने विचारों को अपनी रचनाओं में इस सफाई से मिलाया कि कहीं से जोड़ मालूम न हुआ। पुराने भावों और आदर्शों को लेकर इन्होंने नए आदर्श खड़े किए। देखिए, 'नीलदेवी' ने एक देवता के मुँह से भारतवर्ष का कैसा मर्मभेदी भविष्य कहलाया–

सब भाँति दैव प्रतिकूल होय एहि नासा।
अब तजहु वीर वर भारत की सब आसा॥
अब सुख-सूरज को उदय नहीं इत ह्वै है।
मंगलमय भारत-भुव मसान ह्वै जैहै॥

राजा सूरजदेव के मारे जाने पर रानी नीलदेवी ने जिस रीति से भगवान् को पुकारा है वह कोई नई बात नहीं। वह वही रीति है जिससे द्रौपदी ने भगवान् को पुकारा था। भेद इतना ही है कि द्रौपदी ने अपनी लज्जा रखने के लिए, अपना संकट हटाने के लिए, पुकार मचाई थी; नीलदेवी ने देश की लज्जा रखने के लिए, देश का संकट दूर करने के लिए पुकारा है–

कहाँ करुनानिधि केशव सोए ?
जागत नाहिं, अनेक जतन करि भारतवासी रोए॥

बड़ा भारी काम भारतेन्दु ने यह किया कि स्वदेशाभिमान, स्वजाति-प्रेम, समाज-सुधार आदि की आधुनिक भावनाओं के प्रवाह के लिए हिन्दी को चुना तथा इतिहास, विज्ञान, नाटक, उपन्यास, पुरावृत्त इत्यादि अनेक समयानुकूल विषयों की ओर हिन्दी को दौड़ा दिया। अब यह देखना है कि यदि वे कवि थे तो किस ढंग के थे ? विषय-क्षेत्र के विचार से देखते हैं तो प्रायः तीन ढंग के कवि पाए जाते हैं, कुछ तो नर-प्रकृति के वर्णन में ही अधिकतर लीन रहते हैं, कुछ बाह्य प्रकृति के वर्णन में और कुछ दोनों में समान रुचि

रखते है। पिछले वर्ग में वाल्मीकि, कालिदास, भवभूति इत्यादि संस्कृत के प्राचीन कवि ही आते हैं।

बाबू हरिश्चन्द्र अधिकांश भाषा-कवियों के समान प्रथम प्रकार के कवियों में से थे। यद्यपि इन्होंने अपनी कविता द्वारा नए-नए संस्कार उत्पन्न किए; पर उसके स्वरूप को परम्परानुसार ही रखा। मानवी वृत्तियों ही के मर्मस्पर्शी अंशों को छाँटकर उन्होंने मनोविकारों को तीव्र और परिष्कृत करने का प्रयत्न किया, दूसरी प्राकृतिक वस्तुओं और व्यापारों की मर्मस्पर्शिनी शक्ति पर बहुत कम ध्यान दिया। इन्होंने मनुष्य को सारी सृष्टि के बीच रखकर नहीं देखा, उसे उसी के उठाए हुए घेरे में रखकर देखा। मनुष्य की दृष्टि को उसके फैलाए हुए प्रपंचावरण से बाहर, प्रकृति के विस्तृत क्षेत्र की ओर, ले जाने का प्रयास इन्होंने नहीं किया। बात यह थी कि हिन्दी-साहित्य का उत्थान ही ऐसे समय में हुआ जब लोगों की दृष्टि बहुत कुछ संकुचित हो चुकी थी। वाल्मीकि, कालिदास और भवभूति के आदर्श लोगों के सामने से हट चुके थे।

हमारे आदिकवि वाल्मीकि के हृदय में जो भावुकता थी, वह कुछ काल पीछे मन्द पड़ने लगी। जिस तन्मयता के साथ उन्होंने प्रकृति का निरीक्षण किया है, उसकी परम्परा कालिदास, भवभूति तक पाई जाती है। वाल्मीकि के हेमन्त-वर्णन में कैसा सूक्ष्म प्रकृति निरीक्षण है। उनके वर्षा-वर्णन में भी यही बात है–

क्वचित्प्रकाशं क्वचिदप्रकाशं,
नभः प्रकीर्णाम्बुघनं विभाति।
स्वचित् क्वचित्पर्वत-संनिरुद्धं,
रूपं यथा शान्तमहार्णवस्य॥
व्यामिश्रितं सर्जकदम्ब-पुष्पै-
र्नवं जलं पर्वत-धातु-ताम्रम्।
मयूरकेकाभिरनुप्रयातं
शैवापगाः शीघ्रतरं वहन्ति॥

उपुर्यक्त वर्णन में किस सूक्ष्मता के साथ कविकुलगुरु ने ऐसे प्राकृतिक व्यापारों का निरीक्षण किया है जिसको बिना किसी अनूठी उक्ति के गिना देना ही कल्पना को परिष्कार और भाव का संचार करने के लिए बहुत है। कालिदास के कुमारसम्भव का हिमालय-वर्णन, रघुवंश में उस वन का वर्णन जहाँ नन्दिनी को लेकर दिलीप गए हैं, तथा मेघदूत में यक्ष के बताए हुए मार्ग का वर्णन बार-बार पढ़ने योग्य है। भवभूति का तो कहना ही क्या है। देखिए–

छूते त एवं गिरयो बिरुबन्मयूरा-
स्तान्येव मत्तहरिणानि बनस्थलानि।
आमञ्चु-वञ्जुल-लतानि च तान्यमूनि,
नीरन्ध्र-नील-निचुलानि सरित्तटानि॥

इन महाकवियों ने कथा-प्रसंग के अतिरिक्त जहाँ वर्णन की रोचकता के लिए मनुष्य-व्यापार दिखाए हैं, वहाँ इन्होंने ऐसे ही स्थलों के व्यापारों को दिखलाया है जहाँ मनुष्य से प्रकृति की सन्निकटता है–जैसे ग्रामों के आस-पास किसानों का खेत जोतना या काटना, ग्वालों का गाय चराना इत्यादि-इत्यादि। जैसे मेघदूत में यक्ष मेघ से कहता है–

(क) त्वय्यायत्तं कृषिफलमिति भ्रूविकारानभिज्ञैः
प्रीतिस्निग्धैर्जनपदवधूलोचनैः पीयमानः।
सद्यस्सीरोत्कर्षण-सुरभि क्षेत्रमारुह्य मालं
किञ्चित्पश्चाद ब्रज लघुगतिः किंचिदेवोत्तरेण।

(ख) कृषी निरावहिं चतुर किसाना।
जिमि बुध तजहिं मोह मद माना॥

सच्चे कवि ऋतु आदि के वर्णन में ऐसे ही व्यापारों को सामने लाए हैं। ऐसे कवि ग्रीष्म में छाया के नीचे बैठकर हाँफते हुए कुत्तों और पानी में बैठी हुई भैंसों का उल्लेख चाहे भले ही कर जाएँ, पर पसीने से तर रोकड़ मिलाते हुए मुनीमजी की ओर ध्यान न देंगे।

मनुष्य के व्यापार परिमित और संकुचित हैं। अतः बाह्य प्रकृति के अनन्त और असीम व्यापारों के सूक्ष्म-से-सूक्ष्म अंशों को सामने करके भावना या कल्पना को शुद्ध और विस्तृत करना भी कवि का धर्म है, धीरे-धीरे लोग इस बात को भूल चले। इधर उच्च श्रेणी के भी जो कवि हुए, उन्होंने अधिकतर मनुष्य की चित्त-वृत्तियों के विविध रूपों को कौशल और मार्मिकता के साथ दिखाया, पर बाह्य प्रकृति की स्वच्छन्द क्रीड़ा की ओर कम ध्यान दिया। पीछे से तो राजाश्रयलोलुप मँगते कवियों के कारण कविता केवल वाक्पटुता या शब्दों का शतरंज बन गई; विषयी लोगों के काम की चीज हो गई। भर्तृहरि के समय ही से यह दुरवस्था आरम्भ हो गई थी जिस पर उन्होंने दुख के साथ कहा था–

पुरा विद्वत्तासीदुपशमवतां क्लेशहतये
गता कालेनासौ विषयसुख-सिद्धयै विषयिणाम्।

वन, नदी, पर्वत, आदि इन याचक कवियों को क्या दे देते जो वे उनका वर्णन करने जाते। सूर और तुलसी आदि स्वच्छन्द कवियों ने हिन्दी कविता को उठाकर खड़ा ही किया था कि रीतिकाल के शृंगारी कवियों ने उसके पैर छानकर उसे गन्दी गलियों में भटकने के लिए छोड़ दिया। फिर क्या था, नायिकाओं के पैरों में मखमल से सुर्ख बिछौने गड़ने लगे। यदि कोई षड्ऋतु की लीक पीटने खड़े हुए तो कहीं शरद् की चाँदनी से किसी विरहिणी का शरीर जलाया, कहीं कोयल की कूक से कलेजों के टूक किए, कहीं किसी को प्रमोद से प्रमत्त किया। उन्हें तो इन ऋतुओं को उद्दीपन मात्र मान संयोग या वियोग की दशा का वर्णन करता रहता था। उनकी दृष्टि प्रकृति के इन व्यापारों पर तो जमती नहीं थी, नायक या नायिका ही पर दौड़-दौड़कर जाती थी अतः उनके नायक या

नायिका की अवस्था-विशेष का प्रकृति की दो-चार इनी-गिनी वस्तुओं से जो सम्बन्ध होता था, उसी को दिखाकर वे किनारे हो जाते थे।

बाबू हरिश्चन्द्र ने यद्यपि समयानुकूल प्रसंग छेड़ नए-नए संस्कार उत्पन्न किए पर उन्होंने भी प्रकृति पर प्रेम न दिखाया। उनका जीवन-वृत्तान्त पढ़ने से भी पता लगता है कि वे प्रकृति के उपासक थे। उन्हें जंगल, पहाड़, नदी आदि को देखने का उतना शौक न था। वे अपने भाव "दस तरह के आदमियों के साथ उठ-बैठकर" प्राप्त करते थे। इसी से मनुष्यों की भीतरी-बाहरी वृत्तियाँ अंकित करने में ही वे तत्पर रहे हैं और नाटकों की ओर उन्होंने विशेष रुचि दिखाई है। भारत-दुर्दशा, नीलदेवी, वैदिकी हिंसा हिंसा न भवति, विषमौषधम् आदि देखने से यह बात अच्छी तरह मन में बैठ जाएगी।

ऐसा भी कहा जाता है कि एक दिन उनके यहाँ बैठकर एक वेश्या गा रही थी। उसे देखकर उन्होंने कविता बनाई और पास के लोगों से कहा—"देखो, यदि हम इनका सत्संग न रखें तो ये भाव कहाँ से सूझे ?" वे उर्दू कविता के भी प्रेमी थे जिसमें बाह्य प्रकृति के सूक्ष्म निरीक्षण की चाल ही नहीं और जिसमें कल्पना के सामने आनेवाले चित्रों (Imagery) के वीभत्स और घिनौने होने की कुछ परवा न कर भावों के उत्कर्ष की ही ओर ध्यान रखा जाता है। यदि ऐसा न हो जो "मरे हूँ पै आँखें ये खुली ही रहि जाएँगी" ऐसे पद्य वे न लिखते। भावों का उत्कर्ष उन्होंने अच्छा दिखलाया है। वन, नदी, पर्वत आदि के चित्रों द्वारा मनुष्य की कल्पना को स्वच्छ और स्वस्थ करने का भार उन्होंने अपने ऊपर नहीं लिया था।

उनकी रचनाओं में विशुद्ध प्राकृतिक वर्णनों का अभाव बराबर पाया जाता है। वस्तु-वर्णन में उन्होंने मनुष्यों की कृति ही की ओर अधिक रुचि दिखाई। जैसे "सत्य-हरिश्चन्द्र" के गंगा के इस वर्णन में—

नव उज्जल जलधार हार हीरक सी सोहति।
बिच-बिच छहरत बूँद मध्य मुक्ता मनु पोहति॥
लोल लहर लँहि पवन एक पै इक इमि आवत।
जिमि नरगन मन विविध मनोरथ करत मिटावत॥
कासी कहँ प्रिय जानि ललकि भेंट्यो उठि धाई।
सपनेहू नहिं तजी रही अंकम लपटाई॥
कहूँ बँधे नवघाट उच्च गिरिवर सम सोहत।
कहुँ छतरी, कहुँ मढ़ी बढ़ी मन मोहत जोहत॥
धवल धाम चहुँ ओर फरहरत धुजा पताका।
घहरति घंटाधुनि, धमकत धौंसा करि साका॥
मधुरी नौबत बजति, कहूँ नारी नर गावत।
वेद पढ़त कहुँ द्विज, कहुँ जोगी ध्यान लगावत॥

काशी के लोगों के विलक्षण स्वभाव तथा ऊँची-ऊँची हवेलियों और तंग गलियों का वर्णन करने ही के लिए 'काशी छायाचित्र' लिखा गया।

'चन्द्रावली' नाटिका में एक जगह यमुना के तट का वर्णन आया है। पर वह भी परम्परा-युक्त (Conventional) ही है। उसमें उपमानों और उत्प्रेक्षाओं आदि की भरमार इस बात को सूचित करती है कि कवि का मन प्रस्तुत प्राकृतिक वस्तुओं पर रमता नहीं था, हट-हट जाता था। कुछ अंश देखिए–

1. तरनि-तनूजा-तट तमाल तरुवर बहु छाए।
झुके कूल सों जल परसन हित मनहुँ सुहाए॥
किधौं मुकुर मैं लखत उझकि सब निज-निज सोभा।
कै प्रनवत जल जानि परम पावन फल लोभा॥
मनु आतप-वारन तीर को सिमिटि सबै छाए रहत।
कैं हरि-सेवा हित नै रहे, निरखि नैन मन सुख लहत॥

2. कहूँ तीर पर कमल अमल सोभित बहु भाँतिन।
कहुँ सैबालन मध्य कुमुदिनी लगि रहि पाँतिन॥
मनु दृग धारि अनेक जमुन निरखति ब्रज सोभा।
कै उमगे पिय-प्रिया-प्रेम के अगनित गोभा॥
कै करिकै कर बहु, पीय को टेरत निज ढिग सोहई।
कै पूजन को उपचार लै चलति मिलन मन मोहई॥

3. कै पिय-पद उपमान जानि यहि निज उर धारत।
कै मुखि करि बहु भृङ्गन मिस अस्तुति उच्चारत॥
कै ब्रज तियगन-बदन कमल की झलकति झाँई।
कै ब्रज हरिपद-परस हेतु कमला बहु आई॥
कै सात्विक अरु अनुराग दोउ ब्रजमंडल बगरे फिरत।
कै जानि लच्छमी-भौन यहि करि सतधा निज बल धरत॥

बाबू काशीनाथ खत्री

नम्रत्वेनोन्नमन्तः परगुणकथनैः स्वान् गुणान् ख्यापयन्तः
स्वार्थान् सम्पादयन्तो विततप्रियतरारम्भयत्नाः परार्थे।
क्षान्त्यैवाक्षेपरुक्षाक्षरमुखरमुखान् दुर्जनान् दूषयन्तः
सन्तः साश्चर्य्यचर्या जगति बहुमताः कस्य नाभ्यर्चनीयाः ?

—भर्त्तृहरि

यद्यपि स्वर्गीय बाबू काशीनाथ खत्री उन लोगों में थे जो हिन्दी के बुरे दिनों में खड़े हुए थे, पर उनकी लेखनी की चाल और लोगों से निराली थी। न तो उसके मार्ग में नवोढ़ाओं की सोंधाहट ही आती थी, न परकीयाओं के कटाक्ष ही बरसते थे, न दूतियाँ की दौड़-धूप ही दिखाई देती थी, न चारों ओर कमल ही खिले रहते थे जिन पर गूँजते-गूँजते बेचारे भौंरों का मुँह सूज आता था और न मलयानिल ही हर समय चलता था जो किसी को तो प्रेमरस में घड़ियों झुमाता और किसी को जलाकर एकबारगी ख़ाक ही कर डालता था। कर्त्तव्यनिष्ठा, सदाचार तथा लोकहित ही का मार्ग ढूँढ़ने को इनकी लेखनी उठती थी, चाहे वह मार्ग शुष्क और नीरस सहारा के रेगिस्तान से होकर गया हो, चाहे शीतल-सलिल सिंचित हरे-भरे उद्यानों से। इनके विषय में जानकारी रखना न केवल हिन्दी भाषा ही के नाते उचित है वरन् मनुष्यता के नाते से भी, क्योंकि वे न केवल अच्छे ग्रन्थकार ही थे वरन् अच्छे मनुष्य भी थे। अतः उन लोगों को भी, जिन्हें ग्रन्थकारों से कुछ सरोकार नहीं, इसके जीवनवृत्तान्त द्वारा यह जानने को मिलेगा कि किस प्रकार एक सच्चरित्र और सन्मार्गगामी पुरुष, बिना अपने चरित्र का कोई अंश दूषित किए, इस संसार में प्रतिष्ठापूर्वक सुख-संचय कर सकता है।

बाबू काशीनाथ खत्री का जन्म सम्वत् 1906 में आगरे के माईथान मुहल्ले के एक साधारण खत्री घराने में हुआ। इनके पिता दयालदासजी के यहाँ कलाबत्तू की एक साधारण दूकान होती थी जिसके द्वारा वे सपरिवार सुखपूर्वक आगरे में निवास करते थे। बाबू काशीनाथ के छः भाई थे और एक बहिन थी जो पीछे से विधवा हो गई। बाबू साहब का विद्यारम्भ आगरे की एक देशी पाठशाला में हुआ। कुछ काल तक तो वे वहीं संस्कृत और हिन्दी पढ़ते रहे। उसके अनन्तर ये सेन्ट जॉन्स कॉलिजिएट स्कूल में अँगरेजी शिक्षा पाने के हेतु बैठाए गए। इनके बड़े भाई लाला कुंजबिहारी लाल इलाहाबाद में लाट साहब के दफ्तर में लाइब्रेरियन (पुस्तकाध्यक्ष) थे। अतएव, 15 वर्ष

की अवस्था में इनके पिता ने इन्हें प्रयाग में उन्हीं के पास भेज दिया। वहाँ जाकर ये गवर्नमेंट स्कूल में भरती हुए। संयोगवश शिक्षा समाप्त होने पर ये उसी स्कूल के एक शिक्षक नियुक्त हो गए। पर थोड़े ही दिनों में इनकी वहाँ से बदली हो गई और ये सिरसा (जि. इलाहाबाद) के हेडमास्टर नियत हुए। यही स्थान अन्त में इनके सुप्रभ जीवन का केन्द्र हुआ। यहाँ पर वे बारह वर्ष तक रहे। इस बीच में इन्होंने उस कसबे के छोटे-बड़े सब लोगों को अपने विशुद्ध आचरण और मृदुल व्यवहार से अपना लिया। यद्यपि इनकी शिक्षा स्कूल ही में समाप्त हुई पर विद्या की ओर इनकी रुचि दिन-दिन बढ़ती ही गई, कम न हुई। अतएव, यहाँ बड़ी शान्ति से इनके दिन कटते थे। इसी समय इन्होंने संसार में सद्गुणों की खोज शुरू की, और उनके धारण करनेवालों की प्रशंसा और बड़ाई करके ये सन्तुष्ट होने लगे। याद रखिए, यही सदाचरण की पहिली सीढ़ी है। "भारतवर्ष की विख्यात स्त्रियों के चरित्र" इसी समय में वर्णन किए गए। किन्तु इनके इस शान्तिमय जीवन-प्रवाह में रुकावट पड़ी। सिरसा का अँगरेजी स्कूल टूट गया। लाचार होकर इन्हें नौकरी के लिए बाहर जाना पड़ा। इनके बड़े भाई प्रयाग में बहुत काल तक थे। इससे बड़े-बड़े हाकिमों से उनका मेलजोल हो गया था। निदान बाबू काशीनाथ को इलाहाबाद में गवर्नमेंट वर्नाक्युलर रिपोर्टर का पद कुछ काल के लिए मिल गया, जिसको इन्होंने बड़ी योग्यता के साथ निबाहा। उस समय की गवर्नमेंट के असिस्टेंट सेक्रेटरी मिस्टर जे. होल्डरनेस ने इन्हें जो प्रशंसापत्र दिया था, उसका एक आवश्यक अंश मैं यहाँ उद्धृत करता हूँ–

During the temporary absence of the Government reporter on the Vernacular Press, Babu kashi Nath performed the duties of the office to my satisfaction...Babu Kashi Nath has a very good knowledge of English, writes a fair hand, and with more practice would translate from the Vernacular into English with accuracy and taste.

Allahabad — J. HOLDERNESS,
12th Nov. 1878 — Asst. Secry. to Govt.

इसके पीछे बाबू काशीनाथ लाट साहब के दफ्तर के पुस्तकाध्यक्ष नियत हुए। यहाँ पर उन्हें पुस्तकों और समाचार-पत्रों के पढ़ने का अच्छा अवसर हाथ आया। अपनी स्वाभाविक विद्याभिरुचि के बल से इन्होंने अनेक विषयों के ग्रन्थ देख डाले; अनेक तत्त्वों को बिना किसी के सहारे यथासाध्य हृदयस्थित कर लिया। इस प्रकार इन्होंने अँगरेजी में अच्छी योग्यता प्राप्त कर ली। यद्यपि इन्होंने उर्दू की शिक्षा नियमपूर्वक किसी मदरसे में नहीं पाई थी, पर अपनी उसी ग्रहणशक्ति की प्रबलता के सहारे धीरे-धीरे ये उस भाषा की ग्रन्थकारमंडली के बीच जा विराजे। इनके हृदय की भावग्राहिणी शक्ति बहुत तीव्र थी, किसी शिक्षक को बाहर से झटका देने की बहुत कम ज़रूरत थी। इनका चित्त विचारों की ओर स्वयं झुक पड़ता था; विचारों को इनके चित्त की ओर ज़बरदस्ती नहीं मोड़ना पड़ता था। संसार में जितने मनुष्य स्वयं-शिक्षित हुए हैं उनका मन इसी ढाँचे का था। सारांश यह कि जिस सुधार और उन्नति की

ज्योति इनके जी में जगमगा रही थी उसे प्रवर्द्धित करके औरों के हृदय तक पहुँचाने में जो-जो उपचार इन्हें सूझ पड़े उन्हें प्राप्त करने में इन्होंने इस काल में कोई कोर कसर न की। जिस हिन्दी-ग्रन्थरचना के नाते आज हम इनका चरित्र लिखने बैठे हैं वह इनके महदुद्देश्य-साधन का एक उपाय मात्र था। ये शब्दकौशल दिखाने या प्रतिभा-प्रदर्शन के लिए नहीं लिखते थे; लिखते थे लोकहित के लिए। यह बात इनकी पुस्तकों से साफ़ ज़ाहिर है।

अन्त में नौकरी छोड़छाड़कर ये फिर गंगातटस्थ अपने प्यारे सिरसा ग्राम को लौट आए और वहाँ अन्त समय तक शान्तिपूर्वक रहे। यहाँ पर इन्होंने रुपए का कुछ लेन-देन और गल्ले का क्रय-विक्रय आरम्भ कर दिया था। प्रचलित पुस्तकों की भी अच्छी आमदनी थी। बड़े सुख-सन्तोष के साथ ये अपने भारी कुटुम्ब को लेकर विद्वदुचित शान्तिमय जीवन के दिन बिताते थे। ये पूरे समाज-संशोधक थे। पर मुँह के बल गिरनेवाले न थे। देश के राजनैतिक आन्दोलनों से भी इनकी पूरी सहानुभूति रहती थी। धार्मिक विचार इनके दृढ़ और पक्के थे। आर्य्यसमाज के सिद्धान्तों के ये पक्षपाती थे; पर साथ ही थिओसोफ़िकल सोसाइटी से भी सम्बन्ध रखते थे। ये दुराग्रहों और छोटी-छोटी बातों पर झगड़नेवाले न थे। जो बात जहाँ पर उत्तम देखी उसे ग्रहण करने की सम्मति इन्होंने दी। किन्तु इससे यह न समझना चाहिए कि स्वदेशाभिमान इनमें कुछ कम था; उसकी मात्रा इनमें बहुत अधिक थी। बात यह थी कि उन बातों की निन्दा करने में ये ज़रा भी न चूकते थे जिनसे इनके सुगठित सिद्धान्तों को धक्का पहुँचता था, चाहे वे उनके देश की, समाज की, जाति की अथवा कुल ही की क्यों न हों। ये देश के हितेच्छुक थे, इससे जो बातें उसके कल्याण में बाधा डालनेवाली थीं उन्हें ये नहीं सहन कर सकते थे। सदाचार ही को ये अपने जीवन का उद्देश्य मानते थे। ये नित्य प्रातःकाल उठकर कुछ ईश्वरवन्दना करते, फिर गंगातट पर स्नानादिक करने को जाते थे। वहाँ से सन्ध्या इत्यादि से निवृत्त होकर दो घंटे में लौटते थे। गंगातट से इन्हें कुछ विशेष अनुराग हो गया था।

अनेक अच्छे-अच्छे उपदेशक और साधु-महात्मा आकर इनके यहाँ ठहरते थे। स्वामी प्रकाशानन्द सरस्वती, उपदेशक आर्य्यसमाज, कुछ काल तक सिरसा में इनके यहाँ रहे थे। इस बीच में उन्होंने इनकी सम्मति से गोरक्षा पर एक व्याख्यान दिया, जिसका फल यह हुआ कि उस बस्ती से प्रतिवर्ष पचास-साठ रुपए हरद्वार-गोशाला में जाने लगे। बाबू काशीनाथ की रुचि धर्म्म के कार्य्यों में सदा रहती थी। निज वित्तानुसार तो जो कुछ परोपकार ये करते थे वह करते ही थे, पर अपनी बस्ती के महाजनों को भी एक न एक पुण्य कार्य्य में लगाए रहते थे। एक बार जब राजा मांडा सिरसा में आए तब इन्होंने सिरसावालों की ओर से एक 'एड्रेस' दिया जिसमें इन्होंने अतिथियों के स्वागत के लिए धर्म्मशाला और रोगियों की चिकित्सा के लिए चिकित्सालय न होने पर दुःख प्रकट किया। उक्त राजा साहब ने इनके कहने के अनुसार सिरसा में एक औषधालय खोला और धर्म्मशाला बनने की भी आज्ञा दे दी। बाबू काशीनाथ का यह भी एक नियम था

कि प्रतिवर्ष दो-चार समाजों के उत्सवों पर अनेक स्थानों में पहुँच जाते थे और नीति और समाज सम्बन्धी दो-एक व्याख्यान दे आते थे। बनारस, मिरजापुर, कानपुर और आगरा आदि नगरों में इनके कई व्याख्यान हुए थे।

बाबू काशीनाथ का शरीर बहुत दिनों से रोगग्रस्त रहा करता था। किन्तु सन् 1890 ई. में इन्हें सूजन की बीमारी हो गई, जिसकी कुछ दिनों तक तो इन्होंने कुछ फ़िक्र ही न की। जब रोग अधिक कष्टदायक होने लगा तब ये प्रयाग चले गए और दो महीने वहाँ रहकर अच्छे-अच्छे डॉक्टरों से चिकित्सा कराई। पर रोग घटने के स्थान पर बढ़ता ही गया। जब इन्होंने अच्छे होने के लक्षण न देखे तब लाचार फिर सिरसा को लौट आए। यहाँ आने पर इन्हें दृढ़ विश्वास हो गया कि मेरी जीवन-यात्रा अब शेष होने पर है। इन्होंने अपने प्रिय कुटुम्ब पर अपना यह विश्वास स्पष्ट रूप से प्रकट भी कर दिया। और ईश्वराराधन, गीता का पाठ, ब्राह्मणों को दानदि आरम्भ कर दिया। अन्त में 9 जनवरी 1891, शुक्रवार के दिन जब इनकी तबीयत बहुत खराब हुई तब इन्होंने अपने इष्टमित्रों को बुलाकर उनसे बिदा माँगी और कहा–"इस वक्त मैं प्रसन्नता से शरीर त्याग करता हूँ; मुझको किसी का इस समय मोह नहीं है।" देखते ही देखते देश का एक सच्चा हितैषी, मातृभाषा का एक सच्चा सेवक, सात्विकशीलता का एक सच्चा आदर्श संसार से उठ गया !

बाबू काशीनाथ के तीन पुत्र और तीन ही कन्याएँ हैं। ज्येष्ठ पुत्र बाबू केशवचन्द्र सिरसा ही में रहते हैं। दूसरे पुत्र बा. नवलकिशोर रियासत नागौद (बुन्देलखंड) में कोतवाल हैं। तृतीय पुत्र बा. रामकिशोर, कानपुर में, रेलवे सब-इन्सपेक्टर हैं।

इनकी लिखी निम्नलिखित पुस्तकें और प्रबन्ध हिन्दी में प्रस्तुत हैं–

(1) शेक्सपियर के मनोहर नाटकों के आशय के अनुवाद।
(2) नीत्युपदेश।
(3) तीन इतिहासिक (?) रूपक।
(4) भारतवर्ष की विख्यात स्त्रियों के चरित्र।
(5) योरपियन धर्म्मशीला स्त्रियों के चरित्र।
(6) ग्राम-पाठशाला और निकृष्ट नौकरी नाटक।
(7) विधवा-विवाह के शास्त्रिक प्रमाण और बालविधवा-सन्ताप नाटक।
(8) खेती की विद्या के मूल सिद्धान्त।
(9) मन की शुद्धि (व्याख्यान)।
(10) मिट्टी द्वारा रोगों का चंगा होना।
(11) किस विधि करके मनुष्य की सन्तान में रूप, बल आदि उत्पन्न किया जा सकता है।
(12) सच्चा सुख (व्याख्यान)।
(13) मातृभाषा की उन्नति किस विधि करने योग्य है।
(14) बालविवाह की कुरीति।

(15) भारत त्रिकालिक दशा (कर्नल आलकाट के व्याख्यान का अनुवाद)।
(16) भारतवर्ष का सुधार किस विधि होना सम्भव है।
(17) इंडियन नेशनल कांग्रेस (ह्यूम साहब के व्याख्यान का अनुवाद)।
(18) देश की दरिद्रता और अँगरेजी राजनीति (मि. दादाभाई नौरोजी के व्याख्यान का अनुवाद)।
(19) सभा में वक्तृता करने के नियम।
(20) गोरक्षा-प्रबन्धक।
(21) गौगुहार।
(22) तावीज़।
(23) आर्य्यशिक्षा और वर्णबोध आदि पाठ्य पुस्तकें।

ऊपर की नामावली से स्पष्ट है कि नीति, धर्म्म, समाज तथा स्वदेश-हित ही पर लिखने की ओर इनका ध्यान अधिक था। बाबू साहब इस बात के लिए विशेष प्रशंसा के पात्र हैं कि उन्होंने इन विषयों पर उस समय हाथ लगाया जब लोगों की प्रवृत्ति इनकी ओर बहुत कम थी। उस समय तो लोग प्रायः हँसी-दिल्लगी की लच्छेदार बातों तथा अनुप्रासांकित-प्रलम्बशब्दवल्लरी ही की ओर अधिक अनुराग दिखाते थे। 'नीत्युपदेश' सुनने के लिए वे प्रस्तुत न थे। फिर इस प्रकार की रचना के लिए उन्हें बराबर उत्साह कहाँ से मिलता रहा, जिसके कारण इनकी लेखनी अपने नियत पथ से नहीं डिगी ? ऊपर कहा जा चुका है कि बाबू साहब का सम्बन्ध आर्य्य-समाज से था। इस समाज से चाहे अभी तक और कोई उपकार न हुआ हो पर इतना तो हम निःशंक कह सकते हैं कि इसके द्वारा जाति में एक नूतन बल का संचार और उन्नतिसाधन के समयोपयुक्त उपायों का प्रचार जरूर हुआ है। अतएव कुछ तो पूर्वोक्त प्रभाव के बल से और कुछ विशेष विद्यानुरागी उदार राजा-महाराजाओं तथा गुणग्राही शिक्षाविभाग के अधिकारियों की सहायता से इन्हें अपनी पुस्तकों के प्रचार में कोई कठिनता न पड़ी। उनका प्रचार दिन पर दिन बढ़ता ही गया। इस बात में बाबू काशीनाथ विशेष भाग्यवान् थे; उन्होंने पुस्तक-रचना से अर्थोपार्जन के साथ-साथ अच्छी प्रतिष्ठा भी पाई। 'भारतवर्ष की विख्यात स्त्रियों के चरित्र' लिखने के उपलक्ष्य में इन्हें उदयपुर-दरबार से 150 रु. और एक प्रशंसापत्र, और महाराणी स्वर्णमयी से 80) पारितोषक मिला था। 'नीत्युपदेश' इन्होंने महाराजा दरभंगा को समर्पित किया था। इससे महाराजा साहब ने प्रसन्न होकर 80) रुपए 'छपाई के खर्च के लिए' भेजे थे। यह पुस्तक बिहार और पंजाब के स्कूलों में प्रचलित भी हो गई थी (नहीं मालूम अब है या नहीं)। इनकी कई पुस्तकें इनामी किताबों की सूची में भी हैं। सन् 1885 में 'भाषा-संवर्धिनी सभा, अलीगढ़' ने इन्हें हिन्दी के उत्तम ग्रन्थकार होने के उपलक्ष्य में एक पदक दिया। उर्दू भी बाबू साहब अच्छी लिखते थे। निज़ाम हैदराबाद इनके उर्दू अनुवादों से इतने प्रसन्न हुए कि उन्होंने 200 रु. मासिक पर इन्हें अपने यहाँ अनुवादक के पद पर बुलाने के लिए पत्र भेजा। पर इन्होंने यह कहकर टाल दिया कि यदि 300 रु. मासिक निज़ाम गवर्नमेंट देना स्वीकार

करे तो शायद आने का विचार कर सकता हूँ। इस लिखा-पढ़ी के उपरान्त ही निज़ाम के प्राइवेट सेक्रेटरी पं. रघुनाथप्रसाद चौबे का तार आया कि "I and Nawab Sahab will reach Allahabad Tuesday, come positively" (हम और नवाब साहब मंगल को इलाहाबाद आवेंगे, जरूर आइए)। ये प्रयाग गए और निज़ाम से मिले। नवाब साहब इनसे बहुत प्रसन्न हुए और उन्होंने कहा–"आप मेरे साथ इसी समय हैदराबाद चलें, मुझे 300रु. मासिक देना स्वीकार है।" पर इन्हें जाने की इच्छा तो थी नहीं, इससे निवेदन किया कि यदि मुझ पर ऐसी ही कृपा है तो जो कुछ तरजुमे का काम हुआ करे मुझे यहीं उजरत पर मिल जाया करे। मैं इसी में अपने को धन्य मानूँगा।

इनके लेख बराबर उस समय के हिन्दी पत्रों में निकला करते थे। कर्नल आलकोट के व्याख्यान का अनुवाद 'आर्य्यदर्पण' में प्रकाशित हुआ था। 'ग्राम-पाठशाला और निकृष्ट नौकरी नाटक' भी पहले 'हरिश्चन्द्र चन्द्रिका' में छपा था। अँगरेजी में भी इनके कई उत्तम-उत्तम लेख हिन्दी के पक्ष में तथा और-और विषयों पर 'हरिश्चन्द्र चन्द्रिका' और 'हरिश्चन्द्र मैगज़ीन' में निकले थे। बाबू हरिश्चन्द्र इनके लेखों का बड़ा आदर करते थे। पर सच पूछिए तो यह कोई बड़ी बात भी न थी, क्योंकि वे निरादर ही किसके लेखों का करते थे। जहाँ किसी ने हिन्दी के लिए लेखनी उठाई कि भारतेन्दुजी ने उसे सिर माथे पर बैठाया। उन्हीं महानुभाव की उदारता ने देखते-देखते उनकी आँखों के सामने ही ऐसे-ऐसे पुरुष खड़े कर दिए जिनकी कीर्ति सदा हिन्दी भाषा के साथ-साथ उसके पथ पर प्रकाश डालती चलेगी और जो अपनी प्रशंसा में अधिक यही कह सकते थे कि "श्रीमुख जासु सराहना कीन्ही और हरिचन्द।"

शेक्सपियर के नाटकों की आख्यायिका जब इन्होंने प्रकाशित की तब इनके पास मि. ग्राउस आदि कई भाषानुरागी और प्रतिष्ठित सज्जनों के प्रशंसा-सूचक पत्र आए, जिनमें से दो को मैं यहाँ देना आवश्यक समझता हूँ।

(भारतेन्दु हरिश्चन्द्र का पत्र)

यह अनुवाद अति प्रशंसनीय है। इसकी भाषा ऐसी स्वच्छ और सरल है कि हर कोई सुगमता से समझ सकता है। बाबू काशीनाथ जी[1] खत्री के परिश्रम और योग्यता से यह आनन्द आज हमको और भाषा-रसिकों को प्राप्त हुआ। उसके उपलक्ष्य में आपको एक तुच्छ वस्तु पारितोषक में पारसल द्वारा भेजता हूँ। आशा है कि स्वीकार होगी।

15 बैशाख 1940 **हरिश्चन्द्र**

(राजा लक्ष्मणसिंह का पत्र)

मुझे आपके दोनों अनुवादों की लेख-रीति सत्चित से पसन्द है। बहुत उत्तम मुहाविरे की हिन्दी भाषा है। आपके ग्रन्थ इस योग्य हैं कि सब लोग जो इस भाषा के

1. यदि यह पत्र बा. हरिश्चन्द्र ने बा. काशीनाथ के पास ही भेजा था तो फिर यहाँ उनका नाम क्यों आया ?–रा.शु.

रसिक हैं उनका यथावत् आदर करें। मुझे निश्चय है कि यह पुस्तक शीघ्र वहाँ पहुँच जायगी जहाँ इसका पूर्ण आदर होगा।

लक्ष्मणसिंह

इनकी पुस्तकों की दी हुई सूची में केवल 6 या 7 ग्रन्थों को छोड़ शेष सब छोटे-छोटे व्याख्यान, उपयोगी व्याख्यानों के अनुवाद और पैम्फ्लैट ही हैं जो समय-समय पर निकले हैं।

[1] शेक्सपियर के नाटकों के आशय के अनुवाद, दो भाग–यह पुस्तक चार्ल्स और मेरी लैम्ब लिखित शेक्सपियर के नाटकों की आख्यायिका का हिन्दी में अनुवाद है। प्रथम भाग में पात्रों के अँगरेजी नामों के स्थान पर हिन्दी नाम 'अभिप्रायानुसार' रक्खे गए हैं। पर इन हिन्दी नामों में 'अभिप्राय' वा गुण का अधिक विचार हो जाने से कुछ बनावट की झलक आ गई है–जैसे, भ्रमाच्छादितसिंह, स्वामी हित-साधकराय, निज-मतलब-सिद्धसिंह, कृतघ्नीप्रसाद इत्यादि। अनुवाद भी बहुत ही स्वच्छन्दता से किया गया है; बहुत से जुमले छोड़ दिए गए हैं : बहुत से अपनी ओर से बढ़ा दिए गए हैं। अँगरेजी आख्यायिका के रचयिता ने उचित अवसरों पर शेक्सपियर ही की शब्द-योजना रखकर उस महाकवि की भाव-प्रदर्शन-प्रणाली से परिचित कराने का यत्न किया है। पर उसके इस हिन्दी अनुवाद में मूल के भाव प्रायः दूसरी ही रीति से व्यक्त किए गए हैं जिससे उनकी (भावों की) यथार्थ मात्रा में भी अन्तर पड़ गया है। अर्थात् कहीं तो वे अधिक तीव्र हो गए हैं और कहीं अधिक हल्के। अनुवाद के कुछ नमूने नीचे दिए जाते हैं।

What suspicious people these Christians are ! Their own hard dealing teach them to suspect the thoughts of others.

(ये ईसाई लोग केसे अविश्वासी होते हैं ! उनके कठोर व्यवहार ही उन्हें दूसरों की नीयत पर सन्देह करना सिखलाते हैं।)

अनुवाद–"ये ईसाई लोग कैसे अविश्वासी हैं ! वह अपने ही समान सबका मन जानते हैं।"

When I first imparted my love to you I freely told you all the wealth I had ran in my veins; but I should have told you that I had, less than nothing, being in debt.

(अर्थात्–जब मैंने पहिले-पहल तुम्हें अपना प्रेम-पात्र बनाया था, मैंने बेधड़क कह दिया था, कि जो कुछ धन मेरे पास है वह मेरे रुधिर, कुल, और शील, ही में है; किन्तु मुझे यह कहना था कि मेरे पास कुछ नहीं से भी कम है, क्योंकि मैं ऋणी हूँ।)

अनुवाद–"जब मेरी तुम्हारी प्रीति आरम्भ हुई तो मैंने प्रथम ही तुम्हें जता दिया था कि मेरा सब धन क्षीण हो गया है और मेरे पास अब कुछ नहीं है; परन्तु मुझे इतना कहना रह गया था कि मैं ऋणी भी हूँ।"

Notwithstanding use your pleasure; if your love for me do not persuade you to come, let not my letter.

(पर अपनी खुशी से काम करना; यदि प्रेम तुम्हें आने के लिए न उभाड़े तो इस चिट्ठी के कारण मत आना।)

अनुवाद–"मेरे निमित्त आप अपने विवाह के आनन्द में विघ्न न डालिएगा और न मेरा पत्र अपनी प्रिया को दिखाएगा !"

It is a dangerous matter for young maidens to be the confidants of handsome young dukes.

(यौवनवती क्वाँरियों के लिए सुन्दर युवा राजकुमारों का विश्वासपात्र होना डर की बात होती है।)

अनुवाद–"नवयौवन कुमारियों का मन सुन्दर पुरुष देखकर शीघ्र ही चलायमान हो जाता है।"

मूल का विशेष बन्धन न रहने पर भी कहीं-कहीं वाक्य-योजना अव्यवस्थित और ऊटपटाँग हो गई है। जैसे–

(1) सबका प्रीति सहित आदर करता और मीठे वचनों से सत्कार देता।

(2) आपसे मेरा इस भाँति बर्ताव करने पर क्या मुझे योग्य है...।

(3) रुपया लेकर अपने मित्र के हवाले कर दिए।

कर्त्ता कई जगह छोड़ दिया गया है।

[2] नीत्युपदेश–यह प्रोफेसर ब्लाकी के 'सेल्फ़ कल्चर' का अनुवाद है। पर न जाने क्यों इसका नाम बदलकर 'नीत्युपदेश' रक्खा गया है। इसकी भाषा 'सरल और स्वच्छ' है। पर कहीं-कहीं शब्दों की अँगरेजी बैठक ज्यों की तयों रक्खी गई है जिससे मतलब अंड का बंड हो गया है, जैसे–

(1) "मिथ्या वचन से दोनों देवता और मनुष्यों को स्वाभाविक घृणा होती है।" यहाँ दोनों शब्द 'मनुष्य' के आगे चाहिए।

(2) "इन तीनों हर समय घेरनेवाले पापों से बचने के लिए लड़कों को सावधानी रखना योग्य है।"

(3) एक जगह लिखा है–"युवा पुरुषों को दिखावट और दम्भ से इतना अधिक दुःख नहीं होता जितना कायरता और साहस और धैर्य्य न होने के कारण हुआ करता है।" क्या कारयरता के बिना युवा पुरुषों को दुःख होता है ? इस जुमले में 'कायरता' शब्द के आगे करण चिह्न 'से' रख देने से अभिप्राय स्पष्ट हो जाता।

'जब' और 'जब तक' के साथ 'तो' और 'वे' के स्थान पर 'वह' ही प्रायः इन्होंने लिखा है। 'हानि' का बहुवचन 'हानें' देखने में आता है। 'अमोल्य,' 'अधीर्य्य,' 'धर्मेष्ट' और 'कौशलता' ऐसे शब्द भी बहुत मिलते हैं।

[3] परम मनोहर इतिहासिक (?) रूपक–इसमें तीन रूपक सम्मिलित हैं। (क) सिन्ध देश की राजकुमारियाँ। इसमें उस समय की एक ऐतिहासिक घटना की चर्चा है जिस समय ख़लीफ़ा उमर ने पहले-पहल मीर क़ासिम को सिन्ध में भेजा था। (ख) गुन्नौर की रानी–इसमें भूपाल के "वर्त्तमान राजकुल के नींव डालनेवाले" सरदार और गुन्नौर

(भूपाल के पास) के पराजित और मृत-राजा की विधवा का वृत्तान्त है। (ग) लवजी का स्वप्न–रघुवंश की एक कथा से लिया गया है। इन तीनों रूपकों में घटनाओं का विस्तार नहीं हुआ है। कुल मिलाकर केवल बारह पन्ने की किताब है।

[4] भारतवर्ष की विख्यात स्त्रियों के जीवन चरित–इसमें मुसलमानों के राज्यारम्भ से लेकर आज तक की 18 प्रसिद्ध रानियों (संयोगिता से स्वर्णमयी तक) के चरित्र हैं।

[5] योरपियन धर्म्मशीला और पतिव्रता स्त्रियों के चरित्र–यह "Noble deeds of Women" का हिन्दी में अनुवाद है। 40 स्त्रियों के अद्‌भुत और रोचक वृत्तान्त हैं।

बाबू काशीनाथ अपनी पुस्तकों और लेखों के नाम बहुत लम्बे और बेढंगे रखते थे। अपनी पुस्तकों का विज्ञापन देने में आप कभी नहीं चूकते थे। कोई छोटी-सी भी इनकी पुस्तक उठा लीजिए और उसके दोनों ओर विषय-विवरण समेत इनकी पुस्तकों की सूची देख लीजिए। कहीं-कहीं इस सूची के अन्त में यह प्रश्न भी मिलेगा कि "तरजुमे का काम चाहिए ?"

इनके व्याख्यानों और पैम्फ्लेटों के विषय में मुझे केवल यही कहना है कि वे सब के सब उपयोगी और शिक्षा-प्रद हैं। भारतवर्ष के सुधार के विषय में आपने अपना मत इस प्रकार प्रगट किया है–"जिस भारतवर्ष के निवासियों ने प्रायः सब एशिया को धर्म्म और विद्या का उपदेश दिया है वे सर्वथा दूसरे देशवासियों का अनुकरण करने में ही सत्य उन्नति न कर सकेंगे; भारत की उन्नति का मन्दिर जब निर्माण होगा तब उसकी प्राचीन नींव पर ही होगा। यह वह भूमि नहीं है जहाँ कोई सर्वथा विदेश का वृक्ष लाकर लगा दे और वह भली भाँति पनपै।" नवीन दृष्टि के बाबू लोग क्षमा करें; अपने-अपने विचार ही तो हैं।

'स्वदेशी' के विषय में आप कह गए हैं–

"विलायती चीज़ों के देश में फैलने से हमारे सब उद्यम नष्ट हो गए। यहाँ वालों की तो यह हीन-दशा हो गई और विलायत के बणिक और कारीगर यहाँ के प्रभाव से धनधान्य से परिपूरित हो गए। हमको सूखी रोटी नहीं जुड़ती वे गुलछर्रे उड़ाते हैं।"

(सरस्वती, नवम्बर 1906)

फ्रेडरिक पिन्काट

आज तक कई योरपियन विद्वानों का ध्यान हिन्दी की ओर रहा। पर यदि हमसे कोई पूछे कि इनमें से किस महानुभाव ने उसके हित के लिए सबसे अधिक व्यग्रता दिखाई, किसने उसके भंडार में अपने हाथों से कुछ रखने का कष्ट उठाया, कौन उसकी बढ़ती देखकर सबसे अधिक प्रफुल्लित हुआ, और कौन उसके बोलनेवालों की ओर सबसे अधिक आकर्षित हुआ तो हमको फ्रेडरिक पिन्काट ही का नाम लेना पड़ेगा। भारतवर्ष की कई भाषाएँ मानकर भी इनका हिन्दी की ओर झुकना और उसको हिन्दुस्तान की सर्वप्रधान भाषा मानना निस्सन्देह प्रशंसनीय था।

फ्रेडरिक पिन्काट का जन्म 1836 ई. में इंगलैंड देश में हुआ। इनके पिता की आर्थिक अवस्था अच्छी नहीं थी। इस कारण इनकी शिक्षा का प्रबन्ध जैसा होना चाहिए वैसा नहीं हुआ। कुछ काल तक ये "क्वीन एलिजेबेथ चार्टर्ड सकूल" में पढ़ते रहे। पर थोड़े ही दिनों में इन्हें उसे छोड़ना पड़ा। जीवन-स्थिति की चिन्ता ने इन्हें व्यग्र किया। पहले ये एक छापेखाने में कम्पोज़ीटर हुए और फिर रीडर (प्रूफ पढ़नेवाले) हुए। इससे यह न समझिए कि इनकी शिक्षा का सिलसिला टूट गया, नहीं, वह बराबर जारी रहा। आरम्भ ही से पूर्वी साहित्य की ओर इनकी रुचि थी। वह रुचि ऐसी दृढ़ और पक्की थी कि प्रेस के कमरों में भी वह उसी प्रकार प्रवर्द्धित होती गई जिस प्रकार ऑक्सफ़र्ड और कैम्ब्रिज के भव्य विद्या भवनों में होती। संस्कृत की चर्चा ये बहुत दिनों से सुनते आते थे। ये सुनते थे कि शब्द-शास्त्र और मानव-जाति के इतिहास के सम्बन्ध में कोई बात निश्चित रूप से स्थिर करने के लिए संस्कृत का जानना बहुत ही आवश्यक है। इससे इन्हें संस्कृत सीखने की प्रबल इच्छा हुई। उन दिनों जो संस्कृत पुस्तकें योरप में छपती थीं वे बहुत महँगी पड़ती थीं। अतएव पुस्तकों को मोल लेने में इन्हें भारी कठिनता पड़ी। किन्तु इनकी इच्छा ऐसी नहीं थी कि किसी ऐसी-वैसी कठिनता के कारण वह दब जाय। संयोगवश एक मित्र की कृपा से इन्हें पुस्तकें भी मिलने लगीं। फिर क्या था? परिश्रमपूर्वक इन्होंने उन पुस्तकों का अध्ययन आरम्भ किया। थोड़े दिन में इन्हें संस्कृत में गति हो गई और इनके दिन और रात उसी के ग्रन्थ देखने में बीतने लगे। क्रमशः लोगों को इनकी योग्यता का परिचय मिलने लगा और ये उस समय के अच्छे संस्कृत जाननेवालों में गिने जाने लगे। ये रायल एशियाटिक सोसाइटी के मेम्बर हुए। इनका सारा जीवन इस बात का प्रत्यक्ष प्रमाण है कि किस प्रकार एक दृढ़-प्रतिज्ञ पुरुष समाज

की निम्न श्रेणी में रहकर भी अपनी ऊँची से ऊँची अभिलाषाओं को पूरा करता हुआ संसार में सुखी और यशस्वी हो सकता है।

विद्या-संचय के साथ ही साथ प्रेस के कामों में भी ये अधिक कुशल होते गए। अन्त में डब्ल्यू. एच. एलेन एंड कम्पनी (W.H. Allen &Co., 13, Waterloo place, Pall Mall, S.W.) के विशाल छापेखाने के ये मैनेजर हुए। तब से बराबर उसी पद पर अपने जीवन के अन्तिम दिनों के कुछ समय पहले तक शान्तिपूर्वक रहकर भारतीय साहित्य और भारतीय प्रजा के लिए परिश्रम करते रहे। ये शान्ति-प्रिय और गम्भीर-स्वभाव थे। अवस्थाओं के परिवर्तन की लालसा ने इन्हें विचलित नहीं किया। अतः इनका जीवन घटनापूर्ण नहीं है। इससे चाहे हमारा मनोरंजन न हो, पर इनके लिए यह सौभाग्य की बात थी। क्योंकि किसी दार्शनिक ने कहा है–"Happy the people whose annals are vacant." अर्थात् "वे लोग सुखी हैं जिनका इतिहास बड़ी-बड़ी घटनाओं से खाली है।" यह एक व्यक्ति के विषय में भी उतनी ही ठीक है जितनी एक जाति के विषय में।

23 वर्ष की अवस्था में इन्होंने अपना विवाह किया।

यह एक स्वाभाविक नियम है कि पुस्तकें पढ़ते-पढ़ते उनके कर्त्ताओं और तदगत पात्रों से पढ़नेवाले का एक प्रकार का काल्पनिक साहचर्य स्थापित हो जाता है। कल्पना द्वारा हम उनके समागम से तृप्त होना चाहते हैं; उनके वेश-विन्यास, रूप-रंग तथा रहन-सहन आदि का अवलोकन न सही तो उनका परिचय ही प्राप्त करना चाहते हैं। इनके अभाव में हम उनकी सन्तति, उनके इष्ट मित्र, उनके व्यवहार की वस्तुओं ही से प्रेम सम्बन्ध जोड़कर उनके प्रति उपकार करने के लिए आकुल होते हैं। मनुष्य की यही प्रवृत्ति उसको खँडहरों में दौड़ाती है और बरसों जमीन खोदने को विवश करती है। इसी के झोंक में लोग शेक्सपियर की कुर्सी और हुमायूँ की क़ब्र देखने जाते हैं। वह सहानुभूति, जो इस काल्पनिक साहचर्य से उत्पन्न होती है, अत्यन्त निर्मल और निःस्वार्थ होती है, इसी के बल से इंगलैंड में बैठे-बैठे पिन्काट साहब ने भारतवर्ष में कई प्रेमी मित्र ढूँढ़ लिये और भारतवासियों के हित साधन में यावज्जीवन लगे रहे। वाग्मी बर्क (Burke) के वारन हेस्टिंग्ज़ पर अकारण टूट पड़ने का कारण भी यही सहानुभूति कही जाती है। इसी से स्वदेश भक्ति और स्वजाति प्रेम के लिए अपने देश के इतिहास और साहित्य का पढ़ना परम आवश्यक है।

संस्कृत में यथेष्ट गति हो जाने पर इन्हें मालूम हुआ कि दुष्यन्त और कालिदास की सन्तति से परिचित होने और उनके साथ भलाई करने के लिए देशी भाषाओं का जानना बहुत जरूरी है। इससे ये तुरन्त श्रमपूर्वक हिन्दुस्तान की भाषाओं को सीखने लगे। जान पड़ता है कि पहले-पहल इन्होंने उर्दू ही में योग्यता प्राप्त की। तदनन्तर इन्होंने गुजराती और बँगला सीखीं। इसके पीछे तामिली, तैलंगी, मलयालम और कनारी आदि दक्षिणी भाषाओं की ओर झुके। हिन्दी की ओर इनका ध्यान सबसे पीछे गया। पर यहाँ पर इनकी अभिलाषा पूर्ण हो गई। संस्कृत और प्राकृत की प्रधान उत्तराधिकारिणी इन्हें हिन्दी ही प्रतीत हुई, इससे आप तन, मन, धन से उसकी सेवा में तत्पर हो गए। हिन्दी

के मुख्य-मुख्य हितैषियों से पत्र-व्यवहार होने लगा। जिस प्रेम बेलि को सूर और तुलसी ने आरोपित किया था उसकी सुगन्ध रह-रहकर समुद्रों को लाँघती हुई सहृदयों को मुग्ध करने लगी। इनके प्रत्येक पत्र में उस सच्चे प्रेम का आभास पाया जाता है जिसे भारतीय साहित्य ने इनके हृदय में स्थापित कर दिया था। भारतेन्दु बाबू हरिश्चन्द्र से ये बड़ा स्नेह रखते थे और प्रायः उनके पास प्रेम पीयूष सिंचित पत्र भेजा करते थे। देखिए इस अँगरेजी पत्र में हिन्दी भाषा और हिन्दू जाति के विषय में आप क्या लिखते हैं–

Frederic Pincott sends his greeting and good wishes.

To,
Babu Harish Chandra Ji.

Dear Sir,

Although I have never lived in India, for a long time past the study of the languages of that country has remained to me a very fascinating pursuit; becaue, in my opinion, it is a meritorious act for everyone, to the utmost of his power, to cause the English and Hindi people to live harmoniously together. It is impossible for any one to respect another so long as both are unable to comprehend each other's knowledge and intellectual power. Hence, before the harmonious living together of the two races, it is essential that their languages should be acquired and their books explained. With this object in view I have learnt four Indian languages namely Sanskrit, Hindi, Persian and Urdu, and have read many books in those languages and disseminated their contents in England. Further more, I have produced some books for teaching the Hindi language, among them one is "THE SHAKUNTALA" in Hindi and another "The Hindi Manual." Both these books have been commended by the civil service commissioners, who have ordered that all those studdying Hindi in England should read these two books. Quite recently they have ordered that every Englishman who wishes to enter the civil service of India must learn the Hindi language.

After reading the above written intelligence you will easily understand how much pleasure I felt when I received, through the post, by your favour, a great parcel of Hindi Books. Among these books there are several of your poems, which I shall read with delight and there are also several dreams which will be very useful for teaching the Hindi language.

In the opinion of English scholars it is to be regretted that Hind authors, in writing their books, do not employ common Hind expression, such as they are constantly using in their own homes. Instead of that, many authors mix so much Sanskrit with their Hindi that Hindi becomes almost pure Sanskrit. I am exceedingly pleased to perceive that it is impossible to ascribe such a fault to your works.

The receipts of these books has caused me the greatest pleasure, and there are two reasons for this pleasure, one is, that by reading these books my knowledge of Hindi will be increased, and the other is, that the receipt of these books made it clearly apparent that there are some patriots in India.

I am sending you by the post a copy of "Hindi Manual" which I respectfully ask you to be good enough to accept. Should you detect any errors in the book, and will point them out to me, I shall be still obliged to you.

I most earnestly hope that God will long preserve your useful life.*

Your Sincerely
Frederic Pincott

अनुवाद

श्रीमान् बाबू हरिश्चन्द्र को फ्रेडरिक पिन्काट का अभिवादन और आशीर्वचन।

प्रिय महाशय !

यद्यपि मैं हिन्दुस्तान में कभी नहीं रहा तथापि बहुत काल से उस देश की भाषाओं का अध्ययन मेरे लिए एक बहुत ही मनोरंजक कार्य्य रहा है। मेरी सम्मति में, हर एक के लिए अपने भरसक अँगरेज और हिन्दू लोगों के बीच एका स्थापित करना एक बहुत ही प्रशंसनीय काम है। परस्पर एक-दूसरे की प्रतिष्ठा करना तब तक असम्भव है जब तक दोनों एक-दूसरे के ज्ञान और बुद्धि-बल की इयत्ता न समझ लें। अतएव, दोनों जातियों को मिलजुलकर साथ-साथ रहने के लिए, उनकी भाषाएँ सीखना और उनकी पुस्तकें पढ़ना बहुत ज़रूरी है। इसी से मैंने भारत की चार भाषाएँ सीखी हैं–संस्कृत, हिन्दी, फारसी और उर्दू। इन भाषाओं की बहुत सी पुस्तकें भी मैंने पढ़ी हैं। और उनमें लिखी हुई बातों का इंगलिस्तान में प्रचार भी किया है। इसके सिवा मैंने कुछ पुस्तकें हिन्दी भाषा सिखलाने के लिए बनाई हैं। उनमें से एक 'हिन्दी शकुन्तला' और दूसरी 'हिन्दी मेनुअल' है। इन दोनों पुस्तकों को सिविल सर्विस परीक्षा के कमिश्नरों ने पसन्द किया है और आज्ञा दी है कि जो लोग इंगलिस्तान में हिन्दी पढ़ते हैं वे इनको पढ़ें। अभी हाल में उन्होंने आज्ञा दी है कि प्रत्येक अँगरेज को, जो भारतीय सिविल सर्विस में प्रवेश करना चाहता है, हिन्दी भाषा सीखनी होगी।

इन बातों को पढ़कर आप अच्छी तरह समझ सकते हैं कि आपकी कृपा से, डाक द्वारा, हिन्दी पुस्तकों का एक बड़ा-सा पारसल पाने पर, मुझे कितना आनन्द हुआ होगा। इन पुस्तकों में कुछ तो आपके काव्य हैं जिनको मैं प्रसन्नतापूर्वक पढ़ूँगा, और कुछ नाटक हैं जो हिन्दी भाषा सीखने में बड़े काम आवेंगे।

* यह पत्र स्व. बाबू राधाकृष्णदासजी के पुस्तकालय में मिला। इसके लिए मैं भारतेन्दुजी के भतीजे बाबू व्रजचन्दजी का अनुगृहीत हूँ।–लेखक

[अँगरेजी विद्वान की राय में यह खेद की बात है कि हिन्दू ग्रन्थकार, अपनी पुस्तकें लिखने में, ऐसे साधारण हिन्दी वाक्य नहीं व्यवहृत करते जैसे वे अपने घरों में बराबर बोलते रहते हैं। उनके स्थान पर बहुत से ग्रन्थकार अपनी हिन्दी के साथ इतनी संस्कृत मिला देते हैं कि हिन्दी प्रायः शुद्ध संस्कृत हो जाती है।] मैं यह देखकर अत्यन्त प्रसन्न हूँ कि यह दोष आपकी रचना में नहीं है।

इन पुस्तकों को पाकर मुझे बड़ा आनन्द हुआ है। इसके दो कारण हैं–एक तो यह कि इन पुस्तकों को पढ़ने से मेरा हिन्दी का ज्ञान बढ़ेगा, और दूसरा यह कि इनकी प्राप्ति ने स्पष्ट रूप से प्रकट कर दिया कि भारत में कुछ देश-भक्त भी हैं।

मैं डाक द्वारा अपने 'हिन्दू मेनुअल' की एक प्रति भेजता हूँ। विनीत भाव से प्रार्थना है कि आप उसे ग्रहण करें। यदि उस पुस्तक में आप कोई भूल पावें और मुझे सूचित करें तो मैं आपका कृतज्ञ हूँगा।

आशा करता हूँ कि परमेश्वर आपके उपकारी जीवन को बहुत दिनों तक बनाए रक्खेगा।

भवदीय

फ्रेडरिक पिन्काट

एक चिट्ठी इन्होंने भारतेन्दुजी को हिन्दी-पद्य में लिखी थी जिससे इनकी हिन्दी की योग्यता और सरल स्नेह-रंजित हृदय का परिचय भलीभाँति मिलता है। यह चिट्ठी यह है–

"बैस बंस-अवतंस, श्री बाबू हरिचन्द जू।
छीर-नीर-कलहंस, टुक उत्तर लिखि देव मोहिं॥
पर उपकार में उदार अवनी में एक
भाषत अनेक यह राजा हरिश्चन्द है।
विभव बड़ाई वपु वसन विलास लखि
कहत यहाँ के लोग बाबू हरिचन्द है।
चन्द जैसो अमिय आनन्द कर आरत को
कहत कविन्द यह भारत को चन्द है।
कैसे अब देखैं को बतावै कहाँ पावैं, हाय,
कैसे वहाँ आवैं हम कोई मतिमन्द है॥
श्री युत-सकल-कविन्द-कुल-नुत बाबू हरिचन्द।
भारत-हृदय-सतार-नभ, उदय रहो जनु चन्द॥"

इसी तरह से अन्य हिन्दी सेवियों के पास भी इंगलैंड से पत्र भेजते थे। हिन्दी के सम्बन्ध में जहाँ कोई बात छेड़ी जाती थी, आप तुरन्त उस पर अपनी राय देते थे। जिन दिनों खड़ी बोली की कविता के विषय में विवाद चल रहा था इन्होंने इसका पक्ष लिया था। 'खड़ी बोली का पद्य' नाम की बाबू अयोध्याप्रसाद की पुस्तक का सुन्दर संस्करण, अपनी अँगरेजी भूमिका सहित, इन्होंने इंगलैंड में छपवाया था। उसमें आपने अँगरेजी में जो कुछ लिखा है उसका भावार्थ यह है–"यह देखकर सन्तोष होता है कि खड़ी बोली के प्रस्ताव का आदर किया गया। यद्यपि पुराने ढर्रे के साहित्य-सेवियों और संशोधकों के

बीच बहुत विवाद हुआ, और अब भी हो रहा है; पर गद्य का एक भाषा में लिखा जाना और पद्य का दूसरी में कैसी बेढंगी बात है, यह धीरे-धीरे लोगों को मालूम हो रहा है।"

उर्दू के विषय में आप लिखते हैं, "फ़ारसी-मिश्रित-हिन्दी (अर्थात् उर्दू या हिन्दुस्तानी) के अदालती भाषा बन जाने के कारण उसकी बड़ी उन्नति हुई। इससे साहित्य की एक नई ही भाषा उत्पन्न हो गई। पश्चिमोत्तर प्रदेश के निवासी, जिनकी कि यह भाषा मानी जाती है, उसे एक विदेशी भाषा की तरह स्कूलों में सीखने के लिए विवश किए जाते हैं।" जो लोग यह कहते हैं कि उच्च हिन्दी एक बनावटी भाषा है और सर्वसाधारण के व्यवहार में नहीं आती, उन्हें पिन्काट साहब के इस कथन पर विचार करना चाहिए। थोड़ा सोचने से उन्हें ये स्पष्ट मालूम हो जायगा कि यदि आरम्भ ही से उन्हें करीमा न रटाया गया होता तो उर्दू उनके श्रीमुख से कदापि न सुन पड़ती। जनाब, यह उर्दू औप अपनी माँ की गोद से लेकर नहीं उतरते हैं। किन्तु मौलवी साहब के मकतब में आपने उसे सीखा है। यदि आज से लड़के मदरसों में हिन्दी की उपयुक्त शिक्षा पाने लगें और अँगरेजी के साथ अपनी दूसरी भाषा संस्कृत लेने लगें तो थोड़े ही दिनों में वह उर्दू, जिसको आप आमफ़हम कहते हैं, हवा हो जाय और उसके स्थान पर गली-गली वही शुद्ध परिष्कृत हिन्दी, जिसको सुनकर आप इतना चौंकते हैं, सुनाई देने लगे। दूर की बात जाने दीजिए, बंगदेश को देखिए, जहाँ के छोटे-छोटे बच्चे तक उन संस्कृत शब्दों को कैसी मधुरता से उच्चारण करते हैं जो आपके कानों में कंकड़ के समान लगते हैं।

पिन्काट साहब बड़े ही हिन्दी हितैषी थे। आपका काशी के बाबू कार्तिकप्रसाद से पत्र व्यवहार था। एक पत्र में आप उनहें लिखते हैं–

"आपका सुखद पत्र मुझे मिला है और उससे मुझको परम आनन्द हुआ।

"आपकी समझ में हिन्दी भाषा का प्रचलित होना उत्तर-पश्चिम वासियों के लिए सबसे भारी बात है। मैं भी सम्पूर्ण रूप से जानता हूँ कि जब तक किसी देश में निज भाषा और अक्षर सरकारी और व्यवहार सम्बन्धी कामों में नहीं प्रवृत्त होते हैं तब तक उस देश का परम सौभाग्य हो नहीं सकता। इसलिए मैंने बार-बार हिन्दी भाषा के प्रचलित करने का उद्योग किया है। आप अपने पत्र में यह सवाल पूछते हैं कि क्या उस बात के निबाहने का कुछ उपाय हो सके कि नहीं। उस सवाल का यह उत्तर है कि हाँ एक ही उपाय है–अर्थात् जो कोई किसी समय हिन्दी भाषा लिखे तो उसको चाहिए कि आसान सरल हिन्दी लिखे। जब पंडितजन हिन्दी भाषा लिखते हैं तब उसमें बहुत कुछ संस्कृत मिला देते हैं। यह भारी भूल है, क्योंकि अज्ञानी लोग संस्कृत मिश्रित भाषा समझ नहीं सकते हैं। इसी कारण वे बड़ा शोर मचा के पुकारते हैं कि हाय, हाय, हिन्दी भाषा का प्रचलित होना अफसोस की बात है।

"देखो अस्सी बरस हुए बंगाली भाषा निरी अपभ्रंश भाषा थी। पहले-पहल थोड़ी-थोड़ी संस्कृत बातें उसमें मिली थीं। परन्तु अब क्रम करके सँवारने से निपट अच्छी भाषा हो गई। इसी तरह चाहिए कि इन दिनों में पंडित लोग हिन्दी भाषा में थोड़ी-थोड़ी संस्कृत बातें मिलावें। इस पर भी स्मरण कीजिए कि उत्तर-पश्चिम में हज़ार बरस तक

फ़ारसी बोलनेवाले लोग राज करते थे। इसी कारण उस देश में सब लोग बहुत फ़ारसी बातों को जानते हैं। उन फ़ारसी बातों को भाषा से निकाल देना असम्भव है। इसलिए उनके निकाल देने का उद्योग मूर्खता का काम है। मेरी समझ में भाषा और अक्षरों के प्रचलित करने का यह उपाय है कि पहिले सब लिखनेवाले जन सीधी सरल फ़ारसी-मिश्रित भाषा लिखें। केवल या तो देवनागरी अक्षर प्रचलित हों तब हिन्दी भाषा क्रम करके बंगाली के सदृश निपट अच्छी और सँवारी हुई भाषा हो जावेगी। बाकी फिर।"[1]

आगे चलकर एक पत्र में फिर, भारतवर्ष के प्रति स्नेह प्रदर्शित करते हुए, इस विषय में आप लिखते हैं–

"आपका 24 जुलाई, 1887 का पत्र मुझे मिला है और उससे अत्यन्त आनन्द मेरे हृदय में उपज आया है। सच तो है कि यद्यपि मैं हिन्दुस्तान में कभी नहीं आया तो भी उस देश पर मेरा दिल लगता है। परमेश्वर करे कि मर जाने के आगे मैं हिन्दुस्तान के लिए कोई फलदायक काम करूँ।

"हिन्दी भाषा के बारे में जो कुछ आपने लिखा है सो बिलकुल सच है। सच है कि भाषा के शब्दों की अपेक्षा देवनागरी के अक्षर दफ्तरों में बर्ते जाने बड़ी भारी बात है।..."

इसी प्रकार जब तक ये जीते रहे हिन्दी का उपकार सोचते और करते रहे। जहाँ कोई हिन्दी की उत्तम पुस्तक छपी, आप लंदन के पत्रों में उसकी प्रशंसा की धूम मचा देते थे। पं. श्रीधर पाठक के 'एकान्तवासी-योगी' और 'ऊजड़गाम' की आपने विलायती पत्रों में बड़ी प्रशंसा की थी। हिन्दी के प्रायः सब लेखकों से आपका पत्र व्यवहार रहता था। इनके समय के प्रत्येक हिन्दी-लेखक के घर में इनके दो-एक पत्र पड़े होंगे। इनका जैसा प्रेम हिन्दी साहित्य पर था, यहाँ की प्रजा पर भी वैसा ही था। ये निरन्तर उसके दुःखों को दूर करने की चेष्टा में रहते थे, हमको बिना देखे ही ये हमारे साथ ऐसे 'नेह का नाता' निबाहते रहे जो इस संसार में दुर्लभ है। जब भारतीय पुलिस के अत्याचारों की कथा इनके कानों तक पहुँची, ये एकदम अधीर हो उठे। उस समय आपने बाबू कार्तिकप्रसाद को लिखा–

"कुछ दिन हुए कि मेरे एक हिन्दुस्तानी दोस्त ने हिन्दुस्तान के पुलीस के जुल्म की ऐसी तस्वीर खैंची कि मैं हैरान हो गया। मैंने यह जानने के लिए कि मेरा दोस्त कहाँ तक सच कहता है, एक चिट्ठी लाहौर नगर के 'ट्रिब्यून' नामी समाचारपत्र को लिखी। उस चिट्ठी के छपते ही मेरे पास बहुत से लोगों ने चिट्ठियाँ भेजीं जिनसे प्रकाशित हुआ कि पुलीस का जुल्म उससे भी ज्यादा है कि जितना मैंने सुना था। अब मैंने यह पक्का इरादा कर लिया है कि जब तक हिन्दुस्तान की पुलीस वैसी ही न हो जावे जैसे कि हमारे इंगलिस्तान की है, मैं इस बात का पीछा न छोड़ूँगा।"

बनारस में एक 'बनारस एसोसिएशन' नाम की सभा थी जो पुलिस के अत्याचारों को दूर करने का यत्न किया करती थी। पिन्काट साहब उसके अध्यक्ष बनाए गए थे।

1. ये हिन्दी पत्र और फोटो मुझे स्वर्गीय बाबू कार्तिक प्रसाद जी के सुयोग्य पुत्र बाबू मनोहरदासजी की कृपा से मिले हैं। इसके लिए उन्हें अनेक धन्यवाद–लेखक

1888 ई. में आप पर एक बड़ा भारी दुःख पड़ा। आपकी स्नेहमयी भार्या का नवम्बर महीने में परलोकवास हो गया। उस समय आपके चित्त की जो दशा हुई उसे आप जी खोलकर अपने भारतीय मित्र से कहते हैं–

"विगत महीनों में मुझ पर इस दुनिया का सबसे भारी दुःख गिर पड़ा है। मेरी प्यारी स्त्री मर गई है और मैं शोक के द्वारा अचेत होकर उदासी के पेंदे में लुढ़क रहा हूँ। देखो मित्र उनतीस बरस तक वह मेरी प्यारी साथिन थी। अब मालूम हुआ कि सारा जगत असार हो गया है। परमेश्वर की कृपा से कुछ काल बीतने पर मैं फिर शान्त हो जाऊँगा।"

पाठक ! इस लिखावट से इनकी सरलता का अन्दाज कीजिए। यह भी विचारिए कि ये शब्द एक ऐसे व्यक्ति को लिखे गए हैं जिससे इनका कभी प्रत्यक्ष परिचय भी न था। एक और चिट्ठी में दीन भारतवासियों के साथ उपकार करने की चिन्ता में आप अपने दुःख को भूल जाते हैं और लिखते हैं–

"इस समाचार मिलने से आपको परमानन्द होगा कि इंडियन गवर्नमेंट थोड़े काल में पुलिस डिपार्टमेंट को सरासर बदल देगी। सच मानिए यह ठीक-ठीक समाचार है। दो बरस तक मैं अपनी चिट्ठी, लेखा, मजमून इत्यादि चारों ओर भेजा भिजवा करता रहा हूँ। अब मेरे इस परिश्रम का कुछ फल होगा। सावधान रखिए कि आप किसी से न कहैं कि मैंने यह समाचार पिन्काट साहब से पाया है...।"

भारतवर्ष की उन्नति में सहायता पहुँचानेवाली जितनी बातें थीं पिन्काट साहब का प्रायः उन सबसे सम्बन्ध रहता था। इनके राजनीति, व्यापार तथा साहित्य सम्बन्धी लेख बराबर, इंगलैंड और भारतवर्ष के सम्वादपत्रों में निकला करते थे। यद्यपि ये विलायत में रहते थे पर देशी भाषाओं के अध्ययन द्वारा ये भारतवर्ष की बहुत सी भीतरी बातों से जानकार थे। इस पर भी यहाँ की वास्तविक दशा जानते रहने के लिए आप यहाँ के समाचारपत्रों को पढ़ा करते थे। राजनैतिक विचार आपके उदार थे। आप हिन्दी अखबार बड़े प्रेम से पढ़ते थे। और नेशनल कांग्रेस को आप अच्छा समझते थे। इन बातों का पता आपके इस पत्र से लग सकता है। यह भी बाबू कार्तिकप्रसाद ही को उन्होंने लिखा था–

"इस समय तक जितने समाचारपत्र मेरे पास आते हैं उनके नाम नीचे लिखे हुए फिहरिस्त में हैं, अर्थात्–

1.	भारतमित्र	(हिन्दी)	साप्ताहिक
2.	भारतवर्ष	(हिन्दी)	मासिक
3.	भारतदुर्दशा-प्रवर्तक	(हिन्दी)	मासिक
4.	दिनकर प्रकाश	(हिन्दी)	मासिक
5.	भारतवर्त्त	(मराठी)	साप्ताहिक
6.	ट्रैब्यून	(अँगरेजी)	दो बार प्रत्येक सप्ताह
7.	एडवोकेट	(अँगरेजी)	साप्ताहिक

"मैंने यह सुना है कि 'अमृत बाजार पत्रिका' नामक समाचारपत्र एक बहुत अच्छी अखबार है। परन्तु मैंने उसको कभी नहीं देखा है।

"ऊपर लिखे हुए समाचारपत्रों को मैंने कई एक मजमून लिख भेजे हैं और भेजूँगा।

"मेरी राय में नेशनल कांग्रेस बहुत अच्छी बात है। उसके बारे में मैं बहुत कुछ लिखूँगा।"

जब कभी किसी हिन्दी पत्र सम्पादक पर कोई आपत्ति आती थी तब आप तुरन्त उसके पक्ष में खड़े हो जाते थे। एक बार एक प्रतिष्ठित हिन्दी पत्र के सम्पादक को निज प्रकाशित किसी राजनैतिक लेख के विषय में आशंका हुई। उन्होंने पिन्काट साहब के पास उस लेख को भेजकर अपने चित्त का हाल लिख भेजा। पिन्काट साहब ने तुरन्त उस लेख का अँगरेजी अनुवाद करके और उस पर अपनी सम्मति लिखकर उनके पास भेज दिया, और लिखा कि यदि आप पर कोई आपत्ति आवे तो आप मेरी उस राय को पेश कर दीजिएगा। इसी तरह हमारे मिरज़ापुर से निकलनेवाले 'खिचड़ी समाचार' के सम्पादक बाबू माधवप्रसाद खत्री पर जिस समय मानहानि का अभियोग चल रहा था, आपने उनके पक्ष में अपनी साक्षी इंगलैंड से लिखकर भेजी थी। हिन्दी के विषय में इनकी सम्मति सदा माननीय समझी जाती थी।

डब्ल्यू.एच. एलेन एंड कं. से आपने 1890 में सम्बन्ध छोड़ा और मेसर्स गिलबर्ट एंड रिविंगटन* (Messers Gilbert and Revington, St. John's House, Clerken Well London) के प्रसिद्ध कार्यालय के 'पूर्वीय मन्त्री और कार्यकर्त्ता' (Oriental adviser and expert) नियुक्त हुए। अन्त तक आप वहीं रहे। इस कम्पनी की तरफ से "आईनः सौदागरी' (Mirror of the British Merchandise) नामक व्यापार सम्बन्धी एक मासिक पत्र उर्दू भाषा में निकलता था जिसके एडिटर पिन्काट साहब थे। उसमें इंगलिस्तान की बनी हुई वस्तुओं–कलों और औजारों आदि–का हाल रहता था, और उनकी उपयोगिता दिखलाई जाती थी। भारतवर्ष में उत्पन्न होनेवाले पदार्थों का भी वर्णन रहता था। इसके सिवा वाणिज्य व्यवसाय की और भी कितनी ही बातें रहती थीं।

पिन्काट साहब के सम्पादकत्व-काल में, इस पत्र में इन सब बातों के सिवा भारत के राजा-महाराजाओं और विख्यात पुरुषों के सचित्र चरित भी निकलते थे, यहाँ के प्रधान-प्रधान नगरों और राजधानियों का वर्णन रहता था, यहाँ के हिन्दी सम्वादपत्रों के लेख उद्धृत होते थे। यह पत्र उर्दू का था पर अन्त के दो-चार पृष्ठों में हिन्दी भी रहती थी। उर्दू लेखों के दो-चार नाम नमूने के तौर पर सुनिए–'गेहूँ का साफ़ करना।' 'रौग़नदार बीजों से तेल निकालने के लिए एक उम्द : कोल्हू,' 'इंगलिस्तान की ख़ोराक'। 'रुई की तिजारत'। 'कटहल'। 'शाहेजादगान हिन्दुस्तान'। 'प्रतापचन्द्र राय साहब बहादुर, सी.आई.ई. !' शहर 'बम्बई'। 'जैपुर'।

हिन्दी लेखों के नमूने–'भयमुक्त दीपक' ((Safety lamps), 'जलोत्तोलन यन्त्र, भूमि के सींचने के लिए' (Pump for irrigation), 'पवनचक्कियों के बारे में' (Machines driven by wind), 'केले के पेड़ों का उपराजना'।

ये लेख हिन्दी पत्रों से उद्धृत किए गए थे–'हिन्दुस्तान का व्यापार'–'आर्य्य दर्पण' से। 'भारतवासियों को विलायत जाने की आवश्यकता'–'हिन्दुस्तान' से। 'भारतवर्ष को किस बात की आवश्यकता है'–'भारतमित्र' से।

कभी-कभी दो-एक मज़ेदार नोट भी हिन्दी में निकल जाते थे। जैसे–

"आस्ट्रेलिया में एक युवती ने फाँसी देनेवाले के पद को प्राप्त करने के लिए अर्ज़ी दी है। उसने अपनी अर्ज़ी में यह भी लिखा है कि चूँकि पुरुषगण स्त्री-जाति के ऊपर जीवन नेवछावर करनेवाले होते हैं और मैं भी स्त्री ही हूँ, अतः पुरुषों को फाँसी देकर परलोक पयान कराने का काम मुझको मिलना चाहिए।"

1895 ई. में 'रीआ घास' (Rhea fiber) की खेती कराने के विचार से पिन्काट साहब ने हिन्दुस्तान को प्रस्थान किया। नवम्बर में ये कलकत्ते उतरे। सुनते हैं कि वहाँ इनका एक व्याख्यान हुआ था। पर किस विषय पर और किस भाषा में, नहीं कह सकते। 'लंदन रीआ फाइबर ट्रीटमेंट कम्पनी'[1] के साथ इन्होंने हिन्दुस्तान से 15000 टन रीआ की छाल सात पाउंड (105 रु.) फी टन के हिसाब से भेजने का ठीका लिया था। कलकत्ते से ये काशी जानेवाले थे, पर नहीं गए। नागरी प्रचारिणी सभा के ये आनरेरी सभासद थे। अवध प्रान्त को इन्होंने रीआ[2] की खेती के लिए उपयुक्त समझा था। इसी उद्योग के लिए ये लखनऊ गए। वहीं 7 फरवरी 1896 को उन्हीं अभागे भारतवासियों के बीच, जिनके उपकार में ये जीवन भर लगे रहे, इनके शान्त और परोपकारी जीवन का शेष हो गया। इनका शरीर भारतवर्ष की पुनीत मिट्टी में मिल गया। हा ! ये कुछ दिन भी हमारे बीच न रहने पाए, इसका हम भारतवासियों को–विशेषकर हिन्दी भाषा-भाषियों को सब दिन सोच रहेगा।

पिन्काट साहब एक कन्या के सिवा कोई सन्तति छोड़कर नहीं मरे। इनके भाई थोड़े दिन हुए लन्दन के 'पंच ऑफिस' में रीडर थे। पर अब नहीं मालूम कहाँ हैं।

इनकी बनाई और सम्पादित की हुई पुस्तकों के नाम ये हैं–

1. हिन्दी शकुन्तला (राजा लक्षमणसिंह का किया हुआ अनुवाद, उस पर पिन्काट साहब की व्याख्या) यह संस्करण सिविल सर्विस की परीक्षा में जानेवाले अँगरेजों के लिए प्रकाशित हुआ था।
2. Hindi Manual (हिन्दी व्याकरण) यह भी सिविल सर्विस परीक्षा में नियत था।
3. अलफ लैलः बज़बान उर्दू (रोमन अक्षरों में)
4. हितोपदेश (अँगरेजी अनुवाद)
5. खड़ी बोली का पद्य (बाबू अयोध्या प्रसाद का) ये सब पुस्तकें इन्होंने डब्ल्यू. एच. एलेन एंड कं. के छापेखाने ही में छपाई थीं जिसके आप मैनेजर थे।
6. बालदीपक (हिन्दी) चार भाग, कैथी और नागरी अक्षरों में।
7. विक्टोरिया-चरित्र (हिन्दी)

---

1. इस लेख के लिखने में मुझे इस कम्पनी के मैनेजर से भी सहायता मिली है। –लेखक
2. इस घास को आसाम में 'रीआ' और बंगाल में 'कनखुरा' कहते हैं। यह छः से आठ फीट तक ऊँची होती है। इसकी गाँठों से नुकीली पत्तियाँ निकलती हैं। यह घास सुन्दरवन (बंगाल) और आसाम में आपसे आप उगती है। इसकी छाल के रेशों से सुन्दर कपड़े बनते हैं। इसकी खेती से भारतवासियों का लाभ हो सकता है।–लेखक

ये दोनों पुस्तकें 'खड्गविलास प्रेस' बाँकीपुर की छपी है और विशेष ध्यान देने योग्य हैं क्योंकि उनसे पिन्काट साहब की हिन्दी-गद्य-रचना का परिचय मिलता है।

'बालदीपक' बिहार के स्कूलों में पढ़ाई जाती थी। इसमें अच्छे-अच्छे बालकोपयोगी पाठ सरल हिन्दी भाषा में थे। एक नमूना लीजिए–12वाँ पाठ। चौकसाई करने के बयान में।

"हे लड़को, तुमको चाहिए कि अपनी पोथी को बहुत सँभालकर रक्खो। मैला होने न पावे बिगड़े नहीं और जब उसे खोलो चौकसाई से खोलो कि उसका पन्ना अँगुली के तले दबकर फट न जावे।"

'विक्टोरिया चरित्र'। यह 136 पृ. की पुस्तक है। इसमें महारानी विक्टोरिया का जीवन वृत्तान्त विस्तार के साथ शुद्ध हिन्दी भाषा में पिन्काट साहब ने लिखा है। उस पुस्तक की भाषा के विषय में मुझे केवल यही कहना है कि वह इनके पत्रों की अपेक्षा अधिक शुद्ध और मुहाविरेदार है, इसमें सन्देह होता है कि कदाचित् इसका संशोधन यहाँ हुआ हो।

ये रायल एशियाटिक सोसाइटी के जर्नल में पुरातत्व सम्बन्धी लेख अकसर लिखा करते थे। 'त्रिरल' नाम के एक लेख में इन्होंने बौद्धों के चिह्न चक्र, त्रिशूल और स्वस्तिक का मर्म बड़ी ही योग्यता से समझाया है। यह लेख सोसाइटी के जर्नल की उन्नीसवीं जिल्द के दूसरे भाग में छपा है।

योरपियन लोगों में हिन्दी लिखने की योग्यता पहले-पहल इन्होंने प्राप्त की। इनकी भाषा की त्रुटियों पर ध्यान देने के पहले इस बात का विचार कर लेना चाहिए कि ये विदेशी थे और हिन्दी भाषा उस समय क्या, अब तक इस योग्य नहीं बन सकी? है, कि कोई विदेशी उसे पूर्ण रूप से सीख सके। न तो उसके व्याकरण-सम्बन्धी नियमों का निश्चय हुआ जिससे वह स्थिर होती और न उसके शब्द विस्तार ही की कोई सीमा निर्धारित हुई। कोई विदेशी किस तरह यह जान सकता है कि 'हो' और 'होने' (इसी प्रकार 'होइए' और 'हूजिए', जायँ, जायें और जावें') एक ही हैं। हिन्दी के कवियों ने जो निरंकुशता दिखलाई है उसका तो कहना ही क्या है। 'कियो,' 'कीन्ह्यो,' 'कीन्हो,' 'कर्‌यो' के बीच में पड़कर एक बार पाणिनि की बुद्धि भी चक्कर खाने लगेगी। यहाँ तक कि लिपि-सम्बन्धी भी कोई सर्वमान्य रीति नहीं है। यदि विश्वास न हो तो 'दैनिक हिन्दोस्थान' सामने रख लीजिए, फिर बहार देखिए।

पिन्काट साहब की देवनागरी लिपि बहुत अच्छी और स्पष्ट होती थी। उसका नमूना हम उनके एक पत्र से देते हैं। यह पत्र उन्होंने बाबू कार्तिकप्रसाद को लिखा था।

हिन्दुस्तान का हित साधन करने में इनकी लेखनी कभी नहीं रुकी; इनके लेख निरन्तर इंगलिस्तान और हिन्दुस्तान के पत्रों में निकलते रहे। हिन्दी के प्रचार के लिए अँगरेजी पत्रों में आप हमेशा ही लिखा करते थे। 19.8.1887 के 'ओवरलैंड मेल' (Overland Mail) में आपने जो लेख लिखा था उसके कुछ अंश का अनुवाद सुनिए–

"हिन्दी भाषा उत्तरी हिन्दुस्तान में सबसे अधिक ओजस्विनी भाषा है और अपनी सफ़ाई और लचक के कारण वैज्ञानिक विचारों को व्यक्त करने के लिए भलीभाँति उपयुक्त है। अँगरेजों ने फ़ारसी अक्षरों में लिखी जानेवाली उर्दू को भ्रमवश उत्तरी

हिन्दुस्तान में बलात् जारी किया है; हिन्दुस्तान के लोगों ने सरकार तक इस अन्याय की कथा कई दफे पहुँचाई है; पर अमले और हाक़िम परिवर्तन नापसन्द करते हैं। क्योंकि परिवर्तन से उन्हें एक और देशी भाषा सीखने का कष्ट उठाना पड़ेगा पर आशा है कि किसी न किसी दिन, शीघ्र ही, कोई न्याय का प्रेमी उठ खड़ा होगा जो इस बात को समझेगा कि पोलेंडवासियों के बीच रूसी भाषा को बलात् फैलाने के लिए ज़ार को धिक्कारना कहाँ तक न्याय है जबकि स्वयं कैसरहिन्द दस करोड़ हिन्दी बोलनेवाले भारतवासियों के गले में बलात् फ़ारसी ठूँसते हैं।

मेरी राय में नेशनल कांग्रेस बहुत अच्छी बात है। उसके बारे में मैं बहुत कुछ लिखूँगा।

आशा है कि आप भले चंगे हैं और परमेश्वर करे कि हिन्दुस्तान के सब हितैषी सानन्दपूर्वक चिरायु रहें।

आपका परममित्र

फ्रेडरिक पिन्काट''

दिसम्बर 1887 के 'इंडियन मैगजीन' में प्रकाशित इनके एक और लेख का भी थोड़ा सा भावार्थ सुनिए–

"हिन्दी के अन्तर्गत कितनी ही बोलियाँ हैं। पर इन बोलियों का समग्र समुदाय एक ही भाषा है। यही भाषा है जिसमें फ़ारसी विजेताओं ने बहुत से फ़ारसी शब्द मिलाकर एक दोगली भाषा उत्पन्न कर दी, जो उर्दू या हिन्दुस्तानी कहलाती है। सरकारी दफ्तरों आर कचहरियों को छोड़कर इस भाषा का अन्यत्र कहीं अस्तित्व नहीं है। उत्तरी भारत की भाषा हिन्दी है। वही वहाँ की 'लिंगुआ फ्रांका' है। हिन्दुस्तान में यह विलक्षण दृश्य देखने में आता है कि राजा और प्रजा राजकीय कार्य्य को एक ऐसी भाषा में सम्पादन करते हैं जो दोनों के लिए विदेशी है। यथार्थ भाषा-सम्बन्धी प्रश्न जो आज 30 वर्ष से उत्तरी भारत में उठ रहा है, लिपि विषय है। जब तक फारसी अक्षरों का एकाधिपत्य रहेगा और सब लोग अपनी देशी नागरी को सरकारी कागज़ पत्रों में व्यवहार करने से रोके जायँगे तब तक उत्तरी भारत की भाषा पर बुरा प्रभाव पड़ता जायगा।"

चार्ल्स ब्राडला साहब जिस समय भारत में आए थे, पंडित प्रतापनारायण मिश्र ने 'ब्राडला स्वागत' नाम की एक कविता लिखी थी। उसका अँगरेजी अनुवाद करके पिन्काट साहब ने इंगलैंड में प्रसिद्ध किया था। कहते हैं कि उस कविता की वहाँ बड़ी प्रशंसा हुई थी। 'The Brothers England and India' (बन्धु इंगलैंड और भारत) नाम की अत्यन्त हृदयग्राहिणी कविता भी इन्होंने अँगरेजी में लिखी थी। उससे स्पष्ट मालूम होता है कि हिन्दुस्तान पर इनका कितना प्रेम था। इस कविता की रचना कुछ विलक्षण हुई है। भारतवासियों को रुचिकर बनाने के लिए इसमें अन्त्यानुप्रास की ओर विशेष ध्यान रक्खा गया है। प्रत्येक पद्य (Stanza) में नौ-नौ चरण हैं जिनके अन्तिम अक्षरों की तुक बराबर मिलती गई है। कविता निस्सन्देह बहुत ही ओजस्विनी हुई है। खेद है उग्र राजनैतिक भावों से भरी होने के कारण हम उसे इस पत्रिका में नहीं प्रकाशित कर सकते।

('सरस्वती,' जनवरी 1908)

रामचन्द्र शुक्ल रचनावली

खंड : 4

रामचन्द्र शुक्ल रचनावली

खंड : 4

इतिहास, समाज, विज्ञान, अंग्रेजी में लिखित निबन्ध
और उनके हिन्दी अनुवाद

सम्पादक
नामवर सिंह
आशीष त्रिपाठी

राजकमल प्रकाशन

ISBN : 978-81-267-2920-3

मूल्य : ₹ 8800
(आठ खंडों में)

पहला संस्करण : 2016

प्रकाशक : राजकमल प्रकाशन प्रा. लि.
1-बी, नेताजी सुभाष मार्ग, दरियागंज
नई दिल्ली-110 002

शाखाएँ : अशोक राजपथ, साइंस कॉलेज के सामने, पटना-800 006
पहली मंजिल, दरबारी बिल्डिंग, महात्मा गांधी मार्ग, इलाहाबाद-211 001
36 ए, शेक्सपियर सरणी, कोलकाता-700 017

वेबसाइट : www.rajkamalprakashan.com
ई-मेल : info@rajkamalprakashan.com

मुद्रक : बी.के. ऑफसेट
नवीन शाहदरा, दिल्ली-110 032

RAMCHANDRA SHUKLA RACHANAWALI-4
Edited by Namvar Singh & Ashish Tripathi

देहरी

आचार्य रामचन्द्र शुक्ल हिन्दी में वैचारिकता के शीर्ष प्रतिनिधि और वैचारिक साहित्य के आदि प्रस्तावक हैं। वे निबन्ध, आलोचना और साहित्येतिहास को एक अलंघ्य ऊचाई तक ले गए। वे परवर्ती जनों के लिए अनवरत प्रेरणा स्रोत रहे हैं। उनकी स्थापनाएँ निरन्तर वाद-विवाद के केन्द्र में रही हैं और आज भी उन पर चर्चा किए बगैर आगे बढ़ पाना सम्भव नहीं है। उन्हें पढ़ना आज भी एक अनिवार्यता है। स्वतंत्रता संग्राम और नवजागरण के हलचल भरे युग और उसकी अन्तर्धाराओं तथा अन्तर्द्वन्द्वों का गहरा प्रभाव उनकी रचनाशीलता पर पड़ा है। उनकी रचनाशीलता के अनेक आयाम रहे हैं–कवि, कहानीकार, निबन्धकार, आलोचक, साहित्येतिहासकार और अनुवादक। उनके इन सभी रूपों को समग्रता में प्रकाशित करने का काम उनके देहावसान के पश्चात से निरन्तर जारी है। आचार्य विश्वनाथ प्रसाद मिश्र ने 'रसमीमांसा' और 'चिंतामणि भाग-2' का प्रकाशन कर एक उच्चतर दायित्व का निर्वहन किया था। पश्चात प्रो. नामवर सिंह ने 'चिंतामणि भाग-3' और डॉ. ओम प्रकाश सिंह एवं श्रीमती कुसुम चतुर्वेदी ने 'चिंतामणि भाग-4' का सम्पादन-प्रकाशन कर इस शृंखला को आगे बढ़ाया। इसके बावजूद अभी अनेक निबन्ध यहाँ-वहाँ असंकलित मिलते हैं।

आचार्य शुक्ल के समग्र साहित्य के प्रकाशन के क्रम में यह रचनावली हिन्दी समाज के सम्मुख प्रस्तुत है। रचनावली को हमने आठ खंडों में विभाजित किया है :

1. हिन्दी साहित्य का इतिहास
2. व्यावहारिक समीक्षा–तीन पुस्तकें : गोस्वामी तुलसीदास, सूरदास, जायसी
3. निबन्ध–मनोविकार विषयक निबन्ध, सैद्धान्तिक समीक्षा, भाषा विमर्श, आधुनिक साहित्य विषयक निबन्ध
4. निबन्ध–इतिहास, समाज, विज्ञान, अंग्रेजी में लिखित निबन्ध और उनके हिन्दी अनुवाद
5. 'रस मीमांसा' एवं रसविषयक निबन्ध
6. रचनात्मक साहित्य–कविताएँ, कहानियाँ, जीवनी, रचनात्मक साहित्य का अनुवाद
7. अनुवाद
8. विविध

रचनावली के विविध खंडों में संकलित निबन्धों के प्रकाशन में पूर्व प्रकाशित पुस्तकों/संकलनों के क्रम को प्रायः बदल दिया गया है और उन्हें एक नई तरतीब दी गई है जो विषय की एकसूत्रता के अनुसार है। अनेक निबन्ध–जिन्हें शुक्ल जी पुनः-पुनः लिखते और विकसित करते रहे हैं–के सभी उपलब्ध ड्राफ्टों को उनके भिन्न या एक ही नाम (जिससे वे प्रकाशित हुए) से संकलित किया गया है, ताकि शुक्ल जी की विकास प्रक्रिया को भी समझा जा सके। हम 'हिन्दी साहित्य का इतिहास' के सभी प्रारूपों को भी पृथक्-पृथक् संकलित करने की इच्छा रखते थे–परन्तु इसमें रचनावली का असीमित विस्तार हो रहा था, इसलिए उसके अंतिम और आजकल प्रचलित लोकप्रिय प्रारूप को ही यहाँ संकलित किया गया है। इस रचनावली के एक खंड में आचार्य शुक्ल द्वारा पढ़ी गई कुछ विशिष्ट पुस्तकों को, शुक्ल जी द्वारा लिखी गई टिप्पणियों के साथ प्रकाशित किया जा रहा है। इससे शुक्ल जी की पाठ-प्रक्रिया और उनकी आलोचना-प्रक्रिया को भी समझने में एक हद तक मदद मिलेगी। इस खंड की परिकल्पना प्रो. नामवर सिंह की मूल योजना का हिस्सा रही है और हमने इसे ज्यूँ का त्यूँ लेना जरूरी समझा है।

'रामचन्द्र शुक्ल रचनावली' की इच्छा प्रो. नामवर सिंह के मन में पाँच दशक से भी अधिक समय से बनी रही है। रामचन्द्र शुक्ल की जन्मशती के अवसर पर वे ग्रन्थावली का प्रकाशन करना चाहते थे। परन्तु कतिपय कारणों से यह सम्भव न हुआ। जब शुक्लजी की रचनाएँ कॉपीराइट से मुक्त हो गईं तो यह इच्छा फिर से तीव्र हो गई। पर किन्हीं कारणों से यह फिर सम्भव न हुआ। अन्ततः अब यह सम्भव हो पा रहा है। एक गहरी रचनात्मक इच्छा की तरह इसे देखा जाना चाहिए। आचार्य रामचन्द्र शुक्ल के अनेक विचारों से गहरी असहमति के बावजूद, नामवर जी के मन में मौजूद गहरे कृतज्ञता भाव का ही यह एक प्रतिफल है। हम इसे हिन्दी समाज की एक बड़ी चारित्रिक खूबी के रूप में देख सकते हैं और इस काम को इस तरह पूरा होते देख, एक गहरा सन्तोष अनुभव करते हैं।

नामवर जी की गहरी इच्छा के बावजूद रचनावली के प्रकाशन में दो वर्ष से अधिक की देर के लिए व्यक्तिगत रूप से मैं जवाबदेह हूँ। खेद प्रकट करने के लिए मेरे पास शब्द नहीं हैं। इस काम को पूरा करने में युवा साथियों सर्वश्री विशाल विक्रम सिंह, रवि श्याम द्विवेदी, अनूप कुमार सिंह और अभिलाष कुमार का आभारी हूँ जिन्होंने अनेक अवसरों पर मेरा साथ दिया। राजकमल प्रकाशन के प्रबन्ध निदेशक श्री अशोक महेश्वरी जी के असीम धीरज और संवादी व्यक्तित्व के कारण ही देर के बावजूद यह काम इस तरह हो सका, जिन्होंने इसे शीर्ष वरीयता देने के साथ ही, इसके प्रकाशन में आने वाली अनेक अड़चनों को दूर किया। रचनावली के प्रकाशन के अवसर पर हम आचार्य शुक्ल के संकलन/प्रकाशन का महती उत्तरदायित्व निभाने वाले सम्पादकों एवं प्रकाशकों के प्रति कृतज्ञता का अनुभव करते हैं। इस रचनावली के प्रकाशन से आचार्य शुक्ल पर समग्रता से बात करना संभव हो सकेगा, इस बहाने यदि पुनः उनके कार्य पर चर्चा हो तो हमारा श्रम सार्थक होगा।

–आशीष त्रिपाठी

अनुक्रम

अंग्रेजी में लिखित निबन्ध एवं उनके हिन्दी अनुवाद

भूमिका

आचार्य रामचन्द्र शुक्ल और हिन्दी नवजागरण

आचार्य रामचन्द्र शुक्ल की प्रतिभा बहुत दिनों तक प्रायः परंपरानुमोदित-सी और अपने जमाने की नवीन काव्यधारा, यानी छायावाद के विरोध के रूप में रही है। लोकधर्म के रूप में आचार्य शुक्ल की प्रतिमा एक विशेष प्रकार की समाज-व्यवस्था से, जो बहुत कुछ वर्णाश्रम-धर्म से मिलती-जुलती है, जुड़ी हुई मानी जाती रही है। आचार्य रामचन्द्र शुक्ल ने कहीं-कहीं साम्यवाद के विरोध में भी कुछ कहा है, सोवियत रूस के विरुद्ध भी कहा है, लेनिन के महात्मापने को लेकर व्यंग्य भी किया है! बावजूद इन तमाम चीजों के आचार्य रामचन्द्र शुक्ल की परम्परा को सुरक्षित और विकसित करने का संकल्प प्रगतिशील लेखकों में दिखलाई पड़ता है। ऐसा क्यों? जिस दौर से हम गुजर रहे हैं, उस दौर में यह घटना आकस्मिक नहीं है। तथाकथित परम्परावादी और रूढ़िवादी अपनी परम्परा के सर्वोत्तम और श्रेष्ठ अंशों को पूरा समय छोड़ने में प्रवृत्त दिखाई पड़ रहे हैं। उस परम्परा को सुरक्षित रखने और विकसित करने का दायित्व समाज के उन्हीं तत्त्वों पर आ पड़ा है, जो सचमुच ही इस देश को प्रगति के पथ पर ले जाना चाहते हैं, इसका विकास करना चाहते हैं और सामाजिक न्याय पर अवस्थित एक ऐसे समाज-व्यवस्था की स्थापना करना चाहते हैं, जिसमें जनता के अधिकांश भाग का कल्याण हो।

आचार्य रामचन्द्र शुक्ल कोरे साहित्य-समालोचक नहीं थे, इसे बहुतों ने स्वीकार किया है। वे गम्भीर अर्थों में साहित्य के समालोचक थे, जहाँ साहित्य के अन्तर्गत जीवन की चिन्ता, समाज की चिन्ता और पूरी संस्कृति की चिन्ता रहती थी। यह हिन्दी आलोचना का सौभाग्य है कि उसकी प्रतिष्ठा एक ऐसे समालोचक द्वारा हुई, जो शुद्ध साहित्यिक आलोचक नहीं था, सिर्फ अलंकार और रस की मीमांसा करनेवाला काव्य विवेचक नहीं था, बल्कि साहित्य को व्यापक सामाजिक सन्दर्भों में देखनेवाला और साहित्य की सामाजिक सार्थकता की प्रतिष्ठा करने वाला आलोचक था। आचार्य रामचन्द्र शुक्ल दुनिया के अनेक महान् आलोचकों के समान ही भारत के पहले गम्भीर समालोचक दिखाई पड़ते हैं। अंग्रेजी की आलोचकत्रयी में जॉनसन, कॉलरिज और ऑर्नाल्ड का नाम लिया जाता है। साहित्य से परिचित लोग भली-भाँति जानते हैं कि जॉनसन, कॉलरिज या ऑर्नाल्ड का चिन्तन शुद्ध साहित्य तक ही सीमित नहीं था, बल्कि ये तीनों महान् आलोचक बड़े व्यापक अर्थों में संस्कृति के संकट से साहित्य को उबारनेवाले थे। व्यापक सामाजिक चिन्ता से इनका साहित्य-चिन्तन जुड़ा हुआ था।

आचार्य रामचन्द्र शुक्ल साहित्य की सामाजिक सार्थकता और साहित्य पर 'लोकमंगल' के व्यापक सन्दर्भ में विचार करते हैं, तो स्वभावतः उनके उस व्यापक, विराट् व्यक्तित्व की ओर हमारा ध्यान जाता है। कभी-कभी किसी जाति के जीवन में ऐसी स्थितियाँ आती हैं कि अर्थशास्त्रियों, राजनीतिज्ञों, समाज सुधारकों या दूसरे विज्ञान के क्षेत्रों में काम करनेवाले लोगों के दायित्व, साहित्य के समालोचक को निभाने पड़ते हैं। जरूरी नहीं कि उस ऐतिहासिक क्षण में वैसा साहित्य-समालोचक उपस्थित हो ही, जो इस महान् दायित्व का निर्वाह कर सके। यह सौभाग्य की बात है और देखकर प्रीतिकर आश्चर्य होता है, कि बीसवीं सदी के दूसरे दशक से लेकर चौथे दशक तक हिन्दी में ऐसा समालोचक उपस्थित था, जिसने उस महान् दायित्व का निर्वाह किया। यह कहते समय मेरे ध्यान में विचारधारा की दृष्टि से आचार्य शुक्ल से भिन्न, लेकिन उसी प्रकार का दायित्व निभानेवाले अंग्रेजी के दूसरे आलोचक एफ.आर. लीविस आते हैं। उन्होंने बीसवीं सदी के चतुर्थ दशक से लेकर पंचम दशक तक स्वयं वहाँ के बुद्धिजीवियों की दृष्टि में लगभग वही भूमिका अदा की, जो समाजविज्ञान के क्षेत्र के किसी दूसरे बौद्धिक ने अदा नहीं की। राष्ट्रीय जागरण और स्वतंत्रता-संग्राम के बृहत्तर परिदृश्य में आचार्य रामचन्द्र शुक्ल के कृतित्व की परीक्षा की जानी चाहिए और उसका मूल्यांकन किया जाना चाहिए।

भारतीय नवजागरण की एक ऐसी तस्वीर हमारे सामने उपस्थित की जाती रही है, जिसमें सारा का सारा योगदान लगभग उन क्षेत्रों का माना जाता रहा है, जो किन्हीं ऐतिहासिक कारणों से भारतवर्ष में आधुनिक युग में अग्रदूत की भूमिका निभाते रहे हैं। लेकिन यह गर्व की बात है कि पहली बार डॉ. रामविलास शर्मा ने अपने शोधों के द्वारा अपने चिन्तन के काम में स्थापित करने की कोशिश की है कि भारतीय नवजागरण या भारतीय पुनर्जागरण केवल राजा राममोहन राय, रामकृष्ण परमहंस, विवेकानन्द आदि से जुड़ा हुआ नहीं है, बल्कि भारतीय नवजागरण की तस्वीर कहीं अधिक व्यापक है। इस व्यापक तस्वीर में महत्त्वपूर्ण भूमिका हिन्दीभाषी प्रदेश ने भी अदा की है, उस हिन्दीभाषी प्रदेश ने, जिसने सन् 1857 में पहली बार स्वाधीनता का संग्राम किया था। इस नवजागरण में 'हिन्दी नवजागरण' नाम का विशेषण लगाकर विशेष रूप से अखिल भारतीय परिवेश में हिन्दी की जातीय विशेषता को रेखांकित करने का कार्य प्रगतिशील और मार्क्सवादी आलोचक डॉ. रामविलास शर्मा ने किया है। डॉ. रामविलास शर्मा ने अपने अनुसंधानों के द्वारा यह दिखाने का प्रयत्न किया है कि अखिल भारतीय नवजागरण के अन्तर्गत हिन्दी नवजागरण की कुछ अपनी जातीय विशेषताएँ हैं। यह केवल धार्मिक और सामाजिक सुधारकों की देन नहीं है, बल्कि हिन्दी नवजागरण की मुख्य विशेषता यह है कि इस नवजागरण में यहाँ के बौद्धिकों और मुख्य रूप से साहित्यकारों और लेखकों ने भूमिका अदा की है। इसमें भारतेंदु हरिश्चन्द्र और भारतेंदु-मंडल के अन्य साहित्यकारों के बाद आचार्य महावीरप्रसाद द्विवेदी, पंडित चन्द्रधर शर्मा गुलेरी ओर रामचन्द्र शुक्ल जैसे साहित्यकारों की भूमिका महत्त्वपूर्ण और नियामक

है। आचार्य रामचन्द्र शुक्ल केवल साहित्य के विचारक, विवेचक और आलोचक ही नहीं हैं, बल्कि उनका गहरा सम्बन्ध उस व्यापक हिन्दी नवजागरण से है, जिसने भारतीय जीवन में एक नई चेतना उत्पन्न की। हिन्दीभाषी प्रदेश में हिन्दी के साहित्यकारों ने पत्रिकाएँ निकालीं, प्रेस खोला और हिन्दी में लिखा। कदाचित् अन्य क्षेत्रों में अंग्रेजी के माध्यम से नवजागरण की भूमिका अदा की गई थी। इस लम्बी कड़ी में भारतेंदु हरिश्चन्द्र, महावीरप्रसाद द्विवेदी, चन्द्रधर शर्मा गुलेरी और आचार्य रामचन्द्र शुक्ल के नाम हैं। आगे चलकर प्रेमचंद, जयशंकर प्रसाद, निराला जैसे साहित्यकारों ने इसी नवजागरण के विभिन्न सोपानों को समृद्ध किया और उस चेतना को और भी आगे ले जाने की कोशिश की। इस नवजागरण को आमतौर से समाज-सुधार का रूप देकर प्रायः इसके महत्त्व को कम करने की कोशिश की जाती है, लेकिन जिस प्रकार दूसरे देशों के नवजागरण एक बृहत्तर मानववाद या मानवतावाद के अग्रदूत रहे हैं, उसी प्रकार यह हिन्दी नवजागरण भी उस मानववाद का अग्रदूत रहा है। आधुनिक युग के इस नवजागरण की सबसे बड़ी विशेषता है वह वैज्ञानिक चेतना, जिसके बिना किसी भी नए चिन्तन या नई जीवन-दृष्टि का विकास नहीं हो सकता है।

आप सभी लोगों को मालूम है कि 1955 से पहले आचार्य रामचन्द्र शुक्ल की तमाम पुस्तकों का उल्लेख किया जाता था, यदि उल्लेख नहीं किया जाता था तो उस पुस्तक का, उस पुस्तक की लिखी हुई लगभग एक दूसरी पुस्तक के आकार की भूमिका का, जिसे हम लोग 'विश्वप्रपंच' के नाम से जानते हैं। 1921 में प्रकाशित इस पुस्तक का 1956 तक ही नहीं, बल्कि 1961 तक दूसरा संस्करण नागरी प्रचारिणी सभा ने नहीं निकाला। क्या वजह है कि आचार्य रामचन्द्र शुक्ल के 'हिन्दी साहित्य का इतिहास', 'तुलसी ग्रन्थावली', 'भ्रमरगीत-सार' और 'जायसी-ग्रन्थावली' की भूमिकाओं, 'चिन्तामणि', 'रसमीमांसा' आदि समस्त ग्रंथों की चर्चा होती रही, लेकिन 'विश्वप्रवंच' प्रकाशित होकर, मुद्रित होकर लाइब्रेरियों की शोभा बढ़ाता रहा? किसी दूसरे आदमी का ध्यान ही नहीं गया कि एक ऐसी भी पुस्तक है, जो 'रिइल ऑफ द यूनिवर्स' के नाम से किसी समय समूचे पश्चिमी जगत् में विवाद के केंद्र में थी। उस पुस्तक का अनुवाद रामचन्द्र शुक्ल ने किया और अनुवाद ही नहीं किया, बल्कि उसकी लगभग एक सौ पचास पृष्ठों से अधिक की भूमिका लिखी। इस भूमिका की ओर हिन्दीजगत् का ध्यान सबसे पहले आकृष्ट करने का श्रेय डॉ. रामविलास शर्मा को है। उनका भी ध्यान 'आचार्य रामचन्द्र शुक्ल और हिन्दी आलोचना' नाम की पुस्तक के दूसरे संस्करण में जा सका, प्रथम संस्करण में नहीं। अपनी पुस्तक के दूसरे संस्करण में डॉ. रामविलास शर्मा ने 'विश्वप्रपंच' की भूमिका पर अपनी समीक्षा लिखकर समस्त 'हिन्दी जगत' का ध्यान उसकी ओर आकृष्ट करने की कोशिश की। यह वह पुस्तक है, जो हिन्दी नवजागरण के महत्त्वपूर्ण पहलू की ओर हिन्दी जाति और हिन्दी जनता का ध्यान आकृष्ट करती है। हिन्दी नवजागरण की परम्परा इस देश में भौतिकवादी चिन्तन के प्रचार की परम्परा है। आधुनिक विज्ञान के द्वारा धर्म की पुरानी रूढ़ियों, अंधविश्वासों और धार्मिक विभेदों

और विद्वेषों को समाप्त करने की वैज्ञानिक दृष्टि जो हो सकती थी, जिसकी शुरुआत 'सरस्वती' पत्रिका के माध्यम से स्वयं आचार्य महावीरप्रसाद द्विवेदी ने की थी, इसका सम्बन्ध उससे था। डॉ. रामविलास शर्मा ने 'विश्वप्रवंच' की भूमिका पर लिखने के बाद आगे चलकर 'महावीरप्रसाद द्विवेदी और हिन्दी नवजागरण' के द्वारा दिखाया कि हिन्दी प्रदेश में इस सदी के आरम्भ से ही आचार्य महावीरप्रसाद द्विवेदी लगातार डार्विन के विकासवाद, स्पेन्सर के दर्शन, जॉन स्टुअर्ट मिल की 'लिबर्टी' नाम की पुस्तक (जिसका उन्होंने 'स्वाधीनता' नाम से अनुवाद किया था) के माध्यम से हिन्दीभाषी क्षेत्र में नवजागरण की चेतना फैला रहे थे। यूरोप में आधुनिक विज्ञान की दृष्टि से सामाजिक रूढ़ियों पर प्रहार करनेवाली, धार्मिक अंधविश्वासों पर प्रहार करनेवाली और जनवादी और जनतांत्रिक मूल्यों की प्रतिष्ठा करनेवाली तमाम पुस्तकों के प्रचार, अनुवाद और उन पर लिखी गई टिप्पणियों के माध्यम से हिन्दी नवजागरण वैज्ञानिक जीवन-दृष्टि का प्रचार और प्रसार करने के क्रम में स्वयं अपने भारतीय दर्शन की परम्परा को वैज्ञानिक विकास के साथ जोड़ रहा था। आचार्य रामचन्द्र शुक्ल ने 'विश्वप्रपंच' की भूमिका में केवल डार्विन की खोजों और विकासवाद के सिद्धान्तों की स्थापना नहीं की है, बल्कि उसे भारतीय दर्शन से जोड़ा। इस देश के सांख्य, न्याय, वैशेषिक दर्शनों और चार्वाकों के भौतिकवादी विचारों से क्रमशः आगे बढ़ते हुए वेदान्त-दर्शन जिस प्रकार भेदों में अभेद की दृष्टि का विकास कर रहा था, सम्पूर्ण दार्शनिक विकास के साथ इन नए विचारों का सम्बन्ध जोड़ा है। मैं नहीं जानता कि उस समय का तत्कालीन भारतीय नवजागरण, बंगाल का नवजागरण या पुनर्जागरण किस हद तक वैज्ञानिक था और किस हद तक रहस्यवादी था। इसकी और खोज की जानी चाहिए और जाँच-पड़ताल की जानी चाहिए।

आचार्य रामचन्द्र शुक्ल ने आचार्य महावीरप्रसाद द्विवेदी की उस वैज्ञानिक चिन्तन-परम्परा का विकास करते हुए 'विश्वप्रपंच' की भूमिका के रूप में जो कार्य किया, वह केवल वहीं तक सीमित नहीं है, बल्कि उस ग्रन्थ का गहरा सम्बन्ध उनके सम्पूर्ण साहित्य-चिन्तन, इतिहास-दृष्टि और पूरे मूल्यांकन से है, लेकिन यह आकस्मिक नहीं है कि आचार्य रामचन्द्र शुक्ल ने हिन्दू और मुस्लिम धर्मों के बीच धार्मिक अन्धविश्वासों और धार्मिक पोथियों के आधार पर गहरी होती जा रही खाई को इस ग्रन्थ के द्वारा दूर करने का प्रयास किया। यह भी आकस्मिक नहीं है कि वे एक ओर तुलसीदास और सूरदास पर समीक्षा लिख सकते थे और दूसरी ओर मुसलमान सूफी कवि मलिक मुहम्मद जायसी को भी उतना ही ऊँचा दर्जा दे सकते थे और दिखा सकते थे कि मुसलमान फकीरों ने हिन्दू घरों में प्रचलित लोकजीवन की लोकगाथाओं को लेकर जिस प्रेम-संसार की रचना की है, उसमें हिन्दू और मुसलमान सभी थे। इस धारणा के बीज उनके सम्पूर्ण 'हिन्दी साहित्य का इतिहास' में, चाहे वे रहीम पर लिखते हों, या रसखान पर लिखते हों, या कबीर पर लिखते हों, बिखरे हुए हैं। जिस 'सेक्युलरिज्म' का आज बहुत अभिमान किया जाता है और कभी-कभी विकृत रूप में उसे लागू करने की कोशिश

की जाती है, वह उदार दृष्टि धार्मिक अंधविश्वासों को, रूढ़ियों को हटाकर एक समन्वित जातीय, राष्ट्रीय दृष्टिकोण कैसे हो सकती है, इसके बीज आप 'विश्वप्रपंच' की भूमिका में देख सकते हैं, जहाँ शुक्लजी कहते हैं कि सृष्टि की उत्पत्ति और विकास के बारे में अब पुरानी पौराणिक और धार्मिक गाथाओं से काम नहीं चलेगा, ईश्वर संस्कृत बोलता है कि अरबी बोलता है, लम्बी दाढ़ीवाला है कि चोटीवाला है, यह कहने से अब काम नहीं चलेगा। जिसको इस पर बहस करनी है, वह ठोस वैज्ञानिक तथ्यों के आधार पर इस मैदान में आए, खड़ा हो। आज के युग में धार्मिक प्रश्नों पर हम लोग 'ज्यादा सेक्युलर' हो गए हैं, इस हद तक कि कभी-कभी भय और आतंक के कारण ऐसी तमाम चीजों पर प्रहार करने का प्रयत्न धीरे-धीरे मंद से मंदतर होता जा रहा है। धर्म व्यक्तिगत साधना की चीज जरूर है, लेकिन जब वह सामाजिक रूप लेता है और रूढ़ियों और अंधविश्वासों के आधार पर समाज में अत्याचार या विद्वेष फैलाने की कोशिश करता है, ऐसे में उस पर प्रहार करने की जरूरत होती है। हमसे एक-दो पीढ़ी पहले, हिन्दी के लेखकों ने, दृढ़ता के साथ जिन धार्मिक रूढ़ियों और अन्धविश्वासों का खंडन किया था, हिन्दी में उनका खंडन लगभग बन्द हो गया है। आचार्य महावीरप्रसाद द्विवेदी और आचार्य रामचन्द्र शुक्ल जैसे आचार्यों ने बिना लोकनिन्दा की परवाह किए हुए, बिना आक्षेपों की परवाह किए हुए इस हद तक वैज्ञानिक दृष्टि को अपनाया था कि स्वयं आचार्य महावीरप्रसाद द्विवेदी को तो नास्तिक कहा जाता था। उन्होंने एक कविता भी लिखी है कि मैं किस प्रकार नास्तिक हूँ। स्वयं आचार्य रामचन्द्र शुक्ल के बारे में आचार्य हजारीप्रसाद द्विवेदी ने बातचीत के सिलसिले में कहा था कि उनको पढ़ कर सन्देह होने लगता है कि वे ईश्वर में विश्वास करते भी थे कि नहीं करते थे।

इस क्रम में आचार्य रामचन्द्र शुक्ल ने एक और काम किया। वह यह कि उन्होंने उस अध्यात्मवाद पर चोट की, जो अध्यात्मवाद वस्तुतः पश्चिमी उपनिवेशवाद का सबसे बड़ा अस्त्र था, पूर्वी देशों को गुलाम बनाने का। एडवर्ड सईद ने 'ओरियंटलिज्म' में यह दिखाने की कोशिश की है कि 'ओरियंटलिज्म' उन्नीसवीं सदी के पश्चिम के साम्राज्यवादी देशों की एक तुष्टि थी। यह एक ऐसी अवधारणा थी, जो केवल अमूर्त्त नहीं थी, बल्कि इसके नखदंत भी थे। इसके द्वारा पूर्व के देशों की संस्कृति को एक विशेष प्रकार के रोमांटिक प्रभामंडल से ढँककर रखा जाता था। इस प्रभामंडल का निर्माण वे अध्यात्मवाद के द्वारा करते थे। वे कहते थे कि पश्चिम भौतिकवादी है और पूर्व अध्यात्मवादी है। इस अध्यात्मवाद का ढोल पीटते वे पूरब के लोगों को भौतिक स्तर पर गुलाम बनाए रखते थे और हम लोगों को केवल अध्यात्म-चिन्तन में ही रत देखना चाहते थे। आचार्य रामचन्द्र शुक्ल उन पहले क्रान्त दर्शियों में हैं, जिन्होंने इस अध्यात्मवाद को पहचाना था। पश्चिम द्वारा प्रचारित भारतीय अध्यात्मवाद को अनेक आचार्यों ने अस्वीकार किया, जिनमें पं. रामावतार शर्मा का नाम अग्रणी है। पं. चन्द्रधर शर्मा गुलेरी ने इस अध्यात्मवाद का बखिया उधेड़ा है। लेकिन सबसे जबर्दस्त, निरन्तर, लगातार प्रहार आचार्य रामचन्द्र शुक्ल ने उस अध्यात्मवाद के विरुद्ध किया है। यह अध्यात्मवाद उस

समय टॉल्सटॉय के उपदेशों के माध्यम से, महात्मा गांधी से होते हुए, भारत में अहिंसा-सत्याग्रह के रूप में बना हुआ था। यह आकस्मिक नहीं है कि अध्यात्मवाद के उस मूल स्रोत टॉल्सटॉयवाद, जिसको लोकादर्शवाद कहा जाता था, जो एक तरह से मानव-प्रेम, मानव-दया पर आधारित था, जो मानवतावाद और जीवदयावाद के रूप में प्रचारित होता था, आचार्य रामचन्द्र शुक्ल ने अध्यात्मवाद के उस रूप पर भी हमला किया और अध्यात्मवाद के उस रूप पर भी हमला किया, जो लगभग उन्हीं दिनों समकालीन काव्य में 'रहस्यवाद' के रूप में प्रचारित हो रहा था। वह रहस्यवाद समकालीन काव्य तक ही सीमित नहीं था, बल्कि सम्पूर्ण परम्परा की व्याख्या रहस्यवाद के रूप में की जाती थी। डॉ. ग्रियर्सन ने पूरे प्राचीन हिन्दी साहित्य का मूल्यांकन उस रहस्यवादी गुणवत्ता के कारण किया है, जिसे उन दिनों 'क्रिस्टोमैथी' कहा करते थे। जिन लोगों ने 'द मॉडर्न वर्नाक्यूलर लिटरेचर ऑफ हिन्दुस्तान' नाम की पुस्तक देखी होगी अथवा उसका हिन्दी अनुवाद देखा होगा, उन्होंने देखा होगा कि उसमें विद्यापति भी उसी 'क्रिस्टोमैथी' के प्रभाव में हैं, सूर उसी में हैं, जायसी हैं, तुलसी हैं, सारी की सारी परम्परा, रीतिकाल को छोड़कर, उसी में है। संयोग से उनको बिहारीलाल में वह 'मिस्टिसिज्म' नहीं दिखाई पड़ा। ग्रियर्सन ने अपने ढंग से दिखाने की कोशिश की थी कि मध्ययुग में ईसाई संतों, भक्तों और कवियों सभी में जिस प्रकार की रहस्य-चेतना दिखाई पड़ती थी, समूचा हिन्दी साहित्य उसी रहस्य-चेतना से व्याप्त है। आचार्य रामचन्द्र शुक्ल ने अध्यात्मवाद के उस काव्यात्मक रूप 'रहस्यवाद' के विरुद्ध पूरी एक पुस्तक 1928 में 'काव्य में रहस्यवाद' के नाम से लिखी। उन्होंने दिखाने की कोशिश की कि रहस्यवाद की परम्परा रही होगी, लेकिन काव्य के क्षेत्र में नहीं थी, साधना के क्षेत्र में भले ही रही हो। किन्तु एक दूसरा महत्त्वपूर्ण पहलू है। वह यह कि उस क्रांतदर्शी आचार्य ने इस रहस्यवाद के राजनीतिक पक्ष को, राजनीतिक उपयोग को पहचाना था, जो दूसरे लोग नहीं पहचान सके थे। इसलिए आचार्य रामचन्द्र शुक्ल की अध्यात्मवाद-सम्बन्धी आलोचना और रहस्यवाद-सम्बन्धी आलोचना इस दृष्टि से महत्त्वपूर्ण है कि उसमें इस अध्यात्मवाद और रहस्यवाद में निहित उस साम्राज्यवादी षड्यंत्र, उस साम्राज्यवादी दर्शन का उद्घाटन करने की कोशिश की गई है। उन्होंने बताया कि किस प्रकार यह हम लोगों को राजनीतिक, सामाजिक और सांस्कृतिक दृष्टि से गुलाम बनाए रखने का एक प्रयास है। इसलिए आचार्य रामचन्द्र शुक्ल की इस स्थापना को याद करते समय हमको फिर यह देखना चाहिए कि शुक्ल जी के बाद यह रहस्यवाद कितना बढ़ा है, कितना घटा है। यह अध्यात्मवाद कम हुआ है या अधिक हुआ है; इस अध्यात्मवाद और रहस्यवाद के विरुद्ध संघर्ष हिन्दी में तेज हुआ है या मंद। स्वयं हमारे भारतीय जीवन में विशेषतया स्वाधीनता के बाद ज्योतिषियों का प्रभाव बढ़ा है। प्रत्येक प्रांत की ही नहीं, बल्कि देश की राजधानी इनकी चर्चा से भरी रहती है। हिन्दी की पुरानी पत्रिकाओं में, चाहे वे मासिक रही हों या साप्ताहिक रही हों, राशिफल कितना प्रकाशित होता था और अब कितना प्रकाशित होता है, केवल इसी दृष्टि से देखें तो पता लगेगा कि हम लोग कदाचित्

1900 के आसपास उतने ज्योतिषप्रेमी नहीं थे, जितने ज्योतिषप्रेमी आज हैं। उस दौर में यह अन्धविश्वास, यह भाग्यवाद कम था, आज भाग्यवाद बढ़ा है। उन दिनों बाबा लोग कम थे, आज ज्यादा हैं। यही नहीं, बल्कि स्वाधीनता के बाद हिन्दी में रहस्यवाद के कई उत्थान हुए हैं, जिन पर हमारा ध्यान जाना चाहिए। स्वाधीनता के बाद नरेन्द्र शर्मा जैसे प्रगतिशील कवि रहस्यवाद की ओर मुड़े। स्वयं सुमित्रनन्दन पंत भागवत दर्शन की ओर मुड़े और श्री अरविंद की ओर गए। निराला किसी समय 'गीतिका' में एक विशेष प्रकार का वेदांत लेकर उपस्थित हुए थे, जिसकी रामविलास जी ने बहुत अच्छी व्याख्या की है। स्वाधीनता के बाद 'अर्चना', 'आराधना' और 'गीतगूँज' के उनके गीतों में एक आध्यात्मिक चेतना दिखाई पड़ती है। यह दूसरी बात है कि क्रांतिकारी निराला की उस भक्ति में भी उस युग की जनता की वेदना व्यक्त हुई है, उसका संघर्ष व्यक्त हुआ है। लेकिन सच्चाई तो यही है कि छायावाद के युग से कहीं अधिक भक्ति उमड़कर निराला के स्वाधीनता के बाद वाले दौर में आई है। उदयशंकर भट्ट के साथ भी यही बात है, बालकृष्ण शर्मा 'नवीन' के साथ भी। स्वाधीनता का आना था कि हिन्दी साहित्य का एक बहुत बड़ा हिस्सा आध्यात्मिक हो गया। और तो और, दिनकर जी-जैसे राष्ट्रीय कवि ने भी अध्यात्मवाद को अपनाया, भले ही 'काम' को उसके साथ लगाकर।

कभी-कभी लोगों को लगता है कि आचार्य रामचन्द्र शुक्ल रहस्यवाद का विरोध करते हुए जैसे डॉन क्विग्जोट के समान पवनचक्कियों से लड़ने की कोशिश कर रहे हैं, रहस्यवाद का कोई खतरा-वतरा नहीं था। यह बाद में हम देखते हैं कि जिन्हें हम पवनचक्कियाँ समझते हैं, वह रहस्यवाद आचार्य रामचन्द्र शुक्ल की मृत्यु के बाद, प्रगतिशील आन्दोलन के बाद, 1947 के बाद अध्यात्म-चिन्तन के रूप में व्यक्त हो रहा है। यही नहीं, बल्कि एक जमाने के क्रांतिकारी, विद्रोही, प्रयोगवाद आदि की धारा बहानेवाले लोग सहसा 1960 के आते-आते भारत-व्याकुल हो उठे। अध्यात्म-चिन्ता अज्ञेय के 'शेखर' में कम है, वह अक्सर नास्तिक के रूप में, विद्रोही के रूप में दिखाई पड़ता है। लेकिन उसी शेखर के वंशज आगे चलकर 'अपने-अपने अजनबी' में पहुँचते हुए मृत्यु की आध्यात्मिक चिन्ता में रत दिखाई पड़ते हैं, वात्स्यायन जी अध्यात्म की ओर मुड़ते हैं। 'आँगन के पार द्वार' से होते हुए यह अध्यात्मवाद का एक नया रूप है। श्री निर्मल वर्मा नई कहानी के समर्थ हस्ताक्षरों में से हैं। बाद का कृतित्व उनका जो 'कव्वे और काला पानी' के रूप में अभिव्यक्त हुआ है, उसमें एक बाबा के रूप में एक भाई प्रकट होते हैं और वे पहाड़ की ऊँची सीढ़ियों पर चढ़ते हुए अध्यात्मलोक की लम्बी यात्रा करते दिखाई पड़ते हैं। इसलिए, यह अध्यात्मवाद, जिसके विरुद्ध नवजागरणकाल और सदी के आरम्भ में आचार्य महावीरप्रसाद द्विवेदी, रामावतार शर्मा, पं. चन्द्रधर शर्मा गुलेरी, आचार्य रामचन्द्र शुक्ल और इसी परम्परा में प्रेमचन्द ने संघर्ष किया था, उस परम्परा का आज फिर स्मरण करते हुए हमें अपने कर्तव्य को नहीं भूलना चाहिए कि इसके विरुद्ध संघर्ष समाप्त नहीं हुआ है। रहस्यवाद और अध्यात्मवाद नया रूप धारण कर प्रकट हो रहा है और यह रूप बहुत पोशीदा भी नहीं है। उस जमाने

का रहस्यवाद तो कम से कम पर्दे के पीछे से आया करता था। महादेवी के प्रियतम पर्दे के पीछे आया करते थे, क्षितिज के पार की ताक-झाँक करते थे, आज का रहस्यवाद तो पर्दा हटाकर, बेनकाब होकर हमारे सामने घूम रहा है! इसको पहचानने के लिए किसी बहुत गहरी वैज्ञानिक दृष्टि की जरूरत नहीं है। इसको पहचानने, समझने के लिए सामाजिक दायित्व-भावना और जनता के प्रति हमारा जो कर्तव्य है, उसके अनुसार एक संकल्प-शक्ति की आवश्यकता है। तभी हम आचार्य शुक्ल के उस नवजागरणकालीन कार्य को आगे बढ़ा सकेंगे और उनकी परम्परा को सुरक्षित ही नहीं रखेंगे, बल्कि विकसित भी करने का प्रयास करेंगे।

नवजागरण का विकास राष्ट्रीय मुक्ति-आन्दोलन या स्वाधीनता-संग्राम के दौरान हुआ। हिन्दी के लेखकों को बार-बार यह पढ़ाने और समझाने की कोशिश की जाती है कि यदि इंडियन नेशनल कांग्रेस न होती, तो राष्ट्रीय चेतना हिन्दी लेखकों में आई ही न होती। स्वाधीनता-संग्राम का इतिहास सचमुच नए सिरे से लिखा जाना चाहिए और देखना चाहिए कि स्वाधीनता-संग्राम में राष्ट्रीय चेतना और स्वाधीनता की चेतना के विकास में देशी भाषाओं के लेखकों और साधारण जनता की क्या भूमिका है, उनकी अपेक्षा, जो अंग्रेजी माध्यम से इन तमाम चीजों का प्रचार किया करते थे। स्वयं 'हिन्दी साहित्य का इतिहास' में आचार्य रामचन्द्र शुक्ल ने कांग्रेस के आरम्भिक दिनों के बारे में जो टिप्पणी की है, वह महत्त्वपूर्ण है। उन्होंने लिखा है कि कांग्रेस वर्ष में किसी एक दिन 'कहीं किसी बड़ी सभा में एकत्र होकर प्रस्ताव पास किया करती थी और स्वाधीनता की माँग याचना से आगे बढ़ती नहीं थी।' यह टिप्पणी 1928 की थी, 'हिन्दी साहित्य का इतिहास' लिखते समय, और यह आकस्मिक नहीं है। इस सिलसिले में आचार्य रामचन्द्र शुक्ल के दो निबन्धों की ओर ध्यान जाता है। आचार्य रामचन्द्र शुक्ल ने 'हिन्दुस्तान रिव्यू' में, 1907 में 'व्हाट हैज इंडिया टु डू?' नाम का एक लेख अंग्रेजी में लिखा था। लेख ठीक बंग-भंग के बाद का लिखा हुआ है। एक लेख और है। पटना से ही प्रकाशित होने वाले समाचारपत्र 'एयरप्रेस' में 1921 में आचार्य रामचन्द्र शुक्ल ने एक दूसरा लेख लिखा था–'नॉन कार्पोरेशन एंड नन-मर्केंटाइल क्लासेस' (असहयोग और अव्यापारिक श्रेणियाँ)।

'व्हाट हैज इंडिया टु डू?' नाम के लेख में 1907 में आचार्य रामचन्द्र शुक्ल ने एक घोषणा की है। आप देखें कि उनकी दृष्टि किस प्रकार एक समन्वित व्यक्तित्व की थी : "...We need social reformers, political agitators, poets and educationalists–all at one and at the same time." यह दृष्टि की समग्रता है! मैंने कहा कि वे कोरे साहित्य के आलोचक न थे, बल्कि वे जरूरत महसूस करते थे कि सामाजिक सुधारक, राजनीतिक आन्दोलनकर्ता, कवि और शिक्षाशास्त्री ये सभी एक साथ और एक व्यक्ति में हों। इस क्रम में वे एक विशेष प्रकार की शिक्षा का आग्रह करते हैं। वे उस शिक्षा की आवश्यकता बतलाते हैं जिसे उन्होंने स्पष्ट शब्दों में 'राजनीतिक शिक्षा' कहा है। शुक्लजी ने लिखा है : "प्रत्येक ग्रामवासी को यह जानना चाहिए कि वह इतनी

ज्यादा मेहनत करने पर भी इतना कम क्यों कमाता है....। और सचमुच प्रत्येक भारतवासी को यह साफ दिखाई पड़ना चाहिए कि उसका देश दिन पर दिन क्यों गरीब होता जा रहा है। आप चाहें तो इसे राजनीतिक शिक्षा कह सकते हैं। इस प्रकार की शिक्षा के प्रसार के लिए भिन्न पद्धतियों और माध्यमों का सहारा लेना पड़ेगा। स्कूल और कॉलेज ही इस शिक्षा के स्थान नहीं होंगे। सार्वजनिक व्याख्यानों के द्वारा हम लोग बहुत कुछ कर सकते हैं। सुविधाजनक स्थानों पर ऐसे व्याख्यानों का आयोजन किया जाना चाहिए और लोगों को सुदूर देहातों में जाकर भारतीय जनसमूह को उन परिस्थितियों से परिचित कराना चाहिए, जो उन्हें प्रभावित कर रही हैं। यहाँ उन्हें इसके साथ ही कर्म का मार्ग भी बताना चाहिए। यहाँ हम देशी भाषाओं के बढ़ते हुए साहित्य की उस भूमिका को नजरअन्दाज नहीं कर सकते हैं जो भारतीय मनीषा को एक सामंजस्य के स्तर पर लाने का प्रयास करती है।" चूँकि आचार्य शुक्ल साहित्य के विद्यार्थी ही नहीं, साहित्यकार थे, उन्होंने कहा कि देशी भाषाओं के साहित्य की उस भूमिका को नजरअन्दाज नहीं करना चाहिए, जो सचमुच इस कार्य में पहल करती है। यह ध्यान आकृष्ट किया जा रहा था उन राजनीतिक नेताओं का, जो समझते थे कि जनजागरण का श्रेय सिर्फ अंग्रेजी में लिखनेवालों को ही है। इसका नतीजा हमने बहुत बाद तक देखा। स्वयं गांधीजी को नहीं पता था कि हिन्दी में कौन लोग क्या लिख रहे हैं। निराला को उनसे बहस करनी पड़ी थी। पं. जवाहरलाल नेहरू को नहीं पता था कि वे जो काम कर रहे हैं, वह उनसे बहुत पहले हिन्दी के साहित्यकार कर चुके हैं। इसलिए देशी भाषाओं में लिखे जाने वाले 'वर्नाक्यूलर' साहित्य की भूमिका को हमें नजरअन्दाज नहीं करना चाहिए। यह वह राजनीतिक शिक्षा थी, शुक्लजी 1907 में जिसकी कामना कर रहे हैं। यह कहना नहीं होगा कि यह राजनीतिक शिक्षा स्वयं शुक्लजी ने अपनी रचनाओं के द्वारा देने की कोशिश की। उनका समूचा कृतित्व केवल सूर, तुलसी एवं जायसी का रसास्वादन नहीं है। सूर, तुलसी, जायसी ही नहीं, आधुनिक हिन्दी साहित्य की आलोचना के द्वारा भी वे जनता को वह राजनीतिक शिक्षा दे रहे थे, जन-जागरण का सन्देश दे रहे थे, जिस जन-जागरण का सन्देश प्रेमचन्द अपने ढंग से, निराला अपने ढंग से और जयशंकर प्रसाद अपने ढंग से दे रहे थे।

इस क्रम में जो उल्लेखनीय बात है, वह यह कि 1907 में ही शुक्लजी कहते हैं : "अब तक हम जितना देखने में समर्थ हो सके हैं, साम्राज्यवाद ही भारत वर्ष में ब्रिटिश राज की नीति की प्रेरक शक्ति रहा है।" अंग्रेजी में उनका कथन है : "So far as we have been able to see, imperialism has been the motive force of the policy of the British in India." इस 'इंपेरियलिज्म' को स्पष्ट ढंग से समझने और स्वराज्य तथा स्वाधीनता का स्वरूप स्थिर करने में कांग्रेस को कई दशक लग गए। वह लाहौर कांग्रेस में जाकर पूर्ण स्वराज्य की घोषणा कर सकी। इसका अर्थ यही है कि उसे 'कोलोनियलिज्म' या उपनिवेशवाद और 'इंपेरियलिज्म' की प्रवृत्ति को समझने में काफी समय लगा। 1907 में आचार्य रामचन्द्र शुक्ल निर्भ्रान्त ढंग से कह सकते थे कि ब्रिटिश

राज की भारत में जो नीति है, वह स्पष्ट है कि 'इंपेरियलिज्म' की है, साम्राज्यवाद की है। मैं नहीं जानता कि इतने स्पष्ट शब्दों में भारतीय शासकों को 'साम्राज्यवादी' नाम देने का काम और उस पर उँगली रखने का काम इससे पहले किसी और लेखक ने किया था। इस पर शोध होना चाहिए। सम्भव है, यह काम हिन्दी के किसी और लेखक ने किया हो। लेकिन मेरी जानकारी में आचार्य रामचन्द्र शुक्ल पहले व्यक्ति हैं, जिन्होंने साम्राज्यवाद पर उँगली रखी। इसके साथ ही उन्होंने स्वदेशी-आन्दोलन की प्रशंसा की, उसका स्वागत किया। यह वही लेख है, जिसके कारण मिर्जापुर के कलक्टर ने उनके पिता को डाँटा था और जिसके कारण शुक्लजी के लिए सरकारी नौकरी का दरवाजा तो लगभग बंद हो ही गया था। स्वयं शुक्लजी ने तय कर लिया था कि आजीवन मुझे सरकारी नौकरी नहीं करनी है। इस क्रम में आचार्य रामचन्द्र शुक्ल ने दूसरा महत्त्वपूर्ण लेख लिखा, 1921 में। असहयोग आन्दोलन शुरू हो चुका था, जालियाँवाला बाग की घटना हो चुकी थी, लोकमान्य तिलक की मृत्यु हो चुकी थी और गांधीजी ने राष्ट्रीय आन्दोलन की बागडोर सँभाल ली थी। वह लेख बहुत महत्त्वपूर्ण है। खासतौर से गांधी जी के असहयोग आन्दोलन के विरोध के कारण। हम लोग प्रेमचन्द का एक वाक्य अक्सर दुहराया करते हैं : 'साहित्य राजनीति के पीछे चलनेवाली सच्चाई नहीं, बल्कि उसके आगे मशाल दिखाती हुई चलनेवाली सच्चाई है।' इसका निहितार्थ हिन्दी के साहित्यकार और साहित्य के विद्यार्थी के नाते हम लोगों को समझने की जरूरत है। हिन्दी के साहित्यकारों में शुरू से एक स्वाभिमान रहा है। यह विरासत में मिला है। वह कबीर, सूर, तुलसी, भारतेंदु, रामचन्द्र शुक्ल, प्रेमचन्द, निराला, मुक्तिबोध और नागार्जुन से हमें मिला है। यह है पिछलगुआपन का विरोध। बड़ा से बड़ा धार्मिक नेता हो, राजनीतिक नेता हो, अर्थशास्त्री हो, सत्य का ठेका किसी नेता या किसी महापुरुष ने नहीं लिया है, इसलिए उसके जिम्मे हम अपनी बुद्धि, अपना स्वतंत्र चिन्तन गिरवी नहीं रख सकते। हिन्दी के लेखकों की, साहित्यकारों की यह परम्परा रही है, इसीलिए हिन्दी साहित्य कुछ मौलिक दे सका है, कुछ मूल्यवान दे सका है, स्थायी महत्त्व की चीजें दे सका है, जो सचमुच हमारी संस्कृति की अमूल्य निधि हैं। आचार्य रामचन्द्र शुक्ल का दूसरा निबन्ध जब छपा—गांधीजी उगते हुए सूर्य के समान थे। असहयोग आन्दोलन चलाकर वे राष्ट्र को, पूरे स्वाधीनता-संग्राम को एक नई दिशा दे रहे थे। इस साहस पर आश्चर्य होता है कि हिन्दी के एक युवक ने अंग्रेजी लेख के द्वारा महात्मा गांधी के असहयोग-सम्बन्धी विचारों पर टिप्पणी की थी। शुक्ल जी के कुछ उद्धरण मैं आपके सामने रखना चाहता हूँ : "असहयोग केवल एक सतही विद्रोह है, जिसमें बहुत से परस्पर विरोधी, असंतुलनीय तत्त्व स्वयं को स्थापित करने का प्रयास कर रहे हैं। मि. गांधी के स्वराज्य-सम्बन्धी विचार कल्पनाविलासी हैं। यह या अन्य कोई भी महात्मा इस प्रकार की परस्पर विरोधी चीजों में सामंजस्य लाने का चमत्कार नहीं दिखा सकता।"

पृष्ठभूमि के रूप में स्मरण रखना चाहिए कि इस समय दरअसल रामचन्द्र शुक्ल लोकामान्य तिलक के अनुयायी थे। कर्मसौन्दर्य का जिक्र जो उनकी रचनाओं में मिलता

है, वह 'गीतारहस्य' के कर्मयोग से ही ली गई प्रेरणा है, जिसे आजकल के कुछ इतिहासकार 'मिलिटेंट नेशनलिज्म' कहते हैं। लोकमान्य तिलक का 'मिलिटेंट नेशनलिज्म' आचार्य रामचन्द्र शुक्ल में अंशतः था, यह वहाँ दिखलाई पड़ता है, जहाँ उन्होंने कहा है कि पंजाब में जलियाँवाला बाग में जो नृशंस अत्याचार हुआ है, उसके कारण सम्पूर्ण जनता में जो सात्त्विक राष्ट्रीय क्रोध है, 'असहयोग' उस क्रोध को एक दूसरी दिशा में मोड़ने की कोशिश कर रहा है। इसीलिए उन्होंने कहा कि वह 'सतही विद्रोह' है। असहयोग आन्दोलन का विश्लेषण कदाचित् पहली बार 1921 में उन्होंने वर्ग-दृष्टि से किया, जब 'वर्ग' की चर्चा नहीं होती थी। मार्क्सवाद का प्रचार उतनी दूर तक नहीं हुआ था; लोग 'सोशल क्लासेज' की बात नहीं करते थे। शुक्लजी ने अपने ढंग से उस असहयोग-आन्दोलन का वर्ग-विश्लेषण करने का प्रयत्न किया और उन्होंने कहा कि इस आन्दोलन में एक ओर व्यापारिक वर्ग शामिल है और दूसरी ओर अव्यापारिक वर्ग, अर्थात् कृषि और भूमि से जुड़े हुए लोग हैं, जिनमें जमींदार भी हैं, छोटे काश्तकार भी हैं, खेतों पर काम करनेवाले मजदूर भी हैं। ये दो स्पष्ट वर्ग हैं। उन्होंने कहा कि भारत में आरम्भ से ही ये दो वर्ग रहे हैं—व्यापारिक वर्ग और दूसरा नन-मर्केंटाइल, भूमि से जुड़ा हुआ वर्ग। व्यापारिक वर्ग में केवल व्यवसाय करनेवाले लोग आते थे और भूमि से जुड़े हुए लोगों में ब्राह्मण भी थे, क्षत्रिय भी थे, दूसरी जातिवाले भी थे, गोचारण, गोपालन करनेवाले भी थे। असहयोग-आन्दोलन में गांधीजी ने यह नारा दिया कि नौकरियाँ छोड़ दो, कचहरियाँ छोड़ दो। शुक्लजी का कहना था कि ये सारे लड़के, जिनसे नौकरियाँ छोड़ने का आग्रह किया जा रहा है, उस वर्ग से आते हैं, जो जमीन से जुड़ा हुआ है। ऐसी स्थिति में असहयोग का अर्थ हुआ कि वे नौकरी छोड़कर बेकार हो जाएँ; खेत से तो गए ही हैं, नौकरी से भी चले जाएँ और जो व्यापारी हैं, उनसे एक ओर तो असहयोग करने को नहीं कहा जा रहा है, दूसरी ओर वे उसी साम्राज्यवादी शक्ति के साथ साँठ-गाँठ कर व्यापार कर रहे हैं और अपने पैसे के द्वारा गाँव के खेत, जब वे लगानबंदी के कारण या और कारणों से बिकने लगते हैं, नीलाम पर चढ़ जाते हैं, खरीद रहे हैं। यही शहर के बनिये किसानों के खेतों को जाकर खरीद रहे हैं। शुक्लजी ने चुनौती दी कि यदि विदेशी सरकार के साथ सहयोग नहीं करना चाहिए और नौकरियाँ छोड़ देनी चाहिए, अदालतें बन्द हो जानी चाहिए, तो स्वयं इस देश के बनियों से भी कहना चाहिए कि तुम भी उसी तरह से 'स्वेदशी' अपनाओ और उनके साथ सहयोग बन्द कर दो और जो पैसा-पूँजी तुम्हारे पास है, उसके द्वारा उस नौकरी छोड़नेवाले लोगों के लिए ऐसी व्यवस्था करो, जिससे उन्हें रोजगार मिल सके और छोटे काश्तकारों के उन खेतों को खरीदना बंद करो, जो गाँव में नीलाम चढ़ रहे हैं। स्पष्ट शब्दों में आचार्य रामचन्द्र शुक्ल ने कहा है कि असहयोग-आन्दोलन देश के पूँजीपतियों का पक्षधर है। इस आन्दोलन से पूँजीपतियों का हित हो रहा है। उन्होंने स्पष्ट शब्दों में कहा है : ''पश्चिम के राष्ट्र अपने को जिससे मुक्त करने की चेष्टा कर रहे हैं उसी पूँजीवाद की ओर यह (असहयोग) एक बढ़ता कदम है। यह पूँजी बटोरने और समाज में व्यक्तिवादी

जीवन-मूल्यों के क्षुद्र अमेरिकी मानदंड स्थापित करने का प्रयास भर है।" 1921 में आचार्य रामचन्द्र शुक्ल देख रहे थे कि गांधीजी के नेतृत्व में चलनेवाला आन्दोलन इस देश के राष्ट्रीय पूँजीपतियों के उत्थान का आन्दोलन है।

स्वाधीनता ने यह साबित कर दिया कि सचमुच आचार्य रामचन्द्र शुक्ल की यह टिप्पणी सही थी। स्वाधीनता-प्राप्ति के बाद इस देश में तथाकथित राष्ट्रीय पूँजीपतियों का ही उत्थान हुआ है। सबसे ज्यादा मुनाफा उनको मिला है और अनेक पूँजीपति इजारेदार पूँजीपति की स्थिति को प्राप्त हुए हैं। यही पूँजीपति हैं, जो स्वयं आत्मनिर्भरता के नाम पर विदेशी पूँजी के साथ साँठगाँठ भी करते हैं। आचार्य रामचन्द्र शुक्ल ने 1921 में असहयोग-आन्दोलन और गांधीजी के द्वारा चलाये जानेवाले उस राष्ट्रीय आन्दोलन का वर्ग-विश्लेषण किया था। महत्त्वपूर्ण क्या है—उनका लेनिन के महात्मापने पर व्यंग्य करना या लेनिन के उसी सिद्धान्त के आधार पर राष्ट्रीय आन्दोलन का वर्ग-विश्लेषण करना? वर्ग-विश्लेषण करने के बाद आचार्य शुक्ल जैसे भविष्यद्रष्टा कहते हैं कि सबसे आतंककारी बात यह है कि हिन्दी प्रेस देश के व्यापारिक वर्ग के चंगुल में आ गया है!! यह आचार्य रामचन्द्र शुक्ल की वह दृष्टि है जिससे 1907 के स्वदेशी-आन्दोलन के समय साम्राज्यवाद के असली चेहरे को पहचानते हुए उन्होंने कहा था कि देश की जनता को राजनीतिक शिक्षा देने की जरूरत है। उस दृष्टि का विकास करते हुए 1921 में उन्होंने गांधीजी के लोकव्यापी, अत्यन्त लोकप्रिय, विशाल जनसमर्थन के द्वारा चलाए जानेवाले असहयोग-आन्दोलन का वर्ग-विश्लेषण करते हुए बताया कि यह शहराती व्यापारी-वर्ग और पूँजीपतियों का पक्षधर है और इस आन्दोलन से देश की उस कृषक-जनता के हितों को (जिसमें खास तौर से शुक्ल जी ने छोटे काश्तकारों का उल्लेख किया है) क्षति पहुँच रही है। स्वाधीनता-आन्दोलन और हिन्दी की इस प्रकृति को पहचानने के लिए यह बहुत जरूरी है कि हम जानें कि हिन्दी साहित्य में स्वाधीनता-आन्दोलन के एक महत्त्वपूर्ण पहलू की ओर हिन्दी लेखकों का ध्यान था, लेकिन राष्ट्रीय नेताओं का ध्यान उधर नहीं था। अपने देश की जनता से जुड़े होने के कारण कबीर, सूर और तुलसी की जनता के निकट होने के कारण हिन्दी लेखक और उसका साहित्य मुख्यतः गाँवों में रहनेवाली बहुसंख्यक जनता से जुड़ा हुआ था, उसके हितों और उसकी आकांक्षाओं के साथ जुड़ा हुआ था।

हिन्दी लेखकों की यह समझ थी कि राष्ट्रीय आन्दोलन में महत्त्वपूर्ण भूमिका यदि किसान अदा करेंगे तो राष्ट्रीय आन्दोलन का स्वरूप दूसरा होगा, स्वराज्य का आधार ज्यादा लोकव्यापी होगा और हमारी स्वाधीनता में सामाजिक न्याय की ज्यादा गुंजाइश होगी। यह उन्हें बराबर लगता रहा। आजकल के इतिहासकार मार्क्सवादी दृष्टि से स्वाधीनता-आन्दोलन का इतिहास लिखते हुए राष्ट्रीय पूँजीवाद की हिमायत करते हैं। इस राष्ट्रीय पूँजीवाद की हिमायत इस हद तक है कि 1947 के पहले का इतिहास तो मान्य हो जाता है कि उसके नेतृत्व में राष्ट्रीय पूँजीवाद था। इस पर चर्चा करने में दशक लग गए और इस पर किसी व्यक्ति का, किसी आदमी का ध्यान नहीं गया कि जिस

राष्ट्रीय पूँजीवाद का चरित्र निर्धारित कर रहे हैं, उसके साथ लगे हाथों आप किसानों की भूमिका पर भी थोड़ा विचार करते, कुछ शास्त्रार्थ करते, तो आपका मार्क्सवाद कुछ कलुषित नहीं हो जाता, दूषित नहीं हो जाता। आज यह अच्छी तरह से प्रमाणित है कि यह असहयोग-आन्दोलन किस हद तक राष्ट्रीय पूँजीपतियों का पक्षधर था और किसानों का विरोधी था। इसकी ज्वलन्त मिसाल है उत्तर भारत का किसानों का आन्दोलन। अवध के किसानों ने 1918 से लेकर 1920-21 तक ठीक गांधीजी के असहयोग के पहले जमींदारों के खिलाफ सशक्त आन्दोलन किया, जमींदारी प्रथा के खात्मे के लिए, जिसकी थोड़ी गूँज और झलक प्रेमचन्द के 'प्रेमाश्रम' में मिलती है। गांधीजी के नेतृत्व में चलनेवाली कांग्रेस ने उस समय कहा था कि किसानों को इस समय आन्दोलन नहीं करना चाहिए था, क्योंकि अंग्रेजों के खिलाफ चलनेवाला जो राष्ट्रव्यापी संयुक्त मोर्चा है, वह टूट जाएगा। यानी अस्सी प्रतिशत किसानों के हट जाने से पूरा संयुक्त मोर्चा इतना टूट रहा है, इतना कमजोर हो रहा है कि स्वाधीनता की लड़ाई में बाधा पड़ रही है!! मुट्ठीभर जमींदारों, ताल्लुककेदारों और पूँजीपतियों की रक्षा की ज्यादा चिन्ता थी और अस्सी प्रतिशत किसानों की चिन्ता नहीं थी। इस बात को प्रेमचन्द ने देखा था, इसलिए प्रेमचन्द का समूचा साहित्य भारतीय किसान की महागाथा है, राष्ट्रीय पूँजीवाद की गौरवगाथा नहीं है। प्रेमचन्द इसीलिए बाल्जाक नहीं हैं, क्योंकि फ्रांसीसी क्रांति में उभरता हुआ वर्ग राष्ट्रीय पूँजीपति वर्ग था। प्रेमचन्द यदि भारतीय आधुनिक मार्क्सवादी इतिहासकारों की बात मानते, तो कायदे से उस दौर में उभरता हुआ वर्ग तो राष्ट्रीय पूँजीपति वर्ग था। उन्हें तब राष्ट्रीय पूँजीपति वर्ग के चरित्रों को लेकर महान् उपन्यास लिखने चाहिए थे। मति मारी गई थी प्रेमचन्द की कि इन तमाम राजनीतिक इतिहासकारों के मंत्र को भूलकर किसानों के संघर्ष की गाथा लिख रहे थे। आचार्य रामचन्द्र शुक्ल इस मामले में प्रेमचन्द के साथ थे, आचार्य रामचन्द्र शुक्ल इस मामले में महावीरप्रसाद द्विवेदी के साथ थे, आचार्य रामचन्द्र शुक्ल इस मामले में निराला के साथ थे।

इसलिए आचार्य रामचन्द्र शुक्ल के साहित्य पर विचार करते समय पृष्ठभूमि के रूप में आप बराबर यह देखते रहें कि वे जब तुलसी, जायसी या सूर की समीक्षा करते हैं और तारतमिक मूल्यांकन करते हैं, तो बार-बार 'लोकसंग्रह', 'लोकधर्म', 'लोकहित', 'लोकमंगल' की बात करते हैं। 'लोक' कहते समय वह कौन मनुष्य है, जो आचार्य रामचन्द्र शुक्ल के सामने बार-बार खड़ा रहता है, जिसको ध्यान में रखकर वे तुलसी की प्रशंसा करते हैं और वहीं कदाचित् सूर की आलोचना भी करते हैं, जिसको ध्यान में रखते हुए वे जायसी की प्रशंसा करते हैं और बिहारी की आलोचना करते हैं? यह सही है कि आचार्य रामचन्द्र शुक्ल 'जनता' और 'शिक्षित जनता' का बार-बार नाम लेते हैं। हमारे प्रिय मित्र डॉ. मैनेजर पांडेय ने अपनी पुस्तक 'साहित्य की इतिहास दृष्टि' में बहुत अच्छे ढंग से दिखाया है, कि आचार्य रामचन्द्र शुक्ल के 'इतिहास' के समूचे चिन्तन में 'जनता' और 'शिक्षित जनता' का द्वन्द्व और तनाव बड़ी निर्णायक भूमिका अदा करता है। कभी-कभी लोग इस 'शिक्षित जनता' शब्द को पकड़कर आचार्य

रामचन्द्र शुक्ल को 'एलिटिस्ट' साबित करने की कोशिश करते हैं। वे यह भूल जाते हैं कि आचार्य रामचन्द्र शुक्ल की 'शिक्षित जनता' रूह सूँघनेवाली नहीं थी और महुए के फूलों को देखकर बिदकनेवाली लखनवी दोस्तों की मंडली भी नहीं थी। आचार्य रामचन्द्र शुक्ल जब 'शिक्षित जनता' कहते हैं, तो उनका मतलब होता है राजनीतिक दृष्टि से शिक्षित जनता, राजनीतिक दृष्टि से जाग्रत् और जागरूक जनता। और यही यह साधारण मनुष्य है, यही वह औसत भारतीय किसान, गाँव का रहनेवाला मनुष्य है, जो आचार्य शुक्ल का मानदंड है। अब दिवंगत हो गए हमारे युवा मित्र मलयज ने दो लेखों के द्वारा बड़े विस्तार के साथ दिखाने की कोशिश की है कि आचार्य रामचन्द्र शुक्ल की लड़ाई का 'हीरो' यही साधारण मनुष्य है। यही वह साधारण मनुष्य है, जिसके द्वारा वे हर तरह की असाधारणता का विरोध करते हैं। इसी साधारण मनुष्य के 'कॉमन सेंस' को, जो गाँव का औसत किसान है, उसी औसत किसान के 'कॉमन सेंस' को लेकर उसी तरह से ये अध्यात्मवाद को ठुकराते हैं, रहस्यवाद को ठुकराते हैं, जैसे डॉ. जॉनसन का 'कॉमन सेंस' एक पत्थर की चट्टान को ठोकर मारकर देखता है कि यह पत्थर है कि नहीं। यह देहात के किसान का 'कॉमन सेंस' है, जो साधारण पर विश्वास करता है, जिसके पाँव ठोस धरती पर टिके हुए हैं। वह जगत् को सच मानता है, इस जगत् के सुख-दुख को सच मानता है, उसके रूप-तरंगों में निरन्तर बहता रहता है। यह लौकिकता अलौकिकता के विरुद्ध है। यह आकस्मिक नहीं है कि जब कवि लोग उन दिनों अन्तरिक्ष के पार झाँका करते थे, उनकी नजर आसमान के तारों पर टिकी रहा करती थी, अनन्त की ओर देखा करते थे, शुक्लजी कहा करते थे कि 'रवीन्द्र बाबू यदि अनन्त की ओर ताँका करें, तो यह आवश्यक नहीं कि सबकी टकटकी उसी ओर लगे।' क्षितिज, अनन्त और आसमान के तारों का मजाक शुक्लजी उड़ाते थे, तो कहीं साफ दिखाई पड़ता है कि उनके अन्दर वह खेत जोतनेवाला, खेत बोनेवाला, खेत काटनेवाला गाँव का ठेठ किसान है, जिसके पाँव धरती पर जमे हुए हैं, जो धरती को ज्यादा प्यार करता है और जिसे यह चिन्ता बनी रहती है कि कहीं हमारी आँखें आसमान पर इतनी न टँग जाएँ कि पाँव के नीचे की धरती ही खो जाए। इसी साधारण मनुष्य के 'कॉमन सेंस' के आधार पर आचार्य रामचन्द्र शुक्ल हर तरह के अलंकारवाद, चमत्कारवाद, कारीगरी, कलावाद और व्यक्तिवैचित्र्यवाद का विरोध करते हैं। वे व्यक्तिवाद का भी विरोध करते हैं। व्यक्तिवाद ने एक समय निश्चित रूप से बड़ी क्रांतिकारी भूमिका अदा की है। पश्चिम के रोमांटिक कवियों के व्यक्तिवाद ने पुराने सामन्ती मूल्यों के विरुद्ध विद्रोह का काम किया था, जिसे हम शैली, कीट्स, बायरन, यहाँ तक कि वर्डसवर्थ में भी देखते हैं, विलियम ब्लेक में उसका दूसरा भी रूप दिखाई पड़ता है। भारत में इस व्यक्तिवाद की कड़ी जाँच की जानी चाहिए। इसके बारे में बहुत विश्वास के साथ आदमी नहीं कह सकता है कि इस उखड़ते हुए व्यक्तिवाद ने हिन्दी की छायावादी कविता, हिन्दी की अपनी रोमांटिक कविता के उत्थान में कितनी विद्रोही भूमिका अदा की है और कितनी पलायनवादी भूमिका अदा की है। इस व्यक्तिवाद के अन्तर्विरोधों

की और कड़ी छानबीन होनी चाहिए। हम आँख मूँदकर केवल यांत्रिक ढंग से यूरोपीय व्यक्तिवाद के उत्थानशील इतिहास को ध्यान में रखते हुए अपने यहाँ के व्यक्तिवाद की प्रशंसा न किया करें। इस व्यक्तिवाद की आलोचना रामचन्द्र शुक्ल ने की है जो हमारे यहाँ के पुराने चले आते हुए पारिवारिक जीवन को लोकधर्म कहा करते थे, जिसमें व्यक्तिवाद के लिए बहुत कम गुंजाइश थी। उस 'कम्युनिटी लाइफ' की हिमायत करनेवाले आचार्य रामचन्द्र शुक्ल व्यक्तिवाद का विरोध करते हैं और साधारण किसान की बदौलत करते हैं, तो हमें फिर से उस व्यक्तिवाद की ऐतिहासिक भूमिका की जाँच करने की जरूरत है।

आचार्य रामचन्द्र शुक्ल राजनीति में, स्वाधीनता-संघर्ष में जिस तरह भारतीय किसानों विशेषतः छोटे किसानों की भूमिका में आस्था रखते थे, उसी आस्था से उनके साहित्य का मानदंड पैदा हुआ, जो मानदंड—आलोचना का मानदंड—अमूर्त नहीं था। इन मानदंडों के पीछे एक मनुष्य था, साधारण मनुष्य, इस भारत का औसत मनुष्य था, जो यथार्थ का आग्रही था, समग्र जीवन का आग्रही था, जो एक प्रकार के सामुदायिक जीवन का आग्रही था, जो व्यक्तिवाद के विरुद्ध था, चमत्कारवाद और हर तरह के अन्धविश्वास के विरुद्ध था। आचार्य रामचन्द्र शुक्ल का साहित्यिक मानदंड यहीं से बना था, जिसके कारण वे संतों और भक्तों के साहित्य को उच्च कोटि का कह सकते थे। उन्होंने रीतिवादी कवियों के साहित्य को दरबारी कवियों का साहित्य मानकर उसमें जो अच्छा लिखा गया था, उसकी दाद दी और जो अंश चमत्कारी था, उसकी कड़ी आलोचना की। इसी दृष्टि से उन्होंने अपने युग के नए साहित्य 'छायावाद' का नीर-क्षीर-विवेक किया। उसकी अच्छाइयों की तारीफ की, 'कामायनी' को 'मानवता का रसात्मक इतिहास' भी कहा और दूसरी ओर उसकी 'मधुचर्या' की निन्दा भी की। यह संतुलित दृष्टि थी, जिसके आधार पर आचार्य रामचन्द्र शुक्ल एक ही काव्य को 'मानवता का रसात्मक इतिहास' और दूसरी ओर 'मधुचर्या' कह सकते थे।

नामवर सिंह

इतिहास

प्राचीन भारतवासियों का पहिरावा

–रामचन्द्र शुक्ल

पाठक ! आपने किसी कोटपतलूनधारी बाबू को यह कहते सुना होगा "हमारे बाप- दादे तो असभ्य थे, एक धोती लपेटे नंगे फिरा करते थे, तो क्या हम भी उनकी चाल चलें," अर्थात् उनके मत में कोई पहिरावा इस देश का नहीं है, सब विदेशी हैं।

सबसे प्रथम बकनन हैमिल्टन (Buchnan Hamilton) ने अपनी 'ईस्टर्न इंडिया' नामक पुस्तक में यह सम्मति प्रकट की कि प्राचीन हिन्दू जाति सिले हुए वस्त्र के व्यवहार से पूर्णतया अनभिज्ञ थी, उनका प्रचार मुसलमानों के आक्रमण के पश्चात् हुआ। तब से म्योर (Miur) और वाट्सन (Watson) प्रभृति योरपीय विद्वानों द्वारा इसका पोषण होता आया; किन्तु जिस आधार पर यह सम्मति स्थिर की गई वह दृढ़ नहीं प्रतीत होती। इसकी सम्यक् विवेचना के लिए दो द्वार उपलब्ध हैं–(1) प्राचीन ग्रन्थ और (2) प्राचीन मूर्तियाँ।

वेदों से वस्त्रों के उस समय किसी रूपविशेष में व्यवहृत होने का पता नहीं चलता। कदाचित् सर्वसाधारण में धोती इत्यादि के धारण करने का ही अधिक प्रचार था। कर्नल टेलर मुक्तकंठ से कहते हैं, 'चलने, बैठने और लेटने में इससे बढ़कर सुगमताप्रद पहिरावे का आविष्कार करना असम्भव है।' सिकन्दर के साथियों को 2200 वर्ष पूर्व, उसी पहिरावे का सर्वसाधारण में प्रचार देख पड़ा था जो आज दिन प्रचलित है। किन्तु अब यह प्रश्न उपस्थित होता है कि सर्वसाधारण की भाँति क्या राजा और उनके मन्त्रिवर्ग तथा दूसरे उच्चश्रेणी के मनुष्य भी धोती और चादर ही पर सन्तोष करते थे ? ऐसी एकरूपता तो कदाचित् असभ्य-से-असभ्य जातियों में भी होनी असम्भव है, तो फिर 'हिन्दू' ऐसे उन्नतिशील लोगों के विषय में, जिन्होंने 'जाति-भेद' की प्रथा स्थापित की, यह अनुमान कहाँ तक यथार्थ होगा ? इस विषय में प्रमाणों का सर्वथा अभाव भी, जैसा कि कुछ लोगों को भ्रम है, नहीं है।

ऋग्वेद में, जिसका समय साधारण अटकल से ईसा से 2000 वर्ष पूर्व निर्धारित किया गया है, सूई और सीने का उल्लेख है (सिव्यतु अपह शूच्य छेद्यमानय ॥ 2।288॥)। मूल शब्द 'शूची' है जिसके लिए यह अनुमान बाँधना कि उससे काँटे या और किसी नोकीली वस्तु से अभिप्राय है, उपहासजनक होगा। यह भी विचार करने का स्थल है कि प्राचीन आर्य्य लोहे के शस्त्र इत्यादि बनाने में कुशल होकर भी सूई से पूरे अनभिज्ञ बने

रहते। कर्नल टेलर के इस कथन के प्रत्युत्तर में कि प्राचीन 'हिन्दू जाति में दरजी का होना प्रमाणित नहीं है और न उनकी भाषा में इसके लिए कोई शब्द है', यह वक्तव्य है कि अमरसिंह के कोष में, जो ईसा से पूर्व का माना जाता है, दो शब्द दरजी के लिए पाए जाते हैं–एक 'तन्तुवाय' और दूसरा 'सौचिक' (तन्तुवायः कुविन्दः स्यात्तुन्नवायस्तु सौचिकः-अमरकोष), इस दूसरे शब्द की व्याख्या पाणिनि के सूत्रों में भी विद्यमान है। उशनस के प्राचीन धर्म्मशास्त्र में वैश्य और शूद्रा के संयोग से उत्पन्न को, एक भिन्न जाति में विभाजित करके 'सीना' और दूसरे हाथ के काम उनके निर्वाह हेतु स्थिर किए गए हैं। वे उस समय 'शौची' कहलाते थे।

रामायण, महाभारत और अन्यान्य प्राचीन संस्कृत ग्रन्थों में ऐसे-ऐसे पहिरावों का वर्णन है जो कदापि बिना सूई की सहायता के नहीं बन सकते। उदाहरणस्वरूप मैं यहाँ पर कुछ संस्कृत शब्दों को उद्धृत करता हूँ, जो भिन्न-भिन्न पहिरावों को सूचित करते हैं–जैसे (1) कंचुक, (2) कंचुलिक, (3) अंगिका, (4) चोलक, (5) चोल, (6) कुर्पासक, (7) अधिकाङ्ग और (8) नीवी, इत्यादि। इनमें से प्रथम के विषय में कुछ कहना आवश्यक है।

इस शब्द (कंचुक) का अर्थ इस प्रकार किया गया है–"सैनिकों का कुर्ते की भाँति एक पहिराव।" 'सन्नाह' को जिसका प्रयोग लोहे के कवच और सूत के बने दोनों प्रकार के पहिराव के लिए किया जाता है, इस शब्द का पर्यायवाची लिखा देख बहुत-से आधुनिक कोषों में इस कंचुक का अर्थ इस प्रकार कर डाला गया है–"बाणों से रक्षा-निमित्त लोहे का एक पहिराव।" किन्तु इससे प्राचीन काल में सूत के बने पहिरावों से भी अभिप्राय था, यह बात इसका व्यवहार सैनिकों के अतिरिक्त अन्य श्रेणी के मनुष्यों में भी दिखा देने से प्रामाणिक हो जायगी। युधिष्ठिर के राज्याभिषेक के समय ऋषियों का 'कंचुक' और 'पगड़ी' धारण करना महाभारत में वर्णित है (विवशुस्ते सभां दिव्यां सोष्णीषां धृतकंचुकाः)। क्या ऋषिगण गम्भीर गम्भीर कवच धारण करके आए थे ? और देखिए, राजाओं के अन्तःपुर-रक्षार्थ जो षंड नियत रहते थे, उन्हें 'कंचुकी' कहते थे, अर्थात् 'कंचुक' धारण करनेवाले। तो क्या वे सदैव लोहे के बख्तर पहने फिरा करते थे ?

'कंचुक' से तात्पर्य आधुनिक जामे से है; राजाओं के मन्त्री और अनुचर-गण प्रायः इसी वेश में रहते थे। अंगिका–इसका प्रचार अद्यापि दो-एक प्रान्तों को छोड़कर इस देश में है। यह एक प्रकार की कुर्ती होती है जिसको हिन्दी में 'अँगिया' कहते हैं। जिन्हें प्राकृत का ज्ञान है उन्हें यह समझते कुछ भी विलम्ब न लगेगा कि यह संस्कृत 'अंगिका' का अपभ्रंश है। क् प्रसिद्ध सूत्र (कादीनां लोपः–वररुचि ॥ 2 । 2 ॥) के अनुसार अ में परिवर्तित हो गया। आधुनिक शब्द 'अँगरखा' भी, यदि वह अंगरक्षा का अपभ्रंश न हो तो इसी शब्द का एक परिवर्तित रूप है। चोल आधुनिक 'फतुई' के सदृश होता था। नीवी शब्द भी बड़े काम का है। यह इज़ारबन्द का नाम है जो घाघरे में डाला जाता है। यदि उस समय घाघरे नहीं थे तो इस नीवी की क्या आवश्यकता थी ? यहाँ तक तो

प्राचीन ग्रन्थों के आधार पर प्रमाणों की स्थिति हुई, अब देखिए प्राचीन प्रतिमाकार इस विषय में क्या कहते हैं।

यद्यपि साँची और अमरावती प्रभृति स्थानों की अधिकांश मूर्तियाँ नग्नावस्था या अर्द्धनग्नावस्था में प्रदर्शित की गई हैं, किन्तु इनमें से कुछ ऐसी भी हैं जो इसके विपरीतता की साक्षी देती हैं। अमरावती के असंख्य नग्न मूर्ति समूह में ऐसी मूर्तियाँ भी पाई जाती हैं जिनका पहिराव दरजी के अस्तित्व से सम्बन्ध रखता है। साँची के दोनों धनुर्धारियों के चित्र में, जिनमें से एक काशी के बौद्ध राजा पिलियुक का है, चपकन प्रत्यक्ष है।[1] बुद्ध गया के, जिसका समय 'साँची' से प्राचीनतर है, एक शिलाखंड पर दो मूर्तियाँ गले से पैर के अर्द्धभाग पर्यन्त एक प्रकार के पहिरावे से सुसज्जित हैं जो ठीक आधुनिक 'जामे' के सदृश है।

'उड़ीसा' के प्राचीन अवशेषों में इससे दृढ़तर प्रमाण पाए जाते हैं। 'उदयगिरि' की गुफाओं में 'रानीनौर' नामक स्थान में 4 फीट 6 इंच ऊँची एक मूर्ति चट्टान में कटी है, जिस पर एक चुस्त चपकन दिखाया गया है, जिसका दामन घुटनों से चार इंच नीचे लटकता है। एक पतला दुपट्टा बाएँ कन्धे से आकर कटि को आवृत्त किए है, जिसका प्रचार आज दिन भी उसी प्रकार चला आता है। कटिप्रदेश में एक कटिबन्ध भी है जिसके बाएँ ओर एक तलवार लटक रही है। इस मूर्ति का सिर खंडित हो गया है; किन्तु जो शेष है उसमें पगड़ी का चिह्न विद्यमान है। पैरों में लम्बे बूट भी दिखाए गए हैं। डॉ. राजेन्द्रलाल मित्र के मतानुसार इस मूर्ति की अवस्था 2200 वर्ष की अनुमान की गई है।[2]

पहिरावे की चाल विशुद्ध 'हिन्दू' है। कोई मनुष्य उसमें चिटन (Chiton), क्लमिस (Chlamys) या सिकन्दर के अन्य किसी सैनिकों द्वारा लाए हुए पहिराव से समानता दिखलाने का साहस नहीं कर सकता, यदि यह किसी प्रकार मान भी लिया जाय कि हिन्दू ऐसे स्वप्रथाभक्त लोग एक ऐसे पहिराव को, कि जिसका आविर्भाव किसी अन्य दूर देश में हुआ हो, देखते ही इस सीमा तक अनुकरण करने लगें कि उसे अपने शिल्पकार्य में स्थान दें। यद्यपि यह चपकन असीरियन (Assyrian) लोगों के पहिराव से किसी-किसी अंश में समानता रखता है, किन्तु मुख्य विभिन्नता बाँह (आस्तीन) देखने से विदित हो जायगी। असीरियनों की आस्तीन टेहुनी पर्यन्त होती थी, किन्तु इस चपकन की कलाई तक लम्बी है। हाँ, बूट वास्तव में आश्चर्य्यजनक हैं। कहीं किसी स्थल पर इस प्रकार का अन्य उदाहरण इस देश में प्राप्त नहीं है। 'अमरावती' के तीनों सैनिकों के चित्र भी प्रायः इसी वेश में हैं, किन्तु बूट का अभाव है।

अजन्ता गुफा की चित्रावली में सन्तों के एक साथ दो चित्र हैं, जिनमें से एक दाहिने हाथ से एक हाथी का मस्तक स्पर्श कर रहा है और बाएँ में एक पात्र है। इसके शरीर पर एक पैर तक लम्बा वस्त्र पड़ा है, जिसकी बाँहें पूरी और बहुत ढीली हैं। इन चित्रों के निर्माण का समय ईस्वी 5 शताब्दी के लगभग है।

यह बात तो सत्य है कि ऐसे उदाहरण अधिकता से नहीं पाए जाते, किन्तु जो हैं वे इस विषय पर ध्रुव और संशयशून्य प्रमाण हैं। इस देश की जलवायु इस प्रकार की

है कि वर्ष में नौ महीने किसी प्रकार का वस्त्र शरीर पर रखना सुखदायक नहीं है। इस बात का आगन्तुक योरपियन भी अनुभव करते हैं। तो क्या आश्चर्य्य है कि इस देश के निवासी सामयिक प्रथा के अनुसार जहाँ तक सम्भव होता, कम ही वस्त्रों का व्यवहार करते थे। यहाँ तक तो पुरुषों के पहिरावे का वर्णन हुआ। अब स्त्रियों के विषय में भी कुछ कहना आवश्यक है।

प्राचीन ग्रन्थों में, जैसा कि ऊपर कहा जा चुका है, स्त्रियों के कई भिन्न-भिन्न पहिरावों का उल्लेख है। किन्तु प्राचीन ग्रन्थों और मूर्तियों में इस विषय में परस्पर विरोध है। मि. फर्गुसन ने इस विषय में कहा है कि स्त्रियों के पहिरावे का वर्णन करना कठिन है। इसका कारण उसका अभाव ही है। साँची और अमरावती की मूर्तियों में स्त्रियाँ टेहुनी और कलाई में आभूषण अधिकता से पहने हैं, गले में माला या हार भी प्रायः है, किन्तु शरीर को आवृत करने को केवल एक मात्र गजरा कटिप्रदेश के नीचे लपेटा हुआ पाया जाता है,[3] और कहीं-कहीं वस्त्रनामधारी पुरुषों की धोती के सदृश एक फेंटा भी देखने में आता है—इत्यादि।

अब यहाँ पर यह विचार करना है कि इस वेश का इस देश में स्त्रियों में प्रचार ही था या यह केवल एक साम्प्रदायिक प्रथा उनको इस रूप में प्रदर्शित करने की थी। मि. फर्गुसन का विश्वास प्रथम ही पर है। किन्तु इस पर हम लोगों को विश्वास क्योंकर हो सकता है। ऐसे समय में हिन्दू लोग जब वे सामाजिक उन्नति में किसी से पीछे न थे, तिमहले मकानों में रहते थे जैसा कि साँची के अवशेषों से प्रकट है, गाड़ी और सोने-चाँदी से विभूषित रथों पर निकलते थे, बने हुए वस्त्र अन्यान्य देशों को भेजते थे, जिनकी वहाँ प्रतिष्ठा होती थी—तो कब सम्भव है कि उनकी रानी महाराणी केवल एक गजरा या फेंटा धारण किए उन पर आधिपत्य रखती थीं। 'बौद्ध' और 'हिन्दू' दोनों के धर्म्मशास्त्र स्त्रियों को पटावृत रहने का अनुरोध करते हैं।[4] यदि नग्नता इस देश की प्रचलित प्रथा होती तो वह स्त्री और पुरुष दोनों समभाव से पाई जाती, किन्तु पूर्वोल्लिखित प्रमाणों के अनुसार यह सिद्ध नहीं होता। संसार की असभ्य जातियों में पुरुष और बालक बहुधा नंगे फिरा करते हैं, किन्तु स्त्रियाँ उनकी और कुछ नहीं तो पत्तों ही से अपना शरीर ढाकती हैं, सो यह निष्कर्ष इन मूर्तियों से निकालना कि स्त्रियों में उस समय नग्नता प्रचलित थी, सर्वथा भ्रममूलक है। मेरी जान में तो प्रतिमाकारों ने उनके शरीर की बनावट ही दिखाने के हेतु उन्हें इस अवस्था में निर्माण किया है। इसका एक उदाहरण लीजिए। अमरावती के उस वृहत शिलाखंड में जो इस समय कलकत्ते के म्यूज़ियम में है, मायादेवी का चित्र है, जो एक गद्दे पर सोई हैं, सिरहाने बड़ा तकिया भी है, सेवा में कई शस्त्रधारी पुरुष, और दासियाँ चँवर लिये खड़ी हैं। किन्तु उनके शरीर पर गजरे के कटिबन्ध के अतिरिक्त और कुछ नहीं है।[5] इस प्रकार के उदाहरण मिस्र और यूनान आदि देशों में भी पाए जाते हैं। अतः यह सिद्ध हुआ कि पुराकाल में उसी प्रकार के पहिरावे प्रचलित थे जो प्राचीन ग्रन्थों में वर्णित हैं।

राजाओं के मन्त्री और अनुचरगण प्रायः जामा पहनते थे। राजा और सैनिक लोग, जिस समय उन्हें कवच की कोई आवश्यकता न रहती, एक प्रकार का वस्त्र धारण करते थे जो आधुनिक चपकन के सदृश होता था। साधारण जन धोती और चादर ही पर सन्तोष करते थे। सिर पर एक पगड़ी प्रायः उनके इस वेश को पूर्ण करती थी। स्त्रियों में 'साड़ी' का ही अधिक प्रचार था। प्रतिष्ठित घर की स्त्रियों में 'घाघरा' और कुर्ती और कभी-कभी ऊपर से एक अँगिया भी धारण करने की रीति थी। जब वे कहीं बाहर जातीं तो इन सबके ऊपर एक चादर भी डाल लेती थीं।

यह हम मानते हैं कि बंगाल इत्यादि प्रान्तों में अधिकांश दरजी समूह मुसलमान हैं (कदाचित् इसी बात ने मिस्टर हैमिल्टन को भ्रान्ति में डाला हो) किन्तु यह सर्वत्र घटित नहीं होता।

मिस्टर शेरिंग (Mr. Sherring)[6] का कथन है कि इस देश में मुसलमान दरजियों के अतिरिक्त बहुत-से नीच हिन्दू भी इस व्यवसाय के अनुगत हैं, जो कि सात जातियों में विभक्त हैं–(1) स्त्री वास्तक, (2) नामदेव, (3) तांचार, (4) धनेश, (5) पंजाबी, (6) गौड़, (7) कंटक और एक आठवीं जाति ताक्लेरी भी बनारस में पाई जाती है।[7]

('सरस्वती', दिसम्बर 1902)

सन्दर्भ

1. Fergusson, plate XIiii.
2. Antiquities of Orissa.
3. Tree and serpent worship, 92
4. नानुक्ता गृहान्निर्गच्छेत, नानुत्तरीया न त्वरितं ब्रजेत, न पर पुरुषं भाषेतान्यत्र वृद्धवैद्येभ्यः न नाभिन्दर्शयेत आगुल्फाद्वासः परिदध्यात न स्तनौ विवृतौ कुर्यात ॥ इति शंखः॥ नाग्निं मुखेनोपधमेन्नग्नां नेक्षेत च स्त्रियं ॥ मनु. 4-53 ॥
5. Tree and serpent worship, 92
6. Hindu Castes and Tribes of Benares.
7. डॉक्टर राजेन्द्रलाल मित्र के लेख के आधार से।

हुएन-संग

बहुतेरे पाठक इस विचित्र अक्षर-योजना से चकित होंगे। पर इतिहास के प्रेमी इस नाम से अपरिचित नहीं हैं; वे भली-भाँति यह जानते होंगे कि भारतवर्षीय इतिहास के घोर तिमिराच्छन्न क्षेत्र के बीच यह उन प्रकाश की ज्योतियों में से सबसे उज्ज्वल है जो अपनी निकटवर्ती वस्तुओं को स्पष्ट और प्रकाशित करती हैं। इसी दृढ़प्रतिज्ञ, उन्नताशय और साहसी चीनी यात्री की कृपा से हम इस देश की सातवीं शताब्दी की सामाजिक, धार्मिक तथा राजनीतिक अवस्था का थोड़ा बहुत ज्ञान सम्पादन कर सकते हैं। लज्जा के साथ कहना पड़ता है कि पुरातत्त्ववेत्ताओं को इस भारतवर्ष में सच्चा पथ-प्रदर्शक और सहायक अन्त में ढूँढ़ते-ढूँढ़ते यही विदेशी मिला। हम लोग केवल इस महानुभाव ही के नहीं, वरन् उस जाति के और उस भूमि के जिसमें उसने जन्म ग्रहण किया, अनुगृहीत हैं। यह पुरुष कौन था, किस अभिप्राय से और किन-किन कठिनाइयों के उपरान्त वह यहाँ तक आया, इन बातों के जानने की इच्छा रखना भारतवासी मात्र का परमधर्म्म और कर्तव्य है। यदि इस कर्तव्य के पालन से, जिसमें बहुत ही कम परिश्रम है, वे विमुख रहें तो इससे या तो उनकी अल्पज्ञता प्रकट होगी या घोर कृतघ्नता। यदि वह बेचारा श्रामण अपने जन्मस्थान को कई सहस्र कोस दूर न छोड़ता तो कान्यकुब्ज, कौशाम्बी और पाटलिपुत्र इत्यादि नगरों की लम्बाई, चौड़ाई, जनसंख्या और रीति व्यवहार आदि का इस उत्तमता के साथ कौन पता देता ? हम भारतवासी इस उपकार को कभी नहीं भूल सकते।

ढाई हजार वर्ष से ऊपर हुए कि इस देश की सामाजिक और धार्मिक अवस्था से असन्तुष्ट होकर, पशुओं के आर्तनाद पर करुणा करके भगवान बुद्धदेव ने इस भूमि पर अवतार लिया। हिन्दू-समाज की वर्तमान पतित अवस्था का सूत्रपात उस समय हो चुका था। उच्च वर्ण का मिथ्या अभिमान लोगों के चित्त में भर रहा था। ईश्वर, देवी और देवताओं के अवलम्ब पर लोग न जाने कितने कुत्सित कर्म कर डालते थे। गौतम ने एक नए मत का उपदेश देना आरम्भ किया। सबसे पहले तो उन्होंने वर्णभेद का ही तिरस्कार किया और मनुष्यों की स्वाभाविक समानता के विषय में शिक्षा दी। इससे पहले निम्नवर्ग के लोग ही, जो द्विजों के द्वारा पददलित किए जाते थे, इस ओर झुके। बौद्धमत निरीश्वरवादी है। विचार करने से जान पड़ता है कि इस प्रकार के विश्वास की उस समय गौतम को आवश्यकता देख पड़ी थी। ईश्वर का नामोच्चार करके, किसी देवता की

आराधनापूर्वक उससे क्षमा माँगकर, लोग निज कृत दुष्कर्मों के परिणाम से अपने को मुक्त मान लेते थे। इसलिए बुद्ध ने ईश्वर या किसी अन्य देव-विषयक विचार का मूलोच्छेद करना ही कल्याणकारी समझा। उन्होंने लोगों से कहा कि किए हुए कर्मों के फल से निस्तार करनेवाला कोई नहीं। यज्ञ, हवन, बलिदान आदि से कुछ लाभ नहीं। गौतम के मत का अभिप्राय सदाचरण की शिक्षा थी।

मगध देश के राजा अशोक के समय में (570 वर्ष ई.पू.) इस धर्म्म की बड़ी उन्नति हुई। इस मत के प्रचारार्थ न केवल समस्त भारतवर्ष ही में, वरन् अन्य दूर-दूर देशों में भी उपदेशक भेजे गए। उन देशों के निवासियों को अपने प्रचलित मत के सामने यह एक अत्यन्त ही उन्नत और उदार धर्म्म देख पड़ा। दूसरी ओर तीसरी शताब्दी के लगभग बौद्ध मत ने केवल सारे भारतवर्ष ही को नहीं आच्छादित कर लिया, वरन् चीन, तिब्बत, मंचूरिया, तुर्किस्तान, ब्रह्मा, सिंहलद्वीप आदि देशों में भी उसका डंका बजा। प्राचीन काल में बहुत दिनों तक भारतवर्ष इन देशों का, और मुख्यतः चीन का, तीर्थस्थान रहा। झुंड-के-झुंड चीनी यात्री इस पुण्यस्थल में आते और भगवान शाक्य मुनि की जन्मभूमि का दर्शन कर अपने को कृत-कृत्य मानते। खि-नी, फा-हियान, संग-यून, हुएन-संग आदि इन्हीं चीनी तीर्थयात्रियों के नाम हैं। इन सबमें सबसे ऊँचा आसन हमारे चरित्र नायक धर्म्मवीर हुएन-संग ही का है।

हुएन-संग का जन्म चीन देश के एक नगर में एक ऐसे समय में हुआ जब चीनी राज्य में शत्रुओं के भय से एक प्रकार की हलचल-सी पड़ी थी। उसके पिता ने इन्हीं सब उपद्रवों से विवश होकर राजाश्रय छोड़ दिया था और अपना सारा समय अपने चार पुत्रों की धर्म्मशिक्षा में लगाता था। इनमें से दो ने, जिनमें से एक हमारे चरित्र नायक हैं, बहुत शीघ्र प्रसिद्धि लाभ की। बालक हुएन-संग शिक्षा के हेतु एक बौद्ध मठ में बैठाया गया, जहाँ पर उसने होनहार होने के कई लक्षण दिखलाए। आवश्यक शिक्षा के उपरान्त, जिसमें उसको अपने बड़े भाई से बहुत सहायता मिली, वह 13 वर्ष की छोटी अवस्था में बौद्ध संन्यासियों की मंडली में सम्मिलित कर लिया गया। सात वर्ष तक तो यह युवक संन्यासी अपने बड़े भाई के साथ चीन के प्रसिद्ध-प्रसिद्ध स्थानों में उस समय के विख्यात धर्माचार्यों के उपदेश सुनने के निमित्त भ्रमण करता रहा। युद्ध का हाहाकार समय-समय पर उसके एकान्त अध्ययन में बाधा डालने लगा। यहाँ तक कि उसको राज्य के अत्यन्त दूर स्थित भाग में शरण लेनी पड़ी। उसके सदाचरण और उसकी गम्भीरता के कारण उसकी बहुत प्रतिष्ठा होने लगी। केवल बीस ही वर्ष की अवस्था में वह धर्मोपदेशक के पद पर नियुक्त हुआ।

उसके अगाध पांडित्य की चर्चा इसके पहले ही दूर-दूर तक फैल चुकी थी। वह बौद्धों के मुख्य-मुख्य धर्म्म-ग्रन्थों का अध्ययन कर चुका था, बुद्ध के जीवनवृत्तान्त से अच्छी तरह जानकार हो चुका था और अध्यात्म के गूढ़ तत्त्वों को भी छान चुका था। उसने कनफ्यूशियस और लाओस के सिद्धान्तों को भी मनोनिवेशपूर्वक विचारा था। परन्तु इतने पर भी उसका चित्त शंकाओं से विचलित रहा करता था। छः वर्ष तक तो

वह चीन के प्रसिद्ध-प्रसिद्ध विद्यापीठों में घूमता रहा। पर जहाँ कहीं वह शिक्षा ग्रहण करने के लिए जाता वहाँ स्वयं उसी को शिक्षक होना पड़ता। जब उसने देखा कि उस देश के बड़े-बड़े धुरन्धर आचार्य भी उसकी शंकाएँ निवारण नहीं कर सकते, तब उसने परम पावन पुण्य-भूमि भारतवर्ष की यात्रा का दृढ़ संकल्प किया।

पाठक ! उसी भारतवर्ष को, जहाँ से किसी समय में भूमंडल की सभ्य जातियों को सदाचारण और धर्म्म की शिक्षा मिलती थी, आज काल ने दारिद्र्य, अज्ञान और मूर्खता के हाथ बय कर दिया है। चीन, जापान, ब्रह्मा, सीलोन, तिब्बत, स्याम आदि देशों के निवासियों के परम पूज्य धर्माचार्य का जन्मस्थान यही पावन भूमि है। इसी नाते से जापान आज भारतवासियों को शिल्प शिक्षा में सहायता देने के लिए उद्यत है; इसी नाते से आज सीलोन के धर्मिष्ठ धर्म्मपालजी काशी में यहाँ वालों के हित-साधन की इतनी चेष्टा कर रहे हैं।

फा-हियान, संग-यून आदि प्राचीन यात्रियों के कार्य्य और वृत्तान्त से हुएन-संग जानकार था। वह इस बात को निश्चयपूर्वक जानता था कि भारतवर्ष में उसको उन मूल संस्कृत ग्रन्थों का पता लगेगा जिनके चीनी अनुवाद ने उसके चित्त में इतनी शंकाएँ छोड़ रखी हैं। यद्यपि उसने इस लम्बी यात्रा की आपत्तियों को भी सुना पर उस धीर-प्रकृति महानुभाव ने कहा, "वह धर्म्मशास्त्र जो प्राणियों का पथप्रदर्शक और उनकी मुक्ति का उपाय है, उसका उद्धार बहुत ही वांछनीय है।" परोपकार करने की लालसा इसको कहते हैं। किन्तु उस समय बिना चीन-सम्राट की आज्ञा प्राप्त किए किसी को देश से बाहर जाने का अधिकार न था। कई और बौद्ध-संन्यासियों के साथ उसने सम्राट के पास इस यात्रा की आज्ञा पाने के लिए विनय-पत्र भेजा। आज्ञा नहीं मिली। उसके साथियों का तो सब उत्साह यहीं पर जाता रहा; पर हुएन-संग का नहीं। यह कारण इतना बड़ा नहीं था कि उसका व्रत भंग कर दे। सांसारिक वासनाओं को तो वह पहले ही परित्याग कर चुका था। इससे समस्त आपत्तियों और विघ्नों का सामना करने और जीवन को एक ऐसे कार्य्य में निछावर कर देने के लिए, जो उसका मुख्य हेतु है, वह बद्धपरिकर हो गया। 629 ई. में उसने बिना राजाज्ञा ही अपना देश छोड़ा और भारत के लिए प्रस्थान किया।

वह पोतनद, हयंग हो, होते हुए उस स्थान पर आ पहुँचा जहाँ भारतवर्ष की ओर आनेवाले यात्री एकत्रित होते थे। यद्यपि यहाँ के हाकिम की आज्ञा थी कि कोई मनुष्य चीनी सीमा के उस पार न जाने पावे, पर हुएन-संग अपने सहधर्मियों की सहायता से चीनी रक्षकों की आँख बचाकर निकल गया। उसके पीछे गुप्तचर छोड़े गए। वह हाकिम के सामने उपस्थित किया गया। हाकिम उसी प्रतिज्ञा की दृढ़ता और उसका धार्मिक उत्साह देखकर दंग रह गया और विवश होकर उसने उसको आगे बढ़ने की आज्ञा दे ही दी। सच है, उत्तम प्रकृति का प्रभाव ऐसा ही होता है।

इस समय तक तो उसके और साथी थे; पर यहीं पर उन्होंने उसका संग छोड़ दिया। हुएन-संग अब अकेला निस्सहाय रह गया। किन्तु इतने पर भी उसका साहस न

डिगा। दूसरे दिन प्रातःकाल एक मनुष्य उसे मिला जो उसका मार्गप्रदर्शक हो गया। थोड़ी दूर तक तो इस व्यक्ति ने यात्री को सकुशल पहुँचा दिया, पर जब रेगिस्तान निकट आया तब यह भी नौ दो ग्यारह हुआ। कठिनाई के समय में साथ देनेवाले इस संसार में बिरले ही मिलते हैं। अभी चीनी राज्य के पाँच और रक्षा-दुर्ग तय करने को बाकी थे। सामने विस्तृत रेगिस्तान फैला पड़ा था जिसमें सिवाय घोड़ों की टाप के चिह्न और मनुष्यों की खोपड़ियों के और कोई दूसरा मार्ग का चिह्न उपलब्ध न था। यात्री ने शाक्यमुनि का स्मरण करते हुए इस कठिन मार्ग पर पैर रक्खा।

यद्यपि वह मार्ग में कई बार इधर-उधर भटका, पर अन्त में किसी-न-किसी तरह पहले दुर्ग तक पहुँच गया। यहाँ पर रक्षकों के बाणों ने उसके जीवन और उसकी अभिलषित यात्रा का अन्त कर दिया होता, पर रक्षकों का नायक स्वयं एक धर्मिष्ठ बौद्ध था। उसने इस विलक्षण साहसी श्रामण को आगे बढ़ने की आज्ञा दी और आगे आनेवाले दूसरे दुर्गों के रक्षकों के नाम भी पत्र लिख दिए। तीन दुर्ग तो उसने किसी-न-किसी प्रकार पार किए। परन्तु उसने सुना कि अन्तिम दुर्ग के रक्षकों को किसी प्रकार अर्थ वा शिक्षा द्वारा राह पर लाना कठिन है। उनकी दृष्टि बचाने के लिए हुएन-संग को बड़ा लम्बा चक्कर काटना पड़ा। वह एक दूसरे ही रेगिस्तान से होकर चला। वहाँ जाकर वह अपना मार्ग भूल गया। गहरी विपत्ति का सामना हुआ। यहीं तक बस नहीं; वह पात्र जिसमें वह पीने के लिए जल भरे हुए था फट गया। यही निश्चय होने लगा कि इसी रेगिस्तान में जल के लिए तरस-तरसकर उसको प्राण देना होगा। अबकी बार उसके संकल्प की बड़ी ही तीव्र परीक्षा हुई। हुएन-संग ऐसे दृढ़चित्त मनुष्य का भी साहस थोड़ी देर के लिए छूट गया। निराश होकर वह पीछे की ओर लौटने लगा। थोड़ी ही दूर गया होगा कि वह सहसा रुक गया और अपने को इस प्रकार धिक्कारने लगा–"हाँ ! मैंने प्रतिज्ञा की थी कि जब तक भारतवर्ष न पहुँचूँगा, एक पैर पीछे न रक्खूँगा। तो फिर मैं यहाँ तक आया क्यों ? पश्चिम की ओर बढ़ते हुए मर जाना अच्छा है; पर पूर्व की ओर लौट जाना और जीवित रहना अच्छा नहीं।" धन्य है साहस ! धर्म्म की मर्यादा की रक्षा ऐसे ही लोगों के द्वारा हो सकती है।

चार दिन और चार रात वह रेगिस्तान के बीच बिना एक घूँट जल के सफर करता रहा। अपने धर्म्म के विनय-कांड के वाक्यों ही से वह अपने चित्त को ढाढ़स देता था। पर ऐसे धर्म्म के वाक्यों से कितनी शान्ति मिल सकती है जो यह सिखलाते हैं कि कोई ईश्वर नहीं, कोई सृष्टिकर्ता नहीं, कोई सृष्टि नहीं–है क्या ? केवल मन ! हमारा यात्री फिर आगे की ओर बढ़ा और अन्त में एक बड़ी झील के किनारे आ पहुँचा। इस समय वह तातारियों के देश में था। इन लोगों ने उसका बड़े आदर के साथ स्वागत किया। एक तातारी ख़ाँ, जो एक धर्मिष्ठ बौद्ध था, हमारे यात्री को अपने यहाँ ले गया और अपने देश के लोगों को उपदेश देने के निमित्त ठहरने के लिए आग्रह करने लगा। किन्तु किसी तरह यह दृढ़प्रतिज्ञ महानुभाव इस पर सहमत न हुआ। बिना शान्तिप्रदायिनी भारतवर्ष की पुण्य-भूमि तक पहुँचे उसको विश्राम कहाँ ? इस पर ख़ाँ ने उसको बलात्

रोक रखने का लक्षण प्रकट किया। ख़ाँ का यह भाव देखकर उस महात्मा ने कहा–"मैं जानता हूँ कि सम्राट अपने अतुल प्रताप के रहते भी मेरे मन और इच्छा पर प्रभुत्व नहीं रखते।" उसने भोजन इत्यादि सब छोड़ दिया। तीन दिन तक वह इस प्रकार पड़ा रहा; अन्त में ख़ाँ ने इसका परिणाम अच्छा न देखकर संन्यासी को उसकी इच्छानुसार कार्य्य करने की आज्ञा दी। हुएन-संग ने वचन दिया कि मैं भारतवर्ष से लौटते समय यहाँ तीन वर्ष तक रहूँगा और आपकी इच्छा पूर्ण करूँगा। एक महीने तक वह तातार देश में रहा। वहाँ का ख़ाँ और उसके दरबारी नित्य अपने पवित्र अतिथि का उपदेश सुनने को आते थे।

यहाँ से हमारा यात्री बहुत-से लोगों के साथ, और 24 राजाओं के नाम जिनके राज्य में से होकर उसको यात्रा करनी पड़ी थी, पत्र लेकर चला। मार्ग उसी स्थान से होकर गया था जिसे आजकल संगरी (Dsungary) कहते हैं; अर्थात् वह मसूर-दबगन, बेलूरटाग पर्वत, यक्सर्टज़ की घाटी, बलख़ और काबुलिस्तान होता हुआ चला। हम उन सब स्थानों का, जिनसे होकर वह गया, यहाँ विवरण नहीं दे सकते; यद्यपि उन स्थानों का और उनके निवासियों का, जो मार्ग में मिले, उसने बड़ा ही सुन्दर वर्णन किया है। मसूर-दबगन पहाड़ का वह इस तरह वर्णन करता है–

"पहाड़ों की चोटियाँ आकाश से बातें करती हैं। सृष्टि के आरम्भ से यहाँ पर हिम एकत्र हो रही है; और अब बर्फ़ की लम्बी-लम्बी चट्टानों के रूप में हो गई है, जो ग्रीष्म और वसन्त में भी नहीं पिघलती। कठोर और चमकीली बर्फ़ की चादरें, जहाँ तक देखिए, बिछी हुई दिखाई पड़ती हैं। यदि कोई उनकी ओर देखता है तो चमत्कार से आँखों में चकाचौंध होने लगती है। मार्ग के दोनों किनारों पर जमी हुई चोटियाँ आकाश में लटकती हैं; कोई-कोई तो इनमें से 100 फ़ीट ऊँची और 20 या 30 फ़ीट मोटी हैं। यात्री बिना कठिनाई के इन पर से चढ़कर नहीं पार कर सकता। इसके सिवा प्रचंड आँधी और बर्फ़ की बौछार यात्रियों पर आक्रमण करती हैं। दोहरे जूते और मोटे-मोटे पशमीनों से ढका रहने पर भी यात्री बिना काँपे नहीं रह सकता।"

ऐसे कठिन मार्ग से होकर हमारे यात्री को चलना पड़ा। सात दिन में उसने इस बर्फ़िस्तान को तय किया। इतने में इसके चौदह साथी छूट गए।

फ़र्गाना, समरकन्द, बोखारा और बलख़ आदि मध्य एशिया के प्रधान-प्रधान नगर उसके रास्ते में पड़े। हुएन-संग ने यहाँ के निवासियों की सभ्यता का बहुत कुछ पता दिया है। बौद्ध धर्म्म ही का प्रचार इन स्थानों में उस समय विशेष था। केवल कहीं-कहीं बैक्ट्रियन रीति के अनुसार अग्नि पूजा भी होती थी।

यह यात्री काबुल की राह से हिन्दुस्तान में आया था। जिन-जिन हिन्दू राज्यों में वह गया, वहाँ का हाल उसने बड़े विस्तार के साथ लिखा है। पहले उसे नगरहार का राज्य मिला। यह नगरहार जलालाबाद की निकटस्थ भूमि की राजधानी थी। बौद्ध धर्म्म के ही माननेवाले इस राज्य में अधिक बसते थे; किन्तु हिन्दू धर्म्म का भी प्रचार था।

नगरहार से चलकर फिर वह गान्धार देश में आया, जिसकी राजधानी पौ-लौ-च-पौ-लो, अर्थात् संस्कृत पुरुषपुर और आधुनिक पेशावर थी। यहाँ पहुँचने पर उसने एक विचित्र गुफ़ा का हाल सुना जहाँ पर भगवान बुद्धदेव ने एक राक्षस को मन्त्र दिया था। उस समय यह बात प्रसिद्ध थी कि मन्त्र देने के उपरान्त बुद्ध ने इस नए शिष्य के पास अपनी छाया छोड़ जाने का वचन दिया था जिसमें जब कभी उसका राक्षसी स्वभाव जागृत होवे तब अपने गुरु की छाया मूर्ति देखकर उसको अपने पूर्व संकल्पों का स्मरण हो आवे। यह वचन पूरा हुआ और बुद्ध की छाया का दर्शन इस गुफ़ा में होने लगा। तभी से यह गुफ़ा एक तीर्थस्थान हो गई और चारों ओर से लोग यहाँ आने लगे। हुएन-संग इस स्थान को देखने के लिए बहुत आकुल हुआ; पर उसने लोगों से सुना कि उस गुफ़ा का मार्ग बड़ा ही भयानक है; लुटेरों का वहाँ सदा भय रहता है। किसी-किसी ने यह भी कहा कि तीन वर्ष से जो यात्री उस गुफ़ा में गया वह फिर नहीं लौटा। इन सब बातों को सुनकर हमारे धर्म्मवीर यात्री ने ये भक्तिनिर्भर वाक्य कहे– ''लक्ष कल्प में भी भगवान बुद्ध की प्रत्यक्ष छाया का दर्शन पाना दुर्लभ है। मैं कैसे इतनी दूर आकर बिना उसकी पूजा किए हुए चला जाऊँ।'' उसने अपने साथियों को तो छोड़ दिया और मार्ग-प्रदर्शक की खोज में लगा। ढूँढ़ने-ढूँढ़ते उसको एक लड़का मिला जो उसे पास के एक खेत में ले गया। यह खेत एक मठ के निकट था। यहाँ पर उसे एक वृद्ध पंडा मिला जो गुफ़ा तक उसके साथ चलने के लिए तैयार हो गया। ये लोग थोड़ी ही दूर गए होंगे कि पाँच लुटेरों ने इन पर आक्रमण किया। संन्यासी ने अपना रंगीन वस्त्र दिखलाया।

एक लुटेरे ने पूछा–''स्वामी आप कहाँ जाते हैं ?''

हुएन-संग ने उत्तर दिया–''मैं बुद्धदेव की छाया की आराधना करने की कामना रखता हूँ।''

लुटेरे ने फिर कहा–''स्वामी ! क्या आपने नहीं सुना है कि यह रास्ता लुटेरों से भरा हुआ है ?''

हुएन-संग ने गम्भीरता से उत्तर दिया–''लुटेरे भी मनुष्य हैं। इस समय, जब मैं बुद्ध की छाया की पूजा के निमित्त जाता हूँ तब यदि मार्ग हिंसक जन्तुओं से भी पूर्ण हो तो भी मुझे निर्भय चला जाना चाहिए। निश्चय मुझको तुमसे न डरना चाहिए; क्योंकि तुम मनुष्य हो; तुम्हारे चित्त में कुछ भी तो दया होगी।''

लुटेरों की आँख इस बात से खुल गई और उन्होंने उसी दिन से सन्मार्ग पकड़ा।

इस घटना के उपरान्त हुएन-संग अपने पंडे के साथ आगे बढ़ा। वह दो ऊँची चट्टानों के बीच में से होकर वेग के साथ बहते हुए एक झरने के पास आया। यहीं पर एक ओर चट्टान में उसको एक द्वार दिखाई पड़ा जो तुरन्त खुल गया। इसके भीतर घोर अन्धकार था। पर हुएन-संग ने इसमें निर्भयतापूर्वक प्रवेश किया और वह पूर्व की ओर बढ़ा; फिर पचास कदम पीछे हटकर उसने अपनी आराधना आरम्भ की। उसने सौ दंड प्रणाम किए। परन्तु कुछ दिखाई न पड़ा। इस पर वह व्यतीत दुष्कर्मों के

कारण अपने को बहुत धिक्कारने और करुणा के साथ रोने लगा। बहुत प्रार्थना और विनय के उपरान्त उसको दीवार पर एक धुँधला प्रकाश दिखलाई पड़ा, जो थोड़ी ही देर के बाद फिर लोप हो गया। हर्ष और प्रेम से गद्‌गद होकर वह फिर प्रार्थना करने लगा। पुनः उसको प्रकाश की एक ज्योति दिखलाई पड़ी जो विद्युत की नाई प्रकट होकर फिर अन्तर्धान हो गई। श्रामण ने अबकी बार उत्साहित होकर प्रतिज्ञा की कि जब तक मैं भगवान बुद्ध की स्पष्ट छाया का दर्शन न पाऊँगा तब तक इस स्थान को कदापि परित्याग न करूँगा। दो सौ बार जप के समाप्त होते ही वह गुफा सहसा प्रकाश से जगमगा उठी और भगवान तथागत की एक स्वच्छ श्वेतवर्ण छाया दीवार पर इस तरह दिखाई पड़ी जैसे मेघों के यकायक हट जाने से प्रभाकर का दीप्तिमान मंडल निकल आता है। उसके मुख से एक अलौकिक तेज छिटक रहा था। हुएन-संग आश्चर्य्यचकित हो गया और स्तब्ध नेत्रों से उसी ओर देखने लगा। जब संन्यासी का ध्यान भंग हुआ तब उसने छः आदमियों को गुफा के भीतर बुलाया और अग्नि प्रज्वलित करके देने की आज्ञा दी। किन्तु अग्नि का प्रकाश होते ही जब वह छाया लोप लगी तब आग बुझा दी गई। पाँच आदमियों को तो बुद्ध की छाया का दर्शन हुआ, पर छठे को नहीं। वह वृद्ध मनुष्य जो हुएन-संग के साथ आया था, यह सब देखकर बोला, "स्वामी ! बिना धर्म्म और संकल्प की दृढ़ता के आपको यह लीला कदापि न दिखाई पड़ती।"

यह तो पेशावर की बात हुई। पौलुश नामक नगर के निकट हमारा यात्री एक ऊँचे पहाड़ पर गया। वहाँ एक नीले शिलाखंड में भीमा देवी (दुर्गा) की मूर्ति खुदी थी। दूर-दूर से लोग यहाँ दर्शन के लिए आते थे। पर्वत के नीचे एक महेश्वर का मन्दिर था। यहाँ से फिर वह सलातूर गया जो प्रसिद्ध वैयाकरण पाणिनि की जन्मभूमि थी।

नगरहार और गान्धार दोनों देश उस समय कपिश (हिन्दूकुश के पास) के राजा के अधीन थे।

इन स्थानों को देखता भालता, सिन्धु नदी को पार करता हुआ हमारा यात्री काश्मीर की ओर बढ़ा। वह लिखता है कि "मार्ग पथरीले और ढालुये हैं; पर्वत और घाटियाँ अँधेरी और सुनसान हैं। कभी हम लोगों को रस्सी और कभी लोहे की जंजीर पकड़कर दर्रों को पार करना पड़ता है।" काश्मीर राज्य के अन्तर्गत तक्षशिला नगर सिंहपुर में वह पहुँचा। सिंहपुर में उसे श्वेताम्बर और दिगम्बर जैन दिखाई पड़े। काश्मीर के सम्बन्ध में हमारा यात्री कनिष्क राजा का भी नाम लेता है जो 78 ई. में काश्मीर में राज्य करता था। जिस रास्ते हुएन-संग जाता, लोग उसकी ओर उँगली उठाते और कहते—"यह मनुष्य हमारे पूर्व नृपति (कनिष्क) के देश का निवासी है।" चीनी लोग इस देश में शफ़तालू और नाशपाती लाए थे। इससे उस समय लोग "शफ़तालू को चीनानि और नाशपाती को चीन-राजपुत्र कहते थे।"

काश्मीर से शतद्रु और शूरसेन (मथुरा) राज्य होता हुआ यह विदेशी थानेश्वर आया, जिसकी राजधानी कुरुक्षेत्र के निकट थी। इस भूमि के सम्बन्ध में वह महाभारत

की लड़ाई का जिक्र करता है और लिखता है, "यहाँ भयंकर संग्राम हुआ था; तब से आज तक यह मैदान योद्धाओं की हड्डियों से ढका पड़ा है।"

हरिद्वार में आकर हमारे यात्री ने गंगा का दर्शन किया। "भारतवर्ष के लोग इसे गंगाद्वार कहते हैं। यहाँ हजारों आदमी सदैव दूर-दूर से आकर स्नान करने के लिए एकत्रित रहते हैं," यह उसका कथन है।

ब्रह्मपुर (गढ़वाल और कुमाऊँ) होकर वह भारतवर्ष की विख्यात राजधानी कान्यकुब्ज में आया। यहाँ का राजा उस समय महाप्रतापी द्वितीय शिलादित्य था। यह वही शिलादित्य है जो रत्नावली का रचयिता हर्षवर्धन वा श्रीहर्ष के नाम से प्रसिद्ध है। उत्तरी भारतवर्ष के सब राजा इसके अधीन थे। इसकी प्रवृत्ति बौद्धधर्म्म की ओर थी। इसने पशुओं के वध का निषेध किया; जगह-जगह स्तूप बनवाए और औषधालय स्थापित किए। हर पाँचवें बरस बड़े समारोह के साथ वह एक उत्सव करता था, जिसमें देश-देश के राजा और देश-देश के विद्वान् और गुणी बुलाए जाते थे। जिन दिनों इस उत्सव की तैयारी हो रही थी हमारा यात्री उस समय कामरूप के ब्राह्मण राजा कुमार भास्कर वर्मा के साथ प्रसिद्ध विद्यापीठ नालन्दा में ठहरा था। शिलादित्य ने कुमार के पास यह आज्ञापत्र भेजा–"मैं चाहता हूँ कि आप तुरन्त उस विलक्षण श्रामण के साथ, जिसे आपने नालन्दा के मठ में टिकाया है, आइए।" आज्ञा पाते ही हुएन-संग शिलादित्य के यहाँ लाया गया। शिलादित्य ने यात्री से उसकी देश-सम्बन्धी बहुत-सी बातें पूछीं और उनका उत्तर पाकर वह बहुत प्रसन्न हुआ।

हुएन-संग भी इस बड़े उत्सव में सम्मिलित हुआ। इसमें बुद्धदेव की प्रतिमा को स्वयं शिलादित्य महाराज अपने कन्धे पर ले के निकले। 21 दिन तक ब्राह्मणों और श्रामणों को समानरूप से भोज दिया गया। बौद्धों और वैदिकों में मित्र भाव से शास्त्रार्थ हुआ। महाराज ने सोना, चाँदी, मोती आदि लुटाया। इस वर्णन से जाना जाता है कि 7वीं शताब्दी में हिन्दू और बौद्ध परस्पर प्रेमभाव से रहते थे। राजा दोनों धर्म्मों पर समान आदर की दृष्टि रखता था।

अयोध्या, हयमुख इत्यादि नगर होता हुआ हमारा यात्री प्रयाग पहुँचा। वहाँ उसे बौद्धमत का कुछ भी आदर न देख पड़ा। हुएन-संग उस अक्षयवट का उल्लेख करता है जिसका दर्शन आज भी लाखों यात्री प्रयाग में जाकर करते हैं। आगे चलकर वह लिखता है–"दोनों नदियों के संगम पर, नित्य, सैकड़ों लोग नहाते और प्राणत्याग करते हैं। इस देश के लोग समझते हैं कि जो स्वर्ग में जाना चाहे वह (यहाँ आकर) एक चावल खाकर व्रत करे और फिर अपने को जल में डुबो दे।" नदी के बीच में एक ऊँचा चबूतरा बना था, जिस पर खड़े होकर लोग डूबते सूर्य की ओर, जब तक वह अस्त न होता, ताकते थे।

कौशाम्बी, श्रावस्ती, कपिलवस्तु (बुद्ध का जन्मस्थान) और कुशीनगर (यहीं पर बुद्ध को निर्वाण हुआ था) होता हुआ वह पो-लो-ना-ई अर्थात् बनारस में आया। यहाँ के मृगाराम और स्तूपों का उसने बड़े विस्तार के साथ वर्णन किया है।

उत्तरी भारतवर्ष के प्रधान-प्रधान नगरों में घूमता-घामता वह बौद्धों के केन्द्रस्थान मगध देश में आ पहुँचा। यहाँ पर वह पाँच वर्ष रहा। यहीं पर उसको अपने अभिलषित कार्य्य को पूरा करने का समय मिला; यहीं पर आकर उसको परोपकार साधन का मार्ग सुलभ हुआ। नालन्दा के मठ में रहकर उसने उस समय के विख्यात आचार्यों से संस्कृत के मूल ग्रन्थों को पढ़ा। बहुत-से संस्कृत ग्रन्थों का, जिनका नाम तक उसके देशवासियों ने नहीं सुना था, उसने संग्रह किया। यहाँ उसकी सब शंकाएँ दूर हुईं; उसके चित्त को शान्ति मिली।

यहाँ से चलकर वह हिरण्य-पर्वत (मुगेर), चम्पा (अंग की प्राचीन राजधानी), पुंड्र, समतत, ताम्रलिप्ति, कर्ण-सुवर्ण और उड्र (उड़ीसा) होता हुआ दक्षिण की ओर बढ़ा। कान्योध, कलिंग, धनकटक, चोल, द्राविड़ (कांचिपुर) आदि दक्षिण के राज्यों से होकर वह मालावार के किनारे पहुँचा। वहाँ से भारतवर्ष की पूरी परिक्रमा करते हुए वह फिर उत्तर की ओर चला। मार्ग में उसने कोंकण और महाराष्ट्र देश को देखा। महाराष्ट्र देश के निवासियों के विषय में वह लिखता है–"अपने उपकारी के वे कृतज्ञ हैं, पर अपने शत्रु के लिए दुर्दमनीय। यदि वे तिरस्कृत किए जाते हैं तो बदला लेने के लिए अपने प्राण तक को कुछ नहीं समझते। उनका राजा जाति का क्षत्रिय है, उसका नाम पुलकेशी है। इस समय शिलादित्य ने पूर्व से पश्चिम तक की सब जातियों को विजय किया है; पर केवल इस देश के लोगों ही ने उसकी अधीनता नहीं स्वीकार की है।" इसी पुलकेशी के वंशधर ने हजार वर्ष बाद भी दिल्लीपति औरंगजेब के नाकोंदम कर डाला।

मालवा, गुजरात, सिन्ध आदि देशों में घूमधामकर हमारा यात्री फिर उत्तरी हिन्दुस्तान में आया, और मगध देश को लौटकर अपने पुराने मित्रों के साथ कुछ दिन तक रहा।

इस देश की सातवीं शताब्दी के रीति-रिवाज के विषय में भी इस यात्री ने बहुत कुछ लिखा है। जन-साधारण के पहिरावे के विषय में उसने लिखा है कि बने और सिले हुए वस्त्रों का यहाँ व्यवहार नहीं था,[1] "स्त्रियों का पहिरावा ज़मीन तक लटकता है। वे अपने कन्धों को भली-भाँति आवृत रखती हैं। वे सिर पर एक छोटा-सा केश-गुच्छ रखती हैं और बाकी बाल बिखराए रहती हैं। पुरुष अपने सिर पर फूलों की माला और रत्नों से गुथी हुई टोपियाँ पहनते हैं।"

ब्राह्मण और क्षत्रिय अपना वस्त्र बहुत स्वच्छ रखते थे। भोजन के पहले सब लोग स्नान वा पद प्रक्षालन करते थे। काठ वा पत्थर के बर्तन व्यवहार के उपरान्त फेंक दिए जाते थे। भोजनोपरान्त लोग खरिका करते, और हाथ-मुँह धोते थे।

बहुत बरसों के उपरान्त इस यात्री ने अपनी जन्मभूमि की सुध ली। वह फिर पंजाब, काबुलिस्तान और बलख होता हुआ आक्सस नदी के किनारे पहुँचा। काशगर, यारकन्द और खुतन आदि मध्य एशिया के मुख्य-मुख्य नगरों में कुछ काल रहकर अन्त में सोलह वर्ष की लम्बी यात्रा के उपरान्त, संस्कृत ग्रन्थों के बोझ से लदा हुआ, वह फिर अपनी प्यारी चीन की भूमि में जा पहुँचा। मनुष्य के लिए, यदि वह परिश्रम का सहारा ले, तो कोई काम कठिन नहीं है।

उसकी ख्याति दूर-दूर तक फैल गई। चीन-नरेश ने उसका स्वागत बड़े उत्साह के साथ किया। उसका राजधानी में प्रवेश बड़ी धूमधाम और तैयारी से हुआ। सड़कों पर दरियाँ बिछ गईं; फूलों की वर्षा होने लगी; पताका फहराने लगी। मार्ग के दोनों ओर सैनिक और कार्याधिकारी लोग स्वागत के लिए पंक्तिबद्ध खड़े किए गए। बौद्ध संन्यासियों का एक दल धीरे-धीरे अगवानी के लिए आगे बढ़ा। विमान जो इस धार्मिक विजय के उपलक्ष्य में निकाले गए वे निराले ही ढंग के थे। सबसे आगे वाले पर तो बुद्ध के शरीर की थोड़ी-सी राख थी; उसके पीछे गौतम बुद्ध की एक स्वर्णप्रतिमा; उसके पीछे एक वैसी ही चन्दन की प्रतिमा; फिर महात्मा तथागत की एक अन्य मूर्ति; तदुपरान्त एक चाँदी की प्रतिमा; फिर एक स्वर्णमूर्ति; तत्पश्चात् शाक्य मुनि की उपदेश देते समय की मूर्ति; और इन सबके अन्त में 520 जिल्दों में 657 धर्म्मग्रन्थ थे। निस्सन्देह यह महानुभाव ऐसे ही सम्मान के योग्य था। ऐसे धर्म्मवीर साहसी पुरुष का यदि उचित रीति से आदर न किया जाता तो घोर पाप होता।

चीन सम्राट ने इस यात्री का फ़ीनिक्स नामक राजमन्दिर में स्वागत किया, और उसकी बुद्धि, धर्म्मशीलता और उसके परिश्रम से प्रसन्न होकर उसे अपने राज्य में एक ऊँचा पद देने की अभिलाषा प्रकट की। पर हुएन-संग ने इसे अस्वीकार किया और कहा--"राज्य-शासन का मूल-मन्त्र कनफ्यूशियस की शिक्षा है।" उसने अपने जीवन का शेष भाग भगवान बुद्ध ही की आज्ञा-पालन में बिताना उचित समझा। इस पर चीन नरेश ने उससे अपना भ्रमण वृत्तान्त लिखने का अनुरोध किया, और एक सुन्दर मठ प्रदान किया, जहाँ एकान्त में अपने अवकाश का समय उसने उन ग्रन्थों के अनुवाद में लगाया जिन्हें वह भारतवर्ष से अपने साथ लाया था। कहते हैं कि उसका भ्रमण-वृत्तान्त[2] सि-यू-को-तो बहुत शीघ्र प्रकाशित हो गया, पर संस्कृत ग्रन्थों के अनुवाद में उसके जीवन का समस्त शेष भाग लग गया। बौद्ध संन्यासियों की सहायता से उसने 740 ग्रन्थों का 1350 जिल्दों में अनुवाद किया।

इसका स्वभाव बड़ा ही सरल था। इसे अपने ज्ञान का कुछ भी अभिमान न था; यह सदैव यही कहा करता कि मेरा सब ज्ञान बुद्ध और बोधिसत्वों ही का प्रसाद है।

जब उसने अपना मृत्युकाल निकट जाना तब उसने अपनी सारी सम्पत्ति दरिद्रों में बाँट दी और अपने मित्रों को बुला भेजा जिसमें वे आकर उसके अपवित्र शरीर से विदा लें। उसने उनकी ओर देखकर क्षीण स्वर से कहा, "मेरी इच्छा है कि जो कुछ फल मेरे अच्छे कर्मों का हो वह दूसरे लोगों को मिले। मैं फिर उनके साथ भाग्यवानों के लोक में जन्म पाऊँ; आगामी बुद्ध की सेवा करूँ जो दया और प्रेम से पूर्ण है। जब-जब मेरा पुनर्जन्म हो मैं बुद्ध का आज्ञानुवर्ती होऊँ और अन्त में सबसे उच्च और पूर्ण ज्ञान तक पहुँचूँ।"

हुएन-संग ने इस अपवित्र शरीर को 664 ई. में छोड़ा—ठीक उसी समय जब इस्लाम की रुधिराप्लावित विजय-पताका पूर्व की ओर बढ़ रही थी और क्रिश्चियन

धर्म्म का संचार योरप में हो रहा था। भारतवर्ष के इतिहास के जाननेवाले जब तक इस पृथ्वी पर विद्यमान रहेंगे तब तक इस धर्म्मपरायण चीनी यात्री का नाम आदर के साथ लिया जायगा।

सरस्वती, जुलाई, 1904

सन्दर्भ

1. इस विषय में मेरा 'प्राचीन भारतवासियों का पहिरावा' लेख देखिए—सरस्वती भाग-3, संख्या 12
2. इसमें उसने अपनी यात्रा का सब हाल लिखा है। इनका अनुवाद योरपीय भाषाओं में हो गया है। भारतवर्ष के इतिहास का बहुत कुछ पता इस पुस्तक से लगता है। यदि इसका अनुवाद हिन्दी में न हुआ तो यह हमारे लिए बड़ी लज्जा की बात होगी।

प्राचीन पारस का संक्षिप्त इतिहास

अत्यन्त प्राचीन काल में पारस देश आर्यों की एक शाखा का एक वासस्थान था, जिसका भारतीय आर्यों से घनिष्ठ सम्बन्ध था। अत्यन्त प्राचीन वैदिक युग में तो पारस से लेकर गंगा सरयू के किनारे तक की सारी भूमि आर्य्य भूमि थी जो अनेक प्रदेशों में विभक्त थी। इन प्रदेशों में भी कुछ के साथ आर्य्य शब्द लगा था। जिस प्रकार यहाँ आर्यावर्त एक प्रदेश था उसी प्रकार प्राचीन पारस में भी आधुनिक अफ़ग़ानिस्तान से लगा हुआ पूर्वी प्रदेश 'अरियान' वा 'एर्यान' (यूनानी एरियाना) कहलाता था जिससे ईरान शब्द बना। ईरान शब्द आर्यावास के अर्थ में सारे देश के लिए प्रयुक्त होता था। ससानवंशी सम्राटों ने भी अपने को ईरान के शाहंशाह कहा है। पदाधिकारियों के नामों के साथ भी 'ईरान' शब्द मिलता है। जैसे 'ईरान स्पाहपत' (ईरान के सिपाही या सेनापति), 'ईरान अम्बारकपत' (ईरान के भंडारी) इत्यादि। प्राचीन पारसी अपने नामों के साथ 'आर्य्य' शब्द बड़े गौरव के साथ लगाते थे। प्राचीन सम्राट दारयवहु (दारा) ने अपने को अरियपुत्र लिखा है। सरदारों के नामों में आर्य्य शब्द मिलता है, जैसे–अरियराम्र, अरियोवर्जनिस इत्यादि।

प्राचीन पारस जिन कई प्रदेशों में बँटा था, उसमें पारस की खाड़ी के पूर्वी तट पर पड़ने वाला पार्स या पारस्य प्रदेश भी था जिसके नाम पर आगे चलकर सारे देश का नाम पड़ा। इसकी प्राचीन राजधानी पारस्यपुर (यूनानी पर्सिपोलिस) थी जहाँ पर आगे चलकर 'इस्तख्र' बसाया गया। वैदिक काल में 'पारस' नाम प्रसिद्ध नहीं हुआ था। यह नाम तखामनीय वंश के सम्राटों के समय से, जो पारस्य प्रदेश के थे–सारे देश के लिए व्यवहृत होने लगा। यही कारण है जिससे वेद और रामायण में इस शब्द का पता नहीं लगता। पर महाभारत, रघुवंश, कथासरित्सागर आदि में पारस्य और पारसीकों का उल्लेख बराबर मिलता है।

अत्यन्त प्राचीन युग के पारसियों और वैदिक आर्यों में उपासना, कर्मकांड में कोई भेद नहीं था। वे अग्नि, सूर्य, वायु आदि की उपासना और अग्निहोत्र करते थे। मिथ्र (मित्र = सूर्य), वयु (वायु), होम (सोम), अरमइति (अमति), अह्रमन् (अर्यमन), नइर्य-संह (नराशंस) आदि उनके भी देवता थे। वे भी बड़े-बड़े यश्न (यज्ञ) करते, सोम पान करते और अथ्रवन् (अथर्वन्) नामक याजक काठ से काठ रगड़कर अग्नि उत्पन्न करते थे। उनकी भाषा भी उसी एक मूल आर्य्यभाषा से उत्पन्न थी, जिससे वैदिक और लौकिक संस्कृत निकली हैं। प्राचीन पारसी और संस्कृत में कोई विशेष भेद नहीं जान पड़ता।

अवेस्ता में भारतीय प्रदेशों और नदियों के नाम भी हैं। जैसे हफ्तहिन्दू (सप्तसिन्धु), हरव्वेती (सरस्वती), हरयू (सरयू), पंजाब इत्यादि।

वेदों से पता चलता है कि कुछ देवताओं को असुरों की संज्ञा भी दी जाती थी। वरुण के लिए इस संज्ञा का प्रयोग कई बार हुआ है। सायणाचार्य ने भाष्य में 'असुर' शब्द का अर्थ किया है 'असुरः सर्वेषां प्राणदः'[1] इन्द्र के लिए भी इस संज्ञा का प्रयोग दो-एक जगह मिलता है। पर यह भी लिखा है कि यह पद प्रदान किया हुआ है। इससे जान पड़ता है कि यह एक विशिष्ट संज्ञा हो गई थी। वेदों को देखने में उसमें क्रमशः वरुण पीछे पड़ते गए हैं और इन्द्र को प्रधानता प्राप्त होती गई है। साथ ही साथ असुर शब्द भी कम होता गया है। पीछे तो असुर शब्द राक्षस, दैत्य के अर्थ में ही मिलता है। इससे जान पड़ता है कि देवोपासक और असुरोपासक ये दो पक्ष आर्यों के बीच हो गए थे।

पारस की ओर जरथुस्त्र (आधु. फा. जरतुश्त) नामक एक ऋषि या ऋत्विक (ज़ोता, सं. होता) हुए जो असुरोपासक के पक्ष में थे। इन्होंने अपनी शाखा ही अलग कर ली और 'ज़िन्दअवेस्ता' के नाम से उसे चलाया, यही ज़िन्दअवेस्ता पारसियों का धर्म्म ग्रन्थ हुआ। इसमें 'देव' शब्द दैत्य के अर्थ में आया है। इन्द्र या वृत्रहन (ज़िन्द वरेथध्र) दैत्यों का राजा कहा गया है। शओर्व (शर्व) नाहंइत्य (नासत्य) भी दैत्य कहे गए हैं। अन्ध्र (अंगिरस) नामक अग्नियाजकों की प्रशंसा की गई है और सोमपान की निन्दा। उपास्य अहुरमज़्द (सर्वज्ञ असुर) है जो धर्म्म और सत्य स्वरूप है। अह्रमन (अर्यमन) अधर्म्म और पाप का अधिष्ठाता है। इस प्रकार जरथुस्त्र ने धर्म्म और अधर्म्म दो द्वन्द्व शक्तियों की सूक्ष्म कल्पना की और शुद्धाचार का उपदेश दिया। जरथुस्त्र के प्रभाव से पारस में कुछ काल तक के लिए एक अहुर्मज़्द की उपासना स्थापित हुई और बहुत-से देवताओं की उपासना और कर्मकांड कम हुआ। पर जनता का सन्तोष इस सूक्ष्म विचारवाले धर्म्म से पूरा-पूरा नहीं हुआ। ससानों के समय में जब मगयाजकों और पुरोहितों का प्रभाव बढ़ा तब बहुत-से स्थूल देवताओं की उपासना ज्यों-की-त्यों जारी हो गई और कर्मकांड की जटिलता फिर वही हो गई। ये पिछली पद्धतियाँ भी 'ज़िन्दअवेस्ता' में ही मिल गईं।

ज़िन्दअवेस्ता में भी वेद के समान गाथा (गाथ) और मन्त्र (मन्थ्र) हैं। इसके कई विभाग हैं जिसमें गाथ सबसे प्राचीन और जरथुस्त्र के मुँह से निकला हुआ माना जाता है। एक भाग का नाम 'यश्न' है जो वैदिक 'यज्ञ' शब्द का रूपान्तर मात्र है। विस्पर्द, यस्त (वैदिक-इष्टि) वंदिदाद् आदि इसके और विभाग हैं। वंदिदाद् में जरथुस्त्र और अहुरमज़्द का धर्म्म सम्बन्ध में संवाद है। 'अवेस्ता' की भाषा, विशेषतः गाथा की, पढ़ने में एक प्रकार की अपभ्रंश वैदिक संस्कृत-सी ही प्रतीत होती है। कुछ मन्त्र तो वेद मन्त्रों से बिलकुल मिलते-जुलते हैं। डॉक्टर हॉग ने यह समानता उदाहरणों से बताई है और डॉक्टर मिल्स ने कई गाथाओं का वैदिक संस्कृत में ज्यों-का-त्यों रूपान्तर किया है। जरथुस्त्र ऋषि कब हुए थे इसका निश्चय नहीं हो सका है। पर इसमें सन्देह नहीं कि वे अत्यन्त प्राचीन काल में हुए थे। ससानों के समय में पहलवी भाषा में जो 'अवेस्ता' पर

भाष्य स्वरूप अनेक ग्रन्थ बने उनमें से एक में व्यास हिन्दी का पारस में जाना लिखा है। सम्भव है वेदव्यास और जरथुस्त्र समकालीन हों।

इतिहास

अरबों (मुसलमानों) के हाथ में ईरान का राज्य आने के पहले पारसियों के इतिहास के अनुसार इतने राजवंशों ने क्रम से ईरान पर राज्य किया–1. महाबद वंश, 2. पेशदादी वंश, 3. कवयानी वंश, 4. प्रथम मोदी वंश, 5. असुर (असीरियन) वंश, 6. द्वितीय मोदी वंश, 7. हख़ामनि वंश, 8. पार्थियन या अस्कानी वंश और 9. ससान वंश। महाबद और गोओर्मद के वंश का वर्णन पौराणिक है। वे देवों से लड़ा करते थे। गोओर्मद के पौत्र हुसंग ने खेती, सिंचाई शस्त्ररचना आदि चलाई और पेशदाद (नियामक) की उपाधि पाई। इसी से वंश का नाम पड़ा। इसके पुत्र तेहेमुर ने कई नगर बसाए। सभ्यता फैलाई और देवबन्द (देवघ्न) की उपाधि पाई। इसी वंश में जमशेद हुआ जिसके सुराज और न्याय की बहुत प्रसिद्धि है। संवत्सर को इसने ठीक किया और वसन्त विषुवत पर नववर्ष का उत्सव चलाया जो जमशेदी नौरोज़ के नाम से पारसियों में प्रचलित है। पर्सेपोलिस विस्तास्प के पुत्र दारा प्रथम ने बसाया, किन्तु पहले उसे जमशेद का बसाया मानते थे। इसका पुत्र फरेंदू बड़ा वीर था जिसने कावः नामी योद्धा की सहायता से राज्यापहारी ज़ोहक को भगाया। कवयानी वंश में जाल, रुस्तम आदि वीर हुए जो तुरानियों से लड़कर फिरदौसी के शाहनामे में अपना यश अमर कर गए हैं। इसी वंश में 1300 ई. पू. के लगभग गुश्तास्प हुआ जिसके समय में जरथुस्त्र का उदय हुआ।

पहले कहा जा चुका है कि प्राचीन पारस कई प्रदेशों में विभक्त था। कास्पियन समुद्र के दक्षिण पश्चिम का प्रदेश मिडिया कहलाता था जो एतरेय ब्राह्मण आदि प्राचीन ग्रन्थ का उत्तर मद्र हो सकता है। जरथुस्त्र ने यहाँ अपनी शाखा का उपदेश किया। पारस के सबसे प्राचीन राज्य की स्थापना का पता इसी प्रदेश से चलता है। पहले यह प्रदेश अनार्य असुर जाति के अधिकार में था जिनका देश (वर्तमान असीरिया) यहाँ से पश्चिम में था। यह जाति आर्यों से सर्वथा भिन्न सेम की सन्तान (Semetic सेमेटिक) थी जिसके अन्तर्गत यहूदी और अरब वाले हैं। यूनानी इतिहासकारों के अनुसार मिडिया के आर्यों ने ईसा से हजार वर्ष पहले अपने देश से असुरों को निकाल दिया और बहुत दिनों तक बिना राजा के रहे। अन्त में देवक ने बाबुल, जो असुर देश के दक्षिण पड़ता था को जीतकर एक नया राज्य स्थापित किया। पहला राजा यही देवक (यूनानी Deiokes देइओकेस) हुआ। राजधानी थी हगमतान (यूनानी Ecbatana एकबटना आधुनिक हमदान) आजकल के इराक और खुर्दिस्तान तक बहुत दिनों तक उनके राज्य का विस्तार रहा और असुरों के आक्रमण बराबर होते रहे। दूसरे बादशाह फ्रावर्तिश (यूनानी Phraortes फ्रेओर्टिस) ने पारस्य प्रदेश को भी राज्य में मिलाया। वह असुरों की राजधानी निनवह की चढ़ाई में मारा गया। उसके उत्तराधिकारी उवक्षत्र (यूनानी Cyaxares सियगज़रिस) ने बहुत कुछ राज्य बढ़ाया। ईसा से 607 वर्ष पहले उसने

असुर राजधानी निनवह का विध्वंस किया। इस चढ़ाई में बाबुल वालों ने मद्रों का साथ दिया। बाबुल के खाल्दीय (चैल्डियन) बादशाह ने अपने पुत्र नबुकदनज़र (Nebuchadnezzar) का विवाह माद के बादशाह की लड़की अमिति (यूनानी Amyite) से किया। उवक्षत्र ने यूनानी लिडिया राज्य पर चढ़ाई की जो एशिया कोचक में भूमध्य सागर के तट पर पड़ता था। उसी समय एक भारी ग्रहण लगा जिससे राज्य का अशुभ समझ लिडिया वालों ने चटपट सन्धि कर ली। गणना के अनुसार यह ग्रहण 28 मई, 585 ईस्वी पूर्व में पड़ा था। उवक्षत्र के उपरान्त उसका पुत्र इष्टुवेगु (यूनानी Astyages आस्टियाजिस) राजा हुआ जिसके हाथ से राज्य हख़ामनि (यूनानी Achamene अकामेनि) वंश में गया।

हखामनि वंश

यह वंश पारस्य प्रदेश का था। इसका मूल पुरुष हखामनि कहा जाता है। हखामनि का पुत्र चयस्पि (यूनानी Teispes ट्रियस्पिस ईसा से 730 वर्ष पहले), चयस्पि का पुत्र कम्बुजिय (यूनानी Cambyses) उसके वंश में कम्बुजिय का पुत्र महाप्रतापी कुरु (या कुरु; कर्तृकारक रूप 'कुरूश' यूनानी Cyrus साइरस) हुआ जिसने ईसा से 550 वर्ष पहले मद्रराज इष्टुवेगु से साम्राज्य लिया। हखामनि वंशवाले पहले पारस्य प्रदेश के अन्तर्गत अंशन नामक स्थान के राजा थे। बाबुल के खंडहरों में जो कुरु का लेख मिला है उसमें उसने अपने को 'अंशन का राजा' कहा है, समग्र पारस देश का नहीं। इष्टुवेगु को जीतने के उपरान्त वह बड़े राज्य का अधिकारी हुआ इसका समर्थन एक और प्राचीन लेख से इस प्रकार होता है–''अंशन के राजा कुरु के विरुद्ध गया...इष्टुवेगु...उसकी फौज बागी हुई उन्होंने उसका हाथ पकड़ा और कुरु को दे दिया।'' 550 ई. पू. कुरु ने हगमतान नगर पर अधिकार किया और यों वह एक विशाल राज्य का अधिकारी हुआ। यह बड़ा प्रतापी राजा हुआ। लिडिया पर अधिकार करके यहाँ उसने यूनानी राजा क्रीसस को जीता। जलाने चला था पर कुछ सोचकर रुक गया। इसके सेनापति हरपगस (यूनानी हरपेगस) ने कई यूनानी नगरों को लिया। बाबुल पर चढ़ाई करते ही उसके बादशाह नवोनिद ने अधीनता स्वीकार की। दारयवहु प्रथम (दारा) के शिलालेख से पता चलता है कि कुरु का साम्राज्य ख़ारजम (ख़ीवा), सगदान (समरकन्द, बुखारा), बाह्लीक (पुरा. फा. वक्तर) तथा आजकल के अफ़ग़ानिस्तान के एक बड़े भाग तक था। हिन्दुस्तान के गान्धार प्रदेश तक भी उसका अधिकार पहुँचा था जैसा कि सिकन्दर के कुछ यूनानी साथियों ने लिखा है। यह सन्दिग्ध है। वंक्षुनद (ऑक्सस) के किनारे बर्बर जातियों के हाथ से ईसा से 529 वर्ष पूर्व कुरु मारा गया और इसकी हड्डियाँ वसर्गद नगर में बड़ी धूम के साथ गाड़ी गईं। अब तक मुर्गाब के मैदान में उसके विशाल समाधिस्थल का खंडहर पड़ा है जिसके किसी खम्भे पर 'अहम कुरु हख़ामनि' (मैं कुरु हख़ामनि हूँ) अब तक खुदा दिखाई देता है।

कुरु के दो पुत्र थे बरदिय (यूनानी Smirdis स्मर्डिस) और कम्बुजिय। बरदिय मारा गया, कम्बुजिय सिंहासन पर बैठा। इसने मिस्र देश को जीता और मन्दिरों में जाकर वहाँ

के देवताओं का अपमान किया। यह क्रूर और अन्यायी था। गोमात नामक एक मग याजक (ब्राह्मण) ने अपने को बरदिय प्रसिद्ध कर सिंहासन लेना चाहा। कम्बुजिय उसके पीछे शाम देश पर चढ़ गया पर मार्ग में उसने आत्मघात कर लिया। गोमात कुछ दिनों तक राज्य भोगता रहा पर पीछे सात सरदारों ने, जिनमें राजवंशीय भी थे, उसे उतारकर राजवंश की दूसरी शाखा से विस्तास्प के पुत्र दाययवहु (कर्तृकारक का रूप-दारयवहु, दारा प्रथम) को लेकर ईसा से 521 वर्ष पहले पारस के सिंहासन पर बैठाया। यह दारयवहु (प्रथम) भी बड़ा प्रतापी हुआ। इसके कई शिलालेख कई स्थानों में मिले हैं जिनसे इसके शासन काल का बहुत कुछ वृत्तान्त मालूम होता है। उस समय प्रदेश के शासक 'चत्रपावन' कहलाते थे। दारयवहु का विहिस्तून (वैसितून) का शिलालेख सबसे प्रसिद्ध है जिसकी कुछ पंक्तियाँ उस समय की पारसी भाषा का नमूना दिखाने के लिए नीचे दी जाती हैं–

अहम दारयवहु क्षायथिक वज़र्क क्षायथिक क्षायथियानाम् क्षयथिय दूहयोनाम् विस्पणनानाम् क्षायथिय अहूयाया वज़र्काया पुरिआपिय विस्तास्पह्या पुत्र हखामनिशिय पार्स पार्सव्या पुत्र अरिय अरिय पुत्र...॥

अर्थात् मैं दारयवहु राजा, बड़ा राजा, राजाओं का राजा, सारे आबाद देशों का राजा, इस बड़ी पृथ्वी का रक्षक, विस्तास्प हखामनि का पुत्र पारसी, पारसी का पुत्र, आर्य्य, आर्य्य का पुत्र...॥

इस विहिस्तून वाले शिलालेख में हिन्दुस्तान का नाम नहीं आया है। पर पर्सपोलिस के लेख में है। उससे जान पड़ता कि थोड़ा-सा सिन्धु के आसपास का प्रदेश ही उसके हाथों में आया था। इस बात का समर्थन इतिहास के आदि यूनानी आचार्य हेरोडोटस के इस लेख में भी होता है कि उसने सिन्धु नदी की छानबीन के लिए अपने नौबलाधिकृत को पक्त (पख्तु पठान) लोगों के प्रदेश से होकर भेजा था। दारयवहु ने यूनान (ग्रीस) पर चढ़ाई की थी और वह आजकल के रूस से होता हुआ बहुत दूर निकल गया था। मराथन की लड़ाई में एथेंस (यूनान का नगर) वालों ने मर्होनिम नामक सेनापति के अधीन पारसी सेना को हराया था। ईसा से 485 वर्ष पूर्व दारयवहु (प्रथम) की मृत्यु हुई।

दारयवहु का पुत्र क्षयर्श (यूना. जरिक्सस) सिंहासन पर बैठा। वह बड़ा शक्तिशाली हुआ। इसने मिस्र देश को सर्वतोभाव से अधीन किया और बड़ी भारी सेना लेकर ईसा से 480 वर्ष पहले यूनान पर चढ़ाई की। इस चढ़ाई से यूनानियों ने अपनी रक्षा की, इसका उन्हें बहुत गर्व था और इसके सम्बन्ध में देशभक्ति और वीरता की कथाएँ उनके यहाँ प्रसिद्ध हुईं। क्षयर्श को लौटना पड़ा। तूरान की ओर भी उसने समरकन्द, बुखारा आदि प्रदेश जीते। वहाँ किसी तुरुष्क बर्बर जाति के हाथ से उसकी मृत्यु हुई और उसका पुत्र अर्तक्षत्रश (यूनानी अर्तजरक्सिस) 464 ई. पू. में बादशाह हुआ। वह 'आजानुवाहु' कहलाता था। ईसा से 424 वर्ष पहले उसका परलोकवास हुआ और उसके स्थान पर दारयवहु द्वितीय गद्दी पर बैठा। स्पार्टावालों (यूनानियों) के साथ उसका मित्रभाव रहा। उसका उत्तराधिकारी हुआ अर्तज़रिक्सस द्वितीय, जिसने अपनी कन्या से विवाह किया।

प्राचीन पारसीकों में कन्या और बहिन से विवाह करने की प्रथा थी। उससे स्पार्टावालों से युद्ध हुआ। द्वितीय अर्तज़रिक्सस की मृत्यु ईसा से 358 वर्ष पूर्व हुई। अर्तज़रिक्सस द्वितीय जो उसका उत्तराधिकारी हुआ, बहुत योग्य और शक्तिवान था।

उसके उपरान्त तृतीय दारयवहु (दारा) पारस के साम्राज्य का अधीश्वर हुआ। इसी के समय में यूनान के प्रसिद्ध दिग्विजयी सिकन्दर की चढ़ाई हुई। 1 अक्टूबर, 331 ई. पू. गौगभूला (अर्बेला) में दारयवहु की हार हुई और विशाल पारस्य साम्राज्य सिकन्दर के हाथ में आया। दारयवहु (दारा) माद (उत्तरमद्र) देश की ओर भागा। पारस देश में वक्तर (बैक्ट्रिया, वाह्लीक, आधुनिक बलख) के सामन्त विशस् ने उसका वध किया। यूनानियों ने पारस्यपुर आदि नगरों को लूटा और राज्य प्रासाद भस्म कर दिए।

यवन (यूनानी) साम्राज्य

सिल्यूकस वंश

सिकन्दर ने बाबुल को अपनी राजधानी बनाया और वह पंजाब से लौटने पर वहीं जाकर ईसा 326 वर्ष पहले परलोक सिधारा। सिकन्दर की अकाल मृत्यु से उसका अधिकृत साम्राज्य छिन्न-भिन्न हो गया। प्रदेशों के शासक अलग-अलग मालिक बन बैठे। एक ओर सिकन्दर के पिता फिलिप का एक जारज पुत्र फिलिप के नाम से 5 या 6 वर्ष तक बादशाह बना रहा। दूसरी ओर सिकन्दर का एक पुत्र (जो वक्तर की राजकुमारी रुकसाना से उत्पन्न था) बादशाह कहलाता रहा। पर ये केवल नाम के बादशाह थे। भिन्न-भिन्न प्रदेशों के शासक इन यूनानी सरदारों में अधिकार के लिए 42 वर्ष तक मार-काट होती रही। अन्त में बाबुल के क्षत्रप (पारस साम्राज्य के प्रदेश शासक प्राचीन काल से क्षत्रप ही कहलाते आते थे) सिल्यूकस की विजय हुई और उसकी अधीनता शेष प्रदेशों ने स्वीकार की। अपने प्रतिद्वन्द्वियों से छुट्टी पाकर सिल्यूकस ने वक्तर (वाह्लीक) को अधीन किया और पंजाब को लेने का भी हौसला किया जिसे चन्द्रगुप्त मौर्य ने यवनों (यूनानियों) से छीन लिया था। पर चन्द्रगुप्त के हाथ से उसने गहरी हार खाई और उसे वाह्लीक, कांबोज, शकस्थान (सीस्तान) आदि देश अर्थात् आजकल का सारा अफ़ग़ानिस्तान और बलूचिस्तान चन्द्रगुप्त के हवाले करना पड़ा। चन्द्रगुप्त को उसने अपनी कन्या भी ब्याह दी। इस प्रकार मौर्यवंश और सिल्यूकसवंश में मैत्री स्थापित हुई जो पीढ़ियों तक रही। 312 ई. पू. से लेकर 280 ई. पू. तक सिल्यूकस ने राज्य किया। सिल्यूकस ने दजला (हाईग्रीस) नदी के किनारे सिलूसिया नामक नगर बसाया और पहले उसी को अपनी राजधानी बनाया पर पीछे राज्य के पश्चिम भाग पर अंकुश रखने के विचार से उसने शाम देश के अंटिओक नगर में अपनी स्थिति जमाई और पारस आदि पूर्वी प्रदेशों को अपने बेटे अंटिओकस के सुपुर्द किया। अंटिओकस ने पारस में यूनानी सभ्यता और संस्कार फैलाने में बड़ा यत्न किया। राजकाज से सम्बन्ध रखनेवाले यूनानी भाषा पढ़ते थे। सिक्कों आदि पर बहुत दिनों तक यूनानी अक्षरों का ही व्यवहार रहा। अंटिओकस की राजधानी सिलूसिया रही और उसने ई. पू. 280 से लेकर ई. पू. 261 तक राज्य किया।

इसके उपरान्त अंटिओकस द्वितीय ने ई. पू. 261 से लेकर 246 ई. पू. तक राज्य किया। यह विषयी और निर्बल था। अशोक के शिलालेख में जिस 'अन्तिओक नाम यौनराज' का जिक्र है वह यही है। जैसा पहले कहा जा चुका है मौर्य वंश और यवन सिल्यूकस वंश के बीच बहुत दिनों तक मित्रता का सम्बन्ध रहा। इस निर्बल बादशाह के समय में कई देश स्वाधीन हो गए। वाह्लीक देश में डायडोटस नाम का यूनानी सरदार राजा बन बैठा। एक ओर से पारदों का ज़ोर बढ़ा और पारस का पूर्वी भाग सिल्यूकस वंश के हाथ से निकल गया।

पारद साम्राज्य

आर्य्य-शक वंश

कैस्पियन सागर के दक्षिण के ऊँचे पहाड़ों को पार करके पारस का जो प्रदेश पड़ता था उसे पारद (यूनानी पारथिया) कहते थे। जब पारदों का प्रताप चमका तब यह देश दूर-दूर तक प्रसिद्ध हो गया। महाभारत, मनुस्मृति, वृहत्संहिता आदि में पारद देश और पारद जाति का स्पष्ट उल्लेख है।[1] यहाँ पर यह कह देना आवश्यक है कि पारस पर बहुत दिनों तक उत्तर पूर्व से तूरानी या शक जातियों के आक्रमण होते आते थे। ईरान और तूरान के विरोध की कथा इधर की फारसी पुस्तक में बहुत मिलती है जिसमें अवसरियाब की कथा सबसे प्रसिद्ध है। सारांश यह कि कुछ शक आकर पारस के पूर्वोत्तर प्रान्त में बहुत दिनों से बसे थे। इससे उस प्रान्त को भी, जो मूल शकस्थान वा सगदान (आधुनिक समरकन्द, बुखारा) से लगा ही हुआ था, शक देश कहते थे। पर वहाँ के आर्य्य निवासी अपने को असली शकों से भिन्न करने के लिए अपने को आर्य्यशक कहते थे। उसी देश के पहाड़ों में वर्ण नाम की एक पहाड़ी जाति निवास करती थी जिसका उल्लेख विष्णुपुराण में है। यवनराज अंटिओकस (द्वितीय) के समय में इस जाति के दो भाइयों ने पारद प्रदेश में पहुँचकर विदेशीय यूनानियों के विरुद्ध विद्रोह खड़ा किया और वहाँ से यूनानियों को निकाल दिया।

ईसा से 250 वर्ष पूर्व इन दो भाइयों में से एक अरसकेश (आर्य्य-शकेश) के नाम से धूमधाम से गद्दी पर बैठा और पारद का प्रथम राजा कहलाया। सिंहासन पर बैठते ही इसने बड़े समारोह से अग्नि स्थापना की और विदेशीय यवन (यूनानी) संस्कारों को दूर कर देशी रीति-नीति स्थापित करने का उद्योग किया। उसके मरने पर उसके उत्तराधिकारी तिरिदात ने बरकान (हर्केनिया) का प्रदेश जीतकर मिलाया, इधर अंटिओकस द्वितीय का पुत्र सिल्यूकस द्वितीय मिस्र के यूनानी बादशाह से लड़ने में लगा था जिसने उसका बहुत-सा प्रदेश छीन लिया। मिस्र से सन्धि कर उसने तिरिदात पर चढ़ाई की पर हार गया। उसका पुत्र सिल्यूकस (तृतीय) सोटर तीन ही वर्ष राज्य करके ईस्वी सन् से 223 वर्ष पूर्व मर गया। उसके उपरान्त अंटिओकस तृतीय राजा हुआ जिसने सिल्यूकस वंश का गौरव फिर से स्थापित कर दिया। मद्र (उत्तर मद्र), पारस प्रान्त आर्मेनिया आदि प्रदेश को ठीक कर एक लाख पैदल और बीस हजार सवार लेकर

उसने तिरिदात के पुत्र अरसकेश (द्वितीय) पर चढ़ाई की, उसको हराया पर उसके राज्य पर अधिकार नहीं किया।

पहले कहा जा चुका है कि अंटिओकस द्वितीय के समय में वाह्लीक प्रदेश का शासक डायडोटस स्वतन्त्र हो गया था। कुछ दिनों में उसके उत्तराधिकारी को हटाकर यूथिडिमस (Euthydemus) वाह्लीक (वक्तर) का राजा बन बैठा। ईस्वी सन् 208 वर्ष पहले अंटिओकस तृतीय ने उस पर चढ़ाई की पर जब उसने शकों का टिड्डी दल छोड़ने की धमकी दी और समझाया कि उनके प्रदेश से यूनानी राज्य और सभ्यता का चिह्न एशिया से एकबारगी लुप्त हो जायगा तब अंटिओकस प्रसन्न हो गया और उसने अपनी कन्या का विवाह यूथिडिमस के पुत्र डिमिट्रियस के साथ कर दिया। वाह्लीक से अंटिओकस (तृतीय) कांबोज़ (काबुल) की ओर गया और वहाँ मौर्य सम्राट सुभगसेन (सोफाइटिस) के पास सिल्यूकस वंश की पुरानी मित्रता सूचित करने के लिए बहुमूल्य उपहार भेजे। मौर्य सम्राट की ओर से 150 हाथी बदले में मिले। इसके पीछे अंटिओकस को रोम वालों से सामना करना पड़ा और हार के बाद बहुत-सा धन देना पड़ा। पराजित होकर वह सूसा नगर में आया और उसने वहाँ के सम्पन्न मन्दिर को लूटा जिससे बड़ी हलचल मची और वह ई. सन् 187 वर्ष पूर्व मार डाला गया। यूनानी राज्य की नींव फिर हिल गई। प्रदेश स्वतन्त्र होने लगे। उधर रोमन (रोमक) साम्राज्य एशिया में अपना राज्य बढ़ाने की ताक में था। इसके पीछे अंटिओकस तृतीय के दो पुत्र राजा हुए। दूसरे पुत्र अंटिओकस (चतुर्थ) ने 175 ई. पू. से लेकर 164 ई. पू. तक किसी प्रकार यूनानी राज्य सँभाला, उसके बाद अंटिओकस पंचम नाम का एक बालक और फिर डिमिट्रियस प्रथम राजा हुआ जिसने अपनी शक्ति का परिचय दिया। रोमन लोग उसे बराबर तंग करते रहे। पर उसे कई यूनानी शासकों ने मिलकर सन् 150 ई. पू. में मार डाला। बड़ी कठिनाइयों के बीच में डिमिट्रियस द्वितीय राजा हुआ और बराबर अपने पड़ोसियों से लड़ता रहा। पाँच वर्ष के भीतर वह शाम देश के एक बड़े भाग से निकाल बाहर हुआ। ऐसे ही समय में पारदों से युद्ध छिड़ा।

इधर पारद राज्य में अरसकेश द्वितीय (ई. पू. 191 से ई. पू. 176) के उपरान्त फ्रावति प्रथम राजा हुआ जिसकी मृत्यु ई. सन् से 171 वर्ष पूर्व हुई। उसकी मृत्यु के उपरान्त परम प्रतापी मिथ्रदात (सं. मित्रदाता) राजा हुआ जिसने पारद साम्राज्य की नींव डाली।

पहले कहा जा चुका है कि अंटिओकस तृतीय ने वाह्लीक के नए बने हुए राजा यूथिडिमस के पुत्र डिमिट्रियस को अपनी कन्या ब्याह दी। यूथिडिमस के मरने के पीछे डिमिट्रियस राजा हुआ पर थोड़े ही दिनों में (ई. पू. 181 और 171 के बीच) यूक्रेटाईडीज नामक एक व्यक्ति उसे राज्य से निकाल आप वाह्लीक का राजा बन बैठा। उसने पंजाब पर चढ़ाई की और सतलुज तक बढ़ा। वाह्लीक से निकाले जाने पर डिमिट्रियस पंजाब की ओर बढ़ा और उसने साकल में अपनी राजधानी स्थिर की। सिन्धु नद के दक्षिण होते हुए उसने पाटल (सिन्धु में) को जीता और क्रमशः सौराष्ट्र देश को अपने अधिकार में किया। उसके उपरान्त कई यवन (यूनानी) राजाओं ने भारत के पश्चिम भाग में राज्य किया।

वायुपुराण में लिखा है कि आठ यवन राजाओं ने 82 वर्ष के बीच राज्य किया, सिक्कों में भी कई यूनानी राजाओं के नाम मिलते हैं। इससे इतिहास के सम्बन्ध में पुराणों की उपयोगिता सिद्ध होती है। यदि हम यवनों के राज्य का आरम्भ डिमिट्रियस के आगमन से लें तो ईस्वी सन् से 93 वर्ष पूर्व तक यवन राज्य की स्थिति पाई जाती है। इस प्रकार पारस में यवन साम्राज्य नष्ट हो जाने के 50 से 60 वर्ष बाद तक भारत के एक भाग में यवन (यूनानी) राजा राज्य करते रहे। इन आठ यवन राजाओं में सबसे प्रतापी मिनांडर था जिसने मथुरा और साकेत और राजपूताने तक अपना राज्य बढ़ाया था। साकेत (अयोध्या) और मध्यमिका (नगरी, मेवाड़ में चित्तौड़ से आठ मील उत्तर को) पर मिनांडर का धावा और घेरा जिस समय हुआ उस समय महाभाष्यकार पतंजलि विद्यमान थे। मथुरा में इनके सिक्के बहुत मिलते हैं। बौद्ध ग्रन्थों से पता लगता है कि मिनांडर बौद्ध हो गया था। बौद्ध ग्रन्थ मलिंदपद्हो (मिलिन्दप्रश्न) में नागसेन आचार्य से उसके धर्म्मविषयक प्रश्नोत्तर लिखे गए हैं। वह जम्बूद्वीप के सब राजाओं में श्रेष्ठ कहा गया है। उसका जन्मस्थान अलसद बताया गया है जो भारतवर्ष में या उससे बाहर सिकन्दर के बसाए हुए कई अलेकजेंड्रिया में एक के नाम का अपभ्रंश जान पड़ता है। यहाँ पर यह समझ लेना भी आवश्यक है कि ईरान के पूर्वी भाग में बौद्ध धर्म्म का प्रचार बहुत दिनों पहले से था। अगथाक्लीज नामक यूनानी राजा के सिक्के में जिसने ईरान के पूर्वी भाग में राज्य किया था, (ईस्वी सन् 180 वर्ष पूर्व से 165 वर्ष पूर्व तक) एक बौद्ध स्तूप अंकित है। डिमिट्रियस के समय से यूनानियों ने भारतीय रीति-नीति ग्रहण की। उनके सिक्कों पर भी भारतीय चिह्न और अक्षर रहने लगे। काबुल प्रदेश उस समय हिन्दुस्तान में ही समझा जाता था। और वहाँ की भाषा हिन्दुस्तानी ही कही जाती थी। यूक्रेटाइडीज की मृत्यु के उपरान्त वाह्लीक, कांबोज, शकस्थान (सीस्तान) आदि के यूनानी सरदार राज्य के लिए परस्पर लड़ने लगे। पारदेश्वर मिथ्रदात ने अच्छा अवसर देख वाह्लीक आदि भारत से लगे हुए प्रदेशों पर अधिकार कर लिया। कुछ लेखकों ने लिखा है कि उसने पंजाब तक अपना अधिकार बढ़ा लिया था। पूरब से छुट्टी पाकर उसने मद्र पर अधिकार किया और 140 ई. पू. में बाबुल आदि डिमिट्रियस के बचे हुए प्रदेश को भी ले लिया। इस प्रकार सिकन्दर द्वारा स्थापित पारस का यवन साम्राज्य नष्ट हुआ और पारद साम्राज्य की स्थापना हुई। वह जैसा प्रतापी और वीर था वैसा ही नीतिज्ञ और न्यायपरायण भी था। इसके साम्राज्य का विस्तार वाह्लीक से लेकर पश्चिम में दजला नदी के किनारे तक था।

पारद लोग जरथुस्त्र के पक्के अनुयायी भी थे। जब तिरिदात रोमन सामन्त नीरो से मिलने गया था तब वह स्थल मार्ग से ही गया था। क्योंकि जहाज से जाने में उसे पवित्र समुद्र में थूकना पड़ता। उसके साथ बहुत-से मगयाजक गए थे। पारदों के समय में मगयाजकों का यद्यपि उतना अधिक प्राधान्य नहीं था जितना ससानों के समय में था, पर उनका मान बहुत कम था।

मिथ्रदात के पीछे उसका पुत्र फ्रावर्त्ति (Phraortes) द्वितीय हुआ। उसके समय में ईसा से 129 वर्ष पूर्व शाम देश के सिल्यूकसवंशी यवन राजा अंटिओकस सप्तम ने एक

बार फिर भाग्य की परीक्षा की। वह माद प्रदेश पर चढ़ आया पर पारदों की 12,000 सेना के सामने पराजित हुआ। पकड़े जाने के डर से वह एक चट्टान पर से कूदकर मर गया। फ्रावत्ति के समय तूरानी शकों का भारी आक्रमण हुआ। दजला के किनारे तक का देश उन्होंने लूटा और फ्रावत्ति को 128 ई. पू. में मार डाला। फ्रावत्ति का उत्तराधिकारी अर्त्तवान या अर्दवान (प्रथम) शकों को कर देने पर बाध्य हुआ। शकों ने ईरान के एक पूर्वी प्रदेश पर अधिकार करके अपनी बस्ती बसाई और उसका नाम शकस्थान रक्खा जो आगे चलकर सीस्तान कहलाया। अर्त्तवान के बाद मिथ्रदात द्वितीय, फिर अर्त्तवान द्वितीय, और उसके पीछे फ्रावत्ति तृतीय राजा हुआ। अर्मेनिया देश के झगड़े को लेकर रोमन लोगों के साथ फ्रावत्ति का युद्ध हुआ जिसमें रोमक सेना पराजित हुई। फ्रावत्ति तृतीय की हत्या उसके पुत्र हुरौध (यूनानी Hyrodes या Orodes) ने की। उसके समय में अर्थात् ईस्वी सन् से 53 वर्ष पहले रोमन लोगों ने मेसोपोटामिया (फरात और दजला नदी के बीच के प्रदेश) पर चढ़ाई की, पर गहरी हार खाई। इस युद्ध के उपरान्त रोमन लोगों में भीतरी विवाद उपस्थित हुआ जिससे पारद लोग बहुत लाभ उठा सकते थे। पर यह उनसे नहीं बना। पाँपे ने सीजर के विरुद्ध पारदों से सहायता माँगी। पारदों ने बदले में शाम देश माँगा और उसे न पाने पर सहायता अस्वीकार की, पाँपे की रोमन सेना के साथ पारदों का घोर युद्ध हुआ जिसमें पारदों की हार हुई और उनका राजपुत्र पाकौर मारा गया।

हुरौध के पीछे उसका दूसरा लड़का फ्रावत्ति (Phraortes) राजा हुआ जिसके समय में रोमन सेनापति एंटनी ने चढ़ाई की। फ्रावत्ति हार गया और उसकी जगह पर तिरिदात नामक एक व्यक्ति रोमनों की सहायता से ईसा से 27 वर्ष पूर्व पारद साम्राज्य का अधीश्वर बन बैठा। फ्रावत्ति बहुत दिनों तक इधर-उधर भटकता रहा। अन्त में उसने शकों को अपने पक्ष में किया और उनका टिड्डी दल लेकर आया जिसे देखते ही तिरिदात भागकर रोमन नगर चला गया। फ्रावत्ति ने कुछ दिन राज्य किया। उसके अनन्तर पूर्वी देशों में रोमन का अधिकार बढ़ता गया और पारदों का प्रभाव कम होने लगा। ईसा से 20 वर्ष पूर्व फ्रावत्ति के साथ रोमनों ने सन्धि की। फ्रावत्ति ने अपने कनिष्ठ पुत्र को छोड़ और सारे परिवार को इसलिए रोम भेज दिया जिससे सिंहासन के लिए विवाद खड़ा न हो।

ईस्वी सन् के आरम्भ में पारद देश से लगा हुआ बरकान (हरकेनिया) का पहाड़ी प्रदेश स्वतन्त्र पाया जाता है। उसके सात स्वतन्त्र राजाओं के सिक्के मिले हैं जिनमें पहला है अरसकेश दाइक (Arsaces Dicacus)। इन राजाओं में सबसे शक्तिशाली गंदोफर (यूनानी Gondophores) था जो उन कई प्रदेशों का राजा था जो पहले पारद साम्राज्य के अन्तर्गत थे। इसके सिक्के हेरात, सीस्तान, कन्दहार और पंजाब आदि में पाए गए हैं। पेशावर के पास तख्तेवाही के शिलालेख में भी इसका नाम है। ईसाइयों के अनुसार ईसा मसीह का चेला टामस इसी के राजत्व काल में हिन्दुस्तान पहुँचा था।

इसी समय के लगभग वाह्लीक के तुरुष्क शकों की टोचरी शाखा प्रबल हुई। इसमें हिमकपिश (सिक्कों पर 'हिमकपिशो', यूनानी Ooemokad-phiscs) बड़ा वीर राजा

हुआ जिसके सिक्के काबुल और पंजाब से लेकर काशी तक मिले हैं। भारतवर्ष में तुरुष्क शक की स्थापना इसी ने की। प्रसिद्ध बौद्ध राजा कनिष्ठ इसी का वंशज था। फ्रावत्ति चतुर्थ को मारकर उसका कनिष्ठ पुत्र फ्रावत्ति पंचम के नाम से गद्दी पर बैठा। इसने अर्मेनिया पर चढ़ाई की जो रोमनों के अधिकार में था पर युद्ध में पराजित होकर पकड़ा गया। रोमन सम्राट आगस्टस ने उससे अर्मेनिया पर कभी चढ़ाई न करने की प्रतिज्ञा लेकर उसे छोड़ दिया। उसके लौटने के थोड़े ही दिनों पीछे विद्रोह हुआ जिससे उसे फिर रोम भागना पड़ा। उसके स्थान पर लोगों ने हुरौध द्वितीय को बुलाकर सिंहासन पर बिठाया पर अपनी क्रूर प्रकृति के कारण शिकार खेलते समय वह मार डाला गया। कुछ दिनों तक लूटपाट और अराजकता रही। अन्त में सरदारों ने फ्रावत्ति चतुर्थ के ज्येष्ठ पुत्र को बुलाकर राज्य पर बिठाया। पर योरप में रहने के कारण उसकी चाल-ढाल बदल गई थी। उसे उतारकर अरसकेश वंश का दूर का व्यक्ति अर्त्तवान राजा हुआ। वह बड़ा चतुर और पराक्रमी था। वह अर्मेनिया के लिए रोमनों से बराबर लड़ता और राज्य के विद्रोह का भी दमन करता रहा। दो बार वह सिंहासन से हटाया गया पर उसने उसे फिर प्राप्त किया। रोमन लोगों का वह मान ध्वंस करना चाहता था पर भीतरी झगड़ों से कुछ न कर सका और सन् 40 ई. में इसने शरीर त्याग दिया। उसकी मृत्यु के पीछे कुछ काल वरदान (यूनानी Vordanes) ने राज्य किया, उसके निष्ठुर व्यवहार से असन्तुष्ट प्रजा ने वरदान का पक्ष लिया और वह राजा हुआ। गोतार्ज ने फिर विद्रोह किया। वरदान उसे पराजित करके लौट रहा था कि उसके बीच ही में मारा गया। गोतार्ज फिर राजा हुआ और उसने अत्याचार आरम्भ किया। नगर से फिर एक और राजकुमार मिहिरदात भेजा गया पर बीच ही में पकड़ा गया। गोतार्ज ने उसे मारा नहीं, रोमनों के प्रति उपेक्षा प्रकट करने के लिए उसके कान काटकर छोड़ दिया। 51 ई. में गोतार्ज की मृत्यु हुई। 54 ई. तक बानू ने राज्य किया। उसके पीछे उसका बड़ा बेटा बलकाश प्रथम (Valogesesi) गद्दी पर बैठा। अर्मेनिया के झगड़े को लेकर रोम वालों से उसे फिर युद्ध करना पड़ा। अर्मेनिया बराबर पारस्य साम्राज्य के अधीन रहा और वहाँ के निवासी पारसियों के ही भाई-बन्धु और आर्य्यधर्म्म के अनुयायी थे। बलकाश ने अपने भाई तिरिदात को वहाँ का शासक नियुक्त किया। रोमनों ने षटचक्र रचकर वहाँ की गद्दी पर एक अपना सरदार बैठा दिया। बलकाश ने धूमधाम से चढ़ाई की और अन्त में उसे सन्धि करनी पड़ी जिसके अनुसार यह स्थिर हुआ कि तिरिदात रोम के सम्राट से धन प्राप्त करके तब अर्मेनिया पर राज्य करे। तिरिदात्त सन्धि के अनुसार सन् 66 ई. में रोम गया। इसके पीछे अलान नाम की जंगली जाति काकेशस या कोहकाफ के अंचल से टिड्डी दल के समान उमड़ी और अर्मेनिया आदि को लूटती उजाड़ती पारस प्रदेश में जा पहुँची। बलकाश ने रोमनों से सहायता माँगी, पर न मिली। इसी उपद्रव के थोड़े ही दिनों पीछे बलकाश प्रथम की मृत्यु हुई और द्वितीय बलकाश और द्वितीय पाकौर ने कुछ दिन राज्य किया। अन्त में सन् 81 ई. में अर्त्तवान या अर्दबान चतुर्थ राजा हुआ। यह भी रोमनों से छेड़छाड़ करता रहा। इसके समय में पारद साम्राज्य का सम्बन्ध बहुत दूर तक विस्तृत हुआ। चीन आदि

देशों से उसका सम्बन्ध स्थापित हुआ। पारद और बरकान के राजा के यहाँ से चीन के सम्राट के पास, चीन सम्राट के यहाँ से पारद सम्राट के पास भेंट की वस्तुएँ आती-जाती थीं, अर्त्तवान के पीछे सन् 93 ई. में पाकौर द्वितीय नामक बादशाह के सिक्के मिलते हैं। उसकी मृत्यु के उपरान्त राज्य के तीन उत्तराधिकारी परस्पर युद्ध करते और इधर-उधर राज्य करते रहे–उसरो, बलकाश द्वितीय और मिहिरदात षष्ठ। रोमनों ने मौका देख चढ़ाई कर दी और अर्मेनिया पर अधिकार करते हुए वे मेसोपोटामिया में आ पहुँचे और वहाँ उन्होंने अपने शासक नियुक्त किए। तुरन्त बलवा हुआ और रोमन निकाल दिए गए। फिर भी पारद राजवंश आपस में लड़ता रहा और रोमनों ने फिर बाबुल आदि पर अपना अधिकार जमाया। पर ठहरना असम्भव समझ उसरो के पुत्र पर्थमस्पात को पारस का राजा मानकर वे चले गए। पर यह पारद देश में रह न सका और उसरो उसका राजा बना रहा। अन्त में बलकाश द्वितीय राजा हुआ, जिसने 71 वर्ष राज्य करके 96 वर्ष की अवस्था में नवम्बर 148 ई. में परलोक गमन किया।

उसके पुत्र बलकाश तृतीय ने अर्मेनिया से रोमनों को हटाया। पर अन्त में रोमनों से हारकर उसने 166 ई. में सन्धि की जिसके अनुसार मेसोपोटामिया रोमनों के हाथ में गया। उसकी मृत्यु सन् 191 ई. में हुई। बलकाश चतुर्थ के समय में मेसोपाटामिया रोमनों से फिर ले लिया गया। इसके उपरान्त सीवरस एक बड़ी भारी सेना लेकर पहुँचा और इस्फहान तक बढ़ गया। पारद सम्राट उसके सामने ठहर न सका। रोमनों ने प्रजा पर घोर अत्याचार किया। पर पारद के सामन्त राजा बरसीन ने रोमनों के खूब छक्के छुड़ाए और उन्हें भागना पड़ा। सन् 209 ई. में बलकाश पंचम राजा हुआ। उसका भाई अर्दवान उसका प्रतिद्वन्द्वी खड़ा हुआ और अन्त में इस्फहान आदि उसने ले लिया। बलकाश भी बाबुल में अपनी राजधानी जमाकर राज्य करता रहा। इन दोनों में प्रबल अर्त्तवान ही था जिसने रोमन लोगों को खूब ध्वस्त किया। रोमन सेनापति मैक्रिनस को इसने दो बार हराया। अन्त में सन् 217 ई. में रोमन लोग मेसोपोटामिया से निकाल बाहर किए गए और शाम देश में भागे। रोमन सेनापति मैक्रिनस को पाँच करोड़ दीनार देकर पारदों से अपना पीछा छुड़ाना पड़ा। इसके उपरान्त पारस्य प्रदेश (यूनानी परसिस) का ससान वंश प्रबल हुआ और पारदों के हाथ से ईरान का साम्राज्य ससानों के हाथ में गया।

ससान साम्राज्य

पारदों के राजत्व काल में पारस्य प्रदेश के राजा कभी पारदों के अधीन हो जाते थे कभी सिल्यूकसवंशी यवनों के। इन राजाओं के नाम या तो हखामनी वंश के राजाओं के नामों से मिलते-जुलते होते थे। (जैसे–अर्त्तक्षत्र, दारयवहु) अथवा धर्म्मग्रन्थों में आए हुए होते थे (जैसे–नरसँह, यज्दकर्त्त, मिनुचेत्र)। पारद साम्राज्य के पिछले दिनों में पारस्य प्रदेश का शासन बाजरंगी वंश के हाथ में था। उसका अन्तिम राजा गोजिह्र (पुरानी पारसी-गोसित्र) था। पारस्य प्रदेश जरथुस्त्र धर्म्म का केन्द्र था। अनाहेथ देवी का प्रसिद्ध अग्निमन्दिर वहीं इशतख्र नगर में था। उसके पुजारी का नाम ससान था जिसका विवाह बाजरंगी वंश

की एक राजकुमारी रामविहिश्त से हुआ था। उसके पुत्र पापक (आधुनिक फारसी पाबेक, बाबेक) ने गोजिह्र को तख्त से उतार दिया और वह आप राजा बना। सन् 212 ई. में पापक का पुत्र अर्दशीर (अर्देशिर बाबेकान) राजा हुआ। इसकी जरथुस्त्र धर्म्म और उसके याजकों में बड़ी श्रद्धा थी। इसके सिक्कों पर अग्निवेदी का चिह्न और इसके नाम के आगे मज्दयश्न (अर्थात् यज्ञपटु) लगा मिलता है। इसी के समय में अर्दाविराफ़ नामक पारसी याजक ने जरथुस्त्र की वाणी को लेखबद्ध किया। इसने क्रमशः किरमान, सूसियान आदि प्रदेशों को जीता और अन्त में वह अन्तिम पारदवंशी सम्राट अर्दवान से जा भिड़ा जो 28 अप्रैल, 224 ई. को लड़ाई में मारा गया। अर्दशीर ने शाहंशाह की उपाधि ग्रहण की। रोमन लोग इस नई शक्ति का उदय देख डरे। इससे उनसे भी उसे लड़ना पड़ा। नाम के लिए तो राजधानी इश्तख्र (प्राचीन पारस्यपुर) रही पर असली राजधानी पारदों की राजधानी इस्फहान ही थी।

अर्दशीर का पुत्र शापूर (प्रथम) (प्राचीन रूप-शहपुह्र) 20 मार्च, 242 ई. में गद्‌दी पर बैठा। वह बराबर रोमनों से लड़ता और उन्हें हराता रहा। एक बार रोमन बादशाह बलेरियन आप सेना लेकर चढ़ा, पर बन्दी किया गया। वह कारागार में ही मरा। शापूर ने रोमनों के अधिकृत देश एशिया कोचक और अर्मेनिया पर आक्रमण किया, पर कृतकार्य न हुआ। उसके पीछे उसके पुत्र हरमुज्द (प्रथम) और फिर बहराम (प्रथम) ने राज्य किया। सन् 277 से लेकर 294 ई. तक बहराम (द्वितीय) राजा रहा। वह बड़ा धार्मिक था। उसकी धर्म्मलिपियाँ कई जगह पाई गई हैं। उसके पीछे बहराम तृतीय और फिर नरसेंह राजा हुआ। इसके समय में रोमनों को सफलता हुई और मेसोपोटामिया और अर्मेनिया प्रदेश सन् 298 ई. में उन्हें मिल गए।

नरसेंह के पीछे हुरमुज्द द्वितीय और फिर अधरनसेंह राजा हुआ, जिसे थोड़े ही दिनों में सरदारों ने गद्‌दी से उतार दिया और शापूर द्वितीय को बादशाह बनाया। यह बड़ा पराक्रमी और धीर बादशाह था। भूखे जंगली अरब सीमा पार के स्थानों में आकर लूटपाट किया करते थे। इसने कठोर शासन द्वारा उनका दमन किया और उन स्थानों को उनके आक्रमणों से मुक्त कर दिया। कहा जाता है कि खुरासान का नैशापुर (पु. पा. नवशाहृपुह्र) शहर इसी शापूर का बसाया हुआ है।

शामई पैगम्बरी मतों का स्वाभाविक कट्टरपन प्रकट करने का साहस यहूदियों को नहीं हुआ था। रोमन और पारसी ये दो प्रतापी आर्य्य जातियाँ उनके सिर पर थीं। पर अब ईसाई धर्म्म का प्रचार योरप में हुआ और रोमन लोग ईसाई होने लगे। रोमन बादशाह कांस्टटाइन (जन्म 272, मृत्यु 337 ई.) के समय में ईसाई धर्म्म रोमनों का राजधर्म्म हुआ और कांस्टेटिनोप्ल (कुस्तुन्तुनिया या इस्तंबोल) रोमन राजधानी हुआ। एक ईसाई साम्राज्य को इतना निकट पाकर यहूदी, अर्मेनिया और पारस के ईसाई उद्धत हो उठे। वे पारसी मन्दिरों में जाकर देवताओं और पारसी सम्राट की निन्दा करने लगे। रोमन सम्राट जुलियन की हार की झेंप मिटाने आया तो हारा और बहुत-सा राज्य देकर सन्धि करके लौटा। जब शापूर रोमनों से लड़ रहा था उस समय उसकी कुछ ईसाई प्रजा

ने गुप्त रूप से रोमनों की सहायता की थी। शापूर ने उन्हें कड़ा दंड दिया। यहाँ पर यह कह देना भी परम आवश्यक है कि पारसी लोग धर्म्म सम्बन्ध में बड़े उदार थे। वे किसी मत के साथ विरोध नहीं करते थे। सन् 379 ई. में शापूर द्वितीय का परलोकवास हुआ।

कुछ दिनों तक उसका बुड्ढा भाई आर्दशीर द्वितीय तख्त पर रहा पर सन् 383 ई. में वह उससे उतार दिया गया और शापूर तृतीय गद्दी पर बैठा। उसने रोमनों से सन्धि कर ली और कांस्टेटिनोप्ल में राजदूत भेजे। उसके मारे जाने पर बहराम चतुर्थ (किरमान शाह) राजा हुआ जिसने सन्धि स्थिर रखी। इस सन्धि के अनुसार रोमनों को अर्मेनिया का अधिक भाग पारस साम्राज्य के अधीन कर देना पड़ा। बहराम को सन् 399 में कुछ बदमाशों ने मार डाला। किरमानशाह के उपरान्त शापूर तृतीय का बेटा यज़्दगर्द प्रथम तख्त पर बैठा। यह ईसाइयों पर बड़ी कृपा रखता था, पर उनके मतोन्माद पर उन्हें दंड भी देता था। अब्दा नाम के एक मदोन्मत्त पादरी ने एक अग्निमन्दिर में जाकर पारसी धर्म्म की निन्दा और अपमान किया। उसे समुचित दंड मिला। ससानों के समय में मग याजकों की बड़ी चलती थी। ससानवंशी राजा याजकों और पुरोहितों की मुट्ठी में रहते थे। यज़्दगर्द उदार और स्वतन्त्र प्रकृति का था इससे वे उसे नहीं चाहते थे। कहा जाता है कि सन् 420 ई. में बरकान के पहाड़ी प्रदेश में वह मार डाला गया। सरदारों ने उसके उत्तराधिकारी को भी मारकर खुसरो नाम के एक सम्बन्धी को सिंहासन पर बैठाया। पर जब मृत राजकुमार का एक भाई बहराम अरबों का दल लेकर पहुँचा तो खुसरो को तख्त छोड़ना पड़ा। बहराम-गोर पारसियों का बहुत प्रिय राजा और अनेक कथाओं का नायक है। उसने उद्धत ईसाइयों का पूरा शासन किया और उनके उत्तेजक रोमनों पर भारी चढ़ाई की। रोमनों ने हारकर सन् 422 ई. में सन्धि की। हैतालों या हूणों पर बहराम गोर की चढ़ाई भी बहुत प्रसिद्ध है। हूण उस समय वंक्षु नद (आक्सस नदी) के किनारे आकर बसे थे[2] और पारस की पूर्वोत्तर सीमा पर लूटपाट किया करते थे। बहराम-गोर ने सन् 425 ई. में उन्हें हराकर वंक्षु नद के पार भगा दिया और कुछ दिनों के लिए पारस को हूणों के आक्रमण से मुक्त कर दिया। बहराम के इधर फँसने के कारण रोमनों को दम लेने का समय मिला।

सन् 438 या 439 ई. में बहराम-गोर की मृत्यु हुई और उसका बेटा यज़्दगर्द द्वितीय तख्त पर बैठा जो बड़ा क्रूर और निष्ठुर था। उसे खुरासान में जाकर हूणों से लड़ना पड़ा। यहूदियों और ईसाइयों के मतोन्माद का उसने कठोरता से दमन किया। अर्मेनिया के लोग ईसाई हो गए थे और अपने देश में पारसी धर्म्म नहीं देख सकते थे। रोमनों के इशारे से उन्होंने बलवा किया पर वे दबा दिए गए। रोमनों के ऊपर भी यज़्दगर्द को चढ़ाई करनी पड़ी थी। उसकी मृत्यु अर्थात् सन् 457 के पीछे उसका छोटा लड़का पीरोज या फिरोज हूणों की सहायता से अपने बड़े भाई को हराकर और मारकर 459 ई. में गद्दी पर बैठा। हूणों के साथ फिरोज का विवाद हुआ और वे पारस पर चढ़ दौड़े। हूण उस समय पारसी सभ्यता ग्रहण कर चुके थे और अपने नाम आदि पारसी ही रखने लगे थे। उनके बादशाह खुशनेवाज के हाथ से फिरोज ने गहरी हार खाई। लड़ाई के पीछे उसका

कहीं पता न लगा और उसकी कन्या पकड़कर हूण बादशाह के हरम में दाखिल की गई। हूणों की लूटपाट के कारण कुछ समय तक पूरे देश में अराजकता रही, अन्त में सरदारों ने फीरोज के भाई बलाश को गद्दी पर बैठाया। यह बड़ा निर्बल शासक था। ईसाइयों के उपद्रव पर इसने स्वीकार कर लिया कि अर्मेनिया में जरतुश्त धर्म्म नहीं रहेगा। उससे मग पुरोहित और याजक परम असन्तुष्ट थे। अन्त में वह अन्धा करके सिंहासन से उतार दिया गया और फीरोज का बेटा कबाद (प्रथम) सन् 488 ई. या 489 ई. में तख्त पर बैठा। वह याजकों और पुरोहितों के हाथ की कठपुतली नहीं रहना चाहता था। उसके समय में मज़दक नामक एक व्यक्ति एक नए मत का प्रचार करने लगा कि जिसके पास आवश्यकता से अधिक धन या सामान हो उसे उसको उन लोगों को बाँट देना चाहिए जिनके पास कुछ भी नहीं है। कबाद ने इस मत को बहुत पसन्द किया और उसके अनुसार थोड़ी-बहुत व्यवस्था भी होने लगी। सरदारों ने मिलकर उसे कैद कर लिया और उसके भाई जामास्प को तख्त पर बैठाया। पर कबाद बन्दीगृह से निकलकर हैतासलों या हूणों के पास गया और उनकी सहायता से उसने फिर सिंहासन प्राप्त किया। उसने शाम देश में रोमनों पर चढ़ाई की और मेसोपोटामिया का बहुत-सा भाग ले लिया। कबाद 82 वर्ष का होकर सन् 531 ई. में मरा।

कबाद का पुत्र परम प्रतापी और न्यायी खुसरो हुआ जो नौशेरवाँ के नाम से प्रसिद्ध है और इसके न्याय की अनेक कथाएँ फारसी किताबों में प्रसिद्ध हैं। ईसाइयों पर वह कृपा रखता था जिसका फल यह हुआ कि उन्होंने उसी के एक पुत्र को ईसाई बनाया और रोम से भगा दिया। नौशेरवाँ ने उन ईसाइयों को दंड दिया, पर बहुत साधारण। न्यायी के अतिरिक्त नौशेरवाँ बड़ा पराक्रमी और प्रतापी भी था। उसने शाम देश पर रोमनों के विरुद्ध चढ़ाई करके उन्हें खूब ध्वस्त किया। वह बहुतों को बन्दी करके ले आया। उसने रोमनों पर भारी कर लगाया जिसे देखकर उन्होंने सन्धि की। अर्मेनिया पर भी चढ़ाई करके नौशेरवाँ ने रोमनों का जोड़ तोड़ा और अपना अधिकार दृढ़ किया। इसके समय में राज्य की सब तरह से वृद्धि हुई। नौशेरवाँ के समय में ही अरब में हजरत मुहम्मद साहब हुए जिनके मत ने आगे चलकर पारस और तुर्किस्तान से आर्य्य धर्म्म और आर्य्य सभ्यता का लोप किया। सन् 579 ई. में नौशेरवाँ का परलोकवास हुआ।

नौशेरवाँ का पुत्र हुरमुज्ज थोड़े ही दिन राज्य करके मारा गया और उसका बेटा खुसरो परवेज़ सेनापति बहराम चोवी के विद्रोह का दमन कर, सन् 590 ई. में तख्त पर बैठा। रोमन राज्य के झगड़ों में वह बराबर हाथ डालता रहा और उसकी सेना कुस्तुंतुनिया तक जा पहुँची थी। उसने यहूदियों और ईसाइयों के आदि स्थान दमिश्क और यरूशलम पर अधिकार किया और वह ईसाइयों के परम पवित्र क्रूस को जो यरूशलम में स्थापित था, उखाड़ लाया। सारे एशिया कोचक को तहस-नहस करता हुआ वह मिस्र में पहुँचा और उस पर अधिकार किया। यह बड़ा उद्धत और अत्याचारी बादशाह था। उसके समय में बहुत-से अरब मुसलमान हो चुके थे और उनमें लूटपाट की प्रवृत्ति के साथ इस्लाम का जोश भर रहा था। खुसरो परवेज़ के समय में अरबी सीमा

पर नौमान नाम का एक पराक्रमी सरदार नियुक्त था जिसके डर से जंगली अरब पारस साम्राज्य में कुछ उपद्रव नहीं करने पाते थे। खुसरो परवेज़ ने बड़ी भारी मूर्खता यह की कि नौमान को मरवा डाला। इससे अरबों की कुछ धड़क खुल गई, यहाँ तक कि वक्र-बिन-बायल नाम के एक फ़िरके ने इरफात के किनारे लूटपाट करके पारसियों की एक सेना को हरा दिया।

क्रूस के छिन जाने पर ईसाइयों में बड़ी खलबली मची। रोमन सम्राट हिराक्लियस पराजय की लज्जा दूर करने और बदला लेने के लिए काकेशस पहाड़ से बड़ी धूमधाम से चढ़ा और इस्फहान के पास तक आ पहुँचा। वहाँ पहुँचकर 6 जनवरी सन् 628 को उसने बड़ा भारी भोज दिया। रोमनों की यह तैयारी देख खुसरो परवेज़ भाग खड़ा हुआ। पर पारस लड़ने को तैयार था। इससे रोमन सम्राट ने भी भागने ही में कुशल समझी। उसका उद्देश्य तो केवल लज्जा निवारण था। खुसरो परवेज़ अपने अत्याचारों के कारण छोटे-बड़े सबको अप्रिय हो गया। उसका भागना देख लोगों को उससे और भी घृणा हो गई। उसने शीरीं नाम की एक ईसाई लड़की से विवाह किया था। उसने उससे उत्पन्न पुत्र मरदानशाह को सिंहासन देने के उद्देश्य से अपने लड़कों को कैद किया। अन्त में सरदारों ने उसके पुत्र कबाद द्वितीय को कैद से निकालकर गद्दी पर बैठाया और खुसरो परवेज़ को प्राण दंड दिया (25 फरवरी, 628 ई.)।

कबाद द्वितीय केवल 6 महीने राज्य करके मरा जिससे अर्दशीर तृतीय नाम का एक सात वर्ष का बालक गद्दी पर बैठाया गया। उसके समय में ईसाइयों का क्रूस रोमन सम्राट के पास भेज दिया गया जिसने उसे बड़ी धूमधाम से यरूशलम में प्रतिष्ठित किया। बच्चे को गद्दी पर देख सेनापति शहरबराज ने राज्य हाथ में करना चाहा और चट अभिसन्धि के लिए वह रोमन सम्राट से मिला। उसने इस्फहान लिया और बालक अर्दशीर को मार डाला। पर सरदार उठ खड़े हुए। शहरबराज मार डाला गया और उसकी लाश गलियों में घसीटी गई। कुछ दिनों तक खुसरो परवेज़ की बेटी बोराँ और फिर उसकी बहिन आजारमिदोख्त तख्त पर रहीं। यह गड़बड़ बहुत दिनों तक रही। अन्त में सरदारों ने खुसरो परवेज़ के पोते शहरयार के बेटे एक दूसरे बालक को सन् 633 ई. में अग्निमन्दिर में यज़्दज़र्द तृतीय के नाम से तख्त पर बैठाया।

अरब में इस्लाम का जोर उस समय खूब बढ़ती पर था। पारस साम्राज्य की गड़बड़ी में यमन और उत्तरी अरब का कुछ भाग अरबों ने ले लिया था। मुसन्ना नाम का बद्दुओं का एक सरदार जो हाल ही में मुसलमान हुआ था, पारस राज्य में लूटपाट करने लगा। थोड़े ही दिनों में मुसलमान अरबों का सेनानायक खालुद-बिन-वालिद वद्दुओं का सेनापति हुआ। इफरात के पश्चिमी किनारे पर ईसाई बसे थे जो पारसियों के आर्य्य धर्मानुयायी होने के कारण उनसे द्वेष रखते थे। वे गुप्त रीति से अरबों की सहायता करने लगे। अरबों ने इफरात पार किया और पारस के राज्य में लूटपाट की।

कहते हैं कि पारसी सेनापति रुस्तम और फिरुजन की आपस की फूट से पारसी अरबों का ठीक सामना न कर सके। जब अरबों की लूटपाट बढ़ रही थी तब 14

मुसलमान दूत मदयान (वर्तमान टिसिफन) पर यज़्दज़र्द से मिलने आए। यज़्दज़र्द ने पूछा कि तुम्हारी भाषा में चोगा, चाबुक और खड़ाऊँ का नाम क्या है ? उन्होंने कहा कि बुर्द, सौत और नाल; पारसी भाषा में इनके समानोच्चारण शब्द बुर्दन, सुख़्तन और नलीदन का अर्थ बाँधना, जलाना और विलाप करना होता है। यह सुनते ही यज़्दज़र्द का चेहरा ज़र्द हो गया। राजा के पूछने पर दूतों ने कहा कि हम इस्लाम को जो ईश्वर का एक मात्र सच्चा धर्म्म है, फैलाने आए हैं। और कर लेकर या जीतकर लौटेंगे। इस पर राजा ने एक थैले में मिट्टी भराकर उनके सिर पर यह कहकर रखवा दिया कि तुम्हें यही कर मिलेगा और उन्हें अपमानपूर्वक निकाल दिया। अरब दूतों में प्रधान असीम अलीम बड़ी प्रसन्नता से मिट्टी उठाकर ले गए और अपने सेनापति के पास उसे रखकर कहा कि पारस की भूमि हमारी हो गई। यह चेटक भी अरबों को उत्तेजित और पारसियों को निराश करने में सहायक हुआ। कदेसिया (ई. स. 636) और जलुला (सन् 637) की लड़ाइयों में पारसी सेना हारती गई। इस बीच में खालुद बुला लिया गया और अबुओबैद बद्दुओं का नायक हुआ जिसे पारसी सेना ने मार भगाया। अन्त में खलीफा उमर ने एक बड़ी सेना को इराक लेने के लिए भेजा। उसने इसलाम फैलाने का जोश दिलाया और पारस को स्वर्ग भूमि में प्रवेश कराने का लोभ दिखाया। पारसी लोग अरब वालों को जंगली समझ उन्हें उपेक्षा की दृष्टि से देखते थे। उनकी ओर उनका कभी ध्यान ही नहीं गया था पर जब उन्होंने सुना कि अरबों ने रोमन लोगों से शाम का मुल्क ले लिया तब उनके कान कुछ खड़े हुए और उन्होंने रुस्तम को एक बड़ी सेना और 'दुरफशे कावियानी'[3] नाम की प्राचीन पताका के साथ भेजा। अरब और मुसलमानों के नायक साद-इब्न-अबी-वक्का के साथ फदीलिया के मैदान में युद्ध हुआ जिसमें रुस्तम मारा गया और दुरफशे कावियानी छिन गया। इस जीत की उमंग में मुसलमान इस्फहान की ओर बढ़े। यज़्दज़र्द की अवस्था उस समय केवल 17 वर्ष की थी। वह बेचारा एक प्रदेश से दूसरे प्रदेश में भागता रहा। इधर अरबों के झुंड के झुंड आते रहे। अन्त में 640 और 642 ई. के बीच नहाबन्द की लड़ाई हुई जिसमें पारस के प्रताप का सूर्य सब दिन के लिए अस्त हो गया। पारस के निवासी जबरदस्ती मुसलमान बनाए जाने लगे। इस प्रकार आर्य्यधर्म्म और आर्य्यसभ्यता का लोप पारस से हो गया। यहाँ तक कि आर्य्य पारस की भाषा भी अरबी में मिलकर अपना रूप खो बैठी। इतने दिनों तक यूनानी (यवन) नाम की योरपीय जाति का अधिकार पारस पर रहा, पर पारस के भीतरी जीवन में कुछ परिवर्तन नहीं हुआ था। पर इसलाम ने घुसकर आर्य्य संस्कारों का सर्वथा लोप कर दिया—पारस की सारी काया पलट गई।

नहाबन्द की लड़ाई के पीछे यज़्दज़र्द कभी इस प्रदेश के शासक के यहाँ मेहमान रहता, कभी उस प्रदेश के। अपनी इस स्थिति में भी वह अपने नाम के सिक्के ढलवाता जाता था। अन्त में दूरस्थ मर्व प्रदेश में भी वह अपने नाम के सिक्के ढालता रहा। मर्व प्रदेश में एक चक्की वाले की शरण जाकर उसी के हाथ से, वहाँ के शासक के इशारे पर मार डाला गया। खुरासान प्रदेश का स्पाहपत (सेनापति) जो ससानवंश का ही था

तवीस्तान नामक उत्तर के पहाड़ी प्रदेश में जाकर ससानवंश और जरथुस्त्र धर्म्म का नाम जगाता रहा। लगभग 100 वर्ष तक उसके वंशजों ने वहाँ राज्य किया पर वे खलीफ़ा को कर देते रहे।

नहाबन्द की लड़ाई के पीछे जब पारस पर अरब के मुसलमानों का राज्य हो गया और पारसी जबरदस्ती मुसलमान बनाए जाने लगे तब बहुत से पारसी अपने आर्य्यधर्म्म की रक्षा के लिए खुरासान में आकर रहे। वहाँ वे लगभग सौ वर्ष रहे। जब वहाँ भी उपद्रव देखा तब पारस की खाड़ी के मुहाने पर उरमुज टापू में उसमें से कई भाग आए और वहाँ 15 वर्ष रहे। आगे वहाँ भी बाधा देख अन्त में वे एक छोटे जहाज में बैठ अपनी पवित्र अग्नि और धर्म्म पुस्तकों को ले अपनी अवस्था की गाथाओं को गाते हुए खंभात की खाड़ी में दीव (संस्कृत द्वीप Diu) टापू में आ उतरे जो आजकल पुर्तगालवालों के हाथ में है। वहाँ 19 वर्ष रहकर वे भारतवर्ष में आ गए जो सदा से शरणागतों की रक्षा के लिए दूर देशों में प्रसिद्ध था। दीव छोड़ने का कोई कारण विदित नहीं किन्तु कहते हैं कि एक फारसी दस्तूर (याजक) ने भविष्यद्वाणी की थी कि नक्षत्रों की गणना से अब आगे अभ्युदय का योग आया है। सन् 716 ई. के लगभग वे दमन के दक्षिण 25 मील पर संजान नामक स्थान पर आ उतरे। वहाँ के स्वामी जाड़ी राना को उन्होंने सोलह श्लोकों में अपने धर्म्म का आभास दिया। राजा ने उनके धर्म्म की प्राचीन वैदिक धर्म्म से समानता देखकर उन्हें आदरपूर्वक अपने राज्य में बसाया और अग्निमन्दिर की स्थापना के लिए भूमि और कई प्रकार की सहायता दी। सन् 721 ई. में प्रथम पारसी अग्निमन्दिर बना। उन्हीं पारसियों की सन्तान गुजरात, बम्बई आदि में फैली हुई है। भारतीय पारसी अपने संवत् का प्रारम्भ अपने अन्तिम राजा यज़्दज़र्द के पराभवकाल से लेते हैं। पीछे से इस संवत् में अधिमास (कबीसा) गिनने न गिनने के विवाद पर उनमें शहनशाही और कदमी नामक दो भेद हो गए।[4]

(लेखन काल 1906 प्रकाशन 1907 सरस्वती)

सन्दर्भ

1. Fergu
1. पौंड्रकाश्चौड्रद्रविडाः काम्बोजा यवनाः शकाः।
   पारदाः पहलवाश्चीनाः किराताः दरदाः खशाः॥ मनु. 10।44

   इसी प्रकार वृहत्संहिता में पश्चिम में बसने वाली जातियों में 'पारत' और उनके देश का उल्लेख है—पंचनद रमठ-पारत तारक्षितिजृंग वैश्यकनकशकाः।

   पुराने शिलालेखों में 'पार्थव' रूप मिलता है जिससे यूनानी पार्थिया शब्द बना है। योरपीय विद्वानों ने 'पह्लव' शब्द को इसी पार्थव का अपभ्रंश या रूपान्तर मानकार पह्लव और 'पारद' को एक ही ठहराया है। पर संस्कृत साहित्य में ये दोनों जातियाँ भिन्न लिखी गई हैं। मनुस्मृति के समान महाभारत और वृहत्संहिता में 'पह्लव' 'पारद' से अलग आया है। अतः 'पारद' का 'पह्लव' से कोई सम्बन्ध नहीं प्रतीत होता। पारस में पह्लव शब्द ससानवंशी राजाओं के समय से ही भाषा और लिपि के अर्थ में मिलता है। इससे

सिद्ध होता है कि इसका प्रयोग अधिक व्यापक अर्थ में–पारसियों के लिए–भारतीय ग्रन्थों में हुआ है। किसी समय में पारस के सरदार पहलवान कहलाते थे। सम्भव है यह शब्द पह्लव शब्द से बना हो।

2. कालिदास के समय में हूण भारतवर्ष के भीतर नहीं घुसे थे, वंक्षु नद के किनारे के प्रदेश में ही बसे थे। जैसा कि रघुवंश के इन श्लोकों से सूचित होता है–

विनीताध्वज्रमातस्य वंक्षुतीरविक्षेष्टनैः।
दुधुवुर्वाजिनः स्कंधात्लग्न कुंकुम केसरान॥
तत्र हूणावरोधानं भर्तृषु व्यक्तविक्रमम्।
कपोलपाटनादेशि बभूव रघुचेष्टितम्॥

आजकल की पुस्तकों में 'वंक्षु' के स्थान पर 'सिन्धु' पाठ मिलता है। और नौ प्राचीन प्रतियों में से छह में वंक्षु पाठ है। सिन्धु पाठ ठीक मानने से कालिदास का समय गुप्तों से भी पीछे मिहिरगुल और तुरमानशाह का समय हो जाता है। पुराना पाठ 'कपोलपाटना' है। 'पाटला' नहीं, क्योंकि पतिमरण पर हूण स्त्रियों में अपना गाल फाड़ डालने की रीति थी।

3. यह पारसी जाति की जातीय पताका थी और कई हजार वर्ष से पारसी सम्राटों के पास वंश परम्परा से चली आती थी। इसकी कथा इस प्रकार है। जमशेद को मार ज़ुहाद नाम का एक अत्यन्त क्रूर एवं अत्याचारी मनुष्य फारस के तख्त पर बैठा। उसके कन्धे पर दो ज़ख्म थे जिनकी पीड़ा की शान्ति आदमी के भेजे के मरहम से होती थी। इस मरहम के लिए रोज आदमी मारे जाते थे। इस अत्याचार से प्रजा त्राहि-त्राहि करने लगी। अन्त में कावः नाम का इस्फ़हान का एक लोहार, जिसके चार लड़के मारे जा चुके थे, चमड़े के एक टुकड़े को पताका की तरह बाँस में बाँधकर उठा और ज़ुहाद (ज़ुहाक) के अत्याचार का गीत गाता हुआ चारों ओर फिरने लगा। बहुत-से लोग उसके झंडे के नीचे आए और उसने पहले इस्फ़हान और फिर सारा पारस ले लिया। जमशेद का वंशज फरीदूँ गद्दी पर बैठाया गया। उसी समय से चमड़े की यह पताका पारसी सम्राटों की विजय-लक्ष्मी का चिह्न समझी जाने लगी और इसकी पूजा होने लगी। पारस के बादशाह इसे अनेक प्रकार के रत्नों से विभूषित करते आए। जिस समय यह पताका अरब के मुसलमानों के हाथ में आई उस समय वह जवाहरात से इतनी लदी हुई थी कि इसका मूल्य कोई नहीं आँक सकता था। अन्त में खलीफा उमर ने इसे चूर-चूर किया।

4. विक्रम संवत् 772 श्रावण सुदी नवमी, यज़्दज़र्दी सन् 85 रोज़ तीर मोह बेहमन। पारसी लेखकों ने भ्रम से रोज़ बेहमन, माहतीर लिख दिया है।

भारत के इतिहास में हूण

हूण एशिया की एक जाति थी जिसने ईसा की चौथी और पाँचवीं शताब्दी में सारे संसार में अपना प्रताप फैलाया था। योरप का प्रसिद्ध इतिहास लेखक गिबन इन हूणों के विषय में लिखता है–

"सारे योरप में गाथ और वेंडल नामक असभ्यों ने उपद्रव मचा रक्खा था। परं वे भी हूणों के सामने भागे। हूणों का जैसा प्रताप और वैभव था वैसा अधिकार वे जमा न सके। उनके विजयी दल वोल्गा नदी से लेकर डैन्यूब नदी के किनारे तक फैले थे। पर उनका जातीय बल नेताओं की परस्पर फूट से शिथिल रहा, उनका बहुत-सा पराक्रम छोटी-छोटी लड़ाइयों में व्यर्थ खर्च होता था। अपनी जाति के गौरव और प्रतिष्ठा का ध्यान भी वे नहीं रखते थे और लूट के लालच से कभी-कभी अपने पराजित शत्रुओं के झंडों के नीचे होकर लड़ते थे। अटिला के राजत्वकाल में उन्होंने फिर संसार को हिला डाला। उनके आक्रमणों से एशिया और योरप दोनों महाद्वीपों में हलचल मच गई और रोमन साम्राज्य का पतन हुआ।"

"इन हूणों का प्रवाह चीन की सीमा से चलकर जर्मनी तक पहुँचा था। इनके जो सबसे प्रबल दल थे वे रोमन साम्राज्य की सीमाओं पर जम गए थे। कुछ दिनों तक रोमन सम्राट दान नीति का अवलम्बन करके अपने प्रदेशों की रक्षा करते रहे। पर हूण लोग जितना ही पाते गए उतना ही तंग करते गए।"

"मुंजुक का पुत्र अटिला अपने को उन प्राचीन हूणों के राजकुल का बताता था जिन्होंने कई बार चीन के बादशाहों के साथ युद्ध किया था। उसकी आकृति भी उसकी जाति के अनुरूप ही थी–बड़ा सिर, गेहुँआ रंग, छोटी-छोटी धँसी हुई आँखें, चिपटी नाक, दाढ़ी के स्थान पर ठुड्डी पर थोड़े बाल, चौड़े कन्धे, दृढ़ और ठेंगना शरीर। हूणों के राजा के चेहरे से यह भाव टपकता था कि वह अपने को संसार के सारे मनुष्यों से बढ़कर समझता है। जब वह कहीं निकलता था तब क्रूरता के साथ घूरता चलता था जिसमें उसे देखते ही भय का संचार हो।"

पूर्वीय देशों में हूण

उस काल में हूणों का प्रताप एशिया में भी वैसा ही था। उनके सम्बन्ध में एक इतिहासकार लिखता है–

"ईसा से 163 वर्ष पूर्व यू-चियों ने शक लोगों को टारिम के कछार से निकाल दिया। 120 ईस्वी पूर्व यू-ची लोगों ने शकों को वाह्लीक देश से भी हटाकर वहाँ अपना अधिकार जमाया और बहुत दिनों तक वहीं उनकी राजधानी रही। ईसा से 30 वर्ष पहले यूचियों की एक शाखा क्वें-शंग ने और शाखाओं को दबाकर अपना एकाधिपत्य स्थापित किया। यही क्वेशंग वंश रोमन इतिहास में कुशन वंश के नाम से प्रसिद्ध है। रोमन सम्राट अंटनी ने कुशन राजसभा में भी अपने दूत भेजे थे। सम्राट आगस्टस के समय में कुशन राजा रोम नगर में भी पहुँचे थे। क्रमशः कुशनों का प्रताप भी घट चला और एक दूसरी शाखा ने आकर उनके स्थान पर अपना अधिकार जमाया। इस शाखा को रोमन लोग 'श्वेत हूण' चीनी लोग 'येथा' और फारस वाले 'हयताल' कहते थे। यद्यपि यूची और हयताल एक ही जाति के थे पर हयताल यूचियों से कई बातों में भिन्न थे। सन् 425 ईस्वी में हयतालों ने वंक्षुनद (आक्सस या आमूदरिया) पार किया जिसका समाचार पहुँचते ही चारों ओर घबराहट फैल गई।"

ये हूण सबसे पहले सन् 350 ईस्वी के लगभग बादशाह शापूर के समय में फारस की पूरबी सीमा पर पहुँचे थे। फारसी इतिहासकारों ने लिखा है कि शापूर ने उन्हें हराकर अपने अनुकूल सन्धिपत्र लिखने पर बाध्य किया। यहाँ तक कि जब शापूर ने रोमन लोगों पर चढ़ाई की थी तब उसकी सेना में हूण लोग भी थे। सन् 425 ईस्वी के पीछे हूणों ने जब फिर वंक्षुनद पार किया तब बहराम गोर ने उन्हें हराकर फिर वंक्षुनद के पार भगा दिया। इस प्रकार थोड़े दिनों के लिए तो वे हटा दिए गए पर पारसी सीमा पर वे घनघोर घटा के समान छाए रहे और पारसी बादशाहों को बराबर तंग करते रहे। यहाँ तक कि सन् 483 ईस्वी में फारस के बादशाह फीरोज़ ने हूणों के बादशाह खुशनेवाज़ के हाथ से गहरी हार खाई और उसी लड़ाई में वह मारा भी गया। हूणराज ने फीरोज़ के उत्तराधिकारी कुबाद से दो वर्ष तक कर वसूल किया। कुबाद और हूणों में दस वर्ष तक लड़ाई होती रही। अन्त में सन् 513 में कुबाद ने उनका पूर्ण रूप से दमन किया और ईरान हूणों की बाधा से मुक्त हो गया।

भारत में हूण

भारत के इतिहास से जिन हूणों का सम्बन्ध है वे ये ही श्वेत हूण हैं। जहाँ तक पता चला है भारतवर्ष में हूण लोग पहले गुप्त सम्राट कुमारगुप्त के समय में दिखाई पड़े। कुमारगुप्त को इन हूणों के हाथ से हार खानी पड़ी जिससे गुप्त साम्राज्य की नींव ढीली पड़ गई। सन् 455 ई. में कुमारगुप्त की मृत्यु हुई और उसका पुत्र स्कन्दगुप्त सिंहासन पर बैठा। स्कन्दगुप्त ने बर्बरों को पराजित करके अपने पराक्रम से कुछ दिनों के लिए हूण-बाधा दूर कर दी। दस वर्ष पीछे अर्थात् सन् 465 ई. में हूणों ने गान्धार देश (रावलपिंडी से लेकर काबुल के पास तक का प्रदेश) पर अधिकार किया। वहाँ जमकर पाँच वर्ष बाद वे फिर बढ़ने लगे और बराबर बढ़ते ही गए; क्योंकि स्कन्दगुप्त के पीछे गुप्त राजाओं की शक्ति उतनी न रह गई थी। बहुत चेष्टा करने पर भी उनका बढ़ना

वे न रोक सके। अन्त में सन् 533 ई. के लगभग गुप्त सम्राट नृसिंह गुप्त बालादित्य और मालवराज यशोधर्म्मन ने या तो मिलकर या अलग-अलग हूणों को हराया। यही हूणों की बड़ी भारी पराजय हुई। इसके पीछे फिर वे न सँभल सके। भारतीय इतिहास में दो हूण राजाओं के नाम आते हैं–तोरमाण और उसका पुत्र मिहिरगुल (अथवा संस्कृत लेखकों के अनुसार मिहिरकुल)। इसी मिहिरगुल का नाम एक रोमन लेखक ने गोलस लिखा है। चीनी यात्री हुएत्सांग ने मिहिरगुल को एक वीर, निर्भीक और योग्य पुरुष लिखा है जिसके अधीन आसपास के राज्य थे। वह बौद्ध धर्म्म का ज्ञान प्राप्त करना चाहता था इससे बौद्धों ने उसके यहाँ एक बकवादी आदमी लगा दिया जो उससे बुद्ध की शिक्षाओं पर वादविवाद करने लगा। इस धृष्टता पर वह इतना बिगड़ा कि उसने अपने राज्य से बौद्धों को उच्छिन्न करने की आज्ञा दी। जब वह बालादित्य के हाथ से हार खाकर अपने राज्य में लौटा तब उसने देखा कि उसका भाई उसके राजसिंहासन पर बैठ गया है। यह अवस्था देख वह काश्मीर की ओर भागा। वहाँ के राजा ने उसे शरण दी जिसका बदला उसने उलटा दिया। काश्मीर के राजा को मारकर वह कृतघ्न आप काश्मीर का राजा बन बैठा। वहाँ बौद्ध मत के विनाश का कार्य्य उसने फिर हाथ में लिया। उसने 1600 स्तूपों और मठों का ध्वंस किया और नौ कोटि बौद्धों का संहार। पर वह बहुत दिनों तक राज्य नहीं करने पाया था। थोड़े ही दिनों में अकस्मात् उसकी मृत्यु हो गई। ह्वेनसांग कहता है, "जिस समय वह नरक में गया थोड़ी देर के लिए आकाश में अन्धकार-सा छा गया, धरती काँप उठी और गहरा अन्धड़ चला।" (ह्वेनसांग)। हिन्दू और जैन ग्रन्थों में भी मिहिरगुल ऐसा ही क्रूर और अत्याचारी कहा गया है।[1]

भारतीय साहित्य में हूण

काव्यों में हूणों का जो उल्लेख मिलता है उससे इतिहासज्ञ उनकी चढ़ाई आदि के सम्बन्ध में बहुत-सी बातों का पता लगाते हैं। रघु की दिग्विजय के प्रसंग में महाकवि कालिदास ने इन हूणों का उल्लेख किया है–

पारसीकांस्ततो जेतुं प्रतस्थे स्थलवर्त्मना ।80 ॥
इन्द्रियाख्यानिव रिपूंस्तत्वज्ञानेन संयमी ॥60 ॥
यवनीमुखपद्मानां सेहे मधुमदं न सः ।80 ॥
बालातपमिवाब्जा - नामकालजलदोदयः ॥61 ॥
संग्रामस्तुमुलस्तस्य पाश्चात्यैरश्वसाधनैः ।80 ॥
शार्ङ्कूजितविज्ञेय प्रतियोधे रजस्य भूत ॥62 ॥
भल्लापवर्जितैस्तेषां शिरोभिः श्मश्रुलैर्महीम ।80 ॥
तस्तार सरधाव्याप्तैः स क्षौद्रपटलैरिव ॥63 ॥
अपनीतशिरस्त्राणाः शेषास्तं शरणं ययुः ।80 ॥
प्रणिपात प्रतिकारः संरम्भो हि महात्मनाम ॥64 ॥

विनयंते स्म तद्योधा मधुभिर्विजयश्रमम् ।80 ॥
आस्तीर्णाजिनरत्नासु द्राक्षावलय भूमिषु ॥65 ॥
ततः प्रतस्थे कौबेरीं भास्वानिव रघुर्दिशम ।80 ॥
शरैरुस्रैरिवोदीच्यानुद्धरिष्यन्रसानिव ॥66 ॥
विनीताध्वश्रमास्तस्य सिंधुतीर विचेष्टनैः ।80 ॥
दुधुवुर्वाजिनः स्कंधांल्लग्नकुङ्कुमकेसरन ॥67 ॥
तत्र हूणावरोधानां भर्तृषुव्यक्त विक्रमम् ।80 ॥
कपोल पाटलादेशि बभूव रघुचेष्टितम ॥68 ॥
कांबोजाः समरे सोढुंतस्य वीर्य्यमतीश्वराः ।80 ॥
गजालानपरिक्लिष्टैरक्षौटैः सार्धमानता ॥69 ॥
तेषां सदश्वभूमिष्टास्तुङ्गा द्रविणराशयः ।80 ॥
उपदा विविशुः शश्वन्नोत्सेकाः कोसलेश्वरम ॥70 ॥
यतो गौरी गुरुं शैलमारुरोहाश्वसाधनः ।80 ॥
यर्धयन्निवतत्कूटानुद्धूतैर्धातुरेणुभिः ॥71 ॥
शशंस तुल्य सत्वानां सैन्यघोषेऽप्य सम्भ्रमम ।80 ॥
गुहाशयानां सिंहानां परिवृत्या अवलोकितम ॥72 ॥
भूर्जेषु मर्मरी भूताः कीचक ध्वनि हेतवः ।80 ॥
गंगाशीकरिणो मार्गे मरुतस्तं सिषेविरे ॥73 ॥
विशश्रमुर्नमेरुणां छाया स्वध्यास्य सैनिकाः ।80 ॥
दृषदो वासितोत्संगा निषण्णमृगनाभिभिः ॥74 ॥
सरलासक्त मात्तंग ग्रैवेयस्फुरितात्विषः ।80 ॥
आसन्नोषधयो नेतुर्नक्तमस्नेहदीपिका ॥75 ॥
तस्योत्सृष्टनिवासेषु कंठरज्जुक्षतत्वचः ।80 ॥
गजर्वष्म किरातेभ्यः शशंसुर्देवदारवः ॥76 ॥
तत्रजन्यं रघोघोरं पर्वतीयैर्गगैरभूत ।80 ॥
नाराचक्षेपणीयाश्म निष्पेषोत्पतितामलम ॥77 ॥
शरैरुत्सवसंकेतांस कृत्वा विरतोत्सवान ।80 ॥
जयोदाहरणंवाह्वोर्गापयामास किन्नराम ॥78 ॥
परस्परेण विज्ञातस्तेषूपायनपाणिषु ।80 ॥
राज्ञा हिमवतः सारो राज्ञः सारो हिमाद्रिणा ॥79 ॥
तत्राक्षोभ्यं यशोराशिं निवेश्यावरुरोह सः ।80 ॥
पौलस्त्यतुलित स्याद्रेशदधान इव ह्रियम ॥80 ॥

ऊपर के श्लोकों में रघु की पश्चिम की ओर की चढ़ाई का वर्णन है। इस यात्रा में जिन स्थानों और मार्गों का वर्णन है वे ध्यान देने योग्य हैं। पश्चिम समुद्रतट होते हुए रघु त्रिकूट पर पहुँचे जो अवन्ती के पश्चिम विन्ध्य पर्वत के छोर पर है। यहाँ से

पारसियों को जीतने के लिए रघु स्थल मार्ग से गए। वहाँ पाश्चात्य सवारों के साथ घोर युद्ध हुआ जिसमें उनके दाढ़ी वाले सिरों से पृथ्वी ढक गई। जो यवन पगड़ी उतारकर उनकी शरण में आए उन्हें रघु ने छोड़ दिया। यहाँ रघु के योद्धाओं ने दाख (अंगूर) के बगीचों से घिरी हुई भूमि पर जहाँ चमड़ों के आसन बिछे हुए थे मधु (मद्य) द्वारा श्रम मिटाया। फिर उत्तर दिशा वालों को उखाड़ने के लिए रघु कुबेर की दिशा (उत्तर) में गए। सिन्धु (पाठान्तर वक्षु) नद के किनारे लौटे हुए रघु के घोड़ों ने केसर लगे हुए कन्धों को झाड़ा। उत्तर दिशा में हूणों के साथ रघु ने जो विक्रम दिखाया वह हूण स्त्रियों के कपोलों पर लाली के रूप में दिखाई पड़ा। कम्बोज वाले तो रघु के हाथियों के बन्धनों से रगड़े हुए अखरोटों के साथ ही नम्र हुए। कम्बोज वाले अपने यहाँ के घोड़े और सुवर्ण की राशि भेंट में ले आए। वहाँ से रघु हिमालय पर चढ़े। उनके घोड़ों की टापों से उठी हुई धातु रज मानो शिखरों को और भी ऊँचा करती थी। मार्ग में भोजपत्रों में मर्मर शब्द करती हुई, बाँसों में सनसनाती हुई तथा गंगा के जलकणों को लिये हुए वायु ने उनका सेवन किया। किरातों ने जब उनके छोड़े हुए डेरों को देखा तब उन्होंने गले की रस्सी से छिली छाल वाले देवदारों से रघु के हाथियों की ऊँचाई का अनुमान किया। इसके उपरान्त उत्सवसंकेत नामक पर्वतीय गणों के साथ घोर युद्ध हुआ। उन्हें उत्सवहीन करके रघु ने किन्नरों से अपनी विजय के गीत गवाए। इस प्रकार हिमालय में अचल कीर्ति राशि स्थापित करके रावण के उठाए पर्वत (कैलाश) को लज्जित-सा करते हुए रघु (हिमालय से) उतरे।

वर्णन की आलोचना

ऊपर जो कालिदास का वर्णन है उस पर विचार करने के पहले यह समझ रखना चाहिए कि कोई कवि जब किसी पुराने आख्यान का वर्णन करने बैठता है तब या तो परम्परा से चली आती हुई रीति का अनुसरण करता है अर्थात् उन्हीं बातों का वर्णन करता है जिनका वर्णन बराबर होता गया है अथवा इस बात का ऐतिहासिक प्रयत्न करता है कि जिस काल का वर्णन वह कर रहा है उसी काल की प्रचलित रीति, नीति और व्यवस्था का उसमें समावेश हो अथवा अपने वर्णन में सजीवता लाने के लिए वह अपने समय की प्रचलित व्यवस्था, रीति, नीति आदि का पुरानी से पुरानी कथा के वर्णन में भी सन्निवेश करता है। किस कवि ने कौन-सा वर्णन किस भाव से लिखा है यह बात कवि के समय की प्रचलित व्यवस्था का थोड़ा-बहुत ज्ञान रहने से ही निश्चित हो सकती है। कालिदास ने इतिहास, पुराण आदि का खूब अध्ययन किया था पर यह स्पष्ट है कि उन्होंने अपना वर्णन उनमें उल्लिखित व्यवस्था से बद्ध होकर नहीं किया है। रघु वैदिक युग के सम्राट थे पर कालिदास ने यह चेष्टा नहीं की है कि रघुवंश में उन्हीं बातों का वर्णन आए जिनका रघु आदि के समय में होना रामायण, महाभारत आदि से पाया जाता है। कालिदास ने अपने वर्णन में देश की उस स्थिति और रीति-नीति आदि का आभास दिया है जो उनके समय में थी। यही सिद्धान्त स्थिर करके विद्वानों ने कालिदास का समय

निश्चित किया है और उन्हें उस काल में रक्खा है जिस काल की प्रचलित रीति-नीति आदि का आभास उनकी रचनाओं में मिलता है।

कालिदास का देश वर्णन

कालिदास रघु को किन-किन देशों में किस-किस प्रकार ले गए हैं यह देखना चाहिए। कालिदास रघु को त्रिकूट से स्थल मार्ग से फारस ले गए हैं। स्थलमार्ग कहने से यह सूचित होता है कि फारस जाने का रास्ता समुद्र से भी था। यदि रघु अपरान्त (बम्बई के पास का समुद्रतट) से होकर गए तो उन्होंने विन्ध्य पर्वत को उसके पश्चिमी छोर पर अनूप देश के पास पार किया होगा जहाँ त्रिकूट पर्वत पड़ा होगा। यहाँ से मार्ग मरुभूमि के किनारे-किनारे आधुनिक सक्कर होता हुआ बोलन की घाटी पार करके खोजक अमराँ नाम के पहाड़ों के पास निकला होगा। फिर इन पहाड़ों की परिक्रमा करते हुए जिरिश्क जाना पड़ता होगा। वहाँ से इलमन्द नदी का किनारा पकड़े हुए दक्षिण फारस में जाने का मार्ग रहा होगा जो जरथुस्त्र का कार्यक्षेत्र होने के कारण बहुत पवित्र माना जाता था और जिसका लगाव भारतवर्ष से बहुत कुछ था। कालिदास के वर्णन से प्रकट है कि उन्हें पारसियों और पारदों के सम्बन्ध में अच्छी जानकारी थी। इतिहास में दोनों अच्छे घुड़सवार प्रसिद्ध हैं जिसका उल्लेख कालिदास ने भी किया है। जब पारसी लोग पराजित हुए तब उन्होंने अपनी पगड़ियाँ उतार और उन्हें गले में डाल अधीनता स्वीकार की। पारसी लोग दाढ़ियाँ रखते थे इसका पता पुराने चित्रों और मूर्तियों से भी लगता है।

पारसीकों को पराजित करके रघु उत्तर की ओर बढ़े जहाँ उन्हें हूणों और काम्बोजों का सामना करना पड़ा। उत्तर से कहाँ का अभिप्राय है इसका कुछ पता 67वें श्लोक से लगता है जिसमें सिन्धु नदी पर पहुँचने का उल्लेख है। यहाँ पर 'सिन्धु' पाठ ठीक नहीं जान पड़ता क्योंकि रघुवंश की नौ प्राचीन प्रतियों में से, छः में 'वंक्षु'[2] पाठ है। मल्लिनाथ को भी 'सिन्धु' पाठ खटका था इसी से उन्हें अपनी टीका में 'सिन्धु' को काश्मीर की एक नदी लिखना पड़ा। पर दक्षिण पारस से उत्तर जाने पर एकबारगी काश्मीर के उत्तर पहुँच जाना ठीक नहीं जँचता। इससे 'वंक्षु' पाठ ही ठीक जान पड़ता है। इसी वंक्षु को यूनानियों ने ऑक्सस लिखा है और आजकल आमू दरिया कहते हैं। ऑक्सस या आमू दरिया पाँच नदियों के मेल से बना है जिनमें अक्साब और बक्शाब मुख्य हैं। इनके बीच के प्रदेश को अरबवाले खत्ताल और फारसवाले हयताल कहते हैं। इसी हयताल शब्द के अनुसार रोमन लोग हूणों को इफथलाइट कहते थे क्योंकि जैसा पहले कहा जा चुका है हूण लोग पहले ऑक्सस या वंक्षु नद के किनारे ही आकर जमे थे।

इसी प्रदेश से लगा हुआ पूरब की ओर बदखशाँ है जिसे ऑक्सस या वंक्षु नद घेरे हुए है। फारसी किताबों में इस प्रदेश की बड़ी महिमा लिखी है। यहाँ का लाल प्रसिद्ध था और कहते थे कि यहाँ की नदियाँ सोने का रेत बिछाती हैं। बदखशाँ से और पूरब जाने पर हम वंक्षु नद के उद्‌गमों तक पहुँचते हैं जहाँ बखशाँ प्रदेश है जो कश्मीर की सीमा पर पड़ता है। पामीर के नीचे वंक्षु और यारखंड नदी के उद्‌गमों तथा काश्मीर के

उत्तर गई हुई सिन्धु नदी की धारा के बीच बहुत संकीर्ण प्रदेश पड़ता है जिससे होकर पुराने समय में लोग तिब्बत और तुर्किस्तान की ओर जाते थे। वंक्षु या वक्शाब के उद्‌गमों तक जाने के लिए बलख होता हुआ रास्ता गया है। अस्तु, यदि कालिदास के ध्यान में कोई सड़क रही होगी तो यही बलख वाली जिससे होकर सिकन्दर भी बलख में पहुँचा था। इस प्रकार कालिदास के अनुसार रघु बलख तक तो उसी रास्ते से गए होंगे जिस रास्ते सिकन्दर गया। बलख से रघु पश्चिम की ओर न जाकर बदखशाँ और बदखशाँ होते हुए उत्तर-पूर्व की ओर मुड़े होंगे और कुछ चलकर कम्बोज प्रदेश की सीमा पर पहुँचे होंगे। कालिदास के इस मार्ग से भारतवर्ष की उत्तर-पश्चिम सीमा का आभास मिलता है जो पारदों के समय से लेकर ईसा की तीसरी क्या पाँचवीं-छठी शताब्दी तक समझी जाती थी।

काम्बोजों को जीतकर रघु ने हिमालय की चढ़ाई आरम्भ की। काश्मीर के पूरब लद्‌दाख होते हुए तिब्बत जाने का पुराना मार्ग है। पर उक्त प्रदेश में उस समय दरद नामक म्लेच्छ बसते थे जिनका कोई उल्लेख कालिदास ने नहीं किया है। इससे जान पड़ता है कि कालिदास रघु को पूरब की ओर से किसी दूसरे मार्ग से ले गए हैं क्योंकि 73वें श्लोक के अनुसार रघु की सेना ने गंगा के शीतल जलकण मिली हुई वायु से अपनी थकावट मिटाई थी। कैलाश के दिखाई पड़ने का भी उल्लेख है। इससे कालिदास का यही अभिप्राय जान पड़ता है कि रघु गंगोत्री और केदारनाथ के रास्ते हिमालय से उतरे।

कालिदास के वर्णन से इतना तो स्पष्ट है कि उनके समय में हूण लोग वंक्ष या ऑक्सस नदी के उत्तरी तट पर बसे थे, जो ईसा की चौथी और पाँचवीं शताब्दी में (जबकि एशिया और योरप में उनका अधिकार खूब फैला था) उनका प्रधान स्थान रहा। उस प्रदेश में हूण कब आए इस प्रश्न के साथ यह भी संशय हो सकता है कि सम्भव है हूणों के वहाँ बसने के पूर्व जो जाति वहाँ रहती हो उसे भारतवासी हूण कहते रहे हों। पर इसका कोई प्रमाण या आधार नहीं मिलता।

चीन के इतिहास में हूण

हूणों का नाम चीन के इतिहास के आरम्भ से ही मिलने लगता है। यह जाति खास चीन के उत्तर-पश्चिम कोने पर बसती थी। चीनियों में इस जाति के नाम कई रूपों में लिखे मिलते हैं, पर सबका उच्चारण प्रायः एक ही-सा है। हूणों का सबसे पुराना नाम ह्यून-यू मिलता है। पीछे वे ही ह्यान-युन और फिर हयंग-नु कहलाने लगे। इन सब नामों में सामान्य ध्वनि 'हुन' है जिसे लेकर फारसी वालों ने हुनू और संस्कृत वालों ने हूण किया। ये हयंग-नु तुरुष्क, मंगोल और हुनू लोगों के अगुआ थे, जिन्होंने ईसा की चौथी और पाँचवीं शताब्दी में सारे योरप और एशिया में हलचल मचा दी थी। ये अपने को 'हया' वंश का बतलाते थे जिसकी प्रतिष्ठा ईसा से 2205 वर्ष पूर्व कुन नामक मन्त्री के पुत्र 'यू' ने की थी। इस वंश का सत्तरहवाँ राजा ईसा से 1766 वर्ष पूर्व अपने अत्याचारों के कारण निकाल दिया गया। उसका बेटा शुं-वेई 500 हयावंशियों के साथ चीन के उत्तरी प्रान्त में जाकर बस

गया। चीनी कथाओं के अनुसार उसी शुं-वेई और उसके साथियों के वंशज हयंग-नु थे। चीन का इतिहास लिखते हुए डॉक्टर हार्थ लिखते हैं, "ह्वांग-टी के समय में पहले-पहल हुन-यू जाति का नाम मिलता है जो उसके राज्य के उत्तर बसती थी और जिससे उसे कई बार लड़ना पड़ा था। चीनियों के अनुसार ये हुन-यू वे ही थे जो पीछे से हयंग-नु कहलाए और चीन के बादशाहों से बराबर लड़ते आए। बात कहाँ तक ठीक है नहीं कहा जा सकता पर इतना तो अवश्य है कि चीनियों में यह जनश्रुति परम्परा से चली आती थी कि प्राचीन काल में चीन की उत्तरी सीमा पर हुन-यू नाम की एक जाति बसती थी जिसके वंशधर हयंग-नु या हूण थे जिनका इतिहास में इतना नाम है। इसी हयंग-नु वंश के खाँ (सरदार) ईसा से लगभग 100 वर्ष पूर्व सुग्ध राज्य (समरकन्द के आसपास का प्रदेश) में बसे और आसपास की जातियों से कर वसूल करने लगे। यहीं से तातारों का पश्चिम की ओर फैलना आरम्भ हुआ। और वे धीरे-धीरे योरप के पूरबी भागों तक फैले।"

ईसा से छह सौ वर्ष पहले चीन साम्राज्य के सात खंड हो गए—शू, चाओ, वेइ, हन, यन-चाओ, त्सी और त्सीन। इनमें से उत्तरी राज्य यनू-चाओ और त्सीन (शीन या चीन) हयंग-नू के पड़ोसी थे। ईस्वी सन् से 321 वर्ष पूर्व शेष छः राज्यों ने मिलकर त्सीन राज्य पर चढ़ाई की, पर त्सीन राज्य ने उन सबको परास्त किया और त्सीन राजवंश का शी-ह्वांगटी ही सारे चीन का एकछत्र राजा हुआ (ईसा से 246 वर्ष पूर्व)। यह बड़ा प्रतापी राजा हुआ। इसने सामन्त राज्यों की व्यवस्था तोड़ दी और भिन्न-भिन्न प्रदेशों में अपनी ओर से शासक नियत करके भेजे। राज्य भर में इसने बहुत-सी नहरें और सड़कें बनवाईं तथा प्रजा की सुविधा के लिए और भी बड़े-बड़े काम किए। अपने राज्य में सब प्रकार से शान्ति स्थापित करके शी-ह्वांग-टी ने चीन के पुराने शत्रु हयंग-नु तातारों पर चढ़ाई की जिनके आक्रमणों से चीन के लोग तंग थे। उसने चीन के बिलकुल पास बसने वाले हयंग-नु लोगों का ध्वंस किया और जो बचे उन सबको भगाकर मंगोलिया प्रदेश में कर दिया। इस प्रकार शत्रुओं का दमन करके उसने चीन साम्राज्य की सीमा बहुत बढ़ाई। सबसे भारी काम तो उसने यह किया कि हयंग-नु तातारियों की रोक के लिए कहकहा दीवार पूरी कराई जो संसार के अद्भुत पदार्थों में है। इस दीवार का बनना ईसा से 214 वर्ष पूर्व आरम्भ हुआ था। पुरानी चाल के पंडित लोग सामन्त व्यवस्था के पक्ष में बहुत कुछ कहा करते थे और प्रमाण में प्राचीन इतिहासों के दृष्टान्त दिया करते थे। इस पर शी-ह्वांग-टी इतना बिगड़ा कि उसने अपने राज्य का सारा पुराना इतिहास नष्ट करा दिया। उसकी इस बर्बरता का बहुत कुछ प्रायश्चित उसके पुत्र ह्वेंग-टी (194-179 ईसा से पूर्व) ने किया जो भारतीय सम्राट पुष्यमित्र और खारवेल तथा वाह्लीक देश (बलख) के यवन राजा मिनांडर (बौद्धों के मिलिन्द) का समकालीन था।

हूण और यू-ची

शी-ह्वांग-टी के राजत्वकाल के पिछले दिनों में हयंग-नु तातारों का राजा अपने पुत्र माओं-तुन द्वारा मार डाला गया। माओं-तुन बड़ा प्रतापी हुआ। उसने अपना राज्य

जापान समुद्र से लेकर योरप में वोल्गा नदी के किनारे तक बढ़ाया। यहीं तक नहीं, उसके पिता के समय में उत्तर चीन का जितना भाग चीनियों ने निकाल लिया था उसने 3,00,000 सेना लेकर उस पर फिर अपना अधिकार जमा लिया। पहले कहा जा चुका है कि शी-ह्वांग-टी के पीछे उसका पुत्र ह्वेंग-टी गद्दी पर बैठा जिसने विद्या और साहित्य की बहुत उन्नति की, बहुत-से पुस्तकालय खोले और अपने पिता द्वारा पहुँची हुई हानि की बहुत कुछ पूर्ति की। उसके राज्य में चारों ओर सुख-शान्ति थी। पर हयंग-नु लोगों के आक्रमण बन्द नहीं हुए थे इससे चीन सम्राट ने उनका उच्छेद अत्यन्त आवश्यक समझा। हयंग-नु लोगों के जब चीन पर सब आक्रमण व्यर्थ हुए और वे हर बार हटा दिए गए तब उन्होंने अपना क्रोध यू-ची लोगों पर निकाला जो कं-सू राज्य के पश्चिम में पड़ते थे। यू-ची लोग अपने स्थान से एकबारगी थियान-ज्ञन पर्वत के पार तुर्किस्तान और कैस्पियन सागर के बीच के प्रदेशों में भगा दिए गए। चीनी सम्राट ने अच्छा अवसर देख यूचियों से सन्धि का प्रस्ताव किया जिसमें बड़ी सफलता हुई। सन्धि का प्रस्ताव लेकर चंग-किन नामक जो राजदूत पश्चिम गया था उसे बलख (वाह्लीक) तक जाना पड़ा था, क्योंकि यूचियों का अधिकार उस समय बलख तक हो गया था। बलख तक पहुँचने पर उस चीनी राजदूत का ध्यान भारतवर्ष की ओर गया और बहुत-से पेड़-पौधे और जन्तु तथा सभ्यता के बहुत-से आचार-व्यवहार पश्चिम से चीन में गए। बू-टी (140-86 ईसा पूर्व) के समय में हयंग-नु लोगों का बल टूट गया और पूरबी तुर्किस्तान चीन साम्राज्य के अन्तर्गत हुआ। फिर तो फारस और रोम तक से चीन का व्यापार स्थापित हो गया और व्यापारी बेधड़क एक देश से दूसरे देश में जाने लगे। ईस्वी सन् के आरम्भ में चीन में हान वंश (जिसमें ह्वेटी और बू-टी आदि थे) के हाथ से राज्य निकल गया। सन् 58 ई. के लगभग उसी वंश के राजा ने फिर शान्ति स्थापित की। उसी के पुत्र मिंग-टी के समय में अर्थात् सन् 65 ईस्वीं में बौद्ध धर्म्म भारत से चीन पहुँचा। इसी समय के लगभग प्रसिद्ध सेनापति पन्-चाओ तुर्किस्तान में शन-शन के राजा के पास चीन का राजदूत होकर गया जिसके प्रभाव से शन्-शन्, खुतन और काशगर के राज्य चीन साम्राज्य के आज्ञानुवर्ती हुए। इसी समय से समझना चाहिए कि हयंग-नु जाति चीन के उत्तर से सब दिन के लिए भगा दी गई।

अपने स्थान से हटने पर हयंग-नु लोगों ने सुग्ध देश (समरकन्द के आसपास का प्रदेश) पर अधिकार किया और अलान (जो पूर्वकाल में यन-शाई कहलाते थे) लोगों को परास्त करके उनके राजा को मार डाला। यहीं से उनके दल योरप और एशिया के कई भागों में बढ़ते गए और हूण के नाम से प्रसिद्ध हुए। यह तो हुई चीन के उत्तर में बसनेवाले हसंग-नु की बात। जो हयंग-नु दक्षिण में बसे थे, वे सब सन् 215 ईस्वी में चीन सम्राट के अधीन हो गए। आगे चलकर थोड़े ही दिनों में जब परस्पर विरोध के कारण चीन की शक्ति उतनी न रही तब चौथी शताब्दी में हयंग-नु लोगों ने चीन पर फिर आक्रमण किया। इस बार वे हूण के नाम से जगत्प्रसिद्ध हो गए थे—भारत की सीमा से लेकर रोमन साम्राज्य की सीमा तक वे फैले थे।

क्या हयंग-नु और हूण एक ही थे

हूणों के सम्बन्ध में तीन प्रकार के मत अब तक प्रचलित थे। कुछ लोग हयंग-नु और हूणों को एक बतलाते थे, कुछ लोग हूणों को तुरुष्क कहते थे और कुछ लोग मंगोल। पर अब अनेक प्रमाणों द्वारा हयंग-नु लोगों का हूण होना सिद्ध हो गया है। रोम के सन्त हिरनिमस का बनाया हुआ एक नक्शा लन्दन के अजायबघर में रक्खा है जिसमें चीन साम्राज्य की सीमा पर 'हुनिस्काइड' (हूण-शक) नाम मिलता है। यह नक्शा ईस्वी सन् 376 और 420 के बीच का बना हुआ है जबकि हूण लोग योरप में पहुँच चुके थे। हिरनिमस के शिष्य ओरोसियस ने एक भूगोल लिखा था जिसका अँगरेजी में अनुवाद इंगलैंड के पुराने बादशाह आलफ्रेड ने किया था। इस भूगोल में हुनि-स्किद (हूण-शक) नाम मिलता है। सबसे अधिक ध्यान देने की बात तो यह है कि यह नाम ओत्तरकोरा (उत्तरकुरु) के पास ही रक्खा गया है। ऊपर जिस नक्शे का उल्लेख हुआ है वह एक पुराने नक्शे के आधार पर बना था जिसे रोमन सम्राट आगस्टस ने ईसा से 7 वर्ष पूर्व बनवाया था। इससे सिद्ध है कि हयंग-नु काल के रोमन लेखकों ने चीन की दीवार के पास बसने वाले हूणों का नाम सुना था यद्यपि वे उनका इतिहास नहीं जानते थे। स्ट्रेबो ने भारतवर्ष का उल्लेख करते हुए लिखा है–"यवन (यूनानी) लोगों ने वाह्लीक देश (बलख) में विद्रोह मचवाया और इतने प्रबल हो गए कि हिन्दुस्तान और ईरान के बहुत-से भागों के स्वामी हो गए। उनके राजा मिनांडर (मिलिन्द) ने सिकन्दर से भी अधिक जातियों को जीता। मिनांडर और डिमोट्रियस दोनों ने बहुत-से देश विजय किए। उन्होंने पाटलीन (पाटल) को ही नहीं लिया बल्कि सराओस्टल (सौराष्ट्र) और सिगार्टिस पर भी अधिकार जमाया जो समुद्रतट के देश हैं। अयोलोडोरस कहता है कि बलख सारे ईरान का शिरोमणि है। उन्होंने अपना राज्य सिरीज और फ्रिनी के देशों तक बढ़ाया।"

हूण–अरण्यवासी और राक्षस

ऊपर के उद्धरण में फ्रिनी शब्द भ्रम से फानी के स्थान पर लिखा गया है जिसका अर्थ अरण्यवासी होता है। हूणों के अरण्यवासी होने की बात गाथिक लोगों में भी प्रसिद्ध थी। गाथिक इतिहासकार कसिओडोरस के ये वाक्य और ग्रन्थों में उद्धृत मिलते हैं–

"उन दिनों में हूण लोग जो पहले बहुत दिनों तक दुर्गम पर्वतों के बीच रहे, गाथ लोगों पर एकाएक टूट पड़े, और उन्हें तंग करते-करते देश से बाहर निकाल दिया और देश को अपने अधिकार में कर लिया। इस प्रचंड लड़ाकी जाति की उत्पत्ति पुरानी कथाओं में इस प्रकार मिलती है।

"गाथों के राजा फिलिमर को, जो स्कैंजा द्वीप से आकर बसे हुए जेटे लोगों पर राज्य करता था, जब वह स्वजातियों के दल के साथ शक देश में पहुँचा तब मालूम हुआ कि उसके दल में कुछ 'मग स्त्रियाँ' हैं। उन स्त्रियों पर अनेक प्रकार के सन्देह करके उसने उन्हें अपने दल में से निकाल दिया और वे बहुत दिनों तक इधर-उधर फिरती रहीं।"

इस उद्धरण से पता चलता है कि गाथ लोग अरण्यवासी हूणों को हूण पिता और मग माता से उत्पन्न मानते थे।

मिनांडर और हूण

हयंग-नु लोगों को उस समय साधारण लोग वन-दैत्य कहते थे। पारसी लोग भी उन्हें देव ही समझते थे। प्राचीन यूनान और रोमन लोगों ने जिन्हें फानी (अरण्यवासी) लिखा है वे ये हयंग-नु ही थे, इसका प्रमाण स्ट्रेबो के लेख से मिलता है। स्ट्रेबो के भूगोल के अनुसार मिनांडर ने ईसा से 600 वर्ष पूर्व अपना राज्य चीन की सीमा और फानी लोगों के देश तक बढ़ाया। यह पहले ही लिखा जा चुका है कि मिनांडर के समय में चीन का बादशाह ह्वे-टी था। अस्तु, आयोलोडोरस नामक वाह्लीकवासी यवन (यूनानी) ने अपनी पार्थिका (पारद देश के वृत्तान्त) में जिस फानी राज्य का उल्लेख किया है वह हयंग-नु राज्य ही था, जिसका शासक उस समय परम प्रचंड माओन्तुन था। चीनियों के लेखों से तो इस बात का पूरा निश्चय हो जाता है। चीनी हयंग-नु लोगों को क्वैं-फांग भी कहते थे। 'क्वै' शब्द का अर्थ है दैत्य या दानव। एक चीनी पुस्तक में स्पष्ट लिखा है कि 'यिन' वंश के लोग उन्हीं को क्वैं फांग कहते थे जिन्हें पहले 'हान' वंश (जिसमें शी-ह्वां-टी और ह्वे-टी थे) के लोग हयंग-नु कहते थे। प्राचीन चीनी इतिहासकार सी-म-चंग ने भी ऐसा ही लिखा है। सी-म-चंग के अनुसार यव-शोन के समय में शोन-बे कहलाते थे। 'इन' वंश के समय में उनके देश को क्वै-फांट कहते थे। 'चाओ' के समय में वे हून-यून और 'हान' वंश के समय में हयंग-नु कहलाते थे।

ऊपर के विवरणों से स्पष्ट है कि हयंग-नु लोगों को किसी समय चीनी लोग भी दैत्य दानव कहते थे और यह बात जनसाधारण के बीच फैलते-फैलते रोमन लोगों तक पहुँची। अस्तु, इसमें अब कोई सन्देह नहीं रहा कि हयंग-नु और हूण को उनके पड़ोसी चीनी एक ही समझते थे।

हूणों का मातृकुल—मसाजेटे

हूणों के मातृकुल पर विचार करने से यही प्रतीत होता है कि मग स्त्रियाँ जिनका ऊपर उल्लेख हुआ है जेटे जाति की थीं जो चीन के किनारे बसती थीं। यूनानी (यवन) और रोमन लेखक हूणों को मसाजेटे जाति से निकले हुए मानते थे। अमिएनस मार्सेलिनस ने तो स्पष्ट लिखा है कि हूण लोग आलन लोगों से मिलते-जुलते थे जो योरप की डोन नदी से लेकर सिन्ध नदी तक फैले थे और पहले मसाजेटे कहलाते थे। हयंग-नु लोगों द्वारा उनके पराजित होने के पहले चीनी उन्हें अनसाई या यनसाई कहते थे। मग स्त्रियों से जो हूणों की उत्पत्ति मानी जाती थी वह इस कारण कि मग स्त्रियाँ जादू-टोना करने में प्रसिद्ध थीं। ऐसी मायाविनी स्त्रियों से हूण ऐसे दैत्यों को उत्पन्न मानना स्वाभाविक ही था।

भारतीय ग्रन्थों में पता

यह पहले ही कहा जा चुका है कि ओरोसियस के भूगोल में हूण-शक उत्तरकुरु के पास रहते थे। संस्कृत ग्रन्थों में उत्तरकुरु जाति हिमालय के उस पार कही गई है। पुराणों में तो उत्तरकुरु विलक्षण रंग-रूप के और अत्यन्त दीर्घजीवी लिखे गए हैं। प्राचीन यूनानियों ने भी उनका ऐसा ही पौराणिक वर्णन किया है। पर महाभारत में उनका मनुष्य ही के रूप में वर्णन हुआ है और लिखा है कि पांडु के समय में उनके यहाँ एक स्त्री कई पति करती थी। और अधिक प्राचीन ग्रन्थों की ओर जाते हैं तो उनमें उनका सीधा-सादा उल्लेख मिलता है। ऐतरेय ब्राह्मण में लिखा है कि वे हिमालय के उस पार बसते थे। उत्तरकुरु यद्यपि देवभूमि कहा गया है पर यह भी लिखा गया है कि वशिष्ठ सत्यहव्य का शिष्य ज्ञानंतपि अत्याराति उसे जीतना चाहता था। इसे हम किस्सा-कहानी नहीं मान सकते। उत्तरकुरु के साथ ही हमें उत्तरमद्रों का उल्लेख मिलता है जिनका बहुत कुछ सम्बन्ध काम्बोजों से था। काम्बोज औपमन्यव मद्रगार का शिष्य कहा गया है। शतपथ ब्राह्मण में एक आख्यान है कि कुरुपांचाल ब्राह्मणों और उत्तरी ब्राह्मणों के बीच झगड़ा हुआ जिसमें उत्तरी ब्राह्मणों की विजय हुई। आख्यान में यह भी है कि उत्तरी ब्राह्मणों की भाषा कुरुपांचालों की भाषा से मिलती-जुलती थी। उनकी भाषा बहुत विशुद्ध मानी जाती थी और बहुत-से ब्राह्मण अध्ययन के लिए उत्तराखंड में जाते थे। बौद्ध कथाओं से भी यह जाना जाता है कि गान्धार बहुत दिनों तक प्रधान विद्यापीठ रहा जहाँ बड़े-बड़े राजकुमार राजनीति आदि की शिक्षा के लिए जाते थे। बुद्ध के समय में कोशल के राजा प्रसेनजित शिक्षा के लिए तक्षशिला गए थे। सिंहलद्वीप के इतिहासग्रन्थ महावंश में लिखा है कि जिस समय महास्तूप बन रहा था उस समय कुछ श्रमण एक विशेष प्रकार का पत्थर लाने के लिए उत्तरकुरु भेजे गए थे। अस्तु, यदि हम उत्तरकुरु टारिम के कछार के उस स्थान को मानें जो अब चीनी तुर्किस्तान कहलाता है तो असंगत न होगा। उत्तरकुरु को चीन और भारत सीमा पर तथा हयंग-नु के पास होना चाहिए।

हुएन्सांग के वर्णन में खुतन के पश्चिम 'चूहों' का उल्लेख

हयंग-नु लोगों का स्थान यही था इसका प्रमाण हुएन्सांग के वर्णन में मिलता है। वह लिखता है—"पुराने समय में हयंग-नु का एक सेनापति लाखों का दल लेकर इस प्रदेश (खुतन) को लूटने आया था। पर बड़े भीमकाय चूहों ने जो खुतन से कुछ दूर पर रहते थे आकर हयंग-नु के दल का बात की बात में ध्वंस किया।"

हयंग-नु के हूण प्रदेश में पहुँचने के लिए सिता नदी पार करनी पड़ती है। इसी को पुराणों में सीता लिखा है जो मेरु से निकली हुई सात पवित्र नदियों में से है। महाभारत में इसी का नाम शैलोदम लिखा है जो यूनानी और रोमन लोगों के बीच 'सिलास' के नाम से प्रसिद्ध थी। अब यह स्पष्ट हो गया कि उत्तरकुरु प्रदेश टारिम के कछार में था और

जिसे आजकल तकला-मकान का रेगिस्तान कहते हैं उसके उत्तर-पश्चिम किनारे पर थियानशन पर्वत की पूरबी ढाल की ओर पड़ता था।[3]

(नागरी प्रचारिणी पत्रिका, 1919 ई.)

सन्दभ

1. यह जान लेना आवश्यक है कि मिहिरगुल शैव सम्प्रदाय का अनुयायी था। उसकी क्रूरता की कई कथाएँ प्रसिद्ध हैं। राजतरंगिणी में लिखा है कि एक बार उसने एक हाथी को एक ऊँचे पहाड़ पर से केवल उसका चिल्लाना और छटपटाना देखने के लिए गिरवाया था। ऐसे अत्याचारी की मृत्यु से देशभर में आनन्द छा गया।
2. वंक्षु–यह वंक्षु नद अफगानिस्तान के उत्तर बदशाँ प्रदेश में है और उन पाँच नदियों (पंजा) में है जिनसे मिलकर ऑक्सस या आमू दरिया बना है जो तुर्किस्तान की ओर जाता है। पामीर और बदखशाँ में जो अक्सु नाम की धारा है वही ऋग्वेद का प्राचीन वंक्षु है जिसका अपभ्रंश यूनानियों ने ऑक्सस किया–रा.चं.शु.।
3. Indian Antiquity में प्रकाशित प्रो. कृष्णस्वामी ऐयंगर एम.ए. के लेख का आधार।

महाराज कनिष्क का स्तूप

काश्मीराधिपति शकवंशीय महाराज कनिष्क ने महात्मा गौतम बुद्ध के कुछ चिह्नों को बड़ी धूमधाम के साथ बड़ा भारी स्तूप बनवाकर रक्खा था। चीनी यात्रियों ने उस स्तूप को भारतवर्ष में सबसे वृहत और भव्य लिखा है और उसकी विशालता और सुन्दर रचना का बड़े विस्तार के साथ वर्णन किया है। उन्होंने लिखा है कि फाटक के दोनों ओर छोटे-छोटे आकार के बहुत-से स्तूप बने हुए हैं जिनकी कारीगरी बहुत ही उत्तम है। फाटक से थोड़ा पश्चिम हटकर राजा कनिष्क ही का बनवाया हुआ भारी मठ है जिसमें हजारों बौद्ध संन्यासी दूर-दूर देशों से आकर पड़े रहते हैं। यह मठ उस काल में भारतवर्ष में अत्यन्त प्रसिद्ध था।

काल पाकर इस विशाल स्तूप और मठ के सब चिह्न लुप्त हो गए और लोग उसको बिलकुल भूल से गए, यहाँ तक कि यह भी पता न रह गया कि वह स्तूप किस स्थान पर बना था। इन यात्रियों के लेखों से इतना तो अवश्य मालूम हो सकता था कि वह कनिष्क की राजधानी पुष्पपुर वा पेशावर ही के पास कहीं पर था। पर उसका कोई चिह्न तब तक न मिला जब तक कि फरासीसी पुरातत्त्ववेत्ता फ़ाउचर ने पेशावर के आसपास के स्थानों का निरीक्षण नहीं किया। कुछ वर्ष हुए कि इस विद्वान ने घूमते-घामते पेशावर नगर से पूर्व की ओर खेतों में दो बड़े-बड़े टीले देखे। विचार करने पर उन्होंने यही निश्चय किया कि हो न हो कनिष्क के प्रसिद्ध स्तूप ये ही हैं जो अब बिलकुल जमीन में बैठ गए हैं। दो वर्ष हुए कि सरकारी पुरातत्त्व विभाग ने डॉक्टर स्पूनर के निरीक्षण में उस स्थान को खोदकर जाँच करना आरम्भ किया। प्रथम वर्ष तो इस खोज का कोई आशाजनक फल न दिखाई पड़ा (Archiological Survey Frontier Circle for 1907-08) पर काम बराबर जारी रहा और अगले साल जाड़े में इस परिश्रम का पूरा फल आँखों के सामने अकस्मात उमड़ पड़ा।

इन दोनों टीलों में जो छोटा था उसके भीतर जाकर स्पूनर को वह पूरा दबा हुआ स्तूप मिल गया जिसे महाराज कनिष्क ने निर्माण कराया था। यह समचतुर्भुज आकार का है और लम्बाई-चौड़ाई में 285 फीट है। और पूरब की ओर फाटक पर उन बहुत-से छोटे-छोटे स्तूपों का समूह निकला है जिनका वर्णन चीनी यात्रियों ने किया है। स्तूप की दीवारें अनगढ़े पत्थरों की बनी हुई हैं जिनके बीच-बीच में ईंटें भी दी गई हैं। यह बात भी नई ही है। क्योंकि इस प्रदेश में जो और नई इमारतें मिली हैं वे स्लेट पत्थर की

दीवार की हैं। इन दीवारों के ऊपर की पच्चीकारी से स्पष्ट प्रकट होता है कि सारा स्तूप बुद्ध की छोटी-छोटी प्रतिमाओं से मंडित था। पर सबसे अधिक ध्यान देने योग्य स्तूप के चारों कोनों पर के बड़े-बड़े बुर्ज हैं जो अब तक इस प्रकार की इमारतों में देखने में नहीं आए थे। हुएन्सांग ने लिखा है कि जब यह स्तूप बनकर तैयार हुआ तब वह इतना ऊँचा था कि उसके ऊपर छत्र या कलश अच्छी तरह से नहीं बैठाया जा सकता था। इसीलिए चार बुर्ज बना दिए गए जिन पर से पाइट बाँधकर छत्र बैठाया गया।

स्तूप के मध्य भाग में खोदते-खोदते बहुत नीचे वह कोठरी मिली जिसमें बुद्ध के पवित्र चिह्न रखे गए थे। उस कोठरी के भीतर एक धातु का डिब्बा मिला जिसके भीतर वह स्फटिक की डिबिया मिली जिसमें बुद्ध का पवित्र चिह्न रक्खा हुआ था। डिब्बा बेलन के आकार का है जिसकी ऊँचाई सात इंच और व्यास लगभग पाँच इंच है। डिब्बे का ढकना सिरे पर कुछ उठा हुआ है। इस पर खिला हुआ कमल बना है जिस पर तीन मूर्तियाँ बीच में भगवान बुद्ध की और उनके दोनों पार्श्व में माला लिये हुए हंसों की पंक्ति बनी है। डिब्बे के मध्य भाग के चारों ओर बुद्ध की आसीन मूर्तियाँ खचित हैं और माला लिये हुए कामदेव बने हैं। बीच में महाराज कनिष्क का एक खड़ा चित्र भी है जो उन चित्रों से मेल खा जाता है जो इस राजा के सिक्कों पर पहले मिल चुके हैं। डिब्बे पर कुछ लेख भी हैं जो उस चित्र को कनिष्क का प्रमाणित करते हैं। ये लेख चार हैं और खरोष्ठी लिपि में लिखे हुए हैं। इनमें से एक में उस डिब्बे के बनाने वाले कारीगर का हस्ताक्षर है। यह अजिसिलस नामक किसी व्यक्ति का हस्ताक्षर है जो अपने को 'निरीक्षक शिल्पकार' लिखता है। यह व्यक्ति यूनानी समझा गया है। एक बात तो इन वस्तुओं से निर्विवाद सिद्ध होती है कि गान्धार की शिल्प विद्या कनिष्क से पहले ही उन्नति को पहुँची हुई थी।

डिबिया जो डिब्बे में है वह यथार्थ में स्फटिक का एक बड़ा खंड है जिसका एक सिरा खोदकर गहरा कर दिया गया है। इसमें तीन हड्डी के छोटे-छोटे टुकड़े परस्पर दृढ़ता से बँधे हुए मिले हैं। इन हड्डियों पर पहले एक मिट्टी की मुहर चढ़ी हुई थी जिस पर राजचिह्न स्वरूप एक हाथी अंकित है। यह मुहर अब काल पाकर हड्डियों के ऊपर से अलग हो गई है। कोठरी के पास ही कनिष्क का एक सिक्का भी मिला है। ये हड्डियाँ गौतमबुद्ध की हैं यह बात हुएन्सांग ने स्पष्ट लिखी है।

(नागरी प्रचारिणी पत्रिका, 15 सितम्बर, 1909 ई.)

बुद्धदेव की हड्डियाँ

पेशावर के पास जो बुद्धदेव की हड्डियाँ निकली हैं, उनका संक्षिप्त विवरण हम पिछले अंक में दे चुके हैं। अब झगड़ा इस बात का है कि ये हड्डियाँ कहाँ रखी जायँ। चीन, जापान आदि सभी बौद्ध देश इसे माँग रहे हैं। सरकार ने अभी तक कुछ भी निश्चित नहीं किया है। न जाने वह किस सोच-विचार में पड़ी है। बुद्ध भगवान ने इसी भारतवर्ष में जन्म लिया था अतः उनकी निशानी को रखने का अधिकार जितना इस भूमि को है, उतना और किसी को नहीं। क्या हुआ जो हिन्दू लोग आज उनके मत को नहीं मानते, वे अपने दूसरे नौ अवतारों के साथ उनका भी नित्य उठकर जय-जयकार मनाते हैं। किसी दशा में हम भारतवासी उनको भूलना नहीं चाहते। यद्यपि हमारा जीवन जड़ और स्तब्ध हो रहा है तो भी अपने पूज्य अवतार की निशानी को अपनी आँखों के सामने से हटते देख हमारे हृदय पर कहाँ तक चोट न पहुँचेगी ?

पंजाब की हिन्दू सभा ने इन हड्डियों को भारतवर्ष ही में रखने के लिए गवर्नमेंट से प्रार्थना की है। दिल्ली के डिस्ट्रिक्ट एसोसिएशन ने सभा करके पाँच सौ रुपए पेशावर में मन्दिर बनाने के लिए जमा भी कर दिए। और पूर्निया और भागलपुर के लोगों ने भी प्रार्थना पत्र भेजे हैं। कलकत्ते में ब्रिटिश इंडियन एसोसिएशन ने भी भारतीय सरकार से पत्र द्वारा प्रार्थना की है कि वह शीघ्र इन हड्डियों को भारतवर्ष के किसी मन्दिर में स्थापित कर दे। 21 सितम्बर को सन्ध्या के समय पूना वालों ने भी एक बड़ी भारी सभा करके यह मन्तव्य प्रकाशित किया–

"बौद्ध धर्म्म के संस्थापक श्री गौतम बुद्ध की हड्डियाँ जो हाल में पेशावर में मिली हैं हिन्दुस्तान के बाहर न भेजी जाकर बुद्ध गया में रखी जायँ।"

बौद्ध धर्म्म को मानने वाली मिस सोफिया एगारस नाम की एक रूसी स्त्री ने भी बड़े लाट को इस विषय में एक जोरदार पत्र लिखा है। उसने लिखा है–"बुद्ध देव की अस्थि भारतवर्ष से बाहर न जानी चाहिए। बौद्ध धर्म्म की मुझे पूरी जानकारी है। इसी से कहती हूँ कि बुद्धदेव की जन्मभूमि भारतवर्ष में अस्थि की प्रतिष्ठा होने से समस्त बौद्ध प्रसन्न होंगे।"

भिन्न-भिन्न देश में रहने वाले बौद्धों को भी इन हड्डियों के भारतवर्ष में स्थापित होने से प्रसन्न ही होना चाहिए। भारतवर्ष उनके आराध्यदेव की जन्म-भूमि और लीलाभूमि होने के कारण उनका तीर्थ है। फिर क्यों न बुद्धदेव का एक चिह्न स्थापित कर

उस तीर्थ की महिमा और भी बढ़ाई जाय। इस सम्बन्ध में सीलोन (लंका) के बौद्धों ने जो उदारता और धर्म्मनिष्ठा दिखलाई है वह प्रशंसनीय है। हाल ही में कोलम्बो नगर में इन हड्डियों के विषय में विचार करने के लिए बौद्ध धर्मावलम्बियों की एक बड़ी सभा हुई थी। बौद्धों के महागुरु सुमंगलाचार्य सभापति थे। कलकत्ते के सुप्रसिद्ध प्रोफेसर सतीशचन्द्र विद्याभूषण भी संयोगवश उपस्थित थे। बहुत देर तक तो यही विचार होता रहा कि ये हड्डियाँ बुद्धदेव की हैं या नहीं।

सभापति ने पूछा–भ्राता ज्ञानेश्वर बताएँ कि ये हड्डियाँ गान्धार में कैसे पहुँचीं ?

ज्ञानेश्वर–महामान्य ! हमारे प्रभु बुद्धदेव ने 2452 वर्ष हुए कि भारत के कुशीनगर स्थान में एक शाल वृक्ष के नीचे अपना मानुषी शरीर छोड़ा था। अंत्येष्टि क्रिया के पीछे शव से चार दाँत और चार हड्डियाँ निकाल ली गई थीं। उनमें से सात तो सात देशों को बाँट दी गईं और आठवीं नागा लोग ले गए। 250 वर्ष बाद महाराज अशोक ने फिर इन सातों अस्थियों को एकत्रित करके उनकी अलग-अलग प्रतिष्ठा की और मन्दिर बनवाए। पेशावर के पास जिस प्राचीन मन्दिर में ये हड्डियाँ मिली हैं वह अवश्य उन्हीं मन्दिरों में से एक है।

इस पर प्रोफेसर सतीशचन्द्र विद्याभूषण ने कहा कि हुएन्सांग के अनुसार यह पेशावर का मन्दिर महाराज कनिष्क का बनवाया हुआ है। अन्त में सभापति ने फैसला किया कि अस्थियाँ वास्तव में बुद्धदेव की हैं और उनका आदर करना चाहिए।

यह सब हो चुकने पर सभापति ने पूछा–अब और कोई प्रश्न बाकी है ?

धर्म्मपाल–हाँ महाराज ! अस्थियाँ कहाँ प्रतिष्ठित हों ?

सभापति–माँगने वाले कितने हैं ?

धर्म्मपाल–16 और हड्डियाँ 4 ही हैं।

देवमित्र–मनुष्यों में सामर्थ्य नहीं कि वह हमारे प्रभु की अस्थि को काट-छाँटकर विभक्त कर सकें।

स्वर्णज्योति–चारों हड्डियाँ भारतवर्ष में ही प्रतिष्ठित हों तो कैसा ?

ज्ञानेश्वर–महामान्य, इस संसार में काशी और बुद्ध गया के अतिरिक्त सब स्थान परिवर्तनशील हैं। समस्त संसार के बौद्धों को अपने जीवन में एक बार काशी और गया की यात्रा करनी चाहिए। इससे इन्हीं स्थानों में से किसी में प्रतिष्ठा होना अच्छा है।

(नागरी प्रचारिणी सभा में उपलब्ध पत्रिका में इसके आगे के पृष्ठ फटकर निकल गए हैं।)

(नागरी प्रचारिणी पत्रिका, नवम्बर 1909)

जापानी खोज

जापानी बौद्धों के अधिष्ठाता काउंट ओटनी का सेक्रेटरी टाशिबाना नामक एक बीस वर्ष का युवा जापानी मध्य एशिया में पुरावृत्त के अनुसन्धान के लिए निकला। जून 1908 में वह चीन की राजधानी पेकिंग से कुछ छकड़े और टट्टू लेकर मंगोलिया के प्रधान नगर उरना की ओर गया। वहाँ से रेल मार्ग से वह उलियस्तामी गया। राह में उसने ओरखन नगर के खंडहरों को देखा जो किसी समय मंगोलों की राजधानी थी। यहाँ उइगर्की खाँ का स्मारक मिला जिसमें कई शिलालेख सातवीं शताब्दी से कुछ पीछे तक के थे। वहाँ से काब्दो नगर देखकर उसने अल्टाई पर्वत को पार किया और चीनी तुर्किस्तान की राजधानी उसम्टाई में आकर कुछ दिन रहा। जाड़े में वह टरफन पहुँचा जो सोलहवीं शताब्दी तक एक समृद्ध नगर था। उसके आसपास बौद्ध मन्दिरों के बहुत-से खंडहर हैं। टाशिबाना यहाँ एक महीने रहकर स्थानों को खोदकर छानबीन करता रहा। उसका परिश्रम सफल हुआ और उसे वहाँ कई बहुत प्राचीन बौद्ध सूत्र मिले। इनमें से कुछ तो चौथी शताब्दी के थे और बाकी सातवीं के। जनवरी 1909 में वह टरफन से चलकर कारशर और कुर्ला आया जहाँ पहले डॉक्टर स्टीन ने कुछ छानबीन की थी। कुर्ला से उसकी मंडली दो दलों में बँट गई। एक दल तो व्यापार मार्ग से सीधे काशगर की ओर गया और दूसरा टारिम नदी के कछारों से होता हुआ लाबनार की झील की ओर बढ़ा। टाशिबाना इसी दूसरे दल के साथ चला क्योंकि उसे लूनन नगर की जाँच करनी थी। यह लूनन नगर एक प्राचीन राजवंश की राजधानी थी जिसने 200 ई. पू. से लेकर छठी शताब्दी तक राज्य किया। यहाँ पर उसने बहुत-सी अमूल्य पुस्तकों को खोजकर निकाला। इसके अनन्तर वह चर्चिन और निया में गया जहाँ से उसने टारिम के रेगिस्तान की ओर कई चढ़ाइयाँ कीं पर हर बार पानी के अभाव के कारण वह लौट-लौट आया। 6 जुलाई को वह काशगर आया और फिर दूसरे दल को भी साथ लेकर 27 अक्टूबर को लेह पहुँचा। काउंट ओटनी भी उस समय भारत की सैर करते हुए काश्मीर के सोनामर्ग नामक स्थान में पहुँचे हुए थे। वहीं पर टाशिबाना आकर उनसे सात नवम्बर को मिला। इस तरह इस अल्पवयस्क साहसी जापानी युवक ने मध्य एशिया की छानबीन की जहाँ न जाने कितने हस्तलिखित ग्रन्थ गड़े पड़े हैं।

टाशिबाना भारतवर्ष में भी आया था और अपने साथ तीस लम्बे-लम्बे प्राचीन हस्तलिखित खर्रे लाया था जिनमें पूर्ण और अपूर्ण बहुत-से बौद्ध सूत्र हैं। इनमें से एक

तो उर्गा का है जो बारह गज लम्बा है। दूसरा लम्बाई में तीन फुट है। इनमें एक तरफ तो चीनी भाषा में बौद्धसूत्र हैं और दूसरी तरफ मंगोल भाषा में मंजुश्री की वन्दना है। इनके सिवाय छोटे-छोटे पत्रों का बड़ा भारी संग्रह है जिनमें चीनी-उरगर, कोक-तुर्की और काशगर-ब्राह्मी के लेख हैं। कुछ काठ के टुकड़े भी हैं जिनमें तिब्बती-ब्राह्मी और खरोष्टी लिपियाँ अंकित हैं। सबसे अधिक ध्यान देने योग्य एक चीनी राजदूत का 'स्थानिक राजाओं' के नाम एक पत्र है, जिसमें वह अपने को 'पश्चिमी देशों का कार्यनिरीक्षक' लिखता है। इस पद का उल्लेख चीनी इतिहास में नहीं मिलता। ऐसा अनुमान होता है कि पत्र का लेखक हन राजवंश की उस पिछली शाखा का कर्मचारी था जिसका शासन पहली और दूसरी शताब्दियों में था। पत्र पर कोई तिथि नहीं है, पर वह दूसरी शताब्दी के इधर का नहीं हो सकता।

काउंट ओटनी और टाशिबाना इन सब चीजों को लेकर योरप गए हैं। वहाँ इनकी जाँच होगी। एक महीना हुआ कि इन खर्रों और पत्रों को 'कलकत्ता मदरसा' के मिस्टर रास ने देखा था और बहुतों को पढ़ा भी था क्योंकि उनके अक्षर बहुत ही दिव्य और स्पष्ट हैं।

(नागरी प्रचारिणी पत्रिका, 15 फरवरी 1910)

भारतीय शिल्पकला

मिस्टर विन्सेंट स्मिथ ने, जो भारतीय शिल्प के बड़े जानकार समझे जाते हैं, 11 जनवरी को लन्दन की रायल एशियाटिक सोसाइटी में एक लेख पढ़ा। उन्होंने पहले तो उन बहुत-से योरपियन महापुरुषों के मतों का उल्लेख किया जिनकी समझ में भारत में कोई कला थी ही नहीं और यदि थी भी तो बहुत निम्न श्रेणी की। इसके पीछे उन्होंने मि. हावेल और डॉक्टर कुमार स्वामी का यह सिद्धान्त–जो कि उन्हें बिलकुल नया और अनोखा मालूम हुआ–कह सुनाया कि "भारतीय शिल्पकला संसार में सबसे उत्तम है।" मि. हावेल कलकत्ता और मद्रास के आर्ट स्कूलों के प्रिंसिपल रहे हैं। स्मिथ साहब ने मि. हावेल के नव प्रकाशित 'Indian Sculpture and Painting' और डॉक्टर कुमार स्वामी के...Singhalese.......नामक पुस्तकों की ओर ध्यान दिलाया जिनमें उदाहरण की भाँति हिन्दुस्तानी चित्रकारी और शिल्प के बहुत-से नमूने दिए गए हैं। वक्ता महाशय ने कहा कि भारतीय शिल्पकला को लोग हेय और निकृष्ट दृष्टि से देखते थे। इसका कारण यह है कि देवताओं की जो साधारण मूर्तियाँ बनाई जाती हैं वे बेढंगी, विकराल और घृणोत्पादक होती हैं। पर अच्छी चीजें भी ढूँढ़ने से मिल ही जाती हैं। फर्गुसन साहब ने भारतीय शिल्प की सुन्दरता अच्छी तरह से दिखलाई।

भारतीय शिल्प दो भागों में बँट सकता है–1. हिन्दू, जिसके अन्तर्गत बौद्ध और जैन भी हैं, और 2. मुसलमानी। आपने कहा कि हिन्दू लोग पशु और वृक्ष अंकित करने में यूनानियों से बढ़कर थे। सारनाथ में जो चमचमाता हुआ अशोक का स्तम्भ निकला है उसे मि. मार्शल एशियावासी यूनानियों का बनाया बताते हैं। इस पर स्मिथ साहब ने कहा–"भारतीय कला की सब शाखाओं में यूनानी प्रभाव को बढ़ाकर कहने की उधर हम लोगों की आदत पड़ गई थी।" (छूटी कि नहीं ?) फिर आगे चलकर आप यह भी कहते हैं, "हिन्दू लोग विदेशी वस्तुओं को ग्रहण करने में बड़े चालाक थे और जिस विदेशी वस्तु को लेते थे उसे ऐसा कर डालते थे कि वह उन्हीं के देश की मालूम होने लगती थी।"

उत्तर-पश्चिम सीमा प्रान्त में निकली हुई यूनानियों और बौद्धों की सम्मिलित कारीगरी पहले (शायद उसी ग्रीस भक्ति के कारण) सबसे उत्कृष्ट समझी जाती थी। अब मि. हावेल और डॉ. कुमार स्वामी उन्हें सबसे निकृष्ट बताते हैं। स्मिथ साहब ने कहा कि मैं इन दोनों की बातों से सहमत नहीं हो सकता। आगे चलकर हिन्दुस्तानी देव मूर्तियों

के विषय में आपने फिर कहा कि "अब यह सिद्ध हो चुका है कि इन मूर्तियों की देह जो कहीं-कहीं बिलकुल चौरस देखने में आती है, इसका कारण यह नहीं कि हिन्दुस्तानी शिल्पी पुट्ठे और उभार बनाने में (समर्थ नहीं थे)। हाथ और पैर बनाने में उन्होंने अपनी इस सामर्थ्य का पूरा परिचय दिया है। अंगों और अवयवों की अस्वाभाविकता धार्मिक कारणों से है न कि अनाड़ीपन के कारण।"

भारतीय चित्रकारी के विषय में आपने कहा कि इसके पुराने नमूने जो ईसा से दो शताब्दी पहले के हैं ओड़िसा की गुफाओं में है। अजन्ता गुफा की चित्रावली भी ध्यान देने योग्य है, जो 642 ई. तक की है। इसके उपरान्त पारसी कारीगरों का उल्लेख करते हुए आपने कहा कि यह भारतवर्ष में जनप्रिय न हुई। मुसलमान बादशाहों और नवाबों ही के शौक की चीज रही। सर क्लार्क के ये वाक्य आपको बहुत पसन्द आए कि "हिन्दुस्तानी कारीगरी का आगम व्यर्थ की प्रशंसा से मारा गया।"

व्याख्यान के पीछे डॉक्टर कुमार स्वामी ने एक बंगाली चित्रकार की कारीगरी के नमूने दिखाए और सभा समाप्त हुई।

(नागरी प्रचारिणी पत्रिका, फरवरी 1910)

भीटा के खंडहर

अन्यत्र भीटा के जिन प्राचीन बौद्ध चिह्नों के पता लगने का हमने उल्लेख किया है उनका ब्यौरा एक महाशय ने 'लीडर' में इस प्रकार दिया है–

सरकारी पुरातत्व विभाग मि. मार्शल की अध्यक्षता में दिसम्बर 1909 में भीटा के खंडहरों को खोदने में लगा था। उसका काम गत फरवरी महीने में समाप्त हुआ।

टीलों को खोदने पर उनके भीतर एक अच्छा नगर निकला जिसमें चौड़ी-चौड़ी सड़कें, गलियाँ, पक्की नहरें और नालियाँ बनी थीं।

ईंट के बने पक्के मकानों की श्रेणियाँ खोदकर निकाली गई हैं जिनमें से कोई तो 24 फुट जमीन के नीचे गड़ी थीं। ईंटें वैसी ही बड़ी-बड़ी और चिपटी हैं जैसी कि झूँसी और कोसम आदि के खंडहरों में मिलती हैं। घर ठीक सीधी कतार में क्रम के साथ बने हुए हैं। दीवारें नींव के पास चौड़ी और उसके ऊपर पतली हैं। घरों की श्रेणियों के मध्य में गलियाँ बनी हैं, जिनके बीचोबीच ठीक उसी तरह पक्की नहरें निकाली गई हैं जैसी कि बरेली आदि नगरों में अब तक देखने में आती हैं। इन मकानों में एक बड़ी भारी विलक्षणता है। दीवारों में आने-जाने के लिए कोई मार्ग नहीं है। न दरवाजे हैं, न खिड़कियाँ। दीवारों में यदि कहीं एकाध दरवाजे आदि के चिह्न हैं भी तो ईंटों से बन्द किए हुए हैं। जान पड़ता है कि मकान खपड़ों आदि से छाए हुए थे क्योंकि खपड़ों के बड़े पुराने नमूने उनमें मिले हैं। यह नहीं मालूम होता कि लोग कोठरियों में कैसे आते-जाते थे। कई पक्के कुएँ भी निकले हैं। वे बिलकुल दुरुस्त हैं, उनमें से कुछ तो पक्की ईंटों के बने हुए हैं और कुछ पत्थरों के। पत्थर की पटिया इस रीति से जोड़ी गई है कि ज़ोड़ मालूम नहीं होते। इसमें से एक कुएँ में हड्डियाँ भरी मिलीं। घरों के भीतर अनाज के बखार मिले। मिट्टी के बड़े-बड़े कुंडे दीवारों में लगे हुए अथवा कोनों पर रखे हुए पाए गए। कोठरियों के भीतर चक्की, जाता, ओखली तथा और भी गृहस्थी की चीज़ें मिलीं। पत्थर की एक बड़ी खंडित मूर्ति भी एक घर में पाई गई जिसके बाहु पर आभूषण बनाए गए हैं।

ध्यानी बुद्ध के कई सिर तथा बुद्ध और द्वारपाल की खंडित प्रतिमाएँ भी मिली हैं। कुछ थोड़ी-सी पत्थर की मूर्तियाँ, औजार तथा शिलालेख भी निकले हैं। एक बड़ा शिलालेख है जो अभी उतारा नहीं गया है। कुछ ताम्बे के सिक्के भी निकले हैं, पर वे अभी साफ नहीं किए गए हैं। बहुत अच्छी कारीगरी के मिट्टी के बर्तन ज्यों-के-त्यों मिले

हैं जिनके ऊपर का रोगन अभी तक चमक रहा है उनमें से कुछ बर्तन ये हैं–टोटीदार मिट्टी के गड़ुए जिसमें लोगों का यह भ्रम दूर हो सकता है कि हम लोगों ने टोटीदार बर्तन बनाना मुसलमानों के आने पर सीखा है। हर एक प्रकार के कलशें, सुराहियाँ आदि खोदकर निकाली गई हैं। पकी हुई मिट्टी के खिलौने, बुद्ध के सिर आदि पाए गए हैं। ये मिट्टी के खिलौने ठीक उसी तरह के हैं जैसे आजकल के कुम्हार लोग लड़कों के खेलने के लिए बनाते हैं। मिट्टी के कलछुले पाए गए हैं जिनका व्यवहार भोजन बनाने में होता था। त्रिशूल के आकार का एक लोहे का कटार, पूजा करने के लिए लोहे का एक सिंहासन तथा मिट्टी का एक कमंडल भी खोदकर निकाले गए हैं।

मिट्टी के बरतनों और कपड़ों की जाँच करके यह अनुमान किया गया है कि वे ईसा से दो शताब्दी पूर्व से लेकर चौथी शताब्दी तक के हैं। प्रयाग के जिले में बहुत-से टीले और खंडहर हैं, जिन्हें खोदने से बहुत-सी काम की बातें मालूम हो सकती हैं।

(नागरी प्रचारिणी पत्रिका, मार्च, 1910)

प्राचीन भारत का एक शक राजा

आज से सौ वर्ष पहले मुसलमानी राज्य के पूर्व का क्रमबद्ध और प्रामाणिक इतिहास कुछ नहीं मिलता था। इधर सौ वर्ष के बीच में पुराने सिक्कों और शिलालेखों के सहारे पर हिन्दू राजत्व काल का बहुत कुछ इतिहास जोड़-जाड़कर खड़ा किया गया। सर विलियम जोन्स ने पुराणों और नाटकों में दिए गए नामों और आख्यानों का यूनानियों की यात्रा सम्बन्धी पुस्तकों में आए हुए नामों और वृत्तान्तों से मिलान किया।

जेम्स प्रिंसिप ने मौर्यवंशीय राजा अशोक के शिलालेखों को पढ़ा और उनमें पाँच समकालीन यूनानी राजाओं के नाम पाए। जिन बादशाहों के नाम शिलालेखों में आए हैं वे ये हैं—सीरिया (शाम) का श्रंतिश्रोकन, मिस्र का टालमी (दूसरा), मेसिडोनिया का श्रंतिगोनस, सिरीन का मगस और इपिरस का अलिक्जैंडर। इस प्रकार अशोक का समय 250 ई. पूर्व के लगभग पाया गया। डॉक्टर फ्लीट ने गुप्तवंशीय राजाओं का संवत् निकाला जो उत्तरी भारत में 319 ई. से राज्य करने लगे। इसके उपरान्त मौर्य और गुप्तवंशीय राजाओं के बीच में पड़ने वाले और राजवंशों का पता लगाना रह गया।

यह अब अच्छी तरह प्रगट हो गया है कि ईसा से 150 वर्ष पूर्व से लेकर कुछ दिनों तक उतर-पश्चिम भारत पर बलख़ के यूनानी राजाओं का अधिकार रहा। इन यवन राजाओं के सिक्के पेशावर से लेकर मथुरा तक मिलते हैं जिनसे उनकी पीढ़ी का बहुत ठीक क्रम बैठाया जा सकता है। इन यूनानी राजाओं के चिह्न स्वरूप पत्थर की बहुत-सी बौद्ध कारीगरियाँ उत्तर पश्चिमी सीमा और गान्धार देश में मिलती हैं। ईसा से पूर्व की पहली शताब्दी में पारद[1] (Parthian) और शक (Scythian) लोगों ने इन यूनानी राजाओं को वाल्हीक देश से निकाल दिया। इसके पीछे शक जाति के कुशस्न वंश का प्रताप चमका जिसके अधिकार में उत्तरीय भारत सैकड़ों वर्ष तक रहा। शिलालेखों में आज तक इस कुशन वंश के तीन राजाओं के नाम मिले हैं कनिष्क, हुविष्क और वासुदेव। इन शिलालेखों में संवत् पूरा-पूरा दिया है पर यह निश्चय नहीं होता कि वह कौन-सा संवत् है। कोई कहता है कि विक्रमीय संवत् है, कोई कहता है शाका। पर यथार्थ में यह कनिष्ट (कनिष्क) ही का चलाया हुआ संवत् जान पड़ता है।

अशोक के पीछे बौद्ध धर्म्म को उन्नति देने वाला कनिष्क ही हुआ। पेशावर में जिस स्तूप के भीतर कुछ दिन हुए कि बुद्धदेव की हड्डियाँ मिली थीं वह इसी कनिष्क का स्थापित था। चीनी यात्रियों के लेख से इस बात का पता चलता है। इसके अतिरिक्त

डिब्बे पर जो उसका चित्र खुदा मिला है उसका आसन और वेश ठीक वैसा ही है जैसा कि उसके सिक्कों पर के चित्रों का।

हुविष्क भी बौद्धधर्म्म पर ही श्रद्धा रखता था। उसने मथुरा में ठीक उसी स्थान पर जहाँ आजकल कचहरी है एक बौद्ध मठ बनवाया था जो उसी के नाम से प्रसिद्ध था। उसके समय में बौद्ध शिल्प बहुत बढ़ा-चढ़ा था। वासुदेव के काल में इस कला की अवनति आरम्भ हुई। वासुदेव के नाम से यह प्रकट होता है कि उसके समय में शक लोग अपने परम्परागत स्वदेशी नाम आदि बदलकर पूरे हिन्दू हो गए थे।

कनिष्क के सबसे अन्तिम शिलालेख में संवत् 10 दिया है और हुविष्क का सबसे पहले का शिलालेख संवत् 33 का है। बीच में कई वर्षों का अन्तर पड़ने पर भी साधारणतः यही समझा जाता था कि कनिष्क के उपरान्त ही हुविष्क हुआ। पर अब मथुरा में एक शिलालेख मिला है जिससे इस विश्वास का खंडन हो गया। इसमें 'कुशन' वंशीय एक और 'वशिष्क' नामक राजा का नाम मिला है जो अवश्य कनिष्क और हुविष्क के बीच में हुआ है क्योंकि उसके नाम के आगे संवत् 24 लिखा है।

इस लेख का पता मथुरा के पंडित राधाकृष्ण को लगा है। यह 19 फुट ऊँचे एक पत्थर के खम्भे पर खुदा है जो जमुना के उस पार मथुरा के सामने ईसापुर नामक गाँव में मिला है। ईसापुर गाँव का नाम मिरजा इसा तरखान ने रक्खा था जो शाहजहाँ के राजत्व काल के प्रथम वर्ष में मथुरा का हाकिम था।

यह पत्थर का खम्भा वास्तव में एक यज्ञ स्तूप था जिसे भरद्वाज गोत्री रुद्रिल नामक ब्राह्मण के पुत्र द्रोगल ने खड़ा किया था। मथुरा में आज तक जितने पुराने चिह्न मिले हैं सब बौद्धों और जैनों के हैं। पर यह लेख वैदिक धर्म्म सम्बन्धी है और शुद्ध संस्कृत में लिखा है। यह शुद्ध संस्कृत के सबसे प्राचीन शिलालेखों में है। भारतवर्ष में सबसे प्राचीन लेख अशोक के हैं जो प्राकृत में हैं।

इस स्तम्भ को पंडित राधाकृष्ण ने अब मथुरा म्यूजियम में रख दिया है जिसके (–) वे ऑनरेरी असिस्टेंट क्यूरेटर हैं।

(नागरी प्रचारिणी पत्रिका, 15 अगस्त 1910)

सन्दर्भ

1. मेरा निश्चय है कि ये पार्थियन (Parthian) लोग ही संस्कृत ग्रन्थों के 'पारद' हैं। इनका उल्लेख महाभारत में है, यथा–कैराता, दरदा दर्व्वाद शूरा वैयामकस्तया। औदुम्बरा दुर्विभागो पारदाः सह वाल्हिकै ॥ मनु ने लिखा है कि ये पहले क्षत्रिय थे जो पतित होकर म्लेच्छ हो गए, यथा–शनकैस्तु क्रियालोपादिमाः क्षत्रियः जातयः वृषलत्वं गता लोके ब्राह्मणा दर्शनेन च। पौंड्रकाश्चौड्रद्रविड़ा काम्बोजा यवनाः शकाः। पारदाः पहलवाश्चीनाः किराताः दरदाः खशाः।–रा. शु.

नूरजहाँ

जीवन के विविध पक्षों की मार्मिक अनुभूति प्रबन्ध काव्यों के भीतर ही प्रकृत रूप में होती है। जब कवि की कल्पना के साथ-साथ पाठक या श्रोता की कल्पना भी एक सुसम्बद्ध प्रवाह के रूप में दूर तक चली चलती है, तभी उसके बीच पूर्ण तन्मयता की भूमि प्राप्त होती है। खेद है कि हिन्दी की नई-पुरानी दोनों परम्पराओं के बीच अच्छे प्रबन्ध-काव्यों की कमी है। जायसी और तुलसी को छोड़ और किसी के आख्यान काव्य लोकाश्रय न प्राप्त कर सके। खड़ी बोली की कविता के प्रारम्भ काल में प्रबन्ध-काव्यों की ओर कवियों का ध्यान होने लगा था, पर थोड़े ही दिनों में एकबारगी एक दूसरी हवा चल पड़ी; लोग पश्चिमी ढंग के प्रगीत मुक्तकों ;स्लतपबेद्ध की ओर झुक पड़े। अब इधर आकर फिर काव्य में रमणीक प्रबन्धों की कमी खटकी है। 'साकेत' और 'नूरजहाँ' दोनों काव्यों से इस बात का संकेत मिलता है। इन दोनों काव्यों की रचना ऐसे समय में हुई है, जबकि अभिव्यंजन-प्रणाली बहुत कुछ समुन्नत और समृद्ध हो चुकी है।

इस समय नूरजहाँ के ही सम्बन्ध में कुछ कहना चाहता हूँ, क्योंकि इसने हमारे वर्तमान काव्य-क्षेत्र के बड़े अभाव की पूर्ति में तो योग दिया ही है, इसके अतिरिक्त हमारी सहानुभूति के क्षेत्र के प्रसार का भी आभास दिया है। अब वह समय आ रहा है, जब हम अपने साहित्य के भीतर अपना ही रूप-रंग न देखेंगे, बल्कि संसार के अनेक भागों के नाना रूप-रंगों के बीच मनुष्य हृदय को समान भाव से उलझा हुआ पाएँगे। यह दृष्टि-प्रसार प्राप्त किए बिना अब कोई साहित्य पूर्ण समृद्ध नहीं कहा जा सकता। अँगरेजी-साहित्य को ही लीजिए। अब हमें उसके भीतर इंगलैंड या योरप के ही किसी खंड के बीच प्रतिष्ठित जीवन की ही नहीं, मिस्र, अरब, फारस, तातार, चीन, भारत इत्यादि अनेक देशों के जीवन की मार्मिक झाँकी मिलेगी। बड़े हर्ष की बात है कि नूरजहाँ में हमारी काव्य-दृष्टि भारत के बाहर भी कुछ बढ़ती दिखाई पड़ी।

आरम्भ में हम नूरजहाँ के माता-पिता का मधुर प्रेम-जीवन फारस में गुलों और बुलबुलों के बीच देखते हैं। कवि ने फारस भूखंड के दृश्य-चित्रण का अच्छा प्रयास किया है। इस चित्रण में देशगत विशेषता का पूरा ध्यान रक्खा गया है। ऊँटों के साथ काफिलों का चलना, खैबर की घाटी में टूटे-फूटे दुर्ग से पठान लुटेरों का निकल पड़ना आदि वर्णन में वास्तविकता का रंग लाते हैं। 'भक्त' जी के प्रकृति-वर्णन काव्य-प्रेमियों

को बहुत कुछ आकर्षित कर चुके हैं। उन सबमें उनका स्वतन्त्र प्रकृति-निरीक्षण पर्याप्त मात्रा में मिलता है। कहने की आवश्यकता नहीं कि यही बात नूरजहाँ में आए हुए लम्बे दृश्य वर्णनों में भी जगह-जगह पाई जाती है। इसके अतिरिक्त कवि ने पेड़-पौधों में नर-प्रकृति के मेल की सजीवता भी बड़े रहस्यपूर्ण ढंग से दिखाई है।

प्रबन्ध-कल्पना भी अत्यन्त सुव्यवस्थित है। कथानक की कड़ियाँ बड़े स्वाभाविक रूप में मिल-जुल गई हैं, केवल अनारकली वाला प्रसंग असम्बद्ध लगता है। कवि ने शेर अफगान को अत्यन्त निष्ठुर और अत्याचारी दिखाकर तथा उसके अत्याचार को उसके पतन का कारण ठहराकर जहाँगीर के चरित्र की बड़े कौशल से रक्षा की है। इसी प्रकार शेर अफगान को नीरस, प्रेम-शून्य और मेहरुन्निसा (नूरजहाँ) से सर्वथा उदासीन दिखाकर मेहरुन्निसा के चरित्र को बड़ी सफाई से बचाया है। विवाह हो जाने पर मेहर तो पातिव्रत के भाव की दृढ़ता के लिए, सलीम के साथ अपने बाल-प्रेम को भुलाने का प्रयास करती है, पर शेर अफगान के हृदय में कहीं प्रेम के अंकुर तक नहीं दिखाई देते। इस घोर विषमता के कारण शेर अफगान की मृत्यु के पीछे नूरजहाँ का जहाँगीर की बेगम बनना 'प्रेम की अस्थिरता' का रूप नहीं खड़ा करने पाता।

प्रेम, वीरता, शोक इत्यादि भावों की व्यंजना भी प्रसंग के अनुरूप और मर्मस्पर्शिनी हुई है। शाही महलों की सुन्दरियों में बादशाह या शाहजादे का प्रेम प्राप्त करने के लिए परस्पर कितनी चढ़ा-ऊपरी और ईर्ष्या रहती है, इसका चित्र जमीला सामने लाती है। सातवें सर्ग के आरम्भ में अपनी रोषभरी ईर्ष्या की व्यंजना के लिए उसने जिन उक्तियों की झड़ी बाँध दी है, वे अत्यन्त स्वाभाविक, क्षोभपूर्ण और ओजस्विनी हैं। अभिव्यंजना की आधुनिक प्रवृत्तियाँ 'नूरजहाँ' में स्थल-स्थल पर मिलती हैं, पर संयत रूप में, जैसे नूरजहाँ के जन्म पर उसकी शिशु-मूर्ति का प्रभाव-साम्य पर अवलम्बित यह प्राचुर्य-पूर्ण प्रदर्शन–

नवल हृदय की दुर्बलता का पश्चात्ताप बना साकार,
ज्योति-सरीखी कौन अप्सरा छोड़ गई तुमको लाचार।
किस दुनिया के मूर्च्छित मन सी, पड़ी हुई हो पृथ्वी पर,
आँसू-सी किसकी आँखों से, हे बालिके, गई हो झर।

कहीं-कहीं अप्रस्तुत-विधान बहुत ही रमणीय और व्यंजक हैं, जैसे–

(क) कुछ दरार के घावों को विस्मृति-मकड़ी तुरन्त आकर,
आशा-जाला की मरहम-पट्टी से क्षत देती है भर।

(ख) उस कुसुम अंक में विलसी, सुख से मैं हिमकण बनकर,
दिनकर ने जहाँ विलोका, मैं ठहर न पाई छन भर।

(ग) मेरे संग कोई मत रोवे, मुझे भाग्य पर रोने दो,
अपने बंजर भाग्य-क्षेत्र में, मोती मुझको बोने दो।

(घ) कितनी आँखों के जाल बिछे, कितनों ने ही डेरा डाला,
संसार-जाल में पानी-सी, छन जाती थी वह सुर-बाला।

सबसे अच्छी बात मुझे यह दिखाई पड़ी है कि वस्तु-वर्णन, भाव-व्यंजना, संवाद और इतिवृत्त, इन चारों में से कोई अवयव आवश्यकता से बहुत अधिक नहीं बढ़ा है। हाँ, वस्तु-वर्णन मात्रा से कुछ अधिक कहा जा सकता है। सब बातों को देखकर अन्त में यही कहना पड़ता है कि श्री गुरुभक्त सिंह जी 'भक्त' प्रकृति के सच्चे भक्त हैं और उन्होंने अपनी भक्ति का, अपनी परख का और अपनी सहानुभूति के विस्तार का परिचय इस 'नूरजहाँ' में पूरा-पूरा दिया है। हिन्दी में अपने ढंग का यह निराला प्रबन्ध काव्य है।

(माधुरी, सितम्बर 1936)

'बुद्धदेव' का परिचय

कोई समय था जबकि व्यवसायी पारसी थिएटर कम्पनियों के रंगमंच पर हमारी भाषा अपने सरल-से-सरल और प्रचलित-से-प्रचलित रूप में भी कभी नहीं फटकने पाती थी। तुक भिड़ाते हुए उर्दू के लच्छेदार वाक्य ही सुनाई पड़ते थे। उर्दू से कोरी अधिकांश जनता केवल सीन-सीनरी का तमाशा देखने तथा घटना-चक्र के चढ़ाव-उतार से कुछ कुतूहल और मनोरंजन प्राप्त करने के लिए ही पारसी थिएटर में जाया करती थी। न तो उसे कथोपकथन की विचित्रता और पटुता का आनन्द आता था, न वह किसी गम्भीर भाव में निमग्न होती थी। प्राचीन हिन्दी कथाओं को लेकर जो दो-चार नाटक खेले जाते थे उनसे तो और विरक्ति होती थी। जिस समय चूड़ीदार पाजामा, कोट और ताज पहने हुए राजा हरिश्चन्द्र और पम्प शू पहने उनकी रानी आधी गुयासुल्लुगात खत्म करके 'हर इंसाँ पर खास-ओ-आम' गाते हुए निकलते थे उस समय भारतीयता भाड़ में झुकती दिखाई देती थी। अपने देश की सच्ची भाषा में लिखे नाटकों के अभिनय का प्रबन्ध कुछ विशेष अवसरों पर हिन्दी के प्रेमी कभी-कभी कर लिया करते थे।

धीरे-धीरे काशी, प्रयाग आदि नगरों के कुछ उत्साही हिन्दी प्रेमियों ने अभिनय-कला की ओर ध्यान दिया और नाटक कम्पनियाँ स्थापित कीं जिनके द्वारा समय-समय पर वे शिक्षित जनता का मनोरंजन करने लगे। इन नाटक मंडलियों की लोकप्रियता धीरे-धीरे पारसी कम्पनियों के ध्यान में आने लगीं और उन्होंने अपने व्यवसाय की दृष्टि से हिन्दी के कुछ नाटक लिखकर खेलना आरम्भ किया। 'बेताब' का महाभारत देखने के लिए जिस धूम से जनता टूटने लगी, उसे देख व्यवसायी कम्पनियों का बहुत दिनों का भ्रम दूर हुआ और उनका ध्यान हिन्दी में भी नाटक दिखाने की ओर जाने लगा। इस प्रकार हिन्दी का प्रवेश तो इन कम्पनियों में हुआ पर नाटक वे अपने ही लेखकों से लिखाती हैं। इन नाटकों की भाषा हिन्दी तो होती है पर उर्दूवालों के मुँह से निकली हुई-सी। वह व्याकरण की दृष्टि से व्यवस्थित और साहित्य की दृष्टि से परिष्कृत नहीं होती। उसमें उर्दू नाटकों का परम्परागत ढाँचा बहुत कुछ रहता है। गद्य में भी वही तुकबाज़ी अभी चली चलती है। अप्रचलित अरबी-फारसी के बेमेल शब्द भी बीच-बीच में कानों को झेलने पड़ते हैं।

यह सब देखकर स्वर्गीय श्री विश्वम्भर सहाय जी 'व्याकुल' ने 'व्याकुल भारत कम्पनी' की स्थापना की थी, जिसके द्वारा उन्होंने भाषा और कला की दृष्टि से शिष्ट

साहित्य में गिने जाने योग्य नाटकों के अभिनय का सूत्रपात किया था। वे स्वतः नाट्यकला के मर्मज्ञ जानकार थे। उन्होंने अपने रचे कुछ नाटक खेले जिनकी जनता के बीच बहुत ख्याति हुई। प्रस्तुत नाटक 'बुद्धदेव' उन्हीं में से है। इसे पढ़ते ही यह स्पष्ट हो जायगा कि यह व्यवसायी कम्पनियों द्वारा खेले जानेवाले और नाटकों से कितना अधिक समुन्नत है। पहली बात इसकी भाषा है जो शिष्ट और परिमार्जित है। मैं समझता हूँ, अपने वर्ग का यह पहला नाटक है जिसकी भाषा वर्तमान साहित्य की भाषा के मेल में आई है। इसके लिए इसके लेखक श्रीयुत व्याकुल जी का हिन्दी प्रेमी सदा साधुवाद के साथ स्मरण करेंगे। कथा-वस्तु के बीच लेखक ने अपनी कल्पना से जो दृश्य रखे हैं वे समाज के कुछ अंगों की दशा के अच्छे प्रतिबिम्ब हैं। अवतार की जैसी भावना लेकर नाटक की रचना हुई, प्रथम अंक के पहले दृश्य में स्वार्थ, हिंसा, पाखंड आदि द्वारा धर्म्म का आक्रान्त होना उसके बहुत ही अनुरूप हुआ है। वस्तु-विन्यास भी कौशल से हुआ है। जो स्थल अधिक मार्मिक हैं, उनके दृश्य-विधान और कथोपकथन में दर्शकों पर पड़नेवाले प्रभाव पर पूरी दृष्टि रखी गई है। पात्रों की बातचीत में विचित्रता और प्रत्युत्पत्ति है। जिस क्रम से यह नाटक उन्नति की ओर अग्रसर हुआ है वह क्रम यदि चला चले तो व्यवसायी कम्पनियों के रंगमंच पर भी उच्च कोटि के नाटक बहुत शीघ्र अभिनीत होते दिखाई पड़ेंगे।

पारसी थिएटरों के कुछ लटके इस नाटक में भी मिलते हैं–जैसे तुकबन्दी में बातचीत और ग़ज़लबाज़ी। बात यह है कि एकबारगी मार्ग में आगे कूदने से उन्नति की ओर अग्रसर होनेवाले के मार्ग में बाधा की आशंका रहती है, इससे वह कुछ पुरानी बातों को लिये हुए क्रमशः आगे बढ़ते हैं। इनके अतिरिक्त और त्रुटियाँ जो इस नाटक में हैं वे ऐसी हैं जिनके दूर होते अभी कुछ दिन लगेंगे। जिस काल की घटना को लेकर यह नाटक लिखा गया है, उस काल की सामाजिक परिस्थिति क्या थी, परस्पर रीति-व्यवहार और शिष्टाचार का ढंग क्या था, इन सबको ब्यौरे के साथ जानने का प्रयत्न लेखक ने नहीं किया है। जिस पशु हिंसा का विरोध भगवान बुद्ध ने किया था, वह शाक्तों द्वारा देवी के सामने होनेवाला बलिदान न था, बल्कि वैदिक यज्ञों में होनेवाली बलि थी। जिस प्रकार रसायनी बाबा और पुजारी लाए गए हैं, उनका अस्तित्व उस काल में नहीं था। सारांश यह कि गौतम बुद्ध के समय की संस्कृति का चित्रण नहीं हो पाया है।

[मेरठ के निवासी विश्वम्भर सहाय 'व्याकुल' ने व्याकुल भारत नाटक कम्पनी की स्थापना की थी जो साहित्यिक नाटकों का मंचन करती थी। व्याकुल जी ने 1919 ई. में बुद्धदेव नामक नाटक लिखा था जिसका उन्होंने अनेक बार मंचन किया। व्याकुल जी का देहान्त 1925 ई. में हो गया। उनकी मृत्यु के प्रायः दस वर्ष बाद यह नाटक 1935 ई. में भारती भंडार, लीडर प्रेस, इलाहाबाद से प्रकाशित हुआ। आचार्य शुक्ल ने इस नाटक का 'परिचय' लिखा।–डॉ. किशोरी लाल गुप्त]

(लेखक काल 18.3.1935)

शाहआलम

सन् 1785 के अन्त में सहारनपुर का रूहेला सरदार गया और उसकी जगह पर उसका लड़का गुलाम क़ादिर खाँ, जो बड़ा ही निष्ठुर और उग्र स्वभाव का था, गद्दी पर बैठा। शाहआलम उस समय दिल्ली के तख़्त पर थे और महाराज सेन्धिया उनके वज़ीर थे। गद्दी पर बैठते ही गुलाम क़ादिर ने पहले तो अपने चचा अफ़ज़ल खाँ को राज्य से निकालकर उसकी सारी सम्पत्ति ज़ब्त कर ली। इसके पीछे उसने बादशाह की अवज्ञा की और सनद लेने के लिए उसके पास नहीं गया। उसने गौसगढ़ के क़िले को खूब मज़बूत किया और अपने चचा से छीने हुए धन से सेना बढ़ाई। उसने अपने साथ और दूसरे सरदारों को भी बहकाया कि दिल्ली के बादशाह को कर न दो। पर जब सेन्धिया ने दंड देने की तैयारी की तब कर भेज दिया गया। उन दिनों सच पूछिए तो दिल्ली की बादशाहत सेन्धिया ही करते थे। उनसे दिल्ली के बहुत-से मोग़ल सरदार कुछ दिनों से बहुत बुरा मानने लगे थे। कारण यह था कि निर्वाह के लिए उन्हें जो जागीरें मिली थीं सब सेन्धिया ने निकाल ली थीं। मोग़ल सरदारों में भीतर ही भीतर बड़ा असन्तोष फैला था पर अपने सिर पर मरहटों की बड़ी भारी फ़ौज़ देखकर वे चूँ नहीं कर सकते थे। इसी समय नायब वज़ीर नारायण दास अपने पद से अलग कर दिए गए और उनकी सारी जायदाद सेन्धिया ने ज़ब्त कर ली। इन्हीं सब कामों से सेन्धिया के विरुद्ध एक भारी हल खड़ा हो रहा था जिसमें बहुत-से मोग़ल सरदार और सेनापति सम्मिलित थे। इसी समय जयनगर के राजा प्रतापसिंह ने भीतर-भीतर मोग़ल सरदारों से मिलकर खुल्लम-खुल्ला अपनी स्वतन्त्रता प्रकाशित की। सेन्धिया ने उस पर चढ़ाई की। पर ज्यों ही सेन्धिया की फ़ौज़ जयनगर के पास पहुँची मोग़ल सरदार अपने-अपने सिपाहियों को लेकर बादशाही फ़ौज़ से अलग हो गए और जयनगर के बलवाइयों से जा मिले। सेन्धिया इस बात से ज़रा भी न घबराए और उन्होंने मरहटों को लेकर शत्रु पर धावा किया। बलवाइयों का सरदार मोहम्मद बेग गोला लगने से मर गया, पर उसका भतीजा इस्माईल बेग बड़ी धीरता और वीरता के साथ लड़ता रहा। इसी बीच बलवाइयों में और सिपाही आकर मिले जिससे मरहटे कुछ ढीले पड़ने लगे। अपना पक्ष निर्बल देख सेन्धिया अलवर होते हुए ग्वालियर चले गए और वहीं से बैठे-बैठे सब हाल-चाल लेते रहे। बलवाई अब दो दलों में बँट गए—इस्माईल बेग तो आगरे की ओर बढ़ा और प्रतापसिंह अपनी राजधानी को लौट गया।

इस्माईल बेग ने आगरे को धर लिया। नगरवाले तो घबराकर अधीन हो चुके थे पर वहाँ का मरहटा क़िलेदार ऐसी दृढ़ता से लड़ा कि बलवाई कुछ न कर सके। इधर मरहटों के हट जाने से दिल्ली बिलकुल अरक्षित हो गई। गुलाम क़ादिर को यह अच्छा अवसर हाथ लगा। वह भीतर-भीतर शाही नाज़िर मंसूर से मिला हुआ था जो मरहटों का आधिपत्य देखकर बहुत जलता था। मंसूर बादशाह का बड़ा विश्वासपात्र था और चाहता था कि गुलाम क़ादिर को अपने हाथ में करके उसे सेन्धिया के स्थान पर प्रतिष्ठित कर दे। दिल्ली को बिलकुल अरक्षित देख गुलाम क़ादिर बड़ी भारी सेना लेकर दिल्ली पर चढ़ा और यमुना नदी के पूर्वीय किनारे पर उसने डेरा डाला। वहाँ से मंसूर के द्वारा वह सब हाल-चाल लेता रहा। बलवाइयों की इतनी बड़ी फौज़ देखकर दिल्लीवाले दहल गए पर दिल्ली की रक्षा के लिए जिन मरहटे सरदारों को सेन्धिया छोड़ गए थे उन्होंने अपने भरसक कोई बात उठा नहीं रखी और थोड़े से सिपाही लेकर उन्होंने गुलाम क़ादिर पर आक्रमण किया। पर रूहेलों की संख्या बहुत थी इस कारण उन्हें लाचार होकर हटना पड़ा। मरहटें सरदारों को जब मंसूर की कुटिलता मालूम हुई तब वे छल से मारे जाने के डर से दिल्ली से भाग गए। अब तो गुलाम क़ादिर ने जमुना पार की और चुने हुए सिपाही साथ लेकर वह सीधे शाही महलों की ओर गया। नाज़िर ने उसे बादशाह के सामने पेश किया। उसने बादशाह से सेन्धिया की जगह के लिए दरख़्वास्त की। बादशाह को झख मारकर मंजूर करना पड़ा। रूहेला सरदार वज़ीरी की सनद पाकर बड़ा प्रसन्न् हुआ। किन्तु दिल्ली में कुछ लोग ऐसे भी बचे थे जो बादशाह और सेन्धिया के पूरे ख़ैरख़्वाह थे। वे बादशाह का अपमान सुनकर बहुत बिगड़े और उसकी मर्यादा की रक्षा के प्रयत्न में लगे। इनमें से मुख्य सरधना की बेगम समरू थी। वह बड़ी राजभक्त थी। इससे दिल्ली के दरबार में उसकी बड़ी चलती थी। गुलाम क़ादिर ने उसे अपनी ओर मिलाने के लिए बहुत उपाय किए पर सब निष्फल हुए। वह अपनी सीखी सिखाई तैयार फौज़ लेकर महल में आ धमकी और कहने लगी—"मैं बादशाह को अपना प्राण तक लेकर बचाऊँगी।" उसे देखकर बादशाह भी बहुत प्रसन्न हुए और देखादेखी और लोगों को भी उत्साह हुआ। धीरे-धीरे बादशाह की ओर से लड़ने के लिए एक पूरी फौज़ इकट्ठी हो गई। गुलाम क़ादिर ने जब देखा कि उसका बना-बनाया खेल बिगड़ा चाहता है तब वह यमुना के उस पार अपने डेरे में गया और वहाँ से बादशाह के पास बड़े अविनीत शब्दों में कहला भेजा कि "आप बेगम को तुरन्त निकाल दें नहीं तो मैं चढ़ाई करता हूँ।" इस पर कुछ ध्यान नहीं दिया गया और गुलाम क़ादिर ने महल पर धावा कर दिया। कृतघ्न मंसूर अपने मित्र गुलाम क़ादिर के पैर उखड़ते देख कहने लगा कि अब तो खजाने में रुपया ही नहीं है। इस पर लड़ाई के खर्च के लिए शाही जवाहरात गिरवी रखे गए। इसी बीच यह शुभ समाचार मिला कि शाहजादा जवांबख़्त बड़ी भारी सेना लेकर राजधानी की ओर आ रहे हैं। मंसूर ने चट गुलाम क़ादिर को इसकी खबर देकर सन्धि करने की सलाह दी। गुलाम क़ादिर ने अधीन भाव से सन्धि के लिए प्रार्थना की और बहुत-सी नज़र भेजकर दोआबे के उन गाँवों को लौटा देने का वादा किया जिन्हें

वह दबा बैठा था। इस प्रकार सन्धि हो जाने पर गुलाम क़ादिर अपना डेरा-डंडा उखाड़कर सहारनपुर लौट गया।

शाहज़ादा जबांबख़्त का बड़ी भारी फ़ौज़ लेकर दिल्ली में रहना मंसूर को खटकने लगा। उसने देखा कि शाहज़ादे के रहते उसकी दाल नहीं गल सकती। इससे वह शाहज़ादे के विरुद्ध बादशाह के कान भरने लगा। उसने बादशाह के जी में यह बात जमा दी कि शाहज़ादा उसे तख़्त से उतारकर उसके साथ वही व्यवहार करेगा जो औरंगज़ेब ने शाहजहाँ के साथ किया था। अन्त में बाप और बेटे में यहाँ तक बिगड़ी कि शाहज़ादा दिल्ली छोड़कर चला गया और मंसूर और गुलाम क़ादिर के लिए मैदान साफ़ हो गया।

गुलाम क़ादिर ने इस बार इस्माईल बेग को भी मिलाकर दिल्ली पर चढ़ाई की। दिल्ली में मरहटों की कुछ फ़ौज़ रह गई थी और बहुत-से मोग़ल सरदार भी बादशाह के पक्ष में आ गए थे। गुलाम क़ादिर अपने दल-बल के साथ जमुना के उस पार ठहरा और वहाँ से उसने बादशाह के पास कहला भेजा कि हम इसी समय सामने आना चाहते हैं। बादशाह ने अपने सरदारों का भरोसा करके उसकी बात नामंजूर की। बेचारे बादशाह को यह कुछ ख़बर न थी कि मंसूर ने भीतर-भीतर मोग़ल सरदारों को बलवाइयों के पक्ष में कर रक्खा है। वे एक-एक करके बादशाह का साथ छोड़ने लगे। गुलाम क़ादिर और इस्माईल बेग छह हजार सिपाहियों को लेकर दिल्ली में घुसे। मंसूर ने उनकी अगवानी की और उन्हें बादशाह के सामने पेश किया। गुलाम क़ादिर और इस्माईल तख़्त के दोनों ओर बैठ गए। गुलाम क़ादिर ने कहा–"मुझ पर जो बग़ावत का इलज़ाम लगाया गया सब झूठा था। मैं उसका बदला लेने के लिए आया हूँ।" बादशाह डर से काँप गया और उसे सन्तुष्ट करने के लिए कहा कि "मुझे अब आप पर पूरा इतमीनान हो गया।" बादशाह अपनी प्रसन्नता जताने के लिए उससे गले मिला। इतना हो चुकने पर बादशाह से कहा गया कि "जहाँपनाह के खाना खाने का वक्त हुआ अब अन्दर जायँ।" जब बादशाह दरबार ख़ास से उठकर चला गया तब षटचक्रकारियों की एक गोष्ठी हुई। मंसूर के सुझाने पर यह तय हुआ कि शीतलदास खजानची भीतर जाकर बादशाह से कहे कि "गुलाम क़ादिर बड़ी भारी फौज़ लेकर मरहटों को दबाने के लिए जा रहा है; बेहतर होगा कि शाही घराने का कोई शाहज़ादा भी फौज़ के साथ जाय और दिल्ली में जो मेगज़ीन और दिसाले हैं वे जिन्हें गुलाम क़ादिर कहे उनके मातहत कर दिए जायँ।" हिन्दू खजानची ने बादशाह से साफ़ कहा कि "गुलाम क़ादिर का विश्वास करना ठीक नहीं।" अभी दिल्ली में बहुत राजभक्त हैं जो बादशाह के लिए लड़ने को तैयार हैं। पर बादशाह के जी में गुलाम क़ादिर का ऐसा डर समाया था कि उसने गुलाम क़ादिर की सब बातें मंजूर कर लीं।

इस बीच में रूहेले सिपाही दिल्ली को लूटने लगे। बादशाह ने गुलाम क़ादिर से उन्हें रोकने की प्रार्थना की और कहा कि क़िले में थोड़े से सिपाही रखकर अपनी और फौज़ आप लौटा दीजिए। गुलाम क़ादिर ने बादशाह के सामने तो हाँ कर दिया पर जब बाहर

क़िले के फाटक पर आया तब अपने सिपाहियों को क़िले के भीतर घुसने का इशारा कर दिया। देखते ही देखते किला बलवाइयों के अधिकार में हो गया। गुलाम क़ादिर ने बादशाह के रक्षकों से हथियार रखवा लिया और मुख्य-मुख्य सरदारों को पहरे में डाल दिया। बादशाह ने यह सुनकर गुलाम क़ादिर से बहुत विनती की कि ऐसे लोगों के साथ ऐसा अन्याय न किया जाय, पर उसने एक न सुनी। जिससे बादशाह को सहायता पहुँचने की आशा थी सबको क़ैद करके वह बादशाह के दरबार ख़ास में पहुँचा और उससे अपने सिपाहियों की तनख़ाह चुकाने के लिए ज़मीन माँगने लगा। बादशाह ने कहा–"बाबा ! ज़मीन देना मेरे इख़्तियार के बाहर की बात है महल में जो कुछ पाओ ले जाव।" इस पर जब गुलाम क़ादिर बादशाह को भला-बुरा कहने गला तब वह हरम में चला गया। दूसरे दिन सबेरे क़ादिर बहुत-से सिपाहियों को लेकर सीधे दीवान ख़ास में पहुँचा जहाँ शाहआलम बैठा था, और उसने तख़्त को घेर लिया। शाही घराने के जो शाहज़ादे वहाँ मौजूद थे सबको उसने हट जाने की आज्ञा दी। इसके अनन्तर उसने सलीमगढ़ से बेदारशाह को बुलवा भेजा जो पूर्व बादशाह अहमदशाह का लड़का था। इतना करके वह शाही तख़्त की ओर बढ़ा और उस पर से ढाल, तलवार आदि राज चिन्ह हटाकर उसने बादशाह से तख़्त पर से उतर जाने को कहा। बुड्ढा बादशाह इस अपमान से कातर होकर कहने लगा–"मुझे इस तरह ज़लील करने से अच्छा यह है कि तुम अपनी कटार मेरी छाती में धँसा दो।" गुलाम क़ादिर इस पर बड़ा झल्लाया और तलवार की मुट्ठी पर हाथ ले जा चुका था कि मंसूर ने उसे तलवार खींचने से रोक लिया। शाहआलम भीतर हरम में भेज दिया गया और बेदारशाह दिल्ली के तख़्त पर बैठाया गया।

गुलाम क़ादिर अब हरम को लूटने लगा। जब उसे और कोई चीज़ लेने को न रह गई तब उसने बादशाह को अपने सामने बुलवाया और पूछने लगा–"बताओ, अपना ख़ास ख़ज़ाना कहाँ छिपा रक्खा है ?" बादशाह ने कहा–"मेरे पास कुछ नहीं है जो मैं छिपाऊँ।" उस अन्यायी ने कड़ककर कहा–"मैं अभी तुम्हारी आँखें निकालता हूँ, नहीं तो बताओ।" बुड्ढा बादशाह गिड़गिड़ाकर कहने लगा–"हैं ! क्या तुम इन आँखों को फोड़ोगे जिन्होंने साठ बरस तक क़ोरान पढ़ा है।" गुलाम क़ादिर ने अपने सिपाहियों को शाहआलम को पकड़ने की आज्ञा दी। फिर शाहआलम को ज़मीन पर पटककर गुलाम क़ादिर उसकी छाती पर चढ़ बैठा और उसने अपने कटार की नोक से उसकी दोनों आँखें निकाल लीं। बुड्ढे बादशाह की दोनों आँखों से रक्त की धारा बहने लगी और वह इसी दशा में गुलाम क़ादिर की आज्ञा से हरम में पहुँचाया गया।

इसके उपरान्त विश्वासघाती मंसूर की बारी आई। गुलाम क़ादिर ने उसे बुलाकर कहा–"तुम्हारे पास क्या बचा है सब ठीक-ठीक बताओ।" उसने जब इधर-उधर किया तब गुलाम क़ादिर ने उसे क़ैद करके उसका सारा माल ज़ब्त कर लिया। इसके पीछे वह अपने साथी इस्माईल बेग पर फिरा। इस पर इस्माईल बेग अपनी फौज़ लेकर दिल्ली से चला गया।

शाहआलम के तख़्त पर से उतारे जाने की ख़बर सेन्धिया तक पहुँची। सेन्धिया ने बड़ी भारी फौज़ के साथ अपने सेनापति को दिल्ली भेजा। डर के मारे इस्माईल बेग भी मरहटी सेना के साथ मिल गया। गुलाम क़ादिर यह सुनते ही सहारनपुर भागा। सेन्धिया की सेना गरजती हुई सहारनपुर की ओर मुड़ी। गुलाम क़ादिर के सिपाही सब तितर-बितर हो गए और वह आप भागकर एक गाँव में जा छिपा। वहाँ वह पहचान लिया गया और मरहटों के डेरों में लाया गया। बैरी के साथ मरहटों की निर्दयता प्रसिद्ध है। जैसा उसका अपराध था वैसे ही उसके दंड देनेवाले मिले। हाथ-पैर और नाक-कान काटकर वह एक कटघरे में रक्खा गया। इसी दशा में वह दिल्ली पहुँचाया जा रहा था पर बीच ही में उसके प्राण निकल गए। उसका साथी मंसूर क़ैदखाने से निकाला गया और हाथी के पैर के नीचे कुचलवा दिया गया।*

(Hindu Patriot के लेख के आधार पर।)*

पारसी लोग कैसे हिन्दुस्तान में आए

उन बहुत-सी जातियों में से जो हिन्दुस्तान में आकर बस गई हैं पारसी जाति भी है। पारसी लोग बम्बई प्रान्त विशेषकर गुजरात में बसे हुए हैं। विद्या और व्यापार में ये लोग बहुत बढ़े-चढ़े हैं। विलायत की राजनैतिक सभा (पार्लमेंट) में बैठने का सौभाग्य भारतवासियों में अभी तक इन्हीं को प्राप्त हुआ है। ये लोग बड़े धनी हैं और धन का उपयोग करना भी खूब जानते हैं। भारतवासियों की शिक्षा आदि के निमित्त इन लोगों ने बड़े दान दिए हैं। इन्हें हमारे बीच रहते हुए 1300 वर्ष हो गए। ये उन्हीं पारसी वा ईरानी लोगों के वंशधर हैं जिनका राज्य किसी समय आधे एशिया में फैला हुआ था और जिन्होंने यूनान आदि योरपीय देशों पर अपना अधिकार जमाया था।

ये पारसी लोग भारतवर्ष में कब और कैसे आए यह जानना पाठकों के लिए बहुत आवश्यक है। क्योंकि इनके इतिहास से और हिन्दुओं के इतिहास से बहुत कुछ सम्बन्ध है। हिन्दू धर्म्म और जोखस्तर धर्म्म में भी बहुत कुछ समानता है। बहुत-सी रीतियाँ और विधान भी हिन्दुओं और पारसियों में समान रूप से प्रचलित हैं। पारसियों के धर्म्मग्रन्थ की भाषा "जिन्द" भी संस्कृत से बहुत मिलती-जुलती है। तात्पर्य यह कि यह पारसी जाति भी आर्यों की एक शाखा है।

प्रायः 1400 वर्ष हुए कि अरब में मुहम्मद नामक एक व्यक्ति ने एक नए धर्म्म का प्रचार किया और उसका नाम इसलाम रखा। जब इस मत का प्रचार अरब में पूर्ण रूप से हो गया तब इसके माननेवालों ने इसे और देशों में भी फैलाना चाहा। बहुत-से अरबी लोग जिन्हें अपने देश में निर्वाह की सामग्री नहीं मिली थी, लूटमार का अच्छा अवसर देख दल बाँधकर यह नया धर्म्म फैलाने के लिए निकले। इन लोगों का धर्माचार्य और बादशाह बग़दाद में रहता था और ख़लीफ़ा कहलाता था।

633 ईसवी में अरबवालों ने फ़ारस पर चढ़ाई की। उन दिनों पारसियों की सेना में कुछ विद्वेष फैला हुआ था। अरबवालों को इस चढ़ाई में कुछ सफलता हुई। उनका साहस और उत्साह बढ़ा। सरहद के एक रेगिस्तान में उन लोगों ने अपना पड़ाव डाला। इधर ख़लीफ़ा ने कुछ और सेना सहायता के लिए भेजी। पारसियों की ओर से "मिहरान" नामक सेनापति हल लेकर सामना करने के लिए आया। पर उसकी सेना हार गई और वह मारा गया।

इसके उपरान्त पारसी राज्य ही में बड़ा गड़बड़ मचा। अन्त में एक दुर्बल राजा फ़ारस के सिंहासन पर बैठा दिया गया जिसकी अवस्था बहुत थोड़ी थी और जिसे राजकाज का अनुभव कुछ भी न था। इसका नाम यज़दजर्द था। नए राजा को अरबों के साथ युद्ध करने की सम्मति हो गई। लड़ाई छिड़ने के पहिले ही यज़दजर्द की सभा में अरबों की ओर से चौदह मुसलमान दूत बनकर आए। युवा राजा ने उन्हें चिढ़ाने के अभिप्राय से अंड-वंड प्रश्न करना आरम्भ किया। आते ही नववयस्क पारसी बादशाह ने उनसे पूछा कि तुम लोग लबादे, कोड़े और खड़ाऊँ को क्या कहते हो ? उन लोगों ने उत्तर दिया, "बुर्द, सौत और नाल"। ये तीनों अरबी शब्द फ़ारसी के "वुर्दन", "सोरवतन" और "नाजीदन" से मिल गए जिनके अर्थ लेना, जलाना और रोना है। पहिले...यह अपशुकन हुआ। बादशाह ने फिर पूछा–"तुम लोग यहाँ किस अभिप्राय से आए हो ? तुम्हारी जाति ने क्यों हम लोगों के विरुद्ध शस्त्र उठाया है ?" उन चौदह मुसलमानों में से एक ने उत्तर दिया–"अल्लाह ने अपने पैग़म्बर के द्वारा आज्ञा दी है कि इसलाम को समस्त जातियों में फैलाओ। उसी आज्ञा का हम लोग पालन करते हैं और तुमसे कहते हैं कि तुम या तो हमारे दीन को क़बूल करके हमारे भाई बन जाव अथवा कर देना स्वीकार करो।" नए बादशाह ने अभिमान और क्रोध से कड़ककर कहा–"चूहा और साँप तुम्हारा आहार है, और ऊँट का बाल तुम्हारा वस्त्र है। तुम हमारे राज्य की ओर आँख उठानेवाले कौन होते हो ? संसार की जातियों में तुम सबसे दरिद्र, मूर्ख और पश्वाचारी हो। अपनी आँखें खोलो और इस मिथ्या भ्रम को दूर करो। अगर तुम्हें अपने रेगिस्तान में बड़ा कष्ट है तो हम तुम्हें भोजन और वस्त्र देंगे। हम तुम्हारे सरदार से उदारता का व्यवहार करेंगे और तुम्हारे लिए एक राजा नियुक्त करेंगे जो तुम पर बड़ी चतुराई और कोमलता से राज्य करेगा।" दूतों में से एक ने गम्भीरता के साथ कहा–"ऐ बादशाह ! जो कुछ तूने हम लोगों के विषय में कहा वह ठीक है क्योंकि हम लोग सचमुच कीड़े-मकोड़े खाते थे। बहुत-से तो हममें ऐसे थे जो अपनी लड़कियों को इसलिए मार डालते थे कि उन्हें भोजन न बाँटना पड़े। हम लोग अधम, दुराचारी और अन्धे थे। पर यह बात अब नहीं है। हम लोग अब बदल गए हैं। अल्लाह ने हम लोगों के बीच अपने पैग़म्बर को भेजा, उसके द्वारा अल्लाह ने हमको विश्वास करने और आज्ञा मानने के लिए कहा। उसके द्वारा अल्लाह ताला ने हमको इस एक मात्र सच्चे इसलाम धर्म्म को हर एक जगह फैलाने के लिए कहा। हम लोग प्रताप और तेज की ओर बढ़ रहे हैं और तुमसे कहते हैं कि या तो इसलाम क़बूल करो अथवा कर दो, नहीं तो युद्ध में तुम्हें प्राण देना होगा।"

यज़दज़र्द क्रोध के मारे जल उठा और बोला–"अगर तुम्हें दूत न समझते तो तुम्हारे प्राण ले लिए होते।" इसके उपरान्त उसने उस मुसलमान सरदार के सिर मिट्टी से भरा बोरा रखवाया और कहा यही कर तुम्हें देगे। यही तुम हम लोगों से पाओगे। अब हे बर्बरो ! तुम चटपट अपने सेनापति के पास भाग जाव और उससे कह दो कि थोड़े दिनों में रुस्तम उसको और उसकी सेना को कहीसिया के गड़हे में गाड़ने के लिए

जायगा।" इसके उपरान्त अपने सेवकों की ओर फिर उसने कहा—"इन्हें हमारे फाटक से बाहर निकाल दो।"

दूतों का सरदार इस पर बहुत प्रसन्न हुआ और अपने सेनापति के सामने मिट्टी का बोरा रखकर हँसते-हँसते कहा—"अब फ़ारस की भूमि हमारी है।"

इसके उपरान्त सन् 636 ई. में कहीसिया की लड़ाई हुई जिसमें पारसी लोग हार गए। अरबी लोगों ने पारसियों की राजधानी मादयन पर अधिकार कर लिया। यज़्दज़र्द वहाँ से भागकर हलवान में गया जहाँ फिर एक लड़ाई हुई और पारसी लोग हारे। अन्त में बड़ी भारी पारसी सेना लेकर बादशाह ने फिर अपने भाग्य की परीक्षा की और वहबन्द की प्रसिद्ध लड़ाई हुई जिसमें पारसी साम्राज्य मुसलमानों के हाथ में चला गया। यज़्दज़र्द ने भागकर अपना शरीर त्याग किया। पारसियों की पराजय हुई, अरबवाले ईरान के मालिक बन बैठे।

इसके अनन्तर बड़ा हृदय विदारक कांड उपस्थित हुआ। अरबी लोग पारसियों की गरदन पर तलवार रखकर उन्हें मुसलमान बनाने लगे। हज़ारों मर मिटे हज़ारों ने नया धर्म्म स्वीकार कर लिया। केवल थोड़े से ऐसे बचे जो अपने प्राचीन आर्य्य धर्म्म पर दृढ़ रहे और समुद्र के मार्ग से धर्म्म रक्षा के निमित्त भारतवर्ष की पुण्य भूमि की ओर चल पड़े।

कहा है कि विपति अकेले नहीं आती। ये लोग छोटे-छोटे जहाजों पर भारत की ओर आ रहे थे, एकाएक बड़े जोर का तूफ़ान आया। ऐसा जान पड़ा कि वे सबके सब वहीं जलमग्न होंगे। अपना धर्म्म बचाने के लिए इन्होंने अपना देश छोड़ा, इस पर मार्ग में यह दुर्दशा। ईश्वर की लीला अपार है। ये लोग एकबारगी हताश नहीं हुए। इन लोगों ने ईश्वर से इस प्रकार विनीत भाव से प्रार्थना की—

"हे ज्ञानी परमेश्वर ! इस विपत्ति में सहाय हो। हम प्रार्थना करते हैं कि इस आपत्ति से हमारा उद्धार कर। हे ज्योतिर्मय परमेश्वर, इन कठिनाइयों को दूर करके जिनसे हम घिरे हैं हमारे चित्त को प्रसन्न कर। हे प्रभु ! तेरी ही कृपा का हमें अवलम्ब है। हमें भरोसा है कि तेरे अनुग्रह से यह तूफ़ान दूर हो जायगा। हे ईश्वर, जब तक कि हमें तेरी सहायता का भरोसा है तब तक हम आपत्ति से नहीं डरते। हमें तुझ पर पूरा विश्वास है। अतएव, हे करुणामय जगदीश्वर, इस कष्ट से उद्धार कर और हमें ठीक मार्ग पर ले जा जिससे हम लोग इस समुद्र से बचकर हिन्द के किनारे पर पहुँचें। हम प्रतिज्ञा करते हैं कि तेरी रक्षा और कृपा के स्मारक में हम पवित्र अग्नि प्रज्वलित करेंगे जो तुझे प्रिय है।"

इस प्रार्थना को ईश्वर ने सुना। तूफ़ान शान्त हो गया। वे लोग पश्चिमी भारत के किनारे पर संजान नगर (गुजरात) में पहुँचे। वहाँ का राजा जदुराणा बड़ा दयालु और उदार प्रकृति का था। पारसी मंडली में जो पुरोहित था वही पहले राजा के पास देश में बसने की आज्ञा प्राप्त करने के लिए भेजा गया। पुरोहित की वीर चेष्टा और गम्भीर आकृति देखकर राणा बहुत प्रसन्न हुआ और उसके धर्म्म आदि के विषय में पूछताछ करने लगा। पुरोहित में अपने धर्म्म और रीति-रस्म आदि का पूरा-पूरा विवरण देकर

हिन्दू राणा को सन्तुष्ट कर दिया और उसने बसने की आज्ञा प्राप्त कर ली। पुरोहित ने जो सोलह बातें अपने धर्म्म और रीति-रस्म आदि के विषय में राजा से कही थीं उनका यहाँ पर देना मनोरंजक होगा–

1. हम लोग अहुरमुज़्द, सूर्य और पाँच तत्वों की पूजा करते हैं।
2. हम लोग स्नान, पूजा, हवन, और भोजन करते समय मौन रहते हैं।
3. अपने पूजा विधान में हम लोग धूप, सुगन्ध और फूलों का व्यवहार करते हैं।
4. हम लोग गऊ की पूजा करते हैं।
5. हम लोग पवित्र सदरा (कुर्ता) पहनते हैं। कुस्ती वा जनेऊ धारण करते हैं। और दो पल्ले की टोपी देते हैं।
6. हम लोग विवाह में गीत गाकर और बाजा बजाकर आनन्द मनाते हैं।
7. हम लोग अपनी स्त्रियों को सुगन्ध लगाते और गहना पहनाते हैं।
8. हम लोगों को उदारतापूर्वक दान देने की आज्ञा है विशेषकर कुआँ और तालाब खोदवाने की।
9. हम लोग पुरुष और स्त्री पर समान रूप से दया दिखाते हैं।
10. हम लोग गोमूत्र से स्नान करते हैं।
11. पूजा करते और भोजन करते समय हम लोग पवित्र पटुका पहन लेते हैं।
12. हम लोग पवित्र अग्नि में धूप देते हैं।
13. हम लोग दिन में पाँच बार पूजा करते हैं।
14. हभ लोग दाम्पत्य सम्बन्ध को बहुत दृढ़ और पवित्र रखते हैं।
15. हम लोग अपने पितरों के निमित्त कुछ वार्षिक विधान (श्राद्ध) करते हैं।
16. हम लोग अपनी स्त्रियों पर बड़ी दाब रखते हैं।

इन ऊपर लिखी बातों से जान पड़ेगा कि हिन्दू राणा और इन आगन्तुक पारसियों के धर्म्म विश्वास और रीति-रस्म आदि में कितनी समानता थी। राजा की आज्ञानुसार वे संजान में बसे और अपनी उस प्रतिज्ञा के अनुसार जो उन्होंने समुद्र में अहुरमुज्द वा ईश्वर के सम्मुख की थी उन्होंने पवित्र अग्नि स्थापित करने के लिए एक मन्दिर उठवाया। दयालु हिन्दू राणा ने इन लोगों को इस कार्य्य के लिए उत्तम भूमि दी। एक शुभ दिन को बड़े समारोह के साथ पवित्र दस्तूरदाराब (पारसी पुजारी) ने अग्नि स्थापित की। पत्थर की वेदी पर चन्दन की लकड़ी रखी गई। चारों दिशाओं पर चार रक्षक खड़े हुए। इसके पीछे दस्तूरदाराब (पुजारी) ने "माथरा" वा मन्त्रों का उच्चारण किया। वेदी के नीचे अग्नि प्रगट हुई और सुगन्धित लकड़ी जलने लगी। यह अग्नि अब तक उसी तरह जलती है। दिन में पाँच बार उसका निरीक्षण किया जाता है, जरतुस्त के अनेक उपासक नित्य उसके सामने कल्याण की कामना से खड़े होते हैं।*

('लक्ष्मी,' जुलाई 1909)

* Central Hindu College Magazine में प्रकाशित बी.पी. वादिया के लेख का अनुवाद।

विविध

निद्रा-रहस्य

निद्रा क्या है और कैसे आती है, इसका भेद आज तक नहीं खुला है। भेद चाहे न खुले पर निद्रा के लाभ सब पर प्रकट हैं। यहाँ तक कहा जाता है कि निद्रा से कभी हानि पहुँच ही नहीं सकती। निद्रा के विषय में पाश्चात्य तत्त्व-वेत्ताओं के कई मत हैं।

प्रेयर (Preyer) का सिद्धान्त है कि जब मस्तिष्क में मल विशेषकर अम्ल (Lactic Acid) जमा होकर उसके सूक्ष्म कोठों (Cells) को दबाते और निष्क्रिय कर देते हैं तब निद्रा आती है। फोस्टर नामक एक दूसरा वैज्ञानिक इस सिद्धान्त की हँसी उड़ाता है और कहता है 'यही बात है तो इसका क्या निश्चय है कि हम सोकर कभी जागेंगे भी।' यह बात ठीक है कि रक्त में अम्ल (Lactic Acid) के प्रयोग से शिथिलता और तन्द्रा उत्पन्न होती है पर यह तन्द्रा निद्रा नहीं है। दूसरी बात यह है कि बहुत-से रोगों में रक्त के बीच जल जमा हो जाता है पर रोगियों को अधिक नींद आने की बात तो दूर रही कभी-कभी नींद आती ही नहीं। शिथिलता उत्पन्न करने वाले विषों से भी निद्रा आ जाती है, पर निद्रा उनसे उत्पन्न नहीं है।

बहुत अधिक माना जानेवाला मत यह है कि निद्रा मस्तिष्क में कम रक्त पहुँचने के कारण आती है। निद्रा के समय मस्तिष्क में रक्त की कमी हो जाती है। यह बात तो चोट से फटे हुए मनुष्य के खोपड़ों और जानवरों के खोपड़ों की परीक्षा करने से सिद्ध हो चुकी है। बहुत छोटे बच्चों के सिर के बीच जो पुलपुला भाग होता है वह भी सोते समय नीचे की ओर धँसा मालूम होता है। यदि वह नाड़ी जो कलेजे से मस्तिष्क में रुधिर पहुँचाती है दबाई जाय तो तन्द्रा और बेहोशी उत्पन्न होती है। यह भी जानी हुई बात है कि मस्तिष्क से जो रक्त हटता है उसमें से कुछ का संचार तो त्वचा में होता है जिससे उसमें एक प्रकार की प्रफुल्लता आ जाती है। और कुछ मांसपेशियों में जाता है जिससे निद्रित अवस्था में हाथ-पैर कुछ बढ़े मालूम होते हैं। त्वचा में इस अधिक रक्त संचार के कारण चर्म रोगों में सोने के समय अधिक खुजली और चुनचुनाहट मालूम होती है। इसी से एक डॉक्टर कहता है, "जब मस्तिष्क सोता है तब चमड़ा जागता है।" पर इस सिद्धान्त से सन्तोष नहीं होता और यह प्रश्न रह ही जाते हैं कि मस्तिष्क में इस रक्त की घटती का कारण क्या है और कैसे जागने पर पूरा रक्त फिर इस मस्तिष्क में पहुँच जाता है। यह कैसे निश्चय हो कि रक्त की कमी ही के कारण मस्तिष्क की क्रिया रुक जाती है ? क्या यह नहीं हो सकता कि मस्तिष्क की स्तब्धता के कारण ही रक्त की कमी हो जाती है अर्थात् यह रक्त की कमी मस्तिष्क की अक्रियमाणता का फल या कार्य्य हो, कारण न हो ?

इसके पहले कुछ लोगों की यह धारणा थी कि नींद मस्तिष्क में रक्त की अधिकता से आती है। वह इसका प्रमाण यह देते थे कि सोते समय किसी-किसी का चेहरा बहुत प्रफुल्लित देख पड़ता है पर अब यह धारणा बिलकुल असंगत सिद्ध हो गई है।

सबसे आधुनिक मत ड्यूवल (Duval) और कैजल (Cajal) का है। कैजल ने यह दिखाया है कि मनुष्य के सब ज्ञानतन्तु एक-दूसरे से लगातार जुड़े हुए नहीं हैं बल्कि वे बहुत-से पृथक-पृथक सूक्ष्म कोष्ठों (Cells) से बने हैं जिनमें से बहुत बारीक सूत की तरह उँगलियाँ निकल-निकलकर एक-दूसरे से सम्बन्ध जोड़ लेती हैं। जबकि मस्तिष्क के सूक्ष्म कोष्ठ (सेल्स) श्रान्त हो जाते हैं तब ये उँगलियाँ घोंघे के कीड़े की तरह भीतर सिमट जाती हैं। और मस्तिष्क के कोष्ठों (सेल्स) का सम्बन्ध ज्ञानतन्तुओं से टूट जाता है जिसके कारण तन्द्रा, बेहोशी वा निद्रा आती है। जब मस्तिष्क के सूक्ष्म प्रकोष्ठ विश्राम कर चुकते हैं तब वे जँभाइयाँ लेकर मानो अपनी-अपनी उँगलियाँ फैलाते हैं और ज्ञानतन्तुओं से फिर सम्बन्ध जोड़ लेते हैं। खेद है कि इस बात को प्रत्यक्ष करने के लिए सोते हुए पशुओं को मारकर उनके मस्तिष्क की परीक्षा कई बार की गई पर देखने वालों को इसका ठीक-ठीक अनुभव नहीं हो सका। हाँ, क्लोरोफार्म आदि की निद्रा में अलबत ऊपर लिखी बात प्रत्यक्ष देखी गई है। यह सिद्धान्त ठीक भी हो तो भी इससे हमारी निद्रा सम्बन्धी ज्ञान में कुछ विशेष वृद्धि नहीं होती। न पूरी तरह मनुष्य का थककर सोना कहा गया और न उसके मस्तिष्क प्रकोष्ठों का थककर सोना कहा गया।

एक और मत Pfluge का है कि मस्तिष्क प्रकोष्ठ दिन के समय जितना अधिक और जितनी जल्दी ऑक्सीजन खर्च करते हैं उतना उन्हें फेफड़ों के द्वारा मिल नहीं सकता। अतः जब ऑक्सीजन का अभाव एक विशेष मात्रा तक पहुँच जाता है तब वे मस्तिष्क प्रकोष्ठ शिथिल होकर निष्क्रिय हो जाते हैं। सोने के समय आमदनी की अपेक्षा ऑक्सीजन का खर्च बहुत कम हो जाता है जिससे उसकी कमी पूरी हो जाती है अर्थात् चेतना होने के लिए जितने ऑक्सीजन की जरूरत होती है उतना वा उससे अधिक फिर हो जाता है और मनुष्य जाग उठता है। यह बात तो परीक्षा द्वारा सिद्ध है कि बारह घंटों में जितना ऑक्सीजन मनुष्य साँस के द्वारा ग्रहण करता है उसका ड्योढ़ा कार्बन के रूप में निकाल देता है और रात को जितना Carbon Dioxide निकलता है उसका ड्योढ़ा ग्रहण करता है। यह भी देखा गया है कि कोयले की खानों (जिसमें मनुष्य का दम घुटने लगता है) और गहरे कूपों में जहाँ की हवा में कार्बन अधिक मिलता है झपकी और कभी-कभी बेहोशी आती है। पर यह भी ध्यान देने की बात है कि यह झपकी और बेहोशी स्वस्थ करनेवाली सुख की नींद नहीं है बल्कि स्तब्ध करने वाली विष की ज्वाला है।

इन सब मतों का निचोड़ यह निकलता है कि निद्रा कोई अभावजनक और निष्क्रियकारिणी वस्तु नहीं है। बल्कि शरीर की क्षयकारिणी क्रियाओं के स्थान पर पोषकारिणी क्रियाओं को स्थापित करने वाली वस्तु है। निद्रा की व्यवस्था में पोषण करनेवाली Anabolic क्रियाएँ ह्रास वा क्षय करने वाली Katabolic क्रियाओं की अपेक्षा अधिक होती हैं। सोने से कोई आदमी नहीं मरता, जागने से मरता है। हफ्तों क्या महीनों तक लोग लगातार सोते

पाए गए हैं और उनका कुछ नहीं हुआ है। पर 10 या 15 दिन तक लगातार जागनेवालों के लिए मौत रक्खी हुई है। चीन में बड़े घरों के अपराधियों को जगाकर मारने की प्रथा अब तक थी। चार-पाँच आदमी नियत रहते थे जो अपराधी को सोने नहीं देते थे और वह छह या सात दिन तक के भीतर मर जाता था। यहाँ पर यह ध्यान रखना चाहिए कि इस प्रकार का बराबर जागना प्रलाप वा उन्निद्र रोगवालों के जागरण से भिन्न है।

निद्रा के सम्बन्ध में सबसे गुप्त रहस्य यह है कि हमें यह पता नहीं चलता कि विकास की किस श्रेणी के जीवों से नियमपूर्वक सोने की आदत शुरू होती है। माता का दूध पीनेवाले उष्ण रक्त के प्राणियों और पक्षियों के नीचे की श्रेणी के जीवों के यथार्थ रीति से सोने का कोई पक्का प्रमाण नहीं मिलता। शायद उनको यह पूर्णता न प्राप्त हो। पर इस विषय में दृढ़ता के साथ हम लोग कुछ कह भी नहीं सकते क्योंकि मछली, साँप, कछुआ आदि ठंडे रक्त के जीवों की आँखों पर पलकें वा हिलनेवाली पलकें नहीं होतीं कि हम उनके आँख मूँदने से उनके सोने का अनुमान कर सकें। मछलियों की बहुत लोगों ने परीक्षा की है। वे कभी-कभी स्तब्ध अवस्था में घंटों बिना हिले-डुले पड़ी ही देखी गई हैं। पर उनकी इस अवस्था का कोई नियमित वा निर्दिष्ट समय नहीं लक्ष्य किया गया है। दूसरी बात यह है कि इस अवस्था में भी वे आहट पाकर भागती और भक्ष्य देखकर उसकी ओर सरकती हैं। सब सरीसृप (सर्प आदि रेंगने वाले जीव) वर्ष में एक बार कुछ दिन निद्रा से मिलती-जुलती स्तब्ध अवस्था में रहते हैं। पर उनकी यह अवस्था वास्तविक निद्रा नहीं है।

उष्ण रक्त वाले जागते हुए प्राणियों में जिस मात्रा की चेष्टा वा गरमी होती है, सृष्टि के जीवों के बीच शायद वह औसत से अधिक है। इसी से चौबीस घंटों के बीच वह अधिक-से-अधिक सोलह घंटों तक नियमपूर्वक लगातार चल सकते हैं, इसके उपरान्त तन्तुओं में शैथिल्य और मल आ जाने के कारण औसत से भी कहीं कम गरमी और चेष्टा हो जाती है और इस प्रकार पोषण करनेवाली और ह्रास करनेवाली क्रियाओं के पल्ले बराबर हो जाते हैं।

निद्रा के फल की मात्रा भिन्न-भिन्न व्यक्तियों में भिन्न-भिन्न देखी जाती है। और लोगों को जितना आराम आठ-नौ घंटे सोने से मिलता है उतना संसार के बहुत-से और बड़े-बड़े लोगों में यह गुण देखकर नीति बघारने वाले दाम्भिक सोने के पीछे लट्ठ लेकर पड़ गए। पर बड़े लोगों को भी उतने ही वा कभी-कभी उससे अधिक सोने की आवश्यकता होती है जितना साधारण लोगों को। बहुत-से बड़े लोग दो या तीन घंटे ही डटकर काम कर सकते हैं। डार्विन दिन भर में दो घंटे, हर्बर्ट स्पेंसर चार घंटे और डेकार्टे सप्ताह में तीन घंटे काम करता था। डॉक्टर जानसन की तरह डेकार्टे (Descartes) भी देर तक चारपाई पर पड़ा रहनेवाला था। कभी-कभी तो वह दो-तीन बजे दिन को सोकर उठता था। 54 वर्ष की अवस्था में उसके मर जाने का कारण उसके अन्तरंग मित्रों ने यह बताया था कि उसे महारानी क्रिस्टिना (Queen Christina) को पढ़ाने के लिए कुछ दिनों से पाँच बजे सवेरे ही उठना पड़ता था।

(नागरी प्रचारिणी पत्रिका, अक्टूबर 1912)

सदाचरण और उत्तम प्रकृति

सृष्टि के आरम्भ से आज तक जिस सदाचरण की प्रशंसा होती आई है, जिसके अनुयायियों के नाम बातचीत में नित्य दो-एक बार आते हैं, जिसके अतुल प्रभाव से भगवान को दौड़-दौड़कर कई बेर इस पृथ्वी पर आना पड़ा है, वह सदाचरण क्या है ? इस बात के जानने के हेतु यत्न करना हमारे समय–संयमी पाठकों को कदाचित न खलेगा। एक ग्रन्थकार कहता है, ''अच्छा गणितज्ञ होना, अच्छा कवि होना सहज है, किन्तु अच्छा मनुष्य होना बड़ा कठिन है।'' कोई आवश्यक नहीं कि मनुष्य उत्तम कवि वा दार्शनिक हो पर यह उसका प्रधान कर्तव्य है कि वह सात्विकशील हो। उत्तम प्रकृति मनुष्य का भूषण है। अकेले एक इसी गुण की सम्पन्नता से मनुष्य सब धनियों से धनी, सब विद्वानों से विद्वान् और सब भाग्यमानों से भाग्यमान है। सम्भव है कि यह कुटिल संसार उसका यथावत् आदर न करे, पर उसका सम्मान स्वयं उसकी आत्मा करेगी, जिसके बिना मनुष्य लक्षाधिप वा सर्वविद्या विशारद होकर भी एक राह के भिखमंगे और गाँव के गँवार से भी हीन है।

एडिसन लिखता है, ''उत्तम प्रकृति की मनुष्यों को इतनी आवश्यकता देख पड़ी कि उन्हें सामाजिक व्यवहार में सुगमता लाने के लिए एक कृत्रिम उत्तम प्रकृति का आविष्कार करना पड़ा जिसका नाम उन्होंने शिष्टाचार रखा।'' इसी शिष्टाचार की बदौलत हमें ऐसे लोगों के श्रीमुख से भी ''आइए, आइए, बिराजिए, बिराजिए'' इत्यादि कोमल वाक्य सुनने को मिलते हैं जिनकी आन्तरिक इच्छा यही रहती है कि 'जाव जाव, उठो उठो।' इससे उस कलह और उपद्रव का बचाव होता है जिसमें हम तुरन्त तत्पर हो जाते यदि भाषा का प्रयोग भावों को छिपाने के बदले उन्हें प्रकाशित करने के अर्थ किया गया होता।

सबसे पहले तो हमें यह देखना है कि सदाचरण कहते किसको हैं। यदि हम उन समस्त कर्मों की सूची तैयार करने बैठें जो इस सदाचरण के नाम से पुकारे जाते हैं तो यह बात हमारी सामर्थ्य के बाहर ही नहीं वरन् हमारे अभिप्राय साधन के लिए निष्प्रयोजनीय भी होगी। किसी[1] कर्म विशेष में कर्ता से पृथक् कोई दोष वा गुण नहीं होता। इस कहने से कि अमुक कर्म अच्छा वा बुरा हुआ हमारा केवल यही तात्पर्य रहता है कि अमुक परिणाम को उपस्थित करने में कर्ता के चित्त का संस्कार अच्छा वा बुरा था।

1. पदार्थों के बीच परिवर्तन उपस्थित करना। मनुष्य के कर्म में मानसिक संस्कार भी संयुक्त रहता है इससे उसके गुण और दोष का विचार होता है।

यदि कोई पूछे कि एक कर्म करने से मनुष्य को क्यों आदर और यश मिलता है और दूसरे के करने से क्यों छिः-छिः सुनना पड़ता है तो इसका उत्तर यही दिया जा सकता है कि एक कर्म को विचार करते समय श्रद्धा और आदर का उद्भूत न होना और दूसरे के द्वारा घृणा और क्रोध का जागृत न होना असम्भव है; ठीक उसी प्रकार से जैसे जिह्वा पर रखने से सम्भव नहीं कि चीनी मीठी और इन्द्रायण कड़वा न लगे। अतः जिस प्रकार हमारी इन्द्रियों को कुछ पदार्थ रुचिकर और कुछ अरुचिकर प्रतीत होते हैं उसी प्रकार हमारी आत्मा को भी कुछ कर्मों के चिन्तन से सन्तोष और कुछ के चिन्तन से घृणा और क्रोध प्राप्त होता है। हमारा सौन्दर्य का भाव केवल रंग और आकार का साक्षात्कार मात्र नहीं है, वह भाव इन सबसे उत्पन्न अवश्य है पर इनसे सर्वथा भिन्न है। इसी प्रकार हमारे आचरण की उत्कृष्टता विषयक विचार केवल क्रियाओं का साक्षात्कार अथवा उपकार का पता लगना मात्र नहीं है–वह एक और ही वस्तु है। यदि कोई पूछे कि चीनी क्यों रुचिकर और सौन्दर्य क्यों आह्लादकारक होता है तो इसका क्या उत्तर है ? सदाचारी से भिन्न सदाचार और दुराचारी से भिन्न दुराचार केवल नाम मात्र है। कर्म कुछ नहीं केवल कर्त्ता ही का किसी अवस्था में किसी परिणाम का विचारना और उसको उत्पन्न करना है। किसी अंग विशेष का प्रकार विशेष से परिचालित करना और भौतिक पदार्थों के बीच परिवर्तन उपस्थित कर देना स्वयं कोई दोष वा गुण नहीं रखता। अतएव किसी कर्म के सत् और असत् का विचार करने के लिए हमें उसको तीन खंडों में विभाजित करना पड़ेगा–

(1) अवस्था जिसमें कर्त्ता स्थित है;

(2) कर्त्ता का मानसिक संस्कार; और

(3) परिणाम अर्थात भौतिक वा मानसिक परिवर्तन।

इन तीनों में से यदि दूसरा खंड निकाल लिया जाय तो कर्त्ता सब दोषों से मुक्त और सब गुणों से रहित हो जायगा। शेष दो का काम केवल मानसिक संस्कार के अनुसन्धान में सहायता पहुँचाना है। तात्पर्य यह कि किसी कर्म के भले वा बुरे होने का विचार चित्त ही की ओर देखकर किया जा सकता है। जैसे जब हमें कोई किसी व्यक्ति की ओर यह कहकर दिखलावे कि इसने एक मनुष्य का वध किया है तो हम तुरन्त उसको दुराचारी कह देंगे और उसके प्रति क्रोध और घृणा हमारे चित्त में जागृत हो जायगी। पर वही इंगितकर्त्ता यदि इतना और कहे कि 'वह मनुष्य जिसका वध हुआ लुटेरा था और मारनेवाले की ओर आक्रमण करने के लिए झपटा था' तब हम फिर चट उसके साहस और पराक्रम की प्रशंसा करने लगेंगे। अथवा यदि कोई मनुष्य जान-बूझकर किसी वृद्ध मनुष्य को ऊँचे स्थान से धक्का देकर नीचे ढकेल दे तो वह तुरन्त मनुष्य-वध के घोर पातक का भागी हो जायगा। पर वही मनुष्य यदि मार्ग में चला जाता हो और अचानक उस वृद्ध से टकरा जाय और वह वृद्ध उसके धक्के से नीचे एक नदी में गिरकर प्राण त्याग कर दे तो हमें उस पर किसी प्रकार का दोषारोपण करने का अधिकार नहीं है। शारीरिक क्रिया तो दोनों में एक ही है–जिस प्रकार एक के लिए उसको अपना अंग

हिलाना पड़ा उसी प्रकार दूसरे के लिए भी; पर दूसरे में उस मानसिक तत्त्व का अभाव रहा जिसके बिना किसी परिवर्तन को मानव कर्म की संज्ञा दी ही नहीं जा सकती। अन्तःकरण की स्थिति का अवश्य विचार करना होता है। इसके बिना कानून भी अपना प्रचंड दंड नहीं उठाता। सारांश यह कि गुण-दोष के विचार के लिए यही मानसिक संस्कार ही मुख्य है, स्वयं कोई कर्म अर्थात् भौतिक वा अभौतिक परिवर्तन भला वा बुरा नहीं होता।

बहुतों का मत है कि जिस कर्म से दूसरों का उपकार साधन हो जाय वही श्लाघनीय और उसका कर्त्ता लौकिक प्रशंसा का अधिकारी है। इसमें मानसिक संस्कार का कुछ विचार नहीं किया गया है। तब तो स्टीम इंजिन तथा और बहुत-सी उपयोगी वस्तुएँ ऐसी ही श्रद्धा और प्रतिष्ठा के योग्य ठहरती हैं जैसे संसार के उपकारी महात्मागण। यह तो ठीक है कि संसार में जितने सत्कर्म हैं सब का अन्तिम परिणाम सृष्टि का उपकार ही है, पर यह कह देना कि किसी पिंड को प्रशंसा वा घृणा का पात्र बनने के लिए उसकी उपकारिणी वा अपकारिणी गति ही आवश्यक है, भूल है; सम्भव है कि उसकी गति अचेतन अवस्था में, किसी दूसरे पिंड के द्वारा अथवा विपरीत परिणाम उपस्थित करने का प्रयत्न करते समय उत्पन्न हुई हो। इस अवस्था में उसकी कुछ भी प्रशंसा नहीं की जा सकती।

इस बात को यहाँ पर स्वीकार करना पड़ता है कि संसार के सब प्राणी हर समय एक ही कार्य्य को विचार करके एक ही भाव नहीं प्राप्त करते। अतएव इस सदद्विषयक भाव की व्यापकत्व-सम्बन्धी तीन सीमाएँ स्थिर करनी पड़ती हैं।

(1) पहले तो बहुत-से अवसर ऐसे देखने में आते हैं जिनमें चित्त सत् असत् का विवेक नहीं कर सकता अर्थात् चित्त की उस क्रिया ही का ह्रास हो जाता है जो इस विभिन्नता का मूल है। ये अवसर वे ही हैं जब चित्त क्रोध, शोक आदि मनोवेगों से विचलित हो जाता है। अन्तःकरण इन अवसरों पर दूसरे प्रकार की प्रबल भावनाओं से परिपूर्ण रहता है इससे किसी कर्म की इस भावना को उत्पन्न करने की प्रवृत्ति में अन्तर नहीं पड़ा, क्योंकि उस समय न कि केवल यही सत् असत् का विवेक वरन् समस्त प्रकार के विवेक (बुद्धि से सम्बन्ध रखनेवाले भी) नष्ट हो जाते हैं। उस समय रेखागणित के तत्त्व भी इसी प्रकार अधिकार रहित होकर चित्त से दूर हटते रहते हैं। किन्तु यह बात मनोवेगों के अत्यन्त भयानक अवस्था पर पहुँचने पर होती है; सामान्यतः तो यह होता है कि चित्त में इस सत् असत् के विभेद बने रहने पर भी मनुष्य उसके अनुसार कार्य्य करने की परवा नहीं करता अर्थात् उसकी इन्द्रियाँ इन्हीं मनोवेगों के अटल आदेश पर परिचालित होती हैं।

(2) दूसरी सीमा उन जटिल कर्मों पर जा ठहरती है जिनके परिणाम परस्पर विरोधी होते हैं अर्थात् उपकार और अपकार दोनों की ओर प्रवृत्त रहते हैं। कोई कर्म जो कि हमारी श्रद्धा वा घृणा का विषय है वास्तव में अभिप्राय से युक्त कर्त्ता ही है। अतएव कोई तो उस कर्त्ता को भला और कोई बुरा कहते हैं। इस अन्तर पड़ने का यह कारण

है कि कोई तो उस उपकार की ओर दृष्टि रखते हैं जो इस कर्म से निकलता है और कोई अपकार की ओर; कोई तो यह निश्चय करते हैं कि कर्त्ता का चित्त भलाई की ओर प्रवृत्त था और कोई यह समझते हैं कि उसका मुख्य अभिप्राय अनिष्ट ही था। यह गड़बड़ केवल परिणामों की जटिलता के कारण होता है जिनकी ओर देखकर हम कर्त्ता का अभिप्राय निकालते हैं। यदि हमारे पास कर्त्ता की मानसिक वृत्ति जानने का कोई और अधिक उत्तम साधन होता तो यह गड़बड़ कदापि उपस्थित न होता। प्रकट है कि मानसिक संस्कार के अनुसन्धान का यह साधन कभी-कभी धोखा भी दे जाता है। उदाहरणतः जैसे कोई मनुष्य किसी गहरी खाई के, एक किनारे पर खड़ा होकर किसी अशक्त मनुष्य का, जो कि खाई के दूसरे किनारे पर है, हाथ पकड़कर अपनी ओर खींचे और वह अशक्त व्यक्ति नीचे जा रहे तो निरीक्षक को कर्त्ता की मानसिक प्रवृत्ति का निर्णय केवल इस घटना ही की ओर देखकर करना बड़ा कठिन होगा। लोगों में जो थोड़ा-बहुत मतभेद इस सत्-असत् के निश्चय में पाया जाता है उसका कारण एक यह भी है। ऐसे जटिल कर्मों के विषय में जो हम पृथक्-पृथक् सम्मति स्थिर करते हैं इसका कारण यह है कि हम कर्मों के मानसिक तत्त्वों का पूरा-पूरा विचार नहीं कर सकते। अतः यह दोष कर्मों के यथावत् ज्ञान प्राप्त करने में है; स्वयं कर्मों में नहीं। यदि मानसिक संस्कार की ओर हम देखने पावें तो हमें भले-बुरे का निर्णय करने में कुछ भी देर न लगे। हमारी रसना ज्यों ही कोई पदार्थ उस पर रक्खा जाता है मीठे-कड़वे का निर्णय कर देती है। छोटे-से बच्चे के मुँह में भी यदि ऐसे पदार्थ रख दिए जाते हैं तो उसे भी उनसे आनन्द वा पीड़ा प्राप्त होती है। मीठे और कड़वे का फ़र्क बच्चे को भी उसी प्रकार प्रत्यक्ष रहता है जिस प्रकार एक सयाने व्यक्ति को। चीनी की ओर इच्छा और इन्द्रायन की ओर अनिच्छा प्रगट कराने के लिए कोई शिक्षा वा मारपीट नहीं दरकार होती।

(३) इन दो सीमाओं के अतिरिक्त एक तीसरी सीमा भी बाँधनी ज़रूरी है जो कि कर्मों के विषय में हमारी सम्मति पर बड़ी शक्ति के साथ प्रभाव डालती है—यह सम्बन्ध वा सहयोग। हमें यह न समझ लेना चाहिए कि कर्मों के विषय में भावना उत्पन्न होने की शक्ति हमें और दूसरी मानसिक क्रियाओं के प्रभाव से वंचित रखती है। सम्बन्ध वा सहयोग इस शक्ति को हरण तो नहीं कर लेता पर उसे नवीन-नवीन विषय प्रदान करता है अथवा किसी व्यक्ति के किसी कर्म विशेष पर विचार करते समय उस व्यक्ति से सम्बन्ध रखनेवाली और-और बातों को सामने लाकर खड़ा कर देता है जो कि उस कर्म विशेष के निरीक्षण द्वारा स्थिर किए हुए भाव को या तो तीव्र कर देती है अथवा हलका।

इस सम्बन्ध का सबसे प्रचुर विस्तार उस समय देखने में आता है जब हम किसी समुदाय सम्बन्धी भावना का तदन्तर्गत किसी कर्म विशेष में प्रयोग करते हैं। वास्तव में तो प्रकृति में कोई समुदाय नहीं होते पर हम लोगों ने बहुत-से पृथक्-पृथक् कर्मों को किसी-किसी अंश में समानता के विचार से एक श्रेणी के अन्तर्गत मान लिया है और उस समूह को व्यक्त करने के लिए एक पृथक् नाम रख लिया है। न्याय, अन्याय, दया, क्रूरता आदि ऐसे ही शब्द हैं।

इन शब्दों के सुनते ही हमारी भावना केवल एक ही कर्म पर नहीं स्थिर हो जाती वरन् उन सब कर्मों का मिश्रित पंचामृत किया हुआ भाव चित्त में उद्‌भूत होता है जो उस समुदायसूचक शब्द के अन्तर्गत माने गए हैं। इससे किसी एक ही कर्म के विचार में बड़ी तीव्र भावना का उद्‌गार होता है। इतना भर हम सुन पावें कि अमुक कार्य्य उस समुदाय के अन्तर्गत आता है जिसको 'अत्याचार' कहते हैं फिर चट न कि केवल अकेले उस कर्म ही के विषय में हमारे चित्त में उद्‌गार होता है वरन् उन समस्त घोर अनर्थों और उपद्रवों से थोड़ा-बहुत भाव ग्रहण करके जिन पर इस अनादृत शब्द का अधिकार है चित्त उससे कहीं तीक्ष्ण और उद्विग्न भावना का अनुभव करता है जो केवल एक कर्म के चिन्तन से उसे प्राप्त होता है।

ऊपर कहा जा चुका है कि इस सम्बन्ध वा सहयोग के प्रभाव से भावनाएँ तीव्र ही नहीं वरन् हलकी भी हो जाती हैं। किसी-किसी समय उस निर्भयता और निर्दयता की बड़ी प्रशंसा होती है जो दूसरे अवसरों पर निन्दनीय कही जाती है। यह प्रायः तब होता है जब शरीर और धन की रक्षा बिना इस निर्भयता तथा निर्दयता का अवलम्बन किए नहीं हो सकती। ऐसी दशा में दया और भय को चित्त में स्थान देना भीरुता और निर्बलता समझी जाती है। उस समय प्राणियों का रुधिर-पात करते हुए भी सम्बन्ध के विचार से कर्त्ता का मन कलुषित नहीं वरन् उज्ज्वल रहता है। बहुत-सी जंगली जातियाँ विदेशियों का वध करने के लिए सदैव सन्नद्ध रहती हैं। इससे यह न अनुमान करना चाहिए कि वे स्वयं इस कर्म को दूसरे को हानि पहुँचानेवाला जानकर ही अच्छा समझती हैं। वे यह कार्य्य या तो हानि की आशंका से अथवा अपने समाज की रक्षा का हेतु समझकर करती हैं। उनके बीच भी ऐसा कोई अधम न होगा जो किसी व्यक्ति को कष्ट के साथ प्राण त्याग करके देख दो-चार बूँद आँसू न गिरा दे। इसी सम्बन्ध के विचार से जिसे हम निकृष्ट कर्म कहते हैं इनके बीच निन्दनीय नहीं होता। इसी प्रकार जब कोई बुराई हम उन व्यक्तियों में देखते हैं जिन्हें हम प्यार करते हैं–जैसे पिता, माता, स्त्री, पुत्र इत्यादि–तो इसी सम्बन्ध का प्रभाव उनके प्रति हमारी आन्तरिक घृणा में कमी कर देता है। इससे यह अभिप्राय नहीं है कि हम उन दुष्कर्मों को पसन्द करने लगते हैं जो उन लोगों में होते हैं जिनसे हम स्नेह रखते हैं। परन्तु यह सम्बन्ध या सहयोग उन कर्मों की ओर दृष्टिपात करते समय उन बातों को भी सम्मुख लाकर उपस्थित कर देता है जिनके हेतु हम उन्हें प्यार करते हैं। स्नेह जो स्वयं एक उत्कृष्ट भाव है हमारे चित्त में उन दुष्कर्मों से आविर्भूत घृणा को भली-भाँति ठहरने नहीं देता। हम अपने उपकारी माता-पिता को स्नेह करने में सदाचार का व्यवहार करते हैं इससे उनके कर्मों की आलोचना का भाव हमारी कृतज्ञता के भाव के आगे दब जाता है।

मेरी जान में यह बात स्पष्ट हो गई होगी कि कर्मों के सदसद्विषयक विवेक का प्रादुर्भाव हमारी आत्मा में अवश्य होता है। शंका की जा सकती है कि यदि इस प्रकार की भावना मनुष्य मात्र में स्वाभाविक है तो संसार में अनेक प्रकार के दुष्कर्म और अत्याचार होते क्यों हैं ? मैं पहले कह चुका हूँ कि कुछ अवसर ऐसे हैं जिनमें ये

भेद-सूचक भाव उदय नहीं होते अथवा उनके उदय होने पर भी मनुष्य दूसरे प्रबल मनोवेगों के हाथ में काठ का पुतला हो जाता है। उसकी इन्द्रियाँ इन्हीं क्रोध, शोक और इच्छा आदि प्रबल मनोवेगों के आदेश पर परिचालित होती हैं। चोर जिस समय चोरी के लिए जाता है तो यह नहीं समझता कि हम कोई बड़ा पुण्य करने जाते हैं, वह इस बात को भली प्रकार जानता है कि उसके चित्त की वृत्ति बुरी है; किन्तु वह अपनी प्रबल इच्छा को रोकने में असमर्थ रहता है। क्या एक हत्यारे को किसी निरपराध के हृदय में छुरी धँसाते देखकर किसी को हँसी छूटेगी ? क्या ऐसा भी कोई नराधम इस भूमंडल पर होगा जो अपने पिता-माता का वध करके प्रसन्नता के साथ लोगों में अपने कर्म की घोषणा करता फिरे ? क्या एक पशु का रुधिर भी पृथ्वी पर गिरता हुआ देखकर किसी मनुष्य कहलानेवाले जीव के मुख से चकार न निकलेगा।

बहुत-से तत्वज्ञ इस सत्-असत् के भेद को बिलकुल कल्पित और मनुष्यकृत बतलाते हैं। इस विलक्षण मत के संस्थापकों में से सबसे साहसी और अग्रसर डॉक्टर मैंडेविल (Dr. Mandeville) हैं। इनके हाथ में पड़कर इस सिद्धान्त ने अत्यन्त ओजस्वी और प्रभावशाली रूप धारण किया है। इन महाशय के विचार में सदाचार आदि की प्रशंसा केवल राजनैतिक युक्ति है, और जिस सत्कर्म की प्रशंसा करना संसार स्वीकार करता है वह केवल कर्त्ता का ऊपरी दिखाव के लिए आडम्बर मात्र है। ये कहते हैं कि मनुष्य का जीवन परस्पर पाखंड ही में व्यतीत होता है जिसमें कि छल से अपना कुछ वर्तमान सुख उस शाबाशी की लालसा से परित्याग किया जाता है जिसको कि समाज, जो उस स्वार्थत्यागी व्यक्ति से भी बढ़कर धूर्त है, सदैव देने के लिए प्रस्तुत रहता है। किन्तु यह साधुवाद उस सुख-परित्याग के प्रतिकार में दिया जाता है जो उसके अर्थात् समाज के लाभ के हेतु किया जाता है। इनका कहना है कि मनुष्य भी स्वभावतः और जीवधारियों की तरह केवल अपनी ही तुष्टि चाहता है; दूसरे के सुख वा दुःख का कुछ विचार नहीं करता। अतएव सबसे पहला काम प्रत्येक देश के शास्त्रकारों को यह देख पड़ा कि किसी-न-किसी प्रकार इनसे अपना-अपना कुछ सुख समाज की भलाई के लिए परित्याग करावें। किन्तु यह त्याग ऐसे जीवों से प्राप्त करना जो कि अपना ही सुख देखते थे बिना उस परित्यक्त सुख का पूरा बदला दिए हुए सम्भव नहीं था। परिवर्तन में इन्द्रियों के भोग की तो कोई ऐसी सामग्री मिली नहीं जिसे देकर सन्तुष्ट किया जाता, इससे मनुष्य को एक दूसरी ही तृष्णा का सहारा लेना पड़ा। इस कार्य्य के हेतु मनुष्य की प्रशंसा के हेतु स्वाभाविक तृष्णा उपस्थित हुई। लोगों को फुसलाकर यह विश्वास दिलाया गया कि स्वार्थ परित्याग के कारण उनकी गिनती महात्माओं में की जायगी। लोग चट इस सौदे के लिए सन्नद्ध हो गए और अपने किसी आनन्द वा सुख को–जिसको वे कदापि परित्याग न करते यदि अधिक लाभ न दिखाई पड़ता–उस साधुवाद के बदले में दे डालने को तैयार हो गए जिसको उन्होंने अधिक मूल्यवान विचारा। The moral virtues are the political offspring which flattery begot on pride.

इस सिद्धान्त में यथार्थता का कितना अंश है, पाठकगण विचार सकते हैं। यह कहता है कि निरपराध स्त्री-बालकों का हत्याकांड देखकर जो कोई दो-चार बूँद आँसू गिरा देता है और उनके त्राण की इच्छा प्रगट करता है वह केवल संसार को दिखाने के लिए; अर्थात् उस सुख अथवा आनन्द को जो इस घटना के निरीक्षण के पूर्व उसमें था, वह कदापि परित्याग न करता और अपने चित्त को आँसू गिराकर व्यथित न करता यदि एक भीड़ उसके इस कर्म के देखने को वहाँ न खड़ी होती। इस मत के दृष्टान्त इस संसार में इतने अधिक मिलते हैं कि एक सामान्य विवेचनावाले मनुष्य को इसके व्यापकत्व में प्रतीति लाने को बाध्य कर सकते हैं। बात यह है कि सच्चे सदाचार को संसार में प्रतिष्ठा और आदर पाते देख लोगों ने उसके बाहरी लक्षणों की नक़ल उतारनी आरम्भ की। धीरे-धीरे लोगों के लिए स्वार्थ-साधन का यह एक मार्ग निकल गया। इस तरह के स्वाँग बहुत दिखलाई देने लगे। कोई देश काल के विरुद्ध चौगोशिया टोपी दिए और छह कली का घेरदार अँगरखा लटकाए इस आसरे में बैठा है कि कोई आकर देखे और कहे कि "अहा ! बाबू साहब भी कैसे सीधे-सादे और सज्जन व्यक्ति हैं।" कोई चन्दन चर्चित कलेवर में किसी हवादार मैदान में खड़ा होकर शंखनाद द्वारा अपने सदाचार की घोषणा कर रहा है पर जिस तर्कनाप्रणाली पर उपर्युक्त सिद्धान्त अवलम्बित है वह दूषित है। उसमें यह पहले ही मान लिया गया है कि समस्त सद्विचार पाखंड हैं तदुपरान्त इस कथन का विस्तार बड़े कौशल के साथ किया गया है और संसार में प्राप्त अधिकांश उदाहरणों का बड़ा सजीव और तद्रूप चित्र खींचा गया है। अच्छा, हम थोड़ी देर के लिए मान भी लेते हैं कि हम सब लोग वास्तव में पाखंडी हैं और जीवन की धूर्तता से जानकार हैं; ऐसी अवस्था में हम सदाचार का लक्षण स्वयं बना सकते हैं पर औरों पर जिन्हें हम उसी कपट-वेष में देखते हैं क्योंकर श्रद्धा कर सकते हैं जबकि हम सदाचरण के मूलतत्त्व से पूर्णतया विज्ञ हैं ? अर्थात् स्वयं गहरे पाखंडी होकर हम पाखंडियों के कार्य्य पर क्योंकर श्रद्धा और विश्वास रखते हैं ?

यदि सत्यतः इस जगत में किसी एक की प्रसन्नता दूसरे पर होती है, किसी एक की आराध्य-दृष्टि अन्य पर होती है तो यह स्पष्ट है कि यह श्रद्धा वा पूज्य बुद्धि कदापि जान-बूझकर पाखंड के प्रति नहीं होती बल्कि उस सच्ची सात्विक-शीलता के लिए होती है जिसके चिन्तन और हमारी श्रद्धा के बीच कोई दूसरा भाव नहीं घुस सकता। यह कैसे अनर्थ की बात होगी यदि हम उन लोगों को जो हमारे निकटवर्ती मित्र कहलाते हैं सदा अविश्वास की दृष्टि से देखा करें; माता, पिता, भार्या की स्नेह भरी दृष्टि तथा अनुराग पूरित वचनों में, बच्चों की मीठी-मीठी बोली में, मित्रों के आश्वास-वाक्यों में कपट ही कपट देखें और जैसे-जैसे वाक्य अधिक कोमल सुनाई पड़ें वैसे-वैसे हम उनकी ओर से और अधिक कप्ट समझें और सोचें कि वे उनको इसी हेतु कोमल करते जाते हैं जिससे धोखा देने में और भी कम कसर रह जाय। यदि यह विचार अभाग्यवश किसी के चित्त में समा जाय तो उसके लिए समाज नरक हो जायगा, उसे निर्जन स्थान ही का निवास वांछित होगा। उपर्युक्त मतानुसार सदाचरण केवल प्रशंसा की खोज है। यह (सदाचार)

एक सुख का त्याग अवश्य करता है, पर काल और मात्रा के विचार से अधिक के लिए अथवा यों कहिए कि इस सदाचार की आड़ में स्वार्थ छिपा बैठा है। इस विचित्र बात को सिद्ध करने के लिए इस मत के अनुयायीगण यह युक्ति उपस्थित करते हैं। यदि हम किसी की भलाई की इच्छा करते हैं तो यह हमारे लिए आनन्द का विषय होगा कि वह सुखी हो और यह इच्छा यदि पूर्ण न हुई तो हमें क्लेश होगा। इस पूर्ति के आनन्द को तथा विफलता के क्लेश को सामने रखकर क्या हम संशय कर सकते हैं कि हमारा अभीष्ट वास्तव में अपना ही हित-साधन नहीं था ? यह तर्क वास्तव में उलझन में डालने के लिए रचा गया है; परीक्षा करने पर यह सर्वथा निरर्थक ठहरेगा। हमारा प्रश्न यह नहीं है कि अमुक रीति से कार्य्य होना आनन्दकारक और न होना क्लेशकारक है वा नहीं; हमे तो यह देखना है कि क्या आनन्द ही हमारी इस इच्छा का उद्देश्य है ? इस स्वार्थवादी सिद्धान्त का आधार वह आनन्द समझा गया है जो किसी सत्कर्म के उपरान्त हमें प्राप्त होता है। परन्तु थोड़े ही विचार से स्पष्ट हो जायगा कि वह कार्य्य वा परिणाम है, कारण नहीं। हमें परोपकार करने में आनन्द अवश्य मिलता है—पर वह इसलिए कि हम उपकार करते हैं और उसके करने की पूर्व से अभिलाषा रखते हैं। यह आनन्द हम अनुभव करते हैं इसलिए हम उपकार नहीं करते। यदि हम उपकार न किए होते तो इस प्रकार के आनन्द को उसी प्रकार न जानते जिस प्रकार बिना रूप-रंग को देखे हुए सौन्दर्यगत आनन्द को। यह कहना कि हम अपने आनन्द ही के हेतु उपकार करते हैं ऐसा ही है जैसा कि यह कहना कि रूप और रंग की ओर दृष्टि पड़ जाने का कारण तद्गत आनन्द ही है। उपकार की इच्छा हम पूर्व से रखते हैं। यदि हमारी यह इच्छा किसी दूसरे पर प्रकट हो जाती है तो तुरन्त हमारी ओर उसके चित्त में श्रद्धा वा रुचि उत्पन्न हो जाती है। बस सदाचार का नित्यलक्षण यही है। कुमार्गी से कुमार्गी मनुष्य भी यदि इसका सच्चा उदाहरण कहीं पा जायगा तो चट साधुवाद देकर अपनी आध्यात्मिक अभिरुचि प्रकट करेगा। परोपकारी मनुष्य आनन्द अवश्य अनुभव करता है परन्तु वह उस आनन्द को त्यागने में भी कुछ कसर न करेगा यदि उसकी यह क्षति उस स्वार्थ-परित्याग का कोई अंश हो सके जिसको उसने किसी के भले के लिए किया है। यह सत्य है कि सदाचारी पुरुष दूसरे का उपकार करके स्वयं अपना उपकार करता है, किन्तु उपकार करते समय वह अपना कुछ भी ध्यान नहीं रखता, वह अपने को बिलकुल भूला रहता है। उसका महान उद्देश्य यही रहता है कि वह दूसरे का भला करे; स्वयं उसके सुख की योजना करना तो विश्वात्मा का उद्देश्य है।

यदि सात्त्विकशीलता कुछ नहीं केवल अपना लाभ है तो वह प्रशंसा और भक्ति भी जो सदाचारी की की जाती है केवल अपने ही लाभ के लिए हुई। यह बात इस मत के अनुयायियों ने ही अपने श्रीमुख से कही है। अब मान लीजिए कि नादिरशाह, तैमूर आदि घोर अत्याचारी हममें से किसी के सामने अपनी लूट का समस्त धन रख दें और कहें कि "यह सब तुम्हारा है यदि तुम हम पर श्रद्धा और भक्ति करना स्वीकार करो" तो क्या श्रद्धा हमारे हृदय में चट उमड़ आवेगी ? क्या हम ऐसे अवसर पर इतनी

सुख-सामग्रियों के दाता उन दुराचारियों के प्रति एक भी ऐसा मानसिक उद्गार अनुभव करेंगे जैसा किसी एक सामान्य व्यक्ति के तुच्छ-से-तुच्छ सद्व्यवहार के लिए जो हमारे सांसारिक सुख में कुछ भी वृद्धि नहीं कर सकता। यदि सत्कर्म केवल स्वार्थ है तब क्यों उपर्युक्त अवस्था में हमारी श्रद्धा और घृणा में उसी हिसाब से अन्तर नहीं पड़ता जाता है जिस हिसाब से सांसारिक उपभोगों का नवीन-नवीन प्रलोभन हमें दिखाया जाता है। क्योंकि दुराचारी के प्रति हमें जो घृणा होती है वह इसलिए नहीं कि दुराचार स्वयं उत्कृष्ट से उत्कृष्ट उदारता की अपेक्षा हमारी श्रद्धा के कम योग्य है बल्कि इसलिए कि उससे हमारे स्वार्थ में हानि पहुँचती है। सम्भव है कि यदि कोई घोर दुराचारी हमें घूस दिया करे तो उसके प्रति जो पहले हमें घृणा थी वह एक हल की चिढ़ के रूप में हो जायगी, और वह चिढ़ भी एक सामान्य अप्रसन्नता के रूप में हो जायगी और यदि घूस और भी बढ़ा दी जाय तो वह अप्रसन्नता भी थोड़ी श्रद्धा के रूप में हो जायगी यहाँ तक कि ज्यों-ज्यों हमारे सामने घूस की ढेरी लगती जायगी त्यों-त्यों यह श्रद्धा भी भक्ति, प्रतिष्ठा, आराधना इत्यादि स्नेह की विविध श्रेणियों में होती हुई उत्तरोत्तर बढ़ती जायगी और अन्त में हम उस दुराचारी को, जिसने हमें इतना सुख-साधन प्रदान किया, उसी पूज्य और आराध्य दृष्टि से देखने लगेंगे जिस दृष्टि से कि हम संसार के प्रातः स्मरणीय महोपकारी महात्माओं को देखते हैं। मेरी जान में तो यह ऐसा ही असम्भव है जैसा द्रव्य का लालच दिखलाकर किसी व्यक्ति को लाल रंग को हरा अनुभव करा देना। यह हो सकता है कि हम उस दुराचारी को साष्टांग दंडवत करें, निरपराध बच्चों और अबलाओं को काटते हुए देखकर धन्य-धन्य करें किन्तु इससे अधिक और कुछ नहीं कर सकते। हम अपनी जिह्वा को झूठी बना सकते हैं, अपने अष्टांगों को पृथ्वी पर गिरा सकते हैं किन्तु अपने अन्तःकरण पर हमारा कोई वश नहीं है। वहाँ पर सत्य अपनी वाणी नहीं रोकेगा, वहाँ पर पाप जिसको हम सराह रहे हैं तिरस्कृत ही रहेगा और जिसको हम देवता कहकर पुकार रहे हैं वह पिशाच ही रहेगा।

इस सदसत्सम्बन्धी विवेक के अनुसन्धान में हमें यह भी देख लेना है कि बुद्धि की उसमें कहाँ तक गति है; क्योंकि बहुत-से तत्त्वविदों के विचार में अन्तःकरण वृत्ति (बुद्धि) से यह विवेक भी उत्पन्न होता है। डॉ. क्लार्क (Dr. Clarke) इस सिद्धान्त के स्थापक हैं। इनके विचार में सदाचरण अपने व्यवहार को उस उपयुक्तता के अनुकूल ले चलना है जो हम पदार्थों में देखते हैं अर्थात् उनके पारस्परिक विलक्षण सम्बन्ध को देखभाल कर काम करना है। इस मत में और लक्षण दोष जो है वह तो है ही इसके अतिरिक्त उस भावना का आरोप पहले ही कर लिया गया है जिसका हेतु यह उपयुक्तता वा उसको लक्ष्य करने की शक्ति कुछ भी नहीं बतला सकती। बुद्धि से पृथक् एक रुचिकर वा अरुचिकर भावना अवश्य होनी चाहिए अन्यथा बुद्धि हज़ारों उपयुक्तता और यथार्थता व्यर्थ ही देखेगी तथा एक ग़लत घड़ी वा गणित क्रिया की अशुद्धि देखकर उतना ही तीव्र क्रोध और घृणा अनुभव करेगी जितना एक लुटेरे को किसी ऐसे अकिंचन को लूटते देखकर जिसे दिन भर में भी भोजन का ठिकाना नहीं लगता।

उपयुक्तता एक सापेक्षिक शब्द है। यह केवल योग्य की योग्यता ही प्रकट करता है चाहे अन्तिम परिणाम कुछ ही हो। अन्तिम परिणाम निकाल देने से यह केवल योग्यता ही योग्यता रह जाती है अर्थात् इसमें भलाई-बुराई का समावेश नहीं हो सकता। पर हम तो परिणाम की भलाई-बुराई की ओर देखते हैं अतएव हमें तो सदा स्वयं उपयुक्तता ही की भलाई-बुराई की परीक्षा करनी रहती है। यदि केवल उपयुक्तता ही का विचार किया जाय तब तो सदाचार की अत्यन्त प्रसन्नता तथा सुख उत्पन्न कर देने की उपयुक्तता से दुराचार की घोर हलचल तथा आपत्ति उत्पन्न कर देने की उपयुक्तता कुछ घटकर प्रशंसनीय न होनी चाहिए।

बुद्धि कर्मों के द्वारा उपस्थित किए हुए परिवर्तनों तथा उनकी भिन्न-भिन्न मात्रा की सम्भावनाओं ही को दिखलाती है, हमारा सदसत्सम्बन्धी विवेक अन्तःकरण की एक दूसरी वृत्ति पर स्थित रहता है। यदि हममें पहले ही से लोगों (व्यक्ति वा समुदाय विशेष नहीं जिन्हें हम अपने सद्भावों का अधिकारी नहीं समझते) के हित से अनुराग और उनके अनिष्ट से अश्रद्धा न रहे तो हमें कौन बतलाए कि अमुक कर्म जिससे दूसरे को लाभ पहुँचता है उस कर्म की अपेक्षा अधिक श्रेय है जिससे दूसरों को हानि पहुँचती है। बुद्धि का काम तो केवल इतना ही है कि वह आपको बतला दे कि अमुक रीति से कार्य्य करने में सांसारिक पदार्थों के बीच ये परिवर्तन उपस्थित होंगे और उनसे इतने प्राणियों को सुख और इतने प्राणियों को दुःख पहुँचेगा। बुद्धि की सहायता की सीमा यहीं तक है। वह आपको यह न बतलाएगी कि आप उस परिणाम को त्याग कर जिससे लोगों को दुःख पहुँचता है उस परिणाम को उपस्थित करने की चेष्टा करें जिससे लोगों को सुख पहुँचे। यह पवित्र आदेश तो उसी मानव अन्तःकरण की रुचि का है जो विश्वात्मा की रुचि का एक अंश है।*

* Dr. Brown ds Philosophy of the Human Mind के आधार पर।

हमारा ढंग

देखिए, और प्रान्तों में हिन्दी की चर्चा किस वेग के साथ बढ़ रही है। कितने लोगों की दृष्टि इस समय हिन्दी पर है। अब इस अवस्था में हमें भी कुछ करना चाहिए वा चुपचाप हाथ पर हाथ रक्खे बैठे रहना चाहिए। हिन्दी के लिए अभी मुख्य कार्यक्षेत्र युक्तप्रान्त ही है। पर अपनी भाषा की ओर जैसी उदासीनता इस प्रान्त के लोग दिखा रहे हैं वैसी किसी सभ्य मनुष्य-समाज में नहीं देखी जाती। सच तो यह है कि अभी तक हम लोग अपने को ऐसे ही कामों में फँसाकर अपना जन्म सफल समझते आए जिनसे अशिक्षित लोगों पर कुछ रोब-दाब रहे वा जो झटपट हमारे आसपास के लोगों की दृष्टि में हमें भड़कीला बना दे। शिक्षित और विचारवान पुरुषों की दृष्टि में अपने को बड़ा और प्रतिष्ठित बनाने की आकांक्षा शायद ही किसी-किसी ने की है। ऐसा होना स्वाभाविक भी है। क्योंकि देश में अधिक भाग "भय बिनु होइ वा प्रीति" माननेवाले अशिक्षितों और अनुन्नत विचार के लोगों का है, मानव कर्म के मूल्य को यथार्थ रूप से परखनेवाले शिक्षितों और विवेकियों की संख्या थोड़ी है। अतः साधारण समझ के आदमियों की अधिक लोगों से मान पाने की चाह हुआ ही चाहे। सारांश यह कि अभी तक वर्तमान स्थिति में अपने को अनायास निमग्न करना ही यह यह के लोगों ने पसन्द किया है। और प्रान्तवालों की तरह उस स्थिति को परिवर्तित और उन्नत करने का प्रयास वे नहीं वा बहुत कम करते हैं। आसपास के लोगों ने जिन बातों में बड़प्पन समझा, चाहे उनमें से कुछ वास्तविक महत्व या उच्चता न हो, उन्हीं को पाने में लोग अपनी सारी बुद्धि और चतुराई खर्च कर देते हैं। इस अवस्था में साधारण लोगों के लिए ऐसी बातों की ओर ध्यान देना जिनसे स्वार्थ और सामाजिक मान की अपेक्षा लोकोपकार और स्थायी मान की अधिक सम्भावना हो, असम्भव होता है। यह काम असाधारण लोगों का होता है जो भ्रान्त जनसंख्या से, चाहे कितनी ही बड़ी हो, मान पाने की लालसा न रख, वरन् अपमान तक सहकर सच्चे महत्व के कार्य्य कर जाते हैं। कुछ लोगों के अनुकरण करने से धीरे-धीरे देश में एक ऐसा दल संगठित हो जाता है जो उन कार्य्यों का महत्व समझता है। फिर तो एक समय ऐसा आता है जब उन्हीं कार्य्यों का साधन अधिकांश लोगों के जीवन की अभिलाषा हो जाती है, और देश का भला हो जाता है। भारतेन्दु हरिश्चन्द्र ने जिस समय हिन्दी को समयानुकूल पथ पर ले जाकर खड़ा कर दिया उस समय यहाँ के लोग किसी और ही धुन में थे। अपने देश की भाषा को संसार के आधुनिक कार्यक्षेत्र में लाने की उन्हें फिक्र न थी।

यद्यपि अब हिन्दी के लिए दूसरा समय आया है पर अभी तक इधर के बहुत-से नवशिक्षित लोग उसमें अपने ठाट-बाट का कोई रंग न देख उसकी सेवा से विमुख हैं। माना कि हिन्दी के ग्रन्थकार वा लेखक होने से उन्हें कोई किताब मिल नहीं जायगी, लोगों पर रोब गालिब करने का मौका न मिल जायगा, उनमें राजनैतिक शान (Political aggrandizement) न आ जावेगी, पर अपने कर्तव्य का पालन भी तो कोई चीज है। देश के भाइयों में विचारों की एकता फैलाना भी तो धर्म्म है। बंगाल में बंकिमचन्द्र चटर्जी और रमेशचन्द्र दत्त ऐसे लोगों ने बँगला के उपन्यास लिखने में अपना गौरव समझा, प्रोफेसर जे.सी. बोस ऐसे लोग बंगभाषा के लेख लिखने में अपने को धन्य मानते हैं पर इस प्रान्त के उच्च शिक्षित कहलानेवाले बहुत लोग अभी तक हिन्दी लिखने में अपना कुछ मान नहीं समझते। यह दुःख की बात है। किसी जाति का स्थायी गौरव उसके साहित्य में रहता है। किसी एक जाति के साहित्य को कोई दूसरी जाति कभी अपना नहीं सकती, उसका ऐतिहासिक विचार परम्परा से अपनी ऐतिहासिक विचार परम्पर मिल नहीं सकती। अतः जब तक हम अपनी भाषा को समय के साथ न दौड़ावेंगे तब तक हम निरुद्यमी, आलसी और असभ्य समझे जायँगे।

क्षात्रधर्म्म का सौन्दर्य

जिस प्रकार लोकमर्यादा का निरूपण ब्राह्मण-धर्म्म है, उसी प्रकार लोकमर्यादा की रक्षा क्षात्रधर्म्म है। पर एक के पालन का क्षेत्र तटस्थ है, दूसरे का समाज के भीतर-भीतर है। इसी से क्षात्रधर्म्म के सौन्दर्य में जो मधुर आकर्षण है वह अधिक व्यापक, अधिक मर्मस्पर्शी और अधिक स्पष्ट है। मनुष्य की सम्पूर्ण रागात्मिका वृत्तियों को उत्कर्ष पर ले जाने और विशुद्ध करने की सामर्थ्य उसमें है। कानून बनानेवाले हमारे सामने नहीं आते; पर कानून की पाबन्दी करानेवाले, छोटे-बड़े, सबके कार्यपथ में नित्य दिखाई पड़ते हैं। गाँवों के लोग थानेदार साहब को जितना भला या बुरा जानते हैं, उतना कौंसिल के सदस्यों को नहीं। भलाई या बुराई का जहाँ चित्र खिंचा होगा वहीं जनसाधारण की दृष्टि जायगी और कुछ देर ठहरेगी। सत्कर्मों और दुष्कर्मों की लम्बी-चौड़ी फिहरिस्त किसी काम की नहीं। कर्मक्षेत्र के ऊपर अपनी गतिविधि से अनेक रंगों की जो चटकीली रेखाएँ लोग खींचते जाते हैं, उन्हीं के योग से एक गोचर चित्र का विधान होता है। ऐसे चित्र में ही हम ऐसे रूप अंकित पा सकते हैं जो हमारे मन को मोहित कर सकते हैं, हमारी घृणा को उभार सकते हैं और हमारे जीवन को सुन्दर मार्ग पर ले जा सकते हैं– सात्विकता और सौन्दर्य में जहाँ हमें पूर्ण अभेद मिलेगा वहीं हमारी प्रकृति का अनुरंजन होगा और हमारी प्रवृत्ति को उत्तेजना मिलेगी। इसी से कवि लोग सात्विकता को सौन्दर्य के अन्तर्गत ही लेकर चलते हैं। कविता, जिस प्रकार विकसित कमल, रमणी के मुख आदि का सौन्दर्य चित्त में अंकित करती है उसी प्रकार औदार्य, वीरता, त्याग, दया इत्यादि का सौन्दर्य भी दिखाती है। जिस प्रकार वह रौरव नरक और गन्दी गलियों का जघन्य रूप दिखाती है, उसी प्रकार क्रूरों की हिंसावृत्ति और दुष्टों की ईर्ष्या आदि का भी। कविता, सौन्दर्य और सात्विकशीलता या कर्त्तव्यपरायणता में भेद नहीं देखा चाहती। इसी से उत्कर्ष साधन के लिए कवियों ने प्रायः अन्तःकरण के सौन्दर्य और रूप-सौन्दर्य का मेल कराया है। राम का रूप-माधुर्य्य, रावण का विकराल रूप अन्तःकरण के प्रतिबिम्ब मात्र हैं। बाह्य प्रकृति को भी मिला लेने से कभी-कभी प्रभाव और भी बढ़ जाता है। चित्रकूट ऐसे रम्य स्थान में राम और भरत ऐसे रूपवानों के रम्य अन्तःकरण की छटा का क्या कहना है। व्यक्ति सम्बन्धहीन सिद्धान्तमार्ग निश्चयात्मिका बुद्धि को चाहे व्यक्त हों पर प्रवर्तक मन को अव्यक्त रहते हैं। वे मनोरंजनकारी तभी लगते हैं जब किसी व्यक्ति के सम्बन्ध में देखे जाते हैं। यह मनोहरता अनन्त रूपों में देखी जाती है।

मनुष्य जाति ने जब से होश सँभाला तब से वह इन अनन्त रूपों को महात्माओं और वीरों के आचरणों तथा आख्यानों में देखती चली आ रही है। जब मनुष्य इन रूपों पर मोहित होता है तब सात्विकशीलता की ओर वह आपसे आप आकर्षित होता है। शून्य सिद्धान्त वाक्यों में निज की कोई आकर्षण-शक्ति या प्रवृत्तिकारिणी क्षमता नहीं होती। 'सदा सच बोलो,' 'दूसरों की भलाई करो,' 'क्षमा करना सीखो,' ऐसे कोरे वाक्यों को किसी को बार-बार बकते सुन वैसे ही बुरा लगता है जैसा किसी बेहूदे की बात सुनकर। जो इसी प्रकार की बातें करता चला जाय, उसे चुप कर देना चाहिए और कहना चाहिए कि "तुम्हें बोलने की तमीज़ नहीं, तुम कोलभीलों के पास जाओ–ये बातें हम पहले से जानते हैं। मानव जीवन के क्षेत्र में हम इनके सौन्दर्य की छटा देखना चाहते हैं। यदि तुम में दिखाने की शक्ति या प्रतिभा हो तो दिखाओ, नहीं चुपचाप अपना रास्ता लो।" संसार से तटस्थ रहकर शान्ति-सुखपूर्वक लोक-व्यवहार-सम्बन्धी उपदेश देनेवालों का उतना अधिक महत्त्व हमारे हिन्दू-धर्म्म में नहीं है जितना संसार के भीतर घुसकर उसके व्यवहारों के बीच सात्विक सौन्दर्य की ज्योति जगानेवालों का है। हमारे यहाँ उपदेशक ईश्वर के अवतार नहीं माने गए हैं। अपने जीवन द्वारा कर्म-सौन्दर्य संघटित करनेवाले ही अवतार कहे गए हैं। कर्म-सौन्दर्य के योग से उनके व्यक्तित्व में इतना माधुर्य्य आ गया है कि हमारा हृदय आप से आप उनकी ओर खिंचा पड़ता है। जो कुछ हम करते हैं–खेलना-कूदना, हँसना-बोलना, क्रोध करना, शोक करना, प्रेम करना, विनोद करना– उन सबमें सौन्दर्य लाते हुए हम जिन्हें देखेंगे उन्हीं की ओर ढल सकते हैं। वे हमें दूर से रास्ता दिखानेवाले नहीं हैं, आप रास्तों में चलकर हमें अपने पीछे खींचनेवाले हैं। जो उनके व्यक्तित्व पर मोहित न हो वह निःसन्देह जड़ है–

"सुनि सीतापति सील सुभाउ।
मोद न मन तन पुलक नयन जल, सो नर खेहर खाउ ॥
सिसुपन तें पितु मातु बंधु गुरु, सेवक सचिव सखाउ।
कहत राम विधुवदन रिसौहैं, सपनेहु लख्यो न काउ ॥
सिला साप-संताप-विगत भई, परसत पावन पाउ।
दई सुगति जो न हेरि हरखि हिय, चरन छुए पछताउ ॥
भव धनु भंजि निदरि भूपति, भृगु नाथ खाय गए ताउ।
छमि अपराध, छमाइ पायँ परि, इतौ न अनत समाउ ॥
कह्यो राज, वन दियो नारि बस, गरि गलानि गयो राउ।
ता कुमातु को मन जोगवत ज्यों, निज तन मरम कुघाउ ॥
कपि सेवाबस भए कनौड़े, कह्यो पवनसुत आउ।
दैवे को न कछू ऋनियाँ हौं, धनिक तु पत्र लिखाउ ॥

–गो. तुलसीदास

जो उनका नाम लेकर पुलकित होता है, जो उनके व्यक्तित्व पर मोहित होता है, उसके सुधरने की बहुत कुछ आशा हो सकती है। जो संसार या मनुष्यत्व का सर्वथा

त्याग न कर दें उनके लिए शुद्ध सात्विक जीवन का यही मार्ग है। रागों के सम्पूर्ण दमन की अपेक्षा रागों का परिष्कार ज्यादः काम में आनेवाली बात है।

निर्लिप्त रहकर दूसरों का गला काटनेवालों से लिप्त रहकर दूसरों की भलाई करनेवाले लोककल्याण के विचार से कहीं अच्छे हैं—क्षात्रधर्म्म ऐकान्तिक नहीं है; उसका सम्बन्ध लोकरक्षा से है। अतः वह जनता के सम्पूर्ण जीवन को स्पर्श करनेवाला है। 'कोई राजा होगा तो अपने घर का होगा'—इससे बढ़कर झूठ बात शायद ही कोई और मिले। झूठे खिताबों के द्वारा यह कभी सच नहीं की जा सकती। क्षात्र जीवन के व्यापकत्व के कारण ही हमारे मुख्य अवतार—राम और कृष्ण—क्षत्रिय हैं। कर्म-सौन्दर्य की योजना जितने रूपों में क्षात्र जीवन में सम्भव है, उतने रूपों में और किसी जीवन में नहीं। शक्ति के साथ क्षमा, वैभव के साथ विनय, पराक्रम के साथ रूप-माधुर्य्य, तेज के साथ कोमलता, सुखभोग के साथ परदुःखकातरता, प्रताप के साथ कठिन धर्म-पथ का अवलम्बन इत्यादि कर्म-सौन्दर्य इतने अधिक प्रकार के उत्कर्षयोग और कहाँ घट सकते हैं ? इस व्यापार युग में, इस वणिग्धर्म्म-प्रधान युग में क्षात्रधर्म्म की चर्चा करना शायद गई बात का रोना समझा जाय पर आधुनिक व्यापार की अन्याय रक्षा भी शास्त्रों द्वारा ही की जाती है। क्षात्र-बल का उपयोग कहीं नहीं गया है—केवल धर्म्म के साथ उसका असहयोग हो गया है। आजकल मनुष्य की सारी बातें धातु के ठीकरों पर ठहरा दी गई हैं। सबकी टकटकी टके की ओर लगी हुई है। जो बातें पारस्परिक प्रेम की दृष्टि से, न्याय की दृष्टि से, धर्म्म की दृष्टि से की जाती थीं, वे भी रुपए-पैसे की दृष्टि से होने लगी हैं। पैसे से राजसम्मान की प्राप्ति, विद्या की प्राप्ति और न्याय तक की प्राप्ति होती है। जिनके पास कुछ रुपया है वे बड़े-बड़े विद्यालयों में अपने लड़कों को भेज सकते हैं, न्यायालयों में फीस देकर अपने मुकदमे दाखिल कर सकते हैं और महँगे वकील-बैरिस्टर करके बढ़िया खासा निर्णय करा सकते हैं, अत्यन्त भीरु और कायर होकर बहादुर कहला सकते हैं। राज-धर्म्म, आचार्य-धर्म्म, वीर-धर्म्म सब पर सोने का पानी फिर गया, सब टकाधर्म्म हो गए। धन की पैठ मनुष्य के सब कार्य-क्षेत्रों में करा देने से, उसके प्रभाव को इतना अधिक विस्तृत कर देने से, ब्राह्मणधर्म्म और क्षात्रधर्म्म दोनों का लोप हो गया—केवल वणिग्धर्म्म रह गया। व्यापारनीति राजनीति का प्रधान अंग हो गई है। बड़े-बड़े राज्य माल की बिक्री के लिए लड़नेवाले सौदागर हो गए हैं, अब सदा एक देश दूसरे देशों का चुपचाप दबे पाँव धन-हरण करने की ताक में रहता है। कोई-कोई देश लोभ-वश इतना अधिक माल तैयार करते हैं कि उसे किसी देश के गले मढ़ने की फिक्र में दिन-रात मरते रहते हैं। जब तक यह व्यापारोन्माद दूर न होगा तब तक इस पृथ्वी पर सुखशान्ति न होगी। दूसर यह अवश्य होगा; पर जिस प्रकार और सब पागलपन दूर होते हैं। उसी प्रकार। क्षात्रधर्म्म की संसार में फिर प्रतिष्ठा होगी। चोरी का बदला डकैती से लिया जायगा। संसार में मनुष्य मात्र की समानवृत्ति कभी नहीं हो सकती। वृत्तियों की भिन्नता के बीच जो धर्म्म-मार्ग निकल सकेगा वही अधिक चलता होगा। जिसमें शिष्टों के आदर, दीनों पर दया, दुष्टों के दमन आदि जीवन के अनेक रूपों का सौन्दर्य दिखाई

पड़ेगा वही सर्वांगपूर्ण लोकधर्म्म का मार्ग होगा। क्षात्रधर्म्म पालन की आवश्यकता संसार में सब दिन बनी रहेगी। किसी अनाथ अबला पर अत्याचार करने पर एक कूटपिशाच को हम उद्यत देख रहे हैं। समझाना-बुझाना या तो व्यर्थ है अथवा इतना समय ही नहीं है। ऐसी दशा में यदि उस अबला की रक्षा इष्ट है तो हमें चटपट उस कर्म में प्रवृत्त होना होगा जिससे उस दुष्ट को बाधा पहुँचे। उस समय का हमारा क्रोध कितना सुन्दर और अक्रोध कितना घृणित होगा। 'दशवदन निधनकारी' राम के क्रोध के सौन्दर्य पर कौन मोहित न होगा ? इसी प्रकार मोहित होकर हम राम, कृष्ण आदि अपने अवतारों या इष्टदेवों के सामीप्य लाभ का श्रवण, कीर्तन, स्मरण आदि द्वारा प्रयत्न करते रहते हैं। इष्ट के कार्यक्षेत्र में हमें और भी कई प्रकार के लोग मिलते हैं, जिनमें कुछ ऐसे भी होते हैं जिनसे हमें पूर्ण घृणा होती है। इसके द्वारा हमारे इष्टदेव के व्यक्तित्व का पूर्ण विकास दिखाई पड़ता है—इसके बीच उनका रंग और भी खुल पड़ता है। राम भी हमारे काम के हैं, रावण भी हमारे काम का है। एक में हम अपने लिए प्रवृत्ति का क्रम पाते हैं, दूसरे में निवृत्ति का। जीवन में इस प्रवृत्ति और निवृत्ति का प्रवाह साथ-साथ चलता रहता है। दुराचारी भी यदि अपने दुराचार का फल संसार के सामने पूर्ण रूप से भोग लेता है तो समाज के लिए उपयोगी ठहर जाता है। राम के हाथ से मारे जाने से रावण का जीवन भी सफल हो गया। यदि पापी अपने पाप का फल एकान्त में या अपनी आत्मा में भोगकर चला जाता है तो वह अपने जीवन की सामाजिक उपयोगिता की एकमात्र सम्भावना को भी नष्ट कर देता है। पाप का फल छिपानेवाला पाप छिपानेवाले से अधिक अपराधी है। पर ऐसे बहुत-से लोग हैं जो किसी का घर जलाते हाथ जलता है तो कहते हैं कि होम करते जला है। यदि कहीं पाप है, अन्याय है, अत्याचार है तो उनका फल उत्पन्न करना और संसार के समक्ष रखना लोकरक्षा का कार्य्य है। अपने ऊपर किए जानेवाले अत्याचार और अन्याय का फल ईश्वर के ऊपर छोड़ देना व्यक्तिगत आत्मोन्नति के लिए चाहे श्रेष्ठ हो पर यदि अन्यायी या अत्याचारी अपना हाथ नहीं खींचता है तो लोकसंग्रह की दृष्टि से वह उसी प्रकार आलस्य या कायरपन है जिस प्रकार अपने ऊपर किए हुए उपकार का कुछ भी बदला न देना कृतघ्नता है। दुराचारियों के जीवन का सामाजिक उपयोग करने के लिए ही श्रीकृष्ण भगवान् ने अर्जुन को युद्ध में प्रवृत्त किया। यदि अधर्म्म में तत्पर कौरवों का नाश न होता और पांडव जीवन-भर मारे-मारे ही फिरते तो संसार में अन्याय और अधर्म्म की ऐसी लीक खिंच जाती जो मिटाए न मिटती। जिस समाज में सुख और वैभव के रंग में रँगी अधर्म्म की ऐसी लीक दिखाई पड़े उसमें रक्षा करनेवाली आत्मा का अभाव तथा विश्वात्मा की विशेष कला के अवतार की आवश्यकता समझनी चाहिए।—रामलीला, कृष्णलीला आदि सामीप्य सिद्धि के विधान हैं। रामलीला द्वारा लोग वर्ष में एक बार अपने पूज्य देव की आदर्श मानवलीला का माधुर्य्य देखते हैं। जिस समय दूर-दूर के गाँवों के लोग एक मैदान में इकट्ठे होते हैं तथा एक ओर जटा-मुकुटधारी विजयी राम-लक्ष्मण की मधुर मूर्ति देखते हैं और दूसरी ओर तीरों से विंधा रावण का विकराल शरीर जलता देखते हैं। उस समय वे धर्म्म के सौन्दर्य पर लुब्ध

और अधर्म्म की घोरता पर क्षुब्ध हो जाते हैं। इसी प्रकार जब हम कृष्णलीला में जीवन की प्रफुल्लता के साथ धर्म्मरक्षा के अलौकिक बल का विकास देखते हैं तब जीवनधारण की हमारी अभिलाषा दूनी-चौगुनी हो जाती है। हिन्दू जाति इन्हीं की भक्ति और प्रेम के बल से इतनी प्रतिकूल अवस्थाओं के बीच अपना अस्तित्व बचाती चली आई। इन्हीं की आकर्षण शक्ति से वह इधर-उधर ढलने नहीं पाई। राम और कृष्ण को बिना रक्त के आँसू बहाए छोड़ना हिन्दू जाति के लिए सहज नहीं था, क्योंकि ये अवतार अलग टीले पर चढ़ खड़े होकर उपदेश देनेवाले नहीं थे, बल्कि मानव जीवन में पूर्ण रूप से सम्मिलित होकर उसके एक-एक अंश की मनोहरता दिखानेवाले थे। मंगल के अवसरों पर इनके गीत गए जाते हैं। विमाताओं की कुटिलता की, बड़ों के आदर की, दुष्टों के दमन की, जीवन के कष्ट की, घर की, वन की, सम्पद की, विपद की जहाँ चर्चा होती है वहाँ इनका स्मरण किया जाता है। आज संसार के बीच अपनी स्थिति बनाए रखने के लिए जिस युद्ध में हम प्रवृत्त हैं उसमें विजय प्राप्त करने की कामना से हम मर्यादा पुरुषोत्तम की भूभारहारिणी विजय का स्मरण करते हैं और कहते हैं–भगवान रामचन्द्र की जय !

('स्वदेश,' गोरखपुर, 9 अक्टूबर, 1921)

सभ्य संसार का भावी धर्म

यह कहना कि दुनिया इस समय एक बड़े व्यापक विप्लव के युग में होकर गुजर रही है केवल एक स्वयंसिद्ध सत्य को दुहराना होगा। संसार के किसी भी हिस्से के एक अखबार को उठाकर पढ़ जाइए, आप यह अनुभव करेंगे कि चारों ओर अशान्ति विराज रही है। लोग एक-दूसरे को दोष देने में तत्वित हैं। गरीब अमीरों की विलासप्रियता को कोसते हैं, अमीर गरीबों के बढ़े दिमाग और बुरे बर्ताव की शिकायत करते हैं; स्वतन्त्र विचार वालों की उच्छृंखलता पर बड़े-बूढ़े, प्राचीनताप्रिय लोग कुढ़े बैठे हैं और अतीत के उपासक, पंडे-पुजारियों में श्रद्धा रखने वाले की धर्मान्धता और लकीर की फकीरी से उदार चित्त और स्वतन्त्र विचार वाले युवक हैरान हैं; स्त्रियों की आजादी पुरुषों को अखर रही है और स्त्रियाँ पुरुषों के स्वार्थीपन और चरित्रहीनता से ऊब गई हैं। साम्राज्यवाद का भीषण रूप परतन्त्र जातियों के जीवन को नष्ट-भ्रष्ट किए डालता है और साथ ही हिंसात्मक विप्लवकारियों के अदूरदर्शी उद्योग समाज के जीवन में एक-एक रोग का बीज बो रहे हैं। राजनीतिक और सामाजिक सुधार के जो प्रयत्न किए जाते हैं उनकी असफलता का दोष साधारण जनता नेताओं और राजनीति के खिलाड़ियों के मत्थे मढ़ती है और राजनीतिक लोग कहते हैं कि सारा दोष जनसमाज का है जिसमें यथेष्ट मात्रा में त्याग नहीं, सहनशीलता नहीं और नेताओं के आदेशों पर चलने का उत्साह नहीं है।

कुछ लोग जो स्वभाव से ही निराशावादी हैं, इन सारी बातों को सुनकर घबराकर कहेंगे : "हटाओ यह पचड़ा, दुनिया ऐसे ही चलती है, कलियुग तो है ही।" परन्तु दुनिया में कुछ ऐसे लोग भी हैं जो युग के नाम से सन्तुष्ट नहीं होते बल्कि युग के स्वभाव को समझने की चेष्टा करते हैं। जिनका विश्वास है कि मानव-स्वभाव में मानवीय दुर्बलताओं के साथ-साथ मानवोचित उन्नतिशीलता भी मौजूद है और तमाम कठिनाइयों के होते हुए भी कभी-न-कभी मनुष्य उन सब पर विजय प्राप्त करेगा ही। ऐसे लोगों में इस समय इस बात का खास तलाश है कि इस वर्तमान अस्त-व्यस्त अवस्था का अन्त कैसे होगा। इन तमाम घटनाओं का रुख किस ओर है। इन्हीं लोगों का एक दल यह समझता है कि व्यापक विप्लव का प्रभाव संसार के धार्मिक जीवन पर भी पड़ेगा और उसमें एक गहरा परिवर्तन होगा। उनका ख्याल है कि जहाँ संसार में, लोगों में विरोधी दलों के प्रति अविश्वास बढ़ता जाता है; वहाँ साथ ही संसार की वर्तमान अवस्था का एक लक्षण यह

भी है कि संसार भर के सभी देशों की दलित जातियों में एक प्रकार की पारस्परिक सहानुभूति भी है। मजदूर, अराजकतवादी, स्त्रियाँ, स्काउट्स, काली जातियाँ—सभी अपने संगठनों को अन्तर्जातीय रूप देना चाहती हैं और भौगोलिक हद्दों की अवहेलना करके पारस्परिक सहयोग करने के लिए तैयार हैं। 'संघे शक्तिः कलौयुगे' के सिद्धान्त को लोग चरितार्थ करके दिखा रहे हैं। रेल, तार, छापेखाने और अखबारों ने दुनिया को इतना तंग और सन्निकट कर दिया है कि एक-दूसरे के आदर्शों को अब थोड़ी-सी चेष्टा करने पर सहज ही समझ सकते हैं। इन सभी बातों को वे -आशावादी निरीक्षक संसार के धार्मिक जीवन के लिए शुभ लक्षण समझते हैं। यद्यपि वे इस बात से भी अपरिचित नहीं हैं कि इन सब बातों के होते हुए भी संसार के वर्तमान संगठित धर्म के अधिकारी, चाहे वे ईसाई पादरी हों अथवा हिन्दू पंडित, मुसलमान मुल्ला या बौद्ध भिक्षु, अपने पुराने ढंग पर ही चले जाते हैं, नई आकांक्षाओं और नए उत्साह से लाभ नहीं उठाते, और उन्नतिशील उदार व्यक्तियों को उच्छृंखल कहकर अपने-अपने मंडल से निकालने पर उद्यत हो जाते हैं। पुरोहितों, पुजारियों और पंडितों की इस अदूरदर्शिता पर खेद प्रकट करते हुए भी आशावादी घबराते नहीं, बल्कि इसे भी परिवर्तन का एक प्रामाणिक लक्षण ही समझते हैं, क्योंकि वे कहते हैं कि धार्मिक संस्थाओं की यह कट्टरता भी इस बात की सूचना देती है कि एक धार्मिक युग का अन्त हो रहा है और दूसरे का जन्म।

वर्तमान धार्मिक जीवन के परितर्वन और एक नवीन धर्म के निर्माण में विश्वास करने वाले केवल वे ही नहीं हैं जो अधिकांश धार्मिक चर्चा में ही लगे रहते हैं अथवा जिनमें भावुकता अधिक है और चिन्तनशीलता कम है। इस तरह की जागृति के सम्बन्ध में अभी हाल में कई ग्रन्थ अंग्रेजी में बड़े-बड़े विचारशील विद्वानों की लेखनी से प्रकाशित हुए हैं। इन ग्रन्थों में से दो ग्रन्थों ने विशेष आदर प्राप्त किया है—एक तो डीन इन्ज (Dean lnge) द्वारा अनुमोदित 'The Coming Renaissance' (भावी जागृति) और दूसरा डॉ. मिसेज राइज डेविड कृत 'Old Creeds amd New Needs' (प्राचीन मत और नवीन आवश्यकताएँ)। पहले ग्रन्थ में इंग्लैंड के 10-12 विद्वानों ने, जिनमें इतिहास, दर्शन, विज्ञान और समाजशास्त्र सभी के विशेषज्ञ हैं, अपने-अपने दृष्टिकोण से यह भाव प्रकट किया है कि संसार एक व्यापक जागृति के अत्यन्त सन्निकट है। इस ग्रन्थ की आलोचना करते हुए लन्दन के टाइम्स सरीखे वर्तमान के समर्थक (Conservative) पत्र ने लिखा था कि ऐसी निराशापूर्ण अवस्था के होते हुए भी इन विद्वानों का जागृति में विश्वास करना तनिक आश्चर्यजनक है, यद्यपि यह सत्य है कि ऐसी आशा लोग सभी युगों में आवश्यकता के ही कारण करते आए हैं लेकिन उनकी सम्भावनाओं के सहारे। टाइम्स ने यह भी लिखा है कि "जब यहूदी लोग रोमन साम्राज्य के पंजे से बेतरह फँसे हुए थे तभी उनमें मसीहा (उद्धारक) के आगमन की आशा अत्यन्त बलवती हो उठी थी।" इस सम्बन्ध में यह लिख देना अप्रासंगिक न होगा कि गत वर्ष भारत हितैषी मिस्टर जार्ज लैन्सबरी ने (जो पार्लामेंट में मजदूर दल के प्रमुख पुरुषों में से हैं) डेली हेराल्ड के एक लेख में लिखा था कि क्या यह सम्भव नहीं कि किस प्रकार विशाल रोमन

साम्राज्य से दबी हुई प्राचीन यहूदी जाति के प्रचारक को भगवान क्राइस्ट ने रोमन साम्राज्य पर आध्यात्मिक विजय प्राप्त (करने में मदद) की थी, वैसे ही ब्रिटिश साम्राज्य के अन्तर्गत प्राचीन भारतीय जाति एक ऐसा उपदेशक उत्पन्न करे जो वर्तमान संसार का धार्मिक उद्धारक सिद्ध हो! अस्तु, डॉक्टर राइज डेविड की पुस्तक में पारसी, बौद्ध, ईसाई, इस्लाम, पॉटिविज्म (कौम्टे का समाजवाद), बहाई, ब्राह्म समाज आदि कई प्रचलित धर्मों की आलोचना की गई है। आलोचना खंडन-मंडन की दृष्टि से ही नहीं वरन् वर्तमान काल के विचारों के झुकाव से उन धर्मों की शिक्षाओं का मिलान करते हुए लिखी गई है। सभी धर्मों की अपने समय के लिए तत्कालीन उपयोगिता स्वीकार करते हुए वर्तमान काल की आवश्यकताओं के लिए, उन्हें अपर्याप्त बताया है और साथ ही लेखक ने लिखा है, ''ऐसा जान पड़ता है कि सभी काल में यह घटनाक्रम बता रहा है कि जब-जब लोगों ने एक सहायक, एक सन्देश की आवश्यकता प्रतीत की है, तब-तब यह सहायक और सन्देश उन्हें मिला है।''

ऊपर कुछ विचारशील विद्वानों के मत का दिग्दर्शन कराया गया है। यहाँ यह भी लिख देना उचित होगा कि नवयुग निर्माण की आशा का प्रमाण लोग हिन्दू, मुस्लिम, बौद्ध और ईसाई आदि सभी धर्मों के पवित्र ग्रन्थों के सहारे भी देते हैं। इस विचार के लोगों की अनेक संस्थाएँ भी हैं; उनमें से सबसे प्रसिद्ध और व्यापक संस्था है–'पूर्व तारा संघ' (Order of the star in the East) जिनका घनिष्ठ सम्बन्ध सुप्रसिद्ध विदुषी मिसेज बेसेंट से है, यद्यपि इसके अध्यक्ष और नेता हैं एक भारतीय सज्जन श्री जे. कृष्णमूर्ति। इस संस्था का प्रचार सारे सभ्य संसार में है और इसमें 70,000 (सत्तर हजार) से अधिक सदस्य हो चुके हैं। भारत के सुप्रसिद्ध विद्वान और देशभक्त तपस्वी अरविन्द भी एक साधक मंडल अपने चारों ओर एकत्र कर रहे हैं जो संसार के धार्मिक जीवन में एक गहरा परिवर्तन पैदा करना चाहता है। इसी मंडल के एक प्रमुख सदस्य श्री पाल रिशार का ख्याल है कि संसार को धार्मिक पथ पर अग्रसर करने के लिए न केवल एक उपदेशक प्रकट होगा, बल्कि कई बड़े-बड़े तपस्वी और प्रत्यक्ष ज्ञानी लोग भी प्रकट होंगे और यही साधक संघ वर्तमान दुरावस्था को दूर करेगा। कहना न होगा, इस सिद्ध साधक संघ में मोशिए रिशार के विचारानुसार श्रीयुत अरविन्द घोष का भी एक उच्च स्थान होगा।

इस तरह वर्तमान भयावह अवस्था के (को) दूर करने में लोग एक नए धार्मिक सन्देश से सहायता पाने की आशा करते हैं। हमें केवल यह देखना रह गया कि यह भावी धर्म किस ओर को झुकता हुआ होगा? इस प्रश्न के उत्तर की ओर ऊपर लिखे गए सिंहावलोकन में बहुत कुछ संकेत किया जा चुका है। यहाँ हम उसे स्पष्ट शब्दों में किन्तु संक्षेप में ही दुहराएँगे। वर्तमान युग के ढंग को देखते हुए और साथ ही गत दो-तीन सहस्र वर्षों के भीतर मिले हुए धार्मिक सन्देशे को ध्यान में रखते हुए यह विचार प्रकट किए जाते हैं। जिस तरह बौद्ध और ईसाई धर्मों ने अपने समय की वंश-प्रतिष्ठा के भीषण स्वरूप का प्रबल विरोध करके सभी को धार्मिक अधिकार दिया था उसी तरह

भावी धर्म रंग और राष्ट्र के अभिमान का विरोध होगा। न केवल पड़ोसी और पीड़ित को प्यार करने की यह शिक्षा देगा बल्कि परदेशी और परतन्त्रों के प्रति अनुराग पैदा कराएगा। यह सन्देश किसी जाति अथवा देश में सन्निहित न होकर वर्तमानकालिक रेल, तार और वायुयान के सहारे-संसारव्यापी होगा। इसमें ईश्वरोपासना को एक नया स्वरूप दिया जाएगा जिसके अनुसार ईश्वरभक्त लोग मानव जाति के रूप में ही भगवान को प्यार करना सीखेंगे। सेवा-धर्म की महिमा बढ़ेगी और बच्चों की शिक्षा और पालन पर अधिक जोर दिया जाएगा। राजभक्ति एक नया रूप धारण करेगी जिसके अनुसार लोग 'राजा' की भक्ति से 'राज्य' की भक्ति को अधिक महत्त्व देंगे। भिन्न-भिन्न प्रचलित धर्म नष्ट न होकर अधिक उदार हो जाएगा और इन धर्मों के नाम और रूप की रक्षा करते हुए भी लोग इस नए विश्व प्रेमी धर्म की दीक्षा लेंगे।

इस भावी धर्म के रुख को पहचानने के लिए वर्तमान प्रचलित धर्मों की उन शाखाओं के आदर्शों, साधनों और उपदेशों के अध्ययन करने की आवश्यकता है, जिन्होंने प्रचलित संगठित धर्मों के अधिकारियों के विरुद्ध बगावत करके अपना संगठन किया है, यथा हिन्दुओं में आर्य समाज, ब्राह्मसमाज, राधास्वामी संघ, देवसमाज आदि, मुसलमानों में बहाई, कादियानी आदि, ईसाइयों में क्रिश्चियन–सायंझ निऊथौट, निऊथियोलाजी आदि। इन्हीं संस्थाओं में यह अंकुर मौजूद है जो आनेवाले जागृति की विपुल वर्षा से उगकर फले-फूलेंगे।

(प्रताप, अगस्त-सितम्बर, 1924 विशेष)

विज्ञान-चर्चा

सृष्टिविषय पर प्राचीन मत

सृष्टि की उत्पत्ति कैसे और कब हुई यह एक ऐसा प्रश्न है जिसके सोचने और समाधान करने में अनादि काल से लोग अपना समय लगाते आ रहे हैं और किसी परिणाम को नहीं पहुँचे हैं। इसी प्रकार के प्रश्नों ने ही संसार में नाना मतवादों को उपस्थित किया। आस्तिक, नास्तिक, द्वैत, अद्वैत, एकात्मवाद, बह्वात्मवद, एकजन्मवाद, बहुजन्मवाद कर्तृवाद, आकर्तृवाद, आदि जितने मत संसार में प्रचलित हुए सब इन्हीं प्रश्नों को विचारने और उनका मनमाना समाधान करने के कारण। बहुत से उत्तम कोटि के विद्वानों ने ऐसे प्रश्नों पर जिन पर अनादि काल से मतभेद चला आता है ध्यान नहीं दिया है। संसार में दो प्रकार के पदार्थ हैं एक निर्वचनीय दूसरे अनिर्वचनीय। वे पदार्थ जिनको हम लोग इन्द्रियों द्वारा प्रत्यक्ष कर सकते हैं व जिस पर विचार करने से विद्वानगण एक परिणाम पर पहुँचे हैं निर्वचनीय हैं, और जिन पर विचार करने से लोग जुदे जुदे और विरुद्ध परिणामों पर पहुँचे हैं और जो अतीन्द्रिय हैं अर्थात् जो इन्द्रियों द्वारा प्रत्यक्ष नहीं हो सकते हैं वे अनिर्वचनीय हैं। गीता में कहा–

अव्यक्तादीनि भूतानि व्यक्तमध्यानि भारत!
अव्यक्त निधनान्येव तत्र का परिदेवना।

हे अर्जुन, जगत् व जीव आदि भूतों की आदिम अवस्था अव्यक्त है और अन्तिम अवस्था भी अव्यक्त है, केवल मध्य अवस्था ही व्यक्त है जिसे हम लोग जान सकते हैं। अतः जगत् की सृष्टि कैसे, कब और किससे हुई, इसका तय कैसे और कब होगा, जीव कैसे पैदा होता है, मर कर कहाँ जाएगा, जीवात्मा क्या हैं इत्यादि अव्यक्त प्रश्नों पर चाहे कितना ही विचार किया जाए मतैक्य न होगा। यही उपदेश महात्मा बुद्धदेव का है। वे भी इस प्रकार की अनिर्वचनीय बातों के पीछे दिन-रात व्याकुल रहने का निषेध करते हैं। यों कहिए कि भगवान् कृष्णचन्द्र के वचन का मागधी में अनुवाद करते हैं–

यस्स मग्गं नजानासि आगतस्स गतस्स वा
उभो अन्ते विसंपस्सी निरत्थं परिदेवसि।

जिस संसार आदि के मार्ग को तुम नहीं जानते कि यह कहाँ से आता है और कहाँ जाएगा जिसका आदि अन्त, उत्पत्ति और लय, अव्यक्त है उसके जानने के लिए तुम व्यर्थ श्रम करते हो।

वेदों में भी कहा गया है–

को अद्धा वेद कहह प्रवोचत्
कुत आजाता कुत ईयं विसृष्टिः
अर्वाग्देवा अस्य विसर्जनेना-
ऽथ को वेद यत आवभूव।

ऋ. सं. 10 1129 16

यह सृष्टि कैसे उत्पन्न हुई, कब उत्पन्न हुई इत्यादि प्रश्न अनिर्वचनीय हैं। इनका ठीक पता न लगा है और न लगने की आशा है। इसीलिए विद्वानों ने सृष्टि को नित्य माना है। आकाश एक महत् विस्तृत अवकाश है जिसमें कितने ही ब्रह्मांड (Solar System) नित्य बनते बिगड़ते रहते हैं। कितने सूर्य बनते और कितने नष्ट होकर विलीन हो जाते हैं, वेदों में एक स्थल में कहा गया है–

तस्मिन्नग्नौ समिधा यस्य सूर्य्यः।

"कितने सूर्य उस ब्रह्माग्नि में नित्य समिधा के समान भस्म होकर नष्ट हो जाते हैं।" यह आकाश अनन्त और अपरिमित है, इसकी इयत्ता का पता नहीं। महाभारत में भी कहा है–

अनन्तत्मेतदाकाशं दुर्ज्ञेयं सचराचरैः।
ऊर्ध्वंगतेरध्रत्तात्तु चन्द्रादित्यौ न दृश्यते।
तत्र देवाः स्वयंदीप्ता भास्कराभाग्निवर्चसाः।

"यह आकाश अनन्त है। इसे चराचर कोई जान नहीं सकता अर्थात् इसका पता नहीं पा सकता। (इस सौर मंडल के चारों ओर और न जाने कहाँ तक दूसरे-दूसरे सौर मंडल ग्रह उपग्रहों के सहित फैले पड़े हैं।) मान लो कि कोई ऊपर या नीचे बराबर चलता ही चला जाए तो वह लते-चलते ऐसे स्थान पर पहुँच जाएगा जहाँ से उसे यह (हमारे) सूर्य और चन्द्र नहीं दिखाई पड़ेंगे किन्तु वहाँ दूसरे स्वयं दीप्त देव अर्थात् आकाशचारी ग्रह आदि मिलेंगे जो सूर्य के समान प्रकाशित और अग्नि के समान तेजवाले हैं।"

इस सौर मंडल के चारों ओर और न जाने कहाँ तक दूसरे सौर मंडल ग्रहों उपग्रहों के सहित फैले पड़े हैं।

इसी अनन्त आकाश के एक कोने में हमारा यह ब्रह्मांड है। यह हमारे यहाँ लिखा है कि इस ब्रह्मांड के उत्पन्न होने के पहिले हिरण्यगर्भ (Nebula) था। उसी हिरण्यगर्भ से यह समस्त ब्रह्मांड जिसमें ब्रह्म व सूर्य प्रधान अंड है उत्पन्न हुआ है। इसी ब्रह्मांड का एक अंग हमारी यह पृथ्वी भी है। इस हिरण्यगर्भ के विषय में वेदों में कहा गया है–

हिरण्यगर्भ समवर्तये भूतस्य जाता पतिरेक आसीत्।
सदाधार पृथिवीद्यामुतेमां कस्मै देवाय हविषा विधेम॥

"पहिले इस ब्रह्मांड की उत्पत्ति के पूर्व हिरण्यगर्भ था वही सब पृथिव्यादि का उत्पन्न करनेवाला और पति था। उसी ने आकाश में इस पृथ्वी को धारण किया, वही प्रजापति है उसकी हम स्तुति करते हैं।"

पृथिव्यादि लोक उस हिरण्यगर्भ अव्यक्तांड से कैसे और कब पृथक् हुए यह ठीक-ठीक नहीं कहा जा सकता।*

वेदों में कहा है–

को ददर्श प्रथमं जायमानम
स्थन्वन्तं यदनवस्था विभर्ति।

पृथिव्यादि को उत्पन्न होते किसने देखा जो स्थन्वान होने पर भी अनवस्था को धारण करते हैं।

आधुनिक पाश्चात्य विद्वानों की भी, बहुत दिनों तक सिर खपाने पर अब यही धारणा हो रही है कि पृथ्वी की उत्पत्ति कब हुई इसका ठीक पता नहीं लग सकता। सर आर्किबाल्ड गीकी महोदय जो यूरप के एक बड़े पदार्थवेत्ता और भूगर्भविद् हैं, लिखते हैं–

Though the question of the age of the Earth has continued to engage the attention of physicist, geologist, palaeontologists since 1880 no general agreement has yet been reached in regard to it... In the present state of science it is out of our power to state positively what must be the lowest limit of the age of the Earth.

"यद्यपि 1880 से पदार्थ विद्या, भूगर्भ विद्या विकृतावशिष्ट पदार्थ विद्या के मर्मज्ञ विद्वानों का ध्यान इस प्रश्न पर कि पृथ्वी कब उत्पन्न हुई लगातार आकर्षित हो रहा है पर अब तक वे लोग किसी निश्चित परिणाम पर नहीं पहुँचे हैं। साइंस की वर्तमान अवस्था में यह निश्चित रूप से कहना हमारी शक्ति के बाहर है कि पृथ्वी को उत्पन्न हुए कम-से-कम कितने दिन हुए।"

पृथ्वी की समान दशा कभी नहीं रही है। जहाँ आज बड़े-बड़े नगर, ग्राम, खेत, रेलवे आदि हैं हजारों वर्ष पूर्व वहाँ घोर दुर्भेद्य जंगल और पहाड़ थे। जहाँ आज स्थल है लाखों वर्ष पहिले वहाँ समुद्र लहर मारता था। पहाड़ों की चोटियों पर समुद्र में रहने वाले जन्तुओं की हड्डियाँ मिलती हैं जिससे यह स्पष्ट अनुमान होता है कि वे कभी समुद्र के नीचे थीं। हिमालय की चोटी कभी समुद्र के नीचे थी इसका पता अथर्ववेद के इस मन्त्र से चलता है–

यत्र नावप्रभ्रंशनं यत्र हिमवतः शिरः 19/5/39/8

"जहाँ पर नावें टक्कर खाकर टूट जाती थीं और जहाँ हिमालय की चोटी है।"

यही क्या, जहाँ पर आज समुद्र लहर मार रहा है वहाँ लाखों वर्ष पूर्व स्थल था।

After the Palaeozoic era and during the secondary stage of revolution, when India was probably connected with Africa by dry land and ocean current swept from the Persian Gulf to Aravallis (which stood on the edge of the Rajputana sea) the rock area extended over Assam and the Eastern Himalyas while Burma, North-Western Himalayas, and the uplands beyond the Indus were still submarine, or undergoing alteration of elevation and depression.

---

* इस विषय पर यद्यपि ब्राह्मणादि ग्रन्थों में नाना प्रकार की कथाएँ मिलती हैं। पर वे सबकी सब परस्पर विरुद्ध हैं, इसीलिए निरुक्त में यास्काचार्यजी कहते हैं–बहुभक्तिवादीनि ब्राह्मानि भवन्ति, 7.7.2

पेलेजोइक काल के पीछे आरोह के दूसरे कल्प में जब भारतवर्ष शायद अफ्रीका के स्थल द्वारा मिला हुआ था और फारस की खाड़ी से अर्बुदगिरि (अरावली) तक समुद्र लहर मारता था, तब आसाम, पूर्व हिमालय की ओर पथरीली भूमि का विस्तार था। ब्रह्मा तथा सिन्धु के पार के पश्चिमोत्तर प्रदेश या तो जल के नीचे थे अथवा निकल रहे थे।

इस प्रकार इस अनवस्थारूपा पृथिवी पर सदा से व्यावर्त होता आया है। मिडागास्कर द्वीप की जंगम और स्थावर सृष्टि को देखकर कितने सृष्टितत्त्ववेत्ताओं को सम्मति है कि वह कभी भारतवर्ष से सम्मिलित था। यह द्वीप यद्यपि अफ्रीका के समीप है पर इसके जंगम और स्थावर एशिया खंड के भारतवर्षीय जंगभ और स्थावरों से मिलते हैं।

इसी प्रकार किसी समय में एशिया भी अमेरिका से जुड़ा था। यों इस पृथिवी के भिन्न-भिन्न भाग कभी नीचे कभी ऊपर कभी जल कभी थल में परिणत होते रहते हैं इसीलिए वेदों में इसे 'स्थन्वन्तं यदनवस्थाविभर्त्ति' कहा है।

हमारे यहाँ लिखा है कि इस पृथिवी पर सबसे पहिले औषधियों की उत्पत्ति हुई है। वेदों में लिखा है–

"या ओषधो पूर्वजाता देवेभ्यस्त्रियुगं पुरा"

देवताओं से तीन युग पहिले ओषधी उत्पन्न हुई। इन्हीं उत्स्रोतस् ओषधियों से तिर्य्यकस्रोतस और तिर्य्यकस्रोतस से अर्वाक्स्रोतसों की उत्पत्ति हुई। मनुष्य अर्वाक्स्रोतस के अन्तर्गत है। मनुष्यों और मृगादि में केवल यही अन्तर है कि वे तिर्य्यक्स्रोतस हैं और यह अर्वाक् स्रोतस। मनुष्य की सृष्टि पहिले किस व किन स्थानों में हुई यह ठीक निश्चय नहीं हुआ है पर इसमें किसी को कुछ वक्तव्य नहीं कि बहुत पूर्वकाल में जिसे हम अनिर्दिष्ट काल कह सकते हैं मनुष्यजाति इस पृथिवी के एक या कई स्थानों में आरोह नियमानुसार उत्पन्न हो गई। इसी मानवजाति की आर्य जाति भी एक शाखा है जिसका सौभाग्य सूर्य सबसे पहिले उदय हुआ। इस जाति ने संसार में सबसे पहिले विज्ञान और सभ्यता प्राप्त की। आर्यों की सदा से अपने सन्तानों के प्रति यही शिक्षा थी "यान्यस्माकं सुचरितानि त्वयोपास्यानि नो इतराणि"। इन्होंने सबसे पहिले अपनी भाषा को परिष्कृत बनाया और इस योग्य किया कि उस भाषा में अपने मानसिक भावों को प्रकट कर सकें। अपनी इस सुविस्तृत वाणी में उन लोगों ने बहुत कुछ गद्य-पद्य और गीतों की रचना की जिन्हें उनके सनतान कंठाग्र रखते आए। ये मन्त्र जो उनके सन्तानों को कंठाग्र थे पीछे भिन्न-भिन्न कालों में संहिताओं में संगृहीत हुए जो वेद कहलाए। यद्यपि महाभारत के पीछे तक मन्त्रों की रचना वैदिक भाषा में होती रही पर फिर भी मंत्रों की रचना कब से प्रारम्भ हुई इसका पता चलाना दुस्साध्य है। यह कहना अनुचित न होगा कि आर्यों को जब वाक्शक्ति प्राप्त हुई और जब इनकी भाषा इस योग्य हुई कि ये अपने अभिप्रायों को शब्दों द्वारा प्रकाशित कर सकें तभी से मन्त्रों की रचना प्रारम्भ हुई।

(नागरी प्रचारिणी पत्रिका, जनवरी 1912)

ईथर की भँवर और संसार की उत्पत्ति

ईथर क्या है? पहिले यही सवाल उठता है। क्या यह किसी किसिम की हवा है अथवा किसी तरह का पानी है क्योंकि हवा और पानी में भी भँवर पड़ती है। इन सवालों का जवाब ईथर के गुणों को मालूम करने के पीछे दिया जा सकता है। ईथर में क्या-क्या गुण हैं, क्या यह हवा, पानी, मिट्टी आदि की तरह जिन्हें हम देख सकते हैं वज़नी होता है, क्या इसे धरती चाँद सितारे अपनी तरफ खींच सकते हैं, क्या ईथर में रगड़ पैदा हो सकती है। हवा में तो सितारों के टूटने और गिरने से इतनी रगड़ पैदा होती है कि आसपास की हवा रगड़ की गर्मी से चमकने लगती है। क्या ईथर को रबर के गेंद की तरफ धक्का लगने पर पुरानी हालत पर लौट आने की शक्ति है। इन सब और बहुत सी दूसरी बातों का जवाब मिलने पर हम यह देख सकेंगे कि ईथर में भँवर पड़ने से क्यों कर यह संसार उत्पन्न हुआ, तरह-तरह के पदार्थ और जीव ने, हवा पानी बना, क्यों कर बिजली और गर्मी पैदा हुई और किस तरह संसार इस तरह पर इतने दिनों से कायम है।

ईश्वर और दूसरे पदार्थों के गुणों की जाँच

अगर कोयले के एक छोटे टुकड़े को आप एक खल में पीस डालें तो उस टुकड़े के करोड़ों छोटे-छोटे ज़र्रे हो जाते हैं। इन ज़र्रों में वे ही गुण मौजूद रहते हैं जो कि कोयले के टुकड़े में थे। इन ज़र्रों से कहीं ज्यादा महीन ज़र्रे इस कोयले से बन सकते हैं। अगर कोयले को बहुत हल्के हाथ से कागज़ पर खींच दें तो एक काली सी लकीर बन जाएगी। यह लकीर कोयले के ज़र्रों से बनी है और अगर इसको किसी काग़ज़ से रगड़ दें तो काग़ज़ पर भी खूब बारीक काला धब्बा पड़ जाएगा। अब आप यह समझ सकते हैं कि लकीर के ज़र्रों की कितनी कम तौल होगी। इनसे भी कम तौल वाले वे ज़र्रे होंगे जिनकी रगड़ से काग़ज़ पर एक हलका स्याह दाग पड़ गया हो। इसी तरह हर एक पदार्थ के जिनको हम देखते हैं बहुत ही छोटे ज़र्रे बन सकते हैं। पर एक हद पहुँच जाती है जिसके उपरान्त ज़र्रों को हम ज्यादा बारीक नहीं कर सकते और यदि उनको किसी रीति से तोड़ दें तो उन टूटे हुए ज़र्रों में पहिले ज़र्रों के गुण नहीं रह जाते। इन दूसरे ज़र्रों के गुण में और पहिले पदार्थ के गुण में जिनसे ये निकले हैं बहुत फर्क होता है। जैसे पानी के ज़र्रे (Molecules) टूट कर Hydrogen हाइड्रोजन और Oxygen ऑक्सीजन के ज़र्रे बन जाएँगे। पर ये दोनों हवा की तरह ग्यास हैं, पानी की तरह

इनकी सूरत नहीं होती। एक दूसरा उदाहरण इस बात का कि तरह-तरह के पदार्थों के बहुत ही बारीक परमाणु या ज़र्रे हो सकते हैं, हमें कस्तूरी से मिलता है। कस्तूरी को अगर जरा देर हवा में छोड़ दें तो उसकी महक दूर तक फैल जाती है, तब भी कस्तूरी की तौल में कुछ भी फ़र्क नहीं पड़ता। कोयले के दाग को तो देख भी सकते हैं पर कपूर वगैरह के अंशों या ज़र्रों को तो देख भी नहीं सकते। देखते-देखते कपूर के अति बारीक अणु उड़कर हवा में मिल जाते हैं। इससे यह बात सिद्ध हुई क जगत में जितने पदार्थ हैं वे बहुत ही बारीक-बारीक ज़र्रों या परमाणुओं से बने हैं। थोड़े समय के लिए मान लें कि इन ज़र्रों की शक्ल गोल है तो दो गोलों के बीच में कुछ-न-कुछ जगह जरूर बच जाएगी। जैसे यदि एक बोतल में महीन राई के दाने भर दें तो दानों के बीच में कुछ जगह जरूर खाली होगीं इसका सबूत यह है कि अगर उस बोतल में पानी या तेल डाल दें तो वह खाली जगह भर जाती है और तेल वहाँ समा जाता है। अगर वहाँ खाली जगह न होती तो तेल कैसे वहाँ समा सकता है? इसी तरह इन छोटे परमाणुओं के बीच की जगह इसी ईथर से भरी होती है। अब हम यह देखेंगे कि ईथर और दूसरे पदार्थों में क्या मेल और क्या भेद है।

दुनिया के और दूसरे तत्त्वों के परमाणु मिले नहीं होते

जितने तत्त्व हैं वे सब बहुत ही छोटे अणु या ज़र्रों से बने हैं। इनकी मोटाई करीब 1 इंच के 1/50000000 हिस्से के बराबर होती है यानी अगर 5 करोड़ ऐसे अणु सटाकर एक-दूसरे के बगल में रख दिए जाएँ तो उनकी कुल लम्बाई मिलकर 1 इंच होगी। कभी-कभी किसी-किसी पदार्थ, जैसे सोना, चाँदी, लोहा वगैरह ठस धातुओं में ये अणु आपस में करीब-करीब सटे रहते हैं यानी दो अणुओं के बीच का फ़ासला कम होता है। पानी वगैरह में जो दो या तीन भिन्न-भिन्न अणुओं से बने रहते हैं ये दो-तीन प्रकार के अणु आपस में ऐसे सट जाते हैं कि मानो वे एक ही अणु या गोले की तरह काम करते हैं पर हवा के अणु एक-दूसरे से ज्यादा दूरी पर होते हैं। इनके बीच की दूरी इनकी गोलाई की करीब 250 गुणी होती है। जैसे मान लें कि अणु की गोलाई 'क' है तो दो अणु के बीच की दूरी 250 'क' होगी। पृथ्वी और चन्द्रमा के बीच की दूरी पृथ्वी की गोलाई की तीस गुनी है। अगर यह दूरी 250 गुनी होती तो पृथ्वी और चन्द्रमा के बीच 8000×250 या 20 लाख मील का फासला होता। पर वास्तव में पृथ्वी चन्द्रमा से 2 लाख 40 हजार मील की दूरी पर है। सूर्य पृथ्वी से 9 करोड़ 30 लाख मील की दूरी पर है और सूर्य के चारों ओर घूमने वाले नक्षत्र और भी दूर-दूर हैं। Neptune नेपचून सूर्य से 300 करोड़ मील पर है। अगर Fixed stars अचल सितारों की दूरी पर ध्यान दें तो सूरज को, जो साल में 50 करोड़ मील का धावा मारता है, सबसे नज़दीक के सितारे तक पहुँचने में 4000 वर्ष लगेंगे और अगर किसी दूर वाले सितारे से सूर्य को भेंट करना हो तो उसे करोड़ों वर्ष की जरूरत पड़ेगी। इससे यह ज़ाहिर है कि दो अणुओं के बीच में अणु की बड़ाई के अनुसार अंतर होता है। धरती और सूरज में धरती की बड़ाई के हिसाब से

अन्तर है और इसी तरह सूरज की बड़ाई के अनुसार सूरज और दूसरे सितारों में अन्तर है। यह सब अन्तर अर्थात् बीच की जगह ईथर से भरी हुई है।

ईथर बराबर चला गया है

पानी भी लगातार मालूम पड़ता है। इसके तानों या परमाणुओं के बीच-बीच में अन्तर नहीं देख पड़ता। पर पानी में अगर चीनी डाल दें तो चीनी समा जाती है। अगर इसमें अन्तर न होता तो यह चीनी कहाँ चली जाती? हवा में भाप वग़ैरह समा जाती हैं। आजकल के सूक्ष्मदर्शक यन्त्रों से तो हम इन अन्तरों को नहीं देख सकते पर इनसे ज्यादा छोटी चीजों को बड़े दिखलाने वाले यन्त्रों से शयद आगे चलकर हम इन पानी के परमाणुओं को देख सकें। पर ईथर में यह अन्तर कभी न देख पड़ेगा अर्थात् इसमें दूसरी चीजों की तरह अन्य वस्तुओं के गलाने या अपने में समा लेने की शक्ति नहीं है।

तत्त्व का पारावार है पर ईथर अपार है

यह बात जाँची गई हे कि 1 इंच लम्बी, 1 इंच चौड़ी और 1 इंच ऊँची कोठरी में हवा के 10000000×10000000×10000000 (या करोड़ को दो बार फिर करोड़ से गुणा करने से जो अदद निकलती है उतने अणु हैं। इसका पता इस बात से लगता है कि एक अणु की गोलाई 1 इंच का 1/50000000 स्सिा है इससे एक तिकोनी कोठरी में जिसकी लम्बाई, चौड़ाई और ऊँचाई तीनों 1 इंच है 125000,000000,000000,000000 अणु होंगे। सूरज, चाँद, पृथ्वी आदि के कितने अणु हैं, इसका पता लग सकता है। क्योंकि इनकी गोलाई वगैरह अच्छी तरह जाँची गई है। तब इसी तरह और दूसरे सितारे वगैरह के परमाणुओं का अन्दाजा करके कुछ लोगों ने इसकी जाँच की है और उनका यह विचसार है कि इनकी संख्या 7 के पीछे 91 सुन्ना (सिफ़र) लिखने से मिलती है। अगर इन सब परमाणुओं को एक साथ लेकर पानी के अणुओं की तरह सटा कर रख दें तो पता लग सकता है कि जगत में कितना तत्त्व है। जो कुछ हो यह बात विदित है कि तत्त्व का पारावार है, यह अपार नहीं। इसकी कुछ हद्‌द है पर ईथर अपार है। इसका सबूत हमको रोशनी से मिलता है। ईथर की लहरों की तेज़ी 186000 मील एक सेकेंड में है। रोशनी को 'सूर्य तक पहुँचने में 8 मिनिट लगते हैं, नेपचून से यहाँ तक आने में 4 घंटे और सबसे निकट अचल सितारे व नक्षत्र से आने में 3½ वर्ष। ज्योतिषी लोग कहते हैं कि ऐसे सितारे हमको देख पड़ते हैं जहाँ से रोशनी की किरणें अगर अभी चल पड़ें तो पृथ्वी तक इन्हें पहुँचने में 10,000 वर्ष लगेंगे चाहे इनकी तेज़ी 186000 मील फी सेकेंड क्यों न हो। इससे यह स्पष्ट हुआ कि यह सब बीच का अन्तर ईथर से भरा हुआ है। अगर ऐसा न होता तो रोशनी उस जगह से आगे क्यों कर बढ़ती और क्योंकर तारा दिख पड़ता। पर दूर-दूर के सितारे हमको बराबर दिखाई देते हैं और जितनी ज्यादा दूर हम दूरबीन से देखते हैं उतनी ही ज्यादा दूरी के सितारे बराबर नजर आते हैं। कोई-कोई लहरें या किरणें जो हम तक पहुँचती हैं उनके सिरे से सिरे तक की दूरी 1 इंच के लाखवें

हिस्से से भी कम होती है। अगर इतनी भी जगह कहीं ईथर से खाली होती तो रोशनी वहीं रुक जाती। दूसरी बात यह है कि अगर रोशनी की किरणें कहीं से पलटती हैं तो उनका प्रकाश कहीं दूसरी जगह जाकर पड़ता है। जैसे, लोग कहते हैं कि अगर शीशे पर रोशनी पड़े या सूर्य की धूप पड़े तो उस तरफ शीशे में देखने से आँख पर बड़ी चमक पड़ती है। अगर शीशे को घुमा फिरा दें और उसकी चमक को किसी अँधेरी जगह में ले जाएँ तो उजाला हो जाता है। अगर कहीं ईथर न हो तो वहाँ से आगे रास्ता न पाकर इन किरणों को पीछे लौटना पड़ेगा और लौटने पर आकाश का कुछ भाग प्रकाशमय हो जाता है, पर ऐसा कभी देखने में नहीं आया है। सूर्य कितने दिनों से चमक रहा है इसका पूरा पता नहीं, पर कम से कम 10 करोड़ वर्ष से यह यों ही चमक रहा है। इससे निकली हुई किरणें कम से कम 50 करोड़ वर्ष तक बराबर 186000 मील फी सेकेंड के हिसाब से दौड़ रही हैं और यदि उनको कहीं से लौटना पड़ता तो लौटने में 50 करोड़ वर्ष लगते। पर ऐसा होने से कुछ भाग आकाश का प्रकाशमान होकर इनके बहुरने की सूचना देता। इससे यह विदित है कि 100 करोड़ वर्ष से ये किरणें चली जा रही हैं यह कितनी दूरी हुई। इसी से पता लगता है कि ईथर अपार है; इसको अभी तक किसी ने पार नहीं किया, यह अनन्त है।

तत्त्व बहुत तरह के होते हैं पर ईथर एक सा होता है। सृष्टि में करीब 70 तत्त्व हैं जिनके मिलाप से दूसरे तत्त्व बने हुए हैं। ये 70 जुदा-जुदा तत्त्व एक-दूसरे से भिन्न-भिन्न हैं। सूर्य तथा और ग्रहों में भी इन्हीं तत्त्वों में से कुछ मिलते हैं। इन 70 के सिवाय दूसरे नहीं। पर ईथर में तथा और तत्त्वों में यह भेद है कि ईथर केवल एक तरह का है, लोहे चाँदी के अणुओं की भाँति कई तरह का नहीं।

तत्त्वों के अणु होते हैं

यदि किसी तत्त्व को बराबर ज्यादा बारीक करते जाएँ तो अन्त में ऐसे अणु मिलेंगे जिनका हम भाग नहीं कर सकते। अगर उन अणुओं को किसी तरह तोड़ दें तो उसमें उस तत्त्व के गुण ही नहीं रह जाते। पर ईथर के अणु नहीं होते और न कहीं इसमें ऐसा अन्तर होता है जैसा दूसरे तत्त्वों के अणुओं के बीच में होता है।

तत्त्वों का कोई आकार होता है पर ईथर निराकार है।

जितने तत्त्व हैं सबके भिन्न-भिन्न अणु एक-दूसरे से बहुत मिलते हैं। उन सबकी कुछ तौल होती है, उनमें दूसरे तत्त्वों से मिलने की शक्ति होती है और इसी तरह बहुत सी बातों में वे एक से होते हैं। इससे यह निश्चय है कि इन सबका आकार एक ही सा है। पहिले लोगों का यह विचार था कि ये गोल और ठस होते हैं पर अब यह धारणा है कि तत्त्वों के अणु ईथर की भँवरों से बने हैं जो ईथर में ठीक उसी तरह चक्कर मार रहे हैं जैसे रेल के इंजन से निकला हुआ धुआँ जब हवा नहीं रहती तब कुंडल बाँध-बाँध कर तरह-तरह के ताशे दिखलाता है। इन धुएँ की भँवरों के गुणों को देखकर अचम्भा सा हो जाता है। ऐसे कुंडल मकान पर भी बन सकते हैं।

किसी सन्दूक के एक पटरे में एक छोटा गोल छेद हो। उसकी दोनों तरफ की दीवारें लकड़ी की हों और पीछे की दीवार केवल एक मोटे कपड़े को तानकर बना ली जाए। सन्दूक में एक शीशी में नमक और तेजाब और दूसरी में तेज अमोनिया खोल कर रख दिया जाए तो उसके भीतर बादल की तरह सफेद धुआँ भर जाएगा। फिर पीछे से कपड़े पर एक थपकी देने से धुएँ के ऐसे चक्कर या भँवर बाहर निकलने लगते हैं और अब इन भँवरों के कुछ गुण बतलाते हैं :

1. ये भँवर अपनी कुंडलाकृति बनाए रखते हैं और जिस चीज से ये बने होते हैं वह इनसे निकल नहीं जाती।
2. ये हवा में 8-10 गज़ एक सेकेंड में बिना रुके हुए जा सकते हैं।
3. ये सदा सीधे सामने की ओर चलते हैं।
4. अपने से ये कभी नहीं रुकते और अगर किसी तरह इनहें रोक दें तो फिर रुकावट हटने पर बिना किसी मदद के ये फिर आप से ही चलने लगते हैं।
5. इनमें काम करने की शक्ति और जोर होता है। अर्थात् इनकी टक्कर लगने से धक्का लगता है।
6. अगर इनको धक्का दें तो ये फिर अपनी पुरानी सूरत पर आ जाएँगे और जिस तरह बीन का तार खींचने से इधर-उधर हिलता है उसी तरह ये भी एक अन्दाज से सिकुड़ और बढ़ सकते हैं। जितनी ज्यादा तेज़ी से ये भँवर घूमते हैं उतने ही ज्यादा वे ठस और लचीले होते हैं।
7. ये लट्टू की तरह चक्कर मारते हैं और आगे भी बढ़ते हैं अर्थात् अपने चारों तरफ घूमते हैं और आगे भी बढ़ते हैं।
8. ये आगे की आई हुई हलकी चीज़ों को दूर हटाते हैं और पीछे से आई हुई चीज़ों को अपने भीतर खींचते हैं।
9. अगर इन्हें किसी लम्बी मेज के बराबर चलावें तो ये पत्थर की तरह नीचे गिरते हैं।
10. अगर एक ही मान के दो भँवर एक ही रास्ते से जाते हों और पीछेवाला आगेवाले के पास पहुँच जाए तो आगेवाले का मुँह बड़ा हो जाता है और पीछेवाले का मुँह छोटा और तब पीछेवाला आगेवाले के भीतर घुसकर दूसरी तरफ निकल जाता है और तब दोनों फिर अपने पुराने कद के हो जाते हैं। पर इसी तरह बराबर सिकुड़ते और बढ़ते रहते हैं।
11. यदि दो भँवर एक ही मार्ग पर आमने-सामने से आते हों तो उनकी चाल की तेज़ी कम हो जाती है। अगर एक-दूसरे में से घुसकर निकल जाता है तो ऐसा भी होता है कि उस दूसरे की कुल तेज़ी जाती रहती है और वह हवा में खड़ा हो जाता है। जब पहिला कुछ दूर चला जाता है फिर दूसरा अपना रास्ता पकड़ता है।
12. यदि दो भँवर एक-दूसरे की बगल में होते हैं तो तुरन्त इन दोनों में टक्कर लग जाती है जिससे यह मालूम होता है कि इनमें एक-दूसरे की तरफ खिंचाव है।

13. यदि इस टक्कर लगने से ये टूट न जाएँ तो दो भँवरों की जगह दूनी मोटाई का एक ही भँवर बन जाता है। कभी-कभी दोनों भँवर कूद कर ऊपर नीचे भी चले जाते हैं।

14. तीन भँवर भी एक साथ टकराकर एक बन जाते हैं।

इस तरह के भँवर अकसर इंजन से निकलकर हवा में घूमते दिखाई पड़ते हैं पर कुछ दूर चलकर हवा की रगड़ से टूट जाते हैं। अगर हवा में रगड़ न होती तो ये सदा बने रहते।

ईथर में रगड़ नहीं होती इसलिए ईथर के भँवर नहीं टूटते। तत्त्वों के अणु वास्तव में इसी ईथर के भँवर हैं। तत्त्वों की तरह ये भँवरें जगह छेंकते हैं, इनमें आकार होता है, ये बड़े होते हैं, इनमें काम करने और चलने की संचित शक्ति होती है। ये सिकुड़ बढ़ सकते हैं, दूसरे भँवर को अपनी तरफ खींचते तथा उन्हें अपने से दूर हटाते हैं। इससे लोगों का यह अनुमान है कि तत्त्वों के अणु वास्तव में ईथर की भँवर हैं। ईथर और तत्त्वों में भेद यही है कि जब ईथर में भँवर पड़ जाती है तब वह तत्त्व हो जाता है।

ईथर में आकार नहीं होता, न इसमें कहीं अन्तर होता है। यह अनन्त और अपार है इसलिए इसमें रूप या आकार नहीं हो सकता। आकार तभी होगा जब कहीं ऊँचा, कहीं नीचा, कहीं कम चौड़ा, कहीं ज्यादा चौड़ा हो पर ईथर तो सम और सर्वव्यापक है। तत्त्वों की पहिचान आकारवान होने से ही की जा सकती है। ईथर निराकार है।

तत्त्वों में आकर्षण शक्ति होती है

एक तत्त्व में दूसरे तत्त्व को खींचने की शक्ति होती है। संसार का हर एक अणु दूसरे अणु को खींचता है। इसका प्रमाण सौर जगत् से मिलता है। ग्रह उपग्रह आदि सब इसी खिंचाव के कारण इस तरह बराबर चक्कर मार रहे हैं। यह आकर्षण शक्ति सब तत्त्वों में होती है। कितनी आकर्षण शक्ति किस चीज में है यह केवल इस बात पर निर्भर हे कि उस चीज़ में कितना तत्त्व है।

ईथर में आकर्षण शक्ति नहीं होती

अगर ईथर में आकर्षण शक्ति होती तो संसार में यह कहीं कम कहीं ज्यादा होता। ऐसा होने से कहीं रोशनी की किरणें कम तेज़ी से चलतीं कहीं ज्यादा तेज़ी से, कहीं सीधी होकर चलतीं, कहीं मुड़कर, एक सीध में किरणें कभी न होतीं पर ऐसा नहीं है इसलिए ईथर में आकर्षण शक्ति नहीं है। तत्त्व ईथर की भँवर से बने हैं। भँवर पड़ जाने पर एक भँवर दूसरी भँवर को अपनी तरफ खींचते खिंचाते पर ईथर में स्वयं कुछ भी आकर्षण शक्ति नहीं है।

तत्त्वों में रगड़ होती है

हवा में जब गोली छोड़ते हैं तब धीरे-धीरे गोली की तेज़ी कम होती जाती है। पटरी पर खड़े किसी रेलगाड़ी के डिब्बे को अगर ढकेल कर छोड़ दें तो कुछ दूर चल कर पटरी की रगड़ से वह रुक जाएगा। जब जहाज पानी में चलता है तब बड़े-बड़े इंजनों की मदद

से पानी की रगड़ को सरका कर आगे बढ़ता है। जब किसी चीज़ को दूसरी चीज़ के ऊपर चलाते हैं तब रगड़ पैदा हो जाती है। अगर एक लट्टू हवा में घुमाएँ तो कुछ देर में ज़मीन और हवा की रगड़ से लट्टू रुक जाता है। अगर हवा खींच लें और तब उस जगह लट्टू चलावें तो हवा की रगड़ न होने से लट्टू देर तक चलता है।

ईथर में रगड़ नहीं पैदा होती। पृथ्वी ईथर में घूम रही है। जहाँ पृथ्वी की परिधि 25000 मील है उसके ऊपर की चीज़ ईथर में एक हज़ार मील से ज्यादा एक घंटे में चलती है। अगर ईीरि के बदले बन्द हवा में धरती घूमती तो हवा तूफान से दस गुनी तेज़ बहती होती और उसकी रगड़ से धरती चूर हो गई होती। धरती की तेजी भी बहुत जल्द कम हो गई होती। पर पृथ्वी तो ईथर में घूमती है और हवा उसके साथ-साथ घूमती जाती है। यह भी देखा गया है कि धरती की चाल में कुछ भी कमी अब तक नहीं हुई। ज्योतिष से मालूम होता है कि 2000 वर्षों से धरती उसी चाल से चक्कर मार रही है। 24 घंटे में पहिले भी एक चक्कर पूरा होता था और अब भी। अर्थात् धरती की चाल बराबर वही बनी है। पृथ्वी सूर्य के चारों ओर करीब 19 मील प्रति सेकेंड के हिसाब से घूमती है। वर्ष भर में एक चक्कर पूरा होता है। ज्योतिषी लोग कहते हैं कि हजार वर्षों में एक सेकेंड के सौवें हिस्से का भी फर्क धरती की चाल में नहीं पड़ा है। 19 मील फी सेकेंड तो कोई बड़ी बात नहीं ऐसे भी दुमदार सितारे हैं जो एक सेकेंड में 400 मील आगे बढ़ते हैं। इनकी चाल में भी हजारों वर्षों से फेर नहीं पड़ा है। इससे यह सिद्ध हुआ कि ईथर में रगड़ का नाम नहीं है। प्रकाश की किरण 186000 मील फी सेकेंड के हिसाब से चलती हैं। इनकी तेजी में कमी नहीं हुई। पानी में अगर एक पत्थर का टुकड़ा फेंकें तो लहर पैदा होती है। पर कुछ दूर जाकर लहर छोटी हो जाती है। पानी की रगड़ से यह बात होती है। अगर ईथर में रगड़ होती तो रोशनी की लहरें भी छोटी हो जातीं। और लहर छोटी बड़ी होने से रंग बिरंग की रोशनी अलग-अलग तारों की मालूम होती। क्योंकि जितनी दूर से रोशनी आती उतनी ही छोटी लहर हो जाती। तरह-तरह की रोशनी में यही फैर है कि उनकी लहरें बड़ी छोटी होती हैं। पर हम देखते हैं कि एक ही तरह की रोशनी सब जगह नक्षत्रों से आती है। सूर्य और सूर्य के चारों ओर घूमने वाले नक्षत्र साल में 50 करोड़ मील का धावा मारते हैं। इसलिए अगर ईथर में रगड़ होती तो कुछ सितारों की रोशनी ज्यादा दूर होने के कारण बुझ जाती और नए-नए सितारे ज्यादा नज़दीक होने से दिखाई देते। पर कुल सितारे सदा ज्यों-के-त्यों एक ही तरह की रोशनी के दिखाई देते हैं इसलिए यह सिद्ध हुआ कि ईथर में रगड़ नहीं होती।

तत्त्वों के अणु के सब हिस्से सम नहीं होते

बहुत सी बातों से जैसे चीजों की विशेष रूप धारण करने की शक्ति, बिजली पैदा होने की रीति आदि से यह प्रमाण मिलता है कि अणुओं के गुण अपने सामने की ओर सम नहीं हैं। इन अणुओं के मिल जाने से molecules या दोहरे, तिहरे, चौहरे अणु बनते हैं। इनका रूप कुछ ऐसा होता है कि इनके मूल से तरह-तरह के पदार्थ सितारे या झाड़ के

शीशे के कलम की सूरत के बनते हैं। जैसे नमक की डली की एक खास सूरत होती है। चीनी की डली की दूसरी सूरत इससे यह सिद्ध हुआ कि इन अणुओं की सूरत चारों ओर एक सी नहीं है। इस बात के और भी प्रमाण हैं। क्वार्टज़ एक तरह का शीशे की तरह का पारदर्शक पत्थर होता है। अगर इसमें से रोशनी की किरण जाए तो वह घूम जाती है। कुछ चीज़ों में एक तरफ से बिजली या गर्मी दूसरी तरफ की अपेक्षा ज्यादा आसानी से आ जा सकती है। अगर धुएँ के भँवर की तरफ हम ध्यान दें तो देख पड़ेगा कि उसकी शक्ल चारों ओर एक सी नहीं है। इसका यह असर होता है कि एक ओर से तो भँवर चीजों को अन्दर घसीटती है और दूसरी ओर की चीजों को दूर फेंकती है।

ईथर हर ओर सम है

ईथर में रोशनी हर तरफ एक ही तरह से जा सकती है। उसमें कहीं भी रुकावट नहीं। अर्थात् ईथर सब ओर सम है।

एक तत्त्व को दूसरे तत्त्वों से मिलने की चाह होती है। यदि कई तत्त्व मौजूद हों तो उनमें से किसी एक को चुनकर वह उसके साथ मिलेगा।

जब एक तत्त्व दूसरे तत्त्व से मिलता है तब एक के 1, 2 अणु दूसरे के 1, 2, 4 अणु से मिल जाते हैं। तत्त्व के कितने अणु दूसरे के कितने अणु से मिलेंगे इसका हिसाब होता है। सदा उसी हिसाब से वे अणु मिलते हैं। पर इन तत्त्वों में कुछ को किसी तत्त्वों से मिलने की कुछ ज्यादा चाह होती है। जैसे कारबन या कोयले को हाइड्रोजन से मिलने की चाह है पर अगर उसे आक्सीजन मिल सके तो हाइड्रोजन को छोड़ वह आक्सीजन से मिल जाता है। जस्ते को तेजाब में गलाने से जो गैस निकलती है उसे हाइड्रोजन कहते हैं। आक्सीजन और हाइड्रोजन के अणु मिलकर पानी बनाते हैं। किसी पदार्थ की स्थिति इस बात पर निर्भर है कि उस पदार्थ के पास और कौन दूसरे पदार्थ हैं। लकड़ी कई तत्त्वों के मिलने से बनी है। अगर लकड़ी को खूब गरम करें और पास में आक्सीजन मौजूद हो तो उस लकड़ी के सब अणु एक-दूसरे का साथ छोड़ आक्सीजन से मिल जाएँगे। लोहे को अगर सूखी हवा में रक्खें तो उस पर मोरचा नहीं लगता पर जहाँ हवा नम होती है वहाँ आक्जीसन के साथ मिलकर लोहे का ऑक्साइड बन जाता है। अगर इस नई चीज को गरम गन्धक के निकट रख दें तो लोहा ऑक्सीजन को छोड़ गन्धक से मिल लोहे का सल्फाइड बनाएगा। (यह सल्फाइड काले नमक में मौजूद है)। इससे प्रतीत हुआ कि तत्त्वों को चुनाव की शक्ति है। पर ईथर की तो आकृति ही नहीं होती और न इसे किसी तत्त्व से मिलने-बिछुड़ने की चाह होती है।

एक तत्त्व का दूसरे तत्त्व से सम्बन्ध है

यदि तत्त्वों को सिलसिलेवार एक-दूसरे के बाद उनके अणुओं की तौल के अनुसार लिखें तो ऐसा देखा जाता है कि कई तत्त्वों के बाद फिर ऐसे तत्त्व आते हैं जो पहिले लिखे हुए कुछ तत्त्वों से गुण में बहुत मिलते-जुलते हैं। अकसर ऐसा होता है कि आठ तत्त्वों

का नाम लिखने पर जो नवाँ तत्त्व लिखा जाता है वह पहिले से मिलता है, दसवाँ दूसरे से। इसी तरह सत्तरहवाँ तत्त्व पहिले या नवें से मिलता है। इसका पूरा हाल रसायन शास्त्र की पुस्तकों में मिलेगा।

ईथर एक ही तरह का होता है इससे उसमें ऐसा मिला भेद हो ही नहीं सकता।

तत्त्वों में काम करने की शक्ति होती है

पहिले लोगों का यह खयाल था कि रोशनी बिजली इत्यादि से और तत्त्व भिन्न हैं पर अब ऐसा विचार नहीं रहा। प्रकाश आदि ईथर में लहर पड़ने से पैदा होते हैं और ईथर में भँवर पैदा होने से तत्त्व बनता है। अगर ईथर की लहरों की गति बन्द कर दें तो रोशनी मिट जाए, अगर भँवर को तोड़ दं तो तत्त्व नष्ट हो जाएँ। धुएँ की भँवर तो हवा की रगड़ से बनती है पर ईथर में तो रगड़ नहीं होती। अतः क्योंकर ये भँवर पैदा हुए इसका पता नहीं चलता।

ईथर में भी शक्ति होती है

ईथर की शक्ति बिजली इत्यादि की शक्ति नहीं क्योंकर यह भँवर या लहरें ईथर में आईं इसका पता नहीं लगता।

तत्त्वों के कारण एक प्रकार की शक्ति दूसरा रूप धारण कर लेती है

हर तरह की शक्ति ईथर में गति (हरकत) होने से पैदा होती है। एक तरह की शक्ति को दूसरे रूप में बदलने के लिए इन तत्त्वों की जरूरत पड़ती है। गोली जब निशाने पर जाकर लगती है तब गरमी पैदा होती है। कोयला जलने से इंजन का पहिया घूमता है अर्थात् गरमी के बदले गति उत्पन्न हुई। फिर इंजन से 'बिजली की मशीन डाएनामो चलाकर बिजली बनाते हैं। अगर कोयला या तेल जलावें तो रोशनी पैदा होती है। एक तरह की शक्ति दूसरी तरह की शक्ति में बदल जा सकती है पर पहिली शक्ति के तत्त्व में मौजूद होने ही से ऐसा होता है। अगर पहिया पटरी पर न घूमता तो रगड़ या गरमी न होती अगर 'कोयला' न होता तो रोशनी कैसे होती? इसलिए तत्त्व ही मध्यस्थ हैं।

ईथर एक तरह की शक्ति को दूसरे रूप में नहीं ला सकता

तत्त्वों को तो एक शक्ति को दूसरे रूप में ले जाने की शक्ति है पर ईथर एक तरह की शक्ति को दूसरे रूप में नहीं बदल सकता। कोयला ऑक्सीजन के साथ मिल कर गरमी पैदा कर सकता है। अर्थात् कोयले और ऑक्सीजन में जो रासायनिक मिश्रण की शक्ति थी वह बदल कर गरमी हो सकती है। इसी तरह इंजन के चलने से हिलने डोलने की शक्ति बदल कर बिजली बन सकती है। पर ईथर में यह गुण नहीं। अगर रोशनी की एक किरण कहीं जा रही है तो सदा वह उसी तरह चली जाएगी। वह बदल कर बिजली वगैरह नहीं बन सकती। अगर कोई चीज़ ईथर में चक्कर लगाया करे तो वह सदा चक्कर ही मारा करेगी।

तत्त्व लचीला है अर्थात् टक्कर खाने पर फिर अपनी पुरानी सूरत पर आ जाता है

किसी पदार्थ के लचकदार होने की जाँच यह देखने से हो सकती है कि उसके भीतर से लहर किस तेजी से आगे बढ़ सकती है। जैसे अगर यह मालूम करना हो कि हवा में कितनी लचक है तो उसमें शब्द की लहरों की तेजी को देखते हैं कि हवा में आवाज कितनी तेजी से आगे बढ़ती है। अगर हवा गरम कर दें तो शब्द की गति बढ़ जाती है और उसकी लचक भी बढ़ जाती है। अगर किसी चीज़ को जिसकी एक या दोनों छोर कसी हुई पकड़ कर खींचें तो वह हिलने लगती है। जैसे यदि बीन के तार को खींचें तो तार बराबर इधर-उधर आने-जाने लगता है। अगर लोहे की चिमटी के एक छड़ को खींचें तो वह आगे-पीछे हिलता व लहर मारता है। जितनी छोटी चिमटी होती है उतनी ही अधिक बार वह एक तरफ से दूसरी तरफ आती जाती है और उसमें से एक तरह की भन-भन की आवाज़ निकलती है। अगर चिमटी इतनी छोटी है कि उसे जेब में रख सकते हैं तो 1 सेकेंड में वह 500 बार एक तरफ से दूसरी तरफ आए और जाएगी। अगर चिमटी तत्त्वों के अंड की नाप की अर्थात् 1 इंच का 5 'करोड़वाँ हिस्सा हो तो 1 सेकेंड में वह 3000 करोड़ बेर इधर से उधर लहर मारेगी पर तत्त्व तो ईथर के बने हैं इसलिए तत्त्वों के अणु तो झटका या टक्कर खाकर इससे कहीं ज्यादा तेज लहर मारेंगे अर्थात् 1 सेकेंड में वे 400,000000,000000 बार ऊपर से नीचे या पीछे से आगे आएँगे और जाएँगे। अगर अणु की गोलाई 1 इंच का 5 करोड़वाँ हिस्सा है और अगर इतनी बड़ी चिमटी अणु की गोलाई की आधी दूरी तक लहर मारे (जिस तरह झूला कुछ दूर जाकर लौटता है) तो इसकी चाल 1 सेकेंड में 80 मील होगी यानी मामूली गोली की चाल से 150 गुना अधिक तेज़। यह निश्चय है कि तत्त्वों के अणु में इतनी गति होती है। अतः इस तरह हिलारें मारने से जो लहरें ईथर में बनती हैं उनकी लम्बाई नापी जा सकती है। अगर कोई चिमटी 1 सेंकेंड में 500 बार लहरें मारती है और हवा में उसकी आवाज़ 1100 फीट प्रति सेकेंड जाती हैं तो उन लहरों की लम्बाई 1100 को 500 से भाग देने से निकलती है या इन लहरों की लम्बाई 202 फीट है। इसी तरह अगर लहरों की लम्बाई और लहरों की गति मालूम हो तो कितनी बार वह चीज लहराई इसका पता लग सकता है। रोशनी की लहरें 186000 मील 1 सेकेंड में तै करती हैं और रोशनी की लहरों की लम्बाई करीब 1 इंच के 4000वें भाग के बराबर होती है इससे पता लगा कि लहर 186000×5280×12/1/40,000 अर्थात् 400,000,000,000,000

यह सिद्ध हुआ कि तत्त्वों के अणु अपना आकार इतनी बार 1 सेकेंड में बदलते हैं और इतनी बार फिर अपनी पुरानी सूरत धारण करते हैं। इस रूप में बदलने और फिर पुराना रूप धारण करने में जो वेग पैदा होता है उसी का नाम गरमी है।

ईथर लचीला है

टक्कर वगैरह लगने पर ईथर का रूप बदल जाता है पर फिर कुछ काल के पीछे ये तत्त्व पुराना रूप धारण कर लेते हैं। ईथर का तो कोई रूप ही नहीं तो फिर इसकी शक्ल कैसे

बन बिगड़ सकती है? इसे लचकदार क्यों कर कह सकते हैं। यह समझ में नहीं आता। पर यह देखा गया है कि रोशनी की लहरें इसमें सदा 186000 मील प्रति सेकेंड के हिसाब से आगे बढ़ती हैं। सूर्य के पास के पुच्छल तारे 1 सेकेंड में 400 मील चलते हैं। इनसे ज्यादा तेज़ चलने वाला तत्त्व अभी तक नहीं देख पड़ा है। हवा में आवाज की तेज़ी से अगर रोशनी की तेज़ी मिलावें तो रोशनी 9 लाख गुणा तेज ईथर से चलती है। आवाज की तेज़ी तो हवा की लचक पर निर्भर है। इसी तरह रोशनी की तेज़ी यदि ईथर की लचक पर निर्भर है तो ईथर की लचक सामान्य नहीं। अतः इसे लचक ही कहना चाहिए या और कुछ यह नहीं समझ पड़ता।

यह ऊपर लिख आए हैं कि एक तत्त्व दूसरे तत्त्व को खींचता है। धरती मनुष्यों को अपनी ओर खींचती है। सूर्य धरती को अपनी ओर खींचता है। इसी खींच खिंचाव की वजह से धरती और सूर्य सदा अपने पुराने मार्ग पर बराबर चले जाते हैं। अगर इस खींच खिंचाव में कुछ भी अन्तर पड़ जाता तो पुराना रास्ता कभी न बना रहता। ईथर के द्वारा ही यह खींच खिंचाव हो सकता है। जैसे एक गाड़ी को दूर से कोई आदमी खड़ा होकर रस्सी के सहारे से खींचे उसी तरह ईथर की मदद से एक नक्षत्र दूसरे नक्षत्र को खींचता है। यह भी निश्चित है कि खिंचाव को एक छोर से दूसरे छोर तक पहुँचाने में कुछ देर लगती है। यदि यह आकर्षण शक्ति सेकेंड में 18600 करोड़ मील से कम तेज़ी से आगे बढ़ती तो इन नक्षत्रों और ग्रहों के मार्ग में अंतर पड़ जाता। पर यह शक्ति ईथर ही के बीच से होकर जाती है इसलिए ईथर की लचक बहुत ही ज्यादा होगी पर इसे लचक कहना ही भूल है क्योंकि लचक होने से तो रूप का परिवर्तन होता है।

तत्त्व सब एक प्रकार के नहीं होते, कोई ज्यादा ठस कोई कम ठस होता है

ऑक्सीजन गैस के अणु हाइड्रोजन के अणु से 19 गुने ज्यादा भारी होते हैं। सोना लोहे से भारी होता है। इसी तरह सब तत्त्वों के अणु कमबेश भारी होते हैं। इससे यह जान पड़ता है कि उनकी बनावट भिन्न-भिन्न है। जैसे धुएँ की भँवर बड़ी छोटी होती है। कोई ज्यादा तेज़ी से कोई कम तेज़ी से चक्कर मारती है। किसी में कम धुआँ किसी में ज्यादा धुआँ होता है। इसी तरह तत्त्व भी शायद एक सम नहीं है। दूसरी बात यह है कि अगर थोड़ी सी हवा को दबा कर पहिले से आधी जगह में बन्द कर दें तो उसका घनत्व दूना हो जाएगा। लोहे को गर्म करके पीटने से उसके अणु एक-दूसरे से ज्यादा निकट हो जाते हैं और लोहा ज्यादा ठस हो जाता है। इससे यह विदित है कि पहिले से इन अणुओं के बीच कुछ अन्तर वर्तमान है।

ईथर में भी घनत्व होती है

घनत्व तो तत्त्वों में होता है जिनके अणुओं के बीच अन्तर रहता है। ईथर तो सर्वव्यापक है। अतः ईथर के लिए घनत्व शब्द का प्रयोग निरर्थक है। पर किया क्या जाए यही नाम पड़ गया है। अगर किसी तत्त्व का घनत्व मालूम करना है तो उसकी लचक और उसमें

किसी प्रकार की लहर की तेज़ी का हिसाब लगाते हैं और तब उसके घनत्व का पता लग जाता है। ईथर का घनत्व रोशनी की तेजी जान कर निकाला गया है। इसका घनत्व उतना है जितना 210 मील ऊपर की हवा का है, जहाँ हवा के अणु इतने कम हैं कि एक अणु और दूसरे अणु के बीच 6 करोड़ मील का फासला पड़ता है। मामूली हवा जो हमें मिलती है उसके अणु एक-दूसरे से 1 इंच 2 ½ लाखवे हिस्से की दूरी पर है। इसी से यह अनुमान कर लेना चाहिए कि ईथर का घनत्व कितना कम है। एक प्रकार से तो इसे घनत्व कहना ही भूल है।

तत्त्वों को गर्म कर सकते हैं

पहिले लोगों का विश्वास था कि गरमी एक तरह का तत्त्व है जिसकी तौल नहीं हो सकती। पर जब (Joule) जूल और (Mayer) मेयर साहबों ने यह दिखलाया कि इतना काम करने से इतनी गरमी पैदा होती है तब यह बात मानी जाने लगी कि गरमी भी एक लहर की गति है। ऊपर यह लिख आए हैं कि तत्त्वों के अणु आपस में टक्कर खाकर अपनी शक्ल बदल देते हैं। इस अदल बदल के वेग का नाम गरमी है। जब गोली बन्दूक से छूट कर निशाने पर लगती है तब रुक जाती है और उसकी आगे बढ़ने की शक्ति अब बदल कर दूसरी शक्ति हो जाती है अर्थात् उस गोली के अन्दर के अणु भन्नाकर ज्यादा टकराने लगते हैं और ऐसा होने से गरमी प्रगट होती है। शीशे का टुकड़ा हवा में फेंके जाने से नहीं टूटता पर यदि उसे ठेस लगे तो सीध पर जाने की शक्ति के बदले उसके अणुओं में लड़ने की शक्ति बढ़ जाती है और इस झनझनाहट से शीशा टूट जाता है।

ईथर को गर्म नहीं कर सकते

सीध पर जाने की शक्ति को ईथर नहीं रोकता। यदि कोई चीज़ ईथर में आगे की तरफ ही सदा बढ़ती जाए तो ईथर उसे कभी नहीं रोकेगा। इसी से पृथ्वी आदि की चाल में भेद नहीं पड़ता पर यदि कोई चीज़ आगे बढ़कर फिर पीछे लौटती है फिर आगे बढ़ती है और फिर लौटती है अर्थात् खेत की लम्बी घास की तरह हिलोरें या लहरें मारती है तो ईथर इस आवागमन की शक्ति का कुछ भाग ले लेता है जिसमें उस चीज़ का लहराना धीरे-धीरे कम हो जाता है और उसके बदले ईथर में लहर पैदा हो जाती है। ईथर की ये लहरें सेकेंड में 186000 मील आगे बढ़ती हैं। ये लहरें गरमी की लहरें नहीं पर गरमी से उत्पन्न लहरें हैं। गरमी की लहर तो उस तत्त्व में पैदा होती हैं जो लहर मारता है। अतः यह सिद्ध हुआ कि ईथर गरम नहीं हो सकता क्योंकि गरमी की लहरों को बदल कर यह प्रकाश की लहरें बनाता है।

तत्त्वों का नाश नहीं हो सकता

हमें यही मालूम है कि आज तक तत्त्वों का विनाश मनुष्यों को ज्ञात नहीं हुआ है। पानी जमकर बर्फ हो जाए, गरम होकर भाप हो जाए पर उसमें तत्त्व उतना ही रहता है!

रसायन शास्त्र के जानने वालों का विचार था कि एक धातु से दूसरी धातु बना सकते हैं और दूर-दूर के हिरण्यगर्भों व ज्योतिर्पिंडों (Nebula) में ऐसा बराबर हो रहा है। यह भी हाल में देखा गया है कि एक लिथियम धातु (Lithium) से ताँबा बन जाता है और रेडियम बराबर बदलता रहता है। यदि एक तत्त्व से दूसरा तत्त्व बन सकता है तो सम्भव है कि इसी तरह नए-नए तत्त्व ईथर से बन रहे हों। तत्त्वों के अणु इतने छोटे हैं कि उनका तौलना असम्भव है। हाँ, ऐसे यन्त्र बनाए गए हैं जिससे रोशनी की किरण घूमकर घड़ी की कमानी की तरह भीतर की ओर कुंडल मारती हुई बढ़ती जाती है। इस लहर के दोनों कोर किसी रीति से मिला दिए जाएँ जैसे साँप का मुँह और दुम तो वह भँवर के रूप में हो जाएगी और भीतर की ओर चक्कर मारेगी। यदि तत्त्व सचमुच इसी तरह के भँवर से बने हैं तो स्पष्ट है कि यदि भँवर किसी तरह टूट जाए तो तत्त्व भी नष्ट हो जाएगा पर उसके अन्दर में और हरकत करने की जो शक्ति है वह कहीं न कहीं ईथर में दूसरे रूप में प्रगट होगी। पर हम इतना कह सकते हैं कि अभी तक हमको कोई ऐसा उदाहरण नहीं मिला जहाँ किसी तत्त्व का नाश हुआ हो। ईथर का भी इसी तरह नाश नहीं होता। और यह लहर ईथर की लहर है। अगर 1 सेकेंड में चिमटी 500 बार झन्नाती हे तो लहर 372 मील लम्बी होगी क्योंकि 500 लहरें सेकेंड में 186000 मील छेकती हैं। अगर वही चिमटी छोटी हो जाए तो यह और तेज झन्नाएगी और इससे लहर और भी छोटी होगी। जब यह चिमटी अणु के बराबर हो जाए तो 1 सेकेंड में करोड़ों बार झन्नाएगी जिससे ईथर की लहर बहुत ही छोटी हो जाएगी। जब यह लहर 1 इंच की 37000वाँ हिस्सा लम्बी होती है या यदि 37000 लहरें 1 इंच में समा जाएँ तो ऐसी लहर से लाल रोशनी बनती है। अगर इससे भी छोटी लहर हो तो नीली रोशनी पैदा होती है। तत्त्वों के अणु के दोनों कोने एक सम नहीं या सब तत्त्व Magnetic या चकमक की तरह के होते हैं। आपस में टक्कर खाकर इनकी शकल जब बदलती है तो इनके दोनों कोने ज्यादा पास-पास हो जाते हैं और फिर पहिली सूरत पर आ जाते हैं। यह अदल-बदल करोड़ों बार 1 सकेंड में होता रहता है जिससे Magnetic क्षेत्र बराबर बदलता रहता है और ईथर में जो लहरें पैदा हैं वे बहुत ही छोटी होती हैं और इस तरह अणु के सूरत की अदल-बदल से यह रोशनी की लहर पैदा होती है।

तत्त्वों की कई हालत होती है। एक तत्त्व ठस, पनीली और हवा की सूरत में जा सकता है। जैसे पानी से बरफ और भाप तैयार होती है उसी तरह हर एक तत्त्व इन तीनों हालतों में जा सकता है। पर ईथर में यह गुण नहीं होता। ईथर सर्वमय वर्तमान है और इसमें कुछ भेद नहीं होता। केवल बिजली या Magnetism या गर्मी की वजह से इसमें लहर, तनाव या भँवर पड़ सकती है।

उस तत्त्व को यदि मरोड़ें तो वह मुड़ जाएगा। गैस और पानी मरोड़ें नहीं जा सकते। अगर किसी ठस चीज को मरोड़ दें तो वह उस सूरत में कुछ देर रह सकती है पर पानी या गैस इस तरह नहीं मरोड़े जा सकते। वह हाथ ही में नहीं ठहर सकते जो उनको पकड़ कर घुमा सके। ईथर को भी इसी तरह मरोड़ सकते हैं।

चकमक पत्थर से ईथर में ऐसा मुर्रा पड़ जाता है इसी से दूसरा चकमक घूम जाता है।

तत्त्वों के और गुण जैसे रंग, रूप, कड़ाई वगैरह ईथर में नहीं होते।

जगत् का ज्ञान हमें तत्त्वों से होता है

हमें गरमी, सर्दी, रोशनी, आवाज, रंग रूप वगैरह का ज्ञान क्यों कर होता है? हमारी इन्द्रियाँ, हमारे नाक कान यह सब ऐसे यन्त्र हैं जहाँ दिमाग या Sensorium से तार लगे होते हैं। ये तार ऐसे होते हैं कि इसके Molecule में 2000 अणु तक होते हैं। यदि ये तार टूट जाएँ तो फिर आँख, कान इत्यादि यन्त्र बेकार हैं। पर जगत् की जितनी शक्ति है वह किसी तत्त्व ही में देखी गई है। ईथर में भी यह मौजूद है पर ईथर को हम नहीं देख सकते। इससे यह सिद्ध हुआ कि हमको जगत् का ज्ञान कदापि न होता यदि तत्त्व न होते।

ईथर का असर इन Nerves या ज्ञानतन्तुओं पर नहीं पड़ता। इसी से इतने दिनों तक ईथर पर लोगों का कम ध्यान था पर दो चीज़ों के बीच खिंचाव वगैरह बीच में बगैर कुछ रहे असम्भव है इसी से ईथर को लोगों ने माना है। ईथर में और तत्त्वों के गुण में बड़ा भेद है जैसा कि हम ऊपर दिखला चुके हैं। ईथर में एक बड़ा गुण यह है कि वह बहुत तनाव को सँभाल सकता है। धरती और चन्द्रमा एक-दूसरे को इतने ज़ोर से खींचते हैं कि यदि इन दोनों को लोहे के 10 नम्बर के तार से बराबर ¼ मुरब्बा इंच की दूरी पर एक तार रख कर कसें तो ऐसे करोड़ों मोटे तार को भी इतना सहन नहीं कि इस झटके को सहन कर सकें। सब तार तनाव से टूट जाएँगे जिस तरह रस्सी के नीचे लगे बोझ को बराबर बढ़ाने से रस्सी अन्त में टूट जाती है। पर ईथर में इतनी सहन है कि धरती और चन्द्रमा का खिंचाव क्या, सारे जगत् के तनाव को यह बिना टूटे हुए सँभाल लेता है। इसी तरह इसमें जो मुर्री बिजली या चकमक से पड़ती है उसे भी यह बिना टूटे सह लेता है। इससे यह सिद्ध हुआ कि ईथर में बड़ी शक्ति भरी हुई है और यह शक्ति का खजाना है। इसकी जाँच करने से ऐसा मालूम पड़ता है कि यदि हम इस शक्ति को किसी तरह अपने काम में ला सकें तो 1 इंच लम्बे, 1 इंच चौड़े, 1 इंच गहरे स्थान से 500 घोड़ों की शक्ति का इंजन चल सकता है। मनुष्य इस शक्ति को किसी न किसी दिन अपने काम में ला सकेगा, यह बात असम्भव नहीं।

बिजली क्या है

संसार, तत्त्व ईथर और शक्ति से बना है। संसार की कुल क्रिया इन्हीं के उलट-पलट से होती है। तत्त्व और ईथर का हाल तो ऊपर लिख चुके हैं। शक्ति बहुत तरह की होती है। यह केवल तरह-तरह की हरकतें हैं। किसी तत्त्व का आगे की ओर बढ़ना एक तरह की शक्ति है जैसे रेलगाड़ी का दौड़ना शक्ति का एक रूप है, गरमी दूसरी तरह की शक्ति है। तत्त्वों के अणु के रूप में अदल-बदल से तत्त्वों के आपस में टकराने से जो हरकत पैदा होती है उसी का नाम गरमी है। तत्त्वों के अणु के दोनों कोने एक सम नहीं

होते और ये कोने अणुओं के यप में अदल-बदल से कम ज्यादा दूरी पर एक-दूसरे से आते जाते हैं। इससे ईथर में लहर पैदा होती है और इसे रोशनी कहते हैं। पर बिजली क्या है इसका हाल ऊपर नहीं दिया है। बिजली भी एक तरह की हरकत है, यह एक तरह की शक्ति है। दूसरी तरह की हरकत या शक्ति को बदल कर इस रूप में ला सकते हैं और फिर उस रूप में बदल कर पुराने रूप में ले जाते हैं। मनुष्यों ने एक तरह की शक्ति से दूसरे रूप की शक्ति बनाने के यन्त्र या मशीनें बनाई हैं जिनसे बड़ा काम हुआ है। विज्ञान शास्त्र ही की महिमा से ये सब बातें मनुष्य को प्राप्त हुई हैं। अब हम यह देखेंगे कि किस तरह बिजली दूसरी शक्तियों से बन सकती है। अगर एक तत्त्व को उसी तत्त्व के ऊपर रगड़ें तो एक ही हरकत का कुछ भाग दूसरे में समाकर गरमी के रूप में प्रगट होगा। पर यदि ये दोनों तत्त्व एक सम न हों तो कुछ गरमी ओर कुछ बिजली पैदा होगी। यदि शीशे के एक बेलन को शीशी की कलई के मसाले पर जो एक कपड़े पर लगा हो रगड़ें तो शीशे के बेलन में रगड़ से गरमी और बिजली दोनों पैदा हो जाएगी। यदि शीशे के आगे दाँतेदार नोकदार कंघी लगा दें और फिर कंघी के पीछे की डाँड़ी में एक गोला लगा दें तो यह नोकदार कंघी तुरन्त इस बिजली को बटोर लेगी जिस तरह की नोकदार लोहे की छड़ हवा से तूफान में बिजली बटोर कर धरती में ले जाती है और मकान पर बिजली नहीं गिरती। यह बिजली इन नोकों के जरिये से इकट्ठी होकर कोने पर गोल में आती है और यदि इसके पास कोई चीज ले जाएँ तो उन दोनों के बीच बिजली की चिनगारी पैदा हो जाएगी। इससे यदि विदित हुआ कि बिजली दो तत्त्वों की रगड़ से पैदा होती है।

गरमी से भी बिजली पैदा होती है। दो धातुओं को जैसे रांगा और ताँबे को अगर जोड़कर वे एक साथ लाए जाएँ और एक का कोना गरम किया जाए और दूसरे का कोना ठंडा रहे तो भी इसमें से बिजली पैदा होगी। इस यन्त्र को Thermoply थर्मोपाइल कहते हैं।

बिजली चकमक के क्षेत्र में किसी धातु के घुमाने से पैदा होती है। आजकल की बिजली बनाने की कल सब इसी तरह बनी होती है। चकमक के चारों ओर ताँबे के चक्कर को घुमाते हैं इससे तार में बिजली पैदा हो जाती है। जब कई पदार्थ मिल कर नया पदार्थ बनाते हैं तब भी बिजली पैदा होती है जैसे जब जस्ता तेजाब गलकर Zinc Sulphate बनता है तो बिजली पैदा होती है।

ऐसी कई मछलियाँ हैं जो बिजली पैदा करती हैं। दूसरी बात यह है कि बिजली से दूसरी शक्ति बन सकती है। इसके उदाहरण लीजिए। बिजली से मोटर गाड़ी चलती है, मोटर मशीन चलती है। बिजली से गरमी पैदा होती है, बिजली गिरने से पेड़ झौंस जाता है, बिजली से रोशनी बनती है। बिजली की रोशनी इसी तरह बनीं है। बिजली से दो पदार्थ आपस में मिलकर अकसर नया पदार्थ बनाते हैं। बिजली की चिनगारी ऑक्सीजन और हाइड्रोजन में ले जाने से पानी बनता है। बिजली बदन में लगने से हाथ पैर नाचने लगता है। इससे यह सिद्ध हुआ कि एक शक्ति को दूसरे रूप में ले जा सकते हैं। अगर

ईथर न होता तो संसार न होता। तत्त्व इसी के भँवर से बने हैं। शक्ति किसी न किसी तरह की लहर है जो ईथर या तत्त्व में पैदा होती है। ईथर क्या है यह प्रश्न इस लेख के आदि में पूछा गया है। इसका उत्तर एक मत के अनुसार यह है कि ईथर ही संसार को उत्पन्न करनेवाला है। आजकल लोगों की राय कुछ बदली है। नए विचार आजकल फैल रहे हैं उसका हाल दूसरे लेख में देना उचित होगा।

(नागरीप्रचारिणी पत्रिका, मार्च 1912)

प्राणतत्त्व

ब्रिटिश एसोसिएशन का 82वाँ वार्षिक अधिवेशन गत 4 सितम्बर को बड़ी धूमधाम से हुआ। एडिनबरा विश्वविद्यालय के अध्यापक शेफर (Schafer) जो शरीर विज्ञान के बड़े प्रसिद्ध वेत्ता हैं, ने सभापति का आसन ग्रहण किया था। अध्यापक महाशय ने प्राणतत्त्व पर नई-नई जानने योग्य बातों से भरा हुआ एक अद्‌भुत व्याख्यान दिया जिसका सारांश नीचे दिया जाता है–

हर एक आदमी जानता है कि प्राण क्या है, और नहीं तो उसके सामान्य चिह्नों से सभी परिचित हैं। इससे शायद लोग यह समझें कि प्राण क्या है यह निर्धारित करना उतना कठिन नहीं है। पर इस तत्त्व के अनुसन्धान में बड़े-बड़े तत्त्वदर्शियों की सूक्ष्म बुद्धि भी काम नहीं कर सकी है।

मैं भी इस कार्य में प्रवृत्त होकर आपका समय नहीं लिया चाहता। इसका एक कारण यह भी है कि आजकल के नए-नए अनुसन्धानों से यह सूचित हुआ है कि जड़ और चेतन में जितना भेद प्रतीत होता है वासतव में उतना नहीं है और इन दोनों के एक सम्मिलित और सामान्य लक्षण निर्धारित होने की सम्भावना बढ़ गई है। यहाँ पर यह बतला देना आवश्यक है कि प्राण के सम्बन्ध में मैं जो बातें कहूँ उन्हें उन भावों पर न घटाना चाहिए जिनका ग्रहण 'आत्मा' शब्द से होता है। प्राण ही के सम्बन्ध से 'आत्मा' विषयक भावना हो सकती है तथा उन्नत और समृद्ध जीवों के उन्नत और जटिल आन्तरिक व्यापारों से ही आत्मा का भाव बँधता है। इसी से आत्मा और जीव एक करके माने जाते हैं। पर यदि हम 'आत्मा' शब्द की व्याप्ति को इतना नहीं बढ़ाना चाहते कि वह शब्द ही व्यर्थ और निर्लक्ष्य हो जाए तो हमें इन दोनों शब्दों को अलग-अलग रखना चाहिए। क्योंकि प्राण की समस्या वास्तव में द्रव्य की समस्या है, वैज्ञानिक प्रणाली के अनुसार हम प्राण को द्रव्य से पृथक् नहीं मान सकते। प्राणतत्त्व का अनुसन्धान भी उन्हीं उपायों और युक्तियों से होता है जिन उपायों और युक्तियों से द्रव्य के गुणों और व्यापारों का। ऐसे अनुसन्धानों के परिणाम यह सूचित करते हैं कि द्रव्य का चेतन खंड भी उन्हीं नियमों के वशीभूत हैं जिन नियमों के वशीभूत जड़ पदार्थ हैं। जितना ही हम प्राण हैं। यहाँ पर एक बात और समझ रखना चाहिए कि वायु में थोड़ी दूर तक जल की भाप भी रहती है। भाप के अतिरिक्त पार्थिव अणु भी मिले रहते हैं जो इधर-उधर उड़ते फिरते हैं। इन्हीं के कारण सूर्योदय और सूर्यास्त के समय लाली दिखाई पड़ती है। कारण यह

है क सूर्योदय और सूर्यास्त के समय किरणें तिरछी होकर आती हैं जिससे उन्हें अणुपूर्ण वायुमंडल का भाग अधिक पार करना पड़ता है। ये असंख्य अणु हरे, नीले आदि तरंगों को लीन करके लाल तरंगों को प्रत्यावर्तित करते हैं।

सारांश यह कि आकाश के रंग का कारण है वायुमंडल। यदि वायुमंडल हटा दिया जाए तो न आकाश का नीला रंग रह जाएगा न संध्या सबेरे सुन्दर अरुण आभा ही का दर्शन होगा।

(नागरीप्रचारिणी पत्रिका, आषाढ़ श्रावण, सन् 1919 ई.)
[चिन्तामणि, भाग-4]

अखंडत्व

लोग पूछेंगे कि आजकल की स्थिति क्या है? भिन्न-भिन्न लोग भिन्न-भिन्न प्रकार की राय देंगे पर मेरा उत्तर है कि 'उन्नति की क्षिप्र गति और 'संशयवाद'। 19वीं शताब्दी के उन्नति की–विशेष कर भौतिक विज्ञान की उन्नति की–गति इतनी क्षिप्र नहीं थी। नींव दे दी गई थी और दीवारें तैयार हो गई थीं पर नई-नई जमीनों पर नई-नई इमारतें खड़ी होने की आशा नहीं दिखाई देती थी। जबकि 1888 में ईथर की धाराओं की भविष्यवाणी की गई, 1895 में पारदर्शक किरणों (X rays) का पता लगा, 1899 में स्वप्रेरित प्रकाशविसर्जिनी क्रिया का निरूपण हुआ और विद्युदंड (Electron) की एकान्तता प्रतिपादित हुई तभी से विज्ञान के शीघ्र आगे बढ़ने की आशा दिखाई देने लगी। इस शताब्दी के आरम्भ से तो प्रत्यक्ष सिद्ध, अनुमान सिद्ध और विवेचना सिद्ध नई-नई बातों की वर्षा ही होने लगी। इसी से मैंने उन्नति की क्षिप्र गति कही। इस उन्नति के विषय में तो मैं विशेष कुछ नहीं कहूँगा क्योंकि इसमें कुछ-न-कुछ सन्देह बना ही रहता है कि कौन सी गति यथार्थ उन्नति की ओर है, पर संशयवाद के विषय में मैं कुछ कहूँगा।

मैं यह चटपट बतला देना चाहता हूँ कि संशयवाद से मेरा अभिप्राय उस परलोक आदि संबंधी पुराने झगड़े से नहीं है, क्योंकि यह झगड़ा अब मुल्तबी है। जिस किले में परलोकवादी ने शरण ली है वह आक्रमण के लिए लोगों को आकर्षित नहीं करता। जिस कोने को दबाकर वह बैठा है उस पर उसका हक है। अब जो झगड़ा चल रहा है वह वैज्ञानिक दलों ही के बीच है जिसमें दार्शनिकों का भी योग है। परलोकवादी तो अब एक कोने में बैठा दूर से आशा लगाए देख रहा है कि इस लड़ाई से कभी न कभी उसके काम की बात निकल आएगी। वह बैठे-बैठे सोचता है कि बहुत सी बातें जिन्हें लोगों ने अधूरे ही प्रमाणों पर उतावली करके झूठा ठहरा वे किसी न किसी रूप में आगे चल कर ठीक प्रमाणित होंगी। इस प्रकार धर्मोपदेशकों का पुराना द्वेष तो अब शान्त है।

आजकल के प्रधान विवाद

यहाँ उन सब विवादों का वर्णन करना जो आजकल विद्या के भिन्न-भिन्न विभागों में चल रहे हैं असम्भव है। मैं यहाँ थोड़े में प्रधान विवादों का उल्लेख मात्र किए देता हूँ। भौतिक विद्या में शक्ति (Vitality) पर विवाद चल रहा है। रसायन में अणुओं की बनावट का झगड़ा है। प्राणिविज्ञान (Biology) में पैत्रिक परम्परा के नियमों की छानबीन है। इन

मुख्य विवादों के अतिरिक्त और विषयों में भी परस्पर विचार लड़ रहे हैं। शिक्षापद्धति में बच्चों को अधिक स्वतन्त्रता देने के लाभ बतलाए जा रहे हैं। राजनीति, अर्थनीति और समाजनीति में तो दुनिया की कौन ऐसी बात है, जिस पर झगड़ा न हो—केवल 'धन और धरती' ही पर नहीं, अदुन के पुराने बाग से लेकर स्त्री और पुरुष के परस्पर सम्बन्ध तक पर विवाद छिड़ा है। इसी प्रकार गणित और विज्ञान की शाखाओं में आजकल का संशयवाद अखंडत्व (Continuity) के सम्बन्ध में है। इस शब्द का अभिप्राय मैं आगे चल कर खोलूँगा।

इन सब आंशिक विवादों से बढ़ कर गूढ़ और सिद्धान्तमूलक सब प्रकार के विज्ञान के आधारों की गहरी परीक्षा है जो आजकल हो रही है। एक प्रकार का दार्शनिक संशयवाद भी बढ़ती पर है। जिससे बुद्धि के शुद्ध निरूपण क्रम पर भी अविश्वास किया जा रहा है और विज्ञान की पहुँच भी परिमित बतलाई जा रही है।

न्यूटन की पदार्थ व्यवस्था

केवल दार्शनिक ही नहीं वैज्ञानिक लोग भी पुराने सिद्धान्तों के खंडन में लगे हैं वैज्ञानिक और गणितज्ञ इस बात का विचार करने लगे हैं कि क्या न्यूटन के चिरपरिचित और अच्छी तरह निर्धारित पदार्थ नियमों के स्थान पर अधिक नवीन सिद्धान्तों का स्थापन नहीं हो सकता—ऐसे सिद्धान्त जिनके पास तक न्यूटन के नियम केवल कुछ-कुछ पहुँचते हैं। सच तो यों है कि एक पूरा अन्यूटनिक सिद्धान्त ही निकाला गया है जिसके आधार हाल में जाने हुए वे परिवर्तन हैं जो प्रकाश के तुल्य वेग से गमन करते हुए पदार्थों में होते हैं। वास्तव में यह पाया गया है कि मात्रा और आकृति वेग की क्रियाएँ व गुण हैं। जैसे-जैसे वेग बढ़ता है वैसे ही वैसे मात्रा बढ़ती है और आकृति में मोड़माड़ होता है पर साधारण अवस्था में हद से ज्यादा सूक्ष्म रूप से। मैं यहाँ तक इस बात को मानता हूँ पर मैं इसे इतनी हलचल डालनेवाली नहीं समझता जिससे न्यूटन की सारी पदार्थ व्यवस्था की उलट-पुलट हो जाए। मात्रा का परिवर्तन तो जानी हुई बात है पर यह कहना बड़ी भारी भूल है कि मात्रा सदा समान नहीं रहती। इससे न्यूटन का 'दूसरा नियम' (Second law) ही खंडित हो जाता है। पृथ्वी, जलबिन्दु आदि परिवर्तनशील मात्रा के उदाहरण हैं। परिवर्तनशील मात्रा तो बहुत देखी जाती है क्योंकि रगड़ से भी गतिवान् पदार्थ कुछ घिसते हैं यद्यपि अत्यन्त सूक्ष्म रूप से।

मात्रा सदा समान रहती है यह एक स्थूल बात है। **मात्रा क्षमता (Energy) और वेग के हिसाब से होती है** यह एक सूक्ष्म निरूपण है और बिल्कुल ठीक हो सकता है। यह विद्युदंड (Electron) के विषय में भी ठीक घट सकता है जिसकी गति प्रकाश के तुल्य होती है। न्यूटन के ही दूसरे नियम के सहारे परीक्षा करके यह जाना गया कि वेग के साथ-साथ मात्रा का परिवर्तन होता है। मेरा कहना यह है कि हम न्यूटन के नियमों का तिरस्कार न करें बल्कि उनके सहारे नई-नई बातों का पता लगाते हुए परिशिष्ट रूप से उनकी कसर पूरी करें।

जितनी ही नई बातों का पता लगेगा उतनी ही उलझन बढ़ेगी

एक बात जो बहुत ध्यान देने की है वह यह है कि हमारे ज्ञान के अधिक सूक्ष्म और यथार्थ होने के कारण ही वह संशयवाद उत्पन्न हुआ है जिसका मैंने ऊपर उल्लेख किया। वे सुगम नियम जिनका हम व्यवहार करते आते थे इस कारण सुगम थे और उनका पता लगना इस कारण सहज था कि स्थिति की पूर्ण जटिलता अन्वीक्षण साधनों का अपूर्णता के कारण हमसे छिपी थी। केपलर के नियम बिलकुल सटीक नहीं हैं। यदि उसके सामने वे सब बातें होतीं जो आज हमारे सामने हैं तो वह उन नियमों का पता शायद ही पा सकता। जैसा कि केपलर ने बतलाया था ग्रह वास्तव में दीर्घवृत्त (Ellipse) में नहीं भ्रमण करते बल्कि एक प्रकार के अतिचक्रालद (Hypocycloid) में भ्रमण करते हैं, सो भी ठीक-ठीक नहीं।

भौतिक विज्ञान के अधिकांश विभागों में सुगमता के स्थान पर जटिलता आती जाती है। अब मेरा कहना यह है कि वे सीधे और सुगम नियम जहाँ तक उनकी पहुँच है वहाँ तक ठीक है। उनमें जो कसर है उसका पता आगे के यथार्थ आविष्कार से लगता चलेगा। जिन कारणों तक पुराने लोग नहीं पहुँच पाते थे आज उन तक हमारी पहुँच है। इससे सच पूछिए तो पुराने नियमों में कोई व्याघात नहीं होता बल्कि अधिक कारणों का पता चल जाने से परिशिष्ट रूप से उनका संशोधन होता है। अस्तु, जो कुछ हो रहा है वह उन्नति ही के मार्ग पर।

अखंडतत्व और खंडत्व का विवाद

आजकल भौतिक विज्ञान में जो मुख्य विवाद चल रहा है उसके झुकाव का सारांश अखंडत्व और खंडत्व के विषय में है। ऊपर से देखने में सृष्टि के बीच हम पहले खंडत्व पाते हैं अर्थात् हम ऐसे पदार्थ देखते हैं जिन्हें अलग-अलग गिन सकते हैं। फिर हम वायु तथा और अन्तरवर्तियों का अनुभव करते हैं और अखंडत्व और प्रवाहित द्रव्य का समर्थन करते हैं। इसके अनन्तर हम अणुओं का पता लगाते हैं और फिर खंडत्व हमारे सामने आता है। तब हम ईथर का आविष्कार करते हैं। और फिर अखंडत्व पर विश्वास करते हैं। पर इसका अन्त यहाँ नहीं होने का। अन्तिम परिणाम क्या होगा, या अन्तिम परिणाम कुछ होगा भी, यह बतलाना कठिन है।

आजकल की प्रवृत्ति तो प्रत्येक पदार्थ को अखंड या अणुमय बतलाने की है। द्रव्य की व्यष्टि (unit) अणु है जैसे कि समाज की व्यष्टि प्राणी है। जैसे समाज की व्यष्टियों को एक-एक गिन कर हम कहते हैं कि इतने प्राणी हैं वैसे ही द्रव्य के अणु भी गिने जा सकते हैं।

यह ठीक है कि अखंडत्व का भ्रम भी होता है जैसे कि जल में। वह देखने में एक अखंड प्रवाह जान पड़ता है पर है अणुमय। किन्तु उसके अन्तरों में ईथर की स्थापना करके हम उसे फिर अखंड निश्चित करते हैं। हाँ! आसबर्नरेनल्ड्स (Osborne Reynolds) ने अलबत नदी की रेत के दृष्टान्त पर सखंड और कणमय (granular) ईथर की

उद्भावना की है। वे कहते हैं कि बालुकाकणों, सिर के बालों आदि का गिनना इसलिए नहीं कठिन है कि गिनने को कोई वस्तु नहीं है बल्कि इसलिए कि गिनने के लिए वस्तु अत्यन्त असंख्य हैं। एक बूँद के अणुओं को लीजिए; उनकी संख्या शायद अटलांटिक महासागर के बूँदों से भी अधिक होगी।

असम्भावित स्थानों में संख्या का अधिकार

विद्युत् या विद्युत्प्रवाह भी–सुन कर आश्चर्य होगा–अणुमय प्रमाणित हुआ है। फैराडे और मैक्सवेल (Faraday, and Maxwell) ने विद्युत्प्रवाह की व्यष्टि का अनुमान किया और जांस्टन स्टोने (Johnstone Stoney) ने उसका नामकरण (Electron व विद्युदणु) किया। क्रुक्स (Crooks) ने वायुशून्य कोश (vacuum) में विद्युदणु के कुछ गोचर प्रभावों की परीक्षा की और सन् 1899 में जे.जे. टाम्सन (J.J. Thomson) ने इसी ब्रिटिश एसोसिएशन के सामने उसकी माप तौल बतलाई।

चुम्बकशक्ति तक के अणुमय होने का सन्देह किया गया है और उसकी व्यष्टि या अणु का नाम पहिले ही से चुम्बकाणु (magneton) रख दिया गया है। इतना सब होने पर भी मैं अपने पुराने विचार से नहीं डिगा हूँ। इन सबको मैं असम्भावित स्थानों में संख्या का अधिकार कहता हूँ। प्राणिविज्ञान के विषय में भी कह सकते हैं कि वह अणुवादी हो चला है। उसमें प्राणकोश (Cells) आदि के रूप में प्राकृतिक व्यष्टियाँ बहुत दिनों से थीं और प्राणकोश के परदों (cell-walls) आदि के रूप में उसमें खंडत्व का अधिकार था ही। अब उसके पैत्रिक परम्परा के नियमों (Laws of heredity) का अध्ययन कर मेंडल (Mendel) ने बतलाया है कि गर्भोत्पादक प्राणकोशों (Reproductive cells) में भी संख्या और खंडत्व प्रत्यक्ष है और सन्तति भेद भी गिने और पहले से बतलाए जा सकते हैं। जहाँ डारविन के अनुसार अखंड भेद परम्परा द्वारा फेर फार माना जाता था वहाँ उसके स्थान पर, व कम से कम उसके साथ-साथ अब रूपान्तर द्वारा सहसा विशिष्ट असम्बद्ध और परम्पराखंडित परिवर्तन माना जाने लगा है। जहाँ यह कहा जाता था कि प्रकृति अन्दर छोड़कर आगे नहीं कूदती वहीं अब यह कहा जाने लगा है कि उसके सिवा वह और करती क्या है? उसकी वह शृंखलाबद्ध गति अब देखने में खंडित जान पड़ती है।

पर इसमें सन्देह नहीं कि अखंडत्व ही विकास सिद्धान्त का मूल है जैसा कि प्रायः सारे प्राणितत्त्वविदों का कथन है। योनियों और जातियों के बीच कोई कृत्रिम सीमा निर्धारित नहीं–क्षुद्र कीट से लेकर मनुष्य तक एक अखंड पैत्रिक शृंखला दिखाई देती है।

खंडत्व और शुद्ध गणित

शुद्ध गणित में भी खंडत्व अपना रूप दिखाने लगा है, यहीं तक नहीं, इससे भी बढ़ कर दुरूह और असम्भावित विषयों का प्रतिपादन किया जा रहा है और द्रव्य की क्षमता (energy) क अणुमय बतलाई जाने लगी है। प्रोफेसर प्लांक (Professor Planck) का क्षमताणु (qnantum) वाद अत्यन्त चित्ताकर्षक, और कुछ लोगों की समझ में अत्यन्त प्रबल है।

ज्योतिप्रवाह के भी सखंड और अणुमय सिद्ध होने के लक्षण दिखाई देने लगे हैं। ज्योतिप्रवाह (radiation) के कणमय होने की चर्चा अब उतनी धीमी नहीं है जितनी कि कुछ पहले पड़ गई थी। कोई-कोई ज्योतिप्रवाह तो अवश्य कणमय होते हैं। पर ईथर सम्बन्धी ज्योतिप्रवाह में भी ऐसे लक्षण दिखाई दे जाते हैं जिनसे भ्रम होता है कि वह धब्बेदार हैं, स्थान-स्थान पर बिन्दुओं के रूप में हैं और उसकी अग्रधारा धब्बों और धज्जियों की बनी है। जे.जे. टामसन ने तो कह ही डाला है कि "अग्रधारा एक सम प्रकाशित सतह की अपेक्षा काली सतह पर चमकीले धब्बों के अधिक सदृश है। इससे ईथर के रेशेदार होने का आभास मिलता है, इत्यादि।"

ज्योतिप्रवाह का महत्त्व

उस बात में यथार्थता चाहे जितनी हो पर खंडवाद सम्बन्धी जो विवाद है वह है बड़े काम का। इस विषय को इतना महत्त्व क्यों दिया गया है? इसलिए कि यह ईथर और द्रव्य के बीच की सबसे अधिक ज्ञात और परीक्षित शृंखला है। हम लोगों का जाना हुआ यही एक ऐसा गुण है जो अकेले ईथर के निर्लिप्त विस्तार पर प्रभाव डाल सकता है। विद्युत् और चुम्बकशक्ति का लगाव उसके उस विशेष और एकान्त रूपान्तर से है जिसे विद्यदणु कहते हैं। बाकी और बहुत से व्यापारों का लगाव सीधे द्रव्य से है। ज्योतिप्रवाह यद्यपि वेग प्रेरित विद्युदणु ही से उत्तेजित होता है पर आगे चल कर वह आकाशीयतत्व ईथर ही में विचरण करता है और एक विशिष्ट वस्तु की तरह सम तथा नियमित गति से गमन करता है। यदि ईथर द्रव्य से लिप्त और लदा न हो, सर्वथा मुक्त हो तो भी ज्योति की गति चली चलेगी, उसे किसी और बात की अपेक्षा न होगी। इससे ज्योतिप्रवाह के द्वारा हम बहुत सी बातें जान सकते हैं। अब देखना है कि इस अणुवाद, कणवाद और खंडवाद को लोग कहाँ तक ले जाते हैं। कुछ लोगों का ख्याल है कि यह बहुत दूर तक जा सकता है। पर जो बात है वह मैं कहे देता हूँ कि मैं अन्ततः अखंडत्व का समर्थक और आकाशरूप ईथर का पक्का विश्वासी हूँ।

कणों के अध्ययन की उन्नति

इस खंडवाद की प्रवृत्ति को बड़ा भारी सहारा उस विलक्षण उन्नति से मिला है जो कणों के अन्वीक्षण और उनके क्रम व्रभाग के अध्ययन में हुई है। गैसों के जो नियम हैं वे अधर में उड़ती महीन बुकनियों के सम्बन्ध में भी ठीक घटते पाए गए हैं। सबसे बढ़ कर बात तो यह हुई कि पारदर्शक किरणों (X rays) के सहारे बिल्लौर आदि के कणों के क्रम देखे गए।

पुरानी बात का पक्ष

मैंने जिन विवादयुक्त बातों की सम्भावनाओं का ऊपर उल्लेख किया उनके विषय में मैं चाहता हूँ कि लोग पुराने पक्ष पर जमे रहें। मैं उन परीक्षासिद्ध परिणामों को स्वीकार करता हूँ जिन पर बहुत से सिद्धान्त–जैसे सापेक्षिकता का–निर्भर है। पर मैं उन्हें उतना

हलचल डालनेवाले नहीं समझता जितना कि उनके प्रवर्तक समझते हैं। मेरी समझ में ऐसा ढंग निकल सकता है जिससे पुरानी बातों को रखते हुए भी हम नई बातों को ग्रहण कर सकते हैं। लक्ष्यों को हटाने में धैर्य से काम लेना चाहिए। इन लक्ष्यों में सबसे प्रधान अखंडत्व है। मैं शून्य आकाश में किसी सूक्ष्म से सूक्ष्म भौतिक शक्ति की क्रिया का अनुमान नहीं कर सकता। उसके लिए एक अखंड मध्यस्थ अवश्य चाहिए। मैं दिक् (space) और काल में खंडत्व नहीं मान सकता और न कोई ऐसी परीक्षा ही जानता हूँ जिससे इस प्रकार का सिद्धान्त निकल सके। हम दिक् (आकाश) और काल की परीक्षा का कोई ढंग नहीं जानते। हम उनमें किसी प्रकार का परिवर्तन उपस्थित नहीं कर सकते। हम लोग केवल द्रव्य खंड की परीक्षा कर सकते हैं।

ईथर का वास्तविक अस्तित्व

बहुत अच्छा, तो अब ईथर के विषय में क्या कहा जा सकता है? वह एक काल्पनिक निरूपण मात्र है अथवा कोई भौतिक अस्तित्व है जिसकी हम कोई परीक्षा कर सकते हैं? यह तो मान ही लेना पड़ेगा कि ईथर की किसी प्रकार की परीक्षा अत्यन्त दुस्साध्य है। न वह गोचर है और न किसी प्रकार हमारी पकड़ में आ सकता है। उसके विषय में हम केवल इतनी ही जानते हैं कि किस वेग से उसके द्वारा शक्तिप्रवाह गमन करते हैं। यही एक बात स्पष्ट और निर्दिष्ट है जिससे हम ईथर को एक भौतिक मध्यस्थ मानते हैं। यद्यपि वह ग्राह्य और गोचर नहीं है पर उसका भौतिक अस्तित्व अवश्य है। वह हमारे परीक्षालयों की पकड़ में नहीं आ सकता। यदि हम उसके बीच से कोई द्रव्य तेजी से ले जाएँ और इस युक्ति से उसकी धर पकड़ करना चाहें तो भी नहीं कर सकते क्योंकि कोई पदार्थ घटित सम्बन्ध नहीं मिलता। यदि प्रकाश को लेकर परीक्षा करते हैं तो भी सफलता नहीं होती। जब तक कि प्रकाश की गति हमारे सापेक्ष है तभी तक हम उसका अनुभव कर सकते हैं। पर जब एक द्रव्य की गति दूसरे के सापेक्ष नहीं है तब उसकी गति आदि का पता कुछ भी नहीं चलता। जैसे यदि दो मनुष्य साथ-साथ समान गति से गमन करते हैं तो एक को दूसरे की गति नहीं मालूम हो सकती। इसी से यह विचार होता है कि किसी गति को ईथर के सापेक्ष बतलाना बात ही बात है। अब तक केवल द्रव्यखंडों की परस्पर सापेक्ष गति का पता चल सका है। यही बात 'सापेक्ष सिद्धान्त' की जड़ है। कहने में तो यह एक साधारण सी बात जान पड़ती है पर यह सापेक्ष सिद्धान्त अत्यन्त गहन और पेचीदा है। इसका प्रतिपादन प्रोफेसर ईंस्टिन (Professor Einstein) ने बड़ी विलक्षण योग्यता के साथ किया है। बात यह है कि अब तक कोई ऐसी गति नहीं देखी गई जो केवल ईथर ही के सापेक्ष हो। भेद समझने के लिए गति का हिसाब लगाने में कोई न कोई ऐसी विलक्षण भेद पूर्ति (compensation) बीच में अवश्य हो जाती है जिससे एकान्त गति का निर्धारण हो ही नहीं सकता। जब एक द्रव्य दूसरे द्रव्य के पास से होकर जाता है तभी कोई बात देखी जा सकती है। उस अवस्था में भी गतिवान द्रव्य खंड के बाहर ईथर में कोई...व फेरफार नहीं देखा जा सकता।

ईथर की गति का माप

ईथर द्वारा गति की परीक्षा के लिए हमें ईथर युक्ति ही को काम में लाना चाहिए। हम ज्योति प्रवाह से काम लें और पहिले प्रकाश के वेग को उसकी गति के अनुकूल और फिर प्रतिकूल मिलायें। यह मिलान हम करें तो कैसे करें? यदि प्रकाश का प्रस्थान किसी दूर पर रक्खी हुई घड़ी के पास से और हम प्रस्थान का समय उस घड़ी में दूरबीन द्वारा देखें तो इस युक्ति से भी एक प्रकार से इसी की पूर्ति होती है क्योंकि दूरबीन से भी हम ईथर किरणों ही के सहारे देखते हैं। यदि...से हम प्रकाश छोड़ें और वह सामने दूर रक्खे हुए शीशे पर पड़ कर फिर हमारे पास प्रत्यावर्तित होकर आए तो भी यही बात होगी। यदि हम ऐसा प्रबन्ध करें कि दूर से छोड़े हुए प्रकाश के प्रस्थान का समय हमें तार द्वारा सूचित क्या जाए तो उस तार की सूचना भी ईथर ही द्वारा हमारे पास आएगी और भेद व कसर की पूर्ति होगी, भेद ठीक न जान पड़ेगा। बिजली, चुम्बकशक्ति, प्रकाश आदि सब ईथर ही के प्रभाव हैं। घनत्वयोजना (cohesion) द्वारा भी हम यह परीक्षा नहीं कर सकते क्योंकि यह बात निश्चित है कि ईथर ही विश्व में अणुओं का संयोजक है। तब कोई ऐसी क्रिया काम में लाई जाए तो ईथर पर अवलम्बित न हो पर ऐसी क्रिया हम लाएँगे कहाँ से?

बात यह है कि हम लोगों का यह युग अत्यन्त सूक्ष्म कल्पनाओं का है। बीसवीं शताब्दी का बड़ा भारी आविष्कार है द्रव्य का वैद्युतिक सिद्धान्त। यह हम लोगों के समय का बड़ा भारी आविष्कार है। इस सिद्धान्त का प्रादुर्भाव हमारे ही समय में हुआ है इससे हम इसके विषय में पूरी विवेचना नहीं कर सकते। इसे अभी पूर्ण रूप से जड़ पकड़ना है, उसके पूरे ब्योरों का भी विकास होना है। हाँ, इतना इसके विषय में पहिले से कह सकते हैं कि यह आगे चल कर किसी न किसी रूप में ठीक प्रमाणित होगा।

आगे चलकर इस सिद्धान्त से विलक्षण परिणाम निकलेंगे। इसके कारण बहुत कुछ उथल-पुथल और संशय तो अभी से आरम्भ हो गया है। क्योंकि यदि एक सत्य है तो प्रत्येक भौतिक पारस्परिक क्रिया वैद्युतिक या ईथरीय होगी। इसी से अड़चन पड़ती है। प्रत्येक प्रकार की शक्ति का संचार ईथर द्वारा ही होता है। इससे जब तक हमारे सब साधन यन्त्र एक ही वेग से गमन करते हैं तब तक गति के पता लगने की कोई सम्भावना नहीं। इसी बात पर सापेक्ष सिद्धान्त का जोर है। परिवर्तन शून्य तो नहीं होते पर वे दूसरे को ऐसा काट देते हैं कि किसी का पता नहीं लग सकता।

आकाश के ईथर के अन्वीक्षण की कठिनता

यह ईथर का सर्वव्यापकत्व, एकरूपकत्व और सर्वसाधकत्व है जिससे उसका निरीक्षण इतना कठिन है। किसी वस्तु के अन्वीक्षण के लिए विभिन्नताओं का होना आवश्यक है। यदि कुछ वस्तुओं पर ईथर के बीच सब क्रियाओं का संचालन समान गति से हो रहा है तो उनमें से एक की गति का तो पता नहीं लग सकता। कोई ऐसी वस्तु ढूँढ़ी जाए जिसका प्रसार ईथर द्वारा न होता हो तो काम चले। पर प्रत्येक भौतिक व्यापार का संचार

ईथर ही द्वारा होता है, शायद आकर्षण (gravitation) को छोड़ कर। उसके सहारे शायद कभी कुछ पता चले पर अभी तक उसकी संचारण गति आदि की परीक्षा कुछ भी नहीं हो सकी है। उसकी माप की कोई युक्ति अभी तक हाथ नहीं आई है। शायद द्रव्य की सृष्टि और उसके विनाश को छोड़ और किसी प्रकार यह परीक्षा हो भी न सके। द्रव्य...आकर्षण व्यष्टि (gravitational unit) से ही वह अणु, विद्युदणु जा कुछ हो। सम्भवतः ....(weight) की व्यष्टि भी विद्युदणु है, जैसे कि मात्रा की। अन्यूटनिक पदार्थ व्यवस्था, जिसमें मात्रा आकृति वेग की क्रियाएँ निश्चित हुई हैं, द्रव्यों के वैद्युतिक सिद्धान्त ही का फल है। द्रव्य का वैद्युतिक सिद्धान्त बड़े मार्के का है और उससे बड़े-बड़े परिणाम निकलेंगे। इसकी सहायता से हम उन परीक्षणों को करते हैं जिनसे ईथर और द्रव्य के सम्बन्धों का कुछ आभास मिलता है। इसके स्थान पर जो सापेक्षवाद अग्रसर होना चाहता है वह निराकरण का सिद्धान्त है, निषेध करनेवाला निरूपण है। वह कहता है कि कुछ बातों का पता कभी लग ही नहीं सकता। ईथर और द्रव्य का कोई सम्बन्ध ही नहीं और न ईथर कोई वस्तु है। पर यदि हम उन वास्तविक परिवर्तनों को स्वीकार कर लेते हैं तो तीव्र वेग के कारण होते हैं तो हमारे आविष्कार के लिए सारा मैदान पड़ा है। इससे किसी दिन यह भी सम्भव है कि हम विद्युदणु की आकृति आदि के परिवर्तनों का भी पता लगा लें, क्योंकि यद्यपि वह अत्यन्त सूक्ष्म है पर उसकी गति प्रकाश की गति के लगभग है। फिर कौन जाने इसी प्रकार आकाश के ईथर के गुणों तक भी हमारी पहुँच हो जाए, यद्यपि ईथर अत्यन्त चक्कर में डालनेवाला है।

भौतिक अखंडत्व की नींव

ईथर भौतिक विज्ञानवेत्ताओं ही का अधिकृत विषय है। कणों की परीक्षा आदि तो हम रासायनिकों से लेते हैं। भिन्न-भिन्न रूपों में द्रव्य की परीक्षा तो सब वैज्ञानिक करते हैं पर आकाश के ईथर का अध्ययन भूतविज्ञान (physics) ही का विषय है। हर परम तत्त्व के महत्त्व को स्वीकार करनेवाला अकेला मैं ही नहीं हूँ। अपनी विलक्षण भ्रान्तिकारिणी और अग्राह्य वृत्ति, अपनी विश्वव्यापिनी और एकता विधायिनी नित्यता, अपने अनन्त और...विस्तार तथा पूर्ण और नियमित गुण के कारण...कौतूहलप्रद और भौतिक ब्रह्मांड का...तत्त्व है। सर जे.जे. टाम्सन ने विनिपेग नगर में कहा था–''ईथर दार्शनिकों की कोई कल्पना नहीं है। यह हमारे लिए वैसा ही आवश्यक है जैसी साँस लेने की हवा। ...इस सर्वव्यापक तत्त्व का अनुसन्धान भौतिक विज्ञानवेत्ताओं का बड़ा भारी और परम मनोहर कर्तव्य है। यह द्रव्य तो नहीं है पर भौतिक अवश्य है क्योंकि यह भौतिक ब्रह्मांड के अन्तर्गत भौतिक युक्तियों से जाना जा सकता है। पर इस कहने से यह न समझना चाहिए कि मैं इस बात को अस्वीकार करता हूँ कि इसके द्वारा सृष्टि की किसी और कोटि (भौतिक से परे) में मानसिक और आध्यात्मिक व्यापारों का साधन भी होता हो।

आकाशीय ईथर अखंडत्व का बड़ा भारी प्रवर्तक है। सम्भव है यह इससे भी महत्तर हो क्योंकि इसके बिना भौतिक ब्रह्मांड की सृष्टि ही नहीं हो सकती। इसमें तो सन्देह नहीं

कि अखंडत्व के लिए यह परम आवश्यक है, क्योंकि यही एक ऐसा व्यापक पदार्थ है जो द्रव्य खंडों को परस्पर बाँधता है। यह एक ऐसा संयोजक और मिलानेवाला मध्यस्थ है जिसके बिना यदि द्रव्य रहता भी तो इधर-उधर छितराए खंडों में रहता। यह जगत और अणुओं के बीच का मध्यस्थ है जिसके बिना यदि द्रव्य रहता भी तो इधर उधर छितराए खंडों में रहता। यह जगत और अणुओं के बीच का मध्यस्थ है। इतने पर भी लोगों के लिए इसका अस्तित्व अस्वीकार करना सम्भव है क्योंकि यह हमारी इन्द्रियों को ग्राह्य नहीं है, केवल दृष्टि को इसका अत्यन्त सूक्ष्म परिज्ञान हो सकता है, सो भी इतने घुमाव फिराव के साथ कि साधारण रीति से पता नहीं लग सकता।

भौतिक विज्ञान की परिमित पहुँच

मेरा यह कहना है कि विज्ञान ठीक-ठीक निषेध करने में असमर्थ है, चाहे वह ईथर ही का क्यों न हो और यदि वह ऐसा करता है तो अपने कर्तव्य के विरुद्ध करता है। विज्ञान को निषेध में नहीं फँसना चाहिए, प्रतिपादन ही की ओर ध्यान रखना चाहिए। जो सूक्ष्म सार कल्पना (abstractions) के आधार पर है उसे अपने अधिकार के बाहर निषेध करने नहीं जाना चाहिए। ऐसा प्रायः होता है कि सार रूप से निरूपित जिन बातों पर विज्ञान की एक शाखा ध्यान नहीं देती उस पर दूसरी ध्यान देती है।

मैं देखता हूँ कि कुछ आलोचकों ने मुझे शक्तिवादी (vitalist) कहा है। एक प्रकार से मैं हूँ भी। पर यदि शक्तिवाद से अभिप्राय है भौतिक और रासायनिक विज्ञान नियमों के विरुद्ध एक अनिर्दिष्ट और अज्ञान शक्ति का सहारा लेना तो मैं ऐसा शक्तिवादी नहीं हूँ। इन नियमों में परिशिष्ट रूप से घटाव-बढ़ाव हो सकता है पर इनका उल्लंघन किसी प्रकार नहीं हो सकता। विज्ञान का काम यही है कि जहाँ तक हो सके सर्वत्र इन नियमों के परिचालन का पता लगावे, और सच्ची प्रज्ञा (instinct) वही है जो विज्ञान की क्रियाओं में आध्यात्मिक और अज्ञात कारणों को लाना न देख सके। विज्ञान में अदृष्टवाद का सहारा लेना अनुचित है क्योंकि उससे परीक्षा और अनुसन्धान में रुकावट पड़ती है। यदि किसी घटना के विषय में केवल यही कह दिया जाए कि 'यह ईश्वर की लीला है' और कुछ न कहा जाए तो वह घटना बिना समझी बूझी ही रह जाती है। सब के अन्त में जाकर यह कथन सत्य हो सकता है और विश्वमात्र पर घट सकता है। पर धीरे-धीरे करके परम्परा क्रम से पहुँचते हुए बहुत से कारण बीच में होते हैं जिनका पता धैर्य के साथ लगाना चाहिए। ऐसा करने से हम बिजली, भूडोल आदि के प्राकृतिक कारणों तक पहुँचते हैं। मूल व आदि कारण की व्यवस्था तक विज्ञान नहीं पहुँचता, वह केवल बीच के क्रमशः पहुँचते हुए कारणों की छानबीन करता है। इन्हीं के लिए वह है और इन्हीं को ढूँढ़ना इसका काम है। पेड़ों का रस मूल से ऊपर कैसे चढ़ता है, इसके उत्तर में यदि कहा गया कि 'अज्ञात शक्ति के कारण' तो यह प्रश्न भी परित्याग के अतिरिक्त और कुछ भी न हुआ। सन्धियों में रस संचार शक्ति (Osmosis) की क्रिया से विलक्षण परिणाम किस प्रकार उत्पन्न होते हैं यह जानने की बात है और जानी गई है।

प्राण में अभौतिक तत्त्व

बहुत से प्राणिविज्ञानवेत्ता अपने विषय की छानबीन करते हुए यह स्पष्ट देखते हैं और बतलाते हैं कि प्राणियों के सब व्यापारों को समझने के पहले कुछ ऐसे कारणों को मान लेना आवश्यक है जिन पर अब तक ध्यान नहीं दिया गया। जे.आर. मेयर (J.R. Mayer) के समय से यह बात बराबर निश्चित होती जाती है कि अपनी क्रिया में प्राणी और वस्तुओं के समान भौतिक विज्ञान के नियमों के अनुकूल तो चलता है पर वह ऐसी प्रणालियों का सूत्रपात करता है और ऐसे-ऐसे परिणाम उत्पन्न करता है जो उसके बिना सम्भव नहीं। चिड़ियों का घोंसला लीजिए, मक्खियों का छत्ता लीजिए, जंगी जहाज लीजिए। जंगी जहाज पर से आते हुए गोलों का कारण तो हम क्षमता (energy) आदि... कर बतला देंगे पर वह शत्रु और मित्र की पहचान कैसे करता है इसका कोई वैज्ञानिक कारण हम नहीं बतला सकते। तूफान और अग्नि आदि की... बतलाई जा सकती है। लाप्लेस (Laplace's) मानयन्त्र द्वारा हम अणुओं की प्रारम्भिक स्थिति वेग आदि बतला सकते हैं, पर कोई गणितज्ञ...की उड़ान से बनी हुई परिधियों का हिसाब...लगा सकता। यदि किसी वैज्ञानिक विद्युयंत्र में मकड़ी आ जाए तो वह उसकी बातों को तब तक बतलाता जाएगा जब तक उसे अभौतिक (भूतों से परे) बातें न मिलने लगेंगी। मुझे यह कहने में कोई खटका नहीं कि प्राण भौतिक नियमों के बीच...अप्रमेय और प्रयोजनीय तत्त्व का प्रवेश करता...। प्राण भौतिक नियमों में परिशिष्ट रूप से कुछ जोड़ देता है यद्यपि वह उनको ज्यों-का-त्यों रहने देता है और उनके अनुकूल चलता है।

हम प्राण नहीं देखते, उसका प्रभाव मात्र देखते हैं। जीवित प्राणी द्वारा निरीन्द्रिय (inorganic) द्रव्य सेन्द्रिय (organic) में परिवर्तित होते देखा जाता है। यह परिवर्तन वास्तव में...और उसकी प्रणाली का अध्ययन किया जा...है। इस परिवर्तन के लिए प्राण आवश्यक जान पड़ता है। यह परिवर्तन प्राणी ही के सहारे होता है यद्यपि इसकी प्रणाली भौतिक और रासायनिक है। परीक्षालयों में भी इस प्रकार के परिवर्तन प्राणी ही के द्वारा होते हैं यदि प्राणी परीक्षक न हो तो वे न हों।

सड़ाव, ख़मीरी उबाल, और व्याधि आदि केवल रासायनिक क्रियाएँ नहीं हैं। रासायनिक व्यापार वे हैं पर वे जीते-जागते प्राणियों ही के अवलम्ब से होते हैं। जब औषण विषय प्राणी सम्बन्धी हो रहा है और शक्तिसम्पन्न लोगों का ध्यान उष्ण प्रदेशों को उद्योगी जातियों के स्वस्थतापूर्वक रहने के योग्य बनाने की ओर है तब प्राणिविज्ञान वालों को रसायन और भूत विज्ञान के पीछे अपनी विद्या को छोड़ बैठने का प्रयत्न न करना चाहिए। प्राणी विज्ञान एक स्वतन्त्र विद्या है, वह भूत विज्ञान और रसायन से काम लेता है, उसके अधीन नहीं हो जाता।

विज्ञान और अन्धविश्वास

वैज्ञानिक लोग अन्धविश्वास से चिढ़ते हैं, और उनका चिढ़ना ठीक भी है क्योंकि बहुत से प्रचलित अन्धविश्वास ऐसे हैं जिनसे कुढ़न और घृणा होती हैं पर कभी-कभी इस शब्द

का व्यवहार ऐसी बातों के लिए भी होता है जिनके नियम अज्ञात होते हैं। स्वयं प्राणीशास्त्रविदों के बहुत से व्यवहार ऐसे हैं जो ऊपर से देखनेवालों को बिलकुल अन्धविश्वासमूलक जान पड़ते हैं। मलेरिया ज्वर की शान्ति के लिए सर रोनल्ड रास (Sir Ronald Ross) वेदी बना कर माला फूल तो नहीं चढ़ाते पर तालाब में तेल देते हैं—मानो उसके देवता का अभिषेक करते हैं। हाल में पनामा की नहर खोदते समय रोग को दूर रखने के लिए अमेरिकावालों ने जो टीन के रद्दी...में छेद करने के विलक्षण कृत्य पर जोर दिया था। वह देखने में जंगलीपन के सिवा और क्या मालूम होता था? और सब जाने दीजिए भूमि को अधिक उपजाऊ करने के लिए उसे जलाने व जहरीली करने से बढ़ कर मूर्खता ऊपर से देखने में और क्या जान पड़ेगी, जो बात निश्चित जान पड़ती है वह यह है कि द्रव्य के बिना प्राण की कोई भौतिक व्यक्तता नहीं हो सकती। इसी से कुछ लोगों का यह कहना, या इस कहने को पसन्द करना, स्वाभाविक ही है कि "मैं द्रव्य में प्रत्येक प्रकार के प्राण की सम्भावना और सामर्थ्य देखता हूँ"। ठीक है, पर प्रत्येक प्रकार के प्राण की नहीं। प्रत्येक प्रकार के प्राण की भौतिक व्यक्तता की। क्योंकि प्राण हमें द्रव्य द्वारा व्यक्त होने के अतिरिक्त और किस प्रकार व्यक्त हो सकता है? यह भी कहा जाता है कि "प्राणी में हम रसायन और भूत विज्ञान के नियमों के अतिरिक्त और कुछ पाते ही नहीं।" बहुत ठीक! यह भी स्वाभाविक ही है क्योंकि लोग प्राण के भौतिक व रसायानिक रूप व व्यक्तता का तो अध्ययन ही कर रहे हैं। स्वयं प्राण का, अर्थात् प्राण, मन और चेतना का, अध्ययन तो वे करते नहीं हैं; इनको तो वे अपनी छानबीन के बाहर रखते हैं। द्रव्य ही है जो हमारी इन्द्रियों को ग्राह्य है। भूतवाद भौतिक जगत् के उपयुक्त है—पर दार्शनिक सिद्धान्त के रूप में नहीं बल्कि चलते हुए व्यापार की व्यवस्था के रूप में, बीच की कारण परम्परा के अनुसन्धान के रूप में। इसके परे जो बातें हैं वे दूसरे विभाग की हैं और दूसरे उपायों से जानी जाती हैं। आध्यात्मिक बातों को रसायन और भूत विज्ञान के शब्दों में बतलाना असम्भव है। इसी से उनका अस्तित्व ही अस्वीकार किया जाता है, वे केवल भ्रान्ति लक्षण माने जाते हैं। पर ऐसी अनधिकार मीमांसा अनुचित है।

प्राण और मन

यद्यपि प्राण और मन शरीर विज्ञान के बाहर हैं पर विज्ञान के बाहर नहीं है। यह कहना ठीक नहीं कि किसी वस्तु का हम उपयुक्त रीति से अनुसन्धान नहीं करते इसलिए उसका पता ही नहीं लग सकता। पर ऐसा कभी-कभी कह दिया जाता है। ईथर इन्द्रियग्राह्य नहीं है इसी से कुछ लोग कहने लगे हैं कि ईथर है ही नहीं। मन के विषय में भी कभी-कभी यही कह दिया जाता है। प्राण का पता परीक्षालयों में नहीं लगता केवल उसकी रासायनिक और भौतिक व्यक्तता देखी जाती है पर यह मानना पड़ेगा कि वह एक विशेष रूप से द्रव्यों का परिचालन करता है। उसे हम निर्विकार (catalytic) अर्थात् जो स्वयं विकृत न होकर भी दो रासायनिक मिश्रणों में विकार उत्पन्न करता है)

परिचालक कह सकते हैं। स्वयं प्राण के व्यापारों को समझने के लिए हमें सूक्ष्म जीवों की ओर न जाना चाहिए बल्कि स्वयं अपने को जीते- जागते प्राणी समझकर अपने ही अनुभवों की ओर ध्यान देना चाहिए। इस ओर ध्यान देते हुए यदि हम कोई भी दृष्टान्त ले लें तो प्राण के अस्तित्व को अस्वीकार करते न बनेगा। यदि मन तथा उसकी प्रेरणा और क्रम व्यवस्था इस कारण अस्वीकार की जाती है कि वह इन्द्रियग्राह्य नहीं है तो एक ऐसे प्राणी का दृष्टान्त लीजिए जिसके सामने जगत् के सब नियम और व्यापार इसी प्रकार चल रहे हैं पर कोई मनुष्य व जीव नहीं दिखाई देता। सोचिए तो कि ये सब व्यापार उसे कैसे जान पड़ेंगे। मान लीजिए कि इस दूसरे ग्रह के प्राणी को मनुष्य गोचर ही नहीं हैं। ऐसी अवस्था में इन व्यापारों को वह ऐसा ही बतलाएगा। जैसा हम आज अपने व्यापारों को बतलाते हैं।

यदि वह फोर्थ नदी के मुहाने (Firth of Forth) के पुल को देखेगा तो उसे पानी में उठे हुए खम्भे दिखाई देंगे जो ऊपर की ओर जाकर विलक्षण रीति से मिल गए हैं। ...कीड़ों की तरह की वस्तुएँ बिना उनका प्रयोजन समझे आते जाते देखेगा। फिर मान लीजिए कि वह नील नदी की ओर देखता है और रेगिस्तान के बीच हरियाली उत्पन्न करने में उसकी उपयोगी गति की ओर ध्यान देता है। इसके उपरान्त आगे चल कर वह धारा के बीचोबीच उठता हुआ बाँध देखता है। उसके देखने में बड़े-बड़े ढोंके एक प्रकार की ध्रुव शक्ति व जड़ प्रवृत्ति (Heliotropism पौधों की पत्तियों आदि के प्रकाश की ओर झुकने की प्रवृत्ति) द्वारा अपनी-अपनी जगह पर जाकर बैठते जान पड़ेंगे यहाँ तक तो उसे भूत विज्ञान और रसायन के नियमों के आगे जाने की आवश्यकता न होगी; वह द्रव्य की क्षमता (energy) आदि द्वारा सब बातें समझ बूझ लेगा। उसे पहले किसी प्रकार की क्रम व्यवस्था भी न दिखाई देगी। क्योंकि यद्यपि इस प्रकार के बाँध से पानी रुक कर ऊपर की ओर फैलता और वनस्पति उत्पन्न करता दिखाई देगा पर नीचे की ओर उसके इस प्रकार रुकने से और रेगिस्तान में नष्ट होने से हानि ही दिखाई देगी। पर इसके उपरान्त जब उसे नीचे फूटे हुए बड़े-बड़े छेद दिखाई देंगे जिनसे नीचे-नीचे आगे की ओर पानी बराबर जाता हुआ और अन्त में बनस्पति को लाभ ही पहुँचता हुआ दिखाई देगा तब उसे 'उद्‌देश्य' का आभास मिलेगा।

क्रम व्यवस्था का प्रमाण

अब यदि इन दोनों बनावटों में से किसी के विषय में वह कहें कि इसे लंदन के एक इंजीनियर सर बेंजमिन बेकर (Sir Benjamin Baker फोर्थ नदी का पुल बनवानेवाले) ने बनाया है तो उसका यह कहना उसके साथियों को उपहासास्पद ही जान पड़ेगा। ऐसे कथन के विरुद्ध सबसे पक्की दलील तो यह होगी कि वह वहाँ है नहीं, और जो वस्तु जहाँ है नहीं वहाँ कोई काम नहीं कर सकती। यदि बहुत सी बातें मालूम होने से हम कहेंगे कि इस प्रकार के तटस्थ निरीक्षक को...अज्ञात परिचालन कर्ता मान लेना चाहिए; परन्तु साथ ही यह भी कि व्यापारों को अज्ञात शक्ति के कार्य बतलाना व्यर्थ होगा।

रसायन और भौतिक विज्ञान के शब्दों ही में जितनी व्याख्या की जाएगी उतनी ही स्पष्ट निर्दिष्ट और जहाँ तक उसकी पहुँच है सत्य होगी वह अपूर्ण होगी इसमें तो सन्देह नहीं...समझ रखनी चाहिए कि ऐसी अवस्थाओं में जो कुछ हम देखते हैं वह अन्तःकरण और द्रव्य की पारस्परिक क्रिया है, भ्रान्तिलक्षण (epiphenomenon) व समन्वय (parallelism) नहीं हैं। उसमें हम द्रव्य और द्रव्यक्षमता (energy) के गुणों का ऐसे उद्‌देश्यों की सिद्धि के लिए सीधा उपयोग देखते हैं जिनका प्रादुर्भाव अन्तःकरण में होता है। पर प्रतिपक्षी कहेंगे कि इस प्रकार के दृष्टान्त देना अनुचित है क्योंकि फोर्थ नदी के पुल और नील नदी के बाँध के विषय में हम जानते हैं कि वे एक क्रम पर बने हैं और उनके बनाने वालों को भी हम जानते हैं।

अर्थात् ये कट्‌टर प्राणीविज्ञानवेत्त बराबर कहेंगे कि "यह सब कुछ...। जहाँ जो कुछ हम देखते हैं सब भूतविज्ञान और रसायन की क्रियाएँ हैं। ऐसे-ऐसे कामों में जो अन्तःकरण की स्वतन्त्र क्रिया का भान होता है वह भ्रान्ति है। भौतिक और रासायनिक नियम ही जो कुछ हैं सो हैं और उन्हीं से सारी बातों के हेतु आदि का पता लग सकता है।" ठीक है! पर उनसे कुछ दूर ही तक का पता लगता है। वे सूर्यास्त के रंग, पर्वत शृंग की विशदता, जीवों के चमत्कार आदि के हेतु की व्याख्या कुछ अंशों ही तक करते हैं। क्या वे सब बातों के कारण पूर्ण रूप से बता सकते हैं? क्या वे हमारे आनन्द की उमंग, और सौन्दर्य के भाव आदि का पूरा-पूरा हेतु दे सकते हैं? क्या इनके द्वारा (भौतिक और रासायनिक से) से अधिक उच्च, महान् आनन्दप्रद बातों का आभास नहीं मिलता जिनके लिए जीवन की यह सब हाय हाय है।

इसमें सन्देह नहीं कि प्राकृतिक पदार्थों के अन्दर एक गूढ़ रहस्य छिपा हुआ है। कट्‌टर वैज्ञानिक इस विषय में जो बातें बतलाते हैं वे यद्यपि अपनी पहुँच के अनुसार ठीक हैं पर आंशिक हैं। जब हम मोर की पूँछ की रंग-बिरंगी चन्द्रिकाओं और जेब्रा की पीठ पर की धारियों में रंगों का विचित्र मेल देखते हैं कि किस प्रकार वे अपनी-अपनी जगह पर एक निश्चित नमूने और नक्शे को भरते हुए बैठे हैं तब यह कहना अत्यन्त कठिन हो जाता है कि ऐसी क्रम व्यवस्था के साथ अंगों का परस्पर मेल केवल पदार्थ नियमों द्वारा होता है। फूल उर्वरता के लिए कीड़ों को आकर्षित करते हैं, और फल बीजों को फैलाने के लिए जानवरों को आकर्षित करते हैं। पर उनके सम्बन्ध में इतनी ही व्याख्या काफी नहीं है। हमें स्वयं कीड़ों की स्थिति को समझना समझाना है। फूलों में इतनी सुन्दरता केवल कीड़ों को आकर्षित ही करने के लिए नहीं है। हमें जीवन के लिए जो इतनी हाय-हाय रहती है उसे समझना चाहिए। जीव अपनी स्थिति आदि के लिए इतना प्रयत्न क्यों करते हैं। इस प्रयत्न का भी कोई रहस्य होगा और विकास का कोई उद्‌देश्य होगा। इस रीति पर विचार करने से हमारे सामने जीवन और विकास का प्रश्न आता है।

जिस पदार्थ योजना से जीवन का विकास होता है वह बहुत कुछ जान ली गई है। स्वाभाविक ग्रहण प्रवृत्ति (Natural Selection) का सिद्धानत जहाँ तक पहुँचता है कारण आदि बताता है। पर यदि इतने सौन्दर्य की आवश्यकता कीड़ों के लिए है तो हम

वन, पर्वत और मेघमाला आदि के सौन्दर्य के विषय में क्या कहेंगे? उनके सौन्दर्य से कौन सा काम निकलता है, कौन सा भौतिक अर्थ साधन (utility) होता है। विज्ञान सौन्दर्य की विवेचना नहीं करता। ...करे, पर उसका अस्तित्व अवश्य है। मैं उसके विषय में यहाँ तक-वितर्क नहीं करना चाहता। मैं केवल इस बात की ओर ध्यान दिलाना चाहता हूँ कि हमारे अनुसन्धान में ब्रह्मांड की सारी बातें नहीं आ जातीं। इससे यदि हम निषेध करने चलते हैं और कहते हैं कि भूत विज्ञान और रसायन ही के अन्तर्गत हम सारी बातों को ला सकते हैं तो हम केवल संकीर्ण पांडित्य का दम्भ दिखाते हैं और अपनु मनुष्य जन्म के अधिकार की पूर्णता और समृद्धि खोते हैं। इसके विरुद्ध एक भावुक पूर्वीय कवि की उक्ति कितनी उचित है–

जगत् अपनी दृष्टि को तेरे चरणों पर झुकाए सारे मौन नक्षत्रों के साथ स्तम्भित और चकित खड़ा है।

हमारी भौतिक पहुँच बहुत थोड़ी है। हमारी इन्द्रियाँ द्रव्य ही को ग्रहण करने के लिए उपयुक्त हैं, उसके अतिरिक्त और बातों का बोध हमें सीधे नहीं होता। हमारे अंग द्रव्य में इच्छानुकूल परिवर्तन उपस्थित करने के उपयुक्त हैं, इसके अतिरिक्त हम और कुछ नहीं कर सकते। हमारा मस्तिष्क भौतिक जगत् के शेषांश से हमारा सम्बन्ध कराता है। हमारी इन्द्रियाँ हमें द्रव्य के क्रम और गति की सूचना देती हैं और हमारे अंग हमें उन क्रमों में परिवर्तन करने में समर्थ करते हैं। मानवजीवन के लिए बस इतना ही सामान हमारे पास है। इन अधिकारों को लेकर हमने जो कुछ किया है वह मनुष्य जाति के इतिहास में दर्ज है।

विकास में अखंडत्व

विज्ञान द्वारा जो हमने यह जान लिया कि विकास वास्तव में होता है सो बहुत कुछ किया। विज्ञान की दृष्टि से विकास परम सत्य है। विकास भ्रान्ति नहीं है। सृष्टि काल पाकर होती है। दिक्काल और द्रव्य सार निरूपण (Abstractions) हैं पर सत्य हैं। अनुभव से उनकी प्रतिपत्ति होती है। काल ही विकास का प्रवर्तक है। 'सैकड़ों वर्ष आते-जाते हैं और एक जंगली फूल को उन्नत और पूर्ण करते हैं''। जीते-जागते चलते फिरते सत् (Reality) से हम उसके एक स्थूल रूप का सारग्रहण (Absract) करते हैं और उसे द्रव्य कहते हैं, इसी प्रकार उसकी अग्रसरता व उन्नति के तत्त्व को हम साररूप से ग्रहण करते हैं और उसे काल कहते हैं। जब इन दोनों सारों का संयोग और सहकार्य होता है तब हमें सत् का भान होता है। विकास सिद्धान्त में काल का वास्तविक अस्तित्व मिलता है।

मुझे सारी भौतिक सत्ता भूत से भविष्य की ओर जाती हुई एक गति के रूप में दिखाई देती है। उसका एक ही अंश व क्षण जो वर्तमान कहलाता है व्यक्त व प्रत्यक्ष होता है। भूत का अत्यन्ताभाव नहीं होता। उसका लेखा हमारी स्मृति में रहता है, द्रव्य में रहता है और वह वर्तमान का आधार होता है। भविष्य वर्तमान का फल है और विकास की उपज है।

सृष्टि करघे के तैयार माल के समान है। बुनावट का नक्शा नमूना वहाँ किसी न किसी यप में पहले से रहता है। एक बार नमूने पर चलानेवाली पटरियाँ लगा दी जाती हैं फिर तो उस कालरूपी करघे में बहुत से स्वतन्त्र परिचालक हो जाते हैं जो तन्तुजाल में जैसा फेरफार चाहें कर सकते हैं अर्थात् यदि वे काल व्यवस्था के अनुकूल चलते हैं तो माल अच्छा होता है और प्रतिकूल चलते हैं तो बुरा। मेरी समझ में लोक में जो त्रुटियाँ दिखाई देती हैं उनका समाधान इससे हो जाता है। स्वतन्त्रता और किसी शर्त पर दी ही नहीं जा सकती। उसका सौदा इससे सस्ता हो ही नहीं सकता। अपने कर्मों द्वारा सुख व दुःख उत्पन्न करने की सामर्थ्य भ्रम नहीं है सत्य है। चेतन कर्ता की यह एक ऐसी सामर्थ्य है जिसके ऊपर उसकी भलाई-बुराई छोड़ दी गई है। अतः जो माल तैयार व जो फल उत्पन्न होता है वह कोई पूर्व निर्धारित व अटल वस्तु नहीं, यद्यपि हम आचरण के पूरे परिचय द्वारा कभी-कभी उसका निश्चय कर सकते हैं। काल की एकरूप गति के अतिरिक्त और कोई वस्तु अटल नहीं। कपड़ा बुना जाएगा यह बात तो रहती है पर उसका नक्शा नमूना न पूरा निश्चित रहता है और न पदार्थ नियम द्वारा उसका कोई हिसाब-किताब हो सकता है।

जहाँ केवल निरीन्द्रिय (Inorganic) द्रव्य का मामला रहता है वहाँ सब बातें निश्चित होती हैं। पर जहाँ कहीं पूर्ण चेतना का प्रवेश होता है वहाँ नई शक्तियाँ उत्पन्न हो जाती हैं और चेतन अंशों की सामर्थ्य और इच्छा का प्रभाव समष्टि पर पड़ता है। इस समष्टि को प्रेरणा बाहर से नहीं भीतर से होती है और प्रेरणा करने वाली शक्ति प्रत्येक क्षण अन्तर्व्याप्त रहती है। इस प्रेरणाशक्ति के हम एक क्षुद अंश हैं पर बिलकुल निकम्मे नहीं।

विकासोन्नति सत्य है, यह एक बड़े महत्त्व का सिद्धान्त है। सामाजिक उन्नति के लिए हमारे प्रयत्न इसलिए उचित हैं कि हम सब समाज के एक अंग हैं; अंग भी कैसे...उसके एक अंग होकर अपने आप में उनका अनुभव करते हैं।

विज्ञान और आध्यात्मिक अन्वेषण

या तो हम अमर हैं या नहीं हैं। हम अपना भविष्य नहीं जानते, पर हमारा किसी प्रकार का भविष्य है अवश्य। जो अस्वीकार करते हैं वे वैसे ही भ्रान्त हो सकते हैं जैसे वे जो स्वीकार करते हैं। लोग वैज्ञानिकों को अधिकारी समझ उनसे ऐसी बातों की जिज्ञासा करते हैं अतः उन्हें ध्यान रखना चाहिए कि वे लोगों को भ्रम में न डालें। वैज्ञानिक लोग मानव जीवन के आगे के भविष्य को नहीं जान सकते। न सही, पर वे उस पर धूल क्यों डालें? जो बात जैसी है वैसी ही रहेगी, चाहे हम उसे जानें या न जानें। यदि हम बिना समझी-बूझी बातें कह जाएँगे तो हमारी भावी सन्तति को हमारी असत्यता का पता लग जाएगा। मैं उन लोगों में हूँ जिनकी धारणा है कि विज्ञान की अनुसन्धान प्रणाली उतनी परिमित नहीं है जितनी समझी जाती है। उसका उपयोग और दूर तक हो सकता है और आध्यात्मिक अनुसन्धान भी नियबद्ध किए जा सकते हैं। इसके लिए प्रयत्न होने देना

चाहिए। जो भूतवाद (Materialistic hypothesis) के द्धिान्तों को उन्नत और परिवर्द्धित किया चाहते हैं वे खुशी से जहाँ तक चाहें वहाँ तक करें, पर हमको आध्यात्मिक विभाग में अनुसन्धान करना चाहिए और देखना चाहिए कि अन्त में विजय किसकी होती है। अनुसन्धान की जो प्रणाली उनकी है वही हमारी है, भेद केवल विषय का है। इनमें से किसी को भी दूसरे को भला-बुरा न कहना चाहिए।

यद्यपि मैं यहाँ कट्टटर विज्ञान का प्रतिनिधि बन...ने तीस वर्ष के आध्यात्मिक अनुसन्धान...बिना कहे न रहूँगा और...विज्ञान की कट्टरता से...बोलेंगे जैसा कि आज. ..शरीर वियोग के उपरान्त भी व्यक्तित्व बना रहता है। यहाँ पर यदि न्याय से पूछा जाए तो मैं केवल इतना ही नहीं कहता कि जो बातें अभी अदृष्टवाद के अन्तर्गत समझी जाती हैं वे वैज्ञानिक प्रणाली द्वारा जाँची और नियमबद्ध की जा सकती हैं बल्कि यहाँ तक कहता हूँ कि जहाँ तक परीक्षा हुई है उनसे मुझे यही निश्चय हुआ है कि स्मृति आदि अन्तःकरण वृत्तियाँ द्रव्य के उस सम्बन्ध ही तक परिमित नहीं हैं जिसके द्वारा हमें वे व्यक्त होती हैं और शरीर वियोग के उपरान्त भी व्यक्तित्व बना रहता है। परीक्षा द्वारा मुझे यह प्रतीत होता है कि शुद्ध भूत निर्लिप्त ज्ञान का हमारे साथ पारस्परिक व्यापार भौतिक विभाग में दिखाई देता है और इस प्रकार घुमाव-फिराव के साथ वह हमारी वैज्ञानिक परीक्षा के अन्तर्गत आ सकता है। इससे आशा होती है कि शायद धीरे-धीरे हम लोग अधिक विस्तृत, शायद ईथरीय, स्थिति को और फिर उन नियमों को जिनके अनुसार शून्य के बीच पारस्परिक व्यापार व्यवस्था होती है, समझ सकें। कुछ सच्चे और विश्वस्त अन्वेषक आशापूर्वक ज्ञान के एक नए क्षेत्र का आभास दे रहे हैं। इससे और अधिक हम यह कह सकते हैं कि सत्य की छानबीन के लिए एकमात्र वैज्ञानिक ही प्रणाली नहीं है, यद्यपि यह प्रणाली हमारे उपयुक्त है।

नए युग के प्रदर्शक

बहुत से वैज्ञानिकों को अब भी ब्रह्मविद्या व परमात्म विद्या (Theology) से चिढ़ मालूम होती है क्योंकि उनके पूर्ववर्तियों को तत्सम्बन्धी बहुत से अत्युक्त वितंडावादों का सामना करना पड़ता था। उन्हें अपने ढंग पर सत्य और स्वतन्त्रता का रास्ता साफ करने में बहुत लड़ना-झगड़ना पड़ा था। इस लड़ाई-झगड़े की नौबत दुर्भाग्यवश आई थी और उसका बहुत कुछ बुरा प्रभाव अब तक रह गया है। उन बुरे प्रभावों में से एक वह है जिसके कारण हमारी सहानुभूति सत् के अन्य आध्यात्मिक आदि रूपों की ओर नहीं होती और हम उनसे खिंचे रहते हैं। यह हम कभी नहीं कह सकते कि इस लोक में सत्य का प्रादुर्भाव केवल दो-एक शताब्दियों से ही होने लगा। वैज्ञानिक काल के पूर्व की प्रतिभा की—कवियों और महात्माओं की प्रतिभा की—पहुँच भी बड़े महत्त्व की थी। उन प्राचीन महात्माओं का ब्रह्मांड की आत्मा के विषय में बहुत कुछ प्रवेश था। उनके पीछे जो उनके अनुयायी हुए उनको इतनी सूझ नहीं थी, उनमें केवल हठ और दुराग्रह था जिसके कारण वे नए (वैज्ञानिक) युग का आभास देनेवालों को पत्थर मारते थे।

अन्त में इस नए युग की विजय हुई और अब पत्थर हमारे (नए युग के वैज्ञानिकों के) हाथ में है। पर हम भी जो उन पुराने धर्माचार्यों की नकल करें तो यह मूर्खता है। हम यह कह कर कि ब्रह्मांड अनेक प्रकार के रहस्यों की छानबीन के लिए हमारी ही प्रणाली उपयुक्त है ओर सब प्रणालियाँ कुछ नहीं हैं, पुरानी भूल को क्यों दोहरावें। ब्रह्मांड के विषय में हमारी जो धारणा है इससे वह कहीं बढ़ कर है; खोज की कोई एक प्रणाली उसके सारे रहस्यों को पूरा छान नहीं सकती।

धर्म का मूल मनुष्य जाति के अनतःकरण की भाव वस्तुओं की सत्यता में है। यह कोई आश्चर्यजनक नहीं है कि अपनी अनुसन्धान प्रणाली से सब विषय ग्रहण नहीं कर सकते। परमात्मा के कार्य विशेष इन्द्रिय को ग्राह्य नहीं हैं, और हमारी अनुसन्धान प्रणाली ऐसी है जिससे किसी एकरूपता का पता ही नहीं लग सकता। ...सापेक्षिकता का सिद्धान्त चलता है इससे...हमें कोई व्याघात और भेद नहीं मिलते अचानक हमें कोई परिज्ञान नहीं होता। हम लोग अपने चारों ओर की अन्तर्व्याप्त विभूति को देख-सुन नहीं सकते; इतना ही कर सकते हैं कि काल रूपी...से निकलकर पूर्णता की ओर अनन्त गति से गमन करते हुए वस्त्र को भूतों से परे उस परमात्मा का परिधान समझें।

(नागरीप्रचारिणी पत्रिका, भाग 18, संख्या 3-4)
[सर आलिवर लाज के व्याख्यान का अनुवाद]

---

* श्रीकृष्ण भगवान् ने भी गीता में अर्जुन से कहा है–
अव्यक्तादीनि भूतानि व्यक्तमध्यानि भारत।
अव्यक्तनिधनान्येव तत्र का परिदेवता॥

प्राण-तत्त्व

ब्रिटिश असोसिएशन का 82वाँ वार्षिक अधिवेशन गत 4 सितम्बर को बड़ी धूमधाम से हुआ। एडिनबरा विश्वविद्यालय के अध्यापक शेफर (Schafer) जो शरीर विज्ञान के बड़े प्रसिद्ध वेत्ता हैं, ने सभापति का आसन ग्रहण किया था। अध्यापक महाशय ने प्राणतत्त्व पर नई-नई जानने योग्य बातों से भरा हुआ एक अद्‌भुत व्याख्यान दिया जिसका सारांश नीचे दिया जाता है–

हर एक आदमी जानता है कि प्राण क्या है, और नहीं तो उसके सामान्य चिह्नों से सभी परिचित हैं। इससे शायद लोग यह समझें कि प्राण क्या है यह निर्धारित करना उतना कठिन नहीं है। पर इस तत्त्व के अनुसन्धान में बड़े-बड़े तत्त्वदर्शियों की सूक्ष्म बुद्धि भी काम नहीं कर सकी है।

मैं भी इस कार्य्य में प्रवृत्त होकर आपका समय नहीं लिया चाहता। इसका एक कारण यह भी है कि आजकल के नए-नए अनुसन्धानों से यह सूचित हुआ है कि जड़ और चेतन में जितना भेद प्रतीत होता है वास्तव में उतना नहीं है और इन दोनों के सम्मिलित और सामान्य लक्षण निर्धारित होने की सम्भावना बढ़ गई है। यहाँ पर यह बता देना आवश्यक है कि प्राण के सम्बन्ध में मैं जो बातें कहूँ उन्हें उन भावों पर न घटाना चाहिए जिनका ग्रहण 'आत्मा' शब्द से होता है। प्राण ही के सम्बन्ध से 'आत्मा' विषयक भावना हो सकती है तथा उन्नत और समृद्ध जीवों के उन्नत और जटिल आन्तरिक व्यापारों से ही आत्मा का भाव बँधता है। इसी से आत्मा और जीव एक करके माने जाते हैं। पर यदि हम 'आत्मा' शब्द की व्याप्ति को इतना नहीं बढ़ाना चाहते कि वह शब्द ही व्यर्थ और निर्लक्ष्य हो जाय तो हमें इन दोनों शब्दों को अलग-अलग रखना चाहिए। क्योंकि प्राण की समस्या वास्तव में द्रव्य की समस्या है, वैज्ञानिक प्रणाली के अनुसार हम प्राण को द्रव्य से पृथक नहीं मान सकते। प्राणतत्त्व का अनुसन्धान भी उन्हीं उपायों और युक्तियों से होता है जिन उपायों और युक्तियों से द्रव्य के गुणों और व्यापारों का। ऐसे अनुसन्धानों के परिणाम यह सूचित करते हैं कि द्रव्य का चेतन खंड भी उन्हीं नियमों के वशीभूत है, जिन नियमों के वशीभूत जड़ पदार्थ हैं। जितना ही हम प्राण के चिह्नों और लक्षणों का अध्ययन करते हैं उतना ही हमें ऊपर लिखी बात का निश्चय होता जाता है और इन लक्षणों और चिह्नों के समाधान के लिए किसी अज्ञात और अलौकिक शक्ति की सहायता की आवश्यकता कम प्रतीत होती जाती है।

प्राण की उत्पत्ति

वे द्रव्य जिनसे जीवित प्राणी बनते हैं बहुत थोड़े से हैं। जो सदा वर्तमान में रहते हैं वे यह हैं—कार्बन, हाइड्रोजन, आक्सीज़न और नाइट्रोजन। इनके साथ फासफोरस भी मिला रहता है। प्राण के प्रादुर्भाव के लिए सौ में सत्तर भाग जल भी आवश्यक है यद्यपि प्राण के पोषण के लिए प्रत्येक रूप में जल की आवश्यकता नहीं होती। बहुत-से प्राणी तो ऐसे पाए गए हैं जो जल के बहुत-से अंश के निकल जाने पर भी किसी प्रकार अशक्त नहीं होते। इनके अतिरिक्त कुछ क्षारों का रहना भी जरूरी है जिनमें से मुख्य Chloride of Sodium, Salts of Calcium, Magnesium, Potassium और लोहा हैं। इन सब द्रव्यों का रासायनिक मिश्रण ही प्राण का रासायनिक मूलाधार है। जब रसायनवेत्ता इस प्रकार का मिश्रण तैयार कर लेगा तब वह उन व्यापारों को जड़ द्रव्य में उत्पन्न करके प्रत्यक्ष दिखला देगा जो प्राण के लक्षण कहे जाते हैं।

ऊपर की बातों से यह लक्षित हुआ होगा कि चेतन द्रव्य उत्पन्न कर देने की सम्भावना उतनी दूर नहीं है जितनी साधारणतः समझी जाती है। पर पैस्टर (Pasteur) की परीक्षाओं के उपरान्त बहुत कम लोगों ने यह विश्वास प्रकट करने का साहस किया है कि वैकारिकाणु Bacteria और एकाणुतनु Monads तथा और सूक्ष्म अवयवी वा प्राणी इच्छानुसार उत्पन्न किए जा सकते हैं। इच्छानुसार प्राण सृष्टि होने लगे तो भी आकार और व्यापार में जो इतने भिन्न-भिन्न जीव देखे जाते हैं विज्ञान के परीक्षालयों में उनके तैयार होने की आशा नहीं की जा सकती। यदि चेतन द्रव्य तैयार किया जा सकेगा जिसमें मुझको कोई सन्देह नहीं है तो वह सावयव Organic द्रव्य के उबाले हुए अर्क से नहीं जिसके संघटित द्रव्यों के गुण गरमी से बिलकुल बदल जाते हैं। चाहे आज तक काम में लाई गई युक्तियों और प्रमाणों पर हमें विश्वास न हो पर यह हमें मानना पड़ेगा कि जड़ द्रव्य से चेतन द्रव्य तैयार करने की सम्भावना है।

विकास से प्राणोत्पत्ति

सबसे आदि प्राण के सहसा एक दैवी करामात द्वारा उत्पन्न होने की बात को तो हम वैज्ञानिक आधारविहीन समझकर छोड़ देते हैं। हमें यह मानना पड़ता है कि जिस प्रकार के कारणों के संयोग से सृष्टि के और-और पदार्थ उत्पन्न हुए उसी प्रकार के कारणों से अर्थात् क्रमशः विकास द्वारा चेतन पदार्थ उत्पन्न हुए। पर कुछ शरीर-विज्ञान-वेत्ता लोग जड़ से चेतन द्रव्य की आदि उत्पत्ति के विषय को कुछ दिनों से यह कहकर टालते आ रहे हैं कि इस पृथ्वी की कभी एक ऐसी अवस्था थी जब जड़ द्रव्य के चेतन द्रव्य में परिणत होने के संयोग अकस्मात् इकट्ठे हो गए थे। ऐसे लोग यह भी कहते हैं कि वे संयोग एक ही बार उपस्थित हुए, फिर तब से न कभी उपस्थित हुए और न आगे होंगे।

बहुत-से वैज्ञानिकों ने तो यहाँ तक अनुमान कर डाला कि प्राण तत्त्व पृथ्वी पर उत्पन्न ही नहीं हुआ बल्कि दूसरे ग्रह वा मंडल से आया है। पर आजकल हम लोगों का जो अनुभव है और भौतिक द्रव्य की जो उन्नति विकास द्वारा दिखाई पड़ती है उनके

अनुसार ब्रह्मांड के दूसरे भागों वा ग्रहों में जीवों की सम्भावना मानते हुए भी, हम उक्त कल्पनाओं को ठीक नहीं मान सकते, क्योंकि उनसे अधिक समाधान विकास सिद्धान्त को स्वीकार कर लेने से होता है।

परिवर्तन क्रम

लोग अब इस विकास सिद्धान्त से मोटे तौर पर परिचित हो गए हैं जिसने न केवल शरीरविज्ञान में बल्कि भूगर्भ, ज्योतिष, पदार्थ विज्ञान, रसायन आदि में बड़ा भारी परिवर्तन उपस्थित कर दिया। साधारणतः द्रव्य के विकास के अनुभव द्वारा यदि हम चेतन द्रव्य पर विचार करें तो विदित होगा कि जड़ द्रव्य किसी लौकिक या अलौकिक प्रेरणा द्वारा एकबारगी चेतन रूप में नहीं आ गया, बल्कि धीरे-धीरे पहले सर्वथा जड़ द्रव्य से जड़ और चेतन के बीच की अवस्था को प्राप्त हुआ, फिर उस अवस्था से क्रमशः उन्नति करते-करते पूर्ण चेतन द्रव्य के गुणों से युक्त हुआ। हम यह क्यों मानें कि निरवयव Inorganic जड़ द्रव्य से एकबारगी सावयव Organic पूर्ण चेतन पदार्थ निकल पड़ा। यह क्यों न मानें कि निरवयव जड़ द्रव्य क्रमशः कई मध्यवर्ती अवस्थाओं में होता हुआ और अपने गठन में उन्नति करता हुआ अन्त में उस अवस्था को पहुँचा जिसे चेतना कहते हैं। हमें इस प्राणतत्त्व का पता लगाने के लिए प्रकृति के क्रम का अध्ययन करना चाहिए।

चेतन द्रव्य का विकास

यदि हम मान लेते हैं कि पृथ्वी के इतिहास में केवल एक ही बार जड़ द्रव्य से चेतन द्रव्य का विकास हुआ है तो प्राणतत्त्व सम्बन्धी समस्याओं के अन्तिम समाधान की कोई आशा नहीं रह जाती। पर क्या हमें ऐसा मान लेना उचित है कि पृथ्वी पर केवल एक ही बार, सो भी न जाने किस शुभ संयोग से, जड़ द्रव्य से चेतन द्रव्य का विकास हुआ और प्राण तत्व की प्रतिष्ठा हुई। ऐसा मानने का कोई कारण न देख अन्त में यही धारणा पक्की ठहरती है कि जड़ से चेतन का विकास एक ही बार नहीं कई बार हुआ है और कौन जाने अब भी हो रहा हो।

मृत्यु की अनिवार्यता

इस बात पर कई बार विचार हुआ है कि यदि प्राणाणुओं (Cells) के नष्ट होने के जितने आकस्मिक कारण हैं, सब दूर कर दिए जायँ तो क्या व्यष्टिरूप में प्राणाणु अथवा समष्टिरूप में प्राणी सब दिन जीवित रह सकता है ? क्या जरा और मरण जन्म के अनिवार्य परिणाम हैं ? प्रायः सब लोग कहेंगे कि इस विषय में तो कोई विवाद ही नहीं है। पर कुछ शरीरविज्ञानी ऐसे भी हैं जैसे मेजनीकॉफ (Matchnikoff) जो कहते हैं कि जरावस्था एक अस्वाभाविक अवस्था है और रोग से होती है तथा दूर की जा सकती है। यह तो देखा जा चुका है कि व्यष्टि प्राणाणु, जैसे रक्त के श्वेताणु तथा स्नायुओं के

प्राणाणु, अनुकूल अवस्था पाकर प्राणी (समष्टि) की मृत्यु के उपरान्त भी हफ्तों और महीनों जीवित रह सकते हैं। एक प्राणाणु विशिष्ट शरीर अनुकूल पोषण द्वारा बिना जरा वा ह्रास के चिह्न के अपना काम करते पाए गए हैं। पर ये दृष्टान्त यद्यपि यह सूचित करते हैं कि सबसे सादे और सामान्य ढाँचों में प्राण की अवधि बढ़ाई जा सकती है पर यह नहीं प्रमाणित करते कि एक समष्टि प्राणी सब दिन जीवित रक्खा जा सकता है। बहुत-से प्राणाणु जिनसे शरीर बना है कुछ काल तक काम करके बिलकुल बेकाम हो जाते हैं। यदि हम शरीर का समष्टि रूप में विचार करते हैं तो देखते हैं कि समष्टि का जीवन एक निर्दिष्ट परिवर्तन चक्र से बना है तथा वृद्धि और प्रौढ़ता की अवस्था में होता हुआ अन्त में नाश को प्राप्त होता है। हाँ, उत्पादक प्राणाणु अलबत ऐसे हैं जो प्रौढ़ता और उर्वरतावर्द्धिनी क्रियाओं द्वारा ताजे होते हैं। इसी से गर्भस्थ उर्वरताप्राप्त रजाणु दिन-दिन क्षय को प्राप्त होने के स्थान पर एक नया जीवन प्राप्त करके एक नया शरीर या प्राण तन्तु खड़ा करते हैं। इस प्रकार प्राणियों की सृष्टि बराबर चलती रहती है। अतः हम केवल अपनी सन्तति द्वारा ही अमर हो सकते हैं।

निवारक औषधि और जीवनकाल

प्रत्येक योनि के प्राणियों के जीवनकाल का एक औसत होता है। बहुत-सी योनि ऐसी हैं जिनसे प्राणियों की आयु कुछ घंटों ही की होती है और बहुत-सी ऐसी हैं जिनके प्राणी सैकड़ों वर्ष तक जीते हैं। मनुष्य का औसत जीवन यदि व्याधि और बाधा से अधिकतर बचा रहे तो कुछ ऊपर सत्तर वर्ष का है। व्याधि और बाधा से मनुष्य की आयु इससे कहीं कम हो जाती है। बाइबिल आदि में जो लोगों की बड़ी-बड़ी आयु लिखी है उन्हें हम किस्से-कहानियों के लिए छोड़ देते हैं। उनमें भी एक बात ध्यान देने की यह है कि ज्यों-ज्यों पीढ़ियाँ खिसकती गई हैं त्यों-त्यों उनके जीवन की अवधि घटती गई है। यह बात मैं मानता हूँ कि अत्यन्त अनुकूल अवस्था में आयु बढ़ सकती है पर एक हिसाब से अस्सी वर्ष के ऊपर दीर्घायु समझी जाती है। आयु के विषय में माता का दूध पीने वाले प्राणियों में मनुष्य सबसे अधिक भाग्यवान है यद्यपि इस श्रेणी के दो-एक जीव मनुष्य से अधिक जीते हैं। इतने पर भी यह आश्चर्य्य की बात है कि मानव जीवन की अल्पता पर कवि और उपदेशक सदा से झीखते आए हैं।

निवारक औषधियों के आधुनिक प्रयोगों से निस्सन्देह मनुष्य की औसत आयु कुछ बढ़ सकती है। पर चाहे व्याधि-बाधाएँ बिलकुल हटा दी जायँ पर यह निश्चित है कि हमारे शरीर के निर्दिष्ट प्राणाणु Cells अन्त में जीर्ण होकर अपना काम छोड़ देंगे और जब अवयव या शरीर-रक्षा के लिए आवश्यक प्राणाणुओं की यह दशा हो जायगी तब हमें मरना पड़ेगा। यह नियम सदा एक-सा और अटल रहेगा, इससे किसी प्रकार निस्तार नहीं।

(नागरी प्रचारिणी पत्रिका, सितम्बर 1912)

भाग 14, 15 अक्तूबर 1909 स. 2

उत्तरी ध्रुव

उत्तरी ध्रुव का पता लगाने के लिए समय-समय पर कितने ही साहसी योरपियन जा चुके हैं। पर अब तक यह किसी ने नहीं कहा था कि ठीक ध्रुव तक पहुँचे हैं। अब डॉक्टर कुक और कमांडर पीदी नामक दो अमेरिकन लौटकर आए हैं जो कहते हैं कि हम ठीक ध्रुव तक हो आए। इनमें से कमांडर पीदी का नाम तो इस सम्बन्ध में पहिले भी सुना गया है पर डॉक्टर कुक से लोग उतने परिचित नहीं हैं। डॉक्टर कुक बहुत दिनों से ध्रुव यात्रा की चेष्टा में लगे थे। अन्त में डेनमार्क की सरकार ने उन्हें उत्तरी ध्रुव का पता लगाने के लिए भेजा। पहिली सितम्बर को डेनमार्क की राजधानी कोपेन हेजिन से समाचार मिला कि डॉक्टर कुक उत्तरी ध्रुव का पता लगाकर आ गए। उन्होंने अपनी यात्रा का विवरण 2 सितम्बर के न्यूयार्क हेराल्ड (पेरिस संस्करण) में प्रकाशित कराया। यह विवरण संक्षिप्त रूप से हिन्दी पत्रों में भी निकल चुका है। उसमें कोई अधिक विशेषता नहीं। वही बर्फ के मैदान और पहाड़, कुहिरे का अन्धकार, छह महीने की मनहूस रात, उसमें भी है। डॉक्टर कुक लिखते हैं कि "21 अप्रैल को मैं ठीक ध्रुव पर पहुँच गया। वहाँ जो देखा तो उत्तर, पूर्व और पश्चिम दिशाओं का कुछ भी पता नहीं था। कम्पास की सूई हर एक ओर दक्षिण दिशा बता रही थी। किसी जीव-जन्तु का चिह्न भी नहीं था। गहिरा सन्नाटा छाया हुआ था।"

इसके उपरान्त कमांडर पीदी, जो अमेरिकन सरकार की ओर से ध्रुव का पता लगाने के लिए भेजे गए थे, अपनी यात्रा से लौटकर आए और कहने लगे कि कुक ध्रुव तक कभी नहीं पहुँचे, ध्रुव तक पहुँचा हूँ मैं। इन्होंने यही तक बस न किया वरन् कहा कि डॉक्टर कुक ने हमारे कुछ एस्कियों लोगों को अधिक रुपया देकर, अपनी तरफ बहका लिया। पीछे से मालूम हुआ कि पीदी इससे कहीं बढ़कर अपराधों का स्वयं दोषी है। उसने डॉक्टर कुक की रसद को उठवा लिया जो जाड़े के खर्च के लिए एक जगह जमा थी और इस प्रकार डॉक्टर साहब और उनके साथियों को उन बर्फीले निर्जन मैदानों में भूखों मारने का सामान किया। एक उदारता और सुनिए। लौटती बार डॉक्टर कुक ने अपने यात्रा विषयक कागज पत्र अमेरिका के मिस्टर ह्विटने के हवाले कर दिए थे। मिस्टर ह्विटने पीदी के जहाज पर चढ़कर लैब्रेडोर में खाली हाथ आए और कहने लगे कि हम वे सब कागज ग्रीनलैंड के एटा नामक स्थान में छोड़ आए हैं क्योंकि पीदी ने डॉक्टर कुक की वस्तु अपने जहाज पर लेना अस्वीकार किया। ये बातें पीदी की ईर्षा प्रगट करनेवाली और उसके कथन की सारता में सन्देह उत्पन्न करनेवाली हैं।

हेली का पुच्छल तारा

1910 अप्रैल और मई महीनों में जिस पुच्छल तारे के दिखाई देने की विलायती ज्योतिषियों ने भविष्यद्वाणी की है उसे हेली का पुच्छल तारा कहते हैं। लोग जानते हैं कि पुच्छल तारों की सामयिक गति आदि का कुछ ठीक नहीं रहता। हेली नामक एक अँगरेज ज्योतिषी ने पहिले पहिल उस तारे की गति और उसके दृश्यकाल आदि को निश्चित किया इसी से इसका नाम 'हेली का पुच्छल तारा' पड़ गया।

एडमंड हेली का जन्म लंडन नगर में हुआ था। उसका बाप एक धनी साबुन बनानेवाला था। हेली को गणित और ज्योतिष की ओर आरम्भ ही से रुचि थी। उसने अपने पिता की आर्थिक सहायता से इन विद्याओं में अच्छा अभ्यास किया और ग्रहमार्गों के निर्णय का एक नया ढंग निकाला। उन्हीं दिनों में न्यूटन ने अपने प्रसिद्ध आकर्षण सिद्धान्त से योरप के लोगों में खलबली डाल रक्खी थी। हेली ने यही देखने के लिए कि सब ग्रहपिंडों के विषय में न्यूटन का सिद्धान्त ठीक उतरता है कि नहीं 24 पुच्छल तारों की गति आदि की जाँच कर डाली। इन्हीं 24 में से वे तीन तारे थे जो 24 अगस्त 1531, 16 अक्टूबर 1607 और 24 सितम्बर 1682 को दिखाई पड़े थे। इन तारों में परस्पर कई बातों में समानता देखकर हेली ने निश्चित कर लिया कि हो न हो ये तीनों तारे एक ही हैं। इस प्रकार स्थूल रूप से इनके दृश्यकाल का अन्तर निकल आया। हेली ने समझ लिया कि कालक्रम में जो थोड़ा-सा फर्क पड़ जाता है वह मंगल और वृहस्पति आदिग्रहों के गड़बड़ डालने से होता है। मंगल और वृहस्पति स्वयं एक-दूसरे की गति में गड़बड़ डाल देते हैं जिससे उनका उदय काल ठीक नियमित नहीं रहने पाता, दो-एक दिन का गड़बड़ पड़ ही जाता है। बहुत मन्द गति से गमन करनेवाले पिंडों (जैसे पुच्छल तारे) पर तो इस गड़बड़ का और भी अधिक असर पड़ता है। इन सब बातों को विचारकर हेली ने अपनी प्रसिद्ध भविष्यद्वाणी की कि वह पुच्छल तारा 1758 में फिर दिखाई पड़ेगा। हेली तो अपनी इस भविष्यद्वाणी के पूरा होने के पहिले ही मर गया पर क्लिमाल्ट आदि फ्रांसीसी ज्योतिषियों ने नक्षत्रों की बाधा आदि का पूरा हिसाब करके बताया कि वह पुच्छल तारा सन् 1759 में 13 अप्रैल के इधर-उधर रविनीच में अर्थात् सूर्य के निकट आवेगा। सचमुच उसी साल 12 मार्च को यह तारा दिखाई पड़ा। इसके उपरान्त फिर अपने 75-76 वर्ष के नियमित क्रम के अनुसार यह सन् 1835 में 23 सितम्बर को खाली आँखों से देखा गया और 24 सितम्बर को उसकी पूँछ दिखाई पड़ी। 1864 में पांटीकेलिंट

ने सूचित किया कि यह तारा 24 मई 1910 ई. में फिर सूर्यमंडल के निकट आवेगा। क्रामलिन और कावेल नामक विद्वानों ने इसका समर्थन किया और बड़े परिश्रम से इस विषय की छानबीन की जिसका विवरण अस्ट्रानामिकल सोसाइटी की नोटिसों में मिलेगा। इन महाशयों ने हाईड के मत को भी पुष्ट किया जिसने ऐतिहासिक आधारों पर 11 ई.पू. उसका उदय होना बतलाया था। ये लोग अपनी छानबीन को और भी प्राचीन काल तक ले गए और इन्होंने बतलाया कि यह तारा अपने नियमित क्रम के अनुसार ईसा से 87 वर्ष पूर्व भी दिखाई पड़ा था जिसकी चर्चा चीनी इतिहासों में इस प्रकार है–''हाडयून के (राजत्वकाल के) दूसरे वर्ष, सातवें महीने में एक पुच्छल तारा पूर्व दिशा में दिखाई पड़ा।'' इन दोनों ज्योतिषयों ने 1910 के विषय में कहा है कि यह तारा वर्ष के आरम्भ में सन्ध्या के समय साधारण तारे के समान दिखाई पड़ेगा। मार्च में वह फिर गायब हो जायगा। 12 मई को वह हमारे और सूर्य के बीच से होकर 7005000 मील की दूरी पर से गमन करेगा और दो-एक सप्ताह तक चमकता हुआ दिखाई देगा।

(भाग 14, 15 सितम्बर 1909, संख्या 1)

आकाश का नीला रंग

आकाश नीला क्यों दिखाई पड़ता है ? इसके उत्तर के लिए हमें आलोक की गति तथा वायुमंडल का विचार करना होगा क्योंकि विज्ञान यह सिद्ध कर चुका है कि रंगों की प्रतीति आलोक-तरंगों के परिमाण आदि के हिसाब से होती है। प्रत्येक पिंड की योजना अत्यन्त सूक्ष्म अणुओं द्वारा होती है। ये अणु निरन्तर वेग के साथ भ्रमण करते रहते हैं यद्यपि सूक्ष्मता के कारण न हम अणुओं को देख सकते हैं और न इनके बीच के अवकाश को जिसमें ये भ्रमण करते रहते हैं। इन अणुओं की गतिविधि परस्पर भिन्न होती है। तप्त पिंडों के अणु अत्यन्त वेग से भ्रमण करते हैं। अस्तु, ज्योतिष्क पिंडों के अणुओं के भ्रमण और दोलन के कारण ईथर वा आकाश द्रव्य में जो क्षोभ उत्पन्न होता है उससे आलोक-तरंगों की उत्पत्ति होती है। जिस प्रकार अणु अत्यन्त सूक्ष्म होते हैं उसी प्रकार ये आलोक तरंग भी सूक्ष्म होते हैं। मोटे हिसाब से यदि एक करोड़ अणुओं को एक पंक्ति में रखें तो वे मिलकर एक इंच के 25वें भाग के बराबर भी मुश्किल से होंगे। इसी प्रकार सबसे बड़े आलोक तरंग भी एक इंच में 34,000 (चौंतीस हजार) आ सकते हैं।

भ्रमण करते हुए अणुओं के वेग भिन्न-भिन्न होते हैं इससे उनके क्षोभ से ईथर (Ether) में उत्पन्न आलोक तरंग भिन्न-भिन्न प्रकार के होते हैं—कोई छोटे, कोई बड़े। भिन्न-भिन्न प्रकार के तरंग भिन्न-भिन्न प्रकार के रंगों की प्रतीति उत्पन्न कराते हैं। जैसे सबसे बड़े तरंगों से लाल रंग का अनुभव होता है, सबसे छोटे से बैंगनी का और मझोले से हरे का इत्यादि। ईथर के खुले अन्तरिक्ष में ये सब तरंग अबाध गति से गमन करते हैं, इससे सब मिलकर श्वेत प्रकाश का ही अनुभव कराते हैं। पर किसी प्रकार की किरण, जिसमें अनेक प्रकार के आलोक-तरंग रहते हैं, को लेकर हम उसका इस प्रकार विश्लेषण कर सकते हैं कि आलोक-तरंग अलग-अलग होकर भिन्न-भिन्न रंग दिखावें। झाड़ के लटकन के तिकोने शीशे के द्वारा यह व्यापार देखा जा सकता है। सच पूछिए तो प्रकाश की किरणों में अनेक प्रकार के तरंग होने के कारण अनेक प्रकार के रंग होते हैं पर सुभीते के लिए हम लोग सात मुख्य रंग ले लेते हैं—लाल, नारंगी, पीला, हरा, आसमानी, नीला और बैंगनी। ऊपर कहा जा चुका है कि शुद्ध और अबाध प्रकाश श्वेत होता है। अतः यदि उसके संयोजक सब प्रकार के तरंग समान रूप से कम कर दिए जायँ तो प्रकाश धीमा पड़ जायगा पर रहेगा श्वेत ही। पर यदि उसमें से किसी एक प्रकार के तरंग कम कर दिए जायँ या बिलकुल निकाल दिए जायँ तो प्रकाश श्वेत नहीं रहेगा बल्कि बाकी बचे हुए तरंगों का रहेगा।

नीचे के चक्र से भिन्न प्रकार के आलोक-तरंगों की छोटाई-बड़ाई का अनुमान हो जायगा।

लाल रंग का अनुभव करानेवाले तरंग एक इंच में 34,000 (चौंतीस हजार) आएँगे।

नारंगी रंग	(सैंतीस हजार)	37,000
पीले रंग	(बयालीस हजार)	42,000
हरे रंग	(अड़तालीस हजार)	48,000
आसमानी रंग	(इक्यावन हजार)	51,000
नीले रंग	(इकसठ हज़ार)	61,000
बैंगनी रंग	(चौंसठ हजार)	64,000

संसार जो हमें रंग-बिरंग का दिखाई पड़ता है वह इन्हीं तरंगों के कारण। कुछ पदार्थ तो अपनी रासायनिक योजना के कारण सब तरंगों को ज्यों-का-त्यों प्रत्यावर्तित कर देते हैं, किसी एक को भी अपने में लीन नहीं करते पर बहुत-से पदार्थ कुछ प्रकार के तरंगों को तो बिलकुल अपने में लीन कर लेते हैं और कुछ को प्रत्यावर्तित होने के लिए छोड़ देते हैं। जो पदार्थ सब तरंगों को प्रत्यावर्तित करते हैं वे सफेद दिखाई पड़ते हैं। जो कुछ को लीन कर लेते हैं वे उसी रंग के दिखाई पड़ते हैं जिस रंग के बाकी बचे हुए तरंग होते हैं। जैसे, इस कागज का रंग सफेद है। इसका मतलब यही है कि यह सब तरंगों को समान रूप से प्रत्यावर्तित कर देता है। अक्षर काले इसलिए दिखाई पड़ते हैं कि वे प्रायः सब प्रकार के तरंगों को अपने में लीन कर लेते हैं, प्रत्यावर्तित होने के लिए एक को भी नहीं छोड़ते। गुलाब का फूल लाल दिखाई पड़ता है क्योंकि वह लाल का अनुभव करानेवाले सबसे बड़े तरंगों को छोड़ और बाकी सबको अपने में लीन कर लेता है। इसी प्रकार और भी समझिए।

अब हम कह सकते हैं कि आकाश का जो नीला रंग दिखाई पड़ता है वह अवश्य प्रत्यावर्तित आलोक तरंगों के कारण। इन आलोक तरंगों को प्रत्यावर्तित करनेवाला पदार्थ है क्या ? वायुमंडल, जो पृथ्वी को चारों ओर से लपेटे है, सूर्य की किरणें इस वायुमंडल पर पड़ती हुई आती हैं। यह वायुमंडल ऊपर लाल, पीले, नारंगी आदि रंगों के तरंगों को प्रत्यावर्तित नहीं करता, केवल आसमानी रंग के तरंगों को प्रत्यावर्तित करता है जिससे ऊपर ताकने से आसमानी रंग दिखाई पड़ता है। यहाँ पर एक बात और समझ रखना चाहिए कि वायु में थोड़ी दूर तक जल की भाप भी रहती है। भाप के अतिरिक्त पार्थिव अणु भी मिले रहते हैं जो इधर-उधर उड़ते फिरते हैं। इन्हीं के कारण सूर्योदय और सूर्यास्त के समय लाली दिखाई पड़ती है। कारण यह है कि सूर्योदय और सूर्यास्त के समय किरणें तिरछी होकर आती हैं जिससे उन्हें अणुपूर्ण वायुमंडल का भाग अधिक पार करना पड़ता है। ये असंख्य अणु हरे, नीले आदि तरंगों को लीन करके लाल तरंगों को प्रत्यावर्तित करते हैं।

सारांश यह कि आकाश के रंग का कारण है वायुमंडल। यदि वायुमंडल हटा दिया जाय तो न आकाश का नीला रंग रह जायगा न सन्ध्या-सवेरे सुन्दर अरुण आभा ही का दर्शन होगा।

नागरी प्रचारिणी पत्रिका, भाग 24, आषाढ़-श्रावण, 1976 (1919 ई.)

अंग्रेजी में लिखित निबन्ध एवं उनके हिन्दी अनुवाद

Discussion

N.B.—The contributions under this heading refer to matters previously treated in the Hindustan Review. Criticism of any article will, as rule, be limited to a single issue of the review. The discussion ends with a reply from the original writer.—Ed.

What has India to do?

The question, what has India to do, is so vast that it has to be split into pieces in order to secure fixity of attention. In reality it involves a great many sub-questions, such as : What has India to do with respect to her social condition? How should India move to mend her political situation? &c.,&c. This division of the question is also necessary for assigning to it a more practical limit. But supposing we are furnished with workers who set themselves to solve different factors of the question, and go on with their respective business; will this alone do? No, the varying effects of time must also be taken into account in giving preponderance to the one over the other. In fact we need social reformers, political agitators, poets and educationalists,—all at one and the same time. But most of all, we require men who would make it their business to see whether a sufficient number of men exists in any particular group to meet the demands of any particular occasion. There is one thing, however, which one would not like to see. We very often find a person of only one sphere of activity speaking lightly of that of the other. This is in no case desirable. On the contrary each and every one should have an implicit faith in the efficacy of the method adopted by the other to bring about a certain result, which would go to form as essential part of the one great common object. But the order in which we should proceed must not be lost sight of. An error committed in this respect is likely to result in endless failures.

The first thing which, in order of importance, comes up to deserve our care and attention is the removal of social evils, for it affects the condition of a source which supplies every sphere with workers. If you prefer to neglect this creative force you cannot reasonably expect any thing any where. The thing is that you must first look for an instrument to do a thing and then be impatient how to use it. The face may be brought nearer to our understanding if we consider the effects of any one veil existing in society. Take for instance, child-marriage. Who can fully set forth the mischief done by this practice in different directions? It is the sole cause of our physical, mental and moral degradation. It leaves us selfish by taking away all vigour and let sure to look beyond ourselves, and thus prevents the growth of all national sentiments in us. If you introduce this into any healthy society and watch its operation there, you will see what it leads to. The sphere which a man's activities fill, or the numbers of individuals they reach. Is sure to get narrower or smaller with the increase of his disability. So, where you first met with persons who could take care of an entire community, in the next generation (by this introduction) you will see persons content with looking after their own families, and still downward you will be shocked to see a multitude of beings caring for nothing else but their own personal selves.

After we have succeeded in framing a vigorous society of men. Ready to take up anything, we should next care to provide them with education,— an education which, besides other things impresses one with a high sense of responsibility and opens fields for ambitions higher than those of salam-making and revenue collecting. We are glad to hear that our brother in Bengal are trying to remove this long-felt want. By education I also mean the communication of the opinion of our leaders in regard to matters of general importance to the uneducated masses; so that when occasion requires, their co-operation may not be wanting for lack of knowledge. Every villager should know why he has to work more to earn less, every citizen must be told why there is less demand of his services, and in fact every Indian should see vividly why his country is getting poorer day by day. You may call it a political education, if you like. In imparting this sort of education we should resort to different methods and media. Schools and Colleges should not be the only places of education. We can do much by means of popular lectures established at convenient places, by sending out men into the country to explain to the ignorant multitude the existing state of circumstances affecting them, and prescribe their course of conduct. We cannot possibly ignore the part which the increasing bulk of vernacular literature has in bringing Indian minds to one harmonious level. I do not intend here to enter into any detail of several branches of knowledge, suffice it to say that the requirements of time should influence us most in determining the degree of our attention to any of them. For instance, the economic condition of India requires, more than anything else, the enlargement and refinement of its industries, which mostly depends upon what is called Technical Education.

Now we come to the most dreaded part of our duty, although it is nothing more than asking the Government to deal with us rightly and adopt measures which would take us a whit farther in the direction of progress, and not prove impediments in our way.

No doubt we sometimes ask it earnestly knowing that we are right in doing this. Unhappily our Indian Government has strange prejudices of its own. Those who choose to fall in with them are the blessed ones 'who alone can enter the Kingdom of Heaven.' These fortunate people lose all their distinctive features and finally become one with the supreme authority. And thus obtain salvation according to the Hindu conception of the term. If this state of things continues, the British rule is bound to become more unpopular. If peace and content be the desire of our Government it must adopt a policy and an aim far different from what have characterised it in the past. One of the commonest plea taken by the British people against our opinions is that they are not of the masses, and our leaders are artfully called "the self-constituted representatives of the millions." First, let me ask who are they whose opinions we cannot have in public matters. Are they not (1) those whom you have kept blind and ignorant for the purpose and (2) those few who watch every opportunity of taking advantage of your prejudices? Of the two the former have no opinion at all, and the latter, who profess to hold to the contrary, are both numerically and intellectually too insignificant to cause the representative character of our movements to be doubted. So far as we have been able to see, Imperialism has been the motive force of the policy of the British nation in India. They have gone so far that Indian administration does not appear to be a fabric of the British invention. They retain the form, no doubt, but do away with the reality. We have Municipal Boards, Legislative Councils, and what not? But are they intended for any thing but show? Our official world is no longer a field for competition, no longer a place where any merit is to be judged. Education is spurned at its doors; virtue is discarded within its rooms. It is a place of artifice and cunning. All that is required there is 'experience' which is another name for proficiency in making salams and pronouncing the holy word of Huzur. Any man who falls short of this however learned however honest, is refused admittance. Our officers—more particularly District Officers—have caught the mania of hearing this 'Huzur' from as many lips as a may be brought to such utterance, to such a miserable extent, that they would not suffer any native talking to them in English which has got no such sweet word at least for their ears. The above statement is mainly intended to show that state recognition cannot be made an inducement to higher attainments. We should seek our reward elsewhere. We should seek it, in the honest hearts-or purse, if we are moved by mercenary motives—of our people. If you are worthy and deserving, our poets will sing your name, our people will great you with open arms, our females would shower flowers—or tears, if you are badly circumstanced—upon you. Wherever you will go, you will carry a flood of true and national—as opposed to false and artificial enthusiasm; an anxious crowd will push its way to catch a glimpse of you. Are these not enough to satisfy human vanity?

When we have thus extended the limit of education and brought more persons under culture, we must have, in order to make our scheme effective, some provision made for their advancement in life. Our Kacheries will not certainly contain them all. We should find various centres of industry and intelligence to engage and pay for their services, if offered. There should be plenty of work for any number of people.

An endeavour in this direction is made by the Swadeshi Movement. It is a movement to save millions of people from starvation and find work for millions who wander without any regular employment. No malice or feeling of revenge lies at the root of it. It is altogether pure and innocent, deserving no Barisal treatment. We are moved by feelings of compassion. Would you also be, noble Christians? Will you also lend your aid for the sake of humanity or say "We care for nothing else. We want to fill our purse." 'Go on paying and go on starving' is this to be your governing principle? So long we have been sleeping over our duty; now we are awakened to it. At this moment those who are with us are friends, those who keep aloof are indifferent, and those who oppose are enemies. My countrymen ! Cling fast to the remedy—the only remedy...you have discovered. Never loosen your grasp or it will escape once for all, and you will be doomed for ever. Do not give your enemies occasion to say about you, "They think by infection for the most part, catching an opinion like a cold, and there is nothing so little that they will not roar themselves wild about, when the fit is on;—nothing so great but they will forget in an hour when the fit is past."

—Ramchandra Shukla

[The Hindustan Review, February, 1907, New series; Vol. XV, No. 90]

भारत को क्या करना होगा?

भारत को क्या करना है, यह प्रश्न ही इतना बड़ा है कि इस पर समुचित ध्यान केन्द्रित करने के लिए इसे टुकड़ों में तोड़ना आवश्यक होगा। वास्तव में इसके बहुत सारे उप-प्रश्न होंगे, जैसे–अपनी सामाजिक दशा के बारे में भारत को क्या करना होगा? अपनी राजनीतिक स्थिति के सुधार के लिए भारत को क्या क़दम उठाना चाहिए? आदि, आदि। प्रश्न के विभिन्न भागों को इस तरह विभाजित करना उसे एक अधिक व्यावहारिक रूप देने के लिए भी आवश्यक है। लेकिन अगर हम यह मान भी लें कि हमारे पास ऐसे कार्यकर्ता हैं जो स्वयं को इसके समाधान के लिए समर्पित करेंगे और अपने-अपने काम को आगे बढ़ाएँगे, तो भी क्या इतना ही काफ़ी होगा? नहीं, एक काम को दूसरे पर प्राथमिकता देने के लिए समय के बदलते हुए प्रयासों को भी ध्यान में रखना होगा। वास्तव में हमें इसी समय और एक ही साथ समाज सुधारकों, राजनीतिक आन्दोलकर्त्ताओं, कवियों और शिक्षाशास्त्रियों की आवश्यकता है। लेकिन सबसे बढ़कर हमें ऐसे लोगों की आवश्यकता है, जो इस बात पर ध्यान देते रहें कि क्या किसी समय विशेष की आवश्यकताओं को पूरा करने के लिए किसी भी समूह विशेष में पर्याप्त संख्या में लोग हैं या नहीं। वैसे एक बात है जिसे कोई भी व्यक्ति सामने आते देखना पसन्द नहीं करेगा। अक्सर-बेशतर हमें कोई ऐसा व्यक्ति दिखाई पड़ता है जो कार्यकलाप के किसी एक क्षेत्र से सम्बन्धित होता है पर दूसरे क्षेत्रों के लोगों के बारे में घटिया बातें करता है। यह किसी भी दशा में वांछित नहीं है। इसके विपरीत किसी विशेष परिणाम को पाने के लिए दूसरा कोई व्यक्ति जो उपाय करता है, जो कि एक ही महान साझे उद्देश्य की प्राप्ति का एक आधारभूत अंग होगा, उस उपाय की प्रभाविता के बारे में, हर किसी व्यक्ति को हार्दिक विश्वास रखना होगा। लेकिन हमें किस क्रम में आगे बढ़ना है, इसे आँखों से ओझल नहीं होने देना है। इस बारे में कोई भी चूक अन्तहीन असफलता को जन्म दे सकती है।

प्राथमिकता के क्रम में जिस बात पर हमारे लिए ध्यान देना आवश्यक है, वह सामाजिक बुराइयों का अन्त है, क्योंकि यह उस स्रोत की दशा को ही प्रभावित करता है जहाँ से हर क्षेत्र को कार्यकर्ता मिलते हैं। अगर आप रचनात्मक शक्ति को अनदेखा करना पसन्द करते हैं तो कहीं भी, किसी भी बात की समुचित आशा नहीं कर सकते। बात यह है कि किसी कार्य को करने के लिए पहले आपको एक साधन की तलाश

करनी होगी और फिर उसके उपयोग के बारे में स्वयं में बेचैनी पैदा करनी होगी। अगर हम समाज में मौजूद किसी बुराई के प्रभावों पर विचार करें तो यह बात हमारी समझ में और भी आसानी से आ सकेगी। बाल-विवाह का उदाहरण लें। इस प्रथा ने विभिन्न दिशाओं में जो हानि हमें पहुँचाई है उसे पूरी तरह से कौन समझ सकता है? यह हमारे शारीरिक, मानसिक और नैतिक पतन का एकमात्र कारण है। यह प्रथा हमारी सारी शक्ति निचोड़कर हमें स्वार्थमय और स्वयं से परे देखने में असमर्थ बना देती है, और इस तरह हमारे मन में समस्त राष्ट्रीय भावनाओं के विकास में बाधा डालती है। आप अगर इसे किसी स्वस्थ समाज में लागू करें और वहाँ इसके कार्यकलाप को देखें तो आप देखेंगे कि यह आपको कहाँ ले जाती है। किसी व्यक्ति की गतिविधियों का जो भी दायरा होगा और वे गतिविधियाँ जितने लोगों को समेटेंगी, उनका इस बुराई के बढ़ने के साथ और भी सिमट जाना या कम हो जाना निश्चित है। अगर आज आपको ऐसे व्यक्ति दिखाई देंगे, जो पूरे समुदाय का ध्यान रखते हैं तो अगली पीढ़ी में (इस प्रथा के समावेश के कारण) आपको ऐसे व्यक्ति दिखाई देंगे जो अपने ही परिवारों पर ध्यान देकर सन्तुष्ट हो जाते हैं, और फिर और आगे बढ़ने पर आपको ऐसे व्यक्तियों की भीड़ देखकर धक्का लगेगा, जो अपने क्षुद्र निजी स्वार्थों को छोड़ किसी और बात की परवाह नहीं करते।

अगर हम कोई भी काम पूरा करने के लिए तैयार व्यक्तियों का एक जीवन्त समाज बनाने में सफल हुए तो फिर अगली चिन्ता उनको शिक्षा प्रदान करने की होगी–ऐसी शिक्षा जो दूसरी बातों के अलावा, व्यक्ति में दायित्व की भारी भावना जगाए और उनके लिए सलाम बजाने और मालगुज़ारी जमा करने से कहीं अधिक बड़ी आकांक्षाओं के दरवाज़े खोले। हमें यह जानकर प्रसन्नता हुई कि बंगाल में हमारे भाई-बंधु इस अरसे से चली आ रही कमी को दूर करने के प्रयास कर रहे हैं। शिक्षा से मेरा तात्पर्य सामान्य महत्त्व के विषयों के बारे में हमारे नेताओं के विचारों को अशिक्षित जनता तक पहुँचाना भी है ताकि जब भी अवसर सामने आए, ज्ञान के अभाव में उनका सहयोग पाने से हम वंचित न रहें। हर ग्रामीण को पता होना चाहिए कि कम पाने के लिए उसे अधिक मेहनत क्यों करनी पड़ती है, हर नगरवासी को बताया जाना चाहिए कि उसकी सेवाओं की माँग कम क्यों है, और वास्तव में हर भारतवासी को स्पष्ट दिखाई देना चाहिए कि उसका देश दिन-ब-दिन ग़रीब से ग़रीबतर क्यों होता जा रहा है। आप इसे चाहें तो राजनीतिक शिक्षा कह सकते हैं। इस तरह की शिक्षा प्रदान करने के लिए हमें विभिन्न विषयों और माध्यमों का सहारा लेना होगा। विद्यालय और महाविद्यालय ही शिक्षा के अकेले स्थान नहीं होने चाहिए। सुगम्य स्थानों पर जनप्रिय भाषणों का आयोजन करके, देश भर के अज्ञानी लोगों को प्रभावित करनेवाली परिस्थितियों को स्पष्ट करने के लिए और उनके लिए आचरण के विधान तय करने के लिए अपने लोगों को भेजकर हम बहुत कुछ प्राप्त कर सकते हैं। भारतीय जनमानस को एक सुसमन्वित स्तर तक लाने में देशी भाषाओं के बढ़ते साहित्य की भूमिका को भी हम सम्भवतः अनदेखा नहीं कर सकते।

यहाँ ज्ञान की अनेक शाखाओं के विस्तार में जाने की मेरी कोई मंशा नहीं है; बस इतना कह देना काफ़ी है कि इनमें से किसी भी बात पर हमें कितना ध्यान देना है, इसे तय करने में समय की आवश्यकता से हमें सबसे अधिक संचालित होना चाहिए। उदाहरण के लिए, भारत की आर्थिक दशा किसी भी दूसरी बात से अधिक उसके उद्योगों के विस्तार और परिष्कार की माँग करती है जो अधिकतर उस चीज़ पर निर्भर होगी जिसे तकनीकी शिक्षा कहा जाता है।

अब हम आते हैं अपने कर्तव्य के सबसे भयानक भाग पर, हालाँकि इससे अभिप्राय सरकार से यह माँग करने के अलावा कुछ भी नहीं है कि वह हमारे साथ सही व्यवहार करे और ऐसे क़दम उठाए जो हमें प्रगति की दिशा में एक इंच आगे ले जाएँ और हमारे रास्ते में बाधक न बनें।

निःसंदेह हम कभी-कभी यह माँग यह जानते हुए करते हैं कि हमारा यह कार्य उचित है। दुख की बात यह है कि हमारी भारत सरकार के अपने ही घोर पूर्वाग्रह हैं। धन्य हैं वे लोग जो इन पूर्वाग्रहों के आगे झुक जाना पसन्द करते हैं; 'यही वे लोग हैं जो स्वर्ग के साम्राज्य में प्रवेश करेंगे।' ये सौभाग्यशाली लोग अपनी तमाम विशिष्टताओं से वंचित हो जाते हैं और अन्ततः सर्वोच्च सत्ता से एकाकार हो जाते हैं। इसी तरह वे हिन्दू धारणा के अनुसार मोक्ष को प्राप्त होते हैं। अगर यह स्थिति जारी रहती है तो ब्रिटिश शासन निश्चित ही और अधिक अलोकप्रिय होगा। अगर हमारी सरकार की मंशा सुख-शान्ति की स्थिति पाने की है तो उसे ऐसी नीति और ऐसे उद्देश्य को अपनाना होगा जो अतीत की नीतियों और उद्देश्यों से बहुत ही भिन्न हों। हमारी रायों के खिलाफ़ ब्रिटिश जनता के सबसे आम तर्कों में एक तर्क यह है कि ये जनता की रायें नहीं हैं, और हमारे नेताओं की चतुराई के साथ 'करोड़ों लोगों के स्वघोषित प्रतिनिधि' कह दिया जाता है। पहले तो मैं यह पूछना चाहूँगा कि कौन हैं वे लोग जिनके विचार हमें सार्वजनिक विषयों में नहीं मिल पाते। क्या ये (1) वही लोग नहीं हैं जिनको आपने इसी उद्देश्य के अन्तर्गत अनजान और अज्ञानी बनाकर रखा हुआ है और (2) वे थोड़े से लोग नहीं हैं जो आपके पूर्वाग्रहों से लाभ उठाने के हर अवसर की ताक में रहते हैं? पहली श्रेणी के लोगों की कोई राय होती ही नहीं और दूसरी श्रेणी के लोग, जो विरोधी विचारों के समर्थक हैं, संख्याबल और बुद्धि दोनों की दृष्टि से इतने महत्त्वहीन हैं कि हमारे आन्दोलनों के प्रातिनिधिक चरित्र पर संदेह पैदा कर सकना उनके बस से बाहर है। जहाँ तक हम देख सकते हैं, साम्राज्यवाद भारत में ब्रिटिश जनगण की नीति की चालक शक्ति रहा है। इस दिशा में वे लोग इतने आगे बढ़ चुके हैं कि भारत का प्रशासन ब्रिटिश आविष्कारों का कोई नमूना लगता ही नहीं। इसमें शक नहीं कि रूपरेखा उन्होंने वही बनाए रखी है पर सारतत्त्व को समाप्त कर दिया है। हमारे पास नगर निगम हैं, धारा सभाएँ हैं, क्या नहीं हैं? लेकिन क्या उनका इरादा इनको तमाशे से अधिक भी कुछ बनाने का है? हमारा प्रशासन-जगत प्रतियोगिता का मैदान तो रहा ही नहीं, यह ऐसा कोई स्थान नहीं रहा, जहाँ योग्यता की परख हो सके। उसके दरवाज़े

पर शिक्षा दुत्कारी जाती है; उसके कमरे में सद्‌गुणों का त्याग किया जाता है। यह चालाकी और मक्कारी की दुनिया है। माँग की जाती है तो सिर्फ़ 'अनुभव' की जो सलाम बजाने और हुज़ूर के पवित्र शब्द का उच्चारण करने की दक्षता का दूसरा नाम है। जो भी व्यक्ति इस कसौटी पर खरा नहीं उतरता, अन्दर नहीं जा सकता, चाहे वह कितना ही योग्य और कितना ही ईमानदार क्यों न हो। हमारे अधिकारियों को–खासकर जिलास्तर के अधिकारियों को–ज़्यादा से ज़्यादा होंठों से–ज़्यादा से ज़्यादा अवसरों पर यह 'हुज़ूर' शब्द सुनने की ऐसी लत लगी है कि कोई देशी उनसे अंग्रेज़ी में बात करे, यह उनसे सहन ही नहीं होता क्योंकि अंग्रेज़ी में ऐसा कोई शब्द ही नहीं जो कम से कम उनके कानों को प्रिय लगे। उपरोक्त वक्तव्य का अभिप्राय केवल यह दिखाना है कि शासकीय मान्यता को उच्चतर उपलब्धियों की प्रेरक शक्ति नहीं बनाया जा सकता। हमें अपना देय कहीं और से पाना होगा। हमें यह देय अपनी जनता के शुद्ध हृदयों में, और अगर धनप्राप्ति ही हमारी पसन्द हो तो उसकी जेबों में, तलाश करना होगा। अगर आप योग्य और सुपात्र हैं तो हमारे कविगण आपका गुणमान करेंगे, हमारे लोग बाँहें पसारकर आपका स्वागत करेंगे, हमारी महिलाएँ आप पर पुष्पवर्षा करेंगी या अगर आपकी परिस्थितियाँ दुखद हैं तो आप पर अश्रुवर्षा करेंगी। आप जहाँ भी जाएँगे, झूठे और बनावटी नहीं बल्कि सच्चे और राष्ट्रीय उत्साह का तूफ़ान आपके साथ-साथ चलेगा; एक बेचैन भीड़ आपकी एक झलक पाने के लिए धक्का-मुक्की करेगी। क्या मानव के अहं की तुष्टि के लिए यह काफ़ी नहीं?

इस तरह से जब हम शिक्षा के दायरे का विस्तार कर सकें, और भी अधिक लोगों को सुसंस्कृत बना सकें तो उसके बाद अपनी योजना को कारगर बनाने के लिए हमें जीवन में उनकी उन्नति के लिए कुछ व्यवस्था करनी होगी। बिना शक वे सब हमारी कचहरियों में नहीं खप सकेंगे। हमें उनकी सेवाएँ पाने और सेवाएँ मिलने पर उनका प्रतिदान देने के लिए उद्यम और बुद्धि के तरह-तरह के केन्द्रों की तलाश करनी होगी। लोगों की संख्या चाहे जो भी हो, काम की बहुतायत तो होनी ही चाहिए।

इस दिशा में एक पहल स्वदेशी आन्दोलन ने की है। यह करोड़ों लोगों को भूख से बचाने का और रोज़गार के बिना जो करोड़ों लोग मारे-मारे फिर रहे हैं उनके लिए काम तलाश करने का आन्दोलन है। इसकी जड़ में कोई नफ़रत नहीं, कोई बदले की भावना नहीं है। यह पूरी तरह शुद्ध हृदय और मासूम है, और बारीसाल जैसे सुलूक का पात्र नहीं है। हम करुणा की भावना से प्रेरित हैं। ईसाई सज्जनो, आप भी क्या ऐसे बनेंगे? क्या आप मानवजाति की ओर मदद का हाथ बढ़ाएँगे, या यह कहेंगे कि 'हमें किसी बात की परवाह नहीं। हमारी तो बस जेब भरनी चाहिए?' 'पैसा देते रहो और भूखों मरते रहो'–क्या आपका प्रेरक सिद्धान्त यह होगा? अभी तक हमने अपने कर्त्तव्य की ओर से आँखें बन्द कर रखी थीं; अब हम जाग रहे हैं। इस घड़ी में जो हमारे साथ है, हमारा दोस्त है; जो किनारे खड़ा है वह किनारे है और जो विरोध कर रहा है, दुश्मन है। देशवासियो, बचाकर रखो संजीवनी बूटी को, उस बूटी को जो तुमने ढूँढ़ी है। इस

पर अपनी पकड़ ढीली मत करना, नहीं तो यह फ़ौरन ग़ायब हो जाएगी और तुम हमेशा के लिए मिट जाओगे! अपने बारे में दुश्मनों को कभी यह कहने का अवसर मत दो कि 'वे तो ज़्यादातर छूत की भाषा में सोचते हैं, किसी विचार को ऐसे पकड़ते हैं जैसे कि ज़ुकाम हो। ऐसी कोई छोटी-बड़ी बात नहीं कि उस पर वे न गरजें या न बरसें। दौरा पड़ता है, तो कोई काम उन्हें बड़ा नहीं लगता, लेकिन घंटे भर के अन्दर वे भूल भी जाते हैं कि दौरा पड़ा किस बात का था।'

—रामचन्द्र शुक्ल

(द हिन्दुस्तान रिव्यू, फ़रवरी, 1907, नई शृंखला, वर्ष 15, अंक 90)

Non-Cooperation and the Non Mercantile Classes

Nowhere in the World the division of population into mercantile and non-mercantile is so distinctly marked as in India. The institution of caste effected an evolution of hereditary types of humanity that eventually settled down into the two distinct groups. In the midst of the din of modern commercialism, the political and agricultural classes have managed to keep aloof from mercantile pursuits not with standing the unfavourable situation created by the British rule. The Indian rulers maintained, for purposes of Government, a separate sphere of influence by keeping the non-mercantile political classes permanently attached to the soil and expanding state employments to them. Thus was maintained a perfect equilibrium in society. While the mercantile classes were engaged in the accumulation of wealth, the political and agricultural classes were content with an income sufficient to maintain positions of power or isolation of sphere. The more respectable families held in interest by virtue of grants while others received from them portions of land for cultivation. Agriculture had long ceased to be the avocation of the trading classes and was pursued by the humbler sections of the political classes in common with others. In times of war the sovereign power looked to them for men and material as it has lastly done in the war.

The division of the people and their aptitude into mercantile and non mercantile is as real today as it was two thousand years back. Land and state service is still their main source of livelihood. A Brahman or Kshattriya when disposed to leave ancestral village will aspire to be a Government servant not a cloth vender in the streets of a town. Similarly a Kayastha in service, who happens to make a saving will think of purchasing a Zamindari (as it has now been made an object of purchase) instead of opening a general merchant's shop. They prefer either to stick to the soil or qualify themselves to claim a portion of its revenue in the shape of salaries. There is nothing curious in it. Even in great commercial countries of the West, men may be seen working under Government instead of making money in a business. The only difference here in India is that the disposition is hereditary and marks particular portions of the population.

Before the advent of the British, each of the two communities was content in its own sphere. While the one was wholly observed in private schemes of money making the other had adequate margin left in its routine of life to tender civil and military service to the State. The positions of the two were held to be altogether different. A ruler could not be a merchant nor a merchant a ruler. An ignorance or disregard of this sound principle, coupled with narrow ideas of classical patriotism converted almost all the states of Europe into so many bands of ruthless exploiters. With the East India Company the obnoxious commercialism of Europe stepped in and disturbed the harmony that has existed so long on the basis of the two fold division of society. As the company depended on the baniyas to spread its commercial propaganda, it created a situation exclusively favourable to them. In addition to the enormous profit made by them as company's Gumasthas and agents they found land set free for their purchase. They were given charge of revenues of large areas, were made Dewans and acquired importance in many other ways. What use they made of this new political status is not unknown to the students of history. The situation is vividly described by Burke in his 'Impeachment of Hastings.' The permanence of the connection of agricultural classes with land was gone for ever and they were left in a condition of ever increasing misery. The law courts with an army of greedy lawyers made their ruin complete. Owing to legal intricacies, litigation has become such an unavoidable feature of landed interest that nothing is left to an average zamindar after the payment of Government demand. They find it no longer possible to keep their possession. Much of the land passed and is still passing from their hands to those of the urban money lenders who seek it merely for the sake of aggrandisement. The land revenue policy of the Government is in a great measure responsible for the deplorable condition of the true land owning and agricultural classes. In addition to the hardships brought by the pressure of population on the soil and land, owner or cultivator finds at every turn some revenue official or other to molest him. The mercantile sphere has no such elaborate machinery directed against it. The vast and immense fields for enterprise created by foreign trade in favour of the mercantile community pass almost unnoticed and the Government, following the old custom, still continues to look to the land as the chief source of revenue. The landed classes would not have fared so badly if their case had been put before the Government.

While the landed classes were thus daily dragged to ruin, the Banias in towns made enormous profits by export and import trade. The collapse of indigenous industries was a welcome to them. The large immigration of Marwaris to Calcutta, Bombay and other Centers of trade is a sufficient indication of the fact. In comparison with the exacting Govt. demands on the Zamindar and consequently on the cultivator the merchant or businessman has to pay nothing to the Government out of his large profits. While the one is labouring under disabilities imposed on him by the Government, the other is mocking at him in full enjoyment of all the blessing of the British protection. The sooner the anomaly is removed the better. As the bulk of the Indian population is rural its interest therefore has the first claim on the attention of the Government. It is hoped the Government will before long rise to a full sense of their obligation towards the people to whom they naturally look for men, money and material in times of emergency. For a restoration of their status, reassessment of revenue in their favour, protective legislation, simplification of laws relating to land, establishment of Rural Judicial Boards and similar other measures may be necessary. Their feelings and sentiments are to be respected.

The conferring of the title of Raja or Maharaja on persons possessing no ruling power or belonging to no ruling house or clan is looked upon by the majority of the Hindus as a great insult to their national dignity. Let us see when the Government will seek their way to put an end to this degrading mockery. As every body knows, the word 'Raja' means a king, a Badshas or at least a ruling prince. Can any one think of conferring the title of King on an English mend or that of Badshah on a Muhammadan gentleman. The term Raja does not represent wealth but ruling military power. In U.P. and Awadh there are Kshatriya families whose ancestors were real rulers. When and how they came to loose their power is not distinctly known. If the title of Raja continues in those families, it may be regarded as a heritage which not even the ruling princes who maintain their relations with them will grudge. They generally represent ancient and well born families and their estates are the results of conquests or grants from some medieval monarch. (Report on the Indian Constitutional Reform). It is desirable that a searching enquiry be made into their status and military career open to them. The privileges lately extended to the Talukadars of Owdh to send their sons to the Royal military college Sandheurst will go a long way to revive their true character. A legislation for the preservation of military services to Raj Estates is an imperative duty of the Government.

That the form of political activity which has lately manifested itself in the country is in a great measure due to the sudden influx of the mercantile community requires no great effort of imagination to see. About four years ago, I found a Marwari youth of Calcutta who had not completed even his school education, speaking all sorts of nonsense in the name of politics and dilating on the personality of Mr. Gandhi with mystic air. I saw in him not without apprehension a type of individuals who were fast making their way towards the political fields. Mr. Gandhi came from South Africa, trained in all the tactics of European agitator. As an agitator he stands unrivalled. India was in great need of a person like him. But an agitator will also prove a good administrator in all cases is not so patent to me. Mr. Gandhi knows well the points that are likely to produce the loudest commotion when touched. His half religious half political sermons stirred the hearts of millions and drove the mercantile community almost to fanaticism. Thus it was in the special congress old and respected leaders were not only at a discount but openly insulted by his followers. We do not know whether Mr. Gandhi always releases that his words may at times have consequences quite beyond his grasp. We begin to see that his non-violence is by no means synonymous to peace and order.

The different frames of mind, the doctrine of non-violence fell in with may be summarised as thus—

I. A sincere and patriotic indignation at the Punjab atrocities and the weakening of the faith in the Govt.

The ferocious atrocities committed in the Punjab and the prepritators of the crime going scot free fill the heart of every patriotic Indian with deep indignation. The whole country joined in a strong demonstration against the wrongs and was going to give a definite shape to its demand, when the indefinite scheme of non-cooperation was set on foot by Mr. Gandhi people rushed to it regardless of its unbalanced chaotic character allured by the noise and tumult it produced. But a mere creation of a noise in which the non-cooperators have certainly scored a notable success will in no way go to redress the wrongs or minimise the chances of their reputation is as clear as any thing. A more definite and more pointed demonstration is needed such as was organised in Bengal against the Partition. The fate of Satyagrah movement ought to have shaken the beliefs in Mr. Gandhi's method but a mystic devotion to personalities is a characteristic feature of the Indian mob. The death of Lok Manya Tilak has thrown the whole group of nationalists at Mr. Gandhi's mercy. Many of its thoughtful leaders even those of Maharashtra side with all the plethora of social and economic views on their back meekly joined the ranks of the non-cooperators to keep the prestige of the Congress or, to speak less politely, to save themselves from the hooting of the ignorant and juvenile mob. All honour is due to those bold and conscientious leader who have held their own. Their attitude may not commend itself to those who are for subordinating every principle to the desire for more immediate results. Some of the leaders driven to disappointment by the illiberal policy of the Government are watching with indifference and possibly with a degree of satisfaction the tumult raised by the movement though depreciating the movement itself. But they must not lose sight of the fact that while there are few selfless and honest workers in the movement whose noble and patriotic sacrifices deserve every recognition, the number of persons is by no means small who want to play a double game at the expense of others and seek a scope for their activities a against a large section of the population. The under currents at work should not escape our observation. To expose the aimless chaotic character of this non-cooperation and detect the evil forces in disguise under its banner, a clear and definite home rule propaganda should be put before the public as a substitute, for in view of their country's sufferings the people are not disposed to sit idle. They want something to do.

II. An exaggerated notion of individual importance having its root in arrogance and vanity.

Western education had filled the minds of our youths with ideas of individual liberty which in the majority of cases are so vague and confused as to dim all sense of social and moral discipline. To them existence of authority in any form and in any sphere domestic, social or political is repugnant. In the administration they want to see too much of a machine and too little of personality. The thoughtless writings of a section of the vernacular press have led them to an identification of this spirit with a sense of patriotism. That this spirit is wholly incompatible with a healthy growth of true and constructive patriotism is a fact that requires no illuciation.

III. Malice begot by pride of wealth against power and a growing desire to associate power with wealth on a more extensive scale so as to bring these agricultural classes under sway who have managed to hold off or are in a position of power.

We may see why the non-cooperation movement has found so much favour with the mercantile classes and why so many of them have come forward with such an unprecedented zeal to preach the doctrine. In the first place it requires no amount of sacrifice from them while it asks the non-mercantile classes to relinquish all that is still left in their hands. Although 'Boycot' is one of the items of the scheme of non-cooperation, they are shrewd enough to see that it is a negligible item, not likely to be pressed upon them with any seriousness, being pronounced impracticable. The practicability lies wholly on the side of the non-mercantile classes. What can be more practicable than withdrawing from schools and colleges, giving up Govt. service, fighting with one another as Zamindars and tenants and more impracticable that abandoning a transaction with foreign traders in respect of a single article. As this disparity is daily coming into prominence, the attitude of the people is bound to grow less acquiescent. One may say that when the situation will demand a new handling, Mr. Gandhi will rise equal to the occasion. But I now take things as they are.

Agents, brokers, speculators, exporters, importers and dealers are to continue their respective business with all pump and luxury. It is only the non-mercantile political classes who are to come out of their sphere and throw themselves at the disposal of the mercantile community whose capital has so far failed to attract them. As has been already shown the landed classes were not only deprived of much of their land but also of their wealth which before passing to the foreign traders left not an inconsiderable portion of it in the hands of intermediate Baniyas. This accumulation of wealth in many instances followed by an acquisition of land resulted in an ambition to walk with a patronising air in circles that kept them at a respectful distance. In any other country, the fulfillment of such ambition would not have been only easy but quite natural. But in a country where hereditary aptitudes play an important part in the organisation of society, things took a different course. The members of the non-mercantile political classes, finding it no longer possible to keep to land, took advantage of the English education, flocked to the Govt. service and thus saved their dignity and self-respect against the aggression of the mercantile classes.[1]

Brahmins, Kshatriyas, Kayasthas and some others have for generations supplied the administrative body of India whatever the nationality of the rulers, and the introduction and development of British rule inspired these classes to qualify themselves for a continuance, under the new conditions of their hereditary careers (Report on Indian constitutional reform). It was so to speak a pathetic effort on their part to extract some sort of compensation out of the unfavourable situation brought about by the British rule. It is the descendents of the agricultural and political landowning classes who mostly fill the ranks of the Govt. service. Power is the essence of their life and they care little for money so long as they retain it. To them money is not power but power is money. They form the bulk of what is called the educated middle class. They hold it as their right to cooperate with the Govt. of the land in the exercise of their power-military and civil.

1. The higher classes of Hindus.

The scope for their non-co-operation lies within co-operation. Landed position of most of them are gone and they have acquired urban habits. If their sons do not enter Govt. service what career will they find open to them? They will have to bow to wealth as their fathers now do to power for which the wealth makes and will go on making so long as the world lasts-humble prostrations ! What a moral prospect before them ! Even if we take them to be devoid of all sense of self respect a thing hardly conceivable, can our mercantile magnates go so far in their presumptions as to think of covering the country with a net work of offices and institutions as the Govt. has done and maintain a single generation of educated middle class?

The merchants who now look askance at power, should bear in mind that it was under the protection of the power of British arms that they were able to collect and keep silver and gold so long. Many of their over minded brethren are fully conscious of the fact and have not allowed themselves to be carried away by false estimates of their importance. Our youngmen of education should note that power can not be shared equally by each and every member of a nation whatever constitution a country may determine for itself. I would call their attention to this obvious truth. In obedience to an impulse they must not commit themselves to a position from which they will have to retrace their steps sooner or later.

The touch of Bolshevism in the utterances of Mr. Gandhi appeals to popular imagination only so long as it is partial. A little reflection will enable them to see that this non-co-operation is only a surface agitation in which so many irreconcilable elements are trying to assert themselves. We find in this movement persons who take the latest craze in Europe to be the culminating point of human progress and want to make a clean sweep of everything that gas come down from the past, as well as the persons who are cherishing a dream of ancient India and contemplating a revival of every thing of antiquity, persons enlivened with a modern spirit of devotion to the country of their birth as well as persons keeping a tenacious hold of the ideas of unity on the basis of caste, creed and religion, all of them believing that they are moving towards realisation of their different aims and ideals. Such a curious amalgam is not destined to keep its constituents together very long. Mr. Gandhi's ideas of Swarajya is therefore a fantastic one. He or any other Mahatma can not perform the miracle of reconciling things so conflicting.

That out of the three frames of mind mentioned above it is the last two that have a dominating influence over the majority of the followers of non cooperation and constitute the mentality of the new type of nationalism may be inferred from the attacks directed against those quarters that command respect or retain power of any sort cultural, social or political.

We have acquired a habit of thinking that the landed class act as a constant drag upon the activities of the educated people. But I make hold to say that they are much more altruistic and far less prone to selfish influences than the kothiwallas of the town. Nothing could be more flattering to the pride of the Urban capitalists and money makers than witessing a process of their humiliation and contemplating a total extinction of all which is noble in rural areas. Landed classes should make a common cause against the urban mercantile classes who, taking undue advantage of their favourable situation, are endeavouring to bring them down to the lowest possible level. As there is no impossible barrier between a Kisan and a Zamindar, a Kisan may become a Zamindar and a Zamindar a Kisan. They can see for themselves that what is really aimed at is the reduction of the whole of the rural population to the position of more humble peasants with no chances left for any one of them to acquire social status and dignity. Urban mercantile gentry is to be the only gentry in the land. It remains to be seen how an agricultural country like India can tolerate this. It is hoped that recent occurrences will bring home the landed classes to the necessity of joint action on their part with the purpose of practical non-co-operation.

The Village population consists of zamindars, kisans and the labourers. It was for the most part among the last, the most ignorant and credulous that the agitators have been busy in fomenting unrest by inflammatory speeches. As a matter of fact Zamindars and Kisans suffered alike by their acts of barbarism. At a time when scarcity of labour has already been causing grave anxiety to the poor cultivators and greatly hampering agricultural operations, is it human to go and make the problem still more difficult for them. By the word Zamindar we often understand big land holders and never think of these small proprietors who though conscious of their high birth, find it extremely hard to maintain themselves on their poor income. They are as much cultivators as their tenants. It is they who have fallen victims to the generosity of our agitators. As towns, the seats of money makers, have attracted a large proportions of the labouring population the cultivators are it wits how to go on with their work. The strict rule of caste does not allow the higher classes to handle the plough. Releasing the situation a friend of mine has been valiantly carrying on an agitation against this rule for the last ten years. In view of the fact it is not difficult to realise how disastrous to the Kisans, whose champions the agitators represent themselves to be, is the attempt to cut of the supply of labour altogether. Can we not more forcefully call such agitators agents of the town people pledged to set free rural labour for their sole utilisation.

A regular scheme of attack on the ruling princes—

A Hindi weekly has been started solely with this object. It must be observed that the first quarter selected for the attack was Rajputana, the home of Marwari community. Obviously ruling class has not proved its democratic character. It is time for the chiefs to come forward with all their national ideals and so devote themselves to the well-being of the people as to leave no rooms for scandal. By this means they will be able to frustrate the designs which envy has been secretly weaving against them for the last few years. They must emphatically prove that they know their business better than the persons who gloat over their shortcomings and take delight in making attack from towns in British India. They must erect democratic bulwarks around them and offer sufficient indications of the form of Govt. they represent. By their noble examples, they must show how gentility, equality mercy, forgiveness, selflessness, and other high qualities can shine with the power and possession. The subjects of the native states must guard themselves against mechanisation of personality. They must realise their own grievances themselves and must not succumb to any false cry with apprehension which may be raised by biassed and interested persons.

Between these attempts and a rush towards non-cooperation a parallelism is discernible. We can discern clearly the direction to which these activities are bent. One may see in all this, echo of the world movement. But unhappily it is not so. It is a move towards capitalism from which the countries of the west are trying to free themselves. It is an attempt to aggrandise wealth and set up mean American standard of personal value in society.

The most alarming feature of the whole situation is that almost the entire Hindi press has now come under the influence of the mercantile community. Most of the nationalist Hindi papers owe their existence to its capital or look to it for circulation. Hindi dailies of Calcutta are greatly influenced by Bara Bajar opinion. This fact is due to the out pouring of vernacular literature subversive of all rules of social order and discipline. Under the circumstances, the non-mercantile community stands in need of national organs free from unhealthy mercantile influences and capable of building up an ideal of nationalism compatible with every phase of Indian life. Principles are to be initiated and standards set. Unless and until such papers are started in every part of the country, the interests of the non-mercantile political classes are likely to suffer by the misrepresentations of the irresponsible enthusiastic. My subject is neither to open a discussion on the merits of the doctrine of non-cooperation nor to controvert any of its assertion or assumptions. What I really mean to point out is the partial way in which it is preached and practised. If non-mercantile political classes are asked to withdraw themselves from Govt. service the mercantile classes should also be prepared to give up all their business in connection with the British or Foreign goods. As the non-cooperation may go to the extent of non payment of revenue, what guarantee the land owning and agricultural classes have that the members of the mercantile community will not rush forward to purchase their lands when put up to auction? Equal sacrifice on both sides should characterise the policy of the non-co-operators. They must take a broader view of their task if they really count on being able to stop the Government machinery and paralyse British trade. The splendid sacrifices so far made are confined to the non-mercantile classes. The mercantile community has joined only in the rush and tumult with a very little show of liberality. Some of its members who are crying hoarse on the non-cooperation platforms are persons whose mere participation in anything is enough to render its character doubtful in the eyes of those who know them. The sooner they are made to draw in their horns the better.

[The Indian People, 28th Sept., 1905]

असहयोग और गैर-व्यापारिक वर्ग

व्यावसायिक और अव्यावसायिक वर्गों में जनता का विभाजन दुनिया में कहीं भी इतना स्पष्ट नहीं जितना कि भारत में है। जाति प्रथा नाम की संस्था ने मनुष्यों की ऐसी पुश्तैनी श्रेणियों को जन्म दिया है जो अन्ततः दो सुस्पष्ट समूहों के रूप में दृढ़ हो गईं। आधुनिक व्यापारवाद के शोर-शराबे में राजनीतिक और खेतिहर वर्गों ने अपने आपको व्यवसाय-कर्म से दूर रखा है, बावजूद उस प्रतिकूल स्थिति के जिसे ब्रिटिश राज ने पैदा किया है। शासन के लिए भारतीय शासकों ने गैर-व्यावसायिक राजनीतिक वर्गों को स्थायी रूप से ज़मीन से जोड़कर और उनके लिए सरकारी रोज़गार के दायरों को बढ़ाकर अपना एक अलग प्रभाव-क्षेत्र बना रखा था। समाज में इस तरह एक पक्का सन्तुलन क़ायम रहा। जहाँ व्यावसायिक वर्ग धन के संचय में लगे हुए थे, वहीं राजनीतिक और खेतिहर वर्ग ऐसी आय से सन्तुष्ट थे जो उनकी शक्ति की स्थितियों और क्षेत्र के अलगाव को बनाए रखने के लिए काफ़ी थीं। भूमिदानों के द्वारा अगर अधिक प्रतिष्ठित परिवारों को साथ बाँधकर रखा गया था, तो दूसरों को उन्हीं से काश्त के लिए ज़मीनें मिला करती थीं। खेती बहुत पहले से ही व्यापारी वर्गों का पेशा नहीं रह गई थी और दूसरों के अलावा राजनीतिक वर्गों के अपेक्षाकृत अधिक साधारण लोग ही इसमें लगे हुए थे। लड़ाई के दिनों में सर्वोच्च शक्ति लड़नेवालों के लिए और साज़-सामान के लिए उन्हीं की तरफ़ देखती थी, जैसा कि अभी हाल की लड़ाई के दौरान उसने किया है।

व्यावसायिक और अव्यावसायिक वर्गों में जनता और उसके रुझानों का यह विभाजन आज भी उतना ही यथार्थ है जितना कि दो हज़ार साल पहले था। भूमि और राजकीय सेवा आज भी उनकी जीविका के मुख्य स्रोत हैं। अगर एक ब्राह्मण या एक क्षत्रिय को बाप-दादों का गाँव छोड़ना पड़े तो वह शहर की सड़कों पर कपड़े बेचने की बजाय सरकारी मुलाज़िम ही बनना चाहेगा। इसी तरह नौकरी से लगा हुआ कोई कायस्थ अगर थोड़ी-सी बचत कर ले वह कोई किराने की दुकान खोलने की बजाय ज़मींदारी ही ख़रीदना चाहेगा। (इसे अब तो ख़रीद-बिक्री की चीज़ बना ही दिया गया है।) ये लोग या तो ज़मीन से जुड़े रहना पसन्द करते हैं या फिर अपने-आपको तनख़्वाहों के रूप में उसके राजस्व के एक भाग के पात्र साबित करते हैं। इसमें कोई अजीब बात है भी नहीं। पश्चिम के प्रमुख व्यावसायिक देशों तक में लोग कारोबार करके पैसा बनाने

की बजाय सरकार की नौकरी करते देखे जा सकते हैं। भारत को लें तो अकेला अन्तर यह है कि यह समाज पुश्तैनी है और आबादी के कुछ खास भागों की पहचान है।

अंग्रेज़ों के आने से पहले दोनों में से हर समुदाय अपने-अपने दायरे में सन्तुष्ट था। एक समुदाय जहाँ पूरी तरह पैसा बनाने की निजी योजनाओं में लगा रहता था, वहीं दूसरे समुदाय के पास रोज़मर्रा के जीवन में इतना धन शेष बचता था कि राज्य को अपनी असैनिक और सैनिक सेवाएँ प्रदान कर सके। दोनों के मर्तबों को एकदम अलग-अलग माना जाता था। शासक व्यापारी नहीं बन सकता था और व्यापारी शासक नहीं बन सकता था। इस ठोस सिद्धान्त के प्रति अज्ञान या उसकी उपेक्षा ने, और साथ में क्लासिकी देशप्रेम के संकीर्ण विचारों ने, यूरोप के लगभग सभी राज्यों को निर्भय शासकों की जमातों में बदलकर रख दिया। ईस्ट इंडिया कम्पनी की मार्फ़त यूरोप का घृणास्पद व्यापारवाद यहाँ पहुँचा और उसने उस सन्तुलन को हिलाकर रख दिया जो समाज के दोहरे विभाजन के आधार पर लम्बे अरसे से चला आ रहा था। चूँकि कम्पनी अपने व्यावसायिक प्रसार के लिए बनियों पर निर्भर थी, इसलिए उसने ऐसी स्थिति पैदा की जो सिर्फ़ उनके ही अनुकूल थी। कम्पनी के गुमाश्तों और कारिन्दों के रूप में भारी मुनाफ़े कमाने के साथ-साथ उन्होंने ज़मीन को भी ख़रीद के लिए उपलब्ध पाया। उनको बड़े-बड़े इलाक़ों की मालगुज़ारी का अमीन बना दिया गया, दीवान बना दिया गया, और उनको बहुत से दूसरे तरीकों से भी महत्त्व मिला। इस नई राजनीतिक स्थिति का उन्होंने क्या-क्या फ़ायदा उठाया, यह इतिहास के छात्रों से छिपा हुआ नहीं है। बर्क ने 'हेस्टिंग्ज़ का मुक़दमा' में इस स्थिति का जीवन्त वर्णन किया है। भूमि के साथ खेतिहर वर्गों के जुड़ाव का स्थायित्व हमेशा के लिए ख़त्म हो गया और उन्हें लगातार बढ़ती बदहाली का शिकार बनाकर रख दिया गया। लालची वकीलों की फ़ौज से भरी अदालतों ने उनकी तबाही को मुकम्मल कर दिया। क़ानूनी पेचीदगियों के चलते मुक़दमेबाज़ी भूस्वामी वर्गों के जीवन की ऐसी अपरिहार्य विशेषता बन चुकी है कि सरकार की माँग पूरी करने के बाद एक औसत ज़मींदार के पास कुछ बचता ही नहीं। अपनी ज़मीनों को बचाकर रखना अब उन्हें असम्भव लग रहा है। काफ़ी-कुछ ज़मीनें उनके हाथों से निकल चुकी हैं और अभी भी निकलकर उन शहरी सूदखोरों के हाथों में जा रही हैं जो उनको पाने की इच्छा सिर्फ़ अपना रुतबा बढ़ाने के लिए कर रहे हैं। सचमुच के भूस्वामी और खेतिहर वर्गों की दयनीय अवस्था के लिए सरकार की मालगुज़ारी की नीति एक बड़ी सीमा तक ज़िम्मेदार है। मिट्टी और भूमि पर आबादी के दबाव से पैदा तकलीफ़ों के अलावा भूमि के स्वामी या काश्तकार को क़दम-क़दम पर मालगुज़ारी का कोई न कोई हाकिम उसे बेइज़्ज़त करने के लिए खड़ा नज़र आता है। व्यवसाय के क्षेत्र के ख़िलाफ़ इतना बड़ा कोई तंत्र दिखाई नहीं देता। विदेशी व्यापार ने व्यवसायी समुदाय के लिए उद्यमशीलता के जो लम्बे-चौड़े और विशाल क्षेत्र पैदा किए हैं, वे लगभग नज़रों से ओझल रहते हैं और पुराने रीति-रिवाजों पर चलते हुए सरकार आज की भूमि को राजस्व का अकेला स्रोत समझ रही है। भूस्वामी वर्गों का पक्ष अगर सरकार के सामने रखा गया होता तो आज उनकी हालत इतनी बुरी नहीं होती।

जहाँ ज़मीनों से जुड़े वर्ग रोज़ाना तबाही की ओर धकेले जा रहे हैं, वहीं शहरों के बनिया निर्यात-आयात व्यापार के द्वारा बेपनाह मुनाफ़े कमा रहे हैं। देशी उद्योगों का विनाश उनके लिए सुखों का स्रोत था। कलकत्ता, बम्बई और व्यापार के दूसरे केन्द्रों की तरफ़ बड़े पैमाने पर मारवाड़ियों का प्रवास इस तथ्य के पर्याप्त संकेत देता है। ज़मींदारों और फलस्वरूप काश्तकारों से सरकार की भारी वसूलियों के मुक़ाबले सौदागर या व्यवसायी को अपने भारी मुनाफ़ों में से सरकार को कुछ भी देना नहीं पड़ता। एक जहाँ सरकार की लादी हुई असुविधाओं के अन्तर्गत तड़प रहा है, वहीं सरकारी संरक्षणवाद का पूरा-पूरा सुख उठाते हुए दूसरा उसकी खिल्ली उड़ा रहा है। इस असंगति को जितना जल्द दूर किया जाए, उतना ही अच्छा। चूँकि भारतीय जनता का एक विशाल भाग ग्रामवासी है, इसलिए उसके हितों पर सरकार का ध्यान सबसे पहले जाना चाहिए। आशा है कि सरकार समय रहते जागेगी और उन लोगों के प्रति दायित्व की भावना का परिचय देगी, जिनसे वह स्वाभाविक रूप से आपात स्थितियों में मानव-बल, धन और साज़-सामान पाने की आशा रखती है। उनकी स्थिति की बहाली के लिए उनके हक़ में मालगुज़ारी का नए सिरे से निर्धारण, संरक्षण के क़ानून, भूमि से सम्बन्धित क़ानूनों में सरलता का समावेश, ग्रामीण न्यायिक बोर्डों का गठन, और ऐसे ही दूसरे क़दमों की आवश्यकता होगी। उनकी भावनाओं और अनुभूतियों पर ध्यान दिया जाना चाहिए।

जो लोग शासन की शक्ति से वंचित हैं या जो किसी शासक घराने या ख़ानदान से सम्बन्धित नहीं हैं उनको राजा या महाराजा की पदवी दिए जाने को अधिकांश हिन्दू अपनी राष्ट्रीय गरिमा का भयानक अपमान समझते हैं। देखते हैं कि इस अपमानजनक प्रहसन को समाप्त करने की राह पर सरकार कब क़दम बढ़ाती है। जैसा कि हर कोई जानता है, 'राजा' शब्द का अर्थ शासक, बादशाह या कम से कम शाहज़ादा तो होता ही है। क्या किसी अंग्रेज़ को किंग की या मुस्लिम सज्जन की पदवी दिए जाने की बात कोई सोच भी सकता है? राजा शब्द धन-सम्पत्ति नहीं बल्कि शासन की सैन्य-शक्ति का सूचक है। संयुक्त प्रांत या अवध में ऐसे क्षत्रिय परिवार हैं, जिनके पूर्वज सचमुच के शासक थे। कब और कैसे उनके हाथों से सत्ता निकल गई, इसका स्पष्ट ज्ञान नहीं है। इन ख़ानदानों में अगर राजा की पदवी चली आ रही है तो इसे विरासत का अंग माना जाता है और उनके साथ जुड़े हुए शासक भी इस पर नाक-भौं नहीं सिकोड़ते। आमतौर पर वे प्राचीन और सुजन्या परिवारों के प्रतिनिधि हैं और उनकी जागीरें किसी क्षेत्र-विजय या किसी मध्यकालीन सम्राट के भूमिदान के परिणाम हैं। (भारतीय संवैधानिक सुधार सम्बन्धी रिपोर्ट।) वांछित यही है कि उनकी स्थिति और उनके लिए सुलभ सैन्य सेवाओं के बारे में एक गहन छानबीन की जाए। अवध के ताल्लुकेदारों को अभी हाल में जो विशेष सुविधा दी गई है, कि वे अपने लड़कों को रायल मिलिटरी कॉलेज, स्टैंडहर्स्ट में भेज सकते हैं, वह उनके सच्चे चरित्र को वापस लाने में काफ़ी मददगार साबित होगी। रियासतों की सैनिक सेवाओं के संरक्षण के लिए एक क़ानून बनाना सरकार का पर्याप्त कर्तव्य है।

देश में अभी हाल में राजनीतिक क्रियाकलाप का जो रूप सामने आया है, वह एक बड़ी सीमा तक व्यावसायिक समुदाय के आकस्मिक आगमन का परिणाम है–इसे जानने के लिए किसी भारी कल्पनाशक्ति की आवश्यकता नहीं है। कोई चार साल पहले मैंने कलकत्ता के एक मारवाड़ी युवक को, जिसने विद्यालय-शिक्षा तक पूरी नहीं की थी, राजनीति के नाम पर हर तरह की बकवास करने और साधुओं जैसी बोली में श्री गांधी के व्यक्तित्व पर भाषण करते देखा। मुझे उसमें व्यक्तियों की एक ऐसी श्रेणी के दर्शन हुए, और आशंका के साथ हुए, जो तेज़ी से राजनीति के क्षेत्र में अपने पाँव पसार रही है। यूरोपीय आन्दोलनकारियों को समस्त रणनीति में पारंगत होकर श्री गांधी अभी दक्षिण अफ्रीका से आए हैं। एक आन्दोलनकारी के रूप में वे बेजोड़ हैं। भारत को ऐसे किसी व्यक्ति की भारी आवश्यकता थी। लेकिन एक आन्दोलनकारी सभी स्थितियों में एक अच्छा प्रशासक भी साबित होगा, यह बात मुझे कुछ ख़ास नहीं जँचती। श्री गांधी को वे तमाम अंग पता हैं जिनको छुआ जाए तो बेपनाह उत्तेजना पैदा हो सकती है। उनके आधे धार्मिक और आधे राजनीतिक प्रवचनों ने करोड़ों लोगों के दिलों को छुआ है और व्यवसायी समुदायों को लगभग उन्मादी बनाकर रख दिया है। यही कारण था कि विशेष अधिवेशन में न सिर्फ़ बुजुर्ग और सम्मानित नेतागण उपेक्षित रहे, बल्कि उनके (गांधी के) अनुयायियों ने खुलकर उनका अपमान किया। श्री गांधी क्या इसे महसूस करते हैं कि उनके शब्द कभी-कभी ऐसे परिणाम पैदा करते हैं जो उनकी पकड़ से बाहर हैं, यह हमें नहीं पता। अब तो हम यह भी देख रहे हैं कि उनकी अहिंसा किसी भी तरह शान्ति और व्यवस्था का पर्याय नहीं है।

जो मनोस्थितियाँ अहिंसा के सिद्धान्त की क़ायल हुईं उनको संक्षेप में इस प्रकार से रखा जा सकता है–

एक–पंजाब के अत्याचारों पर क्षोभ की एक सच्ची और देशप्रेम से प्रेरित भावना व सरकार में आस्था की कमी।

पंजाब में किए गए भयानक अत्याचारों के कारण और इस अपराध को अंजाम देनेवालों के खुल्लमखुल्ला बच निकलने के कारण हर देशप्रेमी भारतीय का हृदय एक गहरे क्षोभ से भर उठा है। इन अत्याचारों के ख़िलाफ़ पूरे देश ने एक होकर ज़ोरदार आवाज़ उठाई, और देश उस समय अपनी माँग को एक सुस्पष्ट रूपरेखा देने ही वाला था कि श्री गांधी ने असहयोग की अनिश्चित योजना का आरम्भ कर दिया। इसने जो शोर-शराबा पैदा किया उससे मोहित होकर, उसके असन्तुलित और बेतरतीब चरित्र की परवाह किए बिना, लोग उसकी तरफ़ दौड़ पड़े। लेकिन मात्र एक कोलाहल का सृजन, जिसमें असहयोगियों ने निश्चित ही एक उल्लेखनीय सफलता प्राप्त की है, किसी भी तरह अन्यायों का निराकरण नहीं कर सकेगा या उनके दोहराव की सम्भावना को कम नहीं कर सकेगा–यह बात एकदम स्पष्ट है। आवश्यकता इससे कहीं अधिक स्पष्ट और कहीं अधिक दोटूक विरोध की है, जैसा कि विभाजन के विरोध में बंगाल में आयोजित किया गया। सत्याग्रह आन्दोलन के हश्र से श्री गांधी की पद्धति पर से विश्वास उठ जाना चाहिए था, लेकिन व्यक्तियों के प्रति एक रहस्यमयी आस्था भी तो भारतीय जनता

के चरित्र की विशेषता है। लोकमान्य तिलक के निधन ने राष्ट्रवादियों के पूरे समूह को श्री गांधी की दया पर निर्भर कर दिया है। कांग्रेस की प्रतिष्ठा क़ायम रखने के लिए या कुछ अक्खड़पन से कहें तो अपने आपको जाहिल और बचकाना भीड़ के तानों से बचाने के लिए उसके अनेक विचारसम्पन्न नेता, जिनमें महाराष्ट्र के नेता भी शामिल थे और जिनके पास सामाजिक और आर्थिक दृष्टिकोण का दमख़म था, दब्बूपन के साथ असहयोगियों की क़तार में शामिल हो गए। आदर के पात्र हैं वे दिलेर और अन्तरात्मा से सम्पन्न नेता जिन्होंने अपने क़दम जमाए रखे। हो सकता है उनका रवैया उन लोगों को न भाए जो हर एक सिद्धान्त को अधिक तात्कालिक परिणामों की भेंट चढ़ा देने के पक्षधर हैं। सरकार की अनुदार नीतियों के कारण हताशा के शिकार हो चुके कुछ नेता इस आन्दोलन के खड़े किए हुए शोर-शराबे को, हालाँकि वह स्वयं इस आन्दोलन का परिणाम रहा है, उदासीनता के साथ या सम्भवतः थोड़े-बहुत सन्तोष-भाव के साथ देख रहे हैं। लेकिन यह बात भी उनकी आँखों से ओझल नहीं होनी चाहिए कि जहाँ इस आन्दोलन के पास थोड़े से ऐसे निःस्वार्थी और ईमानदार कार्यकर्ता हैं, जिनके उदात्त और देशभक्ति से प्रेरित बलिदान हर तरह से सम्मान के अधिकारी हैं, वहीं ऐसे व्यक्तियों की संख्या किसी भी तरह से कम नहीं है, जो दूसरों की क़ीमत पर एक दोहरा खेल खेलना चाहते हैं और जनता के एक बड़े भाग के ख़िलाफ़ अपने कार्यकलापों के लिए गुंजाइश तलाश कर रहे हैं। जो प्रच्छन्न धाराएँ यहाँ कार्यरत हैं वे हमारी आँखों से ओझल नहीं होनी चाहिए। इस असहयोग के दिशाहीन और अराजक चरित्र को बेनक़ाब करने के लिए और उसके परचम तले भेष बदले खड़ी बुराई की शक्तियों का पता लगाने के लिए विकल्प के रूप में होम रूल की एक स्पष्ट और सुनिश्चित रूपरेखा जनता के सामने रखी जानी चाहिए, क्योंकि अपने देश के दुखों को देखकर लोग भी हाथ पर हाथ धरे बैठने को तैयार नहीं हैं। वे कुछ करना चाहते हैं।

दो–वैयक्तिक महत्त्व की एक अतिरंजित धारणा जो दम्भ और अहं की उपज है।

पश्चिमी शिक्षा ने हमारे युवा वर्ग के मन को वैयक्तिक स्वतंत्रता के विचारों से ग्रस्त कर रखा है, पर अधिकांश दृष्टांतों में ये विचार इतने धुँधले और भ्रमित हैं कि सामाजिक व नैतिक अनुशासन की समस्त भावना धुँधली पड़ जाती है। उनकी राय में किसी भी रूप में तथा घरेलू, सामाजिक या राजनीतिक किसी भी क्षेत्र में सत्ता का होना ही घृणास्पद है। प्रशासन में वे मशीन का बहुत अधिक और व्यक्ति का बहुत ही कम दर्शन करना चाहते हैं। देशी भाषाओं के प्रेस के एक भाग की बुद्धिहीन रचनाओं के कारण यह भावना देशभक्ति की भावना का पर्याय बन चुकी है। इस बात की किसी लम्बी-चौड़ी व्याख्या की आवश्यकता नहीं कि सच्ची और रचनात्मक देशभक्ति के स्वस्थ विकास के साथ यह भावना एक सिरे से बेमेल है।

तीन–सत्ता के ख़िलाफ धन के दम्भ से जन्मा द्वेषभाव तथा एक अपेक्षाकृत बड़े पैमाने पर धन के साथ शक्ति को जोड़कर देखने की बढ़ती इच्छा, ताकि उन खेतिहर वर्गों को अपनी मातहती में लाया जा सके जो अपने दम पर खड़े हैं या शक्ति से सम्पन्न हैं।

हम देख सकते हैं कि असहयोग आन्दोलन को व्यावसायिक वर्गों का इतना अधिक समर्थन क्यों मिला है और क्यों इतने अधिक लोग इस क़दर अभूतपूर्व उत्साह के साथ इस सिद्धान्त के प्रचार के लिए आगे आए हैं। पहली बात यह है कि इसके लिए उन्हें कोई बलिदान देने की आवश्यकता नहीं है, जबकि यह अव्यावसायिक वर्गों से उनके पास जो कुछ भी है उसका त्याग करने की माँग करता है। हालाँकि 'बहिष्कार' असहयोग की योजना का एक भाग है, पर वे होशियार हैं कि यह एक नगण्य भाग बना रहे और गम्भीरता से इस पर कभी ज़ोर न दिया जाए, कि इसे तो अव्यावहारिक घोषित कर दिया गया है। इसके व्यवहार का बोझ पूरी तरह अव्यावसायिक वर्गों के सर पर है। अब इससे अधिक व्यावहारिक क्या होगा कि स्कूल-कॉलेज छोड़ दिए जाएँ, सरकारी नौकरियाँ छोड़ दी जाएँ, लोग ज़मींदारों और बँटाईदारों के रूप में एक-दूसरे से लड़ें, और किसी एक वस्तु के सिलसिले में विदेशी व्यापारियों के साथ ख़रीद-फ़रोख़्त से अधिक अव्यावहारिक क्या हो सकता है! चूँकि यह विषमता दिन-ब-दिन स्पष्ट होती जा रही है, इसलिए जनता के रवैये में सहिष्णुता का कम होते जाना लाज़मी है। चाहें तो आप यह कह लें कि जब एक नए ढंग से स्थितियों से निबटने का सवाल उठेगा, तब श्री गांधी मौक़े की माँग पर खरे उतरेंगे। फिलहाल तो हम मौजूदा स्थिति को ही लेते हैं।

एजेंट, दलाल, सट्टेबाज, निर्यातक, आयातक और डीलर सब अपना-अपना काम पूरी आन-बान-शान के साथ करते रहेंगे। ये तो सिर्फ़ ग़ैर-व्यावसायिक वर्ग हैं जो अपने दायरे से बाहर निकलेंगे और खुद को बस व्यावसायिक समुदाय के रहमोकरम पर झोंक देंगे जिनकी पूँजी अभी तक उनको आकर्षित नहीं कर सकी है। जैसा कि दिखाया गया, भूस्वामी वर्ग न सिर्फ़ अपनी ज़मीनों के एक बड़े भाग से वंचित हो चुके हैं, बल्कि अपनी धन-सम्पदा से भी वंचित हो चुके हैं, जिसका एक भाग, जो नगण्य तो नहीं ही था, विदेशी व्यापारियों तक पहुँचने से पहले बिचौलिया बनियों के हाथों में रह गया। अनेक दृष्टांतों में धन-सम्पदा के इस संचय ने और फिर भूमि की ख़रीद ने उन हलक़ों में मूँछों पर ताव देते हुए घूमने की महत्त्वाकांक्षा को जन्म दिया, जिन्होंने अभी तक उनको एक हाथ दूर ही रखा था। किसी भी दूसरे देश में ऐसी महत्त्वाकांक्षा की सिद्धि न सिर्फ़ आसान बल्कि पूरी तरह स्वाभाविक भी समझी जाती। लेकिन एक ऐसे देश में जहाँ समाज के संगठन में पुश्तैनी रुझानों की महत्त्वपूर्ण भूमिका रही है, हालात किसी और तर्ज़ पर आगे बढ़े। ग़ैर-व्यावसायिक वर्गों के प्रतिनिधियों ने अब भूमि से जुड़े रहना असम्भव समझकर अंग्रेज़ी शिक्षा का लाभ उठाया, सरकारी नौकरियों की तरफ़ दौड़ पड़े और व्यावसायिक वर्गों के हमले से इस तरह अपनी गरिमा और आत्मसम्मान को बचाने में कामयाब रहे।*

शासकों की क़ौमियत चाहे जो भी रही हो, ब्राह्मणों, क्षत्रियों, कायस्थों और कुछ दूसरों ने कई पीढ़ियों तक भारत को प्रशासनकर्मी दिए हैं, तथा ब्रिटिश राज के आरम्भ और विकास ने इन वर्गों को नई दशाओं में अपने पुश्तैनी व्यावसायों को जारी रखने का

---

* हिन्दुओं की ऊँची श्रेणियाँ।

सामर्थ्य पाने के लिए प्रेरित किया। (भारत में संवैधानिक सुधार सम्बन्धी रिपोर्ट।) यह ब्रिटिश शासन ने जो प्रतिकूल स्थिति पैदा की उसमें थोड़ी-बहुत रियाअत पाने के बारे में उनका यूँ कहें कि एक दयनीय प्रयास था। सरकारी सेवाओं की क़तारें अधिकतर खेतिहर और भूस्वामी वर्गों के वंशजों पर आधारित हैं। सत्ता उनके जीवन का उत्स है और जब तक वे इसे बचाकर रखते हैं, धन उनके लिए कुछ ख़ास महत्त्व नहीं रखता। उनकी नज़रों में धन सत्ता नहीं होता पर सत्ता धन होती है, जिसे शिक्षित मध्य वर्ग कहा जाता है उसका अधिकांश भाग इन्हीं लोगों पर आधारित है। सैन्य और असैन्य शक्ति के व्यवहार में मुल्क की हुकूमत से सहयोग करना वे अपना अधिकार समझते हैं। उनके असहयोग की गुंजाइश सहयोग में ही होती है। उनमें से अधिकांश की भूसम्पत्तियाँ जा चुकी हैं और उन्होंने शहरी आदतें अपना ली हैं। अगर उनके बेटे सरकारी नौकरियों में न जाएँ तो और कौन-सा व्यवसाय उनके लिए रह जाएगा? वे धन-सम्पत्ति के आगे आज वैसे ही सर झुका रहे हैं जैसे कि उनके बाप-दादे आज सत्ता के आगे झुका रहे हैं, जिसके सामने सम्पत्ति झुक-झुककर सलाम बजा रही है और तब तक बजाती रहेगी जब तक कि दुनिया क़ायम रहेगी। क्या है नैतिकता का रूप उनके सामने! अगर हम उनको आत्मसम्मान की समस्त भावना से वंचित मान लें, हालाँकि यह बात शायद ही मुमकिन लगे, तो भी क्या हमारे व्यापारी धन्नासेठ इतना आगे बढ़ सकेंगे कि पूरे देश को कार्यालयों और संस्थाओं के एक तंत्र में समेटने की बात सोच सकें, जैसा कि सरकार ने किया है, और शिक्षित मध्यवर्ग की बस एक पीढ़ी को सहारा दे सकें?

सौदागरों को, जो आज सूनी आँखों से सत्ता की तरफ़ देख रहे हैं, याद रखना होगा कि अगर वे इतने लम्बे समय तक सोना-चाँदी जमा कर सके और सुरक्षित रख सके हैं तो ब्रिटिश हथियारों के संरक्षण में ही कर सके हैं। उनके बहुत से गम्भीर सोच वाले लोग इसके बारे में पूरी तरह सजग हैं और वे अपने महत्त्व के झूठे दावों की रौ में बहने से बचते रहे हैं। हमारे शिक्षित युवकों को सोचना होगा कि कोई देश चाहे जो भी संविधान अपनाए, राष्ट्र के एक-एक सदस्य के बीच शक्ति का समान विभाजन सम्भव नहीं है। मैं उनका ध्यान इस सुस्पष्ट तथ्य की ओर खींचना चाहूँगा। बेहतर है किसी आवेश के वशीभूत वे कोई ऐसा रवैया न अपना लें, जिससे उनको देर-सवेर पीछे हटना पड़े।

श्री गांधी के कथनों में बोल्शेविकवाद की जो झलक है वह जनचेतना को तभी तक आकर्षक लगती है जब तक वह आंशिक रहती है। थोड़े से मनन से ही वे इस नतीजे पर पहुँच जाएँगे कि यह असहयोग सिर्फ़ एक सतही आन्दोलन है, जिसमें बहुत से परस्पर विरोधी तत्त्व सर उठा रहे हैं। इस आन्दोलन में हमें ऐसे लोग दिखाई देते हैं जो यूरोप के नवीनतम उन्माद को मानव-प्रगति का चरम बिन्दु समझ लेते हैं और जो अतीत से मिली हर चीज़ को झाड़ू लगाकर किनारे कर देना चाहते हैं। फिर इसमें ऐसे भी लोग हैं, जो प्राचीन भारत का सपना पाले हुए हैं और प्राचीनकाल की हर बात को दोबारा जीवन देना चाहते हैं। अपनी जन्मभूमि के प्रति समर्पण की आधुनिक भावना से प्रेरित लोग हैं तो ऐसे लोग भी हैं जो जाति, पंथ और धर्म के आधार पर एकता के विचार पर

मुश्किल से पकड़ बनाए हुए हैं। ये यह समझ रहे हैं कि वे तो अपने भिन्न-भिन्न उद्देश्यों और आदर्शों की प्राप्ति की दिशा में बढ़ रहे हैं। भानुमती का यह अजीब-ग़रीब कुनबा कोई बहुत दिनों तक एकजुट रहने वाला नहीं है। इस तरह श्री गांधी के स्वराज्य के विचार बड़े फन्ने ख़ाँ हैं। इस क़दर आपस में टकरा रहे तत्त्वों में तालमेल बिठाने का चमत्कार उनके या किसी भी महात्मा के बस की बात नहीं हैं।

ऊपर जो तीन तरह की सोचें दर्ज की गई हैं उनमें से अन्तिम दो तो वे हैं जिनका असहयोग के अधिकांश अनुयायियों पर एक ज़बरदस्त प्रभाव है, और नए प्रकार के राष्ट्रवाद की मानसिकता इन्हीं से बनती है। जिन लोगों को सम्मान से देखा जाता है या जिनके हाथों में सांस्कृतिक, सामाजिक या राजनीतिक, किसी भी प्रकार की शक्ति है उन पर होनेवाले हमलों से तो यही निष्कर्ष निकलता है।

हमने यह सोचने की आदत पाल ली है कि भूस्वामी वर्ग शिक्षित लोगों के कामों में बराबर टाँग अड़ाते रहते हैं। लेकिन मैं ज़ोर देकर यह कहना चाहूँगा कि वे नगरों के कोठी वालों के मुक़ाबले कहीं बहुत अधिक परमार्थवादी और स्वार्थ के प्रभावों के आगे कहीं बहुत कम झुकने वाले हैं। शहरों के पूँजीपतियों और धन्नासेठों के अहं को इससे बढ़कर सन्तोष देनेवाली कोई बात नहीं कि हम उनको अपमानित होते देख रहे हैं और ग्रामीण क्षेत्रों में जो कुछ उत्तम है उसके पूर्ण विनाश की बात सोच रहे हैं। भूमि से जुड़े वर्गों को शहरों के उन व्यावसायिक वर्गों के साथ एका क़ायम करना होगा, जो अपनी अनुकूल स्थिति का ग़लत फ़ायदा उठाकर उनको यथासम्भव नीचे से नीचे गिराना चाहते हैं। चूँकि किसान और ज़मींदार के बीच कोई अजेय बाधा नहीं है, इसलिए कोई किसान ज़मींदार बन सकता है और कोई ज़मींदार किसान बन सकता है। वे अपनी आँखों देख सकते हैं कि उद्देश्य वास्तव में यह है कि समस्त ग्रामीण जनता को हीन-दीन किसानों के स्तर तक पहुँचा दिया जाए और उनमें से किसी के पास सामाजिक स्थिति और गरिमा पाने का कोई अवसर न रहे। शहरों के व्यावसायिक भद्रजन ही अकेले भद्रजन रहें। देखना यह है कि भारत जैसा एक कृषि-प्रधान देश इसे कैसे बरदाश्त करता है। आशा है कि हाल की घटनाएँ भूमि से जुड़े वर्गों में व्यावहारिक असहयोग के उद्देश्य से अपने तईं संयुक्त कार्रवाई की आवश्यकता की चेतना पाएँगी।

गाँवों की जनसंख्या ज़मींदारों, किसानों और मज़दूरों पर आधारित होती है। ज़्यादातर इस आख़िरी श्रेणी में ही आन्दोलनकारी अपने उत्तेजक भाषणों के द्वारा असन्तोष भड़काने का प्रयास कर रहे हैं। वास्तव में उनकी बर्बरता से ज़मींदार और किसान एकसमान कष्ट उठाते रहे हैं। एक ऐसे समय में जबकि मज़दूरों की कमी ग़रीब काश्तकारों को भयानक रूप से चिन्ताग्रस्त कर रही है और खेतिहर कामों में भारी बाधा डाल रही है, क्या समस्याओं को उनके लिए और भी दुरूह बनाना मानवोचित है? ज़मींदार शब्द से हमारा अभिप्राय अकसर कड़ा भूस्वामी होता है और हम उन छोटे भूस्वामियों के बारे में कभी नहीं सोचते जो अपने सुजन्मा होने की चेतना से तो लैस होते हैं पर अपनी मामूली आय पर जीवनयापन करना, जिनके लिए बेहद कठिन होता है।

वे जिस हद तक काश्तकार, उसी हद तक बँटाईदार भी होते हैं। हमारे आन्दोलनकारियों की उदारता के शिकार ये ही लोग हुए हैं। चूँकि धन्नासेठों के गढ़ जैसे शहरों ने श्रमिक जनता के बड़े-बड़े भागों को अपनी ओर खींच लिया है, इसलिए काश्तकार हैरान-परेशान हैं कि वे अपना काम कैसे आगे बढ़ाएँ। जाति-प्रथा के कठोर नियम ऊँचे वर्गों को हल चलाने की अनुमति नहीं देते। इस स्थिति को महसूस करके मेरे एक मित्र पिछले दस बरसों से जवाँमर्दी के साथ इस नियम के ख़िलाफ़ आन्दोलन चला रहे हैं। इस सच्चाई के मद्देनज़र यह समझ पाना कोई मुश्किल नहीं है कि एक सिरे से श्रमिकों की आपूर्ति बन्द कर देने का प्रयास उन किसानों के लिए कितना घातक हो सकता है जिनके शुभचिन्तक होने का दावा ये आन्दोलनकारी करते हैं। क्या हम और भी ज़ोरों से यह न कहें कि ऐसे आन्दोलनकारी उन शहरी लोगों के एजेंट हैं जो सिर्फ़ अपने इस्तेमाल के लिए ग्रामीण श्रमिकों को मुक्त कराना चाहते हैं?

शासकजन पर हमले की बाक़ायदा एक योजना

केवल इसी ध्येय के साथ एक हिन्दी साप्ताहिक का आरम्भ हुआ है। हम देख रहे हैं कि हमले के लिए चुना गया पहला इलाक़ा राजपूताना है जो मारवाड़ी बिरादरी का गढ़ है। ज़ाहिर है कि शासक वर्ग ने स्वयं को लोकतांत्रिक साबित नहीं किया है। समय आ गया है कि शासकगण अपने तमाम क़ौमी आदर्शों के साथ आगे बढ़ें और स्वयं को जनता के कल्याण के प्रति इस तरह से समर्पित करें कि किसी लोकापवाद के लिए गुंजाइश न बचे। यही ढंग है उनके लिए उन साज़िशों को नाकाम बनाने का है जो पिछले कुछ वर्षों से ईर्ष्या-भावना उनके ख़िलाफ़ चुपके-चुपके बुनती आ रही हैं। उन्हें ज़ोरदार ढंग से यह साबित करना होगा कि वे अपना काम उन लोगों से बेहतर जानते हैं जो उनकी ख़ामियों पर गाल बजाते हैं और ब्रिटिश भारत के नगरों से हमले करने में आनन्द पाते हैं। उनको अपने इर्द-गिर्द लोकतंत्र जैसी रक्षक दीवार खड़ी करनी होगी और जिस प्रकार की शासन प्रणाली का प्रतिनिधित्व वे करते हैं उसके बारे में पर्याप्त संकेत देने होंगे। अपने उत्तम उदाहरण सामने रखकर उनको दिखाना होगा कि शक्ति और सम्पदा के सहारे सज्जनता, समानता, करुणा, क्षमा-भावना, स्वार्थहीनता और दूसरे उदात्त गुण किस तरह जगमग करते हैं। देशी रजवाड़ों की प्रजा को भी व्यक्तियों की साज़िशों के प्रति सजग रहना होगा। उन्हें स्वयं अपने कष्टों का अनुभव करना होगा और पूर्वाग्रहों व स्वार्थी व्यक्तिगत आशंकाओं के साथ जो झूठे शोर बुलन्द करते हैं उनका शिकार होने से बचना होगा।

इन प्रयासों के और असहयोग की दौड़ के बीच एक समानता देखी जा सकती है। ये गतिविधियाँ किस दिशा में बढ़ रही हैं, इसे हम साफ़-साफ़ देख सकते हैं। कोई शख़्स इस सबमें विश्वव्यापी आन्दोलन की गूँज भी सुन लेगा। लेकिन दुख की बात है कि ऐसा है नहीं। यह उसी पूँजीवाद की दिशा में एक क़दम है जिससे पश्चिम के देश मुक्ति पाने के प्रयास कर रहे हैं। यह धन-सम्पत्ति जमा करने का और समाज में निजी जीवनमूल्यों का निकृष्ट अमरीकी मानदंड स्थापित करने का प्रयास है।

इस पूरी स्थिति का सबसे चिन्ताजनक पहलू यह है कि लगभग पूरा हिन्दी प्रेस अब व्यापारी समूह के प्रभाव में आ चुका है। अधिकांश राष्ट्रवादी हिन्दी पत्रों का अस्तित्व उसी समूह की पूँजी पर निर्भर है और बिक्री के लिए भी वे उसी का मुँह देखते हैं। कलकत्ता के हिन्दी दैनिक बड़ा बाज़ार के जनमत से बहुत ही प्रभावित हैं। इसका कारण देशी भाषाओं में ऐसे साहित्य की बाढ़ है जो सामाजिक व्यवस्था और अनुशासन के सभी नियमों को ध्वस्त करता है। इन परिस्थितियों में ग़ैर-व्यावसायिक समुदाय को ऐसे राष्ट्रीय मुखपत्रों की आवश्यकता है जो अस्वस्थ व्यावसायिक प्रभावों से मुक्त हों और राष्ट्रवाद का एक ऐसा आदर्श स्थापित कर पाने में समर्थ हों जो भारतीय जनजीवन के हर चरण से मेल खाए। सिद्धान्तों का आरम्भ करना और मानदंड स्थापित करना होगा। देश के हरेक भाग में जब तक ऐसे पत्रों का आरम्भ नहीं होता तब तक ग़ैर-व्यावसायिक राजनीतिक वर्गों के हितों को ग़ैर-ज़िम्मेदार लोगों की ग़लतबयानियों के कारण हानि पहुँचती ही रहेगी। मेरा ध्येय असहयोग के सिद्धान्त के गुण-दोष पर बहस शुरू करना नहीं और न ही उसके किसी दावे, किसी मान्यता का खंडन करना है। मैं वास्तव में जो बात सामने लाना चाहता हूँ , वह उसके उपदेश और व्यवहार का एकतरफ़ा ढंग है। अगर ग़ैर-व्यावसायिक वर्गों को सरकारी सेवाओं का त्याग करने के लिए ललकारा जाता है तो व्यावसायिक वर्गों को भी ब्रिटिश या विदेशी वस्तुओं का सारा व्यापार बन्द करने के लिए तैयार रहना होगा। चूँकि असहयोग बढ़कर मालगुज़ारी की ग़ैर-अदायगी का सवाल भी उठा सकता है, इसलिए भूस्वामी और खेतिहर वर्गों के पास इस बात की क्या जमानत है कि जब उनकी ज़मीनों को नीलामी पर चढ़ाया जाएगा तो व्यावसायिक समुदाय के सदस्य उनकी ख़रीद के लिए नहीं लपकेंगे? दोनों पक्षों में समान बलिदान असहयोगियों की नीति की विशेषता होनी चाहिए। अगर वे सचमुच चाहते हैं कि सरकारी तंत्र को ठप्प कर दें और ब्रिटिश व्यापार को बन्द करा दें तो उनको अपने कार्यभार के प्रति एक व्यापकतर दृष्टिकोण अपनाना होगा। अभी तक किए गए शानदार बलिदान ग़ैर-व्यावसायिक वर्गों की ही तरफ़ से किए गए हैं। व्यावसायिक समुदाय उदारता का बस नाम-मात्र का दिखावा करके सिर्फ़ भेड़चाल और शोर-शराबे में भाग लेता रहता है। उसके कुछेक सदस्य जो असहयोग के मंचों से गला फाड़ रहे हैं, ऐसे व्यक्ति हैं कि किसी भी काम में बस उनकी भागीदारी ही उसके चरित्र को उन लोगों की दृष्टि में संदिग्ध बनाने के लिए काफ़ी है, जो उनको जानते हैं। जितनी जल्द उनको अपनी तुरही बजाने से रोका जाए, उतना ही बेहतर।

(द इंडियन पीपुल, 28 सितम्बर, 1905)

Observations on Hindi Literature

Sir, the letter respecting 'Hindi Literature' published in your paper of the 10th instant was really a surprise. That Mr. B.D. Malavi or Master (?), indifferent to action as he is, would meet the demand of 'scholars' (as he chooses to call them) to make an involuntary attempt at the justification of their conduct without the least guidance of reason and discretion, was to be expected.

At the outset the learned writer states his belief that Hindi, in spite of all its imperfections, is in a fair way to success, and has been progressing as in the days of Babu Harish Chandra. Will my friend name half a dozen books of any bulk and merit published after his time that may be said to be the outcome of profound and original thinking? That the translations do not serve all our ends he will also be ready to admit unless he believes that observations on the manners, customs and habits of any one nations hold good everywhere and that every trait of character of a particular society, will be found represented with equal accuracy in a picture of the others.

In the second paragraph the arguments which he ascribes to me I should repudiate as utterly assure and as not having been used by me. The learned master, it may be said, has ignored the facts that formed the basis of my assertions and getting hold of the introductory remarks has represented them as my principal arguments.

My friend endeavours to defend the editors and professes to discover great merit in them. His supposition that their inappreciation of the translation of Mr. Dutt's History had led me to judge so favourably of them must have been a result of careless perusal of the passage condemned. In my letter I had simply deprecated their unwillingness to allow it to be translated and not the light in which they might judge of the opinions contained therein. Now the book is before them, they are at perfect liberty to strengthen their preexisting beliefs regarding it and expose its demerits. I cannot but be thankful for the information that Hindi Weeklies are representatives only of the orthodox community and that they have no duty forwards the public at large. The tacit implication here is that their voice is to be deemed only as the echo of the orthodox to which one may or may not care to give ear. Even taking this for granted, is it also a part of their duty to stand in the way of those who are only trying to offer them a chance of finding reasons for the belief that the book is decidedly of a misleading type? In other words, will this excuse also place them out of the dominion of reason'? I would that this childish and fallacious argument had been confined to within a school room.

As to the question of the attainment of his editors I can't do better than but before him the translation of my letter published in the 'Bangabasi,' a leading Hindi weekly, which presents a good subject for laughter and ridicule to a school-boy (or see "Mohini" in which the mistakes of the translation have been pointed out.) The above will also serve as a reply to the idle boats of "Bharat Mittra" that Hindi editors never touch upon any thing in which they are not thoroughly versed, and that at least half a dozen graduates have their hands in the conducting of these papers.

In the fourth paragraph my learned friend seems to countenance the evil practice of translating books without acknowledging the authorship and obtaining the sanction of the writers. I hope my learned friend will allow me to underrate the value of these translations by saying that at any rate the practice will lower the Hindi writers in the estimation of the educated and not attracting fresh workers to the field. It is strange that after studying my letter for two months my critic could not comprehended my meaning. There is not word in my letter which prohibits 'studious and learned' under-graduates from pursuing the study of antiquities, philology, etc. I can't see by what rule of interpretation my friend has succeeded in controverting my meaning. To translate a passage which contains nothing but the simple fact that a room is 15th ft. long and 10th ft. wide, is a mark of scholarship in the view of my friend. If this be true then every school boy is a scholar whom the learned master should reference. My friend should know that the translators of facts to understand which requires no stretch of comprehension, have not the least share in the credit which is given to original writers; it is only the translator of philosophical and speculative writings who can partake to some extent of the merit of the original thinker, as a meet recompense for the exercise of his faculties.

Now I come to his concluding paragraph. Here I meet for the first time with the assertion that the question of Hindi style is still an open one. It means that the style in which the newspapers, magazines and a majority of books are written is liable to be replaced by any other. In a way it also implies indirectly either that no such person as Bhartendu ever lived, or that Hindi owes nothing to that eminent man. I see no reason to rebel against the Father of Hindi Prose Style. Another fact which has greatly incensed my learned friend is the mention of 'Adhkhila Phool' to illustrate my statement respecting the diversity of styles. He challenges me to show my illustration that no complex idea can find expression in the language of that book. In return, I also challenge him to furnish a translation of his own letter in such a style and convince me of my error. As to the style of the Dedication I say that it is extremely barbarous not to call such a style barbarous. My friend should know that I have much more reason to reverse the memory of the speakers of Sanskrit than he has, but I would not accept the assumption that after speaking all the rest of sentence in Sanskrit they gave utterance to a Tamil or Telgu verb in the end. How ridiculous it would be to introduce an English or French predicate into a Latin sentence !

[Mirzapur, 20th September : The Leader, 19th April., 1917]

'हिन्दी साहित्य' पर दृष्टिपात

श्रीमान्,

आपके परचे में 10 तारीख़ को 'हिन्दी लिटरेचर' शीर्षक से जो पत्र छपा है, सचमुच आश्चर्यजनक है। श्री बी.डी. मालवी या गुरु (?) ने क्योंकि कर्म की ओर से उदासीन तो वे हैं ही, जिनको वे 'विद्वान' कहते हैं, उनकी ज़रूरत को पूरा करने के लिए एक स्फूर्त प्रयास किया है, जिसको कि इनसे आशा की जा सकती थी; उन्होंने बुद्धि या विवेक का ज़रा-सा भी सहारा लिए बिना उनके आचरण को उचित ठहराने का प्रयास किया है।

विद्वान लेखक ने आरम्भ में ही अपना यह विश्वास व्यक्त किया है कि अपने तमाम अधूरेपन के बावजूद हिन्दी सफलता की दिशा में काफ़ी आगे बढ़ चुकी है और बाबू हरिश्चन्द्र के दिनों की ही तरह प्रगतिमान है। क्या मेरे मित्र आकार या गुणवत्ता से सम्पन्न ऐसी आधी दर्जन पुस्तकों के भी नाम लेंगे जो उनके बाद से प्रकाशित हुई हैं और गम्भीर व मौलिक चिन्तन की उपज कही जा सकती हैं? वे तो यह मानने को भी तैयार हो जाएँगे कि अनुवाद हमारी सारी ज़रूरतों को पूरा नहीं करते–जब तक वे यह न मानें कि किसी एक जनगण के तौर-तरीक़ों, रीति-रिवाज़ों और आदतों पर की गई टिप्पणियाँ हर जगह लागू हो सकती हैं या किसी समाज विशेष के चरित्र की हर विशेषता दूसरे समाजों के किसी चित्र में उतने ही सटीक ढंग से नज़र आ जाएँगी।

दूसरे अनुच्छेद में जो तर्क उन्होंने मेरे सर मँढ़े हैं उनको मैं पूरी तरह ग़लत कहकर उनका निषेध करता हूँ और यह कि मैंने उनका उपयोग नहीं किया। यूँ कहिए कि विद्वान गुरु ने उन तथ्यों को अनदेखा किया है जो मेरे वक्तव्यों के आधार थे और प्रारम्भिक टिप्पणियों का ही खूँटा पकड़कर उन्होंने उनको मेरे प्रमुख तर्कों के रूप में पेश कर दिया है।

मेरे मित्र सम्पादकों के बचाव का प्रयास करते और उनको सद्गुणों का साकार रूप दिखाते हैं। उनका मानना है कि श्री दत्त की हिस्टरी के अनुवाद के बारे में उनकी उपेक्षा के चलते ही मैंने उनके प्रति नकारात्मक विचार व्यक्त किए हैं, लेकिन उनकी यह राय सम्बन्धित अंश को असावधानी से पढ़े जाने के कारण ही बनी है। मैंने तो अपने पत्र में इसके अनुवाद के प्रति उन लोगों की अनिच्छा की आलोचना की थी, न कि इसमें व्यक्त विचारों के मूल्यांकन के प्रति उनके दृष्टिकोण की। ख़ैर, अब पुस्तक उनके सामने

है और वे इसके बारे में अपने पहले से क़ायम किए हुए विचारों को और भी बल पहुँचाने के लिए, और उसके दोषों को बेनक़ाब करने के लिए, पूरी तरह स्वतंत्र हैं। मैं इस जानकारी के लिए आभार व्यक्त किए बिना नहीं रह सकता कि हिन्दी साप्ताहिक तो महज़ रूढ़िवादी समूह के प्रतिनिधि हैं और व्यापक जनता के प्रति अपना कोई कर्तव्य नहीं समझते। यहाँ निहित ढंग से यह कहा गया है कि उनकी आवाज़ को सिर्फ़ रूढ़िवादियों की आवाज़ समझा जाना चाहिए, जिस पर कोई चाहे तो ध्यान दे, चाहे तो न दे। हम अगर यह बात मान भी लें तो क्या उनका कर्तव्य ऐसे लोगों की राह में बाधा डालना भी है, जो सिर्फ़ ऐसे अवसर देने के प्रयास कर रहे हैं कि पुस्तक को पूरी तरह भ्रामक समझनेवाले लोग अपने विश्वास के लिए कुछ कारण तलाश कर सकें? दूसरे शब्दों में, क्या यह बहाना भी उनको बुद्धि के दायरे से बाहर कर देता है? मैं तो कहूँगा कि यह बचकानी और भ्रामक दलील अगर किसी पाठशाला के कमरों तक सीमित रहती तो कितना अच्छा होता!

रहा सवाल उनके सम्पादकों की उपलब्धियों का, तो मैं इससे बेहतर कुछ नहीं कर सकता कि बंगवासी में मेरे पत्र का जो अनुवाद छपा है, उसे उनके सामने रख दूँ। यह एक अग्रणी हिन्दी साप्ताहिक है जो किसी छात्र को हँसने और हँसाने के लिए अच्छी सामग्री प्रदान करता है। (या फिर मोहिनी को देखें जिसमें अनुवाद की गलतियाँ दिखाई गई हैं।) यह भारतमित्र की इन निकम्मी डींगों का भी जवाब होगा कि हिन्दी के सम्पादक कभी ऐसे किसी विषय को नहीं उठाते, जिसमें वे पारंगत न हों और यह कि ये पत्र कम से कम आधा दर्जन स्नातकों के प्रयासों से निकल रहे हैं।

चौथे अनुच्छेद में मेरे विद्वान मित्र लगता है कि लेखकों का आभार व्यक्त किए बिना या उनकी स्वीकृति लिए बिना पुस्तकों के अनुवाद करने जैसी बुराई को बढ़ावा दे रहे हैं। आशा है मेरे विद्वान मित्र मुझे इन अनुवादों के महत्त्व को यह कहकर कम दिखाने की अनुमति देंगे कि यह प्रथा और कुछ न सही, शिक्षित लोगों की राय में हिन्दी लेखकों के सम्मान को कम तो करती ही है, और यह नए लोगों को इस क्षेत्र की ओर नहीं खींचती। अजीब बात है कि दो माह तक मेरे पत्र को पढ़ने के बाद भी मेरे आलोचक मेरा अभिप्राय नहीं समझ सके। मेरे पत्र में ऐसा कोई शब्द नहीं जो 'अध्ययनशील और विद्वान' अवर-स्नातकों को पुरातत्त्व, भाषाशास्त्र आदि के अध्ययन की मनाही करता हो। मेरी समझ में नहीं आता कि व्याख्या के किस नियम के सहारे मेरे मित्र ने मेरे अभिप्राय को विवादास्पद बना दिया है। किसी ऐसे परिच्छेद का अनुवाद करना जिसमें बस यह कहा गया हो कि एक कमरा 15 फीट लम्बा और 10 फीट चौड़ा है—यही मेरे मित्र की दृष्टि में विद्वत्ता की पहचान है। अगर यही बात है तो फिर हर विद्यालयगामी लड़का एक ऐसा विद्वान ठहरेगा जिसका हवाला मेरे विद्वान गुरु को देना ही चाहिए। मेरे मित्र को पता होना चाहिए कि उन तथ्यों को समझने के लिए ज़रा सी बुद्धि की भी आवश्यकता नहीं पड़ती। उनके अनुवादकों को उस श्रेय का एक ज़रा-सा अंश भी नहीं मिलना चाहिए जो मूल लेखकों को दिया जाता है। दर्शन और

चिन्तन पर आधारित रचनाओं के अनुवादक ही मौलिक विचारक की महत्ता में एक सीमा तक भागीदार हो सकते हैं कि यह उनकी मानस-शक्ति के उपयोग का एक आंशिक प्रतिदान होगा।

अब मैं अन्तिम अनुच्छेद पर आता हूँ। यहाँ पहली बार मुझे इस कथन का दर्शन होता है कि हिन्दी की शैली का प्रश्न अभी भी एक खुला प्रश्न है। मतलब यह हुआ कि पत्र-पत्रिकाओं और अधिकांश पुस्तकों को आज जिस शैली में लिखा जा रहा है उसकी जगह कोई और शैली भी ले सकती है। इसका एक अप्रत्यक्ष निहितार्थ यह भी है कि या तो भारतेन्दु जैसा व्यक्ति कभी था ही नहीं या फिर हिन्दी पर उस यशस्वी पुरुष का कोई ऋण नहीं है। मुझे हिन्दी गद्य की शैली के इस जनक से विद्रोह करने का कोई कारण दिखाई नहीं देता। एक और बात जिससे मेरे विद्वान मित्र काफ़ी ख़फ़ा हैं, शैलियों की विविधता के समर्थन में मेरे वक्तव्य के दृष्टान्त-स्वरूप 'अधखिला फूल' का ज़िक्र है। वे मुझे यह दिखाने की चुनौती देते हैं कि उस पुस्तक की भाषा में किसी भी जटिल विचार की अभिव्यक्ति सम्भव नहीं। बदले में मैं भी उन्हें चुनौती देता हूँ कि ऐसी शैली में अपने ही पत्र का अनुवाद प्रस्तुत करें और मुझे मेरी ग़लती का विश्वास दिलाएँ। रहा सवाल 'समर्पण' का तो मैं तो कहूँगा कि ऐसी शैली को बर्बर न कहना भी घोर बर्बरता है। मेरे मित्र को पता होना चाहिए कि मेरे पास संस्कृतभाषियों की स्मृति को पलटने का उनसे कहीं अधिक कारण मौजूद है, पर मैं इस बात को स्वीकार नहीं करूँगा कि संस्कृत में पूरा-पूरा वाक्य बोलने के बाद वे लोग अन्त में किसी तमिल या तेलुगू क्रिया-पद का व्यवहार करें। एक लातीनी वाक्य में अंग्रेज़ी या फ्रांसीसी का एक विधेय घुसेड़ दिया जाए तो कितना हास्यास्पद लगेगा?

(मिर्ज़ापुर, 20 सितम्बर : द लीडर, 19 अप्रैल, 1917)

Hindi and the Mussalmans
(Elaborate Reply in Objection)

[Printed and Published by C.Y. Chintamani at the Leader Press, Allahabad.]

Nothing else was to be expected from our Mohammedan friends in the council than the hostile front presented by them to the hon. Mr. Chintamani when he moved his resolution in question, through it asked for nothing more than what was actually necessary for the convenience litigants unproved certain members to such an extent that they lost all sense of proportion in giving expression to their sentiments. The hon. Nawab Abdul Majied went to far as to deny the very existence of such a thing as Hindi language at the commencement of the British Rule. He preferred to call Hindi an invented language—a language that sprang forth into existence from the foundation of certain societies and the publication of certain tracts. A curious theory of origin a languages which is in the mouth of nearly two-third of the populations of India ! Prior to the British Rule, the people of Northern India either spoke Urdu or were practically dump as undirected by the gentle and mild tone of the Hindus of today.

The Nawab will do well to remember that the existence of such a thing as Hindi language was recognized by the Mohammedans themselves not only at the commencement of the British Rule, but at the commencement of Mohammedan rule as well. When the Urdu poet Insha wrote his ठेठ हिन्दी की कहानी in the early days of the East India Company, it was in obedience to a natural impulse to make his mark in a broader sphere by writing in a language which he found to be the common language of the people. The names of Khusro, Jayasi and a host of subsequent Mussalman Hindi Poets are too well known to require any mention here. It is therefore, ovines that he who so deceives himself as to say that there is no such language as Hindi can go little further and say that there are no such country as Hindustan and no such people as Hindus.

After making such a capital denial the worthy Nawab goes on to observe : 'Hindi characters might have been in existence but to write in them was considered to be the work of the people who could never be said to be educated and civilized.' Yes ! just as the present day, to write in the Persian character is considered to be the work of the people who can never be said to refrain from taking advantages of the people's unfamiliarity with that character. As regards education and culture, our Mohammedan friends should never forget the wise words of late the Dr. Syed Ali Belgrami who expressly stated that the backward state of the Mussalmans in point of education was in this main due to the defective Persian alphabet which kept their children unprofitably engaged for years. He promised the adoption of the more simple and systematic Nagri alphabet which could be learned in the course of the few months. With equal truth I may add that the evil lies still deeper i.e., in the Urdu language itself : A language that has no philosophical history of its own can scarcely deserve the name of language. A man who knows only Urdu can not possibly understand the fabric of the language and remains quit in the dark as to the etymological significance of words. Such knowledge can hardly be called knowledge of language and is almost identical with ignorance.

Sanskrit words, that occur here and there in Hindi seem to be specially repugnant to the Nawab. As Hindi is an indirect descendant of Sanskrit, it naturally maintains its connection with that language, live all other Indian vernaculars, by judiciously borrowing from its inexhaustible mine of words. The practice is not a new one; it is as old as the Hindi language itself. It is not the outcome of any invention, scheme or propaganda.

As a desire for having a common language for all India is manifesting itself in the country, the representatives of all the vernacular languages that in common with Hindi have recourse to Sanskrit in the expression of their complex and scientific ideas, well, sooner or later be called upon to unite in preparing ground for the growth and diffusion of such a language, and guarding against the encroachments of any incongruous, exotic and unnatural language. Bengali, Hindi, Marathi and Gujarati have so much in common with one another that there is more or less chance for any one of them to spread in the locality of another and it will be for the further generation to see that no element asserts itself that is likely to disturb this wide-spread harmony. In all the Indian languages, Sanksrit words still are, as they have ever been, a dominating factor that tends to draw them together. It is, therefore, orious that any language or form of language that shrinks from a fee borrowing from Sanskrit cannot possible enter into this linguistic alliance. Now, of all the literary languages of India, Urdu is the only one that jealously avoids Sanskrit and borrows exclusively from Arabic and Persian. Lacking thus the material that pervades all the language it is destined to have an isolated existence. Shorn of its wholly irreconcilable features, Urdu perfectly coincides with Hindi which makes a free use of such Arabik and Persian words as here entered into the composition of the language by a natural process of assimilation. As every scholar knows, Urdu is not an independent language, It is only a branch of Western Hindi to which a particular form has been given by the Mussalmans to suit their exclusive tastes and prejudices. Thus Hindi and Urdu being two forms of one and the same language, it stand to reason that the form which retains the characteristic common to all the surrounding language can more fully co-operate with them than the one which tries to grow independently of it. So the time is not very far of when the people would hare rather Bengali, Marathi and Gujarati than Urdu; just as Syed Raza Ali would have rather Russian, Italian and French than Hindi.

In his holy crusadi against Hindi, Nawab Abdul Mazid uses every method with which...??? of his way of thinking are said to be...??? especially gifted. He misstates, minister—prits threatens, boasts, praises, condom and in fact does all but reason soundly. He praises the British even handed justice which managed to keep Hindi out of doors so long. He reminds the Hindus that they were subjects of the Mohammedans in ancient time, totally forgetting that its Mohammedan rulers of Delhi had been under the protection of the Mahattas before they came under the protection of the British.

The Sikh and the Maratha Empires are more within the memory of the people than the Mohammedan Empire of 'ancient times.

[The British non India, not from the Mughals, but from the Hindus. Before we appeared as conquerors, the Mughal Empire had broken up. Our conclusive wars were neither with the Delhi king, nor with his revolted governors, but with the two Hindu confederacies, the Maharattas and the Sikhs—Imperial Gazetteer Vol. VI]

With Characteristic inaccuracy, the Nawab says, "Urdu is a language which is spoken and understood by even a rustic all over India (?) and Hindi with all its beautiful Sanskrit words is confined only to the class who are inventing Hindi." Any man of average information may correct the statement by substituting the word Hindi for Urdu, Urdu for Hindi and Arabic for Sanskrit. Everybody knows that rusties do not know even the name of Urdu. As a matter of fact they commonly call it Arabi Pharasi and make no attempt to understand it whenever they hear it uttered before them. They are the real suffers. It is they who go place to place whenever they receive any summons, etc., to find a Munshi to duiphar the writing and explain the meaning in their own language which is nothing but Hindi— of the unintelligible phraseology. I give below the text of a count notice (in the Nagri Character) which is apparently intended for their information—लिहाज़ा बजरिया : इस तहरीर के तुम रामपदारथ मज़कूर को इत्तला दी जाती है कि अगर तुम ज़र मज़कूर यानी मुबलिंग़ १५१ = / जो अज़रूर डिगरी वाजिबुल अदा है इस अदालत में अन्दर पन्द्रह रोज तारीख़ मौसूल इत्तलानामा हाज़ा से अदा करो वरन : वजह ज़ाहिर करो कि तुम मुन्दज़ी ज़ैल खेतों से जिनके बाबत बक़ाया डिगरी मुदा वाजिबुल अदा है, बेदखल क्यों न किए जाओ।

In the notice given above, except verbs pronouns, all words are Arabic and Persian and as such quite beyound the comprehension of those who have not received a maulvi trading. To make it intelligible the notice may be written thus in Hindi—सो, इस लेख से तुमको जताया जाता है कि तुम ऊपर कहा हुआ रुपया जिसकी तुम्हारे ऊपर डिगरी हो चुकी है इस नोटिस के पाने से पन्द्रह दिन के भीतर इस अदालत में चुकता करो, नहीं तो कारण बतलाओ कि तुम नीचे लिखे खेतों से जिनके ऊपर डिगरी का रुपया आता है क्यों न बेदखल किए जाओ।

On this point one should read the interesting preface to the Hindustani English Dictionary of Law and Commerce by Dr. Fallon, Wherein he objerbs :

'The language of the law courts. ...in made up entirely of foreign Arabic phrases. In the great many instances the Hindi equivalents, given in the work by the side of these Arabic phrases, clearly this that the Arabic has been drawn upon without the slightest excuse, simply because Arabic is esteemed a learned language while Hindi is only the vernacular of the people of the country.

The list of simple Holi Words (as given in the above mentioned work). That have been wilfully replaced by curious. Arabic phrases is very instructive.

Nawab Abdul Majid does not like to accept the census figures as correct for, says he, persons who spoke Urdu gave their language in the returns as Hindi. We too, do not like to accept them as such, knowing as we do, that there were not only person who gave their language as Urdu in pursuance of an organized scheme, but also persons who recorded the language of the people as Urdu through sheer ignorance. Thus there were two evil forces at work bring down the figures of Hindi—prejudice and ignorance. In spite of their broad distinction pointed out by Dr. Grierson between the Eastern and Western Hindi, enumerators took down the language of all persons as urdu who spoke Khari Boli. (The dialect spoken novel Delhi, Meerut and a portion of Rohilkhand) a branch of western

Hindi. Everybody who was fond speaking —हम आते हैं, तुम जाते हो insteed of हम आवत है, तुम जात है–was entered as an Urdu speaking man. A curious instance of this was observed at Benares where an enumerator entered as Urdu the language of a Pandit who was quits innocent of the language.

We cannot but be thankful to the Nawab for his apparent anxiety to see the friendly relations between the two communities undisturbed. As the occasions must be very few. When persons of his frame of mind are so judiciously inclined, I take this opportunity to point out that such relations can best be maintained by a spirit of toleration. If the one community regards the equal convenience of the other as its greatest misfortune there can exist no such relation. If the Mussalmans call the history of the Nagri agitation a history of their troubles, as the hon. Syed Razj Ali chooses to call it, they give no proof of any desire on their part to maintain such a relation. While the Hindus seek the introduction of Nagri in courts on the ground of public convenience, the Mussalmans try to maintain the exclusive predominance of Urdu as an emblem of their 'Political important. Had the hon. Mr. Chintamani suggested that Urdu or the Persian character should be quested from the courts there would be have been some ground for the Muhammadan members to make such a heroic stared against the resolution. But what was urged in the resolution was an equal recognition of Hindi in the civil courts which entailed no hardship what soever to the Mohammedans. Any of them can learn the Nagri, Character, as so many have done in the revenue courts and executive departments, in the short space of a few months. But our Mohammedan friends wants no such compromise. They ask us to choose between losing our language and losing their co-operation. As in the words of Lorel Morley, 'Politics are a field where action is one long second best and where the choice constantly lies between two blunders' we can not but choose the latter.

The hon. Syed Wazir Hasan, which admitting that there is such a thing as Hindi language, raises the pertinent question whether the language found in the Ramayan is the written and spoken language of the population of these provinces. The hon. member can as well ask whether the language of Chaucer and spencer is the written and spoken language of the present day. What we put forward as modern Hindi is the language in which thousands of books are annually published and hundreds of papers are conducted the language commonly used in private correspondence and public speeches. This language is substantially the same as employed by Insha in his रानी केतकी की कहानी and Lallu Lal in his प्रेमसागर।

The hon. Mr. Raza Ali asked Mr. Chintamani to produce any official document prior to 1898 from which he could argue that the government recognized the Hindi language. As the hon. member wants nothing but-officials documents, I must refer him to a member of them. When the language problem came before the sardar Dewany Adalat, N.W.P. in 1839, it was pleased to issue the following order :

'It is the wish of Govt. that care should be taken especially on first introducing the measure, that the pleadings and proceedings be recorded in clear intelligible Urdu or Hindi.'

So early as the year 1844 the secretary to Govt. N.W.P. wrote (in his letter no. 750, dated 17 Aug., 1844) to the principal, Agra College, 'Hindi is the vernacular dialect. The board of Revenue N.W.P. in a circular order (No. 8 of 1857) addressed to all the commissioners and collectors, said : 'The board take this opportunity of calling the attention of commissioners and collectors to the Resolutions (No. 4011, dated 30th Sept. 1954) of Govt. which prescribes that the Patwaris' records shall be written in the language and character most familiar to the bulk of the people. That language will ordinarily be hindi and the character Nagri. There may be exceptions, but they should be allowed only on the permission of the commissioner.

Coming down to latter years, we find Govt. N.W.P. in its orders on the Annual Report on the progress of education for 1874-75 saying Hindi may justly be called the mother tongue in the sense of the familiar language of the bulk of the common people.'

Now only one more remark of Nawab Abdul Majid's remains to be considered, which runs as follows :

'The Hindi character which has the beauty of not being deciphered easily by its own authors and takes a long time to write as compared to Urdu, is a character which the Muhammadans find it difficult to master. The illegibility of the Persian character has become so proverbial and so many interesting, incidents are attributed to it that we shall do no more here than give what the *Pioneer* observed in a leading article in its issue of the 10th January, 1873.

'The Persian character can be written with greater rapidly. But...if the subject is strange and the style unusual, the persian record, however clearly written, is to speak paradoxically almost illegibly. For purpose of record an alphabet of this character is obviously as bad a one as it is possible to conceive.'

An interesting incident, however, will not be out of place here. A Sub-inspector, on special ministerial duty, was arranging certain papers, received for the Mofussil, to part up before the superintendent of Police. When he took a long time, the superintendent impatiently enquired :—

'What are you doing there?'

'Putting dots, Sir !' was the reply. (नुक़ते लगा रहे हैं)

'What do you mean by that?'

'The papers contain names of persons and places in the Urdu character and cannot be read properly before being thus verified and corrected.

So far as the opinion of scholars goes it is undivided is condemning the person character.

We now come to the hon. Mr. Burn who was unable to find any advantage which would justify the Govt. in accepting the proposal. As the advantages were fully pointed out by several Hindu members of the council, I need not repeat them here. They have beat with the question in a manner that would carry conviction to every unbiased mind. While closing their eyes to the advantages as clearly set forth the Mohammedan members were not able to prove that things would drift from bad to worse if the resolution were adopted. It is a great anomaly that the parties appearing before the civil courts may file their documents in Nagri and the presiding officers may or may not be able to read them. As the practice of using Urdu script had in a way become established, the Govt. was not prepared to embark on anything which would tend to undermine it.' But there is no practice which is not liable to modification in the light of experience and we have very hope that that Govt. will not fail in the long run to grasp the realities of the situation.

One of the most curious arguments advanced by the hon. Mr. Burn against the resolution is that 'The work of a Munsif is confined almost entirely to work in the court. Deputy collectors and civilian officers on the other hand have a great deal of work outside court.' Thus the hon. Mr. Burn admits, in his own way, the existence of two languages—an 'indoor language' and an 'outdoor language.' If so, why not have one language in and out or, if that be deemed impracticable, let the other language also in.

[Benares, April 5]

हिन्दी और मुसलमान
(आपत्तियों का विस्तृत जवाब)

(लीडर प्रेस, इलाहाबाद से सी वाई चिंतामणि द्वारा मुद्रित और प्रकाशित)

माननीय, श्री चिंतामणि ने जब कौंसिल में अपना प्रस्ताव पेश किया तब हमारे मुस्लिम मित्रों ने विरोध का जो मोर्चा खड़ा किया उसके अलावा उनसे कुछ आशा भी नहीं की जा सकती थी। वैसे इस प्रस्ताव में सुविधा के लिए जो कुछ आवश्यक था उससे अधिक कोई माँग भी नहीं की गई थी। विरोधियों ने कुछ सदस्यों को काफ़ी परेशान किया और इतना किया कि अपनी भावनाओं को व्यक्त करते हुए अपना सारा विवेक खो बैठे। माननीय नवाब अब्दुल मजीद तो यहाँ तक ले गए कि ब्रिटिश राज के आरम्भ के समय हिन्दी भाषा जैसी किसी चीज़ के अस्तित्व से ही इनकार कर बैठे। उन्हें हिन्दी को एक गढ़ी हुई भाषा कहना बेहतर लगा–ऐसी भाषा जो कुछ समितियों की स्थापना और कुछ पुस्तिकाओं के प्रकाशन के ज़रिए वजूद में आई। जो भाषा भारत की लगभग दो-तिहाई आबादी की ज़बान पर है, उसके उद्‌गम के बारे में कितना विचित्र सिद्धान्त है यह भी! ब्रिटिश शासन से पहले उत्तर भारत के लोग या तो उर्दू बोलते थे या फिर आज के हिन्दुओं की सौम्य और नर्म बोली से अलाभान्वित, लगभग गूँगे-बहरे थे।

बेहतर है नवाब साहब यह बात याद करें कि हिन्दी भाषा नाम की किसी वस्तु के अस्तित्व को खुद मुसलमानों ने स्वीकार किया है–न केवल ब्रिटिश राज के आरम्भ के समय बल्कि मुस्लिम शासन के आरम्भ के समय भी। ईस्ट इंडिया कम्पनी के आरम्भिक दिनों में उर्दू के शायर इंशा ने जब ठेठ हिन्दी की कहानी लिखी तो इसका कारण उसका यह स्वाभाविक मनोरथ था कि जिस भाषा को उन्होंने जनता की आम भाषा समझा उसमें लिखकर वे एक अधिक व्यापक क्षेत्र में अपनी पहचान क़ायम करें। खुसरो, जायसी और बाद के मुसलमान हिन्दी कवियों की एक पूरी क़तार के नाम इतने जाने-पहचाने हैं कि यहाँ उनके ज़िक्र की ज़रूरत ही नहीं है। इसलिए यह बात तो स्पष्ट है कि जो शख़्स यह कहकर स्वयं को धोखा दे रहा हो कि हिन्दी जैसी कोई भाषा है ही नहीं, वह थोड़ा और आगे बढ़कर यह भी कह सकता है कि हिन्दुस्तान जैसा कोई देश ही नहीं है और हिन्दू नाम का कोई जन-गण ही नहीं है।

इतने बड़े नकार के बाद सुयोग्य नवाब साहब आगे कहते हैं : 'हिन्दी के अक्षर सम्भव है, वजूद में रहे हों, पर उनमें कुछ लिखना उन लोगों का काम समझा जाता था

जिनको कभी भी शिक्षित और सभ्य नहीं कहा जा सकता था।' जी हाँ, वैसे ही जैसे आज फ़ारसी अक्षरों में लिखना उन लोगों का काम माना जाता है, जिनको कभी उन अक्षरों के प्रति जनता के अज्ञान से लाभ उठाने से परहेज़ करनेवाले नहीं कहा जा सकता। रहा सवाल शिक्षा और संस्कृति का, तो हमारे मुस्लिम मित्रों को स्वर्गीय डाक्टर सैयद अली बिलग्रामी के शब्द कभी भूलने नहीं चाहिए जिन्होंने साफ़-साफ़ कहा था कि शिक्षा के सिलसिले में मुसलमानों की पिछड़ी अवस्था का प्रमुख कारण फ़ारसी की दोषपूर्ण वर्णमाला है जिसने उनके बच्चों को बरसों तक फ़ालतू ही उलझाए रखा। उन्होंने अपेक्षाकृत अधिक आसान और सुव्यवस्थित नागरी वर्णमाला अपनाने का वादा किया जिसे कुछ ही महीनों में सीखा जा सकता है। उतनी ही सच बात मैं भी कहूँगा कि बुद्धि की जड़ कहीं और भी गहरी है—स्वयं उर्दू भाषा में जिस भाषा का अपना कोई दार्शनिक इतिहास नहीं, वह भाषा कहलाने की अधिकारी शायद ही कही जाए। जो व्यक्ति सिर्फ़ उर्दू जानता है वह भाषा के ताने-बाने को शायद ही समझ सके और शब्दों के व्युत्पत्तिमूलक महत्त्व के बारे में वह अँधेरे में ही रहेगा। ऐसा ज्ञान भाषा का ज्ञान शायद ही कहलाएगा और लगभग अज्ञान का ही पर्याय होगा।

जो संस्कृत शब्द हिन्दी में यहाँ-वहाँ आ जाते हैं, लगता है नवाब साहब को उनसे ख़ास चिढ़ है। चूँकि हिन्दी संस्कृत की अप्रत्यक्ष वंशजा है, इसलिए उस भाषा से इसका सम्बन्ध स्वभाविक रूप से बना रहता है—दूसरी सभी भारतीय भाषाओं की ही तरह वह भी शब्दों के इस अक्षुण्ण भंडार से विवेक के साथ शब्दों को ग्रहण करके यह सम्बन्ध बनाए रखती है। यह कोई नया रिवाज भी नहीं है, बल्कि स्वयं हिन्दी भाषा जितना पुराना है। यह किसी गढ़न, चाल-बाज़ी या प्रचार का परिणाम नहीं है।

चूँकि देश में पूरे भारत के लिए एक साझी भाषा की इच्छा नज़र आ रही है, इसलिए जो देशी भाषाएँ अपने जटिल और वैज्ञानिक विचारों की अभिव्यक्ति के लिए हिन्दी की तरह ही संस्कृत की शरण में जाती हैं, उनके प्रतिनिधियों को ऐसी एक भाषा के विकास और प्रसार के लिए तथा उसे किसी बेमेल, विजातीय और अस्वाभाविक भाषा के अतिक्रमण से बचाने के लिए देर-सवेर एकजुट होना ही होगा। बंगला, हिन्दी, मराठी और गुजराती के बीच इतना साझापन है उनमें से किसी भी एक के लिए किसी दूसरे के क्षेत्र में फैलने के कमोबेश अवसर मौजूद हैं और आनेवाली नस्ल को ध्यान रखना होगा कि इस व्यापक सामंजस्य को भंग कर सकनेवाला कोई भी तत्त्व सर न उठा सके। हमेशा की तरह आज भी तमाम भारतीय भाषाओं में संस्कृत शब्दों की एक प्रमुख भूमिका है और यह उनको एक-दूसरे के साथ जोड़ती है। इसलिए यह बात स्पष्ट है कि जो भाषा या भाषा जैसी चीज़ संस्कृत से खुलकर कुछ लेने से परहेज़ करती है, शायद इस भाषायी गठजोड़ में शामिल न हो सके। आज भारत की तमाम साहित्यिक भाषाओं में उर्दू अकेली भाषा है, जो ईर्ष्या-भाव से संस्कृत से दामन बचाए रखती है और पूरी तरह अरबी और फ़ारसी से ही कुछ उधार लेती है। इस तरह तमाम भाषाओं में व्याप्त सामग्री से वंचित रहकर वह अलग-थलग रहने के लिए अभिशप्त है। उर्दू को उसकी पूरी

तरह बेमेल विशेषताओं से मुक्त कर दिया जाए तो वह पूरी तरह हिन्दी से मेल खाती है जो आत्मसात की एक स्वाभाविक प्रक्रिया के माध्यम से भाषा के ढाँचे में शामिल हो चुके अरबी-फ़ारसी शब्दों को खुलकर इस्तेमाल करती है। जैसा कि हर विद्वान जानता है, उर्दू कोई स्वतंत्र भाषा न होकर पश्चिमी हिन्दी की एक शाख़ है जिसे अपनी विशिष्ट रुचियों और आग्रहों के मुताबिक मुसलमानों ने एक ख़ास रूप दे रखा है। इस तरह हिन्दी और उर्दू एक ही भाषा के दो रूप हैं, और इसलिए यह बात समझ में आती है कि भाषा का जो रूप आसपास की सभी भाषाओं की साझी विशेषता को क़ायम रखता है, वह उनसे अधिक भरपूर सहयोग कर सकता है. वनिस्वत उस रूप के जो उससे स्वतंत्र रहकर विकास करता है। इसलिए वह दिन दूर नहीं, जब लोग उर्दू की बजाय बंगला, मराठी और गुजराती को चुनेंगे, वैसे ही जैसे सैयद रज़ा अली हिन्दी की बजाय रूसी, इतालवी और फ्रांसीसी को अपनाना चाहेंगे।

हिन्दी के ख़िलाफ़ इस जेहाद में नवाब अब्दुल मजीद ऐसी हर तरकीब का इस्तेमाल करते हैं, जिसमें उनकी तरह सोचने वाले लोग ख़ास माहिर कहे जाते हैं। मतलब यानी, ग़लत व्याख्या, धमकी, शेख़ी, प्रशंसा, निन्दा, वे वास्तव में सब कुछ करते हैं, बस कोई गम्भीर तर्क नहीं देते। वे उस निष्पक्ष बर्तानवी न्याय की प्रशंसा करते हैं, जिसने हिन्दी को इतने लम्बे समय तक किनारे डाले रखा। वे हिन्दुओं को याद दिलाते हैं कि वे तो प्राचीन काल में मुसलमानों की प्रजा थे और पूरी तरह यह बात भूल जाते हैं कि देहली के मुस्लिम बादशाह अंग्रेज़ों के संरक्षण में आने से पहले मराठों के संरक्षण में रहे।

प्राचीन काल के मुस्लिम साम्राज्य की बजाय सिख और मराठा साम्राज्य जनता की स्मृति में ज़्यादा ताज़े हैं।

(अंग्रेज़ों ने मुग़लों से नहीं बल्कि हिन्दुओं से भारत को जीता। विजेता के रूप में हम सामने आए, उससे पहले ही मुग़ल साम्राज्य बिखर चुका था। हमारे निर्णायक युद्ध न तो देहली के बादशाह के ख़िलाफ़ थे और न उसके बाग़ी सूबेदारों के ख़िलाफ़ थे, बल्कि दो हिन्दू महासंघों—मराठा और सिख महासंघों—के ख़िलाफ़ थे : इंपीरियल गज़ेटियर, जिल्द छः।)

अपने ख़ास बेसटीकपने के साथ नवाब फ़रमाते हैं : 'उर्दू ऐसी भाषा है जिसे पूरे भारत में एक देहाती भी बोलता और समझता है, और अपने तमाम सुन्दर संस्कृत शब्दों के साथ हिन्दी सिर्फ़ उस वर्ग तक सीमित है, जो हिन्दी को गढ़ रहे हैं।' औसत जानकारियों वाला कोई भी व्यक्ति उर्दू की जगह हिन्दी, हिन्दी की जगह उर्दू और संस्कृत की जगह अरबी रखकर इस वक्तव्य को दुरुस्त कर सकता है। हर शख़्स जानता है कि देहाती लोग तो उर्दू का नाम तक नहीं जानते। वास्तव में इसे वे लोग अरबी-फ़ारसी कहते हैं और जब भी यह उनके सामने बोली जाती है, इसे समझने की कोई कोशिश भी नहीं करते। सच में तकलीफ़ उठानेवाले लोग यही हैं। कोई समन वग़ैरह तामील हो जाए तो लिखे को पढ़वाने के लिए किसी मुंशी की तलाश में यहाँ-वहाँ मारे-मारे फिरते हैं जो कि उसकी अबोध शब्दावली का अर्थ उनको उनकी ही भाषा में

समझाए जो कि और कुछ नहीं, हिन्दी ही है। नीचे मैं (नागरी लिपि में) एक अदालती नोटिस का पाठ दर्ज कर रहा हूँ जो कि ज़ाहिर तौर पर उनकी ही सूचना के लिए है : लिहाज़ा बज़रिया इस तहरीर के तुम रायपदारथ मज़कूर को इत्तला दी जाती है कि अगर तुम ज़र मज़कूर यानी मुबल्लिग़ 151 जो अज़-रू-ए-डिगरी वाजिबुल-अदा है इस अदालत में अन्दर पन्द्रह रोज़ मौसूल इत्तलाना हाज़ा से अदा करो वरना वजह ज़ाहिर करो कि तुम मुंदरजा ज़ैल खेतों से जिनके बाबत बक़ाया डिगरी मुदा वाजिबुल-अदा है, बेदख़ल क्यों न किए जाओ।

ऊपर दिए गए नोटिस में क्रियापदों और सर्वनामों के सभी शब्द अरबी और फ़ारसी के हैं और इसलिए उन लोगों की समझ से बाहर हैं जिनको मौलवी का प्रशिक्षण नहीं मिलता है। सुगम्य बनाने के लिए इसी नोटिस को हिन्दी में इस तरह लिखा जा सकता है—सो इस लेख से तुमको जताया जाता है कि तुम ऊपर कहा हुआ रुपया, जिसकी तुम्हारे ऊपर डिगरी हो चुकी है, इस नोटिस के पाने से पन्द्रह दिन के भीतर इस अदालत में चुकता करो, नहीं तो कारण बतलाओ कि तुम नीचे लिखे खेतों से, जिनके ऊपर डिगरी का रुपया आता है, क्यों न बेदख़ल किए जाओ।

इस सवाल पर हिन्दुस्तानी इंग्लिश डिक्शनरी ऑफ ला एंड कामर्स में डॉ. फेलन की रोचक भूमिका पढ़नी चाहिए। कहते हैं :

'अदालतों की भाषा...पूरी तरह विजातीय अरबी शब्दावली से भरी है। इन अरबी शब्दावलियों के साथ-साथ इस रचना में समतुल्य हिन्दी शब्दों की जो भारी संख्या दी गई है उससे स्पष्ट है कि ज़रा-सी हिचक के बिना भी अरबी का सहारा लिया जाता है, क्योंकि अरबी विद्वत्ता की भाषा मानी जाती है जबकि हिन्दी इस देश की जनता की देशी भाषा मात्र है।'

(उपरोक्त रचना में दिए गए) आसान हिन्दी शब्दों की सूची, जिनकी जगह इरादी ढंग से अजीब-ग़रीब अरबी शब्द लाए गए हैं, आँखें खोल देनेवाली हैं।

नवाब अब्दुल मजीद जनगणना के आँकड़ों को सही मानने के लिए तैयार नहीं हैं क्योंकि वे कहते हैं कि जो लोग उर्दू बोलते हैं उन्होंने भी जनगणना में अपनी भाषा हिन्दी लिखवाई। उनको हम भी इसी रूप में स्वीकार करना नहीं चाहेंगे क्योंकि हमें पता है कि न केवल ऐसे व्यक्ति थे, जिन्होंने एक संगठित योजना के तहत अपनी भाषा उर्दू लिखवाई बल्कि ऐसे लोग भी थे, जिन्होंने शुद्ध अज्ञानवश उर्दू को जनता की भाषा के रूप में दर्ज किया। इस तरह हिन्दी के आँकड़ों को नीचे लाने के लिए दो मनहूस शक्तियाँ काम कर रही थीं—पूर्वाग्रह और अज्ञान। पूर्वी और पश्चिमी हिन्दी के बीच मोटे-मोटे जो भेद डॉ. ग्रियर्सन ने बतलाए हैं, उनके बावजूद गणनाकारों ने जो भी खड़ी बोली बोलनेवाले थे, उनकी भाषा उर्दू दर्ज की। (यह पश्चिमी हिन्दी की एक शाख़ है और वह बोली है जो देहली, मेरठ के आसपास और रुहेलखंड के एक भाग में बोली जाती है।) जिन लोगों को हम आवत हैं, तुम जात हो की जगह हम आते हैं, तुम जाते हो बोलना पसन्द था, उन सबको उर्दू भाषी दर्ज किया गया। इसका एक अजीब

उदाहरण बनारस में देखा गया, जहाँ एक गणनाकार ने उर्दू को एक पंडित की भाषा के रूप में दर्ज किया, जबकि वह इससे एकदम अनजान था।

दोनों समुदायों के बीच अबाध मित्रवत् सम्बन्ध देखने के बारे में नवाब साहब की ज़ाहिरा चिन्ता के लिए हम उनके आभारी हुए बिना नहीं रह सकते। चूँकि ऐसे अवसर कम आते हैं जब उनकी जैसी सोच वाले लोगों का रुझान इतना विवेकसम्पन्न होता है, इसलिए इस अवसर पर हम कहना चाहेंगे कि सहिष्णुता की भावना ऐसे सम्बन्धों को बनाए रखने का सबसे अच्छा ढंग है। अगर एक समुदाय दूसरे की समान सुविधा को सबसे बड़ा दुर्भाग्य माने तो ऐसा सम्बन्ध सम्भव नहीं है। नागरी आन्दोलन के इतिहास को मुसलमान अगर अपने कष्टों का इतिहास मानते हैं, जैसा कि माननीय सैयद रज़ा अली ने कहा है, तो वे ऐसे सम्बन्ध बनाए रखने के बारे में अपनी इच्छाओं का कोई सुबूत नहीं देते। जहाँ हिन्दू जनता की सुविधा के आधार पर अदालतों में नागरी को प्रयुक्त होते देखना चाहते हैं तो मुसलमान अपने राजनीतिक महत्त्व की निशानी के तौर पर शुद्ध रूप से उर्दू का वर्चस्व जारी रखने के लिए प्रयासरत हैं। अगर माननीय श्री चिंतामणि ने यह सुझाव दिया होता कि उर्दू या फ़ारसी लिपि को अदालतों से निकाल बाहर किया जाए तो इस प्रस्ताव के खिलाफ़ मुस्लिम सदस्यों का सूरमाओं वाला रवैया अपनाना मुनासिब होता। लेकिन प्रस्ताव में तो दीवानी अदालतों में हिन्दी के लिए समान मान्यता की पैरवी की गई थी, जिससे मुसलमानों को कोई भी तकलीफ़ होनेवाली नहीं थी। उनमें से कोई भी कुछेक महीनों के समय में नागरी लिपि सीख सकता है जैसा कि मालगुज़ारी की अदालतों और कार्यकारी विभागों के बहुत से लोगों ने किया है। लेकिन हमारे मुसलमान मित्र ऐसा कोई समझौता नहीं चाहते। वे चाहते हैं कि हम अपनी भाषा से वंचित होने और उनके सहयोग से वंचित होने के बीच एक चयन करें। लार्ड मार्ले के शब्दों में, 'राजनीति ऐसा क्षेत्र है जिसमें कार्रवाई का महत्त्व सिर्फ़ गौण होता है और जिसमें चयन बराबर दो भयानक ग़लतियों के बीच करना पड़ता है।' इसलिए हम दूसरे विकल्प के अलावा और क्या चुनें!

हिन्दी भाषा नाम की कोई चीज़ भी है, इसे स्वीकार करते हुए भी माननीय सैयद वज़ीर हसन यह प्रासंगिक प्रश्न उठाते हैं कि क्या रामायण में नज़र आनेवाली भाषा उन प्रांतों की जनता की लिख और कथ भाषा है। माननीय सदस्य को तो यह पूछना चाहिए था कि क्या चासर और स्पेंसर की भाषा आज की लिख और कथ भाषा है। हम जिसे आधुनिक हिन्दी कहते हैं, वह ऐसी भाषा है जिसमें हर साल हज़ारों पुस्तकें प्रकाशित होती हैं और सैकड़ों पत्र निकल रहे हैं। यही भाषा निजी पत्राचार और सार्वजनिक भाषणों में इस्तेमाल हो रही है। यह भाषा बड़ी हद तक वही भाषा है, जिसका उपयोग इंशा ने 'रानी केतकी की कहानी' और लल्लू लाल ने 'प्रेमसागर' में किया है।

माननीय श्री रज़ा अली ने श्री चिन्तामणि को 1898 से पहले का ऐसा कोई सरकारी दस्तावेज़ पेश करने को कहा, जिसके आधार पर वे कह सकें कि सरकार ने हिन्दी भाषा को मान्यता दी है। चूँकि माननीय सदस्य सिर्फ़ और सिर्फ़ सरकारी दस्तावेज़

देखना चाहते हैं, इसलिए मैं उनके लिए अनेकों के हवाले दूँगा। 1839 में जब पश्चिमोत्तर प्रांत में सदर दीवानी अदालत के सामने भाषा का सवाल आया तब उसने निम्नलिखित आदेश जारी किया था :

'सरकार की इच्छा है कि, ख़ासतौर पर यह क़दम उठाते समय, इस बात का ध्यान रखा जाए कि बहसें और कार्रवाइयाँ स्पष्ट और सुबोध उर्दू या हिन्दी में दर्ज की जाएँ।'

बहुत पहले 1844 में ही पश्चिमोत्तर प्रान्त की सरकार के सचिव ने आगरा कॉलेज के प्रधानाचार्य के नाम अपने पत्र (संख्या 750, तिथि 17 अगस्त, 1844) में लिखा था : 'हिन्दी देशी बोली है। सभी कमिश्नरों और कलेक्टरों के नाम अपने गश्ती आदेश (1857 की संख्या 8) में पश्चिमोत्तर प्रांत के राजस्व बोर्ड ने कहा था : 'इस अवसर पर बोर्ड सभी कमिश्नरों और कलेक्टरों का ध्यान सरकार के प्रस्ताव (संख्या 1044, तिथि 30 सितम्बर, 1854) की ओर खींचना चाहता है जिसमें निर्देश दिया गया है कि पटवारियों की दस्तावेज़ें अधिकांश जनता के लिए सबसे अधिक परिचित भाषा और लिपि में लिखी जाएँगी। वह भाषा आमतौर पर हिन्दी होगी और लिपि नागरी होगी। अपवाद हो सकते हैं मगर उनके लिए कमिश्नर की अनुमति आवश्यक होगी।'

बाद के वर्षों पर आएँ तो हम पश्चिमोत्तर सरकार को 1874-75 में शिक्षा की प्रगति सम्बन्धी सालाना रिपोर्ट पर अपने आदेश में यह कहते हुए पाते हैं कि 'हिन्दी को सही तौर पर अधिकांश आम जनता के लिए परिचित भाषा वाले अर्थ में मातृभाषा कहा जा सकता है।'

अब नवाब अब्दुल मजीद की सिर्फ़ एक टिप्पणी पर विचार करना रहता है। वह टिप्पणी यूँ है :

'हिन्दी लिपि जिसकी खूबसूरती यह है कि अपने लिखनेवालों की समझ में भी आसानी से नहीं आती और लिखने में उर्दू के मुक़ाबले अधिक समय लेती है, ऐसी लिपि है जिस पर अधिकार पाना मुसलमानों को मुश्किल लगता है।' फ़ारसी लिपि की अबोधगम्यता इतनी मशहूर हो चुकी है और इतनी दिलचस्प है कि उसके साथ कहानियाँ जुड़ती रही हैं। यहाँ हम और कुछ नहीं करेंगे, सिवाय इसके कि 10 जनवरी, 1873 के अंक में एक अग्रलेख में द पायनियर ने जो कुछ छापा है उसे सामने रख दें :

'फ़ारसी लिपि अपेक्षाकृत अधिक तेज़ी से लिखी जा सकती है। लेकिन...अगर विषय अनजान और शैली असामान्य हो तो फारसी दस्तावेज़ें, चाहे वे कितनी ही साफ़ लिखी गई हों, विरोधाभास यह है कि लगभग अगम्य बन जाती हैं। रिकॉर्ड के मक़सद से हम लिपि का कोई भी अक्षर ज़ाहिर है कि जितना सोचा जा सकता है उतना ही बुरा होता है।'

यहाँ एक दिलचस्प वाक़िया दर्ज करना कुछ बेजा नहीं होगा। एक विशेष सरकारी काम पर तैनात एक सब-इंस्पेक्टर कुछ काग़ज़ात को व्यवस्थित कर रहा था। जो मुफ़स्सिल से मिले थे, ताकि उनको पुलिस सुपरिंटेंडेंट के सामने रखा जा सके। जब काफ़ी वक़्त गुज़र चुका तो बेसब्री से सुपरिंटेंडेंट ने पूछा :

'कर क्या रहे हो भला?'

जवाब मिला : 'नुक़्ते लगा रहा हूँ।'

'कहना क्या चाहते हो भला?'

'इन काग़ज़ात में उर्दू लिपि में व्यक्तियों और जगहों के नाम आए हैं और इस तरह जाँच कर उनको दुरुस्त न किया जाए तो पढ़े नहीं जा सकते।'

रहा सवाल विद्वानों की राय का तो फ़ारसी लिपि की निन्दा में वे एकजुट हैं।

अब हम माननीय श्री बर्न की बात पर आते हैं जिनको ऐसा कोई लाभ दिखाई नहीं पड़ा कि सरकार के लिए इस प्रस्ताव को स्वीकार करने का औचित्य प्रदान करे। चूँकि कौंसिल के अनेक हिन्दू सदस्य इन लाभों को बखूबी दिखा चुके हैं, इसलिए मेरा उन्हें दोहराना बेकार है। इस प्रश्न को उन्होंने इस तरह से पेश कर दिया है कि हर निष्पक्ष मन उनका कायल हो जाए। साफ़तौर पर सामने रखे गए इन लाभों की तरफ़ से आँखें बन्द करके मुस्लिम सदस्य यह साबित नहीं कर सके कि अगर प्रस्ताव को स्वीकार किया गया तो हालात बद से बदतर होते जाएँगे। एक भारी असंगति यह है कि दीवानी अदालतों में पेश होने वाले लोग अपनी दस्तावेज़ों को नागरी में प्रस्तुत करें, पीठासीन अधिकारी उनको पढ़ने में समर्थ हों या न हों। चूँकि उर्दू लिपि के उपयोग की प्रथा एक तरह से जड़ें जमा चुकी है, इसलिए हो सकता है सरकार कोई ऐसी राह न अपनाए कि वह कमज़ोर हो। लेकिन ऐसी कोई प्रथा है ही नहीं, जिसे अनुभव की रौशनी में दुरुस्त न किया जा सके और हमें आशा है कि सरकार देर-सवेर स्थिति की वास्तविकताएँ समझने में असफल नहीं रहेगी।

प्रस्ताव के विरोध में माननीय श्री बर्न ने जो अजीब तर्क दिए हैं उनमें एक यह है कि 'मुंसिफ़ का काम लगभग पूरी तरह अदालत तक सीमित रहता है। दूसरी ओर डिप्टी कलेक्टरों और नागरिक अधिकारियों को काफ़ी काम अदालत से बाहर भी करना होता है।' माननीय श्री बर्न इस तरह अपने ही ढंग से स्वीकार करते हैं कि दो भाषाएँ हैं—एक 'अन्दर की भाषा' और एक 'बाहर की भाषा।' ऐसा है तो अन्दर और बाहर एक ही भाषा क्यों न हो या अगर ऐसा करना अव्यावहारिक लगे तो दूसरी भाषा को भी अन्दर ले लीजिए।

(बनारस, 5 अप्रैल)

The State of a Vernacular

I am one of those who find no reason to question the claim of the vernaculars to regarded as a medium of education. On the contrary, I consider them as the only stockholder therein. We can accumulates. Our requirements with confidence for the use of posteriorly. As a practical result of the above, the state of Hindi has engaged by attention for sometimes. But the hope which has sustained my patience so long is now losing its hold on me. The surrounding circumstances greatly warrant we conclusion that "Little is being done to produce any desired effect."

She last statement may possible be taken either as the immediate result of a pessimistic view, or as a clever device to offend the persons concerned in the development of Hindi. But a close examination will remove these impressions and disclose the real state of thing. Few will demy that Hindi in by far the most important of all the vernacular dialects of India, and is the language of highly civilised portion of the Indian population. If so, then how to account for the poverty of its literature? Before getting a clue to any satisfactory answer to the above one must cast a glance at the capacity of the present Hindi writers.

As to the editors of the weekly papers they are generally men who have received little or no regular education. That is why they are sometimes found to comment with to great alacrity (?) and vigour on topics scarcely worthy of the attention of any reasonable man, or having even an indirect bearing on the good of the people. Their observations, poor as they are in substance, are most influenced by private considerations than by any public sentiment. Whenever they hear of any useful undertaking they set themselves most earnestly to adversely criticise it and ruin the chances of its success. As a curious instance of this may be pointed out the general outcry raised by them against the proposed publication of a translation of Mr. Dutts History by the Nagri Pracharini Sabha of Banaras.

One of the Sabha also incurred the resentment of one of these papers by allowing a copy of the scripture to remain in its library; and it was more than once that a charge of hereby was preferred against it. I think the facts stated above are sufficient to give an idea of the nature of their views and their capacity for correct judgement.

There is a class of impostors who practise deception to an uncommon extent by translating books, especially novels, from other vernaculars— Bengali, Urdu, Marathi, and shamelessly declare them as their own productions. The only fact which may sometimes be taken to entitle them to suppress the names of the original authors in their frequent omission of the passages the meanings of which they are incapable to grasp and substitution of other words for those that are unintelligible to them. About a year ago an article of this effect by a Bengali lady appeared in one of the magazines ,which it though it seemed to them right, could only attract censure and foolish mockeries from all sides. It is also worth mentioning that as a matter of fact the article under reference was merely an enumeration of Bengali books with corresponding productions in Hindi. The aforesaid article was confined to Bengali books only but that Urdu works also did not escape their hands may be seen from the following Irdi works :

Titles under which they have appeared in Hindi :

Muhrum Wasi	...	Poonam men Halchal
Muzaffar Ramabai	...	Kuwar Singh Senapati
Shadi Wa Gam	...	Beer Jaymal.
Urooz Wo Zawal	...	Beer Patni.
Salim Wo Nur Jahan	...	Nur Jahan.

The following are the two books translated from the Bengali and noticed in the above mentioned article :

Bengali	...	Hindi
Hammeer	...	Hammeer
Chitrangada	...	Chitrangada by R.N. Togore

There is another class yet more bold in its pretensions. It consists of those whose education. having been prematurely cutshort and never systematically developed by any actual exertion on their part, is used by them as an instrument to over come and stupety the less informed readers around. They very elaborately enter into scientific discourses then only exposing their incompetence. These versatile wiseacres may be of some service still, if they apply themselves to labour and study. But looking at their present attitude it is hardly to be hoped. The same person of one occasion appears as a poet or novelist and not long afterwards as an antiquary or a philologist. In his latter capacities he has a better chance of securing undeserved merit. Finding a heap of materials collected by diligent European orientates he is always ready to snatch out of any singh work such persons of information from time to time as his inferior knowledge permits, reserving cut rest for periodical incursions. Sometimes you will find a note on any absolute suffix, at others, a note on comparative grammar, all taken from the same coupons source. It must not be forgotten that they hare a greater facility in this direction, for no great degree of learning is requested to comprehend so much of a book as relates that a pillar lies over there, or that an inscription bears testimony to such and such facts. See at what a moderate cost they purchase the reputation of scholars. She result is that the cultivation of the higher branches of study--mental and moral philosophy, political economy, physics fc. is discouraged; for it is but natural that men of their ability should an easier and gaffer way of achieving eminence.

Nat boy abh to follow the spirit of their allegations, the subtlety of their syllogism, and the process of their treatment, they make off with the result of the enquiries of scholars without casting a look behind. Another great defect lies in the inadvertent manner in which the subject (antiquity) receives treatment in their hands. They fetch a paper within their reach and comprehension, and recklessly set themselves to translate it, forgetting in their eagerness for destruction that in requires volumes to prepare the readers to receive its contents. The various isolated pamphlets on antiquarian subjects issued from time to time may serve as examples. The wisest course would be to render accessible, first, those ancient raspatories of our history—foreign as well as native—That have all along supplied a generation of scholars with materials for their labour; So that in course of time one may find himself in a position to proceed, if occasion require, independently of the speculations laid down by others before him. Among the most commendable attempts in conformity with the principle above stated, those of Babu Shyam Sunder Das the worthy and learned secretary of the Nagri Pracharini Sabha, are the best specimens.

What I mean to say in not that the subject (antiquity) should be entirely kept out of way, but that it should be dealt with by contempt persons—persons who have devoted time and labour to making it a special object of their attention, who are at home alike in the history of Greeks, Romans, Persians. Egyptians and other nations of antiquity who can be expected to carry further the achievements of their predecessors and who by their own personal exertion can through light upon some dark pages of the history of their own country. Students who take up the history for their M.A. course may prove suitable workers if they acquire proficiency in the language which is certainly their own,, and do not bid farewell to their studies after their college-career in over. The truth is that even those who enjoy to the greatest extent the advantages of what is called a regular education, must be their own instructors as to the greater portion of what they acquire, if they are over to advance beyound the elements of learning. What they learn at school and college is comparatively of small value unless their own after reading and study improve those advantages.

Now I pass to another group of writers. It comprises the adherents of literature, including the writers of verse, fiction and essays. I am glad to find that I have not so much to say against this body as has hither to been said. Its members are more accomplished in their own spheres; accordingly their actions are marked with greater fixity of principle and regularity of method. Still I have to offer observations which may not be very flattering to them. The great defect which is found to exist in their compositions is a diversity of style differing so much from one another that it may very well create a doubt whether they jointly constitute one and the same language. The distinctions have their origin in the number of Sanskrit or persian words used by the writer. There may be found some who regard the whole vocabulary of Sanskrit as open to them and never agitate in making a free use of even Sanskrit pronouns. Sometimes they go so far in their attempt to make a show of learning as not to make use of those Sanskrit words that have obtained currency, but seek the aid of their less familiar synonyms. The use of long Sanskrit compounds, unfamiliar persian words, at times grouped together to produce effect is another phase of the same tendency. In a recently published book named 'Adhkhila Phool' you will be surprised to find three widely different styles occurring in the same book; the first (that of the dedication) a highly barbarous o.e., the second that of the preface) that...in established use and the chat/than (that of the book itself) hardly capable of holding any complex idea. On the other hand the professional story writers of Benaras, to the majority of whom the foregoing remarks on and acious translator apply 'mutatis mutandis' besides corrupting the taste of the people are always ready to-sacrifice the purity of their language for lucie. I hope that they will not long remain a disturbing element.

Strange to say, poetry appears under two different forms of speech 'Khari Boli' and 'Brij Bhasha'. A question was raised in a meeting of N.P. Sabha as to which of there two forms should be adopted in matrical compositions. After some discussion it was reluctantly decided that poetry might be written in both of these forms. Under the circumstances of the case this was the least unpromising plan that could be adopted. The arrested progress of this branch of literature is also due to a great extent to inaptitude for work. It is a sad truth that inspite of their being so many learned and accomplished men whose attention is directed towards it no solid work has yet been produced by them. Competent writers (not translators) of essay—literary, political, social as well as philosophical—are wanted.

In conclusion, I invite the attention of my educated brethren to the deplorable state of their language and axiously look to the time when they will appear on the stage and show to the world that they also possess a language of their own well-fited to convey every mode of thought. There is no surer means of achieving fame than to enrich one's vernacular literature. No less a personage than Mr. Ramesh Chandra Datt. has adopted a good deal of his precious time to literary work in his vernacular. Let any one penetrate into the spirit it of Milton when he says, "what the greatest and choicest wits of Athens, Rom, or modern Italy, and those Hebrew of old, did for their country. I, in my proportion, with this over and above of being a Christian, might do for mine, not caring to be once named abroad, though perhaps I could attain to that but content with these British Islands as my world.

Need are remained our readers that his world afterwards expended into one-fourth of the habitable globe, and his fame found its ways to the distant countries of India and Burma? Now, if Milton was content with his 'British Island' I see no reason why we should not be content, for the present, with the united provinces, the Punjab, the central provinces, Bihar and Rajputana—a far greater area.

एक देशी भाषा का हाल

मैं उन लोगों में से हूँ जो शिक्षा के माध्यम समझे जाने के बारे में देशी भाषाओं के दावे पर सवाल उठाने का कोई कारण नहीं समझते। इसके विपरीत मैं उन्हें ऐसी संपत्ति मानता हूँ जिनका हमें भावी पीढ़ियों के उपयोग के लिए भरोसे के साथ संचय करना चाहिए। उपरोक्त के एक व्यावहारिक परिणाम के बारे में हिन्दी की दशा कुछ समय से हमारे ध्यान का केन्द्र रही है। लेकिन मेरा धैर्य अभी तक जिस आशा पर टिका रहा है उस पर मेरी पकड़ ढीली पड़ती जा रही है। इर्द-गिर्द की परिस्थितियाँ इस निष्कर्ष को काफ़ी बल पहुँचाती हैं कि 'कोई वांछित परिणाम पाने के लिए कुछ ख़ास किया ही नहीं जा रहा है।'

इस अन्तिम वक्तव्य को या तो एक निराशावादी दृष्टि का तात्कालिक परिणाम माना जा सकता है या फिर हिन्दी के विकास के लिए चिन्तित व्यक्तियों को चोट पहुँचाने का एक शातिराना ढंग समझा जा सकता है। लेकिन गहराई से देखें तो ऐसी सोचें ख़त्म हो जाएँगी और वास्तविक स्थिति सामने आ जाएगी। इस बात से शायद ही कोई इनकार करेगा कि भारत की सभी देशी भाषाओं में अभी तक हिन्दी ही सबसे महत्त्वपूर्ण है और यह भारतीय जनता के अत्यधिक सभ्य भाग की भाषा है। अगर ऐसा है तो फिर उसके साहित्य की निर्धनता का क्या कारण समझा जाए? उपरोक्त प्रश्न के सन्तोषप्रद उत्तर का कोई सूत्र पाने से पहले हमें आज के हिन्दी लेखकों की क्षमता पर निगाह डालनी होगी।

अगर साप्ताहिक पत्रों के सम्पादकों को लें तो आमतौर पर वे ऐसे लोग हैं जिन्होंने नहीं या नहीं के बराबर नियमित शिक्षा पाई है। इसीलिए कभी-कभी वे भारी तेज़ी (?) या जोश के साथ ऐसे विषयों पर टिप्पणी करते दिखाई देते हैं जो शायद ही किसी बुद्धिमान व्यक्ति के लिए ध्यान देने योग्य हों या जिनका लोक-कल्याण से अप्रत्यक्ष सम्बन्ध भी शायद ही हो। उनके कथन, जो यूँ भी खोखले होते हैं, अधिकतर लोकमुखी भावना से अधिक निजी हितों से प्रभावित होते हैं। जब भी वे किसी उपयोगी उद्यम के बारे में सुनते हैं, बेपनाह संजीदगी से उसके ख़िलाफ़ पिल पड़ते हैं और उसकी सफलता के अवसर रहने नहीं देते। इसके एक अजीब-ग़रीब उदाहरण के रूप में उस आम शोरगुल का हवाला दिया जा सकता है जो नागरी प्रचारिणी सभा, बनारस द्वारा श्री दत्त के इतिहास के अनुवाद प्रकाशित करने के प्रस्ताव के ख़िलाफ़ बुलन्द किया गया।

सभा के एक सदस्य को इनमें से एक पत्र का कोप तब भी झेलना पड़ा जबकि उसने सभा के पुस्तकालय में किसी धर्मग्रन्थ की एक प्रति रखवा दी थी कि और इसके ख़िलाफ़ धर्मद्रोह का आरोप तो कोई एक बार नहीं लगाया गया। मैं समझता हूँ उपरोक्त तथ्य उनके विचारों की तथा सही फ़ैसले करने के बारे में उनकी क्षमता की एक झलक दिखाने के लिए पर्याप्त हैं।

पाखंडियों की एक जमात ऐसी भी है जो दूसरी देशी भाषाओं–बंगला, उर्दू, मराठी से–पुस्तकों और ख़ासकर उपन्यासों के अनुवाद करके असामान्य सीमा तक धोखाधड़ी करते हैं और बेशर्मी से उनको अपनी रचना घोषित करते हैं। जिस अकेले तथ्य को कभी-कभी उनके मूल लेखकों के नाम दबा देने का औचित्य कहा जा सकता है, यह है कि अकसर वे जिन अंशों को समझने में असफल रहते हैं उनको उड़ा ही देते हैं और जिन शब्दों के अर्थ नहीं समझते उनकी जगह दूसरे शब्द रख देते हैं। कोई साल भर पहले एक पत्रिका में एक बंगाली महिला का एक लेख इसी आशय का छपा था; वह लेख यूँ तो सही मालूम होता था पर हर तरफ़ उसकी भर्त्सना ही हुई और मूर्खता के साथ उसका मखौल उड़ाया गया। क़ाबिले-ज़िक्र बात यह है कि उपरोक्त लेख में सिर्फ़ बंगला पुस्तकों और संगत हिन्दी रचनाओं की एक सूची दी गई थी। उपरोक्त लेख तो सिर्फ़ बंगला पुस्तकों तक सीमित था मगर निम्नलिखित उर्दू पुस्तकों से स्पष्ट है कि उर्दू किताबों को भी इन लोगों ने नहीं बख्शा। हिन्दी में ये पुस्तकें निम्नलिखित शीर्षकों से छपीं :

महरुम वासी	– पूनम में हलचल
मुज़फ़्फ़र रमाबाई	– कुँवरसिंह सेनापति
शादी-व-ग़म	– वीर जयमल
उरूजो-ज़वाल	– वीर पत्नी
सलीम व नूरजहाँ	– नूरजहाँ

नीचे बंगला से अनूदित ऐसी दो पुस्तकों के शीर्षक दिए गए हैं जिनका उपरोक्त लेख में ज़िक्र आया है :

बंगला	– हिन्दी
हम्मीर	– हम्मीर
चित्रांगदा	– चित्रांगदा (रवीन्द्रनाथ ठाकुर)

एक और जमात तो दिखावों में और भी दिलेर है। इनमें वे लोग आते हैं जिनकी शिक्षा की प्रक्रिया असमय ही रुक गई और फिर कभी उनके सजग प्रयास के द्वारा सुव्यवस्थित ढंग से आगे नहीं बढ़ीं। ये लोग ऐसे हैं जो कम जानकार पाठकों को मूर्ख बनाते और उनको भौचक करने के लिए अपनी शिक्षा का सहारा लेते हैं। वे पूरे तामझाम के साथ वैज्ञानिक विवेचनाओं में हाथ डालते और इस तरह अपने निकम्मेपन को उजागर करते हैं। ये हर-फ़न-मौला अक़्ले-कुल अगर थोड़ी मेहनत करें और थोड़ा अध्ययन करें तो अभी भी कुछ उपयोगी हो सकते हैं, लेकिन उनका मौजूदा रवैया ऐसा है कि शायद ही इसकी आशा की जा सके। एक ही व्यक्ति एक समय कवि या उपन्यासकार और

फिर जल्द ही पुरावेत्ता या भाषाशास्त्री के रूप में सामने आता है। इन बाद वाली हैसियतों में उसके पास अनाधिकार यश पाने का बेहतर अवसर होता है। परिश्रमी यूरोपीय प्राच्यविदों द्वारा जमा की गई सामग्री का ऐसा ढेर हमेशा मौजूद रहता है कि अपनी रचना के लिए कोई व्यक्ति, समय-समय पर, उसकी तुच्छ बुद्धि जितना ग्रहण कर सकती है उस सीमा तक, उसमें से उड़ा ले और बाकी सामग्री को भविष्य में समय-समय पर उड़ाने के लिए बचाकर रखे। उसकी रचनाओं में आप कभी किसी प्रत्यय पर टिप्पणी पाएँगे तो कभी तुलनात्मक व्याकरण पर पाएँगे, और वह तब एक ही समृद्ध स्रोत का चर्बा होता है। यह बात भी मत भूलें कि इस बारे में उनके पास अपेक्षाकृत अधिक योग्यता होती है। कारण कि ऐसी किसी पुस्तक को समझने के लिए कोई भारी ज्ञान आवश्यक नहीं होता और वह व्यक्ति जानता है कि फ़लाँ जगह पर फलाँ स्तम्भ खड़ा है या फ़लाँ अभिलेख फ़लाँ-फ़लाँ तथ्यों का प्रमाण प्रस्तुत करता है। देखिए तो सही कि विद्वानों की प्रतिष्ठा को वे कितने मामूली दामों पर ख़रीद रहे हैं! नतीजा यह होता है कि अध्ययन के उच्चतर क्षेत्रों—प्राकृतिक और नैतिक दर्शन, राजनीतिक अर्थशास्त्र, भौतिकी आदि—के अध्ययन को हतोत्साहित किया जाता है। इसका कारण यह है कि उनकी जैसी योग्यता वाले लोग स्वाभाविक रूप से इसे यश पाने का अपेक्षाकृत आसान और सुरक्षित उपाय मानते हैं।

विद्वानों के अभिप्रायों की भावना, उनके निगमन की सूक्ष्मता और उनकी विवेचना की प्रक्रिया को समझने में असमर्थ ये लोग पीछे मुड़कर देखना गवारा किए बिना विद्वानों की जाँच-पड़ताल के परिणामों को ले उड़ते हैं। एक और भारी दोष यह है कि निरायास ढंग से ही विषय (पुरातत्त्व) की विवेचना वे करने लगते हैं। वे अपनी पहुँच और अपनी समझ से परे का कोई आलेख उठा लाते हैं, और उसका मनमाने ढंग से अनुवाद करने बैठ जाते हैं, और विध्वंस के प्रति अपने उतावलेपन में यह भी भूल जाते हैं कि पाठक उसके अन्तःतत्त्व को समझ सकने के लिए तैयार हो, इसके लिए अनेक ग्रन्थों की आवश्यकता होती है। पुरातत्त्व के विषय पर समय-समय पर जो विभिन्न अलग-थलग पुस्तिकाएँ पेश की गई हैं, वे इस बात के उदाहरण हैं। इस बारे में सबसे अधिक बुद्धिमत्ता का रास्ता यह होगा कि हमारे इतिहास—ग़ैर-मुल्की और मुल्की इतिहासके उन भंडारों को सर्वसुगम बनाया जाए जिन्होंने विद्वानों की कई-कई पीढ़ियों को काम करने के लिए आवश्यक सामग्री प्रदान की है। यह इसलिए आवश्यक है कि अगर अवसर आए तो एक व्यक्ति स्वयं को अपने से पहले के लोगों के चिन्तन से स्वतंत्र रूप से आगे बढ़ने में समर्थ पाए। ऊपर दर्ज सिद्धान्त के पालन के सबसे श्रेयस प्रयासों में नागरी प्रचारिणी सभा के यशस्वी और विद्वान सचिव बाबू श्यामसुन्दर दास के प्रयास इसके बेहतर नमूने हैं।

मेरे कहने का अभिप्राय यह नहीं कि इस विषय (पुरातत्त्व) को पूरी तरह ख़ारिज कर दिया जाए, बल्कि यह है कि इसकी विवेचना अधिकारी व्यक्तियों द्वारा की जानी चाहिए जिन्होंने अपना समय और श्रम लगाकर इसे अपने ध्यान का एक विशेष केन्द्र

बनाया है, जो यूनानी, रोमी, फ़ारसी, मिस्री व दूसरे प्राचीन जनगणों के इतिहास में एक समान पारंगत हैं, जिनसे अपने अग्रजों की उपलब्धियों को और आगे बढ़ाने की आशा की जा सकती है और जो अपने खुद के श्रम के द्वारा अपने देश के इतिहास के कुछ अँधेरे कोनों-खुदरों पर रौशनी डाल सकते हैं। जो पात्र परास्नातक पाठ्यक्रम के लिए इतिहास का चयन करते हैं वे उपयुक्त कार्यकर्ता साबित हो सकते हैं, बशर्ते वे अपनी भाषा में, जो उनकी अपनी है, प्रवीणता प्राप्त कर लें, और कालेज ख़त्म करने के बाद अध्ययन-वृत्ति को अलविदा न कह दें। सच तो यह है कि जिस चीज़ को नियमित शिक्षा कहा जाता है उसके लाभों का जो अधिकतम भोग करते हैं उनको भी, अगर वे अपने ज्ञान की सीमाओं से आगे बढ़ना चाहते हैं तो जो कुछ उन्होंने हासिल किया है उसके एक बड़े भाग के सिलसिले में ख़ुद का ही शिक्षक बनना होगा। स्कूल और कॉलेज में उन्होंने जो कुछ सीखा है, उसके लाभों को अगर उनका परवर्ती पठन-पाठन और अध्ययन और नहीं बढ़ाता तो उसका कोई ख़ास महत्त्व नहीं है।

अब मैं लेखकों की एक और जमात पर आता हूँ। इसमें गद्य, पद्य, निबन्धों के लेखकों समेत साहित्य के रसिया शामिल हैं। मुझे यह जानकर प्रसन्नता हुई है कि इस जमात के ख़िलाफ़ मेरे पास वह सब कहने के लिए नहीं है जो अभी तक मैं कहता रहा हूँ। उसके सदस्य अपने-अपने क्षेत्र में अधिक प्रवीण हैं और उसी के मुताबिक़ सिद्धान्तों के प्रति अधिक समर्पण और पद्धति की अधिक नियमितता उनके कर्मों की विशेषता है। फिर भी मैं कुछ बातें कहना चाहूँगा जो उनको कुछ अधिक सुखकर नहीं लगेंगी। उनकी रचनाओं में जो बड़ा दोष पाया जाता है वह शैलियों का वैविध्य है; वे एक-दूसरे से इतनी भिन्न हैं कि शक गुज़रता है कि क्या वे एक ही भाषा के अंग हैं। इन भेदों का मूल लेखकों द्वारा प्रयुक्त संस्कृत या फ़ारसी शब्दों की संख्या में है। कुछ लोग तो ऐसे मिलेंगे जो संस्कृत की पूरी शब्द-संपदा को घर का माल समझते हैं और संस्कृत सर्वनामों के खुले उपभोग से भी नहीं झिझकते। कभी-कभी तो उनकी पंडिताई झाड़ने की कोशिश हद से आगे बढ़ जाती है और वे ऐसे संस्कृत शब्दों का उपयोग नहीं करते जो प्रचलन में आ चुके हैं बल्कि उनके कम ज्ञात पर्यायों पर पिल पड़ते हैं। लम्बे-लम्बे संस्कृत सामासिक पद और अपरिचित फ़ारसी शब्दों को कभी-कभी प्रभाव डालने के लिए मिला दिया जाता है, और यह भी उसी प्रवृत्ति का एक चरण है। हाल ही में 'अधखिला फूल' शीर्षक से प्रकाशित एक पुस्तक में आपको यह जानकर आश्चर्य होगा कि तीन-तीन, बहुत ही अलग-अलग शैलियों का प्रयोग किया गया है—पहली शैली (समर्पण की शैली) बहुत ही बर्बर है, दूसरी (भूमिका की) शैली व्यवहार में प्रचलित शैली है और तीसरी (स्वयं पुस्तक की) शैली बातचीत की शैली है जो किसी गूढ़ विचार का बोझ उठा सकने में शायद ही समर्थ हो। दूसरी ओर बनारस के पेशेवर कहानी लेखक हैं जिन पर बेशर्म अनुवादकों से सम्बन्धित टिप्पणियाँ आवश्यक फेर-बदल के साथ लागू होती हैं और जो जनता की रुचियों को भ्रष्ट करने के अलावा पैसे की ख़ातिर भाषा की शुद्धता को हलाल करने के लिए हमेशा तैयार रहते हैं। आशा है कि वे बहुत दिनों तक चिन्ताजनक तत्त्व

नहीं बने रह सकेंगे। अजीब बात है कि कविता दो भिन्न-भिन्न बोलियों में सामने आती है–'खड़ी बोली' और 'ब्रजभाषा' में। नागरी प्रचारिणी सभा की एक बैठक में एक सवाल उठा कि छंदबद्ध रचनाओं में इन दो में से किस रूप को अपनाया जाए। थोड़े-से विचार-विमर्श के बाद झिझकते हुए तय हुआ कि कविता इन दोनों ही रूपों में लिखी जा सकती है। इससे सम्बन्धित परिस्थितियों में यही सबसे कम सम्भावनाओं वाली योजना थी जो अपनाई जा सकती थी। साहित्य की इस विधा के बाधित विकास का कारण एक बड़ी सीमा तक लेखन सम्बन्धी असामर्थ्य भी है। दुखद बात यह है कि इतने सारे विद्वान और सिद्धहस्त लोगों के इस तरफ़ ध्यान देने के बावजूद अभी तक कोई ठोस रचना वे प्रस्तुत नहीं कर सके हैं। आवश्यकता निबन्धों–साहित्यिक, राजनीतिक, सामाजिक और दार्शनिक निबन्धों–के समर्थ लेखकों (न कि अनुवादकों) की है।

समापनस्वरूप मैं अपने शिक्षित बन्धुओं का ध्यान उनकी भाषा की दयनीय दशा की ओर दिलाना चाहूँगा और बेचैनी से उस दिन की राह देख रहा हूँ, जब वे मंच पर सामने आकर दुनिया को दिखलाएँगे कि उनके पास भी अपनी एक भाषा है जो हर चिंतन-शैली को व्यक्त करने के लिए उपयुक्त है। अपनी भाषा को समृद्ध करने से बढ़कर यश पाने का कोई और सुनिश्चित उपाय नहीं है। श्री रमेशचन्द्र दत्त जैसे यशस्वी व्यक्ति तक ने अपनी भाषा में साहित्य-रचना पर अपने बहुमूल्य समय का एक अच्छा-ख़ासा भाग लगाया है। काश कि कोई इसमें मिल्टन की भावना का संचार करे, जिन्होंने कहा था : 'एथेंस, रोम या आधुनिक इटली की और प्राचीन काल के यहूदियों की महानतम और श्रेष्ठतम प्रतिभाओं ने जो कुछ अपने-अपने देश के लिए किया है वही मैं अपनी शक्ति भर, एक ईसाई होने के अलावा, अपने देश के लिए करना चाहूँगा, और विदेशों में एक बार भी किसी ज़िक्र की चिन्ता किए बिना करना चाहूँगा। हालाँकि हो सकता है उतनी शोहरत मैं पा लूँ, पर ब्रिटिश द्वीपों के अपने इसी संसार में खुश हूँ।'

क्या मुझे अपने पाठकों को यह भी याद दिलाना होगा कि बाद में उनके संसार ने फैलते-फैलते आबाद दुनिया के एक-चौथाई भाग को समेट लिया और भारत व बर्मा जैसे दूर-दराज़ के देशों तक भी उनकी शोहरत पहुँची? अगर मिल्टन अपने 'ब्रिटिश द्वीपों' में ही खुश थे तो फिर मुझे कोई कारण नहीं दिखाई पड़ता कि हम फ़िलहाल संयुक्त प्रांत, पंजाब, मध्यप्रांत, बिहार और राजपूताना से ही खुश क्यों नहीं रह सकते, जोकि (उन द्वीपों से) कहीं बहुत बड़ा इलाक़ा है?

अनुमानित लेखनकाल 1936-37

(श्रीमती कुसुम चतुर्वेदी से प्राप्त मूल हस्तलिखित प्रति का अनुवाद।
साभार–रामचन्द्र शुक्ल ग्रंथावली, प्रकाशन संस्थान, सम्पादक ओमप्रकाश सिंह। –प्र.)

Book Reviews

Shastroktopasana, by Rai Bahadur Lala Baijnath, B.A. (Judge, Court of Small causes, Allahabad) With an introduction by the late lamented Swami Ram Tirth. The object of the books is to supply a treatise on Upasana (Worship) which would be free from all the minute details that differentiated one Hindu religious sect from another and yet serve the purpose of all religiously inclined Hindus, whatever their own views may be in regard to the particular God or Goddess to be worship and the manner in which the religious services are to be performed. It is a matter of congratulation that the book has been written very ably and the objects kept in view have been fully realised. The most attractive and impressive portion of the book is the introduction by Swami Ram Tirth. The thoughts expressed therein are the affections of a sineare and devoted soul who felt keenly for his country. If the face is said to be the index of the heart, then thoughts garbed in unostentatious and simple language are no less the index of the writer's mind and character. The thoughts and ideas strive home to the reader's mind and leave an abiding impression behind. Although uncompromising critics would find fault with the language here and there, yet it must be said that a man who feels keenly for a thing and who is full of thoughts and ideas, may not sometimes wait to see it his language is quite grammatical, so long as he is able to express his ideas with force and energy. The writer of a book in the style in which Swami Ram Tirth has written this introduction may worthily be styled the carlyle of Hindi.

We wish there were more writers of the kind in Hindi. They would no doubt create a prose literature of which any language might be proud. On the whole end the Shastroktopasana is an admirable book and deserves to be in the hands of all Hindus, especially of those that have religious tendencies.

Moti and Pavitra Jivan—Written by Babu Gokulanand Prasad Verma and published by the Kayasth Institute, Hind, Lucknow. They are priced at annas four and eight respectively. These two books contain short stories of Indian social life. In the first Moti, the heroin of the plot is presented to us as the only daughter of a ruined zamindar, who is anxious to get a suitable bridegroom for his daughter. The zamindar and his wife are very credulous people and easily fall into the trap of a rogue, who represents himself as the very ideal of gentlemanliness and nobleness. They think of rejecting another by of a rather quits and delecats nature and who is after the heart of the girl Moti. By a stratagem of one of Moti's brothers, the real character of the rogue is discovered and thus the whole family is saved from digrace. Moti is married to the boy of her heart and passes a noble and peaceful life. Such is, in short, the plot of the book. Although it must be admitted that no existing scenes are here presented, the reader's curiosity about the future of the hero heroin is not quickened, he is led to follow the thread of the story calmly, without any great disturbance of his feelings, yet the perusals of the book is sure to leave behind a healthy effect on the minds of the young girls for whom the book is intended. It is written in a beautiful style.

The second book *Pvitra Jivan*—relates the story of three sisters, one of whome falls a victim to fatal disease before reading maturely and the other dies heart-broken at the cruel and heartless treatment of her husband, who has fallen in evil company and leads the life of reckless debauchee. The third, who is also the youngest and gives to the world the painful story of his two sisters, lives to enjoy a peaceful home and is represented as the very ideal of sisterly love. Her great anxiety is always the constant solicitude for the welfare of her mother and his sister. The spiritual questions dealt with in this book may not be quite acceptable to all, but they no doubt serve their purpose in producing an effect on the mind of the reader and present the characters delineated in a pleasing light. We wish the language of the book had shown touches of a female hand. The story is told by a girl but in language is too masculine to produce the impression which the writings of a woman in her own characteristic style, naturally do.

On the whole both the books are excellent and will no doubt serve the purpose of a permanent companion to the wines, daughters and sisters of educated people. The price of both the books in rather wish. In order to place them in the hands of women of even ordinary means, it is necessary that they should be sold as cheap as possible.

[The Modern Review, May 1907]

पुस्तक समीक्षाएँ

शास्त्रोक्तोपासना, लेखक : रायबहादुर लाला बैजनाथ, बी.ए. (न्यायाधीश, कोर्ट ऑफ़ स्माल काज़ेज़, इलाहाबाद), प्रस्तावना : दिवंगत स्वामी रामतीर्थ।

प्रस्तुत पुस्तक का उद्देश्य उपासना के बारे में ऐसा प्रबन्ध ग्रन्थ प्रस्तुत करना है जो एक हिन्दू पंथ को दूसरे से अलग करनेवाले सारे बारीक ब्यौरों से मुक्त हो और फिर भी सभी धर्मप्राण हिन्दुओं की आवश्यकताएँ पूरी करे, भले ही अपने पूज्य देवी-देवताओं के बारे में उनके विचार कुछ भी हों या वे अपने धार्मिक अनुष्ठान किसी भी ढंग से सम्पन्न करते हों। बधाई देने योग्य बात यह है कि पुस्तक बहुत ही योग्यता के साथ लिखी गई है और ध्यान में रखे गए सभी उद्देश्य पूरे हुए हैं। पुस्तक का सबसे मनमोहक और प्रभावशाली भाग स्वामी रामतीर्थ की प्रस्तावना है। इसमें व्यक्त विचार एक सच्ची और समर्पित आत्मा के उद्गार हैं जिसने अपने देश के दुख को गहराई से महसूस किया था। अगर मुख को हृदय का दर्पण कहा जाए तो दिखावे से मुक्त और सीधी-सादी भाषा में व्यक्त किए गए विचार भी लेखक के मन और चरित्र के दर्पण कुछ कम नहीं हैं। ये विचार और भाव सीधे पाठक के मन तक पहुँचते हैं और उस पर स्थायी प्रभाव छोड़ जाते हैं। यूँ तो बेलोच आलोचकों को यहाँ-वहाँ भाषा की ग़लतियाँ दिखाई देंगी, पर फिर भी कहा यही जाएगा कि जो व्यक्ति किसी बात को गहराई से महसूस करता है और जो भावों और विचारों से भरा हुआ होता है वह कभी-कभी हो सकता है ठहरकर यह न देखे कि उसकी भाषा व्याकरणसम्मत है या नहीं, बशर्ते वह अपने विचारों को जोश के साथ और ज़ोरदार ढंग से व्यक्त कर लेता हो। जिस पुस्तक की प्रस्तावना स्वामी रामतीर्थ ने लिखी है उसकी शैली ऐसी है कि लेखक को सही तौर पर हिन्दी का कार्लाइल कहा जा सकता है।

काश कि हिन्दी में इस तरह के कुछ और लेखक भी होते। वे निःसन्देह ऐसा गद्य साहित्य रचते जिस पर किसी भी भाषा को गर्व होता। कुल मिलाकर 'शास्त्रोक्तोपासना' एक प्रशंसा योग्य रचना है और यह सभी हिन्दुओं के हाथों में होनी चाहिए, विशेषकर उनके जिनकी प्रवृत्ति धार्मिक हो।

मोती और पवित्र जीवन, लेखक : बाबू गोकुलानन्द प्रसाद वर्मा, प्रकाशक : कायस्थ इंस्टीट्यूट, हिन्द, लखनऊ। इन पुस्तकों के मोल क्रमशः चार और आठ आने हैं।

ये पुस्तकें भारतीय सामाजिक जीवन सम्बन्धी कहानियों पर आधारित हैं। पहली पुस्तक 'मोती' में कथा की नायिका को एक ऐसे तबाह हो चुके ज़मींदार की अकेली बेटी बतलाया गया है जो उसके लिए एक उपयुक्त वर की खोज में है। ज़मींदार और उसकी पत्नी बहुत ही भोले लोग हैं और आसानी से एक धूर्त के जाल में फँस जाते हैं जो अपने-आपको साधुता और सज्जनता की मूरत बनाकर पेश करता है। वे एक ऐसे लड़के को अस्वीकार कर देते हैं जो अपेक्षाकृत ख़ामोश स्वभाव का है और जो उस लड़की मोती को भी पसन्द है। मोती के भाइयों में से एक के कारनामे के चलते उस धूर्त का सच्चा रूप सामने आ जाता है और इस तरह पूरा परिवार कलंकित होने से बच जाता है, मोती का विवाह अपनी पसन्द के लड़के से हो जाता है और वह एक सुखी और शान्त जीवन बिताने लगती है। पुस्तक का कथानक संक्षेप में यही है। यूँ तो यह बात माननी होगी कि कोई रोमांचक दृश्य प्रस्तुत नहीं किया गया है, और नायक व नायिका के भावी जीवन के बारे में पाठक की उत्सुकता को एड़ नहीं लगती, पर वह शान्ति के साथ कथा के सूत्र को पकड़े हुए आगे बढ़ता है, और उसकी भावनाओं में कोई भारी हलचल पैदा नहीं होती। तो भी पुस्तक का अध्ययन निश्चित ही युवा कन्याओं के मन पर एक स्वस्थ प्रभाव डालेगा जिनके लिए यह पुस्तक लिखी गई है। यह एक सुन्दर शैली में लिखी गई है।

दूसरी पुस्तक–'पवित्र जीवन'–तीन बहनों की कथा कहती है जिनमें से एक वयस्क होने से पहले ही किसी घातक रोग का शिकार हो जाती है और दूसरी अपने पति के क्रूर और निर्मम व्यवहार से भग्न-हृदय होकर काल के गाल में समा जाती है; उसका पति बुरी संगत में पड़कर एक विवेकहीन लम्पट का जीवन व्यतीत करता है। तीसरी बहन, जो सबसे छोटी है और संसार को अपनी दो बहनों की दुख भरी कथा सुनाती है, एक शान्त परिवार का जीवन जीती है और बहनापे के प्रेम के आदर्श रूप में प्रस्तुत की गई है। उसकी माँ और बहन का स्थायी एकाकीपन हमेशा उसके लिए भारी चिन्ता का विषय रहता है। पुस्तक में उठाए गए आध्यात्मिक प्रश्न हो सकता है सबको स्वीकार्य न हों, पर इसमें सन्देह नहीं कि पाठक के मन पर एक छाप छोड़कर वे अपना उद्देश्य प्राप्त करते हैं और पात्रों को एक सुखद रूप में प्रस्तुत करते हैं। काश कि पुस्तक की भाषा में किसी स्त्री की रचना की झलक भी होती! कहानी का बयान तो एक लड़की कर रही है पर भाषा इतनी पुरुषों वाली है कि वह छाप नहीं छोड़ती जो एक महिला की रचनाएँ अपनी ख़ास शैली में छोड़तीं।

कुल मिलाकर दोनों ही पुस्तकें उम्दा हैं और बिना सन्देह शिक्षितजन की पत्नियों, बेटियों और बहनों की स्थायी संगिनी बनेंगी। दोनों ही पुस्तकों का मूल्य अपेक्षाकृत अधिक है। उनको मामूली साधनों वाली महिलाओं के हाथों में पहुँचाने के लिए आवश्यक है कि उन्हें यथासम्भव सस्ता बेचा जाए।

–माडर्न रिव्यू, मई 1907

Books Reviews

HINDI

Hindi Bhasha Ki Utpati—It is a small book on the origin of Hindi by Pandit Mahabir Prasad Dwivedi and published by the Indian Press, Allahabad. Though not the first of its kind is may claim the foremost position so far as regards the systematic arrangement of up-to-date matter and the clear methodical way in which it has been dealt with Pains have been taken to render its pages intelligible to readers of ordinary intelligence. In some places the writer is even over-anxious to be understood. The another, in the preface, alleges his information to have been derived from the Census Reports of 1901. Reports of the Linguistic Survey, the New Imperial Gazette and a few another books, and expresses his indebtedness to Dr. Grierson.

The book is divided into five chapters corresponding to the various stages through which the Aryan speech has passed, *viz*—(1) Early stage, (2) Later stage, (3) Prakrit stage, (4) Grouped stage and (5) Modern stage. Great stress, however, is laid upon the points (a) that Hindi is not derived from the literary or refined Sanskrit but owes its origin to Prakrit which sprang into existence along with the literary Sanskrit and was not a dialectic degeneration from it; (b) that the dialect of Behar has more to do with Bengali than with Hindi.

Although Mr. Dwivedi cannot be held absolutely responsible for the opinions contained in the book yet he ought to have expressed his own independent views on some points at least. He has, however, not failed to point out that he may at any time be called upon by further researches and investigations to modify the views contained in the book.

Notwithstanding the merits of the book one cannot help coming across some odd features. Arabic and Persian words have been used where pure Hindi words would have served the purpose equally well or rather better. The position of literary Sanskrit ought to have been more clearly defined and its incapacity to give birth to any subsequent dialect or Prakrit more fully set forth, for, as we are accustomed to think, a literary language is but one cut of many dialects. Further we draw the attention of the writer to page 43, line 12, where Prakrit has been divided into Eastern and Western branches, and ask whether the name Pali (p. 44) has been given to the Eastern branch or the entire Prakrit of the period. If the former be the case, how does Sauraseni take its rank first as an offshoot of Pali (p. 44, line 5) and then also as a principal branch of Western Prakrit (p. 46, line 9). The point ought to be made clearer.

Another point about which we have to differ from the another is the praises that he so profusely showers on the U.P. Government for introducing the new series of vernacular books. They are printed in two different characters, but the language of both of them is the same with slight differences. A language cannot be made by the commands of a ruler. Hindi is Hindi and Urdu is Urdu and the two can never become one so long as they are continued to be written in different characters. It would have been more legitimate for the Government to first 'simplify the language of its courts and publications, before forcing upon the people a language which will leave the student of both Hindi and Urdu as unfit to understand the classical works in both the languages as he was in the beginning. We commiserate the Government for this mischievous attempt and are surprised that a scholar like Mr. Dwivedi should have thought fit to praise the action of the Government.

But these are drawbacks which do not bulk largely in our eyes, and it is but fair to say that Mr. Dwivedi has placed the Hindi reading public under a deep obligation and his work is a valuable addition to the stock of Hindi Literature.

Bal Niti Mala—The stock of books for children in Hindi is extremely poor, hence any suitable addition to it is at once welcome. The book before us is a collection of precepts from various well-known Sanskrit works by P. Ramjee Lal Sharma and is the 5th of the "Balsakhamala" series of the Indian Press. It embodies select precepts of Chanakya, Bidur, Shukra and Kanika, which are intended to serve as useful guides in the various walks of human life. The words of Bidur and Kanika are addressed to the blind king Dhritarashtra. The book being written in a clear and easy style, may well serve the purpose for which it its intended. The writer deserves every praise for this valuable complication.

Larkon Ka Khel—or children's play, editd by some members of the Nagari Pracharini Sabha and published by the Indian Press, Allahabad. The object of the book as indicated by its title, is to awaken an interest in little children in the Hindi Alphabet. We are glad to admit that the object has been substantially fulfilled. The pages dealing with the Hindi Alphabet are so arranged that each page contains (with a few exceptions) two sets of pictures each of which has a letter of the Alphabet placed below it and a descriptive line commencing whit that letter. The chief admirable peculiarity is that these two lines rhyme well real together. The subjects of the pictures are really very amusing, being taken from familiar objects and favourite games of little children. The book will prove very useful in directing the minds of little children towards study.

पुस्तक समीक्षाएँ

हिन्दी

हिन्दी भाषा की उत्पत्ति

यह हिन्दी की उत्पत्ति पर पंडित महावीर प्रसाद द्विवेदी की छोटी-सी पुस्तक है और इंडियन प्रेस, इलाहाबाद द्वारा प्रकाशित की गई है। वैसे यह अपने ढंग की पहली पुस्तक नहीं है, लेकिन अधुनातन सामग्री की सुव्यवस्थित प्रस्तुत और स्पष्ट सुसंगत विवेचना की दृष्टि से अग्रणी स्थिति का दावा तो कर ही सकती है। साधारण बुद्धि के पाठकों के लिए भी सामग्री को सुगम्य बनाने के लिए काफ़ी कष्ट उठाया गया है। कुछ स्थानों पर तो लेखक समझे जाने के बारे में कुछ अधिक ही चिन्तित है। भूमिका में लेखक का कथन है कि उसकी सूचनाएँ 1901 की जनगणना की रिपोर्टों, भाषा-सर्वेक्षण की रिपोर्टों, न्यू इम्पीरियल गज़ट तथा कुछ अन्य पुस्तकों से ली गई हैं। लेखक ने डॉ. ग्रियर्सन के प्रति अपना आभार व्यक्त किया है।

पुस्तक पाँच अध्यायों पर आधारित है जो आर्य भाषा के पाँच विभिन्न चरणों के संगत हैं यानी कि (1) आरम्भिक चरण, (2) परवर्ती चरण, (3) प्राकृत चरण, (4) समूहबद्ध चरण और (5) आधुनिक चरण। तो भी इस बात पर भारी ज़ोर दिया गया है कि (अ) हिन्दी साहित्यिक या परिष्कृत संस्कृत से व्युत्पन्न नहीं है, बल्कि इसका मूल प्राकृत में है जो साहित्यिक संस्कृत के साथ अस्तित्व में आई और उसकी पतित बोली समान नहीं थी, और (ब) बिहार की बोली हिन्दी से अधिक बंगला के पास है।

हालाँकि पुस्तक में व्यक्त मतों के बारे में श्री द्विवेदी को पूरी तरह ज़िम्मेदार नहीं ठहराया जा सकता, पर फिर भी कम से कम कुछ विषयों पर उनको अपने स्वतंत्र विचार व्यक्त करने चाहिए थे। तो भी वे यह बतलाने से नहीं चूके कि पुस्तक में व्यक्त विचारों में संशोधन के लिए अगर और आगे अनुसंधान और छानबीन की आवश्यकता हो तो किसी भी समय उनसे कहा जा सकता है।

पुस्तक के गुणों के बावजूद कुछ अजीब-सी विशेषताएँ सामने आ ही जाती हैं। वहाँ भी अरबी और फ़ारसी शब्दों का प्रयोग किया गया है जहाँ शुद्ध हिन्दी शब्दों से उतनी ही अच्छी तरह या और भी बेहतर ढंग से काम चल सकता था। साहित्यिक संस्कृत की स्थिति को और भी स्पष्ट ढंग से सामने रखा जाना चाहिए था और किसी

परवर्ती बोली या प्राकृत को जन्म देने में उसकी अक्षमता की और भरपूर विवेचना आवश्यक थी। कारण कि, जैसा कि हमारे सोचने की आदत है, एक साहित्यिक भाषा तो अनेक बोलियों से बनी होती है। इसके अलावा, हम लेखक का ध्यान पृष्ठ 43, पंक्ति 12 की ओर खींचना चाहेंगे जहाँ प्राकृत को पूर्वी और पश्चिमी शाख़ों में विभाजित किया गया है, और हम पूछना चाहेंगे कि पाली नाम (पृ. 44) क्या उस काल में प्राकृत की पूर्वी शाख़ को दिया गया है या पूरी प्राकृत को। अगर बात पहलेवाली है तो फिर क्यों भला पाली की उपज के रूप में शूरसेनी को पहला स्थान दिया गया है (पृ. 44, पंक्ति 5), और फिर उसी को (पृ. 46, पंक्ति 9 में) पश्चिमी प्राकृत की प्रमुख शाख बतलाया गया है। इस बात को और भी स्पष्ट किया जाना चाहिए।

एक और पक्ष जिस पर हम लेखक से मतभेद व्यक्त करना चाहेंगे, यह है कि देशी भाषाओं में पुस्तकों की एक नई शृंखला प्रस्तुत करने के लिए वे संयुक्त प्राप्त की सरकार पर प्रशंसा की झड़ी लगा देते हैं। ये दो अलग-अलग लिपियों में छापी गई हैं पर ज़रा से अन्तर के साथ दोनों की भाषा एक ही है। एक भाषा किसी शासक के आदेश से नहीं बनती। हिन्दी हिन्दी है, उर्दू उर्दू है, और दोनों तब तक एक नहीं हो सकतीं जब तक इन्हें अलग-अलग लिपियों में लिखा जाता रहेगा। सरकार के लिए अधिक उपयुक्त तो यह होगा कि पहले वह अपनी अदालतों और प्रकाशनों की भाषा को सरल बनाए–इससे पहले कि वह जनता पर ऐसी भाषा लादे जो हिन्दी और उर्दू दोनों के छात्र को इन भाषाओं की शास्त्रीय रचनाओं को समझने में उतना ही नाकाम रखे, जितना कि वह आरम्भ में था। हम इस धृष्ट प्रयास के लिए सरकार की भर्त्सना करते हैं और हमें आश्चर्य है कि श्री द्विवेदी जैसे विद्वान को भी सरकार के कृत्य की प्रशंसा करना उचित लगा।

लेकिन ये दोष ऐसे हैं कि हमारी दृष्टि में कोई भारी महत्त्व के नहीं हैं और यह कहना उचित ही होगा कि श्री द्विवेदी ने हिन्दी के पाठकवर्ग पर भारी अनुग्रह किया है और उनकी रचना हिन्दी साहित्य सम्बन्धी भंडार में एक मूल्यवान योगदान है।

बाल नीति माला

हिन्दी में बच्चों सम्बन्धी पुस्तकों का भंडार बहुत ही कम है और इसलिए उसमें किसी भी उपयुक्त वृद्धि का फ़ौरन ही स्वागत होता है। हमारे सामने मौजूद पुस्तक विभिन्न प्रसिद्ध संस्कृत रचनाओं से ली गई सूक्तियों का पंडित रामजी लाल शर्मा द्वारा किया गया संकलन है और यह इंडियन प्रेस की 'बालसखामाला' की पाँचवीं पुस्तक है। इसमें चाणक्य, विदुर, शुक्र और कणिक की सूक्तियाँ शामिल हैं और इनका उद्देश्य मानव-जीवन के विभिन्न क्षेत्रों में उपयोगी मार्गदर्शन प्रदान करना है। विदुर और कणिक के बोल दृष्टिहीन राजा धृतराष्ट्र को संबोधित हैं। स्पष्ट और आसान शैली में लिखी गई यह पुस्तक अपने उद्देश्य को अच्छी तरह पूरा करेगी। इस मूल्यवान संकलन के लिए लेखक हर प्रकार से प्रशंसा का पात्र है।

लड़कों का खेल

यह नागरी प्रचारिणी सभा के कुछ सदस्यों द्वारा संकलित और इंडियन प्रेस, इलाहाबाद द्वारा प्रकाशित है। जैसा कि शीर्षक से संकेत मिलता है, पुस्तक का उद्देश्य हिन्दी वर्णों में छोटे बच्चों की रुचि जगाना है। हम सहर्ष स्वीकार करते हैं कि यह उद्देश्य एक बड़ी सीमा तक पूरा हुआ है। हिन्दी वर्णों से सम्बन्धित पृष्ठों को इस प्रकार व्यवस्थित किया गया है कि (कुछ अपवादों को छोड़ दें तो) हर पृष्ठ पर दो चित्र हैं, हर चित्र के नीचे वर्णमाला का एक वर्ण दिया गया है और फिर उस वर्ण से आरम्भ होनेवाली एक वर्णनमूलक पंक्ति है। ख़ास प्रशंसनीय विशेषता यह है कि इन दोनों पंक्तियों के तुक आपस में खूब मिलते हैं। चित्रों के विषय सचमुच बहुत मनोरंजक हैं तथा छोटे बच्चों के लिए सुपरिचित वस्तुओं और उनके पसन्दीदा खेलों से लिए गए हैं। छोटे बच्चों के मन को अध्ययन की ओर प्रवृत्त करने में यह पुस्तक बहुत ही उपयोगी साबित होगी।

Hindi Literature

Sir, The letter misrepresenting the state of the Vernacular Hindi published in your paper of the 6th and the 'Advocate' of the 30th July last has given pain to good may writers and lovers of the Hindi language. I had such an immodest and indiscreet letter should come from the pain of modest gentleman live Mr. Shukla, is matter of great surprise and regret to me, specially when I am told the gentleman considers himself a well-wished of Hindi.

There is no gain saying the fact that the Hindi literature has been making a steady progress since the days of the late Bharatendu Hari and the exiting circumstances should that it has a glorious future before it. But I am extremely sorry to say that Mr. Shukla, forgetting the adage that 'Rom was not built in a day. 'lost his patience and by a strange process of reasoning come to the conclusion that Hindi had been reduced to a deplorable condition because the editors of the Hindi Weeklies were not graduates, because certain translators of Bengali and Urdu movils had omitted to mention the names of their original authors, because certain admittedly good scholars of Hindi had published such pamphlets on philology, comparative grammar and antiquary as were intelligible to the educated classes but were intelligible to the masses of the people, because Certain Editors of magazines had contracted the habit of placing Sanskrit words in juxtaposition with persian ones, and lastly because the reputed author of the 'Adhkhila Phool' had the audacity to write high hindi in the preface and easy Hindi in the main body of the book.

To quote the words of Mr. Shukla himself, I am unable to follow the spirit of his allegations, the subtlety of his syllonm and the process of his treatment. But inspite of my inability to se the force of his arguments. I shall endeavour to briefly discuss the defects which in the opinion of my learned friend have rendered the state of Hindi deplorable and perhaps despicable also.

In the third paragraph os his letter Mr. Shukla declared two editors of the Hindi weeklies until to discharge their duty, because they are man of little education and because several of them had not the sense of appreciate the Hindi translation of Mr. Dutt's history of India. If the term education is not continued to english education. I think Mr. Shukla is met justified in casting a slur on the character and attainments of the editors. My friend should remember that these editors represent the orthodox portion of the Hindu community and as such the must have thought that it was their dry to deprecates the publication of the book which was decidedly of a revolutionary nature. Besides this discussions of their sort instead of being injurious to the cause of literature, often prove to be beneficial to it in end therefore, they should not be always deprecated.

In the 4th, 5th and 6th paragraphs of the letter the Pandit referred to the case of a Bengali lady who had shown admirable amazonian courage in exposing the mal practices of a certain novelist, and who to use the Pandit's won words "had attracted censure and foolish mockeries from all sides." I am informed that her writing had not printed to be so attractive and that it has attracted the notice of only Hindi Weeklies. Even then. I sincerely sympathies with the lady and highly censure the editors concerned for their uncirabrous conduct towards her. But though I disagree with the erring editors. Yet I fail to see how these unacknowledged Hindi translations of Bengali and Urdu novels would injure the cause of the Hindi Literature. Have they not added to the stock of readable Hindi books and instead of attracting mockeries from all sides have they not excited two admiration of the moral reading public? Under the circumstances I think that these translations instead of retarding the progress of Hindi have advanced ti to an appreciable extent.

In the 7th, 8th and 9 the paragraphs of his long letter the Pandit dealt under served blows to such man as had ventured to publish pamphlets on philology, antiquary & c. My learned friend would allow none but distinguished graduates like Babu Shyamsunder Das to deal with these sacred subjects. It any under graduate, however studious and learned he may be, were to the touch these topics, he would be sit down as an incompetent infided and his work, however meritorious, would be declared to be an act of sacrilege. But this is not the only ground on which Mr. Shukla dislike 'Such Scientific discourses. He decries their publications first because they were likely to stuply the less informed readers; Secondly because they were mere translations of the womens of European orientations; thirdly because their authorship being a short cut to eminence. They discade mediators from prosecuting their higher, and fourthly because volumes were required to prepare the readers of these pamphlets to received their contents.

I would meet these objections by saving that if the Pandit ever felt stupefied by reading any of these pamphlets. I would recommend their immediate relegation to oblivion, but it without undergoing the trouble of reading any preparatory volume he was able to understand the contents of the pamphlets and profit by their perusal even if they were more translations, I hope that he will admit the value of their being so many auxiliaries to the advancement of Hindi and will abstain from criticising them adversely. The third objection is absurd enough to carry its own refutation. Under the circumstances, can any same person say that the publication of such pamphlets is in any way prejudicial to the cause of Hindi?

In the 10th paragraph in Pandit Premchand homily to the other Pandits who were writers of version, fiction, essays and novels. The main force of his diatribe was directed against density of styles. But as the question of style is still an open one. Mr. Shukla's attack appears to be a premature are, 'Adhkila Phool' is a fine dedicate novel; it furnishes a specimen of style which is most suited to the masses of India. But Mr. Shukla thought that sort of style was incapable of holding complex ideas. I would the writer and proved the truth of his remark by illusustrations. The Pandit was pleased to call the language of its dedication barbarous because it was highly Sanskritised. If the spend of Sanskrit were a barbarous people then certainly a dedication of this style deserves to be called barbarous, but if they were members of a civilised nation then Mr. Shukla's own criticism should be condemned as being captions and caviling.

हिन्दी साहित्य

महोदय,

आपके पत्र में 6 तारीख़ को और 'एडवोकेट' में 30 जुलाई को देशी भाषा हिन्दी की दशा को ग़लत ढंग से पेश करते हुए जो पत्र छपा है उससे हिन्दी भाषा के लेखकों और प्रेमियों की अच्छी-ख़ासी संख्या आहत हुई है। श्री शुक्ल जैसे सौम्य-सज्जन पुरुष की लेखनी से ऐसे अनम्र और अविवेकी पत्र का आना मेरे लिए भारी आश्चर्य और दुख का विषय है, विशेषकर इसलिए कि मुझसे बतलाया गया है कि ये सत्पुरुष स्वयं को हिन्दी के शुभचिन्तक समझते हैं।

इसमें कोई संदेह है ही नहीं कि स्वर्गीय भारतेन्दु हरि के दिनों से हिन्दी साहित्य निरन्तर प्रगति करता आ रहा है और आज की परिस्थितियाँ जताती हैं कि उसका भविष्य उज्ज्वल है। लेकिन मैं बहुत ही दुख के साथ कहना चाहूँगा कि 'रोम कोई एक दिन में नहीं बसा था' की सूक्ति को भूलकर श्री शुक्ल धैर्य खो बैठे और तर्क-वितर्क की एक प्रक्रिया के द्वारा इस निष्कर्ष पर पहुँचे कि हिन्दी एक दुखद अवस्था तक इस कारण पतित हो चुकी है कि 'हिन्दी साप्ताहिकों के सम्पादक स्नातक नहीं हैं, कि बंगला और उर्दू उपन्यासों के कुछ अनुवादकों ने मूल लेखकों के नाम ही उड़ा दिए हैं, और हिन्दी के अच्छे विद्वान समझे जानेवाले कुछ लोगों ने भाषाशास्त्र, तुलनात्मक व्याकरण और पुरातत्त्व पर ऐसी पुस्तिकाएँ लिखी हैं जो शिक्षित वर्गों के लिए तो बोधगम्य थीं पर जनसमूह की समझ से बाहर थीं। क्योंकि कुछ पत्रिकाओं के सम्पादकों ने फ़ारसी शब्दों के मुक़ाबले संस्कृत शब्द लाने की आदत पाल रखी है, और अन्त में इसलिए कि 'अधखिला फूल' के प्रतिष्ठित लेखक ने भूमिका में कठिन हिन्दी और पुस्तक के मुख्य भाग में आसान हिन्दी लिखने की धृष्टता की है।

स्वयं श्री शुक्ल के शब्दों को दर्ज करें तो मैं विद्वानों के अभिप्रायों की भावना, उनके निगमन की सूक्ष्मता और उनकी विवेचना की प्रक्रिया को समझने में असमर्थ हूँ। लेकिन उनके तर्कबल को समझने में अपनी असमर्थता के बावजूद मैं उन दोषों की संक्षिप्त विवेचना का प्रयास अवश्य करूँगा, जिनके कारण मेरे विद्वान मित्र की राय में हिन्दी की दशा दयनीय और सम्भवतः घृणित भी हो चुकी है।

अपने पत्र के दूसरे अनुच्छेद में श्री शुक्ल ने हिन्दी साप्ताहिकों के दो सम्पादकों को कर्तव्यपालन में असमर्थ घोषित किया है क्योंकि वे अल्पशिक्षित लोग हैं और उनमें से

अनेक में तो इतनी समझ भी नहीं कि श्री दत्त के 'हिस्टरी ऑफ इंडिया' के हिन्दी अनुवाद का महत्त्व समझ सकें। अगर शिक्षा शब्द से अभिप्राय अंग्रेज़ी शिक्षा नहीं है तो उन सम्पादकों के चरित्र और कारनामों पर कीचड़ उछालना श्री शुक्ल के लिए उचित नहीं है। मेरे मित्र याद रखें कि ये सम्पादक हिन्दू समुदाय के सनातनी भाग के प्रतिनिधि हैं और इसलिए उनकी सोच यही रही होगी कि जिस पुस्तक की प्रकृति निर्णायक रूप से क्रांतिकारी थी उसके प्रकाशन की भर्त्सना करना उनका कर्तव्य था। इसके अलावा इस तरह के वाद-विवाद साहित्य के ध्येय को हानि पहुँचाने की बजाय अकसर उनके लिए अन्ततः लाभकारी साबित होते हैं और इसलिए हमेशा उनकी भर्त्सना ही नहीं की जानी चाहिए।

पत्र के चौथे-पाँचवें और छठे अनुच्छेद में पंडित ने एक बंगाली महिला का हवाला दिया है जिन्होंने एक विशेष उपन्यासकार के कुकर्मों का पर्दाफ़ाश करने में प्रशंसनीय, रणचंडी जैसे साहस का परिचय दिया है और स्वयं पंडित के शब्दों में कहें तो जिनकी हर तरफ़ भर्त्सना हुई और हर तरफ़ उनका मख़ौल ही उड़ाया गया। मुझे बतलाया गया है कि उनकी रचना आकर्षक न होने के कारण नहीं छापी गई और उसने केवल हिन्दी साप्ताहिकों का ध्यान आकर्षित किया। तो भी मुझे उन महिला के साथ हार्दिक सहानुभूति है और उनके प्रति अभद्र आचरण करनेवाले सम्पादकों की मैं घोर भर्त्सना करता हूँ। लेकिन मैं भले ही उन ग़लत सम्पादकों के साथ असहमति जताऊँ, मैं यह नहीं समझ सकता कि बंगला और उर्दू उपन्यासों के आभार व्यक्त न करनेवाले ये हिन्दी अनुवाद हिन्दी साहित्य के ध्येय को कैसे हानि पहुँचाएँगे। क्यों उन्होंने पठनीय हिन्दी पुस्तकों के भंडार में वृद्धि नहीं की, और हर तरफ़ से मख़ौल के पात्र बनने के बावजूद क्या उन्होंने पाठक वर्ग का प्रशंसाभाव नहीं जगाया है? इन परिस्थितियों में मेरा ख़याल है कि हिन्दी की प्रगति को धीमा करने की बजाय इन अनुवादों ने उसे एक प्रशंसनीय सीमा तक बढ़ाया है।

अपने लम्बे से पत्र के सातवें, आठवें और नवें अनुच्छेद में पंडित ने उन लोगों पर करारी चोट की है, जिन्होंने भाषाशास्त्र, पुरातत्त्व आदि विषयों पर पुस्तिकाओं के प्रकाशन का दुस्साहस किया है। मेरे विद्वान मित्र बाबू श्यामसुन्दर दास जैसे यशस्वी स्नातकों के अलावा किसी और को इन पावन विषयों की विवेचना की अनुमति नहीं देना चाहते। कोई अवरस्नातक, चाहे वह जितना ही अध्ययनशील और विद्वान क्यों न हो, अगर इन विषयों को उठाता है तो उसे एक अयोग्य काफ़िर कहकर झिड़क दिया जाएगा और उसकी रचना को, चाहे वह कितनी ही गुणवत्तासम्पन्न हो, धर्मद्रोह कह दिया जाएगा। लेकिन ऐसे वैज्ञानिक विचार-विमर्श से श्री शुक्ल की घृणा का यह कोई अकेला आधार नहीं है। वे इन प्रकाशनों की निन्दा करते हैं तो एक तो इसलिए कि ये कम जानकार पाठकों के लिए थे, दूसरे इसलिए कि ये यूरोपीय रुझान वाली रचनाओं के अनुवाद मात्र थे, और तीसरे इसलिए कि इन्हें प्रतिष्ठा पाने का छोटा रास्ता कहा गया है और इसलिए सामान्य बुद्धि वाले लोगों को उच्चतर अध्ययन के लिए प्रयास न करने की सलाह दी गई

है, और चौथे इसलिए कि इन पुस्तिकाओं के अन्तःतत्त्व को ग्रहण करने के लिए पाठकों को तैयार करने के वास्ते मोटे-मोटे ग्रन्थों का अध्ययन आवश्यक है।

मैं इन आपत्तियों का जवाब यह कहकर दूँगा कि अगर पंडित ऐसी किसी पुस्तिका को पढ़कर भौचक महसूस करें तो मैं उनको विस्मृति के कूड़ेदान में डालने की सिफ़ारिश करूँगा। लेकिन अगर तैयारी-स्वरूप मोटे-मोटे ग्रन्थों को पढ़ने का कष्ट किए बिना भी इन पुस्तिकाओं का अन्तःतत्त्व समझ लेते हैं और उनके अध्ययन से लाभ उठाते हैं, भले ही वे अनुवाद मात्र हों, तो मुझे आशा है कि हिन्दी की उन्नति में सहायक के रूप में वे उनके महत्त्व को स्वीकार करेंगे और उनकी प्रतिकूल आलोचना से परहेज़ करेंगे। तीसरी आपत्ति तो इतनी बकवास है कि अपना खंडन आप लिए हुए है। इन परिस्थितियों में क्या कोई होशमंद व्यक्ति यह कहेगा कि ऐसी पुस्तिकाओं का प्रकाशन हिन्दी के ध्येय के लिए हानिकारक है?

दसवें अनुच्छेद में पंडित उन दूसरे पंडितों का गुणगान करते हैं जो पद्य, गद्य, निबन्धों और उपन्यासों के लेखक हैं। उनकी बड़बड़ाहट का प्रमुख विषय शैलियों की विविधता है। लेकिन चूँकि शैली का प्रश्न आज भी एक खुला प्रश्न है, इसलिए श्री शुक्ल का आक्रमण अपरिपक्व ही लगता है। 'अधखिला फूल' एक सुन्दर और नाज़ुक उपन्यास है; यह ऐसी शैली का नमूना पेश करता है जो भारत की जनता के लिए सबसे अधिक उपयुक्त है। लेकिन श्री शुक्ल का विचार है कि इस तरह की शैली गूढ़ विचारों की अभिव्यक्ति के लिए उपयुक्त नहीं है। मैं लेखक को चुनौती देता हूँ कि दृष्टांतों से अपनी इस टिप्पणी को साबित करें। पंडित उसके समर्पण की भाषा को बर्बर कहकर आनन्दित हुए क्योंकि यह घोर संस्कृतनिष्ठ थी। अगर संस्कृत के बोलनेवाले बर्बर लोग हों तो इस शैली में समर्पण निश्चित ही बर्बर कहलाने का अधिकारी होगा। लेकिन वे अगर एक सभ्य जनगण के सदस्य हैं तो श्री शुक्ल की आलोचना को भ्रामक और बकवादी कहकर उसकी निन्दा की ही जानी चाहिए।

A Short History of The Nagari Pracharini Sabha, Benares (July 1893 to June 1915)

It was in the year 1893 that a few young students, among whom may be principally mentioned Babu Syamsundar Das, Pandit Ram Narayan Misra and Thakur Shivakumar Singh, conceived the idea of making an organised effort to popularise and recommend the use of Nagari character as well as to promote and foster the growth of healthy Hindi literature. They eventually formed themselves into a significant body which came to be known as the Nagari Pracharini Sabha. Its rules and regulations were definitely settled in a meeting held on the 16th 'of July 1893, the accepted date of its inauguration. Its meetings were now more regular and attracted a number of scholars who read papers on different subjects. On February 17, 1894, the late Babu Radha Krishna Das accepted the presidentship of the Sabha and began his most earnest association with every thing connected with the workings of the infant institution. On March 24 he read a scholarly paper on नागरीदास का जीवनचरित्र meeting attended by Pt. Ramshankar Vyas, the late Babu Ramdin Singh and several other leading advocates of-Hindi. The publication of this paper induced Pt. Mohanlal Vishnulal Pandya to write an account of the poet नागरीदास in the journal of the Asiatic Society in which allusion was made to this paper in eulogistic terms. At this early stage, the Sabha could count among its active supporters such persons as Rai Bahadur P. Lakshmi Shankar Misra M.A., B. Indranarayan Singh M.A., B. Ramdin Singh, B. Jagannath Das Ratnakar, Pt. Kishori Lal Goswami, B. Ramkrishna Varma, B. Kartika Prasad, B. Gadadhar Singh, B. Deokinandan Khatri, etc. It was particularly fortunate in having for its Secretary, B. Syamsundar Das B.A. to whose unflinching devotion and indefatigable labour it owes its continued existence and successful career. It was he who in various capacities worked day and night to bring the Sabha to its present status. He has so much identified himself with the institution that he is fitly called the 'Soul of the Sabha'.

At the very outset the attention of the Sabha was directed to immense literary treasure that lay concealed in private houses and libraries. In the shape of old manuscripts. A search for such Mss. was now deemed necessary and the Sabha approached the Govt. of India, the Asiatic Society of Bengal, the N. W. P. (now U.P.) Govt. and the Punjab Govt. in the hope of getting them to carry on this work in conjunction with the search for Sanskrit. Mss. which was already being prosecuted. Favourable responses were received from the Govt. of India and the Asiatic Society and something was attempted, but nothing at all commensurate with the importance of the matter. The want of a comprehensive Hindi dictionary was also felt at this period and a request was accordingly made to the Maharaja of Darbhunga to make financial arrangements for its compilation. The Maharaja, was pleased to make a donation of Rs. 125, but the magnitude of the task did not warrant an immediate undertaking. At the suggestion of B. Radhakrishna Das it was also decided to publish the lives of the renowned authors and editors of Hindi. Some six lives were collected for the purpose, but the work could not be pushed further. As the production of suitable literature was one of the avowed objects of the Sabha it invited authors to write books on various subjects, such as History, Travel, Biography, Science History of Hindi language and literature etc. B. Radhakrishna Das responded to the call and wrote a History of Hindi Newspapers and Periodicals (हिन्दी के सामयिक पत्रों का इतिहास) which contains much valuable information.

To secure for Hindi its right place in educational institutions it was resolved to award prizes for Hindi penmanship through the medium of the Educational Deptt.. The Director of Public Instruction was glad to make necessary arrangements for the same
and the result was that prizes began to be offered year by year. Since then the work has considerably gained in extent & popularity.

An institution aiming at the creation of literary activity could not go without a library and a shall beginning was made by the establishment of नागरी भंडार पुस्तकालय. All these early endeavours of the Sabha were clear indications of the fact that it was, in the very first year of its existence, fully conscious of the grave problems that awaited its attention. The first anniversary of the Sabha was held in the Carrnichael Library on the 30th Sep. 1894 under the presidency of the late Rai Bahadur Pandit Lakshmi Shanker Misra M.A. in which (the late) Babu Radhakrishna Das read a paper, thoroughly explaining the aims and objects of the Sabha and dealing with the history of the Hindi literature. The president, in his speech, dwelt at some length on the merits of the Nagari Character and drew pointed attention to the need of scientific books in Hindi.

In the beginning of the year 1895 some new works were brought to light as a result of the search for Hindi Mss. made by the Asiatic Society at the request of the Sabha. The discovery of a treatise on rhetoric written before the time of Keshavadas was of great moment as it falsified the general belief that Keshava was the founder of the Technical School of poetry. Another newly discovered work, which would have occupied an important place in the solitary field of Hindi romantic poetry had it been found in prefect condition, was मृगावती by the Mohammedan poet Kutban. These results, encouraging as they were, pointed to the necessity of a thorough investigation, and the Sabha was confined in its desire to see the work carried on with greater zeal and earnestness.'

It was now thought proper to send deputations to different places to rouse people to a full sense of their responsibility in respect of the language and literature. In pursuance of the scheme Babu Syamsundar Das B.A., B. Mata Prasad M.A. and B. Kartik Prasad visited Allahabad & Lucknow. Now the Sabha was entering upon a period of great activity. A move was made in the direction which was destined to draw forth in subsequent years all the power at its command. The Sabha had been maturing for sometime the project of making a strong representation to the authorities against the exclusion of Nagari from the field of the court business-an every day concern of the people. As the practice of filling up of summonses etc. in Urdu only was gaining ground-much to the inconvenience of the majority of the population, the Board of Revenue was moved in the matter with the result that an order enjoining the use of both - characters was subsequently issued. It was long felt that in those parts of India in which Hindi is the language of the great bulk of the people, the Nagari, no less than the Persian character, should be allowed in presenting petitions etc. in the Courts, and that Govt. papers addressed to the people should be issued in a language "understanded of the people." His Honour the Lieutenant Governor (The Hon. Sir A.P. (now Lord) Mac Donnell) was addressed on the subject by the Sabha when he visited Benares in 1895. Without giving any pledge as to what the Government might do, His Honour expressed his willingness to consider the matter. To educate the public mind on the subject copies of a pamphlet हिन्दी क्या है (What is Hindi) were freely distributed. In the midst of these endeavours the Sabha came to know that H. H. the Maharaja of Gwalior was perceiving the necessity of introducing Nagari into the Courts of his state, and it lost no time in sending a memorial to His Highness. Not long afterwards the happy news was received that Hindi was introduced into the courts & offices of the Rewah states. These hopeful signs of the times encouraged the Sabha to carry on the agitation in these Provinces with greater zeal, and it appointed a committee of 8 members who, by visiting places of importance did their best to ensure the co-operation of the people by awakening in them an interest in the movement. Great facilities were offered in the way by the redoubtable the Hon'ble Pandit Madan Mohan Malaviya, one of the most prominent leaders of the movement.

Great anxiety was felt at this period on account of a rumour that a proposal to substitute Roman for the Persian character was before the Government. A pamphlet, in which the defects of the Roman Script were fully exposed & advantages of the Nagari character pointed out, was published and widely circulated, The result was that on the 27th July, 1896 a Government order, contradicting the rumour, was issued to set the public mind at rest.

Up to the time the Sabha had no organ of its own through the medium of which it might deal with questions affecting Hindi & keep the public regularly informed of its activities. From July 1896 a Quarterly paper नागरीप्रचारिणी पत्रिका devoted to the publication of original articles on a variety of subjects with brief notices of the Sabha's business meetings, was started.

The International Congress of Orientalists was to meet in Paris on the 5th Sep. 1896, and it was quite in the fitness of things that the Sabha should think of directing the attention of that August assembly to the vast domain of Hindi literature presenting a rich field for research. A paper, dealing with the post history of Hindi language & literature was prepared by Babu Syamsundar Das B. A. with great diligence & ability, and forwarded to the Secretary of the Indian section of the Congress. As was to be expected, it succeeded in creating an interest about its subject, and converted Dr. Levi, the secretary, into a great friend of Hindi.

The system of imparting Vernacular instruction in the schools of these Provinces was far from being satisfactory and the Sabha addressed the Government and the Education Department on the subject. An appeal was also made to poets & poetical clubs (कवि समाज) to improve the tone & widen the scope of the Hindi poetry and not devote themselves exclusively to fragmentary and erotic compositions.

Now we come to a circumstance that effected a great improvement in the status of the Sabha's Library. The late B. Gadadhar Sinha presented to the Sabha his big library आर्य भाषा पुस्तकालय with which it incorporated its own नागरी भंडार. On 25th July 1898 Babu Gadadhar Sinha executed a will by which he left all his property to the Library. This will was the subject- of a on litigation that resulted in a decision in Sabha's favour. By this time the financial position of the Sabha was also improved appreciably by an increase in the number of member, by the sale of books and by liberal donations from such sympathisers as H. H. The Maharaja Saheb of Rewah and (the late) Raja Saheb of Bhinga. The achievements of the Sabha now considerably raised it in the estimation of the public and the Government, and a mention was made of it in the Administration Report in the following terms :

"In connection with the literary activity of the people, it should be stated here that there exists a society at Benares, known as the Nagari Pracharini Sabha, which aims at the improvement of Hindi literature by issuing scholarly publications in that language."

Dr. Levi of France, who paid a visit to the Sabha in 1897 and was also present in one of its meetings, expressed his great satisfaction at what the Sabha had been trying to achieve. The fifth anniversary of the Sabha was celebrated with great eclat on the 16th July 1898. The function was Presided over by Mr. Cobb, the Magistrate of Benares. The presence of such personages as Kunwar Saheb of Bhinga, Thakur Saheb of Jaipur. Prof. Johnson, Rev. Greaves, Mr. Morison (the joint Magistrate), Mahamahopadhyaya Pandit Sudhakar Dwivedi, Mahamahopadhyaya Pandit Mahesh Chandra Nyayaratna etc. added much to the solemnity of the occasion. Great enthusiasm prevailed. The function was a great success and gave sign of the Sabha's future greatness.

Irregularities in the use & spelling of certain words, eccentricities of diction, practised or advocated, that threatened to disorganize the very fabric of the language led the Sabha to collect and consolidate opinions regarding the orthography, style and syntax of Hindi. A committee of 11 members was accordingly appointed to discuss and decide "certain questions connected with the grammar and style of Hindi." The report of the committee was issued after careful enquries and lengthened deliberations, and was an endeavour to fix certain rules on such matters as the transliteration of words from other languages into Hindi, the method of writing the suffixes, forming the various cases of the noun, the spelling of certain words etc. etc.. All that the Sabha meant, and could possibly expect, was a recognition of the principle of uniformity.

The Sabha had long been criticising the constitution of the Text Book Committee, and deploring the introduction of defective books in the curriculum of study. This eventually led to the selection of (the late) Babu Indra Narayan Sinha M.A. as a member of that responsible body. Though such a representation was not all that the Sabha desired in the matter, it was taken to be a great step towards the realisation of its object.

Now the time came for the display of utmost activity on the part of the Sabha and the people. The idea in favour of the introduction of Nagari into the courts had by this time gained in sufficient volume to find expression in the shape of a strong memorial. While preparations for the memorial were in progress, the Sabha sent its agents all round who succeeded in collecting signatures of some 60000 persons. Babu Syamsundar Das B. A. Visited Allahabad and Lucknow in connection with the propaganda. The Hon. Pandit Madan Mohan Malviya brought out his famous pamphlet the "Court character and Primary Education "in which a powerful case was made out for a more extensive use of the Nagari character. On March 2nd, 1898 a strong and representative deputation consisting of, (1) The Maharaja Sir Pratap Narayan Sinha K. C. 1. E. of Ayodhya, (2) Raja Ram Prasad Sinha of Manda, (3) Raja Balwant Sinha C.I. E. of Awagarh, (4) Raja Ghanshyam Sinha of Mursan, Aligarh, (5) Hon'ble Raja Rampal Singh of Rampur, Partabgarh (6) Raja Seth Lakshman Das C.L E. of Muttra, (7) Rai Siddheshwari Prasad Narayan Sinha Bahadur Salemgarh, Gorakhpur. (8) Rai Kunwar Hari Charan Misra Bahadur Bareilly; (9) Rai Krishna Sahai Bahadur, President Deva Nagari Pracharini Sabha, Meerut, (10) Rai Nihal Chand Bahadur Muzaffernagar. (11) The Hon'ble Rai Sri Ram Bahadur M.A., B: L., Lucknow, (12) Rai Pramada Das Mitra Bahadur F.A.U. of Benares, (13) The Hon'ble Munssi (now Raja) Madho Lal, Benares. (14) The Hon'ble Seth Raghubar Dayal of Sitapur, (15) Munshi Ram Prasad, Advocate Allahabad High Court, (16) Pandit (now Dr.) Sundar Lal, Advocate Allahadbad High Court & (17) Pandit Madan Mohan Malaviya B. A., L.L.B representative of the Sabha waited on His Honour Sir (now Lord) A. P. MacDonnell and received not only a careful hearing but a most hopeful response. His honour admitted the apparent justice of the claims urged, but said that any change in existing regulation could be effected only after most careful enquiries and patient consideration of all that such a change would involve. The reply, however, held out the hope that the question would receive a favourable consideration at the hands of the Government. The Sabha could not but see that in order to help the Government in the matter· & prepare the way for the introduction of the desired reform it was necessary to have such institutions established at different places as might be helpful in conveying to the masses an idea of the nature of the movement. In pursuance of the .scheme Nagari Sabhas were established at Lucknow, Allahabad, Shahjahanpur, Bareilly, Muradabad, Saharanpur, Aligarh, Muttra, Agra & Barabanki. B. Syamsunder Das and B. Krishna Baldeo Varma visited several places in connection with the establishment of the said societies.

The Sabha laid its finger on a real defect in the system of Sanskrit Education when it addressed the Director of Public Instruction to consider the advisability of making the study of vernacular compulsory in Sanskrit classes. Had provision been made for such a study it would have gone a great way in bringing the Pandits more in touch with the ideas of modern progress & culture.

In 1898 His Honour the Lieutenant Government paid a visit to Benares, and a deputation of the Sabha waited on His Honour, who held a long discourse with the members in course of which a passing allusion was made to the assertion that Hindi could not be written as swiftly as Urdu. M. M. Pandit Sudhakar Dwivedi proved the futilities of the assertion by writing before His Honour as swift a hand as could be ordinarily expected from any Urdu Munshi. On 6th Sep. 1898 the Sabha was made a registered body' and the number of its members rose to 247.

At the request of the Text Book Committee a few books such as भाषापत्रबोध, भाषासारसंग्रह, खेती विद्या की पहिली पुस्तक were prepared by the Sabha and subsequently introduced as text books. Another important book published was a beautiful poem named हरिश्चन्द्र by Babu Jagannath Das Ratanakar B.A., Arrangements were also made for the translation of R. C. Dutt's History of Civilization in Ancient India as an endeavour to remove the long felt want of any detailed history of the Hindu period, but objection being raised from certain quarters against the publication of the book, the work was entrusted to a separate Committee which eventually brought it out.

Attempts were from time to time made by the Sabha to get scientific work and articles written in Hindi. But whenever a gentleman was asked to write an article or a book on some scientific subject he expressed his willingness to do so, if the Sabha could undertake to supply him with the vernacular equivalents of a number of scientific terms. This state of things continued till the year 1898 when the Sabha decided to prepare Hindi Scientific Glossary and appointed a sub-committee to consider the whole question and submit a workable scheme. When words belonging to different sciences were collected they were entrusted to the following gentlemen to be translated into equivalent Hindi words-

B. Syamsundar Das B. A. - Geography.
B. Thakur Prasad - Chemistry & Physics.
M. M. Pandit Sudhakar Dwivedi - Astronomy.
P. Mahabir Prasad Dwivedi - Philosophy.
P. Madhava Rao Sapre - Political Economy.

The terminologies, when issued, were widely circulated and constructive criticism of competent persons interested in the work was invited. In the meantime the Sabha approached the Education Department of the Punjab, the Central Provinces, Bengal & the United Provinces with the request that they might be pleased to help the Sabha in bringing the undertaking to a successful termination. The Education Dept. of the Central Provinces appointed Pandit Vinayak Rao, Asstt. Superintendent, Training Institution, Jabalpur, to represent that department. The Text Book Committee of the Punjab appointed first Lala Munshi Ram M. A. but later on when he was unable to come to the meetings convened by the Sabha to revise the Glossary it sent Lala Khushi Ram M. A. to take part in the meetings of the Sabha. The Education Deptt. of Bengal first appointed Pandit Baldeoram Jha B. A. but later on asked Lala Bhagwati Sahai M.A.B. L. Asstt. Inspector of schools to take part in the deliberations. The meetings for the revision of the tentative Glossary were held in Benares. A separate sub-committee consisting of B. Bhagwan Das M.A., B. Indra Narayan Sinha M.A., B. Vanmali Chakravarti B.A. and Sahityacharya Pandit Ramawatar Pandey M.A., was appointed to undertake the revision of the philosophical terminology. The meeting of the Revision Committee on the 27 Dec. 1903 was attended by such other persons as Prof. T. K. Gajjar M. A. B.Sc. of Bombay, Prof. A. C. Sanyal M. A. Benares. Prof. N. B. Ranade B.A. of Bombay etc. etc. The Committee finished its work in due course and the glossary was published under the editorship of B. Syamsundar Das in the year 1906. Thus Hindi was the first of all the Indo-Aryan Vernaculars to boast of a complete work of this kind. The utility of the work may be easily gleaned from the fact that it was translated into Canarese, its terms were embodied in the Marathi and Gujarati Scientific Glossaries and largely used in the Scientific works published in the Madras Presidency.

The progress of the Search for Hindi Mss. was deplorably slow, for the Asiatic Society was not very enthusiastic about the matter. At this stage of disappointment the speech of His Excellency Lord Curzon at" the Anniversary of the Asiatic Society, which was highly characteristic of the enthusiasm. His Excellency always felt for historical research came as a great relief, and the Sabha appealed to the Government of India for help in the shape of annual grants to enable it to carry on the search on a more extensive scale. (The attention of the Government was also drawn to the coming sensus operations of 1900 which the Sabha proposed to be conducted in the light of the results obtained by the Linguistic Survey so that the number of languages, as well as of the persons using them, might be ascertained.) In 1899, the Government agreed to make a grant of Rs. 400/- to the Sabha and also arranged to publish the report which the Sabha should furnish. Babu Syamsundar Das was placed in charge of this important department of the Sabha's operations, and more than justified the wisdom of the choice. The reports prepared by him have been highly spoken of by such eminent scholars as Dr. Grierson, Dr. Hoernle, Mr. Griffiths, Prof. Barth, Prof. Pischel.

It was new the beginning of the year 1899 and grave anxiety was felt (100ut the result of the Nagari Memorial. Efforts were in the meantime made by irresponsible persons to mislead the people and the Govt.. Pamphlets were distributed and an appeal made to the advocates of the Persian Script to refute the arguments advanced in favour of the Nagari character. But the most amazingly clever apologists of the Persian character were hard put to it to vindicate the exclusive predominance of that character in the Court. Some artful persons even tried to fan the religious fanaticism of the Mohammedans. Now it was for the Sabha to contend with these cross currents at work and it proved itself equal to the task. Thousand of copies of a carefully prepared pamphlet 'Should Nagari be introduced in courts?' were widely distributed by the Sabha. Nearly all the Hindi newspapers and periodicals, among whom may be principally mentioned श्री वेंकटेश्वरसमाचार, भारतजीवन, हिन्दोस्थान and हिन्दीप्रदीप, unanimously joined in the agitation. Vaishya and Kayasth conferences also made common cause with the Sabha and sent separate memorials to the Government. Many Mohammedans of light and leading, among whom one may be singled out as most prominent, the late Or. Syed Ali Bilgrami, have strong support 'to the movement. The learned Doctor boldly asserted that the main cause of the backwardness of his community in Education was the defective Persian alphabet which kept students unprofitably engaged for two years whereas Hindi alphabet could be learnt in the short space of a few months. The introduction of Nagari into the courts of several Native states at this juncture also pointed to the advisability of the measure. The results of the enquiries instituted by the Government were now reached and the following order dated April 18th, 1900, was issued and published in the Local Government Gazette of.. .. part ... page ....

(1) All persons may present their petitions or complaints in the Nagari or in the Persian character, as they shall desire.

(2) All someones, proclamations and the like in vernacular issuing to the public from the courts or from revenue officials shall be in the Persian and Nagari characters and the portion in the latter shall invariably be filled up as well as that in the former.

(3) No one shall be appointed except in a purely English office, to any ministerial appointment after one year from the date of this resolution

unless he knows both Hindi and Urdu, and any one appointed in the interval who knows one of these languages but not the other shall be required to qualify in the language which he does not know within one year of his appointment.

It was hardly to be expected that such an innovation would meet with no opposition. Persons who would not stop short of taking undue advantage of the people's unfamiliarity with the court character or were actuated by false prejudices, looked askance at the measure. In view of this fact the Sabha appointed a committee of 7 members to see that the people were not debarred from taking full advantage of the order through the ignorance, misrepresentation, or coercion. Agents of the Sabha were abroad to explain to the masses the nature of the boon graciously conferred on them by the Government. Copies of the translation of the Government Order were widely distributed. H.H. The Maharaja Saheb of Rewah and the late Raja Sahib of Bhinga contributed Rs. 100/- and Rs. 500/- respectively to help the Sabha in this connection.

The Sabha noticed with regret the want of any life of the late Bharatendu Harish Chandra, the father of modem Hindi, and with a desire to undertake it, wrote for help to the late Babu Ramdin Singh of the KhadgbiJas Press who was known to possess abundant material for the same. But he promised to prepare and publish the life himself before long. When no such life was forthcoming even after the repeated requests made by the Sabha it was decided that the late Babu Radha Krishna Das should write on with the help of the materials his disposal. In conformity with the decision a short life was written and published in the Saraswati.

An attempt was also made by the Sabha to devise a system of Hindi short-hand writing as early as the year 1899. The late Pandit Ambika Dutt Vyasa invented certain signs to be used and the Sabha undertook to award a prize of Rs. 25 to the person who would study the system and work satisfactorily. But the ill health of the learned Pandit prevented him from making any further- progress at the time. Later in the year-Pt. Nishkameswar Misra with the valuable help of Rai Bahadur Babu Srish Chandra Basu succeeded in compiling a hand-book on Hindi short-hand. It has been printed in England but so far no one has practised on it.

The publication of a suitable edition of Tulsi Das' Ramayan, giving the purest text, had long been contemplated but for want of funds the Sabha could not venture to take up the work. When the Indian Press of Allahabad undertook to publish it the Sabha was very glad to make necessary arrangements for the editing of the same. Meny old Mss. were collected for the purpose, the oldest being traditionally known to contain corrections made by the author himself. The work was taken up in the year 1902 and after diligent research and careful collation brought to a successful termination in 1904. The introduction & footnotes giving various readings would give an idea of the amount of labour bestowed on it. The proprietor of the Indian Press further asked the Sabha to edit a high class monthly journal which he was prepared to publish. The Sabha appointed a Committee of 5 persons (Babu Syamsundar Das, B. A., B. Radhakrishna Das, Pandit Kishori Lal Goswami, B. Kartik Prasad and B. Jagannath Das) under whose editorship it was started in 1900. The Saraswati is now so well known to the Hindi reading public.

The search for Hindi Mss. was successfully carried on by the Sabha under the patronage of the Government and 257 works were noticed during the year 1900. The report issued contained much useful information and interesting matter. This led the Sabha to think of Publishing some of the important works thus brought to light, 'and the result was that another quarterly, the Granthmala was started, solely devoted. to the publication of old and comparatively rare books existing in Mss.. To secure copies of such books to collate and edit them was by no means an easy task, but through the efforts of the Sabha many valuable works saw the light in the Granthmala. Among the works that found place in, its earliest issues were चन्द्रावती, a prose work by Sadal Misra who was a contemporary of and fellow-worker With Lalluji Lal, and सुजानचरित्र, a poetical work dealing with the history of Jat supremacy Some of these works may not be of great literary merit but all of them contain much matter of great value for the elucidation of political, religious, and literary history of India. In 1904, the Government was pleased to sanction an annual grant of Rs. 300 for 5 years to help the Sabha in the publication of the Granthmala.

To encourage Hindi writers and invite them to contribute good articles and essays, the Sabha decided to award two silver medals–one for a scientific and the other for a general subject. One of thc subjects prescribed for the first year was 'Psychology' on which Pandit Ganpat Janki Rao Dube wrote a comprehensive _ essay and won the medal.

In recognition of the services rendered to the cause of Hindi the Hon'ble Pandit Madan Mohan Malaviya, B.A., L.L.B., Dr. A.F. Horenle Ph. D., C. 1. E., and Pandit Mohan Lal Vishnu Lal Pandya were elected honorary members of the Sabha.

The preparation of a comprehension Hindi Grammar had long been on the programme of the Sabha and committees were from time to time appointed to arrange for its compilation. In 1903 Dr. Grierson, proposed to postpone the work and asked the Sabha to wait till the Report of the

Linguistic Survey, which was expected to throw some light on the subject, was out.

In the same year was commenced, under the editorship of Babu Syamsundar Das B.A. and the late Pandit Mohan Lal Vishnu Lal Pandya, the publication in parts of Prithwi Raj Raso, the oldest and the most extensive work in Hindi literature, with copious notes, dissertations at the end of each section; and abbreviated paraphrases or summaries of the chapters.

At the time of Sir James LaTouche's visit to Benares, the Sabha presented him an address in reply to which His Honour gave an assurance that he would follow the policy of his illustrious predecessor and would be ever ready to help the Sabha.

There was a strong opinion in favour of the proposal. that the Sabha should appoint a Sub-Committee to review the publications that were annually pouring in. It was, however, resolved that the appointment of such a committee would be prejudicial to the interests of the Sabha and books would often come before it on which, in conformity with its rules, the Sabha would not be able to pronounce any judgment one way or the other.

To improve the financial condition of the Sabha a Permanent, Fund was established and an appeal was made urging on the lovers of Hindi to subscribe liberally to this fund. In February 1902 a deputation, consisting of the members of the Sabha visited Gwalior, Indore and many other places in connection with Nagari propaganda. Through the successful efforts of this deputation Rs. 14378/14 were subscribed to the Permanent Fund, out of which a sum of Rs. 9091/8 was realised at the time. A Board of Trustees was appointed to administer the fund. Shortly after the visit of this deputation Nagari was introduced in the courts of Gwalior and orders were also issued to the same effect in Indore. That the Sabha was gradually rising higher in the estimation of the people and the Government will be evident from the following terms in which a mention was made of it in the Administration Report for the year 1901-1902.

"The Nagari Pracharini Sabha of the same town (Benares) was established in 1893. It has 380 members and actively encourages the study of Hindi, publishing its own journal, awarding annual prizes, certificates and medals. It receives a grant of Rs. 500/ - annually from the Government for the collection of Hindi Mss. The Nagari Pracharini Sabha which was started solely for the propagation of Nagari continued to render service to Hindi Literature.

"In connection with the style of Hindi to be adopted in text-books a letter was addressed in 1902 by the Local. Government to the Director of Public Instruction thy latter portion of which ran as follows :

"In these circumstances it is obvious that no progress can be made till principles are established and a decision come to as to what should be the character of the Hindi language in text-books for Primary Schools. I am accordingly to suggest that the Text-Book Committee, after consulting the President of the Nagari Pracharini Sabha and others whom they select, should come to a definite conclusion on this point. If they decide that the language of text-books should be the vernacular which is understood by the people there will probably be no difficulty in finding authors who will supply the demand."

The Text-Book committee accordingly asked the opinion of the Sabha in the matter in letter addressed to the President of the Sabha. Mention must be made here of the general belief that the Government, or more properly the officials, did not look with favour on the literary language in which Hindi books and papers were written and in more ways than one countenanced the use of language not very different from Persianise Urdu. The Sabha, however, adhered to the principles laid down in the pamphlet issued by it on the orthography, style and syntax of Hindi. But the president, Rai Bahadur Pandit Lakshmi Shankar Misra, M.A., did not like to abide by the decision of the Sabha and sent in his personal' opinion on the subject. The Sabha submitted its opinion over the signature of the secretary and the Rai Bahadur withdrew himself from the Sabha. In due course the Government came to the decision that the language of text-books should be simple and common to both Hindi and Urdu text-books. As Science Readers were in course of preparation the Sabha repeatedly pointed out the unsoundness and impracticability of the measure but without any result. A similar series of Science Readers had already been introduced in the schools of Behar and the Sabha drew the attention of the Director of Public Instruction of Bengal to the ungrammatical and unidiomatic language of those Readers. When the Director forwarded the Sabha's letter to Messrs MacMillan & Co., the agents of that publishing firm carried on some correspondence with the Sabha, on the subject. The Sabha advised them to get the Readers revised by competent Hindi scholars but nothing was done in the matter.

To encourage the Hindi-speaking public in submitting their petitions in the courts in Hindi the Sabha conceived the scheme of appointing Moharrirs in each district who would write applications and complaints in Nagari free of charge. The experiment was tried first at Benares and subsequently extended to several other places. The late Raja Saheb of Bhinga, whose interest in the work of the Sabha was always great, offered a sum of Rs. 700 to enable it to appoint such Moharrirs in the 12 districts of Oudh.

The time was now come for the Sabha to think of having a building of its own, with proper appliances and furniture. A plot of land forming the South-East corner of the City Municipal garden was purchased for the purpose in Nov. 1902. On the 21st of December 1902 the foundation-stone of the Sabha-Bhawan was laid by H.H. the Maharaja Saheb of Benares. A large meeting was held on the occasion, attended not only by all classes of local residents, but by some outside members who had specially come for the purpose. The building was completed in the beginning of the year 1904 and on the special invitation of the Sabha His Honour Sir James La Touche was pleased to open it on the 18th of February 1904. All the members of the Sabha were invited and the ceremony was performed with great eclat. On that occasion an extraordinary meeting of the Sabha was also held to consider some necessary questions regarding Hindi.

In 1903 the Sabha appointed agents in England and Germany for the sale of its select books. At the time of the Delhi Durbar deputation was also sent to Delhi, which waited upon several princes, brought to their notice the work done by the Sabha and prayed for encouragement. The efforts of the deputation, however.' were not attended with any great results.

When the Department of Public Instruction issued an order making the study of both Hindi and Urdu compulsory for all students up to class VIII, the Sabha, after consulting the Headmasters of all the Schools in the United Provinces, made an open protest against the order. A public deputation waited on His Honour, the Lieutenant Governor on the 18th of July 1903 at Lucknow but the question remained where it was. The Sabha approached the government several times on the subject and at last it was pleased to make the following statement:-"While the Government agrees, with the Sabha that boys should not be required to study more than one branch of the vernacular, it is necessary in their Own interest to insist on their being able to read and write in the second character.

"The University Commission visited Benares on 2nd April 1904, before which Babu Govinda Das gave a very able evidence on behalf of the Sabha. In the course of his evidence Babu Govinda Das suggested that the Government while making arrangement for postgraduate studies should also make provision for the institution of Popular Lectures on the lines of the University Extension Lectures in England. Before the Government showed signs of taking any serious note of the suggestion, the Sabha proceeded to try the experiment in its own humble way. A committee consisting of the Rev. E. Greaves, B. Syamsundar Das, and Pt. Ram Narayan Misra was accordingly formed and necessary arrangements made.

Seven lectures in all were delivered in the Sabha Hall during the first year. The public appreciated the value of these lectures and the Hall was often filled to suffocation. On the recommendation of the late Mr. Radice, the popular magistrate of Benares who presided at one of these lectures, the Municipal and District Boards of Benares granted Rs. 250/- each for magic lantern and scientific slides. Babu Moti Chand also gave Rs. 500, for the purpose. The lantern and slides, which were purchased in England for the Sabha by Mrs. Besant, considerably increased the popularity of these lectures. The success of these lectures was in a great measure due to the active efforts of Pt. Ram Narayan Misra B. A. who has not only steadily maintained his connection with the Sabha since its inception, but his rendered splendid service to it during its prosperous course. His interest in educational matters is too well known to require any mention here.

When a movement was set on foot in favour of the adoption of one common character for all Indian vernaculars, and the Hon'ble Mr. Justice Sarda Charan Mitra was, by his weighty utterances and writings, drawings the attention not only of the people of Bengal but of the whole of India towards the adoption of Devanagari, the active operations of the Sabha created a volume of favourale opinion in many parts of India. As a result of its deputation almost the whole of the Punjab was made acquainted with the problem. A similar deputation of the Sabha visited the Bombay Presidency where it found Mr. B. G. Tilak, The Hon'ble Mr. Gokhale, Mr. Paranjpe and other Maharashtra leaders in full sympathy with the aims of the moment. The Sabha also made representations in favour of the adoption of Nagari to the Gujarati Literary Conference held at Ahmedabad on 30th June 1905.

A unique opportunity of drawing together eminent men of different provinces on a common platform for the consideration of the question of a common script for Indian languages, presented itself to the Sabha when the Indian National Congress met at Benares in December 1905. A huge public meeting was held by the Sabha on 29th Dec. in grand Shamiana, erected to the west of the Sabha building, to have an expression of authoritative opinion on the subject. The late Mr. R.e. Dutt, C. 1. E., presided. Several thousand people,' representing the intellect, learning and wealth of the country attended. The different provinces were represented by such eminent scholars and respected leaders as Mr. Bal Gangadhar Tilak, Prof. N. B. Ranade B.A., Dewan Bahadur Ambalal Sakarlal Desai, Sir Bhal Chandra Krishna, Prof. Kshirod Prasad Vidyavinod, and Mr. Vijaya Raghavacharya. They considered the subject in all its bearings and in the course of their learned and eloquent speeches unanimously advocated the adoption of Nagari character as one common character for all India. Some of the distinguished speakers also dealt with the problem of a common language. The proceedings of this meeting were published in the form of a pamphlet and distributed among the members of the Sabha.

While all India Was thus thinking of one script and one language the Bengal Government was trying to split the language into as many divisions as possible by its singular resolution that vernacular text-books for schools should be in the dialect of the part of the country to which the school belonged. This retrogade policy of the Government created grave misgivings and the Sabha raised its voice against the measure.

The liberality of the late Raja Saheb of Bhinga enabled the Sabha to bring out a number of good books at this period. The most important publication was यूरोपीय दर्शन, a history of Western Philosophy, by Sahityacharya Prof. Ramavatar Pandey M.A., वनिता विनोद (a book for females), सुघड़ दर्जिन (a reader for young students). सरल व्यायाम (a book on sewing meant for girl's school) and सरल व्यायाम (a treatise on Calisthenics) also deserve mention. A system of Hindi short-hand-writing devised by Rai Sirish Chandra Basu M.A. was also sent to England for publication as no press in India could undertake to print it. The late Mr. R. C. Dutt C. 1. E. made a proposal that the Sabha should publish a History of Hindi Literature. He promised to help the Sabha financially in the matter. The Sabha accepting the proposal, entrusted the work to Pandit Shyam Behari Misra M.A. who took it up in right earnest.

In 1907 the Sabha lost one of its most active workers by the untimely death of Babu Radhakrishna Das, its first President, who had never grudged his time and labour in the service at the Sabha.

How the Sabha made an attempt to compile a Hindi Dictionary in its earliest days and with what results has already been mentioned. Now the Sabha had entered upon its fifteenth year and It was presumably in a better position to think seriously of such an undertaking. On the 3rd July the Rev. E. Greaves proposed In the Managing Committee that the Sabha should undertake the preparation of a comprehensive etymological Dictionary. A committee was accordingly formed which drew up the scheme and suggested all the preliminary steps to be taken. Rs. 30000 were sanctioned in the beginning by the Managing Committee for the purpose, but it was afterwards found that such a gigantic work would not require less than Rs. 50000/- for Its successful termination. An appeal for funds was made to the Govt. Rajas, Maharajas, and the public and was generously responded to. It is acknowledged with gratitude that without their sympathy and support the Sabha could not have launched upon such a gigantic scheme. The work was practically begun in 1908. Words were collected from some 250 books, covering a wide range of subjects, and a competent person was appointed to go about and collect floating terms belonging to different crafts and departments of business, that had never been embodied in any dictionary. Recourse was also had to important publications on such subjects as agriculture, commerce, industry, horticulture etc.

No previous attempt had been made in any Indian vernacular to bring out a dictionary on such a magnificent scale. The editing was commenced in the year 1907 by Babu Syam Sunder Das B.A. with the following staff of assistant Editors-Pandit Balkrishna Bhutt, Pt. Ramchandra Shukla, Lala Bhagwan Din, Babu Jaganmohan Verma, Babu Amir Sinha and Babu Ram Chandra Varma.

It was decided to issue the book in parts of 96 pages each and 10 parts have been so far issued. The work is not yet finished, but the portion before the public is sufficient to show what amount of labour has been bestowed on it. An extensive collection of words with their meaning and derivations, illustrative quotations from authors, full explanations of scientific and philosophical terms, complete descriptions of objects, are the principal features of the' work. The highly appreciative terms in which scholars like Dr. Grierson, Or. Hoernle, Or. Ganga Nath Jha M. A., Prof. Sylveni Levi of France have spoken of it; are a sufficient guarantee of its usefulness and merit.

Along with the Dictionary the Sabha also proceeded to make arrangements for the compilation of complete grammar of the Hindi language. It offered a prize of Rs. 500/- to be awarded to the person whose grammar would be found best. The lines on which the grammar was to be compiled was definitely settled by a select committee and a carefully prepared syllabus was circulated for general information.

Along with these literary activities the Sabha was ever on its watch to safeguard the interest of Nagari in the courts. In 1908 the Sabha on the motion of Babu Gauri Shankar Prasad B.A., L.L. B., approached the Allahabad High Court with the request that it should not be incumbent on persons filing any document to submit an Urdu translation of it and that the Hindi translation of a document written in any other character should be freely allowed. The High Court was pleased to issue an order to this effect which was published in the Government Gazette of 20th June 1908. In 1909 the Secretary of State for India made a proposal that the candidates appearing for the Civil Service Examination and offering for examination

Hindustani should be required to be acquainted with both the Persian and the Nagari characters. To ensure an unrestricted use of Nagari in the courts the Sabha had, and still has, a hard struggle to make against the indifference and not infrequently, the prejudices of officials, and the ignorance of the people. Even those members of the legal profession who pose themselves as advocates of Hindi and Nagari not unoften think that they have to choose between playing loose with their principles and spoiling their business. To secure for Hindi its right place in public business is one of the main objects of the Sabha. The services of Babu Gauri Sankar Prasad B.A., L.L.B. in this important branch of the Sabha's activity has been very great. Besides setting a noble example to others he has never refrained from bringing to the notice of authorities cases in which plaints were rejected on the ground of their being written in the Nagari character.

In the years 1907 and 1908 three Important personages graced the Sabha by their kind visits, the principal of whom being His Honour the Lieutenant Governor of these Provinces. An address of welcome was presented to His Honour who, in reply, expressed great sympathy with the aims and objects of the Sabha and gave an assurance of his help. The other two honoured visitors were Mr. de la Fosse, the Director of Public Instruction, and the late Raja Saheb of Majhauli. Mr. de la Fosse remained in the Sabha for more than an hour and, after acquainting himself with various particulars relating to the Sabha and its work, expressed his appreciation in a very encouraging manner. In July 1908 he was pleased to preside over the Fifteenth Anniversary of the Sabha and in a short and dignified speech spoke of the Sabha's works in terms of genuine satisfaction. The visit of Rai Bahadur Dewan Amarnath of Kashmir was also of great account in as much as it led to the reception of the Sabha's deputation by His Highness the Maharaja of Kashmir, who was graciously pleased to make a donation of Rs. 1000/- to the Dictionary Fund.

The idea of holding a conference annually which would draw writers, editors, publishers and in fact all persons interested in the development of Hindi on a common platform to consider questions of importance, had been suggesting itself for some time and the Sabha came forward to take necessary steps towards its realisation. Babu Syamsundar Das. A. made a definite proposal in the Managing Committee on the 7th of May 1910 to invite such a conference at Benares and the First Hindi Literary Conference (प्रथम हिन्दी साहित्य सम्मेलन) was held under the auspices of the Sabha on the 10th, 11th, and 12th of October 1910 with great solemnity and eclat. Three big Shamianas were erected on the extensive plot of ground between the Sabha building and the Municipal tank: The decorations were a feast to the eye. The Hon'ble Pandit Madan Mohan Malaviya B.A. L.L. B. presided. Three hundred delegates from all parts of India came to take part in its deliberations. forty two press representatives occupied their seats in a long row in front of the dias. Such a huge gathering of the lovers of Hindi and such a genuine flood of enthusiasm had never been witnessed before.

His Honour Sir James S. Meston, the Lieutenant Governor of these provinces honoured the Sabha by his kind visit on the 18th of January 1913. His Honour was received with due ceremony by Babu Syam Sundar Das B.A., Pandit Ram Narayan Misra B.A., Babu Gauri Sankar Prasad B.A. L.L.B. and Rai Krishnaji, and was conducted into the Sabha Bhawan. After inspecting the magic lantern and slides His Honour saw the great collection of printed books and manuscripts in the Library and proceeded towards the Dictionary Office. Here His Honour carefully watched the method of work and taking some of the edited words put a number of questions relating to them. When the line on which the work was being carried on was thoroughly explained he expressed his great satisfaction and delight. He then entered the Sabha Hall. After His Honour had taken his seat an address of welcome was presented and read by Babu Syam Sundar Das B.A. In the course of his long and sympathetic reply His Honour was pleased to offer the following remarks about the Sabha and its work:

"The Nagari Pracharini Sabha and I are not strangers. If some of your older members, will carry back their recollections to 1900, perhaps they will remember certain conversations which some of you had with me when I was Financial Secretary in the time of Lord Macdonnell's Lieutenant Governorship.....The masterpiece on which you were then engaged was your great Hindi Scientific Glossary, and I well remember my feeling of amazement at the scope of the work you contemplated The magnitude of your task and the calmness with which you approached it and looked forward to ultimate success, captivated my imagination; ever since then, I have watched with interest your labours and your extending activity ..... For your actual achievements-your published works, your fine library, your discoveries of rare manuscripts-I have the highest admiration. Your new Hindi Dictionary has particularly interested me, and if you should require any aid from Government in completing it, I will do my best to procure you a sympathetic hearing."

In the same year (March 23) the Sabha had the honour of a visit by His Highness the Maharaja Saheb of Chhatarpur, who is one of the most sincere supporters and liberal patrons of the Sabha. His Highness was duly received and shown into the different departments of the Sabha. His Highness was particularly pleased to see the Dictionary Office and gave an assurance of his help. The visit of Sir K. G. Gupta, late member of the India Council, was also a matter of great gratification to the Sabha.

The destiny of a nation depends a great deal on the quality and bulk of its literature, No change in the condition of a people can possibly be expected without a corresponding evolution of thought. If Hindi is to maintain its place it must be by accommodation to the times and circumstances amid which we live. Books representing various aspects of modern study and covering a wide range of subjects should be found in abundance. That the number of such books in Hindi is very limited is painfully recognised by everyone. Though Hindi can boast of such authors as Sur, Tulsi, Jayasi, Keshava etc. in the domain of poetry etc., yet they *too* are not with in the easy reach of the public through want of suitable editions of their works, giving correct readings. with necessary notes and explanations. In view of these facts the Sabha has decided to publish, under the editorship of Babu Syam Sundar Das B.A. a series of one hundred books called the मनोरंजन पुस्तक माला, consisting of works on a variety of subjects such as History, Biography, Political Economy, Physics, Chemistry, Geology, Sociology, Political Science etc. etc. as well as abridged editions of all the important Hindi poets from Chand down to Din Dayal Giri. Among the authors who have undertaken to write for the Series are the following.

Sahityacharya Prof. Ramawatar Pandey M.A., Mr. Kashi Prasad Jayaswal M.A. (Oxon) Bar-at-law, Pandit Shyam Behari Misra M.A., Pandit Sukdeo Behari Misra B.A., Pandit Ayodhya Singh Upadhyaya, Pandit Ganpat Jankai Ram Dube B.A., Pandit Madhava Rao Sapre B.A., Pandit Dwarka Prasad Chaturvedi, Pandit Ramchandra Shukla, Lala Bhagwan Din, Babu Jaganmohan Varma, Babu Ramchandra Varma, Pandit Ram Narayan Misra B.A., Thakur Suryakumar Varma, Thakur Gadadhar Singh, Or. Mahendu Lal Garg, Babu Krishna Baldeo Varma, Pandit Hari Ram Diwakar M.A., Babu Braj Nandan Sahai B.A., Prof. Ram Das Gaur, M. A., Babu Sampumanand B.Sc. Pandit Lajja Ram Mehta, Pt. Mannan Dwivedi Gajpuri B.A., Pandit Hiranand Shastri M.A., Babu Hari Krishna Jauhar, Pandit Badari Nath Bhutt B.A., Babu Surya Narayan B.A.

The following books of this series have already been issued :

(1) आदर्श जीवन	by पंडित रामचन्द्र शुक्ल
(2) आत्मोद्धार	by बाबू रामचन्द्र वर्मा
(3) गुरु गोविन्द सिंह	by बाबू वेणी प्रसाद
(4) आदर्श हिन्दू 3 Parts	by पंडित लज्जाराम मेहता
(5) राणा जंगबहादुर	b y बाबू जगन्मोहन वर्मा
(6) भीष्म पितामह	by पं. द्वारका प्रसाद चतुर्वेदी

These books have been favourably reviewed by the Press and much appreciated by the general public. The opinions received from different quarters amply justify the hope that the series, when completed, will occupy an important place in the field of Hindi literature.

The Sabha has now completed the 22nd year of its existence.

The record of its work will show that it has distinct possibilities before it in influencing, and in some measure directing, the future of Hindi. In the words of Rev. E. Greaves, one of the active members of the Sabha, it is not an association of vain dreamers but of honest, sane workers. Space does not permit of mention being made of all that the Sabha has undertaken from time to time, but what has been laid before the public in these few pages may well claim for it the generous support and sympathy of all who have the development of their language and literature at heart.

Though critics may not be wanting who take count of what remains to be done more than what has been accomplished, yet it is a source of great gratification that the services of the Sabha are fully. recognised by the Government and the public.

(1915)

नागरी प्रचारिणी सभा, बनारस का एक संक्षिप्त इतिहास

(जुलाई 1893 से जून 1915 ई.)

बात 1893 की है जब कुछ युवक छात्रों में, जिनमें प्रमुख रूप से बाबू श्यामसुन्दर दास, पंडित रामनारायण मिश्र और ठाकुर शिवकुमार सिंह के नाम लिए जा सकते हैं, नागरी लिपि के उपयोग को लोकप्रचलित बनाने, उसकी सिफारिशें करने के लिए तथा स्वस्थ हिन्दी साहित्य के विकास को बढ़ावा देने और बल पहुँचाने के लिए एक संगठित प्रयास करने का विचार किया। अन्ततः उन्होंने एक महत्त्वपूर्ण संस्था की नींव डाली जिसे नागरी प्रचारिणी सभा का नाम दिया गया। उसके आरम्भ की सुस्वीकृत तिथि 16 जुलाई, 1893 थी जब एक बैठक में उसके नियम-क़ायदों को अन्तिम रूप दिया गया। अब उसकी बैठकें अधिक नियमित रूप से होने लगीं और उसने अनेक विद्वानों को आकर्षित किया, जिन्होंने विभिन्न विषयों पर परचे पढ़े। 17 फ़रवरी, 1894 को दिवंगत बाबू राधाकृष्ण दास ने सभा की अध्यक्षता स्वीकार की तथा इस नवजात संस्था के कार्यकलाप के हर पक्ष से उनका सदाशयी सहयोग आरम्भ हुआ। 24 मार्च को उन्होंने 'नागरीदास का जीवनचरित्र' शीर्षक से एक परचा पढ़ा। पंडित रमाशंकर व्यास, दिवंगत बाबू रामदीनसिंह और हिन्दी के दूसरे अनेक अग्रणी समर्थक इस बैठक में मौजूद थे। इस परचे के प्रकाशन ने पंडित मोहनलाल विष्णुलाल पांड्या को एशियाटिक सोसायटी की पत्रिका में कवि नागरीदास का एक वृत्तांत लिखने के लिए प्रेरित किया जिसमें उपरोक्त परचे का प्रशंसा-भाव से ज़िक्र किया गया था। इस आरम्भिक चरण में सभा रायबहादुर पी. लक्ष्मीशंकर मिश्र, एम.ए.; बाबू इन्द्रनारायण सिंह, एम.ए., बाबू रामदीनसिंह, बाबू जगन्नाथदास रत्नाकर, पंडित किशोरी लाल गोस्वामी, बाबू रामकृष्ण वर्मा, बाबू कार्तिक प्रसाद, बाबू गदाधर सिंह, बाबू देवकीनन्दन खत्री आदि जैसे व्यक्तियों का सक्रिय समर्थन प्राप्त था। विशेष सौभाग्य की बात यह थी कि उसके सचिव बाबू श्यामसुन्दर दास, बी.ए. थे जिनके अविचल समर्पण भाव और अनथक श्रम से ही सभा का अस्तित्व बना हुआ है और उसका सफल कार्यकलाप जारी है। वे ही थे, जिन्होंने विभिन्न रूपों में दिन-रात काम करके सभा को इस अवस्था तक पहुँचाया है। उन्होंने स्वयं को संस्था के साथ इस सीमा तक एकाकार कर लिया है कि उनको सही ही 'सभा की आत्मा' कहा जाता है।

आरम्भ में ही सभा का ध्यान उस अकूत साहित्य-भंडार की तरफ़ खींचा गया जो लोगों के घरों और पुस्तकालयों में पुरानी पांडुलिपियों के रूप में छिपा पड़ा है। ऐसी

पांडुलिपियों की खोज आवश्यक समझी गई और सभा ने भारत सरकार बंगाल एशियाटिक सोसायटी, पश्चिमोत्तर प्रांत (अब संयुक्त प्रांत) की सरकार और पंजाब सरकार से इस आशा के साथ सम्पर्क किया कि वे उसके साथ मिलकर संस्कृत पांडुलिपियों की खोज़ को आगे बढ़ाने में मदद करेंगी जो कि पहले से चला आ रहा था। भारत सरकार और एशियाटिक सोसायटी की प्रतिक्रियाएँ अनुकूल रहीं और कुछ प्रयास हुए भी, पर वे विषय के महत्त्व के संगत तो थे ही नहीं। इस काल में एक विस्तृत हिन्दी शब्दकोश की आवश्यकता भी महसूस की गई और इसलिए उसके संकलन के लिए वित्त की व्यवस्था के वास्ते महाराज दरभंगा से अनुनय किया गया। महाराजा ने प्रसन्नता के साथ 125 रुपए का दान दिया, लेकिन काम इतना बड़ा था कि तत्काल आरम्भ नहीं किया जा सका। बाबू राधाकृष्णदास के सुझाव पर हिन्दी के प्रसिद्ध लेखकों और सम्पादकों के जीवन चरित प्रकाशित करने का निर्णय भी किया गया। इस उद्देश्य से कोई छह जीवनचरित जमा किए गए पर काम इससे आगे नहीं बढ़ा। चूँकि उपयुक्त साहित्य का उत्पादन सभा के घोषित उद्देश्यों में से एक था, इसलिए उसने इतिहास, यात्रा-वृत्तांत, जीवनचरित, विज्ञान, हिन्दी भाषा व साहित्य आदि विषयों पर पुस्तकें लिखने के लिए लेखकों को आमंत्रित किया। बाबू राधाकृष्णदास ने इस आह्वान का उत्तर दिया और हिन्दी के सामयिक पत्रों का इतिहास लिखा, जिसमें काफी मूल्यवान जानकारियाँ दी गई हैं।

शिक्षा-संस्थानों में हिन्दी को उसका उचित स्थान दिलाने के लिए शिक्षा विभाग के माध्यम से हिन्दी लेखन को पुरस्कार देने का निर्णय किया गया। जन शिक्षा निदेशालय ने इसके लिए सहर्ष आवश्यक प्रबन्ध किए और फलस्वरूप साल दर साल पुरस्कार दिए जाने लगे। तबसे इस काम की व्यापकता और लोकप्रियता काफ़ी बढ़ी है।

साहित्य-रचनाओं के सृजन के लिए बनी एक संस्था का एक पुस्तकालय बिना काम तो चल ही नहीं सकता था और नागरी भंडार पुस्तकालय की स्थापना के रूप में एक छोटा-सा प्रयास किया गया। सभा के ये सभी आरम्भिक प्रयास स्पष्ट संकेत दे रहे थे कि अपने जीवन के पहले वर्ष में ही वह उन गम्भीर समस्याओं के प्रति पूरी तरह सजग थी जो उसके ध्यान के अधिकारी थे। सभा की पहली सालगिरह स्वर्गीय रायबहादुर पंडित लक्ष्मीशंकर मिश्र, एम.ए. की अध्यक्षता में 30 सितम्बर 1894 को कार्माइकेल पुस्तकालय में मनाई गई। यहाँ स्वर्गीय बाबू राधाकृष्णदास ने सभा के उद्देश्यों और लक्ष्यों को अच्छी तरह स्पष्ट करते हुए और हिन्दी साहित्य के इतिहास की चर्चा करते हुए एक परचा पढ़ा। अपने भाषण में अध्यक्ष महोदय ने नागरी लिपि के गुणों पर थोड़ा विस्तार से रौशनी डाली और हिन्दी में वैज्ञानिक पुस्तकों की आवश्यकता की ओर ध्यान खींचा।

वर्ष 1895 के आरम्भ में सभा के आग्रह पर एशियाटिक सोसायटी ने हिन्दी पांडुलिपियों की जो खोज की थी, के फलस्वरूप कुछ नई रचनाएँ सामने आईं। केशवदास के काल से पहले अलंकारों पर एक प्रबंधग्रन्थ की खोज़ का भारी महत्त्व था, क्योंकि इससे यह आम विश्वास गलत साबित हुआ कि केशव तकनीकी काण्यशास्त्र के संस्थापक थे। एक और महत्त्वपूर्ण खोज मुस्लिम कवि कुतुबन की रचना 'मृगावती' थी

जो अगर सही हालत में मिली होती तो हिन्दी की रीति-धारा के निर्जन क्षेत्र में उसको एक महत्त्वपूर्ण स्थान प्राप्त होता। ये परिणाम, उत्साहवर्धक तो थे ही, उन्होंने गम्भीर छानबीन की आवश्यकता जताई और सभा की यह मंशा उचित ही थी कि और भी उत्साह और गम्भीरता से यह काम आगे बढ़ाया जाए।

भाषा और साहित्य के सिलसिले में लोगों में अपने दायित्व की पूरी-पूरी भावना जगाने के लिए विभिन्न स्थानों के लिए प्रतिनिधिमंडल भेजना उचित समझा गया। इस योजना के अन्तर्गत बाबू श्यामसुन्दर दास, बी.ए., बाबू माताप्रसाद, एम.ए. और बाबू कार्तिक प्रसाद ने इलाहाबाद और लखनऊ का दौरा किया। सभा अब भारी गतिविधि के क्षेत्र में प्रवेश कर रही थी। इस दिशा में एक क़दम उठाया गया, जिसके कारण बाद के वर्षों में उसे अपनी सारी शक्ति लगानी पड़ी। सभा कुछ समय से इस परियोजना पर काम कर रही थी कि अदालती कामों से, जो जनता के रोज़ाना के सरोकार थे, नागरी के बाहर रखे जाने के ख़िलाफ़ अधिकारियों को एक ज़बरदस्त प्रतिवेदन दिया जाए। चूँकि उर्दू से समन आदि भरने का रिवाज ज़ोर पकड़ रहा था, जिससे अधिकांश जनता को भारी असुविधा हो रही थी, इसलिए इस सवाल पर बोर्ड ऑफ़ रेवेन्यू से सम्पर्क किया गया जिसका परिणाम यह निकला कि आगे चलकर दोनों लिपियों के प्रयोग सम्बन्धी एक आदेश जारी हुआ। लम्बे समय से ऐसा महसूस किया जा रहा था कि भारत के जिन भागों में हिन्दी अधिकांश जनता की भाषा है वहाँ अदालतों आदि में याचिका दायर करने के लिए नागरी लिपि के उपयोग की फ़ारसी लिपि से कुछ कम अनुमति नहीं होनी चाहिए, और यह कि जनता के लिए सरकारी काग़ज़ात जनता की समझ में आनेवाली भाषा में ही जारी किए जाने चाहिए। महामहिम लेफ़्टिनेंट गवर्नर (माननीय सर (अब लार्ड), ए पी मैकडोनेल) ने 1895 में जब बनारस का दौरा किया तब सभा ने इस विषय पर उनसे सम्पर्क किया। सरकार क्या करेगी, इस बारे में कोई भरोसा दिलाए बिना महामहिम ने इस विषय पर विचार करने की तत्परता व्यक्त की। जनमानस को इस विषय पर शिक्षित करने के लिए पुस्तिका 'हिन्दी क्या है' की प्रतियाँ मुफ़्त बाँटी गईं। इन प्रयासों के दौरान सभा को पता चला कि महामहिम महाराज ग्वालियर अपनी रियासत की अदालतों में नागरी के समावेश की आवश्यकता महसूस कर रहे थे, और सभा ने महामहिम को एक स्मरणपत्र देने में देर नहीं लगाई। बहुत समय नहीं बीता जब यह सुखद समाचार मिला कि रीवा रियासत के न्यायालयों और कार्यालयों में हिन्दी का समावेश किया गया है। इन आशावर्धक संकेतों ने सभा को उन प्रांतों में और भी उत्साह के साथ अपना काम करने के लिए प्रोत्साहित किया और उसने 8 सदस्यों की एक समिति बनाई, जिन्होंने महत्त्वपूर्ण स्थानों के दौरे करके आन्दोलन में जनता की रुचि जगाकर उसका सहयोग पाने के लिए सबकुछ किया। आन्दोलन के संबसे अग्रणी नेताओं में शामिल और साहस के पुतले माननीय पंडित मदनमोहन मालवीय ने इस काम में भारी सुविधाएँ प्रदान कीं।

इस दौरान इस अफ़वाह के कारण भारी चिन्ता पैदा हुई कि फ़ारसी की जगह रोमन लिपि लाने का प्रस्ताव सरकार के विचाराधीन था। तब एक पुस्तिका छापी गई जिसमें

रोमन लिपि के दोष विस्तार से बताए गए थे और नागरी लिपि के लाभ गिनवाए गए थे और उसे बड़े पैमाने पर बाँटा गया। परिणाम यह हुआ कि जनमानस को शान्त करने के लिए 27 जुलाई, 1896 को, उपरोक्त अफ़वाह का खंडन करते हुए एक सरकारी आदेश जारी किया गया।

इस समय तक सभा का अपना कोई मुखपत्र नहीं था कि उसके माध्यम से वह हिन्दी को प्रभावित करनेवाले प्रश्नों पर अपनी बात कह सके और जनता को अपने कार्यकलाप की नियमित सूचना दे सके। जुलाई 1896 से 'नागरी प्रचारिणी पत्रिका' नामक त्रैमासिक का आरम्भ किया गया, जिसमें अनेकानेक विषयों पर मूल लेखों के प्रकाशन के अलावा सभा की गतिविधियों की संक्षिप्त जानकारी दी जाती थी।

5 सितम्बर, 1896 को पेरिस में अन्तर्राष्ट्रीय प्राच्यविद कांग्रेस का आयोजन होना था और सभा का यह सोचना मुनासिब ही था कि इस महती कांग्रेस का ध्यान हिन्दी साहित्य के विशाल क्षेत्र की ओर, जहाँ अनुसंधान की भारी सम्भावना मौजूद थी, खींचे। भारी श्रम और योग्यता के साथ बाबू श्यामसुन्दर दास, बी.ए. ने हिन्दी भाषा और साहित्य के इतिहास पर एक परचा तैयार किया और उसे कांग्रेस की भारतीय शाखा के सचिव को भेज दिया। जैसी कि आशा थी, वह इस विषय में रुचि जगाने में सफल रहा और उसने सचिव डॉ. लेवी को हिन्दी का परम मित्र बना दिया।

इन प्रांतों के विद्यालयों में देशी भाषा में शिक्षा की व्यवस्था सन्तोषजनक नहीं थी और इस बारे में सभा ने सरकार और शिक्षा विभाग से सम्पर्क किया। कवियों और कवि समाजों से भी प्रार्थना की गई कि वे शुद्ध रूप से खंडित और कामुक रचनाओं में ख़ुद को खपाने की बजाय हिन्दी काव्य का सुर सुधारें और उसके दायरे को विस्तार दें।

अब हम एक ऐसी परिस्थिति पर आते हैं जिसने सभा के पुस्तकालय की स्थिति में भारी सुधार पैदा किया। स्वर्गीय बाबू गदाधर सिन्हा ने सभा को अपना विशाल आर्यभाषा पुस्तकालय सौंप दिया जिसमें उसने अपने नागरी भंडार को भी समाहित कर दिया। 25 जुलाई, 1898 को बाबू गदाधर सिन्हा ने अपनी वसीयत तैयार की जिसमें उन्होंने अपनी सारी सम्पत्ति पुस्तकालय के नाम कर दी। वसीयत को लेकर एक मुक़दमा भी चला जिसमें फ़ैसला सभा के पक्ष में आया। तब तक सदस्यों की संख्या में वृद्धि, पुस्तकों के विक्रय तथा महामहिम राजा साहब रीवा और (स्वर्गीय) राजा साहब मिनगा जैसे शुभचिन्तकों के उदार-हृदय योगदान के कारण सभा की वित्तीय स्थिति भी काफ़ी सुधर चुकी थी। सभा की उपलब्धियाँ अब जनता और सरकार की दृष्टि में भारी आदर की पात्र थीं और प्रशासन की रिपोर्ट में उसका इन शब्दों में उल्लेख किया गया :

'जनता के साहित्यिक कार्यकलापों के सिलसिले में यहाँ यह बात कही जानी चाहिए कि बनारस में नागरी प्रचारिणी सभा नाम की एक संस्था मौजूद है, जिसका उद्देश्य उस भाषा में विद्वत्तापूर्ण रचनाएँ प्रकाशित करके हिन्दी साहित्य में सुधार लाना है।'

फ्रांस के डॉ. लेवी ने, जो 1897 में सभा में पधारे और उसकी एक बैठक में भी शामिल हुए, सभा जो कुछ कर रही थी उस पर भारी सन्तोष व्यक्त किया। 16 जुलाई, 1898 को सभा की पाँचवीं वर्षगाँठ धूमधाम से मनाई गई। समारोह की अध्यक्षता बनारस के मजिस्ट्रेट श्री काब ने की। कुँवर साहब मिनगा, ठाकुर साहब जयपुर, प्रोफ़ेसर जानसन, रेवरेंड ग्रीव्ज़, श्री मारीसन (ज्वाइंट मजिस्ट्रेट), महामहोपाध्याय पंडित सुधाकर द्विवेदी, महामहोपाध्याय पंडित महेशचन्द्र न्यायरत्न आदि व्यक्तियों की उपस्थिति ने अवसर की गरिमा को और बढ़ाया। भारी उत्साह की स्थिति है। समारोह ने भारी सफलता प्राप्त की और सभा की भावी महानता का संकेत दिया।

कुछ शब्दों और वर्तनी की अनियमितताओं, प्रयुक्त या अनुशंसित मुहावरों में मनमानेपन के चलते भाषा के ढाँचे के ही बिखरने का ख़तरा सामने था। इसलिए सभा ने हिन्दी की वर्तनी, शैली और वाक्य-विन्यास के बारे में लोगों की रायों को जमा और एकजुट किया। इसके लिए 11 सदस्यों की समिति बनाई गई जो 'हिन्दी के व्याकरण और शैली से सम्बन्धित कुछ प्रश्नों' पर विचार और निर्णय करे। सावधानी के साथ जाँच-पड़ताल और लम्बे विचार-विमर्श के बाद समिति ने अपनी रिपोर्ट पेश की, और उसने दूसरी भाषाओं से हिन्दी में शब्दों के लिप्यांतर, प्रत्यय लिखने की विधियों, संज्ञा पदों के विभिन्न कारक रूप बनाने, कुछ शब्दों की वर्तनी आदि, आदि विषयों पर कुछ नियम तय करने के प्रयास किए। सभा का मंतव्य इतना ही था और वह सम्भवतः इतने की ही आशा कर सकती थी, कि एकरूपता का सिद्धान्त स्वीकार किया जाए।

सभा लम्बे समय से पाठ्यपुस्तक समिति के गठन की आलोचना और पाठ्यचर्या में दोषपूर्ण पुस्तकों के व्यवहार की भर्त्सना करती आ रही थी। इसके कारण अन्ततः (स्वर्गीय) बाबू इन्द्रनारायण सिन्हा, एम.ए. को इस दायित्वपूर्ण समिति का एक सदस्य बनाया गया। हालाँकि सभा इस बारे में बस इतना ही प्रतिनिधित्व नहीं चाहती थी, फिर भी इसे अपने उद्देश्य की सिद्धि की दिशा में एक बड़ा क़दम समझा गया।

अब सभा और जनता के लिए घोर सक्रियता दिखाने का समय आ चुका था। अदालतों में नागरी के उपयोग का विचार तब तक इतना बल पा चुका था कि एक ज़ोरदार ज्ञापन के रूप में व्यक्त हुआ। ज्ञापन की तैयारी अभी चल ही रही थी कि सभा ने चारों तरफ़ अपने कार्यकर्ता भेजे जो कोई 60,000 व्यक्तियों के हस्ताक्षर जमा करने में सफल रहे। प्रचार-कार्य के लिए बाबू श्यामसुन्दर दास, बी.ए. ने इलाहाबाद और लखनऊ का दौरा किया। माननीय पंडित मदनमोहन मालवीय ने अदालतों का चरित्र और प्राथमिक शिक्षा पर अपनी प्रसिद्ध पुस्तिका प्रस्तुत की, 'जिसमें नागरी लिपि के और भी व्यापक उपयोग की ज़ोरदार वकालत की गई थी।' 2 मार्च, 1898 को एक भारी और प्रातिनिधिक शिष्टमंडल ने महामहिम सर (अब लॉर्ड) ए पी मैकडोनल से भेंट की और न केवल उनकी बात ध्यान से सुनी गई, बल्कि बहुत ही आशाजनक प्रत्युत्तर भी मिला। इसके सदस्य इस प्रकार थे : (1) महाराजा सर प्रताप नारायण सिन्हा, के सी आई ई, अयोध्या, (2) मांडा के राजा रामप्रसाद सिन्हा, (3) अवागढ़ के राजा बलवन्त सिन्हा, सी

आई ई, (4) मुरसान, अलीगढ़ के राजा घनश्याम सिन्हा, (5) रामपुर, प्रतापगढ़ के माननीय राजा रामपाल सिंह, (6) मथुरा के राजा सेठ लक्ष्मणदास, सी आई ई, (7) सलेमगढ़, गोरखपुर के राजा सिद्धेश्वरी प्रसाद नारायण सिन्हा बहादुर, (8) बरेली के राजा कुँवर हरीचरण मिश्र बहादुर, (9) राजा कृष्ण सहाय बहादुर, अध्यक्ष, दवनागरी प्रचारिणी सभा, मेरठ, (10) राजा निहालचंद बहादुर, मुज़फ़्फ़रनगर, (11) माननीय राम श्री रामबहादुर, एम.ए., बी.एल., लखनऊ, (12) राय प्रसाददास मिश्र बहादुर, एफ.ए.यू., बनारस, (13) माननीय मुंशी (अब राजा) माधोलाल, बनारस, (14) सीतापुर के माननीय सेठ रघुबरदयाल, (15) मुंशी रामप्रसाद, एडवोकेट, इलाहाबाद, हाईकोर्ट, (16) पंडित (अब डॉ.) सुन्दर लाल, एडवोकेट, इलाहाबाद हाईकोर्ट, और (17) पंडित मदनमोहन मालवीय, बी.ए., एल.एल.बी., जो सभा के प्रतिनिधि थे। महामहिम ने उनके दावों का न्यायसंगत होना स्वीकार किया, पर कहा कि मौजूदा विधानों में कोई भी परिवर्तन काफ़ी सावधानी से जाँच-पड़ताल करने और ऐसे परिवर्तन के सभी पक्षों पर धैर्य से विचार करने के बाद ही किया जा सकता है। लेकिन इस उत्तर से यह आशा अवश्य जागी कि प्रश्न पर सरकार अनुकूल विचार-विमर्श करेगी। सभा के लिए तो स्पष्ट ही था कि इस बारे में सरकार की सहायता करने और वांछित सुधार के आरम्भ का रास्ता तैयार करने के लिए विभिन्न स्थानों पर ऐसी संस्थाओं की स्थापना आवश्यक थी जो जनता तक आन्दोलन की प्रकृति के विचार को ले जाने में सहायक हो। इस योजना के अन्तर्गत लखनऊ, इलाहाबाद, शाहजहाँपुर, बरेली, मुरादाबाद, सहारनपुर, अलीगढ़, मथुरा, आगरा और बाराबंकी में नागरी सभाएँ स्थापित की गईं। बाबू श्यामसुन्दर दास और बाबू कृष्ण बलदेव वर्मा ने ऐसी सभाओं की स्थापना के सम्बन्ध में अनेक स्थानों का दौरा किया।

संस्कृत शिक्षा की व्यवस्था की एक दुखती रग पर सभा ने तब उँगली रखी जब उसके जन शिक्षा निदेशालय से सम्पर्क करके संस्कृत कक्षाओं में देशी भाषा के अध्ययन को अनिवार्य बनाने की व्यावहारिकता पर विचार करने की माँग की। ऐसा प्रावधान अगर किया गया होता तो पंडितों को आधुनिक प्रगति और संस्कृति के विचारों की और पास लाने में भारी मदद मिलती।

1898 में महामहिम लेफ़्टिनेंट गवर्नर बनारस पधारे और सभा के एक प्रतिनिधिमंडल ने महामहिम से भेंट की। उन्होंने सदस्यों के साथ लम्बी बातचीत की, जिसके दौरान बातों-बातों में इस दावे पर बात आ गई कि हिन्दी को उर्दू जितनी तेज़ी से नहीं लिखा जा सकता। आमतौर पर किसी उर्दू के मुंशी से जितनी आशा की जा सकती थी, उतनी ही तेज़ी से लिखकर महामहोपाध्याय पंडित सुधाकर द्विवेदी ने महामहिम के सामने इस दावे की व्यर्थता को सिद्ध कर दिया। 6 सितम्बर, 1898 को सभा को एक पंजीकृत संस्था बना दिया गया और उसके सदस्यों की संख्या बढ़कर 247 हो गई।

पाठ्यपुस्तक समिति के आग्रह पर सभा द्वारा 'भाषापत्रबोध', 'भाषासार-संग्रह', 'खेती विधा की पहली पुस्तक' जैसी कुछ पुस्तकें तैयार की गईं और आगे चलकर इनको पाठ्यपुस्तकों के रूप में लाया गया। एक और महत्त्वपूर्ण प्रकाशित पुस्तक 'हरिश्चन्द्र'

शीर्षक से एक सुन्दर कविता थी, जिसके रचयिता बाबू जगन्नाथ दास रत्नाकार थे। रमेशचन्द्र दत्त की पुस्तक 'हिस्टरी ऑफ़ सिविलाइज़ेशन इन ऐंशिएंट इंडिया' का अनुवाद कराने की व्यवस्था भी की गई; यह हिन्दू काल पर एक विस्तृत ग्रन्थ के लम्बे समय से महसूस किए जा रहे अभाव को दूर करने का प्रयास था। लेकिन इस पुस्तक के प्रकाशन के ख़िलाफ़ कुछ हलक़ों ने आपत्तियाँ कीं तो यह काम एक अलग समिति को सौंप दिया गया जिसने अन्ततः इसे प्रकाशित किया।

सभा ने समय-समय पर हिन्दी में वैज्ञानिक रचनाओं और लेखों को लिखवाने के प्रयास किए। लेकिन जब कभी किसी सज्जन से किसी वैज्ञानिक विषय पर एक लेख या पुस्तक की रचना का आग्रह किया गया, तब उन्होंने इसके लिए तत्परता तो दिखाई पर शर्त यह थी कि सभा कई एक वैज्ञानिक शब्दों के देशी समतुल्य जुटा दे। यह स्थिति 1898 तक चली जब सभा ने हिन्दी में एक विज्ञान शब्दावली की तैयारी का निश्चय किया और पूरी योजना पर विचार करके एक कामकाजी योजना सुझाने के लिए एक उपसमिति का गठन किया गया। जब अनेक विज्ञानों से जुड़े पद जमा हो गए तो उनके समतुल्य हिन्दी पद तैयार करने के लिए ये शब्द निम्नलिखित सज्जनों के हवाले कर दिए गए–

बाबू श्यामसुन्दर दास	भूगोल
बाबू ठाकुर प्रसाद	रसायनशास्त्र और भौतिकी
महामहोपाध्याय पंडित सुधाकर द्विवेदी	खगोलिकी
पंडित महावीर प्रसाद द्विवेदी	दर्शनशास्त्र
पंडित माधवराव सप्रे	राजनीतिक अर्थशास्त्र

तैयार होने के बाद ये शब्दावलियाँ बड़े पैमाने पर प्रचारित की गईं और इस काम में रुचि रखने वाले समर्थ व्यक्तियों से उनकी रचनात्मक आलोचना करने का आग्रह किया गया। इस बीच सभा ने पंजाब, मध्यप्रांत, बंगाल और संयुक्त प्रांत के शिक्षा विभागों से सम्पर्क करके आग्रह किया कि इस उद्यम को सफलता से पूरा करने के लिए वे सभा से सहयोग करें। मध्यप्रांत के शिक्षा विभाग ने विभाग के प्रतिनिधि के रूप में प्रशिक्षण संस्थान, जबलपुर के सहायक अधीक्षक पंडित विनायक राव को नियुक्त किया। पंजाब की पाठ्यपुस्तक समिति ने लाला मुंशी राय, एम.ए. को नियुक्त किया, लेकिन जब शब्दावली के संशोधन के लिए सभा द्वारा बुलाई गई बैठकों में पहुँचने में असमर्थ रहे तो समिति ने इन बैठकों में भाग लेने के लिए फिर लाला ख़ुशीराम, एम.ए. को भेजा। बंगाल के शिक्षा विभाग ने पहले तो पंडित बलदेवराय झा, बी.ए. को नियुक्त किया, पर बाद में विचार-विमर्श में भाग लेने के लिए लाला भगवती सहाय, एम.ए., बी.एल., सहायक विद्यालय निरीक्षक को भेजा। तदर्थ शब्दावली में संशोधन के लिए ये बैठकें बनारस में होती थीं। दर्शनशास्त्र की शब्दावली के संशोधन के लिए बाबू भगवानदास, एम.ए.; बाबू इन्द्रनारायण सिन्हा, एम.ए.; बाबू वनमाली चक्रवर्ती, बी.ए. और साहित्याचार्य पंडित रामावतार पांडे, एम.ए. को लेकर एक उपसमिति बना दी गई। 27 दिसम्बर, 1903 को संशोधन समिति की बैठक में बम्बई के प्रोफ़ेसर टी.के. गज्जर,

एम.ए., बी-एस.सी.; बनारस के प्रोफ़ेसर ए.सी. सान्याल, एम.ए.; बम्बई के प्रोफ़ेसर एन. वी. रानाडे, बी.ए. आदि अन्य व्यक्तियों ने भी भाग लिया। समिति ने समय-सीमा में अपना काम पूरा किया और वर्ष 1906 में बाबू श्यामसुन्दर दास के सम्पादन में यह शब्दावली प्रकाशित हुई। इस तरह हिन्दी वह पहली हिन्द-आर्य देशी भाषा थी जो इस तरह के पहले कारनामे का दावा कर सकती थी। इस रचना की उपयोगिता का अनुमान इसी से लगाया जा सकता है कि कनारी (कन्नड़) भाषा में इसका अनुवाद हुआ, इसके शब्द मराठी और गुज़राती की वैज्ञानिक शब्दावलियों में शामिल किए गए तथा मद्रास प्रेसिडेंसी में प्रकाशित वैज्ञानिक कृतियों में उसका भारी उपयोग हुआ।

हिन्दी पांडुलिपियों की खोज की गति दुखद सीमा तक धीमी थी और इस बारे में एशियाटिक सोसायटी भी बहुत उत्साहित नहीं थी। हताशा की इस अवस्था में एशियाटिक सोसायटी की सालगिरह पर महामहिम लार्ड कर्ज़न का भाषण, जो ऐतिहासिक अनुसंधान के प्रति महामहिम के उत्साह की ही कड़ी में था, भारी राहत बनकर सामने आया। सभा ने अब सालाना अनुदानों के रूप में भारत सरकार से सहायता का आग्रह किया ताकि वह और भी बड़े पैमाने पर अपनी खोज को जारी रख सके। (सरकार का ध्यान 1900 में होनेवाली जनगणना की ओर भी खींचा गया और सभा का प्रस्ताव था कि इसे भाषा सर्वेक्षण के परिणामों की रौशनी में किया जाए ताकि भाषाओं की और उन्हें बोलनेवाले लोगों की संख्याओं का भी निश्चय किया जा सके।) 1899 में सरकार ने सभा के लिए 400 रुपए का सालाना अनुदान देना तय किया और सभा की तैयार की हुई रिपोर्ट के प्रकाशन की व्यवस्था भी की। सभा के कार्यकलाप के इस महत्त्वपूर्ण क्षेत्र को बाबू श्यामसुन्दर दास की निगरानी में दिया गया और उन्होंने इस चयन की बुद्धिमत्ता को पूरी तरह उचित साबित किया। उन्होंने जो रिपोर्टें तैयार कीं उनकी डॉ. ग्रियर्सन, डॉ. हार्नले, श्री ग्रिफिथ्स, प्रो. बार्थ और प्रो. पिशेल जैसे यशस्वी विद्वानों ने भारी सराहना की।

अब वर्ष 1899 आरम्भ हो चुका था और नागरी सम्बन्धी ज्ञापन के परिणाम को लेकर भारी चिन्ता महसूस की जाने लगी। इस बीच ग़ैर-ज़िम्मेदार लोगों ने जनता और सरकार को गुमराह करने के प्रयास किए, परचे बाँटे गए और फ़ारसी लिपि के समर्थकों से नागरी लिपि के पक्ष में दिए गए तर्कों के खंडन का आग्रह किया गया। लेकिन फ़ारसी लिपि के बहुत ही अद्‌भुत सीमा तक चालाक पक्षधरों के लिए भी अदालत में उस लिपि के पूर्ण वर्चस्व को उचित ठहराना कठिन हो गया। कुछ धूर्त व्यक्तियों ने मुसलमानों की धार्मिक कट्टरता तक को हवा देने की कोशिश की। अब सभा को इन धाराओं, उपधाराओं से निबटना था और वह इस कसौटी पर खरी उतरी। ध्यान से तैयार की गई पुस्तिका 'क्या अदालतों में नागरी लागू होनी चाहिए?' की सभा द्वारा हज़ारों प्रतियाँ बड़े पैमाने पर वितरित की गईं। इस आन्दोलन में लगभग सभी हिन्दी पत्र-पत्रिकाओं ने पूर्ण सहमति से भाग लिया; उनमें मुख्य रूप से 'श्री वेंकटेश्वर समाचार', 'भारत जीवन', 'हिन्दोस्थान' और 'हिन्दीप्रदीप' के नाम लिये जा सकते हैं। वैश्य और कायस्थ सम्मेलनों ने भी सभा के ध्येय को अपनाया और अलग-अलग ज्ञापन सरकार को भेजे। अनेक

प्रबुद्ध और अग्रणी मुसलमानों ने भी आन्दोलन का भारी समर्थन किया; उनमें एक यानी दिवंगत डॉ. सैयद अली बिलग्रामी को सबसे प्रमुख कहा जा सकता है। विद्वान डाक्टर साहब ने दिलेरी से दावा किया कि शिक्षा में उनके समुदाय के पिछड़ेपन का मुख्य कारण दोषपूर्ण फ़ारसी लिपि है जो छात्रों को दो वर्ष तक बिना किसी लाभ के फँसाए रखती है, जबकि हिन्दी की लिपि को कुछ ही माह के संक्षिप्त अन्तराल में सीखा जा सकता है। इस चरण में अनेक देशी रियासतों की अदालतों में नागरी के समावेश ने भी इस क़दम की उपयुक्तता का इशारा किया। सरकार द्वारा नियुक्त जाँचों के परिणाम अब आ चुके हैं और 18 अप्रैल, 1900 को एक सरकारी आदेश जारी हुआ जो स्थानीय सरकारी गज़ट के भाग...में पृ. ...पर प्रकाशित हुआ।

(1) सभी व्यक्ति अपनी याचिकाएँ या शिकायतें, नागरी या फ़ारसी जिस लिपि में भी चाहें, प्रस्तुत कर सकते हैं।

(2) अदालतों या राजस्व के अधिकारियों द्वारा जनता के लिए जारी सभी समन और ऐलान फ़ारसी और नागरी दोनों लिपियों में होंगे, और नागरी का भाग हमेशा ही उसी तरह भरा जाएगा जैसा फ़ारसी का भरा जाएगा।

(3) इस प्रस्ताव की तिथि के साल भर के बाद, शुद्ध अंग्रेज़ी दफ़्तरों को छोड़ कहीं किसी ऐसे व्यक्ति की सरकारी नियुक्ति नहीं होगी जो हिन्दी और उर्दू दोनों न जानता हो, और इस बीच में नियुक्त किया गया कोई व्यक्ति अगर इनमें से कोई एक भाषा जानता हो और दूसरी न जानता हो तो उसे नियुक्ति के साल-भर के अन्दर वह भाषा सीखनी होगी।

ऐसे एक नए क़दम का कोई विरोध नहीं होगा, यह बात तो सोची भी नहीं जा सकती थी। जो लोग अदालत की भाषा से जनता के अपरिचय का लाभ उठाने में कोई कसर नहीं छोड़ते या जो झूठे पूर्वाग्रहों से प्रेरित थे वे इस क़दम पर भौंचक रह गए। यह बात ध्यान में रखकर सभा ने 7 सदस्यों की एक समिति बनाई जो यह देखे कि जनता अज्ञान, ग़लत प्रचार या बल-प्रयोग के कारण इस आदेश का पूरा-पूरा लाभ उठाने से वंचित न रहे। सरकार ने जनता पर जो कृपा की थी उसकी प्रकृति से जनता को परिचित कराने के लिए सभा के कार्यकर्ता जहाँ-तहाँ गए। सरकारी आदेश के अनुवाद की प्रतियों का व्यापक वितरण हुआ। महामहिम महाराजा साहब रीवाँ और स्वर्गीय राजा साहब भिनगा ने इस सिलसिले में सभा की सहायता के लिए क्रमशः 100 और 500 रुपए के दान दिए।

सभा को आधुनिक हिन्दी के जनक स्वर्गीय भारतेन्दु हरिश्चन्द्र की एक जीवनी के न होने का दुख था और इसे लिखवाने की इच्छा से उसने खड्गविलास प्रेस के स्वर्गीय बाबू रामदीन सिंह से सहायता माँगी जिनके पास, सबको पता था कि इस सम्बन्ध में ढेरों सामग्री थी। लेकिन उन्होंने जल्द ही इसे तैयार करके प्रकाशित करने का वादा किया। सभा के बार-बार के आग्रह के बाद भी जब ऐसा कोई जीवनचरित सामने नहीं आया तो तय हुआ कि स्वर्गीय बाबू राधाकृष्णदास इसे अपने पास मौजूद सामग्री की

सहायता से लिखें। इस निर्णय के अनुरूप एक छोटी-सी जीवनी लिखी गई और वह सरस्वती में प्रकाशित हुई।

बहुत पहले, 1899 में ही, सभा ने हिन्दी शार्टहैंड की व्यवस्था करने का प्रयास भी किया। स्वर्गीय पंडित अंबिका दत्त व्यास ने उपयोग के लिए कुछ चिह्न तैयार किए और सभा ने उस व्यक्ति के लिए 25 रुपए का पुरस्कार घोषित किया जो इस प्रणाली का अध्ययन और इसका सन्तोषजनक उपयोग करके दिखाए। लेकिन विद्वान पंडितजी के अस्वास्थ्य ने उनको उस समय और आगे काम करने से रोका। उसी साल बाद में पंडित निष्कामेश्वर मिश्र, रायबहादुर बाबू शिरीषचन्द्र वसु की मूल्यवान सहायता पाकर, हिन्दी शार्टहैंड की एक पुस्तिका तैयार करने में सफल रहे। इसे इंग्लैंड में छापा गया पर अभी तक किसी ने इसका व्यवहार नहीं किया है।

लम्बे समय से तुलसीदास कृत 'रामायण' का शुद्धतम पाठ सामने रखनेवाले एक समुचित संस्करण के प्रकाशन की बात सोची जा रही थी, पर धन के अभाव में सभा इस उद्यम का आरम्भ नहीं कर पा रही थी। इलाहाबाद के इंडियन प्रेस ने जब इसे प्रकाशित करने का दायित्व लिया तो पाठ के सम्पादन के लिए सभा ने सहर्ष आवश्यक व्यवस्था करने की बात कही। इसके लिए अनेक पुरानी पांडुलिपियाँ जमा की गईं जिनमें परम्परानुसार सबसे पुरानी पांडुलिपि वह थी, जिसमें स्वयं रचयिता ने संशोधन किए थे। यह काम 1902 में आरम्भ हुआ और श्रमसाध्य अनुसंधान व सावधानी के साथ मिलान करके इसे 1904 में सफलता को पहुँचाया गया। भूमिका और विभिन्न पाठों को सामने लानेवाली पाद-टिप्पणियाँ इसमें लगे श्रम का अनुमान कराती हैं। इंडियन प्रेस के स्वामी ने सभा से एक उच्चस्तरीय मासिक के सम्पादन का भी आग्रह किया, जिसे वे प्रकाशित करने के लिए तैयार थे। सभा ने 5 व्यक्तियों (बाबू श्यामसुन्दर दास, बी.ए., बाबू राधाकृष्णदास, पंडित किशोरीलाल गोस्वामी, बाबू कार्तिक प्रसाद और बाबू जगन्नाथ दास) की समिति बनाई जिनके सम्पादन में 1900 में इसका आरम्भ हुआ। हिन्दीभाषी जनता के लिए 'सरस्वती' आज एक जाना-पहचाना नाम है।

सरकार के संरक्षण में सभा ने हिन्दी पांडुलिपियों की खोज सफलता से जारी रखी और वर्ष 1902 में 257 कृतियाँ दृष्टि में आईं। जारी की गई रिपोर्ट में काफी उपयोगी सूचनाएँ और रोचक सामग्रियाँ थीं। इसके चलते सभा ने इस तरह सामने आई कुछ और रचनाओं के प्रकाशन की बात सोची, और इसका परिणाम यह हुआ कि ग्रन्थमाला नाम से एक और त्रैमासिक का प्रकाशन आरम्भ हुआ जो पूरी तरह पांडुलिपि रूप में मौजूद पुरानी और अपेक्षाकृत दुर्लभ पुस्तकों के लिए समर्पित थी। मिलान और सम्पादन के लिए ऐसी पुस्तकों की प्रतियाँ जमा करना कोई आसान काम नहीं था, लेकिन सभा के प्रयासों के चलते अनेक मूल्यवान कृतियाँ ग्रन्थमाला में सामने आईं। उसके एकदम आरम्भिक अंकों में जो रचनाएँ छपीं उनमें से एक थी 'चंद्रावती'। यह सदल मिश्र की एक गद्य-रचना थी जो लल्लूजी लाल के समकालीन और सहकर्मी थे। एक और रचना 'सुजानचरित्र' थी जो जाट राज के इतिहास से सम्बन्धित एक

काव्यग्रन्थ है। हो सकता है इनमें से कुछ रचनाओं का कोई भारी साहित्यिक महत्त्व न हो, लेकिन भारत के राजनीतिक, धार्मिक और साहित्यिक इतिहास की प्रस्तुति के लिए उन सबमें भारी महत्त्व की काफ़ी सामग्री मौजूद है। 1904 में सरकार ने ग्रन्थमाला के प्रकाशन में सभा की सहायता के लिए पाँच वर्ष तक 300 रुपए प्रतिवर्ष का अनुदान देना सहर्ष स्वीकार किया।

हिन्दी लेखकों को प्रोत्साहित करने तथा अच्छे लेख और निबन्ध लिखने का निमंत्रण देने के लिए सभा ने दो रजत पदक देने का निश्चय किया--एक तो किसी वैज्ञानिक और दूसरा किसी सामान्य विषय के लिए। पहले वर्ष के लिए प्रस्तावित विषयों में से एक था मनोविज्ञान जिस पर पंडित गणपत जानकी राय दूबे ने एक विस्तृत निबन्ध लिखकर पदक जीता।

हिन्दी के ध्येय के लिए की गई सेवाओं को स्वीकार करके माननीय पंडित मदनमोहन मालवीय, बी.ए., एल.एल.बी., डॉ. ए.एफ. हार्नले, पी-एच.डी., सी.आई.ई. और पंडित मोहन लाल विष्णुलाल पांड्या को सभा का मानद सदस्य चुना गया।

एक विस्तृत हिन्दी व्याकरण की तैयारी लम्बे समय से सभा के कार्यक्रम में शामिल थी और इसके संकलन की व्यवस्था करने के लिए समय-समय पर समितियाँ गठित की गई थीं। 1903 में ग्रियर्सन ने सभा से यह काम टालकर तब तक प्रतीक्षा करने का आग्रह किया जब तक कि भाषा सर्वेक्षण की रिपोर्ट, जिससे इस विषय पर कुछ रौशनी पड़ने की आशा की जा सकती थी, सामने न आ जाए।

उसी साल बाबू श्यामसुन्दर दास, बी.ए. और स्वर्गीय पंडित मोहनलाल विष्णुलाल पांड्या के सम्पादन में हिन्दी साहित्य की सबसे पुरानी और सबसे विस्तृत रचना 'पृथ्वीराज रासो' के अंशों का प्रकाशन भारी-भरकम टिप्पणियों, हर भाग के अन्त में प्रबंध-लेखों तथा अध्यायों की संक्षिप्त प्रस्तुतियों या सारांशों के साथ आरम्भ हुआ।

सर जेम्स ला टच की बनारस-यात्रा के समय सभा ने उन्हें एक ज्ञापन दिया जिसके उत्तर में महामहिम ने भरोसा दिलाया कि वे अपने यशस्वी अग्रगामियों की नीति को जारी रखकर सभा की सहायता के लिए सदा तत्पर रहेंगे।

एक भारी जनमत इस प्रस्ताव का समर्थन कर रहा था कि साल-दर-साल निकलनेवाले प्रकाशनों की समीक्षा के लिए सभा एक उपसमिति नियुक्त करे। लेकिन निश्चय यह किया गया कि ऐसी एक समिति का गठन सभा के हितों के लिए हानिकर होगा और अक्सर उसके सामने ऐसी पुस्तकें आएँगी, जिन पर सभा, अपने नियमों के आधार पर, एक या दूसरे प्रकार का निर्णय नहीं सुना सकेगी।

सभा की वित्तीय दशा में सुधार के लिए एक स्थायी कोष स्थापित किया गया तथा हिन्दीप्रेमियों से खुले हृदय से इसमें दान देने की प्रार्थना की गई। फ़रवरी 1902 में सभा के सदस्यों का एक शिष्टमंडल नागरी के प्रचार के सिलसिले में ग्वालियर, इन्दौर और अन्य स्थानों पर गया। इस शिष्टमंडल के सफल प्रयासों के कारण स्थायी कोष में 14378 रुपए 14 आने का चन्दा मिला, जिनमें से 9091 रुपए 8 आने उसी समय नक़द

जमा हो गए। कोष के संचालन के लिए एक न्यासी बोर्ड स्थापित किया गया। इस शिष्टमंडल के दौरे के कुछ ही समय बाद ग्वालियर की अदालतों में नागरी का समावेश हुआ, और इसी आशय के आदेश इन्दौर में भी जारी हुए। जनता और सरकार की दृष्टि में सभा धीरे-धीरे ऊपर उठ रही थी, यह बात उन शब्दों से स्पष्ट हो जाएगी जो वर्ष 1901-1902 की प्रशासनिक रिपोर्ट में सभा के उल्लेख के लिए इस्तेमाल किए गए थे :

"उसी नगर (बनारस) में 1893 में नागरी प्रचारिणी सभा की स्थापना हुई। इसके 380 सदस्य हैं और यह हिन्दी के अध्ययन को सक्रिय प्रोत्साहन देती है, अपनी पत्रिका प्रकाशित करती है, तथा वार्षिक पुरस्कार, प्रमाणपत्र और पदक प्रदान करती है। हिन्दी पांडुलिपियों के संग्रह के लिए यह हर वर्ष सरकार से 500 का अनुदान पाती है। नागरी प्रचारिणी सभा ने, जो शुद्ध रूप से नागरी के प्रचार के लिए आरम्भ की गई थी, हिन्दी साहित्य की सेवा करना जारी रखा है।"

हिन्दी की जो शैली पाठ्यपुस्तकों में अपनाई जानी चाहिए, इस बारे में स्थानीय सरकार ने जन शिक्षा निदेशालय को 1902 में एक पत्र भेजा था, जिसके बाद का भाग इस प्रकार है :

"इन परिस्थितियों में स्पष्ट है कि जब तक सिद्धान्त तय नहीं होते और इसका निश्चय नहीं होता कि प्राथमिक विद्यालयों की पाठ्यपुस्तकों में हिन्दी भाषा की लिपि क्या होनी चाहिए, कोई प्रगति सम्भव नहीं है। इसी के अनुरूप मेरा सुझाव यह है कि पाठ्यपुस्तक समिति नागरी प्रचारिणी सभा और दूसरे चुनिन्दा लोगों के साथ विचार-विमर्श करने के बाद इस बारे में एक निश्चित मत पर पहुँचे। अगर वे तय करें कि पाठ्यपुस्तकों की भाषा वह देशी भाषा होनी चाहिए जिसे जनता समझती है, तो ऐसे लेखकों की खोज में कोई कठिनाई नहीं होगी जो इस माँग को पूरा करेंगे।"

इसी के अनुरूप पाठ्यपुस्तक समिति ने सभा के अध्यक्ष को भेजे गए पत्र के विषय पर सभा की राय माँगी। यहाँ इस सामान्य विश्वास का उल्लेख किया जाना चाहिए कि सरकार, या और सही ढंग से कहें तो अधिकारीगण, उस साहित्य-भाषा पर कोई सकारात्मक राय नहीं रखते थे जिनमें हिन्दी पुस्तकों और आलेखों की रचना हो रही थी और एक क्या, अनेक तरीकों से उस भाषा के उपयोग का अनुमोदन करते थे जो फ़ारसीयुक्त उर्दू से बहुत भिन्न नहीं थी। लेकिन हिन्दी की वर्तनी, शैली और वाक्य-विन्यास पर जारी की गई पुस्तिका में जो सिद्धान्त तय किए गए थे, सभा उन पर क़ायम रही। लेकिन अध्यक्ष रायबहादुर पंडित लक्ष्मीशंकर मिश्र, एम.ए., ने सभा के निर्णय को मानना पसन्द नहीं किया और इस विषय पर उन्होंने अपनी व्यक्तिगत राय भेजी। सभा ने सचिव के हस्ताक्षर से अपना मत आगे भेजा और रायबहादुर ने स्वयं को सभा से अलग कर लिया। कालांतर में सरकार इस निर्णय पर पहुँची कि पाठ्यपुस्तकों की भाषा सरल होनी चाहिए तथा हिन्दी व उर्दू दोनों की पाठ्यपुस्तकों में साझी होनी चाहिए। चूँकि साइंस रीडर्स तैयारी की प्रक्रिया में थे, सभा ने बार-बार इस क़दम के खोखलेपन और अव्यावहारिकता की ओर ध्यान खींचा, पर कोई परिणाम सामने नहीं आया। बिहार के

विद्यालयों में साइंस रीडर्स की ऐसी ही एक शृंखला पहले ही शामिल की जा चुकी थी, और सभा ने जन शिक्षा निदेशालय, बंगाल के निर्देशक का ध्यान इन रीडर्स की ग़ैर-व्याकरण सम्मत और ग़ैर-मुहावरेदार भाषा की ओर खींचा। निर्देशक ने जब यह पत्र मैसर्स मैक मिलन एंड कम्पनी को भेजा तो प्रकाशन कम्पनी के कार्मिकों ने इस विषय पर सभा के साथ थोड़ा-बहुत पत्र-व्यवहार किया। सभा ने उनको समर्थ हिन्दी विद्वानों से इन रीडर्स का संशोधन कराने की सलाह दी, पर इस बारे में कुछ भी नहीं किया गया।

हिन्दीभाषी जनता को अदालतों में हिन्दी में याचिकाएँ प्रस्तुत करने का प्रोत्साहन देने के लिए सभा ने हर ज़िले में ऐसे मुहर्रिर नियुक्त करने की योजना सोची जो मुफ़्त में नागरी में प्रार्थना पत्र और शिकायत पत्र लिखें। यह प्रयोग सबसे पहले बनारस में किया गया और बाद में अनेक दूसरे स्थानों पर लागू किया गया। भिनगा के स्वर्गीय राजा साहब ने, जो सभा के काम-काज में हमेशा भारी दिलचस्पी लिया करते थे, 700 रुपए का दान किया कि सभा अवध के 12 ज़िलों में ऐसे मुहर्रिर नियुक्त कर सके।

समय आ गया था कि सभा के पास समुचित उपकरणों और फ़र्नीचर से युक्त अपना भवन हो। इसके लिए नवम्बर, 1902 में नगर के म्यूनिसिपल गार्डन के दक्षिण-पूर्व कोने पर एक भूखंड खरीदा गया। सभा भवन की आधारशिला 21 दिसम्बर, 1902 के दिन महामहिम महाराजा साहब बनारस द्वारा रखी गई। इस अवसर पर एक भारी आम सभा का आयोजन हुआ, जिसमें सभी वर्गों के स्थानीय निवासी ही नहीं, बल्कि कुछ बाहरी सदस्य भी शामिल हुए जो विशेष रूप से इसी के लिए आए थे। भवन का निर्माण वर्ष 1904 में पूरा हुआ और सभा के विशेष निमंत्रण पर महामहिम सर जेम्स ला टच ने 18 फ़रवरी 1904 को सहर्ष इसका उद्घाटन किया। सभा के सभी सदस्य आमंत्रित थे और समारोह भारी धूमधाम के साथ पूरा हुआ। इस अवसर पर हिन्दी सम्बन्धी कुछ आवश्यक प्रश्नों पर विचार के लिए सभा की एक असाधारण बैठक भी की गई।

सभा ने 1903 में अपनी चुनिन्दा पुस्तकों के विक्रय के लिए इंग्लैंड और जर्मनी में एजेंट नियुक्त किए। देहली दरबार के समय एक शिष्टमंडल भी देहली भेजा गया जिसने अनेक राजाओं से भेंट की, सभा के कार्यों की जानकारी उनको दी और प्रोत्साहन देने का आग्रह किया। लेकिन शिष्टमंडल के प्रयासों के कुछ अधिक परिणाम नहीं निकले।

कक्षा 8 तक के सभी छात्रों के लिए हिन्दी और उर्दू, दोनों का अध्ययन अनिवार्य बनाते हुए जब जन शिक्षा विभाग ने एक आदेश जारी किया तो संयुक्त प्रांत के सभी विद्यालयों के प्रधानाध्यापकों से विचार-विमर्श करके सभा ने इस आदेश का खुला विरोध किया। लखनऊ में 18 जुलाई, 1903 को महामहिम लेफ़्टिनेंट गवर्नर से एक शिष्टमंडल ने भेंट की, लेकिन प्रश्न जहाँ था वहीं बना रहा। इस विषय पर सभा ने अनेक बार सरकार से सम्पर्क किया और अन्त में उसने सहर्ष यह वक्तव्य जारी किया : 'जहाँ सरकार सभा से इस बात पर सहमत है कि बच्चों से एक से अधिक देशी भाषा के अध्ययन की अपेक्षा नहीं की जानी चाहिए, वहीं उनके अपने हित में यह आवश्यक है कि उनके दूसरी लिपि में लिख-पढ़ सकने की योग्यता पाने पर ज़ोर दिया जाए।'

2 अप्रैल, 1904 को विश्वविद्यालय आयोग ने बनारस का दौरा किया, जिसके सामने बाबू गोविन्द दास ने सभा की ओर से काफ़ी कुशलता से साक्ष्य प्रस्तुत किए। अपनी प्रस्तुति के दौरान बाबू गोविन्द दास ने सुझाव दिया कि परास्नातक अध्ययनों की व्यवस्था करते समय भी सरकार को इंग्लैंड के यूनिवर्सिटी एक्सटेंशन लेक्चर्स की तर्ज़ पर लोकप्रिय व्याख्यानों के आयोजन का प्रावधान करना चाहिए। सरकार इस सुझाव पर गम्भीर विचार का कोई संकेत दे, इससे पहले सभा ने अपने ही छोटे पैमाने पर यह प्रयोग करने का प्रयास किया। इसी के अनुरूप रेवरेंड ई ग्रीव्ज़, बाबू श्यामसुन्दर दास और पंडित रामनारायण मिश्र की एक समिति बनाई और आवश्यक प्रबंध किए गए। पहले वर्ष में सभा के सभागार में कुल सात व्याख्यान हुए। जनता ने इन व्याख्यानों को सराहा और सभागार अकसर दमघोंटू सीमा तक भरा रहता था। इनमें से एक व्याख्यान की अध्यक्षता करनेवाले स्वर्गीय श्री रेडिस के सुझाव पर, जो बनारस के लोकप्रिय मजिस्ट्रेट थे, बनारस की नगरपालिका और ज़िला परिषद में से हरेक ने मैजिक लैंटर्न और वैज्ञानिक स्लाइडों के लिए 250 रुपए का अनुदान दिया। इसके लिए बाबू मोतीचन्द ने भी 500 का अनुदान दिया। इस लैंटर्न और स्लाइडों ने, जिनको सभा की ओर से श्रीमती एनी बेसेंट ने इंग्लैंड में ख़रीदा था, इन व्याख्यानों की लोकप्रियता काफ़ी बढ़ाई। इन व्याख्यानों की सफलता का एक कारण, एक बड़ी सीमा तक, पंडित रामनारायण मिश्र, बी.ए. का एक सक्रिय प्रयास था, जिन्होंने न केवल सभा की स्थापना के समय से ही उससे बराबर अपना सम्बन्ध बनाए रखा, बल्कि उसकी प्रगति की प्रक्रिया में भी शानदार सेवा प्रदान करते रहे। शिक्षा सम्बन्धी विषयों में उनकी रुचि इतनी सुज्ञात है कि यहाँ उसके उल्लेख की आवश्यकता ही नहीं है।

जब सभी भारतीय भाषाओं के लिए एक ही लिपि के अपनाए जाने के पक्ष में एक आन्दोलन उठा और माननीय न्यायमूर्ति श्री शारदाचन्द्र मित्र अपने वज़नी कथनों और लेखों से देवनागरी को अपनाने के पक्ष में न केवल बंगाल, बल्कि पूरे भारत की जनता का ध्यान आकर्षित कर रहे थे, तब सभा के सक्रिय कार्यकलापों ने भारत के अनेक भागों में इसके प्रति भारी अनुकूल जनमत तैयार किया। उसके शिष्टमंडल के कारण लगभग पूरा पंजाब इस समस्या से परिचित हुआ। सभा के एक ऐसे ही शिष्टमंडल ने बम्बई प्रेसिडेंसी का दौरा किया, जहाँ उसने श्री बाल गंगाधर तिलक, माननीय श्री गोखले, श्री परांजपे और दूसरे महाराष्ट्रीय नेताओं की आन्दोलन के उद्देश्यों के प्रति पूरी सहानुभूति देखी। 30 जून, 1905 को अहमदाबाद में जब गुजराती साहित्य सम्मेलन का आयोजन हुआ तो उसे भी सभा ने नागरी को अपनाने के पक्ष में ज्ञापन सौंपे।

भारतीय भाषाओं के लिए एक साझी लिपि के सवाल पर विचार करने के लिए विभिन्न प्रांतों के अग्रणी व्यक्तियों को एक साझे मंच पर लाने का एक अद्वितीय अवसर सभा के सामने तब आया जब दिसम्बर 1905 में बनारस में भारतीय राष्ट्रीय कांग्रेस का अधिवेशन हुआ। 29 दिसम्बर को सभा ने एक विशाल शामियाने में, जो सभा भवन के पश्चिम में लगाया गया था, एक विशाल जनसभा का आयोजन किया कि इस विषय पर

आधिकारिक मत की अभिव्यक्ति हो। अध्यक्षता स्वर्गीय आर.सी. दत्त, सी.आई.ई. ने की। देश-भर की बुद्धि, ज्ञान और सम्पदा का प्रतिनिधित्व करते हुए कई हज़ार व्यक्ति शामिल हुए। श्री बाल गंगाधर तिलक, प्रो. एन.बी. रानाडे, बी.ए., दीवान बहादुर अंबालाल शंकरलाल देसाई, सर भालचंद्र कृष्ण, प्रो. क्षीरोद प्रासाद विद्याविनोद और श्री विजय राघवाचार्य जैसे यशस्वी विद्वानों और सम्मानित नेताओं ने विभिन्न प्रांतों का प्रतिनिधित्व किया। उन्होंने विषय के सभी पक्षों की विवेचना की और अपने विद्वत्तापूर्ण और मुखर भाषणों के दौरान उन्होंने पूरे भारत के लिए एक साझी लिपि के रूप में नागरी के उपयोग की पैरवी की। कुछ यशस्वी वक्ताओं ने एक साझा भाषा की समस्या भी उठाई। इस जनसभा की कार्रवाई एक पुस्तिका के रूप में प्रकाशित की और सभा के सदस्यों के बीच बाँटी गई।

इस तरह जहाँ पूरा भारत एक लिपि और एक भाषा की बात सोच रहा था, वहीं बंगाल सरकार भाषा को यथासम्भव अनेक भागों में बाँटने की कोशिश कर रही थी; उसका अनोखा प्रस्ताव यह था कि विद्यालयों के लिए देशी पाठ्यपुस्तकें उस क्षेत्र की बोली में होनी चाहिए जिसमें वे विद्यालय स्थित हैं। सभा के इस प्रतिगामी क़दम ने गम्भीर आशंकाएँ पैदा कीं और सभा ने इसके ख़िलाफ़ अपनी आवाज़ उठाई।

स्वर्गीय राजा साहब भिनगा के पुस्तकालय के बल पर सभा ने इस काल में अनेक अच्छी पुस्तकें प्रकाशित कीं। यूरोपीय दर्शन, साहित्याचार्य प्रो. रामावतार पांडे, एम.ए. कृत पाश्चात्य दर्शन का एक इतिहास, वनिता विनोद (महिलाओं के लिए), सुघड़ दर्ज़िन, (युवा छात्रों के लिए), प्रबोध चंद्रिका (बालिका विद्यालयों के लिए सिलाई की पुस्तक), और (शारीरिक शिक्षा की पुस्तक) 'सरल व्यायाम' उल्लेख-योग्य कुछ महत्त्वपूर्ण प्रकाशन हैं। राय शिरीष चन्द्र वसु, एम.ए. ने हिन्दी शार्टहैंड पर जो पुस्तक तैयार की थी उसे प्रकाशन के लिए इंग्लैंड भेजा गया, क्योंकि भारत का कोई प्रेस उसे छापने की हालत में नहीं था। स्वर्गीय आर.सी. दत्त, सी.आई.ई. ने एक प्रस्ताव रखा कि सभा हिन्दी साहित्य का इतिहास प्रकाशित करे। इस प्रस्ताव को स्वीकार करके सभा ने यह कार्य पंडित श्यामबिहारी मिश्र को सौंपा, जिन्होंने हार्दिक उत्साह से इसे स्वीकार किया।

सभा के पहले अध्यक्ष बाबू राधाकृष्णदास के असमय अवसान के कारण सभा अपने सबसे सक्रिय कार्यकर्ताओं में से एक से वंचित हो गई; सभा की सेवा में अपना समय और श्रम लगाने का उन्होंने कभी बुरा नहीं माना।

अपने एकदम आरम्भिक दिनों में सभा ने एक हिन्दी शब्दकोश तैयार कराने के कैसे प्रयास किए और उनके क्या परिणाम रहे, इसका ज़िक्र किया जा चुका है। सभा अब अपने पन्द्रहवें वर्ष में प्रवेश कर चुकी थी और लग रहा था कि अब इस उद्यम के बारे में वह गम्भीरता से सोचने के लिए बेहतर हालत में है। 3 जुलाई को रेवरेंड ई ग्रीव्ज़ ने प्रबंध समिति में प्रस्ताव रखा कि सभा एक विस्तृत व्युत्पत्तिमूलक कोश की तैयारी करे। इसके लिए एक समिति गठित की गई जिसने योजना बनाई और सभी आवश्यक आरम्भिक चरणों के सुझाव दिए। प्रबंध समिति ने इसके लिए 30,000 रुपए की राशि

स्वीकृत की, लेकिन बाद में पता चला कि इतने विशाल कार्य को सफलता तक पहुँचाने के लिए 50,000 रुपए से कम की आवश्यकता नहीं होगी। सरकार, राजाओं, महाराजाओं और जनता से धन के दान का आग्रह किया गया। इसका हार्दिक प्रत्युत्तर मिला। यहाँ आभार के साथ यह बात स्वीकार करनी होगी कि ऐसी सहानुभूति और समर्थन के बिना सभा इतनी विशाल योजना आरम्भ कर ही नहीं सकती थी। व्यवहार में यह कार्य 1908 में आरम्भ हुआ, लगभग 250 पुस्तकों से, जिनका सम्बन्ध बहुत से विषयों से था, शब्द जमा किए गए और एक समर्थ व्यक्ति को नियुक्त किया गया कि वह विभिन्न शिल्पों और कारोबारों से सम्बन्धित, अनिश्चित अर्थ वाले शब्दों की तलाश करे जो कभी किसी शब्दकोश में शामिल नहीं किए गए थे। खेती, वाणिज्य, उद्योग, बाग़बानी आदि विषयों की महत्त्वपूर्ण रचनाओं का सहारा भी लिया गया।

इतने बड़े पैमाने पर एक शब्दकोश के प्रकाशन का किसी भारतीय भाषा में पहले कोई प्रयास नहीं किया गया था। बाबू श्यामसुन्दर दास, बी.ए. ने 1907 में सम्पादन-कार्य आरम्भ किया और उनके सहायक सम्पादक इस प्रकार थे : पंडित बालकृष्ण भट्ट, पंडित रामचन्द्र शुक्ल, लाला भगवान दीन, बाबू जगमोहन वर्मा, बाबू अमीर सिन्हा और बाबू रामचन्द्र वर्मा।

तय हुआ कि यह पुस्तक 96-96 पृष्ठों के भागों में लाई जाएगी और अभी तक 10 भाग जारी किए जा चुके हैं। काम अभी तक समाप्त नहीं हुआ है, लेकिन जितना भाग जनता के सामने आया है वह यह दिखाने के लिए पर्याप्त है कि इसमें कितना श्रम लगाया गया है। अर्थों और व्युत्पत्तियों के साथ शब्दों का एक व्यापक संकलन, विद्वानों के दृष्टान्तमूलक उद्धरण, वैज्ञानिक और दार्शनिक पदों की पूरी-पूरी व्याख्याएँ, वस्तुओं के सम्पूर्ण विवरण—ये इस रचना की प्रमुख विशेषताएँ हैं। डॉ. ग्रियर्सन, डॉ. हार्नले, डॉ. गंगानाथ झा, एम.ए., फ्रांस के प्रो. सिल्वेनी लेवी ने अत्यधिक प्रशंसाभाव से इसकी बातें की हैं, जो उसकी उपयोगिता और महत्ता के पर्याप्त प्रमाण हैं।

शब्दकोश के अलावा सभा ने हिन्दी भाषा का सम्पूर्ण व्याकरण तैयार कराने के क़दम भी उठाए। उसने उस व्यक्ति के लिए 500 रुपए का पुरस्कार घोषित किया, जिसका व्याकरण सबसे अच्छा पाया जाएगा। यह व्याकरण किन आधारों पर तैयार किया जाए, इसका एक प्रवर समिति ने पक्का निश्चय कर दिया था और आम जानकारी के लिए सावधानी से तैयार किया गया एक सिलेबस वितरित किया गया।

इन साहित्यिक कार्यकलापों के अलावा सभा अदालतों में नागरी के हितों की रक्षा के लिए बराबर सजग रही। 1908 में बाबू गौरीशंकर प्रसाद, बी.ए., एल.एल.बी. के प्रस्ताव पर सभा ने इस आग्रह के साथ इलाहाबाद हाईकोर्ट से सम्पर्क किया कि कोई दस्तावेज़ जमा करानेवाले व्यक्तियों के लिए उनके उर्दू अनुवाद जमा कराना अनिवार्य नहीं होना चाहिए। हाईकोर्ट ने सहर्ष इस आशय का एक आदेश जारी किया जिसे सरकारी गज़ट में 20 जून, 1908 को प्रकाशित किया गया। 1909 में भारत सचिव ने प्रस्ताव रखा कि सिविल सर्विस की परीक्षाओं में बैठनेवाले और परीक्षा देने के लिए

हिन्दुस्तानी का चयन करनेवाले उम्मीदवारों के लिए फ़ारसी और नागरी दोनों लिपियों का परिचय आवश्यक होगा। अदालतों में नागरी का अबाध प्रवेश सुनिश्चित करने के लिए सभा को अधिकारियों की उपेक्षा और अकसर-बेशतर उनके पूर्वाग्रहों के ख़िलाफ़ और जनता के अज्ञान के ख़िलाफ़ भी, बड़ा संघर्ष करना पड़ा और आज भी करना पड़ रहा है। क़ानून के पेशे से जुड़े जो लोग स्वयं को हिन्दी और नागरी का समर्थक कहते हैं वे भी ऐसा कुछ कम नहीं सोचते कि उनको अपने सिद्धान्तों से विमुख होने और अपने व्यवसाय को तबाह करने के बीच किसी एक का चयन करना होगा। सार्वजनिक कार्यों में हिन्दी को उसका उचित स्थान दिलाना सभा के मुख्य उद्‌देश्यों में एक है। सभा के कार्यकलाप के इस क्षेत्र में बाबू गौरीशंकर प्रसाद, बी.ए., एल.एल.बी. की सेवाएँ बहुत अधिक रही हैं। दूसरों के सामने एक उत्तम उदाहरण रखने के अलावा वे अधिकारियों की जानकारी में ऐसे मुआमले लाने से कभी नहीं चूके, जिनमें किसी प्रार्थनापत्र को नागरी लिपि में लिखा होने के आधार पर अस्वीकार किया गया।

वर्ष 1907 और 1908 में तीन महत्त्वपूर्ण व्यक्तियों ने पधारकर सभा का मान बढ़ाया, जिनमें प्रमुख तो इन प्रांतों के महामहिम लेफ़्टिनेंट गवर्नर थे। महामहिम के लिए एक स्वागत भाषण पढ़ा गया, जिसके उत्तर में उन्होंने सभा के उद्‌देश्यों और लक्ष्यों से भारी सहानुभूति व्यक्त की और उसे अपनी सफलता का आश्वासन दिया। दो अन्य सम्मानित अतिथि जन शिक्षा निर्देशक श्री दे ला फोसे और मझौली के स्वर्गीय राजा साहब थे। श्री देला फ़ोसे सभा में एक घंटे से अधिक ठहरे तथा सभा और उसके कामकाज के विभिन्न ब्यौरों की जानकारी पाने के बाद उन्होंने बहुत ही उत्साहवर्धक ढंग से प्रशंसा का भाव व्यक्त किया। जुलाई 1908 में उन्होंने सभा की पंद्रहवीं सालगिरह पर सहर्ष अध्यक्षता की और एक संक्षिप्त व गरिमामय भाषण में उन्होंने हार्दिक सन्तोषभाव के साथ सभा के कामों की बात की। कश्मीर के रायबहादुर दीवान अमरनाथ का दौरा भी भारी महत्त्व का अधिकारी रहा, क्योंकि इसके फलस्वरूप कश्मीर के महामहिम महाराज ने सभा के शिष्टमंडल का स्वागत किया। उन्होंने शब्दकोश निधि के लिए कृपापूर्वक 1000 रुपए का दान दिया।

कुछ समय से एक ऐसे वार्षिक सम्मेलन के आयोजन का विचार पनप रहा था, जो लेखकों, सम्पादकों, प्रकाशकों, बल्कि हिन्दी के विकास में रुचि रखनेवाले सभी व्यक्तियों को एक साझे मंच पर ले आए। इसे मूर्त रूप देने के लिए सभा ने आगे बढ़कर आवश्यक क़दम उठाए। 7 मई, 1910 को प्रबंध समिति में बाबू श्यामसुन्दर दास, बी.ए. ने एक सुस्पष्ट प्रस्ताव रखा कि बनारस में ऐसा एक सम्मेलन आयोजित किया जाए तथा 10, 11 और 12 अक्तूबर, 1910 को सभा के तत्त्वावधान में प्रथम हिन्दी साहित्य सम्मेलन को भारी गौरव और धूमधाम से मनाया गया। सभा के भवन और नगरपालिका के तालाब के बीच की लम्बी-चौड़ी ज़मीन पर तीन बड़े-बड़े शामियाने लगाए गए। उनकी सजावट आँखों को सुख देती थी। अध्यक्षता माननीय पंडित मदनमोहन मालवीय, बी.ए., एल.एल.बी. ने की। भारत के सभी भागों से तीन सौ प्रतिनिधियों ने इस विचार-विमर्श

में भाग लिया और मंच के सामने एक लम्बी पंक्ति में प्रेस के बयालीस प्रतिनिधियों ने अपने स्थान ग्रहण किए। हिन्दीप्रेमियों का ऐसा भारी जमाव और उत्साह का ऐसा सच्चा प्रवाह पहले कभी नहीं देखा गया था।

इन प्रांतों के लेफ्टिनेंट गवर्नर महामहिम सर जेम्स ई मेस्टन ने 18 जनवरी, 1913 को पधारकर सभा का मान बढ़ाया। समुचित सम्मान के साथ महामहिम का स्वागत बाबू श्यामसुन्दर दास, बी.ए., पंडित रामनारायण मिश्र, बी.ए., बाबू गौरीशंकर प्रसाद, बी.ए., एल.एल.बी. और रायकृष्ण जी ने किया और आदर के साथ वे सभा भवन में ले जाए गए। मैजिक लैंटर्न और स्लाइडों का निरीक्षण करने के बाद महामहिम ने पुस्तकालय में मुद्रित पुस्तकों और पुस्तकालयों के भारी संग्रह को भी देखा और फिर वे शब्दकोश कार्यालय की ओर बढ़े। यहाँ महामहिम ने सावधानी के साथ काम की विधि को देखा और कुछ सम्पादित शब्दों को लेकर उनसे सम्बन्धित अनेक प्रश्न पूछे। काम जिस तर्ज़ पर आगे बढ़ रहा था जब उसे विस्तार से स्पष्ट किया जा चुका, तब उन्होंने भारी सन्तोष और प्रसन्नता व्यक्त की। फिर वे सभागार में पहुँचे। महामहिम ने अपना आसन ग्रहण कर लिया तो एक मानपत्र प्रस्तुत किया गया, जिसे बाबू श्यामसुन्दर दास ने पढ़ा। अपने लम्बे और सहानुभूति से भरे उत्तर में महामहिम ने सभा और उसके काम के बारे में हर्ष के साथ निम्नलिखित टिप्पणी की :

'नागरी प्रचारिणी सभा और मैं कोई अजनबी नहीं हैं। आपके कुछ पुराने सदस्य अगर पीछे जाकर 1900 को याद करें तो शायद उन्हें वह बातचीत याद आए जो आप लोगों में से कुछ ने मेरे साथ की थी जब लार्ड मैकडोनेल की लेफ़्टिनेंट गवर्नरी के काल में मैं वित्त सचिव था...आप लोग उस समय जिस महती कार्य पर लगे हुए थे वह आपकी हिन्दी वैज्ञानिक शब्दावली का था और आपने जिस कार्य को उठाया था उसका विस्तार देखकर मुझे जो विस्मय हुआ था वह मुझे अच्छी तरह याद है। आपके काम की विशालता और वह शान्ति भाव जिसके साथ आप उसे कर रहे थे और अन्ततः उसकी सफलता की आशा कर रहे थे, उसने मेरी सोच को जकड़कर रखा। तब से आज तक मैं आपके श्रम और आपके बढ़ते कार्यकलाप को देखता आ रहा हूँ...आपकी वास्तविक उपलब्धियों–आपकी प्रकाशित पुस्तकों, आपके सुन्दर पुस्तकालय, आपकी दुर्लभ पांडुलिपियों की खोजों–का मैं बहुत बड़ा प्रशंसक हूँ। आपके नए हिन्दी शब्दकोश ने विशेष रूप से मेरी रुचि जगाई है और उसे पूरा करने में अगर सरकार की सहायता पाने की आशा करते हैं तो मैं सदाशयी सुनवाई की व्यवस्था करने में अपना पूरा-पूरा प्रयास करूँगा।'

उसी साल (23 मार्च) को सभा को महामहिम महाराजा साहब छतरपुर के आगमन का सम्मान प्राप्त हुआ जो सभा के सबसे सदाशयी समर्थकों और उदारमना संरक्षकों में एक हैं। महामहिम का समुचित स्वागत किया गया और सभा के विभिन्न विभाग उन्हें दिखाए गए। शब्दकोश कार्यालय देखकर महामहिम विशेष रूप से प्रसन्न हुए और उन्होंने अपनी सहायता का आश्वासन दिया। इंडिया कौंसिल के दिवंगत सदस्य सर के. जी. गुप्त का आगमन भी सभा के लिए भारी सम्मान का विषय था।

किसी राष्ट्र का भविष्य एक बड़ी सीमा तक उसके साहित्य की गुणवत्ता और परिमाण पर निर्भर होता है। चिन्तन में एक संगत विकास के बिना जनता की दशा में परिवर्तन की आशा सम्भवतः नहीं की जा सकती। हिन्दी को अपना स्थान अगर बनाए रखना है तो हम जिस काल और परिस्थितियों में रह रहे हैं उससे तालमेल मिलाना ही होगा। आधुनिक शिक्षा के विभिन्न पक्षों और विषयों के एक विस्तृत दायरे से सम्बन्धित पुस्तकों की बहुतायत होनी ही चाहिए। इस बात को दुख के साथ हर कोई स्वीकार करता है कि हिन्दी में ऐसी पुस्तकों की संख्या बहुत ही सीमित है। हालाँकि कविता आदि के क्षेत्र में हिन्दी गर्व के साथ सूर, तुलसी, जायसी, केशव आदि के नाम ले सकती है, पर वे भी जनता के लिए बहुत सुगम नहीं हैं क्योंकि उनकी रचनाओं के ऐसे उपयुक्त संस्करण नहीं हैं जो आवश्यक टिप्पणियों और व्याख्याओं के साथ सही पाठ सामने रखें। इन तथ्यों की रौशनी में सभा ने बाबू श्यामसुन्दर दास के सम्पादन में मनोरंजन पुस्तक माला शीर्षक से एक सौ पुस्तकों की श्रृंखला प्रकाशित करने का निश्चय किया है जिनमें इतिहास, जीवनचरित, राजनीतिक अर्थशास्त्र, भौतिकी, रसायन, भूगर्भ शास्त्र, समाजशास्त्र, राजनीतिविज्ञान आदि तरह-तरह के विषयों की पुस्तकें शामिल होंगी तथा चन्द से लेकर दीनदयाल गिरि तक सभी महत्त्वपूर्ण हिन्दी कवियों के संक्षिप्त संस्करण भी होंगे। जिन लोगों ने इस श्रृंखला के लिए लिखने का दायित्व लिया है उनमें निम्नलिखित भी शामिल हैं :

साहित्याचार्य प्रो. रामावतार पांडे, एम.ए.; श्री काशीप्रसाद जायसवाल, एम.ए. (आक्सन), बार ऐटला; पंडित श्यामबिहारी मिश्र, एम.ए.; पंडित सुखदेव बिहारी मिश्र, बी.ए.; पंडित अयोध्या सिंह उपाध्याय; पंडित गणपत जानकीराम दूबे, बी.ए.; पंडित माधवराव सप्रे, बी.ए.; पंडित द्वारका प्रसाद चतुर्वेदी; पंडित रामचन्द्र शुक्ल; लाला भगवानदीन; बाबू रामचन्द्र वर्मा; पंडित रामनारायण मिश्र, बी.ए.; ठाकुर सूर्य कुमार वर्मा; ठाकुर गदाधरसिंह; डॉ. महेन्द्र लाल गर्ग; बाबू कृष्ण बलदेव वर्मा; पंडित हरीराम दिवाकर, एम.ए.; बाबू ब्रजनारायण सहाय, बी.ए.; प्रो. रामदास गौड़, एम.ए.; बाबू सम्पूर्णानन्द, बी.एस.सी.; पंडित लज्जाराम मेहता; पंडित मन्नन द्विवेदी गजपुरी, बी.ए.; पंडित हीरानन्द शास्त्री, एम.ए.; बाबू हरीकृष्ण जौहर; पंडित बद्रीनाथ भट्ट, बी.ए.; बाबू सूर्यनारायण, बी.ए.।

इस श्रृंखला में निम्नलिखित पुस्तकें प्रकाशित हो चुकी हैं :

(1) आदर्श जीवन	पंडित रामचन्द्र शुक्ल
(2) आत्मोद्धार	बाबू रामचन्द्र वर्मा
(3) गुरु गोविन्द सिंह	बाबू वेणी प्रसाद
(4) आदर्श हिन्दू तीन भागों में	पंडित लज्जाराम मेहता
(5) राणा जंगबहादुर	बाबू जगनमोहन वर्मा
(6) भीष्म पितामह	पंडित द्वारकाप्रसाद चतुर्वेदी

प्रेस में इन पुस्तकों की अनुकूल समीक्षाएँ हुईं और आम जनता ने उनकी काफ़ी प्रशंसा की। विभिन्न क्षेत्रों से प्राप्त विचार भी इस आशा को उचित ठहराते हैं कि जब यह श्रृंखला पूरी होगी तो हिन्दी साहित्य के क्षेत्र में इसे एक महत्त्वपूर्ण स्थान प्राप्त होगा।

सभा अब अपने जीवन के 22 साल पूरे कर चुकी है।

उसके काम का रिकॉर्ड दिखाता है कि हिन्दी के भविष्य को प्रभावित और कुछ सीमा तक निर्देशित करने की स्पष्ट सम्भावनाएँ उसके सामने हैं। सभा के सक्रिय सदस्यों में शामिल रेवरेंड ई ग्रीव्ज़ के शब्दों में यह बुद्धिहीन स्वप्नदर्शियों का नहीं, बल्कि ईमानदार और बुद्धिसम्पन्न कार्यकर्त्ताओं का संगठन है। सभा ने समय-समय पर जो-जो काम किए हैं, स्थान का अभाव उन सबके उल्लेख की अनुमति नहीं देता, पर इन थोड़े से पृष्ठों में जो कुछ जनता के सामने रखा जा चुका है वह भी उन सभी लोगों का सहृदय समर्थन और सहानुभूति पाने का अधिकारी है, जो हृदय से अपनी भाषा और साहित्य का विकास होते देखना चाहते हैं।

ऐसे आलोचकों की कमी नहीं जो वह सब जो कुछ किया जा चुका है उससे अधिक जो कुछ करना अभी शेष है उसका लाभ उठाने से नहीं चूकेंगे। फिर भी भारी गर्व की बात यह है कि सभा की सेवाओं को सरकार और जनता द्वारा पूरी तरह स्वीकार किया जा रहा है।

(1915)

Caste

The institution of caste has tried to preserve the purity of race, though unsuccessfully, for, student of history knows that the Indian blood is mixture of the Saka, the Greek, the Yuechi, the Huna, the Mangol, the Aryan and the Dravidian bloods. The greatest objection to the caste, which cannot be counter balanced by any member of the so-called advocates of it, is the rigid division of human beings into grades and classes. Aristocrat, yet so - called divine, Brahmins look down upon all the rest, each caste In turn despises the caste below it, till we get down to the masses of the unfortunate untouchables and the unlabeled outcasts. Caste, in this way, tends to hamper hearty co-operation or counteraction, love, confidence, interaction or freedom of action, as each caste has its on limited sphere for action, has its own hereditarily trade and an aspiring or ambitious youth must stick to it, willingly or unwillingly, with no chance to better his lot in any other profession except his own hereditary one.

Moreover, the caste has fostered class spirit and class pride, which, if not reversed, are the very death of Indian culture and refinement, nationalism and patriotism. These people are interested in the well being of their own respective caste or class with no feeling of brotherhood between man and man-their moto is "our caste first and our caste last." Their country finds no respectable. place, not even a humble place, in their hearts and minds, in their thoughts and selfish schemes. They are Brahmins and Kshatriyas, Vaishyas and Kayasthas by virture of birth, not by action and so long as they enjoy this virtue they care little for any other virture or good. "Indian first and Indian last' is a phrase for them not to be realized, Their notion of God is reflection of their double entry, for when they presume that Providence or God exists, how, can they divide the people supposed to be the sons and daughters of the saine divine father? They are the persons who are, in their own interest, trying to make their way towards political, administrative or industrial fields and at the same time, taking away all that the hard-working sincere persons as lower castes have earned. While the lower classes are destined to ruin, they as ever, are content with self-sufficient, self contained and secluded sort of life without any consideration for social surroundings, political demands, spiritual evolvements or even for the progress of agriculture and trade for growth of machines and factories with a spirit of competition in the world-market and as thus, they cannot translate this ambition into practice that India, to live honourably, takes her due share in the march to civilization along with Europe and America. Caste, standing on the way, does not allow us to readly adopt ourselves to these requirements of the modern conditions of life.

Caste is the child of Eastern civilization, as nowhere in the world it exists. The rigid division of humanity is the superficies added to the false religion by selfish pundits, enjoying and enriching themselves at the cost of the poor downtrodden and feeding fat at the simple fancies of the illiterate masses and even more, going so far as to draft all sorts of abuses and nonsense for them in the name of discipline or ruling. What makes them more equipped is the political and economic set up of the society. As a soft treatment, religious preaching tended to fuse the masses in tears ... or to lie down in chloroform, still their abilities and labour of love pass unnoticed by the upper caste people who are the citizens of their own province and not of the world.

A good society is a compact whole-not divided or sub-divided whole as it is at present, where abuses of power given to some wise men dim all the sense of duty and responsibility, reality and beauty. How to match the western civilization?

Now the caste has ceased to appeal to the enlightened or cultured or truly educated among us and they condemen it-some openly in express term, some in guarded language and some only at heart. The greatest obstacle in the progress of Indian society, since Ramayan period, has been the callous caste or Varna. So long as this unnatural system prevails, society is doomed and with it are we. Inspite of all the superficial merits that the advocates of the caste claim, for it, the facet remains that our society has been going down lower and lower in social strength, in spiritual and political solidarity and in the preservations of values or acts of humanity. The cursed caste has dealt a deadly blow to the root of good or beauty or even expansion of education, on the other hand, only starvation and exclusion with no opportunity for protest-where as in other countries, each and every individual gets equal opportunity. If the phrase of Ram Rajya or the favour of swarajya....

(Incomplete)

जाति-प्रथा

जाति-प्रथा नाम की संस्था ने जाति की शुद्धता बनाए रखने के प्रयास किए हैं, पर असफल प्रयास किए हैं, क्योंकि इतिहास के छात्रों को पता है कि भारतीय रक्त शक, यवन, यूची, हूण, मंगोल, आर्य और द्रविण रक्त का मिश्रण है। जाति-प्रथा पर सबसे बड़ी आपत्ति, जिसका उसके तथाकथित समर्थकों की कोई भी संख्या, खंडन नहीं कर सकती, यह है कि मनुष्यों को श्रेणियों और वर्गों का एक बेलोच विभाजन कर दिया गया है। अभिजात और आज भी नामित देव-रूपा ब्राह्मण बाक़ी सबको हीन समझते हैं। फिर हर दूसरी जाति भी अपने से नीचे की जातियों का तिरस्कार करती है, और इस तरह यह सिलसिला बदनसीब अछूतों और अनाम पंचम वर्णों तक पहुँचता है। जाति-प्रथा इस तरह से हार्दिक सहयोग या सहक्रिया, प्रेम, विश्वास, आपसी सम्पर्कों या कार्य की स्वतंत्रता में बाधा डालती है, क्योंकि हर जाति का अपना ही सीमित कार्यक्षेत्र होता है, अपना पुश्तैनी व्यवसाय होता है तथा किसी उत्साही या महत्त्वाकांक्षी युवक को भी, चाहे या अनचाहे, उसी में लगना पड़ता है। अपने पुश्तैनी व्यवसाय को छोड़ किसी और व्यवसाय में जाकर अपनी दशा को सुधारने का उसके पास कोई अवसर नहीं होता।

अलावा इसके जाति-प्रथा ने वर्गीय भावना और वर्गीय दम्भ को बढ़ावा दिया है, और अगर इनका नाश न किया गया तो ये ही भारतीय संस्कृति और परिष्कृति का, राष्ट्रवाद और देशप्रेम का विनाश कर देंगे। ये लोग मानव और मानव के बंधुत्व का कोई ख़याल किए बिना अपनी ही जाति या वर्ग के कल्याण के लिए चिन्तित रहते हैं; उनका नारा है : 'हमारी जाति अव्वल, हमारी जाति आख़िर।' उनके हृदय और मन में, सोचों और स्वार्थमय योजनाओं में देश को सम्मान का दर्जा क़त्तई हासिल नहीं है, बल्कि माभूली दर्जा भी हासिल नहीं है। वे कर्म नहीं, जन्म के आधार पर ब्राह्मण और क्षत्रिय, वैश्य और कायस्थ हैं, और जब तक यह सम्मान उन्हें प्राप्त है, वे किसी और सद्‌गुण या शुभ की चिन्ता नहीं करते। 'भारत अव्वल और भारत आख़िर' उनके लिए ऐसा वाक्य है कि साकार न हो तो ही अच्छा। उनकी ईश्वर की धारणा भी उनके दोहरेपन का प्रतिबिम्ब है क्योंकि अगर वे दैवेच्छा या ईश्वर के अस्तित्व को मानते होते तो एक ही परम पिता की सन्तानों को क्यों भला बाँटते? ये वे लोग हैं जो अपने ही हित के लिए राजनीतिक, प्रशासनिक या औद्योगिक क्षेत्रों में बढ़ने के प्रयास कर रहे हैं और साथ ही साथ वह सब कुछ हड़प कर रहे हैं जिसे निचली जातियों के कर्मठ और ईमानदार व्यक्तियों ने हासिल किया है। जहाँ निचले वर्गों का विनाश

सामने है, वहीं ये लोग हमेशा की तरह स्वयं तक सीमित जीवन को लेकर ही सन्तुष्ट हैं, और उन्हें सामाजिक परिवेश की, राजनीतिक माँगों, आध्यात्मिक उत्थान की, बल्कि कृषि की प्रगति की या मशीनों और कारख़ानों के उत्थान के लिए व्यापार की प्रगति की कोई चिन्ता नहीं, विश्व बाज़ार में प्रतियोगिता कर सकने की कोई भावना नहीं, और इसलिए वे अपनी महत्त्वाकांक्षा को व्यवहार में नहीं ला सकते ताकि सम्मान का जीवन जीते हुए भारत सभ्यता के विकास में यूरोप और अमरीका के साथ अपना समुचित योगदान कर सकें। राह में बाधा बनकर खड़ी जाति-प्रथा हमें जीवन की इन आधुनिक दशाओं के तक़ाजों के अनुसार खुद को तत्परता से ढालने की इजाज़त नहीं देती।

जाति-प्रथा पूर्वी सभ्यता की सन्तान है और दुनिया में कहीं और पाई नहीं जाती। मानव जाति का यह कठोर विभाजन झूठे धर्म में उन स्वार्थी ब्राह्मणों द्वारा जोड़ा गया प्रक्षेप है जो उत्पीड़ित निर्धन जन की क़ीमत पर मज़े उड़ा रहे और अपनी झोलियाँ भर रहे हैं, निरक्षर जनता की भोली-भाली कल्पनाओं के सहारे अपनी तोंदें बढ़ा रहे हैं, बल्कि, और तो और, शास्त्रों के विधान के नाम पर उनके ऊपर हर तरह के अपमान और दुख-दर्द लाद रहे हैं। जो चीज़ उनको इसमें और भी समर्थ बनाती है, वह समाज का राजनीतिक और आर्थिक ढाँचा है। कोमल उपचार के रूप में धार्मिक प्रवचन जनता को आँसुओं में डुबोते रहे...या फिर क्लोरोफ़ॉर्म सुँघाकर सुलाते रहे हैं। उनकी योग्यताओं को और उनके प्रेम को ऊँची जातियों के वे लोग आज भी अनदेखा कर रहे हैं जो अपनी ही दुनिया के नागरिक हैं, न कि इस संसार के।

एक अच्छा समाज एक सुगठित इकाई होता है, कोई विभाजित और उप-विभाजित इकाई नहीं, जोकि यह आज है, जहाँ कुछ लोगों को दी गई शक्तियों का दुरुपयोग कर्त्तव्य और दायित्व की, यथार्थ और सौन्दर्य की सारी भावना को तिरोहित कर देता है। पश्चिमी सभ्यता की बराबरी कोई करे तो कैसे करे?

जाति-प्रथा आज हमारे बीच मौजूद प्रबुद्ध या सुसंस्कृत और सचमुच शिक्षित लोगों के लिए आकर्षण की कोई चीज़ नहीं रही और वे इसकी भर्त्सना करते हैं—कुछ खुलकर दोटूक ढंग से, कुछ सावधानी भरी भाषा में, और कुछ दिल ही दिल में। जाति या वर्ण की निर्दयी व्यवस्था रामायण काल के बाद से भारतीय समाज की प्रगति में सबसे बड़ी बाधा रही है। यह अस्वाभाविक व्यवस्था जब तक बनी रहेगी, समाज अभिशप्त रहेगा और उसके साथ हम भी रहेंगे। जाति-प्रथा के समर्थक जिन सतही गुणों के दावे करते हैं उन सबके बावजूद वास्तविकता यही है कि हम पर समाज सामाजिक क्षमता, आध्यात्मिक या राजनीतिक एकजुटता और मानवजाति के जीवनमूल्यों या कृत्यों के संरक्षण के सिलसिले में नीचे, और नीचे जा रहा है। इस पतित जाति-प्रथा ने शुभ या सुन्दर की जड़ों पर, यहाँ तक कि शिक्षा के प्रसार पर भी मारक प्रहार किए हैं। दूसरी तरफ़ है 'केवल भुखमरी और तिरस्कार और प्रतिरोध के किसी भी अवसर का अभाव, जबकि दूसरे देशों में हर किसी व्यक्ति को समान अवसर प्राप्त होते हैं। अगर रामराज्य की बातें या स्वराज्य के चर्चे...

(अधूरा)

Croce

Human knowledge has two forms–

(1) Intuitive knowledge, knowledge obtained through the imagination, knowledge of the individual or individual things.

(2) Logical knowledge, knowledge obtained through the intellect, knowledge of the universal and the knowledge of the relations between individual things.

The former productive of images .and the later of concepts. Croce does not favour the generally accepted view that intuitive knowledge is subservient to logical or intellectual knowledge. He says "Intuitive knowledge has no need of a master, nor to lean upon anyone, she does not need to borrow the eyes of others, for she has most excellent eyes of her own." The impression of a moonlight scene ... individual.with a maniacal motive as all intuitive ... shadow of intellective relations ...

While admitting that intuitions of civilised man are mingled with concepts, he (Croce) holds. that these concepts which are found mingled and fused with intuitions are no longer concepts in-as for as they are really mingled and fused for they have lost all independence and autonomy, e.g. the philosophical maxims placed in the mouth of personage of tragedy or comedy, perform there the function not of concepts but of characteristics of such per-sonage-the difference between an, intellective fact and intuitive fact lies in the result, in the diverse effect aimed at...

Meaning of intuition

By intuition is frequently understood or knowledge of actual reality, the apprehension of something as real, but the distinction between real and unreal is extraneous seemingly secondary to the nature of intuition. The perception of the room in which I am writing, pen and inkpot before note are intuition but so also, the perception of the image now passing through my brain of myself. writing in another room with different materials is also intuition.

Matter of form

[For croce] Matter is mechanism, passivity. it is what the spirit of man, experiences but does not produce, Matter attacked and conquered by form, gives place to concrete form. It is the matter, the content, that differentiates one intuition from another. Form is constant. it is spiritual activity while matter is changeable. Without matter, however, spiritual activity would not bear its abstraction to become concrete and real, this or that spiritual content, this or that sensation limits intuition. (Sensation is formless matter) Intuition of mirage is hot....(Paper turn out in middle).

Intuition and representation or image

If by representation be understood something detached and standing out from the psychic base of sensation then it is another name for intuition but if it be conceived as a complex sensation Croce does not accept. Every type inituition or representation is also expression. That which does not objectify itself in expression is not intuition, not spirituality but sensation and neutrality. The spirit does not obtain intuition otherwise than by making, forming and expressing.

Intuitive activity possesses intuition to the extent that it ex-presses them. By expression is meant not only verbal expression but expression by line, colour, sound, etc. Sentiments or impressions pass by means of words from the obscure region of the soul into the clarity of the contemplative spirit. In this Cognitive process it is impossible to distinguish intuition from expression. Croce does not accept the general belief that we possess a more complete intuition of reality than we can express, that people feel or imagine like poets but can not express them in words like them. (Croce here points out the difference between catching our meaning and forming an image in his own way). He concludes thus- "Intuitive knowledge is expressive knowledge, independent and autonomous in respect to intellectual function, indifferent to discriminations and to reality and unreality: Intuition or representation is distinguished as form from what is felt and suffered, from the flux or wave of scenic action ..... .Intuition is to express.

II Intuition and art

Croce does not hold 'that artistic insuition is a thing different from other intuitions. He 'refutes the view that art is not a simple intuition but an intuition of an intuition. Me says "Art is the Expression of impressions, not the expression of expression."

But some very complicated and difficult expressions are scenic action...is to express more rarely achieved and they are called works of art.

For Croce genius and not genius difference is only quantitative. Genius is not something that has fallen from heaven. Matter is emotivity, not aesthetically elaborated i.e., impression: Form is elaboration, intellectual activity and expression. Aesthetic fact does not consist of content alone, nor is it a junction between form and content i.e., impression plus expressions. The aesthetic activity is not added to the fact-impression. The impression re-appear in expression. "The aesthetic fact, therefore, is form and nothing else" (Croce).

It is not meant that content is superfluous, but that there is no passage between the quality of the content and that of the form. Croce does not support the idea that the content in order to be aesthetic should possess some determinable quality; content does not become aesthetic content before it is effectively transformed i.e., expressed.

'Art is imitation of nature' The statement is correct only when imitation is understood as representation, intuition for imitation of nature not as mere mechanical reproduction... duplicates of natural objects. The pointed wax figure that seems to be alive and before which we stand astonished does not give aesthetic intuition.

Croce refutes the view that art is not knowledge. Intuition is knowledge free from concepts and more simple than the so called perception of the real. Since art is knowledge and form, it does not belong to the world of feeling and of psychic material.

'Art is sentiment' is only acceptable to Croce if by sentiment is meant the content from which concept and historical reality is excluded. It will be intuition then. Croce says-"All impressions can enter into aesthetic expression or formations, but none are bound to do so."

Single expressive facts are so many individuals of which the one can not be compared with the other, same sensually, in so far a: each is expression. Expression is a species which cannot perform the function of genus. Corollary is .... translations are impossible.

Critique of rhetorical Categories

The scientific value to be attached in aesthetic criticism to the distinctions of realistic and symbolic, of objective' and subjective, of classical and romantic, of simple and ornate, of proper and metaphorical, of figures of speech, is nil or altogether negative. To none of these can be given satisfactory aesthetic definition. i.g. metaphor has been defined as another word used in place of the word itself. Now why take this longer road, why not use the word itself. The reason generally advanced is-because the word itself is not so expressive as the incorrect word or metaphor. But in that case, the metaphor becomes the right word and the in expressive right word most improper.

Take other figures or ornaments, now an ornament can be joined to expression. Externally. If so it must always remain separate, Internally. In that case, either it does not assist expression or mars it; or it does form part of it and is not ornament, but a constituent element of expression.

The above terms are used in one of the following significations-as verbal variants of the aesthetic concept, as indications of the anti-aesthetic or finally (and-this is their most important use) in a sense which is no longer aesthetic and literary, but surely logical.

Their use transcends aesthetics in the service of science. Their value is in the disquistions of scientific and intellectual criticism, not in aesthetic criticism.

Croce does not see the utility of their instruction in schools, unless it be so, to criticise them that they may not spring up again.

Though every expression is independent and autonomous, not to be transformed into any other expression, he (croce) admits likenesses, family likenesses. .

Aesthetic Feelings

Croce holds feeling to be an economic ethical activity without any moral determination. Aesthetic activity like ethical and intellectual activities in not feeling. The view that aesthetic activity is feeling of pleasure and pain is called Hedonism. Hendonisrn is, thus, refuted by Croce. He criticises that in that view, there is no substantial difference between the pleasure of art and that of an easy digestion.

That feeling does not accompany spiritual activities like aesthetic activities, is admitted by him. But we must not confound, he says, what is concomitant with the principal fact-the various spiritual forms are related in the unity of the spirit, there is no question of cause and effect or first and subsequent.

No distinction between feelings of value and feelings that are merely hedonistic, between disinterested feelings and interested feelings, objective and subjective feelings, between feelings, of approval and mere pleasure. These distinctions storm hard to some. Three spiritual forms, the true, the good, the beautiful form confusion. For us this tried has finished its task.

Feeling of economic activity has two poles, positive and negative, pleasure and pain which we can translate into useful or useless. This bipartition reals the active character of feelings. If each of these is a value, each is opposed to its anti-value or disvalue, value is activity that unfolds itself freely, disvalue is its contrary.

Now the concept of the beautiful-Aesthetic, intellectual, economic and ethical values and disvalues are normally denominated as beautiful, true, good, useful, just etc., and we should limit the use of 'beautiful' to expression. The ugly is unsuccessful expression.

Truly aesthetic pleasure should be clearly distinguished from any other pleasure e.g. the pleasure which' a poet experiences while contemplating his own work is different from the pleasure which the thought of his success (satisfaction of self love) brings.

In modern Aesthetics the theory of apparent feelings has been advanced. These apparent aesthetic feelings have nothing to do with the aesthetic sensations of pleasure arising from the form i.e. from the work of art. On the contrary, they arise from the content of the work of art. They say that 'Aesthetic and apparent pleasure and pain are slight, of little depth and changeable'. Croce does not see any need to consider these feelings. He says that it is quite natural that aesthetic feelings of pleasure and pain do not agitate or trouble passionately as do those of real life because those were matter; and these are form and activity, those true and proper feelings, these intuitions and Expressions.

Aesthetic Hendoism

It is a mistake to think that a picture or a piece of voice are impressions of sight or hearing. Aesthetic fact does not depend upon the nature" of the impressions. All sensible impressions can be raised to aesthetic expression. One who holds aesthetic fact to be that which is pleasing to senses will not be able to distinguish between" good dish and a beautiful expression.

Theory of play is another form of hedonism. It is said that man is man only when he plays i.e. free from natural and mechanical casualty, and operates spiritually, and his first game is art. But 'play' also means" that pleasure which arises from the expenditure of the exuberant energy of the organism i.e. from a practical fact.

Some consider aesthetic to be a science of Sympathetic, of that with which we sympathize, which attracts, rejoices, gives us pleasure and excites admiration. But the Sympathetic is nothing but the image or representation of what pleases. As such, it is a complex fact resulting from a constituent element, the aesthetic element of representation and from a variable element the pleasing is its infinite form.

Ordinarily people do not like to call an expression beautiful which is not an expression of the sympathetic. Hence the continual contrast between artistic and ordinary person, who can not succeed in persuading himself that the image of pain can be beautiful. The opposition could be solved by distinguishing two different sciences-one of Expression and the other of the Sympathetic, if the latter could be the subject of a special science. If predominance be given to: the expressive fact it becomes a part of aesthetic if to the pleasurable content, we fall back to the study of facts which are essentially hedonistic (Utilitarian). The origin of connection between content and form is to be sought for in the aesthetic of the sympathetic, when this is conceived as the sum of two values.

The Aesthetic of the Sympathetic

'Sympathetic' theory has introduced a series of concepts, e.g. tragic, cornnc, sublime, pathetic, sad, ridiculous, melancholy, humanistic, majestic, serious, noble, graceful, decorous, idyllic, elegiac Violent, cheerful, cruel, horrible, disgusting, dreadful, nauseating etc. The advocates of the theory could not naturally neglect various combinations and gradations which leads at last from the sympathetic to the Antipathetic. The Sympathetic was beautiful, and Antipathetic ugly. The advocates of this theory had to find room for ugly in art. Hence they attempted to determine what examples of the ugly could be admitted in artistic representation. The solution was said to be that ugly is admissible only when it can be overcome. All unconquerable ugliness e.g. disgusting or nauseating was altogether excluded. Object of the 'ugly was said to be to heighten the effect of the beautiful, by producing a series of contrasts. According to Croce, all those terms and concepts should be excluded from aesthetics, for aesthetic does not recognise the sympathetic or antipathetic, but only the spiritual activity of representation.

According to Croce, all such terms as beautiful, ugly, majestic, sublime, humorous, horrible, dreadful etc. have no philosophical value: They should be handed over to psychology. No rigorous definition of the term is possible. No two definitions entirely agree. One who defines, finds afterwards that his definition is more or less insufficient, when other gives other definition. These definitions may continue to give Empirical notions suitable to the purpose for which they are given-"The facts, classified as well as possible in the above quoted psychological concepts, bear no relation to the artistic fact, beyond the generic one, that all of them, in so far as they designate the material of life, can be represented by art, and the other accidental relation, that aesthetic facts also may sometimes enter into the processes described-The process is external to the aesthetic facts, for the only feeling linked with that, is the feeling of aesthetic value and disvalue, of the beautiful and of the ugly."

So called physically beautiful in nature and art

Aesthetic activity is distinct from practical activity, but when it expresses itself, is always accompanied by practical activity. Hence it's utilitarian or hedonistic side, and the pleasure and pain, which are, as it were, the practical echo of aesthetic values and disvalues, of the beautiful and of the ugly. But this practical side of the aesthetic activity has also in its turn, a physical or psychophysical accompaniment which consists of sounds, tones, momentum' movements, combinations of lines and colours etc. etc...

Does it really possess this side or does it only seem to possess it as the result of the construction-which we raise in physical sciences, and of the useful and arbitrary methods which we have shown to be proper to the empirical or abstract science? Croce does not accept the first hypothesis.

As existence of hedonistic side in every spiritual activity has given rise to the confusion in the aesthetic activity and the useful and pleasurable, so the existence of this physical side has generated' the confusion between aesthetic expression and expression in the naturalistic sense-s-between a spiritual fact and a mechanical and passive fact.

In common speech sometimes. it is the words of the poet, the notes of musicians, the figures of painters are called expression. Sometimes the blush of shame, the pallor resulting from fear,· the grinding of the teeth proper to violent anger etc. etc. are called expressions.

According to Croce, these are not aesthetic expressions, but simply naturalistic expressions. There is an abyss between a man who is the prey of anger with all its natural manifestations and another man who express it aesthetically.

Expression in the naturalistic sense lacks expression in the spirituel sense i.e. the characteristic itself of activity and spirituality, It is nothing more than a relation cause and effect fixed by the abstract intellect. The complete 'process of aesthetic production is as follows.

1. Impressions.
2. Expression or spiritual aesthetic synthesis.
3. Hedonistic accompaniment of pleasure of the beautiful.

4. Translation of the aesthetic fact into physical phenomena i.e. sounds, tones, movements, combination of lines and colours etc., According to Croce, the capital point, the only one that is aesthetic is in 2, i.e. in second process-Expression or spiritual aesthetic synthesis. The expressive process is exhausted when those four steps have been taken.

Expressions or representations follow and expel one another.

But this passing away is not perishing. The representations which we have forgotten persist in some way in our spirit, for without them we could not explain acquired habits and capacities. In this way, previous representation are efficacious elements in the actual processes of our spirit. It be said that expressions or representations are also practical facts which are also called physical facts. If we can succeed in making those facts in some way permanent, it will always be possible to reproduce in us, by procuring it the already produced intuition or Expression-such physical facts are physical stimulus.

Combinations of words called poetry, prose, poems, tragedies, comedies are such physical stimulants of reproductions. These are physical movements of art which stimulate reproduction. If they or the Physiological organism with memory organ be destroyed, there will be no reproduction. Such movements which are the stimulants of aesthetic reproduction are popularly called beautiful things or physically beautiful. But the words are verbal paradox, because beautiful is not only a physical fact, it does not belong to things only, but to the inter activity of man to spiritual energy. These words often designate simple facts of practical pleasure. He alludes to nothing aesthetic who calls a landscape beautiful, the eye rests upon verdure, where bodily motion is easy, where sweet fragrance produces pleasant effect.

In order to enjoy natural objects aesthetically, we should withdraw them from their external and historical reality and separate their simple appearance or origin from existence. Without the aid of the imagination, no part of Nature is so beautiful.

Natural beauty is simply a stimulus to aesthetic reproduction, which presupposes previous production. Without preceding aesthetic intuitions of the imagination, nature can not arouse any at all. Every one refers the natural fact to the expression, which is in his mind. One artist is carried away by a laughing landscape, another by a rag-shop, another by the pretty face of a girl, another by the squatted countenance of a ruffian. They may dispute for one, unless they are supplied with sufficient dose of aesthetic knowledge, which will enable them to recognize that all are right. Artificial beauty created by man is a much more ductile and efficacious aid to reproduction. Artificial beauty does not include writings i.e. alphabets, musical notes, words etc. for they are mere signs.

Free and not free beauty of **aestheticians**

By 'not free' are meant those beauties which serve double purpose– aesthetic as well as some practical and e.g. beauty of are architecture in which aesthetic side is limited by suitability as a dwelling place. Croce does not hold this diction important. He says that contradiction between aesthetic and practical may be presented by taking them as the material of intuition and aesthetic externalisation, precisely the destination of the object which serves a practical end. He will not need to add anything to the object in order to make it the instrument of aesthetic intuition. Rustic dwellings and palaces, churches and barracks, swords and ploughs are beautiful not in so far as they are embellished or adorned, but in so far as they express the purpose for which they were made. A garment is only beautiful because it is quite suitable to a given person in given condition.

(Incomplete)

क्रोचे

मानव के ज्ञान के दो रूप होते हैं–

(1) प्रज्ञात्मक ज्ञान, कल्पना-शक्ति से प्राप्त ज्ञान, व्यक्ति या अलग-अलग वस्तुओं का ज्ञान।

(2) तर्कसम्मत ज्ञान, बुद्धि से प्राप्त ज्ञान, सार्वभौम का ज्ञान, अलग-अलग वस्तुओं के बीच के सम्बन्धों का ज्ञान।

पहला ज्ञान बिम्बों को तो दूसरा धारणाओं को जन्म देता है। क्रोचे इस आम प्रचलित विश्वास को स्वीकार नहीं करते कि प्रज्ञात्मक ज्ञान तार्किक या बौद्धिक ज्ञान के अधीन होता है। कहते हैं : 'प्रज्ञात्मक ज्ञान को किसी स्वामी की, किसी का सहारा लेने की आवश्यकता नहीं है; उसे दूसरों की आँखें लेने की आवश्यकता नहीं है, क्योंकि उसकी अपनी अत्यन्त उत्तम आँखें होती हैं।' चाँदनी के दृश्य की छाप...उन्मादमय अभिप्राय से संबल व्यक्ति जो अन्तःज्ञानी होता है...बुद्धिजन्य सम्बन्धों की छाया...

यह मानकर भी कि सभ्य व्यक्ति का अन्तःज्ञान (intuition) धारणाओं से घुला-मिला होता है, क्रोचे कहते हैं कि अन्तःज्ञान से घुली-मिली और एकाकार हो चुकी धारणाएँ उस सीमा तक फिर धारणाएँ रहती ही नहीं, जिस सीमा तक वे सचमुच घुल-मिल और एकाकार हो चुकी होती हैं, क्योंकि वे अपनी समस्त स्वतंत्रता और स्वायत्तता खो चुकी होती हैं। उदाहरण के लिए किसी त्रासदी या कामुदी के पात्र के मुँह में रखे गए दार्शनिक सूत्रवाक्य उस पात्र की धारणाओं के नहीं बल्कि विशेषताओं के काम करती हैं। एक बुद्धिजन्य तथ्य और एक प्रज्ञात्मक तथ्य के बीच का अन्तर परिणाम में निहित होता है, उस विविध प्रभाव में जिसका उद्देश्य...

अन्तःज्ञान का अर्थ

अन्तःज्ञान से प्रायः वास्तविक तथ्य के ज्ञान का, किसी वास्तविक वस्तु के आभास का, अर्थ लिया जाता है, लेकिन यथार्थ और अयथार्थ का अन्तर अन्तःज्ञान की प्रकृति के लिए बाहरी तत्त्व, देखने में आभासी होता है। जिस कमरे में बैठकर मैं लिख रहा हूँ, जिस क़लम-दवात का उपयोग कर रहा हूँ, उसका प्रत्यक्ष अन्तःज्ञान है, लेकिन फिर अपने बारे में जो बिम्ब मेरे मन में घूम रहा है, यह बिम्ब कि मैं दूसरी सामग्रियों के साथ किसी और कमरे में बैठा लिख रहा हूँ, उसका प्रत्यक्ष भी तो अन्तःज्ञान है।

रूप या पदार्थ

(क्रोचे की राय में) पदार्थ (matter) यांत्रिकता, निष्क्रियता होता हैं। यह वह वस्तु है जिसे मनुष्य की भावना महसूस करती है पर उत्पन्न नहीं करती। रूप (form) द्वारा आक्रांत और विजित पदार्थ ठोस रूप को अपनी जगह दे देता है। एक अन्तःज्ञान और दूसरे में अन्तर पदार्थ, अन्तःतत्त्व (content) करता है। रूप स्थिर होता है, यह आत्मिक कर्म है, जबकि पदार्थ परिवर्तनशील होता है। लेकिन पदार्थ के बिना आत्मिक कर्म अपने अमूर्त को मूर्त या वास्तविक नहीं बना सकता। इस या उस आत्मिक अन्तःतत्त्व से, इस या उस संवेदना (sensation) से अन्तःज्ञान सीमित होता है। (संवेदना रूपहीन पदार्थ है।) मरीचिका का अन्तःज्ञान...नहीं होता... (यहाँ काग़ज़ बीच से फटा हुआ है।)

अन्तःज्ञान और निरूपण

निरूपण (representation) से हमारा अभिप्राय अगर संवेदना के मानस-आधार से अलग-थलग किसी वस्तु से हो तो यह अन्तःज्ञान का ही दूसरा नाम है, लेकिन इसे एक जटिल संवेदना समझा जाए, यह क्रोचे को स्वीकार्य नहीं है। हर प्रकार का अन्तःज्ञान या निरूपण भी अभिव्यक्ति होता है। जो कुछ स्वयं की अभिव्यक्ति को मूर्त नहीं करता, वह अन्तःज्ञान नहीं है, आत्मिकता नहीं, बल्कि संवेदना और तटस्थता नहीं है। भावना कुछ बनाने, साकार करने और व्यक्त करने के अलावा किसी और ढंग से अन्तःज्ञान प्राप्त नहीं करती।

प्रज्ञात्मक क्रिया में अन्तःज्ञान उसी सीमा तक होता है जिस सीमा तक वह उनको व्यक्त करती है। अभिव्यक्ति से अभिप्राय केवल शब्दमय अभिव्यक्ति नहीं, बल्कि रेखाओं, रंगों, ध्वनियों आदि के द्वारा होनेवाली अभिव्यक्ति भी है। अनुभूतियाँ या छापें शब्दों के सहारे आत्मा के अस्पष्ट क्षेत्र से निकलकर मननशील भावना की स्पष्टता के क्षेत्र में प्रवेश करती हैं। संज्ञान की इस प्रक्रिया में अन्तःज्ञान को अभिव्यक्ति से अलग कर सकना असम्भव है। क्रोचे इस आत्मविश्वास को स्वीकार नहीं करते कि यथार्थ का अन्तःज्ञान हम जितना व्यक्त कर सकते हैं उससे कहीं अधिक पूर्ण होता है, कि लोग कवियों की तरह अनुभूत या कल्पित कर सकते हैं पर उनकी तरह शब्दों में व्यक्त नहीं कर सकते। (क्रोचे यहाँ अर्थ के अन्तःग्रहण और अपने ढंग से बिम्ब के निर्माण में अन्तर बतलाते हैं।) उनका निष्कर्ष इस प्रकार है : 'प्रज्ञात्मक ज्ञान अभिव्यंजनात्मक ज्ञान होता है; यह बौद्धिक प्रकार्य से स्वतंत्र और स्वायत्त, भेदों की ओर से तथा यथार्थ और अयथार्थ की ओर से उदासीन होता है : अन्तःज्ञान या निरूपण को रूप से भिन्न, जो कुछ महसूस किया और झेला जाता है उससे, दृश्यमय क्रिया के प्रवाह या उभार से भिन्न समझा जाता है...अन्तःज्ञान करना अभिव्यक्त करना होता है।'

अन्तःज्ञान और कला

क्रोचे यह बात नहीं मानते कि कला सम्बन्धी अन्तःज्ञान दूसरे अन्तःज्ञानों से भिन्न होता है। वे इस विचार का खंडन करते हैं कि कला मात्र अन्तःज्ञान का अन्तःज्ञान होती है। कहते हैं : 'कला अभिव्यक्ति की अभिव्यक्ति नहीं, छापों की अभिव्यक्ति होती है।'

लेकिन कुछ बहुत ही जटिल और कठिन अभिव्यक्तियाँ दृश्यमान क्रिया होती हैं...ये अपेक्षाकृत दुर्लभता से प्राप्त की अभिव्यक्ति होती हैं और उनको कलाकृतियाँ कहा जाता है।

क्रोचे के अनुसार प्रतिभासम्पन्न और प्रतिभाहीन का अन्तर केवल गुणात्मक होता है। प्रतिभाशाली कोई ऐसा व्यक्ति नहीं जो आसमान से टपका हुआ हो। पदार्थ वह भावात्मकता है, जो सौन्दर्यमय ढंग से व्यक्त न की गई हो, अर्थात् छाप है। रूप विस्तारित प्रस्तुति, बौद्धिक क्रिया और अभिव्यक्ति होता है। सौन्दर्यमय तथ्य केवल अन्तःतत्त्व पर आधारित नहीं होता। न ही यह रूप और अन्तःतत्त्व का संगम, छाप जमा अभिव्यक्ति होता है। सौन्दर्यशास्त्रीय क्रिया तथ्य-छाप में जुड़ नहीं जाता। छाप अभिव्यक्ति के रूप में फिर सामने आता है। 'इसलिए सौन्दर्यमय तथ्य रूप होता है, कुछ और नहीं होता' (क्रोचे)।

इसका मतलब यह नहीं कि अन्तःतत्त्व फ़ालतू होता है, लेकिन अन्तःतत्त्व की गुणवत्ता और रूप की गुणवत्ता के बीच कोई संक्रमण नहीं होता। क्रोचे इस विचार का समर्थन नहीं करते कि सौन्दर्यमय होने के लिए अन्तःतत्त्व में कुछ निश्चित गुण होने चाहिए। अन्तःतत्त्व प्रभावी ढंग से रूपांतरित होने, अर्थात् अभिव्यक्त होने से पहले सौन्दर्यमय अन्तःतत्त्व नहीं बन जाता।

'कला प्रकृति की अनुकृति होती है।' यह वक्तव्य तभी सही होगा जबकि अनुकरण (imitation) को निरूपण समझा जाए, अन्तःज्ञान को प्रकृति की अनुकृति, न कि मात्र उसका यांत्रिक पुनरुत्पादन...मात्र प्राकृतिक वस्तुओं की प्रतिलिपि, समझा जाए। मोम की मूरत जो दिल को छू लेती हैं, जीवित मालूम होती हैं और जिनके सामने हम आश्चर्यचकित खड़े होते हैं, सौन्दर्य का अन्तःज्ञान प्रदान नहीं करतीं।

क्रोचे इस विचार का खंडन करते हैं कि कला ज्ञान नहीं होता। अन्तःज्ञान धारणाओं से युक्त ज्ञान होता है तथा यथार्थ के तथाकथित प्रत्यक्ष से अधिक सरल होता है। चूँकि कला ज्ञान और रूप होती है, इसलिए वह अनुभूति और मानस-तत्त्व के संसार से जुड़ी हुई नहीं होती।

'कला भावना है'–यह क्रोचे के लिए तभी स्वीकार्य है, जबकि भावना (santiment) का अर्थ ऐसा अन्तःतत्त्व हो जिससे धारणा और ऐतिहासिक यथार्थ को निकाल दिया गया हो। तब वही अन्तःज्ञान होगी। क्रोचे कहते हैं : 'सभी छापें (impressions) सौन्दर्यमय अभिव्यक्ति या संरचनाओं में शामिल हो सकती हैं, लेकिन उनमें से किसी के लिए यह आवश्यक नहीं है।'

पद्धतियों या श्रेणियों में अभिव्यक्ति की अविभाज्यता और अलंकारशास्त्र की आलोचना

अलग-थलग अभिव्यक्त तथ्य अलग-अलग इकाइयाँ होते हैं, जिनमें से सामान्यतः एक से दूसरे की तुलना नहीं की जा सकती, क्योंकि उनमें से प्रत्येक एक अभिव्यक्ति होता है। अभिव्यक्ति एक ऐसी प्रजाति (species) है, जो वंश (genus) का कार्य नहीं कर सकती। उपसिद्धान्त (corollary)...भावांतरण (translations) असम्भव हैं।

सौन्दर्यशास्त्रीय आलोचना में यथार्थमय और प्रतीकमय के, वस्तुनिष्ठ और मनोनिष्ठ के, क्लासिकी और रोमानी के, सादे और अलंकारमय के सपाट और रूपकमय के, अलंकारों के भेदों को जो वैज्ञानिक महत्त्व दिया जाता है वह शून्य या लगभग नकारात्मक होता है। इनमें से किसी की भी सन्तोषजनक परिभाषा नहीं की जा सकती, मसलन, रूपक का अर्थ किसी शब्द की जगह प्रयुक्त कोई और शब्द होता है। तो फिर यह लम्बा रास्ता क्यों अपनाया, उसी शब्द का उपयोग क्यों करना! सामान्यतः जो तर्क दिया जाता है यह है कि स्वयं वह शब्द ग़लत शब्द या रूपक जैसी अभिव्यक्ति में असमर्थ है। लेकिन उस स्थिति में रूपक ही सही शब्द बन जाता है और उचित शब्द ही सबसे अनुचित बन जाता है।

दूसरे अलंकारों या आभूषणों को लीजिए। एक अलंकार को कैसे अभिव्यक्ति से जोड़ा जा सकता है? बाहर से। ऐसा है तो वह हमेशा ही अन्दर से अलग रहता है। उस स्थिति में वह या तो अभिव्यक्ति में सहायक नहीं होता या उसकी शक्ल बिगाड़ देता है, या फिर उसका अंग बन जाता है और अलंकार नहीं रह जाता। बल्कि वह अभिव्यक्ति का एक घटक तत्त्व बन जाता है।

उपरोक्त पदों का प्रयोग निम्नलिखित में से किसी एक अभिप्राय से किया जाता है—सौन्दर्य की धारणा के शाब्दिक रूपों में, सौन्दर्यविरोधी के सूचकों के रूप में या अन्तिम बात (और वह उनका सबसे महत्त्वपूर्ण उपयोग होता है) ऐसे अर्थ में जो सौन्दर्यमय या साहित्यिक न रहकर शुद्ध तार्किक होता है।

उनका उपयोग विज्ञान की सेवा के लिए सौन्दर्यशास्त्र से आगे बढ़ जाता है। उनका महत्त्व वैज्ञानिक और बौद्धिक समालोचना वाली विवेचनाओं के लिए होता है, सौन्दर्यशास्त्रीय समालोचना के लिए नहीं।

क्रोचे विद्यालयों में इनकी शिक्षा की उपयोगिता नहीं समझते, और है तो सिर्फ़ उनकी आलोचना के लिए ताकि वे फिर से सामने न आने पाएँ।

हालाँकि हर अभिव्यक्ति स्वतंत्र और स्वायत्त होती है जिसे किसी भी दूसरी अभिव्यक्ति में रूपांतरित नहीं किया जा सकता, वे (क्रोचे) समानताओं की, सजातीय समानताओं की बात स्वीकार करते हैं।

सौन्दर्य की भावनाएँ

क्रोचे अनुभूति को किसी नैतिक तात्विकता से रहित एक लाभकर-अलाभकर नीतिगत क्रिया मानते हैं। नैतिक और बौद्धिक क्रियाओं की तरह सौन्दर्यशास्त्रीय क्रिया अनुभूति

नहीं होती। सौन्दर्यशास्त्रीय क्रिया का अर्थ सुख-दुख का अनुभव है, यह विचार सुखवाद (hedonism) कहलाता है। इस तरह क्रोचे सुखवाद का निषेध करते हैं। उनकी आलोचना यह है कि कला के आनन्द और आसान पाचनक्रिया के बीच कोई तात्त्विक भेद नहीं होता।

अनुभूति सौन्दर्यशास्त्रीय जैसी आत्मिक क्रियाओं से जुड़ी नहीं होती, वे यह बात स्वीकार करते हैं। लेकिन वे कहते हैं कि इसे जो कुछ प्रमुख तथ्य के साथ जुड़ा हुआ आता है, उससे गड्डमड्ड नहीं किया जाना चाहिए–विभिन्न आत्मिक रूप आत्मा की एकता से जुड़े हुए होते हैं; कारण और कार्य होने का, प्रारम्भिक और परवर्ती होने का सवाल ही नहीं उठता।

मूल्यवान भावनाओं और मात्र सुखवादी भावनाओं के बीच, निःस्वार्थ भावनाओं और स्वार्थमय भावनाओं, वस्तुगत और मनोगत भावनाओं, अनुमोदन की और मात्र आनन्द की भावनाओं के बीच कोई भेद नहीं होता। ये भेद समझना कुछ लोगों के लिए कठिन होता है। तीन आत्मिक रूप, सत्यं शिवं सुंदरम्, ये भ्रम पैदा करते हैं। हमारी राय में यह त्रयी अपना कार्य पूरा कर चुकी है।

लाभ-अलाभ की क्रियाओं के दो छोर होते हैं–सकारात्मक और नकारात्मक, सुख और दुख, जिनको हम उपयोगी और अनुपयोगी में बदल सकते हैं। यह द्विभाजन भावनाओं के सक्रिय चरित्र को सामने लाता है। अगर उनमें से हरेक एक मूल्य है तो फिर हरेक अपने प्रति-मूल्य (anti-value) या विमूल्य (disvalue) का विरोधी है। मूल्य वह क्रिया है जो स्वयं को मुक्त भाव से सामने लाती है; विमूल्य इसका विपरीत है।

अब हम सुन्दर की धारणा को लेते हैं। सौन्दर्यमूलक, बौद्धिक लाभकर और नैतिक मूल्यों और विमूल्यों को सामान्यतः सुन्दर, सत्य, शिव, उपयोग, न्यायपूर्ण आदि नाम दिए जाते हैं; और हमें 'सुन्दर' के उपयोगी को अभिव्यक्ति तक सीमित रखना चाहिए। कुरूप का अर्थ असफल अभिव्यक्ति है।

सच्चे सौन्दर्यमय आनन्द को किसी भी दूसरे आनन्द से स्पष्ट रूप से अलग किया जाना चाहिए। उदाहरण के लिए अपनी ही रचना की परिकल्पना करते समय कवि जिस आनन्द का अनुभव करता है वह उस आनन्द से भिन्न होता है जो उसकी सफलता का विचार (आत्मप्रेम का सन्तोष) पैदा करता है।

आधुनिक सौन्दर्य शास्त्र में आभासी भावनाओं का सिद्धान्त प्रस्तुत किया गया है। सौन्दर्य की इन आभासी भावनाओं का आनन्द की उन सौन्दर्य-संवेदनाओं से कुछ भी लेना-देना नहीं है, जो रूप से, अर्थात् कलाकृति से, जन्म लेती हैं। इसके विपरीत वे कलाकृति के अन्तःतत्त्व से पैदा होती हैं। वे लोग कहते हैं : 'सौन्दर्य के तथा आभासी आनन्द और दुख नाममात्र, कम गहरे और परिवर्तनशील होते हैं।' क्रोचे इन भावनाओं पर विचार करने की कोई आवश्यकता नहीं समझते। वे कहते हैं : यह एकदम स्वाभाविक है कि आनन्द और दुख की सौन्दर्य-भावनाएँ उतने गहरे विचलित या परेशान नहीं करतीं जितना यथार्थ जीवन की भावनाएँ करती हैं क्योंकि ये पदार्थ थीं

और ये रूप और क्रिया होती हैं; वे सच्ची और समुचित भावनाएँ थीं, ये प्रज्ञाएँ और अभिव्यक्तियाँ हैं।

सौन्दर्य का सुखवाद

यह सोचना ग़लत है कि एक चित्र या ध्वनि का एक अंश दृश्य या श्रवण की छापें होता है। सौन्दर्य का तथ्य छापों की प्रकृति पर निर्भर नहीं होता। तमाम संवेदी छापों को सौन्दर्य की अभिव्यक्ति तक उठाया जा सकता है। जो व्यक्ति सौन्दर्य के तथ्य को इन्द्रियों के लिए सुखकर मानता है वह एक उम्दा भोजन और एक सुन्दर अभिव्यक्ति के बीच अन्तर करने में समर्थ नहीं होगा।

क्रीड़ा (Play) का सिद्धान्त सुखवाद का एक और रूप है। कहा जाता है कि मनुष्य जब खेलता है केवल तभी मनुष्य होता है, अर्थात् प्राकृतिक और यांत्रिक कारण-कार्य-सिद्धान्त से मुक्त। तब वह आत्मिक स्तर पर कार्य करता है और कला उसकी पहली क्रीड़ा होती है। लेकिन 'क्रीड़ा' का मतलब वह आनन्द भी है जो प्राणी की उल्लासमय ऊर्जा के व्यय से, अर्थात् एक व्यावहारिक तथ्य से, उत्पन्न होता है।

कुछ लोग सौन्दर्यशास्त्र को रागात्मक का विज्ञान भी मानते हैं, उसका जिससे हमें लगाव होता है, जो आकर्षिक करता, प्रफुल्लित करता है, हमें सुख देता और प्रशंसा-भाव जगाता है। लेकिन रागात्मक कुछ और नहीं, बल्कि वह बिम्ब या प्रतिनिधान है जो आनन्द प्रदान करता है। इस रूप में यह एक जटिल तथ्य होता है, जो एक घटक तत्त्व से, निरूपण के सौन्दर्यात्मक तत्त्व से और अनन्त रूपों में आनन्ददायी के एक विविधता सम्पन्न तत्त्व से उत्पन्न होता है।

लोग आम तौर पर ऐसी किसी अभिव्यक्ति को सुन्दर कहना पसन्द नहीं करते, जो रागात्मक की अभिव्यक्ति न हो। एक कलाप्रेमी व्यक्ति और उस साधारण व्यक्ति की निरन्तर विपरीति का कारण यही है, जो स्वयं को यह समझाने में सफल नहीं होता कि दुःख का बिम्ब सुन्दर भी हो सकता है। इस विरोध का समाधान दो विभिन्न विज्ञानों में अन्तर करके किया जा सकता है–एक तो अभिव्यक्ति का विज्ञान और दूसरा रागात्मक का विज्ञान, बशर्ते रागात्मक एक विशेष विज्ञान का विषय बन सके। अगर अभिव्यक्ति के तथ्य को प्रधानता दी जाती है तो वह सौन्दर्यशास्त्र का अंग बन जाता है; अगर आनन्ददायी अन्तः तत्त्व को प्रधान मानें तो हम तथ्यों के अध्ययन पर वापस पहुँच जाते हैं जो मूलतः सुखवादी (उपयोगितावादी) होता है। अन्तःतत्त्व और रूप के सम्बन्ध का मूल रागात्मक के सौन्दर्यशास्त्र में, जबकि उसकी धारणा दोनों मूल्यों के योग के रूप में की जाए, तलाश की जानी चाहिए।

रागात्मक का सौन्दर्यशास्त्र

'रागात्मकता' के सिद्धान्त ने अनेक धारणाओं को जन्म दिया है : त्रासद, कामद, उदात्त, कष्टकर, दुःखद, हास्यास्पद, अवसादमय, मानवीय, राजसी, गम्भीर, उच्चवर्गीय, गरिमामय,

सुसज्जित, मनोरम, शोकाकुल, हिंसक, विनोदमय, क्रूर, भयानक, घृणास्पद, वीभत्व, उल्टी करानेवाला, आदि। इस सिद्धान्त के समर्थक स्वाभाविक रूप से उन विभिन्न संयोगों और श्रेणियों को अनदेखा नहीं कर सकते जो अन्ततः रागात्मक से द्वेषात्मक की ओर ले जाते हैं। रागात्मक सुन्दर तो द्वेषात्मक कुरूप था। इस सिद्धान्त के समर्थकों को कला में कुरूप के लिए भी जगह बनानी पड़ी। इसलिए उन्होंने यह तय करने का प्रयास किया कि कुरूप के कौन-कौन से उदाहरण कलात्मक प्रतिनिधान में स्वीकार किए जाएँगे। समाधान यह बतलाया गया कि कुरूप स्वीकार्य तभी होगा जब उसे समाप्त कर लिया जाए। तमाम अजेय कुरूपता, जैसे कि घृणास्पद और उबकाई लानेवाली कुरूपता, को एक सिरे से बाहर कर दिया गया। कहा गया कि कुरूप का उद्देश्य विपरीतियों की एक शृंखला को जन्म देकर सुन्दर के प्रभाव में तीव्रता पैदा करना है। क्रोचे के अनुसार ऐसे सभी पदों व धारणाओं को सौन्दर्यशास्त्र से ख़ारिज कर देना चाहिए क्योंकि सौन्दर्यशास्त्र रागात्मक या द्वेषात्मक को मान्यता नहीं देता, बल्कि केवल प्रतिनिधान के आत्मिक कार्य को मान्यता देता है।

क्रोचे के अनुसार सुन्दर, कुरूप, राजसी, उदात्त, हास्यास्पद, भयानक, वीभत्स आदि सभी पदों का कोई दार्शनिक मूल्य नहीं है। इनको तो मनोविज्ञान के हवाले कर देना चाहिए। इन पदों की कोई सटीक परिभाषा सम्भव नहीं है। कोई भी दो परिभाषाएँ पूरी तरह एकमत नहीं होतीं। जो व्यक्ति कोई परिभाषा करता है, बाद में तब यह पाता है कि उसकी परिभाषा तो कमोबेश अपर्याप्त है जब कोई दूसरा एक और परिभाषा सामने रखता है। हो सकता है ये परिभाषाएँ जिन उद्देश्यों से दी गई थीं उनके लिए उपयुक्त अनुभवजन्य विचार सामने लाती रहें। 'ऊपर दर्ज मनोवैज्ञानिक धारणाओं में सम्भव और वर्गीकृत तथ्य जहाँ तक जीवन की सामग्री का निरूपण करते हैं वहाँ तक जातिवाचक तथ्य से परे, कलात्मक तथ्य से उनका कोई सम्बन्ध नहीं होता और कला उनका प्रतिनिधान कर सकती है। दूसरा सम्बन्ध आकस्मिक है : यह कि सौन्दर्यशास्त्रीय तथ्य भी कभी-कभी ऊपर वर्णित प्रक्रिया में शामिल हो जाते हैं। यह प्रक्रिया सौन्दर्यशास्त्रीय तथ्यों के लिए बाह्य होती है क्योंकि उनसे जुड़ी अकेली भावना सौन्दर्यात्मक मूल्य और विमूल्य (disvalue) की, सुन्दर और कुरूप की भावना होती है।'

प्रकृति और कला में तथाकथित भौतिक दृष्टि से सुन्दर

सौन्दर्यशास्त्रीय कर्म व्यावहारिक कर्म से भिन्न होता है। लेकिन जब यह स्वयं को व्यक्त करता है तो हमेशा ही व्यावहारिक कर्म से जुड़ा हुआ होता है। इसलिए इसका एक उपयोगितावादी या सुखवादी पक्ष होता है, सुख और दुख का पक्ष होता है, जो मानो सौन्दर्यात्मक मूल्यों और विमूल्यों की, सुन्दर और कुरूप की प्रतिध्वनियाँ होते हैं। लेकिन सौन्दर्यशास्त्रीय कर्म का यह व्यावहारिक पक्ष, अपनी बारी में, ऐसा भौतिक या मनोभौतिक पक्ष भी होता है जो ध्वनियों, सुरों, आवेगों, गतियों, रेखाओं और रंगों के संयोगों आदि-आदि से बना होता है।

क्या इसका सचमुच ऐसा पक्ष होता है या लगता है कि यह इसका पक्ष है, जो प्रस्तुति की विधि का परिणाम होता है? जिसका प्रश्न हम भौतिक विज्ञानों में उठाते हैं? या यह उपयोगी और स्वैच्छिक विधियों का परिणाम होता है जो, जैसा कि हमने दिखाया, अनुभवाश्रित या अमूर्त विज्ञान की वस्तु होती हैं? क्रोचे पहली परिकल्पना को स्वीकार नहीं करते।

प्रत्येक आत्मिक कर्म में सुखवाद के पक्ष के अस्तित्व ने सौन्दर्य-कर्म तथा उपयोगी व आनन्ददायी के बीच भ्रम की स्थिति पैदा कर दी है। इसलिए इस भौतिक पक्ष ने भी सौन्दर्य की अभिव्यक्ति और प्रकृतिवादी अभिव्यक्ति के बीच, एक आत्मिक तत्त्व तथा एक यांत्रिक और निष्क्रिय तथ्य के बीच का भ्रम की स्थिति पैदा की है।

कभी-कभी कवि के बोल, संगीतकार के सुर, चित्रकार के चित्र भी आम बोलचाल में अभिव्यक्ति पाते हैं। कभी-कभी शर्मिंदगी की लाली, डर से पैदा कँपकँपी, उग्र क्रोध में दाँतों के पीछे जाने आदि-आदि को भी अभिव्यक्तियाँ कहा जाता है।

क्रोचे के अनुसार ये सौन्दर्यशास्त्रीय अभिव्यक्तियाँ नहीं हैं, बल्कि मात्र प्रकृतिवादी अभिव्यक्तियाँ हैं। क्रोध की तमाम स्वाभाविक अभिव्यक्तियों के साथ इसका शिकार होने वाले व्यक्ति और उसे सौन्दर्यमय ढंग से व्यक्त करनेवाले किसी अन्य व्यक्ति के बीच एक बड़ी खाई होती है।

प्रकृतिवादी अर्थवाली अभिव्यक्ति में वह सब नहीं होता जो आत्मिक अर्थवाली अभिव्यक्ति में होता है, अर्थात् स्वयं क्रिया और आत्मिकता जैसी विशेषताएँ नहीं होतीं। वह अमूर्त बुद्धि द्वारा निर्धारित कारण-कार्य सम्बन्ध से अधिक कुछ भी नहीं होता। सौन्दर्यशास्त्रीय उत्पादन की पूरी प्रक्रिया इस प्रकार है–

(1) छाप,

(2) आत्मिक सौन्दर्यमय संश्लेषण की अभिव्यक्ति,

(3) साथ में सुखवादी तत्त्व यानी कि सुन्दर का आनन्द,

(4) ध्वनि, सुर, गति, रेखाओं और रंगों के संयोजन आदि भौतिक संवृत्तियों (phenomena) में सौन्दर्य के तथ्य का रूपान्तरण। क्रोचे के अनुसार प्रमुख तत्त्व, अर्थात् वह जो अकेला सौन्दर्यशास्त्रीय तत्त्व है, केवल (2) में, दूसरी प्रक्रिया में, आत्मिक सौन्दर्यमय संश्लेषण की अभिव्यक्ति में पाया जाता है। जब ये चार चरण पूरे हो जाते हैं तो अभिव्यक्ति की प्रक्रिया समाप्त हो जाती है। फिर अभिव्यक्तियों या प्रतिनिधानों का समय आता है और वे एक-दूसरे को निकाल बाहर करते हैं।

लेकिन यह गुजरना गुज़र जाना नहीं होता। हम जिन प्रतिनिधानों को भूल चुके होते हैं वे किसी न किसी तरह हमारे अन्तर्तम में बने रहते हैं, क्योंकि अर्जित आदतों और क्षमताओं की व्याख्या हम उनके बिना नहीं कर सकते। इस प्रकार पहले के प्रतिनिधान हमारे अन्तर्तम की वास्तविक प्रक्रियाओं के प्रभावी तत्त्व होते हैं। कहा जाएगा कि अभिव्यक्तियाँ या प्रतिनिधान भी व्यावहारिक तथ्य होते हैं, जिनको भौतिक तथ्य भी कहा जाता है। अगर हम इन तथ्यों को किसी तरह स्थायी बनाने में सफल हुए

तो अपने अन्दर उनका पुनरोत्पादन करना हमेशा सम्भव होगा, जिसके लिए हमें पहले से उत्पन्न अन्तःज्ञान या अभिव्यक्ति का उपयोग करना होगा। ऐसे भौतिक तथ्य भौतिक उत्प्रेरक होते हैं।

शब्दों के काव्य, गद्य, कविता, त्रासदी, कामुदी कहलाने वाले संयोग पुनरोत्पादन के ऐसे ही भौतिक उत्प्रेरक हैं। ये कला की भौतिक गतियाँ हैं जो पुनरोत्पादन की उत्प्रेरक हैं। अगर इनको या जैविक काया को स्मरण के अंग के साथ नष्ट कर दिया जाए तो कोई पुनरोत्पादन होगा ही नहीं। ऐसी गतियाँ, जो सौन्दर्यशास्त्रीय पुनरोत्पादन की प्रेरक होती हैं, लोकभाषा में सुन्दर वस्तुएँ या भौतिक रूप से सुन्दर कहलाती हैं। लेकिन ये शब्द विरोधाभासी हैं, क्योंकि सुन्दर केवल एक भौतिक तथ्य ही नहीं होता; यह सिर्फ़ वस्तुओं में नहीं होता, बल्कि मनुष्य की आन्तरिक क्रिया में, आत्मिक ऊर्जा में होता है। ये शब्द अकसर व्यावहारिक आनन्द के सरल तथ्यों को दर्शाते हैं। जो एक भूदृश्य को सुन्दर कहता है, किसी भी सौन्दर्यमय वस्तु की बात नहीं करता, जहाँ आँखें हरियाली पर टिक जाती हैं, शरीर की गति आसान होती है, जहाँ मधुर सुगन्ध आनन्द का प्रभाव उत्पन्न करती है।

सौन्दर्यमय ढंग से प्राकृतिक वस्तुओं का आनन्द लेने के लिए हमें उनसे उनके बाहरी और ऐतिहासिक यथार्थ को बाहर करना होता है और उनके अस्तित्व से मात्र आभास या उद्‌गम को अलग करना होता है। कल्पनाशक्ति की सहायता के बिना प्रकृति का कोई भी अंश इतना सुन्दर नहीं होता।

प्राकृतिक सौन्दर्य केवल सौंन्दर्यशास्त्रीय पुनरोत्पादन का प्रेरक तत्त्व होता है, जिसके लिए पहले उत्पादन का होना अनिवार्य है। कल्पनाशक्ति के पहले गुज़र चुके सौन्दर्यशास्त्रीय अन्तर्ज्ञानों के बिना प्रकृति कोई अन्तर्ज्ञान उभार ही नहीं सकती। हर कोई प्राकृतिक तथ्य को उस अभिव्यक्ति से जोड़ता है, जो उसके मन में होती है। एक कलाकार एक हास्यास्पद भूदृश्य से, दूसरा किसी कबाड़ की दुकान से, तीसरा किसी कन्या के सुन्दर मुख से, चौथा किसी लफंगे की भोंड़ी सूरत की ओर आकर्षित होता है। ये सब तब तक वाद-विवाद करते रहते हैं जब तक उनको सौन्दर्य-ज्ञान की इतनी खुराक नहीं दे दी जाती, जो उनको जो कुछ सही है उसे पहचानने लायक़ बना दे। मानव द्वारा सर्जित कृत्रिम सौन्दर्य कहीं बहुत अधिक लोचदार और पुनरोत्पादन में प्रभावी सहायक होता है। कृत्रिम सौन्दर्य में लिखाई, अर्थात्, वर्ण, संगीत के सुर, शब्द आदि शामिल नहीं होते, क्योंकि ये संकेत मात्र होते हैं।

सौन्दर्यशास्त्रियों का मुक्त और अमुक्त सौन्दर्य

'अमुक्त' से तात्पर्य वे सौन्दर्य हैं, जो दोहरा उद्‌देश्य पूरा करते हैं—सौन्दर्यशास्त्रीय और कुछ व्यावहारिक। उदाहरण के लिए स्थापत्य कला के सौन्दर्य को लें, जिसमें सौन्दर्य का पक्ष एक निवासस्थान के रूप में उसकी उपयुक्तता से सीमित होता है। क्रोचे इस अन्तर्विरोध को महत्त्वपूर्ण नहीं समझते। कहते हैं कि सौन्दर्यमय और

व्यावहारिक के अन्तर्विरोध को इस तरह प्रस्तुत किया जा सकता है कि उन्हें प्रज्ञा और सौन्दर्यमय बाह्यीकरण की सामग्री माना जाए, यानी कि वस्तु का ठीक वही गंतव्य जहाँ वह एक व्यावहारिक उद्देश्य को पूरा करती है। उन्हें वस्तु को सौन्दर्यशास्त्रीय अन्तर्ज्ञान का साधन बनाने के लिए उसमें कुछ और जोड़ने की आवश्यकता नहीं पड़ती। देहातियों के झोंपड़े और महल, चर्च और बारकें, तलवारें और हल इसलिए सुन्दर नहीं होते कि वे रंग-रोग़न किए हुए सजे-सजाए होते हैं, बल्कि इसलिए होते हैं कि वे उस उद्देश्य को व्यक्त करते हैं, जिसके लिए वे बनाए गए हैं। एक वस्त्र केवल इसलिए सुन्दर होता है कि किसी दशा विशेष में एक व्यक्ति विशेष के लिए पूरी तरह उपयुक्त होता है।

(अधूरा, इसका रचनाकाल सम्भवतः 1935 के आसपास है।)

Evolution of Religion

A philosophy of religion starts with the presupposition that religion and religious ideas can be taken out of the domain of feelings and social experience and made objects of scientific reflection. It implies that whilst religion and philosophy have the same objects the attitude of the human spirit towards these objects is, in each case, different. On the one way, they are present to it in an immediate way as objects of devotion or spiritual enjoyment, they come before it at most only in the form of outward fact or of figurative representation. On the other way, they become the object of reflection or intellectual apprehension and are finally elaborated to the form of pure or speculative thought. Abandoning the blessedness of simple faith, we enter into that colder yet loftier region in which reason opposes itself to its object, breaks up the natural harmony, wherein no contradiction of thought has yet detrayed itself and advances to the search after a deeper and indissoluble unity. Whatever is real is rational and with all that is rational; philosophy claims to deal. Its vocation is not as only to trace the generalisation of the nature and life of man, but to trace the presence and the organic movement or process of reason in nature, in the human mind, in all social institutions, in the history of nations and in the progressive advancement of the world. In other words, so far from resting in what is finite and relative, the peculiar domain of philosophy is absolute truth. In short there is nothing in the whole realm of reality which lies beyond the domain of philosophy. Religion, so far from forming an exception to the all-embracing sphere of philosophy, is rather just that province which lies nearest to it, for, in one point of view, religion and philosophy have common objects and common contents, and in the explanation of religion, philosophy may be said to be, at the same time, explaining itself.

The organ of religious knowledge, it is held, is not reason but simply feeling or faith or immediate and unreasoning apprehension. Religious truth escapes the grasp of logic, is not capable of being elaborated into a reasoned system or body of truth. If religious truth is either altogether beyond the scope of human intelligence or attainable only by intuition and not by rational insight, or scantly forms the content of a fixed supernatural revelation, then the construction of a philosophy of religions, in any right sense of the words, is an impossible task.

Necessity of Religion

In all religious experiences, there are involved feelings and acts which are possible only to spiritual and intelligent beings, which are grounded in certain necessary relations of the human spirit to the Divinely and which therefore, do not arise accidently, but in unconscious obedience to the hidden logic of a spiritual process. Now, it is the work of philosophy of unfold these relations and to trace out-the steps of that process by which the finite spirit transcends its own finitude and rises into communion with the things unseen and eternal-to show, in other words, how it is necessary to mind, as mind, to relate itself to God and to determine that idea of God which it religious experience involves. It is in performing this work that philosophy shows the necessity of religion.

The phrase "necessity of religion" does not, it needs scarcely be said, imply anything so obviously untrue as that every individual man must need be religious. To show that religion is necessary for man as man we are required to show that no human being has existed who has not felt that necessity. We speak of the necessity or religion as we speak of the necessity of morality or law or science or philosophy. It may be possible to show that religion has in it the highest necessity-a necessity involved in the very nature of reason and, therefore, of all rational beings as such, though in the development of the individual, there may be an element of contingency or arbitrariness which makes it possible for him to' fall short of his true nature and destiny.

Now, again, in maintaining the necessity of religion are we required to show that the religious ideas of all men or of all races and ages have been coincident, or conversely, that chit only is necessary in religion in which all men and ages have concurred. Universal truth in religion being that which is common to all religions, there is not a single idea in the highest and perfect religion which remains what it was in those that preceded it. In all organic development, the perfect organism, while it comprehends and absorbs, at the same time, annuals and transmutes all, that pertained to the earlier and imperfect stages of its life.

To find universal in religions, we must be able to go beyond them-therein to the idea which is ever advancing to its fuller realisation, which at each successive stage of its progress loses nothing, but bears nothing unchanged and fulfills the part only by transmuting the past. The perfect and absolute form of the idea, so far from giving us that which is common to all other forms will thus retain in its unchanged (form) not a single element which belong to them, while it explains the latent significance of all that was true in the imperfect religions, it will transcend and while transcending annuals or destroy them.

To show the necessity of religion then, is to show that the religious relation-the transcendence of all that is finite and relative and the elevation of the finite and relative, and (afterwards) the elevation of the spirits into the communion with an Infinite and Absolute spirit, is a thing which is involved in the very nature of man. A knowledge of the infinite as only illusion and error, we may on the contrary, assert that finite knowledge, as finite, is illusory and false and that all true knowledge contains in it an absolute and infinite element, apart from which the whole complex of finite knowledge and experience would be reduced to chaos.

If the whole system is to be explained by material-cum-chemical motion, then the phrase 'a necessity of religion' is futile. It implies in the nature of man, as an intelligent self-conscious being, there is that which forces him to rise above what is material and finite and to find rest nowhere short of an infinite, all comprehending mind.

Materialistic theories Inadequate

The inadequacy of materialistic theories of the world, today, may be said to be twofold.

I. Professing to exclude mind or ultimately to reduce it to a function of matter, they really presuppose or tacitly assume it at the outset.

2. The principle which they employ as the master-key to all the phenomena of the world-that of force or mechanical causality is applicable only to inorganic nature, is inapplicable to organic or vital phenomena and utterly breaks down as an explanation of consciousness and intelligence.

That notion of force or Physical causality from which the materialism would construct all the functions of the world in independently of mind, is itself a creation or category of mind and instead of looking for thought or mental energy as the final product into which this force is convertible, we must regard a force as itself which exists only for thought. All materialistic explanations, till now, nurture the vicious circle that matter which is the object of thought is that which produces thought. To make thought a function of matter is thus simply to make thought a function of itself.

What is that inward or rational necessity which forces the mind to rise to the point of view of religion, in other words, which one constitutes what we have called the necessity of religion. Thought is the product of brain. (these six words are written by Ramchandra Shukla on the margin by pencil.)

Priority of thought does not seem to prove the priority of infinite or absolute mind or to involve the necessity of that relation of the finite mind to infinite which religion implies.

For, to be ourselves, we must be more than ourselves. What we all love is, in truth, the finding of our own life in the life of another, the losing of our individual selves to gain a larger self.

When we examine into the real significance of the rational and spiritual nature and life of man, we find that it involves what is virtually called the consciousness of God and our essential relation to him.

The same idea may be regarded from a somewhat different point of view by recurring to the principle that the knowledge of a limit implies a virtual and in some sense an actual transcendence of it. We can only, it may be maintained, be conscious of imperfection, because we have with us, latent or explicit, a standard of absolute perfection by which we measure ourselves. It is our implicit or virtual knowledge of God, the relation of our nature, as spiritual beings, to him which gives reality to our partial knowledge and makes us aware that It is partial. It may indeed be said that no such conclusion IS involved in the principle of which we have referred above. Nothing so vast, it may be urged, as the knowledge of an infinite being, is needed in order to awaken in us a sense of our finitude.

The religious consciousness

The basis of religion lies in the very essence of man's nature as a thinking self-conscious being. We are rational or spiritual beings only in virtue of our power to transcend our individuality, to rise above the region of feelings and sentiments and to enter into communion with that which is universal and objective. The conscious self is that which remains constant in its pure universality through all particular and changeful experiences and in its relation to outward objects. It is not only conscious of itself and of a world of objects opposed to it, but it has in it the capacity to transcend that opposition and to think a higher unity which comprehends both these elements. As a thinking being, I can make my individual self as well as the world which is external to it, the object of thought. In thought, in other words, the hard opposition between self and not-self is broken down, we rise above our petty individuality-above the narrow limits, in which the mere creature of pursuing impressions and impulses is confined and we enter into a region which is universal and infinite. We feel as individuals but we think only as sharing in the universal life of reason. It is thought, as the activity of the universal, which gives to man the capacity of that self-abnegation and self-surrender to an infinite object in which religion may be said to consist.

But whilst it is true that the basis of religion lies in man's rational or intelligent nature, or that it is thought or intelligence which makes capable of religion, this is not equivalent to the assertion that religion is a purely intellectual thing. To say that man is religious because he is rational is not the same thing as to say that religion has its seat in the intellectual part of man's nature, as distinguished from the emotional and the active.

In truth, the question about which so much has been made, as to what special faculty or division of human consciousness it is, to which religion is characteristically a thing of knowledge or of feeling or of volition and action- is one which rests on a false or defective psychology. The spiritual life and consciousness of man can not be broken up. A spiritual unity can not be concurred of as a repository like a case of instruments or a box of tools, in which so many things are placed side by side, but is rather as a unity of which the various elements necessarily involve each other and are the correlative expression of a common principle. And, if we ask what is that central principle which is present in all the many sided aspects of our life-in our sensation, feelings, desires, imaginations, conceptions, purposes, notions etc. -and of which, there are but the various or successive specifications, more or less concrete the answer can only be that, that principle is thought. Through all changing experiences, the unchanging element has been the 'I' -the consensus, thinking self to which they are all alike related.

What is the special form of thought to which religion belongs? God and divine things may touch our feelings, kindle our emotions, awaken in us desires and impulses, dominate our practical activities, but underneath and throughout all these, there must be present the activity of that organ which alone can raise us above ourselves, which alone can bring us into relation to the things seen or unseen or eternal and that organ is thought.

As it is possible to reason correctly without being able to trace and logically defend the intellectual process by which our conclusions are reached, as the idea of beauty or of goodness may manifest its power over many a mind which has never translated it or can not be able to translate' into experience or into an explicit theory of morals or aesthetics. It is conceivable that religious ideas may implicitly dominate the heart and life, even when the subject of these has not grasped and can not grasp them in the form of objective thought.

The nature of religious consciousness

[Ramchandra Shukla has given this sub-heading but the space has been left unwritten.]

Religion and Science B. Russell

Religion and Science are two aspects of social life of which the former has been important as far back as we know anything of man's mental history, while the later, after a fitful flickering existence among the Greek and Arabs, suddenly sprang into importance in the Sixteenth century and has ever since increasingly moulded both the ideas and the institutions among which we live. Between religion and science there has been a prolonged conflict, in which until the last few years, science has invariably proved victorious. But the rise of new religions, in Russia and Germany ... [Space left unwritten by Ramchandra Shukla]

Cattell's Psychology and the religious Quest.

The Cultural Duel of Science and Religion

Ref. U.S.S.R.

Culturally we live in momentous time. We are the spectators in the closing scenes of a long and devastating war between science and religion. Perhaps that statement fails to carry the whole truth; for, cultural conflicts are creative as well as desolating. A synopsis of the events that have led up to the present state of affairs, would most fittingly begin four hundred years ago with the insurrection of Renaissance culture against a strangely systematised theology enthroned amidst philosophical prestige and vested with political power. In a less vital sense the antagonism is older and seekers after ultimate roots would need to go back to Greek civilization or even to the rivalary of magic and animism among primitives.

Most historians of the early phases of the struggle are prone to dwell upon the seemingly unprovoked ferocity with which ecclesiastical authority began stamping out the first sparks of intellectual insurrection. But in view of the subsequent events, one marvels rather at the penetrating intuition which enabled the church to recognise at once; even in its innocent infancy, the serpent fanged with a potent wisdom which would poison all that the religious life found worth living. For, the most fantastic fears, the wildest nightmares of that religious autocracy have since been realized. In less than four hundred years a politically and intellectually dominant religion has been tumbled to the ground. In the intellectual world at least, the position of the contestants has been completely reversed. U.S.S.R. Scientists are already crowing over the body, as if the life of their formidable antagonism were quite extinct, and they are increasingly joined by a sophisticated public which refers to religion, when it speaks of it all, as the 'opium of the masses' or 'a gigantic social hoax.' This scientific view of life with its monumental strength, its beautiful dovetailing of fact to fact, its openly verifiable chains of cause and effect and its sincere promise of a palpably improved world, became an essential. Part of the mental equipment of most of the educated people. Religion accredited its sociology, [these four words are written by Ramchandra Shukla on the margin]. The wrestle of religion with truth was at an end and science became a powerful creative force organising a new philosophy of life in place of that which it destroyed.

Anthropology and religion's ancestry

Anthropology, the study of man, his social customs, his beliefs, his ways of living had its golden age in the later part of nineteenth century when scientists could gather, with comparative ease and a price of adventure, data regarding the lives of an interesting variety of the primitive peoples still relatively uncontaminated by civilization. In particular, the painstaking studies of Tylor arid Frazer between 1870 and 1890 concerning the forms of primitive religion, awakened the Europeans to the alarming resemblance between the most sacred forms of worship in the Christian Churches and blind and ridiculous superstitions of savages.

If Christianity has no place for evolution, evolution on the other hand, is quite prepared to find a place for christianity. Science opens our eyes to a procession of gods. Though the Europeans put unique value on the religion in which they are nurtured, and spun as the veriest pinchbeck all other superstitions, it is clear that our religion, like man himself, is the end product-though not the finished product—of a long line of evolution. What we label specifically as religion, is something which gradually develops from an undifferentiated matrix of activities and thoughts among primitive people comprising belief in magic, superstitions, animism, ritual and taboo.

Tylor and Spencer were astonished at the amount of animism in primitive thought, yet animism was present in refined and concentrated forms in the religion of their day. By animism we mean the tendency to explain all sorts of natural happenings as being due to the will of living but disembodied beings. Most savages seem to have better patience for the coldly common-sense 'cause and effect' reasoning of science.

Levy Brull indeed defined primitive thought as "pre-logical". That is scarcely true, for the savage knows that he himself changes the external world by his impulses and his will.

For him (savage) therefore, every hill and mysterious forest, every gloomy cave, rushing river or spring is the abode of some spirit, these are demons of the earth, the air and the water producing by their colourful and capriccios acts all the phenomena of nature, and since the life of the savage is all too closely beset by storm and famine, accident, disease and sudden death, he is prone to invent more numerous malignant and dangerous devils than those beneficent spirits. Like the child, he takes his blessings for granted and devotes his energies to complaining about his restrictions.

Animism, as a naive tendency to 'project' our own modes of experience on the outer world, is a universal tendency of the untutored mind. It is to be seen in children, in primitives, in unsophisticated agricultural communities ... and in poets. The wind shuts the door upon a child and he turns and kicks it viciously, not merely because it gives relief to his feelings but because he inputs to it a malevolent tendency, as the Emperor Xerxes did when he beat Bosphorus with chains for daring to wash away his bridge of boats. Similarly, the child will explain the opening of flower in the sun by saying that it likes to feel the warmth upon its face.

Animistic thinking must, in most cases, be labelled as regressive, because, it is associated with a falling back to pre- logical thought and behaviour. It belongs with what the psychoanalysts have called the 'Pleasure principle' of the unconscious-the principle of getting at once the greatest ease and pleasure-rather than with the disciplined 'Reality principle' which impregnates most of our developed conscious thinking and guides us by the harder way, which will alone enable us to attain our goals or master refractory Nature. For this reason, It is difficult to ride over lives of animism and indeed we are continually tempted to return to it.

Animism as it found in the savage, however, includes belief in disembodied souls and in the existence of mind behind ordinary occurrences of nature which can be adequately explained by physical grounds alone. Savages speak of the soul as if it were a shadowy image of the body or even identifiable with a person's shadow or reflection. At other times, their behaviour implies that the soul is in a man's breath or his blood or even his spittle. From the observation.that men are unconscious and insensitive when asleep and from his own experience of dreams about distant places and adventures the savage concludes that his soul goes on a journey when he sleeps.

Along with animism must be considered the activities of Magic. By magic men have sought to master their world through their own efforts, without beseeching the aid of whatever spirit may be. Yet magic is still far short of reality thinking. The savage desires to be successful in hunting, to kill an enemy, to increase the crops or heal the sick, and with this object he utters incantations, performs strange rituals, invokes primitive alchemy. Animism may partly have disappeared, but hard headed realism has not taken its place. Instead, there is a kind of bastard logic, an inconclusive symbolic wish thinking.

Anthropologists have classified the errors of thought behind magic into two kinds. In imitative magic, the savage acts as if a mere resemblance or symbolic representation constituted an identity. The Morrocan, wishing to harm an enemy makes an image of him in dough, after it is dry, he breaks off unity or shakes a nail into the head believing that similar mishaps will be likely to occur at the same time to the enemy himself. Contagious magic, on the other hand, is based on the assumption that mere contact has some special virtue and constitutes an identity in the articles associated. The Malay will take sand imprinted by the passing foot of the girl he loves and proceed to warm it over a fire believing that it will thereby cause her heart to warm with passion towards him.

We have to consider third activity among primitive people that has close relations with both animism and magic. This is the phenomena of Taboo. The interdependence of the thinking involved in animism and magic with the practice of taboo is an observation not to be overlooked. To say that some taboos have utility is not to assert that the savages perceive the way in which they work. On the whole, it is more in keeping to suppose a history of blind trial and error, those tribes surviving who chanced to adopt the most socially valuable customs. Certainly there are many taboos with no conceivable utility, which seem to have sprung from psychological needs, the satisfaction of irrational impulses in the unconscious or aesthetic whims. For instance, anything that excites powerful emotions of attraction or aversion, or anything unexpected, unusual or violently new, tends to be taboo.

Historical observation and the consensus of anthropological opinion agree in deriving religion, science and morality from the cultural matrix of animism, magic and taboo. Our problem however is to trace these features of our comparatively adult civilization to their vague beginnings in the embryo in order that we may better understand the stuff of which they are made.

Psychologists speak of magic as manifesting the illusionary "omnipotence of thought" the belief that to think of a thing is to create a thing-displayed also by young children and neurotics. "Omnipotence of thought" in the form of magic-like proceedings plays a considerable part in the ancillary procedure of our religion. It occurs in such common· features as the belief in holy water or holy well and in the tolling of the church bells at a funeral, originally to keep evils spirits from the path of the departing soul. Magic is still common in our every day life also, in the belief in talismans and of the influence of the good and bad luck from lucky charmers.

Again, though the taboo is the precursor or morals, it may also be the ancestor of manners. For, on the one hand, it has much the same relation to the supernatural powers of the animistic menagerie as morality has been considered to have to religion or belief in the Deity. It might also be argued that the savage obeys even his supernatural taboos more from fear than love, whereas, at least, in the Christian religion and in modern times the notion of obedience through love has tended to characterise moral obligation.

However, it is as evident that the root of morality lies in taboo as that the core of religion can be traced by peering into the dim history of animism. Tylor's considered conclusion tells us that "Animism is the grand work of the philosophy of religion, from that of savages upto that of civilized man". From the inclinations of the individual unsophisticated mind to react to the problem of its environment with fear, rage or supplication, addressed to demons and spirits, ancestral or natural, the group builds up a tradition and a ceremony for 'handling of the powers of the unseen world. And in turn, these imagining of the group are grafted upon the suggestive individual. So thick this is set up, which a rationalist would call a decidedly vicious circle of unrealistic thinking.

For, animism, magic and taboos are, in the main, communal, not individual activities, the hopes and fears of the savage are to great extent, those of the whole tribe being concerned with the success of the harvest, the friendliness of the weather, the construction of canoes, the warding off the pestilences and evil spirits and the defeat of tribal enemies. A few magic rites may have personal ends, but the religious sanction of social and public ceremony is accorded mainly to the approved desires of the group. It is to this socialisation of animism. that we have to look for the real beginning of religion. Socialisation leads to a traditional systematisation of ideas concerning the names and natures and numbers of supernatural powers. What is more, it creates a tradition of periodical occasions for rites and ceremonies which highten, by a common experience, the religious emotion. It sets up a body of professional men interested in the maintenance of religion and the integration of its purposes. This early pre-occupation of religion with dance and song and the communal ceremony rather than with broad philosophical conceptions must not be overlooked. As Marrett says, in beginning religion was "danced out, not thought out".

From fairly early times, it is possible to detect in these ceremonies 'a common pattern.

There is an evolution in· religion, apparently towards a definite belief in immortality-a refined immortality in which only the spiritual life is continued. Morality in life is rewarded by everlasting bliss and wickedness by banishment of torment. At the latest stage, the nature of the life to be led in paradise becomes too spiritual to be defined in earthly terms, it is just "dwelling in God"-which heaven ceases to be above the stars, is "within you".

It is not surprising that scientifically minded people conclude that religion is a continuation of the frailties and eccentricities of unenlightened savages. For them, "it is a mere museum exhibit, to be examined for its archaeological interest and no more. They see religion as a way of thought entirely defeated and discredited .

Early physical science drove animism from the field and destroyed the significance of the religious myths. The grotesque authority of the biblical account of creation and all the childish paraphernalia of miracles was replaced by a supervision of an ordinal drawee-Biological science, and religion to the decisive climax constituted by the issue of evolution. Thereafter religion was definitely in retreat. The closing years of the last century converted that retreat into a rout, by plunging into the field the fresh forces of anthropology, eager for pursuit. For, anthropology enabled us to see ourselves with the detached, merciless and patronising understanding which we had hitherto accorded to the foibles of savages.

Yet the worst ignominy for the religious viewpoint was still to come with the development of psychology in the 20th century. The older sciences having shown religious beliefs to be illusory, this new science would demonstrate finally the particular mechanisms by which such a quaint illusion could have arisen from certain weakness in the human mind. Psychology would perform.what is known as a "mopping up" action upon the remnants of religious forces, hiding in the ruins of its once powerful system of philosophy.

Psychoanalysis and Religious Illusion

Psychology has lost not time in performing its duty of investigating the causes of the religious illusion; indeed it might be accused of presuming an action somewhat before it was properly equipped for the task.

That the illusion is a widespread one, rightly does not impress the Psychologist. "Twenty million Frenchmen can't be wrong" is a discredited slogan. Nor does he lay stroke on the degree of conversion with which it is held. But he seeks in religion the typical symptoms and stigmas which characterise the process of delusional thinking in the lunatic or the genesis of illusions in normal individuals. Primarily he looks for the presence of same strong impulse which is debarred from finding satisfaction in the real world, for such is the characteristic of the insane. The despised tramp in delusion becomes a king or prophet or a millionaire, finding realisation at last for his long suppressed self-assertion.

Thus, science reverses the old antilogical argument for the existence of God. By that argument the theologians and philosophers have said that the God must exist because somehow or other, we have got an idea of him, and they demonstrated that the idea rises very persistently in the human mind. The scientists using the natural persistence of the idea as evidence of its unreality, hoist the theologian with the petard of his own demonstration.

A little reflection should convince both the eager scientist and the resistive pietist that proof of the existence of an illusion mechanism is no proof that the idea of God is an illusion. The thirsty desert traveller may see, by the illusion of a mirage, a far distant oasis as if it were only a mile away. To discover that the optical conditions are such as to create a mirage does not deny the possibility of a real oasis being hidden a mile way behind the false image. There have been instances of paranoiacs, under the delusion of being poisoned, who have actually been poisoned. And when the child who dreams that there is a chacolate cake beside his bed, opens his eyes and finds one there, it is no reason for backing that he has merely been dreaming.

When the child gains adult status, he is all too quickly disillusioned in regard to his childhood conceptions of the unlimited power, freedom and privilege of adults. He invents for himself or accepts from a similarly tainted society, the consoling illusion of a God in heaven, having the characteristics, magnified and hallowed, of his earthly father. It is scarcely necessary to point out that the Gods of all peoples have possessed the qualities of their fathers and their cultures. All have been omnipotent, kind, wise and all-seeing, stern in maintenance of their moral laws, angry and punitive when disobeyed and protective when humbly supplicated. The abundant and redundant use of father similies and metaphor throughout religious parlance (of the world) may also be accepted as evidence of the general kind pointing in the same direction.

A further contribution to understand the psychology of religion was made by Freud when he noticed the resemblance between the behaviour of obsessional neurotics and same of the major activities in religious rituals. The unfortunate obsessional neurotic is impelled to respect a series of relatively meaningless actions or words, although his rational mind deplores the whole procedure. Analysis shows that this behaviour arises from the unconscious sense of guilt, in connection with some repressed wish or experience, and that the apparently meaningless ritual has an expiatory purpose, tending to reduce this inner torment.

Freud has called the obsessional neurosis 'a private religion' and religion. "The universal obsessional neurosis of humanity". Two sidelights on religious psychology follow from this identification-First, since obsessional neurosis is among the most difficult to cure, the religious mode of thought will not be readily given up, even if reason disapproves of its objects. Secondly, if the group neurosis were to be forcibly dispelled, we should expect an increased eruption of individual neurosis.

Conscience is largely what is spoken of among Psychoanalysts, as the super ego. The pattern of conscience is a reflection of the old established pattern of culture, particularly as that Guides to be understood by the parents or guardians who influence the child and are loved by it during the first six or seven years of its life.

The connection of the great religions—consolations of prayer and immortality with animistic and magical levels of thinking is too direct to require demonstration. We have spoken earlier and incidentally, of the pre-realistic 'omnipotence of thought' stage in the mental awakening of the normal infant child. Belief in the potency of special prayers and in the efficacy of magical incantations is greatly aided by a replace into these early uncorrected ways of regarding the real world, which the psychoanalysts refer to as the 'omnipotence of thought' mentality.

We may sum up the psychological roots of immortality as (1) a return to illusory "pleasure principle" thinking (2) a consequence of primitive man's experience with dreams and hallucinations (3) a necessity in the maintenance of morals, by punishing and rewarding, in this hereafter, the deeds which obviously escape human justice.

The unexpectedly great role of sexual drives in religion was cheerily brought out in some of the earliest investigations which curiously enough regarded the finding as a detraction from the spirituality of religion rather than a proof of its sublimation power. Leuba pointed out, with a wealth of illustrations, the starting resemblance between the descriptions of mystical union, left by some of the most eminent of the great mystics such as St. Theresa, and the characteristics of normal sexual consummation. Again, many writers have noted the instinctive tendency in religion for the terms of spiritual sexual love to creep into use in hymns, prayers and religious ritual-so that even nuns become "the brides of Christ".

Perhaps the most convincing observation regarding the extent to which the sublimated energy of the sex instinct maintains religious activity, concerns the readiness with which the sexuality unsatisfied flocks to religion. Religion has opposed inflexibly, the squandering of sex energy because it intuitively realizes that religious emotion blossoms from an elevated sexuality.

The fact that the early, psychological guides of religion tended to concentrate upon the surprisingly pervasive role of the sex instinct, must not be allowed to blind us to the important principle that the religion has managed to harness to its interest and provide a preferred outlet for any thwarted instinct, wherever the physical or social environment occasions frustrations, there will religion be found utilizing the defeated energies, in the interest of the great, systematised philosophy of life and living which it represents.

For that reason, religion has appealed specially to the inferior, the sick, .the maladjusted, the fearful, the poor and those scorned and rejected· by love, power, life and society.

Religious expression can be regarded as a pitiful accumulation of escapes and self-deceptions, continuing upon one major illusion. That major illusion is a reflection of childish attitudes and persists through the continued emotional immaturity of most adult mind. On this view, it may be at best condoned by those who can see it more clearly as a pathetic concession to the need for illusion arising from a kind of constitutional softening of the brain which few can escape. But the story of God and Psychologists does not end with this dogma.

An advance society, without a Soul

A leading minister summed up for the research workers by saying "In the old days, people went to preachers for consolation, information and inspiration. They still come to us for consolation, but go to the newspapers for inspiration and informations." A community of citizens, of which are reduced to going to newspapers for inspiration and information must be in a Bad way!

It is not surprising to find in our society, among the other systems of maladjustment, an almost maniacal hunt for pleasure.

The value of religion to society as a whole, seems to stand out as an undeniable lesson of history. Religion has apparently welded societies in resistance to internal or external disruptive forces which exceeds in tenacity any attained by irreligious societies. Further, the argument is not unreasonable that religion has been a necessary midwife at the birth of culture, restraining the brute forces of cruelty, selfishness, crime and chaos until the infant powers of intellectuality, Beauty and Goodness had a further grip on life.

A **Psychologist recognises the Group mind**

They will discuss religion only as a perversion and the soul they will not mention at all, as Sheldon timely remarks "For years, Psycholists have shouted down the soul with an intensity which recalls the puriton shouting down his sexual consciousness".

There are already in psychology certain conceptions and some experimental research results which offer a basis for an entirely new and constructive scientific approach to religion. The final and most important of these comes from 'Social psychology'. It is the notion of the Group mind which Megdougall developed in 1920. What psychology takes away with one hand is more than it gives back with the other.

Elements of the modern conception of a group mind are fermented in Hobbes, Hegel, Bosanquet and others. The essence of the notion is that, in any organised group of human beings, there exists a super-individual mind built up from, yet greater than, the sum of the individual minds- Ship's crew or a football team. The group memory is stored partly in individual mind and partly in the archives of the libraries.

Lovers may communicate by hand pressures and-mathematicians by symbols, each maintains a group awareness of some form of initially individual excitation.

The happenings of the world really enrich the experience of humanity. No doubt, there is continuity in the human experience as a whole, but not, something as group mind existing aloof from the human beings as conceived by Cattel. It is a social-cultural conditioning on a large scale. But Psychologists are in doubt whether there is such a thing as natural group mind or not.

The Nascent Soul of Society : The Theopsyche

In the first place, the group mind has a property of inertia of carrying on the characteristics which men have given it long after these men have died. In its basic life it is potentially immortal, growing into the future as far as the human race itself shall grow. On the hilltop above my home is a circular chump of trees. Records show that it has been there at least five hundred years, but -no individual tree which then looked over the valley exists today. Only the wood lasts on, the same wood, with the same profile which has delighted men's eyes these many generations.

The more complex properties of the group mind can be understood only after we have classified the relations of the individual to the group mind. The individual gives to it and he takes away, but what he gives often stays, and what he takes away generally leaves the group mind un impoverished. The Gestalt or pattern psychological matters, the whole is more than a sum of its parts, There is either something new in the pattern of the elements or some "Creative Synthesis" whereby new qualities are produced from the fusion of given qualities. The group mind acts powerfully in moulding individual minds. It is a devastating yet salutary experience to take a piece of paper and list those ideas which are genuinely our own creations, and those which we have taken over as our own from parents, teachers, friends and books. Our thoughts, our ways of feeling, our pleasures, our types of humour, even our most intense convictions are commonly grafted upon us, as gently as a mother clothes a naked child, by the group mind. It could at any moment, hold each one of us bankrupt of all mental forms. Each individual mind is a part of the mind of all men living and still more of all men dead. For, the slow gains of history, the discoveries of scientists, the phrases of poetry and songs, the patterns of human nature traversed out by dramatists, and all the accumulated experience of man about the life and the universe are an intrinsic part of each individual mind. Environment from the day of our birth, tends to treat us as vessels of varying capacities, into which can be poured the social heritage that has its source in Plato and Jesus, Galileo and Buddha, Newton, Confucius and Shakespeare and indeed in all the greater or lesser contributors to culture since culture began. To state this fact is not to surrender to fatalism. One thinks of the age old query in the Philosophy of Omer Khaiyam;

Said one among them-surely not in vain
My substance from the common Earth has been
That he who subtly wrought me into shape
Should stamp me back to shapeless Earth again?

In every man there is the possibility of contributing something new through his own true individuality i.e. through that part of his individuality that is not merely passive. There in lies our personal immortality. This gift to the group mind may be on the intellectual level-Speerman has shown in detail how, such entirely new mental constructions come about. On the other hand, it may be a new emotional adjustment through which society benefits. As yet, we know little more than that some processes of trial and error, through courageous life experiment, may produce such increments of growth of the group mind. But they also serve who only preserve in their own lives the good features in the group mind against the constant battering of disintegrative forces.

From a broad Scientific standpoint our immortality is plainly of two kinds. We have a biological, physical immortality in our children who perpetuate the dispositions, temperaments and intelligence of their parents. Through this similarity they are living forces tending to foster the same kinds of values as those which we have ourselves most naturally loved. It could necessarily be maintained that this biological immortality alone is more satisfying than any of the internally contradictory phantasies of traditional religion. For certain features of the desire for immortality persist; because we have never tested of its fulfillment.

It may be objected that we also lose, in merely biological immortality, the satisfaction of our own entirely unique personal continuity, since in each generation there is a break, a reshuffling of the germinal genes and chromosomes, a slight reorientation of the living force of the next individual.. But are we so sure that the pattern of our own living personality remains so very fixed? The individual arrested in immortality at fifteen would be very different from the 'Same' individual translated to immortality at fifty. The continuity of our consciousness is destroyed even by each night's sleep and the individual awakes each day in some way altered. Is this so different from his dying in sleep and continuing as his children?.

The laws of physics, which permit energy neither to be created nor destroyed (but only) transformed, and the principle of determinism of inevitable cause and effect, running throughout the universe, ordains that every mental state or physical occurrence shall be consequence of all that has gone before. Every kind of thoughtful action, every act characterised by truth and beauty generates similar acts in others and contributes something to the growing heart of goodness in the group mind.

Acts and ideas and feelings never berate down the ages, and coalesce and favour the development of their own forms. The hard and honest thinking of the scientist and his devotion to truth wring discoveries from the stubborn grasp of Nature, which continues like melodies played on the instruments of each new generation of brains. They persist an experience in a living, immortal group mind. The vitality and joy which invests them does not end. As Cicero observed long ago-"A short life is given to us by nature but the memory of a well-spent life is eternal." Actually we have to deal with the persistence of something more than memories the immortality of attitudes, of joys, and aesthetic experiences, of heroisms and modes of self-expression.

Surely this immortality is as superb in conception as any- conceived in primitive forms of 'religion'! As artificial soul [These there words are written in margin by pancil.] It omits only an intergrafted self-activity in the ideas that go on. It adds the possibility of ideas expanding in intensity, and influence till they far surpass their first glowing in an individual mind. But its relation to biological immortality is a close and organic one. A system of ideas sits most comfortably on minds similar in structure to those which created the ideas. So thus the aristocrat and the chicane men are correlated in emphasizing the importance of familial persistence of soul. On the other hand, whatsoever is good and true and beautiful will last in all group minds. Furthermore, it is certain that the ideals and ways of thinking can, over many generations, mould a population by Darwinian Selective Survival towards a biological type suited to those ideals. The two kinds of immortality interact. To ask which is "more important" for the group mind is to fuse a question which is insoluble in that form. But it is evident that men of great vision, religious leaders and scientists and artists have regarded their spiritual immortality as of more value to society than their biological survival.

The suggestion has been implied above that the structure of the group mind is such as to favour, in some way, the preservation of good as opposed to evil actions and thoughts. To justify this suggestion would require a great assembly of instances. So brief a treatment, as this, will have to content itself with the assertion that evil actions, by the very misuse and dysfunction of evil as this, which is opposed to group welfare, must in time, if not immediately, mutually cancel and destroy each other. Actions are evil because they are non-contradictory, untrue to life, mutually contradictory, selfish, rather than outwardly directed, tending naturally to become null and void. I think, Whitehead is asserting the same view when he says "there is self-preservation inherent in that which is good in itself."

As one examines this notion of immortality within the group mind, it becomes evident that different individuals coheir widely varying degree of immortality. Since we do not survive as a whole; since the evil elements are arrested and only the unselfishness and that which is of value to the group mind lives on, it is true to say that the evil man has little or no immortality. But tick the saint beacons almost pure immortality. The immortality of Christ, Shakespere and Newton.

Immortality is a matter of degree but this degree is far from being decided by the talents which a man is given at birth. The humblest men and women may achieve great immortality.

This mind (group mind) is a super-individual consciousness with which the individual can maintain communion. He depends upon it and it exercises a benevolent interaction in his life. He is, spiritually and in some sense physically created by the group mind. In serving it, he is doing precisely what has been defined as the worship and service to God. Comte's humanism (Ramchandra Shukla has written "Comte's humanism" in the margin). It is the cumulative reservoir of super-individual wisdom and it defines, *by* the conditions of its existence, the commandments of morality. It is the assurance of immortality which is to be obtained only by giving one's life to it. It gives to the individuals, faith to carry out courageously those tasks valuable to the community which chance and accidents and evil may interrupt in the individuals's life. In modern talk, we hear of the "over-man or super-man." Similar view will be found in Shaw's prefaces in connection with the notion of "Life Force."

The social and psychological blue pits, which are so rich a reward for belief in God, may not therefore, in some sense, be as ill-founded and spurious as we feared. Had Freud been as good a social psychologist as he was a clinician, he would not therefore, have been forced to deny the psychological viewpoint itself. For this is what he did when he asserted that since the religious man is still as much a prey as the irreligious to ills and disasters and still subject to the powers of Nature, he gains nothing but the cold conclusion that the God which he has found is merciless or powerless or inscrutable. Freud can not see what job gained by refusing to use such a God. Yet, from the psychological view point, the gain is enormous, namely, the absence of fretting and bitter recrimination in the face of irremediable evils, in increased social solidarity, in peace of mind and assurance of ultimate victory through the use of God in men's long struggle with their environment. As we shall see later, there is a gain in the dynamics of individual energy and in the directing of social efforts.

It might be asserted, for instance, that the group mind has most of the qualities assigned to 'God, except his benevolence and concern for the individual. Great societies have, sometimes had better concern for the lame, the tilt and the blind. But no great society since the emergence of Christianity-since this new pattern of God spread through the whole of society-has shown ruthless indifference. The group mind may have, on a right basis of population, many of the qualities of God; Benevolence, love and hatred of unnecessary suffering must be present in individual minds if they are to suffuse the group mind. Similarly, purposiveness in the group largely but perhaps not entirely, emanates from individual minds. Nevertheless in the end, there is something beyond individual minds. The fabric of thought, the noble virtues,' the lofty laws of good living acquire a power greater than that of men themselves.

Thus we come to a conclusion curiously resembling that of Descarte's, that; "God exists because the idea of God exists"; or the saying of Voltaire that "if God did not exist it would be necessary to invent him;" or the conviction of Rousseau that "if God is not in us, He never existed". Does each of these, in his piety of irony or rationalist fervour, express, despite himself, an awareness of this vital attribute of the group mind? God truly emerges from the group mind only at that stage of human development when an adequate conception of its nature, origin, function and capacities grows up in a sufficient number of human brains. Beyond this point, we may call the group mind the theo-psyche to indicate its divine properties.

Beyond the Theopsycbe : The Universal Reality

Some evidences will be presented later to show that at any given moment the group mind of any individual mind beyond (group) is wiser and nobler in moral outlook than the mind of any individual present in the group. Yet it is always far below the perfection supposed by religious people to be characteristic of God. And though for the lower variant of population the group mind exercises most of the benevolent and watchful functions of God, it can not account for all the behaviour of the higher variants. Christ for example, clearly drew upon something beyond the group mind of His day.

Are we then to suppose that the leading individual minds and to some extent and in relatively indirect ways, the lower variant's minds, have relations with some more evolved group mind of the future.

Now it is possible that the individuals of great intellectual power and possessed of sufficient emotional maturity, courage and vitality to brave a step in the dark, could construct for themselves by the process of education which Speerman has described in Creative Mind, an accurate conception of the group mind that is to be. On the intellectual side, such a construction could be entirely accurate being founded on logic. Thus, the inventors of a new flying machine may be sure that it follows logically in its construction from sound principles, they can be sure of it in so far as they are careful in their logic and in their premises. But men who aspire to a new art or religion can be sure of nothing beyond their own good will and sincerity. Experiments in emotional values, in faith plus blind experiment, these leaders who act upon such products of their own enterprise, are therefore acting only on a probability, not a certainty, that these represent the group mind which is to emerge. Their sincere will to evolve the new group mind is their only certain...

(Incomplete)

धर्म का विकास

धर्म का कोई दर्शन इस मान्यता के साथ आरम्भ होता है कि धर्म और धार्मिक विचारों को भावनाओं और सामाजिक अनुभवों के क्षेत्र से निकाल कर वैज्ञानिक मनन का अंग बनाया जा सकता है। इसका अर्थ यह हुआ कि जहाँ धर्म और दर्शन के उद्‌देश्य समान हैं, वहीं वस्तुओं के प्रति मानव-मन का रवैया हरेक के सिलसिले में अलग-अलग होता है। एक ओर तो वे भक्ति और आध्यात्मिक आनन्द की वस्तुओं के रूप में इसमें तात्कालिक रूप से मौजूद होती हैं और उसके सामने अधिक से अधिक केवल बाह्य तथ्य के या चित्रात्मक प्रस्तुति के आती हैं। दूसरी ओर वे मनन या बौद्धिक ग्रहण के विषय बन जाती हैं और अन्ततः शुद्ध या मानस-चिन्तन के रूप में विवेचित की जाती हैं। भोली भावना का परमानन्द छोड़कर हम एक अधिक शुष्क पर फिर भी अधिक उदात्त क्षेत्र में प्रवेश करते हैं, जिसमें बुद्धि स्वयं को अपनी विधेय वस्तु के मुक़ाबले खड़ा करती है, इस स्वाभाविक सामंजस्य को तोड़ती है जिसमें विचारों का कोई भी अन्तर्विरोध अभी तक सामने नहीं आया है, और एक अधिक गहन, अधिक अटूट एकता की खोज की ओर आगे बढ़ती है। जो कुछ यथार्थ है वह बुद्धिसंगत है और जो कुछ बुद्धिसंगत है वह यथार्थ है--दर्शन इसी की विवेचना का दावा करता है। इसका कार्य केवल प्रकृति और मानव-जीवन के बारे में सामान्य निष्कर्ष निकालना ही नहीं है, बल्कि प्रकृति में, मानव-मन में, सभी सामाजिक संस्थाओं में, राष्ट्रों के इतिहास में और विश्व की समस्त अग्रगति में बुद्धि की उपस्थिति, जीवन्त गति या प्रक्रिया को दिखाना भी है। दूसरे शब्दों में, धर्मशास्त्र जिस सीमा तक सोच और सापेक्ष तक सीमित है उस सीमा तक उसका विशिष्ट क्षेत्र निरपेक्ष सत्य है। संक्षेप में, यथार्थ के पूरे क्षेत्र में ऐसा कुछ नहीं, जो दर्शन के दायरे से बाहर हो। दर्शन के इस सर्वव्यापी क्षेत्र का अपवाद होने की बजाय धर्म वह क्षेत्र है जो उसके सबसे पास है। कारण कि एक दृष्टिकोण के अनुसार, धर्म और दर्शन के सामने साझे उद्‌देश्य और साझे अन्तःतत्त्व होते हैं और कहा जा सकता है कि धर्म की व्याख्या करते समय दर्शन साथ ही साथ अपनी व्याख्या करता है।

कहा जाता है कि धार्मिक ज्ञान का माध्यम बुद्धि नहीं बल्कि मात्र भावना या तात्कालिक और अतार्किक बोध होता है। धार्मिक सत्य तर्क की पकड़ से बाहर होता है; यह एक तर्कसंगत प्रणाली या सत्य के आधार के रूप में पेश किए जाने से परे होता है। अगर धार्मिक सत्य मानव-बुद्धि के दायरे से एकदम बाहर हो या बुद्धिसंगत अन्तःदृष्टि

की बजाय केवल अन्तःज्ञान के सहारे उस तक पहुँचा जा सके या अगर वह किसी निश्चित पराप्राकृतिक देववाणी का अन्तःतत्त्व हो तो धर्म के किसी दर्शन का विकास, शब्द के किसी भी अर्थ में, एक असम्भव कार्य होगा।

धर्म की आवश्यकता

तमाम धार्मिक अनुभवों में ऐसी भावनाएँ और क्रियाएँ शामिल होती हैं जो केवल आध्यात्मिक या बुद्धिसंपन्न व्यक्तियों के लिए सम्भव होती हैं, जिनकी जड़ें देवत्व के साथ मानव की भावना के कुछ अपरिहार्य सम्बन्धों में होती हैं और इसलिए जो अकारण पैदा नहीं होतीं, बल्कि आत्मिक प्रक्रिया की छिपी हुई तार्किकता के अचेत पालन के फलस्वरूप पैदा होती हैं। तो दर्शन का काम इन सम्बन्धों को सामने लाना और उस प्रक्रिया के उन चरणों को दिखाना है जिनके द्वारा शांत भावना अपनी ही सीमाओं का अतिक्रमण करती है और ऊपर उठकर अनदेखे और शाश्वत के साथ एकाकार हो जाती है। दूसरे शब्दों में, दर्शन दिखाता है कि यह भावना मन के लिए कितनी आवश्यक है जो स्वयं को ईश्वर से जोड़ता है; दर्शन ईश्वर के उस विचार का निश्चय करता है जो धार्मिक अनुभव में शामिल होता है। दर्शन यही कार्य सम्पन्न करते हुए धर्म की आवश्यकता दिखाता है।

शायद ही यह कहने की आवश्यकता हो कि शब्दसमूह 'धर्म की आवश्यकता' का मतलब साफ़ तौर पर ग़लत यह विचार नहीं है कि एक-एक व्यक्ति धार्मिक होता ही है। मनुष्य रूप में मनुष्य के लिए धर्म आवश्यक है–यह दिखाने के लिए यह दिखाना आवश्यक है कि कोई मनुष्य ऐसा नहीं जो इस आवश्यकता को महसूस न करे। हम धर्म की आवश्यकता की बात वैसे ही करते हैं जैसे कि नैतिकता या विधान या विज्ञान या दर्शन की आवश्यकता की बात करते हैं। हो सकता है यह दिखाना सम्भव हो कि धर्म की आवश्यकता सबसे अधिक होती है–ऐसी आवश्यकता जो बुद्धि की प्रकृति में ही निहित है और इसलिए जो सभी बुद्धिसंगत व्यक्तियों की आवश्यकता होती है, हालाँकि व्यक्ति के विकास में आकस्मिकता या यदृच्छा का ऐसा तत्त्व भी होता है जो उसको अपनी सच्ची प्रकृति और नियति से पीछे ही रखे।

अब आगे। धर्म की आवश्यकता का समर्थन करने के लिए हमें यह साबित करने की आवश्यकता नहीं कि सभी मनुष्यों, सभी नस्लों और सभी युगों के धार्मिक विचार समान रहे हैं, और इसके विपरीत यह साबित करना भी आवश्यक नहीं कि धर्म में केवल ऐसे आज्ञापत्र की आवश्यकता है जिस पर सभी मनुष्य और युग एकमत रहे हैं। धर्म में सार्वभौम सत्य वह है जो सभी धर्मों में साझा है, और इसलिए सर्वोच्च और पूर्णत्वसम्पन्न धर्म में ऐसा एक भी विचार नहीं जो उसके पहले के धर्मों में उसी रूप में रहा। समस्त जैविक विकास में पूर्णत्वसम्पन्न काया जहाँ अपने जीवन के पूर्ववर्ती और अपरिपक्व चरणों में जो कुछ था उसे समझती और ग्रहण करती हुई चलती है, वहीं वह उनको रूपान्तरित और नष्ट करती हुई भी चलती है।

धर्म में सार्वभौम को पानें के लिए हमें उससे परे जाना होगा, उस विचार तक जाना होगा जो निरन्तर अपनी पूर्ण सिद्धि की ओर बढ़ रहा है, जो अपनी प्रगति के हर चरण में कुछ भी नहीं खोता, लेकिन कुछ भी अपरिवर्तित नहीं रहने देता और अतीत को रूपान्तरित करके ही अपनी भूमिका पूरी करता है। विचार का परिपूर्ण और निरपेक्ष रूप, जो कुछ सभी रूपों में साझा है उसे हमारे सामने लाने की बजाय, अपने अपरिवर्तित (रूप) में एक भी ऐसा तत्त्व बचाकर नहीं रखता, जो उसका अंग हो, जहाँ यह अपूर्ण धर्मों में जो कुछ सत्य है उसके प्रच्छन्न महत्त्व को स्पष्ट करता है, वहीं वह उसका अतिक्रमण करता है और अतिक्रमण करते हुए उनको नष्ट करता है।

इसलिए धर्म की आवश्यकता दिखाना यह दिखाता है कि धार्मिक सम्बन्ध–जो कुछ सांत और सापेक्ष है उसका अतिक्रमण, सांत और सापेक्ष का उन्नयन और (उसके बाद) सांत भावनाओं को ऊपर उठकर असीम और निरपेक्ष भावना से एकाकार होना–ऐसा कुछ है, जो मनुष्य की प्रकृति में ही निहित है। अनन्त को केवल भ्रांति और त्रुटि मानने के विपरीत हम यह कह सकते हैं कि सांत ज्ञान ही सांत होने के कारण भ्रांतिमय और असत्य है, और यह कि समस्त सत्य ज्ञान में एक निरपेक्ष और अनन्त तत्त्व मौजूद रहता है, जिससे अलग होने पर सांत ज्ञान और अनुभव का पूरा ताना-बाना अव्यवस्था में बदल जाएगा।

अगर इस पूरी प्रणाली की व्याख्या भौतिक-जमा-रासायनिक गति से करनी पड़े तो शब्द-समूह 'धर्म की आवश्यकता' व्यर्थ ही होगी। मतलब यह हुआ कि बुद्धिसम्पन्न आत्मचेतन प्राणी के रूप में मनुष्य की प्रकृति में ऐसा कुछ है जो उसे भौतिक और सांत से ऊपर उठने के लिए बाध्य करता है और समस्त ग्रहणशील मनों को अनन्त से पहले कहीं ठहरकर आराम नहीं करने देता।

भौतिकवादी सिद्धान्तों की अपर्याप्तता

आज विश्व के बारे में भौतिकवादी सिद्धान्तों की अपर्याप्तता को दोहरी कहा जा सकता है।

(1) मन को बाहर करने और अन्ततः उसे पदार्थ का परिणाम कहने के चक्कर में वे वास्तव में आरम्भ में ही उसकी अघोषित मान्यता लेकर चलते हैं।

(2) विश्व की समस्त संवृत्तियों की कुंजी के रूप में वे जिस सिद्धान्त का–बल या यांत्रिक कारण-कार्य-सम्बन्ध के सिद्धान्त का–उपयोग करते हैं वह केवल अजीव प्रकृति पर लागू होता है, सजीव या ऊर्जामय संवृत्तियों पर लागू नहीं होता, तथा चेतना और बुद्धि की व्याख्या के लिए एकदम असफल रहता है।

बल या भौतिक कारण-कार्य सम्बन्ध का विचार, जिससे भौतिकवाद मन से स्वतंत्र रहकर विश्व के सभी प्रकार्यों का निश्चय करता है, स्वयं मन का एक उत्पाद या प्रवर्ग है, और चिन्तन या मानसिक ऊर्जा जिस अन्तिम उत्पाद में 'परिवर्तित' किया जा सके, उसकी खोज करने की बजाय हमें बल को स्वयं में ऐसी वस्तु मानना चाहिए जिसका

केवल चिन्तन में अस्तित्व होता है। अभी तक सभी भौतिकवादी व्याख्याएँ इस दुश्चक्र में फँसी हुई हैं कि जो पदार्थ चिन्तन का विधेय है वह वही है जो चिन्तन को पैदा करता है। इस तरह चिन्तन को पदार्थ का प्रकार्य बना देना चिन्तन को केवल अपना ही प्रकार्य बनाना है।

वह कौन-सी आन्तरिक या बुद्धिसंगत आवश्यकता है जो मन को धर्म के दृष्टिकोण तक उठने के लिए बाध्य करती है या, दूसरे शब्दों में, वह जिसे हम धर्म की आवश्यकता कहते हैं उसी का निर्माण करती है। चिन्तन मस्तिष्क की ही उपज है। (अंग्रेज़ी में इसके छह शब्द रामचन्द्र शुक्ल ने पेंसिल से हाशिये पर लिखे हैं।)

चिन्तन की प्राथमिकता ऐसी नहीं लगती कि अनन्त या निरपेक्ष मन की प्राथमिकता साबित करता हुआ था। अनन्त से सांत मन के सम्बन्ध की उस आवश्यकता से युक्त लगता है, जो धर्म का तत्त्व है।

कारण कि स्वयं होने के लिए हमारा स्वयं से अधिक कुछ होना आवश्यक है। जिस बात से हम प्रेम करते हैं वह किसी और के जीवन में हमारा अपना जीवन देखना, एक व्यापकतर स्वत्व (self) पाने के लिए अपने व्यक्तिगत स्वत्वों से वंचित हो जाना है।

जब हम मनुष्य की बुद्धिसंगत और आध्यात्मिक प्रकृति के वास्तविक महत्त्व की छानबीन करते हैं तो पाते हैं कि इसमें हम जिसे प्रभु की चेतना कहते हैं वह और उससे हमारा मूलभूत सम्बन्ध शामिल होता है।

इसी विचार को हम एक और दृष्टिकोण से समझ सकते हैं–इस सिद्धान्त की ओर पलटकर कि किसी सीमा का ज्ञान उससे लगभग और किसी अर्थ विशेष में सचमुच आगे जाना है। कहा जा सकता है कि हम केवल अपूर्णता की चेतना पा सकते हैं क्योंकि हमारे साथ, प्रच्छन्न या स्पष्ट रूप से, निरपेक्ष पूर्णता का एक मानदंड होता है, जिससे हम स्वयं को मापते हैं। यह है ईश्वर का ज्ञान, उससे आध्यात्मिक प्राणियों के रूप में हमारी प्रकृति का ज्ञान, जो हमारे आंशिक ज्ञान को यथार्थ बनाता है और हमें सचेत करता है कि यह ज्ञान आंशिक है। कहा तो बल्कि यह भी जा सकता है कि ऊपर हमने जिस सिद्धान्त का उल्लेख किया है उसमें ऐसा कोई निष्कर्ष जुड़ा हुआ नहीं है। कहा जा सकता है कि हममें हमारे सांत चरित्र की चेतना जगाने के लिए एक ऐसे अनन्त अस्तित्व का ज्ञान आवश्यक है जिसके जैसा विशाल कुछ और न हो।

धार्मिक चेतना

धर्म का आधार एक चिन्तनशील आत्मचेतन प्राणी के रूप में मानव की प्रकृति के सारतत्त्व में ही निहित है। हम अपनी वैयक्तिकता का अतिक्रमण करने की अनुभूतियों और भावनाओं के दायरे से ऊपर उठने की, और जो सार्वभौम और वस्तुनिष्ठ है उसके सान्निध्य में आने की क्षमता के ही कारण, बुद्धिसंगत या आध्यात्मिक प्राणी होते हैं। चेतन स्व वह है जो सभी विशेष और परिवर्तनशील अनुभवों के बीच तथा बाहरी वस्तुओं से अपने सम्बन्धों के बीच भी अपनी शुद्ध सार्वभौमिकता के साथ स्थिर रहता

है। वह न केवल स्वयं के प्रति और अपने मुक़ाबले मौजूद वस्तु-जगत के प्रति सचेत होता है, बल्कि उसमें इस विरोध का अतिक्रमण करके उच्चतर एकता की बात सोचने की क्षमता भी होती है जो इन दोनों तत्त्वों का बोध करता है। एक चिन्तनशील प्राणी के रूप में मैं अपने वैयक्तिक स्व को और उसके लिए बाह्य जगत को भी अपने चिन्तन का विधेय बना सकता हूँ। दूसरे शब्दों में, चिन्तन में स्व और अ-स्व का कड़ा विरोध टूट जाता है, हम अपनी क्षुद्र वैयक्तिकता से, तंग सीमाओं से ऊपर उठ जाते हैं, जिनमें मात्र छापों और आवेगों में रहनेवाले प्राणी सीमित रहते हैं, और हम एक ऐसे क्षेत्र में प्रवेश करते हैं जो सार्वभौम और अनन्त है। हम व्यक्तियों के रूप में महसूस करते हैं, पर बुद्धि के सार्वभौम जीवन में भाग लेकर ही सोचते हैं। उसकी बात सार्वभौम के क्रियाकलाप के रूप में सोची जाती है, जो मानव को एक अनन्त वस्तु के आगे आत्मनिषेध की और आत्मसमर्पण की क्षमता प्रदान करता है। धर्म का मर्म इसी में माना जाता है।

लेकिन जहाँ यह बात सच है कि धर्म का आधार मनुष्य की बुद्धिसंगत या बुद्धिसम्पन्न प्रकृति में होता है, या यह कि यह वह चिन्तन या बुद्धि है जो हमें धर्म के लिए समर्थ बनाती है, वहीं यह बात इस कथन का समानार्थी नहीं है कि धर्म एक शुद्ध बौद्धिक वस्तु होता है। यह कहना कि मनुष्य धार्मिक होता है क्योंकि वह बुद्धिसंगत होता है, यह क़हना नहीं है कि धर्म का स्थान मानव की प्रकृति के बौद्धिक भाग में होता है जो कि भावात्मक भाग और सक्रिय भाग से भिन्न होता है।

सच यह है कि यह प्रश्न एक मिथ्या या दोषपूर्ण मनोविज्ञान पर आधारित है कि वह कौन-सा विशेष अंग या चेतना का कौन-सा अंश है, जिससे धर्म का सम्बन्ध है, और क्या धर्म ज्ञान की वस्तु है या भावना की या इच्छाशक्ति की या कर्म की वस्तु है; यह वह प्रश्न है जिसका काफ़ी-कुछ बतंगड़ बनाया गया है। मनुष्य के आध्यात्मिक जीवन या उसकी चेतना को खंडित नहीं किया जा सकता। आध्यात्मिक एकता ऐसा कोई भंडार घर नहीं होती, उपकरणों का ऐसा कोई डब्बा या औज़ारों की पेटी नहीं होती, जिसमें सह-अस्तित्व सम्भव हो और तमाम वस्तुएँ अग़ल-बग़ल रखी हुई हो। यह बल्कि एक ऐसी एकता होती है, जिसमें विभिन्न तत्त्व अपरिहार्य रूप से एक-दूसरे से जुड़े होते हैं, और एक साझे सिद्धान्त की सह-सम्बन्धित अभिव्यक्तियाँ होते हैं। अब अगर हम पूछें कि वह कौन-सा केन्द्रीय तत्त्व है जो हमारे जीवन के अनेक पहलुओं में-हमारी संवेदनाओं, अनुभूतियों, इच्छाओं, कल्पनाओं, धारणाओं, उद्देश्यों, विचारों आदि में—मौजूद है, जो उसी तत्त्व के विभिन्न या उत्तरोत्तर विशिष्ट रूप हैं, तो इसका कमोबेश यही उत्तर होगा कि वह तत्त्व विचार है। तमाम परिवर्तनशील अनुभवों के बीच अपरिवर्तित तत्त्व है—अहम—चेतन, सोचनेवाला स्व जिससे सभी एक समान जुड़े हुए हैं।

चिन्तन का वह कौन-सा विशेष रूप है, जिससे धर्म का सम्बन्ध होता है? ईश्वर और दैवी तत्त्व हमारी अनुभूतियों को सहलाते हैं, हमारी भावनाओं को हवा देते हैं, हमारे अन्दर इच्छाओं और आवेगों को जन्म देते हैं, हमारी व्यावहारिक गतिविधियों पर हावी

होते हैं, लेकिन इनके नीचे और इन सबमें उस अंग का कार्यकलाप शामिल होना चाहिए, जो हमें स्वयं से ऊपर उठानेवाला अकेला कार्यकलाप है, जो दृश्यमान या अदृश्य या शाश्वत वस्तुओं से हमारा सम्बन्ध बनानेवाला अकेला कार्यकलाप है, और वह अकेला अंग मन है।

जिस बौद्धिक प्रक्रिया के द्वारा हम अपने निष्कर्षों पर पहुँचते हैं उसका पता लगाए या उसका तार्किक समर्थन किए बिना भी चूँकि सही ढंग से तर्क करना सम्भव है, इसलिए सुन्दर और शिव (शुभ) का विचार ऐसे अनेक मनों पर भी अपनी शक्ति का व्यवहार कर सकता है, जिन्होंने अनुभव में या नीतिशास्त्र या सौन्दर्यशास्त्र के एक स्पष्ट सिद्धान्त में कभी उसे रूपान्तरित नहीं किया या करने में समर्थ नहीं हो सकते। यह बात भी समझ में आती है कि धार्मिक विचार निहित ढंग से हृदय और जीवन पर हावी होते हैं, तब भी जबकि इनके कर्ता ने वस्तुनिष्ठ चिन्तन के रूप में उनको न समझा हो और न समझ सकता हो।

धार्मिक चेतना की प्रकृति

रामचन्द्र शुक्ल ने यह उपशीर्षक लिखा अवश्य है पर इसके नीचे का स्थान खाली है।

धर्म और विज्ञान : बर्ट्रेंड रसेल

धर्म और विज्ञान सामाजिक जीवन के दो पक्ष हैं। इनमें से पहला तो तब भी महत्त्वपूर्ण रहा है, जबसे हम मनुष्य के मानसिक इतिहास के बारे में कुछ भी जानते हैं, जबकि दूसरा यूनानियों और अरबों के बीच दिए की बत्ती जैसा जीवन जीने के बाद 16वीं सदी में एकाएक महत्वपूर्ण हो उठा और तब से उन विचारों और संस्थाओं को अधिकाधिक ढालता आ रहा है जिनके साथ हम जी रहे हैं। धर्म और विज्ञान के बीच एक लम्बा टकराव चला है, जिसमें पिछले कुछ वर्षों तक विज्ञान हमेशा ही विजयी रहा है। लेकिन रूस और (जर्मनी) में नए धर्मों के उदय ने...(रामचन्द्र शुक्ल ने स्थान ख़ाली छोड़ दिया है।)

...कैटेल का मनोविज्ञान और धार्मिक खोज।

विज्ञान और धर्म का सांस्कृतिक द्वंद्व

सन्दर्भ : सोवियत संघ

सांस्कृतिक दृष्टि से हम हलचलों से भरे एक युग में रह रहे हैं। हम विज्ञान और धर्म के एक लम्बे और विनाशकारी युद्ध के अन्तिम दिनों के साक्षी हैं। यह कथन सम्भवतः पूरे सत्य को सामने नहीं लाता, क्योंकि सांस्कृतिक टकराव रचनात्मक भी होते हैं। और उजाड़ते भी हैं। जिन घटनाओं ने (हमें) वर्तमान स्थिति तक पहुँचाया है उनका एक सारसंक्षेप सबसे अच्छे ढंग से शुरू होगा तो चार सौ साल पहले, पुनर्जागरण की संस्कृति के पुनरुत्थान के साथ होगा जो दार्शनिक प्रतिष्ठा के साथ पीठासीन और राजनीतिक

शक्ति से लैस एक अजीब-ग़रीब ढंग से व्यवस्थित धर्मशास्त्र के ख़िलाफ़ था। यह विरोध एक महत्त्वपूर्ण अर्थ में और भी पुराना है तथा इसकी जड़ों की खोज करनेवालों को यूनानी सभ्यता तक या आदिम लोगों में जादू और जीववाद (एनिनिज्म) की शत्रुता तक जाना होगा।

इस संघर्ष के आरम्भिक चरणों के अधिकांश इतिहासकार देखने में बिना किसी उत्तेजना के जन्मी उस भयानकता पर ध्यान केन्द्रित करने लगते हैं जिसका सहारा धार्मिक सत्ता बौद्धिक उत्थान की पहली निशानियों के ख़िलाफ़ लेती रही है। लेकिन बाद की घटनाओं की रौशनी में उस मर्मभेदी अन्तःज्ञान को देखकर आश्चर्य होता है जिसके बल पर चर्च ने फ़ौरन ही उस साँप को, उसके भोले-भाले बचपन में ही देख-जान लिया जिसके पास ऐसी शक्तिशाली बुद्धि का फन था कि जीने योग्य समस्त धार्मिक जीवन विषमय हो सकता था। कारण कि उस धार्मिक निरंकुशतंत्र के अत्यधिक बहुरूपी भय और भयानकतम दुःस्वप्न उसके बाद से सामने आ चुके हैं। चार सौ से भी कम साल में राजनीतिक और बौद्धिक दृष्टि से हावी एक धर्म अब धूल चाट रहा है। कम से कम बौद्धिक दुनिया में विरोधियों की स्थिति पूरी तरह बदल चुकी है। सोवियत वैज्ञानिक (मृत) काया के ऊपर अभी ही काँव-काँव कर रहे हैं मानो उनके भयानक विरोध का जीवन अब समाप्त हो चुका हो और अब अधिकाधिक उनसे ऐसी परिष्कृत जनता जुड़ने लगी है जो अगर बोलती भी है तो धर्म को 'जनता की अफ़ीम' और 'एक विराट सामाजिक विद्रूप' कहती है। विराट शक्ति से लैस जीवन के प्रति यह वैज्ञानिक दृष्टि, तथ्य को तथ्य से जोड़ने का यह सुन्दर ढंग, कारण और कार्य को यह खुले तौर पर सत्यापन-योग्य शृंखला, और एक स्पष्ट रूप से सुधरी हुई दुनिया के बारे में यह हार्दिक वचन तमाम शिक्षित जनता के मानस-तंत्र के अनिवार्य अंग बन चुके थे। धर्म ने अपने समाजशास्त्र को मान्यता दी। रामचन्द्र शुक्ल ने संगत अंग्रेज़ी शब्द हाशिये में लिखे थे। सत्य के साथ धर्म का मल्लयुद्ध एक छोर पर जारी था और विज्ञान जो कुछ नष्ट हो चुका था उसकी जगह जीवन के एक नए दर्शन को रूपरेखा देनेवाला एक शक्तिशाली रचनात्मक शक्ति बन गया।

मानवशास्त्र और धर्म की वंशावली

मानवशास्त्र का मनुष्य, उसकी सामाजिक प्रथाओं, उसके विश्वासों, जीवनशैलियों के अध्ययन का स्वर्णयुग 19वीं सदी का उत्तरार्ध था जब अपेक्षाकृत आसानी से, और साहसिक यात्राओं से, वैज्ञानिक अभी तक सभ्यता से अपेक्षाकृत अदूषित रहनेवाले एक रोचक विविधता वाले आदिम जनगणों की जीवनशैली के बारे में तथ्य जमा कर रहे थे। विशेष रूप से 1870 और 1890 के बीच टाइलर और फ्रेज़र के श्रमसाध्य अध्ययनों ने, जिनका सरोकार आदिम धर्म के रूपों से था, ईसाई चर्चों में उपासना के पवित्रतम रूपों तथा जंगल मानव के अंधे और हास्यास्पद विश्वासों के बीच यूरोपवालों को एक आँख-खोल समानता दिखाई।

अगर ईसाइयत में उद्विकास के लिए जगह नहीं है तो दूसरी तरफ़ उद्विकास ईसाइयत के लिए एक जगह बनाने के लिए एकदम तैयार है। विज्ञान ने देवी-देवताओं की एक मंडली के प्रति हमें सजग किया। हालाँकि यूरोपवालों ने उस धर्म को अद्भुत महत्त्व दिया कि जिनमें उनका लालन-पालन हुआ था और तमाम विविध विश्वासों को उन्होंने अंधविश्वास कहकर रद्द कर दिया, पर यह बात स्पष्ट है कि स्वयं मानव की तरह हमारा धर्म भी उद्विकास की एक लम्बी शृंखला की अन्तिम उपज है, भले ही परिष्कृत उपज न हो। जिस चीज़ पर हम ख़ास धर्म का ठप्पा लगाते हैं, वह ऐसी कोई चीज़ है जो आदिम जनगणों के कार्यकलापों और विचारों की एक समरस समष्टि से, जिसमें जादू, अंधविश्वास, जीववाद, कर्मकांड और वर्जना आदि शामिल थे, क्रमिक रूप से विकसित हुई है।

आदिम चिन्तन में जीववाद की मात्रा देखकर टाइलर और स्पेंसर हैरान रह गए, पर जीववाद उनके समय के धर्म में परिष्कृत और घनीभूत रूपों में फिर भी मौजूद था। जीववाद से हमारा अभिप्राय तमाम प्रकार की प्राकृतिक घटनाओं की इस तरह व्याख्या करने की प्रवृत्ति से है कि गोया वे जीवित मगर शरीरहीन प्राणियों की इच्छा के परिणाम हों। विज्ञान में 'कारण और कार्य' की जो शुष्क, सामान्य बुद्धि वाली तार्किकता पाई जाती है, अधिकांश जंगल जनगणों में उसके प्रति अधिक धैर्य पाया जाता है।

लेवी ब्रुल ने आदिम चिन्तन की परिभाषा 'पूर्व-तार्किक' के रूप में की है। यह बात शायद ही सच हो क्योंकि जंगलमानव जानता है कि वह अपने आवेगों और अपनी इच्छाशक्ति से बाह्य जगत को स्वयं बदलता है।

इसलिए उसकी (जंगल मानव की) दृष्टि में हर पर्वत और रहस्यमय वन, हर उदास खोह, बहती नदी या धारा में किसी आत्मा का वास होता है, ये पृथ्वी, जल और वायु के दानव हैं जो अपने विविध और मनमाने कृत्यों से, प्रकृति की सभी संवृत्तियों को जन्म देते हैं। चूँकि जंगल का जीवन तूफ़ान और अकाल से, दुर्घटनाओं, रोगों और अकस्मात् मृत्यु से सीधे-सीधे प्रभावित होता है, इसलिए उसका झुकाव ऐसी शुभकर आत्माओं के मुक़ाबले कहीं बहुत अधिक संख्या में दुष्ट और ख़तरनाक दैत्यों के आविष्कार की ओर होता है। बच्चे की तरह वह उनके आशीर्वाद को अपनी बपौती मानता है और अपनी ऊर्जाएँ अपने प्रतिबंधों की शिकायत करने में लगा देता है।

बाहरी संसार पर अपने ही अनुभवों की पद्धति को 'प्रक्षेपित' करने की एक सरल प्रवृत्ति के रूप में जीववाद असंस्कारी मन की एक सार्वभौम प्रवृत्ति है। यह प्रवृत्ति बच्चों में, आदिम लोगों में, अपरिष्कृत खेतिहर समुदायों में...और कवियों में दिखाई देती है। हवा एक बच्चे के लिए दरवाज़ा बन्द कर देती है और वह मुड़कर उसे चिढ़ के साथ ठोकर मारता है, सिर्फ़ इसलिए नहीं कि इससे उसकी भावनाओं को राहत मिलती है बल्कि इसलिए भी कि वह उससे एक दृष्टता की प्रवृत्ति भी आरोपित करता है, जैसा कि सम्राट ज़ेर्क्सेज़ (xerxes) ने किया था। बारफोरस को इसलिए उसने ज़ंजीरों से पीटा था कि उसने नावों के पुल को बहा देने का दुस्साहस किया था। इसी तरह बच्चा धूप में

फूल के खिलने की व्याख्या वह कहकर करता है कि वह अपने मुँह पर उसकी गर्मी पसन्द करता है।

जीववादी चिन्तन को अधिकांश दृष्टांतों में प्रतिगामी कहा जाना चाहिए क्योंकि इसका सम्बन्ध पूर्व-तार्किक चिन्तन और व्यवहार का सहारा लेने से होता है। इसका सम्बन्ध उस वस्तु से होता है, जिसे मनोविश्लेषकों ने अचेतन का 'सुख का सिद्धान्त' (Pleasure Principle) तत्काल ही अत्यधिक सहजता और आनन्द पाने का सिद्धान्त– कहा है, न कि अनुशासित 'यथार्थ-सिद्धान्त' जो हमारी विकसित चेतना की अधिकांश सोच में व्याप्त होता है और हमें अपेक्षाकृत अधिक कठोरता से राह दिखाता है, जो अकेले ही हमें अपने लक्ष्यों को पाने और दुर्गम प्रकृति पर अधिकार पाने में समर्थ बनाता है। इस कारण से जीववाद की वस्तुओं पर सवारी करना कठिन होता है, बल्कि हमें बार-बार उसकी ओर पलटने का लोभ होता है।

लेकिन जांगल जातियों में जिस प्रकार का जीववाद पाया जाता है उसमें अशरीरी आत्माओं सम्बन्धी विश्वास तथा प्रकृति की उन सामन्य घटनाओं के पीछे भी मन के अस्तित्व का विकास पाया जाता है, जिनकी समुचित व्याख्या केवल भौतिक आधारों पर की जा सकती है। जांगल लोग आत्मा की बात यूँ करते हैं मानो यह शरीर की परछाईं हो या एक व्यक्ति की परछाईं या प्रतिबिम्ब से एकाकार भी हो। दूसरे वक्तों में उनके व्यवहार का मतलब यह होता है कि आत्मा एक व्यक्ति की साँस या उसके रक्त में, बल्कि उसकी थूक तक में, होती है। इस अवलोकन से कि सोते समय मनुष्य अचेतन और असंवेदन होते हैं, तथा दूर के स्थानों और साहसिक कार्यों सम्बन्धी स्वप्नों के बारे में अपने अनुभव से भी, जांगल व्यक्ति यह निष्कर्ष निकालता है कि जब वह सोया हुआ होता है तब उसकी आत्मा यात्रा पर निकल जाती है।

जीववाद के साथ जादुई क्रियाकलापों पर भी विचार किया जाना चाहिए। जादू के द्वारा लोगों ने ख़ुद के प्रयासों से, जो भी आत्मा मौजूद हो उससे सहायता की गुहार लगाए बिना, अपनी दुनिया पर अधिकार पाने के प्रयास किए हैं। लेकिन जादू फिर भी यथार्थ के चिन्तन से दूर होता है। जांगल व्यक्ति शिकार में सफल होना, शत्रु को मारना, फ़सलों में बढ़ोत्तरी करना या बीमार को ठीक होते देखना चाहता है, और इस उद्देश्य से वह मंत्र पढ़ता है, अजीब-अजीब अनुष्ठान करता है, आदिम कीमियागीरी का सहारा लेता है। हो सकता है जीववाद का आंशिक विलोप हो चुका हो, मगर कठोर यथार्थवाद ने अभी उसकी जगह नहीं ली है। इसकी बजाय यहाँ एक प्रकार का दोग़ला तर्कशास्त्र, एक अधूरा प्रतीकवादी मनोरथ का चिन्तन होता है।

मानवशास्त्रियों ने जादू के पीछे मौजूद चिन्तन की त्रुटियों को दो श्रेणियों में रखा है। अनुकरणात्मक जादू में जांगल व्यक्ति ऐसे व्यवहार करता है मानो मात्र समानता या प्रतीकात्मक प्रतिनिधान ही पहचान हो। किसी शत्रु को हानि पहुँचाने की इच्छा से मोरक्कोवासी उसका आटे का पुतला बनाता है और फिर उसका अंग-भंग करता या उसके सर में कील ठोंकता है कि स्वयं शत्रु की भी ठीक उसी समय वैसी ही दुर्गति

होगी। दूसरी ओर संक्रामक जादू इस मान्यता पर आधारित होता है कि सम्पर्क मात्र का कुछ विशेष गुण होता है तथा यह सम्बन्धित वस्तुओं में एक पहचान पैदा करती है। मलय जिस लड़की से प्रेम करता है उसके पैरों की छाप वाली रेत उठाता है और फिर आग पर उसे इस विश्वास के साथ तपाता है कि इसके चलते लड़की का हृदय भी उसके प्रति प्रेम की ऊष्मा से भर उठेगा।

हमें आदिम जनगण के तीसरे कार्यकलाप पर भी विचार करना होगा जिसके जीववाद और जादू दोनों से गहरे सम्बन्ध हैं। यह है वर्जना (taboo) की संवृत्ति। जीववाद और जादू में व्याप्त सोच तथा वर्जना के व्यवहार की पारस्परिक निर्भरता ऐसा अवलोकन है जिसे अनदेखा नहीं किया जा सकता। कुछ वर्जनाओं की उपयोगिता होती है : यह कहना यह दावा करना नहीं है कि जांगल लोग उनके काम करने के ढंग समझते हैं। कुल मिलाकर इसके पीछे अचेत ढंग से ग़लती करके सीखने का इतिहास समझना अधिक उपयुक्त होगा और वे क़बीले ही शेष बचे जिन्होंने सामाजिक दृष्टि से सबसे अधिक मूल्यवान प्रथाओं को अपनाया। निश्चित ही ऐसी अनेक वर्जनाएँ हैं जिनकी उपयोगिता समझ से परे है, और जो लगता है मनोवैज्ञानिक आवश्यकताओं से, अचेत या सौन्दर्यशास्त्रीय सनक में अबुद्धिसंगत आवेगों की सन्तुष्टि से पैदा हुईं। उदाहरण के लिए जो चीज़ आकर्षण या जुगुप्सा की शक्तिशाली भावनाओं को, किसी अप्रत्याशित को, असामान्य या घोर नए को उत्तेजित करती है, वर्जना बनने की तरफ़ बढ़ चलती है।

ऐतिहासिक अवलोकन और मानवशास्त्रीय मत जीववाद, जादू और वर्जना को सांस्कृतिक समष्टि से धर्म, विज्ञान और नैतिकता की उपज मानने पर एकमत हैं। लेकिन हमारी समस्या हमारी अपेक्षाकृत वयस्क सभ्यता की इन विशेषताओं की जड़ों को भ्रूणावस्था की आरम्भिक अवस्था में खोजना है ताकि वे जिस सामग्री से बनी हैं हम उन्हें बेहतर समझ सकें।

मनोवैज्ञानिक जादू को 'चिन्तन की भ्रामक सर्वशक्तिसम्पन्नता' की अभिव्यक्ति मानते हैं; यह विश्वास वह है कि किसी वस्तु के बारे में सोचना उसे रचना ही है–ऐसा विश्वास जो छोटे बच्चों और मानसिक रोगियों में भी पााया जाता है। जादू जैसी कारवाइयों में 'चिन्तन की सर्वशक्तिसंपन्नता' हमारे धर्म की गौण कार्यपद्धतियों में अच्छी-ख़ासी भूमिका निभाती है। यह पवित्र जल या पवित्र कूप या किसी के अन्तिम संस्कार के समय चर्च की घंटियों की आवाज़ जैसी आम वस्तुओं में सामने आता है; मूलतः इसका उद्‌देश्य जाने वाली आत्मा के रास्ते से दुष्टात्माओं को दूर रखना है। तिलिस्म सम्बन्धी विश्वास और तावीज़ों के साथ होनेवाले सौभाग्य और दुर्भाग्य के प्रभाव के रूप में जादू अभी भी हमारे दैनिक जीवन में आम है।

अब आगे हालाँकि वर्जना नैतिकताओं की अग्रज होती है, पर वह शिष्टाचार की अग्रज भी हो सकती है। कारण कि एक ओर जीववादी श्रेणी की पराप्राकृतिक शक्तियों से इसका वही सम्बन्ध होता है जो नैतिकता का धर्म से या देवत्व सम्बन्धी विश्वासों से माना जाता है। यह भी कहा जा सकता है कि जांगल मानव अपनी परा प्राकृतिक वर्जनाओं को भी

प्रेम से अधिक भय के कारण मानता है जबकि कम से कम ईसाई धर्म में और आधुनिक काल में (वर्जनाओं का) प्रेमवश पालन नैतिक दायित्व की विशेषता बनता जा रहा है।

फिर भी वर्जना नैतिकता का आधार है, यह बात उतनी ही स्पष्ट है जितना यह विश्वास कि जीववाद के धुँधले इतिहास में झाँककर धर्म का मतलब पाया जा सकता है। टाइलर का सुविचारित निष्कर्ष यह है कि 'जांगल लोगों के धर्म से लेकर सभ्य मानव के धर्म तक जीववाद धर्म के दर्शन का एक शानदार कारनामा है।' भय, क्रोध या याचना के साथ अपने वातावरण पर प्रतिक्रिया करने के बारे में वैयक्तिक अपरिष्कृत मन के रुझानों के साथ, जिनका सरोकार दानवों और आत्माओं से, पूर्वजों या प्रकृति से होता है, समूह अज्ञात जगत की शक्तियों से पार पाने के लिए एक परम्परा और एक अनुष्ठान का निर्माण करता है। उसके बाद समूह की ये कल्पनाएँ सुझावग्राही व्यक्ति पर आरोपित कर दी जाती है। इसे इतना गहरा आरोपित किया जाता है कि एक बुद्धिवादी इसे अयथार्थ चिन्तन का निश्चित रूप से एक दुष्चक्र कहेगा।

कारण कि जीववाद, जादू और वर्जनाएँ वैयक्तिक नहीं, सामुदायिक गतिविधियाँ होती हैं। जांगल मानव की आशाएँ और आशंकाएँ एक बड़ी हद तक पूरे क़बीले की भी होती हैं जिनका सरोकार फ़सल की कामयाबी, मौसम के दोस्ताना रवैये, बजरों के निर्माण, कीड़ों और दुष्टात्माओं के पलायन और दुश्मन क़बीलों की पराजय से होता है। कुछेक जादुई अनुष्ठानों के निजी उद्‌देश्य होते हैं, पर सामाजिक व सार्वजनिक अनुष्ठान वाली धार्मिक स्वीकृति मुख्यतः समूह की अनुमोदित इच्छाओं को ही दी जाती है। धर्म के वास्तविक आरम्भ की खोज हमें जीववाद के इसी समाजीकरण में करनी होगी। समाजीकरण पराप्राकृतिक शक्तियों के नामों, उनकी प्रकृतियों और संख्याओं सम्बन्धी विचारों का एक परम्परागत सुव्यवस्थित रूप पैदा करता है। इससे भी बड़ी बात यह है कि यह समय-समय पर अनुष्ठानों और कर्मकांडों के आयोजन की एक परम्परा स्थापित करता है, जिसमें धार्मिक भावना नाम का साझा अनुभव और भी तीव्रता पैदा करता है। यह धर्म की रक्षा और उसके उद्‌देश्यों के एकीकरण में रुचि रखनेवाले पेशेवर व्यक्तियों का एक समूह पैदा करता है। व्यापक दार्शनिक धारणाओं की बजाय नृत्य और गीत और सामुदायिक अनुष्ठान से यह आरम्भिक सरोकार अनदेखा नहीं किया जाना चाहिए। जैसा कि मैरेट ने कहा है, आरम्भ में धर्म 'सोचा नहीं, नाचा गया।'

ख़ासे पहले के समय से इन अनुष्ठानों में एक साझा ढर्रा देख पाना सम्भव है।

धर्म का भी एक विकास होता है—ज़ाहिर तौर पर अमरत्व सम्बन्धी एक सुनिश्चित विश्वास की दिशा में यह ऐसा परिष्कृत अमरत्व होता है, जिसमें सिर्फ़ आध्यात्मिक जीवन ही जारी रहता है। जीवन में नैतिकता का पुरस्कार अन्तहीन परमानन्द और बुराई का प्रतिकार कष्ट के रूप में प्राप्त होता है। सबसे बाद के चरण में स्वर्ग में मिलनेवाले जीवन की प्रकृति इतनी आध्यात्मिक हो जाती है कि उसे सांसारिक शब्दों में व्यक्त नहीं किया जा सकता; यही वह 'ईश्वर में वास' है जब स्वर्ग सितारों से ऊपर न रहकर 'तुम्हारे भीतर' होता है।

वैज्ञानिक रुझानवाले लोगों की यह सोच आश्चर्यजनक नहीं है कि धर्म जांगल मनुष्य की ही कमज़ोरियों और सनकों की निरन्तरता है। उनकी राय में, 'यह मात्र संग्रहालय में प्रदर्शित एक वस्तु है, जिसकी पड़ताल उसके पुरातात्विक महत्त्व के कारण की जाती है, किसी और कारण से नहीं। वे लोग धर्म को पूरी तरह पराजित और बदनाम एक चिन्तनशैली समझते हैं।

आरम्भिक भौतिक विज्ञान ने मैदान से जीववाद को खदेड़ बाहर किया और धार्मिक मिथकों के महत्त्व को नष्ट कर दिया। बाइबिल में सृष्टि के वृत्तांत के भोंड़ेपन और चमत्कारों के तमाम बचकाने तामझाम की जगह एक उम्दा दृष्टिकोण की–जैव विज्ञान की–निगरानी ने ले ली और धर्म उद्‌विकास के मुद्‌दे पर आधारित एक निर्णायक अन्त को जा पहुँचा। उसके बाद धर्म बिना शक पीछे हटता रहा है। पिछली सदी के अन्तिम वर्षों ने मानवशास्त्री की, खोज के लिए बेचैन नई शक्तियों को मैदान में लाकर उस पीछे हटने को पराजय में बदलकर रख दिया। मानवशास्त्र ने हमें इस योग्य बनाया कि हम तटस्थ, दयाहीन और संरक्षणमूलक दृष्टि से उस चीज़ को देख सकें जिसे हम अब तक जांगल लोगों की मूढ़ता माना करते थे।

लेकिन 20वीं सदी में मनोविज्ञान के विकास के रूप में धार्मिक दृष्टिकोण पर सबसे बड़ा कलंक लगना भी अभी बाक़ी था। पुराने विज्ञानों ने धार्मिक विश्वासों को भ्रांति ठहराया था; इस नए विज्ञान ने अन्ततः उन विशेष प्रक्रियाओं को दिखाया जिनके माध्यम से ऐसी एक विचित्र भ्रांति मानव-मन की एक ख़ास कमज़ोरी से पैदा हो सकी। धार्मिक शक्तियों के अवशेषों पर मनोविज्ञान ने वही किया जिसे 'झाड़ू मारने की' क्रिया कहते हैं और उन अवशेषों में ही उसकी दर्शन-प्रणाली को छिपा दिया जो कभी शक्तिशाली हुआ करती थी।

मनोविश्लेषण और धार्मिक भ्रांति

धार्मिक भ्रांति के कारणों की खोज का कर्तव्य निभाने में मनोविज्ञान ने समय बरबाद नहीं किया; उसे बल्कि समयपूर्व एक ऐसी क्रिया का दोषी ठहराया जा सकता है जिसके लिए वह अभी तैयार भी नहीं हो सका था।

मनोवैज्ञानिक बजा तौर पर इस बात से प्रभावित नहीं होता कि यह एक व्यापक भ्रांति है। 'दो करोड़ फ्रांसीसी ग़लत नहीं हो सकते'–यह एक बदनाम नारा है। न ही वह धर्म-परिवर्तन की सीमा पर वह बल देता है जो उस पर दिया जाता है। लेकिन धर्म में वह उन विशेष लक्षणों और कलंकों की तलाश करता है जो पागल की पागलाना सोच या सामान्य व्यक्तियों में भ्रांतियों के जन्म की प्रक्रिया की विशेषता है। वह सबसे पहले उस शक्तिशाली आवेग की उपस्थिति का पता लगाता है, जो वास्तविक संसार में सन्तुष्टि पाने से वंचित रह गया, क्योंकि विक्षिप्त व्यक्ति की विशेषता ही यह होती है। तिरस्कृत आवारा भ्रांति की अवस्था में राजा या पैग़म्बर या करोड़पति बन जाता है और अन्ततः अपनी लम्बे समय से दबी चली आ रही आत्माभिव्यक्ति की सिद्धि होते देखता है।

इस तरह विज्ञान ईश्वर के अस्तित्व के पक्ष में पुराने अतार्किक तर्क को उलटकर रख देता है। उस तर्क के बल पर धर्मशास्त्रियों और दार्शनिकों ने कहा है कि ईश्वर अस्तित्वमान है क्योंकि किसी न किसी प्रकार हमारे मन में उसका विचार मौजूद है, और उन्होंने दिखाया कि यह विचार निरन्तर मानव-मन में उठता रहता है। इस विचार की स्वाभाविक निरन्तरता को उसके अयथार्थ का प्रमाण मानकर वैज्ञानिक धर्मशास्त्रियों को उनके अपने ही प्रदर्शन की सूली पर चढ़ा देते हैं।

किसी उत्सुक वैज्ञानिक और किसी विरोधी धर्मप्राण व्यक्ति, दोनों को थोड़ा-सा मनन भी यह विश्वास दिला देगा कि भ्रांति की किसी प्रक्रिया का अस्तित्व सम्बन्धी साक्ष्य ईश्वर के बोध या विचार के भ्रांत होने का साक्ष्य नहीं होता। रेगिस्तान में भटक रहा यात्री मरीचिका की भ्रांति के कारण किसी बहुत दूर स्थित नख़लिस्तान को यूँ देखता है मानो वह बस मील भर की दूरी पर हो। प्रकाश सम्बन्धी दशाएँ मरीचिका को जन्म देती हैं, यह पता लग जाने पर भी यह सम्भावना समाप्त नहीं हो जाती कि मील भर दूर उस भ्रांत प्रतिबिम्ब के पीछे सचमुच का एक नख़लिस्तान मौजूद है। ऐसे भ्रमग्रस्त व्यक्तियों के भी उदाहरण हैं जो विष दिए जाने के विभ्रम में ग्रस्त रहे और उन्हें वास्तव में विष दे दिया गया। जब एक बच्चा सपना देखता है कि उसके बिस्तर की बग़ल में एक चाकलेट केक रखा हुआ है तो वह आँखें खोलता है और सचमुच वहाँ चाकलेट रखा हुआ पाता है। तो भी यह कहने का कोई आधार नहीं है कि बच्चा तो बस सपना देखता रहा है।

बच्चा जब वयस्कावस्था को प्राप्त होता है तो फ़ौरन ही वयस्कों की असीम शक्ति, स्वतंत्रता और विशेष अधिकारों के बारे में अपने बचपन की ग़लत धारणाओं से उसका मोहभंग हो जाता है। स्वर्ग में स्थित एक ईश्वर की सांत्वना देनेवाली भ्रांति का वह अपने लिए या तो ख़ुद आविष्कार कर लेता है या फिर ऐसे ही दूषित एक समाज से यह भ्रान्ति ग्रहण करता है—उस ईश्वर की भ्रांति जिसमें उसके पार्थिव पिता की विशेषताएँ काफ़ी विशाल होकर और हालामय रूप में मौजूद होती हैं। यह कहने की शायद ही आवश्यकता पड़े कि सभी जनगणों के प्रभुओं में उनके पिताओं और उनकी संस्कृतियों के गुण मौजूद रहे हैं। ये सभी सर्वशक्तिमान, दयालु, बुद्धिसम्पन्न और सर्वदर्शी, नैतिक नियमों को लागू करने में कठोर, अवज्ञा होने पर क्रुद्ध और दंडदायक तथा विनम्र याचना के बाद रक्षक रहे हैं। (संसार भर की) धार्मिक शब्दावली में पिता से सम्बन्धित उपमाओं और रूपकों के ढेरों और आडम्बरी उपयोग को भी इसी दिशा में इशारा करनेवाला, एक सामान्य प्रकार का साक्ष्य स्वीकार किया जा सकता है।

धर्म के मनोविज्ञान को समझने की दिशा में एक और योगदान फ्रायड का था जिन्होंने सम्मोहग्रस्त विक्षिप्तों के व्यवहार और धार्मिक अनुष्ठानों की कुछ प्रमुख क्रियाओं में समानता देखी। अभागा सम्मोहग्रस्त विक्षिप्त अपेक्षाकृत निरर्थक क्रियाओं और शब्दों की एक शृंखला का व्यवहार करने के लिए प्रेरित होता है हालाँकि उसका बौद्धिक मन पूरी प्रक्रिया की भर्त्सना करता है। विश्लेषण से पता चलता है कि यह व्यवहार किसी दमित इच्छा या अनुभव के सिलसिले में अचेतन अपराधबोध की उपज

होता है और ज़ाहिरा तौर पर निरर्थक कर्मकांड का एक प्रायश्चित जैसा उद्देश्य होता है जो इस आन्तरिक सन्ताप में कमी लाता है।

सम्मोहग्रस्त विक्षिप्ति को फ्रायड ने 'एक निजी धर्म' और धर्म को 'मानव जाति की सार्वभौम सम्मोहग्रस्त विक्षिप्ति' जैसे नाम दिए हैं। इस पहचान से धर्म के मनोविज्ञान की दो गौण विशेषताएँ सामने आती हैं। पहला, चूँकि सम्मोहग्रस्त विक्षिप्ति का उपचार सबसे कठिन उपचारों में एक होता है, इसलिए धार्मिक चिन्तन-पद्धति आसानी से त्यागी नहीं जा पाती, भले ही बुद्धि उसके उद्देश्यों को ग़लत ठहराए। दूसरी ओर, अगर सामूहिक विक्षिप्ति को बलपूर्वक समाप्त किया जाए तो हमें व्यक्तियों की विक्षिप्ति के दृष्टांतों में वृद्धि की आशंका रखनी चाहिए।

अन्तःकरण (conscience) मोटे तौर पर वही है जिसे मनोविश्लेषक परा-अहं (super ego) कहते हैं। अन्तःकरण का ढर्रा संस्कृति के पुराने, सुस्थापित ढर्रे का प्रतिबिम्ब होता है, ख़ासकर इसलिए कि उसे माता-पिता और अभिभावक सही समझते हैं, जो बच्चे के जीवन के पहले छह-सात साल में उसे प्रभावित करते और उसका प्रेम पाते हैं।

महत्त्वपूर्ण धर्मों का सम्बन्ध...चिन्तन के जीववादी और जादू वाले स्तरों के साथ प्रार्थना और अमरत्व के सम्बन्ध इतने प्रत्यक्ष होते हैं कि उनको सिद्ध करने की आवश्यकता ही नहीं। हम पहले और प्रसंगवश सामान्य शिशु की मानसिक जागृति की प्रक्रिया में यथार्थ-पूर्व 'चिन्तन की सर्वशक्ति संपन्नता' की बात कर चुके हैं। विशेष प्रार्थनाओं की शक्तिमता और जादू के मंत्रोच्चारों की प्रभाविता सम्बन्धी विश्वास को यथार्थजगत को समझने के इन आरम्भिक, सुधारहीन ढंगों से भारी सहायता मिली जिसे मनोविश्लेषक 'चिन्तन की सर्वशक्तिसम्पन्नता' की मानसिकता कहते हैं।

अमरत्व की मनोवैज्ञानिक जड़ों को संक्षेप में हम इस प्रकार रख सकते हैं : (1) 'आनन्द के सिद्धान्त' के भ्रांतिपूर्ण चिन्तन की ओर वापसी, (2) स्वप्नों और मतिभ्रमों के बारे में आदिम मानव के अनुभवों का परिणाम, (3) जो कार्य स्पष्ट रूप से मानव के न्याय से परे हैं उनके लिए परलोक में दण्ड और पुरस्कार की व्यवस्था के द्वारा नैतिकता के संरक्षण की आवश्यकता।

धर्म में यौन-प्रवृत्तियों की अप्रत्याशित सीमा तक भारी भूमिका को अच्छी तरह कुछेक आरम्भिक खोजों ने स्पष्ट किया जिन्होंने अजीब तौर पर इस निष्कर्ष को धर्म की उदात्त बनाने की शक्ति का प्रमाण मानकर धर्म की आध्यात्मिकता से विमुख होना क़रार दिया। दृष्टांतों के एक पूरे भंडार के साथ ल्यूबा ने उस विस्मयजनक समानता को स्पष्ट किया जो, सेंट तेरेसा जैसे कुछ अत्यधिक यशस्वी रहस्यवादियों ने रहस्यमय संयोग के बारे में जो विवरण छोड़े हैं उनके तथा सामान्य संभोग की पूर्णता की विशेषताओं के बीच पाए जाते हैं। अलावा इसके, अनेक लेखकों को धर्म में यह सहज प्रवृत्ति दिखाई पड़ी। यौन-प्रेम से जुड़े शब्द मंत्रों, प्रार्थनाओं और धार्मिक कर्मकांडों में घुस आते हैं, यहाँ तक कि वैरागिनियों (nuns) को 'ईसा की दुल्हनें' कहा जाता है।

यौन-वृत्ति की उदात्त ऊर्जा किस सीमा तक धार्मिक कार्यकलाप को जारी रखती है, इसका सबसे विश्वासोत्पादक उदाहरण सम्भवतः यह अवलोकन है कि यौन-सन्तुष्टि से वंचित लोग कितनी तत्परता के साथ धर्म की ओर भागते हैं। धर्म यौन-ऊर्जा के अपव्यय का बेलोच विरोध करता रहा है क्योंकि यह सहजभाव से महसूस करता है कि धार्मिक भावना उदात्त यौन-वृत्ति से ही फलती-फूलती है।

अगर धर्म के आरम्भिक मनोवैज्ञानिक विशेषज्ञ यौन-वृत्ति की आश्चर्यजनक सीमा तक व्यापक भूमिका पर ध्यान देते रहे हैं, तो इसी कारण हमें इस महत्त्वपूर्ण तथ्य की ओर से आँखें बन्द नहीं कर लेनी चाहिए कि धर्म ने किसी भी दमित सहजवृत्ति के लिए निकास का एक पसन्दीदा रास्ता देकर उसे अपना हित-साधन करने में सफल रहा है। भौतिक या सामाजिक वातावरण जब कभी कुंठाओं को जन्म देता है, जीवन और जीवित के एक महान, सुव्यवस्थित दर्शन के हित में, जिसका कि धर्म प्रतिनिधित्व करता है, उसे हमेशा की पराजित ऊर्जाओं का उपयोग करते हुए पाया गया है।

इस कारण से धर्म विशेष रूप से हीन, बीमार, तालमेल से वंचित, डरपोक, ग़रीब, और प्रेम, सत्ता, जीवन और समाज द्वारा तिरस्कृत और बहिष्कृत लोगों को विशेष रूप से आकर्षित करता रहा है।

धार्मिक अभिव्यक्ति को पलायन और आत्म-प्रवंचना के दृष्टांतों का दयनीय संग्रह माना जा सकता है जो एक ही विशाल भ्रांति को जारी रखे हुए हैं। वह विशाल भ्रांति बचकाना रवैयों का प्रतिबिम्ब है और अधिकांश वयस्कों के मन की निरन्तर बनी हुई भावनात्मक अपरिपक्वता के बीच जारी रहती है। इस दृष्टि से उसकी संस्तुति अधिक से अधिक वे लोग कर सकते हैं जो अधिक स्पष्टता के साथ उसे भ्रांति की आवश्यकता के प्रति एक दुखद रिआयत समझते हैं; यह भ्रांति मस्तिष्क के ढाँचे में आए एक प्रकार के पिलपिलेपन से पैदा होती है और इससे कम ही लोग बच पाते हैं। लेकिन ईश्वर और मनोवैज्ञानिकों की गाथा बस इसी मताग्रह के साथ समाप्त नहीं हो जाती।

आत्मा से रहित एक उन्नत समाज

एक अग्रणी धर्मगुरु ने शेधकर्ताओं को बुलाया। कहा कि 'पुराने दिनों में लोग सांत्वना, जानकारी और प्रेरणा पाने के लिए उपदेशकों के पास जाया करते थे। सांत्वना के लिए वे अभी भी हमारे ही पास आते हैं पर प्रेरणा और जानकारियों के लिए समाचारपत्रों की ओर देखते हैं।' नागरिकों का समुदाय अगर प्रेरणा और जानकारी पाने के लिए समाचारपत्रों का सहारा लेने को विवश हो, तो अवश्य ही उनकी हालत बुरी होगी।

यह देखकर कोई आश्चर्य नहीं होता कि हमारे समाज में असामंजस्य की दूसरी व्यवस्थाओं के बीच आनन्द की एक लगभग पागलाना दौड़ लगी हुई है।

पूरे समाज के लिए धर्म का महत्त्व इतिहास का एक अकाट्य पाठ मालूम होता है। अंदरूनी या बाहरी विघटनकारी शक्तियों के प्रतिरोध के लिए धर्म ने स्पष्ट रूप से समाजों को एकजुट किया है और धर्मविमुख समाजों में जितना प्रतिरोध सम्भव रहा

उसकी अपेक्षा इस प्रतिरोध की दृढ़ता अधिक रही है। अलावा इसके, यह तर्क भी बुद्धिहीन नहीं होगा कि धर्म संस्कृति के जन्म के लिए दाई के समान रहा है, और यह क्रूरता, स्वार्थ, अपराध और अराजकता की पाशविक शक्तियों को तब तक वश में रखता है जब तक कि बुद्धि, सौन्दर्य और शुभता की नवजात शक्तियाँ जीवन पर अपनी और पकड़ नहीं बना लेतीं।

मनोवैज्ञानिक सामूहिक मन को मान्यता देता है

वे (मनोवैज्ञानिक) धर्म को मात्र एक विकार मानेंगे, और आत्मा का तो नाम भी नहीं लेंगे। शेल्डन ने सही कहा है, 'वर्षों तक मनोवैज्ञानिक आत्मा को चीख़-चीख़कर दबाता आया है जो इस बात की याद दिलाता है कि प्योरिटन कैसे अपनी यौन-चेतना को चीख़-चीख़कर दबाता रहा है।'

मनोविज्ञान में कुछ धारणाएँ ऐसी हैं और कुछ प्रायोगिक शोध के परिणाम ऐसे रहे हैं जो धर्म के प्रति एक पूरी तरह नए और रचनात्मक-वैज्ञानिक आधार तैयार कर सकते हैं। इनमें अन्तिम और सबसे महत्त्वपूर्ण परिणाम 'सामाजिक मनोविज्ञान' से प्राप्त हुआ है। यह है सामूहिक मन की धारणा जिसे मैकाडोगेल ने 1920 में विकसित किया। मनोवैज्ञानिक एक हाथ से जो कुछ लेता है, वह दूसरे हाथ से जो कुछ वह देता है उससे अधिक है।

सामूहिक मन की आधुनिक धारणा के तत्त्व हाब्स, हेगेल, बोसांके और दूसरों के यहाँ बीज रूप में रहे हैं। इस विचार का सारतत्त्व यह है कि मनुष्यों के किसी भी संगठित समूह में एक परा-वैयक्तिक मन होता है जो वैयक्तिक मनों से बना है पर उनके योग से अधिक होता है–जहाज़ के चालक दल या फुटबॉल टीम की ही तरह। सामूहिक स्मृति अंशतः व्यक्ति के मन में और अंशतः पुस्तकालयों में सुरक्षित होती है।

प्रेमी हाथ दबाकर अपनी मंशा जताते हैं और गणितज्ञ प्रतीकों के द्वारा अपनी बात कहता है। इनमें से हरेक आरम्भिक वैयक्तिक उत्तेजना के किसी न किसी रूप की एक सामूहिक चेतना बनाए रखता है।

संसार की घटनाएँ मानव जाति के अनुभव को निश्चित ही समृद्ध बनाती हैं। इसमें शक नहीं कि मानव के अनुभव में कुल मिलाकर निरन्तरता होती है, लेकिन मनुष्यों से परे मौजूद सामूहिक मन जैसी किसी वस्तु के रूप में नहीं होती, जैसा कि कैटेल सोचते हैं। यह एक बड़े पैमाने का सामाजिक-सांस्कृतिक निर्धारण है। लेकिन प्राकृतिक सामूहिक मन जैसी कोई वस्तु है या नहीं, इस बारे में मनोवैज्ञानिक संदेहों से ग्रस्त हैं।

समाज की नवजात आत्मा : धर्ममानस

पहली बात यह है कि सामूहिक मन में अक्रियता (inetia) का गुण होता है जिसके कारण वह मनुष्यों ने जो विशेषताएँ प्रदान की हैं उनको, उन मनुष्यों के निधन के बाद भी, लम्बे समय तक जारी रखता है। अपने बुनियादी जीवन में वह अमरत्व की सम्भावना से युक्त होता है और भविष्य में तब तक विकसित होता रहता है जब तक

कि स्वयं मानवजाति विकासमान रहती है। मेरे घर के पास ऊपर की ओर पहाड़ी पर पेड़ों का एक गोलाकार झुण्ड है। दस्तावेज़ों से पता चलता है कि ये कम से कम पाँच सौ साल पुराने हैं, पर कोई भी पेड़ ऐसा नहीं बचा हुआ है जो शुरू में वादी की ओर झाँकता रहा हो। शेष रहा है तो जंगल, वही जंगल, जो इतनी-इतनी पीढ़ियों तक लोगों की आँखों को सुख देता रहा है।

सामूहिक मन की और भी पेचीदा विशेषताओं को सामूहिक मन के साथ व्यक्तियों के सम्बन्धों का वर्गीकरण करने के बाद ही हम समझ सकते हैं। व्यक्ति इसे कुछ देता और इससे कुछ लेता है, लेकिन वह इसे जो कुछ देता है वह प्रायः स्थायी रहता है और जो कुछ लेता है वह सामान्यतः सामूहिक मन को निर्धन नहीं करता। गेस्टाल्ट प्रकार के मनोवैज्ञानिक विषयों में सम्पूर्ण अपने अंशों के योग से कुछ अधिक ही होता है। या तो तत्त्वों के ढर्रे में कुछ नया होता है या फिर कोई 'रचनात्मक संश्लेषण' होता है, जिसके द्वारा उपस्थित गुणों के विषय से नए गुण पैदा होते हैं। सामूहिक मन वैयक्तिक मनों को ढालने में शक्तिशाली भूमिका निभाता है। एक काग़ज़ का टुकड़ा लेकर उस पर ऐसे विचारों की सूची बनाना जो सचमुच हमारे अपने हैं और उनकी भी जो हम अपने माता-पिता, अध्यापकों, मित्रों और पुस्तकों से लेकर अपना बना लेते हैं—यह एक हृदयविदारक मगर लाभकारी कृत्य होता है। हमारे विचार, हमारी भावनाओं के रूप, हमारे सुख, हमारे हास्यविनोद के प्रकार, यहाँ तक कि हमारी गहनतम आस्थाएँ भी सामूहिक मन द्वारा सामान्यतः हम पर आरोपित होती हैं, वैसे ही सौम्य ढंग से जैसे एक माँ अपने नंगे बच्चे को कपड़े पहनाती है। यह किसी भी समय हममें से हरेक को तमाम मानस-रूपों से वंचित कर सकता है। हरेक वैयक्तिक मन सभी जीवित मनुष्यों के मन का और उससे भी अधिक सभी मृत मनुष्यों के मन का अंग होता है। कारण कि इतिहास की सभी धीमी उपलब्धियाँ, वैज्ञानिकों की खोजें, कविता और गीतों के बोल, मानव की प्रकृति के वे ढर्रे जो नाटककारों ने तय किए हैं, तथा जीवन और ब्रह्मांड के बारे में मानव के सभी संचित अनुभव हर वैयक्तिक मन के अभिन्न अंग होते हैं। हमारे जन्म के दिन से ही वातावरण हमें अलग-अलग क्षमताओं वाले बर्तन मानने लगता है, जिनमें उस सामाजिक धरोहर को उँड़ेला जा सकता है जिसका स्रोत अफ़लातून और ईसा, गैलीलियो और बुद्ध, न्यूटन, कन्फ़्यूशियस और शेक्सपियर में है, बल्कि संस्कृति के आरम्भ से ही उसमें छोटे-बड़े, सभी योगदान करनेवालों में है। इस तथ्य का उल्लेख करना भाग्यवाद के आगे समर्पण करना नहीं है। आदमी उमर ख़ैयाम के दर्शन के इस सदियों पुराने सवाल में खो जाता है :

इसे सुन पात्र उठा कह एक : 'बनाया मैं न गया था व्यर्थ;
तुच्छ मिट्टी से मेरी देह बनाई जाने में कुछ अर्थ।
बनाया चतुराई के साथ मुझे जिसने साँचे में ढाल,
वही क्या फिर से मुझको तोड़ तुच्छ मिट्टी में देगा डाल?'

अनुवाद : हरिवंश राय बच्चन, उमर ख़ैयाम की रूबाइयाँ।

हर व्यक्ति में अपनी सच्ची वैयक्तिकता के माध्यम से कुछ नया योगदान देने की क्षमता होती है, अर्थात् अपनी वैयक्तिकता के उस भाग के द्वारा जो निष्क्रिय पात्र नहीं रहता। इसी में उसका वैयक्तिक अमरत्व निहित होता है। सामूहिक मन का यह उपहार बौद्धिक स्तर पर भी हो सकता है–स्पीयरमैन ने विस्तार से दिखाया है कि ऐसी एकदम नई मानसिक निर्मितियाँ कैसे सम्भव हैं। दूसरी ओर यह एक नया भावात्मक समायोजन भी हो सकता है जिससे समाज लाभान्वित होता है। अभी तक हम इससे अधिक कुछ भी नहीं जानते कि ग़लती करने और सीखने की कुछ प्रक्रियाएँ जीवन के साहसपूर्ण प्रयोग के द्वारा सामूहिक मन की वृद्धि में योगदान देती हैं। लेकिन वे विघटन की शक्तियों की निरन्तर मार के मुक़ाबले सामूहिक मन की अच्छी विशेषताओं को व्यक्ति के लिए अपने जीवन में सुरक्षित रखने में सहायक भी होती हैं।

एक व्यापक वैज्ञानिक दृष्टिकोण से हमारा अमरत्व सीधे-सीधे दो प्रकार का होता है। हमारे सामने अपने बच्चों का शारीरिक, भौतिक अमरत्व होता है जो अपने माता-पिता के रुझानों, मिज़ाजों और बुद्धि को सुरक्षित रखता है। इस समानता के कारण वे ऐसी जीवन्त शक्तियाँ होते हैं, जो उसी प्रकार के जीवनमूल्यों को बढ़ावा देते हैं, जिनसे हम स्वयं एकदम स्वाभाविक रूप से प्रेम करते रहे हैं। यह बात लाज़मी तौर पर कही जाएगी कि यह जैविक अमरत्व अकेले ही परम्परागत धर्म के किसी भी, आन्तरिक अन्तर्विरोधों से ग्रस्त फंतासियों की अपेक्षा अधिक सन्तोषप्रद होता है। कारण कि अमरत्व की इच्छा की कुछ विशेषताएँ रह जाती हैं क्योंकि हमने तो उसकी सिद्धि को कभी महसूस ही नहीं किया।

आपत्ति की जा सकती है कि मात्र जैविक अमरत्व में, हम अपनी ही पूरी तरह अद्वितीय निरन्तरता के सन्तोष से वंचित हो जाते हैं क्योंकि हर पीढ़ी में एक क्रमभंग आता है, जन्मदायी जीनों और गुणसूत्रों में फेर-बदल भी होता है, तथा अगले व्यक्ति की जीवनशक्ति में थोड़ा-सा पुनर्विन्यास भी होता है। लेकिन हम क्या निश्चिंत भाव से कह सकते हैं कि हमारे अपने जीवन्त व्यक्तित्व का ढर्रा उसी तरह अपरिवर्तित रहता है? 15 की उम्र में अमरत्व से बँधा व्यक्ति 50 की उम्र में अमरत्व से बँधे उसी व्यक्ति से बहुत ही भिन्न होता है। हमारी चेतना की निरन्तरता तो हर रात की नींद तक से भंग होती चलती है और व्यक्ति प्रतिदिन कुछ न कुछ बदलकर जागता है। यह क्या नींद में मर जाने और अपने बच्चों के रूप में बने रहने से अधिक ही भिन्न होता है?

भौतिकी के नियम जिनके अनुसार ऊर्जा का न सृजन और न ही विनाश बल्कि (मात्र) रूपान्तरण होता है, तथा कारण-कार्य की अपरिहार्यता का निर्धारणवादी सिद्धान्त, जो पूरी सृष्टि में व्याप्त है, यह तय करता है कि हर मानसिक अवस्था या भौतिक घटना जो कुछ पहले गुज़र चुका, उसका परिणाम होती है। हर प्रकार की सचेत क्रिया, सत्य और सौन्दर्य से विभूषित हर कृत्य दूसरों से भी ऐसे ही कृत्यों को जन्म देता है और सामूहिक मन में शुभता के विकासमान अन्तर्तम में कुछ योग देता है।

युगों के कालक्रम में कृत्यों और विचारों और भावनाओं का महत्त्व कभी कम नहीं होता और वे आपस में मिलकर अपने स्वयं के रूपों के विकास में सहयोग करती हैं। वैज्ञानिक की कठोर और ईमानदाराना सोच और सत्य के प्रति उसकी समर्पण-भावना प्रकृति की हठीली जकड़ से भी खोजों को खींच लाती है। जो हर नई पीढ़ी के दिमाग़ों रूपी वाद्ययंत्रों पर सुखद धुनें बजाती रहती है। वे एक जीवन्त, अमर्त्य सामूहिक मन में एक अनुभव के रूप में बनी रहती हैं। उनमें मौजूद जीवन शक्ति और आनन्द-भावना समाप्त नहीं होती। जैसा कि सिसेरो ने बहुत पहले कहा था, 'प्रकृति से हमें एक छोटा जीवन ही मिलता है मगर अच्छी तरह गुज़ारे हुए जीवन की स्मृति शाश्वत होती है।' वास्तव में हमारा सरोकार स्मृतियों से अधिक भी कुछ बातों की निरन्तरता से होता है-- रवैयों, खुशियों और सौन्दर्य के अनुभवों, शौर्य की और आत्माभिव्यक्ति की विधियों के अमरत्व से होता है।

इस अमरत्व का विचार उतना ही शानदार है जितना कि 'धर्म' के आदिम रूपों में कल्पित कोई विचार होता है! एक कृत्रिम आत्मा। (ये शब्द हाशिये पर पेंसिल से लिखे गए हैं।) जो विचार जारी रहते हैं, उनमें केवल अन्तःआरोपित आत्मसक्रियता को यह ख़ारिज करती है। यह इस सम्भावना को जन्म देती है कि विचारों की तीव्रता और प्रभाव में तब तक वृद्धि होती रहे जब तक कि वे वैयक्तिक मन के पहले उद्‌दीपन को बहुत पीछे न छोड़ दें। विचारों की एक प्रणाली उन्हीं मनों में सबसे सुखकर ढंग से विराजमान होती है जो उन विचारों को जन्म देनेवाले ढाँचे से मिलते-जुलते हों। इस तरह आत्मा की सुपरिचित निरन्तरता के महत्त्व पर जोर देने के बारे में एक कुलीन और एक कपटी व्यक्ति परस्पर सम्बन्धित होते हैं। दूसरी ओर, जो कुछ भी सत्य, शिव और सुन्दर है वह सभी सामूहिक मनों में जारी रहेगा। अलावा इसके, यह भी तय है कि चिन्तन के आदर्श और ढंग अनेक पीढ़ियों के क्रम में एक जनसंख्या को चुनिन्दा की डार्विन विधि के द्वारा ऐसा जैविक प्रकार पैदा करती है, जो उन आदर्शों के उपयुक्त हो। अमरत्व के ये दोनों प्रकार परस्पर घात-प्रतिघात करते रहते हैं। सामूहिक मन के लिए 'अधिक महत्त्वपूर्ण' कौन है—यह पूछना एक ऐसे प्रश्न को पिघला देना है, जो इस रूप में अविलेय होता है। लेकिन यह बात स्पष्ट है कि दूरदृष्टि वाले व्यक्ति, धार्मिक नेता, वैज्ञानिक और कलाकार जैविक जीवनरक्षा की तुलना में आध्यात्मिक अमरत्व को समाज के लिए अधिक महत्त्वपूर्ण मानते हैं।

उपरोक्त बातों में यह सुझाव निहित है कि सामूहिक मन की संरचना ऐसी होती है कि वह अशुभ क्रियाओं और विचारों के विपरीत शुभ क्रियाओं और विचारों के संरक्षण को किसी न किसी प्रकार बल पहुँचाती है। इस सुझाव का औचित्य दिखाने के लिए साक्ष्यों का एक भारी ढेर आवश्यक है। प्रस्तुत विवेचना जैसी संक्षिप्त विवेचना को तो इसी कथन से सन्तोष करना होगा कि अशुभ के दुरुपयोग और उसके कुफल्य (dysfunction) के कारण ही उसका समूह के कल्याण का विरोधी होने के कारण ही, अशुभ क्रियाएँ तत्काल न सही, आगे चलकर एक-दूसरे की काट करती हैं, एक-दूसरे को

नष्ट कर देती हैं। क्रियाएँ इसलिए अशुभ होती हैं कि वे ग़ैर-अन्तर्विरोधी होती हैं, जीवन के प्रति सच्ची नहीं होतीं, परस्पर विरोधी, स्वार्थमय होती हैं और वे बाह्यमुखी नहीं होतीं, और इसलिए स्वाभाविक रूप से निष्प्रभावी होने लगती हैं। ह्वाइटहेड जब कहते हैं कि 'जो कुछ भी स्वयं में शुभ है उसमें आत्मसंरक्षण की शक्ति निहित होती है' तो वे यही विचार व्यक्त करते हैं।

अगर कोई सामूहिक मन के अमरत्व के इस विचार पर मनन करे तो स्पष्ट हो जाएगा कि भिन्न-भिन्न व्यक्ति भिन्न-भिन्न सीमा तक अमरत्व के वारिस होते हैं। चूँकि हम सम्पूर्णता में जीवित नहीं रहते, चूँकि अशुभ तत्त्वों पर रोक लगी रहती है और केवल निःस्वार्थ भाव, केवल वह जो सामूहिक मन के लिए महत्त्वपूर्ण हो वही जीवित रहता है, इसलिए यह कहना भी सच है कि कुकर्मी को अमरत्व प्राप्त होता ही नहीं या बहुत ही कम होता है। लेकिन सन्तों का, जैसे कि ईसा, शेक्सपियर और न्यूटन का लगभग शुद्ध अमरत्व दूसरों को राह दिखाता है।

अमरत्व की एक सीमा होती है, लेकिन यह सीमा उस प्रतिभा से तो तय ही नहीं होती जो मनुष्य को जन्म के समय प्राप्त होता है। एकदम निचले दर्जे के स्त्री-पुरुष भी भारी अमरत्व पा सकते हैं।

यह मन (सामूहिक मन) ऐसी परावैयक्तिक चेतना है जिसके द्वारा व्यक्ति दूसरों से सम्पर्क बनाए रखता है। वह उस पर निर्भर होता है और यह चेतना उसके जीवन पर एक लाभकारी प्रभाव छोड़ती है। आत्मिक और एक अर्थ में भौतिक दृष्टि से भी वह सामूहिक मन की पैदावार होता है। उसके लिए काम करते हुए वह ठीक वही काम करता है, जिसे ईश्वर की उपासना और सेवा कहा गया है। काम्टे (Comte) का मानववाद। (रामचन्द्र शुक्ल ने 'कोंत का मानववाद' हाशिये में लिखा है।) यह परा-प्राकृतिक बुद्धिमत्ता का संचित भंडार है और, अपने अस्तित्व की दशाओं के कारण ही, यह नैतिकता के धर्मादिशों का निरूपण करता है। यह तो अमरत्व का ही आश्वासन है, जो उसके लिए अपना जीवन देकर प्राप्त करना होता है। यह व्यक्तियों को साहस के साथ समुदाय के लिए उपयोगी ऐसे काम करानेवाली आस्था प्रदान करता है, जिनको संयोग और आकस्मिकता और बुराई व्यक्ति के जीवन में भंग कर सकते हैं। आजकल की बात में हम 'अधिमानव या परामानव' (Over-man or super-man) की बातें सुना करते हैं। 'जीवन-शक्ति' के विचार के सिलसिले में शॉ की भूमिकाओं में ऐसे ही विचार हमें दिखाई देते हैं।

इसलिए जो सामाजिक और मनोवैज्ञानिक ख़ाके ईश्वर में विश्वास के काफ़ी मूल्यवान पुरस्कार होते हैं, हो सकता है किसी अर्थ विशेष में उतने निराधार और खोखले न हों जितना कि हम डरकर सोचते हैं। फ्रायड जितने अच्छे चिकित्सक थे उतने अच्छे समाज-मनोवैज्ञानिक होते तो वे स्वयं मनोवैज्ञानिक दृष्टिकोण का निषेध करने के लिए बाध्य नहीं होते। उन्होंने तो ठीक यही काम किया, जब यह ज़ोर देकर कहा कि धार्मिक व्यक्ति भी अधार्मिक जितना ही रोगों और आपदाओं का शिकार होता है, उतना ही

प्रकृति के आगे विवश होता है। इससे वे और कुछ नहीं पाते सिवाय इस शुष्क निष्कर्ष के कि जिस ईश्वर को वह (मानव) पा चुका है वह निर्दयी या शक्तिहीन या अबोधगम्य है। फ्रायड यह नहीं देख पाते कि ऐसे ईश्वर के उपयोग से इनकार करके वे क्या पा जाएँगे। फिर भी मनोवैज्ञानिक दृष्टिकोण से इसके लाभ बेपनाह हैं–जैसे कि असाध्य बुराइयों के बावजूद वह सामाजिक शांति जो आपसी क्षोभ, कुढ़न और कड़वे आरोप-प्रत्यारोप के अभाव का परिणाम है, मन की शान्ति, अपने वातावरण के साथ अपने लम्बे संघर्ष में ईश्वर का उपयोग करके अन्ततः विजय पाने का भरोसा जैसा कि हम देखेंगे, वैयक्तिक ऊर्जा के गतिशास्त्र और सामाजिक प्रयासों के दिशा-निर्धारण में भी इसका एक लाभ प्राप्त होता है।

कहा जा सकता है कि मिसाल के लिए, सामूहिक मन की वे सभी विशेषताएँ होती हैं जो ईश्वर से जोड़ी जाती हैं, सिवाय उसकी कृपाशीलता और व्यक्ति के प्रति उसके सरोकार के। प्रमुख समाजों में कभी-कभी लँगड़े, टेढ़े और दृष्टिहीन लोगों के प्रति बेहतर सरोकार पाया जाता है। लेकिन ईसाइयत के उदय के बाद से पूरे समाज में ईश्वर के इस नए रूप के प्रसार के बाद से, किसी भी प्रमुख समाज ने इतनी निर्मम उदासीनता का परिचय नहीं दिया है। जनता के उपयुक्त आधार पर ईश्वर के कई गुण सामूहिक मन में हो सकते हैं। व्यक्तियों के मनों को अगर सामूहिक मन में समाना है तो उसमें कृपाशीलता, प्रेम और अनावश्यक कष्ट के प्रति घृणा उनमें मौजूद होना चाहिए। इसी तरह समूह में सोद्‌देश्यता वैयक्तिक मनों से उपजती है–शायद पूरी तरह न सही पर बड़ी सीमा तक। फिर भी अन्त में वैयक्तिक मनों से परे भी कुछ शेष रहता है। चिन्तन का ताना-बाना, उदात्त सद्‌गुण, शुभ जीवन के उदात्त नियम स्वयं मनुष्यों की शक्ति से बड़ी शक्ति प्राप्त कर लेते हैं।

इस तरह हम एक निष्कर्ष पर पहुँचते हैं जो देकार्त के निष्कर्ष से अजीब-ग़रीब मेल खाता है : 'ईश्वर का अस्तित्व है क्योंकि ईश्वर के विचार का अस्तित्व है।' या वाल्तेयर का यह कथन है कि 'अगर ईश्वर का अस्तित्व न हो तो भी उसका आविष्कार करना होगा।' या रूसो की आस्था थी कि 'अगर ईश्वर हममें नहीं तो कभी था ही नहीं।' क्या अपनी निष्ठा, अपनी वक्रोक्ति या बुद्धिवादी उत्साह के कारण क्या इनमें से कोई भी, स्वयं के बावजूद, सामूहिक मन के इस जीवन्त लक्षण की चेतना व्यक्त करता है? ईश्वर सामूहिक मन से, सही अर्थों में, मानव-विकास के केवल उस चरण में जन्म लेता है जब मानव-मनों की पर्याप्त संख्या में उसकी प्रकृति, मूल, प्रकार्य और क्षमताओं की समुचित धारणा उग आए। इस बिन्दु से आगे हम सामूहिक मन को धर्ममानस (theopsyche) कहेंगे ताकि उसके दैवी गुणों का संकेत दिया जा सके।

धर्ममानस से परे : सार्वभौम यथार्थ

आगे यह दिखाने के लिए कुछ साक्ष्य प्रस्तुत किए जाएँगे कि सामूहिक मन के किसी चरण विशेष में (समूह से परे) कोई वैयक्तिक मन समूह में मौजूद किसी भी व्यक्ति के

मन की अपेक्षा अधिक बुद्धिमान और नैतिक दृष्टि से अधिक उदात्त हो सकता है। फिर भी धार्मिक लोगों की राय में ईश्वर में जो पूर्णता होती है उससे हमेशा वह काफ़ी पीछे ही रहता है। हालाँकि जनता के निचले भागों के लिए सामूहिक मन ईश्वर के अधिकांश कृपाकारी और संरक्षणमूलक कार्य करता है, पर यह उच्चतर भागों के तमाम व्यवहार की व्याख्या नहीं कर सकता। मिसाल के लिए अपने काल में ईसा ने साफ़तौर पर हमेशा सामूहिक मन से परे कुछ बातों का सहारा लिया।

तो क्या हम यह मान लें कि अग्रणी वैयक्तिक मनों और कुछ सीमा तक या अपेक्षाकृत अप्रत्यक्ष तरीकों से निचले भागों के मनों का भविष्य के सामूहिक मन से कुछ अधिक विकसित सम्बन्ध होगा?

आज यह सम्भव है कि भारी बौद्धिक शक्ति और पर्याप्त भावात्मक परिपक्वता से लैस, अँधेरे में क़दम उठाने का साहस और जोश रखनेवाले व्यक्ति अपने लिए शिक्षा की वह प्रक्रिया विकसित कर सकें, जिसका स्पियरमैन ने creative mind में वर्णन किया है, वह प्रक्रिया जो सामूहिक मन की सटीक धारणा होगी। बौद्धिक पक्ष को लें तो तर्कशास्त्र पर आधारित होने के कारण यह प्रक्रिया पूरी तरह सटीक हो सकती है। इस तरह एक नए उड़नखटोले के आविष्कारक यह विश्वास रख सकते हैं कि यह प्रक्रिया ठोस सिद्धान्तों पर आधारित है। इसका भरोसा उन्हें तब तक नहीं हो सकता, जब तक वे अपने तर्क और उसकी मान्यताओं को लेकर सावधानी बरतते हैं। पर जो लोग एक नई कला या नए धर्म के आकांक्षी हैं, वे अपनी सदिच्छा और ईमानदारी के सिवा किसी और बात को लेकर आश्वस्त नहीं हो सकते। भावात्मक मूल्यों और आस्था के साथ अन्धे प्रयोग करनेवाले ये अग्रणी लोग, जो अपने ही उद्यम की पैदावारों पर कार्य करते हैं, किसी निश्चय नहीं बल्कि मात्र इस सम्भावना से प्रेरित होते हैं कि ये उस सामूहिक मन का प्रतिनिधित्व करती हैं जो अभी सामने आनेवाला है। नए सामूहिक मन के विकास की सदिच्छा उनकी अकेली निश्चित...

(अधूरा)

रामचन्द्र शुक्ल रचनावली

खंड-5

रामचन्द्र शुक्ल रचनावली

खंड : 5

'रस मीमांसा' एवं रस विषयक निबन्ध

सम्पादक
नामवर सिंह
आशीष त्रिपाठी

राजकमल प्रकाशन

ISBN : 978-81-267-2920-3

मूल्य : ₹ 8800
(आठ खंडों में)

पहला संस्करण : 2016

प्रकाशक : राजकमल प्रकाशन प्रा. लि.
1-बी, नेताजी सुभाष मार्ग, दरियागंज
नई दिल्ली-110 002

शाखाएँ : अशोक राजपथ, साइंस कॉलेज के सामने, पटना-800 006
पहली मंजिल, दरबारी बिल्डिंग, महात्मा गांधी मार्ग, इलाहाबाद-211 001
36 ए, शेक्सपियर सरणी, कोलकाता-700 017

वेबसाइट : www.rajkamalprakashan.com
ई-मेल : info@rajkamalprakashan.com

मुद्रक : बी.के. ऑफसेट
नवीन शाहदरा, दिल्ली-110 032

RAMCHANDRA SHUKLA RACHANAWALI-5
Edited by Namvar Singh & Ashish Tripathi

देहरी

आचार्य रामचन्द्र शुक्ल हिन्दी में वैचारिकता के शीर्ष प्रतिनिधि और वैचारिक साहित्य के आदि प्रस्तावक हैं। वे निबन्ध, आलोचना और साहित्येतिहास को एक अलंघ्य ऊचाई तक ले गए। वे परवर्ती जनों के लिए अनवरत प्रेरणा स्रोत रहे हैं। उनकी स्थापनाएँ निरन्तर वाद-विवाद के केन्द्र में रही हैं और आज भी उन पर चर्चा किए बगैर आगे बढ़ पाना सम्भव नहीं है। उन्हें पढ़ना आज भी एक अनिवार्यता है। स्वतंत्रता संग्राम और नवजागरण के हलचल भरे युग और उसकी अन्तर्धाराओं तथा अन्तर्द्वन्द्वों का गहरा प्रभाव उनकी रचनाशीलता पर पड़ा है। उनकी रचनाशीलता के अनेक आयाम रहे हैं–कवि, कहानीकार, निबन्धकार, आलोचक, साहित्येतिहासकार और अनुवादक। उनके इन सभी रूपों को समग्रता में प्रकाशित करने का काम उनके देहावसान के पश्चात से निरन्तर जारी है। आचार्य विश्वनाथ प्रसाद मिश्र ने 'रसमीमांसा' और 'चिंतामणि भाग-2' का प्रकाशन कर एक उच्चतर दायित्व का निर्वहन किया था। पश्चात प्रो. नामवर सिंह ने 'चिंतामणि भाग-3' और डॉ. ओम प्रकाश सिंह एवं श्रीमती कुसुम चतुर्वेदी ने 'चिंतामणि भाग-4' का सम्पादन-प्रकाशन कर इस शृंखला को आगे बढ़ाया। इसके बावजूद अभी अनेक निबन्ध यहाँ-वहाँ असंकलित मिलते हैं।

आचार्य शुक्ल के समग्र साहित्य के प्रकाशन के क्रम में यह रचनावली हिन्दी समाज के सम्मुख प्रस्तुत है। रचनावली को हमने आठ खंडों में विभाजित किया है :

1. हिन्दी साहित्य का इतिहास
2. व्यावहारिक समीक्षा–तीन पुस्तकें : गोस्वामी तुलसीदास, सूरदास, जायसी
3. निबन्ध–मनोविकार विषयक निबन्ध, सैद्धान्तिक समीक्षा, भाषा विमर्श, आधुनिक साहित्य विषयक निबन्ध
4. निबन्ध–इतिहास, समाज, विज्ञान, अंग्रेजी में लिखित निबन्ध और उनके हिन्दी अनुवाद
5. 'रस मीमांसा' एवं रसविषयक निबन्ध
6. रचनात्मक साहित्य–कविताएँ, कहानियाँ, जीवनी, रचनात्मक साहित्य का अनुवाद
7. अनुवाद
8. विविध

रचनावली के विविध खंडों में संकलित निबन्धों के प्रकाशन में पूर्व प्रकाशित पुस्तकों/संकलनों के क्रम को प्रायः बदल दिया गया है और उन्हें एक नई तरतीब दी गई है जो विषय की एकसूत्रता के अनुसार है। अनेक निबन्ध–जिन्हें शुक्ल जी पुनः-पुनः लिखते और विकसित करते रहे हैं–के सभी उपलब्ध ड्राफ्टों को उनके भिन्न या एक ही नाम (जिससे वे प्रकाशित हुए) से संकलित किया गया है, ताकि शुक्ल जी की विकास प्रक्रिया को भी समझा जा सके। हम 'हिन्दी साहित्य का इतिहास' के सभी प्रारूपों को भी पृथक्-पृथक् संकलित करने की इच्छा रखते थे–परन्तु इसमें रचनावली का असीमित विस्तार हो रहा था, इसलिए उसके अंतिम और आजकल प्रचलित लोकप्रिय प्रारूप को ही यहाँ संकलित किया गया है। इस रचनावली के एक खंड में आचार्य शुक्ल द्वारा पढ़ी गई कुछ विशिष्ट पुस्तकों को, शुक्ल जी द्वारा लिखी गई टिप्पणियों के साथ प्रकाशित किया जा रहा है। इससे शुक्ल जी की पाठ-प्रक्रिया और उनकी आलोचना-प्रक्रिया को भी समझने में एक हद तक मदद मिलेगी। इस खंड की परिकल्पना प्रो. नामवर सिंह की मूल योजना का हिस्सा रही है और हमने इसे ज्यूँ का त्यूँ लेना जरूरी समझा है।

'रामचन्द्र शुक्ल रचनावली' की इच्छा प्रो. नामवर सिंह के मन में पाँच दशक से भी अधिक समय से बनी रही है। रामचन्द्र शुक्ल की जन्मशती के अवसर पर वे ग्रन्थावली का प्रकाशन करना चाहते थे। परन्तु कतिपय कारणों से यह सम्भव न हुआ। जब शुक्लजी की रचनाएँ कॉपीराइट से मुक्त हो गईं तो यह इच्छा फिर से तीव्र हो गई। पर किन्हीं कारणों से यह फिर सम्भव न हुआ। अन्ततः अब यह सम्भव हो पा रहा है। एक गहरी रचनात्मक इच्छा की तरह इसे देखा जाना चाहिए। आचार्य रामचन्द्र शुक्ल के अनेक विचारों से गहरी असहमति के बावजूद, नामवर जी के मन में मौजूद गहरे कृतज्ञता भाव का ही यह एक प्रतिफल है। हम इसे हिन्दी समाज की एक बड़ी चारित्रिक खूबी के रूप में देख सकते हैं और इस काम को इस तरह पूरा होते देख, एक गहरा सन्तोष अनुभव करते हैं।

नामवर जी की गहरी इच्छा के बावजूद रचनावली के प्रकाशन में दो वर्ष से अधिक की देर के लिए व्यक्तिगत रूप से मैं जवाबदेह हूँ। खेद प्रकट करने के लिए मेरे पास शब्द नहीं हैं। इस काम को पूरा करने में युवा साथियों सर्वश्री विशाल विक्रम सिंह, रवि श्याम द्विवेदी, अनूप कुमार सिंह और अभिलाष कुमार का आभारी हूँ जिन्होंने अनेक अवसरों पर मेरा साथ दिया। राजकमल प्रकाशन के प्रबन्ध निदेशक श्री अशोक महेश्वरी जी के असीम धीरज और संवादी व्यक्तित्व के कारण ही देर के बावजूद यह काम इस तरह हो सका, जिन्होंने इसे शीर्ष वरीयता देने के साथ ही, इसके प्रकाशन में आने वाली अनेक अड़चनों को दूर किया। रचनावली के प्रकाशन के अवसर पर हम आचार्य शुक्ल के संकलन/प्रकाशन का महती उत्तरदायित्व निभाने वाले सम्पादकों एवं प्रकाशकों के प्रति कृतज्ञता का अनुभव करते हैं। इस रचनावली के प्रकाशन से आचार्य शुक्ल पर समग्रता से बात करना संभव हो सकेगा, इस बहाने यदि पुनः उनके कार्य पर चर्चा हो तो हमारा श्रम सार्थक होगा।

–आशीष त्रिपाठी

अनुक्रम

रसमीमांसा

रस विषयक अन्य निबन्ध

रसमीमांसा

काव्य

काव्य की साधना

मनुष्य अपने भावों, विचारों और व्यापारों को लिए-दिए दूसरों के भावों, विचारों और व्यापारों के साथ कहीं मिलता और कहीं लड़ता हुआ अन्त तक चला चलता है और इसी को जीना कहता है। जिस अनन्त रूपात्मक क्षेत्र में यह व्यवसाय चलता रहता है उसका नाम है जगत्। जब तक कोई अपनी पृथक् सत्ता की भावना को ऊपर किए इस क्षेत्र के नाना रूपों और व्यापारों को अपने योगक्षेम, हानि-लाभ, सुख-दुख आदि से सम्बद्ध करके देखता रहता है तब तक उसका हृदय एक प्रकार से बद्ध रहता है। इन रूपों और व्यापारों के सामने जब कभी वह अपनी पृथक् सत्ता की धारणा से छूटकर–अपने आपको बिलकुल भूलकर–विशुद्ध अनुभूति मात्र रह जाता है तब वह मुक्तहृदय हो जाता है। जिस प्रकार आत्मा की मुक्तावस्था ज्ञानदशा कहलाती है उसी प्रकार हृदय की यह मुक्तावस्था रसदशा कहलाती है। हृदय की इसी मुक्ति की साधना के लिए मनुष्य की वाणी जो शब्द-विधान करती आई है उसे कविता कहते हैं। इस साधना को हम भावयोग कहते हैं और कर्मयोग और ज्ञानयोग का समकक्ष मानते हैं।

कविता ही मनुष्य के हृदय को स्वार्थ सम्बन्धों के संकुचित मंडल से ऊपर उठाकर लोकसामान्य भावभूमि पर ले जाती है जहाँ जगत् की नाना गतियों के मार्मिक स्वरूप का साक्षात्कार और शुद्ध अनुभूतियों का संचार होता है। इस भूमि पर पहुँचे हुए मनुष्य को कुछ काल के लिए अपना पता नहीं रहता। वह अपनी सत्ता को लोकसत्ता में लीन किए रहता है। उसकी अनुभूति सबकी अनुभूति होती है या हो सकती है। इस अनुभूतियोग के अभ्यास से हमारे मनोविकारों का परिष्कार तथा शेष सृष्टि के साथ हमारे रागात्मक सम्बन्ध की रक्षा और निर्वाह होता है। जिस प्रकार जगत् अनेक रूपात्मक है उसी प्रकार हमारा हृदय भी अनेक भावात्मक है। इन अनेक भावों का व्यायाम और परिष्कार तभी समझा जा सकता है जबकि इस सबका प्रकृत सामंजस्य जगत् के भिन्न-भिन्न रूपों, व्यापारों या तथ्यों के साथ हो जाए। इन्हीं भावों के सूत्र से मनुष्य जाति जगत् के साथ तादात्म्य का अनुभव चिरकाल से करती चली आई है। जिन रूपों और व्यापारों से मनुष्य आदिम युगों से ही परिचित है, जिन रूपों और व्यापारों को सामने पाकर वह नर जीवन के आरम्भ से ही लुब्ध और क्षुब्ध होता आ रहा है, उनका हमारे भावों के साथ मूल या सीधा सम्बन्ध है। अतः काव्य के प्रयोजन के लिए हम उन्हें मूल रूप और मूल व्यापार कह सकते हैं।

इस विशाल विश्व के प्रत्यक्ष से प्रत्यक्ष और गूढ़ तथ्यों को भावों के विषय या आलम्बन बनाने के लिए इन्हीं मूल रूपों और मूल व्यापारों में परिणत करना पड़ता है। जब तक वे इन मूल मार्मिक रूपों में नहीं लाए जाते तब तक उन पर काव्यदृष्टि नहीं पड़ती।

वन, पर्वत, नदी, नाले, निर्झर, कछार, पटपर, चट्टान, वृक्ष, लता, झाड़ी, फूल, शाखा, पशु-पक्षी, आकाश, मेघ, नक्षत्र, समुद्र इत्यादि ऐसे ही चिरसहचर रूप हैं। खेत, ढुर्री, हल, झोपड़े, चौपाए इत्यादि भी कुछ कम पुराने नहीं हैं। इसी प्रकार पानी का बहना, सूखे पत्तों का झड़ना, बिजली का चमकना, घटा का घिरना, नदी का उमड़ना, मेह का बरसना, कुहरे का छाना, डर से भागना, लोभ से लपकना, छीनना, झपटना, नदी या दलदल से बाँह पकड़कर निकालना, हाथ से खिलाना, आग में झोंकना, गला काटना ऐसे व्यापारों का भी मनुष्य जाति के भावों के साथ अत्यन्त प्राचीन साहचर्य है। ऐसे आदिम रूपों और व्यापारों में, वंशानुगत वासना की दीर्घ परम्परा के प्रभाव से, भावों के उद्‌बोधन की गहरी शक्ति संचित है; अतः इनके द्वारा जैसा रस परिपाक सम्भव है वैसा कल, कारखाने, गोदाम, स्टेशन, इंजन, हवाई जहाज ऐसी वस्तुओं तथा अनाथालय के लिए चेक काटना, सर्वस्व-हरण के लिए जाली दस्तावेज बनाना, मोटर की चरखी घुमाना या इंजन में कोयला झोंकना आदि व्यापारों द्वारा नहीं।

काव्य और सृष्टि प्रसार

हृदय पर नित्य प्रभाव रखनेवाले रूपों और व्यापारों को भावना के सामने लाकर कविता बाह्य प्रकृति के साथ मनुष्य की अन्तःप्रकृति का सामंजस्य घटित करती हुई उसकी भावात्मक सत्ता के प्रसार का प्रयास करती है। यदि अपने भावों को समेटकर मनुष्य अपने हृदय की शेष सृष्टि से किनारे कर ले या स्वार्थ की पशुवृत्ति में ही लिप्त रखे तो उसकी मनुष्यता कहाँ रहेगी ? यदि वह लहलहाते हुए खेतों और जंगलों, हरी घास के बीच घूम-घूमकर बहते हुए नालों, काली चट्टानों पर चाँदी की तरह ढलते हुए झरनों, मंजरियों से लदी हुई अमराइयों और पटपर के बीच खड़ी झाड़ियों को देख क्षण भर लीन न हुआ, यदि कलरव करते हुए पक्षियों के आनन्दोत्सव में उसने योग न दिया, यदि खिले हुए फूलों को देख वह न खिला, यदि सुन्दर रूप सामने पाकर अपनी भीतरी कुरूपता का उसने विसर्ज़न न किया, यदि दीन-दुखी का आर्तनाद सुन वह न पसीजा, यदि अनाथों और अबलाओं पर अत्याचार होते देख क्रोध से न तिलमिलाया, यदि किसी बेढब और विनोदपूर्ण दृश्य या उक्ति पर न हँसा तो उसके जीवन में रह क्या गया ? इस विश्वकाव्य की रसधारा में जो थोड़ी देर के लिए निमग्न न हुआ उसके जीवन को मरुस्थल की यात्रा ही समझना चाहिए।

काव्यदृष्टि कहीं तो

(1) नरक्षेत्र के भीतर रहती है,

(2) कहीं मनुष्येतर बाह्य सृष्टि के और

(3) कहीं समस्त चराचर के।

(1) पहले नरक्षेत्र को लेते हैं। संसार में अधिकतर कविता इसी क्षेत्र के भीतर हुई है। नरत्व की बाह्य प्रकृति और अन्तःप्रकृति के नाना सम्बन्धों और पारस्परिक विधानों का संकलन या उद्भावना ही काव्यों में—मुक्तक हों या प्रबन्ध—अधिकतर पाई जाती है।

प्राचीन महाकाव्यों और खंडकाव्यों के मार्ग में यद्यपि शेष दो क्षेत्र भी बीच-बीच में पड़ जाते हैं पर मुख्य यात्रा नरक्षेत्र के भीतर ही होती है। वाल्मीकि रामायण में यद्यपि बीच-बीच में ऐसे विशद वर्णन बहुत कुछ मिलते हैं जिनमें कवि की मुग्ध दृष्टि प्रधानतः मनुष्येतर बाह्य प्रकृति के रूपजाल में फँसी पाई जाती है, पर उसका प्रधान विषय लोकचरित्र ही है और प्रबन्धकाव्यों के सम्बन्ध में भी यही बात कही जा सकती है। रहे मुक्तक या फुटकल पद्य, वे भी अधिकतर मनुष्य ही की भीतरी-बाहरी वृत्तियों से सम्बन्ध रखते हैं। साहित्य शास्त्र की रसनिरूपण पद्धति में आलम्बनों के बीच बाह्य प्रकृति को स्थान ही नहीं मिला है। वह उद्दीपन मात्र मानी गई है। शृंगार के उद्दीपन रूप में जो प्राकृतिक दृश्य लाए जाते हैं उनके प्रति रतिभाव नहीं होता; नायक या नायिका के प्रति होता है। वे दूसरे के प्रति उत्पन्न प्रीति को उद्दीप्त करनेवाले होते हैं; स्वयं प्रीति के पात्र या आलम्बन नहीं होते। संयोग में वे सुख बढ़ाते हैं और वियोग में काटने दौड़ते हैं। जिस भावोद्रेक और जिस ब्योरे के साथ नायक या नायिका के रूप का वर्णन किया जाता है उस भावोद्रेक और उस ब्योरे के साथ उनका नहीं। कहीं-कहीं तो उनके नाम गिनाकर ही काम चला लिया जाता है।

मनुष्यों के रूप, व्यापार या मनोवृत्तियों के सादृश्य, साधर्म्य की दृष्टि से जो प्राकृतिक वस्तु-व्यापार आदि लाए जाते हैं उनका स्थान भी गौण ही समझना चाहिए। वे नर सम्बन्धी भावना को ही तीव्र करने के लिए रखे जाते हैं।

(2) मनुष्येतर बाह्य प्रकृति का आलम्बन के रूप में ग्रहण हमारे यहाँ संस्कृत के प्राचीन प्रबन्धकाव्यों के बीच-बीच में ही पाया जाता है। वहाँ प्रकृति का ग्रहण आलम्बन के रूप में हुआ है, इसका पता वर्णन की प्रणाली से लग जाता है। पहले कह आए हैं कि किसी वर्णन में आई हुई वस्तुओं का मन में ग्रहण दो प्रकार का हो सकता है—बिम्बग्रहण और अर्थग्रहण।[1] किसी ने कहा 'कमल'। अब इस 'कमल' पद का ग्रहण कोई इस प्रकार भी कर सकता है कि ललाई लिए हुए सफेद पंखड़ियों और झुके हुए नाल आदि के सहित एक फूल की मूर्ति मन में थोड़ी देर के लिए आ जाए या कुछ देर बनी रहे; और इस प्रकार भी कर सकता है कि कोई चित्र उपस्थित न हो; केवल पद का अर्थ मात्र समझकर काम चला लिया जाए। काव्य के दृश्य चित्रण में पहले प्रकार का संकेतग्रहण अपेक्षित होता है और व्यवहार तथा शास्त्रचर्चा में दूसरे प्रकार का। बिम्बग्रहण वहीं होता है जहाँ कवि अपने सूक्ष्म निरीक्षण द्वारा वस्तुओं के अंग-प्रत्यंग, वर्ण, आकृति तथा उनके आसपास की परिस्थिति का परस्पर संश्लिष्ट विवरण देता है। बिना अनुराग के ऐसे सूक्ष्म ब्योरों पर न दृष्टि जा ही सकती है, न रम ही सकती है। अतः जहाँ ऐसा पूर्ण संश्लिष्ट चित्रण मिले वहाँ समझना चाहिए कि कवि ने बाह्य प्रकृति

---

1. देखिए चिन्तामणि, दूसरा भाग, काव्य में प्राकृतिक दृश्य, पृ. 1

को आलम्बन के रूप में ग्रहण किया है। उदाहरण के लिए वाल्मीकि का यह हेमन्त वर्णन लीजिए–

अवश्याय निपातेन किञ्चित्प्रक्लिन्नशाद्वला।
वनानां शोभते भूमिर्निविष्टतरुणातपा॥
स्पृशस्तु विपुलं शीतमुदकं द्विरदः सुखम्॥
अत्यन्ततृषितो वन्यः प्रतिसंहरते करम्॥
अवश्याय तमोनद्धा नीहार तमसावृताः।
प्रसुप्ता इव लक्ष्यन्ते विपुष्पा वनराजयः॥
वाष्पसंछन्नसलिला रुतविज्ञेयसारसाः।
हिमार्द्रबालुकैस्तीरैः सरितो भान्ति साम्प्रतम्॥
जरा जर्जरितैः पद्मैः शीर्णकेसरकर्णिकाः
नालशैषैर्हिमध्वस्तैर्न भान्ति कमलाकराः॥[1]

(रामायण अरण्यकांड, सर्ग 16)

मनुष्येतर बाह्य प्रकृति का इसी रूप में ग्रहण 'कुमारसम्भव' के आरम्भ तथा 'रघुवंश' के बीच-बीच में मिलता है। नाटक यद्यपि मनुष्य ही की भीतरी-बाहरी वृत्तियों के प्रदर्शन के लिए लिखे जाते हैं और भवभूति अपने मार्मिक और तीव्र अन्तर्वृत्ति विधान के लिए ही प्रसिद्ध हैं, पर उनके 'उत्तररामचरित' में कहीं-कहीं बाह्य प्रकृति के बहुत ही सांग और संश्लिष्ट खंड चित्र पाए जाते हैं। पर मनुष्येतर बाह्य प्रकृति को जो प्रधानता 'मेघदूत' में मिली है वह संस्कृत के और किसी काव्य में नहीं। 'पूर्वमेघ' तो यहाँ से वहाँ तक प्रकृत की ही एक मनोहर झाँकी या भारतभूमि के स्वरूप का ही मधुर ध्यान है। जो इस स्वरूप के ध्यान में अपने को भूलकर कभी-कभी मग्न हुआ करता है वह घूम-घूमकर वक्तृता दे या न दे, चन्दा इकट्ठा करे या न करे, देशवासियों की आमदनी का औसत निकाले या न निकाले, सच्चा देशप्रेमी है। मेघदूत न कल्पना की क्रीड़ा है न कला की विचित्रता। वह है प्राचीन भारत के सबसे भावुक हृदय की अपनी प्यारी भूमि की रूपमाधुरी पर सीधी-सादी प्रेमदृष्टि।

अनन्त रूपों में प्रकृति हमारे सामने आती है–कहीं मधुर, सुसज्जित या सुन्दर रूप में; कहीं रूखे, बेडौल या कर्कश रूप में; कहीं भव्य, विशाल या विचित्र रूप में; कहीं उग्र, कराल या भयंकर रूप में। सच्चे कवि का हृदय उसके इन सब रूपों में लीन होता है क्योंकि उसके अनुराग का कारण अपना खास सुखभोग नहीं, बल्कि चिरसाहचर्य द्वारा

---

1. वन की भूमि, जिसकी हरी-हरी घास ओस गिरने से कुछ गीली हो गई है, तरुण धूप के पड़ने से कैसी शोभा दे रही है। अत्यन्त प्यासा जंगली हाथी बहुत शीतल जल के स्पर्श से अपनी सूँड़ सिकोड़ लेता है। बिना फूल के वनसमूह कुहरे के अन्धकार में सोए-से जान पड़ते हैं। नदियाँ, जिनका जल कुहरे से ढँका हुआ है और जिनमें सारस पक्षियों का पता केवल उनके शब्द से लगता है, हिम से आर्द्र बालू के तटों से ही पहचानी जाती हैं। कमल जिनके पत्ते जीर्ण होकर झड़ गए हैं, जिनकी केसर कर्णिकाएँ टूट-फूटकर छितरा गई हैं, पाले से ध्वस्त होकर नाल मात्र खड़े हैं।–चिन्तामणि, वही, पृष्ठ 14-15

प्रतिष्ठित वासना है। जो केवल प्रफुल्लप्रसूनप्रसार के सौरभ-संचार, मकरन्दलोलुपमधुपगुंजार, कोकिलकूजित निकुंज और शीतल सुखस्पर्श समीर इत्यादि की ही चर्चा किया करते हैं वे विषयी भोगलिप्सु हैं। इसी प्रकार जो केवल मुक्ताभास-हिमबिन्दुमंडित मरकताभशाद्वलजाल, अत्यन्त विशाल गिरिशिखर से गिरते हुए जलप्रपात के गम्भीर गर्त से उगी हुई सीकर नीहारिका के बीच विविध-वर्णस्फुरण की विशालता, भव्यता और विचित्रता में ही अपने हृदय के लिए कुछ पाते हैं वे तमाशबीन हैं—सच्चे भावुक या सहृदय नहीं। प्रकृति के साधारण-असाधारण सब प्रकार के रूपों में रमानेवाले वर्णन हमें वाल्मीकि, कालिदास, भवभूति आदि संस्कृत के प्राचीन कवियों में मिलते हैं। पिछले खेवे के कवियों ने मुक्तक रचना में तो अधिकतर प्राकृतिक वस्तुओं का अलग-अलग उल्लेख मात्र उद्दीपन की दृष्टि से किया है। प्रबन्ध रचना में जो थोड़ा-बहुत संश्लिष्ट चित्रण किया है वह प्रकृति की विशेष रूप विभूति को लेकर ही। अँगरेजी के पिछले कवियों में वर्ड्सवर्थ की दृष्टि सामान्य, चिर-परिचित, सीधे-सादे प्रशान्त और मधुर दृश्यों की ओर रहती थी, पर शेली की असाधारण, भव्य और विशाल की ओर।

साहचर्य सम्भूत रस के प्रभाव से सामान्य सीधे-सादे चिर-परिचित दृश्यों में कितने माधुर्य की अनुभूति होती है ! पुराने कवि कालिदास ने वर्षा के प्रथम जल से सिक्त तुरन्त की जोती हुई धरती तथा उसके पास बिखरी हुई भोली चितवनवाली ग्रामवनिताओं में, साफ-सुथरे ग्रामचैत्यों और कथाकोविद ग्रामवृद्धों में इसी प्रकार के माधुर्य का अनुभव किया था।[1] आज भी इसका अनुभव लोग करते हैं। बाल्य या कौमार अवस्था में जिस पेड़ के नीचे हम अपनी मंडली के साथ बैठा करते थे, चिड़चिड़ी बुढ़िया की जिस झोपड़ी के पास होकर हम आते-जाते थे उनकी मधुर स्मृति हमारी भावना को बराबर लीन किया करती है। बुड्ढी की झोपड़ी में न कोई चमक-दमक थी, न कला-कौशल का वैचित्र्य। मिट्टी की दीवारों पर फूस का छप्पर पड़ा था, नींव के किनारे चढ़ी हुई मिट्टी पर सत्यानासी के नीलाभहरित कँटीले कटावदार पौधे खड़े थे जिनके पीले फूलों के गोल सम्पुटों के बीच लाल-लाल बिन्दियाँ झलकती थीं।

जो केवल अपने विलास या शरीर-सुख की सामग्री ही प्रकृति में ढूँढ़ा करते हैं उनमें रस रागात्मक 'सत्त्व' की कमी है जो व्यक्त सत्ता मात्र के साथ एकता की अनुभूति में लीन करके हृदय के व्यापकत्व का आभास देता है। सम्पूर्ण सत्ताएँ एक ही परम सत्ता और सम्पूर्ण भाव एक ही परम भाव के अन्तर्भूत हैं। अतः बुद्धि की क्रिया से हमारा ज्ञान जिस अद्वैत भूमि पर पहुँचता है उसी भूमि तक हमारा भावात्मक हृदय भी इस सत्वरस के प्रभाव से पहुँचता है। इस प्रकार अन्त में जाकर दोनों पक्षों की वृत्तियों का समन्वय हो जाता है। इस समन्वय के बिना मनुष्यत्व की साधना पूरी नहीं हो सकती।

मनुष्येतर प्रकृति के बीच के रूप-व्यापार कुछ भीतरी भावों या तथ्यों की भी व्यंजना करते हैं। पशु-पक्षियों के सुख-दुख, हर्ष-विवाद, राग-द्वेष, तोष-क्षोभ, कृपा-क्रोध इत्यादि भावों की व्यंजना जो उनकी आकृति, चेष्टा, शब्द आदि से होती है वह तो प्रायः बहुत

1. मेघदूत, पूर्वमेघ, 16, 32

प्रत्यक्ष होती है। कवियों को उन पर अपने भावों का आरोप करने की आवश्यकता प्रायः नहीं होती। तथ्यों का आरोप या सम्भावना अलबत वे कभी-कभी किया करते हैं। पर इस प्रकार का आरोप कभी-कभी कथन को 'काव्य' के क्षेत्र से घसीटकर 'सूक्ति' या 'सुभाषित' के क्षेत्र में डाल देता है। जैसे, 'कौवे सबेरा होते ही क्यों चिल्लाने लगते हैं ? वे समझते हैं कि सूर्य अन्धकार का नाश करता बढ़ा आ रहा है, कहीं धोखे में हमारा भी नाश न कर दे।'[1] यह सूक्ति मात्र है, काव्य नहीं। जहाँ तथ्य केवल आरोपित या सम्भावित रहते हैं वहाँ वे अलंकार रूप में ही रहते हैं। पर जिन तथ्यों का आभास हमें पशु-पक्षियों के रूप, व्यापार या परिस्थिति में ही मिलता है वे हमारे भावों के विषय वास्तव में हो सकते हैं। मनुष्य सारी पृथ्वी छेकता चला जा रहा है। जंगल कट-कटकर खेत, गाँव और नगर बनते चले जा रहे हैं। पशु-पक्षियों का भाग छिनता चला जा रहा है। उनके सब ठिकानों पर हमारा निष्ठुर अधिकार होता चला जा रहा है। वे कहाँ जाएँ ? कुछ तो हमारी गुलामी करते हैं। कुछ हमारी बस्ती के भीतर या आसपास रहते हैं और छीन-झपटकर अपना हक ले जाते हैं। हम उनके साथ बराबर ऐसा ही व्यवहार करते हैं मानो उन्हें जीने का कोई अधिकार ही नहीं है। इन तथ्यों का सच्चा आभास हमें उनकी परिस्थिति से मिलता है। अतः उनमें से किसी की चेष्टा विशेष में इन तथ्यों की मार्मिक व्यंजना की प्रतीति काव्यानुभूति के अन्तर्गत होगी। यदि कोई बन्दर हमारे सामने से कोई खाने-पीने की चीज उठा ले जाए और किसी पेड़ के ऊपर बैठा-बैठा हमें घुड़की दे, तो काव्यदृष्टि से हमें ऐसा मालूम हो सकता है कि–

देते हैं घुड़की यह अर्थ ओज भरी हरि
'जीने का हमारा अधिकार क्या न गया रह ?
परप्रतिषेध के प्रसार बीच तेरे, नर !
क्रीड़ामय जीवन उपाय है हमारा यह।
दानी जो हमारे रहे, वे भी दास तेरे हुए,
उनकी उदारता भी सकता नहीं तू सह।
फूली-फली उनकी उमंग उपकार की तू
छेकता है जाता, हम जायँ कहाँ, तू ही कह!'[2]

पेड़-पौधे, लता-गुल्म आदि भी इसी प्रकार कुछ भावों या तथ्यों की व्यंजना करते हैं जो कभी-कभी कुछ गूढ़ होती है। सामान्य दृष्टि भी वर्षा की झड़ी के पीछे उनके हर्ष और उल्लास को; ग्रीष्म के प्रचंड आतप में उनकी शिथिलता और म्लानता को; शिशिर के कठोर शासन में उनकी दीनता को; मधुकाल में उनके रसोन्माद, उमंग और हास को, प्रबल वात के झकोरों में उनकी विकलता को, प्रकाश के प्रति उनकी ललक को देख सकती है। इसी प्रकार भावुकों के समक्ष वे अपनी रूपचेष्टा आदि द्वारा कुछ मार्मिक

---

1. वयं काका वयं काका जल्पन्तीति प्रगेद्विकाः।
तिमिरारिस्तमो हन्यादिति शङ्कितमानसाः॥
2. शुक्लजी कृत 'हृदय का मधुर भार' से उद्धृत।

तथ्यों की भी व्यंजना करते हैं। हमारे यहाँ के पुराने अन्योक्तिकारों ने कहीं-कहीं इस व्यंजना की ओर ध्यान दिया है। 'कहीं-कहीं' का मतलब यह है कि बहुत जगह उन्होंने अपनी भावना का आरोप किया है, उनकी रूपचेष्टा या परिस्थिति से तथ्यचयन नहीं। पर उनकी विशेष परिस्थितियों की ओर भावुकता से ध्यान देने पर बहुत-से मार्मिक तथ्य सामने आते हैं। कोसों तक फैली कड़ी धूप में तपते मैदान के बीच एक अकेला वट वृक्ष दूर तक छाया फैलाए खड़ा है। हवा के झोंकों से उसकी टहनियाँ और पत्ते हिल-हिलकर मानो बुला रहे हैं। हम धूप से व्याकुल होकर उसकी ओर बढ़ते हैं। देखते हैं उसकी जड़ के पास एक गाय बैठी आँख मूँदे जुगाली कर रही है। हम लोग भी उसी के पास आराम से जा बैठते हैं। इतने में एक कुत्ता जीभ बाहर निकाले हाँफता हुआ उस छाया के नीचे आता है और हममें से कोई उठकर उसे छड़ी लेकर भगाने लगता है। इस परिस्थिति को देख हममें से कोई भावुक पुरुष उस पेड़ को इस प्रकार सम्बोधन करे तो कर सकता है–

काया की न छाया यह केवल तुम्हारी, द्रुम!
अन्तस् के मर्म का प्रकाश यह छाया है।
भरी है इसी में वह स्वर्ग स्वप्न धार, अभी
जिसमें न पूरा-पूरा नर बह पाया है।
शांतिसार शीतल प्रसार यह छाया धन्य !
प्रीति सा पसारे इसे कैसी हरी काया है
हे नर! तू प्यारा इस तरु का स्वरूप देख,
देख फिर घोर रूप तूने जो कमाया है ॥ [1]

ऊपर नरक्षेत्र और मनुष्येतर सजीव दृष्टि के क्षेत्र का उल्लेख हुआ है। काव्यदृष्टि कभी तो इन पर अलग-अलग रहती है और कभी समष्टि रूप में समस्त जीवन-क्षेत्र पर। कहने की आवश्यकता नहीं कि विच्छिन्न दृष्टि की अपेक्षा समष्टि दृष्टि में अधिक व्यापकता और गम्भीरता रहती है। काव्य का अनुशीलन करनेवाले मात्र जानते हैं कि काव्यदृष्टि सजीव सृष्टि तक ही बद्ध नहीं रहती। वह प्रकृति के उस भाग की ओर भी जाती है जो निर्जीव या जड़ कहलाता है। भूमि, पर्वत, चट्टान, नदी-नाले, टीले, मैदान, समुद्र, आकाश, मेघ, नक्षत्र, इत्यादि की रूपगति आदि से भी हम सौन्दर्य, माधुर्य, भीषणता, भव्यता, विचित्रता, उदासी, उदारता, सम्पन्नता इत्यादि की भावना प्राप्त करते हैं। कड़कड़ाती धूप के पीछे उमड़ी हुई घटा की श्यामल स्निग्धता और शीतलता का अनुभव मनुष्य क्या पशु-पक्षी, पेड़-पौधे तक करते हैं। अपने इधर-उधर हरी-भरी लहलहाती प्रफुल्लता का विधान करती हुई नदी की अविराम जीवन-धारा में हम द्रवीभूत औदार्य का दर्शन करते हैं। पर्वत की ऊँची चोटियों में विशालता और भव्यता का; वात-विलोड़ित जलप्रसार में क्षोभ और आकुलता का; विकीर्ण घन-खंड मंडित, रश्मिरंजित सांध्य दिगंचल में चमत्कारपूर्ण सौन्दर्य का; ताप से तिलमिलाती धरा पर धूल झोंकते हुए अन्धड़ के प्रचंड झोंकों में उग्रता और उच्छृंखलता का; बिजली की कँपानेवाली कड़क

1. देखिए, शुक्लजी कृत 'हृदय का मधुर भार'।

और ज्वालामुखी के ज्वलन्त स्फोट में भीषणता का आभास मिलता है। ये सब विश्वरूपी महाकाव्य की भावनाएँ या कल्पनाएँ हैं। स्वार्थभूमि से परे पहुँचे हुए सच्चे अनुभूति योगी या कवि इनके द्रष्टा मात्र होते हैं।

जड़ जगत् के भीतर पाए जानेवाले रूप, व्यापार या परिस्थितियाँ अनेक मार्मिक तथ्यों की भी व्यंजना करती हैं। जीवन के तथ्यों के साथ उनके साम्य का बहुत अच्छा मार्मिक उद्घाटन कहीं-कहीं हमारे यहाँ के अन्योक्तिकारों ने किया है। जैसे, इधर नरक्षेत्र के बीच देखते हैं तो सुख-समृद्धि और सम्पन्नता की दशा में दिन-रात घेरे रहनेवाले, स्तुति का खासा कोलाहल खड़ा करनेवाले विपत्ति और दुर्दिन में पास नहीं फटकते; उधर जड़ जगत् के भीतर देखते हैं तो भरे हुए सरोवर के किनारे जो पक्षी बराबर कलरव करते रहते हैं वे उसके सूखने पर अपना-अपना रास्ता लेते हैं–

कोलाहल सुनि खगन के, सरवर! जनि अनुरागि।
ये सब स्वारथ के सखा, दुर्दिन दैहैं त्यागि।
दुर्दिन दैहैं त्यागि, तोय तेरो जब जैहै।
दूरहि ते तजि आस, पास कोऊ नहि ऐहै॥[1]

इसी प्रकार सूक्ष्म और मार्मिक दृष्टिवालों को और गूढ़ व्यंजना भी मिल सकती है। अपने इधर-उधर हरियाली और प्रफुल्लता का विधान करने के लिए यह आवश्यक है कि नदी कुछ काल तक एक बँधी हुई मर्यादा के भीतर बहती रहे। वर्षा की उमड़ी हुई उच्छृंखलता में पोषित हरियाली और प्रफुल्लता का ध्वंस सामने आता है। पर यह उच्छृंखलता और ध्वंस अल्पकालिक होता है और इसके द्वारा आगे के लिए पोषण की नई शक्ति का संचय होता है। उच्छृंखलता नदी की स्थायी वृत्ति नहीं है। नदी के इस स्वरूप के भीतर सूक्ष्म मार्मिक दृष्टि लोकगति के रूप का साक्षात्कार करती है। लोकजीवन की धारा जब एक बँधे मार्ग पर कुछ काल तक अबाध गति से चलने पाती है तभी सभ्यता के किसी रूप का पूर्ण विकास और उसके भीतर सुख-शान्ति की प्रतिष्ठा होती है। जब जीवन-प्रवाह क्षीण और अशक्त पड़ने लगता है और गहरी विषमता आने लगती है तब नई शक्ति का प्रवाह फूट पड़ता है जिसके वेग की उच्छृंखलता के सामने बहुत कुछ ध्वंस भी होता है। पर यह उच्छृंखलता का वेग जीवन का या जगत् का नित्य स्वरूप नहीं है।

(३) पहले कहा जा चुका है कि नरक्षेत्र के भीतर बद्ध रहनेवाला काव्य काव्यदृष्टि की अपेक्षा सम्पूर्ण जीवन-क्षेत्र और समस्त चराचर के क्षेत्र से मार्मिक तथ्यों का चयन करनेवाली दृष्टि उत्तरोत्तर अधिक व्यापक और गम्भीर कही जाएगी। जब कभी हमारी भावना का प्रसार इतना विस्तीर्ण और व्यापक होता है कि हम अनन्त व्यक्त सत्ता के भीतर नरसत्ता के स्थान का अनुभव करते हैं तब हमारी पार्थक्य बुद्धि का परिहार हो जाता है। उस समय हमारा हृदय ऐसी उच्च भूमि पर पहुँचा रहता है जहाँ उसकी वृत्ति प्रशांत और गम्भीर हो जाती है, उसकी अनुभूति का विषय ही कुछ बदल जाता है।

---

1. अन्योक्ति कल्पद्रुम, प्रथम शाखा, 41

तथ्य चाहे नरक्षेत्र के ही हों चाहे अधिक व्यापक क्षेत्र के हों, कुछ प्रत्यक्ष होते हैं और कुछ गूढ़। जो तथ्य हमारे किसी भाव को उत्पन्न करें उस भाव को आलम्बन कहना चाहिए। ऐसे रसात्मक तथ्य आरम्भ में ज्ञानेन्द्रियाँ उपस्थिति करती हैं। फिर ज्ञानेन्द्रियों द्वारा प्राप्त सामग्री से भावना या कल्पना उनकी योजना करती है। अतः यह कहा जा सकता है कि ज्ञान ही भावों के संचार के लिए मार्ग खोलता है। ज्ञानप्रसार के भीतर ही भावप्रसार होता है। आरम्भ में मनुष्य की चेतना सत्ता अधिकतर इन्द्रियज ज्ञान की समष्टि के रूप में ही रही, फिर ज्यों-ज्यों अन्तःकरण का विकास होता गया और सभ्यता बढ़ती गई त्यों-त्यों मनुष्य का ज्ञान बुद्धिव्यवसायात्मक होता गया। अब मनुष्य का ज्ञानक्षेत्र बुद्धिव्यवसायात्मक या विचारात्मक होकर बहुत ही विस्तृत हो गया है। अतः उसके विस्तार के साथ हमें अपने हृदय का विस्तार बढ़ाना पड़ेगा। विचार का क्रिया से, वैज्ञानिक विवेचन और अनुसन्धान द्वारा उद्‌घाटित परिस्थितियों और तथ्यों के मर्मस्पर्शी पक्ष का मूर्त और सजीव चित्रण भी—उसका इस रूप में प्रत्यक्षीकरण भी कि वह हमारे किसी भाव का आलम्बन हो सके कवियों का काम और उच्च काव्य का एक लक्षण होगा। कहने की आवश्यकता नहीं कि इन तथ्यों और परिस्थितियों के मार्मिक रूप न जाने कितनी बातों की तह में छिपे होंगे।

काव्य और व्यवहार

भावों या मनोविकारों के विवेचन में हम कह चुके हैं कि मनुष्य को कर्म में प्रवृत्त करनेवाली मूल प्रवृत्ति भावात्मिका है।[1] केवल तर्क बुद्धि या विवेचना के बल से हम किसी कार्य में प्रवृत्त नहीं होते। जहाँ जटिल बुद्धि व्यापार के अनन्तर किसी कर्म का अनुष्ठान देखा जाता है वहाँ भी तह में कोई भाव या वासना छिपी रहती है। चाणक्य जिस समय अपनी नीति की सफलता के लिए किसी निष्ठुर व्यापार में प्रवृत्त दिखाई पड़ता है उस समय वह दया, करुणा आदि सब मनोविकारों या भावों से परे दिखाई पड़ता है। पर थोड़ा अन्तर्दृष्टि गड़ाकर देखने से कौटिल्य को नचानेवाली डोर का छोर भी अन्तःकरण के रागात्मक खंड की ओर मिलेगा। प्रतिज्ञापूर्ति की आनन्दभावना और नन्दवंश के प्रति क्रोध या वैर की वासना बारी-बारी से उस डोर को हिलाती हुई मिलेगी। अर्वाचीन राष्ट्रनीति के गुरुघंटाल जिस समय अपनी किसी गहरी चाल से किसी देश की निरपराध जनता का सर्वनाश करते हैं उस समय वे दया आदि दुर्बलताओं से निर्लिप्त केवल बुद्धि के कठपुतले दिखाई पड़ते हैं पर उनके भीतर यदि छानबीन की जाए तो कभी अपने देशवासियों के सुख की उत्कंठा, कभी अन्य जाति के प्रति घोर विद्वेष, कभी अपनी जातीय श्रेष्ठता का नया या पुराना घमंड, इशारे करता हुआ मिलेगा।

बात यह है कि केवल इस बात को जानकर ही हम किसी काम को करने या न करने के लिए तैयार नहीं होते कि वह काम अच्छा है या बुरा, लाभदायक है या हानिकारक। जब उसकी या उसके परिणाम की कोई ऐसी बात हमारी भावना में आती है जो आह्लाद,

---

1. चिन्तामणि, पहला भाग, पृ. 6

क्रोध, करुणा, भय, उत्कंठा आदि का संचार कर देती है तभी हम उस काम को करने या न करने के लिए उद्यत होते हैं। शुद्ध ज्ञान या विवेक में कर्म की उत्तेजना नहीं होती। कर्मप्रवृत्ति के लिए मन में कुछ वेग का आना आवश्यक है। यदि किसी जनसमुदाय के बीच कहा जाए कि अमुक देश तुम्हारा इतना रुपया प्रतिवर्ष उठा ले जाता है तो सम्भव है कि उस पर कुछ प्रभाव न पड़े। पर यदि दारिद्र्य और अकाल का भीषण और करुण दृश्य दिखाया जाए, पेट की ज्वाला से जले हुए कंकाल कल्पना के सम्मुख रखे जाएँ और भूख से तड़पते हुए बालक के पास बैठी हुई माता का आर्त क्रन्दन सुनाया जाए तो बहुत-से लोग क्रोध और करुणा से व्याकुल हो उठेंगे और इस दशा को दूर करने का यदि उपाय नहीं तो संकल्प अवश्य करेंगे। पहले ढंग की बात करना राजनीतिज्ञ या अर्थशास्त्री का काम है और पिछले प्रकार का दृश्य भावना में लाना कवि का। अतः यह धारणा कि काव्य व्यवहार का बाधक है, उसके अनुशीलन से अकर्मण्यता आती है, ठीक नहीं। कविता तो भावप्रसार द्वारा कर्मण्य के लिए कर्मक्षेत्र का और विस्तार कर देती है।

उक्त धारणा का आधार यदि कुछ हो सकता है तो यही कि जो भावुक या सहृदय होते हैं, अथवा काव्य के अनुशीलन से जिनके भावप्रसार का क्षेत्र विस्तृत हो जाता है, उनकी वृत्तियाँ उतनी स्वार्थबद्ध नहीं रह सकतीं। कभी-कभी वे दूसरों का जी दुखने के डर से; आत्मगौरव, कुलगौरव, या जातिगौरव के ध्यान से अथवा जीवन के किसी पक्ष की उत्कर्ष भावना में मग्न होकर अपने लाभ के कर्म में अतत्पर या उससे विरत देखे जाते हैं। अतः अर्थागम से हृष्ट, 'स्वकार्य साधयेत्' के अनुयायी काशी के ज्योतिषी और कर्मकांडी, कानपुर के बनिए और दलाल, कचहरियों के अमले और मुख्तार, ऐसों को कार्यभ्रंशकारी मूर्ख, निरे निठल्ले या खब्त-उल-हवास समझ सकते हैं। जिनकी भावना किसी बात के मार्मिक पक्ष का चित्रानुभव करने में तत्पर रहती है, जिनके भाव चराचर के बीच किसी को भी आलम्बनोपयुक्त रूप या दशा में पाते ही उसकी ओर दौड़ पड़ते हैं, वे सदा अपने लाभ के ध्यान से या स्वार्थबुद्धि द्वारा ही परिचालित नहीं होते। उनकी यही विशेषता अर्थपरायणों को—अपने काम से काम रखनेवालों को—एक त्रुटि-सी जान पड़ती है। कवि और भावुक हाथ-पैर न हिलाते हों यह बात नहीं। पर अर्थियों के निकट उनकी बहुत-सी क्रियाओं का कोई अर्थ नहीं होता।

मनुष्यता की उच्च भूमि

मनुष्य की चेष्टा और कर्मकलाप से भावों का मूल सम्बन्ध निरूपित हो चुका है और यह भी दिखाया जा चुका है कि कविता इन भावों या मनोविकारों के क्षेत्र को विस्तृत करती हुई उनका प्रसार करती है। पशुत्व से मनुष्यत्व में जिस प्रकार अधिक ज्ञान-प्रसार की विशेषता है उसी प्रकार अधिक भाव-प्रसार की भी। पशुओं के प्रेम की पहुँच प्रायः अपने जोड़े, बच्चों या खिलाने-पिलानेवालों तक ही होती है; इसी प्रकार उनका क्रोध भी अपने सतानेवालों तक ही जाता है, स्ववर्ग या पशुमात्र को सतानेवालों तक नहीं पहुँचता। पर मनुष्य में ज्ञान-प्रसार के साथ-साथ भाव-प्रसार भी क्रमशः बढ़ता गया है। अपने

परिजनों, अपने सम्बन्धियों, अपने पड़ोसियों, अपने देशवासियों, क्या मनुष्य और प्राणिमात्र तक से प्रेम करने भर को जगह उसके हृदय में बन गई। मनुष्य की त्योरी मनुष्य को ही सतानेवाले पर नहीं चढ़ती; गाय-बैल और कुत्ते-बिल्ली को सतानेवाले पर भी चढ़ती है। पशु की वेदना देखकर भी उसके नेत्र सजल होते हैं। बन्दर को शायद बँदरिया के मुँह में ही सौन्दर्य दिखाई पड़ता होगा, पर मनुष्य पशु-पक्षी, फूल-पत्ते और रेत-पत्थर में भी सौन्दर्य पाकर मुग्ध होता है। इस हृदयप्रसार का स्मारक स्तम्भ काव्य है जिसकी उत्तेजना से हमारे जीवन में एक नया जीवन आ जाता है। हम सृष्टि के सौन्दर्य को देखकर रसमग्न होने लगते हैं, कोई निष्ठुर कार्य हमें असह्य होने लगता है, हमें जान पड़ता है कि हमारा जीवन कई गुना बढ़कर सारे संसार में व्याप्त हो गया है।

कविवाणी के प्रसाद से हम संसार के सुख-दुख, आनन्द-क्लेश आदि का शुद्ध स्वार्थमुक्त रूप में अनुभव करते हैं। इस प्रकार के अनुभव के अभ्यास से हृदय का बन्धन खुलता है और मनुष्यता की उच्च भूमि की प्राप्ति होती है। किसी अर्थपिशाच कृपण को देखिए जिसने केवल अर्थलोभ के वशीभूत होकर क्रोध, दया, श्रद्धा, भक्ति, आत्माभिमान आदि भावों को एकदम दबा दिया है और संसार के मार्मिक पक्ष से मुँह मोड़ लिया है। न सृष्टि के किसी रूप-माधुर्य को देख वह पैसों का हिसाब-किताब भूल कभी मुग्ध होता है, न किसी दीन-दुखिया को देख कभी करुणा से द्रवीभूत होता है, न कोई अपमानसूचक बात सुनकर क्रुद्ध या क्षुब्ध होता है। यदि उससे किसी लोमहर्षक अत्याचार की बात कही जाए तो वह मनुष्य धर्मानुसार क्रोध या घृणा प्रकट करने के स्थान पर रुखाई के साथ कहेगा कि 'जाने दो, हमसे क्या मतलब; चलो अपना काम देखें।' यह महाभयानक मानसिक रोग है। इससे मनुष्य मर जाता है। इसी प्रकार किसी महाक्रूर पुलिस कर्मचारी को जाकर देखिए जिसका हृदय पत्थर के समान जड़ और कठोर हो गया है जिसे दूसरे के दुख और क्लेश की भावना स्वप्न में भी नहीं होती। ऐसों को सामने पाकर स्वभावतः यह मन में आता है कि क्या इनकी भी कोई दवा है ? इनकी दवा कविता है।

कविता ही हृदय को प्रकृत दशा में लाती है और जगत् के बीच क्रमशः उसका अधिकाधिक प्रसार करती हुई उसे मनुष्यत्व की उच्च भूमि पर ले जाती है। भावयोग की सबसे उच्च कक्षा पर पहुँचे हुए मनुष्य का जगत् के साथ पूर्ण तादात्म्य हो जाता है, उसकी अलग भावसत्ता नहीं रह जाती, उसका हृदय विश्वहृदय हो जाता है। उसकी अश्रुधारा में जगत् की अश्रुधारा का, उसके हास-विलास में जगत् के आनन्दनृत्य का, उसके गर्जन-तर्जन में जगत् के गर्जन-तर्जन का आभास मिलता है।

भावना या कल्पना

आरम्भ में ही हम काव्यानुशीलन को भावयोग कह आए हैं और उसे कर्मयोग और ज्ञानयोग के समकक्ष बता आए हैं। यहाँ पर अब यह कहने की आवश्यकता प्रतीत होती है कि 'उपासना' भावयोग का ही एक अंग है। पुराने धार्मिक लोग उपासना का अर्थ

'ध्यान' ही लिया करते हैं। जो वस्तु हमसे अलग है, हमसे दूर प्रतीत होती है, उसकी मूर्ति मन में लाकर उसके सामीप्य का अनुभव करना ही उपासना है। साहित्यवाले इसी को 'भावना' कहते हैं और आजकल के लोग 'कल्पना'। जिस प्रकार भक्ति के लिए उपासना या ध्यान की आवश्यकता होती है उसी प्रकार और भावों के प्रवर्तन के लिए भी भावना या कल्पना अपेक्षित होती है। जिनकी भावना या कल्पना शिथिल या अशक्त होती है, किसी कविता या सरस उक्ति को पढ़-सुनकर उनके हृदय में मार्मिकता होते हुए भी वैसी अनुभूति नहीं होती। बात यह है कि उनके अन्तःकरण में चटपट वह सजीव और स्पष्ट मूर्तिविधान नहीं होता जो भावों को परिचालित कर देता है। कुछ कवि किसी बात के सारे मार्मिक अंगों का पूरे ब्योरे के साथ चित्रण कर देते हैं, पाठक या श्रोता की कल्पना के लिए बहुत कम काम छोड़ते हैं और कुछ कवि कुछ मार्मिक खंड रखते हैं जिन्हें पाठक की तत्पर कल्पना आपसे आप पूर्ण करती है।

कल्पना दो प्रकार की होती है—विधायक और ग्राहक। कवि में विधायक कल्पना अपेक्षित होती है और श्रोता या पाठक में अधिकतर ग्राहक। अधिकतर कहने का अभिप्राय यह है कि जहाँ कवि पूर्ण चित्रण नहीं करता वहाँ पाठक या श्रोता को भी अपनी ओर से कुछ मूर्तिविधान करना पड़ता है। योरपीय साहित्यमीमांसा में कल्पना को बहुत प्रधानता दी गई है। है भी यह काव्य का अनिवार्य साधन; पर है साधन ही, साध्य नहीं, जैसा कि उपर्युक्त विवेचन से स्पष्ट है। किसी प्रसंग के अन्तर्गत कैसा ही विचित्र मूर्तिविधान हो, पर यदि उसमें उपयुक्त भावसंचार की क्षमता नहीं है तो वह काव्य के अन्तर्गत न होगा।

मनोरंजन

प्रायः सुनने में आता है कि कविता का उद्देश्य मनोरंजन है। पर जैसा कि हम पहले कह आए हैं कविता का अन्तिम लक्ष्य जगत् के मार्मिक पक्षों का प्रत्यक्षीकरण करके उनके साथ मनुष्य हृदय का सामंजस्य स्थापन है। इतने गम्भीर उद्देश्य के स्थान पर केवल मनोरंजन का हलका उद्देश्य सामने रखकर जो कविता का पठन-पाठन या विचार करते हैं वे रास्ते ही में रह जानेवाले पथिक के समान हैं। कविता पढ़ते समय मनोरंजन अवश्य होता है, पर उसके उपरान्त कुछ और भी होता है और वही और सब कुछ है। मनोरंजन वह शक्ति है जिससे कविता अपना प्रभाव जमाने के लिए मनुष्य की चित्तवृत्ति को स्थिर किए रहती है, उसे इधर-उधर जाने नहीं देती। अच्छी-से-अच्छी बात को भी कभी लोग केवल कान से सुन भर लेते हैं, उसकी ओर उनका मनोयोग नहीं होता। केवल यही कहकर कि 'परोपकार करो,' 'दूसरों पर दया करो,' 'चोरी करना महापाप है,' हमें यह आशा कदापि न करनी चाहिए कि कोई अपकारी उपकारी, कोई क्रूर दयावान् या कोई चोर साधु हो जाए। क्योंकि ऐसे वाक्यों के अर्थ की पहुँच हृदय तक होती ही नहीं, वह ऊपर ही ऊपर रह जाता है। ऐसे वाक्यों द्वारा सूचित व्यापारों का मानव-जीवन के बीच कोई मार्मिक चित्र सामने न पाकर हृदय उनकी अनुभूति की ओर प्रवृत्त ही नहीं होता।

पर कविता अपनी मनोरंजन शक्ति द्वारा पढ़ने या सुननेवाले का चित्त रमाए रहती है, जीवन-पट पर उक्त कर्मों की सुन्दरता या विरूपता अंकित करके हृदय के मर्मस्थलों का स्पर्श करती है। मनुष्य के कर्मों में जिस प्रकार दिव्य सौन्दर्य और माधुर्य होता है उसी प्रकार कुछ कर्मों में भीषण कुरूपता और भद्दापन होता है। इसी सौन्दर्य या कुरूपता का प्रभाव मनुष्य के हृदय पर पड़ता है और इस सौन्दर्य या कुरूपता का सम्यक् प्रत्यक्षीकरण कविता ही कर सकती है।

कविता की इसी रमानेवाली शक्ति को देखकर पंडितराज ने रमणीयता का पल्ला पकड़ा और उसे काव्य का साध्य स्थिर किया तथा योरपीय समीक्षकों ने 'आनन्द' को काव्य का चरम लक्ष्य ठहराया। इस प्रकार मार्ग को ही अन्तिम गन्तव्य स्थल मान लेने के कारण बड़ा गड़बड़झाला हुआ। मनोरंजन या आनन्द तो बहुत-सी बातों में हुआ करता है। किस्सा-कहानी सुनने में भी पूरा मनोरंजन होता है; लोग रात-रात भर सुनते रह जाते हैं। पर क्या कहानी सुनना और कविता सुनना एक ही बात है ? हम रसात्मक कथाओं या आख्यानों की बात नहीं कहते हैं; केवल घटना-वैचित्र्यपूर्ण कहानियों की बात कहते हैं। कविता और कहानी का अन्तर स्पष्ट है। कविता सुननेवाला किसी भाव में मग्न रहता है और कभी-कभी बार-बार एक ही पद्य सुनना चाहता है, पर कहानी सुननेवाला आगे की घटना के लिए आकुल रहता है। कविता सुननेवाला कहता है ''जरा फिर तो कहिए।'' कहानी सुननेवाला कहता है, ''हाँ ! तब क्या हुआ ?''

मन को अनुरंजित करना, उसे सुख या आनन्द पहुँचाना ही यदि कविता का अन्तिम लक्ष्य माना जाए तो कविता भी केवल विलास की सामग्री हुई। परन्तु क्या कोई कह सकता है कि वाल्मीकि ऐसे मुनि और तुलसीदास ऐसे भक्त ने केवल इतना ही समझकर श्रम किया कि लोगों को समय काटने का एक अच्छा सहारा मिल जाएगा ? क्या इससे गम्भीर कोई उद्देश्य उनका न था ? खेद के साथ कहना पड़ता है कि बहुत दिनों से बहुत-से लोग कविता को विलास की सामग्री समझते आ रहे हैं। हिन्दी के रीतिकाल के कवि तो मानो राजाओं-महाराजाओं की कामवासना उत्तेजित करने के लिए ही रखे जाते थे। एक प्रकार के कविराज तो रईसों के मुँह में मकरध्वज रस झोंकते थे, दूसरे प्रकार के कविराज कान में मकरध्वज रस की पिचकारी देते थे। पीछे से तो ग्रीष्मोपचार आदि के नुसखे भी कवि लोग तैयार करने लगे। गरमी के मौसम के लिए एक कविजी व्यवस्था करते हैं–

सीतल गुलाबजल भरि चहबच्चन में,
डारि कै कमलदल न्हायबे को धँसिए।
कालिदास अंग-अंग अगर अतर संग,
केसर उसीर नीर घनसार घँसिए।
जेठ में गोविंद लाल! चंदन के चहलन,
भरि-भरि गोकुज के महलन बसिए।

इसी प्रकार शिशिर के गसाले सुनिए—

गुलगुली गिलमै, गलीचा हैं, गुनीजन हैं,
चिक हैं, चिराकैं हैं, चिरागन की माला हैं।
कहै पदमाकर है गजक गजा हू सजी,
सज्जा है, सुराही हैं, सुरा है, अरु प्याला हैं।
सिसिर के पाला को न व्यापत कसाला तिन्हें,
जिनके अधीन एते उदित मसाला हैं।

सौन्दर्य

सौन्दर्य बाहर की कोई वस्तु नहीं है, मन के भीतर की वस्तु है। योरपीय कला-समीक्षा की यह एक बड़ी ऊँची उड़ान वा बड़ी दूर की कौड़ी समझी गई है। पर वास्तव में यह भाषा के गड़बड़झाले के सिवा और कुछ नहीं है। वीरकर्म से पृथक् वीरत्व कोई पदार्थ नहीं, वैसे ही सुन्दर वस्तु से पृथक् कोई पदार्थ नहीं। कुछ रूप-रंग की वस्तुएँ ऐसी होती हैं जो हमारे मन में आते ही थोड़ी देर के लिए हमारी सत्ता पर ऐसा अधिकार कर लेती हैं कि उसका ज्ञान ही हवा हो जाता है और हम उन वस्तुओं की भावना के रूप में ही परिणत हो जाते हैं। हमारी अन्तस्सत्ता की यही तदाकार परिणति सौन्दर्य की अनुभूति है। इसके विपरीत कुछ रूप-रंग की वस्तुएँ ऐसी होती हैं जिनकी प्रतीति या जिनकी भावना हमारे मन में कुछ देर टिकने ही नहीं पाती और एक मानसिक आपत्ति-सी जान पड़ती है। जिस वस्तु के प्रत्यक्ष ज्ञान या भावना से तदाकार परिणति जितनी ही अधिक होगी उतनी ही वह वस्तु हमारे लिए सुन्दर कही जाएगी। इस विवेचन से स्पष्ट है कि भीतर-बाहर का भेद व्यर्थ है। जो भीतर है वही बाहर है।

यही बाहर हँसता-खेलता, रोता-गाता, खिलता-मुरझता जगत् भीतर भी है जिसे हम मन कहते हैं। जिस प्रकार यह जगत् रूपमय और गतिमय है उसी प्रकार मन भी। मन भी रूपगति का संघात ही है। रूप मन और इन्द्रियों द्वारा संघटित है या मन और इन्द्रियाँ रूपों द्वारा, इससे यहाँ प्रयोजन नहीं। हमें तो केवल यही कहना है कि हमें अपने मन का और अपनी सत्ता का बोध रूपात्मक ही होता है।

किसी वस्तु के प्रत्यक्ष ज्ञान या भावना से हमारी अपनी सत्ता के बोध का जितना ही अधिक तिरोभाव और हमारे मन की उस वस्तु के रूप में जितनी ही पूर्ण परिणति होगी उतनी ही बढ़ी हुई हमारी सौन्दर्य की अनुभूति कही जाएगी। जिस प्रकार रूपरेखा या वर्ण-विन्यास से किसी की तदाकारपरिणति होती है उसी प्रकार की रूपरेखा या वर्णविन्यास उसके लिए सुन्दर है। मनुष्यता की सामान्य भूमि पर पहुँची हुई संसार की सब सभ्य जातियों में सौन्दर्य के सामान्य आदर्श प्रतिष्ठित हैं। भेद अधिकतर अनुभूति की मात्रा में पाया जाता है। न सुन्दर को कोई एकबारगी कुरूप कहता है और न बिलकुल कुरूप को सुन्दर। जैसा कि कहा जा चुका है, सौन्दर्य का दर्शन मनुष्य मनुष्य ही में नहीं करता है; प्रत्युत पल्लवगुम्फित पुष्पहास में, पक्षियों के पक्षजाल में, सिन्दूराभ

सांध्य दिगंचल के हिरण्यमेखला मंडित घनखंड में, तुषारावृत तुंग गिरिशिखर में, चन्द्रकिरण से झलझलाते निर्झर में और न जाने कितनी वस्तुओं में वह सौन्दर्य की झलक पाता है।

जिस सौन्दर्य की भावना में मग्न होकर मनुष्य अपनी पृथक् सत्ता की प्रतीति का विसर्जन करता है वह अवश्य एक दिव्य विभूति है। भक्त लोग अपनी उपासना या ध्यान में इसी विभूति का अवलम्बन करते हैं। तुलसी और सूर ऐसे सगुणोपासक भक्त राम और कृष्ण की सौन्दर्य-भावना में मग्न होकर ऐसी मंगलदशा का अनुभव कर गए हैं जिसके सामने कैवल्य या मुक्ति की कामना का कहीं पता नहीं लगता।

कविता केवल वस्तुओं के ही रंग-रूप में सौन्दर्य की छटा नहीं दिखाती, प्रत्युत कर्म और मनोवृत्ति के सौन्दर्य के भी अत्यन्त मार्मिक दृश्य सामने रखती है। वह जिस प्रकार विकसित कमल, रमणी के मुखमंडल आदि का सौन्दर्य मन में लाती है उसी प्रकार उदारता, वीरता, त्याग, दया, प्रेमोत्कर्ष इत्यादि कर्मों और मनोवृत्तियों का सौन्दर्य भी मन में जगाती है। जिस प्रकार वह शव को नोचते हुए कुत्तों और शृगालों के वीभत्स व्यापार की झलक दिखाती है उसी प्रकार क्रूरों की हिंसावृत्ति और दुष्टों की ईर्ष्या आदि की कुरूपता से भी क्षुब्ध करती है। इस कुरूपता का अवस्थान सौन्दर्य की पूर्ण और स्पष्ट अभिव्यक्ति के लिए ही समझना चाहिए। जिन मनोवृत्तियों का अधिकतर बुरा रूप हम संसार में देखा करते हैं उनका भी सुन्दर रूप कविता ढूँढ़कर दिखाती है। दशवदन निधनकारी राम के क्रोध के सौन्दर्य पर कौन मोहित न होगा ?

जो कविता रमणी के रूपमाधुर्य से हमें तृप्त करती है वही उसकी अन्तर्वृत्ति की सुन्दरता का आभास देकर हमें मुग्ध करती है। जिस बंकिम की लेखनी ने गढ़ पर बैठी हुई राजकुमारी तिलोत्तमा के अंग-प्रत्यंग की सुषमा को अंकित किया है उसी ने नवाबनन्दिनी आयशा के अन्तस् की अपूर्व सात्विकी ज्योति की झलक दिखाकर पाठकों को चमत्कृत किया है। जिस प्रकार बाह्य प्रकृति के बीच वन, पर्वत, नदी, निर्झर आदि रूपविभूति से हम सौन्दर्यमग्न होते हैं उसी प्रकार अन्तःप्रकृति में दया, दाक्षिण्य, श्रद्धा, भक्ति आदि वृत्तियों की स्निग्ध शीतल आभा में सौन्दर्य लहराता हुआ पाते हैं। यदि कहीं बाह्य और आभ्यन्तर दोनों सौन्दर्यों का योग दिखाई पड़े तो फिर क्या कहना है ! यदि किसी अत्यन्त सुन्दर पुरुष की धीरता, सत्यप्रियता आदि अथवा किसी अत्यन्त रूपवती स्त्री की सुशीलता, कोमलता और प्रेमपरायणता आदि भी सामने रख दी जाएँ तो सौन्दर्य की भावना सर्वांगपूर्ण हो जाती है।

सुन्दर और कुरूप काव्य में बस ये ही दो पक्ष हैं। भला-बुरा, शुभ-अशुभ, पाप-पुण्य, मंगल-अमंगल, उपयोगी-अनुपयोगी—ये सब शब्द काव्यक्षेत्र के बाहर के हैं। ये नीति, धर्म-व्यवहार, अर्थशास्त्र आदि के शब्द हैं। शुद्ध काव्य-क्षेत्र में न कोई बात भली कही जाती है न बुरी; न शुभ न अशुभ, न उपयोगी न अनुपयोगी। सब बातें केवल दो रूपों में दिखाई जाती हैं—सुन्दर और असुन्दर। जिसे धार्मिक शुभ या मंगल कहता है कवि उसके सौन्दर्य पक्ष पर आप भी मुग्ध रहता है और दूसरों को भी मुग्ध करता है। जिसे धर्मज्ञ अपनी दृष्टि के अनुसार शुभ या मंगल समझता है उसी को कवि अपनी दृष्टि के

अनुसार सुन्दर कहता है। दृष्टिभेद अवश्य है। धार्मिक की दृष्टि जीव के कल्याण, परलोक में सुख, भवबन्धन से मोक्ष आदि की ओर रहती है। पर कवि की दृष्टि इन सब बातों की ओर नहीं रहती, वह उधर देखता है जिधर सौन्दर्य दिखाई पड़ता है। इतनी-सी बात ध्यान में रखने से ऐसे झमेलों में पड़ने की आवश्यकता बहुत कुछ दूर हो जाती है कि 'कला में सत्-असत्, धर्माधर्म का विचार होना चाहिए या नहीं', 'कवि को उपदेशक बनना चाहिए या नहीं।'

कवि की दृष्टि तो सौन्दर्य की ओर जाती है, चाहे वह जहाँ हो—वस्तुओं के रूपरंग में अथवा मनुष्यों के मन, वचन और कर्म में। उत्कर्ष साधन के लिए, प्रभाव की वृद्धि के लिए, कवि लोग कई प्रकार के सौन्दर्यों का मेल भी किया करते हैं। राम की रूपमाधुरी और रावण की विकरालता भीतर का प्रतिबिम्ब-सी जान पड़ती है। मनुष्य के भीतरी-बाहरी सौन्दर्य के साथ चारों ओर की प्रकृति के सौन्दर्य को भी मिला देने से वर्णन का प्रभाव कभी-कभी बहुत बढ़ जाता है। चित्रकूट ऐसे रम्य स्थान में राम और भरत ऐसे रूपवानों की अन्तःप्रकृति की छटा का क्या कहना है !

चमत्कारवाद

काव्य के सम्बन्ध में 'चमत्कार', 'अनूठापन' आदि शब्द बहुत दिनों से लाए जाते हैं। चमत्कार मनोरंजन की सामग्री है, इसमें सन्देह नहीं। इससे जो लोग मनोरंजन को ही काव्य का लक्ष्य समझते हैं वे यदि कविता में चमत्कार ही ढूँढ़ा करें तो कोई आश्चर्य की बात नहीं। पर जो लोग इससे ऊँचा और गम्भीर लक्ष्य समझते हैं वे चमत्कार मात्र को काव्य नहीं मान सकते। 'चमत्कार' से हमारा अभिप्राय यहाँ प्रस्तुत वस्तु के अद्भुतत्व या वैलक्षण्य से नहीं जो अद्भुत रस के आलम्बन में होता है। 'चमत्कार' से हमारा तात्पर्य उक्ति के चमत्कार से है जिसके अन्तर्गत वर्णविन्यास की विशेषता (जैसे अनुप्रास में), शब्दों की क्रीड़ा (जैसे श्लेष, यमक आदि में), वाक्य की वक्रता या वचनभंगी (जैसे काव्यार्थापत्ति, परिसंख्या, विरोधाभास, असंगति इत्यादि में) तथा अप्रस्तुत वस्तुओं का अद्भुतत्व अथवा प्रस्तुत वस्तुओं के साथ उनके सादृश्य या सम्बन्ध की अनहोनी दूरारूढ़ कल्पना (जैसे उत्प्रेक्षा, अतिशयोक्ति आदि में) इत्यादि बातें आती हैं।

चमत्कार का प्रयोग भावुक कवि भी करते हैं, पर किसी भाव की अनुभूति को तीव्र करने के लिए। जिस रूप या मात्रा में भाव की स्थिति है उसी रूप और उसी मात्रा में उसकी व्यंजना के लिए प्रायः कवियों को व्यंजना का कुछ असामान्य ढंग पकड़ना पड़ता है। बातचीत में देखा जाता है कि कभी-कभी हम किसी को मूर्ख न कहकर 'बैल' कह देते हैं। इसका मतलब यह है कि उसकी मूर्खता की जितनी गहरी भावना मन में है वह 'मूर्ख' शब्द से नहीं व्यक्त होती। इसी बात को देखकर कुछ लोगों ने यह निश्चय किया कि यही चमत्कार या उक्तिवैचित्र्य ही काव्य का नित्य लक्षण है। इस निश्चय के अनुसार कोई वाक्य, चाहे वह कितना ही मर्मस्पर्शी हो, यदि उक्तिवैचित्र्यशून्य है तो काव्य के अन्तर्गत न होगा और कोई वाक्य जिसमें किसी भाव या मनोविकार की व्यंजना कुछ भी

न हो पर उक्तिवैचित्र्य हो, वह खासा काव्य कहा जाएगा। उदाहरण के लिए पद्माकर का यह सीधा-सादा वाक्य लीजिए–

"नैन नचाय कही मुसकाय 'लला फिर आइयो खेलन होरी' ॥"

अथवा मंडन का यह सवैया लीजिए–

अलि! हौं तो गई जमुना-जल को, सो कहा कहौं, बीर! बिपत्ति परी।
घहराय कै कारी घटा उनई, इतनेई में गागर सीस धरी।
रपट्यो पग, घाट चढ्यो न गयो, कवि मंडन ह्वैकै बिहाल गिरी।
चिरजीवहु नंद को बारो अरी, गहि बाँह गरीब ने ठाढ़ी करी।

इसी प्रकार ठाकुर की यह अत्यन्त स्वाभाविक वितर्क-व्यंजना देखिए–

वा निरमोहिनि रूप की रासि जऊ उर हेतु न ठानति ह्वै है।
बारहि बार विलोकि घरी घरी सूरति तौ पहिचानति ह्वै है।
ठाकुर या मन की परतीति है, जो पै सनेह न मानति ह्वै है।
आवत हैं नित मेरे लिए, इतनौ तो बिसेष कै जानति ह्वै है ॥

मंडन ने प्रेमगोपन के जो वचन कहलाए हैं वे ऐसे ही हैं जैसे जल्दी में स्वभावतः मुँह से निकल पड़ते हैं। उनमें विदग्धता की अपेक्षा स्वाभाविकता कहीं अधिक झलक रही है। ठाकुर के सवैये में भी अपने प्रेम का परिचय देने के लिए आतुर नए प्रेमी के चित्त के वितर्क की बड़े सीधे-सादे शब्दों में, बिना किसी वैचित्र्य या लोकोत्तर चमत्कार के, व्यंजना की गई है। क्या कोई सहृदय वैचित्र्य के अभाव के कारण कह सकता है कि इनमें काव्यतत्व नहीं है ?

अब इनके सामने उन केवल चमत्कारवाली उक्तियों का विचार कीजिए जिनमें कहीं कोई कवि किसी राजा की कीर्ति की धवलता चारों ओर फैलती देख यह आशंका प्रकट करता है कि कहीं मेरी स्त्री के बाल भी सफेद न हो जाएँ[1] अथवा प्रभात होने पर कौवों की काँव-काँव का कारण यह भय बताना है कि कालिमा या अन्धकार का नाश करने में प्रवृत्त सूर्य कहीं उन्हें काला देख उनका भी नाश न कर दे।[2] भोजप्रबन्ध तथा और-और सुभाषित-संग्रहों में इस प्रकार की उक्तियाँ भरी पड़ी हैं। केशव की रामचन्द्रिका में पचीसों ऐसे पद्य हैं जिनमें अलंकारों की भद्दी भरती के चमत्कार के सिवा हृदय को स्पर्श करनेवाली या किसी भावना में मग्न करनेवाली कोई बात न मिलेगी। उदाहरण के लिए पताका और पंचवटी के ये वर्णन लीजिए–

पताका

अति सुंदर अति साधु। थिर न रहति फल आधु ॥
परम तपोमय मानि। दंडधारिणी जानि ॥

---

1. यथा यथा भोजयशो विवर्धते सितां त्रिलोकीमिव कर्तुमुद्यतम्।
तथा तथा मे हृदयं विदूयते प्रियालकावलिधवलत्वशङ्कया ॥
–भोजप्रबन्ध, 76

2. देखिए पीछे, पृष्ठ 360

पंचवटी

बेर भयानक सी अति लगै। अर्कु समूह जहाँ जगमगै।
पांडव की प्रतिमा सम लेखौ। अर्जुन भीम महामति देखौ।
है सुभगा सम दीपति पूरी। सिंदुर औ तिलकावलि रूरी।
राजति है यह ज्यों कुलकन्या। धाय विराजति है सँग धन्या ॥

क्या कोई भावुक इन उक्तियों को शुद्ध काव्य कह सकता है ? क्या ये उसके मर्म का स्पर्श कर सकती हैं ?

ऊपर दिए अवतरणों में हम स्पष्ट देखते हैं कि किसी उक्ति की तह में उसके प्रवर्तक रूप में यदि कोई भाव या मार्मिक अन्तर्वृत्ति छिपी है तो चाहे वैचित्र्य हो या न हो, काव्य की सरसता बराबर पाई जाएगी। पर यदि कोरा वैचित्र्य या चमत्कार है तो थोड़ी देर के लिए कुछ कुतूहल या मनबहलाव चाहे हो जाय पर काव्य की लीन करनेवाली सरसता न पाई जाएगी। केवल कुतूहल तो बालवृत्ति है। कविता सुनना और तमाशा देखना एक ही बात नहीं है। यदि सब प्रकार की कविता में केवल आश्चर्य या कुतूहल का ही संचार मानें तब तो अलग-अलग स्थायी भावों की रसरूप में अनुभूति और भिन्न भावों के आश्रयों के साथ तादात्म्य का कहीं प्रयोजन ही नहीं रह जाता।

यह बात ठीक है कि हृदय पर जो प्रभाव पड़ता है, उसके मर्म का जो स्पर्श होता है, वह उक्ति ही के द्वारा। पर उक्ति के लिए यह आवश्यक नहीं कि वह सदा विचित्र, अद्‌भुत या लोकोत्तर हो–ऐसी हो जो सुनने में नहीं आया करती या जिसमें बड़ी दूर की सूझ होती है। ऐसी उक्ति जिसे सुनते ही मन किसी भाव या मार्मिक भावना (जैसे प्रस्तुत पाठ का सौन्दर्य शीर्षक) आदि में लीन होकर एकबारगी कथन के अनूठे ढंग वर्णविन्यास या पद प्रयोग की विशेषता, दूर की सूझ, कवि की चातुरी या निपुणता इत्यादि का विचार करने लगे, वह काव्य नहीं, सूक्ति है। बहुत-से लोग काव्य और सूक्ति को एक ही समझा करते हैं। पर इन दोनों का भेद सदा ध्यान में रखना चाहिए। जो उक्ति हृदय में कोई भाव जागरित कर दे या उसे प्रस्तुत वस्तु या तथ्य की मार्मिक भावना में लीन कर दे, वह तो है काव्य। जो उक्ति केवल कथन के ढंग के अनूठेपन, रचनावैचित्र्य, चमत्कार, कवि के श्रम या निपुणता के विचार में ही प्रवृत्त करे, वह है सूक्ति।

यदि किसी उक्ति में रसात्मकता और चमत्कार दोनों हों तो प्रधानता का विचार करके सूक्ति या काव्य का निर्णय हो सकता है। जहाँ उक्ति में अनूठापन अधिक मात्रा में होने पर भी उसकी तह में रहनेवाला भाव आच्छन्न नहीं हो जाता वहाँ भी काव्य ही माना जाएगा। जैसे, देव का यह सवैया लीजिए–

साँसन ही में समीर गयो अरु आँसुन ही सब नीर गयौ गरि।
तेज गयो गुन लै अपनो अरु भूमि गई तन की तनुता करि।
देव लियै मिलिबेई की आस कै, आसहु पास अकास रह्यो भरि।
जा दिन तें मुख फेरि हरे हँसि हेरि हियो जो लियो हरि जू हरि ॥

सवैया का अर्थ यह है कि वियोग में उस नायिका के शरीर को संघटित करनेवाले पंचभूत धीरे-धीरे निकलते जा रहे हैं। वायु दीर्घ निःश्वासों के द्वारा निकल गई, जलतत्व सारा आँसुओं ही आँसुओं में ढल गया, तेज भी न रह गया–शरीर की सारी दीप्ति या कान्ति जाती रही, पार्थिव तत्त्व के निकल जाने से शरीर भी क्षीण हो गया, अब तो उसके चारों ओर आकाश ही आकाश रह गया है–चारों ओर शून्य दिखाई पड़ रहा है। जिस दिन श्रीकृष्ण ने उसकी ओर मुँह फेरकर ताका है और मन्द-मन्द हँसकर उसके मन को हर लिया है उसी दिन से उसकी यह दशा है।

इस वर्णन में देवजी ने विरह की भिन्न-भिन्न दशाओं में चार भूतों के निकलने की बड़ी सटीक उद्‌भावना की है। आकाश का अस्तित्व भी बड़ी निपुणता से चरितार्थ किया है। यमक, अनुप्रास आदि भी हैं। सारांश यह कि उनकी उक्ति में एक पूरी सावयव कल्पना है, मजमून की पूरी बन्दिश है। पूरा चमत्कार या अनूठापन है। पर इस चमत्कार के बीच में भी विरह-वेदना स्पष्ट झलक रही है, उसकी चकाचौंध में अदृश्य नहीं हो गई है। इसी प्रकार मतिराम के इस सवैये की पिछली दो पंक्तियों में वर्षा के रूपक का जो व्यंग्य-चमत्कार है वह भाव-शबलता के साथ अनूठे ढंग से गुम्फित है–

दोऊ अनंद सो आँगन माँझ बिराजैं असाढ़ की साँझ सुहाई।
प्यारी के बूझत और तिया को अचानक नाम लियो रसिकाई।
आई उनै मुँह में हँसी, कोहि तिया पुनि चाप सी भौंह चढ़ाई।
आँखिन ते गिरे आँसू के बूँद, सुहास गयो उड़ि हंस की नाईं॥

इसके विरुद्ध बिहारी की उन उक्तियों में जिनमें विरहिणी के शरीर के पास ले जाते शीशी का गुलाबजल सूख जाता है[1]; उसके विरह-ताप की लपट के मारे माघ के महीने में भी पड़ोसियों का रहना कठिन हो जाता है,[2] कृशता के कारण विरहिणी साँस खींचने के साथ दो-चार हाथ पीछे और साँस छोड़ने के साथ दो-चार हाथ आगे उड़ जाती है,[3] अत्युक्ति का एक बड़ा तमाशा ही खड़ा किया गया है। कहाँ यह सब मजाक कहाँ विरह-वेदना !

यह कहा जा चुका है कि उमड़ते हुए भाव की प्रेरणा से अक्सर कथन के ढंग में कुछ वक्रता आ जाती है। ऐसी वक्रता काव्य की प्रक्रिया के भीतर रहती है। उसका अनूठापन भावविधान के बाहर की वस्तु नहीं। उदाहरण के लिए दासजी की ये विरहदशासूचक उक्तियाँ लीजिए–

अब तौ बिहारी के वे बानक गए री,
तेरी तन दुति केसर को नैन कसमीर भो।

---

1. औघाई सासी सुलखि विरह बरति बिललात।
   बीचहिं सूखि गुलाब गा, छींटी छुई न गात॥
2. आड़े दै आले बसन जाड़ेहू की राति।
   साहसु कैकै नेहु बस सखी सबै ढिंग जाति॥
3. इत आवति चलि जाति उत चली छ-सातक हाथ।
   चढ़ी हिंडोरै सै रहै लगी उसासन साथ॥

श्रौन तुव बानी स्वाति बूँदन के चातक भे,
साँसन को भरिबो द्रुपदजा को चीर भो।
हिय को हरष मरु धरनि को नीर भो, री !
जियरो मनोभव सरन को तुनीर भो।
एरी ! बेगि करिकै मिलापु थिर थापु,
न तौ आपु अब चहत अतनु को सरीर भो॥

ऐसी ही भाव प्रेरित वक्रता द्विजदेव की इस मनोहर उक्ति में है–

तू जो कही, ! सँखि सोनो सरूर, सो मो अँखियान को लोनी गई लगि।

प्रेम के स्फुरण की विलक्षण अनुभूति नायिका को हो रही है–कभी आँसू आते हैं, कभी अपनी दशा पर आप अचरज होता है, कभी हलकी हँसी आ जाती है कि अच्छी बला मैंने मोल ली। इसी बीच अपनी अन्तरंग सखी को सामने पाकर किंचित् विनोदचातुरी की भी प्रवृत्ति होती है। ऐसी जटिल अन्तर्वृत्ति द्वारा प्रेरित उक्ति में विचित्रता आ ही जाती है। ऐसी चित्तवृत्तियों के अवसर घड़ी-घड़ी नहीं आया करते। सूरदासजी का 'भ्रमरगीत' ऐसी भावप्रेरित वक्र उक्तियों से भरा पड़ा है।

उक्ति की वहीं तक वचनभंगी या वक्रता के सम्बन्ध में हमसे कुन्तलजी का 'वक्रोक्तिः काव्यजीवितम्' मानते बनता है, जहाँ तक कि वह भावानुमोदित हो या किसी मार्मिक अन्तर्वृत्ति से सम्बद्ध हो; उसके आगे नहीं। कुन्तलजी की वक्रता बहुत व्यापक है जिसके अन्तर्गत वे वाग्वैचित्र्य की वक्रता और वस्तुवैचित्र्य की वक्रता दोनों लेते हैं। सालंकृत वक्रता के चमत्कार ही में वे काव्यत्व मानते हैं। योरप में भी आजकल क्रोचे के प्रभाव से एक प्रकार का वक्रोक्तिवाद जोर पर है। विलायती वक्रोक्तिवाद लक्षणा-प्रधान है। लाक्षणिक चपलता और प्रगल्भता में ही, उक्ति के अनूठे स्वरूप में ही, बहुत-से लोग वहाँ कविता मानने लगे हैं। उक्ति ही काव्य होती है, यह तो सिद्ध बात है। हमारे यहाँ भी व्यंजक वाक्य माना जाता है। अब प्रश्न यह है कि कैसी उक्ति, किस प्रकार की व्यंजना करनेवाला वाक्य। वक्रोक्तिवादी कहेंगे कि ऐसी उक्ति जिसमें कुछ वैचित्र्य या चमत्कार हो, व्यंजना चाहे जिसकी हो, या किसी ठीक-ठीक बात की न भी हो पर जैसा कि हम कह चुके हैं, मनोरंजन मात्र काव्य का उद्देश्य न माननेवाले उनकी इस बात का समर्थन करने में असमर्थ होंगे। वे किसी लक्षणा में उसका प्रयोजन अवश्य ढूँढ़ेंगे।

काव्य की भाषा

कविता में कही गई बात चित्र रूप में हमारे सामने आनी चाहिए यह हम पहले कह आए हैं। अतः उसमें गोचर रूपों का विधान अधिक होता है। वह प्रायः ऐसे रूपों और व्यापारों को ही लेती है जो स्वाभाविक होते हैं और संसार में सबसे अधिक मनुष्यों को सबसे अधिक दिखाई पड़ते हैं।

अगोचर बातों या भावनाओं को भी, जहाँ तक हो सकता है, कविता स्थूल गोचर रूप में रखने का प्रयास करती है। इस मूर्तविधान के लिए वह भाषा की लक्षणा शक्ति

से काम लेती है। जैसे 'समय बीता जाता है' कहने की अपेक्षा 'समय भागा जाता है' कहना वह अधिक पसन्द करेगी। किसी काम से हाथ खींचना, किसी का रुपया खा जाना, कोई बात पी जाना, दिन ढलना या डूबना, मन मारना, मन छूना, शोभा बरसना, उदासी टपकना इत्यादि ऐसी ही कविसमयसिद्ध उक्तियाँ हैं जो बोलचाल में रूढ़ि होकर आ गई हैं। लक्षणा द्वारा स्पष्ट और सजीव आदान-प्रदान का विधान प्रायः सब देशों के कविकर्म में पाया जाता है। कुछ उदाहरण देखिए–

(क) धन्य भूमि बनपंथ पहारा।
जहँ जहँ नाथ पाँव तुम धारा॥ –तुलसी।

(ख) मनहु उमगि अँग अँग छबि छलकै। –तुलसी।

(ग) चूनरि चारु चुई सी परै।

(घ) बनन में बागन में बगरो बसंत है। –पद्‌माकर।

(ङ) वृंदाबन बगन पै बसंत बरसो परै। –पद्‌माकर।

(च) हौं तो स्यामरंग में चोराय चित चोराचोरी,
बोरत ही बोर्‌यो पै निचोरत बनै नहीं। –पद्‌माकर।

(छ) एहो नंदलाल ! ऐसी व्याकुल परी है बाल,
हाल ही चलौ तौ चलौ, जोरे जुरि जायगी।
कहैं पद्‌माकर नहीं तौ ये झकोरे लगे,
औरै लौं अचाका बिनु घोरे घुरि जायगी।
तौ ही लगि चैन जौ लौं चेतिहै न चंदमुखी,
चेतैगी कहूँ तौ चाँदनी में चुरि जायगी।

इन उदाहरणों से स्पष्ट है कि वस्तु या तथ्य के पूर्ण प्रत्यक्षीकरण तथा भाव या मार्मिक अन्तर्वृत्ति के अनुरूप व्यंजना के लिए लक्षणा का बहुत कुछ सहारा कवि को लेना पड़ता है।

भावना को मूर्तरूप में रखने की आवश्यकता के कारण कविता की भाषा में दूसरी विशेषता यह रहती है कि उसमें जाति-संकेतवाले शब्दों की अपेक्षा विशेष-रूप-व्यापार-सूचक शब्द अधिक रहते हैं। बहुत-से ऐसे शब्द होते हैं जिनसे किसी एक का नहीं बल्कि बहुत-से रूपों या व्यापारों का एक साथ चलता-सा अर्थग्रहण हो जाता है। ऐसे शब्दों को हम जाति-संकेत कह सकते हैं। ये मूर्तविधान के प्रयोजन के नहीं होते। किसी ने कहा 'वहाँ बड़ा अत्याचार हो रहा है'। इस अत्याचार शब्द के अन्तर्गत मारना-पीटना, डाँटना-डपटना, लूटना-पाटना इत्यादि बहुत-से व्यापार हो सकते हैं, अतः 'अत्याचार' शब्द के सुनने से उन सब व्यापारों की एक मिली-जुली अस्पष्ट भावना थोड़ी देर के लिए मन में आ जाती है; कुछ विशेष व्यापारों का स्पष्ट चित्र या मूर्त रूप नहीं खड़ा होता। इससे ऐसे शब्द कविता के उतने काम के नहीं। ये तत्त्वनिरूपण, शास्त्रीय विचार आदि ही अधिक उपयोगी होते हैं। भिन्न-भिन्न शास्त्रों में बहुत-से शब्द तो विलक्षण ही अर्थ देते हैं और पारिभाषिक कहलाते हैं। शास्त्र मीमांसक या तत्त्वनिरूपक को किसी सामान्य

तथ्य या तत्त्व तक पहुँचने की जल्दी रहती है। इससे वह किसी सामान्य धर्म के अन्तर्गत आनेवाली बहुत-सी बातों को एक मानकर अपना काम चलाता है, प्रत्येक का अलग-अलग दृश्य देखने-दिखाने में नहीं उलझता।

पर कविता कुछ वस्तुओं और व्यापारों को मन के भीतर मूर्त रूप में लाने और प्रभाव उत्पन्न करने के लिए कुछ देर रखना चाहती है। अतः उक्त प्रकार के व्यापक अर्थसंकेतों से ही उसका काम नहीं चल सकता। इससे जहाँ उसे किसी स्थिति का वर्णन करना रहता है वहाँ वह उसके अन्तर्गत सबसे अधिक मर्मस्पर्शिनी कुछ विशेष वस्तुओं या व्यापारों को लेकर उनका चित्र खड़ा करने का आयोजन करती है। यदि कहीं के घोर अत्याचार का वर्णन करना होगा तो वह कुछ निरपराध व्यक्तियों के वध, भीषण यन्त्रणा, स्त्री-बच्चों पर निष्ठुर प्रहार आदि का क्षोभकारी दृश्य सामने रखेगी। 'वहाँ घोर अत्याचार हो रहा है' इस वाक्य द्वारा वह कोई प्रभाव नहीं उत्पन्न कर सकती। अत्याचार शब्द के अन्तर्गत न जाने कितने व्यापार आ सकते हैं, अतः उसे सुनकर या पढ़कर सम्भव है कि भावना में एक भी व्यापार स्पष्ट रूप से न आए या आए भी तो ऐसा जिसमें मर्म को क्षुब्ध करने की शक्ति न हो।

उपर्युक्त विचार से ही किसी व्यवहार या शास्त्र के पारिभाषिक शब्द भी काव्य में लाए जाने योग्य नहीं माने जाते। हमारे यहाँ के आचार्यों ने पारिभाषिक शब्दों के प्रयोग को 'अप्रतीत्व' दोष माना है। पर दोष स्पष्ट होते हुए भी चमत्कार के प्रेमी कब मान सकते हैं ? संस्कृत के अनेक कवियों ने वेदान्त, आयुर्वेद, न्याय के पारिभाषिक शब्दों को लेकर बड़े-बड़े चमत्कार खड़े किए हैं या अपनी बहुज्ञता दिखाई है। हिन्दी के किसी मुकदमेबाज कवित्त कहनेवाले ने 'प्रेम फौजदारी' नाम की एक छोटी-सी पुस्तक में शृंगार रस की बातें अदालती कार्रवाइयों पर घटाकर लिखी हैं। 'एकतरफा डिगरी,' 'तनकीह' ऐसे-ऐसे शब्द चारों ओर अपनी बहार दिखा रहे हैं, जिन्हें सुनकर कुछ अशिक्षित या भद्दी रुचिवाले वाह-वाह भी कर देते हैं।

शास्त्र के भीतर निरूपित तथ्य को भी जब कोई कवि अपनी रचना के भीतर लेता है तब वह पारिभाषिक तथा अधिक व्याप्तिवाले जातिसंकेत शब्दों को हटाकर उस तथ्य को व्यंजित करनेवाले कुछ विशेष मार्मिक रूपों और व्यापारों का चित्रण करता है। कवि गोचर और मूर्त रूपों के द्वारा ही अपनी बात कहता है। उदाहरण के लिए गोस्वामी तुलसीदासजी के ये वचन लीजिए–

जेहि निसि सकल जीव सूतहिं तव कृपापात्र जन जागै !

इसमें माया में पड़े हुए जीव की अज्ञानदशा का काव्यपद्धति पर कथन है। और देखिए, प्राणी आयु भर क्लेश-निवारण और सुखप्राप्ति का प्रयास करता रह जाता है और कभी वास्तविक सुख-शान्ति प्राप्त नहीं करता, इस बात को गोस्वामीजी यों सामने रखते हैं–

डासत ही गई बीति निसा सब, कबहुँ न नाथ ! नींद भरि सोयो।

भविष्य का अज्ञान अत्यन्त अद्भुत और रहस्यमय है जिसके कारण प्राणी आनेवाली विपत्ति की कुछ भी भावना न करके अपनी दशा में मग्न रहता है। इस बात को

गोस्वामीजी ने 'चरै हरित तृन बलिपसु' इस चित्र द्वारा व्यक्त किया है। अँगरेज कवि पोप ने भी भविष्य के अज्ञान का यही मार्मिक चित्र लिया है, यद्यपि उसने इस अज्ञान को ईश्वर का बड़ा भारी अनुग्रह कहा है–

उस बलिपशु को देख आज जिसका तू, रे नर !
अपने रँग में रक्त बहाएगा बेदी पर !
होता उसको ज्ञान कहीं तेरा है जैसा,
क्रीड़ा करता कभी उछलता फिरता ऐसा ?
अंतकाल तक हरा-हरा चारा चभलाता।
हनन हेतु उस उठे हाथ को चाटे जाता।
आगम का अज्ञान ईश का परम अनुग्रह ॥ [1]

बातचीत में भी जब किसी को अपने कथन द्वारा कोई मार्मिकता का प्रभाव उत्पन्न करना होता है तब वह इसी पद्धति का अवलम्बन करता है। यदि अपनी पत्नी पर अत्याचार करनेवाले किसी व्यक्ति को उसे समझाना है तो वह कहेगा कि 'तुमने इसका हाथ पकड़ा है'; यह न कहेगा कि 'तुमने इसके साथ विवाह किया है।' 'विवाह' शब्द के अन्तर्गत न जाने कितने विधि-विधान हैं जो सबके सब एकबारगी मन में आ भी नहीं सकते और उतने व्यंजक या मर्मस्पर्शी नहीं होते। अतः कहनेवाला उनमें से जो सबसे अधिक व्यंजक और स्वाभाविक व्यापार 'हाथ पकड़ना' है, जिससे सहारा देने का चित्र सामने आता है, उसे भावना में लाता है।

तीसरी विशेषता कविता की भाषा में वर्ण-विन्यास की है। 'शुष्को वृक्षस्तिष्ठत्यग्रे' और 'नीरसतरुरिह विलसति पुरतः' का भेद हमारी पंडित-मंडली में बहुत दिनों से प्रसिद्ध चला आता है। काव्य एक बहुत ही व्यापक कला है। जिस प्रकार मूर्त विधान के लिए कविता चित्र विद्या की प्रणाली का अनुसरण करती है उसी प्रकार नादसौष्ठव के लिए वह संगीत का कुछ-कुछ सहारा लेती है। श्रुतिकटु मानकर कुछ वर्णों का त्याग, वृत्तविधान, लय, अन्त्यानुप्रास आदि नादसौन्दर्य साधन के लिए ही हैं। नादसौष्ठव के निमित्त निरूपित वर्णविशिष्टता को हिन्दी के हमारे कुछ पुराने कवि इतनी दूर तक घसीट ले गए कि उनकी बहुत-सी रचना बेडौल और भावशून्य हो गई। उसमें अनुप्रास की लम्बी लड़ी–वर्णविशेष की निरन्तर आवृत्ति–के सिवा और किसी बात पर ध्यान नहीं जाता। जो बात भाव या रस की धारा का मन के भीतर अधिक प्रसार करने के लिए थी, वह अलग चमत्कार या तमाशा खड़ा करने के लिए काम में लाई गई।

नादसौन्दर्य से कविता की आयु बढ़ती है। तालपत्र, भोजपत्र, कागज आदि का आश्रय छूट जाने पर भी वह बहुत दिनों तक लोगों की जिह्वा पर नाचती रहती है।

---

1. The lamb thy riot booms to bleed today
Had he thy reason, would he skip and play?
Pleased tho the last he crops the flow'ry food'
And Licks the hand just raised to shed his blood,
The blindness to the future kindly given.
—Essay on Man.

बहुत-सी उक्तियों को लोग, उनके अर्थ की रमणीयता इत्यादि की ओर ध्यान ले जाने का कष्ट उठाए बिना ही प्रसन्नचित्त रहने पर गुनगुनाया करते हैं। अतः नादसौन्दर्य का योग भी कविता का पूर्ण स्वरूप खड़ा करने के लिए कुछ-न-कुछ आवश्यक होता है। इसे हम बिलकुल हटा नहीं सकते। जो अन्त्यानुप्रास को फालतू समझते हैं वे छन्द को पकड़े रहते हैं, जो छन्द को भी फालतू समझते हैं वे लय में ही लीन होने का प्रयास करते हैं। संस्कृत से सम्बन्ध रखनेवाली भाषाओं में नादसौन्दर्य के समावेश के लिए बहुत अवकाश रहता है। अतः अँगरेजी आदि अन्य भाषाओं की देखादेखी, जिनमें इसके लिए कम जगह है, अपनी कविता को हम इस विशेषता से वंचित कैसे कर सकते हैं ?

हमारी काव्यभाषा में एक चौथी विशेषता भी है जो संस्कृत से ही आई है। वह यह है कि कहीं-कहीं व्यक्तियों के नामों के स्थान पर उनके रूप, गुण या कार्यबोधक शब्दों का व्यवहार किया जाता है। ऊपर से देखने में तो पद्य के नपे हुए चरणों में शब्द खपाने के लिए ही ऐसा किया जाता है, पर थोड़ा विचार करने पर इससे गुरुतर उद्‌देश्य प्रकट होता है। सच पूछिए तो यह बात कृत्रिमता बचाने के लिए की जाती है। मनुष्यों के नाम यथार्थ में कृत्रिम संकेत हैं, जिनसे कविता की पूर्ण परिपोषकता नहीं होती। अतएव कवि मनुष्यों के नामों के स्थान पर कभी-कभी उनके ऐसे रूप, गुण या व्यापार की ओर इशारा करता है जो स्वाभाविक और अर्थगर्भित होने के कारण सुननेवाले की भावना के निर्माण में योग देते हैं। गिरिधर, मुरारि, त्रिपुरारि, दीनबन्धु, चक्रपाणि, मुरलीधर, सव्यसाची इत्यादि शब्द ऐसे ही हैं।

ऐसे शब्दों को चुनते समय इस बात का ध्यान रखना चाहिए कि वे प्रकरण-विरुद्ध या अवसर के प्रतिकूल न हों। जैसे, यदि कोई मनुष्य किसी दुर्धर्ष अत्याचारी के हाथ से छुटकारा पाना चाहता हो तो उसके लिए 'हे गोपिकारमण ! हे वृन्दावन बिहारी !' आदि कहकर कृष्ण को पुकारने की अपेक्षा 'हे मुरारि ! हे कंसनिकन्दन !' आदि सम्बोधनों से पुकारना उपयुक्त है, क्योंकि श्रीकृष्ण के द्वारा कंस आदि दुष्टों का मारा जाना देखकर उनसे अपनी रक्षा की आशा होती है न कि उनका वृन्दावन में गोपियों के साथ विहार करना देखकर। इसी तरह किसी आपत्ति से उद्धार पाने के लिए कृष्ण को 'मुरलीधर' कहकर पुकारने की अपेक्षा 'गिरिधर' कहना अधिक अर्थसंगत है।

अलंकार

कविता में भाषा की सब शक्तियों से काम लेना पड़ता है। वस्तु या व्यापार की भावना चटकीली करने और भाव को अधिक उत्कर्ष पर पहुँचाने के लिए कभी किसी वस्तु का आकार या गुण बहुत बढ़ाकर दिखाना पड़ता है; कभी उसके रूपरंग या गुण की भावना को उसी प्रकार के और रूपरंग मिलाकर तीव्र करने के लिए समान रूप और धर्मवाली और वस्तुओं को सामने लाकर रखना पड़ता है। कभी-कभी बात को भी घुमा-फिराकर कहना पड़ता है। इस तरह के भिन्न-भिन्न विधान और कथन के ढंग अलंकार कहलाते हैं। इनके सहारे से कविता अपना प्रभाव बहुत कुछ बढ़ाती है। कहीं-कहीं तो इनके बिना

काम ही नहीं चल सकता। पर साथ ही यह भी स्पष्ट है कि ये साधन हैं, साध्य नहीं। साध्य को भुलाकर इन्हीं को साध्य मान लेने से कविता का रूप कभी-कभी इतना विकृत हो जाता है कि वह कविता ही नहीं रह जाती। पुरानी कविता में कहीं-कहीं इस बात के उदाहरण मिल जाते हैं।

अलंकार चाहे अप्रस्तुत वस्तुयोजना के रूप में हों (जैसे, उपमा, रूपक, उत्प्रेक्षा इत्यादि में) चाहे वाक्य-वक्रता के रूप में (जैसे अप्रस्तुतप्रशंसा, परिसंख्या, व्याजस्तुति, विरोध इत्यादि में), चाहे वर्ण-विन्यास के रूप में (जैसे अनुप्रास में) लाए जाते हैं वे प्रस्तुत भाव या भावना के उत्कर्ष-साधन के लिए ही। मुख के वर्णन में जो कमल, चन्द्र आदि सामने रखे जाते हैं वह इसीलिए जिनमें इनकी वर्ण-रुचिरता, दीप्ति इत्यादि के योग से सौन्दर्य की भावना और बढ़े। सादृश्य या साधर्म्य दिखाना उपमा, उत्प्रेक्षा इत्यादि का प्राकृत लक्ष्य नहीं है। इस बात को भूलकर कविपरम्परा में बहुत-से ऐसे उपमान चला दिए गए हैं जो प्रस्तुत भावना में सहायता पहुँचाने के स्थान पर बाधा डालते हैं। जैसे, नायिका का अंगवर्णन सौन्दर्य की भावना प्रतिष्ठित करने के लिए ही किया जाता है। ऐसे वर्णन में यदि कटि का प्रसंग आने पर भिड़ या सिंह की कमर सामने कर दी जाएगी तो सौन्दर्य की भावना में क्या वृद्धि होगी ? प्रभात के सूर्यबिम्ब के सम्बन्ध में इस कथन से कि 'है शोणित कलित कपाल यह किस कापालिक काल को'[1] अथवा शिखर की तरह उठे हुए चन्द्रमेघखंड के ऊपर उदित होते हुए चन्द्रबिम्ब के सम्बन्ध में इस उक्ति से कि 'मनहुँ क्रमेलक पीठ पै धर्‌यो गोल घंटा लसत,' दूर की सूझ चाहे प्रकट हो, पर प्रस्तुत सौन्दर्य की भावना की कुछ भी पुष्टि नहीं होती।

पर जो लोग चमत्कार ही को काव्य का स्वरूप मानते हैं वे अलंकार को काव्य का सर्वस्व कहा ही चाहें। चन्द्रालोककार तो कहते हैं कि–

अंगीकरोति यः काव्यं शब्दार्थावनलङ्कृती।
असौ न मन्यते कस्मादनुष्णमनलं कृती॥

भरत मुनि ने रस की प्रधानता की ओर ही संकेत किया था; पर भामह, उद्‌भट, आदि कुछ प्राचीन आचार्यों ने वैचित्र्य का पल्ला पकड़ अलंकारों को प्रधानता दी। इनमें बहुतेरे आचार्यों ने अलंकार शब्द का प्रयोग व्यापक अर्थ में–रस, रीति, गुण आदि काव्य में प्रयुक्त होनेवाली सारी सामग्री के अर्थ में किया है। पर ज्यों-ज्यों शास्त्रीय विचार गम्भीर और सूक्ष्म होता गया त्यों-त्यों साध्य और साधनों को विविक्त करके काव्य के नित्य स्वरूप या मर्मशरीर को अलग निकालने का प्रयास बढ़ता गया। रुद्रट और मम्मट के समय से ही काव्य का प्रकृत स्वरूप उभरते-उभरते विश्वनाथ महापात्र के साहित्य दर्पण में साफ ऊपर आ गया।

प्राचीन गड़बड़झाला मिटे बहुत दिन हो गए। वर्ण्य-वस्तु और वर्णन-प्रणाली बहुत दिनों से एक-दूसरे से अलग कर दी गई हैं। प्रस्तुत-अप्रस्तुत के भेद ने बहुत-सी बातों के विचार और निर्णय के सीधे रास्ते खोज दिए हैं। अब यह स्पष्ट हो गया है कि अलंकार

1. केशवदासकृत रामचन्द्र चन्द्रिका, पाँचवाँ प्रकाश, छन्द 10

प्रस्तुत या वर्ण्य-वस्तु नहीं, बल्कि वर्णन की भिन्न-भिन्न प्रणालियाँ हैं, कहने के खास-खास ढंग हैं। पर प्राचीन अव्यवस्था के स्मराकस्वरूप कुछ अलंकार ऐसे चले आ रहे हैं जो वर्ण्य-वस्तु का निर्देश करते हैं और अलंकार नहीं कहे जा सकते–जैसे, स्वभावोक्ति, उदात्त, अत्युक्ति। स्वभावोक्ति को लेकर कुछ अलंकारप्रेमी कह बैठते हैं कि प्रकृति का वर्णन भी तो स्वभावोक्ति अलंकार ही है। पर स्वभावोक्ति अलंकार-कोटि में आ ही नहीं सकती। अलंकार वर्णन करने की प्रणाली है। चाहे जिस वस्तु या तथ्य के कथन को हम किसी अलंकारप्रणाली के अन्तर्गत ला सकते हैं। किसी वस्तु विशेष से किसी अलंकारप्रणाली का सम्बन्ध नहीं हो सकता। किसी तथ्य तक वह परिमित नहीं रह सकती। वस्तुनिर्देश अलंकार का काम नहीं, रसव्यवस्था का विषय है। किन-किन वस्तुओं, चेष्टाओं या व्यापारों का वर्णन किन-किन रसों के विभावों और अनुभावों के अन्तर्गत आएगा, इसकी सूचना रसनिरूपण के अन्तर्गत ही हो सकती है।

अलंकारों के भीतर स्वभावोक्ति का ठीक-ठीक लक्षणनिरूपण हो भी नहीं सका है। काव्यप्रकाश की कारका में यह लक्षण दिया गया है–

स्वभावोक्तिस्तु डिम्भादेः स्वक्रियारूपवर्णनम्।

अर्थात् 'जिसमें बालकादिकों की निज की क्रिया या रूप का वर्णन हो वह स्वभावोक्ति है।' प्रथम तो बालकादिक पद की व्याप्ति कहाँ तक है, यही स्पष्ट नहीं। अतः यही समझा जा सकता है कि सृष्टि की वस्तुओं के रूप और व्यापार का वर्णन स्वभावोक्ति है। खैर, बालक की रूपचेष्टा को लेकर ही स्वभावोक्ति की अलंकारता पर विचार कीजिए। वात्सल्य में बालक के रूप आदि का वर्णन आलम्बन विभाव के अन्तर्गत और उसकी चेष्टाओं का वर्णन उद्दीपन विभाव के अन्तर्गत होगा। प्रस्तुत वस्तु के रूप, क्रिया आदि के वर्णन को रस क्षेत्र से घसीटकर अलंकार क्षेत्र में हम कभी नहीं ले जा सकते। मम्मट ही के ढंग के और आचार्यों के लक्षण भी हैं। अलंकार सर्वस्वकार राजानक रुय्यक कहते हैं–

सूक्ष्म वस्तु स्वभाव यथावद्वर्णनं स्वभावोक्तिः।

आचार्य दंडी ने अवस्था की योजना करके यह लक्षण लिखा है–

नानावस्थं पदार्थानां साक्षाद्विवृणवती।
स्वभावोक्तिश्च जातिश्चेत्याद्या सालंकृतिर्यथा॥

बात यह है कि स्वभावोक्ति अलंकारों के भीतर आ ही नहीं सकती। वक्रोक्तिवादी कुन्तल ने भी इसे अलंकार नहीं माना है।

जिस प्रकार एक कुरूपा स्त्री अलंकार लादकर सुन्दर नहीं हो सकती, उसी प्रकार प्रस्तुत वस्तु या तथ्य की रमणीयता के अभाव में अलंकारों का ढेर काव्य का सजीव स्वरूप नहीं खड़ा कर सकता। केशवदास के पचीसों पद्य ऐसे रखे जा सकते हैं जिनमें यहाँ से वहाँ तक उपमाएँ और उत्प्रेक्षाएँ भरी हैं, शब्दसाम्य के बड़े-बड़े खेल-तमाशे जुटाए गए हैं पर उनके द्वारा कोई मार्मिक अनुभूति नहीं उत्पन्न होती। उन्हें कोई सहृदय या भावुक काव्य न कहेगा। आचार्यों ने भी अलंकारों को 'काव्य शोभाकर,' 'शोभातिशायी'

आदि ही कहा है। महाराज भोज भी अलंकार को 'अलमर्थमलंकर्त्तुः' ही कहते हैं। पहले से सुन्दर अर्थ को ही अलंकार शोभित कर सकता है। सुन्दर अर्थ की शोभा बढ़ाने में जो अलंकार प्रयुक्त नहीं वे काव्यालंकार नहीं। वे ऐसे ही हैं जैसे शरीर पर से उतारकर किसी अलग कोने में रखा हुआ गहनों का ढेर। किसी भाव या मार्मिक भावना से असम्पृक्त अलंकार चमत्कार या तमाशे हैं। चमत्कार का विवेचन पहले हो चुका है।

अलंकार है क्या ? सूक्ष्म दृष्टिवालों ने काव्यों के सुन्दर-सुन्दर स्थल चुने और उनकी रमणीयता के कारणों की खोज करने लगे। वर्णन-शैली या कथन की पद्धति में ऐसे लोगों को जो-जो विशेषताएँ मालूम होती गईं उनका वे नामकरण करते गए। जैसे 'विकल्प' अलंकार का निरूपण पहले-पहल राजानक रुय्यक ने किया। कौन कह सकता है कि काव्यों में जितने रमणीय स्थल हैं, सब ढूँढ़ डाले गए, वर्णन की जितनी सुन्दर प्रणालियाँ हो सकती हैं सब निरूपित हो गईं अथवा जो-जो स्थल रमणीय लगे उनकी रमणीयता का कारण वर्णन प्रणाली ही थी ? आदिकाव्य रामायण से लेकर इधर तक के काव्यों में न जाने कितनी विचित्र वर्णन प्रणालियाँ भरी पड़ी हैं जो न निर्दिष्ट की गई हैं और न जिनके कुछ नाम रखे गए हैं।

उपसंहार

कविता पर अत्याचार भी बहुत कुछ हुआ है। लोभियों, स्वार्थियों और खुशामदियों ने उसका गला दबाकर कहीं अपात्रों की आसमान पर चढ़ानेवाली—स्तुति कराई है, कहीं द्रव्य न देनेवालों की निराधार निन्दा। ऐसी तुच्छ वृत्तिवालों का अपवित्र हृदय कविता के निवास के योग्य नहीं। कविता देवी के मन्दिर ऊँचे, खुले, विस्तृत और पुनीत हृदय हैं। सच्चे कवि राजाओं की सवारी, ऐश्वर्य की सामग्री में ही सौन्दर्य नहीं ढूँढ़ा करते। वे फूस के झोपड़ों, धूल-मिट्टी में सने किसानों, बच्चों के मुँह में चारा डालते हुए पक्षियों, दौड़ते हुए कुत्तों और चोरी करती हुई बिल्लियों में कभी-कभी ऐसे सौन्दर्य का दर्शन करते हैं जिसकी छाया महलों और दरबारों तक नहीं पहुँच सकती। श्रीमानों के शुभागमन पर पद्य बनाना, बात-बात में उनको बधाई देना, कवि का काम नहीं। जिनके रूप या कर्मकलाप जगत् और जीवन के बीच में उसे सुन्दर लगते हैं उन्हीं के वर्णन में वह 'स्वान्तःसुखाय' प्रवृत्त होता है।

मनुष्य के लिए कविता इतनी प्रयोजनीय वस्तु है कि संसार की सभ्य-असभ्य सभी जातियों में, किसी-न-किसी रूप में, पाई जाती है। चाहे इतिहास न हो, विज्ञान न हो, दर्शन न हो, पर कविता का प्रचार अवश्य रहेगा। बात यह है कि मनुष्य अपने ही व्यापारों का ऐसा सघन और जटिल मंडल बाँधता चला आ रहा है जिसके भीतर बँधा वह शेष सृष्टि के साथ अपने हृदय का सम्बन्ध भूला-सा रहता है। इस परिस्थिति में मनुष्य को अपनी मनुष्यता खोने का डर बराबर रहता है। इसी से अन्तःप्रकृति में मनुष्यता को समय-समय पर जगाते रहने के लिए कविता मनुष्य जाति के साथ लगी चली आ रही है और चली चलेगी। जानवरों को इसकी जरूरत नहीं।

काव्य के विभाग

आत्मबोध और जगद्‌बोध के बीच ज्ञानियों ने गहरी खाई खोदी पर हृदय ने कभी उसकी परवा न की; भावना दोनों को एक ही मानकर चलती रही। इस दृश्य जगत् के बीच जिस आनन्द मंगल की विभूति का साक्षात्कार होता रहा उसी के स्वरूप की नित्य और चरम भावना द्वारा भक्तों के हृदय में भगवान् के स्वरूप की प्रतिष्ठा हुई। लोक में इसी स्वरूप के प्रकाश को किसी ने 'राम-राज्य' कहा, किसी ने 'आसमान की बादशाहत'। यद्यपि मूसाइयों और उनके अनुगामी ईसाइयों की धर्म पुस्तक में आदम खुदा की प्रतिमूर्ति बताया गया पर लोक के बीच नर में नारायण की दिव्य कला का सम्यक् दर्शन और उसके प्रति हृदय का पूर्ण निवेदन भारतीय भक्तिमार्ग में ही दिखाई पड़ा।

सत्, चित् और आनन्द—ब्रह्म के इन तीन स्वरूपों में से काव्य और भक्तिमार्ग 'आनन्द' स्वरूप को लेकर चले। विचार करने पर लोक में इस आनन्द की अभिव्यक्ति की दो अवस्थाएँ पाई जाएँगी—साधनावस्था और सिद्धावस्था। अभिव्यक्ति के क्षेत्र में ब्रह्म के 'आनन्द' स्वरूप का सतत आभास नहीं रहता, उसका आविर्भाव और तिरोभाव होता रहता है। इस जगत् में न तो सदा और सर्वत्र लहलहाता वसन्तविकास रहता है, न सुख-समृद्धिपूर्ण हासविलास। शिशिर के आतंक से सिमटी और झोंके झेलती वनस्थली की खिन्नता और हीनता के बीच से ही क्रमशः आनन्द की अरुण आभा धुँधली-धुँधली फूटती हुई अन्त में वसन्त की पूर्ण प्रफुल्लता और प्रचुरता के रूप में फैल जाती है; इसी प्रकार लोक की पीड़ा, बाधा, अन्याय, अत्याचार के बीच दबी हुई आनन्द ज्योति भीषण शक्ति में परिणत होकर अपना मार्ग निकालती है और फिर लोकमंगल और लोकरंजन के रूप में अपना प्रकाश करती है।

कुछ कवि और भक्त तो जिस प्रकार आनन्द मंगल के सिद्ध या आविर्भूत स्वरूप को लेकर सुख-सौन्दर्यमय माधुर्य, सुषमा, विभूति, उल्लास, प्रेम-व्यापार इत्यादि उपभोग पक्ष की ओर आकर्षित होते हैं उसी प्रकार आनन्द मंगल की साधनावस्था या प्रयत्न पक्ष को लेकर पीड़ा, बाधा, अन्याय आदि के दमन में तत्पर शक्ति के संचरण में भी—उत्साह, क्रोध, करुणा, भय, घृणा इत्यादि की गतिविधि में भी—पूरी रमणीयता देखते हैं। वे जिस प्रकार प्रकाश को फैला हुआ देखकर मुग्ध होते हैं उसी प्रकार फैलने के पूर्व उसका अन्धकार को हटाना देखकर भी। ये ही पूर्ण कवि हैं, क्योंकि जीवन की अनेक परिस्थितियों के भीतर ये सौन्दर्य का साक्षात्कार करते हैं। साधनावस्था या प्रत्यक्ष पक्ष

को ग्रहण करनेवाले कुछ ऐसे कवि भी होते हैं जिनका मन सिद्धावस्था या उपभोग पक्ष की ओर नहीं जाता, जैसे भूषण। इसी प्रकार कुछ कवि या भावुक आनन्द के केवल सिद्ध स्वरूप या उपभोग पक्ष में ही अपनी वृत्ति रमा सकते हैं। उनका मन सदा सुख-सौन्दर्यमय माधुर्य, दीप्ति, उल्लास, प्रेमक्रीड़ा इत्यादि के प्राचुर्य ही की भावना में लगता है। इसी प्रकार की भावना या कल्पना उन्हें कलाक्षेत्र के भीतर समझ पड़ती है।

उपर्युक्त दृष्टि से हम काव्यों के दो विभाग कर सकते हैं–

(1) आनन्द की साधनावस्था या प्रत्यक्ष पक्ष को लेकर चलनेवाले।

(2) आनन्द की सिद्धावस्था या उपभोग पक्ष को लेकर चलनेवाले।

डंटन (Theodore Watts-Dunton) ने जिसे शक्ति काव्य (Poetry as an energy)[1] कहा है वह हमारे प्रथम प्रकार के अन्तर्गत आ जाता है जिसमें लोक प्रवृत्ति को परिचालित करनेवाला प्रभाव होता है, जो पाठकों या श्रोताओं के हृदय में भावों की स्थायी प्रेरणा उत्पन्न कर सकता है पर डंटन ने शक्ति काव्य से भिन्न को जो कला काव्य (Poetry as an art) कहा है वह कला का उद्‌देश्य केवल मनोरंजन मानकर। वास्तव में कला की दृष्टि दोनों प्रकार के काव्यों में अपेक्षित है। साधनावस्था या प्रयत्न पक्ष को लेकर चलनेवाले काव्यों में भी यदि कला में चूक हुई तो लोकगति को परिचालित करनेवाला स्थायी प्रभाव न उत्पन्न हो सकेगा। यहीं तक नहीं; व्यंजित भावों के साथ पाठकों को सहानुभूति या साधारणीकरण तक, जो रस की पूर्ण अनुभूति के लिए आवश्यक है, न हो सकेगा। यदि 'कला' का वही अर्थ लेना है जो कामशास्त्र की चौसठ कलाओं में है–अर्थात् मनोरंजन या उपभोग मात्र का विधायक–तो काव्य के सम्बन्ध में दूर ही से इस शब्द को नमस्कार करना चाहिए। काव्यसमीक्षा में फरांसीसियों की प्रधानता के कारण इस शब्द को इसी अर्थ में ग्रहण करने से योरप में काव्य-दृष्टि इधर कितनी संकुचित हो गई, इसका निरूपण हम किसी अन्य प्रबन्ध में करेंगे।

आनन्द की साधनावस्था या प्रयत्न पक्ष को लेकर चलनेवाले काव्यों के उदाहरण हैं–रामायण, महाभारत, रघुवंश, शिशुपालवध, किरातार्जुनीय। हिन्दी में रामचरितमानस, पद्‌मावत (उत्तरार्ध) हम्मीररासो, पृथ्वीराजरासो, छत्रप्रकाश इत्यादि प्रबन्धकाव्य; भूषण आदि कवियों के वीररसात्मक मुक्तक तथा आल्हा आदि प्रचलित वीरगाथात्मक गीत। उर्दू के वीररसात्मक मरसिए। योरपीय भाषाओं में इलियड, ओडेसी, पैराडाइजलास्ट, रिवोल्ट आव् इसलाम इत्यादि प्रबन्धकाव्य तथा बैलेड (Ballads)।

आनन्द की सिद्धावस्था या उपभोग पक्ष को लेकर चलनेवाले काव्यों के उदाहरण हैं–आर्यासप्तशती, गाथासप्तशती, अमरुशतक, गीतगोविन्द तथा शृंगार के फुटकल पद्य। हिन्दी में सूरसागर, कृष्णभक्त कवियों की पदावली, बिहारी सतसई, रीतिकाल के कवियों के फुटकल शृंगारी पद्य, रास पंचाध्यायी ऐसे वर्णनात्मक काव्य तथा आजकल की अधिकांश छायावादी कविताएँ। फारसी-उर्दू के शेर और गजलें। अँगरेजी की लिरिक (Lyrics) कविताएँ तथा कई प्रकार की वर्णनात्मक कविताएँ।

1. देखिए पोयट्री एंड दी रिनेसाँ आव् वंडर।

लोक में फैली दुख की छाया को हटाने में ब्रह्म की आनन्दकला जो शक्तिमय रूप धारण करती है उसकी भीषणता में भी अद्‌भुत मनोहरता, कटुता में भी अपूर्व मधुरता, प्रचंडता में भी गहरी आर्द्रता साथ लगी रहती है। विरुद्धों का यही सामंजस्य कर्मक्षेत्र का सौन्दर्य है जिसकी ओर आकर्षित हुए बिना मनुष्य का हृदय नहीं रह सकता। इस सामंजस्य का और कई रूपों में भी दर्शन होता है। किसी कोट, पतलून, हैटवाले को धाराप्रवाह संस्कृत बोलते अथवा किसी पंडितवेशधारी सज्जन को अँगरेजी की प्रगल्भ वक्तृता देते सुन व्यक्तित्व का जो एक चमत्कार-सा दिखाई पड़ता है उसकी तह में भी सामंजस्य का यही सौन्दर्य समझना चाहिए। भीषणता और सरसता, कोमलता और कठोरता, कटुता और मधुरता, प्रचंडता और मृदुता का सामंजस्य ही लोकधर्म का सौन्दर्य है। आदि कवि वाल्मीकि की वाणी इसी सौन्दर्य के उद्‌घाटन महोत्सव का दिव्य संगीत है। सौन्दर्य का यह उद्‌घाटन असौन्दर्य का आवरण हटाकर होता है। धर्म और मंगल की यह ज्योति अधर्म और अमंगल की घटा को फाड़ती हुई फूटती है। इससे कवि हमारे सामने असौन्दर्य, अमंगल, अत्याचार, क्लेश इत्यादि भी रखता है; रोष, हाहाकार और ध्वंस का दृश्य भी लाता है। पर सारे भाव, सारे रूप और सारे व्यापार भीतर-भीतर आनन्द कला के विकास में ही योग देते पाए जाते हैं। यदि किसी ओर उन्मुख ज्वलन्त रोष है तो उसके और सब ओर करुण दृष्टि फैली दिखाई पड़ती है। यदि किसी ओर ध्वंस और हाहाकार है तो और सब ओर उसका सहगामी रक्षा और कल्याण है। व्यास ने भी अपने 'जयकाव्य'[1] में अधर्म के पराभव और धर्म की जय का सौन्दर्य प्रत्यक्ष किया था।

वह व्यवस्था या वृत्ति, जिससे लोक में मंगल का विधान होता है, 'अभ्युदय' की सिद्धि होती है, धर्म है। अतः अधर्म वृत्ति को हटाने में धर्मवृत्ति की तत्परता–चाहे वह उग्र और प्रचंड हो, चाहे कोमल और मधुर–भगवान् की आनन्दकला के विकास की ओर बढ़ती हुई गति है। यह गति यदि सफल हुई तो 'धर्म की जय' कहलाती है। इस गति में भी सुन्दरता है और इसकी सफलता में भी। यह बात नहीं है कि जब यह गति सफल होती है तभी इसमें सुन्दरता आती है। गति में सुन्दरता रहती ही है; आगे चलकर चाहे यह सफल हो, चाहे विफल। विफलता में भी एक निराला ही विषण्ण सौन्दर्य होता है। तात्पर्य यह कि गति आदि से अन्त तक सुन्दर होती है–अन्त चाहे सफलता के रूप में हो चाहे विफलता के। उपर्युक्त दोनों आर्ष कवियों ने पूर्णता के विचार से धर्म की गति का सौन्दर्य दिखाते हए उसका सफलता में पर्यवसान किया है। ऐसा उन्होंने उपदेशक की बुद्धि से नहीं किया है; धर्म की जय के बीच भगवान् की मूर्ति के साक्षात्कार पर मुग्ध होकर किया है। यदि राम द्वारा रावण का वध तथा कृष्ण के साहाय्य द्वारा जरासन्ध और कौरवों का दमन न हो सकता तो भी रामकृष्ण की गतिविधि में पूरा सौन्दर्य रहता, पर उसमें भगवान् की पूर्ण कला का दर्शन न होता क्योंकि भगवान् की शक्ति अमोघ है।

---

1. महाभारत।

आनन्दकला के प्रकाश की ओर बढ़ती हुई गति की विफलता में भी सौन्दर्य का दर्शन करनेवाले अनेक कवि हुए हैं। अँगरेज कवि शेली संसार में फैले पाषंड, अन्याय और अत्याचार के दमन तथा मनुष्य-मनुष्य के बीच सीधे सरल प्रेमभाव के सार्वभौम संसार का स्वप्न देखनेवाले कवि थे। उनके 'इसलाम का विप्लव' (The Revolt of Islam) नामक द्वादश सर्गबद्ध महाकाव्य में मनुष्य जाति के उद्धार में रत नायक और नायिका (Laon and Cythna) में मंगल शक्ति के अपूर्व संचय की छटा दिखाकर तथा उनके द्वारा एक बार दुर्दान्त अत्याचार के पराभव के मनोरम आभास से अनुरंजित करके अन्त में उस शक्ति की विफलता की विषादमयी छाया से लोक को फिर आवृत्त दिखाकर छोड़ दिया है।

जैसा ऊपर कह आए हैं, मंगल-अमंगल के द्वन्द्व में कवि लोग अन्त में मंगल शक्ति की जो सफलता दिखा दिया करते हैं उसमें सदा शिक्षावाद (Didacticism) या अस्वाभाविकता की गन्ध समझकर नाक-भौं सिकोड़ना ठीक नहीं। अस्वाभाविकता तभी आएगी जब बीच का विधान ठीक न होगा अर्थात् जब प्रत्येक अवसर पर सत्पात्र सफल और दुष्ट पात्र विफल या ध्वस्त दिखाए जाएँगे। पर सच्चे कवि ऐसा कभी नहीं करते। इस जगत् में अधर्म प्रायः दुर्दमनीय शक्ति प्राप्त करता है जिसके सामने धर्म की शक्ति बार-बार उठकर व्यर्थ होती रहती है। कवि जहाँ मंगल शक्ति की सफलता दिखाता है वहाँ कला की दृष्टि से सौन्दर्य का प्रभाव डालने के लिए; धर्मशासक की हैसियत से डराने के लिए नहीं कि यदि ऐसा कर्म करोगे तो ऐसा फल पाओगे। कवि कर्म-सौन्दर्य के प्रभाव द्वारा प्रवृत्ति या निवृत्ति अन्तःप्रकृति में उत्पन्न करता है, उसका उपदेश नहीं देता।

कवि सौन्दर्य से प्रभावित रहता है और दूसरों को भी प्रभावित करना चाहता है। किसी रहस्यमयी प्रेरणा से उसकी कल्पना में कई प्रकार के सौन्दर्य का जो मेल आपसे आप हो जाया करता है उसे पाठक के सामने भी वह प्रायः रख देता है जिस पर कुछ लोग कह सकते हैं कि ऐसा मेल क्या संसार में बराबर देखा जाता है। मंगलशक्ति के अधिष्ठान राम और कृष्ण जैसे पराक्रमशाली और धीर हैं वैसा ही उनका रूप-माधुर्य और उनका शील भी लोकोत्तर है। लोकहृदय आकृति और गुण, सौन्दर्य और सुशीलता; एक ही अधिष्ठान में देखना चाहता है। इसी से 'यत्राकृतिस्तत्र गुणा वसंति' सामुद्रिक की यह उक्ति लोकोक्ति के रूप में चल पड़ी। नैषध में नल हंस से कहते हैं–

न तुलाविषये तवाकृतिर्न वचो वर्त्मनि ते सुशीलता।
त्वदुदाहरणाऽकृतौ गुणा इति स मुद्रिक सार मुद्रणा ॥ [1]

–नैषधीय चरित, द्वितीय सर्ग, 5

भीतरी और बाहरी सौन्दर्य, रूपसौन्दर्य और कर्मसौन्दर्य के मेल की यह आदत धीरोदात्त आदि भेदनिरूपण से बहुत पुरानी है और बिलकुल छूट भी नहीं सकती।

---

1. आपकी आकृति का न तो कोई उपमान है और न आपकी सुशीलता ही वाणी के पथ पर आ सकती वाणी द्वारा कही जा सकती। 'आकृति में गुणों का निवास होता है' सामुद्रिकशास्त्र रहस्य के इस नियम के उदाहरण आप ही हैं।

यह हृदय की एक भीतरी वासना की तुष्टि के हेतु कला की रहस्यमयी प्रेरणा है। 19वीं शताब्दी के कवि शेली—जो राजशासन, धर्मशासन, समाजशासन आदि सब प्रकार की शासन-व्यवस्था के घोर विरोधी थे—इस प्रेरणा से पीछा न छुड़ा सके। उन्होंने भी अपने प्रबन्ध काव्यों में रूपसौन्दर्य और कर्मसौन्दर्य का ऐसा ही मेल किया है। उनके नायक (या नायिका) जिस प्रकार पीड़ा, अत्याचार आदि से मनुष्य जाति का उद्धार करने के लिए अपने प्राण तक उत्सर्ग करनेवाले, घोर से घोर कष्ट और यन्त्रणा से मुँह न मोड़नेवाले, पराक्रमी, दयालु और धीर हैं उसी प्रकार रूप माधुर्य सम्पन्न भी।[1]

आज भी किसी कवि से राम की शारीरिक सुन्दरता कुम्भकरण को और कुम्भकरण की कुरूपता राम को न देते बनेगी। माइकेल मधुसूदन दत्त ने मेघनाद को अपने काव्य का गुणसम्पन्न नायक बनाया पर लक्ष्मण को वे कुरूप न कर सके। उन्होंने जो उलटफेर किया वह कला या काव्यानुभूति की किसी प्रकार की प्रेरणा से नहीं; बल्कि एक पुरानी धारणा तोड़ने की बहादुरी दिखाने के लिए, जिसका शौक किसी विदेशी नई शिक्षा के पहले-पहल प्रचलित होने पर प्रायः सब देशों में कुछ दिन रहा करता है। इसी प्रकार बंगभाषा के एक दूसरे कवि नवीनचन्द्र ने अपने 'कुरुक्षेत्र' नामक काव्य में कृष्ण का आदर्श ही बदल दिया है। उसमें वे ब्राह्मणों के अत्याचार से पीड़ित जनता के उद्धार के लिए उठ खड़े हुए एक क्षत्रिय महात्मा के रूप में अंकित किए गए हैं। अपने समय में उठी हुई किसी खास हवा की झोंक में प्राचीन आर्ष काव्यों के पूर्णतया निर्दिष्ट स्वरूपवाले आदर्श पात्रों को एकदम कोई नया मनमाना रूप देना भारती के पवित्र मन्दिर में व्यर्थ गड़बड़ मचाना है।

शुद्ध मर्मानुभूति द्वारा प्रेरित कुशल कवि भी प्राचीन आख्यानों को बराबर लेते आए हैं और अब भी लेते हैं। वे पात्रों में अपनी नवीन उद्भावना का, अपनी नई कल्पित बातों का बराबर आरोप करते हैं, पर वे बातें उन पात्रों के चिरप्रतिष्ठित आदर्शों के मेल में होती हैं। केवल अपने समय की परिस्थिति विशेष को लेकर जो भावनाएँ उठती हैं उनके आश्रय के लिए जबकि नए आख्यानों और नए पात्रों की उद्भावना स्वच्छन्दतापूर्वक की जा सकती है तब पुराने आदर्शों को विकृत या खंडित करने की क्या आवश्यकता है ?

कर्मसौन्दर्य के जिस स्वरूप पर मुग्ध होना मनुष्य के लिए स्वाभाविक है और जिसका विधान कवि-परम्परा बराबर करती चली आ रही है, उसके प्रति उपेक्षा प्रकट करने और कर्म-सौन्दर्य के एक दूसरे पक्ष में ही—केवल प्रेम और भ्रातृभाव के प्रदर्शन और आचरण में ही—काव्य का उत्कर्ष मानने का जो एक नया फैशन टाल्सटाय के समय

---

1. Certain it is that with Shelley goodness is ever near to sensous beauty and pasi Iyeasib into passion, Hence his choice of heroic types rather than simple ones, of Laon and Cythna and prometheus rather than Michael, Mathew, etc. Laon and Cythna posses youth, strength and beauty no less than courage and the instinct for self sacrifice and their passion for freedom. A further admirable instance of this harmony of goodness and beauty is seen in the description of Laby Beneficient who tended the garden of 'The Senditive plant.'

—Studies in Shelley by A. T. Strong

में चला है वह एकदेशीय है। दीन और असहाय जनता को निरन्तर पीड़ा पहुँचाते चले जानेवाले क्रूर आततायियों को उपदेश देने, उनसे दया की भिक्षा माँगने और प्रेम जताने तथा उनकी सेवाशुश्रूषा करने में ही कर्तव्य की सीमा नहीं मानी जा सकती, कर्मक्षेत्र का एकमात्र सौन्दर्य नहीं कहा जा सकता। मनुष्य के शरीर के जैसे दक्षिण और वाम दो पक्ष हैं वैसे ही उनके हृदय के भी कोमल और कठोर, मधुर और तीक्ष्ण, दो पक्ष हैं और बराबर रहेंगे। काव्यकला की पूरी रमणीयता इन दोनों पक्षों के समन्वय के बीच मंगल या सौन्दर्य के विकास में दिखाई पड़ती है।

भावों की प्रक्रिया की समीक्षा से पता चलता है कि उदय से अस्त तक भावमंडल का कुछ भाग तो आश्रय की चेतना प्रकाशन (Conscious) में रहता है और कुछ अन्तस्संज्ञा के क्षेत्र (Subconscious region) में छिपा रहता है। संचारी भावों के संचरण-काल में कभी-कभी उनके स्थायी भाव में संचारी होकर आई हुई असूया या ईर्ष्या ही को लीजिए। जिस क्षण में वह अपनी चरम सीमा तक पहुँची हुई होती है उस क्षण में आश्रय को ही रतिभाव की कोमल सत्ता का ज्ञान नहीं रहता, उस क्षण में उसके भीतर ईर्ष्या की ही तीक्ष्ण प्रतीति रहती है और बाहर ईर्ष्या के ही लक्षण दिखाई देते हैं। जिस प्रकार किसी आश्रय के भीतर कोई एक भाव स्थायी रहता है और अनेक भाव तथा अन्तर्दशाएँ उसके संचारी के रूप में आती हैं उसी प्रकार किसी प्रबन्धकाव्य के प्रधान पात्र में कोई मूल प्रेरक मात्र या बीजभाव रहता है जिसकी प्रेरणा से घटनाचक्र चलता है और अनेक भावों के स्फुरण के लिए जगह निकलती चलती है। इस बीजभाव को साहित्य ग्रन्थों में निरूपित स्थायी भाव और अंगी भाव[1] दोनों से भिन्न समझना चाहिए।

बीजभाव द्वारा स्फुरित भावों में कोमल और मधुर-कठोर और तीक्ष्ण–दोनों प्रकार के भाव रहते हैं। यदि बीजभाव की प्रकृति मंगल-विधायिनी होती है तो उसकी व्यापकता और निर्विशेषता के अनुसार सारे प्रेरित भाव तीक्ष्ण और कठोर होने पर भी सुन्दर होते हैं। ऐसे बीजभाव की प्रतिष्ठा जिस पात्र में होती है उसके सब भावों के साथ पाठकों की सहानुभूति होती है अर्थात् पाठक और श्रोता भी रसरूप में उन्हीं भावों का अनुभव करते हैं जिन भावों की वह व्यंजना करता है। ऐसे पात्र की गति में बाधा डालनेवाले पात्रों के उग्र या तीक्ष्ण भावों के साथ पाठकों का वास्तव में तादात्म्य नहीं होता; चाहे उनकी व्यंजना में रस की निष्पत्ति करनेवाले तीनों अवयव वर्तमान हों। राम यदि रावण के प्रति क्रोध या घृणा की व्यंजना करेंगे तो पाठक या श्रोता का भी हृदय उस क्रोध या घृणा की अनुभूति में योग देगा। इस क्रोध या घृणा में भी काव्य का पूर्ण सौन्दर्य होगा। पर रावण यदि राम के प्रति क्रोध या घृणा की व्यंजना करेगा तो रस के तीनों अवयवों के कारण 'शास्त्रस्थिति संपादन'[2] चाहे हो जाए पर उस व्यंजित भाव के साथ पाठक का

1. प्रधान भाव, नाटकों के लक्षण में कथित अंगी रस।
2. रसव्यक्तिमपेक्ष्यैषामङ्गानां सन्निवेशनम्।
न तु केवलया शास्त्रस्थिति सम्पादनेच्छया॥ –साहित्यदर्पण 6-120

तादात्म्य कभी न होगा, पाठक केवल चरित्र द्रष्टामात्र रहेगा। उसका केवल मनोरंजन होगा, भाव में लीन करनेवाली प्रथम कोटि की रसानुभूति उसको न होगी।

ऊपर कहा गया है कि किसी शुभ बीजभाव की प्रेरणा से प्रवर्तित तीक्ष्ण और उग्रभावों की सुन्दरता की मात्रा उस बीजभाव की निर्विशेषता और व्यापकता के अनुसार होती है। जैसे, यदि करुणा किसी व्यक्ति की विशेषता पर अवलम्बित होगी–कि पीड़ित व्यक्ति हमारा कुटुम्बी, मित्र आदि है–तो उस करुणा के द्वारा प्रवर्तित तीक्ष्ण या उग्र भावों में उतनी सुन्दरता न होगी। पर बीजरूप में अन्तस्संज्ञा में स्थित करुणा यदि इस ढब की होगी कि इतने पुरवासी, इतने देशवासी, या इतने मनुष्य पीड़ा पा रहे हैं तो उसके द्वारा प्रवर्तित तीक्ष्ण या उग्र भावों का सौन्दर्य उत्तरोत्तर अधिक होगा। यदि काव्य में वर्णित दो पात्रों में से एक तो अपने भाई को अत्याचार और पीड़ा से बचाने के लिए अग्रसर हो रहा है और दूसरा किसी बड़े भारी जनसमूह को, तो गति में बाधा डालनेवालों के प्रति दोनों के प्रदर्शित क्रोध के सौन्दर्य के परिमाण में बहुत अन्तर होगा।

भावों की छानबीन करने पर मंगल का विधान करनेवाले दो भाव ठहरते हैं–करुणा और प्रेम। करुणा की गति रक्षा की ओर होती है और प्रेम की रंजन की ओर। लोक में प्रथम साध्य रक्षा है। रंजन का अवसर उसके पीछे आता है। अतः साधनावस्था या प्रयत्नपक्ष को लेकर चलनेवाले काव्यों का बीजभाव करुणा ही ठहरता है। इसी से शायद अपने दो नाटकों में रामचरित को लेकर चलनेवाले महाकवि भवभूति ने 'करुण' को ही एकमात्र रस कह दिया।[1] रामायण का बीजभाव करुणा है जिसका संकेत क्रौंच को मारनेवाले निषाद के प्रति वाल्मीकि के मुँह से निकले वचन द्वारा आरम्भ ही में मिलता है। इसके उपरान्त भी बालकांड के 15वें सर्ग में इसका आभास दिया गया है जहाँ देवताओं ने ब्रह्मा से रावण द्वारा पीड़ित लोक की दारुण दशा का निवेदन किया है। उक्त आदि काव्य के भीतर लोकमंगल की शक्ति के उदय का आभास ताड़का और मारीच के दमन के प्रसंग में ही मिल जाता है। पंचवटी से वह शक्ति जोर पकड़ती दिखाई देती है। सीताहरण होने पर उसमें आत्मगौरव और दाम्पत्यप्रेम की प्रेरणा का भी योग हो जाता है। ध्यान देने की बात यह है कि इस आत्मगौरव और दाम्पत्यप्रेम की प्रेरणा बीच से प्रकट होकर उस विराट् मंगलोन्मुखी गति में समन्वित हो जाती है। यदि राक्षसराज पर चढ़ाई करने का मूल कारण केवल आत्मगौरव का दाम्पत्यप्रेम होता तो राम के 'कालाग्नि सदृश क्रोध' में काव्य का वह लोकोत्तर सौन्दर्य न होता। लोक के प्रति करुणा जब सफल हो जाती है, लोक जब पीड़ा और विघ्नबाधा से मुक्त हो जाता है, तब रामराज्य में जाकर लोक के विधान का अवकाश मिलता है।

---

1. एको रसः करुण एव निमित्तभेदात।
भिन्नः पृथक् पृथगिवाश्रयते विवर्त्तान् ॥
आवर्त्तबुद्‌बुद्‌तरङ्गमयान् विकारान्।
अम्भो यथ सलिलमेव हि तत्समस्तम् ॥ –उत्तररामचरित 3-47

जो कुछ ऊपर कहा गया है उससे यह स्पष्ट है कि काव्य का उत्कर्ष केवल प्रेमभाव की कोमल व्यंजना में ही नहीं माना जा सकता जैसा कि टाल्सटाय के अनुयायी या कुछ कलावादी कहते हैं। क्रोध आदि उग्र और प्रचंड भावों के विधान में भी, यदि उनकी तह में करुण भाव अव्यक्त रूप में स्थित हो, पूर्ण सौन्दर्य का साक्षात्कार होता है। स्वतन्त्रता के उन्मत्त उपासक, घोर परिवर्तनवादी शेली के महाकाव्य The Revolt of Islam (द रिवोल्ट आव् इसलाम) के नायक-नायिका अत्याचारियों के पास जाकर उपदेश देनेवाले, अपनी साधुता, सहनशीलता और शान्त वृत्ति का चमत्कारपूर्ण प्रदर्शन करनेवाले नहीं हैं। वे उत्साह की उमंग में प्रचंड वेग से युद्धक्षेत्र में बढ़नेवाले, पाषंड, लोकपीड़ा और अत्याचार देख पुनीत क्रोध के सात्विक तेज से तमतमानेवाले, भय या स्वार्थवश आततायियों की सेवा स्वीकार करनेवालों के प्रति उपेक्षा प्रकट करनेवाले हैं। शेली ने भी काव्यकला का मूल तत्व प्रेम भाव ही माना था पर अपने को सुखसौन्दर्यमय माधुर्य भाव तक ही बद्ध न रखकर प्रबन्धक्षेत्र में भी अच्छी तरह घुसकर भावों की अनेकरूपता का विन्यास किया था। स्थिर (Static) सौन्दर्य और गत्यात्मक (Dynamic) सौन्दर्य, उपयोग पक्ष और प्रयत्न पक्ष, दोनों उनमें पाए जाते हैं।

टाल्सटाय के मनुष्य-मनुष्य में भातृप्रेमसंचार को ही एकमात्र काव्य तत्व कहने का बहुत कुछ कारण साम्प्रदायिक था। इसी प्रकार कलावादियों का केवल कोमल और मधुर की लीक पकड़ना मनोरंजन मात्र की हलकी रुचि और दृष्टि की परिमिति के कारण समझना चाहिए। टाल्सटाय के अनुयायी प्रयत्न पक्ष को लेते अवश्य हैं पर केवल पीड़ितों की सेवाशुश्रूषा की दौड़धूप, आततायियों पर प्रभाव डालने के लिए साधुता के लोकोत्तर प्रदर्शन, त्याग, कष्ट सहिष्णुता इत्यादि में ही उसका सौन्दर्य स्वीकार करते हैं। साधुता की इस मृदुल गति को वे 'आध्यात्मिक शक्ति' कहते हैं। पर भारतीय दृष्टि से हम उसे भी प्राकृतिक शक्ति—मनुष्य की अन्तःप्रकृति की सात्विक विभूति—मानते हैं। विदेशी अर्थ में इस 'आध्यात्मिक' शब्द का प्रयोग हमारी देशभाषाओं में भी प्रचार पा रहा है। 'अध्यात्म' शब्द की मेरी समझ में काव्य या कला के क्षेत्र में कहीं कोई जरूरत नहीं है।

पूर्ण प्रभविष्णुता के लिए काव्य में हम भी सत्वगुण की सत्ता आवश्यक मानते हैं, पर दोनों रूपों में—दूसरे भावों की तह में अर्थात् अन्तस्संज्ञा में स्थित अव्यक्त बीजरूप में भी और प्रकाशरूप में भी। हम पहले कह आए हैं कि लोकमंगल विधान की ओर प्रवृत्त करनेवाले दो भाव हैं—करुणा और प्रेम। यह भी दिखा आए हैं कि क्रोध युद्धोत्साह आदि प्रचंड और उग्र वृत्तियों की तह में यदि इन दोनों में से कोई भाव बीजरूप में स्थित होगा तभी सच्चा साधारणीकरण और पूर्ण सौन्दर्य का प्रकाश होगा। उच्च दशा का प्रेम और करुणा दोनों सत्त्वगुणप्रधान हैं। त्रिगुणों में सत्त्वगुण सबके ऊपर है। यहाँ तक कि उसकी ऊपरी सीमा नित्य पारमार्थिक सत्ता के पास तक—व्यक्त और अव्यक्त की सन्धि तक—जा पहुँचती है। इसी से शायद वल्लभाचार्यजी ने सच्चिदानन्द के सत् स्वरूप का प्रकाश करनेवाली शक्ति को 'सन्धिनी' कहा है। व्यवहार में 'सत्' शब्द के दो अर्थ लिये जाते हैं—'जो वास्तव में हो,' तथा 'अच्छा या शुभ'।

जबकि अव्यक्तावस्था से छूटी हुई प्रकृति के व्यक्त स्वरूप जगत् में आदि से अन्त तक सत्त्व, रजस् और तमस् तीनों गुण रहेंगे तब समष्टि रूप में लोक के बीच मंगल का विधान करनेवाली ब्रह्म की आनन्दकला के प्रकाश की यही पद्धति हो सकती है कि तमोगुण और रजोगुण दोनों सत्त्वगुण के अधीन होकर उसके इशारे पर काम करें। इस दशा में किसी ओर अपनी प्रवृत्ति के अनुसार काम करने पर भी समष्टि रूप में और सब ओर वे सत्त्वगुण के लक्ष्य की पूर्ति करेंगे। सत्त्वगुण के इस शासन में कठोरता, उग्रता और प्रचंडता भी सात्त्विक तेज के रूप में भासित होगी। इसी से अवताररूप में हमारे यहाँ भगवान् की मूर्ति एक ओर तो 'वज्रादपि कठोर' और दूसरी ओर 'कुसुमादपिमृदु' रखी गई है—

कुलिसहु चाहि कठोर अति, कोमल कुसुमहु चाहि।

आनन्द की सिद्धावस्था

साधना या प्रयत्न में तत्पर करने के लिए फल की सुन्दरता या सुखदता की पूर्ण भावना जागरित करने की आवश्यकता हुआ करती है। साध्य आनन्द की प्रचुरता तथा उस आनन्द के विषय की सुन्दरता या सुखदता हमारे मन में जितना ही घर करेंगी उतनी ही अधिक तन्मयता के साथ हम उस आनन्द तथा उसके विषय तक पहुँचनेवाली साधना में प्रवृत्त होंगे। एक बहुत ही ऊँचे प्रकार का सुख देनेवाली वस्तु का नाम सुन्दरता है। लड्डू खाना, इत्र सूँघना, मुलायम गद्दे पर सोना, कोमल संगीत सुनना, सुन्दर रूप देखना ये सब सुखद होते हैं। इनमें से पिछली दो बातों का सुख पहली तीन बातों के सुख से ऊँचे दरजे का जान पड़ता है। कारण विचारने पर यही सुझाई पड़ता है कि आँख और कान दोनों का ज्ञानव्यापार में प्रधान योग रहता है। अतः इनका सुख शेष और इन्द्रियों के सुखों से ऊँचे दरजे का होना चाहिए। वास्तव में यदि यह सुख अपने शुद्ध रूप में रखा जाए, और प्रकार के स्थूल सुखों से मिलाया न जाए, तो ऊँचा जरूर दिखाई देता है।

दर्शन वृत्ति की बोधदशा भी होती है और रागात्मिकता दशा भी। नई वस्तुओं को देखकर जानकारी भी हो सकती है, प्रेम, क्रोध आदि भी। मन की दर्शनवृत्ति की रागात्मिकता दशा ही सौन्दर्य की अनुभूति कहलाती है। जो सुदर्शन हो, जिसकी आकृति रुचिकर हो वही सुन्दर होता है यद्यपि इस शब्द का प्रयोग लक्षणा से और विस्तृत अर्थ में भी किया जाता है। उदाहरण के लिए 'कर्मसौन्दर्य' शब्द लीजिए जिसका व्यवहार हमने अन्यत्र अनेक स्थलों पर किया है। रूपसौन्दर्य से मध्यम कोटि की वस्तु नादसौन्दर्य या शब्दमाधुर्य है। जिस प्रकार दर्शनवृत्ति की बोध दशा और रागात्मिकता दशाएँ दो दशाएँ होती हैं, उसी प्रकार श्रवणवृत्ति की भी। शब्द द्वारा ज्ञानसंचार और माधुर्यसंचार दोनों होते हैं। वार्तालाप, उपदेश, व्याख्यान इत्यादि में शब्द द्वारा हमें नई-नई बातों की जानकारी होती है; संगीत में हमें शब्द द्वारा माधुर्य की अनुभूति होती है। कहने की आवश्यकता नहीं कि नाद के सम्बन्ध में 'सुन्दर,' 'मधुर,' 'कोमल' आदि शब्दों का प्रयोग भी लाक्षणिक ही होता है। शास्त्रीय दृष्टि से इस प्रकार के लाक्षणिक प्रयोग भाषा की त्रुटि सूचित करते हैं। श्रवण के विषय शब्द की रुचिरता के लिए यदि कोई अलग शब्द होता

तो दर्शनेन्द्रिय, रसनेन्द्रिय और त्वगिन्द्रिय की अनुभूतियों से लिये हुए 'सुन्दर,' 'मधुर' और 'कोमल' शब्द अधिकतर कवियों और साहित्य समीक्षकों के ही काम में आते।

रूप और गति दोनों दृष्टि के विषय हैं। अतः दर्शनवृत्ति को तुष्ट करनेवाले दो प्रकार के विषय ठहरते हैं–रूप और गति। प्रयत्न पक्ष में गति की रुचिरता का वर्णन साधनावस्था के अन्तर्गत हो चुका है। उपभोग पक्ष में गति की रुचिरता हमें नृत्यकला आदि में दिखाई पड़ती है। इस प्रकार दर्शन और श्रवण दोनों के उपभोग पक्ष को लेकर कई कलाओं का प्रादुर्भाव हुआ–दर्शन की तुष्टि के लिए चित्रकला, मूर्तिकला और नृत्यकला का; श्रवण की तुष्टि के लिए संगीत का। काव्य का इतना व्यापक विधान होता है कि उसमें इन सबका थोड़ा-बहुत योग रहा करता है। पर इससे यह न समझना चाहिए कि उपभोग पक्ष की तुष्टि ही काव्य का एकान्त लक्ष्य है। रसात्मक तुष्टि का क्षेत्र उपभोग वृत्ति से और आगे तक है, यह बात साधनावस्था के अन्तर्गत कही जा चुकी है। गोस्वामी तुलसीदासजी का 'रामचरितमानस' मनोरंजन करके या जी बहलाकर ही नहीं रह जाता। वह हृदय के मूल में सत्त्व की ज्योति जगाता है।

पर यहाँ हमें उस काव्यभूमि का वर्णन करना है जिसमें 'आनन्द' अपनी सिद्धावस्था में दिखाई पड़ता है; जहाँ सब प्रकार के प्रयत्नों की अशान्ति तिरोहित और उपभोग की कला जगी रहती है। 'आनन्द' का ध्वज यहाँ चलता नहीं दिखाई पड़ता, गड़ा दिखाई पड़ता है। यहाँ नगाड़े की धमक, गर्जन-तर्जन और हुंकार नहीं विप्लव, ध्वंस और हाहाकार नहीं; वेग और तेज की तिग्मिता नहीं। यह दीप्ति, माधुर्य और कोमलता की स्निग्ध भूमि है; लहलहाते सरस प्रसार और परिमल घटित पुष्पहास का कलकंठ कूजित क्षेत्र है; मद और उल्लास की मृदुल तरंगमयी संगीतधारा का मानसलोक है। इस भूमि का प्रवर्तक भाव है–प्रेम।

देश के विस्तार और काल की दौड़ के बीच ऐसी भूमियाँ कहीं-कहीं और कभी-कभी मिल जाया करती हैं। सच पूछिए तो मनुष्य अपने जीवनपथ पर इन्हीं के लोभ में बराबर दौड़ता चला जाता है।[1] यहीं तक नहीं, 'सगुन छीर' और 'अवगुन जल' मिले इस महा प्रपंच से कल्पना द्वारा इन्हें अलग करके वह एक निराला आनन्दलोक खड़ा करता है जो शुष्क धार्मिकों का स्वर्ग और कवियों का स्वप्न ठहरता है। जिसके भीतर सत्त्व की ज्योति अत्यन्त क्षीण या मन्द होती है, जिन्हें धर्म के सौन्दर्य का साक्षात्कार नहीं होता, जिनका मन कर्म की भावना में न लगकर फल ही की भावना में लगता है वे इसी स्वर्ग की कामना से बहुत-से गिनाए हुए पुण्य-कार्य, बिना उनके सम्पादन का प्रकृत सुख अनुभव किए, यों ही रूखे-सूखे ढंग से करते पाए जाते हैं।

ऊपर कह आए हैं कि उस काव्यभूमि में जहाँ आनन्द अपनी सिद्धावस्था में दिखाई पड़ता है प्रवर्तक भाव है–प्रेम। इसी भाव के विविध प्रकार के आलम्बनों और उद्दीपनों

---

1. Many a green isle needs must be
In the deep wide sea of misery,
Or the mariner warn and wan,
Never thus could voyage on. —Shelley

का चित्रण इस भूमि के विभाव पक्ष में पाया जाता है। दीप्ति, माधुर्य और कोमलता के नाना रूप यहाँ मिलते हैं। बाहर नयनाभिराम रूपरेख, विकसित वर्णवैचित्र्य, दीप्तिविभूतिप्रभूत चमक-दमक, शीतल स्निग्ध छाया, कलकंठ स्वर स्पन्दित, सौरभसमन्वित समीर, स्मित आनन्द, चपल भ्रू-विलास, हास-परिहास, संगीतसज्जा, वीणा की झंकार इत्यादि हैं तो भीतर सौन्दर्य की मादक अनुभूति, प्रेमोल्लास, स्वप्न, स्मृति, विस्मृति, ब्रीड़ा, क्रीड़ा, दर्शनपिपासा, उत्कंठा, मुग्धता इत्यादि।

इस भूमि के मानस या आभ्यन्तर पक्ष की एक खासी उलझन हमारे पुराने आचार्य सुलझा गए हैं। यद्यपि प्रेमदशा के भीतर सुखात्मक और दुखात्मक दोनों प्रकार के भाव पाए जाते हैं पर कान में 'प्रेमानन्द' शब्द ही पड़ता है, 'प्रेमापन्न' नहीं। इससे 'प्रेम आनन्द स्वरूप है' यह लोकधारणा प्रकट होती है, जो साहित्य मीमांसकों को भी मान्य है। वियोग काल की सारी अश्रुधारा इस आनन्द स्वरूप को नहीं धो सकती; अश्रुधारा के तल में आनन्द की रेखाएँ दिखाई पड़ती रहती हैं। विरह में आनन्द नष्ट नहीं हुआ रहता, केवल आवृत रहता है। विरहियों का रोना एक प्रकार का हँसना ही है। उनके तीव्र ताप और प्रचंड ज्वाला की जड़ में एक रसमयी शीतलता रहती है। जब तक प्रिय इस जगत् में रहता है तब तक उसके कहीं दूर चले जाने पर भी, उसका कहीं पता न रहने पर भी जो दुख और वेदना होती है वह प्रेम भाव की ही अनुभूति समझी जाती है। बात यह है कि वियोग काल चाहे कितना ही दारुण हो उसके बीच-बीच में मिलने की लालसा जागती रहती है, संयोग की कल्पना के सुख का अनुभव होता रहता है, प्रिय के रूप आदि का ध्यान आने पर मन लुभाता रहता है। यह लालसा या यह लुब्धता, आनन्द के ढंग की चीज है, दुख के ढंग की नहीं। आनन्द के रूप में ही प्रेम का उदय होता है। और उसका यह भीतरी रूप बराबर बना रहता है। किसी के रूप-सौन्दर्य और शील-सौन्दर्य का पहले-पहल साक्षात्कार या परिचय होते ही सबसे पहली अनुभूति आनन्द की होती है; सबसे पहले हृदय विकसित और लुब्ध होता है। सारांश यह है कि प्रेमकाल जीवन का आनन्दकाल ही है। इसी से भक्तिमार्ग में वल्लभाचार्यजी ने भक्ति या प्रेम ही को साध्य कह दिया है।

प्रेम वास्तव में राग का ही पूर्ण विकसित रूप है। राग और द्वेष दोनों की स्थिति वासना के रूप में प्रत्येक प्राणी में होती है। वासनात्मक अवस्था में इन दोनों के विषय सामान्य रहते हैं। सामान्यतः सुख देनेवाली या चिरकाल से साथ रहनेवाली वस्तुओं के प्रति राग और दुख देनेवाली वस्तुओं के प्रति द्वेष का बीज सबके हृदय क्षेत्र में ढँका रहता है। यही राग व्यक्त होकर किसी विशेष व्यक्ति की ओर पहले-पहल उन्मुक्त होता है तब 'लुभाना' कहलाता है और जब उस विशेष में जाकर स्थिर हो जाता है तब प्रेम कहा जाता है।[1] सीधी बात यह कि वासनात्मक अवस्था से भावात्मक अवस्था में आया हुआ राग ही अनुराग या प्रेम है। राग वास्तव में व्यक्तिबद्ध नहीं होता। किसी के रूप, गुण आदि का उत्कर्ष सुनकर जो पूर्वराग होता है वह भी उत्तेजित राग ही रहता है। यद्यपि उत्तेजना व्यक्ति-विशेष के ही उत्कर्ष का परिचय पाकर होती है पर पूर्वराग की दशा में

1. विस्तार के लिए देखिए 'लोभ' और 'प्रीति' नामक निबन्ध–चिन्तामणि पहला भाग, पृ. 94

प्रेम की अनन्यता और पूर्ण एकनिष्ठता नहीं रहती; वह पीछे प्राप्त होती है। किसी के प्रति पूर्वराग उत्पन्न होने पर यह सम्भावना रहती है कि अन्य समय उसमें अधिक उत्कर्षवाले किसी दूसरे का परिचय पाकर वह उस पर हो जाए।

राग मिलानेवाली वासना है और द्वेष अलग करनेवाली। रासायनिक मूल द्रव्यों के राग से ही सृष्टि का विकास होता है। राग की अभिव्यक्ति विशेष दाम्पत्य और वात्सल्य भाव से ही सजीव प्राणियों की परम्परा चिरकाल से चलती आ रही है। प्रेम में पालन की प्रवृत्ति प्रत्यक्ष है। माता का प्रेम शिशु का पालन करता है। पर प्रेम द्वारा पालन का विधान एक परिमित क्षेत्र के भीतर तथा अबाध और निर्विघ्न दशा में ही सम्भव है। विघ्न और बाधा की दशा में प्रेम काम करता हुआ नहीं दिखाई देता; एक ओर करुणा और दूसरी ओर क्रोध का प्रवर्तन ही देखा जाता है। जब तक शान्ति है, कहीं से अत्याचार आदि की बाधा नहीं उपस्थित हुई है तब तक तो माता प्रेम के बल से अपने शिशुओं का पालन करती चली चलती है। पर जब कोई बच्चों को मारता है, कष्ट या पीड़ा पहुँचाता है तब रक्षा अपेक्षित होती है। अतः प्रेम तो हृदय के किसी कोने में जा छिपता है, क्रोध और करुणा का उदय होता है। तात्पर्य यह कि अत्याचार द्वारा उपस्थित घोर विघ्न-बाधा की दशा में प्रेमपात्र की भी रक्षा का सीधा लगाव प्रेम से नहीं रहता, करुणा से रहता है।

उपर्युक्त विवेचन से यह स्पष्ट है कि 'आनन्द' की सिद्धावस्था—शान्ति-सुख की अवस्था—लेकर चलनेवाले कवियों का ही 'प्रेम' को बीजभाव मानना ठीक है, 'आनन्द' की साधनावस्था लेकर चलनेवालों का नहीं। पर आनन्द की साधनावस्था या प्रयत्न पक्ष को लेकर चलनेवाले योरपीय लोकमंगलवादियों का एक दल, जिसके अनुयायी, हमारे यहाँ के रवीन्द्रनाथ ठाकुर भी हैं, मनुष्य-मनुष्य के बीच भ्रातृप्रेम को ही काव्यभूमि का एकमात्र आधिकारिक भाव मानता है। इस दल के लोग साधनावस्था को लेकर भी माधुर्य और कोमलता के बाहर नहीं जाना चाहते। ये अपने हृदयंगत काव्यदेश की कोमलता और मधुरता के साथ तीक्ष्णता, कठोरता और उग्रता का सामंजस्य नहीं कर सकते। अतः काव्य के कोमल और मधुर पक्ष में ही लीन रहते हैं। ऐसे लोग लोकरक्षा की साधनावस्था के विधान में 'प्रेम' को ही बीजभाव बनाना चाहते हैं। पर साधनावस्था के वर्णन में हम कह आए हैं कि उक्त विधान में हमारे यहाँ के कवियों ने 'करुणा' को ही बीजभाव रखा है। इन दोनों मतों में, सच पूछिए तो, तत्त्वभेद नहीं है; दृष्टिभेद है। प्रेम को बीजभाव माननेवालों की दृष्टि उसके मूल वासनात्मक रूप 'राग' की ओर रहती है जो मनुष्य की अन्तःप्रकृति में निहित रहकर सम्पूर्ण सजीव सृष्टि के साथ किसी गूढ़ सम्बन्ध की अनुभूति के रूप में समय-समय पर जगा करता है। अच्छी तरह देखा जाए तो मनुष्य की प्रकृति के भीतर अव्यक्त रूप में यह रागात्मक सम्बन्धसूत्र चर-अचर सारे प्राणियों के साथ जुड़ा हुआ है। केवल मनुष्य-मनुष्य को ही जोड़नेवाला नहीं है। पर इतने असीम और व्यापक रूप में वासनात्मक राग ही रह सकता है उसका व्यक्त और स्फुरित स्वरूप प्रेम नहीं। प्रेम का आलम्बन परिमित, परिचित और निर्दिष्ट होगा अपरिमित, अपरिचित और अनिर्दिष्ट नहीं।

राग की वासना दो भावों का प्रवर्तन करती है—प्रेम का और करुणा का। इनमें से प्रेम का व्यापार परिमित, परिचित और निर्दिष्ट के प्रति होता है। प्रेम के लिए व्यक्ति की कोई विशेषता अपेक्षित होती है। अपने प्रवर्तक 'राग' के समान उसमें निर्विशेषता नहीं होती। इस प्रकार की निर्विशेषता करुणा ही में होती है।

यदि किसी अत्याचारपीड़ित अपरिचित को देख कोई व्याकुल होकर सहायता के लिए दौड़ पड़े तो प्रेम को बीजभाव माननेवाला कहेगा 'उसके हृदय में बड़ा प्रेम है', पर करुणा को बीजभाव माननेवाला कहेगा 'वह बड़ा दयालु है।' इनमें से प्रथम जिसे 'प्रेम' कहता है वह वास्तव में प्रत्यक्षप्रेरणा करनेवाले करुणा भाव के मूल में रहनेवाली 'राग' नाम की वासना है। यह पहले कहा जा चुका है कि राग नाम की वासना का विषय सामान्य होता है और 'प्रेम' नामक भाव का आलम्बन कोई निर्दिष्ट विशेष होता है। आर्द्र होकर सहायता करनेवाले का उस अपरिचित पीड़ित व्यक्ति से प्रेम था, यह न कहा जाता है न कहा जा सकता है। कहा यहीं तक जा सकता है कि उसकी अन्तःप्रकृति में सामान्यतः सब जीवों के प्रति जो राग की वासना निहित थी उसी के प्रभाव से करुणा उत्पन्न हुई जिसने उसे व्याकुल और सहायता के लिए सन्नद्ध किया। यह कहा जा चुका है कि शुद्ध करुणा के उद्रेक के लिए पीड़ित आलम्बन में किसी प्रकार की विशेषता अपेक्षित नहीं। यह बात नहीं है कि जिससे प्रेम हो उसी की पीड़ा देख करुणा उत्पन्न हो। करुणा बैर-प्रीति कुछ नहीं देखती। करुणा करनेवाले के मन में केवल यही रहता है कि उसके समान ही सुख-दुख अनुभव करनेवाला कोई प्राणी है जिसे कष्ट या पीड़ा पहुँच रही है। इससे स्पष्ट है कि करुणा प्रेम से एक स्वतन्त्र भाव है, वह रक्षा का कार्य प्रेम के संचारी के रूप में करती हो यह बात भी नहीं है, यह कार्य उसका अपना है। उसका मूल चाहे अन्तर्निहित राग की वासना में हो, पर कविता अव्यक्त मूल को लेकर नहीं चलती; व्यक्त प्रसार को लेकर चलती है।

कविता अभिव्यंजना है। वह अभिव्यक्ति या विकास को लेकर चलती है। इसी दृष्टि से हमारे यहाँ के कवियों ने लोकरक्षा के विधान में करुणा को ही बीजभाव रखा है। करुणा से रक्षा का विधान होता है; प्रेम से पालन और रंजन का। रक्षा और पालन में अन्तर अच्छी तरह समझ लेना चाहिए। विष्णु भगवान् जगत् का पालन तो हर समय करते रहते हैं, पर रक्षा समय-समय पर किया करते हैं। सुरक्षा आपद्ग्रस्त की होती है; पालन रक्षित का होता है। बच्चे को समय पर दूध पिलाना पालन है; भूख से मरते को खिला देना रक्षा है। लोकरक्षा का विधान किसी आई हुई विपत्ति से बचाने का विधान है। अतः लोकमंगल की साधनावस्था या प्रयत्नरक्षा को लेकर चलनेवाले कवियों या समीक्षकों को 'करुणा' ही को बीजभाव कहना चाहिए। सिद्धावस्था की प्रशान्त भूमि पर चलनेवाले कवियों का ही 'प्रेमतत्व' को बीजभाव कहना ठीक है।

यहाँ पर अब हमें सिद्धावस्था के सम्बन्ध में ही विचार करना है जो काव्य की प्रशान्त, निर्विघ्न और अबाध भूमि है। इस भूमि में पालन और रंजन का ही पूर्ण प्रसाद दिखाई पड़ता है। इस भूमि का एकमात्र अधिष्ठाता देवता 'प्रेम' है। उसी के द्वारा पालन

और रंजन दोनों सम्पन्न होते हैं। वात्सल्य भाव द्वारा पालन का और दाम्पत्य भाव द्वारा रंजन का विधान होता है। इसका तात्पर्य यह नहीं कि इनके अतिरिक्त अन्य प्रकार के प्रेम द्वारा पालन और रंजन नहीं होता। इन दोनों भावों को रसपद्धति में मुख्य रूप से ग्रहण करने का अभिप्राय केवल इतना ही है कि इनमें पालन और रंजन दोनों चरम उत्कर्ष को पहुँचते हैं। आनन्द की सिद्धावस्था पर ही दृष्टि रखनेवाले कवियों का 'प्रेम' को ही प्रवर्तक या बीजभाव मानना ठीक है किन्तु पालन और रंजन दोनों पक्षों के सहित। पर महाराज भोज ने रंजन पक्ष ही लेकर शृंगार (दाम्पत्य भाव) को ही एकमात्र रस कहा है[1]। इससे यह प्रकट होता है कि काव्य समीक्षा के क्षेत्र में सिद्धान्त या 'वाद' बहुत कुछ रुचिवैचित्र्य के इशारे पर खड़े हुआ करते हैं, सम्यक् दृष्टि के अनुरोध से कम। काव्य के जिस देश की ओर किसी की रुचि अधिक होती है उसी को वह काव्य का सम्पूर्ण देश मानना, मनाना चाहता है।

आरम्भ में ही यह कहा जा चुका है कि आनन्द की सिद्धावस्था या उपभोग-पक्ष का प्रदर्शन करनेवाली काव्यभूमि दीप्ति, माधुर्य और कोमलता की भूमि है जिसमें प्रवर्तक या बीजभाव प्रेम है। काव्य की इस भोगभूमि में दुखात्मक भावों को बेधड़क चले आने की इजाजत नहीं। आने के पहले उन्हें प्रेम का पूरा शासन स्वीकार करना पड़ता है और बहुत दबकर आना पड़ता है। पड़ोसियों का नाकों दम करनेवाले, माघ में लू चलानेवाले विरहताप की अपेक्षा बीच-बीच में छानेवाली आशासुख की शीतलता अधिक ही मानी गई है।[2] यहाँ अमर्ष, ईर्ष्या, त्रास इत्यादि स्वतन्त्र होकर सिर नहीं उठा सकते। हास्य और आश्चर्य नामक आनन्दात्मक भाव अलबत स्वतन्त्र विचर सकते हैं। आश्चर्य असामान्यत्व पर होता है, अतः उसका आविर्भाव काव्य की कर्मभूमि और भोगभूमि–आनन्द की साधनावस्था और सिद्धावस्था–दोनों में देखा जाता है। यहाँ हमें केवल भोगभूमि की चर्चा करनी है। इस भूमि में आश्चर्य के विषय असामान्य शोभा, सौन्दर्य, दीप्ति, आत्मोत्सर्ग, विरह-वेदना इत्यादि पाए जाते हैं।

बहुत-से लोग इस असामान्य या बिरल को ही काव्य की एकमात्र सामग्री मानते हैं जिनमें से कुछ तो उसे प्रस्तुत अर्थ या विषय के स्वरूप में और कुछ उक्ति के स्वरूप में देखना चाहते हैं। आनन्द की सिद्धावस्था लेकर चलनेवाले काव्यों में अर्थात् काव्य की भोगभूमि में आश्चर्य अधिकतर रंजन का अंग होकर आया करता है। विभाव पक्ष में असामान्य शोभा, दीप्ति, प्राचुर्य, प्रफुल्लता, कोमलता, सौकुमार्य इत्यादि के अद्भुत या अलौकिक रंजन की योजना की जाती है। सारांश यह कि मन और इन्द्रियों के सुखद

---

1. शृंगार एवैकश्चतुवर्गैककारणं रस इति।
   शृंगारप्रकाश, प्रथम प्रकाश, 13।
2. सीरै जतननु सिसिर रितु सहि बिरहिनि तन तापु।
   बसिबे कौं ग्रीषम दीननु पर्‍यौ परोसिनि पापु ॥ 66 ॥
   सुनत पथिक मुँह, माह निसि चलति लुवै उहि गाम।
   बिन बूझैं, बिनु ही कहैं, जियति बिचारी बाम ॥ 285 ॥ –बिहारी रत्नाकर।

विषय ही काव्य की इस भूमि में लिये जाते हैं। अतः उन विषयों की प्रचुरता और असामान्यता या चमत्कार की रुचिवाले कवि बाह्य प्रकृति का चित्रण उसकी असाधारण विभूति को–उसकी चमक-दमक, सजावट, वैचित्र्य, अनोखेपन इत्यादि को–लेकर ही करते हैं। इसी रुचि को बहुत-से लोग कला की रुचि मानते हैं। उनके मत से जगत् के साधारण और अरुचिर के बीच से असाधारण और रुचिर को छाँट-छाँटकर सजाना ही और कलाओं के समान काव्यकला का भी काम है। श्रीयुत रवीन्द्रनाथ ठाकुर अपने 'साहित्य धर्म' नामक निबन्ध में कहते हैं–

> *'कोठार और रसोई घर की गृहस्थ को रोज आवश्यकता पड़ती है, पर संसार के लोगों से वह उन्हें छिपाए रखने की कोशिश करता है। बैठक के बिना भी काम चल सकता है, फिर भी उसी घर में सारा साज-सामान रहता है, पूरी सजावट रहती है। घर का मालिक उसी घर में तसवीरें टाँगकर, कार्पेट बिछाकर उस पर सदा के लिए अपनी छाप लगा देना चाहता है। उस घर को उसने खास तौर से छाँटा है। उसी के द्वारा वह सबसे परिचित होना चाहता है–अपनी व्यक्तिगत महिमा से।...इसीलिए बैठक अलंकृत रहती है।'*

इस कथन का अभिप्राय यह है कि इसी 'सजावट की रुचि' का ही एक रूप काव्य की रुचि है, इसी रुचि की प्रेरणा से कवि की कल्पना काम करती है और इसी रुचि की तुष्टि के लिए कविता पढ़ी या सुनी जाती है। पर जो कुछ अब तक कहा जा चुका है उसके अनुसार ऊपर उद्धृत कथन काव्य के केवल एक पक्षविशेष का निरूपण करता है। यह अवश्य है कि इस पक्ष पर खड़े होनेवाले पहले भी रहे हैं और अब भी बहुत-से लोग हैं। शृंगार को ही एकमात्र रस माननेवाले महाराज भोज का जिक्र हो चुका है। भोज ऐसे राजाओं के दरबार में रत्नों की जगमगाहट और यश की चाँदनी फैलानेवाली वाणी का बहुत ही अनुरंजनकारी संग्रह हमारे साहित्य में है। फारस की शायरी भी अधिकतर चुनी हुई सजावट ही लेकर चली है। फ्रांस और इटली के प्रभाव से योरप में भी 'सजावट और अनूठेपन' की वासना को ही कला की मूल वासना समझनेवाले बहुत-से हैं।

कहना न होगा कि 'सजावट और अनूठेपन' का यह सिद्धान्त असामान्यतावाद के ही अन्तर्गत है। काव्य का यह असामान्यतावाद धीरे-धीरे उस लोकोत्तरवाद तक पहुँचा जिसका प्रतिपादन काव्य को आध्यात्मिक क्षेत्र में ले जाने के लिए किया गया। श्रीयुत् रवीन्द्र कहते हैं–

> *'जिसे सीमा में बाँध सकें उसका नाम भी रखा जा सकता है, किन्तु जो सीमा के बाहर है, जो पकड़ने या छूने में नहीं आ सकता, उसे बुद्धि द्वारा नहीं पाते, बोध के अन्दर–किसी भीतरी तह में–पाते हैं। उपनिषद् ने ब्रह्म के सम्बन्ध में कहा है–न तो उसे मन में पाते हैं, न वचन में। उसे जब पाते हैं तब आनन्द के अनुभव में। हमारी इस अनुभव की भूख आत्मा की भूख है। वह इसी अनुभव से अपने को पहचानती है। जिस प्रेम में, जिस ध्यान में, जिस दर्शन में केवल इस अनुभव की भूख मिटती है वही स्थान पाता है साहित्य में, रूपकला में।'*

श्रीयुत् रवीन्द्र के उपर्युक्त दोनों कथनों को मिलाकर विचार करने पर यह स्पष्ट हो जाता है कि उनका लक्ष्य आनन्द की सिद्धावस्था या उपभोग-पक्ष को भासित करनेवाली काव्यभूमि की ओर है। यह कहा जा चुका है कि इस भूमि में शोभा, दीप्ति, प्राचुर्य, प्रफुल्लता, कोमलता इत्यादि द्वारा रंजन की योजना की जाती है। प्रथम उद्धरण इसी भूमि की ओर स्पष्ट संकेत करता है। उसमें सजावट की रुचि का–शोभन, दीप्त और रुचिर के चुनाव की प्रवृत्ति का पूरा आभास मिलता है। इस उपभोग या रंजन की जो वृद्धि आश्चर्य के मेल से होती है उसकी ओर दूसरा उद्धरण इशारा करता है। उस उद्धरण में शोभा-सौन्दर्य की असीमता के आनन्द का उल्लेख है जो आगे चलकर इस प्रकार बताया गया है–

> *'बाहर जिस अखंड आकाश में ग्रह-ताराओं का मेला लगा रहता है उसकी असीमता का आनन्द सिर्फ हमारे अनुभव में ही है। जीवनलीला के लिए वह आकाश बिलकुल फालतू है। जमीन के भीतर रहनेवाला कीड़ा इस बात का सबूत है।'*

विभावपक्ष में शोभन और दीप्त को चुनकर उनकी असामान्य योजना द्वारा अद्भुत रंजन की सामग्री तैयार करना तथा भावपक्ष में अनुभूति और व्यंजना का वैचित्र्य प्रदर्शित करना काव्य में कलावाद के नए और पुराने अनुयायियों का लक्ष्य रहा है। शोभा और दीप्ति की लोकोत्तर कल्पना हमारे यहाँ के भक्तों में भी भगवान् की विभूति की भावना मानी जाती है और विलायती ढंग की 'आध्यात्मिक कविता' में भी असीम और अनन्त की झाँकी समझी जाती है। हमारे यहाँ के भक्तिमार्ग में इसे 'अचिंत्यैश्वर्य्य योग' कहते हैं।

माधुर्यपक्ष

असामान्यता, दीप्ति, चमत्कार इत्यादि से सर्वथा स्वतन्त्र आकर्षण माधुर्य का है। इस गुण के अधिष्ठान का असामान्य, अलौकिक या दीप्त होना आवश्यक नहीं। सामान्य से सामान्य, तुच्छ से तुच्छ वस्तुओं और दृश्यों में माधुर्य का पूरा आकर्षण रहता है। महाकवि कालिदास ने बरसात में चारों ओर दिखाई पड़नेवाले खुमी के पौधों, तुरन्त के जुते खेतों की सोंधी मिट्टी और 'भ्रूविलासानभिज्ञ' गाँव की सीधी-सादी स्त्रियों और पुरानी कहानी कहते हुए बुड्ढों तक में इस माधुर्य का साक्षात्कार किया है।[1] परम भावुक अँगरेज कवि वड्सर्वर्थ (Wardsworth) का हृदय पगडंडी के किनारे उगे हुए गर्द से मैले तुच्छ-से-तुच्छ फल के पौधे (Meanest flower) को भी अपनाता था।[2] हृदय की पूरी व्यापकता हम दीप्ति और माधुर्य, असामान्य और सामान्य, दोनों पक्षों के रसात्मक ग्रहण में मानते हैं। साहित्य की पुस्तकों में 'सब अवस्थाओं में पाई जानेवाली रमणीयता' को माधुर्य कहा है–

सर्वावस्थाविशेषेषु माधुर्यं रमणीयता

–साहित्यदर्पण 3-97

---

1. मेघदूत, पूर्वमेघ, 11, 16, 32
2. To me the meanest flower that blows can give
Thoughts that do often lie too deep for tears.
— Ode on Intimations of Immortality from
Recollections of Early Childhood.

सामान्य से सामान्य प्राकृतिक वस्तुओं में, नगण्य से नगण्य के जीवन-व्यापार में इस माधुर्य का अनुभव होता है। अतीत की स्मृति में, कौमार अवस्था के परिचित पुराने पेड़ों और उजाड़ टीलों में, किसानों के झोपड़ों, काई और कीचड़ भरे तालों में चरकर लौटती हुई गायों के धूल उड़ाते हुए झुंड में, गड़ेरियों और ग्वालों की कमली में, ऊसर की पगडंडियों में मन को लीन करनेवाला जो गुण है, वह माधुर्य है। प्रत्येक देश के सच्चे कवियों ने सीधे-सादे और सामान्य में भी बराबर इस माधुर्य का अनुभव किया है। इस माधुर्य की अनुभूति के स्वरूप को दीप्ति और सज्जा की अनुभूति के स्वरूप से सर्वथा भिन्न समझना चाहिए। जैसे घास के चौरस मैदान को मखमली कालीन या पन्ने का फर्श कहने से माधुर्य की अनुभूति के ठीक स्वरूप की व्यंजना नहीं होगी। ऐसे कथन में केवल दीप्ति और सजावट की भावना पाई जाएगी।

रूपसौन्दर्य के अन्तर्गत प्रायः दीप्ति और माधुर्य दोनों मिले रहते हैं। दीप्ति चकित और स्तम्भित करती है। प्रेमकाव्यों में कहीं-कहीं नायिका के रूप को देखते ही नायक जो मूर्च्छित होकर गिर जाया करते हैं उसे दीप्ति का प्रभाव समझना चाहिए। जायसी के पद्‌मावत में शिव मन्दिर में प्रवेश करती हुई पद्‌मिनी को देखते ही राजा रत्नसेन तो मूर्च्छित हो ही गए; शिव और देवता लोग भी स्तब्ध हो गए।[1] रूप में लोभ उत्पन्न करनेवाली या लुभानेवाली वस्तु, मन को पास खींचनेवाली शक्ति माधुर्य है। दीप्ति मात्र में चिपक नहीं होती। लोग न जाने कितने दमकते हुए रूप देखते हैं, चकित होते हैं पर सब जगह उनका मन नहीं चिपका करता। प्रेम के रूप में राग का आविर्भाव माधुर्य पाकर ही होता है। पर इस माधुर्य की अनुभूति व्यक्तिगत होती है। दीप्ति का स्वीकार तो बहुत-से आदमी एक साथ करते हैं, पर किसी व्यक्ति या वस्तु में माधुर्य दस-पाँच

आदमियों में एक या दो ही आदमी देखेंगे। लैला में मजनूँ की ही आँख ने माधुर्य देखा था। सान्निध्य और सम्पर्क की प्रबल प्रवृत्ति जगानेवाली दशा, जिसे आसक्ति कहते हैं, माधुर्य भावना के संचार से ही प्राप्त होती है। भावधारा के भीतर-भीतर चलनेवाली जो भावधारा है मनुष्य के हृदय को द्रवीभूत करके उसमें मिलनेवाली भावना माधुर्य की है। 'कविता क्या है' नामक प्रबन्ध[2] में काव्य को हमने भावयोग कहा है।[3] इसी भावयोग की चरम साधना से हृदय को जो मुक्तावस्था प्राप्त होती है वह इसी माधुर्य की अनुभूति के सहारे। भेद में अभेद की रसात्मक प्रतीति इसी माधुर्य का स्वाद है जिसे हमारे यहाँ के भक्तों ने भगवान् का प्रसाद बताया है–ऐसा प्रसाद जिससे आत्मा का पोषण होता है।

---

1. देखिए पद्‌मावत, बसंत खंड।
2. देखिए 'विचार-बीथी'।
3. देखिए ऊपर पृ. 5

काव्य का लक्ष्य

काव्य या कविकर्म के लक्ष्य को हम क्रम से तीन भागों में बाँट सकते हैं–

(1) शब्दविन्यास द्वारा श्रोता का ध्यान आकर्षित करना।

(2) भावों का स्वरूप प्रत्यक्ष करना।

(3) नाना पदार्थों के साथ उनका प्रकृत सम्बन्ध प्रत्यक्ष करना।

मेरी समझ में काव्य का अन्तिम लक्ष्य तीसरा है। यह दूसरी बात है कि अपनी शक्ति के अनुसार कोई पहली सीढ़ी पर रह जाता है, कोई दूसरी ही तक पहुँच पाता है। श्रोता के सम्बन्ध में यदि हम पहले दो विभागों का ही विचार करते हैं तो कविता केवल आनन्द या मनोरंजन की वस्तु प्रतीत होती है।

× × ×

...भाव के विषय का कैसा ही यथातथ्य चित्रण क्यों न हो यदि उसके वर्णन के अन्तर्गत ही उक्त भाव को शब्द और चेष्टा द्वारा प्रकट करनेवाला न होगा, तो (शास्त्रीय दृष्टि से) रस कच्चा ही समझा जाएगा। इसका निचोड़ यह निकला कि रससंचार का प्रयासी कवि विषय को श्रोता या दर्शक के सामने नहीं रखता वास्तव में किसी वर्णित पात्र के सामने रखता है। इस (ढंग) से जो कविता श्रोता या दर्शक को सम्बोधन करके (कही) जाती है और जिसका उद्देश्य पाठक या श्रोता में भाव (संचार) करके उसे किसी ओर प्रवृत्त करना (रहता) है वह 'रस-काव्य' नहीं।[1] मतलब यह है कि रसविधायक कवि का काम श्रोता या पाठक में भावसंचार करना नहीं, उसके समक्ष भाव का रूप प्रदर्शित करना है (जिसके) दर्शन से श्रोता के हृदय में भी उक्त भाव की अनुभूति होती है जो प्रत्येक दशा में आनन्दस्वरूप ही रहता है।

अब विचारने की बात है कि क्या प्रत्येक दशा में इस रीति से 'साधारणीकरण' होता है। दो राजा युद्ध के लिए सन्नद्ध हैं। उनमें से किसी के सम्बन्ध में कोई ऐसी बात नहीं कही गई है कि जिससे हमें उस पर क्रोध हो सके। दोनों समान रूप से सज्जन, वीर और उदार हैं। उनमें से यदि किसी के क्रोध का दृश्य सामने लाया जाएगा तो क्या दूसरे पर हमें भी क्रोध आ सकता है ? मैं समझता हूँ, नहीं। ऐसे वर्णन में हमें केवल उस भाव को दर्शाने की निपुणता का अनुभव प्रधान रूप से होगा जिसका लगाव हमारे क्रोध से न होगा। साहित्य के आचार्यों ने काव्य से प्राप्त अनुभवों को क्यों आनन्दस्वरूप कहा,

1. यहाँ पर मूल प्रति में फूल बना हुआ है पर उससे सम्बद्ध अंश अनुपलब्ध है।

इसका कारण उक्त उदाहरण से प्रत्यक्ष हो जाता है। इस विवेचन के अनुसार 'मनोरंजन' के अतिरिक्त काव्य का और कोई उच्च उद्देश्य नहीं ठहरता।

पर क्या हम कह सकते हैं कि आदिकवि महर्षि वाल्मीकि के महावाक्य का इतना ही परिमित उद्देश्य था ? क्या पाठक पर श्रोता के हृदय में वे और किसी प्रकार का परिवर्तन नहीं चाहते थे ? क्या उनके क्रोध, शोक और जुगुप्सा के आलम्बन उद्दीपन मनुष्य मात्र के क्रोध, शोक और जुगुप्सा के विषय नहीं हैं ? क्या रावण पर क्रोध प्रकट करते हुए राम के मुख से निकले हुए शब्द हमारे हृदय से निकले हुए नहीं प्रतीत होते ? रावण और उसके कर्म ऐसे हैं जिन पर मनुष्य जाति क्रोध करने के लिए विवश है। यह क्रोध, भारतीय जनता में ऐसा स्थायी हो गया है कि रामलीला में कभी-कभी कागज के बने रावण को लड़के युद्ध के पहले पत्थरों से मार-मारकर गिरा देते हैं। इसका नाम है साधारणीकरण। विशेष का चित्रण करने में भी 'भाव' के विषय सामान्यत्व की ओर जब कवि की दृष्टि रहेगी तभी यह 'साधारणीकरण' हो सकता है। पर यह सजीव सृष्टिमात्र से हृदय को अपने हृदय में रखनेवाले स्वतन्त्र कवियों में ही पाया जाएगा। जिनका उद्देश्य राजाओं को प्रसन्न मात्र करना होगा वे ऐसे व्यापक लक्ष्य का निर्वाह नहीं कर सकते।

कवि को अपने कार्य में अन्तःकरण की तीन वृत्तियों से काम लेना पड़ता है–कल्पना, वासना और बुद्धि। इनमें से बुद्धि का स्थान बहुत गौण है। कल्पना और वासनात्मक अनुभूति ही प्रधान हैं। बुद्धि की सहायता तो काव्य के बाह्य रूप में पड़ती है। वासना की सहकारिणी होकर जब कल्पना काम करती है तभी वह काव्योचित कल्पना होती है। वासना कल्पना के सहयोग से भावों के विषय भी प्रत्यक्ष किए जाते हैं और भाव भी व्यक्त किए जाते हैं। सच्चे काव्य में प्रत्यक्षीकरण कि लिए इन दोनों का संयोग परम आवश्यक है। सच्चा कवि उसी व्यक्ति या वस्तु का स्वरूप कल्पना में लाएगा जिसके प्रति उसकी किसी प्रकार की अनुभूति होगी। पात्र द्वारा भाव की व्यंजना करने में कवि के दो रूप होते हैं सहज और आरोपित। यदि व्यंजित किए जानेवाले भाव का आलम्बन सामान्य है–ऐसा है जो मनुष्य मात्र के चित्त में वही भाव उत्पन्न कर सकता है–तो समझना चाहिए कि कवि अपने सहज रूप में उसे प्रकट कर रहा है। जैसे रावण के प्रति राम का क्रोध। यदि व्यंजित किया जानेवाला भाव ऐसा नहीं है समझना चाहिए कि वह उसे आरोपित रूप में प्रकट कर रहा है जैसे राम के प्रति रावण का क्रोध। आरोपित भाव कवि अनुभव नहीं करता, कल्पना द्वारा लाता है। आश्रय की स्थिति में अपने को समझकर आलम्बन के प्रति कवि भी यदि उसी भाव का अनुभव करता है जिस भाव का आश्रय करता है तो कवि उस भाव का प्रदर्शन सहज रूप में करता है। यदि कवि का भाव उदासीन है या अनौचित्य ज्ञान के कारण विरक्त है तो आश्रय के भाव का प्रदर्शन वह केवल आरोपित या आहार्य रूप में करता है।

ऐसे स्थल पर रसाभास या भावाभास ही मानना चाहिए। जो त्रुटि है उसी की ओर लोगों ने ध्यान दिया और आचार्यों ने तिर्यक् विषयक रतिभाव का जो उल्लेख रसाभाव के भीतर किया उससे यह स्पष्ट लक्षित हो जाता है कि जिस भाव के प्रति कवि या श्रोता

का मन उदासीन है उसको भी रसाभास या भावाभास के ही भीतर वे रखना चाहते थे। मृगी के प्रति मृग जिस रति भाव का अनुभव करता है वह अनुचित नहीं है। बात यह है कि मृगी रूप आलम्बन में श्रोता या पाठक अपने दाम्पत्य रति की पूर्ण चरितार्थता का अनुभव नहीं कर सकता।[1]

अपने यहाँ के आचार्यों के दिए संकेतों के अनुसार प्राचीन काव्यों की प्रकृति का अनुसन्धान करने से पूर्ण रस का यही स्वरूप निर्दिष्ट होता है जो ऊपर कहा गया है। इसे स्वीकार कर लेने पर भारतीय काव्य प्रकृति के निरूपण के लिए आदर्शात्मक (Idealistic); शिक्षात्मक (Didactic) आदि रस और भाव के क्षेत्र के बाहर के शब्दों के व्यवहार की आवश्यकता नहीं रह जाती। लोककल्याण के निमित्त प्रतिष्ठित धर्म और नीति के लक्ष्य पर पहुँचनेवाला एक दूसरा अधिक सुगम और आकर्षक मार्ग अलग खुला हुआ है इसका पूर्ण आभास हमारे यहाँ के प्राचीन काव्य देते हैं। आदर्शात्मक कहने से चरित्र में साधारणतत्व का होना अनिवार्य समझा जाता है ! पर आगे चलकर दिखाया जाएगा कि पूर्ण रस के संचार के लिए सर्वत्र असाधारणत्व अपेक्षित नहीं होता। साधारण-असाधारण दोनों प्रकार के चरित्र द्वारा पूर्ण रस की अनुभूति हो सकती है। पूर्ण रस में कसर आलम्बन के अनौचित्य और अनुपयुक्तता के कारण होगी, साधारणतत्व के कारण नहीं। आलम्बन के प्रति श्रोता की जिस उदासीनता का उल्लेख हुआ है वह सच पूछिए तो विशेषत्व के कारण होती है। जो आलम्बन मनुष्य जाति की सामान्य प्रकृति से सम्बन्ध नहीं रखता, आश्रय की विशेष प्रकृति या स्थिति से ही सम्बन्ध रखता है, उसके प्रति आश्रय के भाव का भागी श्रोता या पाठक पूर्णरूप से नहीं हो सकता। इस सहानुभूति के अभाव से रस का पूरा परिपाक न होगा। राम के प्रति रावण के, शकुन्तला के प्रति दुर्वासा के, एक अच्छे राजा के प्रति दूसरे अच्छे राजा के क्रोध के साथ योग देने से श्रोता या पाठक का क्रोध नहीं जाएगा। अतः ऐसे क्रोध के अनुभाव-संचारी से पुष्ट वर्णन द्वारा भी रौद्र रस की पूर्ण अनुभूति नहीं हो सकती। पर कवि के लिए यह आवश्यक नहीं कि वह सर्वत्र पूर्ण रस ही लाया करे।

भारी-भारी महाकाव्यों का प्रधान विषय बनाने के योग्य अवश्य प्राचीन महाकवि असाधारण चरित्र ही मानते थे। आदि कवि महर्षि वाल्मीकि की वाग्धारा जब प्रवाहोन्मुख हुई थी तब उन्होंने ऐसे चरित्र की जिज्ञासा नारदजी से की थी।[2] महाकाव्य के योग्य आदर्श पुरुष और आदर्श चरित्र जब उन्हें मिल गया तब वे रामायण ऐसे विशद महाकाव्य की रचना में प्रवृत्त हुए। पर उस प्रधान स्थायी चरित्र के भीतर सामान्य चरित्रों का स्वाभाविक वर्णन भी बराबर है। उसमें यहाँ तक राम और भरत के चरित्र का असाधारण उत्कर्ष और रावण के चरित्र का असाधारण अपकर्ष ही नहीं; बल्कि कैकेयी

---

1. प्रतिनायक निष्टत्वे तदवदधमपात्रतिर्य्यगादिगते।
   शृङ्गारे अनौचित्यम्..................................॥
   –साहित्य-दर्पण 3-264
2. वाल्मीकीय रामायण, बालकांड प्रथम सर्ग 1-5 तक।

की स्त्रीसुलभ साधारण ईर्ष्या, मन्थरा की साधारण कुटिलता, सुग्रीव की व्यावहारिक कृतज्ञता आदि की भी झलक उसके भीतर है। सारांश यह कि आदिकवि के महाकाव्य में देवता और राक्षस ही नहीं साधारण मनुष्य भी हैं। कालिदास ने रघुवंश और कुमारसम्भव ऐसे महाकाव्यों के लिए ही साधारण आदर्श चरित्र की आवश्यकता समझी, मेघदूत ऐसे खंडकाव्य के लिए नहीं जिसमें न विरही यक्ष असाधारण है न उसका विरह और न मेघ के मार्ग में पड़नेवाले प्राकृतिक दृश्य। पर वह काव्य संस्कृत साहित्य में अपने ढंग का सबसे निराला है। इसी प्रकार मालविकाग्निमित्र ऐसे नाटकों की रचना आदर्श चरित्र लेकर नहीं हुई है। अतः यह नहीं कहा जा सकता कि सब प्रकार के भारतीय काव्य आदर्श प्रधान हैं। मनुष्य जाति में अधिकतर पाई जानेवाली साधारण वृत्तियों का वास्तविक चित्रण कहीं है ही नहीं।

अधिकांश काव्यों में कृत्रिमता अवश्य पाई जाती है, पर उसके कारण सर्वत्र उच्च आदर्श चरित्र या दृश्य की योजना नहीं है बल्कि अन्धपरम्परानुसरण और रीतिग्रन्थों का कठोर शासन है।

रीतिग्रन्थों का बुरा प्रभाव

काव्यरीति का निरूपण थोड़ा-बहुत सब देशों के साहित्य में पाया जाता है। पर हमारे यहाँ के कवियों को रीतिग्रन्थों ने जैसा चारों ओर से जकड़ा वैसा और कहीं के कवियों को नहीं। इन ग्रन्थों के कारण उनकी दृष्टि संकुचित हो गई, लक्षणों की कवायद पूरी करके वे अपने कर्तव्य की समाप्ति मानने लगे, काव्य का स्वरूप संघटित करने के स्थान पर वे बाहरी सजावट में अधिक उलझने लगे। सारांश यह कि वे इस बात को भूल चले कि किसी वर्णन का उद्‌देश्य श्रोता के हृदय पर प्रभाव डालना है। बात यह है कि ग्रन्थ सीमा का अतिक्रमण कर गए। रसनिरूपण में भावों और रसों को गिनाने का यह प्रभाव पड़ा कि जो बातें भावों और रसों के निर्दिष्ट शब्दों के भीतर आती हुई उन्हें प्रत्यक्ष रूप से न दिखाई पड़ीं उनके वर्णन से उन्हें कोई प्रयोजन ही न रह गया। केवल गिनी-गिनाई बातों को निर्दिष्ट शैली के अनुसार आँख मूँदकर कह दिया, बस पूर्ण रस की रस्म अदा हो गई। प्राकृतिक दृश्यों के वर्णन का हिन्दी काव्यों में जो अभाव पाया जाता है उसका मुख्य कारण यही है। रस, नायिका, अलंकार आदि के लक्षण और उदाहरण जानना जब साहित्य पाठकों के लिए आवश्यक हो गया तब कवियों को एक ही पद्य में पूर्ण रस लाने का हौसला बढ़ा। कुछ बातें तो कविजी ने कहीं और कुछ बातें नायिका, अलंकार आदि का इशारा पाकर पाठक आप लगा लेने लगे। इस प्रकार उस स्वरूपचित्रण से बहुत कुछ छुट्टी पा जाने से लोग पदक्रीड़ा में प्रवृत्त हुए, वर्ण्य वस्तुओं को गिनाने और उनका वर्गीकरण करने से बाह्य और आभ्यन्तर दोनों सृष्टियों की अनेकरूपता का काव्यों में अभाव-सा हो चला। जिस प्रकार बाहर दृश्यों के अनन्त रूप हैं उसी प्रकार मनुष्य की मानसिक स्थिति के भी, जिस प्रकार पृथ्वी पर अनेक प्रकार के दृश्य हैं उसी प्रकार मनुष्य भी अनेक स्वभाव और चरित्रवाले हैं।

उद्दीपन की कुछ वस्तुओं के गिनाने और नायक-नायिका के धीराधीरा, धीरोदात्त इत्यादि भेद निर्दिष्ट करने से दोनों ओर की अनेकता पर पर्दा-सा डाल दिया गया। धीरोदात्त, धीरोद्धत, धीरललित और धीरप्रशान्त जो चार प्रकृति के नायक कहे गए हैं, क्या उनमें जितनी प्रकृति के मनुष्य हो सकते हैं सब आ जाते हैं ? विविध प्रवृत्तियों के मेल से संघटित जो अनेक स्वभाव के मनुष्य दिखाई पड़ते हैं उनके स्पष्टीकरण के लिए मानव प्रकृति के अन्वीक्षण की आवश्यकता होती है। यह आवश्यकता उक्त चार प्रकार के ढाँचे तैयार मिलने से पिछले कवियों को न रह गई। इसी से हमारे यहाँ के अधिकांश नाटकों में नाटकस्थ पात्र निर्दिष्ट साँचों में ढले हुए होते हैं। नायिकाओं के जो भेद किए गए वे भी केवल शृंगार की दृष्टि से, सर्वव्यापार व्यापी प्रकृतिभेद की दृष्टि से नहीं। निम्न वर्ग की अशिक्षिता स्त्रियों की सामान्य द्वेषपूर्ण कुटिलता और इधर का उधर लगाने की प्रवृत्ति का जो उदाहरण मन्थरा के रूप में वाल्मीकि ने दिया वह नायिकाभेद के ग्रन्थों में नहीं मिलेगा। सारांश यह कि नायक-नायिकाभेद चरित्र-चित्रण में सहायक नहीं हुए, बाधक हुए। उसके अनुसार जिन प्रबन्धकाव्यों या नाटकों में पात्रों की योजना हुई उनमें मानव प्रकृति के बहुत ही थोड़े अंश का चित्र हमें मिलता है—सो भी परम्पराभुक्त और पिष्टपेषित। इसी से सामान्य चरित्रचित्रों की जो अनेकरूपता हम योरप के काव्यों और नाटकों में पाते हैं वह यहाँ के नहीं।

जिसका प्रकृतिक्षेत्र के एक-एक अंग का दर्शन कवि का काम है उसके बीच पगडंडियाँ निकाल देने से कवियों की यात्रा तो सुगम हो गई पर उसका अधिकांश उनकी दृष्टि से दूर हो गया। कवि को प्रकृति कानन में विचरण करना रहता है, दूसरे प्रयोजन से यात्रा करनेवालों के समान केवल इस पार से उस पार निकल जाना नहीं। आवश्यकता से अधिक लीक बना देने से लीक पीटनेवालों की संख्या अवश्य बहुत बढ़ गई—पर इससे काव्य के व्यापक उद्देश्य की अधिक सिद्धि नहीं हुई। लीक पीटने की शिक्षा रीति-ग्रथ लिखनेवाले आचार्यों ने ही दी, यह बात कुछ अलंकारों पर विचार करने से स्पष्ट हो जाती है। रूपकातिशयोक्ति को लीजिए जिसमें पहेली के ढंग पर केवल उपमानों का कथन होता है, उपमेयों को पाठक अपना समझते-बूझते रहते हैं। यह तभी सम्भव है जब उपमान नियत हों। इस वस्तु की उपमा इस वस्तु से कवि देते आते हैं यह साधारण तभी हो सकता है जब एक ही उपमा का खूब पिष्टपेषण हुआ हो।

इस अनन्त विश्व के भावोत्तेजक रूप भी अनन्त हैं। पर कुछ महापुरुषों ने वर्ण्य वस्तुओं तक को गिनाने का प्रयास किया। केशवदासजी को इस हवा का सबसे पिछला झोंका लगा, इससे उनकी कविप्रिया में वर्ण्य वस्तुओं की खासी फेहरिस्त मौजूद है—

कविन कहे कवितान के अलंकार द्वै रूप।
एक कहै साधारणै एक विशिष्ट सरूप ॥
सामान्यालंकार, को चारि प्रकार प्रकास।
वर्ण, वर्ण्य, भू, राजश्री भूषण केसवदास ॥

—कविप्रिया, पाँचवाँ प्रभाव 2-3

इसी सामान्यालंकार के अन्तर्गत सम्पूर्ण वर्ण्य सामग्री का फलस्वरूप विवेचित है। विशेषालंकार के अन्तर्गत वर्णन शैली अर्थात् प्रसिद्ध उपमादि अलंकारों का वर्णन हुआ है।

किसी आचार्य ने[1] कह दिया कि महाकाव्य में इतने सर्ग होने चाहिए और इन-इन वस्तुओं का वर्णन होना चाहिए। फिर क्या था, जिसे महाकाव्य लिखने का हौसला हुआ उसे झख मारकर उन सब वस्तुओं का वर्णन करना पड़ा, चाहे कथा के प्रसंग में किसी वस्तु की आवश्यकता बिलकुल न हो। इस प्रकार उन्हें अप्रासंगिक वर्णन का भी समावेश अपने काव्यों में करना पड़ा। जलविहार और श्मशान का प्रसंग चाहे कथा में न आता हो पर कविजी को उसे लाना चाहिए।

सच्चे काव्य में सहज भाव प्रधान होता है, आरोपित नहीं। उसमें कवि, पात्र और श्रोता तीनों के हृदय का समन्वय होता है जिससे काव्य का जो प्रकृत लक्ष्य है, पदार्थों के साथ भावों के प्रकृत सम्बन्ध का प्रत्यक्षीकरण–जगत् के साथ हमारी रागात्मिका वृत्ति का सामंजस्य–वह सिद्ध हो जाता है। ऐसे ही काव्य अमर या चिरस्थायी होते हैं जिनमें मनुष्यमात्र अपने भावों के आलम्बन पाते हैं।

जो काव्य न कवि की अनुभूति से सम्बन्ध रखते हैं न श्रोता की, उनमें केवल कल्पना और बुद्धि के सहारे भावों के स्वरूप का प्रदर्शन होता है। यदि हम किसी भाव के स्वरूपप्रदर्शन मात्र का विचार करते हैं श्रोता के हृदय में उसके संचार का नहीं, तो कविता केवल ऊपरी दिलबहलाव या मनोरंजन की वस्तु प्रतीत होती है और कवि का कार्य चित्रकार के कार्य से अधिक महत्व का नहीं जान पड़ता है। जैसे चित्रकार नाना रंगों के मेल से पहले लोगों का ध्यान चित्र की ओर ले जाता है फिर आकार और भाव प्रदर्शित करके उनका मनोरंजन करता है वैसे ही कवि भी अपने सुन्दर और चटकीले शब्दों द्वारा श्रोता या पाठक को आकर्षित करता है, फिर किसी भाव का स्वरूप दिखाकर बैठे ठाले लोगों को एक प्रकार के आनन्द का अनुभव करा देता है। जो काव्य की पहुँच यहीं तक समझते हैं वे इतना ही कह-सुनकर सन्तुष्ट हो जाते हैं कि जिस प्रकार चित्रकार अपने रंगों से पदार्थों का रूप दिखाता है, उसी प्रकार कवि अपने शब्दों से दिखाता है। वे प्रदर्शन की कुशलता मात्र पर सन्तुष्ट होते हैं, प्रदर्शित वस्तु चाहे कुछ हो। प्रदर्शित वस्तु या विषय का मनुष्यमात्र की वासनात्मक प्रकृति से कहाँ तक सम्बन्ध है–वह वस्तु या विषय मनुष्यमात्र के हृदय को कहाँ तक स्पर्श कर सकता है–यह देखने का झंझट वे नहीं उठाते। यदि कविजी ने किसी हाथी की झूल का वर्णन कर दिया और उसमें सहस्रों सूर्य उतार लाए या किसी का त्यौरी बदलना, दाँत पीसना और बड़बड़ाना दिखा दिया–बिना इसका निर्देश किए कि जिस पर त्यौरी बदली जा रही है वह कैसा है–तो बस उनकी वाहवाही हो गई। क्या इसके भी कहने की आवश्यकता है कि ऐसी रचना मनुष्य के हृदय की भीतरी तह तक नहीं पहुँचती, केवल ऊपरी दिलबहलाव भर करती है ? इसी हलकेपन के कारण बहुत-से लोग काव्य को विलास की सामग्री और अमीरों के शौक

1. देखिए विश्वनाथ महापात्रकृत साहित्यदर्पण, छठा परिच्छेद, श्लोक 315-324

की चीज समझने लगे। भाटों और कवियों में भी कोई भेद ही न रह गया। भोज ऐसे राजा बात बनानेवाले खुशामदियों को कवि कहकर लाखों पुरस्कार देने लगे। उसी भोज की तारीफों के पुल बाँधनेवाले, उसके प्रताप[1] को सूर्य से भी बढ़कर बतानेवाले चारों ओर से आते थे जिसके सामने ही विदेशी इस देश में आकर भारतीयों की इतनी दुर्दशा करने लगे थे।

जहाँ आचार्यों ने पूर्ण रस माना है वहाँ तीन हृदयों का समन्वय चाहिए। आलम्बन द्वारा भाव की अनुभूति प्रथम तो कवि में चाहिए फिर उसके वर्णित पात्र में और फिर श्रोता या पाठक में विभाव द्वारा जो 'साधारणीकरण' कहा गया है वह तभी चरितार्थ हो सकता है। यदि श्रोता के हृदय में भी प्रदर्शित भाव का उदय न हुआ–उस भाव की सहानुभूति से भिन्न प्रकार का आनन्द रूप अनुभव हुआ तो 'साधारणीकरण' कैसा ? क्रोध, शोक, जुगुप्सा आदि के वर्णन यदि श्रोता के हृदय में आनन्द का संचार करें तो या तो श्रोता सहृदय नहीं या कवि ने बिना इन भावों का स्वयं अनुभव किए उनका रूप प्रदर्शित किया है। कवि को 'कलानिपुण' और 'सहृदय' दोनों होना चाहिए। 'कलानिपुणता' और 'सहृदयता' अब दोनों एक ही वस्तु नहीं। बहुत-से लोग सहृदय होते हैं, पर अपनी प्रबल वासनात्मक अनुभूति को व्यक्त करने की निपुणता उनमें नहीं होती। इसी प्रकार इसका उलटा भी होता है। बहुत-से काव्यों के बन जाने और लक्षण ग्रन्थों की भरमार हो जाने से इधर बहुत दिनों से हृदयहीनों के लिए जैसे बुद्धि और कल्पना के सहारे काव्य का-सा स्वरूप खड़ा कर देना सुगम हो गया है वैसे ही काव्य का रसिक या शौकीन बनना भी। भाव का विषय केवल वह व्यक्ति ही नहीं होता जिसे आलम्बन कहते हैं उसके रूप, गुण, कर्म आदि भी होते हैं। कभी-कभी तो अन्य भाव के कारण श्रोता की पुष्टि निर्दिष्ट व्यक्ति या आलम्बन से हटकर वर्णित रूप, गुण, आदि के सहारे वैसा ही कोई और व्यक्ति अपने भाव के आश्रय के लिए कल्पित कर लेती है। 'कुमारसम्भव' में पार्वती के अंग-प्रत्यंग के वर्णन और शिव के प्रेम को पढ़कर श्रोता उस वर्णन द्वारा रतिभाव का अनुभव तो करता है पर अनुभूति के साथ पार्वती देवी को कल्पना में नहीं रखता–हटाए रहता है। इसी प्रकार राम के इस विलाप को पढ़कर–

हे वृक्षाः पर्वतस्था गिरिगहनलता वायूना वीज्यमाना।
रामोऽहं व्याकुलात्मा दशरथतनयः शोकशुत्रेण दग्धः।
बिम्बोष्ठी चारुनेत्री सुविपुलजघना बद्धनागेंद्रं कांची
हा! सीता केन नीता मम हृदयगता को भवान्केन दृष्टा ॥

–हनुमन्नाटक, अंक 5, श्लोक 10

कोई अपनी प्रियतमा के ध्यान में भी लीन हो सकता है। इस प्रकार रत्यादि स्थायी भावों का सामान्य रूप से प्रतीत होना साहित्य के आचार्यों ने स्वीकार किया है।

---

1. भोजप्रतापं तु विधाय धात्रा शेषेर्निरस्तैः परिमाणुभिः किम्।
हरेः करेऽभूत्पविरम्बरे च भानुः पयोलेरुदरे कृशानुः।
–भोजप्रबन्ध, 92

मेरी समझ में रसास्वाद का प्रकृत स्वरूप 'आनन्द' शब्द से व्यक्त नहीं होता। 'लोकोत्तर,' 'अनिर्वचनीय' आदि विशेषणों से न तो उसके अवाचकत्व का परिहार होता है न प्रयोग का प्रायश्चित। क्या क्रोध, शोक, जुगुप्सा आदि आनन्द का रूप धारण करके ही श्रोता के हृदय में प्रकट होते हैं, अपने प्रकृत रूप का सर्वथा विसर्जन कर देते हैं, उसे कुछ भी लगा नहीं रहने देते ? क्या 'विभावत्व' उनका स्वरूप हरकर उन्हें एक ही स्वरूप–सुख का–दे देता है ? क्या दुख के भेद सुख के भेद से प्रतीत होने लगते हैं ? क्या मृत पुत्र को लिये विलाप करती हुई शैव्या से राजा हरिश्चन्द्र का कफन माँगना देख-सुनकर आँसू नहीं आ जाते, दाँत निकल पड़ते हैं ? क्या महमूद के अत्याचारों का वर्णन यह जी में नहीं लाता कि वह सामने आता तो उसे कच्चा खा जाते ? क्या कोई दुखान्त कथा पढ़कर बहुत देर तक उसकी खिन्नता नहीं बनी रहती ? 'चित्त का यह द्रुत होना' क्या आनन्दगत है ? इस आनन्द शब्द ने काव्य के महत्व को बहुत कुछ कम कर दिया है–उसे नाच-तमाशे की तरह बना दिया है।

सूक्ति और काव्य

'आनन्द' शब्द ने जिस प्रकार काव्य की नीयत को बदनाम किया है, उसी प्रकार 'चमत्कार' शब्द ने उनके रूप को बहुत कुछ बिगाड़ा है। उसके कारण विलक्षण रीति से कोई बात कहना, चाहे वह भावोत्तेजक या भावोत्पादक न हो, कविता करना समझा जाने लगा। बात बनानेवाले भी कवि बनाए जाने लगे। 'अनूठी बात' सुनने की उत्कंठा रखनेवाले अपने को काव्यरसिक समझने लगे। काव्य का प्रकृत स्वरूप लोगों की आँखों से ओझल हो गया। यहाँ तक कि नारायण पंडित को सर्वत्र अद्भुत रस ही दिखाई देने लगा और उन्होंने कह दिया कि–

रसे सारश्चमत्कारः सर्वत्राप्यनुभूयते।
तच्चमत्कारसारत्वे सर्वत्राप्यद्भुतो रसः॥

काव्य में असाधारणत्व

काव्य में असाधारणत्व वहीं अपेक्षित होता है जहाँ भावों का अत्यन्त उत्कर्ष दिखाना होता है। इस उत्कर्ष के लिए कहीं-कहीं असाधारणत्व पहले विभाव में प्रदर्शित होकर भाव (स्थायी) के उत्कर्ष का कारणस्वरूप होता है। जैसे, शृंगार के आलम्बन के अत्यन्त सौन्दर्य, करुणा के आलम्बन के अत्यन्त दुख रौद्र के आलम्बन की अतिशय दुःसाध्यता इत्यादि द्वारा आश्रय के भावों के उत्कर्ष के लिए हेतु प्रस्तुत किया जाता है। पर आगे चलकर दिखाया जाएगा कि भावों के उत्कर्ष के लिए भी सर्वत्र आलम्बन का असाधारणत्व अपेक्षित नहीं होता। साधारण से साधारण वस्तु हमारे गम्भीर से गम्भीर भावों का आलम्बन हो सकती है। साहचर्यजन्य प्रेम कितना बलवान् होता है उसमें प्रवृत्तियों को लीन करने की कितनी शक्ति होती है, सब लोग जानते हैं, पर वह असाधारणत्व पर अवलम्बन नहीं होता। जिनका हमारा लड़कपन में साथ रहा है, जिन पेड़ों के नीचे,

टीलों पर, जिन नद-नालों के किनारे हम अपने साथियों को लेकर बैठा करते थे, उनके प्रति हमारा प्रेम जीवन भर स्थायी होकर बना रहता है। अतः चमत्कारवादियों की यह समझ ठीक नहीं कि जहाँ असाधारणत्व होता है वहीं इसका परिपाक होता है अन्यत्र नहीं।

प्रसंगप्राप्त साधारण-असाधारण सभी वस्तुओं का वर्णन कवि का कर्त्तव्य है। काव्यक्षेत्र अजायबखाना या नुमाइशगाह नहीं है। जो सच्चा कवि है उसके द्वारा अंकित असाधारण वस्तुएँ भी मन को लीन करनेवाली होती हैं। साधारण के बीच में यथास्थान साधारण की योजना करना सहृदय और कलाकुशल कवि का काम है। साधारण-असाधारण अनेक वस्तुओं के मेल से एक विस्तृत पूर्ण चित्र संघटित करनेवाले ही कवि कहे जाने के अधिकारी हैं। साधारण के बीच में ही असाधारण की प्रकृत अभिव्यक्ति हो सकती है। साधारण से ही असाधारण की सत्ता है, केवल असाधारण ही असाधारण साधारण हो जाता है। अतः केवल वस्तु के असाधारणत्व या व्यंजनप्रणाली के असाधारणतत्व में ही काव्य समझ बैठना अच्छी समझदारी नहीं।[1]

इसी प्रकार की एकांगदर्शिता के कारण कवि कर्मक्षेत्र से सहृदयता धक्के देकर निकाल दी गई और कवि का कर्मक्षेत्र जीवन के कर्मक्षेत्र से काटा जाने लगा। फालतू कल्पना बुद्धि–जो संसार के किसी काम की न ठहरी–कविता के मैदान में दखल जमाने लगी। जो कल्पना भर के प्राणियों तक के दुख को इस रूप में न उपस्थित कर सकी कि हृदय द्रवीभूत होने का कुछ अभ्यास प्राप्त करता, उसे उस क्षेत्र में घुसने की राह क्या खुल खेलने के लिए मैदान मिल गया, जिसमें विश्व की अनुभूति को प्रत्यक्ष करनेवाली महती कल्पनाएँ अपना विकास दिखाती आती थीं। एक कविजी किसी राजा के सुयश की फैलाती हुई सफेदी से घबराकर कहते हैं–

यथा यथा ते सुयशोऽभिवर्द्धते सितां त्रिलोकीमिव कर्त्तमुद्यतम्।
तथा तथा मे हृदयं विदूयते प्रियालकालीधवलत्वशंकय॥

–भोजप्रबन्ध, श्लोक 76

भला कहिए तो यह किसी हृदय की वास्तविक अनुभूति हो सकती है ? श्रोता के हृदय पर इस उक्ति का कोई गहरा प्रभाव पड़ सकता है ? क्या यश की शुक्लता का अनुभव चूने की कलई के रूप में ही हुआ करता है ? इस प्रकार बातें बनाने को लोग कविता समझने लगे। फिर कविता सिर्फ एक मजाक की चीज या शब्दचातुरीमात्र रह गई। 'सखुनसंज'[2] और 'शायर' एक ही चिड़िया का नाम समझनेवाले मुसलमानों के आने पर यह धारणा और भी जड़ पकड़ गई। पर जो सहृदय हैं वे 'सूक्ति' और 'कविता' को एक ही चीज नहीं समझ सकते। 'सुभाषित' और 'भोज-प्रबन्ध' की सब सूक्तियाँ कविता नहीं कहला सकतीं। हाँ, भावों का उद्रेक करनेवाली रससूक्ति को अवश्य कविता कह सकते हैं।

---

1. देखिए 'काव्य में प्राकृतिक दृश्य', चिन्तामणि, दूसरा भाग, पृ. 7
2. वचनविदग्ध, बात समझानेवाला।

इस प्रकार अनुभूति को जवाब मिल जाने पर जब कल्पना ही का सहारा रह गया, तब 'स्वतःसंभवी वस्तु'[1] की अपेक्षा 'कविप्रौढ़ोक्ति सिद्ध वस्तु[2] की ओर कवियों का ध्यान अधिक रहने लगा। उत्प्रेक्षा की भरमार रहने लगी–वस्तु और व्यापार का सूक्ष्म निरीक्षण न रह गया। यहाँ पर यह विचार करना आवश्यक हुआ कि काव्य में कल्पना का स्थान क्या है और उसका उपयोग क्या है क्योंकि कुछ लोग काव्य को कल्पना की क्रीड़ा मात्र मान उसे पढ़े-लिखों की गपबाजी कहा करते हैं।

काव्य का आभ्यन्तर स्वरूप या आत्मा भाव या रस है। अलंकार उसके बाह्य स्वरूप हैं। दोनों में कल्पना का काम पड़ता है। जिस प्रकार विभाव, अनुभाव में हम उसका प्रयोग पाते हैं उसी प्रकार रूपक, उत्प्रेक्षा आदि अलंकारों में भी। जबकि रस ही काव्य में प्रधान वस्तु है तब उसके संयोजकों में जो कल्पना का प्रयोग होता है वही आवश्यक और प्रधान ठहरा। रस का आधार खड़ा करनेवाला जो विभावन व्यापार है कल्पना का प्रधान कर्मक्षेत्र वही है। पर वहाँ उसे अनुभूति या रागात्मिका वृत्ति के आदेश पर कार्य करना पड़ता है। उसे ऐसे स्वरूप खड़े करने पड़ते हैं जिनके द्वारा रति, हास, शोक, क्रोध, घृणा आदि स्वयं अनुभव करने के कारण कवि जानता है कि श्रोता भी अनुभव करेंगे। अपनी अनुभूति की व्यापकता के कारण मनुष्यमात्र की अनुभूति को तथा उसके विषयों को अपने हृदय में रखनेवाले ही ऐसे स्वरूपों को अपने मन में ला सकते हैं।[3]

---

1. काव्य के अतिरिक्त लोक में दिखाई पड़नेवाले घट, पट आदि पदार्थ।
2. कवि की वचनविदग्धता से कल्पित पदार्थ जो बाहर नहीं दिखाई देते हैं, जैसे कीर्ति का रंग उज्ज्वल मानना आदि।
3. मिलाइए 'काव्य में प्राकृतिक दृश्य,' चिन्तामणि, दूसरा भाग, पृ. 2

विभाव

कवि-कर्म-विधान के दो पक्ष होते हैं—विभाव पक्ष और भाव पक्ष। कवि एक ओर तो ऐसी वस्तुओं का चित्रण करता है जो मन में कोई भाव उठाने या उठे हुए भाव को और जमाने में समर्थ होती हैं और दूसरी ओर उन वस्तुओं के अनुरूप भावों के अनेक स्वरूप शब्दों द्वारा व्यक्त करता है। एक विभाव पक्ष है, दूसरा भाव पक्ष। कहने की आवश्यकता नहीं कि काव्य में ये दोनों अन्योन्याश्रित हैं, अतः दोनों रहते हैं। जहाँ एक ही पक्ष का वर्णन रहता है वहाँ भी दूसरा पक्ष अव्यक्त रूप में रहता है। जैसे, नायिका के रूप या नख-शिख का कोरा वर्णन लें तो उसमें भी आश्रय का रति भाव अव्यक्त रूप में वर्तमान रहता है। पर काव्य में विभाव ही मुख्य है। भावों के प्रकृत आधार या विषय का कल्पना द्वारा पूर्ण और यथातथ्य प्रत्यक्षीकरण कवि का सबसे पहला और सबसे आवश्यक काम है। जैसा पहले कहा जा चुका है, इसके अन्तर्गत दो पक्ष होते हैं—

(1) आलम्बन (भाव का विषय)

(2) आश्रय (भाव का अनुभव करनेवाला)

इनमें से प्रथम तो मनुष्य से लेकर कीट, पतंग, वृक्ष, नदी, पर्वत आदि सृष्टि का कोई भी पदार्थ हो सकता है। किन्तु दूसरा हृदयसम्पन्न मनुष्य ही होता है। प्राचीन कविगण इन दोनों का स्वरूप प्रतिष्ठित करने में—इनका बिम्बग्रहण कराने में—कल्पना का पूरा-पूरा उपयोग करते थे। वाल्मीकीय रामायण को मैं आर्य काव्य का आदर्श मानता हूँ। उसमें राम के रूप, गुण, शील, स्वभाव तथा रावण की विरूपता, अनीति, अत्याचार आदि का पूरा चित्रण तो मिलता ही है, साथ ही अयोध्या, चित्रकूट, दंडकारण्य आदि का चित्र भी पूरे ब्योरे के साथ सामने आता है। इन स्थलों में हमें हाट, बाट, वन, पर्वत, नदी, निर्झर, ग्राम, जनपद इत्यादि न जाने कितने पदार्थों का प्रत्यक्षीकरण मिलता है।

साहित्य के आचार्यों की दृष्टि में वन-उपवन, ऋतु आदि शृंगार के 'उद्दीपन' मात्र हैं; केवल नायक या नायिका को हँसाने या रुलाने के लिए हैं। जब यही बात है तब फिर इनका संश्लिष्ट चित्रण करके श्रोता को 'बिम्बग्रहण' कराने से क्या प्रयोजन ? उनके नाम गिनाकर अर्थ ग्रहण करा दिया; बस हो गया। पर सोचने की बात है कि क्या प्राचीन कवियों ने इनका वर्णन इसी रूप में किया है ? क्या विश्वहृदय वाल्मीकि ने वनों और नदियों आदि का वर्णन इसी उद्देश्य से किया है ? क्या महाकवि कालिदास ने 'कुमारसम्भव' के आरम्भ में ही हिमालय का जो विशद वर्णन किया है वह केवल शृंगार

के उद्दीपन की दृष्टि से ? कभी नहीं। ये वर्णन पहले तो प्रसंगप्राप्त हैं, अर्थात् आलम्बन की परिस्थिति को अंकित करनेवाले हैं। इनके बिना आश्रय और आलम्बन शून्य में खड़े मालूम होते हैं। इस पर यों गौर कीजिए। राम और लक्ष्मण के दो चित्र आपके सामने हैं। केवल दो मूर्तियों के अतिरिक्त और कुछ नहीं है; और दूसरे में पयस्विनी के द्रुम लताच्छादित तट पर पर्णकुटी के सामने दोनों भाई बैठे हैं। इनमें दूसरा चित्र परिस्थिति को लिये हुए है, इससे उसमें हमारे भावों के लिए अधिक विस्तृत आलम्बन है। हमारी परिस्थिति हमारे जीवन का आलम्बन है, अतः उपचार से वह हमारे भावों का भी आलम्बन है। उसी परिस्थिति में–उसी संसार में–उन्हीं दृश्यों के बीच जिनमें हम रहते हैं, राम-लक्ष्मण को पाकर हम उनके साथ तादात्म्य सम्बन्ध का अधिक अनुभव करते हैं, जिससे 'साधारणीकरण' पूरा-पूरा होता है।

पर प्राकृतिक वर्णन केवल अंग रूप से ही हमारे भावों के आलम्बन नहीं हैं, स्वतन्त्र रूप में भी हैं। जिन प्राकृतिक दृश्यों के बीच हमारे आदिम पूर्वज रहे और अब भी मनुष्य जाति का अधिकांश (जो नगरों में नहीं आ गया है) अपनी आयु व्यतीत करता है, उनके प्रति प्रेमभाव पूर्व साहचर्य के प्रभाव से संस्कार या वासना के रूप में हमारे अन्तःकरण में निहित है। उनके दर्शन या काव्य आदि में प्रदर्शन से हमारी भीतरी प्रकृति का जो अनुरंजन होता है वह अस्वीकृत नहीं किया जा सकता। इस अनुरंजन को केवल किसी दूसरे भाव का आश्रित या उत्तेजक कहना अपनी जड़ता का ढिंढोरा पीटना है। जो प्राकृतिक दृश्यों को केवल कामोद्दीपन की सामग्री समझते हैं उनकी रुचि भ्रष्ट हो गई है और संस्कारसापेक्ष है। मैंने पहाड़ों पर या जंगलों में घूमते समय बहुत-से ऐसे साधु देखे हैं जो लहराते हुए हरे-भरे जंगलों, स्वच्छ शिलाओं पर चाँदी-से ढलते हुए झरनों, चौकड़ी भरते हुए हिरनों और जल को झुककर चूमती हुई डालियों पर कलरव कर रहे विहंगों को देख मुग्ध हो गए हैं। काले मेघ जब अपनी छाया डालकर चित्रकूट के पर्वतों को नीलवर्ण कर देते हैं तब नाचते हुए नीलकंठों (मोरों) को देखकर सभ्यताभिमान के कारण शरीर चाहे न नाचे, पर मन अवश्य नाचने लगता है। इसमें कोई सन्देह नहीं कि ऐसे दृश्यों को देखकर हर्ष होता है। हर्ष एक संचारी भाव है। इसलिए यह मानना पड़ेगा कि उसके मूल में रतिभाव वर्तमान है और वह रतिभाव उन दृश्यों के प्रति है।

रीति ग्रन्थों की बदौलत रसदृष्टि परिमित हो जाने से उसके संयोजक विषयों में से कुछ तो 'उद्दीपन' में डाल दिए गए और कुछ 'भावक्षेत्र' से ही निकाले जाकर 'अलंकार' के हाते में हाँक दिए गए। इसी व्यवस्था के अनुसार वस्तुओं के स्वाभाविक रूप और क्रिया का वर्णन 'स्वभावोक्ति' अलंकार हो गया; जैसे लड़कों का खेलना, चीते का पूँछ पटककर झपटना, हाथी का गंडस्थल रगड़ना इत्यादि। पर मैं इन्हें प्रस्तुत विषय मानता हूँ, जिन पर अप्रस्तुत विषयों का उत्प्रेक्षा आदि द्वारा आरोप हो सकता है। वात्सल्य रतिभाव के प्रदर्शन में यदि बच्चे की क्रीड़ा का वर्णन हो तो क्या वह अलंकार मात्र होगा ? प्रस्तुत वर्ण्य विषय अलंकार नहीं कहा जा सकता। वह स्वयं रस के संयोजकों में से है; उसकी शोभामात्र बढ़ानेवाला नहीं। मैं अलंकार को केवल वर्णनप्रणाली मात्र

मानता हूँ; जिसके अन्तर्गत करके किसी वस्तु का वर्णन किया जा सकता है। वस्तुनिर्देश अलंकार का काम नहीं। इस दृष्टि से कई अलंकार ऐसे हैं जिन्हें अलंकार न कहना चाहिए; जैसे स्वभावोक्ति, अतिशयोक्ति से भिन्न अत्युक्ति, उद्‌दात्त इत्यादि। सारांश यह कि स्वभावोक्ति अलंकार नहीं है और इसी से उसका ठीक-ठीक लक्षण भी नहीं स्थिर हो सका। कुछ लोग 'अलंकार' का बहुत व्यापक अर्थ लेने लगे हैं। इन सब बातों का विस्तृत विवेचन फिर कभी किया जाएगा।[1]

मनुष्य शेष प्रकृति के साथ अपने रागात्मक सम्बन्ध का विच्छेद करने से अपने आनन्द की व्यापकता को नष्ट करता है। बुद्धि की व्याप्ति के लिए मनुष्य को जिस प्रकार विस्तृत और अनेक रूपात्मक क्षेत्र मिला है उसी प्रकार 'भावों' (मन के वेगों) की व्याप्ति के लिए भी। अब आलस्य या प्रमाद के कारण मनुष्य इस द्वितीय क्षेत्र को संकुचित कर लेगा तो उसका आनन्द पशुओं के आनन्द से विशाल किसी प्रकार नहीं कहा जा सकेगा। अतः यह सिद्ध हुआ कि वन, पर्वत, नदी, निर्झर, पक्षी, खेत, बारी इत्यादि के प्रति हमारा प्रेम स्वाभाविक है, या कम-से-कम वासना के रूप में अन्तःकरण में निहित है।

पर प्रेम की प्रतिष्ठा दो प्रकार से होती है–(1) सुन्दर रूप के अनुभव द्वारा और (2) साहचर्य द्वारा। सुन्दर रूप के आधार पर जो प्रेमभाव या लोभ (मेरे मानसकोश में दोनों का अर्थ प्रायः एक ही निकलता है) प्रतिष्ठित होता है उसका हेतु संलक्ष्य होता है; और जो केवल साहचर्य के प्रभाव से अंकुरित और पल्लवित होता है वह एक प्रकार से हेतुज्ञानशून्य होता है। यदि हम किसी किसान को उसकी झोपड़ी से हटाकर किसी दूर देश में ले जाकर राजभवन में टिका दें तो वह उस झोपड़ी का, उसके छप्पर पर चढ़ी हुई कुम्हड़े की बेल का, सामने के नीम के पेड़ का, द्वार पर बँधे हुए चौपायों का ध्यान करके आँसू बहाएगा। वह यह कभी नहीं समझता कि मेरा झोपड़ा इस राजभवन से सुन्दर था; परन्तु फिर भी झोपड़े का प्रेम उसके हृदय में बना हुआ है। यह प्रेम रूपसौन्दर्यरत नहीं है; सच्चा स्वाभाविक और हेतुज्ञानशून्य प्रेम है। इस प्रेम को रूपसौन्दर्यगत प्रेम नहीं पहुँच सकता।

इससे यह स्पष्ट है कि अपने सुखविलास के अथवा शोभा और सजावट की अपनी रचनाओं के आदर्श को लेकर जो प्रकृति के क्षेत्र का अवलोकन करते हैं और अपना प्रेमानन्द केवल इन शब्दों में प्रकट करते हैं कि–'अहाह ! कैसे लाल-पीले और सुन्दर फूल खिले हैं, पेड़ किस प्रकार यहाँ से वहाँ तक एक पंक्ति में चले गए हैं, लताओं का कैसा सुन्दर मंडप-सा बन गया है, कैसी शीतल, मन्द, सुगन्ध हवा चल रही है, उनका प्रेम कोई प्रेम नहीं–उसे अधूरा समझना चाहिए। वे प्रकृति के सच्चे उपासक नहीं। वे तमाशबीन हैं, और केवल अनोखापन, सजावट या चमत्कार देखने निकलते हैं, उनका हृदय मनुष्य प्रवर्तित व्यापारों में पड़कर इतना कुंठित हो गया है कि उसमें उन सामान्य प्राकृतिक परिस्थितियों में जिनमें, अत्यन्त आदिम कल्प में मनुष्यजाति ने अपना जीवन व्यतीत किया था तथा उन प्राचीन मानव व्यापारों में निजमें वन्य दशा से निकलकर वह

1. देखिए ऊपर पृ. 49-50

अपने निर्वाह और रक्षा के लिए लगी, लीन होने की वृत्ति दब गई अथवा यों कहिए कि उनमें करोड़ों पीढ़ियों को पार करके आनेवाली अन्तस्संज्ञावर्तिनी वह अव्यक्त स्मृति नहीं रह गई जिसे वासना या संस्कार कहते हैं। वे तड़क-भड़क, सजावट, रंगों की चमक-दमक, कलाओं की बारीकी पर भले ही मुग्ध हो सकते हों, पर सच्चे हृदय नहीं कहे जा सकते।

कँकरीले टीलों, ऊसर पटपरों, पहाड़ के ऊबड़-खाबड़ किनारों या बबूल, करौंदे के झाड़ों में क्या आकर्षित करनेवाली कोई बात नहीं होती ? जो फारस की चाल के बगीचों के गोल चौखूँटे कटाव, सीधी-सीधी रविशें, मेहँदी के बने भद्दे हाथी-घोड़े, काट-छाँटकर सुडौल किए हुए सरो के पेड़ों की कतारें, एक पंक्ति में फूले हुए गुलाब आदि देखकर ही वाह-वाह करना जानते हैं उनका साथ सच्चे भावुक सहृदयों को वैसा ही दुखदायी होगा जैसा सज्जनों को खलों का। हमारे प्राचीन पूर्वज भी उपवन और वाटिकाएँ लगाते थे। पर उनका आदर्श कुछ और था। उनका आदर्श वही था जो अब तक चीन और योरप में थोड़ा-बहुत बना हुआ है। आजकल के पार्कों में हम भारतीय आदर्श की छाया पाते हैं। हमारे यहाँ के उपवन वन के प्रतिरूप ही होते थे। जो वनों में जाकर प्रकृति का शुद्ध स्वरूप और उसकी स्वच्छन्द क्रीड़ा नहीं देख सकते थे वे उपवनों में ही जाकर उसका थोड़ा-बहुत अनुभव कर लेते थे। वे सर्वत्र अपने को ही नहीं देखना चाहते थे। पेड़ों को मनुष्य की कवायद करते देखकर ही जो मनुष्य प्रसन्न होते हैं वे अपना ही रूप सर्वत्र देखना चाहते हैं; अहंकारवश अपने से बाहर प्रकृति की ओर देखने की इच्छा नहीं करते।

काव्य का जो चरम लक्ष्य सर्वभूत को आत्मभूत कराके अनुभव कराना है (दर्शन के समान केवल ज्ञान कराना नहीं) उसके साधन में भी अहंकार का त्याग आवश्यक है। जब तक इस अहंकार से पीछा न छूटेगा तब तक प्रकृति के सब रूप मनुष्य की अनुभूति के भीतर नहीं आ सकते। खेद है कि फारस की उस महफिली शायरी का कुसंस्कार भारतीयों के हृदय में भी इधर बहुत दिनों से जम रहा है जिसमें चमन, गुल, बुलबुल, लाला, नरगिस आदि का ही कुछ वर्णन विलास की सामग्री के रूप में होता है। कोह, बयावान आदि का उल्लेख किसी भारी विपत्ति या दुर्दिन के ही प्रसंग में मिलता है। फारस में क्या और पेड़-पौदे नहीं होते ? पर उनसे वहाँ के शायरों को कोई मतलब नहीं। अलबुर्ज जैसे सुन्दर पहाड़ का विशद वर्णन किस फारसी काव्य में है ? पर इधर वाल्मीकि को देखिए। उन्होंने प्राकृतिक दृश्यों के वर्णन में केवल मंजरियों से छाए हुए रसालों, सुरभित सुमनों से लदी हुई मालतीलताओं, मकरन्दपरागपूरित सरोजों का ही वर्णन नहीं किया; इंगुदी, अंकोट, तेंदु, बबूल और बहेड़े आदि जंगली पेड़ों का भी तल्लीनता के साथ वर्णन किया है। इसी प्रकार योरप के कवियों ने भी अपने गाँव के बहते हुए नाले के किनारे उगनेवाली झाड़ी या घास तक का नाम आँखों में आँसू भर कर लिया है।[1] इससे स्पष्ट है कि मनुष्य को उसके व्यापारगर्त से बाहर प्रकृति के विशाल और विस्तृत क्षेत्र में ले जाने की शक्ति फारस की परिमित काव्यपद्धति में नहीं है—भारत और योरप की पद्धति में है।

1. देखिए वड्र्सवर्थ की 'एडमॉनीशन टु ए ट्रेवेलर' शीर्षक कविता।

स्वाभाविक सहृदयता केवल अद्‌भुत, अनूठी, चमत्कारपूर्ण, विशद या असाधारण वस्तुओं पर मुग्ध होने में ही नहीं है। जितने आदमी भेड़ाघाट, गुलमर्ग आदि देखने जाते हैं वे सब प्रकृति के सच्चे आराधक नहीं होते; अधिकांश केवल तमाशबीन होते हैं। केवल असाधारणत्व के साक्षात्कार की यह रुचि स्थूल और भद्दी है, और हृदय के गहरे तलों से सम्बन्ध नहीं रखती। जिस रुचि से प्रेरित होकर लोग आतशबाजी, जलूस वगैरह देखने दौड़ते हैं यह वही रुचि है। काव्य में इसी असाधारण और चमत्कार की ओछी रुचि के कारण बहुत-से लोग अतिशयोक्तिपूर्ण अशक्त वाक्यों में ही काव्यत्व समझने लगे। कोई बिहारी के विरहवर्णन पर सिर हिलाता है, कोई 'यार' की कमर गायब हो जाने पर वाह-वाह करता है। कालिदास ने अत्यन्त प्राकृतिक ढंग ले रथ को धूल के आगे निकाला[1] तो भूषण ने घोड़े को छोड़े हुए तीर से एक तीर आगे कर दिया।[2] पर मुबालिगा जहाँ हद से ज्यादा बढ़ा कि मजाक हुआ। खेद है कि उर्दू की शायरी ऐसे ही मजाक की सूरत में आ गई।

सारांश यह कि केवल असाधारणत्व दर्शन की रुचि सच्ची सहृदयता की पहचान नहीं है। शोभा और सौन्दर्य की भावना के साथ-साथ जिसमें मनुष्य जाति के उस समय के पुराने सहचरों की वंशपरम्परागत स्मृति वासना के रूप में बनी हुई है, जब वह प्रकृति के खुले क्षेत्र में विचरती थी, वे ही पूरे सहृदय कहे जा सकते हैं। पहले कह आए हैं कि वन्य और ग्रामीण दोनों प्रकार के जीवन प्राचीन हैं, दोनों पेड़-पौदों, पशु-पक्षियों, नदी-नालों और पर्वत-मैदानों के बीच व्यतीत होते हैं, अतः प्रकृति के अधिक रूपों के साथ सम्बन्ध रखते हैं। हम पेड़-पौदों और पशु-पक्षियों से सम्बन्ध तोड़कर नगरों में आ बसे; पर उनके बिना रहा नहीं जाता। हम उन्हें हर वक्त पास न रखकर घेरे में बन्द करते हैं, और कभी-कभी मन बहलाने को उनके पास चले जाते हैं। हमारा साथ उनसे भी छोड़ते नहीं बनता। कबूतर हमारे घर के छज्जों पर सुख से सोते हैं–

तां कस्याञ्चिद्‌भवनवलभौ सुप्तपारावतायां,
नीत्वा रात्रिं चिरविलसनात्खिन्नविद्युत्कलत्रः।

–मेघदूत, पूर्वमेघ, 42

गौरे हमारे घर के भीतर आ बैठते हैं, बिल्ली अपना हिस्सा या तो म्याऊँ-म्याऊँ करके माँगती है या चोरी से ले जाती है, कुत्ते घर की रखवाली करते हैं और वासुदेवजी कभी-कभी दीवार फोड़कर निकल पड़ते हैं। बरसात के दिनों में जब सुरखी चूने की कड़ाई की परवा न करके हरी-हरी घास पुरानी छत पर निकल पड़ती है तब मुझे उसके प्रेम का अनुभव होता है। वह मानो हमें ढूँढ़ती हुई आती है और कहती है कि तुम मुझसे क्यों दूर-दूर भागे फिरते हो ?

---

1. आत्मौद्धतैरपि रजोभिरलङ्घनीया धावन्त्यमी मृगजवाक्षमयेव रथ्याः।
–अभिज्ञानशाकुन्तल, 1/8

2. जिन चढ़ि आगे कों चलाइत तीर,
तीर एक भरि तऊ तीर पीछे ही परत हैं।
–शिवभूषण, 372

वनों, पर्वतों, नदी-नालों, कछारों, पटारों, खेतों, खेतों की नालियों, घास के बीच से गई हुई ढुर्रियों, हल-बैलों, झोपड़ों और श्रम में लगे हुए किसानों इत्यादि में जो आकर्षण हमारे लिए है वह हमारे अन्तःकरण में निहित वासना के कारण है, असाधारण चमत्कार या अपूर्व शोभा के कारण नहीं। जो केवल पावस की हरियाली और वसन्त के पुष्पहास के समय ही वनों और खेतों को देखकर प्रसन्न हो सकते हैं, जिन्हें केवल मंजरीमंडित रसालों, प्रफुल्ल कदम्बों और सघन मालतीकुंजों का दर्शन प्रिय लगता है, ग्रीष्म के खुले हुए पटपर, खेत और मैदान, शिशिर की पत्रविहीन नंगी वृक्षावली और झाड़बबूल आदि जिनके हृदय को कुछ भी स्पर्श नहीं करते उनकी प्रवृत्ति राजसी समझनी चाहिए। वे केवल अपने विलास या सुख की सामग्री प्रकृति में ढूँढ़ते हैं। उनमें उस 'सत्व' की कमी है जो सत्तामात्र के साथ एकीकरण की अनुभूति द्वारा लीन करके आत्मसत्ता के विभुत्व का आभास देती है। सम्पूर्ण सत्ता, क्या भौतिक क्या आध्यात्मिक, एक ही परम सत्ता या परम भाव के अन्तर्गत है, अतः ज्ञान या तर्कबुद्धि द्वारा हम जिस अद्वैत भाव तक पहुँचते हैं उसी भाव तक उस 'सत्व गुण' के बल पर हमारी रागात्मिकता वृत्ति भी पहुँचती है। इस प्रकार अन्ततः दोनों वृत्तियों का समन्वय हो जाता है। यदि हम ज्ञान द्वारा सर्वभूत को आत्मवत् जान सकते हैं तो रागात्मिका वृत्ति द्वारा उसका अनुभव भी कर सकते हैं। तर्कबुद्धि से हारकर परम ज्ञानी भी इस 'स्वानुभूति' का आश्रय लेते हैं। अतः परमार्थ दृष्टि से दर्शन और काव्य दोनों अन्तःकरण की भिन्न-भिन्न प्रवृत्तियों का आश्रय लेकर एक ही लक्ष्य की ओर ले जानेवाले हैं। इस व्यापक दृष्टि से काव्य का विवेचन करने से लक्षणग्रन्थों में निर्दिष्ट संकीर्णता कहीं-कहीं बहुत खटकती है। वन, उपवन, चाँदनी इत्यादि को दाम्पत्य रति के उद्दीपन मात्र मानने से सन्तोष नहीं होता।

पहले कहा जा चुका है कि रस के संयोजक जो विभाव आदि हैं वे ही कल्पना के प्रधान क्षेत्र हैं। कवि की कल्पना का पूर्ण विकास उन्हीं में देखना चाहिए। पर वहाँ कल्पना को कवि की अनुभूति के आदेश पर चलना पड़ता है, उसकी श्रेष्ठता कवि की सहृदयता से सम्बन्ध रखती है, अतः उस कृत्रिमता के काल में जिसमें कविता केवल अभ्यासगम्य समझी जाने लगी; कल्पना का प्रयोग काव्य का प्रकृत स्वरूप संघटित करने में कम होकर अलंकार आदि बाह्य आडम्बर फैलाने में अधिक होने लगा। पर विभावन द्वारा जब वस्तु-प्रतिष्ठा पूर्ण रूप से हो तब आगे और कुछ होना चाहिए। विभाव वस्तु चित्रमय होता है, अतः जहाँ वस्तु श्रोता या पाठक के भावों का आलम्बन होती है वहाँ अकेला उसका पूर्ण चित्रण ही काव्य कहलाने में समर्थ हो सकता है। पिछले कवियों में इस वस्तुचित्र का विस्तार क्रमशः कम होता गया। प्राकृतिक दृश्यों के चित्रण में वाल्मीकि, कालिदास, भवभूति आदि सच्चे कवियों की कल्पना ऐसे रूपों की योजना करने में, ऐसी वस्तुएँ इकट्ठी करने में प्रयुक्त होती थी जिनसे किसी स्थल का चित्र पूरा होता था, और जो श्रोता के भाव का स्वयं आलम्बन होती थी। वे जिन दृश्यों को अंकित कर गए हैं उनके ऐसे ब्योरों को उन्होंने सामने रखा है जिनसे एक

भरा-पूरा चित्र सामने आता है। ऐसे दृश्य अंकित करने के लिए प्रकृति के सूक्ष्म निरीक्षण की आवश्यकता होती है; उसके स्वरूप में इस प्रकार तल्लीन होना पड़ता है कि एक ब्योरे पर ध्यान जाए। उन्हें उस बात का अनुभव रहता था कि कल्पना के सहारे चित्र के भीतर एक वस्तु और व्यापार का संश्लिष्ट रूप में भरना जितना जरूरी है उतना उपमा आदि ढूँढ़ना नहीं। इसी से उनके चित्र भरे-पूरे हैं। और इधर के कवियों ने जहाँ परम्परापालन के लिए ऐसे चित्र खींचे भी हैं वहाँ वे पूर्ण चित्र क्या, चित्र भी नहीं हुए हैं। उनके चित्र (यदि चित्र कहे जा सकें) ऐसे ही हुए हैं जैसा कि किसी चित्रकार का अधूरा छोड़ा हुआ चित्र जिसमें कहीं एक रेखा यहाँ लगी है, कहीं वहाँ—कहीं कुछ रंग भरा जा सका है, कहीं खाली है। चित्रकला के प्रयोग द्वारा इस बात की परीक्षा हो सकती है। वाल्मीकि के वर्षा वर्णन को लीजिए और जो-जो वस्तुएँ आती जाएँ उनकी आकृति ऐसी सावधानी से अंकित करते चलिए कि कोई वस्तु छूटने न पावे (देखिए चित्र संख्या 1), अब गोस्वामी तुलसीदासजी का भागवत से लिखा गया वर्षावर्णन लेकर ऐसा ही कीजिए, ऐसा करने से यह चित्र बना (देखिए चित्र संख्या 2) और दोनों चित्रों को इस बात का ध्यान रखकर मिलाइए कि ये किष्किंधा की पर्वतस्थली के चित्र हैं।

खेद है कि जिस कल्पना का उद्योग मुख्यतः पदार्थों का रूप संघटित करने, प्राकृतिक व्यापारों को प्रत्यक्ष करने और इस प्रकार किसी दृश्यखंड के ब्योरे पूरे करने में होना चाहिए था उसका प्रयोग पिछले कवियों ने उपमा, उत्प्रेक्षा, दृष्टान्त आदि की उद्भावना करने में अधिक किया। महाकवि माघ प्रबन्धरचना में जैसे कुशल थे वैसे ही उसके पक्षपाती भी थे; पर उनकी प्रवृत्ति हम प्रस्तुत वस्तुविन्यास की ओर कम और अलंकारयोजना की ओर अधिक पाते हैं। उनके दृश्यवर्णन में वाल्मीकि आदि प्राचीन कवियों का-सा प्रकृति का रूपविश्लेषण नहीं है; उपमा, उत्प्रेक्षा, दृष्टान्त, अर्थान्तरन्यास आदि की भरमार है। उदाहरण के लिए उनके प्रभातवर्णन से कुछ श्लोक दिए जाते हैं–

अरुणजलजराजी मुग्धहस्ताग्रपादा बहुलमधुपमाला कज्जलेन्दीवराक्षी।
अनुपतति विरावैः पत्रिणा व्य हरन्ती रजनिमचिरजाता पूर्व सन्ध्या सुतेव ॥
विततपृथुवरत्रातुल्यरूपैर्मयूखैः कलश इव गरीय न् दिग्भिराकृण्यमाण।
कृतचफ्लविहङ्गालापकोलाहलाभिर्जलनिधिजलमध्यादेष उत्तार्यतेऽर्कः ॥
व्रजति विजयमक्ष्णममंशुमाली न यावत् तिमिरमखिलमस्तं तावदेवारुऽणेन।
परपरिभवितेजस्तन्वतामाशु कर्तुं प्रभवति हि विपक्षोच्छेग्रेसरोऽपि ॥

(अरुणकमलरूपी कोमल हाथ-पैरवाली, मधुपमालारूपी कज्जलयुक्त कमलनेत्रवाली, पक्षियों के कलरवरूपी रोदनवाली यह प्रभातबेला सद्योजात बालिका के समान रात्रिरूपी अपनी माता की ओर लपकी आ रही है। जिस प्रकार घड़ा खींचते समय स्त्रियाँ कुछ कोलाहल करती हैं उसी प्रकार के पक्षियों के कोलाहल से पूर्ण दिशारूपी स्त्रियाँ, दूर तक फैली हुई किरणरूपी रस्सियों से, सूर्यरूपी घड़े को बाँधकर बड़े भारी कलश के समान

समुद्र के भीतर से खींचकर ऊपर निकाल रही हैं। सूर्य के उदय होने से पहले ही सूर्य के साथी अरुण ने सारा अन्धकार दूर कर दिया; वैरियों को नष्ट करनेवाले स्वामियों के आगे चलनेवाला सेवक भी शत्रुओं को मार भगाने में समर्थ होता है।)

इस वर्णन में यह स्पष्ट लक्षित होता है कि कवि को दृश्य की एक-एक सूक्ष्म वस्तु और व्यापार प्रत्यक्ष करके चित्र पूरा करने की उतनी चिन्ता नहीं है जितनी कि अद्‌भुत-अद्‌भुत उपमाओं आदि के द्वारा एक कौतुक खड़ा करने की। पर काव्य कौतुक नहीं है, उसका उद्‌देश्य गम्भीर है।

पाश्चात्य काव्यसमीक्षक किसी वर्णन के ज्ञात पक्ष (सब्जेक्टिव) और ज्ञेय पक्ष (ऑब्जेक्टिव) अथवा विषयी पक्ष और विषय पक्ष–दो पक्ष लिया करते हैं। जो वस्तुएँ बाह्य प्रकृति में हम देख रहे हैं उनका चित्रण ज्ञेय पक्ष के अन्तर्गत हुआ, और उन वस्तुओं के प्रभाव से हमारे चित्त में जो भाव या आभास उत्पन्न हो रहे हैं वे ज्ञात पक्ष के अन्तर्गत हुए। अतः उपमा, उत्प्रेक्षा आदि के आधिक्य के पक्षपाती कह सकते हैं कि पिछले कवियों के दृश्य वर्णन ज्ञात-पक्ष-प्रधान हैं। ठीक है; पर वस्तुविन्यास प्रधान कार्य है। यदि वह अच्छी तरह बन पड़ा तो पाठक के हृदय में दृश्य के सौन्दर्य, भीषणता, विशालता इत्यादि का अनुभव थोड़ा-बहुत आप से आप होगा। वस्तुओं के सम्बन्ध में इन भावों का ठीक-ठीक अनुभव करने में सहारा देने के लिए कवि कहीं बीच-बीच में अपने अन्तःकरण की भी झलक दिखाता चले तो यहाँ तक ठीक है। यह झलक दो प्रकार की हो सकती है–भावमय और अपरवस्तुमय। जैसे, किसी ने कहा–'तालाब के उस किनारे पर खिले कमल कैसे मनोहर लगते हैं !' यहाँ कमलों के दर्शन से सौन्दर्य का जो भाव चित्त में उदित हुआ वह वाच्य द्वारा स्पष्ट कह दिया गया। यही बात यदि यों कही जाए कि 'तालाब के उस किनारे पर खिले कमल ऐसे लगते हैं मानो प्रभात के गगन तट पर की ललाई' तो सौन्दर्य का भाव स्पष्ट न कहा जाकर दूसरी ऐसी वस्तु सामने ला दी गई जिसके साथ भी वैसे ही सौन्दर्य का भाव लगा हुआ है। एक में भाव वाच्य द्वारा प्रकट किया गया दूसरे में अलंकार रूप व्यंग्य द्वारा। इससे स्पष्ट है कि दृश्य वर्णन करते समय कवि उपमा, उत्प्रेक्षा आदि द्वारा वर्ण्य वस्तुओं के मेल में जो दूसरी वस्तुएँ रखता है सो केवल भाव को तीव्र करने के लिए। अतः वे दूसरी वस्तुएँ ऐसी होनी चाहिए जिनसे प्रायः सब मनुष्यों के चित्त में वे ही भाव उदित होते हों जो वर्ण्य वस्तुओं से होते हैं। यों ही खिलवाड़ के लिए बार-बार प्रसंगप्राप्त वस्तुओं से श्रोता या पाठक का ध्यान हटाकर दूसरी वस्तुओं की ओर ले जाना जो प्रसंगानुकूल भाव उद्‌दीप्त करने में भी सहायक नहीं काव्य के गाम्भीर्य और गौरव को नष्ट करना है, उसकी मर्यादा बिगाड़ना है। इसी प्रकार बात-बात में 'अहाहा ! कैसा मनोहर है ! कैसा आह्लादजनक है !' ऐसे उद्‌गार भी भद्‌देपन से खाली नहीं, और काव्यशिष्टता के विरुद्ध हैं। तात्पर्य यह कि अनुभूति में सहायता देने के लिए केवल कहीं-कहीं उपमा, उत्प्रेक्षा आदि का प्रयोग उतना ही उचित है जितने से बिम्ब ग्रहण करने में, दृश्य का चित्र हृदयंगम करने में, श्रोता या पाठक को बाधा न पड़े।

जहाँ एक व्यापार के मेल में दूसरा व्यापार रखा जाता है वहाँ या तो (क) प्रथम व्यापार से उत्पन्न भाव को अधिक तीव्र करना होता है; जैसे, हिलती हुई मंजरियाँ मानो भौंरों को पास बुला रही हैं, अथवा (ख) द्वितीय व्यापार का सृष्टि के बीच एक गोचर प्रतिरूप दिखाना; जैसे—

'बुंद अघात सहैं गिरि कैसे ? खल के बचन संत सह जैसे'।

दूसरी अवस्था में प्रस्तुत दृश्य स्वयं सृष्टि या जीवन के किसी रहस्य का गोचर प्रतिबिम्बवत् हो जाता है। अतः उस प्रतिबिम्ब का प्रतिबिम्ब ग्रहण करने में कल्पना उत्साह नहीं दिखाती। इसी से जहाँ दृश्यचित्रण इष्ट होता है वहाँ के लिए यह अवस्था अनुकूल नहीं होती।

वाल्मीकिजी भी बीच-बीच में उपमाएँ देते गए हैं; पर उससे उनके सूक्ष्म निरीक्षण में कसर नहीं आने पाई है। वर्षा में पर्वत की गेरू से मिलकर नदियों की धारा का लाल होकर बहना, पर्वत के ऊपर से मोटी धारा का काली शिलाओं पर गिरकर छितराना, पेड़ों पर गिरे वर्षा के जल का पत्तियों की नोकों पर से बूँद-बूँद टपकना और पक्षियों का उसे पीना, हेमन्त में कमलों के नाल मात्र का खड़ा रहना और उसके छोर पर केसर का छितराना, ऐसे-ऐसे व्यापारों को वह सामने लाते चले गए हैं। सुन्दरकांड के पाँचवें सर्ग में जो छोटा-सा 'चन्द्रनामा' है वह इसके विरोध में नहीं उपस्थित किया जा सकता; क्योंकि वह एक प्रकार की स्तुति या वर्णन मात्र है। वहाँ कोई दृश्यचित्रण नहीं है।

विषयी या ज्ञाता अपने चारों ओर उपस्थित वस्तुओं को कभी-कभी किस प्रकार अपने तत्कालीन भावों के रंग में देखता है इसका जैसा सुन्दर उदाहरण आदिकवि ने दिया है वह वैसा ही अन्यत्र कहीं कदाचित् ही मिले। पंचवटी में आश्रम बनाकर हेमन्त में जब लक्ष्मण एक-एक वस्तु और प्राकृतिक व्यापार का निरीक्षण करने लगे उस समय पाले से धुँधली पड़ी हुई चाँदनी उन्हें ऐसी दिखाई पड़ी जैसे धूप से साँवली पड़ी हुई सीता—

ज्योत्सना तुषारमलिना पौर्णमास्यां न राजते।
सीतेव चातपश्यामा लक्ष्यते न तु शोभते॥

इसी प्रकार सुग्रीव को राज्य देकर माल्यवान् पर्वत पर निवास करते हुए, सीता के विरह में व्याकुल, भगवान् रामचन्द्र को वर्षा आने पर ग्रीष्म की धूप से सन्तप्त पृथ्वी जल से पूर्ण होकर सीता के समान आँसू बहाती हुई दिखाई देती है, काले-काले बादलों के बीच में चमकती हुई बिजली रावण की गोद में छटपटाती हुई वैदेही के समान दिखाई पड़ती है और फूले हुए अर्जुन के वृक्षों से युक्त तथा केतकी से सुगन्धित शैल ऐसा लगता है जैसे शत्रु से रहित होकर सुग्रीव अभिषेक की जलधारा से सींचा जाता हो। यथा—

एषा धर्मपरिक्लिष्टा नववारिपरिप्लुता।
सीतेव शोकसन्तप्ता मही वाष्पं विमुञ्चति॥
नीलमेघाश्रिता विद्युत्स्फुरन्ती प्रतिभाति माम्।
स्फुरन्ती रावणस्यांके वैदेहीव तपस्विनी॥
एष फुल्लार्जुनः शैलः केतकीरधिवासितः।
सुग्रीव इव शान्तारिर्धाराभिरभिषिच्यते॥

ऐसा अनुमान होता है कि कालिदास के समय से, या उसके कुछ पहले ही से दृश्यवर्णन के सम्बन्ध में कवियों ने दो मार्ग निकाले। स्थलवर्णन में तो वस्तुवर्णन की सूक्ष्मता कुछ दिनों तक वैसी ही बनी रही, पर ऋतु-वर्णन में चित्रण उतना आवश्यक नहीं समझा गया जितना कुछ इनी-गिनी वस्तुओं का कथन मात्र करके भावों के उद्‌दीपन का वर्णन। जान पड़ता है, ऋतु-वर्णन वैसे ही फुटकर पद्यों के रूप में पढ़े जाने लगे जैसे बारहमासा पढ़ा जाता है। अतः उनमें अनुप्रास और शब्दों के माधुर्य आदि का ध्यान अधिक रहने लगा। कालिदास के ऋतुसंहार और रघुवंश के नवें सर्ग में सन्निविष्ट वसन्त वर्णन से इसका कुछ आभास मिलता है। उक्त वर्णन के श्लोक इस ढंग के हैं–

कुसुमजन्म ततो नवपल्लवास्तदनुं षट्पदकोकिलकूजितम्।
इति यथाक्रममाविरभून्मधुर्द्रमवतीर्य वनस्थलीम्।

रीतिग्रन्थों के अधिक बनने और प्रचार पाने से क्रमशः यह ढंग जोर पकड़ता गया। प्राकृतिक वस्तु-व्यापार का सूक्ष्म निरीक्षण धीरे-धीरे कम होता गया। किस ऋतु में क्या-क्या वर्णन करना चाहिए, इसका आधार 'प्रत्यक्ष' अनुभव नहीं रह गया, 'आप्त शब्द' हुआ। वर्षा के वर्णन में जो कदम्ब, कुटज, इन्द्रवधू, मेघगर्जन, विद्युत् इत्यादि का नाम लिया जाता रहा वह इसलिए कि भगवान् भरत मुनि की आज्ञा थी–

कदम्बनिम्बकुटजैः शाद्वलैः सेन्द्रगोपकैः।
मेघवातैः सुखस्पर्शैः प्रावृट्काल प्रदर्शयेत्॥

कहना नहीं होगा कि हिन्दी के कवियों के हिस्से में यही आया। गिनी-गिनाई वस्तुओं के नाम लेकर अर्थग्रहण मात्र कराना अधिकतर उनका काम हुआ सूक्ष्म रूपविवरण और आधार-आधेय की संश्लिष्ट योजना के साथ 'बिम्ब-ग्रहण' कराना नहीं।

ऋतुवर्णन की यह प्रथा निकल ही रही थी कि कवियों को भी औरों की देखादेखी दंगल का शौक पैदा हुआ। राजसभाओं में ललकारकर टेढ़ी-मेढ़ी विकट समस्याएँ दी जाने लगीं, और कवि लोग उपमा, उत्प्रेक्षा आदि की अद्‌भुत उक्तियों द्वारा उनकी पूर्ति करने लगे। ये उक्तियाँ जितनी ही बेसिर-पैर की होतीं उतनी ही वाहवाही मिलती। कश्मीर के लेखक-कवि जब अपना श्रीकंठचरित काव्य कश्मीर के राजा की सभा में ले गए तब वहाँ कन्नौज के राजा गोविन्दचन्द के दूत सुहल ने उन्हें यह समस्या दी–

एतद्बभ्रूकचानुकारिकिरणं राजद्रुहोऽहनः शिर-
श्छेदाभं वियतः प्रतीचि निपतत्यब्धौ रवेर्मण्डलम्।

अर्थात् नेवले के बालों के सदृश पीली किरणों को प्रकट करता हुआ सूर्य का यह बिम्ब, चन्द्रमा का द्रोह करनेवाले दिन के कटे हुए सिर के समान आकाश से पश्चिम समुद्र में गिरता है, (राज=राजा, चन्द्रमा)। इसकी पूर्ति मंखक ने इस प्रकार की–

एषापि द्युश्मा प्रियानुगमनं प्रोद्‌मकाष्ठोस्थिते
संध्याग्नौर्विरचय्य तारकमिषाज्जातास्थिशेषस्थितिः॥

अर्थात् दिशाओं में उत्पन्न संध्यारूपी प्रचंड अग्नि में अपने प्रियतम का अनुगमन करके आकाश की श्री (शोभा) भी तारों के बहाने (रूप में) अग्निशेष हो गई। (काष्ठोत्थिते = काष्ठा + उत्थिते और काठ + उत्थिते। काष्ठा = दिशा; काष्ठ = लकड़ी)। मतलब यह है कि सती हो जानेवाली आकाशश्री की जो हड्डियाँ रह गईं वे ही ये तारे हैं।

जो कल्पना पहले भावों और रसों की सामग्री जुटाया करती थी वह बाजीगरी या तमाशा करने लगी। होते-होते यहाँ तक हुआ कि 'पिपीलिका नृत्यति वह्निमध्ये,' और 'मोम के मन्दिर माखन के मुनि बैठे हुतासन आसन मारे' की नौबत आ गई।

कहाँ ऋषि कवि का पाले से धुँधले चन्द्रमा का मुँह की भाप से अन्धे दर्पण के साथ मिलान और कहाँ तारे और हड्डियाँ ! खैर, यहाँ दोनों का रंग तो सफेद है, और आगे चलकर तो यह दशा हुई कि दो-दो वस्तुओं को लेकर सांगरूपक बाँधते चले जाते हैं, वे किसी बात में परस्पर मिलती-जुलती भी हैं या नहीं इससे कोई मतलब नहीं, सांगरूपक की रस्म तो अदा हो रही है। तो दूसरी बात विचारने की यह है कि संध्या समय अस्त होते हुए सूर्य को देखकर मंखक कवि के हृदय में किसी भाव का उदय हुआ या नहीं, उनके कथन से किसी भाव की व्यंजना होती है या नहीं ? यहाँ अस्त होता हुआ सूर्य 'आलम्बन' और कवि ही आश्रय माना जा सकता है। पर मेरे देखने में तो यहाँ कवि का हृदय एकदम तटस्थ है। उसके सारे वर्णन से कोई मतलब ही नहीं। उसमें रति, शोक आदि किसी भाव का पता नहीं लगता। ऐसे पद्यों को काव्य में परिगणित देख यदि कोई 'वाक्यं रसात्मकं काव्यं' की व्याप्ति में सन्देह कर बैठे तो उसका क्या दोष ? 'ललाई के बीच सूर्य का बिम्ब समुद्र के छोर पर डूबा और तारे छिटक गए' इतना ही कथन यदि प्रधान होता तो वह दृश्य कवि और श्रोता दोनों के रति भाव का आलम्बन होकर काव्य भी कहला सकता था। पर अलंकार से एकदम आक्रान्त होकर वह काव्य का स्वरूप ही खो बैठा। यदि कहिए कि यहाँ अलंकार द्वारा उक्त दृश्यरूप वस्तु व्यंग्य है तो भी ठीक नहीं; क्योंकि 'विभाव' व्यंग्य नहीं हुआ करता। 'विभाव' में शब्द द्वारा उन वस्तुओं के स्वरूप की प्रतिष्ठा करनी होती है जो भावों का आश्रय, आलम्बन और उद्दीपन होती हैं। जब वह वस्तुप्रतिष्ठा हो लेती है तब भावों के व्यापार का आरम्भ होता है। मुक्तक में जहाँ नायक-नायिका का चित्रण नहीं होता वहाँ उनका ग्रहण 'आक्षेप' द्वारा होता है, व्यंजना द्वारा नहीं।

दृश्यवर्णन में उपमा, उत्प्रेक्षा आदि का स्थान कितना गौण है इसकी मनोविज्ञान की रीति से भी परीक्षा हो सकती है। एक पर्वतस्थली का दृश्य वर्णन करके किसी को सुनाइए। फिर महीने, दो महीने पीछे उससे उसी दृश्य का कुछ वर्णन करने के लिए कहिए। आप देखेंगे कि उस सम्पूर्ण दृश्य की सुसंगत योजना करनेवाली वस्तुओं और व्यापारों में से शायद ही किसी का उसे स्मरण हो। इसका मतलब यही है कि उन वर्णन के जितने अंश पर हृदय की तल्लीनता के कारण पूरा ध्यान रहा उसका संस्कार बना रहा; और इसलिए संकेत पाकर उसकी तो पुनरुद्भावना हुई, शेष अंश छूट गया।

खेद के साथ कहना पड़ता है कि हिन्दी की कविता का उत्थान उस समय हुआ जब संस्कृत काव्य लक्ष्यच्युत हो चुका था। इसी से हिन्दी की कविताओं में प्राकृतिक दृश्यों का वह सूक्ष्म वर्णन नहीं मिलता जो संस्कृत की प्राचीन कविताओं में पाया जाता है। केशव के पीछे तो प्रबन्ध काव्यों का बनना एक प्रकार से बन्द ही हो गया। आचार्य बनने का हौसला रह गया, कवि बनने का नहीं। आलम्बन और नायिकाभेद के लक्षणग्रन्थ लिखकर अपने रचे उदाहरण देने में ही कवियों ने अपने कार्य की समाप्ति मान ली। रीति-ग्रन्थ लिखने के कारण ही सुसंस्कृत में कोई कवि नहीं कहलाया। साहित्य के आचार्यों में सब कवि नहीं थे। ऐसे फुटकर पद्य रचयिताओं की परिमित कृति में प्राकृतिक दृश्य ढूँढ़ना ही व्यर्थ है। शृंगार के उद्दीपन के रूप में 'षट्ऋतु' का वर्णन अवश्य कुछ मिलता है; पर उसमें बाह्य प्रकृति के रूपों का प्रत्यक्षीकरण मुख्य नहीं होता, नायक-नायिका का प्रमाद या सन्ताप ही मुख्य होता है। अब रहे दो-चार आख्यानकाव्य। उनमें दृश्यवर्णन को स्थान ही बहुत कम दिया गया है। अगर कुछ वर्णन परम्परापालन की दृष्टि से है भी तो वह अलंकारप्रधान है। उपमा, उत्प्रेक्षा आदि की भरमार इस बात की स्पष्ट सूचना दे रही है कि कवि का मन दृश्यों के प्रत्यक्षीकरण में लगा नहीं है, उचट उचटकर दूसरी ओर जा पड़ा है।

कोई एक वस्तु सामने आई कि उपमा के पीछे परेशान। श्याम के 'छबीले मुख' का प्रसंग आया। बस, अन्धे सूरदास चारों ओर उपमा टटोल रहे हैं–

बलि बलि जाउँ छबीले मुख की, या पटतर को को है ?
या बानक उपमा दीबे को सुकबि कहा टकटोहै ?

उपमाएँ यदि मिलती गईं 'तब तो सब ठीक ही ठीक, एक वस्तु के ऊपर उपमा पर उपमा, उत्प्रेक्षा पर उत्प्रेक्षा लादते चले जा रहे हैं। 'हरि कर राजत माखन, रोटी,' बस, इतनी ही सी तो बात है, उस पर–

मनो बारिज ससि बैर जानि जिय गह्यो सुधांसुहि घोटी।
मनो बराह भूधर सह पृथ्वी धरी दसनन की कोटी।

एक छोटी-सी रोटी की हकीकत ही कितनी, उस पर पहाड़ के सहित जमीन का बोझा लाकर रख दिया ! उपमाएँ यदि न मिलीं तो बस, 'शेष-शारदा' पर फिरे, उनकी इज्जत लेने पर उतारू।

मलिक मुहम्मद जायसी का 'पद्मावत' यद्यपि एक आख्यानकाव्य है पर उसमें भी स्थल वर्णन सूक्ष्म नहीं हैं। सिंहलद्वीप के गढ़, राजद्वार, बगीचे आदि का वर्णन है। बगीचे के वर्णन में पेड़ों और चिड़ियों की फेहरिस्त है, जो बहेलियों से भी मिल सकती है ? प्राप्त प्रथा के अनुसार पद्मावती के संयोगसुख के सम्बन्ध में 'षट्ऋतु' और नागमती की विरहवेदना के प्रसंग में 'बारहमासा' अलबत है। दोनों का ढंग वही है जो ऊपर कहा गया है। दो उदाहरण यथेष्ट होंगे–

ऋतु पावस बरसे पिउ पावा। सावन भादौं अधिक सुहावा।
पद्मावति चाहति ऋतु पाई। गगन सुहावन, भूमि सुहाई।

कोकिल बैन, पाँति बग छूटी। घन निसरी जनु बीरबहूटी।
चमक बीजु, बरसै जल सोना। दादुर मोर सबद सुठि लोना।
रँगराती पिय सँग निसि जागी। गरजे गगन, चौंकि गर लागी।
सीतल बूँद, ऊँच चौपारा। हरियर सब दीखे संसारा।
हरियर भूमि, कुसुंभी चोला। और घन पिय सँग रचा हिंडोला।

संयोग शृंगार की दृष्टि से यह वर्णन बड़ा मनोहर है। पर इसमें कवि का अपना सूक्ष्म निरीक्षण 'बरसै जल सोना' में ही दिखाई पड़ता है। और सब वर्णन परम्परानुसारी ही है। अब विप्रलम्भ शृंगार के अन्तर्गत आषाढ़ का वर्णन लीजिए–

चढ़ा असाढ़, गगन घन गाजा। साजा बिरह दुंद दल बाजा।
धूम स्याम घोरि घन धाए। सेत धुजा बग पाँति दिखाए।
खरग-बीजु चमकै चहुँ ओरा। बुंद बान बरसहि घनि घोरा।
उनई घटा आइ चहुँ फेरी। कंत ! उबार मदन हौं घेरी।
दादुर, मोर, कोकिला पीऊ। गिरहि बीज, घट रहै न जीऊ।
पुष्य नखत सिर ऊपर आवा। हौं बिनु नाह, मँदिर को छावा।

पाठक देख सकते हैं कि फुटकर कहने या गाने के लिए ये पद्य कितने सुन्दर हैं। पर एक प्रबन्धकाव्य के भीतर दृश्यचित्रण की दृष्टि से यदि इन्हें देखते हैं तो सन्तोष नहीं होता। अन्य के सम्बन्ध में स्थित किसी भाव के 'उद्‌दीपन' मात्र के लिए जितना वस्तुविन्यास अपेक्षित था उतना जायसी ने किया, इसमें कोई सन्देह नहीं। 'उद्‌दीपन' रूप में दृश्य जो अभाव उत्पन्न करता है वह दूसरे के–अर्थात् 'आलम्बन' के–सम्बन्ध से, स्वतन्त्र रूप में नहीं। पर जैसा कि सिद्ध किया जा चुका है, प्राकृतिक दृश्य मनुष्य के भावों के स्वतन्त्र आलम्बन भी होते हैं। प्राचीन कवियों ने इन्हें पात्र के आलम्बन के रूप में और श्रोता के आलम्बन के रूप में, दोनों रूपों में सन्निविष्ट किया है। 'कुमारसम्भव' का हिमालय वर्णन श्रोता या पाठक के आलम्बन के रूप में है। वाल्मीकि रामायण में लक्ष्मण का हेमन्त के अन्तर्गत पंचवटी दृश्यवर्णन पात्र और श्रोता दोनों के भाव का 'उद्‌दीपन' है, किन्तु रूप के सूक्ष्म विश्लेषण के बल से श्रोता के लिए आलम्बन हो गया है।

एक बड़े प्रबन्धकाव्य में प्राकृतिक दृश्यों का श्रोता के भाव के आलम्बन रूप में वर्णन भी आवश्यक है, और यह स्वरूप उन्हें तभी प्राप्त हो सकता है जब उनका चित्रण ऐसे ब्योरे के साथ हो कि उनका बिम्बग्रहण हो, उनका पूर्ण स्वरूप पाठक या श्रोता की कपना में उपस्थित हो जाए। कारण, रति वा तल्लीनता उत्पन्न करने के लिए प्रत्यक्ष स्वरूप का परिचय आवश्यक है। सारांश यह कि 'उद्‌दीपन' होने के लिए रूप का थोड़ा-थोड़ा प्रकाश क्या, संकेत मात्र यथेष्ट है; पर 'आलम्बन' होने के लिए पूर्ण और स्पष्टस्फुरण होना चाहिए।

गोस्वामी तुलसीदासजी के भक्तिपूर्ण हृदय में भगवान् रामचन्द्र के सम्बन्ध से चित्रकूट के प्रति जो प्रेमभाव प्रतिष्ठित था उसके कारण उन्होंने उनके रम्य स्वरूप पर अधिक दृष्टि

जमाई है। नीचे दिए गए वर्णन में यद्यपि प्रचलित रीति के अनुसार प्रत्येक वस्तु और व्यापार के साथ दृष्टान्त और उत्प्रेक्षा लगी हुई है। पर निरीक्षण बहुत अच्छा है–

सब दिन चित्रकूट नीको लागत;
बरषा ऋतु प्रवेश बिसेष गिरि देखत मन अनुरागत।
चहुँ दिसि बन संपन्न, बिहग मृग बोलत सोभा पावत;
जनु सुनरेस देस पुर प्रमुदित प्रजा सकल सुख छावत।
सोहत स्याम जलद मृदु घोरत धातु रँगमगे सृंगनि;
मनहुँ आदि अंभोज विर जत सेवित सुर मुनि सृंगनि।
सिखर परसि घन घटहि मिलति बगपाँति सो छबि कबि बरनी;
आदि बराह बिहरि बारिधि मनों उठ्यो है दसन धरि धरनी।
जल जुत विमल सिलनि झलकत नभ बन प्रतिबिंब तरंग;
मानहुँ जगरचना बिचित्र बिलसति बिराट अंग अंग।
मंदाकिनिहि मिलत झरना झरि, भरि भरि जल आछे;
'तुलसी' सकल सुकृतसुख लागे मनो राम भक्ति के पाछे।

बाह्य प्रकृति के सम्बन्ध में सूरदासजी की दृष्टि बहुत परिमित है। एक तो ब्रज की गोचारण भूमि के बाहर उन्होंने पैर ही नहीं निकाला, दूसरे उस भूमि का भी पूर्ण चित्र उन्होंने कहीं नहीं खींचा। उद्दीपन के रूप में केवल द्रुम, बल्ली और यमुना के किनारेवाले कदम्ब का उल्लेख भर बार-बार मिलता है; गोपियों के विरह के प्रसंग में रीति के अनुसार पावस आदि का वर्णन अवश्य है; पर कहने की आवश्यकता नहीं कि उसमें पावस स्वरूप-स्थित नहीं है, वियोगिनी गोपियों के मानप्रदत्त रूप में है–कहीं वह कृष्ण-रूप में है, कहीं चढ़ाई करते हुए राजा के रूप में, इत्यादि; जैसे–

आज घन स्याम की अनुहारि;
उनइ आए साँवरे, सज ! देख रूप की आरि।
इंद्रधनुष मानो पीतबसन दामिनि दसन बिचारि।
जनु बगपाँति माल मोतिन की, चितवन हितहि निहारि।

अथवा–

तुम्हारो गोकुल हो, ब्रजनाथ !
घेर्‌यो है अति चतुरंगिनि लै मनमथ सेना साथ।
गरजत अति गम्भीर गिरा, मन मंगल मत्त अपार।
धुरवा धूरि उड़त रथ पायक घोरन की खुरतार।

केवल कहीं-कहीं नियत वस्तुओं की कुछ अधिक गिनती भर मिलती है; जैसे–

बरन बरन अनेक जलधर अति मनोहर वेष।
तिहि समय, सखि ! गगन सोभा सबहि ते सुबिसेष।
उड़त खग, बगबृंद राजत, रटत चातक, मोर।
बहुल बिधि बिधि रचि बढ़ावत दामिनी घन घोर।

धरनि तृन तन रोम पुलकित पिय समागम जानि।
द्रुमनि बर बल्ली वियोगिन मिलत है पहिचानि।
हंस, सुक, पिक, सारिका, अलि गुंज नाना नाद।
मुदित मंडल भेक भेकी बिहग बिगत विषाद।
कुटज, कुमुद, कदंब, कोबिद कनक आरि, सुकंज।
केतकी करबीर, बेलउ विमल बहु बिध मंजु।

यह नामावली निरीक्षण का फल नहीं है। इसकी सूचना 'कुमुद' और 'कोविद' (कोविदार) पद दे रहे हैं। कचनार की शोभा, वसन्त ऋतु में ही होती है, जबकि वह फूलता है; और कुमुद की तो पत्तियाँ भी वर्षाकाल में अच्छी तरह नहीं बढ़ती रहतीं।

यहाँ पर यह कह देना आवश्यक है कि वस्तुओं की गिनती गिनाना ही वस्तु-विन्यास नहीं है। आसपास की और वस्तुओं के बीच उनकी प्रकृत स्थापना से दृश्य के एक पूर्ण सुसंगत रूप की योजना होती है। ''भौंर लगे हैं, समीर चलता है, कोयल बोलती है' इस प्रकार कहना केवल वस्तुओं और व्यापारों की गिनती गिनाना है। रीति ग्रन्थों में प्रत्येक ऋतु में वर्ण्य व्यापारों की सूची देखकर यह तो हर एक कर सकता है। यह चित्रण नहीं है। इन्हीं वस्तुओं और व्यापारों को लेकर यदि हम इस प्रकार योजना करें–'वह देखो, मौरों से गुछी, मन्द-मन्द झूमती हुई आम की डाली पर, हरी-हरी पत्तियों के बीच अपने कृष्ण कलेवर को पूर्ण रूप से न छिपा सकती हुई कोयल बोल रही है !' तो यह दृश्य अंकित करने का प्रयत्न कहा जाएगा। किसी वस्तु का वर्णन जितनी ही अधिक वस्तुओं के सम्बन्ध को लिये हुए होगा उतना ही वह पेचीला होगा, और कवि के निरीक्षण की सूक्ष्मता प्रकट करेगा। इस दृष्टि से प्राचीन कवियों के वर्णनों का विचार करने पर इस बात का पता लग जाएगा। देखिए, वाल्मीकि के 'मुक्तासकाशं' वाले श्लोक में[1] पानी की बूँदों का आकाश से गिरना, गिरकर पत्तों की नोकों पर लगना और चिड़ियों के पंखों को बिगाड़ना, चिड़ियों का पत्तों की नोक पर लगी बूँदों को पीना, इतने अधिक व्यापार एक सम्बन्धसूत्र में एकत्र पिरोए हैं। इसी प्रकार कालिदास ने हिमालय के पवन के साथ भागीरथी के जलकण का फैलना, देवदारु के पेड़ों का काँपना, मोर की पूँछों का छितराना, किरातों का मृगों की खोज में निकलना और वायु सेवन करना, इतने व्यापारों का परस्पर सम्बन्ध दिखाया है।[1] पर इतनी अधिक संश्लिष्ट योजना के प्रत्यक्षीकरण के लिए विस्तृत और गूढ़ निरीक्षण अपेक्षित है। ऊपर गोस्वामी तुलसीदासजी का जो चित्रकूटवर्णन दिया गया है उसमें यह बात कुछ-कुछ है–'सोहत स्याम जलद मृदु घोरत धातु रँगमगे सृंगनि' में यों ही काले बादल का नाम

1. मुक्तासकाशं सलिलं पतद्वै सुनिर्मल पत्रपुटेषु लग्नम्।
हृष्टा विवर्णच्छदना विहङ्गः सुरेन्द्रदत्तं तृषिताः पिवन्ति।
–वाल्मीकीय रामायण किष्किंधाकांड

2. भागीरथीनिर्झरशीकराणां वोढा मुहुःकम्पित देवदारुः।
यद्वायुरन्विष्टमृगैः किरातैरासेव्यते भिन्नशिखण्डबर्हः॥ –कुमारसम्भव, 1-15

नहीं ले लिया है; वह ऊपर उठे हुए श्रृंग पर दिखाया गया है और वह श्रृंग भी गेरू के रंग में रँगा हुआ है। इसी प्रकार 'जल जुत बिमल सिलनि झलकत नभ बन प्रतिबिम्ब तरंग' में शिलाओं का धुलकर स्वच्छ होना, उन पर बरसाती पानी का लगना, स्वच्छता के कारण उनमें आकाश और वन का प्रतिबिम्ब दिखाई पड़ना, इतनी बातों की एक वाक्य में सम्बन्ध योजना पाई जाती है।

जायसी से कवियों के एक और झुकाव का पता लगता है। 'कवि' और 'सयाने' जब एक ही समझे जाने लगे तब मनुष्य के व्यवसाय विशेष की जानकारी का खजाना भी काव्यों में खुलने लगा। घोड़ों का वर्णन है तो घोड़ों के पचासों भेदों के नाम सुन लीजिए, जिन्हें शायद घोड़े के व्यवसायी ही जानते होंगे। भोजन का वर्णन है तो पूरी, कचौरी, रायता, चटनी, मुरब्बा, पेड़ा, बरफी, जलेबी, फेनी, गुलाबजामुन आदि जितनी चीजों का नाम कविजी जानते हैं वे सब मौजूद ! इन व्यंजनों को सामने रखने से पाठकों को ललचाने के सिवा और क्या प्रयोजन सिद्ध हो सकता है ? पर काव्य भूख जगाने के लिए तो है नहीं। जिसे रोग आदि के कारण भोजन से अरुचि हो गई होगी वह किसी अच्छे वैद्य के नुस्खे का सेवन करेगा। भोजन की पत्तल का वर्णन करना प्राचीन कवि भद्दापन और काव्यशिष्टता के विरुद्ध समझते थे। इसी से उन्होंने दृश्यकाव्य में भोजन के दृश्य का निषेध किया है। नामावली की इस प्रथा का अनुसरण जायसी, सूरदास, सूदन और महाराज रघुराजसिंह ने अधिक किया है। अस्त्र-शस्त्रों और पहरावों के नामों की फेहरिस्त देखनी हो तो सूदन का 'सुजानचरित्र' पढ़िए, हाथी, घोड़ों सवारियों और राजसी ठाट-बाट की वस्तुओं के नाम याद करने हों तो महाराज रघुराजसिंह का 'रामस्वयंवर' उठा लीजिए।

केशवदासजी को अपने श्लेष, यमक और उत्प्रेक्षा इत्यादि से फुरसत कहाँ कि विस्तृत सम्बन्धयोजना के साथ प्रकृति का निरीक्षण करने जाएँ। सीधी तरह से कुछ वस्तुओं के नाम ले जाएँ यही गनीमत है—

फल फूलन पूरे, तरुवर रूरे, कोकिल कुल कलरव बोलैं।
अति मत्त मयूरी, पियरस पूरी, बन-बन प्रति नाचति डोलैं।

देखिए दंडक वन के वर्णन में श्लेष का यह चमत्कार दिखाकर आप चलते हुए...

सोभत दंडक की रुचि बनी, भाँतिन सुंदर घनी।
सेव बड़े नृप की जनु लसै, श्रीफल भूरि भाव जहँ बसै।
बेर भयानक सी अति लगै, अर्क समूह जहाँ जगमगै।

'बेर', 'बनी', 'श्रीफल' और 'अर्क' शब्दों में श्लेष की कारीगरी दिखा दी, बस हो गया। वनस्थली के प्रति उनका अनुराग तो था नहीं कि उसके रूप की छटा ब्योरे के साथ दिखाते। 'भयानक' शब्द जो रखा हुआ है वह 'भाव' का सूचक नहीं है; क्योंकि न तो 'बेर' ही कोई भयंकर वस्तु है न आक (मदार) ही। श्लेष से 'अर्क' का अर्थ सूर्य लेने से 'समूह' के कारण प्रलय काल का अर्थ निकलता है, जो प्रस्तुत नहीं है। दंडकवन क्या दे देता—आनन्द दे सकता था, वह भी नहीं देता था—जो उसके रूप का

विश्लेषण केशवदासजी करने जाते ? राजा की सेवा से 'श्रीफल' प्राप्त होता था, उसका जिक्र मौजूद है।

जब केशवदासजी का यह हाल है तब फुटकर पद्य कहनेवाले उनके अनुयायी 'कवियों' में प्रकृति का रूपविश्लेषण ढूँढ़ना ही व्यर्थ है। ऋतु-वर्णन की पुरानी रीति उन्होंने निबाही है। उनके वर्णन में उद्दीपन भर के लिए फुटकर वस्तुएँ आई हैं, सो वे भी उपमा, उत्प्रेक्षा, रूपक आदि की भीड़ में छिपी हुई हैं। वसन्त कहीं राजा होकर आया है, कहीं फौजदार, कहीं फकीर, कहीं कुछ, कहीं कुछ। किसी ने कुछ बढ़कर हाथ मारा तो शिशिर और ग्रीष्म ऋतु में जो अपने शरीर की दशा देखी उसका वर्णन कर दिया, और उपचार का नुस्खा कह गए–

ग्रीषम की गजब धुकी है धूप धाम-धाम,
गरमी झुकी है जाम-जाम अति तापिनी।
भीजे खस बीजन डुलाए ना सुखात सेद,
गात ना सुहात, बात दावा सी डरापिनी।
ग्वाल कवि कहैं कोरै कुंभन में कूपन तें,
लै लै जलधार बार-बार मुख थापिनी।
जब पियो तब पियो, अब पियो फेरि अब,
पीवत हू पीवत बुझै न प्यास पापिनी॥

गरमी के मौसम के लिए एक कविजी राय देते हैं–

सीतल गुलाब जल भरि चहबच्चन में,
डारि कै कमल दल न्हाइबे को धँसिए।
कालिदास अंग-अंग अगर अतर संग,
केसर, उसीर नीर घनसार घँसिए।
जेठ में गोबिंदलाल चंदन के चहलन,
भरि-भरि गोकुल के महलन बसिए॥

मेरे कहने का अभिप्राय यह नहीं कि इन कवियों में कहीं प्रकृति का निरीक्षण मिलेगा ही नहीं। मिलेगा, पर थोड़ा, और वह भी बहुत ढूँढ़ने पर कहीं एकाध जगह। जैसे–

बृष को तरनि तेज सहसो किरन तपै,
ज्वालनि के जाल बिकराल बरसत है।
तचति धरनि, जग झरत झुरनि, सीरी,
छाँह को पकरि पंथी, पंछी बिरमत है।
'सेनापति' नेक दुपहरी ढरकत होत,
घमका[1] विषम, जो न पात खरकत है।
मेरे जन, पौन सीरे ठौर को पकरि कोऊ,
घरी एक बैठि कहूँ घामै बितवत है॥

1. घमका–हवा का गिरना या ठहर जाना।

नन्ददासजी एक प्रसिद्ध कृष्णभक्त और कवि थे। पर ब्रजभूमि की महिमा का बखान करते समय दृश्य अंकित करने के बखेड़े में वे भी नहीं पड़े। वहाँ चिरवसन्त रहता है, इतने ही में अपना मतलब सबको समझा दिया–

श्रीवृंदावन चिदघन, कछु छबि बरनि न जाई;
कृष्ण ललित लीला के काज गहि रह्यो जडताई।
जहँ नग, खग, मृग, लता, कुंज, बीरुध, तृन जेते;
नहिंन काल गुन, प्रभा सदा सोभित रहैं तेते।
सकल जंतु अबिरुद्ध जहाँ, हरि मृग सँग चरहीं;
काम क्रोध मद लोभ रहित लीला अनुसरहीं।
सब दिन रहत बसंत कृष्ण अवलोकनि लोभा;
त्रिभुवन कानन जा विभूति करि सोभित सोभा।
या बन की बर बानिक या बन ही बनि आवै;
सेस, महेस, सुरेस, गनेस, न पारहि पावै।

भारतेन्दु हरिश्चन्द्र के समय से हमारी भाषा नए मार्ग पर आ खड़ी हुई, पर दृश्यवर्णन में कोई संस्कार नहीं हुआ। वाल्मीकि, कालिदास आदि प्राचीन कवियों की प्रणाली का अध्ययन करके सुधार का यत्न नहीं किया गया। भारतेन्दुजी का जीवन एकदम नागरिक था। मानवी प्रकृति में ही तल्लीनता अधिक पाई जाती है; बाह्य प्रकृति के साथ उनके हृदय का वैसा सामंजस्य नहीं पाया जाता। 'सत्य हरिश्चन्द्र' में गंगा का और 'चन्द्रावली' में यमुना का वर्णन अच्छा कहा जाता है। पर ये दोनों वर्णन भी पिछले खेवे के कवियों की परम्परा के अनुसार ही हैं। इनमें भी एक-एक साथ कई वस्तुओं और व्यापारों की सूक्ष्म सम्बन्ध योजना नहीं है, केवल वस्तुओं और व्यापारों के पृथक्-पृथक् कथन के साथ उपमा, उत्प्रेक्षा आदि का प्राचुर्य है। दोनों के कुछ नमूने नीचे दिए जाते हैं–

(क)

नव उज्जल जल धार हार हीरक सी सोहति;
बिच-बिच छहरति बूँद मध्य मुक्ता मनि पोहति।
लोल लहर लहि पवन एक पै इक इमि आवत;
जिमि नरगन मन विविध मनोरथ करत मिटावत।
कहूँ बँधे नवघाट उच्च गिरिवर सम सोहत;
कहुँ छतरी, कहुँ मढ़ी बढ़ी मन मोहत जोहत।
धवल धाम चहुँ ओर फरहरत धुजा पताका;
घहरत घंटा धुनि धमकत धौंसा करि साका।
कहुँ सुंदरी नहाति, नीर कर जुगल उछारत;
जुग अंबुज मिलि मुक्त गुच्छ मनु सुच्छ निकारत।
धोवति सुंदरि बदन करन अति ही छबि पावत।
बारिधि नाते ससि कलंक मनु कमल मिटावत।

(ख)

तरनि - तनूजा - तट - तमाल - तरुवर बहु छाए,
झुके कूल सों जल परसन हित मनहुँ सुनाए।
किधौं मुकुर में लखत उझकि सब निज-निज सोभा;
कै प्रनवत जल जानि परम पावन फल लोभा।
मनु आतप वारन तीर को सिमिट सबै छाए रहत;
कै हरि सेवा हित नै रहे, निरखि नैन-मन सुख लहत।
कहुँ तीर पर अमल कमल सोभित बहु भाँतिन;
कहुँ सैवालन-मध्य कुमुदिनी लगि रहि पाँतिन।
मनु दृग धारि अनेक जमुन निरखति ब्रज सोभा।
कै उमँगे प्रिय-प्रिया-प्रेम के अनगिन शोभा।
कै करिकै कर बहु पीय को टेरत निज ढिग सोहई;
कै पूजन को उपचार लै चलति मिलन ब्रन मोहई।
कै पिय पद उपमान मानि यहि निज उर धारत;
कै मुख करि बहु भृंग मिस अस्तुति उच्चारत।
कै व्रजतियगन बदनकमल की झलकति झाँई;
कै व्रज हरि पद परस-हेतु कमला बहु आईं।

देखिए, यमुना के वर्णन में 'सैवालन मध्य कुमुदिनी' में दो वस्तुओं की सम्बन्ध योजना थी; पर आगे चलकर जो 'उत्प्रेक्षा' और 'सन्देह की भरमार हुई तो उसमें अलग-अलग कुमुद और कमल ही रह गए, और वे भी अलंकारों के बोझ के नीचे दबे हुए।

इन उद्धृत कविताओं में कहीं प्रकृति के स्थूल और सूक्ष्म रूपों के नूतन उद्घाटन का प्रयत्न नहीं दिखाई पड़ता, सारा वर्णन परम्पराभुक्त है अतः चमत्कार लाने के लिए अलंकारों से लादा गया है।

इन अलंकारों के द्वारा कवियों ने अधिकतर विलासिता तथा कृत्रिम शोभा और सजावट का आरोप करके प्रकृति की पवित्रता में पाठक के मन को लीन होने का रास्ता बन्द कर दिया है। यदि कहीं हरी घास से ढँकी हुई भूमि का जिक्र आ गया है तो कविजी ने पाठक को उसे पारसी कालीन या पन्ने की फर्श समझने की आज्ञा दे दी है। यदि उदित होता हुआ चन्द्रमंडल दिखाया है तो उसे फानूस या लैम्प का ग्लोब मानने को कहा है। तात्पर्य यह है कि भोग-विलास की जो सामग्री कोठरी के भीतर हमें मिलती है उसी की ओर खींचकर कविजी फिर ले जाते हैं। मनुष्य अपने उठाए हुए घेरे या प्रवर्तित कार्यकलाप से कुछ देर बाहर निकलकर प्रकृति के विस्तृत क्षेत्र का निरीक्षण करे, प्राचीन कवि जहाँ इस बात का उद्योग करते थे वहाँ नए कैंड़े के कवि उसे ढकेलकर फिर उसी घेरे के भीतर बन्द करने का प्रयत्न करने लगे। प्रकृति के प्रति यह उदासीनता नवीनों का लक्षण है।

मैं समझता हूँ, अब यह दिखाने के लिए और अधिक प्रयास की आवश्यकता नहीं है कि वन, पर्वत, नदी, निर्झर आदि प्राकृतिक दृश्य हमारे राग या रति भाव के स्वतन्त्र

आलम्बन हैं, उनमें सहृदयों के लिए सहज आकर्षण वर्तमान है। इन दृश्यों के अन्तर्गत जो वस्तुएँ और व्यापार होंगे उनमें जीवन के मूल स्वरूप और मूल परिस्थिति का आभास पाकर हमारी वृत्तियाँ तल्लीन होती हैं। जो व्यापार केवल मनुष्य की अधिक समुन्नत बुद्धि के परिणाम होंगे, जो उसके आदिम जीवन से बहुत इधर के होंगे, उनमें प्राकृतिक या पुरातन व्यापारों की सी तल्लीन करने की शक्ति न होगी। जैसे, 'सीतल गुलाबजल भरि चहबच्चन में' बैठे हुए कविजी की अपेक्षा तलैया के कीचड़ में बैठकर जीभ निकाल-निकाल हाँफते हुए कुत्ते का अधिक प्राकृतिक व्यापार कहा जाएगा। इसी प्रकार शिशिर में दुशाला ओढ़े गुलगुली गिलमें, गलीचा, बिछाकर बैठे हुए स्वाँग से धूप में खपरैल पर बैठी बदन चाटती हुई बिल्ली में अधिक प्राकृतिक भाव है। पुतलीघर में एंजिन चलाते हुए देशी साहब की अपेक्षा खेत में हल चलाते हुए किसान में अधिक स्वाभाविक आकर्षण है; विश्वास न हो तो भवभूति और कालिदास से पूछ लीजिए।

जबकि प्राकृतिक दृश्य हमारे भावों के आलम्बन हैं तब इस शंका के लिए कोई स्थान ही नहीं रहा कि प्राकृतिक दृश्यों के वर्णन में कौन-सा रस है ? जो-जो पदार्थ हमारे किसी-न-किसी भाव के विषय हो सकते हैं उन सबका वर्णन रस के अन्तर्गत है; क्योंकि 'भाव' का ग्रहण भी रस के समान ही होता है। यदि रतिभाव के रसदशा तक पहुँचने की योग्यता 'दाम्पत्य रति' में ही मानिए तो पूर्ण भाव के रूप में भी दृश्यों का वर्णन कवियों की रचनाओं में बराबर मिलता है। जैसे काव्य के किसी पात्र का यह कहना है कि 'जब मैं इस पुराने आम के पेड़ को देखता हूँ तब इस बात का स्मरण हो आता है कि यह वही है जिसके नीचे मैं लड़कपन में बैठा करता था, और सारा शरीर पुलकित हो जाता है, मन एक अपूर्व भाव में मग्न हो जाता है।' विभाव, अनुभाव और संचारी में पुष्ट भाव व्यंजना का उदाहरण होगा।

पहले कहा जा चुका है कि जो वस्तु मनुष्य के भावों का विषय या आलम्बन होती है उसका शब्दचित्र यदि किसी कवि ने खींच दिया तो वह एक प्रकार से अपना काम कर चुका। उसके लिए यह अनिवार्य नहीं कि वह 'आश्रय' की भी कल्पना करके उसे उस भाव का अनुभव करता हुआ, हर्ष से नाचता हुआ या विषाद से रोता हुआ दिखावे। मैं आलम्बन मात्र, के विशद वर्णन को श्रोता में रसानुभव (भावानुभव सही) उत्पन्न करने में पूर्ण समर्थ मानता हूँ। यह बात नहीं है कि जब तक कोई दूसरा किसी भाव का अनुभव करता और उसे शब्द और चेष्टा द्वारा प्रकाशित करता हुआ न दिखाया जाए तब तक रसानुभव हो ही नहीं सकता। यदि ऐसा होता तो हिन्दी में नायिकाभेद, और नखसिख के जो सैकड़ों ग्रन्थ बने हैं, उन्हें कोई पढ़ता ही नहीं। 'नायिकाभेद' में केवल शृंगार रस के आलम्बन का वर्णन होता है, और 'नखसिख' के किसी पद्य में उस आलम्बन के भी किसी एक अंग मात्र का। पर ऐसे वर्णनों से रसिक लोग बराबर आनन्द प्राप्त करते देखे जाते हैं। इसी प्रकार प्राकृतिक दृश्य वर्णन मात्र को, चाहे कवि उसमें अपने हर्ष आदि का कुछ भी वर्णन न करे, हम काव्य कह सकते हैं। हिमालय वर्णन को यदि हम कुमारसम्भव से निकालकर अलग कर लें तो वह एक उत्तम काव्य कहला सकता

है। मेघदूत में–विशेषकर पूर्वमेघ में–प्राकृतिक दृश्यों का वर्णन ही प्रधान है। यक्ष की कथा निकाल देने पर भी उसका काव्यत्व नष्ट नहीं हो सकता।

ऊपर 'नखसिख' की बात आ गई है, इसलिए मनुष्य के रूपवर्णन के सम्बन्ध में भी दो-चार बातें कह देना अप्रासंगिक न होगा। कारण, दृश्य-चित्रण के अन्तर्गत वह भी आता है। 'नखसिख' में केवल नायिका के रूप का वर्णन होता है। पर उसमें भी रूपचित्रण का कोई प्रयास हम नहीं पाते, केवल विलक्षण उत्प्रेक्षाओं और उपमानों की भरमार पाते हैं। इन उपमानों के योग द्वारा अंगों की सौन्दर्यभावना से उत्पन्न सुखानुभूति में अवश्य वृद्धि होती है, पर रूप नहीं निर्दिष्ट होता है। काव्य में मुख, नेत्र और अधर आदि के साथ चन्द्र, कमल और विद्रुम आदि के लाने का मुख्य उद्देश्य वर्ण, आकृति आदि का ज्ञान कराना नहीं, बल्कि कल्पना में साथ-साथ उन्हें भी रखकर सौन्दर्यगत आनन्द के अनुभव को तीव्र करना है। काव्य की उपमा का उद्देश्य भावानुभूति को तीव्र करना है। नैयायिकों के 'गोसदृशो गवयः' के समान ज्ञान उत्पन्न करना नहीं। इस दृष्टि से विचार करने पर कई एक प्रचलित उपमान बहुत खटके हैं–जैसे नायिका की कटि की सूक्ष्मता दिखाने के लिए सिंहनी को सामने लाना, जाँघों की उपमा के लिए हाथी की सूँड़ की ओर इशारा करना। खैर इसका विवेचन उपमा आदि अलंकारों का विचार करते समय कभी किया जाएगा। अब प्रस्तुत विषय की ओर आता हूँ।

मनुष्य की आकृति और मुद्रा के चित्रण के लिए भी काव्यक्षेत्र में पूरा मैदान पड़ा है। आकृतिचित्रण का अत्यन्त उत्कर्ष वहाँ समझना चाहिए जहाँ दो व्यक्तियों के अलग-अलग चित्रों में हम भेद कर सकें। जैसे दो सुन्दरियों की आँख, कान, भौं, कपोल, अधर, चिबुक इत्यादि सब अंगों को लेकर हमने वर्णन द्वारा दो अलग-अलग चित्र खींचे। फिर दोनों वर्णनों को किसी और के हाथ में देकर हमने उन दोनों स्त्रियों को उसके सामने बुलाया। यदि वह बतला दे कि 'यह इसका वर्णन है और यह उसका, तो समझिए कि पूर्ण सफलता हुई। योरप के उपन्यासों में इस ओर बहुत कुछ प्रयत्न दिखाई पड़ता है; पर हमारे यहाँ अभी इधर विशेष ध्यान नहीं दिया गया। मुद्रा के चित्रित करने में गोस्वामी तुलसीदासजी अत्यन्त कुशल दिखाई पड़ते हैं। मृग पर चलाने के लिए तीर खींचे हुए रामचन्द्रजी को देखिए–

'जटा मुकुट सिर सारस नयननि गौहै तकत सुभौंह सिकोरे।'

इसी प्रकार राम के आगमन की प्रतीक्षा में शबरी–

'छन भवन, छन बाहर विलोकति पंथ भ्रू पर पानि कै।'

पूर्वजनों की दीर्घ परम्परा द्वारा चली आती हुई जन्मगत वासना के अतिरिक्त जीवन में भी बहुत-से संस्कार प्राप्त किए जाते हैं; जिनके कारण कुछ वस्तुओं के प्रति विशेष भाव अन्तःकरण में प्रतिष्ठित हो जाते हैं। बचपन से अपने घर में या बाहर हम जिन दृश्यों को बराबर देखते आए, जिनकी चर्चा बराबर सुनते आए, उनके प्रति एक प्रकार का सुहृदभाव मन में घर कर लेता है। हिन्दुओं के बालक अपने घर में रामकृष्ण की कथाएँ और भजन सुनते आते हैं, इससे रामकृष्ण के चरित्रों से सम्बन्ध रखनेवाले

स्थानों को देखने की उत्कंठा उनमें बनी रहती है। गोस्वामीजी के इन शब्दों में यही उत्कंठा भरी है–

अब चित चेतु चित्रकूटहि चलु;
भूमि बिलोकु रामपद अंकित, बन बिलोकु रघुबर बिहार थलु।

ऐसे स्थानों के प्रति सम्बन्ध की योजना के कारण हृदय में विशेष रूप से भावों का उदय होता है। कोई रामभक्त जब चित्रकूट पहुँचता है तब वहाँ के प्राकृतिक सौन्दर्य पर ही मुग्ध नहीं होता, अपने इष्टदेव की मधुर भावना के योग से एक विशेष प्रकार के अनिर्वचनीय माधुर्य का भी अनुभव करता है। ऊबड़-खाबड़ पहाड़ी रास्तों में जब झाड़ियों के काँटे उसके शरीर में चुभते हैं तब उसमें सान्निध्य का यह मधुर भाव बिना उठे नहीं रह सकता कि ये झाड़ उन्हीं प्राचीन झाड़ों के वंशज हैं जो राम, लक्ष्मण और सीता को कभी चुभे होंगे। इस भावयोजना के कारण उन झाड़ों को वह और ही दृष्टि से देखने लगता है। यह दृष्टि औरों को नहीं प्राप्त हो सकती।

ऐसे संस्कार जीवन में हम बराबर प्राप्त करते जाते हैं। जो पढ़े-लिखे नहीं हैं वे भी आल्हा आदि सुनकर कन्नौज, कालिंजर, महोवा, नयनागढ़ (चुनारगढ़) इत्यादि के प्रति एक विशेष 'भाव' सूचित करते हैं। पढ़े-लिखे लोग अनेक प्रकार के इतिहास, पुराण, जीवन-चरित्र आदि पढ़कर उनमें वर्णित घटनाओं से सम्बन्ध रखनेवाले स्थानों के दर्शन की उत्कंठा प्राप्त करते हैं। इतिहासप्रसिद्ध स्थान उनके लिए तीर्थ-से हो जाते हैं। प्राचीन इतिहास पढ़ते समय कल्पना का योग पूरा-पूरा रहता है। जिन छोटे-छोटे ब्योरों का वर्णन इतिहास नहीं भी करता उनका आरोप अज्ञात रूप से कल्पना करती चलती है। यदि इस प्रकार का थोड़ा-बहुत चित्र कल्पना अपनी ओर से न करती चले तो इतिहास आदि पढ़ने में जी ही न लगे। सिकन्दर और पौरव का युद्ध पढ़ते समय पढ़नेवाले के मन में सिकन्दर और उसके साथियों का यवनवेश, पौरव के उष्णीष और किरीट कुंडल मन में आवेंगे। मतलब यह कि परिस्थिति आदि का कोई चित्र कल्पना में थोड़ा-बहुत अवश्य रहेगा–जो भावुक होंगे उनमें अधिक रहेगा। प्राचीन समय का समाजचित्र हम 'मेघदूत,' 'मालविकाग्निमित्र' आदि में ढूँढ़ते हैं, और उसकी थोड़ी-बहुत झलक पाकर अपने को और अपने समय को भूलकर तल्लीन हो जाते हैं। एक दिन रात को मैं सारनाथ से लौटता हुआ काशी की कुंजगली में जा निकला। प्राचीन काल में पहुँची हुई कल्पना को लिये हुए उस सँकरी गली में जाकर मैं क्या देखता हूँ कि पीतल की सुन्दर दीवटों पर दीपक जल रहे हैं, दूकानों पर केवल धोती पहने और उत्तरीय डाले (गरमी के दिन थे) व्यापारी बैठे हुए हैं, दीवारों पर सिन्दूर से कुछ देवताओं के नाम लिखे हुए हैं, पुरानी चाल के चौखूँटे द्वार और खिड़कियाँ हैं। मुझे ऐसा भान हुआ कि मैं प्राचीन उज्जयिनी की किसी वीथिका में आ निकला हूँ। इतने ही में थोड़ी दूर चलकर म्युनिसिपैलिटी की लालटेन दिखाई दी। बस सारी भावना हवा हो गई।

इतिहास के अध्ययन से, प्राचीन आख्यानों के श्रवण से, भूतकाल का जो दृश्य इस प्रकार कल्पना में बस जाता है वह वर्तमान दृश्यों को खंडित प्रतीत होने से बचाता है,

वह उन्हें दीर्घ कालक्षेत्र के बीच चले आए हुए अतीत दृश्यों के मेल में दिखाता है, और हमारे 'भावों' को कालबद्ध न रखकर अधिक व्यापकत्व प्रदान करता है। हम केवल उन्हीं से रागद्वेष नहीं रखते जिनसे हम घिरे हुए हैं। बल्कि उनसे भी जो अब इस संसार में नहीं हैं, पहले कभी हो चुके हैं। पशुत्व और मनुष्यत्व में यही एक बड़ा भारी भेद है। मनुष्य उस कोटि की पहुँची हुई सत्ता है जो उस अल्प क्षण में ही आत्मप्रसार को बद्ध रखकर सन्तुष्ट नहीं हो सकती जिसे वर्तमान कहते हैं। वह अतीत के दीर्घ पटल को भेदकर अपनी अन्वीक्षण बुद्धि को ही नहीं, रागात्मिका वृत्ति को भी ले जाती है। हमारे 'भावों' के लिए भूतकाल का क्षेत्र अत्यन्त पवित्र क्षेत्र है। वहाँ वे शरीरयात्रा के स्थूल स्वार्थ से संश्लिष्ट होकर कलुषित नहीं होते—अपने विशुद्ध रूप में दिखाई पड़ते हैं। उक्त क्षेत्र जिनके 'भावों' का व्यायाम के लिए संचरण होता रहता है उनके 'भावों' का वर्तमान विषयों के साथ उचित उपयुक्त सम्बन्ध स्थापित हो जाता है। उनके घृणा, क्रोध आदि भाव भी बहुत कम अवसरों पर ऐसे होंगे कि कोई उन्हें बुरा कह सके।

मनुष्य अपने रति, क्रोध आदि भावों को या तो सर्वथा मार डाले, अथवा साधना के लिए उन्हें कभी-कभी ऐसे क्षेत्र में ले जाया करे जहाँ स्वार्थ की पहुँच न हो, तब जाकर सच्ची आत्माभिव्यक्ति होगी। नए अर्थवादी 'पुराने गीतों' को छोड़ने को लाख कहा करें, पर जो विशाल हृदय हैं वे भूत को बिना आत्मभूत किए नहीं रह सकते। अतीत काल की वस्तुओं और व्यक्तियों के प्रति जो हमारा रागात्मक भाव होता है वह प्रातःकाल की वस्तुओं और व्यक्तियों के प्रति हमारे भावों को तीव्र भी करता है और उनका ठीक-ठीक अवस्थान भी करता है। वर्षा के आरम्भ में जब हम बाहर मैदान में निकल पड़ते हैं, जहाँ जुते हुए खेतों की सोंधी महक आती है और किसानों की स्त्रियाँ टोकरी लिये इधर-उधर दिखाई देती हैं, उस समय कालिदास की लेखनी से अंकित इस

त्वय्यायत्तं कृषिफलमिति भ्रूविकारानभिज्ञैः
प्रीतिस्निग्धैर्जनपदवधूलोचनैः पीयमानः।
सद्यः सीरोत्कषणसुरभिक्षेत्रमारुह्य मालं
किंचित्पश्चाद्व्रज लघुगतिर्भूय एवोत्तरेण॥

दृश्य के प्रभाव से—हमारा भाव और भी तीव्र हो जाता है, हमें वह दृश्य और भी मनोहर लगने लगता है।

जिन वस्तुओं और व्यापारों के प्रति हमारे प्राचीन पूर्वज अपने 'भाव' अंकित कर गए हैं उनके सामने अपने को पाकर मानो हम उन पूर्वपुरुषों के निकट जा पहुँचते हैं, और उसी प्रकार के भावों का अनुभव कर उनके हृदय से अपना हृदय मिलाते हुए उनके सगे बन जाते हैं। वर्तमान सभ्यता ने जहाँ अपना दखल नहीं जमाया है उन जंगलों, पहाड़ों, गाँवों और मैदानों में हम अपने को वाल्मीकि, कालिदास या भवभूति के समय में खड़ा कल्पित कर सकते हैं; कोई बाधक दृश्य सामने नहीं आता। पर्वतों की दरी कन्दराओं में, प्रभात के प्रफुल्ल पद्मजाल में, छिटकी चाँदनी में, खिली कुमुदिनी में हमारी आँखें कालिदास, भवभूति आदि की आँखों से जा मिलती हैं। पलाश, इंगुदी, अंकोट वनों

में अब भी खड़े हैं, सरोवरों में कमल अब भी खिलते हैं, तालाबों में कुमुदिनी अब भी चाँदनी के साथ हँसती है, वानीर शाखाएँ अब भी झुक-झुककर तीर का नीर चूमती हैं; पर हमारी आँखें उनकी ओर भूलकर भी नहीं जातीं, हमारे हृदय से मानो उनका कोई लगाव ही नहीं रह गया। अग्निमित्र, विक्रमादित्य आदि को अब हम नहीं देख सकते। उनकी आकृति वहन करनेवाला आलोचक अब न जाने किस लोक में पहुँचा होगा; पर ऐसी वस्तुएँ अब भी हम देख सकते हैं जिन्हें उन्होंने भी देखा होगा। सिप्रा के किनारे दूर तक फैले हुए प्राचीन उज्जयिनी के ढूहों पर सूर्यास्त के समय खड़े हो जाइए। इधर-उधर उठी हुई पहाड़ियाँ कह रही हैं कि महाकाल के दर्शन को जाते हुए कालिदासजी हमें देर तक देखा करते थे; उस समय 'सिप्रावात' उनके उत्तरीय को फहराता था।[1] काली शिलाओं पर से बहती हुई वेत्रवती की स्वच्छ धारा के तट पर विदिशा के खंडहरों में वे ईंट-पत्थर अब भी पड़े हुए हैं जिन पर अंगरागलिप्त शरीर और सुगन्ध धूम से बसे केश-कल पवाली रमणियों के हाथ पड़े होंगे।[2]

बिजली से जगमगाते हुए नए अँगरेजी ढंग के शहरों में धुआँ उगलती हुई मिलों और ह्वाइट वे लेडला की दुकान के सामने, हम कालिदास आदि से अपने को बहुत दूर पाते हैं। पर प्रकृति के विस्तृत क्षेत्र में हमारा-उनका भेदभाव मिट जाता है, हम सामान्य परिस्थिति के साक्षात्कार द्वारा चिरकाल-व्यापी शुद्ध 'मनुष्यत्व' का अनुभव करते हैं, विशेषकालबद्ध मनुष्यत्व का नहीं।

यहाँ पर कहा जा सकता है कि विशेषकालबद्ध मनुष्यत्व न सही, पर देशबद्ध मनुष्यत्व तो यह अवश्य है। हाँ, है। इसी देशबद्ध मनुष्यत्व के अनुभव से सच्ची देशभक्ति या देशप्रेम की स्थापना होती है। जो हृदय संसार की जातियों के बीच अपनी जाति की स्वतन्त्र सत्ता का अनुभव नहीं कर सकता वह देशप्रेम का दावा नहीं कर सकता। इस स्वतन्त्र सत्ता से अभिप्राय स्वरूप की स्वतन्त्र सत्ता से है; केवल अन्न, धन संचित करने और अधिकार भोगने की स्वतन्त्रता से नहीं। अपने स्वरूप को भूलकर यदि भारतवासियों ने संसार में सुख-समृद्धि प्राप्त की तो क्या ? क्योंकि उन्होंने उदात्त वृत्तियों को उत्तेजित करनेवाली बँधी-बधाई परम्परा से अपना सम्बन्ध तोड़ लिया, नई उभरी हुई इतिहासशून्य जंगली जातियों में अपना नाम लिखाया। फिलीपाइन द्वीपवासियों से उनकी मर्यादा कुछ अधिक नहीं रह गई।

देशप्रेम है क्या ? प्रेम ही तो है। इस प्रेम का आलम्बन क्या है ? सारा देश अर्थात् मनुष्य, पशु, पक्षी, नदी, नाले, वन सहित सारी भूमि। प्रेम किस प्रकार का है ? यह साहचर्यगत प्रेम है। जिनके बीच हम रहते हैं, जिन्हें बराबर आँखों से देखते हैं, जिनकी बातें बराबर सुनते रहते हैं, जिनका-हमारा हर घड़ी का साथ रहता है, सारांश यह कि जिनके सान्निध्य का हमें अभ्यास पड़ जाता है, उनके प्रति लोभ या राग हो जाता है। देशप्रेम यदि वास्तव में अन्तःकरण का कोई भाव है तो यही हो सकता है। यदि यह नहीं

1. मेघदूत, पूर्वमेघ, पृ. 32
2. वही, 26

है तो वह कोरी बकवाद या किसी और भाव के संकेत के लिए गढ़ा हुआ शब्द है। यदि किसी को अपने देश से सचमुच प्रेम है तो उसे अपने देश के मनुष्य, पशु, पक्षी, लता, गुल्म, पेड़, पत्ते, वन, पर्वत, नदी, निर्झर आदि सबसे प्रेम होगा, वह सबको चाह भरी दृष्टि से देखेगा, वह सबकी सुध करके विदेश में आँसू बहाएगा। जो यह भी नहीं जानते कि कोयल किस चिड़िया का नाम है, जो यह भी नहीं सुनते कि चातक कहाँ चिल्लाता है, जो यह भी आँख भर नहीं देखते कि आम प्रणयसौरभपूर्ण मंजरियों से कैसे लदे हुए हैं, जो यह भी नहीं झाँकते कि किसानों के झोपड़ों के भीतर क्या हो रहा है, वे यदि दस बने-ठने मित्रों के बीच प्रत्येक भारतवासी की औसत आमदनी का परता बताकर देशप्रेम का दावा करें तो उनसे पूछना चाहिए कि 'भाइयो ! बिना रूपपरिचय का यह प्रेम कैसा ?' जिसके दुख-सुख के तुम कभी साथी नहीं हुए उन्हें तुम सुखी देखना चाहते हो, यह कैसे समझें ? उनसे कोसों दूर बैठे-बैठे, पड़े-पड़े या खड़े-खड़े तुम विलायती बोली में अर्थशास्त्र की दुहाई दिया करो; पर प्रेम का नाम उसके साथ मत घसीटो। प्रेम हिसाब-किताब नहीं है। हिसाब-किताब करनेवाले भाड़े पर भी मिल सकते हैं, पर प्रेम करनेवाले नहीं। एक अमेरिकन फारसवालों को उनके देश का सारा हिसाब-किताब समझाकर चला गया।

हिसाब-किताब से देश की दशा का ज्ञानमात्र हो सकता है। हितचिन्तन और हितसाधन की प्रवृत्ति कोरे ज्ञान से भिन्न है। वह मन के वेग या 'भाव' पर अवलम्बित है, उसका सम्बन्ध लोभ या प्रेम से है; जिसके बिना अन्य पक्ष में आवश्यक त्याग का उत्साह हो नहीं सकता। जिसे ब्रज की भूमि से प्रेम होगा वह इस प्रकार कहेगा—

नैनन सों 'रसखान' जबै ब्रज के बन, बाँग, तड़ाग निहारौं।
केतिक वे कलधौत के धाम करील के कुंजन ऊपर बारौं।

रसखान तो किसी की 'लकुटी अरु कामरिया' पर तीनों पुरों का राजसिंहासन तक त्यागने को तैयार थे; पर देशप्रेम की दुहाई देनेवालों में से कितने अपने किसी थके-माँदे भाई के फटे-पुराने कपड़ों पर रीझकर—या कम-से-कम न खीझकर—बिना मन मैला किए कमरे की फर्श भी मैली होने देंगे ? मोटे आदमियो ! तुम जरा-सा दुबले हो जाते—अपने अन्देशे से ही सही—तो न जाने कितनी ठठरियों पर मांस चढ़ जाता !

पशु और बालक भी जिनके साथ अधिक रहते हैं उनसे परच जाते हैं। यह परचना परिचय ही है। परिचय प्रेम का प्रवर्तक है। बिना परिचय के प्रेम नहीं हो सकता। यदि देशप्रेम के लिए हृदय में जगह करनी है तो देश के स्वरूप से परिचित और अभ्यस्त हो जाइए। बाहर निकलिए तो आँख खोलकर देखिए कि खेत कैसे लहलहा रहे हैं, नाले झाड़ियों के बीच कैसे बह रहे हैं, टेसू के फूलों से वनस्थली कैसी लाल हो रही है, कछारों में चौपायों के झुंड इधर-उधर चरते हैं, चरवाहे तान लड़ा रहे हैं, अमराइयों के बीच गाँव झाँक रहे हैं; उनमें घुसिए, देखिए तो क्या हो रहा है। जो मिलें उनसे दो-दो बातें कीजिए, उनके साथ किसी पेड़ की छाया के नीचे घड़ी आध घड़ी बैठ जाइए और समझिए कि ये सब हमारे देश के हैं। इस प्रकार जब देश का रूप आपकी आँखों में समा जाएगा,

आप उसके अंग-प्रत्यंग से परिचित हो जाएँगे, तब आपके अन्तःकरण में इस इच्छा का सचमुच उदय होगा कि वह सदा हरा-भरा और फला-फूला रहे, उसके धन-धान्य की वृद्धि हो, उसके सब प्राणी सुखी रहें।

पर आजकल इस प्रकार का परिचय बाबुओं की लज्जा का एक विषय हो रहा है। वे देश के स्वरूप से अनजान रहने या बनने में अपनी बड़ी शान समझते हैं। मैं अपने एक लखनवी दोस्त के साथ साँची का स्तूप देखने गया। यह स्तूप एक बहुत सुन्दर छोटी पहाड़ी के ऊपर है। नीचे छोटा-मोटा जंगल है; जिसमें महुए के पेड़ भी बहुत-से हैं। संयोग से उन दिनों वहाँ पुरातत्व विभाग का कैम्प पड़ा हुआ था। रात हो जाने से उस दिन हम लोग स्तूप नहीं देख सके; सबेरे देखने का विचार करके नीचे उतर रहे थे। वसन्त का समय था। महुए चारों ओर टपक रहे थे। मेरे मुँह से निकला–'महुओं की कैसी महक आ रही है !' इस पर लखनवी महाशय ने चट मुझे रोककर कहा–'यहाँ महुए सहुए का नाम न लीजिए, लोग देहाती समझेंगे।' मैं चुप हो रहा; समझ गया कि महुए का नाम जानने से बाबूपन में बड़ा भारी बट्टा लगता है।[1] पीछे ध्यान आया कि यह वही लखनऊ है जहाँ कभी यह पूछनेवाले भी थे कि गेहूँ का पेड़ आम के पेड़ से छोटा होता है या बड़ा।

हिन्दूपन की अन्तिम झलक दिखानेवाले थानेश्वर, कन्नौज, दिल्ली, पानीपत आदि स्थान उनके गम्भीर भावों के आलम्बन हैं जिनमें ऐतिहासिक भावुकता है। जो देश के पुराने स्वरूप से परिचित हैं, उनके लिए इन स्थानों के नाम ही उद्दीपन स्वरूप हैं। इन्हें सुनते ही उनके हृदय में कैसे-कैसे भाव जाग्रत होते हैं वे नहीं कह सकते। भारतेन्दु का इतना ही कहना उनके लिए बहुत है कि–

हाय पंचनद! हा पानीपत!
अजहुँ रहे तुम धरनिविराजत?
हाय चितौर! निलज तू भारी,
अजहुँ खरो भारतहि मँझारी!

पानीपत, चित्तौर, कन्नौज आदि का नाम सुनते ही भारत का प्राचीन हिन्दू दृश्य आँखों के सामने फिर जाता है। उनके साथ गम्भीर भावों का सम्बन्ध लगा हुआ है। ऐसे एक-एक नाम हमारे लिए काव्य के टुकड़े हैं। ये रसात्मक शब्द अवश्य हैं।[2]

अब तक जो कुछ कहा गया उससे यह बात स्पष्ट हो गई होगी कि काव्य में 'आलम्बन' ही मुख्य है। यदि कवि ने ऐसी वस्तुओं और व्यापारों को अपने शब्दचित्र द्वारा सामने उपस्थित कर दिया जिनसे श्रोता या पाठक के भाव जाग्रत होते हैं, तो वह एक प्रकार से अपना काम कर चुका। संसार की प्रत्येक भाषा में इस प्रकार के काव्य वर्तमान हैं जिनमें भावों को प्रदर्शित करनेवाले पात्र, अर्थात् 'आश्रय,' की योजना नहीं की गई है–केवल ऐसी वस्तुएँ और व्यापार सामने रख दिए गए हैं जिनसे श्रोता या

---

1. मिलाइए 'लोभ और प्रीति' शीर्षक निबन्ध, चिन्तामणि, पहला भाग, पृष्ठ 104 से 107 तक।
2. मिलाइए 'भारतेन्दु हरिश्चन्द्र' शीर्षक समीक्षा, वही, पृष्ठ 262।

पाठक ही भाव का अनुभव करते हैं। यदि किसी ने किसी दृश्य का पूर्ण चित्रण करके रख दिया, तो क्या वह इसीलिए काव्य न कहलाएगा कि उसके वर्णन के भीतर कोई पात्र उस दृश्य से प्राप्त आनन्द या शोक को अपने शब्द और चेष्टा द्वारा प्रकट करनेवाला नहीं है ? कुमारसम्भव के आरम्भ के उतने श्लोकों को जिनमें हिमालय का वर्णन है, क्या काव्य से खारिज समझें ? मेघदूत में जो आम्रकूट, विन्ध्य, रेवा आदि के वर्णन हैं उन सबमें क्या यक्ष की विरहव्यथा ही व्यंग्य है ?

विभाव, अनुभाव और व्यभिचारी की गिनती गिनाकर किसी प्रकार 'रस' की शर्त पूरी करना ही जब से कविजन अपना परम पुरुषार्थ मानने लगे तब से यह बात कुछ भूल-सी चली कि कवियों का मुख्य कार्य ऐसे विषय को सामने रखना है जो श्रोता के विविध भावों के आलम्बन हो सकें। सच पूछिए तो काव्य में अंकित सारे दृश्य श्रोता के भिन्न-भिन्न भावों के आलम्बनस्वरूप होते हैं। किसी पात्र को रति, हास, शोक, क्रोध आदि प्रकट करता हुआ दिखाने में ही रसपरिपाक मानना और यह समझना कि श्रोता को पूरी रसानुभूति हो गई, बुरा हुआ। श्रोता या पाठक को भी हृदय होता है। वह जो किसी काव्य को पढ़ता या सुनता है सो केवल दूसरों का हँसना; रोना, क्रोध करना आदि देखने के लिए ही नहीं, बल्कि ऐसे विषयों को सामने पाने के लिए जो स्वयं उसे हँसाने, रुलाने, क्रुद्ध करने, आकृष्ट करने, लीन करने का गुण रखते हों। राजा हरिश्चन्द्र को श्मशान में रानी शैव्या से कफन माँगते हुए, राम-जानकी को वनगमन के लिए निकलते हुए पढ़कर ही लोग क्या करुणार्द्र नहीं हो जाते ? उनकी करुणा क्या इस बात की अपेक्षा करती है कि कोई पात्र उन दृश्यों पर शोक या दुख शब्दों और चेष्टा द्वारा, प्रकट करे ? तुलसीदासजी के इस सवैये में–

कागर कीर ज्यों भूषन चीर सरीर लस्यो तजि नीर ज्यों काई।
मातु पिता, प्रिय लोग सबै, सनमा न सुभाय सनेह सगाई।
संग सुभामिनि भाई भलो, दिन द्वै जनु औध हुते पहुनाई।
राजिवलोचन राम चले तजि बाप को राज बटाऊ की नाई॥

पाठक को करुण रस में मग्न करने की पूरी सामग्री मौजूद है। परिस्थिति के सहित राम हमारी करुणा के आलम्बन हैं, चाहे किसी पात्र ही के आलम्बन हों या न हों।

इस प्रकार कवि द्वारा अंकित सम्पूर्ण दृश्य को श्रोता के भावों का आलम्बन मान लेने पर पूर्ण रस वहीं मानना पड़ेगा जहाँ–

(क) आश्रय श्रोता के रति भाव का आलम्बन होगा और
(ख) आलम्बन श्रोता के भी उन्हीं भावों का आलम्बन होगा आश्रय के जिन भावों का है।

जहाँ इस प्रकार का समन्वय न हो वहाँ मैं पूर्ण रस नहीं मानता। यदि आश्रय का चित्रण ऐसा हुआ है कि पाठक या श्रोता के हृदय में उसके प्रति सहृदय भाव स्थापित हो गया है तो इस सम्बन्ध से वह श्रोता उन भावों को अपनाएगा, उनका अनुभव भी आप करेगा जिनका अनुभव करता हुआ आश्रय दिखाया जाएगा। इसके उपरान्त यदि

वह व्यक्ति या वस्तु भी इस रूप में चित्रित है कि उसके प्रति मनुष्य मात्र के अंतः श्रोता के हृदय में भी वे भाव बिना उद्भूत हुए न रहेंगे तो फिर क्या कहना है। पूर्ण रस वहीं पर कहा जा सकता है। कौरवों की सभा में दुःशासन पर भीम के क्रोध का यदि वर्णन किया जाए तो उससे रौद्ररस की ऐसी ही अनुभूति हो सकती है क्योंकि अबला द्रौपदी के साथ कुव्यवहार का जो चित्र खींचा जाएगा उससे दुःशासन को ऐसा रूप प्राप्त हो जाएगा जो पाठक के हृदय में क्रोध का अवश्य संचार करेगा। अतः भीम के क्रोध प्रकट करने पर उसे ऐसा प्रतीत होगा मानो उसी के हृदय का भाव प्रकट किया जा रहा है। पर शकुन्तला के प्रति दुर्वासा के क्रोध का वर्णन चाहे कितने ही ब्यौरे के साथ किया जाए–उसमें लाल आँखें, फरकते ओठ, गर्व भरे वाक्य सब कुछ हों–पर उससे पाठक के हृदय में वैसी रसानुभूति नहीं हो सकती। इस कथन का अभिप्राय यह नहीं कि इस प्रकार के भावों का वर्णन ही न किया जाए। प्रसंगप्राप्त सब बातों का वर्णन कवि का कर्त्तव्य है, केवल रस या पूर्ण रस की कवायद करना नहीं। रामायण में जिस प्रकार रावण के प्रति राम के क्रोध का वर्णन है उसी प्रकार राम के प्रति रावण के क्रोध का भी, जैसे राम के प्रति सीता के रति भाव का वर्णन है वैसे ही सुर्पणखा के भी। हाँ ! भारतीय काव्य की दृष्टि से महाकाव्य में प्रधान आश्रय और आलम्बन से सम्बन्ध रखनेवाले भाव का अनुभव श्रोता या पाठक को पूर्ण रस के रूप में होना चाहिए।

भाव

पहले कह आए हैं कि काव्य का लक्ष्य 'भावों' के उपर्युक्त विषयों को सामने रखकर सृष्टि के नाना रूपों के साथ मानवहृदय का सामंजस्य स्थापित करना है। 'भाव' ही कर्म के मूल प्रवर्तक और 'शील' के संस्थापक हैं। अतः कहा जा सकता है कि मनुष्य के जीवन की सच्ची झलक काव्य में ही दिखाई पड़ती है।

सुख और दुख की इन्द्रियज वेदना के अनुसार पहले-पहल राग और द्वेष आदिम प्राणियों में प्रकट हुए जिनसे दीर्घ परम्परा के अभ्यास द्वारा आगे चलकर वासनाओं और प्रवृत्तियों का सूत्रपात हुआ। रति, शोक, क्रोध, भय आदि पहले वासना के रूप में थे, पीछे भावरूप में आए। जात्यन्तर परिणाम द्वारा समुन्नत योनियों का विकास और मनोविज्ञानमय कोश का पूर्ण विधान हो जाने पर विविध वासनाओं की नींव पर रति, हास, शोक, क्रोध इत्यादि 'भावों' की प्रतिष्ठा हुई। इन्द्रियज सुख-दुख से भागवत हर्ष, शोक आदि में सबसे बड़ी विशेषता तो यह हुई कि पहले में प्रत्ययबोध आवश्यक नहीं था, पर दूसरे में प्रत्यय की प्रधानता हुई–पहले में ध्यान मुख्यतः सुख-दुख पर रहता था और दूसरे में हर्ष-शोक के विषय पर रहने लगा। इन्द्रियज संवेदन वेदनाप्रधान होता है, वासना प्रवृत्तिप्रधान होती है और भाव वेद्यप्रधान (आलम्बनप्रधान) होता है। वासनात्मक प्रवृत्ति में 'लक्ष्य' और 'आलम्बन' भावना या प्रत्ययरूप में निर्दिष्ट नहीं होते। बहुत-से जीव-जन्तु कोई भारी शब्द या खटका सुनते ही भाग खड़े होते हैं। मनुष्य भी कभी-कभी ऐसा करता है। इस प्रकार की चेष्टा केवल इन्द्रियज संवेदन पर निर्भर रहती है। प्रत्येक 'भाव' का आदिम वासनात्मक रूप प्रायः इसी प्रकार का होता है और उसका विधान शरीर की भीतरी और बाहरी बनावट के अनुसार होता है। जिन क्षुद्र से क्षुद्र जीवों के शरीर में बचाव के लिए शस्त्र-विधान होता है वे बाधा पहुँचाने पर आपसे आप संस्कारवश जिधर से बाधा आती हुई जान पड़ती है उस ओर झपट पड़ते हैं। दुर्गन्धयुक्त सड़े-गले आहार से जो विशेष प्रकार का क्षोभ घ्राणेन्द्रिय और रसनेन्द्रिय में होता है उसकी अनुभूति जो कभी-कभी वमनेच्छा या मतली के रूप में होती है–घृणा की प्रवृत्ति का मूल है। आगे चलकर अन्तःकरण में प्रत्यय या भावना का विधान हो जाने पर ऐसे पदार्थों के दर्शन और स्पर्श क्या श्रवण मात्र से भी घृणा जाग्रत होने लगी। इसी प्रकार क्रमशः जुगुप्सा के 'भाव' का विधान हुआ। भावयोजना के सहारे मनुष्य गन्दे और मैले-कुचैले लोगों से ही नहीं बल्कि मलिन अन्तःकरणवाले पापियों से भी घृणा करने

लगा। 'प्रत्ययबोध' की ओर लक्ष्य करके ही साहित्यिकों ने 'भाव' शब्द का प्रयोग किया है जिसका अर्थ है चित्त की चेतन दशा विशेष। रति, क्रोध, भय आदि की वासनात्मक अवस्था में किसी चेतन दशा की अपेक्षा नहीं।

वासना या संस्कार प्राणी में केवल क्रिया के समय में ही नहीं, और काल में भी बराबर निहित रहता है; पर भाव का विधान केवल उद्दीपन और क्रिया के समय होता है, उसके उपरान्त नहीं रह जाता। पात्र के भाव की ही प्रतीति श्रोता या पाठक को रसरूप में होती है। इसी से साहित्य-दर्पणकार ने प्रतीतिकाल में ही रस की सत्ता मानी है। आगे-पीछे नहीं–'न तु दीपेन घट इव पूर्वसिद्धो व्यज्यते।'[1]

वासना और भाव में दो बातों का और भेद है। वासना की प्रेरणा से जो क्रिया होती है उसका रूप निर्दिष्ट होता है, वह सदा उसी रूप की होती है, पर भाव के अनुसार जो क्रिया होती है वह बहुरूपिणी होती है–अर्थात् वह कभी किसी प्रकार की होती है, कभी किसी प्रकार की। दूसरी बात यह है कि वासनात्मक प्रवृत्ति का 'जीवन प्रयत्न' से सीधा लगाव होता है, पर भाव के और-और लक्ष्य हुआ करते हैं। पर इससे यह न समझना चाहिए कि 'भाव' का वासनात्मक प्रवृत्ति से कोई लगाव नहीं रह जाता। मूल में वासनात्मक प्रवृत्ति बनी रहती है और 'भाव' से उस प्रवृत्ति को उत्तेजना मिलती है। 'भाव' की प्रतिष्ठा से बड़ी भारी बात यह होती है कि वासनात्मक प्रवृत्ति में जहाँ पहले केवल विषय के सम्पर्क काल में ही क्रिया होती थी वहाँ 'भाव' के संकेत रूप में स्थिर होने के कारण उक्त काल के पहले और पीछे भी क्रिया होने लगी। गाय अपने बछड़े को सामने पाकर ही प्रसन्न नहीं होती, जंगल से चरकर लौटते समय अपने बछड़े का ध्यान करके भी बड़े उत्साह के साथ बोलती हुई घर लौटती है। मनुष्य अपने विरुद्ध शत्रु की तैयारियों की खबर पाकर भी क्रुद्ध होता है और आक्रमण के पीछे उसका स्मरण करके भी। इस प्रकार 'भाव' की प्रतिष्ठा से प्राणियों के कर्मक्षेत्र का विस्तार बढ़ गया। 'भाव' मन की वेगयुक्त अवस्था विशेष है वह क्षुत्पिपासा, कामवेग आदि शरीर वेगों से भिन्न है।

'भाव' का विश्लेषण करने पर उसके भीतर तीन अंग पाए जाते हैं–

(1) वह अंग जो प्रवृत्ति या संस्कार के रूप में अन्तस्संज्ञा में रहता है (वासना)।

(2) वह अंग जो विषय बिम्ब के रूप में चेतना में रहता है और 'भाव' का प्रकृत स्वरूप है (भाव, आलम्बन आदि की भावना)।

(3) वह अंग जो आकृति या आचरण में अभिव्यक्त होता है और बाहर देखा जा सकता है (अनुभाव और नाना प्रयत्न)।

इनमें से प्रथम का वह अंश जो पितृपरम्परा के बीच उत्तरोत्तर बद्धमूल होता आया है और विषय-सम्पर्कहोते ही उत्तेजित होकर सदा एक ही ढंग की क्रिया (जैसे सुकड़ना, भागना, छिपना) उत्पन्न करता है 'वासना' या संस्कार कहलाता है। दूसरे के अन्तर्गत आलम्बन के प्रति अनुभूति विशेष के बोध के अतिरिक्त अनेक प्रकार की भावनाएँ और

1. साहित्यदर्पण, तृतीय परिच्छेद 1

विचार भी आ जाते हैं। इस रीति से किसी एक 'भाव' के अधिकार में उच्च और निम्न श्रेणी की अन्तःकरण वृत्तियों और शरीर व्यापारों का विधान मिलता है। विवेकात्मक बुद्धिव्यापार भी 'भावों' के शासन के भीतर आ जाते हैं।

सभ्यता की वृद्धि के साथ-साथ ज्यों-ज्यों मनुष्य के व्यापार बहुरूपी और जटिल होते गए, त्यों-त्यों उनके मूल रूप बहुत कुछ आच्छन्न होते गए। भावों के आदिम और सीधे लक्ष्यों के अतिरिक्त और-और लक्ष्यों की स्थापना होती गई; वासनाजन्य मूल व्यापारों के सिवा बुद्धि द्वारा निश्चित व्यापारों का विधान बढ़ता गया। इस प्रकार बहुत-से ऐसे व्यापारों से मनुष्य घिरता गया जिनके साथ उनके भावों का लगाव नहीं। जैसे आदि में भय का लक्ष्य अपने शरीर और अपनी सन्तति ही की रक्षा तक था; पर पीछे गाय, बैल, अन्न आदि की रक्षा आवश्यक हुई, यहाँ तक कि होते-होते धन, मान, अधिकार, प्रभुत्व इत्यादि अनेक बातों की रक्षा की चिन्ता ने घर किया और रक्षा के उपाय भी वासनाजन्य प्रवृत्ति से भिन्न प्रकार के होने लगे। इसी प्रकार क्रोध, घृणा, लोभ आदि अन्य भावों के विषय भी अपने मूल रूपों से भिन्न रूप धारण करने लगे। कुछ भावों के विषय तो 'अमूर्त' तक होने लगे जैसे कीर्ति की लालसा। ऐसे भावों को ही बौद्ध दर्शन में 'अरूपराग' कहते हैं; पर भावों के विषयों और प्रेरित व्यापारों में यह प्रत्यक्ष अनेकरूपता आने पर भी उनका सम्बन्ध भावों के मूल रूपों और उनके मूल विषयों से परोक्ष रूप में बना है और बराबर बना रहेगा। किसी का कुटिल भाई उसे सम्पत्ति से एकदम वंचित रखने के लिए वकीलों की सलाह से एक नया दस्तावेज तैयार कराता है। इसकी खबर पाकर वह क्रोध से नाच उठता है। प्रत्यक्ष रूप में उसके क्रोध का विषय है वह नया दस्तावेज। पर उस दस्तावेज का सम्बन्ध अन्ततः जाकर इस बात से ठहरता है कि उसे और उसकी सन्तति को अन्न, वस्त्र न मिलेगा। अतः उसके क्रोध में और उस कुत्ते के क्रोध में जिसके सामने का भोजन कोई दूसरा कुत्ता छीन रहा है सिद्धान्ततः कोई भेद नहीं है। भेद है केवल विषय के थोड़ा रूप बदलकर आने में। इसी रूप बदलने का नाम है सभ्यता। इस रूप बदलने से होता यह है कि उससे उत्तेजित क्रोध आदि को भी अपना रूप कुछ बदलना पड़ता है–वह भी कुछ कपड़े-लत्ते पहनकर समाज में आता है जिससे मारपीट, छीन-खसोट आदि भद्दे समझे जानेवाले व्यापारों का कुछ निवारण होता है।

पर यह प्रच्छन्न रूप उतना मर्मस्पर्शी नहीं हो सकता। इसी से इस प्रच्छन्नता का उद्घाटन 'काव्य' का एक मुख्य कार्य है। ज्यों-ज्यों सभ्यता बढ़ती जाएगी त्यों-त्यों यह काम बढ़ता जाएगा, मनुष्य की मूल रागात्मिकता वृत्ति से सीधा सम्बन्ध रखनेवाले रूपों को प्रत्यक्ष करने के लिए उसे बहुत-से परदों को हटाना पड़ेगा। इससे यह स्पष्ट है कि ज्यों-ज्यों सभ्यता बढ़ती जाएगी त्यों-त्यों एक ओर तो काव्य की आवश्यकता बढ़ती जाएगी दूसरी ओर कविकर्म कठिन होता जाएगा। ऊपर जिस क्रुद्ध व्यक्ति का उदाहरण दिया गया है वह यदि क्रोध से छुट्टी पाकर अपने भाई के चित्त में दया का संचार करना चाहेगा तो क्षुब्ध होकर उससे कहेगा–'भाई ! तुम सब प्रयत्न इसीलिए न करते हो कि

तुम पक्की हवेली में बैठकर हलवा-पूरी खाओ और मैं एक झोपड़ी में बैठा सूखे चने चबाऊँ, तुम्हारे लड़के दुशाले ओढ़कर निकलें और मेरे बच्चे ठंड से काँपते रहें।' यह हुआ प्रकृत रूप का प्रत्यक्षीकरण। इसमें सभ्यता के बहुत-से आवरणों को हटाकर वे मूल गोचर रूप सामने रखे गए हैं जिनसे हमारे भावों का सीधा लगाव है और जो कारण भावों को उत्तेजित करने में समर्थ हैं। कोई बात जब इस रूप में आएगी तभी उसे काव्य का रूप प्राप्त होगा। 'तुमने हमें नुकसान पहुँचाने के लिए दस्तावेज बनाया' इस वाक्य में रसात्मकता नहीं। इसी बात को ध्यान में रखकर ध्वनिकार ने कहा है–नहि कवेरितिवृत्तमात्रनिर्वाहिणात्मपदलाभः[1]। इसी प्रकार देश की आजकल की दशा के वर्णन में यदि हम केवल इस प्रकार के वाक्य कहते जाएँ कि 'हम मूर्ख, बलहीन और आलसी हो गए हैं, हमारा धन विदेश चला जाता है, रुपए का डेढ़ पाव घी बिकता है, स्त्रीशिक्षा का अभाव है तो वे छन्दोबद्ध होने पर भी काव्य पद के अधिकारी न होंगे। सारांश यह कि काव्य के लिए अनेक स्थलों पर हमें भावों के विषय के मूल और आदिम रूपों तक जाना होगा जो मूर्त और गोचर होंगे। जब तक भावों से सीधा लगाव रखनेवाले मूर्त और गोचर रूप न मिलेंगे तब तक काव्य का वास्तविक रूप खड़ा नहीं हो सकता। भावों के अमूर्त विषयों के आधार भी मूल में मूर्त और गोचर मिलेंगे, जैसे यशोलिप्सा में कुछ दूर चलकर उस आनन्द के उपभोग की प्रवृत्ति छिपी हुई पाई जाएगी जो अपनी तारीफ कान में पड़ने से हुआ करता है।

काव्य में अर्थग्रहण मात्र से काम नहीं चलता, बिम्बग्रहण अपेक्षित होता है। यह बिम्बग्रहण निर्दिष्ट, गोचर और मूर्त विषय का ही हो सकता है। 'रुपए का डेढ़ पाव घी मिलता है' इस कथन से कल्पना में यदि कोई बिम्ब या मूर्ति उपस्थित होगी तो वह तराजू लिये हुए बनिए की होगी। जिससे हमारे करुण भाव का सीधा लगाव न होगा। बहुत कम लोगों को घी खाने को मिलता है, अधिकतर लोग रूखी-सूखी खाकर रहते हैं–इस बात तक हम अर्थग्रहण परम्परा द्वारा इस चक्कर के साथ पहुँचते हैं–एक रुपए का बहुत कम घी मिलता है इससे रुपएवाले ही घी खा सकते हैं; पर रुपएवाले बहुत कम हैं, इससे अधिक जनता घी नहीं पा सकती, रूखी-सूखी खाकर रहती है।[2] यदि इसे व्यंजना कहें तो यह वस्तुव्यंजना होगी जिससे काव्य को उतना सरोकार नहीं। इस विषय का विस्तृत विवेचन 'शब्दशक्ति' के अन्तर्गत होगा।

ऊपर जो भाव का विश्लेषण किया गया उससे यह स्पष्ट है कि 'भाव' का विधान हो जाने पर भी वासनात्मक प्रवृत्ति मूल में बनी रहती है। बात यह है कि आदिम क्षुद्र जन्तुओं में पहले सब व्यापार केवल बँधी चली आती हुई सहज प्रवृत्ति के अनुसार होते रहे फिर आगे चलकर उन्नत जन्तुओं में प्रवृत्ति के उत्तेजक विषय की 'प्रत्यय' के रूप में धारणा भी होने लगी। इस विषय-प्रत्यय के साथ सुख या दुख की अनुभूति का बोध भी मिला समझना चाहिए। अतः भाव उस विशेष रूप के चित्तविकार

1. ध्वन्यालोक, तृतीय उद्योत, पृ. 148
2. मिलाइए, चिन्तामणि–पहला भाग, 195 से 198 तक।

को कहते हैं जिसके अन्तर्गत विषय के स्वरूप की धारणा, सुखात्मक या दुखात्मक अनुभूति का बोध और प्रवृत्ति के उत्तेजन से विशेष कर्मों की प्रेरणा पूर्वापर सम्बद्ध संघटित हों। संक्षेप में–

प्रत्ययबोध, अनुभूति और वेगयुक्त प्रवृत्ति इन तीनों के गूढ़ संश्लेष का नाम 'भाव' है।

मन के प्रत्येक वेग को भाव नहीं कह सकते, मन का वही वेग 'भाव' कहला सकता है जिसमें चेतना के भीतर आलम्बन आदि प्रत्यय रूप से प्रतिष्ठित होंगे।

मनोविज्ञानियों के अनुसार प्रधान भाव हैं–क्रोध, भय, हर्ष, शोक, घृणा, आश्चर्य और जिज्ञासा। भावविधान के भीतर जिस प्रकार प्रवृत्तियाँ हैं उसी प्रकार मनोवेग मात्र भी हैं जिन्हें आलम्बनप्रधान न होने के कारण हम 'भाव' नहीं कह सकते, जैसे चकपकाहट, घबराहट, सोने या टहलने को जी करना इत्यादि। इच्छा भी एक प्रकार का मनोवेग ही है, पर 'भाव' तक पहुँचता हुआ स्वतन्त्र विधान नहीं। उसका अपना कोई लक्ष्य नहीं होता, दूसरे भावों के लक्ष्य को लेकर वह चलता है। उसमें निश्चयात्मिका बुद्धि का योग अधिक होता है उसमें दूरस्थ लक्ष्य या परिणाम धारणा अधिक स्फुट होती है इससे वेग की मात्रा कम होती है। पर इस 'इच्छा' से स्थिति-भेद के अनुसार कुछ संचारी भावों की उत्पत्ति होती है, जैसे, इच्छा की पूर्ति के अच्छे लक्षण दिखाई देने पर आशा, पूर्ति में विलम्ब होने से व्याकुलता, पूर्ति न होने से नैराश्य, पूर्ति की ओर यथेष्ट अवसर न हो सकने पर विषाद इत्यादि। कहने की आवश्यकता नहीं कि प्रत्येक विधान का एक निर्दिष्ट लक्ष्य हुआ करता है और भाव एक मानसिक-शारीरिक विधान या व्यवस्था है। मनुष्य के प्रधान भावों के लक्ष्य परिणाम कभी-कभी इतने दूरस्थ हुआ करते हैं कि पूर्ति के पहले 'इच्छा' के लिए अवकाश रहा करता है।

भावों के वर्गीकरण का प्रयत्न आधुनिक वैज्ञानिकों ने इधर छोड़-सा दिया है। उन्होंने दो भेद किए हैं–मूल और तद्भव। जिस भाव की अनुभूति किसी दूसरे भाव की पूर्वानुभूति की आश्रित न हो वह मूल भाव है–जैसे क्रोध, भय, हर्ष, शोक, आश्चर्य। जो दूसरे भाव की अनुभूति के आश्रय से उत्पन्न हो वह तद्भव है–जैसे दया, कृतज्ञता, पश्चात्ताप इत्यादि। दया के अनुभव के लिए यह आवश्यक है कि दूसरे के शोक या पीड़ा की सी अवस्था का हम पहले अनुभव कर चुके हों।

भावविधान की सबसे आधुनिक मीमांसा शैंड ने की है। उन्होंने निरूपित किया कि अन्तःकरण वृत्तियों का विधान भी एक शासन-व्यवस्था के रूप में है जिसके अनुसार विशेष-विशेष 'वेग' और 'प्रवृत्तियाँ' विशेष-विशेष 'भावों' के शासन के भीतर रहती हैं और 'भावों' का भी 'भावकोशों' के भीतर न्यास होता है। किसी एक अवसर पर उपर्युक्त तीन अवयवों से युक्त जो चित्तविकार उपस्थित होगा वह तो भाव होगा। पर चित्त में ऐसी स्थिर प्रणाली की प्रतिष्ठा हो जाती है जिसके कारण या जिसके भीतर समय-समय पर कई भावों की अभिव्यक्ति हुआ करती है। इस स्थिर प्रणाली का नाम भावकोश है। इस निरूपण के अनुसार प्रीति (रति) और वैर 'भाव' नहीं है, भावकोश

मात्र हैं जिनके भीतर स्थितिभेद से अनेक भाव प्रकट होते रहते हैं। 'रति' को ही लीजिए। प्रिय का साक्षात्कार होने पर हर्ष, वियोग होने पर विषाद, उस पर कोई विपत्ति आने से उसे खोने की शंका, उसे दुख पहुँचानेवाले को देख क्रोध इत्यादि अनेक भावों का स्फुरण 'रति' की प्रणाली स्थिर हो जाने से हुआ करता है। इन भावों के अतिरिक्त 'रति' की न तो कोई स्वतन्त्र सत्ता है और न कोई विशेष स्वरूप। सारांश यह कि रति कोई एक भाव नहीं जिसकी कोई विशेष अनुभूति किसी एक अवसर पर होती हो। प्रीति, वैर, गर्व, अभिमान, तृष्णा, इन्द्रियलोलुपता इत्यादि भावकोश ही माने गए हैं। प्रीति आलम्बनभेद से अनेक रूप धारण करती है–जैसे दाम्पत्य रति, वात्सल्य रति, मैत्री, स्वदेश-प्रेम, धर्मप्रेम, सत्यप्रेम इत्यादि।

भावकोश से अभिप्राय भावसमष्टि नहीं है बल्कि अन्तःकरण में संघटित एक प्रणाली मात्र है जिसमें कई भिन्न-भिन्न भावों का संचार हुआ करता है। जैसे, 'रति की प्रणाली के भीतर जो भाव प्रकट होते हुए कहे गए हैं 'रति' उनसे संयोजित कोई मिश्र भाव नहीं है। इसी प्रकार बैर आदि को भी समझिए। रति या 'प्रीति' के विपरीत गति बैर की है। दोनों के लक्ष्य में भेद है। जिन-जिन भावों की अभिव्यक्ति रतिप्रणाली के भीतर कही गई उन सबकी अभिव्यक्ति बैर प्रणाली के भीतर भी होती है; पर विपरीत स्थितियों में। जैसे बैरी के साक्षात्कार से हर्ष के स्थान पर विषाद, उसके दूर होने से विषाद के स्थान पर हर्ष होता है, इसी प्रकार और सब समझिए। पर बैर को हम इन भावों के मिश्रण से संघटित कोई एक भाव नहीं कह सकते। कहने की आवश्यकता नहीं कि चित्त की ये स्थितियाँ जिन्हें भावकोश कहते हैं स्थायी होती हैं। अतः इनमें लक्ष्यसाधन के लिए बुद्धि या विवेक से काम लेने का अधिक अवकाश प्राप्त रहता है। जैसे यदि किसी पर क्रोध होगा तो उस पर आक्रमण करने को प्रबल प्रेरणा होगी, चाहे उस समय के आक्रमण से उसकी कोई हानि सम्भव न हो, हमारी ही हानि सम्भव हो। पर जिससे बैर होगा उसे हानि पहुँचाने का यत्न खूब सोच-विचार कर बुद्धि की पूरी सहायता लेकर किया जाएगा। यहाँ तक कि किस 'भाव' का प्रकाश लक्ष्यसाधन में सहायक होगा और किसका बाधक इसका विचार करके कोई भाव तो प्रकट किया जाएगा और कोई दबाया जाएगा। भाव में संकल्प वेगयुक्त होते हैं पर भावकोश में धीर और संयत। मनुष्य में शील या आचरण की प्रतिष्ठा भावप्रणाली की स्थापना के अनुसार होती है। इस भावकोश का विधान भावविधान से उच्चतर है, अतः इसका विकास पीछे मानना चाहिए।

अब अपने यहाँ माने हुए साहित्य के भावों का विवेचन करना चाहिए। हमारे यहाँ रति, हास, शोक, क्रोध, उत्साह, भय, आश्चर्य, जुगुप्सा और निर्वेद ये नौ भाव गिनाए गए हैं। ध्यान देने की बात यह है कि इनमें से हास, उत्साह और निर्वेद को छोड़ शेष सब भाव वे ही हैं जिन्हें आधुनिक मनोवैज्ञानिकों ने मूल भाव कहा है। निर्वेद को अभावरूप मानकर अभी विवेचन के बाहर रखता हूँ। शेष आठ का ही विचार किया जाता है। ये सब के सब 'स्थायी' भाव कहलाते हैं। 'स्थायी' शब्द से आचार्यों

का बड़ा अभिप्राय है यह अच्छी तरह समझ लेना चाहिए। स्थायित्व के दो अर्थ हो सकते हैं–

(1) किसी एक भाव का एक ही अवसर पर इस आधिपत्य के साथ बना रहना कि उसके उपस्थितिकाल में अन्य भाव अथवा मनोवेग उसके शासन के भीतर प्रकट हों और वह ज्यों-का-त्यों बना रहे।

(2) किसी मानसिक स्थिति का इतने दिनों तक बना रहना कि उसके कारण भिन्न-भिन्न अवसरों पर भिन्न-भिन्न भाव प्रकट होते रहें।

कहने की आवश्यकता नहीं कि आचार्यों का अभिप्राय प्रथम प्रकार के स्थायित्व से है क्योंकि 'रति' ही एक ऐसा स्थायी है जिसमें द्वितीय प्रकार का दीर्घकालव्यापी स्थायित्व घटित होता है, शेष में प्रथम प्रकार का स्थायित्व ही पाया जाता है। अतः आठ भावों में से रति भाव ही ऐसा है जो आधुनिक मनोविज्ञान की दृष्टि से भी 'स्थायी' है। जान पड़ता है कि भोज[1] आदि कुछ साहित्य मीमांसकों का ध्यान रति के इस स्थायित्व की ओर गया था। उन्हें कुछ इस प्रकार भासित हुआ होगा कि रति ही एकमात्र शुद्ध स्थायी है, तब तो उन्होंने कहा कि शृंगार ही एकमात्र रस है।

अब यहाँ पर यह विचार करना चाहिए कि रति की भावरूप में संचारियों से भिन्न अलग सत्ता है अथवा आधुनिक मनोविज्ञानियों के अनुसार वह एक 'प्रतीतिपद्धति' मात्र है जिसमें भिन्न-भिन्न भाव प्रकट होते रहते हैं। हमारे यहाँ के आचार्यों ने और भावों के समान 'रति' की भी एक निर्दिष्ट भाव के रूप में किसी एक क्षण में अभिव्यक्ति मानी है–

अन्तःकरणवृत्तिरूपस्य रत्यादेराशुविनाशित्वेऽपि संस्कारात्मना चिरकाल
स्थायित्वाद्यावद्रसप्रतीतिकालमनुसन्धानाच्च स्थायित्वम्। –(प्रभा प्रदीप)

भाव की गतिविधि का पता अनुभावों द्वारा बहुत कुछ मिल सकता है। कुछ मनोविज्ञानियों ने तो अनुभावों को 'भाव' का कार्य न मानकर भाव का स्वगतभेद या अवयव ही माना है। विभाव, अनुभाव और संचारी द्वारा रस-व्यंजना होती है यह तो प्रसिद्ध ही है ! इसमें से संचारी को छोड़ दें तो वह भावव्यंजना होगी। अतः अनुभाव द्वारा भाव की प्रवृत्ति का पता चल सकता है। पर कभी-कभी कठिनता यह होती है कि संचारी स्वयं स्फुट न होने पर भी अपना अनुभाव प्रकट करता है और वह अनुभाव प्रधान भाव का ही अनुभाव मान लिया जाता है, संचारी का नहीं। जैसे, नायक के स्पर्श से नायिका को यदि रोमांच हो तो वह रोमांच हर्ष से होगा, पर हर्ष रति के कारण हुआ इससे वह रोमांच भी उपचार से रति भाव का ही अनुभाव कह दिया जाता है। ऐसी दशा में यह देखना चाहिए कि रति भाव का अपना कोई अलग अनुभाव होता है या नहीं। शृंगार रस का नीचे प्रसिद्ध उदाहरण लीजिए–

शून्यं वासगृहं विलोक्य शयनादुत्थाय किञ्चिच्छनै–
निद्राव्याजमुपागतस्य सुचिरं निर्वर्ण्य पत्युर्मुखम्।

---

1. देखिए 'शृंगार प्रकाश'।

विस्रब्धं परिचुम्ब्य जातपुलकामालोक्य गंडस्थलीं-
लज्जानम्रमुखी प्रियेण हसता बाला चिरं चुम्बिता।

—अमरुशतक, 72

अर्थात् नवोढ़ा नायिका ने वासगृह को शून्य देखकर शय्या से धीरे-धीरे कुछ उठकर निद्रा के बहाने लेटे हुए पति के मुख को बड़ी देर तक देखा (कि कहीं जागते तो नहीं हैं) फिर (सोता हुआ समझकर) विश्वासपूर्वक चुम्बन किया; पर उसके गंडस्थल को (हर्ष से) पुलकित देखकर उस बाला ने लज्जा से मुँह नीचा कर लिया और प्रिय ने हँसते हुए उसका बहुत देर तक चुम्बन किया।

इस उदाहरण में नायक का 'पुलक' तो हर्ष का सूचक है, पर चुम्बन शुद्ध रतिभाव का अनुभाव है। इससे सिद्ध हुआ कि रतिभाव की, संचारियों से भिन्न, अपनी अलग प्रवृत्ति भी होती है। स्पर्श, चुम्बन, आलिंगन इत्यादि व्यक्तिगत रतिभाव भी बँधी हुई प्रवृत्तियाँ हैं। इसी प्रकार उसका लक्ष्य भी अलग कहा जा सकता है।[1] उसका लक्ष्य होता है विषय या आलम्बन के स्वरूप के अनुरूप उसके साथ संयोग। किसी भाव की औरों से अलग 'प्रवृत्ति' और 'लक्ष्य' का पता पाना उसकी सत्ता का पता पाना है। मानसिक अवस्था के विश्लेषण द्वारा भाव के स्वरूप लक्षण (Static) के स्थान पर उस अवस्था के साथ संश्लिष्ट व्यापार आदि के निर्देश द्वारा तटस्थ लक्षण (Dynamic) विवृति ही आजकल के मनोविज्ञानी अधिक समीचीन समझते हैं। उनका कथन है कि किसी 'भाव' के अन्तर्गत बहुत-से मानसिक विकारों का सन्निवेश हो सकता है, पर उन सब विकारों के कथन से उस 'भाव' की प्रतीति का पूर्ण स्वरूप नहीं निरूपित होता है। जैसे, ईर्ष्या के अन्तर्गत बाधित अभिमान, क्रोध, विषाद अपनी उन्नति से नैराश्य इत्यादि कई भावों का गूढ़ न्यास पाया जाता है। पर ये सब चित्तविकार उस भाव की ठीक-ठीक प्रतीति नहीं करा सकते जिसे ईर्ष्या कहते हैं। 'पानकरसन्याय' से ही उसकी प्रतीति होती है जो केवल आस्वाद्य है अर्थात् प्रत्यक्षानुभावगम्य है, शब्दगम्य नहीं।

उपर्युक्त विवेचन से सिद्ध हुआ कि जिसे 'रति स्थायी' कहते हैं वह तो सचमुच कोई एक 'भाव' नहीं है, पर उसका प्रकृत मूल कोई एक भाव अवश्य है जिसकी स्थायी दशा का नाम है रति या प्रीति। जिस प्रकार एक भावविधान के भीतर वासना के रूप में कुछ प्रवृत्तियाँ अन्तर्हित रहती हैं उसी प्रकार भाव-प्रणाली या भावकोश के भीतर उसकी नींव देनेवाला मूल भाव भी अन्तर्हित रहता है, केवल विषयोत्तेजन पाकर प्रतीत काल में अभिव्यक्त हुआ करता है। शैंड आदि मनोविज्ञानियों ने इस बात पर ध्यान नहीं दिया कि प्रत्येक 'भाव' उस स्थायी अन्तर्हित दशा को प्राप्त कर सकता है

1. इसे प्रापाणक न्याय भी कहते हैं। जिस प्रकार घी, चीनी आदि कई वस्तुओं को एकत्र करने से बढ़ि मिठाई बनती है, उसी प्रकार अनेक उपादानों के योग से सुन्दर वस्तु तैयार होने के दृष्टान्त में यह उक्ति कही जाती है। साहित्यवाले विभाव, अनुभाव आदि द्वारा रस का परिपाक सूचित करने के लिए इसका प्रयोग बराबर करते हैं।—हिन्दी शब्दसागर, पृ. 908

जिसे 'भावकोश' या स्थायी कहते हैं। क्रोध को ही लीजिए। क्रोध की ही 'स्थायी दशा' बैर है जिसमें जैसे अनेक भावों की अभिव्यक्ति होती है वैसे ही क्रोध की भी हो जाया करती है। अतः क्रोध वास्तव में स्थायी भाव नहीं है, स्थायी भाव है बैर। इसी से प्रीति के मुकाबले में बैर ही का नाम लिया जाता है, जैसे–'बैर प्रीति नहिं दुरत दुराए'। –तुलसी

अब यह निश्चय करना रह गया कि रति या प्रीति नाम की पद्धति का मूल संस्थापक भाव क्या कहा जा सकता है। मैं तो उसे राग कहना अच्छा समझता हूँ। लोभ भी कह सकते हैं। किसी व्यक्ति या वस्तु पर 'लुभाना' बोलचाल में भी बराबर आता है। 'प्रीति' के अर्थ में 'लोभ' शब्द योरप की सैक्सन आदि प्राचीन भाषाओं में गया और अँगरेजी में 'लव' (Love) के रूप में अब तक बना है।[1] इससे यह प्रकट होता है कि बोलचाल की प्राचीन आर्यभाषा में 'पूर्वराग' को लोभ शब्द से व्यक्त करते थे। और भावों के समान किसी एक अवसर पर व्यक्तिगत लोभ या राग की प्रवृत्ति का प्रकाश होता है इस बात को हमारी भाषा ही पुकारकर कह रही है। किसी बच्चे पर जब कोई हाथ फेरता हुआ उसे चूमता-पुचकारता है तब लोग कहते हैं कि वह उसे 'प्यार कर रहा है,' ठीक उसी प्रकार जैसे जब कोई किसी की ओर लाल आँखें करके कड़े स्वर में बोलता है तब कहा जाता है कि वह क्रोध कर रहा है।

यह एक बँधी हुई बात है कि जिन तथ्यों या भावनाओं के लिए किसी भाषा में शब्द हैं उनकी ओर तो उस भाषा के बोलनेवालों का ध्यान जाता है; पर जिनके लिए शब्द नहीं हैं उनकी ओर बहुत कम जाता है। बहुत-से ऐसे भाव या मानसिक अवस्थाएँ हैं जिनके लिए एक भाषा में शब्द हैं, दूसरी में नहीं। 'ग्लानि' और 'संकोच' शब्द लीजिए जिनके ठीक-ठीक तात्पर्य को प्रकट करनेवाले शब्द अँगरेजी में ही हैं। मनोविज्ञान के भावनिरूपण में यह बात सबसे अधिक लक्षित होती है। अतः हिन्दी में इस विषय पर जो ग्रन्थ लिखे जाएँ उनमें अपने यहाँ के उन सब शब्दों पर पूर्ण विचार किया जाए जो भावों या मानसिक अवस्थाओं के द्योतक हैं। इस प्रणाली के अवलम्बन से इस बात की बहुत कुछ आशा है कि हम भी कुछ नया रंग-ढंग ला सकेंगे। केवल आँख मूँदकर अँगरेजी के शब्दों का अनुवाद कर जाने से न तो काम ही चलेगा और न हमारा पुरुषार्थ ही प्रकट होगा। 'भावुकता' का विकास पाश्चात्यों की अपेक्षा पूर्वीय जातियों में अधिक हुआ है। इसके लिए हम दुनिया में बदनाम हैं। अतः मनोविज्ञान के और अंगों में न सही, भावनिरूपण में औरों की अपेक्षा हम शायद कुछ कर सकें। भाषा का 'भावनाओं' के साथ इतना घनिष्ठ सम्बन्ध है कि शब्दसंकेत के सहारे पर विचारों के लिए बहुत कुछ मार्ग खुलता है। इसी से गोस्वामी तुलसीदासजी ने कहा है–*गिरा अर्थ जल बीचि सम कहियत भिन्न, न भिन्न।*

जैसा कहा जा चुका है–प्रत्येक 'भाव' स्थायी दशा को प्राप्त हो सकता है पर सबकी स्थायी दशा समान रूप से परिस्फुट नहीं होती। इससे कुछ के लिए तो निर्दिष्ट शब्द, कुछ के लिए नहीं। नीचे भावों के सामने उनकी स्थायी दशाएँ दी जाती हैं–

---

1. मिलाइए, चिन्तामणि, पहला भाग, लोभ और प्रीति, पृ. 117

भाव	स्थायी दशा
राग	रति
हास	×
आश्चर्य	×
शोक	संताप
क्रोध	बैर[1]
भय	आशंका
जुगुप्सा	विरति

इनमें से रति, बैर और विरति तो पूर्णतया परिस्फुट हैं। उनके अस्तित्व में किसी प्रकार का सन्देह नहीं किया जा सकता। शोक और भय की स्थायी दशाओं के लिए जो शब्द रखे गए हैं सम्भव है वे ठीक न हों, पर उन दशाओं का अस्तित्व अस्वीकार नहीं किया जा सकता। किसी इष्ट व्यक्ति या वस्तु की हानि, पीड़ा या दुर्दशा से जो शोक उत्पन्न होता है वह मन में घर कर लेता है और 'सन्ताप' के रूप में बराबर बना रहता है। किसी मृत व्यक्ति या नष्ट वस्तु के सम्बन्ध में कभी-कभी सन्ताप की ऐसी प्रणाली स्थापित हो जाती है कि हम समय-समय पर उसके लिए आँसू बहाया करते हैं, ठंडी साँसें लिया करते हैं। अपने मित्र के साथ बैठकर जिस स्थान पर हम बातचीत या हँसी-ठट्ठा किया करते थे, मित्र के न रहने पर उस स्थान से होकर जब कभी हम जा निकलते हैं चित्त की दशा कुछ और ही हो जाया करती है। इस दशा का दौरा कुछ लोगों के जीवन भर में हुआ करता है। इसी प्रकार जिसका 'भय' मन में समा जाता है और स्थान कर लेता है उसकी आशंका बराबर बनी रहती है। भय के संचारियों में 'शंका' भी रखी गई है और उसका अर्थ 'अनर्थ का तर्कण'[2] कहा गया है। पर तर्कण बुद्धि का व्यापार है। भाव प्रणाली या भावकोश के प्रसंग में कहा जा चुका है कि बुद्धि की सहायता का अवकाश किसी एक भाव के प्रतीतिकाल में वैसा नहीं रहता जैसा उस भाव की स्थायी दशा में रहता है। भय की तीव्र अनुभूति के साथ तो अनर्थ का चित्र ही एकबारगी मन के सामने आ जाएगा, तर्कण का अवकाश कहाँ रहेगा ? अतः 'शंका' यदि केवल कल्पना के रूप में है (जैसे वह कहीं आता न हो) तो उसे 'भाव' का संचारी समझिए और यदि तर्कण के रूप में है (जैसे यदि वहाँ जाकर छिपते हैं तो भी उसके मित्र वहाँ कई एक हैं, उसे पता लग जाएगा) तो उसे भाव की स्थायी दशा का संचारी समझिए।

---

1. क्रोध और बैर के सम्बन्ध का आभास एंजिल ने भी क्रोध की प्रवृत्ति के वर्णन में इस प्रकार दिया है
   (1) We are angry at the open insult andiperhaps moved to enduring hatred by the obnoxious and inscrupalous enemy, Page 351
   (2) When anger is deleberate and, develops hate—Shand, Page 37
2. परक्रौर्यात्मदोषाद्यैः शंकानर्थस्यतर्कणम्,
   —साहित्यदर्पण, तृतीय परिच्छेद, 191

अब रहे हास और आश्चर्य जिनकी दशाएँ इतनी व्यक्त नहीं हैं कि उनके अलग नाम रखे जाएँ। जिसकी बेढंगी चाल या बेढंगी बातों पर हम हँसा करते हैं उसके प्रति प्रायः चित्त की ऐसी स्थायी दशा हो जाती है कि उसका ध्यान या प्रसंग आने पर हमें बराबर हँसी आ जाया करती है। हम उसे बराबर विनोद की दृष्टि से देखा करते हैं। वह जिन्दगी भर हमारे लिए एक खिलौना या तमाशा-सा रहता है। उसके साथ हमारा एक प्रकार का विनोद सम्बन्ध स्थापित हो जाता है। हास्य में किसी और भाव या चित्त-विकार की गुंजाइश संचारी के रूप में होती है या नहीं इसका विचार आगे किया जाएगा। आश्चर्य के सम्बन्ध में भी वही बात कही जा सकती है जो हास के सम्बन्ध में कही गई है। जिस व्यक्ति या वस्तु की लोकोत्तर असाधारणता से हमें आश्चर्य हुआ उसके सम्बन्ध में कभी-कभी आश्चर्य की प्रणाली स्थापित हो जाती है और हमारे हृदय की ऐसी स्थिति हो जाती है कि हम उसे जब कभी देखते हैं या उसका जब कभी ध्यान करते हैं तब लोकोत्तर महत्व के आरोप के साथ। यहाँ तक कि हृदय की ऐसी स्थायी स्थिति में किसी प्रकार की बाधा हमें असह्य होगी और जो कोई उस व्यक्ति या वस्तु को साधारण कहेगा उससे हम लड़ खड़े होंगे। महात्माओं के सम्बन्ध में जो अलौकिक कथाओं का ढेर लग जाता है वह मनुष्य की इसी मानसिक स्थिति के प्रसाद से।

इस बात की ओर एक बार फिर ध्यान दिला देना मैं आवश्यक समझता हूँ कि जिस प्रकार रति, बैर और विरति नाम की स्थायी दशाएँ अधिक परिस्फुट होने के कारण अपने मूल भावों से कुछ विशिष्ट प्रतीत होती हैं उस प्रकार बाकी चार स्थायी दशाएँ नहीं, इसी से मनोविज्ञानियों का ध्यान उनकी ओर नहीं गया और इसी से हमारे यहाँ के साहित्यिक भाव-निरूपण में भी प्रत्येक 'भाव' की स्थायी दशा उस प्रकार परिस्फुट नहीं की गई है जिस प्रकार राग की स्थायी दशा 'रति'। पर क्रोध की स्थायी दशा बैर भी इस प्रकार परिस्फुट किया जा सकता है कि प्रायः वे सब सुखात्मक या दुखात्मक चित्तविकार जो 'रति' के संचारी होकर आते हैं उसके भी संचारी होकर आएँ जैसे, जिसके साथ बैर है उसके निधन या कष्ट पर हर्ष, उसकी विजय या सफलता पर विषाद, उसकी विभूति देख-सुनकर ईर्षा, उसके विरुद्ध अपने प्रयत्न के विफल होने पर लज्जा, उसको सम्भावित हानि के सम्बन्ध में औत्सुक्य, उसकी की हुई हानि को देखकर उसकी स्मृति, इस प्रकार धृति, चपलता, चिन्ता इत्यादि सब संचारी भाव आ सकते हैं। काव्यों में इनके उदाहरण बराबर पाए जाएँगे। यह बात ध्यान में रखनी चाहिए कि मूल भाव अपनी स्थायी दशा का संचारी होकर बराबर आया करेगा ठीक उसी प्रकार जैसे 'भाव' के प्रतीतिकाल के भीतर उसी की कुछ अन्तर्दशाएँ (जैसे त्रास, अमर्ष) संचारी के रूप में आती हुई कही गई हैं। दूसरी बात ध्यान देने की यह है कि 'अनुभाव' भाव ही के हुआ करते हैं (चाहे प्रधान के हों या संचारी के) उसकी स्थायी दशा के नहीं—अर्थात् 'अनुभाव' जब प्रकट होंगे तब किसी भाव या उसके संचारी के प्रतीतिकाल में।

कोई भाव अपनी भावदशा में ही है या स्थायी दशा को प्राप्त हुआ है इसकी पहचान संचारियों में हो सकती है। कोई भाव या वेगयुक्त चित्त-विकार या तो सुखात्मक

होगा या दुखात्मक। भावदशा में सुखात्मक भाव का संचारी सुखात्मक भाव या चित्तविकार ही होगा और दुखात्मक का दुखात्मक। बात यह है कि सुखात्मक भाव के अनुभव काल में दुखात्मक चित्तविकार के आ जाने से और दुखात्मक के अनुभव काल में सुखात्मक चित्तविकार के आ जाने से भाव बाधित होकर तिरोहित हो जाएगा। पर स्थायी दशा प्राप्त होने पर यह बात नहीं रहती। स्थायी दशा को विरुद्ध या अविरुद्ध कोई भाव संचारी रूप में आकर तिरोहित नहीं कर सकता।[1] स्थायी का यह लक्षण ग्रन्थों में स्वीकार किया गया है पर 'रति' को छोड़ (जो 'राग' की स्थायी दशा है) क्रोध आदि भावों में यह लक्षण नहीं घटता। सुखात्मक भावों से निष्पन्न हास्य, वीर और अद्‌भुत रसों के संचारियों में कोई दुखात्मक भाव या चित्तविकार न मिलेगा; इसी प्रकार दुखात्मक भावों से निष्पन्न करुण, रौद्र, भयानक और वीभत्स रसों के संचारियों में हर्ष आदि सुखात्मक भाव या चित्तविकार न मिलेंगे।

ऊपर के स्थायित्व विवेचन में 'उत्साह' छोड़ दिया गया है। उत्साह की स्थायी दशा का अनुसन्धान करने में हमें एक दूसरी ही कोटि का स्थायित्व मिलता है जिससे मनुष्य के स्वभाव का निर्माण होता है। अब तक जिस स्थायित्व का विचार किया गया वह एक ही आलम्बन के प्रति था। पर किसी भाव के प्रकृतिस्थ हो जाने पर वह एक ही आलम्बन से बद्ध नहीं रहता, समय-समय पर भिन्न-भिन्न आलम्बन ग्रहण करता रहता है। यदि राग या लोभ प्रकृतिस्थ हो गया है तो वह किसी एक ही व्यक्तियों या वस्तु के प्रति रति या प्रीति के रूप में परिमित न रहेगा, अनेक व्यक्ति या वस्तुओं की ओर लपका करेगा और अपने आश्रय को प्रेमी, रसिक अथवा लोभी, लम्पट आदि लोक से कहलाएगा। इसी प्रकार यदि क्रोध प्रकृतिस्थ हो गया है तो एक ही व्यक्ति के प्रति 'बैर' के रूप में न टिकेगा, बल्कि अनेक व्यक्तियों के प्रति समय-समय पर प्रकट हुआ करेगा जिससे मनुष्य क्रोधी या चिड़चिड़ा कहलाएगा। जिस किसी की प्रकृति में शोक या विषाद ओतप्रोत हो जाएगा उसमें यदि केवल अपने ही दुख या हानि के अनुभव की सामर्थ्य होगी तो वह अनेक व्यक्तियों या वस्तुओं से खिन्नता प्राप्त किया करेगा और रोना, मनहूस या मुहर्रमी कहलाएगा और यदि उसमें दूसरों की हानि या दुख की अनुभूति की वृत्ति प्रबल होगी तो दयावान् कहलाएगा। इसी प्रकार किसी एक ही व्यक्ति या वस्तु से नहीं अनेक-अनेक अवसरों पर अनेक व्यक्तियों या वस्तुओं से डरनेवाले को भीरु या डरपोक, बात-बात पर हर एक आदमी को देखकर हँसनेवाले को हँसोड़ या ठट्ठेबाज, हर एक वस्तु से नाक सिकोड़नेवाले को छिनछिना या तुनकमिजाज तथा जितनी वस्तुएँ सामने आएँ उनमें से बहुतों को देख चकपकाने या आश्चर्य करनेवाले को चकपका या कौआ कहते हैं।

भाव के इस प्रकार प्रकृतिस्थ हो जाने की अवस्था को हम शीलदशा कहेंगे।

---

1. अविरुद्धा विरुद्धा वा यं तिरोधातुमक्षमाः।
   आस्वादांकुरकन्दोऽसौ भावः स्थायीति संमतः॥
   –साहित्यदर्पण, तृतीय परिच्छेद, 174

उत्साह का अर्थ है साहस की उमंग जो किसी कठिन कर्म की ओर प्रवृत्त करती है। उत्साह में आलम्बन और लक्ष्य स्थिर और परिस्फुट नहीं होते, इसी से मनोविज्ञानियों ने प्रधान भावों की गिनती में उसे नहीं रखा है। यद्यपि ग्रन्थों में प्रतिमल्ल, दानपात्र और दयापात्र को उत्साह के आलम्बन कहा है पर भाव के अनुभूति काल में इन व्यक्तियों की ओर वैसा ध्यान नहीं रहता जैसा और भावों के प्रतीति काल में रहता है। किसी शत्रु के विरुद्ध यात्रा के समय किसी योद्धा के हृदय में जो उमंग होती है उसमें अपने पराक्रम का ध्यान प्रधान रहता है; शत्रु का नहीं। दिग्विजय या अश्वमेध की यात्रा के आरम्भ में कोई शत्रु निश्चित नहीं रहता पर उत्साह बराबर प्रकट किया जाता है जिससे श्रोता या दर्शक को वीर रस की पूर्ण अनुभूति होती है। इसी प्रकार दानवीर या दयावीर में यदि दानपात्र की ओर ध्यान प्रधान माना जाए तो भक्ति या करुण का भाव प्रधान होगा इससे उत्साह के यदि आलम्बन हो सकते हैं तो युद्ध, दान, दया आदि के कर्म।[1] धर्मवीर में तो धर्म अर्थात् धर्मकार्य को आलम्बन मानना ही पड़ा है। किसी एक कर्म की विद्यमानता एक अवसर के आगे नहीं रह सकती। उत्साह के एक अवसर के उपरान्त दूसरे अवसर पर कर्म भी दूसरा हो जाएगा। इस कारण उत्साह जब अनेकावसर व्यापी स्थायित्व की ओर चलेगा तब वह 'शील दशा' को ही प्राप्त समझा जाएगा। और भावों के समान किसी एक आलम्बन के प्रति उसकी 'स्थायी दशा' नहीं कही जा सकती। जो वीर होगा वह किसी एक ही व्यक्ति के प्रति नहीं, उपयुक्त व्यक्तिमात्र के साथ वीरता दिखलानेवाले ही वीर कहलाते हैं।

'भाव' के सम्बन्ध में यह कहा जा चुका है कि वह आलम्बनप्रधान होता है अर्थात् उसमें आलम्बन की भावना 'प्रत्यय' के रूप में परिस्फुट होती है। इसके अतिरिक्त प्रत्येक भाव एक ही आलम्बन के प्रति स्थायी दशा को प्राप्त हो सकता है। जबकि ये बातें उत्साह में नहीं घटतीं तो वह मन का वेग मात्र है। फिर आचार्यों ने उसे प्रधान भावों की गिनती में रखा क्यों ? संचारियों में क्यों न डाल दिया ? रस में उसकी प्रयोजकता के विचार से। आश्रय या पात्र में उसकी व्यंजना द्वारा श्रोता या दर्शक को ऐसा विविक्त रसानुभव होता है जो और रसों के समकक्ष है।

इस बात का ध्यान रखना चाहिए कि साहित्यिकों का सारा भावनिरूपण रस की दृष्टि से है। 'दयावीर' को लीजिए जो कि एक संकर भाव है। उसमें प्रधान भाव तो रहता है करुणा या दया का, पर उसके साथ 'उत्साह' का भी योग हो जाता है। पहले हमें किसी व्यक्ति के दुख पर दया उत्पन्न होकर ऐसे कर्मों की प्रेरणा उत्पन्न करती है जिनसे उसका दुख दूर हो सकता है। यदि कर्म साधारणतया साध्य हुआ तब तो दया के अतिरिक्त और भाव या मनोवेग की सहायता अपेक्षित नहीं होती। पर यदि कर्म दुःसाध्य, कष्टकर या असाधारण हुआ तो साथ ही एक और दूसरे मनोवेग अर्थात् साहस की उमंग (उत्साह) का योगदान आवश्यक होता है। यहाँ पर शंका उठती है कि जब प्रधान प्रवर्तक दया या करुणा है तब आचार्यों ने 'दयावीर' को उत्साह या वीर रस के

1. Interest transfered from the end to the means.

अन्तर्गत क्यों रखा ? दयावीर के लिए दया को प्रधान भावों में क्यों नहीं गिन लिया ? यहाँ पर भी कहना पड़ता है कि रस की दृष्टि से। आश्रय द्वारा व्यक्त किया हुआ भाव साधारणीकरण के प्रभाव से श्रोता या दर्शक में भी उसी भाव की रसरूप में अनुभूति उत्पन्न करता है। आश्रय के शोक या दुख का अनुभव श्रोता या दर्शक के हृदय में परदुखजन्य दुख अर्थात् दया या करुणा के रूप में होगा। इसी प्रकार और 'भावों' के अनुभव भी साधारण्य से ही अर्थात् सहानुभूति के रूप में ही श्रोता या दर्शक में माने गए हैं। अतः रसनिष्पति के लिए आश्रय द्वारा व्यंजित प्रधान भाव सहानुभूत्यात्मक नहीं रखा गया है। साधारणीकृत भाव का फिर रसरूप में साधारणीकरण ठीक नहीं समझा गया।

उपर्युक्त विवेचन का संक्षिप्त परिणाम यह निकला कि जिन्हें साहित्य में भाव कहते हैं उनकी तीन दशाएँ मिलती हैं—भावदशा, स्थायीदशा और शीलदशा। नीचे तीनों दशाओं का चक्र दिया जाता है—

एक अवसर पर एक आलम्बन के प्रति	अनेक अवसरों पर एक आलम्बन के प्रति	अनेक अवसरों पर अनेक आलम्बन के प्रति
भावदशा	**स्थायीदशा**	**शीलदशा**
राग	रति	स्नेहशीलता, रसिकता, लोभ, तृष्णा, लम्पटता
हास	(अनभिधेय)	हँसोड़पन, विनोदशीलता,
उत्साह	×	वीरता, तत्परता
आश्चर्य	(अनभिधेय)	भौचक्कापन
शोक	सन्ताप	खिन्नता
क्रोध	बैर	क्रोधशीलता, उग्रता, चिड़चिड़ापन
भय	आशंका	भीरुता
जुगुप्सा	विरति	तुनुकमिजाजी

इस तालिका में 'शीलदशाओं' के नाम स्थायीदशाओं से भिन्न देखकर यह न समझना चाहिए कि नामभेद सर्वत्र ही मिलेगा। श्रद्धाभक्ति किसी में एक व्यक्ति के प्रति होती है तब भी लोग कहते हैं कि 'उसमें अमुक के प्रति श्रद्धा है' और बड़ों के प्रति सामान्यतः होती है तब भी कह दिया जाता है कि 'उसमें बड़ों के प्रति श्रद्धा है—यह नहीं कहा जाता है 'बड़ों के प्रति श्रद्धाशीलता है' । पर 'वह श्रद्धावान् हैं' इतने कहने से ही यही समझा जाता है कि वह श्रेष्ठ व्यक्तियों (आचार्य आदि) या वस्तुओं (जैसे, धर्म) के प्रति साधारणतः श्रद्धा रखनेवाला है। शीलदशाओं का समूह बहुत बड़ा है। आलम्बनप्रधान अर्थात् प्रत्ययबोधाश्रित मुख्य भावों से ही शीलदशा की प्रतिष्ठा नहीं होती, 'भावदशा' तक न पहुँचनेवाले मन के वेगों और प्रवृत्तियों के चिराभ्यास से भी भिन्न-भिन्न शीलदशाएँ मनुष्य की प्रकृति में प्रतिष्ठित होती हैं—जैसे, आलस्य से आलसीपन, लज्जा

से लज्जाशीलता, अवहित्था से दुराव का स्वभाव, असूया से ईर्षालु प्रकृति इत्यादि। इसी प्रकार संकोचशीलता; स्पर्द्धाशीलता जो वस्तु देखी उसे अपनाने की प्रकृति इत्यादि अनेक प्रकार की शीलदशाओं का विधान भिन्न-भिन्न वेगों और प्रवृत्तियों के पकड़ने से होता है। मनोविज्ञानियों ने 'स्थायीदशा' और 'शीलदशा' के भेद की ओर ध्यान न देकर दोनों प्रकार की मानसिक दशाओं को एक ही में गिना दिया है। इन्होंने रति, बैर, धनतृष्णा, इन्द्रिपरायणता, अभिमान इत्यादि सबको स्थायी भावों की कोटि में डाल लिया है। पर मैंने जिस आधार पर भेद करना आवश्यक समझा है उसका विवरण ऊपर दिया जा चुका है।

अब काव्य में इन तीनों दशाओं का उपयोग किस प्रकार होता है इस पर थोड़ा विचार करना आवश्यक प्रतीत होता है। लक्षणग्रन्थों में रस-व्यंजना की जो परिपाटी बताई गई है उसका पालन तो अपनी अन्तर्दशाओं (संचारियों) के सहित दशाभाव से ही हो जाता है। 'राग' ही 'रति स्थायी' के रूप में अधिकतर देखा जाता है और भाव प्रायः नहीं। पर यह दिखाया जा चुका है कि बैर (क्रोध की स्थायी दशा) इत्यादि का रसपूर्ण वर्णन भी इस प्रकार हो सकता है कि उसमें वे सब संचारी प्रायः आ जाएँ जो रति में आते हैं। इस प्रकार और भावों की 'स्थायी दशाओं' को भी लेने से 'रसक्षेत्र' का विस्तार बढ़ जाता है। जैसे, यदि कोई शत्रु पर कुपित होकर तत्काल लाल आँखें किए उसकी ओर दौड़ पड़े या यह दौड़ना या झपटना भावदशा के अनुभाव के अन्तर्गत होगा; पर यदि वह बैठकर शत्रु के नाश का उपाय स्थिर करता है और फिर उन उपायों के साधन में धीरता के साथ प्रवृत्त होता है तो उसका यह व्यापार क्रोध की स्थायीदशा 'बैर' के अन्तर्भूत होगा। राम का समुद्रतट पर बैठकर धीरतापूर्वक सेतु बँधवाना 'अनुभाव' के अन्तर्गत नहीं कहा जा सकता (क्योंकि अनुभाव किसी भावदशा में ही होता है) पर धैर्य अवश्य व्यंजित करता है, जो क्रोध की भावदशा से नहीं प्रकट हो सकता। यह सूचित किया जा चुका है कि 'स्थायी दशा' में भाव का अधिकार बुद्धि पर भी हो जाता है अर्थात् निश्चयात्मिका वृत्ति भी 'भाव' के आदेश पर परिचालित होने लगती है। यहाँ पर जिज्ञासा हो सकती है कि क्या बुद्धि की क्रिया का सारा ब्योरा भी भावविधान के अन्तर्गत आ जाता है। नहीं; भावविधान के अन्तर्गत केवल 'बुद्धि का क्रिया करना' यह बात होती है, स्वयं क्रिया नहीं। केवल बुद्धि की विलक्षणतासूचक जो बातें होती हैं वे 'रस' में नहीं घुलतीं, घटनाक्रमप्रधान आख्यानों (उपन्यास, कहानी आदि) में तो वे अच्छी तरह खप जाती हैं, पर रसप्रधान प्रबन्धकाव्यों में वे रस का परिपोषण नहीं करतीं।

'शीलदशा' का उपयोग काव्य में कहाँ तक होता है अब यह देखना चाहिए। यों देखने में रसयोजना में उसका प्रत्यक्ष सम्बन्ध नहीं दिखाई पड़ता। रूढ़ि के अनुसार पूर्ण रस की निष्पत्ति में 'अनुभाव' आवश्यक होता है और अनुभाव केवल 'भावदशा' का व्यंजक होता है। मुक्तक या उद्‌भट में जो रस की रस्म अदा की जाती है उसमें शीलदशा का समावेश नहीं होता। उसका उद्‌देश्य तो क्षणिक मनोरंजन मात्र होता है। पर उच्च लक्ष्य रखनेवाले, मनुष्य की प्रकृति का संस्कार या निर्माण करने की सामर्थ्य रखनेवाले प्रबन्ध-काव्य या नाटक के चरित्र-चित्रण का आधार 'शीलदशा' ही है। रामायण में राम

की धीरता और गम्भीरता, लक्ष्मण की उग्रता और असहनशीलता, बड़ों के प्रति भरत की श्रद्धाभक्ति इत्यादि का चित्रण भिन्न-भिन्न अवसरों पर भिन्न-भिन्न व्यक्तियों के प्रति किए हुए व्यवहारों के मेल से ही हुआ है। आलम्बन का स्वरूप संघटित करने में उपादान रूप होकर 'शीलदशा' रसोत्पत्ति में पूरा योग देती है। आश्रय की दृष्टि जिस प्रकार आलम्बन के बाह्य रूप पर जाती है उसी प्रकार उसके आभ्यन्तर स्वरूप पर भी जाती है। उस आभ्यन्तर स्वरूप की योजना भिन्न-भिन्न 'शीलों' से ही होती है। आलम्बन के रूप की धारणा से जिस प्रकार आश्रय में अश्रु, पुलक आदि अनुभाव प्रकट होते हैं उसी प्रकार उसके शील की धारणा से भी। जिसमें शील को देख-सुनकर इस प्रकार ये अनुभाव न प्रकट हों गोस्वामी तुलसीदासजी उसे जड़ समझते हैं। वे साफ़ कहते हैं कि–

'सुनि सीतापति सील सुभाउ।
मोद न मन, तन पुलक, नयन जल सो नर खेहर खाउ॥'

इतनी चेतावनी देकर गोस्वामीजी राम के शील स्वभाव को इस प्रकार विशद रूप में अंकित करते हैं–

सिसुपन तें पितु मातु बंधु गुरु सेवक सचिव सखाउ।
कहत राम बिधुबदन रिसौहैं सपनेहु लख्यो न काउ॥
खेलत संग अनुज बालक नित जोगवत अनट अपाउ।
जीति हारि चुचुकारि दुलारत देत दिवावत दाउ॥
सिला साप संतापबिगत भइ परसत पावन पाउ।
दई सुगति सो न हेरि हरष हिय चरन छुए को पछिताउ॥
भवधनु भंजि निदरि भूपति, भृगुनाथ खाइ गए ताउ।
छमि अपराध छमाइ पायँ परि, इतो न अनत अमाउ॥
कह्यो राज, बन दियो नारिबस, गरि गलानि गयो राउ।
ता कुमातु को मन जोगवत ज्यों निज तनु मरम कुघाउ॥
कपि सेवा बस भए कनौड़े, कह्यो पवनसुत आउ।
दैबे को न कछू ऋनियाँ हौं, धनिक तु पत्र लिखाउ॥
अपनाए सुग्रीव विभीषन, तिन न तज्यो छल छाउ।
भरत सभा सनमानि सराहत होत न हृदय अबाउ॥
निज करुना करतूति भगत पर चपत चलत चरचाउ।
सकृत प्रनाम प्रनत जस बरनत सुनत, कहत 'फिरि गाउ'॥

–विनयपत्रिका-100

भावों का वर्गीकरण

स्थायी

पहले कह आए हैं कि भावों के वर्गीकरण का प्रयत्न मनोविज्ञानियों ने इधर छोड़-सा दिया है। पर काव्य के प्रयोजन के लिए कोई ऐसा वर्गविधान अवश्य होना चाहिए जिसके आधार पर रसविरोध तथा विरुद्ध, अविरुद्ध संचारियों की व्याख्या हो सके। भाव के लक्षण में कहा जा चुका है कि उसमें अनुभूति संश्लिष्ट रहती है। अनुभूति दो प्रकार की हो सकती है, सुखात्मक और दुखात्मक। इसी के अनुसार भावों के दो वर्ग किए जा सकते हैं–सुखात्मक और दुखात्मक। प्रेम, उत्साह, श्रद्धा, भक्ति, औत्सुक्य, गर्व आदि के साथ सुखात्मक अनुभूति लगी रहती है इससे ये सुखात्मक हैं। शोक, क्रोध, भय, घृणा, लज्जा, उग्रता, अमर्ष, असूया, विषाद इत्यादि दुखात्मक हैं। आगे आठों भाव दोनों वर्गों में विभक्त करके दिए जाते हैं–

सुखात्मक वर्ग

चेतन धारण (आलम्बन) Cognition	इच्छा या संकल्प Conation	गति या प्रवृत्ति (कायिक) Tendency	लक्षण (सात्त्विक) Sympeon	भाव Emotion
(1) रूपगुणयुक्त व्यक्ति या वस्तु (2) चिर साहचर्य सम्बन्धयुक्त व्यक्ति या वस्तु	संयोग के आनन्द की प्राप्ति की या उसे बना रहने देने की	स्पर्श, चुम्बन, आलिंगन	पुलक, स्वेद रोमांच, कंप, स्तम्भ	राग
विकृत आकृति, वेष, वाणी आदि युक्त व्यक्ति	×	×	दाँत निकलना, सिर हिलना, ओठ फैलना आदि	हास
रुचिकर कर्म	कार्य पूरा करने की	अस्त्र पर हाथ रखना, ताल ठोकना, ललकारना, आगे बढ़ना, द्रव्य हाथ में लेना	भुजा फड़कना	उत्साह
असाधारण व्यक्ति वस्तु या व्यापार	×	×	स्तम्भ स्थिर दृष्टि, मुँह खोलना, अवाक होना	आश्चर्य

दुखात्मक वर्ग

चेतन धारणा (आलम्बन) Cognition	इच्छा या संकल्प Conation	गति या प्रवृत्ति (कायिक) Tendency	लक्षण (सात्त्विक) Cymptom	भाव Emotion
पीड़ित, या गत नष्ट इष्ट व्यक्ति या वस्तु; अथवा कोई अत्यन्त अनिष्ट	दुख के भार से मुक्त या हलके होने की	सिर-छाती पीटना, भूमि पर गिरना, रोना	अश्रु, वैवर्ण्य, गद्‌गद् कंठ, उछ्वास, निश्वास	शोक –
अनिष्टकारी या दुखद व्यक्ति	उसके नाश या शासन की	आक्रमण, प्रहार, हाथ या शस्त्र तानना, कटु और तीव्र शब्द कहना, ओठ चबाना, दाँत पीसना	लाल आँख होना, भौं चढ़ना, नथुने फड़कना	क्रोध –
अनिष्टकारी या दुखद व्यक्ति	उससे दूर हटने की	भागना, छिपना, इधर-उधर ताकना	कंप, वैवर्ण्य, स्तम्भ रोमांच, स्वेद	भय –
कुरूप, कुत्सित या अत्यन्त अरुचिकर वस्तु	उससे दूर हटने की	आँख, नाक मूँदना, नाक सुकोड़ना, कान पर हाथ रखना, थूकना, मुँह फेरना	×	जुगुप्सा –

सुखात्मक वर्ग में जो चार भाव रखे गए हैं उनमें 'राग' और 'हास' के सुखात्मक होने में कोई सन्देह हो ही नहीं सकता। 'उत्साह' भी सुखात्मक भाव है, उसकी सूचना हर्ष, धैर्य आदि संचारी भाव भी दे रहे हैं और शब्दार्थ के सम्बन्ध में लोकप्रवृत्ति भी। साधारण बोलचाल में 'उत्साह' या 'उछाह' से आनन्द या आनन्द की उमंग का ही अर्थ लिया जाता है। आश्चर्य के सम्बन्ध में दो प्रश्न उठाए जा सकते हैं–

(1) क्या दुखात्मक अनुभवपूर्वक इसकी प्रतीति नहीं होती ?

(2) इसे सुख और दुख दोनों से उदासीन क्यों न कहें ?

पहले प्रश्न के सम्बन्ध में यह कहना है कि दुखदायी वस्तुएँ भी अद्‌भुत हो सकती हैं पर यहाँ पर आलम्बन के किसी स्वरूपविशेष की सत्तामात्र से प्रयोजन नहीं है, यहाँ तो यह देखना है कि आलम्बन के किसी स्वरूप के प्रति आश्रय या श्रोता के हृदय में परिस्थिति या अवसर के विचार से किसी भाव के स्फुट रूप में उद्‌भूत होने की सम्भावना रहेगी या नहीं। किसी प्रकार के दुख के क्षोभकारी अनुभव की दशा में चित्त को क्या इतना अवकाश मिल सकता है कि वह किसी वस्तु या व्यापार की लौकिकता-अलौकिकता की ओर जमे ? मैं समझता हूँ शायद ही कभी। साहित्य के आचार्यों ने तो हर्ष को अद्‌भुत का संचारी कहकर 'आश्चर्य' का सुखात्मक भाव होना स्पष्ट ही कर दिया।[1] आजकल के मनोविज्ञानियों ने भी उनके अनुकूल मत प्रकट किया है।[2]

1. वितिर्कावेगसंभ्रान्तिहर्षाद्या व्यभिचारिणः।
   –साहित्यदर्पण 3, 245
2. The cases in which there is something requgnent in an object which is at the same time felt as wonderful and where in the rapugnancy is only in part counteracted are exceptional. The wonderful is ordinarily an object of delight. Hence it is that we find the terms 'admiration' and 'wonder' often combined. —Shand (Foundations of Character)

दूसरी बात आश्चर्य को उदासीन मानने की है। आश्चर्य में अद्भुत वस्तु पर ध्यान का जमना ही चित्त का लगना सूचित करता है, उदासीनता नहीं। थोड़ी देर के लिए आश्चर्य की कोई उदासीन अवस्था मान भी लें तो उस अवस्था का ग्रहण काव्य में नहीं हो सकता। काव्य रसात्मक होता है, 'रस' भावमय होता है और भावों के साथ अनुभूति लगी रहती है जो या तो सुखात्मक होगी अथवा दुखात्मक। आश्चर्य कई रंग बदलता है। यदि उसमें जिज्ञासा का भाव प्रबल होता है तो आश्चर्य की चमत्कृति जिसमें बुद्धि की क्रिया का एकदम विराम रहता है, थोड़ी देर ठहर पाती है। बात यह है कि जिज्ञासा अग्रसर हो जाने के कारण बुद्धि तरंग कारण के अन्वेषण में तत्पर हो जाती है और आश्चर्य के मूल स्वरूप का अन्त हो जाता है।

'हास' यों तो केवल मन का एक वेग मात्र है, पर 'भावों' में जिस हास को स्थान दिया गया है वह ऐसा है जिसके आश्रयगत होने पर श्रोता या दर्शक को भी रसरूप में हास की अनुभूति होती है। वह आलम्बनप्रधान होता है। यों ही प्रसन्नता के कारण (जैसे शत्रु के विरुद्ध अपनी सफलता पर) जो हँसी आती है वह 'भाव' की कोटि में नहीं– वह मन की उमंग या शरीर का व्यापार मात्र है, उसके प्रदर्शन से श्रोता या दर्शक के हृदय में हास की अनुभूति नहीं हो सकती।

हास और आश्चर्य दोनों लक्ष्यहीन होने के कारण किसी प्रकार की इच्छा, संकल्प या प्रयत्न की ओर प्रवृत्त नहीं करते। इसी से उनके द्वारा जो मनोरंजन होता है वह विश्रामस्वरूप जान पड़ता है। हम चारपाई पर पड़े-पड़े बड़े आराम के साथ लोगों पर हँस सकते हैं तथा अद्भुत और अनूठी वस्तु को आँख निकाले और मुँह बाए ताक सकते हैं। कोई विशेष इच्छा या संकल्प नहीं उत्पन्न होता जिसकी पूर्ति के निमित्त शरीर या मन को कोई प्रयास करना पड़े। मोटे आदमी जो जल्दी क्रोध, भय आदि करने का श्रम नहीं उठाने जाते मसखरापन अक्सर किया करते हैं। आचार्यों ने हास्य की यही विशेषता लक्ष्य करके निद्रा और आलस्य को उसका संचारी कहा है।[1] हलके मनोरंजन के लिए घड़ी आध घड़ी जी बहलाने के लिए, लोग प्रायः हँसी-दिल्लगी के चुटकुले सुनते या अजायबखाने की सैर को जाते हैं। काव्य के इसी प्रकार के हलके मनोरंजन की सामग्री समझे जाने पर अद्भुत चमत्कारपूर्ण फुटकल उक्तियों के कहनेवालों की गिनती बड़े-बड़े कवियों में होने लगी।

शोक भी अपने विषाद आदि संचारियों के सहित प्रयत्नशून्य दिखाई पड़ता है क्योंकि वह प्रयत्नकाल में नहीं रहता, प्रयत्न के विफल होने पर अथवा प्रयत्न द्वारा कोई आशा न होने पर ही होता है। क्रोध और भय दोनों में ध्यान देने की बात यह है कि आलम्बन का स्वरूप वही रहता है–मुख्य भेद यह लक्षित होता है कि एक में अपनी सामर्थ्य की ओर ध्यान रहता है और दूसरे में दूसरे की।

पहले कह आए हैं कि आधुनिक मनोविज्ञानियों ने क्रोध, भय, आनन्द और शोक को मूल भाव कहा है।[2] इनमें से साहित्य के 'भावों' की गिनती में आनन्द को छोड़ और

---

1. निद्रालस्यावहित्थाद्या अत्र स्युर्व्यभिचारिणः।
–साहित्यदर्पण, 3-216
2. देखिए 'भाव,' पृष्ठ 156

सब आ गए हैं। शोक के रखे जाने और आनन्द के न रखे जाने का कारण क्या है ? इसका एकमात्र उत्तर यही हो सकता है कि 'रस-विधान' की दृष्टि से ऐसा किया है। साहित्यिकों का सारा भावनिरूपण रस के विचार से किया गया है। आश्रय के जिस भाव की व्यंजना से श्रोता या दर्शक के चित्त में भी आलम्बन के प्रति वही भाव साधारण्याभिमान से उपस्थित हो सकता है उसी को रस का प्रवर्तक मानकर आचार्यों ने प्रधान भाव की कोटि में रखा है। इस बात को अच्छी तरह ध्यान में रखना चाहिए। शोक का आलम्बन ऐसा होता है कि वह मनुष्य मात्र को क्षुब्ध कर सकता है पर आनन्द में यह बात नहीं है। किसी अज्ञात और अपरिचित व्यक्ति को भी प्रिय के मरण आदि का विलाप करते सुन सुननेवालों की आँखों में आँसू आ जाते हैं; पर किसी को पुत्र जन्म पर आनन्द प्रकट करते देख राह चलते आदमी आनन्द से नाच नहीं उठते। किसी के आनन्दोत्सव में उन्हीं का हृदय पूर्ण योग देता है जिनसे उसका लगाव या प्रेम होता है पर किसी के शोक में योग देने के लिए मनुष्य मात्र का हृदय प्रकृति द्वारा विवश है। इसी से आनन्द को रस के प्रधान प्रवर्तक भावों में स्थान न देकर आचार्यों ने 'हर्ष' को केवल संचारी रूप में रखा है। इस युक्तपूर्ण विधान से उनकी सूक्ष्मदर्शिता का पता चलता है। यही कारण ईर्षा को भी प्रधान भावों में स्थान न देने का है। यद्यपि ईर्षा विषयोन्मुख होने के कारण मनोविज्ञान की दृष्टि से 'भाव' (स्थायी Sentiment) ही है, पर आश्रय किसी व्यक्ति के प्रति ईर्षा व्यंजित करके श्रोता या दर्शक को भी उक्त व्यक्ति के रस-रूप में ईर्षा का अनुभव नहीं करा सकता। प्रधान भावों के सम्बन्ध में ये मोटी बातें कहकर अब संचारियों की ओर आता हूँ।

संचारी

पाश्चात्य भाववेत्ता शैंड के भावनिरूपण के अनुसार प्रत्येक भाव एक प्रकार का व्यवस्थाचक्र है जिसके साथ शेष भावों का सम्बन्ध भी अव्यक्त रूप में लगा रहता है। क्रोध, भय, आनन्द और शोक जो मूलभाव कहे गए हैं उनमें से प्रत्येक का सम्बन्ध बाकी औरों से रहता है। क्रोध को ही लीजिए। उसके लक्ष्य की पूर्ति न होने पर शोक या विषाद, पूर्ति हो जाने पर आनन्द, कठिनाइयाँ दिखाई देने पर पूर्ति न होने की आशंका तक हो सकती है। भूतों के पंच पंचीकरण की सी व्यवस्था समझिए।

भारतीय साहित्यकों की स्थायी संचारी व्यवस्था भी सम्बन्ध व्यवस्था ही है, पर विशेष प्रकार की। वह अधिकार व्यवस्था के रूप में है। मनोविज्ञानियों की ऊपर लिखी सम्बन्ध-व्यवस्था में मूल या जनक भाव स्वप्रवर्तित अन्य भाव के उदय के समय अपना स्वरूप विसर्जित कर देता है। जैसे, जिससे हमारा प्रेम है उसे पीड़ित करनेवाले पर जिस

1. वेदान्तसार के अनुसार प्रत्येक स्थूल भूत में शेष चार भूतों के अंश भी वर्तमान रहते हैं। भूतों की यह स्थूल स्थिति पंचीकरण द्वारा होती है जो इस प्रकार होता है। पाँचों भूतों को पहले दो बराबर-बराबर भागों में विभक्त किया, फिर प्रत्येक के प्रथमार्ध को चार-चार भागों में बाँटा। फिर इन सब बीसों भागों को लेकर अलग रखा। अन्त में एक-एक भूत के द्वितीयार्ध में इन बीस भागों में चार भाग फिर से इस प्रकार रखे कि जिस भूत का द्वितीयार्ध हो उसके अतिरिक्त शेष चार भूतों का एक भाग उसमें आ जाए। –हिन्दी शब्दसागर, 'पंचीकरण' के अन्तर्गत।

समय हमें क्रोध आएगा उस समय रतिभाव की अनुभूति के लिए कोई अवकाश चित्त में न रहेगा। पर साहित्य में रति के जो संचारी कहे गए हैं उनके प्रतीतिकाल में रति का आभास बना रहेगा। नायिका मानसमय में जो क्रोध प्रकट करेगी वह ऐसा बलवान न होगा कि 'रतिभाव' को सर्वथा हटा सके। अब देखना यह चाहिए वह व्यवस्था क्या है जिसके अनुसार 'भावों' का ऐसा अविचल पद प्राप्त रहता है कि स्वप्रवर्तित आगन्तुक भावों के आ जाने से भी उनका स्वरूप सर्वथा तिरोहित नहीं होता। मनोविज्ञानियों के सम्बद्ध भावों की आलोचना करने से प्रकट होता है कि उनके विषय यदि प्रवर्तक भाव के आलम्बनों से भिन्न हों तो भी आश्रय का ध्यान मुख्यतः उन्हीं की ओर रहता है। पर संचारियों का विषय यदि प्रधान भाव के आलम्बन से भिन्न हुआ तो भी उनकी ओर ध्यान मुख्यतः नहीं होता, अर्थात् वे विषय आलम्बन नहीं कहे जा सकते। इसी आलम्बन की स्थिरता के आधार पर भारतीय साहित्यकारों ने 'भाव की अविचलता' या स्थायित्व को खड़ा किया है। आलम्बन ही वह कील है जिससे प्रधान भाव हटने नहीं पाता।

विरोध और अविरोध के विचार से संचारियों के चार भेद किए जा सकते हैं– सुखात्मक, दुखात्मक, उभयात्मक और उदासीन।

सुखात्मक	दुखात्मक	उभयात्मक	उदासीन
गर्व, औत्सुक्य, हर्ष, आशा, मद, सन्तोष, चपलता, मृदुलता, धैर्य	लज्जा, असूया अमर्ष, अवहित्था, त्रास, विषाद, शंका, चिन्ता, नैराश्य, उग्रता, मोह, अलसता, उन्माद, असन्तोष, ग्लानि, अपस्मार, मरण, व्याधि	आवेग, स्मृति, विस्मृति, दैन्य, जड़ता, स्वप्न, चित्त की चंचलता	वितर्क, मति, श्रम, निद्रा, विबोध

सुखात्मक भावों के साथ सुखात्मक संचारी और दुखात्मक भावों के साथ दुखात्मक संचारी परस्पर अविरुद्ध होंगे। इसी प्रकार सुखात्मक भाव के साथ दुखात्मक संचारी और दुखात्मक के साथ सुखात्मक संचारी विरुद्ध होंगे। उभयात्मक संचारी सुखात्मक भी हो सकते हैं और दुखात्मक भी; जैसे, आवेग हर्ष में भी हो सकता है और भय आदि में भी। भाव के साथ जो विरोध-अविरोध ऊपर कहा गया है वह जातिगत है अर्थात् सजातीय-विजातीय का विरोध है। इसके अतिरिक्त आश्रयगत और विषयगत विरोध जिस भाव या वेग से होगा वह संचारी हो ही नहीं सकता। जैसे, क्रोध के बीच-बीच में आलम्बन के प्रति यदि शंका, त्रास या दया आदि मनोविकार प्रकट होते हुए कहे जाएँ तो उनसे क्रोध की पुष्टि न होगी। यही बात युद्धोत्साह के बीच में त्रास आदि के होने से होगी। अतः ये मनोविकार क्रोध और उत्साह के संचारी नहीं हो सकते। कारण यह कि क्रोध के बीच में यदि शंका या त्रास हो जाए तो जितने काल तक शंका या त्रास

की स्थिति रहेगी उतने काल तक क्रोध का अस्तित्व न माना जाएगा। सारांश यह कि किसी भाव को पुष्ट करनेवाला मनोविकार वही होगा जो भाव के लक्ष्य और प्रवृत्ति से हटानेवाला न होगा।

एक बार इस बात का फिर स्मरण कर लेना चाहिए कि स्थायी दशा को प्राप्त होने पर भी भाव का मूल स्वरूप बीच-बीच में अवसर या उत्तेजन पाकर उदित हुआ करता है। स्थायी दशा के बीच-बीच में मूल स्वरूप के इस स्थिति काल को हम भाव दशा भी कहेंगे। जैसे, नायक के प्रति राग के रति रूप में स्थायी हो जाने पर जिस प्रकार हर्ष, अमर्ष आदि संचारी भाव प्रकट होंगे वैसे ही कभी-कभी नायक के मिलने पर भाव का मूल स्वरूप भी अपनी निज की प्रवृत्ति (आलिंगन, चुम्बन आदि) के सहित प्रकट हुआ करेगा। इसी प्रकार जिससे बैर होगा उस पर समय-समय पर क्रोध भी हुआ करेगा। भाव के मूल स्वरूप के इस उदयकाल में केवल अविरुद्ध संचारी ही प्रकट हो सकते हैं। विरुद्ध संचारी जब प्रकट होंगे तब अकेले, भाव के मूल स्वरूप के साथ कभी नहीं। अतः जहाँ विरुद्ध संचारी हों वहाँ तो चट, बिना किसी सोच-विचार के, स्थायी दशा समझ लेनी चाहिए। पर स्थायी दशा ऐसी भी होती है जिसमें भाव का मूल स्वरूप स्फुट नहीं होता; केवल अविरुद्ध संचारी के अनुभाव आदि द्वारा ही भाव की भी व्यंजना हो जाती है। जैसे, नायक के दर्शन से पुलक होना मात्र ही यदि कह दिया जाए तो रतिभाव व्यंजना द्वारा समझ लिया जाएगा। ऐसी दशा में अविरुद्ध संचारी यदि भाव का अवयव होता है–जैसा कि उक्त उदाहरण में है–तो भाव का स्वरूप श्रोता को तुरन्त स्फुट हो जाता है। जहाँ वह अवयव नहीं होता वहाँ व्यंजक वाक्य को सावधानी से रखना भी पड़ता है और समझना भी। जैसे; यदि कहा जाए कि 'अमुक को देखते ही वह वस्त्रादि न सँभालकर कभी नीचे कभी ऊपर जाने लगी' तो सुननेवाले को यह सन्देह रह जाता है कि ऐसा आवेग 'रतिभाव' के कारण हुआ या भय के। अतः प्रिय या नायक शब्द रखने से रतिभाव के ग्रहण में और 'शत्रु' शब्द अथवा 'विकराल' आदि विशेषण रखने से भय के ग्रहण में सहायता पहुँचेगी।

अब देखना चाहिए कि आचार्यों ने यों ही मनमाने ढंग पर कुछ भावों को प्रधान भावों में और कुछ को संचारियों में रख दिया है अथवा किसी सिद्धान्त पर ऐसा किया है। केवल यह जानकर ही आधुनिक जिज्ञासा तुष्ट नहीं हो सकती कि ग्रन्थों में यह भाव प्रधान कहे गए हैं और ये संचारी। 'क्यों' पूछनेवालों की उपेक्षा अब नहीं की जा सकती। अतः जिस सिद्धान्त पर यह भेदविधान स्थित है उसका पता लगाना चाहिए। उस सिद्धान्त का कुछ आभास यद्यपि मैं कुछ ही पहले अन्य प्रसंग में दे आया हूँ पर यहाँ उसे फिर से स्पष्ट कर देना आवश्यक है।

इस बात को बराबर ध्यान में रखने का अनुरोध किया जा चुका है कि साहित्य के आचार्यों का सारा भावनिरूपण रस की दृष्टि से–अर्थात् किसी भाव की व्यंजना श्रोता या दर्शक में भी उसी भाव की सी प्रतीति के विचार से–किया गया है। अतः जो भाव ऐसे हैं जिन्हें किसी पात्र को प्रकट करते देख या सुनकर दर्शक या श्रोता भी उन्हीं भावों

का-सा अनुभव कर सकते हैं, वे तो प्रधान भावों में रखे गए हैं, शेष भाव और मन के वेग संचारियों में डाले गए हैं। जैसे किसी आलम्बन के प्रति आश्रय को शोक या क्रोध प्रकट करते देख उस आलम्बन के मर्मस्पशी स्वरूप और 'भाव' की विशद व्यंजना के बल से श्रोता या दर्शक को उक्त दोनों भावों का रसरूप में परिणत होना अनुभव होता है, अतः वे प्रधान भावों की श्रेणी में रखे गए। पर आश्रय को किसी बात की शंका, किसी से ईर्ष्या, किसी पर गर्व, किसी से लज्जा प्रकट करते देख श्रोता या दर्शक को भी शंका, ईर्ष्या, गर्व, लज्जा आदि का अनुभव न होगा, दूसरे भावों का हो तो हो। इसी से ये भाव प्रधान न माने जाकर संचारी माने गए हैं। पर इससे यह मतलब नहीं कि ये भाव सदा प्रधान भावों के द्वारा प्रवर्तित होकर अनुचर के रूप में ही आया करते हैं, स्वतन्त्र रूप में आते ही नहीं। ये स्वतन्त्र रूप में अपने निज के अनुभवों के सहित भी आते हैं पर पूर्ण रस की अवस्था को नहीं प्राप्त होते—अर्थात् ऐसी दशा को नहीं पहुँचते जिसमें श्रोता या दर्शक भी आश्रय में उनकी विशद व्यंजना देख उनका अनुभव हृदय में करने लगें और समान अनुभाव प्रकट करने लगें। सारांश यह कि प्रधान (प्रचलित प्रयोग के अनुसार स्थायी) भाव वही कहा जा सकता है जो रस की अवस्था तक पहुँचे—

रसावस्थः परं भावः स्थायितां प्रतिपद्यते।

—साहित्यदर्पण, तृतीय परिच्छेद।

नियत प्रधान भावों के स्वरूप निर्धारण के लिए 'रसावस्था' का वही अर्थ लेना चाहिए जो ऊपर कहा गया है। 'विभाव, अनुभाव और संचारी तीनों के मेल से जिसकी व्यंजना हो सके'[1] यह प्रचलित अर्थ लेने से कुछ काम तो निकल जाता है। पर प्रधानता के स्वरूप का ठीक-ठीक निर्देश नहीं होता। इस अर्थ को ग्रहण करने से यही पहचान मिलती है कि जो संचारी होंगे उनकी व्यंजना में तीनों का मेल नहीं होगा, कोई उपादान खंडित रहेगा। यह तो प्रत्यक्ष ही है कि संचारियों में जो भाव गिनाए गए हैं उनकी व्यंजना अनुभाव द्वारा भी प्रायः होती है। अतः कमी पड़ेगी तो संचारी की—अर्थात् जो नियत संचारी हैं, इस लक्षण के अनुसार, स्वतन्त्र या प्रधान रूप से आने पर भी वे संचारी से रहित होंगे। इस सम्बन्ध में दो बातें कहनी हैं—

(1) जो भाव संचारियों में गिनाए गए हैं उनके प्रधान या स्वतन्त्र रूप से आने पर उनके अन्तर्गत भी संचारी भाव आ सकते हैं। लज्जा को लीजिए। इसमें जिस व्यक्ति से लज्जा होगी वह आलम्बन और उसका ताकना, झाँकना, उद्दीपन, सिर झुकाना आदि अनुभाव और अवहित्था संचारी कही जा सकती है। इसी प्रकार असूया या ईर्ष्या के अन्तर्गत अमर्ष संचारी होकर आ सकता है।

(2) इससे सिद्ध हुआ कि किसी भाव की 'विभाव, अनुभाव और संचारी के मेल से व्यंजना' ही श्रोता या दर्शक में उस भाव का अनुभाव नहीं करा सकती अर्थात् पूर्ण रस की निष्पत्ति नहीं कर सकती। तीनों संयोजकों द्वारा लज्जा की व्यंजना देखने से श्रोता

1. विभावानुभावव्यभिचारिसं योगाद्रसनिष्पत्तिः।
—नाट्यशास्त्र, षष्ठ अध्यायः।

या दर्शक के मन के सामने लज्जा का पूर्ण स्वरूप भर खड़ा होगा, हृदय में लज्जा का अनुभव न उत्पन्न होगा।

उपर्युक्त विवेचन से यह परिणाम निकला कि 'भावों' के स्वरूप के भीतर ही वह वस्तु है जिसके अनुसार प्रधान और संचारी का विभाग हो जाता है। वह वस्तु है आलम्बन। आलम्बन या तो सामान्य होता है या विशेष। जो सामान्य आलम्बन होगा उसके प्रति मनुष्य मात्र का कम-से-कम सहृय मात्र का—वही भाव होगा जो आश्रय का है। जो विशेष आलम्बन होगा उसके प्रति श्रोता या दर्शक स्वभावतः उसी भाव का अनुभव न करेगा जिसे व्यंजित करता हुआ आश्रय दिखाया गया है—दूसरे 'भाव' का अनुभव वह कर सकता है। इस विभेद को ध्यान में रखकर विचार करने से यह स्पष्ट हो जाता है कि प्रधान भावों की गिनती में वे ही भाव रखे गए हैं जिनके आलम्बन 'सामान्य' हो सकते हैं। शेष भाव या मनोवेग संचारियों की श्रेणी में डाले गए हैं क्योंकि उनमें से किसी के स्वतन्त्र विषय होंगे भी तो भी श्रोता या दर्शक का ध्यान उनकी ओर प्रवृत्त नहीं रहेगा।

गिनाए हुए संचारियों की सूची से ही पता चल जाता है कि उनका क्षेत्र बहुत व्यापक है। संचारी के अन्तर्गत 'भाव' के पास तक पहुँचनेवाले अर्थात् स्वतन्त्र विषययुक्त और लक्ष्ययुक्त मनोविकार और मन के क्षणिक वेग ही नहीं बल्कि शारीरिक और मानसिक अवस्थाएँ तथा स्मरण, वितर्क आदि अन्तःकरण की और वृत्तियाँ भी आ गई हैं—

स्वतन्त्र विषय-युक्त भाव	**मन के वेग**	**अन्य अन्तःकरण वृत्ति**	**मानसिक अवस्था**	**शारीरिक अवस्था**
गर्व, लज्जा, असूया	आवेग, अमर्ष अवहित्था, औत्सुक्य त्रास, हर्ष, विषाद	शंका, स्मृति मति, चिन्ता, वितर्क। (आशा) नैराश्य (विस्मृति)	दैन्य, मद, जड़ता, उग्रता, मोह, स्वप्न, अलसता, उन्माद, सन्तोष, चपलता, निर्वेद। (मृदुलता), धैर्य, असन्तोष, ग्लानि	श्रम, अपस्मार, मरण, निद्रा, विबोध, व्याधि

स्वतन्त्र विषयवाले भाव

इनमें तीन मनोविकार ही ऐसे हैं जिनके विषय प्रधान भाव के आलम्बन से स्वतन्त्र हो सकते हैं—गर्व, लज्जा और असूया। इनके विषयों का विचार करते समय यह ध्यान रखना चाहिए कि विषय या आलम्बन 'भाव' का कारण नहीं है। जैसे, किसी के साथ हम बुराई कर चुके रहते हैं तो उसे सामने पाकर हम लज्जित होते हैं। अतः बुराई तो हुई हमारी लज्जा का कारण; जिसे सामने पाकर हम लज्जित होते हैं वह हुआ विषय। जिससे हम ईर्ष्या रखते हैं वह है विषय; उसके गुण, धन, वैभव आदि हैं कारण जिस पर हम गर्व प्रकट करते हैं वह हुआ विषय और हमारा गुण, वैभव, शक्ति आदि कारण। रति, क्रोध आदि प्रधान भावों के आलम्बनों के सम्बन्ध में भी यही समझना चाहिए। जैसे, नायिका आलम्बन, और उसका रूप, गुण आदि कारण, अनिष्टकारी व्यक्ति

आलम्बन और अनिष्ट कारण, मृत या पीड़ित व्यक्ति आलम्बन और उसकी मृत्यु पीड़ा आदि कारण कहे जाएँगे। इसी प्रकार और भी समझिए। कारण आधेय होता है और विषय आश्रय आधार। लज्जा, ईर्ष्या और गर्व के यद्यपि स्वतन्त्र विषय होते हैं पर उनकी ओर उतना ध्यान नहीं रहता जितना कारणों की ओर रहता है। 'आश्रय' का ध्यान तो कुछ रहता भी है, पर श्रोता या दर्शक का ध्यान कुछ भी नहीं रहता। अतः स्वतन्त्र विषय रखने पर भी ये आलम्बन प्रधान नहीं हैं। इनके विषय आलम्बनपद प्राप्त नहीं होते। आलम्बन वही विषय कहा जा सकता है जिसके प्रत्यय का बोध प्रधान होकर बना रहे। अतः आलम्बन प्रधान भावों के ही विषय को कह सकते हैं। गर्व लज्जा के सम्बन्ध में यह बात ध्यान देने की है कि उनमें कारण विषयगत नहीं होता, आश्रयगत होता है। इसी से पाश्चात्य मनोविज्ञानियों ने गर्व को 'ममत्व' (Self love) के अन्तर्गत रखा है जो उनकी व्यवस्था के अनुसार 'स्थायी भाव' है। हमारी प्रस्ताविक व्यवस्था के अनुसार गर्व या अभिमान शीलदशा को ही प्राप्त पाया जाता है। ऐसा शायद ही होता हो कि कोई किसी एक ही व्यक्ति से समय-समय पर शेखी किया करता हो।

मन के वेग

अब रहे मन के वेग। ये स्वतन्त्र रूप में बहुत कम आते हैं, अधिकतर किसी 'भाव' के कारण उत्पन्न होकर उसी के अन्तर्गत उद्भूत और विलीन होते हैं। जैसे, भय, आश्चर्य, हर्ष आदि के कारण आवेग, लज्जा के कारण अवहित्था, रति के कारण औत्सुक्य, शोक, दुख आदि के कारण ग्लानि, साथ-साथ उत्पन्न होती हैं। हर्ष और विषाद के मूल में भी व्यक्त या अव्यक्त रूप में रति, शोक, जुगुप्सा आदि भाव रहते हैं क्योंकि इष्ट या प्रिय तथा अनिष्ट या अरुचिकर की प्राप्ति से ही हर्ष और विषाद का सम्बन्ध रहता है।

अमर्ष, त्रास, हर्ष और विषाद तो क्रोध, भय, राग और शोक के ही आलम्बननिरपेक्ष तथा लक्ष्य या संकल्पविहीन अवयव हैं जो कभी तो प्रधान भावों के साथ संचारी रूप में आते हैं और कभी स्वतन्त्र रूप में। निन्दा, अपमान आदि के असहन से उत्पन्न क्षणिक क्षोभ मात्र का नाम 'अमर्ष' है–जिसके बाह्य चिह्न आँखें लाल होना, त्योरी चढ़ना, तर्जन आदि हैं।[1] किसी शब्द या रूप के गोचर होने पर एकबारगी कँपा या चौंका देनेवाला वेग 'त्रास'[2] है जिससे न तो विषय की स्फुट धारणा रहती है, न लक्ष्यसाधन की ओर गति। आरम्भ में ही दिखाया जा चुका है कि यह भय का प्रत्ययबोधशून्य आदिम वासनात्मक रूप है जो पूर्ण समुन्नत अन्तःकरण न रखनेवाले क्षुद्र जन्तुओं में होता है और मनुष्य आदि उन्नत प्राणियों में भी किसी-किसी अवसर पर देखा जाता है।[3] जिस वेग की प्रेरणा से लोग एकबारगी कर्त्तव्यशून्य होकर हार मानकर बैठ जाते हैं वह 'विषाद' है।[4] जैसे मेघनाद का

1. निन्द क्षेपापमानादेरमर्षोऽभिनिविष्टता।
नेत्ररागशिरःकम्पभ्रूमङ्गोत्तर्जनादिकृत् ॥ –साहित्यदर्पण, 6-156
2. निर्घातविद्युदुल्काद्यैस्त्रासः कम्पादिकारकः ॥ –साहित्यदर्पण, 3-1-64
3. देखिए 'भाव' शीर्षक अध्याय का प्रारम्भिक अंश।
4. उप याभा जन्मा तु विषादः सत्वसंक्षयः। –साहित्यदर्पण, 3-167

बध सुनकर रावण को हुआ था। प्रायः ऐसा होता है कि इस आलम्बननिरपेक्ष वेग के उदय के पीछे आलम्बनप्रधान भाव 'शोक' स्फुरित होता है। त्रास और अमर्ष के सम्बन्ध में भी अधिकतर ऐसा ही होता है। कोई व्यक्ति यदि पास ही घोड़ों की टाप सुने तो एकबारगी चौंककर काँप उठेगा; फिर शत्रु को सामने पाकर 'भय' नामक भाव का अनुभव करेगा। अमर्ष में भी ऐसा होता है कि पहले किसी का कटु वचन सुनते ही हम क्षुब्ध हो जाते हैं फिर उस कटु वचन कहनेवाले की ओर प्रवृत्त होते हैं। इसी प्रकार राग की पूर्ण अभिव्यक्ति भी हर्ष के उपरान्त होती है। पहले नायिका को देख नायक हर्षित होकर तब आलिंगन आदि की ओर प्रवृत्त होता है। अतः संचारियों का यह सामान्य लक्षण लेकर कि वे प्रधान भाव के कारण होते हैं यह शंका उठाई जा सकती है कि जो जिसका कारण है वह उसके पीछे कैसे उत्पन्न हो सकता है। अमर्ष, त्रास, हर्ष और विषाद चारों के सम्बन्ध में ऊपर ही जो यह कह दिया गया कि ये क्रोध, भय, राग और शोक के ही अवयव हैं उसी में इसका समाधान मौजूद है। अंगी का कोई अंग प्रधान या लक्षक अंग के पहले प्रकट हो सकता है। सारांश यह कि संचारी रूप में अमर्ष, त्रास, हर्ष और विषाद का क्रोध आदि के साथ कार्यकारण सम्बन्ध नहीं है अंगांगिभाव सम्बन्ध है। साहित्य के आचार्यों ने क्रोध, राग, भय और शोक के इन आलम्बननिरपेक्ष शुद्ध वेग रूप अवयवों की स्वतन्त्र अभिव्यक्ति भी देख इनको अलग करके संचारियों में रख लिया। भावों और उनके इन अवयवों के अनुभावों को चाहें तो हम अलग कर सकते हैं। उन अवयवों के उदय तक केवल सात्त्विक अनुभाव रहेंगे; भाव का उदय हो जाने पर कायिक अनुभाव होंगे।

उक्त चारों वेगों के जो स्वरूप ग्रन्थों में बताए गए हैं उनसे भी इस बात का पूरा संकेत मिल जाता है कि वे क्रोध, भय राग और शोक के ही अवयव हैं। अमर्ष में नेत्रराग, शिराकंप, भ्रूभंग और तर्जन का होना; त्रास में कंपादि होना; हर्ष में अश्रु, पुलक आदि का होना[1] और विषाद में निःश्वास, उच्छ्वास आदि होना कहा गया है।[2] ये सब व्यापार क्रमशः क्रोध, भय राग और शोक के अनुभावों में पाए जाएँगे। संचारियों के जो बाह्य चिह्न साहित्य ग्रन्थों में बताए गए हैं वे एक प्रकार से उनके अनुभाव ही हैं।

अन्य अन्तःकरणवृत्तियाँ

अब स्मृति, चिन्ता, वितर्क, मति आदि अन्तःकरण की अन्य वृत्तियों को लीजिए जो रागात्मिका नहीं हैं। किसी बात का स्मरण करना, चिन्ता करना, तर्क-वितर्क करना ये सब मन के वेग नहीं हैं, धारणा, बुद्धि आदि के व्यापार हैं जो वेदपाठियों, तार्किकों, मीमांसकों आदि में पूर्ण रूप में देखे जाते हैं। फिर इनका ग्रहण काव्य में कैसे हुआ? काव्य में इनका ग्रहण वहीं तक समझना चाहिए जहाँ तक वे प्रत्यक्ष रूप में भावों के द्वारा प्रेरित प्रतीत होते हों। 'प्रत्यक्ष रूप में' कहने का अभिप्राय यह है कि भाव प्रधान रूप से परिस्फुट हो जिससे श्रोता या दर्शक का ध्यान 'भाव' पर रहे, इन अन्तःकरण व्यापारों और

1. हर्षस्त्विष्टावाप्तेर्मनः प्रसादोऽश्रु गद्गदादिकरः। –साहित्यदर्पण 3-165
2. निःश्वासोच्छ्वासहृत्तापसहाय न्वेषणादिकृत्। –साहित्यदर्पण 3-176

इनके ब्यौरों पर नहीं। परोक्ष रूप में तो मनुष्य के सारे व्यापार और वृत्तियाँ भावव्यवस्था के अनुसार परिचालित होती हैं। मतलब यह कि 'भाव' की प्रधानता स्पष्ट रहनी चाहिए। उसे इस प्रकार व्यंजित होना चाहिए कि उक्त अन्तःकरण वृत्तियों की सत्ता उसी की सत्ता के भीतर दिखाई पड़े।

शील के आधारनिरूपण में शैंड ने भी संकल्पात्मिका और निश्चयात्मिका वृत्ति (बुद्धि) को 'भावों' के शासन के भीतर लाकर विचार किया है। उन्होंने इस बात को मानते हुए भी कि मनुष्य की रागात्मक सत्ता से परे समष्टिरूप एक आत्मसत्ता भी है जो भिन्न-भिन्न 'भावों' की प्रवृत्तियों को दबाकर कभी-कभी कर्मविवेक करती है, शील के वैज्ञानिक आधारनिरूपण में उसका विचार निष्प्रयोजन ठहराया है। प्रायः सब देशों के तत्वज्ञ महात्मा 'राग' और 'विवेक' को परस्परविरोधी कहकर रागों के दमन का उपदेश करते आए हैं। पर यदि ऐसा विरोध हो भी तो उसका विचार न करके जहाँ बुद्धि या विवेक अपनी परमावस्था को प्राप्त होकर कर्मनिर्णायक के रूप में दिखाई पड़े वहाँ भी मूल प्रेरक या प्रवर्तक 'सत्य प्रेम' नामक स्थायी भाव को ही मानना चाहिए। रतिभाव के आलम्बन मनुष्य या प्राणी ही नहीं 'सत्य,' 'धर्म' आदि अरूप पदार्थ भी हो सकते हैं, यह पहले कहा जा चुका है।[1] अतः शील की वैज्ञानिक व्याख्या के लिए यह सिद्धान्त स्वीकार करके चलना पड़ेगा कि 'समस्त संकल्पात्मिका और निश्चियात्मिका वृत्तियाँ किसी 'भाव' या मनोवेग द्वारा प्रेरित होती हैं और उसके शासन में रहकर उसके लक्ष्य के अनुकूल चलती हैं।'[2]

उपर्युक्त विवेचन से स्पष्ट है कि मति, शंका, वितर्क आदि यदि किसी भाव के कारण उत्पन्न हों और वह भाव स्पष्ट रूप से व्यंजित होता हो तभी उनका ग्रहण काव्य में हो सकता है। यों ही प्रसंग आने पर कोई बात सोचने लगना या किसी बात का स्मरण करना काव्यभावान्तर्गत न होगा। नीचे कुछ उदाहरण दिए जाते हैं—

स्मृति— *(क) जहाँ-जहाँ ठाढ़े लख्यो श्याम सुभग सिरमौर।*
उनहूँ बिन-छिन गहि रहत दृगनि अजौं वह ठौर॥

—बिहारी—रत्नाकर, 182

(ख) मन है जात अजौं वहै वा जमुना के तीर॥

—बिहारी—रत्नाकर, 681

मति— असंशयं क्षत्रपरिग्रहक्षमा यदाग्रमस्यामभिलाषि मे मनः।

—अभिज्ञानशाकुंतल, प्रथम अंक, 21

1. देखिए 'भाव' शीर्षक अध्याय, अनुच्छेद 12
2. Our personality does not seem to be the sum of the dispositions of our emotions and sentiments, these are our many selves; but there is also our one self. This enigmatical self which reflects on their systems, estimates them and however loath to do it, sometimes chooses between their ends, seems to be the central fact of our personality. If this be the fact, it is not the kind of fact which we can take into account. The science of character will be the science of our sentiments and emotions—of these many selves, not of this one self. The working assumption of our science must be the acceptance of this law—'All intellectual and voluntary processes are elicited by the system of impulse, emotion or sentiment and subordinated to its end'—Shand (Foundations of Character).

चिन्ता– *जब तें इत तें घनश्याम सुजान अचानक ही बल संग सिधारे।*
कर पै मुखचंद धरे सजनी नित सोचति है तू कहा मन मारे॥ [1]

वितर्क– *(क) जौं हौं कहाँ रहिए तौ प्रभुता प्रगट होति,*
चलन कहौ तो हितहानि नाहि सहनै।

—कविप्रिया, 10-20

(ख) कि रुद्धः प्रियया कदाचिदथवा सख्या ममोद्वेजितः
किंवा कारणगौरवं किमपि यन्नाद्यागते वल्लभः॥

—साहित्यदर्पण, तृतीय परिच्छेद; विरहोत्कंठिता।

इन उदाहरणों में मूल में रतिभाव व्यंजित है। यह ऊपर कह आए हैं कि धारणा, बुद्धि आदि के ये व्यापार 'भाव' की स्थायी दशा में ही होते हैं, भावदशा में नहीं। जैसे, यदि उक्त चारों वृत्तियाँ संचारी होकर आएँगी तो क्रोध की भावदशा में नहीं, 'बैर' नामक उसकी स्थायी दशा में ही आएँगी। अनिष्टकारी के सम्बन्ध में यदि क्रोध स्थायी दशा को प्राप्त होगा तो समय-समय पर उसके द्वारा किए हुए अनिष्ट का स्मरण, 'यह उसी का काम है और किसी का नहीं' इस प्रकार का निश्चय, वह हाथ में नहीं आ रहा है इसकी चिन्ता, वह कहीं भाग गया या यहीं छिपा हुआ है इस प्रकार का वितर्क हुआ करेगा।

'शंका' तो भय का ही वितर्कप्रधान रूप है जो आलम्बन के दूरस्थ होने पर प्रकट होता है। इसमें वेग नहीं होता और न आलम्बन उतना स्फुट होता है। इसका प्रादुर्भाव या तो स्वतन्त्र रूप में होता है अथवा भय की स्थायी दशा में; भावदशा में नहीं होता जबकि अनिष्टकारी या अनिष्ट बिलकुल पास आया रहता है। भूषण में 'शंका' के बहुत-से उदाहरण मिलते हैं, जैसे–

(क) बीजापूर, गोलकुंडा, आगरा, दिली के कोट
बाजे बाजे रोज दरवाजे उघरत हैं।

—भूषणग्रन्थावली, शिवाबावनी, 30

(ख) चौंकि-चौंकि चकता कहत चहूँघा तें यारों,
लेत रहौ खबरि कहाँ लौं शिवराज है।

—वही, छन्द 34

'वितर्क' और 'शंका' में भेद यह है कि वितर्क में अनुमान का व्यभिचार इष्ट और अनिष्ट दोनों पक्षों में बारी-बारी से हो सकता है, पर 'शंका में 'भय' के लेश के कारण अनुमान अनिष्ट पक्ष में ही जाया करता है। वाल्मीकिजी ने एक ही प्रसंग में दोनों के

---

1. साहित्यदर्पण में उदाहृत प्राकृत की निम्नलिखित गाथा से मिलाइए–
कमलेण बिअसिएण संजोएन्ती बिरोहिणं ससिबिम्बम्
करअलपल्लत्थमुही किं चिंतसि सुमुहि अंतराहिअहिअआ॥
कमलेन विकसितेन संयोजयन्ती विरोधिनं शशिनम्।
करतलपर्यस्तमुखी किं चिंतयसि सुमुखि; अन्तराहितहृदया॥
—तृतीय परिच्छेद, श्लोक 171

उदाहरण बहुत ही स्पष्ट दिए हैं। मारीच को मार आश्रम की ओर लौटते हुए रामचन्द्र जी इस प्रकार शंका प्रकट करते हैं–

दुःखिता खरघातेन राक्षसाः पिशिताशनाः।
तैः सीता निहता घौरैभविष्यति, न संशयः॥

–वाल्मीकीय रामायण, सर्ग 58, श्लोक 16

आश्रम में जानकी को न पाकर रामचन्द्रजी इस प्रकार वितर्क करते हैं–

हृता-मृता वा नष्टा वा भक्षिता वा भविष्यति।
निलीनाऽप्यथवा भीरुरथवा वनमाश्रिता॥
गता विचेतुं पुष्पाणि, फलान्यपि च वा पुनः।
अथवा पद्मिनीं याता, जलार्थं वा नदीं गता॥

–वही, सर्ग 60, श्लोक 8-9

गोस्वामीजी ने राम के वनवास की अवधि बीतने पर भरत का वितर्क दिखाया है। वह संचारी का बहुत अच्छा उदाहरण है, राम के प्रेम में भरत मग्न हैं, उनके नयनजलजात भी स्रवते हैं, उन्हें सगुन जानकर हर्ष भी होता है और वे इस प्रकार वितर्क भी करते हैं–

कारन कौन नाथ नहिं आए। जानि कुटिल प्रभु मोहिं बिसराए। आदि

–रामचरितमानस, सप्तम सोपान, 1

अन्य अन्तःकरण वृत्तियों में जिस प्रकार भयलेशयुक्त ऊहा 'शंका' रखी गई है उसी प्रकार हर्षलेशयुक्त ऊहा 'आशा' और विषादलेशयुक्त 'नैराश्य' को भी रख सकते हैं। जो 33 संचारी कहे गए हैं वे उपलक्षण मात्र हैं, संचारी और भी हो सकते हैं। जिस प्रकार स्मृति है उसी प्रकार 'विस्मृति' भी रखी जा सकती है।

मानसिक अवस्थाएँ

दैन्य, मद, जड़ता, चपलता इत्यादि मानसिक अवस्थाएँ दो प्रकार की होती हैं–प्रकृतिगत और आगन्तुक। आगन्तुक रूप में ही वे संचारी होती हैं क्योंकि उनका किसी 'भाव' के कारण प्रकट होना स्पष्ट रहता है। किसी मानसिक अवस्था की एक स्थिर प्रणाली का प्रकृतिस्थ हो जाना मूल में चाहे किसी 'भाव' के कारण ही हो पर अभिव्यक्ति काल में उक्त भाव के साथ उस अवस्था का प्रत्यक्ष सम्बन्ध न दिखाई देने से वह स्वतन्त्र ही कही जाएगी। इस प्रकार की प्रकृतिगत मानसिक अवस्थाएँ रस की बँधी लीक पीटनेवाले फुटकरिए कवियों के काम की चाहे न हों पर चरित्र-चित्रण में बड़े मतलब की हैं। किसी सीधे-सादे सज्जन के दैन्य भाव, किसी दुष्ट की स्वाभाविक उग्रता, बालकों की चपलता, ज्ञानियों की धीरता इत्यादि देखने-सुनने से श्रोता या दर्शक का मनोरंजन ही नहीं होता बल्कि सज्जन, दुष्ट, बालक, ज्ञानी, आलसी इत्यादि के ठीक-ठीक स्वरूप का प्रत्यक्षीकरण होता है जिससे इन भिन्न-भिन्न प्रकार के व्यक्तियों के प्रति उपयुक्त भावों की प्रतिष्ठा होती है। जो ज्ञानियों और सज्जनों पर श्रद्धा, दुष्टों से घृणा, बालकों से स्नेह और

आलसियों से विरक्ति या उपहास का भाव रखने में अभ्यस्त हो गया उसके चरित्र के सुधरने में कसर ही क्या रह गई ? मतलब यह कि इन मानसिक अवस्थाओं को 'शीलदशा' में देखकर प्रवृत्ति और निवृत्ति दोनों को उत्तेजना मिलती है।

भावों के प्रत्यक्ष सम्बन्ध से संचारियों के रूप में इन मानसिक अवस्थाओं की जहाँ अभिव्यक्ति होती है वहाँ उनमें प्रधान 'भावों' के प्रभाव से बहुत कुछ वेग आ जाता है। जैसे, भय के कारण जो दैन्य होगा वह इतना प्रबल होगा कि मानापमान का भाव बिलकुल दबा रहेगा और दीनता दिखलानेवाला व्यक्ति दस आदमियों के सामने भय के आलम्बन से हाथ जोड़ेगा, गिड़गिड़ाएगा और अपने को तुच्छातितुच्छ बनाएगा। ऐसे स्थल पर ध्यान प्रधानतः भय की ओर ही रहेगा, दैन्य की ओर नहीं। लोग यही कहेंगे कि यह डर के मारे गिड़गिड़ा रहा है। इसी प्रकार भक्ति (जो बड़ों के प्रति पूज्यबुद्धिमिश्रित रति ही है) के उद्रेक से अर्थात् पूज्य के अलौकिक महत्व के ध्यान में लीन होने से अपनी लघुता की जो सुखद अनुभूति[1] होती है उसमें भी बहुत कुछ जोर रहता है। भक्तवर गोस्वामी तुलसीदासजी ने दोनों प्रकार के 'दैन्य' का परिचय दिया है–प्रकृतिगत का भी और भावाश्रित का भी। रामचरितमानस की भूमिका में वे अपनी दीन प्रकृति का इस प्रकार उल्लेख करते हैं–

छमिहहिं सज्जन मोरि ढिठाई। सुनिहहिं बाल बचन मन लाई॥
कवि न होहुँ, नहिं बचन प्रवीनू। सकल कला सब विद्या हीनू॥

अपने इष्टदेव के महत्व के अनुभव से प्रेरित 'दैन्य' के जो पवित्र उद्‌गार उनके भक्तिपूर्ण अन्तःकरण से निकले हैं वे भक्ति के अभ्यास का मार्ग दिखानेवाले हैं–

(क) *जब लगि मैं न दीन दयालु तै; मैन दास, तैं स्वामी॥*
तब लगि जो दुख सहेउँ कहेउँ नहिं जद्यपि अंतरजामी।
तैं उदार, मैं कृपन, पतित मैं, तै पुनींत श्रुति गावै।

–विनय पत्रिका, 113

(ख) *राम सों बड़ो है कौन ? मो सों कौन छोटो ?*
राम सों खरो है कौन ? मो सों कौन खोटो ?

–विनयपत्रिका, 72

भक्तिपूर्ण अन्तःकरण से किस प्रकार मान-अपमान का भाव निकल जाता है, देखिए–

लोग कहैं पोचु सो न सोचु सँकोचु मेरे,
ब्याह न बरेखी जाति-पाँति न चहत हौं।
तुलसी अकाज काज राम ही के रीझे खीझे
प्रीति की प्रतीति मन मुदित रहत हौं॥

–विनयपत्रिका, 76

---

1. बड़ों सुख कहत बड़े सों, बलि, दीनता।
–तुलसी, विनयपत्रिका, 262

'मद' नामक अवस्था या तो मद्यपान आदि के कारण होती है अथवा प्रेम की उमंग या अभिमान आदि के कारण।[1] दाम्पत्य रति के वेग से उत्पन्न मद के उदाहरण तो लक्षण ग्रन्थों में मिलते हैं। पर अभिमान के जोर करने पर भी लोग बहकी-बहकी बातें करते हैं, भले-बुरे का ध्यान नहीं रखते, किसी की कुछ सुनते नहीं, जो जी में आता है कहते करते हैं। इससे स्पष्ट है कि 'मद' गर्व का भी संचारी होकर आता है। यह तो दिखाया ही जा चुका है कि संचारियों के पाँच वर्गों में से प्रथम वर्ग में जो तीन आलम्बनयुक्त भाव हैं वे संचारियों के सहित भी आ सकते हैं।

जिस 'जड़ता' का विचार रसनिरूपण में हुआ है वह किसी भाव के उद्रेक से अन्तःकरण की बोधात्मक क्रिया का कुछ काल के लिए बन्द-सा हो जाना है। जैसे, प्रिय के विदेशगमन का सहसा संवाद पाते ही नायिका की यह दशा हो जाना कि उसे 'मैं कहाँ हूँ, आसपास कौन बैठा है, क्या कहता है, क्या करता है' इत्यादि का कुछ भी ज्ञान न रहे। इसे मानसिक स्तम्भ कह सकते हैं। इसके साथ ही शरीरस्तम्भ भी होता है अथवा यों कहिए कि 'स्तम्भ' ही के दो पक्ष होते हैं, एक मानसिक और एक शारीरिक। इनमें से प्रथम तो संचारियों की कोटि में रखा गया और द्वितीय अनुभाव के भीतर डाल दिया गया। अब पूछिए कि क्यों एक प्रकार का स्तम्भ तो संचारियों में रखा गया और दूसरे प्रकार का सात्विक में। इसका कारण विवेचन करने पर यही प्रतीत होता है कि सात्विक अनुभाव में वही वस्तु रखी गई है जो बाहर शरीर पर लक्षित हो। मानसिक अवस्था स्वयं गोचर नहीं होती उसका कोई चिह्न या संकेत गोचर होता है। 'अनुभाव' किसी 'भाव' का सूचक होता है अतः मानसिक अवस्था जो सूच्य हुआ करती है वह सूचकों में नहीं रखी गई, संचारियों में रखी गई।

'जड़ता' का ही एक हलका रूप 'बुद्धिमांद्य' है जो किसी भाव की समुपस्थिति के कारण भी थोड़ी देर के लिए हो सकता है और स्थायी दशा में प्रकृतिस्थ भी देखा जाता है। शोक या विषाद के समय कभी-कभी किसी की कही हुई साधारण बात भी समझ में नहीं आती। किसी 'भाव' के संचारी के रूप में 'जड़ता' के इस हलके रूप पर चाहे उतना ध्यान न दिया जाए पर प्रकृतिस्थ दशा में यह हास्य के आलम्बन की रूपयोजना में बहुत काम आता है। बेवकूफों पर हँसने का रिवाज बहुत पुराना है, इसी से बहुत-से लोग सिर्फ दूसरों को हँसाने के लिए बेवकूफ बना करते हैं। नाटकों के विदूषक ऐसे ही बने हुए बेवकूफ हुआ करते हैं।

लज्जा, भय आदि के कारण अपने मन के भाव को छिपाने की प्रवृत्ति जिस अवस्था में हो उसे 'अवहित्था' कहते हैं।[2]

उग्रता सच पूछिए तो, क्रोध का ही एक अवयव है। पर कभी-कभी सर्वांगपूर्ण क्रोध के न प्रकट होने पर भी उसका आविर्भाव होता है। कभी-कभी उसी तक बात खत्म हो

1. संमोहानन्दस भेदा मदो मद्योपयोगजः।–साहित्यदर्पण, 2-146
2. एवं वादिनि देवर्षौ पार्श्वे पितुरधोमुखी ॥
   लीलाकमलपत्राणि गणयामास पार्वती ॥
   –साहित्यदर्पण, तृतीय परिच्छेद, पृष्ठ 131, विमला टीका।

जाती है, बाकी बातों की नौबत नहीं आती। किसी-किसी का तो किंचित् 'तीव्र स्वर' से ही काम निकल जाता है विशेषतः ऊँची पद-मर्यादा वालों का। जिसके वचन या कर्म के कारण उग्रता उत्पन्न होती है उसके हृदय में उस उग्रता के दर्शन से साधारणतः क्रोध, भय या विषाद का संचार होता है। संचारियों में जब उग्रता ली गई तब 'मृदुलता' या 'कोमलता' भी क्यों न ली जाए ? जिस प्रकार 'उग्रता' के दर्शन से क्रोध, भय या विषाद का संचार होता है उसी प्रकार जिसके साथ मृदुलता का व्यवहार किया जाता है उसके हृदय में व्यवहार करनेवाले के प्रति प्रेम या श्रद्धा भक्ति का संचार होता है। प्रेम और करुणा में ये प्रवृत्तियाँ मृदुल हो जाती हैं। अतः शृंगार और करुण दोनों रसों में 'मृदुलता' संचारी होकर आ सकती है। प्रिय और मधुर वचन इसके सूचक होते हैं। अन्य की मतस्तुष्टि का अभिलाष प्रेम और करुणा दोनों में रहता है। उसी अभिलाष की पूर्ति के साधन में 'मृदुता' योग देती है। दुख में किसी की सहायता हमसे नहीं बन पड़ती तो हम मृदु वचनों से ही उसे सांत्वना देने का प्रयत्न करते हैं। जिस प्रकार प्रकृतिगत उग्रता में लोक के अनिष्ट की ओर प्रवृत्ति झलकती है उसी प्रकार 'मृदुलता' में इष्टापूर्त की प्रवृत्ति। यह लोकरंजन प्रवृत्ति जिसमें होती है उसका स्वभाव मृदुल कहा जाता है। राम के 'मृदुल स्वभाव' का गोस्वामी तुलसीदासजी ने मुग्ध होकर स्थान-स्थान पर उल्लेख किया है। भरतजी राम के आगमन के सम्बन्ध में तर्क-वितर्क करते हुए अन्त में अपने मन को यही समझकर ढाढ़स बँधाते हैं कि–

जन-अवगुन प्रभु मान न काऊ। दीनबंधु अति मृदुल सुभाऊ।

–रामचरितमानस, सप्तम सोपान, 1

'मृदुलता' और 'उग्रता' दोनों का चित्र गोस्वामीजी ने परशुराम और लक्ष्मण के संवाद के प्रसंग में साथ ही किया है। लक्ष्मणजी के उग्र भाषण पर उत्तेजित परशुराम बीच-बीच में राम के मृदु वचनों से ठंडे पड़ते गए हैं।

उग्रता के साथ 'निष्ठुरता' या 'निर्दयता' के मेल से 'क्रूरता' का आविर्भाव होता है। यद्यपि 'निर्दयता' उग्रता से अलग भी देखी जाती है। पर वहाँ निर्दयता की ओर अन्तःकरण की प्रवृत्ति नहीं होती। किसी दिन अनाथ का सर्वस्व नीलाम कराते हुए बनिए में कुछ भी उग्रता नहीं होती। वह बहुत ही भलमनसाहत, ईमानदारी और नम्रता दिखाता हुआ तथा धर्म और न्याय की बातें कहता हुआ पाया जाता है। वह उस दीन अनाथ का अनिष्ट नहीं चाहता बल्कि रुपए के लोभ के आगे उसके इष्ट-अनिष्ट, भले-बुरे या मरने-जीने की ओर कुछ ध्यान ही नहीं देता। जड़ के प्रति अनन्य 'रतिभाव' के कारण और 'भावों' के हिसाब से वह मानो स्वयं जड़त्व को प्राप्त रहता है। किसी की दयनीय दशा देख-सुनकर दया न करना कठोर हृदयता है। किसी की दशा दयनीय कर देने में अन्तःकरण से प्रवृत्त होना निर्दयता है। क्रोध द्वारा प्रेरित कर्मों के समय ही यह मानसिक अवस्था देखी जाती है। किसी अन्य इच्छा या संकल्प द्वारा प्रेरित कर्म दूसरे के देखने में निर्दय प्रतीत हो सकते हैं पर निर्दयता वहाँ कर्ता के अन्तःकरण में नहीं रहती। अपना काम लेते समय उसके करने में किसी अधीन या सेवक को जो घोर कष्ट हो रहा

है उसका कुछ ख्याल न करना दूसरों के देखने में निर्दयता ही है। पर इस प्रकार की मानसिक अवस्था का विचार स्वार्थपरता आदि के साथ शील में ही हो सकता है, भाव के संचारियों में नहीं। जिस 'मानसिक अवस्था' का अस्तित्व अपनी प्रवृत्ति के सहित आश्रय के अन्तःकरण में हो उसी का ग्रहण 'भावों' के संचारियों में हो सकता है। यदि कोई राजा अपनी अत्यन्त प्रिया पत्नी के तोषार्थ दूसरी स्त्री से उत्पन्न पुत्र के वध के लिए उद्यत दिखाया जाए तो उसका कर्म निर्दय होने पर भी 'निर्दयता' उसके अन्तःकरण में जाग्रत नहीं कही जाएगी। वह जो पुत्र को मारने जा रहा है वह अपनी निर्दयता की प्रवृत्ति से नहीं। अतः निर्दयता शृंगार की संचारी नहीं कही जा सकती। किसी अनगढ़ मूर्ख को हँसी-हँसी में चिढ़ाते-चिढ़ाते कोई गड्ढे में ढकेल दे और उसके हाथ-पैर टूट जाएँ तो यह कर्म निर्दय अवश्य कहा जाएगा, पर ढकेलनेवाले के अन्तःकरण में निर्दयता के अभाव के कारण निर्दयता को हास्य रस का संचारी नहीं कह सकते। इसी प्रकार 'रौद्र' को छोड़ और सब रसों से इसका बहिष्कार हो जाता है।

'मोह' और 'जड़ता' ये दोनों मिलती-जुलती अवस्थाएँ हैं। 'जड़ता' है एकदम ठक हो जाना जिसमें मनुष्य की शारीरिक और मानसिक दोनों क्रियाएँ एक क्षण के लिए बन्द सी हो जाती हैं। यह अवस्था इष्ट और अनिष्ट दोनों के दर्शन और श्रवण से हो सकती है।[1] इसमें चित्त की व्याकुलता नहीं रहती। 'मोह' दुखावेग के कारण ही होता है और उसमें चित्त की व्याकुलता और मूर्च्छा होती है।[2] प्रिय को सामने पाकर कभी-कभी भावातिरेक के कारण कुछ क्षण तक न तो मुँह से कोई बात निकलती है, न पैर आगे बढ़ते हैं, टकटकी लगाकर ताकने के सिवा उनसे कुछ नहीं बन पड़ता। यह अवस्था जड़ता है जो अचिन्तित अथवा अद्भुत विषय के अकस्मात् सामने आने पर भी होती है। पति का मरण सुनने पर रति को मूर्च्छा आ जाने से क्षण भर के लिए सुख-दुख का कुछ भी ज्ञान नहीं रह गया।[3] यह अवस्था मोह की है।

स्वप्न के सम्बन्ध में इस बात की ओर ध्यान दिला देना फिर आवश्यक है कि संचारियों के पाँच वर्गों में से प्रथम वर्ग को छोड़ और किसी में विषय प्रधान भाव के आलम्बन से भिन्न नहीं हो सकता। रति, क्रोध, भय इत्यादि में केवल उसी को स्वप्न में देखना संचारी होगा जिससे रति या भय हो, अथवा जिस पर क्रोध हो।

शारीरिक या मानसिक क्रिया में तत्पर न होने की प्रवृत्ति जिस अवस्था में हो वह अलसता है। यह अवस्था शारीरिक या मानसिक श्रान्ति के कारण होती है। यद्यपि साहित्य के ग्रन्थों में शारीरिक श्रम और गर्भ आदि के कारण उत्पन्न आलस्य को संचारी कहा है[4] पर संचारी का लक्षण उस पर ठीक-ठीक नहीं घटता है। जब तक उसका किसी

---

1. अप्रतिपत्तिर्जड़ता स्यादिष्टानिष्टदर्शनश्रुतिभिः। –साहित्यदर्पण, 3-148
2. मोहो विचिन्तता भीतिदुखावेगा:नु चिन्तनैः।
मूर्च्छनाज्ञानपतनभ्रमणादर्शनादिकृत् ॥ –साहित्यदर्पण, 3-150
3. तीव्राभिषङ्गप्रभवेण वृत्तिं मोहेन संस्तम्भयतेन्द्रियाणाम्।
अज्ञानभर्तृव्यसना मुहूर्त्तं कृतोपकारेव रतिर्बभूव ॥ –कुमारसम्भव, 3-73
4. आलस्यं श्रमगर्भाधैजांड्यं जुम्भोसितादिकृत्। –साहित्यदर्पण, 3-155

भाव के साथ प्रत्यक्ष सम्बन्ध न हो—सीधा लगाव न हो—तब तक वह संचारी कैसा ? रात भर जगी हुई स्त्री बैठे-बैठे जँभाई लेती है तो इससे श्रोता या दर्शक को 'रतिभाव' के अनुभव में कुछ सहायता पहुँचती हुई मुझे तो नहीं मालूम पड़ती। इस प्रकार की अलसता का वर्णन उस भद्दी रुचि का परिचायक है जिसके अनुसार मध्या और प्रौढ़ा की रति का निर्लज्जता के साथ वर्णन होने लगा। प्रेम के साथ इस शारीरिक श्रम से उत्पन्न आलस्य का केवल बादरायण सम्बन्ध दिखाई पड़ता है। जिस क्रिया या व्यापार से शारीरिक श्रम (थकावट) हुआ वह तो भावप्रेरित क्या भाव का अंश तक कहा जा सकता है पर इससे उस श्रम को और उस श्रम से उत्पन्न आलस्य को भाव द्वारा प्रेरित संचारी नहीं कह सकते। यदि कोई वीर तलवार चलाते-चलाते थक जाए जिससे उसे आलस्य आ जाए तो क्या आलस्य वीर रस का संचारी कहा जाएगा ? हास्य रस में जो निद्रा और आलस्य संचारी कहे गए हैं उनके सम्बन्ध में भी यही प्रश्न उठता है। यदि कोई हँसते-हँसते थक जाए और उस थकावट के कारण उसे नींद या आलस्य आने लगे तो यह नींद या आलस्य हसन-क्रिया के परिणाम श्रम का परिणाम है, हास्य के भाव का पोषक संचारी नहीं। अतः आलस्य के वर्णन को किसी भाव का संचारी मानना मेरी समझ में ठीक नहीं। उसे स्वतन्त्र ही मानना चाहिए।

किसी भाव के वेग के कारण जो मानसिक शैथिल्य होता है उसे 'ग्लानि' कहते हैं। दुख, पश्चात्ताप या शोक के आवेग से शिथिल मन का किसी काम की ओर उत्साहित न होना शोक का ग्लानि संचारी कहा जा सकता है। 'ग्लानि' के लक्षण में दुख और मनस्ताप से उत्पन्न शैथिल्य के अतिरिक्त परिश्रम, भूख, प्यास आदि से उत्पन्न शैथिल्य भी ले लिया गया है।[1] पर उपर्युक्त विवेचन के अनुसार दुख और मनस्ताप से उत्पन्न शिथिलता ही संचारी के रूप में कही जा सकती है। इसी से मैंने ग्लानि को शारीरिक अवस्था में न रखकर मानसिक अवस्था में रखा है। अंगग्लानि 'श्रम' से कुछ भिन्न नहीं प्रतीत होती। अतः उस पर विचार शारीरिक अवस्था के अन्तर्गत 'श्रम' में ही किया जाएगा। किसी अरुचिकर वस्तु के सामने रहने से भी मन पर जोर पड़ता है इससे उससे उत्पन्न शैथिल्य ग्लानि ही है। किसी बात से ऊब जाना भी ग्लानि ही है।

'उन्माद' नामक मानसिक अवस्था राग, शोक, क्रोध, भय आदि कई भावों की भावदशा और स्थायी दशा के कारण उत्पन्न हो सकती है।[2] जिस प्रकार राग की भावदशा में लोग कभी-कभी थोड़ी देर के लिए उन्मत्त प्रलाप आदि करते हैं उसी प्रकार उसकी रति नामक स्थायी दशा में भी बहुत दिनों के लिए या सब दिन के लिए पागल हो जाते हैं। हमारे बंगाली भाइयों के प्रेम का तो पागलपन एक बड़ा भारी अंग है। अतः प्रेम में उन्माद के अधिक वर्णन को यदि हम 'गौड़ी पद्धति' कहना चाहें तो कह सकते हैं। गिरीश घोष के नाटकों में शायद ही कुछ नाटक ऐसे निकलें जिनमें कोई 'उन्मादिनी' न हो! और भावों

1. रत्यायासमनस्तापक्षुत्पिपासादिसंभवा।
ग्लानिर्निष्प्राणताकम्पकार्यानुत्साहतादिकृत् ॥ —साहित्यदर्पण 3-170

2. चित्तसंमोह उन्मादः कामशोकभयादिभिः।
अस्थानहासरदितगीतप्रलपनादिकृत ॥ —साहित्यदर्पण, 3-160

के कारण भी उन्माद होता है। जिस प्रकार क्रोधोन्मत्त होकर लोग बहुत-सी बेठिकाने की बातें कर बैठते हैं उसी प्रकार बैर के प्रतिशोध के लिए भी बरसों पागल होकर घूमते देखे जाते हैं। किसी के शोक में पागल होना तो प्रसिद्ध ही है। जुगुप्सा या विरति से भी उन्माद की सी दशा हो सकती है। शेक्सपियर का 'हैमलेट' इसका उदाहरण है। अपने चचा और माता के कृत्य से उसे जो विरक्ति हुई उसने उसकी दशा उन्मत्त की सी कर दी।

'साहित्यदर्पण' के लक्षण के अनुसार सन्तोष या तुष्टि ही का नाम 'धृति' प्रतीत होता है। पर मैं स्पष्टता के लिए उसे 'धैर्य' से भिन्न रखना ठीक नहीं समझता। नायक के गुणों में 'धैर्य' का जो लक्षण कहा गया है उसी का ग्रहण कर संचारी का नाम मैंने 'धैर्य' ही रखा है। हिन्दीवालों ने यही अर्थ ग्रहण किया है। बड़े-बड़े विघ्न उपस्थित होने पर भी अपने व्यवसाय में अविचलित रखनेवाली मानसिक अवस्था का नाम धैर्य है।[1] वीर रस में धैर्य प्रायः संचारी होकर आता है। युद्धयात्रा के समय विकट पर्वत, नदी आदि पड़ने पर भी बराबर अग्रसर होने का प्रयत्न किए जाना धैर्य सूचित करता है। इसी प्रकार किसी वस्तु को दान करते समय उस वस्तु के अभाव से होनेवाले कष्ट, कठिनाई आदि की कुछ परवा न करना, किसी धर्मसाधन के मार्ग में घोर कष्ट देखकर भी उस पर अग्रसर होते जाना धैर्य का सूचक होगा। कफन माँगते हुए राजा हरिश्चन्द्र अपनी रानी को पहचान लेने पर भी कफन माँगते ही रहे। 'धैर्य' के समान 'अधैर्य' भी संचारी होकर आ सकता है, जैसे–

हरस्तु किंचित्परिवृत्तधैर्यश्चन्द्रोदयारम्भ इवाम्बुराशिः।
उमामुखे बिम्बफलाधरोष्ठे व्यापारयामास विलोचनानि॥

–साहित्यदर्पण, तृतीय अध्याय, विमलाटीका, पृष्ठ 164

इष्ट की प्राप्ति से इष्ट की पूर्ति के अनुभव का नाम 'सन्तोष' है। रति, क्रोध और उत्साह में यह प्रायः संचारी होकर आता है। तत्वज्ञान द्वारा प्राप्त सन्तोष को संचारियों में नहीं ले सकते। प्रिय का साक्षात्कार होने पर उसके रूपदर्शन और वचनश्रवण से नेत्रों और कानों का तृप्त होना सन्तोष ही कहा जाएगा। जैसे–

आई भले हौ चली सखियान मै पाई गोविंद के रूप की झाँकी।
त्यों पदमाकर हार दियो गृह-काज कहा अरु लाज कहाँ की।
है नख तें सिख लौं मृदु माधुरी बाँकियै भौहैं बिलोकनि बाँकी।
आज की या छबि देखि भटू अब देखिबे को न रह्यो कछु बाकी॥

–जगद्विनोद, 331

इसी प्रकार जिस पर क्रोध है उसके यथेष्ट उत्पीड़न से और जिस कर्म के प्रति उत्साह है उसके सम्यक् साधन से भी बराबर सन्तोष होता है। 'सन्तोष' के समान 'असन्तोष' के उदाहरण भी काव्यों में बहुत सुन्दर मिलते हैं–विशेषतः शृंगार में, जैसे–

मोहन अनूप बने रूप ठगी आँखैं इतै,
इनकी उरझ की छबीले येई साखियै।

1. मिलाइए रसकुसुमाकर, तृतीय कुसुम, पृष्ठ 23

पीवति अघाय प्यास बाढ़ियै रहित महा
अहा अचरज कहौ कहा कहि भाखियै।
जानमनि जीवन उदार रिझवार छैल,
जसुधा-कुँवर गुन गहि अभिलाखियै।
चोपचातकी है भई आनँद के घन हौ जू,
सुदरस रस दै रसीले रस राखियै॥

राग, द्वेष, हास्य आदि की प्रेरणा से उत्पन्न वह मानसिक अस्थिरता चपलता कहलाती है जिसके अनुसार लोग अनेक प्रकार की ऐसी चेष्टाएँ प्रदर्शित करते हैं जो नियमित प्रयत्न की दशा को नहीं पहुँचतीं[1]—जैसे, नायक को देखकर नायिका का बिना प्रयोजन इधर-उधर करने लगना, किसी को खोदकर या चपत लगाकर भागना इत्यादि; किसी बेढंगे मूर्ख को देखकर कहने लगना कि हट जाओ सामने से, अमुक शास्त्रीजी आते हैं;[2] द्वेष के पात्र को देखते ही उसके ऊपर कटु व्यंग्य छोड़ने लगना इत्यादि इत्यादि। शृंगार के संचारी चपलता का यह बहुत अच्छा उदाहरण है—

वह साँकरी कुंज की खोरी अचानक राधिका माधव भेंट भई।
मुसक्यानि भली अँचरा की अली त्रिबली की बली पर डीठि गई।
झहराय, झुकाय, रिसाय 'ममारख' बाँसुरिया हँसि छीनि लई।
भृकुटी मटकाय, गोपाल के गाल में आँगुरी ग्वालि गड़ाय गई।

—काव्यप्रभाकर, 5-378

जिससे घृणा या द्वेष हो उसे देखकर भला-बुरा या अप्रिय वचन कहने लगना भी 'चपलता' ही के अन्तर्गत माना जाएगा, पर तभी तक जब तक उग्रता न प्रकट होगी। यदि कटु वचन उग्रता लिये होगा तो वह 'उग्रता' का सूचक होगा चपलता का नहीं। रामचरितमानस में लक्ष्मण और परशुराम के संवाद के समय लक्ष्मण के प्रायः सब वचन चपलता के उदाहरण हैं। केवल कहीं-कहीं उग्रता व्यंजित होती है, जैसे—

भृगुकुल समुझि, जनेउ बिलोकी। जो कछु कहेहु सहेउँ रिस रोकी॥

'मारने के लिए हाथ खुजलाना,' 'बिना बोले रहा न जाना' आदि वाक्य 'चपलता' ही सूचित करते हैं।

शारीरिक अवस्थाएँ

शारीरिक अवस्थाओं के सम्बन्ध में कुछ विशेष नहीं कहना है। केवल इतनी बात फिर से कह देना चाहता हूँ कि भाव द्वारा समुपस्थित शारीरिक अवस्था का ग्रहण संचारियों के अन्तर्गत इसलिए हुआ है कि उनसे भी भाव की तीव्रता या व्यापकता के अनुभव में

---

1. मात्सर्यद्वेषरागादेश्चापल्यं त्वनवस्थितिः।
तत्र भर्त्सनपारुष्यस्वच्छन्दाचरणादयः। —साहित्यदर्पण, 3-169
2. गुरोर्गिः पंच दिनान्यधीत्य वेदान्तशास्त्राणि दिनत्रयं च।
अमी समाघ्राय च तर्कवादान्समागताः कुक्कुटमिश्रपादाः॥ —साहित्यदर्पण, 152

सहायता मिलती है। जो शारीरिक अवस्था किसी भाव के प्रभाव से नहीं उपस्थित हुई, यों ही अन्य प्राकृतिक कारणों से उपस्थित हुई है उसे भाव के संचारियों में नहीं ले सकते।

पहले 'श्रम' को लीजिए। 'श्रम' के दो अर्थ हो सकते हैं—एक तो व्यापाराधिक्य या किसी क्रिया का निरन्तर साधन, दूसरा उससे उत्पन्न अंगग्लानि या थकावट। साहित्यदर्पण में दूसरा अर्थ ग्रहण किया गया है[1] पर मैं उसे यहाँ पहले ही अर्थ में रखता हूँ। किसी के प्रेम में यदि कोई दौड़-धूप करे, विद्या की प्राप्ति के लिए रात-रात भर बैठकर पढ़ता रहे, गड़ा हुआ खजाना पाने के लिए दिन भर मिट्टी खोदता रहे तो उसका यह दौड़ना-धूपना, रात भर बैठना या दिन भर मिट्टी खोदना क्रमशः व्यक्ति, विद्या या धन के प्रति रतिभाव का संचारी कहा जा सकता है। पर इस दौड़-धूप के कारण यदि कोई थककर बैठ जाए या रात भर मेहनत करने से शिथिल हो जाए तो यह थकना या शिथिल होना रतिभाव से दूर पड़ जाने के कारण—क्रिया या व्यापार के व्यवधान से उसके साथ प्रत्यक्ष सम्बन्ध न रखने के कारण—संचारी नहीं कहा जा सकता।

तो क्या 'अंगग्लानि' को संचारियों में लेना ही न चाहिए ? लेना चाहिए, पर वहाँ जहाँ उसका भाव के साथ सीधा सम्बन्ध हो। आरम्भ ही में भाव का जो विश्लेषण किया गया है उसके अनुसार भाव के स्वरूप के भीतर अंग रूप में अनुभाव भी आ जाते। कायिक अनुभाव शारीरिक क्रिया या व्यापार के रूप में ही होते हैं। अतः उनसे अंगग्लानि या थकावट उत्पन्न हो सकती है। इस प्रकार की थकावट संचारी के अन्तर्गत कही जा सकती है। जैसे, बार-बार आलिंगन, गर्जन-तर्जन या अस्त्रचालन इत्यादि से उत्पन्न थकावट। पर भाव स्थायी दशा में जो प्रयत्न किए जाएँगे जैसे, मार्ग चलना आदि उनसे उत्पन्न थकावट संचारी नहीं होगी, केवल उक्त प्रयत्न या व्यापार संचारी होंगे, जैसा कि श्रम के प्रसंग में कहा जा चुका है। 'अंगग्लानि' या थकावट का स्वतन्त्र (जो किसी का संचारी न हो) वर्णन भी सौकुमार्य आदि का सूचक बहुत ही रोचक होता है। जैसे—

'जल को गए लक्खन हैं लरिका, परिखो पिय छाँह घरीक ह्वै ठाढ़े।
पोंछि पसेउ बयारि करौं, अरु पायँ पखारिहौं भूभुरि डाढ़े।'
तुलसी रघुबीर प्रिया श्रम जानिकै, बैठि विलंब लौं कंटक काढ़े।
जानकी नाह को नेह लख्यो पुलको तनु, बारि बिलोचन बाढ़े॥ [2]

—तुलसीकृत कवितावली, अयोध्याकांड 12

निद्रा और विबोध दोनों का सम्बन्ध यद्यपि चेतना की प्रवृत्ति और निवृत्ति से है पर वे अधिकतर शरीर धर्म के रूप में ही दिखाई पड़ते हैं। इसी से उन्हें मानसिक अवस्था में न रखकर शारीरिक अवस्था में रखा है। प्रिय के ध्यान का सुख अनुभव करते-करते नायिका का सो जाना और विरह-वेदना से नींद न आना क्रमशः निद्रा और विबोध के उदाहरण होंगे ! यों ही सोते हुए मनुष्य का जाग पड़ना 'विबोध' संचारी न होगा। इसी प्रकार मरण, व्याधि और अपस्मार भी तभी संचारी होंगे जब किसी भाव के कारण होंगे, अन्यथा नहीं।

---

1. खेदोरत्यध्वगत्यादेः श्वासनिद्राविकृच्छ्रमः। —साहित्यदर्पण 3-146
2. मिलाइए—आचार्य शुक्ल कृत गोस्वामी तुलसीदास (सं. 1999) पृ. 149

संचारियों के रूप में जिन मानसिक अवस्थाओं और वेगों या भावों का उल्लेख हुआ है उनमें से बहुत-से शीलदशा को प्राप्त या प्रकृतिस्थ देखे जाते हैं। इस रूप में उनका वर्णन पात्रों (आश्रय और आलम्बन) की गुण-योजना के प्रसंग में किया जाएगा।

संचारियों के विषय के सम्बन्ध में दो-चार बातें कहकर अब इस प्रकरण को समाप्त करता हूँ। संचारियों में कुछ तो ऐसे हैं जिनके विषय होते ही नहीं, केवल कारण होते हैं। जैसे, सब शारीरिक अवस्थाएँ; मद, जड़ता, मोह, उन्माद और ग्लानि ये मानसिक अवस्थाएँ और आवेग नामक वेग। भाव वर्ग के तीनों भावों (गर्व, लज्जा और असूया) को छोड़ और सब संचारियों के या तो प्रधान भाव के आलम्बन ही विषय होते हैं अथवा उनसे (आलम्बनों से) सम्बन्ध रखनेवाली वस्तुएँ। इस प्रकार कहीं-कहीं आलम्बन के रूप, गुण, चेष्टा आदि कारण ही संचारियों के विषय होते हैं। जिसके प्रति रतिभाव है उसकी मुस्कान देखकर या उसके वचन सुनकर भी हर्ष होता है और उसकी कोई वस्तु देखकर भी, जैसा कि नायक के उड़ाए हुए कबूतर को देखकर बिहारी की नायिका को हुआ है।[1] वचनश्रवण आदि के प्रति औत्सुक्य भी होता है। प्रिय के किसी अंग या चेष्टा मात्र से हर्ष का होना रतिभाव का उत्कर्ष व्यंजित करता है। जिसके वचन मात्र सुनकर, जिसकी आँख या केश देखकर ही हर्ष होता है उसके पूर्ण समागम के आनन्द का क्या कहना है ? इसी प्रकार जिसका शोक होता है उसके किसी एक अंग, चेष्टा या गुण का स्मरण आने पर भी विषाद होता है और उसके कपड़े-लत्ते देखकर भी। मोटे तौर पर कहा जा सकता है कि प्रायः समस्त विषययुक्त संचारियों के विषय वे ही होते हैं जो या तो उनके प्रधान भावों के आलम्बन होते हैं या आलम्बनगत (जैसे, नायिका की चेष्टा आदि) उद्दीपन। आलम्बनबाह्य उद्दीपन केवल हर्ष और विषाद के विषय होते हैं–जैसे, रतिभाव का हर्ष संचारी नायक के दर्शन, स्पर्श से भी होता है, नायक का संवाद लाती हुई सखी आदि को देखकर भी तथा वन, उपवन, चन्द्रिका आदि आलम्बनबाह्य विषयों को देखकर भी। पर इन आलम्बनबाह्य विषयों की ओर ध्यान प्रधान रूप में नहीं रहता।

साहित्य के ग्रन्थों में संचारियों के बाह्य चिह्न भी बताए गए हैं जो वास्तव में उनके अनुभाव ही हैं। जैसे, गर्व में तनकर खड़ा होना, अवज्ञा करना, अँगूठा आदि दिखाना; अवहित्था में अनभीष्ट कार्य की ओर प्रवृत्ति दिखाना, दूसरी ओर देखना; चिन्ता में दीर्घ निश्वास लेना, सिर झुकाना, हाथ पर गाल रखना, माथा सुकोड़ना इत्यादि। इन बाह्य चिह्नों का उपयोग पात्र या आश्रय के चित्रण में बहुत आवश्यक होता है जिसका विचार 'विभाव' के अन्तर्गत किया जाएगा। आश्रय द्वारा शब्दव्यंजना न होने पर भी कभी-कभी इनके द्वारा संचारी की व्यंजना हो जाती है। जैसे, किसी बात को सुनकर यदि कोई सिर झुकाकर और हाथ पर गाल रखकर बैठ जाए, उसके माथे पर बल आ जाए तो चट चिन्ता में पड़ना समझ लिया जा सकता है।

---

1. ऊँचै चितै सराहियतु गिरह कदूतरु लेतु।
इलकित दृग, मुलकित बदनु, तनु पुलकित किहिं हेतु। –बिहारी रत्नाकर, 374

इन बाह्य चिह्नों को भिन्न-भिन्न भावों के अनुभावों के साथ मिलाने से इस बात का भी पता लगता है कि कौन-कौन संचारी किन-किन प्रधान भावों के अवयव होते हैं। संचारियों की सूची में पाँच ऐसे हैं जो किसी-न-किसी प्रधान भाव के अवयव भी हुआ करते हैं। अमर्ष, त्रास, विषाद, उग्रता और जड़ता। त्रास भय का, विषाद शोक का, जड़ता आश्चर्य का तथा अमर्ष और उग्रता क्रोध के अवयव हैं। इन संचारियों के बाह्य चिह्न वे ही हैं जो क्रोध, भय, शोक और आश्चर्य के अनुभाव कहे गए हैं–जो भाव और वेग आदि नियत संचारियों में रखे गए हैं वे कभी-कभी प्रधान होकर भी आते हैं। यह प्रधानता दो प्रकार की हो सकती है–

(1) वह प्रधानता जो किसी नियत प्रधान भाव के स्फुट न होने से प्रतीत हो।

(2) वह प्रधानता जो नियत प्रधान भाव के स्फुट होने पर भी उसके ऊपर प्राप्त हो।

साहित्य के ग्रन्थों में जो उदाहरण मिलते हैं वे प्रथम प्रकार की प्रधानता के। कोई भाव, वेग या मानसिक अवस्था इस प्रधानता को प्राप्त हो सकती है। यथा,

एवंवादिनि देवर्षौ पार्श्वे पितुरधोमुखी।
लीलाकमलपत्राणि गणयामास पार्वती।

–कुमारसम्भव, छठा सर्ग, 84

'पिता के पास बैठी हुई पार्वती के सामने जब सप्तर्षियों ने शिव के साथ उसके विवाह की चर्चा चलाई तब वह सिर नीचा किए लीलाकमल के दल गिनने लगीं।' इस पद्य में बाह्य चिह्नों के कथन द्वारा अवहित्था की ही प्रधान रूप से व्यंजना हुई है, पार्वती का रतिभाव स्फुट नहीं किया गया है।

पर संचारियों में रखा हुआ कोई 'भाव' ऐसी प्रधानता भी प्राप्त कर सकता है कि कोई नियत प्रधान भाव उसका संचारी होकर आए। जैसे, क्रोध असूया का संचारी होकर आ सकता है और जुगुप्सा गर्व था। जब मन्थरा ने राम की धात्री से उनके यौवराज्य का संवाद पाया तब 'वह अत्यन्त ईर्ष्या से उस कैलास सदृश प्रासाद से उत्तरी, क्रोध से जलती हुई चली और सोती हुई कैकेयी के पास पहुँची।'[1]

यहाँ पर मन्थरा का क्रोध प्रधान भाव नहीं है, प्रधान भाव है असूया। उसके कारण उत्पन्न होने से क्रोध उसका संचारी ही कहा जा सकता है। राम प्रधानतः उसकी ईर्ष्या के आलम्बन हैं क्रोध के नहीं क्योंकि क्रोध अनिष्टकारी के प्रति होता है, पर राम ने मन्थरा का कभी कोई अनिष्ट नहीं किया था।

मन्थरा की यह ईर्ष्या विलक्षण है। इसका उद्घाटन आदिकवि की ही प्रतिभा का काम था। ईर्ष्या समकक्ष के प्रति होती है जिसकी बराबरी करना चाहते हैं पर नहीं कर पाते। राजा से दरिद्रा दासी की क्या ईर्ष्या ? इस ईर्ष्या का प्रवर्तक कैकेयी के प्रति मन्थरा

1. धात्र्यास्तु वचनं श्रुत्वा कुब्जा क्षिप्रममर्षिता।
कैलासशिखराकार त्प्रासादादवरोधत ॥
सा दह्यमाना क्रोधेन मन्थरा पापदर्शिनी।
शयानामेव कैकेयीमिदं वचनमब्रवीत्।
–बाल्मीकीय रामायण, अयोध्याकांड, सप्तम सर्ग, 2-13

का अनन्य रतिभाव है। जिस पर हमारा अनन्य प्रेम होता है उसके प्रतिद्वन्द्वी के गुण-मान की वृद्धि देख हमें भी प्रायः ईर्ष्या होती है। जिसे हम एकमात्र 'महात्मा' समझते हैं उसके अतिरिक्त अन्य के महत्त्व की बात हमें प्रायः नहीं सुहाती। हमारे राग और द्वेष के आलम्बनों के सम्बन्ध से हमारे अनेक भावों के और-और आलम्बन खड़े होते रहते हैं। जिससे हमें द्वेष होता है उसके साथ द्वेष रखनेवालों से प्रेम और प्रेम रखनेवालों से द्वेष प्रायः हमें भी हुआ करता है।

यहाँ तक तो नियत संचारियों की बात हुई। इनके अतिरिक्त प्रधानों में परिगणित कोई भाव भी दूसरे प्रधान भाव का संचारी होकर आ सकता है–जैसे, रति और उत्साह में हास, युद्धोत्साह में क्रोध। पहले यह कहा जा चुका है कि प्रधान भावों में आलम्बनों की ओर ध्यान मुख्यतः रहता है। अतः भिन्न आलम्बन रखनेवाला भाव संचारी नहीं हो सकता, क्योंकि एक ही अवसर पर ध्यान मुख्य रूप से दो विषयों की ओर नहीं रह सकता। बात ठीक है, पर भिन्न विषय या आलम्बन की ओर ध्यान स्थित होने से भी यदि प्रधान भाव की गतिप्रवृत्ति में कोई बाधा न पड़े और संचारी होकर आनेवाला भाव ऐसा हो कि उसका कोई रूप प्रधान भाव के साथ बराबर लगा रहता हो तो वह भाव संचारी हो सकता है। आलम्बन एक होने पर भी यदि भावों की गति और प्रवृत्ति परस्पर भिन्न है तो उनके बीच स्थायी संचारी का सम्बन्ध नहीं हो सकता। युद्धोत्साह के संचारी क्रोध को लीजिए। युद्धोत्साह और क्रोध दोनों की गति या प्रवृत्ति एक ही है। एक ही व्यापार द्वारा युद्धोत्साह और क्रोध दोनों के लक्ष्य का साधन हो जाता है। शस्त्र आदि चलाने से युद्धकर्म के प्रति उत्साह की भी तुष्टि होती है और अनिष्टकारी के नाश की इच्छा की भी। गति और प्रवृत्ति की भिन्नता न होने से क्रोध युद्धोत्साह का संचारी होकर आ सकता है। अतः यह स्थिर हुआ कि एक भाव दूसरे भाव का संचारी होकर तभी आ सकता है जब–

(1) उसका विषय वही हो जो प्रधान भाव का आलम्बन है और उसकी कोई अपनी गति या प्रवृत्ति न हो।

(2) आलम्बन से उसका विषय भिन्न हो, उसकी कोई अपनी गति या प्रवृत्ति न हो, और वह स्वयं ऐसा हो कि प्रधान भाव के साथ उसका कोई रूपान्तर लगा रहता हो।

(3) उसकी गति या प्रवृत्ति वही हो जो प्रधान भाव की है।

भावों का जो चक्र पहले दिया जा चुका है उसमें दो भाव ऐसे मिलते हैं जिनमें कोई अपनी गति या प्रवृत्ति नहीं होती–हास और आश्चर्य। अतः ये दोनों भाव शृंगार के संचारी होकर आ सकते हैं। हास तो हर्ष के ही एक विशेष रूप का विकास है और हर्ष राग की भावदशा में बराबर रहता है। अतः नायक-नायिका चाहे एक-दूसरे को कीचड़ में ढकेलकर हँसें चाहे किसी दूसरे व्यक्ति को देखकर हँसें उनकी हँसी रतिभाव की प्रवृत्ति से हटानेवाली न होगी। इसी प्रकार नायिका का असाधारण रूपसौन्दर्य देख यदि नायक आश्चर्यचकित हो जाए तो भी रति की प्रवृत्ति में कोई बाधा नहीं पड़ेगी। पर आश्चर्य

का विषय यदि रतिभाव के आलम्बन से भिन्न कोई दूसरा होगा तो वह आश्चर्य शृंगार में संचारी न होगा क्योंकि वह ऐसा भाव है जिसका कोई रूप राग के साथ अंगरूप से लगा रहता हो।

स्थायी संचारी का प्रकृत रूप यही है जिसका वर्णन समाप्त हुआ और जो भावों का अधिष्ठान पात्र को मानने से निर्दिष्ट होता है। पर नाटक या काव्य को अधिष्ठान मानकर स्थायी संचारी का एक दूसरा अर्थ भी लिया जाता है। उसके अनुसार किसी काव्य में आदि से अन्त तक जो भाव बराबर चला जाए, अन्य भावों के बीच-बीच में थोड़ी देर के लिए आ जाने से उच्छिन्न न हो, वह स्थायी भाव है और जिनका वर्णन बीच-बीच में थोड़ी देर के लिए आ जाए वे संचारी कहे जाएँगे। जैसे महाभारत में 'शम' प्रधान है, मालतीमाधव में रति, अन्धेरनगरी में हास, रामायण में शोक, सत्यहरिश्चन्द्र में शोक इत्यादि। पर स्थायी संचारी का यह अर्थ गौण है। इसमें इस बात का विचार नहीं हो सकता कि कौन-कौन भाव या वेग किन-किन प्रधान भावों के संचारी हो सकते हैं। चाहे जो भाव ग्रन्थ में आदि से अन्त तक पाया जाए उसे स्थायी और चाहे जो भाव या वेग बीच-बीच में आए हों उन्हें संचारी हम आँख मूँदकर कह सकते हैं, किसी प्रकार के विवेक की आवश्यकता नहीं। स्थायी संचारी का यह अत्यन्त स्थूल रूप से ग्रहण है।

असम्बद्ध भावों का रसवत् ग्रहण

अब तक भावों का जो वर्णन हुआ वह स्थायी संचारी रूप से सम्बद्ध मानकर हुआ है। पर, जैसा कह आए हैं; नियत प्रधान भाव और नियत संचारी दोनों अलग-अलग असम्बद्ध रूप में भी आते हैं। इस असम्बद्ध में भावपूर्ण रस पर्यन्त पुष्ट चाहे न माने जाएँ पर उनका ग्रहण रस के समान ही होता है क्योंकि श्रोता या दर्शक के हृदय में उनके द्वारा किसी-न-किसी प्रकार का भावसंचार अवश्य होता है। जो 'प्रधान भाव' कहे गए हैं वे यदि संचारी आदि से रहित होकर भी आएँ तो आलम्बन के सामान्य होने पर अपना संचार श्रोता के हृदय में उसी प्रकार करते हैं जिस प्रकार संचारी आदि से पुष्ट होकर आने पर। किसी दुष्ट के अत्याचार का वर्णन करके यदि कोई शब्दों द्वारा ही क्रोध प्रकट करता हुआ दिखाया जाए, अनुभाव या संचारी न लाए जाएँ तो भी श्रोता के हृदय में उस दुष्ट आलम्बन के प्रति क्रोध का अनुभव उत्पन्न होगा, बल इतना ही पड़ेगा कि अनुभावों और संचारियों के रहने से उसकी तीव्रता तक पहुँचने के लिए जो बना-बनाया मार्ग मिलता वह न मिलेगा। श्रोता अपनी तीव्र या मन्द प्रकृति के अनुसार क्रोध का तीव्र या मन्द अनुभव करेगा। आलम्बन को सामान्य रूप न प्राप्त होने पर भाव का साधारणीकरण तो न होगा जिससे श्रोता का ध्यान आलम्बन पर रहे और वह उसके प्रति किसी भाव का अनुभव करे जिस भाव को आश्रय प्रकट करता है पर आश्रय के भावात्मक स्वरूप का श्रोता को साक्षात्कार होगा जिससे उसके (आश्रय के) सम्बन्ध में वह अपनी कोई सम्मति या अपना कोई भाव स्थिर कर सकेगा। जैसे शकुन्तला पर क्रोध करते हुए दुर्वासा को देख या पढ़कर शकुन्तला के प्रति क्रोध का अनुभव पाठक या दर्शक को न होगा क्योंकि शकुन्तला का ऐसा चित्रण नहीं हुआ है जिससे वह क्रोध का सामान्य आलम्बन हो सके, सबको उस पर क्रोध उत्पन्न हो सके। ऐसी दशा में श्रोता का ध्यान शकुन्तला (आलम्बन) पर न रहकर क्रोध करते हुए ऋषि (आश्रय) पर रहेगा। यदि वह विचारशील हुआ तो मुनि को क्रोधी समझेगा और यदि उद्वेगशील हुआ तो उनकी क्रूरता देख विरक्ति, जुगुप्सा या क्रोध का अनुभव करेगा। स्वतन्त्र रूप में आए हुए संचारियों के द्वारा भी श्रोता को भावप्राप्ति इसी ढंग की होगी। वह उनका अनुभव न करेगा, उनके सहारे और दूसरे भावों का अनुभव करेगा।

उदय से अस्त तक भावों की तीन अवस्थाएँ मानी जा सकती हैं—उदय, स्थिति और शान्ति। ऊपर भावों की जिस अवस्था का उल्लेख हुआ है वह स्थिति की अवस्था है।

पर साहित्य में भावों के उदय और भावों की शान्ति का प्रभाव भी श्रोता या दर्शक पर स्वीकार किया गया है और रसतुल्य ही माना गया है। किसी 'भाव' के संचार का आरम्भ मात्र 'भावोदय' कहलाता है, जैसे–

(क) *दास जू जा मुखजोति लखे ते सुधाधर जोति खरी सकुचाति है।*
आगि लिये चली जाति सो मेरे हिये बिच आगि दिये चली जाति है॥

—काव्यनिर्णय, 4-46

(ख) *कामिनि के कटु बैन, सुनत पिय पलटि चल्यो जब।*
छाँड़ी तीय उसास, नीर नयन झलक्यो तब॥ [1]

पहले पद्य में 'राग' का उदय और दूसरे में 'विषाद' का उदय समझना चाहिए। क्षुद्राशय पात्र में किसी प्रसंग के प्रभाव से सहसा किसी उदात्त भाव का उदय अत्यन्त तुष्टिजनक प्रतीत होता है। सदा से दुष्ट कर्म में प्रवृत्त मनुष्य के हृदय में कुछ देख-सुनकर यदि अपने कर्म से घृणा उत्पन्न होती दिखाई जाए तो उसका प्रभाव बुरे कामों से जिन्दगी भर कानों पर हाथ रखनेवाले किसी साधु की प्रकट की हुई घृणा के प्रभाव से अधिक मर्मस्पर्शी होगा। इसी से उपन्यासों में दुर्वृत्त लोगों का अन्त में अपने कर्म पर पश्चात्ताप और लज्जा प्रायः दिखाई जाती है।

किसी 'भाव' का दूर होना भावशान्ति है, जैसे–

पायँन परि, मृदु बचन कहि, प्रिय कीनी मनुहारि।
नेकु तिरीछे चितै तब, दीने अँसुवा ढारि॥ [2]

इसमें दृष्टिपात और अश्रुपात द्वारा मान या क्रोध की शान्ति व्यंजित की गई है।

भावशान्ति यदि सच्ची हो और उसका कारण कोई प्रबल भाव या वेग ही हो तो मनुष्य की प्रकृति पर उसका अत्यन्त मर्मस्पर्शी प्रभाव पड़ता है। बुद्धि या विवेक द्वारा निष्पन्न भावशान्ति काव्य के उतने काम की नहीं। हल्दीघाटी की लड़ाई में जब कुछ मुगल महाराणा प्रताप का पीछा किए चले आते थे और महाराणा अपने घोड़े पर नदी पार कर चुके थे तब उनके भाई सत्ता सहसा प्रकट हुए। उनका भ्रातृ-स्नेह उमड़ आया और वे सारा बैर भाव छोड़ महाराणा के पैरों पर गिरकर रोने लगे। अनुचित भाव की

---

1. साहित्यदर्पण में उदाहृत निम्नलिखित छन्द मिलाइए–
चरणपतनप्रत्याख्यानात्प्रसादपराङ्मुखे
निभृतकितवाचारेत्युक्त्वा रुषां परुषीकृते।
व्रजति रमणे निःश्वस्योच्चैः स्तनस्थितहस्तया
नयनसलिलच्छन्ना दृष्टिः सखीषु निवेशिता॥
—तृतीय परिच्छेद, श्लोक 267

2. साहित्यदर्पण में उदाहृत निम्नलिखित छन्द से मिलाइए–
सुतनु जहिहि कोपं, पश्य पादानतं मां,
न खलु कदाचित्कोप एवंविधोऽभूत्।
इति निगदति नाथे तिर्यगामीलिताक्ष्या,
नयनजलमनल्पं मुक्तमुक्तं न किंचित्॥
—तृतीय परिच्छेद, श्लोक 267

शान्ति देख श्रोता या दर्शक को एक अपूर्व आत्मतुष्टि प्राप्त होती है। कभी-कभी तो जब तक ऐसे भाव की शान्ति नहीं दिखाई जाती तब तक श्रोता उसके लिए उत्सुक रहता है। राम के प्रति परशुराम के गर्व को देखकर श्रोता मन-ही-मन उसके परिहार के अवसर की प्रतीक्षा करता रहता है। जिस समय राम परशुराम का दिया हुआ धनुष चढ़ा देते हैं और परशुराम नत होकर विनय करने लगते हैं उस समय पाठक या दर्शक के हृदय पर से एक बोझ-सा हटा जान पड़ता है। आख्यानरूप प्रबन्धकाव्यों में ऐसे स्थल बहुत आते हैं। अनिष्ट पात्रों के गर्व, आह्लाद आदि की और इष्ट पात्रों के विषाद, शंका, भय आदि की निवृत्ति के अवसर के लिए पाठक बराबर उत्सुक रहते हैं। मनुष्य के शीलनिर्माण में 'भावशान्ति' का दृश्य 'भावस्थिति' के दृश्य से कम प्रभावोत्पादक नहीं होता।

कभी-कभी दो या दो से अधिक परस्पर असम्बद्ध भाव एक ही प्रसंग में प्रकट किए जाते हैं। साहित्य के पंडित लोग ऐसे दो भावों के साथ को 'भावसन्धि' और दो से अधिक भावों के संघात को 'भावशबलता' कहते हैं। चित्त की चंचलता से भिन्न-भिन्न पक्षों के अन्तःकरण में उपस्थित होने के कारण एक ही विषयप्रसंग में दो या कई भावों का क्रमशः संचार होना एक बहुत ही स्वाभाविक बात है। लोग ऐसा कहते बराबर सुनाई पड़ते हैं कि 'तुम्हारी बात पर हँसी भी आती है, क्रोध भी आता है, दुख भी होता है।' ये भाव परस्पर जितने ही विरुद्ध होते हैं उतना ही चमत्कार जान पड़ता है। एक विषय पर ध्यान के देर तक न जमने के कारण ऐसे भाव इतने अस्थिर होते हैं कि एक का अनुभव होते न होते दूसरे का उदय हो जाता है। दोनों के बीच अन्तर बहुत सूक्ष्म पड़ता है। यह भावशबलता दो बातों पर अवलम्बित होती है–

(1) प्रसंगगत विषयों के संयोग वैलक्षण्य पर,

(2) आश्रय के अन्तःकरण की स्थिति पर।

एक ही प्रसंग के भिन्न-भिन्न पक्ष लेने से विषयों का ऐसा संयोग हो सकता है कि उन सबकी ओर वृत्ति के उन्मुख होने से लगातार कई भावों का संचार प्रायः सब मनुष्यों के हृदय में हो सकता है। पर कभी-कभी ऐसा भी होता है कि कुछ एक विषय तो सचमुच उपस्थित होते हैं और कुछ के लिए विषयों के रूप, अन्तःकरण की तात्कालिक या प्रकृतिगत स्थिति के कारण कल्पना आप से आप उसी एक प्रसंग में से निकालकर खड़ा करती है। विक्षिप्तों की कल्पना तो ऐसे विषयों को लगातार उपस्थित करने में क्षिप्र होती ही है। पर कभी-कभी वृत्ति की चंचलता के कारण और मनुष्यों की भी दशा ऐसी हो जाती है। बुद्धि की लगाम जितनी ही ढीली होगी भावों की यह घुड़दौड़ उतनी ही अधिक होगी। बुद्धि अपनी प्रधानता की दशा में ऐसे विषयों को जिनका तात्कालिक प्रसंग में कोई प्रयोजन नहीं इतना टिकने ही न देगी कि वे कोई भाव उभार सकें। एक खास बनावट के दिमागवाला आदमी सिर पर दूसरे का बोझ ले जाते समय यह सोचकर गर्व कर सकता है कि मैं मजदूरी के पैसों से रोजगार करके धनी हो जाऊँगा फिर जो मेरे साथ हलका व्यवहार करेंगे उनको मैं देख लूँगा, इत्यादि। पर अर्थकुशल लोगों की दृष्टि इस प्रकार लक्ष्ययुक्त नहीं हुआ करती। अतः धीर और संयत वृत्ति के पात्र में

भावशबलता यदि दिखाई जा सकती है तो वहीं जहाँ एक ही प्रसंग के सचमुच ऐसे अनेक पक्ष हों जो भिन्न-भिन्न भावों के विषय हो सकें। उद्वेगशील जातियों में भावशबलता की सम्भावना अधिक होती है। हमारे बंगाली भाइयों के गर्जन-तर्जन और क्रन्दन के बीच बहुत अल्प अवकाश अपेक्षित होता है।

किसी एक भाव के कारण भी कभी बुद्धि सिमटकर किनारे हो जाती है और कल्पना किसी एक ही प्रसंग में अनेक रूपों की उद्‌भावना करने लगती है। विक्रमोर्वशी में उर्वशी के स्वर्ग चले जाने पर पुरुरवा विरह वेदना से चंचल होकर कहता है–

'कहाँ यह निषिद्ध कार्य, कहाँ मेरा चन्द्रवंश ! क्या वह फिर कभी दिखाई पड़ेगी ? अहो यह क्या मैंने तो कामादि दोषों का शमन करनेवाले शास्त्र पढ़े हैं। अहा ! क्रोध में भी प्रिय दर्शन उसका मुखड़ा ! भला निष्कल्मष कृतविद्य लोग मेरे इस आचरण पर क्या कहेंगे ? हाय ! वह तो अब स्वप्न में भी दुर्लभ है। हे चित्त ! धीरज धर। न जाने कौन धन्य युवा उसका अधरपान करेगा।'[1]

इस कथन में पहले वाक्य से वितर्क, दूसरे से उत्कंठा, तीसरे से मति, चौथे से स्मरण, पाँचवें से शंका, छठे से दैन्य, सातवें से धैर्य और आठवें से चिन्ता या ईर्ष्या व्यंजित होती है। अब यहाँ पर यह जानने की इच्छा होती है कि एक भाव के कारण चित्त की ऐसी चंचल दशा से उस भाव की तीव्रता समझी जा सकती है या नहीं। यदि भाव का वेग तीव्र होगा तो ध्यान दूसरे विषयों की ओर जाएगा कैसे ? इसका उत्तर यह है कि भाव के अधिक तीव्र होने से कभी-कभी चित्तविक्षेप हो जाता है और उन्माद की सी दशा हो जाती है जिससे चित्त एक पक्ष पर स्थिर न रहकर इधर-उधर दौड़ने लगता है। दूसरा प्रश्न यह उठता है कि जब एक ही भाव के कारण सब भाव उत्पन्न हुए हैं तब सबके सब करुण विप्रलम्भ रति के संचारी क्यों न माने जाएँ। इसलिए कि करुण विप्रलम्भ यहाँ शब्द और अनुभाव द्वारा प्रधानता से व्यंजित नहीं है। इन भावों का विचार अलग ही हुआ है। रस पर्यन्त, पुष्ट विप्रलम्भ रति के साथ यहाँ यदि ये सम्बद्ध माने जाएँ तब तो सबका ग्रहण विप्रलम्भ श्रृंगार रस के रूप में ही होगा पर आचार्यों ने इनके संघात को रसवत् माना है। सारांश यह कि असम्बद्ध रूप में अलग विचार करने से ये सब भाव मिलकर भावशबलता के उदाहरण होंगे और आक्षेप द्वारा रतिभाव से सम्बद्ध मानने से करुण विप्रलम्भ के संचारी होंगे।

ऐसा सिद्धान्त न रखने से जहाँ कहीं किसी रस में दो संचारी हुए वहाँ भावसन्धि और जहाँ दो से अधिक हुए वहाँ भावशबलता कहनी पड़ेगी। पर रस के प्रबल प्रभाव के सामने भावसन्धि या भावशबलता के चमत्कार का विचार अनावश्यक होगा। अतः इन दोनों का प्रतिपादन रस के अंगरूप में नहीं होना चाहिए। भावसन्धि आदि का विशुद्ध

1. क्वा कार्यं, शशलक्ष्मणः क्व च कुलं, भूयोपि दृश्येत सा,
दोषाणां प्रशमाय नः श्रुतमहो, कोपेऽपि कान्तं मुखम्।
किं वक्ष्यन्त्यपकल्मषाः कृतधियः, स्वप्नेऽपि सा दुर्लभा,
चेतः स्वास्थ्यमुपैहि, कः खलु युवा धन्योऽधरं पास्यति॥
–साहित्यदर्पण, 3-267

उदाहरण वही होगा जिसमें दो या कई भाव किसी एक ही स्फुट प्रधान भाव के संचारी के रूप में न होंगे, स्वतन्त्र होंगे। इस दृष्टि से साहित्यदर्पणकार के इस उदाहरण से–

नयनयुगा सेचनकं मानसवृत्त्यापि दुष्प्रापम्।
रूपमिदं मदिराक्ष्या मदयति हृदयं दुनौति च मे॥

–साहित्यदर्पण, 3-267

'दास' का यह उदाहरण अधिक उपयुक्त है–

कंस दलन पर दौर उत, इत राधा हित जोर।
चलि रहि सकै न श्याम चित, ऐंच लगी दुहुँ ओर॥

पहले उदाहरण में हर्ष और विषाद रति के संचारी होकर आए हैं, पर दास के उदाहरण में उत्साह और रति दो परस्पर स्वतन्त्र भावों की सन्धि है। साहित्यदर्पणकार के उदाहरण में हर्ष और विषाद के परस्पर अत्यन्त विरुद्ध होने से चमत्कार अधिक है। पर हर्ष और विषाद दो अलग-अलग भावों के शासन में भी रखे जा सकते हैं, जैसे–

पीहर को न्योतो सुनत, पिय अनुरागिनि नारि।
बिहँसी, दीर्घ उदास पुनि लीनी कछुक विचारि।

यहाँ नायिका के हर्ष का कारण माता-पिता का स्नेह और विषाद का कारण नायक के प्रति अनुराग है। भिन्न-भिन्न आलम्बनों के प्रति होने से हर्ष और विषाद दोनों का कारण एक ही 'रतिभाव' नहीं है। गोस्वामी तुलसीदासजी ने भावसन्धि का एक गूढ़ उदाहरण दिया है। जब हनुमानजी ने अशोक के पेड़ से राम की मुद्रिका सीताजी के सामने गिराई तब–

चकित चितै मुँदरी पहिचानी। हर्ष विषाद हृदय उर आनी।

–रामचरित मानस, पंचम सोपान।

यहाँ हर्ष तो राम के प्रति रति का संचारी है पर उनका विषाद रति के संचारी के भीतर नहीं है। इस विषाद का मूल वियोग नहीं है, घोर अनिष्ट की आशंका है। अतः यह उदाहरण भावसन्धि का है। हर्ष और विषाद की परस्पर विजातीयता से इसमें चमत्कार भी पूरा है। इस सम्बन्ध में एक शंका यह उठाई जा सकती है कि हर्ष और विषाद की यह सन्धि भाव क्षेत्र में रखी जानी चाहिए या प्रेयस आदि अलंकारों में। ये भाव रसक्षेत्र के भीतर ही माने जाएँगे क्योंकि ये किसी दूसरी वस्तु या भाव के अंग होकर नहीं आए हैं। केवल वाच्य द्वारा कथन होने से रसक्षेत्र से निकाले नहीं जा सकते।

विरोध विचार

रस विरोध तीन दृष्टियों से हो सकता है–

(1) आश्रय की दृष्टि से,

(2) आलम्बन की दृष्टि से और

(3) श्रोता की दृष्टि से।

साहित्य ग्रन्थों में जो नैरन्तर्यकृत विरोध कहा है उसे श्रोता की दृष्टि से समझना चाहिए। उसका अभिप्राय यही है कि एक भाव को रसरूप में ग्रहण करने के उपरान्त ही तुरन्त श्रोता के सामने ऐसे भाव की व्यंजना न की जाए जिससे उसे अपनी मानसिक स्थिति में सहसा बहुत अधिक परिवर्तन करना पड़े। ऐसे दो विरुद्ध भावों की पूर्वापर स्थिति होने से दो में से एक का भी प्रभाव पूर्ण रूप से हृदय पर नहीं हो सकता। मुक्तक में तो इस नैरन्तर्यकृत विरोध की सम्भावना बहुत ही कम होगी क्योंकि एक पद्य में प्रायः एक ही पूर्ण रस की व्यंजना की जाती है। उसमें आश्रय और आलम्बन के एक से अधिक जोड़े की गुंजाइश नहीं होती। प्रबन्धकाव्यों में इस प्रकार के विरोध की आशंका हो सकती है। पर जो प्रबन्धपटु कवि होगा वह एक भाव की पूर्ण (रस में) व्यंजना हो जाने पर प्रसंग की स्वाभाविक गति के अनुरोध से दूसरे विरुद्ध भाव के आने से पहले कुछ अन्तर आपसे आप डालेगा। इस दृष्टि से नैरन्तर्यकृत विरोध का विचार एक प्रकार से अनावश्यक ही समझिए। अतः आगे जो कुछ कहा जाएगा उसे साहचर्यकृत विरोध के सम्बन्ध में ही समझना चाहिए।

पर एक ही रस की व्यंजना के विरुद्ध भाव की व्यंजना न होने पर भी श्रोता की दृष्टि से विरुद्ध सामग्री घुस सकती है। यह वहाँ होगा जहाँ किसी भाव के उत्कर्ष आदि की व्यंजना करते समय कवि जान या अनजान में ऐसी वस्तुओं का उल्लेख कर जाएगा जो विरुद्ध भाव का आलम्बन या उद्‌दीपन हो सकती हैं। जिस पात्र के मुख से ऐसी वस्तुओं के नाम कहलाए जाएँगे वह तो अपने भाव के वेग में उन नामों के संकेत पर, सम्भव है, ध्यान न दे पर उन शब्दों द्वारा वस्तु और व्यापार का जो चित्र (Imagery) श्रोता के अन्तःकरण के सामने खड़ा होगा उसका विचार रखना परम आवश्यक है क्योंकि रससंचार प्रधानतः उस चित्र पर अवलम्बित होगा। हमारे यहाँ के प्राचीन कवियों ने इस बात का विचार रखा है कि किसी एक रस के वर्णन के भीतर उसी रंग की उत्कर्ष व्यंजना के लिए भी ऐसी सामग्री सामने न आने पावे जो विरुद्ध भाव का आलम्बन हो सके। शृंगार के वर्णन में ऐसी वस्तुओं का उल्लेख न मिलेगा जिनके सामने आने से भय

या विरक्ति उत्पन्न हो। विप्रलम्भ शृंगार में भी विरहिणी के ताप का कमल, उरीर आदि के द्वारा शमन न होना आदि ही वर्णन किया गया है–कलेजे में आवले पड़ना, जख्म का मुँह खुलना, मवाद बहना आदि नहीं।

फारसी-उर्दू की शायरी में उपस्थित चित्र (Imagery) का कुछ भी ध्यान नहीं रखा गया है, भाव के उत्कर्ष और मुहावरे के जोर पर ही ज्यादा जोर दिया गया है, जैसे–

(क) *बहुत शोर सुनते थे पहलू में दिल का,*
जो चीरा तो एक कतरए खून निकला। –आतिश

(ख) *जख्म के भरने तलक नाखुन न बढ़ आएँगे क्या?* –गालिब

(ग) *ऐ हुमा! क्या मुँह है तेरा पोस्तकंदः मुझसे सुन*
उस्तख्वाँ मेरे हैं सब वक्फे सगाने कुए दोस्त।

यह तो एक ही रस के भीतर विरुद्ध भाव की सामग्री मात्र आ जाने की बात हुई। पर कहीं-कहीं एक ही पद्य के भीतर दो रसों या भावों का भी आश्रय आलम्बन भिन्न-भिन्न रखकर समावेश हो सकता है। ऐसे स्थलों में श्रोता ही की दृष्टि से विरोध का विचार करना होगा। भावों का जो दो वर्गों में विभाग किया गया है देखिए वह कहाँ तक इस विचार में काम देता है। उक्त वर्गविधान के अनुसार प्रथम चतुष्टय के आनन्दात्मक भाव परस्पर सजातीय और द्वितीय चतुष्टय के दुखात्मक भाव परस्पर सजातीय होंगे। पर द्वितीय चतुष्टय का कोई भाव प्रथम चतुष्टय के प्रत्येक भाव का विजातीय होगा।[1] इस दृष्टि से करुण, रौद्र, भयानक और वीभत्स चारों में से प्रत्येक शृंगार, हास, वीर और अद्भुत में से प्रत्येक का विरोधी ठहरता है। पर युद्ध वीर के साथ रौद्र, भयानक और वीभत्स प्रायः लगे रहते हैं। इसका कारण आलम्बन की अनेकरूपता है। पहले कह आए हैं कि युद्धोत्साह का आलम्बन युद्ध कर्म ही होता है जिसके भीतर रौद्र, भयानक और वीभत्स व्यापारों का समावेश होता है।[2] यह युद्धकर्म श्रोता के भाव का भी आलम्बन होता है यह फिर से कहने की आवश्यकता नहीं, अतः श्रोता अपने आलम्बन के स्वरूप के भीतर ही इन सब भावों का रस रूप में अनुभव करता है जिससे वीरोत्साह का रसरूप में अनुभव और भी तीव्र होता है। युद्धोत्साह असाधारण उत्साह है। जो कर्म साधारणतः लोगों के भय, संकोच, दुख आदि के विषय हुआ करते हैं वे असाधारण लोगों के प्रवृत्त्यात्मक आनन्द के विषय होते हैं घोर साहस, कष्टसहिष्णुता आदि युक्त असाधारण उत्साह–ऐसे कर्मों के प्रति उत्साह जिनमें प्राण जाने या भारी हानि पहुँचने की सम्भावना होती है–ही वीर रस के मूल में रखा गया है, साधारण उत्साह नहीं (जैसे मित्र की अभ्यर्थना की तैयारी आदि की तत्परता, जिसमें थोड़ा शरीर का आराम या आलस्य ही छोड़ा जाता है) उत्साह के असाधारणत्व की प्रतीति उत्पन्न करने के लिए–कर्म की भीषणता या कठिनता स्पष्ट करने के लिए–भयानक, रौद्र और वीभत्स वीर रस के साथ लगा दिए जाते हैं। सामान्य उत्साह के साथ इन विजातीय भावों का विरोध ही रहेगा।

---

1. देखिए पृ. 192
2. देखिए ऊपर पृ. 193

अब अद्भुत को लीजिए। सजातीय-विजातीय के विचार से रौद्र, भयानक, वीभत्स और करुण के साथ इसका विरोध होना चाहिए। क्योंकि आश्चर्य आनन्दात्मक भावों के अन्तर्गत रखा गया है। पर अद्भुत रस के विरोधी भाव साहित्य ग्रन्थों में गिनाए ही नहीं गए हैं। जान पड़ता है कि साहित्य मीमांसक लोग यह देखकर हिचके हैं कि प्रत्येक भाव का आलम्बन अद्भुत हो सकता है और चमत्कारवादियों के अनुसार तो होना ही चाहिए। पर यहाँ आलम्बन के किसी स्वरूप की सत्ता मात्र से प्रयोजन नहीं है। उसके प्रति आश्रय या श्रोता के हृदय में किन भावों का उदय हो सकता है यह निश्चय करना चाहिए। शोक, क्रोध, भय या घृणा के अनुभव की दशा में क्या चित्त को इतना अवकाश मिल सकता है कि वह किसी वस्तु या व्यापार की लौकिकता-अलौकिकता की ओर जाए ? मैं समझता हूँ, नहीं। इसी से अद्भुत रस के जो उदाहरण पाए जाते हैं वे करुण, रौद्र, वीभत्स और भयानक के साथ नहीं मिलते। अद्भुत भीषणता, अद्भुत क्रोध आदि में अद्भुत की सत्ता का हमें अलग अनुभव नहीं हो सकता। कामदेव को भस्म करने के लिए शिव के तृतीय नेत्र से निकली हुई ज्वाला का वर्णन सुनते ही श्रोता को रौद्र रस का ही अनुभव होगा, व्यापार की अलौकिकता की ओर उसका ध्यान तत्काल न जाएगा।

आश्रयगत विरोध

कुछ रसों में विरोध उनके भावों के एक ही आश्रय में दिखाए जाने से होता है। परस्परविरुद्ध भावों को एक ही आश्रय में एक साथ दिखाना दोनों को किसी काम का न रखना है। जैसे, क्रोध और उत्साह के साथ भय का भी एक ही आश्रय में होना अयुक्त है। युद्ध के प्रति उत्साह प्रकट करनेवाला वीर यदि साथ ही भय भी प्रकट करे तो उसकी वीरता कहाँ रह जाएगी ? इसी प्रकार क्रोध दिखाने के लिए साथ ही साथ कोई भय भी दिखाता जाए तो उसका क्रोध दर्शक या श्रोता में रौद्र रस का संचार नहीं कर सकता।

आलम्बनगत विरोध

बहुत-से भाव ऐसे होते हैं जो एक ही आलम्बन के प्रति एक साथ नहीं हो सकते। जैसे जिस व्यक्ति के प्रति कोई रतिभाव प्रकट कर रहा है उसी के प्रति उसी अवसर पर वीरभाव या जुगुप्सा का भाव नहीं प्रकट कर सकता। अतः रति के साथ युद्धवीर का भाव सजातीय होने पर भी एक ही आलम्बन के प्रति होने से विरुद्ध हो जाएगा। भिन्न-भिन्न आलम्बनों के प्रति ये दोनों भाव एक साथ रखे जा सकते हैं, जैसे—

सीय गौर कपोल पुलकित लखत बारंबार ही।
दनुज कलकल सुनत राघव जटा बाँधि सँभारही ॥ [1]

यहाँ एक ही राम में इन दोनों भावों का समावेश दूषित नहीं। एक ही आलम्बनगत होने से जितने भाव परस्पर विरुद्ध होते हैं उतने और किसी प्रकार नहीं। सजातीय भाव भी कभी-कभी एक ही आलम्बन के प्रति होने से परस्पर विरुद्ध हो जाते हैं। जो प्रेम का पात्र दिखाया जा रहा है वह उसी अवसर पर अवज्ञापूर्ण उपहास और युद्धोत्साह का

---

1. मिलाइए चिन्तामणि, पहला भाग, 'लोभ और प्रीति,' पृ. 123

आलम्बन नहीं बनाया जा सकता। उसी प्रकार जो क्रोध का आलम्बन है वह साथ ही भय का भी आलम्बन नहीं दिखाया जा सकता। पर जिस हास्य का विरोध शृंगार के साथ कहा गया है वह अवज्ञापूर्ण हास है। विनोदपूर्ण हास रतिभाव के साथ आ सकता है। शिव के विचित्र वेश पर हास्य की व्यंजना भक्तिभाव के साथ बराबर की गई है। रामचरित मानस में शिव की बरात का वर्णन ही लीजिए।

पहले कहा जा चुका है कि भावों के अनेक भेद भिन्न-भिन्न आलम्बनों के स्वरूप की भावना के कारण निर्दिष्ट हुए हैं। इसी भेदव्यवस्था के अनुसार एक ही आलम्बन में परिस्थितिभेद से कुछ नए स्वरूप की भी योजना हो जाती है। जैसे, रतिभाव का आलम्बन नायिका यदि कुछ दुख या पीड़ा में है तो उसे उस स्वरूप के अतिरिक्त कुछ स्वरूप प्राप्त हो जाता है जो रतिभाव का आलम्बन है। ऐसी दशा में कोई भाव यदि इतना स्थायी है कि आलम्बन के परिस्थितिभेद से उत्पन्न कोई अन्य भाव विजातीय होने पर भी उसे दबा नहीं सकता और संचारी भी नहीं कहला सकता तो दोनों भाव एक ही आलम्बन के प्रति एक साथ दिखाए जा सकते हैं। एक उदाहरण कल्पित कीजिए—

शिलाखंड सों अढ़ुकि सिय गिरी चोट अति खाय।
नयन नीर भरि पुलकि प्रभु लियो अंक में लाय ॥

यहाँ पर रतिभाव और करुण एक ही आलम्बन के प्रति विरुद्ध नहीं हैं। जिसे आचार्यों ने शृंगार का विरोधी कहा है वह मरणजन्य आदि पूर्ण शोक है जो अत्यन्त दारुण होता है। अल्प कारण से उत्पन्न साधारण करुणा विजातीय होने पर भी रतिभाव का विरोधी नहीं। बहुत-से कुशल उपन्यासों ने किसी आलम्बन के प्रति करुणामिश्रित प्रेमभाव की उत्पत्ति बड़ी सहृदयता से दिखाई।

ऐसे स्थलों में करुणा में विरोध की मात्रा कुछ भी नहीं होती। विरोध की मात्रा का निर्णय दो भावों की प्रवृत्तियों के मिलान से हो सकता है। जैसे, रतिभाव आलम्बन को प्यार से प्रसन्न करने के लिए, प्रवृत्त करता है, क्रोध आलम्बन को पीड़ित करने के लिए, जुगुप्सा और भय उससे दूर हटने के लिए, करुणा उसके हितसाधन या प्रबोध के लिए। अतः रतिभाव के साथ क्रोध, भय और जुगुप्सा का विरोध अत्यन्त अधिक है। रतिभाव के साथ साधारण करुणा की प्रवृत्ति का विरोध नहीं है। शृंगार के साथ करुणा का जो विरोध कहा गया है वह आश्रय की दृष्टि से—इस विचार से कि रतिभाव की भावदशा एक प्रकार की आनन्द दशा है। उस दशा के भीतर पूर्ण शोक की दशा आकर बाधक हो सकती है। तात्पर्य यह कि पूर्ण रस की दशा में ही शृंगार और करुण परस्पर विरोधी होंगे, 'उद्बुद्धमात्र' भाव के रूप में नहीं।

अविरोध के कुछ स्थल साहित्य ग्रन्थों में गिनाए गए हैं। जहाँ विरोधी भाव केवल स्मरण किया जाता है, या सादृश्य मात्र दिखाने के लिए लाया जाता है वहाँ विरोध नहीं माना जाता, जैसे—

पुलकित तनु जाके सहित कीन्हे बिबिध बिहार।
सो सुरपुर हा ! कहति यों मोचति लोचन धार।।

इसी प्रकार यदि रौद्र रस का वर्णन आलंकारिक चमत्कार लाने के लिए ऐसे शब्दों में किया जाए जो शृंगारपक्ष में भी लग सकते हों तो रीति के अनुसार विरोध नहीं कहा जाएगा। शब्दकौतुक की ओर रुचि बढ़ जाने के कारण ऐसे स्थलों पर विरोध चाहे न कहा जाए पर रस का अच्छा संचार ऐसे वर्णनों से हो नहीं सकता। किसी रस का संचार उसी के स्पष्ट शब्दों में वर्णन करने से पूर्णतया हो सकता है। रस यदि श्रोता के हृदय पर पड़ा हुआ प्रभाव है–यदि वह भिन्न-भिन्न भावों का भिन्न-भिन्न आस्वाद रूप है–तो भिन्न भाव के शब्दों में किसी भाव के कहे जाने से उसका ठीक-ठीक परिपाक नहीं हो सकता। कोई सहृदय ऐसा वर्णन पसन्द नहीं करेगा।

यदि विरुद्ध भाव किसी दूसरे भाव या रस के अंग होकर आएँ तो वे एक साथ रह सकते हैं, जैसे–

मूर्च्छित लखतहिं लखत नीर नयनन भरि लावत।
संमुख निसिचर निरखत ही कोदंड उठावत॥
राघव की वा अवसर की छबि छटा निहारत।
मोहित ह्वै सुर गगन बीच तन-मन निज वारत॥

यहाँ 'शोक' और 'उत्साह' दोनों विरोधी भाव रामविषयक रतिभाव के अंग होकर आए हैं, इससे दोष नहीं। अन्त में यह फिर कह देना आवश्यक है कि विरोध का उपर्युक्त विचार केवल वहाँ के लिए है जहाँ कवि का उद्देश्य पूर्ण रस की व्यंजना हो। प्रबन्ध के भीतर बराबर ऐसे अवसर आते हैं जिनमें पात्र दो विरोधी भावों की खींचतान में पड़ा दिखाई देता है। ऐसी भावसन्धि के अवसर पर विरोध का विचार नहीं किया जाता। वहाँ तो विरोध में ही चमत्कार दिखाई पड़ता है।

रसात्मक बोध

ज्ञानेन्द्रियों से समन्वित मनुष्य जाति जगत् नामक अपार और अगाध रूपसमुद्र में छोड़ दी गई है। न जाने कब से वह इसमें बहती चली आ रही है। इसी की रूपतरंगों से ही उसकी कल्पना का निर्माण और इसी की रूप-गति से उसके भीतर विविध भावों या मनोविकारों का विधान हुआ है। सौन्दर्य, माधुर्य, विचित्रता, भीषणता, क्रूरता इत्यादि की भावनाएँ बाहरी रूपों और व्यापारों से ही निष्पन्न हुई हैं। हमारे प्रेम, भय, आश्चर्य, क्रोध, करुणा इत्यादि भावों की प्रतिष्ठा करनेवाले मूल आलम्बन बाहर ही के हैं–इसी चारों ओर फैले हुए रूपात्मक जगत् के ही हैं। जब हमारी आँखें देखने में प्रवृत्त रहती हैं तब रूप हमारे बाहर प्रतीत होते हैं; जब हमारी वृत्ति अन्तर्मुख होती है तब हमारे भीतर दिखाई पड़ते हैं। बाहर-भीतर दोनों ओर रहते हैं रूप ही। सुन्दर, मधुर, भीषण या क्रूर लगनेवाले रूपों या व्यापारों से भिन्न सौन्दर्य, माधुर्य, भीषणता या क्रूरता कोई पदार्थ नहीं। सौन्दर्य की भावना जगना सुन्दर-सुन्दर वस्तुओं या व्यापारों का मन में आना ही है। इसी प्रकार मनोवृत्तियों या भावों की सुन्दरता, भीषणता आदि की भावना भी रूप होकर मन में उठती है। किसी की दयाशीलता या क्रूरता की भावना करते समय दया या क्रूरता के किसी विशेष व्यापार या दृश्य का मानसिक चित्र ही मन में रहता है, जिसके अनुसार भावना तीव्र या मन्द होती है। तात्पर्य यह कि मानसिक रूपविधान का नाम ही सम्भावना या कल्पना है।

मन के भीतर यह रूपविधान दो तरह का होता है। या तो यह कभी प्रत्यक्ष देखी हुई वस्तुओं का ज्यों-का-त्यों प्रतिबिम्ब होता है अथवा प्रत्यक्ष देखे हुए पदार्थों के रूप, रंग, गति आदि के आधार पर खड़ा किया हुआ नया वस्तु व्यापार विधान। प्रथम प्रकार की आभ्यन्तर रूपप्रतीति स्मृति कहलाती है और द्वितीय प्रकार की रूपयोजना या मूर्तिविधान को कल्पना कहते हैं। कहने की आवश्यकता नहीं कि इन दोनों के भीतरी रूपविधानों के मूल हैं प्रत्यक्ष अनुभव किए हुए बाहरी रूपविधान। अतः रूपविधान तीन प्रकार के हुए–

1. प्रत्यक्ष रूपविधान
2. स्मृति रूपविधान और
3. सम्भावित या कल्पित रूपविधान।

इन तीनों प्रकार के रूपविधानों में भावों के इस रूप में जागरित करने की शक्ति होती है कि वे रसकोटि में आ सकें; यही हमारा पक्ष है। सम्भावित या कल्पित रूपविधान द्वारा जागरित मार्मिक अनुभूति तो सर्वत्र काव्यानुभूति या रसानुभूति मानी जाती है। प्रत्यक्ष या स्मरण द्वारा जागरित वास्तविक अनुभूति भी विशेष दशाओं में रसानुभूति की कोटि में आ सकती है, यहाँ पर हमें यही दिखाना है।

प्रत्यक्ष रूपविधान

भावुकता की प्रतिष्ठा करनेवाले मूल आधार या उपादान प्रत्यक्ष रूप ही हैं। इन प्रत्यक्ष रूपों की मार्मिक अनुभूति जिनमें जितनी ही अधिक होती है वे उतने ही रसानुभूति के उपयुक्त होते हैं। जो किसी मुख के लावण्य, वन-स्थली की सुषमा, नदी या शैलतटी की रमणीयता, कुसुमविकास की प्रफुल्लता, ग्रामदृश्यों की सरल माधुरी देख मुग्ध नहीं होता; जो किसी प्राणी के कष्ट-व्यंजक रूप और चेष्टा पर करुणार्द्र नहीं होता; जो किसी पर निष्ठुर अत्याचार होते देख क्रोध से नहीं तिलमिलाता, उसमें काव्य का सच्चा प्रभाव ग्रहण करने की क्षमता कभी नहीं हो सकती। जिसके लिए ये सब कुछ नहीं हैं, उसके लिए सच्ची कविता की अच्छी से अच्छी उक्ति भी कुछ नहीं है। वह यदि किसी कविता पर वाह-वाह करे तो समझना चाहिए कि या तो भावुकता या सहृदयता की नकल कर रहा है अथवा उस रचना के किसी ऐसे अवयव की ओर दत्तचित है जो स्वतः काव्य नहीं है। भावुकता की नकल करनेवाले श्रोता या पाठक ही नहीं कवि भी हुआ करते हैं। वे सच्चे भावुक कवियों की वाणी का अनुकरण बड़ी सफाई से करते हैं और अच्छे कवि कहलाते हैं। पर सूक्ष्म और मार्मिक दृष्टि उनकी रचना में हृदय की निश्चेष्टता का पता लगा लेती है। किसी काल में जो सैकड़ों कवि प्रसिद्ध होते हैं उनमें सच्चे कवि—ऐसे कवि जिनकी तीव्र अनुभूति ही वास्तव में कल्पना को अनुकूल रूपविधान में तत्पर करती है—दस-पाँच ही होते हैं।

'प्रत्यक्ष' से हमारा अभिप्राय केवल चाक्षुष ज्ञान से नहीं है। रूप शब्द के भीतर शब्द, गन्ध, रस और स्पर्श भी समझ लेना चाहिए। वस्तुव्यापार वर्णन के अन्तर्गत ये विषय भी रहा करते हैं। फूलों और पक्षियों के मनोहर आकार और रंग का ही वर्णन कवि नहीं करते; उनकी सुगन्ध, कोमलता और मधुर स्वर का भी वे बराबर वर्णन करते हैं। जिन लेखकों या कवियों की घ्राण शक्ति तीव्र होती है वे ऐसे स्थलों की गन्धात्मक विशेषता का वर्णन कर जाते हैं जहाँ की गन्धविशेष का थोड़ा-बहुत अनुभव तो बहुत-से लोग करते हैं पर उसकी ओर स्पष्ट ध्यान नहीं देते। खलिहानों और रेलवे स्टेशनों पर जाने से भिन्न-भिन्न प्रकार की गन्ध का अनुभव होता है। पुराने कवियों ने तुरन्त की जोती हुई भूमि से उठी हुई सोंधी महक का[1], हिरनों के द्वारा चरी हुई दूब की ताजी गमक का उल्लेख किया है। फरांसीसी उपन्यासकार जोला की गन्धानुभूति बड़ी सूक्ष्म थी। उसने योरप के कई नगरों और स्थानों की गन्ध की पहचान बताई है। इसी प्रकार

1. मेघदूत, पूर्वमेघ, 16

बहुत-से शब्दों का अनुभव भी बहुत सूक्ष्म होता है। रात्रि में, विशेषतः वर्षा की रात्रि में, झींगुरों और झिल्लियों के झंकारमिश्रित सीत्कार का बँधा तार सुनकर लड़कपन में मैं यही समझता था कि रात बोल रही है। कवियों ने कलियों के चटखने तक के शब्द का उल्लेख किया है।[1]

ऊपर गिनाए हुए तीन प्रकार के रूपविधानों में से अन्तिम (कल्पित) ही काव्यसमीक्षकों और साहित्यमीमांसकों के विचार क्षेत्र के भीतर लिये गए हैं और लिये जाते हैं। बात यह है कि काव्य शब्दव्यापार है। शब्द-संकेतों के द्वारा ही अन्तस् में वस्तुओं और व्यापारों का मूर्तिविधान करने का प्रयत्न करता है। अतः जहाँ तक काव्य की प्रक्रिया का सम्बन्ध है वहाँ तक रूप और व्यापार कल्पित ही होते हैं। कवि जिन वस्तुओं और व्यापारों का वर्णन करने बैठता है वे उस समय उसके सामने नहीं होते, कल्पना में ही होते हैं। पाठक या श्रोता भी अपनी कल्पना द्वारा ही उनका मानस साक्षात्कार करके उनके आलम्बन से अनेक प्रकार के रसानुभव करता है। ऐसी दशा में यह स्वाभाविक था कि कविकर्म का निरूपण करनेवालों का ध्यान रूपविधान के कल्पना पक्ष पर ही रहे; रूपों और व्यापारों के प्रत्यक्ष बोध और उससे सम्बद्ध वास्तविक भावानुभूति की बात अलग ही रखी जाए।

उदाहरण के रूप में ऊपर लिखी बात यों कही जा सकती है। एक स्थान पर हमने किसी अत्यन्त रूपवती स्त्री का स्मित आनन और चंचल भ्रूविलास देखा और मुग्ध हुए अथवा किसी पर्वत के अंचल की सरस सुषमा देख उसमें लीन हुए। इसके उपरान्त किसी प्रतिमालय और चित्रशाला में पहुँचे और रमणी की वैसी ही मधुर मूर्ति अथवा उसी प्रकार के पर्वतांचल का चित्र देख लुब्ध हुए। फिर एक तीसरे स्थान पर जाकर कविता की कोई पुस्तक उठाई और उसमें वैसी ही नायिका अथवा वैसे ही दृश्य का सरस वर्णन पढ़ रसमग्न हुए। पिछले दो स्थलों की अनुभूतियों को ही कलागत या काव्यगत मान प्रथम प्रकार की (प्रत्यक्ष या वास्तविक) अनुभूति का विचार एकदम किनारे रखा गया। यहाँ तक कि प्रथम से शेष दो का कुछ सम्बन्ध ही न समझा जाने लगा। कोरे शब्दव्यवसायी केशवदासजी को कमल और चन्द्र को प्रत्यक्ष देखने में कुछ भी आनन्द नहीं आता था; केवल काव्यों में उपमा, उत्प्रेक्षा आदि के अन्तर्गत उनका वर्णन या उल्लेख ही भाता था–

'देखे मुख भावै अनदेखेई कमल चन्द;
ताते मुख मुखै, सखी! कमलौ न चन्द री।

–रामचन्द्र चन्द्रिका, 9-43

इतने पर भी उनके कवि होने में कोई सन्देह नहीं किया गया।

---

1. (क) मदन महीप जू को बालक बसंत ताहि
प्रातहि जगावत गुलाब चटकारी दै। –देव
(ख) तुव जस सीतल पौन परसि चटकी गुलाब की कलियाँ।
–भारतेन्दु हरिश्चन्द्र

यही बात योरप में भी बढ़ती-बढ़ती बुरी हद को पहुँची। कलागत अनुभूति को वास्तविक या प्रत्यक्ष अनुभूति से एकदम पृथक् और स्वतन्त्र निरूपित करके वहाँ कवि का एक अलग 'काल्पनिक जगत्' कहा जाने लगा। कला समीक्षकों की ओर से यह धारणा उत्पन्न की जाने लगी कि जिस प्रकार कवि के 'काल्पनिक जगत्' के रूपव्यापारों की संगति प्रत्यक्ष या वास्तविक जगत् के रूपव्यापारों से मिलाने की आवश्यकता नहीं, उसी प्रकार उसके भीतर व्यंजित अनुभूतियों का सामंजस्य जीवन की वास्तविक अनुभूतियों में ढूँढ़ना अनावश्यक है। इस दृष्टि से काव्य का हृदय पर उतना ही और वैसा ही प्रभाव स्वीकार किया गया जितना और जैसा क़िसी परदे के बेल-बूटे, मकान की नक्काशी, सरकस के तमाशे तथा भाँड़ों की लफ्फाजी, उछलकूद या रोने-धोने का पड़ता है। इस धारणा के प्रचार से जान में या अनजान में कविता का लक्ष्य बहुत नीचा कर दिया गया। कहीं-कहीं तो वह अमीरों के शौक की चीज समझी जाने लगी। रसिक और गुणग्राहक बनने के लिए जिस प्रकार वे तरह-तरह की नई-पुरानी, भली-बुरी तस्वीरें इकट्ठी करते, कलावन्तों का गाना-बजाना सुनते, उसी प्रकार कविता की पुस्तकें भी अपने यहाँ सजाकर रखते और कवियों की चर्चा भी दस आदमियों के बीच बैठकर करते। सारांश यह है कि 'कला' शब्द के प्रभाव से कवियों का स्वरूप तो हुआ सजावट या तमाशा और उद्देश्य हुआ मनोरंजन या मनबहलाव। यह दशा देख कुछ पुराने मनोविज्ञानियों ने भी काव्य द्वारा प्रेरित विविध भावों के संचार को एक प्रकार की क्रीड़ावृत्ति (Play impulse) ठहराया। यह 'कला' शब्द आजकल हमारे यहाँ भी साहित्यचर्चा में बहुत जरूर-सा हो रहा है। इससे न जाने कब पीछा छूटेगा ? हमारे यहाँ के पुराने लोगों ने काव्य को 64 कलाओं में गिनना ठीक नहीं समझा था।

अब यहाँ पर रसात्मक अनुभूतिं की उस विशेषता का विचार करना चाहिए जो उसे प्रत्यक्ष विषयों की वास्तविक अनुभूति से पृथक् करती प्रतीत हुई है। इस विशेषता का निरूपण हमारे यहाँ साधारणीकरण के अन्तर्गत किया गया है।

किसी काव्य का श्रोता या पाठक जिन विषयों को मन में लाकर रति, करुणा, क्रोध, उत्साह इत्यादि भावों तथा सौन्दर्य, रहस्य, गाम्भीर्य आदि भावनाओं का अनुभव करता है वे अकेले उसी के हृदय से सम्बन्ध रखनेवाले नहीं होते; मनुष्य मात्र की भावात्मक सत्ता पर प्रभाव डालनेवाले होते हैं। इसी से उक्त काव्य को एक साथ पढ़ने या सुननेवाले सहस्रों मनुष्य उन्हीं भावों या भावनाओं का थोड़ा या बहुत अनुभव कर सकते हैं। जब तक किसी भाव का कोई विषय इस रूप में नहीं लाया जाता कि वह सामान्यतः सबके उसी भाव का आलम्बन हो सके तब तक उसमें रसोद्बोधन की पूर्ण शक्ति नहीं आती। इसी रूप में लाया जाना हमारे यहाँ 'साधारणीकरण' कहलाता है। यह सिद्धान्त यह घोषित करता है कि सच्चा कवि वही है जिसे लोकहृदय की पहचान हो, जो अनेक विशेषताओं और विचित्रताओं के बीच से मनुष्य जाति के सामान्य हृदय को अलग करके देख सके। इसी लोकहृदय में हृदय के लीन होने की दशा का नाम रसदशा है।

आलम्बन के जिस साधारणीकरण का ऊपर उल्लेख हुआ है उसका अभिप्राय स्पष्ट हो जाना चाहिए। मेरे विचार में साधारणीकरण प्रभाव का होता है, सत्ता या व्यक्ति का नहीं। जैसे, किसी काव्य में यदि औरंगजेब की घोर निष्ठुरता और क्रूरता पर शिवाजी के भीषण क्रोध की व्यंजना हो तो पाठक का रसात्मक क्रोध औरंगजेब नामक व्यक्ति ही पर होगा; औरंगजेब से अलग क्रूरता की किसी आरोपित सामान्य मूर्ति पर नहीं। रौद्र रस की अनुभूति के समय कल्पना औरंगजेब की ही रहेगी, किसी भी निष्ठुर या क्रूर व्यक्ति की सामान्य और धुँधली भावना नहीं। पाठक या श्रोता के मन में रह-रहकर यही आएगा कि औरंगजेब सामने होता तो उसे खूब पीटते। मतलब यह कि भावना व्यक्तिविशेष की ही रहती है; उसमें प्रतिष्ठा सामान्य स्वरूप की–ऐसे स्वरूप की जो सबके भावों को जगा सके कर दी जाती है। विभावादि सामान्य रूप में प्रतीत होते हैं, इसका तात्पर्य यही है कि रसमग्न पाठक के मन में यह भेदभाव नहीं रहता कि आलम्बन मेरे हैं या दूसरे के। थोड़ी देर के लिए पाठक या श्रोता का हृदय लोक का सामान्य हृदय हो जाता है। जब कि आश्रय के साथ अभिन्नता हो गई तब उसके आलम्बन भी अपने आलम्बन हो ही जाएँगे।

किसी काव्य में वर्णित किसी पात्र का किसी कुरूप और दुखशील स्त्री पर प्रेम हो सकता है पर उस स्त्री के वर्णन द्वारा शृंगार रस का आलम्बन नहीं खड़ा हो सकता। अतः काव्य केवल भावप्रधान ही होगा, विभाव विधायक कभी नहीं हो सकता। इसी प्रकार रौद्र रस के वर्णन में जब तक आलम्बन का चित्रण इस रूप में न होगा कि वह मनुष्य मात्र के क्रोध का पात्र हो सके तब तक वह वर्णन भावप्रधान ही रहेगा, उसका विभाव पक्ष तो शून्य अथवा अशक्त होगा। पर भाव और विभाव दोनों पक्षों के सामंजस्य के बिना पूरी और सच्ची रसानुभूति हो नहीं सकती। भावप्रधान काव्यों में होता यह है कि पाठक या श्रोता अपनी ओर से अपनी भावना के अनुसार आलम्बन का आरोप किए रहता है।[1]

प्राचीन काल में भट्ट और चारण युद्धस्थल में वीर रस की कविताएँ पढ़-पढ़कर वीरों को अस्त्रसंचालन के लिए उत्तेजित किया करते थे। योद्धाओं के सामने कर्मक्षेत्र और शत्रु दोनों प्रत्यक्ष रहते थे। फड़कती हुई कविता सुनकर वे उपस्थित कर्मक्षेत्र विशेष की ओर उन्मुख होते थे। इसी प्रकार आधुनिक काल में भी गत योरपीय महायुद्ध के समय कैसर और जर्मनों के अत्याचार की न जाने कितनी कहानियाँ फैलाई गईं और उनकी क्रूरता और नृशंसता पर अनेक कविताएँ पत्रिकाओं में इधर-उधर निकली थीं जिन्हें पढ़-पढ़कर न जाने कितने अमेरिकनों का खून उबल उठा होगा और वे जर्मनी के विरुद्ध युद्धक्षेत्र में कूदे होंगे। ऐसी अवस्था में क्या कोई कह सकता है कि उन कविताओं के पाठकों के क्रोध का आलम्बन कैसर विलियम नामक व्यक्तिविशेष और जर्मन नामक जातिविशेष नहीं थी? क्या उनकी कल्पना में किसी अनिर्दिष्ट अत्याचारी या क्रूरकर्म का सामान्य रूप ही था? हमारा निश्चय तो यही है कि अत्याचारी या क्रूरकर्मा का लोकसामान्य

1. मिलाइए, चिन्तामणि, पहला भाग, पृ. 309, 338

स्वरूप जब कैसर में आरोपित कर दिया गया तब पाठक या श्रोता के क्रोध नामक भाव का आलम्बन वही व्यक्तिविशेष हो गया। अतः सिद्धान्त यही निकला कि साधारणीकरण स्वरूप का ही होता है, व्यक्ति या वस्तु का नहीं। इस सिद्धान्त का पूर्ण सामंजस्य उस सिद्धान्त के साथ हो जाता है जिसका निरूपण मैं अपने पिछले प्रबन्धों में कर चुका हूँ।[1] वह सिद्धान्त यह है कि मन में आलम्बनों का मार्मिक ग्रहण बिम्बग्रहण के रूप में होता है; केवल अर्थग्रहण के रूप में नहीं।

इस प्रकार 'साधारणीकरण' का अभिप्राय यह है कि किसी काव्य में वर्णित आलम्बन केवल भाव की व्यंजना करनेवाले पात्र (आश्रय) का ही आलम्बन नहीं रहता बल्कि पाठक या श्रोता का भी–एक ही नहीं अनेक पाठकों और श्रोताओं का भी–आलम्बन हो जाता है। अतः उस आलम्बन के प्रति व्यंजित भाव में पाठकों या श्रोताओं का भी हृदय योग देता हुआ उसी भाव का रसात्मक अनुभव करता है। तात्पर्य यह कि रसदशा में अपनी पृथक् सत्ता की भावना का परिहार हो जाता है अर्थात् काव्य में प्रस्तुत विषय को हम अपने व्यक्तित्व से सम्बद्ध रूप में नहीं देखते, अपनी योगक्षेम वासना की उपाधि से ग्रस्त हृदय द्वारा ग्रहण नहीं करते; बल्कि निर्विशेष शुद्ध और मुक्त हृदय द्वारा ग्रहण करते हैं; इसी को पाश्चात्य समीक्षापद्धति में अहं का विसर्जन और निःसंगता (Impersonality and Detachment) कहते हैं। इसी को चाहे रस का लोकोत्तरत्व या ब्रह्मानन्दसहोदरत्व कहिए चाहे विभावन व्यापार का अलौकिकत्व। अलौकिकत्व का अभिप्राय इस लोक से सम्बन्ध न रखनेवाली कोई स्वर्गीय विभूति नहीं। इस प्रकार के केवल भावव्यंजक (तथ्यबोधक नहीं) और स्तुतिपरक शब्दों को समीक्षा के क्षेत्र में घसीटकर पश्चिम में इधर अनेक प्रकार के अर्थशून्य वागाडम्बर खड़े किए गए थे। 'कला के लिए' नामक सिद्धान्त के प्रसिद्ध व्याख्याकार डॉक्टर ब्रैडले बोले–'काव्य आत्मा है।[2] डॉ. मकेल साहब ने फरमाया–'काव्य एक अखंड तत्व या शक्ति है जिसकी गति अमर है'।[3] बंगभाषा के प्रसाद से हिन्दी में भी इस प्रकार के अनेक मधुर प्रलाप सुनाई पड़ा करते हैं।

अब प्रस्तुत विषय पर आते हैं। हमारा कहना यह है कि जिस प्रकार काव्य में वर्णित आलम्बनों के कल्पना में उपस्थित होने पर साधारणीकरण होता है, उसी प्रकार हमारे भावों के कुछ आलम्बनों के प्रत्यय सामने आने पर भी उन आलम्बनों के सम्बन्ध में लोक के साथ–या कम-से-कम सहृदयों के साथ–हमारा तादात्म्य रहता है। ऐसे विषयों या आलम्बनों के प्रति हमारा जो भाव रहता है वही भाव और भी बहुत-से उपस्थित मनुष्यों का रहता है। वे हमारे और लोक के सामान्य आलम्बन रहते हैं। साधारणीकरण के प्रभाव से काव्यश्रवण के समय व्यक्तित्व का जैसा परिहार हो जाता है वैसा ही प्रत्यक्ष या वास्तविकता अनुभूति के समय भी कुछ दशाओं में होता है। अतः इस प्रकार की प्रत्यक्ष या वास्तविक अनुभूतियों को रसानुभूति के अन्तर्गत मानने में कोई बाधा नहीं।

1. देखिए चिन्तामणि, दूसरा भाग, काव्य में प्राकृतिक दृश्य, पृ. 1-2
2. Poetry is a Spirit—Bradley,
3. Poetry is a continuous substance or energy whose progress is immortal—Mackal.

मनुष्य जाति के सामान्य आलम्बनों के आँखों के सामने उपस्थित होने पर यदि हम उनके प्रति अपना भाव व्यक्त करेंगे तो दूसरों के हृदय भी उस भाव की अनुभूति में योग देंगे और यदि दूसरे लोग भाव व्यक्त करेंगे तो हमारा हृदय योग देगा। इसके लिए आवश्यक इतना ही है कि हमारी आँखों के सामने जो विषय उपस्थित हों वे मनुष्यमात्र या हृदयमात्र के भावात्मक सत्व पर प्रभाव डालनेवाले हों। रस में पूर्णतया मग्न करने के लिए काव्य में भी यह आवश्यक होता है। जब तक किसी भाव का कोई विषय इस रूप में नहीं लाया जाता कि वह सामान्यतः सबके उसी भाव का आलम्बन हो सके तब तक रस में पूर्णतया लीन करने की शक्ति उसमें नहीं होती।

जैसा कि ऊपर कह आए हैं रसात्मक अनुभूति के दो लक्षण ठहराए गए हैं–

(1) अनुभूतिकाल में अपने व्यक्तित्व के सम्बन्ध की भावना का परिहार, और

(2) किसी भाव के आलम्बन का सहृदय मात्र के साथ साधारणीकरण अर्थात् उस आलम्बन के प्रति सारे सहृदयों के हृदय में उसी भाव का उदय।

यदि हम इन दोनों बातों को प्रत्यक्ष उपस्थित आलम्बनों के प्रति जमनेवाले भावों को अनुभूतियों पर घटाकर देखते हैं तो पता चलता है कि कुछ भावों में तो ये बातें कुछ ही दशाओं से या कुछ अंगों तक घटित होती हैं और कुछ में बहुत दूर तक या बराबर।

'रति भाव' को लीजिए। गहरी प्रेमानुभूति की दशा में मनुष्य रसलोक में ही पहुँचा रहता है। उसे अपने तनबदन की सुध नहीं रहती, वह सब कुछ भूल कभी फूला-फूला फिरता है, कभी खिन्न पड़ा रहता है। हर्ष, विषाद, स्मृति इत्यादि अनेक संचारियों का अनुभव वह बीच-बीच में अपना व्यक्तित्व भूला हुआ करता है। पर अभिलाष, औत्सुक्य आदि कुछ दशाओं में अपने व्यक्तित्व का सम्बन्ध जितना ही अधिक और घनिष्ठ होकर अन्तःकरण में स्फुट रहेगा प्रेमानुभूति उतनी ही रसकोटि के बाहर रहेगी। 'अभिलाष' में जहाँ अपने व्यक्तित्व का सम्बन्ध अत्यन्त अल्प या सूक्ष्म रहता है–जैसे, रूपअवलोकन मात्र का अभिलाष, प्रिय जहाँ रहे सुख से रहे इस बात का अभिलाष–वहाँ वास्तविक अनुभूति के किनारे तक पहुँची हुई होती है। आलम्बन के साधारणीकरण के सम्बन्ध में यह समझ रखना चाहिए कि रति भाव की पूर्ण पुष्टि के लिए कुछ काल अपेक्षित होता है। पर अत्यन्त मोहक आलम्बन को सामने पाकर कुछ क्षणों के लिए तो प्रेम के प्रथम अवयव[1] का उदय एक साथ बहुतों के हृदय में होगा। वह अवयव है, अच्छा या रमणीय लगना।

'हास' में भी यही बात होती है कि जहाँ उसका पात्र सामने आया कि मनुष्य अपना सारा सुख-दुख भूल एक विलक्षण आह्लाद का अनुभव करता है, जिसमें बहुत-से लोग एक साथ योग देते हैं।

अपने निज के लाभवाले विकट कर्म की ओर जो उत्साह होगा वह तो रसात्मक न होगा, पर जिस विकट कर्म को हम लोककल्याणकारी समझेंगे उसके प्रति हमारे उत्साह की गति हमारी व्यक्तिगत परिस्थिति के संकुचित मंडल से बद्ध न रहकर बहुत व्यापक

---

1. देखिए 'लोभ और प्रीति' नामक प्रबन्ध।
–चिन्तामणि, पहला भाग, पृ. 94

होगी। स्वदेशप्रेम के गीत गाते हुए नवयुवकों के दल जिस साहस-भरी उमंग के साथ कोई कठिन या दुष्कर कार्य करने के लिए निकलते हैं, वह वीरत्व की रसात्मक अनुभूति है।[1]

क्रोध, भय, जुगुप्सा और करुणा के सम्बन्ध में साहित्यप्रेमियों को शायद कुछ अड़चन दिखाई पड़े क्योंकि इनकी वास्तविक अनुभूति दुखात्मक होती है। रसास्वाद आनन्दस्वरूप कहा गया है, अतः दुखरूप अनुभूति रस के अन्तर्गत कैसे ली जा सकती है, यह प्रश्न कुछ गड़बड़ डालता दिखाई पड़ेगा। पर 'आनन्द' शब्द को व्यक्तिगत सुखभोग के स्थूल अर्थ में ग्रहण करना मुझे ठीक नहीं जँचता। उसका अर्थ मैं हृदय का व्यक्तिबद्ध दशा से मुक्त और हलका होकर अपनी क्रिया में तत्पर होना ही उपयुक्त समझता हूँ। इस दशा की प्राप्ति के लिए समय-समय पर प्रवृत्ति होना कोई आश्चर्य की बात नहीं। करुण-रस-प्रधान नाटक के दर्शकों के आँसुओं के सम्बन्ध में यह कहना कि 'आनन्द में भी तो आँसू आते हैं' केवल बात टालना है। दर्शक वास्तव में दुख ही का अनुभव करते हैं। हृदय की मुक्त दशा में होने के कारण वह दुख भी रसात्मक होता है।

अब क्रोध आदि को अलग-अलग देखिए। यदि हमारे मन में किसी ऐसे के प्रति क्रोध है जिसने हमें या हमारे किसी सम्बन्धी को पीड़ा पहुँचाई है तो उस क्रोध में रसात्मकता न होगी।

पर किसी लोकपीड़क या क्रूरकर्मा अत्याचारी को देख-सुनकर जिस क्रोध का संचार हम में होगा वह रसकोटि का होगा जिसमें प्रायः सब लोग योग देंगे। इसी प्रकार यदि किसी झाड़ी से शेर निकलता देख हम भय से काँपने लगें तो यह भय हमारे व्यक्तित्व से इतना अधिक सम्बद्ध रहेगा कि आलम्बन के पूर्ण स्वरूपग्रहण का अवकाश न होगा और हमारा ध्यान अपनी ही मृत्यु, पीड़ा आदि परिणामों की ओर रहेगा। पर जब हम किसी वस्तु की भयंकरता को, अपना ध्यान छोड़, लोक से सम्बद्ध देखेंगे तब हम रस-भूमि की सीमा के भीतर पहुँचे रहेंगे। इसी प्रकार किसी सड़ी-गली दुर्गन्धयुक्त वस्तु के प्रत्यक्ष सामने आने पर हमारी संवेदना का जो क्षोभपूर्ण संकोच होगा वह तो स्थूल होगा; पर किसी ऐसे घृणित आचरणवाले के प्रति जिसे देखते ही लोकरुचि के विघात या आकुलता की भावना हमारे मन में होगी, हमारी जुगुप्सा रसमयी होगी।

'शोक' को लेकर विचार करने पर हमारा पक्ष बहुत स्पष्ट हो जाता है। अपनी इष्टहानि या अनिष्टप्राप्ति से जो 'शोक' नामक वास्तविक दुख होता है वह तो रसकोटि में नहीं आता, पर दूसरों की पीड़ा, वेदना देख जो 'करुणा' जगती है उसकी अनुभूति

---

1. आजकल के बहुत गम्भीर अँगरेज समालोचक रिचड्र्स ;प्प् प्प त्पबींतकेद्ध को भी कुछ दशाओं में वास्तविक अनुभूति के रसात्मक होने का आभास-सा हुआ है, जैसा कि इन पंक्तियों से प्रकट होता है–

There is no such gulf between poetry and life as over-literary persons sometimes suppose. There is no gap between our every day emotional life and the material of poetry. The verbal expresion of this life. at its finest, is forced to use the technique of poetry × × × If we do not live in consonance with good poetry, we must live in consonance with bad poetry. I do not see how we can avoid the conclusion that a general insensitivity to poetry does witness a level of general imaginative life.

–Practical Criticism (Summary)

सच्ची रसानुभूति कही जा सकती है। 'दूसरों' से तात्पर्य ऐसे प्राणियों से है जिनसे हमारा कोई विशेष सम्बन्ध नहीं। 'शोक' अपनी निज की इष्टहानि पर होता है और करुणा दूसरों की दुर्गति या पीड़ा पर होती है। यही दोनों में अन्तर है। इसी अन्तर को लक्ष्य करके काव्यगत पात्र (आश्रय) के शोक की पूर्ण व्यंजना द्वारा उत्पन्न अनुभूति को आचार्यों ने शोक रस न कहकर 'करुण रस' कहा है। करुणा ही एक ऐसा व्यापक भाव है जिसकी प्रत्यक्ष या वास्तविक अनुभूति सब रूपों और सब दशाओं में रसात्मक होती है। इसी से भवभूति ने करुण रस को ही रसानुभूति का मूल माना[1] और अँगरेज कवि शेली ने कहा कि 'सबसे मधुर या रसमयी वाग्धारा वही है जो करुण प्रसंग लेकर चले।'[2]

अब प्रकृति के नाना रूपों पर आइए। अनेक प्रकार के प्राकृतिक दृश्यों को सामने प्रत्यक्ष देख हम जिस मधुर भावना का अनुभव करते हैं क्या उसे रसात्मक न मानना चाहिए ? जिस समय दूर तक फैले हरे-भरे टीलों के बीच से घूम-घूमकर बहते हुए स्वच्छ नालों, इधर-उधर उभरी हुई बेडौल चट्टानों और रंगबिरंगे फूलों से गुछी हुई झाड़ियों की रमणीयता में हमारा मन रमा रहता है, उस समय स्वार्थमय जीवन की शुष्कता और विरसता से हमारा मन कितनी दूर रहता है। यह रसदशा नहीं तो और क्या है ? उस समय हम विश्वकाव्य के एक पृष्ठ के पाठक के रूप में रहते हैं। इस अनन्त दृश्य काव्य के हम सदा कठपुतली की तरह काम करनेवाले अभिनेता ही नहीं बने रहते; कभी-कभी सहृदय दर्शक की हैसियत को भी पहुँच जाते हैं। जो इस दशा को नहीं पहुँचते उनका हृदय बहुत संकुचित या निम्नकोटि का होता है। कविता उनसे बहुत दूर की वस्तु होती है; कवि वे भले ही समझे जाते हों। शब्दकाव्य की सिद्धि के लिए वस्तुकाव्य का अनुशीलन परम आवश्यक है।

उपर्युक्त विवेचन से यह सिद्ध है कि रसानुभूति प्रत्यक्ष या वास्तविक अनुभूति से सर्वथा पृथक् कोई अन्तर्वृत्ति नहीं है बल्कि उसी का एक उदात्त और अवदात्त स्वरूप है। हमारे यहाँ के आचार्यों ने स्पष्ट सूचित कर दिया है कि वासनारूप में स्थित भाव ही रसरूप में जगा करते हैं। यह वासना या संस्कार वंशानुक्रम से चली आती हुई दीर्घ भावपरम्परा का जाति की मनुष्य अन्तःप्रकृति में निहित संचय है।

1. श्लोक के लिए देखिए 'काव्य के विभाग' में पादटिप्पणी।
2. अवर स्वीटेस्ट सांग्स आर दोज दैट टेल ऑव् सैडेस्ट थॉट, 'टु ए स्काइलार्क' से उद्धृत।

स्मृत रूपविधान

जिस प्रकार हमारी आँखों के सामने आए हुए कुछ रूपव्यापार हमें रसात्मक भावों में मग्न करते हैं उसी प्रकार भूतकाल में प्रत्यक्ष की हुई कुछ परोक्ष वस्तुओं का वास्तविक स्मरण भी कभी-कभी रसात्मक होता है। जब हम जन्मभूमि या स्वदेश का, बालसखाओं का, कुमार अवस्था के अतीत दृश्यों और परिचित स्थानों आदि का स्मरण करते हैं, तब हमारी मनोवृत्ति स्वार्थ या शरीरयात्रा के रूखे विधानों से हटकर शुद्ध भावक्षेत्र में स्थित हो जाती है। नीतिकुशल लोग लाख कहा करें कि 'बीती ताहि बिसारि दे,' 'गड़े मुर्दे उखाड़ने से क्या लाभ?' पर मन नहीं मानता, अतीत के मधुस्रोत में कभी-कभी अवगाहन किया ही करता है।[1] ऐसा स्मरण वास्तविक होने पर भी रसात्मक होता है। हम सचमुच 'स्मरण' करते हैं और रसमग्न होते हैं।

स्मृति दो प्रकार की होती है–(क) विशुद्ध स्मृति और (ख) प्रत्यक्षाश्रित (मिश्रित) स्मृति या प्रत्यभिज्ञान।

विशुद्ध स्मृति

यों तो न जाने कितनी बातों का हम स्मरण किया करते हैं, पर इनमें से कुछ बातों का स्मरण ऐसा होता है जो हमारी मनोवृत्ति को शरीरयात्रा के विधानों की उलझन से अलग करके शुद्ध मुक्त भावभूमि में ले जाता है। प्रिय का स्मरण; बाल्यकाल या यौवनकाल के अतीत जीवन का स्मरण, प्रवास में स्वदेश के स्थलों का स्मरण ऐसा ही होता है। 'स्मरण' संचारी भावों में माना गया है जिसका तात्पर्य यह है कि स्मरण रसकोटि में तभी आ सकता है जब कि उसका लगाव किसी स्थायी भाव से हो। किसी को कोई बात भूल गई हो और फिर याद हो जाए; या कोई वस्तु कहाँ रखी है, यह ध्यान में आ जाए तो ऐसा स्मरण रसक्षेत्र के भीतर न होगा। अब रहा यह कि वास्तविक स्मरण–किसी काव्य में वर्णित स्मरण नहीं–कैसे स्थायी भावों के साथ सम्बद्ध होने पर रसात्मक होता है। प्रत्यक्ष रूपविधान के अन्तर्गत हम दिखा आए हैं कि कैसे प्रत्यक्ष रूपव्यापार हमें रसमग्न करते हैं और कैसे भावों की वास्तविक अनुभूति रसकोटि में आती है। अतः उन्हीं वस्तुओं या व्यापारों का वास्तविक स्मरण रसात्मक होगा जिनकी प्रत्यक्ष अनुभूति रसकोटि में आ सकती है। ऐसी कुछ वस्तुएँ उदाहरण रूप में निर्दिष्ट की जा चुकी हैं, (वस्तुतः) रति, हास और करुणा से सम्बद्ध स्मरण ही अधिकतर रसात्मक कोटि में आता है।

1. मिलाइए 'शेष स्मृतियाँ,' प्रवेशिका, पृ. 3

'लोभ और प्रीति' नामक निबन्ध में हम रूप, गुण आदि से स्वतन्त्र साहचर्य को भी प्रेम का एक सबल कारण बता चुके हैं।[1] इस साहचर्य का प्रभाव सबसे प्रबल रूप में स्मरण काल के भीतर देखा जाता है। जिन व्यक्तियों की ओर हम कभी विशेष रूप से आकर्षित नहीं हुए थे, यहाँ तक कि जिनसे हम चिढ़ते या लड़ते-झगड़ते थे, देशकाल का लम्बा व्यवधान पड़ जाने पर हम उनका स्मरण प्रेम के साथ करते हैं। इसी प्रकार जिन वस्तुओं पर आते-जाते केवल हमारी नजर पड़ा करती थी, जिनको सामने पाकर हम किसी विशेष भाव का अनुभव नहीं करते थे वे भी हमारी स्मृति में मधु में लिपटी हुई आती हैं। इस माधुर्य का रहस्य क्या है ? जो हो, हमें तो ऐसा दिखाई पड़ता है कि हमारी यह कालयात्रा जिसे जीवन कहते हैं, जिन-जिन रूपों के बीच से होती चली आती है, हमारा हृदय उन सबको पास समेटकर अपनी रागात्मक सत्ता के अन्तर्भूत करने का प्रयत्न करता है। यहाँ से वहाँ तक वह एक भावसत्ता की प्रतिष्ठा चाहता है। ज्ञानप्रसार के साथ-साथ रागात्मिका वृत्ति का यह प्रकार एकीकरण या समन्विति की एक प्रक्रिया है। ज्ञान हमारी आत्मा के तटस्थ (Transcendent) स्वरूप का संकेत है ? रागात्मक हृदय उसके व्यापक (Immanent) स्वरूप का। ज्ञान ब्रह्म है तो हृदय ईश्वर है। किसी व्यक्ति या वस्तु को जानना ही वह शक्ति नहीं है जो उस व्यक्ति या वस्तु को हमारी अन्तस्सत्ता में सम्मिलित कर दे। वह शक्ति है राग या प्रेम।

जैसा कह आए हैं, रति, हास और करुणा से सम्बद्ध स्मरण ही अधिकतर रसक्षेत्र में प्रवेश करता है। प्रिय का स्मरण, बालसखाओं का स्मरण, अतीत जीवन के दृश्यों का स्मरण प्रायः रतिभाव से सम्बद्ध स्मरण होता है। किसी दीन-दुखी या पीड़ित व्यक्ति के उसकी विवर्ण आकृति, चेष्टा आदि के स्मरण का लगाव करुणा से होता है। दूसरे भावों के आलम्बनों का स्मरण भी कभी-कभी रससिक्त होता है–पर वहीं जहाँ हम सहृदय द्रष्टा के रूप में रहते हैं, अर्थात् जहाँ आलम्बन केवल हमारी ही व्यक्तिगत भावसत्ता से सम्बद्ध नहीं, सम्पूर्ण नर-जीवन की भावसत्ता से सम्बद्ध होते हैं।

प्रत्यभिज्ञान

अब हम उस प्रत्यक्षमिश्रित स्मरण को लेते हैं जिसे प्रत्यभिज्ञान कहते हैं। प्रत्यभिज्ञान का थोड़ा-सा अंश प्रत्यक्ष होता है और बहुत-सा अंश उसी के सम्बन्ध से स्मरण द्वारा उपस्थित होता है। किसी व्यक्ति को हमने कहीं देखा और देखने के साथ ही स्मरण किया कि यह वही है जो अमुक स्थान पर उस दिन बहुत-से लोगों के साथ झगड़ा कर रहा था। वह व्यक्ति हमारे सामने प्रत्यक्ष है। उसके सहारे से हमारे मन में झगड़े का वह सारा दृश्य उपस्थित हो गया जिसका वह एक अंग था। 'यह वही है' इन्हीं शब्दों में प्रत्यभिज्ञान की व्यंजना होती है।

स्मृति के समान प्रत्यभिज्ञान में भी रससंचार की बड़ी गहरी शक्ति होती है। बाल्य या कौमार्य जीवन के किसी साथी के बहुत दिनों पीछे सामने आने पर कितने पुराने दृश्य

1. चिन्तामणि, पहला भाग, पृ. 130

हमारे मन के भीतर उमड़ पड़ते हैं और हमारी वृत्ति उनके माधुर्य में किस प्रकार मग्न हो जाती है ! किसी पुराने पेड़ को देखकर हम कहने लगते हैं कि यह वही पेड़ है जिसके नीचे हम अपने अमुक-अमुक साथियों के साथ बैठा करते थे। किसी घर या चबूतरे को देखकर भी अतीत दृश्य इसी प्रकार हमारे मन में छा जाते हैं और हमारा मन कुछ और हो जाता है। कृष्ण के गोकुल से चले जाने पर वियोगिनी गोपियाँ जब-जब यमुना तट पर जाती हैं तब-तब उनके भीतर यही भावना उठती है कि 'यह वही यमुना तट है' और उनका मन काल का परदा फाड़ अतीत के उस दृश्यक्षेत्र में जा पहुँचता है जहाँ श्रीकृष्ण गोपियों के साथ उस तट पर विचरते थे–

मन ह्वै जाती अजौं वहै या जमुना के तीर।

–बिहारी रत्नाकर, 681

प्राचीन कवियों ने भी प्रत्यभिज्ञान के रसात्मक स्वरूप का बराबर विधान किया है। हृदय की गूढ़ वृत्तियों के सच्चे पारखी भावमूर्ति भवभूति ने शम्बूक का बध करके दंडकारण्य के बीच फिरते हुए राम के मुख से प्रत्यभिज्ञान की मार्मिक व्यंजना कराई है–

एते त एव गिरयो विश्वन्मयूरा
स्तान्येवमत्त हरिणानि वनस्थलानि।
आमंजु वंजुललतानि च तान्यमूनि
नीरन्ध्र नील निचुलानि सरित्तटानि।[1]

–उत्तरामचरित, 2-23

एक दूसरे प्रकार के प्रत्यभिज्ञान का रसात्मक प्रभाव प्रदर्शित करने के लिए ही उक्त कवि ने उत्तररामचरित में चित्रशाला का समावेश किया है।

कहने की आवश्यकता नहीं कि प्रत्यभिज्ञान की रसात्मक दशा में मनुष्य मन में आई हुई वस्तुओं में ही रमा रहता है, अपने व्यक्तित्व को पीछे डाले रहता है।

दशा की विपरीतता की भावना लिये हुए जिस प्रत्यभिज्ञान का उदय होता है उसमें करुणा वृत्ति के संचालन की बड़ी गहरी शक्ति होती है, कवि और वक्ता बराबर उसका उपयोग करते हैं। जब हम किसी बस्ती, ग्राम या घर के खँडहर को देखते हैं जिसमें किसी समय हमने बहुत चहलपहल या सुखसमृद्धि देखी थी तब 'यह वही है' की भावना हमारे हृदय को एक अनिर्वचनीय करुणा स्रोत में मग्न करती है। अँगरेजी के परम भावुक कवि गोल्डस्मिथ ने प्रत्यभिज्ञान का एक अत्यन्त मार्मिक स्वरूप दिखाने के लिए 'ऊजड़ गाम' की रचना की थी।

स्मृत्याभास कल्पना

अब तक हमने रसात्मक स्मरण और रसात्मक प्रत्यभिज्ञान को विशुद्ध रूप में देखा है अर्थात् ऐसी बातों के स्मरण का विचार किया है जो पहले कभी हमारे सामने हो चुकी हैं।

---

1. मयूरकूजित ये पर्वत वे ही हैं, मत्त हरिणोंवाली ये बनस्थलियाँ वे ही हैं और सुन्दर वंजुल (बेंत) लताओं तथा नीले निचुलों (नीले बैतों) से युक्त ये नदी तट वे ही हैं।

अब हम उस कल्पना को लेते हैं जो स्मृति या प्रत्यभिज्ञान का-सा रूप धारण करके प्रवृत्त होती है। इस प्रकार की स्मृति या प्रत्यभिज्ञान में पहले देखी हुई वस्तुओं या बातों के स्थान पर या तो पहले सुनी या पढ़ी हुई बातें हुआ करती हैं अथवा अनुमान द्वारा पूर्णतया निश्चित। बुद्धि और वाणी के प्रसार द्वारा मनुष्य का ज्ञान प्रत्यक्ष बोध तक ही परिमित नहीं रहता, वर्तमान के आगे-पीछे भी जाता है। आगे आनेवाली बातों से यहाँ प्रयोजन नहीं; प्रयोजन है अतीत से। अतीत की कल्पना भावुकों में स्मृति की-सी सजीवता प्राप्त करती है और कभी अतीत का कोई बचा हुआ चिह्न पाकर प्रत्यभिज्ञान का-सा रूप ग्रहण करती है। ऐसी कल्पना के विशेष मार्मिक प्रभाव का कारण यह है कि यह सत्य का आधार लेकर खड़ी होती है। इसका आधार या तो आप्त शब्द (इतिहास) होता है अथवा शुद्ध अनुमान।

पहले हम स्मृत्याभास कल्पना के उस स्वरूप को लेते हैं जिसका प्रकार आप्त शब्द या इतिहास होता है। जैसे अपने व्यक्तिगत अतीत जीवन की मधुर स्मृति मनुष्य में होती है वैसे ही समष्टि रूप में अतीत नर जीवन की भी एक प्रकार की स्मृत्याभास कल्पना होती है जो इतिहास के संकेत पर जगती है। इसकी मार्मिकता भी निज के अतीत जीवन की चिरकाल से चली आती हुई अखंड परम्परा के साथ तादात्म्य की यह भावना आत्मा के शुद्ध स्वरूप की नित्यता, अखंडता और व्यापकता का आभास देती है। यह स्मृतिस्वरूपा कल्पना कभी-कभी प्रत्यभिज्ञान का भी रूप धारण करती है। प्रसंग उठने पर जैसे इतिहास द्वारा ज्ञात किसी घटना या दृश्य के ब्यौरा को कहीं बैठे-बैठे हम मन में लाया करते हैं और कभी-कभी उनमें लीन हो जाते हैं वैसे ही किसी इतिहासप्रसिद्ध स्थल पर पहुँचने पर हमारी कल्पना चट उस स्थल पर घटित किसी मार्मिक पुरानी घटना अथवा उससे सम्बन्ध रखनेवाले कुछ ऐतिहासिक व्यक्तियों के बीच हमें पहुँचा देती है, जहाँ से हम फिर वर्तमान की ओर लौटकर कहने लगते हैं कि 'यह वही स्थल है जो कभी सजावट से जगमगाता था, जहाँ अमुक सम्राट् सभासदों के बीच सिंहासन पर विराजते थे; यह वही फाटक है जिस पर ये वीर अद्भुत पराक्रम के साथ लड़े थे, इत्यादि।' इस प्रकार हम उस काल से लेकर इस काल तक अपनी सत्ता के प्रसार का आरोप क्या, अनुभव करते हैं।[1]

सूक्ष्म ऐतिहासिक अध्ययन के साथ-साथ जिसमें जितनी ही गहरी भावुकता होगी, जितनी ही तत्पर कल्पनाशक्ति होगी उसके मन में उतने ही अधिक ब्यौरे आएँगे और पूर्ण चित्र खड़ा होगा। इतिहास का कोई भावुक और कल्पनासम्पन्न पाठक यदि पुरानी दिल्ली, कन्नौज, थानेसर, चित्तौड़ उज्जयिनी, विदिशा इत्यादि के खँडहरों पर पहले-पहले भी खड़ा होता है तो उसके मन में वे सब बातें आ जाती हैं जिन्हें उसने इतिहासों में पढ़ा था या लोगों से सुना था। यदि उसकी कल्पना तीव्र और प्रचुर हुई तो बड़े-बड़े तोरणों से युक्त उन्नत प्रासादों की, उत्तरीय और उष्णीषधारी नागरिकों की, अलक्तरंजित चरणों में पड़े नूपुर की झंकारों की, कटि के नीचे लटकती हुई कांची की लड़ियों की, धूपवासित केशकलाप और पत्रभंग मंडित गंडस्थल की भावना उसके मन में चित्र-सी खड़ी होगी।

1. मिलाइए 'शेष स्मृतियाँ,' प्रवेशिका, पृ. 4

उक्त नगरों का यह रूप उसने कभी देखा नहीं है, पर पुस्तकों के पठन-पाठन से इस रूप की कल्पना उसके भीतर संस्कार के रूप में जम गई है जो उन नगरों के ध्वंसावशेष के प्रत्यक्ष दर्शन से जग जाती है।[1]

एक बात कह देना आवश्यक है कि आप्त वचन या इतिहास के संकेत पर चलनेवाली कल्पना या मूर्त भावना अनुमान का भी सहारा लेती है। किसी घटना का वर्णन करने में इतिहास उस घटना के समय भी रीति, वेषभूषा, संस्कृति आदि का ब्यौरा नहीं देता चलता। अतः किसी ऐतिहासिक काल का कोई चित्र मन में लाते समय ऐसे ब्यौरों के लिए अपनी जानकारी अनुसार हमें अनुमान का सहारा लेना पड़ता है।

यह तो हुई आप्त शब्द या इतिहास पर आश्रित स्मृतिरूपा या प्रत्यभिज्ञानरूपा कल्पना। एक प्रकार की प्रत्यभिज्ञानरूपी कल्पना और होती है जो बिलकुल अनुमान के सहारे पर खड़ी होती और चलती है। यदि हम एकाएक किसी अपरचित स्थान के खँडहरों में पहुँच जाते हैं–जिसके सम्बन्ध में हमने कहीं कुछ सुना या पढ़ा नहीं है तो भी गिरे-पड़े मकानों, दीवारों, देवालयों आदि को सामने पाकर हम कभी-कभी कह बैठते हैं कि 'यह वही स्थान है, जहाँ कभी मित्रों की मंडली जमती थी, रमणियों का हास-विलास होता था, बालकों का क्रीड़ारव सुनाई पड़ता था इत्यादि।'[2] कुछ चिह्न पाकर केवल अनुमान के संकेत पर ही कल्पना इन रूपों और व्यापारों की योजना में तत्पर हो गई। ये रूप और व्यापार हमारे जिस मार्मिक रागात्मक भाव के आलम्बन होते हैं, उसका हमारे व्यक्तिगत योग-क्षेम से कोई सम्बन्ध नहीं अतः उसकी रसात्मकता स्पष्ट है।

अतीत की स्मृति में मनुष्य के लिए स्वाभाविक आकर्षण है। अर्थपरायण लाख कहा करें कि 'गड़े मुर्दे उखाड़ने से क्या फायदा,' पर हृदय नहीं मानता; बार-बार अतीत की ओर जाता है; अपनी यह बुरी आदत नहीं छोड़ता। इसमें कुछ रहस्य अवश्य है। हृदय के लिए अतीत एक मुक्तिलोक है जहाँ वह अनेक प्रकार के बन्धनों से छूटा रहता है; अतीत बीच-बीच में हमारी आँखें खोलता रहता है। मैं तो समझता हूँ कि जीवन का नित्य स्वरूप दिखानेवाला दर्पण मनुष्य के पीछे रहता है; आगे तो बराबर खिसकता हुआ दुर्भेद्य परदा रहता है। बीती बिसारनेवाले 'आगे की सुध रखने का' दावा किया करें, परिणाम अशान्ति के अतिरिक्त और कुछ नहीं। वर्तमान को सँभालने और आगे की सुध रखने का डंका पीटनेवाले संसार में जितने ही अधिक होते जाते हैं, संघशक्ति के प्रभाव से जीवन की उलझनें उतनी ही बढ़ती जाती हैं। बीती बिसारने का अभिप्राय है जीवन की अखंडता और व्यापकता की अनुभूति का निसर्जन; सहृदयता भावुकता का भंग–केवल अर्थ की निष्ठुर क्रीड़ा।

कुशल यही है कि जिनका दिल सही-सलामत है, जिनका हृदय मारा नहीं गया है; उनकी दृष्टि अतीत की ओर जाती है। क्यों जाती है, क्या करने जाती है, यह बताते नहीं बनता। अतीत कल्पना का लोक है, एक प्रकार का स्वप्नलोक है, इसमें तो सन्देह नहीं।

---

1. मिलाइए चिन्तामणि, दूसरा भाग, पृ. 47 ऊपर 155
2. मिलाइए 'शेष स्मृतियाँ,' पृ. 5

अतः यदि कल्पनालोक के सब खंडों को सुखपूर्ण मान लें तब तो प्रश्न टेढ़ा नहीं रह जाता; झट से यह कहा जा सकता है कि सुख प्राप्त करने जाती है। पर क्या ऐसा माना जा सकता है ? हमारी समझ में अतीत की ओर मुड़-मुड़कर देखने की प्रवृत्ति सुख-दुख की भावना से परे है। स्मृतियाँ हमें केवल सुखपूर्ण दिनों की झाँकियाँ नहीं समझ पड़तीं। वे हमें लीन करती हैं, हमारा मर्म स्पर्श करती हैं, बस इतना ही हम कह सकते हैं।[1] यही बात स्मृत्याभास कल्पना के सम्बन्ध में भी समझनी चाहिए। इतिहास द्वारा बातों की मूर्त भावना कितना मार्मिक, कितनी लीन करनेवाली होती है, न सहृदयों से छिपा है, न छिपाते बनता है। मनुष्य की अन्तःप्रकृति पर इसका प्रभाव स्पष्ट है, जैसा कि कहा जा चुका है इसमें स्मृति की-सी सजीवता होती है। इस मार्मिक प्रभाव और सजीवता का मूल है सत्य। सत्य के अनुप्राणित होने के कारण ही कल्पना स्मृति और प्रत्यभिज्ञान का-सा रूप धारण करती है। कल्पना के इस स्वरूप की सत्यमूलक सजीवता और मार्मिकता का अनुभव करके ही संस्कृत के पुराने कवि अपने महाकाव्य और नाटक इतिहास-पुराण के किसी वृत्त का आधार लेकर रचना करते थे।

'सत्य' से यहाँ अभिप्राय केवल वस्तुतः घटित वृत्त ही नहीं, निश्चयात्मकता से प्रतीत वृत्त भी है। जो बात इतिहासों में प्रसिद्ध चली आ रही है वह यदि पक्के प्रमाणों से पुष्ट भी न हो तो भी लोगों के विश्वास के बल वर उक्त प्रकार की स्मृतिस्वरूपा कल्पना का आधार हो जाती है। आवश्यक होता है केवल इस बात का बहुत दिनों से जमा हुआ विश्वास कि इस प्रकार की घटना इस स्थल पर हुई थी। यदि ऐसा विश्वास सर्वथा विरुद्ध प्रमाण उपस्थित होने पर विचलित हो जाएगा तो वैसी सजीव कल्पना न जागेगी।[2] संयोगिता के स्वयंवर की कथा को लेकर कुछ काव्य और नाटक रचे गए। ऐतिहासिक अनुसन्धान द्वारा वह सारी कथा अब कल्पित सिद्ध हो गई है। अतः इतिहास के ज्ञाताओं के लिए उन काव्यों या नाटकों में वर्णित घटना का ग्रहण शुद्ध कल्पना की वस्तु के रूप में होगा, स्मृत्याभास कल्पना की वस्तु के रूप में नहीं।

पहले कहा जा चुका है कि मानव जीवन का नित्य और प्रकृत स्वरूप देखने के लिए दृष्टि जैसी शुद्ध होनी चाहिए वैसी अतीत के क्षेत्र के बीच ही वह होती है। वर्तमान में तो हमारे व्यक्तिगत रागद्वेष से वह ऐसी बँधी रहती है कि हम बहुत-सी बातों को देखकर भी नहीं देखते। प्रसिद्ध प्राचीन नगरों और गढ़ों के खँडहर, राजप्रासाद आदि जिस प्रकार सम्राटों के ऐश्वर्य, विभूति, प्रताप, आमोद-प्रमोद और भोगविलास के स्मारक हैं उसी प्रकार उनके अवसाद, विषाद, नैराश्य और घोर पतन के। मनुष्य की ऐश्वर्य, विभूति, सुख, सौन्दर्य की वासना अभिव्यक्त होकर जगत् के किसी छोटे या बड़े खंड को अपने रंग में रँगकर मानुषी सजीवता प्रदान करती है। देखते-देखते काल उस वासना के आश्रय मनुष्यों को हटाकर किनारे कर देता है। धीरे-धीरे उनका चढ़ाया हुआ ऐश्वर्य विभूति का वह रंग भी मिटता जाता है। जो कुछ शेष रह जाता है वह बहुत दिनों तक ईंट-पत्थर

1. मिलाइए, 'शेष स्मृतियाँ,' पृ. 3-4
2. मिलाइए, वही, पृ. 5

की भाषा में एक पुरानी कहानी कहता रहता है। संसार का पथिक मनुष्य उसे अपनी कहानी समझकर सुनता है, क्योंकि उसके भीतर झलकता है जीवन का नित्य और प्रकृत स्वरूप।[1]

कुछ व्यक्तियों के स्मारक चिह्न तो उनके पूरे प्रतिनिधि या प्रतीक बन जाते हैं और उसी प्रकार हमारी घृणा या प्रेम के आलम्बन हो जाते हैं जिस प्रकार लोक के बीच अपने जीवनकाल में वे व्यक्ति थे। ऐसे व्यक्ति घृणा या प्रेम को अपने पीछे भी बहुत दिनों तक जगत् में जगाते रहते हैं। ये स्मारक न जाने कितनी बातें अपने पेट में लिये कहीं खड़े, कहीं बैठे, कहीं पड़े हैं।

किसी अतीत जीवन के ये स्मारक या तो यों ही–शायद काल की कृपा से–बने रह जाते हैं अथवा जानबूझकर छोड़े जाते हैं। जानबूझकर कुछ स्मारक छोड़ जाने की कामना भी मनुष्य की प्रकृति के अन्तर्गत है। अपनी सत्ता के सर्वथा लोप की भावना मनुष्य को असह्य है। अपनी भौतिक सत्ता तो वह बनाए नहीं रख सकता। अतः वह चाहता है कि उस सत्ता की स्मृति ही किसी जनसमुदाय के बीच बनी रहे। बाह्य जगत् में नहीं तो अन्तर्जगत के किसी खंड में ही वह बना रहना चाहता है। इसे हम अमरत्व की आकांक्षा या आत्मा के नित्यत्व का इच्छात्मक आभास कह सकते हैं। अपनी स्मृति बनाए रखने के लिए कुछ मनस्वी कला का सहारा लेते हैं और उसके आकर्षक सौन्दर्य की प्रतिष्ठा करके विस्मृति के खड्ड में झोंकनेवाले काल के हाथों को बहुत दिनों तक–सहस्रों वर्ष तक थामे रहते हैं। इस प्रकार ये स्मारक काल के हाथों को कुछ थामकर मनुष्य की कई पीढ़ियों की आँखों से आँसू बहवाते चले चलते हैं। मनुष्य अपने पीछे होनेवाले मनुष्यों को अपने लिए रुलाना चाहता है।[2]

सम्राटों की अतीत जीवनलीला के ध्वस्त रंगमंच वैषम्य की एक विशेष भावना जगाते हैं। उनमें जिस प्रकार भाग्य के ऊँचे-से-ऊँचे उत्थान का दृश्य निहित रहता है वैसे ही गहरे पतन का भी। जो जितने ही ऊँचे पर चढ़ा दिखाई देता है गिरने पर वह उतना ही नीचे जाता दिखाई देता है। दर्शकों को उसके उत्थान की ऊँचाई जितनी कुतूहलपूर्ण और विस्मयकारिणी होती है उतनी ही उसके पतन की गहराई मार्मिक और आकर्षक होती है। असामान्य की ओर लोगों की दृष्टि भी अधिक दौड़ती है और टकटकी भी अधिक लगती है। अत्यन्त ऊँचाई से गिरने का दृश्य कोई कुतूहल के साथ देखता है, कोई गम्भीर वेदना के साथ।[3]

जीवन तो जीवन; चाहे राजा का हो चाहे रंक का। उसके सुख और दुख दो पक्ष होंगे ही। इनमें से कोई पक्ष स्थिर नहीं रह सकता। संसार और स्थिरता ? अतीत के लम्बे-चौड़े मैदान के बीच इन उभय पक्षों की घोर विषमता सामने रखकर कोई भावुक जिस भावधारा में डूबता है उसी में औरों को डुबाने के लिए शब्दस्रोत भी बहाता है।

1. मिलाइए, 'शेंष स्मृतियाँ', पृ. 7
2. वही, पृ. 8
3. मिलाइए 'शेष स्मृतियाँ,' पृ. 9

इस पुनीत भावधारा में अवगाहन करने से वर्तमान का—अपने पराए का—लगा-लिपटा मैल छँटता है और हृदय स्वच्छ होता है। ऐतिहासिक व्यक्तियों वा राजकुलों की जीवन के जिन विषमताओं की ओर सबसे अधिक ध्यान जाता है वे प्रायः दो ढंग की होती हैं—सुख-दुख सम्बन्धिनी तथा उत्थान-पतन सम्बन्धिनी। सुख-दुख की विषमता की ओर जिसकी भावना प्रवृत्त होगी वह एक ओर तो जीवन का भोगपक्ष—यौवनमद, विलास की प्रभूत सामग्री, कला-सौन्दर्य की जगमगाहट, रागरंग और आमोद-प्रमोद की चहल-पहल—और दूसरी ओर अवसाद, नैराश्य, कष्ट, वेदना इत्यादि के दृश्य मन में लाएगा। बड़े-बड़े प्रतापी सम्राटों के जीवन को लेकर भी वह ऐसा ही करेगा। उनके तेज, प्रताप, पराक्रम इत्यादि की भावना वह इतिहासविज्ञ पाठक की सहृदयता पर छोड़ देगा। कहने की आवश्यकता नहीं कि सुख और दुख के बीच का वैषम्य जैसा मार्मिक होता है वैसा ही उन्नति और अवनति, प्रताप और ह्रास के बीच का भी। इस वैषम्यप्रदर्शन के लिए एक ओर तो किसी के पतनकाल के असामर्थ्य, दीनता, विवशता, उदासीनता इत्यादि के दृश्य सामने रखे जाते हैं, दूसरी ओर उसके ऐश्वर्यकाल के प्रताप, तेज, पराक्रम इत्यादि के वृत्त स्मरण किए जाते हैं।[1]

इस दुखमय संसार में सुख की इच्छा और प्रयत्न प्राणियों का लक्षण है। यह लक्षण मनुष्य में सबसे अधिक रूपों में विकसित हुआ है। मनुष्य की सुखेच्छा कितनी प्रबल, कितनी शक्तिशालिनी निकली ! न जाने कब से वह प्रकृति को काटती-छाँटती, संसार का कायापलट करती चली आ रही है। वह शायद अनन्त है, 'आनन्द' का अनन्त प्रतीक है। वह इस संसार में न समा सकी तब कल्पना को साथ लेकर उसने कहीं बहुत दूर स्वर्ग की रचना की। चतुर्वर्ग में इसी सुख का नाम 'काम' है। यद्यपि देखने में 'अर्थ' और 'काम' अलग-अलग दिखाई पड़ते हैं, पर सच पूछिए तो 'अर्थ' 'काम' का ही एक साधन ठहरता है, साध्य रहता है काम या सुख ही। अर्थ है संचय, आयोजन और तैयारी की भूमि। काम भोगभूमि है। मनुष्य कभी अर्थभूमि पर रहता है, कभी कामभूमि पर। अर्थ और काम के बीच जीवन बाँटता हुआ वह चला चलता है। दोनों का ठीक सामंजस्य सफल जीवन का लक्षण है। जो अनन्य भाव से अर्थसाधना में ही लीन रहेगा वह हृदय खो देगा; जो आँख मूँदकर कामचर्या में ही लिप्त रहेगा वह किसी अर्थ का न रहेगा। अकबर के जीवन में अर्थ और काम का सामंजस्य रहा। औरंगजेब बराबर अर्थभूमि पर ही रहा। मुहम्मदशाह सदा कामभूमि पर ही रहकर रंग बरसाते रहे।[2]

1. वही, पृ. 9-10
2. वही, पृ. 12-13

कल्पित रूपविधान

कल्पना

काव्यवस्तु का सारा रूपविधान इसी की क्रिया से होता है। आजकल तो भाव की बात दब-सी गई है, केवल इसी का नाम लिया जाता है क्योंकि 'कवि की नूतन सृष्टि' केवल इसी की कृति समझी जाती है। पर जैसा कि हम अनेक स्थलों पर कह चुके हैं, काव्य के प्रयोजन की कल्पना वही होती है जो हृदय की प्रेरणा से प्रवृत्त होती है और हृदय पर प्रभाव डालती है। हृदय के मर्मस्थल का स्पर्श तभी होता है जब जगत् या जीवन का कोई सुन्दर रूप, मार्मिक दशा या तथ्य मन में उपस्थित होता है। ऐसी दशा या तथ्य की चेतना से मन में कोई भाव जगता है जो उपदशा या तथ्य की मार्मिकता का पूर्ण अनुभव करने और कराने के लिए उसके कुछ चुने हुए ब्यौरों की मूर्त भावनाएँ खड़ी करता है। कल्पना का यह प्रयोग प्रस्तुत के सम्बन्ध में समझना चाहिए जो विभाव पक्ष के अन्तर्गत है। शृंगार, रौद्र, वीर, करुणा सब इसी विभाव पक्ष के अन्तर्गत हैं।

सारा रूपविधान कल्पना ही करती है, अतः अनुभाव कहे जानेवाले व्यापारों और चेष्टाओं द्वारा आश्रय को जो रूप दिया जाता है वह भी कल्पना ही द्वारा। पर भावों के द्योतक शारीरिक व्यापार या चेष्टाएँ परिमित होती हैं, वे रूढ़ या बँधी हुई होती हैं। उनमें नएपन की गुंजाइश नहीं, पर आश्रय के वचनों की अनेकरूपता की कोई सीमा नहीं। इन वचनों की भी कवि द्वारा कल्पना ही की जाती है।[1]

वचनों द्वारा भावव्यंजना के क्षेत्र में कल्पना को पूरी स्वच्छन्दता रहती है। भाव की ऊँचाई, गहराई की कोई सीमा नहीं। उसका प्रसार लोक का अतिक्रमण कर सकता है। उसकी सम्यक् व्यंजना के लिए प्रकृति के वास्तविक विधान कभी-कभी पर्याप्त नहीं जान पड़ते। मन की गति का वेग अबाध होता है। प्रेम के वेग में प्रेमी प्रिय को अपनी आँखों में बसा हुआ कहता है, उसके पाँव रखने के लिए पलकों के पाँवड़े बिछाता है उसके अभाव में दिन के प्रकाश में भी चारों ओर शून्य या अन्धकार देखता है, अपने शरीर की भस्म उड़ाकर उसके पास तक पहुँचाना चाहता है। इसी प्रकार क्रोध के वेग में मनुष्य शत्रु को पीसकर चटनी बना डालने के लिए खड़ा होता है, उसके घर को खोदकर तालाब बना डालने की प्रतिज्ञा करता है। उत्साह या वीरता की उमंगों में वह समुद्र पाट देने, पहाड़ों को उखाड़ फेंकने का हौसला प्रकट करता है।

1. मिलाइए चिन्तामणि, पहला भाग, भाव या मनोविचार, पृ. 4

ऐसे लोकोत्तर विधान करनेवाली कल्पना में भी यह देखा जाता है कि जहाँ कार्यकारण-विवेचनपूर्वक वस्तुव्यंजना का टेढ़ा रास्ता पकड़ा जाता है वहाँ वैचित्र्य ही वैचित्र्य रह जाता है, मार्मिकता दब जाती है। जैसे, यदि कोई कहे कि 'कृष्ण के वियोग में राधा का दिन-रात रोना सुनकर लोग घर-घर में नावें बनवा रहे हैं' तो यह कथन मार्मिकता की हद के बाहर जान पड़ेगा।

विभाव पक्ष के ही अन्तर्गत हम उन सब प्रस्तुत वस्तुओं और व्यापारों को भी लेते हैं जो हमारे मन में सौन्दर्य, माधुर्य, दीप्ति, कान्ति, प्रताप, ऐश्वर्य, विभूति इत्यादि की भावनाएँ उत्पन्न करते हैं। ऐसी वस्तुओं और व्यापारों की योजना करनेवाली प्रतिभा भी विभावविधायिनी ही समझनी चाहिए। कवि कभी-कभी सौन्दर्य, माधुर्य, दीप्ति इत्यादि की अनूठी सृष्टि खड़ी करने के लिए चारों ओर से सामग्री एकत्र करके पराकाष्ठा को पहुँची हुई लोकोत्तर योजना करते हैं, यह भी कविकर्म के अन्तर्गत है, पर सर्वत्र अपेक्षित उसकी कोई नित्य प्रक्रिया नहीं। मन के भीतर लोकोत्तर उत्कर्ष की झाँकियाँ तैयार करना भी कल्पना का एक काम है। इस काम में कविता उसे प्रायः लगाया करती है। कुछ लोग तो कल्पना और कविता का यही काम ही बताते हैं—खासकर वे लोग जो काव्य को स्वप्न का सगा भाई मानते हैं। जैसे स्वप्न को वे[1] अन्तस्संज्ञा में निहित अतृप्त वासनाओं की अन्तर्व्यंजना कहते हैं, वैसे ही काव्य को भी। संसार में जितना अद्‌भुत, सुन्दर, मधुर, दीप्त हमारे समाने आता है; जितना सुख, समृद्धि, सद्‌वृत्ति, सद्‌भाव, प्रेम, आनन्द हमें दिखाई पड़ता है, उतने ही तृप्त न होने के कारण अधिक की इच्छाएँ हमारी अन्तस्संज्ञा में दबी पड़ी रहती हैं। इसी प्रकार शक्ति, उग्रता, प्रचंडता, उथल-पुथल, ध्वंस इत्यादि को हम जितने बढ़े-चढ़े रूप में देखना चाहते हैं उतने बढ़े-चढ़े रूपों में कहीं न देख हमारी इच्छाएँ चेतना या संज्ञा के नीचे अज्ञात दशा में दबी पड़ी रहती हैं। वे ही इच्छाएँ तृप्ति के लिए कविता के रूप में व्यक्त होती हैं और श्रोताओं को भी तृप्त करती हैं।

इस सम्बन्ध में हम यहाँ इतना ही कहना चाहते हैं कि काव्य सर्वथा स्वप्न के रूप की वस्तु नहीं है। स्वप्न के साथ यदि उसका कुछ मेल है तो केवल इतना ही कि स्वप्न भी हमारी बाह्य इन्द्रियों के सामने नहीं रहता और काव्यवस्तु भी। दोनों के आविर्भाव का स्थान भर एक है। स्वरूप में भेद है। कल्पना में आई हुई वस्तुओं की प्रतीति से स्वप्न में दिखाई पड़नेवाली वस्तुओं की प्रतीति भिन्न प्रकार की होती है। स्वप्नकाल की प्रतीति प्रायः प्रत्यक्ष ही के समान होती है। दूसरी बात यह है कि काव्य में शोकप्रसंग भी रहते हैं। शोक की वासना की तृप्ति शायद ही कोई प्राणी चाहता हो।

उपर्युक्त सिद्धान्त का ही एक अंग कामवासना का सिद्धान्त है जिसके अनुसार काव्य का सम्बन्ध और कलाओं के समान कामवासना की तृप्ति से है। यहाँ पर इतना ही समझ रखना आवश्यक है कि यह मत काव्य को 'ललित कलाओं' में गिनने का परिणाम है। कलाओं के सम्बन्ध में, जिनका लक्ष्य केवल सौन्दर्य की अनुभूति उत्पन्न

1. फ्रायड आदि नूतन मनोवैज्ञानिक।

करना है यह मत कुछ ठीक कहा जा सकता है। इसी से 64 कलाओं का उल्लेख हमारे यहाँ कामशास्त्र के भीतर हुआ है। पर काव्य की गिनती कलाओं में नहीं की गई है।

अब तक जो कुछ कहा गया है वह प्रस्तुत के सम्बन्ध में है। पर काव्य में प्रस्तुत के अतिरिक्त अप्रस्तुत भी बहुत अधिक अपेक्षित होता है, पर क्योंकि साम्यभावना काव्य का बड़ा शक्तिशाली अस्त्र है। कहने की आवश्यकता नहीं कि अप्रस्तुत की योजना भी कल्पना ही द्वारा होती है। आधुनिक पाश्चात्य समीक्षा क्षेत्र में तो 'कल्पना' शब्द से अधिकतर अप्रस्तुत विधायिनी कल्पना ही समझी जाती है। अप्रस्तुत की योजना के सम्बन्ध में वही बात समझनी चाहिए जो प्रस्तुत के सम्बन्ध में हम कह आए हैं अर्थात् उसकी योजना भी यदि किसी भाव के संकेत पर होगी—सौन्दर्य, माधुर्य, भीषणता, कान्ति, दीप्ति इत्यादि की भावना में वृद्धि करनेवाली होगी—तब तो वह काव्य के प्रयोजन की होगी; यदि केवल रंग, आकृति, छोटाई, बड़ाई आदि का ही हिसाब-किताब बैठाकर की जाएगी तो निष्फल ही नहीं बाधक भी होगी। भाव की प्रेरणा से जो अप्रस्तुत लाए जाते हैं उनकी प्रभविष्णुता पर कवि की दृष्टि रहती है; इस बात पर रहती है कि इनके द्वारा भी वैसी ही भावना जगे जैसी प्रस्तुत के सम्बन्ध में है।

केवल शास्त्रस्थितिसम्पादन[1] से कविकर्म की सिद्धि समझ कुछ लोगों ने स्त्री की कटि की सूक्ष्मता व्यक्त करने के लिए भिड़ या सिंहिनी की कटि सामने रख दी है, चन्द्रमंडल और सूर्यमंडल के उपमान के लिए दो घंटे सामने कर दिए हैं पर ऐसे अप्रस्तुत विधान केवल छोटाई-बड़ाई या आकृति को ही पकड़कर, केवल उसी का हिसाब-किताब बैठाकर हुए हैं; उस सौन्दर्य की भावना की प्रेरणा से नहीं जो उस नायिका या चन्द्रमंडल के सम्बन्ध में रही होगी। यह देखकर सन्तोष होता है कि हिन्दी की वर्तमान कविताओं में प्रभाव-साम्य पर ही विशेष दृष्टि रहती है।

भाषाशैली को अधिक व्यंजक, मार्मिक और चमत्कारपूर्ण बनाने में भी कल्पना ही काम करती है। कल्पना की सहायता यहाँ पर भाषा की लक्षणा और व्यंजना नाम की शक्तियाँ करती हैं। लक्षणा के सहारे ही कवि ऐसी भाषा का प्रयोग बेधड़क कर जाते हैं जैसी सामान्य व्यवहार में नहीं सुनाई पड़ती। ब्रजभाषा के कवियों में घनानन्द इस प्रसंग में सबसे अधिक उल्लेखयोग्य हैं। भाषा को वे इतनी वशवर्तिनी समझते थे कि अपनी भावना के साथ उसे जिधर चाहते थे उधर बेधड़क मोड़ते थे। कुछ उदाहरण लीजिए—

(1) **अरसानि गही** वह बानि कछू सरसानि सों आनि निहोरत है।

(2) **ह्वै है सोऊ घरी भाग उघरी अनन्दघन,**
सुरस, बरसि, लाल, देखिहौ हमै हरी।

---

1. संधिसंध्यंगघटनं रसाभिव्यक्त्यपेक्षया।
न तु केवलया शास्त्रस्थितिसंपादनेच्छया॥
—ध्वन्यालोक, 3-12
देखिए ऊपर पृ. 66 पाद टिप्पणी।

(3) **उघरो जग,** छाय रहे 'घनआनन्द' चातक ज्यों तकिए अब तौ।

(4) मिलत न केहूँ **'भर रावरी अमितलाई,**
हिये ये किये विलास जे बिछोह छत हैं।

(5) भूलनि चिन्हारि दोऊ है न हो हमारे ताते,
बिसरनि रावनी **हमै लै बिसरति है**।

(6) **उजरनि बसी है** हमारी अँखिआनि देखौ,
सुबस सुदेश जहाँ भावतै सबत हौ।

ऊपर के उद्धरणों के काले स्थलों में भाषा की मार्मिक वक्रता एक-एक करके देखिए। (1) बानि धीमी या शिथिल पड़ गई कहने में उतनी व्यंजकता न दिखाई पड़ी अतः कवि ने कृष्ण का आलस्य न कहकर उनकी बानि (आदत) का आलस्य करना कहा। (2) अपने को खुले भाग्यवाली न कहकर नायिका ने उस घड़ी को खुले भाग्यवाली कहा, इससे सौभाग्यदशा एक व्यक्ति ही तक न रहकर उस घड़ी के भीतर सम्पूर्ण जगत् में व्याप्त प्रतीत हुई। विशेषण के इस विपर्यय से कितनी व्यंजकता आ गई ! (3) मेघ का छाना और उघड़ना तो बराबर बोला जाता है, पर कवि ने मेघ के छाए रहने और श्रीकृष्ण के आँखों में छाए रहने के साथ ही साथ जग का उघड़ना (खुलना, तितर-बितर होना या तिरोहित होना) कह दिया जिसका लक्ष्यार्थ हुआ जगत् के फैले हुए प्रपंच का आँखों के सामने से हट जाना, चारों ओर शून्य दिखाई पड़ना। (4) कृष्ण की अमिलताई (न मिलना) हृदय के घाव में भी भर गई है जिससे उसका मुँह नहीं मिलता और वह नहीं पूजता। भरा भी रहना और न भरना या पूजना में विरोध का चमत्कार भी है। (5) हम कभी-कभी आत्मविस्मृत हो जाती हैं; इससे जान पड़ता है कि आप हमें लिए-दिए भूलते हैं अर्थात् उधर आप हमें भूलते हैं, इधर हमारी सत्ता ही तिरोहित हो जाती है। (6) हमारी आँखों के सामने उजाड़ बसा है अर्थात् आँखों के सामने शून्य दिखाई पड़ता है। इसमें भी विरोध का चमत्कार अत्यन्त आकर्षक है।

आजकल हमारी वर्तमान काव्यधारा की प्रवृत्ति इसी प्रकार की लाक्षणिक वक्रता की ओर विशेष है। यह अच्छा लक्षण है। इसके द्वारा हमारी भाषा की अभिव्यंजना शक्ति के प्रसार की बहुत कुछ आशा है। श्रीसुमित्रानन्दनपन्त की रचना से कुछ उदाहरण लेकर देखिए—

(1) **धूलि की ढेरी** में अनजान। छिपे हैं मेरे **मधुमय गान**।

(2) रुदन, क्रीड़ा, आलिंगन।
शशि की-सी ये कलित **कलाएँ किलक रही हैं** पुर पुर में।

(3) मर्म **पीड़ा के हास**।

(4) अहह ! यह मेरा **गीला गान**।

(5) तड़ित-सा, सुमुखि ! तुम्हारा ध्यान
प्रभा के पलक मार, उर चीर
गूढ़ गर्जन कर जब गम्भीर।

(6) **लाज** में लिपटी उषा समान।

घनानन्द की वाग्विशेषताओं को ध्यान में रखते हुए अब ऊपर के उद्धरणों के काले प्रयोगों की लाक्षणिक प्रक्रिया देखिए–

(1) धूलि की ढेरी=तुच्छ या असार कहा जानेवाला संसार। मधुमय गान=मधुमय गान के विषय=मधुर और सुन्दर वस्तुएँ। (2) कलाएँ किलक रही हैं=जोर से हँस रही हैं=आनन्द का प्रकाश कर रही हैं। (3) पीड़ा के हास=पीड़ा का विकास या प्रसार (विरोध का चमत्कार)। (4) गीला गान=आर्द्र हृदय या अश्रुपूर्ण व्यक्ति की वाणी, (सामान्य) कथन में जो गुण व्यक्ति का कहा जाता है वह गान का कहा गया; (विशेषण विपर्यय)। (5) प्रभा के पलक मार=पल-पल पर चमककर। गूढ़ गर्जन=छिपी हुई हृदय की धड़कन। (6) लाज=लज्जा से उत्पन्न ललाई।

इन प्रयोगों का आधार या तो किसी-न-किसी प्रकार की साम्य भावना है अथवा किसी वस्तु का उपलक्षण या प्रतीक के रूप में ग्रहण। दोनों बातें कल्पना ही के द्वारा होती हैं। उपलक्षणों या प्रतीकों का एक प्रकार का चुनाव है जो मूर्तिमत्ता, मार्मिकता या आतिशय्य आदि की दृष्टि से होता है–जैसे, शोक या विषाद के स्थान पर अश्रु, हर्ष और आनन्द के स्थान पर हास, प्रिय-प्रेमी के लिए मुकुल मधुप, यौवनकाल या संयोगकाल के लिए मधुमास, शुभ्र के स्थान पर रजत या हंस, दीप्त के स्थान पर स्वर्ण इत्यादि।[1] यह सारा व्यवसाय कल्पना ही का है।

काव्य की पूर्ण अनुभूति के लिए कल्पना का व्यापार कवि और श्रोता दोनों के लिए अनिवार्य है। काव्य की कोई उक्ति कान में पड़ते समय जब काव्यवस्तु के साथ-साथ वक्ता या बोद्धव्य पात्र की कोई मूर्त भावना भी खड़ी रहती है तभी पूरी तन्मयता प्राप्त होती है।

प्रत्यक्ष रूपविधान के उपादान से ही कल्पित रूपविधान होता है। जन्मान्ध अपने मन में स्पष्ट रूपविधान नहीं कर सकते। जिस प्रकार प्रत्यक्ष अनुभूति से कलानुभूति या काव्यानुभूति को एकदम अलग कहने की चाल योरप में चली उसी प्रकार प्रत्यक्ष रूपविधान से कल्पित रूपविधान को असम्बद्ध घोषित करने की रूढ़ि प्रतिष्ठित हुई। 'कल्पना' की एक निराली दुनिया कही जाने लगी और कवि लोग दूसरी सृष्टि बनानेवाले विश्वामित्र हुए। पर थोड़ा विचार करने पर यह उक्ति स्तुतिपरक ही ठहरती है। सारे वर्ण, सारी रूपरेखाएँ जिनसे कल्पित मूर्तिविधान होता है बाह्य जगत् के प्रत्यक्ष बोध से प्राप्त हुई हैं। हम मनुष्य, पशु, पक्षी, वृक्ष, लता, तृण, गुल्म, नदी, पर्वत, भूमि, चट्टान इत्यादि देखी हुई वस्तुओं के अतिरिक्त वस्तुओं की कल्पना नहीं कर सकते। लम्बाई, चौड़ाई, ऊँचाई (या गहराई) के अतिरिक्त और विस्तार मन में नहीं ला सकते। हम इतना ही कर सकते हैं कि चार मुँहवाले मनुष्य की कल्पना करें, सोने के पंखवाले पक्षी उड़ाएँ, मरकत, पद्मराग की प्रभावाले पेड़ खड़े करें, सोने की रेत पर चाँदी की धारा बहाएँ; माणिक्य और नीलम की चट्टानें बिछाएँ। पर असली ढाँचे मनुष्य, पशु-पक्षी, पेड़, रेत, नदी, चट्टान आदि के ही रहेंगे, उनमें रंग-रूप चाहे जैसे भरें। ऐसी दशा में यह कहना

1. मिलाइए 'हिन्दी साहित्य का इतिहास', प्रवर्धित संस्करण, सं. 1999, पृ. 750

कि प्रत्यक्ष रूपविधान से कवि के काल्पनिक रूपविधान का कोई सम्बन्ध नहीं, बात बनाना ही माना जाएगा।

इन ढाँचों को लेकर हम विलक्षण रंग-रूप की वस्तुएँ खड़ी कर सकते हैं, पर यह स्पष्ट समझ रखना चाहिए कि उन वस्तुओं का रूप-रंग प्रकृति से जितना ही दूर घसीटा जाएगा उतनी ही वे वस्तुएँ कल्पना में कम देर तक टिकेंगी। घोड़े के मुँहवाले किन्नर, पुखराज की चट्टानों और सोने की रेत के बीच से बहती हुई नदियाँ, आग के बने हुए शरीर एक क्षण के लिए मन में आ सकते हैं, पर सोने की चिड़ियों की तरह चट उड़ जाएँगे। पर जैसा कि मैं अपने अन्य प्रबन्धों में दिखा चुका हूँ, हृदय के मर्म को स्पर्श करने के लिए, सच्ची और गहरी अनुभूति उत्पन्न करने के लिए आवश्यक है कि कल्पना में आई हुई वस्तुएँ कुछ देर टिकें, मन उनका बिम्बग्रहण कुछ काल तक किए रहे।[1]

काव्यभूमि जीवन से, जगत् से परे नहीं है। वह वस्तुव्यापार योजना जो केवल विलक्षणता, नवीनता या अलौकिकता दिखाने के लिए की जाएगी, जिसमें जगत् या जीवन का कोई मार्मिक पक्ष, गम्भीर या साधारण, व्यक्त होता न दिखाई पड़ेगा, वह काव्य का ठीक लक्ष्य पूरा न कर सकेगी।

1. मिलाइए चिन्तामणि, दूसरा भाग, पृ. 24 और ऊपर 129

प्रस्तुत रूपविधान

कल्पित रूपविधान दो प्रकार का होता है–

(1) प्रस्तुत रूपविधान और

(2) अप्रस्तुत रूपविधान।

यह प्रस्तुत रूपविधान हमारे पुराने आचार्यों का विभाव पक्ष[1] है जिसके अन्तर्गत आलम्बन और उद्‌दीपन दोनों हैं। विचार करने से उद्‌दीपन दो प्रकार के निकलेंगे–आलम्बनगत और आलम्बन से बाहर के। यहाँ पर हम प्रस्तुत रूपविधान का आलम्बन की दृष्टि से ही विचार करेंगे। इस विचार में आलम्बनगत या आलम्बन से बाहर, पर आलम्बन से लगाव रखनेवाली वस्तुएँ भी आ सकती हैं। आलम्बन से हमारा अभिप्राय केवल रसग्रन्थों में गिनाए आलम्बनों से नहीं, उन सब वस्तुओं और व्यापारों से है जिनके प्रति हमारे मन में किसी भाव का उदय होता है। जैसे, यदि कहीं कवि प्रकृति के किसी रमणीय खंड का वर्णन पूरी तन्मयता के साथ, पूरा ब्योरा देते हुए करता है तो वहाँ वह दृश्य या प्रकृति ही आलम्बन होगी। अपने पूर्वप्रबन्धों[2] और समीक्षाओं में मैं यह दिखा चुका हूँ कि प्रकृति का वर्णन दोनों रूपों में हो सकता है–आलम्बन के रूप में भी, उद्‌दीपन के रूप में भी। कुमारसम्भव के आरम्भ का हिमालय-वर्णन, मेघदूत का नाना प्रदेश वर्णन आलम्बन के रूप में ही समझना चाहिए। ऋतुसंहार में दिया हुआ प्रकृतिवर्णन उद्‌दीपन के रूप में है। एक ही कवि कालिदास ने प्रकृति का आलम्बन के रूप में भी वर्णन किया है और उद्‌दीपन के रूप में भी। आलम्बन के रूप में जिस वस्तु का ग्रहण होता है भाव उसी के प्रति होता है; उद्‌दीपन के रूप में जिसका ग्रहण होता है भाव उसके प्रति नहीं रहता; किसी अन्य के प्रति रहता है।

---

1. विभाव पक्ष के अन्तर्गत वस्तुएँ दो रूपों में लाई जाती हैं–वस्तुरूप में और अलंकाररूप में, अर्थात् प्रस्तुत रूप में और अप्रस्तुत में। मान लीजिए कि कोई कवि कृष्ण का वर्णन कर रहा है। पहले वह कृष्ण के श्याम या नील वर्ण शरीर को, उस पर पड़े हुए पीताम्बर को, त्रिभंगी मुद्रा को, स्मित आनन को, हाथ में ली हुई मुरली को, सिर के कुंचित केश और मोरमुकुट आदि को सामने रखता है। यह विन्यास वस्तुरूप में हुआ। इसी प्रकार का विन्यास यमुनातट, निकुंज की लहराती लताओं, चन्द्रिका, कोकिलकूजन आदि का होगा। इनके साथ ही यदि कृष्ण के शोभा वर्णन में घन और दामिनी, सनाल कमल आदि उपमान के रूप में वह लाता है तो यह विन्यास अलंकाररूप में होगा।

–देखिए सूरदास, पृ. 161

2. देखिए 'काव्य में प्राकृतिक दृश्य,' चिन्तामणि, दूसरा भाग, पृ. 3 और ऊपर पृ. 110

उपर्युक्त विवेचन से यह स्पष्ट है कि कोरा प्रकृतिवर्णन भी रसात्मक होता है। आलम्बनमात्र का वर्णन भी बराबर रसात्मक होता है इस बात को पुराने आचार्यों ने भी स्वीकार किया है–

सद्भावश्चेद्विभावादेर्द्वयोरेकस्य वा भवेत्।
झटित्यन्यसमाक्षेपे तथा दोषो न विद्यते।

–साहित्यदर्पण, तृतीय परिच्छेद, 17

इसके उदाहरण में जो पद्य दिया गया है वह मालविका के अंगप्रत्यंग का तन्मयता के साथ किया हुआ वर्णन मात्र है।[1] इतने ब्योरे के साथ वर्णन करने की प्रवृत्ति में ही वर्णनकर्ता के मन में सौन्दर्य के प्रभाव, औत्सुक्य आदि का आभास मिलता है। इसी प्रकार आँखें फाड़-फाड़कर देखने आदि अनुभावों का आक्षेप भी हो जाता है और रतिभाव की भी व्यंजना हो जाती है। यही बात कोरे प्रकृतिवर्णन में भी समझिए।

पाश्चात्य समीक्षकों ने 'कल्पना' का ऐसा पल्ला पकड़ा कि उन्होंने कल्पित रूपविधान को ही एक प्रकार से काव्य का लक्ष्य ठहराया। हमारे यहाँ काल्पनिक रूपविधान साधन की कोटि में रखा गया है; साध्य वस्तु रसानुभूति ही रखी गई है। भारतीय काव्यदृष्टि के अनुसार कवि की कल्पना भावों की प्रेरणा से ही रूपविधान में प्रवृत्त होती है और श्रोता या पाठक की कल्पना उस रूपविधान का ग्रहण कर भावों को जगाती है। जो रूपयोजना कवि के मन में कार्यरूप में रहती है वही श्रोता या पाठक के अन्तस् में जाकर कारणरूप हो जाती है। अतः कल्पना की वही रूपयोजना काव्य के अन्तर्गत आ सकती है जो श्रोता या पाठक के मन में कोई भाव जगाने में समर्थ हो, भाव जगाने में वही रूपयोजना समर्थ होगी जो जगत् या जीवन का कोई गूढ़ या मार्मिक तथ्य सामने लाएगी, जो विश्व के किसी अनुरंजनकारी, क्षोभकारी या विस्मयकारी विधान का चित्र होगी।

यदि हम किसी कारखाने का पूरे ब्योरे के साथ वर्णन करें, उसमें मजदूर किस व्यवस्था के साथ क्या-क्या काम करते हैं ये सब बातें अच्छी तरह सामने रखें तो ऐसे वर्णन से किसी व्यवसायी का ही काम निकल सकता है, काव्यप्रेमी के हृदय पर कोई प्रभाव न होगा। बात यह है कि ये सब विधान जीवन के मूल और सामान्य स्वरूप से बहुत दूर के हैं। पर यदि हम उसी कारखाने के पास बने हुए मजदूरों के झोपड़ों के भीतर के जीवन का चित्रण करें, रोटी के लिए झगड़ते हुए कृशकाय बच्चों पर झल्लाती हुई माँ का दृश्य सामने लाएँ तो कविकर्म में हमारे वर्णन का उपयोग हो सकता है।

अब यहाँ पर काव्य और सभ्यता के सम्बन्ध का सवाल सामने आता है। सभ्यता का स्वरूप उत्तरोत्तर बदलता चला आ रहा है। आज से सौ वर्ष पहले उसका जो स्वरूप था वह आज नहीं है, आज जो उसका स्वरूप है वह पचास वर्ष पीछे न रहेगा।

---

1. दीर्घाक्षं शरदिन्दुकान्ति वदनं बाहू नतावंसयोः
संक्षिप्तं निबिडोन्नतस्तनमुरः पार्श्वे प्रमृष्टे इव।
मध्यः पाणिमितो नितम्बि जघनं पादावरालाङ्गुली,
छन्दो नर्तयितुर्यथैव मानसः श्लिष्टं तथास्या वपुः। –मालविकाग्निमित्र, 2-3

अब विचारणीय यह है कि क्या कविता को भी सभ्यता का एक अंग होकर आज कुछ और होते हुए चलना चाहिए अथवा सभ्यता के बाहरी और भीतरी दोनों स्वरूपों को बाह्य आवरण के रूप में रखकर एकरस धारा के रूप में चलना चाहिए। हमारा कहना है कि दूसरा मार्ग ही सच्ची कविता का मार्ग हो सकता है। सभ्यता के साथ-साथ वह चलेगी पर उसी का एक विधान होकर नहीं। वह अपनी मूल सत्ता स्वतन्त्र रखेगी, किसी काल की सभ्यता की नकल करना, केवल नवीनता दिखाने के लिए पुरानी से भिन्न लगनेवाली बातें खड़ी करना; रेल, तार, हवाईजहाज, क्लब, सिनेमा इत्यादि का उल्लेख कर देना ही आधुनिक कविता करना नहीं कहा जा सकता। आधुनिक सभ्यता ने जो नई-नई वस्तुएँ प्रस्तुत की हैं, उनके सम्बन्ध में हमारा अपना विचार तो यही है कि उनके वर्णन में स्वतः कोई रागात्मक प्रभाव उत्पन्न करने की शक्ति कई शताब्दियों तक न आएगी। यह हो सकता है कि चलित जीवन के साथ उनके घनिष्ठता के साथ मिलते जाने से परिस्थिति के चित्रों में वे कभी-कभी दिखाई पड़ा करेंगी, पर प्रायः उदासीन रहेंगी, रस-प्रक्रिया में कोई योग न देंगी। इन वस्तुओं का काव्य में बहुत दिनों तक वही स्थान रहेगा जो हमारे यहाँ के आचार्यों ने सरस वाक्यों के भीतर नीरस वाक्यों का बताया है।[1]

अँगरेजी कविता में रेलगाड़ी और अग्निबोट की पहले-पहल चर्चा करनेवाले कवि वड्र्सवर्थ थे। इनको कविता के भीतर घुसने का पास उन्होंने कुछ हिचकते हुए, अपने मन को बहुत कुछ समझाते-बुझाते हुए दिया था।

'हे पृथ्वी और समुद्र पर की गति और साधन! तुम हमारी पुरानी रसभावना के साथ मेल नहीं खाते हो, पर अब यह न होगा कि तुम इस कारण अनुपयुक्त समझे जाओ। तुम्हारी उपस्थिति चाहे प्रकृति की रमणीयता को कितना ही भ्रष्ट करे पर मन को भविष्य के हेरफेर का ऐसा आगम ज्ञान, दृष्टि की वह सीध प्राप्त करने में बाधा न देगी जिससे यह खुले कि तुम तत्त्वतः हो क्या।'[2]

पीछे टेनिसन (Tennyson) और ब्राउनिंग (Browning) आदि कई कवि कविता में रेलगाड़ी लाए पर असली कविता के रंग में नहीं—कुतूहल या विनोद के रंग में। केवल एमिली डिकिंसन (Emily Dickinson) ने उनको प्रेम का थोड़ा-बहुत आलम्बन बनाया। रॉबर्ट निकोल्स (Robert Nickols), सिटवेल (Sacheverell Sitwell) आदि आजकल के कवियों ने जीवन की एक सामान्य वस्तु मानकर उसका कुछ ब्योरे के साथ वर्णन किया है।

लारा राइडिंग (Laura Riding) और रॉबर्ट ग्रेव्ज (Robert Graves) ने आजकल होनेवाली अँगरेजी कविता पर जो पुस्तक (A Servey of Modernist Poetry) लिखी है

---

1. रसवत्पद्यान्तर्गतनीरसपदानामिव पद्यरेसन प्रबन्धरसेनैव तेषां रस-वत्ताङ्गीकारात्।
—साहित्यदर्पण, प्रथम परिच्छेद।

2. Motions and Means on land and sea at war
With old poetic feeling, not for this
Shall ye, by poets even, be judged amiss
Nor shall your presence, howsoe'er it mar
The loveliness of Nature, prove a bar
To the Mind's gaining that prophetic sense
Of future change, that point of vision, whence
May be discovred what in soul ye are.

उसमें आधुनिक सभ्यता और कविता के सम्बन्ध में यह मत प्रकट किया है कि वही आधुनिक कविता कविता होगी जिसमें जानबूझकर आधुनिकता का रंग न चढ़ाया गया होगा, जिसकी रचना यह समझकर न होगी कि आधुनिक सभ्यता के क्या-क्या अनुरोध हैं, क्या-क्या बातें लाई जाएँ जिससे वह आधुनिक लगे। ऐसी कविता एक साथ ही पुरानी भी होगी और नई भी। एक ओर तो उसकी प्रकृति के भीतर काव्य अपने सत्य सर्वकालव्यापी स्वरूप में स्थित रहेगा, दूसरी ओर वह आधुनिक जीवन और सभ्यता के मेल में होगी।[1]

'कल्पना' और 'व्यक्तित्व' की, पाश्चात्य समीक्षाक्षेत्र में इतनी अधिक मुनादी हुई कि काव्य के और सब पक्षों से दृष्टि हटकर इन्हीं दो पर जा जमी। 'कल्पना' काव्य का बोधपक्ष है। कल्पना में आई हुई रूपव्यापार-योजना का कवि या श्रोता को अन्तःसाक्षात्कार या बोध होता है। पर इस बोधपक्ष के अतिरिक्त काव्य का भावपक्ष भी है। कल्पना को रूपयोजना के लिए प्रेरित करनेवाले और कल्पना में आई हुई वस्तुओं में श्रोता या पाठक को रमानेवाले रति, करुणा, क्रोध, उत्साह, आश्चर्य इत्यादि भाव या मनोविकार होते हैं। इसी से भारतीय दृष्टि ने भावपक्ष को प्रधानता दी और रस के सिद्धान्त की प्रतिष्ठा की। पर पश्चिम में 'कल्पना' की पुकार के सामने धीरे-धीरे समीक्षकों का ध्यान भावपक्ष से हट गया और बोधपक्ष ही पर भिड़ गया। काव्य की रमणीयता उस हलके आनन्द के रूप में ही मानी जाने लगी जिस आनन्द के लिए हम नई-नई, सुन्दर, भड़कीली और विलक्षण वस्तुओं को देखने जाते हैं। इस प्रकार कवि तमाशा दिखानेवाले के रूप में और श्रोता या पाठक तटस्थ तमाशबीन के रूप में समझे जाने लगे। केवल देखने का आनन्द कुछ विलक्षण को देखने का कुतूहल मात्र होता है।

'कल्पना' और 'व्यक्तित्व' पर एकदेशीय दृष्टि रखकर पश्चिम में कई प्रसिद्ध 'वादों' की इमारतें खड़ी हुईं। इटली निवासी क्रोसे (Benedetto Croce) ने अपने 'अभिव्यंजनावाद' के निरूपण में बड़े कठोर आग्रह के साथ कला की अनुभूति को ज्ञान या बोधस्वरूप ही माना है। उन्होंने उसे स्वयंप्रकाश ज्ञान (Intuition)—प्रत्यक्ष ज्ञान तथा बुद्धि व्यवसायसिद्ध या विचारप्रसूत ज्ञान से भिन्न केवल कल्पना में आई हुई वस्तु व्यापार योजना का ज्ञान मात्र माना है। वे इस ज्ञान को प्रत्यक्ष ज्ञान और विचारप्रसूत ज्ञान दोनों से सर्वथा निरपेक्ष, स्वतन्त्र और स्वतःपूर्ण मानकर चले हैं। वे इस निरपेक्षता को बहुत दूर तक घसीट ले गए हैं। भावों या मनोविकारों तक को उन्होंने काव्य की उक्ति का विधायक अवयव नहीं

---

1. The modernist poetry can appear equally at all stages of historical development from Wordsworh to Miss moor. And it does appear when the poet forget's what is the correct literary conduct demanded of him in relation to contemporary institutions (with civilization speaking through criticism) and can write a poem having the power of survival inspite of its disregarding these demands, a poem of purity—of a certain old fashionedness of reaction against the time to archaism or of retreat to nature and the primitive passions. All poetry that deserves to endure is at once old fashioned and modernist.

× × ×

The relation of a poet's poetry to poetry as a whole and to the time in which it is written is the problem of criticism; and if this problem becomes part of the making of a poem, it adds to the unconscious consciousness of the poet when he is in the act of composition, an alieu element—a conscious consciousness what we may call the 'historical effort'.

—A Survey of modernist poetry

माना है। पर न चाहने पर भी अभिव्यंजना या उक्ति के अनभिव्यक्त पूर्व रूप में भावों की सत्ता उन्हें स्वीकार करनी पड़ी है। उससे अपना पीछा वे छुड़ा नहीं सके हैं।[1]

काव्यसमीक्षा के क्षेत्र में व्यक्ति की ऐसी दीवार खड़ी हुई, 'विशेष' के स्थान पर सामान्य या विचारसिद्ध ज्ञान के आ घुसने का इतना डर समाया कि कहीं-कहीं आलोचना भी काव्यरचना के ही रूप में होने लगी। कला की कृति की परीक्षा के लिए विवेचनपद्धति का त्याग-सा होने लगा। हिन्दी की मासिक पत्रिकाओं में समालोचना के नाम पर आजकल जो अद्‌भुत और रमणीय शब्दयोजना मात्र कभी-कभी देखने में आया करती है वह इसी पाश्चात्य प्रवृत्ति का अनुकरण है।

पर यह भी समझ रखना चाहिए कि काव्य का विषय सदा 'विशेष' होता है, 'सामान्य' नहीं; वह 'व्यक्ति' सामने लाता है, 'जाति' नहीं। यह बात आधुनिक कलासमीक्षा के क्षेत्र में पूर्णतया स्थिर हो चुकी है। अनेक व्यक्तियों के रूप-गुण आदि में विवेचन द्वारा कोई वर्ग या जाति ठहराना, बहुत-सी बातों को लेकर कोई सामान्य सिद्धान्त प्रतिपादित करना, यह सब तर्क और विज्ञान का काम है–निश्चयात्मिक बुद्धि का व्यवसाय है। काव्य का काम है कल्पना में 'बिम्ब' (Images) या मूर्त भावना उपस्थित करना; बुद्धि के सामने कोई विचार (Concept) लाना नहीं। 'बिम्ब' जब होगा तर्क विशेष या व्यक्ति का ही होगा; सामान्य या जाति का नहीं।[2]

इस सिद्धान्त का तात्पर्य यह है कि शुद्ध काव्य की शक्ति सामान्य तथ्य या सिद्धान्त के रूप में नहीं होती। कविता वस्तुओं और व्यापारों का बिम्ब-ग्रहण कराने का प्रयत्न करती है। अर्थग्रहण मात्र से उसका काम नहीं चलता। बिम्बग्रहण जब होगा तब विशेष या व्यक्ति का ही होगा सामान्य या जाति का नहीं। जैसे, यदि कहा जाए कि 'क्रोध में मनुष्य बावला हो जाता है' तो यह काव्य की उक्ति न होगी। काव्य की उक्ति तो किसी क्रुद्ध मनुष्य के उग्र वचनों और उन्मत्त चेष्टाओं को कल्पना में उपस्थित भर कर देगी। कल्पना में जो कुछ उपस्थित होगा वह व्यक्ति या वस्तु विशेष ही होगा। सामान्य या 'जाति' की तो मूर्त भावना हो ही नहीं सकती।[3]

---

1. Matter is emotivity nor aesthetically elaborated i e. imprression. Form is elaboration and expression × × × Sentiments or impressions pass by means of words from the obscure region of the soul into the clarity of the contemplative spirit.

—'Aesthetics.'

2. अभिव्यंजनावाद (Expressionism) के प्रवर्तक क्रोसे (Benedetto Croce) ने कला के बोधपक्ष और तर्क के बोधपक्ष को इस प्रकार अलग-अलग दिखाया है–(क) Intutive knowledge, knowledge obtained through the imagination, knowledge of the individual or of individul things (ख) Logical knowledge, knowledge obtained through the intellect, knowlege of the universal, knowledge of the relations between individual things.

—'Aeshetics' by Benedetto Creco.

3. साहित्य शास्त्र में नैयायिकों की बातें ज्यों की ज्यों ले लेने से काव्य के स्वरूपनिर्णय में जो बाधा पड़ी है उसका एक उदाहरण 'शक्तिग्रह' का प्रसंग है। उसके अन्तर्गत कहा गया है कि संकेतग्रह 'व्यक्ति' का नहीं होता है, 'जाति' का होता है। तर्क में भाषा के संकेत मात्र (Symbolic aspect) से ही काम चलता है जिसमें अर्थग्रहण मात्र पर्याप्त होता है अतः न्याय में तो जाति का संकेतग्रह, कहना ठीक है। पर काव्य में भाषा के प्रत्यक्षीकरण पक्ष (Presentative aspect) से काम लिया →

अब यह देखना चाहिए कि हमारे यहाँ विभावन व्यापार में जो 'साधारणीकरण' कहा गया है उसके विरुद्ध तो यह सिद्धान्त नहीं जाता। विचार करने पर स्पष्ट हो जाएगा कि दोनों में कोई विरोध नहीं पड़ता। विभावादिक साधारणतया प्रतीत होते हैं, इस कथन का अभिप्राय यह नहीं है कि रसानुभूति के समय श्रोता या पाठक के मन में आलम्बन आदि विशेष व्यक्ति या विशेष वस्तु की मूर्त भावना के रूप में न आकर सामान्यतः व्यक्ति मात्र या वस्तु मात्र (जाति) के अर्थसंकेत के रूप में आते हैं। 'साधारणीकरण' का अभिप्राय यह है कि पाठक या श्रोता के मन में जो व्यक्ति विशेष या वस्तु विशेष आती है वह जैसे काव्य में वर्णित 'आश्रय' के भाव का आलम्बन होती है वैसे ही सब सहृदय पाठकों या श्रोताओं के भाव का आलम्बन हो जाती है। जिस व्यक्ति विशेष के प्रति किसी भाव की व्यंजना कवि या पात्र करता है, पाठक या श्रोता की कल्पना में वह व्यक्ति विशेष ही उपस्थित रहता है। हाँ, कभी-कभी ऐसा भी होता है कि पाठक या श्रोता की मनोवृत्ति या संस्कार के कारण वर्णित व्यक्ति विशेष के स्थान पर कल्पना में उसी के समान धर्मवाली कोई मूर्ति विशेष आ जाती है। जैसे, यदि किसी पाठक या श्रोता का किसी सुन्दरी से प्रेम है तो शृंगार रस की फुटकल उक्तियाँ सुनने के समय रह-रहकर आलम्बन रूप में उसकी प्रेयसी की मूर्ति ही उसकी कल्पना में आएगी। यदि किसी से प्रेम न हुआ तो सुन्दरी की कोई कल्पित मूर्ति उसके मन में आएगी। कहने की आवश्यकता नहीं कि यह कल्पित मूर्ति भी विशेष ही होगी–व्यक्ति की ही होगी।

कल्पना में मूर्ति तो विशेष ही की होगी, पर वह मूर्ति ऐसी होगी जो प्रस्तुतभाव का आलम्बन हो सके, जो उसी भाव को पाठक या श्रोता के मन में भी जगाए जिसकी व्यंजना आश्रय अथवा कवि करता है। इससे सिद्ध हुआ कि साधारणीकरण आलम्बनत्व धर्म का होता है। व्यक्ति तो विशेष ही रहता है। पर उसमें प्रतिष्ठा ऐसे सामान्य धर्म की रहती है जिसके साक्षात्कार से सब श्रोताओं या पाठकों के मन में एक ही भाव का उदय थोड़ा या बहुत होता है। तात्पर्य यह कि आलम्बन रूप में प्रतिष्ठित व्यक्ति, समान प्रभाववाले कुछ धर्मों की प्रतिष्ठा के कारण, सबके भावों का आलम्बन हो जाता है। विभावादि सामान्य रूप में प्रतीत होते हैं–इसका तात्पर्य यही है कि रसमग्न पाठक के मन में यह भेदभाव नहीं रहता कि यह आलम्बन मेरा है या दूसरे का। थोड़ी देर के लिए पाठक या श्रोता का हृदय लोक का सामान्य हृदय हो जाता है। उसका अपना अलग हृदय नहीं रहता।

→ जाता है जिसमें शब्द द्वारा सूचित वस्तु का बिम्बग्रहण होता है अर्थात् उसकी मूर्ति कल्पना में खड़ी हो जाती है। काव्यमीमांसा के क्षेत्र में न्याय का यह हाथ बढ़ाना डॉक्टर सतीशचन्द्र विद्याभूषण को भी खटका है। उन्होंने कहा है–It is however, to be regretted that during the last 500 years the Nyaya has been mixed up with Law Rhetaric etc. and thereby has hampered the growth of those branches of knowlege upon which it has grown up as a sort of parasite.

—Introduction (The Nyaya Sutras)

'साधारणीकरण' के प्रतिपादन में पुराने आचार्यों ने श्रोता (या पाठक) और आश्रय ('भावव्यंजना करनेवाला पात्र') के तादात्म्य की अवस्था का ही विचार किया है जिसमें आश्रय किसी काव्य नाटक के पात्र के रूप में आलम्बनरूप किसी दूसरे पात्र के प्रति किसी भाव की व्यंजना करता है और श्रोता (या पाठक) उसी भाव का रसरूप में अनुभव करता है। पर रस की एक नीची अवस्था और है जिसका हमारे यहाँ के साहित्य ग्रन्थों में विवेचन नहीं हुआ है। उसका भी विचार करना चाहिए। किसी भाव की व्यंजना करनेवाला, कोई क्रिया या व्यापार करनेवाला पात्र भी शील की दृष्टि से श्रोता (या दर्शक) के किसी भाव का जैसे श्रद्धा, भक्ति, घृणा, रोष, आश्चर्य, कुतूहल या अनुराग का–आलम्बन होता है। इस दशा में श्रोता या दर्शक का हृदय उस पात्र के हृदय से अलग रहता है–अर्थात् श्रोता या दर्शक उसी भाव का अनुभव नहीं करता जिसकी व्यंजना पात्र अपने आलम्बन के प्रति करता है, बल्कि व्यंजना करनेवाले उस पात्र के प्रति किसी और ही भाव का अनुभव करता है। यह दशा भी एक प्रकार की रसदशा ही है–यद्यपि इसमें आश्रय के साथ तादात्म्य और उसके आलम्बन का साधारणीकरण नहीं रहता। जैसे, कोई क्रोधी या क्रूर प्रकृति का पात्र यदि किसी निरपराध या दीन पर क्रोध की प्रबल व्यंजना कर रहा है तो श्रोता या दर्शक के मन में क्रोध का रसात्मक संचार न होगा; बल्कि क्रोध प्रदर्शित करनेवाले उस पात्र के प्रति अश्रद्धा, घृणा आदि का भाव जागेगा। ऐसी दशा में आश्रय के साथ तादात्म्य या सहानुभूति न होगी, बल्कि श्रोता या पाठक उक्त पात्र के शीलद्रष्टा या प्रकृतिद्रष्टा के रूप में प्रभाव ग्रहण करेगा और यह प्रभाव भी रसात्मक ही होगा। पर इस रसात्मक प्रभाव को हम मध्यम कोटि का ही मानेंगे।

यहाँ पाठक या दर्शक किसी काव्य या नाटक में सन्निविष्ट पात्र या आश्रय के शीलद्रष्टा के रूप में स्थित होता है वहाँ भी पाठक या दर्शक के मन में कोई-न-कोई भाव थोड़ा-बहुत अवश्य जगा रहता है; अन्तर इतना ही पड़ता है कि उस पात्र का आलम्बन पाठक या दर्शक का आलम्बन नहीं होता, बल्कि वह पात्र ही पाठक या दर्शक के किसी भाव का आलम्बन रहता है : इस दशा में भी एक प्रकार का तादात्म्य और साधारणीकरण होता है। तादात्म्य कवि के उस अव्यक्त भाव के साथ होता है जिसके अनुरूप वह पात्र का स्वरूप संघटित करता है। जो स्वरूप कवि अपनी कल्पना में लाता है उसके प्रति उसका कुछ-न-कुछ भाव अवश्य रहता है। वह उसके किसी भाव का आलम्बन अवश्य होता है। अतः पात्र का स्वरूप कवि के जिस भाव का आलम्बन रहता है, पाठक या दर्शक के भी उसी भाव का आलम्बन प्रायः हो जाता है। जहाँ कवि किसी वस्तु (जैसे–हिमालय, विंध्याटवी) या व्यक्ति का केवल चित्रण करके छोड़ देता है वहाँ कवि ही आश्रय के रूप में रहता है। उस वस्तु या व्यक्ति का चित्रण वह उसके प्रति कोई भाव रखकर ही रहता है। उसी के भाव के साथ पाठक या दर्शक का तादात्म्य रहता है; उसी का आलम्बन पाठक या दर्शक का आलम्बन हो जाता है।

आश्रय की जिस भावव्यंजना को श्रोता या पाठक का हृदय कुछ भी अपना न सकेगा उसका ग्रहण केवल शीलवैचित्र्य के रूप में होगा और उसके द्वारा घृणा, विरक्ति, अश्रद्धा, क्रोध, आश्चर्य, कुतूहल इत्यादि में से ही कोई भाव उत्पन्न होकर अपरितुष्ट दशा में रह जाएगा। उस भाव की तुष्टि तभी होगी जब कोई दूसरा पात्र आकर उसकी व्यंजना वाणी और चेष्टा द्वारा उस बेमेल या अनुपयुक्त भाव की व्यंजना करनेवाले प्रथम पात्र के प्रति करेगा। इस दूसरे पात्र की भावव्यंजना के साथ श्रोता या दर्शक की पूर्ण सहानुभूति होगी। अपरितुष्ट भाव की आकुलता का अनुभव प्रबन्ध काव्यों, नाटकों और उपन्यासों के प्रत्येक पाठक को थोड़ा-बहुत होगा। जब कोई असामान्य दुष्ट अपनी मनोवृत्ति की व्यंजना किसी स्थल पर करता है तब पाठक के मन में बार-बार यही आता है कि उस दुष्ट के प्रति उनके मन में जो घृणा या क्रोध है उनकी भरपूर व्यंजना वचन या क्रिया द्वारा कोई पात्र आकर करता। क्रोधी परशुराम तथा अत्याचारी रावण की कठोर बातों का जो उत्तर लक्ष्मण और अंगद देते हैं उससे कथा श्रोताओं की अपूर्व तुष्टि होती है।

इस सम्बन्ध में सबसे अधिक ध्यान देने की बात यह है कि शीलविशेष के परिज्ञान से उत्पन्न भाव की अनुभूति और आश्रय के साथ तादात्म्य दशा की अनुभूति (जिसे आचार्यों ने रस कहा है) दो भिन्न कोटि की रसानुभूतियाँ हैं। प्रथम में श्रोता या पाठक अपनी पृथक् सत्ता अलग सँभाले रहता है, द्वितीय में अपनी पृथक् सत्ता का कुछ क्षणों के लिए विसर्जन कर आश्रय की भावात्मक सत्ता में मिल जाता है। उदात्तवृत्तिवाले आश्रय की भावव्यंजना में भी यह होगा कि जिस समय तक पाठक या श्रोता तादात्म्य की दशा में पूर्ण रसमग्न रहेगा उस समय तक भावव्यंजना करनेवाले आश्रय को अपने से अलग रखकर उसके शील आदि की ओर दत्तचित्त न रहेगा। उस दशा के आगे-पीछे ही वह उसकी भावात्मक सत्ता से अपनी भावात्मक सत्ता को अलग कर उसके शील सौन्दर्य की भावना कर सकेगा। भावव्यंजना करनेवाले किसी पात्र या आश्रय के शील सौन्दर्य की भावना जिस समय रहेगी उस समय वही श्रोता या पाठक का आलम्बन रहेगा और उसके प्रति श्रद्धा, भक्ति या प्रीति टिकी रहेगी।

हमारे यहाँ के आचार्यों ने श्रव्य काव्य और दृश्य काव्य दोनों में रस की प्रधानता रखी है, इसी से दृश्य काव्य में भी उनका लक्ष्य तादात्म्य और साधारणीकरण की ओर रहता है। पर योरप के दृश्य काव्यों में शील वैचित्र्य या अन्तःप्रकृति वैचित्र्य की ओर ही प्रधान लक्ष्य रहता है जिसके साक्षात्कार से दर्शकों को आश्चर्य या कुतूहल मात्र की अनुभूति होती है। अतः इस वैचित्र्य पर थोड़ा विचार कर लेना चाहिए। वैचित्र्य के साक्षात्कार से केवल तीन बातें हो सकती हैं–

(1) आश्चर्यपूर्ण प्रसादन,

(2) आश्चर्यपूर्ण अवसादन, या

(3) कुतूहल मात्र।

आश्चर्यपूर्ण प्रसादन शील के चरम उत्कर्ष अर्थात् सात्विक आलोक के साक्षात्कार

से होता है। भरत का राम की पादुका लेकर विरक्त रूप में बैठना, राजा हरिश्चन्द्र का अपनी रानी से आधा कफन माँगना, नागानन्द नाटक में जीमूतवाहन का भूखे गरुड़ से अपना मांस खाने के लिए अनुरोध करना इत्यादि शील वैचित्र्य के ऐसे दृश्य हैं जिनसे श्रोता या दर्शक के हृदय में आश्चर्यमिश्रित श्रद्धा या भक्ति का संचार होता है। इस प्रकार के उत्कृष्ट शीलवाले पात्रों की भावव्यंजना को अपनाकर वह उसमें लीन भी हो सकता है। ऐसे पात्रों का शील विचित्र होने पर भी भावव्यंजना के समय उनके साथ पाठक या श्रोता का तादात्म्य हो सकता है।

आश्चर्यपूर्ण अवसादन शील के अत्यन्त पतन अर्थात् तामसी घोरता के साक्षात्कार से होता है। यदि किसी काव्य या नाटक में हूण सम्राट् मिहिरगुल पहाड़ की चोटी पर से गिराए जाते हुए मनुष्य के तड़पने, चिल्लाने आदि की भिन्न-भिन्न चेष्टाओं पर भिन्न-भिन्न ढंग से अपने आह्लाद की व्यंजना करे तो उसके आह्लाद में किसी श्रोता या दर्शक का हृदय योग न देगा, बल्कि उसकी मनोवृत्ति की विलक्षणता और घोरता पर स्तम्भित, क्षुब्ध या कुपित होगा। इसी प्रकार दुःशीलता की और-और विचित्रताओं के प्रति श्रोता की आश्चर्यमिश्रित विरक्ति, घृणा आदि जगेगी।

जिन सात्त्विकी और तामसी प्रकृतियों की चरम सीमा का उल्लेख ऊपर हुआ है, सामान्य प्रकृति से उनकी आश्चर्यजनक विभिन्नता केवल उनकी मात्रा में होती है। वे किसी वर्गविशेष की सामान्य प्रकृति के भीतर समझी जा सकती हैं। जैसे भरत आदि की प्रकृति शीलवानों की प्रकृति के भीतर और मिहिरगुल की प्रकृति क्रूरों की प्रकृति के भीतर मानी जा सकती है। पर कुछ लोगों के अनुसार ऐसी अद्वितीय प्रकृति भी होती है जो किसी वर्गविशेष की भी प्रकृति के भीतर नहीं होती। ऐसी प्रकृति के साक्षात्कार से न स्पष्ट प्रसादन होगा, न स्पष्ट अवसादन–एक प्रकार का मनोरंजन या कुतूहल ही होगा। ऐसी अद्वितीय प्रकृति के चित्रण को डंटन (Theodore Watts Dunton) ने कवि की नाटकीय या निरपेक्ष दृष्टि (Dramatic or Absolute vision) का सूचक और काव्यकला का चरम उत्कर्ष कहा है। उनका कहना है कि साधारणतः कवि या नाटककार भिन्न-भिन्न पात्रों की उक्तियों की कल्पना अपने ही को उनकी परिस्थितियों में अनुमान करके किया करते हैं। वे वास्तव में यह अनुमान करते हैं कि यदि हम उनकी दशा में होते तो कैसे वचन मुँह से निकालते। तात्पर्य यह कि उनकी दृष्टि सापेक्ष होती है; वे अपनी ही प्रकृति के अनुसार चरित्रचित्रण करते हैं। पर निरपेक्ष दृष्टिवाले नाटककार एक नवीन नर प्रकृति की सृष्टि करते हैं। नूतन निर्माणवाली कल्पना उन्हीं की होती है।

डंटन ने निरपेक्ष दृष्टि को उच्चतम शक्ति तो ठहराया, पर उन्हें संसार भर में दो ही तीन कवि उक्त दृष्टि से सम्पन्न मिले जिनमें मुख्य शेक्सपियर हैं। पर शेक्सपियर के नाटकों में कुछ विचित्र अन्तःप्रकृति के पात्रों के होते हुए भी अधिकांश ऐसे पात्र हैं जिनकी भावव्यंजना के साथ पाठक या दर्शक का पूरा तादात्म्य रहता है। 'जूलियस सीजर' नाटक में अंटोनियो के लम्बे भाषण से जो क्षोभ उमड़ा पड़ता है उसमें किसका

हृदय योग न देगा ? डंटन के अनुसार शेक्सपियर की दृष्टि की निरपेक्षता के उदाहरणों में हैमलेट का चरित्रचित्रण है। पर विचारपूर्वक देखा जाए तो हैमलेट की मनोवृत्ति भी ऐसे व्यक्ति की मनोवृत्ति है जो अपनी माता का घोर विश्वासघात और जघन्य शीलच्युति देख अर्धविक्षिप्त-सा हो गया हो। परिस्थिति के साथ उसके वचनों का असामंजस्य उसकी बुद्धि की अव्यवस्था का द्योतक है। अतः उसका चरित्र भी एक वर्गविशेष के चरित्र के भीतर आ जाता है। उसके बहुत से भाषणों को प्रत्येक सहृदय व्यक्ति अपनाता है। उदाहरण के लिए आत्मग्लानि और क्षोभ से भरे हुए वे वचन जिनके द्वारा वह स्त्री जाति की भर्त्सना करता है। अतः हमारे देखने में ऐसी मनोवृत्ति का प्रदर्शन, जो किसी दशा में किसी की हो ही नहीं सकती, केवल ऊपरी मन बहलाव के लिए खड़ा किया हुआ कृत्रिम तमाशा ही होगा। पर डंटन साहब के अनुसार ऐसी मनोवृत्ति का चित्रण नूतन सृष्टिकारिणी कल्पना का सबसे उज्ज्वल उदाहरण होगा।

'नूतन सृष्टि निर्माणवाली कल्पना' की चर्चा जिस प्रकार योरप में चलती आ रही है उसी प्रकार भारतवर्ष में भी। पर हमारे यहाँ यह कथन अर्थवाद के रूप में–कवि और कविकर्म की स्तुति के रूप में–ही गृहीत हुआ, शास्त्रीय सिद्धान्त या विवेचन के रूप में नहीं। योरप में अलबत यह एक सूत्र-सा बनकर काव्यसमीक्षा के क्षेत्र में भी जा घुसा है। इसके प्रचार का परिणाम वहाँ यह हुआ कि कुछ रचनाएँ इस ढंग की भी हो चलीं जिनमें कवि ऐसी अनुभूतियों की व्यंजना की नकल करता है जो न वास्तव में उसकी होती हैं और न किसी की हो सकती हैं। इस नूतन सृष्टिनिर्माण के अभिनय के बीच दूसरे जगत् के पंछियों की उड़ान शुरू हुई। शेली के पीछे पागलपन की नकल करनेवाले बहुत-से खड़े हुए थे; वे अपनी बातों का ऐसा रूप-रंग बनाते थे जो किसी और दुनिया का लगे या कहीं का न जान पड़े।[1]

यह उस प्रवृत्ति का हद के बाहर पहुँचा रूप है जिसका आरम्भ योरप में एक प्रकार से पुनरुत्थान काल (Renaissance) के साथ ही हुआ था। ऐसा कहा जाता है कि उस काल के पहले काव्य की रचना काल को अखंड, अनन्त और भेदातीत मानकर तथा लोक को एक सामान्य सत्ता समझकर की जाती थी। रचना करनेवाले यह ध्यान रखकर नहीं लिखते थे कि इस काल के आगे आनेवाला काल कुछ और प्रकार का होगा अथवा इस वर्तमान काल का स्वरूप सर्वत्र एक ही नहीं है–किसी जनसमूह के बीच पूर्ण सभ्य काल है, किसी के बीच उससे कुछ कम; किसी जनसमुदाय के बीच कुछ असभ्यकाल है,

---

1. After Shelly's music began to captivate the world certain poets set to work upon the theory that between themselves and the other portion of the human race there is a wide gulf fixed. Their theory was that they were to sing, as far as possible, like birds of another worlds. × × × It might also be said that the poetic atmosphere became that of the supreme palace of wonder—Bedlam.

Bailey, Dobell and Smith were not Bedlamites, but men of common sense. They only affected madness. The country from which the followers of Shelly sing to our lower world was named 'Nowhere.'

—'Poetry and the Renassaance of Wonder' by Theodore Watts Dunton.

काव्यक्षेत्र में किसी 'वाद' का प्रचार धीरे-धीरे उसकी सारसत्ता को ही चर जाता है। कुछ दिनों में लोग कविता न लिखकर 'वाद' लिखने लगते हैं। कला या काव्य के क्षेत्र में 'लोक' और 'व्यक्ति' की उपर्युक्त धारणा कहाँ तक संगत है, इस पर थोड़ा विचार कर लेना चाहिए। लोक के बीच जहाँ बहुत-सी भिन्नताएँ देखने में आती हैं वहाँ कुछ अभिन्नता भी पाई जाती है। एक मनुष्य की आकृति से दूसरे मनुष्य की आकृति नहीं मिलती, पर सब मनुष्यों की आकृतियों को एक साथ लें तो ऐसी सामान्य आकृतिभावना भी बँधती है जिसके कारण हम सबको मनुष्य कहते हैं। इसी प्रकार सबकी रुचि और प्रकृति में भिन्नता होने पर भी कुछ ऐसी अन्तर्भूमियाँ हैं जहाँ पहुँचने पर अभिन्नता मिलती है। ये अन्तर्भूमियाँ नरसमष्टि की रागात्मिका प्रकृति के भीतर हैं। लोकहृदय की यही सामान्य अन्तर्भूमि परखकर यहाँ 'साधारणीकरण' सिद्धान्त की प्रतिष्ठा की गई है। वह सामान्य अन्तर्भूमि कल्पित या कृत्रिम नहीं है। काव्यरचना की रूढ़ि या परम्परा, सभ्यता के न्यूनाधिक विकास, जीवन-व्यापार के बदलनेवाले बाहरी रूप-रंग इत्यादि पर स्थित नहीं है। इसकी नींव गहरी है। इसका सम्बन्ध हृदय के भीतरी मूल देश से है, उसकी सामान्य वासनात्मक सत्ता से है।

जिस 'व्यक्तिवाद' का ऊपर उल्लेख हुआ है उसने स्वच्छन्दता के आन्दोलन (Romantic movement) के उत्तरकाल से बड़ा ही विकृत रूप धारण किया। यह 'व्यक्तिवाद' यदि पूर्णरूप से स्वीकार किया जाए तो कविता लिखना व्यर्थ ही समझिए। कविता इसीलिए लिखी जाती है कि एक की भावना सैकड़ों, हजारों क्या लाखों दूसरे आदमी ग्रहण करें। जब एक के हृदय के साथ दूसरे के हृदय की कोई समानता ही नहीं तब एक के भावों को दूसरा क्यों और कैसे ग्रहण करेगा ? ऐसी अवस्था में तो यही सम्भव है कि हृदय द्वारा मार्मिक या भीतरी ग्रहण की बात ही छोड़ दी जाए; व्यक्तिगत विशेषता के वैचित्र्य द्वारा ऊपरी कुतूहल मात्र उत्पन्न कर देना ही बहुत समझा जाए। हुआ भी यही। और हृदयों से अपने हृदय की खिन्नता और विचित्रता दिखाने के लिए बहुत-से लोग एक-एक काल्पनिक हृदय निर्मित करके दिखाने लगे। काव्य क्षेत्र 'नकली हृदयों' का एक कारखाना हो गया।

ऊपर जो कुछ कहा गया उससे जान पड़ेगा कि भारतीय काव्यदृष्टि भिन्न-भिन्न विशेषों के भीतर से 'सामान्य' के उद्घाटन की ओर बराबर रही है। किसी-न-किसी 'सामान्य' के प्रतिनिधि होकर ही 'विशेष' हमारे यहाँ के काव्यों में आते रहे हैं। पर योरपीय काव्यदृष्टि इधर बहुत दिनों से विरल-विशेष के विधान की ओर रही है। हमारे यहाँ के कवि उस सच्चे तार की झंकार सुनाने में ही सन्तुष्ट रहे जो मनुष्य मात्र के हृदय के भीतर से होता हुआ गया है। पर उन्नीसवीं शताब्दी के बहुत-से विलायती कवि ऐसे हृदयों के प्रदर्शन में लगे जो न कहीं होते हैं और न हो सकते हैं। सारांश यह कि हमारी वाणी भावक्षेत्र के बीच 'भेदों में अभेद' को ऊपर करती रही और उनकी वाणी झूठे-सच्चे विलक्षण भेद खड़े करके लोगों को चमत्कृत करने में लगी।

उन्माद का अभिनय करनेवाले कुछ कवियों का उल्लेख हो चुका है। उनकी नकल

बंग भाषा के काव्यक्षेत्र में हुई और उस नकल की नकल निरालापन दिखाने के लिए हिन्दी में अब इस बीसवीं सदी में हो रही है।[1]

योरप में तो इस उन्माद के अभिनय को समाप्त हुए बहुत दिन हो गए; वहाँ तो अब वह एक पुराने जमाने की बात हो गई। इसी प्रकार रहस्यवादी प्रतीकवाद (Symbolism or Decadence) उन्नीसवीं शताब्दी समाप्त होने के पहले ही अतीत दशा को प्राप्त हो गया। पर बंग भाषा के प्रसाद से न जाने कब के मरे हुए आन्दोलनों की नकल हिन्दी में अब हो रही है—काव्यरचना के क्षेत्र में भी और आलोचना के क्षेत्र में भी।

योरप में साहित्यसम्बन्धी आन्दोलनों की आयु बहुत थोड़ी होती है। कोई आन्दोलन 10 या 12 वर्ष से ज्यादा नहीं चलता। ऐसे आन्दोलनों के कारण यहाँ इस बीसवीं शताब्दी में आकर काव्यक्षेत्र के बीच बड़ी गहरी गड़बड़ी और अव्यवस्था फैली। काव्य की स्वाभाविक उमंग के स्थान पर नवीनता के लिए आकुलता मात्र रह गई। कविता चाहे हो, चाहे न हो, कोई नवीन रूप या रंग-ढंग अवश्य खड़ा हो। पर कोरी नवीनता केवल मरे हुए आन्दोलनों का इतिहास छोड़ जाए तो छोड़ जाए, कविता नहीं खड़ी कर सकती। केवल नवीनता और मौलिकता की बढ़ी-चढ़ी सनक में सच्ची कविता की ओर ध्यान कहाँ तक रह सकता है। कुछ लोग तो नए-नए ढंग की उच्छृंखलता, वक्रता, असम्बद्धता, अनर्गलता इत्यादि का ही प्रदर्शन करने में लगे; थोड़े से ही सच्ची भावनावाले कवि प्रकृत मार्ग पर चलते दिखाई पड़ने लगे। समालोचना भी अधिकतर हवाई ढंग से होने लगी।[2]

रहस्यवादी प्रतीकवाद, मुक्तछन्दवाद, 'कला का उद्‌देश्य कलावाद' इत्यादि तो अब वहाँ बहुत दिन के मरे हुए आन्दोलन समझे जाते हैं। इस बीसवीं शताब्दी के आन्दोलन में अभिव्यंजनावाद (Expressionism), जॉर्जकाल प्रवृत्ति (Georginaism), मूर्तिमत्तावाद

---

1. ये बंगाश्रयी अब कभी-कभी अँगरेजी साहित्य की प्रगति का भी कुछ परिचय प्रकट करने के लिए 'शेली और रवीन्द्रनाथ का दर्शन' भी दिखाने चल पड़ते हैं, पर अँगरेजी कविता की दो पंक्तियों का भी अनुवाद जहाँ करना पड़ा उनका असली रूप खुल जाता है, जैसे–

   A sensitive plant in a garden grew
   And the young winds fed it with silver dew
   अब इसका स्कूली तर्जुमा देखिए–
   'एक होशमन्द पौधा बगीचे में उगा। युवती हवा इसे चाँदी की ओस पिलाने लगी।'
   (सुधा–आषाढ़, जुलाई 1930)

   खेद इस बात पर होता है कि ऐसे लोग 'रवीन्द्रनाथ और शेली के दर्शन' पर विराट नोट लिखकर उसे सम्पादकीय कॉलमों तक में पहुँचा देते हैं। प्रतिष्ठित पत्रिकाओं के सम्पादक यदि थोड़ी सावधानी रखें, तो ऐसी अनधिकार चेष्टाओं की बहुत कुछ रोक हो जाए। इसके कारण हिन्दी साहित्य का सिर ऊँचा होने के स्थान पर नीचा ही होगा।

2. Wherever attempts at sheer newness in Poetry were made, they merely ended in dead movements.

   × × ×

   Criticism became more dogmatic and unreal, poetry more eccentric and chaotic.
   —A Survey of Modernist Poetry, by Laura Riding and Robert Graves (1927)

(Imagism), संवेदनावाद (Impressionism) और नवीन मर्यादावाद (New Calssicism) मुख्य हैं। इनमें से 'अभिव्यंजनावाद' का कुछ परिचिय मैं 'काव्य में रहस्यवाद' नाम की पुस्तक में दे चुका हूँ।'[1] पिछले चार वाद बिल्कुल हाल के हैं।

जॉर्जकाल की प्रवृत्ति का निचोड़ है 'प्रकृति का फिर आश्रय लेना।[2] गत योरपीय महायुद्ध के तीन वर्ष पहले रुपर्ट ब्रुक (Rupert Brooke) प्रकृति की ओर बड़ी झोंक से बढ़े और उसे बड़े प्रेम से अपनाया। प्रकृति के चिर-परिचित सादे और सामान्य दृश्यों के माधुर्य ने उनके मन में घर कर लिया था। दृश्यावली की चमक-दमक, तड़क-भड़क, भव्यता, विशालता की ओर जिस प्रकार मन नहीं जाता था उसी प्रकार वचनवक्रता, भाषा की ऐंठ और उछल-कूद, कल्पना की उड़ान की ओर उनकी प्रवृत्ति नहीं थी। उनमें थी प्रकृति के चिर-परिचित रूपों की ओर बालकों की-सी ललक और उमंग। उन्होंने प्रकृति के गम्भीरपन की ओर उतना ध्यान न दिया, उनकी वाणी में उतना गुरुत्व न था; पर भाव की सचाई अवश्य थी। उन्होंने सामान्य घरेलू जीवन और उसमें काम आनेवाली वस्तुओं को बड़े प्यार की दृष्टि से देखा था। सन् 1915 में उनका देहान्त हो गया। ठीक उन्हीं के पथ के पथिक हेरॉल्ड मोनरो (Harold Monro) हैं जिनकी एक कविता है 'बिल्ली के पीने का दूध'। प्रकृति की ओर लौटनेवालों में डी ला मेयर (Walter De La Mare) भी हैं, पर उनमें दृष्टि का विस्तार, भव्यता का आभास और भाषा की प्रगल्भता अधिक है।

मूर्तिमत्तावाद (Imagism) के प्रवर्तक फ्लिंट (F.S. Flint) थे जिनकी 'तारक जाल में' नाम की पुस्तक सन् 1909 में प्रकाशित हुई थी। इस सम्प्रदाय में डूलिट्ल (Hilda Doolittle H.D.) और अल्डिगटन (Rechard Aldiagton) भी थे, यद्यपि अल्डिगटन धीरे-धीरे इसके बाहर निकल आए। इन लोगों का सिद्धान्त था मूर्तरूप में ही विषय को रखना, अतः ये छोटी-छोटी कविताएँ ही ठीक समझते थे, जिनका चित्र मन में एक बार में आ सके। बड़ी और लम्बी कविताओं के ये विरोधी थे। अपने सिद्धान्त के अनुासर ये मूर्ति भावना खड़ी करनेवाले (Concrete) शब्द ही कविता के लिए उपयुक्त समझते थे, भाववाचक (Abstract) शब्दों को दूर रखने की सलाह देते थे। इनका कहना था कि मूर्त भावनावाले शब्द कल्पना में स्पष्ट और स्थायी रूपविधान भी करते हैं और सबको समान रूप से बोधगम्य भी होते हैं। वर्णनात्मक (Descriptive) और विचारात्मक (Philosophical) कविता का ये विरोध करते थे। इनके सिद्धान्त में सत्य का बहुत कुछ आधार था, पर ये उसे बहुत दूर तक घसीट ले गए।

विचार करने पर यह बात साफ सामने आती है कि काव्य चित्रविद्या और संगीत दोनों की पद्धतियों का कुछ-कुछ अनुसरण करता है। विभाव और अनुभाव दोनों में रूपविधान होता है जिसका उसी प्रकार कल्पना द्वारा स्पष्ट ग्रहण वांछित होता है

---

1. देखिए चिन्तामणि, दूसरा भाग, काव्य में रहस्यवाद, पृ. 104 से
2. मिलाइए चिन्तामणि, दूसरा भाग, पृ. 249 से

जिस प्रकार नेत्र द्वारा चित्र का। अतः मूर्त भावना की आवश्यकता सबको स्वीकार करनी पड़ेगी। अँगरेजी कविता में मूर्तिमत्तावाद का एक अलग आन्दोलन खड़े होने के बहुत पहले ही फ्रांस में इसका कुछ आभास दिया गया था। सन् 1884 में वाट्स डंटन ने अँगरेजी के प्रसिद्ध विश्वकोश (Encyclopaedia Britanica) में 'कविता' पर जो प्रबन्ध दिया था उसमें उन्होंने काव्य का लक्षण यह लिखा था–

> Absolute poetry is the concrete and artistic Expression of the human mind in emotional and rhythmical language.
>
> *'भावमयी और लयमयी भाषा में मनुष्य के हृदय की मूर्त और कलात्मक व्यंजना ही कविता है।'*

संवेदनावाद (Impressionism)–जैसा कि हम ऊपर कह आए हैं चित्रविद्या के समान संगीत कला की पद्धति का भी अवलम्बन कविता करती है। इस पक्ष को लेकर भी फ्रांस की आधुनिक कविता में आन्दोलन खड़ा हुआ है। बहुत से लोग वहाँ काव्य को संगीत के निकट लाने के लिए उठ खड़े हुए हैं। वे शब्दों के प्रयोग में उनके अर्थों पर ध्यान देना उतना आवश्यक नहीं बताते जितना उनकी नाद शक्ति पर। जैसे यदि मधुमक्खियों के समूह के धावे का वर्णन होता तो 'भिन-भिन,' 'मिन-मिन' ऐसी ध्वनिवाले हवा के बहने या पत्तों के बीच चलने का वर्णन होगा तो 'सर-सर,' 'मर्मर' ऐसी ध्वनिवाले शब्द इकट्ठे किए जाएँगे। हिन्दी की पुरानी वीर रस की कविताएँ पढ़नेवाले 'कड़क,' 'तड़क,' 'चटाक,' 'पटाक' से तथा अमृतध्वनि छन्द से अच्छी तरह परिचित होंगे। सूदन कवि के–

धड़धद्धरं धड़धद्धरं, भड़भव्भरं भड़भव्भरं !
तड़तत्तरं तड़तत्तरं, कड़कक्करं, कड़कक्करं ॥

–सुजान चरित्र, पृष्ठ 186

से लोगों के घबराने का कारण यही है कि उनमें नादसंवेदन मात्र है, अर्थ कुछ नहीं। नए-पुराने सब कवियों ने व्यापार चित्रण करते समय कहीं-कहीं शब्दों के प्रयोग में नाद की अनुकृति का प्रयत्न किया है। भवभूति के वर्णनों में यह बात कई जगह मिलती है। अँगरेजी कवियों की भी कई पंक्तियाँ इसके लिए प्रसिद्ध हैं। गोस्वामी तुलसीदासजी के–

'ककन किंकिनि नूपूर धुनि सुनि'

में भी झंकार का नाद चित्र है। पर असल कवियों ने इसका समावेश बड़े कौशल और सफाई के साथ बहुत कम जगह किया है। इसके लिए वे अर्थ-शक्तिशून्य शब्द नहीं लाए हैं। पर योरप में साहित्य सम्बन्धी आन्दोलनों के चक्कर में पड़कर बहुत से लोग आँखों पर पट्टी बाँधकर एक सीध में कुछ दिनों तक दौड़ते चले जाते हैं। यही दशा फ्रांस में हुई है। अक्षरों की ध्वनि में बड़ी लम्बी-चौड़ी व्यंजना मानकर वे अक्षरों पर मुख्य ध्यान रखते हुए शब्दविन्यास कर चलते हैं।

संवेदनावाद को लेकर सबसे विलक्षण तमाशा कमिंग्ज साहब (E.E Cummings) ने खड़ा किया है। उन्होंने उक्त फ्रांसीसी प्रवृत्ति के साथ मूर्तिमत्ता का सिद्धान्त मिलाकर

पदभंग, पदलोप, वाक्यलोप, अक्षरविन्यास, चरणविन्यास, इत्यादि के नए-नए करतब दिखाए हैं। जैसे–

सि–पाही स (ा) टी–देता है।

उसकी रचना का ढंग दिखाने के लिए उनकी एक कविता थोड़े-से आवश्यक हेरफेर के साथ नीचे देता हूँ। यद्यपि उसकी विचित्रताएँ बहुत कुछ अँगरेजी भाषा और उसके छन्दों की मात्रा आदि से सम्बन्ध रखती हैं और हिन्दी में नहीं दिखाई जा सकतीं फिर भी कुछ अन्दाजा हो जाएगा। कविता यह है–

सूर्यास्त[1]

सं–दंश
स्वर्ण 'गुंन्' जाल
सिखर पर
रजत
पाठ करता है

---

1. Stingning
gold swarms
upon ahe spires
silver
chants litanies the
great Bells are ringing with rose
the lewd fat bells
and a tall
wind
is dragging
the
sea
with
dream
—S

इसकी विशेषताएँ जो बताई गई हैं, संक्षेप में दी जाती हैं–

The lines do not begin with capitals. The spacing does not suggest any regular verse form, though it seems to be systematic. No punctuation marks are used. There is no obvious grammar either of the prose or of the poetic kind. It seems impossible to read the poem as a logical sequence. A great many words essential to the coherence of the ideas have been deliberately omitted : and the entire effect is so sketchy that the Poem might be made to mean almost anything or nothing.

× × ×

The heavy alliteration in S in the first seven lines, confirmed in the last by the solitary capitalized S, cannot be discarded. The first word 'Stinging', taken alone suggests a sharp feeling. In the second line 'swarms' developes the alliteration, at the same time colouring 'Stinging' with the association of golden bees, 'Silver' brings us back to the contract between cold and warm in the first and second lines ('Stinging' suggest cold in contract with the various suggestions of warmth in the 'gold swarms') because 'silver' reminds one of cold water as 'gold' does of Warm light. Two suppressed S words, both disguised in 'silver' and gold, are 'sea' and 'sun'. 'Sea' itself does not →

बड़े-बड़े घंटे बजते हैं गेरू से
मोटे निठल्ले नगाड़े
और एक उत्तुंग
पवन
खींचता है
सागर
को
स्वप्न
से

यह समुद्र के किनारे सूर्यास्त का वर्णन है जिसका विषय यह है—समुद्र की खारी हवा काटती-सी है। डूबते सूर्य की किरनें ऊँची उठी तरंग की श्वेत फेनिल चोटी पर पड़कर पीली मधुमक्खियों के फैले हुए झुंड-सी लगती हैं। वह ऊपर उठी लहर देवमन्दिर के मंडप-सी जान पड़ती है जिसके भीतर पाठ होता है, बड़े-बड़े घंटे बजते हैं, गेरू से पुते दरवाजे होते हैं, नगाड़े बजते हैं, तोंदवाले मोटे निठल्ले पुजारी बैठे रहते हैं। हवा समुद्र के जल को वैसे ही खींचती जान पड़ती है जैसे मछुवा जाल खींचता हो। सूर्यास्त हो जाता है। धुँधलापन, फिर अन्धकार हो जाता है; लोग सोते हैं।

अब किस ढंग से इन सब बातों की संवदेना उत्पन्न करने के लिए शब्दविधान किया गया है, थोड़ा-सा यह देखिए। 'सं' से सनसनाहट अर्थात् हवा चलते की और 'दंश' से चमड़ा फटने, पानी की ठंड और मधुमक्खी के डंक मारने की संवेदना उत्पन्न की गई है। 'स्वर्ण' से सूर्य की किरनों और मधुमक्खियों के पीले रंग का आभास दिया गया है। 'गुंन्' से गुनगुनाहट या गुंजार को मिलाकर मन्दिरों में होनेवाले शब्द तथा समुद्र के गर्जन, छीटों के 'कलकल' का आभास दिया गया है। लटकते हुए घंटे की मूर्त भावना में लहरों के नीचे-ऊपर झूलने का भी संकेत है। 'गेरू' में संध्या की ललाई झलकाई गई है। फिर दूसरे 'नगाड़े' में निकलती हुई तोंद का संकेत है। रचना के प्रथम खंड में 'सूर्य' और 'समुद्र' शब्द नहीं रखे गए हैं। स्वर्ण में तपे सोने के ताप और चमक की भावना रखकर सूर्य का और 'रजत' में शीतलता और स्वच्छता की भावना रखकर जलराशि या समुद्र का संकेत फिर कर दिया गया है। इसमें 'स' के अनुप्रास से भी सहायता ली गई है। पहले खंड में यह अनुमान 'स' से आरम्भ होनेवाले 'सूर्य' और 'समुद्र' दो लुप्त शब्दों की ओर भी इशारा करता है। कमिंग्ज साहब की समझ में यह विषय को ठीक वैसे ही सामने रखता

→ actually occur until the twelfth line, when the S alliteration has flagged : separated from alliterative association it becomes the definite image 'Sea' and the centre around which the poem is to be built up. But once it has appeared there is little more to be said; the poem trails off, closing with the large S echo of the last line. The hyphen before this S detaches it from 'dream'. In a realistic sense S might stand for the alteration of quiet and hiss in wave movement.

—A Survey of modernist Poetry

है जैसे संवेदना उत्पन्न होती है। इसमें ऐसे शब्द नहीं हैं जो अर्थसम्बन्ध मिलाने के लिए या व्याकरण के अनुसार वाक्यविन्यास के लिए लाए जाते हैं पर संवेदना उत्पन्न करने में काम नहीं देते। उनके अनुसार यह खालिस कविता है जिसमें से भाषा, व्याकरण, तात्पर्य बोध आदि का अनुरोध पूरा करनेवाले फालतू शब्द निकाल दिए गए हैं।

वास्तव में कमिंग्ज की इस प्रवृत्ति के मूल में क्या है ? काव्यदृष्टि की परिमित और प्रतिभा के अवकाश के बीच 'नवीनता' के लिए नैराश्यपूर्ण आकुलता। 'सूर्योदय,' 'सूर्यास्त' आदि बहुत पुराने विषय हैं जिन पर न जाने कितने कवि अच्छी-से-अच्छी कविता कर गए हैं। अब इन्हीं को लेकर जो नवीनता दिखाना चाहेगा वह मार्मिक दृष्टि के प्रसार के अभाव में सिवा इसके कि नए-नए वादों का अन्ध अनुसरण करे, शब्दों की कलाबाजी दिखाए, पहेली बनाए और करेगा क्या ? पर इस प्रकार के ढकोसलों पर सहृदय समाज क्यों ध्यान देने जाएगा ? वर्तमान कवियों में कमिंग्ज का नाम शायद ही कोई लेता हो।

इन नाना 'वादों' से अब पाश्चात्य कविमंडली अपना पीछा छुड़ाना चाहती है। अब किसी कविता के सम्बन्ध में किसी 'वाद' का नाम लेना फैशन के खिलाफ माना जाने लगा है। कविता की सच्ची कला किस प्रकार 'वादग्रस्त' होकर विलीन होने लगती है यह बात बिना दिखाई पड़े कैसे रह सकती है। अब कोई 'वादी' समझे जाने में कवि अपना मान नहीं समझते। 'उन्हें अब यह नहीं कहना पड़ता कि हम 'व्यक्तिवादी' हैं (जैसा कि मूर्तिमत्तावादी कहा करते थे), हम 'रहस्यवादी' या 'छायावादी' हैं (जैसा कि इंगलिस्तान, आयर्लैंड के उस मरे हुए आन्दोलन के कवि कहा करते थे) अथवा हम 'प्रकृतिवादी' हैं (जैसा कि जॉर्जकाल के विगत आन्दोलन कहा करते थे)।'[1]

इन बहुत-सी 'वाद' व्याधियों का प्रवर्तक है 'व्यक्तिवाद' जो बहुत पुराना रोग है। पुराने लोग जल्दी पीछा नहीं छोड़ते। एक-न-एक रूप में बहुत दिनों तक बने रहते हैं। यही दशा व्यक्तिवाद की है जिसकी नींव भेदभाव पर है। अब तक 'कवि के व्यक्तित्व' के नाम पर भेदप्रदर्शन होता था; अब उसकी 'कृति के व्यक्तित्व' के नाम पर होने के लक्षण दिखाई दे रहे हैं। अब तक किसी कविता में उसके कवि के व्यक्तित्व को प्रधान वस्तु कहने की चाल थी। पर अब 'कृति' ही प्रधान वस्तु कही जाने लगी है और उसकी सत्ता कवि और श्रोता (या पाठक) दोनों से स्वतन्त्र ठहराई जाने लगी है। कवि के 'व्यक्तित्व' का परिहार यह कहकर किया जाने लगा है कि जैसे पुत्र का व्यक्तित्व पिता के व्यक्तित्व से अलग विकसित होने के लिए छोड़ दिया जाता है उसी प्रकार किसी काव्यरचना का व्यक्तित्व उसके कवि के व्यक्तित्व से पृथक् और स्वतन्त्र होना चाहिए। इस पर विचार करने से यह स्पष्ट हो जाता है कि 'व्यक्तिवाद' बना हुआ है, केवल उसने अपनी जगह बदल दी है। लोक से विशेषता और विचित्रता तो बनी रहने दी गई है,

1. The modernist poet does have to issue programme declaring his intentions toward the reader or to issue an announcement of tactics. He does not have to call himself an individualist (as the Imagist poet did) or a mystic (as the poet of the Anglo-Irish dead movement did) or a naturalist (as the poet of the Georgian dead movement did).

—A Survey to Modernist Poetry.

अन्तर इतना ही पड़ा है कि अब तक उस विशेषता या विचित्रता को कवि की कहते थे, अब कृति की कहेंगे।

बात सुलझते-सुलझते फिर उलझन में पड़ गई क्योंकि भेदवाद का फन्दा न छूट पाया। कवि और श्रोता दोनों पक्षों से 'व्यक्तित्व' को अलग हटाकर उसकी प्रतिष्ठा कृति में ले जाकर कर दी गई। विलायत की 'साहित्य सरकार' की इस नई कार्रवाई का मतलब यही हुआ कि किसी कविता का न तो कवि के हृदय के साथ सामंजस्य हो न श्रोता के हृदय के साथ। उसकी भावव्यंजना को दोनों अपनाएँ न, तटस्थ होकर तमाशे की तरह देखें। इस मनोवृति को 'कल्पना' और 'कला' इन दो शब्दों ने और भी दृढ़ कर रखा है। जब कविता केवल कल्पना का खेल समझी जाएगी और भावुकता की 'सेंटीमेंटैलिटी' (Sentimentality) कहकर उपेक्षा की जाएगी तब काव्य का प्रकृत स्वरूप दृष्टि के सामने आने का साहस कैसे कर सकता है ? जब कि 'कला' शब्द का इतना शोर है तब काव्य के पढ़ने-सुनने से उत्पन्न अनुभूति उससे अधिक गहरी, उससे अधिक मनस्पर्शिनी, कैसे समझी जा सकती है, जो किसी चित्र, इमारत, बेलबूटे की नक्काशी आदि के सामने आने पर होता है ? मेरा विश्वास तो यही है कि कविता या उसकी समीक्षा जब तक भेदभाव का आधार हटाकर अभेदभाव के आधार पर न प्रतिष्ठित होगी तब तक उसका स्वरूप इसी तरह झंझट और खींचतान में पड़ा रहेगा। अभेदभाव की भूमि तैयार करने का नाम ही 'साधारणीकरण' है।

यह ठीक है कि प्रत्यक्ष वास्तविक अनुभूति से किसी काव्य के पठन, श्रवण से उत्पन्न रसानुभूति में एक बड़ी विशेषता होती है। यह विशेषता यह है कि इस दशा में अपनी पृथक् सत्ता की भावना का परिहार हो जाता है अर्थात् प्रस्तुत विषय को हम अपनी योगक्षेम वासना की उपाधि से ग्रस्त हृदय द्वारा ग्रहण नहीं करते, निर्विशेष, शुद्ध और मुक्त हृदय द्वारा ग्रहण करते हैं। इस मुक्त हृदय को व्यापक आत्मा का ही एक पक्ष समझना चाहिए। अब हमारा कहना यह है कि प्रत्यक्ष और वास्तविक अनुभूति (Actul perience) के समय भी कभी-कभी हमारा हृदय मुक्त रहता है। अतः भावों की प्रत्यक्ष वास्तविक अनुभूति भी रसकोटि की हो सकती है, और कभी-कभी होती है।

अप्रस्तुत रूपविधान

प्रस्तुत-अप्रस्तुत-भेद का निरूपण यह मानकर किया गया है कि किसी काव्य में जगत् या जीवन से सम्बन्ध रखनेवाली कोई-न-कोई वस्तु या तथ्य अवश्य होता है। उसी वस्तु या तथ्य के हृदयग्राह्य पक्ष का प्रत्यक्षीकरण तथा उसके प्रति जागरित हृदय की वृत्तियों का विवरण काव्य का लक्ष्य हुआ करता है। पर इधर कुछ दिनों से योरपीय समीक्षा में से कुछ लोग, जैसे अभिव्यंजनावादी (Expressionists) काव्य में कोई 'वस्तु' या विशेष होना स्वीकार नहीं करते। 'कला' शब्द की बढ़ती हुई पुकार के साथ स्वर मिलाने के लिए उन्होंने यह कहना आरम्भ किया कि काव्य का कोई विषय या व्यंग्य वस्तु (या भाव) नहीं होता अर्थात् जिस रूप में कोई काव्यात्मक वाक्य हमारे सामने आता है उससे अलग कोई आधार वस्तु ढूँढ़ना व्यर्थ है। उनकी इस उक्ति में सत्य का अंश केवल इतना ही है कि आधार वस्तु या तथ्य का बोध रसानुभूति नहीं है; उसके मार्मिक पक्ष की अनुभूति का स्वरूप ही काव्यानुभूति तथा उस अनुभूति को उत्पन्न करनेवाला शब्द विधान ही काव्य है। पर यह कहना कि काव्य में कोई आधार वस्तु या तथ्य की नींव होती ही नहीं, वह शून्य में स्थित रहता है बैठकबाजी के सिवा और कुछ नहीं।

रसानुभूति में बोधवृत्ति का उपादान बराबर रहता है। उसे हम अलग नहीं कर सकते। किसी वस्तु या तथ्य के मार्मिक पक्ष की प्रतीति या बोध लिये हुए ही सच्ची रसानुभूति होती है। वस्तु या तथ्य का मार्मिक पक्ष उस वस्तु या तथ्य से अलग कोई वस्तु नहीं होता, उसी के अन्तर्भूत होता है। 'सत्' के भीतर ज्ञान का विषय भी रहता है हृदय का भी। उसी सत् को कोई सिर्फ जानकर रह जाता है और कोई उसके समक्ष हृदय निकालकर रखने लगता है। 'वह स्त्री मुस्करा रही है' कोई तो यही जानकर रह जाता है और कोई अपने को सुधासिक्त आलोक-रेखा से सम्पृक्त या शुभ्र मधुधारा में मग्न बतलाता है। क्या कोई कह सकता है कि 'सुधासिक्त आलोक रेखा' या 'शुभ्र मधुधारा' ही सब कुछ है, स्त्री की मुस्कान का काव्यविधान में कोई योग नहीं ? यदि ऐसा माना जाए तो फिर कुछ इनीगिनी प्रियदर्शन, सुन्दर, भीषण, प्रकांड अथवा अद्‌भुत वस्तुओं की विचित्र और अलौकिक योजना मात्र ही काव्य कही जाएगी जिसका प्रभाव उतना ही हो सकता है जितना कागज की फुलवाड़ी, सजावट के गुलदस्ते या सरकस के तमाशे का होता है। पर मैं काव्य के प्रभाव को इससे कहीं अधिक गम्भीर और अन्तस्तलस्पर्शी मानता हूँ, उसे जीवन की एक शक्ति समझता हूँ।

शुद्ध सच्चे काव्य में दो पक्ष अवश्य रहते हैं–जगत् या जीवन का कोई तथ्य तथा उसके प्रति किसी प्रकार की अनुभूति। योरप के कुछ समीक्षक साहित्य-क्षेत्र में नई हवा–चाहे उस हवा के झोंके में काव्य का प्रकृत स्वरूप ही क्यों न उड़ता दिखाई दे–बहाने के उद्योग में किस प्रकार इन दोनों को हवा बतलाने लगे थे यह उपर्युक्त विवरण से समझा जा सकता है। उक्ति या शब्दविधान आधारभूत कोई विषय ही मानने की आवश्यकता नहीं तब जगत् या जीवन का कोई तथ्य कहाँ रहा ? इसी प्रकार भावों की सच्ची और स्वाभाविक अनुभूति (Sentimentalilty) [सेंटीमेंटैलिटी] कहकर टाली गई और कलानुभूति उससे सर्वथा भिन्न और स्वतन्त्र अनुभूति बतलाई गई। मतलब यह है कि जिस अनुभूति से मनुष्य हाथ-पैर हिलाता है, जिस अनुभूति से शुभाशुभ कर्मों का प्रवर्तन होता है, जिस अनुभूति से मानवी प्रकृति का उत्तरोत्तर उत्कर्ष होता है वह इन कलाविदों के अनुसार काव्य के किसी उपयोग की नहीं। अब दूसरी कोटि की अनुभूति रही कौन ? वही जो कोई तमाशा, नकल, नक्काशी, बेलबूटे आदि देखने पर उत्पन्न होती है।

हमारा वक्तव्य यह है कि प्रकृत काव्य का सारा स्वरूपविधान जगत् या जीवन की किसी वस्तु या तथ्य की ओर संकेत करता है। वही वस्तु या तथ्य कल्पना द्वारा उपस्थित काव्य सामग्री को व्यवस्थित ढंग से संयोजित करके एक कृति का स्वरूप देता है। जब तक भीतर किसी वस्तु या तथ्य का ढाँचा न होगा तब तक सुन्दर-से-सुन्दर सन्दर्भहीन रूपसमूह इमारत में लगनेवाले नक्काशीदार खम्भों, पटरियों इत्यादि का पड़ा हुआ ढेर-सा होगा। अतः काव्य में जगत् या जीवन की किसी वस्तु या तथ्य का होना, प्रस्तुत पक्ष का होना, अनिवार्य है। आध्यात्मिक कविता भी वही सच्ची होगी जो अव्यक्त की ओर संकेत करनेवाले किसी तथ्य के आधार पर होगी।

जब काव्य में कोई 'प्रस्तुत' अवयव होना आवश्यक ठहरा तब उसके अतिरिक्त और जो कुछ रूपविधान होगा वह अप्रस्तुत होगा। पर इस अप्रस्तुत अवयव का होना अनिवार्य नहीं। कोरे वस्तु-व्यापार वर्णन अथवा स्वाभावोक्ति में अप्रस्तुत विधान नहीं रहता; पर रसात्मकता रहती है। यदि प्रस्तुत तथ्य अर्थात् उसके अन्तर्भूत वस्तु, व्यापार मार्मिक हैं तो उनका ज्यों का त्यों चित्रण मात्र भी भावमग्न करनेवाला काव्य होता है।

हमें यहाँ अप्रस्तुत रूपविधान पर कुछ विचार करना है जो काव्य में किसी-न-किसी वेश में, चाहे अलंकार रूप में चाहे लक्षण के रूप में, प्रायः रहता है। उपमा, रूपक, उत्प्रेक्षा, सन्देह, भ्रान्ति, अपह्नुति, दीपक, अप्रस्तुत-प्रशंसा इत्यादि सादृश्यमूलक अलंकारों के अतिरिक्त और अलंकारों में भी कुछ-न-कुछ अप्रस्तुत रूपों की जो योजना की जाती है वह किस दृष्टि से, उसका प्रकृत उद्देश्य क्या होता है। साहित्य ग्रन्थों में उपमा, रूपक इत्यादि के निरूपण में अप्रस्तुत का आधार केवल सादृश्य या साधर्म्य ही लिखा पाया जाता है।

विचार[1] करने पर इन दोनों में प्रभावसाम्य छिपा मिलेगा। सिद्ध कवियों की दृष्टि ऐसे ही अप्रस्तुतों की ओर जाती है जो प्रस्तुतों के समान ही सौन्दर्य, दीप्ति, कान्ति, कोमलता, प्रचंडता, भीषणता, उग्रता, उदासी, अवसाद, खिन्नता इत्यादि की भावना

1. देखिए 'हिन्दी साहित्य का इतिहास,' प्रवर्धित संस्करण, सम्वत् 1997, पृ. 108 से

जगाते हैं। काव्य में बँधे चले आते हुए उपमान अधिकतर इसी प्रकार के हैं। केवल रूपरंग, आकार या व्यापार को ऊपर-ऊपर से देखकर या नाप-जोखकर, भावना पर उनका प्रभाव परखे बिना, वे नहीं रखे जाते थे। पीछे कविकर्म के बहुत कुछ श्रमसाध्य या अभ्यासगम्य होने के कारण जब कृत्रिमता आने लगी तब बहुत-से उपमान केवल बाहरी नापजोख के अनुसार भी रखे जाने लगे। कटि की सूक्ष्मता दिखाने के लिए सिंहिनी और भिड़ सामने लाई जाने लगी।

कहीं-कहीं तो बाहरी सादृश्य या साधर्म्य अत्यन्त अल्प या न रहने पर भी आभ्यन्तर प्रभाव साम्य लेकर ही अप्रस्तुतों का सन्निवेश कर दिया जाता है। ऐसे अप्रस्तुत अधिकतर उपलक्षण के रूप में या प्रतीकवत् (Simbolic) होते हैं–जैसे, सुख, आनन्द, प्रफुल्लता, यौवनकाल इत्यादि के स्थान पर उनके द्योतक उषा, प्रभात, मधुकाल, प्रिया के स्थान पर मुकुल; प्रेमी के स्थान पर मधुर; श्वेत या शुभ्र के स्थान पर कुंद, रजत; माधुर्य के स्थान पर मधु; दीप्तिमान या कान्तिमान के स्थान पर स्वर्ण; विषाद या अवसाद के स्थान पर अन्धकार, अँधेरी रात, संध्या की छाया, पतझड़; मानसिक आकुलता या क्षोभ के स्थान पर झंझा, तूफान, भावतरंग के लिए झंकार; भावप्रवाह के लिए संगीत या मुरली का स्वर इत्यादि।

अप्रस्तुत किस प्रकार एकदेशीय, सूक्ष्म और धुँधले पर मर्मव्यंजक साम्य का धुँधला-सा आधार लेकर खड़े किए जाते हैं, यह बात नीचे के कुछ उद्धरणों से स्पष्ट हो जाएगी–

(1) उठ उठ री लघु लघु लोल लहर।
करुणा की नव अँगड़ाई-सी, मलयानिल की परछाई-सी,
इस सूखे तट पर छहर छहर।

(लहर=सरस कोमल भाव। सूखा तट=शुष्क जीवन। अप्रस्तुत या उपमान भी लाक्षणिक हैं।)

(2) गूढ़ कल्पना-सी कवियों की, अज्ञाता के विस्मय-सी
ऋषियों के गम्भीर हृदय-सी, बच्चों के तुतले भय-सी। –'छाया'

(3) गिरिवर के उर से उठ-उठकर,
उच्चाकांक्षाओं से तरुवर हैं झाँक रहे नीरव नभ पर।

(उठे हुए पेड़ों का साम्य मनुष्य के हृदय की उन उच्च आकांक्षाओं से जो लोक के परे जाती हैं।)

(4) वनमाला के गीतों सा निर्जन में बिखरा है मधुमास।

साम्यभावना हमारे हृदय का प्रसार करनेवाली, शेष सृष्टि के साथ मनुष्य के गूढ़ सम्बन्ध की धारणा बँधानेवाली, अत्यन्त अपेक्षित मनोभूमि है, इसमें सन्देह नहीं। पर यह सच्चा मार्मिक प्रभाव वहीं उत्पन्न करती है जहाँ यह प्राकृतिक वस्तु या व्यापार से प्राप्त सच्चे आभास के आधार पर खड़ी होती है। प्रकृति अपने अनन्त रूपों और व्यापारों के द्वारा अनेक बातों की गूढ़ या अगूढ़ व्यंजना करती रहती है। इस व्यंजना को न परखकर या न ग्रहण करके जो साम्यविधान होगा वह मनमाना आरोप मात्र होगा। इस अनन्त

विश्व महाकाव्य की व्यंजनाओं की परख के साथ जो साम्यविधान होता है वह मार्मिक और उद्‌बोधक होता है। जैसे–

दुखदावा से नव अंकुर पाता जग जीवन का बन।
करुणार्द्र विश्व का गर्जन बरसाता नव जीवन कण।
खुल-खुल नव इच्छाएँ फैलातीं जीवन के दल।
यह शैशव का सरल हास है, सहसा उर से है आ जाता।
यह ऊषा का नव विकास है, जो रज को है रजत बनाता।
यह लघु लहरों का विकास है कलानाथ जिसमें खिंच आता।

× × ×

हँस पड़े कुसुमों में छविमान, जहाँ जग में पदचिन्ह पुनीत।
वहीं सुख में आँसू बन प्राण, ओस में लुढ़क दमकते गीत॥ –गुंजन

मेरा अनुराग फैलने दो, नभ के अभिनव कलरव में।
जाकर सूनेपन के तम में, बन किरन कभी आ जाना॥
अखिल की लघुता आई बन, समय का सुन्दर वातायन
देखने को अदृष्ट नर्त्तन। –लहर

जल उठा स्नेह दीपक सा, नवनीत हृदय था मेरा।
अब शेष धूम रेखा से, चित्रित कर रहा अँधेरा॥ –आँसू

मनमाने आरोप, जिनका विधान प्रकृत के संकेत पर नहीं होता, हृदय के मर्मस्थल का स्पर्श नहीं करते, केवल वैचित्र्य का कुतूहल मात्र उत्पन्न करके रह जाते हैं। प्रकृति के वस्तु-व्यापारों पर मानुषी वृत्तियों के आरोप का बहुत अधिक चलन हो जाने से कहीं-कहीं ये आरोप वस्तु-व्यापारों की प्रकृत व्यंजना से बहुत दूर जा पड़ते हैं, जैसे चाँदनी के इस वर्णन में–

(1) जग के दुख दैन्य शयन पर यह रुग्णा जीवन बाला।
पीली पड़, निर्बल कोमल, कृश देह लता कुम्हलाई।
विवसना, लाज में लिपटी; साँसों में शून्य समाई॥

चाँदनी अपने आप इस प्रकार की भावना मन में नहीं जगाती। उसके सम्बन्ध में यह उद्‌भावना भी केवल स्त्री की सुन्दर मुद्रा सामने खड़ी करती जान पड़ती है–

(2) नीले नभ के शतदल पर वह बैठी शारद हासिनि।
मृदु करतल पर शशिमुख धर नीरव अनिमिष एकाकिनि॥

–आँसू

इसी प्रकार आँसुओं को 'नयनों के बाल' कहना भी व्यर्थ-सा है। नीचे की जूठी प्याली भी (जो बहुत आया करती है) किसी मैखाने से लाकर रखी जान पड़ती है–

(3) लहरों में प्यास भरी है, है भँवर पात्र से खाली।
मानस का सब रस पीकर, ढुलका दी तुमने प्याली॥

प्रकृति के नाना रूपों के सौन्दर्य की भावना सदैव स्त्री-सौन्दर्य का आरोप करके करना उक्त भावना की संकीर्णता सूचित करता है। कालिदास ने भी मेघदूत में निर्विंध्या और सिन्धु नदियों में स्त्री-सौन्दर्य की भावना की है।[1] जिसमें नदी और मेघ के प्रकृत सम्बन्ध की रमणीय व्यंजना होती है। ग्रीष्म में नदियाँ सूखती-सूखती पतली हो जाती हैं और तपती रहती हैं। उन पर जब मेघ छाया करता है तब वे शीतल हो जाती हैं और उस छाया को अंक में धारण किए दिखाई देती हैं। वही मेघ बरसकर उनकी क्षीणता दूर करता है। दोनों के बीच इसी प्राकृतिक सम्बन्ध की व्यंजना ग्रहण करके कालिदास ने अप्रस्तुत विधान किया है। पर सौन्दर्य की भावना सर्वत्र स्त्री का चित्र चिपकाकर करना खेल-सा हो जाता है। हिन्दी की नई रंगत की कविता में उषा सुन्दरी के कपोलों की ललाई, रजनी के रत्नजटित केशकलाप, दीर्घ निःश्वास और अश्रुबिन्दु तो रूढ़ हो ही गए हैं; किरन, लहर, चन्द्रिका, छाया, तितली सब अप्सराएँ या परियाँ बनकर ही सामने आने पाती हैं। इसी तरह प्रकृति के नाना व्यापार भी चुम्बन, आलिंगन, मधुग्रहण, मधुदान; कामिनी की क्रीड़ा इत्यादि में अधिकतर परिणत दिखाई देते हैं। कहने का तात्पर्य यह है कि प्रकृति की नाना वस्तुओं और व्यापारों का अपना-अपना सौन्दर्य भी है जो एक ही प्रकार की वस्तु या व्यापार के आरोप द्वारा अभिव्यक्त नहीं हो सकता।

हिन्दी की नई काव्यधारा में साम्य पहले उपमा, उत्प्रेक्षा, रूपक ऐसे अलंकारों के बड़े-बड़े साँचों के भीतर ही फैलाकर दिखाया जाता था। वह अब प्रायः थोड़े में या तो लाक्षणिक प्रयोगों के द्वारा झलका दिया जाता है अथवा कुछ प्रच्छन्न रूपकों में प्रयोगों के द्वारा झलका दिया जाता है या पूरे प्रसंग के लिए दृष्टान्त, अर्थान्तरन्यास आदि का सहारा न लेकर अब अन्योक्ति ही अधिक चलती है। यह बहुत ही परिष्कृत पद्धति है।

अधिकतर[2] अलंकारों का विधान सादृश्य के आधार पर होता है। सादृश्य की योजना दो दृष्टियों से की जाती है—स्वरूपबोध के लिए और भाव तीव्र करने के लिए। कवि लोग सदृश वस्तुएँ भाव तीव्र करने के लिए ही अधिकतर लाया करते हैं पर बाह्य कारणों से अगोचर तथ्यों के स्पष्टीकरण के लिए जहाँ सादृश्य का आश्रय लिया जाता है वहाँ कवि का लक्ष्य स्वरूपबोध भी रहता है। भगवद्भक्तों की ज्ञानगाथा में सादृश्य की योजना दोनों दृष्टियों से रहती है। 'माया' की ठगिनी और काम, क्रोध आदि को बटमार, संसार को मायका और ईश्वर को पति रूप में दिखाकर बहुत दिनों से रमते साधु उपदेश देते आ रहे हैं। पर इन सदृश वस्तुओं की योजना से केवल स्वरूपबोध ही नहीं होता, भावोत्तेजना भी प्राप्त होती है। बल्कि यों कहना चाहिए कि उत्तेजित भाव ही उन सदृश्य वस्तुओं की कल्पना करता है। विरक्तों के हृदय में माया और काम-क्रोध आदि का भाव ही उस भय की ओर ध्यान ले जाता है जो ठगों और बटमारों से होता है। तात्पर्य यह कि स्वरूपबोध के लिए भी काव्य में जो सदृश वस्तु लाई जाती है उसमें यदि भाव उत्तेजित करने की शक्ति भी हो तो काव्य के स्वरूप की प्रतिष्ठा हो जाती है।

1. पूर्वमेघ, 30-31
2. देखिए जायसी ग्रन्थावली, भूमिका, पृ. 135 से

नाना राग-बन्धनों से युक्त इस संसार के छूटने का दृश्य कैसा मर्मस्पशी है ! भावुक हृदय में उसका क्षणिक साम्य मायके से स्वामी के घर जाने में दिखाई पड़ता है। बस इतनी ही झलक मिल सकती है। सदृश वस्तु के इस कथन द्वारा अगोचर आध्यात्मिक तथ्यों का कुछ स्पष्टीकरण भी हो जाता है और उनकी रुखाई भी दूर हो जाती है।

सादृश्य की योजना में पहले यह देखना चाहिए कि जिस वस्तु, व्यापार या गुण के सादृश्य वस्तु, व्यापार, या गुण सामने लाया जाता है वह ऐसा तो नहीं है जो किसी भाव–स्थायी या क्षणिक का आलम्बन या आलम्बन का अंग हो। यदि प्रस्तुत वस्तु, व्यापार आदि ऐसे हैं तो यह विचार करना चाहिए कि उनके सदृश अप्रस्तुत वस्तु या व्यापार भी उसी भाव के आलम्बन हो सकते हैं या नहीं। यदि कवि द्वारा लाए हुए अप्रस्तुत वस्तु या व्यापार आदि ऐसे हैं तो कविकर्म सिद्ध समझना चाहिए। उदाहरण के लिए रमणी के नेत्र वीर का युद्धार्थ गमन और हृदय की कोमलता लीजिए। इन तीनों के वर्णन क्रमशः रतिभाव, उत्साह और श्रद्धा द्वारा प्रेरित समझे जाएँगे और कवि का मुख्य उद्‌देश्य यह ठहरेगा कि वह श्रोता को भी इन भावों की रसात्मक अनुभूति कराए। अतः जब कवि कहता है कि नेत्र कमल के समान हैं, वीर सिंह के समान झपटता है और हृदय नवनीत के समान है तो ये सदृश वस्तुएँ सौन्दर्य, वीरत्व और कोमल सुखदता की व्यंजना भी साथ ही साथ करेंगी। इनके स्थान पर यदि हम रसात्मकता का विचार न करके नेत्र के आकार, झपटने की तेजी और प्रकृति की नरमी की मात्रा पर ही दृष्टि रखकर कहें कि 'नेत्र बड़ी कौड़ी या बादाम के समान हैं,' 'वीर बिल्ली की तरह झपटता है' और 'हृदय सेमर के घूए के समान है।' तो काव्योपयुक्त कभी न होगा। कवियों की प्राचीन परम्परा में जो उपमान बँधे चले आ रहे हैं उनमें अधिकांश सौन्दर्य आदि की अनुभूति के उत्तेजन होने के कारण रस में सहायक होते हैं, पर कुछ ऐसे भी हैं जो आकार आदि ही निर्दिष्ट करते हैं, सौन्दर्य की अनुभूति अधिक करने में सहायक नहीं होते। जैसे जंघों की उपमा के लिए हाथी की सूँड़, नायिका की कटि की उपमा के लिए भिड़ या सिंहनी की कमर इत्यादि। इनसे आकार के चढ़ाव-उतार और कटि की सूक्ष्मता भर का ज्ञान होता है, सौन्दर्य की भावना नहीं उत्पन्न होती; क्योंकि न तो हाथी की सूँड़ में ही दाम्पत्य रति के अनुकूल अनुरंजनकारी सौन्दर्य है और न भिड़ की कमर में ही। अतः रसात्मक प्रसंगों में इस बात का ध्यान रहना चाहिए कि अप्रस्तुत (उपमान) भी उसी प्रकार के भाव के उत्तेजक हों प्रस्तुत जिस प्रकार के भाव के उत्तेजक हों।

उपर्युक्त कथन का यह अभिप्राय कदापि नहीं कि ऐसे प्रसंगों में पुरानी बँधी हुई उपमाएँ ही लाई जाएँ, नई न लाई जाएँ। 'अप्रसिद्धि' मात्र उपमा का कोई दोष नहीं, पर नई उपमाओं की सारी जिम्मेदारी कवि पर होती है। अतः रसात्मक प्रसंगों में ऊपर लिखी बातों का ध्यान रखना आवश्यक है। जहाँ कोई रस स्फुट न भी हो वहाँ भी यह देख लेना चाहिए कि किसी पात्र के लिए जो उपमान लाया जाए वह उस भाव के अनुरूप हो जो कवि ने उस पात्र के सम्बन्ध में अपने हृदय में प्रतिष्ठित किया है और पाठक के हृदय में भी प्रतिष्ठित करना चाहता है। राम की सेवा करते हुए लक्ष्मण के

प्रति श्रद्धा का भाव उत्पन्न होता है अतः उनकी सेवा का यह वर्णन जो गोस्वामीजी ने किया है कुछ खटकता है।

सेवत लषण सिया रघुबीरहि। जिमि अविवेकी पुरुष सरीरहि॥

इस दृष्टान्त में लक्ष्मण का सादृश्य जो अविवेकी पुरुष से किया गया है उससे सेवा का आधिक्य तो प्रकट होता है पर लक्ष्मण के प्रति प्रतिष्ठित भाव में व्याघात पड़ता है। यहाँ कहा जा सकता है कि लक्ष्मण का सादृश्य अविवेकी पुरुष के साथ कवि ने नहीं दिखाया है बल्कि लक्ष्मण के सेवाकर्म का सादृश्य अविवेकी के सेवाकर्म से दिखाया गया है। ठीक है, पर लक्ष्मण का कर्म श्लाघ्य है और अविवेकी का निन्द्य, इसलिए ऐसे अप्रस्तुत कर्म को मेल में रखने से प्रस्तुत कर्मसम्बन्धिनी भावना में बाधा अवश्य पड़ती है। रसात्मक प्रसंगों में केवल किसी बात के आधिक्य या न्यूनता की हद से काम नहीं चलता। जो भावुक और रसज्ञ न होकर केवल अपनी दूर की पहुँच दिखाना चाहते हैं वे कभी-कभी आधिक्य या न्यूनता की हद दिखाने में ही फँसकर भाव के प्रकृत स्वरूप को भूल जाते हैं। कोई आँखों के कोनों को कान तक पहुँचाता है, कोई नायिका को ब्रह्म के समान अगोचर और सूक्ष्म बताता है, कोई यार की कमर कहाँ है, किधर है, यही पता लगाने में रह जाता है। नायिका श्रृंगार का आलम्बन होती है। उसके स्वरूप के संघटन में इस बात का ध्यान चाहिए कि उसकी रमणीयता बनी रहे। प्राचीन कवि जहाँ मृणाल की ओर संकेत करके सूक्ष्मता और सौन्दर्य एक साथ दिखाते थे, वहाँ लोग या तो भिड़ की कमर सामने लाने लगे या कमर ही गायब करने लगे। चमत्कारवादी इसमें अद्‌भुत रस का आनन्द मानने लगे। पर सोचने की बात है कि नायिका अद्‌भुत रस का आलम्बन है या श्रृंगार रस का। श्रृंगार रस के आलम्बन में 'अद्‌भुत' केवल सौन्दर्य का विशेषण हो सकता है। 'अद्‌भुत सौन्दर्य' हम दिखा सकते हैं पर सौन्दर्य को गायब नहीं कर सकते।

किसी भावोद्रेक द्वारा परिचालित अन्तर्वृत्ति जब उस भाव के पोषक स्वरूप गढ़कर या काट-छाँटकर सामने रखने लगती है तब हम उसे सच्ची कवि-कल्पना कह सकते हैं। यों ही सिरपच्ची करके बिना किसी भाव में मग्न हुए कुछ अनोखे रूप खड़े करना या कुछ को कुछ कहने लगना या तो बावलापन है या दिमागी करसत; सच्चे कवि की कल्पना नहीं। वास्तव के अतिरिक्त या वास्तव के स्थान पर जो रूप सामने लाए गए हों उनके सम्बन्ध में ये देखना चाहिए कि वे किसी भाव की उमंग में उस भाव को सँभालने या बढ़ानेवाले होकर आ खड़े हुए हैं या यों ही तमाशा दिखाने के लिए–कुतूहल उत्पन्न करने के लिए–जबरदस्ती पकड़कर लाए गए हैं। यदि ऐसे रूपों की तह में उनके प्रवर्त्तक या प्रेषक भाव का पता लग जाए तो समझिए कि कवि के हृदय का पता लग गया और वे रूप हृदयप्रेरित हुए। अँगरेज कवि कॉलरिज ने, जिसने कविकल्पना पर अच्छा विवेचन किया है अपनी एक कविता[2] में ऐसे रूपावरण को आनन्दस्वरूप आत्मा से निकला हुआ कहा

1. देखिए सूरदास, पृ. 189 से
2. Dejection Ode, 4th April 1802.

है; जिसके प्रभाव से जीवन में रोचकता रहती है। जब तक यह रूपावरण (कल्पना का) जीवन में साथ लगा चलता है तब तक दुख की परिस्थिति में भी आनन्द-स्वप्न नहीं टूटता। पर धीरे-धीरे यह दिव्य आवरण हट जाता है और मन गिरने लगता है। भावोद्रेक और कल्पना में इतना घनिष्ठ सम्बन्ध है कि एक काव्य मीमांसक ने दोनों को एक ही कहना ठीक समझकर कह दिया है–'कल्पना आनन्द है' (Imagination is joy)।[1]

सच्चे कवियों की कल्पना की बात जाने दीजिए, साधारण व्यवहार में भी लोग जोश में आकर कल्पना का जो व्यवहार बराबर किया करते हैं वह भी किसी पहाड़ को 'शिशु' और 'पांडव' कहनेवाले कवियों के व्यवहार से कहीं उचित होता है। किसी निष्ठुर कर्म करनेवाले को यदि कोई 'हत्यारा' कह देता है तो वह सच्ची कल्पना का उपयोग करता है; क्योंकि विरक्ति या घृणा के अतिरेक से प्रेरित होकर ही उसकी अन्तर्वृत्ति हत्यारे का रूप सामने करती है जिससे भाव की मात्रा के अनुरूप आलम्बन खड़ा हो जाता है। 'हत्यारा' शब्द का लाक्षणिक प्रयोग ही विरक्ति की अधिकता का व्यंजक है। उसके स्थान पर यदि कोई उसे 'बकरा' कहे, तो या तो किसी भाव की व्यंजना न होगी या किसी ऐसे भाव की होगी जो प्रस्तुत विषय के मेल में नहीं। कहलानेवाला कोई भाव अवश्य चाहिए और उस भाव को प्रस्तुत वस्तु के अनुरूप होना चाहिए। भारी मूर्ख को लीग जो 'गदहा' कहते हैं वह इसीलिए कि 'मूर्ख' कहने से उनका जी नहीं भरता–उनके हृदय में उपहास अथवा तिरस्कार का जो भाव रहता है उसकी व्यंजना नहीं होती।

कहन की आवश्यकता नहीं कि अलंकारविधान में उपयुक्त उपमान लाने में कल्पना ही काम करती है। जहाँ वस्तु, गुण या क्रिया के पृथक्-पृथक् साम्य पर ही कवि की दृष्टि रहती है वहाँ वह उपमा, रूपक, उत्प्रेक्षा आदि का सहारा लेता है और जहाँ व्यापारसमष्टि या पूर्ण प्रसंग का साम्य अपेक्षित होता है वहाँ दृष्टान्त, अर्थान्तरन्यास और अन्योक्ति का। उपर्युक्त विवेचन से यह प्रकट है कि प्रस्तुत के मेल में जो अप्रस्तुत रखा जाए–चाहे वह वस्तु, गुण या क्रिया हो अथवा व्यापारसमष्टि–वह प्राकृतिक और चित्ताकर्षक हो तथा उसी प्रकार का भाव जगानेवाला हो जिस प्रकार का प्रस्तुत व्यापारसमष्टि के समन्वय में, कवि की हृदयता का जिस पूर्णता के साथ हमें दर्शन होता है उस पूर्णता के साथ वस्तु, क्रिया आदि के पृथक्-पृथक् समन्वय में नहीं। इसी से सुन्दर अन्योक्तियाँ इतनी मर्मस्पर्शिणी होती हैं। चुना हुआ अप्रस्तुत व्यापार जितना ही प्राकृतिक होगा, जितना ही अधिक मनुष्य जाति के आदिम जीवन में सुलभ दृश्यों के अन्तर्गत होगा–उतना ही रमणीय और अनुरंजनकारी होगा। कोई गोपिका या राधा स्वप्न में श्रीकृष्ण के दर्शनों का सुख प्राप्त कर रही थी कि उसकी नींद उचट गई। इस व्यापार के मेल में कैसा प्रकृतिव्यापी और गूढ़ व्यांपार सूर ने रखा है, देखिए–

हमको सपनेहू में सोच।
जा दिन तें बिछुरे नँदनन्दन ता दिन तें यह पोच।
मनौ गोपाल आए मेरे घर हँसि करि भुजा गही।

1. G. W. Mackael's Lectures on Poetry.

कहा करौं बैरिनि भइ निंदिया, निमिष न और रही।
ज्यों चकई प्रतिबिम्ब देखि कै आनन्दी पिय जानि।
सूर पवन मिस निठुर बिधाता चपल कियो जल आनि॥

स्वप्न में अपने ही मानस में किसी का रूप देखने और जल में अपना ही प्रतिबिम्ब देखने का कैसा गूढ़ और सुन्दर साम्य है। इसके उपरान्त पवन द्वारा प्रशान्त जल के हिल जाने से छाया का मिट जाना कैसा भूतव्यापी व्यापार स्वप्नभंग के मेल में लाया गया है।

इसी प्रकार प्राकृतिक चित्रों द्वारा सूर ने कई जगह पूरे प्रसंग की व्यंजना की है। जैसे गोपियाँ मथुरा से कुछ ही दूर पर पड़ी विरह से तड़फड़ा रही हैं, पर कृष्ण राजसुख के आनन्द में फूले नहीं समा रहे हैं। यह बात वे इस चित्र द्वारा कहते हैं–

सागर कूल मीन तरफत है, हुलसि होत जल पीन।

जैसा ऊपर कहा गया है, जिसे निर्माण करनेवाली–सृष्टि खड़ी करनेवाली कल्पना कहते हैं उसकी पूर्णता किसी एक प्रस्तुत वस्तु के लिए कोई दूसरी अप्रस्तुत वस्तु–जो कि प्रायः कविपरम्परा में प्रसिद्ध हुआ करती है–रख देने में उतनी नहीं दिखाई पड़ती जितनी किसी एक पूर्ण प्रसंग के मेल का कोई दूसरा प्रसंग–जिसमें अनेक प्राकृतिक वस्तुओं और व्यापारों की नवीन योजना रहती है–रखने में देखी जाती है। सूरदासजी ने कल्पना की इस पूर्णता का परिचय जगह-जगह दिया है। कबीर, जायसी आदि कुछ रहस्यवादी कवियों ने इस जीवन का मार्मिक स्वरूप तथा परोक्ष जगत् की कुछ धुँधली-सी झलक दिखाने के लिए अन्योक्ति की पद्धति का आलम्बन किया है; जैसे–

हंसा प्यारे ! सरवर तजि कहँ जाय ?
जेहि सरवर बिच मोती चुनते, बहु बिधि केलि कराय।
सूख ताल, पुरइनि जल छोड़े, कलम गयो कुँभिलाय।
कह कबीर जो अबकी बिछुरै बहुरि मिलै कब आय॥

रहस्यवादी कवियों के समान भक्त सूर की कल्पना भी कभी-कभी इस लोक का अतिक्रमण करके आदर्श लोक की ओर संकेत करने लगती है; जैसे–

चकई री ! चलि चरन-सरोवर जहाँ न प्रेम वियोग।
निसि दिन राम-राम की वर्षा, भय रुज नहिं दुख सोग।
जहाँ सनक से मीन, हंस शिव, मुनि-जन-नख रवि-प्रभा-प्रकाश।
प्रफुलित कमल, निमिष सिंहि ससि डर, गुंजत निगम सुवास।
जेहि सर सुभग मुक्ति मुक्ता-फल, सुकृत अमृत रस पीजैं।
सो सर छाँड़ि कुबुद्धि बिहंगम ! इहाँ कहा रहि कीजैं ?॥

पर एक व्यक्तिवादी सगुणोपासक कवि की उक्ति होने के कारण इस चित्र में वह रहस्यमयी अव्यक्तता या धुँधलापन नहीं है। कवि अपनी भावना को स्पष्ट और अधिक व्यक्त करने के लिए जगह-जगह आकुल दिखाई पड़ता है। इसी से अन्योक्ति का मार्ग

छोड़ जगह-जगह उसने रूपक का आश्रय लिया है। इसी अन्योक्ति का दीनदयाल गिरिजी ने अच्छा निर्वाह किया है–

चल चकई! वा सर विषय जहँ नहिं रैन बिछोह।
रहत एकरस दिवस ही सुहृद हंस-संदोह।
सुहृद हंस-संदोह कोह अरु द्रोह न जाके।
भोगत सुख-अंबोह, मोह-दुख होय न ताकै।
बरनै दीनदयाल भाग्य बिनु जाय न सकई।
पिय मिलाप नित रहै ताहि सर तू चल चकई॥

कहने[1] की आवश्यकता नहीं कि ऊपर जो बात कही गई है वह ऐसी वस्तुओं के सम्बन्ध में कही गई जिसका वर्णन, कवि किसी भाव में मग्न होकर, उसी भाव में मग्न करने के लिए, करता है–जैसे, नायिका का वर्णन, प्राकृतिक शोभा का वर्णन, वीर-कर्म का वर्णन इत्यादि। जहाँ वस्तुएँ ऐसी होती हैं कि उनके सम्बन्ध में अलग कोई वेगयुक्त भाव (जैसे रति, भय, हर्ष, घृणा, श्रद्धा इत्यादि) नहीं होता, केवल उनके रूप, गुण, क्रिया आदि का ही गोचर स्पष्टीकरण करना या अधिकता-न्यूनता की ही भावना तीव्र करना अपेक्षित होता है–उनके द्वारा किसी भाव की अनुभूति की वृद्धि करना नहीं–वहाँ आकृति, गुण आदि का निरूपण और आधिक्य या न्यूनता का बोध करानेवाली सदृश वस्तुओं से ही प्रयोजन रहता है। हाथियों के डीलडौल, तलवार की धार, किसी कर्म की कठिनता, खाई की चौड़ाई इत्यादि के वर्णन में केवल इस प्रकार का सादृश्य अपेक्षित रहता है जैसे पहाड़ के समान हाथी, बाल की तरह धार, पहाड़-सा काम, नदी-सी खाई इत्यादि।

आधिक्य या न्यूनता सूचित करने के लिए ऊहात्मक या वस्तुव्यंजनात्मक शैली का विधान कवियों में तीन प्रकार का देखा जाता है–

(1) ऊहा की आधारभूत वस्तु असत्य अर्थात्, कवि प्रौढ़ोक्ति सिद्ध है।
(2) ऊहा की आधारभूत वस्तु का स्वरूप सत्य या स्वतःसम्भवी है और किसी प्रकार की कल्पना नहीं की गई है।
(3) ऊहा की आधारभूत वस्तु का स्वरूप तो सत्य है पर उसके हेतु की कल्पना की गई है।

इनमें से प्रथम प्रकार के उदाहरण वे हैं जिन्हें बिहारी ने विरहताप के वर्णन में दिया है–जैसे, पड़ोसियों की जाड़े की रात में भी बेचैन करनेवाला, या बोतल में भरे गुलाबजल को सुखा डालनेवाला ताप; दूसरे प्रकार का उदाहरण एक स्थल पर जायसी ने बहुत अच्छा दिया है, पर वह विरहताप के वर्णन में नहीं है, काल की दीर्घता के वर्णन में है। आठ वर्ष तक अलाउद्दीन चित्तौरगढ़ घेरे रहा। इस बात को एक बार तो कवि ने साधारण इतिवृत्त के रूप में कहा, पर उससे वह गोचर प्रत्यक्षीकरण न हो सका जिसका प्रयत्न काव्य करता है। आठ वर्ष के दीर्घत्व के अनुमान के लिए फिर उसने यह दृश्य आधार सामने रखा–

आइ साह अमराव जो लाए। फरे, झरे पै गढ़ नहिं पाए॥

1. देखिए जायसी ग्रन्थावली, भूमिका, पृ. 139 से

सच पूछिए तो वस्तु-व्यंजनात्मक या ऊहात्मक पद्धति का इसी रूप में अवलम्बन सबसे अधिक उपयुक्त जान पड़ता है। इसमें अनुमान का आधार सत्य या स्वतःसम्भवी है। जायसी अनुमान या ऊहा के आधार के लिए ऐसी वस्तु सामने लाए हैं जिसका स्वरूप प्राकृतिक है और जिससे सामान्यतः सब लोग परिचित होते हैं। इसी प्रकार एक गीत में एक वियोगिनी नायिका कहती है कि 'मेरा प्रिय दरवाजे पर जो नीम का पेड़ लगा गया था वह बढ़कर अब फूल रहा है, पर प्रिय न लौटा।' आधार के सत्य और प्राकृतिक स्वरूप के कारण इस उक्ति से कितना भोलापन बरस रहा है !

सुकुमारता की अत्युक्तियाँ अस्वाभाविकता के कारण केवल ऊहा द्वारा मात्रा या परिणाम के आधिक्य की व्यंजना के कारण, कोई रमणीय चित्र सामने नहीं लातीं। प्राचीन कवियों के 'शिरीषपुष्पाधिकसौकुमार्य्य' का जो प्रभाव हृदय पर पड़ता है वह खरोंट और छालेवाले सौकुमार्य का नहीं। कहीं-कहीं गुण की अवस्थिति मात्र का दृश्य जितना मनोरम होता है उतना उस गुण के कारण उत्पन्न दशान्तर का चित्र नहीं। जैसे नायिका के ओठ की ललाई का वर्णन करते-करते यदि कोई 'तद्गुण' अलंकार की झोंक में यह कह डाले कि जब वह नायिका पीने के लिए पानी ओठों से लगाती है तब वह खून हो जाता है तो यह दृश्य कभी रुचिकर नहीं लग सकता। ईंगुर, बिम्बा आदि सामने रखकर उस लाली की मनोहर भावना उत्पन्न कर देना ही काफी समझना चाहिए। उस लाली के कारण क्या बातें पैदा हो सकती हैं इसका हिसाब-किताब बैठाना जरूरी नहीं।

इसी प्रकार की विरसतापूर्ण अत्युक्ति ग्रीवा की कोमलता और स्वच्छता के इस वर्णन में भी है–

पुनि तेहि ठाँव परीं तिनि रेखा। घूँट जो पीक लीक सब देखा।।

इस वर्णन से तो चिड़ियों के अंडे से तुरन्त फूटकर निकले हुए बच्चे का चित्र सामने आता है। वस्तु या गुण का परिणाम अत्यन्त अधिक बढ़ाने से ही सर्वत्र सरसता नहीं आती। इस प्रकार की वस्तुव्यंग्य उक्तियों की भरमार उस काल में आरम्भ हुई जब से 'ध्वनि' का आग्रह बहुत बढ़ा, और सब प्रकार की व्यंजनाएँ उत्तम काव्य समझी जाने लगीं। पर वस्तुव्यंजनाएँ ऊहा द्वारा ही की और समझी जाती हैं, सहृदयता से उनका नित्य सम्बन्ध नहीं होता।

तीसरे प्रकार का विधान भी प्रथम प्रकार के विधान से अधिक उपयुक्त होता है। इसमें हेतूत्प्रेक्षा का सहारा लिया जाता है जिसमें 'अप्रस्तुत' वस्तुओं का गृहीत दृश्य वास्तविक होता है, केवल उसका हेतु कल्पित होता है। हेतु परोक्ष हुआ करता है। इससे उसकी अतथ्यता सामने आकर प्रतीति में बाधा डालती नहीं जान पड़ती। सादृश्यमूलक अलंकारों में उपमा, रूपक और उत्प्रेक्षा का व्यवहार अधिक मिलता है। इनमें से हेतूत्प्रेक्षा अलंकार उत्कर्ष की व्यंजना के लिए बड़ा शक्तिशाली होता है। लोक में कार्य और कारण एक साथ बहुत ही कम देखे जाते हैं। प्रायः कारण परोक्ष ही रहता है। अतः रूप या क्रिया यदि अपने प्रकृत रूप में हमारे सामने रख दी गई तो

वह उस प्रभाव का प्रमाण-स्वरूप लगने लगती है जिसे कवि खूब बढ़ाकर दिखाना चाहता है और हम इस बात की छानबीन में नहीं पड़ने जाते कि हेतु ठीक है या नहीं।

भारतीय काव्यपद्धति में उपमान चाहे उदासीन हों, पर भाव के विरोधी कभी नहीं होते। 'भाव' से मेरा अर्थ वही है जो साहित्य में लिया जाता है। 'भाव' का अभिप्राय साहित्य में तात्पर्यबोध मात्र नहीं बल्कि वह वेगयुक्त और जटिल अवस्था विशेष है जिसमें शरीरवृत्ति और मनोवृत्ति दोनों का योग रहता है। क्रोध को ही लीजिए। उसके स्वरूप के अन्तर्गत अपनी हानि या अपमान की बात तात्पर्यबोध, उग्र वचन और कर्म की प्रवृत्ति का वेग तथा त्योरी चढ़ना, आँखें लाल होना, हाथ उठाना ये सब बातें रहती हैं। मनोविज्ञान की दृष्टि से इन सबके समष्टिविधान का नाम क्रोध का भाव है। रौद्र रस के प्रसंग में कवि लोग जो उपमान लाते हैं वे भी संतापदायक या उग्र होते हैं, जैसे अग्नि। क्रोध से रक्तवर्ण नेत्रों की उपमा जब कोई कवि देगा तब अंगार आदि की देगा, रक्त कमल या बन्धूक पुष्प की नहीं। इसी प्रकार शृंगार रस में रज, मांस, फफोले, हड्डी आदि का वीभत्स दृश्य सामने आना अरुचिकर प्रतीत होता है। पर जहाँ केवल 'तात्पर्य' के उत्कर्ष का ध्यान प्रधान रहेगा—खयाल की बारीकी या बलन्दपरवाजी पर ही नजर रहेगी, वहाँ भाव के स्वरूप का उतना विचार न रह जाएगा। फारसी की शायरी में ही विप्रलम्भ शृंगार के अन्तर्गत ऐसे वीभत्स दृश्य प्रायः लाए जाते हैं।

यदि कवि सच्चा है, शेष सृष्टि के साथ उसके हृदय का पूर्ण सामंजस्य है, उसमें सृष्टिव्यापिनी सहृदयता है तो उसके सादृश्य विधान में एक बात और लक्षित होगी। वह जिस सदृश वस्तु या व्यापार की ओर ध्यान ले जाएगा कहीं-कहीं उससे मनुष्य को और प्राकृतिक पदार्थों के साथ अपने सम्बन्ध की बड़ी सच्ची अनुभूति होगी। विरहताप से झुलसी और सूखी हुई नागमती को जब प्रिय के आगमन का आभास मिलता है तब उसकी दशा कैसी होती है—

जस भुइँ दहिं असाढ़ पलुहाई। परहि बूँद औ सोंध बसाई॥
ओहि भाँति पलुही सुख बारी। उठी करिल नइ कोंप सँवारी॥

इसमें मनुष्य देखता है कि जिस प्रकार सन्ताप और आह्लाद के चिह्न मेरे शरीर में दिखाई पड़ते हैं, वैसे ही पेड़-पौधों के भी। इस प्रकार उनके साथ अपने सम्बन्ध की अनुभूति का उदय उसके हृदय में होता है। ऐसी अनुभूति द्वारा मानव-हृदय का प्रसार करने में जो कवि समर्थ हो वह धन्ध है। 'शरीर पनपना' आदि लाक्षणिक प्रयोग जो बोलचाल में आ गए हैं वे ऐसे ही कवियों की कृपा से हुए हैं।

'सांगरूपक' के गुण-दोष का भी थोड़ा विचार कर लेना चाहिए। यह तो मानना ही पड़ेगा कि एक वस्तु में दूसरी वस्तु का आरोप सादृश्य और साधर्म्य के आधार पर ही होता है। अधिकतर देखा जाता है कि 'निरंगरूपक' में तो सादृश्य और साधर्म्य का ध्यान रहता है पर सांग और परम्परित में इनका पूरा निर्वाह नहीं होता और जल्दी हो भी नहीं सकता। दो में से एक का भी पूरा निर्वाह हो जाए तो बड़ी बात है; दोनों का

एक साथ निर्वाह तो बहुत कम देखा जाता है। सादृश्य से हमारा अभिप्राय बिम्ब-प्रतिबिम्ब रूप और साधर्म्य से वस्तु प्रतिवस्तु धर्म है। साहित्यदर्पणकार का यह उदाहरण लेकर विचार कीजिए–

'रावण-रूप अवर्षण से क्लान्त देवता-रूप सत्य को इस प्रकार वाणी-रूप अमृत जल से सींच वह कृष्णरूप मेघ अन्तर्हित हो गया।'[1]

इस उदाहरण में रावण और अवर्षण में रूपसादृश्य नहीं है; केवल साधर्म्य है। इस प्रकार देवता और सत्य में तथा वाणी और जल में कोई रूपसादृश्य नहीं है, साधर्म्य मात्र है। पर विष्णु और काले मेघ में सादृश्य और साधर्म्य दोनों हैं–विष्णु का स्वरूप भी नीलजलद का-सा है और धर्म भी उसी के समान लोकानन्द प्रदान करता है। पर सांगरूपक में कहीं-कहीं तो केवल अप्रस्तुत (उपमान) दृश्य को किसी प्रकार बढ़ाकर पूरा करने का ही ध्यान कवियों को रहता है। वे यह नहीं देखने जाते कि एक-एक अंग या ब्योरे में किसी प्रकार का सादृश्य या साधर्म्य है अथवा नहीं। विनयपत्रिका के *'सेइय सहित सनेह देह भरि कामधेनु कलि कासी'* वाले पद में रूपक के अंगों की योजना अधिकतर इसी प्रकार की है।

यद्यपि साहित्य के आचार्यों ने साम्य से कहे हुए विरोधी रस या भाव को (विभाव आदि को भी) दोषाधायक नहीं माना है, पर इस प्रकार के आरोपों से रस की प्रतीति में व्याघात अवश्य पड़ता है, वाग्वैदग्ध्य द्वारा मनोरंजन चाहे कुछ हो जाए। काव्य में बिम्ब स्थापना (Imagery) प्रधान वस्तु है। वाल्मीकि, कालिदास आदि प्राचीन कवियों में यह पूर्णता को प्राप्त है। अँगरेजी कवि शेली इसके लिए प्रसिद्ध हैं। भाषा के दो पक्ष होते हैं–एक सांकेतिक (Symbolic) और दूसरा बिम्बाधायक (Presentative)। एक में तो नियत संकेत द्वारा अर्थबोध होता है, दूसरे में वस्तु का बिम्ब या चित्र अन्तःकरण में उपस्थित होता है। वर्णनों में सच्चे कवि द्वितीय पक्ष का अवलम्बन करते हैं। वे वर्णन इस ढंग पर करते हैं कि ऐसी वस्तुओं का बिम्ब ग्रहण कराया जाए, ऐसी वस्तुएँ सामने लाई जाएँ, जो प्रस्तुत रस के अनुकूल हों, उसकी प्रतीति में बाधक न हों। सादृश्य और साधर्म्य के आधार पर आरोप द्वारा भी जो वस्तुएँ लाई जाएँ वे भी ऐसी ही होनी चाहिए। वीर रस की अनुभूति के समय कुच, तरिवन, सिन्दूर आदि सामने लाना या श्रृंगार की अनुभूति के अवसर पर मस्त हाथी, भाले, बरछे, सामने रखना रसानुभूति में सहायक कदापि नहीं।

हम[2] पहले कह आए हैं कि भावों का उत्कर्ष दिखाने और वस्तुओं के रूप, गुण और क्रिया का अधिक तीव्र अनुभव कराने में कभी-कभी सहायक होनेवाली युक्ति ही अलंकार है। अतः अलंकारों की परीक्षा इसी दृष्टि से करनी चाहिए कि वे कहाँ तक उक्त प्रकार से सहायक हैं। यदि किसी वर्णन में उनसे इस प्रकार की कोई सहायता नहीं

1. रावणाविग्रहक्लांतमिति वागमृतेन सः।
   अभिवृष्य मरुत्सस्यं कृष्णमेघस्तिरोदधे॥ –दशम परिच्छेद
2. मिलाइए गोस्वामी तुलसीदास, पृ. 161 से

पहुँचती है, तो वे काव्यालंकार नहीं, भार मात्र हैं। यह ठीक है कि वाक्य की कुछ विलक्षणता–जैसे श्लेष और यमक–द्वारा श्रोता या पाठक का ध्यान आकर्षित करने के लिए भी अलंकार की थोड़ी-बहुत योजना होती है, पर उसे बहुत ही गौण समझना चाहिए। काव्य की प्रक्रिया के भीतर ऊपर कही बातों में से किसी एक में भी जिससे कई एक में एक साथ सहायता पहुँचती है, उसे उत्तम कहेंगे।

अलंकार के स्वरूप की ओर ध्यान देते ही इस बात का पता चल जाता है कि वह कथन की एक युक्ति या वर्णन-शैली मात्र है। यह शैली सर्वत्र काव्यालंकार नहीं कहला सकती। उपमा को ही लीजिए जिसका आधार होता है सादृश्य। यदि कहीं सादृश्य योजना का उद्‌देश्य बोध कराना मात्र है तो वह काव्यालंकार नहीं। 'नीलगाय गाय के सदृश होती है' इसे कोई अलंकार नहीं कहेगा। इसी प्रकार *'एकरूप तुम भ्राता दोऊ। तेहि भ्रम तें नहिं मारेउँ सोऊ॥'* में भ्रम अलंकार नहीं है, केवल 'वस्तुत्व' या 'प्रमेयत्व' जिसमें हो वह अलंकार नहीं[1]। अलंकार में रमणीयता होनी चाहिए। चमत्कार न कहकर रमणीयता हम इसलिए कहते हैं कि चमत्कार के अन्तर्गत केवल भाव, रूप, गुण या क्रिया का उत्कर्ष ही नहीं, शब्दकौतुक और अलंकार सामग्री की विलक्षणता भी ली जाती है। जैसे, बादल के स्तूपाकार टुकड़े के ऊपर निकले हुए चन्द्रमा को देख यदि कोई कहे कि 'मानो ऊँट की पीठ पर घंटा रखा हुआ है' तो कुछ लोग अलंकार सामग्री की इस विलक्षणता पर–कवि की इस दूर की सूझ पर–ही वाह-वाह करने लगेंगे। पर इस उत्प्रेक्षा से ऊपर लिखे प्रयोजनों में से एक भी सिद्ध नहीं होता। बादल के ऊपर निकलते हुए चन्द्रमा को देख हृदय में स्वभावतः सौन्दर्य की भावना उठती है। पर ऊँट पर रखा हुआ घंटा कोई ऐसा सुन्दर दृश्य नहीं जिसकी योजना से सौन्दर्य के अनुभव में कुछ और वृद्धि हो। भावानुभव में वृद्धि करने के गुण का नाम ही अलंकार की रमणीयता है।

हम ऊपर कह आए हैं कि अलंकार वर्णन करने की अनेक प्रकार की चमत्कारपूर्ण शैलियाँ हैं। इन्हें काव्यों से चुनकर प्राचीन आचार्यों ने नाम रखे और लक्षण बनाए। ये शैलियाँ न जाने कितनी हो सकती हैं। अतः यह नहीं कहा जा सकता कि जितने अलंकारों के नाम ग्रन्थों में मिलते हैं उतने ही अलंकार हो सकते हैं। बीच-बीच में नए आचार्य एक अलंकार बढ़ाते आए हैं; जैसे, 'विकल्प' अलंकार को अलंकार सर्वस्वकार राजानक रुय्यक ने ही निकाला था। इसलिए यह न समझना चाहिए कि काव्यरचना में उतनी ही चमत्कारपूर्ण शैलियों का समावेश हो सकता है जितनी नाम रखकर गिना दी गई हैं। बहुत से स्थानों पर कवि ऐसी शैली का अवलम्बन कर जाएगा जिसके प्रभाव या चमत्कार की ओर लोगों का ध्यान न गया होगा और जिसका नाम न रखा गया होगा; यदि रखा भी गया होगा तो किसी दूसरे देश के रीतिग्रन्थ में। उदाहरण के लिए यह पद्य लीजिए–

कँवलहि विरह-बिथा जस बाढ़ी। केसर बरन पीर हिय गाढ़ी॥

1. साधर्म्य कविसमयप्रसिद्धं कांतिमत्त्वादि न तु वस्तुत्वप्रमेयत्वादि ग्राह्यम्। –विद्याधर

'केसर बरन पीर हिय गाढ़ी' इस पंक्ति का अर्थ अन्वयभेद से तीन ढंग से हो सकता है–(1) कमल केसर वर्ण (पीला) हो रहा है, हृदय में गाढ़ी पीर है। (2) गाढ़ी पीर से हृदय केसर वर्ण हो रहा है। (3) हृदय में केसर वर्ण गाढ़ी पीर है। इनमें से पहला अर्थ तो ठीक नहीं होगा, क्योंकि कवि की उक्ति का आधार कमल के केवल हृदय का पीला होना है, सारे कमल का पीला होना नहीं। दूसरा अर्थ अलबत सीधा और ठीक जँचता है, पर अन्वय इस प्रकार खींचतानकर करना पड़ता है–'गाढ़ी पीर हिय केसर बरन'। तीसरा अर्थ यदि लेते हैं तो पीर का एक असाधारण विशेषण 'केसर बरन' रखना पड़ता है। इस दशा में 'केसर वर्ण' का लक्षणा से अर्थ करना होगा 'केसरवर्ण करनेवाली,' 'पीला करनेवाली' और पीड़ा का अतिशय लक्षणा का प्रयोजन होगा। पर योरपीय साहित्य में इस प्रकार की शैली अलंकार रूप से स्वीकृत है और हाईपेलेज (Hypallage) कहलाती है। इसमें कोई गुण प्रकृत गुणी से हटाकर दूसरी वस्तु में आरोपित कर दिया जाता है; जैसे यहाँ पीलेपन का गुण 'हृदय' से हटाकर 'पीड़ा' पर आरोपित किया गया है।

एक उदाहरण और लीजिए–'जस भुइँ दहि असाढ़ पलुहाई'। इस वाक्य में 'पलुहाई' की संगति के लिए 'भुइँ' शब्द का अर्थ उस पर के घास-पौधे अर्थात् आधार के स्थान पर आधेय लक्षणा से लेना पड़ता है। बोलचाल में भी इस प्रकार के रूढ़ प्रयोग आते हैं, जैसे 'इन दोनों घरों में झगड़ा है।' योरपीय अलंकार शास्त्र में आधेय के स्थान पर आधार के कथन की प्रणाली को मेटॉनिमी (Metonymy) अलंकार कहेंगे। इसी प्रकार अंगी के स्थान पर अंग, व्यक्ति के स्थान पर जाति आदि का लाक्षणिक प्रयोग सिनेकडोक (Synecdoche) अलंकार कहा जा सकता है। सारांश यह कि चमत्कार प्रणालियाँ बहुत-सी हो सकती हैं।

रूप, गुण और क्रिया तीनों का अनुभव तीव्र करने के लिए अधिकतर सादृश्यमूलक उपमा आदि अलंकारों का ही प्रयोग होता है। रूप का अनुभव प्रधानतः चार प्रकार का होता है–अनुरंजक, भयावह, आश्चर्यकारक या घृणोत्पादक। इस प्रकार के अनुभव में सहायक होने के लिए आवश्यक है कि प्रस्तुत वस्तु और आलंकारिक वस्तु में बिम्ब-प्रतिबिम्ब भाव हो अर्थात् अप्रस्तुत (कवि द्वारा लाई हुई) वस्तु प्रस्तुत वस्तु से रूप-रंग आदि में मिलती-जुलती हो और उससे उसी भाव के उत्पन्न होने की सम्भावना को जो प्रस्तुत वस्तु से उत्पन्न हो रहा हो।

जहाँ वस्तु या व्यापार अगोचर होता है, वहाँ अलंकार उसके अनुभव में सहायता गोचर रूप प्रदान करके करता है; अर्थात् वह पहले गोचर प्रत्यक्षीकरण करके बोधवृत्ति की कुछ सहायता करता है, तब फिर रागात्मिकता वृत्ति को उत्तेजित करता है। जैसे यदि कोई आनेवाली विपत्ति या अनिष्ट का कुछ भी ध्यान न करके अपने रंग में मस्त रहता हो और उसको देखकर कहे कि–'चरै हरित तृन बलि-पसु जैसे' तो इस कथन से उसकी

1. मिलाइए जायसी ग्रन्थावली; भूमिका, पृ. 155 से
2. मिलाइए गोस्वामी तुलसीदास, पृ. 165 से

दशा का प्रत्यक्षीकरण कुछ अधिक हो जाएगा जिससे उसमें भय का संचार पहले से कुछ अधिक हो सकता है।

क्रिया और गुण का अनुभव तीव्र कराने के लिए प्रस्तुत-अप्रस्तुत वस्तु के बीच या तो 'अनुगामी' (एक ही) धर्म होता है या वस्तु-प्रतिवस्तु या उपचरित। सीधी भाषा में यों कह सकते हैं कि अलंकार के लिए लाई हुई वस्तु और प्रसंग प्राप्त वस्तु का धर्म या तो एक ही होता है, या अलग-अलग कहे जाने पर भी दोनों के धर्म समान होते हैं; अथवा एक के धर्म का उपचार दूसरे पर किया जाता है। जैसे, उसका हृदय पत्थर के समान है।

अब गुण का अनुभव तीव्र करने में सहायक अलंकार पर आइए और देखिए कि इस 'व्यतिरेक' की सहायता से सन्तों का स्वभाव किस सफाई के साथ औरों से अलग करके दिखाया गया है–

सन्त हृदय नवनीत समाना। कहा कबिन पै कहइ न जाना॥
निज परिताप द्रवै नवनीता। पर दुख द्रवैं सुसन्त पुनीता॥

सन्तों और असन्तों के बीच के भेद को थोड़ा कहते-कहते 'व्याघात' द्वारा कितना बड़ा कह डाला है, जरा यह भी देखिए–

बन्दौ सन्त असज्जन चरना। दुखप्रद उभय, बीच कछु बरना॥
मिलत एक दारुन दुख देहीं। बिछुरत एक प्रान हरि लेहीं॥

इस इतने बड़े भेद को थोड़ा कहनेवाले का हृदय कितना बड़ा होगा।

बहुत-से स्थल ऐसे भी होते हैं, जहाँ यह निश्चय करने में गड़बड़ी हो सकती है कि यहाँ अलंकार है या भाव। इसकी सम्भावना वहीं होगी जहाँ स्मरण, सन्देह और भ्रान्ति का वर्णन होगा। स्मरण का यह उदाहरण लीजिए–

बीच बास करि जमुनहिं आए। निरखि नीर लोचन जल छाए॥

इसे न विशुद्ध अलंकार ही कह सकते हैं, न भाव ही। उपमेय और उपमान (राम के शरीर, यमुना के जल) के सादृश्य की ओर ध्यान देते हैं तो स्मरण अलंकार ठहरता है; और जब अश्रु सात्विक की ओर देखते हैं तो स्मरण संचारी भाव निश्चित होता है। सच पूछिए तो इसमें दोनों हैं। पर इसमें सन्देह नहीं कि भाव का उद्रेक अत्यन्त स्वाभाविक है और यहाँ वही प्रधान है, जैसा कि 'लोचन जल छाए' से प्रकट होता है। विशुद्ध अलंकार तो वहीं कहा जा सकता है जहाँ सदृश वस्तु लाने में कवि का उद्देश्य केवल रूप, गुण या क्रिया का उत्कर्ष दिखाना रहता है। अलंकार का स्मरण प्रायः वास्तविक नहीं होता; रूप, गुण आदि के उत्कर्ष प्रदर्शन का एक कौशल मात्र होता है। दूसरी बात ध्यान देने की यह है कि स्मरण भाव केवल सदृश वस्तु से ही नहीं होता, सम्बन्धी वस्तु से भी होता है। शुद्ध 'स्मरण' भाव का यह उदाहरण बहुत ही अच्छा है–

जननि निरखति बान धनुहियाँ।
बार बार उी नयननि लावति प्रभुजू की ललित पनहियाँ॥

अब भ्रम का एक ऐसा ही उदाहरण लीजिए। सीताजी अपने जलने के लिए अशोक से अंगार माँग रही थीं। इतने में हनुमान ने पेड़ के ऊपर से राम की 'मनोहर मुद्रिका' गिराई और–

जानि असोक अँगार सीय हरषि उठि कर गह्यो।

इसी प्रकार जहाँ रामचरितमानस के उत्तरकांड में अयोध्या की विभूति का वर्णन है, वहाँ कहा गया है–

मनि मुख मेलि डारि कपि देही।

इन दोनों उदाहरणों में 'भ्रम' अलंकार नहीं है। अलंकार में भ्रम के विषय की विशेषता होती है, भ्रान्त की नहीं। भ्रान्त की विशेषता में तो पागलों का भ्रम भी अलंकार हो जाएगा। सीता का जो भ्रम है, वह विरह की विह्वलता के कारण और बन्दरों का जो भ्रम है, वह पशुत्व के कारण। इस प्रकार का भ्रम अलंकार नहीं, यह बात आचार्यों ने स्पष्ट कह दी है–

मर्मप्रहारकृत-चित्त विक्षेप-विरहादिकृतोन्मादादिजन्य भ्रान्तेश्च नालंकारत्वम्।

–उद्योतकार।

सन्देह के सम्बन्ध में यही बात समझिए जो ऊपर कही गई है। तीनों में सादृश्य आवश्यक है। सन्देह तो अलंकार तभी होगा जब उसको लाने का मुख्य उद्देश्य रूप, गुण, क्रिया का उत्कर्ष (अपकर्ष भी) सूचित करना होगा। ऐसा सन्देह वास्तविक भी हो सकता है, पर वहाँ अलंकारत्व कुछ दबा-सा रहेगा। जैसे, 'की मैनाक कि खगपति होई' में जो सन्देह है, वह कवि के प्रबन्ध कौशल के कारण वास्तविक भी है तथा आकार की दीर्घता और वेग की तीव्रता भी सूचित करता है। पर नीचे लिखा उदाहरण यदि लीजिए तो उसमें कुछ भी अलंकारत्व नहीं है–

की तुम हरिदासन महँ कोई। मोरे हृदय प्रीति अति होई॥
की तुम राम दीन अनुरागी। आए मोहिं करन बड़ भागी॥

शब्दशक्ति

1

काव्य का लक्ष्य–अर्थ, धर्म, काम, मोक्ष की प्राप्ति सुख से, अल्प बुद्धिवालों को भी। परिपक्व बुद्धिवाले फिर काव्यानुशीलन क्यों करें ? धर्म के लिए वेदशास्त्र का ही अनुशीलन क्यों न करें ? मीठी दवा से यदि काम हो तो कड़वी क्यों करें[1] ?

(1) काव्यप्रकाश–दोषरहित, गुणसहित और अलंकृत, कभी-कभी अलंकृत भी शब्द तथा अर्थ को काव्य कहते हैं।[2]

लक्षण सदोष–दोष काव्य को केवल परिमित करता है, उसके तत्व का तिरस्कार नहीं। अनेक सदोष पद्य उत्तम काव्य में परिगणित होते हैं, जैसे 'न्यक्कारो ह्ययमेव'[3] इति। स्वयं लक्षणकार ने दोषों के युक्त होते हुए भी इसे ध्वनि के कारण उत्तम काव्य स्वीकृत किया है। इसलिए लक्षण में अव्याप्ति है। स्वरूप लक्षण में विशेषणत्व का समावेश अनावश्यक है। किसी दोष के कारण रत्न को रत्न कहना थोड़े ही छोड़ देते हैं।

'शब्दार्थौ' का विशेषण 'सगुणौ' भी असमीचीन है, क्योंकि 'गुण' का सम्बन्ध रस से है, शब्द और अर्थ से नहीं, जैसा कि लक्षणकार ने स्वयं स्वीकार किया है। यह कहना भी ठीक नहीं कि शब्द और अर्थ से, जो रस व्यंजक हुआ करते हैं, गुणों का अप्रत्यक्ष सम्बन्ध (उपचार) होता है। शब्द और अर्थ में रस नहीं होता, इसलिए उनमें गुण भी नहीं होते। रस और गुण का सम्बन्ध अन्वयव्यतिरेक सम्बन्ध हैं।[4] लक्षण में अलंकार शब्द का

---

1. चतुर्वर्गफलप्राप्तिः सुखादल्पधियामपि।
काव्यादेव यतस्तेन तत्स्वरूपं निरूप्यते॥ –साहित्यदर्पण 1/2
2. तददोषौ शब्दार्थौ सगुणावनलंकृती पुनः क्वापि। –काव्यप्रकाश 1, सूत्र 1
3. न्यक्कारो ह्ययमेव मे यदरयस्तत्राप्यसौ तापसः
सोऽप्यत्रैव निहन्ति राक्षसकुलं जीवत्यहो रावणः।
धिग्धिक्च्छक्रजितं प्रबोधितवता किं कुम्भकर्णेन वा
स्वर्गग्रामटिका विलुण्ठनवृथोच्छूनैः किमेभिर्भुजै॥
हनुमन्नाटक 14-6। काव्यप्रकाश के सप्तम उल्लास (दोषप्रकरण) में 'अविमृष्ट विधेयांशत्व दोष' में उद्धृत।
4. अन्वय सम्बन्ध–यत्सत्त्वे यत्सत्त्वम्–किसी के होने पर किसी का होना। व्यतिरेक सम्बन्ध–यदभावे यदभावः–किसी के न होने पर किसी का न होना। जैसे दंड और चक्र के रहने पर घड़े का बनना। यहाँ दंड और चक्र का घड़े के बनने से अन्वय सम्बन्ध है। साथ ही दंड और चक्र के अभाव में घड़ा नहीं बन सकता, यह दंड और चक्र का उसके बनने से व्यतिरेक सम्बन्ध है।

उल्लेख भी अनावश्यक है। अलंकार तो केवल पहले से विद्यमान रस का उत्कर्ष करता है। संक्षेप में गुण और अलंकार दोनों उत्कर्षकारक होते हैं, स्वरूपघटक नहीं।

(2) काव्यस्यात्मा ध्वनिः। –ध्वनिकार।

इस लक्षण में भी अतिव्याप्ति है। क्योंकि अलंकारध्वनि और वस्तुध्वनि पर भी यह घटित होता है। इसमें अव्याप्ति दोष भी है। यदि ध्वनि से ध्वनिकार का तात्पर्य रसादिध्वनि है तो इसमें कोई दोष सम्भाव्य नहीं जान पड़ता। यदि ऐसा ही है तो स्वयंदूती की यह उक्ति, 'खबर उड़ानी है बटोही द्वैक मारे की' आदि, को काव्य कैसे कहेंगे,[1] क्योंकि यहाँ रति भाव व्यंग्य है।

जैसा कि प्राचीन आचार्यों ने स्वीकार किया है काव्य का सार या आत्मा रस ही है। 'कृत्याकृत्य-प्रवृत्ति-निवृत्ति-उपदेशः'[2] में 'उपदेश' शब्द का प्रयोजन विधि या आज्ञा नहीं है, अपितु कान्तासम्मति उपदेश है। ('उपदेश' शब्द का व्यवहार ठीक नहीं जान पड़ता क्योंकि काव्य प्रवृत्तिनिवृत्युत्पादक होता है)। इस सम्बन्ध में अग्निपुराण का कथन है– 'वाग्वैदग्ध्यप्रधानेऽपि रस एवात्र जीवितम्।' व्यक्तिविवेककार महिम भट्ट भी कहते हैं– 'काव्यस्यात्मनि संगिनि रसादिरूपे न कस्यचिद्विमतिः।' ध्वनिकार का भी कथन है कि 'नहिं कवेरितिवृत्तमात्रनिर्वहिणात्मपदलाभः'।

प्रश्न–यदि केवल सरस रचना ही काव्य है तो रघुवंश आदि के नीरस अंश काव्यत्व कैसे प्राप्त करेंगे ?

उत्तर–नीरस पद्य भी सरस पद्यों के वैशिष्ट्य से उसी प्रकार रसवान् हो जाते हैं जिस प्रकार किसी पद्य के नीरस शब्द पूरे पद के रस से सरस हो जाया करते हैं। जिन पद्यों में केवल अलंकार और गुण ही होते हैं वे भी कभी-कभी काव्यबन्ध के साम्य के कारण काव्य कहे ही जाते हैं।

(3) 'रीतिरात्मा काव्यस्य'। –वामन।

यह भी आपत्तिजनक है, क्योंकि रीति केवल संघटना है, शरीर का अंग विन्यास है। इसलिए यह भी आत्मा नहीं हो सकती।

विश्वनाथ द्वारा प्रस्तावित लक्षण है–'वाक्यं रसात्मकं काव्यम्'। इसके अन्तर्गत रसाभास, भाव और भावाभास भी हैं। जगन्नाथ पंडितराज द्वारा उपस्थापित लक्षण– 'रमणीयार्थ प्रतिपादकः शब्दः काव्यम्' का विचार किया जाए।

2

आकांक्षा, योग्यता और आसत्ति से युक्त पदसमूह वाक्य कहलाता है।[3]

आकांक्षा = अर्थज्ञान की पूर्ति की जिज्ञासा।[4]

योग्यता = बुद्धिसम्मत सम्बन्ध।

आसत्ति = अव्यवधान।

---

1. उदयनाथ कवीन्द्र कृत कवित्त का एक चरण; पूरे कवित्त के लिए देखिए 'हिन्दी साहित्य का इतिहास', सं. 1999, पृ. 300
2. साहित्यदर्पण, पृ. 21
3. वाक्यं स्याद्योग्यताकांक्षासत्तियुक्तः पदोच्चयः। साहित्यदर्पण, 2-1
4. आकांक्षा प्रतीतिपर्यवसानविरहः स च श्रोतुर्जिज्ञासारूपः। –वही, पृ. 30

आकांक्षा के बिना हाथी, मनुष्य, घोड़ा, यह पदसमूह भी वाक्य हो जाएगा।

योग्यता 'पदार्थों के परस्पर सम्बन्ध में बाध का होना।[1] यदि कोई कहे 'आग से सींचता है' तो यह वाक्य न होगा।

आसत्ति के लिए अपेक्षित होता है अर्थ के विचार से परस्पर सम्बद्ध दो पदों के बीच समय और पदार्थ दोनों का अव्यवधान।[2] 'कुत्ते को पीया मारा पानी' पदसमूह वाक्य नहीं हो सकता। क्योंकि 'पीया' पद 'कुत्ते को' और 'मारा' पदों के बीच व्यवधान उपस्थित करता है। इसी प्रकार एक शब्द प्रातःकाल कहा और दूसरा सायंकाल तो दोनों से वाक्य न बन सकेगा।

महाकाव्य—परस्पर सम्बद्ध अनेक वाक्यों का समूह महावाक्य कहलाता है; उदाहरणार्थ, रामायण, रघुवंश इत्यादि।

अर्थ तीन प्रकार का होता है—वाच्य, लक्ष्य और व्यंग्य। और इन अर्थों का बोध करानेवाली शक्तियाँ क्रमशः अभिधा, लक्षणा और व्यंजना कहलाती हैं।

अभिधा

अभिधा शब्द के मुख्य अर्थ का बोध (संकेतसंग्रह) करानेवाली शक्ति। 'संकेत' प्रथम और प्रमुख अर्थ को कहते हैं। इस शक्ति की बौद्धिक प्रक्रिया का नाम शक्तिग्रह या संकेतग्रह है।

संकेतग्रह—संकेतग्रह कई प्रकार से होता है—निरीक्षण और अभ्यास से, जैसे बच्चे में; प्रसंग से, उपदेश से इत्यादि इत्यादि। शब्द चार प्रकार के होते हैं—जातिशब्द, गुणशब्द, क्रियाशब्द और यदृच्छाशब्द या द्रव्यशब्द। इन शब्दों का बोध अभिधा शक्ति से होता है। जातिशब्द किसी व्यक्ति का सर्वसामान्य नाम होता है जो जाति के द्वारा कहा जाता है। उदाहरणार्थ 'गो' शब्द से शक्तिग्रह के द्वारा व्यक्ति का गोत्व जाति में बोध होता है। सर्वसामान्य नामों में जाति का शक्तिग्रह होता है, व्यक्ति का नहीं। यदि संकेतग्रह व्यक्तियों का माना जाए तो या तो किसी जाति के सभी स्थानों और सभी समयों में होनेवाले सभी व्यक्तियों का पृथक् रूप में एक साथ उसी समय बोध होगा या केवल एक विशेष व्यक्ति का। पहली स्थिति आनन्त्य दोष के कारण अग्राह्य है, क्योंकि किसी जाति के सभी व्यक्तियों के समुदाय का एक ही स्थान और एक ही समय में उपस्थित होना असम्भव है। यदि सर्वसामान्य नाम को हम एक व्यक्ति का संकेत मानें तो किसी जाति के प्रत्येक व्यक्ति के लिए पृथक् नाम की आवश्यकता होगी। यदि यह माना जाए कि एक व्यक्ति के शक्तिग्रह के वैशिष्ट्य से जाति के अन्य सभी व्यक्तियों का बोध बिना किसी शक्तिग्रह के हो जाएगा तो यह कथन ठीक न होगा। क्योंकि शक्तिग्रह के बिना कोई प्रमा (सत्यज्ञान) की प्रतीति नहीं हो सकती। इसलिए दूसरा तर्क भी व्यभिचार दोष के कारण असिद्ध हो जाता है। यदि

1. योग्यता पदार्थानां परस्परसम्बन्धे बाधाभावः। —वही
2. आसत्ति बुद्ध्यविच्छेदः। —वही

एक व्यक्ति का संकेत करनेवाले शब्द से जाति के अन्य सभी व्यक्तियों का बोध हो तो 'गो' शब्द से घोड़ा, हाथी इत्यादि का बोध होने में कोई बाधा न रह जाएगी। यही व्यभिचार दोष है।[1]

[पश्चिम के प्राचीन तर्कशास्त्रियों के विष्वक् सिद्धान्त–डॉक्ट्रिन ऑव यूनिवर्सल्स–से इसे मिलाइए। आभासवाद (नॉमिनलिज्म)–यथार्थवाद (रियलिज्म) और प्रमावाद (कॉन्सेप्चुअलिज्म)–इन तीनों सिद्धान्तों में से लेखक यथार्थवादियों के मत को परिष्कृत रूप में ग्रहण करता जान पड़ता है। इस विवाद को मनोविज्ञान के क्षेत्र में पहुँचाकर छोड़ दिया गया है क्योंकि मनोविज्ञान दो प्रकार की बौद्धिक प्रक्रिया स्वीकार करता है। अर्थमात्र का बोध और बिम्बग्रहण। भाषाविज्ञान भी भाषा के दो पक्ष स्वीकार करता है, सांकेतिक और बिम्बाधायक।]

लक्षणा

मुख्यार्थ का बाध होने पर (देखिए 'योग्यता') रूढ़ि के कारण या किसी प्रयोजन के लिए मुख्यार्थ से सम्बद्ध अन्य अर्थ का ज्ञान जिस शक्ति के द्वारा होता है वह लक्षणा है। अन्य अर्थ के बोध के कारण हैं–अन्वयानुपत्ति (अन्वय का अभाव) और मुख्यार्थ से लक्ष्यार्थ का सम्बन्ध। इसलिए अन्य का तात्पर्य एकदम असम्बद्ध नहीं है क्योंकि उपादान लक्षणा में लक्ष्यार्थ के साथ-साथ मुख्यार्थ भी लगा रहता है। लक्षणा के लिए तीन शर्तें होती हैं–(1) मुख्यार्थ का बाध, (2) मुख्यार्थ का लक्ष्यार्थ से सम्बन्ध, (3) रूढ़ि या प्रयोजन। ये तीनों लक्षणा के हेतु हैं। 'पंजाब वीर है' और 'गाँव पानी (गंगा) में बसा है' ये क्रमशः रूढ़ि और प्रयोजन के उदाहरण हैं। दूसरे उदाहरण में लक्षणा का प्रयोजन है शैत्य और पावनत्व। ये दोनों व्यंग्य हैं। लक्षणा का हेतु सदा या तो कोई प्रयोजन होता है या कोई रूढ़ि।

विशेष–'बाध' पद का अर्थ ठीक-ठीक समझ लेना चाहिए। यों तो इसका तात्पर्य योग्यता का अभाव (उक्ति की पदावली में तर्कसिद्ध सम्बन्ध का अभाव) है, किन्तु विशेष परिस्थिति में इस पद से कथन की अनुपपत्ति का अभाव भी समझना चाहिए (चाहे वह तर्क से ठीक ही क्यों न हो)। यह बात इस उदाहरण से बहुत स्पष्ट है–'आपने बड़ा उपकार किया।' इसमें वाक्यगत लक्षणा कही जाती है। मेरे मत से यहाँ वाक्यगत लक्षणा नहीं, व्यंजना है। यह उदाहरण लक्षणा का उदाहरण हो सकता है, यदि इस वाक्य के पहले 'आपने मेरा घर ले लिया' इत्यादि कहा जाए।

काव्यप्रकाश में दिए रूढ़ि के उदाहरण का खंडन–उदाहरण है–'कर्म में कुशल'।[2] मम्मट 'कुशल' का 'व्युत्पत्तिनिमित्त' अर्थ बतलाते हैं और उसे वाच्यार्थ या मुख्यार्थ मानते हैं। पर इस प्रसंग से जिस अर्थ का विचार होना चाहिए वह लोकस्वीकृत

1. देखिए साहित्यदर्पण, पृ. 33 से 35 तक
2. कर्मणिकुशलः। –काव्यप्रकाश, पृ. 42

अर्थात् 'प्रवृत्तिनिमित्त' ही ठहरता है। यदि ऐसा न होगा तो कोई 'गो' पद में भी लक्षणा मान सकता है। (गो = जो चले)[1]।

लक्षणा दो प्रकार की होती है। उपादान लक्षणा और लक्षणलक्षणा।

उपादान लक्षणा--वाक्यार्थ में अंगरूप से अन्वित मुख्यार्थ जहाँ अन्य अर्थ का आक्षेप कराता है वहाँ मुख्यार्थ के भी बने रहने के कारण उपादान लक्षणा कहलाती है। (इसे अजहत्स्वार्थावृत्ति भी कहते हैं) जैसे–श्वेत दौड़ा, भाले घुसते हैं।

उदाहरण–रूढ़ि में उपादान लक्षणा--काले ने काटा।

प्रयोजन में उपादान लक्षणा–लाल पगड़ी आई, सब भागे।

दूसरे उदाहरण में व्यंग्य प्रयोजन है सातंकातिशय।

विशेष–उपादानलक्षणा में हमें यह भलीभाँति समझ लेना चाहिए कि 'अंगरूप से अन्वित' का तात्पर्य क्या है। अर्थात् उस पदार्थ या वस्तु का अन्वय होता है, जो पद के द्वारा कही जाती है, उस पद का नहीं। उदाहरण के लिए–'लाल पगड़ी' पदार्थ 'लाल पगड़ीवाले सिपाही' पदार्थ में अंगरूप से उपस्थित है। किन्तु 'इस घर से बड़ी आशा है,' इस उदाहरण में यद्यपि 'घर के लोग' में 'घर' पद उपस्थित है तथापि 'घर' पदार्थ का उससे कोई प्रयोजन नहीं।

लक्षणलक्षणा–जहाँ किसी शब्द का मुख्यार्थ अपने स्वरूप का समर्पण करके अन्य या लक्ष्य अर्थ का उपलक्षण मात्र बन जाए वहाँ लक्षणलक्षणा होती है। जैसे–'पंजाब वीर है' और 'गंगा पर घर है' (जहत्स्वार्थावृत्ति)।

सूचना–उपादान में मुख्यार्थ का अन्वय अंगरूप से–लक्ष्यार्थ के साथ होता है पर लक्षणलक्षणा में नहीं।

उदाहरण–रूढ़ि में लक्षणलक्षणा–इस घर से बड़ी आशा है।

प्रयोजन में लक्षणलक्षणा–आपका गाँव बिल्कुल पानी में बसा है।

विशेष–प्रयोजनवती लक्षणा रूढ़ि भी हो सकती है। इसलिए तीसरा भेद भी होना चाहिए। रूढ़ि प्रयोजनवती लक्षणा आवश्यक जान पड़ती है। जैसे इन मुहावरों में–'सिर पर क्यों खड़े हो।' 'वह उसके चंगुल में है।' ये इसके विशिष्ट उदाहरण हैं।

कभी-कभी लक्ष्यार्थ एकदम विपरीत अर्थ के रूप में होता है। जैसे जब कोई किसी के द्वारा किए गए आकार का वर्णन करते हुए इस प्रकार सम्बोधित करता है– 'आपने बड़ा उपकार किया, सज्जनता की हद कर दी।'

लक्ष्यार्थ--अपकार और दुर्जनता।

व्यंग्यार्थ–उनका (अपकार और दुर्जनता का) आतिशय्य। अब प्रश्न होता है कि उस स्थिति में जब कि किए गए अपकार का कथन शब्दों द्वारा न होगा, केवल दोनों व्यक्तियों के द्वारा मन ही मन समझ लिया जाएगा तब क्या लक्षणा होगी ?

---

1. मिलाइए साहित्यदर्पण, द्वितीय परिच्छेद।

लक्षणा के अन्य भेद–

सारोपा और साध्यवसाना–ये साम्य (आरोप और अध्यवसान) पर आश्रित हैं।

आरोप–उपमेय का उपमान के साथ इस प्रकार अभेद कथन कि उपमेय भी बना रहे, निगीर्ण या आच्छादित न हो। उदाहरणार्थ–'यह बालक सिंह है।'

अध्यवसान–उपमेय को हटाकर अभेद ज्ञान द्वारा उपमान को उपस्थित करना। जैसे, एक 'सिंह मैदान में आया।' जिसमें आरोप हो वह सारोपा और जिसमें अध्यवसाना हो, लक्षणा है।

उदाहरण–*रूढ़ि में सारोपा उपादान लक्षणा–*(अश्वः श्वेतो धावति, यह उदाहरण हिन्दी में न चल सकेगा) जैसे 'गूदड़साई'। इस अर्थ में उक्त पद का व्यवहार 'रूढ़ि' है। लक्ष्यार्थ में 'गूदड़' का वाच्यार्थ भी गृहीत है। इसलिए उपादान है। 'साई' पर मुख्यार्थ (अनिगीर्ण स्वरूप) का बिना त्याग किए 'गूदड़' का आरोप है। इसलिए सारोपा है।

प्रयोजन में सारोपा उपादान लक्षणा–'यह आम गूदा ही गूदा है।' ('एते कुन्ताः प्रविशन्ति' हिन्दी में अच्छा उदाहरण न होगा)।

रूढ़ि में सारोपा लक्षणलक्षणा 'अरब लोग लड़ाके थे।' (अरब=अरब देशवासी)। अरब शब्द अरब के निवासियों का उपलक्षण है। 'अरब' (देश) और 'लोग' (देशवासी) का अभेद होने से सारोपा है।

प्रयोजन में सारोपा लक्षणलक्षणा–'घृत आयु है,' 'जल जीवन है,' 'वह मनुष्य हमारा दाहिना हाथ है' इत्यादि, इत्यादि। इन उदाहरणों में आयु, जीवन और हाथ ने अपने मुख्यार्थ का त्याग कर दिया है और इनका प्रयोग केवल उपलक्षण के रूप में हुआ है। अतः लक्षणलक्षणा है। घृत, जल और मनुष्य के साथ क्रमशः आयु, जीवन और हाथ का भेद होने से आरोप है। 'वह गौ आदमी है,' उदाहरण सादृश्य पर आश्रित है।

सूचना–सारोपा लक्षणा रूपकालंकार का बीज होती है।

लक्षणा के आधार कई प्रकार के सम्बन्ध होते हैं, जैसे, कार्यकारण सम्बन्ध, अवयवावयवि सम्बन्ध इत्यादि।[1] 'कमर में बूता' अवयवावयवि सम्बन्ध का उदाहरण है।

साध्यवसाना लक्षणलक्षणा–'घृत आयु है'–कार्यकारण सम्बन्ध का उदाहरण है। 'वह पूरा बढ़ई है'–तात्कर्म्य सम्बन्ध का उदाहरण है। 'चरणों की कृपा से' में अवयवावयवि सम्बन्ध है। इत्यादि इत्यादि।

रूढ़ि में साध्यवसाना उपादान लक्षणा–'काले ने काटा।'

प्रयोजन में साध्यवसाना उपादान लक्षणा–'भाले पिल पड़े।'

प्रयोजन में साध्यवसाना उपादान लक्षणा–'लाल पगड़ी आ पहुँची।'

---

1. अभिधेयेन सम्बन्धात्सादृश्यात्समवायतः ।
वैपरीत्यात्क्रियायोगाल्लक्षणा पंचधा मता ॥
–अभिधावृत्तिमातृका, पृ. 17

रूढ़ि में साध्यवसाना लक्षणलक्षणा—'पंजाब वीर है।'

प्रयोजन में साध्यवसाना लक्षणलक्षणा—'उसका घर पानी में है।'

लक्षणा के अन्य भेद—जो सादृश्य के आधार पर नहीं होती वह 'शुद्धा'; जो सादृश्य के आधार पर होती है वह 'गौणी'।

सूचना—सादृश्य के अतिरिक्त अन्य सम्बन्धों के आधार पर 'शुद्धा' होती है, जैसे कार्यकारण सम्बन्ध, अंगागिभाव सम्बन्ध इत्यादि। 'गौणी' का आधार उपचार अर्थात् बलात्कृत अभेद होता है। उपचार—भेदप्रतीतिस्थगन। उपचार के लिए दो वस्तुओं को अत्यन्त भिन्न होना चाहिए।[1]

रूढ़ि में गौणी सारोपा उपादान लक्षणा—('एतानितैलानिहेमन्ते सुखानि' उदाहरण पर भी वही आपत्ति हो सकती है जो 'कर्मणि कुशलः' के सम्बन्ध में की गई है; क्योंकि यहाँ 'तैलानि' का व्युत्पत्तिनिमित्तक अर्थ गृहीत किया जाता है।)

क्या 'एते राजकुमारा : गच्छन्ति' उपादान लक्षणा का उदाहरण हो सकता है। उपादान लक्षणा में वाच्यार्थ का उपादान लाक्षणिक पद में होना चाहिए। यहाँ लक्षणा 'राजकुमाराः' (राजकुमारों से पद में मिलते-जुलते लोगों) में है 'एते' में नहीं।[2]

प्रयोजन में गौणी सारोपा उपादान लक्षणा—'सब नवाब ही तो जा रहे हैं, किसको बताएँ।'

रूढ़ि में सारोपा गौणी लक्षणलक्षणा—'गौडेन्द्र कंटक को राजा निकाल रहा है।' शब्द सादृश्य द्वारा 'कष्टदायी तुच्छ शत्रु' का उपलक्षण है; कंटक प्रायः शत्रु के अर्थ में प्रयुक्त होता है।

प्रयोजन में सारोपा गौणी लक्षणलक्षणा—'वह आदमी बैल है; वह गऊ आदमी है।'

रूढ़ि में गौणी साध्यवसाना उपादान लक्षणा—'कत्थड़ गूदड़ सोते हैं, दुशालेवाले रोते हैं।'

रूढ़ि में गौणी साध्यवसाना लक्षणलक्षणा—'कंटक दूर करो।'

प्रयोजन में गौणी साध्यवसाना उपादान लक्षणा—'एक हड्डी की ठठरी सामने आकर खड़ी हुई।'

प्रयोजन में गौणी साध्यवसाना लक्षणलक्षणा—एक बैल के मुँह क्या लगते हो।'

---

1. अत्यन्तविशकलितयोः शब्दयोः सादृश्यातिशयमहिम्ना भेदस्थगन प्रतीतिमात्रम्।
—साहित्यदर्पण, द्वितीय परिच्छेद, पृ. 47

2. साहित्यदर्पण में 'एते राजकुमा रागच्छन्ति' प्रयोजनवती उपादान गौणी सारोपा लक्षणा के उदाहरण में उद्धृत किया गया है। इसका अर्थ यह है कि किसी मंडली में कुछ राजकुमार जा रहे हैं और कुछ उन्हीं से मिलते-जुलते अन्य राजकुमार जा रहे हैं। कहनेवाला कहता है कि ये राजकुमार जा रहे हैं। इससे यहाँ पर जो लोग राजकुमार नहीं हैं वे भी राजकुमार कहे जा रहे हैं। सादृश्य के कारण ही वे राजकुमार कहे गए हैं। उन पर राजकुमार होने का आरोप ये (एते) शब्द से है। उनका राजकुमारों के समान मान्य होना प्रयोजन है। यहाँ 'राजकुमार' शब्द का मुख्यार्थ तो 'राजा का कुमार है' पर उसका लक्ष्यार्थ 'राजकुमार सदृश अन्य कुमार' है। इस लक्ष्यार्थ में मुख्यार्थ राजकुमार का भी उपादान है। इसी से उपादान लक्षणा है। शुक्लजी का कहना हैं कि 'राजकुमाराः' पद ही लाक्षणिक है, 'एते' (ये) नहीं। वस्तुतः 'एते' आरोप को बतलाता है। इसलिए 'एते राजकुमाराः' सबका सब लाक्षणिक है।

प्रयोजनवती लक्षणा के अन्य भेद–गूढ़ और अगूढ़ व्यंग्य के अनुसार प्रयोजनवती लक्षणा के गूढ़ और अगूढ़ दो भेद होते हैं। 'आपने बड़ा उपकार किया' इत्यादि गूढ़ का उदाहरण है। 'जगह कोतवाली सिखाती है' अगूढ़ का उदाहरण है क्योंकि 'सिखाती है' का लक्ष्यार्थ 'सरलता से समझ में आ जाती है।'

प्रयोजनवती के अन्य भेद–धर्मिगत और धर्मगत। यदि व्यंग्य प्रयोजन फलवती[1] लक्षण में धर्मो से सम्बद्ध होता है तो धर्मिगत लक्षणा होती है, जैसे, 'मैं कठोर हृदय 'राम' हूँ सब कुछ सह लूँगा'। यहाँ 'राम' शब्द का मुख्यार्थ अनुपयुक्त है। लक्षणा से यहाँ इसका अर्थ 'दुख सहनशील' होता है। यहाँ राम (धर्मी) की अतिशयता व्यंग्य है। 'पानी में घर है' उदाहरण में शैत्य (धर्म) की अतिशयता व्यंग्य है अतः लक्षणा धर्मगत है।

उपसंहार–लक्षणा के अनेक प्रकार के भेदों का निरूपण विभिन्न दृष्टियों से किया गया है जो परस्पर स्वच्छन्द हैं। उनके मिश्रण से इनके 80 भेद हो सकते हैं। मुख्य भेद ये हैं–

(1) रूढ़ा और प्रयोजनवती।
(2) उपादान और लक्षणलक्षणा।
(3) सारोपा और साध्यवसाना।
(4) गौणी और शुद्धा।

व्यंजना

व्यंजना शक्ति ऐसे अर्थ को बतलाती है जो अभिधा, लक्षणा या तात्पर्यवृत्ति द्वारा उपलब्ध नहीं होता। व्यंजना व्यापार का नाम ध्वनन, गमन और प्रत्यायन भी है। यह शक्ति या तो शब्द, अर्थ और प्रत्ययगत होती है या उपसर्गगत। (दफ्तर के चपरासियों तक ने कुछ चन्दा दिया'–प्रत्ययनिष्ठ शक्ति का उदाहरण हो सकता है।)

तीन प्रकार की व्यंजनाएँ दिखाई पड़ती हैं–वस्तु व्यंजना, भाव व्यंजना और अलंकार व्यंजना।

इसके अन्य भेद शाब्दी और आर्थी हैं। इनमें से शब्दी व्यंजना के दो भेद हैं–अभिधामूलक और लक्षणामूलक।

शाब्दी व्यंजना

(1) **अभिधामूलक**–'संयोग'[2] आदि के कारण अनेकार्थी शब्दों का एक अर्थ निर्दिष्ट कराके जब अभिधा रुक जाती है और उसके उपरान्त जब उन्हीं शब्दों को लेकर दूसरे

1. प्रयोजनवती।
2. सयोगो विप्रयोगश्च साहचर्य्यो विरोधिता
अर्थ प्रकरणं लिंगं शब्दस्यान्यस्य सनिधिः।
सामर्थ्यमौचिती देशः कालो व्यक्तिः स्वरादयः
शब्दार्थप्यानवच्छेदे विशेषस्मृतिहेतवः॥
–वाक्यपदीय, भर्तृहरिकृत

अर्थ की प्रतीति होती है, तब वह दूसरा अर्थ अभिधामूलक व्यंजना द्वारा निकलता है। जैसे–'वह राजा भद्रात्मा है, उसने शिलीमुखों का संग्रह किया है, दान से उसका कर सुशोभित है।'[1]

सूचना–जहाँ दूसरे अर्थ का बोध करना भी इष्ट होता है वहाँ श्लेष अलंकार होता है, पर जहाँ दूसरे अर्थ की यों ही प्रतीति मात्र होती है वहाँ अभिधामूलक शाब्दी व्यंजना ही समझनी चाहिए।

अभिधामूलक व्यंजना–वह है जो संयोग, विप्रयोग, साहचर्य, विरोध, अर्थ, प्रकरण, लिंग, अन्य शब्द का संनिधान, सामर्थ्य, औचित्य, देश, काल, व्यक्ति स्वर इत्यादि के द्वारा शब्द के अनेक अर्थों में से एक अर्थ की उपलब्धि से वाच्यार्थ का निश्चय हो जाने पर दूसरे अर्थ की अभिव्यक्ति करती है।

उदाहरण–शंखचक्रवाले हरि–संयोग।

बिना शंखचक्र के हरि–विप्रयोग।

भीम-अर्जुन–साहचर्य।

कर्ण-अर्जुन–विरोधिता (बैर)।

भवबाधा दूर करनेवाले स्थाणु को नमस्कार–अर्थ (प्रयोजन अर्थात् भवबाधाशान्ति)

देव सिंहासन पर विराजिए–प्रकरण।

मकरध्वज कुपित हुआ–लिंग (चिह्न; यहाँ कोप)।

मधु से मत्त कोकिला–सामर्थ्य (मधु = वसन्त)।

लक्षणामूलक व्यंजना–अर्थात् लक्षणा पर आश्रित व्यंजना। उदाहरणार्थ 'उसका घर बिल्कुल पानी में है।' यहाँ पानी का लक्ष्यार्थ 'पानी का तट' है। व्यंजित वस्तु है 'आर्द्रता और शैत्य की अतिशयता'।

शाब्दी व्यंजना में व्यंजित अर्थ किसी विशेष शब्द तक ही परिमित रहता है, उसके आगे नहीं बढ़ता।

आर्थी व्यंजना

आर्थी व्यंजना में वक्ता, बोधव्य (जिसके प्रति बात कही जाए), वाक्य, अन्य का संनिधान, वाच्य (अर्थ), प्रस्ताव (प्रकरण), देश, काल, काकु, चेष्टा इत्यादि के द्वारा व्यंजित अर्थ का बोध होता है।

उदाहरण–*(1) वक्ता, वाक्य प्रकरण, देश और काल द्वारा*–'शरद् ऋतु आ गई। रास्तों का पानी सूख गया। लंका यहाँ से थोड़ी ही दूर है, बानरों का दल भी एकत्र हो गया, अब हम लोग कहाँ बैठे हैं।' यहाँ व्यंजित अर्थ है–'आक्रमण करो।'

---

1. भद्रात्मनो दुरधिशरोहनोर्विशालवंशोन्नतेः कृतशिलीमुखसंग्रहस्य।
यस्यानुपप्लुतगतेः परवारणस्य दानाम्बुसेकसुभगः सततं करोऽभूत्॥
–काव्यप्रकाश, द्वितीय उल्लास, 121

(2) बोधव्य की विशेषता–'चन्दन छूट गया है, अंजन नहीं रह गया है, शरीर भी पुलकित है, हे झूठी दूती, तू वापी स्नान करने गई थी, उस अधम (नायक) के पास नहीं गई थी।'[1]

विपरीत लक्षणा के द्वारा 'तू अवश्य गई थी'–अर्थ निकलता है। दूती की अवस्था से यह अर्थ व्यंजित होता है कि नायक के साथ उसने सम्भोग किया है।

(3) अन्यसंनिधि की विशेषता द्वारा–'देखो इस कुंज के सामने वनमृग कैसे खिलौने की तरह निश्चल बैठे हैं' (यहाँ नायिका स्थान की निर्जनता की व्यंजना करती हुई संकेत स्थल की भी व्यंजना करती है।)

(4) काकु से–'ऐसे समय में भी वह न आवेगा ?' ('अवश्य आवेगा'–व्यंग्य।)

(5) चेष्टा से–'गुरुजनों के बीच नायिका ने नायक की ओर भाव से देख लीलाकमल का मुख बन्द कर दिया।'[2]

('संकेत का समय संध्या है'–यह अर्थ व्यंग्य है।)

अर्थमूलक व्यंजना के तीन उपभेद होते हैं–(1) वाच्यार्थ में, (2) लक्ष्यार्थ में, और (3) व्यंग्यार्थ में। इनके उदाहरण क्रमशः ऊपर (1) (2) और (3) में दिए जा चुके हैं।

विचार–यह बात ध्यान में रखने की है कि 'लक्ष्यार्थ' में 'लक्ष्यार्थ' और 'अभिधेयार्थ' में 'अभिधेयार्थ' नहीं होता, किन्तु 'व्यंग्यार्थ' में दूसरा व्यंग्य हो सकता है। इससे स्पष्ट हो जाता है कि अभिधा और लक्षणा का शब्द से सीधा और निकट का सम्बन्ध है, पर व्यंजना का उसमें सम्बन्ध अप्रत्यक्ष है, अर्थात् अभिधेयार्थ के द्वारा शब्द से उसका सम्बन्ध होता है, क्योंकि नियम है–'शब्द-बुद्धिकर्मणां विरम्य व्यापाराभावः'।

आपत्ति–वाच्यार्थ ज्ञात हो जाने पर हम लक्ष्यार्थ तक पहुँचते हैं, फिर यह कैसे कहा जा सकता है कि लक्ष्यार्थ का शब्द या पद से प्रत्यक्ष सम्बन्ध है।

समाधान–लक्ष्यार्थ वाच्यार्थ का रूपान्तर मात्र होता है और व्यंग्यार्थ पृथक् अर्थ होता है।

प्रश्न–क्या तीसरा भेद 'व्यंग्य में व्यंग्य' नियम के विरुद्ध नहीं है, क्योंकि शब्द का अर्थबोध कराने में वही वृत्ति एक बार अर्थ का बोध कराने के अनन्तर अपना व्यापार समाप्त कर देती है। फिर से उस शब्द का अर्थ बताने में उसका उपयोग नहीं होता–(शब्दबुद्धिकर्मणां विरम्य व्यापाराभावः)।

उत्तर–नहीं। क्योंकि यह नियम शब्द के लिए है, अर्थ के लिए नहीं।

---

1. निःशेषच्युतचन्दनं स्तनतटं निर्मृष्टरागोधरो
   नेत्रे दूरमनञ्जने पुलकिता तन्वी तवेयं तनुः।
   मिथ्यावादिनि दूति बान्धवजनस्याज्ञातपीडागमे
   वापीं स्नातुमितो गतासि न पुनस्तस्याधमस्यान्तिकम्॥
   –साहित्यदर्पण, पृ. 56
2. संकेतकालमनसं विटं ज्ञात्वा विदग्धया।
   हसन्नेत्रार्पिताकूतं लीलापद्मं निमीलितम्।
   –साहित्यदर्पण, पृ. 58

तात्पर्यवृत्ति

तात्पर्यवृत्ति वह वृत्ति है जो प्रत्येक शब्द के संकेतित अर्थों के समन्वय द्वारा पूरे वाक्य का संगत अर्थ प्रस्तुत करती है।

अभिधा शक्ति के एक-एक पदार्थ को अलग-अलग बोधन करके विरत हो जाने पर उन अलग-अलग पदार्थों को परस्पर सम्बद्ध करके समूचे वाक्य का अर्थबोधन करनेवाली वृत्ति तात्पर्य वृत्ति है।

तात्पर्यवृत्ति को मानने न मानने की दृष्टि से दो सम्प्रदाय हो गए हैं। जो इस वृत्ति को स्वीकृत करता है उसका नाम 'अभिहिनान्वयवादी' है। इनका मत है कि वाक्य का प्रत्येक पद पृथक् रूप से स्वच्छन्द अर्थात् अनन्वित अर्थ का बोध करता है इसके अनन्तर सब अर्थों का समन्वय होकर, वाक्यार्थ अर्थात् समूचे वाक्य के अर्थ की उपलब्धि होती है। पुराने नैयायिक, मीमांसक (जैसे कुमारिल भट्ट) तथा और बहुत-से लोग अर्थात् अधिकांश शास्त्राभ्यासी इस मत को मानते हैं। आलंकारिकों (साहित्यकों) का भी यही मत है किन्तु अन्विताभिधानवादी[1] तात्पर्य वृत्ति को नहीं मानते। उनका मत है कि वाक्य का प्रत्येक शब्द अन्वित अर्थ का ही बोध कराता है। इसलिए अभिधेयार्थ के अनन्तर किसी और अन्वय की आवश्यकता नहीं रह जाती।

1. यह मत कुमारिल भट्ट के शिष्य प्रभाकर तथा उनके अनुयायियों का है और 'गुरुमत' कहलाता है।

ध्वनि

(चतुर्थ परिच्छेद)

3

ध्वनि शब्द का व्यवहार चार पृथक्-पृथक् अर्थों में होता है–(1) जहाँ व्यंग्यार्थ में वाच्यार्थ से अतिशयता हो अर्थात् उत्तम काव्य, (2) जिसके द्वारा व्यंग्यार्थ व्यंजित हो, अर्थात् प्रधान व्यंग्य (3) रसादि की व्यंजना, (4) व्यंजित रसादि।

यहाँ यह शब्द पहले अर्थ में गृहीत हुआ है और उसका लक्षण इस प्रकार है–जिस काव्य में व्यंग्य अर्थ वाच्य अर्थ की अपेक्षा प्रधान या अधिक चमत्कारक हो वह ध्वनि है। जिसमें व्यंग्य अर्थ गौण हो वह गुणीभूत व्यंग्य है।

ध्वनि के दो प्रकार हैं–(1) लक्षणामूलक या अविवक्षित वाच्य और (2) अभिधामूलक या विवक्षित वाच्य। (अविवक्षित = बाधित)।

लक्षणामूलक या अविवक्षितवाच्य ध्वनि–

अविवक्षितवाच्य ध्वनि के दो प्रकार होते हैं–

(1) अर्थान्तरसंक्रमित वाच्य और (2) अत्यन्ततिरस्कृत वाच्य।

उदाहरण–*अर्थान्तरसंक्रमितवाच्य ध्वनि*–'आम आम ही है, इमली इमली ही है, कोइल कोइल ही है, कौआ कौआ ही है। यहाँ आम, कोइल इत्यादि शब्दों के व्यवहार में उक्त ध्वनि है। दूसरे अर्थ की ध्वनि लाक्षणिक है। 'व्यंग्यार्थ' है 'मीठे स्वाद का, मीठे गानवाली' इत्यादि इत्यादि। ये लाक्षणिक अर्थ वाच्यार्थ से एकदम भिन्न नहीं हैं, प्रत्युत मुख्यार्थ का विशिष्ट रूप बतलाते हैं। व्यंग्य प्रयोजन है–उत्कृष्टता और निकृष्टता। अर्थान्तरसंक्रमित वाच्य में सामान्य-विशेष भाव या व्यापक-व्याप्य सम्बन्ध होना चाहिए। वाच्यार्थ को सामान्य या व्यापक होना चाहिए और लक्ष्यार्थ को विशेष या व्याप्य। दूसरे शब्दों में अर्थान्तरसंक्रमितवाच्य ध्वनि अजहत्स्वार्थ वृत्ति पर आश्रित होती है।

अत्यन्ततिरस्कृतवाच्य ध्वनि–अन्धा दर्पण, कानी चारपाई, बेसिर-पैर की बात। न तो दर्पण के आँखें ही हुआ करती हैं और न बात के सिर-पैर ही। इसलिए वाच्यार्थ अत्यन्त तिरस्कृत है। अत्यन्ततिरस्कृतवाच्य ध्वनि जहत्स्वार्था वृत्ति पर आश्रित होती है।

सूचना–केवल वैपरीत्य की सत्ता से अत्यन्ततिरस्कृतवाच्य ध्वनि और अभिधामूलक ध्वनि में भ्रान्ति न होनी चाहिए। लक्षणा में वैपरीत्य स्वतः होता है और अभिधामूलक

ध्वनि में वैपरीत्य की प्रतीति परिस्थिति का बोध हो जाने के अनन्तर होती है। एक उदाहरण देखिए–भगतजी बेधड़क घूमिए, उस कुत्ते को जो तुम्हें तंग किया करता था नदी किनारे उस कुंज में रहनेवाले सिंह ने मार डाला।'[1]

यह अभिधामूलक ध्वनि का उदाहरण है, विपरीत लक्षणामूलक अत्यन्ततिरस्कृतवाच्य ध्वनि का नहीं। अत्यन्ततिरस्कृतवाच्य ध्वनि के उदाहरण निम्नलिखित होंगे–

(क) क्या भरा हुआ सरोवर है कि लोग लोट-लोटकर नहा रहे हैं।

(ख) यदि यमयातना से प्रेम है तो ईश्वर का भजन न करना।

पहले उदाहरण (क) में 'भरा हुआ' वस्तुतः 'सूखा हुआ' के अर्थ में है। इसी प्रकार दूसरे उदाहरण (ख) में निषेध बिना किसी खींचतान के विधि का बोध कराता है। 'भगतजी आदि' उदाहरण ऐसा नहीं करता। उसमें निषेध की प्रतीति प्रकरणादि के पर्यालोचन के बाद होती है। इसलिए उसमें लक्षणा नहीं है। नियम यह है कि जिस वाक्य में पदार्थों का सम्बन्ध अनुपपन्न होता है उसी में लक्षणा होती है। जहाँ पदों के मुख्य अर्थ का अन्वय हो जाने के उपरान्त अवसर या प्रसंग के विचार से बाध की प्रतीति होती है वहाँ लक्षणा नहीं हो सकती।

अभिधामूलक या विवक्षितवाक्य ध्वनि–इसके दो प्रकार होते हैं–असंलक्ष्यक्रम व्यंग्य और संलक्ष्यक्रम व्यंग्य।

(क) असंलक्ष्यक्रम व्यंग्य–रस, भाव, रसाभास, भावाभास इसके उदाहरण हैं।

सूचना–इससे रसों और भावों की असंख्यता प्रकट होती है। लेखक (साहित्यदर्पणकार) ने चुम्बन, आलिंगनादि को भी इसी के अन्तर्गत रखा है। किन्तु विभाव और अनुभाव सदा वाच्य होते हैं, व्यंग्य नहीं। केवल स्थायी और संचारी (भाव) व्यंग्य हो सकते हैं।

(ख) संलक्ष्यक्रम व्यंग्य ध्वनि–इसके तीन प्रकार होते हैं–(1) शब्दशक्त्युद्‌भव ध्वनि, (2) अर्थशक्त्युद्‌भव ध्वनि और (3) उभयशक्त्युद्‌भव ध्वनि।

(1) **शब्दशक्त्युद्‌भव ध्वनि** के दो प्रकार हैं–वस्तुरूप और अलंकार रूप।

(क) वस्तुरूप का उदाहरण–(स्वयंदूती वचन–पथिक, इन उठे हुए पयोधरों को देखकर यदि ठहरना चाहते हो तो ठहर जाव[2]) (पयोधर = मेघ और स्तन)।

व्यंग्य वस्तु है 'यहाँ ठहरो और सहवास का सुख लूटो।'

प्रश्न–क्या इस उक्ति में रसाभास व्यंग्य नहीं है। स्वयंदूती के कथन में (प्रथम अध्याय)[3] विश्वनाथ ने रसाभास माना है। हम लोगों के सामने जो उदाहरण है उसमें श्लिष्ट 'पयोधर' शब्द केवल वस्तु व्यंजित करता है। अब प्रश्न यह है कि क्या व्यंजना

---

1. भम धम्मिअ बीसत्थो सौ सुणओ अज्ज मारिओ देण।
गोलाणईकच्छकुडंगबासिना दरीऽसीहेणः॥

2. पन्थिअण एत्थ सत्थरमत्थि मणं पत्थरत्थले गामे।
उण्णाअ पओहरं पेक्खिऊणं जइ वससि ता वससु॥ –साहित्यदर्पण, पृ. 176

3. अता एत्थ णिमज्जइ एत्थ अहं दिअसअं पलोएहि।
मा पहिअ रत्तिअंधिअ सज्जाए मह णिमज्जहिसि॥ –वही, पृ. 20

इसके आगे भी जाती है।

समाधान–हाँ, निश्चय ही। और इस प्रकार व्यंग्यार्थ में अर्थमूलक व्यंजना का उदहारण प्रस्तुत करती है। देखिए पृष्ठ 328। इसलिए यह माना जाता है कि व्यंजना शक्ति के द्वारा एक के बाद एक वस्तुओं और भावों की माला की माला व्यंजित हो सकती है। जैसे अनुभाव के द्वारा संचारी भाव व्यंजित हो सकता है और तदुपरान्त संचारी के द्वारा स्थायी भाव। ठीक इसी प्रकार व्यंग्य वस्तु के द्वारा व्यंग्य भाव या रस व्यंजित हो सकता है।

(ख) शब्दशक्ति से अलंकार व्यंग्य–श्लेष के द्वारा सादृश्य (उपमा) की व्यंजना इसका उदाहरण होगा। (अन्योक्ति कल्पद्रुम के पद उदाहरण में दिए जा सकते हैं।)

(2) अर्थशक्त्युद्भव ध्वनि–यह या तो वस्तु के रूप में होती है या अलंकार के रूप में। इसमें से प्रत्येक या तो स्वतःसम्भवी होगी या कविप्रौढ़ोक्तिसिद्ध (कल्पित), जैसे 'कौओं को सफेद करने वाली चन्द्रिका' जो कहीं उपलब्ध नहीं होती।

इन चारों के विभिन्न प्रकार के मिश्रणों द्वारा बारह प्रकार की अर्थशक्त्युद्भव ध्वनि हो सकती है। ये बारहो प्रकार प्रबन्ध (जैसे गृध्रगोमायुसंवाद) में भी हो सकते हैं इसलिए अर्थशक्त्युद्भव ध्वनि के चौबीस भेद हो जाते हैं।

उदाहरण–*स्वतःसम्भवी वस्तु से वस्तु व्यंग्य*–'इस बालक के पिता इस कुएँ का खारा पानी न पीएँगे। मैं झटपट तमालाकुल सोते पर जाती हूँ। पुराने नरसल की गाँठें देह में खरोट डालें तो डालें।'[1] 'नरसल की खरोंट' स्वतःसम्भवी वस्तु है। इसके द्वारा भावी रतिचिह्न के गोपन की व्यंजना हो रही है।

स्वतःसम्भवी वस्तु से व्यतिरेक अलंकार व्यंग्य–'दक्षिण दिशा में जाने से (दक्षिणायन होने से) सूर्य का तेज भी मन्द हो जाता है। परन्तु उसी दिशा में रघु का प्रताप पांड्य देश के राजाओं से नहीं सहा गया।'[2]

यहाँ सम्भवी वस्तु है 'सूर्य की मन्दता और रघु के समय दक्षिण के नरेशों की पराजय।' यहाँ व्यतिरेक अलंकार व्यंग्य है। अर्थात् रघु का प्रताप सूर्य के प्रताप से बढ़कर है। (अलंकार कल्पित अर्थात् कवि प्रौढ़ोक्तिसिद्ध है।)

स्वतःसम्भवी अलंकार से स्वतःसम्भवी वस्तु व्यंग्य–'उस वेणुहारी को दूर से अपनी ओर झपटते देख बलराम ने भी सँभलकर पराक्रम के साथ उसे ऐसा देखा जैसे मत्त मातंग को केसरी देखे।'[3]

स्वतःसम्भवी अलंकार से कविप्रौढ़ोक्तिसिद्ध अलंकार व्यंग्य–'रण में क्रोध से ओठ चबाते

---

1. दृष्टि हे प्रतिवेशिनि क्षणमिहाप्यस्मद्गृहे दास्यति
प्रायेणास्य शिशोः पिता न विरसाः कौपीरपः पास्यति।
एकाकिन्यपि यामि सत्वरमितः स्रोतस्तनाचाकुलं
नीरन्ध्रास्तनुमा लिखन्तु लरठच्छेदा नलग्रन्थयः॥ –साहित्यदर्पण, पृ. 178
2. दिसि मन्दायते तेजो दक्षिणस्यां रवेरपि।
तस्यामेव रधोः पाण्ड्यः प्रतापं न विषेहिरे॥ –वही
3. आपतन्तममुं दूरादूरीकृतपराक्रमः।
बलवलोकयामास मातंगमिव केसरी॥ –साहित्यदर्पण, 179

हुए जिस राजा ने शत्रुनारियों के ओठों को पति के प्रगाढ़ दन्तक्षत की व्यथा से छुड़ा दिया।'[1] वह दूसरों के ओठों की रक्षा कैसे करेगा जो अपने ही ओठ चबा रहा है—स्वतःसम्भवी विरोधालंकार। समुच्चय अलंकार व्यंग्य है। इधर ओठ चबाए उधर शत्रु मारे गए।

कविप्रौढ़ोक्तिसिद्ध वस्तु से व्यंग्य वस्तु—'युवतियों की ओर लक्ष्य रखनेवाले मुखों से युक्त नवपल्लवरूप पत्र (पंख) वाले नए-नए आम के बौरों के बाण वसन्त में कामदेव तैयार करता है।'[2] यहाँ धनुर्धर काम के बाण कविप्रौढ़ोक्तिसिद्ध मात्र है जिससे 'कामोद्दीपन काल' वस्तु व्यंग्य है।

कविप्रौढ़ोक्तिसिद्ध वस्तु से अलंकार व्यंग्य—'हे वीर, केवल रात्रि में ही चन्द्रमा की किरणों से प्रकाशित होनेवाले भुवनमंडल को अब आपकी कीर्ति दिन-रात शोभित कर रही है।'[3] यहाँ 'कीर्ति का प्रकाश' कविप्रौढ़ोक्तिसिद्ध वस्तु है जिससे व्यतिरेक अलंकार व्यंग्य है अर्थात् कीर्ति चाँदनी से अधिक प्रकाश करनेवाली है।

कविप्रौढ़ोक्तिसिद्ध अलंकार से व्यंग्य वस्तु—'उस समय रावण की मुकुटमणियों के बहाने राक्षस-श्री के आँसू पृथ्वी पर गिरे।'[4] मुकुट से मणियों का गिरना अपशकुन है। इसलिए अपह्नुति अलंकार के द्वारा श्री के आँसू गिराए गए हैं। श्री के आँसू कल्पित हैं, अतः कविप्रौढ़ोक्तिसिद्ध अलंकार है। इससे 'राक्षसों की शक्ति के विनाश' वस्तु की व्यंजना हो रही है।

कविप्रौढ़ोक्तिसिद्ध अलंकार से व्यंग्य अलंकार—'हे त्रिकलिंग देशतिलक आपकी अकेली कीर्तिराशि इन्द्रपुरी की स्त्रियों के अनेक भूषणों के रूप में परिणत हो गई—चोटी में मल्लिका के पुष्प हुई, हाथ में श्वेत कमल, गले में हार, शरीर में चन्दनलेप।'[5] यहाँ आरोप के कारण रूपक अलंकार है, जो कविकल्पित है। इसके द्वारा 'आप पृथ्वी पर रहते हुए स्वर्ग के निवासियों का उपकार करते हैं' यह विभावना अलंकार व्यंग्य है।

[लेखक (साहित्यदर्पणकार) ने पात्रों (नायकादि) की उक्तियों के उदाहरण को पृथक् माना है। उनका कहना है कि कविप्रौढ़ोक्ति की अपेक्षा कविनिबद्ध वक्ता की प्रौढ़ोक्ति में विशेष चमत्कार होता है क्योंकि वे उक्तियाँ ऐसे व्यक्तियों की होती हैं जो स्वयं उनका अनुभव करनेवाले होते हैं। 'रसगंगाधर' ने यह बात नहीं मानी।][6]

---

1. गाढकांतदशनक्षतव्यथासंकटादरिवधूजनस्य यः।
   ओष्ठविद्रु मदलान्यमोचयन्निर्दशन्युधि रूषा निजाधरम्॥ —वही
2. सज्जेहि सुरहिमासोण दाव अप्पेइ जुअइजणलक्खमुहे।
   अहिणवसहआरमुहेणवपल्लवपत्तले अणंगस्य सरे॥ —वही
3. रजनीषु विमलभानो करजालेन प्रकाशितं वीर।
   धवलयति भुवनमंडलमखिलं तव कीर्तिसन्ततिः सततम्॥ —वही, 180
4. दशाननकिरीटेभ्यस्तत्क्षणं राक्षसश्रियः।
   मणिः याजेन पर्यस्ताः पृथिव्यामश्रुबिन्दवः॥
5. धम्मिल्ले नवमल्लिकासमुदयो हस्ते सिताम्भोरुहं
   हारः कण्ठतटे पयोधरयुगं श्रीखण्डलेपो घनः।
   एकोऽपि त्रिकलिंगभूमतिलक त्वत्कीर्तिराशिर्ययौ
   नानामण्डनतां पुरन्दरपुरीकामभ्रुवां विग्रहे॥ —वही।
6. देखिए साहित्यदर्पण, विमला टीका, पृ. 182।

कविनिबद्ध वक्ता की प्रौढ़ोक्ति से सिद्ध वस्तु द्वारा व्यंग्य वस्तु–'हे सुमुखि! इस सूए के बच्चे ने किस पर्वत पर कितने दिनों तक क्या तप किया है कि यह तुम्हारे ओठ के सदृश लाल बिम्बफल का स्वाद ले रहा है।'[1] सुग्गे का तप कल्पित वस्तु है। व्यंग्य वस्तु यह है कि रमणी के अधरों की प्राप्ति बड़ी तपस्या से होती है। यद्यपि यहाँ पर प्रतीप अलंकार है तथापि वह–व्यंग्य वस्तु को व्यंजित नहीं करता।

वक्ता की प्रौढ़ोक्तिसिद्ध वस्तु से व्यंग्य अलंकार–'हे सखि ! वसन्त में काम के बाणों ने करोड़ों की संख्या प्राप्त करके पंचता छोड़ दी और वियोगिनियों को पंचता प्राप्त हुई।'[2]

कवि की कल्पना यह है–कामदेव के बाण करोड़ों की संख्या में हो गए हैं जिससे वियोगियों की मृत्यु हो रही है। इससे उत्प्रेक्षा अलंकार व्यंग्य है। (बाणों की पंचता मानो वियोगियों को प्राप्त हो गई है।)

वक्ता के प्रौढ़ोक्तिसिद्ध अलंकार से व्यंग्य वस्तु–'हे कोधशीले ! चमेली की कली पर गूँजता हुआ भ्रमर ऐसा मालूम होता है मानो कामदेव की विजय यात्रा का विजयशंख बज रहा है।'[3] उत्प्रेक्षा अलंकार कविप्रौढ़ोक्तिसिद्ध है और इससे इस वस्तु की व्यंजना होती है कि यह प्रेम का समय है, मान का नहीं।

वक्ता के प्रौढ़ोक्तिसिद्ध अलंकार से व्यंग्य अलंकार–'हे सुन्दर ! हजारों स्त्रियों से भरे हुए तुम्हारे हृदय में अवकाश न पाकर वह कामिनी और सब काम छोड़कर दिन-रात अपने दुर्बल शरीर को और भी दुर्बल बना रही है।'[4] यहाँ काव्यलिंग अलंकार (नायक के हृदय में स्थान न पाकर) कल्पित है। इससे दूसरा अलंकार विशेषोक्ति व्यंग्य है–वह दुर्बल और क्षीण होने पर भी हृदय में स्थान नहीं पा रही है।

(3) **उभयशक्त्युद्भव ध्वनि**–इसके उपभेद नहीं होते। यह केवल वाक्यगत होती है। अन्य दो भेद (शब्दशक्त्युद्भव और अर्थशक्त्युद्भव) पदगत और वाक्यगत दोनों होते हैं। अन्योक्ति कल्पद्रुम में वसन्त की अन्योक्ति उदाहरण काम देगी।[5] उस पद्य में 'माधव' और 'द्विज' शब्द के स्थान पर उनके पर्यायवाची नहीं रखे जा सकते। इसलिए शब्दक्त्युद्भव है, किन्तु इन शब्दों को पर्यायवाची शब्दों से बदल सकते हैं।

---

1. शिखिरिणि क्व नु नाम कियच्चिरं किमभिधानभसावकरोतपः।
सुमुखि येन तवाधरपाटलं दशति बिम्बफलं शुकशावकः।। –वही 181
2. सुभगे कोटिसंख्यत्वमुपेत्य मदनाशुगैः।
वसन्ते पंचता त्यक्ता पंचतासीद्वियोगिनाम्॥ –वही।
3. मल्लिकामुकुले चण्डि भाति गुंजन्मधुव्रतः।
प्रयाणे पंचबाणस्य शंखमापूरयन्निद॥
4. माहिला सहरसभरिए तुह हिअए सुहअ सा अम अन्ती।
आणुविमणाणकरमा अंग तणुअं पि अणुएइ॥ –साहित्यदर्पण, पृ. 181
5. हितकारी ऋतुराज तुम साजत जग आराम।
सुमन सहित आसा भरो दलहिं करौ अभिराम॥
दलहिं करौ अभिराम कामप्रद द्विजगुन गावैं।
लहि सुबास सुखधाम बातबर ताप नसावैं।
बरनै दीनदयाल हिये माधव धुनि प्यारी।
श्रवन सुखद सुक बेन विमल बिलसै हितकारी॥ 4॥

पदगत और वाक्यगत ध्वनि–पद्य के केवल एक पद में जो ध्वनि होती है वह पदगत कहलाती है, जो अनेक पदों में होती है वह वाक्यगत कहलाती है। (यह विभाजन तर्कपूर्ण नहीं जान पड़ता। वस्तुतः विशिष्ट पद या पदों पर आश्रित व्यंग्य को पदगत ही कहना चाहिए)।

उदाहरणब–*अर्थान्तर-संक्रमितवाच्य ध्वनि पदगत*–'उसी के नेत्र नेत्र होंगे जिसके सामने यह तरुणी होगी।'[1]

अर्थान्तर-संक्रमितवाच्य ध्वनि वाक्यगत–'देख ! मैं तुझसे कहता हूँ यहाँ विद्वानों की मंडली है, अपनी बुद्धि को स्थिर करके काम करना।'[2] (लक्ष्यार्थ–मैं–तुझसे ज्ञानवृद्ध और तेरा हितकारी; तुझसे=तू जो अनुभवी और विद्वान नहीं है। व्यंग्यार्थ–मेरा उपदेश तेरे लिए हितकर है।

असंलक्ष्यक्रमव्यंग्य ध्वनि पदगत–'वह लावण्य! वह कान्ति! वह रूप! और वह वचनावली! उस समय तो ये सब अमृतवर्षी थे परन्तु अब अत्यन्त सन्तापकारी हो गए हैं।'[3] (वह के द्वारा पहले तो असाधारण और अवर्णनीय सौन्दर्य की व्यंजना होती है [वस्तु] और फिर विप्रलम्भ शृंङ्गार [रस] की। इसलिए असंलक्ष्यक्रम व्यंग्य है। 'वह' पद यद्यपि कई बार प्रयुक्त हुआ है पर वह एक ही पद है अतः पदगत ध्वनि है)।

शब्दशक्तिमूलक वस्तुध्वनि पदगत–'एकान्तवास की आज्ञा देने में तत्पर और भुक्तिमुक्ति देनेवाला सदागम (सच्छास्त्र अथवा अच्छे पुरुष का आना) किसे आनन्दित नहीं करता?[4] यहाँ व्यंग्य वस्तु पुरुषसमागम है।

प्रश्न–इसमें उपमानोपमेय भाव क्यों नहीं है जैसा कि अलंकार द्वारा व्यंग्य वस्तु के उदाहरणों में हुआ करता है?

समाधान–क्योंकि यह विवक्षित (इच्छित) नहीं है।

शब्दशक्तिमूलक पदगत अलंकार ध्वनि–'अलौकिक बुद्धि से युक्त सम्पूर्ण पृथ्वी को धारण करनेवाला यह कोई पुरुषोत्तम राजा सुशोभित है।'[5] यहाँ सादृश्य विवक्षित है इसलिए उपमा व्यंग्य है।

अर्थशक्तिमूलक स्वतःसम्भवी वस्तु से वस्तु ध्वनि–'तूने अभी सायंकाल स्नान किया है। शरीर पर शीतल चन्दन का लेप किया है, सूर्य अस्त हो गया है (धूप

---

1. धन्यः स एव तरुणो नयने तस्यैव नयने च।
   युवजनमोहनविद्या भवितेयं यस्य समुखे सुमुखी॥ –साहित्यदर्पण, पृ. 183
2. त्वामस्मि वच्मि विदुषां समावायोत्र तिष्ठाति।
   आत्मीयां मतिमास्थाय स्थितिमत्र विधेहि तत॥ –वही, पृ. 183
3. लावण्यं तदसौ कान्तिस्तद्रूपं स वचःक्रमः।
   तदा सुधास्पदमभूदधुना तु ज्वरो महान्॥ –साहित्यदर्पण, पृ. 184
4. भुक्तिमुक्तिकृदेकान्तसमादेशनतत्परः।
   कस्य नानन्दनिष्यन्द विदधाति सदागमः॥ –वही, पृ. 185
5. अनन्यसाधारणधीर्धृताखिलवसुन्धरः।
   राजते कोऽपि जगति स राजा पुरुषोत्तमः॥ –वही, पृ. 186

भी नहीं है, और आराम से धीरे-धीरे तू यहाँ आई है; तेरी सुकुमारता अद्भुत है जो इस समय तू ऐसी क्लान्त हो गई है)।'[1] तूने पर-पुरुष के साथ संभोग किया है–यह वस्तु व्यंग्य है। यहाँ अत्यन्त व्यंजक शब्द 'अधुना' (इस समय) है इसलिए यह पदगत है।

असंलक्ष्यक्रमव्यंग्य ध्वनि में प्रकृतिगत, प्रत्ययगत, उपसर्गगत ध्वनि–(उदाहरणों के लिए देखिए–साहित्यदर्पण, पृष्ठ 191, 192, 193)[2]।

सूचना–(उदाहरणों से यह स्पष्ट नहीं है कि पदांशगत केवल असंलक्ष्यक्रम में ही हो सकता है।)

अभिज्ञानशाकुंतल से दिए गए उद्धरण चलापांगां दृष्टिं इत्यादि में हताः (मरा) शब्द प्रकृतिगत ध्वनि का उदाहरण बताया गया है। (हन् = मारना)। किन्तु यह शब्द लक्ष्यार्थ के अनन्तर व्यंग्य को व्यंजित करता है इसलिए यहाँ लक्षणामूलक ध्वनि है। किन्तु असंलक्ष्यक्रम अभिधामूलक ध्वनि के अन्तर्गत है, लक्षणामूलक ध्वनि के अन्तर्गत नहीं।

निम्नलिखित उदाहरण के रूप में गृहीत हो सकते हैं–

(क) प्रत्यय या अव्ययगत–चमारों तक ने चन्दा दिया।

(ख) मुखड़ा सधुक्कड़। वर्ण और रचना के व्यंग्यों के उदाहरण वैदर्भी रीति के माधुर्यव्यंजक वर्णों आदि तथा अन्यत्र खोजने चाहिए।

संकर और संसृष्टि ध्वनि

संकर–जहाँ विभिन्न प्रकार की ध्वनियों का एक ही आश्रय (शब्द और अर्थ) हो या वे अन्योन्याश्रित हों तो संकर ध्वनि होती है, 'जैसे पीनस्तनों से सुशोभित दीर्घ और चंचल नेत्रवाली प्रिय के आगमन के महोत्सव में द्वार पर खड़ी हुई मांगलिक पूर्ण कलश और कमलों की वन्दनवार बिना यत्न के ही सम्पादित कर रही है।'[3] यहाँ रूपक अलंकार (स्तन = कलश और नेत्र = कमल तोरण) तथा व्यंग्य शृङ्गार दोनों एक ही आश्रय में हैं।

---

1. सायं स्नानमुपासितं मलयजेनाङ्गं समालेपितं
यातोऽस्त चलमौलिमम्बरमणिर्विस्रब्धमत्रागतिः।
आश्चर्यं तवसौकुमार्यमभितक्लान्तासि येनाधुना
नेत्रद्वन्द्वमममीलनव्यतिकरं शक्नोति ते नासितुम्॥ –वही

2. प्रकृतिगत–
चलापाङ्गां दृष्टिं स्पृशसि बहुशो वेपथुमतीं
रहस्याख्यायीव स्वनसि मृदु कर्णान्तिकचरः।
करौ व्याधुन्वत्याः पिबसि रतिसर्वस्वमधुरं
वयं तत्त्वान्वेषान्मधुकरहतास्त्वं खलु कृती॥ प्रत्ययगत–
मुहुरङ्गलिसकूताधरौष्ठं प्रतिवेधाक्षरविक्लवाभिरामम्।
मुखमसविवर्ति पक्ष्मलाक्ष्याः कथमप्युन्नसितं न चुम्बितं तु॥ उपसर्गगत–
'न्यक्कारोह्ययमेव', देखिए पृष्ठ 367 की पादटिप्पणी सं. 3

3. अत्युन्ननस्तनयुगा तरलायताक्षी
द्वारि स्थिता तदुपयानमहोत्सवाय।
सा पूर्णकुम्भनवनीरजतीरणस्त्रक्
संभारमङ्गलमयत्नकृतं विधत्ते॥ –साहित्यदर्पण, पृ. 195

गुणीभूत व्यंग्य

व्यंग्य अर्थ या तो अन्य (रसादि) का अंग होता है या काकु से आक्षिप्त होता है या वाच्यार्थ का ही उपपादक (सिद्धि का अंगभूत) होता है अथवा वाच्य की अपेक्षा उसकी प्रधानता सन्दिग्ध रहती है या वाच्यार्थ व्यंग्यार्थ की बराबर प्रधानता रहती है अथवा व्यंग्य अर्थ अस्फुट रहता है, गूढ़ अत्यत अगूढ़ (स्पष्ट) या असुन्दर होता है।

उदाहरण–*रसादि का अंग रस*–स्मर्यमाणा शृङ्गार करुणा का अंग। 'हा ! यह वह हाथ है जो रशना का आकर्षण करता था, कपोलों का स्पर्श करता था।'[1] इत्यादि।

(यह ध्यान में रखने की बात है कि ऐसे उदाहरणों में पूरा पद्य मध्यम काव्य नहीं कहा जा सकता। क्योंकि यहाँ निश्चय ही रस है और अप्रधान व्यंग्य उसका अंग है। लेखक [साहित्यदर्पणकार] ने इसे स्वीकार किया है–[देखिए पृष्ठ 202])।[2]

वाच्यार्थ का उपपादक–'हे राजेन्द्र पृथ्वी और आकाश के मध्य सर्वत्र प्रकाश करता हुआ वैरि वंश का दावानल रूप यह आपका प्रताप सर्वत्र जग रहा है।'[3] (श्लेष द्वारा शत्रु में बांस का आरोप व्यंग्य है। पर यह व्यंग्य अलंकार वाच्यार्थ दावानल का साधक है।)

इसी प्रकार यदि व्यंजित सादृश्य के अनन्तर उपमान शब्द द्वारा कथित होता है तो व्यंग्य का महत्त्व नहीं रह जाता और वह वाच्यार्थ का अंग हो जाता है।

अस्फुट व्यंग्य–'सन्धि करने में सर्वस्व छिनता है और विग्रह करने में प्राणों का भी निग्रह होता है। अलाउद्दीन के साथ न तो सन्धि हो सकती है और न विग्रह।'[4]

'अलाउद्दीन के साथ केवल और दाम से काम बन सकता है' व्यंग्य है जो स्पष्ट नहीं है। उपमा अथवा दीपक, तुल्योगिता इत्यादि में होनेवाला व्यंग्यसादृश्य गुणीभूत व्यंग्य का उदाहरण होगा ध्वनि का नहीं।

जहाँ गुणीभूत व्यंग्यरस का अंग होता है वहाँ पूरा पद्य ध्वनियुक्त माना जाता है। किन्तु जहाँ यह रस का अंग नहीं होता प्रत्युत (नगरादि) के वर्णनों आदि का अंग होता है, वहाँ गुणीभूत व्यंग्य या मध्यम काव्य होता है, जैसे–

---

1. अयं स रशनोत्कर्षी पीनस्तनविमर्दनः।
   नाम्यूरूजधनस्पर्शी नीवीविस्रंसनः करः॥ –साहित्यदर्पण, पृ. 196
2. किं च यत्र वस्त्वलंकाररसादिरूप व्यंग्यानां रसाभ्यन्तरे गुणीभावस्तत्र प्रधानकृत एवं काव्यव्यवहारः तदुक्तं तेनोऽव
   प्रकारोऽयं गुणीभूतव्यङ्गोऽपिध्वनिरूपताम्।
   धत्ते रसादि तात्पर्यपर्यालोचनया पुनः॥
3. दीपयन्रोदसी रन्ध्रमेष ज्वलति सर्वतः।
   प्रतापस्तव राजेन्द्र वैरिवंशदवानलः॥ –वही, पृ. 199
4. सन्धौ संवस्वहरण विग्रहे प्राणनिग्रहः।
   अल्लावदीन नृपतौ न सन्धिर्न च विग्रहः॥ –वही।

जिस नगरी के ऊँचे-ऊँचे प्रासादों में जड़ी लाल मणियों का गगनचुम्बी प्रकाश यौवन मद से मत्त रमणियों को बिना संध्याकाल के ही संध्या का भ्रम उत्पन्न करके कामकलाओं से पूर्ण भूषणादिरचना में प्रवृत्त करता है।'[1]

काव्य का तीसरा भेद जिसे चित्र कहते हैं, अस्वीकार कर दिया गया है।

(4)

व्यंजना की स्थापना

नैयायिक और मीमांसक व्यंजना की पृथक् वृत्ति नहीं मानते। अलंकारशास्त्री इसे स्वीकार करते हैं। उनका कहना है कि अभिधा, लक्षणा और तात्पर्यवृत्तियों के कार्य चुकने पर इसी वृत्ति से रस, अलंकार या वस्तु व्यंग्यार्थ के रूप में व्यंजित होते हैं।

अभिधा व्यंग्यार्थ का बोध कराने में असमर्थ—अभिधा संकेतित अर्थ का बोध कराकर स्थगित हो जाती है। इसलिए तदन्तर अन्य अर्थ का, अर्थात् रस, अलंकार या वस्तु का बोध कराने में वह अक्षम होती है। उदाहरणार्थ रस को लीजिए जो विभाव, अनुभाव इत्यादि के द्वारा व्यंजित कहा जाता है। अब न तो विभाव (जैसे राम, सीता आदि) और न अनुभाव (जैसे कम्पादि) ही किसी रस के द्योतक हैं। रस और विभाव इत्यादि सदृश नहीं है। वे एक ही वस्तु नहीं हैं। इतना ही नहीं यदि कोई कहता है कि 'यह शृंगार रस है' तो इस वाक्य से किसी रस की कोई व्यंजना नहीं होती। इसके विपरीत रस का नाम लेना दोष है (स्वशब्दवाच्यत्व)। इन सबसे स्पष्ट है कि अभिधा के द्वारा व्यंग्यार्थ की प्रतीति नहीं हो सकती। यह पहले कहा जा चुका है कि मीमांसकों के दो सम्प्रदाय हैं : एक अभिहितान्वयवादी जो तात्पर्यवृत्ति को स्वीकार करते हैं, दूसरे अन्विताभिधानवादी जो उसे स्वीकार नहीं करते। दोनों व्यंजना को चौथी वृत्ति अस्वीकृत करने में एकमत हैं। अभिहितान्वयवादियों का कहना है कि अभिधा का प्रसार इतना अधिक हो सकता है कि उसकी प्रतीति के अन्तर्गत कोई भी अर्थ गृहीत हो सके, चाहे वह कितना ही दूरारूढ़ क्यों न हो। इस कथन से 'शब्दबुद्धिकर्मणां विरम्य व्यापाराभावः' सिद्धान्त का उल्लंघन हो जाता है। यदि कोई इस सिद्धान्त को नहीं मानता तो उससे पूछा जा सकता है कि अभिधा और तात्पर्य से ही काम चल जाता है तो तीसरी वृत्ति लक्षणा की क्या आवश्यकता।

अन्विताभिधानवादी अपने सूत्र 'यत्परः शब्दः सशब्दर्थः' के बल पर कहते हैं कि अभिधा के द्वारा पूर्णतया व्यंग्यार्थ की प्रतीति हो सकती है। उनका कहना है कि प्रत्येक वाक्य चाहे वह पौरुषेय हो या अपौरुषेय, किसी कार्य से सम्बद्ध होता है। काव्य के शब्द भी कार्यपरक होते हैं। उस कार्य का परिणाम परमानन्द की प्राप्ति है। इसलिए काव्य के वाक्य का तात्पर्य परमानन्द हुआ। काव्यगत वाक्य का तात्पर्य समन्वित अर्थ के अतिरिक्त और क्या हो सकता है। इसलिए व्यंजना को पृथक् वृत्ति मानने की कोई आवश्यकता नहीं।

---

1. यत्रोन्मदानां प्रमदाजनानामभ्रंलिह शोणमणीमयूखः।
   संध्याभ्रम प्राप्नुवतामकाण्डोयनङ्गनेपथ्यविधि विधत्ते॥ —साहित्यदर्पण, पृ. 202

खंडन–'तत्परः' शब्द का अभिप्राय स्पष्ट नहीं है। इसका अभिप्राय या तो 'तदर्थत्व' होगा या तात्पर्यवृत्ति। यदि पहला अभिप्राय हो तो कोई विवाद नहीं क्योंकि व्यंग्यार्थ भी अर्थ ही होता है। यदि दूसरा अभिप्राय हो तो यह पूछा जा सकता है कि अभिहितान्वयवादी मीमांसकों के द्वारा मानी जानेवाली तात्पर्यवृत्ति से ही प्रयोजन है जिसमें संसर्गमर्यादा अर्थात् सम्बन्ध का बोधन करनेवाली मर्यादा स्वीकृत है। यदि यह वही है तो यह ध्यान में रखना चाहिए कि विभिन्न अर्थों का समन्वित अर्थ प्रस्तुत करने के अनन्तर तात्पर्य वृत्ति क्षीण हो जाती है। यदि यह तात्पर्य के अतिरिक्त कोई दूसरी वृत्ति है तो चौथी वृत्ति स्वीकृत कर ली गई। अब चाहे उसका जो नाम रखा जाए। यदि यह कहा जाए कि तात्पर्यवृत्ति से अन्वित अर्थ और व्यंजित रस इत्यादि की प्रतीति एक ही समय में और एक ही साथ होती है तो यह बात उपयुक्त नहीं जँचती। क्योंकि किसी ने भी इसे अस्वीकार नहीं किया है कि रस का आस्वाद, विभाव, अनुभाव आदि के अनन्तर होता है। यही हेतु है कि विभाव, अनुभाव रसनिष्पत्ति के कारण कहे गए हैं।

लक्षणा व्यंग्यार्थ की प्रतीति में असमर्थ–'गाँव पानी में बसा है' उदाहरण में लक्षणा केवल 'पानी के तट पर' अर्थ का बोध कराती है। क्योंकि दूसरे प्रकार से 'पानी में' पद का ठीक-ठीक अर्थ-बोध नहीं हो सकता। किन्तु शीतत्व और आर्द्रत्व व्यंग्य अर्थों का द्योतन वह नहीं करती। यही क्यों, व्यंग्यार्थ सदा लक्षणा पर ही आश्रित नहीं होता। उसकी आवश्यकता तो वहाँ पड़ती है जहाँ अन्वयार्थ में बाध उपस्थित होता है।

यदि यह तर्क किया जाए कि लक्षणा में प्रयोजन भी लक्ष्य है तो 'पानी के तट पर' अर्थ वाच्यार्थ होगा और बाधित वाच्यार्थ होगा। किन्तु न तो 'पानी के तट पर' पानी में का मुख्यार्थ ही है और न इसमें अर्थ का बाध ही है। यदि 'वह गाँव पानी में बसा है' में शीतत्व और आर्द्रत्व को लक्ष्यार्थ माना जाए तो प्रयोजन क्या होगा। यदि कोई प्रयोजन हो तो वह भी लक्ष्य होगा। इस प्रकार 'अनवस्था दोष'[1] हो जाएगा।

इतने पर भी कोई यह बात उठा सकता है कि लक्षणा प्रयोजन के सहित अर्थ का बोध कराती है। किन्तु अर्थ और प्रयोजन भिन्न-भिन्न हैं इसलिए वे एक ही समय और एक ही साथ लक्षित नहीं हो सकते। एक का बोध दूसरे के अनन्तर ही होगा।

व्यंग्यार्थ वाच्यार्थ से सर्वदा भिन्न–भिन्नता बोद्धा, स्वरूप, संख्या, निमित्त, कार्य, प्रतीति, काल, आश्रय, विषय इत्यादि की हो सकती है।[2]

बोद्धा–वाच्यार्थ का ज्ञान सरलतापूर्वक वैयाकरणों, नैयायिकों इत्यादि को हो सकता है। किन्तु व्यंग्यार्थ की प्रतीति केवल सहृदयों को हो सकती है।

स्वरूप व्यंजना के द्वारा बहुधा विधि वाक्य का अर्थनिषेध होता है।

---

1. उपपाद्योपपादकप्रवाहोऽनबाधः–जब तर्क करते कुछ परिणाम न निकले और तर्क भी समाप्त न हो जैसे कारण का कारण और उसका भी कारण, फिर उसका कारण इस प्रकार का तर्क और अन्वेषण जिसका कुछ ओर-छोर न हो। –'हिन्दी शब्दसागर', पृ. 98
2. वोद्‌धृतस्वरूपसंख्यानिमित्त कार्यप्रतीतिकालानाम्।
आश्रयविषयादीनां भेदाद्‌भिन्नोऽभिधेयतो व्यङगय ॥ –साहित्यदर्पण, पृ. 5-8

संख्या—व्यंग्य वाक्य विभिन्न व्यक्तियों के प्रति भिन्न-भिन्न अर्थ धारण करता हुआ विविध प्रकार अर्थात् संख्या का हो जाता है। जैसे 'सूर्य अस्त हुआ' का अर्थ साधारणतया 'साँझ का समय' व्यंजित करेगा।

निमित्त—वाच्यार्थ की प्रतीति साधारण शब्द ज्ञान से ही हो जाती है। किन्तु व्यंग्यार्थ के लिए सहज प्रतिभा की आवश्यकता होती है।

कार्य—वाच्यार्थ से केवल वस्तु का ज्ञान होता है। किन्तु व्यंग्यार्थ से चमत्कार उत्पन्न होता है।

काल—व्यंग्यार्थ के अनन्तर होता है। अतः कालभेद है।

आश्रय—वाच्यार्थ केवल शब्द के आश्रित होता है। किन्तु व्यंग्य शब्द में, शब्द के अंश में, अर्थ में, वर्णों में अथवा रचना में भी रह सकता है।

विषय—'प्रिया का ब्रणयुक्त ओष्ठ देखकर किसके मन में क्षोभ न होगा। हे भ्रमरयुक्त पद्म को सूँघनेवाली निवारित वामा, अब तू सहन कर।'[1] यहाँ वाच्यार्थ की दृष्टि से लक्ष्य का विषय नायिका जान पड़ती है, किन्तु व्यंग्य का विषय नायक है। क्योंकि उसके सन्देहवारण के लिए यह बात कही गई है।

अभिधा और लक्षणा पहले से सिद्ध (विद्यमान) वस्तुओं का बोधन कराती हैं। किन्तु शब्द जब तक विशेष प्रकार से अपना कार्य सम्पन्न नहीं कर लेते तब तक रस की सत्ता नहीं रहती। इस तात्विक भेद को सदा ध्यान में रखना चाहिए। व्यंजित होने के पूर्व रस की सत्ता नहीं रहती। इसमें कोई पूर्वसिद्ध वस्तु या तथ्य नहीं है जिसे अभिधा या लक्षणा बोध कराए। रस वस्तुतः आस्वाद या आनन्द की अनुभूति है जो श्रोता के मन में प्रकट होती है और व्यक्त होने के पूर्व इसका कोई अस्तित्व नहीं होता।

'व्यक्तिविवेक' (साहित्यशास्त्र पर एक प्रबन्ध) के कर्त्ता महिमभट्ट ने व्यंजना का खंडन किया है। उनका कहना है कि व्यंग्यार्थ अनुमान के अतिरिक्त और कुछ नहीं है। उनके तर्क निम्नलिखित हैं—

जैसे एक वस्तु से हम दूसरी वस्तु का अनुमान करते हैं उसी प्रकार विभाव, अनुभाव और संचारी भाव से जो भावों के क्रमशः कारण, कार्य और सहकारी होते हैं हम रस का भी अनुमान करते हैं। पूर्ववत्, शेषवत् और सामान्य तो दृष्ट अनुमान (कारण से कार्य का, कार्य से कारण का, सामान्य से विशेष का अनुमान अर्थात् एक वस्तु के ज्ञान से उस दूसरी वस्तु का ज्ञान जो उसके साथ देखी जाती है जैसे अग्नि धुएँ के साथ।) के द्वारा विभाव, अनुभाव और संचारी रति इत्यादि का अनुमान करते हैं जिससे रस की निष्पत्ति होती है। उदाहरणार्थ राम के प्रति सीता के प्रेम को लीजिए। इसे अनुमान की प्रक्रिया के रूप में यों रख सकते हैं—

सीता में राम के प्रति रति है—प्रतिज्ञा।

क्योंकि वे राम के प्रति प्रेमभरी दृष्टियों से देखती हैं—हेतु।

---

1. कस्य वाण होइ रोसो दट्ठूण पिआए सब्बणं अहरम्।
सब्भमरपउमग्वाइणि वारिअमामे सहसु एव्हिम्॥ —वही, पृ. 210

जिसमें रति भाव नहीं होता वह इस प्रकार नहीं देखती—दृष्टान्त।

इसलिए सीता राम के प्रति अनुरागवती हैं—उपनय।

रति का यह अनुमान उत्कृष्ट आस्वाद कोटि (आस्वाद पदवी) में पहुँचकर शृंगार रस हो ज़ाता है—*उपनब*।

इसका अभिप्राय यह है कि भाव का अनुमान रस की प्रतीति करता है। अर्थात् हम पहले भाव का अनुमान करते हैं तब रस का आस्वाद लेते हैं। दूसरे शब्दों में इन दोनों में कारण-कार्य भाव है। हमें पहले विभाव इत्यादि की प्रतीति होती है फिर हम भाव का अनुमान करते हैं और अन्त में रस तक पहुँचते हैं—जो अनुमान की प्रक्रिया के अतिरिक्त और कुछ नहीं है। किन्तु यह पहले ही कहा जा चुका है कि रस असंलक्ष्यक्रम व्यंग्य है। महिमभट्ट इस आपत्ति का समाधान यह कहकर करते हैं कि इसमें क्रम निस्सन्देह होता है किन्तु शीघ्रता के कारण वह संलक्ष्य नहीं होता। हमारा प्रतिवाद यह है कि सीता में राम के प्रति रति भाव है—केवल तथ्य का ज्ञान ही रस नहीं है। अनुमान ज्ञान का विषय है इसलिए वह किसी-न-किसी प्रकार के ज्ञान के रूप में ही परिणत हो सकता है। यदि हम किसी अन्य मानसिक स्थिति के द्वारा रस तक पहुँचते हैं तो उसे दूसरी प्रक्रिया मानना पड़ेगा।

यह बात उठाई जा सकती है कि एक अनुमान के द्वारा हम सीता और राम के रति भाव के ज्ञान तक पहुँचते हैं और दूसरे अनुमान के द्वारा हम उसके आस्वाद तक पहुँच जाते हैं। अनुमान की प्रक्रिया वैसी होगी जैसे 'यत्र यत्र धूमस्तत्र तत्र वह्निः' में होती है। हम कह सकते हैं कि 'यत्र-तत्र रामादिगतानुरागज्ञानं तत्र तत्र रसोत्पत्तिः, किन्तु यह हेत्वभास मात्र है। यहाँ व्याप्तिग्रह नहीं है। रस भाव के अनुमान के साथ-साथ अनिवार्य रूप से नहीं रहता जैसा धूम के साथ वह्नि रहती है। क्योंकि नैयायिक, वैयाकरण इत्यादि इस बात का अनुमान तो कर सकते हैं कि अमुक व्यक्तियों के बीच रति भाव है, किन्तु शृंगार रस का आस्वाद नहीं ले सकते, हेतु के व्यभिचारी होने से यह हेत्वाभास हो गया। इसलिए अनुमान ठीक नहीं उतर सकता। इसके अतिरिक्त अपनी ही मानसिक स्थिति की सत्ता का ज्ञान अनुमान प्रक्रिया द्वारा होना भी बेतुका है।

निदान—भाव की स्थिति का ज्ञान अनुमान की प्रक्रिया के द्वारा होता है—इस सिद्धान्त से रस अनुमेय सिद्ध नहीं हो सकता। क्योंकि केवल भाव की सत्ता के भाव से रस सर्वथा पृथक् होता है।

विचार—आधुनिक मनोविज्ञान की दृष्टि से ऊपर के लम्बे-चौड़े वाद-विवाद का अधिकांश शब्दों का अपव्यय मात्र जान पड़ेगा। जो ज्ञान (कॉगनीशन) और अनुभूति (फीलिंग) का पार्थक्य जानता है, उसके लिए ऐसे तर्क की कोई आवश्यकता नहीं कि रस एक वस्तु है और भाव का ज्ञान दूसरी वस्तु। रस आनन्द की विशेष स्वरूपवाली अनुभूति है जो तर्क की किसी प्रक्रिया के द्वारा ग्राह्य नहीं है। भ्रान्ति के अधिकांश का हेतु वस्तुतः व्यंजना शब्द के व्यवहार की असावधानी है जिसके द्वारा रस को व्यंग्य कहा है। वस्तु व्यंजना और अलंकार व्यंजना में रस शब्द का व्यवहार किसी तथ्य या वस्तु के ज्ञान की अभिव्यक्ति

की प्रक्रिया बतलाने के लिए होता है। किन्तु रस व्यंजना में व्यंजना से सर्वथा पृथक् प्रक्रिया का बोध कराया जाता है। किसी विशेष भाव का रस के रूप में आस्वाद लेने की अभिव्यक्ति का संकेत इस शब्द से मिलता है। वस्तुतः एक स्थिति में कुशाग्रमति व्यक्ति तथ्य की प्रतीति करनेवाले होते हैं और दूसरी स्थिति में हृदयसम्पन्न (सहृदय) व्यक्ति होते हैं जो व्यंजना का ग्रहण करके रस का आस्वाद लेते हैं। व्यंजना का शाब्दिक अर्थ है–प्रकट करना (प्रकाशन)। 'प्रकाशन' शब्द का अभिप्राय यह है कि जिस वस्तु का प्रकाशन होनेवाला है उसकी सत्ता पहले से ही है किन्तु यह पहले कहा जा चुका है कि अनुभूति के पूर्व रस की सत्ता नहीं होती। श्रोता के मन में प्रसुप्त भावी का प्रकाश रस के रूप में होता है। इसलिए 'प्रकट करना' का अर्थ होगा केवल अनुभूति उत्पन्न करना। इसलिए इस व्यंजना में रस शब्द का व्यवहार बहुत प्रयुक्त नहीं है। 'रसा प्रतीयंते' में 'प्रतीयंते' शब्द को परिष्कृत अर्थ में ग्रहण करना चाहिए। वस्तुतः रस उत्पन्न होता है ज्ञान नहीं कराया जाता। यद्यपि अलंकारशास्त्रियों के सिद्धान्तानुसार रस न तो ज्ञाप्य (जिसका ज्ञान कराया जाए) होता है न कार्य, जो उत्पन्न किया जा सके। किन्तु रस के मार्यत्व के सम्बन्ध में जो आपत्ति उठाई गई है वह आधुनिक मनोविज्ञान की दृष्टि से ग्राह्य नहीं है। यह आपत्ति स्पष्ट इस नैयायिक सिद्धान्त पर स्थित है कि युगपत् ज्ञान असम्भव है। इस सिद्धान्त का साहित्य के क्षेत्र में हाथ बढ़ाना वस्तुतः आलंकारिकों के द्वारा ज्ञान (कॉगनीशन) और अनुभूति (फीलिंग) विषय पारस्परिक विवेक के अभाव से ही हुआ है। वे रस को ज्ञान और प्रतीति दोनों कहते हैं। किन्तु रस भाव की अनुभूति है। और चाहे तो भाव को प्रच्छन्न भाव कह सकते हैं। ज्ञान और अनुभूति दोनों की युगपत् अनुभूति हो सकती है क्योंकि ये दोनों विभिन्न मानसिक प्रक्रियाएँ हैं। भाव (इमोशन), ज्ञान (कॉगनीशन), अनुभूति (फीलिंग) और इच्छा या संकल्प (कोनेशन) का संश्लेष होता है। इसलिए हम बड़े मजे में कह सकते हैं कि विभाव अनुभाव के प्रदर्शन से ऐसे विभाव-प्रभाव के ज्ञान की उत्पत्ति होती है जिसके साथ विशेष प्रच्छन्न या प्रस्तुत भाव की अनुभूति लगी रहती है।

डॉक्टर सतीशचन्द्र विद्याभूषण अलंकारशास्त्र के साथ न्यायशास्त्र से मिश्रण के सम्बन्ध में अपना दुख इन शब्दों में व्यक्त करते हैं–'यह बड़े खेद की बात है कि गत 500 वर्षों से न्याय कानून अलंकारशास्त्र इत्यादि में घुस पड़ा है और इस प्रकार वह ज्ञान की उन शाखाओं के विकास में घातक हो रहा है जिन शाखाओं के आश्रय में ही इसका आरोह और पोषण हुआ है।'

इसलिए यदि व्यंजना किसी तथ्य की व्यंजना करती है तो यही कि व्यंजित भाव की श्रोता या दर्शक के द्वारा रस रूप में अनुभूति होती है। इस प्रकार रस व्यंजना के द्वारा उत्पन्न होता है। भाव की अवस्थिति नायक और नायिका में होती है और रस की अनुभूति श्रोता या दर्शक द्वारा होती है। पात्र के मन में रस नहीं होता जो व्यंजित किया जा सके। इसलिए व्यंजना की प्रक्रिया का विवेचन करने का उचित मार्ग यह है कि इसके द्वारा इस बात की व्यंजना होती है कि भाव श्रोता के द्वारा रस के रूप में अनुभव किया जानेवाला है।

अब वस्तु व्यंजना और अलंकार व्यंजना पर विचार कीजिए। ये भी अनुमेय नहीं हैं। अनुमान में तीन अवयव होते हैं–पक्ष (जिसके सम्बन्ध में कोई बात सिद्ध करनी होती है), सपक्ष (उसके सदृश्य वस्तु) और विपक्ष (उससे पृथक् वस्तु)। 'अग्नियुक्त पर्वत है' उदाहरण में पक्ष=पर्वत, सपक्ष = रसोईघर और विपक्ष = सरोवर। अनुमितिवादी व्यंग्य वस्तु को अनुमेय सिद्ध करने के लिए जो प्रयास करते हैं उसमें 'भगतजी बेधड़क घूमा।'[1] इत्यादि उदाहरण में व्यंग्य वस्तु अनुमान की प्रक्रिया के द्वारा इस प्रकार सिद्ध करते हैं–भगतजी (पक्ष), उनका गोदावरी के सिंहयुक्त तट पर न घूमना (काम्य), क्योंकि घूमनेवाला भीरु है, तट पर सिंह है (हेतु)। अन्य भीरु ऐसे स्थान पर नहीं घूमा करते।

यहाँ भी हेतु व्यभिचारी है अर्थात् साध्य के साथ-साथ अनिवार्य रूप से रहनेवाला नहीं है। यह नहीं कहा जा सकता कि भीरु व्यक्ति कभी भयप्रद पदार्थ के समीप जाते ही नहीं। वे गुरुजन के आदेश अथवा उमंग से प्रेरित होकर कभी-कभी ऐसा कर सकते हैं। भीरु व्यक्ति स्वेच्छापूर्वक ऐसे स्थानों में नहीं जाएँगे–यह तर्क ग्राह्य नहीं है। यह कथन भी सत्य नहीं हो सकता कि सिंह भी तट पर रहता है क्योंकि ऐसा कहनेवाली कुलटा है। इसलिए हेतु सन्दिग्ध है। दूसरा उदाहरण लीजिए–'मैं अकेले तमाल के कुंजों से ढके नदी तट पर पानी लेने जाती हूँ खरोंट लगे तो लगे।' इस उदाहरण में इस व्यंग्य वस्तु का अनुमान कि कहनेवाली प्रिय से मिलने जा रही है, ठीक नहीं है। क्योंकि एकान्त स्थान में अकेले जाना और इस सम्भावना से जाना कि 'शरीर में खरोंट लग जाएगी'[2] ऐसे अनुमान के लिए पुष्ट तर्क नहीं है। यह सम्भव है कि वह वहाँ बड़े विचार से अपने पति की सेवा करने जा रही हो।

व्यंग्य अलंकार भी अनुमेय नहीं है। यह उदाहरण लीजिए–'जलक्रीड़ा के समय चंचल हथेलियों से बार-बार राधा के मुख को ढाँककर-खोलकर चक्रवाक के जोड़े का संयोग और वियोग करनेवाले कौतुकी कृष्ण संसार की रक्षा करें।'[3] यहाँ व्यंग्य अलंकार रूपक (मुखचन्द्र) है। इसको अनुमान से उपलब्ध करने के लिए कोई इस प्रकार अनुमान की प्रक्रिया दिखाएगा–

मुख चन्द्रमा है–प्रतिज्ञा (मेजर टर्म या प्रॉपोजीशन)। क्योंकि जब यह दृश्य रहता है तो चक्रवाक के जोड़े का वियोग और जब यह दृश्य नहीं रहता है तब उनके संयोग का कारण होता है–हेतु (मिडिल टर्म या रीजन), हेतु अनैकांतिक है। उनके वियोग के लिए चन्द्रमा के अतिरिक्त और भी सम्भाव्य हेतु हो सकते हैं (जैसे व्याध को देखना)।

विचार–यह ध्यान देने योग्य है कि लेखक (साहित्यदर्पणकार) ने वस्तु व्यंजना या अलंकार व्यंजना के सम्बन्ध में जो दोनों ही वस्तुतः किसी तथ्य की व्यंजना होती हैं, अनुमेयत्व को असिद्ध करने के लिए उचित मार्ग का अवलम्बन नहीं किया है। वस्तुतः

---

1. देखिए ऊपर, पृ. 319
2. देखिए ऊपर, पृ. 321
3. जलकेलितरलकरतलमुक्त पुनः पिहित राधिकावदनः।
   जगदवतु कोकयूनो विघटनसंघटनकौतुकी कृष्णः॥ —साहित्यदर्पण, पृ. 216

पूर्वोक्त दोनों उदाहरणों में व्यंग्य अर्थ का पता देनेवाली परम्परा है। इनकी परीक्षा की जाए। पहले उदाहरण में साध्य या प्रॉपोजीशन 'गोदावरी के तट पर घूमना' नहीं है, प्रत्युत नायिका की इच्छा कि 'भगतजी गोदावरी तट पर न घूमें' है। काव्य परम्परा से परिचित व्यक्ति के लिए एकान्त नदी तट पर कुंज शब्द का संकेत ही पर्याप्त है। इसके द्वारा वह तुरन्त इस बात से अवगत हो जाता है कि कहनेवाली कुलटा या कम-से-कम परकीया है और इस अभिप्राय को समझ लेने में पूरी सहायता मिलती है। हम प्रतिज्ञा को यों रख सकते हैं–नायिका चाहती है कि 'भगतजी तट पर घूमना छोड़ दें।' इसे अनुमान चक्र के रूप में यों रख सकते हैं–

नायिका चाहती है आदि–प्रतिज्ञा।

क्योंकि वह अपने प्रिय से वहाँ मिलती है–हेतु।

जो अपने पति से मिलना चाहती है वह यह चाहती है कि कोई बाधा न हो–अप्लिकेशन।

इसी से वह चाहती है इत्यादि–उपसंहार।

'वह कुलटा या परकीया है' यह भी अनुमान से जाना जा सकता है।

वह परकीया है–प्रतिज्ञा या साध्य।

साहित्य में परकीया सहेट में प्रिय से मिलती है, यह भी सहेट में मिलना चाहती है–अप्लिकेशन।

इसलिए वह परकीया या कुलटा है–उपसंहार।

यही बात दूसरे उदाहरण के सम्बन्ध में भी कही जा सकती है। यदि ये वाक्य सीता के मुख से कहलाए जाएँ तो उक्त व्यंग्य नहीं रह जाता। परम्परा (आप्तोपदेश) से वक्ता के चरित्र, प्रकरण इत्यादि का पता चलता है जो मुक्तक में अकथित हुआ करते हैं। इस प्रकार इनमें वही मानसिक प्रक्रिया दिखाई देती है जो अनुमान की होती है। उस प्रक्रिया का परिणाम ठीक-ठीक अनुमान तक पहुँच सकता है कि नहीं यह पृथक् ही विचारणीय प्रश्न है। यह वस्तुतः व्यावहारिक अनुमान है, चाहे सदा सैद्धान्तिक शुद्ध अनुभाव न हो।

उदाहरण–1. 'इस समय एक पत्ती नहीं हिलती है।' इससे वायु का अभावातिशय व्यंजित होता है। यह शेषवत् अनुमान का अच्छा उदाहरण होगा।

2. 'देखो मृग कैसे निर्द्वन्द्व और निश्चेष्ट बैठे हैं।'–यहाँ निर्जनत्व का अतिशय व्यंजित होता है जो व्यावहारिक अनुमान है। यह विशुद्ध अनुमान नहीं है। क्योंकि यह सम्भव है कि मृगों ने झाड़ियों में छिपे व्याध को न देखा हो। चाहे व्यावहारिक अनुमान हो चाहे विशुद्ध सैद्धान्तिक अनुमान, मानसिक प्रक्रिया दोनों में एक ही प्रकार की हुआ करती है। अनुमान और काव्य की वस्तु व्यंजना में एक अन्तर बहुत स्पष्ट है। वस्तु व्यंजना में वक्ता की दृष्टि में रहनेवाला अर्थ प्रमुख होता है। न्याय की विशुद्ध पद्धति से वह अपनी बात नहीं कहता। दूसरे शब्द में काव्यगत व्यंजना में वक्ता का विचार ही व्यंग्य हुआ करता है। वस्तु व्यंजना और अनुमान के असादृश्य का तात्पर्य यों समझना चाहिए कि व्यावहारिक अनुमान से जिस व्यंग्य वस्तु की उपलब्धि होती है वह सामान्यतया घटित

होनेवाली घटना पर आश्रित होती है। दूरारूढ़ सम्भाव्यताओं का विचार करने वह नहीं जाती : शक्त्युद्भव ध्वनि में भी व्यंजित सादृश्य तक एक प्रकार के अनुमान से ही हम पहुँचते हैं। वहाँ दूसरे अर्थों के बीच तर्कगत सम्बन्ध ही हेतु हुआ करता है।

जो यह कहते हैं कि रस ज्ञान स्मृति है—उनका कहना भी ठीक नहीं। क्योंकि उनका कथन इस बात पर आश्रित है कि स्मृति की भाँति रस ज्ञान भी वासनासंस्कार की पूर्व सत्ता से होता है। चूँकि संस्कार प्रत्यभिज्ञा भी (अतीत में देखे हुए पदार्थ का वर्तमान काल में देखे जानेवाले पदार्थ के सादृश्य का ज्ञान अर्थात् यह वही वस्तु है) जगाता है, इसलिए हेतु व्यभिचारी है। जो लोग यह मानते हैं कि प्रत्यभिज्ञा का उदय स्मृति से होता है, संस्कार या वासना से नहीं, इसलिए वह संस्कार से भिन्न वस्तु है, उसके सम्बन्ध में यह आपत्ति नहीं की जा सकती।

5

रस निर्णय

सहृदय पुरुषों के हृदय में वासना रूप में स्थित रति आदि स्थायी भाव ही विभाव, अनुभाव और संचारी के द्वारा अभिव्यक्त होकर रस के स्वरूप को प्राप्त होते हैं।[1]

इससे प्रकट है कि सहृदय पुरुषों के हृदय में प्रसुप्त भाव ही रस का रूप धारण करते हैं, जब वे विभाव आदि के द्वारा व्यंजित किए जाते हैं। किसी के हृदय में भाव का व्यक्त होना वस्तुतः उस भाव की अनुभूति के अतिरिक्त और कुछ नहीं है। इसलिए इस बात को हम और स्पष्ट रूप में यों कह सकते हैं कि विभाव-अनुभाव और संचारी भाव के प्रदर्शन द्वारा भाव की अनुभूति श्रोता या दर्शक के हृदय में रस रूप में उत्पन्न होती है। रस विभाव अनुभाव के संयोग से उसी प्रकार उत्पन्न होता है जिस प्रकार दूध और मट्ठा या जमाव के मिश्रण से दही उत्पन्न होता है (दध्यादि न्याय)। अब यह प्रश्न उठता है कि संयोग की यह प्रक्रिया कहाँ होती है। यह श्रोता या दर्शक के हृदय में होती है। किन्तु विभाव और अनुभाव श्रोता के मन में केवल ज्ञान के रूप में भी अवस्थित रहते हैं। इसलिए और विशुद्ध रूप में हम यों कह सकते हैं कि विभाव अनुभाव के ज्ञान से रस नामक अनुभूति उत्पन्न होती है :

रस की आनन्दानुभूति उस समय होती है जब सत्व का उद्रेकसत्वोद्रेकात् होता है और रजस्, तमस् दब जाते हैं। रस वस्तुतः अनुभूति है, अनुभूति का विषय नहीं। देखिए पृ. 337।

यदि रस आनन्द की अनुभूति है तो करुण, बीभत्स को रस कैसे कहा जाए। इनके लिए दिए गए तर्क सन्तोषप्रद नहीं हैं। मनोवैज्ञानिक अनुभूति को क्रीड़ा वृत्ति मानते हैं। श्रम और जलक्रीड़ा की वृत्ति में स्वतः प्रवर्तित होते हैं तब उनकी अनुभूति आनन्दस्वरूप होती है।

---

1. देखिए साहित्यदर्पण, पृ. 60

किसी पात्र के आलम्बन का प्रदर्शन भाव की अनुभूति रस के रूप में कैसे उत्पन्न कर सकता है। सामान्यता की प्रक्रिया से जिसे साधारणीकरण कहते हैं, श्रोता या दर्शक का पात्र के साथ तादात्म्य हो जाता है। भावों की अनुभूति प्रदर्शित विशिष्ट विषयों के साथ नहीं होती, प्रत्युत साधारण रूप में होती है। रसानुभूतिकाल में श्रोता इस बात का विचार करने नहीं जाता कि भाव मेरे हैं या दूसरे के।

रसचक्र

(1) पूर्ण रस = श्रोता का आलम्बन वही जो आश्रय का (भावात्मक)।

(2) मध्यम रस = श्रोता का आलम्बन आश्रय स्वयं। श्रोता के औत्सुक्य का (कल्पनात्मक)।

अनौचित्य को रसाभास माना है किन्तु अनुपयुक्त को नहीं। द्वितीय चरित्र चित्रण में बड़े मजे में प्रयुक्त हो सकता है। अधिकतर परम्पराभुक्त रचनाओं में बेढंगा प्रयोग हुआ है जिससे न तो उच्चकोटि की कोई अनुभूति ही होती है और न कल्पना को ही कोई सहारा मिलता है। कल्पनात्मक विधान से भी उराग की उत्पत्ति होती है पर अप्रत्यक्ष रूप में।

कुछ लोग कल्पनात्मक पक्ष पर ही जोर देते हैं और कुछ भावात्मक पक्ष पर। इसका समाधान इस प्रश्न के उत्तर से हो सकता है कि नाना प्रकार के दृश्य पदार्थ हमारी अनुभूति जगाया करते हैं या अपनी अनुभूति का चरितार्थ करने के लिए हम ही उन्हें देखना चाहते हैं।

प्रश्न–कुरूप स्त्री के प्रति आत्मत्यागमूलक प्रेम के सम्बन्ध में क्या कहा जाएगा जैसा फारसी के आख्यानों में मजनूँ का लैला के प्रति था ?

उत्तर–पात्र में प्रदर्शित अनुभूति की गहराई अप्रत्यक्ष रूप से अपना प्रभाव डालती है।

साधारणीकरण की दो प्रकार की व्याख्याएँ सम्भव हो सकती हैं–(1) आश्रय के साथ तादात्म्य, (2) आलम्बन का सामान्य रूप से कथन। आलंकारिक लोग कदाचित् दूसरा मत मानते थे। उनकी दृष्टि रति भाव तक ही परिमित थी। क्योंकि इस दृष्टि से उसका स्वरूप विशिष्ट होता है।

प्रलय संचारी है, सात्विक नहीं।

अनुभावों के भेदों (कायिक, मानसिक इत्यादि) में से मानसिक को पृथक् कर देना चाहिए। प्राचीनों ने यह भेद नहीं माना है। उद्दीपन दो प्रकार के होते हैं–आलम्बन और आलम्बन बाह्य।

अनुभाव–

शृंगार–भृकुटिभंग, आलिंगन, चुम्बन आदि।

हास्य–आँखों का सुकड़ना, मुख का दाँत का खुलना, आँसू।

करुणा–भूपतन, रोदन, विवर्णता, उच्छ्वास, स्तम्भ, प्रलाप, दैवनिन्दा।

रौद्र–लाल आँखें, भृकुटी चढ़ाना, दाँत पीसना, ओंठ चबाना, मुँह लाल होना, उग्रवचन, शस्त्र उठाना, झपटना, गर्जन-तर्जन, अपनी प्रशंसा।

वीर–पुलक।

भयानक–स्वेद, कम्प, वैवर्ण्य, रोमांच, स्तम्भ अदि।

बीभत्स–थूकना, मुँह फेरना, नाक सुकोड़ना।

अदभुत–स्तम्भ, स्वेद, रोमांच।

अनुभाव–कायिक और सात्विक। सात्विक अनुभाव–स्तम्भ, स्वेद, रोमांच, स्वरभंग, कम्प, अश्रु, वैवर्ण्य, प्रलय। voluntary and Involuntary (ऐच्छिक और अनैच्छिक या सात्विक)

नायिकाओं के अलंकार 28 होते हैं–

अंगज–भाव, हाव, हेला।

अयत्नज–शोभा, क्रान्ति, दीप्त, माधुर्य, प्रगल्भता, औदार्य, धैर्य।

सयत्नजकृतिसाध्य–लीला, विलास, विच्छित्ति, विब्वोक, किलकिंचित्, मोट्टायित, कुट्टमित, विभ्रम, ललित, मद, विहृत, तपन, मौग्ध्य, विक्षेप, कुतूहल, हसित, चकित, केलि।

उक्ताः स्त्रीणामलंकाराः अङ्गजाश्च स्वभावजाः।

संचारी–निर्वेद, आवेग, दैन्य, श्रम, मद, जड़ता, उग्रता, मोह, विबोध, स्वप्न, अपस्मार, गर्व, मरण, अलसता, अमर्ष, निद्रा, अवहित्था, औत्सुक्य, उन्माद, शंका, स्मृति, मति, व्याधि, संत्रास, लज्जा, हर्ष, असूया, विषाद, धृति, चपलता, ग्लानि, चिन्ता, वितर्क।

अंगज–भाव (प्रथम प्रेम विकार के लक्षण दिखाई देना)। यह वही कुमारी है, किन्तु इसका मन कुछ और ही दिखाई देता है।

हाव–भृकुटी, नेत्रादि के किंचित् या अल्प विकार से सम्भोगेच्छा प्रकाश।

हेला–भृकुटी, नेत्रादि के अधिक विकार से अभिलाषा का अधिक स्फुट होना।

लीला–वेष, अलंकार, वचन आदि में प्रियतम का अनुकरण।

विलास–प्रिय के दर्शन से गति, स्थिति आदि तथा मुख, नेत्रादि के व्यापारों की विलक्षणता।

विच्छित्ति–कान्ति को बढ़ानेवाली कुछ वेशरचना।

विब्वोक–अति गर्व के कारण अभिलषित वस्तु का भी अनादर प्रकट करना।

किलकिंचित्–अति प्रिय वस्तु के मिलने पर हर्ष, हास, अकारण रोदन, कुछ त्रास, कुछ क्रोध, कुछ श्रमादि का विचित्र मिश्रण।

मोट्टायित–प्रियतम की कथा में अनुराग दिखाई पड़ना।

कुट्टमित–अंग स्पर्श के समय भीतर हर्ष होने पर भी बाहरी घबराहट प्रकट करना, हाथ-पैर हिलाना आदि।

विभ्रम–प्रिय के आगमन या मिल जाने के हर्षातिरेक से वस्त्राभूषण आदि का और स्थान पर पहनना।

ललित–अंगों को सुकुमारता से रखना (नजाकत)।

मद–सौभाग्य, यौवन आदि का गर्वप्रदर्शन।

कुट्ट–To abuse, to bruise, grind (कुट्ट=निन्दा करना।)

किल–Trifle to Play (किल=क्रीड़ा।)

The distinction between करुण रस and करुण विप्रलम्भ–

In करुण विप्रलम्भ there is a hope of the deceased beloved coming into life by some agency : if where there is no such hope, there is करूण रस।

(करुण रस और करुण विप्रलम्भ में अन्तर–करुण विप्रलम्भ में किसी शक्ति के द्वारा मृत प्रिय के फिर से जीवित होने की आशा रहती है। यदि कहीं इस प्रकार की आशा न हो तो करुण रस हो जाता है।)

परिशिष्ट

(क)

उद्धरण के लिए उदाहरण
(Examples for Quotation)

(1) कई मनोविकारों की स्वच्छन्द योजना–"देखो दशरथ रामचन्द्र को यौवराज्य देना चाहते हैं सो मैं अथाह भय में डूबी दुख और शोक से युक्त हो, और आग से जलाई जाती-सी हो तेरे हित के लिए यहाँ आई हूँ।"[1] –अयोध्या 7

(2) ईर्ष्या के कारण क्रोध की उत्पत्ति–"ऐसा धात्री का वचन सुन कुब्जा अत्यन्त डाह से उस कैलास शृंग सदृश प्रासाद पर से उतरी। उस काल में वह पापदृष्टि दासी जो क्रोध से जली जाती थी कैकेयी के पास जो सोती थी, जाकर बोली।"[2] (वही)

(3) एक विषय में किसी के प्रति कोई भाव उत्पन्न होने से उसके सम्बन्धी अन्य विषयों के प्रति भी प्रायः वैसा ही भाव उत्पन्न हो जाता है। वाल्मीकिजी ने कैकेयी के द्वारा इसका बड़ा विनोदपूर्ण उदाहरण खड़ा किया है। मन्थरा ने जब कैकेयी के हृदय में अपने प्रति सुहृद्भाव उत्पन्न कर लिया तब कैकेयी कहती है–

"एक तुझे छोड़ और सब टेढ़े अंग-भंग-युक्त और परम पापिष्ठ हैं और तू वायु से झुके कमल के समान प्रियदर्शना है। तेरा वक्षस्थल स्कन्धपर्यन्त इस मौत के लोंदे से भरा और ऊँचा है, और नीचे सुन्दर नाभि से युक्त उदर वक्षःस्थल से मानो लज्जित होकर शान्त अर्थात् धँसा हुआ है...तेरा मुख विमलचन्द्र के तुल्य है" इत्यादि।[3]–अयोध्या 9

---

1. अक्षयं सुमहद्देवि प्रवृत्तं त्वद्विमाशनम्।
   रामं दशरथो राजा यौवराज्येभिषेक्ष्यति ॥ 20 ॥
   सात्म्यगाधे भये मग्ना दुखशोकसमन्विता।
   दह्यमानानलेनेव त्वद्धितार्थमिहागता ॥ 21 ॥ (वाल्मीकीय रामायण)
2. धात्र्यास्तु वचनं श्रुत्वा कुब्जा क्षिप्रममर्षिता।
   कैलासशिखराकारात्प्रसादादवरोहत ॥ 14 ॥
   सा दह्यमाना क्रोधेन मंथरा पापदर्शिनी।
   शयानामेव कैकेयीमिदं वचनमब्रवीत् ॥ 13 ॥ (वही)
3. नाहं समवबुद्ध्ययं कुब्जे राज्ञश्चिकीर्षितम्।
   सन्ति दुर्संस्थिता कुब्जे वक्रः परमपापिकाः॥ 40 ॥

(4) "अब उस काल में नराधिप अमर्ष से 'अहो ! धिक्कार है !' ऐसा वचन कह फिर शोक से मूर्छित हो गए। फिर कुछ अधिक विलम्ब में संज्ञा को प्राप्त हो अति दुखित हुए, तदनन्तर क्रुद्ध हो तेज से जलते हुए कैकेयी से बोले।"[1]–अयोध्या 12

प्रधान भाव या प्रधान भाव संचारी–

(5) "हे नक्षत्रों से भूषित रात्रि ! मैं तेरा प्रभात नहीं चाहती।"[2]–अयोध्या 13

(6) सांगरूपक–"हे राम ! मेरे मन से उत्पन्न यह शोक रूप अग्नि जो तुम्हारे अदर्शन रूप वायु से बढ़कर, विलाप दुख रूप ईंधन से और आँसू रूप घृत से प्रदीप्त और चिन्ता श्रम धूम से पूर्ण है मुझे भस्म कर देगी।"[3]–अयोध्या 24

(7) रति-भाव का अमर्ष–"ऐसा राम का वचन सुन प्रियवादिनी वैदेही प्रेमपूर्वक क्रुद्ध हो पति से बोली।"[4]–अध्याय 27

Add (जोड़िए)–'कोकिल कंठ' कहकर कवि कोकिल की वर्ण आकृति की कल्पना जगाना नहीं चाहता। मधुर स्वर की कल्पना जगाना चाहता है।

→ त्व पद्ममिव वातेन संनता प्रियदर्शना।
उरस्तेऽभिनिविष्ट वै यावत्स्कधात्समुन्नतम् ॥ 41 ॥
अधस्ताच्चोदरं शान्त सुनाभमिव लज्जितम् ॥ 42 ॥
विमलेन्दुसम पक्त्रमहो राजसि मन्थरे ॥ 43 ॥ (वही)

1. मण्डले पन्नगो रुद्धो मन्त्रैरिव महाविषः।
अहोधिगिति सामर्षो वाचमुक्त्वा नराधिपः ॥ 5 ॥
मोहमापेदिवान्भूयः शोकोपहतचेतनः।
चिरेण तु नृपः संज्ञां प्रतिलभ्य सुदुःखितः ॥ 6 ॥ (वही)

2. न प्रभात त्वयेच्छामि निशे नक्षत्रभूषिते ॥ 7 ॥ (वही)

3. अयं तु मामात्मभवस्तवादर्शनमारुतः।
विलापदु : खसमिधो रुदिताश्रुहुता हुतिः ॥ 6 ॥
चिन्तावाष्पमहाधूमस्तवागमनचिन्तजः।
कर्शयित्वाधिकं पुत्र निःश्वासायाससंभवः ॥ 7 ॥
त्वया विहीनामिह मां शोकाग्निरतुलो महान्
प्रधक्ष्यति यथा कक्ष्यं चित्रभानुर्हिमात्यये ॥ 8 ॥ (वही)

4. एवमुक्ता तु वैदेही बियार्हा प्रियवादिनी।
प्रणयादेव सक्रुद्धा भर्तारभिदमब्रवीत् ॥ 1 ॥ (वही)

(ख)
काव्यवाली पुस्तक के लिए मनोविज्ञान सम्बन्धी टिप्पणियाँ

मन के संघटन के नियम–बृहत् और लघु चक्र; पहले में दूसरा भी अवस्थित रहता है। प्रवृत्तियाँ और जीवनवेग भाव के अन्तर्गत हैं। भाव स्थायीभाव के अन्तर्गत हैं। भावों और स्थायीभावों के चक्र के शासन के अन्तर्गत केवल संस्कार ही नहीं, विचार भी आते हैं अर्थात् बुद्धि, इन्द्रियवेग और मनोवेग। पहला बाहृय के बदले आभ्यन्तर प्रेरणा से जगता है। उसकी व्यवस्थित संघटना होती है और वह उत्तेजित होता है। लघु चक्र के अन्तर्गत बुभुक्षा और काम के जीवनवेग आते हैं। आवश्यकताओं और आकांक्षाओं के वेग भी इसी के अन्तर्गत आएँगे। जैसे विश्राम और शयन के वेग। (इंपल्सेज=जीवनवेग। एपिटाइट्स=इन्द्रियवेग। इमोशंस्=मनोवेग या भाव। सेंटिमेंट्स=स्थायीभाव।) स्थायीभाव में भाव अन्तर्भुक्त हैं और भावों में सम्बद्ध संस्कार, जैसे भय में भागने का संस्कार (इंस्टिक्ट=संस्कार। टेंडेंसी=प्रवृत्ति); आत्मदर्शन और आत्माभिभव के वेग।

मूल भाव–भय, क्रोध, ग्लानि, हर्ष, दुख। जिज्ञासा में यद्यपि जीवनवेग के अधिक लक्षण हैं फिर भी इसे मनोवेग कहते हैं। हर्ष और दुख के अन्तर्गत यदि संस्कार नहीं तो सूक्ष्म प्रवृत्तियाँ अवश्य होती हैं। पहले से रहनेवाली किन्हीं प्रक्रियाओं की रक्षा शिशु के द्वारा स्तन (चूचुक) की खोज और उसका पान बुभुक्षा के संस्कार या इन्द्रियवेग हैं। तब तक पीते रहना जब तक सुख की अनुभूति होती है–यह हर्ष भाव की प्रवृत्ति है। इस प्रकार हर्ष और खेद या तो (1) किसी दूसरे जीवनवेग के अनुवर्ती हैं अथवा (2) नहीं। दूसरे के उदाहरण भद्दे और सुन्दर आलम्बनों में मिल सकते हैं।

क्रोध, भय; हर्ष और दुख एक-दूसरे से सूक्ष्मतया सम्बद्ध भी हैं।

स्थायीभावों का चक्र

प्रेम–आलम्बन और परिणय के अनुरूप इच्छारहित कर्म और इच्छारहित चरित्र; भाव के विशेष स्वरूप के अनुरूप नहीं।

दो अत्यन्त विपरीत प्रकार–(1) आत्मरक्षा की प्रवृत्ति (2) जातिरक्षा की प्रवृत्ति। (3) यद्यपि बच्चों का भरण-पोषण करते हुए माता अपने जीवनवेग की परितुष्टि भी करती है किन्तु उसका यह संस्कार इच्छारहित होता है। इसलिए करुणा को इच्छारहित प्रेरणा न मानना चाहिए, जैसा सामान्यतया माना जाता है।

राग और द्वेष एकाकी भाव नहीं हैं। स्पेंसर ने कामवृत्तिमूलक प्रेम या संस्कार के संयोजकों के अन्तर्गत राग, प्रशंसा, रक्षा का आनन्द इत्यादि-इत्यादि की गणना की है। किन्तु प्रेम संयुक्त अनुभूति नहीं है प्रत्युत एक चक्र है, जिसके अन्तर्गत भिन्न-भिन्न अनुभूतियाँ और भाव संघटित हैं। दाम्पत्य रति और वात्सल्य रति के अन्तर्गत और सब प्रकार के रति भाव आ जाते हैं। स्थायीभाव एक व्यक्ति से दूसरे में भाव की अपेक्षा कहीं अधिक परिवर्तित रूप में रहते हैं। स्थायीभावों के द्वारा व्यक्ति अधिकाधिक आत्मावलम्बन की स्थिति में हो जाता है। उनमें एक प्रकार की दृढ़ता आ जाती है। उनमें से अत्यन्त प्रमुख ये हैं–

आत्मानुरक्ति जिसके अन्तर्गत भाव ही नहीं स्थायीभाव भी आते हैं। किन्तु स्थायीभाव हैं अहंकार, अपमान, लालसा, धनलाभ, इन्द्रियासक्ति या रति, कामसुख।

ये सापेक्षिक स्थायी वृत्तियाँ वे ही हैं जिन्हें हम स्थायीभाव कहते हैं–एंजिल। अमूर्त और मूर्त; जैसे सत्य विज्ञान या कला का प्रेम और गुरुजनों के प्रति प्रेम या श्रद्धा।–वही।

अनुभूति और राग–राग में हमारी चेतना की अवस्था का अनुकूल और प्रतिकूल तत्व या पक्ष। पूर्णरूपेण सम्मिश्र अवस्था, जब यह घटित होता है, संवेदनात्मक और बोधात्मक तत्वों से युक्त अनुभूति है। वुंट और सोयी ने उत्तेजना और शम की निरर्थक योजना की है। क्योंकि वे अनुभूति नहीं विशेषताएँ हैं, जो चेतना की साधारण क्रिया से संलग्न हैं। जब हम बहुत उत्तेजित होते हैं तब हमारे स्नायु कड़े पड़ जाते हैं और हमारा श्वास-प्रश्वास असाधारण हो जाता है। सौन्दर्यानुगत स्पन्दनातिशय के अभाव में जब स्नायविक शान्ति रहती है तब हमारी चेतना प्रक्रियाओं में परिवर्तन की गहनता और द्रुतता की चेतना बनी रहती है। ज्ञानात्मक मार्गों से हमें इन विशेषताओं का पता चल जाता है।

क्या रागात्मक स्मृति भी होती है ? हम कह सकते हैं कि किसी निश्चित समय पर हमने हर्ष या पीड़ा का अनुभव किया। किन्तु हम राग को इतने स्पष्ट रूप में स्मरण नहीं कर सकते, जैसे हम घटनाओं और दृश्यों को स्मरण कर सकते हैं।

शेली का प्रभाव–शेली के संगीत ने जब विश्व को विमुग्ध करना आरम्भ किया तो कतिपय कवि इस सिद्धान्त पर कार्य कर चले कि हममें और इतर मानव जाति में निश्चय ही महान् अन्तर है। उनका सिद्धान्त था कि दूसरी दुनिया के पक्षी हैं और यथाशक्य गान ही करने के लिए हैं। इसे यों भी कह सकते हैं कि काव्यक्षेत्र अचरज से भरा और भड़कीला पागलखाना हो गया था। अलेक्जेंडर की महत्वाकांक्षा यह थी–

'काव्य का व्यवहार वैसा ही हो जैसे केतु उदय से सुप्त रजनी का साम्राज्य जगमगा उठता है।'

वेली, डोवेल, स्मिथ प्रकृत लोक के प्राणी थे, उन्माद लोक के नहीं। पर उन्होंने उन्माद को उत्तेजित ही किया। शेली के अनुयायी जिस उच्च लोक का हमारे अधोलोक के लिए गायन कर रहे थे उसका नाम वेली ने 'नकुत्रापि' (नो ह्वेअर–कहीं नहीं) रखा था। बेली का 'घेस्टस' और ब्राउनिंग का 'सारडेला' इस 'नकुत्रापि (कहीं नहीं)' काव्य के उदाहरण हैं।

काव्यकला के भेद–कल्पना के दो प्रकार–(1) नाटकीय कल्पना, (2) प्रगीतात्मक या अन्तर्भावात्मक कल्पना। तदनुसार कवि लोग या तो सापेक्ष दृष्टि के होते हैं या निरपेक्ष दृष्टि के।

(1) प्रगीत या सापेक्ष दृष्टि–(क) शुद्ध प्रगीतकार एक ही वाणी और एक ही स्वर का गान कर सकते हैं अर्थात् वे अपनी ही अनुभूतियों एवं अपने ही भावों से परिप्लुत रहते हैं और चतुर्दिक् व्याप्त विश्वदर्शन नहीं कर पाते।

(ख) प्रबन्धकार कवि एक ही वाणी से अनेक स्वरों का गान कर सकता है। उसमें विस्तृत कल्पना होती है फिर भी वह सापेक्ष और अहंभावात्मक होती है। वह सर्वभूत में आत्मभूत को लीन करके उसकी कल्पना करता है। वह अपने ही अहम् को अनेक रूपों में परिवर्तित कर लेता है कोई दूसरा अहम् नहीं निर्मित करता।

अधिकतर प्रबन्धकार और नाटककार इसी श्रेणी के अन्तर्गत हैं। समग्र एशियाई कवि एवं भारतीय नाटककार भी सापेक्ष दृष्टिसम्पन्न ही थे।

(2) निरपेक्ष या यथार्थ नाटकीय दृष्टि–केवल सच्चे नाटककार ही अपने व्यक्तित्व से सर्वथा स्वच्छन्द चरित्रों की सृष्टि कर सकते हैं। वे ऐसे सामान्य चरित्रों की सृष्टि करने में नहीं लगते जो अपने ही रूप को भिन्न-भिन्न परिस्थितियों में ढालने से बनते हैं, प्रत्युत वे ऐसे प्राणियों की सृष्टि करते हैं जो उनसे सर्वथा पृथक् होते हैं।

अरस्तू–काव्य का अपरिहार्य आधार आविष्कार है। उसने कार्यव्यापार के संविधान को ही मुख्य माना है। उसकी धारणा के अन्तर्गत समस्त कल्पनाप्रसूत साहित्य आ जाता है, चाहे वह गद्य में हो या पद्य में। उसने कविता को प्रकृति के तथ्यों की कल्पना कहा है।

अफलातून–कविता को मनुष्य के स्वप्नों की कल्पना समझता है। अरस्तू और अफलातून दोनों ने पद्यबद्धता को कम महत्व दिया है। दोनों ने आकार की वस्तु पर अधिक जोर दिया है।

डिस्नीसियस–ने उक्त मत का प्रतिपादन किया और इस मत की स्थापना की कि कविता का मूलतः रीति (शैली) से सम्बन्ध है।

आधुनिक समीक्षकों ने पद्यबद्धता को तात्विक माना है। हीगल (ऐस्थिक) तो यहाँ तक कहते हैं कि छन्द कविता के लिए अनिवार्य और मुख्य शर्त है, यह आलंकारिक चित्रोपम पदावली से कहीं विशेष आवश्यक है।

'काव्यकला का विशिष्ट विधान यह है कि विषय जितना ही आसक्तिपूर्ण, वेगमय या काल्पनिक होगा उतनी ही सावधानी से कविकर्म के विशुद्ध कौशल मात्र से बचने की आवश्यकता होगी। इस नियम का आविष्कार मनुष्य ने नहीं किया है प्रत्युत इसका आधार प्रकृति के नियम हैं।'

काव्यात्मक कल्पना–कवि और ही प्रकार की दृष्टि से जीवन को देखता है, उनसे मानव जीवन का रूपान्तर हो जाता है तथा वह उच्च हो जाता है। जो ज्योति जल या स्थल पर कभी नहीं दिखाई पड़ी उसे कवि के नेत्र प्रत्यक्ष देखते रहते हैं। कवि ही ऐसा है जिसने जगत् को भड़कीले स्वर्ण देश की भावना से कभी नहीं देखा।

यथार्थवाद–शेली और कीट्स में यथार्थवाद का स्पर्श मात्र है। उनमें जीवन की मुखाकृति के लिए प्रेमपूर्ण नेत्रों का पता नहीं चलता, चाहे वह जीवन प्रकृति का हो चाहे मनुष्य का, वह भी ऐसी स्थिति में जब कि साधारण-से-साधारण कवियों में यह ललक मिलती है। केवल काव्यसाधन पर ही उनका अनन्य साधारण अधिकार है और इससे काव्य का अनुशीलन ललित कला के रूप में करने की उत्कट साध अवश्य उदित होती है किन्तु प्रकृति या मनुष्य का अनुशीलन करने के लिए उसमें बहुत ही कम आकर्षण बच रहता है। यही दूसरे प्रकार का अनुशीलन ऐसा है जिसमें दोनों प्रकार के कवियों की समस्त शक्तियों का सामंजस्य घटित हो सकता है।

यथार्थवाद कवि के लिए केवल विहित ही नहीं है प्रत्युत उसमें तब तक इसकी तात्त्विक जिज्ञासा होनी चाहिए जब तक वह उस उच्च दशा में नहीं पहुँच जाता, जहाँ पहुँचकर वह अपने व्यावहारिक जीवन और काव्य के वर्ण्य स्वर्ग में कोई अन्तर न पाए।

अन्य कलाओं की दृष्टि से काव्य की स्थिति–यवनान देश की इस प्राचीन उक्ति से कि 'काव्य मुखर चित्र है और आलेख (चित्र) मौन काव्य' से आधुनिक चित्र की अति के दोष का समाधान कुछ दूर तक हो जाता है। इस कथन की अवज्ञा करके यवनानियों ने काव्य का अनुशीलन संगीत और नृत्य के साहचर्य से किया, वही काव्यकला 'निर्माण' कही जाने के बहुत पहले से 'गायन' कही जाती रही है।

किन्तु कवियों की शब्दजन्य लय संगीत से पृथक् वस्तु है। वह संगीत के नियमों से शासित भी नहीं होती, भले ही लयप्रेमी कवि निरपेक्ष संगीत के लिए बहरे ही रहे हों, कुछ ने तो उसके प्रति अरुचि ही दिखलाई है। काव्य में आकार के प्रति उल्लास के अन्तर्गत प्रधान है आकांक्षा और उस आकांक्षा की पूर्ति। यह सतुकान्त पद्यों से बहुत स्पष्ट हो जाता है। मुक्त छन्द में भी कवि की लय में यह तत्त्व ही काम करता है।

(ग)

I

OBJECT OF POETRY–अर्थ, धर्म, काम, मोक्ष की प्राप्ति सुख से, अल्प बुद्धिवालों को भी, परिपक्व बुद्धिवाले फिर काव्यानुशीलन क्यों करें जब कि धर्म के लिए वेदशास्त्र का ही अनुशीलन क्यों न करें। मीठी दवा से यदि काम हो तो कड़वी क्यों करें ?

DEFINITION OF POETRY–(1) **काव्यप्रकाश**–दोषरहित, गुणसहित और अलंकृत कभी-कभी अनलंकृत भी शब्द तथा अर्थ को काव्य कहते हैं।

Definition defective—A दोष simply restricts a Kavya but does not take away the essence of it. There are many सदोष verses which are reckoned as a good poetry e.g. यक्कारो ह्ययमेव etc. which is admitted by the author of the definition himself to be a good Kavya on account of ध्वनि has faults. Therefore there is अव्याप्ति in the definition. The inclusion of quality in the definition स्वरूप-लक्षण is unnecessary. A gem does not cease to be gem for any flaw in it. The adjective सगुणौ of शब्दार्थौ is also improper for गुण relates to रस not to शब्द and अर्थ as abmitted by the author himself. The defence that Gunas have indirect relation (उपचार) to शब्द and अर्थ, which are the व्यंजक of रस is also untenable. शब्द and अर्थ have no रस therefore no गुण रस & गुण have अन्वय-व्यतिरेक relation. Mention of अलंकार is also unnecessary in the definition. अलंकार simply enhances रस which is already existing. In short गुण and अलंकार are both excellences (उत्कर्ष कारक) and not स्वरूप घटक।

(2) काव्यस्यात्मा ध्वनिः–ध्वनिकार।

The definition too inclusive for it includes अलंकारध्वनि and वस्तुध्वनि also (अव्याप्ति दोष). If by ध्वनि he meant रसादिध्वनि then there is not possible objection, Then how can such expression of स्वयंदूती as खबर उड़ानी है बटोही डैक मारे की etc. be called as काव्य ? Because of the रतिभाव suggested.

The essence or soul of poetry is रस is admitted by old authorities. In कृत्याकृत्य-प्रवृत्तिनिवृत्तिउपदेश the word उपदेश does not signify विधि or आज्ञा but कान्तासम्मित उपदेश (The use of the word उपदेश however is not proper, for poerty is प्रवृत्तिनिवृत्त्युत्पादक). In अग्निपुराण we find the statement वाग्वैदग्ध्य प्रधानेऽपि रस एवात्र जीवितम्, व्यक्तिविवेककार महिमभट्ट also remarks–'काव्यत्यात्मनि सङ्गिनि रसादि रूपे न कस्यचिद्विमतिः,' ध्वनिकार also observes–'न हि कवेरितिवृत्तमात्रनिर्वहिणात्मपदलाभ,' **Objection**—In only सरस is poetry then how can नीरस portions in रघुवंश etc. may come under poetry. **Answer**—नीरस verses are रसवान् through the efficacy of सरस verses in the same way as नीरस words in a verse have रस through the रस of the enitre verse. The verses that have only अलंकार and गुण are somtimes spoken of as poetry by vitrue of mere resemblance with the mechanism of poetry.

(३) रीतिरात्मा काव्यस्य–वामन।

This is also objectionable for. रीति, is simply संघटना, the building up of शरीर therefore it cannot be आत्मा।

The definition proposed by Vishwanath is–'वाक्यं रसात्मकं काव्यं'। रस includes रसाभास, भाव and भावाभास (consider the definition proposed by जगन्नाथ पंडितराज–'रमणीयार्थ-प्रतिपादकः शब्दः काव्यम्')।

II

आकांक्षा, योग्यता और आसक्ति से युक्त षट्समूह वाक्य कहलाता है।

आकांक्षा=demand for complete sense, योग्यता=rational connection, आसक्ति=proximity.

Without आकांक्षा such grouping of words as 'Elephant, man, horse' will be a वाक्य-योग्यता–पदार्थों के परस्पर सम्बन्ध में बाध का न होना। If one say "आग से सींचता है" there will be no वाक्य आसत्ति–requires that there should be no व्यवधान either of time or of other पदार्थ between the two words which are closely connected in sense. Such words as कुत्ते को पीया मारा पानी do not constitute a वाक्य for the word पीया intervenes between कुत्ते को and मारा। In the same way a word pronounce in the morning and another in the evening will not make up a वाक्य।

महाकाव्य grouping of many Vakyas connected with one anothor is called महाकाव्य e.g. रामायण, रघुवंश etc.

अर्थ of three kinds वाच्य, लक्ष्य, व्यंग्य and the powers conveying them are respectively called अभिधा, लक्षणा and व्यंजना।

अभिधा

अभिधा–The power which conveys the primary meaning attached to word—Symbol (संकेत) is the first and foremost. The mental operation involved is called शक्तिग्रह or संकेतग्रह।

संकेतग्रह is effected in many ways—by observation and practice as in a child, by context, by instruction etc, etc. Words are of four kinds—जाति शब्द, गुण शब्द, क्रिया शब्द and यदृच्छा शब्द or द्रव्य शब्द। These are comprehended by the अभिधा शक्ति of word. जाति शब्द is a common name of an individual denoted by its genus (जाति). e.g. गो denotes an individual by the शक्तिग्रह in गोत्व जाति। In common names शक्तिग्रह is of genus not of indivedual. If संकेतग्रह be presumed of individuals then, either all the individuals of genus of all places and of all times—be comprehended separately at one and the same time or only one particular individual. The former position will be untenable on account of आनन्त्य दोष for a congregation of all the individuals of a genus at one place and time is impossible. If we take common name to be a symbol of one individual then every individual of the genus will require a separate name. On the other hand if it be asserted that by virtue of शक्तिग्रह of one individual all other individuals of the genus comprehended without any शक्तिग्रह the assertion is wrong for there can be no concept without शक्तिग्रह। Thererfore this second argument also fails on account of व्यभिचार दोष, if by the word which is taken to be symbol for one individual we comprehend all other individuals of the genus, there is nothing to prevent us from comprehending horse, elephant, ctc. by the term गो. This is व्यभिचार दोष.

(Compare this with the 'Doctrine of Universals' of the old logicians of the West. Of the three theories nominalism, realism and conceptualism, the author appears to favour in a modified form the view of Realists. Now the controversy is set at rest by transfering the subject to the domain of psychology which recognizes two modes of mental operation-comprehension of mere meaning and formation of image—philology also distinguishes between the symbolic and presentative aspects of language).

लक्षणा

मुख्यार्थ का बोध होने पर (See योग्यता) रूढ़ि के कारण या किसी प्रयोजन के लिए मुख्यार्थ से सम्बद्ध अन्य अर्थ का ज्ञान जिस शक्ति के द्वारा होता है वह लक्षणा है।

The reasons of comprehending other meaning are अन्वयानुपपत्ति (want of rational synthesis) and the ccnnection of मुख्यार्थ with लक्ष्यार्थ.अन्य therefore does not mean entirely disconnected for in उपादान लक्षणा, मुख्यार्थ is also involved in लक्ष्यार्थ. The four [three] essentials of लक्षणा as (1) Incompatibilty of primary senes, (2) Connection of मुख्यार्थ with लक्ष्यार्थ (3) रूढ़ि or प्रयोजन, These three are reasons for लक्षणा. पंजाब वीर and गाँव पानी में बसा है are examples of रूढ़ि and प्रयोजन respectively. In the second example the motive (प्रयोजन) for लक्षणा is the coolness that are व्यंग्य. There must always and either प्रयोजन or रूढ़ि as reason for लक्षणा।

Remarks : There should be no vagueness in the meanig of बाध. Properly speaking it should be confined to the 'want of योग्यता' (want of rational or logical connection in the wording of the statement), but by the term is also understood inapplicability of the statement (though rationally sound) to the particular circumstance of the case, as is evident from the example आप ने बड़ा उपकार किया etc. This has been called an example of वाक्यगत लक्षणा. In my opinion वाक्यगत is no लक्षणा but व्यंजना. The example will be of लक्षणा if the sentence is preceded by some such expression as आपने मेरा घर ले लिया etc.

Rejection of the example of रूढ़ि given by काव्यप्रकाश The example is कर्म में कुशल Mammat alludes to the derivative meaning (व्युत्पत्ति-निमित्त) अर्थ of कुशल and takes it for मुख्यार्थ or वाच्यार्थ। But what is to be taken into account is the common acceptation of the term (प्रवृत्ति-निमित्त)। Otherwise one may see लक्षणा in the use of the word गो also (गो = that Which goes)

लक्षणा of two kinds उपादान लक्षणा and लक्षणलक्षणा

उपादान लक्षणा–वाक्यार्थ में अंगरूप से अन्वित मुख्यार्थ जहाँ अन्य अर्थ का आक्षेप कराता है वहाँ मुख्यार्थ के भी बने रहने के कारण उपादान लक्षणा कहलाती है।

In उपादान लक्षणा we must clearly understand what is meant by अंगरूप से अन्वित. The अन्वय is of अर्थ i.e. object signified by the word, not of word. e.g. the thing लाल पगड़ी is retained in the thing लाल पगड़ीवाले सिपाही. But in the example इस घर से बड़ी आशा है, though the word घर is retained in the expression घर के लोग but the thing घर has nothing to do with the fact.

(also called; अजहत्स्वार्थावृत्ति) e.g. श्वेत दौड़ा, भाले घुसते हैं।

Examples : रूढ़ि में उपादान लक्षणा–काले ने काटा।

प्रयोजन में उपादान लक्षणा–लाल पगड़ी आई, सब भागे।

in the second example the suggested (व्यंग्य) प्रयोजन is आतंकातिशय।

लक्षण-लक्षणा–जहाँ किसी शब्द का मुख्यार्थ अपने स्वरूप का समर्पण करके अन्य या लक्ष्य अर्थ का उपलक्षण मात्र बन जाए वहाँ लक्षणा होती है।

e.g. पंजाब वीर है and गंगा पर घर है (जहत्स्वर्थावृत्ति, N. B. उपादान में मुख्यार्थ का अन्वय अंगरूप से लक्ष्यार्थ के साथ होता है पर लक्षणलक्षणा में नहीं)

Examples : रूढ़ि में लक्षणलक्षणा–इस घर से बड़ी आशा है।

प्रयोजन में लक्षणलक्षणा–आपका गाँव बिल्कुल पानी में बसा है।

(Remarks—प्रयोजनवती लक्षणा may also be a रूढ़ि therefore a third division. रूढ़ि प्रयोजनवती लक्षणा appears necessary. Such idioms as सिर पर क्यों खड़े हो ? वह उसके चंगुल में है etc. etc. are typical examples.)

Sometimes the लक्ष्यार्थ has a quite contrary meaning e.g. when a man describing the evil done by another addresses him thus आपने बड़ा उपकार किया, सज्जनता की हद कर दी।

लक्ष्यार्थ–अपकार and दुर्जनता। व्यंग्यार्थ–their excess veness.

Now a question arises wheather there will be a लक्षणा in case the evil done is not described in word but simply understood by both persons. Another division of लक्षणा–सारोपा and साध्यवसाना (based on similitude आरोप and अध्यवसान)

आरोप–उपमेय का उपमान के साथ इस प्राकर अभेद कथन कि उपमेय भी बना रहे, निगीर्ण या आच्छादित न हो, e.g. यह बालक सिंह है।

अध्यवसान–उपमेय को हटाकर अभेद ज्ञान द्वारा उपमान को उपस्थित करना, जैसे एक सिंह मैदान में आया, जिसमें आरोप (Super imposition) हो वह सारोपा और जिसमें अध्यवसान हो वह साध्यवसाना लक्षणा है।

रूढ़ि में सारोपा उपादान लक्षणा–(The example अश्वः श्वेतो धावति will not do in Hindi) e.g. गूदड़ साँई। The use of the word is रूढ़ि in this sense. गूदड़ retains its वाच्यार्थ as a part of लक्ष्यार्थ therofore उपादान 'साँई' without losing with primary significance (अनिगीर्ण स्वरूप) has the आरोप of गूदड़ therefore सारोपा।

प्रयोजन में सारोपा उपादान लक्षणा–यह आम गूदा ही गूदा है (एते कुन्ताः प्रविशन्ति will not serve as a good example in Hindi)

रूढ़ि में सारोपा लक्षणलक्षणा–अरब लोग लड़ाके थे।

(अरब=अरब देशवासी। The word अरब is उपलक्षण of the inhabitant of Arabia. The identity of अरब with लोग makes सारोपा)।

प्रयोजन में सारोपा लक्षणलक्षणा–घृत आयु है, और जल जीवन है, वह मनुष्य हमारा दाहिना हाथ है etc. etc. In these examples आयु, जीवन, हाथ have lost their primary meaning and are used as mere उपलक्षण therefore लक्षणलक्षणा. The identity of घृत, जल, मनुष्य with आयु, जीवन and हाथ is the आरोप. वह गऊ आदमी है is an example based on सादृश्य।

N. B. सारोपा लक्षणा is the basis (बीज) of रूपकालंकार। There are many sorts of analogy which serve as a basis for लक्षणा e.g. कार्य-कारण सम्बन्ध,

अवयवावयवि-सम्बन्ध (साध्यवसाना लक्षणलक्षणा) घृत आयु है is an example of कार्य-कारण-सम्बन्ध, वह पूरा बढ़ई है is an example of तात्कर्म्य-सम्बन्ध। In चरणों की कृपा से there is अवयवावयवि-सम्बन्ध etc. etc.

रूढ़ि में साध्यवसाना उपादान लक्षणा–काले ने काटा।

प्रयोजन में साध्यवसाना उपादान लक्षणा–भाले पिल पड़े, लाल पगड़ी आ पहुँची।

रूढ़ि साध्यवसाना लक्षणलक्षणा–पंजाब वीर है।

प्रयोजन में साध्यवसाना लक्षणलक्षणा–उसका घर बिल्कुल पामी में है। Another Division of लक्षणा–Those not based on analogy (सादृश्य) are शुद्धा। Those based on analogy are गौणी।

N. B. शुद्धा is based on relations other than that of similarity e.g. कार्य-कारण-सम्बन्ध, अंगागि भाव सम्बन्ध etc. गौणी is based on उपचार of forced identity. उपचार=भेद प्रतीतिस्थगन। In उपचार the two things should be very different अत्यन्त भिन्न।

रूढ़ि में गौणी सारोपा उपादान लक्षणा–(The example एतानि तैलानि हेमन्ते सुखानि is liable to the objection raised against कर्मणि कुशलः; तैलानि being taken in its derivative sense). Can the example एते राजकुमाराः गच्छन्ति be an example of उपादान लक्षणा ? In उपादान लक्षणा the inclusion of वाच्यार्थ should be in the लाक्षणिक word. The लक्षणा is here in the राजकुमाराः (persons resembling राजकुमाराः in dignity) not in एते।

प्रयोजन में गौणी सारोपा उपादान लक्षणा–सब नवाब ही तो जा रहे हैं, किसको बतावें।

रूढ़ि में सारोपा गौणी लक्षणलक्षणा–गौड़ेन्द्र कंटक को राजा निकाल रहा है।

The word कंटक by the power of similarity is an उपलक्षण of a harassing insignificant enemy. कंटक is generally used for an enemy.

प्रयोजन में सारोपा गौणी लक्षणलक्षणा–वह आदमी बैल है, वह गऊ आदमी है।

रूढ़ि में गौणी साध्यवसाना उपादान लक्षणा–कत्थर गूदड़ सोते हैं, दुशालेवाले रोते हैं।

प्रयोजन में गौणी साध्यवसाना उपादान लक्षणा–एक हड्डी की ठठरी सामने आकर खड़ी हुई।

रूढ़ि में गौणी साध्यवसाना लक्षणलक्षणा–कंटक दूर करो।

प्रयोजन में गौणी साध्यवसाना लक्षणलक्षणा–एक बैल के मुँह क्या लगते हो !

Another division of प्रयोजनवती लक्षणा–प्रयोजनवती लक्षणा–are of two kinds गूढ़ and अगूढ़ according to the व्यंग्य being गूढ़ or अगूढ़–आपने बड़ा उपकार किया etc. is an example of गूढ़. जगह कोतवाली सिखाती है is an example of अगूढ़ for the लक्ष्यार्थ of सिखाती है is easily intelligible.

Another Division of प्रयोजनवती–धर्मिगत and धर्मगत। If the suggested fact (व्यंग्य प्रयोजन) related to substance, लक्षणा is धर्मिगत e.g. मैं कठोर हृदय राम हूँ, सब कुछ सह लूँगा. Here the word राम in its primary signigicance is superfluous. Here by लक्षणा in means दुखसहनशील. Uniqueness of राम is suggested. In the example पानी में घर बसा है excess of coolness (property is suggested), therefore लक्षणा is धर्मगत।

Conclusion : It will be observed that the many divisions of लक्षणा are made from different points of view of consequence independent of one another. Their combinations however may result in as many divisions as 80. The Main divisions are—

(1) रूढ़ा and प्रयोजनवती।
(2) उपादान and लक्षणलक्षणा।
(3) सारोपा and साध्यवसाना।
(4) गौणी and शुद्धा।

व्यंजना

That शक्ति which suggests a meaning not conveyed by अभिधा, लक्षणा or तात्पर्यवृत्ति is व्यंजना. The operation of व्यंजना is also called ध्वनन, and गमन प्रत्यायन। The शक्ति may be located either in शब्द, अर्थ, प्रत्यय or उपसर्ग (दफ्तर के चपरासियों तक ने कुछ चन्दा दिया may be an example of प्रत्ययनिष्ठ शक्ति).

Three kinds of व्यंजना have already been noticed वस्तु व्यंजना, भाव व्यंजना and अलंकार व्यंजना।

Another division is शाब्दी and आर्थी। Of these शाब्दी व्यंजना has two subdivisions–अभिधामूलक and लक्षणामूलक।

शाब्दी व्यंजना

(1) **अभिधामूलक**–'संयोग' आदि के कारण अनेकार्थी शब्दों का अर्थ निर्दिष्ट कराके जब अभिधा रुक जाती है और उसके उपरान्त जब उन्हीं शब्दों को लेकर दूसरे अर्थ की प्रतीति होती है तब वह दूसरा अर्थ अभिधामूलक व्यंजना द्वारा निकलता है, e.g. वह राजा भद्रात्मा है, उसने शिलीमुखों का संग्रह किया है, दान से उसका कर सुशोभित है।

Note–जहाँ दूसरे अर्थ का बोध कराना भी इष्ट होता है, वहाँ श्लेष अलंकार होता है पर जहाँ दूसरे अर्थ की यों ही प्रतीति मात्र होती है वहाँ अभिधामूलक शाब्दी व्यंजना ही समझनी चाहिए।

अभिधामूलक व्यंजना–is that which suggests another meaning after the वाच्यार्थ has been determined by arriving at one meaning out of many of a word through संयोग, विप्रयोग, साहचर्य, विरोध, अर्थ, प्रकरण, लिंग, अन्य शब्द का संनिधान, सामर्थ्य औचित्य, देश, काल, व्यक्ति and स्वर etc.

Examples :

शंख चक्रवाले हरि–संयोग।

बिना शंख चक्र के हरि–विप्रयोग।

भीम-अर्जुन–साहचर्य।

कर्ण-अर्जुन–विरोधिता (बैर)।

भवबाधा दूर करनेवाले स्थाणु को नमस्कार–अर्थ (=प्रयोजन i.e. भवबाधा शान्ति)

देव, सिंहासन पर विराजिए–प्रकरण।

मकरध्वज कुपित हुआ–(चिह्न here कोप)।

मधु से मत्त कोकिल–सामर्थ्य (मधु-वसन्त)।

In शाब्दी the suggested meaning is confined to a particular word and does not go further.

लक्षणामूलक व्यंजना–i.e. व्यंजना based on लक्षणा. Example उसका घर बिल्कुल पानी में है. Here the लक्ष्यार्थ of पानी is पानी का तट. The suggeted fact is the excess of dampness or coolness.

आर्थी व्यंजना

In आर्थी व्यंजना the suggested meaning is compre, hended by taking into consideration वक्ता, बोधव्य (the person addressed) वाक्य, अन्य का संनिधान, वाच्य (अर्थ), प्रस्ताव (प्रकरण), देश, काल, काकु, चेष्टा etc.

Examples : (1) वक्ता, वाक्य, प्रकरण, देश और काल द्वारा–'शरद ऋतु आ गई, रास्तों का पानी सूख गया, लंका यहाँ से थोड़ी ही दूर है, वानरों का दल भी पूरा एकत्र हो गया, अब हम लोग क्यों बैठे हैं ?'

Here the suggested fact is 'make the invasion'.

(2) बोद्धव्य की विशेषता द्वारा–चन्दन छुट गया है, अंजन नहीं रह गया है, शरीर भी पुलकित है, हे झूठी दूती, तू वापी स्नान करने गई थी, उस अधम (नायक) के पास नहीं गई थी ? By means of विपरीत लक्षणा we arrive at the meaning 'तू अवश्य गई थी'. The condition of the दूती suggests the fact that she had an intercourse with the 'नायक'.

(3) अन्यसंनिधि की विशेषता द्वारा–देखो इस कुंज के सामने वन-मृग कैसे खिलौने की तरह निश्चल बैठे हैं। Here the नायिका suggesting the loneliness (निर्जनता) of the place also suggests संकेतस्थल.

(4) काकु से–ऐसे समय में भी वह न आवेगा। (अवश्य आवेगा) [व्यंग्य].

(5) चेष्टा से–गुरुजनों के बीच नायिका ने नायक की ओर भाव से देख लीला

कमल का मुख बन्द कर दिया। संकेत का समय संध्या है is the fact—व्यंग्य.

Observations :

(1) It is to be noted that there can be no लक्ष्यार्थ in लक्ष्यार्थ and no अभिधेयार्थ in अभिधेयार्थ but व्यंग्यार्थ may contain further व्यंग्य within itself. This shows that अभिधा and लक्षणा have direct or closer relation to शब्द and व्यंजना has only indirect relation, i. e, relation through अभिधेयार्थ For the rule is शब्दबुद्धिकर्मणां विरम्य व्यापाराभावः।

Objection—We arrive at लक्ष्यार्थ after वाच्यार्थ is known how can the former be said to have direct relations to शब्द or पद ?

Answer—लक्ष्यार्थ is a mere transformation of वाच्यार्थ whereas व्यंग्यार्थ is a separate entity.

अर्थमूलक व्यंजना has three subdivisions—(1) in वाच्यार्थ, (2) in लक्ष्यार्थ, (3) in व्यंग्यार्थ; the examples being (1), (2) and (3) respectively. (1) [Query—Does not the 3rd division व्यंग्य में व्यंग्य go against the rule. In conveying, the mening of a शब्द the same वृत्ति cannot be revived after it has given out a meaning and thus ceased to operate (शब्दबुद्धिकर्मणां विरम्य व्यापाराभावः) No. For the rule is applicable to शब्द not to अर्थ].

तात्पर्यवृत्ति

The वृत्ति which brings out the meaning of the entire वाक्य by effecting synthesis of different meanings denoted by each separate word is तात्पर्यवृत्ति।

अभिधा शक्ति के एक-एक पदार्थ को अलग-अलग बोधन करके विरत हो जाने पर उन अलग-अलग पदार्थों को परस्पर सम्बद्ध करके समूचे वाक्य का अर्थ बोधन करनेवाली वृत्ति तात्पर्यवृत्ति है।

There are two schools—one admitting this वृत्ति and the other denying अभिहितान्वयवादी recognize this वृत्ति and hold that each word (पद) of a वाक्य denots seprately an independent (अनन्वित) meaning and after this all the meaning so given out enter into the synthesis of one वाक्यार्थ–the meaning of the entire sentance old Naiyayiks, Mimansaks (e.g. कुमारिल भट्ट) and good many others i.e. the majority adhere to this view and so do the Rhetoricians. But अन्विताभिधानवादी do not recognize this तात्पर्यवृत्ति। They hold that each word in a वाक्य denotes an अन्वित (Synthetic) meaning and there is no necessity of any further Synthesis (अन्वय)।

III

(Chapter IV)

ध्वनि

The word ध्वनि is used in four different senses—(1) That in which व्यंग्यार्थ predominates i.e. good काव्य, (2) By means of which व्यंग्यार्थ is suggested i.e. the predominant व्यंग्य, (3) The suggestion of रसादि and (4) the suggested रसादि।

The word is taken here in the first sense and defined thus–जिस काव्य में व्यंग्य अर्थ वाच्य अर्थ की अपेक्षा प्रधान या अधिक चमत्कारी हो वह ध्वनि है, जिसमें व्यंग्य अर्थ गौण हो वह गुणीभूत व्यंग्य है।

ध्वनि is of two kinds—(1) लक्षणामूलक or अविवक्षित वाच्य and (2) अभिधामूलक or विवक्षित वाच्य. (अविवक्षित = बाधित).

लक्षणामूलक or अविवक्षित वाच्य ध्वनि–

अविवक्षित वाच्य ध्वनि is of two kinds—(1) अर्थान्तर संक्रमित वाच्य and (2) अत्यन्त-तिरस्कृत वाच्य।

Examples : अर्थान्तर संक्रमित वाच्य ध्वनि–आम आम ही है, इमली इमली ही है, कोइल कोइल ही है, कौआ कौआ ही है। Here the use of the word आम, कोइल etc. Secong tune is लाक्षणिक implying 'of sweet taste' and 'of sweet song' etc. These लाक्षणिक meanings are not entirely different from the primary meanings वाच्यार्थ but represent particular aspects of the same. The व्यंग्य प्रयोजन is उत्कृष्टता and निकृष्टता. In the अर्थान्तर-संक्रमित-वाच्य there should be a सामान्य-विशेष भाव or व्यापक-व्याप्य-सम्बन्ध. The वाच्यार्थ should be सामान्य or व्यापक and लक्ष्यार्थ विशेष or व्याप्य. In other words अर्थान्तर-संक्रमित-वाच्य ध्वनि is based on अजहत्स्वार्था वृत्ति।

अत्यन्त तिरस्कृत वाच्य ध्वनि–अन्धा दर्पण, कानी चारपाई, बेसिर-पैर की बात।

दर्पण has no possibility of possessing eyes nor बात of possessing सिर-पैर। Therefore वाच्यार्थ is entirely discarded अत्यन्त-तिरस्कृत-वाच्य-ध्वनि is based on जहत्स्वार्था वृत्ति।

N. B. अत्यन्त-तिरस्कृत-वाच्य-ध्वनि should not be confused with अभिधामूलक ध्वनि by the mere existence of वैपरीत्य or contrary meaning. The वैपरीत्य in लक्षणा is self evident whereas in the अभिधामूलक ध्वनि the ccntradiction is apprehended after the circumstances of the case has been realised. Take this example—

भगतजी ! बेधड़क घूमिए। उस कुत्ते को जो तुम्हें तंग किया करता था नदी किनारे

के उस कुंज में रहनेवाले सिंह ने मार डाला।

This is a an example of अभिधामूलक not of विपरीत लक्षणामूलक अत्यन्त-तिरस्कृत-वाच्यध्वनि। The examples of the latter will be the following :

(a) क्या भरा हुआ सरोवर है कि लोग लोट-लोटकर नहा रहे हैं।

(b) यदि यम-यातना से प्रेम है तो ईश्वर-भजन न करना।

In the first example भरा हुआ is instantly known as sucaning सूखा हुआ। In the same manner in example (b) the निषेध is taken as विधि without any stretch of comprehension. Not so the example भगतजी etc. in which the निषेध is apprechended after प्रकरणादि पर्यालोचन। Therefore there is no लक्षणा। The rule is जिस वाक्य में पदार्थों (meanings of words) का सम्बन्ध अनुपपन्न होता है उसी में लक्षणा होती है। जहाँ पदों के मुख्य अर्थ का अन्वय हो जाने के उपरान्त अवसर या प्रसंग के विचार से बाध की प्रतीति होती है वहाँ लक्षणा नहीं हो सकती।

अभिधामूलक or विवक्षित-वाच्य-ध्वनि–is of two kinds–प्रसंलक्ष्य-क्रम व्यंग्य and लक्ष्य-क्रम व्यंग्य।

(a) असंलक्ष्य-क्रम व्यंग्य–The examples are रस, भाव, रसाभास, भावाभास।

(N. B. It shows the innumerability of Rasas and Bhavas, the author alludes to चुम्बन, आलिंगन etc. But विभाव and अनुभाव are always वाच्य, never व्यंग्य. Only स्थायी and संचारी can be व्यंग्य.)

(b) संलक्ष्य-क्रम व्यंग्य ध्वनि of three kinds—(1) शब्दशक्त्युद्भव ध्वनि, (2) अर्थशक्त्युद्भव ध्वनि and (3) उभयशक्त्युद्भव ध्वनि।

(1) शब्दशक्त्युद्भव ध्वनि of two kinds वस्तुरूप and अलंकाररूप.

(a) वस्तुरूप Example (स्वयंदूती वचन)–पथिक ! इन उठे हुए पयोधरों को देखकर यदि ठहरना चाहते हो तो ठहर जाओ (पयोधर=मेघ and स्तन)

The व्यंग्य fact is "stay here and enjoy my company" (Query—Is there no रसाभास व्यंग्य in this expression? In an utterance of स्वयंदूती (Chap. l.) Vishwanath admits रसाभास. In the example before us the श्लिष्ट word पयोधर undoubtedly suggests वस्तु only. Now the question is—"Does the suggesion go beyond?" It does and offers an example of अर्थमूलक व्यंजना in व्यंग्यार्थ. See P. II. It is to be admitted, therefore, that by व्यंजना शक्ति may be suggested a series of efects or Bhavas one after another. For in stance by अनुभाव a संचारीभाव may be suggested and subsequently by संचारी a स्थायी in the same manner by व्यंग्यवस्तु may be suggested a व्यंग्यभाव or रस।

(b) शब्दशक्ति से अलंकार व्यंग्य–The example will be सादृश्य (उपमा) suggested by means of श्लेष (the verses अन्योक्ति-कल्पद्रुम may serve as example.)

(2) अर्थशक्त्युद्भव ध्वनि–may be either in the form of वस्तु or in the form of अलंकार. Each of these may either be स्वतःसम्भवी or कवि-प्रौढ़ोक्ति-सिद्ध। (1) (imaginatry) e.g. कौओं को सफेद करनेवाली चन्द्रिका which is to be found no where. The different combination of these four ways give rise to twelve forms of अर्थशक्त्युद्भव ध्वनि. As these twelve forms may also occur in (e.g. गृद्धगोमायु-संवाद), there will be 24 divisions of अर्थशक्त्युद्भव ध्वनि।

Examples : स्वतःसम्भवी वस्तु से व्यंग्य–इस बालक के पिता इस कुएँ का खारा पानी न पिएँगे। मैं झटपट तमालाकुल सोते पर जाती हूँ। पुराने नरसल की गाठें देह में खरोंट डालें तो डालें। नरसल की खरोंट is the स्वतःसम्भवी वस्तु which suggests an endeavour to conceal provable रतिचिह्न।

स्वतःसम्भवी वस्तु से व्यतिरेक अलंकार व्यंग्य–दक्षिण दिशा में जाने से (दक्षिणायन होने से) सूर्य का तेज भी मन्द हो जाता है। परन्तु इसी दिशा में रघु का प्रताप पांड्य देश के राजाओं से नहीं सहा गया।

Here the possible fact is the mildness of the sun and humiliation of the South before Raghu's. The suggested figure is व्यतिरेक i. e. Raghu's glory is greater than that of the sun. (the अलंकार is imaginary.)

स्वतःसम्भवी अलंकार से स्वतःसम्भवी वस्तु व्यंग्य–उस वेणुधारी को दूर से अपनी ओर झपटते देख बलराम ने भी सँभलकर पराक्रम के साथ उसे ऐसा देखा जैसे मत्त मातंग को केसरी देखे।

स्वतःसम्भवी अलंकार से कवि अलंकार व्यंग्य–रण में क्रोध से ओठ चबाते हुए जिस राजा ने शत्रु नारियों के ओठों को पति के प्रगाढ़ दन्तक्षत की व्यथा से छुड़ा दिया।

How can he protect lips of others who is wounding his own lips स्वतःसम्भवी विरोधालंकार. The suggested figure is समुच्च–इधर ओठ चबाए उधर शत्रु मारे गए।

कवि-प्रौढ़ोक्ति-सिद्ध वस्तु से व्यंग्य वस्तु–युवतियों की ओर लक्ष्य रखनेवाले मुखों से युक्त, नव-पल्लव-रूप पत्र (पंख) वाले नए-नए आम के मौरों के बाण वसन्त में कामदेव तैयार करता है।

Here the arrows of the archer cupid are mere fancy of the poet suggesting कामोद्दीपन काल।

कवि प्रौढ़. वस्तु से अलंकार व्यंग्य–हे वीर ! केवल रात्रि में ही चन्द्रमा की किरणों से प्रकाशित होनेवाले भुवनमंडल को अब आपकी कीर्ति दिन-रात शोभित कर रही है।

Here the imaginary thing illumination of glory suggests the figure व्यतिरेक i. e. the glory is more pervading than moonlight.

कवि प्रौढ़. अलंकार से व्यंग्य वस्तु–उस समय रावण की मुकुट मणियों के बहाने राक्षसश्री के आँसू पृथ्वी पर गिरे।

The falling of jewels from crown is a bad omen. The figure अपह्नुति

presenting the material object Sri's tears is imaginary. Therefore it is कवि प्रौढ़क्ति-सिद्ध, It suggests the fact that the power of Rakshasas is going to be destroyed.

कवि प्रौढ़. अलंकार से व्यंग्य अलंकार–हे त्रिकलिंग देशतिलक ! आपकी अकेली कीर्तिराशि इन्द्रपुरी की स्त्रियों के अनेक आभूषणों के रूप में परिणत हो–चोटी में मल्लिका के पुष्प हुई, हाथ में श्वेत कमल और गले में हार और शरीर में चन्दन लेप।

Here on account of आरोप the figure रूपक is imaginary which suggests the figure विभावना। "Living on earth you do good to beings of heaven."

(The author assigns a separate place to the example of speeches of characters (नायक ete.) He holds them to be of greater effect, coming, as they do, from persons actually feeling. रसगंगाधर does not admit this.)

कवि निबद्ध वक्ता की प्रौढ़ोक्ति से सिद्ध वस्तु द्वारा व्यंग वस्तु–हे सुमुखि ! इस सुए के बच्चे ने किस पर्वत पर कितने दिनों तक क्या तप किया है कि यह तुम्हारे ओठ के सदृश लाल बिम्ब फल का स्वाद ले रहा है। The penances of a parrot are imaginary, suggesting the fact that the pleasure of enjoying that woman's lips is to be won by great persuances.

(Though there is प्रतीप अलंकार in the verse it is not suggestive of the व्यंग्य fact.)

वक्ता की प्रौढ़. वस्तु से व्यंग्य अलंकार–हे सखि ! बसन्त में काम के बाणों ने करोड़ों की संख्या प्राप्त करके पंचता छोड़ दी और वियोगिनियों को पंचता प्राप्त हुई।

The poets fancy is—Cupid's arrows have multiplied by millions causing the death of Viyoginis. It suggests the अलंकार उत्प्रेक्षा.

(the पंचता of arrows appears to have been transferred by Viyogins.)

वक्ता के प्रौढ़ सिद्ध अलंकार से व्यंग्य वस्तु–हे क्रोधशीले ! चमेली की कली पर गूँजता हुआ भ्रमर ऐसा मालूम होता है मानो कामदेव की विजययात्रा का विजय-शंख बजा रहा है।

The उत्प्रेक्षा अलंकार is a production of poet's fancy and suggests the fact that it is time for love, not for मान.

वक्ता के प्रौढ़ अलंकार से व्यंग्य अलंकार–हे सुन्दर ! हजारों स्त्रियों से भरे हुए तुम्हारे हृदय में अवकाश न पाकर वह कामिनी और सब काम छोड़कर दिन-रात अपने दुर्बल शरीर को और भी दुर्बल बना रही है। The काव्यलिंग अलंकार (not finding room in the Nayak's heart) is a fancy suggesting another अलंकार, विशेषोक्ति (She though lean and tender does fail to find room in his heart.)

(3) **उभयशक्त्युद्भव ध्वनि**–has no subdivision and is only वाक्यगत. The other two divisions (शब्दशक्त्युद्भव and अर्थशक्त्युद्भव) are both पदगत and

वाक्यगत (The अन्योक्ति on वसन्त in अन्योक्ति कल्पद्रुम will serve as an example. In that verse words माधव and द्विज cannot be replaced by a synonymn, hence शब्दशक्त्युद्भव, but words can be replaced be words of identical meaning.)

पदगत and वाक्यगत ध्वनि–The ध्वनि located in one पद only of a verse is पदगत and that located in many words (पद) is वाक्यगत। (The classification does not appear to be logical. The व्यंग्य based on the use of particular word or words should be termed पदगत.)

Examples : अर्थान्तर-संक्रमित-वाक्य-ध्वनि पदगत–उसी के नेत्र नेत्र होंगे जिसके सामने यह तरुणी होगी।

अर्थान्तर-संक्रमित-वाच्य-ध्वनि वाक्यगत–देख ! मैं तुझसे कहता हूँ, यहाँ विद्धानों की मंडली है अपनी बुद्धि को स्थिर करके काम करना। (लक्ष्यार्थ–मैं=तुझसे ज्ञान-वृद्ध और तेरा हितकारी; तुझसे=तू जो अनुभवी और विद्वान् नहीं है। व्यंग्यार्थ–मेरा उपदेश तेरे लिए हितकर है)।

असंलक्ष्य-क्रम-व्यंग्य-ध्वनि पदगत–वह लावण्य ! वह कान्ति ! वह रूप ! और वह वचनावली ! उस समय तो ये सब अमृतवर्षी थे परन्तु अब अत्यन्त सन्तापकारी हो गए हैं।

(वह Suggests first extraordinary charm beyond description (वस्तु) and then विप्रलम्भ शृंगार (रस) therefore असंलक्ष्य-क्रम-व्यंग्य. The word वह though used for times is one and the same word, therefore पदगत ध्वनि)

शब्दशक्तिमूलक वस्तु ध्वनि पदगत–एकान्तवास की आज्ञा देने में तत्पर और मुक्ति देनेवाला सदागम (सच्छास्त्र अथवा अच्छे पुरुष का आना) किसे आनन्दित नहीं करता?

The व्यंग्य fact is पुरुष समागम. Query—why is there no उपमानोपमेय भाव in this as in the examples अलंकार suggesting fact, because it is not intended (विवक्षित).

शब्दशक्तिमूलक पदगत अलंकार ध्वनि–अलौकिक बुद्धि से युक्त; सम्पूर्ण पृथ्वी को धारण करनेवाला यह कोई पुरुषोत्तम राजा सुशोभित है।

Here similarity is intended, hence उपमा is व्यंग्य।

अर्थशक्तिमूलक स्वतःसम्भवी वस्तु से वस्तु ध्वनि–तूने अभी सायंकाल स्नान किया है। शरीर पर शीतल चन्दन का लेप किया है, सूर्य अस्त हो गया है (धूप भी नहीं है) और आराम से धीरे-धीरे तू यहाँ आई है। तेरी सुकुमारता अद्भुत है जो इस समय तू ऐसी क्लान्त हो गई है।

Here the व्यंग्य fact is "thou hast an intercourse with some one". The most suggestive word is अधुना; therefore it is पदगत.

प्रकृतिगत, प्रत्ययगत, उपसर्गगत ध्वनि in असंलक्ष्य-क्रम-व्यंग्यध्वनि।

(See the examples. P. 191, 192 and 193.)

N. B. The examples however do not make it clear that पदांशगत व्यंग्य may occur only in असंलक्ष्य-क्रम.

In the quotation from अभिज्ञान शाकुन्तल–चलापांगा दृष्टि etc. the word हताः (मरा) has been pointed out as an example of प्रकृतिगत ध्वनि (हन् = मारना). But as this word suggests the व्यंग्य fact after लक्ष्यार्थ, there is लक्षणामूलक ध्वनि; but असंलक्ष्य-क्रम belongs to अभिधामूलक ध्वनि not to लक्षणामूलक।

The following may be taken as examples प्रत्यय of अव्ययगत–(a) चमारों तक ने चन्दा दिया। (b) मुखड़ा, सधुक्कड़। The examples of व्यंग्य in वर्ण and रचना are to be sought in माधुर्य व्यंजक वर्ण in वैदर्भी and so on.)

संकर और संसृष्टि ध्वनि : संकर–Where different sorts of ध्वनि have same आश्रय (शब्द and अर्थ) or interdependent, the ध्वनि is संकर e.g. पीन स्तनों से सुशोभित, दीर्घ और चंचल नेत्रवाली प्रिय के आगमन के महोत्सव में द्वार पर खड़ी हुई मांगलिकपूर्ण कलश और कमलों की बन्दनवार बिना यत्न के ही सम्पादित कर रही है।

Here व्यंग्य रूपक अलंकार (स्तन = कलश and नेत्र = कमल तोरण and व्यंग्य शृंगार rest on the same आश्रय)

गुणीभूत व्यंग्य–व्यंग्य अर्थ या तो अन्य (रसादि) का अंग होता है, या काकु से आक्षिप्त होता है; या वाच्यार्थ का ही उपपादक (सिद्धि का अंगभूत) होता है, अथवा वाच्य की अपेक्षा उसकी प्रधानता सन्दिग्ध रहती है, या वाच्यार्थ व्यंग्यार्थ की बराबर प्रधानता रहती है, अथवा व्यंग्य अर्थ अस्फुट रहता है, गूढ़, अत्यन्त अगूढ़ (स्पष्ट या असुन्दर) होता है।

Examples : रसादि का अंगरस–स्मर्यमाण शृंगार करुण का अंश। 'हाँ ! यह वह हाथ है जो रशना का आकर्षण करता था, कपोलों को स्पर्श करता था etc.'

(It is to be noted that in all such examples the whole verse cannot be called a मध्यमकाव्य for there is admittedly रस of phich अप्रधान व्यंग्य forms a part. (The author admits, P. 202)[1]

वाच्यार्थ का उपपादक–हे राजेन्द्र ! पृथ्वी और आकाश के मध्य सर्वत्र प्रकाश करता हुआ वैरिवंश का दावानल रूप यह आपका प्रताप सर्वत्र जग रहा है। (श्लेष द्वारा शत्रु में बाँस का आरोप व्यंग्य है पर यह व्यंग्य अलंकार वाच्यार्थ दावानल का साधक है)।

Similarly if after a suggested similarity, the उपमान is expressly stated, the व्यंग्य loses its importance and becomes a part of वाच्यार्थ अस्फुट व्यंग्य– 'सन्धि करने में सर्वस्व छिनता है और विग्रह करने में प्राणों का भी निग्रह होता है, अलाउद्दीन के साथ न तो सन्धि हो सकती है, न विग्रह।'

Nothing but साम and दाम can succeed in dealing with Allauddin—the व्यंग्य is not clear.

---

1. साहित्यदर्पण (शालग्राम शास्त्री)

उपमा or semiletetude व्यंग्य in दीपक, तुल्ययोगिता etc. will be an example of गुणीभूत व्यंग्य not of ध्वनि।

Wherever a गुणीभूत व्यंग्य is a part of a रस, the whole verse is to be taken as ध्वनि, But where it does not form part of a रस but of description (of towns etc) the whole verse is गुणीभूत व्यंग्य or मध्यम वाक्य e.g. जिस नगरी के ऊँचे-ऊँचे प्रासादों में जड़े लाल मणियों का गगनचुम्बी प्रकाश यौवन मद में मत्त रमणियों को बिना संध्याकाल के ही संध्या का भ्रम उत्पन्न करके कामकलाओं से पूर्ण भूषणादि रचना में प्रवृत्त करता है।

The third division of काव्य which is called चित्र is rejected.

IV

व्यंजना Established

The Naiyayiks and Mimansaks do not recognize व्यंजना as a separate वृत्ति। The Rhetoricians recognise this वृत्ति on the ground that after अभिधा and लक्षणा and तात्पर्य have done their part then it is that रस, अलंकार or वस्तु is suggested as व्यंग्यार्थ.

अभिधा not sufficient to convey व्यंग्यार्थ–अभिधा ceases to opearte as soon as it has expressed the symbolical meaning, therefore, it is, not capable of conveying any further meaning, e.g. रस, अलंकार of वस्तु. Take for instance रस which is said to be suggested through विभाव, अनुभाव etc. Now neither विभाव (e. g. राम, सीता) nor अनुभाव (e.g. कंप) stand as symbol for any रस. रस and विभाव etc. are not identical. They are not one and the same thing. Moreover, if one says, 'this is श्रृंगार रस,' the sentence does not suggest any रस at all. On the contrary mentoin of the name of रस is a दोष (स्वशब्दवाच्यत्व)। All this shows that व्यंग्यार्थ is not conveyed by अभिधा।

It has already been stated that there are two schools of Mimansaks— "अभिहितान्वयवादीs, admiting तात्पर्यवृत्ति, and अन्विताभिधानवादीs, denying it. Both agree in rejecting व्यंजना as fourth वृत्ति। अभिहितान्वयवादी asserts that अभिधा is so elastic as to include within its range of operation any meaning, however remote and distant. The asseartion violates the principle शब्दबुद्धिकर्मणां विरम्य व्यापाराभावः। If one does not recognize the principle it may be asked. If अभिधा and तात्पर्य may suffice what is the need of a third वृत्ति, लक्षणा."

अन्वितभिधानवादीs, on the strength of their maxim यत्परः शब्दः स शब्दार्थः assert that व्यंग्यार्थ may be fully convoyed by अभिधा. They hold that every

वाक्य, whether पौरुषेय or अपौरुषेय refers to some action. The words of काव्य also refer to action. The result of that action is supreme pleasure. Therfore, तात्पर्य of a poetic वाक्य is supreme pleasure. The तात्पर्य of a poetic वाक्य is nothing but synthetic meaning. Hence, on need of a separate वृत्ति व्यंजना।

Refutation : The significance of the word तत्परः is not clear. It may either, mean any meaning proceeding from a वाक्य or the तात्पर्यवृत्ति. It is means the former, there is no dispute, for व्यंग्यार्थ is also a meaning. If it means the latter, it may be asked whether it is the same. as the तात्पर्यवृत्ति of the अभिहितान्वयवादी Mimansakas, Signifying संसर्गमर्यादा, i.e. connected meaning. If it is the same, it is to be noted that तात्पर्यवृत्ति stops after it has connected the meanings of different words into one synthetic whole. If it is any वृत्ति other than तात्पर्य, then the fourth वृत्ति is admitted, whatever you may choose to call it.

If it be said that तात्पर्यवृत्ति conveys the connected meaning and suggested रस etc., at one and the same time, the position is untenable for no one denies that the relish of रस comes after विभाव, अनुभाव etc. and it is in this sense that विभाव, अनुभाव have been called कारण of रसनिष्पत्ति।

लक्षणा not sufficient to convey व्यंग्यार्थ–In the example गाँव पानी में बसा है, the लक्षणा simply gives out the meaning पानी के तट पर of the otherwise inexplicable expression पानी में, but does not go to suggested and dampness that are व्यंग्य। Moreever, व्यंग्यार्थ does not always depend on लक्षणा which is resorted to when there is बाध in the अन्वयार्थ.

If it be argued that in लक्षणा the प्रयोजन is also लक्ष्य, the meaning पानी के तट पर will be a वाच्यार्थ and बाधित वाच्यार्थ. But neither पानी के तट पर is the primary meaning of पानी में, nor there is any बाध of the meaning. Moreover, in प्रयोजनवती लक्षणा some प्रयोजन or other is always necessary. If in the example वह गाँव पानी में बसा है the dampness and coolness be held to be a लक्ष्यार्थ, what is the प्रयोजन ? That प्रयोजन, if there be any, will also be लक्ष्य. In this way there will be अनवस्था दोष :

One may, however, urge that लक्षणा indicates अर्थ with प्रयोजन. But अर्थ and प्रयोजन being different they cannot be indicated at one and the same time. One must precede the other.

व्यंग्यार्थ is quite different from वाच्यार्थ–The difference may be in बोद्धा, स्वरूप, संख्या, निमित्त, कार्य, प्रतीति, काल, आश्रय, विषय etc.

बोद्धा–वाच्यार्थ may be easily comprehended by grammarians, logicians etc. but व्यंग्यार्थ is comprehended by सहृदय people only.

स्वरूप By–व्यंजना a विधिवाक्य is often taken to mean निषेध.

संख्या–A व्यंग्य वाक्य conveying different senses to different persons involves variety, i. e. number. e.g. सूर्य अस्त हुआ will ordinarily mean the time of evening but being a दूती वाक्य it suggests for going to a lover.

निमित्त–वाच्यार्थ is comprehended by means of common sense, whereas व्यंग्यार्थ requires a natural genious (प्रतिभा).

कार्य–वाच्यार्थ enables only to cognise a fact or thing but व्यंग्यार्थ produces relish.

काल–व्यंग्यार्थ is preceded by वाच्यार्थ, therefore कालभेद.

आश्रय–वाच्यार्थ lies in a word only but व्यंग्यार्थ máy be in a word, part of word, meaning, in letters or even in arrangement of lettets.

विषय–प्रिया का व्रणयुक्त ओष्ठ देखकर किसके मन में क्षोभ न होगा। हे भ्रमरयुक्त पद्म को सूँघनेवाली निवारित वामा, अब तू सहन कर। Here in view of वाच्यार्थ the object to विषय appears to be नायिका but the object of व्यंग्य is नायक for whose satisfacion the words are spoken.

अभिधा and लक्षणा enable us to cognize things already existing, but no रस exists before the words have excercised their functions in a particular manner. This fundamental difference is to be always borne in mind. रस has no existence before it is suggested. There in no preexisting thing or fact which अभिधा लक्षणा may indicate. रस is really relish or feeling of pleasure produced in the mind of the hearer which has no existence before it is produced.

महिमभट्ट, the author of व्यक्तिविवेक (a treatise on rhetoric) rejects व्यंजना, asserting that व्यंग्यार्थ is nothing but अनुमान। He argues follows—Just as we infer one thing from another we infer रस from विभाव, अनुभाव and संचारी which are कारण, कार्य and सहकारी of the Bhavas. By mean of पूर्ववत् शेषवत् and सामान्यतोदृष्ट अनुमान, inference of कार्य from कारण, of कारण from कार्य, of particular phenomena from general, i. e. knowledge of one thing from the perception of another with which it is commonly seen fire with smoke (विभाव, अनुभाव and संचारी) lead to the inferencen रति etc. which produce रस. Take for instance the love of Sita towards Ram. It may be put in the form of a preposition thus—

Sita cherished love of Ram (प्रतिज्ञा).

For she cas samorous glances at Ram (हेतु).

He who has no such love does not look in this way, e.g. मन्थरा (दृष्टान्त).

Therefore Sita cherishes love towards Ram (उपनय).

This अनुमान or inference of love rising to a state of relish (आस्वाद पदवी) is श्रृंगार रस.

This means that inference of a Bhava leads to रस i.e. we first infer a Bhava and then to relish रस. In other words they stand in the relation of cause and effect (कार्यकारण भाव). We have first the cognizance of विभाव etc. then we infer भाव and subsequently arrive at रस which is nothing but a place of a अनुमान But it has already been said that रस is असंलक्ष्यक्रम व्यंग्य महिम भट्ट meets this objection by saying that there is undoubtedly a क्रम or order, though imperceptable. Our contention is that mere knowledge of the fact that Sita loves Ram is not रस. अनुमान being a knowledge can be converted only into knowledge of some sort or other. If we come to any other mental state, it must be by some other process.

It may be urged that by one inference we come to the knowledge of Ram and Sita's love and by further inference we come to relish रस. The process of inference will be the same as यत्र-यत्र धूमस्तत्र तत्र वह्निः We may say यत्र-यत्र रामादिगतानुरागज्ञानं तत्र-तत्र रसोत्पत्तिः. But this is fallacious. There is no व्याप्तिग्रह here. रस is not invariably co-existent with the अनुमान of a भाव as fire with smoke. For logicians, grammarians etc. can infer that love exists between such and such persons but never enjoy श्रृंगार रस. The हेतु being व्यभिचारी is हेत्वाभास therefore there can be no valid अनुमान. Moreover, the existence of one's own mental state to be known by a process of inference is absurd.

Finally, the fact that the existence of a भाव can be known by a process of inference does not make रस. अनुमेय; for रस is quite different from mere knowledge of the existence of a भाव।

[Observation—In the light of modern psychology a good deal of the discourse will appear to be a mere waste of words. One who knows the distinction between cognition (knowing) and feeling requires no argument to convince him that रस is one thing and the knowledge of a भाव another thing. रस is a feeling pleasure of a particular description, not to be conveyed by any process of reasoning. Much of the confusion is due to the careless use of the word व्यंजना by means of which रस is said to be suggested. In वस्तुव्यंजना and अलंकारव्यंजना the word is used to denote the function of suggesting the knowledge of a fact or thing. But in रसव्यंजना an altogether different funcion is attributed to व्यंजना it is represented as offering suggestion to relish a particular भाव as रस. In one case it is the persons of keen understanding who compreheed the fact. In the other, It is the persons of sympathetic nature (सहृदय) who take the suggestion and enjoy रस, the word व्यंजन literally means 'making manifest' (प्रकाशन). Manifestation implies that the thing to be made manifest already exists. But as has been said, रस does not exist before it is experienced. The manifestation is of latent Bhavas in the mind of the hearer in the form of रस. So, making manifest simply means producing a feeling, therefore, the use of the word व्यंजना in रसव्यंजना is not very accurate.

In रसाः प्रतीयंते the word प्रतीयन्ते is to be taken in medifled sense. As a matter to tact रस is produced, not made known. Though rhetoricians, adopting a dogmatic attitude maintain that रस is neither ज्ञाप्य (to be made known), nor कार्य (to be produced), the objection raised against the कार्यत्व of रस is not entertainable in the light modern psychology. The objection is expressly based on the Nyaya dogma that "Simultaneous knowledge" (युगपद् ज्ञान) is impossible.[1] This encroachment of the dogma is due to the want of discrimination between cognition and feeling on the part of rhetoricians. They speak of रस also as a ज्ञान and प्रतीति. But रस is the feeling of an emotion, pseudo emotion you may call it. Cognition and feeling can exist togeher, being different mental processes. An emotion is a synthesis of cognition, feeling and conation. Thus we are perfectly safe in saying that the representaion of विभाव, अनुभाव produces a cognition of such विभाव, अनुभाव attended with the feeling of particular pseudo emotion.

Therefore, if व्यंजना suggests anything, it suggests that a represented भाव is to be experienced as रस by the hearer of spectator. Thus रस is produced by the suggestion. भाव resides in the hero or heroine रस is experienced by the hearer or spactator. There is no रस in the mind of the पात्र which may be suggested. Therefore, the proper way of describing the function of व्यंजना is that it suggests that a भाव is to be experienced as रस by the hearer.]

Now we came to वस्तुव्यंजना and अलंकारव्यंजना. These also are not अनुमेय, अनुमान proceeds with three elements. पक्ष (the thing about which some fact is to be proved), सपक्ष (the thing analogous to it) and विपक्ष (the thing distinct). In the example अग्नियुक्त पर्वत है, पक्ष=पर्वत, सपक्ष=रसोइघर, and विपक्ष=सरोवर. The अनुमितिवादी in his endeavour to prove व्यंग्यवस्तु as अनुमेय may proceed to prove the व्यंग्य fact in the example 'भगतजी ! भगतजी बेधड़क

1. Dr. Satischandra Vidyabhushan deplores this mixing up of Nyaya with rhetoric in these terms. "It is however to be regrtted that during the last 500 years the Nyaya has been mixed up with law, Rhetoric etc. and there by has himpered the growth of knowledge upon which it has grown up as a sort of parasite."

घूमो etc.' by the process of inference thus–भगतजी (पक्ष), उनका गोदावरी के सिंहयुक्त तट पर न घूमना (साध्य), क्योंकि घूमनेवाला भीरु है और तट पर सिंह है (हेतु), अन्य भीरु भी ऐसे स्थान पर नहीं घूमा करते।

Here also हेतु is व्यभिचारी i. e, is not invariably coexistent with साध्य. It cannot be said that timid people never approach a dangerous object. They may sometimes do so by the command of a superior, or through some execitement. The defence that a timid person will not voluntarily go to such a place is not admissible. The statement that a lion dwells on the bank may not be taken as true, coming as it does from a lewd woman कुलटा. Therefore, the हेतु is doubtful (सन्दिग्ध).

Take another example. मैं अकेले तमाल के कुंजों से ढँके नदी तट पर पानी लाने जाती हूँ, खरोंट लगे तो लगे. In this example the व्यंग्य fact that the speaker is going to meet her lover is not a valid inference, for 'going alone in a secluded place with possibility of scraches on the body' Is not a sound reason for such an inference. It is just possible that she may be going there with a very pious motive to serve her lord.

व्यंग्य अलंकार also is not अनुमेय. Take this example, जलक्रीड़ा के समय चंचल हथेलियों से बार-बार राधा के मुख को ढाँककर-खोलकर चक्रवाक के जोड़े का संयोग और वियोग करनेवाले कौतुकी कृष्ण संसार की रक्षा करें। Here the व्यंग्य अलंकार is रूपक (मुख is चन्द्र) to make it a result of inference one may proceed with the proposition thus—

The face is moon (प्रतिज्ञा) (major term of proposition). Because when visible it causes separation and when invisible association of चक्रवाक pair (हेतु) (middle term or reason). The हेतु is अनैकान्तिक. There may be other possible causes (e. g, the sight of a fowler) of their separation than moon.

[Observations—It is to be noted that in the case of वस्तु or अलंकारव्यंजना which if nothing more than a mere suggestion of fact, the author has not proceeded rightly in disproving the अनुमेयत्व, What reaxly gives a blue to the so called व्यंग्य meaning in the two examples is convention. Let us examine them. In the first example the साध्य or proposition is not. गोदावरी के तट पर न घूमना (as stated) but 'नायिका की इच्छा कि भगतजी गोदावरी के तट पर न घूमें।' The word कुंज on the lonely river bank is sufficient hint for a person conversant with poetic convention. By means of this he knows at once that the speaker 'कुलटा' or at least a परकीया and this knowledge help in comprehending the motive. We may put the proposition 'The woman desires that the Bhagat should give up the habit of wandering on the bank' in the form of a syllogism thus—

The woman desires etc. (proposition).

For she meets her lover there (reason).

Whoever meets her lover desires that he should not be disturbed in, so does she (application).

Therefore, she desires etc. (conclusion).

That she is a lewd woman may be also known by inference.

She is a lewd woman परकीया (proposion).

For in साहित्य it is the परकीया who has a secret place for meeting. She has a secret place for meeting (application). Therefore she is a परकीया or कुलटा (conclusion).

The same may be said with reference to the other example. If the same word be put in the mouth of Sita, the व्यंग्य disappers. It is the charaention (आप्तोपदेश) which gives a clue to the character of the speaker, occasion etc. that are left unexpressed in मुक्तक. We thus see that the mental process is the same as that of inference. Whether the result of the process is a strictly valid inference is another question worth consideration. It is a practical surmise though not always a theoretically valid inference.]

Examples—(1) इस समय एक पत्ती नहीं हिलती है suggest that there is no wind blowing (वायु का अभावातिशय). Now this will be a good example of शेषवत् अनुमान.

(2) देखो, मृग कैसे निश्चेष्ट और निर्द्वन्द्व बैठे हैं। Here the suggested loneliness of the place (निर्जनत्व का अतिशय) is mere practical surmise, not strictly valid inference, for it is just possible that the antelopes might not have seen the hunter, hidden in a bush. But whether a practical surmise or a valid inference, the mental process involved is the same in both. One distinction, however, between an inference and a poetic suggestion of fact is very clear. In वस्तुव्यंजना what really matters is the meaning in view of the speaker not the logical accuracy of the way in which he gives experience to that meaning. In other words it is the thought of the speaker which is व्यंग्य. The non identity of वस्तुव्यंजना with अनुमान should be understood to mean this. A practical surmise which leads to व्यंग्यवस्तु is based on what generally happens. It takes no account of remote possibilities. It शक्त्युद्भव-ध्वनि also we arrive at the suggested similiture by a sort of surmise. The logical connection between the second meaning serves as reason.

Those who assume that रसज्ञान is memory (स्मृति) are also wrong, for they base their assumption on the fact that like स्मृति this रसज्ञान also owes its existence to वासना संस्कार. As संस्कार also gives rise to प्रत्यभिज्ञा (the perception of identity of the present object with the one seen in the past, e.g. this is the same thing) the हेतु is व्यभिचारी. Those who hold that प्रत्यभिज्ञा arises from memory and not from संस्कार and वासना is a different thing from संस्कार are not open to this objection.

V

रसनिर्णय

सहृदय पुरुषों के हृदय में वासना रूप में स्थित रति आदि स्थायी भाव ही विभाव, अनुभाव और संचारी के द्वारा अभिव्यक्त होकर रस के स्वरूप को प्राप्त होते हैं।

This shows that it is the latent emotion in sympathetic people which assume the form of रस. When manifested in their minds by means of विभाव etc. The manifestation of an emotion in one's own mind is nothing but a feeling of that emotion. So we may put the fact more clearly thus—the representation of विभाव, अनुभाव and संचारी produces the feeling of emotion in the form of रस in the mind of the hearer or spectator, रस has been said to be produced by the synthesis of विभाव अनुभाव as curd is produced by the mixture of acid substance and milk (दध्यादिन्याय). Now the question arises—Where does this synthetic process takes place. It takes place in the mind of the hearer or spectator. But विभाव and अनुभाव exist in the mind of the hearer in the form of perception only. Therefore, to be more exact we must say that the perceptions of विभाव and अनुभाव produce the feeling called रस.

Ras is enjoyed when सत्त्व asserts itself (सत्त्वोद्रेकात्) and रजस्, तमस् subside. रस is feeling itself, not an object of feeling. See page 392-394.

If रस is a feeling of pleasure how can करुणा, बीभत्स be called रस ? Arguments not satisfactory. Psychologists regard the feeling as play impulse. The exertion and pain when self infiected in an impulse of play are enjoyed as pleasures.

How do the representations of आलम्बन of a पात्र produce a feeling of emotions in the form of रस. By a process or generalisation called साधारणीकरण the hearer or spectator conceives himself as identical with पात्र. The emotions are enjoyed not with reference to the particular object represenced but in a general way. At the time of enjoyment of रस the hearer does not concern himself with the qsestion whether the भाव belongs to himself or to another.

रसचक्र

NOTES

(1) पूर्ण रस=श्रोता का आलम्बन वही जो आश्रय का (Emotional)।

(2) मध्यम रस=श्रोता का आलम्बन आश्रय स्वयं–(श्रोता के औत्सुक्य का) (Imaginative)। अनौचित्य considered as रसाभास but अनुपयुक्तता not taken into account.

The latter (2) most profitably employed in character painting. Its vulgar use in most of the conventional productions, which can neither serve to give higher tone to the feelings nor to continue the imagination. The imaginative does produce 'affections,' but in an indirect way.

Some lay stress on the imaginative aspect, others on the emotional. The solution depends on the reply of the question whether we see to feel or feel to see.

Query—What about the self-denying love towards an ugly woman like that of Majnu of Persian fables. The intensity of feeling displayed, affects in general indirect way. Two possible interpretations of साधारणीकरण–(1) The indentity of the object (2) generalisation of the object. Rhetoricians seem to uphold the latter view, restricting their attention to the sentiment of love which has its special feature in this respect.

प्रलय a संचारी and not सात्विक. In the division of अनुभाव (कायिक, मानसिक etc.) मानसिक is to be taken out. The division is not recognized by ancients.

उद्दीपन of two kinds—आलम्बनगत, आलम्बनबाह्य।

[इसके अनन्तर देखिए ऊपर पृष्ठ 344 से 347 तक।]

PSYCHOLOGICAL NOTES FOR THE BOOK ON POETRY

1. Law of organization in the mind—Greater and lesser system. The former organising the latter under them, tendencies and impulses organized undet emotions, emotions under sentiments. Under the control of this system of emotions and sentiments are brought not only instincts but also thoughts, *i.e.* intellect Appetites and Emotions. The former aroused by internal rather than external stimulation has a greater regularity of occurrence and becomes more urgent. Appetites of hunger and sex must be included under lesser systems and also impulses needs or wants e.g., impulse for repose or sleep. (Impulses = जीवनवेग, Appetites = इन्द्रियवेग, Emotions = मनोवेग, या भाव, Sentiments = स्थायी भाव) As sentiments include emotions, emotions have

connected instincts, as instinct of flight in Fear. (Instinct = संस्कार, Tendency = प्रवृत्ति) Impulses of self-display and self-abasement.

Primary emotions—Fear, anger, disgust, joy and sorrow. Curiosity जिज्ञासा, though having more the character of impulse, is called an emotion. Joy and sorrow include if not instincts at least minute tendencies the most general being to maintain some process already exist. The seeking and sucking the teat by infants are instincts of hunger or appetite. Continuing to suck as long as enjoyment is felt is the tendency of the emotion of joy. Thus joy and repentance either (1) consiquent on some other impulse or (2) not. The latter illustrated in examining ugly and beautiful objects.

The Anger, fear, joy, sorrow minutely connected also with one another.

SYSTEM OF SENTIMENTS

Love—maternal, disinterested action, disinterested character though object and end, not through particular nature of emotion. Two broadly contrasted types—(1) the instinct of self-preservation (2) presevation of race. Although in feeding the young, mother satisfies her own impulse also, but hev impulse is disinterested. So her sorrow is distinterested when it has disiterested instinct. Pity is not therefore the source of the disinterestedness as popularly supposed.

Love and Hate are not single emotions. Spencer ennumerates among constituents of sexual love or sexual instinct, affection, admiration, pleasure of possession etc., etc., But love is not a compound feeling but system under which different feelings and emotions are organised. Love of opposite sex and offspring, innote, all other love acquired. Sentiments very much more from one man to another than emotion. Through sentiments men rise to more self controlled systems—in them are resolutions formed. The most prominent are (1) Self love which contain not only emotions but sentiments e. g, pride, vanity, love of riches. sensuality or love sensual pleasures.

"These relatively permanent dispositions are what we designate, our sentiments"—Angell, Abstract and concrete e.g. love of truth, science, art and love or reverence for parent—Ibid.

FEELING AND AFFECTION

The agreeable-disagreeable element or phase of our states of consciousness is affection. The total complex state in which it occurs, including sensory and ideational elements, feeling, Wundt and Royce add excitement and calm. Unnecessary, for they are characteristics which apply to the general activity of consciousness. When we are much excited, our muscles are tense, our respiration is abnormal : when there is muscular quiet with absence of acute Kinaesthetic sensation, only our consciousness of the intensity and rapidity of change in the conscious processes remain. We become aware of these modifications through cognitive channels—Ibid.

Is there an Affective Memory? We can say whether at a definite time we experienced pleasure or pain. But we cannot bring the affection so vividly as we do events and images.

SHELLEY'S INFLUENCE

"After Shelley's music beagan to captivate the world certain poets set to work upon the theory that between themselves and the other portion of the human race there is wide gulf fixed. × × × their theory was that they were to sing, as far as possible, like birds of another world. It might also be said that the poetic atmosphere became that of the Supreme palace of wonder—bedlam" Alexander Smith's ambition was—

"To shoota poem Like a comet out,
Far splendering the sleepy realms of night."

Bailey, Dobell and Smith were not Bedlamites but men of common sense. They only affected madness. The country from which the followers of Shelley sing to our lower world was named 'Nowhere' by Bailey. Bailey's 'Festus' and Browning's 'Sordello' are examples of this 'Nowhere' poetry.

VARIETIES OF POETIC ART

Two kinds of imagination—(1) Dramatic imagination (2) Lyric or egoistic imagination. Accordingly poets are either of Relative vision or Absolute vision.

I. Lyric or relative vision :

(a) Pure lyrists can sing with their one voice only one tune, i.e. they are occupied with their own feelings and emotions and have no vision of the world around.

(b) Epic poet can sing with his one voice many times. He has wide imagination but still relative or egoistic. He sees general humanity typified by himself in the imagined situation. He transmutes his own 'me' into many shapes. He cannot create another 'me'.

A large number of epic poets and dramatists come under this category. Entire body of Asiatic poets, even Indian dramatists have relative vision. Indian dramatists have no absolute or true dramatic vision.

II. Absolute or True dramatic vision :

Only true dramatists can create characters wholly independent of their own self. They do not deal in general characters as revealed to them by imaginig their own selves in different situations but create other beings totally different from themselves.

Aristotle—Indispensable basis for poetry is invention. He held composition of action to be the main thing. His conception includes all imaginative literature whether in verse or prose. He conceives poetry as imitation of the facts of nature.

Plato—considered it to be an imitation of the dream of man. Both A. and P. slighted the importance of versification. Both lay stress on subsance rather than on form.

Dionysius—revolted against the above and enunciated that poetry is fundamentally a matter of style.

Modern critics have made versification essential Hegei (Aesthetik) went as far as to say that "metre is the first and only condition absolutely demanded by poetry, even more necessary than a figurative picturesque diction."

"The great law of poetic art that the more earnest of impassioned or imaginative the subject the more carefully must the mere tricks of the trade be avoided, is not a law invented by man, but is founded on the laws of nature."

Poetic Imagination—The poet looks through a different atmosphere which transfigures and ennobles human life. "The light that never was on sea or land" is before the poet's eyes. There is one poet, however, who gazed at the world through no atmosphere of the golden clime.

Realism—Shelley and Keats have very little touch of realism. We do not find in them that loving eye for the physiognomy of life—whether it be the life of nature or the life of man which we find in even the smallest poets. Their command over the mere poetic vehicle is so prodigious and involves such an entire devotion to the study of poetry as a fine art, that but little force is left for the study of nature and man—that study which alone can result in the poetic realism of the great masters who combine all the powers of the two varieties of poets.

Realism is not only a legitimate, it is an essential quest of the poet until he has passed into that high mood when he can see nothing between his tripod and the heaven of which he sings.

THE POSITION OF POETRY IN RELATION TO OTHER ARTS.

Old Greek saying "poetry is a speaking picture and painting is a mute poetry" is in some measure-answerable for the modern vice of excessive word painting. Notwithstanding the above saying Greeks studied poetry more in relation to music and dancing. Poetic art was called singing long before it was called making.

But verbal melody of poets is something different from music and is not governed by the same laws. Many poets of melody had no ear for absolute music and some even disliked it. Among the delights of form in poetry the chief is expectation and the fulfilment of expectation. This is very obvious in rhymed verses. In blank verse also it is equally operative in poet's rhythm.

रस विषयक अन्य निबन्ध

साधारणीकरण और व्यक्ति वैचित्र्यवाद

किसी काव्य का श्रोता या पाठक जिन विषयों को मन में लाकर रति, करुणा, क्रोध, उत्साह इत्यादि भावों तथा सौन्दर्य, रहस्य, गाम्भीर्य आदि भावनाओं का अनुभव करता है वे अकेले उसी के हृदय से सम्बन्ध रखनेवाले नहीं होते; मनुष्य-मात्र की भावात्मक सत्ता पर प्रभाव डालनेवाले होते हैं। इसी से उक्त काव्य को एक साथ पढ़ने या सुननेवाले सहस्रों मनुष्य उन्हीं भावों या भावनाओं का थोड़ा या बहुत अनुभव कर सकते हैं। जब तक किसी भाव का कोई विषय इस रूप में नहीं लाया जाता कि वह सामान्यतः सबसे उसी भाव का अवलम्बन हो सके तब तक उसमें रसोद्‌बोधन की पूर्ण शक्ति नहीं आती। इसी रूप में लाया जाना हमारे यहाँ 'साधारणीकरण' कहलाता है। यह सिद्धान्त यह घोषित करता है कि सच्चा कवि वही है जिसे लोक-हृदय की पहचान हो, जो अनेक विशेषताओं और विचित्रताओं के बीच मनुष्य जाति के सामान्य हृदय को देख सके। इसी लोक-हृदय में हृदय के लीन होने की दशा का नाम रसदशा है।

किसी काव्य में वर्णित किसी पात्र का किसी कुरूप और दुःशील स्त्री पर प्रेम हो सकता है; पर उसी स्त्री के वर्णन द्वारा शृंगार रस का आलम्बन नहीं खड़ा हो सकता। अतः ऐसा काव्य केवल भाव-प्रदर्शक ही होगा, विभाव-विधायक कभी नहीं हो सकता। इसी प्रकार रौद्र रस के वर्णन में जब तक आलम्बन का चित्रण इस रूप में न होगा कि वह मनुष्य-मात्र में क्रोध का पात्र हो सके, तब तक वह वर्णन भाव-प्रदर्शक मात्र रहेगा, उसका विभाव-पक्ष या तो शून्य अथवा अशक्त होगा। पर भाव और विभाव दोनों पक्षों के सामंजस्य के बिना पूरी और सच्ची रसानुभूति नहीं हो सकती। केवल भाव-प्रदर्शक काव्यों में भी होता यह है कि पाठक या श्रोता अपनी ओर से अपनी भावना के अनुसार आलम्बन का आरोप किए रहता है।

काव्य का विषय सदा 'विशेष' होता है, 'सामान्य' नहीं; वह 'व्यक्ति' सामने लाता है, 'जाति' नहीं। यह बात आधुनिक कला-समीक्षा के क्षेत्र में पूर्णतया स्थिर हो चुकी है। अनेक व्यक्तियों के रूप-गुण आदि के विवेचन द्वारा कोई वर्ग या जाति ठहराना, बहुत-सी बातों को लेकर कोई सामान्य सिद्धान्त प्रतिपादित करना, यह सब तर्क और विज्ञान का नाम है—निश्चयात्मिका बुद्धि का व्यवसाय है। काव्य का काम है कल्पना में 'बिम्ब' (Images) या मूर्त्त भावना उपस्थित करना; बुद्धि के सामने कोई

विचार (Concept) लाना नहीं। 'बिम्ब' जब होगा तब विशेष या व्यक्ति का ही होगा, सामान्य या जाति का नहीं।[1]

इस सिद्धान्त का तात्पर्य यह है कि शुद्ध काव्य की उक्ति सामान्य तथ्य-कथन या सिद्धान्त के रूप में नहीं होती। कविता वस्तुओं और व्यापारों का बिम्ब ग्रहण कराने का प्रयत्न करती है, अर्थ ग्रहण-मात्र से उसका काम नहीं चलता। बिम्ब-ग्रहण जब होगा तब विशेष या व्यक्ति का ही होगा, सामान्य या जाति का नहीं। जैसे, यदि कहा जाए कि क्रोध में मनुष्य बावला हो जाता है, तो यह काव्य की उक्ति न होगी। काव्य की उक्ति तो किसी क्रुद्ध मनुष्य के उग्र वचनों और उन्मत्त चेष्टाओं की कल्पना में उपस्थिति भर कर देगी। कल्पना में जो कुछ उपस्थित होगा वह व्यक्ति या वस्तु-विशेष ही होगा। सामान्य या 'जाति' की तो मूर्त्त भावना हो ही नहीं सकती।[2]

अब यह देखना चाहिए कि हमारे यहाँ विभाजन व्यापार में जो 'साधारणीकरण' कहा गया है, उसके विरुद्ध तो यह सिद्धान्त नहीं जाता। विचार करने पर स्पष्ट हो जाएगा कि दोनों में कोई विरोध नहीं पड़ता। विभावादिक साधारणतया प्रतीत होती है, इस कथन का अभिप्राय यह नहीं है कि रसानुभूति के समय श्रोता या पाठक के मन में आलम्बन आदि विशेष व्यक्ति या विशेष वस्तु की मूर्त्त भावना के रूप में न आकर सामान्यतः व्यक्ति-मात्र या वस्तु-मात्र (जाति) के अर्थ-संकेत के रूप में आते हैं। 'साधारणीकरण' का अभिप्राय यह है कि पाठक या श्रोता के मन में जो व्यक्ति-विशेष या वस्तु-विशेष आती है, वह जैसे काव्य में वर्णित 'आश्रय' के भाव का अवलम्बन होती है, वैसे ही सब सहृदय पाठकों या श्रोताओं के भाव का आलम्बन हो जाता है। जिस व्यक्ति विशेष के प्रति किसी भाव की व्यंजना कवि या पात्र करता है, पाठक या श्रोता की कल्पना में यह व्यक्ति विशेष उपस्थित रहता है। हाँ, कभी-कभी ऐसा भी होता है कि पाठक या श्रोता की मति या संस्कार के कारण वर्णित व्यक्ति-विशेष के स्थान पर कल्पना में उसी के समान धर्मवाली

1. अभिव्यंजनावाद (Expressionism) के प्रवर्त्तक को वे (Benedetto Croce) के कला के बोध-पक्ष और तर्क के बोध-पक्ष को इस प्रकार अलग-अलग दिखाया है–(क) Intutive knowledge—knowledge obtained through the imagination, knowledge of the individual or individual things. (ख) Logical knowledge—knowledge obtained through the intellect; knowledge of the universal—knowledge of the relations between individual things.

—Aesthetics by Benedetto Croce.

2. साहित्य-शास्त्र में नैयायिकों की बातें ज्यों-की-त्यों ले लेने से काव्य के स्वरूप-निर्णय में जो बाधा पड़ी है, उसका एक उदाहरण 'शक्तिग्रह' का प्रसंग है। उसके अन्तर्गत कहा गया है कि संकेतग्रह 'व्यक्ति' का नहीं होता है, 'जाति' का होता है। तर्क में भाषा के संकेत पक्ष (Symbolic aspect) से ही काम चलता है जिसमें अर्थ-ग्रहण मात्र पर्याप्त होता है। अतः न्याय में तो जाति का संकेतग्रह कहना ठीक है। पर काव्य में भाषा के प्रत्यक्षीकरणपक्ष (Presentative aspect) में काम लिया जाता है जिसमें शब्द द्वारा सूचित वस्तु का बिम्ब ग्रहण होता है–अर्थात् उसकी मूर्ति कल्पना में खड़ी हो जाती है। काव्य मीमांसा के क्षेत्र में न्याय का यह हाथ बढ़ाना डॉक्टर सतीशचन्द्र विद्याभूषण को भी खटका है। उन्होंने कहा है–It is however, to be regretted that during the last 500 years the Nyaya has been mixed up with Law, Rhetoric, etc., and thereby has hampered the growth of those branches of knowledge upon which it has grown up as a sort of parasite.

—Introduction (The Nyaya Sutras)

कोई मूर्ति विशेष आ जाती है। जैसे, यदि किसी पाठक या श्रोता का किसी सुन्दरी से प्रेम है तो शृंगार रस की फुटकल उक्तियाँ सुनने के समय रह-रहकर आलम्बन रूप में उसकी प्रेयसी की मूर्ति ही उसकी कल्पना में आएगी। यदि किसी से प्रेम न हुआ तो सुन्दरी की कोई कल्पित मूर्ति उसके मन में आएगी। कहने की आवश्यकता नहीं कि वह कल्पित मूर्ति भी विशेष ही होगी—व्यक्ति की ही होगी।

कल्पना में मूर्ति तो विशेष ही की होगी, पर यह मूर्ति ऐसी होगी जो प्रस्तुत भाव का आलम्बन हो सके, जो उसी भाव को पाठक या श्रोता के मन में भी जगाए जिसकी व्यंजना आश्रय अथवा कवि करता है। इससे सिद्ध हुआ कि साधारणीकरण आलम्बनत्व धर्म का होता है। व्यक्ति तो विशेष ही रहता है; पर उसमें प्रतिष्ठा ऐसे सामान्य धर्म की रहती है जिसके साक्षात्कार से सब श्रोताओं या पाठकों के मन में एक ही भाव का उदय थोड़ा या बहुत होता है। तात्पर्य यह कि आलम्बन रूप में प्रतिष्ठित व्यक्ति, समान प्रभाव वाले कुछ धर्मों की प्रतिष्ठा के कारण, सबके भावों का आलम्बन हो जाता है। 'विभावादि सामान्य रूप में प्रतीत होते हैं'—इसका तात्पर्य यही है कि रसमग्न पाठकों के मन में यह भेदभाव नहीं रहता कि यह आलम्बन मेरा है या दूसरे का। थोड़ी देर के लिए पाठक या श्रोता का हृदय लोक का सामान्य हृदय हो जाता है। उसका अपना हृदय अलग नहीं रहता।

'साधारणीकरण' के प्रतिपादन में पुराने आचार्यों ने श्रोता (या पाठक) और आश्रय (भाव व्यंजना करनेवाला पात्र) के तादात्म्य की अवस्था का ही विचार किया है जिसमें आश्रय किसी काव्य या नाटक के पात्र के रूप में आलम्बन रूप किसी दूसरे पात्र के प्रति किसी भाव की व्यंजना करता है और श्रोता (या पाठक) उसी भाव का रस रूप में अनुभव करता है। पर रस की एक नीची अवस्था और है जिसका हमारे यहाँ के साहित्य ग्रन्थों में विवेचन नहीं हुआ है। उसका भी विचार करना चाहिए। किसी भाव की व्यंजना करनेवाला, कोई क्रिया या व्यापार करनेवाला पात्र भी शील की दृष्टि से श्रोता (या दर्शक) के किसी भाव का—श्रद्धा, घृणा, रोष, आश्चर्य, कुतूहल या अनुराग का—आलम्बन होता है। इस दशा में श्रोता या दर्शक का हृदय उस पात्र के हृदय से अलग रहता है—अर्थात् श्रोता या दर्शक उसी भाव का अनुभव नहीं करता जिसकी व्यंजना पात्र अपने आलम्बन के प्रति करता है, बल्कि व्यंजना करनेवाले उस पात्र के प्रति किसी और ही भाव का अनुभव करता है। यह दशा भी एक प्रकार की रस दशा ही है—यद्यपि इसमें आश्रय के साथ तादात्म्य और उसके आलम्बन का साधारणीकरण नहीं रहता। जैसे, कोई क्रोधी या क्रूर प्रकृति का पात्र यदि किसी निरपराध या दीन पर क्रोध की प्रबल व्यंजना कर रहा है तो श्रोता या दर्शक के मन में क्रोध का रसात्मक संचार न होगा, बल्कि क्रोध प्रदर्शित करनेवाले उस पात्र के प्रति अश्रद्धा, घृणा आदि का भाव जागेगा। ऐसी दशा में आश्रय के साथ तादात्म्य या सहानुभूति न होगी, बल्कि श्रोता या पाठक उक्त पात्र के शील द्रष्टा या प्रकृति द्रष्टा के रूप में प्रभाव ग्रहण करेगा। और यह प्रभाव भी रसात्मक ही होगा, पर इस रसात्मकता को हम मध्यम कोटि का ही मानेंगे।

जहाँ पाठक या दर्शक किसी काव्य या नाटक में सन्निविष्ट पात्र या आश्रय के शील द्रष्टा के रूप में स्थित होता है वहाँ भी पाठक या दर्शक के मन में कोई-न-कोई भाव थोड़ा-बहुत अवश्य जगा रहता है; अन्तर इतना ही पड़ता है कि उस पात्र का आलम्बन पाठक या दर्शक का आलम्बन नहीं होता, बल्कि वह पात्र ही पाठक या दर्शक के किसी भाव का आलम्बन रहता है। इस दशा में भी एक प्रकार का तादात्म्य और साधारणीकरण होता है। तादात्म्य कवि के उस अव्यक्त भाव के साथ होता है, जिसके अनुरूप वह पात्र का स्वरूप संघटित करता है। जो स्वरूप कवि अपनी कल्पना में लाता है उसके प्रति उसका कुछ-न-कुछ भाव अवश्य रहता है। वह उसके किसी भाव का आलम्बन अवश्य होता है। अतः पात्र का स्वरूप कवि के जिस भाव का आलम्बन रहता है, पाठक या दर्शक के भी उसी भाव का आलम्बन प्रायः हो जाता है। जहाँ कवि किसी वस्तु (जैसे हिमालय, विंध्याटवी) या व्यक्ति का केवल चित्रण करके छोड़ देता है वहाँ कवि ही आश्रय के रूप में रहता है। उस वस्तु या व्यक्ति का चित्रण वह उसके प्रति कोई भाव रखकर ही करता है। उसी के भाव के साथ पाठक या दर्शक का तादात्म्य रहता है, उसी का आलम्बन पाठक या दर्शक का आलम्बन हो जाता है।

आश्रय की जिस भाव-व्यंजना को श्रोता या पाठक का हृदय कुछ भी अपना न सकेगा, उसका ग्रहण केवल शील-वैचित्र्य के रूप में होगा और उसके द्वारा घृणा, विरक्ति, अश्रद्धा, क्रोध, आश्चर्य कुतूहल इत्यादि में से ही कोई भाव उत्पन्न होकर अपरितुष्ट दशा में रह जाएगा। उस भाव की तुष्टि तभी होगी जब कोई दूसरा पात्र आकर उसकी व्यंजना वाणी और चेष्टा द्वारा उस बेमेल या अनुपयुक्त भाव की व्यंजना करनेवाले प्रथम पात्र के प्रति करेगा। इस दूसरे पात्र की भाव-व्यंजना के साथ श्रोता या दर्शक की पूर्ण सहानुभूति होगी। अपरितुष्ट भाव की आकुलता का अनुभव प्रबन्ध-काव्यों, नाटकों और उपन्यासों के प्रत्येक पाठक को थोड़ा-बहुत होगा। जब कोई असामान्य दुष्ट अपनी मनोवृत्ति की व्यंजना किसी स्थल पर करता है तब पाठक के मन में बार-बार यही आता है कि उस दुष्ट के प्रति उसके मन में जो घृणा या क्रोध है उसकी भरपूर व्यंजना वचन या क्रिया द्वारा कोई पात्र आकर करता। क्रोधी परशुराम तथा अत्याचारी रावण की कठोर बातों का जो उत्तर लक्ष्मण और अंगद देते हैं उससे कथा श्रोताओं की अपूर्व तुष्टि होती है।

इस सम्बन्ध में सबसे अधिक ध्यान देने की बात यह है कि शील-विशेष के परिज्ञान से उत्पन्न भाव की अनुभूति और आश्रय के साथ तादात्म्य-दशा की अनुभूति (जिसे आचार्यों ने रस कहा है) दो भिन्न कोटि की रसानुभूतियाँ हैं। प्रथम में श्रोता या पाठक अपनी पृथक् सत्ता अलग सँभाले रहता है। द्वितीय में अपनी पृथक् सत्ता का कुछ क्षणों के लिए विसर्जन कर आश्रय की भावात्मक सत्ता में मिल जाता है। उदात्त वृत्ति वाले आश्रय की भाव-व्यंजना में भी यह होगा कि जिस समय तक पाठक या श्रोता तादात्म्य की दशा में पूर्ण रसमग्न रहेगा उस समय तक भाव-व्यंजना करनेवाले आश्रय को अपने से अलग रखकर उसके शील आदि की ओर दत्तचित्त न रहेगा। उस दशा के आगे-पीछे ही वह उसकी भावात्मक सत्ता से अपनी भावात्मक सत्ता को अलग कर उसके शील

सौन्दर्य की भावना कर सकेगा। भाव-व्यंजना करनेवाले किसी पात्र या आशय के शील-सौन्दर्य की भावना जिस समय रहेगी, उस समय वही श्रोता या पाठक का आलम्बन रहेगा और उसके प्रति श्रद्धा, भक्ति या प्रीति टिकी रहेगी।

हमारे यहाँ के आचार्यों ने श्रव्य-काव्य और दृश्य-काव्य दोनों में रस की प्रधानता रखी है, इसी से दृश्य-काव्य में भी उनका लक्ष्य तादात्म्य और साधारणीकरण की ओर रहता है। पर योरप के दृश्य-काव्यों में शील वैचित्र्य या अन्तःप्रकृति वैचित्र्य की ओर ही प्रधान लक्ष्य रहता है जिसके साक्षात्कार से दर्शक को आश्चर्य और कुतूहल मात्र की अनुभूति होती है। अतः इस वैचित्र्य पर थोड़ा विचार कर लेना चाहिए। वैचित्र्य साक्षात्कार से केवल तीन बातें हो सकती हैं–(1) आश्चर्यपूर्ण प्रसादन, (2) आश्चर्यपूर्ण अवसादन, और (3) कुतूहल मात्र।

आश्चर्यपूर्ण प्रसादन शील के चरम उत्कर्ष अर्थात् सात्विक आलोक के साक्षात्कार से होता है। भरत का राम की पादुका लेकर विरक्त रूप में बैठना, राजा हरिश्चन्द्र का अपनी रानी से आधा कफन माँगना, नागानन्द नाटक में जीमूतवाहन का भूखे गरुड़ से अपना मांस खाने के लिए अनुरोध करना इत्यादि शील-वैचित्र्य के ऐसे दृश्य हैं जिनसे श्रोता या दर्शक के हृदय में आश्चर्य-मिश्रित श्रद्धा या भक्ति का संचार होता है। इस प्रकार के उत्कृष्ट शील वाले पात्रों का शील विचित्र होने पर भी भाव-व्यंजना के समय उनके साथ पाठक या श्रोता का तादात्म्य हो सकता है।

आश्चर्यपूर्ण अवसादन शील के अत्यन्त पतन अर्थात् तामसी घोरता के साक्षात्कार से होता है। यदि किसी काव्य या नाटक में हूण सम्राट् मिहिरकुल पहाड़ की चोटी पर से गिराए जाते हुए मनुष्य के तड़फने, चिल्लाने आदि की भिन्न-भिन्न चेष्टाओं पर भिन्न-ढंग से आह्लाद की व्यंजना करे, तो उसके आह्लाद में किसी श्रोता या दर्शक का हृदय योग न देगा, बल्कि उसकी मनोवृत्ति की विलक्षणता और घोरता पर स्तम्भित, क्षुब्ध या कुपित होगा। इसी प्रकार दुःशीलता की और-और विचित्रताओं के प्रति श्रोता की आश्चर्य-मिश्रित विरक्ति, घृणा आदि जगेगी।

जिन सात्विकी और तामसी प्रकृतियों की चरम सीमा का उल्लेख ऊपर हुआ है, सामान्य प्रकृति से उनकी आश्चर्यजनक विभिन्नता केवल उनकी मात्रा में होती है। वे किसी वर्ग-विशेष की सामान्य प्रकृति के भीतर समझी जा सकती हैं। जैसे, भरत आदि की प्रकृति शीलवानों की प्रकृति के भीतर और मिहिरकुल की प्रकृति क्रूरों की प्रकृति के भीतर मानी जा सकती है। पर कुछ लोगों के अनुसार ऐसी अद्वितीय प्रकृति भी होती है जो किसी वर्ग-विशेष की भी प्रकृति के भीतर नहीं होती। ऐसी प्रकृति के साक्षात्कार से न स्पष्ट प्रसादन होगा, न स्पष्ट अवसादन–एक प्रकार का मनोरंजन या कुतूहल ही होगा। ऐसी अद्वितीय प्रकृति के चित्रण को डंटन (Theodore Watts-Danton) ने कवि की नाटकीय या निरपेक्ष दृष्टि (Dramatic or Absolute Vision) का सूचक और काव्य-कला का चरम उत्कर्ष कहा है। उनका कहना है कि साधारणतः कवि नाटककार भिन्न-भिन्न पात्रों की उक्तियों की कल्पना अपने ही को उनकी परिस्थिति में अनुमान

करके किया करते हैं। वे वास्तव में यह अनुमान करते हैं कि यदि हम उनकी दशा में होते तो कैसे वचन मुँह से निकालते। तात्पर्य यह है कि उनकी दृष्टि सापेक्ष होती है, वे अपनी ही प्रकृति के अनुसार चरित्र-चित्रण करते हैं पर निरपेक्ष दृष्टि वाले नाटककार एक नवीन नर-प्रकृति की सृष्टि करते हैं। नूतन-निर्माण वाली कल्पना उन्हीं की होती है।

डंटन ने निरपेक्ष दृष्टि को उच्चतम शक्ति का ठहराया पर उन्हें संसार भर में दो या तीन कवि उक्त दृष्टि से सम्पन्न मिले जिनमें मुख्य शेक्सपियर हैं पर शेक्सपियर ने नाटकों में कुछ विचित्र अन्त-प्रकृति के पात्रों के होते हुए भी अधिकांश ऐसे पात्र हैं जिनकी भाव-व्यंजना के साथ पाठक या दर्शक का पूरा तादात्म्य रहता है। 'जूलियस सीजर' नाटक में अंटोनियो के लम्बे भाषण से जो क्षोभ उमड़ पड़ता है उसमें किसका हृदय योग न देगा ? डंटन के अनुसार शेक्सपियर की दृष्टि निरपेक्षता के उदाहरणों में हैमलेट का चरित्र-चित्रण है। पर विचारपूर्वक देखा जाए तो हैमलेट की मनोवृत्ति भी ऐसे व्यक्ति की मनोवृत्ति है जो अपनी माता का घोर विश्वासघात और जघन्य शीलच्युति देख अर्द्धविक्षिप्त-सा हो गया हो। परिस्थिति के साथ उसके वचनों का सामंजस्य उसकी बुद्धि की अवस्था का द्योतक है। अतः उसका चरित्र भी एक वर्ग-विशेष के चरित्र के भीतर आ जाता है। उसके बहुत-से भाषणों को प्रत्येक सहृदय व्यक्ति अपनाता है। उदाहरण के लिए आत्मग्लानि और क्षोभ से भरे हुए वे वचन जिनके द्वारा वह स्त्री-जाति की भर्त्सना करता है। अतः हमारे देखने में ऐसी मनोवृत्ति का प्रदर्शन, जो किसी दशा में किसी की हो ही नहीं सकती, केवल ऊपरी मनबहलाव के लिए खड़ा किया हुआ कृत्रिम तमाशा ही होगा। पर डंटन साहब के अनुसार ऐसी मनोवृत्ति का चित्रण नूतन सष्ठिकारिणी कल्पना का सबसे उज्ज्वल उदाहरण होगा।

'नूतन सृष्टि निर्माणवाली कल्पना' की चर्चा जिस प्रकार योरप में चलती आ रही है, उसी प्रकार भारतवर्ष में भी। पर हमारे यहाँ यह कथन अर्थवाद के रूप में—कवि और कवि कर्म की स्तुति के रूप में ही गृहीत हुआ, शास्त्रीय सिद्धान्त या विवेचन के रूप में नहीं। योरप में अलबत्ता यह एक सूत्र-सा बनकर काव्य-समीक्षा के क्षेत्र में भी जा घुसा है। इसके प्रचार का परिणाम वहाँ यह हुआ कि रचनाएँ इस ढंग की भी हो चलीं जिनमें कवि ऐसी अनुभूतियों की व्यंजना की नकल करता है जो न वास्तव में उनकी होती हैं और न किसी की हो सकती हैं। इस नूतन सृष्टि निर्माण के अभिनय के बीच 'दूसरे जगत् के पंछियों' की उड़ान शुरू हुई। शैली के पीछे पागलपन की नकल करनेवाले बहुत-से खड़े हुए थे; वे अपनी बातों का ऐसा रूप-रंग बनाते थे जो किसी और दुनिया का लगे या कहीं का न जान पड़े।[1]

---

1. After Shelley's music began to captivate the world certain poets set to work upon the theory that between themselves and the other portion of the human race there is a wide gulf fixed. Their theory was that they were to sing, as far as possible, like birds of another world...It might also be said that the poetic atmosphere became that of the supreme place of wonder. —Bedlam

   Bailey, Dobell and Smith were not Bedlamites, but men of common sense. They only affected madness. The country from which the followers of Shelley sing to our lower world was named 'Nowhere.'

   —Poelry and the Renaissance of Wanders by Theadore Watts Dunton.

यह उस प्रवृत्ति का हद से बाहर पहुँचा रूप है, जिसका आरम्भ योरप में एक प्रकार से पुनरुत्थान-काल (Renaissance) के साथ ही हुआ था। ऐसा कहा जाता है कि उस काल के पहले काव्य की रचना काल को अखंड अनन्त और भेदातीत मानकर तथा लोक को एक सामान्य सत्ता समझकर की जाती थी। रचना करनेवाले यह ध्यान रखकर नहीं लिखते थे कि इस काल के आगे आनेवाला काल कुछ और प्रकार का होगा अथवा इस वर्तमान काल का स्वरूप सर्वत्र एक ही नहीं है–किसी जन-समूह के बीच पूर्ण सभ्य काल है, किसी के बीच उससे कुछ कम, किसी जन-समुदाय के बीच कुछ असभ्य काल है, किसी के बीच उससे बहुत अधिक। इसी प्रकार उन्हें इस बात की ओर ध्यान देने की आवश्यकता नहीं होती कि लोक भिन्न-भिन्न व्यक्तियों से बना होता है जो भिन्न-भिन्न रुचि और प्रवृत्ति के होते हैं। 'पुनरुत्थान-काल' से धीरे-धीरे इस तथ्य की ओर ध्यान बढ़ता गया, प्राचीनों की भूल प्रगट होती गई। अन्त में इशारे पर आँख मूँदकर दौड़नेवाले बड़े-बड़े पंडितों ने पुनरुत्थान की कालधारा को मथकर 'व्यक्तिवाद' रूपी नया रत्न निकाला। फिर क्या था ? शिक्षित समाज में व्यक्तिगत विशेषताएँ देखने-दिखाने की चाह बढ़ने लगी।

काव्य क्षेत्र में किसी 'वाद' का प्रचार धीरे-धीरे उसकी सारसत्ता को ही चर जाता है। कुछ दिनों में लोग कविता लिखकर 'वाद' लिखने लगते हैं। कला या काव्य के क्षेत्र में, 'लोक' और 'व्यक्ति' की उपर्युक्त धारणा कहाँ तक संगत है, इस पर थोड़ा विचार कर लेना चाहिए। लोक के बीच जहाँ बहुत-सी भिन्नताएँ देखने में आती हैं, वहाँ कुछ अभिन्नताएँ भी पाई जाती हैं। एक मनुष्य की आकृति से दूसरे मनुष्य की आकृति नहीं मिलती, पर सब मनुष्यों की आकृतियों को एक साथ लें तो एक ऐसी सामान्य आकृति-भावना भी बँधती है जिसके कारण हम सबको मनुष्य कहते हैं। इसी प्रकार सबकी रुचि और प्रकृति में भिन्नता होने पर भी कुछ ऐसी अन्तर्भूमियाँ हैं जहाँ पहुँचने पर अभिन्नता मिलती है। वे अन्तर्भूमियाँ नर-समष्टि की रागात्मिका प्रकृति के भीतर हैं। लोक-हृदय की यह सामान्य अन्तर्भूमि परखकर हमारे यहाँ 'साधारणीकरण' सिद्धान्त की प्रतिष्ठा की गई है। वह सामान्य अन्तर्भूमि कल्पित या कृत्रिम नही है। काव्य-रचना की रूढ़ि या परम्परा, सभ्यता के न्यूनाधिक विकास, जीवन व्यापार के बदलने वाले बाहरी रूप-रंग इत्यादि पर वह स्थित नहीं है, इसकी नींव गहरी है। इसका सम्बन्ध हृदय के भीतरी मूल देश से है, उसका सामान्य वासनात्मक सत्ता से है।

जिस 'व्यक्तिवाद' का ऊपर वर्णन हुआ है, उसने स्वच्छन्दता के आन्दोलन (Romantic Movement) के उत्तर काल से बड़ा ही विकृत रूप धारण किया। यह 'व्यक्तिवाद' यदि पूर्ण रूप से स्वीकार किया जाए तो कविता लिखना व्यर्थ ही समझिए। कविता इसीलिए लिखी जाती है कि एक ही भावना सैकड़ों, हजारों क्या, लाखों दूसरे आदमी ग्रहण करें। जब एक के हृदय के साथ दूसरे के हृदय की कोई समानता ही नहीं तब एक के भावों को दूसरा क्यों और कैसे ग्रहण करेगा ? ऐसी अवस्था में तो यही सम्भव है कि हृदय द्वारा मार्मिक या भीतरी ग्रहण की बात ही छोड़ दी जाए; व्यक्तिगत विशेषता के वैचित्र्य द्वारा ऊपरी कुतूहल मात्र उत्पन्न कर देना ही बहुत समझा जाए।

हुआ भी यही। और हृदयों से अपने हृदय की भिन्नता और विचित्रता दिखाने के लिए बहुत-से लोग एक-एक काल्पनिक हृदय निर्मित करके दिखाने लगे। काव्यक्षेत्र 'नकली हृदयों' का एक कारखाना हो गया।

ऊपर जो कुछ कहा गया उससे जान पड़ेगा कि भारतीय काव्य दृष्टि भिन्न-भिन्न विशेषों के भीतर से ''सामान्य'' उद्‌घाटन की ओर बराबर रही है। किसी-न-किसी 'सामान्य' के प्रतिनिधि होकर ही 'विशेष' हमारे यहाँ के काव्यों में आते रहे हैं। पर योरोपीय काव्य दृष्टि इधर बहुत दिनों से विरल-विशेष के विधान की ओर रही है। हमारे यहाँ कवि उस सच्चे तार की झंकार सुनाने में ही सन्तुष्ट रहे जो मनुष्य मात्र के हृदय के भीतर से होता हुआ गया है। पर उन्नीसवीं शताब्दी के बहुत-से विलायती कवि ऐसे हृदयों के प्रदर्शन में लगे जो न कहीं होते हैं और न हो सकते हैं। सारांश यह कि हमारी वाणी भावक्षेत्र के बीच 'भेदों में अभेद' को ऊपर करती रही और उनकी वाणी झूठे-सच्चे विलक्षण भेद खड़े करके लोगों को चमत्कृत करने में लगी।

'कल्पना' और 'व्यक्तित्व' की, पाश्चात्य समीक्षा-क्षेत्र में; इतनी अधिक मुनादी हुई कि काव्य के और सब पक्षों से दृष्टि हटकर इन्हीं दो पर जा जमी। 'कल्पना' काव्य का बोध-पक्ष है। कल्पना में आई रूप-व्यापार-योजना का कवि या श्रोता को अन्तः साक्षात्कार का बोध होता है। पर इस बोधपक्ष के अतिरिक्त काव्य का भावपक्ष भी है। कल्पना को रूप योजना के लिए प्रेरित करनेवाले और कल्पना में आई हुई वस्तुओं में श्रोता या पाठक को रमानेवाले रति, करुणा, क्रोध, उत्साह, आश्चर्य इत्यादि भाव या मनोविकार होते हैं। इसी से भारतीय दृष्टि ने भावपक्ष को प्रधानता दी और रस के सिद्धान्त की प्रतिष्ठा की। पर पश्चिम में 'कल्पना'–'कल्पना' की पुकार के सामने धीरे-धीरे समीक्षकों का ध्यान भावपक्ष से हट गया और बोधपक्ष ही पर भिड़ गया। काव्य की रमणीयता उस हल्के आनन्द के रूप में ही मानी जाने लगी जिस आनन्द के लिए हम नई-नई सुन्दर भड़कीली और विलक्षण वस्तुओं को देखने जाते हैं। इस प्रकार कवि तमाशा दिखानेवाले के रूप में और श्रोता या पाठक तटस्थ तमाशबीन के रूप में समझे जाने लगे। केवल देखने का आनन्द कुछ विलक्षण को देखने का कुतूहल मात्र होता है।

'व्यक्तित्व' ही को ले उड़ने से जो परिणाम हुआ है, उसका कुछ आभास ऊपर दिया जा चुका है। 'कल्पना' और 'व्यक्तित्व' पर एकदेशीय दृष्टि रखकर पश्चिम में कई प्रसिद्ध 'वादों' की इमारतें खड़ी हुईं। इटली-निवासी क्रोचे (Benedetto Croce) ने अपने 'अभिव्यंजनावाद' के निरूपण में बड़े कठोर आग्रह के साथ कला की अनुभूति को ज्ञान या बोध-स्वरूप ही माना है। उन्होंने उसे स्वयं प्रकाश ज्ञान (Intuition)–प्रत्यक्ष ज्ञान तथा बुद्धि-व्यवसाय-सिद्ध या विचार-प्रसूत ज्ञान से भिन्न केवल कल्पना में आई हुई वस्तु व्यापार-योजना का ज्ञान-मात्र माना है। वे इस ज्ञान को प्रत्यक्ष ज्ञान और विचार-प्रसूत ज्ञान दोनों से सर्वथा निरपेक्ष स्वतन्त्र और स्वतः पूर्ण मानकर चले हैं। वे इस निरपेक्षता को बहुत दूर तक घसीट ले गए हैं। भावों या मनोविकारों तक को उन्होंने काव्य की उक्ति का विधायक अवयव नहीं माना है। पर न चाहने पर भी अभिव्यंजना

या उक्ति के अनभिव्यक्तिपूर्ण रूप में भावों की सत्ता उन्हें स्वीकार करनी पड़ी है। उससे अपना पीछा वे छुड़ा नहीं सके हैं।[1]

काव्य-समीक्षा के क्षेत्र में व्यक्ति की ऐसी दीवार खड़ी हुई, 'विशेष' के स्थान पर सामान्य या विचार-सिद्ध ज्ञान के आ घुसने का इतना डर समाया कि कहीं-कहीं आलोचना भी काव्य-रचना के ही रूप में होने लगी। कला की कृति की परीक्षा के लिए विवेचन-पद्धति का त्याग-सा होने लगा। हिन्दी की मासिक पत्रिकाओं में समालोचना के नाम पर आजकल तो अद्‌भुत और रमणीय शब्द योजना-मात्र कभी-कभी देखने में आया करती है, वह इसी पाश्चात्य प्रवृत्ति का अनुकरण है। पर यह भी समझ रखना चाहिए कि योरप में सहित्य सम्बन्धी आन्दोलनों की आयु बहुत थोड़ी होती है आन्दोलन दस-बारह वर्ष से ज्यादा नहीं चलता। ऐसे आन्दोलनों के कारण वहाँ इस बीसवीं शताब्दी में आकर कार्यक्षेत्र के बीच बड़ी गहरी गड़बड़ी और अव्यवस्था फैली। काव्य की स्वाभाविक उमंग के स्थान पर नवीनता के लिए आकुलता-मात्र रह गई। कविता चाहे हो, चाहे न हो, कोई नवीन रूप या रंग-ढंग अवश्य खड़ा हो। पर कोरी नवीनता केवल मरे हुए आन्दोलन का इतिहास छोड़ जाए, कविता नहीं खड़ी कर सकती। केवल नवीनता और मौलिकता की बढ़ी-चढ़ी सनक में सच्ची कविता की ओर ध्यान कहाँ तक रह सकता है ? कुछ लोग तो नए-नए ढंग की उच्छृंखलता, वक्रता, असम्बद्धता, अनर्गलता इत्यादि का ही प्रदर्शन करने में लगे। थोड़े से ही सच्ची भावना वाले कवि प्रकृत-मार्ग पर चलते दिखाई पड़ने लगे। समालोचना भी अधिकतर हवाई ढंग की होने लगी।[2]

योरप में इधर पचास वर्ष के भीतर 'रहस्यवाद,' 'कलावाद,' 'व्यक्तिवाद' इत्यादि जो अनेक 'वाद' चले थे, वे अब वहाँ मरे हुए आन्दोलन समझे जाते है। इन नाना 'वादों' से ऊबकर लोग अब फिर साफ हवा में आना चाहते हैं। किसी कविता के सम्बन्ध में किसी 'वाद' का नाम लेना अब फैशन के खिलाफ माना जाने लगा है। अब कोई वादी समझे जाने में कवि अपना मान नहीं समझते।[3]

---

1. **Matter** is emotivity not aesthetically elaborated **i.e.** impression. **Form** is elaboration and expressin × × × Sentiments or impressions pass by means of words from the obscure region of the soul into the clearity of the contemplative spirits.—**Aesthetic**
2. Wherever attempts at sheer newness in poetry were made, they merely ended in dead movements. × × × Criticism became more dogmatic and unreal poetry more eccentric and chastic. —"A Survey of Modernist poetry" by Laura Riding and Robert Graves (1927).
3. The Modernist poet does not have to issue a programme declaring his intentions toward the reader or to issue an announcement of tactics. He does not have to call himself an individualist (as the Imagist poet did) or a mystic (as the poet of Anglo-Irish dead movement did) or a naturalist (as the poet of the Georgian dead movement did).
—'A Survey of Modernist poetry' by Laura Riding and Robert Graves (1927).

रसात्मक बोध के विविध रूप

संसार-सागर की रूप-तरंगों से ही मनुष्य की कल्पना का निर्माण और इसी रूप-गति से उनके भीतर विविध भावों या मनोविकारों का विधान हुआ है। सौन्दर्य, माधुर्य, विचित्रता, भीषणता, क्रूरता इत्यादि की भावनाएँ बाहरी रूपों और व्यापारों से ही निष्पन्न हुई हैं। हमारे प्रेम, भय, आश्चर्य, क्रोध, करुणा इत्यादि भावों की प्रतिष्ठा करनेवाले मूल आलम्बन बाहर ही के हैं–इसी चारों ओर फैले हुए रूपात्मक जगत् के ही हैं। जब हमारी आँखें देखने में प्रवृत्त रहती हैं तब रूप हमारे बाहर प्रतीत होते हैं; जब हमारी वृत्ति अन्तर्मुख होती है तब रूप हमारे भीतर दिखाई पड़ते हैं। बाहर-भीतर दोनों ओर रहते हैं रूप ही। सुन्दर, मधुर, भीषण या क्रूर लगनेवाले रूपों या व्यापारों से भिन्न सौन्दर्य, माधुर्य, भीषणता या क्रूरता कोई पदार्थ नहीं, सौन्दर्य की भावना जगना सुन्दर-सुन्दर वस्तुओं या व्यापारों का मन में आना ही है। इसी प्रकार मनोवृत्तियों या भावों की सुन्दरता, भीषणता आदि की भावना भी रूप होकर मन में उठती है। किसी की दयाशीलता या क्रूरता की भावना करते समय दया या क्रूरता के किसी विशेष व्यापार या दृश्य का मानसिक चित्र ही मन में रहता है, जिसके अनुसार भावना तीव्र या मन्द होती है। तात्पर्य यह कि मानसिक रूप-विधान का नाम ही सम्भावना या कल्पना है।

मन के भीतर यह रूप-विधान दो तरह का होता है। या तो यह कभी प्रत्यक्ष देखी हुई वस्तुओं का ज्यों का त्यों प्रतिबिम्ब होता है अथवा प्रत्यक्ष देखे हुए पदार्थों के रूप, रंग, गति आदि के आधार पर खड़ा किया हुआ नया वस्तु-व्यापार-विधान। प्रथम प्रकार की आभ्यन्तर रूप-प्रतीति स्मृति कहलाती है और द्वितीय प्रकार की रूप-योजना या मूर्ति-विधान को कल्पना कहते हैं। कहने की आवश्यकता नहीं कि इन दोनों प्रकार के भीतरी रूप-विधानों के मूल हैं प्रत्यक्ष अनुभव किए हुए बाहरी रूप-विधान। अतः रूप-विधान तीन प्रकार के हुए–

(1) प्रत्यक्ष-रूप-विधान,

(2) स्मृत रूप-विधान और

(3) कल्पित रूप-विधान।

इन तीनों प्रकार के रूप-विधानों में भावों को इस रूप में जागृत करने की शक्ति होती है कि वे रस-कोटि में आ सकें, यही हम यहाँ दिखाना चाहते हैं। कल्पित रूप-विधान द्वारा जागृत मार्मिक अनुभूति तो सर्वत्र रसानुभूति मानी जाती है। प्रत्यक्ष या

स्मरण द्वारा जागृत वास्तविक अनुभूति भी विशेष दिशाओं में रसानुभूति की कोटि में आ सकती है, इसी बात की ओर ध्यान दिलाना इस लेख का उद्देश्य है।

प्रत्यक्ष रूप-विधान

भावुकता की प्रतिष्ठा करनेवाले मूल आधार या उपादान ये ही हैं। इन प्रत्यक्ष रूपों की मार्मिक अनुभूति जिनमें जितनी ही अधिक होती है, वे उतने ही रसानुभूति के उपयुक्त होते हैं। जो किसी मुख के लावण्य, वनस्थली की सुषमा, नदी या शैलतटों की रमणीयता, कुसुम-विकास की प्रफुल्लता ग्राम-दृश्यों की सरल माधुरी देख मुग्ध नहीं होता, जो किसी प्राणी के कष्ट-व्यंजक रूप और चेष्टा पर करुणार्द्र नहीं होता, जो किसी पर निष्ठुर अत्याचार होते देख क्रोध से नहीं तिलमिलाता, उसमें काव्य का सच्चा प्रभाव ग्रहण करने की क्षमता कभी नहीं हो सकती। जिसके लिए ये सब कुछ नहीं है, उसके लिए सच्ची कविता की अच्छी-से-अच्छी उक्ति भी कुछ नहीं है। वह यदि किसी कविता पर वाह-वाह करे तो समझना चाहिए कि या तो वह भावुकता या सहृदयता की नकल कर रहा है अथवा उस रचना के किसी ऐसे अवयव की ओर दत्तचित्त है जो स्वत्तः काव्य नहीं है। भावुकता की नकल करनेवाले श्रोता या पाठक ही नहीं, कवि भी हुआ करते है। वे सच्चे भावुक कवियों की वाणी का अनुकरण बड़ी सफाई से करते है और अच्छे कवि कहलाते हैं। पर सूक्ष्म और मार्मिक दृष्टि उनकी रचना में हृदय की निश्चेष्टा का पता लगा लेती है। किसी काल में सैकड़ों कवि प्रसिद्ध होते हैं उसमें सच्चे कवि—ऐसे कवि जिनकी तीव्र अनुभूति ही वास्तव में कल्पना को अनुकूल रूप-विधान में तत्पर करती है—दस-पाँच ही होते है।

'प्रत्यक्ष' से हमारा अभिप्राय केवल चाक्षुषज्ञान से नहीं है। रूप शब्द के भीतर शब्द, गन्ध, रस और स्पर्श भी समझ लेना चाहिए। वस्तु-व्यापार-वर्णन के अन्तर्गत ये विषय भी रहा करते हैं। फूलों और पक्षियों के मनोहर आकार और रंग का ही वर्णन कवि नहीं करते; उनकी सुगन्ध, कोमलता और मधुर स्वर का भी वे बराबर वर्णन करते हैं। जिन लेखकों या कवियों की घ्राण शक्ति तीव्र होती है, वे ऐसे स्थलों की गन्धात्मक विशेषता का वर्णन कर जाते हैं जहाँ की गन्ध-विशेष का थोड़ा-बहुत अनुभव तो बहुत से लोग करते हैं पर उसकी ओर स्पष्ट ध्यान नहीं देते। खलिहानों और रेलवे-स्टेशनों पर जाने से भिन्न-भिन्न प्रकार की गन्ध का अनुभव होता है। पुराने कवियों ने तुरन्त की जोती हुई भूमि से उठी हुई सोंधी महक का, हिरनों के द्वारा चरी हुई दूब की ताजी गमक का उल्लेख किया है। फरांसीसी उपन्यासकार जोला की गन्धानुभूति बड़ी सूक्ष्म थी। उसने योरप के कई नगरों और स्थानों की गन्ध की पहचान बताई है। इसी प्रकार बहुत से शब्दों का अनुभव भी बहुत सूक्ष्म होता है। रात्रि में, विशेषतः वर्षा की रात्रि में, झींगुरों और झिल्लियों के झंकार मिश्रित चीत्कार का बँधा तार सुनकर लड़कपन में मैं यही समझता था कि रात बोल रही है। कवियों ने कलियों के चटकने तक के शब्द का उल्लेख किया है।

ऊपर गिनाए हुए तीन प्रकार के रूप-विधानों में से अन्तिम (कल्पित) ही काव्य-समीक्षकों और साहित्य-मीमांसकों के विचार-क्षेत्र के भीतर लिये गए हैं और लिये जाते हैं। बात यह है कि काव्य शब्द-व्यापार है। वह शब्द-संकेतों के द्वारा ही अन्तस में वस्तुओं और व्यापारों का मूर्ति-विधान करने का प्रयत्न करता है। अतः जहाँ तक काव्य की प्रक्रिया का सम्बन्ध है, वहाँ तक रूप और व्यापार कल्पित ही होते हैं। कवि जिन वस्तुओं और व्यापारों का वर्णन करने बैठता है, वे उस समय उसके सामने नहीं होते, कल्पना में ही होते हैं। पाठक या श्रोता भी अपनी कल्पना द्वारा ही उनका मानस साक्षात्कार करके उनके आलम्बन से अनेक प्रकार के रसानुभव करता है। ऐसी दशा में यह स्वाभाविक था कि कवि कर्म का निरूपण करने वालों का ध्यान रूप-विधान के कल्पना पक्ष पर ही रहे; रूपों और व्यापारों के प्रत्यक्ष बोध और उससे सम्बद्ध वास्तविक भावनुभूति की बात अलग ही रखी जाए।

उदाहरण के रूप में ऊपर लिखी बात यों कही जा सकती है। एक स्थान पर हमने किसी अत्यन्त रूपवती स्त्री का स्मित आनन और चंचल भ्रूविलास देखा और मुग्ध हुए अथवा किसी पर्वत के अंचल की सरस सुषमा देख उसमें लीन हुए। इसके उपरान्त किसी प्रतिमालय और चित्रशाला में पहुँचे और रमणी की वैसी ही मधुर मूर्ति अथवा उसी प्रकार से पर्वतांचल का चित्र देख फिर एक तीसरे स्थान पर जाकर कविता की कोई पुस्तक उठाई और उसमें वैसी ही नायिका अथवा वैसे ही दृश्य का सरस वर्णन पढ़ रसमग्न हुए। पिछले दो स्थलों की अनुभूतियों को ही कलागत या काव्यगत मान प्रथम प्रकार की (प्रत्यक्ष या वास्तविक) अनुभूति का विचार एकदम किनारे रखा गया। यहाँ तक कि प्रथम से शेष दो का कुछ सम्बन्ध ही न समझा जाने लगा। कोरे शब्द-व्यवसायी केशवदासजी को कमल और चन्द्र को प्रत्यक्ष देखने में कुछ भी आनन्द नही आता था; केवल काव्यों में उपमा-उत्प्रेक्षा आदि के अन्तर्गत उनका वर्णन या उल्लेख ही भाता था–

"देखे मुख भावै, अनदेखेई कमल चन्द;
ताते मुख मुखै, सखी ! कमलौ न चन्द री।"

इतने पर भी उनके कवि होने में कोई सन्देह नहीं किया गया।

यही बात योरप में भी बढ़ती-बढ़ती बुरी हद को पहुँची। कलागत अनुभूति को वास्तविक या प्रत्यक्ष अनुभूति से एकदम पृथक् और स्वतन्त्र निरूपित करके वह कवि का एक अलग "काल्पनिक जगत्" कहा जाने लगा। कला-समीक्षकों की ओर से यह धारणा उत्पन्न की जाने लगी कि जिस प्रकार कवि के "काल्पनिक जगत्" के रूप-व्यापारों की संगति प्रत्यक्ष या वास्तविक जगत् के रूप-व्यापारों से मिलाने की आवश्यकता नहीं उसी प्रकार उसके भीतर व्यंजित अनुभूतियों का सामंजस्य जीवन की वास्तविक अनुभूतियों में ढूँढना आवश्यक है। इस दृष्टि से काव्य का हृदय पर उतना ही और वैसा ही प्रभाव स्वीकार किया गया जितना और जैसा किसी परदे के बेलबूटे, मकान की नक्काशी, सरकस के तमाशे तथा भाँड़ों की लफ्फाजी, उछल-कूद या रोने-धोने का पड़ता है। इस धारणा के प्रचार से, जान में या अनजान में, कविता का

लक्ष्य बहुत नीचा कर दिया गया। कहीं-कहीं तो वह अमीरों के शौक की चीज समझी जाने लगी। रसिक और गुण-ग्राहक बनने के लिए जिस प्रकार वह तरह-तरह की नई-पुरानी, भली-बुरी तस्वीरें इकट्ठी करते, कलाकारों का गाना-बजाना सुनते, उसी प्रकार कविता की पुस्तकें भी अपने यहाँ सजाकर रखते और कवियों की चर्चा भी दस आदमियों के बीच बैठकर करते। सारांश यह कि 'कला' शब्द के प्रभाव से कविता का स्वरूप तो हुआ सजावट या तमाशा और उद्देश्य हुआ मनोरंजन या मन-बहलाव। यह 'कला' शब्द आज-कल हमारे यहाँ भी साहित्य-चर्चा में बहुत जरूरी-सा हो रहा है। इससे न जाने कब पीछा छूटेगा ? हमारे यहाँ के पुराने लोगों ने काव्य को 64 कलाओं में गिनना ठीक नहीं समझा था।

अब यहाँ पर रसात्मक अनुभूति की उस विशेषता का प्रचार करना चाहिए जो प्रत्यक्ष विषयों की वास्तविक अनुभूति से पृथक् करती प्रतीत हुई है। इस विशेषता का निरूपण हमारे यहाँ साधारणीकरण के अन्तर्गत किया गया है। 'साधारणीकरण' का अभिप्राय यह है कि किसी काव्य में वर्णित आलम्बन केवल भाव की व्यंजना करनेवाले पात्र (आश्रय) का ही आलम्बन नहीं रहता बल्कि पाठक या श्रोता का भी–एक ही नहीं अनेक पाठकों और श्रोताओं का भी–आलम्बन हो जाता है। अतः उस आलम्बन के प्रति व्यंजित भाव में पाठकों या श्रोताओं का भी हृदय योग देता हुआ उसी भाव का रसात्मक अनुभव करता है। तात्पर्य यह है कि रस-दशा में अपनी पृथक सत्ता की भावना का परिहार हो जाता है। अर्थात् काव्य में प्रस्तुत विषय को हम अपने व्यक्तित्व से सम्बद्ध रूप में नहीं देखते, अपनी योग-क्षेम-वासना की उपाधि से ग्रस्त हृदय द्वारा ग्रहण नहीं करते, बल्कि निर्विशेष, शुद्ध और मुक्त हृदय द्वारा ग्रहण करते है। इसी को पाश्चात्य समीक्षा-पद्धति में अहं का विसर्जन और निःसंगता (Impersonality and Detachment) कहते हैं। इसी को चाहे रस का लोकोत्तरत्व या ब्रह्मानन्द-सहोदरत्व कहिए, चाहे विभावन-व्यापार का अलौकिकत्व। अलौकिकत्व का अभिप्राय इस लोक से सम्बन्ध न रखने वाली कोई स्वर्गीय विभूति नहीं। इस प्रकार के केवल भाव व्यंजक (तथ्य-बोधक नहीं) और स्तुति-परक शब्दों की समीक्षा के क्षेत्र में घसीटकर पश्चिम में इधर अनेक प्रकार के अर्थशून्य वागाडम्बर खड़े किए गए थे। 'कला कला के लिए' नायक सिद्धान्त के प्रसिद्ध व्याख्याकार डॉक्टर ब्रैडले बोले, "काव्य आत्मा है।" डॉ. मैकेल साहब ने फरमाया, "काव्य एक अखंड तत्त्व या शक्ति है जिसकी गति अमर है।"* बंगभाषा के प्रसाद से हिन्दी में भी इस प्रकार के अनेक मधुर प्रलाप सुनाई पड़ा करते हैं।

अब प्रस्तुत विषय पर आते हैं। हमारा कहना यह है कि जिस प्रकार काव्य में वर्णित आलम्बनों के कल्पना में उपस्थित होने पर साधारणीकरण होता है, उसी प्रकार हमारे भावों के कुछ आलम्बनों के प्रत्यक्ष सामने आने पर भी उन आलम्बनों के सम्बन्ध में लोक के साथ–या कम-से-कम सहृदयों के साथ–हमारा तादात्म्य रहता है। ऐसे विषयों

* Poetry is Spirit—Bradley.
Poetry is continuous substance or energy whose progess is immoral—Maekail.

या आलम्बनों के प्रति हमारा जो भाव रहता है वही भाव और भी बहुत-से उपस्थित मनुष्यों का रहता है, वे हमारे और लोक के सामान्य आलम्बन रहते हैं। साधारणीकरण के प्रभाव से काव्य श्रवण के समय व्यक्तित्व का जैसा परिहार हो जाता है, वैसा ही प्रत्यक्ष या वास्तविक अनुभूति के समय भी कुछ दशाओं में होता है। अतः इस प्रकार की प्रत्यक्ष या वास्तविक अनुभूतियों को रसानुभूति के अन्तर्गत मानने में कोई बाधा नहीं। मनुष्य जाति के सामान्य आलम्बनों के आँखों के सामने उपस्थित होने पर यदि हम उनके प्रति अपना भाव व्यक्त करेंगे तो दूसरों के हृदय भी उस भाव की अनुभूति में योग देंगे और यदि दूसरे लोग भाव व्यक्त करेंगे तो हमारा हृदय योग देगा। इसके लिए आवश्यकता इतनी ही है कि हमारी आँखों के सामने जो विषय उपस्थित हों, वे मनुष्य मात्र या सहृदय मात्र के भावात्मक सत्व पर प्रभाव डालनेवाले हों। रस में पूर्णतया मग्न करने के लिए काव्य में भी यह आवश्यक होता है। जब तक किसी भाव का कोई विषय इस रूप में नहीं लाया जाता कि वह सामान्यतः सबके उसी भाव का आलम्बन हो सके तब तक रस में पूर्णतया लीन करने की शक्ति उसमें नहीं होती। किसी काव्य में वर्णित किसी पात्र का किसी अत्यन्त कुरूप और दुःशील स्त्री पर प्रेम हो सकता है, पर उस स्त्री के वर्णन द्वारा शृंगार रस का आलम्बन नहीं खड़ा हो सकता। अतः वह काव्य भाव-व्यंजक मात्र होगा, विभाव का प्रतिष्ठापक कभी नहीं होगा। उसमें विभावन व्यापार हो ही न सकेगा। इसी प्रकार रौद्र रस के वर्णन में जज तक आलम्बन का चित्रण इस रूप में न होगा कि वह मनुष्य मात्र के क्रोध का पात्र हो सके तब तक वह वर्णन भाव-वयंजक मात्र रहेगा, उसका विभावपक्ष या तो शून्य होगा अथवा अशक्त। पर भाव और विभाव दोनों पक्षों के सामंजस्य के बिना रस में पूर्ण मग्नता हो नहीं सकती। अतः केवल भाव-व्यंजक काव्यों में होता यह है कि पाठक या श्रोता अपनी ओर से अपनी कल्पना और रुचि के अनुसार आलम्बन का आरोप या आक्षेप किए रहता है।

जैसा कि ऊपर कह आए हैं, रसात्मक अनुभूति के दो लक्षण ठहराए गए हैं–

(1) अनुभूति काल में अपने व्यक्तित्व के सम्बन्ध की भावना का परिहार और

(2) किसी भाव के आलम्बन का सहृदय मात्र के साथ साधारणीकरण अर्थात् उस आलम्बन के प्रति सारे हृदयों में उसी भाव का उदय।

यदि हम इन दोनों को प्रत्यक्ष उपस्थित आलम्बनों के प्रति जगनेवाले भावों की अनुभूतियों पर घटाकर देखते हैं तो पता चलता है कि कुछ भावों में तो ये बातें कुछ ही दशाओं में या कुछ अंशों तक घटित होती हैं और कुछ में बहुत दूर तक या बराबर।

'रति भाव' को लीजिए। गहरी प्रेमानुभूति की दशा में मनुष्य रसलोक में ही पहुँचा रहता है। उसे अपने तन-बदन की सुध नहीं रहती, वह सब कुछ भूल कभी फूला-फूला फिरता है, कभी खिन्न पड़ा रहता है। हर्ष, विषाद, स्मृति, इत्यादि अनेक संचारियों का अनुभव वह बीच-बीच में अपना व्यक्तित्व भूला हुआ करता है। पर अभिलाष, औत्सुक्य आदि कुछ दशाओं में अपने व्यक्तित्व का सम्बन्ध जितना ही अधिक और घनिष्ठ होकर अन्तःकरण में स्फुट रहेगा, प्रेमानुभूति उतनी ही रसकोटि के बाहर

रहेगी। 'अभिलाष' में जहाँ अपने व्यक्तित्व का सम्बन्ध अत्यन्त अल्प या सूक्ष्म रहता है–जैसे, रूप-अवलोकन मात्र का अभिलाष; प्रिय जहाँ रहे सुख से रहे, इस बात का अभिलाष–वहाँ वास्तविक अनुभूति रस के किनारे तक पहुँची हुई होती है। आलम्बन के साधारणीकरण के सम्बन्ध में यह समझ रखना चाहिए कि रति भाव की पूर्ण पुष्टि के लिए कुछ काल अपेक्षित होता है। पर अत्यन्त मोहक आलम्बन को सामने पाकर कुछ क्षणों के लिए तो प्रेम के प्रथम अवयव[1] का उदय एक साथ बहुतों के हृदय में होगा। वह अवयव है, अच्छा या रमणीय लगना।

'हास' में भी यही बात होती है कि जहाँ उसका पात्र सामने आया कि मनुष्य अपना सारा दुख-सुख भूल एक विलक्षण आह्लाद का अनुभव करता है, जिसमें बहुत-से लोग एक साथ योग देते हैं।

अपने निज के लाभ वाले विकट कर्म की ओर जो उत्साह होगा वह तो रसात्मक न होगा, पर जिस विकट कर्म को हम लोक-कल्याणकारी समझेंगे, उसके प्रति हमारे उत्साह की गति हमारी व्यक्तिगत परिस्थिति के संकुचित मंडल से बद्ध रहकर बहुत व्यापक होगी। स्वदेश-प्रेम के गीत गाते हुए नवयुवकों के दल जिस साहस-भरी उमंग के साथ कोई कठिन या दुष्कर कार्य करने के लिए निकलते हैं, वह वीरत्व की रसात्मक अनुभूति है।[2]

क्रोध, भय, जुगुप्सा और करुणा के सम्बन्ध में साहित्य-प्रेमियों को शायद कुछ अड़चन दिखाई पड़े क्योंकि इनकी वास्तविक अनुभूति दुखात्मक होती है। रसास्वाद आनन्द-स्वरूप कहा गया है, अतः दुख रूप अनुभूति रस के अन्तर्गत कैसे ली जा सकती है, यह प्रश्न कुछ गड़बड़ डालता दिखाई पड़ेगा। पर 'आनन्द' शब्द को व्यक्तिगत सुख-भोग से स्थूल अर्थ में ग्रहण करना मुझे ठीक नहीं जँचता। उसका अर्थ मैं हृदय का व्यक्तिबद्ध दशा से मुक्त और हल्का होकर अपनी क्रिया में तत्पर होना ही उपयुक्त समझता हूँ। इस दशा की प्राप्ति के लिए समय-समय पर प्रवृत्त होना कोई आश्चर्य कीबात नहीं। करुण-रस-प्रधान नाटक के दर्शकों के आँसुओं के सम्बन्ध में यह कहना कि "आनन्द में भी तो आँसू आते हैं।" केवल बात टालना है। दर्शक वास्तव में दुख ही का अनुभव करते हैं। हृदय की मुक्त दशा में होने के कारण वह दुख भी रसात्मक होता है।

---

1. देखिए 'लोभ और प्रीति' नामक प्रबन्ध।
2. आजकल के बहुत गम्भीर अँगरेज समालोचक रिचर्ड्स ;ण्ण ।ण त्पबींतकेद्ध को भी कुछ दशाओं में वास्तविक अनुभूति के रसात्मक होने का आभास-सा हुआ है, जैसा कि इन पंक्तियों से प्रकट होता है–

    There is no such gulf between poetry and life and overliterary persons sometimes suppose. There is no gap between our every day emotional life and the material of poetry. The verbal expression of this life, at its finest, is forced to use the technique of poertry...If we do not live in consonance with good poetry, we must live in consonance with bad poertry. I do not see how we can avoid the conclusion that a general insensitivity to poetry does witness a low level of general imaginative life. —Practical Criticism (Summary)

अब क्रोध आदि को अलग-अलग देखिए। यदि हमारे मन में किसी ऐसे के प्रति क्रोध है जिसने हमें या हमारे किसी सम्बन्धी को पीड़ा पहुँचाई है तो उस क्रोध में रसात्मकता न होगी।

पर किसी लोक-पीड़क या क्रूरकर्मा अत्याचारी को देख-सुनकर जिस क्रोध का संचार हममें होगा वह रसकोटि का होगा जिसमें प्रायः सब लोग योग देंगे। इसी प्रकार यदि किसी झाड़ी से शेर निकलता देख हम भय से काँपने लगें तो यह भय हमारे व्यक्तित्व से इतना अधिक सम्बद्ध रहेगा कि आलम्बन के पूर्ण स्वरूप-ग्रहण का अवकाश न होगा और हमारा ध्यान अपनी मृत्यु, पीड़ा आदि परिणामों की ओर रहेगा। पर जब हम किसी वस्तु की भयंकरता को, अपना ध्यान छोड़ लोक से सम्बद्ध देखेंगे तब हम रसभूमि की सीमा के भीतर पहुँचे रहेंगे। इसी प्रकार किसी सड़ी-गली दुर्गन्धयुक्त वस्तु के प्रत्यक्ष सामने आने पर हमारी संवेदना का जो क्षोभपूर्ण संकोच होगा वह तो स्थूल होगा, पर किसी ऐसे घृणित आचरण वाले के प्रति जिसे देखते ही लोक रुचि के विधान या आकुलता की भावना हमारे मन में होगी, हमारी जुगुप्सा रसमयी होगी।

'शोक' को लेकर विचार करने पर हमारा पक्ष बहुत स्पष्ट हो जाता है। अपनी इष्ट-हानि या अनिष्ट-प्राप्ति से जो 'शोक' नामक वास्तविक दुख होता है वह तो रस कोटि में नहीं आता, पर दूसरों की पीड़ा, वेदना देख जो 'करुणा' जगती है उसकी अनुभूति सच्ची रसानुभूति कही जा सकती है। 'दूसरों' से तात्पर्य ऐसे प्राणियों से है जिनसे हमारा कोई विशेष सम्बन्ध नहीं। 'शोक' अपनी निज की इष्ट-हानि पर होता है और 'करुणा' दूसरों की दुर्गति या पीड़ा पर होती है। यही दोनों में अन्तर है। इसी अन्तर को लक्ष्य करके काव्यगत पात्र (आश्रय) की शोकपूर्ण व्यंजना द्वारा उत्पन्न अनुभूति को आचार्यों ने 'शोक-रस' न कहकर 'करुण-रस' कहा है। करुणा ही एक ऐसा व्यापक भाव है जिसकी प्रत्यक्ष या वास्तविक अनुभूति सब रूपों में और सब दशाओं में रसात्मक होती है। इसी से भवभूति ने करुण-रस को ही रसानुभूति का मूल माना और अँगरेज कवि शेली ने कहा कि "सबसे मधुर या रसमयी वाग्धारा वही है जो करुण प्रसंग लेकर चले।"

अब प्रकृति के नाना रूपों पर आइए। अनेक प्रकार के प्राकृतिक दृश्यों को सामने प्रत्यक्ष देख हम जिस मधुर भावना का अनुभव करते हैं, क्या उसे रसात्मक न मानना चाहिए ? जिस समय दूर तक फैले हरे-भरे टीलों के बीच से घूम-फिरकर बहते हुए स्वच्छन्द नालों, इधर-उधर उभरी हुई बेडौल चट्टानों और रंग-बिरंगे फूलों से गुछी हुई झाड़ियों की रमणीयता में हमारा मन रमा रहता है, उस समय स्वार्थमय जीवन की शुष्कता और विरसता से हमारा मन कितनी दूर रहता है। यह रसदशा नहीं तो और क्या है ? उस समय हम दृश्य-काव्य के एक पृष्ठ के पाठक के रूप में रहते हैं। इस अनन्त दृश्य-काव्य के हम सदा कठपुतली की तरह काम करनेवाले अभिनेता ही नहीं बने रहते; कभी-कभी सहृदय दर्शक की हैसियत को भी पहुँच जाते हैं। जो इस दशा को नहीं पहुँचते उनका हृदय बहुत संकुचित या निम्नकोटि का होता है। कविता उनसे बहुत दूर

की वस्तु होती है; कवि वे भले ही समझे जाते हों। शब्द-काव्य की सिद्धि के लिए वस्तु-काव्य का अनुशीलन परम आवश्यक है।

उपर्युक्त विवेचन से यह सिद्ध है कि रसानुभूति प्रत्यक्ष या वास्तविक अनुभूति से सर्वथा पृथक् कोई अन्तर्वृत्ति नहीं है, बल्कि उसी का एक उदात्त और अवदात्त स्वरूप है। हमारे यहाँ के आचार्यों ने स्पष्ट सूचित कर दिया है कि वासना रूप में स्थित भाव ही रसरूप में जगा करते हैं। यह वासना या संस्कार वंशानुक्रम से चली आती हुई दीर्घभाव-परम्परा का मनुष्य-जाति की अन्तःप्रकृति में निहित संचय है।

स्मृति रूप-विधान

जिस प्रकार हमारी आँखों के सामने आए हुए कुछ रूप-व्यापार हमें रसात्मक भावों में मग्न करते हैं उसी प्रकार भूतकाल की प्रत्यक्ष की हुई कुछ परोक्ष वस्तुओं का वास्तविक स्मरण भी कभी-कभी रसात्मक होता है। जब हम जन्म-भूमि या स्वदेश का, बाल-सखाओं का, कुमार-अवस्था के अतीत दृश्यों और परिचित स्थानों आदि का स्मरण करते हैं, तब हमारी मनोवृत्ति स्वार्थ या शरीर-यात्रा के रूखे विधानों से हटकर शुद्ध भाव-क्षेत्र में स्थित हो जाती है। नीति-कुशल लोग लाख कहा करें कि "बीती ताहि बिसारि दे," "गड़े मुर्दे उखाड़ने से क्या लाभ ?" पर मन नहीं मानता, अतीत के मधुस्रोत में कभी-कभी अवगाहन किया ही करता है। ऐसा स्मरण वास्तविक्र होने पर ही रसात्मक होता है। हम सचमुच स्मरण करते हैं और रसमग्न होते हैं।

स्मृति दो प्रकार की होती है—(क) विशुद्ध स्मृति और (ख) प्रत्यक्षाश्रित स्मृति या प्रत्यभिज्ञान।

(क) विशुद्ध स्मृति

यों तो नित्य न जाने कितनी बातों को हम स्मरण किया करते हैं, पर इनमें से कुछ बातों का स्मरण ऐसा होता है जो हमारी मनोवृत्ति को शरीर-यात्रा के विधानों की उलझन से अलग करके शुद्ध मुक्त भाव-भूमि में ले जाता है। प्रिय का स्मरण, बाल्यकाल या यौवनकाल के अतीत जीवन का स्मरण, प्रवास में स्वदेश के स्थलों का स्मरण ऐसा ही होता है। 'स्मरण' संचारी भावों में माना गया है जिसका तात्पर्य यह है कि स्मरण रसकोटि में तभी आ सकता है जबकि उसका लगाव किसी स्थायी भाव से हो। किसी को कोई बात भूल गई हो और फिर याद हो जाए, या कोई वस्तु कहाँ रखी है, यह ध्यान में आ जाए तो ऐसा स्मरण रस क्षेत्र के भीतर न होगा। अब रहा यह कि वास्तविक स्मरण—किसी काव्य में वर्णित स्मरण नहीं—कैसे स्थायी भावों के साथ सम्बन्ध होने पर रसात्मक होता है। रति, हास और करुणा से सम्बद्ध स्मरण ही अधिकतर रसात्मक कोटि में आता है।

'लोभ और प्रीति' नामक निबन्ध में हम रूप, गुण आदि से स्वतन्त्र साहचर्य को भी प्रेम का एक सबल कारण बता चुके हैं। इस साहचर्य का प्रभाव सबसे प्रबल रूप में

स्मरण-काल के भीतर देखा जाता है। जिन व्यक्तियों की ओर हम कभी विशेष रूप से आकर्षित नहीं हुए थे, यहाँ तक कि जिनसे हम चिढ़ते या लड़ते-झगड़ते थे, देश या काल का लम्बा व्यवधान पड़ जाने पर हम उनका स्मरण प्रेम के साथ करते हैं। इसी प्रकार जिन वस्तुओं पर आते-ज़ाते केवल हमारी नजर पड़ा करती थी, जिनको सामने पाकर हम किसी विशेष भाव का अनुभव नहीं करते थे, वे भी हमारी स्मृति में मधु में लिपटी हुई आती हैं। इस माधुर्य का रहस्य क्या है ? जो हो, हमें तो ऐसा दिखाई पड़ता है कि हमारी यह काल-यात्रा, जिसे जीवन कहते हैं, जिन-जिन रूपों के बीच से होती चली आती है, हमारा हृदय उन सबको पास समेटकर अपनी रागात्मक सत्ता के अन्तर्भूत करने का प्रयत्न करता है। यहाँ से वहाँ तक वह एक भावसत्ता की प्रतिष्ठा चाहता है। ज्ञान-प्रसार के साथ-साथ रागात्मिकता वृत्ति का यह प्रसार एकीकरण या समन्विति की एक प्रक्रिया है। ज्ञान हमारी आत्मा के तटस्थ (Transcendent) स्वरूप का संकेत है, रागात्मक हृदय उसके व्यापक (Immanent) स्वरूप का ज्ञान ब्रह्म है तो हृदय ईश्वर है। किसी व्यक्ति या वस्तु को जानना ही वह शक्ति नहीं, जो उस व्यक्ति या वस्तु को हमारी अन्तस्सत्ता में सम्मिलित कर दें। वह शक्ति है राग या प्रेम।

जैसा कह आए हैं, रति, हास और करुणा से सम्बद्ध स्मरण अधिकतर रसक्षेत्र में प्रवेश करता है। प्रिय का स्मरण बाल-सखाओं का स्मरण, अतीत जीवन के दृश्यों का स्मरण प्रायः रतिभाव से सम्बद्ध स्मरण होता है। किसी दीन-दुखी का पीड़ित व्यक्ति के, उसकी विवर्ण आकृति चेष्टा आदि के स्मरण का लगाव करुणा से होता है। दूसरे भावों के आलम्बनों का स्मरण भी कभी रस-सिक्त होता है—पर वहीं जहाँ हम सहृदय द्रष्टा के रूप में रहते हैं अर्थात् जहाँ आलम्बन केवल हमारी ही व्यक्तिगत भावसत्ता से सम्बद्ध नहीं, सम्पूर्ण नर-जीवन की भावसत्ता से सम्बद्ध होते हैं।

(ख) प्रत्यभिज्ञान

अब हम उस प्रत्यक्ष-मिश्रित स्मरण को लेते हैं जिसे प्रत्यभिज्ञान कहते हैं। प्रत्यभिज्ञान में थोड़ा-सा अंश प्रत्यक्ष होता है और बहुत-सा अंश उसी के सम्बन्ध से स्मरण द्वारा उपस्थित होता है। किसी व्यक्ति को हमने कहीं देखा और देखने के साथ ही स्मरण किया कि यह वही है जो अमुक स्थान पर उस दिन बहुत-से लोगों के साथ झगड़ा कर रहा था। वह व्यक्ति हमारे सामने प्रत्यक्ष है। उसके सहारे से हमारे मन में झगड़े का वह सारा दृश्य उपस्थित हो गया जिसका वह एक अंग था। "यह वही है" इन्हीं शब्दों में प्रत्यभिज्ञान की व्यंजना होती है।

स्मृति के समान प्रत्यभिज्ञान में भी रस-संचार की बड़ी गहरी शक्ति होती है। बाल्य या कौमार जीवन के किसी साथी के बहुत दिनों पीछे सामने आने पर कितने पुराने दृश्य हमारे मन के भीतर उमड़ पड़ते हैं और हमारी वृत्ति उनके माधुर्य में किस प्रकार मग्न हो जाती है। किसी पुराने पेड़ को देखकर हम कहने लगते हैं कि यह वही पेड़ है जिसके नीचे हम अपने अमुक-अमुक साथियों के साथ बैठा करते थे। किसी घर या चबूतरे को

देखकर भी अतीत दृश्य इसी प्रकार हमारे मन में आ जाते हैं और हमारा मन कुछ और हो जाता है। कृष्ण के गोकुल से चले जाने पर वियोगिनी गोपियाँ जब-जब यमुना-तट पर आ जाती हैं, तब-तब उनके भीतर यही भावना उठती है कि "यह वही यमुना-तट है" और उनका मन काल का परदा फाड़ अतीत के उस दृश्य क्षेत्र में जा पहुँचता है जहाँ श्रीकृष्ण गोपियों के साथ उस तट पर विचरते थे–

बन ह्वै जात अजौं वहै वा जमुना के तीर।

प्राचीन कवियों ने भी प्रत्यभिज्ञान के रसात्मक स्वरूप का बराबर विधान किया है। हृदय की गूढ़ वृत्तियों के सच्चे पारखी भावमूर्ति भवभूति ने शम्बूक का वध करके दंडकारण्य के बीच फिरते हुए राम के मुख से प्रत्यभिज्ञान की बड़ी मार्मिक व्यंजना कराई है–

एतै त एव गिरयो विरुवन्मयूरा-
स्तान्येव मत्त-हरिणानि वनस्थलानि।
आमंजु वंजुललतानि च तान्यमूनि
नीरस्थ-नील-निचुलानि सरित्तटानि॥

एक दूसरे प्रकार के प्रत्यभिज्ञान का रसात्मक प्रभाव प्रदर्शित करने के लिए ही उक्त कवि ने उत्तर-रामचरित में चित्रशाला का समावेश किया है।

कहने की आवश्यकता नहीं कि प्रत्यभिज्ञान की रसात्मक दशा में मनुष्य मन में आई हुई वस्तुओं में ही रमा रहता है, अपने व्यक्तित्व को पीछे डाले रहता है।

दशा की विपरीतता की भावना लिए हुए जिस प्रत्यभिज्ञान का उदय होता है उसमें करुण वृत्ति के संचालन की बड़ी गहरी शक्ति होती है। कवि और वक्ता बराबर उसका उपयोग करते हैं। जब हम किसी ऐसी बस्ती, ग्राम या घर के खंडहर को देखते हैं जिनमें किसी समय हमने बहुत चहल-पहल या सुख-समृद्धि देखी थी तब "यह वही है" की भावना हमारे हृदय को एक अनिर्वचनीय करुणस्रोत में मग्न करती है। अँगरेजी के परम भावुक कवि गोल्डस्मिथ ने एक अत्यन्त मार्मिक स्वरूप दिखाने के लिए ही 'ऊजड़ ग्राम' की रचना की थी।

स्मृत्याभास कल्पना

अब तक हमने रसात्मक स्मरण और रसात्मक प्रत्यभिज्ञान को विशुद्ध रूप में देखा है अर्थात् ऐसी बातों के स्मरण का विचार किया है जो पहले कभी हमारे सामने हो चुकी हैं। अब हम उस कल्पना को लेते हैं जो स्मृति या प्रत्यभिज्ञान का-सा रूप धारण करके प्रवृत्त होती है। इस प्रकार की स्मृति या प्रत्यभिज्ञान में पहले देखी हुई वस्तुओं या बातों के स्थान पर पहले सुनी या पढ़ी हुई बातें हुआ करती हैं अथवा अनुमान द्वारा पूर्णतया निश्चित। बुद्धि और वाणी के प्रसार द्वारा मनुष्य का ज्ञान प्रत्यक्ष बोध तक ही परिमित नहीं रहता, वर्तमान के आगे-पीछे भी जाता है। आगे आनेवाली बातों से यहाँ प्रयोजन नहीं, प्रयोजन है अतीत से। अतीत की कल्पना भावुकों में स्मृति की-सी सजीवता प्राप्त करती है और कभी-कभी अतीत का कोई बचा हुआ चिह्न पाकर प्रत्यभिज्ञान का-सा रूप

ग्रहण करती है। ऐसी कल्पना के विशेष मार्मिक प्रभाव का कारण यह है कि यह सत्य का आधार लेकर खड़ी होती है। इसका आधार या तो आप्त शब्द (इतिहास) होता है अथवा शुद्ध अनुमान।

पहले हम स्मृत्याभास कल्पना के उस स्वरूप को लेते हैं, जिसका आधार आप्त शब्द या इतिहास होता है। जैसे अपने व्यक्तिगत अतीत जीवन की मधुर स्मृति मनुष्य में होती है वैसे ही समष्टि रूप में अतीत नर-जीवन की भी एक प्रकार की स्मृत्याभास कल्पना होती है जो इतिहास के संकेत पर जगती है। इसकी मार्मिकता भी निज के अतीत जीवन की स्मृति की मार्मिकता के ही समान होती है। मानव-जीवन की चिरकाल से चली आती हुई अखंड परम्परा के साथ तादात्म्य की भावना आत्मा के शुद्ध स्वरूप की यह नित्यता, अखंडता और व्यापकता का आभास देती है। यह स्मृति-स्वरूपा कल्पना कभी-कभी प्रत्यभिज्ञान का भी रूप धारण करती है। प्रसंग उठने पर जैसे इतिहास द्वारा ज्ञात किसी घटना या दृश्य के ब्यौरों को कहीं बैठे-बैठे हम मन में लाया करते हैं और कभी-कभी उनमें लीन हो जाते हैं, वैसे ही किसी इतिहास-प्रसिद्ध स्थल पर पहुँचने पर हमारी कल्पना चट उस स्थल पर घटित किसी मार्मिक पुरानी घटना अथवा उससे सम्बन्ध रखनेवाले कुछ ऐतिहासिक व्यक्तियों के बीच हमें पहुँचा देती है, जहाँ से हम फिर वर्तमान की ओर लौटकर कहने लगते हैं कि "यह वही स्थल है जो कभी सजावट से जगमगाता था, जहाँ अमुक सम्राट् सभासदों के बीच सिंहासन पर विराजते थे, यह वही फाटक है जिस पर ये वीर अद्भुत पराक्रम के साथ लड़े थे, इत्यादि।" इस प्रकार हम उस काल से लेकर इस काल तक अपनी सत्ता के प्रसार का आरोप क्या अनुभव करते हैं।

सूक्ष्म ऐतिहासिक अध्ययन के साथ-साथ जिसमें जितनी ही गहरी भावुकता होगी, जितनी ही तत्पर कल्पना-शक्ति होगी उसके मन में उतने ही अधिक ब्यौरे आएँगे और पूर्ण चित्र खड़ा होगा। इतिहास का कोई भावुक और कल्पना-सम्पन्न पाठक यदि पुरानी दिल्ली, कन्नौज, थानेसर, चित्तौड़, उज्जयिनी, विदिशा इत्यादि में खंडहरों पर पहले-पहल भी जा खड़ा होता है तो उसके मन में वे सब बातें आ जाती हैं जिन्हें उसने इतिहासों में पढ़ा था या लोगों से सुना था। यदि उसकी कल्पना तीव्र और प्रचुर हुई तो बड़े-बड़े तोरणों से युक्त उन्नत प्रासादों की, उत्तरीय और उष्णीषधारी नागरिकों की, अलक्तरंजित चरणों में पड़े हुए नूपुरों की झंकार की, कटि के नीचे लटकती हुई काँची की लड़ियों की, धूप-वासित केश-कलाप और पत्रभंग मंडित गंडस्थल की भावना उसके मन में चित्र-सी खड़ी होगी। उक्त नगरों का यह रूप उसने कभी देखा नहीं है, पर पुस्तकों के पठन-पाठन से इस रूप की कल्पना उसके भीतर संस्कार के रूप में जम गई है जो उन नगरों के ध्वंसावशेष के प्रत्यक्ष दर्शन से जग जाती है।

एक बात कह देना आवश्यक है कि आप्त वचन या इतिहास के संकेत पर चलनेवाली कल्पना या मूर्त्त भावना अनुमान का भी सहारा लेती है। किसी घटना का वर्णन करने में इतिहास उस घटना के समय की रीति, वेश-भूषा, संस्कृति आदि का ब्यौरा

नहीं देता चलता। अतः किसी ऐतिहासिक काल का कोई चित्र मन में लाते समय ऐसे ब्यौरों के लिए अपनी जानकारी के अनुसार हमें अनुमान का सहारा लेना पड़ता है।

यह तो हुई आप्त शब्द या इतिहास पर आश्रित स्मृति-रूपी या प्रत्यभिज्ञान-रूपी कल्पना। एक प्रकार की प्रत्यभिज्ञान-रूपी कल्पना और होती है जो बिलकुल अनुमान के सहारे पर खड़ी होती और चलती है। यदि हम एकाएक किसी अपरिचित स्थान के खंडहरों में पहुँच जाते हैं–जिसके सम्बन्ध में हमने कहीं कुछ सुना या पढ़ा नहीं है–तो भी गिरे-पड़े मकानों, दीवारों, देवालयों आदि को सामने पाकर हम कभी-कभी कह बैठते हैं कि "यह वही स्थान है जहाँ, कभी मित्रों की मंडली जमती थी, रमणियों का हास-विलास होता था, बालकों का क्रीड़ा-रव सुनाई पड़ता था इत्यादि।" कुछ चिह्न पाकर केवल अनुमान के संकेत पर ही कल्पना इन रूपों और व्यापारों की योजना में तत्पर हो गई। ये रूप और व्यापार हमारे जिस मार्मिक रागात्मक भाव के आलम्बन होते हैं उनका हमारे व्यक्तिगत योग-क्षेम से कोई सम्बन्ध नहीं अतः उसकी रसात्मकता स्पष्ट है।

अतीत की स्मृति में मनुष्य के लिए स्वाभाविक आकर्षण है। अर्थ-परायण लाख कहा करें कि "गड़े मुर्दे उखाड़ने से क्या फायदा," पर हृदय नहीं मानता; बार-बार अतीत की ओर जाया करता है, अपनी यह बुरी आदत नहीं छोड़ता। इसमें कुछ रहस्य अवश्य है। हृदय के लिए अतीत एक मुक्ति-लोक है जहाँ वह अनेक प्रकार के बन्धनों से छूटा रहता है और अपने शुद्ध रूप में विचरता है। वर्तमान हमें अन्धा बनाए रहता है, अतीत बीच-बीच में हमारी आँखें खोलता रहता है। मैं तो समझता हूँ कि जीवन का नित्य स्वरूप दिखानेवाला दर्पण मनुष्य के पीछे रहता है; आगे तो बराबर खिसकता हुआ दुर्भेद्य पर्दा रहता है। बीती बिसारने वाले 'आगे की सुध' रखने का दावा किया करें, परिणाम अशान्ति के अतिरिक्त और कुछ नहीं। वर्तमान को सँभालने और आगे की सुध रखने का डंका पीटनेवाले संसार में जितने ही अधिक होते जाते हैं संघ-शक्ति के प्रभाव से जीवन की उलझनें उतनी ही बढ़ती जाती हैं। बीती बिसारने का अभिप्राय है जीवन की अखंडता और व्यापकता की अनुभूति का विसर्जन; सहृदयता और भावुकता का भंग–केवल अर्थ की निष्ठुर क्रीड़ा।

कुशल यही है कि जिनका दिल सही-सलामत है, जिनका हृदय मारा नहीं गया है, उनकी दृष्टि अतीत की ओर जाती है। क्यों जाती है, क्या करने जाती है, यह बताते नहीं बनता। अतीत कल्पना का लोक है, एक प्रकार का स्वप्नलोक है, इसमें तो सन्देह नहीं। अतः यदि कल्पना-लोक के सब खंडों को सुखपूर्ण मान लें तब तो प्रश्न टेढ़ा नहीं रह जाता। झट से यह कहा जा सकता है कि वह सुख प्राप्त करने जाती है। पर क्या ऐसा माना जा सकता है ? हमारी समझ में अतीत की ओर मुड़-मुड़कर देखने की प्रवृत्ति सुख-दुख की भावना से परे है। स्मृतियाँ हमें केवल सुखपूर्ण दिनों की झाँकियाँ नहीं समझ पड़तीं। वे हमें लीन करती हैं, हमारा मर्म स्पर्श करती हैं, बस इतना ही हम कह सकते हैं। यह बात स्मृत्याभास कल्पना के सम्बन्ध में भी समझनी चाहिए। इतिहास द्वारा ज्ञात बातों की मूर्त्त भावना कितनी मार्मिक, कितनी लीन करनेवाली होती है, न सहृदयों

से छिपा है, न छिपाते बनता है। मनुष्य की अन्तःप्रकृति पर इसका प्रभाव स्पष्ट है। जैसा कि कहा जा चुका है कि इसमें स्मृति की सजीवता होती है। इस मार्मिक प्रभाव और सजीवता का मूल है सत्य। सत्य से अनुप्राणित होने के कारण ही कल्पना स्मृति और प्रत्यभिज्ञान का-सा रूप धारण करती है। कल्पना के इस स्वरूप की सत्य-मूलक सजीवता और मार्मिकता का अनुभव करके ही संस्कृत के पुराने कवि अपने महाकाव्य और नाटक इतिहास-पुराण के किसी वृत्त का आधार लेकर रचा करते थे।

'सत्य' से यहाँ अभिप्राय केवल वस्तुतः घटित वृत्त ही नहीं, निश्चयात्मकता से प्रतीत वृत्त भी है। जो बात इतिहासों में प्रसिद्ध चली आ रही है, वह यदि पक्के प्रमाणों से पुष्ट भी न हो, तो भी लोगों के विश्वास के बल पर उक्त प्रकार की स्मृति-स्वरूपा कल्पना का आधार हो जाती है। आवश्यक होता है केवल इस बात का बहुत दिनों से जमा हुआ विश्वास कि इस प्रकार की घटना इस स्थल पर हुई थी। यदि ऐसा विश्वास सर्वथा विरुद्ध प्रमाण उपस्थित होने पर विचलित हो जाएगा तो वैसी सजीव कल्पना न जगेगी। संयोगिता के स्वयंवर की कथा को लेकर कुछ काव्य और नाटक रचे गए। ऐतिहासिक अनुसन्धान द्वारा वह सारी कथा अब कल्पित सिद्ध हो गई है। अतः इतिहास के ज्ञाताओं के लिए उन काव्यों या नाटकों में वर्णित घटना का ग्रहण शुद्ध कल्पना की वस्तु के रूप में होगा, स्मृत्याभास कल्पना की वस्तु के रूप में नहीं।

पहले कहा जा चुका है कि मानव-जीवन का नित्य और प्रकृत स्वरूप देखने के लिए दृष्टि जैसी शुद्ध होनी चाहिए वैसी अतीत के क्षेत्र के बीच ही वह होती है। वर्तमान में तो हमारे व्यक्तिगत रागद्वेष में वह ऐसी बँधी रहती है कि हम बहुत-सी बातों को देखकर भी नहीं देखते। प्रसिद्ध प्राचीन नगरों और गढ़ों के खंडहर, राजप्रासाद आदि जिस प्रकार सम्राटों के ऐश्वर्य, विभूति, प्रताप, आमोद-प्रमोद और भोग-विलास के स्मारक हैं, उसी प्रकार उनके अवसाद, विषाद, नैराश्य और घोर पतन के। मनुष्य की ऐश्वर्य, विभूति, सुख-सौन्दर्य की वासना अभिव्यक्त होकर जगत् के किसी छोटे या बड़े को अपने रँग में रंगकर मानुषी सजीवता प्रदान करती है। देखते-देखते काल उस वासना के आश्रय मनुष्यों को हटाकर किनारे कर देता है। धीरे-धीरे उनका चढ़ाया हुआ ऐश्वर्य विभूति का वह रंग भी मिटता जाता है। जो कुछ शेष रह जाता है वह बहुत दिनों तक ईंट-पत्थर की भाषा में एक पुरानी कहानी कहता रहता है। संसार का पथिक मनुष्य उसे अपनी कहानी समझकर सुनता है; क्योंकि उसके भीतर झलकता है जीवन का नित्य और प्रकृत स्वरूप।

कुछ व्यक्तियों के स्मारक चिह्न तो उनके पूरे प्रतिनिधि या प्रतीक बन जाते हैं और उसी प्रकार हमारी घृणा या प्रेम के आलम्बन हो जाते हैं जिस प्रकार लोक के बीच अपने जीवनकाल में वे व्यक्ति थे। ऐसे व्यक्ति घृणा या प्रेम को अपने पीछे भी बहुत दिनों तक जगत् में जगाते रहते हैं। वे स्मारक न जाने कितनी बातें अपने पेट में लिए कहीं खड़े, बैठे, कहीं पड़े हैं।

किसी अतीत जीवन के ये स्मारक या तो यों ही—शायद काल की कृपा से—बने रह जाते हैं अथवा जान-बूझकर छोड़े जाते हैं। जान-बूझकर कुछ स्मारक छोड़े जाने की

कामना भी मनुष्य की प्रकृति के अन्तर्गत है। अपनी सत्ता के सर्वथा लोप की भावना मनुष्य को असह्य है। अपनी भौतिक सत्ता तो वह बनाए नहीं रख सकता अतः वह चाहता है कि उस सत्ता की स्मृति ही किसी जन-समुदाय के बीच बनी रहे। बाह्य जगत् में नहीं तो अन्तर्जगत् के किसी खंड में ही वह बना रहना चाहता है। इसे हम अमरत्व की आकांक्षा या आत्मा के नित्यत्व का इच्छात्मक आभास कह सकते हैं। अपनी स्मृति बनाए रखने के लिए कुछ मनस्वी कला का सहारा लेते हैं और उसके आकर्षक सौन्दर्य की प्रतिष्ठा करके विस्मृति के खड्ड में झोंकनेवाले काल के हाथों को बहुत दिनों तक–सहस्रों वर्ष तक–थामे रहते हैं। इस प्रकार के स्मारक काल के हाथों को कुछ थामकर मनुष्य की कई पीढ़ियों की आँखों से आँसू बहवाते चले चलते हैं। मनुष्य अपने पीछे होनेवाले मनुष्यों को अपने लिए रुलाना चाहता है।

सम्राटों की अतीत जीवन-लीला के ध्वस्त रंगमंच वैषम्य की एक विशेष भावना जगाते हैं। उनमें जिस प्रकार भाग्य के ऊँचे-से-ऊँचे उत्थान का दृश्य निहित रहता है वैसे ही गहरे-से-गहरे पतन का भी। जो जितने ही ऊँचे पर चढ़ा दिखाई देता है, गिरने पर वह उतना ही नीचे जाता दिखाई देता है। दर्शकों को उसके उत्थान की ऊँचाई जितनी कुतूहलपूर्ण और विस्मयकारिणी होती है, उतनी ही उसके पतन की गहराई मार्मिक और आकर्षक होती है। असामान्य की ओर लोगों की दृष्टि भी अधिक दौड़ती है और टकटकी भी अधिक लगती है। अत्यन्त ऊँचाई से गिरने का दृश्य कोई कुतूहल के साथ देखता है, कोई गम्भीर वेदना के साथ।

जीवन तो जीवन, चाहे राजा का हो चाहे रंक का। उसके सुख और दुख दो पक्ष होंगे ही। इनमें से कोई पक्ष स्थिर नहीं रह सकता। संसार और स्थिरता ? अतीत के लम्बे-चौड़े मैदान के बीच इन उभय पक्षों की घोर विषमता सामने रखकर कोई भावुक जिस भाव धारा में डूबता है उसी में औरों को डुबाने के लिए शब्द-स्रोत भी बहाता है। इस पुनीत भावधारा में अवगाहन करने से वर्तमान की–अपने-पराए की–जमी-लिपटी मैल छँटती है और हृदय स्वच्छ होता है। ऐतिहासिक व्यक्तियों या राजकुलों के जीवन की जिन विषमताओं की ओर सबसे अधिक ध्यान जाता है वे प्रायः दो ढंग की होती हैं–सुख-दुख सम्बन्धिनी तथा उत्थान-पतन-सम्बन्धिनी। सुख-दुख की विषमता की ओर जिसकी भावना प्रवृत्त होगी वह एक ओर तो जीवन का भोग-पक्ष–यौवन-मद, विलास की प्रभूत सामग्री, कला-सौन्दर्य की जगमगाहट, राग-रंग और आमोद-प्रमोद की चहल-पहल–और दूसरी ओर अवसाद, नैराश्य, कष्ट, वेदना इत्यादि के दृश्य मन में लाएगा। बड़े-बड़े प्रतापी सम्राटों के जीवन को लेकर भी वह ऐसा ही करेगा। उनके तेज, प्रताप, पराक्रम इत्यादि की भावना वह इतिहास-विज्ञ पाठक की सहृदयता पर छोड़ देगा। कहने की आवश्यकता नहीं कि सुख और दुख के बीच का वैषम्य जैसा मार्मिक होता है वैसा ही उन्नति और अवनति, प्रताप और ह्रास के बीच का भी। इस वैषम्य-प्रदर्शन के लिए एक ओर तो किसी के पतन-काल के असामर्थ्य, दीनता, विवशता, उदासीनता इत्यादि के दृश्य सामने रखे जाते हैं, दूसरी ओर उसके ऐश्वर्य-काल के प्रताप, तेज, पराक्रम इत्यादि के वृत्त स्मरण किए जाते हैं।

इस दुखमय संसार में सुख की इच्छा और प्रयत्न प्राणियों का लक्षण है। यह लक्षण मनुष्य में सबसे अधिक रूपों में विकसित हुआ है। मनुष्य की सुखेच्छा कितनी प्रबल, कितनी शक्तिशालिनी निकली ! न जाने कब से वह प्रकृति को काटती-छाँटती संसार की कायापलट करती चली आ रही है। वह शायद अनन्त है, 'आनन्द' का अनन्त प्रतीक है। वह इस संसार में न समा सकी तब कल्पना को साथ लेकर उसने कहीं बहुत दूर स्वर्ग की रचना की। चतुर्वर्ग में इसी सुख का नाम 'काम' है। यद्यपि देखने में 'अर्थ' और 'काम' अलग-अलग दिखाई पड़ते हैं, पर सच पूछिए तो 'अर्थ' 'काम' का ही एक साधन ठहरता है, साध्य रहता है काम या सुख ही। अर्थ है संचय, आयोजन और तैयारी की भूमि, काम भोग-भूमि है। मनुष्य कभी अर्थभूमि पर रहता है तो कभी काम-भूमि पर। अर्थ और काम के बीच जीवन बाँटता हुआ वह चला चलता है। दोनों का ठीक सामंजस्य सफल जीवन का लक्षण है। जो अनन्य भाव से अर्थ-साधना में ही लीन रहेगा वह हृदय खो देगा, जो आँख मूँदकर कामचर्या में ही लिप्त रहेगा, वह किसी अर्थ का न रहेगा। अकबर के जीवन में अर्थ और काम का सामंजस्य रहा। औरंगजेब बराबर अर्थभूमि पर ही रहा। मुहम्मदशाह सदा काम-भूमि पर ही रहकर रंग बरसाते रहे।

काव्य-वस्तु का सारा रूप-विधान इसी क्रिया से होता है। आजकल तो 'भाव' की बात दब-सी गई है, केवल इसी का नाम लिया जाता है, क्योंकि 'कवि की नूतन सृष्टि' केवल इसी की कृति समझी जाती है। पर जैसा कि हम अनेक स्थलों पर कह चुके हैं, काव्य के प्रयोजन की कल्पना वही होती है जो हृदय की प्रेरणा से प्रवृत्त होती है और हृदय पर प्रभाव डालती है। हृदय के मर्मस्थल का स्पर्श तभी होता है जब जगत् या जीवन का कोई सुन्दर रूप, मार्मिक दशा या तथ्य मन में उपस्थित होता है। ऐसी दशा या तथ्य की चेतना से मन में कोई भाव जगता है जो उस दशा या तथ्य की मार्मिकता का पूर्ण अनुभव करने और कराने के लिए उसके कुछ चुने हुए ब्यौरों की मूर्त्त भावनाएँ खड़ी करना है। कल्पना का यह प्रयोग प्रस्तुत के सम्बन्ध में समझना चाहिए जो विभाव पक्ष के अन्तर्गत है। शृंगार, रौद्र, वीर, करुण आदि रसों के आलम्बनों और उद्दीपनों के वर्णन, प्राकृतिक दृश्यों के वर्णन सब इसी विभाव पक्ष के अन्तर्गत हैं।

सारा रूप-विधान कल्पना ही करती है अतः अनुभव कहे जानेवाले व्यापारों और चेष्टाओं द्वारा आश्रय को जो रूप दिया जाता है वह भी कल्पना के ही द्वारा। पर भावों के द्योतक शारीरिक व्यापार या चेष्टाएँ परिमित होती हैं, वे रूढ़ या बँधी हुई होती हैं। उनमें नयेपन की गुंजाइश नहीं, पर आश्रय के वचनों की अनेकरूपता की कोई सीमा नहीं। इन वचनों की भी कवि द्वारा कल्पना ही की जाती है।

वचनों द्वारा भाव-व्यंजना के क्षेत्र में कल्पना को पूरी स्वच्छन्दता रहती है। भाव की ऊँचाई, गहराई की कोई सीमा नहीं। उसका प्रसार लोक का अतिक्रमण कर सकता है। उसकी सम्यक् व्यंजना के लिए प्रकृति के वास्तविक विधान कभी-कभी पर्याप्त नहीं जान पड़ते। मन की गति का वेग अबाध होता है। प्रेम के वेग में प्रेमी प्रिय को अपनी आँखों में बसा हुआ कहता है, उसके पाँव रखने के लिए पलकों के पाँवड़े बिछाता है। उसके

अभाव में दिन के प्रकाश में भी चारों ओर शून्य या अन्धकार देखता है, अपने शरीर की भस्म उड़ाकर उसके पास तक पहुँचाना चाहता है। इसी प्रकार क्रोध के वेग में मनुष्य शत्रु को पीसकर चटनी बना डालने के लिए खड़ा होता है, उसके घर को खोदकर तालाब बना डालने की प्रतिज्ञा करता है। उत्साह या वीरता की उमंग में वह समुद्र पाट देने, पहाड़ों को उखाड़ फेंकने का हौसला प्रकट करता है।

ऐसे लोकोत्तर विधान करनेवाली कल्पना में भी यह देखा जाता है कि जहाँ कार्य-कारण विवेचनपूर्वक वस्तु व्यंजना का टेढ़ा रास्ता पकड़ा जाता है, वहाँ वैचित्र्य-ही-वैचित्र्य रह जाता है, मार्मिकता दब जाती है। जैसे, यदि कोई कहे कि "कृष्ण के वियोग में राधा का दिन-रात रोना सुनकर लोग घर-घर में नावें बनवा रहे हैं" तो यह कथन मार्मिकता की हद के बाहर जान पड़ेगा।

विभाव-पक्ष के ही अन्तर्गत हम उन सब प्रस्तुत वस्तुओं और व्यापारों को भी लेते हैं जो हमारे मन में सौन्दर्य, माधुर्य, दीप्ति, कान्ति, प्रताप, ऐश्वर्य, विभूति इत्यादि की भावनाएँ उत्पन्न करते हैं। ऐसी वस्तुओं और व्यापारों की योजना करनेवाली प्रतिभा भी विभाव-विधायिनी ही समझनी चाहिए। कवि कभी-कभी सौन्दर्य, माधुर्य, दीप्ति इत्यादि की अनूठी सृष्टि खड़ी करने के लिए चारों ओर से सामग्री एकत्र करके पराकाष्ठा को पहुँची हुई लोकोत्तर योजना करते हैं। यह भी कवि-कर्म के अन्तर्गत है, पर सर्वत्र अपेक्षित उसकी कोई नित्य प्रक्रिया नहीं। मन के भीतर लोकोत्तर उत्कर्ष की झाँकियाँ तैयार करना भी कल्पना का एक काम है। इस काम में कविता उसे प्रायः लगाया करती है। कुछ लोग तो कल्पना और कविता का यही काम ही बताते हैं—खासकर वे लोग जो काव्य को स्वप्न का सगा भाई मानते हैं। जैसे स्वप्न को वे अन्तस्संज्ञा में निहित अतृप्त वासनाओं की अन्तर्व्यंजना कहते हैं, वैसे ही काव्य को भी। संसार में जितना अद्भुत, सुन्दर, मधुर, दीप्त हमारे सामने आता है; जितना सुख, समृद्धि, सद्वृत्ति, सद्भाव, प्रेम, आनन्द हमें दिखाई पड़ता है उतने से तृप्त न होने के कारण अधिक की इच्छाएँ हमारी अन्तस्संज्ञा में दबी पड़ी रहती हैं। इसी प्रकार शक्ति, उग्रता, प्रचंडता, उथल-पुथल, ध्वंस इत्यादि को हम जितने बड़े-चढ़े रूप में देखना चाहते हैं उतने बढ़े-चढ़े रूपों में कहीं न देख हमारी इच्छा चेतना या संज्ञा के नीचे अज्ञात दशा में दबी पड़ी रहती है। वे ही इच्छाएँ तृप्ति के लिए कविता के रूप में व्यक्त होती हैं और श्रोताओं को भी तृप्त करती हैं।

इस सम्बन्ध में हम यहाँ इतना ही कहना चाहते हैं कि काव्य सर्वथा स्वप्न के रूप की वस्तु नहीं है। स्वप्न के साथ यदि उसका कुछ मेल है तो केवल इतना ही कि स्वप्न भी हमारी बाह्य इन्द्रियों के सामने नहीं रहता और काव्य वस्तु भी। दोनों के आविर्भाव का स्थान भर एक है। स्वप्न में भेद है। कल्पना में आई हुई वस्तुओं की प्रतीति से स्वप्न में दिखाई पड़नेवाली वस्तुओं की प्रतीति भिन्न प्रकार की होती है। स्वप्न-काल की प्रतीति प्रायः प्रत्यक्ष ही के समान होती है। दूसरी बात यह है कि काव्य में शोक के प्रसंग भी रहते हैं। शोक की वासना की तृप्ति शायद ही कोई प्राणी चाहता हो।

उपर्युक्त सिद्धान्त का ही एक अंग काम-वासना का सिद्धान्त है जिसके अनुसार काव्य का सम्बन्ध और कलाओं के समान, काम-वासना की तृप्ति से है। यहाँ पर इतना ही समझ रखना आवश्यक है कि यह मत काव्य को "ललितकलाओं में गिनने का परिणाम है।" कलाओं के सम्बन्ध में, जिनका लक्ष्य केवल सौन्दर्य की अनुभूति उत्पन्न करना है, यह मत कुछ ठीक कहा जा सकता है। इसी से 64 कलाओं का उल्लेख हमारे यहाँ काम-शास्त्र के भीतर हुआ है। पर काव्य की गिनती कलाओं में नहीं की गई है।

अब तक जो कुछ कहा गया है वह प्रस्तुत के सम्बन्ध में है। पर काव्य में प्रस्तुत के अतिरिक्त अप्रस्तुत भी बहुत अधिक अपेक्षित होता है, क्योंकि साम्य भावना काव्य का बड़ा शक्तिशाली अस्त्र है। कहने की आवश्यकता नहीं कि अप्रस्तुत की योजना भी कल्पना ही द्वारा होती है। आधुनिक पाश्चात्य समीक्षा-क्षेत्र में तो 'कल्पना' शब्द से अधिकतर अप्रस्तुत-विधायिनी कल्पना ही समझी जाती है। अप्रस्तुत की योजना के सम्बन्ध में भी यही बात समझनी चाहिए जो प्रस्तुत के सम्बन्ध में हम कह आए हैं अर्थात् उसकी योजना भी यदि किसी भावना के संकेत पर होगी–सौन्दर्य, माधुर्य, भीषणता, क्रान्ति, दीप्ति इत्यादि की भावना में वृद्धि करनेवाली होगी–तब तो वह काव्य के प्रयोजन की होगी। यदि केवल रंग, आकृति, छोटाई, बड़ाई आदि का ही हिसाब-किताब बैठाकर की जाएगी तो निष्फल ही नहीं बाधक भी होगी। भाव की प्रेरणा से जो अप्रस्तुत लाए जाते हैं उनकी प्रभविष्णुता पर कवि की दृष्टि रहती है; इस बात पर रहती है कि इनके द्वारा भी वैसी ही भावना जगे जैसी प्रस्तुत के सम्बन्ध में है।

केवल शास्त्र-स्थिति-सम्पादन से कवि-कर्म की सिद्धि समझ कुछ लोगों ने स्त्री की कटि की सूक्ष्मता व्यक्त करने के लिए भिड़ या सिंहनी की कटि सामने रख दी है, चन्द्रमंडल और सूर्यमंडल के उपमान के लिए दो घंटे सामने कर दिए हैं। ऐसे अप्रस्तुत विधान केवल छोटाई-बड़ाई या आकृति को ही पकड़ केवल उसी का हिसाब-किताब बैठाकर हुए हैं, उस सौन्दर्य की भावना की प्रेरणा से नहीं जो उस नायिका या चन्द्रमंडल के सम्बन्ध में रही होगी। यह देखकर सन्तोष होता है कि हिन्दी की वर्तमान कविताओं में प्रभावसाम्य पर ही विशेष दृष्टि रहती है।

भाषा-शैली को अधिक व्यंजक, मार्मिक और चमत्कारपूर्ण बनाने में भी कल्पना ही काम करती है। कल्पना की सहायता यहाँ पर भाषा की लक्षणा और व्यंजना नाम की शक्तियाँ करती हैं। लक्षणा के सहारे ही कवि ऐसी भाषा का प्रयोग बेधड़क कर जाते हैं जैसी सामान्य व्यवहार में नहीं सुनाई पड़ती। ब्रजभाषा के कवियों में घनानन्द इस प्रसंग में सबसे अधिक उल्लेख योग्य हैं। भाषा को वे इतनी वशवर्तिनी समझते थे कि अपनी भावना के प्रवाह के साथ उसे जिधर चाहते थे उधर बेधड़क मोड़ते थे। कुछ उदाहरण लीजिए–

(1) **अरसानि गही** वह बानि कछू **सरसानि सों** आनि निहोरत है।

(2) **ह्वै है सोऊ घरी भाग-उघरी अनन्दघन,** सुरस बरसि, लाल, देखिहौं हमैं हरी।

(3) **उघरो जग,** छाय रहे घनआनंद चातक ज्यों तकिए अब तौ।

(4) मिलन न कैहूँ भरे **रावरी अमिलताई** हिये में किए बिसाल जे बिछोहछत हैं।

(5) भूलनि चिन्हारि दोऊ है न हो हमारे ताते बिसरनि **रावरी हमैं लै बिस रति है।**

(6) **उजरनि बसी** है हमारी अँखयानि देखो, सुबस दुदेश जहाँ भावत बसन्त हौ।

ऊपर के उद्धरणों के मोटे अक्षरों में छपे स्थलों में भाषा की मार्मिक वक्रता एक-एक करके देखिए। (1) बानि धीमी या शिथिल पड़ गई—कहने में उतनी व्यंजकता न दिखाई पड़ी, अतः कवि ने कृष्ण का आलस्य न कहकर उनकी बानि (आदत) का आलस्य करना कहा। (2) अपने को खुले भाग्य वाली न कहकर नायिका ने उस घड़ी को खुले भाग्यवाली कहा, इससे सौभाग्य-दशा एक व्यक्ति ही तक न रहकर उस घड़ी के भीतर सम्पूर्ण जगत् में व्याप्त प्रतीत हुई। विशेषण के इस विपर्यय से कितनी व्यंजकता आ गई ! (3) मेघ का छाना और उघड़ना तो बराबर बोला जाता है; पर कवि ने मेघ के छाए रहने और श्रीकृष्ण की आँखों में छाए रहने के साथ-ही-साथ जग का उघड़ना (खुलना); (तितर-बितर होना या तिरोहित होना) कह दिया जिसका लक्ष्यार्थ हुआ जगत् के फैले हुए प्रपंच का आँखों के सामने से हट जाना, चारों ओर शून्य दिखाई पड़ना। (4) कृष्ण की अमिलताई (न मिलना) हृदय के घाव में भी भर गई है जिससे उसका मुँह नहीं मिलता और वह नहीं पूजता। भरा भी रहना और न भरना या पूजना में विरोध का चमत्कार भी है। (5) हमें कभी-कभी आत्मविस्मृत हो जाती है, इससे जान पड़ता है कि आप हमें लिए दिए भूलते हैं अर्थात् उधर आप हमें भूलते हैं, इधर हमारी सत्ता ही तिरोहित हो जाती है। (6) हमारी आँखों में उजाड़ बसा है अर्थात् आँखों के सामने शून्य दिखाई पड़ता है। इसमें भी विरोध का चमत्कार अत्यन्त आकर्षक है।

आजकल हमारी वर्तमान काव्यधारा की प्रवृत्ति इसी प्रकार की लाक्षणिक वक्रता की ओर विशेष है। यह अच्छा लक्षण है। इसके द्वारा हमारी भाषा की अभिव्यंजना शक्ति के प्रसार की बहुत कुछ आशा है। श्री सुमित्रानन्दन पन्त की रचना से कुछ उदाहरण लेकर देखिए—

(1) **धूलि की ढेरी में** अनजान। छिपे हैं मेरे **मधुमय गान**।

(2) रुदन, क्रीड़ा, आलिंगन।
शशि की सी ये कलित **कलाएँ किलक रही हैं** पुर पुर में।

(3) **मर्म पीड़ा के हास**।

(4) अहह ! यह मेरा **गीला गान**।

(5) तड़ित सा, सुमुखि ! तुम्हारा ध्यान।
प्रभा के पलक मार, उर चीर
गूढ़ गर्जन कर जब गम्भीर।

(6) **लाज** में लिपटी उषा समान।

घनानन्द की वाग्विशेषताओं को ध्यान में रखते हुए अब ऊपर के उद्धरण मोटे अक्षरों में छपे प्रयोगों की लाक्षणिक प्रक्रिया देखिए—

(1) धूलि की ढेरी=तुच्छ या असार कहा जानेवाला संसार। मधुमय गान = मधुमय गान के विषय = मधुर और सुन्दर वस्तुएँ। (2) कलाएँ किलक रही हैं = जोर से हँस रही हैं = आनन्द का प्रकाश कर रही हैं। (3) पीड़ा के हास=पीड़ा का विकास या प्रसार (विरोध का चमत्कार)। (4) गीला गान = आर्द्र हृदय या अश्रुपूर्ण व्यक्ति की वाणी (सामान्य कथन में जो गुण व्यक्ति का कहा जाता है वह गान का कहा गया; विशेषण-विपर्यय)। (5) प्रभा के पलक मार=पल-पल पर चमककर। गूढ़ गर्जन=छिपी हुई हृदय की धड़कन। (6) लाज=लज्जा से उत्पन्न ललाई।

इन प्रयोगों का आधार या तो किसी-न-किसी प्रकार की साम्य-भावना है अथवा किसी वस्तु का उपलक्षण या प्रतीक के रूप में ग्रहण। दोनों बातें कल्पना ही के द्वारा होती हैं। उपलक्षणों या प्रतीकों का एक प्रकार का चुनाव है जो मूर्तिमत्ता, मार्मिकता या आतिशय आदि की दृष्टि से होता है—जैसे, शोक या विषाद के स्थान पर अश्रु, हर्ष और आनन्द के स्थान पर हास, प्रिय-प्रेमी के लिए मुकुल-मधुप, यौवन-काल या संयोग-काल के लिए मधुमास, शुभ्र के स्थान पर रजत या हंस, दीप्त के स्थान पर स्वर्ण इत्यादि। यह सारा व्यवसाय कल्पना ही का है।

काव्य की पूर्ण अनुभूति के लिए कल्पना का व्यापार कवि और श्रोता दोनों के लिए अनिवार्य है। काव्य की कोई उक्ति कान में पड़ते समय जब काव्य वस्तु के साथ-साथ वक्ता या बोद्धव्य पात्र की कोई मूर्त्त भावना भी खड़ी रहती है तभी पूरी तन्मयता प्राप्त होती है।

रामचन्द्र शुक्ल रचनावली

खंड-6

रामचन्द्र शुक्ल रचनावली

खंड : 6

रचनात्मक साहित्य : कविताएँ, कहानी, जीवनी,
रचनात्मक साहित्य का अनुवाद

सम्पादक
नामवर सिंह
आशीष त्रिपाठी

राजकमल प्रकाशन

ISBN : 978-81-267-2920-3

मूल्य : ₹ 8800
(आठ खंडों में)

पहला संस्करण : 2016

प्रकाशक : राजकमल प्रकाशन प्रा. लि.
1-बी, नेताजी सुभाष मार्ग, दरियागंज
नई दिल्ली-110 002

शाखाएँ : अशोक राजपथ, साइंस कॉलेज के सामने, पटना-800 006
पहली मंजिल, दरबारी बिल्डिंग, महात्मा गांधी मार्ग, इलाहाबाद-211 001
36 ए, शेक्सपियर सरणी, कोलकाता-700 017

वेबसाइट : www.rajkamalprakashan.com
ई-मेल : info@rajkamalprakashan.com

मुद्रक : बी.के. ऑफसेट
नवीन शाहदरा, दिल्ली-110 032

RAMCHANDRA SHUKLA RACHANAWALI-6
Edited by Namvar Singh & Ashish Tripathi

देहरी

आचार्य रामचन्द्र शुक्ल हिन्दी में वैचारिकता के शीर्ष प्रतिनिधि और वैचारिक साहित्य के आदि प्रस्तावक हैं। वे निबन्ध, आलोचना और साहित्येतिहास को एक अलंघ्य ऊचाई तक ले गए। वे परवर्ती जनों के लिए अनवरत प्रेरणा स्रोत रहे हैं। उनकी स्थापनाएँ निरन्तर वाद-विवाद के केन्द्र में रही हैं और आज भी उन पर चर्चा किए बगैर आगे बढ़ पाना सम्भव नहीं है। उन्हें पढ़ना आज भी एक अनिवार्यता है। स्वतंत्रता संग्राम और नवजागरण के हलचल भरे युग और उसकी अन्तर्धाराओं तथा अन्तर्द्वन्द्वों का गहरा प्रभाव उनकी रचनाशीलता पर पड़ा है। उनकी रचनाशीलता के अनेक आयाम रहे हैं—कवि, कहानीकार, निबन्धकार, आलोचक, साहित्येतिहासकार और अनुवादक। उनके इन सभी रूपों को समग्रता में प्रकाशित करने का काम उनके देहावसान के पश्चात से निरन्तर जारी है। आचार्य विश्वनाथ प्रसाद मिश्र ने 'रसमीमांसा' और 'चिंतामणि भाग-2' का प्रकाशन कर एक उच्चतर दायित्व का निर्वहन किया था। पश्चात प्रो. नामवर सिंह ने 'चिंतामणि भाग-3' और डॉ. ओम प्रकाश सिंह एवं श्रीमती कुसुम चतुर्वेदी ने 'चिंतामणि भाग-4' का सम्पादन-प्रकाशन कर इस शृंखला को आगे बढ़ाया। इसके बावजूद अभी अनेक निबन्ध यहाँ-वहाँ असंकलित मिलते हैं।

आचार्य शुक्ल के समग्र साहित्य के प्रकाशन के क्रम में यह रचनावली हिन्दी समाज के सम्मुख प्रस्तुत है। रचनावली को हमने आठ खंडों में विभाजित किया है :

1. हिन्दी साहित्य का इतिहास
2. व्यावहारिक समीक्षा—तीन पुस्तकें : गोस्वामी तुलसीदास, सूरदास, जायसी
3. निबन्ध—मनोविकार विषयक निबन्ध, सैद्धान्तिक समीक्षा, भाषा विमर्श, आधुनिक साहित्य विषयक निबन्ध
4. निबन्ध—इतिहास, समाज, विज्ञान, अंग्रेजी में लिखित निबन्ध और उनके हिन्दी अनुवाद
5. 'रस मीमांसा' एवं रसविषयक निबन्ध
6. रचनात्मक साहित्य—कविताएँ, कहानियाँ, जीवनी, रचनात्मक साहित्य का अनुवाद
7. अनुवाद
8. विविध

रचनावली के विविध खंडों में संकलित निबन्धों के प्रकाशन में पूर्व प्रकाशित पुस्तकों/संकलनों के क्रम को प्रायः बदल दिया गया है और उन्हें एक नई तरतीब दी गई है जो विषय की एकसूत्रता के अनुसार है। अनेक निबन्ध–जिन्हें शुक्ल जी पुनः-पुनः लिखते और विकसित करते रहे हैं–के सभी उपलब्ध ड्राफ्टों को उनके भिन्न या एक ही नाम (जिससे वे प्रकाशित हुए) से संकलित किया गया है, ताकि शुक्ल जी की विकास प्रक्रिया को भी समझा जा सके। हम 'हिन्दी साहित्य का इतिहास' के सभी प्रारूपों को भी पृथक्-पृथक् संकलित करने की इच्छा रखते थे–परन्तु इसमें रचनावली का असीमित विस्तार हो रहा था, इसलिए उसके अंतिम और आजकल प्रचलित लोकप्रिय प्रारूप को ही यहाँ संकलित किया गया है। इस रचनावली के एक खंड में आचार्य शुक्ल द्वारा पढ़ी गई कुछ विशिष्ट पुस्तकों को, शुक्ल जी द्वारा लिखी गई टिप्पणियों के साथ प्रकाशित किया जा रहा है। इससे शुक्ल जी की पाठ-प्रक्रिया और उनकी आलोचना-प्रक्रिया को भी समझने में एक हद तक मदद मिलेगी। इस खंड की परिकल्पना प्रो. नामवर सिंह की मूल योजना का हिस्सा रही है और हमने इसे ज्यूँ का त्यूँ लेना जरूरी समझा है।

'रामचन्द्र शुक्ल रचनावली' की इच्छा प्रो. नामवर सिंह के मन में पाँच दशक से भी अधिक समय से बनी रही है। रामचन्द्र शुक्ल की जन्मशती के अवसर पर वे ग्रन्थावली का प्रकाशन करना चाहते थे। परन्तु कतिपय कारणों से यह सम्भव न हुआ। जब शुक्लजी की रचनाएँ कॉपीराइट से मुक्त हो गईं तो यह इच्छा फिर से तीव्र हो गई। पर किन्हीं कारणों से यह फिर सम्भव न हुआ। अन्ततः अब यह सम्भव हो पा रहा है। एक गहरी रचनात्मक इच्छा की तरह इसे देखा जाना चाहिए। आचार्य रामचन्द्र शुक्ल के अनेक विचारों से गहरी असहमति के बावजूद, नामवर जी के मन में मौजूद गहरे कृतज्ञता भाव का ही यह एक प्रतिफल है। हम इसे हिन्दी समाज की एक बड़ी चारित्रिक खूबी के रूप में देख सकते हैं और इस काम को इस तरह पूरा होते देख, एक गहरा सन्तोष अनुभव करते हैं।

नामवर जी की गहरी इच्छा के बावजूद रचनावली के प्रकाशन में दो वर्ष से अधिक की देर के लिए व्यक्तिगत रूप से मैं जवाबदेह हूँ। खेद प्रकट करने के लिए मेरे पास शब्द नहीं हैं। इस काम को पूरा करने में युवा साथियों सर्वश्री विशाल विक्रम सिंह, रवि श्याम द्विवेदी, अनूप कुमार सिंह और अभिलाष कुमार का आभारी हूँ जिन्होंने अनेक अवसरों पर मेरा साथ दिया। राजकमल प्रकाशन के प्रबन्ध निदेशक श्री अशोक महेश्वरी जी के असीम धीरज और संवादी व्यक्तित्व के कारण ही देर के बावजूद यह काम इस तरह हो सका, जिन्होंने इसे शीर्ष वरीयता देने के साथ ही, इसके प्रकाशन में आने वाली अनेक अड़चनों को दूर किया। रचनावली के प्रकाशन के अवसर पर हम आचार्य शुक्ल के संकलन/प्रकाशन का महती उत्तरदायित्व निभाने वाले सम्पादकों एवं प्रकाशकों के प्रति कृतज्ञता का अनुभव करते हैं। इस रचनावली के प्रकाशन से आचार्य शुक्ल पर समग्रता से बात करना संभव हो सकेगा, इस बहाने यदि पुनः उनके कार्य पर चर्चा हो तो हमारा श्रम सार्थक होगा।

–आशीष त्रिपाठी

अनुक्रम

रचनात्मक साहित्य

कहानी

जीवनी

रचनात्मक साहित्य का अनुवाद

रचनात्मक साहित्य

हृदय का मधुर भार

(कविता-संग्रह)

भूमिका

कविता क्या है ?

कविता वह साधन है जिसके द्वारा शेष सृष्टि के साथ मनुष्य के रागात्मक सम्बन्ध की रक्षा और निर्वाह होता है। राग से यहाँ अभिप्राय प्रवृत्ति और निवृत्ति के मूल में रहने वाली अन्तःकरण वृत्ति से है। जिस प्रकार निश्चय के लिए प्रमाण की आवश्यकता होती है उसी प्रकार प्रवृत्ति या निवृत्ति के लिए भी कुछ विषयों का बाह्य या मानस प्रत्यक्ष अपेक्षित होता है। ये ही हमारे रागों या मनोवेगों के–जिन्हें साहित्य में भाव कहते हैं–विषय हैं। कविता उन मूल और आदिम मनोवृत्तियों का व्यवसाय है जो सजीव सृष्टि के बीच सुख-दुख की अनुभूति से विरूप परिणाम द्वारा अत्यन्त प्राचीन कल्प में प्रकट हुई और जिनके सूत्र से शेष सृष्टि के साथ तादात्म्य का अनुभव मनुष्य जाति आदि काल से करती चली आई है। वन, पर्वत, नदी, नाले, निर्झर, कछार, पटपर चट्टान, वृक्ष, लता, झाड़, पशु, पक्षी, अनन्त आकाश, नक्षत्र इत्यादि तो मनुष्य के आदिम सहचर हैं ही, पर खेत, ढुर्री, हल, झोंपड़े, चौपाए आदि भी कुछ कम पुराने नहीं हैं। इनके द्वारा प्राप्त रागात्मक संस्कार मानव अन्तःकरण में दीर्घ परम्परा के कारण मूल रूप से बद्ध हैं अतः इनके द्वारा जैसा पक्का रसपरिपाक सम्भव है वैसा कल, कारखाने, गोदाम, स्टेशन, एंजिन, हवाई जहाज इत्यादि द्वारा नहीं।

रागों या वेगस्वरूप मनोवृत्तियों का सृष्टि के साथ उचित सामंजस्य स्थापित करके कविता मानव जीवन के व्यापकत्व की अनुभूति उत्पन्न करने का प्रयास करती है। यदि इन वृत्तियों को समेटकर मनुष्य अपने अन्तःकरण के मूल रागात्मक अंश को सृष्टि के किनारे कर ले तो फिर उसके जड़ हो जाने में क्या संदेह है ? यदि वह लहलहाते हुए खेतों और जंगलों, हरी घास के बीच घूम-घूमकर बहते हुए नालों, काली चट्टानों पर चाँदी की तरह ढलते हुए झरनों, मंजरियों से लदी हुई अमराइयों, पटपर के बीच खड़े झाड़ों को देख क्षण भर लीन न हुआ, यदि कलरव करते हुए पक्षियों के आनन्दोत्सव में उसने योग न दिया, यदि खिले हुए फूलों को देख वह न खिला, यदि सुन्दर रूप देख पवित्र भाव से मुग्ध न हुआ, यदि दीन दुखी का आर्तनाद सुन न पसीजा, यदि अनाथों और अबलाओं पर अत्याचार होते देख क्रोध से न तिलमिलाया, यदि हास्य की अनूठी उक्ति पर न हँसा तो उसके जीवन में रह क्या गया ? ज्यों-ज्यों मनुष्य के व्यापार का क्षेत्र जटिल और सघन होता गया त्यों-त्यों सृष्टि क़े साथ उसके

रागात्मक संबंध के विच्छेद की आशंका बढ़ती गई। ऐसी स्थिति में बड़े-बड़े कवि ही उसे सँभालते आए हैं।

जो कुछ अब तक कहा गया उससे यह स्पष्ट है कि सृष्टि के नाना रूपों के साथ मनुष्य की भीतरी रागात्मिका प्रकृति का सामंजस्य ही कविता का लक्ष्य है। वह जिस प्रकार प्रेम, क्रोध, करुणा, घृणा आदि मनोवेगों या भावों पर सान चढ़ाकर उन्हें तीक्ष्ण करती है उसी प्रकार जगत् के नाना रूपों और व्यापारों के साथ उनका उचित सम्बन्ध स्थापित करने का भी उद्योग करती है। इस बात का निश्चय हो जाने पर वे सब मतभेद दूर हो जाते हैं जो काव्य के नाना लक्षणों और विशेषतः रस आदि के भेद प्रतिबन्धों के कारण चल पड़े हैं। ध्वनि सम्प्रदायवालों का नैयायिकों से उलझना, आलंकारियों का रसप्रतिपादकों से झगड़ना एक पतली गली में बहुत से लोगों का धक्कमधक्का करने के समान है। 'वाक्यं रसात्मकं काव्यम्' में कुछ लोगों को जो अव्याप्ति दिखाई पड़ी है वह नौ भेदों के कारण। रस के नौ भेदों की लीक के भीतर सृष्टि के बहुत थोड़े से अंश के वर्णन के लिए शृंगार के उद्दीपन विभाग के अन्तर्गत उन्हें थोड़ी-सी जगह दिखाई पड़ी। हमारे पिछले खेवे के हिन्दी कवियों ने तो उतने ही पर सन्तोष किया। रीति के अनुसार 'षट्ऋतु' के अन्तर्गत कुछ इनी-गिनी वस्तुओं को लेकर कभी नायिका को हर्ष से पुलकित करके और कभी विरह से विकल करके वे चलते हुए।

बात यह है कि आरम्भ में कहे हुए काव्य के व्यापक आदर्श से जिस समय संस्कृतकाव्य च्युत हो चुका था उस समय हिन्दीकाव्य अग्रसर हुआ, इससे उसमें सृष्टिवर्णन का व्यापक समावेश न होने पाया। यह कमी केशव की लीक पीटनेवाले 'कवियों' में ही नहीं है, उनसे पहले के वास्तविक काव्य महाकाव्य (आख्यान काव्य) रचनेवाले बड़े-बड़े कवियों में भी पाई जाती है। वाल्मीकि के वर्षा और शरद् के विशद वर्णन को गो. तुलसीदासजी के वर्णनों से मिलाने से यह बात समझ में आ जाएगी। कहाँ

क्वचित्प्रकाशं क्वचिदप्रकाशं
नमः प्रकीर्णाम्बु घनं विभाति

× × ×

और

व्यामिश्रितं सर्जकदम्बपुष्पै—
नवं जलं पर्वतधातुताम्रम्।
मयूरकेकाभिरनुप्रयातं
शैलापगाः शीघ्रतरं वहंति।

और कहाँ

बरषहिं जलद भूमि नियराए।
यथा नवहिं बुध विद्या पाए॥

दामिनि दमकि रही घन माहीं।
खल की प्रीति यथा थिर नाहीं ॥

कहाँ प्रकृति का वह सूक्ष्म निरीक्षण, कहाँ उदाहरण की ओर यह टूटना। बाबाजी की दृष्टि 'यथा नवहिं बुध विद्या पाए। इस उपदेशात्मक काव्य की ओर अधिक जान पड़ती है, वस्तुवर्णन की ओर कम। भारतेन्दु का गंगा-यमुना-वर्णन अच्छा कहा जाता है पर वह भी परंपराभुक्त और उपमाप्रधान है।

हिन्दीवाले चाहे ऐसे वर्णनों से अपना सन्तोष कर लें पर जिसकी आँखों के सामने कुमारसम्भव का हिमालयवर्णन और मेघदूत का नाना प्रदेशवर्णन नाच रहा था वे स्पष्ट देखें कि प्रकृति का वह सूक्ष्म निरीक्षण शृंगार के उद्दीपन विभाव की दृष्टि से नहीं है, शुद्ध वर्णन के निमित्त, दृश्य अंकित करने के निमित्त है। उन्होंने रस की नौ नालियों के भीतर ऐसे शुद्ध वर्णनों के लिए कोई गड्ढा न पाकर 'रसात्मकं वाक्यम्' से असन्तोष प्रकट किया। पर असन्तोष नाली बनानेवालों के प्रति होना चाहिए था, रस के सिद्धान्त के प्रति नहीं। प्राकृतिक दृश्यों के वर्णन में एक प्रकार का रस अवश्य है, चाहे उसे अनिर्वचनीय कहिए, चाहे उसका कोई नाम रखिए, चाहे उसे किसी रस के भीतर कीजिए।

कार्य्य की प्रवृत्ति

यदि क्रोध, करुणा, दया, प्रेम आदि मनोभाव मनुष्य के अंतःकरण से निकल जाएँ तो वह कुछ भी नहीं कर सकता। कविता हमारे मनोभावों को उच्छ्वसित करके हमारे जीवन में एक नया जीवन डाल देती है, हम सृष्टि के सौन्दर्य को देखकर मोहित होने लगते हैं; कोई भी अनुचित या निष्ठुर काम हमें असह्य होने लगता है, हमें जान पड़ता है कि हमारा जीवन कई गुना अधिक होकर समस्त संसार में व्याप्त हो गया है। इस प्रकार कविता की प्रेरणा से कार्य्य में प्रवृत्ति बढ़ जाती है। केवल विवेचना के बल से हम किसी कार्य्य में बहुत कम प्रवृत्त होते हैं। केवल इस बात को जानकर ही हम किसी काम के करने या न करने के लिए तैयार नहीं होते कि वह काम अच्छा है या बुरा, लाभदायक है या हानिकारक। जब उसकी या उसके परिणाम की कोई ऐसी बात हमारे सामने उपस्थित हो जाती है जो हमें आह्लाद, क्रोध, करुणा आदि से विचलित कर देती है तभी हम उस काम को करने या न करने के लिए प्रस्तुत होते हैं। केवल बुद्धि हमें काम करने के लिए उत्तेजित नहीं करती। काम करने के लिए मन ही हमको उत्साहित करता है। अतः कार्य्यप्रवृत्ति के लिए मन में वेग का आना आवश्यक है। यदि किसी जनसमुदाय के बीच कहा जाए कि अमुक देश तुम्हारा इतना रुपया प्रतिवर्ष उठा ले जाता है; इसी से तुम्हारे यहाँ अकाल और दारिद्र्य बना रहता है, तो सम्भव है कि उस पर कुछ प्रभाव न पड़े। पर यदि दारिद्र्य और अकाल का भीषण दृश्य दिखाया जाए, पेट की ज्वाला से जले हुए प्राणियों के अस्थिपंजर कल्पना के सम्मुख रखे जाएँ, और भूख से तड़पते हुए बालक के पास बैठी हुई माता का आर्तस्वर

सुनाया जाए तो बहुत से लोग क्रोध और करुणा से विह्वल हो उठेंगे और इन बातों को दूर करने का यदि उपाय नहीं तो संकल्प अवश्य करेंगे। पहले प्रकार की बात कहना राजनीतिज्ञ का काम है और पिछले प्रकार का दृश्य दिखाना, कवि का कर्तव्य है। मानव हृदय पर दोनों में से किसका अधिकार अधिक हो सकता है, यह बतलाने की आवश्यकता नहीं।

स्वभाव संशोधन

कविता के द्वारा हम संसार के सुख, दुख, आनन्द और क्लेश आदि यथार्थ रूप से अनुभव करने में अभ्यस्त होते हैं जिससे हृदय की स्तब्धता हटती है और मनुष्यता आती है। किसी लोभी और कंजूस दूकानदार को देखिए जिसने लोभ के वशीभूत होकर क्रोध, दया, भक्ति, आत्माभिमान आदि मनोविकारों को दबा दिया है और संसार के सब सुखों से मुँह मोड़ लिया है अथवा किसी महाक्रूर राजकर्मचारी के पास जाइए जिसका हृदय पत्थर के समान जड़ और कठोर हो गया है, जिसे दूसरे के दुख और क्लेश का अनुभव स्वप्न में भी नहीं होता। ऐसा करने से आपके मन में यह प्रश्न अवश्य उठेगा कि क्या इनकी भी कोई दवा है। ऐसे हृदयों को द्रवीभूत करके उन्हें अपने स्वाभाविक धर्म्म पर लाने का सामर्थ्य काव्य ही में है। कविता ही उस दूकानदार की प्रवृत्ति भौतिक और आध्यात्मिक सृष्टि के सौन्दर्य की ओर ले जाएगी, कविता ही उसका ध्यान औरों की आवश्यकताओं की ओर आकर्षित करेगी और उसकी पूर्ति करने की इच्छा उत्पन्न करेगी; कविता ही उसे उचित अवसर पर क्रोध, दया, भक्ति, आत्माभिमान आदि सिखावेगी। इसी प्रकार उस राजकर्मचारी के सामने कविता ही उसके कार्य्यों का प्रतिबिम्ब खींचकर रखेगी और उनकी जघन्यता और भयंकरता का आभास दिखलावेगी; तथा दैवी किंवा अन्य मनुष्यों द्वारा पहुँचाई हुई पीड़ा और क्लेश के सूक्ष्म से सूक्ष्म अंश को दिखलाकर उसे दया दिखाने का अभ्यास कराएगी।

मनोरंजन

प्रायः लोग कहा करते हैं कि काव्य का मुख्य उद्देश्य मनोरंजन है। पर मेरी समझ में केवल मनोरंजन उसका साध्य नहीं है। कविता पढ़ते समय मनोरंजन अवश्य होता है, पर उसके उपरांत कुछ और भी होता है। मनोरंजन करना कविता का वह प्रधान गुण है, जिससे वह मनुष्य के चित्त को अपना प्रभाव जमाने के लिए वश में किए रहती है, उसे इधर उधर जाने नहीं देती। यही कारण है कि नीति और धर्म्म सम्बन्धी उपदेश चित्त पर वैसा असर नहीं करते जैसा कि काव्य या उपन्यास से निकली हुई शिक्षा असर करती है। केवल यही कहकर कि 'परोपकार करो', 'सदैव सच बोलो', 'चोरी करना महा पाप है', हम यह आशा कदापि नहीं कर सकते कि कोई अपकारी मनुष्य परोपकारी हो जाएगा, झूठा सच्चा हो जाएगा, और चोर चोरी करना छोड़ देगा

क्योंकि पहले तो मनुष्य का चित्त ऐसी सूखी शिक्षाएँ ग्रहण करने के लिए उद्यत ही नहीं होता; दूसरे मानव जीवन पर उनका कोई प्रभाव अंकित न देखकर वह उनकी कुछ परवा नहीं करता। पर कविता अपनी मनोरंजन शक्ति के द्वारा पढ़ने या सुननेवाले का चित्त उचटने नहीं देती, उसी हृदय के मर्म स्थानों को स्पर्श करती है, और सृष्टि में उक्त कर्मों के स्थान और सम्बन्ध की सूचना देकर मानव जीवन पर उनके प्रभाव और परिणाम विस्तृत रूप से अंकित करके दिखलाती है। इन्द्रासन खाली कराने का वचन देकर, हूर और गिलमा का लालच दिखाकर, यमराज का स्मरण दिलाकर, दोजख की जलती हुई आग की धमकी देकर हम बहुधा किसी मनुष्य को सदाचारी और कर्तव्यपरायण नहीं बना सकते। बात यह है कि इस तरह का लालच या धमकी ऐसी है जिससे मनुष्य परिचित नहीं और जो इतनी दूर की है कि उसकी परवा करना मानव प्रकृति के विरुद्ध है। सदाचार में एक अलौकिक सौन्दर्य और माधुर्य होता है। अतः लोगों को सदाचार की ओर आकर्षित करने का प्रकृत उपाय यही है कि उनको उसका सौन्दर्य और माधुर्य दिखाकर लुभाया जाए, जिससे वह बिना आगा-पीछा सोचे मोहित होकर उसकी ओर ढल पड़े।

मन को अनुरंजित करना और उसे सुख पहुँचाना ही यदि कविता का धर्म्म माना जाए तो कविता भी केवल विलास की सामग्री हुई। परन्तु क्या हम कह सकते हैं कि वाल्मीकि का आदिकाव्य, कालिदास का मेघदूत, तुलसीदास का रामचरितमानस या सूरदास का सूरसागर विलास की सामग्री है। यदि इन ग्रन्थों से मनोरंजन होगा तो चरित्रसंशोधन भी अवश्य ही होगा। मन लगने से यह सूचित होगा कि मन अब इस अवस्था में हो गया है कि उस पर कोई प्रभाव डाला जाए। खेद के साथ कहना पड़ता है कि हिंदी भाषा के अनेक कवियों ने शृंगार रस की उन्मादकारिणी उक्तियों से साहित्य को इतना भर दिया है कि कविता भी विलास की एक सामग्री समझी जाने लगी है। पीछे से तो ग्रीष्मोपचार आदि के नुस्खे भी कवि लोग तैयार करने लगे।

गरमी के मौसम के लिए एक कवि जो आज्ञा करते हैं–शीतल गुलाब जल भरि चहबच्चन में डारि के कमलदल न्हायबे को धँसिए। कालिदास अंग अंग अगर अतर संग केसर उसीर नीर घनसार घसिए। जेठ में गोविन्दलाल चन्दन के चहलन भरि भरि गोकुल के महलन बसिए।

अब शिशिर के मसाले सुनिए–गुलगुली गिलमें गलीचा हैं गुनीजन हैं चिक हैं चिराके हैं चिरागन की माला है। कहैं पद्माकर है गजक गजाहू सजी शय्या है सुरा है, सुराही है, सुप्याला है। शिशिर के पाला को न व्यापत कसाला तिन्हैं जिनके अधीन एते उदित मसाला हैं।

ऐसी शृंगारिक कविता को कोई विलास की सामग्री कह बैठे तो उसका क्या दोष ? सारांश यह कि कविता का काम मनोरंजन ही नहीं, कुछ और भी है।

चरित्रचित्रण द्वारा जितनी सुगमता से शिक्षा दी जा सकती है उतनी सुगमता से किसी और उपाय द्वारा नहीं। आदिकाव्य रामायण में जब हम भगवान् रामचन्द्र के

प्रतिज्ञापालन, सत्यव्रताचरण और पितृभक्ति आदि की छटा देखते हैं, भरत के सर्वोच्च स्वार्थत्याग और सर्वांगपूर्ण सात्विक चरित्र का अलौकिक तेज देखते हैं, तब हमारा हृदय श्रद्धा, भक्ति और आश्चर्य से स्तम्भित हो जाता है। इसके विरुद्ध जब हम रावण की धृष्टता और उद्दंडता का चित्र देखते हैं तब समझते हैं कि दुष्टता क्या चीज है और उसका प्रभाव और परिणाम सृष्टि में क्या है। अब देखिए कविता द्वारा कितना उपकार होता है। उसका काम भक्ति, श्रद्धा, दया, करुणा, क्रोध और प्रेम आदि मनोवेगों को तीव्र और परिमार्जित करना तथा सृष्टि की वस्तुओं और व्यापारों से उनका उचित और उपयुक्त सम्बन्ध स्थिर करना है।

उच्च आदर्श

कविता मनुष्य के हृदय को उन्नत करती है और ऐसे-ऐसे उत्कृष्ट और अलौकिक पदार्थों का परिचय कराती है जिनके द्वारा यह लोक देवलोक और मनुष्य देवता हो सकता है।

कविता की आवश्यकता

कविता इतनी प्रयोजनीय वस्तु है कि संसार की सभ्य और असभ्य सभी जातियों में पाई जाती है। चाहे इतिहास न हो, विज्ञान न हो, दर्शन न हो, पर कविता अवश्य होगी। इसका क्या कारण है ? बात यह है कि मनुष्य अपने ही व्यापारों का ऐसा घना मंडल बाँधता चला आ रहा है जिसके भीतर फँसकर वह शेष सृष्टि के साथ अपने हृदय का सम्बन्ध कभी भी नहीं रख सकता। इस बात से मनुष्य की मनुष्यता जाती रहने का डर रहता है। अतएव मानुषी प्रकृति को जाग्रत रखने के लिए कविता मनुष्य जाति के संग लग गई है। कविता यही प्रयत्न करती है कि शेष प्रकृति से मनुष्य की दृष्टि फिरने न पावे। जानवरों को इसकी जरूरत नहीं। हमने किसी उपन्यास में पढ़ा है कि एक चिड़चिड़ा बनिया अपनी सुशीला और परम रूपवती पुत्रवधू को अकारण निकालने को उद्यत हुआ। जब उसके पुत्र ने अपनी स्त्री की ओर से कुछ कहा तो वह चिढ़कर बोला—'चल चल ! भोली सूरत पर मरा जाता है।' आह ! यह कैसा अमानुषिक बर्ताव है ! सांसारिक बन्धनों में फँसकर मनुष्य का हृदय कभी-कभी इतना कठोर और कुंठित हो जाता है कि उसकी चेतनता—उसका मानुषभाव—कम हो जाता है। न उसे किसी का रूपमाधुर्य देखकर उस पर उपकार करने की इच्छा होती है, न उसे किसी दीन-दुखिया की पीड़ा देखकर करुणा आती है; न उसे अपमानसूचक बात सुनकर क्रोध आता है। ऐसे लोगों से यदि किसी लोमहर्षण अत्याचार की बात कही जाए तो, मनुष्य के स्वाभाविक धर्म्मानुसार, वे क्रोध या घृणा प्रकट करने के स्थान पर रुखाई के साथ यही कहेंगे—'जाने दो; हमसे क्या मतलब, चलो अपना काम देखो।' याद रखिए, यह महा भयानक मानसिक रोग है। इससे मनुष्य जीतेजी मृतवत् हो जाता है। कविता इसी मर्ज की दवा है।

सृष्टि-सौन्दर्य

कविता सृष्टि-सौन्दर्य का अनुभव कराती है और मनुष्य को सुन्दर वस्तुओं में अनुरक्त और कुत्सित वस्तुओं से विरक्त करती है। कविता जिस प्रकार विकसित कमल, रमणी के मुख आदि का सौन्दर्य चित्त में अंकित करती है उसी प्रकार औदार्य, वीरता, त्याग, दया इत्यादि का सौन्दर्य भी दिखाती है। जिस प्रकार वह रौरव नरक और गन्दी गलियों की वीभत्सता दिखाती है उसी प्रकार क्रूरों की हिंसावृत्ति और दुष्टों की ईर्षा आदि की जघन्यता भी। यहीं तक नहीं, जिन वृत्तियों का प्रायः बुरा रूप ही हम संसार में देखा करते हैं उनका सुन्दर रूप भी वह अलग करके दिखाती है। दशवदन निधनकारी राम के क्रोध के सौन्दर्य पर कौन मोहित न होगा ? जो कविता रमणी के रूपमाधुर्य से हमें आह्लादित करती है वही उनके अन्तःकरण की सुन्दरता और कोमलता आदि की मनोहारिणी छाया दिखाकर मुग्ध भी करती है। जिस बंकिम की लेखनी ने गढ़ के ऊपर बैठी हुई राजकुमारी तिलोत्तमा के अंग-प्रत्यंग की शोभा को अंकित किया है उसी ने आयशा के अन्तःकरण की अपूर्व सात्विकी ज्योति दिखाकर पाठकों को चमत्कृत किया है। बाह्य सौन्दर्य के अवलोकन से हमारी आत्मा को जिस प्रकार सन्तोष होता है उसी प्रकार मानसिक सौन्दर्य से भी। जिस प्रकार वन, पर्वत, नदी, झरने आदि से हम आह्लादित होते हैं उसी प्रकार मानसिक अन्तःकरण में प्रेम, स्वार्थत्याग, दया, दाक्षिण्य, करुणा, भक्ति आदि उदात्त वृत्तियों को प्रतिष्ठित देख हम आनन्दित होते हैं। यदि इन दोनों बाह्य और आभ्यन्तर सौन्दर्यों का कहीं संयोग दिखाई पड़े तो फिर क्या कहना है ! यदि किसी अत्यन्त सुन्दर पुरुष या अत्यन्त रूपवती स्त्री के रूप मात्र का वर्णन करके हम छोड़ दें तो चित्र अपूर्ण होगा; किन्तु यदि हम साथ ही हृदय की दृढ़ता और सत्यप्रियता अथवा कोमलता और स्नेहशीलता आदि की भी झलक दिखाएँ तो उस वर्णन में सजीवता आ जाएगी।

बात यह है कि कविता सौन्दर्य और सात्विकशीलता या कर्तव्यपरायणता में भेद नहीं देखना चाहती। इसी से उत्कर्षसाधन के लिए कवियों ने प्रायः रूप-सौन्दर्य और अन्तःकरण के सौन्दर्य का मेल कराया है। राम का रूपमाधुर्य और रावण का विकराल रूप अन्तःकरण के प्रतिबिम्ब मात्र हैं। बाह्य प्रकृति को भी मिला लेने से वर्णन का प्रभाव कभी-कभी बढ़ जाता है। चित्रकूट ऐसे रम्य स्थान में राम और भरत ऐसे रूपवानों के रम्य अन्तःकरण की छटा का क्या कहना है !

कविता का दुरुपयोग

जो लोग स्वार्थवश व्यर्थ की प्रशंसा और खुशामद करके वाणी का दुरुपयोग करते हैं वे सरस्वती का गला घोटते हैं। ऐसी तुच्छ वृत्तिवालों को कविता न करनी चाहिए। कविता उच्चाशय, उदार और निःस्वार्थ हृदय की उपज है। सत्कवि मनुष्य मात्र के हृदय में सौन्दर्य का प्रवाह बहानेवाला है। उसकी दृष्टि में राजा और रंक सब समान हैं। वह उन्हें मनुष्य के सिवा और कुछ नहीं समझता। जिस प्रकार महल में रहनेवाले

बादशाह के वास्तविक सद्गुणों की वह प्रशंसा करता है उसी प्रकार झोंपड़े में रहनेवाले किसान के सद्गुणों की भी। श्रीमानों के शुभागमन की कविता लिखना–और बात-बात पर उनको बधाई देना सत्कवि का काम नहीं। हाँ, जिसने निःस्वार्थ होकर और कष्ट सहकर देश और समाज की सेवा की है, दूसरों का हितसाधन किया है, धर्म्म का पालन किया है, ऐसे परोपकारी महात्मा का गुणगान करना उसका कर्तव्य है।

कविता की भाषा

मनुष्य स्वभाव ही से प्राचीन मनुष्यों और वस्तुओं को श्रद्धा की दृष्टि से देखता है। पुराने शब्द हम लोगों को मालूम ही रहते हैं। इसी से कविता में कुछ न कुछ पुराने शब्द आ ही जाते हैं। उनका थोड़ा बहुत बना रहना अच्छा भी है। वे आधुनिक और पुरातन कविता के बीच सम्बन्धसूत्र का काम देते हैं। हिन्दी में 'राजते हैं', 'गहते हैं', 'लहते हैं', 'सरसाते हैं' आदि प्रयोगों का खड़ी बोली तक की कविता में बना रहना कोई अचम्भे की बात नहीं। अंग्रेजी कविता में भी ऐसे शब्दों का अभाव नहीं है जिनका व्यवहार बहुत पुराने जमाने से कविता में होता आया है। 'भेन', 'स्वेन' आदि शब्द ऐसे ही हैं। अंग्रेजी कविता समझने के लिए इनसे परिचित होना पड़ता है। पर ऐसे शब्द बहुत थोड़े आने चाहिए, वे भी ऐसे जो भद्दे और गँवारू न हों। खड़ी बोली में संयुक्त क्रियाएँ बहुत लम्बी होती हैं; जैसे–'लाभ करते हैं', 'प्रकाश करते हैं' आदि। कविता में इनके स्थान पर 'लहते हैं', 'प्रकाशते हैं' कर देने से कोई हानि नहीं। पर यह बात इस तरह के सभी शब्दों के लिए ठीक नहीं हो सकती।

कविता में कही गई बात चित्र रूप में हमारे सामने आती है, संकेत रूप में नहीं। अतः उसमें गोचर रूपों का ही विधान अधिकतर होता है। वह ऐसे ही व्यापारों को लेती है जो संसार में सबसे अधिक मनुष्यों को सबसे अधिक दिखाई पड़ते हैं। उसमें प्रत्यक्ष और स्वभावसिद्ध व्यापारसूचक शब्दों की संख्या अधिक रहती है। 'समय बीता जाता है' कहने की अपेक्षा 'समय भागा जाता है' कहना अधिक काव्यसम्मत है। किसी काम से हाथ खींचना, किसी का रुपया खा जाना, कोई बात पी जाना, दिन ढलना या डूबना, मन मारना, मन छूना, शोभा बरसना, आदि ऐसे ही कवि-समय-सिद्ध वाक्य हैं जो बोलचाल में आ गए हैं। नीचे कुछ पद्य उदाहरण स्वरूप दिए गए हैं–

(क) धन्य भूमि बन पंथ पहारा।
जहँ जहँ नाथ पावँ तुम धारा॥ –तुलसीदास

(ख) मनहुँ उमगि अँग अँग छबि छलकै। –तुलसी गीतावली

(ग) चूनरी चारु चुई सी परै चटकीली हरी अँगिया ललचावे।

(घ) वीथिन में व्रज में नवेलिन में बेलिन में बनन में बागन में बगरो बसन्त है। –पद्माकर

(ङ) रंग रंग रागन पै, संग ही परागन पै, बृन्दावन बागन पै, बसन्त बरसो परै।

बहुत से ऐसे शब्द हैं जिनसे एक ही का नहीं किन्तु कई क्रियाओं का एक ही साथ बोध होता है। ऐसे शब्दों को हम मिश्र संकेत कह सकते हैं। किसी ने कहा, 'वहाँ बड़ा अत्याचार हो रहा है।' इस अत्याचार शब्द के अन्तर्गत मारना-पीटना, डाँटना-डपटना, लूटना-पाटना इत्यादि बहुत से व्यापार हो सकते हैं, अतः 'अत्याचार' शब्द के सुनने से उन सब व्यापारों का एक मिला-जुला अस्पष्ट भाव अन्तःकरण में आता है, कल्पना में किसी एक व्यापार का स्पष्ट चित्र अंकित नहीं होता। इनसे यह शब्द कविता के उतने काम का नहीं है। ऐसे शब्द वैज्ञानिक विषयों में अधिक आते हैं। उनमें से कुछ शब्द तो एक विलक्षण ही अर्थ देते हैं और पारिभाषिक कहलाते हैं। विज्ञानवेत्ता को किसी बात की सत्यता या असत्यता के निर्णय की जल्दी रहती है। इससे वह कई बातों को एक मानकर अपना काम चलाता है; प्रत्येक काम को पृथक्-पृथक् दृष्टि से नहीं देखता। यही कारण है जो वह ऐसे शब्द अधिक व्यवहार करता है जिनसे कई क्रियाओं से घटित एक ही बात का अर्थ निकलता है। परन्तु कविता प्राकृतिक व्यापारों को कल्पना द्वारा प्रत्यक्ष कराती है—मानव हृदय पर अंकित करती है। अतएव पूर्वोक्त प्रकार के शब्द अधिक लाने से कविता के प्रसाद गुण की हानि होती है और व्यक्त किए गए भाव हृदय पर अच्छी तरह अंकित नहीं होते। बात यह है कि मानवी कल्पना इतनी प्रशस्त नहीं कि एक बार में कई व्यापार उसके द्वारा हृदय पर स्पष्ट रीति से लक्षित हो सकें। यदि कोई ऐसा शब्द प्रयोग में लाया गया जो कई संयुक्त व्यापारों का बोधक है, तो सम्भव है, कल्पनाशक्ति किसी एक व्यापार को भी न ग्रहण कर सके अथवा तदन्तर्गत कोई ऐसा व्यापार ग्रहण करे जो रागात्मिका प्रकृति का उद्दीपक न हो। तात्पर्य यह कि पारिभाषिक शब्दों का प्रयोग, तथा ऐसे शब्दों का समावेश जो कई संयुक्त व्यापारों की सूचना देते हैं, कविता में वांछित नहीं।

किसी ने 'प्रेम फौजदारी' नाम की शृंगार-रस-विशिष्ट एक छोटी-सी कविता अदालती कार्रवाइयों पर घटाकर लिखी है और उसे 'एकतरफा डिगरी' आदि कानूनी शब्दों से भर दिया है। यह उचित नहीं है। कविता का उद्देश्य इसके विपरीत व्यवहार से सिद्ध होता है। जब कोई कवि किसी दार्शनिक सिद्धान्त को अधिक प्रभावोत्पादक बनाकर उसे लोगों के चित्त पर अंकित करना चाहता है तब वह जटिल और पारिभाषिक शब्दों को निकालकर उसे अधिक प्रत्यक्ष और मर्मस्पर्शी रूप देता है। भर्तृहरि, कबीर, गोस्वामी तुलसीदास आदि इस बात में बहुत निपुण थे। भर्तृहरि का एक श्लोक लीजिए—

तृषा शुष्यत्यास्ये पिबति सलिलं स्वादु सुरभि
क्षुधार्त्तः संछालीन्कवलयति शाकादिवलितान्।
प्रदीप्ते रागाग्नौ सुदृढ़तरमाश्लिष्यति वधूं
प्रतीकारो व्याधेः सुखमिति विपर्यस्यति जनः ॥

भावार्थ—प्यासे होने पर स्वादिष्ट और सुगन्धित जलपान, भूखे होने पर शाकादि के साथ चावलों का भोजन और हृदय में अनुरागाग्नि के प्रज्वलित होने पर प्रियात्मा का

आलिंगन करनेवाले मनुष्य विलक्षण मूर्ख हैं। क्योंकि प्यास आदि व्याधियों की शान्ति के लिए जलपान आदि प्रतिकारों ही को वे सुख समझते हैं। वे नहीं जानते कि उनका यह उपचार बिल्कुल ही उलटा है।

देखिए, यहाँ पर कवि ने कैसे स्वाभाविक व्यापारों के चित्रण द्वारा मनुष्य की सुख-दुख-विषयक बुद्धि की भ्रामकता दिखलाई है।

अंग्रेजों में भी पोप कवि इस विषय में बहुत सिद्धहस्त था। नीचे उसका एक साधारण सिद्धान्त लिखा जाता है–

'भविष्यत् में क्या होनेवाला है, इस बात की अनभिज्ञता इसलिए दी गई है जिसमें सब लोग, आनेवाले अनिष्ट की शंका से उस अनिष्ट घटना के पूर्ववर्ती दिनों के सुख को भी न खो बैठें।'

इसी बात को पोप कवि इस तरह कहता है–

उस बलिपशु को देख आज जिसका, तू हे नर !
निज उमंग में रक्त बहाएगा बेदी पर।
होता उसको ज्ञान कहीं तेरा है जैसा।
क्रीड़ा करता कभी उछलता फिरता ऐसा ?
अन्तिम क्षण तक खाता पीता काल काटता।
हनने को जो हाथ उठा है उसे चाटता।
आगम का अज्ञान ईश का परम अनुग्रह।[1]

'अनिष्ट' शब्द बहुत व्यापक और संदिग्ध है, अतः कवि मृत्यु ही को सबसे अधिक अनिष्ट वस्तु समझता है। मृत्यु की आशंका से प्राणिमात्र का विचलित होना स्वाभाविक है। कवि दिखलाता है कि पशु भी मृत्यु सिर पर नाचते रहते भी सुखी रहता है, यहाँ तक कि वह प्रहारकर्ता के हाथ को चाटता जाता है, यह एक अद्भुत और मर्मस्पर्शी दृश्य है। पूर्वोक्त सिद्धान्त को यहाँ काव्य का रूप प्राप्त हुआ है।

एक और साधारण-सा उदाहरण लीजिए। 'तुमने उससे विवाह किया', यह बहुत ही साधारण वाक्य है। पर 'तुमने उसका हाथ पकड़ा' यह एक विशेष अर्थगर्भित और काव्योचित वाक्य है। 'विवाह' के अन्तर्गत बहुत से विधान हैं, जिन पर सब कोई एक दफे दृष्टि नहीं डाल सकते। अतः उससे कोई बात स्पष्ट रूप से कल्पना में नहीं आती। इस कारण इन विधानों में से सबसे प्रधान और स्वाभाविक बात जो हाथ पकड़ना है उसे चुनकर कवि अपने अर्थ को मनुष्य के हृत्पटल पर रेखांकित करता है।

---

1. द लैंब दाइ राएट डूम्स टु ब्लीड टु डे।
हैड दी दाइ रीजन, वुड ही स्किप ऐंड प्ले?
प्लीज्ड टु द लास्ट ही क्राप्स द फ्लावरी फूड।
ऐंड लिक्स द हैंड जस्ट रेज्ड टु शेड हिज ब्लड।
द ब्लाइंडनेस टु द फ्यूचर काइंडली गिवेन। —एसे आन मैन

श्रुतिसुखदता

कविता की बोली और साधारण बोली में बड़ा अन्तर है। 'शुष्को वृक्षस्तिष्ठत्यग्रे' और 'नीरसतरुरिह विलसति पुरतः' वाली बात हमारी पंडित-मंडली में बहुत दिन से चली आती है। भावसौन्दर्य और नादसौन्दर्य दोनों के संयोग से कविता की सृष्टि होती है। श्रुतिकटु मानकर कुछ अक्षरों का परित्याग, वृत्तविधान और अन्त्यानुप्रास का बन्धन, इसी नादसौन्दर्य के निबाहने के लिए है। बिना इसके कविता करना, अथवा इसी को सर्वस्व मानकर कविता करने की कोशिश करना निष्फल है।

नादसौन्दर्य के साथ भावसौन्दर्य भी होना चाहिए। हिन्दी के कुछ पुराने कवि इस नादसौन्दर्य के इतना पीछे पड़ गए थे कि उनकी अधिकांश कविता विकृत और प्रायः भावशून्य हो गई है। यह देखकर आजकल के कुछ समालोचक इतना चिढ़ गए हैं कि ऐसी कविता को एकदम निकाल बाहर करना चाहते हैं। किसी को अन्त्यानुप्रास का बन्धन खलता है, कोई गणात्मक छन्दों को देखकर नाक-भौं चढ़ाता है, कोई फारसी के मुखम्मस और रुबाई की ओर झुकता है। हमारी छन्दोरचना तक की कोई कोई अवहेलना करते हैं–वह छन्दोरचना जिसके माधुर्य को भूमंडल के किसी देश का छन्द-शास्त्र नहीं पा सकता और जो हमारी श्रुति-सुखदता के स्वाभाविक प्रेम के सर्वथा अनुकूल है। जो लोग अन्त्यानुप्रास की बिल्कुल आवश्यकता नहीं समझते उनसे मुझे यही पूछना है कि अन्त्यानुप्रास ही पर इतना कोप क्यों ? छन्द और तुक दोनों ही नादसौन्दर्य के उद्‌देश्य से रखे गए हैं। फिर क्यों एक निकाला जाए, दूसरा नहीं ? यदि कहा जाए कि सिर्फ छन्द ही से उस उद्‌देश्य की सिद्धि हो जाती है तो यह जानने की इच्छा बनी रहती है कि क्या कविता के लिए नादसौन्दर्य की कोई सीमा नियत है। यदि किसी कविता में भावसौन्दर्य के साथ नादसौन्दर्य भी वर्त्तमान हो तो वह अधिक ओजस्विनी और चिरस्थायिनी होगी। नादसौन्दर्य कविता के स्थायित्व का बन्धक है, उसके बल से कविता ग्रन्थाश्रयविहीन होने पर भी किसी-न-किसी अंश में लोगों की जिह्वा पर बनी रहती है। अतएव इस नादसौन्दर्य को केवल बंधन ही न समझना चाहिए, यह कविता की आत्मा नहीं तो शरीर अवश्य है।

नादसौन्दर्य सम्बन्धी नियमों को गणित क्रिया के समान काम में लाने से हमारी कविता में कहीं-कहीं बड़ी विलक्षणता आ गई है। श्रुतिकटु वर्णों का निर्देश इसलिए नहीं किया गया कि जितने अक्षर श्रवणकटु हैं वे एकदम त्याज्य समझे जाएँ और उनकी जगह पर श्रवणसुखद वर्ण ढूँढ़-ढूँढ़कर रखे जाएँ। इस नियमनिर्देश का मतलब सिर्फ इतना ही है कि यदि मधुराक्षरवाले शब्द मिल सकें और बिना तोड़-मरोड़ के प्रसंगानुसार खप सकें तो उनके स्थान पर श्रुतिकर्कश अक्षरवाले शब्द न लाए जाएँ। संस्कृत से सम्बन्ध रखनेवाली भाषाओं में इस नादसौन्दर्य का निर्वाह अधिकता से हो सकता है। अतः अंग्रेजी आदि अन्य भाषाओं की देखादेखी, जिनमें इसके लिए कम जगह है, अपनी कविता को हमें इस विशेषता से वंचित कर देना बुद्धिमानी का काम

नहीं। पर, याद रहे, सिर्फ श्रुतिमधुर अक्षरों के पीछे दीवाने रहना और कविता को अन्यान्य गुणों से भूषित न करना सबसे बड़ा दोष है।

एक और विशेषता हमारी कविता में है। वह यही है कि कहीं-कहीं व्यक्तियों के नामों के स्थान पर उनके रूप, गुण या कार्य्यबोधक शब्दों का व्यवहार किया जाता है। यों देखने में पद्य के नपे हुए चरणों में खपाने के लिए शब्दों की संख्या का बढ़ाना ही इसका प्रयोजन जान पड़ता है; पर विचार करने से इसका इससे भी गुरुतर उद्देश्य प्रकट होता है। सच पूछिए तो यह बात कृत्रिमता बचाने के लिए की जाती है। मनुष्यों के नाम यथार्थ में कृत्रिम संकेत हैं जिनसे कविता की परिपोषकता नहीं होती। अतएव कवि मनुष्यों के नामों के स्थान पर कभी-कभी उनके ऐसे रूप, गुण या व्यापार की ओर इशारा करता है जो स्वाभाविक होने के कारण सुननेवाले के ध्यान में अधिक आ सकते हैं और प्रसंगविशेष के अनुकूल होने से वर्णन की यथार्थता को बढ़ाते हैं। गिरिधर, मुरारि, त्रिपुरारि, दीनबन्धु, चक्रपाणि, दशमुख आदि शब्द ऐसे ही हैं। ऐसे शब्दों को चुनते समय प्रसंग या अवसर का ध्यान अवश्य रखना चाहिए। जैसे, यदि कोई मनुष्य किसी दुर्धर्ष अत्याचारी के हाथ से छुटकारा पाना चाहता हो तो उसके लिए–'हे गोपिकारमण !', 'हे वृंदावनबिहारी !' आदि कहकर कृष्ण को पुकारने की अपेक्षा 'हे मुरारि !', 'हे कंसनिकन्दन !' आदि सम्बोधनों से पुकारना अधिक उपयुक्त है क्योंकि श्रीकृष्ण के द्वारा मुरा और कंस आदि दुष्टों का मारा जाना देखकर उसे उनसे अपनी रक्षा की आशा हुई है, न कि उनका वृन्दावन में गोपियों के साथ विहार करना देखकर। इसी तरह किसी आपत्ति से उद्धार पाने के लिए कृष्ण को 'मुरलीधर' कहकर पुकारने की अपेक्षा 'गिरिधर' कहना अधिक अर्थसंगत है।

अलंकार

कविता में भाषा को खूब जोरदार बनाना पड़ता है–उसकी सब शक्तियों से काम लेना पड़ता है। वस्तु या व्यापार का चित्र चटकीला करने और रसपरिपाक के लिए कभी किसी वस्तु का गुण या आकार बहुत बढ़ाकर दिखाना पड़ता है, कभी किसी वस्तु के रूप और गुण को वैसी ही और वस्तुओं के साहचर्य द्वारा और मनोरंजक बनाने के लिए उसके समान रूप और धर्म्मवाली और-और वस्तुओं के सामने लाकर रखना पड़ता है। इस तरह की भिन्न-भिन्न वर्णन-प्रणालियों का नाम अलंकार है। इनका उपयोग काव्य में प्रसंगानुसार विशेष रूप से होता है। इनसे वस्तुवर्णन में बहुत सहायता मिलती है। कहीं-कहीं तो इनके बिना कविता का काम ही नहीं चल सकता। किन्तु इससे यह न समझना चाहिए कि अलंकार ही कविता है। अलंकार बोलचाल में भी रोज आते रहते हैं। जैसे, लोग कहते हैं, 'जिसने शालग्राम को भून डाला उसे भंटा भूनते क्या लगता है ?' ये काव्य नहीं कहे जा सकते। जहाँ किसी प्रकार की रसव्यंजना होगी वहीं किसी वर्णनप्रणाली को अलंकारता प्राप्त हो सकती है।

कई वर्ष हुए 'अलंकारप्रकाश' नामक पुस्तक के कर्ता का एक लेख 'सरस्वती' में निकाला था। उसका नाम था–'कवि और काव्य।' उसमें उन्होंने अलंकारों की प्रधानता स्थापित करते हुए और उन्हें काव्य का सर्वस्व मानते हुए लिखा था कि 'आजकल के बहुत से विद्वानों का मत विदेशी भाषा के प्रभाव से काव्यविषय में कुछ परिवर्तित देख पड़ता है।' उससे वस्तुविशेष का बोध तो होता नहीं। इससे यही समझा जा सकता है कि सृष्टि की वस्तुओं के व्यापार और रूप का वर्णन स्वभावोक्ति है। इस लक्षण में अतिव्याप्ति दोष के कारण अलंकारता नहीं आती। अलंकारसर्वस्व के कर्ता राजानक रुय्यक ने इसका यह लक्षण लिखा है–

सूक्ष्मवस्तुस्वभावयथावद्वर्णनं स्वभावोक्तिः।

अर्थात् वस्तु के सूक्ष्म स्वभाव का ठीक-ठीक वर्णन करना स्वभावोक्ति है। आचार्य दंडी ने अवस्था की योजना करके यह लक्षण लिखा है–

नानावस्थं पदार्थानां रूप साक्षाद्विवृण्वती।
स्वभावोक्तिश्च जातिश्चेत्याद्या सालंकृतिर्यथा॥

बात यह है कि स्वभावोक्ति अलंकार के अन्तर्गत आ ही नहीं सकती; क्योंकि वह वर्णन करने की प्रणाली नहीं, किन्तु वर्ण्य वस्तु या विषय है।

जिस प्रकार एक कुरूपा स्त्री अलंकार धारण करने से सुन्दर नहीं हो सकती उसी प्रकार अस्वाभाविक, भद्दे और क्षुद्र भावों को अलंकारस्थापना सुन्दर और मनोहर नहीं बना सकती। महाराज भोज ने भी अलंकार को 'अलमर्थमलंकर्त्तः' अर्थात् सुन्दर अर्थ को शोभित करनेवाला ही कहा है। इस कथन से अलंकार आने के पहले ही कविता की सुन्दरता सिद्ध है। अतः उसे अलंकारों में ढूँढ़ना भूल है। अलंकारों से युक्त बहुत से ऐसे काव्योदाहरण दिए जा सकते हैं जिनको अलंकार के प्रेमी लोग भी भद्दा और नीरस कहने में संकोच न करेंगे। इसी तरह बहुत से ऐसे उदाहरण भी दिए जा सकते हैं जिनमें एक भी अलंकार नहीं; किन्तु उनके सौन्दर्य और मनोरंजकत्व को सब स्वीकार करेंगे। जिन वाक्यों से मनुष्य के चित्त में रससंचार न हो, उसकी मानसिक स्थिति में कोई परिवर्तन न हो–वे कदापि काव्य नहीं। अलंकारशास्त्र को कुछ बातें ऐसी हैं जो केवल शब्दचातुरी मात्र हैं। शब्दकोश के कारण वे चित्त को चमत्कृत करती हैं। उनसे रससंचार नहीं होता। ये चमत्कृत चाहे भले ही करें, पर मानवहृदय के स्रोतों से उनका विशेष सम्बन्ध नहीं। उनका चमत्कार शिल्पकारों की कारीगरी के समान सिर्फ शिल्पप्रदर्शनी में रखने ही योग्य होता है।

अलंकार है क्या वस्तु ? विद्वानों ने काव्यों के सुन्दर-सुन्दर स्थलों को पहले चुना। फिर उनकी वर्णनशैली के सौन्दर्य का कारण ढूँढ़ा। तब वर्णन-वैचित्र्य के अनुसार भिन्न-भिन्न लक्षण बनाए, जैसे 'विकल्प' अलंकार को पहले पहल राजानक रुय्यक ने ही निकाला है। अब कौन कह सकता है कि काव्यों के जितने सुन्दर-सुन्दर स्थल थे सब ढूँढ़ डाले गए, अथवा जो सुन्दर समझे गए–जिन्हें लक्ष्य करके लक्षण

बने–उनकी सुन्दरता का कारण कही हुई वर्णनप्रणाली ही थी। अलंकारों के लक्षण बनने तक काव्यों का बनना नहीं रुका रहा। आदिकवि महर्षि वाल्मीकि ने–'मा निषाद प्रतिष्ठां त्वमगमः शाश्वती समाः ?' का उच्चारण किसी अलंकार को ध्यान में रखकर नहीं किया। अलंकारलक्षणों के बनने के बहुत पहले कविता होती थी, और अच्छी होती थी। अथवा यों कहना चाहिए कि जब से इन अलंकारों को हठात् लाने का उद्योग होने लगा तब से कविता कुछ बिगड़ चली।

–रामचन्द्र शुक्ल

मधुस्रोत

किस अतीत-पट से छन-छनकर
रूप अमित स्मृति-मधु बन-बनकर
खुले नयनपथ की धारा में
कभी टपककर घुल जाते हैं ?
किसी झलक को ललक-भरे
हम भूल आपको अपनाते हैं।
बिछड़ा-सा कुछ मिल जाता है,
जीवन जग में खिल जाता है ॥ 1 ॥
किस अतीत के अंचल से ढल
संगराग के स्रोत अनर्गल
काट काल के बाँध, वासना की
अखंड अनुगति झलकाते;
चिर सहचर रूपों के पथ में
बार-बार हैं हमें बहाते ?
जहाँ सगी सुषमा हम पाते,
नहीं चकित होकर रह जाते ॥ 2 ॥
यही पुरानी प्रीति हमारी
जगकर कर देती है प्यारी
जैसी कुसुम-कलित वन-वीथी,
वैसी ही खादर की खाड़ी;
जैसी अमल मधुर निर्झरिणी,
वैसी ही ऊसर की खाड़ी।
वह जो केवल चमक-चाव है
निरा कुतूहल, बाल-भाव है ॥ 3 ॥
युग-युग के रूपों में सनते,
भाव चले आते हैं बनते।

जिस शोभा के लिए हृदय में
पहले से कुछ प्यार धरा है,
काव्यमयी रसमयी वही है–
कहीं न कुछ खोटा, न खरा है।
यही प्यार जिसमें जितना है,
जाग्रत, वह भावुक उतना है ॥ 4 ॥
झलक, छलक-बाहर, भीतर की–
नहीं एक की, भूतल-भर की;
नहीं आज की, युग युगादि की–
साथ-साथ चलती आती है।
एक अखंड नित्य जीवन की
रस-धारा ढलती आती है।
जब इसकी घूँटें पाते हैं,
जग होकर हम जग जाते हैं ॥ 5 ॥
यों ही हम उठते, गिरते थे,
कभी किसी युग में फिरते थे
इसी किसी बनखंडी की-सी
पंकिल कहीं, कहीं पथरीली–
कहीं धातु-रंजित, फिर श्यामल
गुछी दूब काई से गीली–
विषम भूमि में भूले-भूले,
वन-कुसुमों में फूले-फूले ॥ 6 ॥
इन्हीं कछारों में लहराते
गाएँ यों ही बिखरी पाते।
कूजों की किलकार गूँजती
कँकरीले टीलों पर आती।
ऊँचे कटे कगार भेदकर
आड़ी ऐंठ जहाँ दिखलाती
कोई डाल हमारे सिर पर,
वहीं बैठ जाते थे थककर ॥ 7 ॥
वन-कुटीर में इसी निराले
पड़े हुए थे डेरे डाले।
कभी कड़कती हुई अँधेरी
में विद्युल्लतिका बल खाती
पल पल पर दीपित रंध्रों से

द्रवत् स्वर्ण की झड़ी झँकाती।
बाहर वृक, चीते चिल्लाते;
भीतर थे हम बात चलाते ॥ 8 ॥
तुम भी, ग्राम ! खुले सपने हो,
रूप-रंग में वही बने हो।
कटी-बँटी हरियाली में तुम
वैसे ही तो जड़े हुए हो,
उठे तरल-श्यामल-दल-गुम्फित
अंचल में ही पड़े हुए हो।
धरती माता की मटियाली।
भरी गोद यह रहे निराली ! ॥ 9 ॥
अरुण दिगंचल से प्राची के;
प्रभा फूटकर तम में फीके
दमकाती द्रुमभाल उतरती,
मीलित नयनों पर झुँझलाती;
हरी-हरी गीली दूबों पर
सरक-सरक मुक्ता छहराती।
बालक घर से निकल रहे हैं,
अब भी उन पर उछल रहे हैं ॥ 10 ॥
अब भी जब-जब जोती जाती
धरती सोंधी महक उड़ाती।
धानी लहरों पर छिटकी हैं
सूही छींटें-सी ललनाएँ।
हरियाली की सीमा पर हैं
झुकी स्निग्ध साँवली घटाएँ,
शीतलता नयनों में छातीं,
मन बगलों के संग उड़ातीं ॥ 11 ॥
ये खपरैल और ये छप्पर,
गीले सोंधे मिट्टी के घर
हमें न जाने कब की मीठी-
मीठी सुध में सुला रहे हैं।
अब भी यहाँ किसी भोली को
आशा में दिन झुला रहे हैं,
बैठ द्वार पर जो बिछोहती
परदेसी की बाट जोहती ॥ 12 ॥

ऊपर किसी डाल पर धोई
पल भर बैठ पपीहा कोई
धुन बाँधे "पी कहाँ, पी कहाँ ?"
आग्रह-भरा पूछ जाता है;
फिर-फिर अपने चढ़ते सुर की
गूँज-मात्र उत्तर पाता है।
अब भी यहाँ पुराने नाते
यों ही कुछ हैं निभते आते ॥ 13 ॥
मंदाकिनी-सलिल से सींची,
चित्रकूट की ऊँची-नीची;
भक्ति-लहर-सी भूमि भिगोती,
भारतीय मन भास रही है।
कुरवक, ककुभ, पियाल, लोध्र पर
लतिकाओं की ललक वही है।
राम-रमी सुषमा छाई है;
कुछ आँखों की बन आई है ॥ 14 ॥
वन-वीथियाँ यहाँ की सारी
जिन्हें रामपद-अंकित प्यारी
लगती हैं, उनके समीप ये
झाड़ कँटीले भी हैं प्यारे;
हैं उनके ही वंशज ये जो
कभी राम को चुभे हमारे।
इस नाते की चोट जिन्हें है,
चित्रकूट कुछ और उन्हें है ॥ 15 ॥
सरित सलिल को झुके चूमते
अम्बुवेत हैं जहाँ झूमते;
वात-प्रकम्पित जहाँ केतकी के,
कानन में मड़ मड़ होती;
कारंडव, बक लिए कूल पर
मंद मंद बहती है सोती;
जल में घुसी कुडौल शिला पर
जहाँ मयूर नाचते आकर ॥ 16 ॥
भरे सरोवर में अति निर्मल
जहाँ प्रस्फुटित पंकज के दल;
चन्द्र-छटा में खिली कुमुदिनी

धवल मन्द मृदु हास दिखाती;
जहाँ शान्त गम्भीर नीर में
द्रुमराजी हैं छवि दुहराती,
भटके घन खंडों की काया
कहीं फेंकती श्यामल छाया ॥ 17 ॥
मंजरियों के मद में माते
जहाँ आम फूले न समाते,
दे सौरभ-सन्देश देश में
आकुल अलिकुल को भरमाते,
कोकिल के कंठों में भर-भर
निज रसाल मधु हैं ढलवाते
दिक्-दिक् की आँखें मतवाली,
धरती हैं किंशुक की लाली ॥ 18 ॥
जहाँ-जहाँ ये रूप खड़े हैं
जहाँ-जहाँ ये दृश्य अड़े हैं
कालिदास, भवभूति आदि के
हृदय वहाँ पर मिल जाते हैं;
एक अखंड हृदय भारत का
अविच्छिन्न हो हम पाते हैं।
भाव-भूमि का भरत-खंड यह
सदा, भारती ! तू भरती रह ! ॥ 19 ॥
कहीं हृदय अपना समेटकर
कोश-कीट बन जाय न तू नर !
इसी हेतु अविरत मधु-धारा
द्वार-द्वार पर टकराती है,
तेरे रचे हुए जालों के
बाहर तुझे खींच लाती है;
भाव-रूप में भूतों में सब
रमने का दिखलाती है ढब ॥ 20 ॥
आवरणों को काट-काटकर
व्यापारों को तेरे, हे नर !
मूल रूप में यह धारा जब
तेरे सम्मुख धर देती है,
सच्चे, खरे भाव की चिलकन,
चंचल तुझको कर देती है।

जमी हुई छँटती है काई,
प्रकृत रूप पड़ते दिखलाई ॥ 21 ॥
कागज की परतों के भीतर
लिपटा हुआ लोभ चट खुलकर
कुत्तों की छीना-झपटी बन
निरा सामने आ जाता है।
दौड़ धूप दफ्तर की बन्दर
डाल-डाल पर दिखलाता है।
कहीं धातु के खंड दिलाना
हुआ हाथ से अन्न खिलाना। ॥ 22 ॥

('सुधा', अक्टूबर, 1929)

मनोहर छटा

नीचे पर्वत थली रम्य रसिकन मन मोहत।
ऊपर निर्मल चन्द्र नवल आभायुत सोहत॥
कबहुँ दृष्टि सौं दुरत छिपत मेघन के आड़े।
अन्धकार अधिकार तुरत निज आय पसारे॥

नवल चन्द्रिका छिटकि फेरि सब बनहिं प्रकाशत।
निर्मल द्युति फैलाय बेगि तमपुंज बिनासत॥
प्रकृति चित्र की छटा होत परिवर्त्तित ऐसी।
चित्रकार की अजब अनोखी गति है जैसी॥

भई प्रकृति है मौन पौन हू सोवन लागी।
पशु पक्षी हू मनहुँ दियो यहि जग कहँ त्यागी॥
केवल कहुँ कहुँ झींगुर अरु झिल्ली झनकारत।
जलप्रपात रव मन्द मधुर झरनन कर आवत॥

कतहुँ श्याम रंग शिला कहूँ थल कहुँ हरियाली।
बहत मन्द परवाह युक्त झरना छविशाली॥
कहुँ बिकराल बिशाल शिला आड़त तेहि बेगहिं।
उमगि उच्छलित होय तऊ धावत गहि टेकहिं॥

जाय मिलत निज प्रिय सरिता सों कोटि यतन करि।
प्रेमिन के पथरोधन को दरसावत दुस्तर॥
राजत कतहूँ झाड़िन की अवली तट ऊपर।
कतहुँ खड़े दो चार जंगली वृक्ष मनोहर॥

तिन सब कर प्रतिबिम्ब भाँति जल माँहिं लखाई।
देखन हित निज रूप प्रकृति दर्पन ढिंग आई॥

तरु मंडप के रंध्रन बिच सों छनि छनि आवत।
शशि किरनन को पुंज सरस शोभा सरसावत॥

करत अलौकिक नृत्य आय निर्मल जल माहीं।
निरखि ताहि मन मुग्ध होय थिर रहत तहाँहीं॥
पहुँच दृष्टि की जात जहाँ तक दीसत याही।
शैल नदी तरु भूमि अटपटी और कछु नाहीं॥

निरखि लेहु एक बेर चहूँ दिशि नैन पसारी।
मन महँ अंकित करहु माधुरी छवि अति प्यारी॥
इतहीं चिंता तजत आय जग के नर नारी।
इतहीं अनुभव करत सुक्ख सब दुख बिसारी॥

इतही प्रेम पियास बुझत प्रेमी गण की अति।
आय मिलत जब प्रेम प्रेयसी मन्द मधुर गति॥

('सरस्वती', अक्टूबर, 1901)

बसन्त

(1)

कुसुमित लतिका ललित तरुन बसि क्यों छबि छावत ?
हे रसालगन ! बौरि ब्यर्थ क्यों सोन बढ़ावत ?
हे कोकिल ! तजि भूमि नाहिं क्यों अनत सिधारी ?
कोमल कूक सुनाव बैठि अजहूँ तरु डारी॥

(2)

मथुरा, दिल्ली अरु कनौज के विस्तृत खँडहर;
करत प्रति-ध्वनि; आज दिवसहू निज कम्पित स्वर।
जहँ गोरी, महमूद केर पद चिन्ह धूरि पर;
दिखरावत, भरि नैन नीर, इतिहास-विज्ञ नर॥

(3)

और विगत अभिलाष सकल, केवल इक कारन;
जन्म-भूमि अनुराग बाँधि राख्यो तोहि डारन।
तुव पूर्वज यहि ठौर बैठि रव मधुर सुनावत;
पूर्व पुरुष सुनि जाहि हमारे अति सुख पावत॥

(4)

तिनकी हम सन्तान; पाछिलो नात विचारी;
कोकिल, दुख-सहचरी बनी तू रही हमारी।
हे हे अरुण पलाश ! छटा बन काहि दिखावत ?
कोउ दृग नहिं अन्वेषमान अब तुव दिसि धावत॥

(5)

करि सिर उच्च कदम्ब रह्यो तू व्यर्थ निहारी;
नहीं गोपिका कृष्ण कहीं तुव छाँह बिहारी।

रे रे निलज सरोज ! अजहुँ निकसत लखि भानहिं;
देश-दुर्दशा-जनित दुख चित नेकु न आनहिं॥

(6)

ये हो मधुकर वृन्द ! मोहि नहिं कछु आवत कहि;
कौन मधुरता लोभ रह्यो बसि दीन देश यहि।
चपल-चमेली अंग स्वेत-अभरन क्यों धारो ?
मुग्ध होन की क्रिया भूलिगो चित्त हमारो॥

(7)

दीन कलिन सों हे समीर ! बरबस क्यों छीनत;
मधुर महक, हित नाक हीन हम हतभागी नत।
एक एक चलि देहु नाहिं क्यों यह भुव तजि के ?
हम हतभागे लोग योग नहिं तुव संगति के॥

(8)

विगत-दिवस-प्रतिबिम्ब हाय सम्मुख तुम लावत;
भारत-सन्तति केर विरह चौगुनो बढ़ावत।
अहो विधाता वाम दया इतनी चित लावहु;
देश काल ते ऋतु वसन्त को नाम मिटावहु॥

(9)

नहिं यह सब दरकार हमें, चाहिए केवल अब;
उदर भरन हित अन्न, और किन हरन होहि सब।
नहिं कछु चिन्ता हमैं चीन्ह-गौरव रखिबे की;
नहीं कामना हमें 'आपनो' यह कहिबे की॥

('सरस्वती', मार्च, 1904)

शिशिर-पथिक

[एक पथिक स्वदेश को लौट रहा है। उसने थोड़ी ही उम्र में सेना के अफसर, एक मेजर, के कहने में आकर अपना देश छोड़ा; घर में किसी से कहा भी नहीं। तब से निरन्तर अंग्रेजी सेना के साथ-साथ वह एक देश से दूसरे देश में भ्रमण करता रहा। उसकी नवागता वधू बहुत दिनों तक उसके आसरे में रही; अन्त में निराश होकर अपने पिता के घर आकर वह रहने लगी। वहाँ पर उसने अपने वृद्ध पिता की सेवा तथा पथिकों के सत्कार का व्रत लिया। दैवसंयोग से आज स्वयं उसका पति ही पथिक के रूप में उसके सामने आकर उपस्थित हुआ है।]

(1)

विकल, पीड़ित पीय-पयान ते
चहुँ रह्यौ नलिनी-दल घेरि जो,
भुजन भेंटि तिन्हैं अनुराग सों
गमन-उद्यत भानु लखात हैं॥

(2)

तजि तुरन्त चले, मुख फेरि के,
शिशिर-शीत-सशंकित जीव हीं,
विहग आरत वैन पुकारते
रहि गए, पर ताहि सुनी नहीं॥

(3)

तनि गए सित ओस-वितान हू,
अनिल झार बहार धरा परी,
लुकन लोग लगे घर बीच हैं
विवर भीतर कीट पतंग से॥

(4)

युग भुजा उर बीच समेटि कै
लखहु आवत गैयन फेरि कै

कँपत कम्बल-बीच अहीर हू
भरमि भूलि गई सब तान है॥

(5)

तम भयंकर कारिख फेरि कै
प्रकृति दृश्य कियो धुँधलो सबै;
बनि गये अब शीत-प्रताप ते
निपट निर्जन घाटऽरु बाट हू॥

(6)

पर चलो यह आवत है, लखो,
विकट कौन हठी हठ ठानि कै ?
चुप रहैं, तब लौं जब लौं कोऊ
सुजन, पूछनहार मिलै नहीं॥

(7)

शिथिल गात, महा गति मंद है
चहुँ निहारत धाम विराम को;
उठत धूम लख्यौ कछु दूर पै,
करत श्वान जहाँ रव घोर हैं॥

(8)

कँपत आइ भयो छिन में खड़ो
युग कपाट लगे इक द्वार पै;
सुनि पर्‌यौ "तुम कौन !" कह्यौ तबै,
"पथिक दीन दया इक चाहतो" ॥

(9)

खुलि गए झट द्वार धड़ाक से
धुनि परी मधुरी यह कान में।
"निकसि आइ बसौ यदि गेह में
पथिक वेगि संकोच विहाइ कै" ॥

(10)

पग धर्‌यौ तब भीतर भौन के
अतिथि आवन आयसु पाइ कै,

कठिन शीत-प्रताप विघातिनी
अनल दीर्घ-शिखा जहँ फेंकती ॥

(11)

चपल दीठि चहूँ दिसि घूमि के
पथिक की पहुँची इक कोन में,
वय-पराजित जीवन-जंग में
दिन गिनै नर एक परो जहाँ ॥

(12)

सिर-समीप सुता मन मारि कै
पितहिं सेवति सील सनेह सों
तहँ खड़ी नत गात, कृशांगिनी
लसति वारि-विहीन मृणाल सी ॥

(13)

लखि फिरी दिसि आवनहार की
विमल आसन इंगित सों दया;
अतिथि बैठि असीस दियो तबै
"फलवती सिगरी तुव आस हो"॥

(14)

मृदु हँसी, करुणा इक संग ही
तरुनि आनन ऊपर धारि के
कहति "हाय पथी ! सुनु बावरे,
मुरझि बेलि कहूँ फल लावई ? ॥"

(15)

"गति लखी विधि की जब वाम में
जगत के सुख सों मुख मोरि कै,
पितु निदेश-निबाहन, औ सदा
अतिथि सेवन, को व्रत लै लयो ॥

(16)

"अब कहो निज नाम, चले कहाँ ?
कहहु आवत हौ कित तें, इतै ?

विचलि कै चित के किहि वेग सों
पग धर्‌यौ पथ तीर अधीर है ?"

(17)

"सलिल आस अमी रस सींचि के
सतत राखति जो तन-बेलि हीं,
पथिक ! बैठि अरे तुव बाट को
युवति जोवति है कतहूँ कोऊ ? ॥

(18)

"नयन कोउ निरन्तर धावहीं
तुमहिं हेरन को पथ बीच में ?
श्रवण-बाट कोऊ रहते खुले
कहुँ, अरे, तुव आहट लेन को?॥

(19)

"कहु कहूँ तोहिं आवत जानि कै,
निकटता तुव प्रेम-प्रदायिनी
प्रथम पावन हेतुहि होत है
चरन-लोचन-बीच बदाबदी ? ॥[1]

(20)

"करि दया, भ्रम जो सुख देत है
सुमन-मंजुल-जाल बिछाइ कै
कठिन, काल, निरंकुश निर्दयों
छिनहिं छीनत ताहि निवारि कै?" ॥

(21)

दबि गयो उन बैननि-भार सों
पथिक दीन, मलीन, थको भयो;
अचल मूर्ति बन्यौ, पल एक लौं
सब क्रिया तन की मन की रुकी ॥

1. पहले निकट पहुँचने के लिए आँख और पैर के बीच बाजी लगती है; अर्थात् आँख के स्थानविशेष पर पहुँचने के पहले ही पैर पड़ जाता है जो कि मनुष्य के गिरने का कारण होता है। अतएव यहाँ लटपटाती हुई चाल से अभिप्राय है–रा.शु.।

(22)

बदन पौरुष-हीन विलोकि के
नयन नीरन उत्तर दै दयो–
"तव यथार्थ सबै अनुमान है
अति अलौकिक देवि दयामयी"! ॥

(23)

अचल नैन उठाइ निहारते
पथिक को अपनी दिसि देखि के,
इमि लगी कहने फिरि कामिनी
अति पवित्र दया-व्रत-धारिणी ॥

(24)

"कुशलता न गुनौ यहि में कछू,
अरु न विस्मय की कछु बात है;
दिवस[1] खेइ रहे दुख ओर जो
गति लखैं मग में उलटी सबै" ॥

(25)

उभय मौन रहे कछु काल लौं;
पथिक ऊपर दीठि उठाइ कै
इक उसास भरी गहरी जबै
यह कढ़ी मुख ते वचनावली ॥

(26)

"अवनि-ऊपर देश-विदेश में
दिवस घूमत ही सिगरे गए;
मिसिर, काबुल, चीन, हिरात की
चरण धूरि रही लिपटाइ है ॥

1. जो संसारसागर में अपने दिनों को दुख की ओर खे रहे हैं वे मार्ग में दूसरी वस्तुओं को (जैसा नौका पर चढ़ के चलते समय देख पड़ता है) दूसरी ओर (उलटे) अर्थात् सुख की ओर जाती हुई देखते हैं। तात्पर्य यह कि जो लोग संसार में दुख भोग रहे हैं वे समझते हैं कि उनको छोड़कर और सब लोग सुख पा रहे हैं। यह मनुष्य का स्वभाव है। स्त्री का पति विदेश से नहीं फिरा, इससे वह पथिक को समझाती है कि अपनी प्रिया ही से वह मिलने जा रहा।–रा.शु.

(27)

"पर - दशा - दिशि - मानस - योगिनी
लखि परी इकली भुव बीच तू।
समुझि पूछन साँच सुनावहूँ
सुतनु ! मो तनु पै जु व्यथा परी॥

(28)

"मन परै दुख की अब बा घरी
पलटि जीवन जो जग में दयो
चतुर "मेजर" मन्त्रहिं मानि कै
सुख कियो अपनो सपनो सबै ॥

(29)

"हित-सनेह-सने मृदु बोल सों
जब लियो इन कानन फेरि मैं।
स्वजन और स्वदेश-स्वरूप को
करि दयो इन आँखिन ओट हा ! ॥

(30)

"अब परैं सुनि वाक्य यही हमैं
'धरहु, मारहु, सीस उतारहू'
दिवस रैन रहै सिर पै खरी
अति कराल छुरी अफगान की ॥

(31)

"चलि रहे यह आस हिये धरे,
मम वियोगिनी भामिन को अजौं
अपर-लोक पयान प्रयास ते
मम-समागम संशय रोकि है ॥

(32)

"कहुँ यहीं इक मन्मथ गाँव है
जहँ घनी बसती विधु-वंश की
तहँ रहे इक विक्रमसिंह जो
सुवन तासु यही रनवीर है।" ॥

(33)

कहत ही इन बैनन के तहाँ
मचि गयो कछु औरहि रंग ही;
वदन अंचल-बीच छिपावती
मुरि परी गिरि भूतल भामिनी ॥

(34)

असम साहस वृद्ध कियो तबै,
उठि धर्यो महि में पग खाट तें,
"पुनि कहो" कहि बारहि बार ही
पथिक को फिरि फेरि निहारई ॥

(35)

आशा त्यागी बहुत दिनन की नेकु ही में पुरावै
लीला ऐसी जगत प्रभु की, भेद को कौन पावै?
देखो, नारी सुकृत-फल को बीच ही माँहि पायो;
भूलो प्यारो भटकि पथ तें प्रेम के फेरि आयो ॥

(सरस्वती, मार्च, 1905)

विरह सप्तक

(1)

तन में भरम रमायो त्यागी राज,
सहन कठिन दुख कीन्ह्यों जिनके काज,
तनिक दया नहिं आई तिनके हाय !
महा कठिन दुख विरह सह्यो नहिं जाय ॥

(2)

भूलि गयो सब पूजा पाठ विचार
केवल उनको ध्यान भयो आधार
पल पल युग युग सम बीतत हैं हाय !
महा कठिन दुख विरह सह्यो नहिं जाय ॥

(3)

निशि नहिं आवत नींद न दिन में चैन,
अश्रु सबै व्यय भये सूखिगे नैन।
प्रीतम निश्चय हमको गये विहाय,
महा कठिन दुख विरह सह्यो नहिं जाय ॥

(4)

कोकिल कूक सुनाय बढ़ावत पीर,
सुनि चातक के शब्द रहत नहिं धीर।
दिन दिन जिय की ज़लन अधिक अधिकाय,
महा कठिन दुख विरह सह्यो नहिं जाय ॥

(5)

घन गर्जन सुनि मोर मचावत शोर,
सिर उठाय हैं चितवन नभ की ओर।

विरहिन को हैं शिक्षा देत सिखाय,
महा कठिन दुख विरह सह्यो नहिं जाय ॥

(6)

रही मिलन की अब नहिं तनिकहु आश,
सब दिन की अभिलाषा भई निराश।
क्षमा दानहू दीन न प्रीतम हाय।
महा कठिन दुख विरह सह्यो नहिं जाय ॥

(7)

प्रीतम की नहिं सेवा नेकहु कीन,
जन्म वृथा जग में जगदीश्वर दीन।
जीवन केवल दुख में दिया बिताय,
महा कठिन दुख विरह सह्यो नहिं जाय ॥

('लक्ष्मी', जनवरी, 1913)

अन्योक्तियाँ

मधुर कोकिल शब्द सुना रही।
पवन आ मलयाचल से रहा।
विरह में यह भी दुख दे रहे।
विपति के दिन में सुख दुख हो।
(भर्तृहरि के एक श्लोक की छाया)

हे हे चातक सावधान मन से बातें हमारी सुनो।
आवैं बादल जो अनेक नभ में होवैं न सो एक से ॥
कोई तो जलदान देत जग को कोई वृथा गर्जते।
प्यारे हाथ पसार आप सबसे भिक्षा न माँगा करैं ॥ (भर्तृहरि)

हा धैर्य्य ! धैर्य्य !! हे हृदय धैर्य्य धरि लीजै।
करिके जल्दी शुभ काज नाश नहिं कीजै ॥
जग में जिन जिन ने महत्कार्य्य कीन्है है।
सबने धैर्य्यहि हिय में आसन दीन्हें है ॥
उठिए! उठिए!! अब कर्मवीर बनना है।
होवे कोई प्रतिकूल, नहीं डरना है ॥
जब तक है तन में प्राण कर्म करना है।
'कर्तव्यपूर्ण' कहलाकर फिर मरना है ॥

उद्‌देश्य एक अपना ऊँचा बनावो।
कर्तव्य पूर्ण करने में चित्त लावो ॥
विश्वास कर्म फल में करते रहोगे।
होगे अवश्य संतुष्ट सुखी रहोगे ॥

विविध चाह विचार प्रसन्नता
चलित जो करते मन राज को।
सब सुसेवक हैं इक प्रेम के
ज्वलित ही करते उस अग्नि को ॥

('लक्ष्मी', जनवरी, 1913)

प्रेम प्रताप

(1)

जग के सबही काज प्रेम ने सहज बनाए,
जीवन सुखमय किया शान्ति के स्रोत बहाए।
द्वेष राग को मेटि सभी मैं ऐक्य बढ़ाया,
धन्य प्रेम तव शक्ति जगत को स्वर्ग बनाया ॥

(2)

गगन बीच रवि चन्द्र और जितने तारे हैं,
सौर जगत अगणित जो प्रभु ने विस्तारे हैं।
सबको निज निज ठौर सदा प्रस्थित करवाना,
मिस आकर्षण शक्ति प्रेम ने ही है जाना ॥

(3)

दम्भ आदि को मेटि हृदय को कोमल करना,
छल समूल करि नष्ट सत्य शुभ पथ पर चलना।
मेरा तेरा छोड़ विश्व को बन्धु बनाना,
प्रेम ! तुम्हीं में शक्ति सीख इतनी सिखलाना ॥

(4)

बालक का सा सरल हृदय प्रेमी का करते,
चंचलता पाखंड सभी क्षण में तुम हरते।
भीरु बीर को करो भीरु को बीर बनाते,
प्रेम ! विश्व में दृश्य सभी अद्‌भुत दिखलाते ॥

(5)

प्रणय रूप में कहो कौन कमनीय कान्ति है,
उपजाती जो हृदय बीच शुभ सुखद शान्ति है।

अद्भुत अनुपम शक्ति पूर्ण कर देती तन में,
धैर्य्य भक्ति संचार सदा जो करती मन में ?

(6)

सागर में सब नदी जाय जग की मिलती हैं,
होते ही शशि उदय कुमुदिनी भी खिलती हैं।
आ आ देते प्राण कीट दीपक के ऊपर।
है पूरा अधिकार प्रेम! तेरा जग ऊपर॥

(7)

दहन दुख का हो जाता है पलक मात्र में,
पूर्ण ध्यान जब जग जाता है प्रेम-पात्र में।
प्रतिमा लगती प्रेम-पात्र की कैसी प्यारी।
प्रेम! प्रेम!! हे प्रेम!!! जाउँ तेरी बलिहारी॥

('लक्ष्मी', जनवरी, 1913)

प्रकृति-प्रबोध

शक्ति-सिन्धु के बीच भुवन को खेनेवाले,
गोचर, गण्य स्वरूप काल को देनेवाले,
विश्व-विभाजक के आगम आभास-मात्र पर—
रहा कृष्ण अर्द्धांग काल का हट तिल-तिल-भर,
दृश्य भेद हैं लीन जगत् के जिसमें सारे,
चेतन-वृत्ति समेट सृष्टि है जड़ता धारे,
'हम हैं' यह भी भूल जीव हैं जिसमें जीते,
नहीं जानते, किन्तु पवन नाकों से पीते—
जीना कैसा ? इसे जिलाया जाना कहिए;
पीना कैसा ? इसे पिलाया जाना कहिए।
नहीं जानते जिसे, कर्म वह कहाँ हमारा ?
जहाँ न 'हम' है अलग, मूल है वहाँ हमारा।
कर्म जिसे करते न जानते, है वह सोना,
होकर भी हम नहीं जानते जिसमें होना।
कोई देख विराट रूप अपना घबराता,
गिरि, वन, सरि, पशु आदि सभी अपने में पाता।
सपना है क्या अपना रहना अपने भीतर,
चलना पैर पसार, देखना आँख मूँदकर ?
समतल से सब सरक कालिमा सिमटी जाकर,
ऊँचों के पड़ पैर-तले, नीचों के भीतर।
वर्ण-भेद की लीक लोक लोचन ने डाली;
नीले नभ के अंचल की वह लटकी लाली,
जिससे लगी लहरती है वह जो हरियाली,
चित पर चढ़ती देख उसे चहकी चटकाली।
ज्ञान-द्वार खुल पड़े, गए जब वे खटकाए,
लक्षण थे जो लुप्त, गए अब वे सब पाए।
सारी पशुता, नरता, खगता आदि अधूरी

जो अब तक थीं पड़ी, कला से निकलीं पूरी।
चलना, उड़ना और रेंगना दिया दिखाई,
हँसना, रोना और रँभाना पड़ा सुनाई।
इतना-उतना, ऐसा-वैसा व्यक्त हुए अब;
खुले भेद, तम भेद भुवन में ज्योति जगी जब।
कौओं ने चट छेड़ दिया यह पाठ पढ़ाना–
'भला बने या बुरा बने, बकते ही जाना,
कुकवि, कुतर्की नित्य कान इनसे फुँकवाते,
तब अपना मुँह खोल दूसरों का सिर खाते।
मानव-मानस-मुकुर महा खुल पड़ा मही पर,
सदा अमलता में जिसकी है पड़ती आकर।
परम भावमय के भावों की अंशच्छाया,
उतनी, जितनी में जीवन का जाल बिछाया।
देखा यह जो जगे भूत का जगना सोना,
ऐसा ही है घोर भूत-निद्रा का खोना।
यदि जागृति है सत्य, स्वप्न है उसकी छाया,
इन दोनों का साथ सदा से रहता आया।
यह दो-रंगी छटा नित्य शाश्वत अभंग है,
सोना, जगना, दोनों जिसमें संग-संग है।
उस छाया के बीच-बीच जो ज्योति फूटती,
अलग-अलग-सी लगती है वह नींद टूटती।
तृण, कृमि, पशु, नर आदि इसी जागृति के क्रम हैं।
जगने में कुछ बढ़े हुए, कुछ उनसे कम हैं,
जगने के इस जटिल यत्न में बीज फूटता–
उठने के कुछ पहले उसका अंग टूटता।
खोल खेत में आँख बीज अँखुवा कहलाता,
मिट्टी मुँह में डाल, फूल तन में न समाता।
चलते-फिरते अंगों में फिर लगता जाकर;
गड़ा जहाँ-का-तहाँ नहीं तब रहता भू पर।
गति-प्रसार हित चार पैर है कहीं हिलाता,
भू से कर्म-समर्थ करों को कहीं उठाता।
देखो ! अब खेत और बस्ती, बन, बारी;
बहती है धवल धार मन्द मन्द प्यारी।
भटक रहे घूम-घूम नाले जो आए,
तीर की तरंगवती भूमि के भुलाए।

रस कर रस कलकल मृदु तान वह लड़ी है,
रेत चूर उसी राग-रंग में पड़ी है।
पुलकित हो उठे उधर टीले कँकरीले,
ढाल पर बबूल और झाड़ ले कटीले।
शस्यावलि रस-रव पर नृत्य कर रही है;
जीवन-घट जिन जिनके हेतु भर रही है,
देते हैं सिर पर, कुछ मेंड़ पर दिखाई।
फड़क उठे पंख, जहाँ चरण-चाप पाई।
चलने को और चले हाथ-पैर नाना;
उड़ने को और ठना उड़ना, मँडराना।
झगड़ा सब इसी 'और' के लिए खड़ा है।
चोंच चली इधर, उधर से 'हड़ा-हड़ा' है।

('माधुरी', अप्रैल, 1924)

हृदय का मधुर भार

हृदय, क्यों लाद लिया यह भार–
किसी देश की, किसी काल की छाया का भंडार ?
कहाँ लिए जाता है मुझको यह जीवन-विस्तार ?
उठते पैर नहीं हैं मेरे, झुक-झुक वारंवार
झाँका करता हूँ मैं तेरे भीतर दृष्टि पसार,
अंकित जहाँ मधुरता के हैं वे अतीत आकार,
जिनके बीच प्रथम उमड़ी थी जीवन की यह धार।
लगी रहेगी ताक-झाँक यह सब दिन इसी प्रकार।
लिपटा था मधुलेप कहाँ का ऐसा अमित अपार,
उन रूपों में चिपका जिनकी छाया तक का तार ?
संचित है जिन रूपों की यह छाया जीवन-सार,
उनके कुछ अवशेष मिलेंगे बाहर फिर दो-चार,
आशा पर बस, इसी, सहे चलता हूँ, हे संसार।
तेरे इन रूखे रूपों के कड़वेपन की झार।

झलक (1)

नगर से दूर कुछ गाँव की-सी बस्ती एक
हरे-भरे खेतों के समीप अति अभिराम;
जहाँ पत्रजाल अन्तराल से झलकते हैं
लाल खपरैल, श्वेत छज्जों के सँवारे धाम।
बीचोबीच वट-वृक्ष खड़ा है विशाल एक,
झूलते हैं बाल कभी जिसकी जटाएँ थाम,
चढ़ी मंजु मालती-लता है जहाँ छाई हुई,
पत्थर की पट्टियों की चौकियाँ पड़ी हैं श्याम।
बैठते हैं नित्य यहाँ धर्म्म के धुरीण एक
क्षत्रिय कुलीन वृद्ध 'भद्र' भीष्म के समान;
नाना इतिहास औ' पुराण के प्रसंग यहाँ

छिड़े हुए रहते हैं करते पवित्र कान।
नीम-तले पास ही पुरोहित का द्वार वह,
रहती है जहाँ शिष्य-मंडली विराजमान;
पढ़े-लिखे लोगों का निवास ही विशेष यहाँ;
घर हैं दो-चार गोप, नापित भी गुणवान।

पंडित 'श्रीविंध्य जी' की मधुर, सरस वाणी
भारत की भारती की ज्योति को जगाती है;
बीथियों में स्वच्छ शुभ्र शिष्यों की फिरती हुई
मंडली पुराना दृश्य सामने फिराती है।
परम पुनीत रीति नीति-भरी 'भद्र जी' की
द्वापर की छाया वट-छाया बीच छाती है;
यों इस भूखंड की निराली आर्य्य-माधुरी का
नूतन करालता न लोप कर पाती है।
चहल-पहल सदा रहती है; सोहते हैं
प्रकृति के बाँधे रुचि-रंग में सने समाज;
छाया छिन्न हुई, धूप छिटकी छटा के साथ,
दूबों पर ओप ओस-कण की रही विराज।
जम गई मंडली सयानों की सहास मुख,
जिन्हें है नचाता नहीं आज कोई काम-काज;
चल पड़ी चर्चा चटकीली चित-चाह-भरी,
घड़ी कोई अड़ी जान पड़ती नहीं है आज।
देखो यह टोली जो कुमारों की निकली अब
बोली औ ठठोली के निकालती अनेक ढंग;
युगल 'प्रमोद बन्धु' और 'वृक' आगे चले,
पीछे मैं 'अरुण जी' को लाता हूँ ढकेले संग।
फिर वे न-जाने किस बात पर लौट पड़े,
मुँह को लटकाते झुंझलाते किए भ्रू भंग;
हँस-हँस लोटते हैं उधर 'प्रमोद बन्धु'
बीच में मैं रहता हूँ देख यह दृश्य दंग।
जाते हैं पूर्व पथ पकड़े हुए 'पुष्कर' का
पनस - रसाल - जाल - बीच से बिचरते;
दोनों ओर फैली हरियाली हृदयों में
ढली पड़ती है, पैर आगे आप से उभरते।
नन्दन-वन-वीथी का खंड यह साथ लिए
आते हम मानो स्वर्गधाम से उतरते;

चलते हैं संग में उमंग-भरे साथी सब,
छेड़ किसी खूसट को अट्टहास करते।
छोड़ पथ 'पुष्कर' के कोने पर आए अब,
पीपल की डाल जहाँ दूर तक छाई है;
मंडप है शिव का पुराना एक नीचे वहीं,
घाट भी है आगे बँधा देता दिखलाई है।
दाहने कदम्ब और बाएँ है अशोक खड़ा,
बीचो बीच टूटी हुई ढालुवाँ जुड़ाई है;
नीम, आम लगे हुए टीलों पर तीन ओर,
कोने पर कुटी एक साधु की बनाई है।
दक्षिण की ओर उस टीले पर देख पड़े
'हरिकेश' हाथ को उठाए औ' पुकारते;
गन्ने कुछ हाथ में थे उनके, सो बाँट लिए,
जोत उन्हें साथ अब आगे हैं सिधारते।
खेतों में घुमाती चली जाती है ढुर्री यह
'शरपत्र' और जहाँ नित्य ही पधारते;
चंदन से चर्चित कलेवर ले 'नन्दन जी'
मधुर-मधुर छन्द मुख से उचारते।
भूरी, हरी घास आसपास, फूली सरसों है,
पीली-पीली बिन्दियों का चारों ओर है पसार;
कुछ दूर विरल, सघन फिर, और आगे
एक रंग मिला चला गया पीत-पारावार।
गाढ़ी हरी श्यामता की तुंग राशि-रेखा घनी
बाँधती है दक्षिण की ओर उसे घेर घार;
जोड़ती है जिसे खुले नीले नभमंडल से
धुँधली-सी नीली नगमाला उठी धुआँधार।
लगती हैं चोटियाँ वे अति ही रहस्यमयी,
पास ही में होगा बस यहीं कहीं देवलोक;
बार-बार दौड़ती है दृष्टि उस धूँधली सी
छाया बीच ढूँढ़ने को अमर-विलास-ओक।
ओट में अखाड़े वहीं होंगे वे पुरन्दर के,
अप्सराएँ नाच रही होंगी जहाँ ताली ठोंक;
सुनने को सुन्दर संगीत वह मन्द-मन्द
बुद्धि की नहीं है अभी कहीं कोई रोक-टोक।

अंकित नीलाभरक्त, श्वेत, नील सुमनों से
मटर के फैले हुए घने हरे जाल में;
फलियाँ हैं करतीं संकेत जहाँ मुड़ते हैं;
और अधिकार का न ज्ञान इस काल में।
बैठते हैं प्रीति-भोज हेतु आसपास सब
पक्षियों के साथ इस भरी हुई थाल में;
हाँक पर एक साथ पंखों ने सराटे भरे;
हम मेड़-पार हुए एक ही उछाल में।
सूखती तलैया के चारों ओर चिपकी हुई
लाल-लाल काइयों की भूमि पार करते;
गहरे पड़े गोपद के चिन्हों से अंकित जो,
श्वेत बक जहाँ हरी दूब में बिचरते।
बैठ कुछ काल एक पास के मधूक-तले,
मन में सन्नाटे का निराला सुर भरते;
आए 'शरपत्र' के किनारे जहाँ रूखे खुले
टीले कँकरीले हैं हिमन्त में निखरते।
श्यामल, सघन अमराइयों के बीच जहाँ
धौले, मटियाले घर देखने में आते हैं;
करते निवास उसी ग्राम में हैं 'नन्दन जी,'
नारद-सा दिव्य रूप नित्य जो दिखाते हैं।
पच्छिम की ओर उस छोटे-से सरोवर के
पार जब दृष्टि हम अपनी दौड़ाते हैं;
पड़ता है दिखाई धाम पूज्य 'वागीश जी' का
बात-बात में जो हास्य-रस बरसाते हैं।
दर्शन की लालसा से सीधे मुड़े उसी ओर
गड्ढों और खाइयों का कुछ भी न ध्यान कर;
टेढ़े-मेढ़े मेड़ छोड़ चलते हैं खेतों बीच,
बोलता है कोई, तो न मानते हैं तिल-भर।
बीच से चबूतरे के निकला है पीपल जो,
आए वहाँ बैठे मिले साथ दोनों विप्रवर;
ठोकर खा जड़ की ज्यों बोले हम 'पंडित जी !,'
हँसे वे हमारे इस झुकते प्रणाम पर।

('माधुरी', मार्च, 1925)

झलक (2)

कर से कराल निज काननों को काटकर,
शैलों को सपाट कर, सृष्टि को सँहार ले।
नाना रूप रंग धरे, जीवन-उमंग-भरे,
जीव जहाँ तक बने मारते, तू मार ले।
माता धरती की भरी गोद यह सूनी कर,
प्रेत-सा अकेला पाँव अपने पसार ले।
विश्व बीच नर के विकास हेतु नरता ही,
होगी किन्तु अलम् न, मानव ! विचार ले ॥ 1 ॥
खेत बन बंजर कछार लगते हैं हमें।
माता धरती की खुली गोद के प्रसार से;
देते हैं दिखाई हाथ माय के प्रत्यक्ष जहाँ
लालते औ' पालते सभी को अति प्यार से।
विटप विहंग नर पशु जहाँ एक संग
मिले-जुले पलते हैं एक परिवार से;
जहाँ विश्व-जीवन की धारा से न छिन्न अभी
हुआ है मनुष्य निज दृष्टि के विकार से ॥ 2 ॥
एक हो बन बंजर कछार हरे-भरे खेत !
विटप विहंग ! सुनो अपनी सुनावें हम।
छूटे तुम, तो भी चाह चित्त से न छूटी यह,
बसने तुम्हारे बीच फिर कभी आवें हम।
सड़े चले जा रहे हैं गड़े अपने ही बीच;
जो कुछ बचा है उसे बचा कहाँ पावें हम ?
मूल रस-स्रोत हो हमारे वही; छोड़ तुम्हें
सूखते हृदय सरसाने कहाँ जावें हम ! ॥ 3 ॥
रूपों से तुम्हारे पले होंगे जो हृदय वे ही
मंगल की योग-विधि पूरी पाल पावेंगे।
जोड़ के चराचर की सुख-सुषमा के साथ,
सुख को हमारे शोभा सृष्टि की बनावेंगे।
वे ही इस महँगे हमारे नर-जीवन का
कुछ उपयोग इस लोक में दिखावेंगे।
सुमन-विकास, मृदु आनन के हास, खग-
मृग के विलास-बीच भेद को घटावेंगे।

(5)

नर में नारायण की कला भासमान कर,
जीवन को वे ही दिव्य-ज्योति सा जगावेंगे।
कूप से निकाल हमें छोड़ रूप-सागर में,
भव की विभूतियों में भाव-सा रमावेंगे।
वैसे तो न-जाने कितने ही कुछ काल कला
अपनी दिखाते अस्त होते चले जावेंगे।
जीने के उपाय तो बतावेंगे अनेक, पर
जिया किस हेतु जाय वे ही बतलावेंगे।

(6)

प्रकृति के शुद्ध रूप देखने को आँखें नहीं
जिन्हें वे ही भीतरी रहस्य समझाते हैं।
झूठे-झूठे भावों के आरोप से आछन्न उसे
करके पाषंड-कला अपनी दिखाते हैं।
अपने कलेवर की मैली औ' कुचैली वृत्ति
छोप के निराली छटा उसकी छिपाते हैं
अश्रु श्वास, ज्वर, ज्वाला नीरव रुदन, नृत्य
देख अपना ही तन्त्री-तार वे बजाते हैं।

(7)

नर भव-शक्ति की अनन्त-रूपता है बिछी
तुझे अन्ध-कूपता से बाहर बढ़ाने को।
चारों ओर फैले महा-मानस की ओर देख,
गर्त में न गड़ा गड़ा, हंस ! कुछ पाने को।
निज क्षुद्र छाया के यों पीछे दौड़ मारने से
सच्चा भाव विश्व का न एक हाथ आने को।
रूप जो अभास तुझे सत्य-सत्य देंगे, बस
उन्हीं को समर्थ जान अंतस् जगाने को।

(8)

ऐसे एक भाव पर झूठे-झूठे सैकड़ों ही
स्वाँग 'आह ओह' के निछावर हैं नर के।
सारा विश्व जिसका चलाया हुआ चलता है
वह भाव-धारा ढूँढ़ आँखें खोल करके।

आदिम ज्वलन्त अनुराग कभी नाचता था
रूप बाँध-बाँध नई-नई गति भर के।
रूप और भाव की अभिन्नता मिलेगी वह
सृष्टि के प्रसार में; न मध्य घट-घर के।

(9)

जिस सूक्ष्म सूत्र को पसार कर बँधा हुआ,
एक है अनेक होता गया वही भाव है।
खोज अनुबन्ध में अनेकता के उसे यदि
निभृत निसर्ग-गति देखने का चाव है।
किन्तु खंड दृष्टि से न शृंखला मिलेगी वह,
वहाँ ताक-झाँक से छिपाव ही छिपाव है।
संगत सम्बन्ध बिना होती नहीं व्यंजना है;
शब्द न बिखेर जहाँ उसी का अभाव है।

(10)

वासना अज्ञान की उपासना बनेगी जहाँ
और-और भंडता भी साथ लिए आवेगी।
हाथ मटकाती, हाव भाव दिखलाती हुई
आँख मूँद-मूँद सिर ऊपर उठावेगी।
पलकों को प्याला कह झूमती जँभाती हुई
हाला से, हलाहल से मातना दिखावेगी।
देश के पड़ोस ही के पोंछे रंग पोत-पोत
रूप वह अपना नवीन बतलावेगी।

(11)

भौतिक उन्माद-ग्रस्त योरप पड़ा है जहाँ
वहीं तेरे चोंचले ये मन बहलावेंगे।
आज अति श्रम से शिथिल जो विराम हेतु
आकुल है उसको ये टोटके सुलावेंगे।
हम अब उठना हैं चाहते जगत्-बीच;
भारत की भारती की शक्ति को जगावेंगे।
दंडक ये दंड के प्रहार से लगेंगे तुझे,
भाग-भाग भंडता ! न तुझको टिकावेंगे।

(12)

धर्म्म कर्म व्यवहार, राष्ट्रनीति के प्रचार,
सब में पाषंड देख इतने न हारे हम।
काव्य की पुनीत भूमि बीच भी प्रवेश किन्तु
उसका विलोक रहे कैसे धीर धारे हम ?
सच्चे भाव मन के न कवि भी कहेंगे यदि,
कहाँ फिर जाएँगे असत्यता के मारे हम ?
खलेगा 'प्रकाशवाद' जिनको हमारा यह
कहेंगे कुवाद वे जो लेंगे सह सारे हम ?

(13)

आज चली मंडली हमारी एक घूमे हुए
नाले का कछार धरे और ही उमंग में।
धुँधली-सी धूप धूल सने वातमंडल से
ढालती है मृदुता की आभा हर रंग में।
अंजित दृगंचल की कोर से किसी की खुल–
रंजित रसा में रसी झूमती तरंग में–
मानो मदभरी ढीली दृष्टि है किसी की बिछी
मन को रमाती रम जाती अंग-अंग में।

(14)

धौले कँकरीले कटे विकट कगार जहाँ
जड़ों की जटा के जाल खचित दिखाते हैं।
निकल वहीं के पेड़ आड़े बढ़े हुए कई
अधर में लेटे हुए अंग लपकाते हैं।
भूमि की सलिल-सिक्त श्यामता में गुछी हरी
दूब के पटल पट शीतल बिछाते हैं।
सारी हरियाली छाँट लाल-लाल छीटे बने
छिटके पलाश चित्त बीच छपे जाते हैं॥

(15)

बातें भी हमारे साथ उठी चली चलती हैं;
मोद-पूर्ण मानस के मुक्त हैं अनेक द्वार।
चारों ओर छोटे बड़े शब्द स्रोत छूट-छूट,
मिलते बढ़ाते चले जाते हैं अखंड धार।

उठती हैं बीच-बीच हास की तरंगें ऊँची,
झोंक में झुलाती टकराती हमें बार-बार।
झाड़ियाँ कटीली कर बैठती हैं छेड़छाड़;
उलझ सुलझ कोई पाता है किसी प्रकार।

(16)

ढाल धरे ऊपर को ढुर्रियाँ गई हैं कई
फैले हुए गर्त-जाल बीच से निकलती।
चाव-भरे चढ़े चले जाते हैं चपल गति;
चित्त छोड़ अभी कहीं किसी की न चलती।
गंजिका के गुंफित अरुण ह्रास और झाड़
झापस झपेट छड़ी हाथ से फिसलती।
नीचे पड़ी पैर की धमाक; उड़ी ऊपर को
पक्षियों की टोली फड़कीले पंख झलती।

(17)

शिग्रुओं की पीवर गँठीली पेड़ियों से फूटी
सरस लचीली टूटी डालियाँ कहीं-कहीं।
नील-श्याम-दल-मढ़े छोर छितराए हुए
शीर्ण मुरझाए फूल झौंर हैं झुला रहीं।
कोरे धुंध-धूमले गगन-पट बीच खुले
सेमलों की शाखा-जाल खचित खड़े वहीं।
लसे हैं विशाल लाल सम्पुट से फूल चोखे;
बसे हैं विहंग अंग जिनके छिपे नहीं।

(18)

आए अब ऊपर तो देखते हैं चारों ओर
रूप के प्रसार चित्त-रुचि के प्रचार से।
उछल उमड़ और झूम सी रही है सृष्टि
गुंफित हमारे साथ किसी गुप्त तार से,
तोड़ा था न जिसे अभी खींच अपने को दूर;
मोड़ा था न मुँह को पुराने परिवार से।
उत्सव में, विप्लव में, शान्ति में प्रकृति सदा
हमें थी बुलाती उसी प्यार की पुकार से॥

(19)

धुँधले दिगंत में विलीन हरिदाभ रेखा
किसी दूर देश की-सी झलक दिखाती है,
जहाँ स्वर्ग भूतल का अन्तर मिटा है, चिर
पथिक के पथ की अवधि मिल जाती है।
भूत औ' भविष्यत् की भव्यता भी सारी छिपी
दिव्य भावना-सी वहीं भासती भुलाती है।
दूरता के गर्भ में जो रूपता भरी है वही
माधुरी ही जीवन की कटुता मिटाती है।

(20)

निखरी सपाट कोरी चिकनी कठोर भूमि
सामने हमारे श्वेत झलक दिखाती है।
जिनके किनारे एक ओर सूखी पत्तियों की
पांडु-रक्त मेखला रणित हिल जाती है।
आस-पास धूल की उमंग कुछ दूर दौड़
दूब में दमक हरियाली की दबाती है,
कंटकित नीलपत्र मोड़ती घमोइयों के,
रक्त गर्भ-पीतपुट-दल छितराती है।

(21)

ग्राम के सीमान्त का सुहावना स्वरूप अब
भासता है; भूमि कुछ और रंग लाती है।
कहीं-कहीं किंचित् हेमाभ हरे खेतों पर
रह-रह श्वेत शूक-आभा लहराती है।
उमड़ी-सी पीली भूरी हरी द्रुम-पुंज-घटा
घेरती है दृष्टि दूर दौड़ती जो जाती है।
उसी में विलीन एक ओर धरती ही मानो
घरों के स्वरूप में उठी-सी दृष्टि आती है।

(22)

देखते हैं जिधर उधर ही रसाल पुंज
मंजु मंजरी से मढ़े फूले न समाते हैं—
कहीं अरुणाभ, कहीं पीत पुष्पराग-प्रभा
उमड़ रही है; मन मग्न हुए जाते हैं।

कोयल उसी में कहीं छिपी कूक उठा जहाँ,
नीचे बाल वृन्द उसी बोल से चिढ़ाते हैं।
छलक रही है रस माधुरी छकाती हुई;
सौरभ से पवन झकोरे भरे आते हैं।

(23)

देखे देवमन्दिर पुराना एक बैठे हम
वाटिका की ओर जहाँ छाया कुछ आती है।
काली पड़ी पत्थर की पट्टियाँ पड़ी हैं कई
घेर जिन्हें घास फेर दिन का दिखाती है।
क्यारियाँ पटी हैं, लुप्त पथ में उगे हैं झाड़,
बाड़ की न आड़ कहीं दृष्टि बाँध पाती है।
नर ने जो रूप वहाँ भूमि को दिया था कभी,
उसे अब प्रकृति मिटाती चली जाती है।

(24)

मानव के हाथ से निकाले जो गए थे कभी
धीरे-धीरे फिर उन्हें लाकर बसाती है।
फूलों के पड़ोस में घमोय, बेर औ' बबूल
बसे हैं; न रोक-टोक कुछ भी की जाती है।
सुख के या रुचि के विरुद्ध एक जीव के ही
होने से न माता कृपा अपनी हटाती है।
देती है पवन, जल, धूप सबको समान,
दाख औ' बबूल में न भेद-भाव लाती है।

(25)

मेंड़ पर वासक की छिन्न पंक्ति-मक्खियों की
भीड़ को बुला के मधु-बिन्द है पिला रही।
कुंद की धवल हास-माधुरी उसी के पास
श्वास की सुवास है समीर में मिला रही।
कोमल लचक लिए डालियाँ कनेर की जो
अरुण प्रसून-गुच्छ मोद से खिला रही,
चल चटकीली चटकाली चहकार भरी
बार-बार बैठ उन्हें हाव से हिला रही।

(26)

कोने पर कई कोबिदार पास-पास खड़े;
वर्तुल विभक्त दलराशि घनी छाई है।
बीच-बीच श्वेत अरुणाभ झलराए फूल
झाँकते हैं सुन "ऋतुराज की अवाई है"।
पत्तियों की कोट के कटाव पर फूली हुई
आँखों में हमारी जपा झाँकती ललाई है।
भौंरे मदमाते मँड़राते गूँज-गूँज जहाँ,
मधुर सुमन-गीत दे रहा सुनाई है—

सुमन-संगीत

(27)

आओ, हे भ्रमर ! कमनीय कृष्ण-कान्ति धर !!
देखो, जिस रूप, जिस रंग में खिले हैं हम
आकुल किसी के अनुराग में अबनि पर,
इसी रूप-रंग में खिला है कोई और कहीं,
जाओ वहीं, मधुप ! सुनाओ गूँज पल भर।
रंग में उसी के चूर धूल हो हृदय यह
धीरे-धीरे उड़ा चला जाता है बिखरकर।
जाओ पहुँचाओ पास प्रिय के हमारे अब
अधिक नहीं तो एक कण मित्र मधुकर !!!

(28)

गर्भ में धरित्री अपने ही कुछ काल जिन्हें
धर कर, गोद में उठाती फिर चाव से,
औरस सगे हैं वे ही उसके जो हरे-हरे
खड़े लहराते पले मृदु क्षीर-स्राव से।
भरती है जननी प्रथम इनको ही निज
भरे हुए पालन औ' रंजन के भाव से।
पालते यही हैं, बहलाते भी यही हैं फिर
सारी सृष्टि उसी प्राप्त शक्ति के प्रभाव से।

(29)

तप्त अनुराग जब उर में वसुंधरा का
उठता है लहरें सकंप लहकारता,

देखता है उसे ध्वंस ज्वाला के रूप में तू
प्यार की ललक नहीं उसको विचारता।
निज खंड-अनुराग से न मेल खाता देख
नर ! तू विभीषिका है उसको पुकारता।
दूर कर पालन की शक्ति की शिथिलता को
वही नव जीवन से भरी फूँक मारता।

(30)

उसी अनुराग के हैं शीतल विभास अब
कोमल अरुण किशलय क्या कुसुमदल।
नीरव सन्देश कहो, प्रेम कहो, रूप कहो;
सब कुछ कहो इन्हें सच्चे रंग ही में ढल।
रंग कैसे रंग पर उड़-उड़ झुकते हैं
पवन में पंख बने तितली के चोखे चल !
यों ही जब रूप मिलें बाहर के भीतर की
भावना से, जानो तब कविता का सत्यपल !

(31)

गया उसी देवल के पास से है ग्राम-पथ,
श्वेत धारियों में कई घास को विभक्त कर।
थूहरों से सटे हुए पेड़ और झाड़ हरे
गोरज से धूमले जो खड़े हैं किनारे पर,
उन्हें कई गायें पैर अगले चढ़ाए हुए
कंठ को उठाए चुपचाप ही रही हैं चर।
जा रही हैं घाट ओर ग्राम वनिताएँ कई;
लौटती हैं कई एक घट औ' कलश भर।
इतने में बकते औ' झकते से बूढ़े-बूढ़े
भगत जी एक इसी ओर बढ़े आते हैं।
पीछे-पीछे लगे कुछ बालक चपल उन्हें
'सीताराम-सीताराम' कहके चिढ़ाते हैं।
चिढ़ने से उनके चिढ़ाने की चहक और
दल को वे अपने बढ़ाते चले जाते हैं।
कई एक कुक्कुर भी मुँह को उठाए साथ
लगे-लगे कंठस्वर अपना मिलाते हैं।

(32)

कई ललनाएँ औ' कुमारियाँ कुतूहल से
ठमक गई हैं उसी पथ के किनारे पर।
मंदिर के सुथरे चबूतरे के पास बढ़
सिर से उतार घट कलश हैं देती धर।
हावमयी लीला यह देख के भगत जी की
भीतर-ही-भीतर विनोद से रही हैं भर।
मुख से तो कहती हैं "कैसे दुष्ट बालक हैं";
लोचनों से और ही संकेत वे रही हैं कर।

(33)

सूहे वास बीच से है फूटती गोराई कहीं;
पीतपट बीच लुकी साँवली लुनाई है।
भोले भले मुख में कपोल बिकसाती हुई
मन्द मृदु हास-रेखा दे रही दिखाई है।
चंचल दृगों की यह चटक निराली ऐसी
जनपद छोड़ और जाती कहाँ पाई है !
विविध-विकास भरी लहलही मची बीच
घटित प्रफुल्ल द्युति यह सुघड़ाई है।

(34)

सामने हमारे जब आया, वह दल तब
भगत के पास जाके एक बोला "राधेश्याम"।
कृपा दृष्टि अभी पूरी होने भी न पाई थी कि
चट फिर बोल उठा "सीताराम-सीताराम"।
लाठी तान सिर को झुलाते हुए झुक पड़े
गालियों के साथ झोंक दादा औ' पिता के नाम।
कन्धे से दुपट्टा छूट पड़ा लहराता, बढ़े
कुत्ते जो लपक, लिया लोगों ने झपट थाम।

(35)

अन्त में 'अरुण जी' की बढ़ती उतावली को
देख उठ खड़े हुए हम लोग जाने को।
इतने में भद्र जन एक उसी ग्राम के यों
बोल उठे "आप लोग फिर कहाँ आने को ?

होगा न विलम्ब, चले चलिए हमारे द्वार,
आधी घड़ी बैठिए न श्रम ही मिटाने को।"
सब लोग साथ चले; केवल 'अरुण' लगे
मुँह को बनाने, किन्तु वह भी दिखाने को।

(36)

घुसते हैं वीथियों में ग्राम के तो कहीं-कहीं
गोमय के बीच बँधे गाय-बैल पाते हैं।
नोंक-झोंक बातों की भिड़ाते हुए नन्दन जी
गड़े हुए खूँटे से जा एक टकराते हैं।
भड़क के बैल एक बन्धन तुड़ाता हुआ
भागता है; पीछे कुछ लोग दौड़ जाते हैं।
धीरे धीरे यों ही एक द्वार के समक्ष हम
चिकनी चौकोर स्वच्छ भूमि पर आते हैं।

(37)

कोल्हू एक बीच में गड़ा है; जाट घूम-घूम
बोलती है मड़ मड़ लाट सी उठी वहीं।
पड़ गईं खाटें, जमी मंडली हमारी चट,
चर चर गायें लौट थानों पर आ रहीं॥
धीरे-धीरे लाए गए घड़े इक्षु-रस भरे;
धरे गए मटके भी दूध के कहीं कहीं।
पीने को बिठा के हमें देने लगे ढाल-ढाल;
मानते हमारी कही एक भी 'नहीं' नहीं॥

(38)

ग्राम-ग्राम द्वार पर अतिथि-समागम का
गौरव सदा से इसी भाँति चला आता है।
नगरों के ऐसा वहाँ देख कोई आया गया
दूर ही से कहीं कोई मुँह न चुराता है।
बैठे हुए मुदित 'प्रमोद जी' को बार बार
देख देख एक कुछ सोचता सा लजाता है।
नाम धाम पूछ फिर धीरे से खिसक गया;
बोले हम "देखो ! यह कौन रंग लाता है।"

(39)

कानाफूसी करती नवेली कई देख पड़ीं
मन्द मन्द हँसी न दबाई दब पाती है।
ज्योंही बातचीत में हमारा ध्यान बँटा
त्यों ही पास ही हमारे झनकार कुछ आती है।
साथ ही उसी के चट ऊपर हमारे छूट
झोंकभरी पीत-रंग-धारा ढल जाती है।
उठ पड़े रंजित वसन झटकार हम;
हास की तरंग उठ रस में डुबाती है।

(40)

पास ही श्वसुर-ग्राम 'भंडशर' नाम यहीं
कहीं है प्रमोद जी का, जानते थे हम यह।
पूछने से एक ने उठा के हाथ चट उन
पर्वतों के अंचल की ओर कहा "देखो वह"।
नाता एक ग्राम से जो होता है किसी का उसे
आस पास मानते हैं ममता के साथ कह।
देश के पुराने उस जीवन की धारा अभी
सूखी नहीं यहाँ क्षीण होकर रही है बह।

(41)

पश्चिम दिशा में घने द्रुम-दल-जाल-मध्य;
देख पड़े अवकाश लोहित प्रदीप्त अति।
और और पत्रराशि-गह्वरों की श्यामता की
बढ़ गहराई चली; मन्द हुई वायु-गति।
खुला रंग धरती का दबता दिखाई दिया
होने लगी अब तो प्रकाश की प्रकट क्षति।
आकुल विहंग चले वेग से बसेरों पर;
घर फिर चलने की हमने भी ठानी मति।

(42)

लीन अभी श्यामता में पेड़ हो न पाए थे कि
जहाँ तहाँ गए स्वर्ण-आभा से झलक छोर।
टेढ़ी-मेढ़ी धूम्र कृष्ण शैल शीर्ष-रेखा पर,
देख पड़ी झाँकती-सी उठी चन्द्रबिम्ब-कोर।

धीरे-धीरे टीले, खपरैल, खेत, मेंड़, पथ
धारा में धवल चोखी चाँदनी की उठे बोर।
उठ पड़ी मंडली हमारी एक एक कर;
बढ़े पाँव साथ-साथ सबके घरों की ओर।

(43)

खिली हुई चाँदनी में खेत खात पारकर
धाम के समीप निज ज्योंही हम आते हैं।
देखते हैं दल बाँध बालक अनेक घूम
माता होलिका की जय धूम से मनाते हैं।
काँटे और झाड़ लिए कई एक पास आके,
बोले "हम आज कहीं कुछ भी न पाते हैं"।
पूरी समवेदना दिखाते हुए सब लोग
बोले "देखो, हम अभी तुमको बताते हैं"।

(44)

वयस में दूर नहीं बहुत बढ़े थे हम;
क्षण भर मिल गए साथ बाल-दल के।
परम विनोद शील "ग्रामपति" इसी बीच,
देख पड़े, मिले मानो सखा प्रति पल के।
चिड़चिड़े बूढ़े एक 'वंशी महराज' के थी
द्वार पर खाट पड़ी थोड़ी दूरी चल के।
उँगली हमारी उठी ज्योंही उस ओर उसे
बालकों ने लाद लिया; हम हुए हलके।

(45)

फागुन की चाँदनी की चहल पहल यह
चूक से हमारी अब चुकी चली जाती है।
प्रकृति के साथ मिले मन की उमंग वह
झोंके झंझटों से झेल आज ढली जाती है।
गौरव की ग्लानि से स्वरूप ही हमारी सब,
चारुता भी रुचि को समेट गली जाती है।
जीवन की सारी जो प्रफुल्लता हमारी रही,
देखते - ही - देखते हमारे टली जाती है।

(46)

पर्व और उत्सव-प्रवाह में प्रमोद-कान्ति,
सारी मिली-जुली साथ में थी खुली खेलती।
आज वह छिन्न-भिन्न होके कुछ लोगों की ही
कोठरी में लुकी-छिपी कारागार झेलती।
भद्रता हमारी कोरी भिन्नता का बाना धर,
खिन्नता से बहुतों से दूर हमें ठेलती।
हिल मिल एक में करोड़ों की उमंग अब
जीवन में सुख की तरंगें नहीं रेलती।

(47)

चढ़ी चली आती देख पच्छिमी सनक सब
हृदय हमारे आज और भी हैं हारते।
जीवन विधायिनी विभूति जीती-जागती जो
भूमि के दुलारे निज श्रम से पसारते।
उसे धातु-निगड़ से जकड़ बना के जड़,
पालन-प्रसार की समस्त गति मारते।
सोखते हैं रक्त भर पेट कुछ लोग बैठ
उनका जो तन के पसीने नित्य गारते।

(48)

ऐसे क्रूर कठिन विधान में कहाँ से यह
मंगल की आभा की झलक रह पावेगी ?
नगरों के धातु खंड-राशि जिस घड़ी सब
ग्राम-गत भूमि झनकार से जुतावेगी,
खोके पति पानी, हार अपनी स्वतंत्रता को
जनता वहाँ की मजदूर बन जावेगी।
लुच्चे औ' लफंगे नई काट के मिलेंगे, फिर
वहाँ भी पुनीतता न मुँह दिखलावेगी।

(49)

जीने हेतु हाथ-पाँव मारना हो जीवन का
एक-मात्र रूप हम चारों ओर पावेंगे।
अवसर आयु में से क्रीड़ा के कटेंगे सब;
बालक भी खेलते न देखने में आवेंगे।

सारी वृत्ति अर्थ से बँधेगी इस भाँति, लोग
कहीं आँख-कान तक व्यर्थ न लगावेंगे।
ऐसे इस अर्थ के अनर्थ से विभीत होके
मन के पुनीत भाव सारे भाग जावेंगे।

('माधुरी', अप्रैल, 1927)

झलक (3)

(1)

पकड़-पकड़ पिटी अपनी लकीरों पर
लाकर खिलाई हुई डालियों के पास में;
डाल के सुखासन जो बैठते हैं सायं-प्रात
सुखद समीर ही के सेवन की आस में।
कहें वे इसे ही चाहे प्रकृति का प्रेम, और
ढूँढ़ा करें कविता को भोग औ' विलास में।
किन्तु रसमयी विश्वव्यापिनी कला की भला
झलक मिलेगी कहाँ ऐसों के प्रयास में ?

(2)

रूपों में चराचर के काया का जो भोग मात्र
ढूँढ़ते हों कहीं वे तो जृम्भित जड़े रहें;
बैठे या पसारे पाँव अपने विनोद में या
तिमिर की गोद में ही नींद में गड़े रहें।
तमक दमक-भरे नृत्य से निदाघ के वे
तेज के झँवाते कण दूर ही पड़े रहें;
किन्तु हम वेग बने, ज्वाला बने, रव बने,
क्यों न आज साथ मिले साज से खड़े रहें ?

(3)

प्रखर-प्रणय-पूर्ण दृष्टि से प्रभाकर की
ललक-लपट-भरी भूमि भभराई है;
पीवर पवन लोट-लोट धूल-धूसरित
झपट रहा है—बड़ी धूम की बधाई है।

सूखे तृण-पत्र लिए कहीं रेणुचक्र उठा
घूर्णित प्रमत्त देता नाचता दिखाई है;
झाड़ औ' झपेट झेल झूमते खड़े हैं पेड़,
मर्मर-मिलित हू-हू दे रहा सुनाई है॥

(4)

दौड़ती है दृष्टि खुले मृण्मय प्रसार-बीच-
ताप तिलमिली की तरंगों का जहाँ है छोर;
निखरे सपाट तपे खेतों पर छाया डाल
डोलते हमारे डील लेते धर्म्म-मर्म घोर।
धूल-भरी गोद की उमंग उठ-उठ कभी
छोपती है हमें, फिर छोड़ती है किसी ओर;
जीवन की ज्वाला से किनारे पड़े हुए पिंड
पिघलेंगे कैसे कुछ विश्व-मर्मता बटोर ?

(5)

तमक रही है जिस तेज से ज्वलन्त भूति
उसी ने हमारे आज पैर भी उभारे हैं;
झंझा बीच फैली झाड़ झपट हमारी देखो,
लुवों की लपक में भभूके ये हमारे हैं।
नाचती उमंग है हमारी वात-चक्र बीच,
रक्षण के भाव कहीं छाया में पसारे हैं;
द्रवित दया की क्षीण रेखा भी सलिलवती
रखती है हरे उन्हें धरे जो किनारे हैं॥

(6)

धन्य यह सुभृति विभूति हेतु घोर तप !
आशा का मुखरवाद झोंक भरी चढ़ी झक;
पीने की क्षमता प्यास होके उतनी तो बढ़े
जितनी से जाय तृप्ति लोक-सुख-सीमा तक।
सच्ची रोष ज्वाला यह ऐसी धुवाँधार जगे,
जड़ता के भीतर भी होने लगे धकधक;
रूखा-सूखा गगन हो जाय यह पानी-पानी–
अंकुरित जीवन की छावे हरियाली चक्र॥

(7)

बढ़ी चली जा रही है मंडली हमारी वही
आसपास चौकड़ी न भरते कहीं हैं पैर,
डोलते न पंख, कोई चोंच भी न चुनती।
उभरे किसी ढेले की छाया में बटोही कटी
लेता है विराम, वहीं लूता जाल बुनती;
सिर को निकाल तरु-कोटर से मैना एक
चुपचाप आहट हमारी बैठ सुनती॥

(8)

मीठी मटियाली अन्तरिक्ष की प्रभा में रमा
एक है अकेला पेड़ ताने हरे पत्रजाल।
जीवन धर्म्म-पालन में अचल खड़ा है वह
आए गए प्राणियों के हेतु घनी छाया डाल।
पीवर गँठीली ऐंठी जड़ों के समीप बैठी
करती जुगाली आँख मूँदे एक गाय लाल;
भेद भाव-हीन यह आश्रय पुनीत, यहीं
बैठ क्यों न काटें हम लोग कुछ क्लान्ति काल?

(9)

देखते हैं श्वान एक धूप में खड़ा है आगे
आश्रय के हेतु जिसे वृक्ष ने बुलाया है।
साहस न होता उसे छाया में बढ़ाए पैर,
जहाँ क्रूर आसन मनुष्य ने जमाया है।
पूँछ में विनीत वीज्यमान प्रेम-व्यंजना है,
लगी दीन दृष्टि, लटी लोममयी काया है;
एक दुतकार को दबाती चुचकारें बढ़ीं—
यहाँ जगी प्रीति, वहाँ भगी भीति छाया है।

(10)

काया की न छाया यह केवल तुम्हारी द्रुम।
भरी है इसी में वह स्वर्ग-स्वप्नधारा अभी
जिसमें न पूरा-पूरा नर वह पाया है।
शान्तिसार शीतल प्रसार यह छाया धन्य!

प्रीति-सा पसारे इसे कैसी हरी काया है !
हे नर ! तू प्यारा इस तरु का स्वरूप देख,
देख फिर घोर रूप तूने जो कमाया है।

(11)

पूँछ को हिलाता चुपचाप वह आया चला,
बैठ गया सारा डील डाल वहीं हार के;
हाँफता है खोले मुँह, विरल धवल दन्त
बीच लम्बी लाल जीभ बाहर पसार के।
ऊपर को मुँह किए ताकता है हमें कभी
नीचे दबा भाषा हीन भावना के भार के;
"क्रूरता न करें, बड़ी कृपा क्या हमारी यही ?
हम तुम दोनों हैं भिखारी एक द्वार के।"

(12)

देखते हैं ऊपर तो पत्तियों के बीच कई
पंखवाले पाहुने भी बैठे मन मारे हैं;
सहचर सारे ये हमारे रहते भी जहाँ
कुछ सुख पावें पुण्यधाम वे हमारे हैं।
इनके सुखों से सुख अपना हटा के दूर
जीवन का मूल्य तो समूल हम हारे हैं;
पर ये हमारे, हम इनके बने हैं अभी,
जैसे हम इन्हें वैसे हमको ये प्यारे हैं।

(13)

वात-वेग शिथिल हो मन्द पड़ जाता जब,
छाती सनसनी घोर प्रकृति-प्रसार में;
रह-रह मारता है चोट-सी पवन पर
पंडुक निचाट पड़े बंजर के पार में।
चोखी चाह चातक की मौन चीखी है कभी
माती हुई धुन के चढ़ाव में, उतार में;
बोल रे पपीहे ! तेरे कंठ में हमारी प्यास,
लोक-याचना है तेरी गूँजती पुकार में।

(14)

पान—'जलपान' बँधे अपने अँगोछे में से
'नन्दन जी' डालते हैं आगे कुछ श्वान के;
लेता है लपककर, ताकता है बार-बार
प्राप्ति हेतु और फल दया के विधान के।
जीवन के अर्थ की क्या सिद्धि यह कोई नहीं,
देके सुख देखें हम आप सुख मान के ?
तेरी अर्थ बुद्धि, नर ! भारी इस अर्थ तक
पहुँचेगी कभी, वाणी आई यह ठान के।

(15)

चौंके हम पास ही झपाटे के समेत सुन
भूँकने का शब्द, फिर आँख जो उठाते हैं;
ऊपर अँगोछेवाली पोटली का स्वामी अब
एक मोटे पिंगल कपीश जी को पाते हैं।
बैठे एक डाल पर लेके उसी में से कुछ
मौज से उड़ाते, कुछ फेंकते गिराते हैं;
कुक्कुर की कूद-फाँद साथ में लगाए हुए
नीचे खड़े 'नन्दन जी' लाठी लपकाते हैं।

(16)

देते हैं घुड़की यह अर्थ ओज-भरी हरि
"जीने का हमारा अधिकार क्या न गया रह ?
पर-प्रतिषेध के प्रसार बीच तेरे, नर !
क्रीड़ामय जीवन उपाय है हमारा यह।
दानी जो हमारे रहे वे भी दास तेरे हुए,
उनकी उदारता भी सकता नहीं है सह;
फूली-फली उनकी उमंग उपकार की तू,
छेंकता है जाता, हम जायँ कहाँ तू ही कह ?"

(17)

वंचना के साधक पाषंड के प्रयोजन के
'चोरी', 'बटपारी' आदि शब्द ये हमारे हैं।

मोटी देह होती है हमारी जिन दुबलों की
रोटी छीन वे ही दोषभार धरे सारे हैं।
जिनकी बुराई में भलाई है हमारी बसी
अपनी वार्ता में हित हमसे वे हारे हैं;
ढोंग पर सारे इस मुँह का चिढ़ाना कपि !
देखते किसी का हम मुँह में तुम्हारे हैं।

('माधुरी', अगस्त, सितम्बर, 1928)

वसन्त पथिक

देखो पहाड़ी से उतरता पथिक है जो इस घड़ी,
है अरुण पथ पर दूर तक जिसकी बड़ी छाया पड़ी।
छिपकर निकलता टहनियों के बीच से झुकता कभी,
और फिर उलझकर झाड़ियों में घूमकर रुकता कभी।

आकर हुआ नीचे खड़ा, अब सामने उसके चली–
फैली हुई कुछ दूर तक वन की घनी रम्य स्थली।

कचनार कलियों से लदे फूले समाते हैं नहीं,
नंगे पलासों पर पड़ी हैं राग की छींटें कहीं।
ऊँची कँटीली झाड़ियाँ भी पत्तियों से हैं मढ़ी,
हलकी हरी, अब तक न जिन पर श्यामता कुछ भी चढ़ी।

सुन्दर दलों के बीच में काँटे छिपे हैं, थामना !
जैसे भलों के संग में खोटे जनों की कामना।
पौधे जिन्हें पशु नोचकर सब ओर ठूठे कर गए,
वे भी सँभलकर फेंकते हैं फिर हरे कल्ले नए।

वे पेड़ जिन पर बैठते कौवे लजाते थे कभी,
कैसे चहकते आज हैं उन पर जमे पक्षी सभी !
कटते हुए अब खेत भूरे सामने आने लगे,
जिनमें गिरे कुछ भाग से ही भाग चिड़ियों के जगे,
सूहे बसन्ती रंग के चल अंक सी मृदुगामिनी,
हैं डोलती उस भूमि की भूरी प्रभा में भामिनी।

लिपटे हुए द्रुम जाल में वह झाँकते हैं झोपड़े,
जो अन्न के शुभ सत्र-से सब प्राणियों के हित खड़े,
जो शान्ति औ' सन्तोष के सुख से सदा रहते भरे,
मिलता जहाँ विश्राम है दिन के परिश्रम के परे।

आकर समीर प्रभात ही बन खेत से सौरभ लिए,
है खेलता प्रति द्वार पर हिम विन्दु को चंचल किए,

भोली लजीली नारियों से नित्य ही आकर जहाँ
है पूछ जाता आड़ में छिपकर पपीहा "पी कहाँ ?"
छेड़ा पथिक को एक ने हँसकर "उधर जाते कहाँ ?
वह राह टेढ़ी है।" कहा उसने "नहीं चिन्ता यहाँ।"

कब घेर सकती है उसे चिन्ता भला निज छेम की,
जिसके हृदय में जग रही है ज्योति पावन प्रेम की ?
छाई गगन पर धूल है निखरी निरी निर्मल मही,
मानो प्रकृति के अंग पर मंजुल मृदुलता ढल रही।

देखो जहाँ अमराइयाँ हैं मौरकर उमड़ी हुई,
कंचनमयी पीली-प्रभा सौरभ लिए पड़ती चुई।
यह आम की मृदु मंजरी अब मन्द मारुत से हिली;
कूकीं कई मिल कोयलें, टूटी पथिक-ध्यानावली।
तब देख चारों ओर उसने निज हृदय की टोह ली,
पाई नहीं आमोद के सञ्चार को उसमें गली।

चलता रहा चुपचाप; चट फिर बात यह उसने कही—
"धिक है रहे सन्तुष्ट हो सुषमा निरख जो आप ही।
सुनता रहे ध्वनि मधुर पर मन में न अपने यह गुने,
हा ! पास में कोई नहीं है और जो देखे सुने।
वे धन्य हैं पर-ध्यान में जो लीन ऐसे हो रहे,
जो दो हृदय के योग में कुछ भूल अपने को रहे।

बाँटे किसी सुख को सदा जो ताक में रहते इसी,
जिनके वदन पर हास है प्रतिबिम्ब मानस का किसी।"

कोमल मधुर स्वर ने किसी पूछा वहीं कुछ झोंक से,
''बातें कहाँ की कर गए ? आते कहो किस लोक से ?''
देखा पथिक ने चौंककर, पाया किसी को पर नहीं,
अचरज दबे पड़ने लगे पग मन्द मारग में वहीं।

बोला उझककर "पवन तूने कहाँ से ये स्वर छुए ?
अथवा हृदय से गूँजकर ये आप ही बाहर हुए ?"

इस बीच नीचे कुंज से फुर से उड़ी चिड़ियाँ कई,
संग में लगी कुछ दूर उनके दृष्टि भी उसकी गई।

देखा पथिक ने दूर कुछ टीले सरोवर के बड़े,
हैं पेड़ चारों ओर जिन पर आम जामुन के खड़े।
हिलकर बुलाते प्रेम से प्रति दिन हरे पत्ते जहाँ,
"आओ पथिक, विश्राम लो छिन छाँह में बसकर यहाँ।"
है एक कोने पर झलकता श्वेत मन्दिर भी वही,
हारे पथिक की दृष्टि है उस ओर ही अब लग रही।

बढ़ने लगा उस ओर अब; आई वही ध्वनि फिर, "रहो !
लेने चले विश्राम का सुख तुम अकेले क्यों कहो ?"
यद्यपि घने सन्देह में थे भाव सब उसके अड़े
मुँह से अचानक शब्द ये उसके निकल ही तो पड़े–
"बस में नहीं यह सुख उठाकर हम किसी के कर धरें,
पथ के कठिन श्रम से न कुछ जब तक उसे पीड़ित करें।"

विस्मय-भरे मन से छलकती कल्पना छन छन नई,
'छाया यहाँ छलती मुझे, यह भूमि हे मायामयी।'

यह सोचते ही सामने आया रुचिर मन्दिर वही,
जिसके शिखर पर डाल पीपल की पसरकर झुक रही।
प्रतिमा पुनीत विराजती भीतर भवानीनाथ की,
आसन अचल पर है टिकी बाहर सवारी साथ की।

करके प्रणाम, विनीत स्वर से पथिक यह कहकर टला–
"क्या जान सकते हैं प्रभो, माया तुम्हारी हम भला ?"
देखा सरोवर तीर निर्मल नीर मन्द हिलोर है;
जिसमें एड़ी वट विपट-छाया काँपती इक ओर है।
अति मन्द गति से ढुर रही है पाँति बगलों की कहीं,
बैठी कहीं दो चार चिड़ियाँ पंख को खुजला रहीं।

झुककर द्रुमों की डालियाँ जल के निकट तंक छा रहीं,
जिनसे लिपट अनुराग से फूली लता लहरा रहीं।

सौरभ-सनी, जलकण मिली मृदु वायु चलती हो जहाँ,
होवे न क्यों फिर पथिक की काया शिथिल शीतल वहाँ ?

उतरा पथिक जल के निकट, फिर हाथ मुँह धोकर वहीं,
बैठा घने निज ध्यान में, तन है कहीं औ' मन कहीं।

हिलकर सलिल अब थिर हुआ, उसमें दिखाई यह पड़ी
किस मोहिनी प्रिय मूर्ति की छायामयी आकृति खड़ी ?
ताका उलटकर ज्यों पथिक ने खिलखिलाकर हँस पड़ी,
चंचल नवेली कामिनी जो पास थी पीछे खड़ी।

आभा अधर पर मन्द सी मुसकान की अब रह गई,
पलकें ढली पड़तीं, मधुरता ढालती मुख पर नई।

पीले वसन पर लहरती अलकें कपोलों से छुई,
उस कुसुम कोमल अंग से छवि छूटकर पड़ती चुई।
जाने नहीं किस धार में सुध बुध पथिक की बह गई !
बीते अचल दृग से उसे तो ताकते ही छन कई।

कहता हुआ यह उठ पड़ा फिर, "हे प्रिये मम तुम कहाँ ?"
हँसकर मृदुल स्वर से बढ़ी कहती हुई "हो तुम जहाँ।"
उमड़े हुए अनुराग में आतुर मिले दोनों वहीं,
फूले हुए मन अंग में उनके समाते हैं नहीं।

बैठे वहीं मिलकर परस्पर, कामिनी ने तब कहा—
हमको यहाँ पर देखकर होगा तुम्हें अचरज महा,
चलकर यहाँ से दूर पर कुछ एक सुंदर ग्राम है,
जिसमें हमारी पूज्यतम मातामही का धाम है,
ठहरी हुई हैं आजकल हम साथ जननी के वहाँ,
हम नित्य दर्शन हेतु शिव के नियम से आतीं यहाँ।

यह तो बताओ थे कहाँ, यह रीति सीखी है भली ?
जब से गए घर से, नहीं तब से हमारी खोज ली।
हमने यही समझा, जगत की अन्त करके सब कला,
होकर बड़े बूढ़े फिरोगे; क्या किया तुमने भला ?"
छोड़ो इन्हें ये प्रेम से जी खोलकर बोलें मिलें,
पाठक, यहाँ क्या काम अब ? हम आप अपनी राह लें॥

('कविता मंजरी' ग्रन्थ से)

रूपमय हृदय

(1)

बहु नीहार - कल्पनाएँ बन
रखता है वह सर्व सनातन।
रूप हृदयमय, हृदय रूपमय का अनन्त अम्बुधि उमड़ा है;
कहीं किसी चढ़ती तरंग पर शीर्षबिन्दु बन उछल पड़ा है।
कहकर "क्या ही अकल कला है!"
प्रलय-निलय की ओर चला है।

(2)

विविध रूप-संगीत-नीत स्वर।
भीतर हृदय हमारे होकर
भाव-सूत्र शुभ खोल बाँटते हैं हमको दहने औ' बाएँ।
"बँटते-बँटते चुक जाएँ हम, ये लेनेवाले रह जाएँ।"
गरज गरज कर बरस गया घन।
उमड़ चला जग में नव जीवन।

(3)

नवदल-गुंफित पुष्पहास यह!
शशिरेखा-सुस्मित-विभास यह!
नभ चुम्बित नग-निविड़-नीलिमा उठी अवनि-उर की उमंग सी।
कलित-विरल-घनपटल-दिगंचल-प्रभा पुलकमय राग-रंग सी।
पांडुर धूम्र पुंज बहु खंडित;
कोर हिरण्य - मेखला - मंडित।

(4)

तिग्म ताप तिलमिली तिरोहित,
शीतलता संचरित समाहित,

दृग रंजन अंजन-घन-छाया हरे हरे लहलहे हर्ष पर।
निशा-नयन मीलित अरूपता असित असत् छन हेतु छिन्न कर।
वज्ररेख - द्युति द्रुत उन्मीलन,
अक्षर रूपकला अनुशीलन।

(5)

चमक दमक कुछ नहीं जहाँ पर,
भोग - विभूति नहीं विस्मयकर,
रूप वहाँ के भी अंतस् में कोई प्रिय प्रसंग कहते हैं;
साहचर्य सुत स्निग्ध श्लेष रस सिक्त सदा लिपटे रहते हैं।
चमत्कार की चाह वाह पर
नहीं चारुता उनकी निर्भर।

(6)

जीर्ण शीर्ण दीवार खड़ी है,
जिसमें कहीं दरार पड़ी है;
सटे नींव से धरे पीत पुट हैं घमोय के झाड़ कँटीले।
ठूँठी नीम तले कुछ बैठे धूल-धूसरे बाल हठीले॥
ये भी स्मृति-मधु में हैं गिरते,
लगी हुई आँखों में फिरते।

(7)

रूपों से तो परे हमारा
हृदय नहीं है कभी पधारा,
और पधारेगा न कभी वह, जो चाहे सो पैर उभारे—
ज्ञान जाय, अज्ञान जाय, मतवाद जाय, बकवाद सिधारे।
अखिल व्यंजना को इस सुन्दर
छोड़े कौन लक्षणा कहकर ?

(8)

ये ही रूप खेल कर मन में,
देशकाल के धुँधलेपन में
नन्दनवन बनकर ललचाते, अमर धाम की आहट लाते,
शोभा-शक्ति शीलमय प्रभु की लोकरंजनी कला दिखाते—
धन्य! धन्य! जगमंगल झाँकी
यह नारायणमय नरत की।

(9)

भव्य भावना-भवन हमारे,
रचित इन्हीं रूपों से सारे।
इनकी ही अनुभूति-भूति से विश्व मूर्ति मय योग जगेगा।
किन्तु न किसी अरूप लोक से हृदय हमारा कभी लगेगा।
रसमय - रूप - रूपमय - रस धर
चलित चराचर चक्र निरन्तर।

(10)

अत्याचार वेदना भारी
बढ़ती है तो बढ़े हमारी—
मर लेंगे फिर कभी, अभी तो ऐसी कुछ हड़बड़ी नहीं है।
बढ़ती है वह धर्म्म शक्ति के दर्शन को जो यहीं कहीं है।
अमित पाप-संताप सने हैं
उत्कंठा में इसी बने हैं।

(11)

सिर पर के झोंकों से सारे
छत्र पत्र छिन जाँय हमारे,
इस उत्कंठा में ही ठूँठी ठटरी तक हम खड़े रहेंगे।
फूले फले हरे निज बीती प्रिय समीर से कभी कहेंगे।
आशा-सुख की भाषा सुन्दर—
हास विलास रूप कुसुमाकर।

(12)

सचमुच ही यदि प्रेम कहीं है,
ज्ञात छोड़ वह कहीं नहीं है।
'लगा किसी अज्ञात क्षेत्र में' यह कहकर क्यों बात छिपाना।
यही ज्ञात 'सत' का प्रकाश है, 'चित' का भी है यही ठिकाना॥
यही सघन 'आनन्द' घटा है।
यही अजस्र अदभ्र छटा है।

(13)

एक देशगत ध्वंस असत् है,
रूप कला विभु सतु शाश्वत है।

प्रभु के रक्षामय स्वरूप में है 'सत' का संकेत सुभासित।
रुचिर लोकरंजन सुषमा में है 'आनन्द' मोद अधिवासित।
काव्य - कलाधर 'सदानन्द' मय
वाल्मीकि तुलसी जय जय जय।

(14)

सम्मुख सर्जन, रक्षण, रंजन।
विमुख विलोपन, भक्षण, भंजन।
लोकनीति-बाधा-छाया में उभयमुखी यह कला छूटकर।
रोष-अमर्ष-समन्वित फूटी होकल कोमल करुण काव्य स्वर—
क्रुद्ध प्रेममय उग्र अनुग्रह
दया दर्पमय द्रवण भयावह।

भारत और वसन्त

स्थान—एक प्राचीन राजभवन का अवशेष; भारत निश्चेष्ट पड़ा है।

[झूमते हुए वसन्त का प्रवेश; पीछे-पीछे एक आदमी फूल से भरी डाली और बहुत से पक्षी लिए हुए।]

भारत—

कौन आस धरि, हे बसन्त, अब आजु फेरि तुम आए।
हरे हरे द्रुमदल बहु लीने, सुमन भार लदवाए ?
केतिक लिए पपीहा कोयल बने बहेलिया खाते।
मन्द मन्द पग धरत मही पर मानौ करत तमासे॥
अच्छा फिर दो एक पकड़ दो आज हमारे नेरे।
मेरे उल्लू चमगीदड़ औ' पिक चातक से तेरे॥

[विक्षिप्तता सूचक मन्दहासपूर्वक]

देखि तुमारो वेष रँगीलो रुकै हँसी नहिं मेरी।
मारी गई अवसि मति, भैया मेरी अथवा तेरी॥
हाँफत हौ जब बाय बाय मुँह देती महक बताए।
आवत हौ भर पेट मलय के कोमल काठ चबाए॥
सीधे पाँव न परैं तुम्हारे बने फिरत अलबेले।
सहरा की तपती बालू में लोटो जाइ अकेले॥
भग्न द्वार की एक ईंट जो सिर पर गिरै तुम्हारे।
देख पड़े तो तुम्हें तुरत ही दिन के फेर हमारे॥

[नेपथ्य में स्त्री स्वर से]

हे हे सुजान ! वसन्त, तुम नहिं नेकु मन में जानियो।
कहि गए जो बात ये सब बुद्धि विभ्रम जानियो॥

जब बुरे अति दुख भरे दिन भाल पै मँड़रात हैं।
सत असत् औ' दुख सुख के भेद सब मिटि जात हैं॥

भारत–(चैतन्य होकर)

कौन आस धरि हाँ, वसन्त, अब आजु फेरि हौ आए।
हरे हरे द्रुम दल सजवाए, सुमन भार लदवाए ?
आवत सुनैं तुम्हैं जब, भाई लज्जा आइ दबावै।
तन में रुधिर नहीं इतनो जो तुमसों धाइ मिलावै॥
का लैके हम हाय अकिंचन स्वागत करैं तिहारे।
सर्वस खाइ, रोइ दिन बितवत दीन दसा तन धारे॥
कब आओ कब चले जाव यह पूछनहार न पावो।
ऐसी जगह आइ मर्य्यादा अपनी आप गँवावो॥
देखत हौं तुम सहस बरस से बीत रही जो मो पै।
नए नए नित बीज विपति के विधि बपु पै मम रोपै॥
वे दिन सपने भये हाय ! जब आवहु तुम यहि द्वारे।
सुख सम्पति से भरे हमारे सुत उमंग के मारे॥
शीतल सिंचित उद्यानन महँ तुम कहँ जाइ टिकावैं !
नर नारी जहँ बिबिध भाँति तुहि सखा पूजि सुख पावैं।
गए दिनन की बात पुरानी क्यों सन्मुख तुम लावत।
क्यों हतभागे दुखी प्रान को आइ आइ कलपावत ?
बिचरहु जाइ और देशन में पड़ी मही है सारी।
मोकहँ मृतक मानि मन से निज सब सुधि देहु बिसारी॥
समुझि लेहु सागर जल भीतर भारत गयो समाई।
अथवा रज ह्वै के भूतल से मिल्यो पवन में जाई॥

वसन्त–

एक हू कण रेणु को जब लौं यहाँ हम पाइ हैं।
आइ के प्रति वर्ष सादर ताहि ससि चढ़ाइ हैं॥
यहि पुरानी डेवढ़ी पर सुमन चारि गिराइ हैं।
बैठि के मन मारि यहि थल नैन नीर बहाइ हैं॥

[दूसरी ओर फिरकर, ऊपर हाथ उठाकर]

हा विधाता! कौन पातक घेरि भारत भाल
सतत तन पै श्रवत ह्वै ह्वै विपति बिन्दु कराल?

धर्म्म * पथ को छाँड़ि है उन्मत्त लै करवाल।
कहाँ दीनो पटि भूतल काटि वनिता बाल ?
कहाँ नाची अग्नि ज्वाला आर्य्य करते छूटि ?
कौन धरती भई ऊसर गई इन तें लूटि ?
कहाँ [1] पशुवत गए बाँधे नर समूह अपार ?
कौन जन आजन्म तलफ्यो बैठि इनके द्वार ?
पारसिन को मान मर्दन कियो इन बहु बार।
सेमिरमिस [2] को जाइ ठेल्यो बाबिलन के द्वार ॥
देश [3] काँप्यो कौन नहिं सुनि आर्य्य धनु टंकार ?
कौन नायो सीस नहिं दबि आर्य्य भुज-बल भार ?
यव, सुमात्रा आदि द्वीपन थापि निज अधिकार।
कियो अपने हाथ में सब पूर्व को व्यापार ॥
अवसि पायो अभय, आयो शरण जो इन पास।

---

* हिन्दुओं में युद्ध के नियम संसार की सब जातियों से अच्छे थे। 'जो लोग भयभीत हों वा नशे में हों, पागल हों या आपे से बाहर हों अथवा जिन लोगों के पास शस्त्र न हो उनसे तथा स्त्रियों, बच्चों बुड्ढों और ब्राह्मणों से युद्ध न करना चाहिए"–(बौद्धायन 1, 10, 18, 11)। आर्य्य लोग उन लोगों को नहीं मारते थे जो अपना शस्त्र रख देते थे वा जो लोग बाल खोलकर वा हाथ जोड़कर दया की प्रार्थना करते थे अथवा जो लोग भाग जाते–आपस्तम्ब (2, 5, 10, 11)।

मेगस्थनीज कहता है–अन्य जातियाँ युद्ध में भूमि को उजाड़कर ऊसर कर डालती हैं पर इसके विरुद्ध हिन्दू लोग किसानों को एक पवित्र और अबध्य जाति मानते हैं...इसके अतिरिक्त वे न तो अपने शत्रु की भूमि में आग लगाते हैं और न उस पर के पेड़ों को काट गिराते हैं।

1. भारतवासी लोग संसार की और प्राचीन जातियों की भाँति किसी को गुलाम नहीं बनाते थे। मेगस्थनीज कहता है–"भारतवासियों की बहुत सी विलक्षण रीतियों में से एक ऐसी है जो बहुत ही प्रशंसनीय है; जैसा कि उनका शास्त्र आज्ञा करता है कि उनमें कोई व्यक्ति किसी अवस्था में (क्रीत दास) न हो, स्वतन्त्रता का आनन्द भोगते हुए वे उस समान स्वत्व की प्रतिष्ठा करते हैं जो उस (स्वतन्त्रता) पर सबको प्राप्त है।"
2. सेमिरमिस–यह प्राचीन 'निनवह' (Ninveh) की नींव डालनेवाले 'निनस' (Ninus) की रानी थी। बादशाह निनस के पीछे जब यह रानी गद्दी पर बैठी तब उसके आतंक और प्रताप से सारा पश्चिम दहल उठा। इसने अनेक देश जय किए और मनुष्यों की स्वामिनी कहलाई। भूविख्यात बाबिलन नगर की स्थापना करनेवाली यही थी। बाबिलन के लोगों में यह देवी करके मानी गई है। जैसे हमारे यहाँ विक्रमादित्य की अनेक कहानियाँ हैं वैसे ही अनेक कथाएँ इसके विजयविवरणों से भरी पड़ी हैं। भारतवासियों को छोड़ इसने और किसी से हार न खाई। तीस लाख आदमियों के साथ इसने भारतवर्ष की सीमा पर चढ़ाई की, पर ठहर न सकी और हार खाकर भागी। रानी सेमिरमिस के समय का बहुत ठीक पता नहीं है। ईसा से 900 वर्ष पूर्व उसका होना विद्वान् लोग अनुमान करते हैं।
3. एरियन लिखता है–पैदल सिपाही लोग अपनी ऊँचाई के बराबर धनुष धारण करते हैं। इसको वे भूमि पर टेककर और अपने बाएँ पैर से उसको दबाकर कमान की डोरी को पीछे की ओर खींचकर तीर छोड़ते हैं। उनका तीर तीन गज से कुछ ही कम लम्बा होता है और ढाल, कवच वा उससे भी बढ़कर रक्षा की कोई चीज नहीं है जो हिन्दू मनुष्य चलानेवाले के निशाने से बचा सके।

रहो भूतल बीच वाको कौन को पुनि त्रास ?
विविध विद्या कला कौशल जगत में फैलाय !
कियो अपने जान तो उपकार ही इन हाय !"
चीन औ तातार, तिब्बत, मलय, सिंहल, स्याम।
धर्म्म दीक्षा पाप सादर लेई इनको नाम॥
हा कृतघ्न प्रतीचिजन सब सीखि इन ते ज्ञान।
विभव मद में चूर सकुचत करत अब सम्मान॥
हे दयामय ! द्रवहु अब तो कहत नाथ पुकारि।
बेगि भारत को उबारो दुसह दुख सब टारि॥

भारत–

प्रियवर! सब मेरे कर्म्म ही के उभारे।
हठ करि दुख आवें सामने जो हमारे;
यदपि नहिं विदेशी आहि की फूँक लागी।
छय हित छितरानी द्वेष की चंड आगी॥
श्रमण मठ जराये शान्त वासी समेत !
भवन बहु ठहाये क्रोध में ह्व अचेत॥
बहु दिन नहिं बीते सामने सोइ आयो।
गरजि गजनवी ने गर्व सारो गिरायो॥
अरि दल चढ़ि आयो साथ लै एक गोरी।
मम सुत विलगाने प्रीति की डोर तोरी॥

विधि बस मतवारे वैर की रीति ठानी।
कहि कहि हम हारे सीख ना नेकु मानी॥
पर अब सब छोड़ो पूर्व की ये कहानी।
नहिं कछु सरि जैहै गीत गाए पुरानी॥
अब कहहु कहाँ ते आवते डारि फेरी।
कहहु कछु नई तो बात संसार केरी॥

वसन्त– प्रवीर जापान प्रचंड रूस हीं।
परास्त कीनो तुमने सुन्यो नहीं॥

भारत– अरे ! अरे !! का कहिगे विचार लो।

वसन्त– कही हमारी सब सत्य धार लो॥

भारत– *(लम्बी साँस लेकर)*

"कोउ नृप होइ हमैं का हानी
चेरि छोड़ि नहिं होउब रानी।'

(प्रवेश भारत महिषी का)

वसन्त– *(सामने देखकर)*
माता ! प्रणाम तुव पायन में हमारो !
भा.मा.– बाढ़े प्रताप नित भूतल में तुम्हारो ॥
(भीतर से 'वन्देमातरम्' की ध्वनि)
वसन्त– *(गद्गद होकर)*
हे मातु ! देइ यह आजु कहा सुनाई ?
(फिर सहसा चौंककर)
हाँ; हाँ ! भली सुध हमें यहि काल आई ॥
(भारत महिषी के प्रति)–

पूरब दिशि अति दूर सिन्धु के नील अंक मधि।
हहरत विपुल तरंग जहाँ चारहु दिशि निरवधि ॥
बाली,[1] लम्बक लसैं द्वीप द्वय जग ते न्यारे।
बसैं तहाँ कछु पूर्व सुवन सन्तान तुम्हारे ॥
कह्यो अनेक प्रणाम मातु ! उन तुव चरनन में।
अरु बोले कहि दियो जाइ "हम सुखी भुवन में ॥
"बीस कोटि सम हमहुँ नेह के हैं अधिकारी।
"कबहुँ कबहुँ तो चाहिये लेनी खोज हमारी ॥
झेलि अनेकन कष्ट आजु लौं धर्म्म बचायो।
"सुख सो शासन करत 'शशक' गन पै मन भायो ॥
"रहि सब बिधि स्वाधीर आर्य्य गौरव हम ढोवत।
"कछुक सहारो हेतु, मातु ! हम तुम दिसि जोवत ॥
"अश्वमेघ हय सरिस मिशनरी दूत आइ यहँ ॥
"कबहुँ श्वेतपग धारि जायँ पावन करि भू कहँ ॥
पै कबहूँ नहिं भूलि भारती बन्धु एक जन।
धारयो पग यहि भूमि निरखते हम भरि नैनन ॥

---

1. बाली और लम्बक द्वीप जावा से पूर्व पड़ते हैं। इन दोनों द्वीपों में अब तक हिन्दू राज्य वर्त्तमान है। यहाँ के हिन्दू लोग सब शैव हैं और चार वर्णों में विभक्त हैं जिनके नाम उनकी भाषा में ब्राह्मण, सक्षिय, विषिय और शूद्र हैं। चतुर्वर्ण को ये लोग 'चतुर्जन्भ' कहते हैं। इन द्वीपों में शालिवाहन का शाका प्रचलित है। शैव लोगों में कई ग्रन्थ भी प्रचलित हैं जिनमें मुख्य ये हैं–'अगम', 'आदिगम', 'सारसमुच्चयागम', 'देवागम', 'मैश्वरलत्व' 'श्रीकान्तरामम' और 'गम्यागमन' इत्यादि। बहुत से ग्रन्थ लुप्त हो गए हैं। जिनके विषय में ये लोग भ्रमणकारियों से पूछा करते हैं कि वे भारतवर्ष में मिलते हैं वा नहीं। बाली द्वीप के हिन्दू लोग पहिले जावा में वास करते थे। वहाँ से मुसलमानों से बचने के लिए 'बहुबाहु' नामक राजा के साथ वे लोग और पूरब बाली द्वीप में चले गए। कहते हैं कि कलिंग देश के शैव लोगों ने द्विजावा में राज्य स्थापित किया था। बाली और लम्बक में आदिम निवासियों का नाम 'शशक' है। ये 'शशक' लोग मुसलमान हो गए हैं और बाली के हिन्दू राजा की प्रजा हैं।

"प्रेम सहित भरि अंक, लावते निज घर, कर गहि।
"दृढ़ करते निज धर्म्म तासु उपदेश ललित लहि॥
"और भाव ते हमहुँ पुलकि तेहि ओर देखकर।
"अहैं हमारे और बन्धु कछु बसत धनि पर"॥

भारतमहिषी–

गाथा मेरी सुना के, बहु विधि कहियो जाइ असीस मेरी !
बाढ़ै पूरी कला ते, जगमहँ जस ले प्रीति छावैं घनेरी॥
काहू हैं योग नाहीं, यद्यपि हम तऊ, सीख हैं देति याही।
धारे रैहैं सदा हीं, धरम प्रिय वही, छोड़िहैं नाहिं ताही॥

सुतगन की मेरे कौन बात ?
जैसे हैं वे तुम देखि जात॥
करि सकैं और का भुवन माँहिं ?
आगम को जिनको चेत नाहिं॥

आलस की जिनकी परी बानि।
नहिं देखि सकैं निज लाभ हानि॥
तिल, नील, लाख, सन अरु कपास।
हम देत इन्हैं यह धारि आस॥
कछु कला सहित निज कर डुलाय।
करि हैं निज जीवन को उपाय॥
पर हाय विदेशिन हाथ जाय।
धरि आवत हैं ये सब उठाय॥
पुनि ताकत हैं बनि बनि चकोर।
परिधान आदि हित तासु ओर॥
आवत जब बनि बनि विविध ढंग।
की वस्तु अनोखी रँग बिरंग॥
हैं देखि देखि ये होत दंग।
धावत मुँह के बल भरि उमंग॥
सीटी सुनि जय जयकार बोलि।
धर में जो पावैं धन टटोलि।
चौकिन पर यूरप-देव केर।
तैरत जो जल में चहूँ फेर॥

फेंकत दूरहि सों कर बढ़ाय।
लौटत प्रसाद नव पाय पाय॥
झलकाइ अंग पर पट महीन।
बनि के तब निकलत कोउ 'अमीन'॥
सिर के ऊपर कोइ है निहाल।
टाँगत नवीन शीशे विशाल॥
हैं पास सैकड़ों बन्धु प्रान।
त्यागत बिनु भोजन, नाहिं ध्यान॥
जिनके भाई बहु एक बेर।
भोजन करि बितवत दिवस फेर॥
उनको जग के बिच नहिं बुझाय।
ऊँचो सिर कैसे होत, हाय!
इनके यह ढीले ढंग देखि।
हरखत परदेसी जन विमेखि॥
जब करैं दुख से ये पुकार।
कोउ सुनत न ज्यों रोवत सियार।
समुझाइ थकीं हम बार बार॥
नहिं सँभलत हैं ये अति गँवार॥

(नेपथ्य में)

सहि चुके जननी! बहु यातना
बचन ना कबहूँ अब टारि हैं।
प्रण करैं 'पर आस किए बिना
अवसि आपुहि आप उबारि हैं॥

('वन्देमातरम्' की भीषण ध्वनि)

(पटाक्षेप)

देशद्रोही को दुतकार

(1)

रे दुष्ट, पामर, पिशाच, कृतघ्न, नीच।
क्यों तू गिरा उदर से भूमि बीच ?
क्यों देश ने अधम स्वागत हेतु तेरे।
आनन्द उत्सव उपाय रचे घनेरे।

(2)

सोया जहाँ जननि-अंक निशंक होके।
माँगा जहाँ मधुर क्षीर अधीर होके॥
थोड़ी शरीर सुध भी न जहाँ रही है।
रे स्वार्थ-अन्ध यह भूमि वही, वही है।

(3)

जो भूमि टेक करके बल रेंगता था।
हा क्या उसे न तुझसे कुछ आसरा था ?
जो धूल डाल सिर ऊपर मोद माना।
क्यों आज तू बन रहा उससे बिगाना ?

(4)

तू पेट पाल, मन मंगल मानता है।
सेवा समस्त सुख की जड़ जानता है॥
खोटी, खरी खटकती न तुझे वहीं की।
पाता जहाँ महक मोदक औ मही की।

(5)

तेरे समक्ष पर अन्न विहीन दीन।
चिन्ता-विलीन अति क्षीण महा मलीन॥

जो ये अनेक प्रियबन्धु तुझे दिखाते।
लज्जा दया न कुछ भी तुझको सिखाते ?

(6)

रे स्वार्थ-अन्ध, मतिमन्द कुमार्गगामी !
क्यों देश से विमुख हो सजता सलामी ?
कर्तव्य शून्य हलके कर को उठाता।
दुर्भाग्य-भार-हत भाल भले झुकाता।

(7)

किसके सुअन्न कण ने इस क्रूर काया।
को पाल पोस पग के बल है उठाया ?
किसका सुधा सरित शीतल स्वच्छ नीर।
है सींचता रुधिर तो चलता शरीर ?

(8)

किसका प्रसूनरज लेकर मन्द वायु।
देती प्रतिक्षण पसार नवीन आयु ?
किसका अभंग कल कोकिल कंठ गान।
होता प्रभात प्रति तू सुन सावधान ?

(9)

स्वातन्त्र्य की विमल ज्योति जगी जहाँ है।
आनन्द की अतुल राशि लगी जहाँ है॥
जा देख ! स्वत्व पर लोग जमे जहाँ हैं।
तेरे समान नर क्या करते वहाँ हैं॥

(10)

सर्वस्व छोड़ तन के सुख भूल सारे।
जो हैं स्वदेश-हित का व्रत चित्त धारे॥
न स्वप्न में कनक है जिनको लुभाता।
मानापमान पथ से न जिन्हें डिगाता॥

(11)

तेरे यथार्थ हित हेतु अनेक बार।
जो हैं सदैव करते रहते पुकार॥

ऐसे सुपूज्य जन से रख द्रोह भाव।
तू नित्य चक्र रच के चलता कुदाव॥

(12)

जा दूर हो अधम सन्मुख से हमारे।
हैं पाप पुंज तुव पूरित अंग सारे॥
जो देश से न हट तो हद देश से ही।
देते निकाल हम आज तुझे भले ही॥

('आनन्द कादम्बिनी', ज्येष्ठ-आषाढ़, 1964 वि.)

बाल विनय

(1)

आदि हेतु, अनादि और अनन्त, दीन दयाल।
जोरि जुग कर करत बिनती सकल भारत बाल॥
विविध विद्या कला सीखैं त्यागि आलस घोर।
दूर दुख दारिद बहावें देश को इक ओर॥

(2)

सहस संकट सहहिं साहस सहित यहि जग माहिं।
भूलि निज कर्त्तव्य सों मुख कबहुँ मोरहिं नाहिं॥
मिलि परस्पर करहिं कारज सहित प्रीति हुलास।
कबहुँ ईर्षा द्वेष को नहिं देहिं फटकन पास॥

(3)

सत्य सों करि नेह त्यागहिं झूठ को व्यवहार।
तजि कुसंग, सुसंग खोजत फिरहिं हम प्रतिद्वार॥
रहहिं उद्यत बड़न की शुभ सीख सुनिबे हेत।
कहहिं वे जो तुरत तिहि सुनि करहिं मन में चेत॥

("बाल प्रभाकर", फरवरी, 1910)

फूट

अरे फूट ! क्या कहीं जगत में ठाम नहीं तू पाती।
पैर पसान यहीं पर जो तू आठो पहर बिताती॥

कई सहस्र वर्ष से है तू भारत भुव पर छाई।
मनमानी इतने दिन करके अब भी नहीं अघाई॥

तेरी लीला गाते हैं हम निशि दिन भारतवासी।
तेरा अतुल प्रताप सोचकर होती हमें उदासी॥

पकड़ हाथ लक्ष्मी का तूने सिन्धु पार पहुँचाया।
सरस्वती का रंग उखाड़ा सारा जमा जमाया॥

कलह द्वेष अपने प्रिय अनुचर लाकर यहाँ बसाए।
हाट बाट प्रासाद कुटी में डेरे इनके छाए॥

फैलाई जब आर्य्य जाति ने विद्या बल की बेली।
गर्व चूर करने को तब तू गई यहाँ पर ठेली॥

अब तो साध चुकी वह कारज विपति बीज बहु बोए।
पिसकर चूर-चूर हम हो तब चूर मोह में सोए॥

घर घर फोड़ चुकी जब तब तू बन्धु बन्धु से फोड़े।
अब तो हैं मिट्टी के ढेले जिन्हें मेघ ने छोड़े॥

फोड़ फाड़ उनको ही बस अब चारों ओर उड़ाओ।
भूखे भारतवासी जग को उनकी धूल फँकाओ॥

जब जब चाहा उठें सहारा लेकर नींद निवारें।
इधर उधर कुछ अंग हिलाकर सिर से संकट टारें॥

तब तब तुमने गर्ज्जन करके विकट रूप दिखलाया।
किया ढकेल किनारे ज्यों का त्यों फिर हमें गिराया॥

ब्रिटिश जाति के न्याय नीति की मची धूम जब भारी।
सुख के स्वप्न दिखाई देने लगे हमें दुखहारी॥

उठे चौंक कर बन्धु कई जो थे सचेत औ ज्ञानी।
मिलकर यही बिचारा रोवैं अपनी रामकहानी॥

ब्रिटिश न्याय की अनल शिखा को अपनी ओर घुमावें।
जिसमें पड़कर सभी हमारे दुख दरिद्र जल जावें॥

फिर से उस भूतल के ऊपर हम भी मनुज कहावें।
परम प्रबल अंग्रेज जाति का प्रलय तलक यश गावें॥

दादा भाई और अयोध्यानाथ सुरेन्द्र सयाने।
देश दशा को खोल खोल तब सबको लगे सुझाने॥

मेहता, माधव, दत्त, घोष का घोष देश में छाया।
आँख खोल हम लगे चेतने अपना और पराया॥

यह प्रतिवर्ष सभा जब जमकर लगी पुकार मचाने।
कई क्रूरता के कृमि शासक उसको उठे दबाने॥

जो अनुचित अधिकार भोग के लोलुप अत्याचारी।
जीवों पर आतंक जमाने में जिनको सुख भारी॥

लोग यत्न करते जिसमें यह दशा यथार्थ हमारी।
प्रकट न होने पावे जग में रहे यही क्रम जारी॥

किन्तु आज बाईस वर्ष तक कितने झोंके खाती।
अन्यायी को लज्जित करती न्याय छटा छहराती॥

यह जातीय सभा हम सबको समय ठेलती आई।
हाय फूट ! तेरे आनन में वह भी आज समाई॥

पहिली धौल कसी काशी में किन्तु फोड़ नहिं पाया।
कलकत्ते में जाकर तूने कड़ा प्रहार जमाया॥

हुए फूटकर दो दल उसके चौंका देश हमारा।
किन्तु बिगड़ता तब तक कुछ भी हमने नहीं बिचारा॥

यही समझते थे दोनों दल पृथक पंथ अनुयायी।
होकर भी उद्देश्य हानि को सह न सकेंगे, भाई !

किन्तु देख सूरत की सूरत भगे भाव यह सारे।
आशंका तब तरह तरह की मन में उठी हमारे॥

अब पुकार भारत के दुख की देगी कहाँ सुनाई ?
कहाँ फिरेगी न्याय नीति के बल की प्रबल दुहाई ?

दश सहस्र भारत सुपुत्र मिल कहाँ प्रेम प्रगटैंगे ?
गर्व सहित गर्जन करके निज गौरव गान करैंगे॥

अब तो कर कुछ कृपा कि जिससे एक फिर सभी होवैं।
अपने मन की मैल देश की अश्रुधार में धोवैं॥

जो जो सिर पर बीती उसको जी से बेगि भुलावें।
मौन मार निज मातृभमि की सेवा में लग जावें॥

('आनन्द कादम्बिनी', पूस-माघ, 1964 वि.)

आशा और उद्योग

(1)

हा ! हा ! ! मुझसे कहो न क्यों तुम, आशा कभी न होगी पूर्ण।
प्रतिफल इसका नहीं मिलेगा, बैरी मान न होगा चूर्ण॥

(2)

वृथा मुझे भय मत दिखलाओ, आशा से मत करो निराश।
कुछ भी बल है युगुल भुजों में, तो बैरी होवेगा नाश॥

(3)

कर्मों के फल के मिलने में यद्यपि हो जाती है देर।
तो भी उस जगदीश्वर के घर, होता नहीं कभी अंधेर॥

(4)

करने दो प्रयत्न बस मुझको, देने दो जीवन का दान।
निज कर्त्तव्य पूर्ण कर लूँ मैं, फल का मुझे नहीं कुछ ध्यान॥

(5)

यद्यपि मैं दुर्बल शरीर हूँ, जीवन भी मेरा निःसार।
प्राणदान देने का तो भी, मुझको है अवश्य अधिकार॥

(6)

जब तक मेरे इस शरीर में, कुछ भी शेष रहेंगे प्राण।
तब तक कर प्रयत्न मेटूँगा, अत्याचारी का अभिमान॥

(7)

धर्म्म न्याय का पक्ष ग्रहण कर, कभी न दूँगा पीछे पैर।
वीर जनों की रीति यही है, नहीं प्रतिज्ञा लेते फेर॥

(8)

देश दुख अपमान जाति का बदला मैं अवश्य लूँगा।
अन्यायी के घोर पाप का, दंड उसे अवश्य दूँगा॥

(9)

यद्यपि मैं हूँ एक अकेला, बैरी की सेना भारी।
पर उद्योग नहीं छोड़ूँगा जगदीश्वर है सहकारी॥

(10)

आशा ! आशा ! ! मुझको केवल तेरा रहा सहारा आज।
बल प्रदान तू मुझको करना रख लेना अब मेरी लाज॥

('लक्ष्मी', नवम्बर, 1912)

वन्दना

(1)

प्रथम कारण जो सब कार्य्य का,
विपूल विश्व विधायक भाव जो।
सतत देख रहे जिसकी छटा,
मनुज कल्पित कर्मकलाप में॥

(2)

हम उसी प्रभु से यह माँगते,
जब कभी हम कर्म प्रवृत्त हों।
सुगम तू कर दे पथ को प्रभो !
विकट संकट कंटक फेंक के॥

(3)

प्रकृति की यदि चाल नहीं कहीं,
जगत् के शुभ के हित बाँधता।
विकट आनन खोल अभी यहीं,
उदर बीच हमें धरती धरा॥

('बाल हितैषी', जनवरी, 1915)

हमारी हिन्दी

(1)

मन के धन वे भाव हमारे हैं खरे।
जोड़ जोड़ कर जिन्हें पूर्वजों ने भरे॥
उस भाषा में जो है इस स्थान की।
उस हिन्दी में जो है हिन्दुस्तान की॥
उसमें जो कुछ रहेगा वही हमारे काम का।
उससे ही होगा हमें गौरव अपने नाम का॥

(2)

'हम' को करके व्यक्त, प्रथम संसार से।
हुई जोड़ने हेतु सूत्र जो प्यार से॥
जिसे थाम हम हिले मिले दो चार से।
हुए मुक्त हम रोने के कुछ भार से।
उसे छोड़कर और के बल उठ सकते हैं नहीं।
पड़े रहेंगे, पता भी नहीं लगेगा फिर कहीं॥

(3)

पहले पहल पुकारा था जिसने जहाँ।
जिन नामों से जननि प्रकृति को, वह वहाँ॥
सदा बोलती उनसे ही, यह रीति है।
हमको भी सब भाँति उन्हीं से प्रीति है॥
जिस स्वर में हमने सुना प्रथम प्रकृति की तान को।
वही सदा से प्रिय हमें और हमारे कान को॥

(4)

भोले भाले देश भाइयों से जरा;
भिन्न लगें, यह भाव अभी जिनमें भरा॥

जकड़ मोह से गए, अकड़कर जो तने।
बानी बाना बदल बहुत बिगड़े, बने॥
धरते नाना रूप जो, बोली अद्भुत बोलते।
कभी न कपट-कपाट को कठिन कंठ के खोलते॥

(5)

अपनों से हो और, जिधर वे जा बहे।
सिर ऊँचे निज नहीं, पैर पर पा रहे॥
इतने पर भी बने चले जाते बड़े।
उनसे जो हैं आस-पास उनके पड़े॥
अपने को भी जो भला अपना सकते हैं नहीं।
उनसे आशा कौन सी की जा सकती है कहीं ?

(6)

अपना जब हम भूल भूलते आपको।
हमें भूलता जगत हटाता पाप को॥
अपनी भाषा से बढ़कर अपना कहाँ ?
जीना जिसके बिना न जीना है यहाँ॥
हम भी कोई थे कभी, अब भी कोई हैं कहीं।
यह निज वाणी-बल बिना विदित बात होगी नहीं॥

(ना.प्र. पत्रिका, सितम्बर-दिसम्बर, 1917)

याचना

(1)

धन्य, धन्य, हे ध्वनि के धनी कवीन्द्र !
भावलोक के ठाकुर, उदित रवीन्द्र !
सारे भेदों के अभेद को खोल
लिया जगत् का तुमने मर्म टटोल—
हृदय सबके छुए,
प्राण सबके हुए ॥

(2)

दर्शन से कृतकृत्य हुए हम आज।
यही माँगते सविनय सहित समाज—
आज रहे हैं नाता अपना तोड़
विविध सृष्टि से हम, उसको दो जोड़।
और किससे कहें ?
मौन कैसे रहें ?

(3)

नग निर्झर, तरु, पशु विहंग के संग
मिला हुआ था कभी रंग में रंग।
प्रेमसूत्र वह, हाय ! रहा है टूट,
अपनों से हम आज रहे हैं छूट।
कवे ! करुणा करो,
बहे जाते धरो।

(4)

नित्य विश्वसंगीत तुम्हारे कान
सुनते हैं, यह बात गए सब जान,

उसके झोंकों का करके संचार
खोलो सबके आज हृदय के द्वार,
भाव जिसमें भरें,
प्रेम जिससे करें।

(5)

हँसने में हों हम कुसुमों के अंग,
चहकें हम भी पिक चातक के संग,
रोने में दें दीन दुखी का साथ,
मन को अपने रक्खें सबके हाथ
यही वर दीजिए,
लोक यश लीजिए।

(ना.प्र. पत्रिका, अप्रैल, 1919)

पाखंड-प्रतिषेध

"हम लखि, लखहि हमार, लखि हम हमार के बीच;
तुलसी अलखहि का लखहि, राम-नाम जपु नीच।"

"अन्तर्जामिहु तें बड़ बाहरजामी हैं राम..." (तुलसी)

(1)

तमोमयी वासना के गर्भ में विलीन कभी
गड़े हुए आपमें जो आपको छिपाते हैं,
रूप गति-भेद का विकास लेके वे ही भाव
खेलते-खेलाते हुए खुले चले आते हैं।
परम-हृदय खुला, बना क्या ? जगत्-काव्य
जगी हुई ज्योति-सा जगाते जिसे पाते हैं;
यों ही खुल बाहर जो आपको बढ़ाते वे ही
हृदय पुनीत कला काव्य की दिखाते हैं।

(2)

अखिल अनन्त महाकाव्य की अखंड धार
फूट-फूट छिटक रही है विश्व-रूप धर;
पालन विनाश के विधान की झलक लिए
छलक रहे हैं भूरि भाव भी भुवन भर।
होके रस-सीकर वे भेदते नहीं हैं किन्तु
हृदय जो बाहर को खुले द्वार मूँदकर,
कोठे-कोठे भरम रहे हैं अन्धकूप बीच
कूदते हैं वात-पित्त-लिप्त किसी कोने पर।

(3)

छुटती चराचर में इसी भाव-धारा ओर
हृदय हमारे आदि कवि का खुला था जब,
सत् के आभास लोक पालन औ' रंजन के
भावों की पुनीत प्रभा उसमें समाई तब।
ध्वंस-रूप असत् की छाया साथ-साथ लगी
देख पड़ी, किन्तु वह उसमें सकी न दब;
जगत की जागती अनन्त कला शाश्वत है
सगुण - विभूतिमयी भासमान सत्ता सब।

(4)

सहन हुआ न उस सत्त्वगर्भ मानस को
खग के भी जीवन की हानि और सुख-भंग;
वेदना से क्षुब्ध ज्योंही उमड़ पड़ा है वह,
भारती की वीणा झनकारती उठी तरंग।
रोष ने, अमर्ष ने, पराए अपकर्ष ने भी
करके संचार उन करुण स्वरों के संग;
साधन सहायक के रूप में ही काम किया
खोलने में मंगली शुभ्र भावना का रंग।

(5)

काव्य में 'रहस्य' कोई 'वाद' है न ऐसा, जिसे
लेकर निराला कोई पंथ ही खड़ा करे;
यह तो परोक्ष रुचि-रंग की ही झाईं है, जो
पड़ती है व्यक्त में अव्यक्त - बिम्बता धरे।
दृष्टि जो हमारी कर देती है लीन किसी
धुँधली - सी माधुरी में लोक - काल से परे;
किन्तु जो इसी के सदा झूठे स्वाँग रचे, उसे
हाँक दो, न घूम - घूम खेती काव्य की चरे।

(6)

पूरब में शुद्ध रूप में था यह यहाँ, वहाँ
पच्छिम में पहुँचा पखंड के प्रमाद तक,

अंगल की भूमि बीच ब्लेक[1] ने जो ढोंग रचा,
देखते हैं आज यहाँ उसी की चढ़ी है झक।
जूठा औ' पुराना यह पच्छिमी पखंड लेके,
होती है नवीनता की डींग-भरी बक-बक,
योरप के किसी-किसी कोने में रहे तो रहे,
रोकना है किन्तु यहाँ इसे आज भरसक॥

(7)

वीणापाणि वाणी लोकमानस - विहारिणी है,
लुकी-छिपी, किसी-किसी कोने में न रहती;
परख पुरानी यह भारत की भास रही,
काल बल खाती काव्य-धारा बीच बहती।
पहुँचा उन्माद की दशा को जहाँ व्यक्तिवाद,
कविता वहाँ की रूप-हानि घोर सहती;

---

1. विलियम ब्लेक (1757-1827) यह अंग्रेज कवि अपने को ईश्वर का दूत प्रकट करना चाहता था और इसी प्रकार की बातें और चेष्टाएँ करता था, जिस प्रकार यहाँ पहुँचे हुए सिद्ध महात्मा बननेवाले पाखंडी साधु किया करते हैं। इसे ईश्वर का दर्शन और इलहाम हुआ करता था। इसने एक अन्योक्तिमयी रचना (जेरूसलेम : द इमेनेशन आव द जाएंट ऐलबिअन) करके यह घोषित किया कि "मैं तो इस काव्य का केवल मुहर्रिर हूँ–लिखानेवाले, असली कवि, तो अमरलोकवासी फरिश्ते हैं। मैं इसे संसार का सबसे उत्कृष्ट काव्य मानता हूँ।" पर संसार अन्धा नहीं था–होशियार हो चुका था। इसकी रहस्यवाद की रचनाएँ बिल्कुल निकम्मी ठहराई गईं। अपनी रचनाओं को छापने में यह विचित्र-विचित्र ढोंग निकाला करता था। प्रत्येक पृष्ठ पर एक चित्र रचना के रूप में होता था, जिसके बीच में कुछ पंक्तियाँ टेढ़े-मेढ़े ढंग से सजी रहती थीं।

इस प्रकार के पाखंड मतवादियों और साम्प्रदायिकों के ही काम के हो सकते हैं। काव्य की सत्यभावमयी भूमि में इनका प्रवेश अत्यन्त गर्हित है। इंग्लैंड के कालरिज, ब्राउनिंग, वर्ड्सवर्थ और शेली आदि की रचनाओं में जो कहीं-कहीं रहस्यमय आभास हैं, वे सच्चे हैं, हृदय की सच्ची अनुभूति के व्यंजक हैं। पर उनके भावों को ग्रहण करने की भी क्षमता हिन्दी के मैदान में छायावादी बनकर कूदनेवालों में नहीं है। अधिकांश की शिक्षा की हद और अंग्रेजी आदि की योग्यता छिपी नहीं है। आजकल जो बीच-बीच में लेख इनके निकलने लगे हैं, उनमें योरप के दर्जनों नाम गिनाए हुए मिलते हैं जिनकी रचना के एक पृष्ठ का दर्शन भी इन भले-मानसों ने न किया होगा। इन नामों में बहुत से ऐसे नाम भी आ जाते हैं, जिनसे रहस्यवाद से कोई सरोकार नहीं–जैसे तुलसीदास और कीट्स। अंग्रेजी साहित्य का साधारण ज्ञान रखनेवाले भी जानते हैं कि कीट्स अपने बाह्यार्थवाद (सेंसुऐलिज्म) और कला कुशलता के लिए प्रसिद्ध है, न कि रहस्यवाद के लिए। इसी प्रकार के एक लेख के लेखक का पता लगाने पर मालूम हुआ कि आपने आठवें दर्जे तक अंग्रेजी पढ़ी है। जो थोड़ी बहुत अंग्रेजी समझते हैं, वे कुछ कवियों के शब्दों और वाक्यों का टेढ़ा-सीधा अनुवाद जोड़-जोड़कर अपनी कविता में घुसा लेते हैं। पर इनकी जोड़बन्दी का मुख्य मसाला है बंगभाषा की कविताओं की कोमल कान्त पदावली–कुहुकिनि, छलना, नीरव सन्देश, और न जाने क्या-क्या। सारांश यह कि इस प्रकार की अनधिकार चेष्टा, पाखंड प्रलाप और अज्ञता का आवरण हमारे काव्य के नवीन विकास के लिए व्याधि-स्वरूप है। यह सच्चा रहस्यवाद नहीं, झूठा और कृत्रिम रहस्यवाद (सूडो-मिस्टिसिज्म) है।

नाचती नटी-सी निरी दम्भ की सताई हुई,
सच्चे भोले भाव कभी भूल के न कहती ॥

(8)

देख चुके दम्भ के विकास का विधान यह,
सह चुका गिरा के भी गौरव का अपमान;
लालसा अज्ञात की बताके ढोंग रचते जो
शब्दों का झूठमूठ, अब हों वे सावधान।
आवें लोकलोचन समक्ष, देखें एक बार
अपनी यह कलाहीन कोरी शब्द की उड़ान;
बोलें तो हृदय पर हाथ रख सत्य-सत्य,
इसका वहाँ के किसी भाव से भी है मिलान।

(9)

भाषा है, न भाव है, न भूति भाँपने को आँख,
शिक्षा की सुभिक्षा भी न पाई कभी एक कन;
गाँथते हैं गर्व-भरी गुरु ज्ञान-गूदड़ी वे
चुने हुए चीथड़ों से, किए ब्रह्म-लीन मन।
कहीं बंग - भंग - पद चकती चमक रही,
कहीं अंग्रेजी अनुवाद का अनाड़ीपन;
ऐसे सिद्ध साँइयों की माँग मतवालों में है,
काव्य में न झूठे स्वाँग खींचते कभी हैं मन।

(10)

कहाँ का अध्यात्म? अरे! कैसी ब्रह्मलिप्सा यह—
वासना का लम्बा-चौड़ा रूप विकराल अति;
देह के मलों का यह सागर अपार!
काय वृत्तियों का झंझावात, झूठ की प्रचंड गति!
'अये', 'अये' भंडता की कैसी है पुकार यह?
जड़ता से जड़ी हुई कैसी यह मोटी मति?
अन्धाधुन्ध कैसी ! यह भेड़ियाधसान कैसी!
नकल - नवीसी कैसी ! कितनी अज्ञान - रति?

('सुधा', फरवरी, 1928)

हर्षोद्गार[1]

(1)

धन्य ! यह कमनीय कोशल भूमि परम ललाम;
'गुरु प्रसाद' विभूति लहि जहँ लखत जन 'श्रीराम'।
विमल मानस तें अभंग तरंग सरयू लाय;
विमल मानस बीच तुंग तरंग देति उठाय॥

(2)

बाल दिनकर, जासु सैकत-राशि पै कर फेरि;
रामपद-नख-ज्योति निर्मल नित्य काढ़त हेरि।
जासु पुलिन पुनीत पै करि शंखनाद-प्रचार;
होति है भू-भार-हर की सदा जय-जयकार॥

(3)

दलित जीवन के हमारे क्षीण सुर में लीन;
धर्म्म के जयनाद की यह गूँज अति प्राचीन–
नाहिं हारन देति हिय में करति बल संचार;
देति आस बँधाय, टरिहैं अनय - अत्याचार॥

(4)

मर्म-स्वर सब भूत को लै, करुण प्रेम जगाय,
आदि कवि, कल कंठ तें प्रगटी गिरा जहँ आय।
बैठि तुलसी जहाँ 'मानस' द्वार खोलि अनूप;
दियो सबहिं दिखाय हरि को लोक-रंजन रूप॥

1. गत 20 सितम्बर को फैजाबाद के कवि-सम्मेलन में, सभापति के रूप में, पठित।

(5)

सकल सुषमा प्रकृति की लै, रुचिर भाव मिलाय;
गए श्री द्विजदेव जहँ पीयूष रस बरसाय।
निरखि वाही ठौर पै यह विज्ञ सुकवि-समाज;
होत पुलकित गात, हृदय प्रमोद पूरित आज॥

('माधुरी', नवम्बर, 1925)

रानी दुर्गावती

(1)

आइ लखहु सब वीर कहा यह परत लखाई।
बिना समय यह रेनु रही आकाश उड़ाई॥

(2)

ये वन के मृग डरे सकल क्यों आवत भागी ?
इहाँ कहूँ हूँ लगी नहीं है देखहुँ आगी॥

(3)

यह दुन्दुभि को शब्द सुनो, यह भीषण कलरव।
यह घोड़न की टाप शिलन पर गूँज रही अब॥

(4)

आर्य्य रुधिर हा एक बेर ही सोवत जान्यो।
अबला शासक मानि देश जीतन अनुमान्यो॥

(5)

शेष रुधिर को बूँद एक हू जब लगि तन महँ।
को समर्थ पग धरन हेतु यह रुचिर भूमि महँ ?

(6)

तुरत दूत इक आय सुनायो समाचार यह।
आसफ अगनित सैन लिए आवत चढ़ि पुर महँ॥

(7)

छिन छिन पर रहि दृष्टि सकल बीरन दिसि धावति।
कँपत गात रिस भरी खड़ी रानी दुर्गावति॥

(8)

श्वेत वसन तन, रतन मुकुट माथे पर दमकत।
श्रवत तजे मुख, नयन अनल कण होत बहिर्गत॥

(9)

सुघर बदन इमि लसत रोष की रुचिर झलकते।
कंचन आभा दुगुन होत जिनि आँच दिये ते॥

(10)

चपल अश्व की पीठ वीर रमणी यह को है ?
निकसि दुर्ग के द्वार खड़ी वीरन दिसि जोहै॥

(11)

बाम कंध बिच धनुष, पीठ तरकस कसि बाँधे।
कर महँ असि को धरे, वीर बानक सब साधे॥

(12)

चुवत वदन सन तेज और लावण्य साथ इमि।
है मनहर संजोग वीर शृंगार केर जिमि॥

(13)

नगर बीच है सेन कढ़ी कोलाहल भारी।
पुर वासिन मिलि बार-बार जयनाद पुकारी॥

(14)

सम्मुख गज आसीन निहार्‌यो आसफ खाँ को।
महरानी निज वचन अग्रसर कियो ताहि को॥

(15)

"अरे अधम ! रे नीच ! महा अभिमानी पामर !
दुर्गावति के जियत चहत गढ़ मंडल निज कर॥

(16)

म्लेच्छ ! यवन की हरम केर हम अबला नाहीं।
आर्य्य नारि नहिं कबहुँ शस्त्र धारत सकुचाहीं॥

(17)

चमकि उठे पुनि शस्त्र दामिनी सम घन माहीं।
भयो घोर घननाद युद्ध को दोउ दल माहीं॥

(18)

दुर्गावत् निज कर कृपान धारन यह कीने।
दुर्गापति मन मुदित फिरत बीरन संग लीने॥

(19)

सहसा शर इक आय गिर्‌यो ग्रीवा के ऊपर।
चल्यौ रुधिर बहि तुरत, मच्यो सेना बिच खरभर॥

(20)

श्रवत रुधिर इमि लसत कनक से रुचिर गात पर।
छुटत अनल परवाह मनहुँ कोमल पराग पर॥

(21)

चंचल करि निज तुरग सकल बीरन कहँ टेरी।
उन्नत करि भुज लगी कहन चारिहु दिशि हेरी॥

(22)

अरे वीर उत्साह भंग जनि होहि तुम्हारो।
जब लगि तन मधि प्राण पैर रन से नहिं टारो॥

(23)

लै कुमार को साथ दुर्ग की ओर सिधारहु।
गढ़ की रक्षा प्राण रहत निज धर्म्म बिचारहु॥

(24)

यवन सेन लखि निकट, लोल लोचन भरि वारी।
गढ़ मंडल ये अन्त समय की बिदा हमारी॥

(25)

यों कहि हन्यो कटार हीय बिच तुरत उठाई।
प्राण रहित शुचि देह पर्‍यो धरतीतल आई॥

('सरस्वती', जून, 1903)

भारतेन्दु हरिश्चन्द्र[1]

(1)

किंशुक कानन होते थे लाल,
कदम्ब भी होकर पीले ढले।
आम भी भौंरे नचाते थे
भौंरे, बिछाते थे पाँवड़े पैरों तले॥
कोयल कूक के जाती चली,
सिर पीट के जाते पपीहे चले।
चेत न होता हमें हम कौन हैं,
औ किसके रज से हैं पले॥

(2)

बानी थे भूल रहे हम जो
इनके औ' हमारे बड़ों ने गढ़ी।
मर्म कहाँ मिलते इनके अब,
चित्त में चाह थी और चढ़ी॥
ये तो बिगाने थे जाते बने,
गुल बुल्बुल की बकवादें बढ़ीं।
नर्गिस थे नयनों में गड़े नित।
शीन औ काफ से जीभ मढ़ी॥

(3)

शिष्ट शराफत में थे लगे
यह चन्द और सूर की बानी बड़ी।

1. हरिश्चन्द्र जयन्ती के समय पढ़ी गई।

केवल तानों में जाती तनी,
मुँह में मँगतों के थी जाती सड़ी।
राज के काज को त्याग सभी,
फिर धर्म्म की धार पै आके अड़ी।
श्री हरिचन्द जो होते न तो
रह जाती वहाँ की वहाँ ही पड़ी॥

(ना.प्र. पत्रिका, अगस्त, 1912)

श्रीयुत् बा. देवकीनन्दन खत्री का वियोग

(1)

है यह शोक समाज आज उसके लिए।
जिसने हिन्दी के अनेक पाठक किये॥
रचा तिलस्मी-जाल फँसे जिसमें बहुतेरे।
टो टो पढ़नेवाले औ' उर्दू के चेरे॥
चन्द्रकान्ता हाथ न उनकी ओर बढ़ाती।
ढूँढ़े उनका पता कहीं हिन्दी फिर पाती ?

(2)

ऐयारी के बल कितनों को पकड़-पकड़कर।
फुसला लाया हिन्दी के जो नूतन पथ पर।
हुआ गुप्त वह उस तिलस्म में चटपट जाकर।
कहीं न जिसका भेद कभी है खुला किसी पर॥
अहो ! देवकीनन्दन जी हा ! चल दिए।
छोड़ जगत जंजाल, शोक उनके लिए॥

('इन्दु', अगस्त, 1913)

भारतेन्दु-जयन्ती

(1)

खड़ा विदा के हेतु हमारा चिर पोषित साहित्य।
बना बनाया भाव-भवन था गिरता जाता नित्य॥
खड़हर करके हृदय खुक्ख हो कुछ तो बर्बर नाच।
कृशित बुद्धि निज लगे टिकाने भाड़े के घर बीच॥

(2)

इस भू के जो टिटप, बेलि, नग, निर्झर, नदी कछार।
सभी एक स्वर से पुकारते बार बार धिक्कार॥
हो प्रमत्त जब एक एक हम लगे हटाने हाय।
उनके बन्धु और चिर-प्रतिनिधि रुचिर शब्द समुदाय।

(3)

पश्चिम से जो ज्ञान-ज्योति की धारा बही विशाल।
बुझे दीपकों को उससे हम लेवें अपने बाल॥
नहीं चेत यह हमें, रहे हम चिनगारी पर भूल।
यहाँ वहाँ जो गिरती केवल प्राप्तकाल अनुकूल॥

(4)

पल्ला पकड़ विदेशी भाषा का दौड़े कुछ वीर।
नए नए विज्ञान कला की ओर छोड़कर धीर॥
पिछड़ गया साहित्य शिथिल तन लिया न उसको संग।
पिया ज्ञान रस आप, लगा वह नहीं जाति के अंग॥

(5)

इसी बीच "भारतेन्दु" कर बढ़े विशाल उदार।
हिन्दी को दे लगाया नए पंथ के द्वार॥
जहाँ ज्ञान विज्ञान आदि के फैले रत्न अपार।
संचित करने लगी जिन्हें है हिन्दी विविध प्रकार॥

('इन्दु', सितम्बर, 1913)

आमन्त्रण

(1)

दृग के प्रति रूप सरोज हमारे,
उन्हें जग ज्योति जगाती जहाँ;
जब बीच कलम्ब - करम्बित कूल से,
दूर छटा छहराती जहाँ।
घन अंजन - वर्ण खड़े, तृण जाल की
झाईं पड़ी दरसाती जहाँ;
बिखरे बक के निखरे सित पंख,
विलोक बकी बिक जाती जहाँ॥

(2)

द्रुम - अंकित, दूब भरी, जलखंड–
जड़ी धरती छवि छाती जहाँ;
हर हीरक - हेम - मरक्त - प्रभा ढल,
चन्द्रकला है चढ़ाती जहाँ।
हँसती मृदुमूर्ति कलाधर की,
कुमुदों के कलाप खिलाती जहाँ,
घन - चित्रित अम्बर अंक धरे
सुषमा सरसी सरसाती जहाँ॥

(3)

निधि खोल किसानों के धूल-सने
श्रम का फल भूमि बिछाती जहाँ;
चुन के, कुछ चोंच चला करके,
चिड़िया निज भाग बँटाती जहाँ,
कगरों पर काँस की फैली हुई,

धवली अवली लहराती जहाँ,
मिल गोपों की टोली कछार के बीच,
है गाती और गाय चराती जहाँ॥

(4)

जननी - धरणी निज अंक लिए,
बहु कीट, पतंग खेलाती जहाँ,
ममता से भरी हरी बाँह की छाँह,
पसार के नीड़ बसाती जहाँ।
मृदु वाणी, मनोहर वर्ण अनेक,
लगाकर पंख उड़ाती जहाँ;
उजली-कँकरीली तटी में धँसी,
तनु धार लटी बल खाती जहाँ॥

(5)

दल - राशि उठी खरे आतप में,
हिल चंचल चौंध मचाती जहाँ;
उस एक हरे रँग में हलकी–
गहरी लहरी पड़ जाती जहाँ।
कल कुर्बरता नभ की प्रतिबिम्बित,
खंजन में मन भाती जहाँ;
कविता, वह ! हाथ उठाए हुए,
चलिए कविवृन्द ! बुलाती वहाँ॥

('माधुरी', अक्टूबर, 1925)

गोस्वामीजी और हिन्दू जाति

बल-वैभव-विक्रम-विहीन यह जाति हुई जब सारी;
जीवनरुचि घट चली; हट चली जग से दृष्टि हमारी;
प्रभु की ओर देखने जब हम लगे हृदय में हारे
नए पंथ कुछ चले चिढ़ाने 'वह तो जग से न्यारे'।
उस नैराश्यगिरा से आहत मन गिर गया हमारा।
अंधकारमय लगा जगत् यह, रहा न कहीं सहारा।
अटपट बानी ने जीवन की खटखट से खटकाया,
लोकधर्म्म के रुचिर रूप पर चटपट पट फैलाया,
जिसके तानों में फँसकर मति गति थक चली हमारी,
मर्यादा मिट चली लोक की, गई वृत्ति वह मारी
होता है अभ्युदय जाति का फिर फिर जिसके द्वारा,
हरती है जो सकल हीनता, भरती है सुख सारा।
जाय वीरता, मान न उसका यदि मानस से जावे;
जाय शक्ति पर भक्ति शक्ति की यदि जनमन न भगावे;
पर न भारती-पाद-पद्‌म तज पूज्य बुद्धि यदि भागै;
कितनी ही पर ताप तप्त तनु पिसकर पीड़ा पावै
पर यदि दुष्टदमन पर श्रद्धा मन में कुछ रह जावै;
लोकरक्षिणी शक्ति उदय तो अपना आप करेगी,
विद्या, बल, वैभव वितरित कर सब सन्ताप हरेगी।
पर जनता के मन से ये शुभ भाव भगानेवाले
दिन दिन नए निकलते आते थे मत के मतवाले।
इतने में सुन पड़ी अतुल सी तुलसी की बर वानी
जिसने भगवत्कला लोक के भीतर की पहचानी।
शोभा-शक्ति-शील-मय प्रभु का रूप मनोहर प्यारा
दिखा लोकजीवन के भीतर जिसने दिया सहारा,
शक्तिबीज शुभ भव्य भक्ति वह पाकर मंगलकारी
मिटी खिन्नता, जीने की रुचि फिर कुछ जगी हमारी।

जिस दंडकवन में प्रभु की कोदंड-चंड-ध्वनि भारी
सुनकर कभी हुए थे कम्पित निशिचर अत्याचारी,
वहीं शक्ति वह झलक उठी झंकार सहित भयहारी,
दहल उठा अन्याय, उठी फिर मरती जाति हमारी।
प्रभु की लोकरंजिनी छवि पर जब तक भक्ति रहेगी
तब तक गिर गिरकर उठने की हममें शक्ति रहेगी।
रंजन करना साधुजनों का, दुष्टों को दहलाना,
दोनों रूप लोकरक्षा के हैं, यह भूल न जाना।
उभय रूप में देते हैं जिसमें भगवान् दिखाई
वह प्राचीन भक्ति तुलसी से फिर से हमने पाई।
यही भक्ति है जगत् बीच जीना बतलानेवाली,
किसी जाति के जीवन की जो करती है रखवाली।
खींच वीरता, विद्या, बल पर से जो भक्ति हमारी।
अपनी ओर फेर करते हों लोकधर्म्म से न्यारी,
हमें चाहिए उनसे अपना पीछा आप छुड़ावें,
तुलसी का कर ध्यान न उनकी बातों में हम आवें।

(*'माधुरी'*, अगस्त, 1927)

विनती*

जय जय जग नायक करतार।
करत नाथ कर जोरि आज हम विनती बारम्बार।
प्रात समीर सरिस भारत महँ हिन्दी करै प्रसार॥
जय जय...
खोलै परखि उनीदे नयनन दरसावैं संसार।
बुध हिय सागर बीच उठावै भाव तरंग अपार॥
हय जय...
देश देश के मृदु सुमनन सों भरि सौरभ को थार।
बगरावै यदि भूमि बीच जो हरै समाज विकार॥
जय जय...
मेटे सब असान ताप करि शीतलता संचार।
विविध कला किसलय कल रणदरावै प्रतिद्वार॥
जय जय...

* प्रथम हिन्दी साहित्य सम्मेलन (ना.प्र.स. काशी, 10-12 अक्तूबर, 1910 ई.) का प्रारम्भ आचार्य शुक्ल की इसी कविता के गायन से हुआ था। बाबू हरिदास माणिक ने इसे राग भैरवी में प्रस्तुत किया था। (सूचना-भवदेव पांडेय, आचार्य रामचन्द्र शुक्ल : आलोचना के नए मानदंड, पृ. 63-64)।

कहानी

ग्यारह वर्ष का समय

दिन भर बैठे-बैठे मेरे सिर में पीड़ा उत्पन्न हुई; मैं अपने स्थान से उठा और अपने एक नए एकान्तवासी मित्र के यहाँ मैंने जाना विचारा। जाकर मैंने देखा तो वे ध्यानमग्न सिर नीचा किए हुए कुछ सोच रहे थे। मुझे यह देखकर कुछ आश्चर्य नहीं हुआ; क्योंकि यह कोई नई बात न थी। उन्हें थोड़े ही दिन पूरब से इस देश में आए हुआ है। नगर में उनसे मेरे सिवाय और किसी से विशेष जान-पहिचान नहीं है; और न यह विशेषतः किसी से मिलते-जुलते ही हैं। केवल मुझसे, मेरे भाग्य से, वे मित्रभाव रखते हैं। उदास तो वे हर समय रहा करते हैं। कई बार उनसे मैंने इस उदासीनता का कारण पूछा भी; किन्तु मैंने देखा कि उसके प्रगट करने में उन्हें एक प्रकार का दुख सा होता है, इसी कारण मैं विशेष पूछताछ नहीं करता।

मैंने पास जाकर कहा, "मित्र! आज तुम बहुत उदास जान पड़ते हो। चलो थोड़ी दूर तक घूम आएँ। चित्त बहल जाएगा।"

वे तुरन्त खड़े हो गए और कहा, "चलो मित्र, मेरा भी यही जी चाहता है। मैं तो तुम्हारे यहाँ आनेवाला था।"

हम दोनों उठे और नगर से पूर्व की ओर का मार्ग लिया। मार्ग के दोनों ओर की कृषि-सम्पन्न भूमि की शोभा का अनुभव करते और हरियाली के विस्तृत राज्य का अवलोकन करते हम लोग चले। दिन का अधिकांश अभी शेष था; इससे चित्त को स्थिरता थी। पावस की जरावस्था थी इससे ऊपर से भी किसी प्रकार के अत्याचार की सम्भावना न थी। प्रस्तुत ऋतु की प्रशंसा भी हम दोनों बीच-बीच में करते जाते थे।

अहा! ऋतुओं में उदारता का अभिमान यही कर सकता है। दीन कृषकों को अन्नदान और सूर्यताप तप्त पृथिवी को वस्त्रदान देकर यश का भागी यही होता है। इसे तो कवियों की 'कौंसिल' से 'रायबहादुर' की उपाधि मिलनी चाहिए। यद्यपि पावस की युवावस्था का समय नहीं है; किन्तु उसके यश की ध्वजा फहरा रही है। स्थान-स्थान पर प्रसन्न सलिलपूर्ण ताल यद्यपि उसकी पूर्व उदारता का परिचय दे रहे हैं।

एतादृश भावों की उलझन में पड़कर, हम लोगों का ध्यान मार्ग की शुद्धता की ओर न रहा। हम लोग नगर से बहुत दूर निकल गए। देखा तो शनैः-शनैः भूमि में परिवर्तन लक्षित होने लगा; अरुणता मिश्रित पहाड़ी, रेतीली भूमि, जंगली बेर और मकोय की छोटी-छोटी कंकटमय झाड़ियाँ दृष्टि के अन्तर्गत होने लगीं। अब हम लोगों को जान पड़ा कि हम दक्षिण की ओर झुके जा रहे हैं। सन्ध्या भी हो चली। दिवाकर की डूबती हुई

किरणों की अरुण आभा झाड़ियों पर पड़ने लगी। इधर प्राची की ओर दृष्टि गई; देखा तो चन्द्रदेव पहले से ही सिंहासनारूढ़ होकर एक पहाड़ी के पीछे से झाँक रहे थे।

अब हम लोग नहीं कह सकते कि किस स्थान पर हैं। एक पगडंडी के आश्रय अब तक हम लोग चल रहे थे, जिस पर उगी हुई घास इस बात की शपथ खा के साक्षी दे रही थी कि वर्षों से मनुष्यों के चरण इस ओर नहीं पड़े हैं। कुछ दूर तक चलकर यह मार्ग भी तृणसागर में लुप्त हो गया। "इस समय क्या कर्तव्य है?" चित्त इसी के उत्तर की प्रतीक्षा में लगा। अन्त में यह विचार स्थिर हुआ कि किसी खुले स्थान से चारों ओर देख यह ज्ञान प्राप्त हो सकता है कि हम लोग अमुक स्थान पर हैं।

देवात् सम्मुख ही एक ऊँची पहाड़ी देख पड़ी, उसी को इस कार्य्य के उपयुक्त स्थान हम लोगों ने विचारा। ज्यों-त्यों करके पहाड़ी के शिखर तक हम लोग गए। ऊपर आते ही भगवती जहनुनन्दिनी के दर्शन हुए। नेत्र तो सफल हुए। इतने में चारुहासिनी चन्द्रिका भी अट्टहास करके खिल पड़ी। उत्तर-पूर्व की ओर दृष्टि गई। विचित्र दृश्य सम्मुख उपस्थित हुआ। जाह्नवी के तट से कुछ अन्तर पर नीचे मैदान में, बहुत दूर, गिरे हुए मकानों के ढेर स्वच्छ चन्द्रिका में स्पष्ट रूप से दिखाई दिए।

मैं सहसा चौंक पड़ा और ये शब्द मेरे मुख से निकल पड़े "क्या यह वही खँडहर है जिसके विषय में यहाँ अनेक दन्तकथाएँ प्रचलित हैं?" चारों ओर दृष्टि उठाकर देखने से मुझे पूर्णरूप से निश्चय हो गया कि हो न हो यह वही स्थान है, जिसके सम्बन्ध में मैंने बहुत कुछ सुना है। मेरे मित्र मेरी ओर ताकने लगे। मैंने संक्षेप में उस खँडहर के विषय में जो कुछ सुना था उनसे कह सुनाया। हम लोगों के चित्त में कौतूहल की उत्पत्ति हुई; उसको निकट से देखने की प्रबल इच्छा ने मार्ग-ज्ञान की व्यग्रता को हृदय से बहिर्गत कर दिया। उत्तर की ओर उतरना बड़ा दुष्कर प्रतीत हुआ, क्योंकि जंगली वृक्षों और कंटकमय झाड़ियों से पहाड़ी का वह भाग आच्छादित था। पूर्व की ओर से हम लोग सुगमतापूर्वक नीचे उतरे। यहाँ से खँडहर लगभग डेढ़ मील का प्रतीत होता था। हम लोगों ने पैरों को उसी ओर मोड़ा, मार्ग में घुटनों तक उगी हुई घास पग-पग पर बाधा उपस्थित करने लगी; किन्तु अधिक विलम्ब तक यह कष्ट हम लोगों को भोगना न पड़ा; क्योंकि आगे चलकर फूटे हुए खपड़ैलों की सिटकियाँ मिलने लगीं, इधर-उधर गिरी हुई दीवारें और मिट्टी के ढूह प्रत्यक्ष होने लगे। हम लोगों ने जाना कि अब यहीं से खँडहर का आरम्भ है। दीवारों की मिट्टी का स्थान क्रमशः ऊँचा होता जाता था, जिस पर से होकर हम लोग निर्भय जा रहे थे। इस निर्भयता के लिए हम लोग चन्द्रमा के प्रकाश के भी अनुगृहीत हैं। सम्मुख ही एक देवमन्दिर पर दृष्टि जा पड़ी जिसका कुछ भाग तो नष्ट हो गया था; किन्तु शेष प्रस्तरविनिर्मित होने के कारण अब तक क्रूर काल के आक्रमण को सहन करता आया था। मन्दिर का द्वार ज्यों का त्यों खड़ा था। किवाड़ सट गए थे। भीतर भगवान् भवानीपति बैठे निर्जन कैलाश का आनन्द ले रहे थे; द्वार पर उनका नन्दी भी बैठा था। मैं तो प्रणाम करके वहाँ से हटा; किन्त फिर देखा तो हमारे मित्र बड़े ध्यान से खड़े हो उस मन्दिर की ओर देख रहे हैं और मन-ही-मन कुछ सोच रहे हैं। मैंने मार्ग में भी कई बार लक्ष्य किया

था कि वे कभी-कभी ठिठक जाते और किसी वस्तु को बड़ी स्थिर दृष्टि से देखने लगते। मैं खड़ा हो गया और पुकारकर मैंने कहा, "कहो मित्र! क्या है? क्या देख रहे हो?"

मेरी बोली सुनते ही वे झट मेरे पास दौड़ आए और कहा, "कुछ नहीं, यों ही मैं मन्दिर देखने लग गया था।" मैंने फिर तो कुछ न पूछा। किन्तु अपने मित्र की ओर देखता जाता था, जिस पर कि विस्मययुक्त एक अद्‌भुतभाव लक्षित होता था। इस समय खँडहर के मध्य भाग में हम लोग खड़े थे। मेरा हृदय इस स्थान को इस अवस्था में देख विदीर्ण होने लगा। प्रत्येक वस्तु से उदासी बरस रही थी, इस संसार की अनित्यता की सूचना मिल रही थी। इस करुणोत्पादक दृश्य का प्रभाव मेरे हृदय पर किस सीमा तक हुआ, शब्दों द्वारा अनुभव कराना असम्भव है।

कहीं सड़े हुए किवाड़ भूमि पर पड़े प्रचंड काल को साष्टांग दंडवत् कर रहे हैं। जिन घरों में किसी अपरिचित की परछाईं पड़ने से कुल की मर्यादा भंग होती थी, वे भीतर से बाहर तक खुले पड़े हैं। रंग-गिरंगी चूड़ियों के टुकड़े इधर-उधर पड़े काल की महिमा गा रहे हैं। मैंने इनमें से एक को हाथ में उठाया, उठाते ही यह प्रश्न उपस्थित हुआ कि "वे कोमल हाथ कहाँ हैं, जो इन्हें धारण करते थे।"

हाँ! यही स्थान किसी समय नर-नारियों के आमोद-प्रमोद से पूर्ण रहा होगा और बालकों के कल्लोल की ध्वनि चारों ओर से आती रही होगी। वही आज कराल काल के कठोर दाँतों के तले पिसकर चकनाचूर हो गया है। तृणों से आच्छादित गिरी हुई दीवारें, मिट्‌टी और ईंटों के ढूह, टूटे-फूटे चौखटे और किवाड़ इधर-उधर पड़े एक स्वर में मानो पुकार के कह रहे थे—"दिनन के फेर होत मेरु होत माटी को"; प्रत्येक पार्श्व से मानो यही ध्वनि आ रही थी। मेरे हृदय में करुणा का एक समुद्र उमड़ पड़ा जिसमें मेरे विचार सब मग्न होने लगे।

मैं एक स्वच्छ शिला पर, जिसका कुछ भाग तो पृथ्वीतल में धँसा था और शेषांश बाहर था, बैठ गया। मेरे मित्र भी आकर मेरे पास बैठे। मैं तो बैठे-बैठे काल-चक्र की गति पर विचार करने लगा; मेरे मित्र भी किसी विचार में डूबे थे; किन्तु मैं नहीं कह सकता कि वह क्या था। यह सुन्दर स्थान इस शोचनीय और पतित दशा को क्यों प्राप्त हुआ, मेरे चित्त में तो यही प्रश्न बार-बार उठने लगा; किन्तु फिर उसका सन्तोषदायक उत्तर प्रदान करनेवाला वहाँ कौन था? अनुमान ने यथासाध्य प्रयत्न किया, परन्तु कुछ फल न हुआ। माथा घूमने लगा। न जाने कितने और किस-किस प्रकार के विचार मेरे मस्तिष्क से होकर दौड़ गए।

हम लोग अधिक विलम्ब तक इस अवस्था में न रहने पाए। यह क्या? मधुसूदन! यह कौन सा दृश्य है? जो कुछ देखा उससे अवाक् रह गया। कुछ दूर पर एक श्वेत वस्तु इसी खँडहर की ओर आती हुई प्रतीत हुई। मुझे रोमांच हो आया; शरीर काँने लगा। मैंने अपने मित्र को उसी ओर आकर्षित किया और उँगली उठा के दिखाया। परन्तु कहीं कुछ न देख पड़ा, मैं स्थापित मूर्ति की भाँति बैठा रहा। पुनः वही दृश्य! अबकी बार ज्योत्स्नालोक में स्पष्ट रूप से हम लोगों ने देखा कि एक श्वेत-परिच्छद-धारणा स्त्री एक जल का पात्र लिए खँडहर के एक पार्श्व से होकर दूसरी ओर वेग से निकल गई और उन्हीं खँडहरों के बीच फिर न जाने कहाँ अन्तर्ध्यान हो गई। इस अदृष्ट-पूर्व व्यापार को

देख मेरे मस्तक में पसीना आ गया और कई प्रकार के भ्रम उत्पन्न होने लगे। विधाता! तेरी सृष्टि में न जाने कितनी अद्भुत-अद्भुत वस्तु मनुष्य की सूक्ष्म विचार-दृष्टि से वंचित पड़ी है। यद्यपि मैंने इस स्थान-विशेष के स्म्बन्ध में अनेक भयानक वार्त्ताएँ सुन रक्खी थीं; किन्तु मेरे हृदय पर भय का विशेष संचार न हुआ। हम लोगों को प्रेतों पर भी इतना दृढ़ विश्वास न था, नहीं तो हम दोनों का एक क्षण भी उस स्थान पर ठहरना दुष्कर हो जाता। रात्रि भी अधिक व्यतीत होती जाती थी। हम दोनों को अब यह चिन्ता हुई कि यह स्त्री कौन है? इसका उचित परिशोध अवश्य लगाना चाहिए।

हम दोनों अपने स्थान से उठे और जिस ओर वह स्त्री जाती हुई देख पड़ी थी उसी ओर चले। अपने चारों ओर प्रत्येक स्थान को भली प्रकार देखते, हम लोग गिरे हुए मकानों के भीतर जा-जा के शृंगालों के स्वच्छन्द विहार में बाधा डालने लगे। अभी तक तो कुछ ज्ञान न हुआ। यह बात तो हम लोगों के मन में निश्चय हो गई थी कि हो न हो वह स्त्री खँडहर के किसी गुप्त भाग में गई है। गिरी हुई दीवारों की मिट्टी और ईंटों के ढेर से इस समय हम लोग परिवृत्त थे; वाह्य जगत् की कोई वस्तु दृष्टि के अन्तर्गत न थी। हम लोगों को जान पड़ता था कि किसी दूसरे संसार में खड़े हैं। वास्तव में खँडहर के एक बड़े भयानक भाग में इस समय हम लोग खड़े थे। सामने एक बड़ी ईंटों की दीवार देख पड़ी जो औरों की अपेक्षा अच्छी दशा में थी। इसमें एक खुला हुआ द्वार था। इसी द्वार से हम दोनों ने इसमें प्रवेश किया। भीतर एक विस्तृत आँगन था जिसमें बेर और बबूल के पेड़ स्वच्छन्दतापूर्वक खड़े उस स्थान को मनुष्य-जाति-सम्बन्ध से मुक्त सूचित करते थे। इसमें पैर धरते ही मेरे मित्र की दशा कुछ और हो गई और वे चट बोल उठे, "मित्र! मुझे ऐसा जान पड़ता है कि जैसे मैंने इस स्थान को और कभी देखा हो—यह नहीं कह सकता कब। प्रत्येक वस्तु यहाँ की पूर्व परिचित सी जान पड़ती है।" मैं अपने मित्र की ओर ताकने लगा। उन्होंने आगे कुछ न कहा। मेरा मित्र इस स्थान के अनुसन्धान करने को मुझे बाध्य करने लगा। इधर-उधर देखा तो एक ओर मिट्टी पड़ते-पड़ते दीवार की ऊँचाई के मध्य भाग तक वह पहुँच गई थी। इस पर से होकर हम दोनों दीवार पर चढ़ गए। दीवार के नीचे दूसरे किनारे से चतुर्दिक् वेष्टित एक कोठरी दिखाई दी, मैं उसमें उतरने का यत्न करने लगा। बड़ी सावधानी से एक उभरी हुई ईंट पर पैर रखकर हम दोनों नीचे उतर गए। यह कोठरी ऊपर से बिलकुल खुली थी, इसलिए चन्द्रमा का प्रकाश इसमें बे-रोकटोक आ रहा था। कोठरी की दाहिनी ओर एक द्वार था। हम लोगों ने निकट जाकर किवाड़ों को पीछे की ओर धीरे से ढकेला तो जान पड़ा कि भीतर से बन्द है।

मेरे तो पैर काँपने लगे। पुनः साहस को धारण कर हम लोगों ने किवाड़ के छोटे-छोटे रन्ध्रों से झाँका तो एक प्रशस्त कोठरी देख पड़ी। एक कोने में मन्द-मन्द एक प्रदीप जल रहा था जिसका प्रकाश द्वार तक न पहुँचता था। यदि यह प्रदीप उसमें न होता तो अन्धकार के अतिरिक्त हम लोग और कुछ न देख पाते।

हम लोग कुछ काल तक स्थिर दृष्टि से उसी ओर देखते रहे। इतने में एक स्त्री की आकृति देख पड़ी जो हाथ में कई छोटे पात्र लिए उस कोठरी के प्रकाशित भाग में आई। अब

तो किसी प्रकार का सन्देह न रहा। एक बार इच्छा हुई कि खटखटाएँ, किन्तु कई बातों का विचार करके हम लोग ठहर गए। जिस प्रकार से हम लोग कोठरी में आए थे, धीरे-धीरे उसी प्रकार निःशब्द दीवार पर से होकर फिर आँगन में आए। मेरे मित्र ने कहा "इसका शोध अवश्य लगाओ कि यह स्त्री कौन है।" अन्त में हम दोनों आड़ में, इस आशा से कि कदाचित् वह फिर बाहर निकले, बैठे रहे। पौन घंटे के लगभग हम लोग इसी प्रकार बैठे रहे। इतने में ही श्वेतवसनधारिणी स्त्री आँगन में सहसा आकर खड़ी हो गई। हम लोगों को यह देखने का समय न मिला कि वह किस ओर से आई। उसका अपूर्व सौन्दर्य देखकर हम लोग स्तम्भित वा चकित रह गए। चन्द्रिका में उसके सर्वांग की सुन्दरता स्पष्ट जान पड़ती थी। गौर वर्ण, शरीर किंचित् क्षीण और आभूषणों से सर्वथा रहित; मुख उसका, यद्यपि उस पर उदासीनता और शोक का स्थायी निवास लक्षित होता था, एक अलौकिक प्रशान्त कान्ति से देदीप्यमान हो रहा था। सौम्यता उसके अंग-अंग से प्रदर्शित होती थी। वह साक्षात् देवी जान पड़ती थी।

कुछ काल तक किंकर्तव्यविमूढ़ होकर स्तब्ध लोचनों से उसी ओर हम लोग देखते रहे। अन्त में हमने अपने को सँभाला और इसी अवसर को अपने कार्योपयुक्त विचारा। हम लोग अपने स्थान से उठे और तुरन्त उस देवरूपिणी के सम्मुख हुए। वह देखते ही बड़े वेग से पीछे हटी। मेरे मित्र ने गिड़गिड़ाकर कहा, 'देवि! ढिठाई क्षमा करो। मेरे भ्रमों का निवारण करो।" वह स्त्री क्षणभर के लिए चुप रही, फिर स्निग्ध और गम्भीर स्वर में बोली, "तुम कौन हो और क्यों मुझे व्यर्थ कष्ट देते हो।" इसका उत्तर ही क्या था? मेरे मित्र ने फिर विनीत भाव से कहा, "देवि! मुझे बड़ा कौतूहल है—दया करके यहाँ का सब रहस्य कहो।"

इस पर उसने उदास स्वर से कहा, "तुम हमारा परिचय लेके क्या करोगे? इतना जान लो कि मेरे समान अभागिनी इस समय इस पृथ्वीमंडल में कोई नहीं है।"

मेरे मित्र से न रहा गया, हाथ जोड़कर उन्होंने फिर निवेदन किया, "देवि! अपने वृत्तान्त से मुझे परिचित करो। इसी हेतु हम लोगों ने इतना साहस किया है। मैं भी तुम्हारे ही समान दुखिया हूँ। मेरा इस संसार में कोई नहीं है।" मैं अपने मित्र का यह भाव देखकर चकित रह गया।

स्त्री ने करुण स्वर से कहा, "तुम मेरे नेत्रों के सम्मुख भूला-भुलाया मेरा दुख फिर उपस्थित करने का आग्रह कर रहे हो। अच्छा बैठो।"

मेरे मित्र निकट के एक पत्थर पर बैठ गए। मैं भी उन्हीं के पास जा बैठा। कुछ काल तक सब लोग चुप रहे। अन्त में वह स्त्री बोली, "इसके प्रथम कि मैं अपने वृत्तान्त से तुम्हें परिचित करूँ, तुम्हें शपथपूर्वक यह प्रतिज्ञा करनी होगी कि तुम्हारे सिवाय यह रहस्य संसार में और किसी के कानों तक न पहुँचे, नहीं तो मेरा इस स्थान पर रहना दुष्कर हो जाएगा और आत्महत्या ही मेरे लिए एकमात्र उपाय शेष रह जाएगा।"

हम लोगों के नेत्र गीले हो आए। मेरे मित्र ने कहा—"देवि! मुझसे तुम किसी प्रकार का भय न करो, ईश्वर मेरा साक्षी है।"

स्त्री ने तब इस प्रकार कहना आरम्भ किया—"यह खँडहर जो तुम देखते हो, आज से दस वर्ष पूर्व एक सुन्दर ग्राम था। अधिकांश ब्राह्मण क्षत्रियों की इसमें बस्ती थी। यह घर

जिसमें हम लोग बैठे हैं, चन्द्रशेखर मिश्र नामी एक प्रतिष्ठित और कुलीन ब्राह्मण का निवास स्थान था। घर में उनकी स्त्री और एक पुत्र था; इस पुत्र के सिवाय उन्हें और कोई सन्तान न थी। आज 11 वर्ष हुए मेरा विवाह इसी चन्द्रशेखर मिश्र के पुत्र के साथ हुआ था।"

इतना सुनते ही मेरे मित्र सहसा चौंक पड़े। "हे परमेश्वर! यह सब स्वप्न है या प्रत्यक्ष?" ये शब्द उनके मुख से निकले ही थे कि उनकी दशा विचित्र हो गई। उन्होंने अपने को बहुत सँभाला और फिर से सँभलकर बैठे। वह स्त्री उनका यह भाव देखकर विस्मित हुई और उनसे पूछा, "क्यों, क्या है?"

मेरे मित्र ने विनीत भाव से उत्तर दिया, "कुछ नहीं, यों ही मुझे एक बात का स्मरण आया। कृपा करके आगे कहो।" स्त्री ने फिर कहना आरम्भ किया–

"मेरे पिता का घर काशी में...महल्ले में था। विवाह के एक वर्ष पश्चात् इस ग्राम में एक भयानक दुर्घटना उपस्थित हुई। यहीं से मेरे दुर्दयनीय दुख का जन्म हुआ। सन्ध्या को सब ग्रामीण अपने-अपने कार्य्य से निश्चिन्त होकर अपने-अपने घरों को लौटे। बालकों का कोलाहल बन्द हुआ। निद्रा देवी ने ग्रामीणों के चिन्ताशून्य हृदयों में अपना डेरा जमाया। आधी रात से अधिक बीत चुकी थी; कुत्ते भी थोड़ी देर तक भूँककर अन्त में चुप हो रहे। प्रकृति निस्तब्ध हई, सहसा ग्राम में कोलाहल मचा और धमाके के कई शब्द हुए। लोग आँखें मींजते उठे। चारपाई के नीचे पैर देते हैं तो घुटने भर पानी में खड़े? कोलाहल सुनकर बच्चे भी जगे। एक-दूसरे का नाम ले-लेकर लोग चिल्लाने लगे। अपने-अपने घरों में से लोग बाहर निकलकर खड़े हुए। भगवती जाह्नवी को द्वार पर बहते हुए पाया। भयानक विपत्ति का कोई उपाय नहीं। जल का वेग क्रमशः अधिक बढ़ने लगा। पैर कठिनता से ठहरते थे। जिधर दृष्टि उठाकर देखा जल ही जल दिखाई दिया। एक-एक करके सब सामग्रियाँ बहने लगीं। संयोगवश एक नाव कुछ दूर पर आती देख पड़ी। आशा! आशा!! आशाा!!!

नौका आई, लोग टूट पड़े और बलपूर्वक चढ़ने का यत्न करने लगे। मल्लाहों ने भारी विपत्ति सम्मुख देखी। नाव पर अधिक बोझ होने के भय से उन्होंने तुरन्त अपनी नाव बढ़ा दी। बहुत लोग रह गए। नौका पवनगति से गमन करने लगी। लोग उतरे। चन्द्रशेखर मिश्र भी नाव पर से उतरे और अपने पुत्र का नाम लेकर पुकारा। कोई उत्तर न मिला। उन्होंने अपने साथ ही उसे नाव पर चढ़ाया था। किन्तु भीड़-भाड़ नाव पर होने के कारण वह उनसे पृथक् हो गया था, मिश्रजी बहुत घबड़ाए और तुरन्त नाव लेकर लौटे। देखा, बहुत से लोग रह गए थे, उनसे पूछताछ की। किसी ने कुछ पता न दिया। निराशा भयंकर रूप धारण करके उनके सामने उपस्थित हुई।

सन्ध्या का समय था, मेरे पिता दरवाजे पर बैठे थे। सहसा मिश्रजी घबड़ाए हुए आते देख पड़े। उन्होंने आकर आद्योपान्त पूर्वोल्लिखित घटना कह सुनाई, और तुरन्त उन्मत्त की भाँति वहाँ से चल दिए। लोग पुकारते ही रह गए? वे एक क्षण भी वहाँ न ठहरे। तब से फिर कभी वे दिखाई नहीं दिए। ईश्वर जाने वे कहाँ गए। मेरे पिता भी दत्तचित्त होकर अनुसन्धान करने लगे। उन्होंने सुना कि ग्राम के बहुत से लोग नाव पर चढ़-चढ़कर इधर-उधर भाग गए हैं। इसलिए उन्हें आशा थी। इस प्रकार ढूँढ़ते- ढाँढ़ते कई मास व्यतीत हो गए।

अब तक तो समाचार की प्रतीक्षा में थे और इन्हें आशा थी; किन्तु अब उन्हें भी चिन्ता हुई। चन्द्रशेखर मिश्र का भी तब से कहीं कुछ समाचार न मिला। जहाँ-जहाँ मिश्रजी का सम्बन्ध था मेरे पिता स्वयं गए; किन्तु चारों ओर से निराश लौटे; किसी का कुछ अनुसन्धान न लगा। एक वर्ष बीता, दो वर्ष बीते, तीसरा वर्ष आरम्भ हुआ। पिता बहुत इधर-उधर दौड़े, अन्त में ईश्वर और भाग्य के ऊपर छोड़कर बैठ रहे। तीसरा वर्ष भी व्यतीत हो गया।

मेरी अवस्था उस समय 14 वर्ष की हो चुकी थी; अब तक तो मैं निर्बोध बालिका थी। अब क्रमशः मुझे अपनी वास्तविक दशा का ज्ञान होने लगा। मेरा समय भी अहर्निश इसी चिन्ता में अब व्यतीत होने लगा। शरीर दिन पर दिन क्षीण होने लगा। मेरे देवतुल्य पिता ने यह बात जानी। वे सदा मेरे दुख भुलाने का यत्न करते रहते थे। अपने पास बैठाकर रामायण आदि की कथा सुनाया करते थे। पिता अब वृद्ध होने लगे; दिवा-रात्रि की चिन्ता ने उन्हें और भी वृद्ध बना दिया। घर के समस्त कार्य्य-सम्पादन का भार मेरे बड़े भाई के ऊपर पड़ा। उनकी स्त्री का स्वभाव बड़ा क्रूर था। कुछ दिन तो किसी प्रकार चला। अन्त में वह मुझसे डाह करने लगी और कष्ट देना प्रारम्भ किया। मैं चुपचाप सब सहन करती थी। धीरे-धीरे आश्वासवाक्य के स्थान पर वह तीक्ष्ण वचनों से मेरा चित्त अधिक दुखाने लगी। यदि कभी मैं अपने भाई से निवेदन करती तो वे भी कुछ न बोलते, आनाकानी कर जाते। और मेरे पिता की वृद्धावस्था के कारण कुछ चल नहीं सकती थी। मेरे दुख को समझनेवाला वहाँ कोई नहीं देख पड़ता था। मेरी माता का पहिले ही परलोकवास हो चुका था। मुझे अपनी दशा पर बहुत दुख हुआ। हाँ! मेरा स्वामी यदि इस समय होता तो क्या, मेरी यही दशा होती? पिता के घर क्या इन्हीं वचनों द्वारा मेरा सत्कार किया जाता? यह सब विचार करके मेरा हृदय फटने लगता था। अब क्रमशः मेरा हृदय मेघाच्छन्न होने लगा। मुझे संसार शून्य दिखाई देने लगा। एकान्त में बैठकर अपनी अवस्था पर अश्रुवर्षण करती। उसमें भी यह भय लगा रहता कि कहीं भौजाई न पहुँच जाए। एक दिन उसने मुझे इसी अवस्था में पाया तो तुरन्त व्यंग्य वचनों द्वारा मुझे आश्वासन देने लगी। मेरा शोकार्त्त हृदय अग्निशिखा की भाँति प्रज्वलित हो उठा; किन्तु मौनावलम्बन के सिवाय अन्य उपाय ही क्या था? दिन-दिन मुझे यह दुख असह्य होने लगा। एक रात्रि को मैं उठी; किसी से कुछ न कहा; और सूर्योदय के प्रथम ही अपने पिता का गृह मैंने परित्याग किया।

मैं अब यह नहीं कह सकती कि उस समय मेरा क्या विचार था? मुझे एक बार अपने पति के स्थान को देखने की लालसा हुई। दुख और शोक से मेरी दशा उन्मत्त की सी हो गई थी। संसार में मैंने दृष्टि उठा के देखा तो मुझे और कुछ न दिखलाई दिया; केवल चारों ओर दुख! सैकड़ों कठिनाइयाँ झेलकर अन्त में मैं इस स्थान तक आ पहुँची। उस समय मेरी अवस्था केवल सोलह वर्ष की थी। मैंने इस स्थान को उस समय भी प्रायः इसी दशा में पाया था। यहाँ आने पर मुझे कई चिह्न ऐसे मिले जिनसे मुझे यह निश्चय हो गया कि चन्द्रशेखर मिश्र का घर यही है। इस स्थान को देखकर मेरे आर्त्त हृदय पर बड़ा कठोर आघात पहुँचा।

इतना कहते-कहते हृदय के आवेग ने शब्दों को उसके हृदय में ही बन्दी कर रक्खा; बाहर प्रगट होने न दिया। क्षणेक पर्यन्त वह चुप रही, सिर नीचा किए भूमि की ओर

देखती रही। इधर मेरे मित्र की दशा कुछ और ही हो रही थी; लिखित चित्र की भाँति बैठे वे एकटक ताक रहे थे, इन्द्रियाँ अपना कार्य्य उस समय भूल गई थीं। स्त्री ने फिर कहना आरम्भ किया–

"इस स्थान को देख मेरा चित्त बहुत दग्ध हुआ। हाँ! यदि ईश्वर चाहता तो किसी दिन मैं इसी गृह की स्वामिनी होती। आज ईश्वर ने मुझको इस अवस्था में दिखलाया। उसके आगे किसका वश है? अनुसन्धान करने पर मुझे दो कोठरियाँ मिलीं जो सर्वप्रकार से रक्षित और मनुष्य की दृष्टि से दुर्भेद्य थीं। लगभग चारों ओर मिट्टी पड़ जाने के कारण किसी को उनकी स्थिति का सन्देह नहीं हो सकता था। मुझे बहुत-सी सामग्रियाँ भी इनमें प्राप्त हुईं जो मेरी तुच्छ आवश्यकतानुसार बहुत थीं। मुझे यह निर्जन स्थान अपने पिता के कष्टागार से प्रियतर प्रतीत हुआ। यहीं मेरे पति के बाल्यावस्था के दिन व्यतीत हुए थे। यही स्थान मुझे प्रिय है। यहीं मैं अपने दुखमय जीवन का शेष भाग, उसी करुणालय जगदीश्वर की, जिसने मुझे इस अवस्था में डाला, आराधना में बिताऊँगी। यही विचार मैंने स्थिर किया। ईश्वर को मैंने धन्यवाद दिया, जिसने ऐसा उपयुक्त स्थान मेरे लिए ढूँढ़कर निकाला। कदाचित् तुम पूछोगे कि इस अभागिनी ने अपने लिए इस प्रकार का जीवन क्यों उपयुक्त विचारा? तो उसका उत्तर है कि यह दुष्ट संसार भाँति-भाँति की वासनाओं से पूर्ण है, जो मनुष्य को उसके सत्य पथ से विचलित कर देती है, दुष्ट और कुमार्गी लोगों के अत्याचार से वंचित रहना भी कठिन कार्य्य है।"

इतना कहकर वह स्त्री ठहर गई। मेरे मित्र की ओर उसने देखा। वे कुछ मिनट तक काष्ठपुत्तलिका की भाँति बैठे रहे; अन्त में एक लम्बी ठंडी साँस भरके उन्होंने यह कहा, "ईश्वर! यह स्वप्न है या प्रत्यक्ष?" स्त्री उनका यह भाव देख-देखकर विस्मित हो रही थी। उसने पूछा, क्यों; कैसा चित्त है? मेरे मित्र ने अपने को सँभाला और उत्तर दिया, 'तुम्हारी कथा का प्रभाव मेरे चित्त पर बहुत हुआ है, कृपा करके आगे कहो।"

स्त्री ने कहा, "मुझे अब कुछ कहना शेष नहीं है। आज पाँच वर्ष मुझे इस स्थान पर आए हुए; संसार में किसी मनुष्य को आज तक यह प्रगट नहीं हुआ। यहाँ प्रेतों के भय से कोई पदार्पण नहीं होता। इससे मुझे अपने को गोपन रखने में विशेष कठिनता नहीं पड़ती। संयोगवश रात्रि में किसी की दृष्टि मुझ पर पड़ी भी तो चुड़ैल के भ्रम से मेरे निकट तक आने का किसी को साहस न हुआ। यह आज प्रथम ऐसा संयोग उपस्थित हुआ है, तुम्हारे साहस को मैं सराहती हूँ और प्रार्थना करती हूँ कि तुम अपने शपथ पर दृढ़ रहोगे। संसार में अब मैं प्रगट होना नहीं चाहती; प्रगट होने से मेरी बड़ी दुर्दशा होगी। मैं यहीं अपने पति के स्थान पर अपना जीवन शेष करना चाहती हूँ इस संसार में अब बहुत दिन न रहूँगी।"

मैंने देखा मेरे मित्र का चित्त भीतर-ही-भीतर आकुल और संतप्त हो रहा था; हृदय का वेग रोककर उन्होंने प्रश्न किया, "क्यों! तुम्हें अपने पति का कुछ स्मरण है?"

स्त्री के नेत्रों से अनर्गल वारिधारा प्रवाहित हुई। बड़ी कठिनतापूर्वक उसने उत्तर दिया। "मैं उस समय बालिका थी। विवाह के समय मैंने उन्हें देखा था। वह मूर्ति अद्यापि मेरे

हृदय-मन्दिर में विद्यमान है; प्रचंड काल भी उसको वहाँ से हटाने में असमर्थ है।"

मेरे मित्र ने कहा, "देवि! तुमने बहुत कुछ रहस्य प्रगट किया; जो कुछ शेष है उसका वर्णन कर अब मैं इस कथा की पूर्ति करता हूँ।"

स्त्री विस्मयोत्फुल्ल लोचनों से मेरे मित्र की ओर निहारने लगी। मैं भी आश्चर्य से उन्हीं की ओर देखने लगा। उन्होंने कहना आरम्भ किया—

"इस आख्यायिका में यही ज्ञात होना शेष है कि चन्द्रशेखर मिश्र के पुत्र की क्या दशा हुई। चन्द्रशेखर मिश्र और उनकी पत्नी क्या हुए। सुनो, नाव पर मिश्रजी ने अपने पुत्र को अपने साथ ही बैठाया। नाव पर भीड़ अधिक हो जाने के कारण वह उनसे पृथक् हो गया। उन्होंने समझा कि वह नाव ही पर है; कोई चिन्ता नहीं। इधर मनुष्यों की धक्का-मुक्की से वह लड़का नाव पर से नीचे जा रहा। ठीक उसी समय मल्लाह ने नाव खोल दी। उसने कई बार अपने पिता को पुकारा, किन्तु लोगों के कोलाहल में उन्हें कुछ सुनाई न दिया। नाव चली गई। बालक वहीं खड़ा रह गया। और लोग किसी प्रकार अपना-अपना प्राण लेके इधर-उधर भागे। नीचे भयानक जल-प्रवाह, ऊपर अनन्त आकाश। लड़के ने एक छप्पर को बहते हुए अपनी ओर आते देखा; तुरन्त वह उसी पर बैठ गया। इतने में जल का एक बहुत ऊँचा प्रबल झोंका आया। छप्पर लड़के सहित शीघ्र गति से बहने लगा। वह चुपचाप मूर्तिवत् उसी पर बैठा रहा। उसे यह ध्यान नहीं कि इस प्रकार के कितने दिन तक वह बहता गया। वह भय और दुविधा से संज्ञाहीन हो गया था। संयोगवश एक व्यापारी की नाव जिस पर रूई लदी थी पूरब की ओर जा रही थी। नौका का स्वामी भी बजरे ही पर था। उसकी दृष्टि उस लड़के पर पड़ी। वह उसे नाव पर ले गया। लड़के की अवस्था उस समय मृतप्राय थी। अनेक यत्न के उपरान्त वह होश में लाया गया। उस सज्जन ने लड़के की नाव पर बड़ी सेवा की। नौका बराबर चलती रही, बीच में कहीं न रुकी, कई दिनों के उपरान्त वह कलकत्ते पहुँची।

वह बंगाली सज्जन उस लड़के को अपने घर पर ले गया और उसे उसने अपने परिवार में सम्मिलित किया। बालक ने अपने माता-पिता के देखने की इच्छा प्रगट की। उसने उसे बहुत समझाया और शीघ्र अनुसन्धान करने का वचन दिया। लड़का चुप हो गया।

इसी प्रकार कई मास व्यतीत हो गए। क्रमशः वह अपने पास के लोगों में हिलमिल गया। बंगाली महाशय के एक पुत्र था—दोनों में भ्रातृस्नेह स्थापित हो गया। वह सज्जन उस लड़के के भावी हित की चेष्टा में तत्पर हुआ। ईस्ट इंडिया कम्पनी के स्थापित किए हुए एक अंग्रेजी स्कूल में, अपने पुत्र के साथ-साथ उसे भी वह शिक्षा देने लगा। क्रमशः उसे अपने घर का ध्यान कम होने लगा। वह दत्तचित्त होकर शिक्षा में अपना सारा समय देने लगा। इसी प्रकार कई वर्ष व्यतीत हो गए। उसके चित्त में अब अन्य प्रकार के विचारों ने निवास किया। अब पूर्व परिचित लोगों के ध्यान के लिए उसके मन में कम स्थान शेष रह गया। मनुष्य का स्वभाव ही इस प्रकार का है। नौ वर्ष का समय निकल गया।

इसी बीच में एक बड़ी चित्ताकर्षक घटना उपस्थित हुई। बंगदेशी सज्जन के उस पुत्र का विवाह हुआ। चन्द्रशेखर का पुत्र भी उस समय वहाँ उपस्थित था। उसने सब

देखा; दीर्घकाल की निद्रा भंग हुई। सहसा उसे ध्यान हो आया, "मेरा भी विवाह हुआ है; अवश्य हुआ है।" उसे अपने विवाह का बारम्बार ध्यान आने लगा। अपनी पाणिगृहीता भार्या का भी उसे स्मरण हुआ। स्वदेश में लौटने को उसका चित्त व्याकुल होने लगा। रात-दिन इसी चिन्ता में व्यतीत होने लगा।

हमारे कतिपय पाठक हम पर दोषारोपण करेंगे कि "हैं! न कभी साक्षात् हुआ, न वार्तालाप हुआ, न लम्बी-लम्बी कोर्टशिप हुई यह प्रेम कैसा?" महाशय! रुष्ट न हूजिए। इस अदृष्ट प्रेम का धर्म्म और कर्तव्य से घनिष्ठ सम्बन्ध है। इसकी उत्पत्ति केवल सदाशय और निःस्वार्थ हृदय में ही हो सकती है। इसकी जड़ संसार के और प्रकार के प्रचलित प्रेमों से दृढ़तर और अधिक प्रशस्त है। आपको सन्तुष्ट करने को मैं इतना और कहे देता हूँ कि इंग्लैंड के भूतपूर्व प्रधानमन्त्री लार्ड बेकन्सफील्ड (Earl of Baconsfield) का भी यही मत था।

युवक का चित्त अधिक डाँवाँडोल होने लगा। एक दिन उसने उस देवतुल्य सज्जन पुरुष से अपने चित्त की अवस्था प्रगट की और बहुत विनय के साथ विदा माँगी। आज्ञा पाकर उसने स्वदेश की ओर यात्रा की। देश में आने पर उसे विदित हुआ कि ग्राम में अब कोई नहीं है। उसने लोगों से अपने पिता-माता के विषय में पूछताछ किया। कुछ लोगों ने कहा कि थोड़े दिन हुए वे दोनों इस नगर में थे; और अब वे तीर्थस्थानों में देशाटन कर रहे हैं। वह अपनी धर्म्मपत्नी के दर्शनों की अभिलाषा से सीधे काशी गया। वहाँ तुम्हारे पिता के घर का वह अनुसन्धान करने लगा। बहुत दिनों के पश्चात् तुम्हारे ज्येष्ठ भ्राता से उसका साक्षात् हुआ, जिससे तुम्हारे संसार से सहसा लोप हो जाने की बात ज्ञात हुई। यह निराश होकर संसार में घूमने लगा।

इतना कहकर मेरे मित्र चुप हो रहे। इधर शेष भाग सुनने को हम लोगों का चित्त ऊब रहा था; आश्चर्य से उन्हीं की ओर हम ताक रहे थे। उन्होंने फिर उस स्त्री की ओर देखकर कहा, "कदाचित् तुम पूछोगी, कि इस समय अब वह कहाँ है? यह वही अभागा मनुष्य तुम्हारे सम्मुख बैठा है।"

हम दोनों के शरीर में बिजुली सी दौड़ गई। वह स्त्री भूमि पर गिरने लगी; मेरे मित्र ने दौड़कर उसको सँभाला। वह किसी प्रकार उन्हीं के सहारे बैठी। कुछ क्षण के उपरान्त उसने बहुत धीमे स्वर में कहा, "अपना हाथ दिखाओ।"

उन्होंने चट अपना हाथ फैला दिया, जिस पर एक काला तिल दिखाई दिया। स्त्री कुछ काल तक उसी की ओर देखती रही; फिर मुख ढाँप कर सिर नीचा करके बैठी रही। लज्जा का प्रवेश हुआ क्योंकि यह एक हिन्दू रमणी का उसके पति के साथ प्रथम संयोग था।

आज इतने दिनों के उपरान्त मेरे मित्र का गुप्त-रहस्य प्रकाशित हुआ। उस रात्रि को मैं अपने मित्र के खँडहर में अतिथि रहा। सबेरा होते ही हम सब लोग प्रसन्नचित्त नगर में आए।

(सरस्वती, सितम्बर 1903)

जीवनी

निवेदन

सन् 1908 में बात ही बात में बाबू श्यामसुन्दरदासजी ने मुझसे परलोकप्राप्त बाबू राधाकृष्णदास का जीवन चरित लिख डालने को कहा। मैंने 'अच्छा' तो उसी समय कह दिया पर अपना संकल्प बहुत दिनों पीछे स्थिर किया। एक तो जीवन चरित लिखने में जिस संग्रहश्रम की आवश्यकता अधिक होती है वह मेरी रुचि के अनुकूल नहीं, दूसरे इस बात का ठीक निश्चय भी नहीं कि अपने साहित्य-सेवियों का बहुत थोड़ा ध्यान रखनेवाले हिन्दी पाठक बाबू राधाकृष्णदास का वृत्तान्त जानने को कहाँ तक उत्सुक हैं। इस प्रकार अपनी अनुपयुक्तता क्या अयोग्यता को खूब समझते हुए और बड़े सामान्य उत्साह के साथ मैंने इस पुस्तक के लिखने में हाथ लगाया। पर कुछ दूर चलकर भारतेन्दु काल की तथा उसके थोड़े ही पीछे की कुछ ऐसी-ऐसी बातें मिलने लगीं जिनके जानने की उत्कंठा मुझे बहुत पहले से थी। मेरा मन तो बढ़ा, पर बीच में कुछ कारण ऐसे आ पड़े जिनसे यह काम बरसों अधूरा ही पड़ा रहा। अन्त में जम्बू से लौटने पर इस चरित को पूरे होने की नौबत आई और आज यह आप लोगों के सामने है।

बाबू श्यामसुन्दरदास और बाबू राधाकृष्णदास नागरी प्रचारिणी सभा की उन्नति के उद्योग में हर घड़ी के साथी थे, इस कारण इस पुस्तक के लिखने में बाबू श्यामसुन्दरदास से पूरी सहायता मिलना कुछ आश्चर्य की बात नहीं, साथ ही यदि पंडित केदारनाथ पाठक सामग्री आदि जुटाने में अपना उद्वेगपूर्ण प्रयत्न न करते और अपनी जानकारी का पुराना भंडार न खोलते तो कम से कम मेरी लिखी तो यह पुस्तक न लिखी जाती। बाबू पुरुषोत्तमदास की कृपा भी थोड़ी नहीं जिन्होंने बहुत से कागज पत्र घर में से ढूँढ़-ढूँढ़कर दिए और वंश परम्परा आदि से सम्बन्ध रखनेवाली बहुत सी बातें बतलाईं। अतः इन महानुभावों को में तो हृदय से धन्यवाद देता ही हूँ, पाठकों से भी इन्हें बार-बार धन्यवाद देने की प्रार्थना करता हूँ।

—रामचन्द्र शुक्ल

शिवाला घाट
14 मई, 1913

श्रीराधाकृष्णदास का जीवन चरित

मनुष्य के जीवन की शक्ति उसके कार्य्य के फल के विस्तार और स्थायित्व में देखी जाती है। उसके कर्मों से कितने मनुष्य सुखी वा दुखी हुए हैं तथा कितने काल तक उनसे मनुष्य सुखी वा दुखी होते जाएँगे इसका एक साधारण अटकल बाँधकर हम उसके महत्त्व का विचार करते हैं। क्योंकि सृष्टि के बीच मनुष्य की स्थिति इस प्रकार की है कि उसकी प्रसन्नता वा अप्रसन्नता का अधिक भाग औरों की क्रिया या अवस्था पर अवलम्बित है। यह विस्तार और स्थायित्व उस श्रम के प्रभाव को नहीं प्राप्त होता जो शरीर-पोषण वा कुटुम्बपालन के हेतु किया जाता है। जब किसी असाधारण जीव के कृत्यों का प्रभाव उससे कई सौ कोस दूर वा कई पीढ़ियों के आगे जा पहुँचता है तब लोग मोहित होकर कर्ता से घनिष्टता प्राप्त करने के हेतु उसकी एक-एक बात से परिचित होना चाहते हैं। उसके कार्य्य के क्रम, उसके चित्त की प्रवृत्ति तथा भिन्न-भिन्न अवस्थाओं में उसके कर्तव्य को देखकर हम यह भी पता लगाना चाहते हैं कि किस विशेषता के कारण वह अपने प्रभाव में समर्थ हुआ और किन-किन बातों ने उसके मार्ग में बाधा डाली। अतएव हम हिन्दी भाषा-भाषी स्वर्गीय बाबू राधाकृष्णदास के विषय में चाहे जितनी जिज्ञासा करें अनुपयुक्त नहीं। कोई यह नहीं कह सकता कि तुम्हें क्या करना है।

वंश परिचय

बाबू राधाकृष्णदास के पूर्वजों की निवास भूमि मथुरा थी। वहाँ से वे किसी कारणवश आरा चले आए। इनके वृद्ध प्रपितामह बाबू रामचन्द्र तक आरा ही में स्थित रहे। बाबू रामचन्द्र से लेकर इस वंश का विस्तार इस प्रकार है।

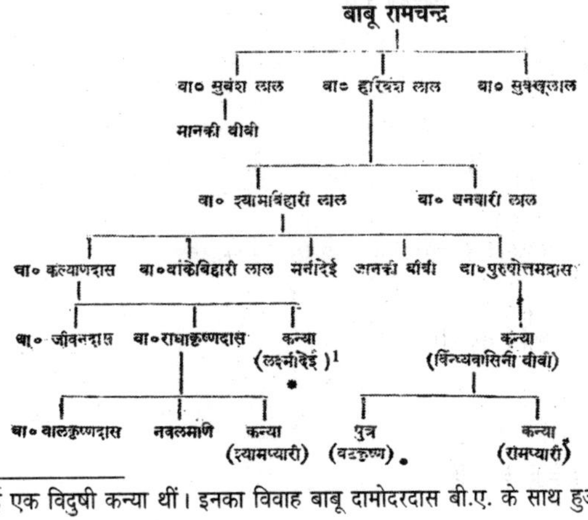

1. लक्ष्मीदेई एक विदुषी कन्या थीं। इनका विवाह बाबू दामोदरदास बी.ए. के साथ हुआ था।

बाबू राधाकृष्णदास के परदादा बाबू हरिवंशलाल आरा से सैदपुर आकर रहे। बाबू हरिवंशलाल के पुत्र बाबू श्यामबिहारी लाल हुए जो कि गाजीपुर के चीनी के प्रसिद्ध व्यापारी बाबू शिवसहाय के मुनीम थे। बाबू श्यामबिहारी के बाबू कल्याणदास[1] हुए। बाबू कल्याणदास का विवाह काशी के प्रसिद्ध धनिक काले हर्षचन्द्र की पुत्री और हिन्दी के प्रसिद्ध कवि बाबू गोपालचन्द्र की भगिनी श्रीमती गंगाबीबी से हुआ। यह सम्बन्ध बाबू गोपालचन्द्र के द्वारा स्थिर हुआ था। बाबू गोपालचन्द्र और बाबू कल्याणदास में परस्पर बड़ा स्नेह था। एक बार बाबू कल्याणदास ने अपना प्राण संकट में डालकर बाबू गोपालचन्द्र को गंगाजी में डूबने से बचाया था। इस स्नेह के कारण दोनों आदमी एक-दूसरे से पृथक् रहना नहीं सहन कर सकते थे। बाबू गोपालचन्द्र बाबू कल्याणदास से काशी में ही आकर रहने के लिए अनुरोध करने लगे। अन्त में ये काशी चले आए और चौखम्भे में बाबू गोपालचन्द्र ही के परिवार में सम्मिलित होकर रहने लगे। बाबू कल्याणदास के दो पुत्र और एक कन्या हुई। बड़े पुत्र का नाम जीवनदास और छोटे का राधाकृष्णदास हुआ। इन्हीं राधाकृष्ण के कृत्यों को हम अंकित करने बैठे हैं।

बाबू राधाकृष्णदास का जन्म संवत् 1922 श्रावण 15 (राखी पूर्णिमा) (सन् 1865 ई.) को हुआ। जीवनारम्भ ही में परमात्मा ने इन्हें पिता के लालन-पालन से वंचित कर दिया, उनके चरित्राभास को इनके जीवन पर से हटा दिया। जब ये दस महीने के थे और अपने पराए की पहचान ही आरम्भ कर रहे थे तभी इनके पिता बाबू कल्याणदास संवत् 1923 ज्येष्ठ शुक्ल 4 (मई 1866 ई.) को इस लोक से चल बसे। उस समय ये ही दोनों पुत्र अपनी माता के धैर्य्य के कारण हुए। किन्तु यह अवस्था भी स्थिर न रहने पाई। बड़े पुत्र जीवनदास ने भी पिता की मृत्यु के थोड़े ही दिन पीछे शीतला रोग से 10 वर्ष की अवस्था में इस संसार से मुँह फेर लिया। अब रह गए केवल बालक राधाकृष्णदास और उनका मुँह देखती हुई दुखिनी माता।

शिक्षा

ठीक इसी समय भारतेन्दु का प्रकाश फैल रहा था; भाषा रसिक लोग उसकी ओर झुक रहे थे और हिन्दी के लिए राह निकल रही थी। बाबू हरिश्चन्द्र के ये फुफेरे भाई थे। वे अपने सगे छोटे भाई ही के समान इन्हें मानते थे और प्यार से 'बच्चा'[2] कहकर

1. बाबू कल्याणदास की माता बाल्यावस्था में ही इन्हें छोड़कर परलोकगामिनी हुई। इनका लालन-पालन इनकी चाची, बाबू बनवारीलाल की स्त्री ने बड़े यत्न और स्नेह के साथ किया। अपनी पहली भार्या की मृत्यु के पीछे बाबू श्यामबिहारीलाल ने दूसरा विवाह किया जिससे बाबू पुरुषोत्तमदास हुए जो हमारे चरित्रनायक के चाचा और उनकी सम्पत्ति के प्रबन्धकर्ता हैं।
2. पत्रों में भी वे इन्हें बच्चा ही सम्बोधन करके लिखते थे। जैसे–
   (क) प्रिय बच्चा! 10 अगरवालों को उत्पत्ति भेज दीजिए। –हरिश्चन्द्र।
   (ख) अजीज अज जान मन बच्चा बहादुर।
   मेरे दिल के सदफ के वे बहादुर॥
   बहुत ही जल्द भेजो नीलदेवी।
   इसी दम चाहिए इक उसकी कापी॥ –हरिश्चन्द्र। (दे. पत्रबोध)
   (ग) बच्चा! • आज शाम को गोपाल बाबू को कुछ जरूर मिलेगा।
   • डाक में कोई खत आया हो तो भेज देना।
   • जो रुखसतनामा बाबू बालेश्वरप्रसाद को मिला है वही बाबू दामोदरदास को भी मिलेगा।
   • अलबम सब गाड़ी पर रखवाकर भिजवा दो। –हरिश्चन्द्र।

पुकारते थे। इसी से काशी में अधिकांश लोग इन्हें 'बच्चा बाबू' कहते थे। भारतेन्दुजी इन पर कैसा स्नेह रखते थे यह बतलाने की आवश्यकता नहीं। सारा संसार जिसकी दया और प्रीति का पात्र था उसका भाव अपने पितृविहीन फुफेरे भाई के प्रति कैसा रहा होगा यह स्वयं समझने की बात है। बाबू हरिश्चन्द्र कौतूहलप्रिय मनुष्य थे, इससे ये बराबर उन्हीं के साथ रहते थे और उनकी एक-एक बात को ध्यानपूर्वक देखते थे। बाबू साहब भी एक न एक युक्ति लड़कों को प्रसन्न करने के लिए निकाला करते थे। इनकी शिक्षा की ओर बाबू हरिश्चन्द्र का बहुत ध्यान रहा और इसके लिए वे निरन्तर यत्न करते रहे। किन्तु ये प्रायः रोगग्रस्त रहा करते थे। जहाँ दो-एक महीने जमकर पढ़ते कि बीमार पड़ जाते और क्रम टूट जाता। उन दिनों शिक्षा के प्रचार में बाबू हरिश्चन्द्र और उनके छोटे भाई बाबू गोकुलचन्द्र तन-मन से लगे थे। अपने घर पर लड़कों को बुलाकर पढ़ाते थे। लड़कों को कुछ फीस नहीं देनी पड़ती थी। उनको पुस्तक और स्लेट आदि भी बिना मूल्य दी जाती थी। बाबू राधाकृष्ण की शिक्षा का आरम्भ यहीं से समझना चाहिए। इनका स्वास्थ्य इनकी पढ़ाई में बड़ा भारी बाधक था। किन्तु विद्या की ओर इनकी स्वाभाविक अभिरुचि थी। इससे इस अशक्तता के रहते हुए भी ये उससे अधिक उन्नति करते गए जितनी साधारण बालक नियमित रूप से शिक्षा पाकर करते हैं। स्कूल में भरती होने पर भी इनका नम्बर सदैव अपने दरजे में अच्छा रहता था यह बात नीचे दिए हुए पत्र से स्पष्ट ज्ञात होती है जिसे बाबू दामोदरदास बी.ए.[1] ने इन्हें लिखा था–

AJAIGARH
The 31st Dec. 1881

My Dear Radha Krishna,

I received your letter and was very glad to hear you stand second in order of merit in your class...

अर्थात्

अजयगढ़
31 दिसम्बर, 1881

"प्रिय राधाकृष्ण,

आपका पत्र मिला। मुझे यह सुनकर बड़ी प्रसन्नता हुई कि आप अपने दरजे में दोयम हुए हैं।... ... ..."

---

1. ये बाबू राधाकृष्णदास के बहनोई थे। उनकी बहिन लक्ष्मीदेवी का विवाह इनसे हुआ था। बाबू दामोदरदासजी भी बड़े उत्साही पुरुष थे। जब ये बनारस के लंदन मिशन कॉलेज में विज्ञान (Physical-Science) के अध्यापक थे तब इन्होंने हिन्दी में विज्ञान विषय की एक पुस्तकमाला निकालने की तैयारी की थी पर शायद कोई नम्बर निकाल नहीं सके।

वे इनके लिखने-पढ़ने की प्रवृत्ति और धारणा-शक्ति की प्रशंसा एक और पत्र में इस प्रकार करते हैं–

"अब हमको आपका पढ़ाना याद आता है। अगर आप से लड़के पढ़ाने को मिलते तो फिर क्या रहा? बिला तनखाह भी पढ़ाने को एक बार जी चाहता।"

स्कूल में ये जो कुछ पढ़ते थे उसके अतिरिक्त बाबू हरिश्चन्द्र इन्हें बंगला आदि भी पढ़ाते थे। बाबू साहब की कन्या विद्यावती इनसे बहुत हिली-मिली थी। ये लोग एक-दूसरे को कभी-कभी चिढ़ाया भी करते थे। इस कार्य्य के भी भारतेन्दुजी ही उत्तेजक थे। उन्होंने इन लोगों को परस्पर चिढ़ाने के लिए दोहे बना दिए थे। बाबू राधाकृष्णदास विद्यावती को यह कहकर चिढ़ाते थे–

विद्या तुम्हारे नाम पै मूरखता की खानि।
पढ़त लिखत कछु नाहि तुम निज सरूप पहिचानि॥
विद्या विद्या नहिं पढ़ै तो झूठौ है नाम।
तासों तोहिं पढ़नो उचित छोड़ि और सब काम॥
सरस्वती की है बहिन विद्या नाम कहाइ।
पढ़ति नहीं खेलत फिरत नीचे ऊपर धाइ॥
विद्या तुम धूमिन भई खात बहुत हौ पान।
जात नहीं स्कूल को बात, लेति नहीं मान॥
नाक बहत मैली रहत, झारत नाहीं बार।
इत ते उत दौरी फिरत, करत न कछू विचार॥

विद्यावती भी इन्हें यह कहकर चिढ़ाती–

कक्का तुम इतने बड़े ढोढक भये सयान।
पै कुछ भी अक्किल तुम्हें आई नहीं सुजान॥
हिन्दी की चिन्दी करी अंग्रेजी की धूर।
लगे पढ़न, अब फारसी, आयो कछु न सहूर॥

बाबू हरिश्चन्द्र प्रायः इन्हें अपने साथ रखते थे। कहते हैं कि जब ये दस वर्ष के थे तब एक दिन बाबू साहब के साथ उनके रामकटोरा बाग में गए थे। वहाँ लल्लू नाम का एक लड़का छत पर उछलता-कूदता फिरता था। संयोगवश वह नीचे गिर गया। यह देखकर तुरन्त बालक राधाकृष्णदास ने यह दोहा कहा–

लल्लू से मल्लू भये, मल्लू चढ़े अटारि।
अटा कूदि नीचे गिरे, रोवत हाथ पसारि॥

इनकी आँखें लड़कपन ही से कमजोर थीं। अपनी इस अशक्तता के विषय में आप स्वयं एक उर्दू की चिट्ठी में खेद के साथ लिखते हैं–

"एक बड़ी भारी वजह जो मेरे लिखने-पढ़ने वा काम करने में हारिज है वह आँख है। आँखों की यह कैफियत है कि घंटे दो घंटे पढ़ने से दर्द होता है, पानी भर आता है और पढ़ने में बड़ी दिक्कत होती है। इसके सिवा कम रोशनी में हरूफ

बिलकुल मालूम नहीं होते। ज्यादा गौर करके चीज को देखने से आँखों के सामने धुन्ध मालूम होता है। एक घंटा भी रात में पढ़ने से सर में दर्द होने लगता है और उस रोज रात भर और दूसरे रोज दिन भर कदरे बना रहता है। बस इस सबब से मैं न बखूबी पढ़ सकता हूँ न लिख सकता हूँ। क्योंकि काम का वक्त रात है। बस काम के नाम से डर लगता है। जबकि मेरी यह सूरत है तो क्योंकर कोई बड़ा काम अंजाम कर सकता हूँ?''

कहना नहीं होगा कि इन शारीरिक दुर्व्यवस्थाओं के रहते भी इनके द्वारा अच्छे-अच्छे काम हो ही गए। किन्तु वे इनकी इच्छा से कहीं कम थे। इसी से इन्हें कष्ट होता था।

विवाह

इनका विवाह 17-18 वर्ष की अवस्था में काशी के राजा दरवाजा मुहल्ले में बाबू बुलाकीदास की लड़की अर्थात् बाबू जगन्नाथ दुर्रानी (कलकत्ता) की भांजी से हुआ था जो थोड़े ही दिन इस संसार में रहीं।

इनका दूसरा विवाह पटना (मुहल्ला मारूगंज) निवासी बाबू लेखराज की कन्या अर्थात् वर्तमान बाबू रघुनन्दनप्रसाद और हरनन्दनप्रसाद की बहिन से हुआ।

मानसिक संस्कार, हिन्दी लिखने की ओर प्रवृत्ति

इनका उठना-बैठना बाबू हरिश्चन्द्र ही के पास होता था। अतः एक प्रकार से इनकी शिक्षा हर घड़ी हुआ करती थी। विद्या ही की चर्चा इन्हें अधिक सुनने को मिलती थी। जिस भारतेन्दु की सभा में विद्वानों का सम्मान और उनके गुणों की परीक्षा होती थी उसमें ये भी जा बैठते थे। जहाँ देश की दुरवस्था पर शोक प्रकट किया जाता था; समाज की अधम गति की आलोचना होती थी, हिन्दी की उन्नति के उपाय सोचे जाते थे वहाँ रहकर बालक राधाकृष्ण बूढ़ों के भी कान काटने लगे। भारतेन्दु के कारण बाल्यावस्था में इनका उठना-बैठना अधिकतर अपने से वयोवृद्ध लोगों में रहा, इससे चंचलता और कौतूहल-प्रियता आदि बालोचित गुण इनमें धीमे पड़ गए। लड़कपन ही से ये बुड्ढों की सी बातचीत करने लगे। इनकी अभिलाषाएँ साधारण बालकों की अभिलाषाओं से कुछ भिन्न होने लगीं। बड़े होने पर लोग जिन बातों में अपनी प्रशंसा कराना चाहते हैं ये छोटी अवस्था में ही उन बातों में अपनी प्रशंसा चाहने लगे। मेरी यह धारणा है कि इनकी यह प्रवृत्ति भी इनके विद्याध्ययन में कुछ बाधक हुई। ज्ञान-संचय के पीछे जिन कार्य्यों द्वारा लोग अच्छा नाम पैदा करते हैं उनकी ओर विद्याभ्यास की अवधि के भीतर ही ये लपकने लगे।

ज्यों-ज्यों अवस्था बढ़ने लगी सर्वसाधारण-सम्बन्धी कार्य्यों की धूमधाम की ओर इनका मन खिंचने लगा, समाज की दशा पर शिक्षितों के प्रचलित विचारों की ओर इनका ध्यान जाने लगा और साहित्य चर्चा इन्हें अच्छी लगने लगी। सबसे पहले समाज की

कुरीतियाँ इनके मन में खटकीं और उनके शोचनीय परिणामों से इनका कोमल चित्त व्यथित हुआ। 15 वर्ष की छोटी अवस्था में इन्होंने 'दुःखिनी बाला' नामक एक छोटा सा रूपक 'बाल्यविवाह विधवा विवाह निषेध और जन्मपत्र विवाह के अशुभ परिणाम' दिखाने को लिखा। यह पुस्तक पहिले-पहिल संवत् 1937 में बनारस के लाइट छापेखाने में छपी। इस पुस्तक के निकलने के पीछे लाला काशीनाथ खत्री ने 'बालविधवा संताप' लिखा जिसको देखकर इन्होंने एक लेख इसी विषय पर हरिश्चन्द्र चन्द्रिका और मोहनचन्द्रिका की भाद्रपद संवत् 1938 की संख्या में बड़े आवेग के साथ लिखा। उसका कुछ अंश नीचे उद्धृत किया जाता है:-

"विधवाविवाह न होने से जो कुछ समाज की हानि है और जैसा दुष्कर्म होता है और भारतवर्ष की जैसी अपकीर्ति है उसके वर्णन की कोई आवश्यकता नहीं है, आप लोग जानते ही हैं। अब इस बात का उद्योग करना हम लोगों का मुख्य कर्तव्य है कि यह अपकीर्ति देश से उठ जाए। यदि सच पूछिए तो यह है कि हम लोगों के जीवन को धिक्कार है कि हम लोगों के जीते जी हमारे यहाँ की विधवा स्त्रियाँ इतना दुख सहें और हम लोगों के इस मिथ्या धर्म्म को धिक्कार है जिसके कारण लाखों अबलाओं को यह सबल दुख भोगना पड़े। धिक्कार है उन पाखंडी ब्राह्मणों को जो ऐसे सत्कर्म नहीं होने देते और वृथा लाखों जीवों को सताते हैं। धिक्कार है उन पुराने लोगों की बुद्धि को जो कहते हैं कि 'जो बाप दादे करते रहे यों ही होइ है'। निदान यह कि हम लोगों की सभी वस्तुओं को धिक्कार है।"

इस लेख को देखकर लाला काशीनाथ खत्री बहुत प्रसन्न हुए और उन्होंने 'दुःखिनी बाला' को अपने लेख 'बालविधवा संताप' और 'विधवा विवाह कर्तव्यधर्म्म है' के साथ छपाकर प्रकाशित करने की इच्छा प्रकट की।

एक 15-16 वर्ष के बालक का विधवाओं की व्यथा वर्णन करने बैठना स्वाँग-सा मालूम होता है। कभी-कभी लड़के गम्भीर आकृति बनाकर बड़ों के मुँह से सुनी हुई बातों की नकल करते हैं। यही बात यहाँ बाबू राधाकृष्णदास ने की है। जिन बातों को लेकर बाबू राधाकृष्णदास पहिले-पहिल लेखक के रूप में आए वे अनुभूत नहीं, अनुकृत थीं। इसी से इनकी आरम्भ की रचनाएँ अनुकरण मात्र हैं। उनमें इनके हृदय से उमड़े हुए नहीं बल्कि ऊपर से ओढ़े हुए भाव हैं। इसी सोलह वर्ष की छात्रावस्था में इन्होंने 'निस्सहाय हिन्दू' नाम का एक सामाजिक वियोगान्त उपन्यास भारतेन्दु बाबू हरिश्चन्द्र की आज्ञानुसार लिखा जो कई वर्षों के अनन्तर सन् 1885 में 'भारतोदय' में प्रकाशित हुआ और 1890 में पुस्तकाकार छपा। इसके निवेदन में आप स्वयं लिखते हैं—'मेरी अवस्था अभी केवल सोलह वर्ष की है और इस अवस्था के लोग बालक कहे जाते हैं, इसीलिए यह लेख भी बालक है'। 'स्वर्णलता' और 'रामेश्वर का अदृष्ट' के अनुवाद भी इसी झोंक में इनकी लेखनी से निकले।

इनके इन विचारों की तरह-तरह की आलोचनाएँ लोग करने लगे। बहुत लोगों ने तो इन्हें दयानन्दी कहना आरम्भ कर दिया। पंडित राधाचरण गोस्वामी ने 17 सितम्बर,

सन् 1887 में 'विदेश यात्रा' नामक एक लेख पर इनसे सम्मति माँगी। उसकी आपने आलोचना लिखकर भेजी। उसे देखकर गोस्वामीजी ने इनको लिखा–'विदेश यात्रा विचार' की जो समालोचना आपने लिखी है उसमें एक बात पर मुझे बड़ी हँसी आई। उसमें दयानन्दी बू आती है।' हरिश्चन्द्र की बड़ी जीवनी के लेखक ने भी इनके विषय में लिखा है कि पहिले कुछ दिनों तक ये आर्य्यसमाजी रहे, पीछे से सँभल गए। पर इसका कोई भी प्रमाण नहीं मिलता। इनके उस समय के किसी कथन वा आचरण में उस मत के सिद्धान्तों का आभास नहीं मिलता। 'दुःखिनी बाला' सन् 1881 में निकली। इसके पीछे सन् 1884 ही में ये तीर्थयात्रा के निमित्त निकले और बड़े भक्ति-भाव से सब देव-स्थानों का इन्होंने दर्शन किया। यदि कहा जाए कि सम्भव है कि 3 वर्षों में इन्होंने अपने सिद्धान्त बदल डाले हों तो पंडित राधाचरण गोस्वामी का 1887 का पत्र इस अनुमान में बाधा डालता है। इसके अतिरिक्त इनके उस समय के अनेक पद और कवित्त आदि मिलते हैं जिनसे राधा और कृष्ण के प्रति इनकी भक्ति और प्रीति टपकी पड़ती है। अतः इनका आर्य्य समाज की ओर झुकना किसी प्रकार से सिद्ध नहीं होता। विधवा विवाह को अच्छा कहने और बाल्य विवाह को बुरा कहने ही से कोई आर्य्यसमाजी नहीं कहा जा सकता। यह बात वास्तव में उन लोगों के पेट से निकली जो किसी को खड़े-खड़े पानी पीते देखकर कहने लगते हैं कि यह कृस्तान हो गया।

पुस्तक रचना में बाधा

उस समय भारतेन्दु उस धन को, जिसने उनके पूर्वजों को खाया था, खा चुके थे। उनके हिस्से की सारी पैतृक सम्पत्ति सड़ चुकी थी। अर्थोपासकों की मंडली से उन्हें 'नालायक' की पदवी भी मिल चुकी थी। उनके छोटे भाई बाबू गोकुलचन्द्रजी बड़ों का नाम निशान रखने के लिए जी-जान से लगे हुए थे। बाबू राधाकृष्ण पर दोनों भाइयों की समान दृष्टि रहती थी। इधर बाबू हरिश्चन्द्र चाहते कि इन्हें अपने रंग में रँगे और हाथ में कलम देकर सांसारिक झंझटों से न्यारे कर दें और उधर उनके छोटे भाई बाबू गोकुलचन्द्रजी इस चेष्टा में रहते कि इन्हें संसार में अपने पैरों के बल खड़े होने के योग्य बना दें। स्वभावतः बाबू गोकुलचन्द्रजी की ओर सारा परिवार और इष्ट-मित्र-समुदाय था इससे उनका बल इन पर अधिक था। वे सदा इन पर कड़ी दृष्टि रखते कि ये लेखनी हाथ में न लेने पाएँ। अपने पास बिठाकर वे व्यवसाय की ओर इनका मन ले जाते थे और उसके दाँव-पेंच इन्हें बतलाते थे। जब बाबू गोकुलचन्द्र ने देखा कि उनकी बातें इनके मन में कुछ धँसने लगीं तब वे इन्हें चिढ़ाने भी लगे। कभी-कभी ऐसा होता कि बाबू गोकुलचन्द्र तथा दो-चार और आदमी बैठे हैं और ये वहाँ पहुँच गए। उस समय बाबू साहब इनसे पूछते–'क्यों बच्चा बाबू। दुःखिनी बाला और स्वर्णलता न लिखी जाएगी।' ये सुनकर कुछ न बोलते और मुँह लटकाकर चले जाते। इससे यह न समझिए कि लिखने की ओर से इनका मन हट गया। बात यह हुई कि बाबू गोकुलचन्द्र की बातों पर भी ये इतना अधिक ध्यान देने लगे कि उन्हें कुछ कहने-सुनने की जगह न रही।

लिखने की ओर तो इनकी प्रवृत्ति हो ही चुकी थी। पहरा चौकी रहने पर भी ये कुछ न कुछ लिख ही डालते थे, पर उनकी दृष्टि बचाकर। कभी रात को उठकर लिखते कभी कहीं बाहर जाकर। एक दिन एक रूई का बोरा रक्खा हुआ था और आप उसी की आड़ में कलम चला रहे थे। इतने में बाबू गोकुलचन्द्र पहुँच गए और ये पकड़े गए। इस रोक-टोक और शिक्षा का आगे चलकर इनके जीवन पर बहुत अच्छा प्रभाव पड़ा। साहित्य सेवा का गौरव भी इनके हृदय में समाया और द्रव्य का माहात्म्य भी इन पर प्रकट रहा। ये दोनों ओर दो रूपों से ढल पड़े। एक बाबू राधाकृष्णदास के दो बाबू राधाकृष्ण हो गए। एक तो साहित्य सेवा में तत्पर राधाकृष्णदास, दूसरे व्यवसाय में लिप्त राधाकृष्णदास। लेख और पुस्तकें लिखने में इनके आदर्श हुए बाबू हरिश्चन्द्र और सांसारिक व्यवहार में बाबू गोकुलचन्द्र।

इतिहास की ओर रुचि

भारतेन्दु की आभा इनके हृदय पर पूरी-पूरी पड़ी। जातीयता की ज्योति इनके हृदय में जगमगाने लगी, प्राचीन भारतवर्ष का गौरव इन्हें स्मरण आने लगा, पृथ्वीराज, बाप्पा रावल, महारानी पद्मावती आदि का समय प्रत्यक्ष करने के लिए इनका मन यत्न करने लगा। सोमनाथ का टूटना, मथुरा का लूटा जाना, थानेसर का युद्ध, ये सब घटनाएँ एक-एक करके इनकी आँखों के सामने फिरने लगीं। हिन्दू जाति के सहस्रों वर्ष पूर्व दिखलाए हुए पराक्रम पर आनन्द और सहे हुए अपमान पर क्रोध और ग्लानि ये अनुभव करने लगे। कभी ये महारानी पद्मावती आदि वीर क्षत्राणियों के कृत्य को स्मरण कर पुलकित और उत्तेजित होते और गाते–

धनि धनि भारत की छत्रानी।
वीरकन्यका, वीरप्रसविनी, वीरबधू जगजानी।
सती शिरोमणि, धर्म्म धुरन्धर, बुधि बल धीरज खानी।
इनके यश की तिहूँ लोक में अमल ध्वजा फहरानी॥

कभी ये पृथ्वीराज-पराजय और चित्तौड़-ध्वंस आदि का स्मरण कर शोक और ग्लानि से परिपूर्ण होते और कहते–

हाय पंचनद! हाय पानीपत!
अजहुँ रहे तुम धरनि विराजत!!
हाय चित्तौर निलज तू भारी।
अजहुँ खरो भारतहि मझारी॥
जा दिन तुव अधिकार नसायो।
ताही दिन किन धरनि समायो॥

हिन्दी में उन दिनों कोई अच्छा इतिहास न था विशेषकर ऐसा जिसमें हिन्दुओं की धीरता, वीरता और कर्तव्यरक्षा आदि का यथार्थ रीति से वर्णन हो। यह बात बाबू राधाकृष्ण को 16-17 वर्ष की अवस्था ही में खटकी। 'आर्य्यचरितामृत' के नाम इन्होंने

प्राचीन पुरुषों का जीवनचरित्र क्रम से निकालना चाहा और बाप्पा रावल का चरित्र निकाला भी। उसके उपक्रम में आपने लिखा है–'हमारे यहाँ क्रमपूर्वक इतिहास नहीं है। इससे हमारे देश की कैसी कुछ हानि होती है। जो कोई नए इतिहास मिलते भी हैं सो मुसलमानों के समय के, जिन्होंने मुसलमानों की स्तुति और हिन्दुओं को गाली प्रदान की कसम खाई है। सम्प्रति जितने इतिहास प्रचलित हैं उनकी प्रायः यही दशा है। उन्हें पढ़कर सुकुमार-मति बालकों के हृदय में ऐसा संस्कार जम जाता है कि वे अपने को तुच्छ और सदा गुलाम समझने लगते हैं।... ...महात्मा टाड ने इस अभाव को दूर करने के लिए बड़ा परिश्रम करके 'राजस्थान' बनाया। इसका अनुवाद बंगला इत्यादि कई एक भाषाओं में हुआ किन्तु दुख का विषय है कि अभागिनी हिन्दी में उसका अनुवाद किसी 'माई के लाल' ने न किया। सन् 1882 में इन्होंने 'टाड राजस्थान' का हिन्दी अनुवाद करने का विचार किया। 'भारत मित्र कार्य्यालय' ने उसके छापने और प्रकाशित करने का भार अपने ऊपर लिया और इस विषय का एक विज्ञापन 'भारत मित्र' में प्रकाशित किया। इस विज्ञापन को देखकर क्षत्रिय पत्रिका वा खड्गविलास प्रेस के अध्यक्ष को खलबली पड़ी और उनहोंने चटपट अपने धर्म्मानुसार इस कार्य्य में बाधा डाली। ता. 10 फरवरी, 1882 को बाबू राधाकृष्ण के पास 'भारत मित्र' सम्पादक का यह पत्र आया :

भारतमित्र कार्य्यालय
60 नं. क्रॉस स्ट्रीट, कलकत्ता।

यथा विहित सम्मानपुरस्सर निवेदनमिदं

'राजस्थान' का विज्ञापन 'भारत मित्र' में देखकर क्षत्रिय पत्रिका के अध्यक्ष ने इस विषय का एक पत्र हमको लिखा कि उन्होंने 'टाड्स राजस्थान' का अनुवाद अपने पत्र के लिए कराया है और उस काम में उनके 1000 रुपए खर्च हो चुके हैं अब यदि हम लोग इसको पुस्तकाकार छापेंगे तो उनका सब परिश्रम और रुपया व्यर्थ जाएगा। बल्कि हम लोग इस ग्रन्थ को न छापें इसके लिए उन्होंने बहुत अनुरोध भी किया है। उनके कई पत्र खेदपूर्ण आए जिनको देखकर हम लोगों ने इस पुस्तक के छापने का उद्देश्य छोड़ दिया। जिस तरह हो पुस्तक हिन्दी में छपनी चाहिए और जब एक आदमी पहिले से इसमें प्रयत्न करता है और रुपए भी खर्च चुका तब उनको निराश करना हम लोगों ने उचित नहीं समझा। आपने जो इस कार्य्य में हमारे लिए परिश्रम किया और हम लोगों को उत्साह प्रदान किया उसके लिए हम आपको बहुत धन्यवाद देते हैं।

... ... ग्राहक श्रेणी प्रायः 200 के अन्दाज हो गई थी, परन्तु ऊपर लिखे हुए सबब से 'राजस्थान' के छापने का प्रयत्न छोड़ दिया।

कलकत्ता
10-2-82

आपका अनुग्रहाकांक्षी
छोटूलाल मिश्र

17 या 18 वर्ष ही की अवस्था में इन्होंने 'महारानी पद्मावती' नामक ऐतिहासिक रूपक लिखा।

इनकी यह ऐतिहासिक रुचि जीवनपर्यन्त बनी रही। ये बराबर ऐतिहासिक छानबीन में लगे रहे। इस बात में इन्हें हरिश्चन्द्र के सरस्वती भंडार से, जिसमें प्राचीन पुस्तकों का बहुत अच्छा संग्रह है, बहुत कुछ सहायता मिली। वैष्णव कवियों के विषय में इन्हें बहुत जानकारी हो गई। इनकी रची पुस्तकों में से अधिकांश इतिहास तथा पुराने कवियों और महात्माओं के जीवनचरित सम्बन्धी हैं। इनको इन्होंने बड़ी खोज और सावधानी के साथ लिखा है।

धर्म्म सम्बन्धी संस्कार

अपने हिन्दू धर्म्म पर इन्हें आरम्भ से ही अटल श्रद्धा थी। उसकी शोचनीय अवस्था देखकर ये 17 वर्ष की अवस्था ही से दुखी रहा करते थे। अन्धपरम्परा के लिए पुरानों को कोसते और उदासीनता के लिए नवीनों को धिक्कारते थे। एक लेख 'हिन्दू धर्म्म की अवनति का कारण और उन्नति का सीधा उपाय' इन्होंने बड़ा लम्बा-चौड़ा और बड़ी धूमधाम से लिखा जो 'सारसुधानिधि' के दो अंकों (24 और 31 जुलाई, 1882) में प्रकाशित हुआ।

इसमें इन्होंने हिन्दू धर्म्म की घटती पर बड़ा विषाद किया है, ईसाइयों द्वारा जो धर्म्म की हानि होती है उसका उल्लेख करते हुए धर्म्मसम्बन्धी शिक्षा की आवश्यकता बतलाई है और हिन्दू धर्म्म की रक्षा के मुख्य उपाय स्थिर किए हैं। इन उपायों में से कुछ ये हैं–

(1) जो हिन्दू जाति भ्रष्ट हो जाए वह प्रायश्चित्त करा के फिर हिन्दू किया जाए। चाहे उन लोगों की जाति ही दूसरी बना दी जाए चाहे वे फिर अपनी जाति में हो जाएँ–चाहे जो हो हिन्दू कहलाएँ।

(2) पाठशाला नियत हो जिसमें अंग्रेजी संस्कृत पढ़ाई जाए।

(3) ईसाइयों की पुस्तकों के खंडन और (अपने) धर्म्म के मंडन की पुस्तक छापी जाए और अत्यन्त सस्ती पैसे-पैसे धेले-धेले बेची जाएँ।

(4) दस-बीस ब्राह्मण पंडित विद्वान् लोग नौकर रखे जाएँ जो पादरियों की तरह घूम-घूमकर व्याख्यान दें और पादरियों से वाद-विवाद करें।

(5) धर्म्मशाला बनाई जाएँ जिनमें दरिद्र लोग रखें और पढ़ाए जाएँ।

(6) एक बाला पाठशाला नियत हो जिसमें लड़कियों की धर्म्म शिक्षा हो और उन्हें सीना-पिरोना आदि गृहस्थी के काम सिखाए जाएँ।

(7) एक मासिक, पाक्षिक वा साप्ताहिक पत्र प्रकाशित हुआ करे जिसमें धर्म्म विषयक प्रस्ताव और ईसाइयों आदि का खंडन भी छपा करे।

(8) इन सब बातों के प्रबन्ध के लिए सभा होनी चाहिए।

(9) इन सभाओं में धर्म्म सम्बन्धी सब बातें हों, मतों का विवाद ही न हो।

(10) एक मूल सभा किसी नगर में नियत की जाए और उसकी शाखा सभाएँ सारे भारतवर्ष में हों

इन बातों को पढ़ते समय पाठकों को ध्यान रखना चाहिए कि उस समय तक 'भारत धर्म्म महामंडल' का आडम्बर नहीं खड़ा हुआ था। ईसाइयों के खंडन की गली-गली धूम थी। इतनी छोटी अवस्था में जबकि प्रायः लोग अपना समय हँसी-ठट्ठे में बिताते हैं इनका धर्म्म की चिन्ता में लीन होना अवश्य ध्यान देने योग्य है।

धर्म्म में इनकी पूरी निष्ठा थी। ये पूरे भगवदभक्त थे। पर ये आडम्बरप्रिय और दुराग्रही न थे। यथार्थ में ईश्वर की भक्ति को ही ये मुख्य समझते थे। मत-मतान्तरों का झगड़ा इन्हें पसन्द न था। 20 वर्ष की अवस्था में (संवत् 1942 में) इन्होंने 'धर्म्मालाप' के नाम से भारतीय नाना धर्म्मों का वार्त्तालाप कराया जिसके अन्त में एक प्रेमी भक्त के मुख से अपने हृदय की बात इस प्रकार कहलाई–

'हमको तो यह सब बखेड़ा ही सा प्रतीत हुआ। हमारी समझ में तो 'जाति-पाँत पूछै नहिं कोई। हरि को भजै सो हरि का होई।' व्यर्थ सब सिर फोड़ते हैं।

नाहिं इन झगरन में कुछ सार।
क्यों लरि लरि के मरो बावरे बादन फोरि कपार।
कोइ पायो कै तुमहीं पैहो सो भाखौ निरधार।
हरीचन्द इन सब झगरन सों बाहर है वह यार॥

प्यारे भाइयो! इन सब बखेड़ों को छोड़ो। जरा शान्त भाव धारण करो। भगवान् के श्री चरणों में चित्त लगाओ।

ऊँचे भुज करि टेरि कै, कहत पुकारि पुकारि।
बिनु हरि काम न आइहै, कछू धर्म्म धन नारि॥

इसी समय के लगभग इन्होंने 'स्वर्ग की सैर' के नाम से एक स्वप्न लिखा उसमें भी आपने मत-मतान्तरों के दुराग्रह की अच्छी धूल उड़ाई।

राम और कृष्ण के प्रति इनका प्रेम भाव बहुत बढ़ा-चढ़ा था। उनके विषय में कोई बात सुनते तो ये तुरन्त प्रेम से गद्‌गद हो जाते। काशी में नाटी इमली एक स्थान है जहाँ प्रतिवर्ष रामलीला होती है। यहाँ का भरत मिलाप प्रसिद्ध है। बड़ी भीड़ होती है। सारी काशी उमड़ पड़ती है। ये भी देखने जाते थे। 19 अक्तूबर, सन् 1885 के दिन वहाँ राम और भरत का प्रेम से मिलना देखकर आप लिखते हैं–'कहते हैं कि आज के दिन साक्षात् पूर्ण परब्रह्म राम की छाया पड़ जाती है। चाहे नेत्रविकार ही सही, चाहे पुराने ख्यालात की बीमारी ही सही, चाहे और कोई कारण सही, पर कोई विशेष बात अवश्य है।'

ये जब तक इस संसार में रहे धर्म्म का ध्यान बराबर बनाए रहे, अपने चित्त की बराबर चौकसी करते रहे कि वह इधर-उधर भटकने न पाएँ। इनका नियम था कि वर्ष की समाप्ति पर उस वर्ष के अपने समस्त सांसारिक कार्य्यों और उलटफेरों की आलोचना करते और साथ ही इस बात का भी लेखा लगाते कि धर्म्मभाव में घटती हुई कि बढ़ती।

दीक्षा आपने वल्लभाचार्य के मतानुकूल वैष्णव धर्म्म की ली थी।

शृंगार रस की ओर प्रवृत्ति

बाबू हरिश्चन्द्र ऐसे प्रेमरसमग्न मनुष्य के पास रहने पर भी यदि उस रस का संचार इनके हृदय में न होता तो आश्चर्य ही था। 16-17 वर्ष की अवस्था ही से प्रेम की रंगत भी इन पर चढ़ने लगी, शृंगार रस की कविता का भी चसका इन्हें लगा। 'कविवचन सुधा' में इनके चुहचुहांते फुटकर पद, दोहे, कवित्त और सवैये प्रकाशित होने लगे। दो-एक नमूने लीजिए–

दोहा

लागे पै मानत न कछु, करहु जु लाख उपाय।
इत उत चितवैं नहिं तनिक, नैन निगोरे हाय॥
मन सों मन अरु हार सों, हार उरझि रहि देह।
धनि उरझनि यह प्रेम की, धन्य धन्य यह नेह॥
रात जगी संग लाल के, भै दृग दोऊ लाल।
मानहुँ होन प्रभात सों, भई क्रुद्ध अति बाल॥

(कविवचन सुधा 1882)

बिरह पलेट्यो तन दसा, मन गतिहू बदलानि।
निज प्रतिबिम्बहिं लखि चकित, दूजी तिय जिय जानि।
प्रेम पंथ कछु और, प्रीतम बिछुरे सुख बढ़ै।
प्रिय लखात सब ठौर, भेंटे इक प्रिय भेंटहीं॥

(अप्रकाशित)

'राधा' और 'कृष्ण' के दास तो ये हो ही गए थे। फिर उनकी लीला वर्णन करने से ये क्यों चूकने लगे। पावस ऋतु में राधा और कृष्ण एक साथ बैठे झूला झूल रहे हैं। उसकी शोभा आप यों कहते हैं–

कवित्त

झीनी झीनी बूँदनि परति, बड़ी सोभा अति चमकि चमकि विज्जु जिय डरपावै है।
लाल मखमली बीरबहू भूमि डोलैं। मानों बूँद अनुराग नेह मेह बरसावै हैं।
भरे अनुराग बैठे प्यारे प्यारी झूले माहिं, सखी जन गावत बजावत झुलावै हैं।
दास देखि सोभा यह भूलि जात दुख सबै प्यारी जू डरति, प्यारो अंग लपटावै है॥

(कविवचन सुधा 1882)

वर्षा की रात्रि में चन्द्रमा के बादलों से छिपने और मेह के बरसने पर बालक राधाकृष्णदास ने कैसी उक्ति बाँधी है, देखिए और आश्चर्य कीजिए–

देखि लाड़िली की दसा, चन्दा गयो लुभाय।
बदरी में मुँह ढाँकि के, नीर बहावत हाय॥

यदि यह भाव कहीं और से लिया गया हो तो बात दूसरी है। एक सखी दूसरे को

चौथ का चन्द्रमा देखने से रोकती है, इस पर वह कहती है—

हमारो चौथ चन्दा का करिहै?
श्री ब्रजचन्द चन्दमुख प्रेमी औरन सों का डरिहै।
कुलवोरनि सब कहत गाँव में और नाम का धरिहै?
'दास' कलंकहु हम प्रेमिन के ढिग आवत थरहरिहै ॥

(अप्रकाशित)

समस्यापूर्ति भी आप इसी छोटी अवस्था में बहुत अच्छी करते थे। 'मन्द करै चन्दहि अमन्द मुख प्यारी को' देखिए इसकी कैसी अच्छी पूर्ति इन्होंने की थी—

'जनम लियो है ब्रज प्रेमसुधासागर, वह वापुरो मयंक प्रगट्यो है जल खारी को।
घटत बढ़त तेजहीन तेजमान होत, बाढ़ै दिन दूनो तेज कीरति कुमारी को॥
वह सकलंक 'दास' दुखद चकोर, यह मेटत कलंक भव पोषत बिहारी को।
घन में छिपत, यह घनश्याम संग सदा मन्द करै चन्दहि अमन्द दुति प्यारी को॥

सामयिक विषयों पर लेख

सन् 1882 ही से इनके लेख समाचार-पत्रों में निकलने लगे। पहिले 'कविवचन सुधा' ही में इन्होंने लिखना आरम्भ किया। इसके उपरान्त बराबर 'सारसुधानिधि' 'भारत मित्र', 'उचितवक्ता,' 'भारतबन्धु', 'भारतोदय' आदि संवादपत्रों में ये बराबर लिखते रहे।

30 मई, 1881 के 'कविवचन सुधा' में अपने-अपने राज्य की पृथक्-पृथक् उपाधि प्रचलित करने के लिए इन्होंने 'भारतवर्षीय राजा महाराजाओं के प्रति सविनय निवेदन' किया और उसके लाभ बतलाए। उसी वर्ष 'सारसुधानिधि' में गोरक्षा के ऊपर भी कई लेख लिखे जिनका फल यह हुआ कि पंडित राममिश्र शास्त्री ने 'ब्रह्मामृतवर्षिणी सभा' में इस विषय का प्रस्ताव किया। बाबू हरिश्चन्द्रजी भी उस सभा में सम्मिलित थे। बहुत कुछ चन्दा हुआ। इसके अनन्तर पंडित राममिश्र शास्त्री गोरक्षिणी सभाएँ स्थापित करने के अभिप्राय से लखनऊ, बरेली, आगरा और मथुरा आदि कई नगरों में गए।

सन् 1882 तक तो इनके न जाने कितने ही लेख प्रकाशित हो चुके थे और ये उस समय हिन्दी के अच्छे लेखकों में गिने जाते थे। 16 जनवरी, 1882 के 'सारसुधानिधि' में इन्होंने 'हिन्दी भाषा के पत्र' शीर्षक एक लेख लिखा जिसमें उस पत्र की प्रशंसा इस प्रकार की, 'सम्प्रति हिन्दी भाषा में कई पत्र निकलने लगे हैं, पर उनमें से थोड़े ही तो अच्छे हैं और सब तो बस नाम के हैं। हिन्दी पत्रों में ऐसा एक ही पत्र है जो शुद्ध हिन्दी में छपता है। इस पत्र का नाम 'सारसुधानिधि' है।' इस पर 26 जनवरी, 1882 के 'भारत मित्र' में अलमोड़ा निवासी तारादत्त ज्योतिर्विद ने बिगड़कर एक चिट्ठी छपवाई जिसमें उन्होंने इन पर आक्षेप करते हुए 'सारसुधानिधि' के उसी नम्बर में व्याकरण सम्बन्धी कई भूलें बतलाईं। ज्योतिर्विद के उत्तर में काशी के किसी महाशय ने फिर

4 फरवरी, 1882 के 'उचितवक्ता' में एक पत्र छपाया जिसमें और बातों के अतिरिक्त उन्होंने बाबू राधाकृष्णदास के विषय में लिखा कि 'हम लोगों ने बाबू राधाकृष्णदास के सैकड़ों लेख देखे परन्तु आश्चर्य नहीं कि तारादत्तजी को घर बैठे ज्योतिष की गणना में अथवा स्वप्न में कोई भूल दिखाई दी हो।'

23 जनवरी, 1882 के 'सारसुधानिधि' में इन्होंने 'बनारसी गप की बानगी' अच्छी दिखलाई है।

बाबू हरिश्चन्द्र के सुयश सौरभ के प्रसार का इनको बड़ा ध्यान रहता था। उनकी कीर्तिकौमुदी को संसार के सम्मुख प्रत्यक्ष करने में ये निरन्तर लगे रहते थे। वास्तव में यदि ये उदयकाल ही से वायु के समान चंचल होकर समय-समय पर भ्रम रूपी मेघों को न छाँटते रहते तो भारतेन्दु की शीतल किरणें बहुतेरे अन्धकारमग्न हृदयों में न पहुँचती। यदि यह सच्चा परखने वाला न होता तो आज हम उस नर-रत्न के बहुत से अलौकिक गुणों को न जान सकते। सन् 1882 में भारतवर्ष के भिन्न-भिन्न प्रान्तों में जितनी लड़कियाँ अंग्रेजी की परीक्षाओं में उत्तीर्ण हुई थीं सबको शिक्षा विभाग द्वारा बाबू हरिश्चन्द्र ने साड़ियाँ दी थीं। कलकत्ते में बिथून कॉलेज की लड़कियों को लेडी रिपन ने अपने हाथ से उन साड़ियों को बाँटा था। कलकत्ते के अंग्रेजी, बँगला और हिन्दी पत्रों ने जब इस प्रशंसनीय कार्य्य का उल्लेख और वर्णन न किया तब ये आकुल हो उठे और तुरन्त 30 मार्च (1882) के 'भारतमित्र' में इस विषय पर एक लेख भेजा जिसके अन्त में इन्होंने क्षोभ के साथ लिखा--"हमको महान् आश्चर्य है कि कलकत्ते के हिन्दी अंग्रेजी और बँगला अखबारवालों ने इस प्रसिद्ध महात्मा के इस देशोपकारक कार्य्य का सविस्तार वर्णन अभी तक न लिखा।"

नगर में जहाँ कहीं कोई सभा समाज होता वहाँ बाबू राधाकृष्णदास अवश्य पहुँचते और उसकी कार्रवाइयों की सूचना संवादपत्रों में लिखकर भेजते। काशी में जब आशु कवि पंडित गोवर्धनलाल आए थे और अपनी छन्द रचना शक्ति का अद्भुत चमत्कार उन्होंने दिखलाया था तब इन्होंने भारतवर्ष के गुणों की प्रशंसा करते हुए इसका सविस्तार विवरण 'सारसुधानिधि' में लिखकर भेजा था। कानपुर में पंडित प्रतापनारायण मिश्र ने जब अपने स्थापित नाट्यसमाज द्वारा 15 अप्रैल, 1882 को 'नीलदेवी' और 'अन्धेर नगरी' का अभिनय किया था तब ये बड़े ही आह्लादित हुए थे और 'कविवचन सुधा' में पंडित प्रतापनारायण मिश्र के उद्योग की बड़ी प्रशंसा इन्होंने की थी।

उस समय इन प्रान्तों में कोई अच्छा अंग्रेजी पत्र न था जो पक्षपातरहित होकर प्रजा की बात कहता हो। बाबू राधाकृष्णदास को यह बात खटकी और उन्होंने 29 मई, 1882 के 'सारसुधानिधि' में एक अंग्रेजी पत्र की आवश्यकता दिखलाई और लिखा कि 'मेरी क्षुद्र बुद्धि में आता है कि एक अंग्रेजी पत्र ऐसा हो जो हिन्दी पत्रों के लेखों का अनुवाद निकाला करें। बाबू रामकृष्ण वर्मा ने इस प्रस्ताव पर बड़ी प्रसन्नता प्रकट की और समय-समय पर 'हिन्दू पैट्रिएट' में हिन्दी लेखों का अनुवाद देने का संकल्प किया।

राज्यप्रबन्ध आदि की ओर भी इनका ध्यान उस समय जा चुका था। 9 नवम्बर,

1882 के 'भारतमित्र' में इन्होंने 'पुलिस कमीशन' बिठाने के लिए बड़ी योग्यता से लिखा जिसकी चर्चा कई महीनों तक पत्रों में रही।

31 मार्च, सन् 1883 के 'उचितवक्ता' में इन्होंने लिखा 'होली है'। यह बड़ी दिल्लगी का लेख है। इसका कुछ अंश नीचे उद्धृत किया जाता है–

'अहा हा! आज होली है। नहीं, नहीं, भारत की भिक्षा की झोली है। यह लाल-लाल क्या उड़ रहा है? अजी हजरत! गुलाल। यहाँ कभी लोग ऐसे थे कि थोड़ी-थोड़ी बातों पर खून बहाते थे। फिर आप समझिए कि हमारे हिन्दुस्तानी लोगों की तो यह सदैव की चाल है कि बड़े लोगों की नकल करना...। पर उतना पराक्रम कहाँ कि किसी विदेशी शत्रु से लड़कर खून बहाएँ? तब आपस में ही सही। पर भाई उसमें चोट-चपेट लगती है; कोई ऐसा उपाय करना चाहिए कि चोट भी न लगे और बड़ों की चाल भी निभी जाए। तब गुलाल और लाल रंग निकाला गया।...। भाई, हम लोग तो अंग्रेजों के भी गुरु हैं। अंग्रेज लोग कहते हैं कि आदमी बन्दर की औलाद है। हम कहते हैं नहीं हम लोग स्वयं बन्दर हैं। विश्वास न हो तो हिन्दुस्तानियों का मुँह आज देख लो।...भला ये कौन लोग हैं जो बड़ी सभ्यता से होली खेल रहे हैं? ये हिन्दी पत्र हैं। पर भाई ये लोग गाली तो नहीं बकते। वाह! वाह! गाली तो ऐसी बकते हैं जैसी कोई नहीं बकता। हिन्दुस्तानियों को अपनी उन्नति करने को कहते हैं! यह गालियों की परदादी है।'

आगे चलकर ताश के रंगों को लेकर विचित्र वाक्य रचना की है–'भाई आज 'ताशबादला' न पहिनना। सच पूछो तो आजकल 'बादशाहों' की बड़ी खराबी है, पर 'बीबियों' ने तो हर तरफ से 'रंगमार' रखा है। दाल की मंडी के कारण घर के 'गुलामों' को चैन है। अजी होली ऐसी मचाओ कि लोगों को 'दहला' दो, रंग इतना उड़ाओ कि सबको 'नहला' दो। खेल में ऐसी धूम मचाओ कि शरीर से 'सत्ता' जाती रहे और लोग 'छक्का पंजा' सब भूल जाएँ। थोड़ी-सी अबीर लेकर मुँह में 'चौका' लगा दो। आजकल तो जो फल 'तिया' के जपने में है वह किसी फकीर की 'दुआ' में जरा भी नहीं। 'एक्का' पर चढ़कर बहरी तरफ जाने और बूटी छानने में ही दुनिया का मजा है।'

तीर्थयात्रा

अगस्त 1884 में तीर्थयात्रा की तैयारी हुई। बाबू हरिश्चन्द्र के परिवार के लोग तथा और कई सज्जन सकुटुम्ब हमारे चरित्रनायक के साथ हुए। बड़े आनन्द के साथ यात्रा आरम्भ हुई। पहिले ब्रजभूमि ही के दर्शन की सबको उत्कंठा थी। 'राधा' और 'कृष्ण' के दास हमारे चरित्रनायक के आनन्द का क्या कहना है। 26 अगस्त, सन् 1884 को संध्या के समय सब लोग मथुरा पहुँचे। पहुँचते ही मालूम हुआ कि विश्रामघाट पर आरती का समय है। अब भला ये कब मानने वाले थे। सबको लिये-दिये उसी समय वे वहाँ जा पहुँचे और भगवान् श्रीकृष्णचन्द्र का दर्शन करके तब इन्होंने दूसरा काम किया। मथुरा में कई दिन रहे। वहाँ के प्रत्येक प्रसिद्ध मन्दिर और दर्शनीय स्थान का निरीक्षण किया। जिस स्थान पर गए उसका ऐतहासिक वृत्त भी कुछ जाना। वृन्दावन की शोभा पर मुग्ध

होकर आप लिखते हैं, 'यह स्थान बड़ा ही रम्य और श्रद्धा उत्पादक है।' कृष्ण के लीलास्थलों के दर्शन से इनके हृदय में अनेक भाव उत्पन्न होते। बरसाने में 'मानगढ़' नामक मन्दिर में पहुँच राधा की मानिनी मूर्ति पर इन्होंने यह पद बनाया–

हौं बलि जाउँ मानिनी छवि पर।
बैठी भौंह चढ़ाय रिस भरी गोल कपोलनि कर धर।
नैन बन्द, अलकावलि छूटी, अंचल पट खसक्यो सर।
लाल मनावत मानहिं रहि गए धरि के प्यारी के पग पै कर।
विह्वल देखि प्राण प्रीतम को मिली मान तजि प्यारे के गर।
बरनि सकै या छविहि 'दास' जो जग में ऐसा नाहिन कोउ नर॥

बरसाने में लाड़िली जी के मन्दिर में पहुँचकर यह पद बनाया–

लाड़िली ऐसी मति मोहिं दीजै।
चरन छोड़ि नहिं जाउँ अनत कहुँ सरन आपनी दीजै।
नित उठि दरस करूँ पिय प्यारी, हृदय पखान पसीजै।
इतनी अरज 'दास' की सुनिए निज जन कृपा करीजै॥

मथुरा से फिर श्रीनाथद्वार की तैयारी हुई। यहाँ श्रीनाथजी की प्रसिद्ध मूर्ति है जिसको औरंगजेब के उपद्रव के कारण गो. विट्ठलदास के पौत्र दामोदरजी मथुरा से लाए थे। यहाँ पर श्रीनाथजी का बड़ा भारी वैभव है। लाखों रुपए वार्षिक भोग राग में व्यय होते हैं। वल्लभ सम्प्रदाय के लोग इस स्थान पर पहुँच जाते हैं। 10 नवम्बर, (1884) को सात बजे सबेरे इन लोगों ने श्रीनाथजी के भोगराग का दर्शन किया और आगे बढ़े। तीसरे पहर कांकरौली पहुँचे और वहाँ द्वारकानाथजी की झाँकी और संध्या आरती देखी। संयोगवश यहाँ पर इनसे पंडित दामोदर शास्त्री से भेंट हो गई जो बाबू हरिश्चन्द्र के मित्रों में से थे और हिन्दी के लेखक थे। शास्त्रीजी उस रात को इन्हीं के डेरे पर रहे। बड़ी रात तक बातचीत होती रही। इस वार्त्तालाप में जो आनन्द आया उसके विषय में आप लिखते हैं–'सच है, अपने इष्ट मित्रों से विदेश में अकस्मात् मिलाप हो जाने से जो आनन्द होता है वह अकथनीय है।'

11 नवम्बर को ये लोग कांकरौली से आगे बढ़े। मार्ग जनशून्य था। चारों ओर पर्वत और पलाश के विस्तृत वन ही दिखाई देते थे। बस्ती बहुत दूर-दूर पर मिलती थी। इस भयानक मार्ग में महाराणा साहब उदयपुर की ओर से चार चौकियाँ स्थापित थीं। किन्तु ये चौकियाँ ऐसी बेहिसाब बैठाई गई थीं कि चारों गाँवों के पास ही पास। जहाँ गाँव था वहाँ लूटमार की क्या आशंका थी, पर चौकियाँ वहीं बैठाई गई थीं। जहाँ निर्जन निविड़ वन था, जहाँ मनुष्य को कोई मार डाले तो भी पता न चले वहाँ चौकी पहरे का दर्शन नहीं। चौकियों पर भी चौकीदार दो ही चार, वे भी ऐसे बदरोब कि समय पड़ने पर एक ही घुड़की में सन्नाटा खींच लें। हिन्दुस्तानी प्रबन्ध इसी का नाम है। संध्या होते-होते ये लोग कांकरौली से सात कोस पर खंडेल गाँव में पहुँचे और रात को वहीं टिके रहे। दूसरे दिन तड़के तीन ही बजे उठकर ये लोग आगे की ओर बढ़े और दिनभर

में नौ कोस चलकर दिन बैठते-बैठते मँगरा गाँव में पहुँचे। यहाँ ब्राह्मणों की बस्ती अधिक दिखाई पड़ी। एक चतुर्भुज जी की मूर्ति के भी दर्शन हुए जिसे लोगों ने महाराणा स्वरूप सिंह जी के समय की स्थापित बतलाया। जाड़े का दिन था, सर्दी पड़ रही थी। टिकने का स्थान माँगने के लिए ये लोग गाँव में गए। वहाँ ऐसे-ऐसे महात्माओं से भेंट हुई जिन्होंने इनकी एक न सुनी। अन्त में एक पेड़ के नीचे सब लोगों ने रात काटी। रात भर सब लोग जागते और तापते ही रहे।

प्रातःकाल तीन बजे उठकर ये लोग आगे बढ़े। दिन के तीन बजते-बजते भीलवाड़ा पहुँचे। रेल का दर्शन करते ही सबका चित्त ठिकाने आया। दस बजे रात ट्रेन पर सवार हुए, दूसरे दिन अर्थात् 14 नवम्बर, 1884 को सवेरे अजमेर पहुँचे। वहाँ से फिर पुष्करराज की ओर प्रस्थान किया। पुष्करराज अजमेर से चार कोस पर है। सड़क बिलकुल ऊँची-नीची पहाड़ों और जंगलों से होकर गई है। दो पहाड़ चढ़ने-उतरने पड़ते हैं। पुष्करराज पहुँचकर इन लोगों ने तालाब में स्नान किया और सावित्रीजी के दर्शन करने गए जो अत्यन्त ऊँचे पहाड़ पर हैं।

अजमेर से मंडली लौट पड़ी। मार्ग में जयपुर आदि प्रसिद्ध स्थानों की देखभाल करते ये लोग फिर मथुरा आए। वृन्दावन में जाकर ये पंडित राधाचरण गोस्वामी से मिले। ऊपर लिख आए हैं, इस यात्रा में कई घरों की स्त्रियाँ भी साथ थीं। इन लोगों ने आपस में कलह कर-करके समय-समय पर बहुत कष्ट पहुँचाया। देखिए, तंग आकर बाबू राधाकृष्णदास क्या लिखते हैं–'हम अपने मित्रों को उपदेश करते हैं कि कभी स्त्रियों को साथ लेकर यात्रा में न निकलें, उसमें भी दूसरे घर की स्त्रियों को।' मथुरा से फिर लोग आगरा आए और ताजमहल देखने गए। ताजमहल के बाग में उस दिन लाट साहब के आगमन के उपलक्ष्य में रोशनी की तैयारियाँ हो रही थीं। पुरानी वस्तुओं को देखने की अभिलाषा तो इन्हें सदा बनी रहती थी। अतः किले के भीतर के महल देखने का विचार इन्हें हुआ। पर बड़े लाट साहब की अवाई थी इससे किले के भीतर जाने की अनुमति न मिली। उसी दिन साढ़े ग्यारह बजे रात को चलकर दूसरे दिन सबेरे लखनऊ पहुँचे। वहाँ अमीनाबाद, कैसरबाग, शाहीमहल, अजायबखाना, मच्छीभवन, चौक, इमामबाड़ा आदि जाकर देखा। इस नगर की गिरी दशा देखकर आप लिखते हैं–'लखनऊ की दशा देखकर रुलाई आती है। बिना पति के स्त्री की जो दुर्दशा होती है वही लखनऊ की है। हाँ! वही इमारतें जिनके बनने में लाखों रुपए लगे थे, जो लखनऊ की शोभा स्वरूप थीं और जो सैकड़ों वर्ष तक हिलनेवाली न थीं, आज तोड़ी जाती हैं–व्यर्थ, केवल किंचित् धन के लोभ से। यह देखकर किस कठोर हृदय का चित्त न पिघलेगा?'

लखनऊ से चलकर 22 नवम्बर (1884) को सब लोग अयोध्या गए। वहाँ हनुमानगढ़ी, कोपभवन, जन्मभूमि, स्वर्गद्वार आदि समस्त दर्शनीय स्थानों का अवलोकन किया। जातीयता का भाव तो इनकी नस-नस में भरा ही था। 'स्वर्गद्वार' और 'जन्मभूमि' से भिड़ी मस्जिदों को देखकर आपने कहा–'ये मस्जिदें दबी दबाई आग को कलेजे में सुलगाती हैं।' राम का विवाहोत्सव आदि देखकर 24 नवम्बर को वहाँ से ये

लोग चल पड़े और दूसरे दिन पच्चीस नवम्बर को सबेरे काशी पहुँचे। इतने दिनों पर काशी को देख आप लिखते हैं–'अहा! जन्मभूमि का स्नेह भी कैसा विचित्र होता है। बहुत दिनों पर अपनी मातृभूमि को देखकर जो आनन्द हुआ वह अकथनीय है।' घर पर जाकर ये बाबू हरिश्चन्द्र और बाबू गोकुलचन्द्र से मिले। स्नेह से जी भर आया। भारतेन्दुजी को इन्होंने बहुत क्षीण और अशक्त पाया।

लार्ड रिपन का काशी आगमन

26 नवम्बर को काशी में भारतबन्धु महात्मा लार्ड रिपन की अवाई थी। चारों ओर उत्साह और आनन्द उमड़ा पड़ता था। सारा नगर तैयारी में लगा था। संध्या को लाट साहब उतरने वाले थे। दो ही बजे से राजघाट के स्टेशन पर भीड़ जमने लगी। लोगों के साथ बाबू राधाकृष्णदास भी उस समय वहाँ आ पहुँचे। संध्या को लाट साहब राजघाट के पुल पर उतरे। घाटों पर बड़ी तैयारियाँ की गई थीं। पुल पर से उनकी शोभा विलक्षण ही दिखाई पड़ती थी। स्वागतकारिणी कमेटी ने श्रीमान् को उतारा। श्रीमान् की काशीनरेश के साथ सवारी नदेसर की कोठी की ओर चली। मार्ग में फूलों की वर्षा होती थी, बाजे बजते थे, शंखध्वनि के साथ-साथ जयध्वनि सुनाई पड़ती थी। नगर की सजावट का क्या कहना है। फूलों के अत्यन्त सुन्दर फाटक थोड़ी-थोड़ी दूर पर बने थे जिन पर 'Welcome' (स्वागत) 'God Bless Lord Ripon' (ईश्वर लार्ड रिपन का कल्याण करे) आदि वाक्य चमक रहे थे।

एड्रेस देने की तैयारी टाउनहाल में हुई। बड़ा अच्छा समाज एकत्रित था। श्रीमान् को स्वागतकारिणी कमेटी और म्युनिसिपल कमेटी ने आगे बढ़कर लिया। ब्राह्मणों ने आशीर्वाद के श्लोक पढ़े। मार्ग में छोटे-छोटे बालक फूल बिछाते और बरसाते जाते थे। श्रीमान् के बैठ जाने के उपरान्त राजा शम्भूनारायण सिंह ने एड्रेस पढ़ा। श्रीमान् ने उसका उत्तर दिया। जब श्रीमान् उठकर चलने लगे तब फिर लड़के उसी प्रकार फूल बिछाते चले। हमारे चरित्रनायक बाबू राधाकृष्णस्वामी भी एक ओर खड़े थे। उनकी गोद में बालक कृष्णचन्द्र थे। श्रीमान् को देख बालक कृष्णचन्द्र ने बाएँ हाथ से सलाम किया। श्रीमान् बड़े प्रसन्न होकर खड़े हो गए और 'Beautiful boy' (क्या ही सुन्दर बालक!) कहकर बड़ी प्रसन्नता से सिर हिलाया। थोड़ी दूर आगे बढ़कर पुनः बालक की ओर फिरकर देखा और हँसे। लाट महोदय कैसे दयालु और कोमल स्वभाव के थे इसका कुछ अनुमान इस घटना से हो सकता है। वास्तव में ऐसे पुरुष अपनी जाति के गौरवस्वरूप हैं।

चार बजे संध्या को श्रीमान् ने रेल पर सवार होकर काशी से प्रस्थान किया। रात को नगर में कई स्थानों पर रोशनी हुई। बाबू हरिश्चन्द्र के मकान पर भी बड़ी धूमधाम की सजावट और रोशनी थी। इधर यह सब हो रहा था उधर भारतेन्दु का अन्तिम दिन निकट आता जाता था। उनकी अशक्तता बढ़ती जाती थी और शरीर दिन दिन क्षीण होता जाता था।

भारतेन्दु का अस्त

सन् 1884 समाप्त हुआ। 2 जनवरी ही को बाबू हरिश्चन्द्र को एकाएक भयानक ज्वर आया। ज्वर आठ पहर तक रहा। ज्वर उतरने पर पसली में दर्द आरम्भ हुआ। इसी समय से निराशा लोगों के सामने नाचने लगी। किसी प्रकार यह कष्ट भी हटा। तीसरे दिन खाँसी बड़े वेग से उठी और अन्त में 6 जनवरी को पौने दस बजे रात अपनी शीतल किरणों की आभा संसार में छोड़ भारतेन्दु अस्त हो गए। हिन्दी प्रेमियों के हृदय में अन्धकार छा गया।

जिन आँखों से बाबू राधाकृष्णदास उस भारतेन्दु के माधुर्य का विकास देखते थे उन्हीं से आज उन्हें इस संसार से विदा होते उन्होंने देखा। वह हँसती हुई माधुर्य-मूर्ति सब दिन के लिए इनकी आँखों के सामने से हट गई। अब रह गए बाबू राधाकृष्णदास और यह कठोर विस्तृत संसार! इस समय हमारे चरित्रनायक के हृदय पर कैसा आघात पहुँचा होगा पाठकगण स्वयं विचार लें। जिस छाया का ये आरम्भ से अनुसरण करते आए वह छाया अब इस लोक में न रही। महीनों तक इनका चित्त उचटा रहा; चेहरे पर उदासी छाई रही। कभी बैठे-बैठे ध्यान आ जाता और 'भाई साहब, भाई साहब!' पुकार उठते। हमारे चरित्रनायक की तो यह सब दशा हुई, पर संसार को इससे क्या? वह तो अपने निशाने से चूकनेवाला नहीं, वह तो एक क्षण के लिए भी अपना चरखा बन्द करनेवाला नहीं।

भारतेन्दु को संसार छोड़े महीना भर भी नहीं होने पाया था कि उनकी पुस्तकों के कॉपीराइट आदि के विषय में लोगों को खलबली पड़ी। 'खड्गविलास प्रेस' के स्वामी बाबू रामदीन सिंह का पत्र आया कि स्वर्गीय भारतेन्दुजी अपने समस्त ग्रन्थों का स्वत्व हमको दे गए हैं। घर पर अब बाबू गोकुलचन्द्र और बाबू राधाकृष्णदास ही थे। दोनों आदमियों की सम्मति से इस पत्र का यह उत्तर लिखा गया--

प्रियवर,

पत्र आपका रजिस्टर्ड पहुँचा। पुस्तकों के विषय में जो कुछ इन्तजाम स्वर्गीय भाई साहब कर गए होंगे वह सर्वथा हम लोगों को माननीय है। इसका विशेष वृत्तान्त मुझको कुछ मालूम नहीं। आपको यदि उसका स्वत्व प्राप्त हो तो आप अवश्य और लोगों को रोक सकते हैं। इसमें हमें कुछ आपत्ति नहीं और गवाही के लिए जो आप लिखते हैं तो जो बातें कि हमको विशेष रीति से मालूम नहीं उसमें क्या प्रयोजन?

और जो हमारे योग्य कार्य्य हो लिखिएगा। कृपा रखिएगा।

चैत्र सु., 2 संवत् 1942

स्नेहाभिलाषी
गोकुलचन्द्र

इधर 'भारतजीवन' के अध्यक्ष बाबू रामकृष्ण वर्मा भी पुस्तकों के छापने के लिए जोर मार रहे थे। गोरखपुर के राय दुर्गाप्रसादजी बाबू हरिश्चन्द्र के बड़े स्नेही मित्र थे। इन लोगों की समझ में उन्हीं को पुस्तकों के छपवाने का उचित अधिकार था। अतएव

एक पत्र उनके पास इन लोगों की ओर से भेजा गया जिसमें और बातों के अतिरिक्त ये बातें थीं–

(क) कॉपीराइट या पुस्तकों का छपवाना। इसके विषय में मैं यह सोचता हूँ। सब छापेवाले चाहते हैं कि हमीं छापें। बल्कि एक आध लोगों ने तो छापना भी शुरू कर दिया और कुछ लोग यह भी कहते हैं कि हमको स्वर्गीय बाबू साहब कॉपीराइट दे गए हैं। इससे आप एक सूचना-पत्र सब प्रसिद्ध सामयिक पत्रों में इस आशय का दिला दीजिए कि स्वर्गीय बाबू साहब के तमाम ग्रन्थों का स्वत्व अमुक तारीख के वसीयतनामा द्वारा हमको प्राप्त है, इससे कोई न छापे। छापने से हर्जा देना होगा। और फिर आप सबके छापने का प्रबन्ध कर दें। यदि एक ही मनुष्य द्वारा सब ग्रन्थ छपकर बिकें तो अभी तो नहीं परन्तु बरस डेढ़ बरस में जब प्रबन्ध ठीक हो जाएगा तब कुछ प्राप्ति भी होगी।

(ख) इस पत्र के साथ एक सूची उनके ग्रन्थों की भेजता हूँ...।

(ग) जो ग्रन्थ अधूरे रह गए हैं भगवत् इच्छा से उनके पूर्ण करने का उल्लास रखता हूँ और छापने आदि के प्रबन्ध में जो मुझसे आप आज्ञा करेंगे सम्पूर्ण रीति से सहायता करने को उद्यत हूँ और मेरी समझ में इन सबका ऑफिस बनारस में ही रहना ठीक है।

(घ) 'चन्द्रिका' के निकलने का भी प्रबन्ध किया गया है। दिसम्बर का नम्बर आशा है कि कल परसों तक निकल जाए।

3-1-85

अनुगृहीत
गोकुलचन्द्र

'हरिश्चन्द्र-चन्द्रिका' का सम्पादन

कहने की आवश्यकता नहीं कि उपर्युक्त पत्र के अन्तिम दोनों पैराग्राफ (ग) और (घ) बाबू राधाकृष्णदास ही से सम्बन्ध रखते हैं। भारतेन्दु के अधूरे ग्रन्थों को पूरा करने की कामना भी इन्हीं की थी और 'चन्द्रिका' को निकालने का विचार भी इन्हीं का था। इनमें से अपनी पहिली कामना तो इन्होंने आगे चलकर कुछ पूरी कर ली पर दूसरे विचार में बाधा पड़ी। इनकी यह बड़ी प्रबल अभिलाषा थी कि 'चन्द्रिका' द्वारा भारतेन्दु का स्मरण कुछ काल तक हिन्दीभाषियों में बना रहे। यह 'चन्द्रिका' बाबू हरिश्चन्द्र को बहुत प्यारी थी। यहाँ तक कि जब वह 'मोहन-चन्द्रिका' से मिलकर श्रीनाथद्वार में जाकर बन्द हो गई तब उन्होंने अक्तूबर 1884 में 'नवोदिता हरिश्चन्द्र-चन्द्रिका' के नाम से उसे फिर से निकाला। पर देश के दुर्भाग्य से दो नम्बर निकालकर वे आप ही चल बसे। इस 'नवोदिता हरिश्चन्द्र-चन्द्रिका' का तीसरा नम्बर बाबू राधाकृष्णदास ने सम्पादित करके निकाला। इसमें भारतेन्दु की कुछ पिछली कविताएँ, उनका बलिया का व्याख्यान तथा स्वर्णलता उपन्यास का कुछ अंश प्रकाशित हुआ। आगे से स्थायी रूप से इस 'हरिश्चन्द्र-चन्द्रिका' को निकालने का बाबू राधाकृष्णदास प्रयत्न करने लगे। 'हरिप्रकाश प्रेस' के स्वामी बाबू अमीर सिंह जो भारतेन्दु के अन्तरंग

मित्रों में से थे, 'चन्द्रिका' को केवल लागत पर छापने को तैयार भी हो गए। उस समय कार्य्य का चटपट आरम्भ कर देना भी बहुत आवश्यक था। क्योंकि बहुत दिनों तक बन्द रहने के कारण तथा और दो एक कारणों से जो उसकी ओर से लोगों का उत्साह शिथिल पड़ गया था वह उसके जन्मदाता के अकाल परलोकवास के कारण जाग्रत हो उठा था। यह अवसर हाथ से न जाने पाए बाबू राधाकृष्णदास इसी यत्न में थे। उस समय 'चन्द्रिका' किस दशा में थी इसका पता इन दो-चार पंक्तियों से लगेगा जिन्हें मैं एक पत्र से उद्‌धृत करता हूँ–

'इस चन्द्रिका की उन्नति तो अब तक बहुत हो जाती परन्तु उसके बन्द रहने से बड़ी हानि हुई। दूसरे श्रीनाथद्वार में जो छपी तो इसमें वे बातें न रहीं जो प्रथम काशी में थीं। इससे बहुत लोगों का मन इसकी ओर से हट गया।'

ये सब ठीक-ठाक कर ही चुके थे कि पंडित मोहनलाल विष्णुलाल पंडया का एक पत्र आ पहुँचा जिसमें उन्होंने 'चन्द्रिका' पर अपना स्वत्व बतलाया और उसे छापने से इन्हें रोका। इन्होंने उस पत्र का जो योग्यतापूर्ण और उचित उत्तर दिया वह यह है–

मान्यवर,

कृपा पत्र आपका आया। समाचार ज्ञात हुए। चन्द्रिका के विषय में आपने जो लिखा सो यदि आपको पूज्य भारतेन्दुजी लिख गए हैं तो अवश्य आपके सिवाय और किसी को छपाने का अधिकार नहीं है। परन्तु मुझे इसका ब्योरा कुछ भी नहीं मालूम था। इसी से मैंने छापने का विचार किया था, अब जो आप उसमें बाधा करते हैं तो मुझे छपाने का कोई आग्रह नहीं। मेरा आशय केवल मात्र यही था कि इसके द्वारा उनकी कीर्ति चली जाती और अपनी प्यारी चन्द्रिका को फैली हुई देखकर भारतेन्दुजी की आत्मा सुखी होती। मुझे न तो कुछ फायदे की इच्छा और न आशा थी। दूसरे स्वयं भारतेन्दुजी ने इसे निकाला था और उनका विचार बराबर चलाने का भी था। कदाचित् आपको निरुत्साह और अपनी प्यारी चन्द्रिका को बन्द देखकर उन्होंने चलाया हो तो आश्चर्य नहीं। यदि आपने उनसे यह प्रश्न किया होता तो यथार्थ उत्तर मिलता और यह कैसे दुख की बात होगी कि आप ऐसे उनके बालमित्र द्वारा उनकी प्यारी 'चन्द्रिका' बन्द हो। खैर, मुझसे इससे कुछ प्रयोजन नहीं। आप कृपापूर्वक उस लिपि की एक कॉपी मेरे पास भेज दें जिसके द्वारा उन्होंने चन्द्रिका आपको दी है तो बड़ा अनुग्रह हो और मैं भी उसे देखकर संतोष करूँ। दूसरी बात, छपी हुई 'चन्द्रिका' के विषय में जो आपने लिखा सो जिन दिनों यह 'चन्द्रिका' (फिर) चलाई गई थी उन दिनों मैं यहाँ नहीं था, श्रीनाथजीद्वार की यात्रा में था। एक नौकर उन्होंने (बाबू हरिश्चन्द्र ने) रखा था जो कि उसका सब प्रबन्ध करता था और उसी के पास उसका हिसाब-किताब था और है। यदि आप पिछला हिसाब चाहते हैं तो उसे लिखें विक्टोरिया प्रेस के पते से या मुझे लिखें तो मैं ही पता लगाकर भेज दूँ।

2 अप्रैल, 1885

दासानुदास

श्री राधाकृष्णदास

बहुत दिनों तक इस पत्र का कोई उत्तर नहीं आया। इधर 'चन्द्रिका' के लिए लोग ऊब रहे थे। बाबू राधाकृष्ण के पास पत्र पर पत्र आ रहे थे। डेढ़ महीने के उपरान्त एक दिन इनसे पंडित जगन्नाथ झारखंडी से भेंट हुई जिन्होंने कहा कि पंड्याजी ने 'चन्द्रिका' प्रकाशित करने की अनुमति दे दी है। इस संवाद को पाकर बाबू राधाकृष्णदास बड़े प्रसन्न हुए और उन्होंने एक रजिस्ट्री चिट्ठी पंडित मोहनलाल विष्णुलाल पंड्या को लिखी—

मान्यवर,

मैंने एक निवेदन-पत्र आपकी सेवा में 'चन्द्रिका' के विषय में भेजा था, किन्तु उसका कोई उत्तर न मिला इससे 'चन्द्रिका' का सब काम बन्द रहा। पूज्य भारतेन्दुजी के प्रेमियों ने बहुत तकाजा किया कि 'चन्द्रिका' उनकी बड़ी प्रिय थी और यादगार है, इसे अवश्य चलाओ। मेरा विचार था कि मैं फिर आपको लिखूँ। आज पंडित जगन्नाथ झारखंडी जी से भेंट हुई। उन्होंने कहा कि आपने कहा है कि तुम लोग 'चन्द्रिका' खुशी से चलाओ और हानि-लाभ जो हो उसके मालिक रहो पर तुम लोगों को और किसी को देने वा बेचने का अधिकार न होगा। हम लोग आपकी इस बड़ी कृपा के लिए चित्त से धन्यवाद देते हैं। हम लोगों को यह शर्त मंजूर है। मैं इस पत्र द्वारा इस बात का इकरार करता हूँ कि मुझे चन्द्रिका के बेचने या किसी को देने का अधिकार कदापि न होगा। यदि आप इसके सिवाय और किसी तरह पर बाजाप्तः लिखवाना चाहें तो भी हम लोगों को उज्र नहीं है। आप जो चाहें लिखा लें।

इस पत्र का उत्तर कृपापूर्वक शीघ्र ही दीजिएगा क्योंकि छह महीने की पिछली 'चन्द्रिका' निकालनी है। आशा है कि जैसे आपने इतनी बड़ी कृपा की वैसे ही उत्तर शीघ्र ही देने की भी कृपा कीजिएगा।

20 जून, 1885 दासानुदास

श्री राधाकृष्णदास

इस पत्र का क्या फल हुआ नहीं कह सकते। किन्तु इसके उपरान्त फिर 'चन्द्रिका' का दर्शन न हुआ। इसका कारण क्या है, ज्ञात नहीं। बाबू राधाकृष्णदास ने अपने सामयिक पत्रों के इतिहास में चन्द्रिका के बन्द होने का कारण इस प्रकार लिखा है—

'भारतेन्दु अस्त हो गए। उनके कनिष्ठ भाई बाबू गोकुलचन्द्रजी ने पीछे सन् 1885 में तीसरा नम्बर प्रकाशित किया। पंडित मोहनलालजी पंड्या ने न जाने क्या सोचकर एक नोटिस दी कि बाबू हरिश्चन्द्र जी ने 'हरिश्चन्द्र-चन्द्रिका' हमें दी थी अतएवं उस पर कानून से हमारा अधिकार है; आप लोग उसके छापने का उद्योग न करें। बस, यह 'चन्द्रिका' भी अपने चन्द्रमा के साथ विलीन हो गई।'

यह बात समझ में नहीं आती कि पंड्याजी ने जब निवारण पत्र भेजने के उपरान्त फिर पंडित जगन्नाथ झारखंडी द्वारा 'चन्द्रिका' निकालने की आज्ञा दे दी तब फिर उसके

निकलने में क्या बाधा पड़ी। या तो पंडित झारखंडीजी से जो समाचार मिला उसमें कुछ भ्रम रहा हो अथवा पंड्याजी ने एक बार अनुमति देकर फिर नहीं कर दिया हो। किन्तु इन दोनों बातों पर जी नहीं जमता। अस्तु जो कारण हो 'चन्द्रिका' फिर निकल न सकी और हमारे चरित्रनायक का उत्साह मन-ही-मन रह गया।

भारतेन्दु का स्मारक

(क) दैनिक पत्र का उद्योग

कई मित्रों ने सम्मति भेजी कि 'चन्द्रिका' के अतिरिक्त भारतेन्दु के स्मारक में कोई दैनिक वा साप्ताहिक पत्र निकाला जाए जिसमें ताजी खबरें रहें और सामयिक प्रसंगों पर विचार किया जाए। इनके मन में भी यह बात आई और एक दैनिक पत्र निकालने के उद्योग में ये तत्पर हुए और अपने मित्रों तथा हिन्दी लेखकों से सहायता और परामर्श की प्रार्थना की। इनके इस विचार की धूम शीघ्र ही लोगों में फैल गई और उसकी प्रशंसा होने लगी। पंडित श्रीधर पाठक ने इस विषय में इनको लिखा–

प्रयाग
18 अप्रैल, 1885

महाशय,

...दैनिक पत्र कब से निकालने का विचार है? हम समझते हैं आपने यन्त्रादि सामग्री अवश्य सम्पादित कर ली होगी। क्योंकि बिना निज के यन्त्र के एतद्विध पत्र का निर्वाह नितान्त असाध्य है। यथाशक्ति आपके पत्र के प्रचारने अथवा और रीति से उसकी सहायता करने में सदा सन्नद्ध रहूँगा।

आपका मंगलाकांक्षी
श्रीधर पाठक

ग्राहक बढ़ाने के लिए एजेन्ट आदि नियुक्त करने के विषय में इधर-उधर मित्रों से लिखा-पढ़ी भी हुई। लोगों ने अनेक प्रकार के परामर्श भी दिए। पंडित रविदत्त शुक्ल ने लिखा–

प्रियवर,

मुझको यह बात सुनकर बड़ा हर्ष हुआ कि आप लोग एक दैनिक पत्र चलाने के यत्न में हैं। मेरी सम्मति में इस पत्र का नाम 'हरिश्चन्द्र दैनिक' अथवा और ही कोई नाम जिसमें स्वर्गीय भारतेन्दुजी का नाम आए, अवश्य होना चाहिए।...

'चन्द्रिका' का चौथा नम्बर कब निकलेगा?

आपका शुभेच्छुक
रविदत्त शुक्ल

लाला श्रीनिवासदास ने भी इस विषय में पूछताछ की थी।

श्रीशोजयति

मथुरा

7 जून, सन् 1885 ई.

श्रीयुत् बाबू गोकुलचन्द्रजी तथा

बाबू राधाकृष्णदासजी योग्य बनारस

परम प्रिय मित्रवरेषु,

आपके कृपा पत्र और पोस्टकार्ड आए परन्तु मैं अत्यन्त लज्जित हूँ कि अद्यापि उनकी पहुँच पर्यन्त न लिख सका। यहाँ आए पीछे मुझको एक तो काम की व्यग्रता रही दूसरे कुछ शरीर भी अस्वस्थ हो गया था, तथापि मैं इस विषय में आपका निस्सन्देह अपराधी हूँ। क्षमा कीजिए।

...'चन्द्रिका' और दैनिक पत्र कब से प्रकाशित होंगे और उनके नाम क्या-क्या रखे गए कृपा करके लिखिए। मुझसे जहाँ तक हो सकेगा मैं सदैव तन-मन से इनकी सहायता में प्रवृत्त रहूँगा। मुझको अपना सच्चा मित्र समझकर मेरे योग्य काम-काज होय सो सदैव लिखते रहिए। मेरा नवीन नाटक अभी अनवकाश के कारण नहीं लिखा गया। परन्तु आपकी कृपा से आशा है कि धीरे-धीरे समाप्त हो जाएगा।

आपका स्नेहाभिलाषी

श्री निवासदास

बाबू राधाकृष्णदास ने बहुत प्रयत्न किया पर काशी से पत्र निकलने का प्रबन्ध न हो सका। अब इनके सन्तोष का कारण यही रह गया कि मर्चेन्ट प्रेस के अध्यक्ष इनके परम मित्र बाबू सीताराम कानपुर से 'भारतोदय' नामक दैनिक पत्र निकाल चुके थे। इसके प्रधान लेखक बाबू राधाकृष्णदास, पंडित राधाचरण गोस्वामी और पंडित प्रतापनारायण मिश्र थे। इसके निकलने की सूचना इन्हें इन शब्दों में मिली थी।

कानपुर

21 अप्रैल, 1885

प्रिय मित्र,

कुछ देखा-सुना? 'भारतोदय' का जन्म जन्माष्टमी ही को है। यह नित्यमेव प्रकाश करेगा, केवल रविवार को नहीं। लो बस लेखनी को सुधारो, कागज को उठाओ। लेखों की मारामारी से नागरी की इस क्यारी में एक तुम भी न्यारी ही कर लो, यह चार यारों—राधाकृष्ण, चरण, प्रताप, राम की चारयारी है, इसे बाँटो, अपने मन के गट्ठे खोलो। लिखो, कहाँ तक लिखोगे। प्रिय, यदि आज्ञा हो तो इस 'निस्सहाय हिन्दू' ही को प्रथम 'भारतोदय' में प्रकाश कर डालें।

आपका अभिन्न

सीताराम

प्रार्थनानुसार इनका 'निस्सहाय हिन्दू' प्रथम इसी भारतोदय में प्रकाशित हुआ। दुर्भाग्यवश यह पत्र एक वर्ष भी न चलने पाया और अपना नाम छोड़कर चल दिया।

भारतेन्दु का स्मारक

(ख) अन्य उद्योग

भारतेन्दु के स्मारक के लिए कई स्थानों में उद्योग हुआ। कुँवर फतह लाल मेहता ने उदयपुर में 'हरिश्चन्द्र आर्य्यविद्यालय' खोला जिसके लिए इन्होंने काशी में बहुत कुछ उद्योग किया और पुस्तक आदि से उसकी पूरी सहायता की। पंडित राधाचरण गोस्वामी भी इस सम्बन्ध में उद्योग करते थे। उन्हें पत्र भेजकर ये बराबर उत्साह दिया करते थे। निदान जहाँ-जहाँ इन्होंने उस महात्मा को कीर्ति रक्षा के निमित्त यत्न होते सुना वहाँ-वहाँ जैसे-जैसे हो सका या तो कुछ सहायता पहुँचाई अथवा सहानुभूति सूचित की। भारतेन्दु के निकटवर्ती बन्धु होने के कारण समस्त हिन्दी प्रेमी इन्हीं से उनका जीवन वृत्तान्त लिखने का बारम्बार अनुरोध करते थे। सबसे अधिक आग्रह इस विषय में पंडित राधाचरण गोस्वामी का था। वे बार-बार इन्हें लिखा करते थे, 'एक मनोर्थ' (मनोरथ) हमारा पूर्ण कीजिए। परम श्रद्धास्पद भारतेन्दु श्रीयुक्त बाबू हरिश्चन्द्र का जीवनचरित्र क्रमपूर्वक वर्ष-वर्ष का आप लिखकर प्रकाश कीजिए। आप उनके अति निकटवर्ती भ्राता हैं।'

बाबू हरिश्चन्द्र का स्मारक स्थिर करने के लिए इन्होंने कई जगह लिखा-पढ़ी की। इनका विचार था कि उनके स्मारक में एक समिति बनाई जाए जो उत्तम-उत्तम ग्रन्थों और लेखों पर मेडल दिया करे। पंडित राधाचरण गोस्वामी ने इस विषय में इनको लिखा—'इसकी कमेटी अवश्य होनी चाहिए और वह काशी में ही हो। जब यह कमेटी स्थिर हो जाए तब उसमें क्या स्मारक हो यह विचार किया जाए। ग्रन्थकारों को मेडल देने की अपेक्षा पारितोषक देना अच्छा है।' हिन्दीप्रेमियों की गुण ग्राहकता से यह बात शब्दों में ही समाप्त हो गई।

भारतेन्दु के ग्रन्थों का प्रबन्ध

भारतेन्दु के असमाप्त ग्रन्थों और लेखों को 'हरिश्चन्द्र सर्वस्व' के नाम से निकालने का संकल्प इन्होंने किया और इस कार्य्य में हाथ भी लगाया। इस बीच में हमारे पूर्व परिचित खड्गविलास प्रेस के मालिक बाबू रामदीनसिंह का अनुरोध पुस्तकों के छापने के विषय में बढ़ने लगा। उनके उत्साह की शाब्दिक तरंगें इनके हृदय पर टकराने लगीं। ऐसा जान पड़ा कि वे चटपट सर्वसाधारण के उपकार के लिए हानि-लाभ का विचार छोड़ भारतेन्दु कृत समस्त पुस्तकों को छापकर बाँटने लगेंगे। बाबू राधाकृष्ण के पास सिफारिशें भी कई मित्रों की कई तरह की आईं। जैसे एक मित्र ने इन्हें लिखा—

प्यारे राधाकृष्ण,

बाँकीपुर में बाबू रामदीनसिंह से मिलकर मन अत्यन्त प्रसन्न हुआ। भारतेन्दुजी के सच्चे प्रेमियों में से यह भी हैं। मेरी सम्मति में भारतेन्दुजी की रचित पुस्तकों के कॉपीराइट के विषय में आपको और इनको एक हो जाना चाहिए। इसमें दोनों को लाभ है। इन्होंने प्रतिज्ञा की है कि भारतेन्दु की जो पुस्तकें 'खड्गविलास' में छापेंगे, (उसकी) आप जितनी प्रति जब-जब चाहेंगे बिना मूल्य (वे) आपको दे दिया करेंगे। फिर इसमें आपको हानि क्या? ये लोग उत्साही हैं, पुस्तकें छाप भी डालेंगे।

इस आग्रह को देखकर ये लोग किनारे हो गए और भारतेन्दु कृत ग्रन्थों के प्रकाशन में सहायता देना ही इन लोगों ने अपना कर्तव्य स्थिर किया। 'खड्गविलास प्रेस' से भारतेन्दु की अप्रकाशित पुस्तकों और संगृहीत वस्तुओं की माँग पर माँग आती गई और ये जो कुछ मिलता गया उसे निःसंकोच धड़ाधड़ भेजते गए। भारतेन्दु कृत समस्त ग्रन्थों की विषय क्रम से सूची बनाकर इन्होंने भेजी। 'हरिश्चन्द्र कला' के नाम से भारतेन्दु की पुस्तकें क्रम क्रम से 'खड्गविलास प्रेस' से निकलने लगीं। वार्षिक मूल्य 6 रुपए रखा गया। 80 कॉपियाँ गवर्नमेंट भी लेने लगी। इस कार्य्य में बाबू राधाकृष्ण ने जब जैसी आवश्यकता हुई तब वैसी सहायता की। 1889 में गवर्नमेंट जो 80 कॉपियाँ लेती थी उन्हें लेना उसने बन्द कर दिया। अब परोपकार में रत बाबू रामदीनसिंह को उसके निकालने में घाटा दिखाई देने लगा। ग्राहकों की संख्या की भी शिकायत होने लगी। 'हरिश्चन्द्र कला' दो महीने तक बन्द रही। तब बाबू राधाकृष्णदास ने अपनी लेखनी उठाई और 24 नवम्बर, सन् 1889 के 'हिन्दोस्थान' में एक अत्यन्त करुणापूर्ण लेख लिखा। उसमें हिन्दी के दुर्भाग्य और भारतेन्दु के असमय अस्त होने पर आँसू बहाते आपने लिखा–'इन्होंने (भारतेन्दु ने) यथासाध्य अपना तन, मन, धन सब लगाकर, अपमान को मान समझकर अपना जीवन इसी हिन्दी की सेवा में लगाया परन्तु उसी दुर्भाग्य ने फिर अपना काम किया और इनका परलोक बहुत थोड़े दिनों में हो गया।...हिन्दी के रसिको! जरा बताइए तो सही कि जिसने अपना जीवन आप ही लोगों को अर्पण कर दिया आप लोगों ने उसके लिए वा उसकी प्यारी हिन्दी के लिए अब तक क्या किया? कुछ नहीं; सिवाय रोने के और कुछ नहीं किया। और किसी देश में (यदि) हरिश्चन्द्र का जन्म हुआ होता तो क्या उनके पीछे ऐसी उदासीनता दिखाई देती। कभी नहीं! आप लोगों का कुछ दोष नहीं है, यह दोष भाग्य का है। अस्तु, जाने दीजिए, जो हुआ बहुत अच्छा हुआ। प्यारे हरिश्चन्द्र की कीर्ति ऐसी अचल है कि उसके लिए किसी की सहायता की आवश्यकता नहीं। उनके ग्रन्थ (ऐसे) अमूल्य हैं कि आचार्य दिवाकर उनकी चाह लोगों को रहेगी और लोग उनको स्मरण करेंगे। परन्तु उनके ग्रन्थों, लेखों तथा काव्यों में से बहुत से ऐसे हैं जो कि प्रायः लोप हो गए हैं और जिनका मिलना अत्यन्त कठिन हो गया है। इस अभाव को दूर करने के लिए उनके मित्र बाबू रामदीनसिंह ने 'हरिश्चन्द्र कला' प्रकाशित करना आरम्भ किया। उसी हिन्दी के दुर्भाग्य ने फिर अपना प्रभाव दिखाया ही तो। लाभ को कौन कहे उसके व्यय का छोटा अंश भी

ग्राहकों से नहीं मिलता। फिर क्योंकर कोई इतने बड़े व्यय का भार अपने ऊपर उठा सकता है? आश्चर्य! महदाश्चर्य!! जो हिन्दी बीस कोटि हिन्दोस्थानियों (ध्यान रखना चाहिए कि यह लेख 'हिन्दोस्थान' में छपा था) की मातृभाषा कहलावे उसके ऐसे एक अमूल्य रत्न के ग्राहक केवल बारह!!! क्यों महाशयो, क्या यह लज्जा और शोक की बात नहीं है? दो बरस तक गवर्नमेंट इसकी अस्सी कॉपी लेती थी, तब तक बेचारे रामदीनसिंह ने आधा चौथाई खर्च निकलने पर भी साहस को न छोड़ा और बराबर निकालते रहे। परन्तु अब गवर्नमेंट ने भी लेना बन्द कर दिया। अब केवल बारह ही ग्राहक रह गए; फिर क्योंकर काम चल सकता है?...अब थककर दो महीने से 'कला' बन्द कर दी गई है। यदि हिन्दी के प्रेमीगण कुछ इस ओर ध्यान देंगे तो फिर छपेगी, नहीं तो अब कला के दर्शन कहाँ?'

इनकी यह तत्परता देखकर बहुत लोगों ने इन्हें 'हरिश्चन्द्र कला' का सम्पादक कहना ही उचित समझा।

सन् 1888 में नाटकावली छप चुकी और ऐतिहासिक ग्रन्थों में हाथ लगा। भारतेन्दु की लिखी या संग्रह की हुई जिन-जिन वस्तुओं की आवश्यकता हुई उनके लिए इन्हें लिखा गया–

खड्गविलास प्रेस बाँकीपुर
28-5-1888

प्रियवर, बाबू राधाकृष्णदासजी,

...नाटक की कॉपी जो मेरे पास थी वह बिलकुल हो गई, अब इतिहास में हाथ लगाया गया है।

उसमें आपके पास कालचक्र, बनारस क्वींस कॉलेज का लेख, काशी की अनेक प्रशस्ति, विश्वनाथजी के मन्दिर के समीप औरंगजेब की मस्जिद का लेख आदि और सरकारी अमलदारी के प्रारम्भ के अनेक कागज और बादशाही जमाने के परम्परागत कागज जिनमें से एक पत्र अकबर ने एक शाहजादे को लिखा था वह, और बड़े-बड़े गवर्नर ज़नरलों के अनेक पत्र, नेपाल, जयपुर आदि बड़े-बड़े राजाओं और लखनऊ इत्यादि के प्रतिष्ठित नवाबों ने छोटी-छोटी बेगमों और शाहजादों को जो पत्र लिखे हैं वे सब, और महाराजा बनारस, राजा कंतित आदि और अंग्रेजों के सुलहनामों वगैरह की नकल, शिष्यों के दस्ते, सिख गुरुओं की कई एक चिट्ठियाँ, महाराज वल्लभाचार्य की चिट्ठियाँ आदि अनेक इतिहास सम्बन्धी वस्तु उनके (भारतेन्दु के) संग्रह में वहाँ हैं। मुझे पूरी आशा है कि ये सब आपके पास हैं। इतिहास सम्बन्धी जो कुछ वस्तु हों सब गिनकर रजिस्ट्री द्वारा भेजिए।

एक बार दत्तचित्त होकर उस महात्मा की कीर्ति चमकाइए और संसार को उनके यश से अलंकृत कीजिए।

आपका उत्तराभिलाषी
रामदीनसिंह।

इस उत्साह को देखकर इन्होंने पूरा परिश्रम करके भारतेन्दु की कीर्तिरक्षा के विचार से जो-जो सामग्रियाँ पाईं सब भेज दीं। ऊपर के पत्र में जिन-जिन वस्तुओं का उल्लेख है उनके अतिरिक्त भारतेन्दु के अक्षरों के नमूने, उनके अनेक पत्र तथा जीवन सम्बन्धी जो-जो बातें याद पड़ीं उनके विवरण इन्होंने आपसे आप भेजे। इन सब सामग्रिंयों का खड्गविलास प्रेस द्वारा क्या उपयोग हुआ यह हिन्दी प्रेमियों से छिपा नहीं है। उनके ग्रन्थों के कैसे सुलभ और सुन्दर संस्करण निकले हिन्दी पाठक बड़े धैर्य्य और सहिष्णुता के साथ देखते आ रहे हैं। पेज काटना तो इस प्रेस का धर्म्म ही नहीं, शुद्धाशुद्ध का विचार तो पाठकों ही के ऊपर छोड़ा जाता है, पुस्तकों का मूल्य देखकर भी ग्राहकों को एक बार जरूर चौंकना पड़ता है। अब भारतेन्दु की कीर्तिरक्षा किस प्रकार हुई वह भी सुनिए। न जाने कितनी पुस्तकें उनके नाम से निकाली गईं जिनका कर्तृत्व स्वीकार करने में अविख्यात उपन्यासों के अनुवादक भी एक बार हिचकेंगे। एक बार 'पूर्णप्रकाश वा कुलीन कन्या' नाम की पुस्तक पर जब बाबू राधाकृष्णदास की दृष्टि ग्रन्थावली में पड़ी तब उन्हें बड़ा खेद हुआ और उन्होंने लिखा–'इस ग्रन्थ की न कथा अच्छी न भाषा। व्यर्थ खड्गविलास वालों ने भारतेन्दु की ग्रन्थावली में छापकर उनकी हँसी कराई। यह मल्लिका की लिखी है।' राजा भरतपुर की लिखी हुई 'माधुरी' भारतेन्दु के नाम से निकाली गई। जीवन सम्बन्धी जितनी सामग्रियाँ भेजी गईं उनमें से कुछ ही मनुष्य जाति के काम में आईं। इस बात का बाबू राधाकृष्णदास को सब दिन खेद रहा। भारतेन्दु के अत्यन्त निकटवर्ती होने के कारण प्रायः लोग इनसे उनका जीवनचरित लिखने का हठ करते। उस समय इन्हें और भी दुख होता। मुझसे भी इनसे इस विषय में जब-जब बातचीत आई तब-तब इन्होंने यही कहा, 'लिखने योग्य सामग्री सब खड्गविलास प्रेस में सड़ गई।' नागरीप्रचारिणी सभा के गृहप्रवेशोत्सव के समय पंडित अयोध्यासिंह उपाध्याय, पंडित चन्द्रधर शर्मा गुलेरी, मिस्टर जैन वैद्य, बाबू काशी प्रसाद जायसवाल तथा और कई हिन्दी प्रेमी सज्जन इनके स्थान पर एकत्रित थे। मैं भी वहाँ उपस्थित था। उस समय जब उपाध्यायजी ने यह बात छेड़ी तब भी इन्होंने यही कहा था–'खड्गविलास वाले जीवनी निकालना चाहते हैं। सामग्री बहुत सी उन्हीं के पास है।' राम राम करके एक चरित निकला भी तो उसमें कहीं इन सामग्रियों का उपयोग न दिखाई पड़ा।

पुस्तकों का व्यवसाय

बाबू हरिश्चन्द्र और उनके छोटे भाई बाबू गोकुलचन्द्र दोनों महाशयों की शिक्षा का प्रभाव इनके जीवन पर अलग-अलग पड़ा था। लेख और पुस्तक लिखने के उत्साह के साथ ही साथ द्रव्य संचय की इच्छा भी इनमें बनी रहती थी। बाबू हरिश्चन्द्र के जीवनकाल ही में उनकी पुस्तकों की माँग इन्हीं के पास आती थी। उनकी मृत्यु के पीछे भी वह क्रम जारी रहा। ये उनकी पुस्तकों का स्टॉक अपने पास रखते थे और ऑर्डर सप्लाई करते थे। इस सम्बन्ध में एक और व्यक्ति का नाम लेना पड़ता है। वह

मल्लिका थी--वही मल्लिका जिसका बाबू हरिश्चन्द्र के साथ बहुत कुछ सम्बन्ध था। वह भी यही कार्य्य करती थी और 'मल्लिकाचन्द्र एंड को' के नाम से उसने दुकान खोल रखी थी। भारतेन्दु के नाते से वह इन्हें बड़े स्नेह के भाव से देखती थी। यदि माँगी हुई पुस्तक किसी एक के स्टॉक में न हुई तो वह दूसरे से माँग लेता था। इस विषय का एक पत्र देखिए–

प्रिय बच्चा!

2 बादशाह दर्पण

2 भक्ति सर्वस्व

2 धनंजय विजय

1 कमीशन की साक्षी

इतनी पुस्तकें हमारे यहाँ हैं सो जाती हैं। बाकी प्रेमतरंग, प्रेमप्रलाप, स्त्रीदंडसंग्रह हमारे यहाँ नहीं हैं और 'चन्द्रिका' के लिए भला हम बहाना करती हैं। चन्द्रिका की जिल्द नहीं है।

तुम्हारी
मल्लिका।

सभा समाजों से सम्बन्ध

जैसा कि पहले कहा जा चुका है सभा समाजों में सम्मिलित होने का उत्साह इन्हें बाल्यकाल ही से था। 15 वर्ष की छोटी अवस्था में इन्होंने बनारस कॉलेज में एक डिबेटिंग क्लब जारी होने की सूचना, देखिए, किस उत्साह के साथ और कैसी अच्छी भाषा में 'कविवचन सुधा' में दी थी–

श्रीयुत् क. व. सुधा सम्पादकेषु

महाशय,

बड़े आनन्द की बात है कि कॉलिज के विद्यार्थियों ने भी कॉलिज में एक क्लब जारी किया है जिसका नाम स्टूडेंट डिबेटिंग क्लब रखा गया है। इसकी जड़ बाबू लक्ष्मीशंकर मिश्र एम. ए. और बाबू दामोदरदास एफ. ए. ने लगाई है। बाबू लक्ष्मीशंकर मिश्र प्रेसीडेंट, बाबू दामोदरदास सेक्रेटरी, कॉलेज के विद्यार्थी और स्कूल के टीचर लोग मेम्बर हैं। यह शनिवार को होती है और अंग्रेजी में स्पीच दी जाती है।

महाशय! क्या यह कुछ कम आनन्द की बात है। ईश्वर इसको चिरायु करे और इसकी इच्छा पूर्ण करता रहे। जिसके सहायक बाबू लक्ष्मीशंकर ऐसे पुरुष हैं उसकी इच्छा पूर्ण होने में कौन सन्देह है?

13-9-1880 श्री राधाकृष्णदास

सन् 1881 में कई नवयुवकों के उद्योग से जिनमें बाबू राधाकृष्णदास मुख्य थे काशी में एक 'बाल्य समाज' स्थापित हुआ। इसका मुख्य उद्‌देश्य बोलने की शक्ति

बढ़ाना था। प्रति रविवार को नगर के उत्साही बालक और युवक इकट्ठे होते थे और नियत विषयों पर हिन्दी वा उर्दू में कुछ न कुछ कहते थे। देशोन्नति सम्बन्धी विषय ही प्रायः इसमें नियत किए जाते थे। यद्यपि यह 'बाल समाज' था पर पच्चीस वर्ष के मुछाड़िए भी इसमें सम्मिलित होते थे। बाबू राधाकृष्णदास इस सभा के लेखाध्यक्ष थे। इनके प्रबन्ध का भार इन्होंने अपने ऊपर लिया था, सभा का कार्य्य विवरण आदि यही पढ़ते थे। इस समाज के सामने 'भारतवर्ष की वर्तमान अवस्था' तथा और कई विषयों पर बाबू राधाकृष्णदास ने व्याख्यान दिए थे। उद्योग और उन्नति का सम्बन्ध आरम्भ ही से इनके चित्त पर जम गया था। एक दिन की बात है कि समाज के सामने 'भारत की आनेवाली अवस्था और उसकी उन्नति के उपाय' पर विचार हो रहा था। व्याख्यानदाता बाबू मुरलीधर नाम के किसी महाशय ने कहा, 'भारतवर्ष की यह दुरवस्था न सुधरेगी वरंच और भी बिगड़ती जाएगी।' उद्योगोपासक बाबू राधाकृष्णदासजी से न रहा गया। उन्होंने तुरन्त उठकर कहा, 'ऐसा कदापि नहीं है। भारतवर्ष की उन्नति अवश्य होगी। देखिए, आगे लोग इतना भी नहीं जानते थे कि भारतवर्ष दुर्दशा में है या नहीं और उन्नति किस चिड़िया का नाम है। पर अब लोग धीरे-धीरे इसकी चर्चा करने लगे। पहले यहाँ केवल बाबू हरिश्चन्द्रजी ने इस विषय में कमर बाँधी। अब उनके साथ बहुत से लोग हैं। इसी तरह धीरे-धीरे जब अधिकांश लोग ऐसे हो जाएँगे तब अवश्य उन्नति होगी।'

इसी वर्ष काशी में 'सुजन समाज' स्थापित हुआ जिसमें इन्होंने बड़े उत्साह के साथ योग दिया। कई बार ये इसके सभापति भी बनाए गए थे। सन् 1901 में जब भारतप्रभु लॉर्ड कर्जन विक्टोरिया हॉल बनवाने की धुन में थे तब इन्होंने इस सभा में वाइसराय के पास यह लिखने का प्रस्ताव किया था कि विक्टोरिया हॉल न बनाकर विक्टोरिया रिलीफ फंड (अनाथ कोष) खोला जाए।

अलीगढ़ में सन् 1877 में बाबू तोताराम के उद्योग से 'भाषासम्बर्द्धिनी सभा' स्थापित हुई थी जिसने आरम्भ काल में हिन्दी की बहुत कुछ सेवा की। ग्रन्थकारों को मेडल आदि देकर और उनके ग्रन्थों को प्रकाशित करके उनके उत्साह को बढ़ाया। इस सभा की ओर से एक पत्र 'भारतबन्धु' निकलता था। जनवरी सन् 1882 में बाबू राधाकृष्णदास इस सभा के सभासद हुए। तब से ये इस सभा की सहायता के हेतु बराबर सन्नद्ध रहते थे। सेक्रेटरी बाबू तोताराम भी इनसे बराबर परामर्श लिया करते थे। इसी से समझ लीजिए कि इस छोटी अवस्था में इन्होंने लोगों की दृष्टि में अपने को कैसा बना लिया था। 30 नवम्बर, 1883 के 'भारतबन्धु' में एक 'समालोचक सभा' का प्रस्ताव इन्हीं ने किया था और 'भाषासम्बर्द्धिनी सभा' ने इन्हीं की सम्मति से 'समालोचक सभा' के सभासद चुने थे।

बाबू मोक्षदादास मित्र, बाबू दामोदरदास बी.ए. और बाबू राधाकृष्णदास के ही उद्योग से 'काशी सार्वजनिक सभा' स्थापित हुई। बाबू मोक्षदादास इसके सभापति हुए। बाबू दामोदरदास बी.ए. और सीताराम बी.ए. सेक्रेटरी बनाए गए। नगर के प्रायः सब

सुशिक्षित और प्रतिष्ठित लोग इसके सभासद थे। सन् 1886 में 'काशी जीवदयाविस्तारिणी सभा' अपाहिज पशुओं की रक्षा के निमित्त खड़ी की गई जिसकी आमदनी खर्च का हिसाब महीने-महीने कलक्टर साहब के पास भेजना पड़ता था। बाबू राधाकृष्णदास इस सभा के सेक्रेटरी नियुक्त किए गए थे।

अपनी अग्रवाल जाति के उपकार की ओर भी इनका ध्यान बहुत कुछ था। अग्रवालों में स्त्रीशिक्षा आदि के प्रचार के लिए ये बराबर उद्योग करते रहे। इस कार्य्य में इन्हें बड़ी-बड़ी कठिनाइयाँ पड़ीं क्योंकि पुराने ढर्रे के लोगों को ये सब बातें काल के समान लगती थीं। स्त्रीशिक्षा का नाम सुनते ही बहुतों के रोंगटे खड़े हो जाते थे। किन्तु इनके सौम्य और सात्त्विक आचरण की कुछ ऐसी मोहनी लोगों पर छा जाती थी कि उन्हें यह निश्चय हो जाता था कि जो कुछ ये करते हैं उससे किसी प्रकार की हानि न होगी। 3 सितम्बर, 1893 को इन्होंने तथा काशी के और कई उत्साही लोगों ने 'अग्रवाल-हितकारिणी' नाम की एक सभा इस अभिप्राय से स्थापित की कि अग्रवाल जाति की अनाथ और धनहीन विधवाओं को कुछ आर्थिक सहायता मिला करे तथा उस जाति के ऐसे बालकों की शिक्षा का यथोचित प्रबन्ध किया जाए जिनके माता-पिता वा सम्बन्धी अर्थ संकोच से इन्हें शिक्षा देने में असमर्थ हैं। इनके उद्योगों का फल भी बहुत कुछ हुआ। आजकल पचासों अग्रवाल कन्याएँ शिक्षा पा रही हैं। इनके उदार और निष्पक्ष भाव के कारण बिरादरी में इनका बड़ा मान था। यहाँ पर यह कह देना भी आवश्यक है कि बाबू हरिश्चन्द्र का चौधरी घराना था और ये पायक थे इससे और भी बिरादरी में इनकी बात चल जाती थी। बिरादरी के किसी विवादग्रस्त विषय का निपटारा इनके निश्चय के अनुसार बड़ी सुगमता से हो जाता था। जो कुछ ये कह देते थे उसे मानने के लिए लोग प्रस्तुत रहते थे। बड़े-बड़े झगड़ों को ये इस कौशल से निपटाते थे कि दोनों पक्षों में से किसी के मन में भी द्वेषबुद्धि नहीं उत्पन्न होने पाती थी। समाज की कुरीतियों पर ये बड़ी कड़ी दृष्टि रखते थे। एक बार आप एक जनवासे में गए। उसके विषय में आप लिखते हैं–'जनवासे में लड़के बहुत गारत होते हैं।...के भांजे ने नजर बचाकर रंडी को पान दिया।' आपकी अवस्था अभी 12 वर्ष से अधिक न होगी। यद्यपि ये पक्के समाज-संशोधक थे पर संशोधनों को ये इस रीति से चलाना चाहते थे कि वे किसी को खलने न पाएँ। मुख्य बात तो यह थी कि ये संशोधक वा प्रवर्त्तक प्रसिद्ध होने की इच्छा से कोई कार्य्य नहीं करते थे। ये उन लोगों से सर्वथा भिन्न थे जो मर्यादाबद्ध हिन्दू-समाज को विशृंखल करके विलायती ब्रह्मचर्य का सुख भोगना चाहते हैं। प्रत्येक प्राचीन रीति व्यवहार (को) देखकर इनकी नाक-भौं नहीं चढ़ती थी। जब लोग देखते थे कि इनके शरीर से पुरानी मर्यादा की कितनी रक्षा होती है तब उन्हें यह समझने का अवसर न मिलता था कि ये किसी प्रचलित प्रथा के प्रतिकूल केवल परिवर्तन वा दिलबहलाव की इच्छा से उद्योग करते हैं। उन्हें यह निश्चय हो जाता था कि जिस बात का ये विरोध करते हैं उसमें अवश्य कोई न कोई बुराई है और जिसके लिए आग्रह करते हैं उससे अवश्य कुछ न कुछ भलाई की आशा है। बाबू राधाकृष्ण में एक गुण यह भी

था कि अपने नए विचार को किसी पर ठेलने के पहले वे उसके मन को तौल लेते थे कि वह उस नए विचार का कितना अंश धारण करने को प्रस्तुत है। विधवा-विवाह के पक्षपाती तो ये थे ही। जब बिरादरी में इन्होंने इसके लिए राह निकालनी चाही तब लोगों से गुप्त रीति पर हस्ताक्षर कराने के लिए स्वीकार-पत्र के रूप में कुछ फार्म छपाए। स्वीकार पत्र यह है--

श्रीहरिः

हम लोग जो इस इकरारनामे पर दस्तखत करते हैं इस बात का इकरार ईश्वर को साक्षी देकर धर्म्म से करते हैं कि नीचे लिखे हुए कायदों की पाबन्दी करेंगे–

(1) अपनी जाति यानी वैश्य अग्रवालों में दुर्भाग्य से अगर कोई बाल-विधवा हो जाए तो उस अक्षतयोन्या कन्या का पुनर्विवाह करने वा कराने में दिल वा जान से कोशिश करेंगे।

(2) जो लोग वर-पक्ष वा कन्या-पक्ष वाले ऐसा पुनर्विवाह करने पर मुस्तैद होंगे उनका साथ हम ठीक उसी तरह पर देंगे जैसा कि हम अपनी तमाम बिरादरी का देते हैं, उनको किसी तरह छोटा न समझेंगे।

(3) जब तक सब लोगों की जिनके दस्तखत इस कागज पर हैं, सम्मति न हो लेगी हम इस भेद को किसी पर जाहिर न करेंगे।

–शुभ संवत् 1945 फाल्गुन कृष्ण 2

सन् 1899 में राजा साहब भिनगा की ओर से एक अनाथालय काशी में स्थापित किया गया। इसका प्रबन्ध कार्य्यकारिणी सभा द्वारा होता था जिसके मेम्बर सरकार की ओर से चुने जाते थे। बाबू राधाकृष्णदास भी कुछ दिनों तक इस कमेटी के मेम्बर थे।

काशी के प्रसिद्ध चन्द्रप्रभा प्रेस की प्रबन्धकारिणी समिति के भी ये सदस्य थे। 19 मार्च को ये उसके सेक्रेटरी और डाइरेक्टर चुने गए थे।

हरिश्चन्द्र स्कूल

ऊपर लिखा जा चुका है कि बाबू हरिश्चन्द्र और उनके छोटे भाई बाबू गोकुलचन्द्र ने आसपास के लड़कों को इकट्ठा करके अपने घर पर शिक्षा देना आरम्भ किया था। धीरे-धीरे जब लड़कों की संख्या बढ़ने लगी तब पढ़ाने के लिए एक वैतनिक अध्यापक नियत किया गया और सन् 1868 में नियमित रूप से चौखम्भा स्कूल स्थापित किया गया जो आगे चलकर हरिश्चन्द्र स्कूल के नाम से प्रख्यात हुआ। जब तक बाबू हरिश्चन्द्रजी थे तब तक तो इस स्कूल को वे ही चलाते रहे। 1879 तक तो यह बिलकुल उन्हीं की आर्थिक सहायता पर रहा। इसके पीछे गवर्नमेंट ने 20 रुपए मासिक ग्रांट देना आरम्भ किया जो आगे चलकर 45 रुपए हो गया। म्युनिसिपेलटी से भी 200

रुपए वार्षिक मिलने लगा। भारतेन्दुजी की मृत्यु के पीछे इसका प्रबन्ध बाबू गोकुलचन्द्रजी ने अपने हाथ में लिया। स्कूल बराबर उन्नति करता गया और 1888 ई. में मिडिल क्लास खोल दिया गया। पर सन् 1892 में बाबू गोकुलचन्द्र का भी परलोकवास हो गया। उनके दोनों पुत्र, बाबू कृष्णचन्द्र और ब्रजचन्द्र छोटे थे। घर को सँभालनेवाला सिवाय बाबू राधाकृष्णदास के और कोई न था। ये ही उनकी सम्पत्ति के मैनेजर हुए। इस प्रबन्ध भार को ये बड़ी धीरता और सहिष्णुता के साथ आवश्यक अवधि तक लिए रहे। स्वार्थी लोगों ने, जिनकी दाल इनके मारे नहीं गलने पाती थी, बीच-बीच में इन पर अनेक अपवाद भी लगाए और घर में एक-दूसरे के मन में मैल भी डालनी चाही पर ये अपने कर्तव्य पथ से न डिगे। और वस्तुओं के साथ हरिश्चन्द्र स्कूल का इन्तजाम भी इन्हीं के सिर पड़ा। ये उसके एक मात्र प्रबन्धकर्ता (Responsible Manager) हुए। जब से इन्होंने इसका प्रबन्ध भार अपने ऊपर लिया ये बराबर इसकी उन्नति के लिए फटफटाते रहे। समय-समय पर छात्रों की जाकर परीक्षा लेते, उत्साहित करने के लिए उन्हें पुरस्कार देते, मास्टरों पर ताकीद करते। सन् 1896 में इन्होंने इंट्रेंस क्लास भी खोल दिया। थोड़े दिनों तक तो काम अच्छी तरह चला, उसके पीछे सहायता की कमी और इनकी अवस्था के कारण उत्साह शिथिल पड़ गया। इंस्पेक्टर ने बड़ी खराब रिपोर्ट लिखी। अन्त में लाचार होकर इंट्रेंस तोड़ देना पड़ा। इन्होंने भरसक स्कूल के लिए कोई बात उठा नहीं रखी पर यदि सहायता न मिले, लोगों को इसके संस्थापक की कीर्तिरक्षा का ध्यान और विद्या प्रचार के महत्त्व का अनुमान न हो तो अकेले ये कहाँ तक हाय हाय करें। हर्ष की बात है कि यह स्कूल आगे चलकर सँभल गया और इसने अपनी बहुत उन्नति की। आजकल यह नगर के बहुत अच्छे हाईस्कूलों में है।

काशी नागरीप्रचारिणी सभा से सम्बन्ध

काशी में कॉलेज के कुछ विद्यार्थियों ने मिलकर एक सभा स्थापित की और उसका नाम नागरीप्रचारिणी रखा। यह सभा बहुत दिनों तक नार्मल स्कूल में होती रही। इसके पीछे 9 जुलाई, 1893 को इसके नियम आदि बनाए गए। 16 तारीख को फिर एक बैठक हुई जिसमें वे नियम संशोधित होकर स्थिर हुए। यही दिन सभा का जन्मदिन माना गया। बाबू श्यामसुन्दरदास बी.ए. सभा के मन्त्री बनाए गए और तब से बराबर सभा का कार्य्य नियमित रूप से होने लगा। यह सभा बाबू प्रेमदादास मित्र के बुलाने वाले घर पर होने लगी; किन्तु वहाँ वर्षाकाल में सभासदों और दर्शकों को कष्ट होने लगा। इस पर बाबू राधाकृष्णदास ने कृपा करके हरिश्चन्द्र स्कूल में स्थान दिया और सभा के अधिवेशन बहुत दिनों तक वहीं होते रहे।

17 फरवरी, सन् 1894 को 'श्रीयुत् बाबू राधाकृष्णदासजी ने सभा की प्रार्थना से सभापति होना स्वीकार किया और उसी दिन से मानो इस सभा में संजीवनी शक्ति का संचार हुआ। फिर तो दिनोदिन सभा में अच्छे-अच्छे हिन्दी के विद्वान् तथा स्थानिक और

विदेशीय मान्य लोग सभासद होने लगे और उसके साथ ही साथ सभा की भी उन्नति होने लगी। बस अब तो कोई अधिवेशन ऐसा न होने लगा जिसमें विद्वान् लोग उपस्थित न हों और हिन्दी के प्रचारार्थ कुछ उत्तम प्रबन्ध न किया गया हो।'[1]

इस सभा से सम्बन्ध होते ही बाबू राधाकृष्णदास तन-मन-धन से इसकी सेवा में तत्पर हो गए। तब से बराबर इनके अनेक उद्योगों का लक्ष्य सभा का उपकार ही रहा। इसके लिए इन्होंने शारीरिक कष्ट उठाया, मानसिक व्यथा सही, द्रव्य को संशय में डाला, जो जो बन पड़ा सब कुछ किया। इनके जीवन की बहुत सी घटनाओं का केन्द्र यह सभा बनी। 24 मार्च (1893) को सभा का एक अधिवेशन बड़ी धूमधाम का हुआ जिसमें बाबू रामदीनसिंह, पंडित रामशंकर व्यास तथा और भी बहुत से हिन्दी के उत्साही प्रेमी उपस्थित थे। बाबू राधाकृष्णदास ने अपना लिखा 'नागरीदास का जीवन चरित्र' सभा के सामने पढ़ा। लोगों को यह एक नई चीज मालूम हुई। बाबू रामदीनसिंह ने इसे अपने खड्गविलास प्रेस में छापकर प्रकाशित किया। इस अधिवेशन का प्रभाव लोगों पर बहुत अच्छा पड़ा। सभा के आगामी महत्त्व का आभास लोगों को मिलने लगा। अनेक विद्वान् और प्रतिष्ठित लोग सभासद हुए। इसके पहिले भी अनेक विषयों पर सभासदों ने लेख पढ़े थे परन्तु यह सबसे पहला था जो छपकर पुस्तकाकार प्रकाशित हुआ।

सभा का प्रथम वार्षिकोत्सव भी बड़ी धूम से हुआ। नगर के प्रायः सभी प्रतिष्ठित और विद्वान् लोग उपस्थित हुए। (परलोकवासी) रायबहादुर पंडित लक्ष्मीशंकर मित्र एम. ए. सभापति बनाए गए। वार्षिक रिपोर्ट पढ़ी गई जिसमें बाबू राधाकृष्णदास के विषय में कहा गया–'बाबू राधाकृष्णदासजी तथा बाबू कार्तिकप्रसादजी का उद्योग और उत्साह इस सभा के कार्य्यों में परम प्रशंसास्पद है। इन महाशयों ने सभा की सहायता बड़े अविचल और उदार भाव से की अथवा यों कहिए कि सभा की इस उन्नति के मूल कारण ये ही दो महाशय हैं।' बाबू राधाकृष्णदास ने सभा को धन्यवाद देकर कहा–'मैं कदापि इस धन्यवाद के योग्य नहीं हूँ जो इस सभा ने मेरे प्रति अपनी वार्षिक रिपोर्ट में प्रकाशित किया है।' इसके अनन्तर उन्होंने इस विषय पर कि 'हिन्दी क्या है?' एक अत्यन्त सारगर्भित और युक्तिपूर्ण लेख पढ़ा जिस पर सभागृह में चारों ओर से करतल ध्वनि हुई।

इसके अनन्तर ये बराबर समय-समय पर उपयोगी प्रस्तावों द्वारा सभा की सहायता करने लगे। 22 मई (1894) के अधिवेशन में इन्होंने यह प्रस्ताव किया कि हिन्दी के प्रसिद्ध ग्रन्थकारों, पत्रसम्पादकों तथा लेखकों के जीवनचरित लिखकर तथा लिखवाकर प्रकाशित किए जाएँ। इस प्रस्ताव को सभा ने स्वीकार किया था और लोगों के चरित्र संग्रह करना आरम्भ भी कर दिया था, पर कई कारणों से यह कार्य्य उस समय न हो सका।

---

1. ना.प्र. सभा प्रथम वर्ष की रिपोर्ट।

एशियाटिक सोसाइटी को सहायता

एशियाटिक सोसाइटी को हिन्दी पुस्तकों की खोज में ये बड़ी सहायता पहुँचाते थे। बाबू बहुबल्लभ भट्टाचार्य से, जो हिन्दी पुस्तकों की नोटिस करने के लिए सोसाइटी की ओर से नियुक्त थे, इनसे बड़ी मित्रता हो गई थी। हिन्दी ग्रन्थों की खोज में बाबू राधाकृष्ण बड़ा परिश्रम करते थे और इस विषय में जानकारी भी बहुत रखते थे। हिन्दी के इतिहास का ज्ञान जितना बाबू राधाकृष्णदास को था उतना अब इने-गिने लोगों को है। हिन्दी के पुराने कवियों को समझने का अभ्यास इन्हें बहुत अच्छा था। उनके विषय में जानकारी भी ये बहुत रखते थे। इन्होंने हिन्दी के बहुत पुराने ग्रन्थ ढूँढ़ निकाले, उनके कर्त्ता तथा निर्माणकाल आदि का निर्णय किया। इनकी इच्छा थी क़ि एशियाटिक सोसाइटी की एक शाखा युक्तप्रदेश में भी स्थापित हो। 8 मई, 1897 को इन्होंने बात ही बात बाबू कृष्णबलदेव वर्मा से इसकी चर्चा भी चलाई थी। इस पर उक्त वर्माजी ने डॉक्टर फुहरर से इस सम्बन्ध में लिखा-पढ़ी करने को कहा था। पर पीछे शायद नागरी प्रचारिणी सभा को खोज के काम की ओर प्रवृत्त देख इन्होंने इस बात के लिए विशेष उद्योग नहीं किया।

24 अगस्त, 1895 को बाबू बहुबल्लभ इनके यहाँ आए और कहने लगे कि गवर्नमेंट बहुत शीघ्र रोमन अक्षर जारी करना चाहती है। यह सुनते ही बाबू राधाकृष्णदास घबड़ा गए। उसी समय उन्होंने एक अपील मन्त्री की ओर से ना. प्र. सभा के सभासदों के नाम भेजी और आप उठकर हरिप्रकाश प्रेस में दौड़े आए। वहाँ बाबू कार्तिकप्रसाद भी थे। दोनों हिन्दी प्रेमियों ने मिलकर इस विषय पर बहुत सोच-विचार किया। अन्त में यह ठहरी कि कल ही प्रबन्धकारिणी सभा की एक बैठक हो और इस मामले में आवश्यक कार्रवाई की जाए।

दूसरे दिन अर्थात् 25 अगस्त, सन् 1895 को प्रबन्धकारिणी सभा हुई। उसमें यह स्थिर किया गया कि एक पैम्फलेट (छोटी पुस्तक) रोमन और उर्दू के विरुद्ध अंग्रेजी में लिखा जाए। इस कार्य्य के लिए 6 आदमियों की एक कमेटी बनाई गई जिसमें बाबू राधाकृष्णदास भी थे। पर इसके पीछे ये सात-आठ दिन तक बीमार रहे, पेट के दर्द का दौरा रहा। आराम पाते ही इन्होंने हिन्दी विषयक पैम्फलेट में हाथ लगाया और 5 दिन में उसे पूरा किया। इस हिन्दी लेख में उन्होंने उर्दू लिपि के दोष, रोमन लिपि की अपूर्णता तथा नागरी अक्षरों के गुण स्पष्ट रूप से दिखलाए। ईश्वर की कृपा से रोमन वाली बात दबी दबाई ही रह गई।

आर्य्यभाषा-पुस्तकालय का दान

'कादम्बरी' और 'दुर्गेशनन्दिनी' इत्यादि के अनुवादकर्ता बाबू गदाधर सिंह भी उन दिनों काशी ही में थे। वे भी हिन्दी के हित की चर्चा में आकर सम्मिलित हुआ करते थे। 9 जून, 1897 को बाबू श्यामसुन्दरदास और बाबू गदाधर सिंह इनके यहाँ आए। सभा के सम्बन्ध में बातचीत आई। सभा में उस समय केवल नागरी भंडार नाम का एक छोटा

सा पुस्तकालय था। बाबू राधाकृष्णदास ने इस बात पर बहुत खेद प्रकट किया। बाबू गदाधर सिंह के जी में भी कुछ बात आ गई और उन्होंने अपना 'आर्य्यभाषा पुस्तकालय' सभा को देना स्वीकार किया।

अदालतों में नागरी-प्रचार

उस समय सभा के लिए सबसे गुरुतम कार्य्य अदालतों में नागरी व्यवहार की आज्ञा का प्राप्त करना था। वह बरसों में इस प्रयत्न में जी जान से लगी हुई थी, किन्तु न तो उपयुक्त अवसर ही हाथ आता था और न कहीं से उत्साह ही मिलता था। नवम्बर 1895 में परम न्यायशील सर ऐंटनी मैकडानल इन प्रान्तों के लाट होकर आए। तभी से आशासूत्र कुछ-कुछ बँधने लगा। धीरे-धीरे मैमोरियल देने की तैयारियाँ होने लगीं। हिन्दी के पक्ष में प्रजा का हस्ताक्षर कराने का समय आया। इसके लिए एक सब-कमेटी बनाई गई जिसके मन्त्री पंडित जगन्नाथ मेहता चुने गए। यह कठिन उद्योग और परिश्रम का समय था। बाबू राधाकृष्ण ने उस समय जो किया वह हिन्दी-प्रेमियों को सदा स्मरण रखना चाहिए। उन दिनों इन्होंने न दिन को दिन और न रात को रात समझा। अवसर हाथ से न जाने पाए बस यही धुन इनके मन में समाई। इन्होंने अपने उद्योग से 26440 मनुष्यों के हस्ताक्षर प्राप्त किए। न जाने कितने स्थानों में लोगों को उत्साह दे-देकर हस्ताक्षर संग्रह करने के लिए लोगों को उत्तेजित किया। सभा की ओर से राधाकृष्ण ने पंडित केदारनाथ पाठक को हस्ताक्षर इकट्ठे करने के लिए 17 जून, 1897 को बाहर भेजा। पाठक जी पश्चिम की ओर गए और घूम-घूमकर दस्तखत कराने लगे। इस प्रकार दो महीने बीत गए। एक दिन दोपहर के समय बाबू राधाकृष्ण अपने घर पर बैठे नागरी के विषय में सोच रहे थे। अकस्मात् कोतवाली के सब-इंस्पेक्टर साहब का अशुभ दर्शन हुआ। बैठते ही उन्होंने इनसे प्रश्न किया—

सब इंस्पेक्टर—आपकी तरफ से नागरी के लिए कौन-कौन दस्तखत कराने गया है?

बाबू राधाकृष्ण—सिर्फ केदारनाथ पाठक।

सब-इंस्पेक्टर—पंडित माताप्रसाद नाम का कोई और भी घूम रहा है। काशी का नाम बतलाता है।

बाबू राधाकृष्ण—मैं नहीं जानता। मेरठ से पंडित गौरीदत्त, इलाहाबाद से पंडित मदनमोहन मालवीय और लखनऊ से बाबू कृष्णबलदेव वर्मा की ओर से भी लोग गए हैं, शायद उनमें से कोई हो।

सब-इंस्पेक्टर साहब तो इन सब बातों को दर्ज करके चलते हुए। अब बाबू राधाकृष्ण को चिन्ता हुई कि बात क्या है। पंडित केदारनाथ के लिए ये बहुत व्यग्र हुए कि वे कहीं किसी आपत्ति में तो नहीं फँसे। उन दिनों सूफी अंबालाल और मि. तिलक आदि पर राजविद्रोह के अभियोग चल रहे थे। चारों ओर डिटेक्टियों की धूम थी। थोड़े से सन्देह में भी लोग पकड़ लिए जाते थे। पाठकजी ने एक बार इटावा से लिखा भी था

कि 'डिटेक्टिवों के हाथ में पड़कर हम कई दिन हैरान हुए।' इसी से इन्हें और भी चिन्ता हुई। अन्त में पाठकजी का एक पत्र मिला जिसे देख इन्हें संतोष हुआ। इन्होंने फिर तुरन्त पाठकजी को लिखा–

'बहुत दिनों की आशा देखने पर कल आपका पत्र आया। इस बीच आपके पत्र न लिखने से मुझे जो कष्ट हुआ लिख नहीं सकता। आप आगे से पत्र लिखने में ऐसी सुस्ती न किया कीजिए। हर सप्ताह कार्ड पर इतना लिखकर भेज दिया कीजिए कि कहाँ हैं। यहाँ पुलिस की तहकीकात आई थी कि आपकी तरफ से कोई मनुष्य माताप्रसाद नाम का हस्ताक्षर कराने के लिए घूम रहा है। मैंने कहा नहीं, पंडित केदारनाथ घूम रहे हैं। पीछे मुझे विदित हुआ कि आपका नाम मातादीन भी है। इटावा में डिटेक्टिव के हाथ पड़ने का हाल आप लिख चुके थे। महीनों से पत्र नहीं मिला। मैंने सोचा कि कहीं आप फँसे तो नहीं। बड़ी चिन्ता हुई; दस दिन तक नींद न आई। मालवीयजी को लिखा, वे मदद करने को मुस्तैद हुए। इस बीच में आपका पत्र मिला, तब जी में जी आया। देवता! ऐसा न किया करो, पर शीघ्र भेजा करो। कहीं झगड़ा तकरार न करना। जो कोई खुशी से लिख दे तो ठीक, नहीं छोड़ देना। हर एक स्थान से जल्दी-जल्दी दो सौ चार सौ जो हो सके कराते बढ़ते चले जाइए, अब देर न कीजिए। जितने हस्ताक्षर हुए हों तुरन्त भेज दीजिए। अब अपने दोनों नाम बताइएगा। कहीं फँसिए तो तुरन्त हमें खबर दीजिएगा। पत्रोत्तर तुरन्त भेज दीजिएगा।'

श्रीराधाकृष्णदास
31-9-97

महारानी विक्टोरिया की हीरक जुबिली

महारानी विक्टोरिया की हीरक जुबिली का समय निकट आया। ये 'प्रीतिकुसुमांजलि' के नाम से कविताओं का एक संग्रह प्रस्तुत करा के महारानी की सेवा में भेजने के आयोजन में लगे। उसके लिए इन्होंने स्वयं एक कविता लिखी तथा बहुत से काशी के पंडितों से संस्कृत में बनवाई। 21 जून, 1897 को हीरक जुबिली महोत्सव हुआ। उस दिन प्रीतिकुसुमांजलि की प्रतियाँ सारे नगर में बाँटी गईं। 23 जून को जुबिली के उपलक्ष्य में बाबू प्रमदादास मित्र और इनके उद्योग से पंडितों तथा नगर निवासियों की एक सभा हुई जिसमें महारानी की तसवीर बीच में रखकर आशीर्वाद दिया गया और प्रीतिकुसुमांजलि का पाठ हुआ।

नागरीप्रचारिणी सभा का चौथा वार्षिक अधिवेशन

20 जुलाई (1897) को सर ऐंटनी मैकडानल काशी आने वाले थे। सभा के वार्षिकोत्सव पर सभापति का आसन ग्रहण करने के लिए सभा की ओर से लाट साहब से प्रार्थना की गई। किन्तु 18 तारीख को सवेरे कलक्टर साहब का एक पत्र बाबू राधाकृष्णदास को मिला। ये उनके पास हालचाल लेने के लिए गए। उनसे विदित हुआ कि लाट साहब ने

लिखा है–'खेद है कि यह हमारी प्राइवेट विजिट है, इससे किसी सार्वजनिक अनुष्ठान में हम सम्मिलित न हो सकेंगे। अतः नागरीप्रचारिणी सभा के वार्षिकोत्सव पर हम सभापति का आसन नहीं स्वीकार कर सकते।' इस पर इन्होंने कलक्टर साहब से ही सभापति होने की प्रार्थना की और उन्होंने स्वीकार कर लिया। 28 जुलाई (1897) को सभा का वार्षिकोत्सव बड़ी धूमधाम से हुआ। कलक्टर साहब सभापति थे। ज्वायंट मजिस्ट्रेट, प्रोफेसर जॉनसन, रेवरेंड ग्रीव्स, मि. मारिसन, कुँवर भिनगा तथा और बहुत से प्रतिष्ठित और विद्वान् लोग आए थे। सभा में बड़ी भीड़ थी। मन्त्री बाबू राधाकृष्णदास ने रिपोर्ट पढ़कर सुनाई। बाबू श्यामसुन्दरदास बी.ए. ने Hindi literature (हिन्दी साहित्य) पर अंग्रेजी में एक लेख पढ़ा। रेवरेंड ई. ग्रीव्स ने उठकर हिन्दी के सम्बन्ध में बहुत कुछ कहा और बाबू राधाकृष्ण की लिखी रिपोर्ट की हिन्दी की बड़ी प्रशंसा की। कलक्टर साहब ने भी बाबू राधाकृष्ण के उत्साह और उद्योग की प्रशंसा में बहुत कुछ कहा। इसके अनन्तर सभा समाप्त होने पर कलक्टर साहब ने पीतल का एक अपूर्व डिब्बा निकाला और उसे बाबू राधाकृष्णदास को दिखलाया। उस डिब्बे पर प्राचीन मतानुसार भूगोल का नक्शा खुदा था। उसे क्षेमकृष्ण पंडित ने राजा वीर के लिए बनाया था जो अकबर के समय में थे। इनको बहुत उत्कंठित देख कलक्टर साहब ने दो-चार दिन के लिए डिब्बे को इन्हीं के पास रहने दिया।

साहित्यविनोद वा विद्याचन्द्रोदय

जुलाई 1897 में बाबू श्यामसुन्दरदास बी.ए., पंडित जगन्नाथ मेहता, बाबू राधाकृष्णदास और पंडित सुधाकर द्विवेदी ने मिलकर साहित्यविनोद के नाम से एक पत्र निकालने का विचार किया जिसमें नई-नई उपयोगी पुस्तकें क्रमशः प्रकाशित हुआ करें। 31 अगस्त को बाबू राधाकृष्ण मेहताजी को लेकर पंडित सुधाकरजी के यहाँ पत्र के विषय में बातचीत पक्की करने के लिए गए। दस-दस रुपए महीने के शेयर बनाए गए और पत्र का नाम 'विद्याचन्द्रोदय' स्थिर हुआ। एक शेयर बाबू राधाकृष्ण ने भी लिया। पंडित सुधाकर ने अपना एक ग्रन्थ उसमें छपने को दिया। बाबू राधाकृष्ण का 'प्रताप नाटक' पहले इसी में छपने वाला था। इतना सब ठीक-ठाक होने पर भी पत्र न निकल सका।

टेक्स्टबुक कमेटी

टेक्स्टबुक कमेटी में अपना एक सभासद रखने के लिए सभा कुछ दिनों से प्रयत्न कर रही थी। 25 अक्तूबर (1897) को शिक्षा विभाग के डाइरेक्टर का एक पत्र इस विषय में आया। टेक्स्टबुक कमेटी के लिए प्रस्ताव रूप में सभा की ओर से पाँच नाम भेजे गए थे जिनमें एक बाबू राधाकृष्ण का भी था। उस वर्ष सभा की ओर से इन्द्रनारायणसिंह एम.ए. सभासद चुने गए।

चोरी

इधर यह सब हो रहा था उधर हिन्दी के लिए मेमोरियल देने की तैयारी हो रही थी। 1897 बीता, 1898 लगा। मेमोरियल के विषय में बातचीत करने के लिए इन्हें कई बार प्रयाग जाना पड़ा। 14 फरवरी (1898) को लाट साहब एक इवनिंग पार्टी में सम्मिलित होने वाले थे। मेकडानलाष्टक नाम की एक कविता इन्होंने लाट महोदय को अर्पित करने के अभिप्राय से लिखी। 12 फरवरी को ये प्रयाग गए। पंडित मदनमोहन मालवीय तथा और कई सज्जनों ने उस कविता को देखकर बहुत पसन्द किया और सम्मति दी कि वह 14 फरवरी को लाट साहब को इवनिंग पार्टी में समर्पित की जाए। लाट साहब ने भी लिखा कि मुझे उसे पार्टी में लेने में कोई आपत्ति नहीं है यदि प्रान्तिक कमेटी स्वीकार करे। उक्त कमेटी में एक नवाब साहब के विरोध करने पर उस कविता का पार्टी में पढ़ा जाना स्थिर नहीं हुआ और वह श्रीमान की सेवा में यों ही भेज दी गई। इसके उपरान्त ये प्रयाग में कई दिनों तक बाबू ब्रजमोहनलाल जी के यहाँ रहे। 16 तारीख को ये खा-पीकर कहीं बाहर गए। इसी बीच में डेरे पर से इनका बक्स चोरी हो गया। बक्स में ये ये चीजें थीं–डायरी, कुछ दस्तावेज, मुख्तारनामे, लेफ्टिनेंट गवर्नरों के पत्र, नागरी-प्रचारिणी सभा की कुछ जरूरी चिट्ठियाँ, दो हजार हस्ताक्षर (हिन्दी के पक्ष में), जन्मपत्र, औरंगजेब के समय के किबाले[1], हफ्तसहेली नाम की एक प्राचीन हस्तलिखित पुस्तक, इनकी अप्रकाशित कविताओं का एक संग्रह तथा एक कापी जिसमें ये 'मीरानाटक' नामक एक बहुत बड़ा ग्रन्थ प्रायः समाप्त कर चुके थे। बक्स में 24 रुपए नकद भी थे। इस घटना से इन्हें बड़ी चोट पहुँची। विशेष कर हफ्तसहेली, मीरानाटक और किबालों के लिए ये अत्यन्त व्यथित हुए। हफ्तसहेली सादर कवि की रची हुई एक बहुत ही प्राचीन हस्तलिखित पुस्तक थी जिसकी रचना बहलोल लोदी (1450 ई.) के समय में 873 हिजरी में हुई थी। इसको इन्होंने एशियाटिक सोसाइटी के लिए ढूँढ़ा और बड़ी कठिनता से पढ़ा था। 'मीरानाटक' में ये प्रसिद्ध भक्तिन मीराबाई का वृत्तान्त नाटक के रूप में बहुत दिनों से लिख रहे थे। 13 दृश्य तक लिख चुके थे कि उसकी यह दशा हुई। इन्होंने बहुत खोज कराई पर बक्स का पता कहीं न लगा। कागज पत्र का एक चिट भी कहीं इधर-उधर न मिला। निदान निराश होकर ये काशी चले आए। आने के दूसरे दिन मीरानाटक की जो-जो कविताएँ याद पड़ीं उन्हें बैठकर इन्होंने लिखा। इस घटना का शोच इन्हें बहुत दिनों तक बना रहा।

नागरी का डेपुटेशन

यह स्थिर हुआ कि अब एक डेपुटेशन नागरी के निमित्त श्रीमान् मेकडानल साहब के पास जाना चाहिए। बाबू राधाकृष्ण ने अवसर देख 'हिन्दी होने से मुसलमानों को भी सुभीता

---

1. इन किबालों को, जिनमें हिन्दी को विशेष स्थान दिया गया था, ये लाट साहब को दिखाने के लिए ले गए थे।

होगा' इस विषय पर एक लेख 'हिन्दोस्थान' में लिखा। लाट साहब ने 2 मार्च, 1898 को डेपुटेशन से मिलना स्वीकार किया। डेपुटेशन में माननीय पंडित मदनमोहन मालवीय, राजा साहब माँडा, राजा साहब आवागढ़, राजा घनश्यामसिंह साहब मरसान (अलीगढ़), राय सिद्धेश्वरीप्रसाद नारायणसिंह बहादुर, राय कृष्णसहाय बहादुर–सभापति देवनागरी-प्रचारिणी सभा (मेरठ), आनरेबल राय श्री रामबहादुर, मुंशी (अब राजा) माधोलाल, पंडित सुन्दरलाल आदि प्रतिष्ठित और विद्वान् लोग थे। बाबू राधाकृष्ण पहली ही तारीख को प्रयाग जा डटे और डेपुटेशन के साथ नागरीप्रचारिणी सभा के रिपोर्टर होकर गवर्नमेंट हाउस में गए। श्रीमान् ने डेपुटेशन की प्रार्थना को उचित और न्यायसंगत बतलाया, पर कहा कि 'इतने दिनों से प्रचलित अक्षरों को एकबारगी बदलने से गड़बड़ होगा। तथापि अभी सरकार की आज्ञा प्रजा को और प्रजा की प्रार्थना सरकार को हिन्दी में भी होने की आज्ञा दी जानी चाहिए।' श्रीमान् के इन वचनों से सबको बड़ा संतोष हुआ और लोग आनन्द मनाते अपने-अपने डेरों पर पहुँचे। बाबू राधाकृष्ण भी उस दिन बाबू कृष्णबलदेव वर्मा ही के डेरे पर रह गए। 5 तारीख को ये काशी लौट आए और आते ही बाबू प्रमदादास मित्र तथा अपने और कई मित्रों के यहाँ जाकर इन्होंने इस शुभ संवाद को बाँटा।

बाबू गदाधर सिंह का वसीयतनामा

इसी वर्ष (1898) जुलाई महीने में हिन्दी के परम हितैषी बाबू गदाधर सिंह का देहान्त हुआ। वे अपनी सारी सम्पत्ति नागरीप्रचारिणी सभा के नाम लिख गए और बाबू राधाकृष्णदास को ट्रस्टी कर गए। इस वसीयतनामे के पीछे इन्हें कितनी हैरानी हुई और कितनी मनोवेदना भोगनी पड़ी सो आगे चलकर देखिए।

1 अगस्त, 1898 को मुसम्मात परतापी और विन्धेसरी ने कचहरी में उज्र किया कि बाबू गदाधर सिंह सारी जायदाद हम लोगों के नाम लिख गए थे पर विल को बच्चा बाबू ने बदल डाला। बाबू राधाकृष्ण की ओर से कहा गया कि इन लोगों को उज्र करने का हक ही नहीं है। जज ने ये दो तनकीहें करके तारीख मुकर्रर की–

(1) इन लोगों को उज्रदारी का हक है या नहीं?

(2) वसीयतनामा ठीक है या नहीं?

उसके उपरान्त चार महीने तक तारीखें टलती गईं, अदालत से कुछ फैसला न हुआ। 2 दिसम्बर (1898) को मुसम्मात परतापी के वकील साहब इनके पास आए और कहने लगे कि मुसम्मात परतापी और विन्धेसरी को 600 रुपए पर अपने हक से दस्तबरदारी करना मंजूर है। इस पर कुछ लोगों ने तो बाबू राधाकृष्णदास को सम्मति दी कि इस प्रकार मामला तय करना ठीक नहीं है। पर अन्त में इन्होंने किसी प्रकार इस झगड़े को शान्त करना ही उचित समझा और बाबू बटुक प्रसाद के घर पर सब कार्रवाई हुई। इनकी ओर से 600 रुपए जमा किए गए और मुसम्मात परतापी ने इकरारनामा लिखा।

बाबू गदाधर सिंह की सम्पत्ति पर बहुत से लोग दाँत लगाए थे, जिनमें कुछ उनके बिरादरी के लोग भी थे। जायदाद का सभा के हाथ में जाना बहुत लोगों को खटक रहा था। परतापी के साथ सब मामला निपट जाने के बाद ये एक दिन निश्चिन्त बैठे थे कि इन्हें अकस्मात् यह चिट्ठी मिली–

धोखा न खाइए

आप न जानिएगा कि मकान मैं दखल कर लूँगा। रुपया देकर आप विन्धेसरी और परतापी की मदद से मकान नहीं पा सकते। आप मकान को किसी तरह नहीं पा सकते। सोचने की बात है कि जो आपकी निन्दा करे उसी को आप रुपया देते हैं। ...आप कितना ही रुपया फूँकिए लेकिन मकान में नहीं घुस सकते। घुसते ही पचासों क्या हजारों आदमी टूट पड़ेंगे और खून की नदी बह निकलेगी। आप यह न जानिएगा कि ठकुराइन के मददगार कोई नहीं हैं।

ये लोग रुपया ले लेंगे और मारपीट फौजदारी करके आपको सीधे जमलोक पहुँचा देंगे, वह सब खुद कहते हैं। आप रुपया देकर जरूर धोखा खाइएगा, आगे आपकी खुशी। लेकिन इसका परिणाम अच्छा है वा बुरा इसको अच्छी तरह जाँच लीजिए। ... मान जाइए नहीं तो धोखा खाइएगा।...जान चली जाएगी लेकिन मकान न जाएगा। प्राण जाए बरु बचन न जाई।

मैं हूँ
जीतनसिंह
और मैं हूँ
पुन्नू महाराज।

इस पत्र से ये तनिक भी विचलित न हुए, अपने कर्तव्य पर दृढ़ रहे। किन्तु इससे भी बढ़कर एक दूसरी उपाधि (व्याधि) खड़ी हुई। 24 फरवरी, 1899 को वाजिदअली नामक एक व्यक्ति ने दरखास्त दी कि वसीयतनामा जाली है, माल लावारिसी है। कलक्टर साहब के यहाँ दरखास्त भेजी गई। 'होम करते हाथ जले' वाली कहावत इनके विषय में ठीक उतरी। इतने दिनों तक तो लेने-देने ही की बात थी अब चरित्र पर भी आक्रमण आरम्भ हुआ। मैजिस्ट्रेट की सुपुर्दगी से मुकदमा डिप्टी के इजलास में गया। उस समय इनके चित्त की क्या दशा हुई होगी लोग स्वयं अनुमान कर सकते हैं। इनके शरीर के चिरसहचर पुराने रोग का भी इस समय वेग बढ़ा। एक ओर तो डॉक्टर लोग इनसे कहते थे कि यह Consumption ((यक्ष्मा) का First Stage (प्रथमावस्था) है और दूसरी ओर न्यायालय में यह निर्णय हो रहा था कि इन्होंने जाल किया है वा नहीं। यह इनकी कठिन परीक्षा का समय था। अस्वस्थ शरीर लेकर गरमी की कड़कड़ाती धूप में इन्हें कई दिन कचहरी दौड़ना पड़ा।

28 जून (1899) को जज के इजलास में इस मुकदमे की पेशी हुई। उस दिन केवल बाबू राधाकृष्ण का थोड़ा सा इजहार हुआ। जज साहब ने वसीयतनामे पर

सन्देह प्रकट किया। अब तो इनकी चिन्ता और भी बढ़ी। उस दिन आधी रात तक बाबू नृसिंहदास वकील के यहाँ बैठकर इसी विषय में ये परामर्श करते रहे। वह रात बड़े कष्ट से बीती। दूसरे दिन फिर मुकदमा पेश हुआ। मुसम्मात परतापी, शिवनरायन सिंह, गंगा प्रसाद आदि के इजहार हुए। ईश्वर की दया से इजहार सब इनके अनुकूल हुए। मुकदमे का रंग बदला। इनकी चिन्ता कुछ कम हुई। उस दिन ये और इनके मित्र लोग पूरी तैयारी के साथ कचहरी गए थे। राय शिवप्रसादजी दस हजार रुपए के नोट, आवश्यकता पड़ने पर जमानत आदि के लिए, लेते गए थे। अन्त में 15 जुलाई, 1899 को जज साहब ने अपना फैसला सुनाया और बाबू गदाधर सिंह के बिल का प्रोबेट देने की आज्ञा दे दी। सत्य की जय हुई। उस दिन के विषय में आप स्वयं लिखते हैं, 'परमेश्वर ने बड़ी कृपा की। मान प्राण रख लिया। इस मुकदमे ने खूब स्वर्ग नरक की सैर कराई। पूरी परीक्षा ली, और पूरी शिक्षा दी। शत्रु मित्र की परख हुई। तरह-तरह के अपवाद सहे। अन्त में दूध का दूध और पानी का पानी हुआ। जीवन में यह यादगार समय है।'

आगे चलकर एक स्थान पर फिर आप अपने वर्ष भर के जीवन की आलोचना में लिखते हैं—'यह वर्ष हमारा बहुत बुरा बीता। रोजगार में भी हानि हुई, शरीर से भी दुखी रहे, मरते-मरते बचे। बाबू गदाधर सिंह के मुकदमे के कारण मनस्ताप, लोकापवाद, शारीरिक और आर्थिक झंझट सहा। सबसे बढ़कर धर्म्म भाव में ह्रास हुआ। साहित्य-सेवा भी कुछ न कर सके। निदान एक मरे नहीं बाकी मरने से भी बुरी दशा हुई। इस जीवन से तो मरना श्रेष्ठ था।'

विचारने की बात है कि यह लोकापवाद, मनस्ताप और शारीरिक कष्ट इन्होंने किसके लिए सहा। क्या अपने लिए? नहीं नागरीप्रचारिणी सभा के लिए, हिन्दी के लिए। थे तो भारतेन्दु ही के फुफेरे भाई न।

इतने अपवाद और झंझट सहकर अन्त में इन्होंने ट्रस्टीपन से इस्तीफा दे दिया और पंडित छन्नूलाल बाबू गदाधर सिंह की जायदाद के ट्रस्टी हुए। किन्तु इस्तीफा देने पर भी इनका पिंड नहीं छूटा। बरसों तक काशी के धूर्त बदमाश मुसम्मात परतापी को उभाड़कर इनसे रुपए ऐंठने का एक न एक ढर्रा निकालते रहे। 17 अक्टूबर, 1900 की बात है कि ये रात को साढ़े आठ बजे कारखाने से लौटकर आए और ज्योंही भीतर जाने लगे कि डेवढ़ी पर मुसम्मात परतापी ने इनका दुपट्टा पकड़ लिया और कहने लगी कि हमारा रुपया दिए जाओ। ये तो किसी प्रकार दुपट्टा छुड़ाकर भीतर चले गए पर बाहर उन लोगों ने आपस में मारपीट करके एक विचित्र कांड खड़ा किया। बाबू राधाकृष्णदास ने तुरन्त इसकी इत्तला कोतवाली में लिखाई। दूसरे दिन सबेरे बाबू नृसिंहदास पंडित छन्नूलाल और राय शम्भुप्रसाद इनके यहाँ आए और आपस में बहुत कुछ सलाह हुई। मुसम्मात परतापी ने भी इत्तला लिखाई कि 'हमको बच्चा बाबू 10 रुपए महीना देते थे। हमने तीन-चार सौ का जेवर इनके पास रख दिया था। आज हम माँगने गई तब इनकार कर दिया। बाबू कृष्णचन्द्र ने हमें धक्का मारकर निकाल दिया और बच्चा बाबू ने कुबड़ी

से मारा।' अब तो इनका नाकों दम हो गया। जो जो इनसे मिलता उससे यही कहते कि बाबू गदाधर सिंह अच्छी बला हमारे पीछे लगा गए। 30 अक्टूबर को मुकदमा कचहरी में पेश हुआ। खयानत का मुकदमा तो खारिज हो गया, मारपीट का रह गया। 12 नवम्बर को फिर जज साहब के बँगले पर मुकदमा पेश हुआ। इन लोगों को हाजिर भी न होना पड़ा और मुकदमा मुसम्मात परतापी के गवाहों के नामानुकूल इजहार पर खारिज हो गया। 20 रु. इन लोगों को तावान का दिलाया गया न दे तो 15 दिन कैद।

संसार की गति देखिए कि पहले तो मनुष्यों की प्रवृत्ति परोपकार की ओर होती ही नहीं। यदि किसी की हुई भी तो उसके ऊपर ऐसा पहाड़ टूटने लगता है कि वह बेचारा घबड़ा जाता है और कहने लगता है कि 'कहाँ से हमने इस मार्ग पर पैर रखा।

'सरस्वती' पत्रिका

बहुत दिनों से हिन्दी प्रेमियों का विचार एक उत्तम सचित्र मासिक पत्रिका निकालने का हो रहा था। बाबू राधाकृष्णदास और बाबू श्यामसुन्दरदास इसके उद्योग में लगे थे। अन्त में 'इंडियन प्रेस' के स्वामी बाबू चिन्तामणि घोष साहसपूर्वक पत्रिका निकालने के लिए सन्नद्ध हुए और उसके सम्पादन का भार उन्होंने 'नागरीप्रचारिणी सभा' को सौंपा। सब बातें तय करने के लिए 6 सितम्बर, 1899 को बाबू राधाकृष्ण प्रयाग गए। वहाँ एक दिन रात को पाखाने में इनके पास तीन हाथ लम्बा गेहुँअन साँप आ गया। सौभाग्यवश इनकी दृष्टि उस पर पड़ गई और वह भी आहट पाकर भाग गया। काल से रक्षा हुई। अपनी इस रक्षा के लिए इन्होंने तुरन्त परमात्मा को यह दोहा बनाकर धन्यवाद दिया–

काल व्याल के गाल सों राखि लियो गहि हाथ।
भूलि सबै अपराध मम जय जय कालीनाथ॥

बाबू चिन्तामणि से पत्रिका के विषय में सब बातें स्थिर हुईं। नागरीप्रचारिणी सभा ने सम्पादन भार लिया और पाँच सम्पादकों की समिति बनाई, जिनके नाम ये हैं– (1) बाबू राधाकृष्णदास (2) बाबू श्यामसुन्दरदास बी.ए. (3) पंडित किशोरीलाल गोस्वामी (4) बाबू कार्तिकप्रसाद और (5) बाबू जगन्नाथ रत्नाकर बी. ए.। जनवरी 1900 से यह पत्रिका बड़ी धूमधाम से चल निकली। इसके रंग-ढंग और लेखों की नवीनता से बहुत लोगों का ध्यान हिन्दी की ओर आकर्षित हुआ। बाबू राधाकृष्ण ने इसके लिए भारतेन्दु का जीवनचरित्र, सेंबलिन की आख्यायिका तथा कई अच्छे-अच्छे लेख तैयार किए जो क्रमशः प्रकाशित हुए। जिस उत्साह और जिस अनूठेपन के साथ यह पहले वर्ष निकली हिन्दी साहित्य के इतिहास में स्मरणीय है। एक वर्ष तो यह पत्रिका सम्पादक समिति द्वारा प्रकाशित हुई। दूसरे वर्ष से इसका सम्पादन भार बाबू श्यामसुन्दरदास बी.ए. ने लिया है। बाबू राधाकृष्णदास बराबर अपने लेखों से इस पत्रिका की सहायता करते रहे।

भाषासार संग्रह

उस समय नागरीप्रचारिणी सभा शिक्षा विभाग के लिए 'भाषासार संग्रह' और 'पत्रबोध' तैयार कर रही थी। इन दोनों पुस्तकों के लिए बाबू राधाकृष्णदास से बहुत कुछ सामग्री मिली। 'पत्रबोध' के लिए चिट्ठियों के नए-पुराने नमूने प्रायः इन्होंने छाँटे थे।

अदालतों में नागरी व्यवहार की आज्ञा

18 अप्रैल, 1900 को नागरी के सम्बन्ध में इन लोगों ने जो परिश्रम किया था उसका फल मिला। 22 अप्रैल को पंडित मदनमोहन मालवीय का प्रयाग से तार आया कि–

'आज के गजट में नागरी में भी दरखास्त लेने और सम्मन आदि निकालने की आज्ञा छपी है।'

इस शुभ संवाद के फैलते ही आनन्द छा गया। बाबू श्यामसुन्दरदास बी.ए., शिवप्रसाद राय तथा और कई हिन्दी प्रेमी सज्जन इनके यहाँ इकट्ठे हुए और वह दिन बड़े आनन्द के साथ कटा।

चित्र और चरित्र

हिन्दी समाचार-पत्रों में इस नागरी व्यवहार की आज्ञा की महीनों चर्चा रही। नागरी के लिए प्रधान उद्योग करने वाले तीन महाशय थे–माननीय पंडित मदनमोहन मालवीय, बाबू श्यामसुन्दरदास बी.ए. और बाबू राधाकृष्णदास। 10 जून, 1900 के 'श्रीवेंकटेश्वर समाचार' में इन तीनों सज्जनों के चित्र और संक्षिप्त चरित्र प्रकाशित हुए तथा इनके प्रति कृतज्ञता प्रकट की गई।

सर ऐंटनी मैकडानल का काशी में आगमन

आज्ञा-प्रचार के दो महीने पीछे संवाद मिला कि श्रीमान् सर ऐंटनी मैकडानल महोदय काशी आने वाले हैं। 8 जुलाई (1900) को नागरीप्रचारिणी सभा की प्रबन्धकारिणी समिति की एक बैठक हुई जिसमें यह स्थिर हुआ कि श्रीमान् को धन्यवाद देने के लिए एक डेपुटेशन भेजा जाए। बाबू राधाकृष्णदास ने इस अवसर के लिए 'मैकडानल पुष्पांजली' नाम की एक कविता रची। 17 जुलाई को लाट साहब का तार आया कि– 'केवल धन्यवाद के लिए डेपुटेशन की आवश्यकता नहीं है, और साहित्य सम्बन्धी बातों को हमारे चीफ सेक्रेटरी से मिलकर कहिए। यदि आवश्यकता होगी तो हम डेपुटेशन से मिलेंगे।' 24 जुलाई को श्रीमान् काशी पहुँचने वाले थे। दो दिन पहले ही ये स्टेशन मास्टर से मिले और उनसे सजाने के लिए स्टेशन माँगा। स्टेशन मास्टर ने प्रसन्नतापूर्वक स्वीकार किया और अपनी ओर से भी कुछ सजावट का सामान दिया। 24 तारीख को ढाई बजे लाट साहब स्टेशन पर उतरे। सभा की ओर से स्टेशन इन लोगों ने बहुत अच्छा सजवाया था। चारों ओर झंडे फहराते थे। स्थान-स्थान पर 'नागरी की जय', 'श्रीमान् की जय' आदि वाक्य लगे हुए थे। दूसरे दिन बाबू श्यामसुन्दरदास बी.ए., बाबू राधाकृष्णदास,

बाबू इन्द्रनारायण सिंह एम.एड., बाबू गोविन्ददास और बाबू प्रमदादास मित्र सभा की ओर से लाट साहब से मिले। उसी दिन संध्या के समय श्रीमान् को म्युनिसिपैलिटी की ओर से एड्रेस दिया गया। श्रीमान् ने अपने उत्तर में हिन्दी के विषय में भी बहुत सी बातें कहीं।

हिन्दी पुस्तकों की खोज

ऊपर लिखा जा चुका है कि एशियाटिक सोसाइटी की ओर से बाबू बहुवल्लभ चटर्जी हिन्दी पुस्तकों की खोज अधिकतर इन्हीं की सहायता से करते थे। एशियाटिक, सोसाइटी को इन्होंने बहुत सी पुस्तकों की नोटिसें कराई थीं। कहने की आवश्यकता नहीं कि इस कार्य्य में ये बड़े प्रवीण थे। प्राचीन हिन्दी ग्रन्थों और उनके कर्ताओं के विषय में इन्हें बहुत कुछ जानकारी थी। ये इस विषय में पूछताछ और लिखा-पढ़ी भी बराबर किया करते थे जिससे इन्हें अनेक बातें मालूम होती रहती थीं। 'मीरानाटक' लिखते समय इन्हें मीराबाई की जीवन-घटनाओं के सम्बन्ध में जो-जो शंकाएँ हुई थीं उन्हें इन्होंने कुँवर फतेहलाल मेहता और मुंशी देवीप्रसाद आदि अपने मित्रों से बराबर पूछा था। 'प्रतापनाटक' लिखने में भी इन्होंने उदयपुर से सम्बन्ध रखनेवाली एक-एक बात की जाँच-पड़ताल की थी। आरम्भ काल ही में नागरीप्रचारिणी सभा का ध्यान इस बात की ओर गया था कि हिन्दी में जो बहुत से सुन्दर और अप्रकाशित ग्रन्थ हैं उनका पता लगाया जाए और उन्हें प्रकाशित करके साहित्य का उपकार किया जाए। 1894 ही में उसने गवर्नमेंट ऑफ इंडिया, एशियाटिक सोसाइटी, पश्चिमोत्तर गवर्नमेंट और पंजाब गवर्नमेंट से इस विषय में लिखा-पढ़ी की थी। पर उस समय कुछ सन्तोषदायक फल नहीं हुआ था। अन्त में सन् 1900 में संयुक्त प्रदेश की गवर्नमेंट ने हिन्दी पुस्तकों की खोज का काम सभा को सौंपा। तभी से इस ओर नियमित प्रयत्न होने लगा। बाबू राधाकृष्णदास के अनुभव और उद्योग से इस कार्य्य में बड़ी सहायता मिली।

इसी वर्ष 'भारतधर्म्म महामंडल' का एक बड़ा भारी अधिवेशन दिल्ली में होने वाला था। सभा में भी निमन्त्रण आया था। पुस्तकों की खोज के काम के लिए लोगों को राजपूताने की ओर जाना ही था अतः बाबू श्यामसुन्दरदास और बाबू राधाकृष्णदास ने सभा की ओर से महामंडल में जाना निश्चित किया किन्तु जिस दिन जाने को हुआ उस दिन भारतेन्दुजी के भतीजे बाबू ब्रजचन्द्र बहुत बीमार हो गए, इससे बाबू राधाकृष्ण का जाना उस समय रुक गया। बाबू श्यामसुन्दरदास अकेले दिल्ली पहुँचे और वहाँ से उन्होंने इनको यह पत्र लिखा–

दिल्ली
11-8-1900

प्रियवर,

मैं यहाँ आगामी बुधवार तक रहूँगा। उस दिन मेरा विचार जयपुर जाने का है। आशा है कि यदि दिल्ली में नहीं तो जयपुर में आप अवश्य मिलेंगे। महामंडल का कार्य्य

हो रहा है। मालवीयजी आए हुए हैं। परसों हिन्दी का मामला पेश था। मालवीयजी ने कुछ नहीं कहा। मुझे वक्तृता[1] देनी पड़ी। जल्दी आइए।

भवदीय
श्यामसुन्दरदास

इसके उपरान्त बाबू श्यामसुन्दरदास हिन्दी पुस्तकों की खोज के लिए राजपूताने की ओर बढ़े और इधर बाबू राधाकृष्णदास यह पत्र पाकर आकुल हुए। हिन्दी पुस्तकों की खोज में बाबू राधाकृष्ण का योग देना उस समय आवश्यक था। इससे निश्चिन्त होते ही पीछे से इन्होंने भी 15 अगस्त (1900) को जयपुर के लिए प्रस्थान कर दिया। दूसरे दिन मथुरा पहुँचे। वहाँ स्नान दर्शन करके तीसरे पहर पंडित मोहनलाल विष्णुलाल पंड्या से मिले। उन्होंने इन्हें निज सम्पादित पृथ्वीराजरासो का कुछ अंश दिखलाया। ये बड़ी देर तक उनके पास रहे। पंड्याजी उन दिनों खुसरो का वृत्तान्त संग्रह कर रहे थे और युधिष्ठिर संवत् पर भी लेख लिख रहे थे। बाबू राधाकृष्ण ने पंड्याजी के पास रासो की एक अत्यन्त प्राचीन प्रति तथा कई अलभ्य पुराने परवानों के फोटो देखे। ये अपने काम से नहीं चूके। 'केदा रासो', 'राणा रासो' की नोटिस की और उन प्राचीन परवानों के फोटो लिए। इतना करके 20 तारीख को ये आगे बढ़े और दूसरे दिन सबेरे दिल्ली पहुँचे। यहाँ पर स्वर्गीय पंडित दुर्गाप्रसाद मिश्र और राय शिवप्रसाद जी से भेंट हुई। रात को ये फिर रेल पर सवार हुए और 22 तारीख को जयपुर पहुँचे। वहाँ पर ये बहुत हैरान हुए। बड़ी-बड़ी मुश्किलों से ढूँढ़ते-ढूँढ़ते बाबू श्यामसुन्दरदास का पता लगा। दूसरे दिन ये बाबू श्यामसुन्दरदास के साथ परलोकवासी हिन्दी के परम उत्साही प्रेमी मिस्टर जैन वैद्य से मिले और कई जैन ग्रन्थों की नोटिस की। महाराज के पुस्तकालय देखने की आज्ञा अभी तक नहीं मिली थी इससे ये लोग बहुत ही व्यग्र थे। पंडित मधुसूदनजी पुस्तकाध्यक्ष से मिलने गए, उनसे भी भेंट नहीं हुई। दूसरे दिन सवेरे ही उठ कर ये लोग महाराज के प्राइवेट सेक्रेटरी बाबू संसारचन्द्र से मिलने गए। वे बड़ी शिष्टता के साथ मिले और शीघ्र ही पुस्तकालय देखने की आज्ञा दिलाने के हेतु प्रयत्न करने का उन्होंने वचन दिया। पुस्तकाध्यक्ष मधुसूदनजी से भी भेंट हुई। उन्होंने भी इस विषय में उद्योग करने की प्रतिज्ञा की। पंडित दुर्गाप्रसादजी मिश्र तथा राय शिवप्रसाद जी भी इन लोगों से आकर जयपुर में मिले। कई दिन रहकर इन लोगों ने आसपास के समस्त दर्शनीय स्थानों की खूब सैर की। मिस्टर जैन वैद्यजी ने इन लोगों का बड़ा सत्कार किया। उनकी सहायता से पुस्तकालय की बहुत सी पुस्तकों की नोटिसें भी हो गईं। निदान 29 अगस्त (1900) को ये लोग मथुरा की ओर लौट पड़े। आगरा उतरकर वहाँ की प्रसिद्ध-प्रसिद्ध पुरानी इमारतों को इन लोगों ने देखा। बाबू राधाकृष्ण में ऐतिहासिक सहृदयता बहुत थी। भूतचिन्तन से उनकी वृत्तियों पर बड़ा अतुल प्रभाव पड़ता था। सब लोगों के साथ जब इन्होंने सिकन्दरे में अकबर का मकबरा देखा तब इनसे न रहा गया। ये एकबारगी बोल

1. बाबू श्यामसुन्दरदास की यह वक्तृता बहुत अपूर्व हुई थी। लोगों पर इनके स्पष्ट स्वर और स्वच्छ भाषा का बड़ा प्रभाव पड़ा था।

उठे–'हाँ! यहीं महामहिम अकबर तीन हाथ भूमि के नीचे पड़े हैं।' मथुरा पहुँचने पर इन लोगों का एक ग्रुप उतरा। गोकुल होती हुई मंडली महावन आई। बाबू राधाकृष्ण जिस किसी पुराने स्थान पर जाते थे उसका ऐतिहासिक वृत्त जानने का अवश्य यत्न करते थे। महावन के विषय में आप लिखते हैं–'यह अत्यन्त प्राचीन स्थान है। किला बहुत पुराना है। दो हजार वर्ष तक का पता लगता है। बौद्धों के बहुत से चिह्न हैं। किले के नीचे एक पुराना मन्दिर है जिसे लोग ओरछा के राजा वीरसिंह जू देव का बतलाते हैं।'

मथुरा के मन्दिरों के दर्शन से इनके हृदय में प्रेम और भक्ति भाव का उद्रेक उठता और ये इस प्रकार के प्रेम और भक्ति रस-पूर्ण दोहे बनाकर कहते–

प्राननाथ प्रीतम ललन पूरन परमानन्द।
राखौ अपने चरन में काटि सकल भवफन्द॥

10 सितम्बर, 1900 को ये अपनी यात्रा समाप्त कर घूमते-घामते काशी पहुँचे। सब कुशल पाया। बहुत दिनों पर घर आने पर स्वभावतः जो आनन्द सबको होता है वह इनको भी हुआ।

नागरीप्रचारिणी ग्रन्थमाला का जन्म

पुस्तकों की खोज के साथ ही साथ सभा का ध्यान इस बात पर भी दिलाया गया कि केवल पुस्तकों की सूची बन जाने और उन पर संक्षिप्त नोट लिख जाने से कोई विशेष लाभ न होगा जब तक उनमें से चुने-चुने ग्रन्थों के छपवाने का भी कोई उत्तम प्रबन्ध न हो। इस प्रस्ताव को आवश्यक समझ सभा ने यह निश्चय किया कि 'नागरीप्रचारिणी ग्रन्थमाला' नाम की एक पुस्तकावली निकाली जाए जिसमें अच्छी-अच्छी पुरानी पुस्तकें क्रमशः छपा करें, और जिसके कम-से-कम वर्ष में चार अंक 64-64 पृष्ठों के प्रकाशित हुआ करें। इसके सम्पादन का भार बाबू राधाकृष्णदास को सौंपा गया। इस माला में अब तक अनेक अच्छे-अच्छे ग्रन्थ प्रकाशित हो चुके हैं जिनमें से कई एक का सम्पादन इन्होंने किया है।

महारानी विक्टोरिया का स्वर्गवास

सन् 1900 समाप्त और 1901 आरम्भ हुआ। जनवरी में महारानी विक्टोरिया के स्वर्गवास का दुखदायी समाचार सारे भारतवर्ष में फैल गया। भारतीय जन-समाज मर्माहत हुआ। जो दया वा ममता महारानी अपनी इस भोली-भोली दीन प्रजा पर रखती थीं उसका अन्तर्हित होना उसे बहुत खला। चारों ओर शोक सूचक सभाएँ हुईं। प्रत्येक सभा समाज ने इस अवसर पर घोर दुख प्रकट किया। बाबू राधाकृष्ण ने भी एक भाव भरी कविता लिखकर अपने जी को हलका किया।

रामचरितमानस

हिन्दी में गोस्वामी तुलसीदासजी का रामचरितमानस बहुत ही प्रचलित, प्रतिष्ठित और सर्वप्रिय ग्रन्थ है। उत्तरी भारत में कोई ऐसा हिन्दू न होगा जो इसकी दो एक चौपाई न

जानता हो अथवा जिसने इसका नाम न सुना हो। किन्तु तब तक इसके जो संस्करण छपे थे उनमें क्षेपकों की इतनी भरमार थी और पाठ में इतनी गड़बड़ थी कि जिज्ञासुओं को संतोष नहीं होता था। हिन्दी प्रेमियों को यह बात बहुत दिनों से खटकती थी और एक सुन्दर क्षेपकरहित शुद्ध संस्करण देखने की सबको अभिलाषा थी। पर यह भारी काम अपने सिर पर ले कौन? अन्त में फिर इंडियन प्रेस के मालिक बाबू चिन्तामणि घोष और 'नागरीप्रचारिणी सभा' ही इस कार्य्य के लिए आगे बढ़ी। इंडियन प्रेस ने इसके प्रकाशन और 'नागरीप्रचारिणी सभा' ने सम्पादन का भार लिया। 27 मार्च, 1901 को बाबू राधाकृष्णदास के सभापतित्व में नागरीप्रचारिणी की प्रबन्धकारिणी सभा हुई और रामायण के सम्पादन के लिए एक कमेटी बनी जिसमें बाबू राधाकृष्णदास भी चुने गए। यहाँ पर यह कह देना आवश्यक है कि इस कार्य्य का अधिक भाग इन्हीं की बाट में पड़ा। भूमिका तथा ग्रन्थकार का जीवनचरित बड़ी छानबीन और विवेचना के साथ इन्होंने लिखा। प्राचीन हस्तलिखित प्रतियों के संग्रह करने में भी इन्होंने बड़ा उद्योग किया।

सभा के डेपुटेशन

दिसम्बर 1901 में कांग्रेस के अवसर पर ये और बाबू श्यामसुन्दरदास अपने कई मित्रों के साथ कलकत्ता गए और वहाँ महाराजा साहब बर्दवान तथा और कई सम्भ्रान्त पुरुषों से मिलकर सभा के कार्य्यों का परिचय दिया। महाराजा साहब बर्दवान ने उस समय सभा के सहायतार्थ 500 रुपए दिए।

सभा को एक ओर तो अर्थ-चिन्ता थी, दूसरी ओर निर्विघ्न रूप से नागरीप्रचार के लिए भी यत्न करना था। नागरी-व्यवहार-सम्बन्धी सरकारी आज्ञा तो प्राप्त हो गई पर उसके प्रचार में और कठिनाइयाँ दिखाई पड़ीं। बहुत सी भोली-भाली प्रजा तो इस आज्ञा से अनभिज्ञ ही रही। स्वार्थी अमलों से भी बहुत कुछ हानि की आशंका हुई। अतः नागरीप्रचारिणी सभा ने नागरी-प्रचार के सम्बन्ध की सब बातों का निर्णय और प्रबन्ध करने के लिए सात सभासदों की एक सब कमेटी बनाई और बाबू राधाकृष्णदास को उस कमेटी का मन्त्री नियुक्त किया। कमेटी ने स्थिर किया कि सभा का एक डेपुटेशन फैजाबाद की ओर जाए। निदान बाबू राधाकृष्णदास, बाबू जगन्नाथदास रत्नाकर बी.ए., पंडित माधव राव सप्रे बी.ए., पंडित रामराव चिंचोलकर, पंडित विश्वनाथ शर्मा और बाबू माधव प्रसाद 15 फरवरी 1902 को दोपहर के समय फैजाबाद की ओर रवाना हुए। रात को ये लोग अयोध्या पहुँचे। वहाँ स्टेशन पर महाराज की गाड़ी इन लोगों को लेने के लिए मौजूद थी। सब लोग महाराज के स्वर्गद्वार वाले मकान में ठहराए गए। 17 तारीख को 11 बजे डेपुटेशन महाराज से मिला। महाराज बड़ी शिष्टता और उत्साह से मिले। हिन्दी के लिए निरन्तर उद्योग करने का उन्होंने वचन दिया और बहुत कुछ आशा दिलाई। सबसे बढ़कर कठिन कार्य्य कचहरी के अमले वकीलों को नागरी की ओर प्रवृत्त करना था जिसमें वे लोग प्रार्थनापत्र आदि नागरी में दिलवाया करें। फैजाबाद को भी लखनऊ का एक पुछल्ला समझना चाहिए। वहाँ उर्दू का बड़ा माहात्म्य है। पर इन लोगों

के जाने से वहाँ के लोगों ने बड़ा उत्साह दिखाया। वकीलों की एक कमेटी हुई। सबने हिन्दी में काम करने का वचन दिया और वकालतनामे आदि के फार्म हिन्दी में छपवाने का प्रबन्ध किया। बाबू राधाकृष्णदास तो अयोध्या से चले आए पर और सज्जनों ने कई स्थानों में घूम-घूमकर हिन्दी का बहुत कुछ हितसाधन किया।

इसी वर्ष महामंडल का अधिवेशन मथुरा में था। उस अवसर पर सभा की ओर से भी प्रतिनिधियों का जाना उचित समझा गया। बाबू श्यामसुन्दरदास और बाबू राधाकृष्णदास मथुरा गए। बाबू राधाकृष्णदास ने महामंडल के नियमों में कई परिवर्तनों का प्रस्ताव किया जो सब स्वीकृत हुए। महामंडल ने इन्हें अपने-अपने ट्रस्टियों में चुना। दूसरे दिन से ये लोग नागरीप्रचारिणी सभा के डेपुटेशन के काम में लगे। वृन्दावन जाकर पंडित राधाचरण गोस्वामी से मिले और कई स्थानों में घूमकर चन्दा लिखवाया। मथुरा से ये लोग आगरा गए। वहाँ पंडित माधवराव सप्रे बी.ए. से ग्वालियर में हिन्दी प्रचार के विषय में बहुत कुछ सलाह हुई। अन्त में महाराज साहब ग्वालियर के नाम एक एड्रेस तैयार किया जिसे लेकर उक्त पंडितजी ग्वालियर रवाना हुए। पंडित माधवराव सप्रे तथा पंडित रामरावजी चिंचोलकर के सच्चे प्रयत्न से ग्वालियर में इस समय हिन्दी के लिए बहुत कुछ रास्ता साफ हो गया और थोड़े दिन पीछे वहाँ नागरी लिपि जारी हो गई। इन सब लोगों के यात्रा से लौटने पर बाबू राधाकृष्णदास ने हिन्दू कॉलेज में उनके सम्मानार्थ कुछ जलपान का प्रबन्ध किया और यह प्रशंसासूचक पद्य पढ़ा–

निज भाषा हित निरत होइ तजि गृह कारज छति।
देस देस पर्यटन कियो सहि कै कलेस अति॥
अति सुदच्छता सहित सभा उद्‌देश्य प्रचारयो।
पाल्यो निज कर्तव्य नागरी काज सुधारयो॥
श्री रामराव, माधव उभय, विश्वनाथ कीरति अयन।
अति हरखित चित हम सबन को, धन्यवाद कीजै ग्रहन॥

सभा के जिन डेपुटेशनों में बाबू राधाकृष्णदास रहे इनमें अवश्य कुछ न कुछ सफलता प्राप्त हुई। मिलनसारी से चित्त को आकर्षित करना इनमें प्रधान गुण था। 24 जनवरी, 1903 को एक डेपुटेशन स्थायी कोश के निमित्त चन्दा करने के लिए मिरजापुर गया जिसमें निम्नलिखित महाशय सम्मिलित थे–बाबू राधाकृष्णदास, बाबू जुगुल किशोर, बाबू माधवप्रसाद और बाबू श्यामसुन्दरदास। ऐसे छोटे स्थान से तीन चार दिन के भीतर ही इन लोगों को 1552-75 रुपए मिले।

सभा का मन्त्रित्व

सितम्बर 1902 में बाबू श्यामसुन्दरदास ने, जो सभा के मन्त्री थे, कार्य्यवश तीन मास की छुट्‌टी ली और बाबू राधाकृष्णदासजी इनके स्थान पर मन्त्री हुए। 27 सितम्बर को 'द्रव्य के प्रयोग' पर इन्होंने साधारण अधिवेशन में एक अच्छी वक्तृता दी थी।

स्थानिक समाचार-पत्र 'भारत जीवन' ने महाराज बनारस के विषय में कोई अनुपयुक्त बात लिख दी थी जिसको लेकर कुछ स्वार्थी और 'भारत जीवन' के विरुद्ध खुशामदी लोगों ने एक वितंडावाद खड़ा कर दिया और टाउनहॉल में एक सभा कर डाली। बाबू श्यामसुन्दरदास और बाबू राधाकृष्णदास ने सभा में उपस्थित होकर विरोध को बहुत कुछ शान्त किया।

दिल्ली दरबार

दिसम्बर 1908 लगा और दिल्ली दरबार का समय निकट आया। हिन्दी प्रेमियों के हृदयों में यह प्रश्न उठने लगा कि इस अवसर पर हिन्दी का कुछ उपकार साधन हो सकता है वा नहीं। नागरीप्रचारिणी सभा में भी इस विषय पर सोच विचार हुआ। यद्यपि उस भीड़भाड़ के समय विशेष उपकार की आशा किसी को न थी तो भी एक डेपुटेशन का वहाँ जाना स्थिर हुआ। 25 दिसम्बर को बाबू राधाकृष्ण दिल्ली रवाना हुए और दूसरे दिन वहाँ पहुँचकर परलोकवासी डॉक्टर वंशगोपाल के यहाँ उतरे। वहाँ पर बाबू श्यामसुन्दरदास और महामहोपाध्याय सुधाकर द्विवेदी पहिले ही से पहुँचे हुए थे। 29 दिसम्बर को वाइसराय और ड्यूक की सवारी जिस ठाट-बाट के साथ निकली भारतवासियों को उसका स्मरण कराते रहने का ठेका इतिहास ने ले रखा है। एक हाथी पर लेडी सहित लॉर्ड कर्जन थे। उसके पीछे दूसरे पर डचेज और ड्यूक थे। बाबू राधाकृष्णदास के देखने में वाइसराय बहुत ही प्रसन्न और 'ड्यूक कुछ उदासीन थे। यह सब हो चुकने पर इन लोगों को अपने कार्य्य की चिन्ता हुई। सभा का डेपुटेशन काश्मीर के कैम्प में गया और वहाँ महाराज साहब तथा पुंछ के राजा से मिला। भभ्भड़ के कारण कुछ विशेष फल न हुआ, लोग अपने ठाटबाट में व्यस्त थे। चारों ओर चित्त की तुच्छ और निःसार वृत्तियों का प्रवाह उमड़ रहा था, उसमें किसी प्रकृत और उपकारी विचार का मुहूर्तमात्र भी टिकना असम्भव के लगभग था। तीसरी जनवरी को डेपुटेशन महाराज बड़ौदा के पास गया। महाराज सयाजीराव कैसे विद्याव्यसनी और उच्च विचार के मनुष्य हैं, यह सारे भारतवर्ष में विशेषकर शिक्षित समाज के बीच प्रसिद्ध ही है। डेपुटेशन के मेम्बरों से महाराजा साहब ने बड़ी शिष्टता और सज्जनता के साथ बहुत सहानुभूति प्रकट की और विचार कर उसकी सहायता करने को भी कहा। इसके उपरान्त डेपुटेशन ने महाराज से सभाभवन को खोलने की प्रार्थना की जिसकी नींव रखी जा चुकी थी। श्रीमान् ने कहा, 'मैं उक्त अवसर पर आने का उद्योग करूँगा।' इसके उपरान्त लोग बर्दवान के महाराज से मिले। महाराज ने सभा की जो सहायता की थी उसके लिए धन्यवाद दिया गया। महाराज ने प्रसन्न होकर और भी सहायता करने की प्रतिज्ञा की। इतना कार्य्य हो जाने पर 5 जनवरी को बाबू राधाकृष्णदास काशी लौट आए।

सभाभवन

अब तक सभा का कोई निज का भवन नहीं था। इससे अधिवेशनों में भीड़भाड़ होने से लोगों को बड़ा कष्ट होता था। नित्य के कार्य्य में भी बाधा पड़ती थी। सभा को एक भवन

की बड़ी ही आवश्यकता थी। किन्तु सभा के पास इतना संचित द्रव्य नहीं था कि झटपट यह कार्य्य आरम्भ कर दिया जाता। किन्तु लोग उद्योग में लग गए। इसी बात की प्रतीक्षा थी कि हिन्दी प्रेमी लोग आशामात्र दे दें फिर कार्य्य में हाथ लगा दिया जाए। सौभाग्यवश मुँह से आशा बँधाने वालों की कमी हमारे हिन्दी समाज में नहीं है। कई ओर से सुनाई पड़ा कि 'हाँ, हाँ, आप आरम्भ कीजिए हम तन मन धन से तैयार हैं।' कार्य्य आरम्भ कर दिया गया। बाबू राधाकृष्णदास ने एस्टिमेट (तखमीना) आदि बनाकर तैयार किया। ता. 14 दिसम्बर, 1902 को एक डेपुटेशन काशीराज के पास रामनगर गया। 21 दिसम्बर को महाराज बनारस के हाथ से बड़ी धूमधाम के साथ सभा की नींव डाली गई। अच्छा समारोह था। भवन की नींव पड़ गई पर उसका बनकर खड़ा होना तो द्रव्याधीन था। सहायकों ने तो चारों ओर से सन्नाटा खींचा। अब यह खटका हुआ कि किस तरह यह भवन बन कर खड़ा होगा। बनवाने का ठेका भी बाबू राधाकृष्णदास के ऊपर और सभा की आर्थिक अवस्था भी उनकी आँखों के सामने। उस समय भवन को बनवाते जाना ऐसे ही मनुष्य का काम था जिसकी नागरी भवन देखने की लालसा हानि लाभ की चिन्ता से कहीं बढ़ कर हो। धीरे-धीरे रुपया भी आने लगा और भवन बनकर खड़ा हो गया। प्रान्तीय लाट सर लाटूश महोदय से भवन खोलने की प्रार्थना की गई। 18 फरवरी, 1904 को बड़ी धूमधाम का उत्सव हुआ। संध्या को ठीक 5 बजे लाट साहब आए। उनके पहुँचते ही बैंड बजने लगा और स्वागतकारिणी कमेटी के निम्नलिखित सभासदों ने उनका स्वागत किया–

बाबू राधाकृष्णदास, बाबू श्यामसुन्दरदास, मुंशी (अब राय बहादुर), गंगाप्रसाद वर्म्मा, माननीय पंडित मदनमोहन मालवीय, महामहोपाध्याय पंडित सुधाकर द्विवेदी, राय शिवप्रसाद, बाबू रामप्रसाद चौधरी, बाबू साँवल सिंह, बाबू इन्द्रनारायण सिंह।

श्रीमान् ने अभिनन्दन पत्र ग्रहण करने के उपरान्त कहा, 'दो वर्ष हुए जब मैंने इस सभा से एक एड्रेस पाया था। उस समय प्रधान प्रश्न जिस पर विचार हो रहा था वह गवर्नमेंट की इस नीति के विषय में था कि इस प्रदेश में किस अक्षर को व्यवहार में लाना चाहिए। आज मैं इस भवन को खोलने के लिए आया हूँ, जिसकी नींव को एक वर्ष हुआ। मेरे मित्र महाराज बनारस ने रखा था और जो इस सभा का स्थान होगा। सभा के मुख्य अभिप्राय से अर्थात् सर्वसाधारण की शिक्षा और सुख की उन्नति करने में गवर्नमेंट पूरी तरह पर सहमत है। सभा का जो यह उद्देश्य है कि वह एक साहित्यमय भाषा की उन्नति करे इसमें हस्तक्षेप करने की गवर्नमेंट की कोई इच्छा वा उसका कोई अधिकार नहीं है। प्रत्येक जाति को अपने साहित्य की भाषा स्थिर करनी चाहिए। परन्तु शिक्षा के हित के लिए गवर्नमेंट इस बात पर जोर देने के लिए बाध्य है कि आरम्भ की पाठ्य पुस्तकें नित्य की बोलचाल की भाषा में अर्थात् ऐसी भाषा में जिसे शिक्षक और शिष्य समझ सकें, बनाई जाएँ। मुझे यह देखकर हर्ष है कि इस विषय में सभा गवर्नमेंट से बहुत कुछ सहमत है।'

इसके उपरान्त श्रीमान् ने वैज्ञानिक कोश और हिन्दी पुस्तकों की खोज के लिए सभा को बधाई देते हुए अपने कर कमलों से सभा-भवन को खोला। इस अवसर पर

प्रायः बहुत से हिन्दी प्रेमी बहुत दूर-दूर से आए थे। काशी की जिस गली में जाइए दो एक हिन्दी के लेखक प्रसन्नमुख आते-जाते दिखाई पड़ते थे। बड़ा मनोहर दृश्य था। दूसरे दिन भी नए भवन में हिन्दी प्रेमियों का समारोह हुआ और हिन्दी के हित के बहुत से उपायों पर विचार हुआ। तीसरे दिन सबका ग्रुप उतरा और बाबू राधाकृष्णदास की ओर से निमन्त्रित सज्जनों के लिए जलपानादि का भी बहुत सुन्दर प्रबन्ध किया गया। ये तीनों दिन बड़े आनन्द और उत्साह में बीते।

व्यवसाय आदि

इन्हें संसार का पूरा ज्ञान था। अतः अर्थसंग्रह की चिन्ता भी इन्हें कभी नहीं छोड़ती थी। ये ग्रन्थकार भी बनना चाहते थे और नगर के धनी-मानियों में भी अपनी गिनती रखना चाहते थे। ये सरस्वती के अनन्य उपासक नहीं थे। इनमें लिखने-पढ़ने की वासना इतनी तीव्र और प्रचंड नहीं थी कि ये संसार की और बातों की कुछ परवा न करते। ये बड़े व्यवहार कुशल भी थे। लेन-देन के अतिरिक्त इन्होंने और भी कई व्यवसाय किए। चौखम्भे में काशी सिल्क की इनकी एक दुकान थी। अन्नपूर्णा मिल में इनका कुछ शेयर था। पर इधर बहुत दिनों से इमारतों के ठेके का काम करते थे जिससे इन्हें अच्छा लाभ हो चला था। नागरीप्रचारिणी सभाभवन, चौक का थाना, भिनगा राज अनाथालय आदि इमारतें इन्हीं के ठेके में बनी हैं। सन् 1902 तक तो ये बाबू हरिश्चन्द्र के परिवार के साथ चौखम्भे में ही रहते थे। पर पीछे से अपने लिए एक स्वतन्त्र साफ-सुथरा मकान जगतगंज में बनवा लिया था जिसमें शान्तिपूर्वक अपने दिन बिताते थे। हाकिमों से भी ये मेलजोल रखते थे और उनसे काम भी निकालते थे। 1901 में मि. बर्न जातियों की जाँच में लगे थे तब कलक्टर साहब के कहने से इन्होंने अग्रवाल वैश्यों की एक सूची पूरे विवरण के साथ बनाकर उन्हें दी थी जिससे उन्हें बहुत सहायता मिली थी और इन्हें अच्छा धन्यवाद मिला।

मृत्यु

ऊपर लिखा जा चुका है कि इनका शरीर स्वस्थ दशा में बहुत कम रहा। जो कुछ इन्होंने किया अस्वस्थ शरीर लेकर। इससे इनके मन की दृढ़ता और शक्ति का आभास मिलता है जो इनके क्षीण शरीर को उकसाता था। ज्वर इत्यादि से पीड़ित रहकर भी ये व्यवसाय का उद्योग और लिखने-पढ़ने का काम बराबर किए जाते थे। जब बहुत अशक्त हो जाते थे तभी बैठते थे। कभी-कभी तो ये अपने जीवन से बिलकुल निराश हो जाते थे। 3 दिसम्बर, 1899 को ये खाँसी और बुखार से बहुत तंग आकर लिखते हैं, 'जान पड़ता है कि पापों के प्रायश्चित्त का समय निकट है। बरस दिन तक यों ही खाँसी और बलगम से दुख पाकर अन्त में 6 दिन में पूज्य भारतेन्दुजी अस्त हुए थे। वही दशा अपनी भी जान पड़ती है।'

इनका परिश्रम देखकर लोगों को चकित होना पड़ता था। व्यवसाय की हाय-हाय भी वैसी ही, साहित्य सेवा की धुन भी वैसी ही। इनकी जिस कार्य्य विभाग पर दृष्टि

जाती ये उसी में लीन दिखाई पड़ते थे। एक दिन की बात है कि मैं किसी कार्य्यवश काशी आया और इनसे मिलने गया। ये उन दिनों बीमार थे। मैंने देखा कि एक चारपाई पर ये बिलकुल अशक्त और क्षीण होकर पड़े हैं, बीच-बीच में अपने रोगजनित कष्ट को आसपास बैठे हुए लोगों से कहते जाते हैं। मुझे देखकर इन्होंने तुरन्त बात फेर दी और हिन्दी की चर्चा चला दी। इतने ही में कोई गुमाश्ता वहाँ आया। उसे देखते ही बड़ी व्यग्रता के साथ आप व्यवसाय सम्बन्धी कई बातों की जिज्ञासा करने लगे। एक ओर अर्थ की कराल चिन्ता, दूसरी ओर लोकोपकार और साहित्य चिन्ता। ये दोनों चिन्ताएँ इनके स्वभावतः क्षीण शरीर को चर गईं। इनका शरीर और मन श्रम और चिन्ता के भार को सहते-सहते ऊब गया। यों तो ये बराबर बीमार ही रहा करते थे पर इधर दो तीन वर्षों से बहुत लट गए थे। दस दिन अच्छे रहते तो चार दिन बीमार। इतने पर भी कार्य्य का क्रम बराबर जारी रहा। संध्या के समय ठेके के काम पर जाना और नागरीप्रचारिणी सभा के कागज-पत्रों की देखभाल करना न छूटा। अपने परिवार के कार्य्यों में भी इन्होंने किसी प्रकार की रुकावट डालना न चाहा। अपने पुत्र बाबू बालकृष्णदास के विवाह की बातचीत में थे और उसके निमित्त कुछ तैयारी भी कर रहे थे। मार्च 1907 की बात है कि इनके कोई परिचित मित्र बीमार थे। ये उन्हें देखने के लिए गए। वहाँ इन्हें बहुत रात हो गई। रास्ते में लौटते समय इन्हें कुछ हवा और सर्दी लगी इससे पुरानी बीमारी लकवे का जोर हो गया। उसी दिन रात को जो ये चारपाई पर पड़े तो फिर न उठे। ये उन दिनों सभा के मन्त्री थे। अतः 1 अप्रैल को प्रातः काल तक तो आपने सभा के कागजों पर दस्तखत किए। फिर उसी दिन संध्या को जब और कुछ कागज हस्ताक्षर के लिए लाए गए तब आप इस लोक से प्रस्थान करने की तैयारी में थे। यहाँ के लोगों से बातचीत करना छोड़ दिया था। उसी दिन रात को दो बजते-बजते बाबू राधाकृष्णदास इस लोक से चल बसे। भारतेन्दु की अवशिष्ट कला विलीन हुई, हिन्दी का एक सच्चा हितैषी और ग्रन्थकार, समाज का एक अनुभवी सुधारक संसार से उठ गया।

शोक

तुरन्त यह दारुण संवाद हिन्दी-पठित मंडल में फैल गया। जिसने जहाँ सुना वह वहीं ठक रह गया। किसी को भी इनके इतने शीघ्र परलोकगामी हो जाने का अनुमान न था। समस्त हिन्दी प्रेमियों में इनकी मृत्यु की उदासी छा गई। काशी का तो कहना ही क्या है। 2 अप्रैल को इनके शोक में हरिश्चन्द्र स्कूल, नागरीप्रचारिणी सभा का दफ्तर तथा इनके कई मित्रों के कारबार बन्द रहे। नागरीप्रचारिणी सभा के लिए इन्होंने जो कुछ किया वह किसी से छिपा नहीं है। अतः 6 अप्रैल, 1907 को संध्या समय उक्त सभा का एक विशेष अधिवेशन इनकी मृत्यु पर शोक व्यंजनार्थ हुआ। नगर के कोई डेढ़ दो सौ व्यक्ति सभा भवन में एकत्रित थे। इससे इनकी लोकप्रियता का प्रमाण मिलता है। सभापति महामहोपाध्याय पंडित सुधाकर द्विवेदी थे। सुधाकरजी ने कहा–

'मैं बाबू राधाकृष्णदास को उस समय से जानता हूँ जब वे 12 वर्ष के थे। उसी समय से उनको हिन्दी का अनुराग था, उनके प्रधान शिक्षक बाबू हरिश्चन्द्र थे।'

आगे चलकर सुधाकरजी ने फिर कहा–

'हिन्दी की कविता जोड़ लेना तो सब ही जानते हैं पर वास्तविक कविता करना और कविता का मर्म समझना सहज नहीं है। बाबू राधाकृष्णदासजी वर्तमान समय के लिए भारतवर्ष में एक अद्वितीय पुरुष थे। बहुत सी बातें ऐसी थीं जो मुझे उनसे पूछनी पड़ती थीं।[1] देखिए एक पद का अर्थ मैं कुछ दूसरा लगाता था, बाबू राधाकृष्णदास ने ठीक अर्थ समझाया। उनका छपवाया हुआ सूरसागर जब आप लोग देखेंगे तब स्वयं उनकी प्रशंसा करेंगे।[2] उनकी जो पुस्तकें आप पढ़ेंगे सबमें कुछ न कुछ उपदेश मिलेगा। वे बड़े सच्चे थे। घर में एकान्त में बैठकर सूरदासादि कवियों के एक-एक पद पर कई दिनों विचार करते थे। वे बड़े गुणी थे। एक वही हिन्दी के प्रेमी थे जिन्होंने यह सभा भवन खड़ा कर दिया। हिन्दी के लिए जिसने घर स्थापित कर दिया उसकी कीर्ति स्थापित करने के लिए हम लोग कुछ यत्न करें और प्रार्थना करें कि बाबू राधाकृष्णदास की आत्मा को स्वर्ग में अनन्त सुख मिले और वहाँ से वे हम लोगों के प्रति आशीर्वाद करें।'

सुधाकरजी के बैठ जाने पर बाबू भगवानदास गुप्त बी.ए. उठे और बोले–'उनकी जीवनी से बहुत शिक्षा मिलती है। वे गुरु और चेले का सम्बन्ध खूब जानते थे। बाबू हरिश्चन्द्रजी तो स्वयं प्रसिद्ध हैं पर इनके कारण और भी अधिक प्रसिद्ध और सम्मानित हुए। बाबू साहब जाति सुधारक भी थे। कन्या शिक्षा की प्रथा अग्रवालों में रुकती थी। वह इन्हीं के उद्योग से जारी रही। इस समय यहाँ पचासों लड़कियाँ पढ़ रही हैं। उनकी जीवनी से यह भी उपदेश मिलता है कि आदमी चाहे अमीर हो या गरीब, सबल हो या निर्बल, इच्छा करने से उत्तम कार्य्यों में सफलता प्राप्त कर सकता है।'

इसके पीछे बाबू बैजनाथदास बी.ए. ने बाबू राधाकृष्ण के गुणों की प्रशंसा करते हुए कहा–'यद्यपि वे कमजोर और बीमार रहा करते थे पर उनकी तबीयत बहुत तंदुरुस्त थी। जिस काम में लगते थे उसे धीरे-धीरे पूरा कर डालते थे। उनकी सच्चाई का अनुभव मुझे बिरादरी की कमेटी से हुआ। मुझे अब उस कमेटी में ऐसा कोई व्यक्ति नहीं दिखाई देता जो उतना सच्चा हो। लड़कियों की शिक्षा के लिए उस पर बहुत कुछ हमले लिए गए, लेकिन वे अपनी बात पर कायम रहे। बिरादरी पर उनका बड़ा प्रभाव था।'

---

1. इस पर मुझे अपने एक मित्र की बात याद आई, जो कहीं डाक्टरी की नियमित शिक्षा न पाकर भी अपनी डाक्टरी जमा रहे थे। मैंने एक बार उनसे उनके बीमार पिता का स्वास्थ्य पूछा। उन्होंने कहा 'बस इसी से समझ जाइए कि मैं और डाक्टर बुलाने जा रहा हूँ।' मेरे मित्र को तो लोग चाहे जो कहें पर संस्कृत के पंडितों के लिए यह कोई बहुत बड़ा बेढंगापन नहीं।
2. जान पड़ता है वक्ता महाशय ने स्वयं उस सूरसागर के पन्ने नहीं उलटे थे। उस संस्करण के विषय में आगे देखिए।

इन सब महाशयों के कह चुकने पर सभा स्थल में सन्नाटा फैल गया। सब लोगों के चेहरों पर उदासी छा गई। वे लोग जो सभा के अधिवेशनों में इनकी शान्त और नम्र मूर्ति देखते थे विशेष व्यथित दिखाई पड़ते थे। अन्त में सभा की ओर से नीचे लिखे हुए तीन मंतव्य पास हुए—

(1) आज की यह विशेष सभा हिन्दी भाषा के परम सहायक, सुलेखक और इस सभा के परम हितैषी उन्नायक और मन्त्री बाबू राधाकृष्णदास की मृत्यु पर अत्यन्त शोक प्रकट करती है। उनकी इस असामयिक और अचानक मृत्यु से हिन्दी भाषा और विशेषकर इस सभा की बड़ी हानि हुई है और उनका स्थान पूरा करना बड़ा कठिन है। यह सभा ईश्वर से उनकी आत्मा को शान्ति और उनके कुटुम्बियों को सांत्वना देने की प्रार्थना करती है।

(2) बाबू राधाकृष्णदास ने हिन्दी की जो सेवा की है वह बहुमूल्य है। इसलिए यह सभा निश्चय करती है कि उनका एक उपयुक्त स्मारक स्थापित किया जाए और इसके लिए यह हिन्दी के सब प्रेमियों से धन द्वारा सहायता करने की प्रार्थना करती है। धन एकत्रित होने पर नागरीप्रचारिणी सभा यह निश्चय करेगी कि स्मारक किस प्रकार का हो।

(3) यह सभा निश्चय करती है कि इन प्रस्तावों की नकल उनके कुटुम्बियों के पास भेजी जाए।

तीसरे प्रस्ताव के अनुसार पहिले दो प्रस्तावों की लिपि बाबू राधाकृष्णदास के चाचा बाबू पुरुषोत्तमदासजी के पास भेज दी गई।

सुजन समाज, भारतवर्षीय आर्य्यधर्म्म प्रचारिणी सभा, काशी अग्रवाल समाज, अग्रवाल स्पोर्ट्स क्लब आदि स्थानिक सभाओं ने इनकी मृत्यु पर बहुत शोक प्रकट किया और अपनी-अपनी हानि स्वीकार की।

6 अप्रैल, 1897 को श्री भारतधर्म्म महामंडल की मैनेजिंग सब-कमेटी का विशेष अधिवेशन हुआ और बाबू राधाकृष्णदास की अकाल मृत्यु पर निम्नलिखित मंतव्य पास किया गया।

'श्रीमान् बाबू राधाकृष्णदासजी श्रीमहामंडल के प्रतिनिधि और कार्य्यकारिणी सभा के एक परिश्रमी सदस्य थे। वे अपनी धर्म्मबुद्धि और परोपकार प्रवृत्ति के कारण देश प्रसिद्ध थे। श्रीमान् के द्वारा महामंडल के धर्म्म कार्य्यों में बहुत कुछ सहायता मिली थी। उनको काफी लाभ हुआ है। उनके वियोग से इस कमेटी को विशेष शोक है। यह कमेटी उनकी पारलौकिक उन्नति के लिए श्रीभगवान् से प्रार्थना करती है और उनके शोकाकुल आत्मीय परिजनों के साथ सहानुभूति प्रकाशित करती है।'

हिन्दी के प्रायः सब समाचार-पत्रों ने इनके लिए शोक प्रकाश किया था। 'श्रीवेंटकेश्वर समाचार' से हम कुछ वाक्य उद्‌धृत करते हैं—

'काशी नागरीप्रचारिणी सभा के वर्तमान सेक्रेटरी, हिन्दी के एक जबर्दस्त प्रचारक, सहायक और पोषक, अनेक ग्रन्थों के रचयिता, भारतेन्दु बाबू हरिश्चन्द्र के फुफेरे भाई,

सौजन्यशील बाबू राधाकृष्णदास अब इस संसार में नहीं रहे। ता. 2 अप्रैल (सन् 1907 ई.) मंगलवार को आपका परलोकवास हो गया। आपके परलोकवास से हिन्दी समाज बहुत शोकान्वित हुआ है। भगवान् आपको मोक्ष का अधिकारी बनाए। तमाम हिन्दी संसार की इनके कुटुम्ब के साथ हार्दिक सहानुभूति है।'

बाहर से न जाने कितने शोकसूचक पत्र और तार आए। हिन्दी के प्रायः सब प्रेमियों तथा लब्धप्रतिष्ठ लेखकों ने अपना-अपना आन्तरिक दुख प्रकट किया।

नीचे हिन्दी हितैषियों और लेखकों के कुछ शोक-पत्र दिए जाते हैं जिनसे यह बात खुल जाएगी कि हिन्दी साहित्य समाज में इन पर कितने लोगों की प्रीति और श्रद्धा थी।

नं. 1, कटरा रोड, इलाहाबाद
11-4-1907

महाशय,

प्रियवर बाबू राधाकृष्णदास का असमय परलोक प्रस्थान सुन घोर विषाद हुआ। उनकी गुणगरिमा का स्मरण चित्त को करुणार्द्र करता है। उनकी मृत्यु से हिन्दू वर्ग ने एक नर रत्न खोया, हिन्दी के सच्चे सेवकों की संख्या घटी और भारत का एक सच्चा सुपुत्र गया। हिन्दी हितैषियों को बाबू राधाकृष्णदास से अभी बहुत कुछ आशा थी, वह एक क्षण में विनष्ट हो गई। यद्यपि जो कुछ वह कर गए हैं उसके लिए हमारी भाषा सदैव ऋणी रहेगी।

दैवी घटनाएँ सदैव दैवाधीन ही रहती हैं। मनुष्य का वश उन पर नहीं। गोसाईं तुलसीदास का निम्नलिखित कथन स्मरणीय है–

हानि लाभ जीवन मरन, जस अपजस विधि हाथ।

हम इतनी ही प्रार्थना कर सकते हैं कि परमात्मा राधाकृष्णदास की आत्मा को शान्ति प्रदान करे।

आपका समदुःखित,
श्रीधर पाठक।

जुही, कानपुर
9-4-1907

श्रीयुत् महाशय,

7 एप्रिल का पत्र मिला। बाबू राधाकृष्णदास के शरीरपात का समाचार सुनकर बड़ा दुख हुआ। सरस्वती से उनका विशेष सम्बन्ध था इसलिए हम उनका चरित प्रकाशित करना अपना कर्तव्य समझते हैं।

भवदीय,
महावीरप्रसाद द्विवेदी

The Indian Press
Allahabad

श्रीयुत् बाबू पुरुषोत्तमदासजी

महाशय,

हिन्दी भाषा के प्रशंसनीय लेखक, सहायक और पोषक बाबू राधाकृष्णदास ने हम पर, हमारी मासिक पत्रिका 'सरस्वती' पर जो जो कृपाएँ की थीं उनके लिए हम उक्त बाबू साहब के कृतज्ञ हैं। हमको बाबू साहब की मृत्यु से बहुत शोक हुआ है। खैर ईश्वर की इच्छा बलवती है। हम प्रार्थना करते हैं कि परमात्मा मृतात्मा को शान्ति और आपको धैर्य्य प्रदान करे। आशा है आप हमारे ऊपर इन्हीं की तरह कृपा बनाए रखेंगे।

भवदीय,
दुख से दुःखित,
चिन्तामणि घोष,
प्रोपराइटर।

नागपुर
7-5-1907

प्रियवर महाशय,

हमारे मित्र बाबू श्री राधाकृष्णदास के परलोकगमन से जो असीम दुख हमको हुआ है तथा जो हानि हमारे हिन्दी साहित्य की हुई है वह अकथनीय है। हमारी ओर से परमात्मा से विनय है कि वह उनकी आत्मा को शान्ति और आप तथा और बन्धु-बान्धवों को धैर्य्य प्रदान करें। चि. बालकृष्णदास के साथ मुझे पूर्ण सहानुभूति है। मैं ईश्वर से प्रार्थना करता हूँ कि उनके चिरंजीवी भी उन्हीं की तरह हिन्दी-साहित्य-सेवा करें।

भवदीय,
माधवराव सप्रे।

श्री वृन्दावन, मथुरा

प्रिय महाशय,

मेरे परमान्तरंग, अभिन्न हृदय, जीवन-सर्वस्व बाबू राधाकृष्णदासजी जिन्हें मैं भारतेन्दु का प्रतिबिम्ब समझकर फूले अंगों नहीं समाता था, हा! अपनी उन्नति के शिखर पर प्रथम पद रखते ही एक साथ ही अदृश्य हो गए। हा दैव! हा भारत दुखदायक!! हा, नागरी के प्रति निर्दय!!!

आपका कृपाभिलाषी
श्री राधाचरण गोस्वामी।

सरहरी गोरखपुर
10-4-1907

हा हन्त!

बन्धुवर,

आज की डाक में अशुभ चिह्नांकित लिफाफा देखने के साथ ही माथा ठनका। कलेजा धड़कने लगा। जी कड़ा करके खोलकर पढ़ा तो मूर्च्छा की दशा हुई। ऐसी असामयिक और आकस्मिक मृत्यु दूसरों की सुनकर हृदय विदीर्ण होता है न कि एक अभिन्न और आत्मीय मित्र वा सखा के वियोग की यातना सह्य हो सकती है। आप सब लोग जानते हैं, लिखने का प्रयोजन नहीं; मेरा उनका जो घनिष्ठ प्रेम था उसका मर्म चित्त ही जानता है। दुख और अनुताप से रोम-रोम रो रहे हैं। परन्तु उनका हँसमुख और सहज स्वभाव तथा सच्चा बर्ताव सबको रुलाता होगा। हा! खेद है, अभी मैं गत मार्च के आरम्भ में उनसे मिला था। चि. बबुआ (बालकृष्ण) के विवाह में आने का आग्रह था। कहाँ इधर वह-हम सबको छोड़कर चल दिए। फिर साक्षात् होने का अवसर ही न मिला। जब मैं स्वयं अधीर हो रहा हूँ तब किस मुँह से आप सबको धैर्य्यावलम्बन करने की प्रार्थना करूँ। पर संसार की गति पर ध्यान देकर कहना ही पड़ता है कि हृदय को पाषाण बनाकर इस घोर आघात को सहन करने का धैर्य्य पकड़िए और बालक तथा परिवार को आश्वासन दीजिए।

नितान्त संतप्त
व्यास रामशंकर

स्वर्गीय पंडित दुर्गाप्रसाद मिश्र और बम्बई के सेठ खेमराज श्रीकृष्णदासजी ने तार द्वारा अपने आन्तरिक शोक का उद्गार निकाला। 'हिन्दोस्थान' पत्र के स्वामी स्वर्गवासी राजा रामपाल सिंह तथा हिन्दी के परम सहायक श्रीनगर (पुर्निया) के परलोकगत राजा कमलानन्दसिंह जी ने भी हिन्दी के नाते से इनकी मृत्यु पर शोकपूरित लम्बे-चौड़े पत्र भेजे। महाराज दरभंगा और राजा प्रताप बहादुर सिंह सी. आई. ई. की ओर से भी शोक और सहानुभूति के पत्र आए।

बाबू राधाकृष्णदास बड़े चलते पुरजे के आदमी थे। सब तरह के उद्योगों से अपनी थोड़ी बहुत सहानुभूति और सब श्रेणी के लोगों से कुछ न कुछ लगाव रखते थे। भारतप्रसिद्ध श्रीयुत् आशुतोष मुखोपाध्याय ने इनकी मृत्यु का संवाद पा कलकत्ता से लिखा–

77 Russa Road, North
Bhowanipore
14th April, 1907

My Dear Sir,

I have been very much shocked at the sadness of the death of my good friend Babu Radhakrishna Das. I had hoped to be able to enjoy the advantages of his friendship for many years to come. The deep regard I had for him makes me feel his loss very keenly. My sincere condolences to yourself and all the members of his family.

Yours Sincerly
Asutosh Mukerjee

संतति

बाबू राधाकृष्णदास तीन संतति छोड़कर मरे हैं, एक पुत्र और दो कन्याएँ। पुत्र का नाम बाबू बालकृष्णदास है और वे स्कूल में पढ़ते हैं। कन्याएँ छोटी-छोटी हैं। एक का नाम श्यामप्यारी और दूसरी का नाम नवलबीबी है। दोनों कन्याओं को घर पर अच्छी शिक्षा दी जा रही है। बाबू राधाकृष्ण की माता अभी वर्तमान हैं। बाबू राधाकृष्णदास के पीछे इस समय घर के सँभालने वाले केवल उनके चाचा बाबू पुरुषोत्तमदास हैं। आप ही अब गृहस्थी भी सँभाले हुए हैं और ट्रस्टी के रूप में कारबार की भी देखभाल करते हैं। आप भी बड़े ही सज्जन और मिलनसार हैं।

पहिला वसीयतनामा

24 मार्च, सन् 1899 ई.

(4) मेरे ग्रन्थों का प्रबन्ध–

(क) मेरे लिखित वा अनुवादित ग्रन्थों का स्वत्व नागरीप्रचारिणी सभा को होगा। मेरे ऐसे ग्रन्थ जो किसी मित्र द्वारा छपे हैं उन पर भी मैं अपनी ओर से सभा को अधिकार देता हूँ क्योंकि न तो मैंने किसी से कुछ लेकर ग्रन्थ बना दिया है और न अपनी ओर से कोई अधिकार पत्र ही लिख दिया है तथापि मैं इतना अवश्य कहूँगा कि मैं अपने मित्रों का भी जी दुखाना नहीं चाहता। यदि वे इस देशोपकारी काम में ग्रन्थ न देना चाहें तो सभा उनसे झगड़ा न करे।

(ख) बाबू रामदीनसिंह के पास 'सिद्धशकुनावली,' 'दुर्गेशनन्दिनी', 'चित्रकूट यात्रा' आदि कई ग्रन्थ अप्रकाशित हैं और बाबू देवकीनन्दन खत्री के पास मुझे स्मरण आता है कि 'कोटा यात्रा' है। कई अप्रकाशित ग्रन्थ जैसे 'वर्णमाला' रहिमन शतक पर 'कुंडलिया' मेरे बैठक में है। ये सब उचित रीति से प्रकाशित कर दी जाएँ।

बहुत सी अप्रकाशित कविताएँ हैं जिनमें से कुछ तो निरी रद्दी और अशुद्ध हैं, कुछ अच्छी हैं और कुछ मेरे जीवन से सम्बन्ध रखती हैं। इनमें से रद्दी फाड़कर फेंक दी जाएँ शेष एक संग्रह में छाप दी जाएँ। यदि कवि रत्नाकर जी कृपा करके इनको देखकर शोध दें तो बड़ा उपकार हो। अधूरे ग्रन्थों के विषय में मेरे मित्रगण जो उचित समझें करें।

(ग) मेरे पास जितनी बिक्री की पुस्तकें निकलें वे सब नागरीप्रचारिणी सभा को दी जाएँ।

(5) मेरे सम्पादित देशहितकर कार्य्यों का प्रबन्ध–

(क) यद्यपि मैं काशी के प्रायः सभी समाजों में सम्मिलित और सहायक होता था परन्तु मेरा विशेष प्रेम हरिश्चन्द्र स्कूल और नागरीप्रचारिणी सभा पर है। परमेश्वर ने मुझे इस योग्य किया नहीं है कि मैं कुछ आर्थिक सहायता द्वारा इन दोनों कार्य्यों का चिर स्थायित्व स्थापन करूँ, परन्तु मेरी सविनय अपने मित्रों से यही प्रार्थना है कि वे लोग इनके उत्तरोत्तर उन्नति साधन का उद्योग करते रहें और जहाँ तक हो सके इन दोनों को टूटने न दें।

(ख) ऊपर लिखे तीनों वसियों को चाहिए कि आवश्यकता पड़ने पर चाहे सब विषयों में, चाहे किसी विशेष विषय में नीचे लिखे मित्रों से सलाह और सहायता लें–

(1) पंडित जगन्नाथ मेहता।

(2) बाबू श्यामसुन्दरदास बी.ए.।

(3) पंडित रामशंकर व्यास।

(4) बाबू रामदीनसिंह बाँकीपुर।

(5) बाबू ठाकुरदास–बुलानाला, काशी।

(6) राय शिवप्रसाद।

तीनों वसियों में से किसी एक के कम हो जाने पर आवश्यकता होने से इन 6 मित्रों में से किसी को चुन लें।

हमने अपना कर्तव्य किया अब इसके पालन करने का भार मित्रों पर रहा।

(6) यदि देवेच्छा से हमारा वंश लुप्त हो जाए तो हमारी समस्त सम्पत्ति ऊपर लिखे दोनों कार्य्यों में से किसी एक में अथवा दोनों में लगा दी जाए। परम करुणामय श्रीब्रजराज किशोर सब मंगल करें।

श्रीराधाकृष्णदास
25 मार्च, शनिवार 1899

परिवर्तित वसीयतनामा

मैंने 25 मार्च, सन् 1899 ई. को एक वसीयतनामा लिखा था। तब से सात वर्ष भगवत् की कृपा से बीत गए। मेरे तीन वसियों में से अब दो नहीं हैं, केवल बाबू द्वारकादास हैं। इसलिए अपने चाचा बाबू पुरुषोत्तमदास और बाबू कृष्णचन्द्र को वसी नियत करता हूँ। ये तीनों वसी कृपा कर सब प्रबन्ध करें।

जो कुछ अदल-बदल करना है वह नीचे लिखता हूँ। जिनमें कुछ बदला नहीं गया है वैसे ही कायम रहेंगे।

मेरे ग्रन्थों का प्रबन्ध–इस विषय में जो कुछ हमने पहिले लिख दिया है सब ठीक है। बाबू रामदीन सिंह अब नहीं हैं। 'दुर्गेशनन्दिनी' उन्होंने छाप दिया है, शेष की आशा नहीं है। जो ग्रन्थ मेरे पुस्तकाकार न छपे हों छाप दिए जाएँ। एक संग्रह कविता का और एक लेखों का छाप दिया जाए। मेरा पुस्तकालय रक्षापूर्वक रख सकें तो ठीक है नहीं तो

पूर्व नियमानुसार बाँट दिया जाए। बिक्री की पुस्तकों की आमदनी नागरीप्रचारिणी सभा को दी जाए। मेरे वंशज यदि रखना चाहें तो उचित मूल्य सभा को दें।

यदि मेरे वंशज मेरे ग्रन्थों का कॉपीराइट अपने पास रखना चाहेंगे तो उन्हें उचित होगा कि या तो एक हजार रुपया सभा को दें या उसकी आमदनी का कम से कम आधा हिस्सा दिया करें। इसके अतिरिक्त अवस्थानुसार सभा से तय कर लेने का अधिकार है।

मेरे सम्पादित हितकर कार्य्यों का प्रबन्ध

हर्ष का विषय है कि नागरीप्रचारिणी सभा का भवन तो बन गया है, आशा है कि हरिश्चन्द्र स्कूल का भवन भी शीघ्र बन जाएगा। इन दोनों कार्य्यों में मेरी सम्पत्ति से यथाशक्ति सहायता होती रहे।

श्रीराधाकृष्णदास
जगतगंजकाशी।
11 सितम्बर, 1906 मंगलवार।

विविध विषयों पर मत

इनके धर्म्म सम्बन्धी विचारों का उल्लेख हम पहिले कर आए हैं। इन्हें मत-मतान्तर के झगड़े पसन्द नहीं थे। सदाचार और भगवद्भक्ति ही को ये मुख्य समझते थे। बहुत से देवी-देवताओं का पूजना पहले आप कैसा समझते थे इसका आभास शायद धर्म्मालाप के टाइटिल पेज पर उद्धृत इन पद्यों से मिले—

खसम पूजते देवता भूत पूजती जोय।
एकहि घर में द्वै मता कुशल कहाँ से होय॥

(प्राचीन)

बहु देवी देवता भूत प्रेतादि पुजाई।
ईश्वर सों सब विमुख किए हिन्दू घबराई॥

(श्रीभारतेन्दु हरिश्चन्द्र)

पर यह उस समय की बात है जब इनकी अवस्था बीस वर्ष की थी। पीछे समाज से संसर्ग बढ़ने पर इनके विचारों ने मध्यस्थ मार्ग पकड़ा। इनका दो पन्ने का एक लेख मिला है जिसमें अपनी आध्यात्मिक धारणा ये इस प्रकार प्रकट करते हैं, 'निर्गुण परब्रह्म जब गुण और शक्ति के साथ अन्वित किया जाता है तब जननी बुद्धि से उसी परब्रह्म को ईश्वरी कहते हैं और पिता बुद्धि से ईश्वर। यदि ब्रह्ममयी शक्ति को ब्रह्म के साथ समन्वित न किया जाए अर्थात् ब्रह्म से व्यतिरेक पूर्वक उसे द्वैत भाव से ग्रहण किया जाए तो वह जड़ है। जड़ की पूजा नहीं होती। पर शक्ति को मिथ्या उपाधि समझ परब्रह्म को स्वतन्त्र भाव से शुद्ध, बुद्ध और मूल स्वरूप ग्रहण करने की चेष्टा की जाए तो तादृश निरुपाधिक ब्रह्म दृष्टि देहाभिमानी अविमुक्त जीव के पक्ष में सुलभ नहीं है। यदि गृहस्थ तादृश ब्रह्मदर्शी हो तो भी शक्ति से समन्वित ब्रह्म की नाना प्रकार स्थूल सूक्ष्म रूप की जो उपासना भारतीय सामाजिक धर्म्म रूप में प्रतिष्ठित है उसे ईश्वरार्थ और लोकशिक्षार्थ

पालन करना उसके पक्ष में कर्तव्य कहा गया है। वर्तमान काल में जिन युवा लोगों ने देव देवी की पूजा परित्यागपूर्वक एक मात्र ईश्वर की उपासना करने का व्रत ग्रहण किया है उन लोगों का ऐसा व्रत आर्य्यधर्म्म-विहित नहीं है।' लेख शैली से ये वाक्य कहीं से उद्‌धृत वा अनुवादित जान पड़ते हैं पर अपने कुछ अनुकूल पाकर ही बाबू राधाकृष्णदास ने इन्हें अपने लेख में स्थान दिया होगा।

साहित्य के क्षेत्र में भी आप एक शासक का होना जरूरी समझते थे। एक बार कई सज्जनों के सामने आपने कहा था कि 'आजकल हिन्दी लेखकों की क्या बात है, सब आप आप को बादशाह हैं।'[1] इनकी लिखने पढ़ने की प्रवृत्ति आदि ही से आदर्शानुगामिनी थी, इसी से प्रत्येक मनुष्य के लिए ये एक आदर्श की जरूरत समझते थे। पर संसार में सबको अपने ऊपर इतना अविश्वास नहीं होता। यदि हो तो भिन्न-भिन्न रूपों के नए-नए कार्य्य ही संसार में न हों। यदि लोग अपने प्रत्येक विचार के लिए व्यक्तिगत अवलम्ब ढूँढ़ने लगें तो फटफटाते ही मर जाएँ। बात यह है कि जहाँ नवीन विचार के लोग सहमति की आवश्यकता समझते हैं वहाँ आप पुरानी परिपाटी के अनुसार अनुमति की आवश्यकता समझते थे।

चन्दबरदाई की भाषा को आप एक प्रान्त की भाषा कहते थे जो दिल्ली की इस टकसाली भाषा से भिन्न थी जो सर्वस्वीकृत हुई। आप अपने एक नोट में लिखते हैं कि 'यह कहना सर्वथा अशुद्ध है कि चन्द की हिन्दी से बदलकर यह हिन्दी बनी है। जैसे इस समय भिन्न-भिन्न प्रान्तों की भिन्न-भिन्न भाषाएँ (?) हैं वैसे ही उस समय में अवश्य ही थीं। चन्द की भाषा भी एक प्रान्त की भाषा थी।' इसके उपरान्त खुसरो की कुछ पहेलियों को उद्‌धृत करके आप लिखते हैं–'क्या यह सम्भव है कि एक ही सौ वर्ष में चन्द की भाषा ऐसी भाषा में बदल गई हो? कभी नहीं। वह राजपूताने की बोली थी यह दिल्ली की।'

हिन्दी-साहित्य के इतिहास के ये तीन काल मानते थे–

1. चन्द का समय 2. अकबर का समय 3. हरिश्चन्द्र का समय। इनके विचार में अकबर के समय में हिन्दी साहित्य ने बड़ी प्रौढ़ता प्राप्त की और तुलसीदास तथा अष्टछाप के कवियों ने इसे बहुत सर्वप्रिय रूप दिया। 24 नवम्बर, 1889 के हिन्दोस्तान में इन्होंने इस विषय पर अपना मत विस्तार के साथ प्रकट किया है। नागरीप्रचारिणी सभा के प्रथम वार्षिकोत्सव पर इन्होंने 'हिन्दी क्या है' नाम का जो लेख पढ़ा था उसमें हिन्दी भाषा के सम्बन्ध में अपने बहुत से विचार प्रकट किए थे। जो लोग आजकल हिन्दी को राष्ट्रभाषा बनाना चाहते हैं उन्हें यह जानकर प्रसन्नता होगी कि बाबू राधाकृष्णदास ने 18-19 वर्ष पहले कहा था कि 'हिन्दुस्तान की यदि कोई एक भाषा हो सकती है तो वह हिन्दी ही

---

1. सन् 1896 में स्वर्गीय बाबू रामदीनसिंह की सहायता से जब 'उचित वक्ता' फिर निकला था तब स्वर्गीय पंडित दुर्गाप्रसाद मिश्र ने भी लिखा था कि 'जब से भारतेन्दु बाबू हरिश्चन्द्र का गोलोकवास हुआ तब से हिन्दी के सारे लेखक एक प्रकार स्वतंत्र और बन्धविहीन हो गए और लगे अपनी अपनी डफली और अपना अपना राग अलापने। न कोई किसी की आन मानता है...दगहे साँड़ से फिरा करते हैं।

है।' उर्दू की चर्चा करते हुए आप कहते हैं कि 'कुछ लोगों का यह कथन है कि प्रायः ग्रामीण लोग उर्दू ही समझ सकते हैं, संस्कृत के शब्द मिली हिन्दी नहीं समझ सकते। परन्तु यह ठीक नहीं है। इसमें सन्देह नहीं कि वे संस्कृत के शब्द नहीं समझ सकते परन्तु साथ ही वे उर्दू के शब्द भी नहीं समझ सकते। उनके लिए जैसे महाशय और महोदय हैं वैसे ही जनाब और हुजूर हैं।' हिन्दी भाषा के ये चार मुख्य भेद मानते थे—1. पूरबी, बनारस प्रान्त की, 2. कन्नौजी, कानपुर प्रान्त की 3. ब्रजभाषा, आगरा मथुरा प्रान्त की 4. खड़ी बोली, सहारनपुर, मेरठ प्रान्त की। आपका यह दृढ़ सिद्धान्त था कि किसी देश की उन्नति और श्रीसमृद्धि की प्राप्ति बिना उस देश की भाषा की उन्नति के नहीं हुई है। जब तक सब विषयों के ग्रन्थ ऐसी भाषा में न हों जिसको उस देश के रहने वाले बहुत कम परिश्रम से पढ़ और समझ सकें तब तक सम्भव नहीं कि सारे देश में विद्या का प्रचार यथार्थ रूप से हो सके। 'भाषा कविता की भाषा' पर विचार करते हुए ब्रजभाषा और खड़ी बोली का झगड़ा आप यों निपटाते हैं, 'मेरी समझ में तो भाषा कविता पर दोनों ही बोलियों का समान अधिकार है।' आगे चलकर आप लिखते हैं कि 'थोड़े से व्रज के कवियों के अतिरिक्त अधिकांश भाषा कविता की कोई विशेष भाषा नहीं है। कविगण यथावसर उचित शब्दों को भाषा का विचार छोड़कर यथा स्थान रख देते हैं।' इनकी सम्मति में 'कई भाषा (1) के आश्रय से हिन्दी की कविता होती आ रही है।' पर ये यह स्वीकार करते हैं कि 'हिन्दी के सब रूपों में ब्रजभाषा ही को प्रधानता मिलती थी।' यद्यपि इन्होंने खड़ी बोली और ब्रजभाषा दोनों ही का स्वत्व स्वीकार किया है पर अपनी रुचि ब्रजभाषा ही की ओर अधिक दिखाई है, क्योंकि आपने कहा है कि 'कविता की प्रचलित भाषा (ब्रजभाषा) में माधुर्य गुण के अतिरिक्त सुगमता बहुत अधिक है। बहुत दिनों से परिमार्जित होते होते इसके शब्द ऐसे बन गए हैं जो कविता के लिए बहुत ही उपयुक्त हैं। 'देख कर के' इतने बड़े शब्द के लिए केवल 'लखि' 'निरखि' 'विलोकि' यथावसर काम दे देते हैं। यद्यपि इन्होंने खड़ी बोली की कविता रोकना अनुचित बतलाया है पर सच पूछिए तो 'भाषा कविता की भाषा' शीर्षक यह लेख खड़ी बोली के विरोध की शान्ति के उद्देश्य से उतना नहीं लिखा गया जितना ब्रजभाषा के बचाव के उद्देश्य से। यह बात कई जगह लक्षित होती है, जैसे— 'यदि कहा जाए कि ऐसी कविता (ब्रजभाषा) साधारण बोधगम्य नहीं है तो सर्वथा भ्रम है। सच पूछिए तो आजकल की गद्य की हिन्दी सर्वसाधारण की समझ में नहीं आती, परन्तु सूरदास, कबीर, तुलसीदास, मीराबाई आदि की कविता का प्रचार गाँव-गाँव में है।' कहीं-कहीं हिन्दी का पक्ष लेकर ये बहुत दूर की भी हाँक गए हैं, जैसे—'भारतवर्ष की Lingua Franca भाषा जो हिन्दी कहलाती है वह केवल इसलिए नहीं कि वह सर्वत्र समझी और बोली जाती है वरंच इसलिए भी कि भारतीय सब भाषाएँ उसी के आश्रय से बनी हुई हैं।'

आकृति और प्रकृति

प्रकृति इनकी बहुत ही नम्र थी। बातचीत करते समय ये अत्यन्त विनीत भाव धारण कर लेते थे। स्वभाव के ये इतने धीमे थे कि अपनी बात ऊपर रखने की इन्होंने कभी परवा

न की। मिलनसार ऐसे थे कि मिलते ही लोगों का चित्त वश में कर लेते थे। पहिले पहिल भी जो कोई इनसे मिलता उसे यही प्रतीत होता कि वह मानो अपने किसी पुराने सुहृद से बातचीत कर रहा है। जिनसे जिनसे इनका परिचय था वे इनको अपने सुख-दुख का साथी समझते थे। अभिमान तो इनमें छू नहीं गया था। यदि किसी की रुचि के प्रतिकूल इन्हें कोई बात कहनी होती थी तो ये उसे सहसा उसके ऊपर नहीं झोंक देते थे बल्कि क्रमशः कुछ स्वयं ढीले पड़ते हुए कुछ उसके विचारों को अपनी ओर खिसकाते हुए ये अपना कार्य्य साधते थे। ये बड़े भारी शान्तिप्रिय थे। मेल कराने और विवाद को शान्त करने का इनमें प्रधान गुण था। द्वेष वा विरोध का रहना ये नहीं देख सकते थे, जिस तरह से हो ये उसे उखाड़ने का यत्न करते थे। जब किसी विषय को लेकर परस्पर दो विरोधीदल खड़े हो जाते थे तब ये उन बातों को जिन्हें मानने में दोनों पक्षों में से किसी को भी आपत्ति न रहती थी प्रधानता देकर और विवादग्रस्त बातों को गौण ठहराकर झगड़ा निपटा देते थे। प्रायः नागरीप्रचारिणी सभा के अधिवेशनों में यह देखा जाता था कि बढ़ता हुआ विरोध इनके खड़े होते ही शान्त हो जाता था। अपनी बिरादरी के झगड़ों को भी ये बड़े कौशल से निपटाते थे। साहित्य सम्बन्धी झगड़ों में भी आपकी यही स्थिति रहती थी। ब्रजभाषा और खड़ी बोली के सम्बन्ध में आप लिखते हैं कि 'ब्रजभाषा कविता के पक्षपातियों का कहना कि खड़ी बोली में कविता उत्तम हो ही नहीं सकती और खड़ी बोली वालों का कहना है कि ब्रजभाषा की कविता हिन्दी की कविता ही नहीं है सर्वथा अनुचित है...मेरी समझ में भाषा कविता पर दोनों बोलियों का समान अधिकार है।'

इनका हृदय अत्यन्त कोमल था। इन्हें इस बात का ध्यान बराबर बना रहता था कि किसी को हमारे व्यवहार से दुख न पहुँचे। कभी-कभी कोई बात इनके हृदय पर बहुत खटक जाती थी। एक दिन कुछ मित्रों के साथ ये कहीं जा रहे थे। मार्ग में इन्होंने देखा कि एक दुकानदार अपने तीन या चार वर्ष के लड़के से यह कह रहा था कि 'हे भगवान्! कल त्योहार है, कहीं से पैसा आ जाए।' इस पर ये ठिठक गए और ठंडी साँस भरकर बोले कि 'हाय! दरिद्रता से देश की यह दशा हो गई!'

जब किसी के व्यवहार से इन्हें दुख पहुँचता था तब उसकी आलोचना ये बड़े ही मर्मभेदी शब्दों में करते थे और झगड़ा लड़ाई बचाकर अपने मन को आप समझा लेते थे। इनके हाथ का लिखा एक चिट मिला है जिससे यह पता चलता है कि लोगों के कुव्यवहार से इनके मन में कैसे भाव उठते थे। उसे हम यहाँ उद्धृत करते हैं–

'समय पलट गया। दिन के बदले रात हो गई। घनघोर अन्धकार छा गया। पश्चिमी हवा पूर्वी हवा में परिवर्तित हो गई, नैराश्य की घटा चारों ओर फैलने लगी। परन्तु उसमें भी एक प्रकार का आनन्ददायक प्रकाश दिखाई देने लगा। संसार तथा उसका यथार्थ रूप दिखाई देने लगा। जो भ्रमवश परमहित जान पड़ते थे काम पड़ने पर परम अहितकारी दिखाई देने लगे। समय! धन्य तेरी महिमा! तू जो न दिखाए वही थोड़ा है। जो हमारा मुँह देखा करते थे आज हमें उनका मुँह देखना पड़ता है। जो हम दूसरों की

जाँच करते थे वही हम दूसरों से जाँचे जाते हैं। वे जाँचने वाले भी कैसे? जिनके दोषों पर परदा देकर हमीं ने निबाहा।...

हृदय! तू दृढ़ रह। तुझे परम संतोष करना चाहिए कि तूने अब तक धोखा नहीं खाया है। इतने अन्धड़ों ने भी तेरी गति को अभी तक नहीं बदला है। तुझे बधाई है कि इतने विघ्नों पर भी तुझ पर धब्बा नहीं लगा। संसार को कहने दे। तू यह देखता रह कि जिसे कहना चाहिए वह क्या कहता है। सबकी दृष्टि में दोषी रहने की चिन्ता न कर। परन्तु उसके आगे दोषी न ठहर। तू तैयार रह उन सख्तियों को झेलने के लिए जो तुझ पर आजमाई जाने वाली हैं। घबड़ा मत।'

इसी प्रकार जब इनके साथ कोई कुछ बुराई करता था तब उसे प्रायः कुछ न कह कर संसार की गति पर, समाज की स्वार्थपरता पर ये दुख प्रकट करते थे। अधिकांश भारतवासियों की तरह जमाने की शिकायत इन्हें भी रहा करती थी। इसी से जहाँ किसी से कोई बुराई बन पड़ी कि उसे इन्होंने संसार का प्रतिनिधि समझा। इनके शरीर में क्रोध ने उग्र रूप शायद ही कभी धारण किया हो। इच्छा के विरुद्ध कार्य्य देखकर थोड़ा चिरचिरा उठते थे। शुद्ध क्रोध की प्रेरणा पर इन्होंने किसी कार्य्य का अनुष्ठान नहीं किया। मनोविकारों में करुणा और शान्ति ही का संचार इनमें अधिक था। जिन-जिन रचनाओं में इन्होंने इन रसों का उद्‌गार निकाला है वे बहुत चोखी हुई हैं।

इनका शरीर दुबला, रंग साँवला और चेहरा बैठा हुआ था, पर चेहरे पर माधुर्य था। चाल भी इनकी सादी और पुराना ढंग लिये हुए थी। ये लम्बा चपकन, चूड़ीदार पायजामा और चौगोशिया (कभी-कभी फेल्ट भी) टोपी पहनते थे।

पुस्तक रचना

बाबू राधाकृष्णदास की रचनाओं को हम दो भागों में बाँट सकते हैं—

(1) भारतेन्दु के जीवनकाल की।

(2) भारतेन्दु के पीछे की।

इनमें भारतेन्दु के जीवनकाल में अर्थात् 1885 तक जो पुस्तकें लिखी गईं वा प्रकाशित हुईं उनसे इनकी प्रसंग कल्पना और उन्नत विचारों के अनुकरण की प्रवृत्ति का अच्छा परिचय मिलता है। अनुकरण से मेरा अभिप्राय यह नहीं कि वे पुस्तकें अन्य पुस्तकों से उद्‌धृत वा अनुवादित हैं, मेरा मतलब यह है कि उनमें जिन अवस्थाओं का वर्णन है वे इनकी प्रत्यक्ष अनुभव की हुई नहीं (क्योंकि इनका वय बहुत छोटा था) बल्कि दूसरों की प्रत्यक्ष की हुई हैं। 'दुःखिनी बाला' में विधवा विवाह न होने का अशुभ परिणाम और 'निःसहाय हिन्दू' में हिन्दुओं की स्थिति 15-16 वर्ष के बालक के अनुभव की बातें नहीं कही जा सकतीं, और बिना अनुभव की हुई बात का लिखना एक प्रकार का अनुकरण ही है। इसके अतिरिक्त 'महारानी पद्‌मावती' 'धर्म्मालाप' आदि में बाबू हरिश्चन्द्र की कविताएँ भी बहुत उद्‌धृत हैं और वाक्य भी कहीं-कहीं ज्यों के त्यों आ गए हैं।

भारतेन्दु की मृत्यु के पीछे बहुत दिनों तक इन्होंने कोई पुस्तक वा बड़ा प्रबन्ध नहीं लिखा। इनके साहित्य-जीवन का दूसरा उत्थान नागरीप्रचारिणी सभा से सम्बन्ध होने के पीछे हुआ। तभी से ये अपने मूल और परिपक्व भावों को निज की शब्द योजना द्वारा बाहर निकालने लगे और इनकी प्रतिभा और सम्पादित शक्ति का विकास देखने में आने लगा। भाषा इनकी सरल, गँठी हुई तथा वैलक्षण्य विहीन होती थी। इनकी भाषा ऐसी नहीं होती थी कि पढ़ते ही लोग बतला दें कि 'हाँ! यह बाबू राधाकृष्णदास की भाषा है।' 'संग्रहीत', 'आधीनता', 'मनोर्थ' और 'नर्क' आदि अशुद्ध शब्दों का प्रयोग भी इनकी भाषा में मिलता है। इनकी कविता बाबू हरिश्चन्द्र के ढंग की तथा सरल और भावपूर्ण होती थी।

पुस्तकें

दुःखिनी बाला (13 **पृष्ठ**)–एक छोटा सा रूपक 'जिसे बाल्य विवाह, जन्मपत्र विवाह निषेध (?) और विधवा विवाह के न होने का अशुभ परिणाम दिखाने को' 15 वर्ष की छोटी अवस्था में बाबू राधाकृष्णदास ने लिखा। यह पुस्तक पहिले-पहल संवत् 1937 में बनारस के लाइट छापेखाने में छपी। इसकी भूमिका में बाबू राधाकृष्णदास लिखते हैं, 'यह रूपक मेरा पहिला लेख है...यह भी मेरा साहस केवल श्रीयुत् पूज्यवर बड़े भैया बाबू हरिश्चन्द्रजी के अनुग्रह के प्रभाव से है क्योंकि 'शंकर-दिग्विजय' में लिखा है कि मंडन मिश्र के घर तोता-मैना भी न्याय वेदान्त का शास्त्रार्थ करते थे तो हम उनके वात्सल्य-भाजन होकर कुछ लिख पढ़ लें इसमें क्या आश्चर्य है।'

यह रूपक 6 दृश्यों में समाप्त हुआ है। इसमें गोवर्द्धनदास नामक एक मूर्ख बनिया अपनी 7 वर्ष की लड़की सरला का विवाह जन्मपत्री न मिलने के कारण एक सुन्दर सुशील 14 वर्ष के पढ़े-लिखे लड़के के साथ न करके एक 6 वर्ष के काने, कुरूप, हठी और मूर्ख लड़के के साथ करता है। पति के साथ विचार न मिलने के कारण सरला ससुराल में अनेक प्रकार का दुख पाती है और विधवा हो जाती है। अन्त में वैधव्य क्लेश को सहने में असमर्थ होकर वह अपनी सहेली से मँगाकर विष खाती है।

पुस्तक की रचना साधारण और भाषा चमत्कार रहित है। रचयिता ने गोवर्द्धनदास को वज्र मूर्ख और उसकी कन्या सरला को सुशिक्षिता दिखाने में इस बात पर ध्यान नहीं दिया कि ऐसा मूर्ख पिता अपनी लड़की को शिक्षा कैसे देगा। बाबू राधाकृष्णदास ने नाटक के पात्रों में से बाबू बलदेवदास को अपने विचारों का पात्र बनाया है और उन्हीं से जन्मपत्री की असारता आदि पर व्याख्यान दिलवाया है। व्याख्यान के बीच ये वाक्य आते हैं–'वेद, पुरान, शास्त्र किसी में जन्मपत्री देखकर विवाह करना नहीं लिखा है...जो वेद में लिखा है वह करना चाहिए क्योंकि हम वैदिक हिन्दू हैं।' 'वेद' और 'वैदिक' शब्द से लोगों को इनके आर्य्य समाजी होने की धारणा हो सकती है पर वह थोड़ी ही देर में 'पुराण' और 'हिन्दू' शब्द से उड़ जाती है।

एक बहुत जीर्ण हस्तलिखित प्रति मिली है जिससे इस रूपक के पूर्व रूप का पता

चलता है। पहिले रचयिता ने इस रूपक का नाम 'विधवा विवाह नाटक' और नायिका का नाम सरला के स्थान पर श्यामा रक्खा था। 'दुःखिनी बाला' के अन्तिम दृश्य में सरला का अपनी सहेली के पर पुरुष सम्बन्धी प्रस्ताव पर क्रुद्ध होना और विष पान करना दिखलाया गया है, पर इसमें उक्त प्रस्ताव को स्वीकार करना और गर्भपात कराना लिखा है। नीचे इस हस्तलिखित प्रति का अन्तिम दृश्य दिया जाता है। पाठक 'दुःखिनी बाला' के अन्तिम दृश्य से उसका मिलान करें।

श्यामा का मकान

(श्यामा और एक दाई आती हैं।)

श्यामा--हा! पिता तो दूसरा विवाह करते नहीं और कामदेव ने जोर किया। अब पातिव्रत धर्म्म कैसे निबहेगा।

दाई--आप क्यों सोच करती हैं? और क्यों विधवा विवाह का हठ करती हैं? क्या संसार में और पुरुष नहीं हैं। आनन्द कीजिए। न अब आपका पति ही फिर आएगा, न विवाह ही होगा और अबला लोग काम के बान की चोट कभी नहीं सह सकतीं। यह विश्वामित्रजी ऐसे लोगों से सहन न हो सका और शिवजी का जी तो चलायमान ही हो गया।

श्यामा--परन्तु ऐसा करने से तो बड़ा दोष होता है।

दाई--तो फिर क्या करोगी, आत्महत्या करोगी?

श्यामा--उसमें भी दोष होता है। क्या करें? दोष तो दोनों में है, तेरी क्या सम्मति है।

दाई--जिसमें सुख हो।

श्यामा--ठीक कहा। दोष दोनों बराबर हैं, जिसमें सुख हो वही ठीक है। हा! इस विधवा विवाह के न होने में यही सब सुकर्म होता है। भगवान्! साक्षी रहना, मेरा दोष नहीं है। मैं लाचार हूँ। इसका दोष ब्राह्मणों और पिता पर है।

दृश्य 3
श्यामा और दाई का प्रवेश

श्यामा--हा कर्म! तू बड़ा प्रबल है। तूने क्या-क्या कुकर्म नहीं कराए। हा ईश्वर! अब मैं क्या करूँ? न जीने में सुख है न मरने में। मेरी तो 'भइ गति साँप छछुंदर केरी'। अब गर्भ हो गया कैसे क्या करूँ? मेरी तो बुद्धि ही काम नहीं करती। गर्भ गिराऊँ तो दोष, न गिराऊँ तो प्रकट हो जाए। अब बता क्या तेरी इस समय राय है?

दाई--मेरी राय तो यही है कि गर्भ गिराया जाए।

श्यामा--अच्छा तो जा, कोई दवा ले आ।

(दाई बाहर जाती है, दवा ले आती है और श्यामा खाती है।)

श्यामा--हा! आज हमने कैसा कुकर्म किया। मैंने ही क्या विधवा विवाह के न होने से इस भारतवर्ष में प्रत्येक मास में हजारों ऐसे-ऐसे दुष्कर्म होते हैं। हे जगदीश्वर! हमारी

यही प्रार्थना है कि तू अब इन बुरी बातों को इस भारतवर्ष से दूर करके इस भूमि को सुधार। अब बहुत अपने किए का फल पा चुके, अब कृपा कर।

॥ विधवा विवाह नाटक समाप्त ॥

11 मई, 1883 के ओवरलैंड मेल (Overland mail) नामक अंग्रेजी पत्र में इस रूपक की समालोचना आधे कॉलम में छपी थी जिसका कुछ अंश नीचे दिया जाता है–

The Hindi of this book will have special interest to students of that language; for the writer has marked the difference between the friends of progress and their opposites by giving the speeches of the first in literary Hindi and those of the second class in the local patois. This is precisely the style of writing which Europeans have been urging Indians to adopt for a long time and which Hindus have studiously avoided. It has been erroneously held that colloquil Hindi is far beneath the dignity of literature. Thus native writers feel constrained to employ in books a high flowery dialect bristling with portentious Sanskrit words, which none but a Scholar can understand. The book before us is, therefore; remarkable first bold introduction of some specimens of the real Benares dialect, and a single sentence is enough to show how little it resembles the Hindi of books. e.g. 'तै ऐसे न मनबे, जौ अब न मनबे तो हम तोरि खूब पूजा करबै।' We leave this sentence is the reflection of those who have thoughtlessly asserted that Hindi is only Hindustani written in strange characters and we would say to the Hindus themselves, in the words of the book before as, हम और कुछ नाहीं कहते, इहै कि तु अपनीयै बोली बोला करो।

निःसहाय हिन्दू (120 पृष्ठ)–एक वियोगांत उपन्यास, स्वर्गीय भारतेन्दु बाबू हरिश्चन्द्र की (?) आज्ञानुसार लिखित। यह पुस्तक यद्यपि सन् 1881 में लिखी गई थी, जबकि बाबू राधाकृष्णदास की अवस्था केवल 16 वर्ष की थी, पर छपी जाकर 1890 ई. में।

इसमें मदनमोहन नामक एक देशहितैषी नवयुवक का गोरक्षा के लिए उद्यत होना और एक भलेमानुस न्यायपरायण मुसलमान सज्जन का सस्त्रीक प्राण रहते तक उसका साथ देना दिखलाया गया है। मुसलमानों के कायरपन और पुलिस की अन्धेर के भी सच्चे नमूने हैं। बीच-बीच में शिक्षित मित्रों के संवाद, और सभा के व्याख्यानों के रूप में देश की दशा का, विशेषकर हिन्दुओं और अधोगति का, अच्छा चित्र दिखाया गया है जिसमें 'भारत दुर्दशा' और 'भारत जननी' से उद्धृत बहुत से पद्य हैं। कहीं-कहीं वाक्य भी बाबू हरिश्चन्द्र के आए हैं जैसे–'अंग्रेजों का राज्य पाकर भी (हिन्दू) न सुधरे।'

इस पुस्तक की भाषा भी मनोहर है और कथा भी रोचक है जिससे इनके दिन दिन बढ़ते हुए वाक्य रचना के अभ्यास और कल्पना की स्वच्छता का प्रमाण मिलता है।

28 अप्रैल, सन् 1890 के सज्जनकीर्ति-सुधाकर[1] नामक पत्र में इस पुस्तक की लम्बी समालोचना छपी जिसका कुछ अंश यह है कि–'निःसन्देह यह उत्तम समयानुकूल उपयोगी पुस्तक है, ग्रन्थकार अवश्य प्रशंसा के पात्र हैं। इतनी छोटी अवस्था में ऐसी उत्तम पुस्तक की रचना उनकी बुद्धिमानी और दूरदर्शिता को प्रमाणित करता है, इस विषय में हम आगे के लिए यह भी आशा करते हैं कि यदि उक्त बाबू इसी भाँति देशोपकारी बातों में उद्योग करते रहेंगे तो बहुधा लोगों को लाभ पहुँचाने के सिवा उत्तम प्रशंसा को प्राप्त होंगे।'

17 अप्रैल, 1890 के राजस्थान समाचार में भी किसी ने 'भाषारसिक' के नाम से इसकी अच्छी समालोचना की थी।

महारानी पद्मावती (55 पृष्ठ) अथवा **'मेवार कमलिनी'**–एक 'ऐतिहासिक दृश्य रूपक'। यह पुस्तक सन् 1882 वा 1883 में लिखी गई होगी क्योंकि 'दूसरे संस्करण की उपक्रमणिका' में बाबू राधाकृष्णदास लिखते हैं कि 'इस नाटक को मैंने सत्रह अठारह वर्ष की अवस्था में बनाया था।' भूमिका में बाबू राधाकृष्णदास ने पुस्तक निर्माण का कारण इस प्रकार लिखा है–'एक दिन मैं इतिहास तिमिरनाशक नाम की पुस्तक पढ़ रहा था। उसमें श्रीमती महारानी पद्मावती का वृत्तान्त पढ़कर मेरे चित्त में सहसा यह बात उत्पन्न हुई कि इस विषय पर हिन्दी नाटक लिखा जाए तो अत्यन्त उत्तम हो।' पर आगे चल कर उपक्रम में लिखा है 'पूज्यपाद भाई साहब बाबू हरिश्चन्द्रजी भारतेन्दु ने जब नीलदेवी लिखा, मुझसे आज्ञा किया (?) कि भारतवर्ष में अब ऐसे ही नाटकों की विशेष आवश्यकता है जो आर्य्य सन्तानों को अपने पूर्व पुरुषों का गौरव स्मरण कराएँ अतएव तुम कोई नाटक इस चाल का लिखो।' यह रूपक पहिले 'साहित्य-सुधानिधि' में छपा था, पीछे पुस्तकाकार प्रकाशित हुआ।

यह नाटक छह अंकों में समाप्त किया गया है। इसमें चित्तौड़ की प्रसिद्ध महारानी पद्मावती का वृत्तान्त दृश्य काव्य के रूप में दिखाया गया है। रचना इसकी बिलकुल नीलदेवी के ढंग की है, पद्य भी इसमें नीलदेवी, भारत दुर्दशा, विजयिनी विजय-वैजयन्ती आदि से बहुत उद्धृत हैं। मुसलमानों के दोष और हिन्दुओं के गुण खूब जी खोलकर दिखाए गए हैं। कहीं-कहीं अलाउद्दीन ऐसे विजयी और चतुर को बिलकुल काठ का उल्लू बना दिया है। एक मुसाहिब कहता है कि 'अगर राणा और रानी ने आपकी दरखास्त न कबूल की तो क्या कीजिएगा?' इतनी ही बात पर अलाउद्दीन उसको कैदखाने में भेज देता है। एक स्थान पर अलाउद्दीन कहता है–'वजीर ने जो कुछ मेरी तारीफ की वह मेरी सिफतों से कहीं घटकर है, किसकी मजाल है कि मेरी पूरी-पूरी तारीफ कर सके।' पिछले वाक्य भारतेन्दु के 'विषस्य विषमौषधम्' से लिए गए हैं।

पुस्तक की रचना प्रभावशाली है और भाषा ओजस्विनी है। जिन मनोविकारों के संचार के लिए यह पुस्तक रची गई है पढ़ने से उनका आवेश चित्त में होता है। कहीं-कहीं के वाक्य अत्यन्त उद्वेगजनक हैं।

---

1. यह पत्र महाराणा श्री सज्जनसिंह बहादुर के समय से उदयपुर से निकलता है।

आर्य्यचरितामृत (13 पृष्ठ)—इसमें केवल चित्तौड़ के वाप्पारावल का वृत्तान्त है। यह भी सन् 1882 में लिखा गया। इसे इनके बहनोई बाबू दामोदरदास बी.ए. ने प्रकाशित किया था।

बाबू राधाकृष्णदास का विचार था कि इसमें और प्रसिद्ध भारतीय पुरुषों के चरित्र निकालें पर पीछे न जाने क्या हुआ।

रामेश्वर का अदृष्ट (23 पृष्ठ)—यह बंकिम बाबू के भाई श्री सजीवनचन्द्र महोपाध्याय की एक बंगला कहानी का अनुवाद है जिसे बाबू राधाकृष्णदास ने बाबू हरिश्चन्द्र से बंग भाषा सीखने पर उन्हीं के प्रेरणानुसार 1883 के लगभग किया था।

स्वर्णलता (336 पृष्ठ)—यह श्री तारकनाथ गंगोपाध्याय कृत बंग भाषा के एक प्रसिद्ध उपन्यास का अनुवाद है जिसमें आजकल के हिन्दू परिवार का बहुत सच्चा और शिक्षाप्रद दृश्य दिखलाया गया है। इस पुस्तक को बाबू राधाकृष्णदास ने 'रामेश्वर का अदृष्ट' का अनुवाद करने के पीछे बाबू हरिश्चन्द्र के आज्ञानुसार सन् 1884 में लिखना और 'नवोदिता हरिश्चन्द्र-चन्द्रिका' में छापना आरम्भ किया। 6 परिच्छेद तक उसमें छपा। भारतेन्दु की मृत्यु के पीछे जब चन्द्रिका अस्त हो गई तब इनका उत्साह भी रुक गया। फिर जब पंडित प्रतापनारायण मिश्र हिन्दोस्थान पत्र के सम्पादक हुए तब इन्होंने फिर अनुवाद करने में हाथ लगाया। जब तक पंडित प्रतापनारायण मिश्र सम्पादक रहे तब तक तो क्रमशः स्वर्णलता का अनुवाद उसमें छपता रहा, उनके अलग होने पर फिर रुक गया। अन्त में बाबू रामकृष्ण वर्मा के अनुरोध से यह उपन्यास पूरा हुआ और 1893 में उनके 'भारत जीवन यन्त्रालय' में पुस्तकाकार छपा।

यह उपन्यास बंग भाषा में अपने ढंग का निराला ही है। अनुवादक ने इसकी भाषा में, और कहीं-कहीं कथा में भी आवश्यक परिवर्तन करके इसे इन प्रान्तों की रीति और व्यवहार के अनुकूल बनाने में बड़ा काम किया है। पुस्तक अन्य भाषा से अनुवादित जान ही नहीं पड़ती। 17 मई, 1894 के 'भारतमित्र' में इसकी अच्छी समालोचना हुई थी।

धर्म्मालाप (पृष्ठ 10)—यह स्वामी बुद्धानन्द के धर्म्मामृत पत्र में निकलता था। इसमें वेदान्ती, शैव, वैष्णव, दयानन्दी, ब्राह्म, थिआसोफिस्ट ईसाई आदि भिन्न-भिन्न मतावलंबियों का संवाद सनातन धर्म्म के आगे कराया है। सबकी ही बातों को सुनकर सनातन धर्म्म कहता है—

'भए सब मतवारे मतवारे। अपनो अपनो मत लै लै सब झगरत ज्यों भठियारे।'

अन्त में प्रेमी भक्तजी आते हैं और कहते हैं कि 'हमको तो यह सब बखेड़ा सा ही प्रतीत हुआ। हमारी समझ में तो 'जाति-पाँति पूँछे नहि कोई। हरि को भजै सो हरि को होई।' सनातन धर्म्म भी इन्हीं की बात को पक्की मानता है।

इस छोटी सी पुस्तक में बाबू राधाकृष्णजी ने अपने धर्म्म विश्वास का परिचय दिया है। इसमें बाबू हरिश्चन्द्र के पद अधिकता से उद्धृत हैं। यह पुस्तक संवत् 1942 (सन् 1884-1885) में लिखी गई।

स्वर्ग की सैर—(सार सुधानिधि से उद्धृत) यह भी एक छोटी सी पुस्तक है जिसमें

स्वप्न द्वारा भिन्न-भिन्न मतों के स्वर्ग की व्यवस्था दिखा उनकी खूब धूल उड़ाई गई है।

सती प्रताप–इस नाटक का अधिकांश बाबू हरिश्चन्द्र का लिखा था जो बाबू राधाकृष्णदास ने कई वर्ष बाद इसे पूरा किया। इस नाटक के विषय में बाबू राधाकृष्णदास एक पत्र में लिखते हैं, 'पहिले भाई साहब ने थोड़ा सा सती प्रताप लिखा था कि वह खो गया, जिसका उन्हें बड़ा ही खेद हुआ और उस समय उन्होंने अपना हृद्गत भाव मुझको समझाकर आज्ञा दिया (?) कि तू इस चाल पर फिर से इसको लिख। मैंने थोड़ा सा लिखा भी परन्तु वह खोई हुई प्रति मिल गई। इस कारण उन्होंने फिर उसको लिखना आरम्भ किया। पाँचवाँ दृश्य आधा पूज्य भाई साहब ने लिखा था उसके आगे से इस बुद्धिविहीन ने इस अभिप्राय से कि प्रसंग पूरा हो जाए लिखा, और इसके लिखने में जो अनुचित साहस मैंने किया उसकी क्षमा प्रार्थना पहिले ही कर ली। मैंने इसी विचार से अपना नाम इस ग्रन्थ में प्रगट किया कि मैं जानता था कि पूज्य भारतेन्दु में और मुझमें कितना बड़ा भेद है अतएव मेरे दोष उनके लेख को न दूषित करें।'

सती प्रताप के चार दृश्य बाबू हरिश्चन्द्र के नाम से नवोदिता हरिश्चन्द्र चन्द्रिका में छपे थे जो पीछे 1885 में विक्टोरिया प्रेस से पुस्तकाकार निकले थे और अब भी ढूँढ़ने से मिलते हैं।

इसकी समालोचना करते हुए किसी ने लिखा था कि पाँचवें दृश्य में जो वनदेवी और वनदेवता द्वारा सावित्री और सत्यवान का प्रेम वर्णन कराया गया है उसके स्थान पर यदि विवाहोत्सव दिखाया गया होता तो अधिक उपयुक्त होता। पत्र द्वारा इसका जो उत्तर बाबू राधाकृष्णदास ने दिया था वह यह है–

'पाँचवें दृश्य में वेदोक्त मन्त्रों से सर्व जाति की दर्शक मंडली के सामने रंगभूमि में विवाहलीला अथवा बारात की धूमधाम दिखलाने के बदले वनदेवी और वनदेवता के मधुर भाषण में सावित्री सत्यवान का अलौकिक प्रेम दिखाना क्या बुराई करता है? क्या नाटकों के बीच-बीच की क्रियाओं को छोड़कर उनकी बात ही बात में प्रकाश कर देने का नियम नहीं है।'

नागरीदास का जीवन चरित्र–24 मार्च, 1894 को नागरीप्रचारिणी सभा के एक बड़े अधिवेशन में यह निबन्ध बाबू राधाकृष्णदास ने पढ़ा था जिसे लेकर खड्गविलास प्रेस ने छापा था। उसके अनन्तर ये बराबर अनुसन्धान में लगे रहे और कृष्णगढ़ से नागरीदासजी के जीवन वृत्तान्त मँगाकर फिर से जीवन चरित्र लिखना आरम्भ किया। इसी बीच में पंडित मोहनलाल विष्णुलाल पंड्या का एक लेख नागरीदास पर एशियाटिक सोसाइटी के जर्नल No.I-1897 में निकला। अतः इन्होंने प्रथम संस्करण में जो भूल रह गई थी उन्हें दूर करके उसे फिर से नागरीप्रचारिणी पत्रिका में छपाया।

हिन्दी भाषा के सामयिक पत्रों का इतिहास–बाबू श्यामसुन्दरदास बी.ए. और बाबू कार्तिक प्रसाद की सहायता से आषाढ़ शुक्ल 2 संवत् 1951 वा सन् 1894 में लिखा गया और नागरीप्रचारिणी सभा द्वारा प्रकाशित हुआ।

कविवर बिहारीलाल–यह निबन्ध 17 जून, 1895 को नागरीप्रचारिणी सभा के एक अधिवेशन में पढ़ा गया। इसमें बाबू राधाकृष्णदास ने बिहारी को केशवदास का पुत्र सिद्ध करना चाहा है।

डॉक्टर ग्रियर्सन ने अपनी सतसई की भूमिका में इस विषय का उल्लेख इस प्रकार किया है–

Traces of his birth in Bundelkhand appear in the poets' language—See कविवर बिहारीलाल by Radhakrishna Das of Benaras. According to the writer of this scholarly little pamphlet the poet was a Brahman and was probably the son of the well known author on rhetoric Keshodas. But I am unable to assent to this theory of his parentage. If he had been the son of so famous a man, the fact would assuredly have been remembered by tradition but this is not the case.

(Introduction P. 4)

राजस्थान केशरी वा महाराणा प्रताप सिंह–(ऐतिहासिक नाटक) (118 पृष्ठ) आरम्भ–अप्रैल 1895, समाप्त–दिसम्बर 1897। इस नाटक में उयपुर के प्रसिद्ध महाराणा प्रताप सिंह की वीरता और धीरता तथा मुगल बादशाह अकबर की गम्भीर राजनीतिक चाल बड़े कौशल से दिखलाई गई है। इनकी रचना की प्रौढ़ता सबसे अधिक इसी में झलकती है। इस नाटक में बड़ा भारी गुण यह है कि इसमें हल्दीघाटी के युद्ध से सम्बन्ध रखने वाली छोटी से छोटी ऐतिहासिक घटना भी नहीं छूटने पाई है। नाटक एक सम्बद्ध कथा के रूप में नहीं होता, उसके आख्यान की कुछ घटनाओं को रंगभूमि से अलग करना पड़ता है। अतः ऐतिहासिक नाटक में सबसे अधिक निपुणता की बात यह है कि वह इतिहास की मर्मस्पर्शी घटनाओं को चाहे वे क्षुद्र भी हों रंगभूमि के लिए चुन लें। बाबू राधाकृष्णदास ने यह निपुणता पूरी तरह से दिखाई है। चेतक घोड़े का मरना और सक्ता (शक्तिसिंह) का मिलना दिखाने के लिए एक गर्भांक ही रचा गया है। एक गर्भांक में महाराणा का जंगल में विपत्ति के दिन काटना, लड़की के हाथ से बिल्ली का रोटी छीन ले जाना ऐसे स्वाभाविक ढंग से प्रदर्शित किया गया है कि कठोर से कठोर हृदय पिघल सकता है।

महाराणा प्रताप सिंह के शब्द प्रति शब्द से स्वाभाविक तेज टपकाया गया है। बीकानेर के पृथ्वीराज का पत्र पढ़कर प्रताप कहते हैं–

जब लौं तन में प्रान न तब लौं मुख को मोड़ौं।
जब लौं कर में शक्ति न तब लौं शस्त्रहिं छोड़ौं॥
जब लौं जिह्वा सरस दीन बचन नाहिं उचारौं।
जब लौं धड़ पर सीस झुकावन नाहिं बिचारौं॥

महाराणा और रानी को लड़ाई की बातचीत करते सुन राजकुमार अपनी माता से पूछता है–'माँ, दलबाल जवनों का सिकाल खेलने जाएँगे।' माँ कहती है, 'हाँ बेटा! तुम भी जाना। बताओ तो हमारे लिए क्या लाओगे।' राजकुमार–'भाई! अम तो छहजादा

को मालैंगे, उसके गले की हीले की कंथी ले आवेंगे छो तुमको देंगे।'

सारांश यह कि यह नाटक हिन्दी में अपने ढंग का एक है। भारतेन्दु के पीछे ऐसा नाटक और नहीं बना। हिन्दी साहित्य में बाबू राधाकृष्णदास का स्मरण यह सदा बनाए रहेगा। यह उनकी कीर्ति की सबसे गहरी गड़ी हुई पताका है। स्कूल और कॉलेज के छात्रों को यह नाटक बहुत प्रिय हुआ और इसके कई अभिनय कई स्थानों में हो चुके हैं।

पुस्तक में थोड़ी सी त्रुटियाँ रह गई हैं जिन पर ध्यान बहुत शीघ्र जाता है। जैसे, मीनाबाजार और अकबर के महल आदि का दृश्य आगरे में न दिखाकर दिल्ली में दिखाया गया है। यह इतिहास प्रसिद्ध बात है कि अकबर आगरे में रहता था दिल्ली में नहीं। आगरे के किले के भीतर मीना बाजार आदि अब तक बने हैं।

चतुर्थ अंक के द्वितीय गर्भांक में जहाँ हिन्दू और मुसलमान नागरिक से बातचीत कराई है वहाँ हिन्दू के मुँह से कहलाया है–'देखिए पंडितराज ने हमारे हजरत सलामत के बारे में क्या अच्छा कहा है–'दिल्लीश्वरो वा जगदीश्वरो वा'। यह बात निर्विवाद है कि जगन्नाथ पंडितराज अकबर के बहुत पीछे शाहजहाँ के समय में हुए हैं। जगदीश्वर शब्द से भी शाहजहाँ की ध्वनि निकलती है।

भूमिका में सलीम का मेवाड़ की चढ़ाई में जाना इतिहास विरुद्ध बतलाकर भी नाटक में उसका लड़ाई पर जाना दिखाया गया है।

अकबर अपने शाही कमरे में अकेले बैठा हिन्दुओं के प्रति अपनी छिपी चाल के सम्बन्ध में कुछ बुड़बुड़ा रहा है कि 'एकाएक राजा टोडरमल का प्रवेश' होता है और बादशाह घबड़ाता है कि उसकी बात कहीं टोडरमल ने सुन न ली हो। जहाँ तक मैं समझता हूँ, बादशाहों के कमरे में बिना इत्तला कोई एकाएक इस तरह नहीं प्रवेश कर सकता।

प्रथम अंक के तृतीय गर्भांक में राजमहिषी यह कहती हुई प्रवेश करती हैं– 'आर्य्यपुत्र की जय हो, क्या मैं सुन सकती हूँ आज आपकी चिन्ता का क्या कारण है।' रंगभूमि में पति को आर्य्यपुत्र कहकर सम्बोधन करना और उसकी जय मनाना संस्कृत नाटकों की चाल है। अतः हिन्दू समय के प्राचीन आख्यानों में ही उसका अनुकरण उचित और आवश्यक है।

वाक्यों में असम्बद्धता और शिथिलता भी कहीं-कहीं है, जैसे–'और आपके पूर्वजों को इस राज्यासन पर किसने बिठाया है? केवल अपने बाहुबल से, अपने स्वाभाविक तेज से, अपने हृदय की दृढ़ता से।' और भी–'जो वे किसी लोभ में पड़ कर वा प्रान के डर से उनका सर्वनाश करते हैं तो न केवल अपनी कुल मर्यादा का उल्लंघन करके संसार में अपयश के भागी होते हैं वरंच परमेश्वर के यहाँ भी उत्तर दाता होना पड़ता है।'

जिस समय यह नाटक प्रकाशित हुआ है हिन्दी के सब सामयिक पत्र इसकी प्रशंसा से भरे निकले हैं। हिन्दी प्रदीप, विद्याविनोद समाचार (1 फरवरी, 1898), हिन्दोस्थान

(1 फरवरी, 1898), भारत भ्राता (4 फरवरी, 1898), भारतजीवन (14 फरवरी, 1898), श्री वेंकटेश्वर समाचार (27 मई 1898), हिन्दी बंगवासी (30 मई 1898), भारतमित्र (18 जून, 1900), स्वदेश वस्तु प्रचारक, लाहौर (15 जुलाई, 1898), सज्जन कीर्ति सुधाकर (28 नवम्बर, 1898), राजपूत (15 मई, 1900), राजपूताना मालवा गजट, (उर्दू) आदि पत्रों में विस्तृत समालोचनाएँ हुई हैं। मेरठ के उर्दू पत्र अनीस हिन्द (29 जून 1898) ने भी एक कॉलम में रिव्यू किया था। अंग्रेजी पत्रों ने भी अच्छी समालोचना की थी। लखनऊ के Advocate (Feb. 22, 1898) ने लिखा था–We have also received a copy of Maharana Pratap Singh a drama from the same author. Babu Radha Krishna Das is a standard author of Hindi and this book is one of his best productions.

आर्य्यचरित्र–(पृष्ठ 52) श्री वीरेश्वर पांडेय की बंगला पुस्तक का अनुवाद। यह खड्गविलास प्रेस के लिए लिखी गई थी, और वहीं 1896 में छपी। इसमें वाल्मीकि, वेदव्यास, कालिदास, शाक्यसिंह, शंकराचार्य, चाणक्य और विजयसिंह के जीवनचरित्र हैं।

दुर्गेशनन्दिनी–(पृष्ठ 174) यह बंगभाषा के विख्यात ग्रन्थकार बंकिम बाबू के प्रसिद्ध उपन्यास का अनुवाद है। यह अनुवाद भी खड्गविलास प्रेस के लिए किया गया और वहीं से प्रकाशित हुआ।

भारतेन्दु हरिश्चन्द्र का जीवनचरित्र–(पृष्ठ 107) सन् 1900 में भारतेन्दु हरिश्चन्द्र और उनके पिता बाबू गोपालचन्द्र के जीवनचरित इन्होंने सरस्वती में प्रकाशित कराए थे। उन्हीं को जनवरी 1904 में सन्निवेशित कर और बहुत सी बातें बढ़ाकर इन्होंने यह पुस्तक तैयार की। इसमें बाबू हरिश्चन्द्र के जीवन से सम्बन्ध रखनेवाली बहुत सी ऐसी बातें हैं जिन्हें केवल ये ही जानते थे। यदि ये उन बातों को न लिख जाते तो वे रह ही जातीं। पुस्तक ऐसे ढंग से लिखी गई है जिसमें संक्षेप में बहुत सी बातें आ जाएँ।

46 पृष्ठ तक तो इसमें भारतेन्दु की वंश-विरुदावली ही वर्णन की गई है जिसके स्थान पर यदि भारतेन्दु ही के जीवन से सम्बन्ध रखने वाली बातें आई होतीं तो अच्छा होता।

रहिमन विलास–रहीम के दोहों पर कुंडलियाँ। रहीम ने अपने दोहों में मनुष्य की सामाजिक स्थिति खूब दिखाई है। बाबू राधाकृष्णदास ने उनमें इन कुंडलियों को जोड़कर उनके भावों को और भी विस्तृत क्षेत्र में झलका दिया है। एक उदाहरण लीजिए–

अब रहीम घर घर फिरैं माँगि मधुकरी खाँहिं।
यारो यारी छोड़ दो अब रहीम वे नाहिं॥
अब रहीम वे नाहिं रहे जिनको मुख जोवत।
कौड़ी के भये तीन द्रव्य अपनो सब खोवत॥
रहिए इननो दूरि लेहिं नहिं माँगि कछू अब।
अब सब बातें गईं रहीं तब रहीं दास जब॥

नया संग्रह—यह पुस्तक इन्होंने पंडित सुधाकर द्विवेदीजी के साझे में सरकारी जूनियर सर्विस के कोर्स के लिए लिखी थी। इसमें महाभारत का सभापर्व इनका लिखा हुआ है।

सम्पादित ग्रन्थ

सूरसागर—यह सूरसागर भागवत के क्रम पर बारह स्कन्धों में है। भागवत की सब कथाएँ इसमें आ गई हैं। यद्यपि इसके टाइटिल पेज पर बाबू राधाकृष्णदास सम्पादित लिखा हुआ है और उनका लिखा सूरदास का जीवन वृत्तान्त भी इसके साथ लगा दिया गया है पर ग्रन्थ को पढ़ने से प्रकट होता है कि बाबू राधाकृष्णदास ने इस ग्रन्थ का एक प्रूफ भी नहीं देखा है, हस्तलिखित कॉपी वेंकटेश्वर प्रेस में भेज दी है, वहाँ के पंडितों ने जैसा जी में आया है पाठ अंडबंड करके छाप कर इसे किनारे किया है। यह संस्करण और दूसरे संस्करणों से भी भ्रष्ट है। मुश्किल से कोई पद ऐसा मिलेगा जिसका पाठ ठीक-ठीक हो और जिसे बिना थोड़ी अपनी बुद्धि खर्च किए कोई पढ़ तक सके। सूरसागर यों ही कठिन ग्रन्थ है, इस संस्करण ने उसे और भी लोहे का चना बना दिया है।

सूरदासजी का एक पद है—

अति मलीन वृषभानु कुमारी।
हरि श्रमजल अन्तर तन भीजे ता लालच न धुआवति सारी।
अधोमुख रहति उरध नहिं चितवति ज्यों गथ हारे थकित जुआरी।
छूटे चिहुर बदन कुम्हिलाने ज्यों नलिनी हिमकर की मारी॥

यह पद इस संस्करण में इस प्रकार छपा है—

अति मलीन वृषभानु कुमारी।
हरि श्रम जल अन्तर तनु भीजे ता लालच मधु आवत मारी।
अधोमुख रहति उरध नहिं चितवति ज्यों गथहारे थकित यूथ अरी।
छूटे चिहुर बदन कुम्हिलाने ज्यों नलिनी हिमकर की मारी॥

बाबू राधाकृष्णदास ने जब यह देखा कि यह संस्करण ऐसा भ्रष्ट छपा है तब उन्होंने बड़े परिश्रम से इसका बड़ा भारी शुद्धि पत्र क्या शुद्धि पुस्तक बनाकर भेजी पर प्रेस उसे चुपचाप हजम कर गया।

भक्त नामावली—ध्रुवदास कृत। गोस्वामी हितहरिवंश के शिष्य ध्रुवदास ने 114 दोहों में भिन्न-भिन्न काल के भक्तों के नाम गिनाए हैं जो भक्त नामावली के नाम से प्रसिद्ध है। बाबू राधाकृष्णदास ने बड़े परिश्रम के साथ सब भक्तों का थोड़ा-थोड़ा वृत्तान्त भी देकर इस पुस्तक को अच्छे ढंग से सम्पादित किया है। यह नागरीप्रचारिणी ग्रन्थमाला की पहली पुस्तक है जो सन् 1901 में पुस्तकाकार निकली।

सुजानचरित्र—सूदन कवि कृत। इसमें भरतपुर के जाट राजा सुजान सिंह के युद्धों

का वर्णन उसी के आश्रित कवि ने किया है। इसमें 'अस्त्र, शस्त्र, कपड़े, गहने, बरतन, पशु, पक्षी, वाहन, मेवे, फल आदि यावत् पदार्थों के इतने नाम गिनाए हैं कि जिनका कुछ दिनों पीछे लोग नाम तक न जानेंगे।' बाबू राधाकृष्णदास की इच्छा थी कि 'इस ग्रन्थ में आए पदार्थों और शब्दों का एक छोटा सा कोश सा बनाकर प्रकाशित' कर दिया जाए। पर वे अपनी यह इच्छा पूरी न कर सके। इस ग्रन्थ की खोज बाबू राधाकृष्णदास ने मुसलमानी राज्य के अन्तिम समय के प्रसिद्ध इतिहासवेत्ता इरविन साहब के लिए की थी। यह नागरीप्रचारिणी ग्रन्थमाला की तीसरी पुस्तक है जो सन् 1903 में पुस्तकाकार प्रकाशित हुई।

रासपंचाध्यायी–नन्ददासकृत। यह नागरीप्रचारिणी ग्रन्थमाला की छठी पुस्तक है जो सन् 1903 में पुस्तकाकार प्रकाशित की गई।

जंगनामा–कवि श्रीधर कृत। इसका सम्पादन इन्होंने पंडित किशोरीलाल गोस्वामी के साथ किया था। इसमें जद्दांदार और फर्रुखसियर के युद्ध का वर्णन है। यह नागरीप्रचारिणी ग्रन्थमाला का आठवाँ ग्रन्थ है जो सन् 1904 में पुस्तकाकार छापा गया।

नहुषनाटक–यह बाबू हरिश्चन्द्र के पिता कवि गिरिधरदास का रचा हिन्दी का पहिला नियमबद्ध नाटक है जिसे 'कविवचन सुधा' के पहिले वर्ष के एक अंक से निकाल कर इन्होंने नागरीप्रचारिणी पत्रिका में प्रकाशित कराया था। इस नाटक का एक ही अंक मिला है।

रामचरितमानस–जो इंडियन प्रेस से निकला है उसके पाँच सम्पादकों में ये भी थे। उसमें गोस्वामी तुलसीदास का जीवनचरित इन्हीं का लिखा है।

रामसहाय की सतसई / छीतस्वामी की पदावली–इन दोनों पुस्तकों को भी ये सम्पादित करने के लिए ठीक कर रहे थे, पर शायद पूरा नहीं कर सके।

1885 के पीछे के लेख और कविताएँ[1]

1. सूरदास मदनमोहन–यह लेख इन्होंने 29 अगस्त, 1895 को समाप्त किया था। कहीं अलग प्रकाशित नहीं देखने में आया।

2. रोमन लिपि की अपूर्णता–यह लेख इन्होंने सितम्बर, 1895 में लिखा था जब रोमनलिपि के प्रचार की आशंका हुई थी। यह लेख प्रकाशित नहीं हुआ।

3. जुबिली पर कविता–यह कविता प्रीतिकुसुमांजलि में समावेशित की गई थी जिसका पाठ 21 जून, 1897 को हुआ था।

4. भारतवर्ष का इतिहास वा पुरातत्त्व–21 अगस्त, 1897 के 'विद्याविनोद' में प्रकाशित।

5. मैकडानलाष्टक–यह कविता इन्होंने दिसम्बर, 1897 में सर एंटोनी मैकडानल को एक इवनिंग पार्टी में समर्पित करने के लिए लिखी। जब लाट साहब ने इसे पार्टी

1. 1885 के पहिले के लेखों और कविताओं का वर्णन पहले हो चुका है।

में लेना स्वीकार नहीं किया तब इन्होंने डाक द्वारा उनकी सेवा में भेज दी।

6. हिन्दी होने से मुसलमानों को भी सुबीता होगा--यह लेख फरवरी, 1898 में लिखा गया था और 'हिन्दोस्थान' पत्र में प्रकाशित हुआ था।

7. ईश्वरचन्द्र विद्यासागर--मई 1898 में लिखा गया।

8. वर्षा वा देशदशा--यह कविता इन्होंने अक्तूबर, 1898 में लिखी थी और 'भारतमित्र' (9 अक्तूबर) में प्रकाशित कराई थी। कविता खड़ी बोली में है। इनकी खड़ी बोली की यही एक कविता देखने में आई है जो नीचे दी जाती है।

देश दशा

फूले कास आस वर्षा की टूटी, पछवाँ वाय बही।
स्वच्छ हुआ आकास चिलकती धूप चार दिस छाय रही॥
पहिली वर्षा पाय खेत में पौधे जो थे हरखाए।
हाय धूप की तेजी से सो जाते हैं अब मुरझाए॥
कर कर आस किसानों ने जी जान लगा कर बोए थे।
सह कर धूप जेठ की चिल्ला बीज पास के खोए थे॥
सहैं आप दुख पेट जरावैं जिमींदार का पोत भरैं।
तिस पर मारी जाए फसिल तो कहो क्यों न बे मौत मरैं॥
सम्बत तिरपन के अकाल में टूट चुकी थी प्रजा सभी।
परै जो छप्पन में भी टोटा पनपेंगे फिर नहीं कभी॥
सम्बत छप्पन के फल सुन सुन उड़े होश थे पहिले से।
राजा प्रजा सशंकित थे औ सब के जी थे दहले से॥
जो वह बात हुई सच्ची तो रहा ठिकाना नहीं कहीं।
तो गारत यह आरत भारत होगा कुछ सन्देह नहीं॥
पाञ्चाल, मद्रास, बम्बई, राजस्थान आदि की ओर।
तरस रहे, असाढ़ही से, पर बूँद पड़ी नहिं कोई ठोर॥
कौन नाज की कहै ठिकाना कौन घास औ चारे का।
जल का टोटा, प्रान बचै क्यों जल बिन हाय बिचारे का॥
दीनबन्धु करि नेह मेह आनन्द से जो तुम बरसाते।
हम भी जीते सुख से खाते उनको भी कुछ पहुँचाते॥
सहते सहते दुख जरजरित होय रहे हैं हम सब हाय।
जीवनधन! जीवन बिनु मारौ तो जीवन क्यों रहैं बचाय॥
निःसन्देह भूल कर तुम को नित नित पाप कमाते हैं।
धरती माता को कुपूत हम बोझ से सदा दबाते हैं॥
पर हो खेल कूद में मायल बालक जो अघ करते हैं।

तुम्हीं कहो माँ बाप कभी भी सूली पर ले धरते हैं॥
जगतपिता, जगजीवन, जगनायक, जगस्वामी होकर भी।
जगजीवन अपराध देख जीवन न देव, है उचित कभी॥
त्राहि! दयानिधि करुणासागर त्राहि दीन के हितकारी।
बहुत भई अब द्रवौ नाथ! नवनीत प्रिया गिरिवरधारी॥
सुनत वचन आरत दुखियन के दयासिन्धु रुक सकै नहीं।
होय दयार्द्र तुरन्त दिया है सब अपराध बहाय यहीं॥
लगी झकोरन पुरवैया बादल भी कुछ कुछ दिखलाए।
गई आस कुछ बँधी फेर कर मुरझाए चित हरखाए॥
लगी टकटकी बादल के दिस, वह आए घन वह आए।
वह बिजली चमकी घन गरजे, वह देखो बादल छाए॥
हाय! हाय! यह बादल तो उड़ करके निकल गए उस ओर।
आँखें पथरा गईं न बरसे क्यों तुम ऐसे भए कठोर॥
मरे तो आपी हैं हम सब क्यों मार रहे हौ तरसा कर।
अब तो दया करो दुख नासो, सरसाओ कुछ बरसा कर॥
बोल उठा एक, मीठी सोंधी लपक इधर से आती है।
इठला इठला हवा और कुछ ठंडी खबर सुनाती है॥
झींसी भी कुछ पड़ी न घबड़ाओ पानी भी आता है।
आनन्द घन कर कृपा तुम्हारे सब दुख दूर बहाता है॥
जाते, आते, तरसा सरसा, कर निरास, दे आस कभी।
हँसा, रुला, सरसे, तरसे जिय सरसे सुख पर से सबही।
झर से निकल सके नहिं घर से, हर से नर नारी सबहीं॥
सूखत धान परा पानी सब धरा हरष के फूल उठी।
दीन किसान प्रसन्न अन्न अब पावेंगे दो-चार मुठी॥
धन! धन! दीनदयाल तुम्हारी दया का पारावार नहीं।
कर दिया लहर बहर छिन भर में रहा न दुख का नाम कहीं॥
ठहर गई बाजार, दहल गए निठुर सभी गल्ले वाले।
रह गए लोग लोभ सब बह गए, भए अकाल के मुँह काले॥
पर जब दशा और प्रान्तन की याद करै जी काँप उठै।
दीनानाथ! दीन जन पर क्यों रह रह कर तू हाय रुठै॥
प्रभो दीन भारतवासी हम, तुम बिनु नहिं अवलम्ब कहीं।
तुम जो दया दीठ नहिं देखो, मरैं सभी सन्देह नहीं॥
नाम दया चित धरो, हुई अब बहुत, हरो दुख के रासी।
कृपा वारि सींचो भारत भुव, सुख पावैं भारतवासी॥

9. **भारतेन्दु हरिश्चन्द्र**—इसे बाबू राधाकृष्णदास ने 'खड्गविलास प्रेस वालों की

ढील से उकताकर' जनवरी 1899 में लिखा था। पर इसके छपने की नौबत जनवरी 1900 में आई जबकि सरस्वती मासिक पत्रिका की पहली संख्या निकली। सरस्वती का यह पहिला लेख है।

10. सेंबलिन–शेक्सपियर के नाटक की आख्यायिका। यद्यपि यह लेख अक्तूबर 1898 में लिखा गया था पर प्रकाशित हुआ जनवरी 1900 की सरस्वती में। शेक्सपियर के नाटकों की जो कई आख्यायिकाएँ बाबू राधाकृष्णदास ने लिखी हैं वे यथार्थ में बाबू हाराणचन्द्र रक्षित की बंगला पुस्तक से अनुवादित हैं, लैंब की अंग्रेजी पुस्तक से नहीं।

11. एथेंसवासी टाइमन–यह भी शेक्सपियर के नाटक की आख्यायिका है जो अक्टूबर 1898 में लिखी गई और फरवरी 1900 की सरस्वती में प्रकाशित हुई।

12. पेरिक्लिस–शेक्सपियर के नाटक की आख्यायिका। मार्च 1900 की सरस्वती में प्रकाशित।

13. छप्पन की विदाई, नए वर्ष की बधाई–(कविता) मार्च 1900 की सरस्वती में प्रकाशित।

14. लॉर्ड कर्जन–मार्च 1900 की सरस्वती में प्रकाशित।

15. राम जानकी–(कविता) जुलाई 1900 की सरस्वती में प्रकाशित।

16. कौतुकमय मिलन–शेक्सपियर के नाटक की आख्यायिका। सितम्बर और अक्टूबर 1900 की सरस्वती में प्रकाशित।

17. पृथ्वीराज प्रयाण–(कविता) ऐसा कहा जाता है कि दिल्ली के अन्तिम हिन्दू सम्राट् महाराज पृथ्वीराज को बन्दी बनाकर सुलतान शहाबुद्दीन गोरी अपनी राजधानी में ले गया था।

उसी प्रयाण के समय का दृश्य इस कविता में बड़े ही हृदयद्रावक भावों के साथ दिखाया गया है। महाराज पृथ्वीराज अपनी जन्म-भूमि को सम्बोधन कर कहते हैं–

जननी हमैं सीख अब दीजै।
परम कुपूत पूत तेरो यह ताहि बिदा अब कीजै।
पूत कपूत होत बहुतै पै होति कुमाता नाहीं।
वरु कपूत पै अधिक मातु, रुचि होतै रही सदा ही।
रक्त प्रवाह बहाइ, जीति बहु देस छत्र सिर धार्‌यो।
राज बढ़ावन लोभ मातु हम देश बन्धु बहु मार्‌यो।
सोइ सब पाप आइ सिर नाच्यो छलियन के छल हार्‌यो।
हाय मातु! तोहि दै मलेच्छ कर चहत विदेस सिधार्‌यो॥

फिर अपने देश भाइयों की ओर फिरकर और आँखों में आँसू भरकर कहते हैं–

भैया! मैया दै मलेच्छ कर हम तौ जात विदेसा।
तुम रच्छा करिहौं जहँ लौं बस होय न याहि कलेसा॥
जद्यपि पराधीन भए, पै जो आत्मपनो न बिसरिहौं।

धर्म्म, ऐक्य, विद्या अनुसरिहौं तौ अरि सीस विहरिहौं॥
जनि भूलौ निज पुरुषन के गौरव की भ्रात कहानी।
सिमिटि, शत्रु बल मेटि उबारौ भारत भुव सुखखानी॥

इतने में–

सुनत वचन ये म्लेच्छ सैन चहुँ दिसि सों गरजन लागी।
मुसुक बाँधि भारतगौरव को भारत सों लै भागी॥
चिर स्वतन्त्रता, चिर गौरव सब इमि छिन माहिं बिलाई।
बँधि चिर दिन दासत्व-शृंखला, भारत भुव विलखाई॥

यह कविता लिखी तो गई थी नवम्बर 1900 में, पर छपी फरवरी 1901 की सरस्वती में। जिसे थोड़ी भी ममता अपने देश और जाति पर होगी इन मर्मस्पर्शी वाक्यों को पढ़कर उसके चित्त की दशा थोड़ी देर के लिए और ही हो जाएगी।

18. विजयिनी विलाप–(कविता) यह लम्बी कविता इन्होंने महारानी विक्टोरिया की मृत्यु पर जनवरी 1901 में लिखी थी जो मार्च 1901 की सरस्वती में प्रकाशित हुई।

19. विक्टोरिया-शोक-प्रकाश–यह छोटा सा लेख भी इन्होंने महारानी की मृत्यु पर जनवरी 1901 में लिखा था, जो नागरीप्रचारिणी पत्रिका में प्रकाशित हुआ। इसमें महारानी विक्टोरिया का संक्षिप्त जीवन वृत्तान्त है।

20. भाषा कविता की भाषा–यह लेख 4 नवम्बर, 1901 की नागरीप्रचारिणी सभा के एक अधिवेशन में पढ़ा गया था और नागरीप्रचारिणी पत्रिका में प्रकाशित हुआ था।

21. बाबू गोपालचन्द्र का जीवनचरित–मई-जून 1902 की सरस्वती में प्रकाशित।

22. प्रताप विसर्जन–(कविता) अप्रैल 1902 की सरस्वती में प्रकाशित। इसमें बाबू राधाकृष्णदास ने नन्ददास के भ्रमरगीत की चाल पर महाराणा प्रताप सिंह के पुत्र अमर सिंह की काँटे में उलझने वाली घटना का वर्णन किया है। महाराणा ने अपने पुत्र की अधीरता देख मेवाड़ राज्य का भविष्य जिस उदासी के साथ कहा है उसके लिए कवि ने कैसा उपयुक्त स्थान और उदासी लाने वाली ऋतु चुनी है, देखिए–

मन्द पवन सीरी बहै होन लगे पतझार।
पर्णकुटी नरसिंह लसत इक मानहुँ कोउ अवतार॥

23. श्रीराम प्रत्यागमन–(कविता) सरस्वती में प्रकाशित।

24. विनय सुनीति, जानकी जयमाल–मई, जुलाई 1902 की सरस्वती में प्रकाशित।

अपूर्ण और अप्रकाशित पुस्तकें

एक छोटा सा रूपक–(नाम नहीं दिया है) यह इनकी बहुत लड़कपन की रचना है। 5 दृश्य तक लिखकर इन्होंने इसे छोड़ा है। दूसरे दृश्य में दो स्कूली युवकों का संवाद है, तीसरे में रामकृष्णदास नामक उनमें से एक युवक का कम्पनी बाग में बैठ किसी

युवती के लिए हाय हाय, चौथे में रामकृष्णदास के मनोरंजन के लिए गप्पीलाल की बकवाद और पाँचवें में युवा मनोरंजक समाज की कार्रवाई है। प्रस्तावना में इसको इन्होंने अपना दूसरा नाटक लिखा है। सम्भव है कि इसे इन्होंने 'दुःखिनी बाला' के बाद ही आरम्भ किया हो और किसी कारण से छोड़ दिया हो।

एक इतिहास–इस इतिहास के केवल 12 पृष्ठ अर्थात् पृ. 58 से 69 तक मिले हैं जिनमें औरंगजेब के राजत्वकाल से लेकर अंग्रेजों के जमाने तक का बंगाल का इतिहास है। आदि और अन्त के पन्ने नहीं मिले।

वर्ण शिक्षा–यह लड़कों को वर्णों और वाक्यों का बोध कराने के लिए जनवरी 1895 में बनाई गई थी।

खिलवाड़–यह पुस्तक भी बच्चों के लिए इन्होंने, नागरीप्रचारिणी सभा के निमित्त लिखी थी पर स्वीकृत नहीं हुई।

मीरा नाटक– इस नाटक में ये प्रसिद्ध मीराबाई का वृत्तान्त बड़े परिश्रम के साथ अगस्त 1895 से लिख रहे थे। 13 दृश्य तक लिख चुके थे, पुस्तक समाप्त ही होने पर थी क्योंकि इसे शीघ्र छापने की सूचना इन्होंने महाराणा प्रताप सिंह की भूमिका में बड़े उत्साह के साथ दी थी। पर ईश्वर को हिन्दी साहित्य में इस एक पुस्तक का बढ़ाना अभीष्ट न था, इससे यह प्रयाग में बक्स के साथ चोरी हो गई। इस पुस्तक को इन्होंने महाराणा प्रताप सिंह के साथ ही आरम्भ किया था। इससे पाठक अनुमान कर सकते हैं कि इसकी रचना भी कैसी प्रौढ़ रही होगी।

सुदामा के तन्दुल–सुदामा का चरित्र उपन्यास के रूप में लिख रहे थे। इसकी प्रति देखने में नहीं आई।

दारोगा दफ्तर–प्रियालाल मुकर्जी की इस बंगला जासूसी उपन्यास माला का अनुवाद भी खड्गविलास प्रेस के लिए ये 1895 से कर रहे थे। 'चोर के घर ढँढोर' इस उपन्यास के कई परिच्छेद ये लिखकर छोड़ गए हैं। 'आसमानी लाश' नाम की कहानी में भी कुछ हाथ लगा है।

आनन्दमठ–बंकिम बाबू के इस प्रसिद्ध उपन्यास का अनुवाद श्री खड्गविलास प्रेस के लिए इन्होंने जुलाई 1901 से आरम्भ किया था। द्वादश परिच्छेद तक ये अनुवाद कर चुके हैं।

अनुवाद बहुत सुन्दर हुआ है। 'बन्दे मातरम्' गीत का अनुवाद इन्होंने इस प्रकार किया है–

बन्दे श्रीमातु चरन
मलयज सब ताप हरन
शस्य पूर्ण श्याम वदन
सुजल, सुफल माता।
सुमधुरभाषिनि सहास
रजनि–ज्योत्स्नाप्रकाश

प्रफुलित नव कुसुम रास
सुखद वरद माता।
सात कोटि कंठ गान
तासु द्विगुन कर कृपान
कौन कहत तोहि अबल
रिपुदल हर माता।
तुमहीं विद्या सुधर्म्म
तुमहिं हृदय तुमहिं मर्म
मधि शरीर तुमहिं प्रान
बहु बल धर माता।
तुमहिं बाहु शक्ति रूप
मध्य हृदय भक्ति रूप
राजत प्रतिमा अनूप
मन्दिर प्रति माता।

राइ हाउस प्लाट—नामक रेनल्ड के अंग्रेजी उपन्यास का अनुवाद भी तीन परिच्छेद तक करके इन्होंने छोड़ दिया है।

रचनात्मक साहित्य का अनुवाद

बुद्ध-चरित
(कविता)

परिचय

जयपुर राज्य के शेखावाटी प्रान्त में खेतड़ी राज्य है। वहाँ के राजा श्री अजीतसिंहजी बहादुर बड़े यशस्वी और विद्याप्रेमी हुए। गणितशास्त्र में उनकी अद्‌भुत गति थी। विज्ञान उन्हें बहुत प्रिय था। राजनीति में वह दक्ष और गुणग्राहिता में अद्वितीय थे। दर्शन और अध्यात्म की रुचि उन्हें इतनी थी कि विलायत जाने के पहले और पीछे स्वामी विवेकानन्द उनके यहाँ महीनों रहे। स्वामीजी से घंटों शास्त्र-चर्चा हुआ करती। राजपूताने में प्रसिद्ध है कि जयपुर के पुण्यश्लोक महाराज श्रीरामसिंहजी को छोड़कर ऐसी सर्वतोन्मुख प्रतिभा राजा श्री अजीतसिंहजी ही में दिखाई दी।

राजा श्री अजीतसिंहजी की रानी आउआ (मारवाड़) की चाँपावतजी के गर्भ से तीन सन्तति हुईं—दो कन्या, एक पुत्र। ज्येष्ट कन्या श्रीमती सूरजकुँवर थीं जिनका विवाह शाहपुरा के राजाधिराज सर श्री नाहरसिंहजी के ज्येष्ठ चिरंजीव और युवराज राजकुमार श्री उमेदसिंहजी से हुआ। छोटी कन्या श्रीमती चाँदकुँवर का विवाह प्रतापगढ़ के महारावल साहब के युवराज महाराजकुमार श्री मानसिंहजी से हुआ। तीसरी सन्तान जयसिंहजी थे जो राजा श्री अजीतसिंहजी और रानी चाँपावतजी के स्वर्गवास के पीछे खेतड़ी के राजा हुए।

इन तीनों के शुभचिन्तकों के लिए तीनों की स्मृति संचित कर्मों के परिणाम से दुखमय हुई। जयसिंहजी का स्वर्गवास सत्रह वर्ष की अवस्था में हुआ और सारी प्रजा, सब शुभचिन्तक, सम्बन्धी, मित्र और गुरुजनों का हृदय आज भी उस आँच से जल ही रहा है। अश्वत्थामा के व्रण की तरह यह घाव कभी भरने का नहीं। ऐसे आशामय जीवन का ऐसा निराशात्मक परिणाम कदाचित् ही हुआ हो। श्री सूर्यकुँवर बाईजी को एकमात्र भाई के वियोग की ऐसी ठेस लगी कि दो ही तीन वर्ष में उनका शरीरान्त हुआ। श्री चाँदकुँवर बाईजी को वैधव्य की विषम यातना भोगनी पड़ी और भ्रातृ-वियोग और पति-वियोग दोनों का असह्य दुख वे झेल रही हैं। उनके एकमात्र चिरंजीव प्रतापगढ़ के कुँवर श्री रामसिंहजी से मातामह राजा श्री अजीतसिंहजी का कुल प्रजावान् है।

श्रीमती सूर्यकुमारीजी के कोई सन्तति जीवित न रही। उनके बहुत आग्रह करने पर भी राजकुमार श्री उमेदसिंहजी ने उनके जीवन-काल में दूसरा विवाह नहीं किया। किन्तु उनके वियोग के पीछे, उनके आज्ञानुसार कृष्णगढ़ में विवाह किया जिससे उनके चिरंजीव वंशांकुर विद्यमान हैं।

श्रीमती सूर्यकुमारीजी बहुत शिक्षिता थीं। उनका अध्ययन बहुत विस्तृत था। उनका हिन्दी का पुस्तकालय परिपूर्ण था। हिन्दी इतनी अच्छी लिखती थीं और अक्षर इतने सुन्दर होते थे कि देखनेवाला चमत्कृत रह जाता। स्वर्गवास के कुछ समय पूर्व श्रीमती ने कहा था कि स्वामी विवेकानन्दजी के सब ग्रन्थों, व्याख्यानों और लेखों का प्रामाणिक हिन्दी अनुवाद मैं छपवाऊँगी। बाल्यकाल से ही स्वामीजी के लेखों और अध्यात्म, विशेषतः अद्वैतवेदान्त, की ओर श्रीमती की रुचि थी। श्रीमती के निदेशानुसार इसका कार्य्यक्रम बाँधा गया। साथ ही श्रीमती ने यह इच्छा प्रकट की कि इस सम्बन्ध में हिन्दी में उत्तमोत्तम ग्रन्थों के प्रकाशन के लिए एक अक्षय नीवी की व्यवस्था का भी सूत्रपात हो जाए। इसका व्यवस्थापत्र बनते-न-बनते श्रीमती का स्वर्गवास हो गया।

राजकुमार श्रीउमेदसिंहजी ने श्रीमती की अन्तिम कामना के अनुसार लगभग एक लाख रुपया श्रीमती के इस संकल्प की पूर्ति के लिए विनियोग किया। काशी नागरी प्रचारिणी सभा के द्वारा इस ग्रन्थमाला के प्रकाशन की व्यवस्था हुई है। स्वामी विवेकानन्दजी के यावत् निबन्धों के अतिरिक्त और भी उत्तमोत्तम ग्रन्थ इस ग्रन्थमाला में छापे जाएँगे और लागत से कुछ ही अधिक मूल्य पर सर्वसाधारण के लिए सुलभ होंगे। इस ग्रन्थमाला की बिक्री की आय इसी अक्षय नीवी में जोड़ दी जाएगी। यों श्रीमती सूर्यकुमारी तथा श्रीमान् उमेदसिंहजी के पुण्य तथा यश की निरन्तर वृद्धि होगी और हिन्दी भाषा का अभ्युदय तथा उसके पाठकों का ज्ञान-लाभ।

—श्रीचन्द्रधर शर्मा

वक्तव्य

रामकृष्ण की इसी लीलाभूमि पर भगवान् बुद्धदेव भी हुए हैं जिनके प्रभाव से एशियाखंड का सारा पूर्वार्द्ध भारत को इस गिरी दशा में भी प्रेम और श्रद्धा की दृष्टि से देखता चला जा रहा है। रामकृष्ण के चरितगान का मधुर स्वर भारत की सारी भाषाओं में गूँज रहा है पर बौद्ध धर्म्म के साथ ही गौतम बुद्ध की स्मृति तक जनता के हृदय से दूर हो गई है। 'भरथरी' और गोपीचन्द के जोगी होने के गीत गाकर आज भी कुछ रमते जोगी स्त्रियों को करुणार्द्र करके अपना पेट पालते चले जाते हैं पर कुमार सिद्धार्थ के महाभिनिष्क्रमण की सुध दिलानेवाली वाणी कहीं नहीं सुनाई पड़ती है। जिन बातों से हमारा गौरव था उन्हें भूलते-भूलते आज हमारी यह दशा हुई।

यह 'बुद्ध-चरित' अंग्रेजी के Light of Asia का हिन्दी काव्य के रूप में अवतरण है। यद्यपि ढंग इसका ऐसा रखा गया है कि एक स्वतन्त्र हिन्दी काव्य के रूप में इसका ग्रहण हो पर साथ ही मूल पुस्तक के भावों को स्पष्ट करने का भी पूर्ण प्रयत्न किया गया है। दृश्य वर्णन जहाँ अयुक्त या अपर्याप्त प्रतीत हुए वहाँ बहुत कुछ फेर-फार करना या बढ़ाना भी पड़ा है। अंग्रेजी अलंकार जो हिन्दी में आनेवाले नहीं थे वे खोल दिए गए हैं; जैसे मूल में यह वाक्य था–

...Where the Teacher spake
Wisdom and power,

इसमें Hendiadys नामक अलंकार था जिसमें किसी संज्ञा का गुणवाचक शब्द उसके आगे एक संयोजक शब्द डालकर संज्ञा बनाकर रख दिया जाता है–जैसे, ज्ञान और ओज = ओजःपूर्ण ज्ञान। उक्त वाक्य हिन्दी में इस प्रकार किया गया है–"ओजपूर्ण अपूर्व भाख्यो ज्ञान श्रीभगवान्।" तात्पर्य यह कि मूल के भावों का भी पूरा ध्यान रखा गया है। शब्द बौद्ध शास्त्रों में व्यवहृत रखे गए हैं। उनकी व्याख्या भी फुटनोट में कर दी गई है। कुछ चित्र भी दिए गए हैं जो काशी के कुशल चित्रकार श्रीयुत केदारनाथ द्वारा अंकित हैं। यदि काव्य-परम्परा के प्रेमियों का कुछ भी मनोरंजन होगा तो मैं अपना श्रम सफल समझूँगा।

जिस वाणी में कई करोड़ हिन्दीभाषी रामकृष्ण के मधुर चरित का स्मरण करते आ रहे हैं उसी वाणी में भगवान् बुद्ध को स्मरण कराने का यह लघु प्रयत्न है। यद्यपि यह वाणी व्रजभाषा के नाम से प्रसिद्ध है पर वास्तव में अपने संस्कृत रूप में यह सारे उत्तरापथ की काव्यभाषा रही है और है।

काव्य-भाषा

प्राकृत-काल

प्राचीन आर्य्यभाषा की भिन्न-भिन्न स्थानों की बोलियों को थोड़ा बहुत समेटकर, पर पश्चिमोत्तर की 'भाषा' का ढाँचा आधारवत् रखकर, जिस प्रकार संस्कृत खड़ी हुई उसी प्रकार पीछे से यह काव्यभाषा भी पछाहँ की बोली (व्रज से लेकर मारवाड़ और गुजरात तक की) का आधार रखकर, और-और बोलियों को भी थोड़ा बहुत समेटती हुई, चली और बहुत दिनों तक केवल अपभ्रंश या भाषा ही कहलाती रही। काव्यभाषा में पच्छिमी बोली की प्रधानता का कारण यह है कि कविता राजाश्रय पाकर हुआ करती थी और इधर हजार-बारह सौ वर्ष से राजपूतों की बड़ी-बड़ी राजधानियाँ राजपूताने, गुजरात, मालवा, दिल्ली आदि में ही रहीं। हेमचन्द्र ने जिस अपभ्रंश का उल्लेख अपने व्याकरण में किया है वह पछाहीं भाषा है जिसका व्यवहार व्रजमंडल से लेकर राजपूताने और गुजरात तक था। इस बात को उन्होंने "शेषं शौरसेनीवत्" कहकर स्पष्ट कर दिया है। अपभ्रंश के जो दोहे उन्होंने दिए हैं वे पछाहीं भाषा के हैं। प्रबन्धचिन्तामणि और कुमारपाल प्रतिबोध आदि ग्रन्थों में भी जो पद्य हैं उनका ढाँचा पच्छिमी हिन्दी का है। नीचे कुछ उदाहरण दिए जाते हैं–

(1) अम्मणिओ **संदेसडओ** तारय कन्ह कहिज्ज।
जग दालिद्दिहि **डुब्बिउं** बलिबंधणह मुहिज्ज।

(2) जेह आसावरि देहा **दिन्हउ**। सुस्थिर डाहररज्जा **लिन्हउ**

(3) सउचित्त हरिसट्ठी मम्मणह बत्तीस **डीहियाँ**
हियम्मि ते नर दड्ढ सीझे जे बीससइ **थियाँ**।

(4) जइ यह रावण **जाइयउ** दहमुह इक्कु सरीर।
जणणि वियंभी चिन्तवइ कवणु पियावउँ खीर।

---

1. हमारा संदेसा तारक (तारनेवाले) कान्ह को कहना। जगत दारिद्र्य में डूबा है, बलि के बन्धन को छोड़ दीजिए।
2. जिसने आसावरि देश दिया, सुस्थिर डाहर राज्य लिया।
3. सब चित्तों को हरने के लिए काम की बातों में दक्ष स्त्रियों पर जो विश्वास करते हैं वे नर हृदय में बहुत सीझते (सन्ताप सहते) हैं।
4. जब यह दस मुँह और एक शरीरवाला रावण उत्पन्न हुआ, (तब) माता अचम्भे में आई हुई सोचती है कि किसको दूध पिलाऊँ।

(5) **उड्डावियउ** वराउ।

(6) माणुसडा दस दस दसा सुनियइ लोय पसिद्ध।
मह कंतह **इक्कज** दसा अवरि ते चोरिहि लिद्ध।

(7) राणा सब्बे वाणिया जेसलु **बड्डउ** सेठि।

(8) एहुँ **जाणेवउँ** जइ मणसि तो जिण आगम जोइ।

(9) एकला **आइबो,** एकला **जाइबो** हाथ पग वे झाड़ी।

(10) झाली तुट्टी किं न मुउ किं न **हुयउ** छार पुंज।
हिंडइ दोरी **बंधीअउ** जिम मक्कड़ तिम मुंज।

इन पद्यों में हम व्रजभाषा के भूतकाल और पुं. कर्त्ता और कर्मकारक के रूपों के बीज पाते हैं जैसे संदेसडओ (आधुनिक सन्देसड़ो); बड्डउ (= बड्डो = बड़ो); दिन्हउ, लिन्हउ (= दीन्हो, लीन्हो); डुब्बिउ (= डूब्यो); जाइयउ (= जायो); उड्डावियउ (= गुजराती उड़ावियो = व्रज. उड़ायो); हुयउ (= हुओ); बँधीअउ (= बँध्यो)। क्रिया के पुरुषकाल-वर्जित साधारण रूप 'जाणेबउँ' (पुराना), 'आइबो', 'जाइबो' भी मौजूद हैं। संज्ञा के बहुवचन रूप भी हैं जो अवधी आदि पूरबी भाषाओं में बिना कारकचिह्न लगे नहीं होते जैसे, **'डीहियाँ थियाँ =** बढ़ी चढ़ी स्त्रियाँ। स्त्रीलिंग विशेषणों में भी विशेष्य बहुवचन के अनुसार विशेषण का बहुवचन रूप होना अभी थोड़े दिनों पहले था और वली आदि उर्दू के पुराने शायरों में क्या इंशा की 'ठेठ हिन्दी की कहानी' तक में बराबर मिलता है। इक्कज (= एक ही) तो शुद्ध मारवाड़ी और गुजराती है।

काव्य की यह भाषा बहुत प्राचीन काल में बन चुकी थी। यही हिन्दी की काव्यभाषा का पूर्वरूप है। ढाँचा पच्छिमी होने पर भी यह काव्य की सामान्य भाषा थी जिसका प्रचार सारे उत्तरापथ में था। इसका प्रमाण इसी बात से मिलता है कि प्राकृतों के समान इसमें देशभेद करने की आवश्यकता नहीं समझी गई। प्राकृत व्याकरणों में जिसका उल्लेख अपभ्रंश के नाम से हुआ है काव्यभाषा के रूप में उसका प्रचार व्रज, मारवाड़ और गुजरात तक ही नहीं था एक प्रकार से सारे उत्तरीय भारत में था। इस व्यापकत्व के लिए यह आवश्यक था कि उसमें अवध आदि मध्यदेश के शब्द और रूप भी कुछ मिलें। जिन स्थानों में ऊपर दिए हुए उदाहरण हैं उन्हीं में ऐसे रूपान्तरों के भी उदाहरण हैं जो अवधी और खड़ी बोली का आभास देते हैं।

---

5. उड़ा दिया (गया) बेचारा।
6. मनुष्य की दस दशाएँ लोक में प्रसिद्ध सुनी जाती हैं, (पर) मेरे कन्त की एक ही दशा (दारिद्र्य) है और जो थीं वे चोरों ने हर लीं।
7. सब राणा बनिए हैं, जैसल बड़ा सेठ है।
8. यह जानना यदि मन में है तो जिनागम देख।
9. अकेले आना, अकेले जाना दोनों हाथ पैर झाड़कर।
10. जलकर या टूटकर क्यों न मरा, राख क्यों न हो गया ? जैसे बन्दर वैसे मुंज डोरी में बँधा घूमता है।

(11) नव जल **भरिया** मग्गड़ा गयणि धड़क्कइ मेहु
इत्थंतरि जरि आविसिइ तउ जाणीसिइ नेहु।
(12) **कसुकरु** रे पुत्त कलत्त धी, **कसुकरु** रे करसण बाड़ी?
(13) सइ, सउ खंगारिहि **प्राणकइ** बइसानर होमीइ।
(14) महिवीढह सचराचरह जिण सिर **दिन्हा** पाय।
(15) अड़विहि पत्ती नइहि जलु तो वि न **बूहा** हत्थ।
(16) एक्के दुन्नय जे **कया** तेहि नीहरिय घरस्स।
(17) कुलु कलंकिउ, मलिउ माहप्पु, मलिणी**कय** सयणमुह।
दिन्न हत्थु नियगुण कडप्पह जगु ज्झंपियो अवजसिण।
(18) भुवणि वसंत **पयट्ठ।**
(19) मह सग्गगयस्स वि पिट्ठि **लग्ग।**
(20) भल्ला हुआ जु **मारिआ** वहिणि महारा कन्तु।

ऊपर के अवतरणों * के ये शब्द ध्यान देने योग्य हैं–क्रिया के भूतकालिक रूप– 'भरिया' (खड़ी बोली और पंजाबी का पुराना रूप, जैसे, टपका लागा फूटिया कछु नहिं आया हाथ–कबीर। आधु. पंजाबी भर्‌या, खड़ी और अवधी भरा) 'दिन्हा' = दिया, बूहा = हिलाया, व्यूहित किया, कया = किया (खड़ी और अवधी के रूप)। दिन्नु = दिया (अवधी 'दीन' का पूर्व रूप); पयट्ठु = पैठा (अवधी 'पैठ'); 'लग्ग' = लगा (अवधी 'लाग' का पूर्व रूप)। सम्बन्धकारक सर्वनाम 'कसु करु' = (खड़ी. किस का; अवधी केहि कर)। कर्मचिह्न–'प्राणकइ' (अवधी 'प्राण के' = प्राण को)।

ये उदाहरण विक्रम की 12वीं, 13वीं और 14वीं शताब्दी में बने ग्रन्थों से लिए गए हैं पर इनमें से अधिकतर संगृहीत हैं और संग्रहकाल से बहुत पहले के हैं। कुछ तो मुंज और भोज के समय (सं. 1036) के हैं। इस प्रकार हिन्दी की काव्यभाषा के पूर्व रूप का पता विक्रम की 11वीं शताब्दी से लगता है। जैसा पहले कहा जा चुका है यद्यपि इस भाषा का ढाँचा पच्छिमी (ब्रज का-सा) था पर यह साहित्य की एक व्यापक भाषा हो गई थी।

---

11. नए जल से भरा हुआ रास्ता, गगन में मेघ धड़कता है। इस अन्तर में जो (तू) आएगा तो तेरा नेह जाना जाएगा।
12. किसका रे पुत्र कलत्र और कन्या, किसकी रे खेती बारी ?
13. (मैं) सती खेगार के साथ प्राण को वैश्वानर में होमती हूँ।
14. पृथ्वी की पीठ पर जिसने सचराचर के सिर पर पाँव दिया।
15. अटवी (= जंगल) की पत्ती, नदी का जल (था) तो भी हाथ न हिलाया।
16. एक दुर्नय (अनीति) जो किया उससे निकली घर से।
17. कुल कलंकित किया, माहात्म्य मल दिया, सज्जनों का मुँह मलिन किया, अपने गुण कलाप को हाथ दिया (धक्का देकर निकाल दिया), जगत् ढाक दिया अपयश से।
18. भुवन में वसन्त पैठा।
19. मुझ स्वर्ग गए की भी पीठ लगे।
20. भला हुआ जो मारा गया, बहिन, हमारा कन्त।

* यहाँ तक अपभ्रंश के ये उदाहरण न. 2 को छोड़कर नागरी-प्रचारिणी पत्रिका में प्रकाशित श्रीयुत पंडित चन्द्रधरजी गुलेरी, बी.ए., के 'पुरानी हिन्दी' नामक लेख से लिए गए हैं।

इस व्यापकता के कारण और प्रदेशों के शब्द और रूप भी इसके भीतर आ गए थे। ऊपर उद्धृत कविताएँ टकसाली भाषा की हैं और प्रायः पछाहँ के चारणों और कवियों की रची हैं। इससे उनमें पंजाबी और अवधी ही तक के रूप मिलते हैं। पर 'प्राकृत पिंगलसूत्र' में और पीछे के काल तक की (हम्मीर के समय तक की) तथा और पूरबी प्रदेशों की कविताओं के नमूने भी हैं। नीचे दिए हुए पद्यों में अलग-अलग बोलियों के नमूने चुनिए—

(1) कोहे **चलिअ** हम्मीर बीर गअजुह संजुत्ते।
किअउ कट्‌ठ हाकंद मुच्छि[1] मेच्छिअ[2] के पुत्ते।

(2) चंचल जुव्वण जात ण जाणहि छइल्ल समप्पइ **काइँ** णहीं ?

(3) कासीसर राणा **किअउ पआणा** विज्जाहर[3] भण मंतिवरे।

(4) ढोल्ला[4] **मारिअ** ढिल्लि[5] **महँ** मुच्छिव[6] मेच्छ सरीर।

(5) हमिर बीर जब रण **चलिआ**। तुरअ तुरअहि **जुज्झिया**। अप्प पर णहि **बुज्झिया।**

(6) विणास **करू**। गिरि हत्थ **धरू।**

(7) तुम्हाण, अम्हाण। चंडेसो, **रक्खे** सो। गोरी **रक्खो।**

(8) भवाणी **हसंती**। दुरित्तं **हरंती।**

(9) सो हर **तोहर**। संकट संहर।

(10) पसण्ण **होउ** चंडिआ।

(11) सरस्सई[7] पसण्ण **हो।**

(12) वित्तक **पूरल** मुंदहरा।[8] बरिसा समआ सुक्खकरा।

(13) अहि ललइ, महि चलइ **मुअल** जिवि उट्‌ठए।

(14) राजा जहा लुद्ध। पंडीअ[9] **हो** मुद्ध।

(15) जे जे सेता वण्णीआ, **तुम्हा** कित्ती जिण्णीआ।

(16) **चल** कमल-णअणिआ। खलइ थण-वसणिआ।

(17) मण मज्झ बम्मह[10] **ताव।** णहु कंत अज्जु वि **आव।**

(18) णच्चे बिज्जू पिय सहिआ। **आवे** कंता, सहि, **कहिआ** ?

(19) सोउ जुहिट्‌ठिर संकट **पाआ**। देवक लेखिअ केण **मिटाआ।**

(20) **गज्जउ** मेह कि अंबर सामर। **फुल्लउ** णीव,[11] कि **बुल्लउ** भम्मर। एक्कउ जीअ पराहिण[12] अम्मह। की लउ पाउस, की लउ बम्मह।

---

1. मूर्छित होकर,
2. म्लेच्छों,
3. विद्याधर,
4. ढोल, डंका,
5. दिल्ली,
6. मूर्च्छो = मूर्च्छित हुआ,
7. सरस्वती,
8. मुंदहरा = मुँडगृह = मुँडेरा,
9. पंडित,
10. मन्मथ,
11. नीप = कदंब,
12. पराधीन।

(21) कालिक्का संगामे...। णच्चंती संहारो। दूरित्ता **हम्मारो।**

(22) हत्थी जूहा। **सज्जा हूआ।**

(23) तरुण तरणि तवइ धरणि पवण **बह** खरा।
लग णहि जल, बड़ मरुथल जणजिवणहरा।
दिसइ चलइ हिअअ डुलइ, हम इकलि बहू
घर णहि पिअ सुणहि पहिअ मण **इछल कहूँ**

(24) णव मंजरि लिज्जिअ चूअह **गाछे।**
परिफुल्लिअ केसु णआवण **आछे।**
जए एत्थिँ दिगंतर जाइहि कंता।
किअ मम्मह **णच्छि,** कि **णच्छि** वसंता।

(25) जो पुण पर-उअआर[1] बिरुज्झइ[2]। तासु जणणि किं ण **थक्कइ बँज्झइ।**

(26) आउ बसंत काह, सहि, करिहउँ कंत ण **थक्कइ** पासे। व्रज, मारवाड़ी–'किअउ' = कियो। हम्मारो।

खड़ी, पंजाबी–चलिअ, मारिअ, चलिआ, जुज्झिया, बुज्झिया (= चल्या चला, मार्‍या मारा, इत्यादि)। रक्खो, रक्खे, हो, ढोल्ला, पयाणा, सज्जा हूआ (व्रज के समान ढोल्लो, पयाणो, सज्जउ हुयउ नहीं)। तुम्हाण अम्हाण = तुम्हें हमें। तुम्हा (पुराना रूप) = तुम्हारी। हसंती, हरंती (कृदंत रूप हँसती, हरती)।

बैसवाड़ी, अवधी–'करू धरू' = किया, धरा (तुलसी का 'कर धर')। चल = चलती है, ताव = तपाता है, बह = बहता है (उ.–उत्तर दिसि सरजू बह पावनि)। आव = आया। आवे = आए = आवेगा (जैसे, ऊ कब आए ?)। पाआ, मिटाआ = पावा, मिटावा = पाया, मिटाया। बड़ = बड़ा। लग = पास, निकट (ठेठ अवधी)। कहिआ = कब (ठेठ पूरबी या अवधी। उ.–कह कबीर किछु अछिलो न जहिया। हरि बिरवा प्रतिपालेसि तहिआ।)

भोजपुरी, मैथिली, बँगला–इछल = इच्छा की। पूरल, मुअल = पूरा, मरा। तोहर = तोहरा = तुम्हारा। णच्छि = नहीं है (मैथिलों की छि छिं)। आछे, थक्कइ (बँगला)। गाछे = वृक्ष में (बिहारी, मैथिली, बँगला)।

सारांश यह कि अपभ्रंश के नाम से जिस भाषा के पद्य हेमचन्द्र के व्याकरण में तथा कुमारपाल प्रतिबोध, प्रबन्धचिन्तामणि आदि काव्यों में मिलते हैं वह ज्यों-की-त्यों किसी एक स्थान की बोलचाल की भाषा नहीं है, कवि-समय-सिद्ध सामान्य भाषा है। यह भाषा सामान्यतः दो प्रकार से बनाई गई–

(1) उदारतापूर्वक और-और प्रदेशों की बोलियों (अपभ्रंशों) को भी कुछ स्थान देने से।

---

1. पर-उपकार,
2. विरोध करता है।

ऊपर जो उदाहरण दिए गए हैं वे इस बात के स्पष्ट प्रमाण हैं। यदि हम कई स्थानों में प्रचलित शब्दों और रूपों को समेटकर एक भाषा खड़ी करें तो उसमें कृत्रिमता का आभास रहेगा। शब्दों में से कुछ कहीं और कुछ कहीं बोले जाते हों तो भी एक ही प्रदेश में सबके न बोले जाने के कारण सब जगह वह कुछ-न-कुछ कृत्रिम लगेगी—यहाँ तक कि उस स्थान पर भी जहाँ का उसका ढाँचा होगा। आज भी यदि हम पंजाब, व्रज, अवध, बिहार इन सब स्थानों की चलती बोलियों को समेटकर ही—बिना किसी पुरानी भाषा का पुट दिए—भाषा का एक हौवा खड़ा करें तो वह प्रगल्भता और प्रचुरता में संस्कृत और अरबी से टक्कर लेने लगे। इस प्रकार एक व्यापक और प्रकांड भाषा तो बन जाएगी पर उसमें जीवनी शक्ति उतनी न होगी।

(2) साहित्य की कृत्रिम प्राकृत के पुराने शब्दों को उसी प्रकार स्थान देने से जिस प्रकार पीछे हिन्दी-कविता में तत्सम संस्कृत शब्दों को स्थान दिया जाने लगा।

उद्धृत कविताओं में स्वर्ग का 'सग्ग', विद्याधर का 'विज्जाहर', नीप का 'णीव', मन्मथ का 'बम्मह', लोक का 'लोय' प्राकृत की रूढ़ि के अनुसार है। इसी प्रकार प्राकृत से 'पयोहर' (पयोधर), 'महुअर' (मधुकर), रूअ (रूप), कइ (कवि), मिअणअणी (मृगनयनी) आदि शब्द ज्यों-के-त्यों लेकर रखे जाते थे। कहने की आवश्यकता नहीं कि ये बोलचाल के शब्द नहीं थे। बिना साहित्य की प्राकृत पढ़े न कोई कवि पंडित कहलाता था, न उसकी कविता शिष्ट समझी जाती थी। इसी कारण अपभ्रंश की कविता में भी ऐसे-ऐसे वाक्य देखने में आते हैं—रे धणि, मत्त-मअंगज-गामिणि खंजन-लोअणि चंदमुही। इसे उसी प्रकार उस समय की भाषा न समझना चाहिए जिस प्रकार "सुरम्यरूपे, रसराशिरंजिते !" को आजकल की।

इस प्रकार देश की ठीक-ठीक बोलचाल की भाषा बराबर दबी-सी रही, उभरकर भोजपत्र, तालपत्र, ताम्रपत्र या कागज पर न आने पाई। कवि लोगों की वाणी सर्वसाधारण की वाणी से भिन्न रही। अपभ्रंश-काल की प्राचीन हिन्दी में सबसे अधिक ध्यान देने की बात यह है कि उसमें एक भी संस्कृत शब्द न मिलेगा। साहित्य की कृत्रिम प्राकृत के शब्द पढ़े-लिखे लोगों के शब्द समझे जाते रहे और काव्यों में वही काम देते रहे जो पीछे संस्कृत के शब्द देने लगे। पृथ्वीराज रासो का यदि कुछ अंश भी असली माना जाए तो यह कहा जा सकता है कि उसके रचना-काल में काव्यभाषा में संस्कृत शब्दों का मिलना प्रारम्भ हो चुका था यद्यपि चारणों की परम्परा में प्राकृत-मिली भाषा हम्मीरदेव के समय तक चलती रही और राजपूताने में शायद अब तक थोड़ी बहुत चली चलती है। पर यही कहना चाहिए कि चन्द कवि के पीछे प्राकृत के शब्द—जो संस्कृत की अपेक्षा कहीं ज्यादा नकली थे—क्रमशः निकलते गए और धराऊ शब्दों का सजावटी काम संस्कृत शब्द ही देने लगे। प्राकृत का पठन-पाठन उठ गया। प्राकृत केवल साहित्य की भाषा थी। उसमें 'गत' का भी 'गय' और 'गज' का भी 'गय', 'मोक्ष' का भी 'मुक्ख' और 'मूर्ख' का भी 'मुक्ख' होने से अर्थबोध में कठिनाई पड़ने लगी। इस प्रकार विचार करने से हिन्दी काव्यभाषा के दो बहुत ही स्पष्ट काल दिखाई पड़ते हैं—प्राकृत-काल और संस्कृत-काल;

अर्थात् एक वह काल जिसमें भाषा की सजावट के लिए प्राकृत के शब्द लाए जाते थे, दूसरा वह काल जिसमें संस्कृत के शब्द लिए जाने लगे।

संस्कृत-काल

संस्कृत-काल की काव्यभाषा में भी परम्परागत प्राकृत के कुछ पुराने शब्दों को कवि लोग बराबर लाते रहे। भुवाल (भूपाल), सायर (सागर), दीह (दीर्घ), गय (गज), बसह (वृषभ), नाह (नाथ), ईछन (ईक्षण), लोय (लोक, लोग), लोयन (लोचन) आदि प्राकृत के शब्द सूर, तुलसी, बिहारी आदि के ग्रन्थों में इधर-उधर मिलते हैं। इसे कहते हैं परम्परा का निर्वाह !

देश की बोलचाल की चलती भाषा से अपना रूप कुछ भिन्न रखकर किस प्रकार काव्य की भाषा अपनी शान बनाए रही और स्वाभाविक भाषा किस प्रकार दबी रही यह पहले कहा जा चुका है। इसी बीच में देश में मुसलमानों का आना हुआ जो जरा जबान के तेज थे। उस समय तक दिल्ली की बोली (खड़ी) साहित्य या काव्य की भाषा नहीं थी और प्रादेशिक बोलियों के समान वह भी एक कोने में पड़ी थी। पठानों की राजधानी जब दिल्ली हुई तब मुसलमानों को वहाँ की बोली ग्रहण करनी पड़ी। खुसरो ने उस बोली में कुछ पद्य कहे पर परम्परागत काव्यभाषा (व्रजभाषा) की झलक उनमें बराबर बनी रही। दो-एक उदाहरण लीजिए।

उदाहरण–

(क) *अति सुंदर जग चाहै जाको। मैं भी देख भुलानी वाको।*
देख रूप भाया जो टोना। ए सखि ! साजन, ना सखि ! सोना।

(ख) *टट्टी तोड़ के घर में आया। अरतन बरतन सब सरकाया।*
खा गया, पी गया दे गया बुत्ता। ए सखि ! साजन, ना सखि कुत्ता।

पहले पद्य में व्रजभाषा का पूरा ढाँचा है; दूसरा पद्य खासी खड़ी बोली में है। खुसरो में व्रजभाषा का यही पुट देखकर उर्दूभाषा का इतिहास लिखनेवाले उर्दू-लेखकों को यह भ्रम हुआ कि उर्दू अर्थात् खड़ी बोली व्रजभाषा से निकल पड़ी। पर असल में व्रजभाषा का मेल परम्परागत काव्यभाषा के प्रभाव के कारण था। इस बढ़ती हुई गजलबाजी के जमाने में और ख़ास दिल्ली में अब भी घरेलू गीतों, कहावतों आदि की भाषा कुछ और ही है, उसमें वह खड़ापन या अक्खड़पन नहीं है। खुसरो ही तक बात ख़तम नहीं हुई, उर्दू के पुराने शायर बहुत दिनों तक 'नैन' 'जगत' 'सौं' आदि रसपरिपुष्ट शब्द लाते रहे। पीछे के शायरों ने प्रयत्नपूर्वक देश की परम्परागत काव्यभाषा से अपना पीछा छुड़ाया और खड़ी बोली को अनन्य भाव से ग्रहण कर और उसे अरब और फारस की पोशाक पहनाकर अपनी साहित्य-भाषा एकबारगी अलग कर ली। कहने का तात्पर्य यह कि पुराने उर्दू-कवियों में व्रजभाषा का पुट केवल यह बतलाता है कि उर्दू-कविता पहले स्वभावतः देश की काव्यभाषा का सहारा लेकर उठी; फिर जब टाँगों में बल आया तब किनारे हो गई, यह नहीं कि खड़ी बोली का अस्तित्व उस समय था ही नहीं और दिल्ली, मेरठ आदि में भी व्रजभाषा बोली जाती थी।

प्राकृत के ग्रन्थों में अपभ्रंश के जो नमूने मिलते हैं वे ठीक बोलचाल की भाषा में नहीं हैं, कविपरम्परासिद्ध भाषा में हैं इसका निश्चय खुसरो के पद्यों से हो जाता है। रणथम्भौर के हम्मीरदेव अलाउद्दीन के समय में थे जिसके यहाँ खुसरो का रहना इतिहास-प्रसिद्ध है। वि. सं. 1353 के लगभग अलाउद्दीन गद्दी पर बैठा था। अब हम्मीर के समय में या उनके कुछ पीछे बने हुए पद्यों की भाषा को खुसरो की भाषा से मिलाकर देखिए। हो सकता है कि खुसरो की कविता फारसी अक्षरों में लिखी जाने के कारण अपने ठीक रूप में न आ सकी हो, पर कहाँ तक फर्क पड़ा होगा।

पहली प्राणप्रतिष्ठा

अब बोलचाल की चलती बोलियाँ दबी न रह सकीं। मिथिला में विद्यापति ठाकुर ने अपने प्रदेश की बोलचाल की भाषा को आगे किया और उसमें सरस कविता करके वे मैथिल कोकिल कहलाए। इधर व्रजभूमि के कवियों की कृपा से काव्यभाषा का व्रजत्व बढ़ा। जो भाषा साहित्य की भाषा बनकर बोलचाल की भाषा से कुछ अलग-अलग बड़ी ठसक से चल रही थी वह व्रजमंडल की चलती हुई भाषा के प्रवाह में डुबाई गई जिससे उसमें नया जीवन आ गया, वह निखरकर जीती जागती भाषा के मेल में हो गई। पर इस बोर में भी काव्यभाषा के परम्परागत पुराने रूप कुछ-न-कुछ साथ लगे रहे, या यों कहिए कि जान-बूझकर रख लिए गए। 'जासु', 'तासु', 'नाह', 'ईछन', 'दीह', 'लोयन' आदि बहुत से पुराने पड़े हुए, बोलचाल से उठे हुए या अप्रचलित प्राकृत साहित्य से आए हुए शब्द तथा शब्दों के कालवाचक और कारकसूचक रूप (जैसे, शोभिजै, कहियत, आवहिं, करहिं, रामहिं) परम्परा रक्षित रखने के लिए बराबर लाए जाते रहे। ये चलती हुई व्रजभाषा के शब्द और रूप नहीं हैं, उस कविसम्मत भाषा के शब्द और रूप हैं जिसकी परम्परा बहुत पुरानी है। इसका स्पष्ट प्रमाण यह है कि अवधी बोली (जो पूरबी है) के कवियों ने भी इनका प्रयोग किया है। अवधी की कविता में 'जासु' 'तासु' बराबर मिलेंगे पर 'जाको' 'ताको' आदि चलती हुई व्रजभाषा के रूप नहीं पाए जाएँगे; इनके स्थान पर उसमें 'जाकर' 'ताकर' या 'जेकर' 'तेवर' मिलेंगे।

इधर काव्यभाषा ने व्रज का चलता रूप पूरा-पूरा धारण किया उधर साहित्य की ओर अवधप्रदेश की भाषा भी अग्रसर हुई। पहले तो इसे लेकर वे लोग ही चले जिनका शिष्ट साहित्य से विशेष सम्पर्क न था। कबीरदास ने यद्यपि पँच-रंगी मिली-जुली भाषा का व्यवहार किया है जिसमें व्रजभाषा क्या उस खड़ी बोली या पंजाबी तक का पूरा-पूरा मेल है जो पन्थवालों की सधुक्कड़ी भाषा* हुई पर पूरबी भाषा की झलक उसमें अधिक है। 'जहिया', 'तहिया', 'आउब', 'जाब' आदि पूरबी प्रयोग भरे पड़े हैं। धीरे-धीरे अवध

* खड़ी बोली मुसलमानों की भाषा हो चुकी थी। मुसलमान भी साधुओं की प्रतिष्ठा करते थे, चाहे वे किसी दीन के हों। इससे खड़ी बोली दोनों धर्म्मों के अनपढ़े लोगों को साथ लगानेवाले और किसी एक के भी शास्त्रीय पक्ष से सम्बन्ध न रखनेवाले साधुओं के बड़े काम की हुई। जैसे इधर अंग्रेजों के काम की 'हिन्दुस्तानी' हुई।

में जब मुसलमानों की खासी बस्ती हो गई तब वहाँ की भाषा ने उन्हें आकर्षित किया। सहसराम के शासक हुसैनशाह के आश्रित कुतबन ने अवधी बोली में 'मृगावती' लिखी। हुसैनशाह के पुत्र शेरशाह के जमाने में मलिक मुहम्मद जायसी ने 'पद्मावत' लिखकर हिन्दुओं के घरेलू भावों का जो माधुर्य दिखाया उससे अवधी भाषा की शक्ति का परिचय मिल गया। सूरदास आदि अष्टछाप के कवियों ने जिस प्रकार अपने उपास्य देव की जन्मभूमि की भाषा प्रेमपूर्वक ली उसी प्रकार गोस्वामी तुलसीदास ने अपने उपास्य की जन्मभूमि अयोध्या की भाषा में अपना रामचरित-मानस लिखा। ऐसे महाकवि के हाथ में पड़कर अवधी भाषा पूर्व से पश्चिम तक ऐसी गूँजी कि काव्य की सामान्य भाषा ने अष्टछाप के कवियों द्वारा व्रज का जो चलता विशुद्ध रूप पाया था उसमें बाधा पड़ने का सामान हुआ। रहीम ने अवधी भाषा की ओर विशेष रुचि दिखाई। 'बरवै नायिका-भेद' तो उन्होंने अवधी भाषा में लिखा ही, अपने नीति के चुटीले दोहों में भी अवधी के भोलेपन का पूरा सहारा लिया। धीरे-धीरे व्रजभाषा की विशुद्धता की ओर बहुत से कवियों का ध्यान नहीं रहा और वे व्रजभाषा की कविता में भी अवधी के शब्दों और रूपों का मनमाना व्यवहार करने लगे। अल्प शक्तिवाले कवियों को इसमें सुबीता भी बहुत दिखाई दिया—एक ही अर्थ सूचित करने के लिए शब्दों की एक खासी भीड़ उन्हें मिल गई। कीनो, कियो, कर्‍यो, कर, किय, कीनः, आवैं, आवहिं (मौका पड़ने पर 'आवहीं' भी), आवत; थोरो, थोरः, मेरो, मोरः, तेरो, तोर—जो छन्द में बैठा रख दिया। प्राकृत आदि के पुराने शब्द बने ही थे। इस प्रकार काव्यभाषा के फिर एक सामान्य और किंचित् कृत्रिम रूप प्राप्त करने की आशंका हुई।

इसमें अवध और बुन्देलखंड के कवियों ने विशेष योग दिया। कृत्रिम प्राकृत का षट्भाषावाला लक्षण (संस्कृतं प्राकृतं चैव शूरसेनी तदुद्भवा। ततोऽपि मागधी प्राग्वत् पैशाची देशजापि च।) नए रूप में फिर से ताजा किया गया। 'दास' जी ने 'काव्यनिर्णय' में भाषानिर्णय भी कर डाला—

व्रजभाषा भाषा रुचिर कहैं सुमति सब कोय।
मिलै संस्कृत पारस्यौ पै अति प्रगट जु होय॥
व्रज मागधी मिलै अमर नाग यवन भाखानि।
सहज पारसी हू मिलै षड विधि कहत बखानि॥

सुनते हैं आजकल बिहारवाले भी 'भाषानिर्णय' के उद्योग में हैं और क्रियापदों से लिंगभेद का झंझट उठवाना चाहते हैं। 'हिन्दी-रचनाप्रणाली' पर पुस्तकें भी बिहार ही में अधिक छपती हैं। एक दिन एक पुस्तक मैंने उठाई। आरम्भ में ही लक्षणा के उदाहरण में मिला "तुम गधा हो"। मैंने 'आकाशे लक्ष्यं बद्ध्वा' वाक्य को ठीक तौर से दुहराकर पुस्तक रख दी। दास जी ने "व्रजभाषा हेतु व्रजवास ही न अनुमानो" कहकर मिली-जुली भाषा के लिए प्रमाण ढूँढ़ा कि—

तुलसी गंग दुऔ भए सुकविन के सरदार।
इनके काव्यन में मिली भाषा विविध प्रकार॥

इस प्रकार भाषा की दृष्टि से उर्दू की तरह हिन्दी में भी दो टाट हो गए—एक विशुद्ध भाषा का ब्रजस्कूल, दूसरा मिली-जुली भाषा का अवध-स्कूल।

अपभ्रंश या प्राकृत काल की काव्यभाषा के उदाहरणों में आजकल की भिन्न-भिन्न बोलियों के मुख्य-मुख्य रूपों के बीज या अंकुर दिखा दिए गए हैं। इनमें से ब्रज और अवधी के भेदों पर कुछ विचार करना आवश्यक है क्योंकि हिन्दी काव्य में इन्हीं दोनों का व्यवहार हुआ है। इन दोनों भाषाओं की सीमा कानपुर के पच्छिम मैनपुरी और इटावे के आस-पास ठहरती है। पच्छिमी भाषाओं में जिस प्रकार ब्रज सबसे पूरबी है उसी प्रकार पूरबी भाषाओं में अवधी सबसे पच्छिम की है। कुछ बातों में ब्रजभाषा अपने से उत्तर की खड़ी बोली के साथ मेल खाती है और कुछ बातों में अवधी के साथ।

खड़ी बोली के साथ मेल और अवधी से भेद

खड़ी बोली के समान सकर्मक भूतकाल के कर्त्ता में ब्रजभाषा में भी 'ने' चिह्न होता है चाहे काव्य में सूरदास आदि की परम्परा के विचार से उसके नियम का पालन पूर्ण रूप से न किया जाए। यह 'ने' वास्तव में करण का चिह्न है जो हिन्दी में गृहीत कर्मवाच्य रूप के कारण आया है। हेमचन्द्र के इस दोहे से इस बात का पता लग सकता है—जे महु दिण्णा दिअहड़ा दइएँ पवसंतेण = जो मुझे दिए गए दिन प्रवास जाते हुए दयित (पति) से। इसी के अनुसार सक. भूत. क्रिया का लिंग वचन भी कर्म के अनुसार होता है। पर और पूरबी भाषाओं के समान अवधी में भी यह 'ने' नहीं है। अवधी के सकर्मक भूतकाल में जहाँ कृदन्त से निकले हुए रूप लिए भी गए हैं वहाँ भी न तो कर्त्ता में करण का स्मारक रूप 'ने' आता है और न कर्म के अनुसार क्रिया का लिंग वचन बदलता है। वचन के सम्बन्ध में तो यह बात है कि कारकचिह्नग्राही रूप के अतिरिक्त संज्ञा में बहुवचन का भिन्न रूप अवधी आदि पूरबी बोलियों में होता ही नहीं; जैसे, 'घोड़ा' और 'सखी' का ब्रजभाषा में बहुवचन 'घोड़े' और 'सखियाँ' होगा पर अवधी में एकवचन का-सा ही रूप रहेगा; केवल कारकचिह्न लगने पर 'घोड़न' और 'सखिन' हो जाएगा। इस पर एक कहानी है। पूरब के एक शायर जबाँदानी के पूरे दावे के साथ दिल्ली जा पहुँचे। वहाँ किसी कुँजड़िन की टोकरी से एक मूली उठाकर पूछने लगे "मूली कैसे दोगी ?" वह बोली "एक मूली का क्या दाम बताऊँ ?" उन्होंने कहा "एक ही नहीं और लूँगा।" कुँजड़िन बोली "तो फिर मूलियाँ कहिए।"

अवधी में भविष्यत् की क्रिया केवल तिङन्त ही है जिसमें लिंगभेद नहीं है पर ब्रज में खड़ी बोली के समान 'गा' वाला कृदन्त रूप भी है जैसे, आवैगो, जायगी इत्यादि।

खड़ी बोली के समान ब्रज की भी दीर्घान्त पदों की ओर (क्रियापदों को छोड़) प्रवृत्ति है। खड़ी बोली की आकारान्त पुं. संज्ञाएँ, विशेषण और सम्बन्धकारक के सर्वनाम ब्रज में **ओकारान्त** होते हैं—जैसे, घोड़ो, फेरो, झगड़ो, ऐसो, जैसो, वैसो, कैसो, छोटो, बड़ो, खोटो, खरो, भलो, नीको, थोरो, गहरो, दूनो, चौगुनो, साँवरो, गोरो, प्यारो, ऊँचो, नीचो, आपनो, मेरो, तेरो, हमारो, तुम्हारो इत्यादि। इसी प्रकार आकारान्त साधारण क्रियाएँ

और भूतकालिक कृदन्त भी ओकारान्त होते हैं, जैसे, आवनो, आयबो, करनो, देनो, दैबो, दीबो, ठाढ़ो, बैठो, उठो, आयो, गयो, चल्यो, खायो इत्यादि। पर अवधी का कुछ लघ्वन्त पदों की ओर झुकाव है जिससे लिंगभेद का भी कुछ निराकरण हो जाता है। लिंगभेद से अरुचि अवधी ही से कुछ-कुछ आरम्भ हो जाती है। अस, जस, तस, कस, छोट, बड़, खोट, खर, भल, नीक, थोर, गहिर, दून, चौगुन, साँवर, गोर, पियार, ऊँच, नीच इत्यादि विशेषण; आपन, मोर, तोर, हमार, तुम्हार सर्वनाम और केर, कर, सन तथा पुरानी भाषा के कहँ, महँ, पहँ कारक के चिह्न इस प्रवृत्ति के उदाहरण हैं। साधारण क्रिया के रूप भी अवधी में लघ्वन्त ही होते हैं जैस, आउब, जाब, करब, हँसब इत्यादि। यद्यपि खड़ी बोली के समान अवधी में भूतकालिक कृदन्त ओकारान्त होते हैं पर कुछ अकर्मक कृदन्त विकल्प से लघ्वन्त भी होते हैं, जैसे, ठाढ़, बैठ, आय, गय; उ०—बैठ हैं = बैठे हैं।

(क) **बैठ** महाजन सिंहलदीपी। —जायसी

(ख) पाट बैठि **रह** किए सिंगारू। —जायसी

इसी प्रकार कविता में कभी-कभी वर्त्तमान की अगाड़ी खोलकर धातु का नंगा रूप भी रख दिया जाता है—

(क) सुनत बचन **कह** पवनकुमारा। —तुलसी।

(ख) उत्तर दिसि सरजू **बह** पावनि। —तुलसी।

उच्चारण—दो से अधिक वर्णों के शब्द के आदि में 'इ' के उपरान्त 'आ' के उच्चारण से कुछ द्वेष ब्रज और खड़ी दोनों पछाहीं बोलियों को है। इससे अवधी में जहाँ ऐसा योग पड़ता है वहाँ ब्रज में सन्धि हो जाती है। जैसे, अवधी के सियार, कियारी, बियारी, बियाज, बियाह, पियार (कामिहिं नारि पियारि जिमि—तुलसी), नियाव, इत्यादि ब्रजभाषा में स्यार, क्यारी, ब्यारी, ब्याज, ब्याह, प्यारो, न्याव इत्यादि बोले जाएँगे। 'उ' के उपरान्त भी 'आ' का उच्चारण ब्रज को प्रिय नहीं है; जैसे पूरबी—दुआर, कुवाँर। ब्रज—द्वार, क्वारा। इ और उ के स्थान पर य और वा की इसी प्रवृत्ति के अनुसार अवधी इहाँ उहाँ (1. इहाँ कहाँ सज्जन कर बासा। 2. उहाँ दसानन सचिव हँकारे। —तुलसी) के ब्रजरूप 'यहाँ' 'वहाँ' और 'हियाँ' 'हुवाँ' के 'ह्याँ' 'ह्वाँ' होते हैं। ऐसे ही 'अ' और 'आ' के उपरान्त भी 'इ' नापसन्द है, 'य' पसन्द है—जैसे, अवधी के पूर्वकालिक आइ, जाइ, पाइ, कराइ, दिखाइ इत्यादि और भविष्यत् आइहै, जाइहै, पाइहै, कराइहै, दिखाइहै (अथवा अइहै, जइहै, पइहै, करइहै, दिखइहै) आदि न कहकर ब्रज में क्रमशः **आय, जाय, पाय, दिखाय** तथा **आयहै, जायहै, पायहै, करायहै, दिखायहै** (अथवा अयहै = **ऐहै**, जयहै = **जैहै** आदि) कहेंगे। इसी रुचिवैचित्र्य के कारण 'ऐ' और 'औ' का संस्कृत उच्चारण (अइ, अउ के समान) पच्छिमी हिन्दी (खड़ी और ब्रज) से जाता रहा, केवल 'य'कार 'व'कार के पहले रह गया जहाँ दूसरे 'य' 'व' की गुंजाइश नहीं—जैसे, गैया, कन्हैया, भैया, कौवा, हौवा इत्यादि में। 'और', 'ऐसा', 'भैंस' आदि का उच्चारण पच्छिमी हिन्दी में 'अवर', 'अयसा', 'भयँस' से मिलता-जुलता और पूरबी हिन्दी में 'अउर', 'अइसा', 'भइँस' से मिलता-जुलता होगा।

व्रज के उच्चारण के ढंग में कुछ और भी अपनी विशेषताएँ हैं। कर्म के चिह्न 'को' का उच्चारण 'कौं' से मिलता-जुलता करते हैं। 'माहिं, नाहिं, याहि, वाहि' आदि के अन्त का 'ह' उच्चारण में घिस-सा गया है इससे इनका उच्चारण 'मायँ', 'नायँ', 'याय', 'वाय' के ऐसा होता है। 'आवैंगे', 'जावैंगे' का उच्चारण सुनने में 'आमैंगे', 'जामैंगे' सा लगता है। पर मेरी समझ में लिखने में इनका अनुसरण करना ठीक नहीं होगा।

अवधी के साथ मेल और खड़ी बोली से भेद

खड़ी बोली में काल बतानेवाले क्रियापद ('है' को छोड़) भूत और वर्त्तमान कालवाची धातुज कृदन्त अर्थात् विशेषण ही हैं इसी से उनमें लिंगभेद रहता है–जैसे, आता है = आता हुआ है = सं. आयान् (आयान्त)। उपजता है = उपजता हुआ है = प्राकृत 'उपजन्त' = सं. उत्पद्यन्त, उत्पद्यन्। करता है = करता हुआ है = प्रा. करन्त = सं. कुर्वन्त, कुर्वन्। आती है = आती हुई है = प्रा. आयन्ती = सं. आयान्ती। उपजती है = उपजती हुई है = प्रा. उपजंती = सं. उत्पद्यन्ती। करती है = करती हुई है = प्रा. करंती = सं. कुर्वन्ती। इसी प्रकार वह गया = स गतः, उसने किया = तेन कृतम् इत्यादि। पर व्रजभाषा और अवधी में वर्त्तमान और भविष्यत् के तिङन्त रूप भी हैं जिनमें लिंगभेद नहीं है। व्रज के वर्त्तमान में यह विशेषता है कि बोलचाल की भाषा में तिङन्त प्रथम पुरुष क्रियापद के आगे पुरुषविधान के लिए 'है' 'हूँ' और 'हौ' जोड़ दिए जाते हैं। जैसे, सं. चलति = प्रा. चलइ = व्रज. चलै। उत्पद्यते = प्रा. उपज्जइ = व्रज. उपजै। सं. पठन्ति = प्रा. पढंति, अप. पढइं = व्रज. पढ़ैं। उत्तम पुरुष, सं. पठामः = प्रा. पठामो; अप. पढउँ = व्रज पढ़ौं या पढ़ूँ। अब व्रज में ये क्रियाएँ 'होना' के रूप लगाकर बोली जाती हैं, जैसे–चलै है, उपजै हैं, पढ़ैं हैं, पढौं हौं या पढ़ूँ हूँ। इसी प्रकार मध्यम पुरुष "पढ़ौ हौ" होगा। वर्त्तमान के तिङन्त रूप अवधी की बोलचाल से अब उठ गए हैं पर कविता में बराबर आए हैं उ०–(क) पंगु चढ़ैं गिरिवर गहन, (ख) बिनु पद चलै सुनै बिनु काना। भविष्यत् के तिङन्त रूप अवधी और व्रज दोनों में एक ही हैं, जैसे–करिहै, चलिहै, होयहै = अप. करिहइ, चलिहइ, होइहइ = प्रा. करिस्सइ, चलिस्सइ, होइस्सइ = सं. करिष्यति, चलिष्यति, भविष्यति। अवधी में उच्चारण अपभ्रंश के अनुसार ही हैं पर व्रज में 'इ' के स्थान पर 'य' वाली प्रवृत्ति के अनुसार करिहय = करिहै, होयहय = होयहै इत्यादि रूप हो जाएँगे। 'य' के पूर्व के 'आ' को लघु करके दोहरे रूप भी होते हैं, जैसे–अयहै = ऐहै, जयहै = जैहै, करयहै = करैहै इत्यादि। उत्तम पुरुष–खयहौं = खैहौं, अयहौं = ऐहौं, जयहौं = जैहौं।

व्रजभाषा में बहुवचन के कारकचिह्नग्राही रूप में खड़ी बोली के समान 'ओं' (जैसे लड़कों को) नहीं होता, अवधी के समान 'न' होता है–जैसे, घोड़ान को, घोड़न को; छोरान को, छोरन को इत्यादि। अवधी में केवल दूसरा रूप होता है, पहला नहीं। उ०– देखहु बनरन केरि ढिठाई।–तुलसी।

खड़ी बोली में कारक के चिह्न विभक्ति से पृथक् हैं। विलायती मत कहकर हम इसका तिरस्कार नहीं कर सकते। इसका स्पष्ट प्रमाण खड़ी बोली के सम्बन्धकारक के

सर्वनाम में मिलता है—जैसे, किसका = सं. कस्य = प्रा. नपुं. किस्स. कारक चिह्न 'का'। काव्यों की पुरानी हिन्दी में सम्बन्ध की 'हि' विभक्ति (माग. 'ह', अप. 'हो') सब कारकों का काम दे जाती है। अवधी में अब भी सर्वनाम में कारकचिह्न लगने के पहले यह 'हि' आता है जैसे 'केहिकाँ' (पुराना रूप केहि कहँ), 'केहि कर' यद्यपि बोलचाल में अब यह 'हि' निकलता जा रहा है। व्रजभाषा से इस 'हि' को उड़े बहुत दिन हो गए, उसमें 'काहि को' 'जाहि को' आदि के स्थान पर 'काको' 'जाको' आदि का प्रयोग बहुत दिनों से है। यह उस भाषा के अधिक चलतेपन का प्रमाण है। खड़ी बोली में सर्वनामों (जैसे, मुझे, तुझे, हमें, मेरा, तुम्हारा, हमारा) को छोड़ विभक्ति से मिले हुए सिद्ध रूप व्यक्त नहीं हैं, पर अवधी और व्रजभाषा में हैं—जैसे पुराना रूप 'रामहिं', 'बनहिं' 'घरहिं' नए रूप 'रामै' 'बनै' 'घरै' (अर्थात् राम को, बन को, घर को); अवधी या पूरबी "घरे" = घर में।

जैसा पहले कहा जा चुका है व्रज की चलती बोली से पदान्त के 'ह' को निकले बहुत दिन हुए। व्रजभाषा की कविता में 'रामहिं', 'आवहिं', 'जाहिं', 'करहिं', 'करहु' आदि जो रूप देखे जाते हैं वे पुरानी परम्परा के अनुसरण मात्र हैं। खड़ी बोली के समान कुछ सर्वनामों में (जाहि, वाहि, तिन्हैं, जिन्हैं,) यह 'ह' रह गया है। चलती भाषा में 'रामै', 'बनै', 'आवैं', 'जायँ', 'करैं', 'करौ' ही बहुत दिनों से—जब से प्राकृत-काल का अन्त हुआ तब से—हैं। सूरदास में ये ही रूप बहुत मिलते हैं। कविता में नए पुराने दोनों रूपों का साथ-साथ पाया जाना केवल परम्परा का निर्वाह ही नहीं कवियों का आलस्य और भाषा की उतनी परवा न करना भी सूचित करता है। 'आवैं', 'चलावैं' के स्थान पर 'आवहिं', 'चलावहिं' क्या 'आवहीं', 'चलावहीं' तक लिखे जाने से भाषा की सफाई जाती रही। शब्दों का अंगभंग करने का 'कविन्दों' ने ठेका-सा ले लिया। समस्यापूर्ति की आदत के कारण कवित्त के अन्तिम चरण की भाषा तो ठिकाने की होती थी, शेष चरण इस बात को भूलकर पूरे किए जाते थे कि शब्दों के कुछ नियत रूप और वाक्यों के कुछ निर्दिष्ट नियम भी होते हैं। पर भाषा के जीते जागते रूप को पहचाननेवाले रसखान और घनानन्द ऐसे कवियों ने ऐसे सड़े गले या विकृत रूपों का प्रयोग नहीं किया है—किया भी है तो बहुत कम। 'आवहिं', 'जाहिं', 'करहि', 'करहु' न लिखकर उन्होंने बराबर 'आवैं', 'जायँ', 'करै', 'करौ' लिखा है। इसी प्रकार 'इमि', 'जिमि', 'तिमि' के स्थान पर वे बराबर चलती भाषा के 'यों', 'ज्यों', 'त्यों' लाए हैं। व्रज की चलती भाषा में केवल सर्वनामों के कर्म में 'ह' कुछ रह गया है, जैसे, जाहि, ताहि, वाहि, जिन्हैं, तिन्हैं। पर 'जाहि', 'वाहि' के उच्चारण में 'ह' घिसा जा रहा है, लोग 'जाय' 'वाय' के समान उच्चारण करते हैं।

हिन्दी की तीनों बोलियों में (खड़ी, व्रज और अवधी) व्यक्तिवाचक सर्वनाम कारकचिह्न के पहले अपना कुछ रूप बदलते हैं। व्रजभाषा में विकार अवधी का-सा होता है, खड़ी बोली का-सा नहीं।

खड़ी	**अवधी**	**व्रज**
मैं-तू-वह।	मैं-तैं—वह, सो, ऊ।	मैं-तू या तैं—वह, सो।
मुझ-तुझ-उस।	मो-तो-वा, ता, ओ।	मो-तो-वा, ता।

'ने' चिह्न तो अवधी में आता ही नहीं। व्रज में उत्तम पुरुष कर्त्ता का रूप 'ने' लगने पर 'मैं' ही रहता है। ऊपर अवधी में प्रथम पुरुष का तीसरा रूप पूरबी अवधी का है। व्रज में एकवचन उत्तम पुरुष 'हौं' भी आता है जिसमें कोई कारक-चिह्न नहीं लग सकता। वास्तव में इसका प्रयोग कर्ताकारक में होता है पर केशव ने कर्म में भी किया है, यथा–**पुत्र हौं** विधवा करी तुम कर्म कीन्ह दुरन्त।

'जाना' 'होना' के भूतकाल के रूप (गवा, भवा) में से 'व' उड़ाकर जैसे अवधी में 'गा' 'भा' रूप होते हैं वैसे ही व्रज में भी 'य' उड़ाकर 'गो' 'भो' (बहु. गे, भे) रूप होते हैं। उ.–(क) इत पारि **गो** को, मैया ! मेरी सेज पै कन्हैया को ? –पद्माकर। (ख) सौतिन के साल **भो,** निहाल नन्दलाल **भो**। –मतिराम।

खड़ी बोली करण का चिह्न 'से' क्रिया के साधारण रूप में लगाती है; व्रज और अवधी प्रायः भूतकालिक कृदन्त में ही लगाती हैं, जैसे, व्रज. 'किए तें', अवधी 'किए सन' = करने से। कारकचिह्न प्रायः उड़ा भी दिया जाता है, केवल उसका सूचक विकार क्रिया के रूप में रह जाता है, जैसे, किए, दीने।

क्रिया का वर्त्तमान कृदन्त रूप व्रजभाषा खड़ी के समान दीर्घान्त भी रखती है, जैसे, आवतो, जातो, भावतो, सुहातो (उ०–जब चहिहैं तब माँगि पठैहैं जो कोउ आवत जातो।–सूर) और अवधी के समान लघ्वन्त भी, जैसे, आवत, जात, भावत, सुहात। कविता में सुबीते के लिए लघ्वन्त का ही ग्रहण अधिक है। जिन्हें व्रज और अवधी के स्वरूप का ज्ञान नहीं होता वे 'जात' को भी 'जावत' लिख जाते हैं।

खड़ी बोली में साधारण क्रिया का केवल एक ही रूप 'ना' से अन्त होनेवाला (जैसे, आना, जाना, करना) होता है पर व्रजभाषा में तीन रूप होते हैं–एक तो 'नो' से अन्त होनेवाला, जैसे, आवनो, करनो, लेनो, देनो; दूसरा 'न' से अन्त होनेवाला, जैसे, आवन, जान, लेन, देन; तीसरा 'बो' से अन्त होनेवाला, जैसे, आयबो, करिबो, दैबो या लैबो इत्यादि। करना, देना और लेना के 'कीबो' 'दीबो' और 'लीबो' रूप भी होते हैं। व्रज के तीनों रूपों में से कारक के चिह्न पहले रूप (आवनो, जानो) में नहीं लगते। पिछले दो रूपों में ही लगते हैं–जैसे, आवन को, जान को, दैबे को इत्यादि। शुद्ध अवधी में कारक चिह्न लगने पर साधारण क्रिया का रूप वर्त्तमान तिङन्त का हो जाता है, जैसे, आवइ के, जाइ के, आवइ में, जाइ में अथवा आवइ काँ, जाइ काँ, आवइ माँ, जाइ माँ। उ.–जात पवनसुत देवन देखा। **जानइ कहँ** बल बुद्धि विसेखा। सुरसा नाम अहिन कै माता। पठइन आइ कही तेइ बाता।–तुलसी।

पूरबी या शुद्ध अवधी में साधारण क्रिया के अन्त में 'ब' रहता है जैसे आउब, जाब, करब, हँसब इत्यादि। इन 'ब' की असली जगह पूरबी भाषाएँ ही हैं जो इसका व्यवहार भविष्यत् काल में भी करती हैं, जैसे–पुनि आउब यहि बेरियाँ काली।–तुलसी। उत्तम पुरुष (हम करब, मैं करबौं) और मध्यम पुरुष (तूँ करबौ, तैँ करबे) में तो यह बराबर बोला जाता है पर साहित्य में प्रथम पुरुष में भी बराबर इसका प्रयोग मिलता है यथा–(क) तिन निज ओर न लाउब भोरा।–तुलसी। (ख) घर पइठत

पूछब यहि हारू। कौन उतरु पाउब पैसारू—जायसी। पर ऐसा प्रयोग सुनने में नहीं आया। मध्यम पुरुष में विशेषकर आज्ञा और विधि में 'ब' में 'ई' मिलाकर ब्रज के दक्षिण से लेकर बुन्देलखंड तक बोलते हैं, जैसे, आयबी, करबी, इत्यादि। उ.—(क) यह राज साज समेत सेवक जानिबी बिनु गथ लए। (ख) ए दारिका परिचारिका करि पालिबी करुनामई। —तुलसी। यह प्रयोग ब्रजभाषा के ही अन्तर्गत है और साहित्य में प्रायः सब प्रदेशों के कवियों ने इसे किया है—सूर, बोधा, मतिराम, दास यहाँ तक कि रामसहाय ने भी। जैसा ऊपर कहा जा चुका है जब साहित्य की एक व्यापक और सामान्य भाषा बन जाती है तब उसमें कई प्रदेशों के प्रयोग आ मिलते हैं। साहित्य की भाषा को जो व्यापकत्व प्राप्त होता है वह इसी उदारता के बल से। इसी प्रकार 'स्यो' (= सह, साथ) शब्द बुन्देलखंड का समझा जाता है जिसका प्रयोग केशवदास जी ने, जो बुन्देलखंड के थे, किया है, यथा—"अलि स्यो सरसीरुह राजत है"। बिहारी ने तो इसका प्रयोग किया ही है। पर उन्होंने जैसे 'करिबी' और 'स्यो' का प्रयोग किया है वैसे ही अवधी 'कीन' 'दीन' 'केहि' (= किसने) का प्रयोग भी तो किया है। 'स्यो' का प्रयोग दासजी ने भी किया है जो ख़ास अवध के थे, यथा—स्यो ध्वनि अर्थनि वाक्यनि लै गुण शब्द अलंकृत सों रति पाकी। अतः किसी के काव्य में स्थान-विशेष के कुछ शब्दों को पाकर चटपट यह निश्चय न कर लेना चाहिए कि वह उस स्थान ही का रहनेवाला था। सूरदास ने पंजाबी और पूरबी शब्दों का व्यवहार किया है। अब उन्हें पंजाबी कहें या पुरबिया ? उदाहरण लीजिए—"जोग-मोट सिर बोझ आनि कै कत तुम घोष उतारी। एतिक दूर जाहु चलि काशी जहाँ बिकति है **प्यारी**"। 'महँगा' के अर्थ में 'प्यारा' पंजाबी है। अब पूरबी के नमूने लीजिए—(क) नेकु गोपालै मोको लै री। देखौं कमलवदन नीके करि ता पाछे तू **कनिया** लै री। (ख) **गोड़** चापि लै जीभ मरोरी। 'कनिया' (गोद) और 'गोड़' (पैर) ख़ास पूरबी हैं। डर है कि कहीं हिन्दीवालों में भी लोग अपने गाँव के पास पुराने प्रसिद्ध कवियों की मूर्तियाँ खोद-खोदकर न निकालने लगें।

ब्रजभाषा की कुछ विशेषताएँ

खड़ी बोली की आकारान्त पुं. संज्ञाओं, विशेषणों, और भूत कृदन्तों का (विकल्प से वर्त्तमान कृदन्तों का भी) ओकारान्त होना ब्रजभाषा का सबसे प्रत्यक्ष लक्षण है। यह संस्कृत के पुं. कर्त्ताकारक के स् (= सु) का विकार है जो शौरसेनी से आकर ब्रज के कर्त्ता और कर्म में देखा जाता है। संस्कृत में आकारान्त पुं. शब्द तो इने-गिने हैं। हिन्दी में जो शब्द आकारान्त हैं वे अधिकतर संस्कृत में अकारान्त थे, जैसे घोड़ा, पासा सं. घोटक, पाशक। कर्त्ता का रूप घोटकः = प्रा. (घोड़अ. उ) घोड़ओ; पाशकः = प्रा. (पासअ. उ) पास ओ = ब्रज. घोड़ो, पासो। इसी प्रकार भूत और वर्त्तमान कृदन्त शब्दों के अन्तिम 'त' का 'अ' हुआ और फिर उसमें 'उ' जुड़कर 'ओ' हो गया। जैसे, चलितः = चलिअ. उ = चलिअउ = चल्यो। कृतः = किअ. उ = किअउ = कियो। गतः =

गअ या गय. उ = गयउ = गयो। कहने की आवश्यकता नहीं कि जिसे भूत-कृदन्त-मूलक सकर्मक क्रियाओं का कर्म कहते हैं वह भी वास्तव में कर्त्ता ही है अतः उसका भी ओकारान्त होना ठीक ही है। भाषा के इतिहास की दृष्टि से (चलते व्याकरण की दृष्टि से नहीं) ऐसी क्रियाओं के कर्म में 'को' चिह्न लगाना ठीक नहीं है। स्वर्गीय बाबू बालमुकुन्द गुप्त को यह 'को' नापसन्द था।

इस 'ओ' के नियम का अपवाद भी है। जैसे संस्कृत में स्वार्थे 'क' आता है वैसे ही हिन्दी में 'डा', 'रा', 'आ', 'ना', 'वा' आदि आते हैं। जैसे, खड़ी-मुखड़ा, बछड़ा; व्रज और अवधी–हियरा, जियरा, अधरा, बदरा, अँचरा, अँसुवा, बटा (बाट), हरा (हार), लला (लाल), भैया (भाई. आ), कन्हैया (कन्हाई. आ); पूरबी या अवधी–करेजवा, बदरवा * सुगना, बिधना। ऐसे शब्द न तो ओकारान्त होते हैं और न कारकचिह्न लगने के पहले उनका रूप एकरान्त होता है।

उ०–(क) क्यों हँसि हेरि हर्‌यो **हियरा** अरु क्यों हित कै चित चाह बढ़ाई?–घनानन्द।

(ख) वहै हँसि दैन **हियरा** तें न टरत है। –घनानन्द।

(ग) जान मेरे **जियरा** बनी को कैसो मोल है। –घनानन्द।

(घ) **बदरा** बरसैं ऋतु में घिरि कै, नित ही अँखियाँ उघरी बरसैं। –घनानन्द।

(च) बारि फुहार भरे **बदरा** सोइ सोहत कुंजर से मतवारे। –श्रीधर पाठक।

(छ) हे बिधना ! तो सौं **अँचरा** पसारि माँगौं जनम जनम दीजो याही **व्रज** बसिबो। –छीत स्वामी।

(ज) जैहे जो भूषन काहू तिया को तो मोल **छला** के **लला** न बिकैहौ। –रसखान।

(झ) कुच दुंदन को पहिराय **हरा** मुख सौंधी सुरा महकावति हैं। –श्रीधर पाठक।

(2) बूझिहैं **चवैया** तब कैहौं कहा, दैया ! इत पारि गो को, मैया ! मेरी सेज पै **कन्हैया** को। –पदमाकर।

कारक के कुछ चिह्न भी व्रजभाषा के निज के हैं–

कर्ता–(1)...(2) ने

कर्म–को (कौं)

करण–सौं; तें

सम्प्रदान–को (कौं)

अपादान–तें

सम्बन्ध–को

अधिकरण–में; मों, पै ('पर' भी)।

'यह', 'वह', 'सो', 'को' या 'कौन' और 'जो' इन सर्वनामों के रूप कारकचिह्न लगने के पहले क्रमशः 'या', 'वा', 'ता', 'का' और 'जा' (जैसे, याने, वाको, तासों, काको, जाको,) होते हैं, अवधी के समान 'यहि, वहि, तेहि, केहि, जेहि' नहीं। अतः 'यहि को' 'यहि बिधि' आदि रूप शुद्ध व्रज नहीं हैं।

---

* ऐसे शब्दों की बहार रहीम के "बरवै नायिकाभेद" में देखिए जो अवधी या पूरबी भाषा में है।

खड़ी बोली में कीजिए, दीजिए, करिए, धरिए आदि रूप आज्ञा और विधि के हैं। 'इज्ज' और 'इज्जा' प्राकृत में भी मिलते हैं—जैसे, अप. पढ़िज्जहि पढ़ीयहि = हिं. पढ़ीजै, पढ़िए। व्रजभाषा में आज्ञा और विधि के अतिरिक्त वर्त्तमान और भविष्यत् में भी चाहे कोई पुरुष हो इनका प्रयोग मिलता है। यह स्वच्छन्दता प्राकृत में भी थी। हेमचन्द्र ने (३–178) 'हो' धातु तथा और धातुओं में भी सब कालों के लिए इन रूपों का प्रयोग लिखा है। नीचे कुछ उदाहरण दिए जाते हैं—

(क) पुंज कुंजर शुभ्र स्यंदन **शोभिजै** सुठि सूर।—केशव।

(ख) रस प्याय कै ज्याय बढ़ाय कै आस बिसास में यों विष **घोरिए** जू।

—घनानन्द।

(ग) जो कछु है सुख संपति सौंज सो नैसुक ही हँसि देन **पैये।** —घनानन्द।

'ए' निकालकर और वर्त्तमान का चिह्न 'त' लगाकर भी इसका प्रयोग हुआ है—

"कहा चतुराई **ठानियत** प्राणप्यारी, तेरो मान **जानियत** रूखे मुँह मुसकान सों।"—मतिराम।

उत्तम पुरुष के साथ सम्भाव्य भविष्यत् काल का उदाहरण—

(क) ज्ञान निराश कहा लै **कीजै** ?—सूर।

(ख) नेकु निहारे कलंक लगै यहि गाँव बसे कहु कैसक **जीजै**। ह्वै बनमाल हिये **लगिये** अरु ह्वै मुरली अधरारस **पीजै**।—मतिराम।

'दीजिए', 'कीजिए' का जैसा पुराना प्रयोग ऊपर दिखाया गया है वैसे ही पुराने कुछ और भी प्रयोग कवियों ने किए हैं। अपभ्रंश प्राकृत के जो अवतरण आरम्भ में दिए गए हैं उनमें भूत (कृदन्त) के 'मारिअ', 'चलिअ', 'जाईयउ' इत्यादि रूप देखने में आते हैं। इन्हीं रूपों से पंजाबी मार्‌या, खड़ी और अवधी—मारा; व्रज—मार्‌यो, चल्यो, जायो इत्यादि रूप बने हैं। कहीं-कहीं हिन्दी के कवियों ने अपभ्रंश के पुराने रूप ज्यों-के-त्यों रख दिए हैं। केशवदासजी ने ऐसा बहुत किया है—

(क) पूजि रोचन स्वच्छ अच्छत पट्ट **बाँधिय** भाल। (= बाँधा)

(ख) भूषि भूषण शत्रुदूषण **छाँड़ियो** तिहि काल। (= छोड़ा)

(ग) बन माँझ टेर सुनी कहूँ कुश **आइयो** अकुलाय। (= आया)

(घ) तब और बालक आनि। मग **रोकियो** तजि कानि। (= रोका)

'हो' धातु का भूतकाल खड़ी बोली में 'था' होता है पर व्रज में 'हुतो', 'हतो' या 'हो' होता है। व्रज की चलती बोलचाल में 'हुतो', और 'हुते' का 'हो' और 'हे' प्रायः हो जाता है, जैसे—

(क) बिनु पावस तो इन्हैं थ्यावस **हो** न, सु क्यों करि ये अब सो परसैं ?

—घनानन्द

(ख) एक दिवस मेरे घर आए मैं **ही** महति दही। —सूर

(ग) तब तौ छवि पीवत जीवत **हे** अब सोचन लोचन जात जरे। —घनानन्द

(घ) तब हार पहार से लागत **हे** अब आय कै बीच पहार परे। —घनानन्द।

इस 'हतो' का प्रयोग बुन्देलखंड में अधिक है। कालज्ञापन के अर्थ जहाँ यह किसी क्रिया के साथ संयुक्त होता है वहाँ प्रायः 'ह' निकल जाता है केवल 'तो' रह जाता है। यह शुद्ध बुन्देलखंडी है–

(क) छोड़ोइ चाहत **ते** तब तें तन।
पाय निमित्त कर्‌यो मन पावन।–केशव।

(ख) अंगद जो तुम पै बल होतो।
तो वह सूरज को सुत को **तो** ?–केशव।

(ग) जल भरन जानकी आई **तीं**। गोद ललन लै आई **तीं**।–गीत।

इसी 'भू' धातु से बने भूत कृदन्त को करणकारक का रूप देने से प्राकृत की 'हिंतो' (= से) विभक्ति बनी है। इस बात का स्पष्ट आभास केशवदासजी ने दिया है–

सीतापद सम्मुख **हुतें** गयों सिन्धु के पार।
विमुख भए क्यों जाउँ तरि सुनौ, भरत, यहि बार।

हुतें = हुए से = होने से। सूरदासजी ने इसका प्रयोग 'ओर से', 'तरफ से' के अर्थ में किया है–

श्रीदामा आदिक सब ग्वालन मेरे **हुतो** भेंटियो।

प्राकृत की 'सुंतो' विभक्ति की प्रतिनिधि "सँती" (= से) पुरानी खड़ी बोली में खुसरो और कबीर के बहुत पीछे तक थी–

तोहि पीर जो प्रेम की पाका **सेंता** खेल।–कबीर

'ओर से', 'बदले में' के अर्थ में भी 'संती' अवधी में अब तक बोला जाता है।

खड़ी बोली में आज्ञा और विधि में जहाँ क्रिया का साधारण रूप रखा जाता है (जैसे, तुम आना) वहाँ व्रजभाषा धातु में 'इयो' लगती है, जैसे, आइयो, जाइयो, करियो, इत्यादि।

कारक के कुछ प्रयोग भी व्रजभाषा के निज के हैं जो न खड़ी बोली में होते हैं, न अवधी में। जैसे, अधिकरण चिह्न 'पै' का प्रयोग करण और अपादान के अर्थ में। उ.– (क) शेष शारदा पार न पावें मोपै किमि कहि जैहै ? (ख) तू अलि ! कापै कहत बनाय ?–सूर।

साहित्य की जो भाषा होगी वह ऐसे सामान्य शब्दों को ही व्यवहार में लाएगी जिनका प्रचार दूर-दूर तक होगा। किसी भूखंड के एक कोने का प्रयोग, चाहे वह कोना वहीं का क्यों न हो जहाँ की भाषा टकसाली मानी जाती है, शिष्ट प्रयोग में नहीं आएगा। शीघ्र के अर्थ में "सिदौसी" मथुरा वृन्दावन में बराबर बोला जाता है पर साहित्य में नहीं लिया गया है। इसी प्रकार जहाँ कर्म लुप्त होता है या नियत लिंग का नहीं होता वहाँ भूत. क्रिया 'कहा' को स्त्रीलिंग बोलने की प्रवृत्ति व्रज में अधिक है जैसे, 'वाने कह्यो' के स्थान पर 'वाने कही'। स्वीकृति-सूचक शब्द 'अच्छा !' के स्थान पर भी "अच्छी !" बोलते हैं ! पर ऐसे प्रयोग साहित्य से प्रायः अलग रखे गए हैं।

अवधी की कुछ विशेषताएँ

पहले जो कुछ कहा जा चुका है उससे अवधी के स्वरूप का भी बहुत कुछ परिचय हो गया होगा। यद्यपि अवधी पूरबी हिन्दी के अन्तर्गत है पर उसके भीतर भी हम दो प्रकार के रूप पाते हैं–एक पच्छिमी, दूसरा पूरबी। पच्छिमी अवधी व्रजभाषा से पूरबी की अपेक्षा कुछ अधिक मिलती है। अयोध्या और गोंडे के आस-पास जो भाषा बोली जाती है वह पूरबी या शुद्ध अवधी है। लखनऊ, कानपुर से लेकर कन्नौज के पास तक जो भाषा बोली जाती है वह पच्छिमी अवधी है जिसके अन्तर्गत बैसवाड़ी है। कन्नौज और इटावे के पास पहुँचते-पहुँचते यह भाषा व्रजभाषा से यहाँ तक मिल जाती है कि ओकारान्त रूप भी आ जाते हैं। तीन सर्वनाम ऐसे हैं जिन्हें पकड़ने से दोनों के स्थान का पता बहुत जल्दी लग सकता है। खड़ी बोली के 'कौन' 'जो' और 'वह' के हमें अवधी के क्षेत्र के भीतर ही दो-दो रूप मिलते हैं–'को', 'जो', 'सो' और 'के', 'जे', 'से', या 'ते'। पच्छिमी अवधी में हमें 'को', 'जो', 'सो' मिलेंगे और पूरबी में 'के', 'जे', 'से', या 'ते'। जैसे, पच्छिमी–को आय ?; पूरबी–के है ? = कौन है ? पच्छिमी–'जो जइहै सो पइहै;' पूरबी–'जे जाई से पाई' = जो जाएगा वह पाएगा। 'को, जो, सो' शौरसेनीपन है और 'के, जे, से' मागधी या अर्द्धमागधीपन।

'को', 'जो', 'सो' के **कारकचिह्नग्राही** रूप व्रजभाषा के समान क्रमशः, 'का', 'जा', 'ता' होंगे–जैसे काकर, जाकर, ताकर (पर 'केर' के योग में पच्छिमी अवधी में भी पूरबी का रूप रहता है जैसे 'केहि केर'), तासन। पर 'के', 'जे', 'से' के रूप सामान्य विभक्ति **(हि)** के साथ कारकचिह्न लगने पर भी नहीं बदलते, जैसे केहिकर (या केकर), जेहि महँ (बोलचाल जेहि माँ), 'तेहि सन' इत्यादि। व्रज और खड़ी के समान पच्छिमी अवधी में भी साधारण क्रिया का **नांत** रूप रहता है जैसे, **आवन,** जान, करन इत्यादि पर पूरबी अवधी की साधारण क्रिया के अन्त में 'ब' रहता है, जैसे, **आउब, जाब,** करब, हँसब इत्यादि। आगे कारकचिह्न या दूसरी क्रिया लगने पर खड़ी और व्रज के समान पच्छिमी अवधी में नांत रूप रहता है, जैसे, आवन काँ (पुराना रूप–आवन कहँ), करन माँ (पु. करन महँ), आवन लाग इत्यादि। पर पूरबी अवधी में कारकचिह्न या दूसरी क्रिया संयुक्त होने पर साधारण क्रिया का रूप ही नहीं रहता वर्त्तमान का **तिङन्त** रूप हो जाता है जैसे **'आवै काँ',** 'जाय माँ' (या 'आवै के, जाय मेँ'), 'करै कर', आवै लाग, करै लाग, 'सुनै चाहौ' इत्यादि। करण के चिह्न के पहले पूरबी और पच्छिमी दोनों अवधी भूतकृदन्त का रूप कर लेती हैं जैसे, आए से, चले से, आए सन, दिए सन। संयुक्त क्रिया के प्रयोग में तुलसीदास जी ने यह विलक्षणता की है कि एकवचन में तो पूरबी अवधी का रूप रखा है और बहुवचन में पच्छिमी अवधी का, जैसे–कहइ लाग, कहन लागे। पच्छिमी अवधी में व्रजभाषा के समान प्रथम पुरुष एकवचन भविष्यत् क्रिया के अन्त में 'है' होता है (जैसे, करिहै, सुनिहै, मिलिहै) पर पूरबी अवधी में पहले अन्त में 'हि' था (जैसे–**होइहि,** आइहि, जाइहि) परन्तु अब 'ह' के घिस जाने और बचे हुए 'इ' के पूर्व 'इ' के साथ मिल जाने से 'ई'कारान्त रूप हो गया है, जैसे, **आई, जाई,**

करी, खाई। तुलसीदासजी ने भविष्यत् में पूरबी या शुद्ध अवधी का ही प्रयोग अधिक किया है, उ.–(क) **होइहि** सोइ जो राम रचि राखा। (ख) जस बर मैं बरनउँ तुम्ह पाहीं। **मिलिहि** उमहिं तस संसय नाहीं।

अवधी भाषा के साहित्य में दो ग्रन्थ बहुत प्रसिद्ध हैं–जायसी की 'पद्मावत' और गोस्वामी तुलसीदासजी का 'रामचरितमानस'। इन दोनों ग्रन्थों में पूरबी और पच्छिमी दोनों (अवधी) के रूप मिलते हैं–

(क) भयउ **सो** कुंभकरन बलधामा।–तुलसी।

(ख) **तेइ** सब लोक लोकपति जीते।–तुलसी।

(ग) **जाकर** चित अहिगति सम भाई।–तुलसी।

(घ) **जेहि कर** जेहि पर सत्य सनेहू।
सो **तेहि** मिलत न कछु संदेहू॥–तुलसी।

(च) **तेहि कर** वचन मानि बिस्वासा।–तुलसी।

(छ) जो **जाकर** सो **ताकर** भयऊ।–जायसी

(ज) **जेहि** कइ अस पनिहारी से रानी केहि रूप।–जायसी

(झ) लागीं सब मिलि **हेरइ**।–जायसी।

(ट) लाग सो **कहइ** रामगुनगाथा।–तुलसी।

(ठ) लगे चरन **चाँपन** दोउ भाई।–तुलसी।

(ड) बंधु बिलोकि **कहन** अस लागे।–तुलसी।

भूतकालिक क्रिया का आकारान्त रूप विशुद्ध अवधी में या तो सकर्मक उत्तम पुरुष बहुवचन में (विकल्प से) या अकर्मक प्रथम पुरुष एकवचन में होता है–जैसे, हम पावा, ऊ चला। पर साहित्य की अवधी में आकारान्त भूतकालिक रूपों का पच्छिमी हिन्दी के समान पुरुषभेदमुक्त स्वच्छन्द प्रयोग भी बराबर मिलता है, जैसे–(क) कृपानिधान राम सब **जाना**। (ख) रहा बालि बानर मैं **जाना**। (ग) का पूछहु तुम अबहुँ न **जाना**। –तुलसी। ठेठ अवधी में क्रिया का रूप सदा कर्त्ता के पुरुष (और लिंग वचन भी) के अनुसार होता है कभी कर्म के अनुसार नहीं, अतः उक्त तीनों उदाहरणों में 'जानना' क्रिया के रूप बोलचाल की अवधी के अनुसार क्रमशः 'जानिन', 'जान्यौं' और 'जान्यो' होंगे।

भूतकालिक रूपों में जहाँ खड़ी बोली में अन्त में 'या' होता है वहाँ अवधी में 'वा' होता है–जैसे, आवा, लावा, बनावा। 'जाना', 'होना' के भूतकाल के रूप 'व' निकालकर भी होते हैं–जैसे, 'गा', 'भा'।

भूतकालिक क्रिया के सर्वनाम कर्त्ता के प्रयोग में दोनों ग्रन्थों में एक विलक्षणता देखने में आती है। अकर्मक के कर्त्ता के रूप तो पच्छिमी जो, सो, को मिलते हैं, जैसे, भयउ सो कुंभकरन बलधामा; पर सकर्मक के कर्त्ता के रूप केहि, जेहि, तेहि या केइ, जेइ, तेइ (बहुव. किन, जिन, तिन) मिलते हैं और उनकी क्रियाओं के लिंग वचन कर्म के अनुसार (जैसा पच्छिमी हिन्दी में होता है) होते हैं जो अवधी की चाल के विरुद्ध है।

उ.–(क) बंदनीय **जेहि** जग जस पावा।

(ख) मति कीरति गति भूति भलाई।
जब जेहि जतन जहाँ **जेहि** पाई।।

(ग) पारबती निरमयउ **जेइ** सो करिहै कल्यान।

(घ) **तेहि** धरि देह चरित कृत नाना।

(च) **तेहि** सब लोक लोकपति जीते।

(छ) **जेइ** यह कथा सुनी नहिँ होई।

(ज) **जिन** हरिभगति हृदय नहिँ आनी।

(झ) दुइ जग तरा प्रेम **जेइ** खेला।–जायसी।

(ट) **केइ** सुकृती केहि घरी बसाए।

कर्त्ता के पुरुष के अनुसार नियत अपने सकर्मक भूतकालिक रूपों के अतिरिक्त सुबीते के लिए पच्छिमी हिन्दी का पुरुषभेदमुक्त रूप भी साहित्य में रख लिया गया यह बात तो समझ में आ जाती है पर कर्त्ता का रूप अपभ्रंश प्राकृत या पूरबी अवधी का क्यों रखा गया यह भेद नहीं खुलता। अवधी पूरबी भाषा है अतः उसमें भूतकालिक सकर्मक क्रिया कारकचिह्न-रहित कर्म के अनुसार नहीं होती, सदा कर्त्ता के अनुरूप होती है। जायसी ने शुद्ध अवधी का प्रयोग अधिक किया है अतः उन्होंने क्रिया का रूप पुरुषभेदमुक्त रखकर भी उसे अकसर कर्म के लिंग वचन के अनुसार नहीं बदला है–

(क) भूलि चकोर दिहिटि तहँ **लावा।**

(ख) कित तीतर बन जीभ **उघेला।**

गोस्वामी तुलसीदासजी 'लावा' और 'उघेला' के स्थान पर 'लाई' और 'उघेली' लिखते। गोस्वामीजी साहित्य के पंडित थे और उनका परम्परागत काव्यभाषा से अधिक सम्बन्ध था इससे उन्होंने जहाँ क्रिया का पुरुषभेदवर्जित पच्छिमी रूप लिया वहाँ उसे नियमानुसार कर्म के लिंग वचन के बन्धन में रखा पर जायसी बेचारे से वहाँ भी कहीं-कहीं अवधीपन रह ही गया। तुलसीदासजी ने रामचरितमानस को छोड़ अपने और सब ग्रन्थ प्रायः देश की सर्वमान्य काव्यभाषा व्रजभाषा में ही लिखे यद्यपि उनमें भी जगह-जगह अपनी मातृभाषा अवधी के शब्द (जैसे विनयपत्रिका में 'रोटी लूगा') वे बिना लाए न रह सके। साहित्य के संस्कार के कारण ही रामचरितमानस में भी कहीं इधर-उधर व्रजभाषा की झलक दिखाई पड़ जाती है–

(क) अस कहि चरण **गहे** वैदेही (कर्म के अनुरूप बहु व. क्रिया)

(ख) सुमन पाय मुनि पूजा **कीन्हीं** (कर्म के अनुसार स्त्री. क्रिया)

(ग) जनक विनय तिन्ह आनि **सुनाई** (वही)

(घ) मिलनि बिलोकि भरत रघुबर **की** (पच्छिमी सम्बन्धचिह्न)

(च) अगम सनेह भरत रघुबर **को** (व्रज का सम्बन्धचिह्न)

(छ) बंदउँ राम नाम रघुबर **को** (वही)

(ज) मन जाहि **राचेउ मिलेउ** सो वर सहज सुंदर **साँवरो** (व्रज का ओकारान्त)

(झ) **बध्यो** चहत यहि कृपानिधाना (व्रज का ओकारान्त कृदन्त)

अवधी में क्रिया का रूप सदा कर्त्ता के लिंग, वचन और पुरुष के अनुसार होता है। सकर्मक भूतकालिक क्रियाओं के रूप भी कर्त्ता के पुरुष और वचन के अनुसार नियत होते हैं–

उत्तम पुरुष एक वचन–"मैं" (क) **जानेउँ** मरम राउ हँसि कहई–तुलसी।

बहु व. "हम" (ख) अब भा मरन सत्य हम **जाना**।–**तुलसी**

मध्यम पुरुष–एक व. 'तैं' (क) प्रथमहिं कस न **जगायसि** आई।–**तुलसी**।

मध्यम पुरुष–बहु व. 'तुम या तूँ' (ख) देन **कहेहु** बरदान दुइ तेउ पावत संदेह।–**तुलसी**।

प्रथम पुरुष एक व. 'ऊ' या 'वह' (क) **प्रगटेसि** तुरत रुचिर ऋतुराजा।

प्रथम पुरुष–बहु व. 'वै' या 'तिन'

(ख) जात पवनसुत देवन देखा।
जानइ कहँ बल बुद्धि बिसेखा।।
सुरसा नाम अहिन कै माता।
पठइन; आइ कही तेइ बाता।।

जैसा पहले कहा जा चुका है **अवधी की रुचि लघ्वन्त पदों** की ओर रहती है इसी से वह भूतकालिक क्रियाओं के कुछ लघ्वन्त रूप भी रखती है जिनमें लिंग, वचन और पुरुष के विकार की गुंजाइश नहीं होती जैसे, कीन्ह, दीन्ह, लीन्ह, दीख, बैठ, लाग इत्यादि।

उदाहरण–

(क) मैं सब **कीन्ह** तोहि बिनु पूछे।
(ख) मैं सब समुझि **दीख** मन माहीं।

अवधी के कारकचिह्न इस प्रकार हैं–

कर्त्ता–...
कर्म–के, काँ (पुराना रूप कहँ)
करण–से, सन
सम्प्रदान–के, काँ (पुराना रूप कहँ)
अपादान–से, तें
सम्बन्ध–कै, कर (बोलचाल–'क') और केर
अधिकरण–में, माँ (पुराना रूप महँ) और पर

अवधी में सम्बन्ध के चिह्न तीन हैं 'कै', 'कर' और 'केर'। इनमें से 'कै' और 'कर' में लिंगभेद नहीं है यद्यपि तुलसीदासजी ने 'कै' या 'कइ' को स्त्रीलिंग के सम्बन्ध में नियत सा कर दिया है जैसे, जिन्ह कइ रही भावना जैसी। पर बोलचाल में इस प्रकार का कोई भेद नहीं है। इतना है कि कर का प्रयोग सर्वनामों के आगे अधिकतर करते हैं जैसे, एकर, ओकर या यहि कर, वहि कर, इनकर, उनकर इत्यादि। अवधी के रूप

लघ्वन्त हैं इससे 'आपन', 'हमार', 'तुम्हार', आदि के स्त्री रूपों में भी (आपनि, हमारि, तुम्हारि) 'इ'कार उतना स्पष्ट नहीं रहता। 'केर' केवल पच्छिमी अवधी में है और इसमें लिंगभेद साफ है। इसी का बैसवाड़ी रूप **'क्यार'** है—जैसे, ''मनियादेउ महोबे क्यार''। 'केर' का व्रज रूप यद्यपि 'केरो' है पर खास व्रजमंडल के भीतर यह अब सुनने में नहीं आता। प्राकृत में भी यह सम्बन्धचिह्न अपने पूरे लिंगभेद के साथ मिलता है—पुं. केरओ, स्त्री. केरिआ, न. केरअं या केरउँ। पुं. केरो, केरु; स्त्री. केरी; न. केरं। 'केरओ' आदि रूप पुराने हैं, उ.—एसोक्खु अलंकारओ अज्जाए केरओ (मृच्छ.) = यह अलंकार आर्य्या का है। पिछले पुं. रूप 'केरो' और 'केरु' हैं। कहने की आवश्यकता नहीं कि दीर्घान्त रूप 'केरो' व्रज और लघ्वन्त रूप 'केरु' अवधी हैं। यह 'केर' या 'केरो' सं. 'कृत' से निकला हुआ माना गया है।

व्यक्तिवाचक के अतिरिक्त और सर्वनामों के रूप अवधी में इस प्रकार हैं। यह =यह (पच्छिमी अवधी), ई (पूरबी), (बहु. ये-ए)। वह = वह (पच्छिमी अवधी) ऊ (पूरबी); 'सो' (पच्छिमी अवधी), से, तौन, ते (पूरबी), (बहु. वै, ते—वै, ते)। जो = जो (पच्छिमी अवधी); जे, जौन (पूरबी अवधी); (बहु. जो—जे)। कौन = को (पच्छिमी अवधी); के, कौन (पूरबी अवधी); (बहु. को—के)। इनमें से पूरबी 'जौन', 'तौन', और **'कौन'** जड़ पदार्थों के लिए अथवा व्यक्ति के सम्बन्ध में लघुत्व सूचित करने के लिए आते हैं जैसे, जौन कुछ पावा तौन दै दीन। साहित्य की अवधी में 'ई' और 'ऊ' के स्थान पर 'यह', 'वह' अथवा 'सो' का प्रयोग अधिकतर मिलता है, उ.—(क) मुनि न होइ **यह** निसिचर घोरा। (ख) तुइँ सुरंग सूरत **वह** कही—जायसी। पच्छिमी अवधी कारकचिह्न ग्रहण करने के पूर्व व्रज के समान इनके रूप क्रमशः 'या', 'वा', 'ता', 'जा' और 'का' कर लेती है, जैसे, जितिहहिं राम न संसय **या** महँ। पर पूरबी या शुद्ध अवधी पुराने सामान्य विभक्तियुक्त रूप एहि, ओहि, तेहि, जेहि, केहि रखती है, जैसे, एहि कर, ओहि कर; एहि काँ, ओहि काँ, जेहि काँ, तेहि काँ इत्यादि।

रामायण, पद्मावत आदि में विभक्ति के रूप में अथवा वर्त्तमान, भविष्यत् और आज्ञा विधिसूचक क्रियापदों के अन्त में 'हि' 'हिं' या 'हु' 'हुँ'—रामहिं, उनहिं, तिनहिं, जाहिं, करहिं, करिहहि, करिहि, करहु, चलहु—देखकर लोग इन्हें अवधी का चिह्न समझा करते हैं। पर ये रूप न तो बोलचाल की अवधी के हैं, न व्रज के। ये प्राकृत या अपभ्रंश काल के रूप हैं जिनको कविपरम्परा रक्षित रखती आई है। संज्ञाशब्दों से तो 'हि' विभक्ति के 'ह' को घिसे बहुत दिन हुए; सर्वनामों में यह कुछ बनी हुई है—जैसे, कारकचिह्नों के योग में 'एहि सन, ओहि माँ, जेहि कर' आदि में और व्रज के 'जाहि, ताहि, वाहि' में प्रत्यक्ष रूप में और व्रज और अवधी के इन्हैं, उन्हैं, जिन्हैं तथा खड़ी बोली के इन्हें, उन्हें, जिन्हें में परोक्ष रूप में। इसी प्रकार 'आवैं' 'जायँ' 'करै' 'करिहै' 'चलौ' जैसे आज व्रज और अवधी दोनों में बोले जाते हैं वैसे ही सूर और तुलसी के समय में भी बोले जाते थे—'आवहिं' 'जाहिँ' 'करहिं' 'करिहहि' 'चलहु' कोई नहीं बोलता था। जब कि एक ही कवि ने अपनी कविता में एक ही शब्द को दो रूपों में लिखा है

जिनमें से एक रूप तो आजकल भी ज्यों-का-त्यों है और दूसरा रूप अब नहीं है पर उस कवि से बहुत पहले भी मिलता है तब यह एक प्रकार से निश्चित है कि उसके समय की बोलचाल में पहला ही रूप था दूसरा रूप उसने प्राचीनों के अनुकरण में लिखा है।

इसी प्रकार 'गयउ', 'भयउ', 'दीन्हेउ', 'लीन्हेउ', 'कियउ' इत्यादि अवधी के रूप नहीं हैं, पच्छिमी अपभ्रंश के पुराने रूप हैं जिनसे व्रजभाषा के 'गयो' 'भयो', 'दीन्हों', 'लीन्हों', 'कियो' इत्यादि रूप बने हैं।

प्रथम पुरुष की भूतकालिक क्रियाएँ 'ओ' या 'औ' (अ. उ) कारान्त अवधी में नहीं हैं। अवधी में बहुवचन उत्तम पुरुष की सकर्मक भूतकालिक क्रिया और प्रथम पुरुष एकवचन की अकर्मक भूतकालिक क्रिया आकारान्त होती है जैसे हम जाना, हम सुना, ऊ चला, घोड़ा दौरा, रावण हँसा इत्यादि। जहाँ पच्छिमी हिन्दी की सकर्मक भूतकालिक क्रिया ली गई है वहाँ भी खड़ी बोली की तरह 'आकारान्त' रूप रखा गया है, व्रज की तरह ओकारान्त नहीं, जैसे, रामकृपा करि चितवा जबहीं। —तुलसी।

आज्ञा और विधि में जहाँ खड़ी बोली में क्रिया का साधारण रूप आता है (जैसे, तुम आना) वहाँ अवधी में धातु में 'यो' लगता है, व्रजभाषा के समान 'इयो' नहीं—जैसे, तुम (या तूँ) आयो, जायो, कह्यो, दिह्यो, चल्यो इत्यादि।

अवधी भाषा के काव्यों पर टीका लिखने का प्रयत्न उन्हीं लोगों को करना चाहिए जो उसके स्वरूप को पहचानते हैं और उसके शब्दों से परिचित हैं नहीं तो "रोटी लूगा" (= रोटी कपड़ा, पंजा. लुंगी, राज. लूगड़ी लूगड़ा) का अर्थ "रोटी लूँगा" लिखने की नौबत आ जाती है। अवधी काव्य की परम्परा बहुत पुरानी है पर अवधी वैसी व्यापक काव्यभाषा न बन सकी जैसी व्रज। आख्यान-काव्य लिखने में जो सफलता अवधी के कवियों को हुई है वह व्रजभाषा के कवियों को नहीं। रामचरितमानस और पद्मावत ये दो काव्य तो बहुत प्रसिद्ध हैं पर इनके पहले के और पीछे के काव्य भी हैं—जैसे, मधुमालती, चित्रावली, इन्द्रावती, मृगावती। रहीम का बरवै नायिकाभेद भी ठेठ अवधी में है। कबीर की भाषा मिली-जुली होने पर भी अधिकांश पूरबी ही है। अयोध्या के आस-पास की पूरबी या शुद्ध अवधी का नमूना देखना हो तो बाबा रघुनाथदास का विश्रामसागर देखना चाहिए।

अवधी और व्रजभाषा के बीच जो थोड़े से भेद दिखाए गए वे पहचान के लिए बहुत हैं। इनके सहारे हम देख सकते हैं कि किस कवि ने भाषा के जीते जागते रूप को पहचानकर चलती व्रजभाषा का प्रयोग किया है और किसने अवधी के और कुछ पुराने रूपों को मिलाकर एक कृत्रिम सामान्य भाषा का आश्रय लिया है। अवधी और व्रज में स्वरूप-भेद देखकर हम समझ सकते हैं कि दोनों का सौन्दर्य अलग-अलग है। एक में दूसरे का पुट देने से भाषा के स्वाभाविक सौन्दर्य में कुछ विघात पड़ता है। यद्यपि अवध और बुन्देलखंड में व्रजभाषा पर पूर्ण अधिकार रखनेवाले अच्छे-अच्छे कवि हुए हैं पर उन्होंने मिश्रभाषा का आश्रय जगह-जगह लिया है। बुन्देलखंड की भाषा यद्यपि व्रजभाषा ही है पर उसका लगाव उन प्रदेशों से बहुत दूर तक है जिनमें अवधी बोली जाती है।

बघेलखंड की भाषा तो अवधी है ही। इधर फतहपुर और बाँदे तक अवधी चली गई है। नीचे व्रजभाषा की कविता में अवधी या पूरबी प्रयोगों के कुछ उदाहरण दिए जाते हैं–

(1) कहा रन मंडन मो **सन** आयो।–केशव।

(2) धिक तो **कहँ** जो अजहूँ तू जियै।–केशव।

(3) माता पिता कवन कौनहि कर्म **कीन** ?
विद्याविनोद सिख, कौनहि अस्त्र **दीन** ?–केशव।

(4) पुत्र ! हौं विधवा करी तुम कर्म **कीन** दुरंत।–केशव।

(5) रामहि राम कहै रसना, **कस** ना तु भजै रस नाम सही को।–पद्माकर।

(6) सावनी तीज सुहावनी को सजि सूहे दुकूल सबै सुख **साधा**।–पद्माकर।

(7) जो बिहँसै मुख सुंदर तौ मतिराम **बिहान** को बारिज लाजै।–मतिराम।

(8) बसननि तानि के **बयारि** वारियतु है।–मतिराम।

(9) जा **कहँ** जासह हेतु नहीं कहिए सु कहा **तिहिकी** गति जानै।–दास।

(10) हिम्मत यहाँ **लगि** है जाकी भट-जोट में।–भूषण।

(11) जमुनाजल को जात ही डगरी **गगरी**-जाल–दास। (व्रज 'गागर' होगा)

(12) दौरि दौरि **जेहि तेहि** लाल करि डारति है।–दास।

(13) निकस्यो **झरोखा** है कै बिगस्यो कमलसम।–कालिदास। (व्रज में 'झरोखे' होगा)

(14) छंद **भरे** में एक पद ध्वनि प्रकास करि देइ।–दास।

(15) भालु-कपि-कटक **अचंभा** जकि ज्वै रह्यो।–दास। (व्रज 'अचंभो' होगा)

(16) आलम **जौन** से कुंजन में करी केलि तहाँ अब सीस धुन्यो करैं।–आलम।

यह तो अवधी का मेल हुआ, अब खड़ी बोली की शान देखिए–

मन्द-मन्द गति सौं गयंद गति **खोने** लगी, **बोने** लगी विष सो अलक अहि छोने-सी। लंक नवला की कुच भारन **दुनौने** लगी, **होने** लगी तनु की चटक चारु सोने-सी। तिरछी चितौनि में बिनोदनि **बितौने** लगी, लगी मृदु बातन सुधारस **निचोने**-सी। –दास। (खड़ी, गँवारों के मुँह की)

बिहारी ने चलती व्रजभाषा का ध्यान बहुत रखा है। उनकी भाषा बहुत सुन्दर है। पर पूरबी या अवधी प्रयोग उनकी सतसई में भी हैं–

(1) किती न गोकुल कुलबधू काहि न **केइ** सिख **दीन** ?

(2) नूतन विधि हेमंत ऋतु जगत जुराफा **कीन**।

(3) देखि परे यौं जानिबी दामिनी घन **अँधियार।**

(4) त्यौं त्यौं निपट उदार हू **फगुआ** देत बनै न (व्रज रूप 'फाग' है)

इसी प्रकार बिहारी का 'सोनकिरवा' शब्द भी नितान्त पूरबी है। शायद ग्राम्यत्व प्रदर्शित करने के लिए बिहारी यह शब्द लाए हों। पर ग्राम पूरब में ही नहीं होते, पच्छिम में भी होते हैं। दास के भाषालक्षण के अनुसार कवियों ने 'खुसबोयन', 'दराज' आदि द्वारा भाषा कविता को गँवारू-सा बना दिया। व्रजभाषा का कोई व्याकरण न होने से तथा अशिष्ट और अशिक्षित लोगों के कवित्त सवैया कह चलने से वाक्य-रचना और भी

अव्यवस्थित तथा भाषा और भी बिना ठीक-ठिकाने की हो गई। **कवियों का ध्यान भाषा के सौष्ठव और सफाई पर न रह गया। शब्दालंकार की धुन रही।** इससे च्युत-संस्कृति और ग्राम्यत्व दोष बहुत कुछ आ गया। भूषण कवि तक "भूखन पियासन हैं नाहन को निन्दते" भनने में कुछ भी न हिचके। "अपि माषं मषं कुर्यात् छन्दोभङ्गं न कारयेत्" का भी उचित से अधिक लाभ उठाया गया। 'सु' की भरती का तो कहना ही क्या है ! इधर सौ वर्ष से हिन्दीगद्य में खड़ी बोली चल रही है पर उसकी भी कई बार यही दशा होते-होते बची है। अभी बहुत दिन नहीं हुए बनारस के एक ज्योतिषी ने अपने गाँव में खूँटा गाड़कर उसे हिन्दी भाषा का केन्द्र ठहराया था और 'ने' के प्रयोग पर चकपकाकर "सूतते हैं" की हवा बहानी चाही थी।

पर यह न समझना चाहिए कि भाषा की परवाह करनेवाले कवि हुए ही नहीं। रसखान और घनानन्द ऐसे जीती जागती वाणी के कवियों को देखते कौन ऐसा कह सकता है ? व्रजभाषा के कवियों में जबान का अगर किसी ने दावा किया है तो घनानन्द ने। यह दावा दुरुस्त भी है—

नेही महा **व्रजभाषा-प्रवीन** औ सुंदरतान के भेद को जानै। भाषा-प्रवीन सुछंद सदा रहै सो घन जू के कवित्त बखानै।

दूसरी प्राणप्रतिष्ठा

काव्यभाषा या व्रजभाषा का दूसरा संस्कार राजा लक्ष्मणसिंह द्वारा हुआ जिसमें भारतेन्दु हरिश्चन्द्र ने भी कुछ योग दिया। पर जिस प्रकार इन महानुभावों से यह काम अनजान में हुआ उसी प्रकार किसी ने इसके महत्त्व की ओर ध्यान नहीं दिया। राजा साहब ने बहुत पुराने पड़े हुए, व्यवहार से उठे हुए और आजकल के कानों को भद्दे लगनेवाले सड़े-गले शब्दों को छाँटकर **व्रज की बोलचाल का निखरा हुआ माधुर्य दिखाया।** उन्होंने व्रजभाषा की कविता को फिर जीता-जागता रूप दिया। उनका मेघदूत हाथ में लेकर जो

"थक जायगी दामिनि तेरी तिया बड़ी बेर लौं हास विलास करे। टिक लीजियो रात में काहू अटा जहँ सोवत होयँ परेवा परे" पढ़ेगा वह उनकी भाषा की सफाई और सजीवता पर मोहित होगा।

पंडित श्रीधरजी पाठक विद्यमान हैं जिनकी वाणी में व्रजभाषा की जीती-जागती कला जो चाहे वह प्रत्यक्ष देख सकता है—थोड़ा उनका ऋतुसंहार का अनुवाद आँखों के सामने लाए। ऐसी भाषा को देखते व्रजभाषा को जो 'ऐतिहासिक' या 'मरी हुई' कहे उसे अपना अनाड़ीपन दूर करने के लिए दिल्ली भाड़ झोंकने न जाना होगा, मथुरा की एक परिक्रमा से ही काम चल जाएगा।

—रामचन्द्र शुक्ल

काशी,
रामनवमी
1979

बुद्ध-चरित

प्रथम सर्ग

जन्म

दिक्पति चार अरूपलोक तर सदा विराजत,
जो या जग के बीच अटल अनुशासन साजत।
तिनके तर है तुषितलोक जहँ जीव श्रेष्ठतर
त्रिगुण-सहस-दस वर्ष वास करि जनमत भू पर।
रहे जबै या लोक बुद्ध भगवान् दयामय
जन्म चिह्न भे प्रगट पाँच तिनपै अति निश्चय।
तुरत तिन्हैं पहिचानि देवगण ने कीनी धुनि
"जैहैं जग-कल्याण हेतु भगवान् बुद्ध पुनि।"
तब बोले भगवान् "जात हौं जग-सहाय हित
अब मैं अंतिम बार; भयो बहु बार जात तित।
जन्म मरण सों रहित होयहौं मैं औ वे जन
जे चलिहैं मम धर्म्म मार्ग पै है निश्चल मन।
शाक्यवंश में अवतरिहौं हिमगिरि दक्षिण-तट,
बसति धर्म्मरत प्रजा जहाँ नृप न्यायी उद्भट।"

वाही निशि शुद्धोदन नृप की रानी माया
सोई पति ढिग लखी स्वप्न में अद्भुत छाया।
देख्यो सपने में प्रवालद्युति निर्मल तारो,
दीप्तिमान् षड् अंशु धरे अतिशय उजियारो,
नभमंडल तें छूटि तासु ढिग दमकत आयो
औ दहिनी दिशि आय गर्भ में तासु समायो,
जासों लक्षित भयो एक मातंग मनोहर
षड् दंतन सों युक्त छीर सम श्वेत कांतिधर।
जागी जब आनंद अलौकिक उर में छायो
ऐसो जैसो काहु जननि ने कबहुँ न पायो।

पूर्व ही प्रभात के प्रभा पुनीत जो छई
अर्द्धमंडलांत भूमि भासमान ह्वै गई।
काँपिगे पहार, सिंधुनीर धीरता गही;
फूल भानु पाय जो खिलैं, खिले अकाल ही।

मोद की तरंग प्रेतलोक लौं गई बढ़ी,
भानुज्योति अंधकार भेदि जाति ज्यों चढ़ी।
मंजु घोष होत "जीव होयँ जे जहाँ बहे
आस कै उठैं सुनैं, पधारि बुद्ध हैं रहे"।

लोक लोक में गई अपार शांति छाय है,
फूलि ते रहे उमंग ना हिये समाय है।
भूमि औ पयोधि पै समीर धीर जो बह्यो
और ही रह्यो कछू, न जात काहु पै कह्यो।

भयो ज्योंही भोर बहु दैवज्ञ बूढ़े आय
लगे भाखन स्वप्न को फल भूप सों हरखाय–
"कर्क बीच दिनेश हैं सब योग शुभ या काल
स्वप्न को फल परम सुंदर होयहै, नरपाल !

श्री महादेवी जायहैं सुत ज्ञानवान् अपार
जो साधिहै या जगत् के सब जीव को उपकार,
अज्ञान तें उद्धारिहै जो सकल मनुज-समाज,
ना तो सकल जग शासिहै जो करन चहिहै राज।"

गर्भ पूज्यो; उठी माया के हृदय यह बात
देवदह चलि पिता के घर लखौं शिशु नवजात।
ह्वै गयो मध्याह्न ताको लुंबिनीबन जात
शालतरु तर एक ठाढ़ी भई पुलकित गात।

शिखर सम सो खरो सूधो विटप परम विशाल
नवल किशलय धरे, सुरभित-सुमन-मंडित भाल।
बुद्ध को आगमन ज्यों सब वस्तु रहीं जनाय।
पर्‍यो आगम जानि वाहू को, उठ्यो लहराय।

हेरि महिमा महादेवी पै सहित सम्मान।
हरी डार नवाय सुन्दर दियो तानि वितान।
भूमि सहसा लाय सुमनन दई सेज सजाय।
न्हायबे हित ताहि सोतो विमल फूटो आय।

कियो रानी ने प्रसव बिनु पीर शिशु अवदात
बुद्ध के बत्तीस लक्षण रहे जाके गात।
पहुँचिगो संवाद शुभ प्रासाद में तब जाय।
लेन तिनको गई चित्रित पालकी चट आय।

मेरु तें चलि आय बाहक बने सब दिक्पाल
कर्म प्राणिन के लिखत जे रहत हैं सब काल।
पूर्व को दिक्पाल आयो, जासु अनुचर-जाल
रजत अंबर धवल धारे, लिए मुक्ता ढाल।

चल्यो दक्षिणपाल लै कुंभांडगण की भीर,
नील वाजिन चढ़े, नीलम ढाल साजे बीर।
चल्यो पश्चिमपाल जाके नागगण हैं संग
गहे ढाल प्रवाल की, औ चढ़े रक्त तुरंग।

घेरि उत्तरलोकपालहिं कनकमंडित गात
पीत हय पै स्वर्ण ढालन सजे यक्ष लखात।
शक्तिधर सब देव आए अलख वैभव संग;
पालकी पै दियो कंध लगाय सहित उमंग।

रहे वाहक रूप में कोउ तिन्हैं जान्यो नाहिं।
देवगण वा दिवस बिचरे मिले मनुजन माहिं।
रह्यो स्वर्ग उछाह सों भरि गुनि जगत कल्यान,
जानि यह नरलोक में पुनि अवतरे भगवान्।

नृप यह जान्यो नाहिं रही चिन्ता चित व्यापी।
कह्यो गणकगण आय, "पुत्र यह परम प्रतापी।
चक्रवर्त्ति यह सोइ भूमि भोगन जीवन भर
आवत है जो प्रति सहस्र वत्सर या भू पर।
सात रत्न यहि सुलभ—प्रथम है चक्ररत्न वर,

अश्वरत्न जो भरि गुमान पग धरत मेघ पर;
हस्तिरत्न हिम सरिस श्वेत वाहन सुन्दर अति;
नीतिविशारद सचिव तथा दुर्जय सेनापति;
भार्य्या अनुपम रूपवती युवती सुकुमारी,
रमणीरत्न अमोल उषा सोँ बढ़ि उजियारी"।
सुनि सुत-वैभव नृपति हरषि अनुशासन फेरो।
'उत्सव और उछाह नगर में होय घनेरो'।

सब बाट जाति बहारि, चंदननीर छिरको जात है।
दमकत द्रुमन पै दीप, फहरत केतु बहु दरसात हैं।
सजि सूर खाँड़े धारि कर में करत आसन पैतरे।
नट इंद्रजालिक-खेल देखत लोग कहुँ अचरज भरे।

कहुँ नर्त्तकी चुनि चूनरी, पग घूँघरू झनकारतीं,
निज चपल चरनन के चहूँ दिशि मंद हास उभारतीं।
तीतर बटेर बटोरि कोऊ कतहुँ रहे लड़ाय हैं।
बैठे मदारी कतहुँ मर्कट भालु रहे नचाय हैं।

इत भिरत मोटे मल्ल नाना दाँव पेच दिखाय कै।
उत वाद्यकार मृदंग ढोल बजाय साज मिलाय कै
आलाप छाँड़त बीन की झनकार मंजु उठाय हैं,
योँ देत रसिक-समाज को बदि बदि हियो हुलसाय हैं।

बहु बणिक आए दूर तें संवाद शुभ यह पायकै
लै भेंट की बहु वस्तु सुंदर कनक थार सजायकै—
कौशेय अंशुक चीन के, नव शाल बहु कश्मीर के,
मणि पुष्पराग, प्रवाल, मोती सुघर सागर तीर के।

सुंदर खिलौनन के मनोहर मेल कहुँ सोहत धरे;
घनसार, कुंकुम, अगर, मृगमद, भार चंदन के भरे।
कोउ धरत अंबर धूपछाँह सुरंग झीने लाय हैं,
नहिं जासु बारह पर्त्त सकत सलज्ज वदन छपाय हैं।

सारी किनारी जासु मोतिन सोँ जरी अति झलझली,
अति भव्य भूषण, वसन, भाजन, फलन फूलन की डली,

बहु भेंट पठवत करद पुर, सब भवन भूपति को भरो।
'सिद्धार्थ' वा 'सर्वार्थसिद्ध' कुमार नाम गयो धरो।

आए अपरिचित जनन में ऋषि असित परम पुनीत
संसार सों फिरि श्रवण जिनके सुनत सुर-संगीत;
अश्वत्थ तर बैठे रहे जो धरे अपनो ध्यान;
तहँ बुद्ध-जन्म-उछाह को सुमि पर्‍यो नभ में गान।

सोहत पुराणप्रवीण पूर्ण प्रकार तपबल पाय।
सम्मान सों नियराय नरपति परे पाँयन जाय।
उत महारानी आय पाँयन पै दियो सिसु डारि;
पै देखि ताहि मुनीश चरनन टारि उठे पुकारि—

"हे देवि ! करती कहा ?" पुनि शिशु-चरनरज सिर लाय
मुनि कह्यो "हौ तुम सोइ बंदन करत हौं सिर नाय।
मृदु ज्योति लसति अपूर्व, स्वस्तिक चिह्न सो दरसात,
बत्तीस लक्षण मुख्य, अनुव्यंजन असी अवदात।

हौ बुद्ध; धर्म्म सिखाय करिहौ लोक को उद्धार;
अनुसरण करिहैं जीव जे ते होयहैं भव पार।
तब ताइँ रहिहौं नाहिं, मेरी अवधि गइ नियराय।
तन राखि करिहौं कहा है कृतकृत्य दर्शन पाय ?

भूपाल परम सुजान ! जानौ कली है यह सोय
कल्पांत में कहुँ एक बार विकाश जाको होय;
जग ज्ञान-सौरभ, प्रेम के मकरंद सों भरि जाय;
तव राजकुल में आज यह अरविंद फूट्यो आय।

या भवन को अति भाग्य ! पै कछु दुख हू दरसात।
नृप ! तुम्हैं या सुत हेतु परिहै सहन हिय आघात।
हे देवि ! सुर नर प्रिय भई यह गर्भ धरि जग माहिं;
भवताप भोगै और तू अब है सकत यह नाहिं।

क्लेशरूप यह जीवन जो सो नहिँ रहि जैहै।
सात दिवस में करि याको तू अंत सिधैहै।"

सातवें दिन भई वाणी सत्य, निज गृह माहिं
राति सुख सोँ सोय रानी फेरि जागी नाहिं।
त्रयस्त्रिंशस् स्वर्ग में सो जाय लियो निवास
देवगण जहँ रहत सेवा में खड़े चहुँ पास।

महा प्रजावति लागी पालन शिशु सुखकारी;
सींचन लागी कंठ सकल - जग - मंगलकारी।

शिक्षा

आठ वर्ष के भे कुमार जब नृप मन माहिं विचारो,
राजकुमारहिं चहिय पढ़ावन राजधर्म्म अब सारो।
चमत्कार गुनि सकल महीपति आगम-कथन विचारै;
चाहत नहिं है बुद्ध पुत्र मम जग में ज्ञान पसारै।
भरी सभा के बीच एक दिन भूपति बैठ्यो जाई।
पूछ्यो सब मंत्रिन सों अपने सादर निकट बुलाई
"कहौ, सचिववर ! कौन नरन में अति विद्वान् कहावै;
राजपुत्र के जोग सकल गुण जो मम सुतहिं सिखावै।"
कह्यो एक स्वर सों सब मिलि कै "सुनौ, नृपति ! यह बानी,
विश्वामित्र समान न कोऊ बुद्धिमान् औ ज्ञानी।
वेद-विषय-पारंगत सब विधि, शास्त्रज्ञान में रूरो,
धनुर्वेद में चतुर लसत सो, सकल कला में पूरो।"
विश्वामित्र आय नृप आज्ञा सुनी, अमित सुख पायो।
शुभ दिन औ शुभ घरी माहिं पुनि कुँवर पढ़न को आयो !
रत्नजरी रँगी चंदन की पाटी काँख दबाई
लिए लेखनी गुरु समीप भे ठाढ़े दीठि नवाई।
तब बोले आचार्य्य "वत्स ! तुम लिखौ मंत्र यह सारो"।
योँ कहि पावन गायत्री को मूल मंत्र उच्चारो
धीमे स्वर सों, सुनै न जासों कोउ निषिद्ध नर नारी;
सुनिबे के केवल हैं जाके तीन वर्ण अधिकारी।

"लिखत अबै, आचार्य्य !" कुँवर बोल्यो विनीत स्वर।
लिख्यो अनेकन लिपिन मंत्र पावन पाटी पर।
ब्राह्मी, दक्षिण, देव, उग्र, मांगल्य, अंग लिपि,
दरद, खास्य, मध्याक्षर-विस्तर, मगध, वंग लिपि,
औ खरोष्ट्री, यक्ष, नाग, किन्नर, सागर पुनि

लिखि दिखराए कुँवर सबन के अक्षर चुनि चुनि।
मग शक आदिक के अक्षर हू छूटे नाहीं,
सूर्य्य अग्नि की जो उपासना करत सदाहीं।
बोलिन में बहु चल्यो मंत्र सावित्री पुनि भनि
कह्यो गुरू "बस करौ, चलो अब तो गनती गनि।
कहत चलौ मम साथ नाम संख्यन को तौलौं
पहुँचि जायँ हम, कुँवर ! लाख पर्य्यन्त न जौ लौं।
कहत एक, द्वै, तीन, चार तें दस लौं जाओ,
दस तें सौ लौं, पुनि सौ तें चलि सहस गनाओ।"
ता पाछे गनि गयो कुँवर एकाइ दहाई,
शत सहस्र औ अयुत लक्ष लौं पहुँच्यो जाई,
गनत गयो कहुँ रुक्यो नाहिं सो कुँवर सयानो
"ताके आगे प्रयुत कोटि औ अर्बुद मानो।
पद्म, खर्व औ महाखर्व औ महापद्म पुनि।"
असंख्येय लौं गनत गयो, सुनि चकित भए मुनि।
बोले मुनि "है बहुत ठीक, हे कुँवर हमारे
अब आयत परिमाण बताऊँ तुमको सारे"।
यह सुनि राजकुमार वचन बोल्यो विनीत अति
"श्रवण करौ, आचार्य्य ! कहत हौं सकल यथामति।
दस परमाणुन को मिलाय परिसूक्ष्म कहत हैं
जोरे दस परिसूक्ष्म एक त्रसरेणु लहत हैं।
देत सप्त त्रसरेणु-योग अणु एक बनाई*
भवनरंध्रगत रविकर में जो परत लखाई।
सात अणुन को योग एक केशाग्र कहावत,
जो दस मिलि कै लिख्या की हैं संज्ञा पावत।
दस लिख्या को एक यूक सब मानत आवैं।
दस यूकन को एक यवोदर सबै बतावैं।
दस जौ जोरे होत एक अंगुल यौं मानत।
बारह अंगुल को वितस्त सिगरो जग जानत।
ताके आगे हस्त, दंड, धनु, लट्ठा आवैं।
लट्ठन को लै बीस श्वास दूरी ठहरावैं।
तेती दूरी श्वास होति जेती के बाहर
एक साँस में चलो जाय बिनु थमे कोउ नर।
चालिस श्वासन की दूरी को गो ठहरावत।

* यह मान वैशेषिक आदि में माने हुए मान से भिन्न है।

होत चार गो को योजन यह सबै बतावत।
यदि आयसु तव होय कहौं अब मैं, हे गुरुवर !
केते अणु अँटि सकत एक योजन के भीतर।"
यों कहि तुरत कुमार दियो अणुयोग बताई।
सुनतहि विश्वामित्र परे चरनन पै जाई।
बोले मुनि "तू सकल गुरुन को गुरु जग माहीं।
तू मेरो गुरु, मैं तेरो गुरु निश्चय नाहीं।
बंदत हौं, सर्वज्ञ कुँवर ! तेरो पद पावन;
मम चटसारहिं आयो तू केवल दरसावन–
बिनु पोथिन ही सकल तत्त्व तू आपहि छानत;
तापै गुरुजन को आदर हू पूरो जानत।"
करत श्री भगवान् गुरुजन को सदा सम्मान;
वचन कहत विनीत यद्यपि परम ज्ञाननिधान।
राजतेज लखात मुख पै, तदपि मृदु व्यवहार;
हृदय परम सुशील कोमल, यदपि शूर अपार।
कबहुँ जात अहेर को जब सखा लै सँग माहिँ
साहसी असवार तिन सम कोउ निकसत नाहिँ।
राजभवन समीप कबहूँ होड़ जो लगि जाय
रथ चलावन माहिँ कोऊ तिन्हैं सकत न पाय।

करत रहत अहेर सहसा ठिठकि जात कुमार;
जान देत कुरंग को भजि, लगत करन विचार।
कबहुँ जब घुरदौर में हय हाँफि छाँड़त साँस,
हार अपनी हेरि वा जब सखा होत उदास,

लगत कोऊ बात अथवा गुनन मन में आनि
जीति आधी कुँवर बाजी खोय देतो जानि।
बढ़त ज्यौं ज्यौं गयो प्रभु को वयस् लहि दिन राति
बढ़ति दिन दिन गई तिनकी दया याही भाँति।

यथा कोमल पात द्वै तें होत विटप विशाल,
करत छाया दूर लौं बहु जो गए कछु काल।
किंतु जानत नाहिँ अब लौं रह्यो राजकुमार
क्लेश, पीड़ा, शोक काको कहत है संसार।

इन्हैं ऐसी वस्तु कोऊ गुनत सो मन माहिँ,
राजकुल में कबहुँ अनुभव होत जिनको नाहिँ।

एक दिवस वसंत ऋतु में भई ऐसी बात,
रहे उपवन बीच सौं है हंस उड़ि कै जात।

जात उत्तर ओर निज निज नीड़ दिशि ते धाय,
शुभ्र हिमगिरि-अंक में जो लसत ऊपर जाय।
प्रेम के सुर भरत, बाँधे धवल सुंदर पाँति
उड़े जात विहंग कलरव करत नाना भाँति।

देवदत्त कुमार चाप उठाय, शर संधानि
लक्ष्य अगिले हंस को करि मारि दीनो तानि।
जाय बैठ्यो पंख मैं सो हंस के सुकुमार,
रह्यो फैल्यो करन हित जो नील नभ को पार।

गिर्‌यो खग भहराय, तन में बिध्यो विशिख कराल;
रक्तरंजित ह्वै गयो सब श्वेत पंख विशाल।
देखि यह सिद्धार्थ लीनो धाय ताहि उठाय,
गोद में लै जाय बैठ्यो पद्म-आसन लाय।

फेरि कर लघु जीव को भय दियो सकल छुड़ाय,
और धरकत हृदय को यौं दियो धीर धराय।
नवल कोमल कदलिदल सम करन सौं सहराय,
प्रेम सौं पुचकारि ताकत तासु मुख दुख पाय।

खैंचि लीनो निठुर शर करि यत्न बारंबार।
घाव पै धरि जड़ी बूटी कियो बहु उपचार।
देखिबे हित पीर कैसी होति लागे तीर
लियो कुँवर धँसाय सो शर आप खोलि शरीर।

चौंकि सो चट पर्‌यो पीरा परी दारुण जानि;
छाय नयनन नीर खग पै लग्यो फेरन पानि।

पास ताके एक सेवक तुरत बोल्यो आय
''अबै मेरे कुँवर ने है हंस दियो गिराय।

गिर्‍यो पाटल बीच बिधि कै ठौर पै सो याहि।
मिलै मोको, प्रभो ! मेरो कुँवर माँगत ताहि।"
बात ताकी सुनत बोल्यो तुरत राजकुमार
"जाय कै कहि देहु दैहौं नाहिं काहु प्रकार।

मरत जो खग अवसि पावत ताहि मारनहार;
जियत है जब तासु तापै नाहिं कछु अधिकार।
दियो मेरे बंधु ने बस तासु गति को मारि
रही जो इन श्वेत पंखन की उठावनहारि।"

देवदत्त कुमार बोल्यो "जियै वा मरि जाय,
होत पंछी तासु है जो देत वाहि गिराय।
नाहिं काहू को रह्यो जौ लौं रह्यो नभ माहिं;
गिरि पर्‌यो तब भयो मेरो, देत हौ क्यों नाहिं ?"

लियो तब खगकंठ को प्रभु निज कपोलन लाय
पुनि परम गंभीर स्वर सों कह्यो ताहि बुझाय
"उचित है यह नाहिं जो कछु कहत हौ तुम बात,
गयो है यह विहग मेरो, नाहिं दैहौं, तात !

जीव बहु अपनायहौं या भाँति या संसार
दया को औ प्रेम को निज करि प्रभुत्व प्रसार।
दयाधर्म्म सिखायहौं मैं मनुजगन को टेरि;
मूक खग पशु के हृदय की बात कहिहौं हेरि।

रोकिहौं भवताप की यह बढ़ति धार कराल
परे जामें मनुज तें लै सकल जीव बिहाल।
किंतु चाहै कुँवर तो चलि विज्ञजन के तीर
कहैं अपनी बात, चाहैं न्याय धरि जिय धीर।"

भयो अंत विचार नृप के सभामंडप माहिं।
कोउ ऐसो कहत, कोऊ कहत ऐसो नाहिं।
कह्यो याही बीच उठि अज्ञात पंडित एक
"प्राण है यदि बस्तु कोऊ करौ नैकु विवेक;

जीव पै है जीवरक्षक को सकल अधिकार,
स्वत्व वाको नाहिँ चाह्यो बधन जो करि वार।
बधक नासत औ मिटावत, रखत रच्छनहार;
हंस है सिद्धार्थ को यह, सोइ पावनहार"।

लग्यो सारी सभा को यह उचित न्याय-विधान।
भई मुनि की खोज, पै सो भए अंतर्द्धान।
ब्याल रेंगत लख्यो सब तहँ और काहुहि नाहिँ;
देवगण या रूप आवत कबहुँ भूतल माहिँ।

दया के शुभ कार्य्य को आरंभ याहि प्रकार
कियो श्री भगवान् ने लखि दुखी यह संसार।
छाँड़ि पीर विहंग की, उड़ि मिल्यो जो निज गोत,
और क्लेश न कुँवर जानत कहाँ कैसे होत।

कह्यो नृप एक वसंत के वासर "वत्स ! चलौ पुर बाहर आज।
जहाँ सुखमा सरसाति घनी, धरती अपनो धन खोलि अनाज।
बिछावति काटनहार समीप; चलौ अपनो यह देखन राज।
भरै नृप के नित कोषहिं जो, चलि आवत पालत लोकसमाज।"

चढ़े रथ पै दोउ जात चले, बन, बाग, तड़ाग लसैं चहुँ ओर।
लसे नव पल्लव सौं लहरैं लहि कै तरु मंद समीर-झकोर।
कहूँ नव किंशुकजाल सौं लाल लखात घने बनखंड के छोर।
परैं जहँ खेत सुनात तहाँ श्रमलीन किसानन को कल रोर।

लिपे खरिहानन में सुथरे पथपार पयार के ढूह लखात।
मढ़े नव मंजुल मौरन सौं सहकार न अंगन माहिँ समात।
भरी छबि सो छलकाय रहे, मृदु सौरभ लै बगरावत बात।
चरैं बहु ढोर कछारन में जहँ गावत ग्वाल नचावत गात।

लदे कलियान और फूलन सौं कचनार रहे कहुँ डार नवाय।
भरो जहँ नीर धरा रस भीजि कै दीनी है दूब की गोट चढ़ाय।
रह्यो कलगान विहंगन को अति मोद भरो चहुँ ओर सौं आय।
कढ़ैं लघु जंतु अनेक, भगैं पुनि पास की झाड़िन को झहराय।

डोलत हैं बहु भृंग पतंग सरीसृप मंगल मोद मनाय।
भागत झाड़िन सों कढ़ि तीतर पास कहूँ कछु आहट पाय।
बागन के फल पै कहुँ कीर हैं भागत चोंच चलाय चलाय।
धावत हैं धरिबे हित कीटन चाष घनी चित चाह चढ़ाय।

कूकि उठै कबहूँ कल कंठ सों कोकिल कानन में रस नाय।
गीध गिरैं छिति पै कछु देखत, चील रहीं नभ में मँड़राय।
श्यामल रेख धरे तन पै इत सों उत दौरि कै जाति गिलाय।
निर्मल ताल के तीर कहूँ बक बैठे हैं मीन पै ध्यान लगाय।

चित्रित मंदिर पै चढ़ि मोर रह्यो निज चित्रित पंख दिखाय।
ब्याह के बाजन बाजन की धुनि दूर के गाँव में देति सुनाय।
वस्तुन सों सब शांति समृद्धि रही बहु रूपन में दरसाय।
देखि इतो सुख-साज कुमार रह्यो हिय में अति ही हरखाय।

सूक्ष्म रूप सों पै वाने कीनो विचार जब
देखे जीवन कुसुम बीच कारे कंटक तब।
कैसो दीन किसान पसीनो अपनो गारत।
केवल जीयन हेतु कठिन श्रम करत न हारत।

गोदि लकुट सों दीर्धविलोचन बैलन हाँकत।
जरत घाम में रहत धूरि खेतन की फाँकत।
देख्यो फेरि कुमार खात दादुर पतंग गहि;
सर्प ताहि भखि जात, मोर सों बचत सर्प नहिँ।
श्यामा पकरत कीट, बाज झपटत श्यामा पर;
चाहा पकरत मीन, ताहि धरि खाय जात नर।
यों इक बधिकहिँ बधत एक, बधि जात आप पुनि;
मरण एक को दूजे को जीवन, देख्यो गुनि।
जीवन के वा सुखद दृश्य तर ताहि लखानो
एक दूसरे के बध को षट्चक्र लुकानो।
परे कीट तें लै मनुष्य जामें भ्रम खाई।
चेतन प्राणी मनुज बधत सो बंधुहिँ जाई।
भूखे दुर्बल कृषक बैल को नाधि फिरावत;
जूए सों छिलि जात कंध पै मनहिं न लावत।
जीबे के धुन माहिँ जगत् के जीव मरत लरि।

लखि यह सब सिद्धार्थ कुँवर बोल्यो उसास भरि–
"लोक कहा यह सोइ लगत जो परम सुहावन,
अवलोकन हित जाहि पर्‌यो मोकों ह्याँ आवन ?
कड़े पसीने की किसान की रूखी रोटी;
कैसो कड़वो काम करति बैलन की जोटी !
सबल निबल को समर चलत जल थल में ऐसो !
ह्वै तटस्थ टुक धरौं ध्यान, देखौं जग कैसो।"

यों कहि श्रीभगवान् एक जम्बू तर जाई
बैठे मूर्ति समान अचल पद्मासन लाई।
लागे चिंतन करन, महा भवव्याधि भयंकर !
कहा मूल है याको औ उपचार कहाँ पर ?
उमगी दया अपार, प्रीति पसरी जीवन प्रति;
क्लेश निवारण को जिय में अभिलाष जग्यो अति।
ध्यानमग्न ह्वै गयो कुँवर यौं मनन करत जब
रही न तन सुधि, आत्मभाव बहि गए दूर सब।
लह्यो चतुर्विध ध्यान तहाँ भगवान् बुद्ध तब,
धर्म्म मार्ग को कहत प्रथम सोपान जाहि सब।

पंचदेव तिहि काल रहे कहुँ जात सिधाए;
तिनके रुके विमान जबै तरु ऊपर आए।
परम चकित ह्वै लागे बूझन ताकि परस्पर
"कौन अलौकिक शक्ति हमैं खैंचति या तरु तर ?"
गई दीठि जो तरे परे भगवान् लखाई;
ललित ज्योति सिर लसत, विचारत लोक भलाई।
चीन्हि तिन्हैं ते देव लगे शुभ गाथा गावन–
"तापशमन हित मानसरोवर चाहत आवन;
नाशन हित अज्ञानतिमिर दीपक जगिहै अब
मंगल को आभास लखौ ह्वै मुदित लोक सब।"

खोजत खोजत एक दूत नृप को तहँ आयो;
पहुँच्यो वाही ठौर कुँवर जहँ ध्यान लगायो।
पहर तीसरो चढ़्यो ध्यान नहिँ भंग भयो पर।
अस्ताचल की ओर बढ़े भगवान् भास्कर।
छाया घूमीं सकल; किंतु जामुन की छाहीं

रही एक दिशि अड़ी, टरी प्रभु पर तें नाहीं;
जामें प्रभु के पावन सिर पै परै न आई
रवि की तिरछी किरन, ताप प्रभु ओर बढ़ाई।
लख्यो दूत यह चरित हिये अति अचरज मानी।
जामुन की मंजरिन बीच फूटी यह बानी–
"रहिहै इनके हृदय ध्यान की छाया जौ लौं
नाहिँ सरकिहै कतहुँ हमारी छाया तौ लौं।"

द्वितीय सर्ग

राजा की चिन्ता

वर्ष अठारह पार भए भगवान् बुद्ध जब
तीन भवन बनिबे की आज्ञा नृपति दई तब—
बनै एक तो देवदार सौं मढ्यो भव्य अति
शीतकाल मैं होय शीत की नहिँ जामैं गति;
बनै श्वेत मर्मर को दूजो दमकत उज्ज्वल,
ग्रीष्मकाल में बास-जोग सुथरो औ शीतल;
लाल ईंट को बनै तीसरो भवन मनोहर,
पावस ऋतु के हेतु खिलैं चंपक जब सुंदर।
तीन हर्म्य ये—शुभ्र, रम्य तीजो सुरम्य पुनि-
राजकुमार निमित्त भए निर्मित तहँ चुनि चुनि।
तिनके चारों ओर खिले उपवन मन मोहत,
नारे घूमत बहत, बिटप वीरुध बहु सोहत।
सघन हरियरी माहिँ लतामंडप बहु छाए।
जिनमैं कबहूँ कुँवर जाय बैठत मन भाए।
नव प्रमोद आमोद ताहि बिलमावत छिन छिन;
पाय तरुण वय रहत सदा सुख सौं बितवत दिन।
कबहुँ कबहुँ पै छाय जाति चिंता चित माहीँ;
मानस-जल झँवराय पाय ज्यौं बादर छाहीँ।

देखि लक्षण ये महीपति कह्यो सचिव बुलाय—
"ध्यान है जो कहि गए ऋषि औ गणकगण आय ?
प्राण तें प्रिय पुत्र यह जग जीति करिहै राज;
सकल अरिदल दलि कहैहै महाराजधिराज।

नाहिँ तौ पुनि भटकिहै तप के कठिन पथ माहिँ;
खोय सर्वस पायहै सो कहा जानैं नाहिँ।

लखत तासु प्रवृत्ति हम या ओर ही अधिकाय
विज्ञ हौ तुम देहु मोकों मंत्र सोइ बताय।

उच्च पथ पग धरै जासों कुँवर सजि सुख साज;
घटैं लक्षण सत्य सब, सो करै भूतल राज''।

रह्यो जो अति श्रेष्ठ बोल्यो बचन सीस नवाय
''प्रेम है सो वस्तु जो यह रोग देय छुड़ाय।
कुँवर के या परम भोरे हृदय पै, नरराय !
तियन के छल छंद को चट देहु जाल बिछाय।

रूप को रस कहा जानै अबै कुँवर अजान,
चपल चख चित मथनहारे, अधर सुधा समान।
देहु वाको कामिनी करि चतुर सहचर साथ;
फेरि देखौ रंग अपने कुँवर को, हे नाथ !

लोह-सीकड़ सों नहीं जो भाव रोको जाय
कुटिल कामिनि-केश सों सो सहज जात बँधाय।''

कह्यो नृप ''यदि खोजि युवती करैं याको ब्याह;
प्रेम की कछु परख औरै औ निराली चाह।
यदि कहैं हम ताहि 'हे सुत ! रूप उपवन जाय
लेहु चुनि सो कली जो सब भाँति तुम्हैं सुहाय'।

परम भोरो बिहँसि कै सो बात दैहै टारि।
भागिहै आनंद सों जिहि सकत नहिं जिय धारि''

कह्यो दूसरो सचिव ''नृपति यह समुझि लेहु मन,
तौ लौं कूदत है कुरंग जौ लौं शर खात न।
कोउ मोहिहै अवसि ताहि जानौ यह निश्चय
काहू को मुख ताहि स्वर्ग सम लगिहै सुखमय।
रूप उषा सों उज्वल कोऊ लगिहै ताको,
आय जगावति जो प्रति दिन सारी वसुधा को।
रचौ सात दिन में 'अशोक उत्सव', नृप ! भारी
होयँ जहाँ एकत्र राज्य की सकल कुमारी।
बाँटै कुँवर 'अशोक भांड' सबको प्रसन्न मन

रूप और गुन करतब तिनके निरखै नयनन।
लै लै निज उपहार जान जब लगैं कुमारी,
छिपि कै देखत रहै तहाँ कोऊ नर नारी
काके ऊपर कुँवर आपनी दीठि गड़ावै,
काकी चितवन मिले उदासी मुख की जावै।
चुनैं प्रेम के नयन प्रेयसी आपहि जाई।
रसबस करि कै कुँवरहिं हम यों सकत भुलाई।''
भली लगी यह बात, युक्ति सब के मन भाई।
तुरत राज्य में नरपति ने डौंड़ी फिरवाई—
''राजभवन में आवैं सुंदरि सकल कुमारी;
है 'अशोक उत्सव' की कीनी नृपति तयारी।
निज कर सौं उपहार बाँटिहैं श्रीकुमार कढ़ि;
पैहै वस्तु अमोल निकसिहै जो सब सौं बढ़ि।''

प्रेम

नृपद्वार कुमारि चलीं पुर की, अँगराग सुगंध उड़ै गहरी,
सजि भूषण अंबर रंग विरंग, उमंगन सौं मन माहिँ भरी।
कवरीन मैं मंजु प्रसून गुछे, दृगकोरन काजर-लीक परी,
सित भाल पै रोचनबिंदु लसै; पग जावक-रेख रची उछरी।

चलि कुँवर आसन पास सौं मृदु मंद गति सौं नागरी
हैं कढ़ति कारे दीर्घ नयन नवाय भोरी छवि भरी।
बढ़ि राजतेजहु सौं कछू तहँ हेरि ते हहरैं हिये
जहँ लसत कुँवर विराग को मृदु भाव आनन पै लिये।

जो निकसै अति रूपवती, सब लोग सराहत जाहि दिखाय
सो चकि कै हरिनी सी खड़ी चट होय कुमार के सम्मुख आय—
दिव्य स्वरूप, महामुनि सो सब भाँति अलौकिक जो दरसाय—
लै अपनो उपहार मिलै पुनि कंपित गात सखीन में जाय।

पुर की कुमारी एक पै चलि एक यौं पलटीं जबै,
टूट्यो छटा को तार औ उपहार हू बँटिगो सबै
ठाढ़ी भई तब आय कुँवर समीप दिव्य यशोधरा।
अति चकित हेरत रहि गयो सो स्वर्ग की सी अप्सरा।

मृदु आनन पै लखि इंदुप्रभा अरविंद सबै सकुचाय परे।
शर हेरि प्रसून के नैनन में हरिनीन के नैनहु ना ठहरे।
पुनि जोरि कुमार सौं दीठि चितै मुसकान कछू अधरान धरे
"कछु पाय सकैं हमहूँ" यह पूछति भौहँन में कछु भाव भरे।

सुनि कहत राजकुमार "अब उपहार तो सब बँटि गयो;
पै देत हौं जो नाहिं अब लौं और काहू कों दयो"।
चट काढ़ि मरकत माल वाके कंठ में नाई हरी;
तहँ नयन दोउन के मिले जिय प्रीति जासौं जगि परी।

बहुत दिनन में भए बुद्ध-पद-प्राप्त कुँवर जब
बिनती करि बहु लोग जाय तिनसौं पूछ्यो तब
"क्यौं सहसा लखि गोपा को यौं ढर्‌यो तासु चित";
कह्यो बुद्ध "हम रहे परस्पर नाहिं अपरिचित।
बहुत जन्म की बात सुनौ जमुना के तट पर,
नंदादेवी को सोहत जहँ धवल शिखर वर,
एक अहेरी को कुमार मन मोद बढ़ाई।
बनकन्यन के संग रह्यो खेलत तहँ जाई।
बन्यो पंच सो; ताहि प्रथम चलि छुवन विचारी
देवदार तर दौरैं हरिनी सरिस कुमारी।
बनजूही सौं देत काहु को भाल सजाई;
नीलकंठ के पंख काहु को देत लगाई;
औ गुंजा की माल काहु के गर में नावत;
काहू को चुनि देवदार के दल पहिरावत।
दौरी पाछे जो सबके सौं आगे आई।
मृगछौना दै एक ताहि सौं प्रीति लगाई।
सुख सौं दोऊ रहे बहुत दिन लौं बन माहीं।
बँधे प्रीति में दोउ अभिन्न-मन मरे तहाँहीं।
देखौ ! जैसे बीज भूमि पर ढको रहत है,
फोरत अंकुर वर्षा की जब धार लहत है;
याही बिधि सब कर्मबीज पहले के भाई–
राग द्वेष, सुख दुख, भलाई और बुराई–
प्रगटत हैं पुनि जब कबहूँ ते अवसर पावैं;
औ मीठे वा कड़ुवे फल निज डारन लावैं।
सोई अहेरी को कुमार मोकौं तुम मानौ,

है यशोधरा सोइ चपल वनकन्या, जानौ।
जन्म मरण को चक्र भयो जौ लौं नहिं न्यारे,
आवन चाहै, रही बात जो बीच हमारे।"

× × ×

रहे कुँवर को भाव लखत जो उत्सव माहीं
जाय सुनायो नृप को सब, कुछ छाँड्यो नाहीं।
कैसे कुँवर विरक्त रह्यो बनि बैठो तो लौं
सुप्रबुद्ध की यशोधरा आई नहिं जो लौं।
पलट्यो कैसो रंग कुँवर को ज्यों सो आई;
निरखन दोऊ लगे परस्पर दीठि मिलाई।
रत्नहार दैबे की सारी बात गए कहि;
रहे प्रेम सौं एक दूसरे को कैसे चहि।

शस्त्र-परीक्षा

बोल्यो भूपति बिहँसि "वस्तु हमने सो पाई
रखि लैहै जो अवसि हमारो कुँवर फँसाई।
पठै दूत अब माँगौ सो कन्या सुकुमारी;
सुप्रबुद्ध सौं कहौ जाय यह बात हमारी"।
रही रीति पै शाक्यगणन में जो न सकै टरि,
बड़े घरन की बरन चहै जो कन्या सुंदरि
शस्त्रकला में परै निपुणता ताहि दिखावन
तिन सब सौं बढ़ि जो जो चाहैं ताको पावन।
नृपगण हू बिपरीत रीति नहिं सकैं चलाई।
कह्यो कुँवरि को पिता "नृपति सौं बोलौ जाई
दूर दूर के राजकुँवर हैं चाहत याको;
सब सौं जो बढ़ि सकै कुँवर तो देहौं ताको।
अस्त्र शस्त्र हयचालन में यदि सो बढ़ि जैहै,
वासौं बढ़ि कै और कहाँ बर कोऊ पैहै ?
पै देखत हौं ढीले ढंगन को वाके जब
कैसे आशा करौं होयहै वासौं यह सब ?"

भयो भूप अति दुखी लग्यो सोचन मन माहीं—
"चहत कुँवर है यशोधरा को, संशय नाहीं।

कौन धनुर्धर नागदत्त सौं पै बढ़ि मरिहै ?
हय चालन में अर्जुन सम्मुख कौन ठहरिहै ?
खड्ग युद्ध में वीर नंद सौं बढ़ि काकी गति ?"
सोचि सोचि महिपाल भयो मन में उदास अति।
देखि दशा यह बिहँसि कुँवर बोल्यो सुखकारी
"सुनौ तात ! ये सकल कला हैं सिखी हमारी।
करौ घोषणा तुरत, भिड़ै मो सौं जो चाहै
इन सब खेलन माहिं सोच की बात कहा है ?
नेह विफल करि कुँवरि हाथ सौं जान न दैहौं।
ऐसी छोटी बातन कारन ताहि गवैंहौं ?"
भयो "घोष सिद्धार्थ कुँवर हैं करत निमंत्रित।
आय सातवें दिवस दिखावैं रणकौशल इत !
राजकुँवर सौं जो चाहै सो होड़ लगावै;
जो जीतै सो यशोधरा को बरि लै जावै।"

रंगभूमि लखाति जाको दूर लौं विस्तार।
सातवें दिन आय पहुँचे सकल शाक्यकुमार।
कुँवरि को लै चली शिविका सजी नाना रंग।
चलीं मंगल गीत गावति सुंदरी बहु संग।

सुंदरी को बरन को अभिलाष मन में लाय
राजकुल को नागदत्त कुमार पहुँच्यो आय।
और आए नंद अर्जुन, दोउ परम कुलीन,
सकल युवकन के शिरोमणि समरकला-प्रवीन।

अंत कंथक नाम चपल तुरंत पै असवार,
लखि अपरिचित भीर जो हिहनात बारंबार,
आय पहुँच्यो चट तहाँ सिद्धार्थ राजकुमार
चकित चख सौं प्रजागण दिशि लखत, करत विचार—

भूपतिन सौं भिन्न इनको खान पान निवास,
दुख सुख मैं करत एक समान रोदन हास।
अंत मंजु यशोधरा की ओर हेरि कुमार
बिहँसि खैंची पाट की बगडोर सहित सँभार,

कूदि कंथक पीठ तें आयो अवनि पै फेरि,
भुज उठाय विशाल या विधि कह्यो सब को टेरि–
"योग्य नहिँ या रत्न के जो योग्य सब सौँ नाहिँ।
आय ठाढ़ो हौँ बरन की चाह धरि मन माहिँ।

कियो अनुचित आज साहस व्यर्थ हम यह धाय
सिद्ध याकौ करैं अब प्रतिपक्षिगण सब आय।"
धनुर्विद्या की परीक्षा हित प्रचार्‌यो नंद।
जाय राख्यो लक्ष्य षट्‌ गो दूर पै सानंद।

वीर अर्जुन ने धर्‌यो निज लक्ष्य षट्‌ गो दूर;
नागदत्त सगर्व बढ़िगो आठ गो भरपूर।
पै कुँवर सिद्धार्थ ने आदेश दियो सुनाय–
'धरो मेरो लक्ष्य दस गो दूर ह्याँ ते जाय।'

गयो एती दूर पै धरि लक्ष्य सो जब जाय
दर्शकन को एक कौड़ी सो पर्‌यो दरसाय।
खैंचि शर तब छाँड़ि बेध्यो लक्ष्य नंद सँभारि।
वीर अर्जुन हू निसानो लियो अपनो मारि।

नागदत्त अचूक शर सौँ लक्ष्य कीनो पार।
चकित जनसमुदाय कीनी 'धन्य धन्य' पुकार।
पै कुमारि यशोधरा यह लखि लियो मन मारि,
चकित नयनन पै लियो निज ऐंचि अंचल डारि

लखै जामें नाहिं सो तिन लोचनन सौँ और
विफल अपने कुँवर को शर होत कहुँ तिहि ठौर।
जाय तिनको धनुष लीनो हाथ राजकुमार,
कसी जामें ताँत, चाँदी को बँध्यो दृढ़ तार,

सकत जाको तानि आँगुर चार सोई वीर
जासु बाहु विशाल में अति होय बल गंभीर।
बिहँसि तीर चढ़ाय खैंची डोर कुँवर प्रवीन।
मिलीं धनु की कोटि दोउ औ मूठ कर की पीन।

दियो यौं कहि फेंकि वाको दूर कुँवर उठाय—
"खेलिबे को धनुष यह तो दियो मोहिँ थमाय।
प्रेम परखन योग्य नहिँ यह, लखत सकल समाज।
शाक्य-अधिपति योग्य धनुष न कहा कोउ पै आज ?"

एक बोल्यो "सिंहहनु को धनुष है पृथु एक,
धरो मंदिर माहिं कब सौं कोउ न जानत नेक,
सकत नाहिं चढ़ाय जाकी कोउ पतिंचा तानि,
जो चढ़ै तो सकत वाको नाहिं कोउ संधानि"।

"बेगि लाओ ताहि" बोल्यो कुँवर तब हरषाय।
लोग लाए जाय सो प्राचीन धनुष उठाय,
वज्र-निर्मित, कनकबेलिन-खचित, अति गुरुभार।
चापि घुटनन पै लियो बल आँकि तासु कुमार।

कह्यो पुनि "लै याहि बेधौ लक्ष्य तो टुक जाय"।
पै सक्यो लै ताहि कोऊ नेकु नाहिं नवाय।
कुँवर उठि तब सहज झुकि कोदंड दियो लचाय,
डोर की लै फाँस दीनी कोटि बीच चढ़ाय।

शिंजिनी पुनि खैंचि कीनी अति कठिन टंकार।
भयो कंपित पवन, पूर्‌यो घोर रव पुर पार।
हहरि निर्बल लोग पूछ्यो "शब्द यह किहि ओर ?"
कह्यो सब "यह सिंहहनु के धनुष को रव घोर।

है चढ़ायो जाहि अबहीं भूप को सुत धीर;
जात है अब लक्ष्य बेधन; लगी है अति भीर"।
साधि शर संधानि छाँड़्यो जबै राजकुमार
पवन चीरत चल्यो, कीनो भेदि लक्ष्यहि पार।

थम्यो नहिं शर गयो सनसन बढ़त आगे दूर
दृष्टि काहू की नहीं पहुँची जहाँ भरपूर।

नागदत्त पुनि खड्ग चलावन की ठहराई।
तालद्रुम दस आँगुर मोटो दियो गिराई।

अर्जुन खंड्यो द्वादश आँगुर मोटो तरु जब
पंद्रह आँगुर विटप छिन्न करि दियो नंद तब।
रहे तहाँ द्वै विटप खड़े ऐसे जुरि संगहि।
चमकायो करवाल कुँवर कर में अपने गहि।
दोऊ यौं बेलाग उड़े एकहि प्रहार लहि
ज्यौं के त्यौं ते खड़े जहाँ के तहाँ गए रहि।
हरषि पुकार्‌यो नंद "धार बहँकी कुमार की"।
काँपी मन में कुँवरि देखि यह बात हार की।
मरुत देव यह चरित रहे अवलोकत वा छन।
दक्षिण दिशि सौं प्रेरि बहायो मंद समीरन।
हरे भरे ते ऊँचे दोऊ ताल मनोहर
तुरत गिरे अरराय आय नीचे धरती पर।

फेरि तीखे तुरग चारों ने बढ़ाए जोर;
तीन फेरो कियो वा मैदान के सब ओर।
गयो कंथक दूर बढ़ि पाछे सबन को नाय।
वेग ऐसो तासु जौ लौं फेन मुहँ सों आय

गिरै धरती पै, उड़ै सो बीस लट्ठ प्रमान।
नंद बोल्यो "हमहुँ जीतैं पाय अश्व समान।
बिना फेरो तुरग कोऊ छोरि लायो जाय,
फेरि देखौ कौन वाको सकै वश में लाय"।

सीकड़न सौं बँधो लाए एक अश्व विशाल,
जो निशीथ समान कारो, नयन जासु कराल।
झारि केसर रह्यो जो फरकाय नथुने दोउ,
पीठ सौं नहिं जासु कबहूँ लगन पायो कोउ।

चढ़्यो वापै नंद कैसहु गयो सो जब छेंकि,
दोउ पग सौं भयो ठाढ़ो दियो वाको फेंकि।
रह्यो अर्जुन ही जम्यो कछु काल आसन मारि;
दियो चाबुक पीठ पै कसि बाग को झटकारि।

रोष औ भय सौं भड़कि भाग्यो तुरग झुकि झूमि,
बहँकि कै फेरो लगायो खेत में वा घूमि।

किंतु खीस निकासि सहसा फिर्‌यो काँधी मारि,
एड़ सौं अर्जुन दबायो, दियो ताको डारि।

अश्वपाल अनेक एते माहिं पहुँचे आय;
बाँधि लीनो वाहि तुरतै लोह-सीकड़ नाय।
कह्यो सब "या भूत ढिग नहिं उचित कुँवरहिँ जान,
हृदय आँधी सरिस जाको रुधिर अनल समान।"

कह्यो किंतु कुमार "खोलौ अबै सीकड़ जाय;
देहु केसर तासु मेरे हाथ नेकु थमाय"।
थामि केसर कुँवर पुनि कछु मंद शब्द उचारि।
दियो माथे पै तुरग के दाहिनो कर धारि।

कंठ को गहि पानि फेर्‌यो पीठ लौं लै जाय।
चकित भे सब लोग लखि जब अश्व सीस नवाय
भयो ठाढ़ो सहमि कै चुपचाप तहँ बस मानि;
मनो बंदन करन लाग्यो परम प्रभु पहिचानि।

नाहिं डोल्यो हिल्यो जा छन कुँवर भो असवार
चल्यो सीधे एड़ औ बगडोर के अनुसार।
उठे लोग पुकारि "बस, अब ! इन कुमारन माहिं
है कुँवर सिद्धार्थ सब सौं श्रेष्ठ संशय नाहिं"।

विवाह

सुप्रबुद्ध अति ह्वै प्रसन्न लखि कौतुक सारे
बोले "तुम, हे कुँवर ! रहे हम सब को प्यारे।
सब सौं बढ़ि तुम कढ़ौ रही यह चाह हमारी।
कौन शक्ति लहि कियो आज यह अचरज भारी ?
कहत सबै तुम रहत रंग में भूले अपने,
फूलन पै फैलाय पाँव देखत हौ सपने।
यह अद्भुत पुरुषार्थ कहाँ तैं तुम में आयो
तिनसौं बढ़ि जो अपनो सारो समय बितायो
रणखेतन के बीच और आखेटवनन में,
सकल जगत् के व्यवहारन में कुशल जनन में ?"

पिता को निदेश पाय सुंदरी कुमारी उठी,
लीने जयमाल दोऊ हाथ मैं सजाय कै।
कंचनकलित पाटसारी खैंचि आनन पै,
घूँघट बढ़ाय चली मंद पग नाय कै।
डोलति समाज बीच पहुँची ता ठौर जहाँ,
सोहत सिद्धार्थ छटा दिव्य छहराय कै।
ठाढ़ो है समीप जाके अश्व चुपचाप सब
चौकड़ी भुलाय, कारे कंठहिँ नवाय कै।
कुँवर के पास जाय आनन उघार्‍यो वाने
जापै अनुराग के उमंग की प्रभा छई।
कंठ बीच डारी जयमाल झुकि छुयो पद,
पुलकित गात बोली भाव सोँ भरी भई।
"फेरौ मेरी ओर दीठि नेकु तो, कुमार प्यारे !
मैं तो सब भाँति सोँ तिहारी आज ह्वै गई"।
प्रमुदित लोग भए देखि उन दोउन को
जात कर बीच कर धारे प्रीति सोँ नई॥

बहुत दिनन में भए बुद्ध सिद्धार्थ कुँवर जब
बिनती करि यह मर्म जाय तिनसोँ बूझ्यो सब—
कनकखचित सो चित्रित सारी क्यों कुमारि धरि
चली हृदय में गर्व और अनुराग इतो भरि ?
बोले जगदाराध्य "विदित तब पूरो नाहीं
रह्यो हमैं यह, रही धारणा कछु मन माहीं।
जन्म मरण को चक्र रहत है नाहिँ कबहुँ थिर;
विगत वस्तु औ भाव, भूत जीवन प्रगटत फिर।
आवति अब सुध मोहिं वर्ष बीते हैं लाखन
रह्यो बाघ मैं हिमगिरि के इक विपिन बीच घन।
क्षुधित स्ववर्गिन संग फिरौँ मैं बन बन धावत।
कुश के झापस बीच बैठि नित घात लगावत
गैयन पै तिन जे कारे दृग चौंकि उठावैं,
मृत्यु निकट जो चरत चरत चलि आपहि आवैं।
कबहुँ तारकित गगन तरे खोजौँ भख उत इत;
सूँघत घूमौँ पंथ मनुज-मृग-गंध लहन हित।
संगी मेरे मिलैं मोहिं जो बन के भीतर
अथवा निचुलन सोँ छाए मृदु सरित पुलिन पर

तिनमें बाघिनि एक वर्ग में सब सोँ सुंदरि;
ताहि लहन हित बन के सारे बाघ गए लरि।
चामीकर सो चर्म तासु जापै बहु धारी;
—कछु वैसोई जैसी गोपा की सो सारी।
भयो युद्ध घमसान दंत नख सोँ वा वन में;
घावन सोँ बहि चल्यो रक्त तब सबके तन मैँ।
खड़ी नीम तर सुंदरि बाघिनि सो सब निरखति
विकट प्रणय हित जासु मच्यो सो क्रूर कांड अति।
बड़ी चाह सोँ आई कूदति मेरे नेरे;
रुचि सोँ लागी चाटन हाँफत तन को मेरे।
चली संग लै मोहिँ गर्व सोँ सो पुनि गरजति
तिन सब बाघन बीच कढ़ति जिनको मार्यो हति।
योँ मेरे सँग प्रेमगर्व सोँ वनहिं सिधाई।
जन्म मरण को चक्र रहत घूमत योँ, भाई !"

× × ×

या भाँति सुंदरि कुँवरि को लहि कुँवर मन आनँद छयो।
शुभ लग्न उत्तम धरि गई जब मेष को दिनकर भयो।
सब ब्याह के सुप्रबुद्ध के घर साज बाज रचे गए।
छायो गयो मंडप कलित, तोरण रुचिर बँधिगे नए।

अब द्वार पै सब होत मंगलचार नाना भाँति हैं।
दरसाति भीर अपार औ गज बाजि की बहु पाँति हैं।
लै खील फेँकति हैं अटारिन पै चढ़ी पुर नागरी,
कल कंठ सोँ जिनके कढ़ै धुनि परम कोमल रस भरी।

मन मुदित वर कन्या वरासन पै विराजत आय हैं।
मधुपर्क, कंगन आदि की सब रीति जाति पुराय हैं।
औ ग्रंथिबंधन भाँवरी के होत पूर्ण विधान हैं।
ऋषि मंत्र बैठे पढ़त हैं, सब विप्र पावत दान हैं।

जब ह्वै गई सब रीति कन्या को पिता तब आय कै
भरि नीर नयनन में कह्यो "हे कुँवर ! हित चित लायकै
टुक राखियो यापै दया जो अब तिहारी है भई"।
दुलहिन विदा ह्वै अंत सज्जित राजमंदिर मैँ गई।

रंगभवन विहार

रहत प्रेमहिं प्रेम छायो नवल दंपति माहिं।
प्रेम ही पै पै भरोसो कियो भूपति नाहिं।
दई आज्ञा रचन की इक प्रेम-कारागार
अति मनोहर दिव्य औ रमणीय रुचिर अपार।

कुँवर को विश्रामवन सो बन्यो अति अभिराम।
नाहिं वसुधा बीच और विचित्र वैसो धाम।
हर्म्य सीमा बीच सोहत हरो भरो पहार;
बहति जाके तरे निर्मल रोहिणी की धार।

उतरि कलकल सहित सरि हिमशैल-तट सोँ आय
जाति है निज भेंट गंगतरंग दिशि लै धाय।
लसत दक्षिण ओर हैं वट सघन, साल, रसाल
झपसि जिनपै रह्यो कुसुमित मालती को जाल।

धाम को वा रहत न्यारे किए ते बिलगाय
जगत् सोँ सब जहाँ एती हाय हाय सुनाय।
कबहुँ आवत नगर-कलकल करत सीमा पार;
दूर सोँ पै लगत प्रिय सो ज्यों भ्रमरगुंजार।

खड़ो उत्तर ओर हिमगिरि को अमल प्राकार
नील नभ के बीच निखरो धवल मालाकार।
विदित वसुधा बीच जो अद्‌भुत अगम्य अपार;
जासु विपुल अधित्यका औ उठे विकट कगार,

शृंग तुंग तुषार मंडित, वक्ष विशद विशाल,
लहलहे अति ढार औ बहु दरी, खोह कराल
जात मानव ध्यान लै ऊँचे चढ़ाय चढ़ाय
अमर धाम तकाय राखत सुरन बीच रमाय।

निर्झरन सोँ खचित औ घन-आवरण सोँ छाय
श्वेत हिम तर रही काननराजि कहुँ लहराय।

परत नीचे चीड़, अर्जुन, देवदार अपार।
गरज चीतन की परै सुनि, करिन को चिक्कार।

कहुँ चटानन पै चढ़े वनमेष हैं मिमियात।
मारि कै किलकार ऊपर गरुड़ हैं मँड़रात।
और नीचे हरो पटपर दूर लौं दरसाय,
देववेदिन तर बिछायो मनौ आसन लाय।

सोधि इनके सामने समथल पहाड़ी एक
स्थापकन मिलि दिव्य मंडप खड़े किए अनेक।
उठत ऊँचे धौरहर नहिँ नेकु लागी बेर।
औ प्रशस्त अलिंद सुन्दर खिंचि गए चौफेर।

खचित चकरी धरन पै हैं चरित बहु प्राचीन।
कतहुँ राधाकृष्ण विहरत गोपिकन में लीन।
द्रौपदी को चीर खेंचत कहुँ दुशासन राय।
कहुँ रहे हनुमान सिय सौं पिय सँदेस सुनाय।

मुख्य तोरणद्वार ऊपर वक्त्रतुंडहिँ साजि
रहे वैभव बुद्धिदायक श्रीगणेश विराजि।
जाय प्रांगण और उपवन बीच पथ के पार
विमल बादर * को मिलै इक और भीतर द्वार।

लसत मर्मर चौखटे पर नील प्रस्तर भार।
लगे चंदन के सुचित्रित अति विचित्र किवार।
मिलैं आगे बृहत् मंडप, कुंज शीतल धाम।
बनीं सीढ़ी, गली, जाली कटीँ अति अभिराम।

खड़े अगणित खंभ, चित्रित छत रही छवि छाय।
फटिक कुंडन सौं फुहारे छुटत झरी लगाय।
लसत इंदीवर तथा अरविंदजाल-प्रसार,
हरित, रक्त, सुवर्णमय जहँ मीन करत विहार।

---

* एक प्रकार का संगमर्मर जिस पर बादल की-सी धारियाँ पड़ी होती हैं।

कहुँ अनेक विशालदृग मृग बसि निकुंजन माहिं
टुँगत पाटल के कुसुमदल, करत कछु भय नाहिं।
कतहुँ ऊँचे ताड़ ऊपर फरफरात विहंग,
इंद्रधनु सम पंख जिनके दिव्य रंग बिरंग।

नील धूम कपोत छज्जन तर सुनहरे जाय
अति सुरक्षित सुघर अपने नीड़ लिए बनाय।
शुचि खड़ंजन पै फिरैं कहुँ मोर पूँछ पसारि।
बैठि उज्वल छीर सम बक रहे तिन्हैं निहारि।

एक फल सौँ दूसरे पै जाय झूलत कीर।
फिरैं मुनियाँ चुहचुहाती खिले फूलन तीर।
शान्ति औ सुख सौँ बसैं सब जीव मिलि वा धाम।
लेति जाली बीच निर्भय छिपकिली बसि घाम।

हाथ सौँ लै जाति भोजन गिलहरी झटकारि।
केतकी तर बसत कारो नाग फेंटी मारि।
कतहुँ बसि कस्तूरिमृग हैं करत विविध विहार।
वायसन की बोल पै कपि करत कहुँ किलकार।

रहत सुन्दरि सहचरिन सौँ भरो सो रसधाम।
लसति सुखमा बीच आनन की छटा अभिराम।
बोलि मधुरे बैन सेवा में रहैं सब लीन;
सजैं सुख के साज छन छन सुरुचि सहित नवीन।

कुँवर को सुख लखि सुखी ते, मुदित मोद निहारि।
गर्व बस आदेश-पालन को सकैं जिय धारि।
विविध सुख के बीज जीवन यौँ बिहात लखाय।
पुष्पहास विलास के बिच रमति ज्यों सरि जाय।

मोहनी सी रहति मायाभवन में वा छाय;
रहत भूलो मन, परत दिन राति नाहिं जनाय।

लसत गुप्तगृह इन भवनन के भीतर जाई,
मनमोहन हित शिल्प जहाँ सब शक्ति लगाई।
प्रांगण विस्तृत परत प्रथम मर्मर को सुन्दर

ऊपर नीलो गगन, मध्य में लसत विमल सर।
मर्मर के सोपान सुभग चारो दिशि सोहत।
पच्चीकारी रंग रंग की लखि मन मोहत।
जहाँ ग्रीष्म में जातहि ऐसो ताप जात हरि
पसरे निर्मल ज्यों तुषार पै पाँव रहे परि।
नित्य गवाक्षन सों ह्वै कै मृदु रविकर आवैं;
ढारि स्वर्ण की धार रुचिर आभा फैलावैं।
जब वा रुचिर विलासभवन के भीतर आवै
प्रखर दिवस हू प्रेम छाकि संध्या ह्वै जावै।
रंगभवन सो परत द्वार के भीतर सुन्दर,
सकल जगत् के अचरज को आगार मनोहर।
अगरघटित दीपक सुगंधमय बरत सुहावै,
जासु अमल मृदु ज्योति झरोखन सौं कढ़ि आवै।
तनी चाँदनी के बूटे चमकैं मनभावन
परे कनक पर्यङ्क बीच गुलगुले बिछावन।
कनक-कलित पट सुन्दर द्वारन पै लटकाए,
सुमुखिन भीतर लेन हेतु जो जात उठाए।
उज्ज्वलता, मृदुता प्रभात संध्या की सब छिन
छाई तहँ लखि परति, जानि नहिं जात राति दिन।

लगे रहत पकवान विविध, नित कढ़ति बीन धुनि।
कंद मूल फल धरे रहत डलियन में चुनि चुनि।
हिम सौं शीतल किए मधुर रस धरे सजाई।
कठिन युक्ति सौं बनी रसीली सजी मिठाई।

नित रहति सेवा में लगी तहँ सहचरी बहु कामिनी,
सुकुमारि कारी भौंहवारी, काम की सहगामिनी।
जब नींद में झपि नयन लागत कुँवर के अलसाय कै,
नियराय बीजन करति कोमल कर-सरोज हिलाय कै।

जगि जात जब पुनि तासु मनहिं रिझाय कै बिलमावतीं।
मुसुकाय, रस के गीत मधुरे गाय नाच दिखावतीं।
झनकाय घुंघुरू बैठि बाहु उठाय भाव बतावतीं।
वीणा मृदंग उठाय कोउ चुपचाप साज मिलावतीं।

नित अगर, धूप, कपूर सोँ उठि धूम छावत है घनो।
बगराय केशकलाप बासति कामिनी तहँ आपनो
मृदु अंग लाय उशीर चन्दन, उत्तरीय सजाय कै,
रसबस कुमार यशोधरा के संग बैठत आय कै।

जरा, मरण, दुख, रोग, क्लेश को वा थल माहीं
कोऊ कबहूँ नाम लेन पावत है नाहीं।
यदि कोऊ वा रस-समाज में होय खिन्न मन,
परै नृत्य में मंद चरण वा धीमी चितवन
तुरतहि सो वा स्वर्गधाम सोँ जाय निकारी,
जासोँ दुख लखि तासु न होवै कुँवर दुखारी।
नियत नारि बहु दंड देन हित तिनको हेरी
जो कोउ चर्चा करै कतहुँ दुखमय जग केरी,
जहाँ रोग, भय, शोक और पीड़ा हैं छाई,
बहु विलाप सुनि परत चिता दहकति धुधुआई।
गनो जात अपराध नर्त्तकिन को यह भारी
वेणीबंधन छूटि परै जो केश बिगारी।
नित उठि तोरे जात कुसुम कुम्हिलाने सारे;
औ सब सूखे पात जात करि चुनि चुनि न्यारे।
या प्रकार सब बुरे दृश्य नित जात दुराए।
बार बार योँ कहत भूप मन आस बँधाए—
"तिन बातन सों दूर कुँवर यदि युवा बितावैं
उदासीनता मानुस के मन में जो लावैं,
कर्म-रेख की खोटी छाया अवसिहि टरिहै,
राजश्री धरि सकल भूमि सो शासन करिहै;
ताहि देखिहौं सकल भूपतिन सोँ मैं भारी
छावत अपनी विमल कीर्त्ति वसुधा में सारी।
प्रेम पाहरू जहाँ, भोग के बंधन भारी,
तिन सुख-कारागारन के चहुँ ओर अगारी
उठवाई नृप ऊँची चकरी चारदिवारी
जामें फाटक लग्यो एक पीतर को भारी।
मनुज पचासक लगैं सकैं तो ताहि फिराई;
आधे योजन शब्द खुलन को परै सुनाई।
ताके भीतर और लगे फाटक द्वै दृढ़तर।
लाँघे तीनोँ द्वार होय तब कोऊ बाहर।

बेड़े सीकल लगे फाटकन माँहि भिड़ाई।
एक एक पै गई कड़ी चौकी बैठाई।
कह्यो रक्षकन सों "नृप हम आदेश देत अब;
ह्वैहै जो प्रतिकूल प्राण खोवौगे तुम सब।
देखौ कोऊ फाटक बाहर होन न पावै
चाहै होवै कुँवर, सोउ नहिं कहुँ कढ़ि जावै"।

तृतीय सर्ग

बसत बुद्ध भगवान् सरस सुखमय थल माहीं।
जरा, मरण, दुख, रोग क्लेश कछु जानत नाहीं।
कबहुँ कबहुँ आभास मात्र इनको सो पावत;
जैसे सुख की नींद कोउ जो सोवत आवत
कबहुँ कबहुँ सो स्वप्न माहिं छानत है सागर,
लहत कूल जगि, भार लादि कछु अपने मन पर।
कबहूँ ऐसो होत रहत सोयो कुमारवर
सिर धरि प्यारी यशोधरा के विमल वक्ष पर;
मृदु कर मंद डुलाय करति सो मुख पै बीजन
उठत चौंकि चिल्लाय "जगत् मम ! हे व्याकुल जन !
जानत हौं, हौं सुनत सबै, पहुँच्यौं मैं, भाई !"
मुख पै ताके दिव्य ज्योति तब परति लखाई,
करुणा की मृदु छाया पुनि दरसति तहँ छाई।
अति सशंकदृग यशोधरा पूछै अकुलाई
"कौन कष्ट है प्राणनाथ ! कछु जात न जानो"।
परै कुँवर उठि, लखै प्रिया को मुख कुम्हिलानो।
आँसु सुखावन हेतु तासु पुनि लागै बिहँसन
बीणा को सुर छेड़न को देवै अनुशासन।

धरी रही खिरकी पै वीणा एक उतानी;
परसि प्रभंजन ताहि करत क्रीड़ा मनमानी।
तारन को झननाय निकासत अति अटपट धुनि;
रहे पास जो तिनको केवल परी सोइ सुनि।
किंतु कुँवर सिद्धार्थ सुन्यो देवन को गावत।
तिनके ये सब गीत कान में परे यथावत—

हम हैं वाहि पवन की बानी जो इत उत नित धावै;
हा हा करति विराम हेतु पै कतहुँ विराम न पावै।
जैसो पवन गुनौ वैसोई जीवन प्राणिन केरो;
हाहाकार उसासन को है झंझावात घनेरो।

आए हौ किहि हेतु कहाँ ते परत न तुम्हैं जनाई,
प्रगटत है यह जीवन कित तें और जात कहँ धाई।
जैसे तुम तैसे हम सब हू जीव शून्य सौं आवैं।
इन परिवर्तनमय क्लेशन में सुख हम कछू न पावैं।

औ परिवर्तन-रहित भोग में तुमहूँ को सुख नाहीं।
यदि होती थिर प्रीति कछू सुख कहते हम ता माहीं।
पै जीवनगति और पवनगति एकहि सी हम पावैं।
हैं सब वस्तु क्षणिक स्वर सम जो तारन सौं छिड़ि आवैं।

हे मायासुत ! छानत घूमैं हम वसुधा यह सारी;
यातें हम इन तारन पै हैं रहे उसास निकारी।
देश देश में केती बाधा विपति विलोकत आवैं।
केते कर मलि मलि पछितावैं, नयनन नीर बहावैं।

पै उपहास-जनक ही केवल लगै विलाप हमारो।
जीवन को ते अति प्रिय मानैं जो असार है सारो।
यह दुख हरिबो मनौ टिकैबो घन तर्जनि दिखराई;
अथवा बहति अपार धार को गहिबो कर फैलाई।

पै तुम त्राण हेतु हौ आए, कारज तव नियरानो।
विकल जगत है जोहत तुमको त्रिबिध ताप में सानो।
भरमत हैं भवचक्र बीच जड़ अंध जीव ये सारे।
उठौ, उठौ, मायासुत ! बनिहैं नाहिं बिना उद्धारे।

हम हैं वाहि पवन की बानी जो कबहूँ थिर नाहीं।
घूमौ तुमहुँ, कुँवर ! खोजन हित निज विराम जग माहीं।
छाँड़ौ प्रेमजाल प्रेमिन हित, दुख मन में अब लाओ।
वैभव तजौ, विषाद विलोकौ औ निस्तार बताओ।

भरि उसास इन तारन पै हम तव समीप दुख रोवैं।
अब लौं तुम नहिं जानत जग में केतो दुख सब ढोवैं।
लखि तुमको उपहास करत हम जात; गुनो चित लाई
धोखे की यह छाया है तुम जामें रहे भुलाई।

ता पाछे भइ साँझ, कुँवर बैठ्यो आसन पर
रस-समाज के बीच धरे प्रिय गोपा को कर।

गोधूली की बेला काटन के हित ता छन
लागी दासी एक कहानी कहन पुरातन;
जामें चर्चा प्रेम और उड़ते तुरंग की,
तथा दूर देशन की बातें रंग रंग की,
जहाँ बसत हैं पीत वर्ण के लोग लुगाई,
रजनीमुख लखि सिंधु माहिं रवि रहत समाई।
कहत कुँवर "हे चित्रे ! तू सब कथा सुनाई
फेरि पवन के गीत आज मेरे मन लाई।
देहु, प्रिये ! तुम याको मुक्ताहार उतारी।
अहह ! परी है एती विस्तृत वसुधा भारी !
ह्वैहैं ऐसे देश जहाँ रवि बूड़त है नित।
ह्वैहैं कोटिन जीव और जैसे हम सब इत।
सुखी न या संसार बीच ह्वैहैं बहुतेरे,
कछु सहाय करि सकैं तिन्हैं यदि पावैं हेरे।
कबहुँ कबहुँ हौं निरखत ही रहि जात प्रभाकर
कढ़ि पूरब सौं बढ़त जबै सो स्वर्णमार्ग पर।
सोचौं मैं वे कैसे हैं उदयाचल प्रानी
प्रथम करैं जो ताके किरनन की अगवानी।
अंक बीच बसि कबहुँ कबहुँ, हे प्रिये ! तिहारे
अस्त होत रवि ओर रहौं निरखत मन मारे
अरुण प्रतीची ओर जान हित छटपटात मन;
सोचौं कैसे अस्ताचल के बसनहार जन।
ह्वैहैं जग में परे न जाने केते प्रानी
हमैं चाहिए प्रेम करन जिनसौं हित ठानी।
परति ब्यथा मोहिं जानि आज ऐसी कछु भारी
सकत न तव मृदु अधर जाहि चुंबन सौं टारी।
चित्रे ! तूने बहु देशन की बात सुनाई,

उड़नहार वे अश्व कहाँ यह देहि बताई।
देहुँ भवन यह, पावौं जो तुरंग सो बाँको
घूमत तापै फिरौं लखौं विस्तार धरा को।
इन गरुड़न को राज कहूँ मोसों है भारी
उड़त फिरत जो सदा गगन में पंख पसारी।
मनमानो नित जहाँ चहैं ते घूमैं घामैं।
यदि मेरे हू पंख कहूँ वैसे ही जामैं!
उड़ि उड़ि छानौं हिमगिरि के वे शिखर उच्चतर;
बसौं जहाँ रविकिरन-ललाई लसति तुहिन पर।
बैठो बैठो तहाँ लखौं मैं वसुधा सारी,
अपने चारों ओर दूर लौं दीठि पसारी।
अबलौं क्यों नहिं कढ्यो देश देखन हित सारे?
फाटक बाहर कहा कहा है परत हमारें?"

उत्तर दीनो एक 'प्रथम नगरी तव भारी;
ऊँचे मंदिर, बाग और आमन की बारी।
आगे तिनके परैं खेत सुंदर औ समथल,
पुनि नारे, मैदान तथा कोसन के जंगल।
ताके आगे बिंबसार को राज, कुँवरवर!
है अपार यह धरा बसत जामें कोटिन नर।"
कह्यो कुँवर "है ठीक! कहौ छंदकहिं बुलाई,
लावै रथ सो जोति कालि, देखौं पुर जाई।"

उद्‍बोधन

जाय दूत तब बात कही नृप सों यह सारी–
"महाराज! है तव कुमार की इच्छा भारी,
बाहर के प्राणिन को देखै, मन बहलावै।
कहत कालि मध्याह्न समय रथ जोतो जावै।"

बोल्यो भूप बिचारत, "हाँ! अब तो है अवसर;
किंतु फिरै यह डौंड़ी सारे आज नगर भर,
हाट बाट सब सजैं, रहै ना कछू अरुचिकर
अंध, पंगु, कृश, जराजीर्ण जन कढ़ैं न बाहर।"

जात मार्ग सब झारि और छिरको जल छन छन।
धरैं कुल-बधू दधि, दूर्वा, रोचन निज द्वारन।
घर घर बंदनवार बँधे; लहि रंग सजीले
भीतिन पर के चित्र लगत चटकीले गीले।
पेड़न पै फहरात केतु नाना रँगवारे।
भयो रुचिर शृंगार मंदिरन में है सारे।
सूर्य्य आदि देवन की प्रतिमा गईं सँवारी।
अमरावति सी होय रही नगरी सो सारी।
घोषक डौंड़ी पीटि कह्यो चारौ दिशि टेरी
"सुनौ सकल पुरवासी ! यह आज्ञा नृप केरी–
आज अमंगल दृश्य न कोऊ सम्मुख आवैं;
अंध, पंगु, कृश, जराजीर्ण ना निकसन पावैं।
दाह हेतु शव कोउ न काढ़ै निशि लौं बाहर।
है निदेश यह महाराज का, सुनैं सकल नर।"

गृह सँवारे सकल, शोभा नगर बीच अपार।
बैठि चित्रित चारु रथ पै कढ़्यो राजकुमार।
चपल धवल तुरंग की जोड़ी नधी दरसाय।
रह्यो मंडप झलकि रथ को प्रखर रविकर पाय।

बनै देखत ही सकल पुरजनन को उल्लास,
करैं अभिवादन कुँवर को आय ते जब पास।
भयो प्रमुदित कुँवर लखि सो नरसमूह अपार।
हँसत यों सब लोग जीवन है मनौ सुखसार।

कुँवर बोल्यो "मोहिं चाहत लोग सबै लखात
होत जीव सुशील ये जो नृप कहे नहिं जात।
मगन हैं भगिनी हमारी लगीं उद्यम माहिं।
कियो इनको कौन हित हम नेकु जानत नाहिं।

लखौ, बालक रह्यो यह मो पै सुमन बगराय;
लेहु रथ पै याहि मेरे संग क्यों न बिठाय ?
अहा ! कैसो सुखद है सब भाँति करिबो राज,
पाय ऐसो देश सुंदर और लोक-समाज।

और है आनंद कैसी सहज सी इक बात,
मग्न जो आनंद में बस मोहिँ लखि ये भ्रात।
बहुत सी हैं वस्तु ऐसी हमैं चहिए नाहिँ
पाय तिनको होयँ जो ये तुष्ट निज मन माहिँ।

रथ बढ़ाओ, लखैं, छंदक ! आज हम दै ध्यान
और सुखमय जगत यह, नहिं रह्यो जाको ज्ञान।"

फाटकन सौं होत आगे चल्यो रथ गंभीर।
सोहती दोउ ओर पथ के लगी भारी भीर।
करत अपने कुँवर को मिलि सकल जयजयकार।
हैं लखात प्रसन्नमुख सब नृपवचन अनुसार।

किंतु वाही समय निकस्यो झोंपड़ी सौं आय
एक जर्जर वृद्ध पथ पै धरत डगमग पाय।
फटे मैले चीथरे तन पै लपेटे घोर;
जाति काहू की न भूलिहु दृष्टि जाकी ओर।

त्वचा झुर्री भरी सूखी खाल सी दरसाति,
झूलि पंजर पै रही पलहीन काहू भाँति।
नई वाकी पीठ है दबि बहु दिनन के भार।
धँसी आँखिन सौं बहै कीचड़ तथा जलधार।

हिलति रहि रहि दाढ़ जामें एकहू नहिं दाँत।
धूम और उछाह एतो देखि देखि सकात।
लिए लाठी एक निज कंकाल-कर में छीन
टेकिबे हित अंग जर्जर और शक्तिविहीन

दूसरो कर धरे पसुरिन पै हृदय के पास,
कढ़ै भारी कष्ट सौं रहि रहि जहाँ सौं साँस।
क्षीण स्वर सौं कहत है "दाता ! सदा जय होय !
देहु कछु, मरि जायहौं अब और हौं दिन दोय।"

खड़ो हाथ पसारि, कफ सौं गयो कंठ रुँधाय।
कठिन पीड़ा सौं कहरि पुनि कह्यो "कछु मिलि जाय।"

किन्तु ताहि ढकेलि पथ सौं कह्यो लोग रिसाय
"भाग ह्याँ सौं; नाहिं देखत कुँवर हैं रहे आय ?"

कहत कुँवर पुकारि "हैं हैं ! रहन क्यों नहिं देत ?
फेरि बूझत सारथी सौं करत कर संकेत—
"कहा है यह ? देखिबे में मनुज सो दरसात;
विकृत, दीन, मलीन, छीन कराल औ नतगात।

कबहुँ जनमत कहा ऐसे हू मनुज संसार ?
अर्थ याको कहा जो यह कहत 'हौं दिन चार ?'
नाहिं भोजन मिलत याको हाड़ हाड़ लखाय।
विपद या पै कौन सी है परी ऐसी आय ?"

दियो उत्तर सारथी तब "सुनौ, राजकुमार;
वृद्ध नर यह और नहिं कछु, जाहि जीवन भार;
रही चालिस वर्ष पहिले जासु सूधी पीठ,
रहे अंग सुडौल सब औ रही निर्मल दीठ।

लियो जीवन को सबै रस चूसि तस्कर काल,
हर्‌यो बल सब, फेरि मति गति कर्‌यो याहि बिहाल।
भयो जीवनदीप याको निपट तैलविहीन;
रहि गयो नहिं सार कछु, अब भई ज्योति मलीन।

रही जो लौ शेष, ताको नहिं ठिकानो ठौर;
झलमलाति बुझायबे हित चार दिन लौं और।
जरा ऐसी वस्तु है, पै, हे कुँवर मतिमान !
देत क्यों या बात पै तुम व्यर्थ अपनो ध्यान ?"

कुँवर पूछ्यो "कहा, याही गति सबै की होय,
मिलत अथवा कहूँ ऐसो एक सौं में कोय ?"
कह्यो छंदक "सबै याही दशा में दरसायँ,
जियत एते दिनन लौं जो जगत में रहि जायँ।"

फेरि बूझत कुँवर "जो एते दिनन पर्यन्त
रहैं जीवित हमहुँ ह्वै हैं कहा ऐसे अंत ?

जियति अस्सी वर्ष लौं जो चली गोपा जाय,
जरा वाहू को कहा यौं घेरि लै है आय ?

और गंगा गौतमी जो सखी परम प्रवीन,
होयहैं वेहू कहा या भाँति जर्जर छीन ?''
दियो उत्तर सारथी ''हाँ, अवसि, हे नरराय !''
कह्यो राजकुमार ''बस, अब देहु रथहि घुमाय।

चलौ घर की ओर लै अब मोहिं बेगि, सुजान !
आजु देख्यौं रह्यो जाको नाहिं कछु अनुमान।''

आयो फिरि सिद्धार्थ कुँवर निज भवन ताहि छन
सोचत यह सब उदासीन, अत्यंत खिन्नमन।
गए विविध पकवान और फल सम्मुख लाए;
छूयो नहिं, नहिं लख्यो, रह्यो निज सीस नवाए।
निपुण नर्त्तकी बिलमावन की रहीं जतन करि
किंतु रह्यो सो मौन, कछू सोचत उसास भरि।
यशोधरा दुखभरी परी चरनन पै आई,
रोवति पूछ्यो, ''नाथ रहे क्यों सुख नहिं पाई ?''
कह्यो कुँवर ''सुख लहौं सोइ खटकत मन माहीं।
ह्वैहै याको अंत अवसि, कछु संशय नाहीं।
ह्वैहैं बूढ़े, यशोधरे ! हम तुम दिन पाई,
नमित-गात, रसरूप-रहित, सब शक्ति गँवाई।
भुजपाशन बँधि रहैं, अधर सौं अधर मिलाई
घुसिहै काल कराल तऊ निज घात लगाई।
मम उमंग औ तव यौवनश्री हरिहै ऐसे
असित निशा हरि रही अरुण द्युति नग की जैसे।
यहै जानि मम हृदय बीच शंका है छाई।
सोचौं, कैसो है कराल यह काल कसाई !
कैसे यासौं यौवनरस हम सकैं बचाई ?''
नाहिं कुँवर को चैन; बैठि सब रैन बिताई।

देख्यो शुद्धोदन महीपाल
वा रैन स्वप्न ह्वै अति विहाल।
लखि पर्‍यो इंद्र को ध्वज विशाल,
अति शुभ्र, खचित रविकिरणजाल।

उठि तुरत प्रभंजन प्रबल फेरि
कियो टूक टूक ताको उधेरि।
ताके पाछे तहँ रहे छाय
चहुँ दिशि सौं छायापुरुष आय।
लै टूक केतु के करत रोर,
गे नगरद्वार के पूर्व ओर।
अब स्वप्न दूसरो है दिखात,
दक्षिण दिशि सौं दस द्विरद जात।
पगभार देत भूतल कँपाय,
निज रजत शुंड इत उत घुमाय।
सबके आगे जो गज अनूप
तापै सुत अपनो लख्यो भूप।
अब स्वप्न तीसरे में लखात
रथ प्रखर एक अति जगमगात;
हैं खैंचत जाको तुरग चार
अति प्रबल वेग जिनको अपार
नथुनन सौं निकसत धूमखंड,
मुख अनल-फेन उगिलत प्रचंड।
चौथे सपने में चक्र एक
लखि परत फिरत नहिं थमत नेक।
दमकति कंचन की नाभि जाति,
आरन पै मणिद्युति जगमगाति।
हैं लिखे नेमि की पूरि कोर
बहु मंत्र अलौकिक चहूँ ओर।
पुनि लखत स्वप्न पंचम नरेश;
नग और नगर बिच जो प्रदेश
तहँ वज्रदंड लै कै कुमार
करि रह्यो दुंदुभी पै प्रहार।
घननाद सरिस धुनि कढ़ति घोर,
घहराति गगन में चहूँ ओर।
अब छठौं स्वप्न यौं लखत भूप
पुरबीच धौरहर है अनूप;
नभ के ऊपर जो उठत जात,
घनमंडित मंडपसिर लखात
बसि जापै दोऊ कर उठाय

रह्यो कुँवर रत्न इत उत लुटाय।
मणि मानिक बरसत आय आय,
सिगरो जग लूटत धाय धाय।
पै स्वप्न सातवें में सुनात
अति आर्त्त नाद दिशि दिशि समात।
छः पुरुष ढाँपि मुख लखि प्रभात
करि करि विलाप हैं भगे जात।

भूपति के मन इन स्वप्नन की शंका छाई;
जिनको फल नहिं वाको कोऊ सक्यो बताई।
बोले नृप ह्वै खिन्न "विपति मेरे घर आवै,
पै कोऊ नहिं मर्म स्वप्न को मोहिं बतावै।
ह्वै उदास सब लोग चले सोचत मन में तब
कैसे होय विचार भूप के स्वप्नन को अब।
परे द्वार पै जात वृद्ध ऋषि एक दिखाई
धारे शुचि मृगचर्म, सीस सित जटा बढ़ाई
कह्यो सबन को टेरि "भूप के ढिग हम आए;
स्वप्नन को फल चलौ देत हम अबै बताए।"
गयो भूप के पास, चित्त दै सुन्यो स्वप्न सब;
कह्यो विनय के सहित "सुनौ, हे महाराज ! अब।
धन्य धन्य यह धाम जहाँ सौं निश्चय कढ़िहै
भुवनव्यापिनी प्रभा प्रभाकर सौं जो बढ़िहै।
सात स्वप्न जो तुम्हें, नृपतिवर ! परे लखाई,
हैं वे मंगल सात जगत् मैं जैहैं छाई।
इंद्रध्वजा लखि परी तुम्हैं जो पहले भारी
टूक टूक ह्वै गिरति, लुटति पुनि छन में सारी,
सुरन जनायो स्वप्न लाय सो केतुपतन को
नए धर्म्म को उदय, अंत प्राचीन मतन को।
एक दशा नहिं रहति होयँ चाहै सुर वा नर;
वाही भाँति विहात कल्प ज्यों बीतत वत्सर।
भूमि कँपावनहार परे लखि जो दस वारण
गुनौ तिन्हैं दस शील जिन्हैं अब करिकै धारण
राजपाट, घर बार छाँड़िहै कुँवर तिहारो
सत्य माग को खोलि कँपैहै यह जग सारो।
रथ के घोड़े चार रहे ज्वाला जो उगिलत

ऋद्धिपाद ते चार कुँवर करि जिन्हैं हस्तगत
सारे संशय अंधकार को काटि बहैहै;
अतिशय प्रखर प्रकाश ज्ञान को ताहि सुझैहै।
स्वर्णनाभि युत चक्र लख्यो जो अति उजियारो
धर्म्मचक्र सो जाहि फिरैहै कुँवर तिहारो।
औ दुंदुभी विशाल कुँवर जो रह्यो बजावत,
जाको घोर निनाद गयो लोकन में यावत्
सो गर्जन गंभीर विमल उपदेशन केरो,
जिन्हैं सुनैहै कुँवर करत देशन में फेरो।
और धौरहर उठत पर्‍यो लखि जो नभ ऊपर
बुद्धशास्त्र सो, जो चलि जैहै बढ़त निरन्तर।
गिरत रत्न अनमोल शिखर सों जो देखे पुनि
सुर-नर-वांछित तिन्हैं धर्म्म उपदेश लेहु गुनि।
रोवत जो मुख ढाँपि अंत छः पुरुष लखाने
रहे पूर्व आचार्य, जात जो अब लौं माने।
दिव्य ज्ञान औ अटल वाद सों कुँवर तिहारो
तिन्हैं सुझैहै हेरि हेरि तिनको भ्रम सारो।

महाराज ! आनंद करौ, तव सुत की संपति
सकल भुवन के राजपाट सों है बढ़िकै अति।
तन पै वास कषाय कुँवर जो धारण करिहै
स्वर्ण-खचित वस्त्रन सों सो अनमोल ठहरिहै।
यहै स्वप्न को सार; नृपति ! अब बिदा माँगिहैं,
बीते वासर सात बात ये घटन लागिहैं।''
यों कहि ऋषि भू परसि दंडवत करत सिधाए;
धन दै दूतन हाथ ताहि नृप देन पठाए।
किन्तु आय तिन कह्यो ''सोम के मन्दिर माहीं
जात लख्यो हम ताहि; गए जब तहँ कोउ नाहीं।
केवल कौशिक एक मिल्यो तहँ पंख हिलावत।''
कबहुँ देवगण भूतल पै याहा बिधि आवत।
चकित भयो अति समाचार जब नृप यह पायो;
अति उदास ह्वै मंत्रिन को आदेश सुनायो—
''नए भोग रचि और कुँवर को रखौ लुभाई।
दूनी चौकी जाय फाटकन पै बैठाई।''

होनी कैसे टरै ? कुँवर के मन यह आई,
फाटक बाहर और लखैं जग की गति जाई;
देखैं जीवन को प्रवाह जो अति सुहात है;
काल-मरुस्थल जाय, हाय ! पै सो बिलात है।
बिनती कीन्ही जाय पिता सोँ योँ कुमार तब–
"चहौं देखिबो पुर जैसो है वैसोई अब।
वा दिन तो अनुशासन फेर्‌यो पुर में सारे
रहैं न दुख के दृश्य मार्ग में कोउ हमारे,
मम प्रसन्नता हेतु बनैं बरबस प्रसन्न सब,
हाट बाट में होत रहैं बहु मंगल उत्सव।
पै मैं लीनो जानि नित्य को नहिं सो जीवन
देख्यो जो मैं अपने चारों ओर मुदित मन
यदि मेरो संबंध राज्य सोँ तुम्हरे नाते
जानन चहिए गली गली की मोकों बातें,
तिन दीनन की दशा चूर जो हैं श्रम माहीं,
रहन सहन तिन लोगन की जो नरपति नाहीं।
आज्ञा मोको मिलै जाहुँ मैं छद्म वेश गहि।
सुख तिनको या बार निरखि मैं फिरौं मोद लहि !
यदि ह्वैहौं नहिं सुखी, बाढ़िहै अनुभव जानो।
मिलै मोहिं आदेश फिरौं पुर में मनमानो।
सुनि इन बातन को महीप बोले मंत्रिन प्रति–
"संभव है या बार कुँवर की फिरै कछू मति।
करि प्रबंध अब देहु नगर देखै सो जाई।
कैसो वाको चित्त सुनाओ मोको आई।"

दूसरे दिन कढ़े छंदक साथ राजकुमार,
चले बाहर फाटकन के नृप वचन अनुसार।
बन्यो बणिक कुमार, छंदक बन्यो तासु मुनीम।
पाँव प्यादे चले दोऊ लखत भीर असीम।

जात पुरजन में मिले नहिं तिन्हैं चीन्हत कोउ।
बात सुख औ दुख की वे जात देखत दोउ।
गली चित्रित लखि परैं औ उठत कलरव घोर।
बणिक बैठे धरि मसाले अन्न चारों ओर।

हाथ में लै वस्तु गाहक मोल करत लखात—
"दाम एतो नाहिं एतो लेहु, मानौ बात।"
'हटौ छाँड़ौ राह' ऐसी टेर कतहुँ सुनाति;
मरमराती बोझ सौं है बैलगाड़ी जाति।

कूप सौं भरि कलश जातीं गृहबधू सिर धारि,
एक कर सौं गोद में निज चपल शिशुहिं सँभारि।
है मिठाई की दुकानन पै भँवर की भीर।
तंतुवाय पसारि तानो बिनत हैं कहुँ चीर।

कतहुँ धुनिया धुनत रूई ताँत को झननाय।
चलति चक्की कतहुँ, कूकर खड़े पूँछ हिलाय।
कतहुँ शिल्पी हैं बनावत कवच औ करवाल।
बैठि कतहुँ लुहार पीटत फावड़ो करि लाल।

बैठि गुरु के सामने कहुँ अर्द्धचन्द्राकार
शिष्य सीखत वेद हैं करि मंत्र को उच्चार।
कुसुम, आल, मजीठ सों रँगि, दोउ कर सों गारि
धूप में रँगहार गीले वसन रहे पसारि।

जात सैनिक ढाल बाँधे, खड्ग को खड़काय।
ऊँटहारो ऊँट पै कहुँ बैठि झूमत जाय।
विप्र तेजस्वी मिलैं औ धीर क्षत्रिय वीर;
कठिन श्रम में हैं लगे कहुँ शूद्र श्यामशरीर।

कहुँ सँपेरो बैठि पथ के तीर करत पुकार,
भाँति भाँति भुजंग के धरि अंग जंगम हार।
श्वेत कौड़िन सों टँको महुवर बजाय बजाय
रह्यो कारे काल को फुफकार सहित नचाय।

पालकी लै बधू लावन भीर सजि कै जाति;
संग सिंघे औ नगारे, चपल कोतल पाँति।
कहूँ देवल पै बधू कोउ फूल माल चढ़ाय
फिरैं पिय परदेस सों यह रही जाय मनाय।

पीटि पीतर कहुँ ठठेरे रहे 'ठन ठन' ठानि
ढारि लोटे औ कटोरे, धरत दीवट आनि।
बढ़े आगे जात दोऊ फाटकन के पार
धरि तरंगिनि-तीर-पथ जहँ नगर को प्राकार।

मारग के इक ओर पर्‌यो सुनि यह आरत स्वर
"हाय ! उठाओ, मर्‌यो पहुँचिहौं मैं कैसे घर ?"
एक अभागो जीव कुँवर को पर्‌यो लखाई,
पर्‌यो धूरि में घोर व्याधि सों अति दुख पाई।
सारो तन छत विछत, स्वेद छायो ललाट पर;
रह्यो ओंठ चढ़ि दुसह व्यथा सों, मीजत है कर
कढ़ी परति हैं आँखि, वेदना कठिन सहत है;
हाँफि हाँफि कर टेकि भूमि पै उठन चहत है।
आधो उठि इक बार पर्‌यो गिरि काँपत थर थर;
बेबस उठ्यो पुकारि "धरौ कोऊ मेरो कर।"
दौरि पर्‌यो सिद्धार्थ, बाहँ गहि दियो सहारो;
निरखि नेह सों तासु सीस निज उरु पै धारो।
पूछन लाग्यो "बंधु ! दशा है कहा तिहारी ?
सकत न क्यौं उठि ? कहौ, कौन सो दुख है भारी।
छंदक ! क्यों यह परो कराहत बिलबिलात है ?
हाँफि हाँफि कछु कहि उसास क्यों लेत जात है ?"
कह्यो सारथी "सुनौ, कुँवर ! यह व्याधिग्रस्त नर;
या के तन के तत्त्व बिलग ह्वै रहे परस्पर।
सोइ रक्त जो रह्यो अंग में बल बगरावत
भीतर भीतर मथत सोइ अब तनहिं तपावत।
भरि उछाह सों कबहुँ हृदय जो उमगत रहि रहि
धरकत फूटी ढोल सरिस सोई अब दुख सहि।
खसी धनुष की डोर सरिस नस नस भइँ ढीली।
बूतो तन को गयो, नई ग्रीवा गरबीली।
जीवन को सौंदर्य और सुख गयो बिलाई।
है यह रोगी जाहि पीर अति रही सताई।
देखौ, कैसो रहि रहि कै ऐंठत सारो तन !
कढ़ी परति हैं आँखि, पीर सौं टीसत दाँतन।
चाहत मरिबो किंतु मृत्यु तौ लौं नहिं ऐहै
जौ लौं तन में भोग ब्याधि अपनो न पुरैहै।

जोड़ जोड़ के बंधन सारे जब उखारिहै,
नाड़िन सोँ सब प्राणशक्ति क्रमशः निकारिहै,
दैहै याको छाँड़ि, जाय परिहै कहुँ अनतहि।
दूर रहौ, हे कुँवर ! व्याधि कहुँ लगै न आपहि।''
लिए रह्यो पै ताहि, कुँवर बोल्यो यह बानी–
''औरहु ह्वै हैं परे अनेकन ऐसे प्रानी।
बोलौ साँची, कहा याहि गति सब ही पैहैं।
है यह जैसो आज कबहुँ हम हूँ ह्वै जैहैं ?''
कह्यो सारथी ''ब्याधि कबहुँ है अवसि सतावति;
काहु न काहू रूप माहिं है सब पै आवति।
मूर्च्छा औ उन्माद, वात, पित, कफ, जूड़ी, जर,
नाना विधि व्रण, अतीसार औ यकृत, जलंधर
भोगत हैं सब, बचत कतहुँ है कोऊ नाहीं
रक्त मांस के जीव जहाँ लौं हैं जग माहीं।
बूझत फेरि कुमार ''मोहिं यह देहु बताई,
परत न आवत जानि कहा ये दुख, सब, भाई !''
छंदक बोल्यो ''दबे पाँव ये ऐसे आवत
ज्यों विषधर चुपचाप आय निज दाँत धँसावत;
अथवा झाड़िन बीच बाघ ज्यों लुको रहत है,
झपटत है पुनि घात पाय जब जहाँ चहत है;
अथवा जैसे बज्र परत नभ सों घहराई,
दलत काहु को और काहु को जात बचाई।''
कह्यो कुँवर ''तब तो सब को सब घरी रहत भय ?''
सारथि सीस हिलाय कह्यो ''यामें का संशय ?''
कह्यो कुँवर ''तब तौ कोऊ यह सकत नाहिं कहि
सोवत सुख सौं आज जागिहैं कालिहु ऐसहि''
''कोउ कहत यों नाहिं, कुँवर ! या जग के माहीं;
छन में ह्वैहैं कहा कोउ यह जानत नाहीं।''
कह्यो कुँवर ''है अंत कहा सब दुखन केरो
यहै जरा, तन जर्जर औ मन शिथिल घनेरो ?''
उत्तर दियो सुजान सारथी ''हाँ, कृपालुवर !
इते दिनन लौं जीवत जो रहि जायँ नारि नर।''
''पै न सकै यदि भोगि ताप कोउ एतो दुःसह,
अथवा भोगत भोगत होवै है जैसो यह;
रहै साँस ही चलत, जाय सो दिन दिन थाको,

अति जर्जर ह्वै जाय; कहा पुनि ह्वैहै ताको ?"
"मरि जैहै सो, कुँवर !" कह्यो छंदक निःसंशय
"काहू विधि, कोउ घरी मृत्यु आवति है निश्चय।"

देखी दीठि उठाय कुँवर पुनि भीर अगारी,
रोवति पीटति जाति नदी की ओर सिधारी।
"राम नाम है सत्य" सबै हैं रहि रहि टेरत;
सीस नवाए जात, कतहुँ इत उत नहिं हेरत।
पाछे बिलपत जात मृतक के घर के प्रानी,
इष्ट मित्र औ बंधु दुख सम उर में आनी।
चले जात तिन बीच चार जन पाँव बढ़ाए,
हरे हरे बाँसन की अर्थी काँध उठाए,
जापै काठ समान परो दरसात मृतक नर—
कोख सटी, पथराई आँखैं, वदन भयंकर।
'राम नाम' कहि लोग ताहि लै गए नदी पर
जहाँ चिता है सजी राखि जल सों कछु अंतर।
दीनों तापै पारि काठ ऊपर सों डारी
कैसी सुख की नींद इतै सोवत नर नारी !
शीत घाम को क्लेश नाहिं पुनि तिन्हैं जगावत।
चारि कोन पै, लखौ, आगि हैं लोग लगावत।
धीरे धीरे दहकि लई सो शव को घेरी;
लाँबी जीभ लफाय माँस चाटत चहुँ फेरी।
सनसनात है चर्म सीझि, करकत हैं बंधन।
परो पातरो धूम, राख ह्वै छितरानो तन !
केवल भूरी भस्म बीच अब जात निहारे
श्वेत अस्थि के खंड—शेष नरतनु के सारे।

कह्यो कुँवर पुनि "कहा यहै सबकी गति ह्वैहै ?"
छंदक बोल्यो "अंत यहै सब पै बनि ऐहै।
इतो अल्प अवशेष चिता पै रह्यो जासु जरि
भूखे काक अघात न त्यागत 'काँव काँव' करि
खात पियत औ हँसत रह्यो जीवन-अनुरागो
झोंको याही बीच बात को तन में लागो,
अथवा ठोकर लगी, ताल में जाय तरायो,
सर्प डस्यो कहुँ आय, कुपित अरि अस्त्र धँसायो,

सीत समानी अंग, ईंट सिर पै भहरानी,
भयो प्राण को अंत, मर्‌यो तुरतहि सो प्रानी।
पुनि ताको नहिं क्षुधा दुख औ सुख जग माहीं।
मुखचुंबन औ अनलताप ताको कछु नाहीं।
नहिं चिर्रायन गंध मांस की अपने सूँघत;
और न चंदन अगर चिता के ताको महकत।
स्वादज्ञान रसना सों वाके सबै गयो ढरि;
श्रवणशक्ति नसि गई, नयन की ज्योति गई हरि।
रही न देहहु, होय छार छन माहिँ बिलानी।
जिनसोँ वाको नेह आज ते विलपत प्रानी।
रक्त मांस के जीवन की सबकी गति याही;
ऊँच नीच औ भले बुरे सब मरत सदा ही।
कहत शास्त्र मरि जीव फेर जनमत हैं जाई
नई देह धरि कहाँ कहाँ, को सकै बताई।"

नीर भरे निज नयन कुँवर नभ ओर उठाई,
दिव्य दया सोँ दीस दृष्टि इत उत दौराई।
नभ सों भू लौं, भू सों नभ लौं रह्यो निहारी;
मानो ताकी दृष्टि सृष्टि छानति है सारी
पैबे हित सो झलक गई जो कहूँ दूर परि,
जासों दुखनिदान परत लखि एक एक करि।
प्रेमदाह सों दमक्यो आनन आशापूरो,
उठ्यो पुकारि अधीर "अहो ! जग दुख सों झूरो,
रक्त मांस के जीव ज्ञात अज्ञातहु सारे !
काल क्लेश के जाल बीच जो परे बेचारे,
देखत हौं या मर्त्यलोक की पीड़ा भारी
औ असारता याके सुख वैभव की सारी,
नीकी तें नीकी याकी वस्तुन को धोखो
और बुरी तें बुरी वस्तु को ताप अनोखो।
सुख पाछे दुख औ वियोग संयोग अनंतर,
यौवन पाछे जरा, जन्म पै मरण लहत नर।
मरिबे पै पुनि कैसे कैसे जन्म न जाने;
राखत यौं यह चक्र नाधि सब जीव भुलाने
भरमावन को तिनको झूठे आनँद माहीं
औ अनेक संतापन में जो झूठे नाहीं।

मोहूँ को यह भ्रांतिजाल चाह्यो बिलमावन,
जासोँ जीवन मोहिं पर्‍यो लखि परम सुहावन।
लग्यो मोहिं जीवनप्रवाह वा सरि सम सुंदर
रविरंजित सुख-शांति-सहित जो बहति निरंतर।
पै अब देखौँ वाकी धारा के हिलोर सब
हरे कछारन सोँ उछरत हैं जात एक ढब
केवल निर्मल नीर आपनो अंत गिरावन
खारे कड़ुए सागर में जो परम भयावन।
गयो सरकि जो परो रह्यो परदो आँखिन पर
वैसे ही हैं हमहुँ एक जैसे हैं सब नर,
अपने अपने देवन को जो परे पुकारत,
किंतु सुनत जब नाहिं कोउ तब हिय में हारत।
ह्वैहै किंतु उपाय अवसि कोऊ जो हेरो
तिनके, मेरे और सबन के दुखन केरो।
चाहत आप सहाय देव सामर्थ्यहीन जब
कहा सकैं करि दीन दुखिन की सुनि पुकार तब ?
होय मोहिं सामर्थ्य बचावन की कछु जाको
जान देहुँ मैं योँ पुकारिबो विफल न ताको।
है कैसी यह बात रचत ईश्वर जग सारो
पै राखत है सदा दुख में ताहि, निहारो !
सर्वशक्तिमत् ह्वै राखत यदि सृष्टि दुखारी
करुणामय सो नाहिं और ना है सुखकारी।
और नाहिं यदि सर्वशक्तिमत्, ईश्वर नाहीं।
बस, छंदक, बस ! बहुत लख्योँ मैं एते माहीं।"

सुनी नृपति यह बात, घोर चिंता चित छाई;
दोहरी, तिहरी फाटक पै चौकी बैठाई।
बोल्यो "कोऊ जान न भीतर बाहर पावैं
स्वप्न घटन के दिन न बीति सब जौ लौँ जावैं।"

चतुर्थ सर्ग

जब दिन पूरे भए बुद्ध भगवान् हमारे
तजि अपनो घर बार घोर बन ओर सिधारे।
जासों पर्यो खभार राजमंदिर में भारी,
शोकविकल अति भूप, प्रजा सब भई दुखारी।
पै निकस्यो निस्तारपंथ प्राणिन हित नूतन;
प्रगट्यो शास्त्र पुनीत कटैं जासों भवबंधन।

महाभिनिष्क्रमण

निखरी रैन चैत पूनो की अति निर्मल उजियारी।
चारुहासिनी खिली चाँदनी पटपर पै अति प्यारी।
अमराइन में धँसि अमियन को दरसावति बिलगाई,
सींकन में गुछि झूलि रहीं जो मंद झकोरन पाई।

चुवत मधूक परसि भू जौ लौं 'टप टप' शब्द सुनावें
ताके प्रथम पलक मारत भर में निज झलक दिखावें।
महकति कतहुँ अशोकमंजरी; कतहुँ कतहुँ पुर माहीं
रामजन्म-उत्सव के अब लौं साज हटे हैं नाहीं।

छिटकी विमल विश्रामवन पै यामिनी मृदुताभरी
वासित सुगंध प्रसूनपरिमल सों, नछत्रन सों जरी।
ऊँचे उठे हिमवान की हिमराशि सों मनभावनी
संचरित शैल सुवायु शीतल मंद मंद सुहावनी।

चमकाय शृंगन चंद्र चढ़ि अब अमल अंबरपथ गह्यो;
झलकाय निद्रित भूमि, रोहिनि के हिलोरन को रह्यो।
रसधाम के बाँके मुँड़ेरन पै रही द्युति छाय है
जहँ हिलत डोलत नाहिं कोऊ कतहुँ परत लखाय है।

बस हाँक केवल फाटकन पै पाहरुन की सुनि परै,
जहँ एक 'मुद्रा' कहि पुकारत एक 'अंगन' धुनि करै।
बजि उठत तोरणवाद्य हैं, पुनि भूमि नीरवता लहै।
है कबहुँ बोलत फेरु, पुनि झनकार झींगुर की रहै।

भवन भीतर जाति जालिन बीच सौं छनि चाँदनी
भीति पै औ भूमि पै जो सीप मर्मर की बनी।
किरनमाल मयंक की तरुनीन पै है परि रही।
स्वर्ग बिच विश्रामथल अमरीन को मानो यही।

कुमार के रंगनिवास की हैं अलबेली नवेली तहाँ रमनी।
लसै छवि सोवत में मुख की प्रति एक की ऐसी लुनाई सनी,
परै कहुँ जाहि पै दीठि जहाँ सोइ लागति सुंदरि ऐसी घनी
यहै कहि आवत है मन में 'सब में यह रत्न अमोल धनी।'

पै बढ़ि सुंदरि एक सौं एक लखाति अनेक हैं पास परी।
मोद में माति फिरैं अँखियाँ तहँ रूप के राशि के बीच भरी;
रत्न की हाट में दौरति ज्यों मणि तें मणि ऊपर दीठि छरी,
लोभि रहै प्रति एक पै जौ लगि और की ओर न जाय ढरी।

सोवतीं सँभार बिनु सोभा सरसाय, गात
आधे खुले गोरे सुकुमार मृदु ओपधर।
चीकने चिकुर कहूँ बँधे हैं कुसुमदाम,
कारे सटकारे कहूँ लहरत लंक पर।
सोवैं थकि हास औ विलास सौं पसारि पायँ,
जैसे कलकंठ रसगीत गाय दिन भर।
पंख बीच नाए सिर आपनो लखाति तौ लौं
जौ लौं न प्रभात आय खोलन कहत स्वर।

कंचन की दीवट पै दीपक सुगंधभरे
जगमग होत भौन भीतर उजास करि।
आभा रंग रंग की दिखाय रहीं तासौं मिलि
किरन मयंक की झरोखन सौं ढरि ढरि।
जामें है नवेलिन की निखरी निकाई अंग
अंगन की, वसन गए हैं कहूँ नेकु टरि।

उठत उरोज हैं उसासन सों बार बार,
सरकि परे हैं हाथ नीचे कहूँ ढीले परि।

देखि परैं साँवरे सलोने, कहूँ गोरे मुख,
भ्रुकुटी विशाल बंक, बरुनी बिछी हैं श्याम।
अधखुले अधर, दिखात दंतकोर कछु
चुनि धरे मोती मानो रचिबे के हेतु दाम।
कोमल कलाई गोल, छोटे पायँ पैजनी हैं,
देति झनकार जहाँ हिलै कहूँ कोऊ वाम।
स्वप्न टूटि जात वाको जामें सो रही है पाय
कुँवर रिझाय उपहार कछु अभिराम।

ह्वै कै परी लाँबी कोऊ बीना लै कपोल तर,
आँगुरी अरुझि रहीं अब ताइँ तार पर
वाही रूप जैसे जब कढ़ति सो तान रही
झूमि रस जाके झपे लोचन विशाल वर।
लै कै परी कोऊ मृगशावक हिये तें लाय;
सोय गयो टुँगत कुसुम पाय तासु कर।
कुतरो कुसुम लसै कामिनी के कर बीच,
पाती लपटानी हरी हरिन अधर तर।

सखियाँ द्वै आपस में जोरि गर गयीं सोय
गुहत गुहत गुच्छ मोगरे को महकत;
प्रेमपाश-रूप रह्यो बाँधि अंग अंगन जो
अंतस् सो अंतस् मिलावत न सरकत।
सोयबे के प्रथम पिरोवति रही है कोउ
कंठहार हेतु मोती मानिक औ मरकत।
सूत में पिरोए रहे अरुझि कलाई बीच
रंग रंग को प्रकाश तिनसों है झलकत।

उपवन भेंटती नदी को कल नाद सुनि
सोईं सब विमल बिछावन पै पास पास।
मूँदि दल नलिनी अनेक रहीं जोहि मनो
भानु को प्रकाश, जाहि पाय होत है विकास।

कोठरी कुमार की लखाति जाके द्वार बीच
दमकि सुरंगपट रहे पाय कै उजास।
ताके दोऊ ओर गंगा गौतमी सलोनी सोईं
रसधाम बीच जो प्रधान है करैं निवास।

लगे द्वार पै चंदन के हैं चित्रित चौखट;
कनककलित बहु परे मनोहर अरुण नील पट।
चढ़ि कै सीढ़ी तीन परत है जिनके भीतर
अति विचित्र आवास कुँवर को परम मनोहर;
रेशम की गुलगुली सेज जहँ सजी सुनिर्मल
लगति कमलदल सरिस अंग तर जो अति कोमल।
भीतिन पै हैं मोतिन की पटरी बैठाई,
सिंहल की सीपिन सों जो हैं गई मँगाई।

सित मर्मर की छत पै सुंदर पच्चीकारी,
रंग रंग के नग जड़ि कै जो गई सँवारी।
विविध वर्ण की बनी बेलबूटी मन मोहति।
कटी झरोखन बीच चित्रमय जाली सोहति,
जिनसों खिली चमेलिन को सौरभ है आवत
चंद्रकिरण, शीतल समीर को संग पुरावत।
भीतर सुषमा लसति नवल दंपति की भारी—
शाक्य कुँवर है बसत, लसति गोपा छबिवारी।

यशोधरा उठि परी नींद सौं कछु अकुलाई,
उर सौं अंचल सरकि रह्यो कटि सौं लपटाई।
रहि रहि लेति उसास, हाथ भौंहन पै फेरति,
भरे विलोचन वारि चाहि निज पिय दिशि हेरति।
तीन बार कर चूमि कुँवर को बोली सिसकति
"उठौ, नाथ ! मो को बचनन सौं सुखी करौ अति।"
कह्यो कुँवर "है कहा ? प्रिय ! मोहिं कहौ बुझाई।"
पै सिसकति सो रही, बात मुख पै नहिं आई।
पुनि बोली "हे नाथ ! गर्भ में शिशु जो मेरे
सोचति ताकी बात सोय मैं गई सबेरे।
लखे भयानक स्वप्न तीन मैं अति सुखघाती,

करिकै जिनको ध्यान अजहुँ लौं धरकति छाती।
एक श्वेत वृष अति विशालवपु पर्‍यो लखाई
घूमत बीथिन बीच विपुल निज शृंग उठाई,
उज्ज्वल निर्मल रत्न एक धारे मस्तक पर
दमकत जो ज्यों परो टूटि तारो अति द्युतिधर,
अथवा जैसो नागराज को मणि द्युतिवारो
जासौं होत पताल बीच दिन को उजियारो।
मंद मंद पग धरत गलिन में चल्यो वृषभ बढ़ि
नगर द्वार की ओर; रोकि नहिं सक्यो कोउ कढ़ि।
भई इंद्रमंदिर सौं वाणी यह विषादमय—
'जो न रोकिहौ याहि नगरश्री नसिहै निश्चय।'
जब कोऊ नहिं रोकि सक्यो तब मैं बिलखाई,
ताके गर भुजपाश डारि मैं लियो दबाई।
आज्ञा दीनी द्वार बंद करिबे की मैं पुनि;
पै सो कंध हिलाय, गर्व सौं करि भीषण धुनि
तुरत छूटि मम अंक बीच सों धायो हँकरत,
तोरण-अर्गल तोरि भज्यो पहरुन को कचरत।
दूजे अद्‌भुत स्वप्न माहिं मैं लख्यो चारि जन,
नयनन सौं कढ़ि रह्यो तेज जिनके अति छन छन,
मानो लोकप चलि सुमेर तें भू पै आए,
देवन को लै संग रहे या पुर में छाए।
जहाँ द्वार के निकट इंद्र की ध्वजा पुरानी
गिरी टूटि अरराय, कँपी सिगरी रजधानी।

दिव्य केतु पुनि उठ्यो एक औरहि तहँ फहरत;
रजततार में टँके अनल सम मानिक छहरत;
जासौं कढ़ि बहु किरन शब्दरूपी छितरानी,
सुनि जिनको भे मुदित जगत के सारे प्रानी।
मृदु झकोर सौं चल्यो पूर्वसौं प्रात समीरन,
रत्नजटित सो केतु पसार्‍यो, पढ़ैं सकल जन।
झरे अलौकिक कुसुम न जाने कित सौं आई;
रूप रंग में वैसे ह्याँ नहिं परैं लखाई।''

कह्यो कुँवर ''हे कमलनयनि ! सपनो यह सुंदर।''
बोली सो ''हे आर्य्यपुत्र ! आगे है दुखकर।

गगनगिरा सुनि परी 'समय आयो नियराई।'
याके आगे स्वप्न तीसरो पर्स्यो लखाई।
हेर्स्यो मैं, हे नाथ ! हाय, निज पार्श्व ओर जब
पायो सूनी सेज, तिहारे वसन परे सब।
चिह्न मात्र तव रहे, छाँड़ि तुम मोहिं सिधारे,
जो मेरे सर्वस्व, प्राणधन, जीवन, प्यारे।
देखति हौं पुनि मोतिन को कटिबंध तिहारो,
लपट्यो मेरे अंग, भयो अहि दंशनवारो।
करके कर के कंगन और केयूर गए नसि;
वेणी सोँ मुरझाय मल्लिकादाम परे खसि।
यह सोहाग की सेज रही भू माहिं समाई;
द्वारन के पट चीथि उठे आपहि उधिराई।
सुन्यो दूर पै फेरि श्वेत वृषभहि मैं हँकरत,
और लख्यो सोइ केतु दूर पै दमकत फहरत।
पुनि बानी सुनि परी 'समय आयो नियराई।'
उठ्यो करेजो काँपि, परी जगि मैं अकुलाई।
इन स्वप्नन को अर्थ याहि या तो मैं मरिहौं
अथवा तजिहौ मोहिं, मृत्यु ते बढ़ि दुख भरिहौं।"

अथवत दिनकर सम आभा मृदु नयनन धारी
रह्यो कुँवर निज दुखित प्रिया की ओर निहारी।
बोल्यो पुनि "हे प्रिये ! रहौ तुम धीरज धारे,
यदि धीरज कछु मिलै प्रेम में तुम्हैं हमारे।
चाहै आगम कछू स्वप्न ये होयँ जनावत
औ देवन को आसन होवै डिग्यो यथावत,
औ निस्तार उपाय जगत चाहत कछु जानन
हम तुम पै जो चहै परै राखौ निश्चय मन—
यशोधरा सोँ रही प्रीति मम जुग जुग जोरी,
औ रहिहै सो सदा, नेकु नहिं ह्वैहै थोरी।
जानति हौ तुम केतो सोचत रहौं राति दिन
या जग को निस्तार जाहि देख्यो आँखिन इन।
समय आयहै ह्वैहै जो कछु होनो सोऊ।
जो कछु हम पै परै सहैं हम तुम मिलि दोऊ।
जो आत्मा मम व्यथित अपरिचित जीवन के हित,
जो परदुख लखि दुखी रहत हौं मैं ऐसो नित,

सोचौ तो, मन मेरो बिहरणशील उच्चतर
रहिहै कैसो लगो सदा घर के प्रानिन पर,
जो साथी मम जीवन के, मोको सुखकारी;
जिनमें सब सौं बढ़ि अभिन्न तुम मेरी प्यारी।
गर्भ माहिं तुम मम शिशु की हौ धारनवारी,
जासु आस धरि मिली देह सौं देह हमारी।
जब मेरो मन भटकत चारों दिशि जल थल पर
बँध्यो प्रेम में जीवन के या भाँति निरंतर—
उड़ति कपोती बँधी प्रेम मैं ज्यों शिशु के नव—
मन मेरो मँड़राय बसत है आय पास तव।
कारण यह, मैं जानत हौं तुमको सुशील अति,
सब सौं बढ़ि आपनी, परम कोमल उदारमति।
सो अब जो कछु परै आय तुम पै, हे प्यारी !
करि लीजौ तुम ध्यान श्वेत वृष को वा भारी
औ वा रत्नजड़ी ध्वजा को गइ जो फहरति;
पुनि रखियो मन माहिँ आपने यह निश्चय अति—
सब सौं बढ़ि कै सदा तुम्हैं चाह्यौं औ चहिहौं,
सब के हित जो वस्तु रह्यौं खोजत औ रहिहौं,
ताहि तिहारे हेतु खोजिहौं अधिक सबन सौं;
धीरज यातें धरौ छाँड़ि चिंता सब मन सौं।
परै दुख जो कछू धीर धरियो गुनि यह चित
होय कदाचित् हम दोउन के दुख सौं जगहित।
सत्य-प्रेम-प्रतिकार सकै कोऊ जेतो चहि
प्रीति निहोरे जेतो कोउ रसभोग सकै लहि
लहौ सकल तुम आलिंगन में मम, हे प्यारी !
स्वार्थभाव अति अबल प्रेम के बीच बिचारी।
चूमौ मम मुख, पान करौ ये वचन हमारे;
जानौगी तुम और न जाके जाननहारे।
सब सौं बढ़ि कै प्रीति करी तुमसौं मैं, प्यारी !
कारण, मेरी प्रीति सकल प्राणिन पै भारी।
प्राणप्रिये हे ! सुख सौं सोओ तुम निधरक अब
हौं बैठो मैं पास तिहारे औ निरखत सब।"

सजल नयन सौं सोय रही सो सिसकति रोवति;
'समय गयो अब आय' स्वप्न सो पुनि यह जोवति।

उलटि कुँवर सिद्धार्थ रह्यो नभ ओर निहारी,
चमकत उज्ज्वल चंद्र, विमल फैली उजियारी।
बीच बीच में कतहुँ रजत सी आभा धारे
मिलि कै मानो रहे यहै कहि सारे तारे–

"यहै रैनि सो, गहौ पंथ चाहौ जो हेरो,
सुख वैभव को अपने वा जगमंगल केरो।
चहै करौ तुम राज चहै भटकौ तुम उत इत
मुकुटहीन जनहीन–होय जासोँ जग को हित।"

कह्यो सो "मैं अवसि जैहौं घरी पहुँची आय;
रहे, सोवनहारि ! तव ये मृदुल अधर बताय
करन को सो कटै जासोँ जगत को भवरोग;
यदपि मोसोँ और तोसोँ ह्वै न जाय वियोग।

गगन की निस्तब्धता में मोहिं झलकत आज
जगत् में आयों करन हित कौन सो मैं काज।
रहे सबै बताय आयोँ हरन को भवभार।
चहौँ मैं नहिं मुकुट जापै वंशगत अधिकार।

तजत हौँ वे देश जिनको जीततो मैं जाय।
नाहिं मेरो खड्ग खुलि अब चमकिहै तहँ धाय।
रुधिर-सनि रथचक्र मेरे घूमिहैं नहिं घोर
रक्तअंकित करन को मम नाम चारो ओर।

फिरन चाहौँ धरा पै मैं धरि अकलुषित पाँव;
धूरि ह्वैहै सेज मेरी, बास सूनो ठाँव।
तुच्छ तें अति तुच्छ मेरे वस्तु रहिहैं संग।
चुनि पुराने चीथरे ही धारिहौँ मैं अंग।

कोउ दैहै खायहौँ सो और व्यंजन नाहिं।
वास करिहौँ गिरिगुहा औ विपिन झाड़िन माहिं।
अवसि करिहौँ मैं यहै, है परत मेरे कान
सकल जीवन को जगत के आर्त्तनाद महान्।

हृदय उमगत है दया सौं देखि भवरुज घोर,
दूर जाको करन चाहौं चलै जहँ लौं जोर।
शमन करिहौं याहि, जो कछु उचित शमन उपाय
कठिन त्याग, विराग और प्रयत्न सौं मिलि जाय।

हैं अनेकन देव, इनमें कौन सदय समर्थ ?
काहु ने देख्यो इन्हैं जो करत सेवा व्यर्थ ?
निज उपासक नरन की ये करैं कौन सहाय ?
लोग करि आराधना इनकी रहे का पाय ?

करत विविध विधान सौं पूजा अनेक प्रकार,
धरत हैं नैवेद्य बहु, करि मन्त्र को उच्चार।
हनत यज्ञन माहिं बलि के हेतु पशु बिललात
औ उठावैं बड़े मंदिर जहँ पुजारी खात।

विष्णु, शिव औ सूर्य्य की कीनी अनेक पुकार,
पै भले तें भले को नहिं कियो इन उद्धार।
नहिं बचायो ताप तें वा जो सिखावनहार
ठकुरसोहाती, भयस्तुति के अनेक प्रकार।

इन उपायन सौं बच्यो मम बंधु कोउ बिहाल
कठिन रोग, वियोग, नाना क्लेश सौं विकराल ?
कौन जूड़ी और ज्वर सौं बच्यो या जग आय ?
कौन जर्जर-क्षीणकारी जरा सौं बचि जाय ?

भई रक्षा कौन की है मृत्यु सौं अति घोर ?
पर्‌यो है भवचक्र में नहिं कौन इनके जोर ?
नए जन्मन संग उपजत नए क्लेश अपार;
वासना को वंश बाढ़त अंत जासु विकार।

कौन सी सुकुमारि नारी लह्यो या संसार
कठिन व्रत उपवास को फल, भजन को प्रतिकार ?
भई काहू की प्रसव की वेदना कछु थोरि
दही दूर्वा जो चढ़ावति विनय सौं कर जोरि ?

होयँगे कोउ देव नीके, कोउ बुरे इन माहिँ
किंतु मानव दशा फेरै कोउ ऐसो नाहिँ।
होयँगे निर्दय सदय ज्यों नरन में दरसात,
पै बँधे भवचक्र में सब रहत फेरे खात।

है हमारे शास्त्र को यह वचन सत्य प्रमान
'जन्म को यह चक्र घूमत रहत एक समान।'
होत हैं आरोहक्रम में जीव जो अवदात
कीट, खग, पशु सौं मनुज ह्वै देवयोनिन जात।

सोइ परि अवरोह में पुनि कीट उष्मज होत।
हैं जहाँ लौं जीव ते हैं सकल अपने गोत।
शाप तें या मनुज कों कहुँ होय जो उद्धार,
परै हलको सकल प्राणिन को अविद्या-भार,

जासु छाया है दिखावति त्रास सब को घोर,
जीवपीड़ा जासु क्रीड़ा निपट निठुर कठोर।
होति कैसी बात, हा ! जो सकत कोउ बचाय !
अवसि ह्वैहै कहुँ न कहुँ तो शरण और उपाय।

रहे पीड़ित शीत सौं तौ लौं मनुज भरपूर
कियो जौ लौं नाहिँ कोऊ कठिन चकमक चूर;
और अरणी मथि निकासी अग्नि की चिनगारि
रही इनमें लुकी जो बहु आवरण पट डारि।

रहे अस्फुट शब्द सौं बिंबियात नर जग माहिँ
वर्ण के संकेत जौ लौं कोउ निकास्यो नाहिँ।
रहे टूटत श्वान सम ते मास ऊपर जाय
नाहिं रोप्यो बीज जौ लौं खेत कोउ बनाय।

लही जो कछु वस्तु जग में है मनुज ने चाहि
मिली अपनी खोज, त्याग, प्रयत्न सों है वाहि।
करै भारी त्याग कोऊ और खोजै जाय
तो कदाचित् त्राण को मिलि जाय कोउ उपाय।

जो सुखी संपन्न होवै लहि सकल सुखसाज;
जन्म जाको होय करिबे हेतु जग में राज;
होय जीवन नाहिँ भारी जाहि काहु प्रकार;
जो लहत आनंद ही सब भाँति या संसार;

प्रेम के रसरंग में जो सनो तृप्तिविहीन;
जो न होवै जराजर्जर, शिथिल, चिंतालीन;
दुख-आश्रित विभव जग के होयँ करत हुलास;
एक सौँ बढ़ि एक जाको सुलभ भोग विलास;

होय मो सम जो, न जाको रहै कोऊ क्लेश;
औ न अपनी रहै चिंता सोच को कछु लेश;
सोच केवल जाहि परदुख देखि कै दिन राति;
सोच केवल यहै 'मैं हूँ मनुज सबकी भाँति',

होय जो ऐसो, तजन हित होय एतो जाहि;
त्यागि सर्वस देय जो निज मनुजप्रेम निबाहि;
खोज में पुनि सत्य के जो लगै आठो याम
और मुक्ति रहस्य खोजै होय सो जा ठाम—

नरक में वा स्वर्ग में चाहै छिपो जहँ होय,
चहै अंतस् में सबन के गुप्त होवै सोय—
दिब्य दृष्टि गड़ाय जो सो देखिहै चहुँ ओर
अवसि टरिहै कबहुँ कतहूँ आवरण यह घोर,

अवसि खुलिहै मार्ग कहुँ, जहँ थके पाँव पधारि।
पायहै निस्तार को सो कोउ द्वार निहारि।
जासु हित सब त्यागिहै सो अवसि मिलिहै ताहि
और मृत्युंजय कदाचित् होयहै सो चाहि।

करौँ मैं यह, त्यागिबे हित जाहि एतो राज।
हिये कसकति पीर सो जो सहत मनुजसमाज।
है जहाँ जो कछु हमारो—कोटिगुन हू और—
करत हौं उत्सर्ग जासों होय सुख सब ठौर।

होहु साक्षी आज गगन के सारे तारे !
और भूमि जो दबी भार सौं आज पुकारे !
त्यागत हौं मैं आज आपनो यह यौवन, धन,
राजपाट, सुख भोग, बंधु, बांधव औ परिजन,
सबसौं बढ़ि भुजपाश, प्रिये ! तव तजत मनोहर,
तजिबो जाको या जग में है सब सौं दुष्कर।
पै तेरो निस्तार जगत् के सँग बनि ऐहै,
वाहू को जो गर्भ बीच तव कछु दिन रैहै–
है जो फल लहलहे प्रेम को प्रथम हमारे–
पै देखन हित ताहि रहौं तो धैर्य्य सिधारे।
हे पत्नी, शिशु, पिता और मेरे प्रिय पुरजन !
कछुक दिवस सहि लेहु दुख जो परिहै या छन,
जासौं निर्मल ज्योति जगै सो अति उजियारी,
लहैं धर्म्म को मार्ग सकल जग के नर नारी।
अब यह दृढ़ संकल्प; आज सब तजि मैं जैहौं।
जब लौं मिलिहै नाहिं तत्त्व सो, नहिं फिरि ऐहौं।''

यौं कहि नयनन लाय लियो निज प्यारी को कर।
नेहभरी पुनि दीठि बिदा हित डारी मुख पर।
करि परिक्रमा तीन सेज की पाँव बढ़ाए,
धकधकाति छाती को कर सौं दोउ दबाए।
कह्यो ''कबहुँ अब नाहिं सेज पै या पग धरिहौ।
छानत पथ की धूरि धरातल बीच बिचरिहौं।
तीन बेर उठि चल्यो, किंतु सो फिरि फिरि आयो;
ऐसो वाके रूप प्रेम सौं रह्यो बँधायो !
अंत सीस पट नाय, पलटि आगे पग डारी
आयो जहँ सहचरी सकल सोवति सुकुमारी,
पाय निशा मनु बँधी कमलिनी इत उत सोहति।
गंगा औ गौतमी अधिक सब सौं मन मोहति।
पुनि तिनकी दिशि हेरि कह्यो ''सहचरी हमारी !
तुम सुखदायिनि परम, तजत तुमको दुख भारी।
पै जो तुमको तजौं नाहिं तो अंत कहा है ?
जरा, क्लेश अनिवार्य्य, मरण विकराल महा है।
देखौ, जैसे परी नींद में हौ या छन सब
परिहौ याही भाँति मृत्यु गरजति ऐहै जब।

सूखि गयो जब कुसुम कहाँ फिर गंध रूप तब ?
चुक्यो तेल जब, ज्योति दीप की गई कहाँ सब ?
हे रजनी ! तुम और नींद सौं चापौ पलकन,
अधरन राखौ मूँदि और तुम इनके या छन,
जासौं नयनन नीर और मुख वचन दीनतर
राखैं मोहिं न रोकि, जावँ मैं तजि अपनो घर।
जेतोई सुख मोद लह्यो मैं इनसौं भारी
तेतोई हौं होत सोचि यह बात दुखारी—
मैं, ये औ नर सकल भरत जड़ तरु सम जीवन,
लहत सहत हैं जो वसंत औ शीत ताप तन।
कबहूँ पात झुरात, झरत, हैं लहलहात पुनि;
कबहुँ कुठार प्रहार मूल पै होत परत सुनि।
नहिं जीवन या रूप बितैहौं या जग माहीं।
दिव्य जन्म मम, जाय व्यर्थ सो ऐसो नाहीं।
विदा लेत हौं आज, अस्तु, हे सकल सुहृद जन !
जौ लौं है सुखसार-पूर्ण मेरो यह जीवन
है अर्पण के योग्य वस्तु सो, यातें अर्पत।
खोजन हित हौं जात मुक्ति औ गुप्त ज्योति सत्।"

कढ़्यो मंद पग धरत कुँवर वा निशि में रहि रहि,
तारक रूपी नयन नेह सौं रहे जासु चहि।
शीतल श्वाससमीर आय चूम्यो फहरत पट,
जोह्यो नाहिं प्रभात सुमन खोल्यो सौरभ चट।
हिमगिरि सौं लै सिंधु ताइँ वसुधा लहरानी,
नव आशा सौं तासु हृदय उमग्यो कछु जानी।
मधुर दिव्य संगीत गगन मैं पर्‍यो सुनाई।
दमकि उठीं सब दिशा, देवगण सौं जो छाई।
गणन लिए निज संग, मढ़े रत्नन सौं भारी
चारो दिक्पति आय द्वार पै बारी बारी
ताकत हैं कर जोरि कुँवर को मुख, जो ठाढ़ो
सजल नयन नभ ओर किए, हित धरि हिय गाढ़ो

बाहर आयो कुँवर, पुकार्‍यो "छंदक, छंदक !
उठौ, हमारो अश्व अबै कसि लाओ कंथक।"

फाटक ही पै रह्यो सारथी छंदक सोवत;
धीरे सौं उठि कह्यो कुँवर मुख जोवत जोवत–
"कहा कहत हौ, नाथ, राति में या अँधियारी
जैहौ तुम कित, कुँवर ! होत विस्मय मोहिं भारी।"

"बोलौ धीमे, लाओ मेरे चपल तुषारहि;
घरी पहुँचि सो गई तजौं या कारागारहि,
जहाँ रहत मन बँधो, तत्त्व ढिग पहुँचि न पावत।
अब मैं खोजन जात लोक हित ताहि यथावत्।"

कह्यो सारथी "हाय, कुँवर ! यह कहा करत अब ?
कहे वचन जो गणक कहा झूठे ह्वैहैं सब ?
शुद्धोदनसुत करिहै नाना देशन शासन,
राजन को ह्वै महाराज बसिहै सिंहासन।
कहा छाँड़ि धनधान्यपूर्ण धरती सो दैहै ?
तजि सब भिक्षापात्र कहा अपने कर लैहै ?
जाके ऐसो स्वर्ग सरिस रसधाम मनोहर
भटकत फिरिहै कहा अकेलो सूने पथ पर ?"

उत्तर दीनो कुँवर "इतै आयौं याही हित,
सिंहासन हित नाहिं, सखा ! यह लेहु धारि चित।
चाहत हौं मैं राज्य सकल राज्यन सौं भारी।
लाओ कंथक तुरत, होहुँ वाको अधिकारी।"

बोल्यो छंदक "कृपानाथ ! हम कैसे रहिहैं ?
महाराज, तव पिता, शोक यह कैसे सहिहैं ?
पुनि जाके तुम जीवनधन वाको का ह्वैहै ?
करिहौ कहा सहाय जबै जीवन नसि जैहै ?"

उत्तर दीनो कुँवर "सखा ! यह प्रेम न साँचो;
जो निज आनँद हेतु प्रेम निश्चय सो काँचो।

पै इनसों मैं प्रेम करत निज आनंद सौं बढ़ि–
औ तिनहू के आनंद सौं बढ़ि–यातें अब कढ़ि

जात उधारन हेतु इन्हैं औ प्राणिन को सब।
लाओ कंथक तुरत, विलंब न नेकु करौ अब।"

"जो आज्ञा" कहि गयो अश्वशाला में छंदक,
तुरत निकासी बागडोर चाँदी की झकझक।
तंग पलानी कसि कंथक को लायो बाहर
फाटक ढिग, जहँ कुँवर रह्यो ठाढ़ो वा अवसर।
देखि प्रभुहि निज अति प्रसन्न ह्वै हय हिहनानो,
निरखत ताकी ओर बढ़ावत मुँह नियरानो।
सोवत जे जे रहे गई यह ध्वनि तिन लौं, पर
रखे देवगण मूँदि कान तिनके वा अवसर।

थपथपाय कर कुँवर कंठ पै वाके फेरे,
बोल्यो पुनि "अब धीर धरौ, हे कंथक मेरे!
आज मोहिं लै चलौ जहाँ लौं बनै निरंतर,
सत्य खोजिबे हेतु कढ़त हौं आज छाँड़ि घर।
कहाँ खोज को अंत होयहै, यह नहिं जानत;
बिनु पाए नहिं अंत यहै निश्चय मन ठानत।
सो अब साहस करौ करारो, तुरग हठीले!
खड्गधार जो बिछै पंथ पग परैं न ढीले।

थमै न तेरो वेग, रुकै ना गति कहुँ तेरी,
खाई खंदक परैं, चहै पत्थर की ढेरी।
जा छन बोलौं 'बढ़ौ' पवन हू पाछे पारौ,
अनलतेज औ वायुवेग तुम या छन धारौ।
पहुँचाओ निज प्रभुहि, होयहौ तुमहू भागी
महत्कार्य्य की महिमा के या जग हित लागी।
चलत आज मैं, गुनौ, नाहिं केवल मनुजन हित
पै सब प्राणिन हेतु सहत दुख जो हम सम नित
किंतु सकत कहि नाहिं, मरत निशि दिन यों ही सब।
अस्तु, पराक्रम सहित प्रभुहि लै चलौ तुरत अब"।

धीरे सौं पुनि उछरि पीठ पै वाके आयो,
केसर पै कर फेरि कंठ वाको सहरायो।
बढ़्यो अश्व अब, परीं टाप पथरन पै वाकी,

बागडोर की कड़ी हिलीं चमकीं अति बाँकी।
पै 'टप टप' औ खनक नाहिं कोऊ सुनि पाई,
आय देवगण दिए मार्ग में सुमन बिछाई।
जब तोरण के निकट भूमि पै चलि पग डारे
माया के पट विविध यक्षगण तहाँ पसारे।
या विधि आहट बिना कुँवर तोरण पै आए,
पीतर के तिहरे कपाट जहँ रहे भिड़ाए।

सौ मनुष्य जब लगैं खुलैं जो तब कहुँ जाई
खुले आप तें आप सरकि, नहिं परे सुनाई।
याही विधि खुलि परे बाहरी फाटक सारे
ज्योंही राजकुमार पावँ तिनके ढिग धारे।
रक्षकगण जनु मरे परे ऐसे सब सोए,
डारि ढाल तरवार दूर, तन की सुध खोए।
ऐसी बही बयार कुँवर के आगे ता छिन
परे मोहनिद्रा में लीने श्वास जहाँ जिन।

गयो गगनतट शुक्र, बह्यो जब प्रात-समीरन,
लहरन लागी कछुक अनामा पाय झकोरन,
खींचि बाग चट कुँवर कूदि महि पै पग धारे,
कंथक को चुमकारि, ठोंकि मृदु बचन उचारे।
छंदक सौं पुनि प्रेम सहित बोल्यो कुमारवर
"जो कछु तुमने कियो आज वाको फल सुंदर
पैहौ तुम औ पैहैं जग के सब नारी नर।
धन्य भए तुम आज जगत में, हे सारथिवर !
देखि तिहारो प्रेम प्रेम मेरो अति तुम पर,
अब मेरे या प्यारे अश्वहिं लैं पलटौ घर।
लेहु सीस को मुकुट, राजपरिधान हमारे
जिन्हैं न कोउ अब मोहिं देखिहै तन पै धारे।

रत्नजटित कटिबंध सहित यह खड़ग लेहु मम
औ ये लाँबी लटैं काटि फेंकत जिनको हम।
दै यह सब तुम महाराज सौं कहियो जाई
'मेरी सुधि अब राखैं तौ लौं सकल भुलाई
जौ लौं आऊँ नाहिं राज सौं बढ़ि लहि संपति,

यत्न योगबल, विजय पाय, लहि बोध विमल अति।
यदि पाऊँ यह विजय होय बसुधा मेरी सब
हित नाते, उपकार निहोरे; यहै चहत अब।
गति मनुष्य की होनी है मनुष्य के हाथन।
पच्यो न जैसो कोउ होय पचिहौं दै तन मन।
जग के मंगल हेतु होत हौं जग तें न्यारे,
पैहौं कोऊ युक्ति मुक्ति की यह चित धारे'।''

पंचम सर्ग

प्रव्रज्या

जहँ राजगृह है राजधानी लसति घिरि बन सौं घने
तहँ पाँच पर्वत परत पावन पास पास सुहावने–
अति सघन ताल-तमाल-मंडित एक तो 'वैभार' है;
दूजो 'विपुलगिरि', बहति जा तर पातरी सरिधार है;

पुनि सघन छाया को 'तपोवन' जहँ सरोवर हैं भरे,
प्रतिबिंब श्याम शिलान के दरसात हैं जिनमें परे;
ऊपर चटानन सौं शिलाजतु रसत जहाँ पसीजि कै,
नीचे सलिल को परसि रहि रहि डार झूमति भीजि कै;

चलि अग्निदिशि की ओर सुंदर 'शैलगिरि' मन को हरै,
उठि 'गृध्रकूट' सुशृंग जाको दूर ही सौं लखि परै;
प्राची दिशा की ओर सोहत 'रत्नगिरि' निखरो खरो,
जो विटप वीरुध सौं हरो, बहु रूप रत्नन सौं भरो।

पथ विकट पथरीलो परै जो फेर को आओ धरे,
पग धरत बाड़न में कुसुम के, आम जामुन के तरे,
पै बचत झाड़िन सौं कटीली बेर की औ बाँस की
औ चढ़त टीलन पै, कढ़त पुनि भूमि पै सम पास की।

नव कलित काननकुसुम वह जो अचल अंचल ढार है,
चलि देखिए वटकुंज भीतर जो गुफा को द्वार है।
या सरिस पावन और थल नहिं सकल भूतल पाइए;
करि विमल मन सब भाँति आदर सहित सीस नवाइए।

या ठौर श्रीभगवान् बसि काटत कराल निदाघ को,
जलधारमय घनघोर पावस, कठिन जाड़ो माघ को।
सब लोक हित धरि मलिन वसन कषाय कोमल गात पै
माँगे मिलति जो भीख पलटि पसारि पावत पात पै।

तृण डासि सोवत रैन में घर बार स्वजन बिहाय कै।
हुहुँआत चहुँ दिशि स्यार, तड़पत बाघ बनहिं कँपाय कै।
या भाँति जगदाराध्य बितवत ठौर या दिन रात हैं।
सुखभोग को सुकुमार तन तप सों तपावत जात हैं।

व्रत नियम औ उपवास नाना करत, धारत ध्यान हैं;
लावत अखंड समाधि आसन मारि मूर्ति समान हैं।
चढ़ि जानु ऊपर कूदि कबहूँ धाय जाति गिलाय हैं।
कन चुनत ढीठ कपोत कर ढिग कबहुँ कंठ हिलाय हैं।

खरी दुपहरी में बैठत प्रभु ध्यान लगाए।
सन सन करती धरा, धूप धधकति दव लाए।
गन गन नाचत परत सकल बनखंड लखाई,
पै प्रभु जानत नाहिं जात कित दिवस बिहाई।
ढरत दीप्त अंगारबिंब सम गिरितट दिनकर;
पसरति आभा अरुण खेत औ खरियानन पर।
जुगजुगात पुनि जहँ तहँ निकसत नभ में तारे।
मिलि कै मंगलवाद्य उठत बजि पुर के सारे।
छाय जाति पुनि निशा, जीव जग के सब सोवत।
केवल कौशिक रटत कहूँ, कहुँ जंबुक रोवत।
पै प्रभु ध्याननिमग्न रहत हैं आसन धारे,
या जीवन को तत्त्व कहा सोचत मन मारे।
आधीराति निखंड होति, जग थिरता धारत।
केवल हिंसक पशु कढ़ि कै कहुँ फिरत पुकारत—
ज्यों मन के अज्ञानविपिन भय द्वेष पुकारत,
काम क्रोध मद लोभ घोर विचरत, नहिँ हारत।
सोवत पछिले पहर घरी तेती ही प्रभुवर
अष्टमांश पथ जेती में कढ़ि जात निशाकर।
पौ फटिबे के प्रथम परत उठि प्रभु पुनि प्रति दिन,
फटिक-शिला पै आय रहत ठाढ़े नित बहु छिन।

सोवति वसुधा को नयनन भरि नीर निहारत,
सब जीवन की दशा देखि, गुनि हिय में हारत।
पुलकित पुनि लखि परत लहलहे खेत मनोहर
चुंबन सौं अनुरागवती ऊषा के सुंदर।
प्राची आशा कहन लगति दिनराज अवाई;
पहले केवल धुंध सरीखो परत लखाई।
किंतु पुकारै अरुणचूड़ जौ लौं पुर भीतर
आभा निखरति शुभ्र रेख सी शैलशीर्ष पर।
लागति परसन होति शुभ्रतर सो अब क्रम क्रम
देखत देखत होति स्वर्णपीताभ धार सम।
अरुण, नील औ पीत होत घनखंड मनोरम,
काहू पै चढ़ि जाति सुनहरी गोट चमाचम।
सब जग जीवनमूल प्रतापी परम प्रभाकर
दिनपति प्रगटत धारि ज्योतिपरिधान मनोहर।

ऋषि समान करि नित्यक्रिया सवितहि सिर नावत;
लै पुनि भिक्षापात्र पायँ पुर ओर बढ़ावत।
बीथी बीथी फिरत यती को बानो धारे,
जो कछु जो दै देत लेत सो हाथ पसारे।
भिक्षा सौं भरि जात पात्र सो जहाँ पसारत,
'महाराज ! यह लेहु' किते रहि जात पुकारत।
देखि दिव्य सो रूप सौम्य, लोचनसुखकारी
जहँ के तहँ रहि जात ठगे से पुरनरनारी।
दूर दूर सौं पुत्रवती बहु धावति आवैं,
प्रभु के पायँन पारि सिसुन, बहु बार मनावैं।
लेति चरणरज कोउ, कोउ पट सीस लगावति।
अति मीठे पकवान और जल कोऊ लावति।

कबहुँ कबहुँ प्रभु जात रहत अति मधुर मंद गति,
दिव्य दया सौं दीप्त, ध्यान मैं भए लीन अति।
रूप अनूप लुभाय लाय टक रहैं कुमारी,
प्रेम भक्ति सौं भरी दीठि निज तिन पै डारी।
मानो रूप समाय रह्यो जो नयनन मैं अति
सम्मुख लखि रहि जाति चाह सौं ताको चितवति।
पै पकरे निज पंथ जात प्रभु सीस नवाए,

धारे वसन कषाय, भीख हित कर फैलाए।
मृदु वचनन सोँ करि सबको परितोष यथावत्
फिरत गिरिव्रज ओर, आय पुनि ध्यान लगावत।
जेते जोगी जती बसत तिनके ढिग बहु छिन
बैठि सुनत बहु ज्ञान, सत्यपथ पूछत प्रति दिन।

शांत कुंजन बसत तापस रत्नगिरि की ओर हैं,
गनत हैं या तनहिं जो चैतन्य को रिपु घोर हैं।
कहत इंद्रिय प्रबल पशु हैं, लाय वश में मारिए,
क्लेश दै बहु भाँति इनको दमन योँ करि डारिए।

क्लेश की सब वेदना मरि जाय आपहि आपही,
ताप सोँ तन नहिं तचै औ शीत सोँ काँपे नहीं।
करत नाना साधना योगी यती मन लाय कै,
त्यागि जनपदवास निर्जन बीच धाम बनाय कै।

कतहुँ कोऊ ऊर्ध्वबाहु दिनांत लौँ ठाढ़े रहैं,
जोड़ तें भुजदंड दोऊ मोड़ ना कबहूँ लहैं,
सूखि कै अति छीन औ गतिहीन ह्वै तन में नढ़े
उकठि मानो रूख तें द्वै खूथ ऊपर को कढ़े।

कीलि राखे करन को कोउ काठ मारि कठोर हैं;
भालु के से बढ़ि रहे नख आँगुरिन के छोर हैं।
लोह-कील बिछाय कोऊ बसत आसन मारि कै।
कोउ ऐंठत अंग, कोउ पंचाग्नि तापत बारि कै।

पाथरन सोँ मारि कोऊ जारि तन जर्जर करे,
राख माटी पोति तन पै चीथरे चीकट धरे।
जपत कोउ शिवनाम बैठि मसान पै दिनरात हैं,
स्यार जहँ शव नोचि भागत, गीध बहु मँड़रात हैं।

कोउ करि मुख भानु दिशि पग एक पै ठाढ़ो रहै,
नाहिँ अथवत देव जौ लौं अन्नजल नहिँ कछु लहै।
सहत साँसति सतत योँ, सब मांस गलि तन की गई,
हाड़ सों सटि चाम सूखो, ताँत सी नस नस भई।

करत अनशन व्रत कोऊ, कोउ कृच्छ्र चांद्रायण करैं।
धूरि में कोउ जाय लोटत, राख कोउ मुँह में भरैं।
करत रसना सुन्न कोऊ जड़ी बूटी चाबि हैं;
स्वाद की सब वासना या भाँति पावत दाबि हैं।

काटि कर पग, छाँटि डारी जीभ कोऊ आपनी;
कोंचि आँखिन, नोचि कानन, कनक सी काया हनी,
विकल अंगविहीन, गतिहत, मूक, बहरो, आँधरो,
जियत मृतक समान ह्वै पलपिंड सो भू पै परो।

कायदंड कठोर जो सहि लेत हैं सारे यहीं
कठिन यम की यातना रहि जाय पुनि तिनको नहीं।
क्लेश सारे जीति सुंदर देवगति ते लहत हैं
वेद शास्त्र पुराण आगम बात ऐसी कहत हैं।

जाय बचन भगवान् एक सों यों कहे
"अहो ! क्लेश यह घोर आप तो सहि रहे।
बीते मास अनेक मोहिं या ठौर हैं;
देखे आप समान तपत बहु और हैं।

है या जीवन माहिं दुख थोरो कहा
औरहु बिढ़वत आप क्लेश जो यह महा ?"
बोल्यो तापस "और कहा हम जानिहैं ?
ग्रंथन में जो लिखो चलत सो मानिहैं।

जो कोउ तनहिं तपाय क्लेश ही जानिहै
और मरण विश्रामरूप करि मानिहै
क्लेशभोग सों पापलेश नसि जायहै,
निखरि जीव ह्वै शुद्ध, लोक शुभ पायहै,

निकसि घोर या तापपूर्ण भवकूप तें
लोकन बीच बिचरिहै दिव्य स्वरूप तें,
भाँति भाँति सुख भोग भोगिहै बसि तहाँ
जिनको ह्याँ अनुमान सकत कोउ करि कहाँ ?

कह्यो श्रीसिद्धार्थ "वह जो शुभ्र मेघ दिखात,
इंद्र-आसन को मनो पट स्वर्णमय दरसात,
बातक्षुब्ध पयोधि सौं सो उठो नभ में जाय,
अश्रुबिंदु समान खसि खसि अवसि गिरिहै आय;

कीच सौं सनि, धुनत सिर, बहि नदी नारन माहिं
जाय परिहै जलधि में पुनि अवसि संशय नाहिं।
कहा याही रूप को नहिं स्वर्ग को सब भोग,
जाहि अर्जन करत मुनिजन साधि तप औ योग ?

चढ़त जो सो गिरत, छीजत लेत जाहि बिसाहि,
यह अटल व्यवहार जग में विदित है नहिं काहि ?
रक्त तन को गारि यौं क्रय करत हौ सुरधाम,
पूजिहै जब भोग सोइ भवचक्र पुनि अविराम।"

"कौन जानै होय ऐसो, सकत कहि किहि भाँति ?
निशा पै पुनि दिवस आवत, श्रम अनंतर शांति।
रक्त पल की देह पै या हमैं ममता नाहिं
रहति बाँधे जीव को जो विषयबंधन माहिं।

जीव के हित दाँव पै हम धरत देवन पास
क्षणिक जीवनक्लेश यह चिरकाल सुख की आस।"
कुँवर बोले "सोउ सुख की अवधि है पै, भ्रात !
वर्ष कोटिन लौं रहै, पै अंत है ही जात।

अंत जो नहिं तो कहा हम लेयँ ऐसो मानि
है कहूँ या रूप जीवन जासु होति न ग्लानि,
भिन्न जो सब भाँति जाको होत नहिं परिणाम ?
हैं कहा, ये देव सारे नित्य निज निज धाम ?"

कह्यो योगिन "देव हू नहिं नित्य या जग माहिं
नित्य केवल ब्रह्म है, हम और जानत नाहिं।"

कह्यो बुद्ध भगवान् "सुनो, हे मेरे भाई !
ज्ञानवान्, दृढ़चित्त परत हौ हमैं लखाई।

क्यौं तुम अपनी हाय दावँ पै देत लगाई
ऐसे सुख के हेतु स्वप्न सम जो नसि जाई ?
आत्मा को प्रिय मानि देह यौं अप्रिय कीनी,
ताड़न करि बहु ताकी तुम यह गति करि दीनी
धारन हू में है समर्थ वा जीवहि नाहीं
खोजत जो निज पंथ, रह्यो अड़ि बीचहि माहीं।
ज्यौं कोउ तीखो तुरग बढ़त जो आपहि पथ पर
खाय खाय कै एड़ भयो बीचहिं मैं जर्जर।
ढाहत हौ क्यौं भवन जीव को यह बरिआईं,
पूर्व कर्म अनुसार बसे हम जामैं आई,
जाके द्वारन सौं प्रकाश कछु हम हैं पावत,
सूझत है यह हमैं दीठि निज जबै उठावत
सुप्रभात कब होय घोर तम पुंज नसाई,
सुंदर, सूधो, सुगम मार्ग कित तें ह्वै जाई।"

योगी बोले हारि "पंथ है यहै हमारो;
चलिहैं यापै अंत ताइँ, सहिहैं दुख सारो।
जानत यातें सुगम मार्ग यदि होहु, बताओ
नातौ बस, आनंद रहौ, इत ध्यान न लाओ।"

बढ़्यो आगे खिन्नमन सो देखि कै यह बात,
मृत्युभय नर करत ऐसो भय करत भय खात।
प्रीति जीवन सौं करत यौं प्रीति करत सकात;
करत व्याकुल ताहि, तप की सहत साँसति गात।
करन चहत प्रसन्न या विधि देवगणहि रिझाय,
सकत देखि प्रसन्न मानव सृष्टि जो नहिं, हाय !
चहत नरकहि न्यून करिबो नरक आप बनाय।
माति तप उन्माद में ये रचत मुक्ति उपाय !

बोलि उठ्यो सिद्धार्थ "अहो ! वनकुसुम मनोहर !
जोहत कोमल खिले मुखन जो उदित प्रभाकर,
ज्योति पाय हरषाय श्वाससौरभ संचारत,
रजत, स्वर्ण, अरुणाभ नवल परिधान सँवारत,
तुम में तें कोउ जीवन नहिं माटी करि डारत,
नहिं अपनो हठि रूप मनोहर कोउ बिगारत।

एहो, ताल ! विशाल भाल जो रह्यो उठाई,
चाहत भेदन गगन, पियत सो पवन अघाई,
शीतल नीरधि नील अंक जो आवति परसति
मंजु मलयगिरि गंधभार भरि मंद मंद गति।
जानत ऐसो भेद कौन जासों, हे प्रिय द्रुम !
अंकुर तें फलकाल ताइँ हौ रहत तुष्ट तुम ?
पंख सरीखे पातन सों मर्मर ध्वनि काढ़त,
अट्टहास सों हँसत हँसत तुम जग में बाढ़त।
तरुडारन पै बिहरनहारे, हे बिहंगगन !
—शुक, सारिका, कपोत, शिखी, पिक, कोकिल, खंजन—
तिरस्कार निज जीवन को नहिं तुमहुँ करत हौ,
अधिक सुखन की आस मारि तन मन न मरत हौ।

पै प्राणिन में श्रेष्ठ मनुज जो बधत तुम्हैं गहि,
ज्ञानी बोलत रक्तपात बिच पोसी मति लहि।
सोइ बुद्धि लै हैं प्रवृत्त ये नर बहुतेरे
आत्मक्लेश दैबे में नाना भाँतिन केरे"।

कहत यों प्रभु शैलतट-पथ धरे गे कछु दूरि।
खुरन के आघात सों तहँ उठति देखी धूरि।
झुंड भारी भेड़ छेरिन को रह्यो है आय;
ठमकि पाछे दूब पै कोउ देति मुखै चलाय।

जितै झलकत नीर, गूलर लसी लटकति डार
लपकि ताकी ओर धावैं छाँड़ि पथ द्वै चार,
जिन्हैं बहकत लखि गड़रियो उठत है चिल्लाय
लकुट सों निज हाँकि पथ पै फेरि लावत जाय।

लखी प्रभु इक भेड़ आवति युगल बच्चन संग,
एक जिनमें है रह्यो है चोट सों अति पंग।
छूटि पाछे जात, रहि रहि चलत है लँगरात;
थके नान्हें पाँव सों है रक्त बहत चुचात।

ठमकि हेरति ताहि फिरि फिरि तासु जननि अधीर;
बढ़त आगे बनत है नहिं देखि शिशु की पीर।

देखि यह प्रभु लियो बढ़ि लँगरात पसुहि उठाय;
लादि लीनों कंध पै निज करन सौं सहराय

कहत यौं "हे ऊर्णदायिनि जननि ! जनि घबराय,
देत हौं पहुँचाय याको जहाँ लौं तू जाय।
पशुहु की इक पीर हरिबो गुनत हौं मैं आज
योग औ तपसाधना सौं अधिक शुभ को काज।"

बढ़ि चरावनहार दिशि प्रभु बहुरि बूझी बात
"जात ऐसी धूप में कित लिए इनको, भ्रात ?"
दियो उत्तर सबन "आज्ञा मिली है यह आज,
मेष अज सौ बीछि कै लै चलौ बलि के काज।

देवपूजन राति करिहैं महाराजधिराज।
होत हैं या हेतु नृप के भवन नाना साज।"
"चलत हमहूँ" बोलि यौं प्रभु चले धीरज लाय
धूप में वा संग तिनके पशुहि गोद उठाय।

स्वेदकणिका धूरि छाए भाल पै दरसाति;
लगी पाछे जाति रहि रहि भेड़ सो मिमियाति।

किसा गोतमी

चलत यों सब जाय पहुँचे एक सरिता-तीर।
मिली तरुणी एक खंजननयन धारे नीर।
लगी प्रभु सौं कहन यौं कर जोरि करत प्रणाम
"तुम्हैं चीन्हति हौं, प्रभो ! तुम सोइ करुणाधाम

जो धरायो धीर मोकौं वा कुटी में जाय
जहाँ इकली शिशु लिए मैं रही दिनन बिताय।
रह्यो फूलन बीच घूमत एक दिन सो बाल;
रह्यो ढिग नहिं कोउ; लिपट्यो आय कर सौं व्याल।

लग्यो खेलन ताहि लै सो मारि बहु किलकार;
काढ़ि दुहरी जीभ विषधर उठ्यो दै फुफकार।

हाय ! पीरो परो वाको अंग सब छन माहिँ;
गयो हिलिबो डोलिबो, थन धर्‌यो मुख में नाहिँ।

कहन लाग्यो कोउ याको विष गयो अब छाय;
कोउ बोल्यो 'सकत याको नाहिँ कोउ बचाय।'
किंतु कैसे बनै खोवत प्राणधन निज, हाय !
झाड़ फूँक कराय, देवन थकी सकल मनाय।

किए जतन अनेक खोलै आँखि सो शिशु फेरि,
मुदित 'माय' पुकारि बोलै कछुक मो तन हेरि।
गुन्यो मैं नहिं सर्प को है दंश अधिक कराल;
नाहिं अप्रिय काहु को है नेकु मेरो लाल।

ठानि यासोँ बैर काहे साँप लैहै प्रान ?
खेल में क्यों याहि डसिहै, जानि बाल अजान ?
कह्यो कोउ कोउ 'बसत गिरि पै सिद्ध एक महान;
जाय ता ढिग देखु तौ करि सकैं कछु कल्यान।'

सुनत धाई पास, प्रभु ! तव विकल कंपितगात;
दिव्य दर्शन पाय परस्यो पुलकि पद जलजात।
बिलखि शिशु तहँ डारि, दीनो तासु मुखपट टारि,
'करिय कछु उपचार' प्रभु ! यों विनय कीनी हारि।

करी मोपै दया, भगवन् ! नाहिं टार्‌यो मोहिं
परसि शिशु भरि नीर नयनन कह्यो मो तन जोहि।

'हे भगिनि ! जानत जतन जो मैं देत तोहि सुनाय,
उपचार तेरो और तेरे शिशुहु को है जाय,
पै सकै जो तू लाय जो मैं देत तोहि बताय,
है कहत जो कछु वैद्य, रोगी देत ताहि जुटाय।

माँगि घर सोँ काहु के दे लाल सरसोँ लाय;
ध्यान रखि या बात को तू जहाँ माँगन जाय
लेय वा घर सोँ न तू जहँ मरो कोऊ होय—
पिता, माता, बहिन, बालक, पुरुष अथवा जोय।

देय सरसौं लाय ऐसी, उठै तो तव बाल,
कही मोसौं रही प्रभुवत बात यह वा काल।'
कह्यो मृदु मुसुकाय प्रभु "हे किसा गोतमि ! तोहि
कही मैंने रही ऐसी बात, सुधि है मोहिं।

मिली सरसौं तोहि ऐसी कतहुँ देय बताय।"
बिलखि बोली नारि सो भगवान् के गहि पाय।

"मरे शिशुहि गर बाँधि फिरी मैं सकल ग्राम बन,
द्वार द्वार पै माँगी सरसौं धीर धारि मन।
माँगति जासौं जाय देत सो मोहिं बुलाई
दीनन पै तो दया दीन जन की चलि आई।
पै जब पूछति 'मर्‌यो कबहुँ कोऊ तुम्हरे घर–
मातु, पिता, पति, पुत्र, बंधु, भगिनी वा देवर ?'
कहत चकित ह्वै 'बहिन ! कहा यह कहति अजानी,
मरे न जाने किते, जियत तो थोरे प्रानी।'
सरसौं तिनकी फेरि जाय जाँचति पुनि औरन;
पै सब याही रूप कहत कछु उदासीन मन
'सरसौं तो है किन्तु मरो है मेरो भाई।'
'सरसौं है पै पति दीनो चलि मोहिं बिहाई।'
'सरसौं है पै बोयो जाने सो है नाहीं,
काटन को जब समय, गयो चलि सुरपुर माहीं।'
मिल्यो न ऐसो मोहिं कोउ घर, हे प्रभु ज्ञानी !
कबहुँ न होवै मरो जहाँ पै कोऊ प्रानी।
नदी किनारे नरकट के वा झापस माहीँ
दीनो मैं शिशु डारि हँसत बोलत जो नाहीं।
तव पाँयन ढिग फेरि, प्रभो ! बिनवति हौं आई,
सरसौं मिलिहै कहाँ देहु, प्रभु, यहौ बताई।"

बोले प्रभु "जो मिलत न सो तू हेरति हारी,
पै हेरत में लही एक कटु औषध भारी।
कालि लख्यो निज शिशुहि महानिद्रा में सोवत,
देखति है तू आज सबै सोई दुख रोवत।
सब पै जो दुख परत लगत हरुओ जग माहीं,
बहुतन में बँटि लगत एक को गरुओ नाहीं।

थमै तिहारी आँसु देहुँ तो रक्तहिं गारी,
पै नहिं जानत मर्म मृत्यु को कोउ नरनारी,
प्रेममाधुरी बीच देति जो कटु विष घोरी,
जो नित बलि के हेतु नरन लै जात बटोरी
फूलन सौं लहलही वाटिका बीच निकारत—
मूक पशुन इन लिए जात ज्यों, लखौ, हँकारत।
खोजत हौं मैं सोइ रहस्य, हे भगिनी मेरी !
लै अपनो शिशु जाय क्रिया करु तू वा केरी।''

यज्ञबलि-दर्शन

पशुपालन संग प्रवेश कियो पुर में प्रभु देखत देखत जाय,
ढरि कंचन सी किरनैं रवि की जहँ सोन को नीर रहीं झलकाय,
सब बीथिन में पुर की परिकै परछाईं रहीं अति दीरघ नाय,
पुरद्वार के पार जहाँ प्रतिहार खड़े बहु दीरघ दंड उठाय।

पशु लै प्रभु को तिन आवत देखि दयो पथ सादर मौनहिं धारि।
सब हाट की बाट में बैठनहार लई बगरी निज वस्तुन टारि।
झगरो निज रोकि कै गाहक औ बनियाहु रहे मृदु रूप निहारि।
कर बीच हथौड़ो उठाय लुहार गयो रहि नाहिं सक्यो घन मारि।

तनिबो तजि ताकि जुलाह रहे, बहु लेखक लेखनि हाथ उठाय।
गनिबो निज पैसन को चकराय गयो सुधि खोय सराफ भुलाय।
नहिं अन्न की राशि पै काहुकी आँखि, रहे सुख सौं मिलि साँड़ चबाय।
मटकी पर धार चली पय की बहि, ग्वाल रहे प्रभु पै टक लाय।

पुरनारि जुरी बहु बूझति हैं ''बलि हेतु लिए पशु को यह जात ?
शुचि शांतिभरी मृदुता मुख पै, अति कोमल मंजु मनोहर गात।
कहु जाति कहा इनकी ? इन पाए कहाँ अति सुंदर नैन लजात ?
तन धारि अनंग किधौं मघवा यह जात चलो गति मंद लखात ?''

कोउ भाखत ''सिद्ध सोई यह जो तिन योगिन संग बसै गिरि पार''।
प्रभु जात चले निज पंथ गहे मन माहिं बिचारत याहि प्रकार—
''भटकैं नर भेड़ समान, अहो ! इनको नहिं कोउ चरावनहार;
सब जात चले उत अंध भए बलि हेतु खिंची जित है जमधार।''

आय नृपति सौं कही एक प्रभु को आवत सुनि
"आवत हैं तव यज्ञ माहिं, प्रभु ! एक महा मुनि।"

यज्ञशाला में बसत नृप; बँधे बंदनवार;
शुभ्र पट धरि करत ब्राह्मण मंत्र को उच्चार।
देत आहुति जात हैं मिलि सकल बारंबार।
मध्यवेदी बीच धधकति अग्नि धूआँधार।

गंधकाठन सौं उठति लौ जासु जीभ लफाय;
खाति बल, धुधुआति रहि रहि धार घृत की पाय;
भखति बलि सह सोमरस जो पाय इंद्र अघात;
अंश देवन को सकल तिन पास पहुँचत जात।

बधे बलिपशु के रुधिर की लाल गाढ़ी धार
बिछी बालू बीच थमि थमि बहति वेदी पार।
लखौ अज इक बड़े सींगन को खड़ो मिमियात,
मूँज सौं गर कसो जाको यूप में दरसात।

तानि ताके कंठ पै करवाल अति खरधार
एक ऋत्विज् लग्यो बोलन मंत्र विधि अनुसार—
"ग्रहण याको करौ तुम, हे देवगण, सब आय
यज्ञबलि शुभ बिंबसार नरेश को हरषाय।

होहु आज प्रसन्न लखि जो रक्त रहे बहाय।
जरत पल तें वपा की यह गंध लेहु अघाय।
भूप को मम अशुभ याके सीस पै सब जाय।
हनत हौं अब याहि, लेवैं भाग सुरगण आय।"

आय ठाढ़े भए नृप ढिग बुद्ध प्रभु तत्काल
बरजि बोले "याहि मारन देहु ना, नरपाल !"
जाय बलिपशु पास बंधन तुरत दीनो खोलि;
तेज सौं दबि रहे सब, नहिं सक्यो कोऊ बोलि।

कहन पुनि भगवान् लागे "गुनौ, नृप ! मन माहिं,
लै सकत हैं प्राण सब, पै दै सकत कोउ नाहिं।

क्षुद्र कैसउ होय प्यारो होत सबको प्रान।
नाहिं ताको तजन चाहत कोउ अपनी जान।

है अमूल्य प्रसाद जीवन, यदि दया को भाव,
सबल निर्बल दोउ पै है विदित जासु प्रभाव।
अबल हित करि देति कोमल जगत की गति घोर;
सबल को लै जाति है सो श्रेष्ठ पथ की ओर।

चहत देवन सोँ दया नर होत निर्दय आप;
देव सम ह्वै पशुन हित इन, देत इनको ताप।
जगत में हैं जीव जेते सबै एकहि गोत,
श्रेष्ठ है सो जीव जाको ज्ञान ऐसो होत।

रहत जो विश्वास पै, पय ऊन दै तृण खात,
दीन जीवन संग ऐसे करत हैं नर घात!
शास्त्र सारे कहत केते नर शरीर बिहाय
भोगि पशु खग योनि पुनि नरदेह पावत आय।

अग्निकण सम जीव परि भवचक्र फेरो खात,
कबहुँ दमकत निखरि कै औ कबहुँ लपटि झँवात।
यज्ञ में पशुहनन निश्चय पाप है, नरराय!
जीव की गति रोकिबो या भाँति है अन्याय।

जीव शुद्ध न ह्वै सकत है रक्त सोँ जग माहिं।
देवगण हू भले हैं यदि, तुष्ट ह्वैहैं नाहिं!
क्रूर हैं यदि, सकत कैसे तिन्हैं हम बहराय
दीन गूँगे पशुन को इन मारि रक्त बहाय?

करत नर जो पाप नाना भाँति कर्म कमाय
तासु फल तिल भर न सकिहै पशुन के सिर जाय।
करत जो है सोइ भोगत और कोऊ नाहिं।
विश्व को लेखो भरत सब रहत जीवन माहिं;

होत जीवन माहिं जैसे कर्म, वचन, विचार
गति भली वा बुरी पावत ताहि के अनुसार।

नित्य हैं यह नियम अंतररहित औ अविराम।
कहत भावी जाहि सो है कर्म को परिणाम।''

सुनत दया सौं भरी खरी बानी प्रभु केरी
रक्तरँगे कर ढाँपि रहे द्विज इकटक हेरी।
सादर सहमि नृपाल खड़े कर जोरि अगारी।
लगे कहन प्रभु फेरि सबन की ओर निहारी–
''धराधाम यह कैसो सुंदर होतो, भाई!
जो रहते सब जीव प्रेम में बँधि गर लाई;
एक एक धरि खात न जो करि जतन घनेरो;
होत निरामिख रक्तहीन भोजन सब केरो।
अमृतोपम फल, कनक सरिस कन, साग सलोने
सब हित उपजत जो, देखौ, सब थल, सब कोने।''
सुनि यह सारी बात सहमि सबही सिर नायो,
दया धर्म्म को भाव सबन पै ऐसो छायो
ऋत्विज् हू सब दई अग्नि इत उत बगराई,
बलि को खाँड़ो दियो हाथ सौं दूर बहाई।
दूजे दिन नृप देश माहिं डौंड़ी फिरवाई,
शिला पटल औ खंभन पै यह दियो खुदाई–
''महाराज हैं करत आज या विधि अनुशासन :–
यज्ञन में बलि हेतु और करिबे हित भोजन
होत रह्यो वध विविध पशुन को अब लौं घर घर,
पै अब सौं नहिं रक्त बहावै कतहुँ कोउ नर।
जीव सबै को एक; ज्ञान हित जीवन सारो।
दयावान् पै दया होति निश्चय यह धारो।''
थल थल पै शुभ शिलालेख यह सोहत सुंदर।
वा दिन सौं उत गंगातट के रम्य देश भर,
जहाँ जहाँ प्रभु घूमि दया को मंत्र सुनायो,
पशु, पंछी, नर बीच शांति-सुख पूरो छायो।

× × ×

प्रभु की ऐसी दया रही तिन सब पै भारी
प्राणवायु जो खैंचि रहे चल जीवन धारी,
सुख दुख के जो एक सूत्र में बँधे बेचारे,
जग में नाना जतन करत जो पचि पचि हारे।
जातक में है लिखी कथा यह एक पुरानी–

पूर्व जन्म में रहे बुद्ध इक ब्राह्मण ज्ञानी।
बसत बीच दालिद्द ग्राम के मुंडशिला पर।
भारी सूखो एक बार परि गयो देश भर।
ढँपे न ढेले, खेत बीच ही धान गए मरि;
घास, पात, तृण, लता गुल्म मुरझाय गए जरि।
ताल तलैयन को सारो जल गयो सुखाई।
पशु पंछी जो बचे विकल ह्वै गए पराई।
सूखे नारे के तट पै प्रभु जाय एक दिन
परी काँकरिन पै देखी इक भूखी बाघिन।
धँसे नयन ह्वै ज्योतिहीन, हाँफति मुँह बाई;
दाढ़न सों बढ़ि जीभ दूर कढ़ि बाहर आई।
पसुरिन सों सटि रह्यो चर्म चित्रित, ज्यों छप्पर
बाँसन बिच धँसि रहत होय वर्षा सों जर्जर।
विकल क्षुधा सों शावक द्वै थन पै मुँह लाई
खैंचि खैंचि रहे हारि, बूँद नहिं मुख में जाई।
छटपटात निज शिशुन देखि जननी सिर नाई
सरकि और तिन ओर नेह सों चाटति जाई।
रही भूलि निज भूख नेह के आगे सारी !
गर्जन नहिं रहि गयो, बिलखि हुँकरत गर फारी।
देखि दशा यह तासु भूलि प्रभु अपनो तन मन
करुणा की निज सहज बानि-वश लागे सोचन
"कैसे बन की हत्यारिन की करौं सहाई ?
केवल एक उपाय परत है मोहिं लखाई।
मांस बिना दिन डूबत ही ये तीनो मरिहैं;
ऐसे मिलिहैं कौन दया जो इन पै करिहैं।
जिन्हैं रक्त की प्यास, मांस की भूख सतावति
तिनपै जग में दया नाहिं काहू को आवति।
याके सम्मुख डारि देहुँ जो मैं अपनो तन
मोहिं छाँड़ि नहिं हानि और काहू की या छन।
अपनी हू तो हानि नाहिं कछु मोहिं दिखाती
जीवन प्रति निज नेह निबाहौं जो या भाँती।
यों कहि अपनो उत्तरीय उष्णीष बिहाई
उतरि करारे सों बाघिन ढिग पहुँचे जाई।
बोले "ले यह, मातु ! मांस तेरे हित आयो।"
भूखी बाघिन झपटि तिन्हैं तहँ तुरत गिरायो।

कुटिल नखन सौं तन बिदारि, मुँह दियो लगाई,
बोरि रक्त में दाँत, मांस सब गई चबाई।
हिंसातप्त कराल श्वास वा पशु की जाई
प्रभु के अंतिम प्रेम-उसासन माहिँ समाई।

रह्यो प्रभु को सदा याही भाँति हृदय उदार।
बरजि पशुबलि बुद्ध कीनो दयाधर्म्म-प्रचार।
जानि प्रभु को राजकुल औ त्याग अमित अपार
बिंबसार नरेश कीनी विनय यौं बहु बार–

"राजकुल पलि, रहे ऐसे कठिन नियम निबाहि !
धरत जो कर राजदंड न भीख सोहति ताहि।
रहौ मेरे पास चलि, नहिं मोहिं कोउ संतान।
जिऔं जब लौं तुम सिखाओ प्रजा को मम ज्ञान।

करौ तुम मम भवन सुंदरि बधू सहित निवास।"
कह्यो दृढ़ संकल्प निज सिद्धार्थ होय उदास–
"रहीं मोको वस्तु ये सब सुलभ, नृपति उदार !
सत्य पथ की खोज में हौं तज्यो सब घर बार।

खोज में हौं और रहिहौं ताहि की चित लाय,
नाहिं थमिहौं इंद्र हू को भवन जो मिलि जाय।
लेन आवैं अप्सरा मोहिं रत्नमंडित द्वार
किंतु निज संकल्प तें ना टरौं काहु प्रकार।

जात हौं मैं धर्म्मभवन उठायबे हित जोहि
गया के घन बनन में जहँ बोध ह्वैहै मोहिं।
ऋषिन को करि संग देख्यो छानि शास्त्र पुरान,
किए नाना भाँति के व्रत और क्लेश विधान,

सत्य की पै ज्योति मोकौं मिली अब लौं नाहिं;
ज्योति ऐसी है अवसि, यह उठत है मन माहिं।
लह्यौ जो मैं ताहि तो पुनि पलटि या थल आय
प्रेम को फल अवसि दैहौं तुम्हैं, हे नरराय !"

तीन बार प्रदक्षिणा प्रभु की करी नरपाल;
बिदा दीनी फेरि सादर पाँव पै धरि भाल।
चले प्रभु उरुविल्व दिशि संतोष ना कछु पाय;
परो पीरो वदन तप सौं, देह रही झुराय।
पंचवर्गी भिक्षु सुनि यह पास प्रभु के आय
बहुत चाह्यो रोकिबो बहु भाँति यौं समझाय—
"बात है सब लिखी क्यों नहिं पढ़त शास्त्र उठाय।
सुनौ, श्रुति के ज्ञान सौं बढ़ि सकैं मुनिहुँ न जाय।

ज्ञान भाखत जो हमारो ज्ञानकांड महान्
क्षुद्र मानुष पायहै बढ़ि कहाँ तासौं ज्ञान ?
ब्रह्म निष्क्रिय, सर्वगत, सत् और चित्, आनंद,
अपरिणामी, निर्विकार, निरीह, अज, निर्द्वन्द।

कहत श्रुति यौं, राग तजि औ कर्म को करि नाश,
अहंकार-विमुक्त है, निरुपाधि स्वयंप्रकाश,
जीव बंधन काटि क्रमशः ब्रह्म में मिलि जात।
ब्रह्मविद्या पढ़ौ तो तुम जानिहौ सब बात;

असत् तें सत् ओर कैसे जीव यह चलि जाय
लहत पुनि चित्त शांति कैसे विषयद्वंद्व विहाय।"
सुनी तिन की बात प्रभु चुपचाप सीस नवाय
भयो पै परितोष नहिं, चट दिए पाँव बढ़ाय।

षष्ठ सर्ग

तपश्चर्य्या

जहँ बोधि-ज्योति प्रकाश भइ सो थल विलोकन चाहिए
तो चलि 'सहस्राराम' सौं वायव्य दिशि को जाइए।
करि पार गंग कछार पावँ पहार पै धरिए वही
जासौं निकसि नीरंजना की पातरी धारा बही।

अब होत ताके तीर चकरे पात के महुअन तरे,
हिंगोट औ अंकोट की झाड़ीन को मारग धरे,
पटपरन में कढ़ि जाइए जहँ फल्गु फोरि नगावली
चपती चटानन बीच पहुँचति है गया की शुभथली।

बलुए पहारन और टीलन सौं जड़ो सुषमा भरो
उरुविल्व को ऊसर कटीलो दूर लौं फैलो परो।
लहरात ताके छोर पै बन परत एक लखाय है
अति लहलहे तृण सौं रही तल भूमि जाकी छाय है।

जुरि कतहुँ सोतन को विमल जल लसत धीर गभीर है;
जहँ अरुण, नील, सरोज ढिग वक सारसन की भीर है।
कछु दूर पै दरसात ताड़न बीच छप्पर फूस के,
जहँ कृषक 'सेनग्राम' के सुखनींद सोवत हैं थके।

तहँ विजन वन के बीच बसि प्रभु ध्यान धरि सोचत सदा
प्रारब्ध की गति अटपटी औ मनुज की सब आपदा,
परिणाम जीवन के जतन को, कर्म की बढ़ती लड़ी,
आगम निगम सिद्धांत सब औ पशुन की पीड़ा बड़ी,

वा शून्य को सब भेद जहँ सों कढ़त सब दरसात हैं,
पुनि भेद वा तम को जहाँ सब अंत में चलि जात हैं।
या भाँति दोउ अव्यक्त बिच यह व्यक्त जीवन ढरत है
ज्यों मेघ सों लै मेघ लौं नभ इंद्रधनु लखि परत है,

नीहार सों औ घाम सों जुरि जासु तन बनि जात है
जो विविध रंग दिखाय कै पुनि शून्य बीच बिलात है,
पुखराज, मरकत, नीलमणि, मानिक छटा छहराय कै,
जो छीन छन छन होत अंत समात है कहुँ जाय कै।

यों मास पै चलि मास जात लखात प्रभु वन में जमे,
चिंतन करत सब तत्त्व को निज ध्यान में ऐसे रमे,
सुधि रहति भोजन की न, उठि अपराह्न में देखैं तहीं
रीतो परो है पात्र वामें एक हू कन है नहीं।

बिनि खात बनफल जाहि बलिमुख देत डार हिलाय हैं
औ हरित शुक जो लाल ठोरन मारि देत गिराय हैं।
द्युति मंद मुख की परि गई, सब अंग चिंता सों दहे,
बत्तीस लक्षण मिटि गए जो बुद्ध के तन पै रहे।

झूरे झरत जो पात तहँ जहँ बुद्ध तप में चूर हैं,
ऋतुराज के ते लहलहेपन सों न एते दूर हैं
जेते भए प्रभु भिन्न हैं निज रूप सों वा पाछिले
निज राज के जब वे रहे युवराज यौवन सों खिले।

घोर तप सों छीन ह्वै प्रभु एक दिन मुरछाय
गिरे धरती पै मृतक से सकल चेत विहाय।
जानि परति न साँस औ ना रक्त को संचार।
परी पीरी देह, निश्चल परो राजकुमार।

कढ़्यो वा मग सों गड़रियो एक वाही काल,
लख्यो सो सिद्धार्थ को तहँ परो विकल विहाल,
मुँदे दोऊ नयन, पीरा अधर पै दरसाति,
धूप सिर पै परि रही मध्याह्न की अति ताति।

देखि यह सो हरी जामुनडार तहँ बहु लाय,
गाँछि तिनको छाय मुख पै छाँह कीनी आय।
दूर सौं मुख में दियो दुहि उष्ण दूध सकात—
शूद्र कैसे करै साहस छुवन को शुचि गात ?

तुरत जामुन डार पनपीं नयो जीवन पाय,
उठीं कोमल दलन सौं गुछि, फूल फल सौं छाय;
मनो चिकने पाट को है तनो चित्र वितान,
रँग विरंगी झालरन सौं सजो एक समान।

करी बहु अजपाल पूजा देव गुनि कोउ ताहि।
स्वस्थ ह्वै उठि कह्यो प्रभु "दे दूध लोटे माहिं।"
कह्यो सो कर जोरि "कैसे देहुँ कृपानिधान ?
शूद्र हौं मैं अधम, देखत आप हैं, भगवान् !"

कह्यो जगदाराध्य "कैसी कहत हौ यह बात ?
याचना औ दयानाते जीव सब हैं भ्रात।
वर्णभेद न रक्त में है बहत एकहि रंग;
अश्रु में नहिं जाति, खारो ढरत एकहि ढंग।

नाहिं जनमत कोउ दीने तिलक अपने भाल,
रहत काँधे पै जनेऊ नाहिं जनमत काल।
करत जो सत्कर्म साँचो सोइ द्विज जग माहिं,
करत जो दुष्कर्म सो है वृषल, संशय नाहिं।

देहि भैया ! दूध मो को त्यागि भेद विचार;
सफल ह्वैहौं, अवसि तेरो होयहै उपकार।"
सुनत प्रभु के वचन ऐसे तुरत सो अजपाल,
दियो लोटो टारि प्रभु पै, भयो परम निहाल।

तपश्चर्य्या-त्याग

नूपुर बजाय देवदासी इंद्रमंदिर की
जाति रहीं वाही मग मोद के प्रवाह बहि।

संग मैं समाजी कोउ डारे गर ढोल,
जासु मैं डरे पै मोरपंख मंडित मरोर लहि।
धारे एक बाँसुरी सुरीली मृदु तान भरी,
बीन तीन तार को चलो है एक हाथ गहि।
उतसव माहिं काहू साज बाज साथ जात
अटपट बाट बीच ठमकत रहि रहि।

गोरे गोरे पायँन सौं कढ़ि रही मंद मंद
पायल औ घूँघरू की रसभरी झनकार।
कर बीच कंकन औ कटि बीच किंकिनी हू
खनकि उठति संग पूरो करि बार बार।
धारि जो सितार हाथ पास पास चलो जात
आँगुरी चलाय रह्यो झूमि झनकारि तार।
तीर धरि तासु अलबेली मृदु तान छाँड़ि,
गाय उठीं गीत यह अंगगति अनुसार—

रखौ तुम ठीक बीन को तार।
ना ऊँचो, ना नीचो होवै जमै रंग या बार।
गाय रिझाय करैं अपने बस हम सिगरो संसार।
बहुत कसे टुटि जात तार, लय उखरि जाति मझधार।
ढीलो तार न बोल निकासत, रंग होत सब छार।

बाँसुरी औ बीन पै या भाँति सुंदरि गाय
जाति वा वनखंड भीतर चूनरी फहराय;
मनौ पंछी कोउ चित्रित पंख को फरकाय
खोलि निज कल कंठ घाटिन बीच विचरत जाय।

रह्यो सुंदरि को न कछु या बात को अनुमान
कान में वा सिद्ध के है परति ताकी तान
मार्ग मैं अश्वत्थ तर जो बसत धारे ध्यान।
किंतु पलक उघारि बोले बुद्ध सुनि सो गान—

मूढ़ हू तें मूढ़ ते हैं सकत नर कछु जानि।
सूक्ष्म जीवनतार को मैं रह्यो अतिशय तानि,

समुझि यह संगीत की मृदु निकसिहै झनकार
गूँजि करिहै जो जगत् में मनुज को उद्धार।

सत्य अब जब लखि परत भइ नयनज्योति मलीन,
अधिक बल जब चाहिए तब है रह्यो तन छीन।
प्राप्त साधन जो मनुज को, रह्यौं सोउ बहाय।
जायहौं या भाँति मरि, कछु करि न सकिहौं, हाय !

सुजाता

बसत रह्यो तहँ एक नदीतट पै भूस्वामी
धर्म्मवान्, धनधान्यपूर्ण, सुकृती औ नामी,
ढोर सहस्रन मूँड़ जाहि, जो न्यायी नायक,
आसपास के दीन दुखिन को परम सहायक।
'सेन' तासु कुलनाम, ग्राम हू 'सेन' हि बोलत
बसि सुख सौं जहँ सो भरि भरि नित मूठी खोलत।
रही सुजाता नारि तासु रुचि राखनहारी,
रूपवती, गुणवती, सती, भोरी, सुकुमारी।
मति गति गौरवभरी, दया दुख लखि दरसावति।
सब सौं मीठे बचन बोलि परितोष बढ़ावति।
आनन पै आनंद, चाह चितवन में सोहति।
नारिन में सो रत्न, शील सौं जनमन मोहति।
शांति सहित सुखधाम बीच बितवत दिन दोऊ;
दुख यदि कोऊ रह्यो, यहै संतति नहिं कोऊ।
करी सुजाता लक्ष्मी की पूजा बहु भाँती;
नित्य सूर्य्य के मंदिर में सो उठि कै जाती।
करि प्रदक्षिणा बार बार निज विनय सुनावति,
धूप, गंध दै फूल और नैवेद्य चढ़ावति।
एक बार बन बीच जाय कर जोरि मनायो–
"ह्वैहै यदि, वनदेव ! कहूँ मेरो मनभायो
तो या तरुतर आय फेरि निज सीस नवैहौं,
कनक कटोरे माहिं खीर अनमोल चढ़ैहौं।"

सफल कामना भई, भयो इक बालक सुंदर।
तीन मास को होत ताहि निकसी लै बाहर।

चली मंद गति, भक्तिभरी, सामग्री साजे
निर्जन वन की ओर जहाँ वनदेव विराजे।
एक हाथ सौं थामे सारी के अंचल तर
बड़ी साध को प्यारो अपनो शिशु सो सुंदर;
दूजो कर मुरि उठ्यो सीस लौं, रह्यो सँभारी
कनक-कटोरन सजी खीर जामें सो थारी।

दासी राधा गई रही पहिले सौं वा थल
वेदी झारि बहारि लीपि करिबे को निर्मल।
दौरति आई लगी कहन "हे स्वामिनि मेरी !
प्रगट भए वनदेव लेन पूजा यह तेरी।
साक्षात् तहँ आय विराजत आसन मारे,
ध्यान लाय, दोउ हाथ जानु के ऊपर धारे।
दिव्य ज्योति दृग माहिं, अलौकिक तेज भाल पर
भव्य भाव युत लसत सौम्य शुचि मूर्ति मनोहर।
हे स्वामिनि ! कलिकाल माहिं यौं सम्मुख आई
बड़े भाग्य सौं देत देव प्रत्यक्ष दिखाई।"

गुनि ताको वनदेव दूर सौं करि बहु फेरे,
काँपति काँपति गई सुजाता ताके नेरे।
करति दंडवत भूमि चूमि बोली यह बानी–
"हे बन के रखवार ! देव, अति शुभ-फल-दानी !
दर्शन दै ज्यौं दया करी दासी पै भारी,
पत्र पुष्प करि ग्रहण करौ प्रभु ! मोहिं सुखारी।
तव निमित्त बहु जतनन सौं यह खीर बनाई;
दधि कपूर सम श्वेत आज प्रभु सम्मुख लाई।"
कनक कटोरे माहिं खीर प्रभु ढिग सरकाई
चंदन गंध चढ़ाय, फूलमाला पहिराई।
खान लगे भगवान् बचन मुख पै नहिं लाए;
खड़ी सुजाता दूर भक्ति सौं सीस नवाए।
ऐसो गुण कछु रह्यो खीर में, खातहि वाके
गई शक्ति प्रभु की बहुरी, वे सुख सौं छाके।
पूरो बल तन माहिं गयो पुनि ऐसो आई
व्रत औ तप के दिवस स्वप्न से परे जनाई।
तन में जब बल पर्‌यो चित्त हू लाग्यो फरकन,

बढ़ि बहु विषयन ओर लग्यो छानन हित सरकन;
जैसे पंछी थको मरुस्थल की रज छानत
गिरत परत जल तीर आय सहसा बल आनत।
ज्यों ज्यों प्रभु-मुखकांति मनोहर बढ़ति जाति अति
त्यों त्यों औरहु खड़ी सुजाता है आराधति।

बोले प्रभु "यह कौन पदारथ मो पै लाई ?"
बोली सुनि यह बात सुजाता सीस नवाई—
"सौ गैयन को दूध प्रथम दुहवाय मँगायो,
लै पचास धौरी गैयन को ताहि खवायो;
तिनको लै मैं दूध खवायो पुनि पचीस चुनि,
तिन पचीस को पय बारह को मैं दीनो पुनि;
तिन बारह को दूध दियो पुनि सब गुन आँकी
छः गैयन को बीछि, रहीं जो सब में बाँकी।
दुहि तिनको सो छीर आँच पै मृदु औटाई,
तज, कपूर औ केसर सों विधि सहित बसाई,
नए खेत सों बासमती चावर मँगवाई,
एक एक कन बीनि धोय यह खीर बनाई।
भक्ति भाव सों साँचे, प्रभु ! मैं कीनो यह सब।
करी मनौती रही होयहै मोहिं पुत्र जब
तब या तरु तर आय चढ़ैहौं पूजा तेरी;
नाथ दया सों सकल कामना पूजी मेरी।"

भुवन-उबारनहार हाथ धरि शिशु के सिर पर
बोले प्रभु "सुख बढ़त तिहारो जाय निरंतर।
परै न यह भवभार जानि या जीवन माहीं;
सेवा तुमने करी, देव मैं कोऊ नाहीं।
मैं हू भाई एक और जैसे सब तेरे,
पहले राजकुमार रह्यो, अब डारत फेरे।
निशि दिन खोजत फिरौं ज्योति जो कतहूँ जागति,
लहै कोउ जो ताहि, मिटै जग-अंधकार अति।
पैहौं मैं सो ज्योति होत आभास घनेरो;
तू ने तन मन गिरत सँभार्यो भगिनी ! मेरो।
अति पुनीत संजीवन पायस तू यह लाई;
अपने जतनन ऐसी जीवनशक्ति जुटाई,

बहु जीवन बिच होति गई जो बटुरति, बाढ़ति;
लहत जन्म बहु गहत जात ज्यौं जीव उच्च गति।
जीवन मैं आनंद कहा साँचहु तू पावति ?
गृहसुख मैं निज मग्न और कछु मनहिं न लावति ?"

सुनि सुजाता दियो उत्तर "सुनौ, हे भगवान् !
नारि को यह हृदय छोटो, नाहिं जानत आन।
नाहिं भीजति भूमि जेतो मेंह थोरो पाय
नलिनपुट भरि जात है, खिलि उठत है लहराय।

चहौं बस सौभाग्यरवि की रहौं आभा हेरि
अमल पतिमुख-कमल में, मुसकान में शिशु केरि।
यहै जीवन को हमारे, नाथ ! है मधुकाल;
मगन राखत मोहिं तो घरबार को जंजाल।

सुमिरि देवन उठति हौं नित उवत दिन, भगवान् !
न्हाय धोय कराय पूजन देति हौं कछु दान।
काज में लगि आप दासिन देति सकल लगाय।
जात यौं मध्याह्न है; पतिदेव मेरे आय।

सीस मेरी जानु पै धरि परत पाँव पसारि;
करौं बीजन पास बसि मुखचंद्र तासु निहारि।
आय जब घर माहिं भोजन करन बैठत राति
ठाढ़ि परसति ताहि व्यंजन लाय नाना भाँति।

रसप्रसंग उठाय बहु कछु बेर लौं बतराय
फेरि सुख की नींद खोवति शिशुहि अंक बसाय।
और सुख अब कौन चहिए मोहिं या जग माहिं ?
रही प्रभु की दया सौं कछु कमी मोको नाहिं।

पुत्र दै निज पतिहि अब मैं भई पूरनकाम,
जासु कर को पिंड लहि सो भोगिहै सुरधाम।
धर्म्मशास्त्र पुराण भाखत, हरत जे परपीर;
पथिक छाया हित लगावत पेड़ जे पथतीर,

जे खनावत कूप, छाँड़त पुत्र जे कुल माहिं
सुगति लहि ते जात उत्तम लोक, संशय नाहिं"
कह्यो ग्रंथन माहिं जो जो चलति हौं सो मानि,
सकौं मैं तिन मुनिन सौं बढ़ि बात कैसे जानि

होत सम्मुख रहे जिनके देवगण सब आय,
गए जे बहु मंत्र और पुराण शास्त्र बनाय,
धर्म्म को जे तत्त्व जानत रहे पूर्ण प्रकार,
शांति को जिन मार्ग खोज्यो त्यागि विषय-विकार ?

बात मैं यह जानती सब काल में सब ठौर
भले को फल शुभ, बुरे को अशुभ है, नहिं और।
लहत हैं फल मधुर नीके बीज को सब बोय
औ विषैले बीज को फल अवसि कडुवो होय।

लखत इत ही, बैर उपजत द्वेष सौं जा भाँति,
शील सौं मृदु मित्रता औ धैर्य्य सौं शुचि शांति।
जायहैं तन छाँड़ि जब तब कहा ह्वैहै नाहिं
भलो वाहू लोक में ज्यौं होत है या माहिं ?

होयहै बढ़ि कै कहूँ–ज्यौं परत है जब खेत
धान को कन एक, अंकुर फेंकि सहसन देत।
सकल चंपक को सुनहरो वर्ण औ विस्तार
रहत बिंदी सी कलिन में लुको पूर्ण प्रकार।

यहौ जानौं, परति ऐसी आपदा हैं आय,
छूटि जब सब धीरता मुँह मोरि जाति पराय।
जाय जैसे मरि कहूँ मम प्राणप्रिय यह लाल,
दरकि मेरो हियो ह्वैहै टूक द्वै तत्काल।

चाहिहौं तो अवसि ही द्वै टूक सो ह्वै जाय;
अंक में शिशु दाबि यह वा लोक जाहुँ सिधाय।
बाट पति की रहौं तब लौं जोहती तहँ जाय
अंत वाकी घरी जब लौं नाहिं पहुँचै आय।

किंतु मेरे सामने परलोक जो पति जाय,
चिता पै मैं चढ़ौं वाको सीस अंक बसाय।
फूलि अंग समाहुँ ना जब अनल दहकै घोर;
उठै कुंडल बाँधि, छावै धूम चारों ओर।

लिखी है यह बात, जो सहमरण करती वाम
तासु पुण्यप्रभाव सों पति लहत है सुरधाम,
संग ताके करत सुख सों तहाँ विविध विहार
वर्ष एते कोटि ताके सीस जेते बार।

रहति मेरे हिये चिंता की न कोऊ बात;
दिवस जीवन के सदा आनंद में चलि जात।
किंतु सुख में लीन मैं नहिं भूलि तिनको जाति
पतित हैं, जे दीन हैं, दुख सहत जे दिन राति।

यहै चाहौं दया तिन पै करैं श्री भगवान,
भलो जो बनि परत मोसों करति अपनी जान।
चलति हौं मैं धर्म्म पै, विश्वास यह मन आनि
होयहै जो कछु भलोई, होयहै नहिं हानि।

कहत प्रभु "सिखि सकत तोसों जो सिखावत आन को,
कथत भोरी बात सों तेरी अधिक जो ज्ञान को।
तू भली जो नाहिं जानति, मगन जीवन में रहै;
धर्म्म अपनो जानि, बस तू और नहिं जानन चहै।

सहित परिजन छाँह में सुख की सदा फूलै फरै !
सत्य की खर ज्योति कोमल पात पै या ना परै।
बढ़त बीरो जाय यह बहु लोक बीच पसार कै।
अंत काहू जन्म में कढ़ि जाय यह भव पार कै।

मोहिं पूजन तू चली, मैं तोहि पूजत हौं, अरी !
धन्य तेरो हियो निर्मल ! धन्य तव गति मतिभरी !
बुद्धि लहि, अनजान में शुभ पंथ तू दरसावती;
ज्यों परेई प्रेम के वश नीड़ की दिशि धावती।

होत तोहि विलोकि नर-उद्धार की आशा सही,
मूठ जीवनचक्र की लखि परति अपने हाथ ही।
होय तव कल्याण सुख में रहैं तेरे दिन सने !
करौं मैं निज काज पूरो करति ज्यों तू आपने,

चहत यह आसीस जाको देव तू जानति रही।"
"काज पूरो होय प्रभु को" सुनि सुजाता ने कही।
शिशु बढ़ाए हाथ प्रभु की ओर हेरत चाव सौं
करत बंदन है मनो भगवान् को भरि भाव सौं।

बोधिद्रुम

बल पाय पायस को उठे प्रभु डारि पग वा दिशि दिए
जहँ लसत बोधिद्रुम मनोहर दूर लौं छाया किए;
कल्पांत लौं जो रहत ठाढ़ो, कबहुँ नहिं मुरझात है,
जो लहत पूजा लोक में चिरकाल लौं चलि जात है।

है होत आयो बुद्धगण को बोध याही के तरे।
पहिचानि प्रभु तत्काल ताकी ओर आपहि सौं ढरे।
सब लोक लोकन माहिं मंगल मोद गान सुनात हैं।
प्रभु आज चलि वा अछय तरु की ओर, देखौ, जात हैं।

तकि वा तरु की छाँह जात जहँ उनई डार विशाल।
मंडप सम सजि रह्यो चीकनो चमकत चल-दल-जाल।
प्रभु पयान सौं पुलकित पूजन करति अवनि हरषाय
चरणन तर बहु लहलहात तृण, कोमल कुसुम बिछाय।

छाया करति डार झुकि बन की, मेघ गगन में छाय।
पठवत वरुण वायु कमलन को गंधभार लदवाय।
मृग, बराह औ बाघ आदि सब बनपशु बैर बिसारि
ठाढ़े जहँ तहँ चकित चाह भरि प्रभुमुख रहे निहारि।

फन उठाय नाचत उमंग भरि निकसि बिलन सौं व्याल।
जात पंख फरकाय संग बहुरंग विहंग निहाल।

सावज डारि दियो निज मुख तें चील मारि किलकार।
प्रभु-दर्शन के हेतु गिलाई कूदति डारन डार।

देखि गगन घनघटा मुदित ज्यों नाचत इत उत मोर।
कोकिल कूजत, फिरत परेवा प्रभु के चारो ओर।
कीट पतंगहु परम मुदित लखि; नभ थल एक समान
जिनके कान, सुनत ते सिगरे यह मृदु मंगलगान—

"हे भगवन् ! तुम जग के साँचे मीत उबारनहारे।
काम, क्रोध, मद, संशय, भय, भ्रम सकल दमन करि डारे।
विकल जीव कल्याण हेतु दै जीवन अपनो सारो
जाव आज या बोधिद्रुम तर, प्रभु, हित होय हमारो।

धरती बार बार आसीसति दबी भार सों भारी।
तुम हौ बुद्ध, हरौगे सब दुख, जय जगमंगलकारी !
जय जय जगदाराध्य ! हमारी करौ सहाय, दुहाई !
जुग जुग जाको जोहत आवत सो जामिनि अब आई।"

मारविजय

बैठे प्रभु वा रैन ध्यान धरि जाय विटप तर।
किन्तु मुक्तिपथ-बाधक नर को मार भयंकर
शोधि घरी चट पहुँचि गयो तहँ विघ्न करन को,
जानि बुद्ध को करनहार निस्तार नरन को।
तृष्णा, रति औ अरति आदि को आज्ञा कीनी,
सेना अपनी छाँड़ि तामसी सारी दीनी।
भय, विचिकित्सा, लोभ, अहंता, मक्ष आदि अरि,
ईर्षा, इच्छा, काम, क्रोध सब संग दिए करि।
प्रबल शत्रु ये प्रभुहि डिगावन हित बहुतेरे
करत राति भर रहे बिघ्न उत्पात घनेरे।
आँधी लै घनघोर घटा कारी घहराई
प्रबल तमीचर अनी घनी चारौ दिशि छाई।
गर्जन तर्जन करति, मेदिनी कड़कि कँपावति,
तमकि करति चकचौंध चमाचम वज्र चलावति।

कबहुँ कामिनी परम मनोहर रूप सजाई,
चहति लुभावन मनभावन मृदु बैन सुनाई।
डोलत धीर समीर सरस दल परसि सुहावन;
लगत रसीले गीत कान में रस बरसावन।
कबहुँ राजसुख-विभव सामने ताके लावत।
संशय कबहूँ लाय 'सत्य' को हीन दिखावत।

दृश्य रूप में भईं किधौं ये बातें बाहर,
कैधौं अनुभव कियो बुद्ध इनको अभ्यंतर,
आपहि लेहु बिचारि, सकत हम कहि कछु नाहीं।
लिखी बात हम, जैसी पाई पोथिन माहीं।

चले साथी मार के दस महापातक घोर।
प्रथम 'हम हम' करत पहुँच्यो 'आत्मवाद' कठोर,
विश्व भर में रूप अपनो परत जाहि लखाय।
चलै ताकी जो कहूँ यह सृष्टि ही नसि जाय।

आय बोल्यो "बुद्ध हौ यदि करौ तुम आनंद,
जाय भटकन देहु औरन, फिरौ तुम स्वच्छंद।
गुनौ तुम हौ तुमहि, उठि कै मिलौ देवन माहिं,
अमर हैं, निर्द्वंद्व हैं, जे करत चिंता नाहिं।"

बुद्ध बोले "कहत उत्तम जाहि तू, है नीच;
स्वार्थ में रत होयँ जे बकु जाय तिनके बीच।"

पुनि 'विचिकित्सा' आई जो नहिं कछू सकारति।
बोली प्रभु के कानन लगि हठि संशय डारति
"हैं असार सब वस्तु—सकल झूठो पसार है—
औ असारता को तिनकी ज्ञानहु असार है।
धावत है तू गहन आपनी केवल छाया।
चल, ह्याँ ते उठ ! 'सत्य' आदि सबही हैं माया।
मानु न कछु, करु तिरस्कार, पथ है यह बाँको।
कैसो नरउद्धार और भवचक्र कहाँ को ?"
बोले श्री भगवान् "शत्रु तू रही सदा हीं;
हे विचिकित्से ! काज यहाँ तेरो कछु नाहीं।"

'शीलव्रतपरमार्ष' परम मायावी आयो,
देश देश में जाने बहु पाखंड चलायो,
कर्मकांड औ स्तवन माहिं जो नरन बझावत,
स्वर्गधाम की कुँजी बाँधे फिरत दिखावत।
बोल्यो प्रभु सौं "लुप्त कहा तू श्रुतिपथ करिहै ?
देवन को करि बिदा यज्ञमंडपन उजरिहै ?
लोप धर्म्म को करन चहत तू बसि या आसन,
याजक जासौं पलत, चलत देशन को शासन।"

बोले प्रभु "तू कहत जाहि अनुसरन मोहिं है,
क्षणभंगुर है रूप मात्र, नहिं विदित तोहि है ?
किंतु सत्य है नित्य, एकरस, अचल सनातन।
अंधकार मैं भागु, न ह्याँ तू रहै एक छन।"

दर्प सहित कंदर्प चढ़्यो पुनि प्रभु के ऊपर,
जो सुरगण वश करत, बापुरो रहत कहाँ नर ?
हँसत कुसुम धनुशायक लै पहुँच्यो वा तरु तर;
बेधत हिय विषविशिखहु सौं बढ़ि जासु पंच शर।

चहुँ ओर चढ़ीं पुनि चंद्रमुखी अति चोप सौं चंचल नैन चलाय।
रसरंगतरंग उठाय रहीं, मधुरो सुर साज के संग मिलाय।
सुर सो सुनि मानहुँ मोहित ह्वै रजनी थिर सी परती दरसाय;
नभ में थमि तारक चंद रहे; नवनागरि गाय रहीं समझाय–

"धिक ! खोय रह्यो निज जीवन तू तरुनीन को हास विलास विहाय
यहि सौं बढ़ि कै सुख और नहीं कोउ तीनहु लोकन माहिं लखाय,
बिगसे नव पीन पयोधर को परसै सरसै रस सौरभ पाय;
भरि भाव सौं भामिनि भौहँ मरोरि, चितै, मुँह मोरि रहै मुसकाय।

कछु ऐसी लुनाई लखाति लसी ललनान के अंगन माहिँ ललाम।
कहि जाति न जो, मन जाय ढरै उत आप उमंग भरो अभिराम।
सुख जो यह भोगत हैँ जग में तिनको यहि लोकहि में सुरधाम।
यहि के हित सिद्ध सुजान अनेक सिझावत हैं तन आठहु याम।

फटकै दुख पास कहाँ जब कामिनि राखति है भुजपाश में लाय ?
यहि जीवन को सब सार हुलास उसास में दोउन के मिलि जाय।
मृदु चुंबन पै इक चाह भरे सिगरो जग होत निछावर आय।"
यहि भाँति अनेकन भाव बताय रहीँ सब सुंदरि गाय रिझाय।

मद की दुति नैनन में दरसै, अधरान पै मंद लसै मुसकान।
फिरि नाचत में सुठि अंग सुढार छपैं उघरैं ललचावत प्रान,
खिलि कै कछु मानहुँ कंजकली लहि बात झकोर लगै लहरान,
दरसावति रंग, छपावति पै मकरंद भरो हिय आपनी जान।

यहि रंग की रूपछटा की घटा उनई कबहूँ नहिं देखि परी।
तरु पास कढ़्यो दल पै दल आय नवेलिन को निशि में निखरी।
बढ़ि एक सों एक रसीली कहैं प्रभु सौं "प्रिय ! हेरहु जाति मरी।
अधरान को पान करौ इन, लै यहि यौवन को रस एक घरी।"

डिगे नहिं भगवान् जब करि ध्यान नेकहु भंग,
तब चढ़ायो दाप सौं उठि चाप आप अनंग।
लखि पर्‌यो चट कामिनीदल दूसरो चितचोर।
रही जो सब माहिं रूरी बढ़ी प्रभु की ओर।

रुचिर रूप यशोधरा को धरे पहुँची आय,
सनल नयनन में बिरह को भाव मृदु दरसाय
ललकि दोऊ भुजन को भगवान् ओर पसारि
मंद मृदु स्वर सहित बोली, भरि उसास निहारि–

"कुँवर मेरे ! मरति हौं मैं बिनु तिहारे, हाय !
स्वर्गसुख सो कहाँ, प्यारे ! सकत हौ तुम पाय
लहत जो रसधाम में वा रोहिणी के तीर,
जहँ पहार समान दिन मैं काटि रही अधीर।

चलौ फिरि, पिय ! भवन, परसौ अधर मेरे आय,
फेरि अपने अंक में इक बेर लेहु लगाय।
भूलि झूठे स्वप्न में तुम रहे सब कछु खोय।
जाहि चाहत रहे एतो, लखौ, हौं मैं सोय।"

कह्यो प्रभु "हे असत् छाया ! बस न आगे और।
व्यर्थ तेरे यत्न और उपाय हैं या ठौर।
देत हौं नहिं शाप वा प्रिय रूप को करि मान
कामरूपिनि ! जाहि धरि तू हरन आई ज्ञान।

किंतु जैसी तू, जगत् को दृश्य सब दरसाय।
कढ़ी जहँ सौं भागु वाही शून्य मैं मिलु जाय।"
कढ़त ही ये वचन छायारूप सब छन माँहिं
उड़ि गयो चट धूम ह्वै, तहँ रहि गयो कछु नाहिं।

अंधड़ घना उठाय, अँधेरो नभ में छाए,
भारी पातक और और सब प्रभु पै आए।
आई 'प्रतिघा' कटि में कारे अहि लपटाई,
देति शाप जो तिनके बहु फुफकार मिलाई।
सौम्य दृष्टि ने प्रभु की मारी ताकी बोली,
मुख में कारी जीभ कीलि सी उठी न डोली।
प्रभु को कछु करि सकी नाहिं सब बिधि सौं हारी।
कारे नागहु रहे सिमिटि फन नीचे डारी।
'रूपराग' पुनि आयो जाके वश नरनारी
जीवन को करि लोभ देत जीवनहिं बिगारी।
पाछे लगो 'अरूपराग' हू पहुँच्यो आई
देत कीर्त्ति की लिप्सा जो मन माहिं जगाई;
बुधजन हू परि जात जाल में जाके जाई,
बहु श्रम साहस करत, लरत रणभूमि कँपाई।
आयो तनि अभिमान; चल्यो 'औद्धत्य' फेरि बढ़ि
जासौं धर्मी गनत लोग आपहि सब सौं बढ़ि।
चली 'अविद्या' अपनो दल बीभत्स संग करि,
कुत्सित और विरूप वस्तु सौं गई भूमि भरि।
परम घिनौनी बढ़ी डोकरी बूढ़ी सो जब
अंधकार अति घोर छाय सब ओर गयो तब।
विचले भूधर, उठी प्रभंजन सौं हिलि यामिनि,
छाँड़ी मूसलधार दरकि घन, दमकी दामिनि।
भीषण उल्कापात बीच महि काँपी सारी,
खुले घाव पै ताके मानो परी अँगारी।
वा अँधियारी माहिं भयो पंखन को फरफर;

चीत्कार सुनि पर्‌यो, रूप लखि परे भयंकर।
प्रेतलोक तें दल की दल चढ़ि सेना आई;
प्रभुहि डिगावन हेतु रही सो ठट्‌ट लगाई।

किंतु डिगे नहिं नेकु बुद्ध भगवान् हमारे।
ज्यों के त्यों तहँ रहे अचल दृढ़ आसन मारे।
लसत धर्म्म सौं रक्षित चारो दिशि सौं प्रभुवर,
खाईं, कोटन बीच बसत ज्यों निडर कोउ नर।
बोधिद्रुम हू अचल रह्यो वा अंधड़ माहीं;
हिल्यो न एकौ पात, ढरे हिमबिंदुहु नाहीं।
बाहर सब उत्पात विघ्न ह्वै रहे भयंकर
किंतु शांति अति छाय रही ताकी छाया तर।

अभिसंबोधन

बीतत पहिलो पहर मार की सेना भागी।
गई शांति अति छाय, वायु मृदु डोलन लागी।
प्रभु ने 'सम्यक् दृष्टि' प्रथम यामहि में पाई,
सकल चराचर की जासौं गति परी लखाई।
'पूर्वानुस्मृति ज्ञान' दूसरे पहर पाय पुनि
जातिस्मर ह्वै गए पूर्ण भगवान् शाक्यमुनि।
तुरत सहस्रन जन्मन की सुधि तिनको आई,
जब जब जनमे जहाँ जहाँ जिन जोनिन जाई।
ज्यों फिरि पाछे कोउ निहारत दीठि पसारी
बहुत दूर चलि पहुँचि शिखर पै गिरि के भारी,
देखत पथ में परे मोहिं कैसे कैसे थल!
ऊँचे नीचे ढूह, खोह, नारे औ दलदल;
बीहड़ बन घन, देखि परत जो सिमटे ऐसे
महि अंचल पै टँकी हरी चकती है जैसे;
गहरे गहरे गर्त्त गर्‌यो जिन माहिं पसीनो,
जिनसौं निकसन हेतु साँस भरि भरि श्रम कीनो;
ऊँचे अगम कगार छुटी झाईं जहँ चढ़तहि
खिसलत खिसलत पाँव गयो बहु बार जहाँ रहि
हरी हरी दूबन सौं छाए पटपर सुंदर;
निर्मल निर्झर, दरी और अति सुभग सरोवर;

औ धुँधले नग अंचल समतल जिनपै जाई
लपक्यो पहुँचन हेतु नील नभ कर फैलाई।
बहु जन्मन की दीर्घ शृंखला प्रभु लखि पाई।
क्रम क्रम ऊँची होति चली सीढ़ी सी आई,
अधम वृत्ति की अधोभूमि सौं चढ़ति निरंतर
उच्च भूमि पै पहुँची निर्मल, पावन, सुंदर,
लसत जहाँ 'दश शील' जीव को लै जैबे हित
अति ऊँचे निर्वाणपंथ की ओर अविचलित।

देख्यो पुनि भगवान् जीव कैसे तन पाई
पूर्व जन्म में जो बोयो काटत सो आई।
चलत दूसरो जन्म एक को अंत होत जब,
जुरत मूर में लाभ, जात कढ़ि खोयो जो सब।
लख्यो जन्म पै जन्म जात ज्यौं ज्यौं बिहात हैं
बढ़त पुण्य सौं पुण्य, पाप सौं पाप जात हैं।
बीच बीच में मरणकाल के अंतर माहीं।
लेखो सब को होत जात है तुरत सदाहीं।
या अचूक लेखे में बिंदुहु छूटत नाहीं,
संस्कार की छाप जाति लगि जीवन माहीं।
या बिधि जब जब नयो जन्म प्राणी हैं पावत
पूर्व जन्म के कर्मबीज सँग लीने आवत।

भई 'अभिज्ञा' प्राप्त तीसरे पहर प्रभुहि पुनि,
पायो 'आश्रय ज्ञान' तबै भगवान् शाक्य मुनि।
लोक लोक में दृष्टि तासु जब पहुँची जाई
हस्तामलक समान विश्व सब पर्‍यो लखाई।
लखे भुवन पै भुवन, सूर्य्य पै सूर्य्य करोरन,
बँधी चाल सौं घूमत लीने अपने ग्रहगन
ज्यौं हीरक के द्वीप नीलमणि-अंबुधि माहीं,
ओर छोर नहिं जासु, थाह कहुँ जाकी नाहीं,
बढ़त घटत नहिं कबहुँ, क्षुब्ध जो रहत निरंतर,
जामें रूपतरंग उठत रहि रहि छन छन पर।
अमित प्रभाकर पिंड किए प्रभु यौं अवलोकन,
अलख सूत्र सौं बाँधि नचावत जो बहु लोकन,
करत परिक्रम आपहु अपने सौं बढ़ि केरी,

सोउ अपने सौं महज्ज्योति की डारत फेरी।
परंपरा यह जगी ज्योति की प्रभुहि लखानी
अमित, अखंड, न अंत सकत कहुँ जाको मानी।
लगत केंद्र सो जो सोऊ है डारत फेरे;
बढ़त चक्र पै चक्र गए या विधि बहुतेरे।
दिव्य दृष्टि सौं देख्यो प्रभु लोकन को यावत्
अपनो अपनो कालचक्र जो घूमि पुरावत।
महाकल्प वा कल्प आदि भर भोग पुराई,
ज्योतिहीन ह्वै, छीजि, अंत में जात बिलाई।
ऊँचे नीचे चारो दिशि प्रभु डार्‌यो छानी;
नीलराशि सो लखि अनंत मति रही भुलानी।
सब रूपन सौं परे, लोक लोकन सौं न्यारे,
और जगत् की प्राणशक्ति सौं दूर किनारे,
अलख भाव सौं चलत नियत आदेश सनातन,
करत तिमिर को जो प्रकाश औ जड़ को चेतन,
करत शून्य को पूर्ण, घटित अघटित को जो है
औ सुंदर को औरहु सुंदर करि जग मोहै।

या अटल आदेश में कहुँ शब्द आखर नाहिं।
नाहिं आज्ञा करनहारो कोउ या विधि माहिं।
सकल देवन सौं परे यह लसत नित्य विधान
अटल और अकथ्य, सब सौं प्रबल और महान्।

शक्ति यह जग रचति, नासति, रचति बारंबार;
करति विविध विधान सब निज धर्म्मविधि अनुसार।
सर्गमुख गति माहिं जाके त्रिगुण हैं बिलगात;
रजस् सौं ह्वै सत्त्व की दिशि लक्ष्य जासु लखात।

भले वेई चलैं जे या शक्तिगति अनुकूल।
चलैं जे विपरीत वेई करत भारी भूल।
करत कीटहु भलो अपनो जातिधर्म्म पुराय;
बाज नीको करत गेदन हित लवा लै जाय।

मिलि परस्पर विपुल विश्वविधान में दै योग
ओसकण उडुगण दमकि निज करत पूरो भोग।

मरन हित जो मनुज जीयत, मरत पावन हेत
जन्म उत्तम, चलै सो यदि धर्म्म पथ पग देत,

रहै कल्मषहीन, सब संकल्प दृढ़ ह्वै जायँ;
बड़े छोटे जहाँ लौं भव भोग करत लखायँ
करै तिनको पथ सुगम नहिं कबहुँ बाधा देय,
लोक में परलोक में सब भाँति यों यश लेय।

लख्यो चौथे पहर प्रभु पुनि 'दुखसत्य' महान्
पाप सों मिलि घोर कटु जो करत विश्वविधान;
चलति भाथी माहिं जैसे सीड़ लगि लगि जाय
जाति दहकति आगि जासों बार बार झँवाय।

'आर्य्य सत्यन' माहिं जो यह 'दुखसत्य' प्रधान,
पाय तासु निदान देख्यो ध्यान में भगवान्
दुख छायारूप लाग्यो रहत जीवन संग,
जहाँ जीवन तहाँ सोऊ रहत काहू ढंग।

छुटै सो नहिं कबहुँ जौ लौं छुटै जीवन नाहिं
निज दशान समेत पलटति रहति जो पल माहिं—
छुटै जब लौं नाहिं सत्ता और कर्मविकार,
जाति, वृद्धि, विनाश, सुख, दुख, राग, द्वेष अपार।

सुखसमन्वित शोक सब औ दुखमय आनंद
छुटत नहिं, नहिं होत जब लौं ज्ञान 'ये हैं फंद।'
किंतु जानत जो 'अविद्या के सबै ये जाल'
त्यागि जीवनमोह पावत मोक्ष सो तत्काल।

व्यापक ताकी दृष्टि होति सो लखत आप तब
याहि 'अविद्या' सों जनमत हैं 'संस्कार' सब,
'संस्कार' सों उपजत हैं 'विज्ञान' घनेरे
'नामरूप' उत्पन्न होत जिनसों बहुतेरे।
'नामरूप' सों 'षडायतन' उपजत जाको लहि
जीव विवश ह्वै दर्पण सम बहु दृश्य रहत गहि।
'षडायतन' सों फेरि 'वेदना' उद्भव पावति

जो झूठे सुख औ दारुण दुख बहु दरसावति।
यहै वेदना वा 'तृष्णा' की जननि पुरानी
भवसागर में धँसत जात जाके वश प्रानी;
चल तरंग बिच खारी ताके रहत टिकाई
सुख संपति, बहु साध, मान औ कीर्त्ति, बड़ाई,
प्रीति, विजय, अधिकार, वसन सुंदर, बहु व्यंजन,
कुलगौरव-अभिमान, भवन ऊँचे मनरंजन,
दीर्घ आयु-कामना तथा जीबे हित संगर,
पातक संगरजनित, कोउ कटु, कोऊ रुचिकर।
या विधि तृष्णा बुझति सदा इन घूँटन पाई
जो वाको करि दूनी औरहु देत बढ़ाई।
पै ज्ञानी हैं दूर करत मन सों या तृष्णहिं,
झूठे दृश्यन सों इंद्रिन को तृप्त करत नहिं।
राखत मन दृढ़ विचलि न काहू ओर डुलावत
करत जतन जंजाल नाहिं, नहिं दुख पहुँचावत
पूर्वकर्म अनुसार परत जो कछु तन ऊपर
सो सब हैं सहि लेत अविचलित चित्त निरंतर।
काम, क्रोध, रागादि दमन सबको करि डारत,
दिन दिन करि कै छीन याहि बिधि तिनको मारत।
अंत माहिं यों पूर्वजन्म को सार भारमय,
जन्म जन्म को जीवात्मा को जो सब संचय—
मन में जो कछु गुन्यो और जो कीनो तन सों,
अहंभाव को जटिल जाल जो बिन्यो जुगन सों
काल कर्म को तानो बानो तानि अगोचर—
सो सब कल्मषहीन शुद्ध है जात निरंतर।
फिर तो जीवहिं धरन परत नहिं देहहि या तो
अथवा ऐसो विमल ज्ञान ताको है जातो,
धरत देह जो फेरि कतहुँ नव जन्महिं पाई
हरुओ है भवभार ताहि नहिं परत जनाई।
चलत जात आरोहपंथ पै या प्रकार सों
मुक्त 'स्कंधन' सों, छूटत मायाप्रतार सों
उपादान के बंधन औ भवचक्र हटाई
पूर्णप्रज्ञ है जगत मनो दुःस्वप्न विहाई,
अंत लहत पद भूपन सों, सब देवन सों बढ़ि।
जीवन की सब हाय हाय मिटि जाति दूर कढ़ि।

गहत मुक्त शुभ जीवन, जो नहिँ या जीवन सम,
लहत चरम आनंद, शांति, **निर्वाण** शून्यतम।
निर्विकार अविचल विराम को यहै ठौर है,
यहै परम गति, जाको नहिं परिणाम और है।

इत बुद्ध ने संबोधि पाई प्रगट उत ऊषा भई।
प्राची दिशा में ज्योति अभिनव दिवस की जो जगि गई,
सो जात सरकत यामिनीपट बीच कारे ढरि रही,
भगवान् की या विजय की मृदु घोषणा सी करि रही।

नव अरुण-आभा-रेख अब धुँधले दिगंचल पै कढ़ी।
नभनीलिमा ज्यों ज्यों निखरि कै जाति ऊपर को बढ़ी
त्यों त्यों सहमि कै शुक्र अपनो तेज खोवत जात है;
पीरो परो, फीको भयो, अब लुप्त होत लखात है।

शुभ दरस दिनकर को प्रथम ही पाय नग छायासने
करि पद्मराग-किरीट-भूषित भाल सोहत सामने।
संचरत प्रात समीर को सुखपरस लहि सुमनहु जगे,
बहु-रंगरंजित दलदृगंचल नवल निज खोलन लगे।

हिमजटित दूबन पै प्रभा मृदु दौरि जो छन में गई
गत रैन के अँसुवान की बूँदैं बिखरि मोती भईं।
आलोक के आभास सौं वा भूमि सारी मढ़ि रही।
उत गगनतट घन पै सुनहरी गोट चमचम चढ़ि रही।

हेमाभ वृंत हिलाय हरषत ताल करत प्रणाम हैं।
गिरिगह्वरन के बीच धँसि जगमगति किरन ललाम हैं।
जलधार मानिक के तरंगित जाल सी दरसाय है।
जगि ज्योति सारे जीव जंतुन जाय रही जगाय है;

घुसि सघन झापस माहिं वन की रुचिर रम्य थलीन के
है कहति "दिन अब ह्वै गयो" चकचौंधि चख हरिनीन के;
जो नीड़ में सिर नींद में गड़ि बीच पंखन के परे
चलि कहति तिनके पास "गीत प्रभात के गाओ, अरे !"

कलरव पखेरुन को सुनाई परत अब जाओ जहाँ;
मृदु कूक कोयल की, पपीहन की बँधी रट 'पी कहाँ';
तितरौंख की 'उठ देख', 'चुह चुह' चपल फूलचुहीन की;
टें टें सुअन की, धुन सुरीली सारिका सूहीन की;

किलकिलन की किलकार, 'काँ काँ' काककंठ कठोर की;
'टर टर' करेटुन की करारी, कतहुँ केका मोर की;
पुलकित परेवन की परम प्रिय प्रेमगाथा रसभरी
जो चुकनहारी नाहिं जौ लौं चुकति नहिं जीवनघरी।

ऐसो पुनीत प्रभाव प्रभु के परम विजयप्रभात को
घर घर बिराजी शांति, झगरो नाहिं काहू बात को।
झट फेंकि दीनी दूर छूरी बधिक तजि बधकाज को।
लै फेरि धन बटपार दीनो, बणिक छाँड़्यो ब्याज को।

भे क्रूर कोमल, हृदय कोमल औरहू कोमल भए
पीयूष सो संचार दिव्य प्रभात को वा लहि नए।
रण थामि दीनो तुरत नरपति लरत जो रिस सौं भरे।
बहु दिनन के रोगी हँसतमुख उछरि खाटन सौं परे।

नर मरन के जो निकट सहसा सोउ प्रमुदित है गए
लखि उदित होत प्रभात मानो देश सौं काहू नए।
पिय सेज ढिग जो दीन हीन यशोधरा बैठी रही,
हिय बीच वाहू के हरख की धार सी सहसा बही;

मन माहिं ताके उठति आपहि आप ऐसी बात है
'जो प्रेम साँचो होय कबहूँ नाहिं निष्फल जात है।
या घोर दुख को अंत यों सुख भए बिनु रहि जायहै
है सकत ऐसो नाहिं;' आगम परत कछुक जनाय है।

छायो उछाह अपार यदपि न कोउ जानत का भयो।
सुनसान बंजर बीच हू संगीत को सुर भरि गयो।
आगम तथागत को निरखि निज मुक्ति-आस बँधाय कै
मिलि भूत, प्रेत, पिशाच गावत पवन में हरखाय कै।

'जगकाज पूरो ह्वै गयो' नभ देववाणी यह भई;
अति चकित पुरजन बीच पंडित खड़े बीथिन में कई
लखि स्वर्णज्योति-प्रवाह सो जो गगन बोरत जात है,
यों कहत "भाई ! भइ अलौकिक अवसि कोऊ बात है।"

बन, ग्राम के सब जीव बैर बिहाय बिहरत लखि परे।
जहँ दूध बाघिन प्यावती तहँ चित्रमृग सोहत खरे।
बृक मेष मेल मिलाप सों हैं चलत एकहि बाट पै।
गो सिंह पानी पियत हैं मिलि जाय एकहि घाट पै।

भितराय गरल भुजंग मणिधर फन रहे लहराय हैं;
बसि पास चोंचन सों गरुड़ निज पंख रहे खुजाय हैं।
कढ़ि सामने सों जात बाजन के लवा, कछु भय नहीं।
बैठे मगन बक ध्यान में, बहु मीन खेलत हैं वहीं।

बैठे भुजंगे डार पै कहुँ रहे पूँछ हिलाय हैं,
पै आज झपटत नेकु नहिं तितलीन पै दरसायँ हैं,
या फूल तें वा फूल पै जो चपल गति सों धावतीं,
सित, पीत, नील, सुरंग, चित्रित पंख को फरकावतीं।

धरि दिव्य तेज दिनेश सों बढ़ि नाशहित भवभार के,
लहि अमित विजय-विभूति जीवन हित सकल संसार के।
वा बोधितरु तर ध्यान में भगवान् हैं बैठे अबै
पै तासु आत्मप्रभाव परस्यो मनुज पशु पंछिन सबै।

अब बोधितरु तर सों उठे हराखय कै
प्रभु दिव्य तेज, अनंत शक्तिहि पाय कै।
यह बोलि वाणी उठे अति ऊँचे स्वरै,
सब देश में सब काल में जो सुनि परै—

"अनेक जाति संसारं संधाविसमनिब्बसं।
गहकारकं गवेसंतो दुःखजाति पुनः पुनः।
गहकारक दिट्ठोसि पुन गेहं न काहसि।
सब्बा ते फासका, भग्गा, गहकूटं विसंकितं
बिसंखारगतं चित्तं, तण्हानं खयमज्झगा।"

"गहत अनेक जन्म भव के दुख भोगत बहु चलि आयो।
खोजत रह्यो याहि गृहकारहिँ, आज हेरि हौँ पायो।
हे गृहकार ! फेरि अब सकिहै तू नहिँ भवन उठाई।
साज बंद सब तोरि धौरहर तेरो दियो ढहाई।
संस्कार सौँ रहित सर्वथा चित्त भयो अब मेरो।
तृष्णा को क्षय भयो, मिट्यो यह जन्म जन्म को फेरो।"

सप्तम सर्ग

कपिलवस्तु-गमन

इन बहु वर्षन बीच बसत नरपति शुद्धोदन
पुत्र-विरह में शाक्य नायकन बीच खिन्न मन।
पियवियोग में यशोधरा दुख के दिन पूरति,
छाँड़ि सकल सुख भोग सोग में परी बिसूरति।
ढोर लिए जो कंजर थल थल डोलनहारे,
लाभ हेतु जो देश देश घूमत बनिजारे
तिनसों काहू यती विरागी की सुधि पावत
नरपति दूत अनेक तहाँ तुरतहि दौरावत।
ते फिरि आवत, कहत बात बहु साधुन केरी
जो तजि कै घरबार बसत निर्जन थल हेरी।
पै लायो संवाद नाहिं कोउ ताको प्यारो
कपिलवस्तु के राजवंश को जो उजियारो,
भूपति की सारी आशा को एक सहारो,
यशोधरा के प्राणन को धन सर्वस प्यारो;
कहाँ कहाँ जो भूलो भटको घूमत ह्वैहै
भयो और को और, चीन्हि नहिं कोऊ पैहै।

देखो यह बासर बसंत को, रसाल फूलि
अंग न समान मंजु मंजरीन सों भरे।
सारी धरा साजे ऋतुराज साज सोहति है,
सुमन सहित पात चीकने हरे हरे।
कुँवरि उदास बैठी बाटिका के बीच जाय
कंजपुट - कलित सरिततीर झाँवरे।
दर्पण सी धार में बिलोके बहु बार जहाँ
ओठन पै ओठ, पाणिपाश कंठ में परे।

आँसुन पलक भारी, कोमल कपोल छीन,
विरह की पीर अधरान पै लखाति है।
चपि रही चीकने चिकुर की चमक चारु,
बेणी बीच बँधि नेकु नाहिं बगराति है।
आभरनहीन पीरी देह पै है सेत सारी,
खचित न जापै कहूँ हेमनगपाँति है।
पाय पिय बोल गति हरति जो हंसन की
चरन धरत सोइ आज थहराति है।

स्नेहदीप सरिस नवल जिन नैनन की
कालिमा सौं फूटति रही है द्युति अभिराम—
शर्वरी के शांतिपट बीच ह्वै जगति मनो
दिवस की ज्योति कमनीय याही सुखधाम—
ज्योतिहीन, लक्ष्यहीन आज सोइ घूमत हैं,
लखत न नेकु ऋतुराज की छटा ललाम।
पलकैं रही हैं ढरि, उघरत नाहिं पूरी,
अधखुली पूतरी पै बरुनी परी हैं श्याम।

एक कर माहिं मोतीजरो कटिबंध सोइ
जाहि तजि कुँवर निकसि गयो रैन वहि।
हाय ! विकराल सोइ जामिनि जननि भई
केते दुखभरे दिवसन की, न जात कहि।
गाढ़ो प्रेम एतो नाहिं निठुर कबहुँ भयो
साँचे प्रेम प्रति ऐसे कहुँ जग बीच यहि।
एक बात भई यासौं, जीवन लौं याही बँधि
मिति यहि प्रेम की हमारे नाहिं गई रहि।

दूजे कर बीच कर सुन्दर परम निज
बालक को, जासु नाम राहुल धरो गयो,
थाती रूप छाँड़ि कै कुमार चलि गयो जाहि,
बढ़ि कै जो आज सात वर्ष एक को भयो।
चंचल स्वभावबस डोलन लग्यो है घूमि
जननी के पास इत उत मोद सौं छयो।
विभव-विकास पुष्पहास कुसुमाकर को
हेरि हेरि होत है हुलास चित्त में नयो।

नलिनमय वा पुलिन पै दोउ रहे बसि कछु काल।
हँसत फेंकत जात मीनन ओर मोदक बाल।
बैठि दुखिया जननि निरखति उड़त हंसन ओर,
करति विनय उसास भरि, धरि नीर दृग की कोर–

"हे गगनचर ! होय जहँ पिय कढ़ौ जो तहँ जाय,
दीजियो संदेस मेरो ताहि नेकु सुनाय।
दरस हित औ परस हित अति तरसि बहु दुख पाय
दीन हीन यशोधरा अब मरन ढिग गइ आय।"

बिहँसि बोलीं अनुचरी बहु आय एते माहिं
"देवि ! अब लौं सुन्यो यह संवाद कैधौं नाहिं ?
त्रपुष, भल्लिक नाम के द्वै सेठ माल लदाय
आज दक्षिण नगरतोरण पास उतरे आय।

दूर देशन फिरत सागरकंठ लौं जे जात
लिए नाना वस्तु जो हैं संग में दरसात–
स्वर्णखचित अमोल अंबर, रत्नजटित कटार,
पात्र चित्र विचित्र, मृगमद, अगर, कुंकुमभार।

किंतु ये सब वस्तु जाके सामने कछु नाहिं,
परम प्रिय संवाद लाए आज सो पुर माहिं।
दोउ देखे चले आवत शाक्य राजकुमार,
प्राणपति जीवन तिहारे, देश के आधार।

कहत हम साक्षात् दर्शन कियो तिनको जाय;
दंडवत करि करी पूजा भक्तिभेंट चढ़ाय।
कह्यो बुधजन रह्यो जो सो भए पूर्ण प्रकार,
परम दुर्लभ ज्ञान ज्ञानिन को सिखावनहार।

भए जगदाराध्य प्रभु, अति शुद्ध बुद्ध महान्;
करत नर निस्तार औ उद्धार दै शुभ ज्ञान
मधुर वाणी सौं, दया सौं, जासु ओर न छोर।
कहत दोऊ सेठ प्रभु हैं चले याही ओर'

सुनत शुभ संवाद उमड़्यो हृदय माहिँ उछाह,
ज्यों हिमाचल सौं उमगि कै कढ़त गंगप्रवाह।
कुँवरि उठि कै भई ठाढ़ी हर्ष पुलकित गात
ढारि दृग सौं बूँद मोती सरिस, बोली बात—

"तुरत लाओ जाय सेठन को हमारे पास;
पान हित संवाद के शुभ श्रवण को अति प्यास।
जाव, तिनको तुरत लाओ संग माहिँ लिवाय।
कतहुँ जो संवाद तिनको निकसि साँचो जाय!

निकसिहै संवाद जो यह सत्य, कहियो जाय,
अवसि फाँड़न माहिँ दैहौं स्वर्ण रत्न भराय।
और तुमहूँ आइयो सँग लेन को उपहार—
ह्वै सकै पै नाहिँ सो आनंद के अनुसार।"

चले दोऊ बणिक दासिन संग, आज्ञा पाय
कुँवर के वा रंगभवन प्रवेश कीनो जाय।
चलत कंचनकलित पथ पै धरत धीमे पावँ।
राजवैभव निरखि लोचन चकित हैं सब ठावँ।

कनकचित्रित पट परे जहँ दोउ पहुँचे जाय।
क्षीण, कंपित, मधुर स्वर यह पर्‍यो कानन आय—
"सेठ! आवत दूर तें हौ; कतहुँ राजकुमार
परे तुमको देखि, ये सब कहति बारंबार।

करी पूजा तासु तुमने, त्यागि जो भवभार
शुद्ध बुद्ध त्रिलोकपूजित ह्वै करत उद्धार।
सुन्यो अब या ओर आवत; कहौ, यदि यह होय
परम प्रिय या राजकुल के होयहौ तुम दोय।"

बोल्यो सीस नवाय त्रपुष "हे देवि, हमारी!
आवत हैं इन नयनन सौं हम प्रभुहि निहारी।
पायँन पै हम परे; रह्यो जो कुँवर हिरायो
सब राजन महराजन सौं बढ़ि वाको पायो।

बोधिद्रुम तर फल्गु किनारे आसन लाई
जासोँ जग उद्धरै सिद्धि सो वाने पाई।
सब को साँचो सखा, सकल जीवनपति प्यारो
पै सब सोँ कहुँ बढ़िकै है सो, देवि ! तिहारो,
जाके साँचे आँसुन ही को मोल कहैहै
जो अनुपम सुख प्रभु के वचनन सोँ जग पैहै।
'कुशल क्षेम सोँ हैं' कहिबो यह है विडंबना
सब तापन सोँ परे, तिन्हैं दुख परसि सकत ना।
भेदि सकल भवजाल गए देवन तें ऊपर,
सत्य धर्म्म की ज्योति पाय जगमगत भुवन भर।
नगर नगर में ज्यों ज्यों फिरि उपदेश सुनावत
तिन मार्गन को जीव शांतिसुख जिनसोँ पावत,
त्यौं त्यौं पाछे होत जात तिनके नरनारी—
ज्यों पतझड़ के पात वात के है अनुसारी।
पास गया के रम्य क्षीरिकाबन में जाई
हम दोउन ने सुने वचन तिनके सिर नाई।
चौमासे के प्रथम अवसि प्रभु इत पधारिहैं,
उपदेशन सोँ मधुर शोक दुख सकल टारिहैं।"

यशोधरा को कंठ हर्ष सोँ गद्गद भारी,
बड़ी बेर में सँभरि वचन यह सकी उचारी—
"हे सुजान जन ! भलो होयहै सदा तुम्हारो।
लाए तुम संवाद मोहिं प्राणन तें प्यारो।
जानत जो तुम होहु, मोहिं अब यहौ बताओ
कैसे यह सब बात भई, कहि मोहिं सुनाओ।"

भल्लिक ने तब कही बात वा निशि की सारी,
जानत जाको 'गय' पर्वत के सब नरनारी।
कैसी घनी अँधेरी में छाया दरसानी,
मारकोप सोँ कँपी धरा, भो खलभल पानी।
कैसो भव्य प्रभात भयो पुनि, भानु संग जब
आशा की नव ज्योति जगी सो जीवन हित सब;
कैसे तब भगवान् मिले वा बोधिविटप पर
धरे तेज आनंद अलौकिक मुख पै सुन्दर।
भए आप तो मुक्त बुद्ध संबोधिहि पाई

'कैसे हमसों दुखी जगत् की होय भलाई'
परे सोच में रहे याहि प्रभु कछु दिन ताईं,
बोझ सरीखो एक हृदय पै परत जनाई।
विषय भोग में लिप्त पापरत जन संसारी,
गहत रहत जो नाना वस्तुन सों भ्रम भारी,
आँखिन पर को परदो जो नहिं चाहत टारन,
उरझे जामें तोरि सकत सो इंद्रियजाल न,
कैसे ऐसे जीव ग्रहण या ज्ञानहिं करिहैं?
'अष्ट मार्ग' 'द्वादश निदान' कैसे चित धरिहैं?
येई हैं उद्धारद्वार, पै है विचित्र गति!
खग पींजर में पलो लखत नहिं खुले द्वार प्रति।
खोजि मुक्ति को मार्ग ताहि नर हेतु कठिन गुनि
आपै इकले चलते जो भगवान् शाक्य मुनि,
जग में काहुहि जानि तत्त्व को नहिं अधिकारी
तजते जो प्रभु लहते गति कैसे नरनारी?

सब जीवन पै दया रही पै प्रभु के हृदय समानी;
याहि बीच सुनि परी दुखभरी अतिशय आरत बानी।
जनु **"नश्यामि अहँ भूर्नश्यति लोकः"** भू चिल्लाई।
कछुक बेर लौं शांति रही पुनि धुनि पवनहुँ तें आई—

भगवान्! धर्म्म सुनाइए, भगवान्! धर्म्म सुनाइए।
भवताप तें हैं जरि रहे अब नेकु बार न लाइए।

दिव्य दृष्टि भगवान् तुरत प्राणिन पै डारी
देख्यो को हैं सुनन योग्य, को नहिं अधिकारी;
जैसे रवि, ज्यो करत कनकमय अमल कमलसर,
लखत कौन हैं, कौन नाहिं कलियाँ बिगसन पर।
बोलि उठे भगवान् "सुनैं जो जहाँ जहाँ हैं;
अवसि सिखैहौं धर्म्म, सिखैं जो सीखन चाहैं।"

भिक्षु पंचवर्गीय ध्यान में प्रभु के आए।
वाराणसि की ओर तुरत भगवान् सिधाए।
तिन ही को उपदेश प्रथम प्रभु जाय सुनायो,

'धर्म्मचक्र' को कियो प्रवर्त्तन ज्ञान सिखायो।
मंगलमय 'मध्यमा प्रतिपदा' तिन्हैं बताई
'आर्य्य सत्य' गत दियो 'मार्ग अष्टांग' सुझाई।
जन्म मरण सौं छूटि सकत हैं कैसे प्रानी,
पूरो जतन बताय बुद्ध बोले यह बानी–
"है मनुष्य की गति वाही के हाथन माहीं,
पूर्व कर्म को छाँड़ि और भावी कछु नाहीं।
नहिँ ताके अतिरिक्त नरक है कोऊ, भाई !
आपहिं नर जो लेत आपने हेतु बनाई।
स्वर्ग न ऐसो कोउ जहाँ सो जाय सकत नहिं
जो राखत मन शांत, दमन करि विषय वासनहिं।"

पाँच जनन में भयो प्रथम कौंडिन्य सुदीक्षित
'चार सत्य', 'अष्टांग मार्ग' में ह्वै कै शिक्षित।
महानाम, पुनि भद्रक, वासव और अश्वजित
धर्म्म मार्ग में करि प्रवेश ह्वै गए शांत चित।
'यश' नामक पुनि एक सेठ काशी को भारी
बुद्ध शरण गहि भयो प्रव्रज्या को अधिकारी।
चार मित्र सुनि तासु भए पुनि भिक्षुक आई।
पुरजन और पचास प्रव्रज्या प्रभु सौं पाई।
परी कान में जहाँ जहाँ बानी प्रभु केरी
उपजी तहँ तहँ नवयुग की सी शांति घनेरी;
ज्यों पावस की धार परत जब पटपर ऊपर
नव तृण अंकुर लहलहाय फूटत अति सुंदर।

पठयो प्रभु इन साठ भिक्षुकन को प्रचार हित
पाय तिन्हैं संयमी, विरागी और धीर चित।
इसिपत्तन मृगदाव माहिँ यह संघ बनाई
गए राजगृह पास यष्टिवन ओर सिधाई।
कछुक दिनन लौं रहे तहाँ उपदेश सुनावत।
बिंबसार नृप, पुरजन परिजन लौं सब यावत्
भए बुद्ध की शरण प्राप्त सब मोह बिहाई
धर्म्म, शील, संयम, निरोध की शिक्षा पाई।
कुश लै कै संकल्प दियो करि भूपति ने तब
परम सुहावन रम्य वेणुवन 'संघ' हेतु सब,

जामें सुंदर गुहा सरित, सर, कुंज सुहाए।
शिला तहाँ गड़वाय नृपति ये वाक्य खुदाए—

ये धम्मा हेतुप्पभवा तेसं हेतुं तथागतो आह।
तेसं च यो निरोधो एवं वादी महासमणो।

"हेतु तें उत्पन्न जो हैं धर्म्म—दुखसमुदाय—
हेतु तिनको कहि तथागत ने दियो सब आय।
और तासु निरोध हू पुनि महाश्रमण बताय
लियो या बूड़त जगत को बाहँ देय बचाय।"

सोइ उपवन माहिं बैठ्यो संघ एक महान्
ओजपूर्ण अपूर्व भाख्यो ज्ञान श्रीभगवान्।
सुनत सब पै गयो दिव्य प्रभाव ऐसो छाय,
आय नौ सौ जनन ने लै लियो वस्त्र कषाय

और लागे जाय कै ते करन धर्म्मप्रचार।
बुद्ध ने यौं कहि विसर्जित कियो संघ अपार—

सब्ब पापस्स अकरणं; कुसलस्स उपसंपदा
सचित्त परियो दवनं एतं बुद्धानुसासनं।

"करिबो पाप न कोउ संचिबो शुभ है जेतो,
करिबो चित्त निरोध बुद्ध अनुशासन एतो।"

या विधि सेठन ने सारी कहि कथा सुनाई
यशोधरा ने भारी तिनकी करी बिदाई।
कंचन रत्न भराय थार सम्मुख धरवायो।
चलत चलत यह पूछन हित पुनि तिन्हैं बुलायो
"कौन मार्ग धरि केते दिन में ऐहैं प्यारे ?"
फिरि कै दोऊ सेठ बोलि यह बचन सिधारे—
"या पुर के प्राचीरन सौं, हे देवि ! गुनत हम,
परत राजगृह नगर साठ योजन तें नहिं कम।
आवत तहँ सौं सुगम मार्ग करि पार पहारन,

सोन नदी के तीर तीर है कढ़त कछारन।
चलत शकट के बैल हमारे आठ कोस नित,
एक मास में वाँ सौं चलि कै आवत हैं इत।"

परी नृप के कान में जब बात यह सब जाय
अश्वचालन में चतुर सामंत नौ बुलवाय
यह सँदेसो कहि पठायो अलग अलग सप्रीति—
"बिन तिहारे गए कलपत सात वत्सर बीति।

रह्यो निशि दिन खोज में सब ओर दूत पठाय,
चिता पै अब चढ़न के दिन गए हैं नियराय।
विनय यातें करत हौं अब बोलि बारंबार,
जहँ तिहारो सबै कछु तहँ आय जाव कुमार।

राजपाट बिलात, तरसति प्रजा दरस न पाय।
अतिथि थोरे दिनन को हौं, मुख दिखाओ आय।"
नौ दूत छूटि यशोधरा की ओर सौं गे धाय
संदेस लै यह "राजकुल की रानि, राहुल-माय

मुख देखिबे के हित तिहारो परम व्याकुल छीन—
जैसे कुमुदिनी बाट जोहति चन्द्र की है दीन;
जैसे अशोक विकाश हित निज रीति के अनुसार
पियराय जोहत रहत कोमल तरुणि-चरण-प्रहार।

जो तज्यों वासौं बढ़ि पदारथ मिलो जो कोउ होय,
है अवसि तामें भाग ताहू को; चहति है सोय।"

तुरत शाक्य सामंत मगध की ओर सिधारे।
पै पहुँचे वा समय वेणुवन बीच बेचारे,
रहे धर्म्मउपदेश करत भगवान् बुद्ध जब।
लगे सुनन ते, भूलि गए संदेस आदि सब।
रह्यो ध्यान नहिं महाराज को कछु मन माहीँ
और कुँवर की रानी हू की सुधि कछु नाहीँ।
चित्रलिखे से रहे, सके नहिं वचन उचारी;

रहे अचल अनिमेष दृष्टि सौं प्रभुहि निहारी।
मति गति थिर ह्वै गई सुनत प्रभु की शुभ बानी
ज्ञानदायिनी, ओजभरी, करुणारस-सानी।
ज्यों खोजन आवास भ्रमर कोउ निकसत बाहर,
लखत मालती फूल कहूँ छाए खिलि सुन्दर,
औ पवनहुँ में मधुर महक तिनकी है पावत,
आँधी पानी राति अँधेरी मनहिं न लावत,
बैठत विकसित कुसुमन पै तिन अवसि जाय कै,
गहत मधुर मकरंदसुधा निज मुख गड़ाय कै,
त्यों पहुँचे ते सबै शाक्य सामंत तहाँ जब
बुद्ध-वचन-पीयूष पान करि भूलि गए सब;
रह्यो चेत कछु नाहिँ कौन कारज सौं आए।
भिक्षुसंघ में मिले जाय, नहिं कछु कहि पाए।

बीते जब बहु मास बहुरि नहिँ कोऊ आयो
कालउदायी सचिवपुत्र को नृपति पठायो,
बालसखा जो रह्यो कुँवर को अति सहकारी,
जापै भूपति करत भरोसो सब सौं भारी।
पै सोऊ ह्वै गयो भिक्षु तहँ मूँड़ मुड़ाई,
रहन लग्यो प्रभुसंघ माहिँ घरबार विहाई।

एक दिवस ऋतु परम मनोहर रही सुहाई;
बोल्यो प्रभु के निकट जाय सो अवसर पाई—
"हे भगवन् ! यह बात उठति मेरे मन माहीँ,
एक ठौर को वास उचित भिक्षुन को नाहीँ।

घूमि घूमि कै तिन्हैँ चाहिए धर्म्म प्रचारैं।
भलो होय, प्रभु कपिलवस्तु की ओर पधारैं,
जहाँ भूप तव वृद्ध पिता तरसत दर्शन हित
औ राहुल की माता दुख सौँ बिकल रहति नित।"

बोले तब भगवान् बिहँसि सब की दिशि हेरी—
"अवसि जायहौं, धर्म्म और इच्छा यह मेरी।
आदर में ना चूकै कोऊ मातुपिता के,
जो हैं जीवन देत, सकल साधन वश जाके,

जाको लहि नर चाहैं तो सो जतन सकत करि
जन्म मरण को बंधन जासों जाय सकल टरि।
लहै चरम आनंदरूप निर्वाण अवसि नर
रहै धर्म्म के पालन में जो निरत निरंतर,
दहै पूर्व दुष्कर्म, तार हू तिनको तोरै,
हरुओ करतो जाय भार, पुनि और न जोरै,
होय प्रेम में पूर्ण दया दाक्षिण्य भाव भरि,
जीवन अपनो देय आप परहित अर्पित करि।
महाराज के पास जाय यह देहु जनाई
आवत हौं आदेश तासु निज सीस चढ़ाई।"
कपिलवस्तु में बात जाय जब पहुँची सारी,
अगवाई के हेतु कुँवर के सब नर नारी
अति उछाह सों करन लगे नाना आयोजन
भूलि सकल निज काम धाम, निद्रा औ भोजन।

पुरदक्षिणद्वार के पास घनो
अति चित्र विचित्र वितान तनो;
जहँ तोरण खंभन पै, बिगसे
नव मंजु प्रसून के हार लसे।

पट पाट के, कंचनतार भरे,
बहु रंग के चारहु ओर परे !
शुभ सोहत बंदनवार हरे,
घट मंगल द्रव्य सजाय धरे।

पुर के सब पंकिल पंथ भए
जब चंदननीर सों सींचि गए।
नव पल्लव आमन के लहरैं;
सुठि पाँति पताकन की फहरैं।

नरपाल-निदेश सुन्यो सब ने—
पुरद्वार पै दंति रहैं कितने
सजि स्वर्ण वरंडक सों सिगरे
सित दंत चमाचम साम धरे;

धुनि धौंसन की घहराय कहाँ,
सब लेयँ कुमारहिं जाय कहाँ,
कहँ बारबधू मिलि गान करैं,
बरसाय प्रसूंन प्रमोद भरैं;

पथ फूलन सौं यहि भाँति भरे
जहँ पाँव कुमार-तुरंग धरे
धँसि टाप न तासु लखाय परैं;
मिलि लोग सबै जयनाद करैं।

यहि भाँति नरेशनिदेश भयो,
सब के हिय माहिं उछाह छयो।
दिन ऊगत नित्य सबै अकनैं
कहुँ आगम दुंदुभि बाजि भनैं।

धाय मिलन हित पियहि प्रथम धरि चाह अपार
गइ यशोधरा शिविका पै चढ़ि पुर के द्वार।
जाके चहुँ दिशि लसत रम्य न्यग्रोधाराम,
जहँ सोहत बहुत विटप बेलि वीरुध अभिराम।
झूमति दोऊ ओर फूल फल सौं झुकि डार;
हरियाली बिच घूमि घूमि पथ कढ़े सुढार।
राजमार्ग चलि गयो धरे सोइ उपवन-छोर।
परति अंत्यजन की बस्ती है दूजी ओर,
पुर-बाहर जे बसत बेचारे सब बिधि दीन,
छुअत जिन्हैं द्विज नाहिं मानि कै अतिशय हीन।
तिनहूँ बीच उछाह नाहिं थोरो दरसात,
इत उत डोलन लगत सबै ज्यों होत प्रभात।
घंटन को रव, बाजन की धुनि कहुँ सुनि पाय
लखत मार्ग में कढ़ि, पेड़न चढ़ि सीस उठाय।
पै जब आवत नाहिं कतहुँ कोउ परै लखाय
लगत झोपड़िन को सँवारिबे में पुनि जाय।
करत द्वार निज फेरि झकाझक झारि बहारि,
पोंछि चौखटन, लीपि चौतरन, चौक सुधारि।
पुनि अशोक की लाय लहलही कोमल डार

चुनि चुनि पल्लव गूँथत नूतन बंदनवार।
पूछत पथिकन सौं निकसत जो वा मग जाय
"कतहुँ सवारी रही कुँवर की या दिशि आय ?"
यशोधरा हू चाह भरे चख तिनपै डारि
पथिकन को उत्तर सुनती झुकि पंथ निहारि।

मुंडी एक अचानक आवत पर्‌यो लखाय
धारे वसन कषाय कंध पर सौं लै जाय।
कबहुँ पसारत पात्र जाय दीनन के द्वार;
पावत लेत, न पावत लावत बढ़त न बार।
ताके पाछे रहे भिक्षु द्वै औरहु आय
लिए कमंडल कर में, धारे वसन कषाय।
पै जो तिनके आगे आवत धरि पथतीर
ऐसी गौरवभरी तासु गति अति गंभीर,
फूटति ऐसी दिव्य दीप्ति कढ़ि चारों ओर,
ऐसो मृदुल पुनीत भाव दरसत दृगकोर
भिक्षा लै जो देन बढ़त दोउ हाथ उठाय
चित्र लिखे से चकित चाहि मुख रहत ठगाय।
कोऊ कोऊ धाय परत पायँन पै जाय;
फिरत लेन कछु और दीनता पै पछिताय।
धीरे-धीरे लगे नारि, नर, बालक संग
कानाफूसी करत परस्पर ह्वै कै दंग–
"कहौ कौन यह ? कहौ, कछू आवत मन माहिं ?
ऋषि तो ऐसो परो लखाई अब लौं नाहिं।"
चलत चलत सो पहुँच्यो ज्यौं मंडप नियराय
खुल्यो पाटपट, यशोधरा चट पहुँची धाय।
ठाढ़ी पथ पै भई अमल मुखचंद्र उघारि
"हे स्वामी ! हे आर्य्यपुत्र !" यह उठी पुकारि।
भरे विलोचन वारि, जोरि कर, सिसकि अधीर
देखत देखत परी पायँ पै पथ के तीर।

जब दीक्षित ह्वै चुकी धर्म्म में राजवधू वह
एक शिष्य ने जाय करी प्रभु सौं शंका यह–
"सब रागन सौं रहित, वासना सकल निवारी,
त्यागि कामिनी - परस कुसुमकोमल मनहारी

यशोधरा को करन दियो प्रभु क्यों आलिंगन ?''
सुनत बुद्ध भगवान् वचन बोले प्रसन्न मन—
''महाप्रेम यों छोटे प्रेमन देत सहारो
सहजहि ऊँचे जात ताहि लै दै पुचकारो।
ध्यान रहै जो कोउ छूटि बंधन सों जावै
मुक्तिगर्व करि बद्ध जीव कबहूँ न दुखावै।
समुझि लेहु यह मुक्ति लही है जाने, भाई !
एक बार ही नाहिं कतहुँ काहू ने पाई।
जन्म जन्म बहु जतन करत औ लहत ज्ञानबल
आवत हैं जो चले, अंत में पावत यह फल।
तीन कल्प लौं करि प्रयास अति प्रबल अखंडित
बोधिसत्त्व हैं मुक्त होत जग की सहाय हित।
प्रथम कल्प में होत 'मनः प्रणिधान' श्रेष्ठतर;
बुद्ध होन की जगति लालसा मन के भीतर।
होत 'वाक् प्रणिधान' दूसरे कल्प माहिं पुनि;
'है जैहौं मैं बुद्ध' कहत यह बात परत सुनि।
लहत तीसरे कल्प माहिं 'विवरण' पुनि जाई
''अवसि होहुगे बुद्ध'' बुद्ध कोउ बोलत आई।*

प्रथम कल्प में रह्यो ज्ञान शुभ मार्ग गुनत सब,
पै आँखिन पै परदो मेरे परो रह्यो तब।
भयो न जाने किते लाख वर्षन को अंतर
'राम' नाम को वैश्व रह्यो जब सागर तट पर,
परति सामने स्वर्णभूमि दक्षिण दिशि जाके
निकसत सीपिन सों मोती जहँ बाँके बाँके।
यशोधरा यह रही संगिनी तबहुँ हमारी,
लक्ष्मी ताको नाम, रही ऐसिय सुकुमारी।
घर दरिद्र अति रह्यो, मोहिं सुधि आवति सारी।
लाभ हेतु परदेस कढ़्यो मैं दशा निहारी।

---

* 'मनः प्रणिधान' के उपरान्त सर्वभद्रकल्प में जब गौतम धन्यदेशीय सम्राट् के पुत्र हुए तब उन्होंने कहा ''मैं बुद्ध हूँगा''। सारमन्द नामक तीसरे कल्प में वे पुष्पवती के राजा सुनन्द के पुत्र हुए। इसी कल्प में उन्हें तृष्णांकर बुद्ध द्वारा 'अनियत विवरण' (अर्थात् तुम बुद्ध हो सकते हो) और दीपंकर बुद्ध द्वारा 'नियत विवरण' (अर्थात् तुम अवश्य बुद्ध होगे) प्राप्त हुआ। कहीं-कहीं बोधिसत्व की तीन अवस्थाओं के नाम 'अभिनीहार' (बुद्धत्व की आकांक्षा), व्याकरण (किसी तथागत की भविष्यवाणी कि तुम बुद्ध होगे), और हलाहल (आनन्दध्वनि) भी मिलते हैं।

लक्ष्मी तबहूँ आँसुन सौं आँखैं भरि लीनी;
'विलग न मोसौं होहु' बोलि यौं बिनती कीनी–
'जलथल पथ की विकट आपदा क्यों सिर लैहौ ?
चाहत एतो जाहि ताहि तजि कैसे जैहौ ?'
पै मैं साहस सहित गयो चलि सागर पथ पर।
पथ के अंधड़ झेलि और श्रम करि अति दुष्कर,
काहू बिधि जलजन्तुन सौं निज प्राण बचाई,
घोर धूप औ निविड़ निशा की सहि कठिनाई,
अवगाहत जल लह्यो एक मोती अति निर्मल
पानी जासु अमोल, चंद्र सी आभा उज्ज्वल;
सकत जाहि लै केवल कोऊ भूपहि भारी
रीतो करि निज कोष, द्रव्य निज सकल निकारी।
फिरि प्रसन्न मन, लख्यो ग्राम के गिरि नयनन भरि;
किंतु घोर दुर्भिक्ष देश भर माहिं रह्यो परि।
पथ के कठिन परिश्रम सौं ह्वै चूर शिथिल अति,
भूख प्यास सौं विकल, मंद परि रही अंग गति।
पहुँच्यो काहू भाँति द्वार पै अपने जाई,
सागर को सित रत्न फेंट में कसे छपाई।
एतो श्रम सब जाके हित मैं जाय उठायो
ताको परी अचेत द्वार पै अपने पायो!
भई कंठगत प्राण, सकति नहिं नयनन खोली,
अन्न बिना मरि रही, कढ़ति नहिं मुख सौं बोली।
कह्यो घूमि चिल्लाय 'अन्न कछु होय जासु घर
एक जीव हित धरौं राज को मोल तासु कर।
लक्ष्मी के मुख माहिं अन्न जो थोरो नावै
चंद्रप्रभ यह रत्न आय मोसों लै जावै।'
अपनो अंतिम संचय लै इक पहुँच्यो सुनि यह।
तीन सेर बाजरो तौलि लै गयो रत्न वह
पर्‌यो प्राण तन, लै उसास लक्ष्मी बोली तब–
'सत्य तिहारो प्रेम, त्याग लखि पर्‌यो मोहिं अब।'
मुक्ता जो वा पूर्व जन्म में मैंने पाई,
भले काज में मैंने दीनी ताहि लगाई।
एक जीव के सुख हित दीनी सो छन माहीं
देखी काहू भाँति और रक्षा जब नाहीं।

औरहु गहरे धँसि अथाह में पाय बोधिबल
लह्यो अंत में अति अलभ्य जो यह मुक्ताफल,
सत्य धर्म्म 'द्वादश निदान' मय रत्न अनोखो,
छीजि सकत नहिं, होत दिए सौं औरहु चोखो।
गुनौ मेरु के आगे ज्यों वल्मीक पुरानो,
जैसे वारिधि आगे तुम गोपदजल जानो
तैसोई सो दान दान के आगे या मम
जासौं मंगल होय जीव को छूटै सब भ्रम।
ऐसोई यह प्रेम आज को बड़ो हमारो
इंद्रिन के श्रमबंधन सौं है सब विधि न्यारो;
नयो सहारो देन हेतु जो जीवहि निर्बल
है महत्त्व यह याको; नहिं कछु संशय को थल।"
यशोधरा यौं पाय प्रेम को मृदुल सहारो
बढ़ी शांति-सुख-मार्ग ओर संशय तजि सारो।

भूप ने जब सुन्यो कैसे आय पुर के द्वार
धरि उदासी वेष मूँड़ मुड़ाय राजकुमार
रह्यो नीचन द्वार भिक्षा हेतु कर फैलाय,
कोपपूरित छोभ छायो, गयो प्रेम भुलाय।

श्वेत मूँछन ऐंठि बारंबार पीसत दाँत
कढ़्यो बाहर संग लै सामंत कंपित गात;
तमकि तीखे तुरग पै चढ़ि, रोष सहित निहारि,
चल्यो बीथिन बीच बढ़ि जहँ भरे पुरनरनारि।

चकित चितवत रहि गए जे रहे वा मग जात;
कहन पायो काहु सौं नहिं कोउ एती बात
"अरे ! आवत महाराजधिराज देखत नाहिं ?"
राजदल कढ़ि गयो खम खम करत एते माहिं।

मुर्‌यो मंदिर पास सो जब पर्‌यो लखि पुरद्वार,
मिली आवति भूप को निज ओर भीर अपार,
लोग चारों ओर सों चलि मिलत जामें जात,
बढ़ति छिन छिन जाति जो, नहिं कतहुँ पंथ लखात।

भिक्षु सो लखि पर्‌यो जाके संग एती भीर।
गयो कोप हिराय नृप को जबै वा पथ तीर।
तासु व्याकुल वदन बुद्ध विलोकि मृदु टक लाय,
तेजपूरित विनय सौं नै लियो दीठि नवाय।

निज कुँवर को सो भाव भूपहि पर्‌यो अति प्रिय जानि
पहिचानि पूर्ण स्वरूप ताको और मन अनुमानि
भव विभव सौं बढ़ि सकल तासु विभूति और प्रताप
यौं सहमि जासौं चलत सँग सब शांति सौं चुपचाप।

नृप तदपि बोल्यो "कहा होनो रह्यो याही, हाय !
यौं दबे पाँयन कुँवर अपने राज ही में आय,
तन धारि कंथा फिरै माँगत भीख सब के द्वार
जहँ देवदुर्लभ रह्यो जीवन तासु या संसार ?

ऐश्वर्य यह, हे पुत्र ! सारो रह्यो तेरो दाय।
तिन नृपन के वर वंश में तू जन्म लीनो आय
जे लहत कर-संकेत करि जो चहत भूतल माहिं,
आदेश-पालन माहिं जिनके कोउ चूकत नाहिं।

धरि चहत आवन रह्यो तोहिं परिधान पद अनुसार
लै संग, भाले करत चम चम, चपलगति असवार।
यह देखु ! डेरे डारि सैनिक परे सब पथतीर,
तोहि लेन आगे सौं खड़ी पुरद्वार पै यह भीर।

• • •

तू रह्यो एते दिनन लौं कहँ फिरत राजकुमार ?
दिन राति रोवत रह्यो ढोवत मुकुट को या भार।
घर बैठि तेरी बधू विधवा सी दशा तन लाय
ह्वै रही दीन मलीन अति, सुखसाज सकल विहाय।

नहिं सुन्यो कबहूँ गीत वा मृदु बीन की झनकार,
नहिं धर्‌यो तन पैं कबहुँ सुंदर वसन एकहु बार,
आगमन सुनि बस आज धार्‌यो स्वर्णवस्त्र सजाय
निज भिक्षुपति सौं मिलन हित, जो धरे वास कषाय।

हे सुत ! कहौ, यह कहा ?" उत्तर दियो तब प्रभु हेरि
"हे तात ! यह कुलधर्म्म मेरो;" सुनि कह्यो नृप फेरि
"लै महासम्मत सौं भए सौ भूप तव कुल माहिं
पै कियो काहू ने कबहुँ तो काज ऐसो नाहिं।"

बोले प्रभु "कुलपरंपरा मर्त्यन की नाहीँ,
पै बुद्धन के अवतारन की जुगजुग माहीँ।
पहले हू हैं भए बुद्ध, आगे हू ह्वैहैं;
तिनहीं में से एक हमहुँ, हे तात ! कहैहैं।
जो कछु वे करि गए कियो मैंने सोई अब,
जो कछु अब है रह्यो भयो पहले हू सो सब।
नृपति एक धरि वर्म जाय निज पुर के द्वारन
मिल्यो पुत्र सौं, धरे रह्यो जो भिक्षुवेष तन,
सत्य प्रेम संयम के बल जो अमित शक्तिधर,
परम प्रतापी भूपालन सौं कतहुँ श्रेष्ठतर,
सकल जगत् को करनहार उद्धार तथागत
नायो जो निज सीस याहि विधि जैसे मैं नत।
समुझि पितृऋण औ लौकिक प्रेमहिं अपनाई
पाई जो निधि तासु प्रथम फल सम्मुख लाई,
चाह्यो अर्पित करन पिता को अति प्रसन्न मन,
जैसे ह्याँ, हे तात ! आज मैं चाहत अर्पन।"

"कौन सी निधि ?" नृपति पूछ्यो चाह सौं चकराय
पकरि कर नरपाल को भगवान् तब हरखाय;
चले बीथिन बीच भाखत शान्तिधर्म्मनिदान,
'आर्य्य सत्य' महान् जामैं संपुटित सब ज्ञान।

कह्यो पुनि 'अष्टांग मार्ग' बुझाय जाके बीच
जो चहै सो चलै राजा रंक, द्विज औ नीच।
पुनि बताए मोक्ष के सोपान आठ उदार
जिन्हैं चाहैं जो गहैं नर नारि या संसार—

मूर्ख, पंडित, बड़े, छोटे, युवा जरठ समान—
छूटि या भवचक्र सौं यौं लहैं पद निर्वान।

चलत पहुँचे जाय ते प्रासाद के अब द्वार।
नृपति नाहिं अघात निरखत प्रभुहि बारंबार,

पीयूष से प्रिय वचन पुलकित पियत डोलत साथ
अति भक्ति सों भगवान् को लै पात्र अपने हाथ।

यशोधरा के खुले नयन नव ज्योतिहि पाई,
सूखे आँसू आनन पै मृदु आभा छाई।
या विधि वा शुभ रैन राजकुल बोलि बुद्ध जय
शान्ति मार्ग में चलि प्रवेश कीनो मंगलमय।

अष्टम सर्ग

उपदेश

वा रोहिणी के तीर खँड़हर आज लौं फैलो परो
जहँ दूब सौं छायो गयो बहु दूर लौं पटपर हरो।
ईशान दिशि वाराणसी सौं शकट चढ़ि जो जाइए
तो पाँच दिन को मार्ग चलि वा रम्य थल को पाइए,

लखि परत जहँ सौं धवल हिमगिरिशृंग; जो फूलो फरो
है रहत बारह मास, सिंचित सरस बागन सौं भरो;
जहँ लसत ढार सुढार, शीतल छाहँ मृदु सौरभ लिए।
है अजहुँ भांव पुनीत बरसत ठौर वा जो जाइए।

नित बहत सांध्य समीर है अति शांत झाड़न पै हरे
जहँ ढेर चित्रित पाथरन के ढूह है कारे परे,
अश्वत्थ जिनको भेदि फैले मूलजाल बिछाय कै,
जो लसत चारो ओर तृणदल-तरल-पट सौं छाय कै।

कढ़ि कतहुँ कारुज काठ के बहु साज सौं जो नसि धँसो।
चुपचाप फेंटी मारि कारो नाग फलकन पै बसो।
आँगनन में जिन नृपति टहरत फिरत गिरगिट हैं तहाँ
अब स्यार वेदी तर बसत तहँ सजत सिंहासन जहाँ।

बस शृंग, सरित; कछार और समीर ज्यौं के त्यौं रहे
नसि और सब शोभा गई, वे दृश्य जीवन के बहे।
नृप शाक्य शुद्धोदन बसत ह्याँ राजधानी यह रही।
भगवान् जहँ उपदेश भाख्यो एक दिन सो थल यही।

पूर्व काल में कबहुँ रह्यो यह थल अति सुंदर।
याके चहुँ दिशि लसत रम्य आराम मनोहर।
बाटैं बिच बिच कटीं; सेतु नारिन पै सोहत,
चलत रहत जलयंत्र, सरोवर जनमन मोहत।
पाटल के परिमंडल भीतर चमकत चत्त्वर।
लसत अनेक अलिंद, खंभ बहु सोहत सुंदर।
इत उत तोरण राजभवन के कहुँ बढ़ि आए।
चमकत जिनके कलश दूर सौं रविकर पाए।
याही थल भगवान् एक दिन बैठे आई;
भक्ति भाव सौं घेरि लोग प्रभु दिशि टक लाई
जोहत मुख सुनिबे को वाणी ज्ञान भरी अति,
जाको लहि जग शांत वृत्ति गहि तजी क्रूर मति;
नर पंचाशत् कोटि आज लौं जाके अनुगत,
काटन हित भवपाश आस करि होत धर्म्मरत।

बीच में भगवान् सोहत शाक्य भूपति तीर।
घेरि चारो ओर सौं सामंत बैठे धीर—
देवदत्त अनंद आदिक सभा के सब लोग
धर्म्मदीक्षा पाय दीनो 'संघ' में जो योग।

मौद्गलायन सारिपुत्रहु बसे प्रभु पश्चात्
'संघ' माहिं प्रधान सब सौं शिष्य जे कहि जात।
रह्यो राहुल हू हँसतमुख गहे प्रभु-पट-कोर,
बाल चख सौं चकित चितवत भव्य मुख की ओर।

चरण ढिग भगवान् के बसि रही गोपा जाय;
आज तन-मन-पीर ताकी गई सकल नसाय।
भयो साँचे प्रेम को वा बोध अंतस् माहिं
क्षणिक इंद्रियवेग पै अवलंब जाको नाहिं।

भयो भासित, नयो जीवन जरा जाहि न खाति
और अंतिम मृत्यु जासौं मृत्यु ही मरि जाति।
भई भागिनि या विजय की सोउ प्रभु के संग
मानि आपहि धन्य फूलि समाति ना निज अंग।

भगवान् के काषाय पट को छोरि सिर पै डारि,
शुचि वाम कर पै तासु सादर रही निज कर धारि।
निकटस्थ अति या भाँति ताकी परति सो दरसाय
त्रैलोक्य वाणी जासु जोहत रह्यो अति अकुलाय।

भगवान् के मुख सोँ कढ़्यो जो ज्ञान परम नवीन
कहि सकौँ तासु शतांश हू मैं नाहिं अति मतिहीन।
या काल में बसि बात सब मैं सकौं कैसे जानि ?
हिय धरौं बस कछु भक्ति प्रभु के प्रेम को पहिचानि।

आचार्यगण जो लिखि गए प्राचीन पोथिन माहिं
हौं कहौं तासोँ बढ़ि कछू सामर्थ्य एती नाहिं।
भगवान् ने जो दियो वा उपदेश को कछु सार
जो कछू थोरो बहुत जानत कहत मति अनुसार।

उपदेश केते सुनन आए करै गिनती कौन ?
प्रत्यक्ष जे लखि परे तहँ बसि सुनत धारे मौन
कहुँ रहे तिनसों लाख और करोरगुन अधिकाय।
सब देव पितर अदृश्य है तहँ रहे भीर लगाय।

सब लोक ऊपर के भए सूने निपट वा काल।
छुटि नरक हू के जीव आए तोरि साँसति-जाल।
बिलमी रही बढ़ि अवधि सोँ रविज्योति परम ललाम
अनुराग सोँ अति झाँकते गिरिशृंग पै अभिराम।

रैन मानो घाटिन में, बासर पहारन पै,
ठमकि सुनत बानी प्रभु की सुधाभरी।
बीच में सलोनी साँझ अप्सरा सो मानो कोउ,
मति गति खोय थकी मोहित सी जो खरी।
छिटके घुवा के घन कुंतलकलाप मानो,
तारावलि मोतिन की लरी बिखरी परी।
अर्द्धचंद्र सोइ मानो बेंदी बिलसति भाल,
तम को पसार मानो नील सारी पातरी।

सुरभित मंद मंद बहत समीर, सोइ
मानो थामि थामि साँस छाँड़ति बिसारि गात।
सुंदर समय पाय बसि याही ठौर शुचि
करि रहे प्रभु उपदेश अति अवदात।
जाने जाने सुने जाने सुने अनजाने सब–
ऊँच, नीच, आर्य्य, म्लेच्छ, कोल, भील औ किरात–
परति सुनाय तिन्हैं बोलिन में निज निज
भाखत जो जात भगवान् ज्ञानभरी बात।

नर, देव, पितरन की कहा जो रहे भीर लगाय
सब, कीट, खग, मृग आदि हू को परत कछुक जनाय
वा प्रेम को आभास जो प्रभु हृदय माहिं अपार।
बँधि रही आशा तिन्हैं प्रभु के वचन के अनुसार।

जे बँधे सारे जीव नाना रूप देहन संग–
वृक, बाघ, मर्कट, भालु, जंबुक, श्वान, मृग सारंग,
बहु रत्नमंडित मोर, मोतीचूर-नयन कपोत,
सित कंक, कारे काग आमिष भोज जिनको होत,

अति प्लवनपटु मंडूक, गिरगिट, गोह, चित्र भुजंग,
झष चपल उछरत झलकि जो छलकाय सलिलतरंग,
सब जोरि नातो मनुज सों, जो शुद्ध तिन सम नाहिं,
अब कटन बंधन चहत गुनि यह मुदित हैं मन माहिं।

नृप को सुनाय सब धर्म्मसार
उपदेश कियो प्रभु या प्रकार–

ॐ अमितायु !

अप्रमेय को न शब्द बाँधि कै बताइए,
जो अथाह ताहि यों न बुद्धि सों थहाइए।
ताहि पूछि औ बताय लोग भूल ही करैं;
सो प्रसंग लाय व्यर्थ वाद माहिं ते परैं।

अंधकार आदि में रह्यो पुराण यों कहै,
वा महानिशा अखंड बीच ब्रह्म ही रहै।
फेर में न ब्रह्म के, न आदि के रहौ, अरे !
चर्मचक्षु को अगम्य और बुद्धि के परे।

देखि आँखिन सों न सकिहै कोउ काहु प्रकार
औ न मन दौराय पैहै भेद खोजनहार।
उठत जैहैं चले पट पै पट, न ह्वैहै अंत;
मिलत जैहैं परे पट पै पट अपार अनंत।

चलत तारे रहत पूछन जात यह सब नाहिं।
लेहु एतो जानि बस—हैं चलत या जग माहिं
सदा जीवन मरण, सुख दुख, शोक और उछाह,
कार्य्य कारण की लरी औ कालचक्र-प्रवाह,

और यह भवधार जो अविराम चलति लखाति,
दूर उद्गम सों सरित चलि सिन्धु दिशि ज्यों जाति;
एक पाछे एक उठति तरंग तार लगाय,
एक हैं सब, एक सी पै परति नाहिं लखाय।

तरणिकर लहि सोइ लुप्त तरंग पुनि कहुँ जाय
धुवा से घन की घटा ह्वै गगन में घहराय,
आर्द्र ह्वै नगशृंग पै पुनि परति धारासार;
सोइ धार तरंग पुनि—नहिं थमत यह व्यापार।

जानिबो एतो बहुत—भू स्वर्ग आदिक धाम
सकल माया दृश्य हैं, सब रूप हैं परिणाम।
रहत घूमत चक्र यह श्रमदुखपूर्ण अपार,
थामि जाको सकत कोऊ नाहिं काहु प्रकार।

बंदना जनि करौ, ह्वैहै कछु न वा तम माहिं;
शून्य सों कछु याचना जनि करौ, सुनिहै नाहिं।
मरौ जनि पचि और हू मन ताप आप बढ़ाय
क्लेश नाना भाँति के दै व्यर्थ तनहिं तपाय।

चहौ कछु असमर्थ देवन सौं न भेंट चढ़ाय
स्तवन करि बहु भाँति, बेदिन बीच रक्त बहाय।
आप अंतस् माहिं खोजौ मुक्ति को तुम द्वार।
तुम बनावत आप अपने हेतु कारागार।

शक्ति तुम्हारे हाथ देवन सौं कछू कम नाहिं।
देव, नर, पशु आदि जेते जीव लोकन माहिं
कर्मवश सब रहत भरमत बहुत यह भवभार,
लहत सुख औ सहत दुख निज कर्म के अनुसार।

गयो जो ह्वै, वाहि सौं उत्पन्न जो अब होत,
होयहै जो खरो खोटो सोउ ताको गोत।
देवगण जो करत नंदनवन वसंत-विहार
पूर्वपुण्य पुनीत को फल कर्मविधि अनुसार।

प्रेत ह्वै जो फिरत अथवा नरक में बिललात
भोग सौं दुष्कर्म को क्षय ते करत हैं जात।
क्षणिक है सब—पुण्यबल हू अंत छीजत जाय।
पाप हू फलभोग सौं है सकल जात नसाय।

रह्यो जो अति दीन श्रम सौं पेट पालत दास
पुण्यबल सौं भूप ह्वै सो करत विविध विलास।
ह्वै परी वा बनि परी नहिं बात ताके हेत
रह्यो नृप जो, भीख हित सो फिरत फेरी देत।

चलत जात अलक्ष्य जौ लौं चक्र यह अविराम
कहाँ थिरता शांति तौ लौं औ कहाँ विश्राम ?
चढ़त जो सो गिरत औ जो गिरत सो चढ़ि जात।
रहत घूमत और थमत न एक छन, हे भ्रात !

× × ×

बँधे चक्र में रहौ मुक्ति को मार्ग न पाई
ह्वै न सकत यह—अखिल सत्त्व नहिं ऐसो, भाई !
नित्य बद्ध तुम नाहिं बात यह निश्चय धारो,
सब दुखन सौं सबल, भ्रात ! संकल्प तिहारो।
दृढ़ ह्वै कै जो चलौ, भलो जो कछु बनि ऐहै
क्रम क्रम सौं सो और भलोई होतहि जैहै।

सब बंधुन की आँसुन में निज आँसु मिलाई
हौं हूँ रोवत रह्यो कबहुँ जैसे तुम, भाई !
फाटत मेरो हियो रह्यो लखि जगदुख भारी;
हँसौं आज सानंद बुद्ध है बंधन टारी।
'मुक्तिमार्ग है' सुनौ मरत जो दुख के मारे !
अपने हित तुम आपहि दुख बिढ़वत हौ सारे।
और कोउ नहिं जन्म मरण में तुम्हैं बझावत,
और कोउ नहिं बाँधि चक्र में तुम्हैं नचावत,
काहू के आदेश सौं न भेंटत हौ पुनि पुनि
तापआर औ अश्रुनेमि औ असत्-नाभि चुनि।
सत्य मार्ग अब तुम्हैं बतावत हौं अति सुंदर।
स्वर्ग नरक सौं दूर, नछत्रन सौं सब ऊपर
ब्रह्मलोक तें परे सनातन शक्ति विराजति
जो या जग में 'धर्म्म' नाम सौं आवति बाजति,
आदि अंत नहिं जासु, नियम हैं जाके अविचल
सत्वोन्मुख जो करति सर्गगति संचित करि फल

परस तासु प्रफुल्ल पाटल माहिं परत लखाय,
सुघर कर सौं तासु सरसिज-दल कढ़त छवि पाय।
पैठि माटी बीच बीजन में बगरि चुपचाप
नवल वसन वसंत को सो बिनति आपहि आप।

कला ताकी करति है घनपुंज रंजित जाय।
चंद्रिकन पै मोर की दुति ताहि की दरसाय।
नखत ग्रह में सोइ; ताही को करैं उपचार
दमकि दामिनि, बहि पवन औ मेघ दै जलधार।

घोर तम सौं सृज्यो मानव हृदय परम महान्,
क्षुद्र अंडन में करति कलकंठ को सुविधान।
क्रिया में निज सदा तत्पर रहति, मारग हेरि
काल को जो ध्वंस ताको करति सुंदर फेरि।

तासु वर्त्तुल निधि रखावत चाष नीड़न जाय
छात में छः पहल मधुपुट पूर्ण तासु लखाय।
चलति चींटी सदा ताके मार्ग को पहिचानि;
और श्वेत कपोत हू हैं उड़त ताको जानि।

गरुड़ सावज लै फिरत घर वेग सौं जा काल
शक्ति सोई है पसारति तासु पंख विशाल।
है पठावति वृकजननि को सोइ शावक पास।
चहत जिन्हैं न कोउ तिनको करति सोइ सुपास।

नाहिं कुंठित होति कैसहु करन में व्यवहार;
होत जो कछु जहाँ सो सब तासु रुचि अनुसार।
भरति जननिउरोज में जो मधुर छीर रसाल
धरति सोई व्यालदशनन बीच गरल कराल।

गगनमंडप बीच सोई ग्रह नछत्र सजाय
बाँधि गति, सुर ताल पै निज रही नाच नचाय।
सोइ गहरे खात में भूगर्भ भीतर जाय
स्वर्ण, मानिक, नीलमणि की राशि धरति छपाय।

हरित वन के बीच उरझी रहति सो दिन राति,
जतन करि करि रहति खोलति निहित नाना भाँति।
शालतरु तर पोसि बीजन और अंकुर फोरि।
कांड, कोंपल, कुसुम विरचति जुगुति सौं निज जोरि।

सोइ भच्छति, सोइ रच्छति, बधति, लेति बचाय।
फलविधानहिं छाँड़ि औ कछु करन सौं नहिं जाय।
प्रेम जीवन सूत ताके जिन्हैं तानति आप;
तासु पाई और ढरकी हैं मरण औ ताप।

सो बनावति औ बिगारति सब सुधारति जाय।
रह्यो जो, तासौं भलो है बन्यो जो अब आय।
चलत करतब भरो ताको हाथ यौं बहु काल
जाय कै तब कतहुँ उतरत कोउ चोखो माल।

कार्य्य हैं ये तासु गोचर होत जो जग माहिं।
और केती हैं अगोचर वस्तु गिनती नाहिं।
नरन के संकल्प, तिनके हृदय, बुद्धि, बिचार
धर्म्म के या नियम सौं हैं बँधे पूर्ण प्रकार।

अलख करति सहाय, साँचो देति है करदान।
करति अश्रुत घोष घन की गरज सौं बलवान।
मनुज ही की बाँट में हैं दया प्रेम अनूप;
युगन की बहु रगर सहि जड़ ने लह्यो नररूप।

शक्ति की अवहेलना जो करै ताकी भूल।
विमुख खोवत, लहत सो जो चलत हैं अनुकूल।
निहित पुण्यहि सौं निकासति शांति, सुख, आनंद।
छपे पापहि सौं प्रगट सो करति है दुखद्वंद्व।

आँखि ताकी रहति है नहिं रहै चाहै और;
सदा देखति रहति जो कछु होत है जा ठौर।
करौ जेतो भलो तेतो लहौ फल अभिराम।
करौ खोटो नेकु ताको लेहु कटु परिणाम।

क्रोध कैसो ? क्षमा कैसी ? शक्ति करति न मान
ठीक काँटे पै तुले सब होत तासु विधान।
काल की नहिं बात; चाहे आज अथवा कालि
देति प्रतिफल अवसि सो निज नियम अविचल पालि।

याहि विधि अनुसार घातक मरत आपहि मारि,
क्रूर शासक खोय अपनो राज बैठत हारि,
अनृतवादिनि जीभ जड़ है रहति बात न पाय,
चोर ठग हैं हरत धन पै भरत दूनो जाय।

रहति शक्ति प्रवृत्त सत् की लीक थापन माहिं;
थामि अथवा फेरि ताको सकत कोऊ नाहिं।
पूर्णता औ शांति ताको लक्ष्य, प्रेमहि सार।
उचित है, हे बन्धु ! चलिबो ताहि के अनुसार।

× × ×

कहत हैं सब शास्त्र कैसी खरी चोखी बात—
होत जो या जन्म में सब पूर्व को फल, भ्रात !
पूर्व पापन सौं कढ़त हैं शोक, दुख, विषाद।
होत जो सुख आज सो सब पूर्व-पुण्य-प्रसाद।

बवत जो सो लुनत सब; वह लखौ खेत दिखात
अन्न सौं जहँ अन्न उपजत, तिलन सौं तिल, भ्रात !
महाशून्य अपार परखत रहत सब संसार।
मनुज को है भाग्य निर्मित होत याहि प्रकार।

बयो पहले जन्म में जो अन्न तिल बगराय
सोइ काटन फेरि आवत जीव जन्महिं पाय।
बेर और बबूर, कंटक झाड़, विष की बेलि
गयो जो कछु रोपि सो लहि मरत पुनि दुख झेलि।

किन्तु तिनको जो उखारै लाय उचित उपाय
और तिनके ठौर नीके बीज रोपत जाय
स्वच्छ, सुन्दर, लहलही ह्वै जायहै भू फेरि,
प्रचुर राशि बटोरि सो सुख पायहै पुनि हेरि।

पाय जीवन लखै जो दुख कढ़त कित सौं आय,
सहै पुनि धरि धीर तन पै परत जो कछु जाय;
पाप को वा कियो जो सब पूर्व जीवन माहिं
सत्य सम्मुख दंड पूरो भरै, हारै नाहिं,

अहंभाव निकासि होवै निखरि निर्मलकाय;
स्वार्थ सौं नहिं तासु रंचक काहु को कछु जाय;
नम्र ह्वै सब सहै; कोऊ करै यदि अपकार
पाय अवसर करै ताको बनै जो उपकार;

होत दिन दिन जाय सो यदि सदय, पावन, धीर,
न्यायनिष्ठ, सुशील, साँचो, नम्र औ गंभीर;
जाय तृष्णा को उखारत मूल प्रति छन माहिं
होय जीवन-वासना को नाश जौ लौं नाहिं;

मरे पै तब तासु रहिहै अशुभ को नहिं चूर;
जन्म को लेखो सकल चुकि जायहै भरपूर;
जायहै शुभ मात्र रहि ह्वै सबल बाधा हीन;
पाय फल सो परम मंगल माहिं ह्वैहै लीन।

जाहि जीवन कहत तुम सो नाहिं पैहै फेरि।
लगो जो कछु चलो आवत रह्यो वाको घेरि
गयो चुकि सो; भयो पूरो लक्ष्य सो गंभीर
मिलो जाके हेतु वाको रह्यो मनुज-शरीर।

नाहिं ताहि सतायहै पुनि वासना को जाल
और किल्विष हू कलंक लगायहै नहिं भाल।
जगत् के सुख दुख न सो चिर शांति करिहैं भंग,
जन्म मरण न लागिहै पुनि और ताके संग।

पायहै सो परम पद निर्वाण पूर्ण प्रकार;
नित्य जीवन माहिं मिलिहै होय जीवन पार;
होयहै निःशेष ह्वै सो धन्य, भ्रमिहै नाहिं–
जाय मिलिहै ओसबिंदु अनंत अंबुधि माहिं।

ओं मणिपद्मे हुं

कर्म को सिद्धांत है यह, लेहु याको जानि।
पाप के सब पुंज की ह्वै जाति है जब हानि,
जात जीवन जबै सारो लौ समान बुताय
तबै ताके संग ही यह मृत्यु हू मरि जाय।

'हम रहे', 'हम हैं', 'होयँगे हम' कहौ जनि यह बात;
समझौ न पथिकन सरिस पल के घरन में बहु, भ्रात !
तुम एक छाँड़त गहत दूजो करत आवत बास
सुधि राखि अथवा भूलि जो कछु होत दुख सुपास।

रहि* जात है कछु नाहिं प्राणी मरत है जा काल;
चैतन्य अथवा आतमा नसि जात है ज्यों ज्वाल।
रहि जात केवल कर्म ही हैं शेष विविध प्रकार;
बहु खंड तिनसों लहत उद्भव जन्म जोरनहार।

* इसके पहले के पद्य में बौद्धों के जिस दार्शनिक मत का आभास है उसे स्पष्ट करने के लिए यह पद्य अपनी ओर से जोड़ा गया है। बौद्ध लोग आत्मा को नश्वर मानते हैं; उसे अमर नहीं मानते। इससे कर्मवाद को विलक्षण रीति से उन्होंने अपने मत के अनुकूल किया है। प्राणी की मृत्यु होने पर उसके सब खंड–आत्मा आदि सब–नष्ट हो जाते हैं; केवल कर्म शेष रह जाते हैं जिनसे फिर नए-नए खंडों की योजना होती है और एक नया प्राणी उत्पन्न होता है। पिछले प्राणी के साथ इस नए प्राणी का कर्मसूत्रसम्बन्ध रहता है, इससे दोनों को एक ही प्राणी कह सकते हैं।

जग माहिँ तिनको योग प्रगटत जीव एक नवीन;
सो आप अपने हेतु घर रचि होत वामें लीन।
ज्यों पाटवारो कीट आपहि सूत कातत जाय
पुनि आप वामें बसत है जो लेत कोश बनाय।

सो गहत भौतिक सत्त्व औ गुण आपही रचि जाल—
ज्यों फूटि विषधर-अंड केंचुर दंष्ट्र गहत कराल;
ज्यों पक्षधर शरबीज घूमत उड़त नाना ठौर,
लहि वारितट कहुँ बढ़त, फेंकत पात, धारत मौर।

या नए जीवन की प्रगति शुभ अशुभ दिशि लै जाय।
जब हनत काल कराल पुनि निज क्रूर करहि उठाय
रहि जात तब वा जीव को जो शेष शुद्धिविहीन
सो फेरि झंझावात झेलत सहत ताप नवीन।

पै मरत है जब जीव कोऊ पुण्यवान् सुधीर
बढ़ि जाति जग की संपदा कछु, बहत सुखद समीर।
मरु भूमि की ज्यौं धार बालू बीच जाति बिलाय
ह्वै शुद्ध निर्मल फेरि चमकति कढ़ति है कहुँ जाय।

या भाँति अर्जित पुण्य अर्जित करत है शुभकाल;
यदि पाप ताको देत बाधा रुकति ताकी चाल।
पै धर्म्म सबके रहत ऊपर सदा या जग माहिं;
कल्पांत लौं विधि चलति ताकी, कबहुँ चूकति नाहिं।

तम ही तुम्हैं भव बीच डारत है अविद्या छाय,
तुम जाल में परि जासु झूठे दृश्य सत् ठहराय
हौ करत तृष्णा लहन की, औ लहि तिन्हैं फँसि जात
बहु रूप रागन माहिं जो हैं करत तुमसों घात।

जो 'मध्यमा प्रतिपदा' * को गहि होन चाहैं पार—
पथ जासु प्रज्ञा खोजि काढ़ति, शांति करति सुढार—
निर्वाणपथ की ओर चाहैं चलन जे चित लाय
ते सुनैं, अब हौं कहत चारो 'आर्य्य सत्य' बुझाय।

* कामसुख आदि विषयों का सेवन और शरीर को क्लेश देना इन दोनों अन्तों का त्याग और मध्यम मार्ग का ग्रहण।

प्रथम तो है 'दुख सत्य' न तुम्हैं जासु बिचार,
परम प्रिय जीवन तुम्हैं सो दीर्घ दुख को भार।
क्लेश ही रहि जात हैं, सुख परत नाहिं जनाय,
आय पंछी से कबहुँ उड़ि जात झलक दिखाय।

जातिदुख अपार, शैशव दशा को दुख घोर,
दुख यौवन ताप को, श्रमदुख फेरि कठोर,
दुख दारुण जरा को, पुनि मरणदुख कराल,
दुख में या भाँति सिगरो जात जीवनकाल।

प्रेम है अति मधुर; पै सो अधर जो न अघात
और परिरंभित पयोधर लपट सौं लपटात।
अवसि संगरशूरता अति परति भव्य लखाय,
किंतु वीर नरेंद्र के भुज गीध नोचत जाय।

लसति सुन्दर वसुमती, पै लखौ नयन उठाय
एक एकहि हतन की कत रहत घात लगाय !
लगत नीलम सरिस नभ, पै देत बूँद न डारि
अन्न बिनु जब लोग ब्याकुल मरत त्राहि पुकारि।

व्याधि सौं वा शोक सौं जे विकल औ बिललात,
टेकि लाठी लुढ़त परिजनत्यक्त जे नतगात,
लगत जीवन तिन्हैं कैसो नेक पूछौ जाय;
कहत ते "शिशु विज्ञ, रोवत जन्म जो यह पाय।"

'दुख समुदय' सत्य दूजो धारियो मन माहिं।
कौन ऐसो क्लेश तृष्णा सौं कढ़त जो नाहिं ?
आयतन औ स्पर्श* बहु विधि मिलत हैं जब जाय
कामतृष्णा आदि की तब ज्वाल देत जगाय।

जगति तृष्णा काम की, भव विभव की या भाँति।
स्वप्न में तुम रहत भूले, गहत छायापाँति।
अहं को आरोप तिनके बीच करत भुलाय,
जगत् ठाढ़ो करत तासु प्रतीति यौं उपजाय।

---

* बौद्ध शास्त्रों में मन सहित पाँच इन्द्रियों के समूह को षडायतन और विषयों को स्पर्श कहते हैं।

लखत तासों परे नहिं औ सुनत नहिं तुम, भ्रात !
मधुर स्वर जो इन्द्रलोकहु सौं परे लहरात।
'असत् को तजि सत्य जीवन गहौ सहित विवेक'
धर्म्म की या हाँक पै तुम कान देत न नेक।

विभवतृष्णा देति या भू बीच कलह पसारि।
करत बिलखि विलाप वंचित दीन आँसू ढारि।
काम, क्रोध लखात ईर्षा, द्वेष हिंसा, घात।
रक्त में सनि वर्ष पाछे वर्ष धावत जात।

जहाँ चाहत रह्यो उपजै अन्न सुख सरसाय
फैलि कलियारी तहाँ विषमूल रही बिछाय,
क्रूर कटुता सौं भरे निज फूल रही दिखाय।
जहाँ नीके बीज जामैं ठौर सो न लखाय।

माति विष सौं जात जग सौं जीव त्यागि शरीर
तृषा-आतुर फेरि लौटत कर्मधारा तीर।
आयतनगत, कर्मबीजन सौं सनो, श्रमलीन
चलत है पुनि अहं, माया मिलति और नवीन।

सत्य 'दुखनिरोध' नामक तीसरो है, भ्रात !
बिजय तृष्णा पै लहै करि सकल रागनिपात।
मूलबद्ध कुवासना मन सौं समस्त उखारि
करै अंतस के उपद्रव शांत धीरज धारि।

प्रेम याही—नित्य सुषमा हेरि तन मन देय;
और यहै प्रताप—आपहिं जीति वश करि लेय;
यहै अति आनन्द—देवन सौं परे है जाय;
अतुल संपति यहै—राखै नित्य निधिहि जुटाय।

नित्य निधि यह जुरति कीने दया औ उपकार,
दान, मृदुता, मधुर भाषण, और शुचि ब्यवहार।
अछय धन यह जाय जोरत सदा जीवन माहिं,
लोक में परलोक में कहुँ छीजिहै जो नाहिं।

दुख को यों अंत ह्वैहै आपही वा काल
जन्म को औ मरण को जब छूटिहै जंजाल।
जायहै चुकि तेल उठिहै दीप लौ किहि भाँति ?
जायहै रहि बस अनालय मुक्ति की शुभ शांति।

× × ×

'मार्ग' नाम को 'आर्य्य सत्य' अब चौथो आवै,
सब के चलिबे जोग सुगम जो पंथ सुहावै।
सुनौ 'आर्य्य अष्टांग मार्ग' यह है अति सुंदर
सूधो जो चलि गयो शांति की ओर निरंतर।
गए विविध पथ हिममंडित वा शुभ्र शिखर तन
जाके चहुँ दिशि लसत स्वर्णरंजित कुंचित घन।
अति सुढार वा अति कुढार पथ गहि, हे भाई !
शांतिधाम के बीच पथिक पहुँचत वा जाई।
सबल सकत करि पार विकट गिरिसंकट चटपट
कूदत फाँदत, गिरत परत गहि मारग अटपट।
जे निर्बल ते पथ सुढार गहि चढ़ैं सँभारत,
बीच बीच में टिकत और बहु फेरो डारत।
ऐसो है 'अष्टांग मार्ग' यह अति उजियारो,
शांति धाम के बीच अंत पहुँचावनहारो।
दृढ़ संयम संकल्प होत हैं जिनके, भाई !
पहुँचि जात ते जीव शीघ्र चढ़ि खड़ी चढ़ाई।
पै निर्बल हू धीरे धीरे आशा धारे
चलत रहत यदि पहुँचि जात कबहूँ बेचारे।

पहलो 'सम्यक् दृष्टि' अंग या मारग केरो।
राखि धर्म्मभय चलौ, पाप सौं करौ निबेरो।
मानौ कर्महि सार भाग्य उपजावनहारो।
इंद्रिन को वश राखि विषयवासना निवारो।
पुनि 'सम्यक् संकल्प' दूसरो अंग सुहावै।
सब जीवन को हित चित सौं ना कबहूँ जावै।
क्रोध लोभ करि दमन, क्रूरता मारौ सारी;
मृदु समीर सी जीवनगति ह्वै जाय तुम्हारी।
'सम्यक् वाचा' अंग तीसरो मन में धारौ;
भीतर राजा बसत अधरपट समझि उघारौ।

मुख सों बाहर कढ़ैं शब्द जो कबहुँ तुम्हारे
शांत, मधुर, प्रिय औ विनीत ते होवैं सारे।
पुनि 'सम्यक् कर्मान्त' अंग चौथो जो लैहौ
साधत साधत सुकृत कर्मक्षय-मारग पैहौ।
क्रिया तुम्हारी होयँ जगत् में जेती सारी
शुभ को बाढ़न देयँ, अशुभ को देयँ उखारी।
फटिक-पोत के बीच स्वर्णगुण झलकत जैसे
शुभ कर्मन बिच प्रेम तुम्हारो झलकै तैसे।
पुनि 'सम्यक् आजीव' पाँचवों अंग कहावै;
करौ जीविका क्लेश नाहिं कोउ जासों पावै।
गहि 'सम्यक् व्यायाम' शिथिलता दूर हटाओ
करौ उचित श्रम तन मन में जनि आलस लाओ।
'सम्यक् स्मृति' बिनु ज्ञान सकत नहिं थिरता पाई;
धारौगे जो आज जायगो कालि पराई।
सात अंग ये साधि लहत 'सम्यक् समाधि' नर;
सुख दुख दोऊ माहिं अचंचल रहत निरंतर।
यों सम वृत्तिहि पाय चित्त एकाग्र लगावत
जो जो मुक्ति उपाय तिन्हैं सब गुनत यथावत्

शक्ति प्राप्त बिनु किए उड़ौ ना ऊपर धाई
नीचे ही सों चलौ कर्म साधत सब, भाई!
जो थल जानो सुनो प्रथम वाही को धरिए।
शक्ति प्राप्त जब होय गमन ऊपर को करिए।
अति प्रिय पुत्र कलत्र होत यह लेहु विचारी।
बहु आहार विहार, सखा कैसे सुखकारी!
दान दया हैं सुंदर फल उपजावनहारे।
जमे चित्त में यदपि तदपि भय झूठे सारे।
ऐसो जीवन गहौ होयहै मंगलकारी।
दलि पायँन तर पाप रचौ सोपान सँवारी।
माया के बिच पंथ निकासत अपनो सुंदर
बढ़त जाव तुम सत्य धर्म्म की ओर निरंतर।
या विधि ऊँची भूमिन पै तुम कढ़त जायहौ।
पापभार निज हरुओ औ गति सुगम पायहौ।
होत जायहै दृढ़तर यों संकल्प तिहारो,

क्रमशः बंधन तजत पंथ पैहौ उजियारो।
मुक्तिमार्ग की प्रथम अवस्था जो यह पावै
सो अधिकारी नर 'श्रोतः आपन्न' कहावै।
सब अपाय भय खोय सदा शुभ करत जायहै
मंगलमय निर्वाण धाम सो अंत पायहै।
फेरि अवस्था है द्वितीय 'सकृदागामी' की;
हटत तीन प्रतिबंध, लहति मति गति अति नीकी।
हिंसा औ आलस्य काम सो दूर करत है
एक जन्म बस और ताहि पुनि धरन परत है।
फेरि तीसरी दशा 'अनागामी' की पावत,
तजि विचिकित्सा मोह 'पंच प्रतिबंध' * नसावत।
जनमत नहिं या कामलोक मैं पुनि सो आई;
ब्रह्मलोक में लहत जन्म यह लोक विहाई।
'अर्हत्' की पुनि परति अवस्था सब सौं ऊपर;
जन्म आदि को बंधन नहिं रहि जात लेश भर।
सब दुखन सौं परे, मुक्त माया सौं सारी
होत बुद्धगण आए या पद के अधिकारी।

जैसे वा हिमशृंग बीच बैठै जो बाँके
छाँड़ि नील नभ और नाहिं कछु ऊपर ताके
तैसे जो प्रतिबंध पाँच ये देत नसाई
पहुँचि जात निर्वाणधाम के तट पै जाई।
नीचे ताके परे ताहि सुरगण सिहात सब;
तीन लोक को प्रलय होय पै डिगै न सो तब।
सब जीवन है तासु, मृत्यु मरि जाति ताहि हित;
ताके नहिं पुनि कर्म बनैहैं नए भवन नित।
चाहत सो कछु नाहिं, लहत पै सब कछु निश्चय;
अहं भाव तजि देखत है सब जगत् आत्ममय।
यदि कोऊ यह कहै "नाश निर्वाण कहावत"
बोलौ तासौं "झूठ कहत तुम, भेद न पावत।"
कहै कोउ यदि "जीबो ही निर्वाण कहावत"
वासौं तुम यह कहौ "व्यर्थ तुम भ्रम उपजावत।"
जाको कोऊ सुनि समुझै वा कहि समुझावै

* पंच प्रतिबन्ध–आलस्य, हिंसा, काम, विचिकित्सा, मोह।

ऐसो है सो नाहिं, व्यर्थ क्यों वाद बढ़ावै ?
टिमटिमात जो जीवनदीपक को उजियारो
ताके आगे ज्योति कहा, को जाननहारो ?
लसत परे अति काल-जन्म-बंधन सों जो है
कैसो सो आनंद सकै कहि ऐसो को है ?

× × ×

गहौ मार्ग यह—दुख न द्वेष सौं बढ़ि जग माहीं,
क्लेश राग सौं, धोखो इन्द्रिन सौं बढ़ि नाहीं।
मुक्तिमार्ग पै गयो दूर बढ़ि सो पुनीत नर
जाने एकहु पाप दल्यो अपने को रुचिकर।
गहौ मार्ग यह—याही में सो सुधास्रोत है
जासौं सारी प्यास बुझति, श्रम दूर होत है;
याही में वे अमरकुसुम हैं खिले मनोहर
हासमयी गति करत जात जो बिछि पाँयन तर;
याही में वे घरी परैं सुख की, हे भाई !
परम मधुर जो, जात परैं नहिं कतहुँ जनाई।
शिक्षमाण ये धर्म्मरत्न सबसौं बढ़ि जानौ
और सुधाहू सौं इनको अति मधुर प्रमानौ—

दया के नाते करौ जनि जीवहिंसा, भ्रात !
क्षुद्र तें अति क्षुद्र ये जो जीव हैं दरसात
करत पूरो भोग ऊँचे जात पंथ सुधारि
देहु तुम इनको न बाधा बीच ही में मारि।

बनै जो कछु देहु औ तुम लेहु या जग माहिं।
लोभ सौं छलबल सहित पै लेहु तुम कछु नाहिं।
देहु झूठी साखि ना, जनि करौ निंदा जानि।
सत्य बोलौ, सत्य ही है शुद्धता की खानि।

पियौ ना मद, देत बुद्धि नसाय जो हरि ज्ञान।
शुद्ध जो मन कहा ताको सोमरस को पान ?
दीठि लाओ ना पराई नारि पै लहि घात,
करौ इंद्रिन को न अपने पाप में रत, भ्रात !

कपिलवस्तु में बसि पुरजन परिजन समाज लहि
सारी निशि भगवान् करत उपदेश गए रहि।
काहू को वा रैन नींद नयनन में नाहीं
ऐसे सब ह्वै गए मग्न प्रभुबचनन माहीं !
बोलि चुके जब बुद्ध भूप तब सम्मुख आयो,
चीवर माथे लाय विनय सौं सीस नवायो।
बोल्यो "हे सुत !" सँभरि कह्यो पुनि यौं "हे भगवन् !
मोहू को लै लेहु 'संघ' में मानि तुच्छ जन।"
और सुन्दरी गोपा ह्वै आनंदमग्न तब
बोली प्रभु सौं "हे मंगलमय ! राहुल को अब
देहु दया करि दाय मानि याको अधिकारी,
'उपसंपदा'* गहाय करौ प्रभु याहि सुखारी।"
या प्रकार सौं शाक्य राजकुल के तीनो जन
धर्म्ममार्ग में करि प्रवेश ह्वै गए शांतमन।

तथागत ने भाखि दीने धर्म्म के सब अंग।
पिता, माता, बंधु, बांधव, इष्ट मित्रन संग
चाहिए व्यवहार कैसो कह्यो सब समझाय
यौं गृहस्थ उपासकन को दियो धर्म्म बताय।
छोरि बंधन सकै इन्द्रिन के न जो तत्काल,
होयँ पाँव अशक्त जाके, चलै धीमी चाल।
चलै संयम नियम सौं यौं दयाधर्म्म निबाहि
जायँ कल्मषहीन दिन सब, लगै पाप न ताहि।

चलत जे या भाँति ह्वै कै शुद्ध औ गंभीर,
दयावान्, सुजान, श्रद्धावान् औ अति धीर,
आप से गुनि छोह जीवन पै सकल दरसाय,
धरत ते 'अष्टांगपथ' पै पाँव पहलो जाय।

दुख वा सुख होत है जो जीव को जग माहिं
अशुभ वा शुभ कर्म को फल, और है कछु नाहिं।

---

* बौद्ध लोग श्रमण या भिक्षु धर्म्म की दीक्षा को उपसंपदा कहते हैं।

स्वार्थ छाँड़ि गृहस्थ जेतो करत जग-उपकार
होत तेतो सुखी जनमत जबै दूजी बार।

× × ×

एक दिन प्रभु रहे यों ही वेणुवन दिशि जात;
लख्यो एक गृहस्थ ठाढ़ो न्हाय निर्मलगात,
जोरि कर नभ ओर नावत सीस बारंबार,
फेरि बंदन करत धरती को अनेक प्रकार,

पढ़त मुँह सों कछुक अच्छत हाथ सों छितराय
घूमि चारो दिशा को पुनि सिर नवावत जाय।
बुद्ध ने जब जाय तासु समीप पूछी बात
''रहे हौ सिर नाय क्यों या भाँति तुम, हे भ्रात ?''

कह्यो ''पूजन करत हौं मैं नित्य उठि, भगवान् !
देव पितर मनाय चाहत आपनो कल्यान।''
कह्यो जगदाराध्य ''अच्छत क्यों रहे बगराय ?
दया प्रेम न क्यों पसारत सब जनन पै जाय ?

मातु पितु को मानि पूरब कढ़ति जहँ सों ज्योति;
गुरुहि दक्षिण मानि जहँ सों प्राप्ति निधि की होति;
पुत्र पत्निहिं मानि पश्चिम शांति जहँ द्युतिमान,
होत जहँ अनुराग के बिच दिवस को अवसान;

बंधु बांधव, इष्ट मित्रन को उदीची मानि
भक्ति, श्रद्धा, प्रेम अपनो तुम पसारौ जानि।
क्षुद्र जीवन पै दया तुम धरौ निज मन माहिं;
यहै पूजन अवनि चाहति, और यह सब नाहिं।

स्वर्ग में जो बसत हैं सब देव पितर महान्
रखौ तिनमें भक्ति, चहिए नाहिं और विधान।
चलौगे या रीति पै जो गृही-जीवन माहिं
होयगी रक्षा तुम्हारी, रहैगो भय नाहिं।''

शिक्षा याही भाँति 'संघ' को अपने दीनी।
धर्म्मव्यवस्था प्रभु ने भिक्षुन के हित कीनी,

करत व्योम में जो विहार नाना विधि जाई
जागे पंछिन सरिस विषयकोटरन बिहाई।
सिखै तिन्हैं 'दशशील'[1] सात 'बोध्यंग'[2] बताए;
'ऋद्धिपाद'[3] के द्वार, 'पंचबल'[4] कहि समझाए;
औ 'विमोक्ष सोपान[5]' 'आठ सुंदर दरसाए';

'ध्यान चतुर्विध'[6] तिनको व्याख्या सहित बुझाए–
जीव हेतु जो परम मधुर हैं अमृतहु सौं बढ़ि,
जिनको लहि सो सकत क्षार भवसागर सौं कढ़ि।
'मैत्री', 'करुणा' और 'उपेक्षा' 'मुदिता'[7] चारौ
अंग भावना के कहि बोले "इनको धारौ।"
शिक्षमाण[8] दै रत्न अंत भिक्षुन को सारे
बोले 'त्रिशरण'[9] गहौ, मार्ग पै चलौ हमारे।"
भिक्षुन के आचार नियम हू सब निधरि,
रहैं राग औ विषय भोग सौं कैसे न्यारे।
रहन सहन औ खान पान, परिधान बताए।
तिनके हित परिधेय तीन चीवर ठहराए–
'अंतरवासक' रहै एक, पुनि ताके ऊपर
धरैं 'उत्तरासंग' और 'संघाति' अंग पर।

---

1. **दशशील**–हिंसा, स्त्येन, व्यभिचार, मिथ्याभाषण, प्रमाद, अपराह्नभोजन, नृत्यगीतादि, मालागंधादि, उच्चासन शय्या और द्रव्यसंग्रह का त्याग।
2. **बोध्यंग**–स्मृति, धर्म्मप्रविचय (पुण्य), वीर्य्य, प्रीति, पश्रब्धि, समाधि और अपेक्षा।
3. **ऋद्धिपाद**–अर्थात् असामान्य क्षमता की प्राप्ति।
4. **पंचबल**–श्रद्धाबल, समाधिबल, वीर्य्यबल, स्मृतिबल और प्रज्ञाबल।
5. **अष्टविमोक्षसोपान**–(1) रूपभावना के कारण बाह्य जगत् में रूप दिखाई पड़ना (2) मन में रूप भावना न रहने पर भी बाह्य जगत् में रूप दिखाई पड़ना (3) न मन में रूपभावना रहना न बाह्य जगत् में रूप दिखाई पड़ना (4) रूपलोक अतिक्रमण कर अनंत आकाश की भावना करते हुए 'आकाशानंत्यायतन' में विहार (5) आकाशानंत्यायतन का अतिक्रमण कर अनंत विज्ञान की भावना करते हुए 'विज्ञानानंत्यायतन' में विहार (6) विज्ञानानंत्यायतन का अतिक्रमण कर 'अकिंचन' (कुछ नहीं) की भावना करते हुए अकिंचन्यायतन में विहार (7) अकिंचन्यायतन का अतिक्रमण कर नैवसंज्ञानैवासंज्ञायतन (ज्ञान और अज्ञान दोनों नहीं) की भावना करते हुए नैवसंज्ञानैवासंज्ञायतन में विहार (8) अन्त में ज्ञान और ज्ञाता दोनों का निरोध कर 'संज्ञावेदयितृ' उपलब्ध करना।
6. आठ विमोक्ष सोपानों में से तीसरे से सातवें तक को चतुर्विध ध्यान कहते हैं।
7. मुदिता = संतोष।
8. मार्ग, ऋद्धि, बल आदि सब मिलकर सप्तत्रिंशच्छिक्षणमाण धर्म्म कहलाते हैं।
9. बुद्ध, धर्म्म और संघ की शरण में जाना।

राखैं भिक्षापात्र संग में औ शयनासन
और अधिक जंजाल बढ़ावैं नाहिं भिक्षुजन।
या विधि श्रीभगवान् गए निज 'संघ' बनाई
जो अब लौं चलि जात जगत् की करत भलाई।

परिनिर्वाण

नाना देशन माहिँ आपनो 'संघ' बनावत
घूमि घूमि भगवान् रहे निज वचन सुनावत।
कबहुँ राजगृह और कबहुँ वैशाली जाई,
कौशांबी औ श्रावस्ती मेँ कछु दिन छाई,
'चातुर्मास्य'[1] बिताय विविध उपदेश सुनावत,
भूले भटकन को सुंदर मारग पै लावत।
अधिक काल पै श्रावस्ती ही माहिँ बितायो।
जहाँ 'जेतवन' बीच धर्म्म बहु कहि समझायो।

पैंतालिस चौमासन लौँ या धराधाम पर
प्रभु समझावत रहे धर्म्म के तत्त्व निरंतर,
जगी ज्योति जिनकी जग में ऐसी उजियारी
सब देशन को सूझि पर्‌यो पथ मंगलकारी;
ध्यावत जाको जग के आधे नर हिय धारे,
आलोकित हैं जाकी आभा सोँ मत सारे।
अंतकाल नियराय गयो जब एक दिवस तब
'पावा' में प्रभु जाय पधारे शिष्यन लै सब
'चुंद' नाम के कर्मकार के भवन कृपा करि।
पायो भोजन दियो सामने जो वाने धरि।
कुशीनार को गए तहाँ सोँ ह्वै पीड़ित जब
द्वै साखुन के बीच डारि शय्या पौढ़े तब।

परम शांति सोँ बोलि देत उत्तर जो माँगत
'परिनिर्वाण' पुनीत लह्यो भगवान् तथागत।
मनुजन में रहि मनुज सरिस, शुभ मार्ग दिखाई

1. बौद्ध भिक्षु वर्षा या चौमासे भर एक ही स्थान पर रहते हैं।

परम शून्यमय नित्य शांति में गए समाई।
चरित भयो यह पूर्ण; कह्यो मैं जो कछु गाई
सो यह साहस मात्र भक्तिवश जानौ, भाई !
जानत थोरी बात ताहु पै कहन न जानत,
यातें अपनी चूक आपही मैं अनुमानत।
कहाँ तथागत-चरित, कहाँ लघु मति यह मेरी !
चाहौं यातें क्षमा, दया मैं प्रभु की हेरी।

बुद्धं शरणं गच्छामि
धर्मं शरणं गच्छामि
संघं शरणं गच्छामि।

इति।

शशांक

(उपन्यास)

भूमिका

यह उपन्यास श्रीयुत राखालदास बंद्योपाध्याय महोदय के बँगला उपन्यास का हिन्दी भाषान्तर है। राखाल बाबू का सम्बन्ध पुरातत्व विभाग से है। भारत के प्राचीन इतिहास की पूरी जानकारी के साथ-साथ दीर्घ कालपटल को भेद अतीत के क्षेत्र में क्रीड़ा करनेवाली कल्पना भी आपको प्राप्त है। अपना स्वरूप भूले हुए हमें बहुत दिन हो गए। अपनी प्रतिभा द्वारा हमारे सामने हिन्दुओं के पूर्व जीवन के माधुर्य्य का चित्र रखकर आपने बड़ा भारी काम किया। सबसे बड़ी बात तो यह हुई कि आपने यह स्पष्ट कर दिया कि प्राचीन काल की घटनाओं को लेकर उन पर नाटक या उपन्यास लिखने के अधिकारी कौन हैं। प्राचीन काल में कैसे-कैसे नाम होते थे, कैसा वेश होता था, पद के अनुसार कैसे सम्बोधन होते थे, राजकर्मचारियों की क्या-क्या संज्ञाएँ होती थीं, राजसभाओं में किस प्रकार की शिष्टता बरती जाती थी, इन सब बातों का ध्यान रखकर इस उपन्यास की रचना हुई है। यही इसका महत्त्व है। मुसलमानी या फारसी तमीज के कायल इसमें यह देख सकते हैं कि हमारी भी अलग शिष्टता थी, अलग सभ्यता थी, पर वह विदेशी प्रभाव से लुप्त हो गई। वे राजसभाएँ न रह गईं। हिन्दू राजा भी मुसलमानी दरबारों की नकल करने लगे; प्रणाम के स्थान पर सलाम होने लगा। हमारा पुराना शिष्टाचार अन्तर्हित हो गया और हम समझने लगे कि हम में कभी शिष्टाचार था ही नहीं।

इस उपन्यास में जो चित्र दिखाया गया है वह गुप्त-साम्राज्य की घटती के दिनों का है जब श्रीकंठ (थानेश्वर) के पुष्पभूति वंश का प्रभाव बढ़ रहा था। गुप्त वंश प्रतापी राजवंशों में है जिनके एकछत्र राज्य के अन्तर्गत किसी समय सारा देश था। कामरूप से लेकर गान्धार और वाह्लीक तक और हिमालय से लेकर मालवा, सौराष्ट्र, कलिंग और दक्षिण कोशल तक पराक्रान्त गुप्त सम्राटों की विजय पताका फहराती थी। इस क्षत्रिय वंश के मूलपुरुष का नाम गुप्त था। इन्हीं गुप्त के पुत्र घटोत्कच हुए जिनके प्रतापी पुत्र प्रथम चन्द्रगुप्त लिच्छवी राजवंश की कन्या कुमार देवी से विवाह कर सन् 321 ई. में मगध के सिंहासन पर बैठे और गुप्त वंश के प्रथम सम्राट हुए। उनके पुत्र परम विजयी समुद्रगुप्त (सन् 350 ई.) ने अपने साम्राज्य का विस्तार समुद्र से लेकर समुद्र तक बढ़ाया। प्रतिष्ठान (झूँसो) इनके प्रधान गढ़ों में से था जहाँ अब तक इनके कीर्तिचिह्न पाए जाते हैं। समुद्रकूप इन्हीं के नाम पर है। इलाहाबाद के किले के भीतर अशोक का जो स्तम्भ है उसे मैं समझता हूँ कि इन्हीं ने कौशाम्बी से लाकर अपने प्रतिष्ठानपुर के

दुर्ग में खड़ा किया था। पीछे मुगलों के समय में झूँसो से उठकर वह इलाहाबाद के किले में आया। इसी स्तम्भ पर हरिषेण कृत समुद्रगुप्त की प्रशस्ति अत्यन्त सुन्दर श्लोकों में अंकित है। समुद्रगुप्त के पुत्र द्वितीय चन्द्रगुप्त (विक्रमादित्य) हुए (सन् 401-413 ई.) जिन्हें अनेक इतिहासज्ञ कथाओं में प्रसिद्ध विक्रमादित्य मानते हैं। चन्द्रगुप्त विक्रमादित्य के पुत्र प्रथम कुमारगुप्त ने 415 से 455 तक राज्य किया। कुमारगुप्त के पुत्र स्कन्दगुप्त के समय में हूणों का आक्रमण हुआ और गुप्त साम्राज्य अस्त-व्यस्त हुआ। स्कन्दगुप्त ने 455 से 467 ई. तक राज्य किया। जान पड़ता है कि हूणों के साथ युद्ध करने में ही इनके जीवन का अन्त हुआ। इनकी उपाधि भी विक्रमादित्य थी।

स्कन्दगुप्त के पीछे, जैसी कि कुछ लोगों की धारणा है, गुप्त साम्राज्य एकबारगी नष्ट नहीं हो गया। ईसा की छठी और सातवीं शताब्दी तक गुप्तसाम्राज्य के बने रहने के अनेक प्रमाण पाए जाते हैं। गुप्त संवत् 199 (518 ई.) के परिव्राजक महाराज संक्षोभ के शिलालेख से यह स्पष्ट हों जाता है कि गुप्तों की अधीनता दभाला तक, जिसके अन्तर्गत त्रिपुर विषय (जबलपुर के आस-पास का प्रदेश) था, मानी जाती थी। इसी प्रकार का संक्षोभ का एक और शिलालेख[1] जो नागौद (बघेलखंड) में मिला है मध्यप्रदेश के पूर्व का और गुप्तों का साम्राज्य सन् 528 ई. में सूचित करता है। श्रीकंठ (थानेश्वर) के बैस क्षत्रिय वंश के अभ्युदय के समय में भी मालवा में एक गुप्त राजा का होना पाया जाता है जिसके पुत्र कुमारगुप्त और माधवगुप्त थानेश्वर के कुमार राज्यवर्द्धन और हर्षवर्द्धन के सहचर कहे गए हैं (हर्षचरित)। हर्षवर्द्धन के समय में अवश्य गुप्त साम्राज्य का प्रताप मन्द पड़ गया था पर हर्ष के मरते ही माधवगुप्त के पुत्र परम प्रतापी आदित्यसेन ने गुप्त साम्राज्य को फिर से प्रतिष्ठित करके अश्वमेध यज्ञ किया और परमभट्टारक महाराजाधिराज की उपाधि धारण की। गया के पास अफसड़ गाँव में जो उनका शिलालेख मिला है उसमें कामरूप के राजा सुस्थितवर्म्मा को पराजित करनेवाले उनके दादा महासेनगुप्त के सम्बन्ध में लिखा है कि उनकी विजयकीर्ति लौहित्य (ब्रह्मपुत्र) नदी के किनारे बराबर गाई जाती थी। इससे प्रकट है कि सन् 600 ई. में भी, जब प्रभाकरवर्द्धन (हर्षवर्द्धन के पिता) थानेश्वर में राज्य करते थे, गुप्तों का अधिकार मालवा से लेकर ब्रह्मपुत्र नदी के किनारे तक था।

यहाँ पर स्कन्दगुप्त के पीछे होनेवाले गुप्त सम्राटों का थोड़ा-बहुत उल्लेख आवश्यक है। स्कन्दगुप्त के पीछे उनके छोटे भाई (अनन्तदेवी से उत्पन्न) पुरगुप्त ने थोड़े दिनों तक राज्य किया। इनका विरुद भी विक्रमादित्य था। कुछ इतिहासज्ञों का अनुमान है कि ये वही अयोध्या के विक्रमादित्य हैं जो बौद्ध आचार्य वसुबन्धु के बड़े भारी भक्त थे। इससे सूचित होता है कि गुप्तों का साम्राज्य मौखरि वंश के अभ्युदय तक पश्चिम में अयोध्या तक था। पुरगुप्त के पुत्र नरसिंहगुप्त बालादित्य थे जिन्होंने सन् 473 ई. तक राज्य किया। ये वे बालादित्य नहीं हैं जिन्होंने हुएन्सांग के अनुसार मिहिरगुल (मिहिरकुल) को ध्वस्त किया। वे बालादित्य कुछ पीछे हुए हैं। नरसिंहगुप्त के पीछे उनके पुत्र द्वितीय

1. श्रीमत्प्रवर्द्धमानविजयराज्ये संवत्सरशते नवनवत्युत्तरे गुप्तनूपराज्यभुक्तौ।

कुमारगुप्त (क्रमादित्य) ने तीन ही चार वर्ष राज्य किया। उसके पीछे हमें सिक्कों में बुधगुप्त का नाम मिलता है जो सम्भवतः कुमारगुप्त (प्रथम) के ही सबसे छोटे पुत्र थे। बुधगुप्त ने बीस वर्ष तक–सन् 477 से 496 ई. तक–राज्य किया। उस समय के प्राप्त शिलालेखों और ताम्रपत्रों से पाया जाता है कि बुधगुप्त के साम्राज्य के अन्तर्गत पुंड्रवर्द्धनभुक्ति (उत्तरपूर्व बंगाल), काशी, अरिकिण विषय (सागर जिले में एरन नामक स्थान) आदि प्रदेश थे।

हुएन्सांग के अनुसार बुधगुप्त के पुत्र तथागतगुप्त हुए जिनके पुत्र बालादित्य के समय में हूणों[1] का फिर प्रबल आक्रमण हुआ और उनके राजा तुरमानशाह (सं. तोरमाण) ने मध्यप्रदेश पर अधिकार किया। पर तोरमाण का अधिकार बहुत थोड़े दिनों तक रहा क्योंकि सन् 510-511 ई. में अरिकिण (एरन) के गोपराज को हम गुप्तसम्राट की ओर से युद्ध में प्रवृत्त पाते हैं। इसी प्रकार दभाला के राजा संक्षोभ को हम सन् 518 और 528 ई. में गुप्तसम्राट के सामन्त के रूप में पाते हैं। इसका अभिप्राय यह है कि त्रिपुरविषय वा मध्यप्रदेश पर उस समय हूणराज का अधिकार नहीं था। वह प्रदेश गुप्तों की ही अधीनता में था। इन प्रमाणों से सिद्ध है कि बालादित्य ने तोरमाण के पुत्र मिहिरकुल को अच्छी तरह ध्वस्त किया। पीछे मन्दसौर के जनेन्द्र यशोधर्म्मन् ने सन् 533 ई. के पहले ही उसे उत्तर की ओर (काश्मीर में) भगा दिया। इस प्रकार हूणों का उपद्रव सब दिन के लिए शान्त हुआ। संक्षोभ के दोनों लेखों से हम मध्यप्रदेश में सन् 528 ई. तक गुप्तों का आधिपत्य पाते हैं। इसके उपरान्त जान पड़ता है कि यशोधर्म्मन् प्रबल हुए और उन्होंने बालादित्य के पुत्र वज्र को अधिकारच्युत किया। हुएन्सांग ने भी लिखा है कि मगध और पुंड्रवर्धन में वज्र के पीछे मध्यप्रदेश के एक राजा का अधिकार हुआ। गुप्तों के सामन्त दत्तवंशवालों का अधिकार उस समय हम पुंड्रवर्धन में नहीं पाते हैं। पर यह स्पष्ट है कि यशोधर्म्मन् का अधिकार बहुत थोड़े दिनों तक रहा क्योंकि सन् 533-534 ई. (गुप्त संवत् 214) में हम फिर पुंड्रवर्धन (उत्तरपूर्व बंगाल) को किसी 'गुप्त परमभट्टारक महाराजाधिराज पृथ्वीपति' के एक सामन्त के अधिकार में पाते हैं।[2]

इस काल के पीछे हमें माधवगुप्त के पुत्र परम प्रतापी आदित्यसेन के पूर्वजों के नाम मिलते हैं। आदित्यसेन का जो शिलालेख अफसड़ गाँव (गया जिले में) में मिला है उसके अनुसार उनके पूर्वजों का क्रम इस प्रकार है–

महाराज कृष्णगुप्त, उनके पुत्र श्रीहर्षगुप्त, उनके पुत्र जीवितगुप्त (प्रथम) और उसके पुत्र कुमारगुप्त (तृतीय) हुए जिन्होंने मौखरिराज ईशानवर्म्मा को पराजित किया।

---

1. हूण यद्यपि आरम्भ में चीन की पश्चिम सीमा पर बसनेवाली एक बर्बर तातारी जाति थी पर पीछे जब वह वंक्षु नद (आक्सस नदी) के किनारे फारस की सीमा पर आ बसी तब उसने बहुत कुछ फारसी सभ्यता ग्रहण की। सन् 450 के पहले से ही वे पारसी नाम रखने लगे थे। हूणों को फारसवाले हैताल कहते थे। हूणों पर विजय प्राप्त करनेवाले फारस के प्रसिद्ध बादशाह बहरामगोर के पौत्र फीरोज को हरानेवाले हूण बादशाह का नाम खुशनेवाज था। तुरमानशाह और मिहिरगुल भी फारसी नाम हैं।
2. विष्णुवर्द्धन के शिलालेख का संवत् जिसमें जनेन्द्र यशोधर्म्मन् की विजय का वर्णन है।

कुमारगुप्त के पुत्र श्री दामोदरगुप्त भी मौखरी राजाओं से लड़ते रहे। दामोदरगुप्त के पुत्र महासेनगुप्त ने कामरूप के राजा सुस्थितवर्म्मा को पराजित किया। महासेनगुप्त के पुत्र माधवगुप्त हुए जो श्री हर्षदेव के सहचर थे। इन्हीं माधवसेन के गुप्त आदित्यसेन हुए।

उपर्युक्त राजाओं में कुमारगुप्त (तृतीय) के काल का पता ईशानवर्म्मा के हड़हावाले शिलालेख से लग जाता है जिसके अनुसार ईशानवर्म्मा सन् 554 ई. में राज्य करते थे। माधवगुप्त के पूर्वजों के सम्बन्ध में यह ठीक-ठीक नहीं निश्चित होता कि वे मगध में राज्य करते थे या मालवा में। बाण के 'हर्षचरित' में मालवा के दो राजकुमारों, कुमारगुप्त और माधवगुप्त का, थानेश्वर के राज्यवर्द्धन और हर्षवर्द्धन का सहचर होना लिखा है– *मालवराजपुत्रौ भ्रातरौ भुजाविव मे शरीरादव्यतिरिक्तौ कुमारगुप्तमाधवगुप्तनामानावस्माभिर्भवतोरनुचरत्वार्थमिमौ निर्दिष्टौ।* (हर्षचरित, चतुर्थ उच्छ्वास)

माधवगुप्त हर्षवर्द्धन के अत्यन्त प्रिय सहचर थे। अपने बहनोई कान्यकुब्ज के राजा ग्रहवर्म्मा के मालवराज द्वारा और अपने बड़े भाई राज्यवर्द्धन के गौड़ाधिप द्वारा मारे जाने पर जब हर्षवर्द्धन अपनी बहिन राज्यश्री को ढूँढ़ते-ढूँढ़ते 'विंध्याटवी' में बौद्ध आचार्य दिवाकरमित्र के आश्रम पर गए थे तब वे अपना दाहिना हाथ माधवगुप्त के कन्धे पर रखे हुए थे–

अवलंब्य...दक्षिणेन हस्तेन च माधवगुप्तमंसे (अष्टम उच्छ्वास)।

माधवगुप्त के हर्ष के सहचर होने का उल्लेख अफसड़ के लेख में भी इस प्रकार है–

श्रीहर्षदेवनिजसंगमवांछया च।

सारांश यह है कि हर्षचरित के अनुसार माधवगुप्त के पिता महासेनगुप्त मालवा में राज्य करते थे। वाणभट्ट हर्षवर्द्धन के सभा-पंडित थे अतः उनकी बात तो ठीक माननी ही पड़ती है। हो सकता है कि महासेनगुप्त पहले स्वयं मालवा में ही रहते हों और मगध में उनका कोई पुत्र या सामन्त रहता हो। यह भी सम्भव है कि जिस समय बुधगुप्त, भानुगुप्त (बालादित्य) आदि मगध में राज्य करते थे उस समय गुप्तवंश की दूसरी शाखा, माधवगुप्त के पूर्वज, मालवा में राज्य करते रहे हों। पीछे मौखरियों के यहाँ राज्यवर्द्धन की बहिन राज्यश्री का सम्बन्ध हो जाने पर महासेनगुप्त मगध में अपना अधिकार रक्षित रखने के लिए पाटलिपुत्र में रहने लगे हों और उन्होंने मालवा को देवगुप्त के अधिकार में छोड़ दिया हो। पर कुछ इतिहासवेत्ता माधवगुप्त के पूर्वज कृष्णगुप्त को वज्रगुप्त का भाई मानकर सम्राटों की शृंखला जोड़कर पूरी कर देते हैं।

हर्षचरित में राज्यवर्द्धन के बहनोई ग्रहवर्म्मा को मारकर कान्यकुब्ज पर अधिकार करनेवाले और राज्यश्री को कैद करनेवाले मालवराज का नाम स्पष्ट नहीं मिलता। उसमें इस प्रकार इस घटना का उल्लेख है–

देवो ग्रहवर्म्मा दुरात्मना मालवराजेन जीवलोकमात्मानः सुकृतेन सह त्याजितः। भर्तृदारिकापि राज्यश्रीः कालायसनिगड़युगलचुम्बितचरणा चौरांगनेव संयता कान्यकुब्जे कारायां निक्षिप्ता।

दूसरे स्थल पर भंडि ने कान्यकुब्ज पर अधिकार करनेवाले को 'गुप्त' कहा है–*'देव ! देवभूयं गते देवे राज्यवर्द्धने गुप्तनाम्ना च गृहीते कुशस्थले।'* हर्षवर्द्धन के एक ताम्रपत्र में राज्यवर्द्धन का देवगुप्त नामक राजा को परास्त करना लिखा है। इससे यह अनुमान ठीक प्रतीत होता है कि ग्रहवर्म्मा को मारनेवाले राजा का नाम देवगुप्त था। यह घटना महासेनगुप्त के पाटलिपुत्र चले आने के पीछे हुई होगी क्योंकि जिस समय वे मालवा में थे उस समय उनके दो कुमार कुमारगुप्त और माधवगुप्त राज्यवर्द्धन और हर्षवर्द्धन के सहचर थे। श्रीयुत हेमचन्द्र रायचौधरी, एम.ए., ने अपने लेख में (J.A.S.B. New Series Vol. XVI, 1920. No. 7) देवगुप्त को महासेनगुप्त का ज्येष्ठ पुत्र मान लिया है। इस प्रकार उन्होंने महासेनगुप्त के तीन पुत्र माने हैं–देवगुप्त, कुमारगुप्त और माधवगुप्त। इस मत से कुछ और इतिहासज्ञ भी सहमत हैं।

अब इस उपन्यास के नायक शशांक की ओर आइए। हर्षचरित में राज्यवर्द्धन को धोखे से मारनेवाले गौड़ के राजा का इस प्रकार उल्लेख है–

तस्माच्च हेलानिर्जितमालवानीकमपि गौड़ाधिपेन मिथ्योपचारोपचितविश्वासं मुक्तशस्त्रमेकाकिनं विश्रब्धं स्वभवन एव भ्रातरं व्यापादितमश्रौषीत्।

इसमें गौड़ाधिप के नाम का कोई उल्लेख नहीं है। फिर यह शशांक नाम मिला कहाँ ? हर्षचरित की एक टीका शंकर नाम के एक पंडित की है जो ईसा की बारहवीं शताब्दी से पहले हुए हैं। उन्होंने अपनी टीका में गौड़ाधिप का नाम शशांक लिखा है। इस नाम का समर्थन हुएन्सांग के विवरण से भी हो गया है। उसने लिखा है कि राज्यवर्द्धन को शे-शंग-किय ने मारा था। शशांक की राजधानी का नाम कर्णसुवर्ण भी हुएन्सांग के कि-ए-लो-न-सु-फ-ल-न से निकाला गया है। मुर्शिदाबाद जिले के राँगामाटी नामक स्थान में जो भीटे हैं उन्हीं को विद्वानों ने कर्णसुवर्ण का खँडहर माना है।

यह सब तो ठीक, पर शशांक गुप्तवंश के थे यह कैसे जाना गया ? बूलर साहब को हर्षचरित की एक पुरानी पोथी मिली थी जिसमें गौड़ाधिप का नाम 'नरेन्द्रगुप्त' लिखा था। प्राचीन कर्णसुवर्ण (मुर्शिदाबाद जिले में) के खँडहरों में रविगुप्त, नरेन्द्रादित्य, प्रकटादित्य, विष्णुगुप्त आदि कई गुप्तवंशी राजाओं की जो मुहरें मिली हैं उनमें नरेन्द्रादित्य के सिक्के नरेन्द्रगुप्त या शशांक के ही अनुमान किए गए हैं। इनमें एक ओर तो ध्वजा पर नन्दी बना रहता है और राजा के बाएँ हाथ के नीचे दो अक्षर बने होते हैं और दूसरी ओर 'नरेन्द्रादित्य' लिखा रहता है। पर इस विषय में ध्यान देने की बात यह है कि ऐसे सिक्के भी मिले हैं जिनमें 'श्रीशशांकः' लिखा हुआ है। इन पर एक ओर तो बैल पर बैठे शिव की मूर्ति है; बैल के नीचे 'जय' और किनारे पर 'श्रीश' लिखा मिलता है। दूसरी ओर लक्ष्मी की मूर्त्ति है जिसके एक हाथ में कमल है। लक्ष्मी के दोनों ओर दो हाथ अभिषेक करते हुए बने हैं। बाएँ किनारे पर 'श्रीशशांक' लिखा है। रोहतासगढ़ के पुराने किले में मुहर का एक साँचा मिला है जिसमें दो पंक्तियाँ हैं–एक में 'श्रीमहासामन्त' और दूसरी में 'शशांकदेवस्य' लिखा है। रोहतासगढ़ में यशोधवलदेव का भी लेख है जो इस उपन्यास में महासेनगुप्त और शशांक के सामन्त महानायक माने गए हैं। शशांक के

गुप्तवंशी होने का उल्लेख प्रसिद्ध इतिहासज्ञ विंसेंट स्मिथ ने भी किया है–

The King of Central Bengal, who was probably a scion of the Gupta dynasty, was a worshipper of Shiva.

इस प्रकार ऐतिहासिक अनुमान तो शशांक को गुप्तवंश का मानकर ही रह जाता है। पर इस उपन्यास के विज्ञ और प्रश्नतत्व-दर्शी लेखक शशांक को महासेनगुप्त का ज्येष्ठ पुत्र और माधवगुप्त का बड़ा भाई मानकर चले हैं। यदि और कोई उपन्यास-लेखक ऐसा मानकर चलता तो उसे हम कोरी कल्पना कहते–जिसे उपन्यास या नाटक लिखनेवाले प्रायः अपने अधिकार के भीतर समझते हैं–पर राखाल बाबू ऐसे पुरातत्त्व-व्यवसायी के इस मानने को हमें अनुमान कोटि के भीतर ही रखना पड़ता है। भारत के इतिहास में वह काल ही ऐसा है जिसमें अनुमान की बहुत जगह है। देवगुप्त किस प्रकार महासेनगुप्त के पुत्र अनुमित हुए हैं इसका उल्लेख पहले हो चुका है।

सन् 606 ई. में राज्यवर्द्धन मारे गए और हर्षवर्द्धन थानेश्वर के राजसिंहासन पर बैठे। इस काल में हम शशांक को गौड़ या कर्णसुवर्ण का अधीश्वर पाते हैं। अपने बड़े भाई के वध का बदला लेने के निमित्त हर्ष के चढ़ाई करने का उल्लेख भर वाण ने अपने हर्षचरित में किया है। यहाँ पर उनकी आख्यायिका समाप्त हो जाती है। इससे निश्चय है कि मगध और गौड़ पर अधिकार तो उन्होंने किया पर शशांक को वे नहीं पा सके। गंजाम के पास सन् 619-20 का एक दानपत्र मिला है जो शशांक के एक सामन्त सैन्यभीति का है। इससे जान पड़ता है कि माधवगुप्त के मगध में प्रतिष्ठित हो जाने पर वे दक्षिण की ओर चले गए और कलिंग, दक्षिण कोशल आदि पर राज्य करते रहे। सन् 620 में हर्षवर्द्धन परम प्रतापी चालुक्यराज द्वितीय पुलकेशी के हाथ से गहरी हार खाकर लौटे थे। 620 के कितने पहले शशांक दक्षिण में गए इसका ठीक-ठीक निश्चय नहीं हो सकता। सन् 630 ई. में चीनी यात्री हुएन्सांग भारतवर्ष में आया और 14 वर्ष रहा। उस समय शशांक कर्णसुवर्ण में नहीं थे। शशांक कब तक जीवित रहे इसके जानने का भी कोई साधन नहीं है। हर्षवर्द्धन से अवस्था में शशांक बहुत बड़े थे। हर्षवर्द्धन की मृत्यु सन् 647 या 648 में हुई। इसके पहले ही शशांक की मृत्यु हो गई होगी क्योंकि हर्षवर्द्धन ने अनेक देशों को जय करते हुए सन् 643 में गंजाम पर जो चढ़ाई की थी उसके अन्तर्गत शशांक का कोई उल्लेख नहीं है। यदि अपने परम शत्रु शशांक को वे वहाँ पाते तो इसका उल्लेख बड़े गर्व के साथ होता। शशांक मारे नहीं गए और बहुत दिनों तक राज्य करते रहे इसे सब इतिहासज्ञों ने माना है। विंसेंट स्मिथ अपने इतिहास में लिखते हैं–

The details of the campaign against Sasanka have not been recorded, and it seems clear that he escaped with little loss. He is known to have been still in power as last as the year 619 but his kingdom probably became subject to Harsha at a later date.

इतिहास में शशांक कट्टर शैव, घोर बौद्धविद्वेषी और विश्वासघाती प्रसिद्ध हैं। पर

यह इतिहास है क्या ? हर्ष के आश्रित वाणभट्ट की आख्यायिका और सीधे-सादे पर कट्टर बौद्धयात्री (हुएन्सांग) का यात्राविवरण। इस बात का ध्यान और उस समय की स्थिति पर दृष्टि रखते हुए यही कहना पड़ता है कि इस उपन्यास में शशांक जिस रूप में दिखाए गए हैं वह असंगत नहीं है। उपन्यासकार का काम ही यही है कि वह इतिहास के द्वारा छोड़ी हुई बातों का अपनी कल्पना द्वारा आरोप करके सजीव चित्र खड़ा करे। बौद्धधर्म्म वैराग्यप्रधान धर्म्म था। देश भर में बड़े-बड़े संघ स्थापित थे। भारी-भारी मठ और विहार थे जिनमें बहुत-सी भूसम्पत्ति लगी हुई थी और उपासक गृहस्थों की भक्ति से धन की कमी नहीं रहती थी। इन विशाल मठों और विहारों में सैकड़ों, सहस्रों भिक्षु बिना काम-धन्धे के भोजन और आनन्द करते थे। कहने की आवश्यकता नहीं कि इनमें सच्चे विरागी तो बहुत थोड़े ही रहते होंगे, शेष आजकल के संडे-मुसंडे साधुओं के मेल के होते होंगे। महास्थविर आदि अपने सुदृढ़ विहारों में उसी प्रकार धन-जन से प्रबल और प्रसन्न होकर रहते होंगे जिस प्रकार हनुमानगढ़ी के महन्त लोग। ये हिन्दू राजाओं के विरुद्ध षड्यन्त्र में अवश्य योग देते रहे होंगे। हिन्दुओं में उस समय संन्यासियों का ऐसा दल नहीं था, इस प्रकार की संघव्यवस्था नहीं थी। यही देख शंकराचार्य ने संन्यासियों के संघ का सूत्रपात किया जिसके पल्लवित रूप आजकल के बड़े-बड़े अखाड़े और संगतें हमारे सामने हैं।

एक बात और भी कही जा सकती है। बौद्ध धर्म्म का प्रचार भारतवर्ष के बाहर शक, तातार, चीन, भोट, सिंहल आदि देशों में पूरा-पूरा था। कनिष्क आदि शक राजाओं से बौद्ध धर्म्म को बड़ा भारी सहारा मिला था। इससे जब विदेशियों का आक्रमण इस देश पर होता तब ये बौद्ध भिक्षु उसे उस भाव से नहीं देखते थे जिस भाव से भारतीय जनता देखती थी। अपने मत की वृद्धि के सामने अपने देश का उतना ध्यान उन्हें नहीं रहता था। इसी कारण भारतीय प्रजा का विश्वास उनसे क्रमशः उठने लगा। बौद्धधर्म्म के इस देश से एकबारगी उच्छिन्न होने का यह राजनैतिक कारण भी प्रतीत होता है। जैन मत के समान बौद्ध मत हिन्दूधर्म्म का द्वेषी नहीं है, उसमें हिन्दुओं की निन्दा से भरे हुए पुराण आदि नहीं हैं, बल्कि स्थान-स्थान पर प्राचीन ऋषियों और ब्राह्मणों की प्रशंसा है। पर जैन मत भारत में रह गया और बौद्ध धर्म्म अपना संस्कार मात्र छोड़ सब दिन के लिए विदा हो गया।

मैंने इस उपन्यास के अन्तिम भाग में कुछ परिवर्तन किया है। मूल लेखक ने हर्षवर्द्धन की चढ़ाई में शशांक की मृत्यु दिखाकर इस उपन्यास को दुःखान्त बनाया है। पर जैसा कि सैन्यभीति के शिलालेख से स्पष्ट है शशांक मारे नहीं गए, वे हर्ष की चढ़ाई के बहुत दिनों पीछे तक राज्य करते रहे। अतः मैंने शशांक को गुप्तवंश के गौरवरक्षक के रूप में दक्षिण में पहुँचाकर उनके निःस्वार्थ रूप का दिग्दर्शन कराया है। मूल पुस्तक में करुणरस की पुष्टि के लिए यशोधवल की कन्या लतिका का शशांक पर प्रेम दिखाकर शशांक के जीवन के साथ ही उस बालू के मैदान में उसके जीवन का भी अन्त कर दिया गया है। कथा का प्रवाह फेरने के लिए मुझे इस उपन्यास में दो और व्यक्ति लाने पड़े

हैं–सैन्यभीति और उसकी बहिन मालती। लतिका का प्रेम सैन्यभीति पर दिखाकर मैंने उसके प्रेम को सफल किया है। शशांक के निःस्वार्थ जीवन के अनुरूप मैंने मालती का अद्भुत और अलौकिक प्रेम प्रदर्शित किया है। कलिंग और दक्षिण कोशल में बौद्ध तान्त्रिकों के अत्याचार का अनुमान मैंने उस समय की स्थिति के अनुसार किया है। बंग और कलिंग में बौद्ध मत की महायान शाखा ही प्रबल थी। शशांक के मुख से माधवगुप्त के पुत्र आदित्यसेन को जो आशीर्वाद दिलाया गया है वह भी आदित्यसेन के भावी प्रताप का द्योतक है।

(12 फरवरी, 1922)

खंड-1
उदय

पहला परिच्छेद
सोन के संगम पर

हजार वर्ष से ऊपर हुए, जब पाटलिपुत्र नगर के नीचे सोन की धारा गंगा से मिलती थी। सोन के संगम पर ही एक बहुत बड़ा और पुरान पत्थर का प्रासाद था। उसका अब कोई चिह्न तक नहीं है। सोन की धारा जिस समय हटी, उसी समय उसका खँडहर गंगा के गर्भ में विलीन हो गया।

वर्षा का आरम्भ था; सन्ध्या हो चली थी। प्रासाद की एक खिड़की पर एक बालक और एक वृद्ध खड़े थे। बालक का रंग गोरा था, लम्बे-लम्बे रक्ताभ केश उसकी पीठ पर लहराते थे। सन्ध्या का शीतल समीर रह-रहकर केशपाश के बीच क्रीड़ा करता था। पास में जो बुड्ढा खड़ा था, उसे देखते ही यह प्रकट हो जाता था कि वह कोई योद्धा है। उसके लम्बे-लम्बे सफेद बालों के ऊपर एक नीला चीरा बँधा था। उसके लम्बे-चौड़े गठीले शरीर के ऊपर एक मैली धोती छोड़ और कोई वस्त्र नहीं था। बुड्ढा हाथ में बरछा लिये चुपचाप लड़के के पास खड़ा था। पाटलिपुत्र के नीचे सोन की मटमैली धारा गंगा में गिरकर ऊँची-ऊँची तरंगें उठाती थी। वर्षा के कीचड़ मिले जल के कारण गंगा की मटमैली धारा बड़े वेग से समुद्र की ओर बह रही थी। बालक ध्यान लगाए यही देख रहा था। पश्चिम को जानेवाली नावें धीरे-धीरे किनारा छोड़कर आगे बढ़ रही थीं। सोन के दोनों तटों पर बहुत-सी नावें इकट्ठी थीं। उस घोर प्रचंड जलधारा में नाव छोड़ने का साहस माझियों को नहीं होता था। वृद्ध सैनिक खड़ा-खड़ा यही देख रहा था। इतने में बालक बोल उठा, ''दादा! ये लोग आज पार न होंगे क्या?'' वृद्ध ने उत्तर दिया, ''नहीं, भैया! वे अँधेरे के डर से नावें तीर पर लगा रहे हैं।'' बालक कुछ उदास हो गया, वह खिड़की से उठकर कमरे में गया। वृद्ध भी धीरे-धीरे उसके पीछे हो लिया।

अब चारों ओर अँधेरा फैलने लगा; सोन संगम पर धुँधलापन छा गया। तीर पर जो नावें बँधी थीं, उन पर जलते हुए दीपक दूर से जुगनुओं की पंक्ति के समान दिखाई पड़ते थे। कमरे के भीतर चाँदी के एक बड़े दीवट पर रखा हुआ बड़ा दीपक सुगन्ध और प्रकाश फैला रहा था। कमरे की सजावट अनोखी थी; संगमरमर की बर्फ-सी सफेद

दीवारों पर अनेक प्रकार के अस्त्र-शस्त्र टँगे थे। दीपक के दोनों ओर हाथी-दाँत जड़े दो पलंग थे। एक पलंग पर सोने का एक दंड रखा था। दोनों पलंगों के बीच सफेद फर्श थी। बालक जाकर पलंग पर बैठ गया; वृद्ध भी एक किनारे बैठा। कुछ काल तक तो बालक चुप रहा, फिर बालस्वभाव की चलपता से उठ खड़ा हुआ और सुवर्णदंड को उलटने-पलटने लगा। वृद्ध घबराकर उसके पास आया और कहने लगा, "भैया, इसे मत उठाना, महाराज सुनेंगे तो बिगड़ेंगे।" बालक ने हँसते-हँसते कहा, "दादा, अब तो मैं सहज में समुद्रगुप्त का ध्वज उठा सकता हूँ, अब वह मेरे हाथ से गिरेगा नहीं।" बालक ने क्रीड़ावश पाँच हाथ लम्बे उस भारी हेमदंड को उठा लिया। वृद्ध ने हँसते-हँसते कहा, "भैया! वह दिन आएगा जब तुम्हें घोड़े की पीठ पर गरुड़ध्वज को लेकर युद्ध में जाना होगा।" बुड्ढे की बात बालक के कानों तक न पहुँची। वह उस समय बड़े ध्यान से सुवर्णदंड के ऊपर अनेक प्रकार के बेलबूटों के बीच कुछ अक्षर लिखे थे, उन्हें पढ़ने की चेष्टा कर रहा था। दंड के शीर्ष पर एक सुन्दर गरुड़ बैठा था जिसकी परछाईं नाना अस्त्र-शस्त्रों के बीच संगमरमर की दीवार पर पड़कर विलक्षण-विलक्षण आकार धारण करती थी। बालक ने वृद्ध से कहा, "दादा! मुझे पढ़ना आता है; यह देखो, इस दंड पर कई एक नाम लिखे हैं। यह सब क्या आर्य्य समुद्रगुप्त का लिखा है?" वृद्ध ने उत्तर दिया, "गरुड़ध्वज पर कुछ लिखा है, यह तो मैंने कभी नहीं सुना।"

बालक कुछ कहना ही चाहता था, इतने में एक बालिका झपटी हुई आई और उसके गले से लगकर हाँफती-हाँफती बोली, "कुमार! माधव मुझसे कहते हैं कि तुम्हारे साथ ब्याह करूँगा। मैं उसके पास से भागी आ रही हूँ, वे मुझे पकड़ने आ रहे हैं।" इतना कहकर वह बालक की गोद में छिपने का यत्न करने लगी। बालक और वृद्ध दोनों एक साथ हँस पड़े। उनकी हँसी की गूँज पुराने प्रासाद के एक कक्ष से दूसरे कक्ष तक फैल गई। इतने में एक और बालक दौड़ता हुआ उस कमरे की ओर आता दिखाई दिया, पर अट्टहास सुनकर वह द्वार पर ही ठिठक रहा। बालिका ने जिसे 'कुमार' कहकर संबोधन किया था, उसे देखते ही आनेवाले बालक का मुँह उतर गया। पहले बालक ने इस बात को देखा और वह फिर ठठाकर हँस पड़ा। दूसरा बालक और भी डरकर द्वार की ओर हट गया। बालिका अब तक अपने रक्षक की गोद में मुँह छिपाए थी। दूसरा बालक काला, दुबला-पतला और नाटा था। देखने से वह पाँच बरस से अधिक का नहीं जान पड़ता था, पर था दस बरस से ऊपर का। बालिका अत्यन्त सुन्दर थी। उसका वयस आठ वर्ष से अधिक नहीं थी। उसका रंग कुन्दन-सा और अंग गठीले थे। छोटे-से मस्तक का बहुत-सा भाग काले घुँघराले बालों से ढँका था। पहले बालक ने दूसरे बालक से कहा, "माधव! तू चित्रा से ब्याह करने को कहता था? चित्रा तो बहुत पहले से स्वयंवरा हो चुकी है।" दूसरा बालक बोला, "चित्रा मुझे काला कहकर मुझसे घिन करती है। क्या मैं राजा का पुत्र नहीं हूँ?" बुड्ढे सैनिक ने हँसकर कहा, "माधव! तुम क्या जिस किसी को सुन्दर देखोगे, उसी से ब्याह करने को तैयार हो जाओगे?" जेठा भाई हँस पड़ा, बालक मर्माहत होकर धीरे-धीरे वहाँ से चला गया।

ईसा की छठी शताब्दी के शेष भाग में गुप्तवंशी महासेनगुप्त मगध में राज्य करते थे। उस समय गुप्तसाम्राज्य का प्रताप अस्त हो चुका था। समुद्रगुप्त के वंशधर सम्राट की उपाधि किसी प्रकार बनाए रखकर मगध और बंगदेश पर शासन करते थे। गुप्तसाम्राज्य का बहुत-सा अंश औरों के हाथ में जा चुका था। आर्यावर्त्त में मौखरीवंश के राजाओं का एकाधिपत्य स्थापित हो गया था। ब्रह्मावर्त्त और पंचनद स्थाण्वीश्वर का वैसक्षत्रिय राजवंश धीरे-धीरे अपना अधिकार बढ़ा रहा था। कामरूप देश तो बहुत पहले से स्वाधीन हो चुका था। बंग और समतट प्रदेश कभी-कभी अपने को साम्राज्य के अधीन मान लेते थे, पर सुयोग पाकर राज कर भेजना बन्द कर देते थे। पिछले गुप्तसम्राट अपने वंश की प्राचीन राजधानी पाटलिपुत्र में ही निवास करते थे। भारतवर्ष की वह प्राचीन राजधानी ध्वंसोन्मुख हो रही थी, उसकी समृद्धि के दिन पूरे हो रहे थे। धीरे-धीरे कान्यकुब्ज का गौरव रवि उदित हो रहा था। आगे चलकर फिर कभी मगध की राजधानी भारतवर्ष की राजधानी न हुई।

पाटलिपुत्र के पुराने खँडहर में बैठकर पिछले गुप्तसम्राट केवल साम्राज्य का स्वांग करते थे पर आसमान के प्रबल राजाओं से उन्हें सदा सशंक रहना पड़ता था। कुमारगुप्त और दामोदरगुप्त बड़ी-बड़ी कठिनाइयों से मौखरी राजाओं के हाथ से अपनी रक्षा कर सके थे। थोड़े ही दिनों में मौखरी राज्य नष्ट करके और पश्चिम प्रान्त में हूणों को परास्त करके महासेनगुप्त के भांजे प्रभाकरवर्द्धन उत्तरापथ में सबसे अधिक प्रतापशाली हो गए। गुप्तवंश में सम्राट की पदवी अभी तक चली आती थी। पाटलिपुत्र में महासेनगुप्त को अपने भांजे का सदा डर बना रहता था। वे यह जानते थे कि प्रभाकरवर्द्धन के पीछे उत्तरापथ से गुप्तवंश का रहा-सहा अधिकार भी जाता रहेगा।

महासेनगुप्त के दो पुत्र थे। पुस्तक के आरम्भ में जो बालक सोन की धारा की ओर ध्यान लगाए तरंगों की क्रीड़ा देख रहा था, वह महासेनगुप्त का ज्येष्ठ पुत्र गुप्तसाम्राज्य का उत्तराधिकारी शशांक था। दूसरा बालक उसका छोटा भाई था। माधवगुप्त शशांक की विमाता से उत्पन्न था और अपने बूढ़े पिता का बहुत ही दुलारा तथा अत्यन्त उग्र और निष्ठुर स्वभाव का था। शशांक धीर, बुद्धिमान्, उदार और बलिष्ठ था। युवराज बाल्यकाल से ही सैनिकों का प्रियपात्र था। शशांक की सखा बालिका चित्रा मंडला के दुर्गपति मृत तक्षदत्त की कन्या और नरसिंहदत्त की भगिनी थी। तक्षदत्त के मरने पर जब बर्बरों ने मंडला दुर्ग पर अधिकार कर लिया तब उनकी विधवा पत्नी अपने पुत्र और कन्या को लेकर पाटलिपुत्र चली आईं। नरसिंहदत्त का पैतृक दुर्ग सम्राट ने अपने दूसरे सेनापति को भेजकर किसी प्रकार फिर अपने अधिकार में किया। उस समय मंडला, गौड़, मगध और वंग में गुप्तसाम्राज्य के दुर्जय दुर्ग थे।

वृद्ध सैनिक और कुमार शशांक अस्त्रागार में बैठे बातचीत कर रहे थे, इतने में पास के घर में बहुत से मनुष्यों के पैरों की आहट सुनाई दी। सैनिक चौंक पड़ा और बरछा हाथ में लेकर द्वार पर जा खड़ा हुआ। कुमार भी उठ खड़ा हुआ। सबके आगे दीपक के प्रकाश में श्वेत वस्त्र धारण किए बूढ़े भट्ट (भाँट) की मूर्ति दिखाई पड़ी, उसके पीछे राजभवन

के बहुत से परिचारक और परिचारिकाएँ थीं। कुमार को देख वृद्ध भट्ट ने जयध्वनि की। देखते-देखते सब-के-सब उस घर में आ पहुँचे। बात यह थी कि दोपहर से ही कुमार अस्त्रागार में आ बैठा था, इससे दोपहर के पीछे किसी ने उसे नहीं देखा। चारों ओर खोज होने लगी। जब माधवगुप्त और चित्रा से पता मिला कि सन्ध्या समय कुमार और कोल सेनानायक लल्ल अस्त्रागार में थे तब लोग इधर आए। सम्राट और पट्टमहादेवी कुमार को न देखकर अधीर हो रही थीं। महादेवी मन-ही-मन सोचती थीं कि चंचल बालक कहीं बढ़े हुए सोननदी की धारा में न जा पड़ा हो। भट्ट कुमार को गोद में उठाकर अस्त्रागार के बाहर ले चला। बालक किसी तरह नहीं जाता था। वह बूढ़े भट्ट से हाथापाई करने लगा और कहने लगा, "मैं लल्ल से आर्य्यसमुद्रगुप्त का हाल सुनता था, मैं इस समय न जाऊँगा।" इस पर लल्ल भी समझाने-बुझाने लगा। पर कुछ फल न हुआ। अन्त में भट्ट ने वचन दिया कि मैं कल आर्य्यसमुद्रगुप्त की कथा गाकर सुनाऊँगा। कुमार शान्त हुआ और परिचायक उसे लेकर चले। बूढ़ा लल्ल भी उनके पीछे-पीछे हो लिया।

जो वृद्ध सन्ध्या समय कुमार के पास खड़ा था, वह मगधसेना का एक नायक था। वह बर्बर जातीय कोलसेना का अध्यक्ष था और आप भी कोल जाति का था। उसका नाम था लल्ल। लल्ल ने बहुत से युद्धों में साम्राज्य की मर्यादा रखी थी। बुढ़ापे में लड़का पाकर महासेन गुप्त ने लल्ल को उसका रक्षक नियुक्त किया था। वही उसका लालन-पालन करता था। शशांक लल्ल से बहुत हिल गया था और उसे 'दादा' कहा करता था।

दूसरा परिच्छेद
पुरानी कथा

कड़कड़ाती धूप से धरती तप रही थी। राजप्रासाद के नीचे की अँधेरी कोठरी में वृद्ध यदुभट्ट भूमि पर एक बिस्तर डाल खा-पीकर विश्राम कर रहा था। वह पड़ा-पड़ा गुप्त-वंश के अभ्युदय की कथा कह रहा था। उसका गम्भीर कंठस्वर उस सूनी कोठरी के भीतर गूँज रहा था। सम्राटों की दशा के साथ प्रासाद की दशा भी पलट गई थी। बहुत पहले पाटलिपुत्र के लिच्छवि राजाओं ने गंगा और सोन के संगम पर एक छोटा-सा उद्यान बनवाया था। जब गुप्तराजवंश का अधिकार हुआ तब प्रथम चन्द्रगुप्त नगर के बीच का राजप्रासाद छोड़ बाहर की ओर उद्यान में आकर रहने लगे। प्रासाद का यह भाग उसी समय बना था। भारी-भारी पत्थरों की जोड़ाई से बनी हुई ये छोटी कोठरियाँ बहुत दिनों तक यों ही पड़ी रहीं, उनमें कोई आता-जाता नहीं था। मगध राज्य तब सारे भारतवर्ष का केन्द्रस्थल हुआ तब समुद्रगुप्त और द्वितीय चन्द्रगुप्त के समय में सोन के किनारे अपरिमित धन लगाकर एक परम विशाल और अद्‌भुत राजप्रासाद बनवाया गया। प्रथम कुमारगुप्त ने उस बृहत् प्रासाद को छोड़ अपनी छोटी रानी के मनोरंजन के लिए गंगातट पर श्वेत संगमरमर का एक नवीन रम्य भवन उठवाया। गिरती दशा में गुप्तवंश के सम्राट कुमारगुप्त के बनवाए भवन में ही रहने लगे थे। प्रासाद के शेष भाग

में कर्मचारी लोग रहते थे। लगभग कोस भर के घेरे में फैले हुए प्रासाद, उद्यान और आँगन के भिन्न-भिन्न भाग भिन्न-भिन्न नामों से परिचित थे। जिस घर में यदुभट्ट रहता था उसे लोग 'चन्द्रगुप्त का कोट' कहते थे। इसी प्रकार 'ध्रुवस्वामिनी का उद्यान', 'समुद्रगुप्त का प्रासाद', 'गोविन्दगुप्त का रंगभवन' इत्यादि नामों से प्रासाद के भिन्न-भिन्न प्रान्त नगरवासियों के बीच प्रसिद्ध थे। गुप्तसाम्राज्य के ध्वस्त होने पर यह विस्तीर्ण राजप्रासाद भी खँडहर-सा होने लगा। पिछले सम्राटों में उसे बनाए रखने की भी सामर्थ्य नहीं थी। दिनों के फेर से विस्तीर्ण सौधमाला गिर पड़कर रहने के योग्य नहीं रह गई थी। मगधराज के परिचारक और छोटे कर्मचारी इन पुराने घरों में रहते थे। लम्बे-चौड़े उद्यान और भारी-भारी आँगन जंगल हो रहे थे। पाटलिपुत्रवासी रात को इन स्थानों में डर के मारे नहीं जाते थे। प्रासाद का यदि कोई भाग अच्छी दशा में था तो कुमारगुप्त का श्वेत पत्थरवाला भवन, जो सबके पीछे बनने के कारण जीर्ण नहीं हुआ था। उसी श्वेत प्रासाद में मगधेश्वर महासेनगुप्त रहते थे। समुद्रगुप्त के लाल पत्थरवाले विस्तृत प्रासाद में सम्राट की शरीररक्षक सेना रहती थी। पुस्तक के आरम्भ में पाठक ने इसी प्रासाद के एक भाग में कुमार शशांक और सेनापति लल्ल को देखा था।

वृद्ध भट्ट पुरानी कथा इस प्रकार कह रहा था—"इस सुन्दर पाटलिपुत्र नगर में शकराज निवास करते थे। प्राचीन मगध देश अधीन होकर उनके पैरों के नीचे पड़ा हुआ था। तीरभुक्ति के राजा पाटलिपुत्र में आकर उन्हें सिर झुकाते थे और सामान्य भूस्वामियों के समान प्रतिवर्ष कर देते थे। वैशाली के प्राचीन लिच्छविराजवंश ने दुर्दशाग्रस्त होकर पाटलिपुत्र में आश्रय लिया था। उस प्रतापी वंश के लोग साधारण भूस्वामियों के समान शकराज की सेवा में दिन काटते थे।"

कुमार का मुँह लाल हो गया। क्रोधभरे शब्दों में बालक बोल उठा—"भट्ट! क्या उस समय देश में मनुष्य नहीं थे? सारे मगध और तीरभुक्ति के राजाओं ने शकों का आधिपत्य कैसे स्वीकार किया?"

भट्ट बहुत बूढ़ा हो गया था, कान से भी कुछ ऊँचा सुनता था। बालक की बात उसके कानों में नहीं पड़ी। वह अपनी कहता जाता था—

"शकों के अत्याचार से मगध की भूमि जर्जर हो गई, देश में देवताओं और ब्राह्मणों का आदर नहीं रह गया। प्रजा पीड़ित होकर देश छोड़ने लगी। मगध और तीरभुक्ति के ब्राह्मण निराश्रय होकर लिच्छविराज के द्वार पर जा पड़े। किन्तु परम प्रतापी विशाल के वंशज लिच्छविराज आप घोर दुर्दशा में थे। उस समय वे शकराज के वेतनभोगी कर्मचारी मात्र थे। उन्हें ब्राह्मणों को अपने यहाँ आश्रय देने का साहस न हुआ। ब्राह्मणमंडली को आश्रय देना शकराज के प्रति प्रकाशय रूप में विद्रोहाचरण करना था। किन्तु जिसे करने का साहस लिच्छविराज को न हुआ, उसे उनके एक सामन्त चन्द्रगुप्त ने बड़ी प्रसन्नता से किया। उन्होंने ब्राह्मणों को अपने यहाँ आश्रय दिया।"

वृद्ध पुरुषपरम्परा से चली आती हुई कथा लगातार कहता चला—"आश्रय पाकर ब्राह्मण लोग पाटलिपुत्र की गली-गली, घर-घर देवद्वेषी बौद्धों और शकों के अत्याचार की

बातें फैलाने लगे। शकराज की सेना ने महाराज चन्द्रगुप्त का घर जा घेरा। नगरवासियों ने उत्तेजित होकर शकराज का संहार किया। चन्द्रगुप्त को नेता बनाकर पाटलिपुत्रवालों ने शकों को मगध की पवित्र भूमि से निकाल दिया। धीरे-धीरे विद्रोहाग्नि मगध के चारों ओर फैल गई। तीरभुक्ति और मगध दोनों प्रदेश बौद्ध शकों के हाथ से निकल गए। पाटलिपुत्र में गंगा के तट पर धूमधाम से चन्द्रगुप्त का अभिषेक हुआ। पुत्रहीन लिच्छविराज अपनी एकमात्र कन्या कुमारदेवी का महाराजाधिराज चन्द्रगुप्त को पाणिग्रहण कराकर तीर्थाटन को चले गए। देश में शान्ति स्थापित हुई।

"पाटलिपुत्र नगर में फिर वासुदेव के चक्रध्वज और महादेव के त्रिशूलध्वज से सुशोभित मन्दिर चारों ओर आकाश से बातें करने लगे। अत्याचार पीड़ित प्रजा देश में धीरे-धीरे लौटने लगी। मगध और तीरभुक्ति की भूमि फिर धनधान्य से पूर्ण हुई। अनेक सामन्तचक्र सेवित महाराजाधिराज परमभट्टारक प्रथम चन्द्रगुप्त के बाहुबल से मगध की राजलक्ष्मी ने गुप्तवंश में आश्रय लिया।"

वृद्ध जब तक लड़ाई-भिड़ाई की बात कहता रहा तब तक बालक एकाग्रचित्त होकर सुनता रहा। उसके उपरान्त वृद्ध का कंठस्वर सुनते-सुनते बालक को झपकी आने लगी। उसी सीड़ में पड़े हुए बिस्तर के ऊपर मगध का युवराज सो गया। श्रोता बहुत देर से सो रहा है, वृद्ध को इसकी कुछ भी खबर नहीं थी। वह बिना रुके हुए अपनी कथा कहता जाता था–

"पूरी आयु भोग कर यथासमय सम्राट प्रथम चन्द्रगुप्त ने गंगालाभ किया। कुल की रीति के अनुसार पट्टमहिषी लिच्छविराजकन्या कुमारदेवी स्वामी की सहगामिनी हुई। गुप्तवंश के मध्याह्नमार्त्तंड परम प्रतापी महाराजाधिराज समुद्रगुप्त पाटलिपुत्र के सिंहासन पर सुशोभित हुए।" इतने में पास के घर से कोई आता दिखाई पड़ा। वृद्ध को उसके पैरों की कुछ भी आहट न मिली। वह व्यक्ति सहसा कोठरी में आ पहुँचा। देखने से ही वह कोई बहुत बड़ा आदमी जान पड़ता था। पहिरावा तो उसका साधारण ही था–धोती के ऊपर महीन उत्तरीय अंग पर पड़ा था, किन्तु पैर के जोड़े जड़ाऊ थे–उनमें रत्न और मोती टँके थे। घर में आकर उसने सोते हुए बालक और लेटे हुए वृद्ध को देखा। देखते ही उसने ऊँचे स्वर से भट्ट को पुकार कर कहा, "यदुभट्ट! पागलों की तरह क्या बक रहे हो?" कंठस्वर सुनते ही वृद्ध चौंककर उठ खड़ा हुआ। आनेवाले को देखते ही वृद्ध का चेहरा सूख गया। वह ठक-सा रह गया। आनेवाले पुरुष ने कहा, "तुमसे मैं न जाने कितनी बार कह चुका कि कुमार के सामने चन्द्रगुप्त और कुमारगुप्त का नाम न लिया करो। तुम अभी शशांक से क्या कह रहे थे? कई बार मैंने तुम्हें समुद्रगुप्त का नाम लेते सुना।" वृद्ध के मुँह से एक बात न निकली। वह डरकर दीवार की ओर सरक गया।

आगन्तुक पुरुष के ऊँचे स्वर से बालक की नींद टूट गई। वह उसे सामने देख घबरा कर उठ खड़ा हुआ। आगन्तुक ने पूछा, "शशांक! तुम इस जीर्ण कोठरी में क्या करते थे?" बालक सिर नीचा किए खड़ा रहा, कुछ उत्तर न दे सका। आगन्तुक वृद्ध की ओर फिर कर बोला, "यदु! तुम अब बहुत बुड्ढे हुए, तुम्हारी बुद्धि सठिया गई है, तुम्हें उचित-अनुचित का ज्ञान नहीं रह गया। तुम मेरे आदेश के विरुद्ध बेधड़क कुमार को

बुरी शिक्षा दे रहे थे। यदि तुम्हें फिर कभी समुद्रगुप्त का नाम मुँह पर लाते सुना तो समझ लेना कि तुम्हारा सिर मुँड़ा कर तुम्हें नगर के बाहर कर दूँगा।" फिर कुमार की ओर फिर कर कहा, "देखो शशांक! तुम कभी इधर अकेले मत आया करो। यदु बुड्ढा हुआ; अभी यहाँ कोई साँप निकले या बाघ आ जाए तो वह तुम्हें बचा नहीं सकता।" बालक के कानों तक पहुँचते हुए विशाल नेत्रों में जल भर आया। वह सिर नीचा किए चुपचपाप कोठरी के बाहर निकला। कुछ दूर पर दूसरे घर में लल्ल खड़ा था। उसने दौड़कर कुमार को गोद में उठा लिया और बाहर ले चला। बालक वृद्ध सैनिक की गोद में मुँह छिपाए सिसकता जाता था।

कोई दुःसंवाद पाकर सम्राट महासेनगुप्त व्यग्रता के साथ प्रासाद के आँगन में टहल रहे थे। धीरे-धीरे वे नए प्रासाद से इस पुराने प्रासाद की ओर बढ़ आए। जिस कोठरी में यदुभट्ट रहता था उसकी ओर सम्राट क्या, कोई राजपुरुष भी कभी नहीं जाता था। इसी से यदुभट्ट निश्चिन्त होकर कुमार को वह कथा सुना रहा था जिसका निषेध था। आगन्तुक पुरुष सम्राट महासेनगुप्त थे, इसे बताने की अब आवश्यकता नहीं। बहुत दिन हुए, सम्राट ने मध्यदेश के एक ज्योतिषी के मुँह से सुना था कि शशांक के हाथ से ही गुप्तराज्य नष्ट होगा और पाटलिपुत्र पर नाती के वंशवालों का अधिकार होगा। तभी से वृद्ध सम्राट ने भाटों और चारणों को गुप्तवंश के लुप्त गौरव की कथा, चन्द्रगुप्त और समुद्रगुप्त का चरित, कुमार के आगे कहने का निषेध कर दिया था। कुमार के चले जाने पर सम्राट फिर चिन्ता में पड़ गए। वे भट्ट की कोठरी से निकल इधर टहलने लगे। सम्राट के कोठरी से निकलते ही वृद्ध भट्ट कटे पेड़ की तरह बिस्तर पर जा पड़ा।

तीसरा परिच्छेद
पाटलिपुत्र के मार्ग पर

दोपहर को गहरी वर्षा हो गई है। आकाश अभी स्वच्छ नहीं हुआ है। सन्ध्या होते-होते गरमी बढ़ चली। पाटलिपुत्र से कुछ दूर वाराणसी की ओर जाते हुए निर्जन पथ पर धीरे-धीरे अन्धकार छा रहा था। पर्वतों की चोटियों और पेड़ों के सिरों पर डूबते हुए सूर्य की रक्ताभ किरणें अब भी कहीं-कहीं झलकती हुई दिखाई देती थीं किन्तु पूर्व की ओर घने काले बादलों की घटा छाई हुई थी। चौड़े राजपथ पर वर्षा का जल नदी की तरह बह रहा था। चार जीव धीरे-धीरे उस पथ पर पाटलिपुत्र की ओर आ रहे थे। सबके आगे लम्बी लाठी लिये एक बुड्ढा था, उसके पीछे बारह वर्ष की एक लड़की थी। सबके पीछे एक बुड्ढा गदहा था जिसकी पीठ पर एक छोटा-सा बालक बैठा था। वृद्ध चलते-चलते बहुत थककर भी चुपचाप चला जाता था, पर लड़की रह-रहकर विश्राम की इच्छा प्रकट करती जाती थी।

वृद्ध बोला, "थोड़ी दूर और चलने पर किसी के घर में या किसी गाँव में ठहरने का ठिकाना मिलेगा। यहाँ रास्ते में रुकने से अँधेरा हो जाएगा, फिर चलना कठिन हो जाएगा।" बालिका कहती थी, "बाबा! अब मैं और नहीं चल सकती; मेरे पैर कटे जा

रहे हैं, मैं तो अब बैठती हूँ।" बालक बोला, "बहिन, तू गदहे की पीठ पर आ जा, मैं पाँव-पाँव चलूँ।" बालक की बात सुनकर बालिका और वृद्ध दोनों हँस पड़े। बालक चुपका हो रहा। कुछ दूर जाते-जाते बालिका सचमुच बैठ गई। सड़क से हटकर एक ऊँची जगह देख वह ठहर गई। बुड्ढे ने कहा, "बेटी! बैठ गई?" उत्तर का आसरा न देख वृद्ध भी उसके पास जा बैठा। गदहा भी बालक को पीठ पर लिये आ खड़ा हुआ। अब चारों ओर घोर अन्धकार छा गया।

कुछ क्षण के उपरान्त बालक बोल उठा, "बाबा! बहुत-से घोड़ों की टाप सुनाई देती है।"

बुड्ढा चौंककर उठ खड़ा हुआ। राजपथ के किनारे धान के खेतों के बीच आम का एक पुराना पेड़ था। उसके नीचे अन्धकार चारों ओर से घना था। बुड्ढा कन्या और पुत्र को लेकर वहीं जा छिपा। घोड़ों की टाप अब पास ही सुनाई देने लगी। उस अँधेरे में सैकड़ों अश्वारोही पाटलिपुत्र की ओर घोड़े फेंकते जाते दिखाई पड़े। रह-रहकर बिजली का प्रकाश पड़ने से उनकी मूर्तियाँ और भी भीषण दिखाई दे जाती थीं। बुड्ढा अपने पुत्र और कन्या को गोद में दबाए पेड़ से लगकर सिमटा जाता था। आधे दंड के भीतर जितने अश्वारोही थे सब श्रेणीबद्ध होकर उस आम के पेड़ के सामने से होकर निकले। अश्वारोहियों के बहुत दूर निकल जाने पर भी वृद्ध को सड़क पर आने का साहस नहीं होता था। धीरे-धीरे वर्षा भी होने लगी। सारा आकाश मेघों से ढककर काला हो गया। वृद्ध पुत्र और कन्या को पेड़ के धड़ के खोखले में खिसकाकर आप बैठ कर भीगता था। एक पहर रात बीतने पर घोड़ों की टाप फिर सुनाई पड़ी। वृद्ध बहुत डरकर सड़क की ओर ताकने लगा। देखते-देखते चार-पाँच अश्वारोही वृक्ष के सामने आकर खड़े हो गए। उनमें से एक बोला, "पानी बहुत बरस रहा है, चलो पेड़ के नीचे खड़े हो जाएँ।" यह सुनकर सब सड़क से उतरकर धान के खेत की ओर बढ़े। वृद्ध के दुर्भाग्य से बिजली चमकी और उसका लम्बा डील अश्वारोहियों की दृष्टि के सामने पड़ा। जो व्यक्ति आगे था, वह बोला, "देखो तो पेड़ के नीचे शूल हाथ में लिए कौन खड़ा है?" उसकी बात सुनकर सब पेड़ की ओर बढ़े। वृद्ध डर कर पेड़ के नीचे से हटकर धान के खेत में हो रहा। एक सवार ने डपटकर उसे आगे बढ़ने से रोका। उसकी बात पूरी भी नहीं हो पाई थी कि पीछे से एक भाला आकर वृद्ध की छाती विदीर्ण करता हुआ गिरा। वृद्ध एक बार चिल्लाकर धान के गीले खेत में प्राणहीन होकर गिर पड़ा। पेड़ के नीचे से बालिका बड़े जोर से चिल्ला उठी। गदहा भड़क कर भागने लगा। बालक अपने बल भर उसे थामे रहा।

अश्वारोहियों ने पास जाकर देखा कि मृत पुरुष निरस्त्र और वृद्ध था। जिसे उन्होंने शूल समझा था, वह उसके टेकने की लकड़ी थी। सब के सब मिलकर बरछा चलाने वाले को बुरा-भला कहने लगे। किन्तु वह लड़की का चिल्लाना सुन कर, अपनी साथियों की बातों की ओर बिना कुछ ध्यान दिए, पेड़ की ओर लपका। कौंधे की चमक में उसने पेड़ से सटी हुई बालिका को देख पाया। देखते ही वह उल्लास के मारे साथियों को पुकार कर कहने लगा, "देख जा! बूढ़े को मार कर मैंने क्या पाया। इसमें किसी का साझा नहीं रहेगा।" सुनते ही सब के सब दौड़ आए और बालिका को देखकर कहने लगे "चन्द्रेश्वर

ने सचमुच रत्न पाया।" बालिका शोक और भय से चिल्ला रही थी। बालिका पर अधिकार जतानेवाला सवार उसे उठाकर घोड़े की पीठ पर जा बैठा। पानी के कुछ थमने पर अश्वारोहियों ने फिर अपना मार्ग लिया।

बालक को पीठ पर लादे हुए गदहा बहुत दूर तक न जा सका। आध कोस के लगभग जाकर वह एक ताड़ के पेड़ के नीचे रुक गया। बालक कुछ देर तक तो व्याकुल होकर रोता रहा, पर धीरे-धीरे उसका शरीर ढीला पड़ने लगा और वह गदहे की पीठ पर ही सो गया। दूसरे दिन सबेरे बालक के रोने का शब्द एक तेली के कान में पड़ा। वह एक पगडंडी से होकर सौदा बेचने के लिए नगर की ओर जा रहा था। उसे दया आई और उसने लड़के और गदहे दोनों को अपने साथ ले लिया। दोपहर होने पर जिस समय नगर के तोरणों पर मंगलवाद्य हो रहा था, लड़के को लिये हुए तेली पाटलिपुत्र के पश्चिम तोरण से होकर घुसा।

तोरण का बाहरी फाटक खोलकर प्रतिहार दूसरे फाटक पर बैठे ऊँघ रहे थे। तेली को उन्हें पुकारने का साहस न हुआ। वह बालक के साथ कुछ दूर पर बैठा रहा। द्वारपालों ने उसकी ओर आँख उठाकर देखा तक नहीं। दोपहर बीतने पर रथ के पहिए की घरघराहट सुनकर उनकी नींद टूटी। रथ नगर के भीतर से आकर फाटक के पास पहुँचा। भीतर से एक व्यक्ति ने डाँटकर फाटक खोलने के लिए कहा। पहरेवाले घबराकर चारपाई से उठ खड़े हुए। एक उनमें से तब भी पड़ा खर्राटा ले रहा था। उसके पास जाकर एक ने एक लात जमाई। वह आँख मलकर उठ बैठा और उससे भिड़ने के लिए तैयार हो गया। एक तीसरे ने आकर चारपाई सहित उसे एक कोठरी में डाल दिया। पहरेवालों में से एक कुछ दूर पर बैठा नीम की दातून दाँतों पर रगड़ रहा था, और बीच-बीच में खखार-खखारकर थूकता जाता था। उसने वहीं से पूछा—"क्यों रे! कौन आया है?" एक ने उत्तर दिया "तेरा बाप।" उसने कहा, "मेरे बाप को तो यहाँ से गए न जाने कितने दिन हुए।" और फिर निश्चिन्त होकर दातून करने लगा। यह देखकर एक ने उसका लोटा उठा कर खाई में डाल दिया। वह अपना लोटा निकालने के लिए खाई के जल में कूदा। प्रतिहारों ने अपनी-अपनी चारपाइयाँ फाटक के पास से हटा दीं। नगर के भीतर से जिसने फाटक खोलने की आज्ञा दी थी, वह अधीर होकर फाटक पर जोर-जोर से लात मार रहा था। सब पहरेवालों ने मिलकर जब बल लगाया तब चारों अर्गल हटे और तोरणद्वार के दोनों भारी-भारी पल्ले अलग होकर द्वार के प्राचीर से जा लगे। फाटक खुलने पर प्रतिहारों और द्वारपालों ने देखा कि एक काला ठेंगना वृद्ध अत्यन्त क्रुद्ध होकर उनके सामने खड़ा है। उसे देखते ही जो पगड़ी तक न बाँध पाए थे, वे तो साँस छोड़कर भागे। जो प्रतिहार और द्वारपाल रह गए, वे घुटने टेक कर बैठ गए और हाथ जोड़कर गिड़गिड़ाने लगे। पर उस वृद्ध ने उनकी एक न सुनकर मारे कोड़ों के उनके धुर्रे उड़ा दिये। चार घोड़ों का रथ धड़धड़ाता हुआ तोरणद्वार के बाहर निकल गया।

तेली लड़के और गदहे को लेकर चलने के लिए उठा। उसे देखते ही पहरेवालों का पराक्रम लौट आया। वे उसे तंग करने लगे। अन्त में बेचारे तेली ने कोई उपाय न देख

अपने सौदे में से थोड़ा-थोड़ा सबको दिया और अपना पीछा छुड़ाया। लड़के को साथ लिए वह नगर में घुसा। देखा तो राजपथ जनशून्य सा हो रहा है; दूकानें बन्द हैं। जो दो-चार आदमी आते-जाते भी थे, वे डरे हुए दिखाई देते थे और जहाँ कोई गली पड़ती थी, सड़क छोड़कर उसमें ही रहते थे। रह-रहकर विदेशी सैनिकों के दल के दल कोलाहल करते हुए निकलते थे। उन्हें देखते ही पाटलिपुत्रवाले दूर हट जाते थे और अपने घरों के किवाड़ बन्द कर लेते थे। दूकानदार दूकान छोड़ छोड़कर भाग जाते थे। नगर की यह अवस्था देख तेली के प्राण सूख गए और वह झट राजपथ छोड़ एक पतली गली में हो रहा। उस अँधेरी गली में चलते-चलते वह एक झोपड़ी के सामने पहुँचा और किवाड़ खटखटाए। कुछ काल तक वह खड़ा रहा पर जब उसने देखा कि किवाड़ नहीं खुलता है तब वह फिर किवाड़ खटखटाने लगा। इस प्रकार दो घड़ी के लगभग बीत गए। बालक गदहे पर बैठा-बैठा थककर ऊँघने लगा।

नगर में सन्नाटा छा गया। दिन ढलने पर गली में और भी अँधेरा छा गया। तेली घबराकर किवाड़ पीटने लगा। उसके धक्कों से किवाड़ टूटा ही चाहता था कि भीतर से किसी स्त्रीकंठ का अस्फुट आर्त्तनाद सुनाई पड़ा। रोने के साथ जो शब्द मिले थे, उन्हें ठीक-ठीक कहना असंभव है। उसका भावार्थ यह था, 'घर में डाकू आ पड़े हैं, नगर में कहीं कोई प्रतिवेशी है या नहीं? आकर मेरी रक्षा करे। राजा के भांजे के साथ थानेश्वर से जो दुष्ट सैनिक आए हैं वे मुझे अनाथ, असहाय और विधवा देखकर मुझपर अत्याचार कर रहे हैं। आकर बचाओ, नहीं तो मैं मरी। मेरी जाति, कुल, मान-मर्यादा सब गई।' कुछ प्रतिवेशियों के कान में उस स्त्री का चिल्लाना पड़ चुका था। वे खिड़की हटाकर देखना चाहते थे कि भीतर क्या हो रहा है। दो-एक अपने वचनों से अभयदान भी दे रहे थे।

एक पड़ोसी की दृष्टि द्वार पर खड़े गदहे पर पड़ी। वह चिल्ला उठा, "अरे, देखते क्या हो? थानेश्वर के सवार आ पहुँचे।" सुनते ही पाटलिपुत्र के वीर निवासी अपने-अपने किवाड़ बन्द कर भीतर जा घुसे। स्त्री का रोना-चिल्लाना बढ़ने लगा। तेली को अँधेरे में और कुछ न सूझा, उसने पैर के धक्कों से किवाड़ खोल दिए और घर के भीतर घुसा। स्त्री बड़े जोर से चिल्ला उठी, चिल्लाकर मूर्च्छित हो गई या क्या कुछ, समझ में न आया। तेली ने अपने बैल, गदहे और बालक को भीतर करके किवाड़ बन्द कर लिए। उसके पीछे स्त्री का चिल्लाना किसी ने न सुना।

चौथा परिच्छेद

नूतन और पुरातन

सबेरे ही परिचारक लोग पुराना सभामंडप साफ करने में लगे थे। सभामंडप काले पत्थरों का बना हुआ और चौकोर था। उसकी छत एक सौ आठ खम्भों पर थी। फर्श भी काले चौकोर चिकने पत्थरों की थी। सभा प्रांगण में सबसे भीतर चारों ओर गया हुआ हरे पत्थरों का चबूतरा या अलिंद था जो सुन्दर पतले-पतले खम्भों पर पटा था। अलिंद पर

सोने-चाँदी का बहुत सुन्दर काम था। छत पर पत्थर की मनोहर मूर्तियाँ थीं, स्थान-स्थान पर रामायण और महाभारत के चित्र बने थे। अलिंद के पीछे सभामंडप के खम्भे पड़ते थे। सभामंडप के किनारे चारों ओर पत्थर का बना हुआ चौड़ा घेरा था। पाटलिपुत्र के बड़े-बूढ़े कहते थे कि पुराने सम्राटों के समय में इस घेरे के भीतर इस सहस्र अश्वारोही सुसज्जित और श्रेणीबद्ध होकर खड़े होते थे। सभामंडप में हाथी-दाँत की बनी हुई कम से कम एक सहस्र सुन्दर चौकियाँ बैठने के लिए रखी थीं जो बहुत दिनों तक यत्न और देखभाल न होने के कारण मैली हो रही थीं। इन पर राजकर्मचारी और नगर के प्रतिष्ठित जन बैठते थे। यहाँ पर यह कह देना आवश्यक है कि मुसलमानी दरबारों के समान खड़े रहने की प्रथा प्राचीन हिन्दू सम्राटों की सभा में न थी। राजा के आने पर सब लोग अपने आसनों पर से उठ खड़े होते थे और फिर राजाज्ञा से बैठ जाते थे। अलिंद में चाँदी की गद्दीदार चौकियों की दो श्रेणियाँ थीं जिन पर राजवंश के लोग तथा युवराजपादीय[1] और कुमारपादीय[2] अमात्यगण बैठते थे। इन वर्गों में जिनकी गिनती नहीं थी, वे अलिंद में आसन नहीं पा सकते थे। मत्स्य देश से आए हुए दूध से श्वेत मरमर पत्थर की ऊँची वेदी के ऊपर सम्राट का सिंहासन रहता था। वेदी के तीन ओर सीढ़ियाँ थीं। वेदी के ऊपर सोने के चार डंडों पर झलकता हुआ चँदवा तनता था। चन्द्रातप के नीचे राजसिंहासन सुशोभित होता था।

परिचारक मरमर की वेदी धोकर और उस पर पारस्य देश का गलीचा बिछाकर सोने के दो सिंहासन रख रहे थे। कुछ परिचारक चँदवे में मोती का झालरें लटकाने में लगे थे, कुछ दोनों सिंहासनों के पीछे चाँदी के उज्ज्वल छत्र लगा रहे थे। वेदी के एक किनारे बैठा एक कर्मचारी परिचारकों के काम की देखरेख कर रहा था।

कई दिन पहले जो पिंगलकोश बालक सोन गंगा के संगम पर पुराने राजप्रासाद की खिड़की पर खड़ा जलधारा की ओर देख रहा था, वह सभामंडप में आकर इधर-उधर घूम रहा था। घूमता-घूमता वह वेदी के सामने आ खड़ा हुआ। उसे देखते ही परिचारक थोड़ी देर के लिए काम बन्द करके खड़े हो गए। बालक ने पूछा, "यह नया सिंहासन किसके लिए है?" एक परिचारक बोला, "थानेश्वर के सम्राट के लिए।" बालक चौंक पड़ा। उसका सुन्दर मुखड़ा क्रोध से लाल हो गया और उसने हाथी-दाँत की एक चौकी उठा ली। हाथ के झटके से चौकी उखड़ गई। परिचारक डर के मारे दो हाथ पीछे हट गए। रोषरुद्ध कंठ से बालक ने फिर पूछा, "क्या कहा?" किसी से कुछ उत्तर न बन पड़ा। जो कर्मचारी परिचारकों के काम की देखरेख करता था, वह वेदी के पास आया और बालक को अभिवादन करके सामने खड़ा हो गया। बालक ने पूछा, "तुम किसकी आज्ञा से वेदी पर नया सिंहासन रख रहे हो?" कर्मचारी उत्तर देने में इधर-उधर करने लगा, फिर बोला, "मैंने सुना है।" उसकी बात भी पूरी न हो पाई थी कि बालक एक फलांग में वेदी के ऊपर जा पहुँचा और पैर से ठुकराकर नए सिंहासन को दस हाथ दूर फेंक

1. युवराजपादीय = वे अमात्य या राजकर्मचारी जिन्हें युवराज के बराबर सम्मान प्राप्त था।
2. कुमारपादीय = वे अमात्य या राजपुरुष जिनका सम्मान अन्य राजकुमारों के समान था।

दिया। सिंहासन काले पत्थर की फर्श पर धड़ाम से गिरकर खंड हो गया। परिचारक डर के मारे मंडप से भाग खड़े हुए। कर्मचारी भी बालक की आकृति देख भागने ही को था, इतने में थोड़ी दूर पर एक द्वार पर का हरा पर्दा हटा और एक लम्बा अधेड़ योद्धा और एक दुबली-पतली बुढ़िया बहुत से विदेशी सैनिकों से घिरी आ पहुँची। वृद्धा ने पूछा, "यह कैसा शब्द हुआ?" सब चुप रहे। कुमार शशांक और उसके अमात्य को छोड़ वहाँ और कोई उत्तर देनेवाला था भी नहीं। अमात्य तो उन दिनों को देख इतना सूख गया था कि उसके मुँह से एक शब्द तक न निकला। कुमार कुछ कहना ही चाहता था कि मुँह फेर कर रह गया। वृद्धा ने फिर पूछा। कर्मचारी ने उत्तर देने की चेष्टा की पर उसकी घिग्घी-सी बँध गई, मुँह से स्पष्ट शब्द न निकले। बालक ने तब अवज्ञा से मुँह फेरकर कहा, "परिचारकों ने पिताजी के सिंहासन के पास थानेश्वर के राजा का सिंहासन रख दिया था। मैंने उसे पैरों से ठुकराकर चूर कर दिया।" बालक के ये तेजभरे वाक्य उस पुराने सभामंडप में गूँज उठे। सुनते ही उस अधेड़ योद्धा का मुँह लाल हो गया। उसके साथ के सैनिकों की तलवारें म्यानों में खड़क उठीं। कर्मचारी तो वह झनकार सुनते ही साँस छोड़कर भागा। वृद्धा वेदी के पास बढ़ आई और बालक का हाथ थाम उसे नीचे उतार लाई। इधर अधेड़ योद्धा म्यान से आधी तलवार निकाल चुका था। इतने में सादा श्वेतवस्त्र डाले नंगे पैर एक वृद्ध सभामंडप में घबराए हुए आ पहुँचे। उन्हें देखते ही विदेशी सैनिकों ने भी झुककर अभिवादन किया। हम लोग भी उन्हें पहले देख चुके हैं। वे गुप्तवंशीय सम्राट महासेनगुप्त थे।

उन्हें देखते ही वृद्धा हँसकर आगे बढ़ी। प्रौढ़ योद्धा का सिर कुछ नीचा हो गया। वृद्ध सम्राट एक विशेष विनयसूचक भाव से उस वृद्धा की ओर देख रहे थे जिससे यही लक्षित होता है कि वे बालक के अपराध के लिए क्षमा चाहते थे, किन्तु प्राचीन साम्राज्य का अभिमान उनका कंठ खुलने नहीं देता था। वृद्धा हँसती-हँसती बोली, "भैया! शशांक की बात मत चलाना। प्रभाकर कुछ ऐसे पागल नहीं है जो बालक की बात मन में लाएँगे।" प्रौढ़ योद्धा सिर नीचा किए भीतर-ही-भीतर दाँत पीस रहा था। वृद्धा के पहनावे से जान पड़ता था कि वह पंचनद की रहनेवाली थी। अब तक पंजाब की स्त्रियाँ प्रायः वैसा ही पहनावा पहनती हैं। कपिशा और गान्धार की स्त्रियों के पहनावे के समान उस पहनावे में भी स्त्रीसुलभ रमणीयता और कोमलता का अभाव था। दूर से पहनावा देखकर स्त्री-पुरुष का भेद करना तब भी कठिन था। किन्तु ठंडे पहाड़ी देशों के लिए वैसा पहनावा उपयुक्त था।

वृद्धा के बाल सन की तरह सफेद हो गए थे। गालों पर झुर्रियाँ पड़ी हुई थीं। शरीर पर एड़ी के पास तक पहुँचता हुआ चोल या अंगरखा था, सिर पर भारी पगड़ी थी। पैरों में जड़ाऊ जूतियाँ थीं। पीठ पर बाल खुले हुए थे। वे सम्राट महासेनगुप्त की सगी बहिन, स्थाण्वीश्वर (थानेश्वर) के महाराज आदित्यवर्द्धन की विधवा पटरानी, महादेवी महासेनगुप्ता थीं। उनके साथ में जो अधेड़ पुरुष था, वह आदित्यवर्द्धन का ज्येष्ठ पुत्र, स्थाण्वीश्वर के राजवंश का प्रथम सम्राट, प्रभाकरवर्द्धन था। जिस समय आदित्यवर्द्धन वर्तमान थे, उसी

समय से महासेनगुप्ता स्वामी के नाम से सब राज-काज चलाती थीं। जब प्रभाकरवर्द्धन स्थाण्वीश्वर के सिंहासन पर बैठे तब भी महादेवी सिंहासन के पीछे पर्दे में बैठी-बैठी पुत्र के नाम से अपना प्रचंड शासन चलाती थीं। अस्सी वर्ष की होने पर भी थानेश्वर में उनका आतंक वैसा ही बना था। आर्यावर्त्त के सब लोग जानते थे कि स्थाण्वीश्वर के सिंहासन पर बैठे हुए, पंचनद का उद्धार करने वाले, हूणों, आभीरों और गुर्जरों का दमन करनेवाले सम्राट पदवीधारी प्रभाकरवर्द्धन महादेवी के हाथ की कठपुतली मात्र हैं। उन्हीं की उँगलियों पर सारा थानेश्वर और उत्तरापथ का समस्त राजचक्र नाचता था।

महादेवी हँसती-हँसती अपने भतीजे और पुत्र का हाथ पकड़े सभागृह से बाहर निकलीं। वृद्ध सम्राट सिर नीचा किए उनके पीछे चले। अब एक-एक करके सब परिचारक आने लगे। टूटा हुआ सिंहासन हटा दिया गया। सभामंडप सुसज्जित हुआ। वेदी के ऊपर केवल सम्राट का एक सिंहासन रहा।

पाँचवाँ परिच्छेद
परचूनवाली

दूकान पर बैठी काली भुजंग एक प्रौढ़ा स्त्री आटे, चावल, दाल, नमक, तेल, घी आदि के साथ-साथ अपनी मन्द मुसकान बेच रही थी। इतने बड़े पाटलिपुत्र नगर में जिस प्रकार चावल, दाल के ग्राहक थे, उसी प्रकार उसकी मन्द मुसकान के ग्राहकों की भी कमी नहीं थी। दूकान के बीच में बैठा हमारा वही पूर्वपरिचित तेली बिकती हुई मुसकान की मात्रा की ओर कड़ी दृष्टि लगाए था। उसके साथ जो बालक आया था, वह दूकान के सामने राजपथ पर कई धूलधूसर काले लड़कों के साथ खेल रहा था। इसी बीच में लम्बे डील का एक गोरा आदमी चावल और घी लेने दूकान पर आया। घी और चावल के साथ उस रमणी ने न जाने कितनी वस्तुएँ बेच डालीं। सब सौदा हो चुकने पर जब उस पुरुष ने चावल, दाल, घी, नमक आदि सामग्री कपड़े के छोर में बाँधी तब उसने देखा कि सब सामान एक आदमी से न जाएगा। यह देख सहृदयता रमणी उसकी सहायता करने के लिए दूकान से उठी।

तेली यह देख घर से निकल आया और उस आदमी से कहने लगा, "मैं आपका सब सामान आप पहुँचाने के लिए तैयार हूँ अथवा अपने इस लड़के को आपके साथ किए देता हूँ। मैं अपनी स्त्री को एक बिना जाने-सुने आदमी के साथ घर से बाहर नहीं जाने देना चाहता।" धीरे-धीरे बात बढ़ चली और मुठभेड़ की नौबत दिखाई देने लगी। अन्त में उस शान्तिप्रिय रमणी ने बीच में पड़कर निबटारा कर दिया। यह स्थिर हुआ कि बालक उस पुरुष के साथ सब सामान लेकर जाएगा।

बालक सिर पर भारी गठरी रखे उस आदमी के पीछे धीरे-धीरे चला। वह आदमी लम्बे-लम्बे डग मारता आगे-आगे चलता जाता था और पीछे फिर-फिर कर देखता जाता था कि लड़का कितनी दूर है। बीच-बीच में लड़के को पीछे न देख उसे लौटना

भी पड़ता था। वह आदमी जो मार्ग पकड़े जाता था, वह अब नगर के बाहर होकर नदी तट की ओर जाता दिखाई पड़ा। उसके दोनों ओर वृक्षश्रेणी छाया डाल रही थी। एक ओर तो गंगा की चमकती हुई बालू दूर तक फैली थी, दूसरी ओर हरी-हरी घास से ढकी भूमि थी। बालू के मैदान के बीच उत्तर की ओर दूर पर भागीरथी की क्षीण जलरेखा दिखाई देती थी। उस पथ पर सन्ध्या-सबेरे को छोड़ और कभी कोई आता-जाता नहीं दिखाई पड़ता था। आज कोई विशेष बात थी जो उस पर लोगों की भीड़-भाड़ दिखाई देती थी। बालक कभी-कभी भीड़ में मिल जाता था और वह पुरुष बड़ी कठिनता से उसे ढूँढ़कर निकालता था। मार्ग के दक्षिण ओर बहुत से लोग एकत्र थे जो देखने में युद्धव्यवसायी जान पड़ते थे। घास के मैदान में बहुत से शिविर (डेरे) पड़े थे जिनके सामने सैनिक इधर-उधर आते-जाते दिखाई पड़ते थे। उनमें से अधिकतर लोग खाने और रसोई बनाने में लगे थे। कुछ लोग नित्य के सब कामों से छुट्टी पाकर पेड़ों की छाया के नीचे लेटे थे। मार्ग से थोड़ा उत्तर चलकर पेड़ों के नीचे यहाँ से वहाँ तक एक पंक्ति में घोड़े बँधे थे। उनके सामने स्थान-स्थान पर साज और शस्त्र–भाले, बरछे, तलवारें और धनुर्बाण इत्यादि–ढेर लगाकर रखे हुए थे। सड़क के दोनों ओर थोड़ी-थोड़ी दूर पर सजे हुए विदेशी सैनिक रक्षा के लिए नियुक्त थे। दल के दल सैनिक नदी से स्नान करके आ रहे थे। बालक लोग गदहों पर बड़े-बड़े लोहे के कलसे लादकर अश्वारोहियों के पीने के लिए पानी ला रहे थे। छकड़ों और रथों के मारे सड़क पर चलने की जगह न थी। छकड़े अश्वारोहियों और घोड़ों के खाने-पीने की सामग्री नगर से लादकर लाते थे और बोझ ठिकाने उतार कर फिर नगर की ओर लौटते थे। कभी-कभी छकड़ों के दोनों ओर सवार भी चलते थे और उन्हें शिविर तक ले जाकर सामग्री उतरवाकर छोड़ देते थे।

नगर से कोस भर पर एक बड़े पीपल के पेड़ की छाया के नीचे कई आदमी बैठे बातचीत कर रहे थे। उनके सामने कई एक भाले जुटा कर रखे हुए थे। एक ओर भूमि पर एक बालिका या स्त्री पड़ी थी। उसके दोनों हाथ चमड़े के बंधन से कसे थे। और दोनों पैर एक रस्सी द्वारा खूँटे से बँधे थे। वह बीच-बीच में सिर उठा कर आने-जाने वालों की ओर ताकती और फिर हताश होकर पड़ जाती थी। जो मनुष्य वृक्ष के तले बैठे थे, वे देखने में विदेशी और विशेषतः पंचनद के जान पड़ते थे। उनमें से एक रह-रहकर चमड़े के छोटे कुप्पे में से मद्य ढाल-ढालकर पीता और अपने साथियों को देता जाता था। उनमें से कोई बालिका की ओर कुछ ध्यान न देता था।

बालक चावल-दाल की गठरी सिर पर लिये उसी पेड़ के नीचे आकर खड़ा हो गया, फिर बोझ उतारकर थोड़ा बैठ गया और इधर-उधर ताकने लगा। उस समय बालिका टक लगाए सड़क की ओर देख रही थी। रंग-बिरंगे परिधानों से सुसज्जित होकर बाजा बजाती हुई मगध की पदातिक सेना उस समय उस मार्ग से निकल रही थी। बालक की गठरी जहाँ की तहाँ पड़ी रही। वह धीरे-धीरे बालिका की ओर बढ़ा और पास आकर उसने पुकारा, "बहिन!" बालिका ने चकपका कर उधर मुँह फेरा।

देखते ही बालक उसके गले से लग गया। भाई और बहिन दोनों एक-दूसरे के गले से लगकर सिसक-सिसक कर रोने लगे। कुछ काल बीतने पर विदेशी सैनिकों की दृष्टि उन दोनों पर पड़ी। उन्होंने देखा कि एक से दो बन्दी हो गए। व्यक्ति मद्य ढाल-ढाल कर पी रहा था, वह चकित होकर बालिका के पास उठ कर आया और थोड़ी देर ठगमारा-सा खड़ा रहा, फिर बोला, "अरे तूने इसे कहाँ से ला जुटाया?" बालिका बिलखती बोली, "यह मेरा भाई है।" इतना सुनते ही वह कर्कश स्वर से बोला, "यहाँ तेरे भाई-साई का कुछ काम नहीं। उससे कह कि चला जाए।" उसकी बात सुनकर बालिका चिल्ला उठी। बालक ने भी उसके सुर में सुर मिलाया। सैनिक ने उसका हाथ पकड़कर खींचा। वह और भी चिल्लाने लगा, "बहिन, मैं तुम्हें छोड़कर न जाऊँगा।" एक-एक, दो-दो करके लोग इकट्ठा होने लगे। एक ने पूछा, "क्या हुआ?" दूसरे ने पूछा, "इन्हें क्यों मारते हो?" तीसरा आदमी चौथे से कहने लगा, "देखो तो, उस बेचारी बालिका को कैसा बाँध रखा है!"

देखते-देखते एक शान्तिरक्षक वहाँ आ पहुँचा और पूछने लगा, "क्या हुआ?" एक साथ दस आदमी उत्तर देने लगे, "मद्य पीकर ये कई विदेशी इस बालिका को मार रहे हैं, इसका भाई आकर इसे छुड़ा रहा है।" छुड़ाने वाले का डीलडौल देखकर शान्तिरक्षक हँस पड़ा। पूछने पर सैनिक ने उत्तर दिया, "बालिका मेरी बन्दी है। मैंने उसे मार्ग में पकड़ा है। यह बालक कौन है, मैं नहीं जानता। मैं किसी को मारता-पीटता नहीं हूँ।" इतने में दूकान पर सौदा लेनेवाला वह आदमी लड़के को ढूँढ़ता पेड़ के पास भीड़ इकट्ठी देख वहाँ आ पहुँचा। चारों ओर घूम-घूम कर देखने पर भी जब उसे किसी बात का पता न चला तब वह धीरे-धीरे भीड़ हटा कर घुसा। घुसते ही पहले तो उसने देखा कि उसका मोल लिया हुआ सारा सामान एक किनारे पड़ा है और बालक उस बालिका की गोद में बैठा है। उसने लड़के से पूछा, "अरे! तू यहाँ इस तरह आ बैठा है?" लड़का उसे देख और भी रोने लगा और बोला, "मैं बहिन को छोड़ कर कहीं न जाऊँगा।"

वह चकपका उठा। चारों ओर जो लोग खड़े थे, वे उससे अनेक प्रकार की बातें पूछने लगे। उसने बताया कि "मैं भी थानेश्वर की सेना में ही हूँ, रात भर प्रासाद में प्रतिहार के रूप में रक्षा पर नियुक्त था, सबेरे छुट्टी पाकर रसोई की सामग्री लेने नगर की ओर गया था। बोझ अधिक हो जाने पर बनिए ने अपने लड़के को साथ कर दिया था। इस लड़की को मैंने कभी नहीं देखा था।" जिन लोगों ने मार्ग में लड़की को पकड़ा था, वे एक साथ बोल उठे कि लड़की पाटलिपुत्र की नहीं है।

देखते-देखते शिविर के शान्तिरक्षक वहाँ आ पहुँचे, पर भीड़ बराबर बढ़ती ही जाती थी। उन्होंने बहुत चेष्टा की पर हुल्लड़ शान्त न हुआ। नगरवासियों की संख्या क्रमशः बढ़ने लगी। देखते-देखते दोनों पक्षों में झगड़ा बढ़ चला। गाली-गलौज से होते-होते मारपीट की नौबत आई। मुट्ठी भर शान्तिरक्षकों ने जब देखा कि झगड़ा शान्त नहीं होता है तब वे किनारे हट गए। पूरा युद्ध छिड़ गया। थानेश्वर के सैनिक तो झगड़े के लिए सन्नद्ध होकर आए ही थे, अस्त्र-शस्त्र उनके साथ थे। पर पाटलिपुत्र

वाले लड़ाई के लिए तैयार होकर नहीं आए थे। किसी के हाथ में छकड़े का बल्ला था, कोई सोटा लिये था, कोई लोटा। पर संख्या में वे विदेशियों के तिगुने थे। थानेश्वर के सैनिक पहले तो दो-चार कदम पीछे हटे, पर पीछे उनके भालों और तलवारों के सामने नागरिकों का ठहरना कठिन हो गया। किसी का माथा फूटा, किसी के हाथ-पैर कटे, किसी की पीठ में चोट आई, पर कोई मरा नहीं। रक्तपात देखते ही नागरिक पीछे हटने लगे, पर भागे नहीं, डेरों और पेड़ों की ओट में होकर दूर से वे लगातार पत्थर बरसाने लगे।

उसी समय गंगातट के मार्ग से पाटलिपुत्र की सेना का एक दल शिविर की ओर आता दिखाई पड़ा। किन्तु उसे देख नागरिक कुछ विशेष उत्साहित न हुए और एक-एक, दो-दो करके भागने लगे। उन्होंने समझ लिया कि उनकी स्वदेशी सेना झगड़े की बात सुनकर उनका साथ तो देगी नहीं, उलटा भला-बुरा कहेगी। इसी बीच में नदी तट के मार्ग से एक रथ अत्यन्त वेग से नगर की ओर जाता था। युद्धक्षेत्र के पास पहुँचते ही एक बड़ा-सा पत्थर सारथी के सिर पर आ पड़ा और वह चोट खाकर नीचे गिर पड़ा। उसके गिरने से जो धमाका हुआ, उससे चौंक कर घोड़े प्राण छोड़कर नगर की ओर भाग चले। यह देख रथारूढ़ व्यक्ति झट से नीचे कूद पड़ा। उतरते ही पहले वह सारथी के पास गया। जाकर देखा तो वह जीता था, पर उसका सिर चूर हो गया था। क्रोध के मारे उसका चेहरा लाल हो गया। इतने में पाटलिपुत्र के नागरिकों का फेंका हुआ एक पत्थर उसके कान के पास से सनसनाता हुआ निकल गया और सड़क के किनारे एक शिविर पर जा पड़ा। रथवाला व्यक्ति यह देखकर चकित हो गया। वह क्रोध से खड्ग खींचकर जिस ओर से पत्थर आते थे, उसी ओर को लपका। जो लोग पेड़ की आड़ से पत्थर फेंक रहे थे, वे सिर निकाल कर झाँकने लगे। पत्थरों की वर्षा कुछ थीमी पड़ी। नगर की ओर जाती हुई सेना अब पास पहुँच गई थी, इससे नागरिकों में से जिसे जिधर रास्ता मिला वह उधर भागने लगा। पेड़ की ओट से जो कई आदमी पत्थर चला रहे थे, रथ पर के मनुष्य को अपनी ओर आते देख सरकने का डौल करने लगे। इतने में एक उनमें से बोल उठा, ''अरे! ये तो हमारे युवराज हैं।'' एक ने सुनकर कहा, ''अरे, बावला हुआ है? युवराज अभी लड़के हैं, वे यहाँ क्या करने आएँगे?''

प्रथम व्यक्ति—क्यों, क्या युवराज घूमने-फिरने नहीं निकलते?

द्वितीय व्यक्ति—युवराज को इस इतने बड़े पाटलिपुत्र नगर में और कहीं घूमने की जगह नहीं है जो वे इस दोपहर को धूप में इस रेत में आएँगे?

प्रथम व्यक्ति—अरे तू क्या जाने, युवराज के मन की मौज तो है।

द्वितीय व्यक्ति—अच्छा, तू जाकर अपने युवराज को देख, मैं तो चला।

पहले व्यक्ति ने पेड़ की आड़ से निकलकर 'युवराज की जय हो' कहकर रथ पर के व्यक्ति का अभिवादन किया। वह विस्मित होकर उसे देखता रह गया। दूसरा व्यक्ति पेड़ के पास से भाग रहा था। रथ पर के मनुष्य ने उसे खड़े रहने के लिए कहा। वह भी कंठस्वर सुनते ही बोल उठा, ''युवराज की जय हो।'' अब तो जितने नागरिक

इधर-उधर लुके-छिपे थे, आ-आकर अभिवादन करने लगे। देखते-देखते उस पेड़ के पास बहुत-से लोग इकट्ठे हो गए। नागरिकों को तितर-बितर होते देख थानेश्वर के सैनिक निश्चिन्त हो रहे थे। पेड़ के नीचे कुछ भीड़ जमी देख वे भी पत्थर फेंकने लगे। ईंट का एक टुकड़ा आकर रथ पर के मनुष्य के शिरस्त्राण में लगा। यह देख नागरिक फिर खलबला उठे। इतने में मगधसेना का वह दल आ पहुँचा और भीड़भाड़ देख अधिनायक की आज्ञा से रुक गया। रथ पर के मनुष्य ने झट आगे बढ़कर अधिनायक से पूछा, "तुम मुझे पहचानते हो?" सेनानायक बोला, "नहीं।" रथ पर के मनुष्य ने सिर से शिरस्त्राण हटा दिया। बन्धनमुक्त, पिंगलवर्ण, कुंचित केश उसके कन्धों और पीठ पर छूट पड़े। सेनानायक ने झट विनीत भाव से अभिवादन किया। मगधसेना ने जयध्वनि की। नगारिकों ने भी एक स्वर से जयनाद किया। रथ पर से कूदनेवाले सचमुच कुमार शशांक ही थे। लौहवर्म से अंग-प्रत्यंग आच्छादित रहने के कारण चौदह वर्ष के कुमार कोई छोटे डील के योद्धा जान पड़ते थे। कुमार ने ज्योंही पूछा कि "क्या हुआ?" त्यों ही एक साथ कई नागरिक बोल उठे कि विदेशी सैनिक एक बालिका को पकड़े लिए जाते थे, जब उनसे छोड़ने के लिए कहा गया तब वे नागरिकों पर टूट पड़े और उन्हें मारने लगे। जिन्होंने चोट खाई थी, वे अपनी चोटें दिखाने लगे। अस्त्रहीन प्रजा पर अस्त्र के आघात देख मगध की सेना भी भड़क उठी। सारथी का प्राणहीन शरीर जब सैनिकों ने देखा तब तो उन्हें शान्त रखना अत्यन्त कठिन हो गया।

कुमार की आज्ञा से सेनानायक स्थाण्वीश्वर के पड़ाव की ओर चले। पर जब थानेश्वरवाले अपने-अपने डेरों में से पत्थर फेंकने लगे तब विवश होकर वे लौट आए। अब कुमार की आज्ञा से मागधी सेना ने श्रेणीबद्ध होकर शिविरों पर आक्रमण किया। स्थाण्वीश्वर के अधिकांश सैनिक उस समय मद्य पीकर मतवाले हो रहे थे। वे तो बात की बात में पराजित हो गए। जिन्हें अपने तन की सुध थी, वे भाग खड़े हुए। जो उन्मत्त थे, वे भूमि पर पड़े-पड़े प्रहार सहते रहे। बहुत-से बन्दी बना लिए गए। कुमार के आदेश से बालिका अपने भाई सहित बन्धन से छुड़ा कर लाई गई। कुमार दोनों को रथ पर बिठाकर नगर की ओर चल पड़े। सेना भी अपने ठिकाने आ पहुँची।

सन्ध्या हो चली थी। झगड़े की बात नगर भर में फैल गई। उत्पाती दुष्ट दल बाँध-बाँधकर लोगों को भड़काने लगे। सेनादल को लौटते देर नहीं कि नागरिक शिविर लूटने में लगे। मुट्ठी भर शान्तिरक्षक उन्हें किसी प्रकार न रोक सके। अन्त में नगरवासियों ने शान्तिरक्षकों को मार भगाया। लूटपाट कर चुकने पर उन्होंने डेरों में आग लगा दी। दूर तक जलते हुए डेरों की आकाश तक उठती हुई लपट देखकर थानेश्वर के सेनानायकों ने जाना कि शिविर में कुशल नहीं। नगर में एक सहस्त्र से कुछ अधिक शरीररक्षक अश्वारोही थे। उन्हें लेकर सेनानायक पड़ाव पर पहुँचे। उस समय अग्नि जलाने के लिए और कुछ न पाकर बुझ चुकी थी। उन्होंने शिविरों के आसपास जाकर देखा कि उन्मत्त और बन्दी सैनिकों की भीषण हत्या करके नागरिकों ने डेरों में आग लगाकर सब कुछ भस्म कर डाला है।

छठा परिच्छेद

दुर्गस्वामिनी का कंगन

रोहिताश्वगढ़ आर्यावर्त्त के इतिहास में बहुत प्राचीन काल से प्रसिद्ध है। यह गढ़ दक्षिण मगध और करुष[1] की दक्षिणी सीमा पर स्थित था और दक्षिण के जंगली प्रदेश का एकमात्र प्रवेशद्वार था। जब तक का इतिहास मिलता है तब से लेकर इधर तक इस गढ़ का अधीश्वर जंगली जातियों का शासक और अधिपति समझा जाता था। मुसलमानों के आने पर रोहिताश्व दुर्ग रोहतासगढ़ कहलाने लगा और मोगल राजाओं के समय में रोहतास का किलेदार सूबा बिहार की दक्खिनी सीमा का रक्षक माना जाता था। शेरशाह, मानसिंह, इसलामखाँ, शाइस्ताखाँ, इत्यादि इस दुर्ग में बहुत दिनों तक रहे हैं। सब इस पुराने दुर्ग में अपना कोई न कोई चिह्न छोड़ गए हैं। अत्यन्त प्राचीन काल में, जिसका कोई लेखा इतिहास में नहीं है, इस दुर्ग की नींव पड़ी थी। पर्वत का जो अंश नदी के गर्भ तक चला गया था, उसी के ऊपर यह दुर्जय दुर्ग उठाया गया था। दूर से उसके टीले को देखने से यही जान पड़ता था कि वह सोन नद के बीचोबीच उठा हुआ था।

जिस समय की बात हम लिख रहे हैं, वह आज से तेरह सौ वर्ष पहले की है। हजार वर्ष से ऊपर हुए कि सोन अपनी धारा क्रमशः बदलने लगा। अब सोन नद न तो पाटलिपुत्र के नीचे से होकर बहता है न रोहिताश्वगढ़ के। हजार वर्ष पहले जहाँ सोन की धारा बहती थी, वहाँ अब हरे-भरे खेत और अमराइयों से घिरे हुए गाँव दिखाई पड़ते हैं। विन्ध्यपर्वत का अंचल अब नदी के तट से बहुत दूर पर है।

प्राचीन रोहिताश्वगढ़ पर्वत की चोटी पर था। गढ़ भीतरी और बाहरी दो भागों में बँटा था। बाहरी या नीचे का भाग उस लम्बे-चौड़े टीले को पत्थर की चौड़ी दीवार से घेर कर बनाया गया था। दूसरे कोट के भीतर का भाग अपरिमित धन लगाकर ऊँची-नीची पहाड़ी भूमि को चौरस करके बना था। इसकी लम्बाई-चौड़ाई यद्यपि सौ हाथ से अधिक न होगी पर यह अत्यन्त दुर्गम और दुर्जेय रहा है। रोहिताश्व के इतिहास में यह अन्तर्भाग दो बार से अधिक शत्रुओं के हाथ में नहीं पड़ा। इसी रोहिताश्वगढ़ के उत्तरी तोरण (फाटक) के नीचे एक मोटा ताजा बुड्ढा बैठा दातून कर रहा था।

वृद्ध बहुत देर से दातून कर रहा था। उसकी प्रातःक्रिया पूरी भी न हो पाई थी कि पूर्व के द्वार की ओर पैरों की आहट सुनाई दी। देखते-देखते एक अत्यन्त सुन्दर बालिका, जिसके घुँघराले बाल इधर-उधर लहरा रहे थे, दौड़ती-दौड़ती बाहर आई और वृद्ध को देख उसे पकड़ने के लिए लपकी पर चिकने पत्थरों पर फिसल कर गिर पड़ी। वृद्ध और एक परिचारक ने उसे दौड़कर उठाया। उसे बहुत चोट नहीं लगी थी। बालिका उठकर हाँफती-हाँफती बोली, "बाबा! नन्नी कहती है कि घर में आटा नहीं है, हम लोग खाएँगे क्या?" वृद्ध बालिका के सिर पर हाथ फेरता हुआ बोला, "कुछ चिन्ता नहीं, घर में गेहूँ होगा, रग्घू अभी पीस कर आटा तैयार किए देता है।" बालिका बोली, "नन्नी

1. करुष देश = आजकल का आरा-शाहाबाद का जिला।

रोती है, कहती है कि घर में एक दाना गेहूँ भी नहीं है।" उसकी बात सुनकर वृद्ध की आकृति गम्भीर हो गई। उन्होंने कहा, "अच्छा, मैं भी शिकार लिए आता हूँ। रग्घू! मेरा धनुष तो ला।" परिचारक दुर्ग के भीतर गया। बालिका अपने दादा को जोर से पकड़ कर सिसकते सुर में बोली, "बाबा! चिड़िया और हिरन का मांस मुझसे नहीं खाया जाता, न जाने कैसी गन्ध आती है!" वृद्ध ठक खड़े रहे। भृत्य धनुष और बाण लेकर आया पर वृद्ध का ध्यान उसकी ओर न गया। बालिका अपने बाबा की चेष्टा देखती खड़ी रही। कुछ देर बाद वृद्ध का ध्यान टूटा, एक बूँद आँसू टपक कर उनकी सफेद-सफेद मूँछों पर आ पड़ा। वृद्ध ने परिचारक से कहा, "तू धनुष-बाण रखकर मेरे साथ भीतर आ।" वे बालिका को लिए भीतर की ओर चले। धीरे-धीरे दुर्ग के आँगन को पार करते हुए, जिसमें कभी सफाई न होने के कारण घास और पौधों का जंगल-सा लग रहा था, वृद्ध दूसरे कोट के नीचे की एक छोटी कोठरी में घुसे। बगल की एक कोठरी में बुढ़िया दासी नन्नी गेहूँ न देखकर जोर-जोर से रो रही थी। वृद्ध को देखते ही वह सहम कर चुप हो गई। कोठरी के एक कोने में लकड़ी के एक बहुत पुराने पाटे पर उससे भी पुरानी लोहे की एक पेटी जकड़बन्द करके रखी हुई थी। वृद्ध ने बड़ी कठिनता से भृत्य की सहायता से उसे खोला और उसके भीतर से फूलों की सूखी मालाओं से लपेटी हुई पुराने कपड़े की एक पोटली बाहर निकली। पोटली खोलने पर उसमें से हीरों से जड़ा हुआ एक पुराना कंगन निकला। वृद्ध ने उसे भृत्य के हाथ में देकर कहा, "तुम इसे लेकर बस्ती में जाओ, और धनसुख सोनार के हाथ बेच आओ! जो कुछ दाम मिले, उसमें से कुछ का आटा और गेहूँ भी लेते आना।" कंगन देते समय वृद्ध का हाथ काँपता था। पुराने परिचारक ने यह बात देखी और उसकी दोनों आँखों में आँसू भर आए। किन्तु आज्ञा पाकर वह चुपचाप चला गया। वृद्ध कोठरी में बैठ गया। उसके दोनों नेत्रों से अश्रुधारा वेग से छूट कर तुषारखंड-सी श्वेत लम्बी मूँछों पर होती झरने के समान बह रही थी। बालिका कोठरी के द्वार पर खड़ी चुपचाप अपने पितामह की यह दशा देख रही थी।

जिस समय की बात हम लिख रहे हैं, उस समय गुप्तसाम्राज्य की बढ़ती के दिन पूरे हो चुके थे। मगध, अंग और राढ़ि देश को छोड़ और सारे प्रदेश गुप्तवंश के हाथ से निकल चुके थे। तीरभुक्ति और बंगदेश भी एक प्रकार से स्वतन्त्र हो चुके थे। प्रादेशिक शासनकर्त्ता नाम मात्र के लिए अधीन बने थे, वे राजधानी में कभी कर नहीं भेजते थे। इतना अवश्य था कि उन्होंने प्रकाशय रूप में अपनी स्वाधीनता की घोषणा नहीं की थी। गुप्त साम्राज्य के समय में जिन लोगों ने अधिकार और मान-मर्यादा प्राप्त की थी, वे अधिकांश मगध और गौड़ के रहनेवाले थे। गुप्तवंश के अभ्युदय काल में नए जीते हुए देशों में पुरस्कारस्वरूप उन्हें बहुत-सी भूमि मिली हुई थी। अपनी भूमि की रक्षा के लिए बहुतों को देश छोड़कर विदेश में रहना पड़ता था। पर कुछ लोगों को मगध के बाहर जाने की छुट्टी नहीं मिलती थी; कुल-परम्परा से उनके यहाँ राजसेवा चली जाती थी, इससे सम्राट के पास ही उन्हें रहना पड़ता था। जब गुप्तसाम्राज्य नष्ट हुआ तब

उनके वंशजों की दशा अत्यन्त हीन हो गई। विदेश में जो अधिकार उन्हें प्राप्त थे, वे उनके हाथ से धीरे-धीरे निकल गए। गौड़ और बंगदेश में जिनकी कुछ भूमि थी, कुछ दिनों तक वे सुख से रहे। पीछे महासेनगुप्त के पिता दामोदरगुप्त के समय में उनके अधिकार भी नष्ट हो गए। पाटलिपुत्र और मगध में चारों ओर ऐसे लोग दिखाई देने लगे जिनके पास उच्चवंश के अभिमान के अतिरिक्त और कुछ नहीं रह गया था। प्राचीन अभिजातवंश और अमात्यवंश की दुर्दशा के साथ-साथ गुप्तसाम्राज्य की दशा भी दिन-दिन हीन होती जाती थी।

रोहिताश्व के गढ़पति गुप्तसाम्राज्य की बढ़ती के दिनों में अत्यन्त प्रतापशाली थे। दक्षिणप्रान्त की रक्षा करने के कारण सम्राटों से उन्हें बहुत सम्मान प्राप्त था। जिस समय देश पर देश अधिकृत होकर गुप्तसाम्राज्य में मिलने जाते थे, रोहिताश्व के गढ़पतियों को मालव और बंगदेश में बहुत-सी भूमि मिली थी। जब साम्राज्य का ध्वंस आरम्भ हुआ तब मालव की भूमि रोहिताश्ववालों के अधिकार से निकल गई। पर जब तब बंगदेश में उनकी भू-सम्पत्ति बनी रही तब तक उन्हें किसी बात का अभाव नहीं था। सम्राट दामोदरगुप्त के समय में बंगदेश के शासक ने राजस्व भेजना बन्द कर दिया था। पर उनके पीछे भी बहुत दिनों तक रोहिताश्व के गढ़पति अपनी भूमि पर कर पाते रहे। धीरे-धीरे वह भी बन्द हो गया। दुर्ग के आसपास की पथरीली भूमि पर ही उनका अधिकार रह गया। उसकी उपज का षष्ठांश ही वे पाते थे और उसी से कष्टपूर्वक अपने दिन काटते थे। जो वृद्ध प्रातःकाल परिखा (खाई) के किनारे बैठे दातून कर रहे थे, रोहिताश्वगढ़ के वर्तमान अधीश्वर यशोधवलदेव थे। यशोधवलदेव अति प्राचीन और प्रतिष्ठित वंश के थे। महानायक की पदवी पुरुषपरम्परा से उनके यहाँ चली आती थी और गुप्तसाम्राज्य में उन्हें राजकुमारों के तुल्य सम्मान प्राप्त था। यशोधवलदेव की अवस्था सत्तर वर्ष से ऊपर होगी। दामोदरगुप्त के समय में उन्होंने अनेक युद्धों में कीर्ति प्राप्त की थी। महासेनगुप्त के समय में भी उन्होंने मौखरीवंश के राजाओं को पराजित करके दक्षिण मगध में विद्रोहाग्नि शान्त की थी। उनके एकमात्र पुत्र का नाम कीर्तिधवल था। पुत्र भी पिता के समान ही यशस्वी और पराक्रमी था। अभाव में जीवन व्यतीत करना उससे न देखा गया। उसने बिना पिता से पूछे बंगदेश में जाकर अपने पूर्वपुरुषों की भूमि पर अधिकार करना चाहा। पर नदी से घिरे समतट प्रदेश में वह मारा गया।

स्वामी का मृत्युसंवाद पाकर कीर्तिध्वल की पत्नी ने तो अग्निप्रवेश किया। तब से भग्नहृदय वृद्ध यशोधवलदेव मातृ-पितृविहीना पौत्री को लिए पूर्वजों के पुराने दुर्ग में किसी प्रकार अपने जीवन के दिन पूरे कर रहे हैं। पुत्र के मरे पीछे उनकी दशा दिन-दिन और दीन होती गई। आसपास की प्रजा नियमित रूप से कर भी नहीं देती थी। वेतन न पाकर दुर्गरक्षक एक-एक करके काम छोड़कर चले गए। होते-होते बूढ़े परिचारक रग्घू और नन्नी टहलनी को छोड़ गढ़ में और कोई न रह गया। उस समय भी गढ़पति के अधिकार में आसपास की जो भूमि रह गई थी, उसका कर यदि नियमित रूप से मिलता जाता तो उन्हें अन्न-कष्ट न होता पर पास में आदमी न होने से उपज का षष्ठांश अन्न

गढ़ में न पहुँचता था। जब कोई माँगने ही न जाता तब प्रजा को आप से आप कर पहुँचाने की क्या पड़ी थी! अन्त में युवराज भट्टारकपादीय महानायक यशोधवलदेव को अन्नाभाव से विवश होकर अपनी स्वर्गीया पत्नी का चिह्नस्वरूप अलंकार बेचना पड़ा।

बालिका थोड़ी देर खड़ी-खड़ी अपने बाबा की दशा देखती रही। उसकी दोनों आँखों में भी जल भर आया। उधर से नन्नी आकर उसे गोद में उठा ले गई। देखते-देखते दोपहर हो गई। रग्घू पसीने से लथपथ एक बड़ा बोरा पीठ पर लादे आ पहुँचा। उसे देख वृद्ध आपे में आए। वे आँख उठा कर रग्घू के मुँह की ओर ताका ही चाहते थे कि उसने टेंट से दस स्वर्ण मुद्राएँ निकाल कर रख दीं और कहा—धनसुख सोनार ने आपको प्रणाम कहा है और कहा है कि "कंगन का पूरा मूल्य मैं इस समय नहीं दे सका, सन्ध्या होते-होते और मुद्राएँ लेकर मैं सेवा में आऊँगा।" नन्नी और रग्घू ने देखा कि उस दिन वृद्ध गढ़पति कुछ आहार न कर सके।

सन्ध्या होने के कुछ पहले ही एक क्षीणकाय वृद्ध धीरे-धीरे पैर रखता गढ़ के भीतर गया। वह चकित होकर इधर-उधर ताकता जाता था। वह देखता था कि तोरण पर न तो कोई पहरेवाला है, न इधर-उधर परिचारक दिखाई देते हैं। फाटक भी टूटा-फूटा है, उसमें जड़े हुए लोहे निकलकर इधर-उधर पड़े हैं। गढ़ के भीतर पैर रखना कठिन है, प्रांगण में घासपात का जंगल उगा है। दीवारों से बरगद और पीपल के पेड़ निकलकर बड़े-बड़े हो गए हैं। गढ़पति के रहने का भवन भी गिरी पड़ी दशा में है। भवन की सजावट की वस्तुएँ झाड़पोंछ के बिना मैली हो रही हैं, उन पर धूल जम रही है। दुर्ग के भीतर की अवस्था देखने से जान पड़ता है कि यहाँ अब मनुष्य का वास नहीं है। दूसरे दुर्ग के नीचे एक छोटी कोठरी के सामने एक बहुमूल्य पारसी कालीन पर वृद्ध गढ़पति बैठे हैं। सोनार ने उन्हें देखते ही भूमि पर पड़कर साष्टांग प्रणाम किया। वृद्ध दुर्गस्वामी ने उसे बैठने को कहा, पर वह बैठा नहीं, उसने एक थैली में से बहुत-सी स्वर्णमुद्राएँ निकालकर वृद्ध के सामने रख दीं और कहा, "कंगन कितने मूल्य का होगा यह अभी मैं ठीक-ठीक नहीं कह सकता। एक सहस्र स्वर्णमुद्रा जो मेरे पास इस समय है, मैं लाया हूँ, शेष थोड़े दिनों में पाटलिपुत्र से आ जाता है।"

वृद्ध—कंगन का मूल्य क्या इतना अधिक होगा?

धनसुख—मेरी जहाँ तक परख है, कंगन का मूल्य दस सहस्र स्वर्णमुद्रा से कम न होगा।

वृद्ध—इतना अधिक मूल्य तुम दे सकते हो?

धन—अपने बेटे को पाटलिपुत्र भेजा है, उसके आने पर मैं दे सकता हूँ।

वृद्ध निश्चिन्त हुए, किन्तु धनसुख उसी प्रकार सामने खड़ा रहा, गया नहीं।

थोड़ी देर में गढ़पति ने फिर पूछा, "धनसुख! जापिल गाँव में हमारा एक सेनापति महेन्द्रसिंह रहता था, क्या वह अभी है?"

"धन-प्रभो! महेन्द्रसिंह का तो बहुत दिन हुआ, स्वर्गवास हो गया। उनके पुत्र वीरेन्द्रसिंह हैं जो अब खेती में लग गए हैं। फिर भी जापिल ग्राम में अभी आपके पुराने सेनानायक हरिदत्त अक्षपटलिक विधुसेन और पर्वतखंड के सिंहदत्तजी जीवित हैं।"

वृद्ध के नेत्र दमक उठे। उन्होंने कहा, "बहुत अच्छा हुआ जो तुम आ गए। मेरा पाटलिपुत्र जाने का विचार हो रहा है। तुम इन्हें मेरे पास भेज दोगे?" बूढ़ा धनसुख घुटने टेक हाथ जोड़कर बोला, "प्रभो! मेरा अहोभाग्य कि आज मुझे आपका दर्शन मिला। इधर दस वर्ष से किसी ने आपका दर्शन नहीं पाया है। जो बंगदेश के युद्ध से लौट आए थे, वे लज्जा से आपके सामने मुँह नहीं दिखा सकते। पर निश्चय जानिए, आपके दर्शन के लिए सब तरस रहे हैं। वे कल सबेरे ही दुर्ग में आपके दर्शन को आएँगे।" वृद्ध के नेत्रों में जल झलक पड़ा। उन्होंने कहा, "जो लोग आना चाहें आएँ, उन्हें देखकर मैं बहुत सुखी हूँगा। पर उनसे यह कह देना कि मुझमें अब वह सामर्थ्य नहीं, मैं अब किसी योग्य नहीं रह गया हूँ। आने पर मुट्ठी भर अन्न भी दे सकूँगा कि नहीं, नहीं कह सकता। मेरे पास अब न लोकबल है, न अर्थबल। तुम तो मेरी दशा देख ही रहे हो। ऐसा न होता तो क्या मैं दुर्गस्वामिनी का कंगन कभी अपने हाथों से बेचता?"

गढ़पति की बातें सुनकर धनसुख चुपचाप आँसू गिरा रहा था। उसके मुँह से एक बात न फूटी। वह फिर साष्टांग प्रणाम करके चला गया।

सातवाँ परिच्छेद
महादेवी का विचार

पाटलिपुत्र के प्राचीन राजप्रासाद के भीतर एक छोटी कोठरी में सन्ध्या बीतने पर दो व्यक्ति बैठे हैं। उस छोटी कोठरी में नीलपट पड़े हुए हैं, भूमि कोमल बहुमूल्य पारसी कालीन से ढकी है। हाथी-दाँत के एक छोटे से सिंहासन पर महादेवी महासेनगुप्ता विराज रही हैं। उनके सामने सोने के सिंहासन पर राजसी पीत परिधान धारण किए, विविध आभूषणों से अलंकृत सम्राट प्रभाकरवर्द्धन बैठे हैं। घर के एक कोने में एक टिमटिमाता हुआ गन्धदीप स्वच्छ नीलपट की ओट से कोठरी के कुछ भाग पर मृदुल प्रकाश डाल रहा था। अँधेरे में बैठी हुई दोनों मूर्तियाँ स्पष्ट नहीं दिखाई देती थीं। माता और पुत्र के बीच धीरे-धीरे बातचीत हो रही थी। महादेवी कहती थीं, "प्रभाकर! तुम्हारा इस प्रकार आपे से बाहर होना उचित नहीं है। अब तुम नवयुवक नहीं हो। मगध तुम्हारे मामा का राज्य है, यह भवन तुम्हारे मामा का है। तुम इस पाटलिपुत्र नगर में अतिथि होकर आए हो। तुम्हारा मातामहवंश बहुत प्राचीन है, आर्यावर्त्त में अत्यन्त प्रतिष्ठित है। इस समय भी उत्तरापथ में तुम्हारे पितृकुल की अपेक्षा मातृकुल को लोग अधिक सम्मान की दृष्टि से देखते हैं। दिनों के फेर से मेरा पितृकुल इस समय दुर्दशा में है और तुम्हारा पितृकुल बढ़ती पर है! इसलिए सम्राट पदवीधारी स्थाण्वीश्वर के राजा को क्या यही उचित है कि वह अपने मामा के यहाँ अतिथि होकर आए और उसका अपमान करे?"

महादेवी यह बात बहुत धीरे-धीरे कह रही थीं। उनका स्वर इतना धीमा था कि उस कोठरी के बाहर से उसे कोई नहीं सुन सकता था।

प्रभाकरवर्द्धन उत्तेजित होकर कहने लगे, "महादेवी! आप आदि से अन्त तक मेरी बात..."

उन्हें रोककर महासेनगुप्ता बोलीं, "प्रभाकर! मैं तुम्हारी माता हूँ। जो कुछ तुम कहना चाहते हो, मैं सब समझती हूँ। पाटलिपुत्र के उद्दंड नागरिक एकदम निर्दोष हैं यह मैं नहीं कहती। पर उन्होंने थानेश्वर के सैनिकों का अत्याचार देख कर ही उत्तेजित होकर हमारे शिविर पर आक्रमण किया है।"

बात कटती देख स्थाण्वीश्वर के सम्राट के मुँह के कोने पर कुछ ललाई दिखाई दी। उन्होंने बड़े कष्ट से अपने भाव को छिपाकर कहा, "अपनी जो इच्छा हो, करें।"

महा.–मैं तुम्हारे सामने ही कल की घटना से सम्बन्ध रखनेवाले लोगों को बुलाकर विचार करती हूँ, तुम कुछ न बोलना। यदि कुछ कहना तो पट की ओट में बुलाकर कहना। तुम्हारे कर्मचारियों ने तुमसे क्या-क्या कहा है?"

प्रभा.–एक सैनिक ने मार्ग में एक सुन्दर दासी मोल ली थी। उसे देखकर नागरिक कहने लगे कि एक वह नगर के बनिए की लड़की है। उसी दासी के पीछे सैनिकों और नागरिकों में झगड़ा होने लगा। उसी बीच कुमार शशांक वहाँ पहुँचे और मगध सेना का एक दल लेकर थानेश्वर के निरस्त्र सैनिकों पर टूट पड़े और उन्होंने उन्हें मारकर शिविर में आग लगा दी। नगर के दूसरे पार्श्व से जब तक हमारी सेना पहुँचे तब तक सारा काम हो गया।"

महा.–तुम्हारे कर्मचारियों ने तुमसे जो कुछ कहा है, सब झूठ है। किसकी बात सच है, यह अभी तुम्हारे सामने दिखाती हूँ।

ताली बजाते ही पट हटाकर एक वृद्ध परिचारक घर में आया। महादेवी ने उससे कहा–"महाप्रतिहार[1] विनयसेन को तो भेजो।" परिचारक दो बार प्रणाम करके बाहर चला गया और थोड़ी देर में फिर आकर खड़ा हुआ। उसके साथ एक उज्ज्वल वर्म्मधारी पुरुष ने आकर द्वार पर से प्रणाम किया। वे ही महाप्रतिहार विनयसेन थे।

महादेवी ने उनसे पूछा, "पाटलिपुत्र के मार्ग में जिस सैनिक ने दासी मोल ली थी, उसका नाम क्या है?"

विनय.–चन्द्रेश्वर। वह जालन्धर की अश्वारोही सेना का है।

महा.–उसे यहाँ ले आओ।

महाप्रतिहार दो बार अभिवादन करके निकले। फिर परदा उठा और महाप्रतिहार चन्द्रेश्वर को लिये आ पहुँचे। महादेवी ने हँसते-हँसते पूछा, "तुम्हारा नाम क्या है?"

सैनिक–चन्द्रेश्वर।

महा.–निवास कहाँ है?

सैनिक–जालन्धर नगर में।

महा.–तुम थानेश्वर की सेना में हो?

सैनिक ने अभिवादन किया। महादेवी ने फिर पूछा, "वाराणसी से पाटलिपुत्र आते हुए तुमने कोई दासी मोल ली थी?"

1. महाप्रतिहार = नगररक्षक, पुररक्षकों का नायक। कोतवाल।

सैनिक–हाँ, पाटलिपुत्रवाले उसे मुझसे छीन ले गए।

महा.–तुमने उसे किससे मोल लिया था?

सैनिक–मार्ग में एक बनिए से।

महा.–कितना मूल्य दिया था?

सैनिक–दस दीनार[1]।

महा.–अच्छा, जाओ। विनयसेन! उस लड़की को तो ले आओ।

दोनो अभिवादन करके बाहर गए। परिचारक पट हटाकर आया और अभिवादन करके बोला, "द्वार पर सम्राट महासेनगुप्त खड़े हैं।" इतना सुनकर भी प्रभाकरवर्द्धन ज्यों के त्यों आसन पर बैठे रहे। महादेवी ने यह देख क्रुद्ध होकर कहा, "पुत्र! तुम्हारी बुद्धि एकबारगी लुप्त हो गई? द्वार पर तुम्हारे मामा खड़े हैं, जाकर उन्हें आगे से ले आओ।" प्रभाकरवर्द्धन का चित्त ठिकाने आया। वे घबराकर सिंहासन से उठ पड़े और द्वार पर अपने मामा को लेने गए। इसी बीच में परिचारिकों ने एक और सिंहासन लाकर रख दिया। धर में आकर दोनों बैठ गए।

महा.–भैया! आप यहाँ चाहे जिस लिए आए हों, थोड़ा बैठ जाइए। मैं एक विषय का विचार कर रही हूँ, आप भी सुनिए।

महाप्रतिहार विनयसेन उस बालिका को लेकर घर में आए। विनयसेन के आदेशानुसार बालिका ने तीनों को प्रणाम किया।

महा.–तुम्हारा नाम क्या है?

बालिका–गंगा।

महा.–तुम किस जाति की हो?

बालिका–क्षत्रिय।

महा.–तुम्हारे पिता का नाम क्या है?

बालिका के नेत्र गीले हो गए। उसने उत्तर दिया "यज्ञवर्म्मा।"

महादेवी ने उसकी आँखों में आँसू देख उसे ढाँढ़स बँधा कर कहा, "बेटी, डरो मत। अब तुमसे कोई कुछ नहीं बोलेगा। तुम रहनेवाली कहाँ की हो?"

बालिका के कोमल कपोलों पर टप-टप आँसू गिरने लगे, उसका गला भर आया। वह बोली, "चरणाद्रिदुर्ग।"

अब तक सम्राट महासेनगुप्त पत्थर की मूर्ति बने चुपचाप सिंहासन पर बैठे थे। जो कुछ बातचीत हुई, उसका बहुत-सा अंश उनके कानों में नहीं पड़ा था, पर 'यज्ञवर्म्मा' और 'चरणाद्रिदुर्ग' सुनते ही वे चौंक पड़े। वे बालिका से पूछने लगे, "क्या कहा, चरणाद्रिगढ़? तुम्हारे पिता का नाम यज्ञवर्म्मा है? कौन यज्ञवर्म्मा? मौखरिनायक शार्दूलवर्म्मा के पुत्र?" बालिका ने रोते-रोते कहा, "हाँ।" सम्राट और कुछ कहा ही चाहते थे कि बीच

1. दीनार = गुप्तकाल में यह सोने का सिक्का चलता था। किसी समय फारस से लेकर रोम तक इस नाम की स्वर्णमुद्रा प्रचलित थी। प्राचीनकाल में उस नाम की एक ताम्रमुद्रा भी कश्मीर आदि में चलती थी–अनुवादक

में महादेवी ने महाप्रतिहार को प्रधान महल्लिका को बुलाने की आज्ञा दी। विनयसेन तीन बार अभिवादन करके बाहर गए और पलभर में महल्लिका को साथ लिए लौट आए। महादेवी ने उससे कहा, "बालिका को ले जाओ, इसे चुप कराके फिर ले आना।"

महादेवी ने सम्राट की ओर फिर कर पूछा, "आप यज्ञवर्म्मा के सम्बन्ध में क्या कह रहे थे?" सम्राट ने लम्बी साँस भरकर कहा, "देवि! वह बहुत दिनों की बात है। तब तक साम्राज्य का बहुत कुछ गौरव बना हुआ था, जब तक मेरी भुजाओं में बल था। उस समय यज्ञवर्म्मा के नाम से सारा उत्तरापथ काँपता था। बहुत प्राचीन काल से मौखरीवंश की एक शाखा के अधिकार में चरणाद्रि का दुर्ग चला आता था। गुप्त साम्राज्य की ओर से उस वंश के लोग उस दुर्ग की रक्षा पर नियुक्त थे। भट्टों और चारणों के मुँह से सुना है कि महाराजाधिराज समुद्रगुप्त ने उन लोगों को उस दुर्ग की रक्षा का भार दिया था। प्रथम कुमारगुप्त और स्कन्धगुप्त के समय में जब बर्बर हूण देश में टिड्डीदल की तरह टूट पड़े थे, साम्राज्य की उस घोर दुर्दशा के समय में मौखरिगढ़पतियों ने किस प्रकार दुर्ग रक्षा की थी, उसे चारण लोग अब तक गली-गली गाते फिरते हैं। बहिन! बाल्यकाल की बात का क्या तुम्हें कुछ भी स्मरण नहीं है? वृद्ध युद्ध अभी जीता है। विवाह के पहले गंगा की बालू में बैठे हम दोनों भाई-बहिन बूढ़े यदुभट्ट का गान सुनते-सुनते अपने आपको भूल जाते थे, वह सब क्या तुम्हें भूल गया?"

बोलते-बोलते सम्राट उठ खड़े हुए और कहने लगे, "मौखरि नरवर्म्मा ने किस प्रकार दुर्ग रक्षा की थी, क्या भूल गया? यदुभट्ट की बातें अब तक मेरे कानों में गूँज रही हैं, उसका वह कंठस्वर अब तक मुझे सुनाई दे रहा है।

"जिस समय अन्न और जल के बिना दुर्ग के भीतर की सेना व्याकुल हो उठी तब भी वीर नरवर्म्मा ने साहस न छोड़ा। छोटे बच्चे ने प्यास के मारे तलफ-तलफ कर सामने ही प्राण त्याग दिए पर नरवर्म्मा विचलित न हुए। वीरगण! उस मौखरिवीर ने क्या कहा था, सुनो। इस चरणाद्रिगढ़ में मौखरिवंश महाराजाधिराज समुद्रगुप्त को प्रतिष्ठित किया हुआ है, समुद्रगुप्त के वंशधर को छोड़ कोई इसके भीतर पैर नहीं रख सकता। जब तक एक भी मौखरि के शरीर में प्राण रहेगा तब तक सम्राट को छोड़ और कोई अपनी सेना सहित दुर्ग में नहीं घुस सकता। वीरो! मौखरिवीर ने जो किया था वह आर्यावर्त्त देश में कोई नई बात नहीं है। सैकड़ों दुर्गों में, सैकड़ों युद्धों में विदेशी सेनाओं ने वैसी सैकड़ों बातें देखी हैं, और देखकर चकित रह गए हैं! मौखरि कुलांगनाओं के रक्त से दुर्ग का आँगन लाल हो गया है। सिर कटे बच्चों के कोमल धड़ नोच कर फेंके हुए फूलों के समान पत्थर की कड़ी धरती पर पड़े हैं। मौखरिवीर कहाँ हैं? क्या अपने पुत्र, माता और भगिनी के नाम पड़े रो रहे हैं? नहीं, वह देखो! दुर्ग के प्राकार पर गरुड़ध्वज ऊपर उठ रहा है। मौखरिवीर केसरिया बाना पहने उल्लास से गरज रहे हैं। कंठ में रक्त जवाकुसुम की माला धारण किए, रक्त चन्दन का लेप किए वीर नरवर्म्मा स्वयं गरुड़ध्वज हाथ में लिए सेना को बढ़ा रहे हैं। उनके गम्भीर जयनाद को सुनकर हजारों हाथ नीचे खड़े हूण दहल रहे हैं। भीषण हुंकार सुनकर पशु-पक्षी पहाड़ छोड़कर भागे जा रहे हैं। इस जीवन की चिन्ता

के साथ-ही-साथ उस वीर के चित्त से पुत्रकलत्र की चिन्ता भी दूर हो गई है। जहाँ तक मनुष्य का वश चल सकता है, नरवर्म्मा ने किया, जो बात मनुष्य के वश के बाहर है, उसके सम्बन्ध में कोई क्या कर सकता है? धीरे-धीरे हूण सेना गढ़ के कोट पर चढ़ गई, किन्तु जब तक एक भी मौखरि जीता रहा, हूण गढ़ के भीतर न घुस सके। जब नरवर्म्मा और उनके साथी दुर्ग के प्राकार पर महानिद्रा में मग्न हो गए तब हूणों ने दुर्ग पर अधिकार किया।

देवि! शार्दूलवर्म्मा को भूल गईं क्या? उस विशाल शरीरवाले योद्धा का कुछ ध्यान आपको है जो हाथ में परशु लिये पिताजी के सिंहासन के पास खड़ा रहता था? यज्ञवर्म्मा का स्मरण मुझे है, पूरा स्मरण है। उनके हाथ में यदि खड्ग न होता तो ब्रह्मपुत्र के किनारे सुस्थितवर्म्मा के हाथ में मैं मारा गया होता। उन्हीं यज्ञवर्म्मा की कन्या आज..."

कटे हुए कदली के समान सम्राट मूर्च्छित होकर धड़ाम से भूमि पर गिर पड़े, यदि प्रभाकर झट से थाम न लेते तो उन्हें बहुत चोट आती। महाप्रतिहार के बुलाने पर प्रासाद के परिचारक आकर उपचार में लग गए। थोड़ी देर में उन्हें सुध हुई और उन्होंने किसी प्रकार मुँह पर थोड़ी हँसी लाकर अपनी बहिन से कहा, "देवि! मैं आपके विचार से अब बाधा न दूँगा। बुढ़ापे ने अब मुझे भी आ घेरा है, बाल सफेद हो गए हैं, देह में अब शक्ति नहीं रह गई, साथ ही मानसिक बल भी जाता रहा है, मेरा अपराध क्षमा करना।"

महा.—भैया! आपका जी अच्छा नहीं है, घर के भीतर जाकर थोड़ा विश्राम कीजिए। मैं अकेले विचार कर लूँगी।

सम्राट—देवि! अनेक युद्धों में साम्राज्य के लिए मौखरि लोगों ने अपना रक्त बहाया है। यज्ञवर्म्मा ने अनेक युद्धों में मेरी प्राणरक्षा की है। कई रातें हम दोनों ने अस्त्रों की शय्या पर एक साथ काटी हैं। महाप्रतापी मौखरि महानायक की कन्या किस प्रकार एक सामान्य सैनिक के हाथ में पड़ी, मैं सुनना चाहता हूँ।"

महादेवी ने कोई उत्तर न देकर अपने भाई के मुँह की ओर देखा और महाप्रतिहार से कहा, "पृथूदक की पदातिक सेना के नायक रत्नसेन को बुला लाओ और उसके साथ बालिका के भाई को भी लेते आना।"

रत्नसेन और बालक को लेकर महाप्रतिहार के लौटने पर महादेवी ने रत्नसेन से पूछा, "तुम्हारा नाम रत्नसेन है?"

रत्न.—हाँ।

महा.—तुम क्या काम करते हो?

रत्न.—मैं पृथूदक की पदातिक सेना का नायक हूँ।

महा.—तुम कल सबेरे किसी दूकान पर सीधा मोल लेने गए थे?

रत्न.—हाँ! मेरे अधीनस्थ सेनाशतक का निरीक्षण हो जाने पर गौल्मिक की आज्ञा लेकर मैं इसी बालक के पिता की दूकान पर चावल-दाल लेने गया था।

महा.—दूकानवाला इस लड़के का पिता है, यह तुमने कैसे जाना?

रत्न.—मैंने जो सामग्री ली थी, उसका बोझ अधिक हो जाने पर दूकानदार ने कहा

था कि मेरा लड़का तुम्हारे साथ जाकर इसे पहुँचा आएगा।

महा.–तुमने और पहले भी इन दोनों को कभी देखा था?

रत्न.–न।

महा.–अच्छा, अब पीछे जाकर खड़े हो। विनयसेन! दूकानदार यहाँ है?

विनय.–वह तो सौदा लादने अंगदेश गया हुआ है, उसकी रखेली यहाँ है।

महा.–अच्छा, उसी को लिवा लाओ।

विनयसेन के चले जाने पर महादेवी ने बालक से पूछा–"तुम्हारा नाम क्या है?"

बालक–प्रनन्तवर्म्मा।

महा.–मौखरिवंशीय यज्ञवर्म्मा तुम्हारे पिता हैं?

बालक ने सिर हिलाकर कहा 'हाँ'।

महा.–तुम लोग क्या चरणाद्रिगढ़ में रहते थे?

बालक–हाँ! पर इधर मेरे चचेरे भाई के पुत्र अवन्तीवर्म्मा ने हम लोगों को निकाल दिया था।

महासेनगुप्ता कुछ काल तक चुप रहीं, फिर पूछने लगीं–"गढ़ की सेना क्या तुम्हारे पिता के विरुद्ध हो गई थी?"

बालक–नहीं, पिताजी कहते थे कि यदि भीतर-भीतर थानेश्वर के राजा उसकी सहायता न करते तो मेरा चचेरा भाई हम लोगों को कभी नहीं निकाल सकता था। पिता ने सहायता के लिए पाटलिपुत्र दूत भेजा था, किन्तु सम्राट ने कुछ सहायता न की।

प्रभाकरवर्द्धन के मुख का रंग कुछ और हो गया, लज्जा से महासेनगुप्ता ने भी सिर नीचा कर लिया। महादेवी ने फिर पूछा, "दुर्ग से हटाए जाने पर तुम लोगों ने क्या किया?"

बालक–पिता मुझे और बहिन के लिए सहायता माँगने के लिए सम्राट के पास आ रहे थे, मार्ग में...

बालक का गला भर आया। उसकी नीली-नीली आँखों में जल झलकने लगा। यह देख महादेवी ने उसे खींचकर गोद में बिठा लिया। बालक सिसक-सिसक कर रोने लगा। इतने में विनयसेन हम लोगों की पूर्वपरिचित सहुवाइन (परचूनवाली) को लिए आ पहुँचे। घर में आने के पहले ही से वह बिलबिला रही थी; कोठरी में पहुँचते ही उसने पूरे सुर में रोना आरम्भ किया। जब पीछे से एक प्रतिहार ने चाँटा दिया तब जाकर उसका रोना कुछ थमा। वह कहने लगी, "मैंने कोई अपराध नहीं किया है, मुझे बिना अपराध पकड़ लाए हैं।" जब विनयसेन ने देखा कि उसके शोक का वेग बराबर बढ़ता जाता है तब उन्होंने उसे चुप रहने के लिए कहा। महादेवी ने पूछा, तुम्हारा नाम क्या है?"

स्त्री–मेरा नाम मल्लिका है, मेरी माँ का नाम...

विनय.–जितनी बात पूछी जाती है उतनी ही का उत्तर दे।

वह क्या करती? चुप हो रही। प्रभाकरवर्द्धन ने उससे पूछा–"यह लड़का तुम्हारा बेटा है?" उस स्त्री को अपनी प्रगल्भता दिखाने का अवसर मिला। वह चिल्ला-चिल्लाकर रोने और कहने लगी, "अरे, बाबा रे बाबा! मेरे सात, चौदह पुरखों में कभी किसी को बेटा

नहीं हुआ, सब लड़कियाँ ही हुईं। मुँहजला न जाने कहाँ से जी का जंजाल एक छोकरा उठा लाया!"

प्रतिहार के डाँटने पर वह चुप हुई। महादेवी उसकी बातें सुन-सुन कर हँस रही थीं। उसके चुप होने पर वे फिर पूछने लगीं, "जिसे मुँहजला कह रही हो, वह तुम्हारा पति है?" स्त्री बोली, "नारायण! नारायण! मेरे पति को मरे तो न जाने कितने दिन हुए। इसके साथ तो बहुत दिनों की जान-पहचान है। गाँव से सौदापत्तर लाकर मेरे यहाँ बेचा करता है और जब नगर में आता है तब मेरे ही घर टिकता है।" महादेवी ने कहा, "बस, सब समझ गई, अब तुम जाओ।" स्त्री ने जी का धन पाया, बिना और कुछ कहे-सुने वह एक साँस में वहाँ से भागी। तब महादेवी ने उस बालक को गोद में बिठा कर पूछा, "तुम लोग क्या चरणाद्रि से पाटलिपुत्र पैदल ही आते थे?"

बालक–"हाँ, अवन्तीवर्म्मा ने हम लोगों का जो कुछ था सब ले लिया। पिताजी के एक बूढ़े सेवक ने एक गदहा कहीं से लाकर दिया था। उसी पर चढ़कर मैं अवन्तीवर्म्मा के डर से छिप कर आ रहा था। बहिन और पिताजी पैदल ही आते थे।"

महा.–"फिर क्या हुआ?"

बालक–"एक दिन मार्ग में पानी बरसने लगा। किसी गाँव में पहुँचने के पहले ही दिन डूब गया और चारों ओर अँधेरा छा गया। पिताजी हम लोगों को लेकर एक आम के पेड़ के नीचे ठहर गए। उस मार्ग से बहुत से अश्वारोही जा रहे थे। उनमें से कई एक को पेड़ की ओर आते देख ज्योंही पिताजी पेड़ के नीचे से हटकर जाने लगे कि एक ने भाले से उन्हें मार गिराया।"

महादेवी विनयसेन की ओर देखकर बोलीं, "नायक रत्नसेन से कह दो कि जाएँ।" नायक तीन बार अभिवादन करके चले गए। बालक का जी सब कुछ ठिकाने आया तब महादेवी ने फिर पूछा, "हाँ, तब उसके पीछे क्या हुआ?"

बालक–अश्वारोही बहिन को लेकर चले गए। गदहा मुझे पीठ पर लिए भाग खड़ा हुआ। सबेरे एक बनिए ने मुझे देखा और इस नगर में ले आया। जो सैनिक यहाँ से अभी गया है, उसने उसी बनिए के यहाँ से चावल लिया था और मैं बोझ पहुँचाने उसके साथ पड़ाव की ओर गया था। वहाँ अपनी बहिन को देख मैं लिपट गया। अन्त में एक देवता मुझको यहाँ लाए।

सम्राट महासेनगुप्त सिंहासन पर से उठ खड़े हुए और बोले, "देवि! यज्ञवर्म्मा के पुत्र का पालन करना मेरा धर्म्म है। बच्चा! अब तुम्हें कोई डर नहीं। अब से मैं तुम्हारी रक्षा करूँगा।"

बालक–"पिताजी कहते थे कि यदि मैं मर जाऊँ तो, अनन्त, तुम सम्राट महासेनगुप्त के यहाँ आश्रय लेना, और किसी के पास न जाना। आप कौन हैं, मैं नहीं जानता। मैं तो सम्राट के पास जाऊँगा।"

वृद्ध सम्राट के शीर्ण गंडस्थल पर अश्रुधारा बहने लगी। उनका गला भर आया। काँपते हुए स्वर से बोल उठे। "हा! मैं अपने प्राणरक्षक को भूल गया, पर यज्ञवर्म्मा मुझे

न भूले। पुत्र! मेरा ही नाम महासेनगुप्त है।" बालक सम्राट के पैरों पर लोट पड़ा। सम्राट उसे गोद में उठाकर बाहर चले गए। उनके चले जाने पर महादेवी महासेनगुप्ता ने कहा, "प्रभाकर! मेरा विचार पूरा हो गया। कहो, कुछ कहना चाहते हो?" लज्जा से सिर झुकाकर प्रभाकर ने कहा, "माता! मेरी ही भूल थी, क्षमा कीजिए। मैं अभी जाकर चन्द्रेश्वर के दंड की व्यवस्था करता हूँ।"

आठवाँ परिच्छेद
रोहिताश्व के गढ़पति

रोहिताश्वगढ़ के भग्न प्राचीर पर बहुत से कौवे बैठकर काँव-काँव कर रहे हैं पर अभी गढ़वासियों की नींद नहीं टूटी है। कौवों के रोर से रग्घू की नींद खुली। उसने उठकर देखा कि बूढ़ी नन्नी अभी पड़ी सो रही है। वह उसे खींचकर कहने लगा, "जान पड़ता है कि कौवों के रोर से प्रभु जाग गए हैं। पहर भर दिन चढ़ा।" बिना दाँत की बुढ़िया आँख मलते-मलते उठ बैठी और हँसकर बोली, "तू ज्यों-ज्यों बूढ़ा होता जाता है, देखती हूँ कि तेरी रसिकता बढ़ती जाती है। तू तो उठ बैठा है। जाकर कौवों को क्यों नहीं उड़ा देता?" रग्घू के भी ओठों के एक किनारे पर हँसी दिखाई पड़ी और वह बोला, "अच्छा, तू सोई रह, मैं कौवों को जाकर उड़ाए आता हूँ।" बूढ़ा उठकर कोठरी के बाहर चला ही था कि एक बोरे से टकरा कर गिर पड़ा। बुढ़िया हाँ-हाँ करके चिल्ला उठी। वह भूमि पर से उठे कि बोरा टेढ़ा हो पड़ा। कोने में बहुत से मर्तबान नीचे-ऊपर सजाकर रखे थे, बोरे के धक्के से वे बूढ़े के सिर पर आ गिरे। बुढ़िया फिर हाय-हाय करके चिल्ला उठी।

रग्घू को कुछ चोट लगी। बुढ़ापे की चोट बहुत जान पड़ती है। वह टूटे-फूटे मर्तबानों के बीच खड़ा-खड़ा अपनी पीठ और माथे पर हाथ फेरने लगा। बुढ़िया ने पूछा, "बहुत चोट तो नहीं लगी?" बूढ़े ने पहले तो कहा, 'नहीं।' अपना हित और प्रेम जताने के लिए बुढ़िया ने फिर वही बात पूछी। बूढ़े ने इस बार झुँझला कर कहा, "तू अपना प्रेम रहने दे, जान पड़ता है कि मेरा सिर चकनाचूर हो गया है। तू अब हो गई बुड्ढी, तुझे कुछ सुझाई तो देता नहीं। किस ठिकाने क्या रखती है, कुछ ठीक नहीं।" बुड्ढी चकपका कर बोली, "मैं इस घर में नए बरतन लाकर क्यों रखने लगी? बरतन-भाँड़े तो सब मैं भंडार के घर में रखती हूँ। मेरी समझ में भी नहीं आ रहा है कि इस घर में इतने बोरे और हँड़ियाँ कहाँ से आईं?" बुड्ढा और भी खिझला कर बोला, "तो भूत तेरे रूप पर लुभाकर रात को यह सब रख गए हैं। बकवाद छोड़कर तू थोड़ा पानी ला। पीठ पर रक्त की धारा बह रही है। अरे बाप रे, बाप! सारा कपड़ा रक्त से भींग गया।"

बुढ़िया ने पास आकर देखा कि बुड्ढे के सिर पर से मधु के समान गाढ़ी-गाढ़ी वस्तु पीठ पर बह रही है और उसके कपड़े तर हो रहे हैं। ऊपर आँख उठाकर उसने देखा कि सब हँड़ियाँ नहीं गिरी हैं, तीन-चार अभी ज्यों की त्यों रखी हैं। उनमें से कुछ फूट गई हैं और उनमें से रस की धारा बहकर अब तक बुड्ढे के सिर पर पड़ रही है। बुढ़िया ने

देखा कि फूटी हाँड़ियों में से बहुत से मोदक और लड्डू निकल कर घर में चारों ओर बिखरे पड़े हैं। किसी-किसी मर्तबान से मिठाई का चूर मिला रस (शीरा) गिरकर भूमि पर फैल गया है और वहाँ कीचड़-सा हो गया है। बुढ़िया यह देखते ही अपनी हँसी न थाम सकी, अपने पोपले मुँह के अट्टहास से वह पुरानी छत हिलाने लगी। बूढ़ा चिढ़कर उसे गालियाँ देने लगा। हँसी कुछ थमने पर नन्नी बोली, ''तेरी देह और माथे में लगा क्या है, देख तो! तूने तो समझा था कि तेरा सिर फूट कर खंड-खंड हो गया है।'' रग्घू ने घबराकर पूछा, ''क्या लगा है?''

बुढ़िया—लड्डू, मोदक और टिकिया।

रग्घू—हाँ, रे! यह सब कहाँ से आया? हे कालूवीर! मैंने तुम्हारा नाम लेकर अभी इकट्ठा किया था, अपराध क्षमा करना, मैं कल तड़के ही पेड़ के नीचे तुम्हारी चौरी पर बलिदान दूँगा। देख बुड्ढी! यह सब भूतों की लीला है। दस वर्ष से कभी कोई पकवान और मिठाई लेकर गढ़ में नहीं आया है। आज कौन आकर मिठाई का ढेर लगा गया है?

बुढ़िया सन्नाटे में आकर बोली, ''उनकी लीला कौन जाने!''

इसी बीच में द्वार पर किसी मनुष्य की परछाईं पड़ी और धनसुख सोनार ने आकर पूछा, ''रग्घू! तुम उठे? अरे यह क्या किया? सब हाँड़ियाँ फोड़ डालीं? जापिलग्राम के मोदियों ने गढ़पति के लिए इतनी मिठाइयाँ भेजी थीं।'' रग्घू थोड़ी-सी हँसी लिये हुए बोला, ''तो यह सब भूतों का काम नहीं है। चलो, थोड़ा... ।'' इतना कहते-कहते जमीन पर से एक लड्डू उठाकर उसने मुँह में डाला और बोला, ''अरे नन्नी! ऐसा बढ़िया लड्डू तो इधर बहुत दिनों से नहीं खाया था, नन्नी, थोड़ा तू भी खाकर देख।'' इस प्रकार उसने एक-एक करके जमीन पर पड़ी हुई सारी मिठाई पेट में डाल ली। उसके शरीर पर भी इधर-उधर जो चूर लगे थे, उन्हें भी ठिकाने लगाया। बुढ़िया उसकी यह लीला देख मुँह पर कपड़ा दिये हँस रही थी। धनसुख चुपचाप द्वार पर खड़ा था। रग्घू जब सब चट कर चुका तब नन्नी से कहने लगा, ''ऊपर जो हाँड़ियाँ रखी हैं, देख तो उनमें क्या-क्या है?'' बुढ़िया ने हँस कर कहा, ''अब उधर डीठ मत लगा, वह सब प्रभु के लिए आया है, अब तू और खाएगा तो तेरा पेट फट जाएगा, चल उठ।'' धनसुख ने किसी प्रकार अपनी हँसी रोक कर कहा, ''रग्घू! गढ़ के आँगन में बहुत से लोग गढ़पति से मिलने के लिए बैठे हैं, जाकर उन्हें संवाद दे आओ।'' बुड्ढा धीरे-धीरे उठा और अपना शरीर धो-पोंछ कर एक बहुत पुरानी पगड़ी सिर पर बाँध दुर्गस्वामी के भवन की ओर चला। उसके चले जाने पर बुढ़िया धनसुख से पूछने लगी, ''धनसुख! यह इतना सामान और मिठाई कहाँ से आई है?'' धनसुख ने कहा, ''रोहिताश्वगढ़ की प्रजा यह सब पहुँचा गई है, अभी बहुत-सा सामान बाहर पड़ा है। मुझे भंडार का घर न मिला इसलिए कुछ वस्तुएँ तुम्हारी कोठरी में रख गया, और सब अभी बाहर हैं।''

नन्नी—थोड़ा ठहरो, मैं इस कोठरी को साफ कर दूँ।

बुढ़िया झाड़ू लेकर हाँड़ियों के चूर बटोरकर फेंकने लगी। धनसुख कोठरी के बाहर गया। बुढ़िया ने कोठरी के बाहर निकलकर देखा कि दुर्ग का लम्बा-चौड़ा प्रांगण लोगों

से खचाखच भरा है, सहस्र से अधिक मनुष्य बैठे हैं। उनके सामने अन्न और खाने-पीने की सामग्री का अटाला लगा हुआ है। आटे, घी, तेल, चावल, चीनी आदि से भरे सैकड़ों बोरे और बरतन यहाँ से वहाँ तक रखे हुए हैं। बुढ़िया को जो पहचानते नहीं थे, वे उसे दुर्गस्वामिनी समझ प्रणाम करने के लिए बढ़ने लगे, पर जो जानते थे, उन्होंने उन्हें रोक लिया। नन्नी ने देखा कि इतनी सामग्री ले जाकर भंडार घर में रखना उसकी शक्ति के बाहर है। वह चुपचाप घर में लौट गई।

दुर्गस्वामी उठकर पलंग पर बैठे हैं, रग्घू उनके सब वस्त्र-परिधान लिये सामने खड़ा है। इसी बीच अपने बिखरे हुए केशों को लहराती हुई बालिका लतिका कोठरी में बिजली की तरह आ पहुँची और कहने लगी, ''बाबा! उठते नहीं, देखो, तुम्हारे आसने कितने लोग बाहर आकर बैठे हैं!'' वृद्ध ने हँसकर कहा, ''जाता हूँ बेटी।'' रग्घू स्वामी के हाथ में कपड़े देकर बाहर चला गया।

दुर्ग के प्रांगण के एक किनारे मत्स्यदेश के श्वेतमर्मर की एक बारहदरी थी, जो बहुत पुरानी हो जाने के कारण और बहुत दिनों से मरम्मत न होने से जर्जर हो रही थी। उसकी छत एक कोने पर गिर गई थी और वहाँ एक पीपल का पेड़ निकल कर अपने पत्ते हिला रहा था। बारहदरी के नीचे शालग्रामी पत्थर की एक बारहकोनी चौकी बनी थी जो कदाचित् तब की होगी जब रोहिताश्वगढ़ बना था। गढ़पति इसी अलिंद में इसी चौकी पर बैठकर प्रजा के आवेदन सुनते और विचार किया करते थे। धवलवंशीय महानायकों ने सुन्दर बेलबूटों के रंगीन पत्थरों से बारहदरी के खम्भे सजाए थे। दुर्गस्वामी जिस समय विचार करने बैठते थे, गढ़ की सेना चारों ओर श्रेणीबद्ध होकर खड़ी होती थी। अधीन सेनानायक और छोटे भू-स्वामी महानायक के सामने बैठते थे, और लोग नंगे पैर खड़े रहते थे। काली चौकी पर सोने का सिंहासन रखा जाता था और उस पर वाराणसी का बना हुआ सुनहरे काम का मणिमुक्ताखचित झूल डाला जाता था। रोहिताश्व के महानायक उसी पर बैठा करते थे। गढ़पतियों की भाग्यलक्ष्मी के साथ-साथ समृद्धि के सब चिह्न भी लुप्त हो गए थे, केवल एक यही सिंहासन बचा रहा था। अन्नकष्ट होने पर भी महानायक लोकलज्जा और वंशगौरव के अभिमान से इस बहुमूल्य स्वर्णसिंहासन को न बेच सके थे। वह बड़े यत्न से अब तक रखा हुआ था। पुत्र की मृत्यु के पहले यशोधवल समय-समय पर प्रजा को दर्शन देते थे और कीर्तिधवल नित्य आवश्यक कार्य्यों के निर्वाह के लिए बारहदरी में बैठते थे। उनके मरे पीछे फिर कभी कोई बारहदरी में नहीं बैठा। इस बीच में एक ओर की छत टूट गई और वहाँ एक पीपल का पेड़ उग आया।

रग्घू गढ़पति के भवन से निकलकर बारहदरी की ओर आया और उसने धनसुख को बुलाकर कई युवकों को साथ ले लिया। उनकी सहायता से उसने बारहदरी में पड़े हुए कंकड़-पत्थर बाहर फेंके। फिर धनसुख के साथ लगकर उस स्वर्ण सिंहासन को पत्थर के संपुट से बाहर निकाला। दोनों ने मिलकर सिंहासन को काली चौकी पर रखा। सिंहासन की कारीगरी अनोखी थी। उसे देखने के लिए चारों ओर से लोग झुक पड़े। बहुत बूढ़ों को छोड़ और किसी ने रोहिताश्व गढ़पतियों के इस सिंहासन को नहीं देखा

था। चार सिंहों की पीठ पर एक बड़ा भारी प्रस्फुटित स्वर्णपद्म स्थापित था जिसके चौरस सिरे पर रत्नों और मोतियों से जड़ा पटवस्त्र पड़ा था। वस्त्र पुराना और जीर्ण हो गया था, स्थान-स्थान पर सोने का काम मैला पड़ गया था, फिर भी सिंहासन अत्यन्त मनोहर था। जिस समय सब लोग अलिंद में सिंहासन देखने के लिए झुके थे, रग्घू पीछे से चिल्ला कर बोला–

''दुर्गस्वामी महानायक युवराजभट्टारकपादीय श्री यशोधवलदेव का आगमन हो रहा है।''

सुनते ही सब लोग पीछे हट गए और कई सैनिक वेशधारी वृद्ध आगे बढ़कर जनता के सामने स्थिर भाव से खड़े हो गए। शुभ्र उत्तरीय वस्त्र धारण किए, लम्बे-लम्बे श्वेत केशों पर शुभ्र उष्णीय बाँधे, खड्ग हाथ में लिये यशोधवलदेव आकर सिंहासन पर बैठ गए। रग्घू कहीं से एक फटा-पुराना लाल कपड़ा लाकर उसे सिर में बाँध अलिंद के सामने आकर खड़ा हो गया। सब के पहले एक दन्तहीन शुक्लकेश वृद्ध अलिंद के सामने आया और उसने कोश से तलवार खींच उसकी नोक अपनी पगड़ी से लगाई। रग्घू ने पुकारा, ''सेनानायक हरिदत्त।'' वृद्ध गढ़पति के पैरों तले तलवार उसने रख कपड़े के खूँट से एक स्वर्णमुद्रा निकाली और तलवार के ऊपर रख दी। दुर्गस्वामी ने तलवार उठाकर फिर वृद्ध के हाथ में दे दी। वृद्ध एक बार फिर अभिवादन करके पीछे हट गया। उसी समय भीड़ में से एक और लम्बे डील के अस्त्रधारी वृद्ध ने आकर गढ़पति का अभिवादन किया। रग्घू ने पुकार कर कहा, ''सेनापति सिंहदत्त।'' उसने भी तलवार और स्वर्णमुद्रा गढ़पति के सामने रखी और गढ़पति ने उसी प्रकार तलवार उठाकर हाथ में दी। सिंहदत्त के पीछे हटने पर भीड़ में से एक अत्यन्त वृद्ध दो युवकों का सहारा लिये आता दिखाई पड़ा। उसे देखते ही गढ़पति सिंहासन से उठ पड़े और बोले, ''कौन, विधुसेन?'' दुर्गस्वामी का कंठस्वर सुनते ही वृद्ध जोर से रो पड़ा और उनके पैरों तले लोट गया। यशोधवलदेव ने उसे पकड़कर उठाया। उनकी आँखों में भी आँसू आ गए थे, और गला भर आया था। उन्होंने कहा–''विधुसेन! कीर्तिधवल तो चल ही बसे। तुमने भी आना-जाना छोड़ दिया?'' वृद्ध ने रोते-रोते कहा–''प्रभो! मैं किसे लेकर आता? कौन मुँह आपको दिखाता? अपना सर्वस्व तो मैं मेघनाद (मेगना नदी) के उस पार छोड़ आया। केवल कुँवर कीर्तिधवल को ही मैं वहाँ नहीं छोड़ आया, अपने दो पुत्रों को भी छोड़ आया। मेरे पहाड़ी प्रदेश में न जाने कितने अपने पुत्र, अपने पिता और अपने भाई छोड़ आए। इन दोनों बालकों को छोड़ मेरा अब इस संसार में और कोई नहीं है। जयसेन का मृत्युसंवाद पाकर मेरी पुत्रवधू ने अपने दो बच्चों को मेरी गोद में डाल अग्नि में प्रवेश किया। तब से मैं युद्ध व्यवसाय और राज्य के सब कामकाज छोड़ इन दोनों को पाल रहा हूँ।'' इतना कहते-कहते वृद्ध अक्षपटलिक[1] चिल्ला-चिल्लाकर रोने लगा। दुर्गस्वामी ने किसी प्रकार उसे शान्त करके कहा, ''विधुसेन! यदि एक बार भी तुम आ गए होते तो मुझे पेट पालने के लिए दुर्गस्वामिनी का कंगन न बेचना पड़ता।'' यह बात सुनकर

1. अक्षपटलिक = राजस्व विभाग का सचिव, अर्थसचिव।

विधुसेन फिर दुर्गस्वामी के पैरों पर लोट पड़ा और रोते-रोते बोला, "प्रभो! यह सब मैंने धनसुख के मुँह से सुना। मैं यह नहीं जानता था कि मेरे न रहने से मेरे स्वामी की अवस्था इतनी बुरी हो जाएगी।" वृद्ध फिर रोने लगा। दुर्गस्वामी ने उसे शान्त करके बारहदरी में बिठाया। कुछ काल पीछे वह अपने दोनों पौत्रों को दुर्गस्वामी के पास लाया। उन्होंने भी रीति के अनुसार तलवार और स्वर्णमुद्रा गढ़पति के पैरों के नीचे रखकर अभिवादन किया।

उसके पीछे एक-एक करके सौ से ऊपर वृद्ध सैनिक अपने पुत्र-पौत्रों को लेकर गढ़पति का अभिवादन करने के लिए आए। उन सबने भी यथारीति खड्ग तथा स्वर्ण, रजत या ताम्रमुद्रा सामने रखकर अभिवादन किया। गढ़पति ने भी उनकी तलवारें उन्हें लौटा दीं। सैनिकों के पीछे साधारण भू-स्वामियों, किसानों, बनिए, महाजनों आदि ने अपने-अपने वित्त के अनुसार, सोने, चाँदी या ताँबे के सिक्के सामने रखकर प्रणाम किया। देखते-देखते सिंहासन के सामने रुपयों और दीनारों का ढेर लग गया।

सब के पीछे एक बलिष्ठ युवा योद्धा को साथ लेकर धनसुख अलिंद की ओर बढ़ा। युवक जब रीति के अनुसार अभिवादन कर चुका तब धनसुख प्रणाम करके बोला, "प्रभो! यह युवक आपके पुराने सेवक महेन्द्रसिंह का पुत्र है, इसका नाम है वीरेन्द्रसिंह।"

दुर्गस्वामी–पुत्र! तुम्हारे पिता ने अनेक युद्धों में मेरा साथ दिया था। तुम्हारे पिता की तलवार आज मैं तुम्हारे हाथ में देता हूँ। मुझे पूरा भरोसा है कि तुम इसकी मर्यादा रख सकोगे।

युवक ने तलवार हाथ में लेकर भूमि टेक कर प्रणाम किया। वृद्ध अक्षपटलिक अब तक अलिंद में चुपचाप बैठे थे। सबके अभिवादन कर चुकने पर वे उठकर बोले, "प्रभो! बंगदेश के युद्ध के पीछे प्रजा ने नियमित रूप से अपना कर नहीं भेजा था। वीरेन्द्रसिंह, धनसुख और इस सेवक ने गाँव-गाँव आदमी भेज कर मंडलों को अपना-अपना कर चुकाने के लिए विवश किया। वे सब यहाँ बाहर खड़े हैं। आज्ञा हो तो सामने लाऊँ?" आज्ञा पाकर विधुसेन एक-एक करके मंडलों और ग्रामवासियों को बुलाने लगे और वे अपना-अपना कर लाकर सिंहासन के सामने रखने लगे। धनसुख सोने, चाँदी और ताँबे के सिक्कों को अलग-अलग करके गिनने लगा। इसी में दोपहर बीत गया। धनसुख सब गिन चुकने पर बोला, "एक हजार, दो सौ अट्ठारह स्वर्णमुद्रा, ढाई सौ रुपए और सौ से ऊपर ताँबे के सिक्के आए हैं।" इतना सब हो चुकने पर सिंहासन के सामने धनसुख टेककर बैठ गया। धीरे-धीरे कपड़े के भीतर से उसने दुर्गस्वामिनी का कंगन निकाला और उसे सिंहासन के सामने रखकर हाथ जोड़ बोला, "प्रभो! इतने बड़े अमूल्य कंगन का ग्राहक पाना मेरे लिए असम्भव है। इसका मूल्य पचास सहस्र स्वर्णमुद्रा से भी अधिक होगा।"

दुर्गस्वामी ने उठकर धनसुख को गले लगाया और वे कहने लगे "धनसुख! मैं तुम्हारी सब युक्ति समझता हूँ। इस बार तो तुम्हारे अनुग्रह से दुर्गस्वामिनी का कंगन बिकने से बच गया पर मैं देखता हूँ कि अब इसकी रक्षा मेरे लिए कठिन ही है। रोहिताश्वगढ़ के कोषाध्यक्ष का पद बहुत दिनों से खाली पड़ा है। अब दुर्गस्वामिनी के

इस कंगन की और इस धन की रक्षा तुम करो। जो रुपया तुमने मुझे दिया था, वह इसी में से काट लेना। दुर्गस्वामिनी ने कहा था कि पोते या पोती के ब्याह के समय इसे मेरा चिह्न कहकर देना। जब कभी कीर्तिधवल की कन्या का विवाह हो तब इस चिह्न को उसे देना।" दुर्गस्वामी का गला भर आया और वे थोड़ी देर चुप रहकर फिर विधुसेन से बोले, "विधुसेन! इन आए हुए लोगों के खाने-पीने का क्या उपाय होगा? इस जंगल में तो पैसा देने पर भी कुछ नहीं मिल सकता।"

धनसुख–प्रभो! अक्षपटलिक और वीरेन्द्रसिंह ने पहले ही से सब प्रबन्ध कर रखा है।

सब लोग भोजन आदि करके निश्चिन्त हुए। यशोधवलदेव ने विधुसेन, सिंहदत्त, हरिदत्त, वीरेन्द्रसिंह और धनसुख को अपने शयनागार में बुलाया। सब के बैठ जाने पर दुर्गस्वामी ने कहा, "जिस दिन मुझे कीर्तिधवल के स्वर्गवास का संवाद मिला, उस दिन से कल तक पागल की सी दशा में मेरे दिन बीते। कल मेरी आँखें खुलीं, गढ़ के चारों ओर जो मेरी भूसम्पत्ति है, उसका लोभ ऐसा नहीं हो सकता कि कोई ऊँचे घराने का युवक मेरी पुत्री के साथ विवाह करके इस जंगली और पहाड़ी देश में आकर रहे। जिस प्रकार से हो, बंगदेश सम्पत्ति का उद्धार किए बिना न बनेगा। मैंने विचारा है कि मैं पाटलिपुत्र जाकर सम्राट से मिलूँ। तुम सब लोग मिलकर इसका प्रबन्ध कर दो।" अन्त में यह बात ठहरी कि विधुसेन तो रहकर दुर्ग की रक्षा करें, धनसुख धन-सम्पत्ति सँभालें और वीरेन्द्रसिंह गढ़पति के साथ पाटलिपुत्र जाएँ।

सन्ध्या होते-होते जब अस्ताचलगामी सूर्य की सुनहरी किरणें गढ़ के मुँडेरों और कलशों पर रक्त डाल रही थीं, ग्रामवासी एक-एक करके दुर्गस्वामी से विदा होकर अपने-अपने घर लौट रहे थे। रग्घू नन्नी से कहने लगा, "न जाने कहाँ से यह राक्षसों का जमावड़ा आकर इतना सब अन्न चट कर गया! अरे, इतनी जिंस भेजी थी तो फिर आप आकर क्या डटे? अपने घर जाकर खाते-पीते।"

नवाँ परिच्छेद
भविष्यद्वाणी

बैसाख का महीना था। एक पहर दिन चढ़ते-चढ़ते धूप इतनी कड़ी हो गई है कि कहीं निकलने का जी नहीं करता। भागीरथी का चौड़ा पाट बालू ही बालू से भरा दिखाई पड़ता है। सूर्य की किरणों के पड़ने से बालू के महीन-महीन कण इधर-उधर दमक रहे हैं। बालू के मैदान का एक किनारा धरे स्वच्छसलिला, हिमगिरिनन्दिनी गंगा की पतली धारा बह रही है। धारा के दोनों ओर थोड़ी-थोड़ी दूर तक गीली बालू का रंग कुछ गहराई या श्यामता लिये है। सफेद झक बालू के मैदान के बीच यह गहरे रंग की रेखा अंजन की लकीर-सी दिखाई देती है। इस कड़ी धूप में धारा के पास की गीली बालू पर बैठे दो बालक खेल रहे हैं। एक बालिका भी पास बैठी है। दोनों बालकों में जो बड़ा है, वह भीगी धोती पहने जल में पाँव डुबोए बैठा-बैठा गीली बालू का घर बना रहा है। उससे

कुछ दूर पर दूसरा लड़का भी बालू का घर बनाने में लगा है। बालिका दोनों के बीच में बैठी देख रही है। बड़ा लड़का बड़ी फुर्ती से कोट और खोई बनाकर उसके भीतर मन्दिर उठा रहा है। हाथ में गीली बालू लेकर वह मन्दिर का चूड़ (कँगूरा) बना रहा है। उँगलियों से उठा-उठाकर वह गीली बालू मन्दिर की चोटी पर रखता जाता है जिससे मन्दिर की चोटी बहुत ऊँची हो जाती है पर बोझ अधिक हो जाने से गिर-गिर पड़ती है। बालिका एकटक यही देख रही है। कभी बड़े लड़के के मन्दिर की चोटी ऊँची हो जाती, कभी छोटे के मन्दिर की। जब जिसका मन्दिर अधिक ऊँचा उठता तब वह बालिका को पुकार कर उसे दिखाता। धूप की प्रचंडता बराबर बढ़ती जाती है इसका उनमें से किसी को ध्यान नहीं है, वे अपने खेल में लगे हैं।

धारा के किनारे-किनारे मैले और फटे-पुराने कपड़े पहने एक वृद्ध उनकी ओर आ रहा है, इसे उन्होंने न देखा। जब वह पास आकर खड़ा हुआ तब उसकी परछाईं देख बालिका चौंक पड़ी और डरकर बड़े लड़के के पास चली गई। बुड्ढे के पैरों की ठोकर से मन्दिर और गढ़ चूर हो गया। छोटा लड़का यह देख ठट्ठा मारकर हँस पड़ा। वृद्ध ने कहा, "कुमार! खेद न करना। तुम्हें इस जीवन में खेद करने का अवसर ही न मिलेगा। काल की चपेट से तुम्हारी आशा के न जाने कितने भवन गिर-गिर कर चूर होंगे।" तीनों विस्मित होकर वृद्ध के मुँह की ओर ताकते रह गए।

बुड्ढा अपने फटे कपड़े का एक कोना बालू पर बिछाकर बैठ गया। बहुत देर पीछे बड़े लड़के ने पूछा, "तुमने मुझे पहचाना कैसे?" बुड्ढे ने हँसकर उत्तर दिया, "कुमार शशांक! तुम्हें न जो पहचानता हो, ऐसा कौन है? तुम्हारे पिंगल केश ही तुम्हारी पहचान हैं। इन्हीं केशों के कारण उत्तरापथ में तुम्हें सब पहचानेंगे। युद्ध क्षेत्र में तुम्हारे शत्रु तुम्हारे इन केशों को ताड़ेंगे। तुम्हें पहचान लेना कोई कठिन बात नहीं है।" वृद्ध पागलों के समान हँस पड़ा। तीनों और भी चकित हुए, बालिका कुमार के और भी पास सरक गई। वृद्ध एकबारगी उठकर खड़ा हो गया, उसने कपड़े के भीतर से एक बंसी निकाली, पर न जाने क्या समझ उसे फिर छिपाकर बोला, "कुमार! तुमसे मैं बहुत-सी बातें कहनेवाला हूँ, पर यहाँ न कहूँगा। मेरे साथ आओ।" मंत्र-मुग्ध के समान तीनों उसके पीछे हो लिए। आग-सी तपती गंगा की रेत पार करके वृद्ध प्राचीन राजप्रासाद के नीचे घाट की एक टूटी सीढ़ी पर आकर बैठ गया। बालिका और दोनों बालक नीचे की सीढ़ी पर एक पंक्ति में बैठे। बुड्ढा कपड़े के भीतर से बंसी निकाल बजाने लगा। बैसाख की उस सनसनाती दुपहरी में बंसी का करुण स्वर भागीरथी का पाट लाँघता हुआ उस पार तक गूँज उठा, तपता हुआ संसार मानो क्षण भर के लिए शीतल हो गया। बालक-बालिका चुपचाप बंसी की टेर सुन रहे थे। बंसी का सुर एकबारगी बन्द हो गया। ऐसा जान पड़ा मानो संसार की फिर वही अवस्था हो गई। वृद्ध उठकर कहने लगा, "कुमार! तीन सौ वर्ष हुए, गुप्तवंश में तुम्हारे ही समान एक और पिंगलकेश राजपुत्र हुआ था। अदृष्ट तुम्हारे ही समान उसके पीछे भी लगा था। तुम्हारे ही समान वह भी उदार, दयावान् और पराक्रमी था। तुम जिस प्रकार वंश के लुप्त गौरव के उद्धार के यत्न में अपना जीवन

विसर्जित करोगे, उसी प्रकार उसने भी किया था। उसका नाम था स्कन्दगुप्त। अब इस समय उत्तरापथ में बहुत से लोग उसका नाम तक नहीं जानते। यह कोई अचम्भे की बात नहीं है। पाटलिपुत्र के कृतघ्न नागरिक तक उसका नाम भूल गए हैं, पर किसी समय उसी स्कन्दगुप्त ने पाटलिपुत्र के लिए अपना सब कुछ न्यौछावर कर दिया था।

"कुमार शशांक! समुद्रगुप्त का नाम तुमने सुना है? समुद्रगुप्त की समुद्र से लेकर समुद्र तक के दिग्विजय की कथा तुमने सुनी है? कुमारगुप्त का वृत्तान्त जानते हो? स्कन्दगुप्त कुमारगुप्त के ही पुत्र थे। तुम्हारे पिता के छोटे से राज्य में जिस प्रकार तुम्हारे भूरे बाल देखकर लोग पहचान जाते हैं कि तुम युवराज हो, उसी प्रकार स्कन्दगुप्त के पिता के साम्राज्य में उनके पिंगलकेश देखते ही समुद्र से लेकर समुद्र तक, हिमालय से कुमारी तक, सब उन्हें पहचान लेते थे।

"तुम्हारे चारों ओर जैसा विपद् का घना जाल है, उससे कहीं अधिक घना जाल उनके चारों ओर फैला था। उन्होंने उस जाल को हटाने का बहुत यत्न किया था, एक दिन तुम भी करोगे। अदृष्ट साथ-साथ लगा है, यह उन्हें नहीं सूझता था। मोह जिस समय तुम्हें घेरेगा, तुम्हें भी न सूझेगा। उनके भाई-बन्धु, सेवक, सम्बन्धी विश्वासघाती हो गए थे, विश्वासघात से उनके जीवन की शान्ति नष्ट हो गई थी, तुम्हारे जीवन की भी यही दशा होगी। उनका सारा जीवन युद्ध करते बीता। उनका जी टूट गया था पर उन्हें साँस लेने तक का अवसर न मिला, वे बराबर लड़ते ही रहे। कुमार शशांक! तुम राजा होगे, पर तुम्हारे मार्ग में बराबर कंटक मिलेंगे, तुम कभी सुखी न रहोगे। भ्राता, वाग्दत्ता पत्नी, अमात्य और प्रजा—सब-के-सब तुम्हारा साथ छोड़ देंगे। सबको खोकर तुम भी स्कन्दगुप्त के समान युद्ध में गिरोगे, पर स्वदेश में नहीं, विदेश में। स्कन्दगुप्त ने स्वदेश में विदेशियों के साथ लड़कर अपना जीवन विसर्जित किया था, पर तुम्हें विदेश में स्वदेशियों के साथ, अपने जात भाइयों के साथ, लड़ना पड़ेगा।

"कुमार! खिन्न न होना। तुम्हारा सिंहराशि में जन्म है, तुम सिंह के समान पराक्रमी होंगे। अदृष्ट के अधीन होकर सिर कभी न झुकाना। भाग्य के साथ जीवनभर चलने वाले संग्राम के लिए सन्नद्ध रहो। इस बूढ़े की बात सुनकर स्त्रियों के समान दहल मत जाना, पूर्णरूप से अपना पुरुषार्थ दिखाने की अग्रसर हो। शशांक! संसार में किसी का विश्वास न करना। सब-के-सब स्वार्थ के लिए आए हैं, परार्थ के लिए कोई नहीं आया है। स्त्री या पुत्र तुम्हारे न होंगे। कैसे न होंगे, यह न पूछना। अपने काले भाई का विश्वास न करना, गोरे कुबड़े कामरूप के राजकुमार का विश्वास न करना। यदि करोगे तो अदृष्ट की चक्की के नीचे बराबर पिसते रहोगे, कभी विश्राम न पाओगे।

"संसार में जिसके आगे किसी का वश नहीं चल सकता, उसके आगे तुम्हारा वश भी न चल सकेगा। जो सबके लिए असाध्य है, वह तुम्हारे लिए भी असाध्य होगा। तुम्हारा भाई तुम्हारा सिंहासन ले लेगा। तुम्हारी बालपन की संगिनी तुम्हें वाग्दान देकर भी धोखे में पड़कर दूसरे को हाथ पकड़ाएगी। तुम्हारे विश्वस्त सेवक थोड़े से धन के लोभ में आकर विश्वासघात करेंगे। तुम्हारे देश के लोग ही तुम्हें देश से भगा देंगे। विदेश

में विदेशी लोग तुम्हें आग्रह के साथ बुलाएँगे। जो तुम्हारे दुख-सुख के सच्चे साथी होंगे, तुम भाग्य के फेर से उन्हें न पहचानोगे। वे तुम्हारी उपेक्षा और लांछना सहकर भी अन्त तक तुम्हारा साथ देंगे।''

बालिका डर के मारे रोने लगी। दूसरा बालक भी सकपका गया था। उसका मुँह सूख गया था। किन्तु शशांक कुछ भी न डरे। कुमार ने वृद्ध से पूछा, ''तुम क्या-क्या कह गए, मैं नहीं समझा। तुम हो कौन?'' प्रश्न सुनकर वृद्ध ठठाकर हँस पड़ा और पागल की तरह नाचने लगा। बालिका चिल्लाकर रो पड़ी। माधवगुप्त भी रोने लगा। शशांक भय से दो कदम पीछे हट गए। वृद्ध ने हँसते-हँसते कहा, ''मैं कौन हूँ, यह लल्ल से पूछना, वृद्ध यशोधवल से पूछना और अपने पिता से पूछना, कहना कि शक्रसेन यह सब कह गया है। मैंने जो कुछ कहा है, उसे तुम समझ ही कैसे सकते हो? जो होनेवाला है, वह तो होगा ही। जब तुम समझोगे तब मैं फिर आऊँगा।'' वृद्ध फिर नाचने लगा। देखते-देखते उसने कपड़े के नीचे से एक चमचमाता अस्त्र निकाला। शशांक उसे देख दो कदम और पीछे हट गए। वृद्ध बोला, ''तुम हमारे शत्रु हो, तुम हमारे धर्म्म के शत्रु हो। जी चाहता है कि तुम्हारा कलेजा निकालकर तुम्हारा रक्त चूस लूँ। पर ऐसा करता क्यों नहीं, जानते हो? जो कालचक्र तुम्हें नचा रहा है, वही मुझे भी नचा रहा है।''

इतने में एक छोटी-सी नाव आकर उस घाट के सामने लगी। उस पर से दो वृद्ध, एक युवक और एक बालिका उतरी। शशांक और उसके साथियों ने उनको नहीं देखा, पर उस वृद्ध ने देख लिया। उन्हें निकट पहुँचते देख वृद्ध बोल उठा, ''कुमार! अब मैं भागूँ। बहुत से लोग आ रहे हैं। जब तुम मर्मव्यथा से व्याकुल होगे तब मैं फिर दिखाई पड़ूँगा, समझे?'' इतना कहते-कहते वृद्ध ने पीपल की एक डाल तोड़ ली और उसके ऊपर सवारी करके देखते-देखते दृष्टि से ओझल हो गया। शशांक, माधवगुप्त और चित्रा–तीनों भय और विस्मय से कठपुतली बने खड़े रह गए।

नाव पर से उतरे हुए लोग घाट के पास आकर खड़े हुए। उनमें से एक वृद्ध साथ के युवक से बोला, ''जान पड़ता है कि राजघाट यही है। इधर बीस वर्ष से मैं पाटलिपुत्र नहीं आया। वीरेन्द्र! कोई मिले तो उससे मार्ग पूछ लो।''

वीरेन्द्र–प्रभो! घाट पर तो कोई नहीं दिखाई पड़ता है।

वृद्ध–अभी ऊपर की सीढ़ी पर कोई खड़ा था न!

वीरेन्द्रसिंह ने ऊपर चढ़कर बालक-बालिका को देखा और उनसे पूछा, ''यह प्रासाद के नीचे का घाट है?'' शशांक उदास मन एकटक उसी ओर ताक रहे थे जिधर वह वृद्ध जाकर लुप्त हो गया था। वीरेन्द्रसिंह की बात पर उन्होंने दृष्टि फेरी। जो बात पूछी गई थी, वह उनके कान में अब तक नहीं पड़ी थी। उन्होंने पूछा, ''क्या कहा?'' वीरेन्द्र ने झुँझलाकर कहा, ''बहरे हो क्या? मैं पूछता हूँ कि क्या यह प्रासाद का घाट है?'' शशांक ने प्रश्न का कोई उत्तर न देकर पूछा, ''तुम कौन हो? कहाँ से आते हो?'' वीरेन्द्र और भी कुढ़ गया और बोला, ''बाबा! तुम्हारी सब बातों का मैं उत्तर दूँ, इतना समय मुझे नहीं है। प्रासाद का घाट किधर है, यही मुझे बता दो।''

"प्रासाद का घाट तो यही है, पर इस मार्ग से साधारण लोग नहीं जा सकते।"

"बाबा! इस मार्ग से जाता कौन है?" यह कहकर वह वृद्ध के पास लौट गया और बोला, "प्रभो! प्रासाद का घाट तो यही है पर घाट पर कई लड़के खड़े हैं। उनमें से एक की बातचीत तो राजपुत्र की सी है। वह कहता है कि इस मार्ग से जनसाधारण के जाने का निषेध है।" वृद्ध यशोधवलदेव ने हँसकर कहा, "वीरेन्द्र, लड़का ठीक कहता है।"

वीरेन्द्र—तब क्या नाव पर फिर लौट चलेंगे?

यशो.—न, इसी मार्ग से जाएँगे। विशेष अमात्यों और राजवंश के लोगों को छोड़कर कोई गंगा के इस घाट की ओर नहीं आने पाता। बात यह है कि अंतःपुर की स्त्रियाँ प्रायः यहाँ गंगा स्नान करने आती हैं। इसीलिए उस लड़के ने तुमसे इस मार्ग से न जाने को कहा था। अच्छा, अब तुम आगे-आगे चलो, मेरे लिए यहाँ कोई रोक-टोक नहीं है।

सब लोग सीढ़ियाँ चढ़कर घाट के ऊपर आए। यशोधवल ने देखा कि एक बालक उनका मार्ग रोकने के लिए बीच में आकर खड़ा है, दूसरा बालक और बालिका बैठे हैं। बालक ने पूछा, "आप कौन हैं?"

यशो.—मैं रोहिताश्व का गढ़पति हूँ। मेरा नाम है यशोधवल।

शशांक—आप कहाँ जाएँगे?

यशोधवल—सम्राट से मिलने के लिए प्रासाद के भीतर जाना चाहता हूँ।

शशांक—आप क्या नहीं जानते कि इस मार्ग से होकर साधारण लोग नहीं जा सकते। आप इधर से घूमकर दक्खिन फाटक से होकर जाएँ। उसी मार्ग से आप प्रासाद में जा सकते हैं।

वीरेन्द्र—अच्छा, यदि हम लोग इसी मार्ग से जाएँ तो क्या तुम हम लोगों को रोक लोगे?

कुमार ने हँसकर कहा, "कहाँ तक जाएँगे, गंगा द्वार पर द्वाररक्षक आप लोगों को सीधे लौटा देंगे फिर इसी घाट पर आना होगा और नाव पर लौट जाना पड़ेगा, क्योंकि यहाँ से नगर की ओर जाने का नदी छोड़ और कोई मार्ग नहीं है।"

यशो.—सुनो! मैं मगध साम्राज्य की साधारण प्रजा में नहीं हूँ, सेना दल में मेरी पदवी महानायक[1] की है। राजद्वार में मुझे युवराज भट्टारकपादीय का मान प्राप्त है। अन्तःपुर को छोड़ प्रासाद में और कहीं मेरे लिए रोक-टोक नहीं है।

शशांक—आप महानायक—युवराजभट्टारक?

यशो.—अचम्भा क्यों मानते हो?

शशांक—मैंने आज तक कभी किसी महानायक या युवराजभट्टारक को इस रूप में प्रासाद में जाते नहीं देखा है। वे जिस समय आते हैं, सैकड़ों पदातिक और सवार उनके आगे-पीछे रहते हैं। वे जिस मार्ग से होकर निकलते हैं, डर के मारे लोग भाग जाते हैं। साम्राज्य के किसी युवराजभट्टारक को मैंने कभी पैदल चलते नहीं देखा है।

यशो.—तुम कौन हो?

शशांक—मैं सम्राट का ज्येष्ठ पुत्र हूँ। मेरा नाम है शशांक।

---

1. महानायक = उच्चपदस्थ सामन्त, राजा या गढ़पति।

इतना सुनते ही वृद्ध गढ़पति की तलवार कोष से निकल पड़ी और उसकी नोक उसकी श्वेत उष्णीष पर जा लगी। उस समय सैनिक वर्ग में अभिवादन की यही रीति थी। अभिवादन के पीछे वृद्ध ने कहा, "युवराज! मैं इधर बहुत दिनों से पाटलिपुत्र नहीं आया, इसी से आपको पहचान न सका। मेरे इस अपराध को आप ध्यान में न लाएँगे। जिस समय मैं राजसभा में आता-जाता था, उस समय आप लोगों का जन्म नहीं हुआ था। उस समय हम लोग आपके चाचा के पुत्र देवगुप्त को ही साम्राज्य का भावी अधीश्वर जानते थे। युवराज! साम्राज्य के और महानायकों के पास जो है, वह मेरे पास नहीं है इसीलिए तो मैं सम्राट के पास जाता हूँ।"

दसवाँ परिच्छेद
तरला का दूतीपन

उस समय पाटलिपुत्र नगर के किनारे बहुत-सी बस्ती हो गई थीं। प्राचीन नगर के प्राचीर के भीतर स्थान की कमी होती जाती थी। स्थानाभाव के कारण नगर के दरिद्र श्रमजीवी बाहर बसते थे। बहुत दिनों से नगर प्राचीर के पूर्व और दक्षिण ओर कई टीले बस गए थे। नागरिक उस भाग को उपनगर कहा करते थे। नगर के उत्तर और पश्चिम भागीरथी और सोन की धारा बहती थी। बहुत-से लोग इन नदियों के पार भी बसते थे और नित्य सबेरे काम करने नगर में आते और सन्ध्या को लौट जाते थे। दक्खिन के टोले में एक पुराने मन्दिर के सामने कई बौद्ध भिक्खु घास के ऊपर बैठे बातचीत कर रहे थे। मन्दिर के पीछे कुछ दूर तक ऊँचा टीला-सा चला गया था जिस पर नए-पुराने पेड़ों का जंगल लगा था और कहीं-कहीं पत्थर के पुराने खम्भे दिखाई पड़ते थे। पहले कभी वहाँ पत्थर का बहुत बड़ा बौद्ध मन्दिर था। उसके गिर जाने पर बौद्ध भिक्खुओं ने सामने एक छोटा-सा मन्दिर उठाकर उसमें प्रतिमा स्थापित कर दी थी। घास पर बैठे जो भिक्खु बातचीत कर रहे थे, वे सब-के-सब तरुण अवस्था के थे। उन्हें देखने से जान पड़ता था कि उन्हें गृहस्थाश्रम छोड़े बहुत दिन नहीं हुए हैं। गृहत्यागी भिक्खुओं में जैसी गम्भीरता होनी चाहिए वैसी उनमें अभी नहीं आई थी।

उनके बीच एक अधेड़ भिक्खु भी बैठा था। अवस्था में उनके जोड़ का न होने पर भी वह उनके साथ मिलकर हँसी-ठट्ठा करता था। इस भिक्षुमंडली से थोड़ी दूर पर एक तरुण भिक्खु बैठा था। वह मन-ही-मन न जाने क्या सोच रहा था जिससे उसके साथियों का हँसी-ठट्ठा उसके कानों तक नहीं पहुँचता था। भिक्खु लोग उसकी ओर दिखा-दिखाकर न जाने क्या-क्या कहते और ठट्ठा मार-मारकर हँसते थे। किन्तु जिस पर यह सब बौछार हो रही थी, उसका ध्यान कहीं दूसरी ही ओर था, वह मानो कुछ सुनता ही न था।

इसी बीच एक युवती मन्दिर के सामने आ खड़ी हुई। उसे देखते ही भिक्खुओं की हँसी रुक गई। एक ने उस अधेड़ का हाथ दबाकर कहा, "आचार्य! जान पड़ता है कि यह युवती तुम्हारी ही खोज में आई है।" दूसरा भिक्खु उसे रोककर बोला, "तू पागल

हुआ है। आचार्य अब स्थविर हो गए हैं। युवती स्त्री बूढ़े को खोजकर क्या करेगी?" पहले भिक्खु की बात तो बूढ़े को बहुत अच्छी लगी, उसका चेहरा खिल उठा पर दूसरे की बात सुनकर उसका मुँह लटक गया, वह मन-ही-मन जल उठा और बोला, "तू मुझे बूढ़ा कहता है, और एक स्त्री के सामने? मैं अभी तेरे प्राण लेता हूँ।"

पहला भिक्खु—आचार्य! बात तो इसने बड़ी बुरी कही। पर उस दिन संघस्थविर भी मुझसे कहते थे कि आचार्य देशानन्द अब वृद्ध हुए, वे तरुण भिक्खुओं को शिक्षा देने के योग्य हैं।

वृद्ध भिक्खु—स्थविर तेरा बाप, तेरा दादा। तुम सबने क्या मुझे पागल समझ रखा है? अभी मैं उठकर बताता हूँ।

वृद्ध दोनों भिक्खुओं की ओर झपटा। सब-के-सब उसे पकड़कर बिठाने लगे, पर वह किसी की नहीं सुनता था। अन्त में बड़ी-बड़ी मुश्किलों से वह शान्त हुआ। युवक भिक्खुओं ने यह बात मान ली कि उन्हीं का वयस् अधिक है, आचार्य देशानन्द तरुण हैं। उनके बाल जो थोड़े-बहुत पक गए हैं, वे अधिक अध्ययन से। जिस स्त्री को देखकर भिक्खुमंडली के बीच यह सब झगड़ा खड़ा हुआ था, कपड़े-लत्ते से वह अच्छी जाति की और किसी धनाढ्य नागरिक की परिचारिका जान पड़ती थी। गड़बड़ देखकर अब तक वह दूर खड़ी थी। भिक्खुओं को शान्त होते देख वह आगे बढ़कर कुछ पूछना ही चाहती थी कि आचार्य सामने आकर बोले, "तुम क्या मुझे ढूँढ़ने आई हो?" रमणी ने कहा, "नहीं, यहाँ कहीं जिनानन्द भिक्खु रहते हैं?" उसकी बात सुनकर वृद्ध हताश होकर बैठ गया। रमणी फिर पूछने लगी, "यहाँ जिनानन्द भिक्खु रहते हैं?" आचार्य को निरुत्तर देख एक भिक्खु ने उत्तर दिया, "हाँ, रहते हैं।"

रमणी—महाराज! थोड़ा उन्हें मेरे पास भेज देंगे।

भिक्खु—क्यों?

रमणी—काम है।

भिक्खु—क्या काम है, बताओ।

रमणी—बताने की आज्ञा मुझे नहीं है।

भिक्खु—हमारे संघाराम[1] में कोई तरुण भिक्खु किसी युवती से एकान्त में नहीं मिल सकता।

रमणी—मैं एकान्त में नहीं मिलना चाहती।

भिक्खु—तो फिर गुप्त बात कहोगी कैसे?

रमणी—मैं पत्र लाई हूँ।

भिक्खु—लाओ, दो।

रमणी—क्षमा कीजिएगा। जिनानन्द को छोड़ मैं पत्र और किसी को नहीं दे सकती।

भिक्खु—जिनानन्द भिक्खु को पहचानोगी कैसे?

रमणी—मेरे पास संकेत चिह्न हैं।

इतने में पीछे से एक भिक्खु पुकार कर बोला, "अरे, ओ जिनानन्द! कुछ देखते-सुनते भी हो? क्या एकबारगी समाधि लगा रखी है?"

---

1. संघाराम = वह उद्यान या स्थान जहाँ बौद्धों का संघ रहता हो।

और भिक्खुओं से दूर जो भिक्खु बैठा कुछ सोच रहा था, उसने सिर उठाकर देखा। दूसरा भिक्खु फिर बोला, "यह रमणी तुमसे मिलने आई है। तुम क्या सारी बातें नहीं सुनते थे? इसे देखकर अभी क्या-क्या रंग उड़े थे?" जिनानन्द कुछ न बोला। रमणी को देखते ही वह घबराया हुआ उसके पास गया और बोला, "तरले! तुम कब आईं? क्या समाचार है?" रमणी कुछ देर तक उसका मुँह ताकती रही फिर प्रणाम करके बोली, "भैयाजी! नए वेश के कारण मैं पहचान नहीं सकी थी। समाचार बहुत कुछ है, पर ये बाबा लोग भले-मानस नहीं जान पड़ते। चलिए, उधर ओट में चलें।" रमणी मन्दिर के पीछे पेड़ों के झुरमुट की ओर बढ़ी। तरुण भिक्खु भी पीछे-पीछे गया।

वृद्ध अब तक तो चुपचाप बैठा रहा, पर जिनानन्द और तरला के पेड़ों के झुरमुट में जाते ही उठा और उनकी ओर बढ़ा। उसकी यह लीला देख कई तरुण भिक्खु हँस पड़े। वृद्ध ने उन्हें घूरकर कहा, "तुम सब अभी बच्चे हो, स्त्री चरित्र क्या जानो! मैं इस कुमार्गी भिक्खु को ठिकाने पर लाने के लिए जाता हूँ।" भिक्खु हँसते-हँसते लोट पड़े। वृद्ध ने देखकर भी न देखा। वह बाघ की तरह दबे पाँव पेड़ों के बीच दबकता हुआ उन दोनों के पीछे-पीछे चला जाता था।

वृद्ध के अदृश्य हो जाने पर एक भिक्खु बोला, "यह जिनानन्द कौन है, तुम लोग कुछ कह सकते हो?"

दूसरा भिक्खु–रूप-रंग तो राजपुत्रों का सा है। वह किसी धनी का पुत्र है, इसमें तो कोई सन्देह नहीं।

पहला भिक्खु–जिनानन्द का कोई गूढ़ रहस्य है, जो किसी प्रकार खुलता नहीं है।

दू. भिक्खु–यह कैसे कहते हो?

प. भिक्खु–संघस्थविर[1] ने तुमसे कुछ कहा नहीं था?

दू. भिक्खु–न।

पं. भिक्खु–तुम थे नहीं, कहीं गए थे। जिनानन्द जिस दिन आया है, उस दिन संघस्थविर ने सबको बुलाकर कहा है कि उस पर बराबर दृष्टि रखना, वह आँख की ओट न होने पाए। रात को भी उसकी कोठरी के बाहर दो भिक्खु सोते हैं। न जाने कितने नए भिक्खु आए पर ऐसी व्यवस्था किसी के लिए नहीं की गई थी।

दू. भिक्खु–जान पड़ता है कि कोई भारी शिकार है। संघ के जैसे बुरे दिन आज हैं, उन्हें देखते हुए शिकार की इतनी चौकसी होनी ही चाहिए।

पं. भिक्खु–यह तो समझता हूँ, पर जिनानन्द का भेद नहीं खुलता। इसके पहले उसके पास और भी पत्र आ चुके हैं।

फूलों की शय्या पर एक भिक्खु लेटा हुआ था। वह घबराकर उठ बैठा और बोला, "अरे सावधान रहना! दूर पर व्रजाचार्य[2] दिखाई पड़ा है।" उसकी बात सुनते ही सब उठकर खड़े हो गए। देखते-देखते पेड़ की डाल कन्धे पर रखे, मैले और फटे-पुराने कपड़े

1. संघस्थविर = बौद्ध मठाध्यक्ष या सम्प्रदाय का नायक।
2. सिद्ध भिक्षु = ये सदा हाथ में वज्र लिये रहते थे।

पहने एक वृद्ध मन्दिर के सामने आया। उसे देख भिक्खुओं ने साष्टांग प्रणाम किया। गंगा के किनारे पाठक एक बार उसे देख चुके हैं। वही, जिसने युवराज के सम्बन्ध में भविष्यवाणी की थी। वृद्ध ने पूछा, "देशानन्द कहाँ हैं?"

भिक्षुगण—वन के भीतर गए हैं।

वृद्ध—संघस्थविर कहाँ हैं?

भिक्षुगण—मन्दिर के भीतर।

वृद्ध देखते-देखते वहाँ से चल दिया और दृष्टि के बाहर हो गया।

जंगल के भीतर एक टूटे खम्भे की आड़ में तरला और जिनानन्द खड़े धीरे-धीरे बातचीत कर रहे हैं।

तरला—भैयाजी! अब क्या इसी प्रकार दिन काटोगे?

जिना.—क्या करूँ? कुछ वश नहीं। इन्होंने मुझे बाँध तो नहीं रखा है, पर बाँध रखना इससे कहीं अच्छा था। सदा मेरे पीछे लोग लगे रहते हैं, वे मुझे बराबर दृष्टि के सामने रखते हैं। इससे भाग निकलने पर भी कोई उपाय नहीं है।

तरला—तब क्या अब घर न लौटेंगे?

जिना.—लौटना यदि मेरी इच्छा पर होता—तो मैं क्या अब तक यहाँ पड़ा रहता?

तरला—तुम्हें संन्यासी बनाकर इन सबों ने क्या पाया है, मेरी समझ में नहीं आता। तुम अपने बाप के इकलौते बेटे थे, न जाने किस कलेजे से उन्होंने जीवन भर के लिए तुम्हें छोड़ दिया।

जिना.—तरले! उन्होंने क्या लाभ समझकर मुझे भिक्खु बनाया है, यह क्या तुम नहीं जानतीं? पिता के मरने पर उनकी अतुल सम्पत्ति का उत्तराधिकारी मैं ही हूँ। यदि मैं घर में रहता तो यूथिका के साथ विवाह करके गृहस्थ होता। पर जिस दिन मैंने संघ में प्रवेश किया, मैं भिक्खु हुआ, उसी दिन से मेरा सब अधिकार जाता रहा, उसी दिन से मानो यह संसार मैंने छोड़ दिया। अब पिता के मरने पर सम्पत्ति पर मेरा कोई अधिकार न रहेगा, ये संन्यासी ही वह सब सम्पत्ति पाएँगे। इसीलिए ये सब मुझे यहाँ ले आए हैं और मेरे ऊपर इतनी कड़ी दृष्टि रखते हैं।

तरला—भैया! हो तो तुम वही वसुमित्र ही!

जिना.—अब वह नाम मुँह पर न लाओ, तरला! समझ लो कि सेठ वसुमित्र मर गया, अब तो मेरा नाम जिनानन्द है।

तरला—भैयाजी, ऐसी बात न कहो। यदि इस दासी के तन में प्राण रहेगा तो वसुमित्र यहाँ से निकलेंगे, फिर गृहस्थी में जाएँगे और यूथिका से विवाह करके...।

जिना.—कहाँ की बात तरला! यह सब दुराशा मात्र है। दुराशा या दुःस्वप्न भी नहीं कहना चाहिए, क्योंकि इस प्रकार का स्वप्न देखना भी मेरे लिए इस समय पाप है।

तरला—भैयाजी! मक्खीचूस समझकर तुम्हारे पिता का नगर में सबेरे कोई नाम नहीं लेता। न जाने कितने गृहस्थों को तुम्हारे पिता ने राह का भिखारी कर दिया। पहले जब मैं तुम्हारे पिता की निठुराई की बातें सुनती तो मन-ही-मन कहती कि चारुमित्र मनुष्य

नहीं हैं, पशु हैं। पर अब देखती हूँ कि चारुमित्र पशु नहीं, पत्थर हैं। पशु के हृदय में भी अपनी सन्तान का स्नेह होता है।

जिना.—मेरे पिता एकबारगी हृदयहीन नहीं हैं। उन्हें धन की हाय-हाय रहती है सही, पर उनके चित्त में कोमलता है। तरला! उन्होंने बौद्ध संघ की उन्नति की अभिलाषा से मुझे उत्सर्ग कर दिया है। मेरे धन से बौद्ध संघ की उन्नति हो, यह उनका उद्देश्य है। राजा खुल्लमखुल्ला तो बौद्ध विद्वेषी नहीं हैं, पर बौद्ध धर्म्मावलम्बी नहीं हैं। उनके मरने पर कहीं मैं अपना उत्तराधिकार जताकर बौद्ध संघ के साथ कोई झगड़ा न करूँ, इसी डर से पिता ने मुझे मृतक कर दिया। अपना सर्वस्व, यहाँ तक कि अपना एकमात्र पुत्र तक, उन्होंने धर्म्म की उन्नति के लिए उत्सर्ग करके अक्षय पुण्य संचित किया है।

तरला—भैयाजी, मुझसे अब और न कहलाओ। तुम्हारा पिता समझकर मैं उनको कुछ नहीं कह सकती।

कुछ दूर पर सूखे पत्तों पर किसी के पैर की आहट सुनाई पड़ी। जिनानन्द डरकर कहने लगा, "अब चलता हूँ। कोई आ रहा है।"

तरला—कुछ डर नहीं, मैं जाकर देखती हूँ।

एक पेड़ के पीछे खड़ी होकर तरला ने चारों ओर दृष्टि दौड़ाई, फिर आकर बोली, "कोई डर नहीं, वही मुँह जला बुड्ढा है, यहाँ तक पीछे लगा आया है। अब मैं यहाँ न ठहरूँगी। तुम्हें यहाँ सड़ना नहीं होगा, मैं तुम्हें यहाँ से छुड़ा ले जाऊँगी।" इतना कहकर तरला डग बढ़ाती हुई चली गई। जिनानन्द लम्बी साँस लेकर लौटा और उसने देखा कि कुछ दूर पर देशानन्द तरला के पीछे-पीछे चला जा रहा है।

ग्यारहवाँ परिच्छेद

यशोधवल की बात

बौद्ध मन्दिर के भीतर घोर अन्धकार है। घृत का एक दीपक टिमटिमा रहा है, किन्तु उसके प्रकाश में देवप्रतिमा का आकार भर थोड़ा-थोड़ा दिखाई पड़ रहा है। सामने पुष्प, गन्ध और नैवेद्य सजाकर रखा है। देखने से जान पड़ता है कि मन्दिर में कोई नहीं है। मन्दिर के एक कोने में एक लम्बे आकार का पुरुष बैठा है। वह न कुछ बोलता है, न हिलता-डुलता है; जान पड़ता है कि ध्यानमग्न है। इतने में द्वार पर से किसी ने पुकारा, "स्थविर महाराज मन्दिर में हैं या नहीं?"

भीतर से उत्तर मिला, "कौन?"

"शक्रसेन।"

"भीतर चले आओ।"

वही हमारा परिचित वृद्ध कन्धे पर पेड़ की डाल रखे मन्दिर में घुसा। लम्बे डीलवाले पुरुष ने पूछा, "व्रजाचार्य! यह पेड़ की डाल कहाँ पाई?"

"यह मेरा घोड़ा है, इसी के बल से यशोधवल के हाथ से बचकर मैं आ रहा हूँ। नहीं तो अब तक तुम यही सुनते कि व्रजाचार्य का परिनिर्वाण हो गया।"

"तब क्या तुम कुछ कर न सके?"

"करना-धरना तो मैं जानता नहीं, हाँ! शशांक अब तक जीवित है।"

"तब तुम गए थे क्या करने?"

"बन्धुगुप्त! मैं क्या करने गया था, इसे जानबूझकर न पूछो। मैं शशांक को मारने गया था, पर मार न सका।"

"क्या दाँव नहीं मिला?"

"दाँव मिला था। शशांक, माधवगुप्त और चित्र—तीनों गंगा किनारे खेल रहे थे। उनके साथ कोई रक्षक भी नहीं था।"

"तब फिर?"

"तब फिर क्या? मार नहीं सका, और क्या? बन्धुगुप्त! मेरा हाथ न उठ सका। तुमने जो वज्र मुझे दिया था, वह अब तक वस्त्र के भीतर छिपा है। मैं उसे बाहर न निकाल सका। स्थविर! नरहत्या करने से तुम्हारा हृदय पत्थर का हो गया है, तुम्हारे अन्तःकरण की कोमल वृत्तियाँ सब लुप्त हो गई हैं। मैं क्यों लौट आया, यह तुम नहीं समझ सकते। तुम्हारा उपदेश सुनकर मैं शशांक को मारने का दृढ़ निश्चय करके यहाँ से चला था। जिस समय दूर से मैंने उसको असहाय अवस्था में गंगा के बालू पर बैठे देखा था, तब तक भी मैं विचलित नहीं हुआ था। पर जब मैं उनके पास गया तब ऐसा जान पड़ा मानो वज्र की मुट्ठी से किसी ने मेरा हाथ थाम लिया है। तुम्हारे उपदेश के अनुसार शशांक को मैंने उसके जीवन का भीषण भविष्य तो सुना दिया, पर उसकी हत्या न कर सका। स्थविर! भाग्यचक्र में सब बँधे हैं, ललाट में जो लिखा है वह कभी टलने का नहीं। तुम्हारे ऐसे सैकड़ों संघस्थविर, मेरे ऐसे हजारों वज्राचार्य मिलकर भी उस चक्र की गति तिल भर फेर नहीं सकते। स्थविर! गंगा की रेत में उस बालक का मुख देखकर समझ लिया कि शक्रसेन या बन्धुगुप्त से उसका एक बाल भी बाँका नहीं हो सकता।"

"तुम भीरु हो, तुम कायर हो, तुम पुरुष नहीं हो। तुम बालक का मनोहर मुखड़ा देखकर मोहित हो गए। मार[1] की आसुरी माया ने तुम्हें घेर लिया, इसी से तुम उस बालक की हत्या न कर सके। वज्राचार्य! तुम मागध संघ के मुखिया हो। उत्तरापथ का आर्य्यसंघ भी तुम जिधर उँगली उठाओ, उधर चल सकता है। वज्राचार्य! क्या तुम भी भाग्यचक्र की ओट लेकर बैठे रहना चाहते हो? शक्रसेन! भोले-भाले बच्चों और बूढ़ी स्त्रियों को छोड़ इस युग में भाग्यचक्र को मानता कौन है? छिः! छिः! तुमसे एक सड़ा-सा काम न हो सका! आर्य्यसंघ की उन्नति के लिए तुम एक सामान्य बालक की हत्या न कर सके! वज्राचार्य! तुम्हें अपनी कलंकी मुँह छिपाने के लिए कहीं स्थान न मिलेगा।

---

1. मार = संसार के मोह में फँसानेवाला, जिसने बुद्ध भगवान् को सुखभोग के अनेक प्रकार के प्रलोभन दिखाए थे।

युग-युगान्तर तक, जब तक बौद्ध धर्म्म इस संसार में रहेगा, तुम्हारी अपकीर्ति बनी रहेगी। वृद्ध! तुम वहीं समा क्यों न गए? कौन-सा मुँह लेकर लौट आए?''

''स्थविर! तुम भी वृद्ध हुए, बालक नहीं हो। संघ की सेवा करते तुम्हारे बाल पक गए। तुम्हें मैं अधिक क्या समझाऊँ? थोड़ा आँख खोलकर देखो, जीव मात्र भाग्यचक्र में बँधे हैं। यदि भोले-भाले बच्चों और स्त्रियों को छोड़ और कोई भाग्यचक्र नहीं मानता, तो तुम इतनी देर तक गणना करके क्यों मरते रहे? अब तक तुम शशांक की जन्मपत्री फैलाए क्या बैठे हो? बन्धुगुप्त! हम दोनों ने एक ही दिन प्रव्रज्या[1] ग्रहण की, साथ रहकर आजन्म संघ की सेवा की, सुख-दुख, संपद्-विपद् में बराबर एक-दूसरे के पास रहे, तुम क्या मेरा स्वभाव तक भूल गए? बच्चों के गिड़गिड़ाने और स्त्रियों के आँसू बहाने पर मुझे कभी विचलित होते देखा है? तुम मुझे व्यर्थ धिक्कारते हो। मुझे पूरा निश्चय है कि शशांक मेरे हाथ से नहीं मारा जा सकता। स्थविर! वह अब बच्चा नहीं है, युवावस्था के किनारे आ गया है। मुझे उसके मुख पर राजसी गम्भीरता दिखाई दी। डर उसे छू नहीं गया था। वह सब प्रकार से मगध का राजा होने योग्य है। तुम वृथा चेष्टा करते हो। अंग, बंग, कलिंग, गौड़ और मगध में ऐसा कोई नहीं है जो उसकी गति रोक सके।''

इतना कहकर वृद्ध बैठ गया। स्थविर के मुँह से कोई शब्द न निकला। बहुत देर पीछे स्थविर ने धीरे से पूछा, ''तो क्या गणना मिथ्या है?''

''गणना को मिथ्या कैसे कहूँ? गणना में तुमसे कहीं भूल हुई होगी।''

''अच्छा, ठहरो, मैं फिर से गणना करके देखता हूँ,''—यह कह संघ स्थविर ने दीपक की बत्ती उसकाई और ताड़पत्र, लेखनी और मसि लेकर वह गणना करने लगा।

आधे दंड के उपरान्त किसी ने आकर बाहर से मन्दिर के द्वार की साँकल खटखटाई। वज्राचार्य ने पूछा, ''कौन है?'' द्वार पर से वह व्यक्ति बोला, ''मैं हूँ, बुद्धमित्र। कपोतिक संघाराम[2] से एक बहुत ही आवश्यक संवाद लेकर दूत आया है, वह भीतर जाए?''

वज्राचार्य—कह दो, थोड़ा ठहरे।

बन्धुगुप्त सिर उठाकर बोला, ''गणना कभी मिथ्या होनेवाली नहीं। आज दोपहर तक शशांक का मृत्युयोग था, किन्तु नक्षत्र के प्रतिकूल होने पर भी सूर्य की दृष्टि अच्छी थी।''

वज्राचार्य—हाँ, एक बात कहना तो मैं भूल ही गया। मेरे वहाँ पहुँचने पर एक नई बाधा खड़ी हुई अर्थात् यशोधवलदेव...

बन्धु गुप्त—क्या कहा?

वज्राचार्य—युवराजभट्टारकपादीय महानायक यशोधवलदेव। बन्धुगुप्त! तुम उनके पुत्र की हत्या करनेवाले हो। क्या इतने ही दिनों में रोहिताश्व के गढ़पति को भूल गए?

बन्धुगुप्त अब तक बैठा था, यह बात सुनते ही वह घबराकर उठ खड़ा हुआ और कहने लगा, ''शक्रसेन! हँसी न करना, ठीक-ठीक कहो। क्या सचमुच यशोधवलदेव नगर में आए हैं? यदि ऐसा हुआ तो भारी विपत्ति समझो। केवल मेरे ही ऊपर नहीं, सारे संघ

1. बौद्ध भिक्खुओं की दीक्षा, संन्यास।
2. कपोतिक संघाराम = पाटलिपुत्र नगर का एक प्राचीन बौद्ध मठ, जो सम्राट अशोक का बनवाया हुआ था।

पर विपत्ति आई समझो। ठीक-ठीक बताओ, क्या सचमुच यशोधवल ही को तुमने देखा?"

वज्राचार्य–यह क्या कहते हो! क्या दस वर्ष में ही मैं यशोधवल को भूल जाऊँगा? घबराओ न, देखो, कपोतिक संघाराम से कोई दूत आया। बुद्धमित्र! दूत को भीतर ले आओ।

एक तरुण भिक्खु एक वृद्ध भिक्खु को साथ लिये मन्दिर के भीतर आया। दोनों ने प्रणाम किया। वज्राचार्य ने पूछा, "कहो, क्या संवाद है?" वृद्ध बोला, "महास्थविर को विश्वस्त सूत्र से पता लगा है कि रोहिताश्वगढ़पति महानायक यशोधवलदेव आज बीस वर्ष पर फिर नगर में आए हैं। इसीलिए उन्होंने मन्त्रणा सभा करने का विचार किया है।"

वज्राचार्य–यशोधवल के आने का पता मुझे लग चुका है। कल प्रातःकाल पुराने दुर्ग के मुँडेरे पर मन्त्रणासभा होगी। सूर्य की किरणों के दुर्ग के कलशों पर पड़ने के पहले सभा का सब कार्य्य समाप्त हो जाना चाहिए।

वज्राचार्य का आदेश सुनकर दोनों भिक्खुओं ने प्रणाम किया और वे मन्दिर के बाहर गए।

बन्धु.–तो सचमुच यशोधवलदेव आ गया है। शक्रसेन! अब इस बार किसी की रक्षा नहीं। सोया हुआ सिंह जागा है। उसे इसका पता अवश्य लग गया है कि उसके पुत्र को मारनेवाला मैं ही हूँ। यह न समझना कि वह केवल मेरी ही हत्या करके शान्त हो जाएगा। वह सारे बौद्धसंघ को उखाड़ने की चेष्टा करेगा।

वज्राचार्य–सचमुच भारी विपत्ति है।

बन्धु.–तुम मेरी बात समझ रहे हो न? जान पड़ता है, यशोधवल के ही हाथ से मेरी मृत्यु है। अच्छा, ठहरो, गणना करके भी देख लूँ।

वृद्ध ने फिर दीपक जलाया और ताड़पत्र पर अंक लिखकर गणना करने लगा। अकस्मात् उसके मुँह का रंग फीका पड़ गया। ताड़पत्र और लेखनी दूर फेंक वह उठ खड़ा हुआ और ऊँचे स्वर में बोल उठा, "सच समझो, वज्राचार्य, यशोधवल मुझे अवश्य मारेगा। गणना का फल तो कभी मिथ्या होने का नहीं। अब किसी प्रकार मुझे बचाओ। यशोधवल की प्रतिहिंसा बड़ी भीषण होगी।"

वज्राचार्य हँसकर बोला, "स्थविर! इतने अधीर क्यों होते हो? यशोधवल तुम्हारे प्राण लेने अभी तो आता नहीं है। तुम तो भाग्यचक्र पर विश्वास नहीं करते न?"

बन्धु.–सखा शक्रसेन! क्षमा करो। न समझकर ही मैंने दो-चार कड़ी बातें तुम्हें कही थीं। यशोधवल का बड़ा डर है। उसके निरस्त्र शृंखलाबद्ध पुत्र को मैंने बकरे की तरह काटा है। अवश्य उसे इसका पता लग गया है। वह मुझे छोड़ नहीं सकता।

वज्राचार्य–अब भी तुम मृत्यु से इतना डरते हो?

बन्धु.–तुम तो हो पागल, तुम्हें मैं क्या समझाऊँ? मैं अभी मरना नहीं चाहता। अभी मुझे बहुत कुछ करना है।

वज्रा.–चित्त स्थिर करो, घबराने से क्या होगा! यदि मृत्यु आनेवाली ही होगी तो

व्याकुल होकर सिर पटकने से क्या बच जाओगे? बन्धुगुप्त! तुम आर्य्यसंघ के नेता हो। ऐसी अधीरता तुम्हें शोभा नहीं देती।

बन्धु—वज्राचार्य! जैसे हो वैसे, अब मेरे प्राण बचाओ। मुझे कहीं छिपने का स्थान बताओ। ऐसा जान पड़ता है कि मन्दिर के एक-एक खम्भे के पीछे अँधेरे में एक-एक यशोधवलदेव पुत्र की हत्या का बदला लेने के लिए तलवार खींचे खड़े हैं।

वज्रा.—अच्छा, चलो, तुम्हें गुप्तगृह में छिपा आऊँ।

बन्धु.—चलो।

वज्राचार्य ने बन्धुगुप्त का आसन लपेटकर उठा लिया। आसन उठाते ही उसके नीचे काठ की एक चौड़ी पटरी दिखाई दी जिसे हटाते ही एक गुप्तद्वार प्रकट हुआ। वज्राचार्य ने दीपक हाथ में ले लिया और सीढ़ियों से होकर वह नीचे उतरने लगा। बन्धुगुप्त भी डरता-डरता साथ-साथ चला। वह पीछे फिर-फिरकर ताकता जाता था। मन्दिर में अँधेरा छा गया।

बारहवाँ परिच्छेद

नायक समागम

सन्ध्या का अँधेरा अब गहरा हो चला है। बाहरी टोले की एक पतली गली से एक युवती जल्दी-जल्दी नगर की ओर लपकी चली जा रही है। मार्ग में बहुत कम लोग आते-जाते दिखाई देते हैं। जो दो-एक आदमी मिल भी जाते हैं, उन्हें पीछे छोड़ती वह बराबर बढ़ती चली जा रही है। अँधेरा अब और गहरा हो गया; सामने का मार्ग सुझाई नहीं पड़ता। युवती विवश होकर धीरे-धीरे चलने लगी। अकस्मात् पीछे के पैर की आहट सुनाई पड़ी। वह खड़ी हो गई, आहट भी बन्द हो गई। युवती इधर-उधर देखकर फिर चलने लगी। कुछ देर में उसे जान पड़ा, जैसे कोई उसके पीछे-पीछे आ रहा है। वह फिर खड़ी हो गई, पैर का शब्द फिर थम गया। युवती इधर-उधर ताककर एक अट्टालिका के कोने में छिप गई। वहाँ से उसने देखा कि सिर से पैर तक कपड़े से ढकी एक मनुष्यमूर्ति दबे पाँव धीरे-धीरे गली में चली आ रही है। अँधेरे में वह उसका मुँह न देख सकी। जब वह मनुष्य आगे निकल गया तब युवती निकलकर उसके पीछे-पीछे चली।

वस्त्र से ढका हुआ जो मनुष्य चला जाता था, वह कुछ दूर जाकर आप ही आप बोल उठा, "न, इधर नहीं गई। चलें, लौट चलें।" युवती ने सुन लिया और फिर एक घर की आड़ में अँधेरे में छिप गई। वह मनुष्य धीरे-धीरे लौटने लगा। जब वह अँधेरे में दूर निकल गया तब वह युवती फिर निकलकर जल्दी-जल्दी चलने लगी। आधा दंड भी नहीं बीता था कि पीछे फिर वही पैरों की आहट सुनाई पड़ने लगी। अब तो वह कुछ डरी और मार्ग के झाड़ों और पेड़ों में जा छिपी। थोड़ी देर में वह कपड़ों से ढका हुआ मनुष्य फिर दिखाई पड़ा। वह कुछ दूर जाकर फिर लौट पड़ा और ठीक उसी स्थान से होकर चला जहाँ युवती छिपी थी। पास पहुँचते ही उसके मुँह से निकला, "न, इस बार

वह निकल गई। तरला, तूने गहरा झाँसा दिया।" जब वह कुछ दूर निकल गया तब युवती झाड़ों से निकल बीच रास्ते में आ खड़ी हुई और पुकारने लगी। "अरे बाबाजी, ओ अचारी बाबा! उधर कहाँ जाते हो?" कपड़ों से ढका हुआ वह मनुष्य चौंककर खड़ा हो गया। युवती हँसकर बोली, "बाबाजी! कोई डर नहीं है, मैं हूँ तरला।" वह वस्त्र का आवरण हटा तरला के पास आया और उसने उसके मुँह को अच्छी तरह देखा। फिर मुसकुराकर बोला, "क्या सचमुच तरला ही है? हे लोकनाथ! कृपा करो।"

तरला—बाबाजी! इतनी रात को किसके पीछे निकले थे?

देशा.—बहुत ठंड है—थोड़ी आग लेने निकला था।

तरला—कहते क्या हो, बाबाजी! अरे, इतनी गरमी में तुम्हें जाड़ा लग रहा है? क्या वात ने जोर किया है?

देशानन्द चुप। तरला ने फिर पूछा, "यदि किसी के पीछे नहीं निकले थे तो कपड़े के भीतर सिर क्यों ढाँक रखा था?"

देशानन्द—कोई पहचान लेता तो?

तरला—तो क्या किसी स्त्री से मिलने अभिसार को चले थे?

देशानन्द—न, न, हम लोग संसार त्यागी भिक्खु हैं। हम लोग क्या अभिसार करते हैं?

तरला—बाबा! चलो, उजाले में चलें।

देशा.—क्यों तरला! यह स्थान तो अच्छा है।

तरला—कोई हम दोनों को यहाँ एक साथ देखेगा तो चारों ओर निन्दा करेगा।

देशा.—यह तो ठीक है।

तरला—अच्छा, तो मैं चलती हूँ, तुम यहीं रहो।

देशा.—तुम अभी लौटोगी न?

तरला—सो कैसे? मैं तो जाती हूँ नगर की ओर, फिर इधर क्या करने आऊँगी?

देशा.—अरे नहीं, तरला। तुम जाओ मत, थोड़ा ठहरो। मैं तुम्हें आँख भर देख तो लूँ। तुम्हारे ही लिए मैं दो कोस दौड़ आया हूँ!

तरला—तुम तो कहते थे, मैं आग लेने निकला था।

देशा.—वह तो एक बात का बतक्कड़ था। बात कुछ और ही है।

तरला—क्या बात है, बताओ।

देशा.—हृदय की पीड़ा।

तरला—किसके लिए?

देशा.—तुम्हारे लिए।

तरला—देखती हूँ, इस बुढ़ापे में भी तुम्हारे हृदय में रस उमड़ा पड़ता है।

देशा.—छिः, तरला! यह क्या कहती हो? मैं तो समझता था कि तुममें कुछ रसिकता होगी, पर...

तरला—चिढ़ क्यों गए? क्या हुआ?

देशा.—तुम्हारी बात सरासर अरसिकता की हुई।

तरला—कौन-सी बात?

देशा.—अब मैं अपने मुँह से क्या कहूँ?

तरला—यही जो मैंने तुम्हें बूढ़ा कहा?

देशा.—अच्छा, अब तुम नगर की ओर जाओ। प्रेम सेम का कुछ काम नहीं, मैं भी लौट जाता हूँ।

तरला—बाबाजी, रूठ क्यों गए? तुम्हारे ऐसे बहुदर्शी आचार्य के लिए थोड़ी-थोड़ी बातों पर चिढ़ जाना ठीक नहीं।

देशा.—तरला! अब तुम्हें सचमुच रस का बोध हुआ। युवावस्था में जो प्रेम होता है, वह प्रेम नहीं है, आभास मात्र है। जब तक वयस् कुछ अधिक नहीं होता तब तक मनुष्य प्रेम की मर्यादा नहीं समझ सकता। जैसे...

तरला—जैसे दूध पककर खोया होता है, जो दूध से अधिक मीठा होता है।

देशा.—बहुत ठीक कहा। मेरे मन की बात तुमने खींच निकाली। तुम्हारी इन्हीं सब बातों पर न मैं लट्टू हूँ—मर रहा हूँ।

तरला ने देखा कि आचार्य की व्याधि धीरे-धीरे बढ़ रही है। उसके प्रेम के बढ़ते हुए स्रोत को रोकना चाहिए। वह आचार्य से बोली, "छिः! छिः! बाबाजी, आप करते क्या हैं? मैं एक सामान्य स्त्री हूँ, दासी हूँ। मुझसे आपको ऐसी बात कहनी चाहिए? आप परमपूज्य आचार्य हैं। आपने भगवान् बुद्ध की सेवा में अपना जीवन उत्सर्ग किया है। आपके मुँह से ऐसी बात नहीं सोहती।"

देशा.—तरला! मैं मर रहा हूँ। चाहे मैं कोई हूँ, मेरा जीवन अब तुम्हारे हाथ है—चाहे रखो, चाहे मारो। यदि तुम कृपादृष्टि न करोगी तो प्राण दे दूँगा।

तरला मन-ही-मन हँसी, समझी कि रोग के सब लक्षण धीरे-धीरे प्रकट हो गए। उसे चुप देख देशानन्द ने उसके दोनों पैर पकड़ लिये और बोला, "कहो तरला! मेरे माथे पर हाथ रखकर, शपथ खाकर कहो।" तरला अधीर होकर कहने लगी, "हैं-हैं, बाबाजी, यह क्या करते हो? छोड़ो, छोड़ो, इस चलती सड़क के बीच...।" उसने अपने दोनों पैर छुड़ा लिए। देशानन्द भी धूल झाड़ता उठ खड़ा हुआ और बोला, "तो शपथ करो।"

तरला—क्या शपथ करूँ?

देशा.—यही कि मुझसे मुँह न मोड़ोगी।

तरला—बाबाजी, बात बड़ी भारी है। चटपट कुछ कह देना कठिन है। इस भरे यौवन में, इस मधुर बसन्त में, किसी एक पुरुष से कैसे मैं कोई प्रतिज्ञा कर सकती हूँ?

देशानन्द मन-ही-मन सोचने लगे कि स्त्री जाति का व्यवहार ही ऐसा है किन्तु इस समय कुछ कहता हूँ तो सारा बना-बनाया खेल बिगड़ जाएगा। अच्छा, कुछ दिन सोच-विचार लेने दो। जाएगी कहाँ? अब तो हाथ से निकल नहीं सकती। जिनानन्द के पास तो झख मारकर इसे आना ही होगा। उधर तरला सोच रही थी कि असहाय के सहाय भगवान् होते हैं। वसुमित्र को मैं बड़ी लम्बी-चौड़ी आशा बँधा आई हूँ। उससे कह आई हूँ कि जैसे होगा, वैसे छुड़ाऊँगी। पर किस उपाय से छुड़ाऊँगी, यह जब सोचती हूँ

तब वार-पार नहीं सूझता। पार लगाने वाले भगवान् ने यह अच्छा अवलम्ब खड़ा कर दिया है। इस बुड्ढे बन्दर की सहायता से मैं वसुमित्र को छुड़ा सकूँगी। इसे यदि मैं नचाती रहूँगी तो मेरा कार्य्य सिद्ध हो जाएगा। इसकी सहायता से मैं सहज में संघाराम के भीतर जा सकती हूँ और वहाँ इसे लगवाकर वसुमित्र को छुड़ाने की युक्ति रच सकती हूँ। उसे चुप देख देशानन्द बोला, "क्या सोचती हो, बोलो।"

तरला–तुम किस ध्यान में हो?

देशा.–तुम्हारे।

तरला–तो मैं भी तुम्हारे ही ध्यान में हूँ।

देशानन्द ने तरला का हाथ पकड़ लिया और बोला, "सच कहो, तरला! एक बार फिर कहो। सच कहो।"

तरला–बाबाजी! क्या करते हो, हाथ छोड़ो, हाथ छोड़ो, कहीं कोई आ न जाए।

देशानन्द ने उदास होकर हाथ छोड़ दिया और कहा, "अच्छा, तो मुझे कब उत्तर मिलेगा?"

तरला–कल।

देशा.–निश्चय।

तरला–निश्चय।

देशा.–तो चलो, तुम्हें घर पहुँचा आऊँ?

तरला–अच्छा, आगे-आगे चलो।

वृद्ध आगे-आगे चला। धीरे-धीरे नगर का प्रकाश सामने दिखाई पड़ा। नगर में जाकर तरला निश्चिन्त हुई। घर के पास पहुँचकर तरला ने सोचा कि अब बुड्ढे को लौटाना चाहिए। यदि वह मेरे सेठ का घर देख लेगा तो मेरे कार्य्य में बाधा पड़ सकती है। कुछ दूर आगे निकलकर वह वृद्ध से बोली, "अब तुम मत आओ, लौट जाओ। मेरा पति कहीं तुम्हारे ऐसे युवा पुरुष के साथ मुझे देख पाएगा तो अनर्थ कर डालेगा।" तरला उसे युवा पुरुष समझती है, बुड्ढा तो इसी बात पर लहालोट हो गया, उसे अपने शरीर तक की सुध न रही। तरला उसका ध्यान दूसरी ओर देख चलती बनी। बहुत ढूँढ़ने पर भी बुड्ढे ने उसे कहीं न पाया।

तेरहवाँ परिच्छेद

राजद्वार

सम्राट महासेनगुप्त तीसरे पहर सभामंडप में बैठे हैं। सम्राट के सामने नागरिक लोग अपना-अपना दुख निवेदन कर रहे हैं। विशाल सभामंडप के चारों ओर अपने-अपने आसनों पर प्रधान राजपुरुष और अमात्य बैठे हैं। प्रधान-प्रधान नागरिक और भू-स्वामी उनके पीछे बैठे हैं। सबके पीछे नगर के साधारण नागरिक दल-के-दल खड़े हैं।

सम्राट का मुख प्रसन्न नहीं है। वे चिन्ता में मग्न जान पड़ते हैं। स्थाण्वीश्वरराज के

आगमन के पीछे उनके मुँह पर और भी अधिक चिन्ता छाई रहती थी। सिंहासन के दाहिने, वेदी के नीचे गुप्तसाम्राज्य के प्रधान अमात्य हृषीकेशशर्म्मा कुशासन पर बैठे हैं। उनके पीछे प्रधान विचारपति महाधर्म्माध्यक्ष[1] नारायणशर्म्मा सुखासन पर विराजमान हैं। उनके पीछे महादंडनायक[2] रविगुप्त, प्रधान सेनापति महाबलाध्यक्ष[3] हरिगुप्त, नौसेना के अध्यक्ष महानायक रामगुप्त इत्यादि प्रधान राजपुरुष बैठे हैं। ये सब लोग अब वृद्ध हो गए हैं, राजसेवा में ही इनके बाल पके हैं। ये सम्राट के वंश के ही हैं। सिंहासन के दूसरी ओर नवीन राजपुरुष बैठे हैं। अलिंद में अभिजात सम्प्रदाय के लिए जो सुखासन हैं, वे खाली हैं। उत्सव आदि के दिनों में ही उस वर्ग के लोग राजसभा में दिखाई पड़ते हैं।

सभामंडप के चारों द्वारों पर सेनानायक पहरों पर थे। उत्तर द्वार के प्रतिहार ने विंस्मित होकर देखा कि युवराज शशांक के कन्धे का सहारा लिये एक वृद्ध योद्धा नदी तट से सभामंडप की ओर आ रहा है। उसका दाहिना हाथ पकड़े आठ-नौ बरस की एक लड़की और पीछे-पीछे एक युवा योद्धा आ रहा है। प्रतिहार के विस्मय का कारण था। बात यह थी कि नगर के साधारण लोग नदी के मार्ग से प्रासाद के भीतर नहीं आ सकते थे। उच्चपदस्थ कर्मचारियों और राजवंश के लोगों को छोड़ और कोई गंगाद्वार में नहीं प्रवेश करने पाता था। गंगाद्वार से होकर आने का जिन्हें अधिकार प्राप्त था, वे कभी अकेले और पैदल नहीं आते थे। वे बड़े समारोह के साथ हाथी, घोड़े या पालकी पर बैठकर और इधर-उधर शरीररक्षक सेना के साथ आते थे। पर उनमें से भी कोई वात्सल्यभाव से भी युवराज के ऊपर हाथ नहीं रख सकता था।

वृद्ध सैनिक जो बातें कहते आ रहे थे, वे युवराज उन्हें बड़े ध्यान से सुनते आ रहे थे। प्रतिहार और उनके नायक बड़े आश्चर्य से उनकी ओर देख रहे हैं, इसका उन्हें कुछ भी ध्यान नहीं था। वृद्ध कह रहे थे, ''कामरूप से लौटने पर इस पथ से होकर मैं प्रासाद में गया था। अब मेरा वह दिन नहीं है। सुस्थितवर्म्मा[4] को सीकड़ में बाँधकर मैं लाया था। उन्हें देखकर उल्लास से उछलकर नागरिक जयध्वनि करते थे। तुम्हारे पिता युद्ध में घायल हुए थे। वे पालकी पर आते थे। युवराज! यह तुम्हारे जन्म से पहले की बात है। उस समय साम्राज्य की ऐसी दशा नहीं हुई थी। उस समय मैं सचमुच महानायक था, एक मुट्ठी अन्न के लिए रोहिताश्व के गाँव-गाँव नहीं घूमता था।'' कहते-कहते वृद्ध का गला भर आया, शशांक के नीले नेत्रों में भी आँसू भर आए।

अब वे लोग सभामंडप के तोरण पर आ पहुँचे। प्रतिहार रक्षकों के नायक ने युवराज का अभिवादन किया और फिर बड़ी नम्रता से वृद्ध का परिचय पूछा। वृद्ध ने कहा, ''मेरा नाम यशोधवल है। मैं युवराज भट्टारकपादीय महानायक हूँ।'' सुनते ही प्रतिहार रक्षकों का नायक भय और विस्मय से दो कदम पीछे हट गया। मार्ग में विषधर सर्प को देख

1. महाधर्म्माध्यक्ष = प्रधान विचारपति (Chief Justice)
2. महादंडनायक = प्रधान दंडविधानकर्त्ता (Chief Magistrate)
3. महाबलाध्यक्ष = प्रधान सेनापति।
4. सुस्थिवर्म्मा = कामरूप के राजा। महासेनगुप्त ने उन्हें ब्रह्मपुत्र के किनारे पराजित किया था। वे भास्करवर्म्मा के पिता थे।

पथिक जैसे घबराकर पीछे भागता है, वही दशा उस समय उसकी हुई। उसकी यह दशा देख वृद्ध महानायक हँस पड़े। इतने में प्रतिहाररक्षी सेनादल में से एक वृद्ध सैनिक बढ़कर आगे आया, आनेवाले को अच्छी तरह देखा, फिर म्यान से तलवार खींच उसे सिर से लगाकर बोला, "महानायक की जय हो! मैंने मालवा और कामरूप में महानायक की अधीनता में युद्ध किया है।" उसकी जयध्वनि सुनकर उत्तर तोरण पर की सारी सेना ऊँचे स्वर से जयध्वनि कर उठी। वृद्ध ने आगे बढ़कर सैनिक को हृदय से लगा लिया। फिर गहरी जयध्वनि हुई। युवराज और वृद्ध ने तोरण से होकर सभामंडप में प्रवेश किया। प्रतिहाररक्षी सेना का नायक भौंचक खड़ा रहा। सभामंडप में तोरण के सामने दो दंडधर खड़े थे। उन्होंने युवराज को देख प्रणाम किया और उनके साथी का परिचय पूछा। फिर उनमें से एक ने सभामंडप के बीच में खड़े होकर पुकार कर कहा, "परमेश्वर परम वैष्णव युवराजभट्टारक[1] महाकुमार शशांक नरेन्द्रगुप्तदेव उत्तर तोरण पर खड़े हैं और उनके साथ रोहिताश्व के महानायक युवराजभट्टारकपादीय यशोधवलदेव सम्राट से मिलने की प्रार्थना कर रहे हैं।"

सम्राट महासेनगुप्त आधे लेटे हुए एक नागरिक का आवेदन सुन रहे थे। सिंहासन की वेदी के नीचे एक कारणिक[2] सम्राट का आदेश लिख रहा था। यशोधवलदेव का नाम कान में पड़ते ही सम्राट चौंककर उठ बैठे। यह देख डर के मारे कारणिक के हाथ से लेखनी और ताड़पत्र छूट पड़ा, मसिपात्र भी उलट गया। महाधर्म्माध्यक्ष नारायणशर्म्मा ने उसकी ओर त्योरी चढ़ाई। बेचारा कारणिक सन्न हो गया। सम्राट ने ऊँचे स्वर से पूछा, "क्या कहा?"

"परमेश्वर परण वैष्णव..."

"यह तो सुना, उनके साथ कौन आता है?"

"रोहिताश्वगढ़ के महानायक युवराजभट्टाकपादीय यशोधवलदेव।"

"यशोधवलदेव!"

दंडधर ने सिर हिलाकर 'हाँ' किया। महामन्त्री ने हृषीकेशशर्म्मा से पूछा, "महाधर्म्माध्यक्षजी, कौन आया है? महाराज इतने आतुर क्यों हुए?" नारायणशर्म्मा गरदन ऊँची किए बातचीत सुन रहे थे। उन्होंने महामन्त्री की बात न सुनी। सम्राट उस समय कह रहे थे, "यह कभी हो ही नहीं सकता। रोहिताश्व के यशोधवलदेव अब कहाँ हैं! रामगुप्त, जाकर देखो तो जान पड़ता है कि किसी धूर्त ने रोहिताश्वगढ़ पर अधिकार कर लिया।" रामगुप्त आसन से उठ उत्तर तोरण की ओर चले। दंडधर उनके पीछे-पीछे चला। वे थोड़ी दूर भी नहीं गए थे कि युवराज के कन्धे पर हाथ रखे वृद्ध महानायक धीरे-धीरे आते दिखाई पड़े। रामगुप्त उन्हें देख खड़े हो गए। क्षणभर में वे पास आ गए

---

1. 'परमेश्वर परम वैष्णव' आदि उपाधि राजा और ज्येष्ठ राजपुत्र की होती थी। 'युवराजभट्टारक' और 'महाकुमार' ज्येष्ठ राजपुत्र के नाम के पहले लगता था। राजा या सम्राट के नाम के साथ 'परमभट्टारक महाराजाधिराज' आता था।

2. कारणिक = लेखक, मुंशी।

और साम्राज्य के नौबलाध्यक्ष[1] महानायक रामगुप्त दीन-हीन वृद्ध के चरणों पर लोट गए। सभा में एकत्र नागरिकों ने कुछ समझकर जयध्वनि की। दंडधर उन्हें रोक न सके। सम्राट व्यस्त होकर उठ खड़े हुए, यह देख सभा के सब लोग खड़े हो गए। नए सभापदों और राजपुरुषों ने चकित होकर देखा कि एक लम्बे डीलडौल का वृद्ध युवराज शशांक के कन्धे का सहारा लिये चला आ रहा है और नौबलाध्यक्ष महानायक रामगुप्त अनुचर के समान उसके पीछे आ रहे हैं।

इधर हृषीकेशशर्म्मा बात ठीक-ठीक समझ में न आने से बहुत चिड़चिड़ा रहे थे। इतने में वृद्ध को उन्होंने सामने देखा और वे लड़खड़ाते हुए वेदी के सामने आ खड़े हुए और कहने लगे, "कौन कहता था कि यशोधवलदेव मर गए?" वृद्ध उन्हें प्रणाम कर ही रहे थे कि उन्होंने झपटकर उन्हें गला से लगा लिया। नागरिकों ने फिर जयध्वनि की। सबने चकित होकर देखा कि वृद्ध सम्राट महासेनगुप्त डगमगाते हुए पैर रख-रखकर वेदी के नीचे उतर रहे हैं। पिता को देख युवराज ने दूर से ही प्रणाम किया, किन्तु सम्राट ने न देखा। छत्र और चँवरवाले सम्राट के पीछे-पीछे उतर रहे थे, पर महाबलाध्यक्ष हरिगुप्त ने उन्हें संकेत से रोक दिया। सम्राट को देखकर हृषीकेश और रामगुप्त एक किनारे हट गए। वृद्ध यशोधवलदेव अभिवादन के लिए कोश से तलवार खींच ही रहे थे कि सम्राट ने दोनों हाथ फैलाकर उन्हें हृदय से लगा लिया। यह देख राजकर्मचारी, सभासद और नागरिक सब-के-सब उन्मत्त के समान बार-बार जयध्वनि करने लगे। काँपते हुए स्वर में सम्राट ने कहा, "सचमुच तुम यशोधवल ही हो?" वृद्ध चुपचाप आँसू बहा रहे थे। हृषीकेशशर्म्मा और रामगुप्त की आँखों से भी आँसुओं की धारा बह रही थी। हरिगुप्त चुपचाप जाकर सम्राट के पीछे खड़े थे। युवराज शशांक भी कुछ दूर पर खड़े एकटक यह नया सम्मिलन देख रहे थे।

सम्राट महासेनगुप्त यशोधवल को लिए वेदी की ओर बढ़े। युवराज, हृषीकेशशर्म्मा, रामगुप्त, हरिगुप्त और नारायणशर्म्मा प्रभृति प्रधान राजपुरुष उनके पीछे-पीछे चले। सम्राट ने जब वेदी की सीढ़ी पर पैर रखा तब वृद्ध यशोधवल नीचे ही खड़े रह गए और बोले, "महाराजाधिराज अब आसन ग्रहण करें और मैं अपना कर्त्तव्य करूँ।" सम्राट ने बहुत चाहा पर वे वेदी के ऊपर नहीं गए। सम्राट के सिंहासन पर सुशोभित हो जाने पर वृद्ध ने हाथ थामकर युवराज को वेदी पर चढ़ाया। युवराज भी अपने सिंहासन पर बैठ गए। तब वृद्ध ने वेदी के सामने खड़े होकर कोश से तलवार खींची और अपने मस्तक से लगाकर सम्राट के चरणों के नीचे रख दी। जयध्वनि से फिर सभामंडप गूँज उठा। सम्राट ने तलवार उठाकर अपने मस्तक से लगाई और वृद्ध के हाथ में फिर दे दी। वृद्ध तलवार लेकर युवराज की ओर देख बोले, "महाकुमार! मैं सबसे पिछली बार जब सम्राट की सेवा में उपस्थित हुआ था तब भी वह सिंहासन खाली था। यशोधवल ने बहुत दिनों से साम्राज्य के महाकुमार का अभिवादन नहीं किया है। बाल्यकाल में जब आपके पिताजी महाकुमार थे तब एक बार इस सिंहासन के सामने अभिवादन करने का सौभाग्य

1. नौबलाध्यक्ष = नावों पर की सेना का नायक।

प्राप्त हुआ था। आज वृद्धावस्था में फिर प्राप्त हुआ है।" इतना कहकर वृद्ध ने तलवार मस्तक से लगाकर युवराज शशांक के पैरों तले रख दी। युवराज ने तलवार उठा ली और वेदी के नीचे उतरकर वृद्ध को प्रणाम किया। चारों ओर सबके मुँह से 'जय-जय' की ध्वनि निकल पड़ी। चिन्ता से विह्वल सम्राट का मुखमंडल भी खिल उठा और वे भी 'धन्य धन्य' बोल उठे। वृद्ध यशोधवल ने युवराज को गोद में लेकर बार-बार उनका मस्तक चूमा और उन्हें ले जाकर उनके सिंहासन पर बिठाया।

सिंहासन के सामने खड़े होकर वृद्ध यशोधवलदेव बोले, "महाराजाधिराज! आज बहुत दिनों पर मैं सम्राट की सेवा में क्यों आया हूँ, यही निवेदन करता हूँ। मेघनाद (मेघना नदी) के उस पार साम्राज्य की सेवा में कीर्तिधवल ने अपने प्राण न्यौछावर किए। अब उसकी कन्या का पालन मैं नहीं कर सकता। उसके भरण-पोषण की सामर्थ्य अब मुझमें नहीं है। जिस हाथ में साम्राज्य का गरुड़ध्वज लेकर विजय-यात्राओं का नायक होकर निकलता था, जिस हाथ में सदा खड्ग लिये साम्राज्य की सेवा में सन्नद्ध रहता था, अब उसी हाथ को रोहिताश्ववालों के आगे एक मुट्ठी अन्न के लिए फैलाते मुझसे नहीं बनता। अब इस अवस्था में नई बात का अभ्यास कठिन है। कीर्तिधवल ने सम्राट की सेवा में ही अपना जीवन उत्सर्ग किया है। सम्राट यदि उसकी कन्या के अन्न-वस्त्र का ठिकाना कर दें तो यह बूढ़ा यशोधवल निश्चिन्त हो जाए। साम्राज्य में अभी अस्त्र-शस्त्र की पूछ है, वृद्ध की भुजाओं में अभी बल है, खड्गधारण करने की क्षमता है, उससे वह अपना पेट भर लेगा, उसे अन्न का अभाव न होगा। वृद्ध मृगमांस से भी अपना शरीर रख सकता है। पर महाराज! इस कोमल बालिका से पशुमांस नहीं खाया जाता। इसके लिए गेहूँ भीख माँगा, अन्नाभाव से दुर्गस्वामिनी का कंगन बेचा। कई पुराने सेवक मेरी यह दशा सुन भीख माँग-माँगकर कुछ धन इकट्ठा कर लाए। उसी धन से मैंने कंगन छुड़ाया और किसी प्रकार पाटलिपुत्र आया। महाराजाधिराज! लतिका प्रासाद में दासी होकर पड़ी रहेगी, उसे मुट्ठी भर अन्न मिल जाया करेगा, उससे हिरन का मांस नहीं खाया जाता। यशोधवल से अब इस बुढ़ापे में भीख नहीं माँगी जाती। मालव गया, बंग गया, पुत्रहीन यशोधवल के पास अब ऐसा कोई नहीं है जो पहाड़ी गाँवों में जाकर षष्ठांश ले आए या दुर्द्धर्ष पहाड़ी जातियों को रोके। महाराज! धवलवंश लुप्त हो गया, यशोधवल सचमुच मर गया, रोहिताश्वगढ़ इस समय खाली पड़ा है। मैं अब यशोधवल नहीं हूँ, यशोधवल का प्रेत हूँ, एक मुट्ठी अन्न के लिए तरस रहा हूँ। मैं अब दुर्गस्वामी होने योग्य नहीं रहा।" दूर पर वीरेन्द्रसिंह यशोधवलदेव की पौत्री को लिये खड़ा था। यशोधवल ने उसे पास आने का संकेत किया। उसके आने पर वृद्ध ने कहा, "लतिका! महाराजाधिराज को प्रणाम करो।" बालिका ने प्रणाम किया। वीरेन्द्रसिंह ने भी सैनिक प्रथा के अनुसार अभिवादन किया। वृद्ध यशोधवल फिर कहने लगे–

"महाराजाधिराज! यह लड़की कीर्तिधवल की कन्या है। इसका पिता बंगयुद्ध में मारा गया, माता भी छोड़कर चल बसी। अब मैं इसे पेट भर अन्न तक नहीं दे सकता। सम्राट अब इसका भार अपने ऊपर लें। सनातन से मृत सैनिकों के पुत्र-कलत्र का पालन

राजकोष से होता आया है। इसी आसरे पर इस मातृ-पितृविहीन बालिका के लिए मुट्ठीभर अन्न की भिक्षा माँगने आया हूँ।''

अश्रुधारा से सम्राट का शीर्ण गंडस्थल भीग रहा था। यशोधवल की बात पूरी होने के पहले ही वे सिंहासन छोड़ उठ खड़े हुए और बोले, ''यशोधवल– बाल्यसखा''–उनका गला भर आया, आगे और कोई शब्द न निकला। वे काठ की तरह सिंहासन पर बैठ गए। सभामंडप में सन्नाटा छा गया था। सब-के-सब चुपचाप खड़े थे। नारायणशर्म्मा ने वेदी के सामने जाकर कहा, ''महाराज! अब आज और कोई काम असम्भव है। आज्ञा हो तो विचारप्रार्थी नागरिक अपने-अपने घर जाएँ।'' सम्राट ने सिर हिलाकर अपनी सम्मति प्रकट की। यशोधवलदेव कुछ और कहना चाहते थे कि हृषीकेशशर्म्मा आकर उन्हें वेदो के एक किनारे ले गए। धीरे-धीरे सभामंडप खाली हो गया। राजकर्मचारी अब तक ठहरे थे। प्रथा यह थी कि सभा विसर्जित होने पर मन्त्रणासभा बैठती थी जिसमें केवल प्रधान-प्रधान राजकर्मचारी रहते थे। हृषीकेशशर्म्मा ने पुकारकर कहा, ''आज महाराजाधिराज अस्वस्थ हैं, इससे मन्त्रणासभा नहीं हो सकती।'' सम्राट ने यह सुनकर कहा, ''आज तो मन्त्रणासभा बहुत ही आवश्यक है। सन्ध्या हो जाने के पीछे समुद्रगृह[1] में मंत्रणासभा का अधिवेशन होगा। बहुत ही आवश्यक कार्य्य है, जो कर्मचारी यहाँ उपस्थित नहीं हैं, उनके पास भी दूत भेजे जाएँ।''

रामगुप्त यशोधवलदेव को अपने घर ले जाने की चेष्टा कर रहे थे। यशोधवलदेव उनका आतिथ्य स्वीकार करके सम्राट के पास विदा माँगने गए। सम्राट ने कहा, ''यशोधवल! मेरी भी यही कुछ इच्छा है। तुम मेरे साथ आओ, आज तुम साम्राज्य के अतिथि हो।''

सम्राट, यशोधवलदेव और शशांक सभास्थल से उठे।

चौदहवाँ परिच्छेद
चित्रा का अधिकार

प्रासाद से लगा हुआ गंगा के तीर पर एक छोटा-सा उद्यान है। सेवायत्न के बिना प्रासाद के प्रांगण और उद्यान जंगल-सा हो रहा है। पर यह छोटा उद्यान अच्छी दशा में है, इनमें झाड़-झंखाड़ नहीं है, सुन्दर-सुन्दर फूलों के पौधे ही लगे हैं। फुलवारी के चारों ओर जो घेरा है, उस पर अनेक प्रकार की लताएँ घनी होकर फैली हैं जिनमें से कुछ तो रंग-बिरंगे फूलों से गुछी हैं, कुछ स्निग्धश्यामल दलों के भार से झुकी पड़ती हैं। इस चौखूँटी पुष्पवाटिका के बीचोबीच श्वेतमर्मर का एक चबूतरा है जिसके चारों ओर रंग-बिरंगे फूलों से लदे हुए पौधों की कई पंक्तियाँ हैं। सूर्योदय के पूर्व का मन्द समीर गंगा के जलकणों से शीतल होकर पेड़ों की पत्तियाँ धीरे-धीरे हिला रहा है। इधर-उधर पेड़ों के नीचे फूल झड़ रहे हैं। अन्धकार अभी पूर्ण रूप से नहीं हटा है, उषा के आलोक के भय से प्रासाद

1. समुद्रगृह = प्रासाद के एक भाग का नाम।

के कोनों में और घने पेड़ों की छाया के नीचे छिपा बैठा है। जब तक मार्त्तंड के करोड़ों ज्वलन्त किरणबाणों की वर्षा न होगी तब तक वह वहाँ से न हटेगा।

पुष्पवाटिका का द्वार खुला जिससे उसके ऊपर छाई हुई माधवीलता एकबारगी हिल गई। एक बालिका फुलवारी में आई। उसके भौंरे के समान काले केश मन्द समीर के झोंकों से लहरा रहे थे। उसने देखा कि फुलवारी में कोई नहीं है। इतने में एक और बालिका हँसती-हँसती वहाँ आ पहुँची और चिल्लाकर कहने लगी, "युवराज! चोर पकड़ लिया।" पहली बालिका भागने का यत्न करने लगी, किन्तु दूसरी बालिका ने उसे पकड़े रखा। हँसते-हँसते शशांक और माधवगुप्त वहाँ आ पहुँचे। शशांक ने पहले आई हुई बालिका से पूछा, "चित्रा! तू भागी क्यों?" चित्रा ने कुछ उत्तर न दिया। दूसरी बालिका ने कहा, "चित्रा रूठ गई है।"

शशांक–क्यों?

दू. बालिका–तुमने मुझे फूल तोड़कर देने को कहा इसीलिए।

शशांक हँस पड़े। चित्रा का मुँह लज्जा और क्रोध से लाल हो गया। दूसरी बालिका उसका क्रोध देख सकुचा गई और माधव को पुकारकर कहने लगी, "चलो कुमार, हम लोग फूल तोड़ने चलें।" दोनों फुलवारी में जाकर अदृश्य हो गए। शशांक बोले, "चित्रा! तुम रूठ क्यों गईं?"

चित्रा कुछ न बोली, मुँह फेरकर खड़ी हो गई। युवराज ने जाकर उसका हाथ थामा, उसने झटक दिया। शशांक ने फिर उसका हाथ अपने हाथ में लेकर कहा, "क्या हुआ, बोलती क्यों नहीं?" चित्रा मुँह दूसरी ओर करके रोने लगी। धीरे-धीरे किसी प्रकार शशांक ने उसे मनाया। उसने अन्त में कह दिया कि लतिका को फूल तोड़कर देने को कहते थे, इसी से मुझे बुरा लगा। शशांक ने कहा, "लतिका चार दिन के लिए हमारे घर आई है। माँ ने उसके साथ खेलने के लिए मुझसे कहा है। यदि मैं न खेलूँगा तो वे चिढ़ेंगी।" चित्रा की आकृति कुछ गम्भीर हो गई। वह बोली "तुम उसे फूल तोड़कर क्यों दोगे?" इस 'क्यों' का क्या उत्तर था? शशांक ने उसे बहुत तरह से समझाया, पर बात उसके गले के नीचे न उतरी।

कुमार ने कोई उपाय न देख कहा, "अच्छा, तो मैं फूल तोड़कर तुम्हीं को दूँगा। लतिका को न दूँगा।" चित्रा के जी में जी आया।

फुलवारी में जितने फूल खिले थे, बालक-बालिका उन्हें तोड़-तोड़कर चबूतरे पर रखने लगे। शशांक फूल तोड़-तोड़कर चित्रा की झोली में डालते जाते थे और माधव लतिका को देते जाते थे। इतने में फुलवारी के द्वार पर से न जाने कौन बोल उठा, "अरे! कुमार यह हैं। इधर आओ, इधर।" कुमार ने पूछा, "कौन है?" उस व्यक्ति ने कहा, "प्रभो! मैं हूँ अनन्त। नरसिंह आपको ढूँढ़ रहे हैं।" दो बालक वाटिका का द्वार खोल भीतर आए। इनमें से एक को तो पाठक जानते ही हैं। वह चरणाद्रि के गढ़पति यज्ञवर्म्मा का पुत्र है। दूसरा बालक चित्रा का बड़ा भाई नरसिंहदत्त है। नरसिंह ने पूछा, "कुमार! यहाँ क्या हो रहा है?" शशांक ने हँसकर उत्तर दिया, "तुम्हारी बहिन की नौकरी बजा

रहा हूँ। रोहिताश्वगढ़ से लतिका आई है। उसे फूल तोड़कर देने जाता था, इस पर यह बहुत रूठ गई। लतिका का संगी माधव है।" कुमार की बात सुनकर अनन्त और नरसिंह जोर से हँस पड़े। चित्रा ने लजाकर सिर नीचा कर लिया। नरसिंह ने कहा, "चित्रा, कुमार बड़े होंगे, दस बिबाह करेंगे, तब तू क्या करेगी?" बालिका मुँह फेरकर बोली, "मैं नहीं करने दूँगी।" सब-के-सब फिर हँस पड़े।

नरसिंह ने फिर कहा, "फुलवारी में तो अब एक फूल न रहा; जान पड़ता है, डाल-पत्ते भी न रह जाएँगे। दिन इतना चढ़ आया, नदी पर कब चलेंगे? तीन-चार घड़ी से कम में तो नहाना होगा नहीं। महादेवी के यहाँ से दो-दो, तीन-तीन आदमी आ-आकर जब लौट जाएँगे, तब जाकर कहीं खाने-पीने की सुध होगी।" उसकी बात पर सब हँस पड़े। कुमार बोले, "नरसिंह, हम लोगों की मंडली में तुम सबसे चतुर निकल पड़े।" उनकी बात पूरी भी न हो पाई थी कि एक दासी उद्यान में आई और कुमार को प्रणाम करके बोली, "महादेवीजी आप लोगों को स्नान करने के लिए कह रही हैं।" उसकी बात सुनकर नरसिंह हँसा और कहने लगा, "देखिए! मैं झूठ कहता था?" सब लोग फुलवारी से निकलकर प्रासाद के भीतर गए। आँगन के किनारे एक लम्बे डील के वृद्ध टहल रहे थे। लतिका ने उन्हें देखते ही झट उनका हाथ जा पकड़ा। उसके पीछे शशांक और माधव ने भी पास जाकर उन्हें प्रणाम किया। और लोग कुछ दूर खड़े रहे। लम्बे डील के वृद्ध रोहिताश्व के गढ़पति यशोधवलदेव थे। यशोधवल ने शशांक के भूरे-भूरे बालों पर हाथ फेरते हुए पूछा, "युवराज! ये लोग कौन हैं?" शशांक ने हाथ हिलाकर नरसिंह, अनन्त और चित्रा को बुलाया। उन लोगों ने भी पास आकर वृद्ध को प्रणाम किया। शशांक ने उनका परिचय दिया। वृद्ध अनन्त और चित्रा को गोद में लेकर न जाने क्या-क्या सोचने लगे।

वृद्ध सोच रहे थे कि साम्राज्य का अभिजातवर्ग, बड़े-बड़े उच्च वंशों के लोग आश्रय के अभाव में राजधानी में आकर पड़े हैं। साम्राज्य में इस समय सब भिखारी हो रहे हैं, भीख देनेवाला कोई नहीं है। वृद्ध सम्राट ही सबके आश्रय हो रहे हैं। पर वे भी अब बुड्ढे हुए। उनके दोनों पुत्र अभी छोटे हैं, राज्य की रक्षा करने में असमर्थ हैं। चारों ओर प्रबल शत्रु घात लगाए वृद्ध सम्राट की मृत्यु का आसरा देख रहे हैं। क्या उपाय हो सकता है? दासी दूर खड़ी गढ़पति को चिन्तामग्न देख बोली, "प्रभो! दिन बहुत चढ़ आया है; महादेवीजी कुमारों को स्नान करने के लिए कह रही हैं।" वृद्ध ने झट अनन्त और चित्रा को गोद से नीचे उतार दिया। सब लड़के प्रणाम करके प्रासाद के भीतर चले गए। वृद्ध फिर चिन्ता में डूबे।

वे सोचने लगे, 'मैं भी अपनी पौत्री का कुछ ठीक-ठिकाना लगाने के लिए सम्राट के पास आया हूँ। पर यहाँ आकर देखता हूँ कि सबकी दशा एक सी हो रही है। राजकार्य्य की सारी व्यवस्था बिगड़ गई है। सम्राट बुड्ढे हो गए, अधिक परिश्रम कर नहीं सकते। बाहरी शत्रुओं का खटका उन्हें बराबर लगा रहता है। थोड़ी-थोड़ी बातों से वे घबरा उठते हैं। दोनों कुमार भी अभी राजकाज चलाने के लिए योग्य नहीं हुए हैं।

हृषीकेशशर्म्मा और नारायणशर्म्मा ही सारा भार अपने ऊपर उठाए हुए हैं, पर वे भी अब बहुत वृद्ध हो गए हैं। अब उनके परिश्रम करने के दिन नहीं रहे। क्या किया जाए?'

चिन्ता करते-करते वृद्ध का चेहरा एकबारगी दमक उठा। उन्होंने मन-ही-मन स्थिर किया, 'मैं स्वयं राज्य के मंगल के लिए अपना जीवन उत्सर्ग करूँगा। कीर्तिधवल ने साम्राज्य के लिए रणक्षेत्र में अपने प्राण दे दिए, मैं भी अपना शेष जीवन कर्मक्षेत्र में ही बिताऊँगा। जापिल[1] के महानायक सदा से साम्राज्य की सेवा में तन-मन देते आए हैं। उनका अन्तिम वंशधर होकर मैं भी उन्हीं का अनुसरण करूँगा।'

वृद्ध इस प्रकार दृढ़ संकल्प करके कर्मक्षेत्र में आने के लिए आतुर हो उठे। उन्होंने पुकारा, "कोई है?" अलिंद के एक कोने से एक प्रतिहार प्रणाम करके सामने आ खड़ा हुआ। यशोधवलदेव ने उससे पूछा, "सम्राट इस समय कहाँ हैं? मैं अभी उनसे मिलना चाहता हूँ।" प्रतिहार ने कहा, "महाराजाधिराज गंगाद्वार की ओर गए हैं।" यशोधवलदेव ने कहा, "अच्छा, उन्हें संवाद दे दो।" प्रतिहार अभिवादन करके चला गया।

पन्द्रहवाँ परिच्छेद
राजनीति

गंगाद्वार के बाहर घाट की एक चौड़ी सीढ़ी पर सम्राट बैठे हैं। उनके सामने यहाँ से वहाँ तक बालू का मैदान है। दूर पर जाह्नवी की धारा क्षीण रेखा के समान दिखाई पड़ रही है। सम्राट घाट पर बैठे-बैठे बालक-बालिकाओं की जलक्रीड़ा देख रहे हैं। एक प्रतिहार आया और अभिवादन करके बोला, "महानायक यशोधवलदेव इसी समय महाराज के पास आना चाहते हैं।" सम्राट ने कहा, "अच्छा, उन्हें यहीं ले आओ।"

प्रतिहार अभिवादन करके चला गया और थोड़ी देर में यशोधवल को लेकर लौट आया। सम्राट ने हँसते-हँसते पूछा, "कहो भाई यशोधवल! क्या हुआ?" वृद्ध प्रणाम कर ही रहे थे कि सम्राट ने उनका हाथ पकड़कर बैठा लिया। यशोधवल सम्राट के सामने बैठ गए और हाथ जोड़कर बोले, "महाराजाधिराज! मेरे न रहने पर लतिका के लिए कहीं ठिकाना न रहेगा, यही समझकर मुट्ठी भर अन्न माँगने मैं महाराज की सेवा में आया था। किन्तु यहाँ आकर देखता हूँ कि उच्च वंश के जितने लोग हैं, प्रायः सब-के-सब भिखारी हो रहे हैं। उनके अनाथ बाल-बच्चों के आश्रय महाराज ही हो रहे हैं। किन्तु आपके बाल भी अब सफेद हुए, आपके दिन भी अब पूरे हो रहे हैं। आपके न रहने पर साम्राज्य और प्रजा वर्ग की क्या दशा होगी, यह सोचकर मैं अधीर हो रहा हूँ। इस समय लतिका की सारी बातें मैं भूल गया हूँ। दोनों कुमार अभी बाल्यावस्था के पार नहीं हुए हैं, उन्हें राजकाज सीखते अभी बहुत दिन लगेंगे। हृषीकेशशर्म्मा और नारायणशर्म्मा भी बूढ़े हुए, अब अधिक परिश्रम करने के दिन उनके नहीं रहे। नए कर्मचारियों को अपने

---

1. रोहिताश्वगढ़ के पास का एक ग्राम। इसे आजकल जपला कहते हैं। यशोधवलदेव के पूर्वज इसी ग्राम के थे।

मन से कुछ करने-धरने का साहस नहीं होता, एक-एक बात वे महाराज से कहाँ तक पूछें! इस प्रकार आपके रहते ही राज्य के सब कार्य्य अव्यवस्थित हो रहे हैं। चरणाद्रिगढ़ साम्राज्य का सिंहद्वार था। शार्दूलवर्म्मा के पुत्र महावीर यज्ञवर्म्मा वहाँ से भगा दिए गए। सम्राट को इसका संवाद तक न मिला। मंडलादुर्ग अंग और बंग की सीमा पर है। सदा से मंडलाधीश साम्राज्य के प्रधान अमात्य रहते आए हैं। तक्षदत्त का वह दुर्ग भी अब दूसरों के अधिकार में है। उनकी कन्या और पुत्र के लिए पेट पालने का भी ठिकाना अब नहीं है। महाराजाधिराज! इससे बढ़कर क्षोभ की बात और क्या हो सकती है?

"आपके रहते ही पाटलिपुत्र नगर की क्या अवस्था हो रही है, आप देख ही रहे हैं। तोरणों पर के फाटक निकल गए हैं। नगरप्राकार स्थान-स्थान पर गिर रहा है, उसका संस्कार तक नहीं होता। प्रासाद का पत्थर जड़ा विस्तृत आँगन घास-फूस से ढक रहा है। कोष में अब तक धन की कमी नहीं है, प्रासाद में कर्मचारियों की भी कमी नहीं है, पर कोई काम ठीक-ठीक नहीं होता। क्यों नहीं होता, आप इसे नहीं देखते। चारों ओर शत्रु साम्राज्य के ध्वंसावशेष पर गिद्ध की तरह दृष्टि लगाए हुए हैं। साम्राज्य के अन्तर्गत होने पर भी बंगदेश पर कोई अधिकार नहीं रहा है। देवी महासेनगुप्ता जब तक जीवित हैं, तभी तक वाराणसी और चरणाद्रि भी प्रकाशय रूप में थानेश्वर राज्य में मिलने से बचे हुए हैं। यह सब आप अच्छी तरह जानते थे। आज यदि महादेवी न रहें अथवा प्रभाकर उनकी बात न मानें तो इच्छा रहते भी थोड़ी-बहुत सेना और शक्ति रहते भी साम्राज्य की रक्षा नहीं हो सकती। राजधानी में भी कोई रुकावट नहीं हो सकती, वह अनायास शत्रु के हाथ में पड़ सकती है।"

यशोधवल चुप हुए। वृद्ध सम्राट धीरे-धीरे बोले, "मैं क्या करूँ? मैं वृद्ध हूँ, शशांक बालक है। दैवज्ञ कह चुके हैं कि शशांक के राज्यकाल में ही साम्राज्य नष्ट होगा।" सम्राट की बात सुनकर वृद्ध यशोधवल गरजकर बोले, "ऐसी बात आपके मुँह से नहीं सोहती। आप क्या पागलों और धूर्तों की बात में आकर साम्राज्य नष्ट होने देंगे? दैवज्ञ न जाने क्या-क्या कहा करते हैं! उनकी बातों पर ध्यान देने लगें तो संसार का सब काम-धन्धा छोड़ वानपस्थ लेकर बैठ रहें। कुमार बालक होने पर भी बुद्धिमान्, साहसी और अस्त्रविद्या में निपुण हैं, पर आपने अपनी यथोचित शिक्षा का कोई प्रबन्ध नहीं किया है। साम्राज्य चलाने के लिए शौर्य और पराक्रम की अपेक्षा कूटनीति की अधिक आवश्यकता होती है। लगातर बहुत दिनों तक राज्य-परिचालन का क्रम देखते-देखते अभ्यास होता है, आप स्वयं जानते हैं। आप ही को राजकार्य्य की शिक्षा किस प्रकार मिली है? वंश में समय-समय पर अद्‌भुतकर्म्मा प्रतापी बालक उत्पन्न होते हैं, उन्हीं को लेकर इतिहास की रचना होती है। चौदह वर्ष के समुद्रगुप्त ने उत्तरापथ के राजन्यसमुद्र को मथकर अश्वमेध का अनुष्ठान किया था। पन्द्रह वर्ष की अवस्था में ही स्कन्दगुप्त ने अस्त्र उठाकर हूणों की प्रबल धारा की पहली बाढ़ रोकी थी। इसी प्रकार चौदह वर्ष के शशांक नरेन्द्रगुप्त प्राचीन साम्राज्य का उद्धार न करेंगे, कौन कह सकता है? महाराजाधिराज! दुश्चिन्ता छोड़िए, अब भी उद्धार की आशा है। अब भी समय है, पर आगे न रह जाएगा।"

वृद्ध सम्राट ने धीरे से कहा, "तो क्या करूँ?"

यशोधवल ने धीरे-धीरे कहा, "आपको कुछ नहीं करना है। एक दिन यह सेवक महाराजाधिराज की आज्ञा से साम्राज्य के सब कार्य्य करता था। इन सूखे हुए हाथों में यद्यपि पहले का सा बल अब नहीं रहा है, किन्तु हृदय में अब तक बल है। महाराजाधिराज की आज्ञा हो तो यह दास राजकार्य्य का भार ग्रहण करने को प्रस्तुत है। कीर्तिधवल ने साम्राज्य के हित के लिए अपना शरीर लगा दिया। उसका वृद्ध पिता भी वही करना चाहता है। आया तो था लतिका के लिए अन्न का ठिकाना करने, पर आकर देखता हूँ कि अन्नदाता का घर भी बिगड़ा चाहता है। उसे कौन आश्रय देगा? हृषीकेशशर्म्मा और नारायणशर्म्मा अपने पद पर ज्यों का त्यों बने रहें। मैं आड़ में रहकर ही सम्राट की सेवा, जहाँ तक हो सके, करना चाहता हूँ।"

सम्राट सिर नीचा किए न जाने क्या-क्या सोच रहे थे। कुछ देर पीछे सिर उठाकर उन्होंने कहा, "यशोधवल! सच कहो, राजकार्य्य का भार तुम अपने ऊपर लोगे?"

यशोधवल–दास कभी महाराज के आगे झूठ बोल सकता है?

सम्राट–यशोधवल! रात-दिन की चिन्ता से इधर बहुत दिनों से मेरी आँख नहीं लगती। आगे क्या होगा, यही सोचकर मेरी दशा पागलों की सी हो रही है। तुम यदि कार्य्य-भार ग्रहण कर लो तो मैं सचमुच निश्चिन्त हो जाऊँ।

यशो.–मैं सच बातें देख रहा हूँ। भविष्यत् की चिन्ता महाराज को सदा व्याकुल किए रहती है, इसे बताने की आवश्यकता नहीं। भय के मारे कोई राजकर्मचारी महाराज के पास नहीं आता। काम बिगड़ता देखकर भी किसी को यह साहस नहीं होता कि महाराज के पास आकर कुछ पूछे और आज्ञा की प्रार्थना करे। हृषीकेशशर्म्मा भी जिनका राजकार्य्य में ही सारा जीवन बीता है, सामने आकर कुछ नहीं कह सकते। नागरिक बराबर कहते हैं कि स्थाण्वीश्वर के राजा के जाने के पीछे सम्राट के मुँह पर कभी हँसी नहीं दिखाई दी।

सम्राट–बात ठीक है। प्रभाकर का आना सुनते ही मेरा चित्त ठिकाने न रहा। प्रभाकर जितने दिनों तक नगर में रहा, मैं छाया के समान उसके पीछे लगा फिरता रहा, दास के समान उसकी सेवा करता रहा, भृत्य के समान उसका तिरस्कार सहता रहा। यशोधवल! मैं इस बात को भूल गया था कि मैं गुप्त साम्राज्य का अधीश्वर हूँ, मैं समुद्रगुप्त का वंशज हूँ और प्रभाकर मेरा भानजा है। बात-बात में उसके अनुचर मेरे राजकर्मचारियों का अपमान करते थे। एक साधारण झगड़ा लेकर उन्होंने हमारी सेना पर आक्रमण किया, नगर में घुसकर लूटपाट की, नागरिकों को मारा-पीटा, अन्त में जब असह्य हो गया तब नागरिकों ने भी उन पर धावा किया और उनके डेरे जला दिये। यशोधवल! क्या यही सब अपमान सहने के लिए वीर यज्ञवर्म्मा ने लौहित्या के तट पर मेरी प्राणरक्षा की थी?

यशो.–महाराज! मैं सब सुन चुका हूँ। नगर में आकर जो-जो बातें मैंने सुनीं, वे पहले कभी नहीं सुनी गई थीं। सब सुनकर ही मेरी आँखें खुली हैं। महाराजाधिराज! अब

आज्ञा दीजिए, मैं फिर राज्य का कार्य्य अपने ऊपर लूँ।

सम्राट—तुम राज्य का कार्य्य ग्रहण करो, इससे बढ़कर मेरे लिए कौन बात होगी? इसमें भी मेरी अनुमति पूछते हो? मैं अभी मन्त्रणासभा बुलाता हूँ।

यशो.—मन्त्रणासभा बुलाने की आवश्यकता नहीं। केवल हृषीकेशशर्म्मा और नारायणशर्म्मा के आ जाने से ही सब काम हो जाएगा।

सम्राट—अच्छी बात है। प्रतिहार!

प्रतिहार कुछ दूर पर खड़ा था। पुकार सुनते ही उसने आकर सिर झुकाया। सम्राट ने आज्ञा दी, "विनयसेन को बुला लाओ।" द्वारपाल अभिवादन करके चला गया। थोड़ी देर में विनयसेन आ पहुँचे। सम्राट ने कहा, "हृषीकेशशर्म्मा, नारायणशर्म्मा और हरिगुप्त से जाकर कह आओ कि दोपहर को प्रासाद में आवें।" विनयसेन अभिवादन करके चले गए। सम्राट और यशोधवलदेव प्रासाद में लौट गए।

सोलहवाँ परिच्छेद

मन्त्रगुप्ति

पाटलिपुत्र के प्राचीन राजप्रासाद के चारों ओर गहरी खाई थी। वह गंगा के जल से सदा भरी रहती थी। घोर ग्रीष्म के समय में भी खाई में जल रहता था। इस समय वर्षाकाल में खाई मुँह तक भरी हुई थी, पर और ऋतुओं में वह बहुत दूर तक जंगल से ढकी रहती थी। जिस नाली से होकर गंगा का पानी खाई में आता था, वह कभी साफ न होने के कारण बालू से पट गई है। जब वर्षाकाल में गंगा का जल बढ़ता है तब उस नाली से ऊपर होकर खाई में उलट पड़ता है। परिखा के ऊपर का प्राकार भी जगह-जगह से गिर गया है। प्रासाद के चारों ओर जो परकोटा था, वह पत्थर का था, पर नगर प्राकार काठ का था। मरम्मत न होने से नगर के चारों ओर की दीवार प्रायः टूट-फूट गई है। काठ के भारी-भारी पटरों के हट जाने से बीच की मिट्टी गिर-गिरकर खाई को भर रही है। दीवार के ऊपर पेड़-पौधों का जंगल लग रहा है। नगरवाले दिन को भी उधर जाने से डरते हैं।

जिस दिन सबेरे यशोधवल ने सम्राट के पास जाकर राजकार्य्य चलाने की इच्छा प्रकट की थी, उसी दिन सूर्योदय के पहले प्राचीन प्रासाद के प्राकार के ऊपर तीन भिक्खु बैठे बातचीत कर रहे थे। दूर पर एक और भिक्खु एक पेड़ के नीचे अँधेरे में खड़ा था। पेड़-पौधों के जंगल में बहुत से भिक्खु इधर-उधर छिपे हुए पहरे का काम करते थे। जो तीन भिक्खु बातचीत कर रहे थे, उनमें से दो तो हमारे पाठक जानते हैं, तीसरा व्यक्ति कपोतिक संघाराम का महास्थविर बुद्धघोष था। बन्धुगुप्त, शक्रसेन और बुद्धघोष उत्तरापथ के बौद्धसंघ के प्रधान नेता थे।

बुद्धघोष कह रहे थे, "भगवान् बुद्ध का नाम लेकर अब तक हम लोग बौद्धसंघ की उन्नति का प्रयत्न निर्विघ्न करते आए हैं। पर अब इतने दिनों पर फिर बाधा का

रंग-ढंग दिखाई देता है। यशोधवलदेव रोहिताश्वगढ़ छोड़कर पाटलिपुत्र आ रहे हैं, यह संवाद उनके आने के पहले ही हम लोगों को मिल जाना चाहिए था। करुषदेश[1] के संघस्थविर कान में तेल डाले बैठे हैं। वे संघ के इतने बड़े और प्रबल शत्रु का कुछ भी पता नहीं रखते।''

शक्र.–महास्थविर! इसमें करुषदेश के संघस्थविरों का उतना दोष नहीं है। पुत्र के मरने पर यशोधवल पागल हो गए थे और पागलों की तरह ही दुर्ग में अपने दिन काटते थे। अस्सी वर्ष के ऊपर का बुड्ढा फिर जवान होगा, इस बात का किसी को भरोसा न था; इसी से वे लोग निश्चिन्त हो बैठे थे।

बुद्ध.–वज्राचार्य! सैकड़ों वर्ष तक बौद्धसंघ की जो दुरवस्था रही, वह किसी प्रकार इधर दूर हुई। अब जब अच्छे दिनों का उदय दिखाई पड़ रहा है तब असावधान रहना मूर्खों का काम है। जिन लोगों पर विश्व का कल्याण अवलम्बित है उन लोगों के योग्य यह कार्य्य नहीं हुआ। करुषदेश के संघस्थविरों के अपराध का विचार तो पीछे होगा। अब इस समय जो विपत्ति सिर पर है, उससे उद्धार का उपाय निकालना है। यशोधवल आया है, राजसभा में बैठा है और इस समय सम्राट के पास ही प्रासाद में रहता है। यदि पहले से कुछ संवाद मिला होता तो इस बात को कोई न कोई उपाय किया गया होता कि वह सम्राट के यहाँ तक न पहुँचने पावे। यशोधवल कोई ऐसा-वैसा शत्रु नहीं है, यह तो आप लोग जानते ही हैं। किसी सामान्य बात के लिए पाटलिपुत्र नहीं आया है, इतना तो निश्चय समझिए और जब वह आ गया है तब वह साम्राज्य की ऐसी अव्यवस्था देख चुपचाप न बैठेगा, यह भी निश्चिन्त है। सम्राट और यशोधवल के बीच क्या-क्या परामर्श हुआ है, इसके जानने का भी हमारे पास कोई उपाय नहीं है। इस समय हम लोगों को बहुत ही सावधान रहना पड़ेगा, नहीं तो सर्वनाश हुआ समझिए। यशोधवल किस प्रकार नगर में आया, कुछ सुना है?

शक्र.–मैंने अपनी आँखों देखा है। शशांक को मारने के लिए मैं प्रासाद के चारों ओर फिर रहा था। उसे भय दिखाने के लिए मैं गंगाद्वार पर खड़ा होकर भविष्य सुना रहा था; इसी बीच में मैंने देखा कि एक छोटी सी नाव आकर घाट पर लगी। उस पर से एक वृद्ध और एक युवक उतरा। उसके निकट आते ही मैंने यशोधवल को पहचान लिया, पर उसने मुझे नहीं पहचाना। मैं विपद् देखकर एक पेड़ पर चढ़ गया और किसी प्रकार अपनी रक्षा कर सका।

बुद्ध.–उसके अनन्तर क्या-क्या हुआ, कुछ पता लिया?

बन्धु.–प्रासाद में नियुक्त गुप्तचरों ने संवाद दिया है। गंगाद्वार पर शशांक के साथ यशोधवल का परिचय हुआ। कुमार के साथ ही साथ वह गंगाद्वार से ही होकर सभामंडप में गया। यशोधवल अभी जीवित है, पहले तो सम्राट को इस बात पर विश्वास ही नहीं हुआ। जब यशोधवल ने सभामंडप में प्रवेश किया तब सम्राट स्वयं वेदी से नीचे उतर आए और उन्होंने उसे गले से लगा लिया। सभा में जाकर वृद्ध यशोधवल ने कहा कि

1. करुषदेश = वर्तमान आरा या शाहाबाद का जिला।

मैं अपनी पौत्री के लिए अन्न की भिक्षा माँगने आया हूँ।

बुद्ध.–ठीक है। सम्राट के साथ उसकी और क्या-क्या बातचीत हुई, कुछ सुना है?

शक्र–कुछ भी नहीं। वह सम्राट के साथ अन्तःपुर तक जाता है, पट्टमहादेवी के घर में भोजन करता है, इससे विष देने का भी कोई उपाय नहीं हो सकता। यशोधवल के आने पर एक बार मन्त्रणासभा हुई थी, पर वहाँ क्या-क्या हुआ, कोई कुछ भी नहीं कह सकता। उस समय स्वयं विनयसेन पहरे पर था।

बुद्ध.–प्रासाद में रहनेवाले गुप्तचरों की संख्या दूनी कर दो और आज से जिन भिक्खुओं पर पूरा विश्वास हो, उन्हें छोड़ और किसी को इस काम में मत लेना।

बन्धु.–अब आगे मन्त्रणा का क्या उपाय होगा? मैं देखता हूँ कि मुझे बंगदेश लौट जाना पड़ेगा।

बुद्ध.–क्यों?

बन्धु.–मैं ही यशोधवल के पुत्र की हत्या करनेवाला हूँ, इस बात का पता उसे बिना लगे न रहेगा। मन्दिर के भीतर निरस्त्र पाकर बकरे की तरह मैंने उसके पुत्र को काटा है। जहाँ यह बात उसने सुनी कि वह न जाने क्या-क्या कर डालेगा। यशोधवल कैसा विकट मनुष्य है, इसका ध्यान करो। उसकी प्रतिहिंसा अत्यन्त भयंकर है। महास्थविर! अब तो मैं पाटलिपुत्र में नहीं ठहर सकता। मैं बंगदेश की ओर जाता हूँ। वहाँ रहकर जो काम होगा, निश्चिन्त होकर कर सकूँगा।

बुद्ध.–संघस्थविर! क्या पागल हुए हो? भला इस विपत्ति के समय में तुम पाटलिपुत्र छोड़कर चले जाओगे? तुम अपने इस क्षणिक जीवन के लोभ में संघ का बना-बनाया काम बिगाड़ोगे? यह कभी हो नहीं सकता। यदि मरना ही है तो संघ के कार्य्य के लिए मरो। तुम्हारे पहले न जाने कितने महास्थविर, न जाने कितने भिक्खु संघ के लिए प्राण दे चुके हैं। उन्होंने संघ की सेवा में अपने प्राण दिये, तभी संघ का अस्तित्व अब तक बना हुआ है। पहले तो कभी मृत्यु के भय ने तुम्हें नहीं घेरा था, इस समय तुम इतने व्याकुल क्यों हो रहे हो?

बन्धु–महास्थविर! साधारण मृत्यु से तो बन्धुगुप्त कभी डरनेवाला नहीं, यह बात तो आप भी जानते हैं। पर यशोधवल के हाथ से जो मृत्यु होगी–बाप रे बाप!–वह अत्यन्त भीषण होगी, अत्यन्त यन्त्रणामय होगी। उसकी अपेक्षा तो हजार बार कुठार पर कंठ रखकर मरना अच्छा है। बंगदेश से मैं निश्चिन्त होकर संघ की सेवा कर सकूँगा। दूत और पत्र के द्वारा मन्त्रणा में योग देता रहूँगा।

बुद्ध.–ऐसा नहीं हो सकता; बन्धुगुप्त! यह बात मेरी समझ में नहीं आती। हाँ, यदि इस विपत्ति के समय में तुम संघ को छोड़ देना चाहते हो तो चले जाओ।

बन्धुगुप्त सिर नीचा किए बैठे रहे। फिर धीरे-धीरे बोले, "महास्थविर! आपका इसमें कोई दोष नहीं है। हम सब भाग्यचक्र में बँधे हैं। यह सब मेरे अदृष्ट का फल है। अच्छा, तो मैं न जाऊँगा।"

धीरे-धीरे पूर्व दिशा में ईंगुर की सी सलाई फैल चली। एक भिक्खु ने आकर कंठ

से एक प्रकार का शब्द निकाला और कहा, ''देव! अब इस स्थान पर ठहरना ठीक नहीं है। सूर्योदय के साथ ही रास्ते में लोग इधर-उधर चलने लगे हैं।''

तीन के तीनों उठ पड़े और तीन ओर को चले। चलते समय बुद्धघोष ने कहा, ''संघ स्थविर! घबराना नहीं। मैं स्वयं जाकर इसका प्रबन्ध करता हूँ कि यशोधवल तुम्हारे पास तक न पहुँच सके। अब से उस पुराने मन्दिर के भुइँहरे (भूगर्भस्थगृह) को छोड़ और कहीं मन्त्रणासभा न होगी।'' बुद्धघोष के चले जाने पर शक्रसेन ने हँसते-हँसते कहा, ''स्थविर! तुम तो भाग्यचक्र को कुछ नहीं समझते थे न?'' बन्धुगुप्त ने कोई उत्तर न दिया।

सत्रहवाँ परिच्छेद

तरला का संवाद

''तरला! तू कल कहाँ थी? मैं तेरे आसने में रात भर सोई नहीं, रात भर जँगले के पास बैठी रही। माँ ने पूछा, कह दिया, बड़ी उमस है। तू कल आई क्यों नहीं?''

जिसने यह बात पूछी, वह पूर्ण युवती थी, अवस्था बीस वर्ष से कुछ कम होगी। तपाए हुए सोने का सा रंग और गठीला शरीर था। सौ बात की एक बात यह कि वह असामान्य सुन्दरी थी, उसका सा रूप संसार में दुर्लभ समझिए। सूर्योदय से दो दंड पीछे तरला घर लौटकर आई। आते ही वह सीधे अपने प्रभु की कन्या के पास गई जिसने देखते ही यह कहना आरम्भ किया। तरला ने कुछ हँसकर उत्तर दिया, ''कल मैं अभिसार को गई थी। तुम्हारा दूतीपन करते-करते मैंने भी अपने लिए एक नवीन नागर ढूँढ़ लिया।''

''तेरे मुँह में आग लगे। पहले यह बता कि तू क्या कर आई।''

तरला—करूँगी और क्या? अपने मन का नवीन नागर मिलने पर जो सब करते हैं वही मैंने भी किया। रात भर कुंज में रहकर सबेरे आँख मलती-मलती घर आ रही हूँ। तुममें यही तो बुराई है कि सच-सच बात कहने से चिढ़ जाती हो। मैं दासी हूँ तो क्या मेरी रक्त-मांस की देह नहीं है? मेरे मन में उमंग नहीं है? भगवान् ने क्या प्रेम तुम्हीं लोगों के लिए बनाया है? रास्ते में कुँवर कन्हैया मिल गए, तब उनकी बात टाल कर कैसे चली आती? मेरा वयस् भी अभी कुछ अधिक नहीं है। बहुत हूँगी, तुमसे दो-एक बरस बड़ी हूँगी। अभी न मेरे दाँत टूटे हैं, न बाल पके हैं।

युवती—अरे! तू मर जा। यमराज के यहाँ जा। न जाने यमराज क्यों कहाँ भूले हुए हैं? यदि तुझे नागर ही मिल गया तो फिर लौटकर आई क्या करने? मुझे खबर देने? तरला, अब इधर-उधर की बात छोड़, ठीक-ठीक कह कि क्या कर आई। मुझसे अब विलम्ब नहीं सहा जाता।

तरला—तुम्हारे ही लिए तो मैं लौट आई। बहुत उतावली न करो। चलो, भीतर चलो।

युवती तरला के कन्धे पर हाथ रखे घर के भीतर गई। एक कोठरी में पहुँचकर

तरला ने उसके किवाड़ भीतर से बन्द कर लिए। युवती ने उसके गले में हाथ डालकर पूछा, "उनसे भेंट हुई?"

"हुई।"

युवती ने उसे हृदय से लगा लिया। तरला ने कहा, "क्या यही मेरा पुरस्कार है?" युवती ने उत्तर दिया, "और पुरस्कार तेरा नागर आकर देगा।"

"मेरा नहीं, तुम्हारा।"

"मेरा क्यों, तेरा; जिसके लिए तू अभिसासिका होकर गई थी।"

"अरे वह तो एक बुड्ढा बन्दर है। कल रात को उसके गले में रस्सी डाल आई हूँ; किसी दिन जाकर नचाऊँगी।"

"यह सब तो तेरी बात है। सच-सच बता, उनसे भेंट हुई थी?"

"सच नहीं तो क्या झूठ?"

युवती ने तरला का हाथ पकड़ उसे खिड़की के पास बैठाया और आप भी वहीं जा बैठी। तरला धीरे-धीरे गुनगुनाने लगी–

'जोगी बने पिय पन्थ निहारत भूलि गई चतुराई।'

युवती ने झुँझलाकर तरला के गाल पर एक चपत जमाई। तरला हँस पड़ी और बोली, "और मैं क्या बताऊँ?" युवती रूठ गई और मुँह फेरकर अलग जा बैठी। तरला मनाने लगी, "यूथिका देवी! इधर देखो। अच्छा लो, अब कहती हूँ।" युवती का मन चट पिघल गया। उसने तरला की ओर मुँह किया। तरला कहने लगी, "आज सचमुच उनसे भेंट हुई। पहले तो मैंने उनके पिता के पास जाकर कहा कि मेरी सेठानीजी ने सेठ वसुमित्र के पास कुछ रत्न परीक्षा के लिए भेजे थे, वे रत्न कहाँ हैं, आप कुछ बता सकते हैं? बुड्ढ़ा चकपका उठा और बोला कि मैं कुछ भी नहीं जानता; वसुमित्र तो मुझसे कुछ भी नहीं कह गया है। बुड्ढ़ा एक प्रकार से स्वभाव का अच्छा है, उसके मन में छल-कपट नहीं है। उसे मेरी बात पर विश्वास आ गया और उसने चट वसुमित्र का ठिकाना बता दिया। बुड्ढा मेरे साथ एक आदमी किए देता था। मैंने देखा, यह तो भारी विपत्ति लगी। किसी प्रकार बुड्ढे से अपना पल्ला छुड़ाकर मैं चली आई। पता तो जान ही चुकी थी; मैं चल पड़ी। नगर के बाहर एक पुराने विहार में वे रखे गए हैं। वे पूरे बन्दी तो नहीं हैं, पर किसी प्रकार भाग नहीं सकते। भिक्खु उन पर बराबर दृष्टि रखते हैं।

यूथिका–तूने उनसे कुछ कहा?

तरला–न जाने कितनी बातें कहीं। तुमने जो कुछ कहा था, वह तो मैंने कहा ही; उसके ऊपर और दस बातें अपनी ओर से बढ़ाकर कह आई हूँ। मैंने कहा, 'सेठजी! मैं सागरदत्त की कन्या यूथिका की दूती होकर तुम्हारे पास आई हूँ। तुम्हारे विरह में वह सूखती चली जा रही है, टहनी से टूटकर गिरना चाहती है।' और यह भी कहा कि यदि तुम उससे मिलना चाहते हो तो चैत की चाँदनी में वर के वेश में...

युवती आँखं निकालकर बोली, "फिर?"

तरला–देखो, तुम्हारा रसज्ञान दिन-दिन कम होता जा रहा है।

युवती—तरला! तेरे पैरों पड़ती हूँ, यह सब रहने दे। और क्या कहा, यह बता।

तरला—पहले जाते ही तो मैंने पूछा कि भैयाजी! क्या इसी प्रकार दिन काटोगे? उत्तर मिला, 'जान तो ऐसा ही पड़ता है।'

युवती के दोनों ओठ कुछ फरक उठे। तरला कहने लगी, "पहले तो मैंने उन्हें देखकर पहचाना ही नहीं। पहचानती कैसे? न वे काले भँवर से कुंचित केश हैं, न वह वेश है। जिन्हें मैं वसुमित्र कहा करती थी, उनका सिर मुँड़ा हुआ है; अनशन करते-करते चेहरा पीला पड़ गया है; शरीर काषाय वस्त्र से ढका है। नाम तक बदल गया है। अब वसुमित्र कहने से उनका पता नहीं लग सकता। अब उनका नाम है जिनानन्द।" युवती तरला की गोद में मुँह छिपाकर सिसक-सिसककर रोने लगी। तरला उसे समझा-बुझाकर फिर कहने लगी—

"तुम्हें जिस बात का डर था, वह बात नहीं है। वसुमित्र तुम्हारे साथ विवाह करना चाहते थे, इसलिए उनके पिता चारुमित्र ने उन्हें संसार से अलग नहीं किया है। चारुमित्र के मरने पर वसुमित्र ही उनकी अतुल सम्पत्ति के अधिकारी होते। इसलिए बौद्ध संन्यासियों ने उन्हें वसुमित्र को बौद्ध संन्यासी बना देने का उपदेश दिया। भिक्खु हो जाने पर फिर सम्पत्ति पर अधिकार नहीं रह जाता, सम्पत्ति बौद्ध संघ की हो जाती है। बौद्ध संघ की इसी सहायता के लिए ही चारुमित्र ने अपने एकमात्र पुत्र का बलिदान कर दिया है।"

यूथिका—तो अब उपाय?

तरला—उपाय वही भगवान् हैं। मठ से लौटती बार मैंने बड़ी विनती से भगवान् को पुकारा था। जान पड़ता है, भगवान् ने पुकार सुन ली और मार्ग से ही उन्होंने एक उपाय खड़ा कर दिया। मठ में बहुत-से दुष्ट भिक्खु हैं। उनमें से एक अधेड़ या बूढ़ा भिक्खु है। वहाँ से लौटते-लौटते दिन ढल गया और अँधेरा हो गया। मैं जल्दी-जल्दी बढ़ी चली आ रही थी। इतने में मुझे जान पड़ा कि कोई पीछे-पीछे आ रहा है। पहले तो मैं बहुत डरी। कई बार अँधेरे में छिप रही कि वह निकल जाए; पर उसने किसी प्रकार पीछा न छोड़ा। घड़ी भर तक मैं आँख-मिचौली खेलती रही। अन्त में मैंने उसका मुँह देख पाया। देखते ही शरीर में गुदगुदी लगी, मैंने अपने भाग्य को सराहा। मठ का वही बुड्ढा बन्दर मेरे पीछे लगा आ रहा था।

यूथिका—मुँहजला कहीं का!

तरला—तुम वसुमित्र के मुँह की ओर क्यों ताकती रह जाती थीं, क्यों तुम्हारी पलकें नहीं पड़ती थीं, अब जाकर मुझे समझ पड़ा है।

यूथिका ने कोई उत्तर न दिया, धीरे से तरला के गाल पर एक चपत जमाई। तरला कहने लगी, "तुम मेरी बात का विश्वास तो मानोगी नहीं, व्यर्थ क्यों अपने कुँवर कन्हैया का रूप-वर्णन करके सिर खपाऊँ! तुम्हारी ही बात कह सकती हूँ। मैं बाहर निकलकर नागर के साथ बातचीत की। प्रेम का पन्थ ही कुछ निराला है, तुम जानती ही हो। उस रसालाप का आनन्द मैं क्या करूँ? सेठ के बेटे के मुँह में मुँह डालकर किस आनन्द से

बातचीत करती थीं, है स्मरण? बस, उसी से समझ लो। ऐसी सुहावनी चाँदनी में नागर कहीं नागरी को छोड़ सकता है? अग्नि के अभाव में चन्द्र को साक्षी बनाकर हम दोनों ने गान्धर्व विवाह कर लिया...।"

यूथिका–चल, तू बड़ी दुष्ट है। तेरा यह सब रस-रंग मुझे इस समय नहीं सुहाता है। मेरे सिर की सौगन्ध, सच-सच कह, क्या हुआ?

तरला–कहती हूँ न, भला यह कौन सी बात है कि तुम मेरी प्रेमकथा न सुनो! यही न कि तुम्हारा यौवन मुझसे अभी कुछ नया है, इससे क्या हुआ?

यूथिका चिढ़कर उठना ही चाहती थी कि तरला ने उसका हाथ थामकर बैठाया और बोली, "सुनो, कहती हूँ, इतनी उतावली न करो। वह बुड्ढा भिक्खु सचमुच मेरे लिए पागल होकर मेरे पीछे लगा था। ज्योंही मैं ओट से निकलकर उसके सामने आई, वह मेरे पैरों पर लोट गया। मैं भी उसे बढ़ावा देकर स्वर्ग का स्वप्न दिखाने लगी। मैं वसुमित्र से कह आई हूँ कि जिस प्रकार से होगा, उस प्रकार से मैं तुम्हें छुड़ाऊँगी। रास्ते में सोचती आती थी कि कहने को तो मैंने कह दिया पर छुड़ाऊँगी किस उपाय से, इतने में भगवान् ने एक उपाय खड़ा कर दिया। उस बुढ्ढे से मैं कह आई हूँ कि कल फिर मिलूँगी। उसकी सहायता से मैं मठ के भीतर जाऊँगी और वसुमित्र को छुड़ाऊँगी। किस उपाय से छुड़ाऊँगी, यह अभी तक मैं नहीं स्थिर कर पाई हूँ। अब इस विषय में और कुछ बातचीत न करना। सेठानी जी पूछें तो कह देना कि तरला अपनी मौसी की लड़की के ब्याह में कहीं बाहर गई है, पाँच-सात दिन में आएगी। मेरी मौसेरी बहन का नाम यूथिका है।"

यूथिका–तेरे मुँह में लगे आग!

तरला–अब इस बार आग नहीं, घी-गुड़।

यही कह कर तरला हँसती-हँसती चली गई।

अठारहवाँ परिच्छेद
देशानन्द का अभिसार

तरला अपने सेठ के घर से निकलकर राजपथ पर आई और तीन दूकानों पर से उसने पुरुषों के व्यवहार योग्य वस्त्र, उत्तरीय, उष्णीश और एक जोड़ा जूता मोल लिया। इन सबको अपने वस्त्र के नीचे छिपाकर वह अपने घर की ओर गई। नगर के बाहर तरला की मासी की एक झोपड़ी थी, यही तरला का घर था। वह प्रायः रात को सेठ ही के घर रहती थी। बीच-बीच में कभी-कभी अपने प्रभु से आज्ञा लेकर दो-तीन दिन आकर मासी के घर भी रह जाती थी। मासी झगड़ालू थी, इससे वह अधिक दिन उसके यहाँ नहीं ठहरती थी। तरला की मासी में अनेक गुण थे। वह अन्धी, बहरी और झगड़ालू थी। घर में आकर उसने सब सामान एक कोठरी में छिपाकर रख दिया और खा-पीकर सो रही। तीसरे पहर उठकर वह बड़ी सावधानी से अपने कार्य्यसाधन के लिए चली। जाते समय वह अपनी मासी से कहती गई कि 'मैं सेठ से दो दिन की छुट्टी लेकर आई हूँ। बहुत

रात बीते घर लौटूँगी। साथ में अपनी एक सखी को भी लाऊँगी।'

घर से निकलकर वह नगर के दक्षिण की ओर चली। दिन ढल गया था, सन्ध्या हुआ ही चाहती थी। चलते हुए राजपथ को छोड़ तरला नगर के छोर पर पहुँची। उस दिन जिस रास्ते से होकर वह पुराने मठ से लौटी थी, वही रास्ता पकड़े धीरे-धीरे चली। कुछ दूर जाने पर उसने देखा कि मार्ग से थोड़ा हटकर एक बावली के किनारे ताड़ के पेड़ों की आड़ में खड़ा कोई मनुष्य चलनेवालों की ओर एकटक देख रहा है। उसे देखते ही तरला तालवन में घुसी और दबे पाँव धीरे-धीरे उसके पीछे पहुँच उसने अपने दोनों हाथों से उसकी आँखें ढाँप लीं। वह व्यक्ति तरला का हाथ टटोलकर हँस पड़ा और बोला, "तरला! मैं पहचान गया। ऐसा कोमल हाथ पाटलिपुत्र में और हो किसका सकता है?" तरला ने हँसकर हाथ हटा लिए और बोली, "बाबाजी! बावली के किनारे खड़े-खड़े तुम क्या करते थे?"

देशानन्द–तृषित चकोर के सामने तुम्हारे मुखचन्द्र का आसरा देखता था। अच्छा, अब चलो।

तरला–कहाँ चलोगे?

देशा.–कुंज में।

तरला–बाबाजी! तुम तो संन्यासी हो। तुम्हारा कुंज कहाँ है?

देशा.–क्यों, संघाराम में!

तरला–यह कैसी बात? संघाराम क्या कोई निर्जन स्थान है? अभी उस दिन मैंने कुछ नहीं तो पचीस मुंडी तो देखे होंगे? वे सब तुम्हें पकड़कर तुम्हारे सिर का सनीचर उतारने लगेंगे।

देशा.–संघाराम में निर्जन स्थान भी है। तुम चलो तो।

तरला–अच्छा, तुम आगे चलो।

देशानन्द आगे बढ़ा, तरला कुछ दूर पर उसके पीछे-पीछे चली। उस समय सन्ध्या हो गई थी। नगर के बाहर के राजपथ पर कोई आता-जाता नहीं दिखाई देता था। देशानन्द नित्य के अभ्यास के कारण अँधेरे में ही चलते-चलते उस पुराने मन्दिर के सामने पहुँच गया। वस्त्र के एक कोने से कुंजी निकालकर उसने ताला खोला और मन्दिर का किवाड़ खोलकर तरला से कहा, "भीतर आओ।" तरला बड़े संकट में पड़ी। उसने देखा कि सचमुच निर्जन स्थान है। वह सोचने लगी कि अब क्या करूँ? किस प्रकार अपना कार्य्य सिद्ध करूँ? अथवा कम-से-कम इसके हाथ से छुटकारा पाऊँ? देशानन्द उसे विलम्ब करते देख अधीर हो उठा और बोला, "भीतर निकल आओ, भीतर। बाहर खड़ी-खड़ी क्या करती हो? कहीं कोई देख लेगा तो...।" तरला कोई उपाय न देख सीढ़ी पर चढ़ी और चौखट पर जाकर बैठ गई। देशानन्द ने यह देख घबराकर कहा, "द्वार पर क्यों बैठ गई? झट से भीतर निकल आओ, मैं किवाड़ बन्द करूँगा।" तरला ने धीरे-धीरे कहा, "मुझे डर लगता है, दीया जलाओ।"

देशा.–दीया जलाने से सब लोग देखेंगे।

तरला—यहाँ है कौन जो देखेगा?

देशानन्द अँधेरे में दीया टटोलने लगा। तरला द्वार का कोना पकड़े बाहर खड़ी रही। इतने में कुछ दूर पर मनुष्य का कंठस्वर सुनाई पड़ा। तरला ने उसे सुनते ही धीरे से कहा, "बाबाजी, जल्दी आओ। देखो, किसी के बोलने का शब्द सुनाई पड़ रहा है।"

देशानन्द झट द्वार पर आया और सिर निकालकर झाँकने लगा। अँधेरे में दो मनुष्य मन्दिर की ओर आते दिखाई पड़े। देशानन्द ने और कुछ न कहकर तरला का हाथ पकड़कर उसे भीतर खींच लिया और उसे प्रतिमा के पीछे ले जाकर वहीं आप भी छिप रहा।

दोनों मनुष्य मन्दिर के द्वार पर आ पहुँचे। उनमें से एक बोला, "चक्रसेन! मन्दिर का द्वार तो खुला दिखाई पड़ता है।" दूसरे व्यक्ति ने सीढ़ी पर चढ़कर देखा और कहा, "हाँ, द्वार तो सचमुच खुला पड़ा है। बन्धुगुप्त! देशानन्द दिन पर दिन विक्षिप्त होता जाता है। अब तुरन्त किसी दूसरे को मन्दिर की रक्षा पर नियुक्त करो।"

दोनों ने मन्दिर के भीतर घुसकर किवाड़ बन्द कर लिए। बन्धुगुप्त ने दीयट पर से दीया उठाकर जलाया। दोनों आसन लेकर बैठ गए। प्रतिमा के पीछे अन्धकार रहने पर भी देशानन्द बेंत की तरह काँप रहा था। शक्रसेन ने पूछा, "संघस्थविर! तुम्हारा मुँह इतना सूखा हुआ क्यों है?"

बन्धुगुप्त—केवल यशोधवल के डर से।

शक्रसेन—यशोधवल से तुम इतना डरते क्यों हो?

बन्धु.—क्या तुम सारी बातें भूल गए? यशोधवल मर गया, यह समझकर मैं इतने दिन निश्चिन्त था।

शक्र.—पहले तो तुम मरने से इतना नहीं डरते थे!

बन्धु.—मरने से तो मैं अब भी नहीं डरता हूँ और किसी के हाथ से मरना हो तो कोई चिन्ता नहीं, पर यशोधवल का नाम सुनते ही मैं थर्रा उठता हूँ। जिस समय उसे सब बातों का ठीक-ठीक पता लगेगा, वह असह्य यन्त्रणा दे-देकर मेरी हत्या करेगा—बड़ी साँसत से मेरे प्राण निकलेंगे। एक-एक बोटी काट-काटकर वह मेरा तड़पना देखेगा। सोचते ही मेरे रोंगटे खड़े हो जाते हैं।

शक्र.—तुमने कीर्तिधवल को किस प्रकार मारा था?

बन्धु.—यह क्या तुम जानते नहीं; जो पूछते हो?

शक्र.—तुमने तो मुझसे कभी कहा नहीं।

बन्धु.—ठीक है, मैंने किसी से भी नहीं कहा है। अच्छा, सुनो, कहता हूँ।

बहुत देर तक चुप रहकर बन्धुगुप्त बोला, "न, वज्राचार्य! इस समय न कहूँगा। मुझे बहुत डर लग रहा है।" उसकी बात सुनकर शक्रसेन हँस पड़ा और बोला, "बन्धु! मैं देखता हूँ कि तुम्हारी बुद्धि लुप्त होती जा रही है। मन्दिर का द्वार बन्द है, मन्दिर के भीतर की बात बाहर सुनाई नहीं पड़ सकती, सामने दीपक जल रहा है। तुम अपनी आँख से देख रहे हो कि मन्दिर में हमें, तुम्हें और इस देवप्रतिमा को छोड़ और कहीं कोई

नहीं है। इतने पर भी तुम्हें इतना भय घेरे हुए है!"

बन्धु.–"ठीक है, मैं व्यर्थ डर रहा हूँ। कीर्तिधवल जिस समय बंगदेश में कर संग्रह करने गए थे, उस समय वहाँ के संघ पर बड़ी विपत्ति थी। धवलवंशवाले सब-के-सब बड़े ही नीतिकुशल और युद्ध-विद्याविशारद होते आए हैं। बार-बार पराजित होकर जब विद्रोही प्रजा ने सन्धि की प्रार्थना की तब उसने बिना किसी प्रकार का दंड दिये उसे छोड़ दिया जिससे सब लोग उसके वश में हो गए। मैं उस समय बंगदेश में ही था। लाख चेष्टा करने पर भी मैं सद्धर्मियों (बौद्धों) को कीर्तिधवल के विरुद्ध न भड़का सका। उस समय मैंने विचारा कि यशोधवल के पुत्र के वध के अतिरिक्त संघ की कार्य्यसिद्धि का और कोई उपाय नहीं है। बंगदेश का कोई मनुष्य उस पर हाथ छोड़ने को तैयार न हुआ। वह भी सदा रक्षकों से घिरा हुआ रहता था, उससे मुझे भी दाँव न मिलता था। बहुत दिनों पीछे मुझे पता लगा कि वह नित्य सन्ध्या को तारादेवी के मन्दिर में दर्शन करने जाता है। तब से मैं बराबर सन्ध्या को उसके पीछे-पीछे जाता, पर उस पर आक्रमण न कर सकता। एक दिन देवयात्रा के समय सद्धर्मियों और ब्राह्मणों के बीच झगड़ा हुआ। उसी हुल्लड़ में मैंने दूर से छिपकर उस पर बाण चलाया। वह गिर पड़ा। उस भीड़-भाड़ में किसी ने मुझको या उसको न देखा। वह तारा मन्दिर के सामने अचेत पड़ा था। अँधेरे में जब उसके अनुचर उसे चारों ओर ढूँढ़ रहे थे, तब मैंने उसके पास जाकर देखा कि वह जीता है, और चोट ऐसी नहीं है कि वह मर जाए। मैंने झट देवी के हाथ का खंग लेकर उसके हाथ और पैर की नस काट दी। असह्य पीड़ा से वह छटपटाने लगा। घोर यन्त्रणा और रक्तस्राव से व्याकुल होकर वह क्षीण कंठ से बार-बार जल माँगने लगा। उसका रुधिर देख-देखकर मैं आनन्द से उन्मत्त हो रहा था। उसकी बात पर मैंने कुछ भी ध्यान न दिया। इस प्रकार एक महाशत्रु का मैंने वध किया।"

इस भीषण हत्या की बात सुनकर तरला प्रतिमा के पीछे बैठी-बैठी काँप उठी। बहुत दूर तक चुप रहकर शक्रसेन ने कहा, "बन्धुगुप्त! तुम मनुष्य नहीं, राक्षस हो। किसने बौद्धसंघ में लेकर तुम्हें धर्म्म की दीक्षा दी?"

बन्धु.–वज्राचार्य! अब उस बात को मुँह पर न लाओ। बहुत दिनों तक मैं बराबर यही स्वप्न देखता कि तारा मन्दिर के सामने पड़ा वह बालक मृत्युयन्त्रणा से तड़प और चिल्ला रहा है और मैं रक्त देख-देखकर नाच रहा हूँ। पर जब से सुना है कि यशोधवल फिर आया है, तब से इधर नित्य रात को देखता हूँ कि मैं इसी मन्दिर पर पड़ा मृत्यु की घोर यन्त्रणा से छटपटा रहा हूँ और रक्त से डूबी तलवार हाथ में लिए यशोधवल आनन्द से नाच रहा है।

आधे दंड तक तो दोनों चुपचाप रहे, फिर बन्धुगुप्त बोला, "वज्राचार्य! चलो, संघाराम लौट चलें, मन्दिर का यह सन्नाटा देख मेरा जी दहल रहा है।" दीया बुझाकर दोनों मन्दिर के बाहर निकले।

प्रतिमा की ओट में देशानन्द अब तक थरथर काँप रहा था। बन्धुगुप्त और

शक्रसेन के चले जाने पर तरला बोली। "बाबाजी! अब बाहर निकलो।" हाथ पर सिर पटककर देशानन्द बोला, "तरला, अब प्राण बचता नहीं दिखाई देता, तुम्हारे प्रेम में मेरे प्राण गए।"

तरला–तो क्या यहीं बैठे-बैठे प्राण दोगे?

देशानन्द हताश होकर बोला, "चलो, चलता हूँ।" दोनों मन्दिर के बाहर आ खड़े हुए। तरला ने देखा कि बुड्ढा बेतरहा डरा हुआ है। उसे ढाँढस बँधाने के लिए उसने कहा, "तुम इतना डरते क्यों हो? ये सब तुम्हारा कुछ भी नहीं कर सकते। तुम यहाँ से भाग चलो। तुम्हें मैं ऐसे स्थान में ले जाकर छिपाऊँगी जहाँ ये जन्म भर ढूँढ़ते मर जाएँ तो भी न पा सकें।" देशानन्द का जी कुछ ठिकाने आया। वह अधीर होकर कहने लगा, "तब फिर यहाँ ठहरने का अब काम नहीं, चलो, भागें।" तरला ने कहा, "घबराओ न, मेरा थोड़ा-सा काम है, उसे करती चलूँ।"

देशा.–तुम्हारा अब कौन-सा काम है?

तरला–जिनानन्द से एक बार मिलकर कुछ कहना है।

देशा.–जिनानन्द तो इस समय संघाराम में बन्द होगा। वहाँ तुम्हारा जाना ठीक न होगा। यहीं रहो, मैं अभी उसे बुलाए लाता हूँ।

देशानन्द गया, तरला ने मन-ही-मन सोचा–चलो, अच्छा हुआ। वह मन्दिर की ओट में अँधेरा देख छिप रही। थोड़ी ही देर में जिनानन्द को लिए देशानन्द आ पहुँचा और तरला से बोला, "जो कुछ काम हो, जल्दी निबटा लो। जिनानन्द देर तक बाहर रहेगा तो भिक्खुओं को सन्देह होगा।"

तरला–बाबाजी, तुम थोड़ा मन्दिर के भीतर ही रहो। कुछ गुप्त बात है।

देशानन्द मन्दिर के भीतर गया। तरला ने किवाड़ बन्द कर दिये और जिनानन्द से कहा, "भैयाजी! मुझे पहचाना? मैं वही तरला हूँ। तुम्हें छुड़ा ले चलने के लिए आई हूँ। अब और कोई बात न पूछो। चुपचाप जो-जो मैं कहती हूँ, करते चलो।"

जिनानन्द, तरला का मुँह ताकता रह गया। तरला ने मन्दिर के द्वार पर जाकर धीरे से पुकारा, "बाबाजी!" उत्तर मिला, "क्या है?"

"अपने वस्त्र बाहर निकाल दो, मैं उन्हें पहनूँगी। यदि तुम भिक्खु के वेश में रात को बाहर निकलोगे तो लोग तुम्हें पहचान जाएँगे।"

देशानन्द ने एक-एक करके सब वस्त्र मन्दिर के बाहर फेंक दिए। तरला ने जिनानन्द अथवा वसुमित्र से वेश बदल डालने के लिए कहा। वसुमित्र ने देशानन्द के वस्त्र पहन लिए और अपने वस्त्र उतारकर तरला के हाथ में दे दिये। तरला ने अँधेरे में भिक्खु का वेश धारण किया और अपने वस्त्र मन्दिर के भीतर फेंक दिये और देशानन्द से उन्हें पहनने को कहा। देशानन्द ने मन्दिर के भीतर-ही-भीतर तरला के सब वस्त्र पहन लिए। मन्दिर के भीतर जाकर तरला ने अपने सब गहने भी उसे पहना दिए और कहा, "तुम यहीं चुपचाप बैठे रहो, मैं अभी आती हूँ।" देशानन्द अँधेरे में बैठा रहा। तरला ने बाहर आकर मन्दिर के किवाड़ लगा दिये और कुंडी भी चढ़ा दी।

यह सब कर चुकने पर वसुमित्र को लेकर वह चल खड़ी हुई और देखते-देखते अँधेरे में बहुत दूर निकल गई।

उन्नीसवाँ परिच्छेद

साम्राज्य का मन्त्रगृह

नए प्रासाद के अलिंद में खड़े महाप्रतिहार विनयसेन किसी चिन्ता में हैं। दोपहर का समय है, प्रासाद के आँगन में सन्नाटा है। दो-एक द्वारपाल इधर-उधर छाया में खड़े हैं। अलिंद के भीतर खम्भों के बीच दो-चार दंडधर भी दिखाई पड़ते हैं। एक पालकी आँगन में आई और अलिंद के सामने खड़ी हुई। कहारों ने पालकी रखी, उसमें से वृद्ध हृषीकेशशर्म्मा उतरे। जान पड़ता है, विनयसेन उन्हीं का आसरा देख रहे थे, क्योंकि उन्हें देखते ही वे अलिंद से नीचे आए और प्रणाम करके बोले, "प्रभो! आपको बहुत विलम्ब हुआ। सम्राट और यशोधवलदेव आपके आसरे बहुत देर से बैठे हैं।" वृद्ध ने क्या उत्तर दिया, विनयसेन नहीं समझे। वे उन्हें लिये सीधे प्रासाद के अन्तःपुर में घुसे। विनयसेन ज्योंही अलिंद से हटे, एक दंडधर आकर उनके स्थान पर खड़ा हो गया। चलते-चलते हृषीकेशशर्म्मा ने पूछा, "और सब लोग आ गए हैं?"

विनय.—महाधर्म्माध्यक्ष और महाबलाध्यक्ष के अतिरिक्त और किसी को संवाद नहीं दिया गया है।

हृषी.—क्यों?

विनय.—महाराज की इच्छा।

अन्तःपुर के द्वार पर जाकर विनयसेन ने एक परिचारिका को बुलाया और महामन्त्री को सम्राट के पास पहुँचने की आज्ञा देकर वे लौट आए। अलिंद के सामने एक और पालकी आई थी जिस पर वे उतरकर नारायणशर्म्मा दंडधर से कुछ पूछ रहे थे। विनयसेन ने ज्योंही जाकर उन्हें प्रणाम किया, उन्होंने पूछा, "क्यों भाई विनय! आज यह असमय की सभा कैसी? कुछ कारण ऐसे आ पड़े कि मुझे आने में बहुत विलम्ब हो गया।"

विनय.—सम्राट नहीं, यशोधवलदेव दो घड़ी से बैठे आसरा देख रहे हैं और अब तक सब लोग नहीं आए। क्षण भर हुआ कि महामन्त्रीजी आए हैं और अब आप आ रहे हैं। महाराजाधिराज की आज्ञा से सब लोगों को संवाद नहीं दिया गया।

नारायण.—और कौन-कौन आवेंगे?

विनय.—महाबलाध्यक्ष हरिगुप्त।

नारायण.—रामगुप्त भी नहीं?

विनय.—मैं तो समझता हूँ, नहीं, पर ठीक कह नहीं सकता।

नारायण—अच्छा, चलो।

दोनों प्रासाद के भीतर घुसे। इतने में एक भिखारी आकर द्वारपाल से पूछने लगा,

"क्यों भाई! प्रासाद में आज भिक्षा मिलेगी?" द्वारपाल ने कहा, "नहीं।"

भिखारी—तो फिर कहाँ मिलेगी?

द्वार.—आज न मिलेगी।

भिखारी इस उत्तर से कुछ भी उदास न होकर आँगन से होता हुआ धीरे-धीरे चला गया। अलिंद के एक खम्भे की आड़ में एक दंडधर उसे देख रहा था। उसने चट बाहर आकर पूछा, "वह कौन था और क्या कहता था?"

द्वार.—एक भिखमंगा था, भिक्षा के लिए आया था।

दंड.—कुछ पूछता था?

द्वार.—नहीं।

दंड.—देखने में वह भिक्खु ही सा लगता था।

द्वार.—अच्छी तरह देखा नहीं।

दंड.—कोई आकर कुछ पूछे तो बहुत समझ-बूझकर उत्तर देना।

द्वारपाल ने अभिवादन किया। इसी बीच में एक अश्वारोही आँगन में आ पहुँचा। उसे देखते ही एक दंडधर जाकर विनयसेन को बुला गया। द्वारपालों और दंडधरों ने प्रणाम किया। विनयसेन अभिवादन करके घोड़े पर से उतरे हुए व्यक्ति को अन्तःपुर के भीतर ले गए।

इतने में एक द्वारपाल उसी भिखारी का हाथ पकड़े हुए अलिंद के नीचे आ खड़ा हुआ और अलिंद के एक द्वारपाल से पूछने लगा, "महाप्रतिहार जी कहाँ हैं?" द्वारपाल बोला, "महाबलाध्यक्ष के साथ अन्तःपुर में गए हैं।"

पहला द्वार.—अच्छा, किसी दंडधर को बुला दो।

दूसरा द्वार.—क्यों, क्या हुआ?

पहला द्वार.—यह मनुष्य आड़ में छिपकर राजकर्मचारियों की गतिविधि देख रहा था, इसी से इसे पकड़ कर लाया हूँ।

एक दूसरा द्वारपाल जाकर पूर्वोक्त दंडधर को बुला लाया। उसने आते ही पूछा, "यही न भिक्षा माँगने के लिए आया था?"

दूसरा द्वार.—हाँ।

दंड.—इसे क्यों पकड़ लाए हो?

दूसरा द्वार.—यह छिपकर महाधर्म्माध्यक्ष और महाबलाध्यक्ष की गतिविधि देख रहा था, इसी से पकड़ रखा है।

दंड.—बहुत अच्छा किया। इसे बाँध रखो; मैं अभी जाकर महाप्रतिहार को संवाद देता हूँ।

दूसरे द्वारपाल ने भिखारी की पगड़ी खोलकर उसके हाथ-पैर कसकर बाँधे। पगड़ी खुलते ही भिखारी की मुँड़ी खोपड़ी देख दंडधर बोल उठा, "अरे! यह तो बौद्ध भिक्खु है। निश्चय यह कोई गुप्तचर है।" यही कहता हुआ वह अन्तःपुर की ओर दौड़ा और थोड़ी देर में विनयसेन को लिये लौट आया। विनयसेन ने आते ही भिक्षुक से पूछा, "तू

यहाँ क्या करने आया था?"

भिक्षुक—भिक्षा माँगने।

विनय.—अन्तःपुर में भिक्षा कहाँ मिलती है?

भिक्षुक—बाबा! मैं परदेसी हूँ, नया-नया आया हूँ, यहाँ की रीति-नीति नहीं जानता।

विनयसेन—तेरा सिर क्यों मुँड़ा है?

भिक्षुक—मुझे सँबलबाई का रोग है।

एक दंडधर ने आकर विनयसेन से कहा, "महाराज आपको स्मरण कर रहे हैं।" विनयसेन ने भिक्षुक को प्रासाद के कारागार में रखने की आज्ञा दी और द्वारपाल से कहा, "देखो! अब मेरी आज्ञा बिना कोई प्रासाद के आँगन तक भी न आने पावे।" इतना कहकर वे दंडधर के साथ अन्तःपुर में गए।

अन्तःपुर के एक छोटे-से घर में एक पलंग के ऊपर सम्राट महासेनगुप्त बैठे हैं। कुछ दूर पर एक आसन लेकर हृषीकेशशर्म्मा और नारायणशर्म्मा बैठे हैं। कोठरी के द्वार पर हरिगुप्त खड़े हैं। द्वार से कुछ दूर पर कई दंडधर खड़े हैं। विनयसेन ने आकर हरिगुप्त से पूछा, "महाराजाधिराज ने मुझे स्मरण किया है?" हरिगुप्त ने कहा, "हाँ, भीतर जाओ।" विनयसेन ने कक्ष में जाकर अभिवादन किया। सम्राट ने उन्हें देखकर कुछ भी नहीं कहा। तब यशोधवल ने सम्राट को सम्बोधन करके कहा, "महाराजाधिराज! विनयसेन आ गए हैं। अब कुमार क्यों न बुलाए जाएँ?" वृद्ध सम्राट ने झुका हुआ सिर उठाकर कहा, "यशोधवलदेव! गणना का फल कभी झूठा नहीं हो सकता। तुम शशांक को अभी से साम्राज्य के कार्य्य में न फँसाओ।"

यशो.—महाराजाधिराज! युवराज को राजकार्य्य में दक्ष करने को छोड़ साम्राज्य की रक्षा का और कोई उपाय नहीं है। वृद्ध महामन्त्री हृषीकेशशर्म्मा, पुराने धर्म्माध्यक्ष नारायणशर्म्मा, युद्ध क्षेत्र में दीर्घजीवन बितानेवाले महाबलाध्यक्ष और मैं महाराजाधिराज के चरणों में यह बात कई बार निवेदन कर चुका। इस समय साम्राज्य की जो दुर्दशा हो रही है, वह महाराज से छिपी नहीं है। होराशास्त्र की बातों को लेकर राज्य चलना असम्भव है। यदि कुमार के हाथों से साम्राज्य का नाश ही विधाता को इष्ट होगा तो उसे कौन रोक सकता है? विधि का लिखा तो मिट नहीं सकता। किन्तु यही सोचकर हाथ पर हाथ रखे बैठे रहना, अपनी रक्षा का कुछ उपाय न करना कहाँ तक ठीक है? कहीं कुमार का राष्ट्रनीति न जानना ही आपके पीछे साम्राज्य के ध्वंस का प्रधान कारण न हो जाए।

सम्राट चुपचाप बैठे रहे। उन्हें निरुत्तर देख हृषीकेशशर्म्मा धीरे-धीरे बोले, "महाराजाधिराज! महानायक का प्रस्ताव बहुत उचित जान पड़ता है। हम सब लोग अब बुड्ढे हुए। हम लोगों का समय अब हो गया। अब ऐसा कुछ करना चाहिए जिससे युवराज को राजनीति के घोर चक्र में पड़कर असहाय अवस्था में इधर-उधर भटकना न पड़े। यदि विधाता की यही इच्छा होगी कि युवराज के हाथ से ही प्राचीन साम्राज्य नष्ट हो तो कोई कहाँ तक बचा सकेगा? किन्तु विधाता की यही इच्छा है, पहले से ऐसा मान बैठना बुद्धिमानी का काम नहीं है।" सम्राट फिर भी कुछ न बोले। यह देख

नारायणशर्म्मा ने कहा, "महाराजाधिराज!" उनका कंठस्वर कान में पड़ते ही सम्राट का ध्यान टूटा और वे बोले, "अच्छा, यशोधवल! तो फिर यही सही। विधाता का लिखा कौन मिटा सकता है?"

यशो.—महाराजाधिराज! विनयसेन आज्ञा के आसरे खड़े हैं।

सम्राट—महाप्रतिहार! तुम युवराज शशांक को चुपचाप यहाँ बुला लाओ।

विनयसेन प्रणाम करके बाहर निकले। सम्राट ने यशोधवलदेव से कहा, "यशोधवल! अच्छा, अब बताओ, क्या-क्या करना चाहते हो।"

यशो.—मेरे चार प्रस्ताव हैं जिन्हें मैं महाराज की सेवा में पहले ही निवेदन कर चुका हूँ। इस समय साम्राज्य के संचालक यहाँ एकत्र हैं, उनके सम्मुख भी उपस्थित कर देना चाहता हूँ।

सम्राट—तुम्हारे प्रस्तावों को मैं ही सुनाए देता हूँ। महानायक ने मेरे सामने चार प्रस्ताव रखे हैं। प्रथम—प्रान्त[1] और कोष्ठ[2] की रक्षा; द्वितीय—अश्वारोही, पदातिक और नौसेना का पुनर्विधान; तृतीय—राजस्व और राजषष्ठ के संग्रह का उपाय; चतुर्थ—बंगदेश पर फिर अधिकार। ये चारों प्रस्ताव, मैं समझता हूँ, सबको मनोनीत होंगे। अब विचारने की बात है उपयुक्त कर्मचारियों का निर्वाचन और अर्थसंग्रह। राजकोष तो, आप लोग जानते ही हैं, शून्य हो रहा है। आवश्यक व्यय भी बड़ी कठिनता से निकलता है। रहे कर्मचारी, सो पुराने और नए दोनों अयोग्य हैं। उनमें न अनुभव है, न कार्य्यतत्परता।

यशो.—इन चारों प्रस्तावों के अनुसार जब तक व्यवस्था न होगी तब तक साम्राज्य की रक्षा असम्भव समझिए। प्रान्त और कोष्ठ की रक्षा के लिए सुशिक्षित सेना और बहुत-सा धन चाहिए। सेना और अर्थसंग्रह के लिए राजस्व और राजषष्ठ संग्रह की सुव्यवस्था आवश्यक है।

सम्राट—यशोधवल! तुम्हारी एक बात इस समय मेरे लिए एक-एक विकट समस्या है। मैं देखता हूँ कि मेरे किए इनमें से एक बात भी नहीं हो सकती।

यशो.—महाराजाधिराज के निकट मैंने जिस प्रकार ये समस्याएँ उपस्थित कीं, उसी प्रकार इनकी पूर्ति का उपाय भी पहले से सोच रखा है। कुमार आ जाएँ तो मैं निवेदन करूँ। तीन कार्य्य तो इस समय हो सकते हैं, पर उनके लिए बहुत धन की आवश्यकता है।

हृषीकेश—यशोधवल! इसी अर्थाभाव के कारण ही तो हाथ-पैर नहीं चल सकता। तुम इतना धन कहाँ से लाओगे?

हरिगुप्त द्वार पर खड़े थे। वे बोल उठे, "कुमार आ रहे हैं।" विनयसेन युवराज शशांक को साथ लिये कोठरी में आए। युवराज अपने पिता के चरणों में प्रणाम करके और समादृत पुरुषों को प्रणाम करके खड़े रहे। सम्राट ने उन्हें बैठने की आज्ञा दी। यशोधवल ने बढ़कर उन्हें अपनी गोद में बैठा लिया।

सम्राट बोले, "यशोधवल! क्या कहते थे, अब कहो।" महानायक कहने लगे,

---

1. प्रान्त = सीमा। सरहद।
2. कोष्ठ = प्राचीर से घिरे हुए नगर, दुर्ग आदि।

"युवराज! साम्राज्य की बड़ी दुर्दशा हो रही है। प्राचीन गुप्तसाम्राज्य का दिन-दिन पतन होता चला जा रहा है। उसकी रक्षा का यत्न सबका सब प्रकार से कर्त्तव्य है। अब तक साम्राज्य की रक्षा का ध्यान छोड़कर सब लोग चुपचाप बैठे थे, आज चेत रहे हैं। इस प्राचीन साम्राज्य के साथ करोड़ों प्रजा का धन, मान और प्राण गुँथा हुआ है। इसका ध्वंस होते ही पूर्व देश में महाप्रलय-सी आ पड़ेगी। इधर सैकड़ों वर्ष पाटलिपुत्र की ऐसी दशा कभी नहीं हुई थी। शकों के समय की दुर्दशा की बात जनपदवासी भूल गए हैं। हूणों के प्रबल प्रवाह में पड़कर पुरुषपुर और कान्यकुब्ज ध्वस्त हो गए, किन्तु पाटलिपुत्र के दुर्ग प्राकार की छाया तक वे स्पर्श न कर सके। साम्राज्य का ध्वंस होते ही देश का सर्वनाश हो जाएगा। तुम्हारे पिता वृद्ध हैं, तुम दोनों कुमार अभी बालक हो। पूर्व में सुप्रतिष्ठित वर्म्मा और पश्चिम में प्रभाकरवर्द्धन घात लगाए केवल सम्राट की मृत्यु का आसरा देख रहे हैं। कोई उपाय न देख तुम्हारे पिता चुपचाप बैठ गए थे। पर क्या इस प्रकार हाथ पर हाथ रखकर बैठे रहना पुरुषोचित कार्य्य है? जो आत्मरक्षा में तत्पर न रह भाग्य के भरोसे पर बैठे रहते हैं, मैं समझता हूँ, उनके समान मूर्ख संसार में कोई नहीं। यत्न के बिना साम्राज्य की क्या दशा हो रही है, थोड़ा सोचो तो। सीमा पर के जितने दुर्ग हैं, संस्कार और देख-रेख के बिना निकम्मे हो रहे हैं। सेना और अर्थ के अभाव से वे शत्रु का अवरोध करने योग्य नहीं रह गए हैं। नियमित रूप से राजस्व राजकोष में नहीं आ रहा है। भूमि के जो साम्राज्य प्रतिष्ठित अधिकारी थे, वे अधिकारच्युत हो रहे हैं। उनके स्थान पर जो नए अधिकारी बन बैठे हैं, वे राजकर्मचारियों की आज्ञा पर ध्यान नहीं देते। फल यह है कि राजकोष शून्य हो रहा है। बहुत दिनों से इधर पाटलिपुत्र के दुर्गप्राकार और नगरप्राकार का संस्कार नहीं हुआ है। खाइयों में जल नहीं रहता है, कुछ दिनों में वे पटकर खेत हुआ चाहती हैं। इस समय यदि कहीं से कोई चढ़ आवे तो हम लोगों की पराजय निश्चय है।

"मैं सम्राट के पास पितृहीना लतिका के लिए अन्न की भिक्षा माँगने आया था, किन्तु मैंने आकर देखा कि जो अन्नदाता हैं, उन्हीं के यहाँ अन्न का अभाव हो रहा है। बहुत दिन पहले जब तुम्हारे पिताजी राजसिंहासन पर बैठे थे, तब एक बार मैंने साम्राज्य का कार्य्य चलाया था। आज फिर साम्राज्य की दुर्दशा देखकर कार्य्य का भार अपने ऊपर लेता हूँ। किन्तु हम सब लोग अब वृद्ध हुए, अधिक दिन इस संसार में न रहेंगे। अपने पिता के पीछे तुम्हीं इस सिंहासन पर बैठोगे। तुम्हारे ही ऊपर राज्यभार पड़ेगा; इसलिए तुम्हें अभी से राजकार्य्य की शिक्षा प्राप्त करनी चाहिए। तुम्हारी सहायता से हम लोगों का परिश्रम भी बहुत-कुछ हल्का रहेगा। आज से तुम्हें राज्यकार्य्य का व्रत लेना पड़ेगा।"

महानायक की गोद में बैठे-बैठे युवराज बोले, "यदि पिताजी आज्ञा देंगे तो क्यों न करूँगा?" इतना कहकर वे पिता का मुँह ताकने लगे। सम्राट ने कुछ उदास होकर कहा, "शशांक! सबकी यही इच्छा है कि आज से तुम साम्राज्य के कार्य्य की दीक्षा लो। अतः बालक होकर भी तुम्हें यह भार अपने ऊपर लेना पड़ेगा। यशोधवल ही तुम्हें दीक्षित

करेंगे, तुम सदा इन्हीं की आज्ञा में रहना।''

यशोधवल का मुख प्रसन्नता से खिल उठा। उन्होंने फिर कहना आरम्भ किया–''साम्राज्य की रक्षा के लिए मैंने चार प्रस्ताव किए थे, प्रथम–राजस्व संग्रह की व्यवस्था; द्वितीय–प्रान्त और कोष्ठ संरक्षण; तृतीय–अश्वारोही, पदातिक और नौसेना का पुनर्विधान और चतुर्थ–बंगदेश का अधिकार। जब पहले तीन कार्य्य सुसम्पन्न हो लेंगे तब चौथे में हाथ लग सकता है, उसके पहले नहीं। पर इन तीनों कार्य्यों के लिए बहुत धन चाहिए और राजकोश इस समय शून्य हो रहा है। अभी कार्य्य के आरम्भ कर देने के लिए जितने धन की आवश्यकता होगी, उतने के संग्रह का एक उपाय मैंने सोचा है। नगर और राज्य के भीतर जो बहुत से लखपति श्रेष्ठी (सेठ) और स्वार्थवाह (महाजन) हैं, उनसे ऋण लेकर कार्य्य आरम्भ कर देना चाहिए, यही मेरी समझ में ठीक होगा।''

हृषीकेश–हम लोगों की इस समय जैसी अवस्था हो रही है, उसे देखते कोई कैसे ऋण देगा?

यशो.–अवश्य देंगे। राज्य में श्रेष्ठियों का काम अर्थसंचय मात्र है। पुरुष-परम्परा से उन्हें इसका अभ्यास रहता है, इसी से राज्य की ओर से उन्हें इसके लिए पूरा-पूरा सुबीता कर दिया जाता है। अतः वे अपने धन का कुछ अंश राज्य की सेवा में देकर अपना परम गौरव समझेंगे। साम्राज्य की छत्रच्छाया के नीचे ही उनका पालन होता है, साम्राज्य की रक्षा के पीछे उनकी रक्षा है, साम्राज्य के नाश के आरम्भ के साथ-ही-साथ उनका सर्वनाश है, यह वे जानते हैं, और उन्हें इसकी सूचना भी दे दी जाएगी। इस प्रकार कार्य्य आरम्भ कर देने भर के लिए धन उनसे सहज में निकल सकता है।

सम्राट–अच्छी बात है। तुमने आज से राज्य के कार्य्य का भार अपने ऊपर लिया है, इसकी सूचना साम्राज्य के सब कर्मचारियों को तो देनी होगी न?

यशो.–नहीं महाराजाधिराज! इससे सारा काम बिगड़ जाएगा। मैं चुपचाप महामन्त्रीजी की ओट में सब कार्य्यों की व्यवस्था करूँगा।

सम्राट–एवमस्तु।

बीसवाँ परिच्छेद
तरला और यशोधवल

तरला उसी रात वसुमित्र को लिये अपनी मासी के घर लौटी। द्वार पर खड़ी-खड़ी वह घंटों चिल्लाई, तब जाकर कहीं बुड्ढी की आँख खुली। वह न जाने क्या-क्या बड़बड़ाती हुई उठी और आकर किवाड़ खोला। तरला वसुमित्र को लिये घर के भीतर गई। वे दोनों किस वेश में थे, बुड्ढी अँधेरे में कुछ भी न देख सकी। वसुमित्र को एक कोठरी में सोने के लिए कहकर तरला अपनी मासी की खाट पर जाकर पड़ गई। बुढ़िया बहुत चिड़चिड़ाई। बुढ़ापे में एक तो नींद यों ही नहीं आती, उस पर से यदि बाधा पड़ी तो फिर जल्दी नींद कहाँ? बुढ़िया बकने लगी, ''तू न जाने कैसी है; इतनी रात को एक आदमी

को साथ लाई और उसे एक कोठरी में ढकेलकर आप मेरे सिर पर आ पड़ी। अपने घर किसी को लाकर उसके साथ ऐसा ही करना होता है?" तरला ने धीरे से कहा, "उस घर में मच्छड़ बहुत हैं, आँख नहीं लगती।" बुड्ढी यह सुनते ही झल्ला उठी और चिल्ला-चिल्लाकर कहने लगी, "अब तू ऐसी बड़ी ठकुरानी हो गई कि मच्छड़ लगने से तुझे नींद नहीं आती? तब तू किसी के घर का काम-धन्धा कैसे करती होगी? तेरे बाप-दादा तेरे लिए राज न छोड़ गए हैं, जो तू पैर-पर-पैर रखे रानी बनी बैठी रहेगी।" बुढ़िया मनमाना बर्राती रही, तरला चुपचाप खाट के किनारे पड़ी रही। पर बुढ़िया की बातों की चोट और चिन्ता से उसे रात भर नींद नहीं आई।

सूर्योदय के पहले ही चिड़ियों की चहचह सुनकर तरला उठ बैठी और अपनी मासी को सोते देख धीरे से चारपाई से नीचे उतरी। रात भर पड़े उसने सोचा था कि वसुमित्र की रक्षा तभी हो सकती है जब सम्राट तक किसी प्रकार उसकी पहुँच हो जाए। यों तो दिन में जब कभी भिक्खु उसे देख पाएँगे, तुरन्त पकड़ ले जाएँगे। और किसी को कुछ बोलने का साहस न होगा। उसने मन-ही-मन स्थिर का रखा था कि सवेरा होते ही उसे लेकर मैं प्रासाद में जाऊँगी और अन्तःपुर के द्वार पर बैठी रहूँगी। वहाँ से उसे कोई पकड़कर नहीं ले जा सकेगा। तरला ने अपना वेश बदला और जो कपड़े वह उस दिन मोल लाई थी, उन्हें वसुमित्र को देकर पहनने के लिए कहा। भिक्खुओं का जो पहनावा था, उसे घर के एक कोने में छिपाकर रख दिया। यह देख कि मासी अभी सो रही है, वह दबे पाँव घर के बाहर निकली।

राजपथ पर अभी तक लोग आते-जाते नहीं दिखाई देते थे। पूर्व की ओर प्रकाश की कुछ-कुछ आभा दिखाई पड़ रही थी, पर मार्ग में अँधेरा ही था। दोनों जल्दी-जल्दी चलकर प्रासाद के तोरण पर पहुँचे। तोरण पर अभी तक प्रकाश जल रहा था। चारों ओर प्रतिहार पड़े सो रहे थे। उनमें से केवल एक भाला टेककर खड़ा नींद में झूम रहा था। तरला चुपचाप उसकी बगल से होकर निकल गई और उसे कुछ आहट न मिली। तोरण के इधर-उधर कई कुत्ते पड़े सो रहे थे। वे आदमी की आहट पाकर भाँव-भाँव करने लगे। प्रतिहार जाग पड़े। उन्होंने सामने वसुमित्र को देख उसका हाथ पकड़कर पूछा, "कहाँ जाता है?" इतने में तरला प्रतिहार का पैर पकड़कर रो-रोकर कहने लगी, "हम लोगों पर बड़ी भारी विपत्ति है, हम लोगों को जाने दो। मैं अपने भाई की प्राण-रक्षा के लिए महाराजाधिराज के पास जा रही हूँ। दिन को जहाँ भिक्खु इसे देख पावेंगे, पकड़ ले जाएँगे और मार डालेंगे। हम लोग और कुछ न करेंगे, अन्तःपुर के द्वार पर जाकर बैठे रहेंगे। जब सम्राट बाहर निकलेंगे तब उनसे इसके प्राण की भिक्षा मागूँगी।" बातचीत सुनकर और प्रतिहार भी जाग पड़े। उनमें से एक तरला के पास आकर बोला, "तुम लोगों को क्या हुआ है?"

तरला—यह मेरा भाई है। भिक्खु इसे जबरदस्ती पकड़ ले गए और सिर मूँड़कर भिक्खु बना दिया। कल रात को यह किसी प्रकार उनके चंगुल से निकलकर भाग आया है। इसी से आज इसे लेकर महाराजाधिराज की शरण में आई हूँ। दिन को यदि इसे भिक्खु कहीं देख पावेंगे तो पकड़ ले जाएँगे और मार डालेंगे। अब महाराज यदि शरण देंगे तभी इसकी

रक्षा हो सकती है। नगर में किसी की सामर्थ्य नहीं है कि भिक्खुओं के विरुद्ध चूँ कर सके।

जो पुरुष खड़ा पूछ रहा था, वह एक दंडधर था। प्रतिहारों ने उससे पूछा, "तो इसे जाने दें?" दंडधर ने तरला से पूछा, "तुम दोनों कहाँ जाओगे?"

तरला—बाबा! हम लोग कहीं न जाएँगे, कुछ न करेंगे, केवल अन्तःपुर के द्वार पर खड़े रहेंगे। जब महाराज निकलेंगे तब उनसे अपना दुख निवेदन करेंगे।

यह कहकर तरला आँसू गिराने लगी। रमणी के, विशेषतः किसी सुन्दर रमणी के, कपोलों पर आँसू की बूँदें देख पत्थर भी पिघल सकता है, सामान्य प्रतिहारों और दंडधरों के हृदय में यदि करुणा का उद्रेक हो तो आश्चर्य क्या? तरला ने उन्हें चुप देख रोने की मात्रा कुछ बढ़ा दी। दंडधर का हृदय अन्त में पसीजा। वह बोला, "ये दोनों कोई बुरे आदमी नहीं जान पड़ते, इन्हें जाने दो।" प्रतिहार रास्ता छोड़कर अलग खड़ा हो गया। तरला वसुमित्र को लेकर प्रासाद के भीतर घुसी।

पहले तोरण के आगे विस्तृत आँगन पड़ता था जिसके उत्तर दूसरा तोरण था। जब वे दूसरे तोरण के सामने पहुँचे तब उजाला हो चुका था। दूसरे तोरण पर के प्रतिहारों ने उसकी बात सुनते ही रास्ता छोड़ दिया। यहाँ पर भी तरला को दो-चार बूँद आँसू टपकाने पड़े थे। द्वितीय तोरण के आगे ही सभामंडप पड़ता था। क्रमशः धर्म्माधिकरण, अस्त्रशाला आदि को पार करके तरला और श्रेष्ठिपुत्र तीसरे तोरण पर पहुँचे। वहाँ के प्रतिहारों ने उन्हें किसी प्रकार आगे न बढ़ने दिया, कहा कि सम्राट की आज्ञा नहीं है। अन्त में विवश होकर वे दोनों तोरण के पास बैठे रहे। धीरे-धीरे दिन का उजाला फैल गया। आँगन लोगों से भर गया। एक-एक करके राजकर्मचारी आने लगे। दिन चढ़ते-चढ़ते प्रतिहाररक्षी सेना का एक दल तोरण पर आ पहुँचा और रात के प्रतिहार अपने-अपने घर गए। तरला को अब भीतर जाने की आज्ञा मिल गई। तीसरे तोरण के भीतर जाकर नए और पुराने प्रासाद पड़ते थे। पश्चिम की ओर तो पुराना प्रासाद था जो संस्कार के अभाव से जीर्ण हो रहा था, चारों ओर घास-पात से ढक रहा था। उत्तर ओर गंगा के तट पर नया प्रासाद था। नए प्रासाद के अन्तःपुर के द्वार पर जाकर तरला के जी में जी आया, उसका उद्वेग दूर हुआ। यहाँ से अब कोई वसुमित्र को पकड़कर नहीं ले जा सकता था। वह निश्चिन्त बैठकर सम्राट का आसरा देखने लगी।

तृतीय तोरण के बाहर का आँगन अब लोगों से खचाखच भर गया। नए और पुराने प्रासाद की निद्रा अभी नहीं टूटी थी। जो दो-एक आदमी आते-जाते दिखाई भी देते थे, वे बहुत धीरे-धीरे सँभाल-सँभाल कर पैर रखते थे। तरला बैठी-बैठी बहुत-सी बातें सोच रही थी। सम्राट के सामने क्या कहकर शरण माँगूँगी, यही अपने मन में बैठा रही थी। यदि कहीं सम्राट ने आश्रय न दिया तो फिर क्या होगा? वसुमित्र को लेकर मैं कहाँ जाऊँगी? सेठ की बेटी से क्या कहूँगी? इन्हीं सब बातों की चिन्ता से वह अधीर हो रही थी। रात भर की वह जागी हुई थी, इससे बीच-बीच में उसे झपकी भी आ जाती थी। एक बार झपकी लेकर जो उसने सिर उठाया तो देखा कि पुराने प्रासाद के सामने कुछ दूर पर लम्बे डील का वृद्ध पुरुष इधर-उधर टहल रहा है। उसने घबराकर वसुमित्र से

पूछा, "सम्राट निकले क्या?" वसुमित्र ने कहा, "अभी तो नहीं।" तरला ने फिर पूछा, "तो वह टहल कौन रहा है?" वसुमित्र ने कहा, "मैं नहीं जानता।"

तरला अब चुपचाप बैठी न रह सकी। वह उठकर धीरे-धीरे उस दीर्घकाय वृद्ध पुरुष की ओर बढ़ी और उसने दूर से उसे प्रणाम किया। वृद्ध ने पूछा, "तुम कौन हो? क्या चाहती हो?" तरला सचमुच रो पड़ी और सिसकती-सिसकती बोली, "धर्म्मावतार! आप कौन हैं, यह तो मैं नहीं जानती। पर यह देखती हूँ कि आप पुरुष हैं और निःसन्देह कोई ऊँचे पदाधिकारी हैं। मैं बड़ी विपत्ति में पड़कर सम्राट की शरण में आई हूँ।" सम्राट यदि रक्षा न करेंगे तो किसी प्रकार रक्षा नहीं हो सकती। मैं इस नगर के एक सेठ की दासी हूँ। मेरे सेठ की लड़की के साथ सेठ चारुमित्र के एकमात्र पुत्र वसुमित्र के विवाह की बातचीत थी। चारुमित्र बौद्ध हैं, इससे वे यह सम्बन्ध नहीं होने देना चाहते थे। मेरे सेठ वैष्णव हैं। चारुमित्र ने द्वेष के वशीभूत होकर और बौद्ध भिक्खुओं की लम्बी-चौड़ी बातों में आकर अपने एकमात्र पुत्र को बलि चढ़ा दिया। उन्होंने जन्म भर की संचित सारी सम्पत्ति बौद्ध संघ को दान करने का संकल्प करके अपने पुत्र को भिक्खु हो जाने के लिए विवश किया, क्योंकि भिक्खु हो जाने पर फिर सम्पत्ति पर अधिकार नहीं रह जाता। वसुमित्र के वियोग में अपने सेठ की कन्या को प्राण देते देख मैं उनकी खोज में निकली। नगर के बाहर एक बौद्ध मठ में वसुमित्र का पता पाकर मैं कल रात को उन्हें वहाँ से बड़े-बड़े कौशल से निकाल लाई। पर अब कहीं शरण ढूँढ़ती हूँ तो नहीं पाती हूँ। मैं इस समय सम्राट के सामने खड़ी हूँ या और किसी राजपुरुष के, यह नहीं जानती; पर इतना श्रीमान् के मुखारविन्द को देख समझ रही हूँ कि श्रीमान् दया-माया-शून्य नहीं हैं, अपने चरण में स्थान देकर तीन-तीन जीवों की रक्षा करेंगे। दिन में जहाँ कहीं भिक्खु लोग हम दोनों को देख पावेंगे, मठ में पकड़ ले जाएँगे और मार डालेंगे। नगर में अब भी बौद्धों की प्रधानता है। ऐसा कोई नहीं है जो हम लोगों को भिक्खुओं के हाथ से बचा सकें।" यह कहकर तरला रोने लगी और उसने उस पुरुष के दोनों पैर पकड़ लिए। उन्होंने उसे आश्वासन देकर कहा, "कुछ डर नहीं है, सेठ का लड़का कहाँ है?" तरला ने हाथ उठाकर वसुमित्र की ओर दिखाया। उस पुरुष ने उसे निकट बुलाया। वसुमित्र ने सामने आकर झुककर प्रणाम किया। वृद्ध पुरुष ने तरला से पूछा, "तुमने इन्हें किस प्रकार संघाराम के बाहर निकाला?" तरला ज्योंही उत्तर देने को थी कि किसी ने पीछे से पुकारा, "आर्य्य! पिताजी आपको स्मरण कर रहे हैं।" उस दीर्घाकार पुरुष ने पीछे फिरकर देखा कि कुमार शशांक खड़े हैं। कुमार को देख वृद्ध ने पूछा, "सम्राट ने मुझे क्यों स्मरण किया है?"

शशांक–जान पड़ता है, नगरप्राकार के संस्कार के लिए।

दीर्घाकार पुरुष–नगरप्राकार के संस्कार से बढ़कर भारी बात इस समय सामने है। किसी दंडधर को भेज दो।

कुमार का संकेत पाते ही तोरण से एक दंडधर आकर सामने खड़ा हो गया। वृद्ध पुरुष ने कहा, "सम्राट की सेवा में जाकर निवेदन करो कि मैं एक काम में फँसा हूँ, थोड़ी देर में आऊँगा। कुमार! सामने जो ये स्त्री और पुरुष खड़े हैं, दोनों तुम्हारी प्रजा हैं। ये

दुर्बल हैं, प्रबल के अत्याचार से पीड़ित होकर सम्राट की शरण में आए हैं।" फिर तरला की ओर फिरकर वे बोले, "ये युवराज शशांक हैं। तुमने जो-जो बातें मुझसे कही हैं, सब इनके सामने निवेदन करो।" परिचय पाते ही दोनों ने कुमार को साष्टांग प्रणाम किया और तरला ने जो-जो बातें कही थीं, उन्हें वह फिर कुमार के सामने कह गई। वृद्ध पुरुष ने फिर पूछा, "तू किस प्रकार सेठ के लड़के को संघाराम से छुड़ा लाई?" तरला ने देशानन्द के साथ प्रथम परिचय से लेकर उसके स्त्री वेश धारण तक की सब बातें एक-एक करके कह सुनाईं। जिस समय उसने कीर्तिधवल की मृत्यु का वृत्तान्त कहा, वृद्ध पुरुष का मुँह लाल हो गया और वह चौंककर बोल उठा, "क्या कहा? फिर तो कह।" मन्दिर में मूर्ति के पीछे छिपकर तरला जो वृत्तान्त बन्धुगुप्त के मुँह से सुन चुकी थी, सब ज्यों का त्यों कह गई। उसकी बात पूरी होने पर वृद्ध पुरुष ने एक लम्बी साँस भरकर वसुमित्र से पूछा, "जो बात यह कहती है, सत्य है?"

वसुमित्र–सब सत्य है।

वृद्ध पुरुष–तुम लोगों को कोई भय नहीं; भिक्खु तुम लोगों का एक बाल तक बाँका नहीं कर सकते। हमारे साथ आओ, हम तुम्हें आश्रय के स्थान पर पहुँचाए देते हैं।

तरला कृतज्ञता प्रकट करती हुई वृद्ध के चरणों पर लोट पड़ी। वसुमित्र के मुँह से कोई बात न निकल सकी, वह रो पड़ा। वृद्ध ने कुमार की ओर दृष्टि फेरी, देखा तो वे क्रोध के मारे काँप रहे थे, अपने को किसी प्रकार सँभाल नहीं सकते थे; खड़े दाँत पीस रहे थे। वृद्ध पुरुष बोले, "कुमार!"

शशांक–आर्य्य!

वृद्ध पुरुष–अपने को सँभालो, कोई बात मुँह से न निकालो।

युवराज जब अपने मन का वेग न रोक सके तब रोने लगे। वृद्ध ने उन्हें अपनी गोद में खींचकर शान्त किया और कहा, "पुत्र! स्मरण रहेगा?" कुमार ने कहा, "जब तक जीऊँगा तब तक स्मरण रहेगा।" वृद्ध पुरुष के पीछे-पीछे कुमार, वसुमित्र और तरला अन्तःपुर में गए।

बताने की आवश्यकता नहीं कि वृद्ध पुरुष महानायक यशोधवलदेव थे।

इक्कीसवाँ परिच्छेद
देशानन्द की दशा

जिस समय तरला वसुमित्र के मंगल के लिए अन्तःपुर के द्वार पर बैठी थी, पाटलिपुत्र नगर के बाह्य प्रान्त के बौद्ध मन्दिर में एक और ही लीला हो रही थी। सबेरे उठकर भिक्खुओं ने देखा कि मन्दिर के किवाड़ बन्द हैं, बाहर से कुंडी चढ़ी हुई है, और भीतर से न जाने कौन किवाड़ ठेल रहा है। यह अद्‌भुत व्यापार देख एक-एक, दो-दो करके धीरे-धीरे सैकड़ों भिक्खु आकर मन्दिर के द्वार पर इकट्ठे हो गए। देखते-देखते संघस्थविर और वज्राचार्य भी वहाँ आ पहुँचे। उन्हें देखते ही प्रणाम करके भिक्खु लोगों

ने मार्ग दे दिया। व्रजाचार्य ने पूछा, "क्या हुआ?" एक तरुण भिक्खु सामने आकर बोला, "प्रभो! मन्दिर का द्वार बाहर से बन्द है पर भीतर से न जाने कौन किवाड़ ठेल रहा है।" बन्धुगुप्त और शक्रसेन ने किवाड़ के पास खड़े होकर देखा कि सचमुच भीतर से कोई किवाड़ खींच रहा है। शक्रसेन ने आज्ञा दी, "ताला तोड़कर किवाड़ खोल लो।" आज्ञा होते ही ताला तोड़कर फेंक दिया गया। किवाड़ खुले–सबने विस्मित होकर देखा कि मन्दिर के भीतर आचार्य देशानन्द स्त्रीवेश धारण किए खड़े हैं।

शक्रसेन ने आगे बढ़कर पूछा, "देशानन्द! यह क्या हुआ?" देशानन्द समझे था कि किवाड़ खुलते ही मैं भाग खड़ा हूँगा, किन्तु इतनी भीड़ सामने देख उसे भागने का साहस न हुआ। वह हताश होकर बैठा रहा। उसे चुपचाप देख बन्धुगुप्त ने आगे बढ़कर पूछा, "क्यों आचार्य! कुछ बोलते क्यों नहीं? यह वेश तुम कहाँ से लाए?" देशानन्द को फिर भी चुप देख शक्रसेन पुकारने लगे, "देशानन्द, ओ देशानन्द!" देशानन्द ने वस्त्र से सिर ढाँक स्त्री का सा महीन स्वर बनाकर कहा, "मैं तरला हूँ।" इस बात पर क्रुद्ध होकर शक्रसेन ने सिर का वस्त्र हटा दिया और कहा, "तरला तेरी कौन है?" देशानन्द रो पड़ा और बोला, "तरला ने मेरा सर्वनाश किया।" इस पर शक्रसेन और भी क्रुद्ध होकर पूछने लगा, "तरला कौन?"

देशा.–"तरला मेरी...मेरी..."

शक्र.–तुम्हारी कौन है, वही तो पूछता हूँ।

देशा.–तरला मेरा सर्वस्व है।

इतने में पीछे से कोई बोल उठा, "प्रभो! जिनानन्द कल रात को आचार्य के साथ बाहर गया, और फिर लौटकर संघाराम में नहीं आया।" बन्धुगुप्त घबराकर बोले, "देखो तो जिनानन्द मन्दिर के भीतर तो नहीं है!" कई भिक्खु जिनानन्द को ढूँढ़ने मन्दिर के भीतर घुस पड़े और एक-एक कोना ढूँढ़ डाला। अन्त में सबने आकर कहा कि नए भिक्खु जिनानन्द का कहीं पता नहीं है। रोष और क्षोभ से संघस्थविर का मुँह लाल हो गया। वे देशानन्द का गला पकड़कर पूछने लगे, "जिनानन्द को कहाँ रख छोड़ा है, बोल, नहीं तो अभी तेरे प्राण लेता हूँ।" देशानन्द डर के मारे रोने लगा। यह देख वज्राचार्य ने संघस्थविर का हाथ थाम लिया और कहा, "संघस्थविर! तुम भी पागल हुए हो? इस प्रकार भय दिखाने से कहीं किसी बात का पता लग सकता है?" बन्धुगुप्त कुछ ठंडे पड़कर पीछे हट गए। शक्रसेन ने भिक्खुओं को सम्बोधन करके कहा, "तुम लोग इसे पकड़कर संघाराम में ले चलो, हम लोग पीछे-पीछे आते हैं।" भिक्खु लोग स्त्री वेशधारी देशानन्द को लिए हँसी-ठट्ठा करते मन्दिर के बाहर निकले। केवल शक्रसेन और बन्धुगुप्त खड़े रह गए।

सबके चले जाने पर बन्धुगुप्त ने कहा, "वज्राचार्य! क्या बात है, कुछ समझे? जिनानन्द क्या सचमुच भाग गया? कितने-कितने उपायों से चारुमित्र को वश में करके उसके पुत्र को संघ में लिया था, वह सब परिश्रम क्या व्यर्थ जाएगा?"

शक्र.–क्या हुआ, कुछ भी समझ में नहीं आता। पर सेठ वसुमित्र भागकर हम लोगों

के हाथ से जा कहाँ सकता है? जो कोई सुनेगा कि उसने प्रव्रज्या ग्रहण की है, उसे अपने यहाँ ठहरने न देगा। पर देशानन्द ने क्या किया! किसने उसे स्त्री का वेश धारण कराके मन्दिर के भीतर बन्द कर दिया, यह सब कुछ भी समझ में नहीं आ रहा है। देशानन्द पर इस समय बिगड़ना मत, नहीं तो उससे किसी बात का पता न चलेगा। जिन्नानन्द किस प्रकार भागा, देशानन्द का किसने स्त्री वेश बनाया, तरला उसकी कौन होती है–इन सब बातों का पता उसी से लेना चाहिए।

बन्धु.–वज्राचार्य! कल रात को जिस समय हम लोग यहाँ आए थे, मन्दिर का द्वार खुला पड़ा था और देशानन्द मन्दिर के भीतर नहीं था।

शक्र.–ठीक है। तुम जिस समय कीर्तिधवल की हत्या का वृत्तान्त कह रहे थे, उस समय मन्दिर में कोई नहीं था। मन्दिर का द्वार भी खुला था।

बन्धु.–तो क्या कोई छिपकर हम लोगों की बात सुन रहा था?

शक्र.–ऐसा तो नहीं जान पड़ता।

बन्धुगुप्त–वज्राचार्य! अब तो मुझे बड़ा भय हो रहा है। अब मैं यहाँ नहीं ठहर सकता। तुम यहाँ रहकर देशानन्द की बातों का पता लगाओ, मैं तो अब इसी समय बंगदेश का रास्ता लेता हूँ। यशोधवल इस समय नगर में है। यदि कहीं किसी ने हम लोगों की बातें सुनकर उससे कह दीं तो फिर रक्षा का कोई उपाय नहीं।

शक्र.–बात तो बहुत कुछ ठीक कहते हो। यहाँ से हम लोगों का चला जाना ही ठीक है। यदि किसी प्रकार यशोधवल को अपने पुत्र की हत्या की बात विदित हो गई हो तो फिर वह बिना प्रतिशोध लिए कभी नहीं रह सकता। पर तुम्हारे बंगदेश चले जाने से नहीं बनेगा, सब काम बिगड़ जाएगा। चलो, हम लोग देशानन्द को लेकर कपोतिक संघाराम में चले चलें। वहाँ बुद्धघोष हम लोगों की पूरी रक्षा कर सकेंगे।

बन्धु.–तो फिर चलो, अभी चलो।

शक्र.–मन्दिर और संघाराम का कुछ प्रबन्ध करता चलूँ।

बन्धु.–भगवान् का मन्दिर है, वे अपनी व्यवस्था आप कर लेंगे। तुम इसकी चिन्ता छोड़ो। बस, अब यहाँ से चल ही दो।

शक्र.–देखता हूँ कि तुम डर के मारे बावले हो रहे हो।

बन्धु.–जिस समय मेरा सिर काटकर नगर तोरण के सामने लोहे की छड़ पर टाँगा जाएगा, उस समय बुद्ध, धर्म्म और संघ कोई रक्षा करने नहीं जाएगा।

शक्र.–अच्छा, तो चलो, संघाराम से देशानन्द को साथ ले लें।

दोनों मन्दिर से निकलकर संघाराम की ओर चले। वहाँ जाकर देखा कि भिक्खुओं ने देशानन्द का स्त्री वेश उतारकर उसे एक स्थान पर बिठा रखा है। शक्रसेन ने देशानन्द से कहा, "आचार्य! तुम्हें कपोतिक संघाराम चलना होगा।" देशानन्द ने रोते-रोते पूछा, "क्यों?" वज्राचार्य ने कहा, "कोई डर की बात नहीं है। महास्थविर ने भोजन का निमन्त्रण दिया है।" देशानन्द को विश्वास न पड़ा, वह छोटे बच्चे के समान चिल्ला-चिल्लाकर रोने लगा। उसने मन में समझ लिया कि मेरी हत्या करने के लिए ही मुझे कपोतिक

संघाराम ले जा रहे हैं। शक्रसेन ने एक भिक्खु को बुलाकर कहा, "जिनेन्द्रबुद्धि! तुम यहाँ मन्दिर और संघाराम की रखवाली के लिए रहो, हम लोग एक विशेष कार्य्य से कपोतिक संघाराम जा रहे हैं। तुम दो भिक्खुओं के साथ देशानन्द को तुरन्त वहाँ भेज दो।" बन्धुगुप्त और शक्रसेन संघाराम के बाहर निकले। भिक्खु लोग आचार्य के साथ बुरे-बुरे शब्दों में हँसी-ठट्ठा करने लगे। उसने किसी की बात का कोई उत्तर न दिया, चुपचाप रोने लगा और मन-ही-मन कहने लगा, 'तरला! तेरे मन में यही था?'

आधी घड़ी भी न बीती थी कि सहस्र से अधिक अश्वारोहियों ने आकर मन्दिर और संघाराम को घेर लिया। वसुमित्र को साथ लेकर महाबलाध्यक्ष हरिगुप्त और स्वयं यशोधवलदेव बन्धुगुप्त को ढूँढ़ने लगे। जब बन्धुगुप्त कहीं नहीं मिला तब वे लोग भिक्खुओं से पूछने लगे; पर किसी ने ठीक-ठीक उत्तर न दिया। उसी समय वसुमित्र देशानन्द को देख बोल उठा, "प्रभो! इस व्यक्ति ने मेरे छुड़ाने में सहायता दी थी, इससे पूछने से कुछ पता चल सकता है।" देशानन्द को ज्योंही छोड़ देने का लोभ दिखाया गया, उसने तुरन्त कह दिया कि बन्धुगुप्त कपोतिक संघाराम को गए हैं। क्षण काल का भी विलम्ब न कर यशोधवलदेव अश्वारोही सेना लेकर कपोतिक संघाराम की ओर दौड़ पड़े। हरिगुप्त की आज्ञा से दो सवार देशानन्द और जिनेन्द्रबुद्धि को बाँधकर प्रासाद की ओर ले चले।

बाईसवाँ परिच्छेद
बन्धुगुप्त की खोज

तरला के मुँह से कीर्तिधवल की हत्या का ब्यौरा सुनकर यशोधवलदेव आपे से बाहर हो गए थे। बहुत कष्ट से अपने को किसी प्रकार सँभालकर वे वसुमित्र और तरला को प्रासाद के भीतर सम्राट के पास ले गए। वृद्ध सम्राट हत्या का पूरा ब्यौरा सुनकर बालकों की तरह रोने लगा। महाबलाध्यक्ष हरिगुप्त वहाँ उपस्थित थे। उन्होंने और यशोधवलदेव ने मिलकर किसी प्रकार सम्राट को शान्त किया। उसके पीछे हरिगुप्त बोले, "जहाँ तक मैं समझता हूँ, बन्धुगुप्त को अभी तक यह पता न होगा कि कीर्तिधवल की हत्या की बात फैल गई है। हम लोग यदि इसी समय अश्वारोही सेना लेकर पुराने मन्दिर और संघाराम को जा घेरें तो वह अवश्य पकड़ा जाएगा। वह यदि भागा भी होगा तो कितनी दूर गया होगा, हम लोग उसे पकड़ लेंगे।" सम्राट ने बड़े उत्साह के साथ इस प्रस्ताव को स्वीकार किया और कहा, "तुम लोग सेठ के लड़के को साथ लेकर अभी जाओ, इसके द्वारा सब स्थानों का ठीक-ठीक पता लगेगा।" यशोधवलदेव ने वसुमित्र से पूछा, "तुम घोड़े पर चढ़ सकते हो?"

वसु.–हाँ, मुझे घोड़े पर चढ़ने का अभ्यास है।

यशो.–संघाराम में फिर लौटकर जाने में तुम डरोगे तो नहीं?

वसु.–प्रभो! मैं अकेला निरस्त्र, असहाय और निरुपाय होकर तो संघाराम में रहता

ही था, अब महाराजाधिराज की छत्रच्छाया के नीचे मुझे किस बात का भय है?

यशो.–तुम शस्त्र चला सकते हो?

वसु.–मेरी परीक्षा कर ली जाए।

यशो.–बहुत अच्छी बात है। आओ, तुम्हें मैं अस्त्र देता हूँ।

वसुमित्र और यशोधवल प्रासाद के भीतर गए। तरला भय से व्याकुल होकर उसी स्थान पर खड़ी रही। उसकी आँखों में आँसू देख सम्राट ने उसे धीरज बँधाने के लिए कहा, "कोई डर की बात नहीं है। सेठ के लड़के के साथ एक सहस्त्र अश्वारोही रहेंगे, कोई उसे बल से पकड़ नहीं सकता।" फिर विनयसेन से उन्होंने कहा, "इसे ले जाकर अन्तःपुर में महादेवी के यहाँ कर आओ।" इतना धीरज बँधाने पर भी तरला के जी का खटका न मिटा। वह चुपचाप विनयसेन के साथ अन्तःपुर के भीतर गई।

दूसरे तोरण के बाहर सुसज्जित शरीररक्षा अश्वारोही सेना आसरे में खड़ी थी। फाटक के सामने ही तीन अश्वपाल तीन सजे-सजाए घोड़े लिये खड़े थे। बात क्या है, कुछ न समझकर बहुत-से लोग फाटक के बाहर खड़े आपस में बातचीत कर रहे थे। इतने ही में यशोधवलदेव युवराज शशांक और वसुमित्र को लिये फाटक के बाहर आए। उन्हें देख सैनिकों ने सामरिक प्रथा के अनुसार अभिवादन किया। तीनों पुरुष अश्वपालों से घोड़े लेकर उन पर सवार होकर तीसरे तोरण से होकर निकले। सहस्र अश्वारोही सेना भी उनके साथ-साथ चली। तोरण पर इकट्ठे लोगों ने चकित होकर देखा कि महाबलाध्यक्ष हरिगुप्त स्वयं सेना का परिचालन कर रहे हैं। उन लोगों की समझ में कुछ भी नहीं आया कि कहाँ जा रही है। वे खड़े ताकते रह गए।

अश्वारोही सेना लिये यशोधवलदेव ने उस पुराने बौद्ध मन्दिर में जाकर क्या किया, यह पहले कहा जा चुका है। संघाराम में वसुमित्र को किसी ने नहीं पहचाना। बात यह थी कि प्रासाद से प्रस्थान करते समय यशोधवलदेव ने उसे सिर से पैर तक लौहवर्म्म से मढ़ दिया था। उस पुराने मन्दिर में बन्धुगुप्त को न पाकर युवराज और यशोधवलदेव सेना सहित कपोतिक संघाराम की ओर चले। मन्दिर से दो कोस पर, नगर के बीचोबीच, कपोतिक संघाराम था। हरिगुप्त की आज्ञा से सेनादल ने बड़े वेग से नगर की ओर घोड़े फेंके। घोड़ों की टाप से उठी हुई धूल से नगरतटस्थराजपथ पर अँधेरा-सा छा गया।

संघाराम से निकलकर शक्रसेन और बन्धुगुप्त बहुत दूर न जा पाए थे कि वे एकबारगी चौंक पड़े। शक्रसेन ने कहा, "बन्धुगुप्त! पीछे बहुत-से घोड़ों की टाप-सी सुनाई देती है।" बन्धुगुप्त ठिठककर खड़े हो गए। शब्द सुनकर दोनों ने जाना कि बहुत से अश्वारोही वेग से उनकी ओर बढ़ते चले आ रहे हैं। बन्धुगुप्त ने कहा, "हाँ, यही बात है।"

शक्रसेन–तो अब छिपा रहना ही ठीक है। वसुमित्र ने भागकर क्या अनर्थ किया, देखते हो न!

बन्धु.–वज्राचार्य! जान पड़ता है, यशोधवलदेव को मेरा पता लग गया है और वह मुझे पकड़ने आ रहा है, अब क्या होगा?

शक्र.–भाई, घबराओ मत। बड़ी भारी विपत्ति है। धैर्य्य छोड़ने से सचमुच मारे

जाओगे और तुम्हारे साथ मुझे भी मरना होगा। वह जो सामने ताड़ों का जंगल-सा दिखाई पड़ता है, चलो, उसी में छिपे रहें। बढ़ो, जल्दी बढ़ो।

उस स्थान से थोड़ी दूर पर एक छोटे ताल के किनारे से होता हुआ राजपथ चला गया था। ताल के किनारे छोटे-बड़े बहुत से ताड़ के पेड़ थे। दोनों दौड़ते हुए जाकर उन ताड़ों की ओट में छिपे रहे। देखते-देखते सवार पास पहुँच गए। सब के आगे सिन्धुदेश के एक काले घोड़े पर युवराज शशांक थे। उनका सारा शरीर स्वर्ण खचित लौहवर्म्म से आच्छादित था; चमकते हुए रुपहले शिरस्त्राण के बाहर इधर-उधर सुनहरे घुँघराले बाल लहरा रहे थे। सूर्य के प्रकाश में लौहवर्म्म आग की लपट के समान झलझला रहा था। उनके पीछे महानायक यशोधवलदेव थे, वे भी सिर से पैर तक लौहवर्म्म से ढके थे, पर धवलवंश का चिह्न ऊपर दिखाई देता था। उसे देखते ही बन्धुगुप्त काँप उठे। उन्होंने धीरे से पूछा, "जान पड़ता है, यही यशोधवल है।" शक्रसेन ने कहा, "हाँ।" यशोधवल के पीछे दो और वर्म्मावृत अश्वारोही थे जिन्हें बन्धुगुप्त और शक्रसेन न पहचान सके। ताल के किनारे पहुँचने पर उनमें से एक का शिरस्त्राण हट गया। पेड़ की आड़ में बन्धुगुप्त और शक्रसेन ने भय और विस्मय के साथ देखा कि वह श्रेष्ठपुत्र वसुमित्र था। क्रमशः पाँच-पाँच सवारों की अनेक पंक्तियाँ निकल गईं। वसुमित्र ने घोड़े को थोड़ा रोक टोप पहना और फिर वेग से घोड़ा छोड़ता हुआ वह सेनादल में जा मिला। पेड़ों की झुरमुट में बैठे ही बैठे बन्धुगुप्त बोले, "वज्राचार्य! अब क्या उपाय हो?"

शक्र–तुम तो इसी समय बंगदेश की ओर चल दो। पाटलिपुत्र में रहना अब तुम्हारे लिए अच्छा नहीं।

बन्धु.–तुम क्या करोगे?

शक्र–मैं यही नगर में रहूँगा।

बन्धु.–तो फिर मैं भी यहीं मरूँगा।

शक्र.–क्यों?

बन्धु.–मैं अकेला अब कहीं नहीं जा सकता।

शक्रसेन ने बन्धुगुप्त के मुँह की ओर देखा। वह एकबारगी पीला पड़ गया था। उन्होंने यह निश्चय करके कि अब इसे समझाना-बुझाना व्यर्थ है, कहा, "तो फिर चलो, इसी समय चल दें।" दोनों ताल वन से निकलकर गंगा के किनारे-किनारे चले।

सबेरे ही से संघाराम के आँगन में बैठे महास्थविर बुद्धघोष गुप्तचरों से संवाद सुन रहे थे। गुप्तचर सब-के-सब बौद्ध भिक्खु थे। एक आचार्य महास्थविर के सामने खड़े होकर उन सबका परिचय दे रहे थे और महास्थविर चुपचाप ध्यान लगाए सब बातें सुनते जाते थे। एक गुप्तचर कह रहा था, "उस दिन मध्याह्न में सम्राट गंगा किनारे घाट पर बैठे थे, इसी बीच में यशोधवलदेव ने आकर राजकार्य्य का सारा भार अपने ऊपर लेने की इच्छा प्रकट की। मैं एक पेड़ की आड़ में छिपा सब बातें सुनता रहा।" गुप्तचर इसके आगे कुछ और कहना ही चाहता था कि संघाराम के तोरण पर से एक भिक्खु घबराया

हुआ आया और कहने लगा, "प्रभो! बहुत से अश्वारोही वेग से संघाराम की ओर बढ़ते चले आ रहे हैं।" सुनते ही महास्थविर ने कहा, "संघाराम का फाटक तुरन्त बन्द करो।" भिक्खु आज्ञा पाकर तुरन्त फाटक पर लौट गया। महास्थविर उठकर फाटक की ओर चले। कपोतिक संघाराम एक प्राचीन गढ़ी के तुल्य था। लोग कहते थे कि वह महाराज अशोक का बनवाया हुआ था। नीचे-ऊपर तक वह पत्थर का बना था। उसके चारों ओर बहुत ही दृढ़ पत्थर का ऊँचा परकोटा था। इस बृहत् संघाराम के भीतर पाँच सहस्र से ऊपर भिक्खु सुख से रह सकते थे और उस समय भी एक हजार से अधिक भिक्खु उसमें निवास करते थे। संघाराम के चारों ओर चार फाटक (तोरण) थे, जो सदा खुले रहते थे। विप्लव के समय कई बार नागरिकों ने संघाराम को तोड़ा था, इससे लोहे के असंख्य कीलों से जड़े हुए भारी-भारी किवाड़ तोरणों पर लगा दिये गए थे। जब तक कोई भारी आशंका नहीं होती थी, महास्थविर किवाड़ों को बन्द करने की आज्ञा नहीं देते थे, क्योंकि नगरवासी बराबर संघाराम में दर्शन के लिए आते-जाते रहते थे। महास्थविर ने फाटक पर जाकर देखा कि असंख्य सशस्त्र अश्वारोही संघाराम को चारों ओर से घेरे हुए हैं। तोरण के सामने खड़े तीन वर्म्मधारी पुरुष उनकी व्यवस्था कर रहे हैं। एक अश्वारोही उनके घोड़ों को थामे कुछ दूर पर खड़ा है।

तोरण के ऊपर चढ़कर महास्थविर ने उन तीनों वर्म्मधारी पुरुषों को सम्बोधन करके कहा, "तुम लोग कौन हो? किसलिए देवता का अपमान कर रहे हो? किसकी आज्ञा से इतने अधिक अस्त्रधारी अश्वारोही लेकर शान्तिसेवी निरीह भिक्खुओं के आश्रम को आ घेरा है?" वर्म्मधारी पुरुषों में से एक ने उनकी ओर अच्छी तरह देखा और कहा, "तुम कौन हो?" महास्थविर ने उत्तर दिया। "भगवान् बुद्ध के आदेश से मैं इस संघाराम का प्रधान हूँ, मेरा नाम बुद्धघोष है।" वर्म्मावृत पुरुष हँसकर बोला, "अच्छा, तब तो आप मुझे पहचान सकते हैं। मेरा नाम यशोधवल है। मैं रोहिताश्वगढ़ का हूँ। मैं इस साम्राज्य का महानायक हूँ। इस समय अपने पुत्रघातक की खोज में यहाँ आया हूँ। फाटक खोलने की आज्ञा दीजिए। हम लोग संघाराम में नरघाती बन्धुगुप्त को ढूँढ़ेंगे।" कोठे के ऊपर रहने पर भी यशोधवलदेव का नाम सुनते ही महास्थविर डर के मारे दहल गए, पर अपने को सँभालकर धीरे-धीरे बोले, "महानायक! पाटलिपुत्र में ऐसा कौन होगा जिसने यशोधवल की विमल कीर्ति न सुनी हो? आप भ्रम में पड़कर ही इस कपोतिक संघाराम में हत्यारे का पता लगाने आए हैं। संघाराम संसार त्यागी निरीह भिक्खुओं का आश्रम है। यहाँ कभी नरघाती पिशाच को ठिकाना मिल सकता है? पुत्रहन्ता कहकर आपने जिनका नाम लिया है, वे उत्तरापथ के बौद्धसंघ के एक स्थविर हैं। आर्यावर्त्त में बन्धुगुप्त का नाम कौन नहीं जानता? भला, ऐसे बोधिसत्त्वपाद ऋषिकल्प पुरुष कभी नरघाती हो सकते हैं? आप कहते क्या हैं?"

यशोधवल—महास्थविर! आप मेरे इन पके बालों पर विश्वास कीजिए। बिना विशेष प्रमाण पाए यशोधवल देवस्थान में आकर उत्पात करने का साहस कभी नहीं कर सकता। बन्धुगुप्त यदि संघाराम में कहीं छिपा हो तो आप तुरन्त उसे हम लोगों के हाथ

में दीजिए, हम लोग उसे सम्राट के सामने ले जाएँगे।

बुद्धघोष–संघस्थविर बन्धुगुप्त ने आज इस संघाराम में पैर ही नहीं रखा। आप मेरी बात का विश्वास कीजिए। यदि उन्हीं की खोज में आप आए हों, और कोई बात न हो, तो जाकर कहीं और देखिए।

यशो.–बन्धुगुप्त यदि संघाराम में नहीं है तो आपने फाटक क्यों बन्द कराए?

बुद्ध.–अस्त्रधारी अश्वारोहियों के भय से।

यशो.–हम लोग सम्राट की आज्ञा से बन्धुगुप्त का पता लगाने के लिए संघाराम में आए हैं। हम लोगों को भीतर जाने देने में आपको कुछ आपत्ति है?

बुद्ध.–रत्ती भर भी नहीं।

यशो.–तो फिर द्वार खोलने की आज्ञा दीजिए।

महास्थविर की आज्ञा से द्वार खोल दिया गया। पाँच सौ सवार लेकर यशोधवलदेव, युवराज शशांक और हरिगुप्त ने संघ के भीतर प्रवेश किया, शेष पाँच सौ सवार संघाराम को घेरे रहे। एक-एक कोना ढूँढ़ने पर भीं जब बन्धुगुप्त न मिला तब हताश होकर यशोधवलदेव प्रासाद को लौट गए।

उस समय गंगा की बीच धारा में एक छोटी-सी नाव बड़े वेग से पूर्व की ओर जा रही थी। उसमें बैठे-बैठे शक्रसेन बन्धुगुप्त से कह रहे थे, "भाई! न जाने किस जन्म का पुण्य उदय हुआ कि आज रक्षा हुई।"

खंड-2

विकास

पहला परिच्छेद

स्कन्दगुप्त का गीत

पूर्वोक्त घटना हुए तीन वर्ष हो गए। इन तीन वर्षों के बीच मगध राज्य और पाटलिपुत्र में अनेक परिवर्तन हुए हैं। प्राचीन नगरी की शोभा मानो फिर लौट आई है। नगरप्राकार का पूर्ण संस्कार हो गया है। पुराने प्रासाद का जीर्णोद्धार हो गया है। राज्यकार्य्य सुव्यवस्थित रूप से चल रहा है। मगध साम्राज्य में फिर से नई शक्ति सी आ गई है। सीमा पर के सब दुर्ग सुदृढ़ और सुरक्षित हैं। साम्राज्य के दारिद्रग्रस्त होने से जो सेना पहले विशृंखल हो रही थी, वह अब पूर्ण सुशिक्षित और सुसज्जित हो गई है। उसे अब वेतन के लिए या अन्न के लिए गौल्मिकों का घर नहीं घेरना पड़ता। घोर नींद में सोए हुए मगधवासी अब जाग गए हैं। उनके मन में अब आशा के अंकुर दिखाई पड़ने लगे हैं। जान पड़ता है, चन्द्रगुप्त और समुद्रगुप्त का समय फिर आया चाहता है, फिर पाटलिपुत्र के नागरिकों की जयध्वनि गान्धार के तुषारधवल गिरिशृंगों के बीच सुनाई देगी, फिर मगध का गरुड़ध्वज वक्षु[1] के तट पर दिखाई देगा, फिर केरल देश तक के शत्रुओं की स्त्रियाँ अकाल वैधव्य के सन्ताप से कोसेंगी। इस कायापलट के प्रत्यक्ष कारण हैं युवराज शशांक और परोक्ष कारण हैं वृद्ध महानायक यशोधवलदेव।

यशोधवलदेव फिर लौटकर रोहिताश्वगढ़ नहीं गए। वे तब से अपनी पौत्री को लेकर प्रासाद ही में रहते हैं। सम्राट महासेनगुप्त अब बहुत वृद्ध हो गए हैं, किन्तु अब तक वे दिन में एक बार सन्ध्या के समय सभामंडप में आ जाते हैं। सभा का सारा कार्य्य युवराज शशांक और महानायक यशोधवलदेव करते हैं। शशांक के संगी-साथी अब ऊँचे-ऊँचे पदों पर हैं। नरसिंहदत्त इस समय प्रधान सेनानायकों में हैं। माधववर्म्मा नौसेना के अध्यक्ष हुए हैं और अनन्तवर्म्मा युवराज के शरीररक्षी हैं। युवराज किशोरावस्था पार कर अब युवावस्था को प्राप्त हुए हैं। कैशोर की चपलता अब उनमें नहीं है। अब युवराज धीर, शान्त और चिन्ताशील हैं।

---

1. आक्सस नदी या सर दरिया, जो मध्य एशिया में है।

यशोधवलदेव के तीनों प्रस्ताव तो कार्य्य रूप में परिणत हो चुके–दुर्ग सुदृढ़ हो गए, सेना सुशिक्षित हो गई और राजस्वसंग्रह की व्यवस्था हो गई। अब बंगदेश पर अधिकार करने का आयोजन हो रहा है। किस प्रकार उक्त तीनों बातों की व्यवस्था हुई, इसे बहुत दिनों तक राजकर्मचारी भी न समझ सके। वृद्ध महानायक ने अपने और युवराज के हस्ताक्षर से एक सूचनापत्र राज्य के सब धनिकों, श्रेष्ठियों और भूस्वामियों के पास भेजकर उन्हें साम्राज्य की सहायता के लिए उत्साहित किया। साम्राज्य की रक्षा से अपनी रक्षा समझ सबने प्रसन्नचित्त से साम्राज्य को ऋण दिया। इस प्रकार बहुत-सा धन एकत्र हो गया। उसी धन से उक्त तीन प्रस्ताव कार्य्य रूप में परिणत हुए। एक बड़ी सेना खड़ी करके यशोधवल ने चरणाद्रिगढ़ पर फिर से अधिकार किया। मंडला और गौड़ पर साम्राज्य की सेना ने अधिकार स्थापित किया। सरयू नदी से लेकर करतोया नदी तक के विस्तृत प्रदेश के सामन्त सिर झुकाकर राजकर भेजने लगे। सब सीमाएँ सुरक्षित हो गई थीं। इससे तीन ही वर्ष में यशोधवलदेव ने सारा ऋण चुका दिया। पर बड़े-बड़े नदों से घिरा हुआ बंगदेश अब तक अधीन नहीं हुआ था। बौद्धाचार्यों की कुमन्त्रणा में पड़कर बंगदेशवासियों ने यशोधवलदेव के भेजे हुए सन्देशों पर कुछ भी ध्यान नहीं दिया। पूर्व में कामरूप के राजा और पश्चिम में स्थाण्वीश्वर के राजा चकित नेत्रों से प्राचीन साम्राज्य में फिर से इस नई शक्ति के संचार को देख रहे थे। उन्हीं के संकेत से उद्धत बंगवासी राजस्व देना बन्द किए हुए थे। इसी से यशोधवलदेव बंगदेश पर चढ़ाई करने की तैयारी कर रहे हैं।

सन्ध्या के पहले गंगा किनारे घाट की सीढ़ी पर बैठे यशोधवलदेव अनेक बातों की चिन्ता कर रहे थे, कुछ दूर पर बालू के बीच चित्रा और लतिका घूम रही थीं। शशांक नीचे की सीढ़ी पर खड़े गंगा के जल पर पड़ती हुई डूबते सूर्य की लाल और सुनहरी किरणों की छटा देख रहे थे। घाट पर दो वृद्ध बैठे थे–एक तो लल्ल था, दूसरा यदुभट्ट। यशोधवल कहने लगे, "भट्ट! बहुत दिनों से तुम्हारा गीत नहीं सुना। युवावस्था में युद्ध यात्रा के समय तुम्हारा मांगलिक गीत सुनकर प्रासाद से प्रस्थान करता था। अब तक मेरे कानों में तुम्हारा वह मधुर स्वर गूँज रहा है। भट्ट! आज पचास वर्ष पर एक बार फिर गीत सुनाओ।" वृद्ध भट्ट का चमड़ा झूल गया था, दाँत गिर गए थे और बाल सन हो गए थे। वह आँखों में आँसू भरकर बोला, "प्रभो! भट्टचारणों का अब वह दिन नहीं रहा। साम्राज्य में अब तो भट्टचारण कहीं ढूँढ़े नहीं मिलते। नागरिक अब मंगल गीत भूल गए। अब तो कवि लोग विधुवदनी नायिकाओं के चंचल नयनों का वर्णन करके उनका मनोरंजन करते हैं। अब युद्ध के गीत उन्हें नहीं अच्छे लगते। जब मेरे गाने के दिन थे तब तो मैं गाने ही नहीं पाता था। अब वे दिन चले गए; न तो शरीर में अब वह बल रहा, न अब वह गला है। अब मैं क्या गाऊँ?"

यशो.–भट्ट! मैं भी तो अपनी युवावस्था कभी का खो चुका हूँ। तरुण कंठ अब मुझे अच्छा न लगेगा। मैं भी अपने जीवन-अस्ताचल के निकट आ चुका हूँ। अहा, यौवन की स्मृति क्या मधुर होती है! युवावस्था के गीत एक बार फिर गाओ। गला अब

वैसा नहीं है तो क्या हुआ? अमरकीर्ति तो अमर ही है, जब तक स्मृति रहेगी तब तक अमर रहेगी।

यदु.–प्रभु, क्या गाऊँ?

वृद्ध गुनगुनाने लगा। लल्ल के कानों से अब सुनाई नहीं पड़ता था, वह भट्ट के पास सरक आया। सीढ़ी के नीचे से कुमार ने पूछा, "यदु दादा! कौन सा गीत गा रहे हो?"

यशो.–शशांक! यहाँ आओ। भट्ट स्कन्दगुप्त के गीत गावेंगे।

युवराज इतना सुनते ही सीढ़ियों पर लम्बे-लम्बे डग रखते हुए भट्ट के पास आ बैठे। वृद्ध भट्ट बहुत देर तक गुनगुनाता रहा, फिर उसने गाना आरम्भ किया। पहले तो गीत का स्वर अस्फुट रहा, फिर धीमा चलता रहा, देखते-देखते घी पाकर उठी हुई लपट के समान वह एकबारगी गगनस्पर्श करने लगा :

'नागर वीरो! आलस्य छोड़ो, हूण फिर आते हैं। गान्धार की पर्वतमाला भेदकर हूणवाहिनी आर्यावर्त्त में फिर घुस आई है। नागर वीरो! व्यसन छोड़ो, वर्म्म धारण करो, हूण फिर आते हैं। अब स्कन्दगुप्त नहीं हैं, कुमार सदृश पराक्रमी कुमारगुप्त के कुमार अब नहीं हैं जो तुम्हारी रक्षा करेंगे।

'दूर गंगा-जमुना के संगम पर प्रतिष्ठान दुर्ग में सम्राट ने तुम्हारे लिए अपना शरीर त्याग किया। जिन्होंने वितस्ता के तट पर, शतद्रु के पार, मथुरा के रक्तवर्ण दुर्ग कोट पर ब्रह्मवर्त्त के भीषण युद्ध क्षेत्र में साम्राज्य का मान, ब्राह्मण और देवता का मान, आर्यावर्त्त का मान रखता था, अब वे भी नहीं हैं। स्कन्दगुप्त की सेना भीरु और कायर नहीं थी, कृतघ्न और विश्वासघातिनी नहीं थी जो लौटकर चली आती। उनके सहचर प्रभु के पास प्राण रहते तब तक जमे रहे, अपने रक्त से कालिंदी की काली धारा उन्होंने लाल कर दी, वे घर लौटकर नहीं आए। प्रतिष्ठान के भीषण दुर्ग के सामने उन्होंने तोरमाण को रोका था। वे स्कन्दगुप्त के चिर सहचर थे, इस जीवन में अन्त तक साथ देकर परलोक में भी उन्होंने साथ दिया। हूण आते हैं, नागर वीरो! उठो, कटिबन्ध कसो, हूण आ रहे हैं।

'वृद्ध सम्राट तरुणी के रूप पर मुग्ध होकर जब अपना मंगल, राज्य का मंगल और प्रजा का मंगल भूल रहे थे, उस समय आर्यावर्त्त की रक्षा किसने की? ब्राह्मणों और श्रमणों, स्त्रियों और बच्चों, मठों और मन्दिरों, नगरों और खेतों को किसने बचाया था, जानते हो? बालू की भीत उठाकर किसने महासमुद्र की बढ़ती हुई गति को रोका था? नागर वीरो! जानते हो? कुमार सदृश पराक्रमी स्कन्दगुप्त ने। नागर वीरो, उठो, आलस्य छोड़ो, हूण आ रहे हैं।

'हूण आ रहे हैं, आत्मरक्षा के लिए कटिबद्ध हो, नहीं तो हूणों की प्रबल धारा में देश डूब जाएगा। स्त्री, बालक और वृद्ध, किसी की रक्षा न होगी। घर का झगड़ा छोड़ो, देवता और ब्राह्मण की रक्षा करो। घर के झगड़े से ही साम्राज्य की यह दशा हुई है। कुमारगुप्त यदि सचेत रहते तो साम्राज्य का ध्वंस न होता। वितस्ता के तट पर यदि सेना रहती तो हूण हार मानकर कुरुवर्ष लौट जाते। कटिबन्ध कसो, अपना कल्याण सोचो, हूण आ रहे हैं।

'जिन्होंने शतद्रु के किनारे केवल दस सहस्र सेना लेकर सौ सहस्र को रोका था, उनका नाम था स्कन्दगुप्त। जिन्होंने केवल एक सहस्र सेना लेकर शौरसेन दुर्ग में लाखों को शिथिल कर दिया था, उनका नाम स्कन्दगुप्त था। कोशल में जिसकी पाँच सहस्र सेना का मार्ग हूणराज न रोक सके, उनका नाम स्कन्दगुप्त था। नागर वीरो! उठो, अपने नामों को चिरस्मरणीय करो, कोष से खड्ग खींचो, हूण आ रहे हैं।

'आँख उठाकर देखो, सूर्य को छिपानेवाले मेघ छँटे दिखाई पड़ते हैं। वृद्ध सम्राट शरीर छोड़ चुके हैं। अब जिन गोविन्दगुप्त और स्कन्दगुप्त ने खंग धारण किया है, उनके हाथ निर्बल नहीं हैं। राजश्री फिर लौटती दिखाई देती है। हूणधारा रुकी जान पड़ती है, ब्रह्मावर्त्त में गंगा की श्वेतसैकतराशि के बीच हूणसेना की श्वेत अस्थिराशि इसका आभास दे रही है, गोपाचल के नीचे नासिकावाहिनी हूणों की मुंडमाला इसका आभास दे रही है। उत्तरापथ में अब शान्ति स्थापित हो गई है, हूण देश से बाहर कर दिये गए हैं, स्कन्दगुप्त सिंहासन पर बैठे हैं। हूण फिर आ रहे हैं, उत्तरकुरु की विस्तृत मरुभूमि हूणधारा में मग्न हो गई है, गान्धार की पर्वतमाला अब उस धारा को नहीं रोक सकती। हूण फिर आ रहे हैं, कोई भय नहीं, स्कन्दगुप्त ने फिर खंग उठाया है। उनका नाम सुनकर हूण काँप रहे हैं। पर स्कन्दगुप्त रहकर भी क्या करेंगे? उत्तरापथ में विश्वासघात है, आर्यावर्त्त में कृतघ्नता है। हूण फिर आ रहे हैं। नागर वीरो! अपनी रक्षा के लिए उठो, देवों और ब्राह्मणों, स्त्रियों और बच्चों, मठों और मन्दिरों, नगरों और खेतों की रक्षा करो।'

'विश्वासघात ही के कारण आर्यावर्त्त का बहुत दिनों से नाश होता जा रहा है। आँख उठाकर देखो, साम्राज्य का सर्वनाश हो गया; भीरु और कायर पुरगुप्त सिंहासन पर जा बैठा है। हूणों ने प्रतिष्ठान दुर्ग घेर लिया है, सम्राट सेना सहित दुर्ग के भीतर घिर गए हैं, इस इतने बड़े आर्यावर्त्त में ऐसा कोई नहीं है जो उनकी सहायता के लिए जाए, अग्नि की लपट आकाश में उठ रही है, हूणों ने सौराष्ट्र आनर्त्त, मालव, मत्स्य और मध्यदेश में आग लगा दी है। छोटे से मगध देश का राजसिंहासन पाकर ही पुरगुप्त सन्तुष्ट बैठा है। समुद्रगुप्त का विशाल साम्राज्य तिनके के समान बाढ़ में डूब गया। प्रतिष्ठान दुर्ग के भीतर दस सहस्र सेना है, पर दो दिन से अधिक के लिए पीने का जल नहीं है। वृद्ध सम्राट जल लाने के लिए आप निकल खड़े हुए हैं, श्वेत बालू की भूमि रक्त से रंग गई है। हूण सेना ने उन पर आक्रमण किया है, अब रक्षा नहीं है। एक भारी बाण सम्राट की दाहिनी आँख में आकर लगा है। साम्राज्य की सेना स्वामी की रक्षा के लिए लौट पड़ी है; पर जिन्होंने वितस्ता और शतद्रु के तट पर, शौरसेना, ब्रह्मावर्त और आर्यावर्त्त में मान रखा था, वे अब लौटने के लिए नहीं हैं।'

बुड्ढे का गला भर आया, आँसुओं से उसकी छाती भींग गई। उसके पास बैठा वृद्ध लल्ल भी चुपचाप आँसू गिरा रहा था। यशोधवल के नेत्र भी गीले थे। सीढ़ी के नीचे चित्रा और लतिका पड़ी रो रही थीं। गीत बन्द हुआ। आधे दंड तक किसी के मुँह से कोई बात न निकली। पूर्व की ओर अँधेरा छाता जाता था। देखते-देखते चारों दिशाएँ अन्धकारमय हो चलीं। यशोधवल ने कुमार की ओर दृष्टि फेरी, देखा तो उसका

मुखमंडल पीला पड़ गया है, दोनों आँखें डबडबाई हुई हैं। वे स्थिर दृष्टि से अन्धकार की ओर देख रहे हैं। यशोधवलदेव ने पुकारा, "पुत्र, शशांक!" कोई उत्तर नहीं। लल्ल घबराकर उठा। उसने कुमार के कन्धे पर हाथ रखकर पुकारा, "कुमार!" जैसे कोई नींद से जाग पड़े, उसी प्रकार चौंककर वे बोले, "क्या?" यशोधवलदेव ने पूछा, "पुत्र! क्या सोच रहे हो?"

शशांक–स्कन्दगुप्त की बात! आज जिस दिन पाटलिपुत्र आए थे...

यशो.–उस दिन क्या हुआ था?

शशांक– मैंने तो सोचा था कि किसी से न कहूँगा। उस दिन एक व्यक्ति ने मुझे स्कन्दगुप्त की बात सुनाई थी।

यशो.–वह कौन था?

शशांक–शक्रसेन।

लल्ल–यह कैसा सर्वनाश! उसने तुम्हें कैसे देख पाया?

शशांक–तुम उस दिन कहीं चले गए थे। मैंने तुम्हें जब कहीं न देखा तब माधव और चित्रा के साथ बालू में जाकर खेलने लगा। ठीक है न चित्रा?

चित्रा उठकर सीढ़ी के ऊपर आ बैठी थी। उसने सिर हिलाकर कहा, 'हाँ।' यशोधवलदेव ने पूछा, "शक्रसेन ने तुमसे क्या कहा था?"

शशांक–उसकी सब बातों का तो मुझे स्मरण नहीं है, केवल उसका यही कहना अब तक नहीं भूला है कि शशांक, तुम कभी सुखी न रहोगे। तुम जिस पर विश्वास करोगे वही विश्वासघात करेगा। तुम बिना किसी संगी-साथी के अकेले विदेश में मरोगे।

यशो.–पुत्र! वज्राचार्य शक्रसेन बौद्धसंघ का एक प्रधान नेता और साम्राज्य का घोर शत्रु है। तुम कभी उसकी बात का विश्वास न करना और न कभी उसके पास जाना।

लल्ल–प्रभो! पर वज्राचार्य ज्योतिष की विद्या में पारदर्शी प्रसिद्ध है।

यशो.–लल्ल! स्वार्थ के लिए बौद्ध जो न करें सो थोड़ा है।

देखते-देखते घोर अन्धकार चारों ओर छा गया। दीपक हाथ में लिये एक परिचारक ने कहा, "युवराज! महाराजाधिराज आपको स्मरण कर रहे हैं।" सब लोग धाट पर से उठकर प्रासाद के भीतर गए।

दूसरा परिच्छेद
जलविहार

चारों ओर नदियों से घिरे हुए बंगदेश पर चढ़ाई करने के लिए अश्वारोही या पदातिक सेना की अपेक्षा नौसेना अधिक आवश्यक है, यशोधवलदेव इस बात को जानते थे। उन्होंने जल सेना खड़ी करने का भार अपने ऊपर लिया। मगधदेश में ऐसी नदियाँ बहुत कम थीं जिनमें सब ऋतुओं में नावें चल सकती हों, इससे मगध देश के नाविकों को लेकर पूर्व की ओर चढ़ाई करने में सफलता की कम आशा थी। यह सोचकर यशोधवलदेव ने

गौड़देश से माझी बुलवाकर नौसेना खड़ी की। गौड़देश के काले और नाटे-नाटे माझियों की नाव चलाने में फुर्ती देख पाटलिपुत्र के नागरिक दंग रह जाते थे। प्रतिदिन सूर्योदय से लेकर सूर्योस्त तक नई-नई नौसेना गंगा की धारा में नाव चलाने और युद्ध करने का अभ्यास करती थी। मगधवासी नागरिक तीर पर खड़े होकर उनकी अद्भुत क्रीड़ा और शिक्षा देखते थे। शशांक, यशोधवलदेव, अनन्तवर्मा, नरसिंहगुप्त और लल्ल तीसरे पहर नौसेना की शिक्षा में योग देते थे। कभी-कभी सम्राट भी रनिवास की स्त्रियों को साथ लेकर नौका पर भ्रमण करने निकलते थे। कुमार भी कभी-कभी अपने संगी-साथियों के साथ चित्रा, लतिका और गंगा को लेकर चाँदनी रात में जलविहार करने जाते थे। उस समय नाव पर तरुण कोमल कंठ के साथ मधुर संगीत ध्वनि सुनाई देती थी। कुमार की बालसंगिनी भी अब तरुणावस्था में पैर रख चुकी थी। महादेवी अब उन्हें बिना किसी सहचरी के अकेले नहीं जाने देती थीं। प्रायः तरला उनके साथ रहती थी। इन कई वर्षों के बीच तरला प्रासाद के अन्तःपुर में सबको अत्यन्त प्रिय हो गई थी। घर के काम-काम में चतुर, आलस्यशून्य, हँसमुख तरुणी तरला दासियों में प्रधान हो गई थी। वसुमित्र को छुड़ाने के पीछे यशोधवल ने उसे अपने सेठ के घर न जाने दिया। तब से बराबर वह प्रासाद ही में बनी हुई है। श्रेष्ठि पुत्र वसुमित्र, संघाराम से छूटने पर बराबर तन-मन से यशोधवलदेव की सेवा में ही रहते हैं। इस समय वे नौसेना के एक प्रधान अध्यक्ष हैं। यशोधवल के आदेशानुसार जलविहार के समय कुमार वसुमित्र को सदा साथ रखते थे।

वर्षा के अन्त में गंगा बढ़कर करारों से जा लगी है। नावों का बेड़ा तैयार हो चुका है। नौसेना सुशिक्षित हो चुकी है। हेमन्त लगते ही बंगदेश पर चढ़ाई होगी। सामान्य सैनिक से लेकर यशोधवल तक उत्सुक होकर जाड़े का आसरा देख रहे थे। वर्षाकाल में तो सारा बंगदेश जल में डूबकर महासमुद्र हो जाता था, शरद ऋतु में जल के हट जाने पर सारी भूमि कीचड़ और दलदल से ढकी रहती थी। इससे हेमन्त के पहले युद्ध के लिए उस ओर की यात्रा नहीं हो सकती थी। बंगदेश की इसी चढ़ाई पर ही साम्राज्य का भविष्य बहुत कुछ निर्भर था। यही सोचकर यशोधवलदेव बहुत उत्सुक होते हुए भी उपयुक्त समय की प्रतीक्षा कर रहे हैं।

शरत् के प्रारम्भ में शुक्लपक्ष की चाँदनीं रात में कुमार शशांक अपने संगी-साथियों सहित जलविहार के लिए निकले हैं। नरसिंहदत्त, अनन्तवर्म्मा, माधवगुप्त, चित्रा, लतिका और गंगा के साथ कुमार एक नौका पर चन्द्रातप (चँदवा) के नीचे बैठे हैं। चन्द्रातप के बाहर तरला, लल्ल और वसुमित्र बैठे हैं। सैकड़ों गौड़ माझी एक स्वर से गीत गाते हुए नावें छोड़ रहे हैं। उज्ज्वल निखरी हुई चाँदनी चारों ओर छिटककर आभा-सी डाल रही है। गंगा की विस्तृत धारा के हिलोरों के बीच चन्द्रमा की उज्ज्वल निर्मल किरणें पड़कर झलझला रही हैं। कुमार की नाव धारा में पड़कर तीर की तरह सन-सन बढ़ती चली जाती थी। चित्रा का मुँह उदास था, वह प्रसन्न नहीं था। सब लोग मिलकर उसे प्रसन्न करने की चेष्टा कर रहे हैं, पर कुछ फल नहीं हो रहा है। चित्रा ने सुन पाया था कि युद्ध में जाने से मनुष्य मारना पड़ता है।

कुमार भी जाएँगे, इसकी चिन्ता में वह दिन-दिन सूखती जाती थी, पर पीछे यह सुनकर कि वे शीघ्र लौट आएँगे, उसका जी कुछ ठिकाने आ गया था। पर आज न जाने किसने उससे कह दिया कि युद्ध में सहस्रों मनुष्य मारे जाते हैं, रक्त से धरती लाल हो जाती है। जो युद्धयात्रा में जाता है, वह लौटने की आशा छोड़कर जाता है। यही बात सुनकर वह रोती-रोती कुमार के पैरों के नीचे लोट पड़ी और कहने लगी, मैं तुम्हें युद्ध में न जाने दूँगी। तरुणावस्था लगने पर भी चित्रा अभी बालिका ही थी। उसकी बाल्यावस्था का भोलापन और चपलता जरा भी नहीं दूर हुई थी। उसकी इस बात पर सब लोग हँस रहे थे, इसी से वह रूठकर मुँह फुलाए बैठी थी।

कुछ काल तक इस प्रकार चुप रहकर वह एकबारगी पूछ उठी, "तुम लोग क्यों युद्ध करने जाओगे?" अनन्तवर्म्मा अवस्था में छोटे होने पर भी गम्भीर स्वभाव के थे। उन्होंने धीरे से उत्तर दिया, "देश जीतने।"

चित्रा—देश जीतकर क्या होगा?

शशांक—देश जीतने से राज बढ़ेगा, राजकोष में धन आएगा।

चित्रा—मनुष्य भी तो मरेंगे?

शशांक—दो-तीन सौ मरेंगे।

चित्रा—जो लोग मरेंगे, उन्हें पीड़ा न होगी?

शशांक—होगी।

चित्रा—तब फिर उन लोगों को क्यों मारोगे?

शशांक—वे सम्राट की प्रजा होकर उनकी आज्ञा नहीं मानते इसीलिए मारे जाएँगे।

चित्रा—क्या ऐसे मनुष्य नहीं हैं जो सम्राट की प्रजा नहीं हैं?

शशांक—हैं क्यों नहीं, बहुत से हैं।

चित्रा—तो उन्हें भी समझ लो कि सम्राट की प्रजा नहीं हैं।

शशांक—यह नहीं हो सकता। चित्रा! विद्रोही प्रजा का शासन करना राजधर्म्म है। विद्रोह का दमन न करने से राजा का मान नहीं रह जाता। आर्य्य यशोधवलदेव कहते हैं कि आत्मसम्मानहीन राजशक्ति कभी स्थिर नहीं रह सकती।

चित्रा अब और आगे न चल सकी, मुँह लटकाए बैठी रही। उसे देख नरसिंह बोल उठे, "अच्छा होता, इन्हीं लोगों के हाथ में राज्य का भार सौंप दिया जाता। हम लोग झंझट से बचते।" सब लोग हँस पड़े, पर चित्रा ने कुछ ध्यान न दिया। वह गहरी चिन्ता में डूबी हुई थी। वह सोच रही थी कि जिसे इतना बड़ा राज्य है वह राज्य और बढ़ाना क्यों चाहता है? राज्य लेने में यदि इतने मनुष्यों को मारना पड़ता है, तो राज्य लेने की आवश्यकता ही क्या है? इतनी नरहत्या, इतना रक्तपात करके नया राज्य लेने की आवश्यकता क्या है, यह बात चित्रा की समझ में न आई।

अकस्मात् न जाने कौन-सी बात सोचकर वह एकबारगी चिल्ला उठी। कुमार ने घबराकर पूछा, "क्या हुआ?" चित्रा की दोनों आँखें डबडबाई हुई थीं। रुँधे हुए कंठ से वह बोल उठी, "तुम जिन लोगों को मारोगे, वे भी तुम लोगों को मारेंगे?"

शशांक–मारेंगे ही।

चित्रा–तुम्हारी ओर के लोग भी मरेंगे?

शशांक–न जाने कितने लोग मरेंगे, कोई ठिकाना है। शत्रु के अस्त्र-शस्त्रों की चोट से न जाने कितने सैनिक लँगड़े-लूले हो जाएँगे।

चित्रा–तो फिर तुम लोग क्यों जाते हो?

शशांक–क्यों जाते हैं, यह बतलाना बड़ा कठिन है। सनातन से ऐसी प्रथा मनुष्य समाज में चली आ रही है, यही समझकर जाएँगे। सैकड़ों मारे जाएँगे, हजारों लँगड़े-लूले होंगे, पीड़ा से तड़पेंगे, न जाने कितने लोग अनाथ हो जाएँगे, इतना सब होने पर भी हम लोग जाएँगे।

लतिका अब तक चुप बैठी थी। वह बोल उठी, "कुमार! तुम लोग जिन्हें मारने जाओगे, वे लोग भी तुम्हें मारेंगे। क्या तुम लोगों को भी वे मार सकेंगे?"

शशांक–सुयोग पाएँगे तो अवश्य मारेंगे, क्या छोड़ देंगे?

लतिका और कुछ न बोली। चित्रा का रोने का रंग-ढंग दिखाई पड़ा। कुमार की बात सुन लतिका की गोद में मुँह छिपाकर चित्रा सिसकने लगी। कुमार और नरसिंह उसे शान्त करने लगे। इस बातचीत में जलविहार का सारा प्रमोद भूल गया, मृत्यु के प्रसंग ने सारा आनन्द किरकिरा कर दिया। बहुत दूर तक यों ही चुपचाप, रहकर कुमार ने माझियों को नगर लौट चलने की आज्ञा दी। नाव लौट पड़ी।

धार में पड़कर नाव बहुत दूर निकल आई थी, चढ़ाव पर प्रासाद तक आने में उसे बहुत विलम्ब लगा। चित्रा के प्रश्न पर कुमार के मन में एक नया भाव उठ रहा था। इसके पहिले उसके मन में और कभी मृत्यु का ध्यान नहीं आया था। युद्ध में मृत्यु की भी सम्भावना है, यह बात अब तक किसी ने उसके सामने नहीं कही थी। कुमार सोचते थे कि युद्ध में जय और पराजय दोनों सम्भव है, यह बात तो आर्य्य यशोधवलदेव कई बार कह चुके हैं; पर जय और पराजय के साथ मृत्यु की सम्भावना भी लगी हुई है, यह उन्होंने कभी नहीं कहा। मरने पर तो सब बातों का अन्त हो जाता है। जीवन की जितनी आशाएँ हैं, उन सबकी जीवन के साथ ही इतिश्री हो जाती है। जो लोग युद्ध में जाएँगे, हो सकता है कि उनमें से अधिकतर लोग लौटकर न आएँ, उनके आत्मीय और घर के प्राणी उन्हें फिर न देखें। युद्ध क्षेत्र में न जाने कितने असहाय अवस्था में प्राण छोड़ेंगे, बहुतों को एक घूँट जल भी मरते समय न मिलेगा।

सम्भव है, मुझे भी मरना पड़े। मैं भी घायल होकर गिरूँ और सेना दल मुझे छोड़कर चल दें। मैं तड़पता पड़ा रहूँ और विजयोल्लास में उन्मत्त सहस्रों अश्वारोहियों के घोड़ों की टापों से टकराकर मेरी देह खंड-खंड हो जाए, कोई मुझे उठाने के लिए न आए। फिर तो यह सुन्दर पाटलिपुत्र नगर सब दिन के लिए छूट जाएगा, बाल्यकाल के क्रीड़ास्थल, बन्धु-बान्धव, इष्ट-मित्र देखने को न मिलेंगे। मृत्यु कितनी भयावनी है! कुमार की दोनों आँखों में जल भर आया, पर किसी ने देखा नहीं।

एक पहर रात बीते नाव पाटलिपुत्र पहुँची। गंगा द्वार पर पहुँचते-पहुँचते दो दंड और बीत गए। गंगा द्वार के चारों ओर बहुत-सी नावें लगी थीं। ये सब नावें बंगदेश की

चढ़ाई के लिए ही बनी थीं। नावों के जमघट से थोड़ी दूर पर एक नाव लंगर डाले खड़ी थी। उस पर से एक प्रतिहार ने पुकारकर पूछा, "किसकी नाव है?"

वसुमित्र ने चिल्लाकर उत्तर दिया–"साम्राज्य की नौका है।"

प्रतिहार–नाव पर युवराज हैं?

वसुमित्र–हाँ।

प्रतिहार–युवराज से निवेदन करो कि स्वयं महाराजाधिराज और महानायक यशोधवलदेव उन्हें कई बार पूछ चुके।

युवराज अब तक चिन्ता में ही डूबे हुए थे। वे सोच रहे थे कि यदि कहीं युद्ध में मैं मारा गया तो वृद्ध पिता की क्या दशा होगी? साम्राज्य की क्या दशा होगी? जिन्होंने मेरे ही भरोसे पर इस बुढ़ापे में राजकार्य्य का जंजाल अपने ऊपर ओढ़ा है, उन पितृतुल्य यशोधवलदेव का क्या होगा? और भी लोग हैं–माता हैं, वे भी मुझे देखकर ही जीती हैं। चित्रा है–

वसुमित्र धीरे से आकर कुमार के सामने खड़ा हो गया, पर उन्हें चिन्ता में देख कोई बात न कह सका। अनन्तवर्म्मा ने पूछा, "क्यों सेठ! प्रतिहार ने क्या कहा है?"

वसुमित्र–कहा है कि सम्राट और महानायक कुमार को पूछ रहे हैं।"

कुमार मानो सोते से जाग पड़े। उन्होंने पूछा, "क्या हुआ?"

वसुमित्र–प्रभो! गंगाद्वार के प्रतिहार ने कहा है कि स्वयं महाराजाधिराज और महानायक यशोधवलदेव कुमार को कई बार पूछ चुके।

अब नाव गंगाद्वार के घाट की सीढ़ियों पर आ लगी। कुमार नाव पर से उतरे। नरसिंहदत्त बोले, "चित्रा रोते-रोते सो गई है।" पीछे से माधववर्म्मा बोल उठे, "लतिका भी सो गई है।" इसी बीच में लल्ल कहने लगा, "कुमार! महाराजाधिराज बुला रहे हैं। आप चलें, हम लोग पीछे से आते हैं।"

कुमार धीरे-धीरे प्रासाद के भीतर गए।

तीसरा परिच्छेद
दुःसंवाद

नए प्रासाद के भीतर एक सुसज्जित भवन में सम्राट महासेनगुप्त, महानायक यशोधवलदेव, महामन्त्री हृषीकेशशर्म्मा, प्रधान विचारपति नारायणशर्म्मा, महाबलाध्यक्ष हरिगुप्त, महानायक रामगुप्त प्रभृति राजपुरुष बैठे हैं। सब उदास और चिन्तामग्न हैं। महाप्रतिहार विनयसेन चुपचाप भवन के द्वार पर खड़े हैं। वे भी उदास हैं। कुछ दूर पर दंडधर और प्रतिहार चुपचाप खड़े हैं। अन्तःपुर से रह-रहकर थोड़ा-थोड़ा रोने का शब्द भी आता है। कुमार गंगाद्वार से एक दंडधर के साथ अन्तःपुर में आए। दुश्चिन्ता से वे सन्न हो गए थे, रोने का शब्द सुनकर वे और भी दहल उठे। दंडधर से उन्होंने पूछा, "सब लोग रोते क्यों हैं? क्या हुआ, कुछ कह सकते हो?" दंडधर बोला, "प्रभो! मैं कुछ भी नहीं जानता।"

उन्हें दूर ही से देख विनयसेन भीतर जाकर बोले, "महाराजाधिराज! युवराज आ रहे हैं।" सम्राट हाथ पर सिर रखे-रखे ही बोले, "भीतर बुलाओ।" विनयसेन बाहर निकलकर कुमार को लिए फिर भीतर आए। कुमार पिता के चरणों में प्रणाम करके खड़े रहे। सम्राट के मुँह से कोई शब्द नहीं निकला। यह देख हृषीकेशशर्म्मा बोले, "महाराजाधिराज! युवराज आए हैं।" सम्राट फिर भी चुप। कुमार उनकी उदासी और मौन का कुछ कारण न समझ भौंचक खड़े रहे। अन्त में यशोधवलदेव ने सम्राट को सम्बोधन करके कहा, "महाराजाधिराज! युवराज शशांक बहुत देर से खड़े हैं, उन्हें बैठने की आज्ञा हो।" सम्राट सिर नीचा किए ही बोले, "पुत्र! बैठ जाओ। हम लोगों का सर्वनाश हो गया। स्थाण्वीश्वर में तुम्हारी बुआ का परलोकवास हो गया।" समाचार सुनकर युवराज सिर नीचा करके बैठे रहे। बहुत विलम्ब के उपरान्त यशोधवलदेव बोले, "महाराजाधिराज! अब शोक में समय खोना व्यर्थ है। पाटलिपुत्र से थानेश्वर कई दिनों का मार्ग है, पर थानेश्वर की सेना चरणाद्रिगढ़ के पास ही है। प्रभाकरवर्द्धन यदि साम्राज्य पर आक्रमण करना चाहें तो बहुत सहज में कर सकते हैं। महाराजाधिराज अब शोक परित्याग कीजिए, साम्राज्य की रक्षा का उपाय कीजिए।" सम्राट ने कहा, "यशोधवल! साम्राज्य की रक्षा का तो मुझे कोई उपाय नहीं सूझता। थानेश्वर के साथ युद्ध करने में तो पराजय निश्चय है। बालक और वृद्ध कभी लड़कर विजयी हो सकते हैं?"

यशो.—उपाय न सूझने पर भी कोई उपाय करना ही होगा। जो अपनी रक्षा का उपाय नहीं करता, वह आत्मघाती है।

सम्राट—महादेवी की मृत्यु के पहले मैं ही क्यों न मर गया? अपनी आँखों से साम्राज्य का ध्वंस तो न देखता।

रामगुप्त—प्रभो! विलाप करने का कुछ फल नहीं। इस समय जहाँ तक शीघ्र हो सके, चरणाद्रिदुर्ग में सेना भेजनी चाहिए।

यशो.—रामगुप्त! सेना कई दिन में चरणाद्रिदुर्ग पहुँचेगी?

राम.—अश्वारोही सेना तो तीन दिन में पहुँच सकती है, किन्तु पदातिक सेना दस दिन से कम में नहीं पहुँच सकती।

सम्राट—चरणाद्रिगढ़ कितनी सेना भेजना चाहते हो?

यशो.—कम-से-कम दस सहस्र; पाँच सहस्र पदातिक और पाँच सहस्र अश्वारोही।

सम्राट—चरणाद्रिगढ़ गंगा के तट पर है, गढ़ की रक्षा के लिए कुछ नौसेना भी चाहिए।

यशो.—बंगदेश की चढ़ाई के लिए जो नौसेना इकट्ठी हो गई है, उसका कुछ अंश भेज देने से कोई विशेष हानि न होगी।

सम्राट—शिविर में कितनी सेना होगी?

हरिगुप्त—पन्द्रह सहस्र अश्वारोही, पचीस सहस्र पदातिक और पाँच सहस्र नौसेना।

सम्राट—नई नावें कितनी होंगी?

हरिगुप्त—पाँच सौ से कुछ कम। इनमें से दो सौ के माँझी तो मगधदेश के ही हैं।

सम्राट–बंगदेश में अश्वारोही सेना ले जाना तो व्यर्थ होगा, अतः चरणाद्रिदुर्ग पर दस सहस्र अश्वारोही भेज देने से इधर कोई हानि न होगी। पर नौसेना अधिक नहीं भेजी जा सकती, क्योंकि बंगदेश में नौसेना ही लड़ेगी।

यशो.–प्रभो! कम से कम दो सहस्र अश्वारोही बंगदेश में भी रहने चाहिए क्योंकि कामरूप के राजा क्या करेंगे, नहीं कहा जा सकता।

सम्राट–तो ठीक है। आठ सहस्र अश्वारोही, पाँच सहस्र पदातिक और दो सौ नावें इसी समय चरणाद्रिगढ़ भेज दी जाएँ। मगध के माँझियों को बंगयुद्ध में ले जाना व्यर्थ ही होगा। अच्छा, चरणाद्रिगढ़ सेना लेकर जाएगा कौन?

यशो.–हरिगुप्त और रामगुप्त को छोड़ और तीसरा कौन जा सकता है? पर दो में से किसी एक का पाटलिपुत्र में रहना भी आवश्यक है।

सम्राट–अच्छा तो हरिगुप्त को ही भेजो।

हरिगुप्त–महाराजाधिराज की आज्ञा सिर-माथों पर है। पर मैं इस बात का बहुत आसरा लगाए था कि एक बार फिर यशोधवलदेव के अधीन युद्ध यात्रा करूँगा।

यशो.–हरिगुप्त! तुम्हारी यह आशा थोड़े ही दिनों में पूरी होगी।

हरि.–किस प्रकार, प्रभो!

यशो.–अभी कई युद्ध यात्राएँ होंगी।

सम्राट–हरिगुप्त! यशोधवल ठीक कहते हैं। बहुत शीघ्र इतनी अधिक चढ़ाइयाँ करनी पड़ेंगी कि उपयुक्त सेनापति ढूँढ़े न मिलेंगे।

वृद्ध हृषीकेशशर्म्मा अब तक चुपचाप बैठे थे। बुढ़ापे के कारण उन्हें अब बहुत कम सुनाई पड़ता था। जो बातें हुईं, अधिकांश उन्होंने नहीं सुनीं। वे बैठे-बैठे बोल उठे, "यशोधवल! तुम लोगों ने क्या स्थिर किया, मुझे बताया नहीं?" यशोधवलदेव ने उनके कान के पास मुँह ले जाकर चिल्लाकर कहा, "महाराज ने स्थिर किया है कि आठ सहस्र अश्वारोही, पाँच सहस्र पदातिक और दो सौ नावें लेकर हरिगुप्त इसी समय चरणाद्रिगढ़ की ओर प्रस्थान करें और रामगुप्त नगर की रक्षा के लिए रहें। बंग की चढ़ाई में दो सहस्र अश्वारोही भी जाएँगे, क्योंकि कामरूप के राजा क्या भाव धारण करेंगे, नहीं कहा जा सकता।" वृद्ध ने कई बार सिर हिलाकर कहा, "बहुत ठीक, बहुत ठीक! पर स्थाण्वीश्वर जाने के सम्बन्ध में क्या व्यवस्था की गई?"

सम्राट–हरिगुप्त चरणाद्रिगढ़ जाते ही हैं, जो व्यवस्था उचित समझेंगे, करेंगे।

हृषी.–प्रभो! वृद्ध की वाचालता क्षमा की जाए। स्थाण्वीश्वर की सेना के आक्रमण से देश की रक्षा करने के अतिरिक्त एक कर्त्तव्य और भी है। स्थाण्वीश्वरराज आपके भांजे हैं, उन्होंने आपकी भगिनी की मृत्यु का संवाद दूत द्वारा भेजा है। यद्यपि दूत के पाटलिपुत्र पहुँचने के पहले ही श्राद्ध आदि कृत्य हो चुके होंगे, पर सम्राट वंश के किसी व्यक्ति का इस समय वहाँ जाना परम आवश्यक है।

प्रधान सचिव का यह प्रस्ताव सुन यशोधवलदेव, नारायणशर्म्मा और रामगुप्त आदि राजपुरुष धन्य-धन्य कहने लगे। सम्राट बोले, "अमात्य! आपका प्रस्ताव बहुत ही उचित

है, पर स्थाण्वीश्वर किसको भेजूँ? यदि कोई दूर का सम्बन्धी या आत्मीय भेजा जाएगा तो प्रभाकरवर्द्धन अपना अपमान समझेंगे।''

हृषी.—किसी सम्बन्धी को भेजना किसी प्रकार ठीक नहीं; ऐसा करने से तुरन्त झगड़ा खड़ा हो जाएगा। युवराज शशांक से प्रभाकरवर्द्धन मन-ही-मन बुरा मानते हैं, इसलिए उन्हें भेजना तो बुद्धिमानी का काम नहीं। कुमार माधवगुप्त ही भेजे जा सकते हैं, और कोई उपाय मैं नहीं देखता।

सम्राट—माधव तो अभी निरा बच्चा है।

यशो.—महाराजाधिराज! ऐसे स्थान पर बच्चे को भेजना ही ठीक है, क्योंकि इससे किसी प्रकार के विवाद आदि की उतनी सम्भावना नहीं रहती।

सम्राट—तो फिर माधव का जाना ही ठीक है, पर उनके साथ जाएगा कौन?

यशो.—कुमार माधवगुप्त के साथ किसी बड़े चतुर मनुष्य को भेजना चाहिए। नारायणशर्म्मा यदि जाते तो बहुत ही अच्छा होता, पर...

नारायण.—यदि महाराजाधिराज की आज्ञा हो तो इस वृद्धावस्था में भी मैं शास्त्र छोड़कर अभी शस्त्र धारण करने को प्रस्तुत हूँ, स्थाण्वीश्वर जाना तो कोई बड़ी बात नहीं है।

सम्राट—बहुत अच्छी बात है। अच्छा तो महाधर्म्माधिकार ही कुमार के साथ जाएँगे।

हृषीकेशशर्म्मा सब बातें नहीं सुन सके थे। वे पूछने लगे, ''यशोधवल, क्या स्थिर किया?''

यशो.—कुमार माधवगुप्त ही स्थाण्वीश्वर जाएँगे। महाधर्म्माधिकार नारायणशर्म्मा उनके साथ जाएँगे।

हृषी—साधु! साधु! किन्तु यशोधवलदेव, एक बात तो बताओ। हरिगुप्त तो चरणाद्रि जाएँगे, नारायण स्थाण्वीश्वर जाते हैं, रामगुप्त नगर की रक्षा के लिए रहते हैं, मैं वृद्ध हूँ, किसी काम का ही नहीं हूँ। तुम युद्ध में किसे लेकर जाओगे?

यशो.—प्रभो! सेनापति का क्या अभाव है? नरसिंह, माधव, युवराज शशांक, यहाँ तक कि अनन्तव[illegible] भी अब युद्धविद्या में पूर्ण शिक्षित हो चुके हैं। बंगदेश की चढ़ाई में ये ही लोग हमारी पृष्ठरक्षा करेंगे। यदि साम्राज्य की रक्षा होगी, यदि बंगदेश पर अधिकार होगा, तो इन्हीं लोगों के द्वारा। हम लोग अब वृद्ध हुए, कर्मक्षेत्र से अब हम लोगों के छुट्टी लेने का समय है। यदि आगे का सब कार्य्य इन लोगों के हाथ में देकर हम लोग छुट्टी पा जाएँ तो इससे बढ़कर भगवान् की कृपा क्या होगी?

हृषी.—साधु! यशोधवल, साधु! आशीर्वाद देता हूँ कि तुम्हारा यह साधु उद्देश्य सफल हो।

यशो.—महाराजाधिराज! अब विलम्ब करने का काम नहीं। आज रात को ही सेना सहित हरिगुप्त को प्रस्थान करना होगा।

सम्राट—अच्छी बात है। हरिगुप्त! प्रस्तुत हो जाओ और आज रात को ही सेना सहित नगर परित्याग करो।

हरिगुप्त प्रणाम करके विदा हुए। सम्राट ने विनयसेन को बुलाकर कहा, "तुम इसी समय शिविर में जाओ। अंग और तीरभुक्ति की अश्वारोही सेना को आज रात को ही हरिगुप्त के साथ चरणाद्रिगढ़ जाना होगा। आठ सहस्र अश्वारोही और पाँच सहस्र पदातिक दो पहर रात बीते ही प्रस्थान करेंगे, शेष सेना नगर में ही रहेगी। तुम जाकर सेनानायकों को तैयार होने के लिए कहो।" विनयसेन अभिवादन करके चले गए। सम्राट ने फिर कहा, "रामगुप्त! जिन दो सौ नावों पर मगध के माझी हैं, वे हरिगुप्त के साथ चरणाद्रि जाएँगे। उन्हें तैयार होने के लिए कहो।" रामगुप्त प्रणाम करके गए।

रात का तीसरा प्रहर बीता जाता है, यह देख हृषीकेशशर्म्मा और नारायणशर्म्मा सम्राट से विदा होकर अपने-अपने घर गए। यशोधवलदेव और कुमार शशांक भी बाहर निकल आए। यशोधवलदेव ने कहा, "पुत्र, मैं शिविर में जा रहा हूँ। तुम भी सेना की यात्रा देखने चलोगे?" युवराज ने कहा, "आर्य्य! मैं बहुत थका हुआ हूँ।" यशोधवलदेव उन्हें विश्राम करने के लिए कहकर चले गए। उनके आँखों की ओट होते ही चित्रा दौड़ी-दौड़ी आई और कुमार के गले लगकर कहने लगी, "कुमार! तो फिर क्या तुम युद्ध में न जाओगे?" कुमार ने चकित होकर पूछा, "क्यों?"

चित्रा—हरिगुप्त न जा रहे हैं।

शशांक—तुमने कैसे सुना?

चित्रा—मैं कोठरी के उधर कोने में छिपी-छिपी सब बातें सुन रही थी।

शशांक—चित्रा! तुम अभी सोई नहीं?

चित्रा—मुझे नींद नहीं आती। तुम भी युद्ध में जाओगे, यह सुनकर मेरा जी न जाने कैसा करता है।

शशांक—मैं युद्ध में जाऊँगा, यह बात तो तुम बहुत दिनों से सुनती आती हो।

चित्रा—युद्ध में मनुष्य मारे जाते हैं, यह तो तुमने कभी कहा नहीं था।

मन्त्रणासभा में आकर कुमार को मृत्यु की बात भूल ही गई थी। चित्रा की बात से फिर उन्हें दुश्चिन्ता ने आ घेरा। वे चित्रा की बात का कोई उत्तर न देकर सोच-विचार में डूब गए। उन्हें चुप देखकर चित्रा ने पुकारा, "कुमार!"

शशांक—क्या है चित्रा?

चित्रा—कहो कि मैं युद्ध में न जाऊँगा?

शशांक—पिताजी की बात भला कैसे टाल सकता हूँ?

चित्रा—तुम्हारे पिता क्या तुम्हें जान-बूझकर मरने देंगे?

शशांक—वे जान-बूझकर मुझे कैसे मरने देंगे?

चित्रा—तो फिर?

शशांक—तो फिर क्या?

चित्रा—तो फिर तुम्हें मरना न होगा?

कुमार हँस पड़े और बोले, "मरना भी क्या किसी के हाथ में रहता है?"

चित्रा ने कुछ सुना नहीं, वह बार-बार कहने लगी, "अच्छा, कहो कि मैं न मरूँगा?" कुमार ने हँसते-हँसते कहा, "अच्छा, लो न मरूँगा।"

चित्रा—यह नहीं, तुम मेरी शपथ खाकर कहो!

शशांक—अच्छा, तुम्हारी शपथ खाकर कहता हूँ, चित्रा! कि मैं बंगदेश के इस युद्ध में न मरूँगा।

चित्रा—कहो कि लौटकर आऊँगा?

शशांक—कहाँ?

चित्रा—मेरे पास, और कहाँ? नहीं, नहीं, इस पाटलिपुत्र नगर में।

शशांक—तुम्हारे सिर की सौगन्ध खाकर कहता हूँ कि बंगदेश के युद्ध से मैं लौटकर तुम्हारे पास पाटलिपुत्र नगर में आऊँगा।

चित्रा ने अपने मन की बात होने पर कुमार के गले से हाथ हटा लिया और दोनों एक-दूसरे का हाथ पकड़े महादेवी के शयनागार की ओर गए।

चौथा परिच्छेद
संवाद प्रेरणा

दो पहर रात बीत गई है। नगर के तोरणों पर दूसरे पहर का बाजा बज रहा है। राजधानी में बिलकुल सन्नाटा है। एक पतली गली में एक छोटी-सी दूकान पर तेल का एक दीया जल रहा है। दूकान पर बैठी सहुवानी पान चबा रही है और एक पुरुष के साथ धीरे-धीरे बातचीत भी करती जाती है। पुरुष कह रहा है, "अब मैं यहाँ और अधिक न रहूँगा, देश को जाऊँगा। बहुत दिन हो गए; अब और विलम्ब करूँगा तो प्रभु रुष्ट होंगे।" रमणी रूठने का भाव बनाकर कह रही है, "पुरुष जाति ऐसी ही होती है। यदि देश का ऐसा ही प्रेम था तो परदेश में आए क्यों? मुझसे इतनी बातचीत क्यों बढ़ाई?"

पुरुष—मल्लिका! तुम रूठ गईं। मैं क्या तुम्हारा विरह बहुत दिनों तक सह सकूँगा? कभी नहीं। एक बरस के भीतर ही लौट आऊँगा।

रमणी—तुम्हारी बात का कोई ठिकाना नहीं।

पुरुष—मैं तुम्हारे सिर की सौगन्ध खाकर कहता हूँ कि अगली शरद पूर्णिमा तक आ जाऊँगा। इसमें रत्ती भर भी झूठ न समझना।

रमणी उसकी बात को अनसुनी करके दूसरी ओर मुँह फेरे बैठी थी। पुरुष काठ के एक पाटे पर बैठा था। मान दूर होता न देख वह आसन पर से उठा और रमणी की ओर बढ़ा। इतने में गली में किसी के चलने का शब्द सुनाई पड़ा। पुरुष सहमकर अपने आसन पर आ बैठा। रमणी भी अपना मुँह पुरुष की ओर फेरकर बैठी। एक सैनिक ने दूकान पर आकर रमणी से कहा, "मल्लिका! मेरे यहाँ तुम्हारा जो कुछ निकलता हो, उसे चुकाने आया हूँ। तुम्हारी दूकान अब तक खुली हुई है। मैं तो समझता था कि तुम दूकान बन्द करके सोई होगी, मुझे बहुत पुकारना पड़ेगा।" रमणी ने हँसते-हँसते कहा, "देखना,

मल्लिका को एकबारगी भूल न जाना, कभी-कभी स्मरण करना। उधार चुकाने की इतनी जल्दी क्या थी, सबेरे आकर चुकाते।"

सैनिक–मुझे रात को ही नगर छोड़कर जाना होगा। सेनापति आकर हम लोगों को तैयार होने के लिए कह गए हैं। दो पहर रात गए ही जाने की बातचीत थी, पर कई कारणों से विलम्ब हो गया। अब तीन पहर रात बीतने पर प्रस्थान होगा।

रमणी–खड़े ही रहोगे? थोड़ा बैठ न जाओ।

सैनिक–बैठने का समय नहीं है, अभी और कई दूकानों पर जाना है।

रमणी–तब फिर यहाँ आने का क्या प्रयोजन था? जब लौटकर आते तब उधार चुकाते।

सैनिक–न, न मल्लिका, रूठो मत, मैं आज बहुत हड़बड़ी में हूँ, बैठ नहीं सकता। तुम्हारा कितना निकलता है, बतलाओ।

रमणी–अरे, कितना क्या? सब मिलाकर पन्द्रह-सोलह द्रम्म[1] होगा।

सैनिक ने अपने टेंट से एक स्वर्णमुद्रा निकालकर फेंक दी। रमणी ने उसे दीपक के उजाले के पास ले जाकर देखा और चकित होकर बोली, "अरे, यह तो दीनार[2] है। नया दीनार। तुम कहाँ से पा गए?"

सैनिक–किसी बात की चिन्ता न करो, जाली नहीं है, राजकोष से मिला है। यात्रा की आज्ञा के साथ ही तीन मास का वेतन सबको मिल गया है।

रमणी–कहाँ जाना होगा?

सैनिक–यह नहीं बता सकता, बताने का निषेध है।

रमणी अपना मुँह फेरे हुए सैनिक के आगे चार द्रम्म फेंककर बोली, "अच्छा तो जाओ।" सैनिक ने कहा, "जाऊँ कैसे? तुम तो रूठी जाती हो।"

रमणी–मेरे रूठने से तुम्हारा क्या बनता-बिगड़ता है? जब तुम इतना तक नहीं बता सकते कि कहाँ जाते हो, तब मेरे रूठने की तुम्हें क्या चिन्ता?

सैनिक–मुझ पर इतना कोप न करो। स्थान बताने का बहुत कड़ा निषेध है, पर तुमसे तो किसी बात का छिपाव नहीं है, तुम्हारे कान में कहे जाता हूँ।

सैनिक ने रमणी के कान के पास मुँह ले जाकर कुछ कहा। पास बैठे हुए पुरुष ने कुछ भी न सुना। अन्त में रमणी ने 'जाओ' कहकर सैनिक को ढकेल दिया। वह रुपए उठाकर हँसता-हँसता चला गया। पुरुष चुपचाप अपने आसन पर बैठा रहा। जब सैनिक चला गया तब रमणी फिर पहले की तरह मुँह फेर कर बैठी। पुरुष यह देख हँसकर बोला, "हैं! फिर वही बात।"

स्त्री चुप रही। पुरुष फिर उठकर स्त्री के पास पहुँचा और उसका माथा छूकर शपथ खाने लगा। वह प्रसन्न होकर उसकी ओर मुँह करके बैठी। सहृदय पाठकों की पूर्व परिचिता वही परचूनवाली है जिसके यहाँ यज्ञवर्म्मा के पुत्र अनन्तवर्म्मा ने आश्रय लिया था। महादेवी जिस समय प्रासाद में विचार करने बैठी थीं तब महाप्रतिहार विनयसेन इसी

1. द्रम्म प्राचीन काल का चाँदी का सिक्का है।
2. दीनार स्वर्णमुद्रा, जिसका मूल्य 15 से 20 द्रम्म तक होता था।

को पकड़ लाए थे। रमणी का मानभंजन हो चुकने पर दोनों वार्त्तालाप में प्रवृत्त हुए। पुरुष ने ढंग से उस सैनिक की बातचीत चलाकर उसका परिचय जान लिया; किन्तु वह सैनिक कहाँ जाएगा, इस विषय में कुछ न पूछा। सैनिक के चले जाने के प्रायः दो दंड पीछे वह पुरुष भी अपने आसन से उठा। रमणी ने पूछा, "अब तुम कहाँ चले?"

पुरुष—दक्षिण तोरण के पास मैं अपने एक मित्र के घर एक बहुमूल्य वस्तु भूल आया हूँ। यदि इसी समय जाकर पता न लगाऊँगा तो फिर न मिलेगी।

रमणी—अब इतनी रात को जाना ठीक नहीं।

पुरुष—क्यों?

रमणी—मार्ग में चोर-डाकू मिलेंगे।

पुरुष—मेरे पास अस्त्र है।

रमणी—बहुत सावधान होकर जाना। रात को लौटोगे न?

पुरुष—अवश्य लौटूँगा।

दूकान से उठकर वह पुरुष एक पतली गली से होता हुआ राजपथ पर आ निकला और दक्षिण की ओर जल्दी-जल्दी चलने लगा। कुछ दूर चलने पर जब उसने अच्छी तरह समझ लिया कि कोई पीछे-पीछे नहीं आ रहा है, तब वह पश्चिम की ओर मुड़ा। कई पतली अँधेरी गलियों से होता हुआ वह पश्चिम तोरण पर पहुँचा। उसने देखा कि फाटक अभी खुला है, मार्ग के किनारे बहुत-से दीपक जल रहे हैं और अश्वारोही सेना के दल पर दल तोरण से होकर नगर के बाहर निकल रहे हैं। उसने यह भी देखा कि प्रतिहार लोग और किसी को नगर के बाहर नहीं जाने देते। तोरण के इधर-उधर बहुत से नागरिक सेना की यात्रा देख रहे हैं। उस पुरुष ने भीड़ में से एक व्यक्ति से पूछा, "भाई, कह सकते हो कि ये लोग कहाँ जा रहे हैं?" उसने कहा, "न, यह कोई नहीं जानता।" वह भी भीड़ में मिलकर सेना की यात्रा देखने लगा। अश्वारोहियों का एक दल निकल गया, उसके पीछे कई सेनानायक धीरे-धीरे जाते दिखाई पड़े। उनमें से एक नवयुवक ने पास के एक पुराने सेनानायक से पूछा, "इस समय चरणाद्रि दुर्ग में सेना भेजने की क्या आवश्यकता है, कुछ समझ में नहीं आता।" वह प्रवीण सेनानायक कुछ हँसकर बोला, "इसी से लोग कहते हैं कि बालकों के सामने कोई गुप्त बात नहीं कहनी चाहिए। इतनी ही देर में सेनापति की आज्ञा भूल गए?" वह पुरुष अँधेरे में तोरण के एक कोने में छिपा हुआ यह बात सुन रहा था। सेनानायकों के निकल जाने पर अश्वारोहियों का दूसरा दल आया। उसके आते ही वह व्यक्ति अँधेरा पकड़े हुए पूर्व की ओर जाने लगा।

तीन पहर रात जाते-जाते वह पुरुष कपोतिक संघाराम के तोरण के भीतर घुसा। पहर बीतने पर नगर के तोरणों पर से बाजे की ध्वनि सुनाई देने लगी। संघाराम के भीतर विहारों[1] में भी पूजा के शंख और घंटे की ध्वनि हो रही थी। संघाराम में दल के दल भिक्खु और उपासिकाएँ एकत्र हो रही थीं। उस पुरुष को एक भिक्खु ने पहचाना और

1. विहार = बौद्ध मन्दिर।

पूछा, "क्यों नयसेन! इतनी रात को कहाँ से आ रहे हो?" उसने कोई उत्तर न देकर पूछा, "महास्थविर कहाँ हैं?" भिक्खु ने धीरे से कहा, "वज्रतारा के मन्दिर में।" वह पुरुष उसे छोड़कर भीड़ में मिल गया।

संघाराम के बीचोबीच बुद्धदेव का बड़ा मन्दिर था। उसके दक्खिन लोकनाथ का मन्दिर था। लोकनाथ विहार के ईशान कोण पर वज्रतारा का मन्दिर था। मन्दिर के भीतर अष्टधातु के एक अष्टदल पद्म के ऊपर देवी की एक धातुप्रतिमा थी। कमल के प्रत्येक दल पर धूपघंटा, वज्रघंटा आदि देवियों की मूर्ति थीं। बड़ी धूमधाम से इन नवों देवियों की पूजा हो रही थी। एक भिक्खु धूपतारा की आरती कर रहा था। मन्दिर के एक कोने में कुशासन पर बैठे महास्थविर बुद्धघोष पूजन की विधि बोल रहे थे। मन्दिर के द्वार पर उपासक-उपासिकाओं की भीड़ खड़ी थी। वह पुरुष द्वार पर मार्ग न पाकर झाँकी के पास गया। वहाँ से उसने देखा कि महास्थविर खिड़की के पास ही बैठे हैं। उस पुरुष ने झाँककर देखा कि पूजन में श्वेत पुष्प ही चढ़ रहे हैं, केवल दो-चार लाल देवीफूल (रक्त जवा) इधर-उधर दिखाई पड़ते हैं। वह खिड़की पर से हटकर फिर मन्दिर के द्वार पर आया और उसने एक भक्त से एक देवीफूल लिया। खिड़की के पास फिर जाकर उसने फूल महास्थविर के ऊपर फेंका। महास्थविर ग्रन्थ पढ़-पढ़कर पूजन की विधि बोल रहे थे। पोथी पर लाल फूल पड़ते देख उन्होंने सिर उठाकर देखा। खिड़की पर एक मनुष्य खड़ा देख उन्होंने फूल फिर खिड़की की ओर फेंका। इसके पीछे एक भिक्खु को बुलाकर वे बोले, "पाठ में कुछ व्याघात पड़ गया, तुम बैठकर पाठ करो।" वह भिक्खु आसन पर आ जमा और महास्थविर मन्दिर के बाहर निकले। महास्थविर को उठते देख वह व्यक्ति खिड़की के पास से हट गया और भीड़ में जा मिला।

महास्थविर को बाहर आते देख उपासक-उपासिकाओं ने मार्ग छोड़ दिया। वे किसी ओर न देख धीरे-धीरे चले। भीड़ में से निकल उस पुरुष ने महास्थविर को प्रणाम किया। वे आशीर्वाद देकर फिर चलने लगे। इसी बीच उस पुरुष ने उनके कान में न जाने क्या कहा। उन्होंने कहा, "तितल्ले की कोठरी में चलो।" वह पुरुष फिर भीड़ में मिल गया। महास्थविर संघाराम के भीतर गए।

संघाराम के तीसरे तले की एक कोठरी में महास्थविर बुद्धघोष आसन पर बैठे हैं। कोठरी का द्वार बन्द है। भीतर घृत का एक दीपक जल रहा है। देखने से तो जान पड़ता है कि महास्थविर जप कर रहे हैं, पर सच पूछिए तो वे उत्सुक होकर उस पुरुष का आसरा देख रहे हैं। आधी घड़ी पीछे कोठरी का किवाड़ किसी ने खटखटाया। महास्थविर ने उठकर किवाड़ खोले, वह पुरुष भीतर आया। महास्थविर ने सावधानी से किवाड़ फिर भिड़ाकर उससे पूछा, "नयनसेन! इतनी रात को क्यों आए? कोई नया समाचार है?"

नयन.–विशेष समाचार न होता तो इतनी रात को कष्ट न देता। अभी बहुत-सी अश्वारोही सेना पश्चिम तोरण से होकर चरणाद्रि गई है।

महा.–कितने अश्वारोही रहे होंगे?

नयन.—मैं अच्छी तरह देख न सका, पर पाँच सहस्र से ऊपर जान पड़ते थे।

महा.—सेनापति कौन था?

नयन.—इसका पता तो नहीं लगा सका।

महा.—संवाद कहाँ भेजना चाहिए?

नयन.—कान्यकुब्ज या प्रतिष्ठानपुर।

महा.—अच्छी बात है।

नयन.—पर संवाद भेजना सहज नहीं है, क्योंकि इस समय नगर से कोई बाहर नहीं निकलने पाता।

महा.—तब तो चिन्ता की बात है। अच्छा, तुम बैठो, मैं उपाय सोचता हूँ। महास्थविर के सामने एक वेदी के ऊपर एक घंटा रखा था। उसे उठाकर उन्होंने दो बार बजाया। क्षण भर भी नहीं हुआ था कि बाहर से किसी ने किवाड़ खटखटाया। नयनसेन ने उठकर किवाड़ खोला। एक वृद्ध भिक्खु ने कोठरी में आकर वृद्ध को प्रणाम किया। महास्थविर बोले, "जाकर देखो तो मृगदाव के आचार्य बुद्धश्री चले गए कि अभी हैं!" भिक्खु प्रणाम करके बाहर गया और फिर थोड़ी देर में लौटकर बोला, "आचार्य बुद्धश्री अभी संघाराम में ही हैं।" महास्थविर ने उन्हें बुला लाने के लिए कहा।

भिक्खु के कोठरी से बाहर चले जाने पर महास्थविर ने नयनसेन से कहा, "चरणाद्रिगढ़ क्यों जा रहे हैं, कुछ समझ में नहीं आता।"

नयन.—मैंने तो संयोग से एक सैनिक के मुँह से यह बात सुनी। सुनते ही मैं पश्चिम तोरण की ओर दौड़ा। वहाँ जाकर देखा कि सचमुच बहुत-से अश्वारोही जा रहे हैं। वहीं से मैं सीधे आपके पास संवाद देने आ रहा हूँ।

महा.—जब से यशोधवल आए हैं तब से इधर कोई संवाद मुझे नहीं मिल रहा है। नगर में, शिविर में, राजभवन में हमारे सैकड़ों गुप्तचर हैं, पर उनमें से एक भी कोई संवाद लेकर मेरे पास नहीं आया। सम्राट[1] के पास भी मैंने एक निवेदन भेजा है कि संघ के कार्य्य में बड़ी बाधा पड़ रही है, उसका भी कुछ फल नहीं। बात यह है कि महादेवी अभी जीवित हैं।

महास्थविर की बात पूरी भी न हो पाई थी कि पूर्वोक्त भिक्खु एक और बुड्ढे और दुबले-पतले भिक्खु को साथ लिये कोठरी में आया। साथ आए हुए भिक्खु ने महास्थविर को प्रणाम किया। उन्होंने कहा, "आचार्य! तुम्हें एक विशेष कार्य्य से इसी समय बाहर जाना होगा। एक संवाद है जिसे प्रतिष्ठानपुर या कान्यकुब्ज पहुँचाना होगा। आज रात को बहुत-से अश्वारोही चरणाद्रि की ओर गए हैं, यह बात स्थाण्वीश्वर के किसी सेनानायक के कान में डालनी होगी। प्रतिहार आज रात को किसी को नगर के बाहर नहीं जाने देते हैं, पर संवाद लेकर आज रात को ही जाना चाहिए। तुम किसी युक्ति से रात को ही प्रस्थान कर सकते हो?"

आचार्य—मैं चेष्टा करके देखता हूँ।

---

1. थानेश्वर के प्रभाकरवर्द्धन।

महा.—किस मार्ग से जाओगे?

आचार्य—स्थल मार्ग से जाना तो सम्भव नहीं, नदी के मार्ग से निकलने का प्रयत्न करूँगा।

महा.—बहुत ठीक। नयनसेन! तुम गंगातट तक आचार्य को पहुँचा आओ।

आचार्य बुद्धश्री और नयनसेन महास्थविर को प्रणाम करके कोठरी से बाहर निकले।

पाँचवाँ परिच्छेद
सखी-संवाद

एक पहर दिन चढ़ चुका है। शरद ऋतु की धूप अभी उतनी प्रचंड नहीं हुई है। पाटलिपुत्र के राजपथ पर ओहार से ढकी एक पालकी वेग से पूर्व की ओर जा रही है। नगर के जिस भाग में सेठ और महाजन बसते थे, वहाँ की सड़क बहुत पतली थी। राजभवन की पालकी और आगे-पीछे दंडधर देखकर नागरिक सम्मान दिखाते हुए किनारे हट जाते थे। फिर भी कभी-कभी पालकी को रुक जाना पड़ता था क्योंकि रथ, छकड़े और घोड़े आते-जाते मिल जाते थे। बीच-बीच में पालकी के भीतर बैठी हुई स्त्री कहारों को मार्ग भी बताती जाती थी। इस प्रकार कुछ दूर चलने पर स्त्री की आज्ञा से पालकी रखी गई। पालकी के भीतर से घूँघट डाले एक स्त्री बाहर निकली। उसे देख दो दंडधर पास आ खड़े हुए। उनमें से एक बोला, "आप उतर क्यों पड़ीं? महाप्रतिहार ने तो आज्ञा दी थी कि सेठ के अन्तःपुर के द्वार पर पालकी ले जाना।"

स्त्री—इसका कुछ विचार न करो और न यह बात महाप्रतिहार से कहने की है। मैं सेठ के घर पालकी पर बैठकर न जाऊँगी। एक बार जिसकी मैं दासी रह चुकी हूँ अब राजभवन में दासी हो जाने के कारण उसके यहाँ राजरानी बनकर पालकी पर तो मुझसे जाते नहीं बनेगा। पालकी और कहार यहीं रहें, हाँ, तुममें से कोई दो आदमी मेरे साथ चले चलें।

इतना कहकर वह स्त्री आगे बढ़ी। कुछ दूर जाकर वह एक अट्टालिका के भीतर घुसी, और दोनों दंडधरों को द्वार पर ठहरने के लिए कहती गई। घर के आँगन में एक दासी हाथ में झाड़ू लिये खड़ी थी। वह स्त्री को भीतर आते देख पास आकर पूछने लगी, "बहूजी! कहाँ से आ रही हो?" स्त्री ने हँसकर घूँघट हटा दिया और कहा, "अरे, वाह, बसन्तू की माँ! इतने ही दिनों में मनुष्य मनुष्य को भूल जाता है? इस घर में कितने दिन एक साथ रही, तीन ही बरस में ऐसी भूल गई मानो कभी की जान-पहचान ही नहीं।" दासी के हाथ से झाड़ू छूट पड़ी, वह चकपका कर आनेवाली स्त्री का मुँह ताकती रह गई, फिर बोली, "अरे कौन, तरला? पहचानूँ कैसे, भाई, तू जिस ठाठ-बाट से आई है उसे देख तुझे कौन पहचान सकता है? मैं तो समझी कि कोई सेठानी यहाँ मिलने के लिए आई है। तेरे सम्बन्ध में तो बड़ी-बड़ी बातें यहाँ सुनने में आती हैं। तू इस समय बड़े लोगों में हो गई है, राजभवन की दासी हो गई है; तेरा इस समय क्या कहना है!

रूप यौवन का गर्व कहीं समाता नहीं है। अब अपने पुराने मालिक का घर तेरे ध्यान में क्यों आने लगा!"

तरला–बसन्तू की माँ! देखती हूँ कि झगड़ा करने की तेरी बान अब तक नहीं गई। अरे! तेरा रूप-यौवन नहीं रहा तो क्या किसी का न रहे?

बसन्तू की माँ–अरे बाप रे! मुँहजली राजभवन में जाकर दासी क्या हुई है कि धरती पर पाँव ही नहीं पड़ते हैं! मेरा रूप-यौवन रहा या न रहा, तुझको क्या?

तरला–रहा या नहीं रहा, यह तो तू आप पानी में अपना मुँह देखकर समझ सकती है।

बसन्तू की माँ–तू ही अपना मुँह जाकर पानी में देख, मुझे क्या पड़ी है! मुँहजली घर छोड़कर गई फिर भी स्वभाव न छूटा। सबेरे-सबेरे यहाँ लड़ने आई है।

ज्यों-ज्यों बसन्तू की माँ का क्रोध बढ़ता गया त्यों-त्यों उसका स्वर भी ऊँचा होता गया। उसे सुनकर अन्तःपुर से किसी युवती ने पूछा, "बसन्तू की माँ! किसके साथ झगड़ा कर रही है?" बसन्तू की माँ ने सुर सप्तम तक चढ़ाकर उत्तर दिया, "यह है, तुम्हारी तरला, बड़ी चहेती तरला।" फिर प्रश्न हुआ, "क्या हुआ?" बसन्तू की माँ गला फाड़कर बोली, "अरे तरला, तरला–सदा यौवन के उमंग में रहनेवाली तरला। अब सुना?"

अन्तःपुर से एक कृशांगी रमणी ने आकर तरला का हाथ थाम लिया और कहने लगी, "अरी वाह री, राजरानी! इतने दिनों पीछे सुध हुई।" तरला ने प्रभुकन्या को प्रणाम करके कहा, "बहिन! ऐसी बात न कहो।" युवती ने उदास स्वर से कहा, "तू इस घर का मार्ग ही भूल गई थी क्या, तरला?"

तरला–बहिन! जो कुछ हुआ, सब तुम्हारे ही लिए तो!

युवती ने आँचल से आँसू पोंछे और तरला का हाथ पकड़कर अन्तःपुर के भीतर ले गई। बसन्तू की माँ ने अपना गर्जन क्रमशः धीमा करते-करते झाड़ू फिर हाथ में लिया और वह अपने काम में लग गई। तरला ने अपने पुराने अन्नदाता के घर में जाकर सबको यथायोग्य प्रणाम किया और फिर उनसे बातचीत करने लगी। यूथिका कुछ काल तक तो चुपचाप बैठी रही, फिर तरला का हाथ पकड़कर उसे अपनी कोठरी में ले गई और किवाड़ भिड़ा लिये। तरला भूमि पर ही बैठने जाती थी पर सेठ की बेटी ने उसे जोर से खींचकर पलंग पर बिठाया और उसके गले में हाथ डालकर बोली, "तरला! अब मेरा क्या होगा?" तरला ने हँसकर कहा, "विवाह।" यूथिका ने उसका मुँह चूमकर पूछा, "कब?"

तरला–अभी।

यूथिका–किसके साथ?

तरला–क्यों, मेरे साथ!

यूथिका–तेरे साथ ब्याह तो न जाने कब का हो चुका है।

तरला–तो फिर अब और क्या होगा? क्या दो के साथ करोगी?

यूथिका–तेरे मुँह में लगे आग, तुझे जब देखो, रस-रंग ही सूझा रहता है! बोल! क्या मैं अब यों ही मरूँगी?

तरला–मरे तुम्हारा बैरी। तुम मर जाओगी तो सेठ के कुल में रासलीला कौन करेगा?

यूथिका–रासलीला करेंगे यमराज। तरला, सच कहती हूँ, अब मैं मरा ही चाहती हूँ। मैं देखती हूँ कि मेरे दिन अब पूरे हो गए। तीन बरस बीत गए, इस बीच में एक क्षण के लिए भी उनके साथ देखा-देखी नहीं हुई। अब अन्तिम बार देख लेती, यही बड़ी भारी इच्छा है।

यूथिका से और आगे कुछ बोला न गया, उसका गला भर आया। वह अपनी बाल्यसखी की गोद में मुँह छिपाकर रोने लगी। तरला ने किसी प्रकार उसे समझाकर शान्त किया और कहा, "छिः, बहिन, इतनी अधीर क्यों होती है? वे छूट गए हैं, कुशल-आनन्द से हैं। तुम्हारे ही लिए इतना सब करके मैंने उन्हें छुड़ाया है। इस समय वे श्रीयशोधवलदेव के सबसे अधिक विश्वासपात्र हैं। महानायक उन्हें बहुत चाहते हैं। यह सब समाचार मैं तुम्हारे पास पहिले भेज चुकी हूँ।"

यूथिका–ये सब बातें तो मैं सुन चुकी हूँ। पर उनका छूटना तो इस समय विष हो रहा है। पिताजी कहते हैं कि स्त्री के लिए जिसने संघ का आश्रय छोड़ दिया, पवित्र कषाय वस्त्र त्याग दिया, उसे मैं कन्यादान नहीं दे सकता।

तरला–यह मैं सुन चुकी हूँ।

यूथिका–तब फिर क्या होगा?

तरला–घबराओ न।

यूथिका–तुझे पता नहीं है, पिताजी भीतर-ही-भीतर मेरे सर्वनाश का उपाय कर रहे हैं। वे मेरे विवाह की कई जगह बातचीत कर रहे हैं। यदि उन्होंने मेरा विवाह और कहीं कर दिया तो मैं प्राण दे दूँगी। अब फिर मैं उन्हें देख सकूँगी या नहीं, नहीं कह सकती, पर इतनी बात जाकर उनसे कह देना कि यह शरीर अब दूसरे का नहीं हो सकता, दूसरा इसे छूकर कलंकित नहीं कर सकता। प्राण रहते तो पिताजी इसे दूसरों को अर्पित नहीं कर सकते। एक बार उन्हें देखने की बड़ी इच्छा है। तरला! यदि मैं मर जाऊँ तो उनसे कहना कि तुम्हें देखने की अभिलाषा हृदय में लिये ही यूथिका मर गई।

चित्त के वेग से सेठ की कन्या का गला भर आया। तरला से भी कुछ कहते-सुनते न बना। वह यूथिका का सिर अपनी गोद में लेकर उसके लम्बे-लम्बे केशों पर अपना हाथ फेरने लगी। बहुत देर पीछे तरला के मुँह से शब्द निकला। उसने कहा, "यह बात भी मैं सुन चुकी हूँ। इसके भीतर बन्धुगुप्त का चक्र भी चल रहा है, इसका पता यशोधवलदेव को गुप्तचरों से लग चुका है। उन्होंने मुझे तुम्हारे पास भेजा है।" यूथिका ने सिर उठाकर कहा, "मैं क्या कर सकती हूँ?"

तरला–भाग सकती हो?

यूथिका–किसके साथ? बड़ा डर लगता है।

तरला—डरो न, मेरे साथ नहीं भागना होगा, तुम्हारे साथ रास रचनेवाले ही तुम्हें आकर ले जाएँगे।

यूथिका—दुत!

लज्जा से यूथिका के मुँह पर ललाई दौड़ गई। तरला हँसती-हँसती बोली, "तो क्या करोगी, न जाओगी?"

यूथिका—पिताजी क्या कहेंगे?

तरला—अब दोनों ओर बात नहीं रह सकती। बोलो, तुम्हारे केवट से जाकर क्या कह दूँ? कह दूँ कि तुम्हारी नाव दलदल में जा फँसी है और दूसरे माझी ने उस पर अधिकार कर लिया है?

यूथिका—तेरा सिर।

तरला—क्या करोगी, बोलो न!

यूथिका—जाऊँगी।

तरला—मैं भी यही उत्तर पाने की आशा करके आई थी।

यूथिका अपनी सखी को हृदय से लगाकर बार-बार उसका मुँह चूमने लगी। अवसर पाकर तरला बोली, "अरे उस बेचारे के लिए भी कुछ रहने दो, सब मुझको ही न दे डालो।" यूथिका ने हँसकर उसे एक घूँसा जमाया। तरला बोली, "तो फिर अब विलम्ब करने का काम नहीं।"

यूथिका—क्या आज ही जाना होगा?

तरला—हाँ! आज ही रात को।

यूथिका—किस समय?

तरला—दो पहर रात गए।

यूथिका—ये किस मार्ग से आएँगे?

तरला—अन्तःपुर के उद्यान का द्वार खोल रखना, मैं आकर तुम्हें ले जाऊँगी। बाहर वे घोड़ा लिये खड़े रहेंगे। घोड़े पर चढ़ सकोगी न?

यूथिका—घोड़े पर मैं कैसे चढ़ूँगी?

तरला—तब तो फिर तुम जा चुकीं।

यूथिका—अच्छा तो उनसे जाकर कह दो कि वे जो-जो कहेंगे, मैं करूँगी।

तरला—अच्छा, तो फिर मैं आऊँगी।

तरला यूथिका को गले लगा और सेठ के घर के और लोगों से विदा हो अट्टालिका के बाहर निकली।

सेठ के घर के द्वार से निकल तरला ने देखा कि बसन्तू की माँ कहीं से लौटकर आ रही है। वह उसे देखते ही हँसकर बोली, "बसन्तू की माँ, मुझसे रूठ गई हो क्या?" बसन्तू की माँ तो पहले से ही खलबलाई हुई थी। जब तक झगड़े में उसकी पूरी जीत न हो जाए तब तक वह चुप बैठनेवाली नहीं थी। वह तरला की बात सुन गरजकर बोली, "अरे तेरा सत्यानाश हो, सबेरे-सबेरे तुझे कोई काम-धन्धा नहीं जो तू घर-घर का झगड़ा

मोल लेने निकली है?" तरला ने देखा कि बसन्तू की माँ के समान कलहकलाकुशल स्त्री से पार पाना सहज नहीं है, व्यर्थ समय खोना ठीक नहीं। उसने बहुत-सी मीठी-मीठी बातें कहकर बसन्तू की माँ को अपने पराजय का निश्चय करा दिया। इसके पीछे वह दोनों दंडधरों के साथ पालकी की ओर चली गई। बसन्तू की माँ भी गर्जन-तर्जन छोड़ कुछ बड़बड़ाती हुई सेठ के घर में घुस गई।

छठा परिच्छेद
विरहलीला

तरला प्रासाद में लौटकर अन्तःपुर की ओर नहीं गई, सीधे यशोधवलदेव के भवन में घुसी। प्रतिहार और दंडधर उसे पहचानते थे, इससे उन्होंने कुछ रोक-टोक न की। सम्मान दिखाते हुए वे किनारे हट गए। महानायक के विश्राम करने की कोठरी के द्वार पर स्वयं महाप्रतिहार विनयसेन हाथ में बेंत लिये खड़े थे। उन्होंने तरला का मार्ग रोककर पूछा, "क्या चाहती हो?" तरला ने उत्तर दिया, "महानायक को एक बहुत ही आवश्यक संवाद देने जाती हूँ।" विनयसेन ने बेंत से उसका मार्ग रोककर कहा, "भीतर महाराजाधिराज हैं, अभी तुम वहाँ नहीं जा सकतीं।" तरला ने कहा, "संवाद बहुत ही आवश्यक है।" विनयसेन ने कहा, "तो संवाद मुझसे कह दो, मैं जाकर दे आऊँ, नहीं तो थोड़ी देर ठहरो।" एक बार तो तरला के मन में हुआ कि विनयसेन अत्यन्त विश्वासपात्र कर्मचारी हैं, उनसे यूथिका की बात कह देने में कोई हानि नहीं, पर पीछे उसने सोचा कि ऐसी बात न कहना ही ठीक है। बहुत आगा-पीछा करके वह महाप्रतिहार से बोली, "अपराध क्षमा करना। संवाद बहुत ही गोपनीय है, उसे प्रकट करने का निषेध है। मैं तब तक यहीं खड़ी हूँ। जब महाराज बाहर निकलें तो मुझे पुकार लीजिएगा।"

तरला एक खम्भे की ओट में जा बैठी और सोचने लगी कि किस उपाय से यूथिका को बाहर लाऊँगी और लाकर कहाँ रखूँगी। बहुत देर सोचते-सोचते जब मन में कुछ ठीक न कर सकी तब वह उठ खड़ी हुई और उसने यही निश्चय किया कि ऐसी-ऐसी बातें सुलझाना एक सामान्य दासी का काम नहीं, सिर खपाना व्यर्थ है। अपनी बुद्धि को धिक्कारती हुई वह महानायक के स्थान की ओर बढ़ी, पर दो-चार ही कदम गई होगी कि उसने देखा, द्वार पर सम्राट, यशोधवलदेव, युवराज, कुमार माधवगुप्त और महामन्त्री हृषीकेशशर्म्मा खड़े हैं। तरला उन्हें देख फिर एक खम्भे की आड़ में छिप गई।

सम्राट ने पूछा, "तो तुम लोग कब जाना चाहते हो?" यशोधवलदेव बोले, "कार्तिक शुक्ल त्रयोदशी को।"

सम्राट—अच्छी बात है। माधव क्या तुम लोगों के पहिले ही जाएँगे? मैं तो समझता हूँ कि जब तक चरणाद्रि से कोई संवाद न आ जाए तब तक माधव का प्रस्थान करना उचित नहीं है।

यशो.—महाराज! प्रभाकरवर्द्धन यदि खुल्लमखुल्ला लड़ाई ठान दें तो भी महादेवी के सांवत्सरिक श्राद्ध पर किसी सम्राटवंशीय पुरुष को जाना ही होगा। मार्ग बहुत दिनों का है। माधवगुप्त इतनी लम्बी यात्रा शीघ्र न कर सकेंगे, उन्हें थानेश्वर पहुँचने में 6-7 महीने लग जाएँगे। इससे शीघ्र यात्रा करना ही उचित है। मैं चाहता हूँ, बंगदेश की चढ़ाई पर जाने के पहले मैं कुमार को उधर भेज दूँ।

सम्राट ने लम्बी साँस भरकर कहा, "अच्छा, यही सही। यात्रा का कोई दिन स्थिर किया है?" यशोधवलदेव ने उत्तर दिया, "आश्विन की शुक्लपक्ष की किसी तिथि को जाना ठीक होगा।" हृषीकेशशर्म्मा कुछ न सुन सके थे। वे विनयसेन को पुकारकर पूछने लगे, "कहो भाई! क्या ठीक हुआ?" विनयसेन के उत्तर के पूर्व ही यशोधवलदेव ने चिल्लाकर कहा, "आश्विन शुक्लपक्ष में कुमार माधवगुप्त को थानेश्वर भेजना स्थिर किया है।" महामन्त्री हँसकर बोले, "साधु! साधु!" यह सब हो चुकने पर सब लोग सम्राट का अभिवादन करके चले गए, केवल यशोधवल सम्राट से कहने लगे, "महाराज! कल रात को एक गुप्तचर पकड़ा गया है, सुना है?"

सम्राट—न। कहाँ पकड़ा गया?

यशो.—वह पिछली रात को नाव पर चढ़कर नगर से निकलने का यत्न कर रहा था, पर गौड़ीय नौसेना नाव समेत उसे पकड़ लाई।

सम्राट—वह क्या मगध का ही रहनेवाला है?

यशो.—हमारे गुप्तचरों ने उसे पहचाना है। उसका नाम बुद्धश्री है। वह मगध का न होने पर भी साम्राज्य की प्रजा है। पिछली रात को जब महाराजाधिराज की आज्ञा से नौसेना प्रस्थान कर रही थी, उसी समय साम्राज्य की नावों के साथ वह अपनी नाव मिलाकर नगर त्याग करने का प्रयत्न कर रहा था। पकड़े जाने पर बुद्धश्री कहने लगा कि मैं बंगदेश से वाराणसी आ रहा हूँ, वह मार्ग में ही पकड़ लिया गया है। गुप्तचरों ने संवाद किया है कि वह इधर दो वर्ष से बराबर कपोतिक संघाराम में महास्थविर बुद्धघोष के पास रहता है। उसका क्या दंडविधान किया जाए?

सम्राट—क्या दंड देना चाहते हो?

यशो.—वह गुप्तचर है, इसमें तो कोई सन्देह नहीं। गुप्तचर न होता तो वेश बदलकर रात को चुपचाप नगर से निकलने की चेष्टा क्यों करता? मेरा अनुमान है कि बुद्धघोष ने किसी उपाय से यह पता पाकर कि सेना चरणाद्रिगढ़ जा रही है, इस पुरुष के द्वारा थानेश्वर संवाद भेजा था। बुद्धश्री बड़ा भयंकर मनुष्य है। पकड़े जाने के समय उसने दो मनुष्यों को घायल किया और कारागार में बड़ी साँसत सहकर भी अपना भेद नहीं दिया। मैं उसे वही दंड देना चाहता हूँ जो गुप्तचरों को देना चाहिए।

सम्राट—क्या, प्राणदंड?

यशो.—महाराजाधिराज की जैसी आज्ञा हो।

सम्राट—क्या कोई और दंड देने से न होगा?

यशो.—वह यदि जीता बचेगा तो आगे चलकर साम्राज्य का बहुत कुछ अनिष्ट करेगा।

सम्राट—अभी न जाने कितनी नरहत्या करनी होगी। व्यर्थ किसी का प्राण लेने से क्या लाभ?

यशो.—तो फिर महाराजाधिराज की क्या आज्ञा होती है?

सम्राट—उसे छोड़ देना ठीक न होगा?

यशो.—किसी प्रकार नहीं।

सम्राट—तो फिर कारागार में डाल दो।

सम्राट इतना कहकर चले गए। यशोधवलदेव फिर घर के भीतर जाना ही चाहते थे कि तरला खम्भे की ओट से निकलकर आई और उसने प्रणाम किया। महानायक ने पूछा, "तरला! क्या-क्या कर आई?"

तरला ने हँसकर कहा, "प्रभु के आशीर्वाद से सब कार्य्य सिद्ध कर आई।"

यशो.—अच्छी बात है। सेठ की लड़की घर से निकलना चाहती है?

तरला—इसी क्षण।

यशो.—तब फिर विलम्ब किस बात का?

तरला—प्रभु की यदि आज्ञा हो तो आज रात को ही सेठ की कन्या को ले आऊँ?

यशो.—अच्छा, तो फिर तुम्हारे साथ एक तो वसुमित्र जाएगा, और कौन-कौन जाएँगे?

तरला—बहुत-से लोगों को ले जाने की आवश्यकता है?

यशो.—एक किसी और विश्वासी आदमी का साथ रहना अच्छा है।

तरला—तो फिर किसको जाना होगा?

यशो.—तुम अपना किसी को ठीक कर लो।

तरला—भला मैं आदमी कहाँ पाऊँगी?

यशोधवलदेव हँसते-हँसते बोले, "ढूँढ़कर देखो, कोई न कोई मिल जाएगा।" इतना कहकर वे कोठरी के भीतर चले गए।

तरला मन-ही-मन सोचने लगी कि यह क्या पहेली है, मैं आदमी कहाँ पाऊँगी? महानायक की बात का अभिप्राय न समझ वह ठगमारी-सी खड़ी रही। अकस्मात् उसे आचार्य देशानन्द का ध्यान आया। वह हँस पड़ी। जब से देशानन्द संघाराम से छूटकर आया है तब से बराबर प्रासाद में ही रहता है। यशोधवलदेव ने उसे अभयदान देकर उसके निर्वाह का प्रबन्ध कर दिया है। देशानन्द अपने प्राण के भय से प्रासाद के बाहर कभी पैर नहीं रखता और किसी बौद्ध को देखते ही गाली देने लगता है। वह सदा अपने बनाव-सिंगार में ही लगा रहता है। उसने सिर पर लम्बे-लम्बे केश रखे हैं। कई पत्तियों का लेप चढ़ाकर वह सिर, मूँछ और दाढ़ी के बाल रँगे रहता है। जब कोई उससे उसका परिचय पूछता है तब वह कहता है कि महानायक यशोधवलदेव ने मेरी वीरता देख मुझे अपना शरीररक्षी बनाया है, इसी से मैं प्रासाद के बाहर नहीं जाता। जब महानायक बंगदेश की चढ़ाई पर जाएँगे तब मुझे भी जाना होगा। बहुत दिनों पर तरला को अपने पुराने सेवक का ध्यान आया। वह अपनी हँसी किसी प्रकार न रोक सकी। वह झट से यशोधवलदेव के वासस्थान से निकल तोरण की ओर चली। प्रासाद

के दूसरे और तीसरे खंड को पार करती वह प्रथम खंड के तोरण पर पहुँची जहाँ प्रतिहारों और द्वारपालों का डेरा था।

तरला ने कई कोठरियों में जाकर देखा, पर देशानन्द का कहीं पता न लगा। उसे न पाकर वह कुछ चिन्ता में पड़ गई क्योंकि समय बहुत कम रह गया था। दो-चार और कोठरियों में देखकर तरला प्रथम खंडवाले तोरण के बाहर निकल इधर-उधर ताकने लगी। उसने देखा कि खाई के किनारे एक बड़े पीपल के नीचे देशानन्द बैठा है। उसके सामने एक बड़ा-सा दर्पण रखा है और वह अपने बाल सँवार रहा है।

प्रासाद में आने के पीछे तरला और देशानन्द की देखा-देखी कभी नहीं हुई थी। तरला को देखने की सदा उत्कंठा बनी रहने पर भी देशानन्द को यह भरोसा नहीं था कि कभी प्रासाद के अन्तःपुर में जाने का अवसर मिलेगा। बहुत दिनों पर तरला को आते देख देशानन्द आनन्द के मारे आपे से बाहर हो गया। तरला ने उसका स्त्रीवेश बनाकर उसे मन्दिर में बन्द कर दिया था, उसके कारण उसके प्राण जाते-जाते बचा था, यशोधवलदेव यदि समय पर न पहुँच जाते तो भिक्खु लोग उसे सीधे यमराज के यहाँ पहुँचा देते, ये सब बातें क्षण भर में वृद्ध देशानन्द भूल गया। तरला को देखते ही उसकी नस-नस फड़क उठी। उसे तन-मन की सुध न रही। पहिले तो वह समझा कि तरला किसी काम से प्रासाद के बाहर जा रही है, पर तरला को अपनी ओर आते देख उसका भ्रम दूर हो गया। अब तो उसे मानलीला सूझने लगी। वह समझ गया कि तरला उसी की खोज में निकली है। वृद्ध सिर नीचा करके अपने पके बालों को सँवारने में लग गया।

तरला ने देशानन्द के पास आकर साष्टांग दंडवत की और मुस्कराती हुई बोली, "बाबाजी! कैसे हैं? दासी को पहिचानते हैं?" देशानन्द ने कोई उत्तर न दिया, मुँह फेरकर बैठा रहा। तरला समझ गई कि बाबाजी ने मान किया है, मान किसी प्रकार छुड़ाना होगा। वह हँसती हुई देशानन्द के और पास जा बैठी। अब तो वृद्ध का चित्त डाँवाँडोल हो गया, पर उसने अपना मुँह न फेरा। तरला ने देखा कि देशानन्द को मना लेना बहुत कठिन नहीं है। उसने एक ठंडी साँस भरकर कहा, "पुरुष की जाति ऐसी ही होती है, मैं तीन वर्ष से जिसे देखने के लिए मर रही हूँ, वह मेरी ओर आँख उठाकर देखता तक नहीं है।" अब तो देशानन्द से न रहा गया, वह मुँह फेरकर बोला, "तुम...तुम...फिर कैसे?" तरला ने वृद्ध की ओर कटाक्ष करके कहा, "अब क्यों न ऐसा कहोगे? तुम्हारे लिए मेरी जाति गई, मान गया, लोक-लज्जा गई। अब तुम ऐसा न कहोगे तो फिर कलिकाल की महिमा ही क्या रहेगी?" देशानन्द चकित होकर कहने लगा, "तुम क्या कह रही हो, मेरी समझ में नहीं आता। अब क्या बन्धुगुप्त की गुप्तचर बनकर मुझे पकड़ाने आई हो?" तरला ने देखा कि देशानन्द का मान कुछ गहरा है। अब तो उसने स्त्रियों का अमोघ अस्त्र छोड़ा। अंचल से वह अपनी आँखें पोंछने लगी। देखते-देखते उसके नीलकमल-से नेत्रों में जल झलकने लगा। देशानन्द घबराकर उठा और बार-बार पूछने लगा, "क्या हुआ? क्या हुआ?"

तरला ने जाना कि इतनी देर पीछे अब मानभंग हुआ। वह देशानन्द की बात का कोई उत्तर न देकर रोने लगी। अब तो बुड्ढा एकबारगी पिघल गया। एक दंड पीछे जब तरला ने रोने से छुट्टी पाई तब देशानन्द को उसने अच्छी तरह समझा दिया कि उसके मन्दिर में बन्द होने का कारण वह न थी, अदृष्ट था। तरला ने कहा, "मैंने ही तुम्हें छुड़ाने के लिए दूसरे दिन सबेरे यशोधवलदेव को भेजा था। देशानन्द को अपने भ्रम का पूर्ण निश्चय हो गया और वह खिल उठा। तरला ने अवसर देख धीरे से कहा, "बाबाजी! आज मैं एक बड़े काम के लिए तुम्हारे पास आई हूँ।"

देशा.–कहो, कहो, क्या काम है?

तरला–बात बहुत ही गुप्त रखने की है, पर तुमसे कोई बात छिपाना तो ठीक नहीं। पर देखना, किसी पर प्रकट न होने पाए।

देशा.–न, न, भला ऐसा कभी हो सकता है?

तरला–देखो, आज राजकुमारी अभिसार को जाएँगी। मेरे साथ किसी विश्वासपात्र को चलना चाहिए। बोलो, चलोगे?

देशा.–अकेले?

तरला–नहीं, नहीं, मैं साथ रहूँगी।

देशा.–तब तो अवश्य चलूँगा।

तरला–राजकुमारी को कुंजकानन में पहुँचाकर हम दोनों को लौट आना होगा। समझ गए न?

देशानन्द बहुत अच्छी तरह समझ गया, कुछ समझाना बाकी न रह गया। उसने हँसते-हँसते तरला का हाथ पकड़ा। तरला हाथ छुड़ाकर दूर जा खड़ी हुई और बोली, "तो मैं रात को आकर तुम्हें धीरे से बुला ले जाऊँगी, जागते रहना।" देशानन्द बोला, "बहुत अच्छा।"

सातवाँ परिच्छेद
समुद्रगुप्त का गीत

पुराने राजप्रासाद के निचले खंड की एक कोठरी में यदुभट्ट भोजन करके लेटा हुआ है। जान पड़ता है, बुड्ढे को झपकी आ गई है क्योंकि यशोधवलदेव कोठरी में आए और उसे कुछ पता न लगा। यशोधवलदेव ने उसकी चारपाई के पास जाकर ज्योंही नाम लेकर पुकारा, वह चकपकाकर उठ बैठा और महानायक को सामने खड़ा देख घबराकर नीचे खड़ा हो गया। महानायक ने पूछा, "तुम्हारा भोजन हो गया?" यदु ने कहा, "हाँ, धर्म्मावतार! कभी का। प्रभु ने इतनी दूर आने का कष्ट..."

यशो.–हाँ! तुमसे कुछ काम है।

यदु.–तो मैं बुला लिया गया होता।

यशो.–बात बहुत गुप्त रखने की है, इसी से मैं ही टहलता-टहलता इधर चला आया।

यदु.–प्रभु! विराजेंगे?

यदु ने एक फटा-सा आसन लाकर भूमि पर बिछा दिया। महानायक उस पर बैठ गए और भट्ट से बोले, "यदु! तुम्हें एक काम करना होगा।"

यदु.–जो आज्ञा हो, प्रभु!

यशो.–हम लोगों के युद्धयात्रा करने के पहले एक दिन तुम्हें समुद्रगुप्त का गीत सुनाना होगा। तुम्हें स्मरण होगा कि जब हम लोग युवा थे तब यात्रा के पहले तुम गीत सुनाया करते थे।

यदु.–यह तो कोई इतनी बड़ी बात नहीं थी, प्रभु! समुद्रगुप्त की विजययात्रा के गीत मैं सैकड़ों बार गा चुका हूँ।

यशो.–सब कथा तो तुम्हें स्मरण है, न?

यदु.–स्मरण कहाँ तक रह सकती है? अब तो महाराज की आज्ञा से भट्ट-चारणों का गाना बन्द ही हो गया है; यदि भूल जाऊँ तो आश्चर्य ही क्या है? महाराजाधिराज समुद्रगुप्त की प्रशस्तियाँ तो बहुत लोगों ने लिखी हैं, किसकी गाऊँ?

यशो.–मैं तो समझता हूँ कि हरिषेण की प्रशस्ति सबसे अच्छी है। तुम्हें स्मरण है, न?

यदु.–पूरी-पूरी। इतने दिनों तक कोई सुनने वाला ही न था। महाराज के निषेध करने पर भी मैंने कई बार युवराज के बहुत कहने से उन्हें गुप्तवंश की कीर्तिकथा गाकर सुनाई है। कभी-कभी मैंने कहानी के बहाने बहुत-सी बातें कह सुनाई हैं। पर महाराज, इसके लिए भी एक दिन मुझपर बहुत बिगड़े थे।

यशो.–वे सब दिन अब गए, यदु! अच्छा, बताओ, कब गाओगे?

यदु.–आज्ञा हो तो इसी समय सुनाऊँ?

यशो.–केवल मुझे सुनाने से नहीं होगा, यदु! जो लोग अपने जीवन भर में पहिले-पहिल लड़ाई पर जा रहे हैं, उन्हें सुनाना होगा।

यदु.–तो फिर जिन्हें-जिन्हें सुनाना हो, उन्हें आप इकट्ठा करें।

यशो.–अच्छी बात है, अभी लो।

यशोधवलदेव ने ताली बजाई। एक प्रतिहार बाहर खड़ा था, उसने कोठरी में आकर प्रणाम किया। यशोधवलदेव ने नरसिंहदत्त को बुलाने की आज्ञा दी। प्रतिहार के चले जाने पर महानायक ने भट्ट से पूछा, "यदु! तुम अकेले गा सकते हो न? गंगातट पर शिविर में चलकर गाना होगा।" यदु ने आनन्द में फूलकर कहा, "प्रभु, किसी बात की चिन्ता न करें। यदु के कंठ में अब तक बल है, किसी के सहारे की आवश्यकता नहीं।" थोड़ी देर में प्रतिहार नरसिंह को साथ लिये आ पहुँचा। नरसिंहदत्त के प्रणाम का उत्तर देकर महानायक ने पूछा, "कुमार कहाँ हैं?"

नर.–महादेवी के मन्दिर में।

यशो.–उनसे जाकर कहो कि अभी इसी समय शिविर में चलना होगा। यात्रा के पहले मंगलगीत सुनना है। आज यदुभट्ट समुद्रगुप्त की विजय-यात्रा का गीत गाएँगे! सब लोग तैयार रहें।

नर.–हम सब लोग अभी युवराज के साथ शिविर में चलते हैं।

नरसिंहदत्त चले गए। महानायक भट्ट से बोले, "यदु, चलो, अब हम लोग भी चलें।" यदुभट्ट ने अपना उत्तरीय लिया और दोनों पुराने प्रासाद से चलकर नए प्रासाद में पहुँचे।

तीसरे पहर जब महानायक यशोधवलदेव का रथ गंगातट पर शिविर के बीच पहुँचा, उसके पहले ही युवराज शशांक और उनके साथी वहाँ पहुँच चुके थे। मैदान में सारी अश्वारोही और पदातिक सेना सशस्त्र होकर कई पंक्तियों में खड़ी थीं। सब मिलाकर बीस सहस्र पदातिक और सात सहस्र अश्वारोही नए-नए अस्त्र-शस्त्रों और नए-नए परिधानों से सुसज्जित आसरे में खड़े थे। गंगा में गौड़देश के माझियोंवाली तीन सौ नावें दस पंक्तियों में खड़ी थीं। महानायक को देखते ही तीस सहस्र मनुष्यों ने एक स्वर से जयध्वनि की। महानायक यशोधवलदेव और यदुभट्ट रथ पर से उतरे। युवराज की आज्ञा से तीनों सहस्र गौड़ीय नाविक भी नावों पर से उतरकर अलग श्रेणीबद्ध होकर खड़े हुए। हरिगुप्त, यशोधवलदेव, युवराज शशांक, कुमार माधव गुप्त, नरसिंहदत्त, माधववर्म्मा और अनन्तवर्म्मा इत्यादि नायक सेनादल के बीच में खड़े हुए। वृद्ध यदु वीणा लेकर सबके सामने बैठा।

वीणा बजने लगी। पहले तो धीरे-धीरे, फिर द्रुत, अतिद्रुत झनकार निकलकर एकबारगी बन्द हो गई। फिर झनकार उठी और उनके साथ-साथ वृद्ध का गुनगुनाना सुनाई पड़ा। वीणा के साथ गीत का स्वर मिलकर क्रमशः ऊँचा होने लगा। एकत्र जनसमूह चुपचाप खड़ा सुनने लगा। भट्ट गाने लगा :

'यह कौन चला है? आर्यावर्त्त और दाक्षिणात्य को कम्पित करता यह कौन चला है? सैकड़ों नरपतियों के मुकुटमणि जिसके गरुड़ध्वज को अलंकृत कर रहे हैं, समुद्र से लेकर समुद्र तक, हिमालय से लेकर कुमारिका तक सारा जम्बूद्वीप जिसकी विजयवाहिनी के भार से काँप उठा है, वह कौन है? महाराजाधिराज समुद्रगुप्त।

'मागध वीरो! समुद्रगुप्त का नाम सुना है? खेत की घास के समान जिसने अच्युत और नागसेन को उखाड़ फेंका, जिसके पदचिह्न का अनुसरण करके सैकड़ों वर्ष पीछे तक मागध सेना निरन्तर विजययात्रा के लिए निकलती रही, वह समुद्रगुप्त ही थे।

'सात सौ वर्ष पर मगधराज फिर विजययात्रा के लिए निकले हैं। आर्यावर्त्त में रुद्रदेव, मतिल, नागदत्त, नन्दी, बलवर्म्मा प्रभृति राजाओं के अधिकार लुप्त हो गए, दिग्विजयाभिलाषी चन्द्रवर्म्मा छड़ी खाए हुए कुत्ते के समान भाग खड़े हुए, नलपुर में गणपतिनाग का ऊँचा सिर नीचा हुआ, आर्यावर्त्त फिर एक छत्र के नीचे आया। आटविक राजाओं ने सिर झुकाकर सेवा स्वीकार की, सारा आर्यावर्त्त जीत लिया गया, अब समुद्रगुप्त की विजयवाहिनी दक्षिण की ओर यात्रा कर रही है।

'महाकोशल में महेन्द्र का प्रताप अस्त हुआ, भीषण महाकान्तार में व्याघ्रराज ने कुत्ते के समान पूँछ हिलाते हुए दासत्व स्वीकार किया। पूर्व समुद्र के तट पर मेघमंडित महेन्द्रगिरि पर स्थित दुर्जय कोट्ट दुर्गाधिप स्वामिदत्त, पिष्टपुरराज महेन्द्र, केरल के मंटराज, एरंडपल्ल के दमन ने अपना-अपना सिंहासन छोड़ सामन्तपद ग्रहण किया।

'मागध सेना दाक्षिणात्य की ओर चली है। सैकड़ों लड़ाइयाँ जीतने वाले पल्लवराज ने कांचीपुरी में आश्रय लिया, किन्तु कांची का पाषाणप्राचीर और शंकर का त्रिशूल भी विष्णुगोप की रक्षा न कर सका। नगर के तोरण पर गरुड़ध्वज स्थापित हो गया। अविमुक्तक्षेत्र में नीलराज, वेंगीनगर में हस्तिवर्म्मा और पलक्क में उग्रसेन ने दाँतों तले तृण दबाकर अपनी पगड़ी महाराजाधिराज के पैरों पर रख दी। पर्वतवेष्टित देवराष्ट्र में कुबेर और कुस्थलपुर में धनंजय राजच्युत हुए। डर के मारे समतट, डवाक, कामरूप, नेपाल और कर्तृपुर के नरपतियों ने अधीनता स्वीकार करके कर दिया।

'विजयवाहिनी अब मगध लौट रही है। अवन्तिका के मालव, आभीर और प्रार्जुन; आटविक प्रदेश के सनकानीक, काक और खरपरिक; सप्तसिन्धु के अर्जुनायन, यौधेय और मद्रक गणों ने भी, जिन्होंने कभी राजतन्त्र स्वीकार नहीं किया था, महाराजाधिराज के चरणों पर सिर झुकाया।

'महाराजाधिराज पाटलिपुत्र लौट आए हैं। दैवपुत्रसाहि, साहानुसाहि, शक, मुरुंड आदि बर्बर म्लेच्छ राजाओं ने भयभीत होकर अनेक प्रकार के अलभ्य रत्न भेजे हैं। समुद्र पार सिंहलराज का सिंहासन भी काँप उठा है। शत्रुओं की कुलांगनाओं ने सब लोक-लज्जा छोड़ विजयी सेनादल की अभ्यर्थना की है। सैकड़ों राजाओं के मुकुटों से रत्न निकाल-निकालकर महाराजाधिराज पाटलिपुत्र नगर के राजपथ पर भिक्षुओं की झोली में फेंकते जा रहे हैं। नृग, नहुष, ययाति, अम्बरीष आदि राजाओं ने भी ऐसा दिग्विजय न किया होगा।

'कलि में अवश्मेध यज्ञ किसने किया? जिन्होंने दासीपुत्र के वंश को मगध के पवित्र राजसिंहासन पर से हटाया, जिसके भय से वायव्य दिशा के पर्वतों के यवन तक काँपते रहते थे, उन्होंने किया। और दूसरा कौन करेगा? किसका अश्व दिगन्त से दिगन्त तक घूमकर आया है? किसके यज्ञ की दक्षिणा पाकर ब्राह्मण फिर ब्राह्मण हुए हैं? ऐसा कौन है? महाराजाधिराज समुद्रगुप्त!'

गीत की ध्वनि थम गई। सहस्रों कंठों से जयध्वनि उठी। भीषण नाद सुनकर कपोतिक संघाराम की गढ़ी में बैठे महास्थविर बुद्धघोष दहल उठे।

फिर गीत की ध्वनि उठी :

'भाइयो! दो सौ वर्ष बीत गए, पर मगध मगध ही है। फिर विजययात्रा के लिए मगध सेना निकलना चाहती है। पूरा भरोसा है कि तुम प्राचीन मगध का मान, इस प्राचीन साम्राज्य का मान, अपने पुराने महानायक का मान रखोगे। समुद्रवत् मेघनाद के तट पर तुम्हारे बाहुबल की परीक्षा होगी, मेघनाद के काले जल को शत्रुओं के रक्त से लाल करना होगा, वैरियों की वधुओं की माँग पर की सिन्दूररेखा मिटानी होगी। मागध वीरो! सन्नद्ध हो जाओ!'

गीत बन्द हुआ। तीस सहस्र कंठों से फिर भीषण जयध्वनि उठी। सेनापति के आदेश से सेनादल शिविर की ओर लौटा। यशोधवलदेव धीरे-धीरे भट्ट के पास जाकर बोले, "यदु! हरिषेण का गीत आज उतना अच्छा क्यों न लगा?" यदु ने चकपका कर

कहा, "मैंने तो भरसक चेष्टा की।" यशोधवलदेव ने कहा, "फिर न जाने क्यों नहीं अच्छा लगा? उस दिन स्कन्दगुप्त के गीत ने जैसा मर्मस्थल स्पर्श किया था, वैसा आज यह गीत न कर सका।" भावी विपत्ति की आशंका से वृद्ध महानायक का हृदय व्याकुल हो उठा। सब लोग शिविर से नगर की ओर लौट पड़े।

आठवाँ परिच्छेद
राजकुमारी का अभिसार

रात के सन्नाटे में तरला ने प्रासाद के बाहर निकल देशानन्द की कोठरी के किवाड़ खटखटाए। देशानन्द तो जागता ही था, उसने झट उठकर किवाड़ खोले और कहा, "भीतर आ जाओ।" तरला बोली, "विलम्ब बहुत हो गया है, अब भीतर आने का समय नहीं है। जल्दी तैयार होकर आओ।" देशानन्द बाहर आ खड़ा हुआ। उसका ठाठ-बाट देख तरला चकित हो गई। वह देर तक उसका मुँह ताकती रही। वृद्ध ने मजीठ में रँगा वस्त्र धारण किया था, सिर पर चमचमाती पगड़ी बँधी थी, कटिबन्ध में तलवार लटक रही थी और हाथ में शूल था। वृद्ध सोचने लगा कि तरला मेरे वीरवेश पर मोहित हो गई है। उसने धीरे से पूछा, "मैं कुछ अच्छा लग रहा हूँ?" तरला बोली, "अच्छे तो तुम न जाने कितने दिनों से लग रहे हो। यह तो बताओ, यह सब पहिनावा तुम्हें मिला कहाँ?"

देशा.—कुछ मोल लिया है, कुछ महानायक ने दिया है।

तरला—रुपया कहाँ मिला?

देशा.—आते समय तुम्हारे लिए संघाराम के भंडार से धन निकाल लाया था।

देशानन्द तरला के साथ-साथ चलने लगा। अकस्मात् एक गहरी ठोकर खाकर गिर पड़ा। तरला ने पूछा, "क्या हुआ?" देशानन्द बोला, "कुछ नहीं, पैर फिसल गया था।" पर बात यह थी कि रात को देशानन्द को अच्छी तरह सुझाई नहीं पड़ता था। पर प्राण जाए तो जाए, देशानन्द भला यह बात कभी तरला के सामने कह सकता था? कुछ दूर चलते-चलते एक पेड़ की मोटी जड़ को न देख देशानन्द फिर टकरा कर गिरा। तरला समझ गई कि बुड्ढे को रतौंधी होती है। उसने मन में सोचा, चलो, अच्छी बात है। बुड्ढा रात को कुछ देख न सकेगा, सेठ की लड़की को ही राजकुमारी समझेगा। तरला देशानन्द को साथ लिये प्रासाद के तोरण के बाहर हुई। यह देख देशानन्द बोला, "तुम अन्तःपुर में तो गई नहीं?" तरला ने हँसकर कहा, "तुम्हारी बुद्धि तो चरने गई है। भला इतने लोगों के बीच मैं तुम्हें लेकर अन्तःपुर में जाऊँगी तो तुम्हारी तो जो दशा होगी वह होगी ही, मैं भी प्राण से हाथ धोऊँगी।" देशानन्द सिटपिटा गया, पर फिर भी उसने पूछा, "तो फिर राजकुमारी कैसे आएँगी?" तरला ने वस्त्र के नीचे से रस्सियों की एक सीढ़ी निकालकर दिखाई और बोली, "राजकुमारी इसी के सहारे नीचे उतरेंगी।" इतने में दोनों राजपथ छोड़कर सेठ की कोठी के पास पहुँचे। यूथिका के पिता के घर पहुँचते ही तरला

पीछे की फुलवारी में घुसी। वह यूथिका से फुलवारी की ओर का द्वार खोलने के लिए कह आई थी, पर पास जाकर उसने देखा कि किवाड़ भीतर से बन्द है।

देशानन्द के सहारे तरला दीवार पर चढ़ी और रस्सी की सीढ़ी लटकाकर नीचे उतर गई। देशानन्द रस्सी का छोर पकड़े दीवार के उस पार ही खड़ा रहा। थोड़ी देर में तरला लौट आई और बोली, "बाबाजी! तुम इस पर आओ। फुलवारीवाले द्वार पर न जाने किसने ताला चढ़ा दिया है, वह किसी प्रकार खुलता नहीं है। देशानन्द दीवार पर चढ़कर तरला के पास गया। बहुत चेष्टा करने पर भी द्वार न खुल सका। अन्त में तरला बोली, "बाबाजी! तुम दीवार से लगकर उधर अँधेरे में छिपे रहो, मैं राजकुमारी के नागर को बुलाने जाती हूँ।"

दो पहर रात बीते चन्द्रोदय हुआ। चाँदनी धुँधली रहने पर भी देशानन्द की दृष्टि को बहुत-कुछ सहारा था। तरला के आदेशानुसार वह उजाले से हटकर दीवार की छाया में छिपकर खड़ा हुआ। तरला फिर उसी प्रकार दीवार पर चढ़कर बाहर फुलवारी में उतरी। धीरे-धीरे फुलवारी से निकलकर वह सेठ के घर से लगी हुई एक गली में गई। वहाँ अँधेरे में एक आदमी पहले से छिपा था, उसने पूछा, "कौन, तरला?" तरला बोली, "हाँ, जल्दी आइए।"

"घोड़ा लिए चलें?"

"डर क्या है?"

"क्या हुआ?"

"अभी मैं भीतर नहीं जा सकी हूँ। सेठ ने फुलवारी के द्वार पर ताला लगा रखा है।"

तरला फिर फुलवारी की ओर चली, वसुमित्र घोड़े पर पीछे-पीछे चला। दोनों रस्सी के फन्दे के सहारे दीवार लाँघकर सेठ के घर में पहुँचे। वसुमित्र ने भी ताला खोलने का बहुत यत्न किया, पर वह न खुला। यह देख तरला बोली, "तो फिर सेठ की बेटी को भी दीवार लाँघनी पड़ेगी, अब और विलम्ब करना ठीक नहीं। रात बीत चली है। मैं अन्तःपुर में जाने का एक और मार्ग जानती हूँ।" वसुमित्र ने उसकी बात मान ली। तरला ने देशानन्द से कहा, "देखो! बाबाजी! तुम यहीं छिपे रहना, और किसी को आते देखना तो रस्सी की सीढ़ी हटा लेना।" देशानन्द ने उत्तर दिया, "तुम लोग बहुत देर न लगाना। रात को भूत-प्रेत निकलते हैं, कहीं..." तरला ने हँसकर कहा, "तुम्हें कोई भय नहीं है, मैं अभी लौटती हूँ।" दोनों घर के भीतर घुसे। चलते-चलते वसुमित्र ने पूछा, "तरला! तुम्हारे साथ वह कौन है?"

तरला—नहीं पहिचाना?

वसु.—न।

तरला—इतने दिन एक साथ रहे, फिर भी नहीं पहिचानते?

वसु.—बताओ, कौन है?

तरला—देशानन्द।

वसु.—तुम कहती क्या हो?

तरला—लौटते समय देख लेना।

दोनों धीरे-धीरे पैर रखते सेठ की लड़की के शयनकक्ष में गए।

इधर तरला और वसुमित्र घर के भीतर गए, उधर देशानन्द बड़े संकट में पड़ा। तरला जब वसुमित्र को बुलाने गई थी तभी से वह मन में डर रहा था। पर तरला के सामने वह यह बात मुँह से न निकाल सका। देशानन्द ने कोष से तलवार निकालकर सामने रखी, बरछे का फल देखा। इससे उसके मन में कुछ ढाढ़स हुआ। पर थोड़ी देर में जो पीछे फिर कर देखा तो दो-एक आम के पेड़ों के नीचे गहरा अँधेरा दिखाई पड़ा। उसके जी में फिर डर समाया। वह धीरे-धीरे अन्तःपुर के द्वार पर जा खड़ा हुआ। उसने फुलवारी की ओर उचककर देखा कि वसुमित्र का घोड़ा ज्यों का त्यों चुपचाप खड़ा है। उसके मन में फिर ढाढ़स हुआ। उसने सोचा कि कोई भूत-प्रेत होता तो घोड़े को अवश्य आहट मिलती।

देखते-देखते एक दंड हो गया, फिर भी तरला लौटकर न आई। उद्यान में ओस से भीगी हुई डालियाँ धीरे-धीरे झूम रही थीं। पत्तों पर बिखरी हुई ओस की बूँदों पर पड़कर चाँदनी झलझला रही थी। देशानन्द को ऐसा जान पड़ा कि श्वेत वस्त्र लपेटे एक बड़ा लम्बा-तड़ंगा मनुष्य उसे अपनी ओर बुला रहा है। उसका जी सन्न हो गया। उसे कुछ न सूझा। बरछा और तलवार दूर फेंक जिधर तरला और वसुमित्र गए थे, एक साँस में उसी ओर दौड़ पड़ा। थोड़ी दूर पर एक गली थी जो सीधे अन्तःपुर तक चली गई थी। गली के छोर पर एक छोटा-सा द्वार था जिसे वसुमित्र भीतर जाते समय खोलता गया था। देशानन्द उसी द्वार से भागा-भागा सेठ के अन्तःपुर में जा पहुँचा। उसे कुछ सुझाई न पड़ा। अँधेरे में वह इधर-उधर भटकने लगा।

उधर चार वर्ष पर वसुमित्र और यूथिका का मिलन हुआ। पहले अभिमान, फिर मान, उसके पीछे मिलन का अभिनय होने लगा। तरला द्वार पर खड़ी-खड़ी उन दोनों को झटपट बाहर निकलने के लिए बार-बार कह रही थी। पर उसकी बात उन दोनों प्रेमियों के कानों में मानो पड़ती ही न थी। यूथिका बीच-बीच में यह भी सोचती थी कि पिता का घर सब दिन के लिए छूट रहा है। वह कभी अपनी प्यारी बिल्ली को प्यार करने लगती, फिर कभी प्रेमालाप में डूब जाती। कभी पिंजड़े में सोए हुए सुए को चुमकारने लगती, कभी तरला की फटकार सुनकर पिता का घर सब दिन के लिए छोड़ने की तैयारी करने लगती। इसी में तीन पहर बीत गए। नगर के तोरणों पर और देव मन्दिरों में मंगल वाद्य बजने लगा। उसे सुनते ही तरला यूथिका का हाथ पकड़ उसे कोठरी के बाहर खींच लाई। वसुमित्र पीछे-पीछे चला। सेठ की बेटी ने आँसू गिराकर पिता का घर छोड़ा।

तरला ने फुलवारी की दीवार के पास आकर देखा कि देशानन्द नहीं है। अन्तःपुर के द्वार के पास उसका भाला और तलवार पड़ी है। वसुमित्र यूथिका को चुप कराने में लगा था। तरला ने उससे धीरे से कहा, "हमारे बाबाजी तो नहीं हैं!" वसुमित्र बोला, "बड़ा आश्चर्य है, गया कहाँ?"

इसी समय सेठ के घर में किसी भारी वस्तु के गिरने का धमाका हुआ और उसके साथ बसन्तू की माँ 'चोर-चोर' करके चिल्ला उठी। उसे सुन तरला बोली, "भैयाजी! बड़ा अनर्थ हुआ। बुड्ढा अवश्य हम लोगों को ढूँढ़ता-ढूँढ़ता अन्तःपुर में जा पहुँचा। उसे रात को दिखाई नहीं पड़ता, वह निश्चय किसी के ऊपर जा गिरा। अब चटपट यहाँ से भागो।" तरला की बात पूरी भी न हो पाई थी कि यूथिका न जाने क्या कहकर मूर्च्छित हो गई। यदि वसुमित्र उसे थाम न लेता तो वह गिर जाती। वसुमित्र ने पूछा, "तरला, अब क्या किया जाए?" तरला ने कहा, "यूथिका को मैं थामे हूँ, आप चटपट दीवार पर चढ़ जाइए।" तरला ने अचेत यूथिका को थामा। वसुमित्र उछलकर दीवार पर चढ़ गया और उसने यूथिका को ऊपर खींच लिया। तरला भी देखते-देखते यूथिका को थामने के लिए दीवार पर जा पहुँची। वसुमित्र धीरे से उस पार उतर गया और उसने यूथिका को हाथों पर ले लिया। तरला नीचे उतर कहने लगी, "भैयाजी! झट घोड़े पर चढ़ो और अपनी बहूजी को भी ले लो।" वसुमित्र घोड़े पर बैठा और उसने यूथिका को गोद में ठहरा लिया। तरला बोली, "अब चल दो, घर के सब लोग जाग पड़े हैं। सीधे महानायक की कोठरी में चले जाना, वहाँ सब प्रबन्ध पहले से है।" वसुमित्र कुछ आगा-पीछा करने लगा और बोला, "और तुम?" तरला ने कहा, "मेरी चिन्ता न करो। यदि मैं भागना चाहूँ तो पाटलिपुत्र में अभी ऐसा कोई नहीं जन्मा है जो मुझे पकड़ ले।" वसुमित्र तीर की तरह घोड़ा छोड़कर देखते-देखते अदृश्य हो गया।

इधर बसन्तू की माँ का चिल्लाना सुन घर और टोले के सब लोग जाग पड़े। यूथिका के पिता के आदमी दीया जलाकर चोर को ढूँढ़ने लगे। तरला यह रंग-ढंग देख धीरे से खिसक गई। सचमुच अँधेरे में देशानन्द बसन्तू की माँ के ऊपर जा गिरा था। बसन्तू की माँ कोई ऐसी-वैसी स्त्री तो थी नहीं। वह देशानन्द को दोनों हाथों से कसकर पकड़े रही और 'चोर-चोर' करके टोले भर का कान फोड़ती रही। घर के लोगों ने जागकर देखा कि सचमुच एक नया आदमी घर में घुस आया है और बसन्तू की माँ उसे पकड़े हुए है। बिना कुछ पूछे-पाछे पहले तो सब-के-सब मिलकर चोर को मारने लगे। मार खाते-खाते घबराकर देशानन्द कहने लगा, "भाई! मैं चोर नहीं हूँ, मुझे मत मारो। मैं महानायक यशोधवलदेव का शरीररक्षी हूँ, मुझे मत मारो। राजकुमारी अभिसार को आई थीं, इससे मुझे संग ले आई थीं।" उसकी बात सुनकर कई लोग पूछने लगे, "राजकुमारी कौन?" देशानन्द ने कहा, "सम्राट महासेनगुप्त की कन्या और कौन?" उसकी इस बात पर सब-के-सब हँस पड़े, क्योंकि सम्राट के कोई कन्या नहीं थी। किसी-किसी ने कहा, "अरे, यह पक्का चोर है, इसे खूब पीटो और सबेरे ले जाकर नगररक्षकों के हाथ में दे दो।"

पाठक इतने ही से समझ लें कि देशानन्द पर कितने प्रकार की मार पड़ी होगी। सबेरा होते ही नगररक्षक आकर उसे कारागार में ले गए। सेठ के आदमी सब नींद से आँख मलते उठे थे, इससे वे फिर अपने-अपने स्थान पर जाकर सो रहे। उस रात घरवालों में से किसी को यह पता न चला कि यूथिका घर में नहीं है।

वसुमित्र वेग से घोड़ा फेंकता प्रासाद में आ पहुँचा। मार्ग में शीतल वायु के स्पर्श से यूथिका को चेत हुआ। तोरण पर के रक्षक वसुमित्र को पहचानते थे, इससे उन्होंने कुछ रोक-टोक न की। वसुमित्र नवीन प्रासाद के सामने पहुँच घोड़े से उतरा और सीधे यशोधवलदेव की कोठरी में गया। यशोधवलदेव सोए नहीं थे, जान पड़ता था कि उसका आसरा देख रहे थे। उनकी आज्ञा से एक दासी आकर सेठ की कन्या को अन्तःपुर में ले गई और वसुमित्र भी महानायक को प्रणाम करके अपने स्थान पर गया।....

नवाँ परिच्छेद

विजययात्रा

आश्विन शुक्लपक्ष के प्रारम्भ में महाधर्म्माध्यक्ष नारायणशर्म्मा ने कुमार माधवगुप्त को साथ लेकर स्थाण्वीश्वर की यात्रा की। चरणाद्रि से हरिगुप्त ने समाचार भेजा कि बिना युद्ध के ही दुर्ग पर अधिकार हो गया पर थानेश्वर की सेना अभी तक प्रतिष्ठानपुर में पड़ी हुई है। यशोधवलदेव निश्चिन्त होकर बंगदेश की चढ़ाई की तैयारी करने लगे। हेमन्त के अन्त में पदातिक सेना और नावों का बेड़ा बंग की ओर चला। यह स्थिर हुआ कि पदातिक सेना चलकर गिरिसंकट पर अधिकार जमाए, युवराज शशांक और यशोधवलदेव अश्वारोही सेना लेकर यात्रा करें। उस काल में गौड़ या बंग में घुसने के लिए मंडला के संकीर्ण पहाड़ी पथ पर अधिकार करना आवश्यक था। हजार वर्ष पीछे बंगाल के अन्तिम स्वाधीन नवाब कासिमअली खाँ इसी पहाड़ी प्रदेश में पराजित होकर, और अपना राजपाट खोकर भिखारी हुए थे। गुप्त सम्राटों के समय में जो अत्यन्त विश्वासपात्र सेनापति होता था, उसी के हाथ में मंडलादुर्ग का अधिकार दिया जाता था। नरसिंहदत्त के पूर्व पुरुषों के अधिकार में बहुत दिनों से यह दुर्ग चला आता था। उनके पिता तक्षदत्त की मृत्यु के पीछे जंगलियों ने मंडलादुर्ग पर अधिकार कर लिया था। सम्राट ने एक-दूसरे सेनापति को दुर्ग की रक्षा के लिए भेजा था, क्योंकि नरसिंहदत्त उस समय बहुत छोटे थे। नरसिंहदत्त ने यशोधवलदेव की आज्ञा लेकर पदातिक सेना के साथ मंडलागढ़ की ओर यात्रा की। सम्राट कह चुके थे कि बंगदेश का युद्ध समाप्त हो जाने पर नरसिंहदत्त को उनके पूर्व-पुरुषों का अधिकार दे दिया जाएगा।

यूथिका को यशोधवलदेव ने महादेवी के साथ अन्तःपुर में भेज दिया था। उन्होंने स्थिर किया था कि बंगदेश से लौट आने पर उसका विवाह वसुमित्र के साथ होगा, तब तक सेठ की कन्या राजभवन में ही रहेगी। तरला यशोधवलदेव के बहुत पीछे पड़ी थी कि युद्धयात्रा के पहिले ही वसुमित्र और यूथिका का विवाह हो जाए पर उन्होंने एक न सुनी। उन्होंने कहा, "नई ब्याही स्त्री घर में छोड़ युद्धयात्रा करना योद्धा के लिए कठिन बात है। एक ओर युद्धयात्रा की तैयारी हो रही है, दूसरी ओर ब्याह की तैयारी करना ठीक नहीं है।" तरला चुप हो रही।

कुछ दिन पीछे संवाद आया कि गिरिसंकट पर अधिकार हो गया, पदातिक सेना ने पहाड़ियों और जंगलियों को मार भगाया। उस पहाड़ी प्रदेश में थोड़ी-सी सेना रखकर नरसिंहदत्त ने गौड़देश की ओर यात्रा की। इतना सुन यशोधवलदेव ने भी शुभ दिन देख कुमार शशांक को साथ ले पाटलिपुत्र से प्रस्थान किया। महाराजाधिराज की आज्ञा से राजधानी अनेक प्रकार से सजाई गई। पूर्व तोरण से होकर दो सहस्र अश्वारोही सेना के साथ युवराज ने बंगदेश की यात्रा की। माधववर्म्मा और अनन्तवर्म्मा उनके पार्श्वचर होकर चले। वृद्ध सम्राट ने तोरण तक आकर अपने बाल्यसहचर यशोधवलदेव के हाथ में पुत्र को सौंपा। उनकी बाईं आँख फरक रही थी। यशोधवलदेव उन्हें ढांढ़स बँधाकर विदा हुए।

युवराज ठीक समय पर मंडलादुर्ग पहुँच गए। पदातिक सेना लेकर नरसिंहदत्त गौड़देश में जा निकले। वे मार्ग में मंडलादुर्ग को छोड़ते गए। गौड़ उस समय एक छोटा-सा नगर था, एक प्रदेश मात्र की राजधानी था। नावों का बेड़ा जब गौड़ पहुँचा तब गौड़ीय महाकुमारामात्य[1] ने बड़े समारोह के साथ युवराज की अभ्यर्थना की। घाट की नावों पर रंग-बिरंगी पताकाएँ फहरा रही थीं, नगर के मार्गों पर स्थान-स्थान पर फूल-पत्तों से सजे हुए तोरण बने थे। सन्ध्या होते-होते दीपमाला से गौड़ नगर जगमगा उठा। गौड़ की बहुत-सी सुशिक्षित सेना आपसे आप साम्राज्य की सेना के साथ हो गई। समुद्रगुप्त के वंशधर स्वयं विजययात्रा के लिए निकले हैं, यह सुन दल के दल गौड़ीय अमात्य अपनी-अपनी शरीररक्षी सेना लेकर गरुड़ध्वज के नीचे आ जुटे। युवराज जिस समय गौड़देश से चले, उस समय उनके साथ दो सहस्र के स्थान पर दस सहस्र अश्वारोही सेना हो गई।

पौंड्रवर्द्धनभुक्ति की सीमा पार होने पर विद्रोही सामन्तों का शासन आरम्भ हुआ। निरीह प्रजा ने बड़े आनन्द से सम्राट के पुत्र की अभ्यर्थना की। पदातिक सेना गाँव पर गाँव अधिकार करती चली। दो-एक स्थान पर कुछ भूस्वामियों ने मिट्टी के कोट के भीतर से साम्राज्य की सेना को रोकने का प्रयत्न किया, पर यशोधवलदेव ने उनके गढ़ों पर अधिकार करके उन्हें ऐसा कठोर दंड दिया कि अधिकांश महत्तर[2] और महत्तम[3] अधीन होकर महानायक की शरण में आए। इस प्रकार मेघनाद के पश्चिम तट पर सारा प्रदेश अधिकार में आ गया। पूस के अन्त में मेघनाद के तट तक सारी पदातिक, अश्वारोही और नौसेना इकट्ठी हुई। बहुदर्शी महानायक ने शरण में आए हुए सामन्तों को फिर अपने-अपने पदों पर प्रतिष्ठित किया। उन्होंने बड़ी प्रसन्नता से बहुत दिनों के संचित राजस्व का युवराज के सामने ढेर लगा दिया। लाख से ऊपर स्वर्णमुद्रा पाटलिपुत्र भेजी गई। पराजित सामन्तों की दशा सुनकर मेघनाद के उस पार के सामन्त भी धीरे-धीरे महानायक के पास दूत भेजने लगे।

---

1. शासनकर्त्ता की उपाधि।
2. महत्तर = जमींदार।
3. महत्तम = उच्च वर्ग के भूपधामी, तअल्लुकेदार।

मेघनाद के पूर्व तट तथा समुद्र से लगे हुए समतट प्रदेश पर जिन सामन्त राजाओं का अधिकार था, वे अधिकतर महायान शाखा के बौद्ध थे और ब्राह्मणों के घोर विद्वेषी थे। पश्चिम तट के आसपास के सामन्त राजा भी बौद्ध थे पर ब्राह्मणों से उन्हें द्वेष नहीं था क्योंकि वे बहुत काल से ब्राह्मणों के साथ रहते आए थे।

उनके भाव कुछ उदार थे। उस समय वज्राचार्य, शक्रसेन, संघस्थविर बन्धुगुप्त आदि बौद्ध संघ के नेता बंगदेश में पहुँच गए थे। उनके उद्योग से विद्रोहियों को थानेश्वर से बहुत कुछ धन और उत्साह मिलता था। कान्यकुब्ज में बुद्धभद्र और स्थाण्वीश्वर में अमोघरक्षित, शक्रसेन और बन्धुगुप्त आर्यावर्त्त में एकच्छत्र बौद्ध राज्य प्रतिष्ठित करने का प्रयत्न कर रहे थे। बंग और समतट प्रदेश के सामन्तों को दूत भेजते देख युवराज ने सोचा कि अब बहुत सहज में बंगदेश पर अधिकार हो जाएगा पर व्यवहारकुशल वृद्ध महानायक का ऐसा विश्वास नहीं था। वे जानते थे कि इधर मेघनाद के पश्चिम तट पर तो केवल सामन्त राजा ही विद्रोही हो गए हैं पर नद के उस पार के सामान्य किसान तक गुप्त साम्राज्य के विरोधी हैं।

मेघनाद के तट पर शिविर में यशोधवलदेव को संवाद मिला कि उत्तर में कामरूप के राजा खुल्लमखुल्ला विद्रोहियों की सहायता कर रहे हैं। कामरूप के भगदत्तवंशीय राजाओं के साथ गुप्तराजवंश का बहुत दिनों से झगड़ा चला आता था। इस झगड़े के कारण बंग और कामरूप की सीमा पर का बहुत-सा उपजाऊ प्रदेश उजाड़ जंगल हो रहा था। सम्राट महासेनगुप्त ने युवावस्था में कामरूपराज सुस्थितवर्म्मा को पराजित करके कुछ काल के लिए शान्ति स्थापित की थी। सुस्थितवर्म्मा के पुत्र सुप्रतिष्ठितवर्म्मा के राजत्वकाल में इधर गुप्तसम्राट के साथ कोई झगड़ा न था। पर बंग में युद्ध छिड़ जाने पर कामरूपराज चुपचाप न बैठेंगे, यह बात यशोधवलदेव सम्राट से कह आए थे। मेघनाद के किनारे सारी सेना पड़ाव डाले यों ही दिन काट रही थी। यशोधवलदेव कामरूपराज की गतिविधि का ठीक-ठीक पता पाए बिना मेघनाद के पार उतरना ठीक नहीं समझते थे। अतः कामरूपराज के प्रत्यक्ष शत्रुताचरण का संवाद पाकर वे एक प्रकार से निश्चिन्त हुए।

यशोधवलदेव ने गुप्तचरों के मुँह से सुना कि सुप्रतिष्ठितवर्म्मा के छोटे भाई महाराजपुत्र भास्करवर्म्मा बंगदेश के विद्रोहियों की सहायता के लिए ससैन्य बढ़ रहे हैं। अग्रगामी कामरूपसेना ब्रह्मपुत्र का पश्चिमी किनारा पकड़े जल्दी-जल्दी बढ़ती आ रही है। भास्करवर्म्मा अपने द्वितीय सेनादल के साथ बंगदेश में आ पहुँचे हैं, फिर भी वहाँ के सामन्तगण दूत भेजकर सन्धि की प्रार्थना कर रहे हैं। यशोधवलदेव ने सेनापतियों के साथ परामर्श करने के लिए मन्त्रणासभा बिठाई। मेघनाथ के किनारे आम और कटहल के लम्बे-चौड़े दन में सेना डेरा डाले पड़ी थी। एक बड़े भारी आम के पेड़ के नीचे एक नया पटमंडप खड़ा किया गया। महानायक यशोधवलदेव, युवराज शशांक, नरसिंहदत्त, माधववर्म्मा, वीरेन्द्रसिंह और अनन्तवर्म्मा उस स्थान पर इकट्ठे हुए। यशोधवलदेव ने सबको उपस्थित दशा समझाकर पूछा, "अब हम

लोगों को क्या करना चाहिए?" युवराज ने तुरन्त उत्तर दिया, "शत्रु की सेना आकर विद्रोहियों से मिले, इसके पहले ही दोनों पर आक्रमण हो जाना चाहिए।" महानायक प्रसन्न होकर बोले, "साधु! साधु! पुत्र, यही युद्धनीति है। पर यह तो बताओ कि दोनों दलों के मिलने के पूर्व किस उपाय से आक्रमण करके उन्हें पराजित किया जाए?"

"क्यों? आप सेना को दो भागों में बाँट दीजिए। बंगदेश के लिए कोई दो सहस्र अश्वारोही और नावों का सारा बेड़ा रखकर शेष अश्वारोही और पदातिक सेना का आधा कामरूप की ओर भेज दिया जाए।"

"इस सेना का परिचालन कौन करेगा?"

"आपकी आज्ञा हो तो मैं कर सकता हूँ, अथवा नरसिंह या माधव कर सकते हैं।"

"पुत्र! इस युद्ध में तुम्हीं सेनापति होकर जाओ। भगदत्त का वंश यद्यपि समुद्रगुप्त के वंश के जोड़ का नहीं है, पर बहुत प्राचीन राजवंश है। भास्करवर्म्मा भी अवस्था में तुम्हारे ही समान तरुण हैं। विद्रोह दमन में अर्थ का लाभ तो है, पर उतना यश नहीं है। तुम आगे बढ़कर यदि भास्करवर्म्मा को पराजित कर सकोगे तो युद्ध शीघ्र ही समाप्त हो जाएगा। सबकी सब सेना यदि एक साथ बंगदेश पर आक्रमण करेगी तो विद्रोह का दमन करने में अधिक दिन न लगेंगे। यदि किसी कारण से तुम पराजित हुए तो तुम्हारी पृष्ठरक्षा के लिए मैं पहुँच जाऊँगा। तुम्हारे साथ कौन-कौन जाएगा?"

नरसिंह, माधव, वीरेन्द्र, वसुमित्र इत्यादि सब-के-सब एक स्वर से बोल उठे, "मैं जाऊँगा।" पीछे से नितान्त नवयुवक अनन्तवर्म्मा भी बोल उठे, "प्रभो! मैं भी जाऊँगा।" यशोधवल ने हँसकर कहा, "भाई! तुम लोग सब-के-सब चले जाओगे तो फिर मेरे साथ यहाँ कौन रहेगा?"

महानायक की इस बात पर सबने सिर नीचा कर लिया, कोई कुछ न बोला। यशोधवलदेव बोले, "सुनो, तुम सब लोग अभी नवयुवक हो। युवराज के साथ किसी पुराने और अनुभवी सैनिक को जाना चाहिए। उनके साथ वीरेन्द्रसिंह जाएँगे। नरसिंह, माधव और अनन्त—इन तीनों में से कोई एक और भी जा सकता है।"

बहुत तर्क-वितर्क के पीछे स्थिर हुआ कि नरसिंहदत्त ही कुमार के साथ यात्रा करें। उसी समय पीछे से अनन्तवर्म्मा बोल उठे, "प्रभो! मुझे भी आज्ञा दीजिए, मैं भी युवराज के साथ युद्ध में जाऊँगा।" यशोधवलदेव ने पूछा, "अनन्त! तुम जाकर क्या करोगे?" उनका इतना आग्रह देख युवराज ने उन्हें भी साथ चलने के लिए कहा।

दूसरे दिन बड़े तड़के दस सहस्र पदातिक, आठ सहस्र अश्वारोही और पचास नावें लेकर युवराज ने यात्रा की।

पदातिक नौसेना धीरे-धीरे चलने लगी। युवराज नरसिंहदत्त को शंकरनद के किनारे प्रतीक्षा करने के लिए कहकर अश्वारोही सेना लेकर आगे बढ़े। उस समय कामरूप की सेना सीमा लाँघकर बंगदेश के उत्तर प्रान्त के गाँवों में लूटपाट कर रही

थी। पर भास्करवर्म्मा अब तक शंकरनद के इस पार तक नहीं पहुँच सके थे। इधर युवराज के साथ जो लोग आए थे, उनमें से अधिकांश लोग गौड़ के थे और अपना सारा जीवन युद्ध में ही बिता चुके थे। शत्रुसेना को बेखटके लूटपाट में लिप्त देख युवराज और वीरेन्द्रसिंह गौड़ीय सामन्तों के परामर्श के अनुसार सारी सेना लेकर उस पर टूट पड़े। कामरूप सेना इधर-उधर कई खंडों में होकर लूटपाट कर रही थी। उसके सेनापतियों को युवराज के चलने का संवाद मिल चुका था पर वे इतनी जल्दी सीमा पार करके आ धमकेंगे, इस बात का उन लोगों को स्वप्न में भी ध्यान न था। अकस्मात् इतने अश्वारोहियों से घिरकर कामरूप सेना बार-बार परास्त हुई। जो सेना बची, वह लूट का सारा धन छोड़-छाड़ कर भागी। सेनापतियों ने बहुत यत्न किया पर सेना एकत्र न हुई।

अन्त में परास्त कामरूप सेना शंकरनद के किनारे फिर इकट्ठी हुई। पर बार-बार हार खाते-खाते वह इतनी व्याकुल हो गई कि वीरेन्द्रसिंह केवल दो सहस्र अश्वारोही लेकर उसे शंकरनद के पार भगा आए। भास्करवर्म्मा ने दूत के मुँह से सुना कि स्वयं युवराज शशांक बड़ी भारी सेना लेकर कामरूप पर चढ़ाई करने आ रहे हैं। वे जल्दी-जल्दी बढ़ने लगे। मार्ग में भागते हुए सैनिकों के मुँह से उन्होंने अपनी सेना के हारने की बात सुनी। शंकरनद के किनारे पहुँचकर उन्होंने देखा कि जितने घाट हैं, सब पर मागध सेना डटी हुई है, बिना युद्ध के पार जाना असम्भव है।

एक लाख से ऊपर सेना लेकर युवराज भास्करवर्म्मा ने शंकरनद के उत्तर तट पर स्कन्धावार स्थापित किया। वे वीर और वीरपुत्र थे। वे उसी समय, जिस प्रकार से हो, नद पार करना चाहते थे; पर युद्ध निपुण सेनापतियों के बहुत समझाने पर वे रुक गए। उन्होंने कहा कि बहुत दूर से चलकर आने के कारण सेना थकी हुई है। पराजित सेना ने आकर यह बात फैला रखी है कि मगध साम्राज्य की सेना दुर्जय है और युवराज शशांक में कोई अद्‌भुत दैव शक्ति है। शंकरनद बहुत चौड़ा न होने पर भी गहरा और तीव्र वेग का है। इसे पार करना सहज नहीं है। जबकि उस पार शत्रु सेना का अधिकार है तब अपनी सेना को बिना विश्राम दिए पार उतारने की चेष्टा करना ठीक नहीं है। युवराज भास्करवर्म्मा तरुण होने पर भी धीर, शान्त और युद्धविद्या में दक्ष थे। वृद्ध सेनापतियों की बात मान उन्होंने शंकरनद के किनारे ही पड़ाव डाला।

उस पार सहस्रों डेरे खड़े होते देख युवराज शशांक समझ गए कि भास्करवर्म्मा सुयोग देख रहे हैं। तीन दिन तीन रात दोनों पक्ष की सेनाएँ तट पर पड़ी एक-दूसरे के आक्रमण का आसरा देखती रहीं। चौथे दिन बड़े सबेरे मागध सेना ने उठकर देखा कि उस पार डेरों की संख्या कुछ कम हो गई है। शशांक समझ गए कि कामरूप की सेना नद उतरने की चेष्टा कर रही है, और युद्धविद्याविशारद भास्करवर्म्मा अपनी सेना को बहुत से खंडों में बाँटकर एक ही समय में अनेक स्थानों से उसे उतारने का यत्न करेंगे। युवराज और वीरेन्द्रसिंह चिन्ता में पड़ गए। बात यह थी कि नरसिंहदत्त सेना लेकर अब तक न पहुँच सके थे।

दोनों ने लेखा लगाकर देखा कि घायल और निकम्मी सेना को छोड़ साढ़े सात हजार अश्वारोही बचे हैं। इस सेना को दो भागों में बाँटकर युवराज और वीरेन्द्रसिंह कामरूप की एक लाख सेना को रोकने के लिए तैयार हुए। वीरेन्द्रसिंह और गौड़ीय सामन्तों ने बहुतेरा समझाया पर युवराज शशांक ने युद्धक्षेत्र से हटना स्वीकार न किया। वीरेन्द्रसिंह आदि ने समझ लिया कि मुट्ठी भर सैनिक लेकर कामरूप की इतनी बड़ी सेना का सामना करना पागलपन है और इसका परिणाम मृत्यु है। उन लोगों ने यशोधवलदेव के पास एक अश्वारोही और नरसिंहदत्त के पास एक सामन्त को चटपट भेजा। नरसिंहदत्त पदातिक सेना लिये अभी चालीस कोस पर थे और यशोधवलदेव का शिविर मेघनाद के तट पर था। शंकरनद से शिविर एक महीने का मार्ग था।

सामन्तों ने जब देखा कि युवराज किसी प्रकार युद्धक्षेत्र से न हटेंगे तब वे भी उनके साथ मरने के लिए प्रस्तुत हुए। प्रधान सामन्त, नायकों के हाथ में सैन्य परिचालन का भार देकर, युवराज के शरीररक्षी दल में जा मिले। सौ शरीररक्षियों के स्थान पर तीन सौ शरीररक्षी साथ लेकर युवराज शिविर से निकल पड़े। विदा होते समय आँख में आँसू भरे वीरेन्द्रसिंह युवराज का हाथ थामकर बोले, "कुमार! यदि लौटकर मुझे इस स्थान पर न देखना तो जान लेना कि वीरेन्द्रसिंह जीता नहीं है। यदि कभी देश लौटकर जाना तो महानायक से कहना कि महेन्द्रसिंह का पुत्र उनकी सेवा में जीवन देकर कृतार्थ हुआ। एक अश्वारोही भी प्राण रहते घाट पर से न हटेगा।"

युवराज चार हजार से भी कुछ कम सवार लेकर पर्वत की ओर चले। उस समय शंकरनद के दोनों ओर घना जंगल था। ब्रह्मपुत्र के संगम से लेकर दो-तीन कोस तक के बीच केवल दो-तीन स्थानों को छोड़ और कहीं से नद पार नहीं किया जा सकता था। युवराज के शिविर से निकलने पर आकाश बादलों से ढक गया। सेनादल धीरे-धीरे नदी का किनारा पकड़े चलने लगा। शिविर से बारह कोस निकल आने पर कामरूप की सेना की आहट मिली। कुछ और बढ़ने पर दिखाई पड़ा कि प्रायः दस सहस्र सेना नद के उस पार एकत्र है। सेना के लोग वन से लकड़ी ला-लाकर सेतु बाँधने का उद्योग कर रहे हैं। उस स्थान पर नद दो चट्टानों के बीच से होकर बहता था, इससे उसका पाट चौड़ा न था। युवराज ने सेना ठहराकर सामन्तों से परामर्श किया। सबने एक स्वर से कहा, "इस स्थान पर तो बहुत थोड़ी सेना लेकर बहुत बड़ी सेना का मार्ग रोका जा सकता है।" उनके उपदेश के अनुसार युवराज उस स्थान पर एक सहस्र अश्वारोही रखकर शेष सेना को लेकर आगे बढ़े।

सन्ध्या हो जाने पर युवराज ने नदीतट पर विश्राम के लिए शिविर खड़ा कराया। साथ में डेरा केवल एक ही था। युवराज ने सामन्तों और नायकों सहित उसमें आश्रय लिया। सैनिक लोग पेड़ों के नीचे ठहरकर भीगने लगे। वन में कहीं सूखी लकड़ी भी न मिली कि आग जलाते। रात अधिक बीतने पर मूसलाधार पानी बरसने लगा। माघ का महीना था, टिकने का कहीं ठिकाना न पाकर सेना ने अत्यन्त कष्ट से रात काटी। सबेरा होते ही युवराज फिर आगे बढ़े। पानी धार बाँधकर बरस रहा था। सारा वन जल से भर

गया था। तुषार-सी ठंडी वायु प्रचंड वेग से बह रही थी, इससे घोड़ों को दौड़ाना असम्भव हो रहा था। इस प्रकार दो पहर तक चलकर युवराज की सेना जंगल के बाहर हुई। नायकों ने देखा कि सामने भारी मैदान है और हरे-भरे खेत दूर तक फैले हुए हैं। नद का पाट उस स्थान पर चौड़ा था, पर गहराई अधिक नहीं जान पड़ती थी। उस पार के हरे-भरे मैदान में सेना का पड़ाव दिखाई पड़ता था। देखने से पचास सहस्र सेना का अनुमान होता था। युवराज के सेनानायकों ने थकी-माँदी सेना को नदीतट पर एकत्र किया। भूख से व्याकुल और शीत से ठिठुरे हुए सैनिक घोड़ों पर से उतर युद्ध के लिए खड़े हुए। पर युद्ध करता कौन? उस पार शत्रु के शिविर में तो कहीं कोई मनुष्य दिखाई ही नहीं पड़ता था।

तीसरा पहर बीत जाने पर एक अश्वारोही ने आकर युवराज को संवाद दिया कि कई ग्रामीण उनसे मिलना चाहते हैं। युवराज ने उन्हें सामने लाने के लिए कहा। सैनिक तुरन्त कई नाटे और चिपटी नाकवाले किसानों को सामने लाए। उन्होंने हाथ जोड़कर निवेदन किया, "हजारों घोड़े खेती का सत्यानाश कर रहे हैं। यदि दया करके उन्हें खेतों से हटाने की आज्ञा दी जाए तो हम लोग सैनिकों और घोड़ों के लिए पूरा-पूरा भोजन और दाना-चारा अभी पहुँचा जाएँ।" युवराज की आज्ञा से भूखे घोड़े खेतों से हटा लिए गए। ग्रामवासी अनेक आशीर्वाद देते हुए बहुत-सा अन्न और चारा लेकर आए। आहार मिलने से घोड़ों और सैनिकों की रक्षा हुई। सन्ध्या होते-होते नद के दोनों तटों पर सहस्रों स्थानों पर अलाव जले। पानी लगातार बरस रहा था। उस दिन भी युद्ध न हुआ।

सैनिकों ने किनारे के जंगल से लकड़ी ला-लाकर बहुत-से झोपड़े खड़े किए। दो पहर रात गए युवराज और अनन्तवर्म्मा डेरे से निकलकर लकड़ी के घर में गए। आकाश में अब तक बादल घेरे हुए थे। वायु का वेग बढ़ गया था, पर पानी बहुत कुछ थम गया था। युवराज ने पूछा, "अनन्त! जान पड़ता है कि नद बढ़ आया है।" अनन्तवर्म्मा देखकर आए और कहने लगे, "हाँ, बहुत बढ़ आया है।" युवराज बोले, "अच्छी बात है, तुम यहाँ आओ।"

रात के पिछले पहर वृष्टि बन्द हुई, हवा भी रुकी और नद का जल भी धीरे-धीरे घटने लगा। युवराज ने सेनानायकों को युद्ध के लिए प्रस्तुत होने की आज्ञा दी। नद के किनारे रक्षा के लिए अश्वारोहियों का प्रयोजन नहीं था, इससे युवराज की आज्ञा से पाँच सौ अश्वारोही शेष सेना के घोड़ों को लेकर वन के भीतर जा रहे। ढाई हजार सेना युद्ध के लिए प्रस्तुत होकर नदी के तट पर आ खड़ी हुई।

सबेरा होने के पहले ही कामरूप की सेना नद पार करने के लिए उठ खड़ी हुई। स्वयं भास्करवर्म्मा उस सेनादल का परिचालन करते थे। वे रात को आग जलती देख समझ गए थे कि उस पार शत्रु सेना पहुँच गई है। सूर्योदय के पहले ही उन्होंने सेना को बढ़ने की आज्ञा दी। सहस्रों सैनिक जयध्वनि करते हुए एक साथ नदी के शीतल जल में उतरे।

दसवाँ परिच्छेद

शंकरनद का युद्ध

दो दिन पर आज सूर्यदेव ने पूर्व की ओर दर्शन दिए हैं। भास्करवर्म्मा की सेना का अधिकांश नद की बीच धारा में पहुँच चुका है। दूसरी ओर युवराज शशांक अपनी दो सहस्र सेना लिए पत्थर की चट्टान के समान शत्रु को रोकने के लिए निश्चल भाव से खड़े हैं। अश्वारोही सेना के पास धनुष-बाण तो रहता नहीं कि वह दूर से शत्रु सेना की कुछ हानि कर सके। इससे वे चुपचाप डटे रहे। ज्योंही कामरूप की सेना पास पहुँची कि युवराज की सेना जयध्वनि करती हुई वेग से आगे बढ़ी। जैसे मेघों के संघर्ष से घोर गर्जन होता है, वैसी ही दो सेनादलों के संघर्ष से अस्त्र-शस्त्रों की भीषण झनकार उठी। कामरूप की सेना आगे न बढ़ सकी, मागध सेना के आक्रमण के आघात से पीछे हटी। किन्तु पीछे खचाखच भरी हुई सेना ने उसे फिर आगे बढ़ाया। कामरूप सेना ने फिर पार उतरने का उद्योग किया, पर मागध सेना ने उसे फिर पीछे जल में ठेल दिया। किन्तु कामरूप के वीर सहज से हटनेवाले नहीं थे। बड़े तीव्र वेग से कई सहस्र सेना एक साथ मुट्ठी भर मागध सेना पर टूटी, पर फिर हार खाकर पीछे हटी। दो सहस्र मागध वीर चट्टान की तरह अड़े रहे। कई सहस्र सेना एक साथ आक्रमण करके भी उन्हें एक पग पीछे न हटा सकी। विजय की आशा छोड़ वे मरने-मारने के लिए खड़े थे। उनके जीते जी उन्हें वहाँ से हटा दे, जान पड़ता था कि ऐसी सेना उस समय पृथ्वी पर न थी।

नद के उस पार हाथी पर बैठे युवराज भास्करवर्म्मा सेना का परिचालन कर रहे थे। अपनी सेना को बार-बार पीछे फिरते देख क्रोध और क्षोभ से अधीर होकर उन्होंने हाथीवान को हाथी बढ़ाने के लिए कहा। हाथी पानी में उतरा, पर पानी सुड़क कर ही वह अचल होकर खड़ा हो गया। हाथीवान ने बहुत चेष्टा की पर उसे आगे न बढ़ा सका। हाथी अंकुश की चोट खा-खाकर चिंग्घाड़ने लगा, पर एक पैर भी आगे न रख सका। भास्करवर्म्मा हाथी की पीठ पर से कूद पड़े और एक सेनानायक से घोड़ा लेकर उस पर सवार हो गए। इतने ही में सहस्रों वज्रपात के समान ऐसा घोर और भीषण शब्द हुआ कि सब-के-सब सन्नाटे में आ गए। पक्षी अपने-अपने घोंसलों को और पशु जंगल की झाड़ियों को छोड़ इधर-उधर भागने लगे। युवराज भास्करवर्म्मा को पीठ पर लिए घोड़ा नदी का तट छोड़ एक ओर भाग निकला। लाख चेष्टा करके भी भास्करवर्म्मा उसे न फेर सके।

भयंकर शब्द सुनकर दोनों पक्षों की सेना ठक खड़ी रही। उठे हुए खड्ग उठे ही रह गए। लम्बे-लम्बे भाले लिए गौड़ीय सैनिक चकपकाकर चारों ओर ताकने लगे। युद्ध थम गया। सैनिकों ने चकित होकर देखा कि नद में कुछ दूर पर पहाड़ के समान खड़ा जल वेग से बढ़ता चला आ रहा है, सैकड़ों पेड़, पशु, पक्षी धारा में पड़कर बहे चले आ रहे हैं। डर के मारे गौड़ीय सेना कगार पर जा खड़ी हुई। देखते-देखते जलसमूह आ पहुँचा।

क्षण भर में कामरूप की विशाल सेना न जाने क्या हो गई। गौड़ीय सेना ने जहाँ तक हो सका, शत्रु के सैनिकों का उद्धार किया। जल बराबर बढ़ता हुआ देख युवराज ने सैनिकों को घोड़ों पर सवार हो जाने की आज्ञा दी। देखते-देखते नद के दोनों ओर की भूमि दूर तक जलमग्न हो गई। उस पार केवल दो या तीन सहस्र सेना बच गई थी, वह भी भाग खड़ी हुई। गौड़ीय सेना ऊँची भूमि पर जा टिकी।

पहले घाट पर युवराज जो सहस्र अश्वारोही छोड़ आए थे, वे यथासाध्य सेतु बाँधने में बाधा दे रहे थे। इतने में बाढ़ आकर पुल को बहा ले गई। दोनों पक्षों की सेना ने ऊँची भूमि का आश्रय लेकर प्राण बचाए। दूसरे दिन सबेरे जब युवराज की सेना आकर उनके साथ मिली तब नदी के उस पार कोई नहीं दिखाई पड़ता था। बात यह थी कि भास्करवर्म्मा के साथ की सेना का भागना सुनकर उस स्थान पर जो सेना थी, वह भी रात को ही भाग गई थी।

वीरेन्द्रसिंह शत्रुसेना के आक्रमण की प्रतीक्षा कर रहे थे, पर कामरूप की सेना के नद पार करने का कोई प्रयत्न नहीं किया। बाढ़ का जल जिस समय अकस्मात् आकर फैल गया, और सैकड़ों सैनिकों की मृत देह आ-आकर किनारे पर लगने लगी, उस समय कामरूप की सेना अपने युवराज को इधर-उधर ढूँढ़ने लगी। चौथे दिन सबेरे दूर पर कलरव और जयध्वनि सुनकर वीरेन्द्रसिंह युद्ध के लिए तैयार हुए। वे समझे कि युवराज की जो थोड़ी-सी सेना थी, वह खेत रही और भास्करवर्म्मा अब उन पर आक्रमण करने आ रहे हैं। पर जयध्वनि जब और पास सुनाई पड़ी तब उन्होंने सुना कि सम्राट महासेनगुप्त के नाम पर जयध्वनि हो रही है। उन्हें बड़ा आश्चर्य हुआ। देखते-देखते युवराज की सेना शिविर में आ पहुँची। साढ़े सात सहस्र कंठों की जयध्वनि नद के पार तक गूँज उठी। उस पार भास्करवर्म्मा के सेनापति ने समझा कि कामरूप की सेना हार गई, वह चटपट अपने साथ की सेना सहित भाग खड़ा हुआ। युवराज के मुँह से युद्ध की सारी व्यवस्था सुन वीरेन्द्रसिंह समझ गए कि जय नहीं हुई है, भगवान् ने रक्षा की है।

शंकरनद के युद्ध के एक सप्ताह पीछे संवाद आया कि नरसिंहदत्त पदातिक सेना लेकर पहुँच गए हैं और कल तक शिविर में आ जाएँगे। नद का जल थमते ही वीरेन्द्रसिंह ने उस पार के शत्रु शिविर पर अधिकार किया। नरसिंहदत्त के आगमन का समाचार पाकर युवराज ने अधिकांश सेना लेकर शंकरनद के उत्तर तट पर शिविर स्थापित किया।

दूसरे दिन पहर दिन चढ़ते-चढ़ते पदातिक सेना आ पहुँची और नद पार करके उत्तर तट पर उसने पड़ाव डाला। बार-बार के पराजय और आकस्मिक विपत्ति से घबराकर भास्करवर्म्मा की बची-बचाई सेना तितर-बितर होकर भागी। सेना का छत्र भंग देख उन्होंने बहुत चेष्टा की पर फिर सेना एकत्र न हुई। शंकरनद के युद्ध के एक मास पीछे पचीस सहस्र सेना लेकर भास्करवर्म्मा युवराज शशांक पर आक्रमण करने के लिए चले। शशांक उस समय भी शंकरनद के तट पर ही जमे रहे। वे कामरूप राज्य पर चढ़ाई करने

की तैयारी कर रहे थे पर सेना की संख्या बहुत थोड़ी बताकर नरसिंहदत्त और वीरेन्द्रसिंह ने उन्हें रोक रखा।

शिविर से थोड़ी ही दूर पर सेना ने अड्डा जमाया। नरसिंह की पदातिक सेना पर्वत की चोटियों और संकीर्ण पथों पर अधिकार जमाकर बैठी। वीरेन्द्रसिंह और शशांक अश्वारोही सेना लेकर पर्वत की घाटी में जा छिपे। भास्करवर्म्मा जब घाटी पार करने के लिए बढ़े, नरसिंहदत्त ने अपनी पदातिक सेना लेकर उन्हें कई बार पीछे हटा दिया। कामरूप सेना हारकर पीछे हट रही थी, इतने में शशांक और वीरेन्द्रसिंह के अश्वारोही उस पर बिजली की तरह जा पड़े। भास्करवर्म्मा की सेना ठहर न सकी, तितर-बितर हो गई। कई प्रभुभक्त सामन्तों ने जब देखा कि युद्ध अब समाप्त हो गया तब वे भास्करवर्म्मा को जबरदस्ती हाथी पर बिठाकर रणभूमि छोड़कर भागे।

युवराज शशांक और वीरेन्द्रसिंह ने भागती हुई शत्रुसेना का पीछा करके हजारों सैनिकों को बन्दी किया। सैकड़ों वीर मारे गए। पचीस सहस्र की चौथाई सेना भी कामरूप लौटकर न गई। युद्ध समाप्त हो जाने पर कर्त्तव्य निश्चित करने के लिए युवराज ने मन्त्रणासभा बुलाई। शंकरनद के किनारे भास्करवर्म्मा के शिविरों में युवराज, वीरेन्द्रसिंह, नरसिंहदत्त और गौड़देश के सामन्त लोग एकत्र हुए। शशांक ने पूछा, "अब क्या करना चाहिए? कामरूप पर चढ़ाई करना उचित होगा या नहीं?"

वीरेन्द्र.–यही मुट्ठी भर सेना लेकर? असम्भव!

नरसिंह.–अठारह सहस्र सेना लेकर तो एक लाख सेना भगा दी गई और कामरूप पर चढ़ाई करना असम्भव है?

वीरेन्द्र.–तुम लोग पागल हुए हो? पर्वतों से घिरे हुए कामरूप देश पर चढ़ाई एक लाख सेना लेकर भी नहीं हो सकती और नीलांचल पर आक्रमण करने के लिए तो नावों का बहुत बड़ा बेड़ा भी चाहिए।

शशांक–मैं यशोधवल को लिख भेजता हूँ, वे वसुमित्र के साथ सारी नौसेना भेज देंगे।

वीरेन्द्र.–बंगदेश का क्या किया जाएगा? पीछे शत्रु छोड़कर आगे के देश में बढ़ना रणनीति के विरुद्ध है।

गौड़देश के सामन्तों ने एकस्वर से वीरेन्द्रसिंह की बात का समर्थन किया; उन्होंने कहा, "कामरूप पर चढ़ाई करने का मुख्य उद्देश्य तो सफल हो गया। जो सेना बंगदेश में विद्रोहियों को सहायता देने जाती थी, वह तो एक प्रकार से निर्मूल हो गई। अब जब तक भास्करवर्म्मा फिर से नई सेना न खड़ी करेंगे, वे युद्ध के लिए नहीं आ सकते। अब इस समय चटपट लौटकर बंगदेश के विद्रोह का दमन करना चाहिए।"

शशांक ने विवश होकर कामरूप की चढ़ाई का संकल्प त्याग दिया। यह स्थिर हुआ कि एक सेनानायक दो सहस्र अश्वारोही और दो सहस्र पदातिक लेकर भास्करवर्म्मा की गतिविधि पर दृष्टि रखने के लिए ब्रह्मपुत्र के तट पर रहे, शेष सेना लौट चले। मन्त्रणासभा विसर्जित होने पर वीरेन्द्रसिंह ने कहा, "कुमार! मैंने भास्करवर्म्मा के शिविर में एक पेटी के भीतर कई रत्न पाए हैं, अब तक आपको दिखाने का अवसर नहीं मिला

था।" युवराज और नरसिंहदत्त बड़ा आग्रह प्रकट करते हुए वीरेन्द्रसिंह के डेरे में गए। वीरेन्द्रसिंह ने कपड़े के एक बेटन के भीतर से एक छोटा-सा चाँदी का डिब्बा निकालकर दिखाया और पूछा, "इसके भीतर क्या है, कोई बता सकता है?" युवराज बोले, "न। डिब्बे के ऊपर कुमार भास्करवर्म्मा का नाम तो दिखाई पड़ता है।" वीरेन्द्रसिंह ने डिब्बा खोलकर उसके भीतर से कई फटे हुए भोजपत्र बाहर निकाले। उन्हें देख कुमार बोल उठे, "ये तो चिट्ठियाँ जान पड़ती हैं। किसकी हैं?"

"पढ़कर देख लीजिए।"

युवराज पढ़ने लगे :

"आशा नहीं है। हमारी सेना शीघ्र चरणाद्रिगढ़ पर आक्रमण करेगी। माधव आजकल यहाँ आए हैं। देखना, यशोधवल और शशांक लौटकर न जाने पाएँ। मामा के जीते मैं प्रकाशय रूप में शत्रुताचरण नहीं कर सकता।

प्रभाकरवर्द्धन"

पत्र पढ़ते-पढ़ते युवराज शशांक का रंग फीका पड़ गया। यह देख वीरेन्द्रसिंह बोले, "कुमार! अभी दो पत्र और हैं।" युवराज ने बड़ी कठिनता से अपने को सँभालकर दूसरा पत्र हाथ में लिया और पढ़ने लगे :

"महाराज ग्रहवर्म्मा...

लाख स्वर्णमुद्राएँ मिलीं...

स्थाण्वीश्वर से महाराजाधिराज का एक पत्र आया है। यदि किसी उपाय से शशांक की हत्या करा सकें तो युद्ध अभी समाप्त हो जाए। फिर यशोधवल हम लोगों के हाथ से निकलकर नहीं जा सकता।

आशीर्वाद

महास्थविर बन्धुगुप्त"

"तो बन्धुगुप्त आजकल बंगदेश में है?"

"अवश्य। यह पत्र महानायक के हाथ में देना चाहिए।"

"अभी एक अश्वारोही भेजो।"

"न। हम लोग अपने साथ ले चलेंगे। और एक पत्र है, देखिए।"

युवराज फिर पढ़ने लगे :

"इस समय पाटलिपुत्र में दो-तीन सहस्र से अधिक सुशिक्षित सेना नहीं हैं। आप यदि युवराज को पराजित कर सकें तो चटपट पाटलिपुत्र पर आक्रमण कर दें। चरणाद्रि के उधर स्थाण्वीश्वर की सेना तैयार है।

आशीर्वादक

कपोतिक महाविहारीय महास्थविर बुद्धघोष"

पत्र पढ़कर कुमार उदास हो गए और चिन्ता करने लगे। वीरेन्द्रसिंह और नरसिंहदत्त उन्हें समझा-बुझाकर शिविर में ले गए। दूसरे दिन युवराज और वीरेन्द्रसिंह नरसिंहदत्त को वहीं छोड़ मेघनाद तटस्थ शिविर की ओर लौट पड़े।

ग्यारहवाँ परिच्छेद

अदृष्ट गणना

पाटलिपुत्र के नए राजभवन के आँगन की फुलवारी में एक पुराना शिव मन्दिर था। एक दिन प्रातःकाल मन्दिर के बाहर बैठकर एक युवती गीली धोती पहने महादेव की पूजा कर रही थी। युवती तन्वी थी और उसका वर्ण तपाए सोने का सा था। उसके भींगे कपड़े से होकर उसकी गोराई फूटी पड़ती थी। कटि के नीचे तक पहुँचते हुए घने घुंघराले काले भँवर केश हवा के झोंकों से लहराकर माथे पर से वस्त्र हटा-हटा देते थे। युवती एक हाथ से वस्त्र थामे हुए एकाग्रचित्त से पूजा कर रही थी। अर्घ्य, चन्दन, पुष्प, बिल्वपत्र और नैवेद्य विधिपूर्वक चढ़ाकर सुन्दरी घुटना टेक और हाथ जोड़ मनाने लगी :

"भगवान्! युद्ध में जय प्राप्त हो। महानायक कुशलपूर्वक लौट आएँ, युवराज शशांक युद्ध में विजय प्राप्त करके कुशल-मंगल से राजधानी में आएँ, और...और..."

पीछे से न जाने कौन बोल उठा, "और सेठ वसुमित्र कुशल-मंगल से पूर्ण यौवन सहित आकर यूथिका को गले लगाएँ। कैसी कही? न कहोगी?"

युवती ने चकपकाकर पीछे ताका तो देखा, तरला खड़ी है। वह कब धीरे-धीरे दबे पाँव आई, युवती को पता न लगा। उसकी बात सुनकर उसके मुँह पर लाली झलक पड़ी। देखते-देखते गोल कपोलों पर की ललाई सारे शरीर में दौड़ गई। छवि देखकर तरला मोहित हो गई। वह बोल उठी, "हाय! हाय! इस समय नायक पास नहीं है। उसके भाग्य में ही नहीं कि यह अपूर्व शोभा देखें।" युवती ने कुन्दकली-से दाँतों से लाल-लाल ओठ दबाकर घूँसा ताना और फिर महादेव को प्रणाम किया। तरला फिर बोल उठी, "हे महादेव बाबा! मेरे मन में जो है, उसे लाज के मारे कह नहीं सकती हूँ। मेरे हृदय का रत्न कुशल-मंगल से लौट आए तो हम दोनों एक साथ कृष्ण चतुर्दशी को विधिपूर्वक तुम्हारी पूजा करेंगे।"

यूथिका ने महादेव को प्रणाम कर तरला की ओर ताककर कहा, "तू मर भी।"

तरला हँसते-हँसते बोली, "तुम्हारा शाप यदि लगता तो मैं नित्य न जाने कितनी बार मरती। पर मैं मर जाऊँगी तो नायक पकड़कर कौन लाएगा?"

"देख तरला! तू अब बहुत बढ़ती चली जा रही है। भला, महादेवी सुनेंगी तो मन में क्या कहेंगी?"

"महादेवी मानो तुम्हारी सब करतूत नहीं जानतीं।"

"जानें या न जानें। तू बार-बार यह सब बकती है, मुझे बड़ी लाज आती है।"

"मन की बात खोलकर कहने ही में इतना पाप लग गया! तुम्हारी बात तो अब घर-घर फैल गई है। मैं तुम्हें एक बड़ा अच्छा तमाशा देखने के लिए बुलाने आई थी, पर तुम्हारी छवि देखकर सब कुछ भूल गई। क्या कहें, इस समय सेठ का लड़का न जाने कहाँ है! बेचारा कहीं शिविर में पड़ा होगा।"

तरला की बात पर यूथिका की आँखें भर आईं, पर वह अपनी अवस्था छिपाने के लिए बोली, "क्या दिखाएगी, बोल?" तरला ने कहा, "जल्दी आओ। श्यामामन्दिर में एक और कोई तुम्हारे ही समान पूजा करने बैठा है।" दोनों फुलवारी के बाहर निकलीं।

गंगाद्वार पर भागीरथी के किनारे श्यामदेवी का मन्दिर था। पत्थर के पुराने मन्दिर के भीतर पुजारी बैठा पूजा कर रहा है। बाहर महादेवी हाथ जोड़े खड़ी है। मन्दिर के द्वार के सामने चित्र-विचित्र खम्भों का मंडप है जिसमें पट्टवस्त्र धारण किए कई युवती और किशारी स्त्रियाँ खड़ी हैं। मंडप के एक कोने में एक युवती बैठी देवी फूल में लाल चन्दन लगा-लगाकर एकाग्रचित्त से पूजा कर रही थी। उसके सामने जया के फूलों का ढेर लगा हुआ था। यूथिका और तरला ने श्याममन्दिर के आँगन में आकर उसको देखा। दोनों धीरे-धीरे दबे पाँव जाकर उसके पीछे खड़ी हो गईं। युवती उस समय पूजा समाप्त करके हाथ जोड़कर मना रही थी, "हे देवि! कुमार कुशलक्षेम से लौट आएँगे तो मैं अपना रक्त निकालकर तुम्हें चढ़ाऊँगी। यही माँगती हूँ कि कुमार कुशल-मंगल से विजयी होकर लौटें और उनके साथ भैया, अनन्तवर्म्मा, माधववर्म्मा, यशोधवलदेव और वीरेन्द्रसिंह सब-के-सब भले चंगे लौटें। कोई मरे न, यदि किसी का मरना आवश्यक ही हो तो मैं तुम्हारे चरणों में अपने को बलि चढ़ाने के लिए तैयार हूँ। अब मुझे मरने से डर नहीं लगता है। बार-बार यही भिक्षा चाहती हूँ कि कुमार शीघ्र घर लौटें।"

तरला पीछे से बोल उठी, "चित्रादेवी! किसको कुमार-कुमार कहकर पुकार रही हो?" चित्रा चौंककर उठ खड़ी हुई और उसने देखा कि तरला और यूथिका पीछे खड़ी हैं। लज्जा से दबकर चित्रा भाग खड़ी हुई। उसके पैरों की आहट सुनकर महादेवी ने पूछा, "कौन है?" तरला ने उत्तर दिया, "चित्रादेवी हैं।"

महादेवी–चित्रा तो बैठी पूजा कर रही थी, उठकर भागी क्यों?

तरला–वे पूजा समाप्त करके देवी से कुछ मना रही थीं इतने में हम लोग पहुँच गईं। उसका मनाना हम लोगों ने कुछ सुन लिया, इसी पर वे भागीं।

महा.–क्यों? वह क्या मना रही थी?

तरला–वे मना रही थीं कि कुमार यदि कुशलक्षेम से लौट आएँगे तो मैं अपना रक्त चढ़ाकर महाकाली की पूजा करूँगी।

तरला की बात सुनकर महादेवी हँस पड़ीं। गंगा, यूथिका आदि भी हँसते-हँसते लौट गईं। महादेवी की आज्ञा से लतिका चित्रा को ढूँढ़ने गई। महादेवी ने पूछा, "यूथिका कहाँ है? वह आज मेरे पास नहीं आई।" चित्रा की मनौती सुनकर यूथिका की आँखें डबडबा आई थीं। वह अपने प्रिय के ध्यान में मग्न हो रही थी। वह अपनी मनौती की बात मन में सोच रही थी और भीतर-ही-भीतर अपने प्रिय के मंगल की प्रार्थना कर रही थी। तरला और महादेवी की एक बात भी उसके कान में नहीं पड़ी। हँसी-ठट्ठा सुनकर सेठ की बेटी का ध्यान भंग हुआ। महादेवी के फिर पूछने पर यूथिका लज्जा से दब गई। तरला ने उत्तर दिया, "यहीं तो बैठी हैं।"

यूथिका ने धीरे से उठकर महादेवी को जाकर प्रणाम किया। उसको लजाई देख महादेवी ने पूछा, "तुम आज आईं क्यों नहीं, क्या हुआ है?" यूथिका कोई उत्तर न देकर पैर के अँगूठे की ओर देखने लगी। तरला आगे बढ़कर बोली, "देवि! श्रेष्ठिकन्या महादेव के मन्दिर में पूजा कर रही थीं।"

महा.—यूथिका, इतनी लजाई क्यों है?

तरला—चित्रादेवी की सी बात इनकी भी है।

यूथिका ने लजाकर और भी सिर झुका लिया। इतने में लतिका चित्रा का हाथ पकड़े उसे खींचती हुई ले आई। महादेवी ने उससे पूछा, "चित्रा! तू क्या मना रही थी?" चित्रा लज्जा के मारे कुछ बोल न सकी। महादेवी उसे अपने पास खींचकर बोली, "लजाने की क्या बात है? मुझसे धीरे से कह दो, कोई सुनेगा नहीं।" चित्रा महादेवी की गोद में मुँह ढाँककर सिसकने लगी। महादेवी ने उसे शान्त करके तरला से पूछा, "तरला! ये तो सब-की-सब बड़ी भारी भक्तिन हो गईं, तुम्हारा साथ अब कौन देगा?" तरला मुस्कुराती हुई बोली, "मेरा साथ अब कौन देगा? मेरा साथ देंगे यमराज।" लतिका महादेवी के पास उनके कान में धीरे से बोली, "नहीं माँ, इनका एक और साथी है, उसका नाम है वीरेन्द्रसिंह। तरला ने एक दिन अपनी कोठरी की दीवार पर वीरेन्द्रसिंह का नाम लिखा था पर मुझे देखते ही उसे मिटा दिया।" यद्यपि यह बात धीरे से कही गई थी पर सबने सुन ली और बड़ी हँसी हुई। तरला सकुचकर पीछे जा खड़ी हुई। इतने में एक दासी ने आकर कहा, "महादेवी! महाप्रतिहार विनयसेन श्रीमती का दर्शन चाहते हैं।" महादेवी ने कहा, "उन्हें यहीं बुला लाओ।"

क्षण भर में विनयसेन मन्दिर के आँगन में आ पहुँचे और उन्होंने सिर झुकाकर प्रणाम किया। महादेवी ने पूछा, "विनय, कहो, क्या है?"

विनय.—महादेवी की आज्ञा से महामन्त्रीजी ने एक ज्योतिषी भेजा है।

महादेवी—ज्योतिषीजी कहाँ हैं?

विनय.—उन्हें मैं गंगाद्वार के बाहर बिठा आया हूँ।

महादेवी—उन्हें यहाँ ले आओ।

विनयसेन प्रणाम करके चले गए और थोड़ी देर में एक वृद्ध ब्राह्मण को साथ लिये फिर लौट आए। ब्राह्मण देवता श्याममन्दिर के सामने एक कुशासन पर बैठे। महादेवी ने सामने जाकर उन्हें प्रणाम किया। ब्राह्मण ने उन्हें अपना हाथ दिखाने के लिए कहा। बहुत देर तक महादेवी का हाथ देखकर ब्राह्मण ने कहा, "देवी! आपको थोड़े ही दिनों में कुछ कष्ट होगा, पर वह कष्ट बहुत दिनों तक न रहेगा।"

महादेवी—मेरा पुत्र तो कुशल-मंगल से घर लौट आएगा न?

गणक ने भूमि पर कई रेखाएँ खींचीं, फिर थोड़ी देर पीछे वे बोले, "युवराज युद्ध में विजय प्राप्त करके लौटेंगे। उन्हें गहरी चोट आएगी, पर उस चोट से उनका कुछ होगा नहीं।"

"कितने दिनों में लौटेंगे?"

"अभी बहुत दिन हैं।"

"मेरे जीते जी तो लौट आएँगे न? मैं उन्हें देखूँगी न?"

"हाँ! हाँ! आप राजमाता होंगी।"

महादेवी सन्तुष्ट होकर ज्योतिषीजी की विदाई का प्रबन्ध करने के लिए अन्तःपुर में गईं। अवसर पाकर तरला यूथिका का हाथ पकड़े उसे खींचती-खींचती ज्योतिषी के पास ले आई और कहने लगी, "महाराज! इस स्त्री का कहीं विवाह नहीं होता है, देखिए तो इसका विवाह कभी होगा?"

ज्योतिषी ने यूथिका का हाथ देखकर कहा, "होगा।"

"कब"

"पाँच बरस में।"

यूथिका ने कंठ से बहुमूल्य जड़ाऊ हार उतारकर ज्योतिषीजी के सामने रख दिया। ब्राह्मण देवता बहुत प्रसन्न होकर बोले, "बेटी! तुम राजरानी होगी।" इसके उपरान्त चित्रा का हाथ देखकर ज्योतिषी ने कहा, "तुम एक रात के लिए राजरानी होगी।" लतिका का हाथ देखकर कहा, "तुम्हारा विवाह किसी परदेसी के साथ होगा।"

लतिका और चित्रा ज्योतिष की बात ठीक-ठीक न समझ उदास खड़ी रहीं।

यूथिका तरला का हाथ पकड़कर उसे ज्योतिषी के पास ले आई। ज्योतिषीजी बहुत देर तक उसका हाथ देखकर बोले, "तुम्हें कुछ दिनों तक तो कष्ट रहेगा, पर आगे चलकर तुम एक बड़े भारी सेनानायक की पत्नी होगी।" तरला हँसकर बोली, "महाराज! आप कुछ पागल तो नहीं हुए हैं? भला मैं एक दासी होकर सेनानायक की पत्नी कैसे हो जाऊँगी?"

इतने में महारानी विदाई लेकर आ पहुँचीं। ज्योतिषीजी आशा से कहीं अधिक द्रव्य पाकर प्रसन्नमुख विदा हो रहे थे। इसी बीच गंगा, लतिका आदि मंडप के एक कोने में जा छिपीं। यूथिका ने भी सिर पर का वस्त्र नीचे सरका लिया। महादेवी ने चकित होकर देखा कि पीछे प्रांगण के द्वार पर सम्राट खड़े हैं। महासेनगुप्त ने पूछा, "देवी! क्या हो रहा है?"

महादेवी–ज्योतिषी से फल बिचरवा रही हूँ।

"क्या फल बताया?"

"शशांक युद्ध में विजय प्राप्त करके लौटेंगे।"

महासेनगुप्त ने आगे जाकर अपना हाथ बढ़ाया और ज्योतिषीजी से देखने के लिए कहा। ज्योतिषीजी हाथ देख ही रहे थे कि सम्राट ने पूछा, "मेरे जीवनकाल में शशांक लौटकर आ जाएँगे या नहीं?" ज्योतिषीजी सम्राट का हाथ देखते-देखते कुछ अधीर से हो पड़े और भूमि पर बैठकर रेखाएँ खींचने लगे। सम्राट ने फिर पूछा, "क्या हुआ?" ज्योतिषीजी से कुछ सहमकर उत्तर दिया, "कुछ समझ में नहीं आता है।"

सम्राट सिर नीचा किए उदास मन मन्दिर के आँगन के बाहर गए।

बारहवाँ परिच्छेद

मेघनाद तट का युद्ध

शंकर के तट पर युवराज की दुरवस्था का संवाद पाकर यशोधवलदेव ने दो सहस्र अश्वारोहियों के साथ वसुमित्र को युवराज की सहायता के लिए भेजा। उन्होंने स्वयं मेघनाद के उस पार आक्रमण किया और बिना किसी विघ्न-बाधा के मेघनाद के पूर्वीय तट पर शिविर स्थापन किया। पहले तो दो-तीन लड़ाइयों में विद्रोहियों ने बड़े साहस के साथ यशोधवल का मार्ग रोका। जलयुद्ध का अभ्यास न होने के कारण मागध सेना घबरा उठी। बड़ी कठिनता से गौड़ नाविकों ने मागध सेना का मान रखा। युद्ध की अवस्था देख यशोधवलदेव को कुछ आशंका हुई। पदातिक सेना को शिविर में छोड़ तीन सहस्र गौड़ीय सेना की सहायता से उन्होंने एक ग्राम पर अधिकार किया। युद्धविद्या में अभ्यस्त ग्रामवासी जिस प्रकार पग-पग पर बाधा दे रहे थे, उससे यशोधवलदेव ने सोचा कि इस प्रकार तो सैकड़ों वर्ष में भी बंगदेश पर अधिकार न हो सकेगा।

यशोधवल इधर इस संकट में पड़े थे कि उधर शंकरनद के युद्ध का संवाद बंगदेश में पहुँचा। विद्रोही सामन्त राजा कामरूप की सेना का आसरा देख रहे थे। जब उन्होंने देखा कि अब इधर कामरूप से कोई सहायता नहीं मिल सकती तब वे सब-के-सब महानायक की शरण में आए। अब रही उनकी प्रजा। बन्धुगुप्त, शक्रसेन और जिनेन्द्रबुद्धि की उत्तेजना से बंगदेश के बौद्ध निवासियों ने अधीनता स्वीकार नहीं की। यह देख सामन्त राजा बड़े असमंजस में पड़े। उन्होंने अपना-अपना प्रदेश और घर-बार छोड़ यशोधवलदेव के शिविर में आकर आश्रय लिया।

युद्ध छिड़ गया। भास्करवर्म्मा के पराजित होकर लौट जाने पर भी बन्धुगुप्त स्थाण्वीश्वर से सहायता का वचन पाकर युद्ध चलाने लगे। किन्तु नेताओं के अभाव से अशिक्षित विद्रोही सेना बार-बार पराजित होने लगी। मागध सेना उत्साहित होकर युद्ध करने लगी। गाँव पर गाँव, नगर पर नगर अधिकृत होकर उजाड़ होने लगे। पर बौद्ध प्रजा वशीभूत न हुई। बहुदर्शी यशोधवलदेव ने सोचकर देखा कि इस प्रकार के युद्ध से कोई फल न होगा। देश को उजाड़ने से न उनका और न सम्राट का कोई लाभ होगा। तब वे सामन्त राजाओं की सहायता से सन्धि का प्रयत्न करने लगे।

सन्धि न हो सकी। बन्धुगुप्त के बहकाने से प्रजा ने कहला भेजा कि हम सब लोग तो थानेश्वर की प्रजा हैं, पाटलिपुत्र की अधीनता नहीं स्वीकार कर सकते।

बसन्त के आरम्भ में फिर युद्ध का आयोजन होने लगा। इसी बीच युवराज अपनी सेना सहित आकर यशोधवलदेव के साथ मिले। महानायक का शिविर अब धवलेश्वर के तट पर खड़ा हुआ। लम्बी यात्रा के पीछे युवराज की सेना विश्राम चाहती थी। यशोधवलदेव की भी इच्छा यही थी कि कुछ दिन युद्ध बन्द रखकर सेना को थोड़ा विश्राम दिया जाए। पर गौड़ के सामन्तों ने कहा कि यदि ग्रीष्म के पहले युद्ध समाप्त

न हो जाएगा तो फिर एक वर्ष और बढ़ जाएगा, क्योंकि वर्षाकाल में बंगदेश में युद्ध करना असम्भव है।

युद्ध चलने लगा। चैत बीतते-बीतते सुवर्णग्राम पर अधिकार हो गया। महानायक और युवराज ने विक्रमपुर पर आक्रमण किया। गौड़ीय सामन्तों की सहायता से छोटी-बड़ी बहुत-सी नावों का बेड़ा इकट्ठा हो गया था। पदातिक सेना को भी धीरे-धीरे जलयुद्ध का अभ्यास हो गया था। अश्वारोही सेना को शिविर में रखकर महानायक, युवराज, वीरेन्द्रसिंह, वसुमित्र और माधववर्म्मा ने नावों को बहुत-से दलों में बाँटकर विद्रोहियों पर चारों ओर से आक्रमण किया। विद्रोही सेना घबराकर पीछे हटने लगी।

वैशाख लगते ही युद्ध प्रायः समाप्त हो चला था। विजय प्राप्त करके युवराज बड़े वेग से दक्षिण की ओर बढ़ रहे थे। अकस्मात् विद्रोहियों की एक सहस्र से अधिक नौसेना मेघनाद के तट पर उन पर टूट पड़ी। युवराज के साथ बीस नावें और चार सौ सैनिक थे। वीरेन्द्रसिंह की सेना उस समय वहाँ से पन्द्रह कोस पर थी और यशोधवलदेव का शिविर वहाँ से दस दिन का मार्ग था। प्रस्थान के समय महानायक ने विद्याधरनन्दी नाम के एक वृद्ध सामन्त को युवराज के साथ कर दिया था। उन्होंने कुमार से धीरे-धीरे पीछे हट चलने को कहा। पर उनके परामर्श पर ध्यान नहीं दिया गया। युवराज और अनन्तवर्म्मा युद्ध करने पर तुले हुए थे। उन्होंने स्थिर किया कि पिछली रात को शत्रुसेना पर छापा मारा जाए क्योंकि जब तक किसी उपाय से शत्रुव्यूह का भेद न किया जाएगा तब तक लौटना नहीं हो सकता।

सुनसान मैदान में जैसे मरते हुए पशु को देख दूर-दूर से गिद्धों का झुंड आकर उसके मरने की प्रतीक्षा में चारों ओर घेरकर बैठता है, उसी प्रकार विद्रोही सेना युवराज को चारों ओर से घेरकर आसरा देख रही थी। क्षण-क्षण पर उसकी संख्या बढ़ती जाती थी। गाँव-गाँव से छोटी-बड़ी नावों पर विद्रोहियों का दल शत्रु की समाप्ति करने के उल्लास में उमड़ा चला आता था। विलम्ब करना अच्छा न समझ युवराज ने सबेरा होते-होते उन पर धावा कर दिया, पर उद्‌देश्य सफल न हुआ--शत्रुव्यूह का भेद न हो सका।

तीसरा पहर होते-होते तट पर सेना इकट्ठी करके युवराज ने सबसे विदा ली और कहा, ''यदि शत्रुव्यूह का भेद हो गया तब तो फिर देखा-देखी होगी, नहीं तो नहीं। प्रत्येक नाव शत्रुव्यूह भेदकर निकलने का प्रयत्न करे, कोई किसी का आसरा न देखे।'' युवराज के बहुत निषेध करने पर भी अनन्तवर्म्मा और विद्याधरनन्दी उनकी नाव पर हो रहे। बीस रणदक्ष नाविक नौका लेकर चले। बड़े प्रचंड वेग से बीसों नावों ने शत्रुव्यूह पर धावा किया। उस वेग को न सँभाल सकने के कारण विद्रोहियों का नौकादल पीछे हटा, पर व्यूहभेद न हुआ।

युवराज की आज्ञा से नौकादल लौट आया। सुशिक्षित अश्वारोहियों के समान मुट्ठीभर मागध सेना ने फिर शत्रुव्यूह पर आक्रमण किया। सबके आगे युवराज की नाव

थी जिस पर खड़े होकर युवराज हाथ में परशु लिये युद्ध कर रहे थे। इस बार व्यूहभेद हुआ। प्रबल वेग न सह सकने के कारण अशिक्षित ग्रामवासी अपनी-अपनी नावें लेकर भाग खड़े हुए। बिजली की तरह युवराज की नाव शत्रुव्यूह के चारों ओर घूम रही थी। परशु की तीक्ष्ण धार खाकर सैकड़ों विद्रोही काल के मुख में जा पड़े। बाणों से जर्जर होकर विद्याधरनन्दी नाव पर मूर्च्छित पड़े थे। अनन्तवर्म्मा और दस नाविक युवराज की पृष्ठरक्षा पर थे।

युवराज जिधर विद्रोहिंयों की नौका देखते, उधर ही टूट पड़ते थे। वे या तो नाव सहित डुबो दिए जाते अथवा आत्मसमर्पण करते। इस प्रकार व्यूहभेद हो गया, शत्रु पक्ष का बेड़ा तितर-बितर हो गया, बहुत-सी नावें भाग खड़ी हुईं। सन्ध्या होते-होते युद्ध प्रायः समाप्त हो चला। युवराज ने देखा कि एक स्थान पर विद्रोहियों की कई नावें इकट्ठी होकर युद्ध कर रही हैं और गौड़ीय नाविक उन्हें किसी प्रकार पराजित नहीं कर सकते हैं। युवराज ने तुरन्त नाविकों को उधर बढ़ने की आज्ञा दी। उन्हें देख गौड़ीय नाविक दूने उत्साह से युद्ध करने लगे। एक के पीछे एक नावें डूबती जाती थीं, पर युवराज ने चकित होकर देखा कि बचे हुए शत्रु किसी प्रकार आत्मसमर्पण नहीं कर सकते हैं।

युद्ध के कलकल अस्त्रों की झनकार और घायलों की पुकार के बीच युवराज ने सुना कि कोई चिल्लाकर कह रहा है, "शक्र! युवराज की नाव अब पास आ रही है।" युवराज ने भय और आश्चर्य से देखा कि नावों के जमघट के बीच एक छोटी-सी नाव पर दो बौद्ध भिक्खु खड़े हैं। उनमें से एक को तो उन्होंने पहचाना। वह वज्राचार्य शक्रसेन था। देखते-देखते दूसरे भिक्खु ने एक शूल छोड़ा, जिसके लगते ही कुमार का एक नाविक नदी के जल में गिर पड़ा। पीछे से अनन्तवर्म्मा ने चिल्लाकर कहा, "सावधान!"

उनकी बात पर कुछ ध्यान न देकर युवराज ने अपनी नाव बढ़ाने की आज्ञा दी। उन्होंने नाव पर से देखा कि दूसरे भिक्खु ने उन पर ताककर शूल फेंका! उन्होंने अपने वर्म्म को सामने किया। पर शूल उन्हें छू तक न गया, नाव से दस हाथ दूर पानी में जा पड़ा। इतने में बाणों से घायल होकर एक और नाविक मारा गया। युद्ध अब प्रायः समाप्त हो चुका था। केवल दो नावें प्राणों पर खेल भिक्खुओं की रक्षा कर रही थीं। युवराज की आज्ञा से सब नावों ने एक साथ उनपर आक्रमण किया। युवराज ने सुना कि दूसरा भिक्खु कह रहा है, "शक्र! तुम कर क्या रहे हो?" शक्रसेन बोला, "मेरे अंग वश में नहीं हैं, हाथ नहीं उठता है।" सुनते ही दूसरे भिक्खु ने युवराज को ताककर शूल चलाया। पर शूल युवराज को लगा नहीं। अनन्तवर्म्मा चट दौड़कर आगे हो गए और शूल के आघात से मूर्च्छित होकर नाव पर गिर पड़े।

युवराज की नाव अब भिक्खुओं की नाव के पास पहुँच गई थी, इससे वे अनन्त को जाकर देख न सके। हाथ में खंग लेकर दूसरा भिक्खु बड़े वेग से युवराज की ओर झपटा। युवराज ने बचाव के लिए अपना परशु उठाया। परशु यदि भिक्खु के सिर पर पड़ता तो वह वहीं ठंडा हो जाता पर एक वर्म्मधारी सैनिक ने उसे अपने ऊपर रोक

लिया। परशु ने वर्म्म को भेदकर सैनिक का सिर उड़ा दिया। इतने में दूसरे भिक्खु का खंग युवराज के शिरस्त्राण पर पड़ा जिससे वे अचेत होकर मेघनाद के जल में गिर पड़े। उनके गिरने के साथ ही वज्राचार्य जल में धड़ाम से कूद पड़ा।

सन्ध्या के पहले ही से ईशान कोण पर बादल घेर रहे थे। जिस समय युवराज अचेत होकर मेघनाद के काले जल में गिरे, उसी समय बड़े जोर से आँधी और पानी आया। दोनों पक्ष युद्ध छोड़कर आश्रय ढूँढ़ने लगे। शत्रु और मित्र की खोज करने का समय किसी को न मिला।

तेरहवाँ परिच्छेद
धीवर के घर

शीतला नदी के किनारे आम और कटहल के पेड़ों की घनी छाया के बीच एक छोटा-सा झोंपड़ा है। झोंपड़े के गोबर से लीपे हुए आँगन में बैठी एक साँवली युवती जल्दी-जल्दी जाल बुन रही थी। उसके सामने बैठा एक गोरा-गोरा युवक चकित होकर उसके हाथ को देख रहा था। झोंपड़े को देखने से जान पड़ता था कि वह किसी मछुवे का घर है। चारों ओर छोटे-बड़े जाल पड़े थे। एक ओर सूखी मछलियों का ढेर लगा था। नदी तट पर उजली बालू के बीच दो-तीन छोटी-छोटी मछली मारने की नावें पड़ी थीं। आसपास और कोई बस्ती नहीं थी। चारों ओर जल ही जल था; बीच-बीच में हरे-भरे पेड़ों का झापस था। युवती साँवली होने पर भी बड़ी सुन्दरी थी। उसके अंग-अंग साँचे में ढले-से जान पड़ते थे। युवती बड़े बाँकपन के साथ गरदन टेढ़ी किए दोनों हाथों से झट-झट जाल बुनती जाती थी और बीच-बीच में कुछ मुस्कुराकर चाह भरी दृष्टि से पास बैठे युवक की ओर ताकती भी जाती थी। उस दृष्टिपात का यदि कुछ अर्थ हो सकता था तो केवल हृदय का अनिवार्य वेग, चाह की गहरी उमंग, प्रेम की अवर्णनीय व्यथा ही हो सकता था। युवक की अवस्था बीस वर्ष से ऊपर न होगी। उसका रूप अलौकिक था। वैसा रूप धीवर के घर कभी देखने में नहीं आ सकता। धूप से तपकर उसका शरीर तामरस के समान हो रहा था। मैला वस्त्र लपेटे धूल पर बैठा वह ऐसा देख पड़ता था, जैसा राख से लिपटा हुआ अंगारा। सिर उसका मुँड़ा हुआ था, सारे अंगों पर अस्त्रों की चोट के चिह्न थे। माथे पर बाईं ओर जो घाव था, वह अभी अच्छी तरह सूखा तक न था। धीवर के घर ऐसा रूप कभी किसी ने नहीं देखा। इसी से वह धीवर की बेटी रह-रहकर टकटकी बाँध उसकी ओर देखती रह जाती और वह युवक अनजान बालक के समान भोलेपन के साथ उसकी हाथ की सफाई और फुरती देखता था।

इतने में एक और युवक धीरे-धीरे उनके पीछे आ खड़ा हुआ। उन दोनों को इसका कुछ भी पता न लगा। आए हुए पुरुष के एक हाथ में लम्बा भाला और दूसरे हाथ में भींगा हुआ जाल था। थोड़ी देर तक तो वह युवक-युवती के हाव-भाव देखता रहा, फिर

पूछने लगा, "भव, क्या कर रही है?" युवती ने चौंककर ऊपर ताका और बोली, "तेरे क्या आँख नहीं है? देखता नहीं है कि मैं क्या कर रही हूँ?" उस पुरुष ने भाले को अच्छी तरह थामकर कहा, "देखता तो हूँ, पर समझता नहीं हूँ।"

भव--तब फिर खड़ा क्या है? चला जा।

पुरुष--मैं न जाऊँगा। बुड्ढा कहाँ है?

"घर में सो रहा है।"

वह पुरुष झोंपड़े की ओर बढ़ा। यह देख युवती उसे पुकारकर बोली, "नवीन! नवीन! उधर कहाँ जाते हो?"

"बुड्ढे को बुलाने।"

"वह बहुत थककर सोया हुआ है, उसे जगाना मत।"

युवक लौट आया। पर युवती ने उसकी ओर आँख उठाकर देखा तक नहीं। वह चुपचाप अपना जाल बुनती रही। थोड़ी देर आसरा देख अन्त में उसने युवती को पुकारा, "भव!" कोई उत्तर नहीं।

"भव!"

"क्या है?"

"चलो, नाव पर थोड़ा घूम-फिर आएँ।"

"मुझे अच्छा नहीं लगता।"

"इतने दिन तो अच्छा लगता था।"

"मैं बहुत बकवाद करना नहीं चाहती।"

जाल बुनने में भूल पड़ गई। दो ओर चित्त बँट जाने से उसका ध्यान उचट गया था। नवीन ने पूछा, "तुझे नाव पर चढ़कर घूमना बहुत अच्छा लगता है, इसी से मैं तुझे बुलाने आया हूँ, चल न।"

"तेरे साथ बाहर निकलने से लोग भला-बुरा कहेंगे, मैं न जाऊँगी।"

"इतने दिन भला-बुरा नहीं कहते थे, आज भला-बुरा कहेंगे?"

"यह सब मैं कुछ नहीं जानती।"

यह कहकर और चिड़चिड़ाकर उसने जाल हाथ से फेंक दिया और वहाँ से चली गई। युवक भी उदास होकर झोंपड़े के आँगन से चला गया।

जब युवती ने देखा कि वह युवक चला गया तब वह फिर लौट आई।

पहला युवक ज्यों का त्यों बैठा था। उसने युवती से पूछा, "भव! नवीन चला क्यों गया?"

"वह रूठ गया।"

"रूठ गया क्या?"

भव हँसते-हँसते उसकी देह पर लोट गई। युवक चकपकाकर इसकी ओर ताकता रह गया। भव ने पूछा, "पागल! तू क्या कुछ भी नहीं जानता?"

"न!"

“रूठना किसको कहते हैं?”

“मैं क्या जानूँ?”

“चाहना किसको कहते हैं?”

“मैं क्या जानूँ?”

“मैं तुझे चाहती हूँ।”

“मैं क्या जानूँ?”

“तब तू क्या जानता है?”

“मैं तो कुछ भी नहीं जानता।”

भव हँसते-हँसते लोट पड़ी। थोड़ी देर पीछे उसने फिर पूछा, “पागल! तू इतने दिनों तक कहाँ था?” युवक ने उत्तर दिया, “मैं तो नहीं जानता।”

“तेरा घर-बार कहाँ है? तेरा क्या कहीं कोई नहीं था?”

“था तो, भव! ऐसा जान पड़ता है कि मेरा कहीं कोई था। पर कहाँ किस अन्धकार में, यह मुझे दिखाई नहीं पड़ता।”

“पागल! थोड़ा सोचकर देख तो कि कहाँ।”

“मैं नहीं सोच सकता, सोचने से सिर चकराता है।”

“अच्छा, जाने दे।”

“भव! तुम नवीन के साथ घूमने क्यों नहीं गई?”

“मुझे अच्छा नहीं लगता।”

“पहले तो बहुत अच्छा लगता था।”

“तू तो पागल है। तेरे मुँह कौन लगे? अच्छा, बोल, तू घूमने चलेगा?”

“चलूँगा।”

“तुझे नाव पर घूमना अच्छा लगता है?”

“हाँ, मुझे बहुत अच्छा लगता है। मुझे ऐसा जान पड़ता है कि नदी के जल में मेरा कुछ खो गया है, यदि मैं जाकर ढूँढ़ूँ तो मिल जाएगा; इसी से और अच्छा लगता है।”

“तब चलो।”

“नवीन को बुला लूँ?”

“क्या करने को?”

“वह तो नित्य जाता है।”

“अब न जाएगा।”

“क्यों?”

“मैं तेरी सब बातों का कहाँ तक उत्तर दूँगी? चलना हो तो चल।”

युवक इच्छा न रहने पर भी उठा। युवती काछा काछकर बालू पर से एक नाव खींचकर जल में ले गई। युवक नाव पर जा बैठा। भव दोनों हाथों से डाँड़ चलाने लगी। नाव धारा की ओर चली। नाव के अदृश्य हो जाने पर आम के कुंजों में से निकलकर नवीन बाहर आया। जब तक नाव दिखाई पड़ती रही तब तक वह किनारे खड़ा रहा।

नाव के अदृश्य हो जाने पर वह धीरे-धीरे झोंपड़े की ओर लौटा। इतने में करार पर से किसी ने पुकारा, "नवीन?" नवीन बोला, "कहिए!"

"भव कहाँ है?"

"नाव पर घूमने गई है।"

"तुम नहीं गए?"

"नहीं।"

"उसके साथ कौन गया है?"

"पागल।"

"अच्छा, तुम इधर आओ। बाबाजी आए हैं।"

नवीन ने जल्दी-जल्दी घाट के ऊपर चढ़कर देखा कि कटकल के एक पेड़ के नीचे कषाय वस्त्र धारण किए एक वृद्ध बैठे हैं। उसने उन्हें भक्तिभाव से प्रणाम किया। वृद्ध ने पूछा, "वह कहाँ है?"

नवीन—कौन?

वृद्ध—वही तुम्हारा अतिथि?

"भव के साथ नाव पर घूमने गया है।"

"वह कैसा है?"

"भला चंगा है।"

"पहले की बातों का कुछ उसे स्मरण है?"

"कुछ भी नहीं। वह ज्यों का त्यों पागल है।"

"अच्छी बात है। तो अब मैं जाता हूँ, फिर कभी आऊँगा।"

वृद्ध चले गए। जिसने नवीन को पुकारा था, वह पूछने लगा, "नवीन! तू क्यों नहीं जाता है?" नवीन बोला, "मुझे कुछ अच्छा नहीं लग रहा है।" दोनों बैठे बहुत देर तक बातचीत करते रहे। दो घड़ी रात बीते भव गीत गाती पागल को लिये लौटी। नवीन तब तक वहीं बैठा था, पर भव उससे एक बात न बोली। वह उठकर धीरे-धीरे चला गया।

चौदहवाँ परिच्छेद

अनन्तवर्म्मा का विद्रोह

मेघनाद के किनारे रेत पर दो सैनिक दिन डूबने के पहले बैठे बातचीत कर रहे हैं। सामने दूर तक फैला हुआ पड़ाव है। सहस्रों डेरे नदी तट की भूमि छेके हुए हैं। पेड़ों के नीचे आग जला-जलाकर सैनिक रसोई बना रहे हैं।

पहला सैनिक बोला, "भाई! अब तो जी नहीं लगता। देश की ओर कब लौटना होगा?" दूसरे सैनिक ने कहा, "कब देश की ओर लौटना होगा, नहीं कह सकता। युवराज यदि बच गए होते तो लौटने की कोई बातचीत कही जा सकती।"

"हा! क्या सर्वनाश हुआ! अब गुप्तसाम्राज्य डूबा।"

"लक्षण तो ऐसे ही दिखाई पड़ते हैं। महानायक कहते हैं कि माधवगुप्त तो प्रभारकवर्द्धन के क्रीतदास होकर रहेंगे, वे साम्राज्य न चला सकेंगे।"

"सम्राट के पास संवाद गया है?"

"अवश्य गया होगा।"

"तुमने युवराज की मृत्यु का वृत्तान्त सुना है?"

"हाँ, सुना है। युवराज की नाव पर के माझी अनन्तवर्म्मा और विद्याधरनन्दी को लेकर लौटे हैं, उन्हीं के मुँह से सुना है।"

"उन लोगों ने क्या कहा?"

"उन लोगों ने कहा कि एक दिन बहुत-सी विद्रोही सेना ने आकर युवराज की सेना को घेर लिया। विद्याधरनन्दी ने पीछे लौट चलने का परामर्श दिया, पर कुमार ने एक न सुनी, उन्होंने अकस्मात् धावा कर दिया।"

"तब फिर? तब फिर?"

"बीस नावें और तीन-चार सौ सैनिक लेकर युवराज ने सौ से अधिक नावों पर आक्रमण किया। आश्चर्य की बात यह है कि विद्रोही पूर्ण रूप से पराजित होकर भागे। युद्ध प्रायः समाप्त हो चुका था। उस समय कुमार ने देखा कि कुछ दूर पर विद्रोहियों की दस-बारह नावें जमकर बराबर युद्ध कर रही हैं और किसी प्रकार पराजित नहीं होती हैं। उन्होंने उन पर आक्रमण कर दिया। दोनों पक्ष के बहुत-से लोग मरे। विद्याधरनन्दी और अनन्तवर्म्मा घायल होकर गिर पड़े। इतने में बड़े जोर से आँधी-पानी आया। कौन किधर गया, इसका किसी को पता न रहा। तभी से युवराज नहीं मिल रहे हैं। कोई कहता है, वे युद्ध में मारे गए। कोई कहता है कि जल में डूब गए। जितने मुँह, उतनी बातें हैं।"

"संवाद सुनकर यशोधवलदेव ने क्या कहा?"

पहले तो उन्हें संवाद देने का किसी को साहस ही नहीं होता था। युद्ध के तीन दिन पीछे जब विद्याधरनन्दी को चेत हुआ तब वे महानायक से मिले। अनन्तवर्म्मा तब भी अचेत पड़े थे। आज तीन दिन हुए, यशोधवलदेव ने जल तक नहीं ग्रहण किया और न शिविर के बाहर निकले हैं। वीरेन्द्रसिंह, वसुमित्र, माधवर्म्मा आदि सेनानायक भी उनसे भेंट नहीं कर सकते हैं। शंकरनद के किनारे नरसिंहदत्त के पास भी संवाद गया है, वे भी आते होंगे।"

"भाई, सम्राट सुनेंगे तो उनकी क्या दशा होगी? यशोधवलदेव किस प्रकार अपना मुँह पाटलिपुत्र में दिखाएँगे?"

धीरे-धीरे सन्ध्या का अँधेरा फैल गया। दोनों सैनिकों के पीछे से न जाने कौन बोल उठा, "पाटलिपुत्र में क्या मुँह दिखाऊँगा, यही तो समझ में नहीं आता।" दोनों सैनिकों ने चौंककर पीछे ताका, देखा तो महानायक यशोधवलदेव! उनसे कुछ दूर पर प्रधान सेनानायक सिर नीचा किए खड़े हैं। महानायक के सिर पर उष्णीष नहीं है, वे नंगे सिर हैं। उनके लम्बे-लम्बे श्वेत केश वायु के झोंकों से इधर-उधर लहरा रहे हैं। देखने से जान

पड़ता था कि महानायक को आगे-पीछे की कुछ भी सुध नहीं है, वे उन्मत्त-से हो गए हैं। बड़ी देर तक सन्नाटा छाया रहा। उसके उपरान्त महानायक बोल उठे, "सुनो वीरेन्द्र! अभी तक तो मैं पागल नहीं हुआ हूँ, पर अब हो जाऊँगा। जब मैं उन्मत्त हो जाऊँ, नंगा होकर नाचने लगूँ तब मुझे पाटलिपुत्र ले जाना। अभागे महासेनगुप्त यदि तब तक जीते बचें तो उनसे कहना कि यशोधवलदेव के पाप का प्रायश्चित्त हो गया। प्राचीन धवलवंश का उच्छेद करके भी पाप से उसका पेट नहीं भरा था, इससे वह अन्धे की लकड़ी और बूढ़े के सहारे को लेकर भाग्य से जुआ खेलने गया था।

"सुनो वसुमित्र! मागध सेना के सामान्य सैनिक भी कह रहे हैं कि वृद्ध यशोधवलदेव पाटलिपुत्र में कौन-सा मुँह दिखाएँगे। ठीक है! मैं अपने बाल्यसखा महाराजाधिराज से उनके पुत्र की मृत्यु की बात कैसे कहूँगा? ज्योतिषियों के मुँह से अनिष्ठ फल सुनकर वे सदा अपने पुत्र की चिन्ता में दुखी रहते थे। मैं उन्हें बहुत समझा-बुझाकर उनके नयनों का तारा खींच लाया। उस समय तो कुछ नहीं सूझता था पर अब मैं देख रहा हूँ कि यशोधवलदेव युद्ध करने नहीं आया था, भाग्य से खिलवाड़ करने आया था।"

वीरेन्द्रसिंह कुछ कहना ही चाहते थे कि यशोधवलदेव ने फिर कहना आरम्भ किया, "मुझे कोई समझाने-बुझाने न आना। दुधमुँहे बालक को लेकर मैं मृत्यु के साथ खेल करने आया था। उस समय मुझे नहीं सूझता था कि मैं क्या करने जा रहा हूँ, मेरी आँखों पर परदा पड़ गया था। पुत्रप्रेम में व्याकुल सम्राट ने तोरण तक आकर मेरे हाथ में कुमार को सौंपा था। बाईं आँख का फरकना देख उन्होंने मुझसे कहा था कि युद्ध का परिणाम चाहे जो हो, शशांक को लौटा लाना। वे समझते थे कि मैं उनकी आँख की पुतली निकाले लिये जा रहा हूँ। मेरे निकट महासेनगुप्त सम्राट नहीं हैं, मगध के महाराजाधिराज नहीं हैं, बाल्यबन्धु हैं। पुत्रशोक में मैं उन्हें भूल गया था। फिर जब अपने पुत्र का शोक भूला तब उनके पुत्र की हत्या करने के लिए पाटलिपुत्र आया।

"शशांक की हत्या मैंने ही की। उन्हें इस बात का पूरा भरोसा था कि यशोधवलदेव के जीते-जी मेरा एक बाल तक कोई बाँका नहीं कर सकता। शंकरनद के किनारे इसी विश्वास पर उन्होंने एक लाख सेना का सामना किया, बंगदेश में मुट्ठीभर सैनिक लेकर विद्रोह दमन करने गए। वे जानते थे कि यशोधवल सौ कोस पर भी रहेगा तो भी किसी प्रकार की विपद आने पर झट से पहुँचकर मुझे अपनी गोद में ले लेगा। अब शशांक नहीं हैं। मैं उनकी रक्षा न कर सका। मैंने उन्हें युद्ध करने की शिक्षा तो दी, पर अपनी रक्षा करने की शिक्षा नहीं दी।

"युद्ध समाप्त हो गया, पर उनके साथ ही युवराज शशांक भी..."

काँपते-काँपते वृद्ध महानायक बालू पर बैठ गए। नायक और सामन्त लोग उन्हें सँभालने के लिए आगे बढ़े, पर महानायक ने उन्हें रोककर कहा, "अभी मुझे ज्ञान है, जब मैं ज्ञानशून्य हो जाऊँगा तभी चुपचाप बैठूँगा। कीर्तिधवल को मैंने खोया, उसे सह

लिया; शशांक को खोया है, इसे भी सहूँगा। तब फिर तीन दिन तक पड़ा मैं क्या सोचता रहा, जानते हो? पुत्रहीना माता से क्या कहूँगा? वृद्ध महासेनगुप्त से क्या कहूँगा? सबसे बढ़कर तो यह कि किस प्रकार समुद्रगुप्त के सिंहासन पर प्रभाकरवर्द्धन को बैठते देखूँगा?''

दोनों सैनिक कठपुतली बने उन्मत्तप्राय महानायक की अवस्था देख रहे थे। दूर पर रेत में खड़ी कई सहस्र मागध सेना चुपचाप आँखों में आँसू भरे वृद्ध की बात सुन रही थी। अकस्मात् अन्धकार में करुणकंठ से किसी ने पुकारा, ''युवराज! कहाँ हो? मैं अभी बहुत अशक्त हूँ, आँखों से ठीक सुझाई नहीं पड़ता है। युवराज शशांक! कहाँ जा छिपे हो? निकल आओ! तुम्हारे लिए जी न जाने कैसा कर रहा है, बड़ी व्याकुलता हो रही है।''

कंठस्वर सुनकर माधववर्म्मा बोल उठे, ''कौन, अनन्त?'' क्षीण कंठ से कोई बोला, ''कौन, युवराज? कहीं दिखाई नहीं पड़ते हो। अब तुम्हारे बिना एक क्षण नहीं रह सकता। अब छिपे मत रहो, निकल आओ। एक बार मैं आँख भर देख लूँ, फिर चाहे छिप जाना।''

अनन्तवर्म्मा धीरे-धीरे महानायक की ओर बढ़े। महानायक स्थिर न रह सके। वे चट बोल उठे, ''अनन्त! कुमार कहाँ हैं?'' उनका स्वर पहचानकर अनन्त ने कहा, ''कौन, महानायक? युवराज कहाँ हैं? मुझे अभी अच्छी तरह दिखाई नहीं पड़ता है।'' वृद्ध ने उन्हें अपनी गोद में भर लिया। अनन्त ने चकित होकर पूछा, ''महानायक! युवराज कहाँ हैं?'' महानायक का गला भर आया, किसी प्रकार वे बोले, ''मैं भी तो उन्हीं को ढूँढ़ रहा हूँ।'' अनन्त ने और भी अधिक विस्मित होकर कहा, ''युवराज क्या आपको भी नहीं दिखाई पड़ते हैं?'' माधववर्म्मा ने धीरे-धीरे पास आकर अनन्त का हाथ थाम लिया और कहा, ''अनन्त! यहाँ आओ।'' अनन्तवर्म्मा ने व्याकुल होकर पूछा, ''माधव! युवराज कहाँ हैं?'' यशोधवल बालकों की तरह रो पड़े और बोले, ''अनन्त! तुम्हारे युवराज हम सबको छोड़कर चले गए। जान पड़ता है, अब फिर न आएँगे।''

अनन्त धीरे-धीरे महानायक की गोद से उठे। एक बार चारों ओर उन्होंने आँख दौड़ाई, फिर बोले, ''तो अब युवराज नहीं हैं। इसी से कोई मुझसे युद्ध की ठीक-ठीक बात नहीं कहता था।'' इतने में यशोधवलदेव बोल उठे, ''तुम सब लोग पाटलिपुत्र लौट जाओ। मैं यहीं बंगदेश में ही रहूँगा।'' उनकी बात पूरी भी न हो पाई थी कि अनन्तवर्म्मा गरजकर बोले, ''महानायक ने क्या कहा? पाटलिपुत्र लौट जाएँ? सम्राट को कौन मुँह दिखाएँगे? महादेवी के आगे जाकर क्या कहेंगे? श्यामा के मन्दिर में मैं प्रतिज्ञा करके आया था कि जीते-जी युवराज का साथ न छोड़ूँगा। किन्तु मैं जीता खड़ा हूँ, और युवराज नहीं हैं। अब कौन मुँह लेकर पाटलिपुत्र जाऊँगा?''

युवक ने झट से तलवार खींचकर अपने मस्तक से लगाई और कहा, ''मैं खड्ग छूकर कहता हूँ कि जब कभी युवराज लौटेंगे तभी अनन्तवर्म्मा पाटलिपुत्र लौटेगा, बीच में नहीं।'' शपथ कर चुकने पर अनन्तवर्म्मा ने तलवार नीचे की और उस पर पैर रखकर

उसके दो खंड कर डाले। इसके उपरान्त वे घुटने टेक महानायक के सामने बैठ गए और हाथ जोड़कर बोले, "देव! मौखरि विद्रोही हो गया है, आप सेनापति हैं, वह आपके आदेश का पालन न करेगा। उसे बन्दी करने की आज्ञा दीजिए।" अकस्मात् सहस्रों कंठों से जयध्वनि हो उठी। मागध सेना क्षुब्ध होकर अपने शरीर तक की सुध भूल इधर-उधर जयध्वनि करने लगी, उन्मत्तों के समान एक-दूसरे के गले मिलने लगी, और शपथ खाने लगी कि यदि युवराज न आएँगे तो कोई घर लौटकर न जाएगा।

उस समय एक-एक करके माधववर्म्मा, वसुमित्र, वीरेन्द्रसिंह इत्यादि सेनानायकों ने आगे बढ़कर कहा, "हम सब-के-सब विद्रोही हैं, कोई पाटलिपुत्र न लौटेगा।" वृद्ध यशोधवलदेव चुप—उनकी आँखों से लगातार आँसुओं की धारा फूट रही थी। अनन्तवर्म्मा के घाव से तनाव पड़ने के कारण रक्त की धारा बह चली जिससे वे अचेत होकर महानायक के पैर के पास गिर पड़े।

पन्द्रहवाँ परिच्छेद

धीवर की बेटी

नदी के किनारे अमराई की छाया में भव बैठी गीत गा रही है और वही गोरा-गोरा पागल युवक उसके पास बैठा मुग्ध होकर सुन रहा है। सन्ध्या होती चली आ रही है। दक्षिण दिश से शीतल वायु मेघनाद की तरंगों को स्पर्श करती हुई तटदेश को स्निग्ध कर रही है। चारों ओर सन्नाटा छाया हुआ है। ऐसा जान पड़ता है कि सारा संसार उस अप्सरा के विनिन्दित कंठ से निकला हुआ संगीत-सुधा पान करने में भूला हुआ है।

गीत थम गया, जगत् के ऊपर से मोहजाल हटा, पेड़ों पर पक्षी बोल उठे। मेघनाद की तरंगें किनारों पर थपेड़े मारने लगीं। युवक चौंक उठा और बोला, "बन्द क्यों हो गई?" युवती बोली, "गाना पूरा हो गया।"

"पूरा क्यों हो गया?"

"इसका तो कोई उत्तर नहीं।"

"क्यों?"

"तू तो बड़ा भारी पागल है।"

"भव! मुझे तुम्हारा गाना बहुत अच्छा लगता है।"

"क्या कहते हो? फिर तो कहो!"

"तुम्हारा गाना बहुत मधुर लगा है।"

"पागल! क्या तुम मुझे चाहते हो?"

"चाहता हूँ।"

"क्यों?"

"तुम्हारा गाना बहुत मधुर है।"

"बस, इसीलिए?"

"क्या जानूँ!"

युवती लम्बी साँस भरकर उठी। युवक ने चकित होकर पूछा, "अब आज क्या और गीत न गाओगी?" युवती बोली, "सन्ध्या हो गई है, अब घर चलें।"

"सन्ध्या तो नित्य होती है।"

"मैं भी तो नित्य गाती हूँ।"

"तुम्हारा गाना सुनने की इच्छा सदा बनी रहती है।"

युवती कुछ हँसकर बैठ गई और पूछने लगी, "पागल! अच्छा, बताओ तो तुम कौन हो?"

"मैं पागल हूँ।"

"तुम क्या सब दिन से पागल हो?"

"सब दिन क्या?"

"तुम तो बड़े भारी पागल हो। तुम्हारे ध्यान में क्या पहले की कुछ भी बातें नहीं आती हैं?"

"बहुत थोड़ी-सी, सो भी एक छाया के समान। ऐसा जान पड़ता है कि मेरा कहीं कोई था, पर कहाँ, यह नहीं ध्यान में आता।"

"तुम यहाँ कैसे आए, कुछ जानते हो?"

"न।"

"जानने की इच्छा होती है?"

"न, तुम गाओ।"

"क्या गाऊँ?"

"वही चन्दावाली गीत।"

युवती गुनगुनाकर गाने लगी। शुक्ल पंचमी की धुँधली चाँदनी उस सघन कुंज के अन्धकार को भेदने का निष्फल प्रयत्न कर रही थी पर मेघनाद के काले जल तरंगों पर से पलटकर वह उस साँवली-सलोनी युवती को विद्युल्लता-सी झलका रही थी। धीवर कन्या का कंठ अत्यन्त मधुर था। जो गीत वह गा रही थी, वह भी बड़ा सुहावना था। युवक टकटकी बाँधे उसके मुँह की ओर ताक रहा था और मन-ही-मन एक अपूर्व सुख का अनुभव कर रहा था। अकस्मात् गाना बन्द हो गया। युवती ने पूछा, "तुम्हें चाँदनी अच्छी लगती है, पागल?"

"अच्छी लगती है।"

"तुम मुझे चाहते हो?"

"चाहता हूँ।"

"क्यों?"

"नहीं जानता। जिस दिन से तुम आई हो, उसी दिन से चाहता हूँ।"

धीवर की बेटी उसपर मर रही थी। उस असामान्य रूप-लावण्य की दीप्ति पर वह पतंग की तरह गिरा चाहती थी। बूढ़े दीनानाथ ने बहुत दूर से अनाथ बालक नवीन को लाकर इसलिए पाला-पोसा था कि उसके साथ अपनी कन्या भव का ब्याह कर देगा।

इससे इधर भव को नवीन की अवज्ञा करते देख उसे बहुत दुख होता। वह बीच-बीच में भव को समझाता-बुझाता, पर वह उसकी एक न सुनती थी। जिस दिन से पागल आया है, उसी दिन से वह एकदम बदल-सी गई है। वह घर का काम-धन्धा छोड़ दिन-रात पिंजड़े से छूटे हुए पक्षी के समान कभी जल में, कभी वन में इधर-उधर फिरा करती है। बूढ़े धीवर की वही एक सन्तान थी, इससे वह उसे डाँट-डपट नहीं सकता था। नवीन भी चुपचाप सहकर रह जाता और घर का जो कुछ काम-काज होता, कर जाता था।

भव ने फिर पूछा, "पागल! अच्छा, बताओ तो, तुम कौन हो?"

उत्तर मिला, "क्या जानूँ!"

"बाबाजी कहते थे कि राजपुत्र हो!"

"राजपुत्र क्या?"

"राजा का बेटा।"

"राजा क्या?"

"बाबाजी आएँ तो पूछूँगी।"

"बाबाजी कौन?"

"जो तुमको यहाँ लाए हैं।"

"वे कौन हैं?"

"वे एक महात्मा हैं, पेड़ पर चढ़कर यहाँ आते हैं।"

"क्या वे ही हमको यहाँ लाए हैं?"

"हाँ! तुम लड़ाई में मारे गए थे। उन्होंने नाव पर लेकर तुम्हें बचाया था, पर आँधी में नाव उलट गई और तुम फिर पानी में जा रहे। बाबा मछली मारने गए थे, वे तुम्हें निकाल लाए।"

"मैं तो यह सब नहीं जानता।"

"जानोगे कैसे? तुम तो उस समय अचेत थे।"

"बाबा कहाँ गए?"

"तुम्हें मेरे घर रखकर वे पेड़ पर बैठकर आकाश में उड़ गए।"

"अब फिर कब आएँगे?"

"नहीं कह सकती। पर आएँगे अवश्य।"

"तब फिर क्या हुआ?"

"अपनी देह में देखो तो क्या है?"

"क्या है?"

"ये सब चिह्न कैसे हैं?"

"मैं कुछ नहीं जानता।"

"बाबा जिस दिन तुम्हें निकालकर लाए थे, तुम्हारे शरीर भर में घाव ही घाव थे। नवीन ने चिकित्सा करके तुम्हें अच्छा किया है।"

युवक कुछ काल तक चुप रहकर बोला, "मुझे किसी बात का स्मरण नहीं है।"

इतने में पीछे से नवीन ने पुकारा, " भव! बूढ़ा तुम्हें बुलाता है।"

भव ने पूछा, "किसलिए?"

नवीन–यह मैं नहीं जानता।

भव–तो फिर मैं नहीं आती।

युवक ने कहा, "भव! क्या तुम न जाओगी? नवीन दुखी होगा, बुड्ढा चिढ़ेगा।"

भव ने कहा, "चाहे जो हो, मैं न जाऊँगी।"

युवक–तब फिर क्या करोगी?

भव–गाना सुनोगे?

युवक–सुनूँगा।

युवती गाना छेड़ा ही चाहती थी कि पीछे से बुड्ढे ने आकर पुकारा, "भव! इधर आ।"

भव–मैं अभी न आऊँगी।

वृद्ध–न आएगी?

भव–न।

वृद्ध–गाना गाने ही से पेट भर जाएगा?

भव–हाँ, भर जाएगा।

वृद्ध ने चिढ़कर कहा, "अच्छा, तो वहीं मर।"

युवक उठकर बोला, "भव अब घर चलो।"

भव–गाना न सुनोगे?

युवक–नहीं, बुड्ढा बहुत चिढ़ गया है।

भव और कुछ न कहकर युवक का हाथ थामे घर लौटी।

सोलहवाँ परिच्छेद

महासेनगुप्त की भविष्यद्वाणी

मेघनाद का युद्ध हुए पाँच बरस हो गए। यशोधवलदेव और सामन्त लौटे नहीं।

वीरेन्द्रसिंह गौड़देश में, वसुमित्र बंगदेश में, माधववर्म्मा समतट प्रदेश में, नरसिंहदत्त राढ़ि देश में तथा यशोधवलदेव और अनन्तवर्म्मा मेघनाद के तट पर पड़ाव डाले पड़े थे। इसी बीच पाटलिपुत्र से संवाद आया कि सम्राट महासेनगुप्त का अन्तकाल उपस्थित है, वे यशोधवलदेव को देखना चाहते हैं।

वृद्ध महानायक ने भिन्न-भिन्न स्थानों के नायकों के पास दूत भेजे, पर सबने कहला भेजा कि हम लोग अपनी इच्छा से पाटलिपुत्र न जाएँगे, बन्दी बनाकर भेजे जा सकते हैं। यशोधवलदेव बड़ी विपत्ति में पड़े। दूत बार-बार कहने लगा कि यदि विलम्ब होगा तो सम्राट से भेंट न होगी। कोई उपाय न देख यशोधवलदेव लौटने को तैयार हुए।

सम्राट को युवराज की मृत्यु का संवाद बहुत पहले मिल चुका था। जिस समय उन्होंने यह दारुण संवाद सुना था, वे वज्राहत के समान मूर्च्छित होकर भूमि पर गिर पड़े थे। तब से उन्हें किसी ने सभा में नहीं देखा। वे अन्तःपुर के बाहर न निकले। धीरे-धीरे जीवनीशक्ति वृद्ध के जीर्ण शरीरपंजर से दूर होती गई। मागधसाम्राज्य के अमात्यों ने समझ लिया कि सम्राट अब शीघ्र इस लोक से चलना चाहते हैं।

देखते-देखते पाँच बरस बीत गए। माधवगुप्त स्थाण्वीश्वर से लौट आए हैं। नारायणशर्म्मा ने कहा है कि नए युवराज (माधवगुप्त) प्रभाकरवर्द्धन और उनके दोनों पुत्रों के अत्यन्त प्रिय पात्र हैं। चरणाद्रिगढ़ में सेना का रखना आवश्यक नहीं समझा गया, इससे हरिगुप्त सेना सहित बुला लिए गए। यशोधवलदेव बंगदेश में बैठे-बैठे साम्राज्य का कार्य्य चला रहे थे। पाटलिपुत्र में हृषीकेशशर्म्मा, नारायणशर्म्मा और हरिगुप्त उनके आदेश के अनुसार काम करते थे। माधवगुप्त धीरे-धीरे बल और प्रभाव प्राप्त करते जाते थे। उनके व्यर्थ हस्तक्षेप करने से कभी-कभी बड़ी अव्यवस्था उत्पन्न हो जाती थी। यह सब सुनकर यशोधवलदेव बड़ी चिन्ता में दिन काटते थे।

बुझता हुआ दीपक सहसा भभक उठा। मरने से पहले महासेनगुप्त को चैतन्य प्राप्त हुआ। उन्होंने यशोधवलदेव को देखना चाहा। पाँच बरस पर यशोधवलदेव पाटलिपुत्र लौटे। महानायक बंगदेश पर विजय प्राप्त करके लौट रहे हैं, यह सुनकर पाटलिपुत्रवासियों ने बड़े उल्लास और समारोह से उनका स्वागत करना चाहा, पर महानायक ने कहला भेजा कि महाराजाधिराज मृत्युशय्या पर पड़े हैं, ऐसी दशा में किसी प्रकार का उत्सव करना उचित न होगा। इतना सब होने पर भी नगर के तोरणों और राजपथ पर सहस्रों नागरिकों ने इकट्ठा होकर जयध्वनि द्वारा उनका स्वागत किया। यशोधवलदेव सिर नीचा किए चुपचाप प्रासाद के तोरण में घुसे।

तीसरे तोरण पर महाप्रतिहार विनयसेन उनका आसरा देख रहे थे। यशोधवलदेव को उनसे विदित हुआ कि सम्राट के प्राण निकलने में अब अधिक विलम्ब नहीं है। वृद्ध यशोधवल के पैर थरथरा रहे थे। वे किसी प्रकार अन्तःपुर में पहुँचे। लतिका उनसे मिलने के लिए दौड़ पड़ी, पर उनकी आकृति देख सहमकर पीछे हट गई। महानायक ने सम्राट के शयनागार में प्रवेश किया।

उन्होंने द्वार पर से सुना कि महासेनगुप्त क्षीण स्वर से पूछ रहे हैं, "क्यों," यशोधवल कहाँ हैं?" वृद्ध महानायक भवन के भीतर पहुँचे। वे अपने बाल्यबन्धु का हाथ थामकर बैठ गए। आँसुओं के उमड़ने से उन्हें कुछ सुझाई नहीं पड़ता था, आवेग से गला भरा हुआ था। सम्राट ने कहा, "छिः! यशोधवल, रोते क्यों हो? यह रोने का समय नहीं है। तुम्हें अब तक देखा नहीं था, इसी से प्राण इस जीर्ण पंजर को छोड़ निकलता नहीं था।" सम्राट के सिरहाने महादेवी पत्थर की मूर्ति बनी बैठी थीं। उन्होंने सम्राट का गला सूखते देख उनके मुँह में थोड़ा-सा गंगाजल दिया।

महासेनगुप्त फिर बोलने लगे, "सुनो यशोधवल! शशांक मरे नहीं हैं। ज्योतिष की गणना कभी मिथ्या नहीं हो सकती। मेरा पुत्र अंग, बंग और कलिंग का एकच्छत्र सम्राट

होगा। उसके बाहुबल से स्थाण्वीश्वर का सिंहासन काँप उठेगा।" यशोधवलदेव कुछ कहना चाहते थे पर सम्राट फिर बोलने लगे, "सुनते चलो, तर्क-वितर्क का समय नहीं है। शशांक लौटेंगे, पर मेरे भाग्य में अब उनका मुँह देखना नहीं लिखा है। शशांक के लौटने पर उन्हें सिंहासन पर बिठाना। विनय!" महाप्रतिहार विनयसेन सामने आए। सम्राट ने कहा, "झटपट गरुड़ध्वज लाओ। हृषीकेश कहाँ हैं?" विनयसेन ने उत्तर दिया, "दूसरे घर में हैं।" विनयसेन गरुड़ध्वज लाने गए। सम्राट ने कहा, "यशोधवल, अब मैं मरता हूँ। जब तक शशांक लौटकर न आएँ तब तक राज्यभार न छोड़ना, नहीं तो माधव साम्राज्य का सत्यनाश कर देगा।"

गरुड़ध्वज हाथ में लिये विनयसेन आ पहुँचे। सम्राट महादेवी की सहायता से उपाधान का सहारा लेकर बैठे और बोले, "यशोधवल! गरुड़ध्वज छूकर शपथ खाओ कि जब तक शशांक न आ जाएँगे तब तक राज्य का भार न छोड़ेंगे?"

यशोधवलदेव ने गरुड़ध्वज छूकर शपथ खाई। सम्राट ने फिर कहा, "देवि! तुम सहमरण का विचार कभी न करना। तुम्हारा पुत्र लौटकर आएगा। जब पुत्र सिंहासन पर बैठ जाए तब चिता पर बैठना।" महादेवी ने सम्राट के चरण छूकर शपथ खाई। तब सम्राट ने प्रसन्न होकर अमात्यों को बुलाने की आज्ञा दी।

थोड़ी देर में हृषीकेशशर्म्मा, हरिगुप्त, रविगुप्त और माधवगुप्त शयनागार में आए। महासेनगुप्त उस समय शिथिल पड़ गए थे। बुझने के पहिले एक बार वृद्ध का जीवनप्रदीप फिर जग उठा। वे बोले, "नारायण! मेरा क्षीण स्वर हृषीकेश के कानों तक न पहुँचेगा। मैं जो कुछ कहता हूँ, उन्हें समझा दो। यह छत्र, दंड और सिंहासन तुम लोगों के हाथ सौंपता हूँ। शशांक जीवित हैं और अवश्य लौटकर आएँगे। उनके लौटने पर उन्हें सिंहासन पर बिठाना। जब तक वे न लौटें, माधवगुप्त राजप्रतिनिधि होकर सिंहासन पर बैठे। तुम लोग गरुड़ध्वज छूकर शपथ करो कि जो कुछ मैंने कहा है, सबका पालन होगा?

अमात्यों ने एक-एक करके गरुड़ध्वज स्पर्श करके शपथ खाई। इसके उपरान्त सम्राट ने माधवगुप्त से कहा, "माधव! तुम भी शपथ करो।" माधवगुप्त को इधर-उधर करते देख यशोधवलदेव ने कुछ कड़े स्वर से कहा, "कुमार! सम्राट आदेश कर रहे हैं।" सम्राट बोले, "शपथ करो कि बड़े भाई के लौट आने पर तुम बिना कुछ कहे-सुने झट सिंहासन छोड़ दोगे? शपथ करो कि कभी बड़े भाई के साथ विरोध न करोगे?" माधवगुप्त ने धीमे स्वर से सम्राट के मुँह से निकली हुई बात दोहराई। यशोधवलदेव बोले, "महाराजाधिराज! यशोधवल का एक और अनुरोध है। कुमार इस बात की भी शपथ खाएँ कि वे कभी स्थाण्वीश्वर के आश्रित न होंगे।"

सम्राट ने थोड़ा सिर उठाकर कहा, "माधव! शपथ करो।" काँपते हुए हाथों से गरुड़ध्वज छूकर माधवगुप्त ने शपथ खाई, "आपत्काल में भी मैं कभी स्थाण्वीश्वर का आश्रय न लूँगा।" इस बात पर मानो भवितव्यता अदृश्य होकर हँस रही थी।

सम्राट के आदेश से लोग उन्हें गंगातट पर ले गए। तीसरे पहर आत्मीयजनों के बीच, अभिजातवर्ग के सामने सम्राट महासेनगुप्त ने शरीर छोड़ा।

सत्रहवाँ परिच्छेद

नवीन का अपराध

देखते-देखते पाँच बरस निकल गए। गौरवर्ण युवक धीवर के घर रहते-रहते धीवरों की चाल-ढाल पर चलने लगा। वह अब बड़ी फुरती से नाव खेने लगा, पानी में जाल छोड़ने लगा। उसके जी में डर या शंका का नाम न था, इससे माझियों के बीच वह बल और साहस के लिए विख्यात हो गया। पर उसका नाम ज्यों का त्यों रहा, उसमें कुछ फेरफार न हुआ। सब लोग उसे 'पागल' ही कहकर पुकारते थे। दीनानाथ उसे बहुत चाहता था। नवीन को छोड़ धीवरों में वह और सबका प्रेमपात्र हो गया। इन पाँच बरसों के बीच कोई उसकी खोज-खबर लेने न आया। अज्ञातकुलशील युवक धीरे-धीरे माझियों में मिल गया।

नवीन ने सेवा-यत्न करके उसे अच्छा किया था अवश्य, पर भव का उसपर अनुराग देख वह उससे बहुत जलता था। वह अपने पालनकर्त्ता दीनानाथ के संकोच से कभी मुँह फोड़कर कुछ कहता तो न था, पर डाह के मारे भीतर-ही-भीतर जला करता था। बड़े कष्ट से वह अपने हृदय की आग दबाए रहता था, पर वह इस बात को जानता था कि किसी-न-किसी दिन वह आग भड़क उठेगी जिसमें पड़कर दीनानाथ का सब कुछ भस्म हो जाएगा।

एक दिन नवीन ने देखा कि नदी के किनारे एक पेड़ की डाल पर बैठी भव पागल के साथ घुलघुल कर बातचीत कर रही है। देखते ही उसके शरीर में आग लग गई। भव का ऐसा व्यवहार वह न जाने कितने दिनों से देखता आया था, पर वह देखकर भी नित्य अपने को किसी प्रकार सँभालकर काम-काज में लग जाता था। पर आज वह आपे से बाहर हो गया। सिर से पैर तक वह आग-बबूला हो गया, उसके रोम-रोम से चिनगारियाँ छूटने लगीं। नवीन कहीं से लोहे का एक अंकुश उठा लाया था। उसे हाथ में लिये वह एक पेड़ की आड़ में छिपा रहा।

थोड़ी देर में दीनानाथ की पुकार सुनकर भव वहाँ से चली गई। पागल एक पेड़ की जड़ पर बैठा पानी थपथपाने लगा। नवीन ने पास जाकर पुकारा, "पागल!"

"क्या है?"

"इधर आ।"

पागल कुछ न कहकर पास आ खड़ा हुआ। नवीन बोला, "तू क्या करता था?"

"भव के साथ बैठा था।"

"क्यों बैठा था?"

"न बैठता तो भव रूठ जाती।"

"तू क्या भव को चाहता है?"

"हाँ, चाहता हूँ।"

"क्यों?"

"भव का गाना बड़ा अच्छा लगता है।"

"मैं तुझे मार डालूँगा।"

"क्यों मारोगे, नवीन?"

"तू भव को प्यार करता है, इसीलिए।"

"मैं तो तुम्हें भी प्यार करता हूँ।"

"झूठ कहता है।"

"नहीं, नवीन! तुम्हें बहुत प्यार करता हूँ।"

"तो फिर भव को क्यों प्यार करता है?"

"क्या एक को प्यार करके फिर दूसरे को नहीं प्यार करना होता?"

"नहीं।"

"मैं तो नहीं जानता।"

"तो फिर मैं तुझे मार डालूँगा।"

"मारोगे क्यों, नवीन?"

नवीन से कोई उत्तर न बन पड़ा, वह बहुत देर तक चुपचाप खड़ा रहा, फिर बोला, "तो फिर तू अस्त्र लेकर आ, मैं तेरे साथ लड़ूँगा।"

"क्यों?"

"हम दोनों में से किसी एक को मरना होगा।"

"और दोनों बचे रहें तो?"

"भव को दो आदमी नहीं प्यार कर सकते।"

"मैं तुमसे न लड़ूँगा।"

"क्यों?"

"तुमने मेरे प्राण बचाए हैं।"

"तो इससे क्या? मैं तुझे मारूँगा। तू न लड़ेगा?"

"न। तुमने मुझे बचाया क्यों था?"

"यह सब मैं कुछ नहीं जानता। मैं तुझे मारूँगा।"

"तो फिर मारो।"

नवीन बड़े फेर में पड़ा। मारने को तो उसने कहा, पर उसका हाथ न उठा। वह चुपचाप खड़ा रहा। यह देख पागल बोला, "नवीन! तुम मुझे मारो, मैं कुछ न कहूँगा।"

"क्यों?"

"तुमने मुझे बचाया है।"

"इससे क्या हुआ?"

"न जाने कौन मुझसे कहता है कि तुम्हें नहीं मारना चाहिए।"

नवीन और कुछ न कह सका। पागल उसका हाथ थामकर कहने लगा, "नवीन! भव को प्यार करने से तुम इतना चिढ़ते क्यों हो?"

नवीन चुप।

होनहार टलता नहीं। उसी समय वन के भीतर से भव ने पुकारा, "पागल! पागल! कहाँ हो?" उसके पुकारने में चाहभरी आकुलता टपकती थी। उसे सुनते ही नवीन के हृदय की दबती हुई आग एकबारगी भड़क उठी। उसने अपने को बहुत सँभालना चाहा, पर रोक न सका। भव ने फिर पुकारा, "पागल! तुम कहाँ हो?" आग में घी पड़ा। नवीन ने अंकुश उठाकर पागल के सिर पर मारा। युवक पीड़ा से कराहकर भूमि पर गिर पड़ा। नवीन भागा।

भव दूर पर थी, पर उसने पागल का कराहना सुना। वह दौड़ी हुई आई और देखा कि पेड़ के नीचे रक्त में सना पागल पड़ा है। वह जोर से चिल्लाकर पागल के ऊपर गिर पड़ी। चिल्लाना सुन झोंपड़े से दीनानाथ दौड़ा आया। दोनों ने युवक को चेत में लाने की बड़ी चेष्टा की, पर वह अचेत पड़ा रहा। अन्त में वे उसे उठाकर झोंपड़े में ले गए।

अठारहवाँ परिच्छेद
खोए हुए का पता

"तुम कौन हो?"

"पागल! मुझे नहीं पहचानते? मैं भव हूँ।"

"हाँ, पहचानता हूँ, तुम भव हो। अनन्त कहाँ हैं?"

झोंपड़े में एक मैले बिस्तर पर पड़ा पूर्वपरिचित युवक भव से यही पूछ रहा था। आज तीन दिन पर उसे चेत हुआ है। भव ताड़ का पंखा लिए उसे हाँक रही थी। उसने चकित होकर पूछा, "पागल! अनन्त कौन?"

"तुम नहीं जानतीं। विद्याधरनन्दी कहाँ हैं?"

भव समझी कि पागल यों ही बक रहा है। वह अपने पिता को पुकारकर कहने लगी कि "बाबा, बाबा! देखो तो पागल क्या कह रहा है।"

दीनानाथ नदी के किनारे खड़ा देख रहा था कि बहुत बड़ी-बड़ी नावें मेघनाद के उस पार से उसके झोंपड़े की ओर चली आ रही हैं। युवक ने फिर कहा, "तुम अनन्त को बुला दो, मैं युद्ध का संवाद जानने के लिए बहुत घबरा रहा हूँ।" इतने में दीनानाथ के साथ एक वृद्ध और एक युवक झोंपड़े में आया, झोंपड़े के द्वार पर बहुत-से लोगों के आने का शब्द सुनाई पड़ा। भव चकपकाकर ताकती रह गई।

युवा पुरुष बिस्तर पर पड़े युवक को देखते ही चारपाई के किनारे घुटने टेककर बैठ गया और कोष से तलवार खींच सिर से लगाकर बोला, "महाराजाधिराज की जय हो! प्रभु, मुझे पहचानते हैं?"

"क्यों नहीं पहचानता? तुम वसुमित्र हो। अनन्त कहाँ हैं?"

"वे कुशल से हैं। श्रीमान् का जी कैसा है?"

"अच्छा है। युद्ध का क्या समाचार है?"

"युद्ध में महाराज की विजय हुई। श्रीमान् उठ सकते हैं?"

शशांक के चारपाई पर से उठने के पहले ही आए हुए वृद्ध ने पास आकर पूछा, "शशांक! मुझे पहचानते हो?" उत्तर मिला, "पहचानता हूँ। तुम वज्राचार्य शक्रसेन हो।" दीनानाथ ने आगे बढ़कर कहा, "इन्हीं ने तुमको–आपको, पाँच बरस हुए, नदी से निकालकर बचाया था।"

शशांक ने विस्मित होकर पूछा, "वज्राचार्य ने? पाँच बरस पहले? वसुमित्र! मैं कहाँ हूँ?"

"श्रीमान् इस समय बंगदेश में हैं।"

भव पत्थर की मूर्ति बनी चुपचाप यह सब अद्‌भुत लीला देख रही थी। शशांक को उठते देख वह भी उठ खड़ी हुई। शशांक झोंपड़े के द्वार पर आकर खड़े हुए। बाहर और नदी के किनारे कई सहस्र सैनिक खड़े थे। उनमें से प्रत्येक युवराज के अधीन किसी-न-किसी युद्ध में लड़ा था। जिन्होंने उन्हें देख पाया, वे देखते ही जयध्वनि करने लगे। जो कुछ दूर पर खड़े थे और जो नाव पर थे, वे भी जयध्वनि करने लगे। सहस्रों कंठों से एक स्वर से शब्द उठा, "महाराजाधिराज की जय हो!" शशांक चौंक पड़े और घबराकर वसुमित्र से पूछने लगे, "वसुमित्र! ये लोग मुझे महाराजाधिराज क्यों कह रहे हैं?"

वसु.–प्रभु! थोड़ा स्थिर होकर विराजें, मैं सारी व्यवस्था कहता हूँ।

शशांक–नहीं वसुमित्र! मैं शान्त नहीं रह सकता। बताओ, क्या हुआ है?

वसु.–मेघनाद के युद्ध में आप घायल होकर नदी में गिर पड़े। वज्राचार्य शक्रसेन आपको निकालकर इस धीवर के घर ले आए। वे बीच-बीच में आपको देख जाते हैं। बन्धुगुप्त ने यह सुनकर उन्हें कारागार में बन्द कर दिया। वज्राचार्य कारागार से भागकर मेरे पास आए। इस प्रकार आज पाँच बरस पर श्रीमान् का पता लगा। अब तक हम लोग देश लौटकर नहीं गए। केवल महानायक यशोधवलदेव महाराजाधिराज के अन्तिम समय...

शशांक बोल उठे, "अन्तिम समय? क्या पिताजी अब नहीं हैं?"

वसु.–महाराजाधिराज महासेनगुप्त का परलोकवास हो गया।

शशांक–वसुमित्र! मरते समय पिताजी को मेरा ध्यान आया था? पिताजी क्या यह सुन चुके थे कि मैं युद्ध में मारा गया?

वसु.–प्रभु! लोगों के मुँह से सुना है कि महाराजाधिराज ने अन्तिम समय में महानायक को पास बुलाकर कहा था कि आप जीवित हैं। गणना के अनुसार आपकी आयु अभी बहुत है। महाराज को पूरा विश्वास था कि आप जीते-जागते हैं और लौटेंगे। इसी से उन्होंने महादेवी को सहमरण से रोक लिया। इस वृद्धावस्था में भी महानायक सारा राजकार्य्य चला रहे हैं...

शशांक–हाय! पिताजी।

पिता की मृत्यु का संवाद सुनकर शशांक बालकों के समान रोने लगे। थोड़ी देर में शोक का वेग कुछ थमने पर उन्होंने वज्राचार्य शक्रसेन से पूछा, "वज्राचार्य! बन्धुगुप्त कहाँ हैं?"

शक्र.–अब तो जहाँ तक समझता हूँ पाटलिपुत्र में होंगे।

शशांक–उन्हें मेरा कुछ पता लगा है।

शक्र.–मैं तो समझता हूँ, नहीं। पर इतना वे अवश्य जानते हैं कि आप जीवित हैं। इससे दाँव पाकर आपको मारने का विचार है।

शशांक–मुझे क्यों मारेंगे? वसुमित्र! महानायक कहाँ हैं?

वसु.–पाटलिपुत्र में। वे स्वर्गीय महाराजाधिराज की आज्ञा से सब राजकार्य्य चला रहे हैं। पर कुछ दिन हुए, स्थाण्वीश्वर से एक अमात्य आए हैं। वे ही आजकल माधवगुप्त के प्रधानमन्त्री हैं।

शशांक–तो क्या महानायक सब राजकार्य्य छोड़ बैठे हैं?

वसु.–उन्हें विवश होकर छोड़ना पड़ा है।

शशांक–तो क्या नरसिंह को भी मंडला का अधिकार नहीं मिला?

वसु.–वे पाटलिपुत्र इसलिए नहीं लौटे कि चित्रा को कौन मुँह दिखाएँगे।

शशांक–चित्रा–चित्रादेवी?

वसु.–प्रभु! चित्रादेवी कुशल-मंगल से हैं।

शशांक–चित्रा का विवाह हुआ?

वसु.–विवाह! यह श्रीमान् कैसी बात कहते हैं। वे तो विधवा के समान अपने दिन काट रही हैं और आपका आसरा देख रही हैं।

शशांक–तुम्हारी यूथिका की तरह?

वसुमित्र ने लजाकर सिर नीचा कर लिया। शशांक ने फिर पूछा, "नरसिंह कहाँ हैं?"

"वे राढ़ देश में हैं। उन्होंने भी माधवगुप्त की अधीनता नहीं स्वीकार की।"

"वसुमित्र! तुम बार-बार माधवगुप्त का नाम क्यों लेते हो? क्या तुम उन्हें सम्राट नहीं मानते?"

"प्रभु! मैं भी विद्रोही हूँ। जब से महाराजाधिराज का स्वर्गवास हुआ है तब से मैंने एक कौड़ी पाटलिपुत्र नहीं भेजी है। आपके साथ जितने लोग यहाँ बंगदेश में आए थे, उनमें से एक महानायक यशोधवलदेव ही माधवगुप्त की आज्ञा में हैं और कोई नहीं। राढ़ में नरसिंहदत्त, समतट में माधववर्म्मा, बंगदेश में मैं–ये सब-के-सब इस समय विद्रोही हैं। मंडला में जमकर अनन्तवर्म्मा ने जंगलियों की सहायता से माधवगुप्त की सेना पर खुल्लमखुल्ला आक्रमण किया है। दक्षिण मगध भी उन्हीं के हाथ में है। मंडला से लेकर रोहिताश्व तक का सारा पहाड़ी प्रदेश उनके अधिकार में है। गौड़देश में वीरेन्द्रसिंह केवल वृद्ध महानायक का मुँह देखकर विद्रोह नहीं कर रहे हैं। रामगुप्त और हरिगुप्त पाटलिपुत्र में पड़े स्थाण्वीश्वर के दास की आज्ञा का पालन कर रहे हैं।"

शशांक ने चुपचाप सारी बातें सुनीं। बहुत देर पीछे वे बोले, "वसुमित्र! अब क्या करना चाहिए?"

वसु.–पाटलिपुत्र चलिए।

"अकेले तुम्हारे साथ?"

"साम्राज्य में बन्धुगुप्त और बुद्धघोष को छोड़ ऐसा कोई नहीं है जो आपका नाम सुनते ही दौड़ा न आएगा। प्रभु! मैं अभी चारों ओर संवाद भेजता हूँ, एक महीने के भीतर पचास सहस्र पदातिक इकट्ठे हो जाएँगे।"

"वसुमित्र! घबराओ न। अभी माधव और नरसिंह के पास संवाद भेजो। माधव को तुरन्त सेना लेकर चलने को कहो, और नरसिंह से कहो कि वे अपनी सेना लेकर गंगा के किनारे रहें। वीरेन्द्रसिंह और अनन्त के पास संवाद भेजने की आवश्यकता नहीं है।"

"क्यों श्रीमान्?"

"मुझे विश्वास है कि मेरे लिए वे सदा तैयार होंगे।"

"अच्छा तो मैं नाव पर जाता हूँ, आप कपड़े बदलें।"

वसुमित्र ने तलवार माथे से लगाकर नए सम्राट का अभिवादन किया और वज्राचार्य के साथ नाव पर लौट गए।

भव अब तक चुपचाप खड़ी थी। वह धीरे-धीरे शशांक के पास आई और पूछने लगी, "पागल! तुम कौन हो?"

"भव, अब मैं पागल नहीं हूँ, अब मैं राजा हूँ।"

"तो क्या तुम चले जाओगे?"

"हाँ! अभी तो देश को जाऊँगा।"

"कब जाओगे?"

"मैं समझता हूँ, कल ही।"

"हाँ! आज न जाना, मैं तुम्हें आँख भर देखूँगी। फिर तो तुम लौटकर आओगे नहीं।"

भव डबडबाई हुई आँखें लिये झोंपड़े से बाहर निकली। शशांक व्यथित हृदय से झोंपड़े के सामने खड़े किए हुए डेरे में गए।

दो पहर रात बीते शशांक नदी तट पर डेरे के बाहर निकल कर बैठे हैं। दूर पर आग जल रही है और डेरे के चारों ओर पहरेवाले खड़े हैं। अँधेरी रात में बैठे नए सम्राट चिन्ता कर रहे हैं। चिन्ता की अनेक बातें हैं। इन छह वर्षों के बीच संसार में कितने परिवर्तन हो गए हैं, उसकी दशा में कितना उलटफेर हो गया है! पिता नहीं हैं, माधवगुप्त मगध के सिंहासन पर विराजमान हैं, स्थाण्वीश्वर के राजदूत ने आकर यशोधवलदेव को पदच्युत कर दिया है। थोड़ी देर पीछे ध्यान आया कि वसुमित्र कहते थे कि चित्रा का अभी विवाह नहीं हुआ है।

देखते-देखते मेघनाद के किनारे से एक व्यक्ति दौड़ा-दौड़ा आया और शशांक के पैरों पर लोट कर कहने लगा, "पागल! मुझे क्षमा करो। मैंने सुना है कि तुम राजा हो, तुम्हारे हृदय में अपार दया है, तुम मेरा अपराध क्षमा करो।"

सम्राट ने विस्मित होकर देखा कि कीचड़ लपेटे, भीगा वस्त्र पहने नवीन भूमि पर पड़ा है। उन्होंने आँखों सें आँसू भरकर उसे उठा लिया और कहने लगे, "नवीन! क्षमा कैसी, भाई! तुम उस समय पागल हो गए थे। मैं तो पागल था ही, तुम्हारे हृदय की वेदना को न समझ सका। तुम भव के साथ विवाह करो, भव तुम्हारी है।"

गले से छूटकर नवीन बोला, "तुम सचमुच राजा हो। इतनी दया मैंने आज तक कहीं नहीं देखी। राजा! मैंने सुना है, तुम देश जा रहे हो? मैं भी तुम्हारे साथ चलूँगा। मैंने तुम्हारा रक्त बहाया है। जब तक प्रायश्चित्त न करूँगा, मेरे मन की आग न बुझेगी। नवीनदास आज से तुम्हारा क्रीतदास हुआ। जब तुम देश में जाकर राजा हो जाओगे और मैं जीता रहूँगा तब लौटूँगा।" इतना कहकर नवीन सम्राट का पैर पकड़कर बैठ गया। शशांक ने उसे उठाकर फिर गले से लगाया। उनका बहुमूल्य वस्त्र कीचड़-कीचड़ हो गया।

दूसरे दिन सबेरे शशांक ने सेनासहित यात्रा की। यात्रा के समय दीनानाथ और नवीनदास सहस्रों माँझी लेकर साथ हो लिए। रात को ही भव न जाने कहाँ चली गई, उसका कहीं पता न लगा।

खंड-3
उपराग

पहला परिच्छेद
पिंगलकेश अतिथि

जाड़े के आरम्भ में सूर्योदय के पहले मंडला की विकट घाटी पार करके एक अश्वारोही मंडलादुर्ग के सिंहद्वार के सामने आ खड़ा हुआ। पिपीलिकाश्रेणी के समान बहुत-से अश्वारोही और पदातिक उसके पीछे-पीछे आते थे। अश्वारोही के गढ़ के फाटक पर खड़े होकर पुकारा, "गढ़ में कोई है?" परकोटे पर से एक पहरेवाला बोला, "तुम कौन हो?" अश्वारोही ने कहा, "हम लोग अतिथि हैं।"

पहरे.—तो यहाँ क्यों आए? अतिथिशाला में जाओ।

अश्वारोही ने हँसकर कहा, "हम लोग गढ़ के अतिथि हैं, अतिथिशाला में क्या करने जाएँ?"

पहरेवाले ने चकित होकर कहा, "गढ़ का अतिथि तो आज तक मैंने कभी नहीं सुना। यह एक नई बात है।"

अश्वारोही—तुम गढ़पति से जाकर कहो कि गढ़ के एक अतिथि आए हैं, वे गढ़ के भीतर आना चाहते हैं।

पहरे.—गढ़पति अभी सो रहे हैं, मैं अभी उनके पास नहीं जा सकता। तुम्हारे पीछे बहुत से लोग दिखाई पड़ते हैं, वे सब क्या तुम्हारे ही साथ हैं?

अश्वारोही—हाँ।

पहरे.—तो फिर उन्हें यहाँ से हट जाने को कहो, नहीं तो अच्छा न होगा।

अश्वा.—अतिथि होकर हटेंगे कैसे?

इतने में अश्वारोही के पास बहुत-से अश्वारोही और पदातिक आ खड़े हुए। पहरेवाले ने तुरही बजाई। देखते-देखते दुर्ग का परकोटा सशस्त्र सैनिकों से भर गया। अश्वारोही ने पूछा, "तुम्हारा स्वामी कौन है?" उत्तर मिला, "महाराज अनन्तवर्म्मा।"

अश्वा.—उन्हें बुला लाओ।

पहरे.—अपने दल के लोगों को हटाओ, नहीं तो हम लोग आक्रमण करते हैं।

अश्वारोही की आज्ञा से उसके साथ के लोग दूर हट गए। थोड़ी देर में एक वर्म्मधारी पुरुष ने परकोटे पर आकर पूछा, "तुम कौन हो?"

अश्वा.—मैं अतिथि हूँ। तुम क्या यज्ञवर्म्मा के पुत्र अनन्तवर्म्मा हो?

"हाँ, पर तुम कौन हो? तुम्हारा कंठस्वर तो परिचित-सा जान पड़ता है।

"कंठस्वर से नहीं पहचान सकते?"

"नहीं।"

"मुझे पाटलिपुत्र में कभी देखा है?"

"देखा होगा, पर इस समय तो नहीं पहचानता।"

"एक दिन थानेश्वर की सेना के शिविर में बन्दी होकर पाटलिपुत्र में गंगा के तट पर खड़े थे, ध्यान में आता है?"

"हाँ, आता है। कौन, नरसिंह?"

अश्वारोही ठठाकर हँस पड़ा और उसने धीरे-धीरे अपना शिरस्त्राण हटाया। पीठ और कन्धे पर भूरे-भूरे केश छूट पड़े जो उदय होते हुए सूर्य की किरणें पड़ने से झलझल झलकने लगे। गढ़ के परकोट पर वर्म्मधारी योद्धा चिल्ला उठा, "पहचान गया युवराज–महाराजाधिराज.,.।"

उस समय नरसिंहदत्त, वीरेन्द्रसिंह, माधववर्म्मा और वसुमित्र आदि प्रधान सेनानायक आकर सम्राट के आसपास खड़े हो गए। तुरन्त दुर्ग का द्वार खुल गया और सब लोग दुर्ग के भीतर गए। दिन भर दुर्ग के भीतर सेना जाती रही। सन्ध्या होने के कुछ पहले विद्याधरनन्दी शेष सेना लेकर पहुँचे। वसुमित्र की बात ठीक निकली। पचास सहस्र से ऊपर सेना शशांक के साथ पाटलिपुत्र की ओर चली थी।

ज्योंही शशांक बंगदेश से बाहर हुए थे कि समतट से माधववर्म्मा आकर उनके साथ मिल गए थे। केवल तीन आदमी थोड़ी-सी सेना लेकर भागीरथी के किनारे अब तक गए थे। इससे यह किसी ने न जाना कि शशांक पाटलिपुत्र लौट रहे हैं। भागीरथी के तट पर नरसिंह सेना लिए पड़े थे। उनके साथ इतनी सेना देखकर किसी को कुछ आश्चर्य न हुआ। माधवगुप्त जब शपथ भंग करके सिंहासन पर बैठ गए तब साम्राज्य के सब प्रधान अमात्यों की श्रद्धा उनकी ओर से हट गई। उसके पीछे जब स्थाण्वीश्वर के अमात्य द्वारा वृद्ध नायक यशोधवलदेव का बात-बात में अपमान होने लगा तब अभिजातवर्ग के लोग अत्यन्त क्षुब्ध हो उठे। भीतर-भीतर अत्यन्त विरक्त होने पर भी उन्होंने समुद्रगुप्त के वंशधर के प्रति स्पष्ट रूप से अपना असन्तोष नहीं प्रकट किया।

महासेनगुप्त की मृत्यु के एक वर्ष के भीतर ही साम्राज्य में बहुत कुछ उलटफेर हो गया है। गौड़ और बंग में शशांक के साथी विद्रोही हुए। अनन्तवर्मा ने दक्षिण मगध को अपने हाथ में करके मंडलागढ़ पर अधिकार जमाया। प्रभाकरवर्द्धन के अनुरोध से माधवगुप्त ने चरणाद्रि और वाराणसी को अवन्तिवर्म्मा को प्रदान किया। यशोधवलदेव चुपचाप सब अपमान सहते रहे। शशांक के लौटने की आशा दिन-दिन उनके चित्त से दूर होती जाती थी। बुद्धघोष, बन्धुगुप्त आदि बौद्धसंघ के नेताओं ने खुल्लमखुल्ला

ब्राह्मणों पर अत्याचार करना आरम्भ किया। उनके अत्याचारों से पाटलिपुत्र के नागरिक एकबारगी घबरा उठे। सैकड़ों देवमन्दिरों की सम्पत्ति छीन ली गई, सहस्रों देवालयों में महादेव और वासुदेव के स्थान पर बुद्ध और बोधिसत्वों की प्रतिमाएँ प्रतिष्ठित हुईं। अत्याचार से पीड़ित प्रजा ने वृद्ध महानायक की शरण ली, पर वे उसकी रक्षा न कर सके।

धीरे-धीरे राजकोष भी खाली हो चला। चारों ओर से राजस्व का आना बन्द हो गया था। वेतन न पाने के कारण सेना अन्न बिना मरने लगी। धीरे-धीरे अभाव असह्य हो गया और वह सेनानायकों की बात पर कुछ भी ध्यान न दे गाँव पर गाँव लूटने लगी। प्रजा भी अपनी रक्षा के लिए उनसे लड़ने लगी। देश में अराजकता छा गई। यशोधवलदेव कठपुतली बने पाटलिपुत्र में बैठे-बैठे साम्राज्य की यह सब दुर्दशा देखने लगे।

प्रभाकरवर्द्धन के पास संवाद पहुँचा कि मगध में विद्रोह हुआ ही चाहता है। वे तो यह चाहते ही थे। समुद्रगुप्त के वंश के रहते आर्यावर्त्त में कोई उन्हें चक्रवर्ती राजा नहीं मानता था। इसीलिए वे अपने ममेरे भाई की सम्राट पदवी लुप्त करने की युक्ति निकाल रहे थे। प्रभाकरवर्द्धन मगध की अवस्था सुनकर बहुत प्रसन्न हुए। उन्होंने सोचा कि घर की लड़ाई में जब मगध राज्य निर्बल हो जाएगा, पराजित होकर जब माधवगुप्त आश्रय चाहेंगे, उस समय मैं उन्हें करद सामन्त राजा बनाकर गुप्तवंश से सम्राट की पदवी सदा के लिए दूर कर दूँगा। मगध की जिस समय यह दशा हो रही थी कि ठीक उसी समय शशांक बंगदेश से मगध को लौटे।

मंडलागढ़ में नए सम्राट ने मन्त्रणासभा बुलाकर स्थिर किया कि यशोधलवदेव को बिना जताए पाटलिपुत्र में घुसना चाहिए और यदि आवश्यक हो तो नगर पर आक्रमण करना चाहिए। अनन्तवर्म्मा ने सूचित किया कि अगहन शुक्ल त्रयोदशी को माधवगुप्त का विवाह है। नरसिंहदत्त और माधववर्म्मा की सम्मति हुई कि उसी दिन पाटलिपुत्र पर आक्रमण करना चाहिए। शशांक ने सोचा कि पाटलिपुत्र में ऐसा ही कोई वर्णाश्रमधर्मी होगा जो मेरे विरुद्ध अस्त्र उठाएगा। उन्होंने उनकी बात काटकर स्थिर किया कि गुप्तवेश में अपने को वीरेन्द्रसिंह के साथ आए हुए गौड़ीय सामन्त बतलाकर सब लोग नगर में प्रवेश करें और नरसिंहदत्त अधिकांश सेना लेकर नगर के बाहर रहें। केवल दस सहस्र सेना उत्सव में सम्मिलित होने के लिए नगर में प्रवेश करे।

वीरेन्द्रसिंह ने गौड़ से यशोधवलदेव को सूचना दे दी थी कि मैं शीघ्र पाटलिपुत्र आऊँगा, इससे उनके आने पर किसी को कुछ आश्चर्य न हुआ। दस सहस्र सेना देखकर भी किसी को कुछ सन्देह न हुआ। बात यह थी कि सम्राट के विवाह के उपलक्ष्य में निमन्त्रित भूस्वामी और सामन्त लोग अपने दलबल के साथ नगर में आ रहे थे। दस सहस्र सेना एक पल के भीतर नगर में पहुँच गई। अधिकांश सेना नगर के बाहर आसपास के गाँवों में इधर-उधर छिपी रही।

माधवगुप्त उस समय मन का खटका छोड़ उत्सव और नाचरंग में डूबे थे। किसी विघ्न या विपत्ति की आशंका उनके मन में नहीं थी। वे जानते थे कि किसी प्रकार की

लड़ाई-भिड़ाई होने पर प्रभाकरवर्द्धन मेरी रक्षा करेंगे। प्रजा यदि बिगड़ जाएगी तो वे पूरी सहायता देंगे और यदि आवश्यक होगा तो स्वयं लड़ने के लिए आएँगे।

दूसरा परिच्छेद
चित्रा का दिन

पाटलिपुत्र नगर में आज बड़ी चहल-पहल है। तोरण-तोरण पर मंगल वाद्य बज रहे हैं। राजपथ रंग-बिरंग की पताकाओं और फूल-पत्तों से सजाया गया है। दल-के-दल नागरिक रंग-बिरंगे और विचित्र-विचित्र वस्त्र पहने ढोल, झाँझ आदि बजाते और गाते निकल रहे हैं। पहर-पहर भर पर नगर में तुमुल शंखध्वनि हो रही है। पौरांगनाएँ ऊपर से लावा और श्वेत पुष्प बरसा रही हैं। धूप के सुगन्धित धुएँ से छाए हुए मन्दिरों में से नगाड़ों और घंटों की ध्वनि आ रही है। आज सम्राट माधवगुप्त का विवाह है।

दोपहर के समय एक वर्म्मावृत पुरुष प्रधान राजपथ पकड़े राजप्रासाद की ओर जा रहा है। उसे देख मद्य से मतवाला एक नागरिक बोल उठा, "यह देखो! गौड़ की सेना वर्म्म से ढकी हुई विवाह में जा रही है।" उसकी बात पर उसके साथी तालियाँ पीट-पीटकर हँसने लगे। सैनिक उनकी ओर फिरकर उससे पूछने लगा, "राजभवन का यही मार्ग है?" नागरिक बोला, "हाँ! सीधे उत्तर चले जाओ।" सैनिक बढ़ ही रहा था कि इतने में वह नागरिक बोल उठा, "भाई! ये चित्रादेवी कौन हैं?" दूसरे नागरिक ने कहा, "अरे, तू नहीं जानता। वही मंडलागढ़ के तक्षदत्त की कन्या।"

"कौन? वही जिसके साथ युवराज शशांक के विवाह की बातचीत थी?"

सैनिक ठिठककर खड़ा हो गया और पूछने लगा, "चित्रादेवी का क्या हुआ?" नागरिक ने कहा, "तुम नगर में कब आए हो? चित्रादेवी के साथ ही तो सम्राट माधवगुप्त का विवाह है, तुम क्या अब तक नहीं जानते?" सैनिक के सिर में चक्कर-सा आ गया, वह गिरते-गिरते बचा। पहले नागरिक ने कहा, "गौड़ का वीर तो यहीं गिर रहा है।" दूसरा नागरिक बोला, "भाई, निमन्त्रण है। बिना पैसा-कौड़ी के चोखा मद्य मिला, चढ़ा लिया।" सैनिक ने उसकी बात न सुनी। वह मतवाले के समान चलते-चलते सड़क से लगी हुई एक बावली के किनारे बैठ गया। जान पड़ता है कि उसे तन-मन की सुध न रही।

दिन तो बीत गया, सन्ध्या हो चली, पर वह सैनिक वहाँ से न उठा। उसे मद में चूर समझ कोई उसके पास न गया। रात का पहला पहर बीता। प्रासाद में बड़ी धूमधाम और बाजे-गाने के साथ सम्राट का विवाह हो गया। उसके पीछे सैनिक को चेत हुआ। उसने शरीर पर से वर्म्म उतारकर बावली में फेंक दिया और एक दूकान से श्वेत वस्त्र मोल लिया। बावली के किनारे एक घने पेड़ की छाया के नीचे अँधेरे में ही बैठे-बैठे उसने अपना वेश बदला और फिर प्रासाद की ओर चलने लगा।

प्रासाद में घुसकर वह भीड़ में मिल गया और धीरे-धीरे अन्तःपुर की ओर बढ़ा। उसने एक ऐसा मार्ग पकड़ा जिसे और लोग नहीं जानते थे। इस प्रकार वह नए प्रासाद के अन्तःपुर के दूसरे खंड में जा पहुँचा। उत्सव के आमोद-प्रमोद में उन्मत्त स्त्रियों और अन्तःपुररक्षियों ने उसे न देखा। गंगाद्वार के पास प्रासाद के जिस भाग के नीचे से गंगाजी बहती थीं, सैनिक उसी भाग के दूसरे खंड की छत पर चढ़कर अँधेरे में छिपा रहा। अन्तःपुर के उस भाग में उस समय सन्नाटा था, कोई कहीं नहीं दिखाई देता था। उज्ज्वल चाँदनी छिटकी हुई थी। कभी-कभी विवाहोत्सव का कोलाहल वहाँ तक पहुँचकर गहरे सन्नाटे में भंग डाल देता था।

एक युवती अन्तःपुर में एक भवन से निकलकर छत पर आ खड़ी हुई। युवती की अवस्था अभी बहुत थोड़ी थी, दूर से देखने से वह बालिका जान पड़ती थी। उसका सौन्दर्य अनुपम था। उसके सर्वांग में बहुमूल्य रत्नालंकार थे जो निर्मल चाँदनी पड़ने से जगमगा उठे। उसके केश छूटे हुए थे। जान पड़ता था कि वह अभी स्नान किए चली आ रही है। उसके शरीर पर अत्यन्त बहुमूल्य महीन श्वेत वस्त्र था जो भूमि पर लोटता था। एक दासी ने आकर उसे सँभाला और फिर वह बाल सुखाने चली। युवती अनमनी-सी होकर बोली, "बाल हवा में सूख जाएँगे, तू यहाँ से जा।" दासी चली गई। रमणी छत पर इधर-उधर टहलने लगी। थोड़ी देर में एक और दासी ने आकर कहा, "महादेवि! सोने का समय हो गया।" रमणी ने पूछा, "कितनी रात हो गई होगी?" दासी ने उत्तर दिया, "दो पहर के लगभग।" रमणी ने कहा, "मैं अभी न सोऊँगी, तू जा।" दासी विवश हो चली गई।

थोड़ी देर में छिपा हुआ सैनिक अँधेरे में से निकलकर छत पर आ खड़ा हुआ और उसने दूर से पुकारा, "चित्रा!" रमणी चौंक पड़ी, फिरकर जो देखती है तो कुछ दूर पर निखरी चाँदनी में श्वेतवस्त्रधारी एक पुरुष खड़ा है। पुरुष ने फिर पुकारा, "चित्रा!" रमणी को कंठस्वर कुछ परिचित-सा जान पड़ा। उन्होंने पूछा, "तुम कौन हो?" पुरुष ने उत्तर दिया, "चित्रा! मैं हूँ।" रमणी को कुछ डर-सा लगने लगा, उसने सकपकाकर कहा, "तुम कौन हो? मैं तो नहीं पहचानती।" पुरुष ने कहा, "कंठस्वर से भी नहीं पहचानती, चित्रा! अब मैं क्या ध्यान से इतना उतर गया?" उसने सिर पर से उष्णीष उतार दिया। इतने में एक छोटे से बादल के टुकड़े ने आकर चन्द्रमा को ढाँक लिया। उसके हटते ही फिर चाँदनी छिटक गई। चित्रादेवी ने देखा कि पुरुष सुन्दर गौर वर्ण है, लम्बे-लम्बे पिंगल केश उष्णीष से छूटकर वायु के झोंकों से इधर-उधर लहरा रहे हैं। देखते ही वह कुछ कहती हुई चिल्ला उठी। पुरुष ने उसके निकट आकर कहा, "कोई डर नहीं है, चित्रा! मैं मनुष्य ही हूँ, प्रेत होकर नहीं आया हूँ।"

भय, विस्मय और हृदय की दारुण यन्त्रणा से चित्रादेवी का जी घुटने लगा। बड़ी कठिनता से अपने को सँभालकर उन्होंने कहा, "तुम...कुमार...शशांक...।"

पुरुष ने कुछ हँसकर कहा, "पट्टमहादेवि! मैं वही शशांक हूँ। कभी कुमार भी कहलाता था, पर तुम्हारा बाल्य सखा था।"

"युवराज, तुम... ।"

"हाँ, चित्रा! मैं ही हूँ। तुमने लौटने के लिए कहा था कि इसी से आया हूँ। मेरी बात तो रह गई।" चित्रादेवी घुटने टेककर बैठ गई और रोते-रोते बोली, "युवराज... युवराज...क्षमा करो... ।"

"क्षमा किस बात की, चित्रा? तुमने कहा था, इसी से आया हूँ। बाल्यसखी की बात रखने के लिए मरा हुआ भी जी उठा है। क्षमा किस बात की चित्रा?"

"युवराज, एक बार और क्षमा करो, बस, एक बार। न जाने कितनी बार क्षमा किया है, एक बार और क्षमा करो।"

"क्षमा कैसी, चित्रा? नगर में सुना कि तुम्हारा विवाह है; बस, विवाह का उत्सव देखने के लिए मैं भी चला आया..." चित्रादेवी रोते-रोते शशांक के पैर पकड़ने जा रही थीं, पर वे दो हाथ पीछे हटकर कहने लगे, "छिः-छिः, चित्रा! यह क्या करती हो? तुम मेरे छोटे भाई की स्त्री हो, मुझे छूना मत। आज तुम मगध की पट्टमहादेवी हो, एक भिखारी के पैरों पर पड़ना क्या तुम्हें शोभा देता है? उठो! बाल्यबन्धु का कुशल समाचार पूछो... ।"

"युवराज! मैंने अपनी इच्छा से विवाह नहीं किया है। मैं कभी ऐसा कर सकती थी? तुम्हें विश्वास है?"

"विश्वास करने की इच्छा तो नहीं होता, किन्तु, चित्रा! अब तुम माधव की अंकलक्ष्मी हो, अब तुम मेरी नहीं हो। तुम्हारा कोई दोष नहीं, दोष मेरा है—मेरे भाग्य का है।"

चित्रादेवी उठ खड़ी हुई। छह वर्ष पर आज दोनों एक-दूसरे के सामने हुए हैं। चाँदनी में डूबा हुआ जगत स्थिर और सन्नाटे में था। झलकते हुए आकाश में बादल के छोटे-छोटे टुकड़े वेग से दौड़े जा रहे थे। उत्सव का रंग अब धीमा पड़ गया है, कलरव मन्द हो गया है, दीपमाला बुझा चाहती है। चित्रादेवी ने कहा, "कुमार! मेरी बात मानो। मुझे एक बार और क्षमा करो। मैं तक्षदत्त की बेटी हूँ, मेरी बात पर विश्वास करो।"

"विश्वास करता हूँ तभी न आया हूँ, चित्रा! नहीं तो क्यों आता? मैं क्षमा क्या करूँ! तुम रमणी हो, अनुपम रूपवती हो। तुमने यदि बिना ठौर-ठिकाने के मनुष्य का व्यर्थ आसरा न देख एक राजराजेश्वर के गले में वरमाला डाली तो इसमें बुरा क्या किया?"

"युवराज! तुमने क्या मुझे ऐसी-वैसी ही समझ रखा है?"

"ऐसी-वैसी नहीं समझता था, तभी न यह फल... ।"

"बस, युवराज! क्षमा करो। मैंने अपनी इच्छा से विवाह नहीं किया है।"

"विवाह भी कहीं बाँधकर हुआ है, चित्रा?"

"महादेवी ने बलपूर्वक मेरा विवाह करा दिया।"

"सुनो, महादेवी! अब तुम भी महादेवी हो, बालिका नहीं हो, युवती हो! किसी का हृदय भी कभी कोई बल करके छीन सकता है? नश्वर शरीर पर बल चल सकता है, पर बल से क्या किसी का मन वश में हो सकता है?"

"अब एक बार और क्षमा करो, युवराज!"

"क्षमा तो मैं कर चुका हूँ, चित्रा! यदि क्षमा न करता तो देखने-दिखाने न आता।"

"तब फिर?"

"तब फिर क्या, चित्रा?"

"एक बार और..."

"अब हो नहीं सकता, चित्रा!"

"मैंने...मैंने सुना...युवराज! मेरा कोई अपराध नहीं है।"

"छिः, चित्रा! तुम तक्षदत्त की कन्या हो, तुम गुप्तकुल की वधू हो, तुम्हारे मुँह से ऐसी बात नहीं सोहती। कोई सामान्य क्षत्रिय वधू यदि आचार भ्रष्ट हो जाए तो हो जाए, पर तुम दक्षदत्त की कन्या हो, महासेनगुप्त की पुत्रवधू हो, मगध की राजराजेश्वरी हो–तुम्हारे लिए ऐसी बात उचित नहीं है।"

"तब फिर?"

"तब फिर क्या?" मैं अपनी बात रखने के लिए तुम्हारे पास आया। बात अब पूरी हो गई। अब हे देवि! शशांक को भूल जाओ, समझ लो कि शशांक सचमुच मर गया। मैं जल के बुलबुले के समान अनन्त जलराशि में मिल जाऊँगा, इस अपार जगत में कोई मुझे ढूँढ़ न पाएगा। आशीर्वाद करता हूँ कि तुम सुख से रहो। अब बड़े सुख से मैं मरने जाता हूँ, मन में कोई दुख नहीं है। दूर देश में ज्ञानशून्य होकर मैंने इतने दिन अज्ञातवास किया, जब ज्ञान हुआ तब सुना कि पिताजी नहीं हैं, फिर भी दौड़ा-दौड़ा मैं पाटलिपुत्र आया। क्योंकि जानती हो, चित्रा! मन में बड़ी भारी आशा लिये हुए था कि तुम्हें देखूँगा तब कितना सुखी हूँगा! सोचता था कि तुम वैसे ही दौड़ी-दौड़ी मेरे पास आओगी, तुम्हारी हँसी से संसार खिल उठेगा, तुम्हें लेकर मैं अपना सब दुख-शोक भूल जाऊँगा। देखो चित्रा! इस चाँदनी में बालू का मैदान कैसा सुन्दर लगता है! इसमें तुम्हारे साथ कितनी बार खेलने निकला हूँ–अब मैं तुम्हें खेलते नहीं देखूँगा। चित्रा! देखो, वही तुम्हारी फुलवारी है। तुम्हारा समझकर उसकी मैं कितनी सेवा, कितना यत्न करता था! चित्रा! उस दिन की बात का स्मरण है जिस दिन लतिका पहिले-पहिल आई थी? उसे फूल तोड़कर दिया था, इस पर तुम कितनी रूठी थीं?

"आज आनन्द के दिन मैं भी थोड़ा आनन्द करने आ गया, चित्रा! अब और तुम्हारा सिर न दुखाऊँगा। बात देकर गया था, वही पूरी करने आ गया। अच्छा, अब जाओ। शशांक को भूल जाओ, बाल्यकाल की स्मृति दूर करो, आशीर्वाद करता हूँ।"

"युवराज!"

"चित्रा!"

"और एक बार पुकारो।"

"क्या कहकर पुकारूँ, चित्रा?"

"जो कहकर पुकारा करते थे।"

"चित्रा, चित्रे, चित्री, चित्रिता, चिती। अब और माया न बढ़ाऊँगा, तुम जाओ।"

"कहाँ जाऊँ, युवराज?"

"अपनी सेज पर।"

"यही तो मेरी सेज है।"

"छिः, चित्रा! ऐसी बात मुँह से न निकालो। अब मैं जाता हूँ, तुम अपने को सँभालो।"

युवराज कई पग हटे। चित्रादेवी उनकी ओर एकटक देखकर बोली, "युवराज, शशांक! तो क्या अब विदा है?"

भरे हुए गले से शशांक ने उत्तर दिया, "हाँ, चित्रा! सब दिन के लिए विदा।"

देखते-देखते नीचे गंगा में किसी भारी वस्तु के गिरने का शब्द हुआ। शशांक ने पीछे फिरकर देखा कि छत पर कोई नहीं है। गंगा के जल में मंडल-सा बँधकर फैल रहा है, बीच में सहस्रों बुलबुले उठ रहे हैं। महाराज शशांक की आँखों के आगे अँधेरा-सा छा गया। वे भी छत पर से गंगा में कूद पड़े।

ईशान कोण पर बादल चढ़ रहे थे। देखते-देखते वे चारों ओर घिर आए। वर्षा होने लगी। जगत् अन्धकार में मग्न हो गया।

तीसरा परिच्छेद
पुनरुत्थान

सम्राट माधवगुप्त उदास मन सभा में बैठे हैं। सभासद भी उदास और सिर नीचा किए हैं। कल ही विवाह हुआ था और आज ही आमोद-प्रमोद की कौमुदीरेखा पर विषाद के घने मेघ छाए हुए हैं। क्या हुआ? पट्टामहादेवी चित्रा का विवाह की रात से ही कहीं पता नहीं है। जो कभी राजसभा नहीं आते थे, वे भी आज आए हैं। वेदी के नीचे पूर्व अमात्य हृषीकेशवर्म्मा, महानायक यशोधवलदेव आदि बैठे हैं। स्थाण्वीश्वर का राजदूत प्रधान अमात्य के आसन पर बैठा है। सब लोग चिन्तामग्न और चुपचाप हैं।

महाप्रतिहार विनयसेन सभामंडप के तोरण पर खड़े हैं। उनके पास दो-चार दंडधर और प्रतिहार भी खड़े हैं। अकस्मात् विनयसेन चौंक पड़े। उन्हें जान पड़ा कि एक श्वेतवस्त्रधारी पुरुष के साथ माधववर्म्मा, वसुमित्र, विद्याधरनन्दी इत्यादि विद्रोही नायक सभामंडप की ओर आ रहे हैं। विनयसेन ने अच्छी तरह दृष्टि की, देखा तो सामने वीरेन्द्रसिंह! वीरेन्द्रसिंह के अभिवादन के उपरान्त कहा, "महाप्रतिहार! एक गौड़ीय सामन्त महानायक से मिलना चाहते हैं।" विनयसेन ने विस्मित होकर पूछा, "कौन? अरे तुम कब आए?"

वीरेन्द्र.—मैं अभी आ रहा हूँ। विवाह के उत्सव पर पहुँचने के लिए चला था, पर मार्ग में विलम्ब हो गया, इससे कल न पहुँच सका।

इतने में श्वेतवस्त्रधारी पुरुष विनयसेन के सामने आ खड़े हुए और पूछने लगे, "विनयसेन! मुझे पहचानते हो?" विनयसेन चकित होकर उनके मुँह की ओर ताकते रह गए। आनेवाले पुरुष ने फिर पूछा, "विनयसेन! इतने ही दिनों में भूल गए?" विनयसेन

ने पूछा, "तुम...आप कौन हैं?" पीछे से अनन्तवर्म्मा ने उस पुरुष के सिर का उष्णीष हटा दिया। लम्बे-लम्बे घुँघराले भूरे केश पीठ और कन्धों पर बिखर पड़े। देखते ही विनयसेन के पैर हिल गए। महाप्रतिहार घुटने टेक हाथ जोड़कर बोले, "युवराज... महाराजाधिराज...।" शशांक ने विनयसेन को उठाकर गले से लगा लिया। दंडधरों और द्वारपालों ने सम्राट को देखते ही जयध्वनि की। 'महाराजाधिराज की जय!'...'युवराज शशांक की जय' आदि शब्दों से सभामंडप काँप उठा।

यशोधवलदेव बैठे एकाग्रचित्त चित्रा की बात सोच रहे थे। दो-एक बूँद आँसू भी उन्होंने चुपचाप तक्षदत्त की एकमात्र कन्या के लिए गिराए। अकस्मात् शशांक का नाम सुनकर वे चौंक पड़े और उठ खड़े हुए। फिर शब्द हुआ, 'महाराजाधिराज की जय', 'महाराजाधिराज शशांक की जय!' वृद्ध महानायक उन्मत्त के समान तोरण की ओर दौड़ पड़े। तोरण पर नंगे सिर एक युवक खड़ा था। वह उनके पैरों पर लोट गया। वे शशांक को हृदय से लगाकर मूर्च्छित हो गए। हरिगुप्त, रामगुप्त और नारायणशर्म्मा तोरण की ओर दौड़ पड़े। उन्होंने देखा कि सामने शशांक खड़े हैं। शशांक ने सबके चरण छुए। जयध्वनि से बार-बार सभामंडप गूँजने लगा। माधवगुप्त भी सिंहासन छोड़ उठ खड़े हुए। वीरेन्द्रसिंह और विनयसेन यशोधवल की अचेत देह लेकर चले; पीछे-पीछे शशांक, नारायणशर्म्मा, रामगुप्त, हरिगुप्त, अनन्तवर्म्मा और वसुमित्र सभामंडप में आए। सभासद लोग अपने-अपने आसनों पर से चकित होकर उठ खड़े हुए। सबको खड़े होते देख वृद्ध हृषीकेशशर्म्मा भी उठ खड़े हुए। सामने शशांक को देख वे सकपका उठे और तुरन्त झपटकर उन्हें गले से लगा कहने लगे, "पहचान लिया–तुम्हें पहचान लिया–तुम शशांक हो। शशांक लौट आए हैं–अरे, कोई है? जाकर तुम महोदवी को बुला लाओ। मधुसूदन, नारायण, अनाथों के नाथ! धन्य हो! तुम जो चाहे सो करो, तुम्हारी महिमा कौन जान सकता है, प्रभो! नारायण, हरिगुप्त! महाराजाधिराज की बात ठीक निकली–शशांक लौट आए। दामोदरगुप्त की बात कभी झूठ हो सकती थी?" वे शशांक को बड़ी देर तक हृदय से लगाए रहे, उन्हें प्रणाम तक करने न दिया। चारों ओर जयध्वनि हो रही थी, पर बहरे के कान में एक शब्द भी नहीं पड़ता था।

धीरे-धीरे यशोधवलदेव को चेत हुआ। उन्होंने खड़े होकर कहा, "हृषीकेश! नारायण कहाँ हो भाई? शशांक आ गए। महासेनगुप्त की बात पूरी हुई। महादेवी कहाँ हैं? उन्हें झट से जाकर बुला लाओ...।" वृद्ध महामन्त्री की श्रवणशक्ति कुछ अधिक हो पड़ी थी, वे बोल उठे, "सुना है, देखा है, यशोधवलदेव! शशांक सचमुच आ गए।"

यशो.–हृषीकेश! अब वचन का पालन करो।

हृषी.–हाँ! विलम्ब किस बात का है?

दोनों वृद्धों ने माधवगुप्त का हाथ पकड़कर उन्हें सिंहासन से उतारा, और वेदी के नीचे खड़ा कर दिया। बिना कुछ कहे-सुने चुपचाप माधवगुप्त मगध के सिंहासन पर से उतर रहे थे। यह देख थानेश्वर का राजदूत कड़ककर बोला, "महाराजाधिराज! किसके कहने से सिंहासन छोड़ रहे हैं, बूढ़ों और बावलों के? युवराज शशांक की तो मृत्यु हो

गई। आप इस सिंहासन के एकमात्र अधिकारी हैं। झूठी माया में पड़कर आप अपने को न भूलें।" इतना सुनते ही अनन्तवर्म्मा भूखे बाघ की तरह झपटकर वेदी पर आ पहुँचे और उन्होंने जोर से लात मारकर राजदूत को गिरा दिया।

इतने में सभामंडप के चारों ओर दंडधर लोग चिल्ला उठे, "हटो, रास्ता छोड़ो, महादेवी आ रही हैं।" सभासद सम्मानपूर्वक किनारे हट गए। माधवगुप्त वेदी के नीचे खड़े रहे। शोक से शीर्ण महादेवी उन्मत्त के समान आकर सभामंडप के बीच खड़ी हो गईं। थोड़ी देर तक शशांक के मुँह की ओर देख उन्होंने झपटकर गोद में भर लिया। आनन्द में फूलकर जनसमूह जयध्वनि करने लगा।

महादेवी के साथ गंगा, लतिका, तरला, यूथिका तथा और न जाने कितनी स्त्रियाँ सभामंडप में आईं। उन्हें एक किनारे खड़े होने को कहकर यशोधवलदेव बोले, "महादेवीजी! शान्त हों, महाराजाधिराज़ को अब सिंहासन पर बिठाएँ।" थानेश्वर का राजदूत बड़ा विलक्षण और नीतिकुशल था। वह पदाघात का अपमान भूलकर फिर बोल उठा, "महानायक, आप ज्ञानवृद्ध और नीतिकुशल हैं। घोर माया से मुग्ध होकर आप किसे सिंहासन पर बिठा रहे हैं? युवराज शशांक अब इस लोक में कहाँ हैं? यह तो कोई धूर्त और भंड है।" बिजली की तरह कड़ककर महानायक सभामंडप को कँपाते हुए बोले, "सुनो, दूत! तुम अवध्य हो, नहीं तो इसी क्षण धड़ से तुम्हारा सिर अलग कर देता। मुझे इस संसार में आए नब्बे वर्ष हो गए। कौन धूर्त है, कौन प्रताड़क है, यह सब मैं अच्छी तरह जानता हूँ। तुम अपने को सम्राट के सामने समझो और झटपंट अभिवादन करो। धूर्त कौन है, पुत्र की माता से पूछो! हृषीकेशशर्म्मा, नारायणशर्म्मा, रामगुप्त, हरिगुप्त, रविगुप्त आदि पुराने राजपुरुषों से पूछो। थोड़ा सोचो तो कि अनन्तवर्म्मा, वसुमित्र, माधववर्म्मा आदि विद्रोही नायक किसके साथ पाटलिपुत्र आए हैं? अब व्यर्थ बकवाद न करो, चुप रहो।"

हंसवेग चुप। हृषीकेशशर्म्मा और यशोधवलदेव ने हाथ पकड़कर शशांक को सिंहासन के ऊपर बिठाया। पौरांगनाएँ मंगलगीत गाने लगीं। एकत्र जनसमूह की जयध्वनि आकाश में गूँजने लगीं। महादेवी की आज्ञा से एक परिचारिका सोने के कटोरे में दही, चन्दन, दूर्वा और अक्षत ले आई। ब्राह्मणों ने स्वस्तिवाचन किया, बड़े-बूढ़े अमात्यों ने नए सम्राट को आशीर्वाद दिया। जब सब लोग अपने-अपने आसन पर बैठ गए तब विनयसेन ने सिंहासन के पास जाकर अभिवादन किया और कहा, "महाराजाधिराज! आपका पुराना सेवक लल्ल तोरण पर खड़ा है। वह एक बार श्रीमान् को देखना चाहता है।" सम्राट ने तुरन्त सामने ले आने की आज्ञा दी। बहुत देर पीछे बुढ़ापे से झुका हुआ एक अत्यन्त जर्जर वृद्ध लाठी टेकता सभामंडप में आया। शशांक उसकी आकृति देख चकित हो गए। वे सिंहासन से उठकर उसकी ओर बढ़े। सभा में जितने लोग थे, सब जय-जयकार करने लगे।

शशांक को अपनी ओर आते देख लल्ल खड़ा हो गया। उसकी आँखों की ज्योति मन्द पड़ गई थी, सूखे हुए गालों पर आँसुओं की धारा बह रही थी। लल्ल ने

रुक-रुककर कहा, "तुम...भैया...तुम...शशांक!" सम्राट ने दौड़कर वृद्ध को हृदय से लगा लिया। वृद्ध अपनी सूखी हुई बाँहों को सम्राट के गले में डाल बोला, "भैया! तुम सचमुच आ गए। महाराजाधिराज कह गए थे कि शशांक लौटेंगे, लौटेंगे। इसी से मैं अब तक बचा था, नहीं तो कब का अपने महाराज के पास पहुँच गया होता।" आँसुओं से सम्राट की आँखों के सामने धुन्ध-सा छा गया, उनका गला भर आया, उनके मुँह से केवल इतना ही निकल सका, "दादा...।" जनसमूह बार-बार जयध्वनि करने लगा।

सम्राट ने वृद्ध को वेदी के ऊपर बिठाया। वह वहाँ किसी प्रकार बैठता नहीं था। वह लाठी टेककर उठा और कहने लगा, "भैया! तुम महाराज बनकर सिंहासन पर बैठो, मैं आँख भर देख लूँ।" शशांक सिंहासन पर बैठ गए। उन्हें देखकर वृद्ध बोला, "भैया! एक बार अपना पूर्ण रूप दिखलाओ—छत्र, चँवर, दंड।" विनयसेन ने गरुड़ध्वज लाकर शशांक के हाथ में दे दिया। यशोधवलदेव की आज्ञा से माधवगुप्त छत्र लेकर सिंहासन के पास खड़े हुए। रामगुप्त के दोनों पुत्र चँवर लेकर ढारने लगे। यह दृश्य देख वृद्ध की आँखें दमक उठीं। उसने खंग के स्थान पर अपनी लाठी को ही मस्तक से लगाकर सामरिक प्रथा के अनुसार अभिवादन किया। इसके पीछे वह थककर गिर पड़ा। उसकी यह अवस्था देख सम्राट झट सिंहासन से उतरकर उसके पास आए। वृद्ध शशांक की गोद में सिर डाले पड़ा रहा। थोड़ी देर में वह बोला, "भैया! एक बार और, एक बार और तो पुकारो!" शशांक वृद्ध के शरीर पर हाथ फेर बोले, "दादा! दादा! क्या है?" वृद्ध हृषीकेशशर्म्मा आसन से उठकर ऊँचे स्वर में बोले, "है क्या, महाराज! लल्ल अब चले। बैकुंठ में महाराजाधिराज महासेनगुप्त की सेवा के लिए चले। अनाथों के नाथ, दुष्टों के दर्पहारी, मधुसूदन! मूढ़ जीव को अच्छी गति दो। भाई! सब लोग एक बार भगवान की जय बोलो।" हरिध्वनि से सभामंडप गूँज उठा। लल्ल का अन्तकाल समझ सम्राट ने पुकारकर कहा, "लल्ल दादा! एक बार राम-राम करो, कहो—राम-राम...।" वृद्ध क्षीण कंठ से बोला, "राम-राम।" बोली बन्द हो गई, दो-एक बार आँखों की पुतलियाँ ऊपर-नीचे हिलीं। देखते-देखते लल्ल ने परलोक की यात्रा की। प्रभुभक्त सेवक अब तक स्वामी के वियोग में इसी आशा पर दिन काट रहा था, आज चल बसा। सम्राट हाय मारकर रोते-रोते उसके प्राणहीन शरीर पर गिर पड़े।

चौथा परिच्छेद
नरसिंहगुप्त का प्रश्न

सन्ध्या के पीछे सम्राट चित्रसारी में विश्राम कर रहे हैं। रूप-लावण्य से भरी तरुणी नर्तकियाँ नाच-गाकर उन्हें प्रसन्न करने की चेष्टा कर रही हैं। किन्तु नए सम्राट उदास हैं, उनके मुँह पर चिन्ता का भाव झलक रहा है। देखने से जान पड़ता है कि संगीत की ध्वनि उनके कानों में नहीं पड़ रही है, नर्तकियों के हाव-भाव की ओर उनकी दृष्टि नहीं है। शशांक का जी आज न जाने किधर उड़ा हुआ है। उनका मन नाच-रंग, राजकाज

सब कुछ भूल कभी चाँदनी में चमकते हुए नए प्रासाद के अन्तःपुर में इधर-उधर भटकता है, कभी गंगा की धवल धारा के भीतर किसी को ढूँढ़ता फिरता है।

उनके पीछे वसुमित्र, माधववर्म्मा और अनन्तवर्म्मा बैठे हैं। वे भी उदास और खिन्न हैं। चित्रसारी के द्वार पर महाप्रतिहार विनयसेन दंड पर भर दिये खड़े हैं। एक दंडधर ने आकर उनके कान में धीरे से न जाने क्या कहा। विनयसेन घबराए हुए घर के भीतर गए। शशांक उसी प्रकार उसी चिन्ता में डूबे थे, विनयसेन पर उनकी दृष्टि न पड़ी। महाप्रतिहार सहमते-सहमते बोले, "महाराजाधिराज! नरसिंहदत्त आए हैं।" शशांक नरसिंह का नाम सुनते ही चौंककर बोले, "क्या कहा? नरसिंह आए हैं। अच्छी बात है, मैं उन्हीं का आसरा देख रहा था। उन्हें यहीं ले आओ।"

महाप्रतिहार अभिवादन करके चले गए।

पीछे से वसुमित्र ने उठकर कहा, "महाराजाधिराज! महानायक नरसिंहदत्त ने चित्रादेवी की मृत्यु का समाचार अवश्य पाया होगा। उनसे मिलने पर महाराज को और दुख होगा।" वसुमित्र की बात काटकर शशांक ने कहा, "नहीं, वसुमित्र, नरसिंह को यहीं आने दो। चित्रा अब नहीं है, यह बात वे अवश्य सुन चुके होंगे। एक प्रकार से चित्रा की मृत्यु का कारण मैं ही हूँ। हृदय की भरी हुई वेदना से उन्हें जो कुछ कहना हो, कह डालें। इससे मेरा जी बहुत कुछ हलका होगा।" वसुमित्र चुप होकर अपने आसन पर जा बैठे। अनन्तवर्म्मा उठकर द्वार के पास जा खड़े हुए।

थोड़ी ही देर में महाप्रतिहार विनयसेन नरसिंहदत्त को लेकर लौट आए। नरसिंहदत्त ने अपने शरीर पर से वर्म्म तक न उतारा था। उनपर धूल पड़ी हुई थी, बाल भी बिखरे हुए थे। उन्हें आते देख शशांक उठ खड़े हुए। दूर ही से नरसिंह चिल्ला उठे, "युवराज...चित्रा...युवराज...।" घर के भीतर आने पर सम्राट को देख वे बोले, "युवराज! चित्रा क्या सचमुच...?" शशांक कुछ भी विचलित न होकर धीरे से बोले, "सचमुच, नरसिंह! चित्रा नहीं है।" हाँफते-हाँफते नरसिंह ने कहा, "तो फिर सचमुच...युवराज तुमने...।" आगे और कुछ उनके मुँह से न निकल सका, वे भूमि पर गिर पड़े। शशांक का मुँह पीला पड़ गया। वे बोल उठे, "हाँ! नरसिंह, मैंने ही। मैं ही चित्रा की मृत्यु का कारण हूँ। मैंने उसे अपने हाथ से तो नहीं मारा, पर मरी वह मेरे ही कारण।"

नरसिंह उठ खड़े हुए और कड़े स्वर से बोले, "युवराज शशांक! तुम्हारे सामने ही चित्रा मरी और तुम चुपचाप खड़े रहे, उसे बचाने का यत्न न किया?"

"यत्न किया था, नरसिंह! पूर्णिमा का चन्द्रमा, गंगा की धारा, और आकाश के मेघ साक्षी हैं। वह कब जल में कूदी, मैं देख न सका। उलटकर देखा तो छत पर चित्रा न दिखाई पड़ी। मैं भी चट गंगा में कूद पड़ा। चन्द्रमा मेघों से ढक गया, पानी बरसने लगा, आँधी उठी, गंगा का जल बाँसों ऊपर उछलने लगा। इस धारा में मैं चित्रा को इधर-उधर ढूँढ़ने लगा। नरसिंह! जब तक शरीर में बल रहा, जब तक चेत रहा तब तक ढूँढ़ता ही रहा, पर कहीं पता न लगा। नरसिंह! ज्ञान रहते मैं चित्रा को छोड़कर गंगा की धारा से बाहर नहीं निकला। मेरे अचेत हो जाने पर गंगा की तरंगों ने मुझे किनारे फेंक दिया।"

नाच-गाना बन्द हो गया। वसुमित्र का संकेत पाकर नर्तकियों और गवैयों का दल चित्रसारी से निकलकर नौ दो ग्यारह हुआ। वहाँ सन्नाटा छा गया। नरसिंह फिर धीरे-धीरे बोलने लगा, "शशांक! तुम उतनी रात बीते चुपचाप चोरों की तरह अन्तःपुर के कोने में चित्रा से मिलने क्यों गए? दिन को क्या तुम चित्रा से नहीं मिल सकते थे?"

"सुनो, नरसिंह! सोचा था कि एक बार एकान्त में जा उसे देख आऊँगा, फिर चला आऊँगा, फिर कभी न देखूँगा। तब तक पाटलिपुत्रवाले यही जानते थे कि शशांक मर गया है। मैंने सोचा था कि उसे देखकर मैं सचमुच ही मर जाऊँगा। जिस समय मैंने सुना कि आज उसका विवाह है, आज वह मगध की राजराजेश्वरी होगी, उसी समय मेरी राज्य की आकांक्षा, जीने की आकांक्षा सब दूर हो गई। युद्धयात्रा के पहले मैंने चित्रा के सामने शपथ खाई थी कि मैं लौटकर आऊँगा—इसी मगध में, इसी पाटलिपुत्र नगर में फिर आकर मिलूँगा। इसीलिए एक बार और देखने-दिखाने के लिए मैं अन्तःपुर में रात को ही पहुँचा। बाल्य, किशोर और युवावस्था की सब बातों को भूल जब वह माधव की अंकलक्ष्मी हुई तब मैंने विचारा कि अब एक क्षण भी यहाँ रहकर उसके जीवन में बाधा न डालूँगा—उसके सुख के मार्ग का कंटक न रहूँगा। इसी से एक बार उसे आँख भर देखने गया था। मन के आवेग को वह न रोक सकेगी, अपना प्राण दे देगी, इसका मुझे कुछ भी ध्यान न था... ।"

"माधव की अंकलक्ष्मी! शशांक, यह कैसी बात कहते हो?"

"मैं ठीक कहता हूँ, नरसिंह! माधव का विवाह हुआ, यह बात तो तुमने मार्ग में ही सुनी होगी। मैं भेष बदलकर नगर में आया और मैंने सब उत्सव देखा। समय दोपहर का था। मुझसे एक नागरिक ने कहा कि तक्षदत्त की कन्या के साथ माधवगुप्त का विवाह हो रहा है। सारा संसार मुझे घूमता-सा दिखाई पड़ने लगा, मेरी आँखों के सामने चिनगारियाँ-सी छूटती दिखाई देने लगीं।"

"तब तक तो विवाह नहीं हुआ था। शशांक! तुम उसी समय प्रासाद में क्यों नहीं गए? उसी समय चित्रा से क्यों न जाकर मिले?"

"मेरा अदृष्ट, नरसिंह! और क्या कहूँ! उस दिन वर्म्म के भार से दबकर मैं धँसने लगा, पैरों पर खड़ा न रह सका। मैं पुराने मन्दिर के पास की बावली पर जाकर पड़ गया। आते-जाते नागरिक मुझे मद में चूर समझ हँसी-ठट्ठा करते थे। चित्रा का विवाह माधव के साथ हो रहा है, बस, यही बात मेरे मन में नाच रही थी। धीरे-धीरे संसार मेरे सामने से हट-सा गया, मुझे कुछ सुध-बुध न रह गई। उसके पीछे अन्धकार छा गया, क्या-क्या हुआ, मैं नहीं जानता।

"जब चेत हुआ तब देखा कि रात का सन्नाटा छाया हुआ है। उत्सव का कोलाहल धीमा पड़ गया है। विवाह उस समय हो चुका था। तब मेरे जी में आया कि एक बार जाकर चित्रा को देख आऊँ—बस, एक ही बार—फिर उसके पीछे जल के बुलबुले के समान संसार-सागर में विलीन हो जाऊँ। माधव सुख से राज्य करें, चित्रा के सुख के विचार से मैं माधव का कंटक न रहूँगा।"

"जाकर देखा था? उसने क्या कहा?"

नरसिंह की आँखों में आँसू नहीं थे। उनका स्वर बादल की गरज की तरह गम्भीर हो गया था। शशांक हवा के झोंकों से हिलते हुए पद्मपत्र के समान काँप रहे थे। शशांक कहने लगे, "वह बार-बार यही कहती थी कि युवराज, क्षमा करो, मैंने अपनी इच्छा से विवाह नहीं किया है। जब अन्त में वह मेरा पैर पकड़ने चली तब मैंने उसे दुत्कार दिया। मैं समझा कि अब वह मेरी चित्रा नहीं है, वह माधवगुप्त की पत्नी है। नरसिंह! चित्रा मेरे छोटे भाई की स्त्री थी। वह बार-बार मुझसे क्षमा माँगती थी और मैं उसकी हँसी करता था, उस पर व्यंग्य छोड़ता था। वह बार-बार मेरा पैर पकड़ने दौड़ती थी, क्षमा चाहती थी। पर मैं क्षमा क्या करता? शास्त्र के दृढ़ बन्धन ने उसे माधव के साथ बाँध दिया था, उसे छू जाना तक मेरे लिए पाप था। मेरे और उसके बीच शास्त्र और लोकाचार का भारी व्यवधान आ पड़ा था। उसे अधिक दुखी करना ठीक न समझ मैं चट लौट पड़ा। चित्रा से सब दिन के लिए मैं विदा हुआ। दो पैर भी आगे न रखे थे कि किसी भारी वस्तु के जल में गिरने का शब्द कान में पड़ा। उलटकर देखा तो चित्रा कहीं नहीं है। नरसिंह! चित्रा की हत्या मैंने ही की है, मुझे मारो। दारुण यन्त्रणा से मुझे मुक्त करो। नरसिंह! तुम मेरे बाल्यसखा हो। इस समय मित्र का कार्य्य करो। अब इस वेदना का भार हृदय नहीं सह सकता। तलवार खींचो, मेरे हृदय विदीर्ण करो। उसे ढूँढ़कर कहीं न पाया, अब वह नहीं है, पर मैं जीता हूँ, सिंहासन पर बैठा राज्य का स्वांग भरता हूँ। पर भीतर गहरी ज्वाला है, असह्य यन्त्रणा है। सच कहता हूँ, असह्य और अपार ज्वाला है। हृदय जल रहा है, कुछ दिखाई नहीं पड़ता है।"

शशांक बैठने लगे, अनन्तवर्म्मा दौड़कर न थाम लेते तो वे भूमि पर गिर पड़ते। नरसिंहदत्त पत्थर की अचल मूर्ति के समान खड़े रहे। आधा दंड इसी दशा में बीत गया। उसके पीछे नरसिंह ने धीरे से पुकारा, "शशांक!"

"क्या है?"

"युवराज! तुम अब महाराजाधिराज हो, अपना राज-पाट भोगो। नरसिंह के लिए तो अब संसार सूना है। पितृहीना बालिका को लेकर मंडला छोड़कर तुम्हारे पिता के यहाँ आश्रय लिया था। सोचा था कि कभी दिन फिरेंगे और वह राजराजेश्वरी होगी तब सबको लेकर मंडला जाऊँगा। पर वह चल बसी। उसे छोड़ मेरा कहीं कोई नहीं था। मेरी वह छोटी बहिन अब नहीं है। अब मंडला में नरसिंह के लिए स्थान नहीं है। सिंहदत्त का दुर्ग अब तक्षदत्त के पुत्र के योग्य नहीं है। अब मुझे मंडला न चाहिए। शशांक! अब मैं विदा चाहता हूँ, अब इस पाटलिपुत्र में एक क्षण नहीं रह सकता। यह विशाल नगर, यह राजप्रासाद मुझे चित्रामय दिखाई पड़ता है। यहाँ अब और नहीं ठहर सकता। तुम्हारे कार्य्य के लिए मैं अपना जीवन दे चुका हूँ, जब कभी कोई संकट का समय आएगा तब नरसिंह को अपने पास पाओगे।"

इतना कहकर नरसिंहदत्त वायु वेग से कोठरी के बाहर निकल गए। शशांक मूर्ति के समान भूमि पर बैठे रह गए।

पाँचवाँ परिच्छेद

भाग्य का पलटा

पुराने मन्दिर के भुइँहरे में कुशासन पर बैठे महास्थविर बुद्धघोष और संघस्थविर बन्धुगुप्त बातचीत कर रहे हैं। भाग्यचक्र के अद्‌भुत फेर से वे आजकल हारे हुए हैं। जिस समय वे यह समझ रहे थे कि अब बौद्धसंघ निष्कंटक हो गया, बौद्धराज्य की नींव अब दृढ़ हो गई, उसी समय उन्होंने देखा कि बौद्धसंघ पर भारी विपत्ति आया चाहती है, बौद्धराज्य की आशा मिट्‌टी में मिला चाहती है। जिस दिन शशांक ने सभामंडप में प्रकट होकर माधवगुप्त को सिंहासन से उतारा, उसी दिन हंसवेग माधवगुप्त को लेकर पाटलिपुत्र से चलता हुआ। बुद्धघोष भी उसी समय राजसभा में उपस्थित थे। वे भी सभा छोड़कर भागे, पर नगर में बने रहे। वे जानते थे कि पाटलिपुत्र के अधिकांश निवासी बौद्ध हैं, इससे शशांक मुझ पर सहसा कोई अत्याचार करने का साहस न कर सकेंगे। बन्धुगुप्त उस दिन राजसभा में नहीं गए थे।

माधवगुप्त के राजत्वकाल में हंसवेग की मन्त्रणा के अनुसार यशोधवलदेव के हाथ से सब अधिकार ले लिये गए थे। उस समय बन्धुगुप्त भी कभी-कभी राजसभा में आकर बैठते थे, पर डर के मारे यशोधवल के सामने कभी नहीं होते थे। अकस्मात्‌ भाग्य ने पलटा खाया। कहाँ तो राज्य में उनकी इतनी चलती थी, उनकी मन्त्रणा के अनुसार कार्य्य होते थे, कहाँ वे आज फिर डरे-छिपे अपराधियों की दशा को प्राप्त हो गए। स्थाण्वीश्वर के सम्राट प्रभाकरवर्द्धन कठिन रोग से पीड़ित चारपाई पर पड़े थे। उनके जेठे पुत्र पंचनद में हूणों का आक्रमण रोक रहे थे। शशांक के सिंहासन प्राप्त करने के दूसरे ही दिन बुद्धघोष और बन्धुगुप्त भागने की सलाह कर रहे थे। बन्धुगुप्त ने पूछा, ''अब क्या उपाय है?''

बुद्ध.—बस, एक भगवान शाक्यसिंह का भरोसा है :

ये धर्म्मो हेतुप्रभवा
हेतुस्तेषां तथागतोऽवदत्‌।
तेषां च यो निरोध
एवं वादी महाश्रवणः॥

बन्धु.—इस समय अपना सूत्रपिटक रखो। धर्म्म-कर्म की बात पर इस समय नहीं सुहाती है।

बुद्ध.—संघस्थविर! तुम सदा धर्म्मशून्य रहे। अब तो त्रिरत्न का आश्रय ग्रहण करो।

बन्धु.—बाप रे बाप! त्रिरत्न का आश्रय तो इतने दिनों से लिये हूँ। त्रिरत्न क्या मुझे यशोधवल के हाथ से बचा लेगा?

बुद्ध.—संघस्थविर! ऐहिक बातों को छोड़ परमार्थ की चिन्ता करो।

बन्धु.—भाई! मुझसे तो अभी ऐहिक नहीं छोड़ा जाता। यह बताओ कि अब किया क्या जाए?

बुद्ध.—शक्रसेन कहाँ होगा, कुछ कह सकते हो?

बन्धु.—इधर तो उसका कुछ भी पता न लगा। उसी ने तो सब चौपट किया। वह न होता तो क्या शशांक कभी बचता? उसकी सहायता न होती तो क्या शशांक आज लौट आता? मेरे मन में तो आता है कि अब भी हम लोगों की खोज में होगा। अब भी कुछ बिगड़ा नहीं है, चटपट यहाँ से चल दो।

बुद्ध.—ऐसे संकट के समय में संघ को निराधार छोड़ पाटलिपुत्र से कैसे भागूँ?

बन्धु.—तो क्या यहीं मरोगे?

बुद्ध.—मरने से मैं इतना नहीं डरता।

बन्धु.—महास्थविर! बन्धुगुप्त भी मरने से नहीं डरता, पर यशोधवल के हाथों मरना—बाप रे बाप!

बुद्ध.—तो फिर तुम भागो।

बन्धु.—कहाँ जाऊँ?

बुद्ध.—सीधे महाबोधि विहार में चले जाओ, वहाँ जिनेन्द्रबुद्धि होंगे।

"अच्छी बात है," कहकर बन्धुगुप्त उठ खड़े हुए।

बुद्धघोष ने हँसकर कहा, "इसी क्षण जाओगे?"

"इसी क्षण।"

"अच्छी बात है। भगवान् तुम्हारा मंगल करें।"

बन्धुगुप्त मन्दिर से निकल पड़े। बुद्धघोष अकेले रहे। आधी घड़ी भी न बीती थी कि बाहर घोड़ों की टाप सुनाई पड़ीं।

बुद्धघोष उठ खड़े हुए। इसी बीच हरिगुप्त, देशानन्द और कई नगररक्षी मन्दिर के भीतर घुस गए। देशानन्द ने बुद्धघोष को दिखाकर कहा, "यही महास्थविर बुद्धघोष हैं।" दो नगररक्षकों ने चट महास्थविर का हाथ पकड़ लिया। हरिगुप्त ने कहा, "महास्थविर बुद्धघोष! महाराजाधिराज की आज्ञा से राजद्रोह के अपराध में तुम बन्दी किए गए।" बुद्धघोष ने उत्तर न दिया। रक्षक उनके हाथ बाँधकर उन्हें मन्दिर के बाहर ले गए। हरिगुप्त ने पूछा, "देशानन्द! बन्धुगुप्त कहाँ है?" देशानन्द ने कहा, "संघाराम में होगा।" सब लोग मन्दिर के बाहर हुए।

आधा दंड बीते भुइँहरे की एक गुप्त कोठरी से एक दुबला-पतला बुड्ढा भिक्खु निकला और मन्दिर के चारों ओर ढूँढ़कर मन्दिर के बाहर चला। थोड़ी देर में संघस्थविर बन्धुगुप्त फिर मन्दिर में आए और भुइँहरे में जाकर आसन मार भूमि पर रेखा खींचने लगे। आधी घड़ी के भीतर वही दुबला-पतला भिक्खु फिर मन्दिर में आने लगा पर भुइँहरे में किसी की आहट पाकर खड़ा हो गया। मन्दिर के द्वार पर मनुष्य की छाया देख बन्धुगुप्त काँप उठे। लेखनी रखकर चट उठ खड़े हुए और द्वार की ओर बढ़े। वृद्ध भिक्खु को इसकी कुछ आहट न मिली।

बन्धुगुप्त ने एक फलांग में जाकर वृद्ध का गला धर दबाया और पूछने लगे, "तुम कौन?" वृद्ध बहुत कुछ बल लगाकर छूटने का यत्न करने लगा। इस हाथापाई में उसके

सिर की पगड़ी नीचे गिर पड़ी। बन्धुगुप्त उल्लास से चिल्ला उठा, "अच्छा! शक्रसेन! अब तो तेरा प्राण लिये बिना नहीं छोड़ता।"

भूखे बाघ की तरह संघस्थविर वृद्ध शक्रसेन के ऊपर चढ़ बैठा। वृद्ध हाथ-पैर पटकने लगा। इतने में कुछ दूर पर फिर घोड़ों की टाप का शब्द सुनाई पड़ा। बन्धुगुप्त पगड़ी से शक्रसेन के हाथ-पैर बाँध चट मन्दिर से भाग निकला। उसके भागने के कुछ देर पीछे हरिगुप्त ने आकर शक्रसेन का बन्धन खोला। शक्रसेन ने कहा, "अभी-अभी बन्धुगुप्त भागा है।" हरिगुप्त ने घबराकर पूछा, "कहाँ?"

शक्र.–यह तो नहीं कह सकता।

हरि.–किस ओर गया है?

शक्र.–यह मैं नहीं देख सका।

हरि.–कितनी देर हुई?

शक्र.–अभी, अभी दो-चार पल भी न हुए होंगे।

दोनों चट बन्धुगुप्त की खोज में बाहर निकले।

छठा परिच्छेद
बोधिद्रुम का कटना

राजपुरुष चारों ओर बन्धुगुप्त का पता लगाने लगे, पर वह पकड़ा न गया। एक नागरिक बन्धुगुप्त को पहचानता था। उसने बन्धुगुप्त को महाबोधि के पथ पर दक्षिण की ओर जाते देखा था। दो दिन पीछे राजपुरुषों को उससे पता लगा कि बन्धुगुप्त नगर से भाग गया है। सुनते ही स्वयं शशांक, यशोधवलदेव, वसुमित्र और अनन्तवर्म्मा पाटलिपुत्र से महाबोधि विहार की ओर चले।

दोपहर का समय है। महाविशाल बोधिद्रुम नामक पीपल के पेड़ की छाया में बैठे विहारस्वामी जिनेन्द्रबुद्धि और संघस्थविर बन्धुगुप्त बातचीत कर रहे हैं। उनके सामने ही वज्रासन था। कई भिक्खु आसपास खड़े हुए यात्रियों से वज्रासन की पूजा करा रहे थे। बोधिद्रुम के पीछे के महाविहार से असंख्य शंख और घंटों की ध्वनि तथा धूप की सुगन्ध आ रही थी। इतने में एक भिक्खु दौड़ा-दौड़ा आया और कहने लगा, "प्रभो! विष्णुगया से एक अश्वारोही आवश्यक संवाद लेकर आया है, उसे यहाँ ले आऊँ?" जिनेन्द्रबुद्धि ने सिर हिलाकर आज्ञा सूचित की। भिक्खु चला गया और थोड़ी देर में एक अश्वारोही योद्धा को लिये लौटा। उसने प्रणाम करके जिनेन्द्रबुद्धि से कहा, "प्रभो! कुछ गुप्त संवाद है।" जिनेन्द्रबुद्धि बोले, "ये संघस्थविर बन्धुगुप्त हैं। महासंघ की कोई बात इनसे छिपी नहीं है, तुम बेधड़क कहो।" उसने फिर प्रणाम करके कहा, "सम्राट और महानायक यशोधवलदेव बहुत-सी अश्वारोही सेना लेकर महाबोधि की ओर आ रहे हैं। हम लोगों के गुप्तचर ने कल रात को उन्हें प्रवरगिरि[1] के नीचे शिविर में देखा था। बड़े तड़के मैं संवाद पाते ही चल पड़ा। अब वे विष्णुपदगिरि को पार कर चुके होंगे।"

इतना सुनते ही बन्धुगुप्त घबराकर उठ खड़े हुए। यह देख जिनेन्द्रबुद्धि बोले, "संघस्थविर! कोई डर नहीं है, घबराओ मत। अश्वारोही को विदा करके वे बन्धुगुप्त को साथ लिये महाबोधि विहार में गए। उस समय भी महाबोधि विहार के ऊपर चढ़ने के लिए दो स्थान पर सीढ़ियाँ थीं। उस समय भी विहार के दूसरे खंड में भगवान् शाक्यसिंह की पत्थर की खड़ी मूर्ति थी। दोनों दक्षिण ओर की सीढ़ी से चढ़कर दूसरे खंड में पहुँचे और वहाँ से भुइँहरे में उतरे। वहाँ एक रक्ताम्बरधारी भिक्खु बैठा पूजा कर रहा था। जिनेन्द्रबुद्धि ने उसे बाहर जाने को कहा। उसे वहाँ से निकल जाना पड़ा। जिनेन्द्रबुद्धि ने गर्भगृह का द्वार बन्द करके बन्धुगुप्त के हाथ में एक दीपक देकर कहा, "मैं आपको ऐसे स्थान पर ले चलकर छिपा देता हूँ जहाँ सौ वर्ष ढूँढ़ता-ढूँढ़ता मर जाए तो भी आपके पास तक कोई नहीं पहुँच सकता। विहार के चौड़े प्राकार के बीचोबीच सुरंग है जो बोधिद्रुम के नीचे से होकर गया है।" इतना कहकर जिनेन्द्रबुद्धि ने दीवार पर हाथ फेरा। हाथ रखते ही एक छोटा-सा द्वार खुल पड़ा। दोनों उसके भीतर घुसे।

रक्ताम्बरधारी भिक्खु गर्भगृह के द्वार पर आसन जमाए किवाड़ की ओर कान लगाए उन दोनों की बातचीत सुनता था। सुरंग बोधिद्रुम और वज्रासन के नीचे गया है इतना भर सुन पाया। इसके अनन्तर वह बहुत देर तक बैठा रहा, पर और कोई शब्द उसे सुनाई न पड़ा। वह धीरे-धीरे लोहे की सीढ़ी के सहारे मन्दिर के ऊँचे शिखर पर चढ़ गया। वहाँ से उसने देखा कि दूर पर निरंजना नदी के किनारे-किनारे बहुत-सी अश्वारोही सेना घटा के समान उमड़ती महाबोधिविहार की ओर दौड़ी चली आ रही है। यह देख वह मन्दिर के शिखर पर से उतरा। उतरकर उसने देखा कि गर्भ गृह का द्वार खुला है और वहाँ सन्नाटा है। वह विहार से निकलकर राजपथ पर जा खड़ा हुआ।

सुरंग का मार्ग पकड़े हुए जिनेन्द्रबुद्धि बन्धुगुप्त के साथ नीचे उतरे। जहाँ सुरंग का अन्त हुआ, वहाँ लोहे का एक छोटा-सा द्वार दिखाई पड़ा। उन्होंने बन्धुगुप्त को उसके खोलने का ढंग बताकर कहा, "आप बेखटके यहाँ छिपे रहें। महाबोधिविहार के अध्यक्ष के अतिरिक्त और किसी को इस सुरंग का पता नहीं है। यदि किसी प्रकार किसी को इस सुरंग का पता लग जाए, और कोई ढूँढ़ता-ढूँढ़ता यहाँ तक आने लगे तो आप चट यह लोहे का किवाड़ खोलकर आगे निकल जाइएगा। निरंजना के उस पार आप निकलेंगे। वहाँ बीहड़ वन में होते हुए कुक्कुटपादगिरि[1] पर चले जाइएगा।" जिनेन्द्रबुद्धि ने ऊपर आकर गुप्त द्वार बन्द कर दिया और गर्भगृह के बाहर आकर उन्होंने देखा कि वहाँ कोई नहीं है। वे फिर आकर बोधिद्रुम के नीचे आसन जमाकर बैठ गया।

आधा दंड बीतते-बीतते कई सहस्र अश्वारोही सेना ने आकर महाबोधिविहार और संघाराम को घेर लिया। सम्राट शशांक और यशोधवलदेव ने आकर विहारस्वामी

1. प्रवरगिरि = बराबर पहाड़।

जिनेन्द्रबुद्धि से बन्धुगुप्त का पता पूछा। उन्होंने कहा, "बन्धुगुप्त तो इधर बहुत दिनों से नहीं दिखाई पड़े।" शशांक को उनकी बात पर विश्वास न आया। चारों ओर बन्धुगुप्त की खोज हुई, पर कहीं पता न लगा। यशोधवलदेव की आज्ञा से संघाराम के एक-एक भिक्खु ने बोधिद्रुम के नीचे का वज्रासन स्पर्श करके शपथ खाई कि "मैंने बन्धुगुप्त को नहीं देखा है।" सब भिक्खुओं ने झूठी शपथ खाई। केवल एक भिक्खु ने शपथ नहीं खाई। यह वही रक्ताम्बरधारी भिक्खु था।

यशोधवल देव ने जब बन्धुगुप्त का पता पूछा तब उसने कहा, "बन्धुगुप्त कहाँ हैं, यह तो मैं नहीं कह सकता, पर वे किस मार्ग से गए हैं, यह मैंने सुना है।" यशोधवलदेव ने बड़े आग्रह से पूछा, "किस मार्ग से?" भिक्खु बोला, "सुरंग के मार्ग से।"

"सुरंग कहाँ है?"

"वज्रासन और बोधिद्रुम के नीचे।"

क्रोध से विहारस्वामी जिनेन्द्रबुद्धि का मुँह लाल हो गया; बड़ी कठिनता से अपना क्रोध रोककर उन्होंने सम्राट से कहा, "महाराजाधिराज! बोधिद्रुम के नीचे से सुरंग नहीं है।"

शशांक–है या नहीं, यह तो अभी देखा जाता है।

जिनेन्द्र–सर्वनाश, महाराज! बोधिद्रुम पर हाथ न लगाएँ।

शशांक–क्यों, क्या होगा?

जिनेन्द्र–सृष्टि के आदि से बुद्धगण इसके नीचे बैठ बुद्धत्व प्राप्त करते आए हैं, इसका एक पत्ता छूने से भी महाराज का मंगल न होगा।

शशांक–अमंगल ही होगा न?

सम्राट ने कई सैनिकों को बोधिद्रुम काटने की आज्ञा दी। भिक्खु लोग रोने-चिल्लाने लगे। बोधिद्रुम की डालें और टहनियाँ कट-कटकर गिरने लगीं। धीरे-धीरे पेड़ी भी खोद डाली गई। वज्रासन का भारी पत्थर अपने स्थान से हट गया। नीचे सुरंग निकल आई, पर उसके भीतर बन्धुगुप्त का कहीं पता न लगा। दिन डूबते-डूबते सुरंग के छोर पर लोहेवाला द्वार जब तोड़ा जाने लगा, उस समय बन्धुगुप्त गगनस्पर्शी कुक्कुटपादगिरि[1] के पास पहुँच गए थे। शशांक और यशोधवलदेव विफल मनोरथ होकर पाटलिपुत्र लौट गए।

इस घटना के चवालीस वर्ष पीछे जब चीन देश से एक धर्म्मात्मा भिक्खु आया तब उसने विपथगामी भिक्खुओं से कहा कि महाराज शशांक ने धर्म्मद्वेष के कारण परम पवित्र बोधिद्रुम को कटाया था, इससे पृथ्वी फट गई और उसके भीतर समाकर घोर नरक में जा पड़ा। अन्त में अशोक के वंशधर पूर्णवर्म्मा की भक्ति और सेवा के प्रभाव से एक रात में ही बोधिद्रुम फिर ज्यों का त्यों हो गया। जड़ से उखाड़ा हुआ वृक्ष किस प्रकार एक ही रात में बढ़कर साठ हाथ का हो गया, यह बताना इस आख्यायिका का विषय नहीं, पर धर्म्मप्राण चीनी परिव्राजक ने यह कहानी ज्यों की त्यों अपने भ्रमणवृत्तान्त में टाँक ली।

---

1. कुक्कुटपादगिरि = गुरपा पहाड़।

सातवाँ परिच्छेद

यशोधवल की प्रतिहिंसा

बन्धुगुप्त का कहीं पता न लगा। महादंडनायक रविगुप्त के सामने महास्थविर बुद्धघोष का विचार हुआ। महास्थविर को राजद्रोह के अपराध में प्राणदंड की आज्ञा हुई। विचार के समय बुद्धघोष ने स्पष्ट कह दिया कि जो बौद्धधर्म्मावलम्बी नहीं, उसे बौद्ध लोग कभी राजा नहीं मान सकते। उसे सिंहासन से उतारने में, उसकी हत्या करने में कोई पाप नहीं है, महापुण्य है। बौद्धों के निकट प्रभाकरवर्द्धन ही देश के राजा हैं, प्रजापालक हैं, अतः राजद्रोह का अपराध मुझपर नहीं लग सकता। गंगाद्वार के सामने बुद्धघोष का कटा सिर सफेद बालू पर जा पड़ा। उत्तरापथ के बौद्धसंघ का कोई नेता न रह गया।

भागते गीदड़ के समान बन्धुगुप्त मगध के एक स्थान से दूसरे स्थान में छिपता हुआ अन्त में फिर पाटलिपुत्र लौट आया। राजपुरुष उसकी खोज बाहर-बाहर कर रहे थे, इससे वह समझा कि राजधानी में चलकर कुछ दिन शान्ति से रहूँगा। वह पाटलिपुत्र पहुँचकर उस पुराने मन्दिर के गर्भगृह में रहने लगा। दिन भर तो वह उसी अँधेरी कोठरी में पड़ा रहता, रात को खाने-पीने की खोज में निकलता। यशोधवलदेव की छाया उसे सदा पीछे लगी जान पड़ती थी।

जिस पुराने मन्दिर के सामने तरला और जिनानन्द (वसुमित्र) की भेंट हुई थी, एक दिन सन्ध्या के समय उसके पास दो अश्वारोही घूम रहे थे। दोनों अश्वारोही धीरे-धीरे पुराने मन्दिर की ओर बढ़ रहे थे और धीरे-धीरे बातचीत करते जाते थे। मन्दिर की ओर से एक पथिक उनकी ओर चला आ रहा था। वह उन दोनों को देखते ही जंगल में छिप गया। एक अश्वारोही बोला, "आर्य्य! बन्धुगुप्त का कोई पता न लगा।" दूसरा बोला, "पुत्र! कीर्तिधवल की हत्या का बदला लिए बिना मैं मरूँगा नहीं। जहाँ होगा, जिस प्रकार से होगा, उसे पकड़ूँगा अवश्य।"

इतने में पथ के किनारे का एक वृक्ष हिल उठा। उसे देख सम्राट बोल उठे, "कौन?" कोई उत्तर न मिला। सम्राट और यशोधवल झाड़ी में घुस पड़े। थोड़ी दूर बढ़कर उन्होंने देखा कि एक मनुष्य साँस छोड़कर जीर्ण मन्दिर की ओर भागा जा रहा है। पलभर में सम्राट ने उसके पास पहुँच उसकी पगड़ी खींची। वह पगड़ी छोड़कर भागने लगा। सम्राट ने चकित होकर देखा कि उसका सिर मुँड़ा हुआ है।

पीछे से यशोधवलदेव बोल उठे, "शशांक! अवश्य यह कोई बौद्ध भिक्खु है। देखना, जाने न पाए।" वह मनुष्य जी छोड़कर मन्दिर की ओर भागा जाता था। मन्दिर के द्वार के पास पहुँचते-पहुँचते यशोधवलदेव ने उसका वस्त्र जा पकड़ा। वह अपने को सँभाल न सका, भूमि पर गिर पड़ा और कहने लगा, "यशोधवल! मुझे मारना मत, प्राणदान दो, क्षमा करो।" वृद्ध महानायक सकपकाकर उसकी ओर ताकने लगे। थोड़ी देर में उन्होंने पूछा, "तू कौन है? तूने मुझे कैसे पहचाना?" उसने कोई उत्तर न दिया।

इतने में सम्राट भी वहाँ आ पहुँचे। महानायक ने उनसे कहा, "पुत्र! देखो तो यह कौन है? मैं तो इसे नहीं पहचानता, पर यह मुझे पहचानता है। इसने अभी मेरा नाम लिया था।" सम्राट उसके पास गए और उसे देखते ही चौंक पड़े। उन्हें चट ध्यान आया कि मेघनादनद में इसी व्यक्ति ने मुझ पर ताककर बरछा छोड़ा था। अस्त्रों की झनकार और योद्धाओं की कलकल के बीच उसका गम्भीर कर्कश स्वर सुनाई पड़ा था कि 'यही शशांक है, मारो मारो।' सम्राट ने पहचाना कि यही बौद्धसंघ के बोधिसत्वपाद संघस्थविर बन्धुगुप्त हैं। सम्राट ने अस्फुट स्वर से कहा, "भट्टारक! य...य...यही व्यक्ति बन्धुगुप्त है।" सुनते ही वृद्ध महानायक की आकृति बदल गई। पलभर में अस्सी वर्ष के बुड्ढे के शरीर में जवानों का सा बल आ गया। हिंसावृत्ति ने प्रबल पड़कर बुढ़ापे को दूर कर दिया। वृद्ध महानायक का झुका हुआ शरीर तन गया। वे बोले, "पुत्र! अब इस बार...।" शशांक पत्थर की मूर्ति बने चुपचाप खड़े रहे। उन्हें देख बन्धुगुप्त बोल उठे, "सम्राट...शशांक...क्षमा...मुझे क्षमा करो...मारो मत...यदि मारना ही हो तो मुझे यशोधवल के हाथ से छुड़ाओ...बुद्धघोष के समान घातकों के हाथ में दे दो...पशु के समान खेला खेलाकर न मारो।"

यशोधवलदेव उन्मत्त के समान ठठाकर हँसे और कहने लगे, "बन्धुगुप्त! तूने जिस समय कीर्तिधवल की हत्या की थी, उस समय कितनी दया दिखाई थी?"

बन्धुगुप्त काँपकर बोला, "यशोधवल! तो तुम जानते हो...।"

यशो.—मैं सब जानता हूँ। बन्धुगुप्त! जिस समय मेरा पुत्र घायल होकर अचेत पड़ा था, उस समय तूने उस पर कितनी दया दिखाई थी?

बन्धु.—महानायक! उस समय मेरे ऊपर भूत चढ़ा था...मैं...मैं...

यशो.—जिस समय रक्त बहने के कारण प्यास से तलफकर उसने जल माँगा था, उस समय तूने क्या किया था, कुछ स्मरण है?"

बन्धु.—है क्यों नहीं, यशोधवल! उस समय मैं उनका गरम-गरम रक्त शरीर में पोत कर प्रेत के समान नाच रहा था। पर तुम अब क्षमा करो, धवलवंश में धब्बा मत लगाओ।

यशो.—वह तो बाण लगने से घायल हुआ था, तुझे इतना रक्त कहाँ से मिला?

बन्धु—महानायक! मैंने उसके हाथ-पैर की नसें काट दी थीं। उनके रक्त से देवी के मन्दिर का आँगन लाल हो गया था। वह अब तक मेरी आँखों के सामने नाच रहा है। महानायक! क्षमा करो।

यशो.—उसी हत्या का बदला चुकाने के लिए तो यशोधवल अब तक जी रहे हैं। तेरे रक्त से भूमि को रँगे बिना उसकी प्रेतात्मा कभी तृप्त न होगी। पितर प्यासे हैं, वे मुझे शाप देंगे। बन्धुगुप्त! जिस प्रकार तूने बालक कीर्तिधवल की हत्या की थी, उसी प्रकार आज तूझे भी मरना होगा।

इसी बीच शशांक काँपते हुए महानायक की ओर बढ़े और घुटने टेक हाथ जोड़कर बोले, "पिता..." सारे वन को कँपाते हुए वृद्ध महानायक ने अकड़कर कहा, "पुत्र! इस

समय यहाँ से चले जाओ। यशोधवल इस समय पिशाच हो गया है। पुत्रहन्ता की रक्तपिपासा ने उसे उन्मत्त कर दिया है। महासेनगुप्त के पुत्र का वचन व्यर्थ होगा। चले जाओ।" अपने को किसी प्रकार सँभालकर शशांक फिर बोले, "भट्टारक! थोड़ा धैर्य्य...।" उनकी बात पूरी भी न हो पाई थी कि यशोधवल ने बाएँ हाथ से उन्हें दूर हटा दिया और दाहिने हाथ से तलवार खींची। सम्राट दोनों हाथों से आँख मूँदकर वहाँ से हट गए।

घड़ी भर में सम्राट की आज्ञा से वसुमित्र और हरिगुप्त ने उस पुराने मन्दिर में जाकर देखा कि मन्दिर का आँगन रक्त में डूब गया है। वज्रासन बुद्धदेव की मूर्ति के सामने संघस्थविर बन्धुगुप्त का मृत शरीर पड़ा हुआ है। और सर्वांग में रक्त लपेटे भीषण मूर्ति धारण किए महानायक उन्मत्तों के समान आँगन में नाच रहे हैं। देखते ही दोनों के दोनों काँप उठे। बड़ी कठिनता से यशोधवलदेव को किसी प्रकार रथ पर बिठाकर वे प्रासाद की ओर ले गए।

आठवाँ परिच्छेद
विग्रह और विद्रोह

सिंहासनच्युत और महाकुमार माधवगुप्त कहाँ चले गए, पाटलिपुत्र में कोई नहीं जानता। कुछ लोग कहते थे कि हंसवेग के साथ थानेश्वर चले गए। शशांक ने अपने छोटे भाई को ढूँढ़ने के लिए चारों ओर दूत भेजे, पर उनका कहीं पता न लगा।

बन्धुगुप्त के मारे जाने के पीछे यशोधवलदेव दिन-दिन अशक्त होते गए, यहाँ तक कि वे उठकर चल-फिर भी नहीं सकते थे। अपना अन्तकाल समीप जान वृद्ध महानायक ने सेठ की कन्या यूथिका और अनन्त की बहिन गंगादेवी का विवाह कर देने का अनुरोध सम्राट से किया। शुभ मुहूर्त्त में वसुमित्र के साथ यूथिका का, माधववर्म्मा के साथ गंगा का और वीरेन्द्रसिंह के साथ तरला का विवाह हो गया। शशांक ने लतिका के विवाह के विषय में भी पूछा, पर वृद्ध महाशय ने कोई उत्तर न दिया।

विवाहोत्सव हो जाने पर एक दिन सम्राट गंगाद्वार के घाट पर बैठे थे। कुछ दूर पर द्वार के पास महाप्रतिहार विनयसेन और महानायक अनन्तवर्म्मा खड्ग लिये खड़े थे। ये लोग सदा सम्राट के पास रहते थे। भागीरथी के शान्त जलसमूह के ऊपर चाँदनी की शुभ्रधारा पड़ रही थी। सम्राट एकटक उसी ओर ताक रहे थे। वे मन-ही-मन सोच रहे थे कि इसी जलसमूह के नीचे बालुका कणों के बीच कहीं चित्रा छिपी होगी। एक बार भी उसे यदि देख पाते! उसकी श्वेत ठठरी कहीं सेवार से ढकी हुई नदीगर्भ में पड़ी होगी और मैं रत्नजड़ित सोने के सिंहासन पर बहुमूल्य वस्त्र आभूषण पहने बैठा हूँ। वही चित्रा, फूल चुनते समय जिसकी कोमल अँगुलियाँ में एक छोटा-सा काँटा चुभ जाने से कितनी पीड़ा होती थी, वह कितना व्याकुल होती थी! जिस समय मैं जल में कूदा था, उस समय मुझे कितनी वेदना हुई थी! उसके हाथ दारुण मानसिक वेदना

से शिथिल होकर जिस समय तैरने में अशक्त हो गए होंगे, उस समय मृत्यु का आलिंगन करने में उसे कितनी यन्त्रणा हुई होगी! रुके हुए नाले के समान आँसुओं की धार फूट पड़ी। शशांक की आँखों में धुन्ध-सा छा गया। चाँदनी में डूबा हुआ जगत् सामने से हट गया।

इसी बीच एक दंडधर दौड़ा-दौड़ा आया और सम्राट का अभिवादन करके बोला, "देव! उत्तर मालव से महाराज देवगुप्त ने एक दूत भेजा है। वह इसी समय महाराजाधिराज का दर्शन चाहता है।" सम्राट कुछ अनमने से होकर बोले, "उसे यहीं ले आओ।"

दंडधर प्रणाम करके चला गया।

दंडधर थोड़ी ही देर में एक वर्म्मधारी पुरुष को साथ लिये लौट आया। वह सम्राट को अभिवादन करके बोला, "महाराजाधिराज! मालव से महाराज देवगुप्त ने मुझे भेजा है। मैं दिन-रात घोड़े की पीठ पर ही चलकर आज दो महीने में यहाँ पहुँचा हूँ।"

"क्या संवाद लाए हो?"

"संवाद बहुत गोपनीय है।"

"तुम बेधड़क कहो। यहाँ पर इस समय जितने लोग हैं, सब साम्राज्य के विश्वस्त कर्मचारी हैं।"

"महाराज देवगुप्त ने महाराजाधिराज के पास यह कहला भेजा है कि दो महीने हुए कि थानेश्वर में विषमज्वर से महाराज प्रभाकरवर्द्धन की मृत्यु हो गई।"

अनन्त–...क्या कहा?

दूत–विषमज्वर से महाराज प्रभाकरवर्द्धन की मृत्यु हो गई।

शशांक–इसके लिए देवगुप्त ने क्यों दूत भेजा है? स्थाण्वीश्वर से यथासमय संवाद आ ही जाता।

दूत–महाराजाधिराज! और संवाद भी है। महाराज प्रभाकरवर्द्धन की मृत्यु के समय महाकुमार राज्यवर्द्धन वहाँ नहीं पहुँच सके। वे हूण देश की चढ़ाई पर गए हैं। वे नगरहार और पुरुषपुर से आगे गान्धार देश की घाटियों में जा पहुँचे। अब तक वे लौटकर नहीं आए हैं।

शशांक–तो क्या हर्ष ने अपने जेठे भाई के सिंहासन पर अधिकार कर लिया है?

दूत–नहीं महाराजाधिराज! महादेवी यशोमती ने चितारोहण किया। राज्यवर्द्धन अब तक लौटकर नहीं आए हैं। हर्ष शोक के मारे अधमरे से हो रहे हैं। महाराज ने निवेदन किया है कि आर्य्य समुद्रगुप्त के विनष्ट साम्राज्य के उद्धार का यही समय है। वे कान्यकुब्ज पर आक्रमण करके थानेश्वर की ओर बढ़ रहे हैं। उन्होंने निवेदन किया है कि महाराजाधिराज इधर से प्रतिष्ठान दुर्ग पर चटपट अधिकार करें।

शशांक–दूत! मालवराज बावले तो नहीं हुए हैं? वे क्या नहीं जानते कि स्वर्गीय प्रभाकरवर्द्धन सम्राट दामोदरगुप्त के दोहित्र थे? उनसे कहना कि साम्राज्य के साथ स्थाण्वीश्वर राज्य का कोई विवाद नहीं है। दूसरी बात यह कि विपत्ति में पड़े हुए पुराने बैरी पर भी आक्रमण करना क्षात्रधर्म्म के विरुद्ध है। हर्ष मेरे फुफेरे भाई हैं। तुम चटपट

लौटो और मालवराज से मेरा नाम लेकर कहो कि वे मालवा लौट जाएँ। अन्याय से समुद्रगुप्त के विनष्ट साम्राज्य का उद्धार नहीं हो सकता।

दूत–महाराजाधिराज! थानेश्वर के राजा साम्राज्य के पुराने शत्रु हैं। महाराज देवगुप्त ने यज्ञवर्म्मा की हत्या, अवन्तिवर्म्मा के विद्रोह और पाटलिपुत्र में थानेश्वर की सेना के उद्धत व्यवहार की बात का स्मरण करने के लिए कहा है।

शशांक–उनसे कहना कि मुझे सब बातों का स्मरण है, फिर भी मैं अन्याय और अधर्म्म में प्रवृत्त नहीं हो सकता।

दूत–महाराजाधिराज!

शशांक–क्या कहना चाहते हो? बेधड़क कहो।

दूत–महाराजाधिराज महासेनगुप्त के पुत्र हैं; समुद्रगुप्त, चन्द्रगुप्त और कुमारगुप्त के वंशधर हैं। गुप्तवंश के पूर्व गौरव का ध्यान श्रीमान् के चित्त में सदा बना रहना चाहिए। साम्राज्य की असहाय अवस्था में विश्वासघातकों ने किस प्रकार एक नया राज्य खड़ा कर लिया, यह बात किसी से छिपी नहीं है।

इतने में महाबलाध्यक्ष हरिगुप्त दौड़े हुए गंगाद्वार से निकलकर आए और दंडधर से पूछने लगे, "सम्राट कहाँ हैं?" उसने उँगली उठाकर दिखाया। मालव के राजदूत, अनन्तवर्म्मा और शशांक सकंपकाकर उनकी ओर ताकने लगे। उनके मुँह से कोई बात निकलने के पहले ही सम्राट ने पूछा :

"महानायक! क्या है?"

हरि.–महाराजाधिराज! भारी आपत्ति है।

शशांक–क्या हुआ?

हरि.–चरणाद्रि दुर्ग की सारी सेना विद्रोही हो गई है।

शशांक–क्या अवन्तिवर्म्मा फिर आ गया?

दूत–महाराजाधिराज! मौखरिराज अवन्तिवर्म्मा तो प्रतिष्ठान दुर्ग में हैं।

शशांक–दूत! मौखरिराज तो अनन्तवर्म्मा हैं जो हमारे पास खड़े हैं। अवन्तिवर्म्मा तो विद्रोही है।

हरि.–महाराजाधिराज! दूत का अपराध क्षमा हो। इस समय वाराणसीभुक्ति की सारी सेना विद्रोही होकर चरणाद्रि की सेना के साथ मिल गई है और नरसिंह नाम के एक व्यक्ति को सेनापति बनाकर उसके प्रतिष्ठान पर आक्रमण कर दिया है।

शशांक–नरसिंह! नरसिंह कौन है?

हरि.–यह तो मैं नहीं कह सकता। पर वह महानायक नरसिंहदत्त नहीं हो सकता। तक्षदत्त का पुत्र कभी विद्रोही नहीं हो सकता।

शशांक–संवाद लेकर कौन आया है?

हरि.–विद्रोही सेना ने एक अश्वारोही को दूत बनाकर महाराजाधिराज के पास भेजा है।

शशांक–महानायक! उसे यहाँ बुलवाइए। वृद्ध महानायक कहाँ हैं?

हरि.—यशोधवलदेव तो इस समय पाटलिपुत्र में नहीं हैं। पर महाराजाधिराज! यहाँ गंगाद्वार पर मन्त्रणा होना ठीक है?

शशांक—क्या हानि है? पिताजी के समय में गंगाद्वार पर कई बार मन्त्रणा हुई थी।

हरिगुप्त दंडधर को दूत को बुलाने के लिए भेज आप सीढ़ी पर बैठ गए। सम्राट ने अनन्तवर्म्मा से पूछा, "अनन्त! यह नरसिंह कौन है?"

"कुछ समझ में नहीं आता।"

"और भी कभी यह नाम सुना था?"

"महाराजाधिराज! चित्रा के भाई नरसिंह को छोड़ मैं और किसी नरसिंह को तो नहीं जानता।"

इतने में माधववर्म्मा, वीरेन्द्रसिंह, दंडधर और वर्म्मधारी सैनिक गंगाद्वार से निकलकर आए। सैनिक सम्राट और नायकों का यथारीति अभिवादन करके बोला, "महाराजाधिराज, महाबलाध्यक्ष ने अभी हम लोगों को विद्रोही कहा है, पर हम लोग विद्रोही नहीं हैं। जिन्होंने शंकरनद और मेघनाद के किनारे श्रीमान् की अधीनता में युद्ध किया है, वे कभी विद्रोही नहीं हो सकते। वाराणसीभुक्ति की सारी सेना समतट, बंग और कामरूप की लड़ाई में महानायक यशोधवलदेव और सम्राट की अधीन अपना रक्त बहा चुकी है। वह महानायक नरसिंहदत्त को नहीं भूली है। उन्हीं की आज्ञा से उसने विश्वासघाती सेनानायकों को बन्दी करके चरणद्रिगढ़ को शत्रुओं के हाथ में पड़ने से बचाया है।

अनन्त.—क्या कहा?

दूत—हम लोगों ने महानायक नरसिंहदत्त की आज्ञा से महाकुमार माधवगुप्त और मौखरिकुमार अवन्तिवर्म्मा से धन पानेवाले विश्वासघाती नायकों को बन्दी करके चरणाद्रिगढ़ पर अधिकार कर लिया है। देव! उन्हीं के आदेश से बीस सहस्र अश्वारोही प्रतिष्ठानदुर्ग की ओर दौड़े हैं। महाराजाधिराज को स्मरण हो या न हो, एक दिन बन्धुगुप्त की तलवार महाराज के सामने ही मेरे सिर पर पड़ी थी। उसका चिह्न अब तक है।

सैनिक ने शिरस्त्राण हटाकर घाव का चिह्न दिखाया। अनन्तवर्म्मा तुरन्त आलिंगन करके बोले, "मैं पहचान गया, तुम वहीं गौड़ीय नाविक हो।" नाविक ने तलवार मस्तक से लगाकर कहा, "महाराजाधिराज! हम लोग पुराने विश्वस्त सेवक हैं, विद्रोही नहीं हैं। तक्षदत्त के पुत्र की अधीनता में हम लोग बहुत युद्ध कर चुके हैं, उन्हें हम लोग जानते हैं। उन्होंने कहला भेजा है कि सम्राट यदि सेना सहित बढ़ेंगे तो मैं थानेश्वर की ओर प्रस्थान करूँगा, नहीं तो...

अनन्त.—नहीं तो...

सैनिक—नहीं तो जब तक एक भी गौड़ सैनिक जीता बचेगा तब तक नरसिंहदत्त, हर्ष और राज्यवर्द्धन के साथ युद्ध करते रहेंगे।

शशांक—अच्छी बात है, तुम लोग बढ़ो, मैं आता हूँ। मालव राजदूत! तुम तात देवगुप्त से कहना कि सम्राट नरसिंहदत्त की रक्षा के लिए जा रहे हैं, अन्याय युद्ध करने नहीं। नरसिंहदत्त कह गए थे कि जब कोई भारी संकट उपस्थित होगा तभी फिर मैं

दिखाई पड़ूँगा। इससे समझ लेना चाहिए कि साम्राज्य पर भारी संकट है, यदि ऐसा न होता तो नरसिंहदत्त कभी प्रकट न होते। मैं आज ही पाटलिपुत्र की सेना लेकर आगे बढ़ता हूँ। वसुमित्र, अनन्तवर्म्मा और माधव हमारे साथ चलेंगे। वीरेन्द्र! महानायक से कहना, वे चटपट अंग, बंग और गौड़ की सेना लेकर प्रतिष्ठानपुर आएँ। अनन्त! मैं कल सबेरे ही यात्रा करूँगा। नगर की सारी अश्वारोही सेना मेरे साथ चलेगी।

नवाँ परिच्छेद
प्रतिष्ठान का युद्ध

जिस स्थान पर कालिन्दी का श्यामल जल भागीरथी के मटमैले जल के साथ मिलता था—जहाँ गंगा और यमुना का संगम था—वहीं पर प्राचीन काल में प्रतिष्ठान का दुर्ग स्थित था। अब भी गंगा के किनारे प्रतिष्ठान के पुराने दुर्ग[1] का भारी ढूह दिखाई पड़ता है। यह दुर्ग अत्यन्त प्राचीन था—न जाने कब से यह पुराना दुर्ग अन्तर्वेत की रक्षा का एक प्रधान अड्डा गिना जाता था। प्राचीन गुप्त राजवंश के समय में भी प्रतिष्ठान दुर्ग आर्यावर्त्त के प्रधान दुर्गों में से था।

चौदह शताब्दी पूर्व अगहन के महीने में एक सेना दल प्रतिष्ठान दुर्ग को घेर रहा था। दुर्ग के तीन ओर दूर तक डेरे पड़े हुए थे। उनके बीच जो सबसे बड़ा डेरा था, उसके ऊपर सोने का गरुड़ध्वज निकलते हुए सूर्य की किरणों से अग्नि के समान दमक रहा था। उस सबसे बड़े शिविर के सामने काठ की एक चौकी पर एक युवा पुरुष बैठा है। उसके सामने सैनिकों से घिरे हुए दो और युवक खड़े हैं। पड़ाव के चारों ओर सेना दुर्ग के आक्रमण की तैयारी कर रही है। पहला युवक कह रहा है, ''माधव! तुम महासेनगुप्त के पुत्र और दामोदर गुप्त के पौत्र हो; तुमने प्रभाकरवर्द्धन की अधीनता कैसे स्वीकार की, समझ में नहीं आता। यदि तुमसे भूल हुई तो कोई बात नहीं, अब भी कुछ नहीं बिगड़ा है। शशांक का हृदय बहुत उदार है, तुम्हें किसी बात का भय नहीं। माधव! शशांक आ रहे हैं, मैं उनके सामने नहीं होना चाहता। इससे आज ही या तो प्रतिष्ठान दुर्ग पर अधिकार करूँगा अथवा सन्ध्या होते-होते तनुदत्त और तक्षदत्त के वंश का लोप करूँगा। तुम समुद्रगुप्त के वंशधर हो, सारा वैर-विरोध भूलकर यह गरुड़ध्वज हाथ में लो और आगे बढ़ो। सन्ध्या के पहले ही दुर्ग पर चन्द्रकेतु के स्थान पर अपना गरुड़ध्वज स्थापित करो। यदि ऐसा करोगे तो मगधवासी तुम्हारा सारा अपराध भूल जाएँगे।''

रक्षकों से घिर हुए युवक ने जब कोई उत्तर न दिया तब पहला युवक फिर कड़ककर बोला, ''माधव! अभी तुम्हारा भ्रम दूर नहीं हुआ? अच्छी बात है, तुम शिविर में बन्दी रहो, मैं ही जाकर प्रतिष्ठान दुर्ग पर अधिकार करता हूँ।'' सेनादल दोनों युवकों को बन्दी करके अन्यत्र ले गया। पहले युवक ने आसन से उठकर एक परिचारक से वर्म्म लाने के

1. प्रयाग के उस पार झूँसी में इस दुर्ग का ढूह अब तक है। गंगा के इस पार जो दुर्ग है, वह अकबर का बनवाया हुआ है।

लिए कहा। वर्म्म लाया गया। उसे धारण करते-करते उसने कहा, ''नायकों को यहाँ बुलाओ।'' इतने में एक सैनिक ने आकर निवेदन किया कि चरणाद्रिगढ़ से कुछ संवाद लेकर एक अश्वारोही आया है। युवक शिरस्त्राण को हाथ में लिये हुए बोला, ''उसे यहीं ले आओ।'' सैनिक जाकर एक और वर्म्मावृत्त योद्धा को साथ लिये आया। उस योद्धा ने आते ही कहा, ''मैं परसों सन्ध्या को चरणाद्रिगढ़ से चला हूँ। उस समय सम्राट वाराणसी से चलकर वहाँ पहुँच चुके थे। कल सबेरे फिर वहाँ से चले होंगे। आज तीसरे पहर या सन्ध्या को यहाँ पहुँच जाएँगे।'' युवक ने शिरस्त्राण को सिर पर रखकर कहा, ''अच्छी बात है, तुम जाकर विश्राम करो।'' सैनिक अभिवादन करके चला गया।

देखते-देखते सैकड़ों सेनानायकों ने शिविर के घेरे में आकर युवक को अभिवादन किया। युवक ने भी तलवार उठाकर सबके अभिवादन का उत्तर दिया और उनमें से एक को पुकारकर कहा, ''सुरनाथ! केवल एक अश्वारोही चरणाद्रिगढ़ से आया है। उसने कहा है कि सम्राट परसों सन्ध्या को चरणाद्रिगढ़ पहुँचे हैं। वे कल सबेरे वहाँ वे चले होंगे और आज तीसरे पहर तक यहाँ पहुँच जाएँगे।'' सुरनाथ ने कहा, ''प्रभो! यह अच्छा ही हुआ। सम्राट के आ जाने से बिना युद्ध के ही दुर्ग पर अधिकार हो जाएगा।'' पहले युवक ने सिर हिलाकर कहा, ''यह नहीं होगा, सुरनाथ! आज ही जैसे हो, वैसे दुर्ग पर अधिकार करना होगा। सम्राट अतिथि के रूप में दुर्ग में प्रवेश करेंगे।'' सुरनाथ चकित होकर युवराज का मुँह ताकते रह गए। युवक ने सेनानायकों को सम्बोधन करके कहा, ''वीर नायकगण! दूत के मुँह से केवल यही संवाद मुझे मिला है कि आज तीसरे पहर सम्राट यहाँ पहुँच जाएँगे। मैंने यह स्थिर किया है कि आज ही दुर्ग पर अधिकार हो जाए। चाहे जिस प्रकार हो, आज ही दुर्ग पर अधिकार करना होगा। जिस समय समुद्रगुप्त के वंशधर समुद्रगुप्त के दुर्ग में प्रवेश करें, उस समय उन्हें रोकनेवाला कोई न रह जाए। नायकगण, मैं तक्षदत्त का पुत्र हूँ। मैं खंग स्पर्श करके कहता हूँ कि आज सन्ध्या होने के पहले ही मैं सम्राट के लिए दुर्ग में प्रवेश करने का पथ खोल दूँगा। मेरे साथ कौन-कौन चलता है?''

सैकड़ों कंठों से शब्द निकला, ''मैं चलूँगा।'' कोलाहल मिटने पर युवक ने कहा, ''केवल 'चलूँगा' कहने से नहीं होता। वीरो! आज के युद्ध से लौटना नहीं है। या तो सन्ध्या के पहले दुर्ग पर अधिकार होगा अथवा प्राकार या खाई के नीचे सब दिन के लिए विश्राम। जो-जो आज हमारे साथ चलें, वे खंग स्पर्श करके शपथ करें कि कभी पीछे न फिरेंगे।''

दो-एक वृद्ध सैनिक युवक की ओर बढ़े, पर युवक ने हाथ के संकेत से उन्हें लौट जाने की आज्ञा देकर कहा, ''भाइयो, मेरा अपराध क्षमा करना। परामर्श और मन्त्रणा का समय अब नहीं है। युद्ध करते जिनके बाल पके हैं, उनसे क्षमा माँगकर कहता हूँ कि आज रणनीति के विरुद्ध महानायक यशोधवलदेव के उपदेश पर चलूँगा। प्रतिष्ठान दुर्ग भीषण और दुर्जेय है, बहुत बड़ी सेना से रक्षित है, यह सब मैं जानता हूँ। पर आज दुर्ग पर अधिकर करना ही होगा। वीर नायको! आज का यह युद्ध रणनीति के विरुद्ध है,

आज के युद्ध में न लौटना है, न पराजय। कौन-कौन मेरे साथ चलते हैं?'' सैकड़ों तलवारें म्यान से निकल पड़ीं। बालक, वृद्ध, प्रौढ़, तरुण—सबने खंग स्पर्श करके एक स्वर से प्रतिज्ञा की कि 'आज ही दुर्ग पर अधिकार करेंगे, युद्ध से भी पीछे न फिरेंगे।'

प्रतिष्ठान दुर्ग आर्यावर्त्त भर में अत्यन्त दुर्गम और दुर्जय प्रसिद्ध था। दुर्ग के चारों ओर की चौड़ी खाई सदा गंगा के जल से भरी रहती थी। दुर्ग चारों ओर से तिहरे परकोटों से घिरा था, जो पहाड़ जैसे ऊँचे और ढालू थे। दिन में तो दुर्ग के प्राकारों पर चढ़ना असम्भव था, इससे थानेश्वर की दुर्गरक्षी सेना रात को तो बहुत सावधान रहती थी, पर दिन को बेखटके विश्राम करती थी। इतिहास से पता चलता है कि जब-जब प्रतिष्ठान दुर्ग पर शत्रुओं का अधिकार हुआ है तब-तब अन्न-जल के चुकने के कारण। बाहर से कोई शत्रु बल से दुर्ग के भीतर नहीं घुस सका है।

पहर दिन चढ़ते-चढ़ते मागध सेना को दुर्ग के आक्रमण की तैयारी करते देख स्थाण्वीश्वर के सेनानायक विस्मित हुए। उन्होंने रात भर जागी हुई सेना को दुर्ग प्राकार पर नियत किया। तीसरे पहर मागध सेना ने दुर्ग पर आक्रमण कर दिया। स्थाण्वीश्वर के नायकों ने इसे बावलापन समझ दुर्ग रक्षा का कोई विशेष प्रबन्ध न किया। देखते-देखते बाँस और लकड़ी की हजारों सीढ़ियाँ परकोटों पर लग गईं। हजारों सैनिक उनपर से होकर प्राकार पर चढ़ने की चेष्टा करने लगे, पर खौलते तेल, गले सीसे और पत्थरों की वर्षा से अधिक दूर न चढ़ सके। सैकड़ों सैनिक घायल होकर नीचे खाई में जा रहे। यह देखकर भी पीछे को सेना विचलित न हुई। एक बार, दो बार, तीन बार सीढ़ियों पर चढ़ती हुई मागध सेना नीचे गिरी। खाई मुर्दों से पट गई। इतना होने पर भी चौथी बार मागध सेना ने आक्रमण किया। थानेश्वर के सेनानायक और भी चकित हुए। चौथी बार भी सैकड़ों सैनिक घायल होकर गिरने लगे, पर सेना बराबर चढ़ती गई। देखते-देखते परकोटे के ऊपर युद्ध होने लगा। थानेश्वर की सेना हटने लगी।

सहसा यह आपत्ति देख थानेश्वर के सेनानायक सेना के आगे होकर युद्ध करने लगे। मागध सेना पीछे हटने लगी। यह देखते ही चमचमाता हुआ वर्म्म धारण किए एक लम्बे डील का पुरुष हाथ में गरुड़ध्वज लिये शत्रुसेना के बीच जा कूदा और कड़ककर बोला, ''आज समुद्रगुप्त के दुर्ग में समुद्रगुप्त के वंशधर प्रवेश करेंगे, कौन लौटता है?'' मागध सेना लौट पड़ी। बिजली के समान गरुड़ध्वज आगे दौड़ता दिखाई पड़ा। प्रथम प्राकार पर अधिकार हो गया।

देखते-देखते मागध सेना ने दूसरे प्राकार पर धावा किया। सहस्रों सैनिक घायल होकर गिरे, पर सेना बार-बार चढ़ने का उद्योग करती रही। सैनिकों को शिथिल पड़ते देख वर्म्मधारी पुरुष गरुड़ध्वज हाथ में लिये चट सीढ़ी पर लपकता हुआ परकोटे के ऊपर जा खड़ा हुआ। तीसरे पहर की सूर्यकिरणों से चमचमाती हुई वर्म्मावृत्त मूर्ति और सुवर्णनिर्मित गरुड़ध्वज को ऊपर देख मागध सेना जयध्वनि करने लगी। भय से थानेश्वर की सेना थोड़ा पीछे हटी। सहस्रों सैनिक प्राकार के ऊपर पहुँच गए। दूसरे प्राकार पर भी अधिकार हो गया।

दुर्ग को इस प्रकार शत्रु के हाथ में पड़ते देख रोष और क्षोभ से अपने जी पर खेल थानेश्वर के सेनानायक तीसरे प्राकार की रक्षा करने लगे। मागध सेना कई बार पीछे हटी। सेनादल को हतोत्साह होते देख मागध नायक सिर नीचा किए खड़े रहे। इतने में फिर वही वर्म्मधारी पुरुष अकेले प्राकार पर चढ़ने लगा। उसके ऊपर सैकड़ों पत्थर फेंके गए, पर उसे एक भी न लगा। उसने प्राकार पर खड़े होकर जयध्वनि की। उसे ऊपर देख सेनानायक गण लज्जित होकर अपनी सेना छोड़ प्राकार के ऊपर दौड़ पड़े। दुर्गरक्षकों ने उन मुट्ठी भर मनुष्यों को ऊपर देख उन्हें पीस डालना चाहा। इतने में बाहर सहस्रों सैनिकों ने एक स्वर से महाराजाधिराज शशांक नरेन्द्रगुप्त का नाम लेकर जयध्वनि की। प्राकार के नीचे खड़ी मागध सेना को चेत हुआ। उसने देखा कि प्राकार पर चढ़ने का मार्ग निर्विघ्न है, प्राकार के ऊपर युद्ध हो रहा है। भीषण जयध्वनि करके सेना प्राकार पर चढ़ गई। सन्ध्या होने के पहले ही दुर्ग पर अधिकार हो गया।

प्रतिष्ठान दुर्ग के पूर्व तोरण पर खड़ा वर्म्मावृत्त पुरुष शिरस्राण उतार विश्राम कर रहा था। इसी बीच एक सैनिक ने आकर कहा, ''महानायक! सम्राट दुर्ग में प्रवेश कर रहे हैं।'' वर्म्मधारी पुरुष ने विस्मित होकर पूछा, ''वे कब आए?''

''जिस समय शिविर की सेना ने जयध्वनि की थी, उसी समय वे पहुँचे थे।''

''दुर्ग का फाटक खोलने के लिए कहो।''

सन्ध्या हो गई थी। सैनिकों ने तापने के लिए स्थान-स्थान पर अलाव लगाए थे। वर्म्मधारी पुरुष ने अपने पास खड़े सेनानायक से कहा, ''सुरनाथ! तुम इस गरुड़ध्वज को लिए रहो, मैं अभी आता हूँ।'' नायक के हाथ में गरुड़ध्वज थमाकर देखते-देखते यह पुरुष अदृश्य हो गया।

पलभर में सम्राट ने बड़े समारोह के साथ प्रतिष्ठान दुर्ग में प्रवेश किया। आते ही वे नरसिंहदत्त को ढूँढ़ने लगे। किन्तु जिसके उँगली हिलाने से दस सहस्र सेना अपने जी पर खेल गई थी, जिसने प्रतिष्ठान दुर्ग पर अधिकार किया था, उसका कहीं पता न लगा—न दुर्ग में, न शिविर में। सम्राट ने तीसरे प्राकार पर खड़े होकर रुँधे हुए गले से अनन्तवर्म्मा को पुकारा, ''अनन्त!''

''आज्ञा महाराज!''

''यह उन्हीं का काम है।''

''किनका?''

''नरसिंह का। चित्रा के कारण वे मेरा मुँह अब न देखेंगे।''

दसवाँ परिच्छेद

द्वन्द्व युद्ध

प्रतिष्ठानपुर में आने पर शशांक ने सुना कि पिता की मृत्यु का संवाद पाकर राज्यवर्द्धन गान्धार से लौट आए हैं; देवगुप्त ने कान्यकुब्ज पर अधिकार कर लिया है; मौखरि

राजपुत्र ग्रहवर्म्मा युद्ध में मारे गए; उनकी रानी, प्रभाकरवर्द्धन की कन्या राज्यश्री, अपनी उद्दंडता के कारण कारागार में हैं। देवगुप्त कान्यकुब्ज पर अधिकार करके थानेश्वर की ओर बढ़ रहे हैं। शशांक को यह भी समाचार मिला कि देवगुप्त कान्यकुब्ज से चलते समय अनुरोध कर गए हैं कि सम्राट भी अपनी सेना सहित कुरुक्षेत्र में आ मिलें।

प्रतिष्ठानदुर्ग में ठहरकर शशांक नरसिंह की खोज करने लगे, पर इधर-उधर बहुत ढूँढ़ने पर भी उनका कहीं पता न लगा। इसी बीच में संवाद आया कि हिमालय की तराई में गंगा के किनारे हार खाकर देवगुप्त मालवे की ओर भागे और राज्यवर्द्धन सम्राट पर आक्रमण करने के लिए बड़े वेग से बढ़े चले आ रहे हैं। शशांक प्रतिष्ठान दुर्ग छोड़कर कान्यकुब्ज की ओर बढ़े। कान्यकुब्ज पहुँचने पर सम्राट को संवाद मिला कि थानेश्वर की सेना अभी बहुत दूर है। सम्राट ने नगर और दुर्ग पर अधिकार करके कान्यकुब्ज नगर के पश्चिम गंगा के किनारे प्राचीन शूकरक्षेत्र में पड़ाव डाला। ऐसा प्रसिद्ध है कि सत्ययुग में भगवान् का वाराह अवतार यहीं हुआ था।

शूकरक्षेत्र बड़ा पुराना तीर्थ है। कुरुक्षेत्र के समान इसकी गिनती भी पुराने रणक्षेत्रों में है। बहुत काल से मध्यदेश के राजाओं के भाग्य का निबटारा यहाँ होता आया है। ईसा की बारहवीं शताब्दी में जब आर्यावर्त्त के राजाओं का सौभाग्यसूर्य सब दिन के लिए अस्त हो रहा था तब इसी शूकरक्षेत्र में महाराज जयचन्द ने मुहम्मद गोरी की सेना का सामना किया था।

शूकरक्षेत्र ही में शशांक को पता लगा कि राज्यवर्द्धन मालवे की ओर बढ़ रहे हैं; देवगुप्त लड़ाई में मारे गए और राज्यवर्द्धन की चढ़ाई अब कान्यकुब्ज ही पर है। शशांक देवगुप्त की मृत्यु का संवाद पाकर बहुत दुखी हुए पर शूकरक्षेत्र उन्होंने नहीं छोड़ा। इसी बीच मगध से संवाद आया कि यशोधवलदेव चारपाई पर पड़े हैं और उनकी दशा अच्छी नहीं है, गौड़ और बंग की सेना लेकर विद्याधरनन्दी आ रहे हैं। दूत पर दूत आकर राज्यवर्द्धन के बढ़ते चले आने का समाचार कहने लगे। जब वे मथुरा पहुँचे तब सम्राट शशांक ने उनके पास दूत भेजा। दूत अपमानित होकर लौट आया और कहने लगा, "थानेश्वर के महाराज ने कहा है कि अब पाटलिपुत्र में ही चलकर शशांक से भेंट करेंगे।" अनन्तवर्म्मा और माधववर्म्मा ने यमुना के तट पर ही राज्यवर्द्धन को रोकने का प्रस्ताव किया, पर शशांक सहमत न हुए। अन्त में राज्यवर्द्धन अपनी सेना सहित शूकरक्षेत्र में आ पहुँचे। तब भी शशांक ने उनपर आक्रमण न किया। उन्होंने महाधर्म्माध्यक्ष नारायणशर्म्मा को दूत बनाकर थानेश्वर के शिविर में भेजा। नारायणशर्म्मा स्वर्गीय महादेवी महासेनगुप्ता के श्राद्ध के अवसर पर एक बार थानेश्वर हो आए थे और राज्यवर्द्धन से परिचित थे। वे दोनों भाई महाधर्म्माध्यक्ष पर बड़ी श्रद्धा रखते थे।

सम्राट ने नारायणशर्म्मा से कहला भेजा कि देवगुप्त ने बिना साम्राज्य की आज्ञा के ही कान्यकुब्ज पर आक्रमण किया था। महानायक नरसिंहदत्त ने भी सम्राट की इच्छा के विरुद्ध ही प्रतिष्ठान दुर्ग पर आक्रमण और अधिकार किया है। थानेश्वर के सेनानायकों ने माधवगुप्त से मिलकर वाराणसीभुक्ति पर अधिकार जमाने का उद्योग किया, इसी से

नरसिंहदत्त ने चढ़ाई की। स्थाण्वीश्वरराज मेरे सम्बन्धी हैं, उनके साथ लड़ाई करने की इच्छा मुझे नहीं है। आदित्यवर्द्धन और प्रभाकरवर्द्धन के समय में दोनों राज्यों के बीच जो मेल था, उसे मैं बनाए रखना चाहता हूँ। मैं चाहता हूँ कि थानेश्वरराज्य और मगधसाम्राज्य के बीच जो सीमा है, वह सब दिन के लिए निर्दिष्ट हो जाए। इसके लिए मैं राज्यवर्द्धन से मिलना चाहता हूँ। सीमा पर कई छोटे-छोटे खंड राज्य हैं, जिनके कारण समय-समय पर झगड़ा उठा करता है। सीमा यदि निर्दिष्ट हो जाएगी तो फिर आगे चलकर किसी प्रकार के झगड़े की सम्भावना न रह जाएगी। देवगुप्त ने कान्यकुब्ज पर जो सहसा आक्रमण किया था, उसका प्रायश्चित्त उनके जीवन के साथ हो गया। उसके लिए अब झगड़ा बढ़ाना मैं नहीं चाहता।

दो घड़ी में नारायणशर्म्मा ने लौटकर कहा, ''मेरा दौत्य व्यर्थ हुआ, राज्यवर्द्धन ने बड़े उद्धत भाव से सम्राट का प्रस्ताव अस्वीकृत किया। पर राजमर्यादा की रक्षा के लिए दोनों शिविरों के बीच गंगा तट पर महाराजाधिराज से मिलना उन्होंने स्वीकार किया है।''

सन्धि असम्भव समझ शशांक युद्ध के लिए प्रस्तुत होने लगे। नगर और दुर्ग पर आक्रमण करने की तैयारी उन्होंने की। विद्याधरनन्दी अभी बहुत दूर थे। दूसरे दिन दोपहर को दोनों शिविरों के बीच के क्षेत्र में दोनों पक्षों के राजछत्र स्थापित हुए। दोनों पक्षों की सेना युद्ध के लिए खड़ी हुई। एक ही समय में शशांक और राज्यवर्द्धन अपने-अपने शिविर से निकले। शशांक के साथ माधव, अनन्त और पाँच शरीररक्षी थे। राज्यवर्द्धन के साथ भी दो अमात्य और पाँच सैनिक थे।

दोनों ने अपने-अपने छत्र के नीचे खड़े होकर एक-दूसरे से अभिवादन किया। उसके पीछे शशांक आगे बढ़कर बोले, ''महाराज! आप युद्ध करने पर दृढ़ हैं, यह बात मैंने सुनी। इससे आपको अपने विचार से हटाना क्षात्रधर्म्म के विरुद्ध है। इस सम्बन्ध में केवल एक बात मुझे कहनी है जो दूत के द्वारा नहीं कहलाई जा सकती थी। राज्य के लिए आपके और मेरे बीच झगड़ा है। इसके लिए सहस्रों मनुष्यों के प्राण नाश से क्या लाभ? आप अस्त्रविद्या में पारंगत हैं, मैंने भी अपना सारा जीवन युद्ध में ही बिताया है। दोनों शिविरों के बीच आप तलवार लेकर मुझसे युद्ध करें। यदि मैं युद्ध में हारूँगा तो सम्राट की पदवी छोड़ अपनी सेना सहित चला जाऊँगा। यदि आप पराजित होंगे तो आपको अपना राज्य न छोड़ना होगा, केवल जमुना और चम्बल के पूर्व कभी पैर न रखने की प्रतिज्ञा करनी होगी। इससे भी यदि निबटारा न हो तो दोनों पक्षों की सेनाएँ लड़कर देख लें।''

शशांक की बात सुनकर राज्यवर्द्धन सिर नीचा करके कुछ सोचने लगे, फिर अपने साथियों और अमात्यों से परामर्श करने लगे। अमात्यों की चेष्टा से प्रकट होता था कि वे राज्यवर्द्धन को ऐसा करने से रोक रहे हैं, पर राज्यवर्द्धन तरुण और उग्र स्वभाव के थे। उन्होंने उनकी बात न मानी। वे बोले, ''महाराज! आप क्षत्रिय होकर जब युद्ध की प्रार्थना कर रहे हैं तब आपकी इच्छा पूर्ण न करना मेरे लिए असम्भव है। आप समय और स्थान निश्चित करें।''

"कल प्रातःकाल, सूर्योदय के पहले, गंगा के तट पर।"

"अस्त्रों में केवल तलवार रहे?"

"हाँ, ढाल किसी के पास न रहे।"

"साथ में कौन रहे?"

"मेरे साथ माधव और अनन्तवर्म्मा रहेंगे।"

"मेरे साथ भंडी और ईश्वरगुप्त।"

दोनों एक-दूसरे से विदा होकर अपने-अपने शिविर में गए। लौटते समय अनन्तवर्म्मा ने कहा, "महाराज! यह आपने क्या किया?"

"क्यों अनन्त?"

"कलियुग में कहीं कोई द्वन्द्वयुद्ध करता है?"

"हानि क्या है?"

"आप क्या कह रहे हैं, मेरी समझ में नहीं आता।"

"इसमें न समझ में आने की कौन-सी बात है?"

"प्रभो! यदि युद्ध में आप घायल हुए तो?"

"घायल छोड़ यदि मैं मारा भी जाऊँ तो इससे क्या?"

"सर्वनाश, महाराज! मगध देश फिर किसकी छत्रच्छाया के नीचे रहेगा?"

"अनन्त! सच पूछो तो मैं मरना चाहता हूँ। मृत्यु को बुलाने के लिए ही मैं अकेले राज्यवर्द्धन के साथ युद्ध करने जा रहा हूँ।"

"आपको युद्ध करने का काम नहीं, चलिए, पाटलिपुत्र लौट चलें। राज्यवर्द्धन अपना कान्यकुब्ज और प्रतिष्ठान लें।"

"यह नहीं हो सकता, अनन्त! न जाने कौन ऐसा करने से रोक-सा रहा है। राज्यवर्द्धन यदि मुझे कायर ही समझकर सन्धि का प्रस्ताव मान लेते तो मैं बड़ी प्रसन्नता से उन्हें देश का अधिकार देकर लौट जाता। मेरे न स्त्री है, न लड़का बाला, राज्य से मुझे कोई प्रयोजन नहीं। माधव राज्य की रक्षा करने में असमर्थ है। वह कभी इतना बड़ा साम्राज्य नहीं सँभाल सकता।"

"तब फिर साम्राज्य को भी जाने दीजिए, माधवगुप्त को मगध का राज्य देकर आप वानप्रस्थ ले लें।"

"हँसी की बात नहीं है, अनन्त! कल मैं मरूँगा। मेरे मर जाने पर तुम लोग देश में जाकर माधवगुप्त को सिंहासन पर बिठा देना।"

"अच्छी बात है, तो फिर जैसे उस बार बंगदेश से हम लोग लौटे थे, उसी प्रकार इस बार भी लौटेंगे।"

"देखो, अनन्त! जब मैं मरने लगूँ तब मरते समय..."

"हृदय पर उसका नाम लिख देंगे।"

"ठट्ठा न करो, उस समय नरसिंह को बुला देना।"

"उन्हें कहाँ पाऊँगा?"

"अनन्त! वे कहीं दूर नहीं हैं। मेरे सामने नहीं होना चाहते, इसी से कहीं इधर-उधर छिपे हैं।"

"आप निश्चय समझें कि आपके पीछे नरसिंह को बुलाने के लिए यज्ञवर्म्मा का पुत्र बचा न रहेगा।"

दूसरे दिन सूर्योदय के पहले भागीरथी के तट पर शशांक, अनन्त और माधववर्म्मा और दूसरे पक्ष में राज्यवर्द्धन, भंडी और ईश्वरगुप्त इकट्ठे हुए। केवल हाथ में तलवार लेकर शशांक और राज्यवर्द्धन द्वन्द्वयुद्ध में प्रवृत्त हुए। शशांक तलवार से केवल अपना बचाव कर रहे थे। उनकी तलवार एक बार भी राज्यवर्द्धन की तलवार पर न पड़ी। देखते-देखते शशांक को कई जगह चोट आईं, उनका श्वेत वस्त्र रक्त से रँग गया। फिर भी उन्होंने राज्यवर्द्धन के शरीर पर वार न किया। सहसा उनकी तलवार राज्यवर्द्धन की तलवार को हटाकर उनके गले पर जा पड़ी। झटके के कारण शशांक गिर पड़े। उनके साथ ही राज्यवर्द्धन का धड़ भी धूल पर लोट गया।

राज्यवर्द्धन की मृत्यु सुनकर थानेश्वर की सारी सेना शिविर छोड़कर भाग खड़ी हुई। भंडी संवाद लेकर थानेश्वर गए। शशांक आगे न बढ़कर कान्यकुब्ज लौट आए।

ग्यारहवाँ परिच्छेद

यशोधवलदेव मृत्युशय्या पर

सन्ध्या होती आ रही है। सूर्यदेव पश्चिम की ओर विन्ध्याचल की आड़ में छिपे जा रहे हैं। दूर पर पहाड़ की चोटियाँ और वृक्षों के सिरे अस्ताचलगामी सूर्य की तापरहित किरणों से सुनहरी आभा धारण किए हुए हैं। रोहिताश्वगिरि के सिरे पर एक लम्बा मेघखंड क्रमशः लाल होता जा रहा है। पर्वत के नीचे अब गहरा अँधेरा छा गया है। इसी समय गढ़ के पूरबी फाटक पर एक सैनिक बैठा मानो किसी की प्रतीक्षा कर रहा है।

इन कई वर्षों के बीच रोहिताश्वगढ़ की दशा एकदम पलट गई है। बूढ़े अमात्य विधुसेन और स्वर्णकार धनसुख के उद्योग से गिरे हुए परकोटे फिर ज्यों के त्यों खड़े हो गए हैं, खाई में जल भरा हुआ है। जो दुर्ग कभी सुनसान पड़ा था, वह सैनिकों से भर गया है। प्रत्येक फाटक पर सहस्र सैनिक रक्षा पर नियत हैं। ऊपर-ऊँचे दुर्ग पर बहुत से लोगों का शब्द सुनाई पड़ रहा है। गढ़पति का पुराना प्रासाद अब झाड़-जंगल से भरा नहीं है। कई दिन हुए, रोहिताश्व के गढ़पति पीड़ित होकर पाटलिपुत्र से लौट आए हैं। महानायक की दशा अच्छी नहीं है, उनके बचने की आशा नहीं है। मरणकाल समीप जानकर ही वे अपनी जन्मभूमि को देखने की इच्छा से रोहिताश्वगढ़ आए हैं।

पाटलिपुत्र से सम्राट के पास दूत भेजा जा चुका है। महानायक समझ गए हैं कि अब मेरा अन्तिम समय निकट है। दूत से उन्होंने कह दिया था कि सम्राट यदि युद्ध में विजयी हो चुके हों तभी संवाद देना, नहीं तो कुछ न कहना। मरने के पहिले वे चाहते थे कि रोहिताश्व दुर्ग और लतिका के सम्बन्ध में सम्राट से कुछ ठीक-ठाक कर

लेते। इसी से वे मन-ही-मन घबरा रहे थे। वीरेन्द्रसिंह विद्याधरनन्दी के साथ मध्यदेश की ओर गए थे, पर महानायक की आज्ञा पाकर वे रोहिताश्व लौट आए हैं। सन्ध्या को वीरेन्द्रसिंह ही दुर्ग के फाटक पर बैठे प्रतीक्षा कर रहे हैं।

राज्यवर्द्धन के मरने पर सम्राट को ज्योंही यशोधवलदेव का समाचार मिला, वे लौट पड़े। कान्यकुब्ज में वसुमित्र और प्रतिष्ठानपुर में विद्याधरनन्दी को छोड़कर वे चट घोड़े की पीठ पर मगध की ओर चल पड़े। थानेश्वर में राज्यवर्द्धन की मृत्यु का संवाद पहुँचा। सिंहासन शून्य पड़ा रहा। अमात्यों और सेनापतियों ने बहुत दिनों तक हर्षवर्द्धन को अभिषिक्त न किया। ऐसी दुरवस्था के समय में भी शशांक नरेन्द्रगुप्त ने थानेश्वर पर आक्रमण न किया। अपने प्रदेशों की रक्षा का प्रबन्ध करके वे चट पितृतुल्य वृद्ध महानायक के अन्तिम दर्शन के लिए लौट पड़े। जिस दिन सन्ध्या के समय वीरेन्द्रसिंह फाटक पर प्रतीक्षा कर रहे थे, उसी दिन सम्राट के रोहिताश्वगढ़ पहुँचने की बात थी। वे बीस दिन में दो सौ कोस चलकर उसी दिन सोन के किनारे आ पहुँचे।

सन्ध्या हो गई और सम्राट न आए, यह देखकर यशोधवलदेव ने वीरेन्द्रसिंह को बुलाया। वीरेन्द्रसिंह भवन में जाकर द्वार पर खड़े रहे। घर के भीतर यशोधवलदेव पलंग पर पड़े थे। उनके सिरहाने लतिका देवी और पैताने तरला बैठी थी। महानायक अत्यन्त दुर्बल हो गए थे, अधिक बोलने की शक्ति उन्हें नहीं थी। जिस समय वीरेन्द्रसिंह कोठरी में आए, उस समय उन्हें झपकी-सी आ गई थी। थोड़ी देर में जब उनकी आँख खुली तब लतिका ने उनके कान में जोर से कहा, "बाबा! वीरेन्द्र आए हैं।" महानायक ने करवट ली और बड़े धीरे स्वर में न जाने क्या कहा। दूर रहने के कारण वीरेन्द्रसिंह कुछ सुन न सके। यह देख लतिका ने कहा, "बाबा पूछते हैं कि सम्राट आए या नहीं?"

"नहीं, अब तक तो नहीं आए हैं। मैं फाटक पर उनका आसरा देख रहा हूँ।"

यशोधवलदेव ने फिर न जाने क्या कहा। लतिका देवी ने कहा, "जापिल ग्राम के मार्ग में सौ पंसाखेवाले भेजने के लिए कहते हैं।" वीरेन्द्रसिंह अभिवादन करके कोठरी के बाहर गए। थोड़ी देर में सौ आदमी हाथों में मशाल लिये जापिल के पत्थर जड़े हुए मार्ग पर थोड़ी-थोड़ी दूर पर खड़े हुए। सन्ध्या हो गई। दुर्ग के ऊपर बड़ा भारी अलाव जलाया गया। पहाड़ की घाटी में गाँव-गाँव में दीपमाला जगमगा उठी। जापिल गाँव के पत्थर जड़े पथ पर बहुत-से घोड़ों की टाप सुनाई पड़ीं। पंसाखेवाले जल्दी-जल्दी गढ़ के फाटक की ओर बढ़ने लगे। यह देख दुर्गरक्षी सेना फाटक पर और आँगन में श्रेणी बाँधकर खड़ी हो गई। वीरेन्द्रसिंह यशोधवलदेव को सम्राट के आने का संवाद दे आए। थोड़ी ही देर में सम्राट ने गढ़ के भीतर प्रवेश किया।

वीरेन्द्रसिंह के मुँह से महानायक की अवस्था सुनकर शशांक तुरन्त उन्हें देखने चले। उन्हें देखते ही बुझता हुआ दीपक एक बार जगमगा उठा। मृत्युशय्या पर पड़े वृद्ध महानायक के शरीर में बल-सा आ गया। सम्राट को देखकर वे उठकर बैठ गए।

सम्राट उनके चरण छूकर सिरहाने बैठ गए। उनके साथ-साथ एक अत्यन्त सुन्दर युवक भी सैनिक वेश में आया था। वह पीछे खड़ा हो गया। तरला और लतिका बार-बार उनकी ओर ताकने लगीं। उसे उन्होंने शशांक के साथ और कभी नहीं देखा था।

सम्राट को सम्बोधन करके महानायक कहने लगे, "पुत्र! तुम्हारी राह देखते-देखते एक सप्ताह तक अपना प्राण रखता आया, पर अब अधिक दिन नहीं रह सकता। मैं अब चला। लतिका आपकी शरण में है। यदि हो सके तो इसका विवाह करके इसे रोहिताश्वगढ़ में बिठा दीजिएगा, और...। वृद्ध ने तकिए के नीचे से एक जड़ाऊ कंगन निकलकर कहा, "जब इसका विवाह हो तब यह कंगन इसे देना। यह कंगन इसकी दादी का उपहार है। कई पीढ़ियों से यह रोहिताश्वगढ़ की स्वामिनी के हाथ में रहता चला आया है। सुना जाता है कि जब महाराज चन्दगुप्त ने मथुरा से शकराज को भगाया था तब रोहिताश्व के प्रथम गढ़पति ने शकराज के हाथ से यह कंगन छीना था।" वृद्ध हृदय के आवेग से आगे कुछ न कह सके और लेट गए। थोड़ी देर में गरम दूध पीकर वृद्ध महानायक फिर कहने लगे, "पुत्र! अब मैं चारपाई से न उठूँगा। लतिका है, इसे देखना। यदि इसके वंश का लोप हो जाए तो रोहिताश्वगढ़ का अधिकार वीरेन्द्रसिंह को दे देना। इस गढ़ की रक्षा करनेवाला इस समय और कोई नहीं दिखाई देता। मैं तो आजकल में चला, तुम सावधान रहना। तुम्हें मैं निष्कंटक करके न जा सका, यही बड़ा भारी दुख रह गया। बाहरी शत्रु का तो तुम्हें कोई भय नहीं है। यदि घर के भीतर या देश के भीतर कोई झगड़ा न हो तो बाहरी शत्रु तुम्हारा कुछ भी नहीं कर सकता। इस समय आर्यावर्त्त में एक हर्षवर्द्धन ही तुम्हारे शत्रु हैं। पर कामरूप के राजा को छोड़ और कोई तुम्हारे विरुद्ध उनका पक्ष नहीं ग्रहण करेगा। राज्यवर्द्धन तो मर गए, पर प्रभाकरवर्द्धन के दूसरे पुत्र चुपचाप न रहेंगे। हर्षवर्द्धन बदला लेने के लिए चढ़ाई करेंगे। उस समय तुम गौड़ और बंग की रक्षा का प्रबन्ध करना। यदि कभी किसी प्रकार की आपत्ति में पड़ना तो यह समझ लेना कि आर्यावर्त्त में कोई सहायता करनेवाला नहीं है। उस समय दक्षिणापथ में जगद्विजयी चालुक्यराज मंगलेश के पास दूत भेजकर सहायता माँगना।"

बोलते-बोलते वृद्ध यशोधवलदेव को कुछ थकावट आ गई। वे आँख मूँदकर चुपचाप पड़े रहे। जब उन्होंने आँखें खोलीं तब उनकी दृष्टि कुमार के पीछे खड़े उस नए युवक पर पड़ी। उन्होंने सम्राट के मुँह की ओर देखा। शशांक समझ गए कि वृद्ध महानायक उस युवक का परिचय चाहते हैं। शशांक ने पूछा, "आर्य्य! समरभीति का आपको कुछ स्मरण है?" वृद्ध महानायक चकित होकर बोले, "समरभीति तो मेरे बड़े भारी सुहृद थे। उनके सहसा देश छोड़कर कहीं चले जाने से मेरा दाहिना हाथ टूट गया। उसी दिन से मैं और हारकर बैठ गया।" शशांक बोले, "आर्य्य! उन्हीं के पुत्र सैन्यभीति आपके सामने खड़े हैं।" वृद्ध महानायक फिर उठ बैठे। युवक को अच्छी तरह देख वे बोले, "हाँ! आकृति तो उन्हीं की सी है। भैया! पास आओ।" युवक ने वृद्ध के चरणों पर मस्तक रख दिया। महानायक आशीर्वाद देकर बोले, "क्या नाम बताया? सैन्यभीति।

ठीक है, समरभीति के पुत्र सैन्यभीति।" वृद्ध युवक की पीठ पर हाथ फेरते-फेरते बोले, "पुत्र, ये तुम्हें कहाँ मिले?"

"कान्यकुब्ज में जब मैं राज्यवर्द्धन के आक्रमण की प्रतीक्षा कर रहा था, उसी समय ये मेरे पास आए। प्रतिष्ठानपुर के युद्ध में भी वाराणसीभुक्ति की सेना के साथ ये मिलकर लड़ते रहे, पर किसी को इनका परिचय न था। कान्यकुब्ज में जाकर इन्होंने अपने को प्रकट किया। साम्राज्य की दुरवस्था के समय इनके पिता समरभीति चालुक्यराज मंगलेश के यहाँ दक्षिण चले गए थे।"

यशोधवल–सैन्यभीति! तुम्हारे पिता अभी हैं?

सैन्य.–आर्य्य! उन्हें मरे आज आठ वर्ष हुए। उस समय मेरी अवस्था पन्द्रह वर्ष की थी। मरते समय जो कुछ उन्होंने कहा, वह अब तक मेरे कानों में गूँज रहा है। पुत्र! गुप्तवंश को न भूलना। मैं अपने स्वामी महासेनगुप्त को दुरवस्था में छोड़ चला आया। तुम इसका प्रायश्चित्त करना। महारोनगुप्त के वंश में जो कोई हो, उसकी सेवा में अपना जीवन उत्सर्ग कर देना। तभी मेरी आत्मा को शान्ति मिलेगी। थानेश्वर से मगध साम्राज्य को बड़ा भारी भय है। तुम सदा समुद्रगुप्त के वंशधर का साथ देना।

यशो.–धन्य! समरभीति, धन्य! बेटा सैन्यभीति, तुम दक्षिण से यहाँ अकेले आए हो या तुम्हारे साथ कोई और भी है?

सैन्य.–एक आदमी और है।

यशो.–तुम्हारी स्त्री होगी?

सैन्य.–नहीं, मेरी बहिन है। मेरा तो विवाह ही नहीं हुआ है।

यशो.–उसे किसके यहाँ छोड़ा है?

सैन्य.–आर्य्य! वह यहीं है। आज्ञा हो तो ले आऊँ?

यशोधवलदेव के कहने पर सैन्यभीति बाहर गए और थोड़ी देर में एक अत्यन्त रूपवती युवती को साथ लिये आ खड़े हुए। उसका रूप-लावण्य और दक्षिणी पहिनावा देख सब मोहित से हो गए। शशांक भी उसकी ओर बड़ी देर तक ताकते रह गए। सैन्यभीति बोले :

"आर्य्य! जिस समय पिताजी महाराजाधिराज समुद्रगुप्त और चन्द्रगुप्त के प्रताप और पराक्रम की कहानियाँ कहते थे, हम दोनों भाई-बहिन बड़े ध्यान से सुनते थे। उस समय हम दोनों के मन में यही होता कि किसी प्रकार समुद्रगुप्त के किसी वंशधर का दर्शन करते। कुछ दिनों में समुद्रगुप्त वंशधर श्रीशशांक नरेन्द्रगुप्त के बल और पराक्रम की बातें दक्षिण में पहुँचने लगीं। मुझसे वातापिपुर में न रहा गया। मैं चल खड़ा हुआ। मेरे साथ मेरी बहिन मालती भी हो ली। उसकी उत्कंठा से मेरी उत्कंठा भी कहीं अधिक बढ़ी हुई थी।"

यशोधवलदेव बोले, "अच्छा, अब सब लोग जाकर विश्राम करो। मेरा जी अच्छा है। वीरेन्द्र! सभरभीति के पुत्र को अपने साथ रखो, देखना, किसी बात का कष्ट न हो। लतिका! तुम बेटी, मालती को अपने साथ ले जाओ।" सब लोग कोठरी के बाहर हुए।

बारहवाँ परिच्छेद

प्रत्याख्यान

सम्राट को रोहिताश्वगढ़ आए आज बारह दिन हो गए। सन्ध्या का समय है। गढ़ के अन्तःपुर के प्रासाद के एक छज्जे पर लतिका, तरला और मालती बैठी हैं। मालती अब दोनों के साथ अच्छी तरह हिल-मिल गई है। लतिका तो उसकी न जाने कब की पुरानी सखी जान पड़ती है। छज्जे पर बैठी तीनों युवतियाँ सोनपार के नीले पहाड़ों को देख रही हैं। लतिका बोली, "क्यों बहिन मालती! तुम्हारे भाई तो बड़े भारी अश्वारोही योद्धा हैं। उनके साथ-साथ तुम कैसे इन पहाड़ों को लाँघती हुई आई हो?"

"मैं भी घोड़े पर अपने भाई के साथ-साथ बराबर आई हूँ।"

"क्या इसी तरह काछा काछे हुए स्त्री के वेश में?"

"नहीं।"

"तुमने पुरुष का वेश क्यों धारण किया?"

"एक युवती को साथ लेकर चलने में भैया को बाधा होती, एक कारण तो यह था और दूसरा...।"

"और दूसरा?"

मालती कुछ लज्जित-सी हो गई। उसके मुँह से जो वह कहने जाती थी, सहसा न निकल सका। यह देख लतिका बोली, "देखो बहिन! मुझसे भी छिपाव रखती हो?"

"नहीं बहिन, तुमसे क्या छिपाना है? बात यह थी कि मैं सम्राट शशांक को देखना चाहती थी।"

लतिका और तरला ठठाकर हँस पड़ीं। तरला बोली, "तो इसमें संकोच की क्या बात है? अच्छा, यह बताओ कि तुमने सम्राट को जी भरकर देखा कि नहीं? न देखा हो तो मैं जाकर उन्हें यहाँ बुलाए लाती हूँ।" यह कहकर वह चल पड़ी। मालती ने उसे दौड़कर जा पकड़ा और अपनी ओर खींचने लगी। लतिका ने कहा, "तरला! तू सबको इसी प्रकार सताया करती है।" तरला ने कहा, "घबराओ न, मैं सैन्यभीति को भी अपने साथ लिये आती हूँ।" इस बात पर न जाने क्यों लतिका लजा गई और तरला को मारने दौड़ी। इसी धमा-चौकड़ी के बीच एक परिचारिका ने आकर तरला से कहा, "आपको गढ़पति बुला रहे हैं।"

परिचारिका के साथ तरला धीरे-धीरे वृद्ध महानायक की कोठरी में गई। यशोधवल आज कुछ अच्छे दिखाई देते हैं। कोठरी में और कोई नहीं है। तरला उनके पास जा खड़ी हुई। वृद्ध महानायक कहने लगे, "तरला! जब से मैंने समरभीति के पुत्र को देखा है, मेरे हृदय पर का एक बोझ-सा हटा जान पड़ता है। स्वर्गीय समरभीति का वंश प्रतिष्ठा में धवल वंश के तुल्य है। वे मेरे बड़े सच्चे सुहृद थे। जब से मैंने उनका नाम सुना है, उनकी वीर मूर्ति मेरी आँखों के सामने नाच रही है। थानेश्वरवालों का बढ़ता हुआ प्रभाव उन्हें असह्य हो गया। मगध साम्राज्य की दुर्दशा वे न देख सके। उन्होंने सोचा कि चालुक्यराज

द्वारा ही अन्याय से बढ़ते हुए थानेश्वर का गर्व दूर हो सकता है। हाँ! अपना मनोरथ वे लिए ही चले गए।" वृद्ध की आँखें डबडबा आईं, बोलते-बोलते वे शिथिल हो पड़े। थोड़ी देर में वे फिर कहने लगे, "मगध साम्राज्य को क्रमशः थानेश्वर की अधीनता में जाते देखना उन्होंने पाप समझा। जाते समय वे अपना हृदय अपने पुत्र को दे गए। तरला! जो प्रतिज्ञा लेकर मैं अपनी लतिका को किसी वीर को देना चाहता था, उसी प्रतिज्ञा से बद्ध मेरे परम सुहृद के पुत्र को अन्तिम समय में लाकर भगवान् ने मेरे सामने खड़ा कर दिया। उसकी महिमा अपार है। मेरे रहते यदि बात पक्की हो जाती तो मैं लतिका और रोहिताश्वगढ़, दोनों चिन्ताओं से छूट जाता।"

तरला–प्रभो! आप निश्चिन्त रहें। यह बात आपके सामने ही हो जाएगी।

यशोधवल–एक बात का बड़ी भारी खटका और है। यदि सम्राट ने विवाह न किया तो फिर गुप्तवंश का क्या होगा?

तरला–प्रभो! इसकी चेष्टा भी मैं करती हूँ।

यशो.–अभी इसकी चेष्टा क्या करोगी? पहले सम्राट के योग्य कन्या भी तो कहीं मिले।

तरला–कन्या तो मिली हुई है!

यशो.–कन्या मिली हुई है?

तरला–हाँ! वह यहीं है। सैन्यभीति की बहिन, मालती।

वृद्ध महानायक का चेहरा खिल उठा। वे बोल उठे, "हाँ, हाँ! बहुत ठीक। रूप और गुण में तो अद्वितीय है।"

तरला–सम्राट पर उसका अनुराग भी वैसा ही अद्वितीय है। पर सम्राट के चित्त की जो अवस्था है, वह बेढब है। उसका मन फेरना सहज नहीं है। फिर भी मैं भरसक कोई बात उठा न रखूँगी।

यशो.–हाँ, तरला! ये दोनों काम हो जाते तो मैं आनन्द से अपना जीवन समाप्त करता।

तरला वृद्ध का आशीर्वाद ग्रहण करके बाहर निकली।

दो पहर रात बीत गई है। कृष्णपक्ष का टेढ़ा चन्द्रमा निकलकर पर्वतमालाओं पर धुँधली आभा डाल रहा है। सम्राट शशांक गढ़ के परकोटे पर अकेले टहल रहे हैं। वे खा-पीकर सोने गए थे, पर उन्हें नींद न आई। वे शयनगार से निकलकर चाँदनी के प्रकाश में उज्ज्वल परकोटे पर इधर-उधर टहलने लगे। उस समय रोहिताश्वगढ़ के भीतर सब लोग सो रहे थे। फाटक को छोड़ और स्थान के दीपक बुझ गए थे। सम्राट जब से रोहिताश्वगढ़ में आकर ठहरे हैं, तब से आसपास के पहाड़ी, गाँवों में नित्य उत्सव होता है। किसी-किसी गाँव से गाने-बजाने के शब्द बीच-बीच में आ जाता है। सम्राट को शयनागार से निकलते देख एक शरीररक्षी उनके पीछे-पीछे चला, पर सम्राट के निषेध करने पर वह दुर्गप्राकार के नीचे अँधेरे में खड़ा रहा।

शशांक परकोटे पर से ही तोरण की ओर बढ़ने लगे। सहसा किसी के पैर की आहट सुनकर वे खड़े हो गए। उन्होंने देखा कि कुछ दूर पर उज्ज्वल चाँदनी में श्वेत

वस्त्र धारण किए एक स्त्री खड़ी है। सम्राट ठिठककर खड़े हो गए। चट उनका हाथ तलवार की मूठ पर जा पड़ा। उस समय बौद्धसंघ किसी-न-किसी उपाय से सम्राट की हत्या करने के घात में रहता था। इसी से सम्राट का हाथ तलवार पर गया। उन्होंने धीरे से पूछा, "कौन है?" उत्तर मिला, "मैं हूँ, तरला।" शशांक ने हँसकर तलवार की मूठ पर से हाथ हटा लिया और पूछा, "तरला! इतनी रात को कहाँ?"

"महाराज यदि अभयदान दें तो कहूँ।"

"बेधड़क कहो।"

"महाराज! अभिसार को निकली हूँ।"

"मार डाला! क्या वीरेन्द्रसिंह से जी भर गया?"

"वे तो अब बुड्ढे हो गए। जैसा समय आया है, उसके अनुसार और न सही तो परोपकार के लिए ही दो-एक रसिक नागर अपने हाथ रहें तो अच्छा है।"

"तरले! बातों में मैं तुमसे पार पा जाऊँ, ऐसा वीर मैं नहीं हूँ। तुम्हारी बात कुछ समझ में न आई।"

"महाराज! जिन्हें भूख तो है पर लज्जा के मारे शिकार नहीं कर सकते, ऐसों के लिए ही मुझे कभी-कभी बाहर निकलना पड़ता है।"

"तुमने जिसका शिकार किया है, क्या वह कुछ नहीं बोलता?"

"महाराज! उसकी कुछ न पूछिए।"

"बताओ तो किस पर लक्ष्य करके निकली हो?"

"आप पर?"

"मुझ पर?"

"हाँ, महाराज!"

"यह कैसी बात, तरला?"

"महाराज..."

"तरले! जान पड़ता है, तुम कुछ भूलती हो।"

"नहीं, महाराज! मैं भूलती नहीं हूँ।"

"तो फिर तुम क्या कहती हो?"

"मैं यही कहती हूँ कि कोई आपके ऊपर मर रहा है।"

"मेरे ऊपर? तरला, तुम क्या सब बातें भूल गईं?"

"नहीं महाराज!"

"तो फिर?"

"क्या कहूँ, महाराज! कौन किस पर क्यों मरता है, कौन कह सकता है?"

"उसे क्या सम्भव-असम्भव का भी विचार नहीं होता?"

"महाराज! कहते लज्जा आती है, मन्मथ के राज्य में सम्भव-असम्भव का विचार नहीं है। और फिर हम लोगों की—जो आपके अन्न से पल रहे हैं—सदा सर्वदा यही इच्छा रहेगी कि राजभवन में पट्टमहादेवी आएँ और हम लोग उनकी सेवा करके जन्म सफल करें।"

"अब असम्भव है, तरला!"

"महाराज! तो क्या...!"

"तो क्या, तरला?"

"तो क्या महाराज अपना जीवन इसी प्रकार बिताएँगे? आपके जीवन का अभी एक प्रकार से सारा अंश पड़ा हुआ है।"

"तरला! मैंने यही स्थिर किया है।"

"महाराज! फिर साम्राज्य का उत्तराधिकारी...?"

"क्यों, माधव का पुत्र?"

"हार गई, महाराज! पर अबला की प्राणरक्षा कीजिए।"

"वह है कौन, तरला?"

"जब किसी प्रकार की आशा ही नहीं तब फिर और बातचीत क्या? महाराज एक बार उससे मिल ही लें।"

"वह कहाँ है?"

"यहीं है।"

"यहीं है? इसी रोहिताश्वगढ़ में?"

"हाँ, महाराज! इसी गढ़ के परकोटे की छाया में।"

तरला आगे-आगे चली। शशांक को एक स्वप्न-सा जान पड़ा। वे उसके पीछे-पीछे चले। दुर्ग के प्राकार की छाया में एक ओर रमणी खड़ी थी। सम्राट को अपनी ओर आते देख उसने सिर का वस्त्र कुछ नीचा कर लिया। सम्राट ने पास जाकर देखा कि सैन्यभीति की बहिन मालती है।

तरला ने मालती के कान में न जाने क्या कहा। फिर सम्राट की ओर फिरकर वह बोली, "महाराज! आपने जो कहा, मैंने मालती से कह दिया, फिर भी वे आपसे कुछ कहना चाहती हैं। मैं हट जाती हूँ।" तरला इतना कहकर दूर चली गई।

शशांक ने पूछा, "मालती! तुम्हें मुझसे क्या कहना है?"

मालती चुप।

"क्या कहती हो, कहो।"

"कुछ उत्तर नहीं।

"तुम्हें कहने में संकोच होता है, तरला को बुलाऊँ?"

बहुत अस्फुट स्वर में धीरे से उत्तर मिला, "नहीं, प्रभो!"

"मुझसे क्या कहने आई हो?"

कोई उत्तर नहीं।

"मालती! मैंने सुना है कि तुम मुझे चाहती हो?"

मालती से फिर भी कोई उत्तर न बन पड़ा।

"तुमने तरला से तो सब सुना ही होगा, फिर जान-बूझकर ऐसा क्यों करती हो? तुम परम प्रतिष्ठित भीतिवंश की कन्या हो। तुम्हारी सी सर्वगुणसम्पन्ना अनुपम रूपवती

को पाकर मैं अपने को परम भाग्यवान् समझता, पर मेरे भाग्य में नहीं है।'' शशांक ने ठंडी साँस लेकर फिर कहा, ''तुम अभी एक प्रकार से अनजान हो, यदि भूल से इस बखेड़े में पड़ गई हो तो अब से जाने दो। सैन्यभीति तुम्हारे लिए उत्तम वर ढूँढ़कर तुम्हारा विवाह करेंगे।''

मालती सिर नीचा किए हुए धीरे से बोली, ''असम्भव महाराज!''

चौंककर सम्राट ने पूछा, ''क्या कहा?''

''असम्भव।''

''सुनो मालती! मेरे लिए चित्रा ने प्राण दे दिया—मैं इस जीवन में उसे नहीं भूल सकता। मेरा शेष जीवन अब उसी पाप के प्रायश्चित्त में बीतेगा। मैं तुम्हें किस प्रकार अपने जीवन का साथी बना सकता हूँ?''

अकस्मात् सिर का वस्त्र हट गया। उज्ज्वल चाँदनी चन्द्रमुख पर पड़ी। सम्राट ने देखा कि मालती ध्यान में मग्न है। बहुत देर पीछे उसने धीरे-धीरे कहा :

''महाराज! बाल्यावस्था से ही समुद्रगुप्त के वंशधर की कीर्ति इन कानों में पड़ती आ रही है। जिस मूर्ति की अव्यक्त भावना से सारा जगत् सौन्दर्यमय दिखाई पड़ता था, उसका साक्षात् दर्शन प्रतिष्ठानपुर में हुआ। जिन पिंगल केशों की चर्चा दक्षिण में मैं सुनती आ रही थी, उन्हें प्रतिष्ठानपुर में आकर देखा। महाराज! चपलता क्षमा हो, जो मेरे हृदय के प्रत्येक भाव के साथ मिला हुआ है, जो हृदयस्वरूप हो रहा है, उसका ध्यान इस जीवन में किस प्रकार हट सकता है?''

''मालती! मेरे हृदय में जो भयंकर ज्वाला है, उसका अनुभव दूसरा कोई नहीं कर सकता। मैं सदा उसी ज्वाला में जला करता हूँ। मैं कभी उसे भूल नहीं सकता। इसके लिए मुझे क्षमा करो। जो तुम कहती हो, वह इस जन्म में नहीं हो सकता, कभी नहीं हो सकता। तुम्हारे मन को मुझसे जो कष्ट पहुँचा, उसके लिए क्षमा करो। मैं बड़ा भारी अभागा हूँ, मेरे जीवन में सुख नहीं है। बौद्धाचार्य शक्रसेन ने यह बात मुझसे बहुत पहले कही थी, पर उस समय मैंने कुछ ध्यान न दिया। जीवन मधुमय नहीं है, विषमय है। जो कुछ तुम्हारे हृदय में समा रहा है, उसे स्वप्नमात्र समझो, स्वप्न दूर करते क्या लगता है?''

''महाराज! वह स्वप्न अब प्रत्यक्ष हो गया है, अब किसी प्रकार हट नहीं सकता। मैं पट्टमहादेवी बनना नहीं चाहती, मुझे सिंहासन पर बैठने की आकांक्षा नहीं है, मैं महाराज के चरणों के नीचे रहकर सेवा में दिन बिताना चाहती हूँ।'' यह कहकर वह शशांक के चरणों पर लोट गई। हृदय आवेग से व्याकुल होकर सारे आर्यावर्त्त के चक्रवर्ती सम्राट शशांक नरेन्द्रगुप्त बैठ गए और अत्यन्त कातर स्वर से कहने लगे, ''मालती! क्षमा करो। मैं ज्वाला से मरा जाता हूँ—विषम यन्त्रणा है—चित्रा...।''

सम्राट का गला भर आया। वे आगे और कुछ न कह सके। उनकी यह दशा देख मालती की आँखों से भी आँसुओं की धारा बहने लगी। उसने रोते-रोते कहा, ''महाराज! आपकी दशा देख मेरा हृदय विदीर्ण हुआ जाता है। जिस मूर्ति का मैं रात-दिन ध्यान करती थी, उसे इस अवस्था में देखूँगी, संसार की इस विचित्र गति का अनुमान मुझे न

था। यदि इस लोक में कहीं चित्रादेवी होतीं तो मैं अपने प्राणों पर खेल उन्हें ढूँढ़ लाती और महाराज का प्रसन्न मुख देख कृतकृत्य होती। महाराज! मैं पट्टरानी नहीं होना चाहती। राजभवन में सहस्रों दासियाँ होंगी, उन्हीं में मेरी गिनती भी हो। बस, मुझे और कुछ न चाहिए। मेरा जीवन स्वप्नमय है। इतनी ही विनती है कि इस स्वप्न को भंग न कीजिए। मैं महाराज के साथ छाया के समान फिरकर इस स्वप्न को चलाए चलूँगी। कोई मुझे रोक नहीं सकता।''

''यह नहीं हो सकता। कभी नहीं, मालती! यह सब स्वप्न है—भूल जाओ—क्षमा करो।''

यह कहकर मगधेश्वर वहाँ से भाग खड़े हुए। उनके पिंगल केश पीछे लहरा उठे, जब तक वे दिखाई पड़ते रहे, मालती एकटक उनकी ओर ताकती रही।

तेरहवाँ परिच्छेद
अभिशाप

आज यशोधवलदेव के जीवन का अन्तिम दिन है। पलंग के पास सम्राट शशांक, वीरेन्द्रसिंह, सैन्यभीति, लतिका, तरला, मालती और गढ़ के पुराने भृत्य आँखों में आँसू भरे खड़े हैं। वृद्ध महानायक निश्चेष्ट भाव से आँख मूँदे पड़े हैं। थोड़ी देर में उन्होंने आँख खोली और सम्राट को सम्बोधन करके क्षीण स्वर से कहने लगे, ''पुत्र! मैं तो अब चला। वंशगौरव के उद्धार का जो व्रत तुमने लिया है, उस पर दृढ़ रहना। हर्षवर्द्धन तुम्हारा कुछ नहीं कर सकते। अन्याय से अर्जित थानेश्वर का साम्राज्य एक पीढ़ी भी न चलेगा। हर्ष के सामने ही वह छिन्न-भिन्न होने लगेगा और हर्ष यह देखते हुए मरेंगे कि थानेश्वर का सिंहासन विश्वासघाती अमात्यों के हाथ में जा रहा है। यदि आजीवन मैंने क्षात्रधर्म्म का पालन किया होगा तो मेरा यह वचन सत्य होगा। जैसे लक्षण दिखाई पड़ रहे हैं, सम्भव है, तुम्हारे कार्य्य में बाधा पड़े, पर निराश न होना। यदि मगध में रहना असम्भव हो जाए तो माधवगुप्त को मगध के सिंहासन पर छोड़ दक्षिण की ओर चले जाना। पर यह देखते रहना कि थानेश्वर का कोई राजपुत्र या राजपुरुष मगध में प्रवेश न करने पाए। दक्षिण में अपनी शक्ति बराबर बढ़ाते रहना। समुद्रगुप्त के वंश का प्रताप फिर चमकेगा।''

बोलते-बोलते महानायक शिथिल हो पड़े। सम्राट के नेत्रों से अश्रुधारा छूट रही थी। यशोधवलदेव ने फिर आँखें खोलीं और कहने लगे, ''पुत्र, मेरे लिए दुखी न हो। मैं बहुत दिन इस संसार में रहा। लतिका कहाँ है?'' लतिका रोती हुई अपने दादा के पास आ खड़ी हुई। सैन्यभीति को अपने पास बुला लतिका का हाथ उन्हें थमा वृद्ध महानायक सम्राट से बोले, ''पुत्र! लतिका को मैंने समरभीति के पुत्र को अर्पित किया। शुभ मुहूर्त में इन दोनों का विवाह करा देना और विवाह के समय वह कंगन इसके हाथ में पहिना देना। मुझे अब और कुछ कहना नहीं है। मैं आनन्द से...पर एक बात...तुम अपना विवाह...।'' सम्राट का गला भर आया था। उनके मुँह से एक शब्द न निकला। वृद्ध

महानायक की चेष्टा भी क्रमशः मन्द होने लगी। दूसरे दिन्न वह संवाद फैल गया कि रोहिताश्वगढ़ के अधीश्वर का परलोकवास, हो गया।

महानायक के जब सब कृत्य हो चुके तब प्रतिष्ठानपुर से दूत संवाद लेकर आया कि हर्षवर्द्धन ने कान्यकुब्ज पर चढ़ाई की है। सम्राट ने पाटलिपुत्र की तैयारी की। वृद्ध अमात्य विधुसेन की प्रार्थना पर सम्राट ने रोहिताश्वगढ़ की रक्षा का भार सैन्यभीति को प्रदान किया। विधुसेन और धनसुख के हाथ में दुर्ग सौंपकर वीरेन्द्रसिंह और सैन्यभीति सम्राट के साथ पाटलिपुत्र गए।

हर्ष की चढ़ाई का संवाद पाते ही सम्राट की आज्ञा का आसरा न देख सेनापति हरिगुप्त सेना सहित पश्चिम की ओर चल पड़े। राजधानी में लौटकर शशांक चरणाद्रि की तैयारी करने लगे। इधर महाधर्म्माध्यक्ष नारायणशर्म्मा चाहते थे कि सम्राट राजधानी न छोड़ें। उधर माधववर्म्मा, अनन्तवर्म्मा और वीरेन्द्रसिंह युद्ध में योग देने के लिए अधीर हो रहे थे। शशांक बड़े असमंजस में पड़े। इधर जब से शशांक रोहिताश्वगढ़ से आए हैं तब से शक्तिहीन से हो रहे हैं। वे सदा अनमने से रहते हैं, उनका जी ठिकाने नहीं रहता। प्रत्येक बात का उत्तर वे कुछ चौंककर देते हैं। सम्राट की यह अवस्था देख माधववर्म्मा और अनन्तवर्म्मा अत्यन्त विस्मित हुए। थानेश्वर की सेना एक बार हार चुकी थी, पर हर्षवर्द्धन का प्रभाव आर्यावर्त्त में बहुत कुछ था। प्राचीन गुप्तवंश का गौरव फिर से स्थापित करने के लिए हर्षवर्द्धन का प्रभाव नष्ट करना अत्यन्त आवश्यक है। इस बात को छोटे से बड़े तक सब जानते थे। नए सम्राट के नेतृत्व में कई बार विजय प्राप्त करके मागध सेना उमंग में भरी किसी नए अवसर का आसरा देख रही थी। पाटलिपुत्र के क्षुद्र से क्षुद्र मनुष्य को यह निश्चय हो गया था कि समुद्रगुप्त के वंशधर समुद्रगुप्त के साम्राज्य पर फिर अधिकार करेंगे। जय और पराजय, सिद्धि और असिद्धि के इस सन्धिस्थल पर नए सम्राट को कर्त्तव्यविमूढ़ देख गुप्तराजवंश के जितने हितैषी थे, सब भाग्य को दोष देने लगे।

अदृष्ट चक्र किधर से किधर घूमेगा, यह उस चक्रधर के अतिरिक्त और कोई नहीं कह सकता। जिस समय गुप्तसाम्राज्य के सेनानायक नवीन रणक्षेत्र के लिए अधीर हो रहे थे, उस समय प्राचीन गुप्तसाम्राज्य का भाग्यचक्र दूसरी ओर मुड़ रहा था। बार-बार के आघात से नए सम्राट का हृदय यदि जर्जर न हो गया होता, तरुणावस्था में ही चोट पर चोट खाते-खाते शशांक का हृदय यदि दुर्बल न हो गया होता तो सातवीं शताब्दी के पूर्वार्द्ध का इतिहास और ही प्रकार से लिखा जाता। बहुत सम्भव था कि लाख विघ्न-बाधाओं के रहते भी शशांक नरेन्द्रगुप्त अपने पूर्वपुरुषों का सब अधिकार फिर प्राप्त कर लेते। पर भावी प्रबल है, भीषण से भीषण पुरुषार्थ उसे नहीं हटा सकता। इस विषय में दार्शनिक पंडितों के बीच चाहे मतभेद हो, पर अदृष्टवासियों के निकट तो यह ध्रुवसत्य है।

जिस समय नए सम्राट थानेश्वर के साथ युद्ध करने की तैयारी कर रहे थे, वृद्ध धर्म्माध्यक्ष सम्राट से राजधानी में ही रहने के लिए बार-बार अनुरोध कर रहे थे और युद्ध व्यवसायी चटपट रणक्षेत्र में उतरने का परामर्श दे रहे थे, उसी समय पूर्णिमा को पूर्ण

शशांक को ढाँकने के लिए, गुप्तसाम्राज्य की फिर से बढ़ती हुई कीर्तिकला को दृष्टि से ओझल करने के लिए, उत्तर-पूर्व के कोने पर से एक काला मेघ उठता दिखाई पड़ा।

भगदत्तवंशीय कामरूप के राजा गुप्तवंश के सम्राटों के पुराने शत्रु थे। लौहित्या के किनारे कामरूपराज सुस्थितवर्म्मा महासेनगुप्त के हाथ से पराजित हो चुके थे। महावीर यज्ञवर्म्मा ने परशु का आघात अपने ऊपर लेकर सम्राट की जीवन रक्षा की थी। शंकरनद के तट पर विलक्षण संयोग से कुमार भास्करवर्म्मा शशांक नरेन्द्रगुप्त द्वारा हटाए जा चुके थे। उस समय जो सन्धि हुई थी, उसका पालन अब तक होता आया था। राज्यवर्द्धन के मरने पर जब हर्षवर्द्धन भाई की हत्या का बदला लेने और आर्यावर्त्त से शशांक का अधिकार लुप्त करने निकले तब कामरूपवालों ने भी अच्छा अवसर देख युद्धघोषणा कर दी। पाटलिपुत्र में बैठे-बैठे शशांक ने सुना कि कामरूप की सेना शंकरनद पार करके बंगदेश की ओर बढ़ी आ रही है। कामरूप के राजाओं के इस आचरण का संवाद पाकर तरुण सम्राट का मोह कुछ दूर हुआ। सोता हुआ सिंह जाग पड़ा। शशांक की नींद टूटी। सिर पर विपत्ति देखते ही उनका शैथिल्य हट गया। उन्होंने स्थिर किया कि वीरेन्द्रसिंह और माधववर्म्मा भास्करवर्म्मा के विरुद्ध बंगदेश की ओर जाएँ और वे आप अनन्तवर्म्मा को साथ लेकर कान्यकुब्ज की ओर यात्रा करें। पुराने नौवलाध्यक्ष रामगुप्त और महाधर्म्माध्यक्ष नारायणशर्म्मा पाटलिपुत्र में रहकर मगध की रक्षा करें।

यात्रा करने के पूर्व एक दिन सम्राट चित्रादेवी की फुलवारी में बैठे कान्यकुब्ज और प्रतिष्ठान दुर्ग से आए हुए दूतों के मुँह से युद्ध का वृत्तान्त सुन रहे थे। लम्बा भाला लिये अनन्तवर्म्मा उनके पीछे खड़े थे। कान्यकुब्ज का दूत दुर्ग के भीतर घिरे हुए वसुमित्र की दुर्दशा का ब्यौरा सुना रहा था। दूत कह रहा था, "महाराजाधिराज! थानेश्वर की असंख्य सेना आकर नगर को घेरे हुए है। महानायक वसुमित्र सेना सहित दुर्ग के भीतर घिरे हुए हैं। दुर्ग में यद्यपि खाने-पीने की सामग्री कम नहीं है पर यदि साम्राज्य की सेना चटपट महानायक की सहायता के लिए न पहुँचेगी तो दुर्गरक्षा किसी प्रकार नहीं हो सकती। कान्यकुब्जवाले बड़े विश्वासघाती हैं। वे धन के लोभ से चुपचाप दुर्ग का फाटक खोल दें तो आश्चर्य नहीं। अब तक तो खुल्लमखुल्ला उन्होंने कोई विरुद्ध आचरण नहीं किया है, पर विद्रोह होने पर नगर की रक्षा असम्भव हो जाएगी। नित्य थानेश्वर से नई-नई सेना आकर दुर्ग पर धावा बोलती है। महानायक की सेना तो छीजती जा रही है पर शत्रु की सेना घटती नहीं दिखाई देती।"

शशांक–विद्याधरनन्दी कहाँ हैं?

दूत–वे भी प्रतिष्ठान दुर्ग में घिरे हुए हैं।

शशांक–हरिगुप्त कहाँ तक पहुँचे हैं?

अनन्त–प्रभो! उनकी अश्वारोही सेना चरणाद्रि के आगे निकल गई है।

शशांक–अनन्त! चलो, हम लोग भी कल ही यात्रा कर दें। माधव और वीरेन्द्र यदि भास्करवर्म्मा को पराजित न कर सकेंगे तो भी उन्हें बढ़ने न देंगे। यदि इस समय हम लोग चलकर हर्षवर्द्धन के पैर न उखाड़ेंगे तो साम्राज्य का मंगल नहीं है।

अनन्त–प्रभो! मुझे जो आज्ञा मिले तो मैं इसी क्षण चलने के लिए प्रस्तुत हूँ। सैन्यभीति भी तैयार हैं।

शशांक–रोहिताश्वगढ़ की सेना तो बंगदेश की ओर जाएगी।

अनन्त–वे महाराज ही के साथ रहना चाहते हैं।

शशांक–अच्छी बात है। क्यों दूत! विद्याधरनन्दी प्रतिष्ठान दुर्ग में कैसे घिर गए?

दूत–महाराजाधिराज! बौद्धाचार्यों के भड़काने से सारे मध्यदेशवासी विद्रोही हो गए हैं। बौद्धाचार्यों ने घूम-घूमकर उपदेश दिया है कि राजा बौद्ध नहीं है, इससे सद्धर्मियों को उसकी आज्ञा में रहना उचित नहीं।

यह बातचीत हो ही रही थी कि फुलवारी के पीछे के पेड़ों के बीच से एक आदमी दौड़ा-दौड़ा आया और उसने सम्राट पर एक बरछा छोड़ा। चट दूसरे पेड़ की ओट से महाप्रतिहार विनयसेन निकलकर सम्राट के आगे खड़े हो गए। देखते-देखते बरछा महाप्रतिहार की छाती को पार कर गया। विनयसेन का शरीर सम्राट के पैरों के नीचे धड़ाम से गिर पड़ा। अनन्तवर्म्मा दौड़कर उस आततायी का सिर उड़ाना ही चाहते थे कि सम्राट उन्हें रोककर विनयसेन का घाव देखने लगे। शशांक ने देखा कि बरछा वृद्ध महाप्रतिहार के हृदय को चीरता हुआ पार हो गया है, पर वे अभी मरे नहीं हैं। थोड़ी देर में वृद्ध महाप्रतिहार ने आँखें खोलीं। यह देख शशांक ने पुकारा, ''विनय!''

क्षीण स्वर में उत्तर मिला, ''महाराज।''

''यह क्या किया?''

''महाराज! पानी।''

अनन्तवर्म्मा ने जल लाकर महाप्रतिहार के मुँह में डाला। वृद्ध कुछ स्वस्थ होकर बोला, ''महाराज!...बौद्ध चक्रान्त...भीषण षड्यन्त्र...दो महीने से...ये सब...आपकी...हत्या... करने की...चेष्टा में थे...जल...मेरे मारे...कुछ कर नहीं...पाते थे...यह बुद्धश्री है...जल।''

अनन्तवर्म्मा ने मुँह में फिर थोड़ा जल दिया। विनयसेन की छाती के घाव से रक्त की धारा छूट चली–धरती गीली हो गई। धीरे-धीरे वृद्ध की चेष्टा मन्द होने लगी–देह पीली पड़ चली। बड़े कष्ट से ये शब्द निकले, ''महाराज, शशांक...अब भी...कड़ी आशंका है...तुरन्त...पाटलिपुत्र...परित्याग सब...बौद्ध...शशा...।'' वाक्य पूरा होने के पहले ही वृद्ध ने मुँह से रक्त फेंका। प्राण निकल गया, सिर सम्राट के पैरों पर पड़ा रहा। शशांक की आँखों से आँसू की धारा बह रही थी। उनका गला भर आया था। उनके मुँह से इतना भर निकला–अनन्त! आज ही।''

''क्या महाराज?''

''आज ही–पाटलिपुत्र परित्याग...।''

''क्यों प्रभो?''

''अनन्त! चित्रा, पिता, लल्ल, वृद्ध महानायक, अन्त में ये विनयसेन भी...। आज ही मैं पाटलिपुत्र छोड़ता हूँ। रामगुप्त से कह आओ कि एक पक्ष के भीतर नगरवासी पाटलिपुत्र छोड़ दें। गीदड़, कुत्तों और चील, कौवों को छोड़ पाटलिपुत्र में और कोई

न रह जाए। मैं इसी क्षण पाटलिपुत्र छोड़ता हूँ। जो अपने को मेरी प्रजा समझता हो, वह भी चटपट छोड़ दे। मैं शाप देता हूँ कि जो कोई यहाँ रहेगा, उसका निर्वंश होगा, उसके कुल में कोई न रह जाएगा, उसका मांस चील-कौवे खाएँगे। बुद्धश्री को आग में जलाओ।"

उसी क्षण तरुण सम्राट नंगे पैर नगर के बाहर हुए। एक पल के भीतर प्राचीन पाटलिपुत्र नगर उजाड़ हो गया। कई सौ वर्ष तक शशांक के शाप के भय से कोई पाटलिपुत्र में न बसा।

चौदहवाँ परिच्छेद
आत्मोत्सर्ग

"क्या कहा?"

"सच कहता हूँ, महाराज! मैंने बंगदेश और प्रतिष्ठानपुर में उनका तलवार चलाना देखा था, उनका अद्भुत पराक्रम मैं देख चुका हूँ। वे तक्षदत्त के पुत्र थे। नरसिंहदत्त को छोड़ ऐसी अद्भुत वीरता और कोई नहीं दिखा सकता।"

"क्या यह सच है?"

"सच है, महाराज! बीस वर्ष इन्हीं हाथों में गरुड़ध्वज लेकर चला हूँ। जिन्होंने शंकरनद के किनारे और प्रतिष्ठानदुर्ग में नरसिंहदत्त को युद्ध करते देखा है, वे क्या कभी उन्हें भूल सकते हैं? महाराज! इन्हीं हाथों में गरुड़ध्वज लिये हुए प्रतिष्ठानदुर्ग के परकोटे पर मैं चढ़ा हूँ, सहस्रों गौड़ वीरों की मृतदेह के ऊपर पैर रखता हुआ, सर्वांग में उष्ण रक्त लपेटे मैंने उनका अनुसरण किया है। मैं उन्हें कभी भूल नहीं सकता, महाराज। महाराज! मैं मंडलागढ़ का पुराना सैनिक हूँ, तक्षदत्त के समय का सेवक हूँ। इन्हीं हाथों से मैंने नरसिंहदत्त को खेलाया है। उनके पिता के साथ भी मैं युद्ध में गया हूँ। अन्त में इन्हीं हाथों से उनके पुत्र को चिता पर रखने चला आता हूँ।"

"तो अब नरसिंह भी इस संसार में नहीं हैं! नरसिंहदत्त के जीते जी भला कब कान्यकुब्ज शत्रुओं के हाथ में जा सकता था? जब तक तक्षदत्त के पुत्र के भीतर में प्राण रहा तब तक थानेश्वर की एक मक्खी भी कान्यकुब्ज नगर में नहीं घुसने पाई। महाराज! नरसिंहदत्त वीर थे, वीर के पुत्र थे, वीर कुल में उत्पन्न थे। तक्षदत्त के पुत्र ने एक वीर के समान मृत्यु का आलिंगन किया। सनातन्न से तनुदत्त का वंश सम्राट की सेवा में, साम्राज्य के कार्य्य में, अपना जीवन विसर्जित करता आया था। तनुदत्त के अन्तिम वंशधर ने, मंडला के अन्तिम अधीश्वर ने, भी अपने वंश का गौरव अखंडित रखा, अपने पूर्वजों की परम्परा का पालन किया—और यह अकर्मण्य वृद्ध जीता-जागता महाराज को संवाद देने आया है। रणनीति बड़ी कठिन है, जी में तो मृत्यु की कामना भरी हुई थी पर रणनीति के अनुसार मुझे युद्ध क्षेत्र को छोड़कर मगध के निर्जन श्मशान में आना पड़ा।"

"और क्या-क्या हुआ, कहो।"

"कहता हूँ, महाराज! कहता हूँ, सुनिए। जिस समय प्रतिष्ठानदुर्ग पर अधिकार हुआ था, उस समय, महाराज! आप दुर्ग के फाटक तक ही पहुँच पाए थे। वृद्ध के मुँह से यदि कुछ कठोर शब्द निकलें तो क्षमा करना। जब फाटक पर पहुँचे थे तब तक दुर्ग के तीसरे प्राकार पर अधिकर नहीं हुआ था। समुद्रगुप्त के वंशधर समुद्रगुप्त के दुर्ग में निर्विघ्न प्रवेश करेंगे, यही कहकर देखते-देखते वे एक फलांग में दुर्ग के प्राकार पर चढ़ गए, मृत्यु के सामने उन्होंने अपनी छाती कर दी—क्यों, इसको या तो आप जानते होंगे या वे ही जानते रहे होंगे। मृत्यु उन पर हाथ न लगा सकी, प्रतिष्ठानदुर्ग पर अधिकार हो गया। आपने दल-बल सहित दुर्ग में प्रवेश किया। पर जिसने आपके लिए अपने प्राणों पर खेल दुर्ग का फाटक खोला, उसका कहीं पता लगा? चित्रा—महाराज! चित्रा उनके बड़े आदर की वस्तु थी। चित्रा ही के कारण उन्होंने अपना मुँह न दिखाया। उन्होंने प्रतिज्ञा की थी कि अब इस जीवन में आपको मुँह न दिखाएँगे। यही कारण है कि इतने बड़े राजराजेश्वर होकर भी आप उनका पता न लगा सके। वे कहीं भागे नहीं थे, आपके साथ ही साथ रहते थे। भागना तो तनुदत्त के वंश में कोई जानता ही न था। प्रत्येक युद्ध में वे महाराज के साथ रहते थे, प्रत्येक रणक्षेत्र में वे आपकी पृष्ठरक्षा करते थे, पर आप उनको नहीं देख पाते थे।"

"सैनिक! मैं यह सब जानता हूँ, मैं इसे भूला नहीं हूँ। तुम्हारा भी मनुष्य का चोला है, अब और निष्ठुरता न करो, मुझे अब और न जलाओ, दया करो। नरसिंह और चित्रा का ध्यान मुझे सदा जलाता रहता है, तुम ज्वाला और न बढ़ाओ। नरसिंह नहीं रहे, उन्होंने मेरे लिए अपना प्राण न्यौछावर कर दिया—यही बात मेरे हृदय को बराबर बेधा करती है। पर तुम कहते चलो; जब तक मैं अन्त न सुन लूँगा तब तक मरूँगा भी नहीं।"

"सुनिए, महाराज! वृद्ध का अपराध मन में न लाना। मेरे स्त्री-पुत्र कोई नहीं है, कभी कोई था भी नहीं। इन्हीं हाथों से तक्षदत्त के पुत्र और कन्या को मैंने पाला और इन्हीं से नरसिंहदत्त को चिता पर रखा। मेरे हृदय में भी बड़ी ज्वाला है। आप ही तनुदत्त के वंशलोप के कारण हैं, आप ही के कारण चित्रा मरी, महाराज! और आप ही के कारण नरसिंह भी मरे। पर तुम हमारे महाराज हो, हमारे परमेश्वर हो, नहीं तो सारा संसार यदि एक ओर होता तो भी मेरे हाथ से आपको बचा नहीं सकता था।

"पर महाराज! आप अवध्य हैं, आप हमारे देवता हैं क्योंकि आप महाराजाधिराज समुद्रगुप्त के वंशधर हैं। अच्छा, सुनिए, जब घूस पाकर कान्यकुब्जवाले विद्रोही हो गए तब महानायक वसुमित्र को विवश होकर नगर छोड़ना पड़ा। उस समय सारी सेना ने चुपचाप सिर झुकाकर सेनापति की आज्ञा का पालन किया और कान्यकुब्ज छोड़ प्रतिष्ठान का मार्ग किया। केवल दो सहस्र सेना ने महानायक की आज्ञा न मानी। एक सामान्य पदातिक उसका नेता हुआ। महाराज! वे दो सहस्र सैनिक विद्रोही हुए, पर किस प्रकार विद्रोही हुए, यह भी सुनिए। उन्होंने महानायक की आज्ञा की ओर कुछ ध्यान न दे दुर्ग की रक्षा करने का दृढ़ संकल्प किया। उन्हीं लोगों के कारण कान्यकुब्ज दुर्ग के ऊपर गरुड़ध्वज चमकता रहा। यह नए ढंग का विद्रोह है, महाराज! आपके राज्य में एक

बार और ऐसा विद्रोह हुआ था। कुछ स्मरण है? उस बार भी एक सामान्य पदातिक ने विद्रोह करके साम्राज्य के सिंहद्वार की रक्षा की थी महाराज! तक्षदत्त के पुत्र को छोड़ और ऐसा कौन कर सकता है, और किसकी इतनी छाती है?

"महाराज! साम्राज्य की सारी सेना प्रतिष्ठान लौट गई, पर दो सहस्र गौड़ और मागध वीर आपके लिए प्राण देने कान्यकुब्ज के पत्थर के कारागार में रह गए। दो सहस्र लाखों के साथ कब तक जूझते? पर जब तक उनके शरीर में प्राण रहा तब तक कान्यकुब्जदुर्ग के ऊपर गरुड़ध्वज खड़ा रहा। आँधी में उठी हुई तरंगों के समान जिस समय थानेश्वर की लाख-लाख सेना क्षण-क्षण भर दुर्ग पर धावा करती थी, उस समय मुट्ठी भर वीरों ने मृत्यु की ओर अपनी छाती कर दी। कान्यकुब्जदुर्ग के गंगाद्वार पर आघातों से जर्जर फाटक की रक्षा करते समय तक्षदत्त के पुत्र चित्रा का सारा शोक भूल गए और अन्त में परम शान्ति को प्राप्त हुए। महाराजाधिराज! उन्हीं की आज्ञा से मैं आपके निकट कान्यकुब्ज के युद्ध का संवाद देने आया हूँ। गंगातट पर गरुड़ध्वज को छाती पर रखकर आपका नाम स्मरण करते-करते नरसिंहदत्त अमरलोक को सिधारे। उसके पीछे दो सहस्र में से जो दस-बीस बचे थे, वे हाथ में खड्ग लेकर हँसते-हँसते कान्यकुब्ज की समुद्र-सी उमड़ती सेना के बीच कूद पड़े। महाराज! वे वीर थे, वे प्रातः-स्मरणीय थे, उनमें से एक भी जीता न बचा।"

चरणाद्रिगढ़ के नीचे एक चट्टान पर बैठे शशांक वृद्ध सैनिक के मुँह से कान्यकुब्जदुर्ग के पतन का वृत्तान्त सुन रहे थे। अनन्तवर्म्मा पत्थर की मूर्ति बने उनके पीछे खड़े थे। कुछ दूर पर सहस्रों सैनिक मुग्ध होकर नरसिंहदत्त के अपूर्व वीरत्व की कहानी सुन रहे थे। कहानी पूरी होते-होते मागध सेना गद्‌गद होकर बार-बार जयध्वनि करने लगी। वृद्ध सैनिक मूर्च्छित होकर भूमि पर गिर पड़ा। सम्राट ठगमारे से पत्थर की चट्टान पर बैठे रहे।

थोड़ी देर में अनन्तवर्म्मा ने धीरे से पूछा, "सैनिक! क्या तुम महानायक नरसिंहदत्त की देह को कान्यकुब्ज में यों ही छोड़कर चले आए?" वृद्ध बोला, "नहीं प्रभो! मैं नरसिंहदत्त का सब संस्कार करके तब कान्यकुब्ज से चला हूँ। उस समय भी युद्ध हो रहा था। वसुमित्र के नगर छोड़कर चले जाने पर थानेश्वर की सेना ने नगर पर अधिकार कर लिया था। जब नरसिंहदत्त चिता पर गए तब गढ़ के भीतर जो योद्धा बचे थे, वे फाटक खोलकर बाहर निकल आए और शत्रु की असंख्य सेना पर टूट पड़े।"

उनकी बात सुनकर शशांक को कुछ चेत हुआ। उन्होंने वृद्ध से कहा, "भाई! तुम नरसिंहदत्त की आज्ञा का पालन तो कर चुके, तुम्हारा काम तो पूरा हो गया, अब बताओ, कहाँ जाओगे और क्या करोगे...?"

"कार्य्य तो हो चुका, महाराज! अब मुझे और कुछ करना नहीं है। अब मृत्यु की खोज में बाहर निकलना है।"

"भाई! इसके लिए तुम्हें दूर न जाना होगा। तुम मेरे साथ रहो, मृत्यु का नित्य सामना होगा।"

"कहाँ चलना होगा, महाराज?"

"बस, सीधे प्रतिष्ठानपुर।"

शशांक अनन्तवर्म्मा के हाथ का सहारा लिए गढ़ के ऊपर चढ़ने लगे। सैनिक भी उनके पीछे-पीछे चला।

पन्द्रहवाँ परिच्छेद

सहाय्य प्रार्थना

सम्राट की आज्ञा से प्राचीन पाटलिपुत्र नगर निर्जन हो गया। साम्राज्य की राजधानी कर्णसुवर्ण नगर में स्थापित हुई। कर्णसुवर्ण नदी से घिरे हुए एक टीले पर बसा था। स्थान सुरक्षित था और उसके चारों ओर का दृश्य अत्यन्त मनोरम था। उत्तर राढ़ में अब तक प्राचीन कर्णसुवर्ण नगर के खँडहर फैले हुए हैं। नारायणशर्म्मा और रामगुप्त कर्णसुवर्ण आकर नया नगर निर्माण कराने में लगे। पाटलिपुत्र के नए और पुराने राजभवन गिरने पड़ने लगे।

शशांक पाटलिपुत्र छोड़ जल्दी पश्चिम की ओर बढ़े। चरणाद्रिगढ़ में पहुँचकर उन्होंने हर्षवर्द्धन के कान्यकुब्ज पर अधिकार करने और नरसिंहदत्त के मारे जाने का संवाद पाया, यह वर्णन कहा जा चुका है। हरिगुप्त ने आगे बढ़कर प्रतिष्ठान को तो शत्रुओं के हाथ से छुड़ाया पर वे और विद्याधरनन्दी मिलकर भी कान्यकुब्ज की ओर न बढ़ सके। पूर्व की ओर लौहित्या (ब्रह्मपुत्र) के किनारे जाकर वीरेन्द्रसिंह और माधववर्म्मा ने भास्करवर्म्मा को रोका। शशांक ने प्रतिष्ठानदुर्ग में पहुँचकर सेना का नेतृत्व अपने हाथ में लिया। अखंड युद्ध चलने लगा। महीने पर महीने, वर्ष पर वर्ष बीत गए, पर युद्ध समाप्त न हुआ। हर्षवर्द्धन की प्रतीक्षा पूरी न हुई। वे न तो राज्यवर्द्धन की मृत्यु का बदला ले सके, न शशांक को सिंहासन पर से हटा सके। युद्ध छिड़ने से पाँच-छः वर्ष पर प्रवीण महाबलाध्यक्ष हरिगुप्त की मृत्यु हुई। उनके स्थान पर अनन्तवर्म्मा नियुक्त हुए। कुछ दिन पीछे कर्णसुवर्ण नगर में महाधर्म्माध्यक्ष नारायणशर्म्मा की भी मृत्यु हुई। एक-एक करके पुराने राजकर्मचारियों के स्थान पर नए-नए लोग भर्ती होने लगे।

हर्षवर्द्धन जब किसी प्रकार से शशांक को पराजित न कर सके तब उन्होंने एक नया उपाय निकाला। हर्ष राजनीति की टेढ़ी चालें चलने में बड़े कुशल थे। शशांक से युद्ध आरम्भ होने के पहले ही कामरूप के राजा के साथ उन्होंने सन्धि कर ली थी। 'हर्षचरित' में बाणभट्ट ने हर्ष के शिविर में कामरूपराज के दूत हंसवेग के आने का जो विवरण लिखा है, उसके देखने से जान पड़ता है कि कामरूप के राजा ने अपने-आप हर्ष से सहायता माँगी थी। उसके पहले से शशांक और थानेश्वरराज के बीच युद्ध चल रहा था पर हर्षचरित में कहीं शशांक और कामरूपराज सुप्रतिष्ठितवर्म्मा या उनके छोटे भाई भास्करवर्म्मा के बीच किसी प्रकार के विग्रह का आभास नहीं पाया जाता। हर्षवर्द्धन का राज्य कामरूप के पास तक नहीं पहुँचा था, अतः कामरूप के राजा आप-से-आप क्यों थानेश्वर के राजा के साथ सन्धि करने गए यह बात अब तक ऐतिहासिकों की समझ

में नहीं आई है। जान पड़ता है कि यह राष्ट्रनीति-कुशल हर्षवर्द्धन की एक चाल थी।

हर्षवर्द्धन ने जब किसी प्रकार युद्ध समाप्त होते न देखा तब उन्होंने माधवगुप्त को पाटलिपुत्र भेजा और उन्हें ही मगध का प्रकृत राजा प्रसिद्ध किया। बन्धुगुप्त और बुद्धघोष की मृत्यु के पीछे महाबोधि विहार के स्थविर जिनेन्द्रबुद्धि उत्तरापथ के बौद्ध संघ के नेता हुए। उनकी उत्तेजना से गौड़, मगध, बंग और राढ़ देश की बौद्ध प्रजा भड़क उठी। शशांक बड़े फेर में पड़े। उन्हें मगध की रक्षा के लिए सैन्यभीति को रोहिताश्वगढ़ और वसुमित्र को गौड़ नगर भेजना पड़ा। इसी बीच में कामरूपराज के भाई भास्करवर्म्मा ने बंगदेश के कुछ भाग पर अधिकार कर लिया। प्रतिष्ठानपुर में विद्याधरनन्दी और कर्णसुवर्ण में रामगुप्त की मृत्यु हो जाने से शशांक को विश्वासपात्र पुरुषों का बड़ा अभाव हो गया। जो नए-नए कर्मचारी हुए, वे भीतर-भीतर शत्रु की ओर मिलने लगे। हर्षवर्द्धन धन देकर सबको मुट्ठी में करने लगे। शशांक ने विवश होकर माधववर्म्मा को कर्णसुवर्ण लौट जाने की आज्ञा दी—और वे आप प्रतिष्ठानपुर में ही जमे रहे। शशांक के बहुत दिन राजधानी से दूर रहने के कारण मगध में घोर अव्यवस्था फैल गई। बौद्धसंघ के नेताओं की सहायता से माधवगुप्त ने रोहिताश्व, मंडला, पाटलिपुत्र और चम्पा इत्यादि कुछ प्रधान दुर्गों को छोड़ मगध और तीरभुक्ति की और सब मुख्य-मुख्य नगरों और ग्रामों पर अधिकार कर लिया। माधववर्म्मा के कर्णसुवर्ण चले आने पर भास्करवर्म्मा ने सारे बंगदेश को अपने हाथ में कर लिया। ऐसे समय में शशांक को नरसिंहदत्त का अभाव बराबर खटकता और वे बार-बार यशोधवलदेव, हृषीकेशशर्म्मा, नारायणशर्म्मा और विनयसेन ऐसे विश्वस्त कर्मचारियों का नाम लेकर दुखी होते।

बहुत दिनों तक युद्ध चलते रहने से राजकोष भी खाली हो गया। जिन प्रदेशों पर माधवगुप्त का अधिकार हो गया था, उन्होंने राजस्व देना बन्द कर दिया। सम्राट को विवश होकर राजधानी की ओर लौटना पड़ा। उनकी आज्ञा से सैन्यभीति और वीरेन्द्रसिंह विधुसेन के दोनों पौत्रों पर रोहिताश्वगढ़ की रक्षा का भार छोड़ प्रतिष्ठानपुर चले आए। शशांक अनन्तवर्म्मा को प्रतिष्ठानपुर में छोड़ आप कर्णसुवर्ण लौटना चाहते थे, पर नए महाबलाध्यक्ष ऐसे समय में सम्राट का साथ छोड़ने पर सम्मत न हुए। शशांक कर्णसुवर्ण लौट आए। माधववर्म्मा भास्करवर्म्मा को रोकने के लिए बढ़े। एक वर्ष के भीतर बंगदेश पर अधिकार हो गया। भास्करवर्म्मा शंकरनद के उस पार लौट गए। अनन्तवर्म्मा और वसुमित्र ने मगध और तीरभुक्ति के विद्रोहियों का दमन किया। माधवगुप्त भागकर कान्यकुब्ज पहुँचे। साम्राज्य के कार्य्य फिर व्यवस्थित रूप से चलने लगे। राजस्व भी बराबर आने लगा। स्थाण्वीश्वर में फिर से चढ़ाई के लिए नई सेना भरती होने लगी। हर्षवर्द्धन को बौद्धाचार्यों से संवाद मिला कि सम्राट शीघ्र ही थानेश्वर पर चढ़ाई करनेवाले हैं।

इसी बीच जिनेन्द्रबुद्धि के कौशल से वाराणसी, चरणाद्रि और प्रतिष्ठान की प्रजा बिगड़ गई। थानेश्वर की सेना ने सैन्यभीति और वीरेन्द्रसिंह को प्रतिष्ठानदुर्ग में घेरकर श्रावस्ती, वाराणसी, चरणाद्रि और प्रतिष्ठानभुक्ति पर अधिकार कर लिया। शशांक और

अनन्तवर्म्मा विवश होकर राजधानी से चल पड़े। भास्करवर्म्मा को परास्त करके माधववर्म्मा दक्षिण कौशल पर अधिकार करने गए थे। वे कलिंग, दक्षिण कोशल, उड्र और कोंकद मंडल पर अधिकार करके लौट आए। उन्होंने आकर सुना कि सम्राट और महाबलाध्यक्ष ने प्रतिष्ठान की ओर यात्रा की है; अवसर पाकर भास्करवर्म्मा ने बंगदेश पर फिर अधिकार कर लिया है और वसुमित्र उनसे युद्ध करने के लिए गए हैं; वृद्ध महादंडनायक रविगुप्त नगर की रक्षा कर रहे हैं। युद्ध में जयलाभ करके माधववर्म्मा जल्दी-जल्दी राजधानी की ओर बढ़ रहे थे, उनकी सेना पीछे धीरे-धीरे आ रही थी। कर्णसुवर्ण पहुँचकर उन्होंने देखा कि नगरदुर्ग की रक्षा के लिए केवल पाँच सहस्र सेना रह गई है। वृद्ध महादंडनायक उन्हें देख अत्यन्त प्रसन्न हुए और उनके हाथ में राजधानी सौंप निश्चिन्त हुए। माधववर्म्मा ने राजधानी की इतनी थोड़ी सेना को चटपट कर्णसुवर्ण पहुँचने की आज्ञा दी। सम्राट के राजधानी छोड़ते ही मगध और तीरभुक्ति में विद्रोह खड़ा हुआ। वाराणसी और श्रावस्ती पर अधिकार कर चुकने पर शशांक ने सुना कि तीरभुक्ति अधिकार से निकल गया और मगध के बौद्धों ने रोहिताश्व और मंडलागढ़ को घेर रखा है। बड़ी कठिनता से चरणाद्रि और प्रतिष्ठान का विद्रोह शान्त करके उन्होंने सैन्यभीति को मंडलागढ़ की ओर दौड़ाया। थानेश्वर की चढ़ाई के लिए मगध, गौड़ और बंग से जो नई सेना इकट्ठी की गई थी, उसे मगध और तीरभुक्ति का विद्रोह दमन करने में फँसी देख हर्षवर्द्धन निश्चिन्त हुए।

अपने को चारों ओर विपज्जाल से घिरा देख एक दिन शशांक को वज्राचार्य शक्रसेन और उनकी भविष्यद्वाणी का स्मरण आया। बहुत पहले गंगा के तट पर वृद्ध वज्राचार्य ने जो बातें कही थीं, उनमें से अधिकांश सत्य निकलीं। शशांक सोचने लगे कि इसी प्रकार और आगे की बातें भी ठीक घटेंगी। सोचते-सोचते वज्राचार्य से एक बार फिर मिलने की उन्हें बड़ी इच्छा हुई। बन्धुगुप्त की मृत्यु के पीछे फिर वज्राचार्य शक्रसेन दिखाई नहीं पड़े थे। शशांक ने उन्हें कपोतिक महाविहार का आधिपत्य देना चाहा था, पर उन्होंने स्वीकार नहीं किया था। सम्राट उनके दर्शन के लिए व्यग्र हो रहे थे। अकस्मात् एक दिन सबेरे वृद्ध वज्राचार्य एक वृक्ष की शाखा को दोनों जाँघों के बीच से निकाले प्रतिष्ठानदुर्ग की ओर आ निकले। शशांक उस समय कान्यकुब्ज की ओर यात्रा करने की तैयारी में थे। उन्होंने दुर्ग के फाटक पर वज्राजार्य को देख चकित होकर पूछा, ''आप कब आए? मैं तो इधर कई दिनों से आपकी खोज में हूँ।'' वज्राचार्य ने हँसते-हँसते कहा, ''महाराज! आपने स्मरण किया तभी तो चला आ रहा हूँ।''

''आपने कैसे जाना?''

''गणना द्वारा। महाराज! इस समय की तैयारी रोक दीजिए। आप कान्यकुब्ज न जा सकेंगे। आपको बहुत शीघ्र पूर्व की ओर जाना पड़ेगा।''

''आप क्या कहते हैं, मैंने नहीं समझा।''

''महाराज! जो कुछ मैं कहता हूँ, उसे मैं ही अच्छी तरह नहीं समझता, आपसे क्या बताऊँ...?''

"इस समय मैं बड़े संकट में पड़ा हूँ, इसी से इधर कई दिनों से दिन-रात आपका स्मरण करता हूँ।"

"बाहरी शत्रु तो आपका बाल बाँका नहीं कर सकता। सम्मुख युद्ध में हर्षवर्द्धन कभी आपको परास्त न कर सकेंगे।"

"पर मैं भी तो हर्षवर्द्धन को परास्त नहीं कर सकता हूँ।"

वृद्ध वृक्ष की शाखा दूर फेंक प्रतिष्ठानदुर्ग के पत्थर जड़े आँगन में बैठ गए और वस्त्र के भीतर से खरिया निकालकर पत्थर पर अंक लिखने लगे। थोड़ी देर पीछे व्रजाचार्य बोले, "महाराज! आपके हाथ से हर्षवर्द्धन की पराजय नहीं है। भारतवर्ष भर में केवल एक ही व्यक्ति है जो हर्षवर्द्धन को ध्वस्त करेगा--दक्षिणपथ का अधीश्वर चालुक्यराज पुलकेशी।"

वज्राचार्य की बात पर शशांक को सहसा वृद्ध महानायक यशोधवलदेव की मरते समय की यह बात याद आई कि 'विपत्ति पड़ने पर चालुक्यराज मंगलेश से सहायता माँगना।' मंगलेश तो उस समय मर चुके थे, द्वितीय पुलकेशी दक्षिण के सम्राट थे। शशांक ने मन-ही-मन चालुक्यराज के पास दूत भेजने का निश्चय किया। इसी बीच वज्राचार्य सहसा बोल उठे, "महाराज! मैं स्वयं वातापिपुर जाने को तैयार हूँ।" सम्राट ने विस्मित होकर कहा, "प्रभो! आप तो अन्तर्यामी जान पड़ते हैं।"

"महाराज! जगत में कोई अन्तर्यामी नहीं है। भाषा जिस प्रकार लोगों के मन का भाव प्रकट करती है, आकृति भी अस्फुट रूप में मन का भाव प्रकट करती है।"

"तो आप स्वयं दक्षिण जाने के लिए तैयार हैं?"

"हाँ।"

"कब?"

"आज ही।"

उसी दिन सन्ध्या को वज्राचार्य शक्रसेन सम्राट शशांक नरेन्द्रगुप्त के दूत बनकर दक्षिण की ओर चल पड़े।

सोलहवाँ परिच्छेद

कर्णसुवर्ण अधिकार

एक दिन रात के समय कर्णसुवर्ण के नए प्रासाद के अलिंद में माधववर्म्मा और रविगुप्त भोजन के उपरान्त विश्राम कर रहे हैं। इतने में एक द्वारपाल ने आकर संवाद दिया कि कोशल से कुछ सैनिक आए हैं जो इसी समय महानायक माधववर्म्मा से मिलना चाहते हैं। माधववर्म्मा ने विरक्त होकर कहा, "वे क्या कल सबेरे तक ठहर नहीं सकते?" द्वारपाल ने कहा, "हम लोगों ने उन्हें बहुत समझाया पर वे किसी प्रकार नहीं मानते, कहते हैं कि अत्यन्त प्रयोजनीय संवाद है।" 'उन्हें यहाँ ले आओ' कहकर माधववर्म्मा पलंग पर ही उठकर बैठ गए। द्वारपाल तुरन्त एक प्रौढ़ सैनिक को लिये हुए आया।

सैनिक माधववर्म्मा को अभिवादन करके बोला, "प्रभो! भयंकर संवाद है।" माधववर्म्मा सैनिक को देख घबराकर उठ खड़े हुए और पूछने लगे, "नवीन! कहो, क्या संवाद है?" बताने की आवश्यकता नहीं, सैनिक और कोई नहीं, बंगदेश का माँझी नवीनदास है।

नवीन ने कहा, "प्रभो! हमारी सारी सेना अभी ताम्रलिप्ति तक भी नहीं पहुँची है। मैं अपनी नौसेना लेकर अभी चला आ रहा हूँ। मार्ग में मैंने देखा कि गंगा के उस पार दूर तक न जाने किसके शिविर पड़े हैं। पश्चिम तट के सब गाँव उजाड़ पड़े हैं और घाट पर एक नाव भी नहीं है। आपको क्या अब तक इसका कुछ भी संवाद नहीं मिला?"

"कुछ भी नहीं।"

"प्रभो! तो फिर निश्चय है कि शत्रुसेना राजधानी पर आक्रमण करने आ पहुँची।"

"नवीन! तुम चटपट बाहर जाओ, नगर के सब फाटक बन्द करो और सैनिकों को युद्ध के लिए सन्नद्ध करो।"

नवीनदास अभिवादन करके चला गया। आधी घड़ी में नगर के भीतर स्थान-स्थान पर शंखध्वनि हो उठी, नगर के प्राकार पर सैकड़ों पंसाखे दिखाई देने लगे। माधववर्म्मा ने रविगुप्त से सारी व्यवस्था कह सुनाई। रविगुप्त हँसकर बोले, "अच्छी बात है, बताओ, मुझसे भी कुछ हो सकता है?"

माधव ने कहा, "हाँ, हो सकता है।"

"क्या, बताओ।"

"आप पाँच सहस्र पुररक्षियों को लेकर नगर की रक्षा करें। मेरी सेना के जितने लोग अब तक आ चुके हैं, उन्हें लेकर मैं नदी के किनारे जाकर शत्रु सेना को देखता हूँ। तब तक आप नगर के फाटकों को दृढ़ करें।"

"अच्छी बात है। पर तुम लौटोगे कब?"

"चाहे जिस प्रकार होगा, सबेरा होते-होते मैं नगर में लौट आऊँगा।"

रविगुप्त और माधववर्म्मा प्रासाद के बाहर निकले।

भास्करवर्म्मा की बंगदेश पर फिर चढ़ाई सुनकर वसुमित्र अधिकांश सेना लेकर उन्हें रोकने के लिए गए थे। उन्हें पीछे छोड़ भास्करवर्म्मा सीधे कर्णसुवर्ण पर आ धमकेंगे, इस बात का उन्हें स्वप्न में भी ध्यान न था। वे राजधानी की रक्षा के लिए केवल पाँच सहस्र सेना छोड़ जल्दी-जल्दी बंगदेश की ओर बढ़े जा रहे थे। कुमार भास्करवर्म्मा बंगदेश के विद्रोहियों की सहायता से चटपट बालवल्लभी होते हुए भागीरथी के तट पर आ निकले। वसुमित्र ने मेघनाद के तट पर पहुँचकर देखा कि बंगदेश में उनका सामना करने के लिए कहीं कोई शत्रु नहीं है। पीछे उन्होंने सुना कि कामरूप की सारी सेना पश्चिम की ओर बढ़ गई है और लौटते समय उन्हें रोकने के लिए डटी हुई है। वसुमित्र ने युद्ध की तैयारी कर दी। युद्ध के आरम्भ ही में उन्हें समाचार मिला कि भास्करवर्म्मा ने स्वयं पन्द्रह सहस्र अश्वारोही लेकर कर्णसुवर्ण पर आक्रमण कर दिया है।

जिस दिन भास्करवर्म्मा ने कर्णसुवर्ण नगर पर धावा किया, उस दिन नगर में केवल वसुमित्र के दल के पाँच सहस्र पदातिक और माधववर्म्मा के दल के एक सहस्र

अश्वारोही तथा दो सौ नौसेना मदी तट पर थी। माधववर्म्मा अश्वारोहियों को लेकर अँधेरे में शत्रुसेना को रोकने चले। नवीनदास अपने दो सौ माझियों को लेकर रविगुप्त के साथ नगर की रक्षा पर रहे। माधववर्म्मा दो पहर रात तक आसरा देखते रहे, जब शत्रुसेना का कहीं पता न लगा तब वे नगर को लौट आए। उनके नगर में घुसते ही कर्णसुवर्ण नगर चारों ओर से घेर लिया गया। भास्करवर्म्मा ने बहुत दूर जाकर नदी के पार किया और चुपचाप अपनी सारी सेना लेकर वे नगर के किनारे आ पहुँचे।

सारी रात युद्ध होता रहा। नगर पर शत्रु का अधिकार न हो सका। रात ढलने पर दोनों पक्ष की सेना थककर विश्राम करने लगी। उस समय माधववर्म्मा रविगुप्त के साथ परामर्श करने बैठे। पहली बात तो यह स्थिर हुई कि वसुमित्र के पास संवाद भेजा जाए, दूसरी बात यह कि मंडला वा रोहिताश्वगढ़ सहायता के लिए दूत भेजा जाए। सम्राट उस समय प्रतिष्ठानदुर्ग में थे, अतः उनके पास संवाद भेजना व्यर्थ समझा गया। नवीनदास स्वयं वसुमित्र के पास संवाद लेकर गए। एक तरुण सेनानायक अपनी इच्छा से दूत होकर मंडला की ओर गया।

पहर दिन चढ़ते-चढ़ते कामरूप की सेना ने फिर नगर पर आक्रमण किया। पहर भर तक युद्ध होता रहा। माधववर्म्मा और रविगुप्त ने कई बार शत्रु सेना को पीछे भगाया तब भास्करवर्म्मा की सेना ने नगर के चारों ओर पड़ाव डालकर घेरा किया। भास्करवर्म्मा की सेना नित्य दो-तीन बार नगर के प्राकार पर धावा करती, पर हार खाकर पीछे हटती। इसी तरह करते एक महीना बीत गया पर न तो वसुमित्र के शिविर से और न मंडलागढ़ से दूत लौटकर आया। कामरूप की सेना बार-बार पराजित होकर भी निरस्त और हतोत्साहित न हुई। यह देख माधववर्म्मा और रविगुप्त बड़ी चिन्ता में पड़ गए। लगातार लड़ते-लड़ते दिन-दिन सेना घटती जाती थी, पर शत्रु के शिविर में नई-नई सेना आती जाती थी। कर्णसुवर्ण का प्राकार नया तो अवश्य था, पर वह पाटलिपुत्र या मंडला प्राकार के समान दृढ़ और स्थायी नहीं था। प्राकार जगह-जगह से गिरता जाता था। आक्रमण भी रोकना और उसे ठीक भी करना कठिन हो गया। धीरे-धीरे दुर्ग के भीतर सेना का अभाव हो गया। माधववर्म्मा ने देखा कि अब नगररक्षा नहीं हो सकती। वे बचे हुए लोगों को लेकर शत्रु सेना को चीरते-फाड़ते निकल पड़े। पास की शत्रुसेना मुट्ठी भर लोगों पर टूट पड़ी। रात अँधेरी थी। शेष शत्रुसेना को पता न चला, कितने लोग बाहर निकल रहे हैं। जो जहाँ थे, वहीं निकलनेवालों की खोज में व्यग्र हो उठे।

रात के सन्नाटे में केवल पाँच-सात सैनिकों के साथ रविगुप्त और माधववर्म्मा शत्रु शिविर से बहुत दूर निकल आए। माधववर्म्मा बोले, "अब क्या करना चाहिए?" नगर तो शत्रुओं के हाथ में जा चुका, अब यही हो सकता है कि उनके बीच कूदकर वीरगति को प्राप्त करें।"

रविगुप्त–इस समय ऐसा करना मैं नीतिविरुद्ध समझता हूँ। जब साम्राज्य में सेनानायकों का इस प्रकार अभाव हो रहा है तब यश की कामना से मृत्यु का आश्रय लेना मैं उचित नहीं समझता। साम्राज्य के भीतर कई स्थानों पर युद्ध ठना है।

स्वयं सम्राट युद्ध कर रहे हैं। इस समय उनके सहायकों की संख्या में कमी करना मैं धर्म्म नहीं समझता।

माधववर्म्मा–आप वृद्ध हैं, जैसा उपदेश देंगे, वैसा ही करूँगा।

रविगुप्त–अब हम लोगों को सम्राट के पास चलना चाहिए।

एक महीने में मेघनाद के तट पर अपने शिविर में वसुमित्र ने सुना कि भास्करवर्म्मा ने कर्णसुवर्ण पर अधिकार कर लिया, पर पुररक्षकों में से कोई बन्दी नहीं हुआ। दूर के रोहिताश्व और प्रतिष्ठानदुर्ग में कर्णसुवर्ण के पतन का समाचार जा पहुँचा। शशांक समझे कि नरसिंहदत्त के समान माधववर्म्मा ने भी साम्राज्य की सेवा में अपना जीवन विसर्जित कर दिया। सम्राट प्रतिष्ठान छोड़ मगध को लौट आए। वसुमित्र भी लौटकर गौड़देश में पहुँचे।

सत्रहवाँ परिच्छेद

ऋण परिशोध का अन्तिम प्रयत्न

शशांक मगध लौट आए। सोन के किनारे सैन्यति और मंडल में वसुमित्र और माधववर्म्मा उनके साथ मिले। भास्करवर्म्मा, माधवगुप्त और हर्षवर्द्धन–तीनों ने मिलकर उन्हें रोकने का उद्योग किया, पर मंडलादुर्ग के सामने उनकी सेना बार-बार पराजित हुई। माधवगुप्त तीरभुक्ति की ओर भागे, भास्करवर्म्मा ने कर्णसुवर्ण में जाकर आश्रय लिया। शशांक ने कर्णसुवर्ण घेरने का संकल्प किया।

माधववर्म्मा और रविगुप्त जिस समय कर्णसुवर्ण में घिरे हुए थे, उसी समय एक तरुण सैनिक अपनी इच्छा से शत्रु के शिविर को पार करके मंडला और रोहिताश्व से सहायता भिजवाने के लिए गया था। वह तरुण सैनिक इस समय शशांक का बड़ा प्रियपात्र हो रहा है। कर्णसुवर्ण पर चढ़ाई करते समय सम्राट ने उसे अपनी शरीररक्षी सेना में रखा।

सैनिक का नाम है रमापति। रमापति युद्ध के समय कभी सम्राट के पास से अलग नहीं होता था और महाबलाध्यक्ष अनन्तवर्म्मा के समान सदा अपने प्राणों को हथेली पर लिए रहता था। रमापति देखने में बड़ा ही सुन्दर था। उसका रंग कुन्दन-सा था, देह गठीला और कोमल था। उसमें कर्कशता का लेश नहीं था। उसके लम्बे-लम्बे काले घुँघराले बाल सदा पीठ और कन्धों पर लहराया करते थे। वह जिस समय उन बालों के ऊपर रंग-बिरंग का चीरा बाँधता था, उस समय उसे देखने से ऐसा जान पड़ता था कि पाटलिपुत्र का कोई वारांगनाविलासी नागर है, शरीररक्षी सैनिक नहीं है।

शशांक मंडला से कर्णसुवर्ण की ओर गंगातट के मार्ग से नहीं चले, उन्होंने जंगल-पहाड़ का रास्ता पकड़ा। वसुमित्र और सैन्यभीति गंगातट के मार्ग से ही कर्णसुवर्ण की ओर चले। यह स्थिर हुआ कि शशांक तो अनन्तवर्म्मा और माधववर्म्मा को लेकर दक्षिण की ओर से कर्णसुवर्ण पर आक्रमण करें और सैन्यभीति और वसुमित्र उत्तर की

ओर से धावा करें। मंडला से चलकर एक महीने में सम्राट जंगल-पहाड़ लाँघते ताम्रलिप्ति में आ निकले।

सारी अश्वारोही सेना आगे-आगे चलती थी। बीच में शरीररक्षी सेना सहित स्वयं सम्राट थे और पीछे पदातिक सेना थी। जाड़ा बीतने पर बसन्त के प्रारम्भ में एक दिन सन्ध्या के समय ताम्रलिप्ति नगर के पास सम्राट का शिविर स्थापित हुआ। अश्वारोही सेना ने दस कोस और आगे बढ़कर पड़ाव डाला और पदातिक सेना पाँच-छह कोस पीछे रही। दो पहर रात तक अनन्तवर्म्मा और रमापति के साथ बातचीत करके सम्राट अपने शिविर में सोए। सबेरे ही फिर उत्तर की ओर यात्रा करनी होगी, इससे शरीररक्षी सेना भी डेरों में जाकर सो रही। इधर-उधर दस-पाँच पहरेवाले ही जागते रहे। तीन पहर रात गए पहरेवाले बहुत से घोड़ों की टापों का शब्द सुनकर चौंक पड़े। उनके शंखध्वनि करने से पहले ही शिविर पर चारों ओर से आक्रमण हुआ।

सम्राट के साथ एक सहस्र अश्वारोही सेना बराबर रहा करती थी। उस सेना में सब-के-सब सुशिक्षित, पराक्रमी और युद्ध में अभ्यस्त रहा करते थे। जब तक कोई युद्ध में अद्‌भुत पराक्रम नहीं दिखाता था तब तक शरीररक्षी सेना में भरती नहीं हो सकता था। इस प्रकार अकस्मात् आक्रमण होने पर भी शरीररक्षी सेना डरी या घबराई नहीं। सब-के-सब अस्त्र लेकर सोए हुए थे। शंखध्वनि सुनते ही वे युद्ध के लिए उठ खड़े हुए। सम्राट के डेरे में उनके पलंग के पास ही अनन्तवर्म्मा और रमापति सोए थे। वे जब वर्म्म धारण करके डेरे के बाहर निकले तब शिविर के चारों ओर युद्ध हो रहा था। असंख्य शत्रु सेना ने अँधेरे में चारों ओर से आकर शिविर पर आक्रमण किया था। शरीररक्षी सेना अपने प्राणों पर खेल युद्ध कर रही थी, पर किसी प्रकार इतनी अधिक सेना को हटा नहीं पाती थी। सम्राट को शिविर के बाहर देखते ही सब-के-सब जयध्वनि करने लगे। थोड़ी देर के लिए शत्रुसेना पीछे हटी, पर फिर तुरन्त सहस्रों सैनिक मरते-कटते शिविर में घुस गए। शरीररक्षी सेना हटने लगी।

सम्राट के डेरे के सामने शशांक, अनन्तवर्म्मा और रमापति युद्ध करने लगे। शत्रुसेना चारों ओर से शिविर में घुस आई थी। शरीररक्षी हटते-हटते सम्राट के शिविर की ओर सिमटते आते थे। इतने में सौ से ऊपर सैनिक अँधेरे में दूसरी ओर से आकर सम्राट पर सहसा टूट पड़े। एक लम्बा-तड़ंगा वर्म्मधारी योद्धा उनका अगुवा था। उसने सम्राट को ताक कर बरछा चलाया। रमापति ने तुरन्त सम्राट के आगे आकर बरछा को अपने ऊपर रोक लिया। बरछा रमापति की बाँह को छेदता निकल गया। रमापति मूर्च्छित होकर सम्राट के पैरों के पास गिर पड़े। इस बीच अनन्तवर्म्मा ने उस लम्बे- तड़ंगे योद्धा के मस्तक पर तलवार का वार किया। उसके माथे पर से शिरस्त्राण नीचे गिर पड़ा। उसका मुँह देखते ही अनन्तवर्म्मा उल्लास से चिल्ला उठे। शशांक ने पूछा, "अनन्त! क्या हुआ?" अनन्तवर्म्मा उस दीर्घाकार योद्धा के सिर पर तलवार तान कर बोले, "प्रभो! चन्द्रेश्वर!"

"कौन चन्द्रेश्वर, अनन्त?"

इसी बीच में चन्द्रेश्वर के पीछे से एक वर्म्मधारी योद्धा ने शशांक के ऊपर बरछा छोड़ा। सम्राट या अनन्तवर्म्मा किसी ने न देखा। बरछा वर्म्म के सन्धिस्थल को भेद कर सम्राट के कन्धे में जा लगा। इस भीषण आघात से सम्राट को मूर्च्छा-सी आ गई, पर उन्होंने तुरन्त सँभलकर बरछे को निकालकर फेंक दिया। इतने में अनन्तवर्म्मा चन्द्रेश्वर का कटा सिर हाथ में लेकर बोले, "महाराज! इसी चन्द्रेश्वर ने मेरे पिता को मारा था।" उनकी बात सम्राट के कान में न पड़ी क्योंकि अत्यन्त क्रुद्ध होकर वे बरछा चलानेवाले की ओर लपके थे। शशांक की तलवार उसके कन्धे पर पड़ी। वह युद्ध छोड़कर भाग खड़ा हुआ। इसी बीच चारों ओर से शत्रुसेना सम्राट के शिविर में घुस आई। मुट्ठी भर शरीररक्षी कब तक खड़े रह सकते थे, एक-एक करके वे गिरने लगे। इतने में पीछे से किसी ने चिल्ला कर कहा, "रत्नेश्वर! वही सामने शशांक है, आगे बढ़ो।" अकस्मात् पीछे से शशांक पर किसी ने खड्ग चलाया। अनन्तवर्म्मा का बायाँ हाथ ही बेकाम हुआ था, वे तलवार लेकर चिल्लाने वाले की ओर झपटे। इधर रत्नेश्वर और शशांक में खड्ग युद्ध होने लगा। इतने में पीछे से एक और योद्धा ने शशांक पर तलवार चलाई। अनन्त ने वार को रोकना चाहा, पर तलवार उनके कन्धे पर पड़ी। वे मूर्च्छित होकर गिर पड़े। अकेले शशांक रह गए। सहसा एक भाला उन्हें लगा। बहुत से घाव खाकर शशांक पहले ही शिथिल हो रहे थे। इस चोट को वे सँभाल न सके, मूर्च्छित होकर गिर पड़े।

इतने में कुछ योद्धाओं को लिये रमापति आते दिखाई पड़े। उन्होंने चट शशांक को अपनी पीठ पर लाद लिया और वहाँ से चलते हुए। रमापति के साथ आए हुए योद्धा कुछ देर तक लड़ते-भिड़ते रहे। उनमें से एक अनन्तवर्म्मा को अपनी पीठ पर लाद अँधेरे में एक ओर निकल गया। अभी सबेरे का उजाला नहीं हुआ था। थानेश्वर की सेना शिविर को लूटने-पाटने और जलाने में लगी हुई थी।

अठारहवाँ परिच्छेद

अन्तिम निर्णय

चारों ओर दूर तक बालू का मैदान चला गया है। दूर पर समुद्र की नीली रेखा दिखाई पड़ रही है और मेघगर्जन के समय गम्भीर शब्द सुनाई पड़ रहा है। रात बीत गई है, उषा की उज्ज्वल आभा पूर्व की ओर दिखाई पड़ रही है। बालू पर एक घायल योद्धा पड़ा हुआ है। एक अल्पवयस्क युवक बीच-बीच में उसका नाम ले-लेकर पुकारता है और फिर स्त्रियों के समान रोता हुआ उसके घायल शरीर पर सिर रख देता है।

"सम्राट...महाराज...शशांक...एक बार और उठो!"

घायल पुरुष अचेत पड़ा है। युवक ने फिर पुकारा, "शशांक!" अन्त में हार कर अपने साथी के पैरों पर सिर रखकर वह रोते-रोते बोला, "तो क्या अब न उठोगे...अब आँख न खोलोगे? एक बार आँख खोलकर देखो, मैं सैनिक नहीं हूँ—मैं रमापति नहीं हूँ—मैं वही मालती हूँ।" युवक या युवती सम्राट के पास भूमि पर लोटकर विलाप करने लगी।

थोड़ी देर में सूर्योदय हुआ। सूर्य की किरणों के ऊपर पड़ने से शशांक को कुछ चेत हुआ। मालती ने इस बात को न देखा। वह भूमि पर पड़ी विलाप कर रही थी। सम्राट ने उसके सिर पर हाथ रखकर पुकारा, "अनन्त!" मालती सकपकाकर उठ बैठी, "कौन?" शशांक ने अत्यन्त क्षीण स्वर से पूछा, "तुम कौन हो?"

मालती ने कहा, "अहा! जाग गए, सचमुच जाग गए, महाराज...महाराज! मैं हूँ मालती। मैं रमापति नहीं हूँ—मैं सचमुच मालती हूँ। रोहिताश्वगढ़ से मैं बराबर साथ हूँ। एक दंड के लिए भी मैंने आपका साथ नहीं छोड़ा। पुरुष का वेश धारण करके मैंने जो-जो किया, वह किसी स्त्री से नहीं हो सकता। सदा तुम्हारे साथ रहने के लिए ही मैं रमापति के नाम से शरीररक्षी सेना में भरती हुई।"

"क्या कहा? मालती, तुम रमापति? कुछ समझ में नहीं आता!...अनन्त कहाँ हैं?"

"प्रभो! मुझे पता नहीं है।"

"अनन्त...नहीं...नरसिंह...चित्रा...युद्ध में क्या हुआ?"

"प्रभो! युद्ध हो गया, माधवगुप्त की जीत हुई।"

माधवगुप्त की जीत की बात सुनते ही घायल सम्राट उठ बैठे और बोले, "माधवगुप्त की जीत? हर्षवर्द्धन की जीत कहो; कभी नहीं। यशोधवलदेव चले गए, नरसिंह चले गए, अनन्त का पता नहीं। क्या हुआ? मैं तो हूँ, वीरेन्द्र हैं, वसुमित्र हैं, माधववर्म्मा भी होंगे। प्राचीन गुप्त साम्राज्य का गौरव फिर स्थापित करूँगा। पर...तुम कौन हो? तुम तो रमापति हो? नहीं...नहीं...तुम तो मालती। मालती, तुम कहाँ? नहीं, तुम तो रमापति हो...तुम्हें इतने दिन तो मैंने नहीं पहचाना था...।"

"महाराज, प्रभो! स्वामिन! मैं मालती ही हूँ। तुम्हें सदा देखते रहने के लिए ही अब तक रमापति बनी थी।"

"मालती...मालती...चित्रा! यह नहीं हो सकता।"

"न होने की कोई बात ही नहीं है, प्रभो! तुम्हें देखने की आशा से मैं दक्षिण से जंगल पहाड़ लाँघती इस देश में आई। लोक-लज्जा आदि सब कुछ छोड़ बराबर साथ-साथ फिर रही हूँ और फिरूँगी। मुझे और कुछ न चाहिए, इतना ही अधिकार मेरा रहने दीजिए। मैं और कुछ नहीं चाहती। आपके हृदय पर चित्रा का जो अधिकार है, उसमें मैं कुछ भी न्यूनता नहीं चाहती। समुद्रगुप्त के वंश का जो गौरव उनके परम प्रतापी वंशधर के हृदय में विराज रहा है, वही एक अबला के हृदय में भी जगा हुआ है। इसी नाते मुझे चरणों के समीप रहने का अधिकार दीजिए।"

"तुम अपना जीवन क्या इसी प्रकार नष्ट करोगी, कहीं विवाह न करोगी?"

"नहीं, महाराज! मुझसे विवाह करके संसार में कोई सुखी नहीं हो सकता। मैं देखती हूँ, आप भी सुखी नहीं हो सकते। जिस बात से महाराज को दुख होता है, उसे कभी मैं अपने मुँह पर न लाऊँगी। जंगल-जंगल, पहाड़-पहाड़ महाराज के साथ फिर कर पहाड़ की चोटियों पर से, वृक्ष की शाखाओं पर से, समुद्रगुप्त, चन्द्रगुप्त, स्कन्दगुप्त और शशांकनरेन्द्रगुप्त के विजयगीत गाऊँगी। मेरी वाणी से महाराज के मुख पर कुछ भी

प्रफुल्लता दिखाई देगी, महाराज की सेना को कुछ भी उत्साह मिलेगा, तो मैं अपना जन्म सफल समझूँगी। बस, महाराज! मुझे और कुछ न चाहिए।"

बोलते-बोलते मालती का मुख आवेश से रक्तवर्ण हो गया, सुनते-सुनते शशांक को तन्द्रा-सी आ गई, उनकी आँखें झपकने लगीं। उन्होंने क्षीण स्वर से कहा, "रमापति...नहीं, नहीं...मालती...मैं तो देखता हूँ कि मेरे जीवन का अन्त...अब... ।"

"महाराज! यह क्या कहते हैं? तो फिर मेरे जीवन का भी आज यहीं अन्त होगा।" मालती फिर विलाप करने लगी। सम्राट फिर मूर्च्छित से हो गए। थोड़ी देर में आँख खोलकर बोले, "चित्रा...नरसिंह...बड़ी प्यास...जल।"

मालती सम्राट को उस दशा में छोड़ कहीं नहीं जाना चाहती थी। पास में कहीं पीने योग्य जल मिलना भी कठिन था। उस बालू के मैदान में समुद्र के खारी जल के अतिरिक्त और कुछ नहीं दिखाई देता था। शशांक को प्यास से व्याकुल देख मालती बड़ी चिन्ता में पड़ गई। अन्त में 'अच्छा, मैं जल लाने जाती हूँ, कहकर वह एक ओर गई। परमेश्वर परमभट्टारक महाराजाधिराज शशांक नरेन्द्रगुप्त तपती बालू में प्यास से तलफते अकेले पड़े रहे।

इतने में वृक्ष की एक शाखा पर सवार वज्राचार्य शक्रसेन सम्राट के सामने आ खड़े हुए और पुकारने लगे, "महाराज...महाराज शशांक!" सम्राट ने आँखें खोलकर जल मुँह में डालने का संकेत किया। वृद्ध वज्राचार्य बोले, "महाराज! अदृष्टचक्र पूरा हुआ।" वृद्ध आचार्य चट एक बूटी का रस शशांक के मुँह में डाल और घावों पर लगाते-लगाते बोले, "महाराज! यह बोधिसत्व नागार्जुन का लटका है। यह कभी व्यर्थ नहीं हो सकता।"

औषध मुँह में पड़ते ही सम्राट का शैथिल्य हट गया, पीड़ा में भी बहुत कमी हो गई। वे सँभलकर बोले, "प्रभो! यह आपने क्या किया? मुझे अब और क्या दिखाना चाहते हैं? हर्षवर्द्धन की कामना तो पूरी हुई।"

"नहीं, महाराज! माधवगुप्त का अपराध क्षमा कीजिए।"

"माधवगुप्त? आपकी बात समझ में नहीं आती है।"

"महाराज! समझ में तो मुझे भी नहीं आती है, अदृष्ट न जाने क्या-क्या कहलाता है।"

रमापति के वेश में मालती जल लिये आ पहुँची। जल मुँह में पड़ते ही सम्राट और भी स्वस्थ हुए। इतने में बहुत से अश्वारोहियों का शब्द कुछ दूर पर सुनाई पड़ा। देखते-देखते सम्राट के साथ की सारी अश्वारोही सेना उस बालू के मैदान में आ पहुँची। अनन्तवर्म्मा ने आकर सम्राट को अभिवादन किया। दो सैनिकों ने निःशस्त्र माधवगुप्त को लेकर शशांक के सामने खड़ा कर दिया। माधवगुप्त सिर नीचा किए चुपचाप खड़े रहे। शशांक ने बहुत दिनों से माधवगुप्त को नहीं देखा था। देखते ही स्नेह से उनका जी भर आया। वे बोल उठे, "माधव!"

माधवगुप्त दौड़कर सम्राट के चरणों पर गिर पड़े, उनकी आँखों से आँसुओं की धारा छूट चली। शशांक ने कहा, "माधव! तुम मगध के अधीश्वर और महाराज महासेनगुप्त के पुत्र होकर इतने कातर क्यों होते हो?"

"भैया! माधव...भिखारी...चरणों में स्थान नहीं...महाराजाधिराज! इस कृतघ्न का शीघ्र दंडविधान... ।"

"क्या हुआ, माधव! तुम निर्भय होकर कहो।"

माधवगुप्त के मुँह से एक शब्द न निकला।

वज्राचार्य बोले, "महाराज! माधवगुप्त का भ्रम दूर हो गया है। हर्षवर्द्धन मगध के सिंहासन पर समुद्रगुप्त के किसी वंशधर को नहीं रखना चाहते। वे अपना कोई सामन्त वहाँ भेजना चाहते हैं। माधवगु त को अपने साथ थानेश्वर और कान्यकुब्ज में रखना चाहते हैं।"

शशांक–सेवा कराने के लिए–समुद्रगुप्त के वंशधर से?

सम्राट की आँखों से चिनगारियाँ निकलने लगीं। वे उठ बैठे और कड़ककर बोले, "माधव! तुम समुद्रगुप्त के वंशधर हो। तुम्हारा मोह छूट गया, अब तुम मगध सिंहासन के अधिकारी हो। तुम्हीं से यदि समुद्रगुप्त का वंश चलेगा तो चलेगा। मेरे स्त्री-पुत्र कोई नहीं, और न कभी होंगे। मैंने अब तक विवाह नहीं किया है और न कभी करूँगा। मैं राज भोगने के लिए युद्ध नहीं कर रहा हूँ, मुझे राज्य की आकांक्षा नहीं है। मगध में गुप्तवंश का अधिकार स्थिर रखने के लिए ही मैंने शस्त्र उठाया है। मेरे जीते थानेश्वर राजवंश का कोई पुरुष या सामन्त मगध के सिंहासन पर पैर नहीं रख सकता। अनन्त!"

अनन्त–महाराज!

शशांक–जिस प्रकार से हो, माधवगुप्त को मगध के सिंहासन पर प्रतिष्ठित करना होगा।

सम्राट के मुँह से इतना निकलते ही अश्वारोही सेना जयध्वनि करने लगी। सम्राट की पदातिक सेना भी पास आ गई थी। उसने भी शशांक का नाम लेकर भीषण जयध्वनि की। जयध्वनि के बीच उस बालू के मैदान में रमणी के अत्यन्त मधुर और कोमल कंठ से निकला हुआ गुप्तवंश के गौरव का गीत कहीं से आकर कान में पड़ने लगा। सब लोग मन्त्र-मुग्ध के समान चकित खड़े रहे। किसी को यह रहस्य समझ में न आया। सब यही समझे कि वनदेवी प्रसन्न होकर गा रही है।

सम्राट ने पूछा, "अनन्त! वसुमित्र और सैन्यभीति कहाँ हैं?"

वज्राचार्य–महाराज के घायल होने पर संवाद उन्हें भी मिल चुका है, वे भी पहुँचा चाहते हैं। महाराज! यशोधवलदेव की बात का स्मरण है?

शशांक–प्रभो! कौन-सी बात?

वज्रा.–दक्षिण चले जाने की।

शशांक–प्रभो! आप सर्वज्ञ हैं।

वज्रा.–"महाराज! सर्वज्ञ कोई नहीं–मैं तो लोकचार मात्र हूँ, एक स्थान पर कभी नहीं रहता। वसुमित्र और अनन्तवर्म्मा अपनी सेना के साथ माधवगुप्त को ले जाकर मगध के सिंहासन पर बिठाएँ। हर्षवर्द्धन नहीं रोक सकते, उन्हें शीघ्र ही अपनी सेना पूर्व

से हटानी पड़ेगी। आप माधवगुप्त को मगध के सिंहासन पर निर्विघ्न रखने के लिए कलिंग और दक्षिण कोशल के दुर्गम पहाड़ी प्रदेश में गुप्तवंश के गौरवरक्षक के रूप में अवस्थान करें। अदृष्ट चक्र की गति यही कह रही है। बस, महाराज!''

देखते-देखते वृद्ध वज्राचार्य वृक्षशाखा पर सवार होकर बालू के मैदान में न जाने किधर निकल गए। फिर वे वहाँ दिखाई न पड़े। इतने में घोड़ों की टापें फिर सुनाई पड़ीं। एक दूत ने आकर सैन्यभीति, वीरेन्द्रसिंह और माधववर्म्मा के आने का समाचार दिया।

समुद्र के तट पर फिर शिविर स्थित हो गए। एक बड़े शिविर के भीतर सम्राट शशांक, माधवगुप्त, अनन्तवर्म्मा, माधववर्म्मा, सैन्यभीति और वीरेन्द्रसिंह बैठकर मन्त्रणा कर रहे हैं। स्थिर हुआ कि वसुमित्र, अनन्तवर्म्मा और माधववर्म्मा माधवगुप्त को साथ लेकर मगध पर चढ़ाई करें। जब तक वे माधवगुप्त को मगध के सिंहासन पर बिठाकर न लौटें तब तक सम्राट वहीं अवस्थान करें। उनके लौट आने पर दक्षिण की यात्रा हो। सैन्यभीति ने कहा :

''महाराजाधिराज! मैं वातापिपुर से कई बार दक्षिणकोशल और कलिंग की ओर गया हूँ। मैं उन प्रदेशों से पूर्णतया परिचित हूँ। गुप्तवंश का स्मरण वहाँ की प्रजा में अब तक बना हुआ है। बौद्धसंघ के अत्याचारों से दुखी होकर कलिंगवाले अब तक गुप्तवंश का नाम लेते हैं। कलिंग में पुष्पगिरि आदि संघाराम बड़े प्रबल हैं। बौद्ध आचार्य बालकों को पकड़ ले जाते हैं और संघ में भरती करते हैं। तान्त्रिक बौद्ध बालकों को चुराकर बलि चढ़ा देते हैं। यह दशा वहाँ सैकड़ों वर्ष से है। प्राचीन वर्णाश्रम धर्म्म की रक्षा के लिए बहुत-से लोग समुद्रपार द्वीपान्तरों में चले गए हैं। महाराज! आप धर्म्मरक्षक हैं, आपके ही हाथ से उनका उद्धार हो सकता है।

शशांक—मैं अवश्य चलूँगा। बौद्धसंघ राजद्रोही है। इसी राजद्रोह के पाप से बौद्ध मत का चिह्न तक इस देश में न रह जाएगा।

डेढ़ महीने तक सम्राट शशांक ताम्रलिप्ति में रहे। अनन्तवर्म्मा, माधववर्म्मा और वसुमित्र जिस समय अपनी सेना सहित माधवगुप्त को लेकर मगध में पहुँचे, उस समय थानेश्वर की सेना देश छोड़कर जल्दी-जल्दी दक्षिण-पश्चिम की ओर जा रही थी। यह देख कामरूप की सेना भी अपने देश को लौट पड़ी। माधवगुप्त निर्विघ्न मगध के सिंहासन पर प्रतिष्ठित किए गए। थोड़े दिनों में सुनाई पड़ा कि दक्षिणापथ के सम्राट द्वितीय पुलकेशी के हाथ से नर्मदा के तट पर हर्षवर्द्धन ने गहरी हार खाई। इसके उपरान्त फिर हर्षवर्द्धन ने माधवगुप्त को मित्र छोड़ कभी सामन्त आदि कहने का साहस न किया।

माधवगुप्त के सिंहासन पर बैठने के थोड़े ही दिनों पीछे कलिंग और दक्षिण कोशल में 'परमेश्वर परमभट्टारक परम भागवत महाराजाधिराज श्री शशांक नरेन्द्रगुप्त' की जयध्वनि गूँज उठी। प्राचीन वर्णाश्रम धर्म्म की मर्यादा वहाँ फिर स्थापित हुई। सम्राट शशांक और उनके सामन्त राजाओं की ओर से शास्त्रज्ञ ब्राह्मणों को बहुत-सी भूमि मिली। इससे बौद्धसंघ का प्रभाव कम हुआ और तान्त्रिकों का अत्याचार दूर हुआ।

उपसंहार

सम्राट शशांक को कलिंग आए अठारह वर्ष हो गए। एक ऊँचे पहाड़ी दुर्ग के प्रासाद में राजर्षि शशांक पलंग पर लेटे हैं। उनके पास सोलह-सत्रह वर्ष का एक बालक बैठा है। गुप्तवंश के गौरवगीत की मधुर ध्वनि दूर से किसी रमणी के कंठ से निकलकर आ रही है। सम्राट कह रहे हैं :

"पुत्र, आदित्यसेन! अब तुम सयाने हुए। तुम सम्राट महासेनगुप्त के पौत्र हो। गुप्तवंश के गौरव की रक्षा अब तुम्हारे हाथ है। तुम्हारे पिता माधवगुप्त को मित्र कहकर हर्षवर्द्धन उत्तरीय भारत के सम्राट बने हुए हैं। यह मित्रता एक मायाजाल मात्र है। मगध में गुप्तवंश के पूर्ण प्रताप की घोषणा के लिए यह आवश्यक है कि थानेश्वर से किसी प्रकार का सम्बन्ध न रखा जाए। तुम्हारे पिता के किए यह न होगा। यह तुम्हारे हाथ से होगा। मैं तुम्हें आशीर्वाद देता हूँ, तुम गुप्तवंश के परमप्रतापी सम्राट होगे।"

रामचन्द्र शुक्ल रचनावली

खंड-7

रामचन्द्र शुक्ल रचनावली

खंड : 7

अनुवाद

सम्पादक
नामवर सिंह
आशीष त्रिपाठी

राजकमल प्रकाशन

ISBN : 978-81-267-2920-3

मूल्य : ₹ 8800
(आठ खंडों में)

पहला संस्करण : 2016

प्रकाशक : राजकमल प्रकाशन प्रा. लि.
1-बी, नेताजी सुभाष मार्ग, दरियागंज
नई दिल्ली-110 002

शाखाएँ : अशोक राजपथ, साइंस कॉलेज के सामने, पटना-800 006
पहली मंजिल, दरबारी बिल्डिंग, महात्मा गांधी मार्ग, इलाहाबाद-211 001
36 ए, शेक्सपियर सरणी, कोलकाता-700 017

वेबसाइट : www.rajkamalprakashan.com
ई-मेल : info@rajkamalprakashan.com

मुद्रक : बी.के. ऑफसेट
नवीन शाहदरा, दिल्ली-110 032

RAMCHANDRA SHUKLA RACHANAWALI-7
Edited by Namvar Singh & Ashish Tripathi

देहरी

आचार्य रामचन्द्र शुक्ल हिन्दी में वैचारिकता के शीर्ष प्रतिनिधि और वैचारिक साहित्य के आदि प्रस्तावक हैं। वे निबन्ध, आलोचना और साहित्येतिहास को एक अलंघ्य ऊचाई तक ले गए। वे परवर्ती जनों के लिए अनवरत प्रेरणा स्रोत रहे हैं। उनकी स्थापनाएँ निरन्तर वाद-विवाद के केन्द्र में रही हैं और आज भी उन पर चर्चा किए बगैर आगे बढ़ पाना सम्भव नहीं है। उन्हें पढ़ना आज भी एक अनिवार्यता है। स्वतंत्रता संग्राम और नवजागरण के हलचल भरे युग और उसकी अन्तर्धाराओं तथा अन्तर्द्वन्द्वों का गहरा प्रभाव उनकी रचनाशीलता पर पड़ा है। उनकी रचनाशीलता के अनेक आयाम रहे हैं–कवि, कहानीकार, निबन्धकार, आलोचक, साहित्येतिहासकार और अनुवादक। उनके इन सभी रूपों को समग्रता में प्रकाशित करने का काम उनके देहावसान के पश्चात से निरन्तर जारी है। आचार्य विश्वनाथ प्रसाद मिश्र ने 'रसमीमांसा' और 'चिंतामणि भाग-2' का प्रकाशन कर एक उच्चतर दायित्व का निर्वहन किया था। पश्चात प्रो. नामवर सिंह ने 'चिंतामणि भाग-3' और डॉ. ओम प्रकाश सिंह एवं श्रीमती कुसुम चतुर्वेदी ने 'चिंतामणि भाग-4' का सम्पादन-प्रकाशन कर इस शृंखला को आगे बढ़ाया। इसके बावजूद अभी अनेक निबन्ध यहाँ-वहाँ असंकलित मिलते हैं।

आचार्य शुक्ल के समग्र साहित्य के प्रकाशन के क्रम में यह रचनावली हिन्दी समाज के सम्मुख प्रस्तुत है। रचनावली को हमने आठ खंडों में विभाजित किया है :

1. हिन्दी साहित्य का इतिहास
2. व्यावहारिक समीक्षा–तीन पुस्तकें : गोस्वामी तुलसीदास, सूरदास, जायसी
3. निबन्ध–मनोविकार विषयक निबन्ध, सैद्धान्तिक समीक्षा, भाषा विमर्श, आधुनिक साहित्य विषयक निबन्ध
4. निबन्ध–इतिहास, समाज, विज्ञान, अंग्रेजी में लिखित निबन्ध और उनके हिन्दी अनुवाद
5. 'रस मीमांसा' एवं रसविषयक निबन्ध
6. रचनात्मक साहित्य–कविताएँ, कहानियाँ, जीवनी, रचनात्मक साहित्य का अनुवाद
7. अनुवाद
8. विविध

रचनावली के विविध खंडों में संकलित निबन्धों के प्रकाशन में पूर्व प्रकाशित पुस्तकों/संकलनों के क्रम को प्रायः बदल दिया गया है और उन्हें एक नई तरतीब दी गई है जो विषय की एकसूत्रता के अनुसार है। अनेक निबन्ध–जिन्हें शुक्ल जी पुनः-पुनः लिखते और विकसित करते रहे हैं–के सभी उपलब्ध ड्राफ्टों को उनके भिन्न या एक ही नाम (जिससे वे प्रकाशित हुए) से संकलित किया गया है, ताकि शुक्ल जी की विकास प्रक्रिया को भी समझा जा सके। हम 'हिन्दी साहित्य का इतिहास' के सभी प्रारूपों को भी पृथक्-पृथक् संकलित करने की इच्छा रखते थे–परन्तु इसमें रचनावली का असीमित विस्तार हो रहा था, इसलिए उसके अंतिम और आजकल प्रचलित लोकप्रिय प्रारूप को ही यहाँ संकलित किया गया है। इस रचनावली के एक खंड में आचार्य शुक्ल द्वारा पढ़ी गई कुछ विशिष्ट पुस्तकों को, शुक्ल जी द्वारा लिखी गई टिप्पणियों के साथ प्रकाशित किया जा रहा है। इससे शुक्ल जी की पाठ-प्रक्रिया और उनकी आलोचना-प्रक्रिया को भी समझने में एक हद तक मदद मिलेगी। इस खंड की परिकल्पना प्रो. नामवर सिंह की मूल योजना का हिस्सा रही है और हमने इसे ज्यूँ का त्यूँ लेना जरूरी समझा है।

'रामचन्द्र शुक्ल रचनावली' की इच्छा प्रो. नामवर सिंह के मन में पाँच दशक से भी अधिक समय से बनी रही है। रामचन्द्र शुक्ल की जन्मशती के अवसर पर वे ग्रन्थावली का प्रकाशन करना चाहते थे। परन्तु कतिपय कारणों से यह सम्भव न हुआ। जब शुक्लजी की रचनाएँ कॉपीराइट से मुक्त हो गईं तो यह इच्छा फिर से तीव्र हो गई। पर किन्हीं कारणों से यह फिर सम्भव न हुआ। अन्ततः अब यह सम्भव हो पा रहा है। एक गहरी रचनात्मक इच्छा की तरह इसे देखा जाना चाहिए। आचार्य रामचन्द्र शुक्ल के अनेक विचारों से गहरी असहमति के बावजूद, नामवर जी के मन में मौजूद गहरे कृतज्ञता भाव का ही यह एक प्रतिफल है। हम इसे हिन्दी समाज की एक बड़ी चारित्रिक खूबी के रूप में देख सकते हैं और इस काम को इस तरह पूरा होते देख, एक गहरा सन्तोष अनुभव करते हैं।

नामवर जी की गहरी इच्छा के बावजूद रचनावली के प्रकाशन में दो वर्ष से अधिक की देर के लिए व्यक्तिगत रूप से मैं जवाबदेह हूँ। खेद प्रकट करने के लिए मेरे पास शब्द नहीं हैं। इस काम को पूरा करने में युवा साथियों सर्वश्री विशाल विक्रम सिंह, रवि श्याम द्विवेदी, अनूप कुमार सिंह और अभिलाष कुमार का आभारी हूँ जिन्होंने अनेक अवसरों पर मेरा साथ दिया। राजकमल प्रकाशन के प्रबन्ध निदेशक श्री अशोक महेश्वरी जी के असीम धीरज और संवादी व्यक्तित्व के कारण ही देर के बावजूद यह काम इस तरह हो सका, जिन्होंने इसे शीर्ष वरीयता देने के साथ ही, इसके प्रकाशन में आने वाली अनेक अड़चनों को दूर किया। रचनावली के प्रकाशन के अवसर पर हम आचार्य शुक्ल के संकलन/प्रकाशन का महती उत्तरदायित्व निभाने वाले सम्पादकों एवं प्रकाशकों के प्रति कृतज्ञता का अनुभव करते हैं। इस रचनावली के प्रकाशन से आचार्य शुक्ल पर समग्रता से बात करना संभव हो सकेगा, इस बहाने यदि पुनः उनके कार्य पर चर्चा हो तो हमारा श्रम सार्थक होगा।

–आशीष त्रिपाठी

अनुक्रम

विश्वप्रपंच

प्रथम संस्करण का वक्तव्य

आज जरमनी के जगद्विख्यात प्राणितत्त्ववेत्ता हैकेल की परम प्रसिद्ध पुस्तक 'रिडलू आव् द यूनिवर्स' हिन्दी पढ़नेवालों के सामने रखी जाती है। यह अनात्मवादी आधिभौतिक पक्ष का सिद्धान्त ग्रन्थ है। इसमें नाना विज्ञानों से प्राप्त उन सब तथ्यों का संग्रह है जिन्हें भूतवादी अपने पक्ष के प्रमाण में उपस्थित करते हैं। जिस समय यह ग्रन्थ प्रकाशित हुआ योरप में इसकी धूम सी मच गई। अकेले जरमनी में दो महीने के भीतर इसकी 9000 प्रतियाँ खप गईं। योरप की सब भाषाओं में इसके अनुवाद निकले। अँगरेज़ी की तो लाखों कापियाँ पृथ्वी के एक कोने से लेकर दूसरे कोने तक पहुँच गईं। इस पुस्तक ने सबसे अधिक खलबली पादरियों के बीच डाली जिनकी गालियों से भरी हुई सैकड़ों पुस्तकें इसके प्रतिवाद में निकलीं।

पुस्तक में आधुनिक दर्शन और विज्ञान से सम्बन्ध रखनेवाली जिन-जिन बातों का उल्लेख है उन सबकी थोड़ी बहुत चर्चा भूमिका में इसलिए कर दी गई है जिसमें अभिप्राय समझने में सुबीता हो। पुस्तक के भीतर भी स्थान-स्थान पर टिप्पणियाँ लगा दी गई हैं।

भाषा के सम्बन्ध में इतना कह देना अनुचित न होगा कि उसे केवल हिन्दी या संस्कृत जाननेवाले भी अपनी विचारपद्धति के प्रायः अनुरूप पाएँगे। कौन सा वाक्य किस अँगरेज़ी वाक्य का अक्षरशः अनुवाद है इसका पता लगाने की जरूरत किसी को न होगी।

—रामचन्द्र शुक्ल

भूमिका

गत शताब्दी में योरप में ज्यों-ज्यों भौतिक विज्ञान, रसायन, भूगर्भविद्या, प्राणिविज्ञान, शरीरविज्ञान इत्यादि के अन्तर्गत नई-नई बातों का पता लगने लगा और नए-नए सिद्धान्त स्थिर होने लगे त्यों-त्यों जगत् के सम्बन्ध में लोगों की जो भावनाएँ थीं वे बदलने लगीं। जहाँ पहले लोग छोटी-से-छोटी बात के कारण को न पाकर उसे ईश्वर की कृति मान सन्तोष कर लेते थे वहाँ चारों ओर नाना विज्ञानों[1] के द्वारा कार्य कारण की ऐसी विस्तृत शृंखला उपस्थित कर दी गई कि किसी को बीच ही में ठिठकने की आवश्यकता न रह गई। ज्ञानदृष्टि को बहुत दूर तक बढ़ाने के लिए मार्ग खुल गया। दूरदर्शक, सूक्ष्मदर्शक, रश्मिविश्लेषक[2] आदि यन्त्रों की सहायता से हमारी दृष्टि अत्यन्त

---

1. विज्ञान ऐसे विषयों का ज्ञान है जो किसी-न-किसी प्रकार हमारी इन्द्रियों को प्रत्यक्ष होते हैं। यह शब्द हमारे शास्त्रों में कई अर्थों में आया है। बौद्ध लोग विज्ञान का अर्थ प्रत्यय या भाव लेते हैं जो क्षण-क्षण पर उत्पन्न और नष्ट होते रहते हैं। गीता में ज्ञान और विज्ञान शब्द कई जगह साथ-साथ आए हैं। सातवें अध्याय में भगवान् कहते हैं—'ज्ञानं तेऽहं सविज्ञानमिदं वक्ष्याम्यशेषतः' अर्थात् 'विज्ञान' समेत इस पूरे ज्ञान को मैं तुझसे कहता हूँ। रामानुज ने अपने भाष्य में 'ज्ञानम्' का अर्थ किया है 'मद्विषयमिदं ज्ञानम्' और विज्ञानम् का अर्थ किया है 'विविक्ताकार विषयज्ञानम्।' प्रकृति के नाना रूपों का जो ज्ञान है वही विज्ञान है। आगे चलकर भगवान् ने मन, बुद्धि और अहंकार के सहित पाँचों भूतों को गिनाकर कहा है कि यह मेरी अपरा प्रकृति है इससे भिन्न जगत् को धारण करनेवाली जीवस्वरूपिणी मेरी परा प्रकृति है। इसी अपरा प्रकृति की व्याख्या आधुनिक विज्ञानों का विषय है जिसके अन्तर्गत भौतिक विज्ञान, रसानक, मनोविज्ञान आदि सब हैं। परा प्रकृति परा विद्या या परदर्शन (मेटाफिजिक्स) का विषय है।
2. ईथर में उत्पन्न आलोकतरंग छोटाई-बड़ाई के हिसाब से अनेक प्रकार के होते हैं। इसी छोटाई-बड़ाई के हिसाब से आलोक रेखाएँ अनेक रंगों की होती हैं। किसी ओर से आते हुए प्रकाश की किरनों को यदि हम झाड़ के लटकन के तिकोने शीशे में देखें तो उसमें अनेक रंग दिखाई पड़ते हैं। बात यह है कि उसके कोनों पर किरनें विकीर्ण हो जाती हैं जिससे भिन्न-भिन्न रंगों की आलोक रेखाएँ अलग-अलग दिखाई देने लगती हैं। रश्मिविश्लेषक यन्त्र में भी किरनें इसी प्रकार विकीर्ण की जाती हैं जिससे भिन्न-भिन्न रंगों की रेखाएँ पड़ जाती हैं। किस प्रकार के द्रव्य से किस प्रकार की रेखाएँ आती हैं और किस प्रकार के द्रव्य किस प्रकार की रेखाओं को लीन कर लेते हैं यह मालूम होने से वैज्ञानिक इन रेखाओं की परीक्षा द्वारा इसका पता लगा लेते हैं कि यह आनेवाला प्रकाश किस द्रव्य से होकर आ रहा है। इसी युक्ति से दूर-से-दूर के ग्रहों, नक्षत्रों आदि से आते हुए प्रकाश की परीक्षा करके वे बताते हैं कि उनमें कौन-कौन से मूल द्रव्य हैं। सूर्य के वायुमंडल में चाँदी, लोहा, सीसा, राँगा, जस्ता, अलुमीनम, सोडियम, पोटासियम, कारबन (अंगारक), हाइड्रोजन आदि 36 मूल द्रव्यों का होना स्थिर किया गया है। इसी प्रकार ग्रहों के सम्बन्ध में समझिए जो सूर्य की अपेक्षा कहीं अधिक निकट हैं।

विस्तृत और सूक्ष्म हो गई। दूरदर्शक यन्त्रों द्वारा अन्तरिक्ष के बीच अनन्त लोकपिंडों का पता लगा, उनकी स्थिति के क्रम का आभास मिला और रश्मिविश्लेषक यन्त्र द्वारा यह प्रत्यक्ष हो गया कि जिन मूलभूतों या द्रव्यों से हमारी पृथ्वी बनी है उन्हीं द्रव्यों से सब लोकपिंड बने हैं, उनमें कोई अतिरिक्त द्रव्य नहीं है। पहले पृथ्वी, जल, वायु आदि के आगे लोगों की दृष्टि नहीं जाती थी अब रसायन शास्त्र के विश्लेषणों द्वारा जल और वायु आदि की योजना करनेवाले मूलभूतों या द्रव्यों तक हमारी पहुँच हो गई है। भौतिक विज्ञान ने समस्त जड़ जगत् को द्रव्य और गति शक्ति का कार्य सिद्ध कर दिया है।

द्रव्य[1] को नाना रूपों में हम अपने चारों ओर देखते हैं। हवा, पानी, पत्थर, पृथ्वी, सूर्य, चन्द्र इत्यादि सब द्रव्य के ही भिन्न-भिन्न रूप हैं। द्रव्य में हम गति भी देखते हैं। हवा का चलना, पानी का बहना, पत्थर का लुढ़कना, पत्ते का गिरना, लपेटी हुई कमानी का खुलना, कोयले का दहकना, बारूद का भड़कना सब गति के ही नाना रूप हैं। द्रव्य और गतिशक्ति इन्हीं दो को लेकर अपनी सूक्ष्म परीक्षाओं द्वारा वैज्ञानिक समस्त व्यापारों के कारण आदि की व्याख्या करते हैं। जिस प्रकार द्रव्य एक अवस्था से दूसरी अवस्था में—ठोस से द्रव, द्रव से वायव्य, वायव्य से द्रव, द्रव से ठोस अवस्था में—लाया जा सकता है उसी प्रकार गतिशक्ति भी एक रूप से दूसरे रूप में लाई जा सकती है। गति ताप के रूप में परिवर्तित हो सकती है, ताप विद्युत् के रूप में, विद्युत् ताप और प्रकाश के रूप में। राँगे और ताँबे को जोड़कर अगर एक कोना गरम करें और दूसरे को ठंडा रखें तो बिजली पैदा हो जाएगी। चकमक के क्षेत्र में किसी धातु को घुमाने से भी बिजली उत्पन्न होती है। यदि वेग से आते हुए पत्थर के गोले को हम दूसरे पत्थर से बीच ही में रोक लें तो पहले पत्थर की गतिशक्ति रुकने से क्या हुई ? क्या नष्ट हो गई ? नहीं, वह ताप के रूप में परिवर्तित हो गई। दो वस्तुओं की रगड़ से जो गरमी पैदा होती है उसका अनुभव हमें नित्य होता है। इस गरमी के पैदा होने का मतलब यही है कि रगड़ की जो गति है उसने ताप का रूप धारण कर लिया। कोई शक्ति क्रियमाण होकर एक द्रव्यखंड से दूसरे खंड में जाते-जाते अन्त में ताप के रूप में होकर आकाश द्रव्य में लय को प्राप्त हो जाती है।

शक्ति या तो निहित या अव्यक्त रूप में रहती है अथवा व्यक्त वा क्रियमाण रूप में। दोनों छोर मिलाकर पकड़े हुए बेत, पहाड़ की ढाल पर अड़े हुए पत्थर, चाभी दी हुई पर न चलती हुई घड़ी, सूखने के लिए फैलाए हुए कोयले, बोरे में कसी हुई बारूद में जो छटकने, चलने, दहकने और भड़कने की शक्ति है वह अव्यक्त वा निहित है। बेत के छटकने, पत्थर के लुढ़कने, घड़ी के चलने, कोयले के दहकने और बारूद के भड़कने पर वही शक्ति व्यक्त वा क्रियमाण कहलाएगी। गतिशक्ति दो प्रकार की क्रियाएँ करती है। यह द्रव्य के पिंडों, अणुओं और परमाणुओं को एक-दूसरे की ओर खींचती है अथवा उनको एक-दूसरे से हटाकर अलग-अलग करती है। पिंडों की एक-दूसरे को खींचने की

1. द्रव्य शब्द का अर्थ केवल भूतसमष्टि के अर्थ में समझिए। वैशेषिक में द्रव्य के अन्तर्गत काल, दिक्, आत्मा और मन भी हैं, पर इसके अन्तर्गत नहीं।

शक्ति लोहे और चुम्बक तथा सूर्य और ग्रहपिंडों आदि के आकर्षण में देखी जाती है। अणुओं के परस्पर मिलने से पिंड, परमाणुओं के परस्पर मिलने से अणु और विद्युदणुओं के परस्पर मिलने से परमाणु बनते हैं। इसी प्रकार जहाँ ठोस वस्तु द्रव के रूप में आ रही हो, या द्रव वस्तु वाष्प या वायव्य रूप में आ रही हो वहाँ यह समझना चाहिए कि विश्लेषण शक्ति अर्थात् अलग करनेवाली शक्ति कार्य कर रही है। शक्ति के सम्बन्ध में यह समझ रखना चाहिए कि यद्यपि द्रव्य के समान उसमें गुरुत्व नहीं होता पर उसके वेग की मात्रा का हिसाब होता है। सेर भर पत्थर उठाने में जितनी शक्ति लगती है दो सेर बोझ उठाने में उससे दूनी शक्ति लगेगी। चलती हुई वस्तुओं का धीमा और तेज होना, गर्मी का घटना-बढ़ना हम नित्य ही देखते हैं।

द्रव्य के अन्तर्गत कोई 78 मूल द्रव्य या मूलभूत माने गए हैं जिनमें कुछ धातुएँ हैं जैसे, सोना, चाँदी, ताँबा, लोहा, सीसा, राँगा, पारा, निकल, जस्ता, अलुमीनम कुछ और खनिज हैं जैसे, गन्धक, संखिया, सुरमा, मगनीशिया, और कुछ वायव्य द्रव्य हैं जैसे, आक्सिजन, हाइड्रोजन, नाइट्रोजन इत्यादि। ये ही 78 मूल द्रव्य आधुनिक रसायन शास्त्र के अनुसार मूल उपादान हैं जिनके परमाणुओं के योग से जगत् के नाना प्रकार के पदार्थ बने हैं। अतः जितने ये मूल द्रव्य हैं उतने ही प्रकार के परमाणु हुए। एक प्रकार के परमाणु के साथ दूसरे प्रकार के परमाणु के मिलने से एक तीसरे रूप के द्रव्य का प्रादुर्भाव होता है—जैसे आक्सिजन और हाइड्रोजन नामक मूल द्रव्यों के परमाणुओं के योग से जल की उत्पत्ति होती है। पर ध्यान रखना चाहिए कि यह परिणाम एक विशिष्ट मात्रा में परमाणुओं के मिलने से होता है। जैसे जल का यदि हम रासायनिक विश्लेषण करें तो उसमें हमें 16 भाग आक्सिजन गैस और 2 भाग हाइड्रोजन गैस[1] मिलेगा। इसी प्रकार यदि हम नमक का विश्लेषण करें तो हमें $35^1/_3$ भाग क्लोराइन और 23 भाग सोडियम मिलेगा। परमाणुओं का मिश्रण ही रासायनिक मिश्रण कहलाता है।[2] परमाणुओं के मिलने से ही रासायनिक क्रिया होती है। भिन्न-भिन्न परमाणुओं की भिन्न-भिन्न प्रकार की प्रवृत्ति होती है जिसके अनुसार कुछ परमाणु कुछ परमाणुओं के साथ मिलते हैं और कुछ के साथ नहीं। इसी को रासायनिक प्रवृत्ति या राग कहते हैं।

परमाणु हैं क्या ? नमक का एक टुकड़ा लीजिए और देखिए तो वह अत्यन्त सूक्ष्म कणों से मिलकर बना हुआ पाया जाएगा। इन कणों के तब तक और टुकड़े करते जाइए जब तक टुकड़ों में नमकपन बना रहे। इस प्रकार जब टुकड़े अन्तिम दशा को पहुँच

---

1. जस्ते को तेजाब में गलाकर यह गैस निकाली जा सकती है।
2. साधारण मिश्रण से रासायनिक मिश्रण भिन्न होता है। साधारण मिश्रण में दो पदार्थों के अणु ही देखने में मिले मालूम होते हैं, पर दोनों पदार्थ अलग-अलग पहचाने जा सकते हैं। पर रासायनिक मिश्रण में एक के अणुओं के परमाणु निकल-निकलकर दूसरे के अणुओं के निकले हुए परमाणुओं से मिल जाते हैं जिससे एक तीसरे पदार्थ की उत्पत्ति होती है। जैसे, गन्धक के चूर्ण के साथ लोहचूर्ण मिलाकर यों ही रख दें तो यह साधारण मिश्रण होगा। इसी मिश्रण को यदि खूब तपावें जिससे अणु टूट जाएँ और परमाणु अलग-अलग हो जाएँ तो दोनों के परमाणुओं के मिलने से एक नए प्रकार के पदार्थ की उत्पत्ति होगी। यह मिश्रण रासायनिक होगा।

जाएँ अर्थात् ऐसे टुकड़े हो जाएँ जिनके और टुकड़े करने से उनमें नमक का गुण न रह जाएगा तब हम ऐसे टुकड़ों को अणु कहेंगे। ये अणु नमक ही रहेंगे। फिर इन अणुओं के भी यदि हम और टुकड़े करेंगे तो वे परमाणु होंगे और नमक न रह जाएँगे अर्थात् उनमें से कुछ क्लोराइन के परमाणु होंगे और कुछ सोडियम के। इसी से कहा जाता है कि क्लोराइन् और सोडियम के रासायनिक मिश्रण से—अर्थात् परमाणुओं के मिश्रण से—नमक बनता है। अतः नमक एक यौगिक पदार्थ है, मूल द्रव्य नहीं। पर यदि हम मूलद्रव्यों में से कोई एक लेकर उसका परमाणुओं तक विश्लेषण करें तो हमें उसी द्रव्य के परमाणु मिलेंगे और किसी द्रव्य के साथ दूसरे मूल द्रव्य किस प्रकार और किस परिमाण में मिलते हैं तथा मिलने से क्या परिणाम होते हैं इन सब बातों का विचार करनेवाला शास्त्र रसायनशास्त्र कहलाता है। भौतिक विज्ञान द्रव्य के सामान्य गुण तथा गतिशक्ति के नियमों और विधानों का निरूपण करता है। इस प्रकार आजकल प्राकृतिक विज्ञान की दो प्रधान शाखाएँ हैं।

परमाणु नाम पड़ा क्यों ? पहले लोगों की धारणा थी कि परमाणु द्रव्य के सूक्ष्मत्व की चरम सीमा है। परमाणु के और टुकड़े हो ही नहीं सकते। परमाणु अखंड तथा नित्य हैं। दार्शनिकों ने तो परमाणु की कल्पना अनवस्था से बचने के लिए ही की थी। पहले लोगों को परमाणुओं के बनने-बिगड़ने या खंड-खंड होने के प्रमाण नहीं मिले थे। पर इधर युरेनियम, रेडियम आदि कई नए मूल द्रव्यों के मिलने से ऐसे प्रमाण भी मिल गए। उनके परमाणुओं की परीक्षा से पता चला कि भारी परमाणु के कण अत्यन्त वेग से उड़ते जाते हैं और फिर मिलकर हलके परमाणु बनाते जाते हैं। ये कण विद्युदणु कहलाते हैं। इन्हीं के मिलने से परमाणुओं की योजना होती है।

मूलभूत और परमाणु की कल्पना इसी रीति पर हमारे यहाँ के वैशेषिक दर्शन में भी हुई है। द्रव्यखंड के टुकड़े करते-करते हम ऐसे टुकड़ों तक पहुँचेंगे जिनके और टुकड़े यदि हम करें तो वे अगोचर हो जाएँगे। ये ही अगोचर टुकड़े परमाणु होंगे तथा इनके और टुकड़े न हो सकेंगे। वैशेषिक के अनुसार परमाणु नित्य और अक्षर हैं। इन्हीं की योजना से सब पदार्थ बनते हैं और सृष्टि होती है। आकाश को छोड़ जितने प्रकार के भूत होते हैं उतने ही प्रकार के परमाणु होते हैं—यथा, पृथ्वीपरमाणु, जलपरमाणु, तेजपरमाणु और वायुपरमाणु। परमाणु रूप में, आकाश के समान, शेष चारों भूत भी नित्य हैं। आधुनिक विज्ञान के पृथ्वी, जल और वायु को द्रव्य का अवस्थाभेद सिद्ध किया और तेज को गतिशक्ति का एक रूप मात्र। अतः परमाणु भी चार प्रकार के नहीं, 78 प्रकार के ठहराए गए। कुछ लोग नई बातों के साथ पुरानी बातों का अविरोध सिद्ध करने के लिए भूतों को ठोस, द्रव, वायव्य और अतिवायव्य अवस्थाओं के सूचक मात्र कहने लगे हैं। पर परमाणुओं के वर्गीकरण की ओर ध्यान देने से यह स्पष्ट हो सकता है कि वैशेषिक का अभिप्राय अवस्थाभेद नहीं है गुणभेद के अनुसार द्रव्यभेद ही है—जैसे, जल में सांसिद्धिक या स्वाभाविक द्रवत्व का गुण है अतः वह एक मूल द्रव्य है। पर आधुनिक रसायनशास्त्र ने जल को किस प्रकार यौगिक सिद्ध किया है यह ऊपर

कहा जा चुका है। मूलभूतों और परमाणुओं का सम्बन्ध वैशेषिक ने उसी रीति से निर्धारित किया है जिस रीति से आधुनिक रसायनशास्त्र ने किया है। यह हमारे लिए कम गौरव की बात नहीं है। ब्योरा ठीक न मिलने के कारण इस पर परदा डालने की जरूरत नहीं।

वैशेषिक में दो परमाणुओं के योग को द्व्यणुक कहते हैं। आगे चलकर ये ही द्व्यणुक अधिक संख्या में मिलते जाते हैं जिससे नाना प्रकार के पदार्थ बनते हैं–जैसे, तीन द्व्यणुकों से त्रसरेणु, चार द्व्यणुकों से चतुरणुक इत्यादि। कारणगुणपूर्वक ही कार्य के गुण होते हैं अतः जिस गुण के परमाणु होंगे उसी गुण के उनसे बने पदार्थ होंगे। पदार्थों में जो नाना भेद दिखाई पड़ते हैं वे सन्निवेश भेद से होते हैं। तेज के सम्बन्ध से वस्तुओं के गुण में बहुत कुछ फेरफार हो जाता है–जैसे, कच्चा घड़ा पकने पर लाल हो जाता है।

परमाणु का प्रत्यक्ष नहीं होता। परमाणु की बात छोड़ दीजिए, अणुओं की सूक्ष्मता भी कल्पनानीत है। तीव्र-से-तीव्र सूक्ष्मदर्शक यन्त्र उनका दर्शन नहीं करा सकते। उनका निरूपण उनके कार्यों द्वारा गणित आदि के सहारे से ही किया जाता है। जल का ही अणु लीजिए जो इंच के 5000,000,00वें भाग के बराबर होता है। अब इस अणु की योजना करनेवाले परमाणुओं की सूक्ष्मता का इसी से अन्दाजा कर लीजिए। विद्युदणु तो उनसे भी सूक्ष्म हैं। हिसाब लगाया गया है कि हाइड्रोजन के एक परमाणु में 16000 और रेडियम के एक परमाणु में 160000 विद्युदणु होते हैं। इन विद्युदणुओं के बीच का अन्तर उनकी सूक्ष्मता के हिसाब से बहुत अधिक होता है–उतना ही होता है जितना सौरजगत् के ग्रहों के बीच होता है।[1] अपने परमाणु जगत् के अन्तरिक्ष में ये परस्पर शक्तिसम्बद्ध होकर निरन्तर उसी प्रकार वेग से भ्रमण करते रहते हैं जिस प्रकार सौर जगत् में ग्रह-उपग्रह भ्रमण करते हैं। इसी का नाम है भवचक्र। परमाणु के भीतर भी वही व्यापार हो रहा है जो ब्रह्मांड के भीतर। 'अणोरणीयान् महतो महीयान्' वाली बात समझिए। जो गतिशक्ति आकर्षण और अपसारण के रूप में छोटे से द्रव्यखंड के परमाणुओं को परस्पर सम्बद्ध रखकर भ्रमण कराती है वही समस्त जगत् में नक्षत्रों, ग्रहों और उपग्रहों को अपने पथ पर रखकर चक्कर खिलाती है। शक्ति की इसी दोमुँही चाल से जगत् की स्थिति है। यदि शक्ति अपने एक ही रूप में कार्य करती तो जगत् की यह अनेकरूपता न रहती, या यों कहिए कि जगत् ही न रहता। यदि आकर्षणक्रिया ही स्वतन्त्र रूप से चलती, उसे बाधा देनेवाली अपसारिणी क्रिया न होती तो अखिल विश्व के समस्त परमाणु खिंचकर एक केन्द्र पर मिल जाते और विश्व एक ऐसा अचल, जड़

---

1. परमाणुओं के बीच अन्तर की धारणा न होने के कारण वैशेषिक को 'पीलुपाक' नाम का विलक्षण मत ग्रहण करना पड़ा। इस मत के अनुसार घड़ा आग में पड़कर लाल इस प्रकार होता है कि अग्नि के तेज से घड़े के परमाणु अलग-अलग हो जाते हैं, फिर लाल होकर मिल जाते हैं। घड़े का यह बिगड़ना और बनना इतने सूक्ष्म काल में होता है कि कोई देख नहीं सकता। न्यायवाले परमाणुओं के बीच अन्तर मानकर ऐसी कल्पना नहीं करते।

और ठोस गोला होता जिस पर न नाना प्रकार के पदार्थ होते, न जीवजन्तु और पेड़, पौधे होते और न कोई व्यापार होता। इसी प्रकार यदि केवल अपसारिणी क्रिया ही होती तो विश्व के समस्त परमाणु अलग-अलग बिखरे होते, मिलकर जगत् की योजना न करते।

द्रव्य और शक्ति (गति) का नित्य सम्बन्ध है। एक की भावना दूसरे के बिना हो नहीं सकती। न शक्ति के बिना द्रव्य रह सकता है और न द्रव्य के आश्रय के बिना शक्ति कार्य कर सकती है। अपने चारों ओर जो कुछ हम देखते हैं वह द्रव्य और शक्ति का ही कार्य है। कोई द्रव्यखंड लीजिए, शक्ति ही से उसकी स्थिति ठहरेगी। जमीन पर पड़ा हुआ एक ढेला ही लीजिए। आपके देखने में तो वह महा जड़ और निष्क्रिय है। पर विचार कर देखिए तो गतिशक्ति की क्रिया बराबर उसमें हो रही है, बल्कि यों कहिए कि उसी क्रिया से ही उसकी स्थिति है। वह जमीन पर पड़ा क्यों है ? पृथ्वी की आकर्षणशक्ति से। वह ढेले के रूप में क्यों है ? उसके अणु आकर्षणशक्ति द्वारा परस्पर सम्बद्ध हैं।

द्रव्य और शक्ति दोनों अक्षर और अविनाशी हैं। वे अपने एक रूप से दूसरे रूप में जा सकते हैं, पर नष्ट नहीं हो सकते। उनका अभाव नहीं हो सकता। सिद्धान्त यह कि विश्व में जितना द्रव्य है उतना ही सदा से है, और सदा रहेगा—उतने से न घट सकता है, न बढ़ सकता है। इसी प्रकार शक्ति को भी समझिए जो द्रव्य में समवेत है। यह दार्शनिक अनुमान नहीं है, परीक्षासिद्ध सत्य है। मोमबत्ती जलकर नष्ट नहीं हो जाती, धुएँ के रूप में अर्थात् वायव्य रूप में हो जाती है। यदि इस वायव्य पदार्थ को लेकर हम तौलें तो उसकी तौल मोमबत्ती की तौल के बराबर होगी। शक्ति की अक्षरता की परीक्षा इस प्रकार हो सकती है कि किसी बोझ के उठाने में हम कुछ शक्ति व्यय करें और उस शक्ति को ताप के रूप में लाकर ताप की मात्रा नाप लें। फिर कभी उसी बोझ को उठाने में उतनी ही शक्ति लगाकर और उसे ताप के रूप में परिवर्तित करके ताप की मात्रा नापें। ताप की दोनों मात्राएँ समान होंगी।

सूक्ष्मातिसूक्ष्म परमाणु भी एक-दूसरे को आकर्षित कर रहे हैं और ग्रह, उपग्रह, नक्षत्र आदि विशाल लोकपिंड भी। उनके बीच आकर्षण शक्ति बराबर कार्य कर रही है। ग्रहों, नक्षत्रों आदि के बीच कितना अन्तर है वह प्रत्यक्ष ही है। अणुओं, परमाणुओं आदि के बीच कितना अन्तर रहता है, यह ऊपर बतलाया ही जा चुका है। यह अन्तर क्या शून्य है ? यदि शून्य है तो आकर्षणशक्ति की क्रिया होती किस प्रकार है ? क्योंकि ऊपर कहा जा चुका है कि द्रव्य के आश्रय के बिना शक्ति कार्य ही नहीं कर सकती। न्यूटन भी, जिसने योरप में पहले-पहल आकर्षणशक्ति का पता पाया था, इस असमंजस में पड़ा था। अन्तरिक्ष के बीच केवल आकर्षणशक्ति कार्य करती हो सो भी नहीं। सूर्य की गरमी और सूर्य का प्रकाश बराबर हम तक पहुँचता है। ताप और प्रकाश भी गतिशक्ति के ही रूप हैं। अतः क्या ये भी शून्य से ही होकर गमन करते हैं। यह हो नहीं सकता। शक्ति के कार्य करने के लिए कोई मध्यस्थ द्रव्य अवश्य चाहिए। इसलिए वैज्ञानिकों को द्रव्य के ऐसे रूप का आरोप करना पड़ा जो अखंड, अनन्त, विभु

और विश्वव्यापक हो, जो अण्वात्मक न हो। इस सूक्ष्मातिसूक्ष्म अखंड और व्यापक द्रव्य का नाम उन्होंने ईथर रखा। आप आकाशद्रव्य कह लीजिए[1] क्योंकि प्रकाश के साथ इसका घनिष्ठ सम्बन्ध है भी। यह सीसे के गोले के परमाणुओं के बीच भी फैला है और ग्रहों-नक्षत्रों के बीच के अन्तरिक्ष में भी। इससे खाली कोई जगह नहीं। यह सर्वत्र अखंड और एकरस है।

ईथर को दिक् के समान एक शून्य कल्पना न समझना चाहिए। इसमें घनत्व है, यह भूतद्रव्य का ही एक सूक्ष्म रूप है। वैज्ञानिकों ने हिसाब लगाया है कि इसका घनत्व जल के घनत्व का 926/1000,000,000,000,000,000,000 है। 105 कोस की ऊँचाई पर वायुमंडल भी इतना ही पतला है। उसके आगे वह और भी पतला है।[2] ईथर उसकी अपेक्षा कम पतला है। यह सारा हिसाब-किताब ऊपर ही ऊपर से प्रकाश और ताप के व्यापार से लगाया गया है। ईथर पकड़ में आनेवाला द्रव्य नहीं, यह एक अग्राह्य पदार्थ है। वैज्ञानिकों ने इनकी परीक्षा केवल प्रकाश के वाहक के रूप में की है। प्रकाश और ताप का प्रवाह तरंगों के रूप में चलता है। यदि कोई मध्यस्थ नहीं तो ये तरंगें कैसी ? विद्युदाकर्षण और अपसारण की व्याख्या भी इस प्रकार के मध्यवर्ती द्रव्य के बीच किसी स्थान पर दबाव मानने से ही अच्छी तरह होती है। विद्युत्प्रवाह की समस्या का समाधान भी मध्यस्थ द्रव्य का स्पन्दन माने बिना ठीक-ठीक नहीं हो सकता। चुम्बक की क्रिया भी किसी मध्यस्थ द्रव्य में भँवर या मरोड़ पड़ने के कारण मालूम होती है। सारांश यह कि यह मानना पड़ता है कि प्रकाश और ताप आदि का वहन करनेवाला कोई एकरस प्रवाह रूप पदार्थ अवश्य है जिसमें तरंगें उठती हैं, भँवर पड़ते हैं। जिस प्रकार जल में किसी ठोस पदार्थ के पड़ने पर किनारे हटने और फिर आ जाने का गुण है उसी प्रकार ईथर में भी है। पर यह साधर्म्य होते हुए भी जल में और इसमें बहुत अन्तर है। जल अणुमय है, यह अखंड और सर्वगत है। जल ही क्या ग्राह्य द्रव्य मात्र से इसके गुण भिन्न हैं। यद्यपि घनत्व, लचक, अखंडत्व आदि इसके गुण प्रकाश और ताप आदि के व्यापारों द्वारा निरूपित हुए हैं पर यह है किस प्रकार का अभी तो ठीक-ठीक समझ में नहीं आया है, आगे की नहीं कह सकते।

---

1. वैशेषिक ने आकाश को दिक् (स्पेस) से अलग माना है और उसे भूतों के अन्तर्गत किया है। दिक् किसी वस्तु का समवायि कारण नहीं हो सकता, पर आकाश शब्द का समवायि कारण है। न्याय में उपादान को ही समवायि कारण कहा है, जैसे कपड़े के लिए सूत और कुंडल के लिए सोना। वैशेषिक के भाष्यकार प्रशस्तपाद ने भी कहा है कि द्रव्यों में जो समवाय रहता है वह तादात्म्य रूप से ही। अतः 'आकाश शब्द का संमवायि कारण है' इस बात को यदि आधुनिक भौतिक विज्ञान के शब्दों में कहें तो कह सकते हैं कि 'आकाशद्रव्य की तरंगों से ही शब्द बनते हैं।' आधुनिक भौतिक विज्ञान में शब्द वायुतरंग रूप सिद्ध हुए हैं, क्योंकि आकाश के रहते भी वायु के बिना शब्द नहीं होता। आकाशद्रव्य के तरंगों से प्रकाश की उत्पत्ति होती है। आजकल की इस बात को यदि हम अपने दर्शन के शब्दों में कहें तो कह सकते हैं कि 'आकाश प्रकाश का समवायि कारण है।'
2. पृथ्वी से 12 योजन के आगे जो वायु है उसका हमारे यहाँ के प्राचीन ग्रन्थों में 'प्रवह' नाम है। 12 योजन तक 'आवह' वायु है।

लार्ड केलविन ने इसी ईथर को जगत् का उपादान ठहराया है; उन्होंने कहा कि समस्त ग्राह्य द्रव्यखंड इसी ईथर के भँवर मात्र हैं।[1] सर विलियम कुक्स ने भी सब प्रकार के द्रव्यों या परमाणुओं का आधारभूत एक ही महाभूत माना है जिसके और सब परिणाम हैं। इस प्रकार जगत् के मूल प्राकृतिक उपादान की एकता विज्ञान में स्वीकृत हुई। हैकल ने जिस रूप में इस सिद्धान्त को लिया है उसके अनुसार ईथर महाभूत की साम्यावस्था के प्रथम भंग का परिणाम है अर्थात् साम्यावस्था भंग होने पर कुछ द्रव्य तो अण्वात्मक ग्राह्य रूप में आ जाता है और शेष कुछ और सूक्ष्म होकर अपने अग्राह्य और अखंड रूप में ही रहता है जिसे ईथर कहते हैं। पर किस प्रकार ईथर में भँवर पड़ते हैं और पहले पहल अणुओं का विधान होता है, किस प्रकार का एक निर्विशेष महाभूत विशेषत्व की ओर प्रवृत्त होता है, किस प्रकार प्रकृति की साम्यावस्था भंग होती है यह ठीक-ठीक नहीं कहा जा सकता। यह एक समस्या रह सी जाती है। रहने दीजिए, यह औरों के काम की है।

विज्ञान की दृष्टि से जगत् की उत्पत्ति इस प्रकार निरूपित हुई है। अपनी साम्यावस्था भंग होने के पीछे द्रव्य अत्यन्त सूक्ष्म नीहारिका के रूप में बहुत दूर तक फैला रहा। संयोजक शक्ति द्वारा द्रव्य-विस्तार के अणु खिंचकर परस्पर मिलने लगे जिससे संचित वियोजक या अपसारिणी शक्ति छूट पड़ी और दो रूपों में व्यक्त होकर कार्य करने लगी—अणुचालक और पिंडचालक। अणुचालक गति द्वारा अणुओं में एक प्रकार का स्पन्दन या दोलन सा होने लगा। यह गति ताप और प्रकाश के रूप में व्यक्त होकर फैली। पिंडचालक गति द्वारा अणुओं से बने हुए पिंड लट्टू की तरह घूमते हुए गोल परिधि या मंडल बाँधकर चक्कर लगाने लगे। इसी प्रकार नक्षत्रों, ग्रहों, उपग्रहों आदि की व्यवस्था का सूत्रपात हुआ। सौर जगत् की उत्पत्ति का विधान इसी रूप में निश्चित किया गया है। इस विधान को अब अपने सौर जगत् पर घटाकर देखिए कि नीहारिकामंडल से सूर्य और नाना ग्रहों-उपग्रहों की उत्पत्ति किस प्रकार हुई।

ज्योतिष्क नीहारिकामंडल पहले अत्यन्त वेग से घूमता हुआ गोला था। अणुओं के केन्द्र की ओर आकर्षित होने से वह क्रमशः भीतर की ओर सिमटकर जमने लगा जिससे उसके किनारे घूमते हुए नीहारिका के वलय या छल्ले रह गए। केन्द्र की ओर सिमटा हुआ द्रव्य हमारा सूर्य हुआ। नीहारिकावलय भी क्रमशः जमकर गोलों के रूप में हुए और केन्द्रस्थ द्रव्य (सूर्य) से अलग होकर उसके चारों ओर वेग से घूमने लगे। ये ही पृथ्वी, मंगल, बुध आदि ग्रह हुए। इनके जमने पर भी किनारे छल्ले रहे गए जो क्रमशः जमकर इन ग्रहों के उपग्रह हुए—जैसा कि चन्द्रमा हमारी पृथ्वी का है। जो छल्ला केन्द्रस्थ द्रव्य से जितनी दूरी पर था उससे जमकर बना हुआ पिंड उतनी ही दूरी पर से उसकी परिक्रमा करने लगा। जिस ग्रह के किनारे जितने छल्ले थे उसके उतने ही चन्द्रमा हुए। जैसे, वृहस्पति की परिक्रमा करनेवाले आठ चन्द्रमा हैं। जितने ग्रह हैं सब एक अवस्था में नहीं हैं।

---

1. तैत्तिरीयोपनिषद् में भी परमात्मा से पहले पहल आकाश की उत्पत्ति कही गई है, फिर आकाश से वायु, वायु से अग्नि, अग्नि से जल और जल से पृथ्वी की उत्पत्ति हुई। 'आकाशाद्वायुः, वायोरग्निः, अग्नेरापः, अद्भ्यः पृथिवी।'

ग्रहपिंड केन्द्रस्थ द्रव्य समूह या सूर्य से छूटकर अलग होने पर ज्वलन्त द्रव द्रव्य–जैसे, गरमी से पिघलकर पानी से भी पतला होकर बहता हुआ लाल लोहा–के रूप में हुए। क्रमशः उनका ऊपरी तल ठंढा होकर जमता गया और ठोस पपड़ी के रूप में होता गया। जो ग्रह जमते-जमते सारा ठोस हो गया अर्थात् जिसकी सब गरमी निकल गई वह मुर्दा हो गया; उसमें, जल, वायु आदि कुछ नहीं रह गया। हमारा चन्द्रमा इसी अवस्था में है। पृथ्वी का ऊपरी तल तो ठोस पपड़ी के रूप में हो गया है, पर बहुत गहराई तक नहीं। इसके भीतर वही ज्वलन्त द्रव द्रव्य मौजूद है जो अपना अस्तित्व ज्वालामुखी के स्फोट और भूकम्प आदि द्वारा प्रकट करता रहता है। वृहस्पति अभी ज्वलन्त द्रव अवस्था से क्रमशः जमना आरम्भ कर रहा है। मंगल पृथ्वी से भी अधिक जमकर ठोस हो चुका है। शनि और वृहस्पति दोनों अब तक वलयवेष्ठित हैं। ये सब बातें तो अच्छे-अच्छे दूरवीक्षण यन्त्रों की सहायता से ही देखी जा सकती हैं। पर रंगों के हिसाब से भी तारों और ग्रहों की अवस्था का मोटा अन्दाज हो सकता है। जो ग्रह काला और कान्तिहीन दिखाई दे उसे समझना चाहिए कि मर चुका है। फिर जब किसी और तारे से वह टक्कर खाएगा तब उसमें नए तेज और नई शक्ति का संचार होगा और दूसरे लोकपिंड की सृष्टि होगी। ज्वलन्त नीलाभ ग्रहों को पूर्ण यौवनावस्था में समझना चाहिए। कुछ विशेषताओं से युक्त लाल तारों को समझना चाहिए कि वे क्रमशः नाश को प्राप्त हो रहे हैं। जो ज्वालाखंड जितना ही बड़ा था उसके ऊपरी तल के ठंडे होकर द्रवरूप में आने और फिर और जमकर ठोस होने में उतना ही अधिक काल लगा है। अभी हमारा सूर्य वायव्य और द्रव अवस्था में ही है। भीतर तो वह जलती हुई वायु अर्थात् ज्वाला या लपट के रूप में है जिसके प्रचंड ताप का अनुमान तक हम लोग नहीं कर सकते पर उसके ऊपर का तल कुछ गरमी निकल जाने से जमकर वायव्य से ज्वलन्त द्रव द्रव्य के रूप में आ गया है।

पृथ्वी का यह ठोस तल जिस पर हम लोग बसते हैं धीरे-धीरे परत पर परत जमने से कई करोड़ वर्षों में बना है। इन परतों का जमना उस कल्प में आरम्भ हुआ है जिस कल्प में पृथ्वी की पपड़ी इतनी ठंढी पड़ गई कि उसके ऊपर भाप की जो गहरी तह चढ़ी थी–जैसी कि वृहस्पति में अब तक दिखाई देती है–वह जमी और जल का आविर्भाव हुआ, समुद्रों की सृष्टि हुई। नदियों का जल किस प्रकार पहाड़ों और ऊँचे स्थानों की मिट्टी या चट्टानों को काट-काटकर अपने मार्ग में इधर-उधर रेत और मिट्टी की तह पर तह जमाता जाता है इसे प्रायः सब लोग जानते हैं। समुद्र भी सदा इसी व्यापार में लगा रहता है और अपने तटों की मिट्टी या चट्टानों को काट-काटकर अपने गर्भ में बिछाता जाता है। सारांश यह है कि जल का यह कार्य ही है। आदि काल से ही वह ऊँचे स्थानों की चट्टानों को रेत, मिट्टी आदि के रूप में अपने नीचे बिछाता चला आ रहा है। यदि पृथ्वी पर केवल जल ही कार्य करता होता तो पृथ्वी का सारा तल कब का जल के भीतर हो गया होता और इस पृथ्वी के गोले के ऊपर जल ही जल होता, सूखी जमीन कहीं न होती। पर पृथ्वी के ठोस आवरण के भीतर तो अभी द्रव अग्नि का गोला ही है जो ऊपर

पपड़ी छोड़ता हुआ क्रमशः ठंढा होता चला जाता है। अतः गर्भस्थ प्रचंड ताप की शक्ति दबाव पाकर समय-समय पर पपड़ी के रूप में जमे हुए आग्नेय द्रव्य तथा पिघली हुई चट्टानों को बड़े वेग से ऊपर की ओर फेंका करती है जिससे बड़े-बड़े पहाड़ निकलते हैं और कम गहरे समुद्रों का तल भी सूखे स्थल के रूप में उठा करता है। भूकम्प, ज्वालामुखी पर्वतों के स्फोट इसी आभ्यन्तर ताप के प्रभाव से होते हैं। भूकम्प के धक्कों से कहीं एकबारगी समूचा पहाड़ निकल पड़ा है, कहीं पहाड़ी की पहाड़ी नीचे धँसकर गायब हो गई है। ये सब भूगर्भस्थ ताप के उग्र व्यापार हैं जिन पर हमारा ध्यान जाता है। पर ये व्यापार बराबर इतने धीरे-धीरे भी होते रहते हैं कि हमें जान नहीं पड़ते हैं। पृथ्वी के नाना भागों की परीक्षा करने से देखा जाता है कि कोई खंड क्रमशः ऊपर की ओर उठ रहा है और कोई नीचे की ओर धँस रहा है। इस प्रकार जल को नई-नई परतें जमाने के लिए बराबर सामग्री मिलती जाती है।

नीचे के आग्नेय द्रव्य के ऊपर आने और पिघले हुए द्रव्य के ठंढे होकर जमने से जो चट्टानें बनी हैं उन्हें अग्न्युपल या बिना परत की चट्टानें कहते हैं। जल के भीतर थिराकर परत पर परत जमने से जो चट्टानें (चट्टान शब्द से अभिप्राय उन सब ढेरों या तहों से है जिनसे पृथ्वी का ठोस ऊपरी तल बना है—क्या पत्थर, क्या मिट्टी, क्या रेत, क्या कोयला, क्या खरिया सब। भूगर्भविद्या में चट्टान शब्द का अर्थ बहुत व्यापक है) बनी हैं उन्हें वरुणस्तर या परतवाली चट्टानों कहते हैं। ऊपर के विवरण से स्पष्ट है कि परतवाली चट्टानें आग्नेय चट्टानें के ही ध्वंस या चूर्ण से बनी हैं। जल के भीतर बनी हुई इन्हीं परतवाली चट्टानों की परीक्षा द्वारा भूगर्भवेत्ता पृथ्वी के नाना कल्पों और युगों का विभाग करते और जन्तुओं की उत्पत्ति का क्रम सूचित करते हैं। बात यह है कि इन्हीं की तहों के बीच पूर्व कल्प के जीवों के अवशेष (जैसे, अस्थिपंजर, पेड़ों के धड़ और डालियाँ आदि) या उनके अस्तित्व के चिह्न (जैसे, पक्षियों के पैरों के चिह्न, कीड़ों के खोदे हुए बिल, पूर्वयुग के मनुष्यों के बनाए हुए पत्थर के हथियार इत्यादि) मिलते हैं। सबसे प्राचीन कल्प के अर्थात् सबसे पहले बननेवाले स्तरों में शुक्तिवर्ग के क्षुद्र कीटों से लेकर सबसे निम्न कोटि की मछली (अर्थात् अत्यन्त क्षुद्र कोटि के रीढ़वाले जन्तु) तक के अवशेष मिलते हैं। इनसे पीछे के स्तरों में मछलियों, सरीसृपों, पक्षियों तथा दूध पिलानेवाले जन्तुओं के पंजर मिलते हैं। जन्तुओं के अवशेष से भी विशिष्ट पदार्थों की चट्टानें बनती हैं—जैसे, खरिया मिट्टी की चट्टानें जो समुद्र में रहनेवाले अत्यन्त सूक्ष्म कृमियों की ठोस खोलड़ी के तह पर तह जमने से बनती हैं। पत्थर का कोयला क्या है ? पूर्वयुग के पेड़-पौधों के अवशेष जो तह पर जमते गए वे ही आभ्यन्तर ताप की तरंगों के योग से कोयले के थक्के के रूप में हो गए। चट्टानों के जमने का हिसाब लगाकर भूगर्भवेत्ता पृथ्वी की प्राचीनता का अनुमान करते हैं। जैसे, पेड़ों की पचास पुश्त की लकड़ी के जमने से एक फुट मोटा कोयले का थक्का बनता है। कोयले की तह की मोटाई बारह हजार फुट तक मानी गई है। यदि पेड़ों की हर एक पीढ़ी के लिए दस-दस वर्ष भी रख लें तो इस हिसाब से बारह हजार फुट कोयला जमने में कम-से-कम छह करोड़ वर्ष लगे होंगे।

पृथ्वी की उत्पत्ति हुए कितना काल हुआ इस विषय में भूगर्भवेत्ताओं और भौतिक विज्ञानियों में थोड़ा मतभेद है। भूगर्भवेत्ता पृथ्वी का कालनिर्णय उस हिसाब से करते हैं जिस हिसाब से चट्टानों की तहें पानी के नीचे जम रही हैं या बरसाती पानी और नदियों के बहाव से जमीन के ऊपर की मिट्टी कट रही है। वे यह मानकर चलते हैं कि जिस गति से पृथ्वी पर परिवर्तन आज हो रहे हैं उसी गति से पहले भी बराबर होते आए हैं। पर यह निश्चित रूप से नहीं कहा जा सकता। सम्भव है बहुत से परिवर्तन जिनके लिए उन्होंने लाखों वर्ष रखें हैं विप्लव के रूप में बात की बात में हुए हों। भूगर्भवेत्ताओं के हिसाब से उस काल को बीते दस करोड़ वर्ष के लगभग हुए होंगे जिसमें पहले पहल पानी के भीतर जमनेवाली चट्टानों की तह पड़ी और मूल आदिम अणुजीवों का प्रादुर्भाव हुआ। भौतिक विज्ञानवाले सूर्य के ताप की उत्पत्ति के और गति के विचार से, तथा जिस हिसाब से पृथ्वी का ऊपरी तल ठंढा होता गया है उसके विचार से और कम काल बताते हैं। एक दूसरी आधुनिक युक्ति सृष्टिकालनिर्णय की यह है कि प्रतिवर्ष नदियों का जो जल समुद में जाता है उसके द्वारा समुद्रजल में नमक की वृद्धि किस हिसाब से होती है इसका परता बैठाकर आरम्भकाल निकालें। इस हिसाब से भी नौ-दस करोड़ वर्ष आते हैं।

भूगर्भवेत्ता पृथ्वी पर जीवोत्पत्ति से लेकर आज तक के काल को चार मुख्य कल्पों में बाँटते हैं–

प्रथम कल्प–पौधों में सिवार, काई और पुष्पहीन पौधे। जन्तुओं में स्पंज, मूँगे, शुक्तिवर्ग के कीड़े, कीटपतंग, ढालदार मछली जो रीढ़वाले जन्तुओं में सबसे निम्न कोटि की है।

द्वितीय कल्प–पेड़ों में खजूर, ताड़ इत्यादि जिनकी बाढ़ भीतर की ओर से सीधे ऊपर की ओर को होती है और जिनके धड़ में लकड़ी, हीर और छाल का स्पष्ट भेद नहीं होता। जन्तुओं में समुद्र में रहनेवाली विशाल आकार की छिपकलियाँ, पक्षी, पक्षियों और स्तन्य जीवों के बीच के अंडज स्तन्य (दूध पिलानेवाले), अजरायुजों और जरायुजों के बीच के अजरायुज पिंडज (आजकल के कंगारू से मिलते-जुलते) जीव।

तृतीय कल्प–बड़े भारी जरायुज जन्तु। मनुष्य के आकार के बनमानुस।

चतुर्थ कल्प–हाथी की तरह के पर उससे बहुत बड़े और रोएँदार मैमथ आदि जन्तु। मनुष्य तथा वे सब जीव जो आजकल पाए जाते हैं।

किस प्रकार एक जाति के जन्तु या पौधे से क्रमशः दूसरी जाति के जन्तुओं और पौधों की उत्पत्ति होती गई है इसका निरूपण विकास सिद्धान्त द्वारा किया गया है। इस पृथ्वी के पूर्वकल्पों में न जाने कितने ऐसे जन्तु हो गए हैं जिनका वंश लुप्त हो गया है, जो अब कहीं नहीं मिलते, पर जिनकी ठटरियाँ जमीन के नीचे दबी मिलती हैं। मैमथ इसी प्रकार का जन्तु हो गया है जो हाथी के रूप का था पर उससे बहुत बड़ा और रोएँदार होता था। बीस-बीस हाथ लम्बी ऐसी काँटेदार छिपकलियों की ठटरियाँ मिली हैं जो हवा में उड़ती थीं। अब वे भीमकाय और भयंकर जन्तु पृथ्वी पर नहीं रह गए। एक प्रकार के जन्तु से दूसरे प्रकार के जन्तु एकबारगी तो उत्पन्न नहीं हो गए। दोनों के बीच

की वंशपरम्परा में ऐसे जन्तु रहे होंगे जिनमें थोड़े-बहुत दोनों के लक्षण रहे होंगे। इस प्रकार के मध्यवर्ती जन्तु कुछ तो अब भी मिलते हैं और कुछ की ठटरियाँ भूगर्भ में मिलती हैं। इन ठटरियों से प्राणिविज्ञानविदों को एक प्रकार के जन्तु की उत्पत्ति की शृंखला जोड़ने में बड़ा सहारा मिलता है। जैसे, विकास सिद्धान्त द्वारा स्थिर हुआ है कि पंजेवाले जन्तुओं से ही क्रमशः घोड़े आदि टापवाले जन्तुओं का विकास हुआ है, पर आजकल घोड़े की तरह का कोई ऐसा जन्तु नहीं मिलता जिसमें उँगलियों के चिह्न हों। पर घोड़े की तरह के ऐसे जन्तुओं की ठटरियाँ मिली हैं जिनके पैरों में उँगलियाँ या उँगलियों के चिह्न हैं। वे घोड़ों के पूर्वज थे।

जीवधारियों के सम्बन्ध में पहले लोगों की धारणा थी कि जितने प्रकार के जीव आजकल हैं सब एक साथ सृष्टि के आरम्भ में ही उत्पन्न हो गए थे अर्थात् जितने प्रकार के जीवों के ढाँचे आदि में थे वे सब बिना किसी परिवर्तन के अब तक ज्यों-के-त्यों चले आ रहे हैं। डारविन ने इस विश्वास का खंडन किया और 'विकास सिद्धान्त' की स्थापना करके यह सिद्ध कर दिया कि ये अनेक प्रकार के ढाँचों के जो इतने जीव दिखाई पड़ते हैं, सब एक ही प्रकार के अत्यन्त सादे ढाँचे के क्षुद्र आदिम जीवों से, क्रमशः करोड़ों वर्ष की वंशपरम्परा के बीच, स्थिति के अनुसार अपने अवयवों में भिन्न-भिन्न परिवर्तन प्राप्त करते हुए और उत्तरोत्तर भेदानुसार अनेक शाखाओं में विभक्त होते हुए उत्पन्न हुए हैं। इसी विकास क्रम के अनुसार मनुष्य जाति भी पूर्व युग के उन जीवों से उत्पन्न हुई जिनसे बन्दर, बनमानुस आदि उत्पन्न हुए—अर्थात् बनमानुसों और मनुष्यों के पूर्वज एक ही थे। इस विकासवाद से बड़ी खलबली मची। इसकी बात जनसाधारण के विश्वास और धर्मपुस्तकों की पौराणिक सृष्टिकथा के विरुद्ध थी। हमारे यहाँ भी पुराणों में योनियाँ स्थिर कही गई हैं और उनकी संख्या भी चौरासी लाख बता दी गई है। गरुड़पुराण में तो प्रत्येक वर्ग की योनियों की गिनती तक है।[1] डारविन ने यह अच्छी तरह सिद्ध करके दिखा दिया कि एक जाति के जीवों से ही क्रमशः दूसरी जाति के जीवों की उत्पत्ति हुई है। योनियाँ स्थिर नहीं हैं, स्थितिभेद के अनुसार असंख्य पीढ़ियों के बीच उनके अवयवों आदि में परिवर्तन होते आए हैं जिससे एक योनि के जीवों से दूसरी योनि के जीवों की शाखा चली है। जिस 'जात्यन्तरपरिणाम' को एक व्यक्ति में तीव्र परिणाम के रूप में पतंजलि ने अपने योगदर्शन में प्रकृति की पूर्णता से सम्भव बतलाया था[2] उसी को डारविन ने मृदु परिणाम के रूप में वंशपरम्परा के बीच प्रकृति का एक नियम सिद्ध किया।

---

1. एकविंशति लक्षाणि ह्यंडजाः परिकीर्तिता।
स्वेदाश्च तथैवोक्ता उद्भिज्जास्तत्प्रमाणतः॥ गरुड़पुराण अ. 2

2. जात्यंतर परिणामः प्रकृत्यापूरात्। 42। —योगदर्शन
नदीश्वर नाम का कोई व्यक्ति इसी शरीर से मनुष्य से देवता हो गया था। किस प्रकार एक योनि का जीव दूसरी योनि का जीव हो सकता है यही इस सूत्र में बताया गया है। पर यह ध्यान रखना चाहिए कि पतंजलि का अभिप्राय एक व्यक्ति की योग्यान्तरप्राप्ति है। डारविन ने असंख्य पीढ़ियों में जाकर ऐसा परिणाम होना बताया है।

यह 'जात्यन्तरपरिणाम' होता किस प्रकार है ? 'वंशपरम्परा' और 'प्राकृतिक ग्रहण' के नियमानुसार। वंशपरम्परा का नियम यह है कि जो विशेषता किसी जीव में उत्पन्न हो जाती है वह पीढ़ी-दर-पीढ़ी चली चलती है और क्रमशः अधिक स्पष्ट होती जाती है। किसी जीव में कोई नई विशेषता उत्पन्न कैसे होती है ? परिस्थिति के अनुसार। जिस स्थिति में जो जीव पड़ जाते हैं उसके अनुकूल उनके अंग और उनका स्वभाव क्रमशः होता जाता है। नई स्थिति में जिन अंगों के व्यवहार की आवश्यकता नहीं रह जाती वे निष्क्रिय होते होते कई पीढ़ियों के पीछे लुप्त हो जाते हैं। जिन अवयवों का जिस रूप में व्यवहार आवश्यक हो जाता है उस रूप के व्यवहार के उपयुक्त उनके ढाँचे में भी फेरफार हो जाता है। ऐसा एक-दो दिन में नहीं होता, असंख्य पीढ़ियों के बीच मृदु परिणाम के रूप में क्रमशः होता जाता है। परिस्थिति के अनुसार परिवर्तन होना बराबर देखा भी जाता है। एक प्रकार का साँप होता है जो बालू में अंडे देता है। उसे यदि पिंजड़े में बन्द करके रखते हैं तो वह बच्चे देने लगता है, अर्थात् अंडज से पिंडज हो जाता है। जो विशेषता एक बार उत्पन्न हो जाती है वह बराबर पीढ़ी-दर-पीढ़ी चली चलती है और बढ़ती जाती है। जन्तुओं के व्यापारी इस बात को जानते हैं। वे प्रायः ऐसा करते हैं कि किसी जाति के कुछ जन्तुओं में औरों से कोई विलक्षणता देख उन्हें चुन लेते हैं और उन्हीं के जोड़े लगाते हैं। फिर उन जोड़ों से जो जन्तु उत्पन्न होते हैं उनमें से भी उनको चुनते हैं जिनमें वह विलक्षणता अधिक होती है। इस रीति से वे कुछ पीढ़ियों पीछे एक नए रूपरंग और ढाँचे का जन्तु उत्पन्न कर लेते हैं। जंगली (गोले) नीले कबूतर से अनेक रंग-ढंग के पालतू कबूतर इसी तरह पैदा किए गए हैं। यह तो हुआ मनुष्य का चुनाव या 'कृत्रिम ग्रहण'। इसी प्रकार का चुनाव या ग्रहण प्रकृति भी करती है जिसे 'प्राकृतिक ग्रहण' कहते हैं। दोनों में अन्तर यह है कि मनुष्य अपने लाभ के विचार से जन्तुओं को चुनता है, पर प्रकृति का चुनाव जन्तुओं के लाभ के लिए होता है। 'प्राकृतिक ग्रहण' का अभिप्राय यह है कि जिस परिस्थिति में जो जीव पड़ जाते हैं उस स्थिति के अनुरूप यदि वे अपने को बना सकते हैं तो रह जाते हैं, नहीं तो नष्ट हो जाते हैं। प्रकृति उन्हीं जीवों को रक्षा के लिए चुनती है जिनमें स्थितिपरिवर्तन के अनुकूल अंग आदि हो जाते हैं।

ह्वेल को ही लीजिए। उसके गर्भ की अवस्थाओं का अन्वीक्षण करने से पता चलता है कि वह स्थलचारी जन्तुओं से क्रमशः उत्पन्न हुआ है। उसके पूर्वज पानी के किनारे दलदलों में रहते थे। क्रमशः ऐसी अवस्था आती गई जिससे उनका जमीन पर रहना कठिन होता गया और स्थितिपरिवर्तन के अनुसार उनके अवयवों में फेरफार होता गया यहाँ तक कि कुछ काल (लाखों वर्ष समझिए) पीछे उनकी सन्तति में जल में रहने के उपयुक्त अवयवों का विधान हो गया—जैसे, उनके अगले पैर मछली के डैनों के रूप में हो गए, यद्यपि उनमें हड्डियाँ वे ही बनी रहीं जो घोड़े, गदहे आदि के अगले पैरों में होती हैं। कई प्रकार के ह्वेलों में पिछली टाँगों का चिह्न अब तक मिलता है। जीवों के ढाँचों में बहुत कुछ परिवर्तन तो अवयवों के न्यूनाधिक व्यवहार के कारण होता है। अवस्था

बदलने पर कुछ अवयवों का व्यवहार अधिक करना पड़ता है, कुछ का कम। मनुष्य को ही लीजिए जिसकी उत्पत्ति बनमानुसों से मिलते-जुलते किसी जन्तु से धीरे-धीरे हुई है। ज्यों-ज्यों दो पैरों के बल खड़े होने और चलने की वृत्ति उसमें अधिक होती गई त्यों-त्यों उसके दोनों पैर चिपटे, चौड़े और दृढ़ होते गए और एड़ी पीछे की ओर कुछ बढ़ गई। उसी पूर्वज जन्तु से बनमानुसों की भी उत्पत्ति हुई है। बनमानुस से मनुष्य के शरीर के ढाँचे में तो उतना अधिक भेद नहीं पड़ा, पर अन्तःकरण या मस्तिष्क की वृद्धि बहुत अधिक हुई।

दार्शनिक अनुमान के रूप में तो विकाससिद्धान्त बहुत प्राचीन काल से पूर्व और पश्चिम दोनों ओर चला आ रहा है। एक अव्यक्त मूल प्रकृति से किस प्रकार क्रमशः जगत् का विकास हुआ है, सांख्य में इसका प्रतिपादन किया गया है। यूनानी तत्त्ववेत्ता भी जगत् का विकास इसी प्रकार मानते थे। पर वैज्ञानिक निश्चय और दार्शनिक अनुमान में बड़ा भेद होता है। दार्शनिक संकेत मात्र देते हैं और वैज्ञानिक ब्योरों की छानबीन करते हैं। जिस समय डारविन ने प्राणियों की उत्पत्ति के सम्बन्ध में विकाससिद्धान्त को बहुत से प्रत्यक्ष प्रमाणों से पुष्ट करके प्रकाशित किया उस समय बहुत से लोग विशेषतः पादरी लोग उसके विरोध में खड़े हुए। पर साथ ही बहुत से वैज्ञानिक नए-नए प्रमाणों द्वारा उसे पुष्ट करने में तत्पर हुए। जरमनी के जगत्प्रसिद्ध प्राणिविद्या विशारद अध्यापक हैकल इनमें मुख्य थे। उन्होंने सन् 1866 में, अर्थात् डारविन की पुस्तक प्रकाशित होने के 6 वर्ष पीछे, 'प्राणियों की शरीररचना' नामक एक बहुत बड़ा ग्रन्थ प्रकाशित किया जिसमें अनेक नए-नए अनुसन्धानों के आधार पर यह अच्छी तरह दिखाया गया है कि इस पृथ्वी पर क्रम-क्रम से एक ढाँचे के जीव से दूसरे ढाँचे के जीव लाखों वर्ष की मृदु परिवर्तन परम्परा के प्रभाव से बराबर उत्पन्न होते आए हैं। हैकल ने सूक्ष्मातिसूक्ष्म अणुजीवों से लेकर मनुष्य तक आनेवाली शृंखला ही उत्पत्तिक्रम में दिखाकर सन्तोष नहीं किया बल्कि विकास को विश्वव्यापक नियम निश्चित करके निर्जीव, सजीव, जड़, चेतन सभी व्यापारों को उसके अन्तर्गत बताया। अब आजकल तो प्रत्येक विभाग के वैज्ञानिक अपने-अपने विषय का निरूपण विकासक्रम के अनुसार ही करते हैं।

इस पृथ्वी पर जल की उत्पत्ति किस प्रकार हुई यह ऊपर कहा जा चुका है। जल ही में जीवनतत्त्व की उत्पत्ति हुई। जल ही में उस सजीव या सेन्द्रिय[1] द्रव्य का प्रादुर्भाव हुआ जिसे कललरस कहते हैं। जिन्हें हम सजीव व्यापार कहते हैं—जैसे, आपसे आप चलना, खाना, पीना, बढ़ना, आहार की ओर दौड़ना, छूने से हटना—वे सब इसी अद्भुत द्रव्य की क्रियाएँ हैं। इसकी सूक्ष्मातिसूक्ष्म सजीव कणिका भी ये सब व्यापार करती है। यह अंडे की जरदी से मिलता-जुलता मधु के समान चिपचिपा दानेदार द्रव्य है जो अणुजीव के रूप में जल के भीतर भी इधर-उधर घूमता-फिरता पाया जाता है और छोटे-बड़े सब प्राणियों के शरीर में भी। इसकी गूढ़रचना अंगारक (कारबन),

1. सेन्द्रियं चेतनं द्रव्यं निरिन्द्रियमचेतनम्।—चरक।

अम्लजन गैस (आक्सिजन), नत्रजन गैस और हाइड्रोजन गैस द्वारा संघटित द्रव्यों के विलक्षण मेल से हुई। इन द्रव्यों में अंगारक ही मुख्य है। रासायनिकों की परीक्षा से ये ही चार मूल द्रव्य इसमें मुख्यतः पाए गए। जल, गन्धक, फासफर का अंश भी कुछ रहता है। यद्यपि अपने विश्लेषण द्वारा रासायनिक इस अद्‌भुत द्रव्य के मूल उपादानों को जान गए हैं पर वे उनके द्वारा संघटित अणुओं की विलक्षण योजना को कुछ भी नहीं समझ सके हैं।

विकाससिद्धान्त के अनुसार इस सजीव द्रव्य की उत्पत्ति निर्जीव द्रव्य से माननी पड़ती है। पर कोई रासायनिक आज तक अपनी योजना द्वारा इसे उत्पन्न करने में समर्थ नहीं हुआ। यह केवल सजीव प्राणियों–जन्तुओं और पौधों–में ही पाया जाता है। यह जब पाया जाता है तब शरीर (बिन्दुरूपी शरीर ही सही) रूप में ही जीवन के व्यापार करता पाया जाता है, निर्जीव द्रव्यों से बनता हुआ कहीं नहीं पाया जाता। इससे बहुत से लोग इसकी उत्पत्ति निर्जीव द्रव्य से नहीं मानते। विकासवाद के प्रसिद्ध निरूपक हक्सले तक ने कह दिया कि इस प्रकार की उत्पत्ति के प्रमाण नहीं मिलते। पर अधिकांश वैज्ञानिक इस प्रकार की उत्पत्ति मानना अनिवार्य समझते हैं। वे यह तो मान नहीं सकते कि आदि से ही ऐसे जटिल द्रव्य की योजना चली आ रही है या सजीवता एक अभौतिक तत्त्व के रूप में कहीं से टपक पड़ी है। अभी सन् 1912 में ब्रिटिश एसोसिएशन के सामने शरीर विज्ञान के प्रसिद्ध आचार्य (एडिनबरा के) अध्यापक शेफर ने कहा है–

'सजीव द्रव्य उत्पन्न कर देने की सम्भावना उतनी दूर नहीं है जितनी साधारणतः समझी जाती है। इच्छानुसार सजीव द्रव्य उत्पन्न किया जाने लगे तो भी आकार और व्यापार में परस्पर भिन्न जो इतने असंख्य प्रकार के जीव दिखाई पड़ते हैं विज्ञान के परीक्षालयों में उनके तैयार होने की कोई आशा नहीं की जा सकती। यदि सजीव द्रव्य तैयार किया जा सकेगा, जिसमें मुझको कोई सन्देह नहीं है, तो वह द्रव्य के उबाले हुए अर्क से नहीं। चाहे आज तक काम में लाई गई युक्तियों और प्रमाणों पर हमें विश्वास न हो पर यह हमें मानना पड़ेगा कि निर्जीव द्रव्य से सजीव द्रव्य तैयार करने की सम्भावना है।'

निर्जीव द्रव्य से सजीव द्रव्य उत्पन्न होता कहीं पाया नहीं जाता इसी बात की पुकार सुनकर हैकल को यह मानना पड़ा है कि निर्जीव द्रव्य से सजीव द्रव्य इस पृथ्वी पर केवल एक बार आरम्भ में उत्पन्न हुआ, उसके उपरान्त वह वंशवृद्धि क्रम से उत्तरोत्तर बढ़ता गया। इस सिद्धान्त के सम्बन्ध में अध्यापक शेफर ने कहा–

'यदि हम यह मान लेते हैं कि पृथ्वी के इतिहास में केवल एक ही बार निर्जीव से सजीव का विकास हुआ है तो प्राणतत्त्व सम्बन्धिनी समस्याओं के अन्तिम समाधान की कोई आशा नहीं रह जाती। पर क्या हमें ऐसा मान लेना उचित है कि पृथ्वी पर केवल एक ही बार, वह भी न जाने किस शुभ संयोग से, निर्जीव द्रव्य से सजीव द्रव्य का विकास हुआ और प्राणतत्त्व की प्रतिष्ठा हुई ? ऐसा मानने का कोई कारण न देख अन्त

में यही धारणा पक्की ठहरती है कि निर्जीव से सजीव का विकास एक ही बार नहीं कई बार हुआ है और कौन जाने अब भी हो रहा हो।'

जीवों का विकासक्रम दिखाने के पहले यह कह देना आवश्यक है कि जन्तु और पौधे दोनों सजीव सृष्टि के अन्तर्गत हैं, दोनों में जीव है। पहले लोग समझते थे कि जन्तु चर हैं और पौधे अचर। मनुस्मृति में लिखा है 'उद्भिज्जाः स्थावरास्सर्वे बीजकांडप्ररोहिणः।' पर वास्तव में चर-अचर का भी भेद नहीं है। बहुत से ऐसे जन्तु हैं जो अचर हैं जैसे स्पंज, मूँगा आदि, और बहुत से ऐसे सूक्ष्म समुद्री पौधे होते हैं जो बराबर चलते-फिरते रहते हैं। बहुत से ऐसे पौधे होते हैं जो जन्तुओं के समान मक्खियों आदि का शिकार करते हैं, उन्हें अपनी पत्तियों में बन्द करके पचा जाते हैं। जन्तुओं और पौधों में मूलभेद नहीं है इसका प्रत्यक्ष प्रमाण खुमी (कुकुरमुत्ते) की जाति के कुछ समुद्री पौधों में मिलता है जिनके बीजकण जन्तु के रूप में अलग होकर अपनी रोइयों से पानी में तैरते-फिरते हैं और कुछ दिन पीछे किसी चट्टान आदि पर जम जाते हैं और पौधे के रूप में होकर बढ़ते हैं। यह बात तो बहुत से लोग जानते ही हैं कि पौधों में भी पाचनक्रिया होती है और वे भी साँस लेते हैं। पर पहले लोग जन्तुओं में यह विशेषता समझते थे कि उनमें पाचन के लिए अलग कोठा (पेट) होता है; वे अम्लजन वा प्राणदवायु साँस द्वारा खींचते हैं और अंगारक (कारबन) वायु निकालते हैं तथा उनमें संवदेन सूत्रात्मक विज्ञानमय कोश होता है। पर अब ऐसे क्षुद्र कोटि के जन्तुओं का पता है जिनमें पेट, मुँह आदि नहीं होता और कई ऐसे पौधे देखे गए हैं जिनमें ये अंग होते हैं। पहले लोगों को केवल उच्च कोटि के जन्तुओं का ही ज्ञान था जिनका खाद्य ठोस होता है और जिनके लिए पक्वाशय और मुँह की आवश्यकता होती है। इसी प्रकार पेड़-पौधों में भी लोग उन्हीं को जानते थे जिनका आहार वायव्य या द्रव होता था। अब मांसाशी पौधों की पत्तियों की परीक्षा करने से ज्ञात हुआ है कि उनमें काँटों की तरह सूक्ष्म ग्रन्थियाँ होती हैं जिनमें पित्तरस रहता है (जैसे जन्तुओं के यकृत और आँतों की ग्रन्थियों में)। यहीं तक नहीं अंकुरित बीजों में जन्तुओं के पाचनरस का सा विधान देखा जाता है और बीजदल में जो खाद्य द्रव्य रहता है वह उसी प्रकार पचकर बीज को पुष्ट करता है जिस प्रकार पेट में भोजन पचता है। हरे पौधे प्रकाश में तो अंगारक वायु का विश्लेषण करके अम्लजन वायु छोड़ते हैं, पर अँधेरे में इसका उलटा करते हैं—अर्थात् जन्तुओं के समान अम्लजन का ग्रहण और अंगारक का विसर्जन करते हैं।

अब रहा संवेदन। संवेदन का सबसे आदिम रूप है प्रतिक्रिया, अर्थात् किसी पदार्थ के साथ सम्पर्क होते ही शरीर में भी एक विशेष प्रकार का क्षोभ या क्रिया (गति) उत्पन्न होना। यह प्रतिक्रिया अचेतन व्यापार मानी जाती है, अर्थात् यह ज्ञानपूर्वक नहीं होती—जैसे आँख के पास किसी वस्तु के जाते ही पलकों का आप-से-आप बन्द हो जाना, दूसरी ओर ध्यान रहने पर पैर में कुछ छू जाते ही पैर का आप-से-आप हट या सिमट जाना इत्यादि। अत्यन्त क्षुद्र कोटि के जीवों में संवेदन इसी प्रतिक्रिया के रूप में ही माना जाता है। लाजालू आदि पौधों में तो यह प्रतिक्रिया स्पष्ट देखी जाती है। और

सब पौधों के भीतर भी इसी प्रकार की प्रतिक्रिया होती है पर वह सूक्ष्म होने के कारण दिखाई नहीं पड़ती। जिस प्रकार अणुजीव छू जाने पर संकुचित हो जाते हैं उसी प्रकार पौधों के घटक भी करते पाए जाते हैं। पौधों की जड़ों की नोकें अत्यन्त संवेदनग्राहिणी होती हैं। जहाँ उन पर सम्पर्क आदि द्वारा संवेदन हुआ कि वह एक घटक से दूसरे घटक में उसी प्रकार पहुँचता है जिस प्रकार क्षुद्र जन्तुओं में। फूल-पत्तों में सोने-जागने की गति देखी ही जाती है जो प्रकाश के प्रभाव से होती है। प्रकाश का प्रभाव जिस प्रकार हमारे संवेदनविधान या विज्ञानमय कोश पर पड़ता है उसी प्रकार पौधों के संवेदनविधान पर भी। कमल आदि बहुत से फूलों का दिन का प्रकाश पाकर खिलना और रात को बन्द हो जाना एक प्रसिद्ध बात है। मनु ने भी उद्भिजों की गिनती जीवों या प्राणियों में की है और उनमें अन्तस्संज्ञा मानी है, यथा–तमसा बहुरूपेण वेष्टितः कर्महेतुना। अन्तस्संज्ञा भवन्त्येते सुख दुःख समन्विता॥ अध्यापक जगदीशचन्द्र बसु ने तो पौधों के सुख-दुःख आदि के संवेदन को अर्थात् उनके संवेदनसूत्रों में उत्पन्न क्षोभ को अपने सूक्ष्म और अद्भुत यन्त्रों द्वारा प्रत्यक्ष दिखा दिया है। यहीं तक नहीं उन्होंने अपनी खोज और आगे बढ़ाई है। उन्होंने धातुओं में भी संवेदन के क्षोभ का आभास देकर निर्जीव और सजीव के बीच समझे जानेवाले भेदभाव को बहुत कुछ मिटा दिया है। अध्यापक शेफर ने भी अपने व्याख्यान में कहा था कि 'आजकल के नए-नए अनुसन्धानों से यह सूचित हुआ है कि निर्जीव और सजीव में जितना भेद प्रतीत होता है वास्तव में उतना भेद नहीं है और इन दोनों का एक सामान्य लक्षण स्थापित होने की सम्भावना बढ़ गई है।'

अत्यन्त क्षुद्र कोटि के जन्तुओं और पौधों में तो प्रायः सब बातों में समानता पाई जाती है। पर ज्यों-ज्यों हम उन्नत पौधों की ओर आते हैं त्यों-त्यों उनमें जन्तुओं से विभिन्नता अधिक मिलती जाती है। इससे स्पष्ट है कि एक ही सजीव द्रव्य का कललरस से जन्तुओं और उद्भिजों दोनों की उत्पत्ति हुई पर आरम्भ ही से उद्भिजों की शाखा अलग हो गई और उनकी विकासपरम्परा अलग चली। यह भेद पौधों में उस हरित धातु के कारण पड़ा जो उनके कललरस में मिली रहती है और जिसके कारण पेड़-पौधों का रंग हरा दिखाई पड़ता है। यह हरित धातु वास्तव में कललरस का ही एक विकार है जो जन्तुओं के कललरस में नहीं होता। अत्यन्त क्षुद्र कोटि के कुछ कृमियों में यह बहुत थोड़ी मात्रा में पाई जाती है, पर जन्तुओं में इसका अभाव ही समझना चाहिए। इस धातु में से इसका हरा रंग निकाला भी जा सकता है। शिशिर ऋतु में पत्तियों के रंग का बदलना इसी रंग के फटने के कारण होता है।

पौधों और जन्तुओं में बड़ा भारी भेद आहार का है। ऊपर कहा जा चुका है कि पौधों का आहार वायु और मिट्टी आदि मिले हुए जल के रूप में होता है। जिस प्रकार ये वायव्य द्रव्यों को विश्लिष्ट करके अपना ठोस अंग बनाते हैं उसी प्रकार मिट्टी आदि को सजीव धातु के रूप में लाते हैं। इस प्रकार अदृश्य को दृश्य रूप में और निर्जीव को सजीव द्रव्य में परिणत करने की शक्ति पेड़-पौधों में ही है जन्तुओं में नहीं जिनका

भोजन किसी-न-किसी जीवधारी का शरीर ही होता है, चाहे जन्तु का हो चाहे वनस्पति का। पौधों में यह अद्भुत शक्ति उक्त हरित धातु के ही कारण होती है।[1] जड़ों से जो जल पौधे खींचते हैं और पत्तियों के सूक्ष्म छिद्रों से जो अंगारक वायु भीतर लेते हैं उन्हें यह धातु सूर्य की गरमी पाकर विश्लिष्ट कर देती है जिससे अम्लजन वायु तो निकल जाती है उदजन वायु (हाइड्रोजन) और अंगारक रह जाता है। इन दोनों से मिलकर यह उन अंगारक मिश्रणों को घटित करती है जो शरीर धातु कहलाते हैं और जिनसे पौधों के घटक, तन्तुजाल आदि बनते हैं। जन्तु ऐसा नहीं करते। वे जल, क्षार, वायु, मिट्टी आदि निर्जीव द्रव्यों को खाकर सजीव द्रव्यों के रूप में नहीं ला सकते। वे पौधों से ही शरीर धातु बनी-बनाई प्राप्त करते हैं। पेड़-पौधे ही जड़ द्रव्य से इस धातु का निर्माण करते हैं।

जैसा कि पहले कहा जा चुका है कललरस की उत्पत्ति जल में ही हुई। इसी कललरस के अत्यन्त सूक्ष्म कण जो स्वतन्त्र रूप से जीवों के मूल व्यापार करते हैं घटक कहलाते हैं। उनमें कुछ तो मधुबिन्दुवत् खुले ही रहते हैं, कुछ के ऊपर झिल्ली होती है, कुछ के बीच में एक बहुत सूक्ष्म गुठली सी होती है और कुछ सर्वत्र समान वा एकरस होते हैं। इन्हीं घटकों के योग से पौधों और जन्तुओं के शरीर संघटित हुए हैं। इन घटकों को अणुशरीर समझिए क्योंकि ये जिस प्रकार जीवधारियों के शरीर में तन्तुजाल के रूप में गुछे पाए जाते हैं उसी प्रकार जीव के रूप में समुद्र या गड्ढों आदि के जल में भी चलते-फिरते पाए जाते हैं। इन्हीं अणुशरीरों की योजना से छोटे-बड़े सब शरीर बने हैं—क्या जन्तुओं के, क्या पेड़-पौधों के।[2] शुक्रकीटाणु और रजःकीटाणु भी एक विशेष प्रकार के सूक्ष्म घटक मात्र हैं। कहने की आवश्यकता नहीं कि घटक अत्यन्त सूक्ष्म होते हैं। कुछ तो इतने सूक्ष्म होते हैं कि एक इंच के लाखवें भाग के बराबर भी नहीं होते। जैसे कुछ अणूद्भिद्। कुछ इतने बड़े होते हैं कि बिना ख़ुर्दबीन की सहायता से भी देखे जा सकते हैं। पर अधिकांश घटक या घटकरूप जीव अच्छे सूक्ष्मदर्शक यन्त्र के बिना नहीं दिखाई पड़ते। जो जीव एक घटक मात्र हैं वे एकघटक जीव या अणुजीव कहलाते हैं और जिनका शरीर दो या अधिक घटकों का होता है वे बहुघटक जीव कहलाते हैं।

---

1. छत्राक या खुमी की जाति के पौधों (कुकुरमुत्ता, ढिगरी, भूफोड़, भुकड़ी इत्यादि) में हरित धातु नहीं होती इससे उनका रंग भी हरा नहीं होता और उनमें उद्भिद्धर्म भी नहीं होता। वे मिट्टी, पानी आदि निर्जीव द्रव्यों को अपने शरीर की धातु के रूप में नहीं ला सकते। उनका पोषण मिट्टी और पानी से नहीं हो सकता। उनके पोषण के लिए किसी जीव का अर्थात् पौधे या जन्तु का शरीर चाहिए। इससे वे जब उगेंगे तब सड़ी लकड़ी के ऊपर या ऐसी जगह जहाँ की मिट्टी में मरे हुए जन्तुओं या पौधों के शरीरांश मिले होंगे। बरसात में फलों आदि के ऊपर जो सफेद-सफेद भुकड़ी जम जाती है वह इसी जाति के पौधों का समूह है। दाद के चकत्तों में इन्हीं का समूह समझिए। सड़ाव और खमीर का कारण भी खुमी की जाति के सूक्ष्मातिसूक्ष्म अणुजीव हैं।
2. चरक ने भी शरीर के परमाणुरूप सूक्ष्म अवयव माने हैं। शरीरावयवास्तु परमाणुभेदेनापरिसंख्येया भवन्त्यतिबहुत्वादीतसौक्ष्म्यादतीन्द्रियत्वाच्च। —चरक, 7

आदि में एकघटक अणुजीव ही जल में उत्पन्न हुए जिनका शरीर एक घटक मात्र था। एक घटक अणूद्भिद् अब भी समुद्र, ताल आदि के जल में पाए जाते हैं। उनमें स्त्री-पुं भेद नहीं होता, उनकी वृद्धि बीज से नहीं होती विभाग द्वारा होती है। अणुरूप एकघटक पौधे छोटे-बड़े कई प्रकार के होते हैं। इन अणूद्भिदों के पहले पहल परस्पर मिलकर एक शरीर बनाने से अत्यन्त क्षुद्र कोटि के बिना फूलवाले पौधे हुए, जैसे, सेवार, काई, भुकड़ी, खुमी इत्यादि जिनमें खुले हुए अंकुरबिन्दु उत्पन्न होते हैं। इन खुले हुए अंकुर बिन्दुवाले पौधों से फर्न आदि आवरणयुक्त अंकुरबिन्दुवाले पौधे हुए। इन अंकुरबिन्दुवाले पौधों की वृद्धि गर्भकेसर और परागकेसर द्वारा नहीं होती, ये निष्पुष्प पौधे हैं। इनमें अंकुरबिन्दु निकलते हैं जिनसे अंकुरित होकर नए पौधे उत्पन्न होते हैं। पर कुछ गूढ़लिंग निष्पुष्प पौधे ऐसे भी होते हैं जिनमें यद्यपि स्त्री-पुं. अवयव (गर्भकेसर, परागकेसर) अलग-अलग नहीं होते पर जन्तुओं के शुक्रकीटाणु और रजःकीटाणु के समान स्त्री-पुं. घटक अलग-अलग होते हैं। अंकुरबिन्दुवाले पौधों से क्रमशः फूलवाले अर्थात् स्त्री-पुं. अवयववाले पौधे हुए जिनमें गर्भाधान गर्भकेसर के बीच परागकेसर के पराग के पड़ने से होता है। गर्भकेसर और परागकेसर ही वास्तव में पुष्प हैं, रंगीन दल या पंखड़ी नहीं। अत्यन्त निम्न श्रेणी के फूलवाले पौधों में पंखड़ियाँ नहीं होतीं। फूलवाले पौधों में पहले देवदार आदि खुले बीज के पौधे हुए फिर उनसे आवरणयुक्त बीजवाले तृण, लता, गुल्म, वृक्ष इत्यादि हुए।

इसी प्रकार जन्तुओं में सबसे मूल जन्तु अणु रूप ही हुए। अणुजीव अब भी समुद्र या तालों में पाए जाते हैं और अत्यन्त सूक्ष्म कललबिन्दु मात्र होते हैं। ये बहुत अच्छे सूक्ष्मदर्शक यन्त्र द्वारा ही दिखाई पड़ सकते हैं। अत्यन्त सूक्ष्म अणुरूप ऐसे जीवों को छोड़ जिनके व्यापार आदि स्पष्ट रूप से निर्धारित नहीं हो सके हैं सबसे सादा और सूक्ष्म जीव जिसके कार्यकलाप देखे जा सके हैं, मोनरा है। यह जल में पाया जाता है। इसका सारा शरीर मधुबिन्दुवत् सर्वत्र समान होता है, उसमें पेट, मुँह, आँख, कान, नाक, हाथ, पैर इत्यादि अलग-अलग अंग नहीं होते। इन अंगों से जो व्यापार होते हैं वे आवश्यकतानुसार इस जन्तु के प्रत्येक भाग से सम्पादित होते हैं। जीवों के व्यापार तीन हैं–पोषण, प्रजनन और बाह्यविषय ग्रहण। मोनरा प्रत्येक भाग से अपना आहार भीतर ले सकता है, प्रत्येक भाग से पचाकर निकाल सकता है, प्रत्येक भाग से वायु को खींच और छोड़ सकता है। यह अपने चारों ओर जिधर आवश्यक होता है उधर लम्बे-लम्बे शंकु या पदाभास निकालता है। इसका शरीर मधुबिन्दुवत् तो होता ही है जिधर शंकु या पदाभास निकलते हैं उसी ओर को ढल पड़ता है। इसी प्रकार यह चलता है और अपने शिकार या आहार (जल में मिले हुए अत्यन्त सूक्ष्म अणूद्भिद् या जन्तु) को छोप लेता है। शरीर का प्रत्येक भाग आहार चूस सकता और मल बाहर निकाल सकता है। कहने की आवश्यकता नहीं कि अत्यन्त क्षुद्र कोटि के जीवों में स्त्री-पुं. विधान नहीं होता। उनकी अमैथुन सृष्टि होती है। अब मोनरा में प्रजनन या वृद्धि किस प्रकार होती है यह देखिए। जो मोनरा आहार आदि पाकर खूब पुष्ट होता है वह कुछ

अधिक लम्बा हो जाता है और उसका मध्य भाग पतला पड़ने लगता है, यहाँ तक कि बहुत कम रह जाता है और जन्तु बीच से दो भागों में विभक्त दिखाई पड़ता है। अन्त में मध्य से टूटकर दोनों भाग अलग-अलग हो जाते हैं अर्थात् दो नए जन्तु होकर अपना जीवन आरम्भ करते और बढ़ते हैं। इस प्रकार पूर्व जन्तु का व्यक्तित्व या जीवन समाप्त हो जाता है और उसके स्थान पर दो नए जन्तु हो जाते हैं। ऐसे प्रजनन विधान को विभाग कहते हैं।

जन्तुओं का प्रधान लक्षण वह क्रिया है जो उनमें बाह्य वस्तुओं के सम्पर्क से उत्पन्न होती है, जैसे ईथर या आकाश द्रव्य की लहरों का सम्पर्क जिसका ग्रहण नेत्रेन्द्रिय में प्रकाश रूप से होता है, वायु की तरंगों का सम्पर्क जिसका ग्रहण श्रोत्रेन्द्रिय में शब्द रूप से होता है, स्थूल पदार्थों का सम्पर्क जिसका ग्रहण त्वचा को स्पर्श रूप से होता है। मोनरा के अलग-अलग अवयव या इन्द्रियाँ नहीं होती। पर इससे यह न समझना चाहिए कि वह बाह्य विषयों का ग्रहण नहीं करता। भिन्न-भिन्न विषयों का ग्रहण उसमें सर्वत्र समान रूप से होता है। यह ग्रहण चाहे अत्यन्त सूक्ष्म वा अल्प हो; पर होता अवश्य है। किसी वस्तु से छू जाने पर उसका शरीर सुकड़ जाता है। इस प्रकार स्पर्श का संवेदन उसमें प्रत्यक्ष देखा जाता है।

मोनरा से कुछ उन्नत कोटि का जीव अमीबा (अस्थिराकृति अणुजीव) है जिसमें एकरूपता या निर्विशेषत्व (एक भाग से दूसरे भाग में कोई विशेषता न होना) का भंग और अनेकरूपता का कुछ-कुछ आरम्भ होता है। मोनरा का शरीर मधुबिन्दुवत् सर्वत्र एकरूप होता है पर अमीबा के शरीर पर अत्यन्त महीन झिल्ली का आवरण होता है और भीतर कललरस के बीच में एक सूक्ष्म गुठली सी होती है जो यद्यपि कललरस की ही होती है पर अधिक तीव्र होती है। इस गुठली के अतिरिक्त कललरस के बीच झिल्ली से घिरा हुआ एक खाली स्थान भी होता है जो सुकड़ता और फैलता रहता है। मोनरा के समान इसकी गतिविधि और पाचन क्रिया भी कललरस की ही गति और क्रिया से होती है। अत्यन्त सूक्ष्म अणुजीव या पौधे अथवा उनसे कुछ बड़े जीवों के शरीरखंड जो जल में रहते हैं और आहार के रूप में इसके भीतर जाते हैं, उनके सार भाग को तो कललरस अपनी ही क्रिया से अपने में मिला लेता है और शेष भाग को बाहर निकाल देता है। इसका चलना भी कललरस ही की क्रिया से होता है अर्थात् जिस ओर शंकु या पदाभास निकलते हैं उस ओर सारा कललरस अर्थात् शरीर ढल पड़ता है। इसी प्रकार यह अपना मार्ग निकालता चला जाता है। जल में जहाँ रेत या मिट्टी के सूक्ष्म कण होते हैं वहाँ यह उन्हें बड़ी सफाई से बचा जाता है। पदाभासों के निकालने का कोई निश्चित स्थान न होने से इसका आकार स्थिर नहीं होता।

ऊपर कहा जा चुका है कि कललरस का अत्यन्त सूक्ष्म कण जो प्राणियों के सब आवश्यक व्यापार स्वतन्त्र रूप से कर सकता है, घटक कहलाता है और मोनरा या अमीबा इसी प्रकार का एक घटक मात्र है। अतः ये दोनों एकघटक जीव या अणुजीव कहलाते हैं। इसी प्रकार के घटकों के योग से सब जन्तुओं के शरीर बने हैं। मनुष्य के

रक्त की श्वेत कणिकाएँ जो अच्छे सूक्ष्मदर्शक यन्त्र द्वारा ही देखी जा सकती हैं, अमीबा से मिलती-जुलती होती हैं और उसी के समान सब व्यापार करती हैं। मोनरा और अमीबा अत्यन्त सादे ढाँचे के जीव हैं। इनके अतिरिक्त छोटे-बड़े और अनेक प्रकार के एकघटक अणुजीव होते हैं जिनमें से कुछ तो इतने बड़े (एक इंच के 100वें भाग के बराबर) होते हैं कि आँख से अच्छी तरह दिखाई पड़ सकते हैं। बहुत से अणुजीव जल में से चूने आदि का संग्रह करके अपने ऊपर कड़ी खोलड़ी बनाते हैं। कुछ अणुजीवों की खोलड़ियाँ बहुत ही सुन्दर और चित्रविचित्र होती हैं। जब वे अणुजीव मर जाते हैं तब खोलड़ियाँ गिरकर पानी के तल में बैठ जाती हैं। खरिया मिट्टी ऐसे ही जीवों की खोलड़ियों के तह पर तह जमने से बनती है।

जैसा कि पहले कह आए हैं अणुजीवों में जोड़े नहीं होते; उनकी वृद्धि अमैथुनविधान से होती है—अर्थात् कुछ अणुजीवों में तो यह होता है कि एक जीव के बीच से दो खंड होकर दो अलग-अलग जीव हो जाते हैं; और कुछ के शरीर पर अंकुरबिन्दु निकलते हैं जो अलग होकर और बढ़कर स्वतन्त्र जीव हो जाते हैं। पर कुछ उन्नत कोटि के अणुजीव ऐसे भी होते हैं जिनमें मैथुनविधान अपने मूलरूप में देखा जाता है। वे पुछल्लेवाले अणुजीवों में से हैं और बहुत से मिलकर चक्र या छत्ता बनाकर रहते हैं। एक छत्ते के अन्तर्गत अनेक जीव रहते हैं। तरुणावस्था प्राप्त होने पर कुछ जीव छत्ते से अलग हो जाते हैं और मिलकर एक अलग कीटाणुचक्र बनाते हैं और कुछ अलग-अलग बढ़कर गर्भांड के रूप में हो जाते हैं। कीटाणुचक्र का प्रत्येक कीटाणु पुछल्लेदार सूक्ष्म कीट होता है (मनुष्य आदि जरायुज जन्तुओं के शुक्रकीटाणु भी इसी प्रकार के होते हैं) जो गर्भांड रूप कीट से बहुत छोटा होता है। पुछल्लेदार पुं. कीटाणुचक्र से छूटने पर अपने पुछल्लों को लहराते हुए जल में इधर-उधर तैरने लगते हैं पर गर्भांड रूप स्त्री कीटाणु अचल भाव से स्थिर रहते हैं। एक एक गर्भांड रूप स्त्री कीटाणु को अनेक पुं. कीटाणु जा घेरते हैं और अन्त में एक उसके भीतर घुसकर संयुक्त हो जाता है। इस प्रकार संयोग हो जाने पर दोनों मिलकर एक अंडे का आकार धारण करते हैं। अंडे के भीतर का कललरस विभागक्रम द्वारा अनेक कणों से विभक्त हो जाता है। अंडे के फूटने पर ये कण बाहर निकलकर तैरने लगते हैं। थोड़े ही दिनों में इन्हें पुछल्ले निकल आते हैं और ये पूरे जन्तु होकर इधर-उधर तैरते फिरते हैं। इन पुछल्लेवाले जीवों का शरीर सर्वत्र समान नहीं होता, सूक्ष्म त्वक् और पुछल्ले के अतिरिक्त आहारमिश्रित जल के प्रवेश के लिए एक विवर भी होता है जिसे मुँह कह सकते हैं।

जीवोत्पत्ति का आरम्भ और अमीबा के समान अत्यन्त सादे ढाँचे के कललबिन्दु रूप अणुजीवों से हुआ जिनके शरीर का सारा भाग बाह्य भूतों के भिन्न-भिन्न प्रकार के सम्पर्कों को समान रूप से ग्रहण करता था, प्रत्येक भाग प्रत्येक व्यापार कर सकता था। फिर असंख्य पीढ़ियों के पीछे होते-होते यह हुआ कि जिस भाग पर स्थिति के अनुसार सम्पर्क अधिक हुआ उसमें अभ्यास के कारण सम्पर्क अधिक ग्रहण करने की विशेषता उत्पन्न हुई। इस गुणविकास के साथ ही उस भाग की आकृति में भी परिवर्तन हुआ।

जैसे, मोनरा का शरीर जल में पड़े हुए मधुबिन्दु के समान सर्वत्र एकरूप था और उसके चारों ओर बाह्य भूतों के अण्वात्मक प्रवाहों का आघात पड़ता था। यह आघात पहले ऊपरी सतह पर पड़कर तब भीतरी कललरस की कणिकाओं पर प्रभाव डालता था। अतः स्थिति के अनुसार जिनमें उक्त आघात का ग्रहण अधिक हुआ उनके ऊपरी तल में और कललरस के भीतरी कणों की स्थिति में, भौतिक और रासायनिक नियमों के अनुसार विशेषताएँ उत्पन्न होने लगीं। ये विशेषताएँ बराबर वृद्धि को प्राप्त होती गईं यहाँ तक कि अमीबा का प्रादुर्भाव हुआ, जिसके ऊपर झिल्ली का आवरण होता है और भीतर कललरस के बीच एक गुठली तथा फैलने और सुकड़नेवाला एक खाली स्थान होता है।

बहुत से अणुजीव मिलकर एक समूहपिंड या छत्ता-सा बना लेते हैं। समूहचक्र में बद्ध रहने पर भी प्रत्येक जीव अलग-अलग कीटाणु होता है, सब मिलकर एक जीव या एक शरीर नहीं हो जाते। ये समूहपिंड या चक्र इस प्रकार बनते हैं। चक्रबद्ध अणुजीवों में जो वृद्धिविधान होता है उसमें मोनरा और अमीबा के समान पूरा विभाग नहीं होता। एक अणुजीव का शरीर जब दो भागों में विभक्त होने लगता है तब मोनरा या अमीबा के समान दोनों भाग अलग-अलग नहीं हो जाते, कललरस के एक सूत्र द्वारा एक-दूसरे से लगे रहते हैं। फिर वे दोनों भाग अपनी पूरी बाढ़ पर पहुँचने पर उसी प्रकार दो-दो भागों में विभक्त हो जाते हैं। इसी क्रम से एक जीव से अनेक जीव हो जाते हैं जो एक दूसरे से लगे रहते हैं। इस प्रकार के समूहचक्र के कीटाणु सब एक ढाँचे के होते हैं और प्रायः अलग-अलग कोशों में रहते हैं।

समूहचक्र या छत्ते की योजना के अतिरिक्त एक और भी घनिष्ठ और गूढ़तर योजना होती है जिससे एक शरीर या समवायपिंड की उत्पत्ति होती है। इसमें बहुत से अणुजीवरूप घटक मिलकर एक शरीर या जीव हो जाते हैं। अणु जीवों को छोड़ और सब प्राणियों के शरीर बहुत से घटकों की ऐसी ही गूढ़ योजना से बने हैं। बड़े-से-बड़े जीवों का शरीर वास्तव में घटकों या अणुजीवों की एक ऐसी सुव्यवस्थित बस्ती है जिसमें एक प्रकार की एकता आ गई है। शरीर संघटित करने में घटकों की जो योजना होती है उसमें सब घटक मिलकर एक तन्तुपटल के रूप में हो जाते हैं और भिन्न-भिन्न भागों में कार्यानुसार भिन्न-भिन्न आकृतियाँ धारण करते हैं। जन्तुओं की पेशियाँ, हड्डियाँ, नसें, शिराएँ, संवेदन सूत्र इत्यादि सब अणुजीवरूप घटकों की योजना से संघटित हैं।

आरम्भ में अणुजीवरूप घटक मिलकर झिल्ली के रूप में हुए अतः सबसे सादे और आदिम कोटि के बहुघटक जीव दुहरी या तिहरी झिल्ली के कोश के अतिरिक्त और कुछ नहीं थे। स्पंज या मुर्दा बादल इसी प्रकार के जीव हैं। ये समुद्र की चट्टानों आदि पर जमे रहते हैं, चल-फिर नहीं सकते और कई प्रकार के होते हैं। स्लेट पोंछने के लिए लड़के जो स्पंज रखते हैं उसे बहुतों ने देखा होगा। स्पंज का शरीर छिद्रमय कोश मात्र होता है जिसके भीतर बहुत सी नलियाँ होती हैं। सूक्ष्म जीवों से पूर्ण जल मुखविवर से होकर

भीतर जाता है और नलियों के द्वारा चारों ओर घूमकर सारे घटकों का पोषण करता है। इन नलियों के अतिरिक्त और अलग-अलग अवयव नहीं होते और ये नलियाँ भी भिन्न-भिन्न कार्यों के लिए भिन्न-भिन्न नहीं होतीं, सब समान रूप से जलवहन का कार्य करती है। ऐसा नहीं होता कि पाचन के लिए अलग नलियाँ हों और जलप्रवाह के लिए अलग। स्पंजों की वंशवृद्धि अमैथुनविधान से भी होती है और मैथुनविधान से भी। जिन निम्न कोटि के स्पंजों की वृद्धि अमैथुनविधान से भी होती है उनके शरीर पर कुड्मल या अंकुरबिन्दु उत्पन्न होते हैं जो अलग होकर बढ़ते और पूरे जीव हो जाते हैं। बतलाने की आवश्यकता नहीं कि यह कुड्मल स्वतन्त्र घटक होते हैं जो विभाग परम्परा द्वारा एक से अनेक होकर शरीर की योजना करते हैं। मैथुनविधानवाले स्पंजों में पुं. घटक और स्त्री घटक एक ही जीव के भीतर होते हैं; उसी प्रकार जैसे अधिकांश पौधों में गर्भकेसर और परागकेसर एक ही फूल में होते हैं। पुं. घटक फूटकर अनेक छोटे कणों में विभक्त हो जाता है। एक-एक कण बढ़कर पुछल्लेदार कीटाणु; जैसा कि शुक्रकीटाणु होता है, हो जाता है। स्त्री घटक बढ़कर गर्भांड के रूप में हो जाता है। स्पंज के शरीर के भीतर ही पुं. कीटाणु गर्भांडरूप कीटाणु में प्रवेश करता है। संयोग के उपरान्त एकीभूत पिंड भीतर ही भीतर कुछ काल तक बढ़ता है, फिर बाहर निकलकर डिंभकीट के रूप में रोइयों के सहारे जल में तैरता फिरता है, और अन्त में किसी चट्टान पर जमकर बढ़ते-बढ़ते स्पंज के रूप में हो जाता है।

स्पंज से उन्नत कोटि के जीव छत्रक, मूँगे आदि होते हैं जिनके शरीर में अवयवविधान कुछ अधिक होता है। उनके मुखविवर के नीचे एकबारगी खाली जगह नहीं पड़ती बल्कि नली के आकार का एक स्रोत थोड़ी दूर तक होता है, पक्वाशय अलग होता है, शिकार पकड़ने के लिए बहुत सी भुजाएँ होती हैं।

छत्रक कृमि की उत्पत्ति विलक्षण रीति से होती है। समुद्र या झील आदि में लकड़ी के तख्तों या चट्टानों पर रुई की तरह कोमल एक प्रकार के कृमियों का समूहपिंड जमा मिलता है जो देखने में बिलकुल पौधे के आकार का होता है। इसे खंडबीज कहते हैं क्योंकि यदि इसके कई खंड कर डालें तो प्रत्येक खंड बढ़कर पूरा कृमिपिंड हो जाता है। इसके प्रधान कांड में से जगह-जगह शाखाएँ निकली होती हैं जो सिरे पर चौड़ी होकर गिलास के आकार की होती हैं। इसी गिलास के भीतर असली कृमि बन्द रहता है, केवल उसकी सूत की सी भुजाएँ इधर-उधर बाहर निकली होती हैं। अचरपिंड में बद्ध रहनेवाले ये कृमि केवल नली के आकार के होते हैं। इनमें संवेदन सूत्र और इन्द्रियाँ आदि नहीं होतीं, संवेदन शरीर भर में होता है। पर कुछ शाखाओं के सिरों पर कुड्मलों का गुच्छा-सा होता है। जब कुड्मल अपनी पूरी बाढ़ को पहुँच जाता है तब एक स्वतन्त्र जीव होकर कांड से अलग हो जाता है और चर जन्तु के रूप में इधर-उधर तैरने लगता है। इसी को छत्रक कृमि कहते हैं। यह खुमी (छत्राक) के छाते के आकार का होता है और इसके चारों ओर चाबुक के आकार की लम्बी-लम्बी भुजाएँ निकली होती हैं। इसके पेटे (नतोदर भाग) के बीचोबीच एक चोंगा सा निकला होता है जिसके

सिरे पर मुँह होता है। इस चोंगे की जड़ से कई नलियाँ छाते की तीलियों कीं तरह निकलकर उस नली से मिली होती हैं जो मँडरे पर मंडलाकर होती है। मुँह के भीतर जो भोजन जाता है वह चोंगे के भीतर पचकर नलियों के द्वारा सारे शरीर में फैलकर पोषण करता है। मँडरे पर से जो भुजाएँ निकली होती हैं उनमें से आठ ऐसी होती हैं, जिनके मूल में एक-एक सूक्ष्म गुठली सी होती है जिसे हम संवेदनग्रन्थि कह सकते हैं। इन इन्द्रियों या अवयवों से दिशा का ज्ञान होता है। सारांश यह कि छत्रक कृमि अपने जनक खंडबीज कृमि से बहुत अधिक उन्नत होता है। इसमें नेत्रबिन्दु के भी आभास होते हैं, संवेदनग्रन्थियों का भी विधान होता है। खंडबीज कृमि में स्त्री-पुरुष विधान नहीं होता, कुड्मल विधान होता है, जैसा कि पहले कहा जा चुका है। पर उसी से उत्पन्न छत्रक कृमि में स्त्री-पुरुष अलग-अलग होते हैं। नर के शुक्रकीटाणु जल में छूट पड़ते हैं और जल के प्रवाह द्वारा मादा के गर्भाशय में जाकर गर्भकीटाणु को गर्भित करते हैं। गर्भाधान के उपरान्त गर्भकीटाणु शीघ्र डिंभकीट के रूप में प्रवर्द्धित होकर अलग हो जाते हैं और कुछ दिनों तक जल में तैरते फिरते हैं। पीछे किसी चट्टान, लकड़ी के तख्ते आदि पर जम जाते हैं और धीरे-धीरे बढ़कर पूरे खंडबीज कृमि हो जाते हैं। जैसा कि ऊपर कहा जा चुका है इन्हीं खंडबीज कृमियों से फिर छत्रक कृमि की उत्पत्ति होती है। सारांश यह कि खंडबीज कृमि से छत्रक की उत्पत्ति और छत्रक से खंडबीज कृमि की उत्पत्ति होती है। प्रजनन के इस विधान को इतरेतर जन्म या 'योन्यन्तर विधान' कहते हैं।

छत्रक कृमि से बारीक ढाँचा उन चिपटे केंचुओं का होता है जो कुछ रीढ़वाले जन्तुओं के यकृत और अँतड़ियों में होते हैं। भेड़ के यकृत में पत्ती के आकार का जो चौड़ा चिपटा कीड़ा होता है उसके शरीर की ओर ध्यान देने पर दाहिने और बाएँ दो समविभक्त पार्श्व स्पष्ट दिखाई देंगे। कल्पित विभाग रेखा के दोनों ओर बिम्ब प्रतिबिम्ब रूप से प्रायः एक ही प्रकार के ढाँचे पाए जाएँगे। इस प्रकार की रचना को अर्द्धांग योजना कहते हैं। कीड़े का अगला भाग चौड़ा होता है जिसके बीचोबीच निकली हुई नोक पर मुँह होता है। मुख के ओंठ पर एक मांसल छल्ला सा होता है जिसके द्वारा यह जन्तुओं के यकृत की दीवार से चिमटा रहता है। मुख के ओंठ से थोड़ा और पीछे हटकर पेटे की ओर एक दरार सा होता है जो जननेन्द्रिय का मुख है। इसी के बीचोबीच एक तुंड या ठोंठी सी होती है जो पुं. जननेन्द्रिय है। शरीर के पिछले छोर पर एक मलवाहक छिद्र होता है। मुख के भीतर थोड़ी दूर तक कंठनाल होती है जो आँतों से जाकर मिली होती है। आँतें इसकी अनेक शाखाओं में विभक्त होती हैं जिनमें काले रंग का रस या पित्त भरा होता है। यह पित्तरस उसी जन्तु के यकृत का होता है जिसके भीतर यह कीड़ा पलता है। उसी के पित्त और उसमें मिले हुए द्रव्य से इस कीड़े का पोषण होता है। अन्त्रविधान दाहिनी और बाईं दोनों ओर का अलग-अलग होता है। आँतों से मिला हुआ कोई गुदाद्वार नहीं होता, मुख ही एक द्वार होता है। आँतों के अतिरिक्त जलवाहक नलियों का पूरा जाल होता है। सबसे बढ़कर बात तो यह कि संवेदनसूत्रों का विधान

होता है। कंठनाल के पास भेजे का छल्ला-सा होता है जिसे हम मस्तिष्क का सादा रूप कह सकते हैं। इसी छल्ले से संवेदनसूत्र पीछे की ओर गए रहते हैं जिनमें दो सूत्र प्रधान हैं जो दाहिने और बाएँ दोनों ओर होते हैं। देखने-सुनने आदि के लिए अलग-अलग इन्द्रियाँ नहीं होतीं।

अब इसकी प्रजननप्रणाली पर भी थोड़ा ध्यान दीजिए। स्त्री-पुरुष जननेन्द्रियाँ एक ही कीड़े में होती हैं। पुरुष जननेन्द्रिय में अंडकोश नलिकाएँ, शुक्रवाहिनी नलियाँ और शिश्न तथा स्त्री जननेन्द्रिय में डिंभकोश, गर्भनाली, योनिमुख, अंडपोषक रस की ग्रन्थियाँ और नलियाँ होती हैं। शुक्रकीटाणु द्वारा गर्भित होने पर गर्भांड पोषक रस से घिर जाता है और फिर एक छिलके के भीतर बन्द हो जाता है। बढ़ चुकने पर यह अंडा अँतड़ियों में होता हुआ बाहर निकल जाता है और कुछ दिनों में रोईंदार लम्बे डिंभकीट के रूप में हो जाता है, जिसमें सिर की ठोंठ और दो नेत्रबिन्दुओं के अतिरिक्त कोई और भीतरी अवयव नहीं होता। यदि यह जल में पहुँचा तो कुछ काल तक तैरता फिरता है और यदि तर घास के बीच पहुँचा तो रेंगता फिरता है। यदि इसे घोंघा मिल गया तो यह उसके भीतर अपने सिर के बल घुस जाता है और भीतर ही भीतर बढ़कर लम्बी थैली के आकार का हो जाता है। कुछ काल में इस थैली के भीतर घटकगुच्छ उत्पन्न हो जाते हैं। इस घटकगुच्छ के घटक विभागक्रम द्वारा बढ़कर पुछल्लेदार कीटों के रूप में हो जाते हैं और घोंघे के शरीर से बाहर निकलकर घास की पत्तियों पर चिमट जाते हैं। पत्तियों को जब भेड़ें खाती हैं तब ये उनके यकृत में पहुँच जाते हैं और चौड़े चिपटे यकृतकीट के रूप में हो जाते हैं। इन कीटों से कुछ उन्नत रचना मनुष्य के पेट में रहनेवाले लम्बे केंचुओं की होती है। एक प्रकार के और केंचुए होते हैं जो जन्तुओं के शरीर के भीतर नहीं होते, अधिकतर समुद्र में पाए जाते हैं। इन्हें मुँह और आँतों के अतिरिक्त रक्तवाहिनी नाड़ियाँ भी होती हैं। संवेदनग्राही अवयवों का विधान भी और केंचुओं से उन्नत होता है। भेजे के छल्ले के स्थान पर दो बड़ी संवेदनग्रन्थियाँ होती हैं जिन्हें हम मस्तिष्क कह सकते हैं। इसी मस्तिष्क से दो मोटे संवेदनसूत्र पीछे की ओर शरीर की लम्बाई तक गए रहते हैं। आँखें भी होती हैं।

प्राणियों में इन्द्रियों का विधान किस प्रकार हुआ ? पहले कहा जा चुका है कि अत्यन्त आदिम कोटि के क्षुद्र जीवों में प्रकाश, शब्द तथा स्थूल पदार्थों का ग्रहण ऊपरी त्वक् पर सर्वत्र समान रूप से होता है। ऊपरी त्वक् सर्वत्र समान रूप से संवेदनग्राही होता है। क्रमशः ऊपरी त्वक् पर विभिन्नताएँ उत्पन्न होने लगीं। कुछ स्थानों में दूसरे स्थानों से कुछ विशेषता प्रकट होने लगी अर्थात् कुछ स्थान बाह्य विषयसम्पर्क को विशेष रूप से ग्रहण करने लगे। क्रमशः अभ्यास द्वारा ये स्थान सम्पर्कग्रहण में अधिक तीव्र होते गए जिससे बाह्य विषयों का प्रभाव उन पर अधिक पड़ता गया। बाह्य विषयों के अधिक संयोग से उन स्थानों की बनावट में भी कुछ विशेषता आने लगी। फल यह हुआ कि संवेदनग्राही घटक अलग हो गए। उनसे संवेदनसूत्रों की योजना हुई। बाहरी त्वक् पर जहाँ कहीं प्रकाश, शब्द, स्थूल पदार्थ आदि का सम्पर्क हुआ कि इन्हीं सूत्रों के सहारे

उसका संवेदन सारे संवेदनसूत्रजाल में दौड़ गया। क्रमशः इन संवेदनसूत्रों का एक केन्द्रस्थल ग्रन्थि के रूप में उत्पन्न हुआ जिसे ब्रह्मग्रन्थि कहते हैं। यही केन्द्रस्थान बड़े जीवों का मस्तिष्क है। बाह्य विषय भिन्न-भिन्न प्रकार के होते हैं और उनका ग्रहण भी भिन्न-भिन्न प्रकार से होता है। अतः बाह्य त्वक् के संवेदनग्राही स्थानों में भी क्रमशः भेदविधान होने लगा। एक स्थान एक प्रकार का विषय ग्रहण करने में अधिक तीव्र होता गया, दूसरा दूसरे प्रकार का। होते-होते यहाँ तक हुआ कि एक प्रकार के विषय का ग्रहण एक ही निर्दिष्ट स्थान पर होने लगा जिससे भिन्न-भिन्न इन्द्रियगोलकों का विकास हुआ जो पहले त्वक् की परतों से बने हुए सादे कोशों के रूप में ही प्रकट हुए। जिस स्थान पर अणुप्रवाह के योग से उस रासायनिक क्रिया का विधान होने लगा जिससे गन्ध का अनुभव होता है वहाँ घ्राणेन्द्रिय (नाक) की उत्पत्ति हुई। जहाँ वह रासायनिक क्रिया होने लगी जिससे स्वाद का अनुभव होता है वहाँ रसनेन्द्रिय का विधान हुआ। इसी प्रकार जहाँ आलोकग्रहण की ही भौतिक क्रिया बराबर होने लगी वहाँ उस जटिल यन्त्र का विधान हुआ जिसे आँख कहते हैं और जिसके द्वारा पदार्थों के आकृतिबिम्ब का ग्रहण होता है। विशेष प्रकार की वायुतरंगों का ग्रहण जहाँ होने लगा वहाँ कानों की रचना हुई। इन इन्द्रियों में सूक्ष्म-से-सूक्ष्म सम्पर्क के ग्रहण की शक्ति का विकास देखा जाता है। घ्राणेन्द्रिय द्रव पदार्थ के अणु के 3,00,00,00,000वें भाग तक का अनुभव कर सकती है। चक्षुरिन्द्रिय एक मिनट में सवा करोड़ मील के लगभग चलनेवाली आलोकतरंग का ग्रहण करती है।

अब तक जिन क्षुद्र जन्तुओं का वर्णन हुआ है उनका शरीर यहाँ से वहाँ तक एक होता है, खंडों में विभक्त नहीं होता। उनसे उन्नत कोटि के बहुखंड कीट होते हैं जिनका शरीर बहुत से जोड़ों से मिलकर बना जान पड़ता है; जैसे, मिट्टी के केंचुए, जोंक, कनखजूरे, केकड़े, भिड़, गुबरैले, फतिंगे, चीटियाँ इत्यादि। जन्तुओं की बनावट में ध्यान देने की बात यह है कि मुख ही एक ऐसा द्वार है जिससे पहले पहल बाह्य जगत् का सम्पर्क होता है अतः उसी के पास मुख्य इन्द्रियों का विधान होता है। जो भाग क्रिया में अधिक तत्पर होता है उसी में उस क्रियासम्पादन के अनुकूल विधान होते हैं। अतः इन बहुखंड जन्तुओं में जो बहुत सादे ढाँचे के होंगे उनमें भी सिर अलग दिखाई देगा जिसमें आँख, कान आदि इन्द्रियद्वार होंगे और भीतर संवेदन का केन्द्रस्वरूप मस्तिष्क वा ग्रन्थि होगी जिससे संवेदनसूत्र पीछे की ओर को गए होंगे। इन कीड़ों के हृदय भी होता है जो लम्बी नली के आकार का और पीठ की ओर होता है; छाती की ओर नहीं जैसा कि रीढ़वाले बड़े जीवों का होता है। बहुखंड कीटों के साधारणतः दो विभाग किए गए हैं—अपाद और सपाद। मिट्टी के केंचुए, जोंक आदि अपाद कीटों में हैं और झिंगा, केकड़ा, कनखजूरा, गुबरैला, चींटी इत्यादि सपाद कीटों में हैं। सपाद कीटों में षट्पद या पतंग कुल के कीट सबसे अधिक उन्नत होते हैं। चींटी, तितली, गुबरैला, टिड्डी, फतिंगा, किलनी, भौंरा, मक्खी इत्यादि इनके अन्तर्गत हैं। इनमें कुछ के पूरे पर निकलते हैं (जैसे तितली, गुबरैला, टिड्डी), कुछ के अधूरे और कुछ के

निकलते ही नहीं (जैसे, किलनी)। कुछ ऐसे भी होते हैं जिनमें नर और मादा में से किसी एक के पर होते हैं, दूसरे को नहीं।

ध्यानपूर्वक देखने से पतंगकुल के कीटों का शरीर तीन खंडों में विभक्त दिखाई पड़ता है–सिर, वक्ष और उदर। किसी-किसी कीट (जैसे, भिड़) में तो ये खंड केवल एक पतले तागे से जुड़े मालूम होते हैं। ये तीनों खंड भी कई जोड़ों से मिलकर बने होते हैं। सिरवाले खंड में मुँह पर पकड़ने, काटने या रस चूसने के लिए टूँड़ और आर होते हैं। वक्ष में जो तीन टुकड़े होते हैं उनमें से प्रत्येक में टाँगों का एक-एक जोड़ा होता है। टाँगों के अतिरिक्त दोनों ओर पर भी होते हैं। उदरखंड में टाँगें आदि नहीं होतीं, छोर पर डंक तथा अंडवाहक अवयवों का विधान होता है। मुख के भीतर जो स्रोत होता है उसमें कई नलियाँ और थैलियाँ होती हैं। पाचन के लिए कई कोठों की अलग थैली होती है जिसमें पाचनरस की ग्रन्थियाँ होती हैं। यह थैली आँतों से मिली होती है। किसी-किसी कीट में इसी थैली से लगा हुआ एक और कोठा होता है जिसमें आरे की तरह के दाँत या दन्दाने होते हैं। सिर के नीचे मस्तिष्क का अच्छा विधान होता है। बड़े कीटों के मस्तिष्क में कई लोथड़े होते हैं जिनमें से एक पर आँखों का जटिल ढाँचा स्थित रहता है। इन कीटों की आँख की बनावट बड़ी विलक्षण होती है। एक ढेले के अन्तर्गत हजारों आँखें होती हैं। बड़ी मक्खी के बारह हजार आँखें होती हैं। बहुत से कीटों को इन यौगिक नेत्रों के अतिरिक्त सादी आँखें भी होती हैं और कुछ ऐसे होते हैं जिनके आँखें बिलकुल नहीं होतीं। पतंगकुल के कीटों के संवेदनसूत्र भी उन्नत कोटि के होते हैं, उनमें स्थान-स्थान पर ग्रन्थियाँ होती हैं।

पतंगकुल के कीटों में कुछ ही ऐसे होते हैं जिनके बच्चों का आकार अंडे से निकलने पर पूरी बाढ़ के जीवों का सा होता है। अधिकांश कीटों में कायाकल्प होता है अर्थात् अंडे से निकलने पर बच्चों में पूरे कीटों का कुछ भी आकार नहीं होता। डिम्भपिंड परिवर्तन की कई अवस्थाओं में होकर तब पूरे अंग और अवयव प्राप्त करता है। भिड़, गुबरैले, तितली, रेशम के कीड़े इत्यादि इसी प्रकार के जीव हैं। तितली को ही लीजिए। अंडे से निकलने पर उसका बच्चा एक लम्बे ढोले या सूँड़े के आकार का होता है जिसके आगे की ओर छह जोड़दार पैर होते हैं और पीछे की ओर कई बेजोड़ के और भद्दे पैर होते हैं। चबाने के लिए जबड़े भी होते हैं। यह डिम्भकीट कुछ काल तक इसी अवस्था में पेड़-पौधों पर रेंगता फिरता है। इसके उपरान्त यह सूत की तरह कातकर एक कोश बनाता है जिसके भीतर निश्चेष्ट और निःसंज्ञ होकर यह बन्द हो जाता है और कुछ काल तक उसी अवस्था में रहता है। कोश के भीतर ही इसका पूरा कायाकल्प होता है। कायाकल्प का काल जब पूरा हो जाता है तब यह सब अंग अवयवों से युक्त उड़नेवाली तितली होकर निकल आता है।

पतंगकुल के कीट इस बात के प्रमाण हैं कि जटिल और उन्नत अवयवों का विधान छोटे-से-छोटे जीवों में भी हो सकता है। हाथी का डीलडौल मनुष्य के डीलडौल से बहुत बड़ा होता है पर उसके बाह्य और अन्तःकरण उतनी पूर्णता को प्राप्त नहीं रहते जितने

मनुष्य के रहते हैं। बिना रीढ़वाले जन्तुओं में पतंग सबसे अधिक उन्नत इन्द्रियवाले और बुद्धिमान होते हैं। भिड़, मधुमक्खी, चींटी इत्यादि में कैसी संचयबुद्धि होती है, किस कौशल और व्यवस्था के साथ वे समाज बाँधकर रहती हैं। डारविन ने कहा है कि चींटी का मस्तिष्क, जो और कीड़ों के मस्तिष्क से बड़ा होने पर भी आलपिन की नोक का चौथाई भी नहीं होता, संसार में सबसे चमत्कारपूर्ण द्रव्यकण है।

अधिकतर विद्वानों का मत है कि जिन जीवों का लालन-पालन माता-पिता द्वारा बहुत दिनों तक होता है अर्थात् जो बहुत दिनों तक माता-पिता के स्नेह के आश्रित रहते हैं उनमें सहानुभूति और समाजबुद्धि का विकास अधिक होता है; जैसे, बन्दर, बनमानुस, मनुष्य आदि में। चींटी तथा समाज बाँधकर रहनेवाले और कीट भी; जैसे, भिड़, मधुमक्खी आदि, गुबरैले की दशा में बहुत दिनों तक पलते हैं इसी से उनमें इतनी संघबुद्धि पाई जाती है। कहने की आवश्यकता नहीं कि इस संघबुद्धि का विकास क्रमशः लाखों वर्ष की परम्परा के उपरान्त हुआ है।

बिना रीढ़वाले जन्तुओं में शुक्तिवर्ग के सीप, घोंघे, शंख आदि कोमलकाय जीव भी हैं जो सूक्ष्म-से-सूक्ष्म और बड़े-से-बड़े होते हैं। इस वर्ग के सबसे क्षुद्र कोटि के जीव चट्टानों आदि पर काई के समान जमे रहते हैं। अष्टपद ऐसे बड़े जीव भी इसी वर्ग में हैं जो अपने चारों ओर फैली हुई बड़ी-बड़ी भुजाओं या पैरों से बड़े-बड़े जन्तुओं को पकड़ लेते हैं। शुक्तिवर्ग के कुछ जीवों के कपाल हृदय आदि अलग-अलग अंग नहीं होते। सीप के अलग सिर नहीं होता। इसी सीप के शरीर पर मोती होता है। एक प्रकार कि केचुओं के डिम्भ सीप के शरीर पर लगकर बन्द हो जाते हैं। जहाँ-जहाँ वे बन्द हो जाते हैं वहाँ-वहाँ गोल चमकीले उभार या फोड़े पड़ जाते हैं जो काल पाकर मोती के रूप में हो जाते हैं। कहने की आवश्यकता नहीं कि शुक्तिवर्ग के सब जीव जलचारी हैं और उनके शरीर का ढाँचा उन्नत कोटि का नहीं होता, बहुत सादा होता है। अष्टपद को छोड़ और किसी के शरीर के भीतर किसी प्रकार का ढाँचा (जैसा कि रीढ़वाले जन्तुओं का अस्थिपंजर होता है) नहीं होता। पर उनमें शरीर के ऊपर एक कड़े आवरण की विशेषता होती है जो जल में मिले हुए चूने आदि द्रव्यों के संग्रह से बनता है।

बिना रीढ़वाले जन्तुओं से रीढ़वाले जन्तुओं में किन-किन बातों की विशेषता होती है यह देख लेना चाहिए। पहली बात तो यह है कि बिना रीढ़वाले जन्तुओं में पाचनक्रिया, रक्तसंचार और संवेदनकेन्द्र तीनों के लिए एक ही घट होता है तथा शरीर को धारण करनेवाला ढाँचा जो कुछ होता है, ऊपर ही होता है। यह ढाँचा प्रायः आवरण के रूप में होता है और कड़े पड़े हुए चमड़े के अतिरिक्त और कुछ नहीं होता। पर रीढ़वाले जन्तुओं में दो अलग-अलग घट होते हैं। छोटे वा कपालघट में विज्ञानमय कोश का केन्द्र अर्थात् मस्तिष्क और मेरुरज्जु, रहता है और मध्यघट में पाचन और रक्तसंचार के करण (यकृत, आँत और हृदय) होते हैं तथा शरीर को धारण करनेवाला ढाँचा कड़े अस्थिपंजर के रूप में भीतर होता है। इस ढाँचे का सबसे विलक्षण भाग है रीढ़ या मेरुदंड। रीढ़ हड्डी की गुरियों की बनी होती है जो मेरुदंड के पूर्वरूप लचीले

सूत्रदंड के अवशिष्ट से परस्पर जुड़ी रहती हैं। बनावट की इस विशेषता के कारण सारी रीढ़ आवश्यकतानुसार लच और मुड़ सकती है जिससे रीढ़वाले जन्तुओं को चलने, फिरने, उछलने, कूदने में बड़ी आसानी होती है। मछलियों का झपटना, मेंढकों का कूदना, साँपों का रेंगना, हिरन का चौकड़ी भरना, शेर का उछलना देखने से यह बात ध्यान में आ सकती है। रीढ़वाले जन्तुओं के सजीव हड्डियाँ होती हैं जिनके भीतर रक्त का संचार होता है। वे शरीर के कोमल भागों की रक्षा करती हैं। ढाँचे की इसी विशेषता के कारण ये बिना रीढ़ के जन्तुओं से इतने बढ़े-चढ़े होते हैं। बहुखंड कीटों के समान इनका शरीर भी दो समान पार्श्वों दाहिने और बाएँ में बँटा होता है और कई खंडों के जोड़ से बना होता है। इनके शरीर के भी तीन विभाग होते हैं–सिर, वक्ष और उदर। पर चारी अंग (हाथ-पैर) चार से अधिक नहीं होते अर्थात् उनका एक-एक जोड़ा दोनों ओर होता है–चाहे वह मछली के मुख्य परों के रूप में हो (इन जोड़ेदार परों के अतिरिक्त मछली के और छोटे-छोटे पर होते हैं जिनका कोई हिसाब नहीं होता), चाहे चिड़ियों की टाँगों और डैनों के रूप में, चाहे चौपायों के अगले और पिछले पैरों के रूप में और चाहे मनुष्यों के हाथ-पैर के रूप में। इन सब जीवों के ढाँचे एक ही आदिम ढाँचे से क्रमशः उत्पन्न हुए हैं।

विकास परम्परा के अनुसार बिना रीढ़वाले जन्तुओं से ही क्रमशः रीढ़वाले जन्तुओं की उत्पत्ति हुई है। पहले बिना रीढ़वाले और रीढ़वाले जन्तुओं के बीच के जीव हुए होंगे जिनके शरीर के भीतर कुछ-कुछ पंजराभास प्रकट हुआ होगा। इस प्रकार के कुछ अवशिष्ट जीव अब तक पाए जाते हैं। समुद्र में थैली के आकार का एक जन्तु होता है जो चट्टानों पर चिमटा रहता है। इसके एक मुँह और एक उत्सर्ग छिद्र होता है। मुँह के नीचे साँस लेने की थैली होती है जिसमें बहुत से छेद होते हैं। यह थैली नीचे उदराशय से मिली होती है जिसमें अँतड़ियाँ होती हैं,और झुककर उत्सर्गद्वार तक गई होती हैं। भीतर खींचा हुआ पानी अम्लजन या प्राणदवायु शरीर में पहुँचाकर इसी द्वार से निकल जाता है। हृदय एक लम्बी नली के आकार का होता है और शरीरघट के पिछले भाग में स्थित होता है। इसका विज्ञानमय कोश एक संवेदनग्रन्थि मात्र होता है जो मुँह और उत्सर्गद्वार के बीच में रहती है। इस संवेदनग्रन्थि की स्थिति से रीढ़वाले जन्तुओं के साथ इसके सम्बन्ध का पता लगता है। पर सबसे बढ़कर प्रमाण अंडे से निकलने पर इसकी वृद्धि के क्रम की ओर ध्यान देनें से मिलता है। अंडे से जो डिम्भकीट निकलता है वह मेढक के डिम्भकीट (छुछमछली) से बिलकुल मिलता है। दोनों में उन चार विशेष अंगों का विधान होता है जो समस्त रीढ़वाले जन्तुओं में गर्भावस्था से लेकर किसी-न-किसी अवस्था में पाए जाते हैं। चारों अंग ये हैं–(1) गला और गलफड़ों के छिद्र, (2) मेरुदंडाभास, जो एक चिकने सूत्रदंड की तरह का होता है और रीढ़ का पूर्व रूप है, (3) मस्तिष्क और मेरुरज्जु तथा (4) दर्शनेन्द्रिय जो मस्तिष्क के भीतर होती है। आँखवाले बिना रीढ़ के जन्तुओं की दर्शनेन्द्रिय का संवेदन पटल (प्रकाश ग्रहण करनेवाला भाग) ऊपरी त्वक् से ही उत्पन्न होता है। डिम्भकीट अवस्था से आगे चलकर

इस समुद्रजन्तु और मेढक के डिम्भकीट एक दूसरे से भिन्न अवस्था को प्राप्त होते हैं। मेढक का डिम्भकीट तो छुछमछली की अवस्था से जलस्थलचारी जन्तु हो जाता है, गलफड़ों के स्थान पर साँस लेने के लिए उसे फेफड़ा उत्पन्न हो जाता है, दुम उसकी गायब हो जाती है और चार पैर निकल आते हैं। अर्थात् जलचर मछली के रूप से जलस्थलचारी मेढक के रूप में आने में मेढक के प्राचीन पूर्वजों ने जिन अवस्थाओं को पार किया है, मेढक के डिम्भवृद्धिक्रम में उनकी संक्षिप्त उद्धरणी देखी जाती है। पर उक्त समुद्रजन्तु का डिम्भकीट आगे चलकर भिन्न अवस्था को प्राप्त होता है। उसकी दुम, मेरुरज्जु, संवेदनरज्जु और आँख गायब हो जाती है, मस्तिष्क छोटा-सा रह जाता है, गलफड़ों के छिद्र अधिक हो जाते हैं, त्वक् कड़ा हो जाता है और अन्त में वह बिना हाथ-पैर और आँख का थैली के आकार का जन्तु होकर अचल पौधे की तरह किसी चट्टान आदि पर जम जाता है और वहीं पौधे की तरह उसका पोषण होता है।

थैली के आकार के समुद्री जन्तु से कुछ उन्नत कोटि का एक और जन्तु होता है जिसे अकरोटी मत्स्य (बिना सिर की मछली) कहते हैं। यह देखने में जोंक की तरह का एक झलझलाता हुआ कीड़ा होता है जिसके सिर नहीं होता और आँख भी एक ही होती है। इसके मुँह पर खड़े-खड़े सूत से होते हैं जिनके द्वारा यह खाद्यपूर्ण जल भीतर लेता है। यह जल मुँह के नीचे चौड़ी गलनाल में जाकर प्राणदवायु प्रदान करता हुआ उत्सर्गद्वार से होकर निकल जाता है। कोई हृत्पिंड न होने के कारण रक्त का संचालन नलियों के आकुंचन द्वारा होता है। इस जन्तु की गिनती रीढ़वाले प्राणियों में की गई है क्योंकि इसके रीढ़ के स्थान पर एक सूत्रदंड होता है, जिसके ऊपर यहाँ से वहाँ तक एक संवेदनसूत्र होता है जो मुँह के पास जाकर कुछ निकला सा होता है। ऊपर थैली के आकार के जिस समुद्रजन्तु का उल्लेख हो चुका है उसकी संवेदनग्रन्थि यदि लम्बी कर दी जाए तो इसके और उसके संवेदनविधान बिलकुल एक से हो जाएँ। इससे सिद्ध होता है कि दोनों एक ही पूर्वज जन्तु से निकले हैं।

अब हम मछलियों को लेते हैं जो रीढ़वाले जन्तुओं में सबसे सादे ढाँचे की समझी जाती हैं। इनमें जो आदिम कोटि की होती हैं जैसे शार्क आदि, उनके भीतर कड़ी हड्डियाँ नहीं होतीं। नरम हड्डी की रीढ़ होती है और पीठ पर ढालदार खोलड़ी होती है जिस पर चौखूँटे उभरे हुए खाने कटे होते हैं। और मछलियों के भीतर कड़ी हड्डियों का ढाँचा होता है। मछलियों को साँस लेने के लिए फुप्फुस या फेफड़ा नहीं होता, वे गलफड़ों से साँस लेती हैं। मछलियों से ही विकास परम्परानुसार क्रमशः मेढक आदि जलस्थलचारी जन्तु उत्पन्न हुए हैं। जिस प्रकार बिना रीढ़वाले जन्तुओं और रीढ़वाले जन्तुओं के बीच के जन्तुओं के कुछ नमूने अब तक पाए जाते हैं, उसी प्रकार जलचर मत्स्यों और जलस्थलचारी जन्तुओं के मध्यवर्ती जन्तु भी अब तक मिलते हैं। मछलियों का एक भेद होता है जो उभयश्वासी कहलाता है। उभयश्वासी मछलियों को साँस लेने के लिए गलफड़े भी होते हैं और एक हवा की थैली भी जो फेफड़े का काम देती है। इससे ये मछलियाँ पानी में भी साँस ले सकती हैं अर्थात् जल में मिली हुई अम्लजन वा

प्राणदवायु ग्रहण कर सकती हैं और पानी के बाहर जमीन पर भी। ऐसी दो मछलियाँ पाई गई हैं–एक दक्षिण अमेरिका में और एक आस्ट्रेलिया में। इन दोनों के पैर नहीं होते, पैरों के स्थान पर चार लम्बे-लम्बे अंकुर से होते हैं जिन्हें पैरों का पूर्वरूप समझना चाहिए। ये जमीन पर बहुत देर तक रहकर साँस ले सकती हैं। हिन्दुस्तान की बाँग मछली भी बहुत देर तक पानी के बाहर रह सकती है।

इस प्रकार जलचारी और स्थलचारी जन्तुओं के मध्यवर्ती उभयचारी जन्तुओं तक हम पहुँचते हैं जिनमें सबसे अधिक ध्यान देने योग्य है मेढक। अंडे से फूटने पर मेढक का डिम्भकीट मछली के रूप में आता है, जल ही में रहता है, गलफड़े से साँस लेता है और घास-पात खाता है। उसके लम्बी पूँछ होती है, पैर नहीं होते। फिर धीरे-धीरे कायाकल्प करता हुआ वह उभयचारी जन्तु का रूप प्राप्त करता है और जालीदार पंजों से युक्त पैरवाला, फेफड़े से साँस लेनेवाला, कीड़े-फतिंगे खानेवाला मेढक हो जाता है। उन्नत कोटि के समस्त रीढ़वाले प्राणी फेफड़े से साँस लेते हैं जो, जैसा ऊपर दिखाया गया है, गलफड़ों का ही क्रमशः समुन्नत रूप है।

उभयचारी जन्तुओं से ही विकासपरम्परा द्वारा सरीसृपों की उत्पत्ति हुई है। इस सरीसृपवर्ग के अन्तर्गत साँप, छिपकली, गिरगिट, मगर, घड़ियाल इत्यादि बहुत से जन्तु हैं। पृथ्वी के एक पूर्वकल्प में इस वर्ग के बड़े-बड़े भीमकाय जन्तु होते थे। तीस-तीस हाथ लम्बी आरेदार छिपकलियाँ होती थीं जो हवा में उड़ती थीं। धीरे-धीरे पृथ्वी पर ऐसे परिवर्तन होते गए थे जो उनकी स्थिति के प्रतिकूल थे। इस प्रकार क्रमशः उनका लोप हो गया। अब भूगर्भ के भीतर उनकी ठटरियाँ कभी-कभी मिल जाती हैं।

पंजेवाले सरीसृपों से पक्षियों की उत्पत्ति हुई। दोनों में ढाँचे की बहुत कुछ समानता अब तक है–जैसे दोनों में रीढ़ के साथ खोपड़ी एक ही जोड़ से जुड़ी होती है; दो जोड़ों के द्वारा नहीं (जैसा कि अधिकांश उभयचरों तथा सब रीढ़वाले जन्तुओं में होता है) और खोपड़ी के साथ जबड़े कुछ हड्डियों में इस प्रकार जुड़े रहते हैं कि वे बहुत अधिक खुल सकते हैं। पर इन समानताओं के होते हुए भी पक्षियों के ऊपरी और भीतरी ढाँचे में बहुत कुछ परिवर्तन दिखाई पड़ते हैं जिनका विधान कई लाख वर्षों के बीच स्थिति के अनुसार क्रमशः होता गया है। सरीसृपों का तीन कोठों का हृदय पक्षियों में आकर चार कोठों का हो गया जिससे शुद्ध ताजा रक्त शरीर में घूमकर लौटे हुए अशुद्ध रक्त से अलग रहने लगा और शरीर में गरमी रहने लगी। सरीसृपों की केंचुल या खोलड़ी और पक्षियों के पर दोनों ऊपरी त्वक् के विकार हैं। इसी प्रकार दूसरे जन्तुओं के बाल, मुख और खुर भी त्वक् से ही उत्पन्न हैं, त्वक् के ही विकार हैं। इन्द्रियाँ भी ऊपरी त्वक् के ही विकार हैं। एक प्रकार के प्राणियों में ही कुछ के ढाँचों में किसके प्रभाव से ऐसी विशेषताएँ उत्पन्न होती गईं कि उनसे नए-नए ढाँचे के जीव उत्पन्न हुए ? इसका सीधा उत्तर यही है कि बाह्य सम्पर्क के प्रभाव से। यह सोचकर आश्चर्य अवश्य होता है कि आदिम क्षुद्र अणुजीवों की सूक्ष्म झिल्ली से विज्ञानमय कोशयुक्त उन्नत प्राणियों की कई परतों की विचित्र त्वचा का प्रादुर्भाव हुआ। पर यह भी समझना चाहिए कि यह बात

दो-चार दिनों में तो हुई नहीं, कई लाख वर्षों के बीच लगातार प्रभाव पड़ते रहने से शनैः-शनैः हुई है।

विकासक्रम में सरीसृपों से आगे होने के कारण पक्षियों का मस्तिष्क बड़ा होता है। उनमें बुद्धि का विकास सरीसृपी से कहीं अधिक देखा जाता है। उनमें दृष्टि का विस्तार मनुष्यों से कहीं अधिक होता है। स्मरणशक्ति भी उनकी मनुष्य से बहुत बढ़-चढ़कर होती है। हजारों कोस समुद्र पार के देशों से होकर एक छोटी सी चिड़िया फिर उसी पेड़ वा झाड़ी पर आ जाती है जिस पर पिछले वर्ष उसने घोंसला बनाया था।

पक्षियों से अब हम स्तन्य वा दूध पिलानेवाले जीवों की ओर आते हैं। आदिम रूप के स्तन्य जन्तु पक्षियों से कई बातों में मिलते-जुलते हैं। एक तो उन्हें दाँत नहीं होते, दूसरे हृदय और आँतों आदि सबके लिए एक ही कोठा होता है। इस प्रकार के जन्तु अब तक दो ही पाए गए हैं और दोनों आस्ट्रेलिया में, एक तो बत्तखघूँस जिसे बत्तख की तरह कड़ी, चौड़ी चोंच होती है और जिसके पंजों की उँगलियों के बीच झिल्लियाँ होती हैं; दूसरा चींटीखोर जो खरहे के इतना बड़ा होता है। ये दोनों जानवर अंडे देते हैं। अंडे से निकलने पर बच्चे माता का दूध पीकर पलते हैं। सरीसृपों, पक्षियों और स्तन्य जीवों के मध्यवर्ती इन जन्तुओं के वर्ग को अंडज स्तन्य वर्ग कहते हैं। इस वर्ग से कुछ उन्नत वर्ग में अजरायुज स्तन्य हुए जिनके दो नमूने अब तक मिलते हैं– आस्ट्रेलिया का कंगारू और ओपोसम। ये यद्यपि पिंडज जन्तु हैं पर इनके बच्चे पूरे बने हुए नहीं पैदा होते और बहुत दिनों तक माता उन्हें अपने पेट में बनी हुई एक थैली में रखती है। बाहर निकलकर डोलते हुए बच्चे किसी प्रकार की आहट पाने पर झट थैली में घुस जाते हैं।

तीसरा वर्ग जरायुजों का है जो सबसे अधिक उन्नत हैं और जिसके अन्तर्गत कुत्ते, बिल्ली, हाथी, घोड़े, बन्दर, मनुष्य आदि हैं। इस वर्ग के जन्तुओं में जरायुज की विशेषता होती है जिसके द्वारा भ्रूण गर्भ में ही बढ़ता और अपने आकार को पूर्ण करता है। इनके बच्चे सब अंगों से युक्त हिलते-डोलते पैदा होते हैं। इन्हीं जरायुजों की एक शाखा किंपुरुष है जिसके अन्तर्गत बन्दर, बनमानुस और मनुष्य हैं। बिना पूँछ के बनमानुसों से मिलते-जुलते पूर्वजों से ही क्रमशः विकास परम्परा द्वारा मनुष्य का प्रादुर्भाव हुआ जो भूमंडल के प्राणियों में सबसे श्रेष्ठ है।

संक्षेप में विकास सिद्धान्त का यही सारांश है जिसे डारविन ने जीवन भर लगातार श्रम करके अनेक प्रमाणों के संग्रह के उपरान्त प्रतिष्ठित किया। डारविन के पीछे अनेक वैज्ञानिकों ने अपने नए-नए अनुसन्धानों द्वारा इस मत को पुष्ट किया। भूगर्भ के भीतर अतीत युगों के जीवों के पंजरों की जो खोज हुई उससे इस सम्बन्ध में बहुत सहायता मिली। एक वर्ग और योनि के जीवों से दूसरे वर्ग और योनि के जीवों का विधान एकबारगी तो हुआ नहीं, क्रमशः लाखों पीढ़ियों में जाकर हुआ है। किसी योनि के कुछ प्राणियों में स्थिति के अनुरूप औरों से कुछ विशेषताएँ उत्पन्न हुईं जो पीढ़ी-दर-पीढ़ी बढ़ती गईं यहाँ तक कि लाखों वर्षों की अखंड परम्परा के उपरान्त उनका कुल ही अलग

हो गया। इससे यह प्रकट है कि किसी एक ढाँचे के जीव से जब कि दूसरे ढाँचे के जीव की उत्पत्ति हुई है तब ऐसे जीव भी अवश्य होने चाहिए जो दोनों के बीच के हों। ऐसे जीव कुछ तो अब तक वर्तमान हैं और कुछ के पंजर भूगर्भ के भीतर पाए गए हैं। विकास सिद्धान्त के पहले लोगों का विश्वास था कि इस समय पृथ्वी पर जितने प्रकार के जीव हैं सबके सब सृष्टि के आदि में एक साथ ही उत्पन्न किए गए। डारविन ने यह दिखाकर कि एक ही प्रकार के आदिम क्षुद्र जीवों से क्रमशः नाना प्रकार के जीवों का विधान होता आया है, स्थिरयोनि सिद्धान्त का पूर्णरूप से खंडन कर दिया।

सूक्ष्मातिसूक्ष्म आदिम अणुजीवों से उत्तरोत्तर उन्नत कोटि के जीवों की उत्पत्ति की जो परम्परा स्थूल रूप से ऊपर दिखाई गई है, उसकी संक्षिप्त उद्धरणी प्रत्येक प्राणी के भ्रूण के वृद्धिक्रम में देखी जाती है। जिस प्रकार सृष्टि के करोड़ों वर्षों के इतिहास में एक रूप के जीव से क्रमशः दूसरे रूप के जीव की उत्पत्ति होती आई है, उसी प्रकार प्रत्येक जीव का भ्रूण गर्भ के भीतर या बाहर एक रूप से दूसरे रूप में तब तक आता रहता है जब तक उसका सारा ढाँचा अपने माता-पिता के अनुरूप नहीं हो जाता। कहने की आवश्यकता नहीं कि किसी जन्तु का भ्रूण समूचा शरीर बनने के पहले जिस क्रम से एक के उपरान्त दूसरा रूप उत्तरोत्तर प्राप्त करता है, वह प्रायः वही क्रम है जिस क्रम से पृथ्वी पर एक ढाँचे के जीव से दूसरे ढाँचे के जीव उत्पन्न हुए हैं। मेढक को लीजिए जो उभयचारी (जलस्थलचारी) जीव है। पहले दिखाया जा चुका है कि जलचर मत्स्यों से क्रमशः उभयचर जन्तुओं की उत्पत्ति हुई है। अंडे से निकलने पर कुछ दिनों तक मेढक के बच्चे मछली के रूप में रहते हैं, फिर मेढक के रूप में आते हैं। पिंडवृद्धि का यह विधान मेढक में गर्भ के बाहर होता है इससे हम लोग देख सकते हैं। पर बड़े जीवों में पिंडवृद्धि का सारा विधान गर्भ के भीतर होता है—जिस क्रम से सृष्टि के बीच आदिम एकघटक अणुजीवों से आरम्भ होकर एक ढाँचे के जीव की उत्पत्ति हुई है, उसी क्रम से गर्भस्थ पिंड एक रूप से दूसरा रूप तब तक उत्तरोत्तर प्राप्त करता जाता है जब तक वह उस जन्तु का पूरा आकार प्राप्त नहीं कर लेता जिसका वह भ्रूण होता है। गर्भपरीक्षा द्वारा यह बात देखी जा सकती है।

ऊपर कहा जा चुका है कि एकघटक अणुजीवों से बहुघटक जीवों की उत्पत्ति हुई। पहले अत्यन्त क्षुद्र कोटि के जीवों में सब घटक सब प्रकार के कर्म और संवेदन व्यापार करते थे। पर क्रमशः कार्यविभाग द्वारा घटकों में विभिन्नता आती गई। कुछ घटक एक प्रकार के व्यापार करने लगे और कुछ दूसरे प्रकार के। इस प्रकार उनके ढाँचे भी एक-दूसरे से भिन्न हुए। आँख के घटक, कान के घटक, नाक के घटक, नाड़ियों के घटक, आँतों के घटक, संवेदनसूत्रों के घटक, मस्तिष्क के घटक भिन्न-भिन्न प्रकार के होते हैं। स्पंज आदि अत्यन्त क्षुद्र कोटि के जीवों में स्त्री घटक और पुरुष घटक एक ही प्राणी के शरीर में होते हैं। आगे चलकर जो उनसे उन्नत कोटि के जीव हुए उनमें नर और मादा अलग-अलग हुए। नर में पुरुष घटक और मादा में स्त्री घटक रहते हैं। पुरुष के शुक्रकीटाणु और स्त्री के रजःकीटाणु इसी प्रकार के घटक हैं। शुक्रकीटाणु

अत्यन्त सूक्ष्म होते हैं। एक बूँद वीर्य में लाखों होते हैं। ये पुछल्लेदार होते हैं। रजःकीटाणु इनसे बड़े होते हैं अर्थात् एक इंच के 125वें भाग के बराबर होते हैं। समुद्र में पाए जानेवाले पुछल्लेदार अणुजीवों का पहले वर्णन हो चुका है जो तरुणावस्था प्राप्त होने पर दो भिन्न प्रकार के पिंडों में विभक्त हो जाते हैं, एक पुरुष कीटाणुचक्र और दूसरा गर्भांड। पुरुष कीटाणुचक्र का प्रत्येक पुछल्लेदार कीट मनुष्य, कुत्ते, बिल्ली आदि के शुक्रकीटाणु से मिलता-जुलता होता है। गर्भांड जल में छूटकर उसी प्रकार अचल रहता है जिस प्रकार प्राणियों के गर्भ के भीतर का रजःकीट या गर्भांड। जल के भीतर किस प्रकार के कीटाणुचक्र के कीट और गर्भांड का संयोग होता है यह पहले दिखाया जा चुका है। बहुत से कीट जल में अपने पुछल्लों को लहराते हुए गर्भांड को जा घेरते हैं जिनमें से कोई एक गर्भांड के भीतर प्रवेश कर जाता है। यही गर्भांड का गर्भित होना कहा जाता है।

जैसा संयोग उक्त अणुजीवों में बाहर होता है ठीक वैसा ही मनुष्य आदि प्राणियों में गर्भाशय के भीतर होता है। मनुष्य के ही गर्भ को लीजिए। गर्भाशय के भीतर जब शुक्रकीटाणु गर्भांड में प्रवेश कर जाता है तब दोनों मिलकर एक घटक हो जाते हैं जिसे अंकुरघटक कहते हैं। यह कललरसपूर्ण एक सूक्ष्म कणिका मात्र; एक इंच के 125वें भाग के बराबर होता है। एकघटक अणुजीवों के समान इसकी वृद्धि भी विभाग द्वारा उत्तरोत्तर होती है। कुछ काल तक तो सब घटक एक गुच्छे के रूप में होते हैं, फिर सब बाहरी सतह पर आकर एक झिल्ली के रूप में मिल जाते हैं और भीतर खाली जगह पड़ जाती है। इस प्रकार एक झिल्ली का खोखला गोला-सा बन जाता है। थोड़े ही दिनों में इस गोले की झिल्ली एक ओर से पिचककर धँसने लगती है जिससे दोहरी झिल्ली का एक कटोरा सा बन जाता है। इसको 'द्विकल घट' कहते हैं जिससे क्रमशः सब अंगों और अवयवों का विधान होता है। बाहरी कला या झिल्ली से ऊपर त्वक् की और संवेदनसूत्रों से संघटित मनोविज्ञानमय कोश की रचना होती है और भीतरी झिल्ली से अन्त्रावलि आदि का प्रादुर्भाव होता है। द्विकलघट के भीतर के खाली स्थान को पेट का आदिम रूप समझना चाहिए और उसके सादे छिद्र को मुँह का। हैकल ने सूचित किया कि यही द्विकलघट सब बहुघटक प्राणियों का आदिम रूप है। इसी से विकास परम्परानुसार सब बहुघटक प्राणियों की उत्पत्ति हुई है। उन्होंने स्पंज आदि अब तक पाए जानेवाले द्विकलात्मक सादे जीवों की ओर ध्यान दिलाकर अपने कथन की पुष्टि की।

इस पृथ्वी पर सादे द्विकलघट जीवों से क्रमशः एक-दूसरे के उपरान्त जिन-जिन ढाँचों के जीव मनुष्य तक आनेवाली उत्पत्ति परम्परा में उत्पन्न हुए हैं उन ढाँचों को गर्भ के भीतर गर्भपिंड उत्तरोत्तर प्राप्त करता हुआ मनुष्य के रूप में आता है। मनुष्य रीढ़वाला जन्तु है और रीढ़वाले जन्तुओं में सबसे आदिम और क्षुद्र कोटि की मछलियाँ हैं। अस्तु, और रीढ़वाले जन्तुओं के समान मनुष्य का विकास भी जलचर पूर्वजों से क्रमशः हुआ है। इसी से आरम्भ में मनुष्य के मूलपिंड में भी जलचरों के समान गलफड़े होते हैं जो आगे चलकर गायब हो जाते हैं। हृदय भी पहले पहल सुकड़ने-फैलनेवाला एक सादा

कोठा मात्र होता है जैसा कि क्षुद्र कीटों का होता है। पीठ की रीढ़ पूँछ के रूप में दूर तक बढ़ी होती है। आगे चलकर जब हाथ-पैर का ढाँचा तैयार होता है तब पहले पैर का अँगूठा लम्बा होता है और हाथ के अँगूठे के समान इधर-उधर सब उँगलियों पर उसी प्रकार जा सकता है जिस प्रकार बन्दरों और बनमानुसों का। प्रसव के दो-तीन महीने पहले हथेलियों और तलवों को छोड़ सारे शरीर में रोएँ रहते हैं। गर्भ से बाहर आने पर भी बच्चे का सिर और अंगों के हिसाब से कुछ बड़ा होता है और हाथ भी कुछ लम्बे होते हैं। नाक में बाँसा (बीचोबीचवाली ऊपर की हड्डी) न होने के कारण वह चिपटी होती है। ये सब लक्षण बनमानुसों के हैं। एक ढाँचे के जीव से दूसरे ढाँचे के जीव उत्पन्न होने की करोड़ों वर्ष की परम्परा की उद्धरणी नौ महीनों के भीतर इस प्रकार संक्षेप में हो जाती है। गर्भविधान में किसी एक अवस्था में पहुँचे हुए पिंड सब जीवों के समान होते हैं। यदि हम मनुष्य, कुत्ते और कछुवे के दो महीने के पिंड को लेकर देखें तो उनमें कुछ भी अन्तर न पावेंगे, उनका ढाँचा एक ही होगा।

विकासनियम की चरितार्थता पहले सजीव सृष्टि (जन्तु और वनस्पति) में ही दिखाई गई। फिर वैज्ञानिकों ने उसे लेकर सम्पूर्ण जगद्विधान पर घटाया और नाना रूपों के पदार्थों को एक ही मूलरूप के द्रव्य से उत्तरोत्तर उत्पन्न सिद्ध किया। इस प्रकार विकास एक विश्वव्यापक नियम माना जाता है। नाना मतों और सम्प्रदायों की पौराणिक सृष्टिकथाओं का इस सिद्धान्त से सर्वथा विरोध है। वे इस विकासवाद के अनुसार असंगत ठहरती हैं; क्योंकि वे सम्पूर्ण चराचर सृष्टि को एक ही समय में ईश्वर द्वारा उसी प्रकार रचित बतलाती है जिस प्रकार कोई कारीगर नाना प्रकार की वस्तुएँ बनाकर सजाता है।

इसी विकासवाद को लेकर हैकल आदि ने अपने प्रकृतिवाद या अनात्मवाद की प्रतिष्ठा की है जिसका विरोध पौराणिक कथाओं तक ही नहीं रह जाता बल्कि सारे ईश्वरवादी या आत्मवादी दर्शनों तक पहुँचता है। विकाससिद्धान्त को स्वीकार करते हुए भी अधिकांश दर्शन नित्य चेतन तत्त्व मानते हैं और उसकी भावना कई प्रकार से करते हैं। हैकल चैतन्य को द्रव्य का एक परिणाम कहते हैं जिसका विकास जन्तुओं के मस्तिष्क ही में होता है। उनका कहना है कि आत्मा शरीरधर्म के अतिरिक्त और कुछ नहीं। अतः उसे शरीर से पृथक् एक अभौतिक नित्य तत्त्व मानना भूल है। शरीर के साथ ही उसकी भी इतिश्री हो जाती है। अन्तःकरण को अपने व्यापारों का जो बोध होता है वही चेतन है। जिस प्रकार विषयसम्पर्क द्वारा इन्द्रियों और संवेदनसूत्रों में कई प्रकार के क्षोभ होते हैं उसी प्रकार मस्तिष्क में जाकर उनके द्वारा उत्पन्न संचारों का बोध भी होता है। अतः चेतना भी भौतिक अन्तःकरण का ही व्यापार है जो उस करण के नष्ट होने पर नष्ट हो जाता है। विकाससिद्धान्त को लेकर हैकल ने दिखाया है कि अत्यन्त क्षुद्र कोटि के जन्तुओं में, जिनमें संवेदनसूत्रों और मस्तिष्क आदि का पूरा विधान नहीं होता, अन्तःकरणव्यापार चेतना अवस्था को नहीं पहुँचे रहते। उनमें अत्यन्त सादी चाल के संवेदनव्यापार होते हैं जिनके अनुसार उनके शरीर का आकुंचन, प्रसारण और संचालन

आदि होता है पर उनके अन्तःकरण में उस अवयव का विधान न होने के कारण, जिसमें संवेदनव्यापार का प्रतिबिम्ब पड़ता है, उनमें चेतना का अभाव होता है। पर विकास परम्परा में ज्यों-ज्यों हम उन्नत कोटि के प्राणियों की ओर आते हैं त्यों-त्यों उसका उत्तरोत्तर अधिक विधान पाते हैं। अतः चैतन्य कोई नित्य और अपरिच्छिन्न सत्ता नहीं, वह परिणामशील है और उसमें घटती-बढ़ती होती है।

यहाँ पर स्थूल मनोविज्ञानमय कोश का अर्थात् उस शरीरविधान का जिसके द्वारा संवेदना और मनोव्यापार होते हैं, थोड़ा वर्णन आवश्यक है। शरीर का कोई भाग यदि खोला जाता है तो हम देखते हैं कि बहुत से मोटे, महीन तन्तुओं और सूत्रों का घना जाल फैला है। ये तन्तु और सूत्र कई प्रकार के दिखाई देते हैं—कोई लाल, कोई नीले, कोई सफेद। उनमें से लाल और नीले डोरे तो रक्तवाहिनी नलियाँ हैं जो पीली होती हैं। जो ठोस सफेद डोरे दिखाई देते हैं वे ही संवेदनसूत्र हैं। ये बहुत दृढ़ होते हैं। इन्द्रियों पर पड़ा हुआ सम्पर्क प्रभाव इन्हीं से होकर मस्तिष्क में पहुँचता है और संस्कार उत्पन्न करता है तथा उस संस्कार द्वारा उत्पन्न क्षोभ फिर इन्हीं सूत्रों से प्रवाह के रूप में चलकर मांसपेशियों में गति उत्पन्न करता है और अंगों को प्रेरित करता है। इन सूत्रों का मूलकेन्द्र मस्तिष्क और उससे मिला हुआ मेरुरज्जु है जो रीढ़ के बीचोबीच होता हुआ बराबर नीचे की ओर को गया है। यह मेरुरज्जु भेजे और तन्तुओं की बनी हुई मोटी बत्ती की तरह का होता है और कपाल में पहुँचकर मस्तिष्क के लोथड़ों के रूप में फैला रहता है। यही बत्ती (मेरुरज्जु) और लोथड़े (मस्तिष्क) संवेदन के केन्द्र हैं जिनसे संवेदनसूत्र निकलकर अनन्त शाखाओं-प्रशाखाओं में विभक्त होते हुए मोटे महीन डोरों के रूप में शरीर के प्रत्येक भाग में फैले रहते हैं।

रीढ़ की गुरियों की प्रत्येक सन्धि पर मेरुरज्जु के संवेदनसूत्रों के दो-दो जोड़े दो ओर को जाते हैं। रीढ़ के पीछे से जो सूत्र निकलते हैं वे अन्तर्मुख या संवेदनात्मक सूत्र कहलाते हैं। उनसे होकर इन्द्रिय सम्पर्कघटित अणुक्षोभ भीतर केन्द्र वा मस्तिष्क की ओर जाता है और उसमें पहुँचकर संवेदन उत्पन्न करता है। रीढ़ के आगे से जो सूत्र निकले होते हैं वे बहिर्मुख या गतिवाहक सूत्र कहलाते हैं, क्योंकि संवेदनजनित प्रेरणा उन्हीं से होकर मांसपेशियों की ओर आती है और अंगों में गति उत्पन्न करती है। मेरुरज्जु से निकलकर ये दोनों प्रकार के सूत्र ज्यों-ज्यों आगे चलते हैं त्यों-त्यों उत्तरोत्तर अनेक पतली शाखाओं में फैलते जाते हैं, यहाँ तक कि त्वचा में जाकर उनका ऐसा घना जाल फैला होता है कि शरीर के किसी स्थान पर महीन-से-महीन सुई की नोक चुभाई जाए तो भी वह किसी-न-किसी संवेदनसूत्र को अवश्य पीड़ित करेगी। इस प्रकार शरीर का सारा तल तारबर्की के घने जाल द्वारा मस्तिष्क से सम्बद्ध है।

अब मस्तिष्क की बनावट देखिए। मस्तिष्क कई भागों में विभक्त है जिन सबके ठीक-ठीक व्यापारों का पता नहीं लग सकता है। मुख्य विभाग चार हैं—

(1) मज्जादपल—मेरुरज्जु जहाँ से कपाल के भीतर पहुँचता है वहाँ चौड़ा हो गया है। यही अंश मज्जादल है। यहीं से चेहरे की ओर जानेवाले तथा हृदय और

फेफड़े की क्रिया सम्पादित करनेवाले सूत्र निकले होते हैं। इसी से इस पर आघात लगने से मनुष्य नहीं बचता।

(2) मज्जादल से थोड़ा ऊपर चलकर तन्तुओं का एक छोटा लच्छा-सा मिलता है जिसे सेतुबन्ध कहते हैं।

(3) इसी से लगा हुआ बगल में एक छोटा लोथड़ा-सा निकला होता है जिसे छोटा मस्तिष्क कहते हैं। इसका ठीक-ठीक क्या कार्य है इस पर मतभेद है। जहाँ तक जान पड़ता है शरीर की कुछ गतियों का विधान इसके द्वारा होता है। यह तो प्रत्यक्ष देखा गया है कि इसे हटाने से पीछे फिरने की शक्ति जाती रहती है, यद्यपि कुछ दिनों में वह फिर हो जाती है।

(4) सब के ऊपर चलकर वह बड़ा लोथड़ा मिलता है जो सारे कपाल में फैला है। यही प्रधान मस्तिष्क है। देखने में यह सफेद और भूरा मिला हुआ मुलायम गूदा सा जान पड़ता है। भूरा अंश सूक्ष्म घटों या घटकों के मेल से बना होता है और सफेद अंश सूक्ष्म तन्तुओं के मेल से। छोटी-बड़ी बहुत सी दरारों के कारण मस्तिष्क का तल अखरोट की गिरी की तरह बिलकुल खुरदुरा होता है। सबसे बड़ी दरार लोथड़े के बीचोबीच से जाकर उसे दाहिने और बाएँ दो भागों में विभक्त करती है। इसके अतिरिक्त और बहुत सी दरारें होती हैं। इस बड़े मस्तिष्क के ऊपरी तल पर जो संवेदनसूत्रगत घटक होते हैं वे स्मृति और धारणा के करण प्रतीत होते हैं जो संवेदनसूत्रों द्वारा प्राप्त संस्कारों को धारण और पुनरुद्भूत करते हैं।

मनुष्य का मस्तिष्क जन्तुओं के मस्तिष्क की अपेक्षा बहुत अधिक खुरदुरा होता है, उसमें उभार अधिक होते हैं। निम्न कोटि के जन्तुओं का मस्तिष्क प्रायः समतल होता है। सारा मस्तिष्कपिंड रक्तवाहिनी नाड़ियों के घने जाल से गुछा रहता है इससे तोल में शेष शरीर के चालीसवें भाग के बराबर होने पर भी वह प्रवाहित रक्त का पंचमांश ग्रहण करता है। प्रायः सब लोग जानते हैं कि मानसिक श्रम में कितनी शिथिलता आती है और ताजा रक्त पहुँचने की कितनी आवश्यकता होती है। निद्रा की अवस्था में रक्त मस्तिष्क से नीचे उतरा रहता है। इससे सूचित होता है कि मस्तिष्क के व्यापार में शरीरशक्ति का व्यय होता है।

मस्तिष्क के मूल से संवेदनसूत्रों के दो जोड़े निकलकर दो ओर गए होते हैं। पहला जोड़ा तो घ्राणेन्द्रिय की ओर जाता है और दूसरा जोड़ा थोड़ा और नीचे से निकलकर चक्षुरिन्द्रिय की ओर जाता है। चेहरे की ओर जानेवाले और बाकी संवेदनसूत्र मज्जादल से निकले हुए होते हैं। उनमें से पाँचवाँ जोड़ा चेहरे की त्वचा तथा जीभ और जबड़ों की गतिविधि का सम्पादन करता है। आठवाँ जोड़ा श्रवणेन्द्रिय से मिला रहता है और नवाँ रसनेन्द्रिय से। इनके अतिरिक्त जो संवेदनसूत्र और नीचे से अर्थात् रीढ़ के भीतर गए हुए मेरुरज्जु से निकले होते हैं वे स्पर्शसंवेदनात्मक और गत्यात्मक सूत्र हैं जो शरीर के सब भागों में जाकर फैले होते हैं।

बाह्य विषयों को भिन्न-भिन्न रूपों से ग्रहण करने के लिए यह आवश्यक है कि भिन्न-भिन्न इन्द्रियों तक आए हुए संवेदनसूत्रों के छोरों की रचना और व्यवस्था भिन्न-भिन्न प्रकार की हो। नेत्रगत संवेदनसूत्रों के सिरे प्रकाश ग्रहण करने के उपयुक्त हैं, श्रवण के वायुतरंग ग्रहण करने के, त्वक् के स्पर्श ग्रहण करने के, इसी प्रकार और भी समझिए। पर अभी तक शरीर विज्ञानियों का इस विषय में एक मत नहीं हुआ है कि विशेष विषयों के ग्रहण के लिए संवेदनसूत्रों में क्या-क्या विशेषताएँ कहाँ तक होनी चाहिए।

ऊपर जिस अन्तःकरण या मनोव्यापारयन्त्र का वर्णन हुआ है वह मनुष्य आदि उन्नत प्राणियों का है। विषयसम्पर्क होने से अंगों में गति इस प्रकार होती है। नेत्र, त्वक्, रसन आदि इन्द्रियों अर्थात् अन्तर्मुख संवेदनसूत्रों के विशेष प्राप्यकारी छोरों पर विषयसम्पर्क होते ही एक प्रकार का विकार या संस्कार उत्पन्न होता है जो गतिप्रवाह के रूप में मस्तिष्क में पहुँचता है। उसके वहाँ पहुँचते ही संवेदना जाग्रत होती है। इस संवेदना के कारण प्रेरणा उत्पन्न होती है जो गतिवाहक सूत्रों द्वारा बाहर की ओर पलटकर किसी अंग को हिलाती है। यदि किसी का पैर अचानक मेरे पैर के ऊपर पड़ जाए तो मैं अपना पैर बिना इच्छा या संकल्प के भी झट हटा लूँगा।

सम्पर्क पाकर अंगों में गति उत्पन्न होने के लिए चेतना की आवश्यकता नहीं। अणुजीवों तथा और क्षुद्र कोटि के जीवों में मस्तिष्क और संवेदनसूत्रों का विधान नहीं होता। अणुजीव तो कललरस की सूक्ष्म कणिका मात्र होते हैं। पर वे भी छू जाने पर सुकड़ते या हटते हैं। उनकी यह क्रिया चेतन नहीं, प्रतिक्रिया मात्र है। क्षुद्र जीवों के शरीर पर बाहरी सम्पर्क या उत्तेजन से उत्पन्न क्षोभ गतिवाहक के रूप में कललरस के अणुओं द्वारा भीतर केन्द्र में पहुँचता है, और वहाँ से प्रेरणा के रूप में बाहर की ओर पलटकर शरीर में गति उत्पन्न करता है। वस्तुसम्पर्क के प्रति यह एक प्रकार की अचेतन क्रिया है जो ज्ञानकृत या इच्छाकृत नहीं होती, केवल कललरस के भौतिक और रासायनिक गुणों के अनुसार होती है, जैसे, छूने से लजालू की पत्तियों का सिमटना, क्षुद्र कीटों का अंग मोड़ना या हटना इत्यादि। चेतनाविशिष्ट पूर्ण अन्तःकरण से युक्त मनुष्य आदि बड़े जीवों में भी यह अचेतन प्रतिक्रिया होती है। उनमें विषयसम्पर्कजनित इन्द्रियसंस्कार अन्तर्मुख संवेदनसूत्रों द्वारा भीतर की ओर जाता है पर मस्तिष्क तक नहीं पहुँचता, बीच ही से मेरुरज्जु या और किसी स्थान से बहिर्मुख गत्यात्मक सूत्रों द्वारा पलट पड़ता है और अंग विशेष में गति उत्पन्न करता है। जैसे, आँख के पास किसी वस्तु के आते ही पलकें आप-से-आप बिना इच्छा या संकल्प के गिर पड़ती हैं। यह अकसर देखा गया है कि आदमी का मेरुरज्जु टूट गया है और शरीर के निचले भाग में चेतना-वेदना नहीं रह गई है पर तलवे को सहलाने से पैर सिमटता रहा है।

यही अचेतन प्रतिक्रिया सबसे आदिम और सादा संवेदन है जो कललरस की वृत्ति है और सूक्ष्म-से-सूक्ष्म अणुजीवों से लेकर बड़े-से-बड़े जीवों तक में पाई जाती है। यह संवेदन और गति ज्ञान वा चेतना पर अवलम्बित नहीं। प्राणिमात्र में यह होती है। हैकल

आदि प्राणिविज्ञानविदों का मत है कि प्रतिक्रिया चेतना व्यापार नहीं है—वह ज्ञान और संकल्प द्वारा नहीं होती। अतः क्षुद्र अणुजीवों आदि में जो संवेदन अर्थात् बाह्य विषयों का ग्रहण होता है वह जड़ वा अचेतन है—अर्थात् उसी प्रकार होता है जिस प्रकार निर्जीव पदार्थों में पदार्थ विशेष के संसर्ग से गति या स्फोट होता है, जैसे, बारूद का चिनगारी पाकर भड़कना, लोहे का चुम्बक पाकर उसकी ओर चलना। जिन जीवों में संवेदनसूत्र तो होते हैं पर मस्तिष्क के रूप में केन्द्रीभूत नहीं होते उनमें भी, इन जीवविज्ञानियों के अनुसार, संवेदन निःसंज्ञ या अचेतन दशा में ही होते हैं। चेतना उन जीवों से आरम्भ होती है जिनमें मस्तिष्क या अन्तःकरण की रचना होती है। सारांश यह कि क्षुद्र जीवों में चेतना नहीं होती, आगे चलकर कुछ उन्नत कोटि के जीवों से ही चेतना मिलने लगती है।

उपर्युक्त निरूपणों के आधार पर आधिभौतिक पक्ष के अनात्मवादी तत्त्ववेत्ता आत्मा की ऐकान्तिक स्वतन्त्र सत्ता अस्वीकार करते हैं। वे चेतना को एक शरीरधर्म मात्र कहते हैं जिसका विकास उसी प्रकार होता है जिस प्रकार और भौतिक गुणों का। शरीर के साथ वह भी बढ़ती, विकृत होती और अन्त में नष्ट होती है। आत्मा भूतों से परे कोई नित्य और अपरिच्छिन्न सत्ता नहीं, वह मस्तिष्क की ही वृत्ति है। मस्तिष्क के बिना चेतन व्यापार असम्भव है। अनात्मवादी भूतों से परे आत्मा की सत्ता का अस्तित्व 'गतिशक्ति की अक्षरता' और 'द्रव्य की अविचलता' के सिद्धान्त द्वारा असिद्ध कहते हैं। गतिशक्ति की अक्षरता का सिद्धान्त, जैसा कि पहले कहा जा चुका है, यह है कि गतिशक्ति जितनी है उतनी ही रहती है, परिणाम द्वारा वह घट-बढ़ नहीं सकती। यदि भौतिक शरीर जो व्यापार करता है उससे चेतना को भिन्न मानें तो इसका मतलब यह है कि संवेदनसूत्रों के क्षोभ के रूप में जो भौतिक क्रिया होती है वह अभौतिक चेतन क्रिया के रूप में परिवर्तित हो जाती है,[1] अर्थात् उतनी गतिशक्ति नहीं रह जाती, उसका क्षय हो जाता है। यह बात भौतिक विज्ञान से असिद्ध है। द्रव्य की अविचलता का सिद्धान्त यह है कि कोई द्रव्यखंड जब तक भौतिक गतिशक्ति द्वारा अवरुद्ध या विचलित न होगा तब तक या तो एक सीध में बराबर चला चलेगा या अचल रहेगा। जितने भौतिक व्यापार होते हैं सब दिग्बद्ध होते हैं, दिक् ही में उनकी अभिव्यक्ति होती है। इन व्यापारों को दिक् से अनवच्छिन्न किसी सत्ता द्वारा प्रेरित या उत्पन्न नहीं मान सकते। अतः न तो शरीर को ही चलानेवाली कोई अभौतिक सत्ता है, न जगत् को। व्यापारों के प्रेरक या उत्पादक भौतिक व्यापार ही हो सकते हैं, यह विज्ञान का एक अखंड सिद्धान्त है। इन सब प्रमाणों से सिद्ध है कि चेतनाशक्ति भी एक भौतिक शक्ति है। संवेदनसूत्रों और मस्तिष्क के व्यापारों के हिसाब से ही चेतना के व्यापारों का होना इस बात को प्रत्यक्ष प्रकट करता है।

---

1. यह बात में ध्यान रखनी चाहिए कि विज्ञान में केवल समवायि कारण ही माना जाता है, निमित्त नहीं। जैसे, यदि किसी स्थिर गोले को हमने हाथ के धक्के से चला दिया तो इस गति के कारण की मीमांसा इसी प्रकार होगी कि हाथ की गतिशक्ति जाकर गोले की गतिशक्ति के रूप में परिणत हो गई। जितने व्यापार सृष्टि में होते हैं सबका कारणनिरूपण विज्ञान इसी प्रकार करेगा।

आत्मसत्तावादी इन बातों का इस प्रकार उत्तर देते हैं। पहली बात तो यह कि शक्ति की अक्षरता का जो सिद्धान्त है उसकी पहुँच वहीं तक समझनी चाहिए जहाँ तक मनुष्य परीक्षा कर सका है। दूसरी बात यह कि आत्मसत्ता संकल्प द्वारा भौतिक शरीर में संचित गतिशक्ति की मात्रा में वृद्धि या न्यूनता नहीं करती, केवल निमित्तरूप से यह भर निश्चय कर देती है कि वह कौन-सा रूप धारण करे, किस ओर प्रवृत्त हो। शक्ति का वेग या मात्रा और बात है और किसी विशेष ओर को उसकी प्रवृत्ति और बात। गति और विधि में जो भेद है उसे समझ लेना चाहिए। आत्मा केवल विधि का निर्णय करती है, गति की न वृद्धि करती है, न क्षय। अपने अंगों को जिस ओर जितनी बार चाहें हम बिना किसी भौतिक कारण के केवल आत्मसंकल्प द्वारा हिला सकते हैं। इससे सिद्ध है कि आत्मसत्ता भूतों से परे और स्वतन्त्र है। कोई अभौतिक सत्ता भौतिक गतिविधि पर कोई प्रभाव नहीं डाल सकती, इसके प्रमाण में जो 'द्रव्य की अविचलता' का सिद्धान्त उपस्थित किया जाता है, आत्मवादी उसके प्रतिवाद में गणितज्ञों का गतिशास्त्र सम्बन्धी यह निरूपण पेश करते हैं—'कोई द्रव्यखंड जिस दिशा को जा रहा है उस पर जिस शक्ति का पथ समकोण बनाता हुआ होगा वह शक्ति उस द्रव्यखंड का पथ बिना गतिशक्ति के व्यय या वृद्धि के बदल सकती है।' इसी रूप से आत्मसत्ता भी चलते द्रव्य की दिशा में, बिना उसकी शक्ति की वृद्धि या ह्रास किए, फेरफार कर सकती है। इस प्रकार आत्मस्वातन्त्र्य के सम्बन्ध में आधिभौतिक पक्ष की जो शंकाएँ हैं उनका समाधान हो सकता है।

ह्यूम आदि कुछ दार्शनिकों ने बौद्धों के समान क्षणिक ज्ञान को ही आत्मा या मन कहा। क्षण-क्षण पर बदलनेवाले ज्ञानों अथवा विज्ञानों से भिन्न उनका अधिष्ठान रूप कोई स्थिर या एक ज्ञाता नहीं है। भिन्न-भिन्न ज्ञानों के बीच एक स्थिर 'अहम्' का जो भान होता है वह एक आरोप मात्र है क्योंकि उसकी उत्पत्ति किसी इन्द्रियज ज्ञान या संस्कार से नहीं है। मन या आत्मा क्षणिक चेतन अवस्थाओं की परम्परा का ही नाम है। इस मत में मिल आदि तत्त्वज्ञों को यह अनिवार्य बाधा दिखाई दी कि संस्कारों की परम्परा को अपने परम्परा होने का बोध क्योंकर होता है। प्रो. जेम्स ने भी अपने मनोविज्ञान में कहा है कि प्रत्येक क्षण में आया हुआ भाव या ज्ञान ही भावुक या ज्ञाता है। एक क्षण का अहंभाव विगत क्षण के अहंभाव से भिन्न होता है, पर भिन्न होने पर भी उसका उत्तराधिकारी या संग्राहक होता है। वह पिछले क्षण का भाव भी अपने से पूर्ववर्ती भाव का संग्राहक था, अतः उसके संग्रह के साथ उससे पिछले भाव का भी संग्रह समझ लेना चाहिए। कहने की आवश्यकता नहीं कि यह सब चक्कर सम्बन्धसूत्र के अभाव की पूर्ति के लिए काटना पड़ा है। विकासवाद की पद्धति के अनुसार आजकल मनोविज्ञान के अधिकतर ग्रन्थ मनोव्यापारों के क्रमविधान की ही मीमांसा करते हैं, सत्ता के विचार में प्रवृत्त नहीं होते। ये व्यापार किसके हैं, शरीर से अलग कोई आत्मसत्ता है या नहीं, इन बातों को वे अपने विषय—जिसे वे शुद्ध विज्ञान की एक शाखा मानते हैं, से अलग सत्तादर्शन या परा विद्या का विषय बतलाते हैं। यहाँ तक कि मनोविज्ञान के बहुत से ग्रन्थों में अब आत्मा शब्द भूलकर भी नहीं आने पाता, जहाँ तक हो सकता है बचाया जाता है।

सब ज्ञानों का ज्ञाता कोई एक है जो क्षण-क्षण पर उदय होनेवाले नाना ज्ञानों के बीच भी सदा वही रहता है, इस बात के विरुद्ध प्रमाण में वह विलक्षण मानसिक रोग भी उपस्थित किया जाता है जिसे 'दोहरी चेतना' या 'छाया' कहते हैं। इसमें एक व्यक्ति कभी-कभी बिलकुल दूसरे व्यक्ति का सा आचरण करने लगता है, उसका व्यक्तित्व एकदम बदल जाता है। किसी देवता या भूत-प्रेत का सिर पर आना इसी प्रकार का रोग है। इस रोग के कई विलक्षण दृष्टान्त योरप में भी देखे गए हैं। फेलिडा नाम की एक लड़की सन् 1848 में पैदा हुई। 14 वर्ष तक तो उसकी दशा ठीक रही। सन् 1865 में वह एक दिन एकबारगी बेहोश हो गई। कुछ देर में जब उसे होश हुआ तब उसकी प्रकृति एकदम बदली हुई पाई गई। पहले वह चुप्पी, हठी, शान्त तथा मन्द बुद्धि और चेष्टा की थी, पर बेहोशी के पीछे वह हँसमुख, चंचल और तीव्र बुद्धि की हो गई। इस दूसरी अवस्था में उसे अपनी पहली अवस्था की सब बातों का स्मरण था और देखने में वह सब प्रकार भली-चंगी थी। कुछ महीनों पीछे बेहोशी का दूसरा दौरा हुआ और वह फिर अपनी पहली अवस्था को प्राप्त हो गई। इस अवस्था में उसे अपनी दूसरी अवस्था की बातों का कुछ भी स्मरण नहीं था। जब तक वह रही बारी-बारी से ये दोनों अवस्थाएँ उसकी होती रहीं। अतः यह कहा जा सकता है कि उसकी दो अलग-अलग चेतनाएँ या आत्माएँ थीं। इसी सम्बन्ध में वे व्यापार भी ध्यान देने योग्य हैं जिन्हें 'प्रतिक्रिया' और 'गौण चेतना' कहते हैं। सोने में यह प्रायः देखा जाता है कि छूने से पैर हट जाता है, यद्यपि इस व्यापार का कुछ भी ज्ञान नहीं होता। जब ध्यान किसी दूसरी ओर लगा रहता है तब सब इन्द्रियाँ खुली रहने पर भी हमें कभी-कभी शब्द, स्पर्श, दृश्य का ज्ञान नहीं रहता। कोई बैठा लिख रहा है। बाहर जो शब्द हो रहा है, उँगलियों से जो वह कलम पकड़े हुए है, उसका उसे कुछ भी ज्ञान नहीं है। जब मैं जानबूझकर ध्यान ले जाऊँगा तभी उन बातों का ज्ञान होगा। एक ओर जोर-जोर से पढ़ते जाना और दूसरी ओर अर्थ भी ग्रहण करते जाना, बाजे पर उँगली रख-रखकर बजाते भी जाना और गाते भी जाना, विभक्त चेतना के व्यापार हैं। इस प्रकार के युगपद् मनोव्यापार यह सूचित करते हैं कि चेतना की प्रधान धारा से अलग होकर गौण धारा भी चलती है। अतः चेतना के एक अखंड, निर्विकार, सदा एकरस आत्मा होने का प्रमाण नहीं मिलता।[1]

---

1. मस्तिष्क के विवरण में दिखाया जा चुका है कि सम्पर्क पाकर अंग को हटाना, किसी वस्तु को पकड़ना आदि व्यापार बड़े जीवों में मस्तिष्क और संवेदनसूत्रों की क्रिया से होते हैं। संवेदनसूत्रों द्वारा जब स्पन्दन मस्तिष्क में पहुँचता है तब गतिवाहक सूत्रों में स्पन्दन होता है जो अंगविशेष में पहुँचकर उसे हिलाता है। यदि अंगव्यापार चेतन संकल्प द्वारा उत्पन्न नहीं है तो प्रतिक्रिया मात्र है, शुद्ध अन्तःकरण (मस्तिष्क केन्द्र) का व्यापार नहीं। हमारे यहाँ के दार्शनिक इसे मन का व्यापार न कहेंगे, इन्द्रियों का स्थूल व्यापार कहेंगे। इन्द्रियाँ मन से सम्बद्ध होकर जो व्यापार करेंगी उसी को वे मनोव्यापार के अन्तर्गत लेंगे। मन के एकत्व का प्रतिपादन करते हुए नैयायिक मन के युगपद् व्यापार असम्भव कहते हैं। उनका कहना है कि एक क्षण में ही ज्ञान होता है। अतः बाजा बजाते हुए गाने में जो एक साथ दो-दो मनोयोग कहे गए हैं उनके बीच वे सूक्ष्म कालान्तर की कल्पना करेंगे।

आत्मवादी कहते हैं कि यदि मन केवल चेतन अवस्थाओं की परम्परा मात्र होता, यदि क्षणिक ज्ञानों का ही नाम मन होता तो विचार, तर्क, आत्मनिरीक्षण आदि असम्भव होते। तर्क के लिए यह आवश्यक है कि भिन्न-भिन्न अवयवों को व्यवस्थित करनेवाली कोई एक सत्ता हो। ज्ञानकृत पुनरुद्‌भावना और स्मृति के लिए पूर्व प्रत्ययों के साथ वर्तमान प्रत्ययों का मिलान करनेवाला कोई एक स्थिर द्रष्टा चाहिए। इस समय मैं यह सोच रहा हूँ कि मैं कल घूमने गया था, पारसाल प्रयाग में था, इत्यादि। इसका मतलब यही है कि कल घूमने और पारसाल प्रयाग में रहने का अनुभव करनेवाला वही था जो इस समय सोच रहा है। यदि मन और आत्मा क्षणिक ज्ञानों का ही नाम होता तो यह असम्भव होता।[1] यदि आधिभौतिक पक्ष के लोग यह कहें कि स्थूल भौतिक मस्तिष्क ही अधिष्ठान रूप में इन भिन्न-भिन्न ज्ञानों का समाहार करनेवाला है तो यह भी ठीक नहीं, क्योंकि शरीरविज्ञानी कहते हैं कि और-और घटकों के समान मस्तिष्क के घटक भी अपनी उत्पत्तिपरम्परा के अनुसार अल्पकाल में ही बदल जाते हैं। इससे सिद्ध है कि कोई एक परिणामरहित सत्ता है जो सब अवस्थाओं में एकरूप बनी रहती है। चेतना की यह एकता ही चेतन सत्ता की एकता का प्रमाण है। आत्मा एक वस्तु या सत्ता है, द्रव्यगुण या वृत्तिमात्र नहीं है यह बात तो सिद्ध हुई। अब यह सत्ता अभौतिक है–भूतों से परे है–इसके प्रमाण में आत्मवादी जो कहते हैं वह भी थोड़े में सुन लीजिए।

विकाससिद्धान्त पर लक्ष्य रखनेवाले मनोविज्ञानी कहते हैं कि इन्द्रियज ज्ञान या संवेदन ही मूल उपादान हैं जिनके पुनरुद्‌भावन, समाहार और मिश्रण द्वारा जाति या सामान्य, जैसे, गोत्व, पशु आदि की भावना, विचार, तर्क, संकल्प-विकल्प आदि की योजना होती है। आत्मवादियों का कहना है कि ये उन्नत वृत्तियाँ संवेदनों से सर्वथा भिन्न कोटि की हैं। पहली बात तो यह है कि संवेदन न तो अपने अस्तित्व का आप अनुभव कर सकता है, न पदार्थों के गुणों से जाति की भावना कर सकता है और न

---

1. पाश्चात्य आत्मवादी मनोविज्ञानियों के आत्मसत्ता सम्बन्धी ये प्रमाण वे ही हैं जो न्याय में दिए गए हैं।

दर्शनस्पर्शनाभ्यामेकार्थग्रहणात् 3।1।1

तद्व्यवस्थानादेवात्मसद्‌भावादप्रतिषेधः 3।1।3

सव्यदृष्टस्येतरेण प्रत्यभिज्ञानात् 3।1।7

इसी प्रकार स्मृति का व्यापार भी प्रमाण में लाया गया है–

तदात्मगुण सद्‌भावादप्रतिषेधः 3।1।14

बात यह है कि जिस प्रकार पाश्चात्य ग्रन्थों में मन और आत्मा के व्यापारों में कोई भेद नहीं किया गया है उसी प्रकार न्याय में भी अन्तःकरणविशिष्ट आत्मा का ही विचार हुआ है। सुख, दुःख, इच्छा, द्वेष, प्रयत्न आदि आत्मा के ही व्यापार कहे गए हैं।

पर सांख्य और वेदान्त में शुद्ध आत्मा अकर्ता कहा गया है। उसमें कोई व्यापार नहीं, वह द्रष्टा मात्र है ! व्यापार करता है मन, आत्मा तो केवल उसके व्यापारों का साक्षी या देखनेवाला है। जैसे, मैं कुछ सोच रहा हूँ या स्मरण कर रहा हूँ। यह सोचना या स्मरण करना आत्मा का व्यापार नहीं, आत्मा का तो केवल यह ज्ञान है कि 'मैं यह सोच रहा हूँ' या 'मैं यह स्मरण कर रहा हूँ।' शुद्ध चैतन्य का लक्षण यही है।

दूसरे संवेदनों के साथ अपने सम्बन्ध का बोध कर सकता है। हमारे सामने एक नारंगी रखी है। यों ही हमारी दृष्टि उस पर पड़ रही है और हमें उसके वहाँ रहने भर का ज्ञान है। यहाँ तक तो संवेदन या इन्द्रियज ज्ञान हुआ। अब हम उसकी ओर ध्यान देते हैं–अर्थात् मन या आत्मा को उसकी ओर प्रवृत्त करते हैं। अब हमें उसकी गोलाई की, रंग की और स्वाद की भावना होती है और हम इन गुणों को दूसरे फलों के गुणों से मिलाते हैं।[1] शुद्ध गुणों की यह भावना और उनका मिलान करनेवाला संवेदन से भिन्न कोई दूसरा ही है। दो वस्तुओं अर्थात् उनसे प्राप्त इन्द्रियज संवेदनों को आगे रखकर देखनेवाला उन दोनों संवेदनों से भिन्न होना चाहिए। इसी प्रकार सामान्य और जाति की भावना भी इन्द्रियज ज्ञान से परे है और एक अभौतिक सत्ता का आभास देती है। इन्द्रियों द्वारा जो कुछ हमें ज्ञान होता है वह विशेष का ही। हमें राम, गोपाल आदि विशेष मनुष्यों, हरे, पीले आदि विशेष रंगों, भूखे को अन्नदान आदि विशेष व्यापारों का ही प्रत्यक्ष होता है; मनुष्य, रंग, दया आदि सामान्यों का नहीं जो देशकाल से परे हैं। समस्त भौतिक व्यापार देशकाल के भीतर होते हैं, अतः ये अभौतिक व्यापार हैं। ये व्यापार किसी वस्तु या सत्ता के हैं, अतः वह वस्तु या सत्ता भी भूतों से परे ठहरी। जैसा कि पहले कहा जा चुका है, मनोविज्ञान की ओर से आत्मा के खंडन-मंडन की बात अब नहीं उठती, अब सत्ता का विषय ही उससे अलग कर दिया गया है।

ऊपर जो कुछ कहा गया है उससे इस बात का पता लग सकता है कि विकाससिद्धान्त का प्रभाव कितनी विद्याओं पर पड़ा है और उन्होंने किस प्रकार अपनी व्यवस्था इस सिद्धान्त के अनुकूल की है। जगत् की उत्पत्ति, मनोविज्ञान, कर्तव्यशास्त्र, इतिहास, धर्माधर्म, समाजशास्त्र सबकी व्याख्या विकासपद्धति का अवलम्बन करके की गई है। भाषा की उत्पत्ति का क्रम अनेक जरमन भाषातत्त्वविदों ने अपनी पुस्तकों में दिखाया है। जेगर ने लिखा है कि बनमानुसों से मिलते-जुलते पूर्वजों से उत्पन्न मनुष्य में दो पैरों पर खड़े होने की विशेषता सबसे अधिक हुई जिससे उसे श्वास की क्रिया या प्राणवायु पर पूरा अधिकार हो गया। इसी विशेषता से उसमें वर्णात्मक वाणी की सामर्थ्य आई। आजकल ऐसा कोई ही होगा जो इतिहास लिखने में इस बात का ध्यान न रखता हो कि किसी जाति के बीच ज्ञान, विज्ञान, आचार, सभ्यता इत्यादि का विकास क्रमशः हुआ है। इन सबको पूर्णरूप में लेकर किसी जाति के जीवन का आरम्भ नहीं हुआ है। इसी प्रकार आधुनिक मनोविज्ञान के ग्रन्थ शुद्ध बुद्ध पूर्ण चेतन आत्मा को लेकर नहीं चलते। जो पशुओं की चेतनप्रवृत्ति से आरम्भ नहीं भी करते वे भी इन्द्रियसंवेदन की क्रमशः योजना से आरम्भ करके भावों और विचारों तक पहुँचते हैं। विकास के आधिभौतिक अनुयायियों का कहना है कि जैसे और सब वस्तुओं का वैसे ही मन या मानसिक वृत्तियों का भी संघटन बाह्य जगत् के नियमों के अनुकूल होता है। अन्तर्जगत् या आध्यात्मिक जगत् की भूतों से परे कोई सत्ता नहीं है। विचार और

---

1. न्याय की परिभाषा में 'कोई वस्तु सामने है' इस इतने ज्ञान को निर्विकल्पक और 'वस्तु यह है, ऐसी है, वैसी है' इस ज्ञान को सविकल्पक ज्ञान कहते हैं।

वस्तुव्यापार का जो समन्वय दिखाई पड़ता है वह वस्तुव्यापार के ही प्रतिबिम्ब के कारण। अद्वैत आत्मवादी जरमन दार्शनिक इसका उलटा मानते हैं।

इसी प्रकार धर्माधर्म या कर्तव्यशास्त्र की नींव भी लोकरक्षा और फलतः आत्मरक्षा पर डाली गई है। एक मूल रूप से क्रमशः अनेक रूपों की उत्पत्ति, एक सादे ढाँचे से अनेक जटिल ढाँचों का उत्तरोत्तर विधान, यही विकास का सारांश है। इस सिद्धान्त के अनुसार जिस प्रकार यह असिद्ध है कि मनुष्य ऐसा प्राणी सृष्टि के आदि में ही एकबारगी उत्पन्न हो गया, उसी प्रकार यह भी असिद्ध है कि मनुष्य जाति के बीच धर्म, ज्ञान और सभ्यता आदिम काल में भी उतनी ही या उससे बढ़कर थी जितनी आजकल है। आधुनिक मत यही है कि मनुष्य जाति असभ्य दशा से उन्नति करते-करते सभ्य दशा को प्राप्त हुई है। अत्यन्त प्राचीन लोगों को बहुत अल्प विषयों का ज्ञान था। धीरे-धीरे उस ज्ञान की वृद्धि होती गई है। इसी प्रकार धर्मभाव भी पहले बहुत स्वल्प और सादे रूप में था, पीछे सामाजिक व्यवहारों की वृद्धि के साथ-साथ उसका भी अनेक रूपों में विकास होता गया।

लोकव्यवहार और समाजविकास की दृष्टि से ही धर्म और आचार की व्याख्या की गई है, परलोक और अध्यात्म की दृष्टि से नहीं। दूसरों के प्रति जो आचरण हम करते हैं उसी में अच्छे और बुरे का आरोप हो सकता है। व्यवहारसम्बन्ध से ही क्रमशः सदसद्विवेक बुद्धि उत्पन्न हुई है। व्यवहारसम्बन्ध जीवननिर्वाह के लिए आवश्यक था। परस्पर मिलकर कार्य करने में उन बातों की प्राप्ति अधिक सुगम प्रतीत हुई जिनसे सबको समान लाभ था। एक ही पूर्वज से उत्पन्न अनेक परिवार इसी समान हित की भावना से प्रेरित होकर कुलबद्ध होकर रहने लगे। एक व्यक्ति के जिस कर्म से सबका जितना हित या अहित होता—अर्थात् सबको जितना सुख या दुःख प्राप्त होता—उसी हिसाब से उस कर्म की स्तुति या निन्दा होती। इस प्रकार 'कुल धर्म' की स्थापना हुई। पहले प्रत्येक कुल को दूसरे कुलों से बहुत लड़ाई-भिड़ाई करनी पड़ती थी अतः आदिम काल में यह धर्म स्वरक्षार्थ ही था। इस धर्म के द्वारा प्रत्येक व्यक्ति को अपनी स्वार्थवृत्ति और इच्छा पर कुछ अंकुश रखना पड़ता था। यदि प्रत्येक मनुष्य मनमाना कार्य करने लगे, दूसरों का कुछ भी ध्यान न रखे, तो धर्मव्यवस्था और उसके आधार पर स्थित समाज व्यवस्था नहीं रह सकती। अतः किसी समाज को बद्ध रखने के लिए यह धर्मव्यवस्था आवश्यक है। चोरों और डाकुओं तक के दल में यह धर्मव्यवस्था पाई जाती है। चोर चाहे दुनिया भर का माल चुराया करें पर अपने दल के भीतर उन्हें धर्मव्यवस्था रखनी पड़ती है। वे यदि आपस में अन्याय और बेईमानी करने लगें तो उनका दल टूट जाए। अतः सिद्ध हुआ कि लोक या समाज को धारण करनेवाला धर्म है। इसी से कहा गया है कि 'धर्मो रक्षति रक्षितः।'

डारविन ने अपने 'मनुष्य की उत्पत्ति' नामक ग्रन्थ में विस्तार के साथ दिखाया है कि साथ रहने से उत्पन्न परस्पर सहानुभूति की स्वाभाविक प्रवृत्ति द्वारा, मनुष्य किस प्रकार दूसरों की प्रसन्नता और साधुवाद की कामना और उस कामना के अनुसार

बहुत से कार्य करने लगा। क्षुधा, इन्द्रियसुख, प्रतिकार इत्यादि की निम्न कोटि की वासनाएँ यद्यपि प्रबल होती थीं, पर तुष्टि के उपरान्त उनका जोर नहीं रह जाता था। किन्तु संग की वासना सदा बनी रहती थी; मनुष्य अकेला रहनेवाला प्राणी नहीं। संग का अर्थ है सहानुभूति अतः सहानुभूति का भाव अधिक स्थायी रहता था। यदि कोई मनुष्य निम्न कोटि की वासनाओं के वशीभूत होकर कोई ऐसा कार्य कर बैठता जिससे दूसरों को अप्रसन्नता होती तो वह शान्त होने पर उसके लिए पश्चात्ताप करता। विकासवाद की व्याख्या के अनुसार धर्म कोई अलौकिक, नित्य और स्वतन्त्र पदार्थ नहीं है। समाज के आश्रम से ही उसका क्रमशः विकास हुआ है। धर्म का कोई ऐसा सामान्य लक्षण नहीं बताया जा सकता जो सर्वत्र और सब काल में–मनुष्य जाति की जब से उत्पत्ति हुई तब से अब तक–बराबर मान्य रहा हो। समाज की ज्यों-ज्यों वृद्धि होती गई त्यों-त्यों धर्म की भावना में भी देशकालानुसार फेरफार होता गया। कोई समय था जब एक कुल दूसरे कुल की स्त्रियों को चुराना या लड़कर छीनना अच्छा समझता था। देवताओं की वेदियों पर नरबलि देने में किसी के रोंगटे खड़े नहीं होते थे। बाइबिल में इसके कई उल्लेख हैं, शुनःशेप की वैदिक गाथा भी एक उदाहरण है। उद्दालक और श्वेतकेतु का आख्यान इस सम्बन्ध में ध्यान देने योग्य है। ये दोनों वैदिक काल के ऋषि थे। एक दिन उद्दालक, उनकी स्त्री और उनके पुत्र श्वेतकेतु बैठे थे। एक आदमी आया और श्वेतकेतु की माता को लेकर चलता हुआ। श्वेतकेतु को बहुत बुरा लगा। पिता ने पुत्र को यह कहकर शान्त किया कि यह सनातन धर्म है–एष धर्मः सनातनः–ऐसा सदा से होता आया है। श्वेतकेतु ने नियम किया कि जो स्त्री एक पति को छोड़कर जाएगी उसे भ्रूणहत्या का पाप होगा और जो पुरुष पतिव्रता को छीनकर ले जाएगा उसे भी पातक लगेगा।

इसी प्रकार दीर्घतमस् ऋषि ने भी अपनी स्त्री के आचरण पर क्रुद्ध होकर शाप दिया था कि 'अब से कोई स्त्री, चाहे उसका पति जीता हो या मर गया हो, दूसरे पुरुष से संसर्ग न कर सकेगी।' स्त्रियों के लिए जो पातिव्रत्य पहले 'दीर्घतमस् का शाप' था वही आगे चलकर एकमात्र धर्म हुआ। इस बात की पुष्टि महाभारत के अन्य स्थलों से भी होती है। आदि पर्व में कुन्ती के प्रति जो उपदेश है उसमें लिखा है कि प्राचीन समय में केवल ऋतुकाल में पातिव्रत्य आवश्यक था–

ऋतावृतौ, राजपुत्रि, स्त्रिया भर्त्ता पतिव्रते।
नातिवर्त्तव्यमित्येवं धर्मं धर्मविदो विदुः॥
शेषेष्वन्येषु कालेषु स्वातन्त्र्यं स्त्री किलार्हति।
धर्ममेवं जनाः सन्तः पुराणां परिचक्षते॥

राक्षसविवाह, नियोग इत्यादि उसी असभ्य काल के स्मारक हैं। तात्पर्य यह कि दूसरे जनपदों को लूटना, दूसरे कुल की स्त्रियों को छीनना, नरवध इत्यादि पहले अधर्म नहीं समझे जाते थे। असभ्य जंगली जातियों में अब तक ये बातें प्रचलित हैं पर सभ्य जातियों के बीच अब ये बहुत बुरी समझी जाती हैं। धर्म का विकास धीरे-धीरे समाज की उन्नति

के साथ हुआ है। अतः विकासवादियों के अनुसार इहलोक या समाज से परे धर्म कोई नित्य और स्वतःप्रमाण पदार्थ नहीं है।

तत्त्वज्ञवर हर्बर्ट स्पेंसर ने विकास सिद्धान्त की जो दार्शनिक स्थापना की है उसमें धर्मतत्त्व की भी विस्तृत मीमांसा है। स्पेंसर ने अणुजीवों से लेकर मनुष्य तक सब प्राणियों का सूक्ष्म निरीक्षण करके अन्त में यही सिद्धान्त स्थिर किया कि 'परस्पर साहाय्य की प्रवृत्ति' धर्म की मूल प्रवृत्ति है जो सजीव सृष्टि के साथ ही व्यक्त हुई और उत्तरोत्तर उत्कर्ष प्राप्त करती गई। यह प्रवृत्ति आदि में सन्तानोत्पादन और सन्तानपालन के रूप में प्रकट हुई। एकघटात्मक अणुजीवों में स्त्री-पुरुष भेद नहीं होता। उनकी वंशवृद्धि विभाग द्वारा होती है। अतः हम कह सकते हैं कि सन्तान के लिए–दूसरे के लिए–अणुजीव अपने शरीर को त्याग देता है। इसी प्रकार आगे के उन्नत श्रेणी के जोड़ेवाले जीव अपनी सन्तान के लालन-पालन के लिए स्वार्थ त्याग करने में प्रसन्न होते हैं। यही प्रवृत्ति बढ़ते-बढ़ते इस अवस्था को पहुँचती है कि लोग अपनी सन्तति के सहायतार्थ ही नहीं, अपने जाति भाइयों के सहायतार्थ भी सुख से स्वार्थ का त्याग करते हैं। अस्तु, सब जीवों में श्रेष्ठ मनुष्य को ऐसी प्रवृत्ति के उत्कर्षसाधन में 'वसुधैव कुटुम्बकम्' के भाव की प्राप्ति के प्रयत्न में–लगा रहना चाहिए।

यहाँ पर कह देना आवश्यक है कि विकास सिद्धान्त रूप से विज्ञान की सब शाखाओं में स्वीकृत हो गया है। पर ये शाखाएँ अपने अन्वेषणों में निरन्तर उन्नति करती जाती हैं; इससे जिन बातों को पूर्व पीढ़ी के विकासवादी अपने प्रमाण में लाए हैं उनके ब्योरों में इधर बहुत कुछ फेरफार हुआ है। बहुत से भौतिक विज्ञानियों ने परमाणु के भी अवयवों या विद्युदणुओं तक पहुँचकर यह कहना आरम्भ कर दिया है कि द्रव्य वास्तव में विद्युत् का ही संघातविशेष है, विद्युच्छक्ति का ही एक रूप है। इस बात को मान लें तो द्रव्य और शक्ति का द्वन्द्व तो मिट गया। द्रव्य शक्ति की ही एक विशेष अभिव्यक्ति या रूप ठहरा। यदि सब कुछ शक्ति ही है तो बाकी क्या बचा ? बाकी बचा ईथर (आकाश द्रव्य) जिसके विषय में हम अभी तक बहुत कम बातें जान सके हैं। इस प्रकार 'ईथर और शक्ति' पर आकर अब विज्ञान अड़ा है।

ईथर है किस प्रकार का, इसे समझने के लिए वैज्ञानिक बुद्धि लड़ा रहे हैं। पृथ्वी जो ईथर के बीच घूमती है तो क्या सचमुच उसे चीरती हुई घूमती है। यदि चीरती हुई घूमती है तो इस रगड़ का परिणाम बड़ा भारी होगा। चलती हुई वस्तु यदि बराबर रगड़ खाती हुई जाएगी तो उसका वेग बराबर धीमा होता जाएगा। इससे पृथ्वी अपने वेग के बल से सूर्य से दूर जो मंडल बाँधकर भन्नाटे के साथ घूम रही है, कभी-न-कभी वह मंडल टूट जाएगा और वह सूर्य पर जा पड़ेगी। पर आजकल के गणितज्ञ ज्योतिषी इसकी उलटी कल्पना करने लगे हैं। वे कहते हैं कि जो स्थूल द्रव्य हम देखते हैं उससे कहीं अधिक घनत्व और शक्तिसंचय ईथर में है। वह ठोस सीसे से भी न जाने कितने लाख गुना ठोस होगा। पृथ्वी आदि जो स्थूल लोकपिंड हैं उन्हें ईथर के बीच-बीच में खाली या खोखले स्थान समझिए।

अस्तु, अब ईथर और शक्ति में क्या सम्बन्ध है, यह देखना है। यह बड़ी ही गूढ़ समस्या है। ईथर के सम्बन्ध में जो मोटी धारणा बँधती है वैज्ञानिक कहते हैं वह ठीक नहीं है। हम यह समझते हैं कि ईथर एक निष्क्रिय अखंड सूक्ष्म भूत का विस्तार है जिस पर या जिसके आश्रय से द्रव्य क्रिया (आकर्षण, प्रकाशप्रवाह) करता है। सर आलिवर लाज कहते हैं यह खयाल गलत है। ईथर गतिशक्ति का अनन्त भांडार है। परमाणुगत शक्ति के समान यह शक्ति भी पकड़ में नहीं आती। यदि पकड़ में आ जाए तो इससे बात की बात में प्रलय उपस्थित किया जा सकता है।

हैकल ने अपने ग्रन्थ में जगह-जगह 'प्रकृति के नियम' या 'परम तत्त्व के नियम' की झड़ी बाँध दी है। यह वाक्य बहुत ही भ्रामक हो गया है। लोग इसका बहुत ही अतिव्याप्त अर्थ लेते हैं। 'दो और दो चार होते हैं' यह भी प्रकृति का नियम, और 'गतिशक्ति का क्षय नहीं होता' यह भी प्रकृति का नियम। 'दो और दो चार होते हैं' इसे प्रकृति का नियम नहीं कहना चाहिए। प्रकृति के जितने परिणाम या व्यापार होते हैं वे इस गणित के नियम के आधार नहीं, उन पर यह अवलम्बित नहीं, उनसे यह सर्वथा स्वतन्त्र है। यह चिन्तन का नियम है, इसका सन्बन्ध चित् से है। जिसे हम प्रकृति का नियम कहते हैं वह सत्य भी हो सकता है, असत्य भी। जितने दिक्कालखंड तक हमारी पहुँच है वह उतने ही के बीच के व्यापारों से संग्रह किया हुआ है। पर तर्क और गणित के जो नियम हैं वे अपरिहार्य सत्य हैं, उनके अन्यथा होने की भावना त्रिकाल में नहीं हो सकती। बाह्य जगत् पर वे निर्भर नहीं, उससे सर्वथा स्वतन्त्र हैं। वे स्वतःप्रमाण हैं। भौतिक विज्ञान में जो 'प्रकृति के नियम' कहलाते हैं उनकी सत्यता भौतिक व्यापारों या परिणामों के सम्बन्ध में ठीक उतरने पर अवलम्बित है।

जगद्विकास का सिद्धान्त यही प्रतिपादित करता है कि प्रकृति परिणामपरम्परा में एक अवस्था मात्र है। 'प्रकृति के नियमों' के सम्बन्ध में हम लाख कहा करें कि वे सब काल और सब देश को देखकर निरूपित हुए हैं पर हम अपनी बात का पूर्ण निश्चय नहीं करा सकते।

इसमें सन्देह नहीं कि विकाससिद्धान्त के नियमों की चरितार्थता के लिए वैज्ञानिक निरन्तर प्रयत्न करते जा रहे हैं जिससे मार्ग की कठिनाइयाँ बहुत कुछ दूर होती जा रही हैं। निर्जीव से सजीव द्रव्य की उत्पत्ति को ही लीजिए। अब लोग यह देखने लगे हैं कि रासायनिकों को सजीव द्रव्य की योजना में अब तक जो असफलता होती आई है वह इस कारण कि सजीव द्रव्य के मूल आदिम रूप की उन्हें ठीक धारणा ही नहीं रही है। वे अमीबा (अणुजीव) या अणुद्भिद् को आदिम रूप मानकर चले हैं। पर अमीबा या अणुद्भिद् को जिस जटिल रूप में हम देखते हैं वह लाखों वर्ष की विकासपरम्परा का परिणाम है। अतः सजीव द्रव्य का आदिम रूप इन दोनों से कहीं सूक्ष्म और सादा रहा होगा। अणुजीव और अणुद्भिद् दोनों का आहार सजीव द्रव्य है। अतः ये आदिम नमूने कभी नहीं हो सकते। सजीव द्रव्य का आदिम रूप उद्भिदों का सा रहा होगा जो निर्जीव द्रव्य को सजीव द्रव्य (शरीरधातु) में परिणत कर सकते हैं। प्रथम जीवोत्पत्ति जल में ही

हुई इसका एक नया प्रमाण एक फरासीसी शरीरविज्ञानी ने उपस्थित किया है। उसने कहा है कि रक्त में लवण आदि का योग उसी हिसाब से है जिस हिसाब से पूर्वकाल के समुद्रजल में रहा होगा।

पहले के वैज्ञानिकों का परमाणुओं के भीतर की गतिशक्ति की ओर ध्यान नहीं था, इससे द्रव्य की मूल व्यष्टियों के व्यापार को समझने के लिए उन्हें शक्ति का बाहर से आरोप करना पड़ता था। पर अब, जैसा कि पहले कहा जा चुका है, रेडियम के मिलने से परमाणु के भीतर विद्युच्छक्ति के केन्द्रों का पता मिल गया है जिससे सजीव और निर्जीव द्रव्य का अन्तर बहुत कुछ कम हो गया है। कुछ विशेष प्रकार के परमाणु किण्व या खमीर; जो वास्तव में सूक्ष्मातिसूक्ष्म किण्वाणुओं या अणुद्भिदों द्वारा संघटित होता है, का काम करते हैं। आजकल कई रासायनिकों ने विशेष परमाणुओं के योग से ही (महुए, आटे, राई आदि सजीव द्रव्य के अवशेषों से तो लोग बहुत दिनों से बनाते आते हैं) मदसार (अलकोहल) और कुछ सादे प्रकार के प्रोटीन (शरीर धातु) तक संघटित कर लिए हैं। ये द्रव्य पहले पौधों या जन्तुओं के शरीरद्रव्य में ही पाए जाते थे इससे लोग समझते थे कि ये शरीर के भीतर ही बन सकते हैं। पहले इन शरीरद्रव्यों से सम्बन्ध रखनेवाले रसायनशास्त्र का अलग विभाग था। पर अब यह भेद नहीं रहा। रसायनशास्त्र से शरीरद्रव्य और साधारण द्रव्य का भेद अब उठ गया।

किण्व सम्बन्धी रसायन बराबर उन्नति करता जा रहा है। कई प्रकार के किण्व या खमीर, पौधों या जन्तुओं से प्राप्त शरीरद्रव्य के आश्रय के बिना, कुछ मूल द्रव्यों के परमाणुओं के योग से बना लिये गए हैं। सजीव द्रव्य की उत्पत्ति के पास तक यही विधान पहुँच सका है, और इसी से बहुत कुछ आशा है। सजीवता वा जीवन वास्तव में किण्वपरम्परा ही है।[1] जितने सजीव पदार्थ हैं सबके शरीर में किण्व वर्तमान है। किण्वक्रिया के बन्द होते ही जीव मर जाते हैं। गर्भपिंड से लेकर जीवों की जो अंगवृद्धि होती है वह अंकुर घटक के भीतर किण्वविधान के ही अनुसार।

जात्यन्तर परिणाम के अन्तर्गत प्राणियों के ढाँचे के भेदविधान के सम्बन्ध में डारविन ने जो निरूपण किया था उस पर भी इधर बहुत कुछ छानबीन हुई है। प्रो. बेटसन ने इस विषय का उत्पत्ति विज्ञान के नाम से अलग ही विचार किया है। उन्होंने कहा है कि भेद विधान दो प्रकार के होते हैं–(1) अखंड वा व्यापक और (2) विशिष्ट। डारविन ने अपने प्राकृतिक ग्रहण सिद्धान्त में केवल प्रथम का विचार किया है, दूसरे का नहीं। पर कुछ भेद जो जात्यन्तर के लक्षण माने जाते हैं एक ही पुश्त में साधारण भेदविधान द्वारा उपस्थित हो सकते हैं। सच पूछिए तो उत्पन्न प्राणी के लक्षणों में से बहुत थोड़े ऐसे होते हैं जो माता-पिता के धातुगत लक्षणों से संघटित होते हैं। इन लक्षणों की प्राप्ति भी कुछ बँधे नियमों के अनुसार होती है। जैसे, यदि माता-पिता में से किसी में कोई लक्षणविशेष नहीं है तो किसी सन्तति में वह लक्षण न होगा।

---

1. पृथिव्यादीनि भूतानि चत्वारि तत्वानि तेभ्य एव देहाकारपरिणतेभ्यः किण्वादिभ्यो मदशक्तिवत् चैतन्यमुपजायते। तेषु विनष्टेषु सत्सु स्वयं विनश्यति। –चार्वाक। (सर्वदर्शनसंग्रह)।

यदि दोनों में कोई एक लक्षण वर्तमान है तो सब बच्चों में वह पाया जाएगा। यदि कोई लक्षण माता-पिता में से एक ही में है, दूसरे में नहीं तो आधे लड़कों में वह होगा आधे में नहीं। इसमें एक बात जो ध्यान देने की है वह यह है कि लक्षण की एक स्थिर मात्रा रहती है जैसे यदि माता-पिता में से एक ही में कोई लक्षण है तो आधी सन्तानों में ही वह लक्षण जाएगा।

विकासवाद जगत् की समस्याओं के सम्बन्ध में हमारा कहाँ तक समाधान करता है चलती नजर से यह भी देख लेना चाहिए।

जगत् के सम्बन्ध में दो प्रकार की जिज्ञासा हो सकती है–(1) यह जगत् क्या है, अर्थात् इसकी मूल सत्ता किस प्रकार की है ? (2) जगत् के नाना व्यापार किस प्रकार होते हैं ? उस गति का विधान कैसा है जिसके अनुसार नाना पदार्थ अपने वर्तमान रूप को प्राप्त हुए हैं। कहने की आवश्यकता नहीं कि विकाससिद्धान्त का सम्बन्ध असल में दूसरे प्रश्न से है। उसी का उत्तर उसके निरूपण देते हैं। सत्ता की मीमांसा विकास का विषय नहीं। पर दार्शनिक प्रवृत्ति रखनेवाले हैकल ऐसे विकासवादी नाना व्यापारों को सत्ता के लक्षण मान उसके अनुमान में भी प्रवृत्त होते हैं।

इस जगत् के अन्तर्गत दो प्रकार के व्यापार देखने में आते हैं–भौतिक और मानसिक। इन दोनों के उत्तरोत्तर क्रमविधान का वैज्ञानिक निरूपण विकासवाद करता है। इन निरूपणों को दो दृष्टियों से हम देख सकते हैं–द्वैत दृष्टि से और अद्वैत दृष्टि से।

द्वैत पक्ष यह है कि भूत और आत्मा अर्थात् अन्तःकरण विशिष्ट आत्मा, दो सर्वथा पृथक् सत्ताएँ हैं। भौतिक व्यापार और मानसिक व्यापार दोनों एक ही नहीं हैं। अद्वैत पक्ष दो प्रकार का है–(क) आधिभौतिक और (ख) आध्यात्मिक।

आधिभौतिक अद्वैतवाद केवल एक महाभूत की सत्ता मानता है और आत्मा या मन को उसी का एक गुण या अभिव्यक्ति विशेष कहता है। इसके अनुसार आत्मा कोई अलग तत्त्व या सत्ता नहीं। हैकल ने स्पिनोजा के जिस तत्त्वाद्वैतवाद का प्रतिपादन किया है वह इससे विशेष भिन्न नहीं। हैकल के अनुसार भौतिक और मानसिक एक ही परमतत्त्व के दो पक्ष या रूप हैं। एक ही तत्त्व या सत्ता की अभिव्यक्ति दो रूपों में होती है–द्रव्य या भूत के रूप में तथा गति शक्ति या आत्मा के रूप में। अर्थात्, आत्मा एक प्रकार की गति या शक्ति का ही नाम है। जिस प्रकार पानी का बहना, हवा का चलना, बारूद का भड़कना आदि गतिशक्ति के रूप हैं उसी प्रकार बोध करना और सोचना-विचारना भी। हैकल की अद्वैत सत्ता चेतन नहीं, उसके सिद्धान्त में चेतना एक गुणपरिणाम है जो अनेक परिणामों के उपरान्त उत्पन्न होता है और फिर नष्ट हो जाता है। यह वैज्ञानिक या आधिभौतिक अद्वैतवाद है।

(ख) आध्यात्मिक अद्वैतवाद केवल आत्मसत्ता ही मानता है। उसके अनुसार चैतन्य ही एकमात्र सत्ता है। भौतिक जगत् या उसके नाना रूपों को वह आत्मा के विविध भावमात्र कहता है। आधुनिक दर्शन में इसी मत की प्रधानता है। इसे योरप का वेदान्त कह सकते हैं। इसके प्रतिष्ठाता जरमनी में हुए हैं।

प्रकृति में जितने व्यापार या परिणाम हम देखते हैं, द्वैत या अद्वैत दृष्टि के अनुसार उनके दो प्रकार के कारण हम सोच सकते हैं–निमित्त कारण और समवायिकारण। द्वैत पक्ष के अनुसार जितने व्यापार होते हैं, सब किसी निमित्त या उद्देश्य से होते हैं, और उद्देश्य को धारण करनेवाला कारण भूतों से परे है। भूतातीत नियन्ता या विश्वविधायक आत्मा माननेवाले समस्त भौतिक क्रियाओं को उद्देश्य द्वारा प्रेरित मानते हैं। वे समवायिकारणों को निमित्त कारण के अधीन मानते हैं। जो विधायक आत्मा को भूतसमष्टि विश्व में समवेत या ओतप्रोत मानते हैं, वे भी इन्हीं के अन्तर्गत लिये जा सकते हैं क्योंकि अद्वैतवादियों के अन्तर्गत वे नहीं आ सकते। आधिभौतिक अद्वैतवादी कहते हैं कि समवायिकारण ही मानने से प्रकृति के सब व्यापारों की सम्यक् व्याख्या हो जाती है, उद्देश्य रखनेवाले किसी निमित्त कारण को मानने की आवश्यकता नहीं। भूतद्रव्य और उसकी गतिशक्ति द्वारा ही जगत् का विकास होता है। वे किसी भूतातीत नियन्ता का अस्तित्व नहीं स्वीकार करते और न आत्मा को कोई नित्य चेतन पदार्थ मानते हैं। सम्पूर्ण व्यापार द्रव्य और उसकी गतिशक्ति द्वारा आप-से-आप होते हैं।[1]

आधिभौतिक पक्षवालों को चेतना की व्याख्या में अड़चन पड़ती है। सर्वथा जड़ से चेतन की उत्पत्ति वे समाधानपूर्वक नहीं समझा सकते हैं। इस बाधा से बचने के लिए वे दो निकास निकालते हैं। कुछ लोगों को तो ईथर के समान एक अत्यन्त सूक्ष्म मूल मनोभूत–जो प्रकृति या प्रधान भूत का ही एक विकार है; या आत्मभूत की कल्पना करनी पड़ी है जिससे प्राणियों के मन या आत्मा की योजना हुई है। कुछ लोग प्रत्येक भूतखंड में किसी-न-किसी रूप का संवेदन मानते हैं और कहते हैं कि अणुओं और परमाणुओं के परस्पर आकर्षण और अपसारण को संवेदन का मूलरूप समझना चाहिए। हैकल के सिद्धान्त में इन दोनों का मेल है।

विकासवाद को दार्शनिक रूप हर्बर्ट स्पेंसर द्वारा ही प्राप्त हुआ है। उसी ने उसके नियमों को विश्वव्यापक रूप दिया है। उसने विकास की परिभाषा इस प्रकार की है– 'एकरूपता या निर्विशेषता से अनेकरूपता या सविशेषता की ओर, अव्यक्त से व्यक्त की ओर गति का नाम विकास है।' इस गति का कारण द्रव्य में समवेत है। भौतिक शक्ति के व्यापक नियमों द्वारा ही इसका विधान होता है। उससे परे किसी और शक्ति की प्रेरणा अपेक्षित नहीं। निर्विशेषता या साम्यावस्था क्षणिक होती है और एक कारण से अनेक कार्य होते हैं, अतः विकास अनिवार्य है। गतिशक्ति के संयोजक और वियोजक जो दो रूप हैं उन्हीं के द्वन्द्व का परिणाम चला चलता है। इस परिणामपरम्परा की प्रवृत्ति दोनों शक्तियों के साम्य की ओर रहती है, अतः विकास या विकृति के नाना

---

1. सांख्य में भी प्रधानभूत या प्रकृति का स्वभाव ही परिणाम कहा गया है, उसमें प्रवृत्ति आप-से-आप होती है, किसी की प्रेरणा से नहीं। प्रकृति जड़ है, अतः यह प्रवृत्ति भी अचेतन है–

   वत्सविवृद्धिनिमित्तं क्षीरस्य यथा प्रवृत्तिरज्ञस्य।
   पुरुषविमोक्षनिमित्तं तथा प्रवृत्ति प्रधानस्य॥ –कारिका 57

रूप कभी-न-कभी प्रकृतिस्थ होकर नष्ट होंगे। प्रकृति से फिर विकृति होगी। यह क्रम बराबर चला चलता है।

इन नियमों का निरूपण करके स्पेंसर ने इन्हें जड़ जगत् की उत्पत्ति और सजीव सृष्टि के विकास पर घटाया है। मन या अन्तःकरण के विकास को भी इन्हीं नियमों के अन्तर्गत करके उसने समाज के विकास की मीमांसा की है। बाह्य विषयों के साथ अन्तर्व्यापारों के सामंजस्य का ही नाम जीवन है। जीवों की उत्पत्ति परम्परा में जब यह सामंजस्य एक विशेष जटिल अवस्था को पहुँच जाता है तब मन (चेतना जिसकी वृत्ति है) का प्रादुर्भाव होता है। शक्तिसंयुत द्रव्य के साथ-साथ कोई नित्य चेतना सर्वसत्ता भी ओतप्रोत भाव से रहती है, इस विषय में उसने कुछ नहीं कहा है। चेतना को उसने उन्हीं प्राणियों में माना है जिनमें संवदेनसूत्रों और मस्तिष्क का पूर्ण विधान होता है। चेतना को उसने कोई ऐकान्तिक अखंड सत्ता न कहकर एक यौगिक व्यापार ही कहा है जिसकी गूढ़ योजना अत्यन्त सादे और सूक्ष्म अव्यक्त संवेदनों के योग से होती है। स्मृति, संकल्प, विवेचना, मनोवेग इत्यादि सब वृत्तियाँ इन्हीं आदिम मूल संवेदनों के सम्बन्धभेद से संघटित हैं। अन्तःकरण वृत्तियों के नाना रूपों की सम्प्राप्ति बाह्य विषयों के साथ सामंजस्य प्रयत्न द्वारा होती है। दिक्सम्बन्धी[1], धर्मसम्बन्धी आदि जो सांसिद्धिक भाव कहे जाते हैं वे पूर्वजों के अनुभव की अखंड परम्परा द्वारा प्राप्त हुए हैं। जिन कार्यों से सुख का अनुभव हुआ वे प्राणी के लिए लाभदायक और जिनसे दुःख का अनुभव हुआ वे हानिकारक पाए गए। अतः कुछ कार्यों के आभास से प्रसन्नता और कुछ के आभास से भय वा विरक्ति, मस्तिष्क या अन्तःकरण में संस्कार रूप में मूलबद्ध होती गई और पीढ़ी दर पीढ़ी चली आई। आरम्भ में यह हानि-लाभ का विचार या कार्यकारण का भाव स्पष्ट था पर क्रमशः वह दब गया, अर्थात् कुछ कार्यों के साक्षात्कार से आनन्द और कुछ के साक्षात्कार से भय वा विरक्ति, बिना हानि-लाभ या परिणाम आदि की भावना के यों ही बद्धसंस्कार के रूप में होने लगी। बहुत छोटे गोद के बच्चे को जब हम क्रूर आकृति बनकर डाँटते हैं तब वह रोने लगता है और जब हँस-हँसकर बुलाते हैं तब प्रसन्न होता है। उस बच्चे को कार्यकारण के अनुमान की शक्ति नहीं रहती, वह यह नहीं जानता कि क्रूर आकृति का परिणाम चपत या प्रसन्न आकृति का परिणाम मीठा दूध है। वह जो भय या आनन्द प्रकट करता है उसका

---

1. रेखागणित के निरूपण दिक् सम्बन्धी होते हैं, जैसे, 'केवल दो रेखाएँ कोई स्थान नहीं घेर सकतीं', 'दो समानान्तर रेखाएँ कभी नहीं मिल सकतीं।' ऐसे निरूपणों को भी ह्यूम आदि संवेदनवादी दार्शनिकों ने स्वतःसिद्ध न कहकर अनुभवसिद्ध बतलाया है। यह देखते-देखते कि दो रेखाएँ कोई स्थान नहीं घेर सकतीं, दो समानान्तर रेखाएँ कभी नहीं मिलतीं, मनुष्य जाति के भीतर लाखों पीढ़ियों से जो संस्कार बँधा चला आया है उसी के कारण ये बातें स्वतः सिद्ध सी जान पड़ती हैं। आत्मसत्तावादी, जैसा कि पहले कहा जा चुका है, इन्हें इन्द्रियज संवेदनों से प्राप्त नहीं मानते। वे कहते हैं कि हमारा जो यह निश्चय है कि ऐसा होना त्रिकाल में और किसी लोक में सम्भव नहीं, वह बाह्य पदार्थों या व्यापारों द्वारा उत्पन्न परिमित ज्ञानों से प्राप्त नहीं हो सकता। वह दिक् काल आदि से अपरिच्छिन्न सत्ता का लक्षण है।

कारण उस अन्तःकरण द्रव्य में बद्ध संस्कार है जिसकी परम्परा लाखों पीढ़ियों से बच्चे तक चली आई हैं।

इस प्रकार आदिम काल में ही मनुष्य जाति के बीच यह संस्कार जम गया कि जिन कार्यों से औरों की आकृति क्रूर हो जाए उनसे बचना और जिनसे प्रसन्न हो उन्हें करना चाहिए। अर्थात् आरम्भ में भय और आनन्द द्वारा ही उपादेय और अनुपादेय का भाव उत्पन्न हुआ। यही मूलभय क्रमशः देवभय आदि के रूप में और मूल आनन्द देवतुष्टि या स्वर्ग आदि के आनन्द के रूप में विकसित हुआ। दया-धर्म के सम्बन्ध में आधिभौतिक विकासवादियों का कहना है कि उसकी उत्पत्ति सहानुभूति से है जिसका विकास समाज बाँधकर रहनेवाले प्राणियों में स्वाभाविक है। एक ही प्रकार का आहार-विहार रखनेवाले प्राणी जब एक-दूसरे के समक्ष एक ही प्रकार के मनोद्‌गार प्रकट करते हैं तब उन मनोद्‌गारों के सम्बन्ध में भी एक प्रकार का मानसिक सहयोग स्थापित हो जाता है। यही सहानुभूति है जिसके कारण मनुष्य दूसरे को पीड़ा पहुँचाने से बचता है और दूसरे की पीड़ा देखकर दुःखी होता है। सौन्दर्य की ओर जो प्रवृत्ति पाई जाती है वह एक प्रकार की फालतू वृत्ति या क्रीड़ावृत्ति है जो प्रयोजन से अधिक मानसिक वृत्तियों के विकास के कारण उत्पन्न होती है।

स्पेंसर ने शरीरविकास और समाजविकास का तारतम्य दिखाकर कहा है कि जिस प्रकार प्राणी की जीवनयात्रा उपस्थित बाह्य विषयों के साथ आभ्यन्तर वृत्तियों का सामंजस्यप्रयत्न है, उसी प्रकार प्राणियों की समष्टि या समाज की जीवनयात्रा भी। अतः वह युग आवेगा जब यह सामंजस्य पूर्ण रूप से स्थापित हो जाएगा और मनुष्य जीवन आनन्दमय हो जाएगा।

स्पेंसर ने विकास की जो व्याख्या की है वह आधिभौतिक ही है। सब प्रकार की चेतना को उसने मूल संवेदनों से संघटित बताया है जो सूत्रों की अणुस्पन्दन रूप गति के सहगामी हैं। पर उसने यह भी कहा है कि इन संवेदनों को हम उसी भौतिक गति का रूप नहीं कह सकते जिसे हम चारों ओर देखते हैं। विषय और विषयी को, ज्ञाता और ज्ञेय को किसी प्रकार एक नहीं समझते बनता।[1] इस प्रकार भूतक्रिया और मनोव्यापार का पृथकत्व स्वीकार करते हुए भी उसने दोनों को एक ही अज्ञेय सत्ता के दो पक्ष या रूप कहा है। पर इस रीति से अद्वैतपक्ष पर आने पर भी द्रव्य और मन या आत्मा की पृथक् भावना द्वारा उसका द्वैतवाद लक्षित होता है। हैकल के समान उसने जड़ और चेतन व्यापारों को एक ही नहीं कहा है, दोनों को अलग रखा है। हैकल ने परमतत्त्व के जो दो पक्ष कहे हैं वे द्रव्य और गतिशक्ति—जिसके अन्तर्गत संवेदन, संकल्प-विकल्प, आत्मबोध आदि मनोव्यापार भी—हैं। स्पेंसर ने अज्ञेय सत्ता के जो दो पक्ष कहे हैं वे गतिशक्तियुक्त द्रव्य और मन हैं। मन (चेतन अवस्थाएँ) और संवेदनसूत्रों की भौतिक क्रिया एक ही वस्तु के विषयी और विषय अर्थात् ज्ञातृ और

1. ज्ञेयं ज्ञेयमय ज्ञाता ज्ञातैव न ज्ञेयं भवति—गीता, शंकर भाष्य 13/3

ज्ञेय दो पक्ष हैं। दोनों के एक ही वस्तु के रूप या विभाव होने का प्रमाण उनका नित्य सम्बन्ध है। वह वस्तु या सत्ता जिसके ये दोनों पक्ष हैं, ज्ञेय पक्ष में नहीं आ सकती।

इस प्रकार वस्तु या सत्ता के विवेचन में उसने अपने को भूतवादी कहे जाने से यह कहकर बचाया है कि 'एक अज्ञेय सत्ता है जो भौतिक और मानसिक या आध्यात्मिक दोनों क्षेत्रों में अभिव्यक्त होती है।' इस अज्ञेय सत्ता को उसने प्रायः शक्ति के नाम से अभिहित किया है जो कहीं-कहीं (उसी के ग्रन्थ में) भौतिक गतिशक्ति से भिन्न नहीं जान पड़ती। स्पेंसर की अज्ञेय मीमांसा के साथ उसकी विकास की व्याख्या मेल नहीं खाती। सच पूछिए तो उसका विकासवाद उसके अज्ञेयवाद पर प्रतिष्ठित ही नहीं है। सत्ता के विवेचन में उसने जो निरूपण किए हैं उनसे उसने विकास की व्याख्या में कुछ भी काम नहीं लिया है। न तो उसने यह बताया है कि अज्ञेय सत्ता क्यों देशकाल के भीतर अभिव्यक्त होती है और न यह कहा है कि वह क्यों पहले जड़ जगत् के रूप में व्यक्त हुई, पीछे चैतन्य रूप में।

यहाँ तक तो हर्बर्ट स्पेंसर की बात हुई। अब यह देखना चाहिए कि विकासवाद जगत् की व्याख्या में कहाँ तक पहुँचा है। विकासवाद भौतिक और मानसिक दोनों व्यापारों की परिणामपरम्परा की व्याख्या करता है और इस प्रकार सम्पूर्ण जगत् की समस्या को अपने अन्तर्भूत करता है। पर बहुत सी बातें ऐसी रह जाती हैं जिनके सम्बन्ध में हमारा ठीक-ठीक समाधान नहीं होता। कुछ उदाहरण लीजिए। विकासवाद यह नहीं बता सका है कि क्यों एक पुरातन प्रधान भूत निर्विशेषता से सविशेषता की ओर, एकरूपता से अनेकरूपता की ओर प्रवृत्त होता है, प्रकृति की विकृति का कारण क्या है। इसी प्रकार जड़ से चेतन की उत्पत्ति का ब्योरा भी वह स्पष्ट रीति से नहीं समझा सका है।

अब प्रश्न यह होता है कि क्या विकासवाद जगत् के समस्त व्यापारों के मूल की सम्यक् व्याख्या कर देता है ? सच पूछिए तो उसकी पहुँच की भी हद है। शरीरविकास और आत्मविकास को ही लीजिए। शरीरव्यापार और मनोव्यापार दोनों में, एक ही प्रकार के नियमों की चरितार्थता, दोनों का साथ-साथ उत्तरोत्तरक्रम से विकास, दिखाया गया है सही, पर दोनों एक नहीं सिद्ध हो सके हैं। विकासवाद के सारे निरूपण मन या आत्मा की प्रथमोत्पत्ति नहीं समझा सके हैं। और तो जाने दीजिए किस प्रकार संवेदनसूत्र का भौतिक (स्थूल) स्पन्दन संवेदन के रूप में परिणत हो जाता है यही रहस्य नहीं खुलता। इस प्रकार का और कोई परिणाम भौतिक जगत् में देखने में नहीं आता। इस कठिनता को कुछ लोग यह कहकर दूर किया चाहते हैं कि द्रव्य के प्रत्येक परमाणु में एक प्रकार की अन्तःसंज्ञा या अव्यक्त संवेदन होता है जो आकर्षण और अपसारण के रूप में प्रकट होता है। पर हम तो चेतना–अर्थात् मन की अपने ही संस्कारों के बोध की वृत्ति–की उत्पत्ति जानना चाहते हैं जिससे यह अन्तःसंज्ञा भिन्न है। हैकल ने मस्तिष्क के भीतर प्रतिबिम्ब या संस्कार ग्रहण करनेवाला जो एक प्राप्यकारी अवयव बताया है उससे भी चेतना का व्यापार समझने में सुबीता नहीं होता। केवल यही कह देने से कि एक वस्तु

पर प्रतिबिम्ब पड़ता है यह समझ में नहीं आ जाता कि वह वस्तु यह बोध भी करती है कि मुझ पर प्रतिबिम्ब पड़ रहा है या प्रतिबिम्ब इस प्रकार का है।[1]

ऐसी बातों में हमारा समाधान विकासवाद द्वारा नहीं होता। विकासवाद केवल गोचर व्यापारों की पूर्वापरपरम्परा या स्फुरणक्रम मात्र दिखाता है। ये सब व्यापार किसके हैं, वस्तु या सत्ता का शुद्ध (इन्द्रियनिरपेक्ष) स्वरूप क्या है यह वह नहीं बताता। वह केवल तटस्थ लक्षण कहता है, स्वरूप लक्षण नहीं। अतः सत्ता के विवेचन के लिए हमें विज्ञान क्षेत्र से निकलकर परा विद्या या शुद्ध दर्शन की ओर आना पड़ता है।

यह जगत् क्या है ? इसकी सत्ता का वास्तव स्वरूप क्या है ? इस सम्बन्ध में दर्शन में दृष्टिभेद से तीन पक्ष हैं—(1) भूतवाद या लोकायत मत जिसके अनुसार शरीर या भूत ही एकमात्र सत्ता है; (2) अद्वैत आत्मवाद या भाववाद। अद्वैत आत्मवादियों में कुछ लोग तो आत्मा को एक वस्तु या सत्ता मानते हैं और कुछ लोग बौद्धों के समान क्षणिक विज्ञानों या चेतन अवस्थाओं को ही मानते हैं। पर दोनों दल के लोग भौतिक शरीर या बाह्य जगत् की स्वतन्त्र सत्ता अस्वीकार करते हैं। (3) बाह्यार्थवाद,[2] जो भूत और आत्मा दोनों को भिन्न सत्ताएँ मानकर बाह्य जगत् को वास्तविक कहता है।

(1) भूतवाद के अनुसार जो कुछ है वह भूत ही है, जिसे हम आत्मा कहते हैं वह उसकी व्यापारसमष्टि या गुणविशेष मात्र है। यद्यपि हैकल ने अपने मत का नाम भूतवाद नहीं रखा है पर है वह भूतवाद ही। जगत् के मूल उपादान या प्रधान भूत तक पहुँचकर उसने उसका नाम परमतत्त्व रखा जो नित्य है और अपने नित्य नियमों से बद्ध है। उस परमतत्त्व की अभिव्यक्ति द्रव्य और गतिशक्ति दो रूपों में होती है। मूल वृत्ति या प्रवृत्ति ही उसका संवेदन (जड़ संवेदन)[3] है जिसके कारण वह स्थान-स्थान पर घनीभूत होकर अनेकत्व की ओर प्रवृत्त हुआ। परमाणुओं की प्रवृत्ति में वह कुछ और अधिक व्यक्त हुआ।

---

1. यह दिखाया जा चुका है कि किस प्रकार वैज्ञानिकों ने 'शक्ति की अक्षरता' के सिद्धान्त को लेकर यह प्रतिपादित किया है कि न भौतिक शक्ति किसी अभौतिक शक्ति के रूप में परिणत हो सकती है और न कोई अभौतिक शक्ति भौतिक शक्ति में कोई वृद्धि (अतिशय) या विकार कर सकती है। मनोविज्ञानियों ने इसी आधार पर यह सिद्धान्त स्थिर किया कि शरीरव्यापार और मनोव्यापार एक-दूसरे पर कोई प्रभाव नहीं डाल सकते अर्थात् उनमें कार्यकारण सम्बन्ध नहीं, वे दोनों समानान्तर (साथ-साथ पर अलग-अलग) चलते हैं। जब आधिभौतिक अद्वैतवादी इस बात को अपनी ओर यह सिद्ध करने के लिए ले गए कि जगत् किसी आत्मसत्ता या चेतन का कार्य नहीं है और प्राणियों के प्रयत्न किसी अभौतिक सत्ता द्वारा प्रेरित या उत्पन्न नहीं होते तब ईश्वरकर्तृत्ववादी इसके खंडन के प्रयास में लगे (दे. भूमिका पृ. 51.52)। पर हमारे यहाँ वेदान्त में क्रिया मात्र से शुद्ध चैतन्य (ज्ञान) की भावना अलग होने से उपर्युक्त वैज्ञानिक सिद्धान्त स्वीकृत हैं। उपदेशसाहस्री की टीका (10/112) में स्पष्ट लिखा है कि 'सन्निहिताध्यक्ष कृतातिशयः बुद्ध्यादेर्नास्त्येव'। यह भी खोलकर लिखा गया है कि बुद्ध्यादि जड़ क्रिया और ज्ञान में केवल 'समकालाभिव्यक्तिधर्म' के सिवा और कोई सम्बन्ध नहीं है। यह वेदान्त का 'साइको फ़िजिकल पैरेलेलिज्म' है।
2. एवं बाह्यार्थवादमाश्रित्य समुदायाप्राप्त्यादिषु दूषणेषूद्भावितेषु विज्ञानवादी बौद्ध इदानी प्रत्यवतिष्ठते।—सूत्र 28 पर, शंकर भाष्य।
3. उपनिषदों में इसे प्राणशक्ति कहा है जिससे चैतन्य भिन्न है।

शुक्रकीटाणुओं और रजःकीटाणुओं में हैकल ने घटकात्मा कहा, गर्भांड में अंकुरात्मा, पौधों में तत्वात्मा और जन्तुओं में सूत्रात्मा। इस प्रकार संवेदन को भूत का व्यापक गुण मानकर उसने अपने सिद्धान्त का नाम भूतवाद न रखकर तत्त्वाद्वैतवाद रखा। पर उसका यह संवेदन जड़ ही है अतः उसका जड़ाद्वैतवाद वास्तव में भूतवाद ही है। चैतन्य की असंहत नित्य सत्ता का स्वीकार उसमें नहीं है। उसके संवेदन को यदि हम एक प्रकार का आत्मव्यापार मान भी लें तो भी वह क्रिया या गुणमात्र ही है, वस्तु या सत्ता नहीं।

भारतवर्ष का चार्वाक या लोकायत मत भी इसी प्रकार का था जो चैतन्यविशिष्ट देह के अतिरिक्त आत्मा की कोई स्वतन्त्र सत्ता नहीं स्वीकार करता था।[1] चार्वाकों का कहना था कि जिस प्रकार किण्व या खमीर से मदशक्ति उत्पन्न हो जाती है उसी प्रकार देहाकारपरिणत भूतचतुष्टय से चैतन्य उत्पन्न होता है। भूतों के इस संयोग विशेष के नष्ट होने पर वह भी नष्ट हो जाता है।

(2) योरप में अध्यात्मवाद या भाववाद का आरम्भ डेकार्ट के इस सूत्र से समझना चाहिए कि 'मैं बोध करता हूँ इसलिए मैं हूँ।' उसने कहा—जो कुछ बोध आत्मा को होता है वह अपने भावों या प्रत्ययों का ही। अतः यदि किसी सत्ता का पूर्ण निश्चय है तो आत्मसत्ता का। पर ईश्वर की कृपा से आत्मा के प्रत्ययों या भावों द्वारा हम दो प्रकार की सत्ताओं—दिग्बद्ध वस्तु (भूत) और ज्ञातृवस्तु या आत्मा—का अनुमान कर सकते हैं। सच पूछिए तो अद्वैत आत्मवाद का आधार कांट ने खड़ा किया। उसी ने ज्ञान के मूल की विस्तृत परीक्षा की। बाह्य जगत् का ज्ञान हमें किस प्रकार होता है ? संवेदन द्वारा, अर्थात् हमारे अन्तःकरण वा मन में वस्तुसत्ता के प्रभाव से एक संस्कार उत्पन्न होता है और मन उसी का बोध करता है। जैसे, स्पर्श का जो ज्ञान है वह वस्तुतः दबाव का ज्ञान नहीं है, उस दबाव की भावना करानेवाले संस्कार या संवेदन का ज्ञान है। वर्ण का जो ज्ञान होता है वह वास्तव में वर्ण का ज्ञान नहीं है, वर्ण के उस संवेदन का ज्ञान है जो अन्तःकरण या मन में ही होता है। अर्थात्, मन को जिन रूपों का बोध होता है वे उसी के रूप हैं, किसी बाहरी वस्तु के नहीं। प्राप्त संवेदनों को देशकाल के साँचे में ढालकर ही मन उनका ग्रहण करता है।

मनुष्य के ज्ञान की परीक्षा करके कांट ने यह निर्धारित किया कि उसका कितना अंश बाहर से प्राप्त होता है और कितना मन में पहले ही से आधार या मूल के रूप में वर्तमान रहता है। ये आधार या मूल चित् के स्वरूप ही हैं, ये स्वतः प्रमाण हैं, इनके बोध या निश्चय के लिए किसी प्रकार का अनुमान या तर्क नहीं करना पड़ता है। इस प्रकार ज्ञान के कुछ स्वरूपसिद्ध मूलाधार मानकर कांट ने इन्द्रियसंवेदन, मनन और प्रज्ञा या बुद्धि में उनको क्रमशः दिखलाया है। प्रत्यक्ष या इन्द्रियज ज्ञान में मूलाधार दिक् और काल दिक् हैं और काल, इन्हीं दो मूल स्वरूपों के भीतर सब प्रकार का प्रत्यक्ष (इन्द्रियज) ज्ञान सम्भव है। मनन या अनुमान में मूलाधार कुछ वर्ग या खंड होते हैं जिनमें प्राप्त संवेदनों या विषयों को बाँटकर मन अपने अनुमान को फैलाता है। तीन-तीन भेदों से

1. चैतन्यविशिष्ट देह एवात्मा, देहातिरिक्ति आत्मनि प्रमाणाभावात्। —चार्वाक (सर्वदर्शन संग्रह)।

युक्त ये वर्ग चार हैं–परिमाण, गुण, सम्बन्ध और प्रकार। इन चार रूपों में से किसी एक में आ जाने पर ही मन किसी वस्तु या विषय का ग्रहण कर सकता है। जो बातें इनमें नहीं आ सकतीं वे तर्क या अनुमान द्वारा सिद्ध नहीं हो सकतीं। अतः परमाणु, शून्य, ईश्वर, दैव आदि असिद्ध हैं। प्रज्ञा या बुद्धि के सांसिद्धिक स्वरूप हैं तीन भाव–ईश्वर, आत्मा और जगत्। बुद्धि इन्हें केवल विचार की व्यवस्था के लिए अपनी ओर से प्रदान करती है, इनका बोध नहीं करती। इनके द्वारा अनुमान के वर्गविधान परिमिति के कारण खंडित नहीं रह जाने पाते। ये प्रत्यक्ष और अनुमान द्वारा प्राप्त परिमित और बद्धज्ञान को अपरिमित और स्वतन्त्र (बाह्यनिरपेक्ष) ज्ञान का स्वरूप देकर ज्ञान को पूर्णता और एकता तक पहुँचाते हैं। जैसे; इन्द्रियज्ञान द्वारा जो देशकाल का आरोप होता है उसे लेकर देशकालगत सब विषयों को एक कर बुद्धि उसका नाम जगत् रखती है। अनुमान के जो खंड हैं उन सबको मिलाने से आत्मा का भाव बनता है। कारणता को लेकर सबसे आदि कारण को हम ईश्वर कहते हैं। पर अनुमान के वर्गों से जिस प्रकार हमें अपने से बाह्य वस्तु का जैसा विविक्त ज्ञान होता है, प्रज्ञा या बुद्धि के इन आरोपित भावों से वैसे ज्ञान की उत्पत्ति नहीं होती। बुद्धि अपनी ओर से इनका आरोप भर करती है, विषय रूप में ग्रहण नहीं करती। इन भावों से केवल इतना ही होता है कि अनुमान के जो वर्गात्मक खंड हैं वे चरमावस्था को पहुँच जाते हैं, बस। ईश्वर, आत्मा और जगत् क्या हैं यह बुद्धि नहीं स्थिर कर सकती। इस प्रकार कांट ने दिखाया है कि प्रत्यक्ष, अनुमान और प्रज्ञा के जो सांसिद्धिक स्वरूप अर्थात् देश, काल, वर्ग तथा ईश्वर, आत्मा और जगत् हैं वे बाह्य वस्तु के स्वरूप नहीं हैं, मन के स्वरूप हैं जिनमें लाकर वह बाह्य जगत् को देखता है। बुद्धि आदि द्वारा बाह्य जगत् का जो बोध होता है वह नामरूपात्मक है, वास्तव नहीं है। इन्द्रिय और मन अपने रंगों में रँगकर जिन रूपों में जगत् को देखता है, उनसे स्वतन्त्र उसकी वास्तव सत्ता किस प्रकार की है यह ज्ञान शुद्ध बुद्धि द्वारा नहीं हो सकता। अपनी 'शुद्ध बुद्धि की परीक्षा' में कांट ने ईश्वर, जगत् और आत्मा के पक्ष-विपक्ष के प्रमाणों का खंडन किया है।

शुद्ध बुद्धि की परीक्षा के उपरान्त कांट ने कर्मसंकल्परूपिणी 'व्यवसायात्मिका बुद्धि' को ले लिया है जिसके द्वारा कर्म होते हैं। कर्मक्षेत्र में आकर हम नामरूपात्मक जगत् से परे वस्तुतत्त्व तक पहुँच जाते हैं। संकल्पित कार्यावली हमारे मन में उत्पन्न होकर बाह्य जगत् में अभिव्यक्त होती है। कर्मसंकल्पवृत्ति ही चित् के वास्तव स्वरूप को सूचित करती है। यह न तो बुद्धि से बद्ध या नियन्त्रित है और न बाह्य जगत् नियमों से। इस पर आदेश रखनेवाले केवल नित्य और सर्वगत धर्मनियम (कैटेगारिकल इम्परेटिव्स) हैं। ये धर्मनियम व्यवसायात्मिका बुद्धि के स्वप्रवर्तित नियम हैं। कर्मसंकल्पवृत्ति का यह आत्मशासन (आटोनामी आव् द विल) हमें नामरूपात्मक दृश्य जगत् से अगोचर चिन्मय जगत् में ले जाता है जहाँ हमें धर्मनियम, स्वतन्त्र अमर आत्मा और ईश्वर का अस्तित्व मिल जाता है। इसी धर्मशासन द्वारा कांट ने ईश्वर और आत्मा के अस्तित्व का प्रतिपादन किया है। जीवन का चरम मंगल क्या है ? न अकेला धर्म; न अकेला सुख। धर्म का सुख से कोई

स्वतःसिद्ध सम्बन्ध नहीं। जीवन के चरम मंगल में धर्म और सुख दोनों की पराकाष्ठा है। अब इन दोनों का संयोग होता कैसे है ? इसके लिए ईश्वर का अस्तित्व मानना पड़ता है। ईश्वर दोनों के बीच संयोग का स्थापक है। इसी प्रकार आत्मा का अमरत्व भी मानना पड़ता है। धर्म की पराकाष्ठा और सुख की पराकाष्ठा के साधन के लिए यह अल्पकालिक जीवन काफी नहीं है। अतः अनन्त जीवन मानकर चलना पड़ता है।

कुछ लोगों को व्यवसायात्मिका बुद्धि सम्बन्धी इस निरूपण का, कांट के दर्शन की मूलभित्ति के साथ विरोध दिखाई पड़ता है। पहले तो उसने यह कहा कि प्रत्यक्षानुभव के रूप में जिन मानस संस्कारों की उपलब्धि होती है उन्हें लेकर बुद्धि जो कुछ निरूपित करेगी वह भी मानस वस्तु होगी, चित् का ही स्वरूप होगा; पीछे उसने कहा कि धर्म की व्यवस्था के लिए वह वास्तव (चित्तनिरपेक्ष) पदार्थों का आरोप करती है। पर यदि देखा जाए तो कांट ने वास्तव सत्ता के अस्तित्व की जगह यह कहकर पहले से ही रख ली थी कि मानस संस्कार अज्ञेय वस्तुसत्ता के प्रभाव से होते हैं, और बहुत सम्भव है कि चित् के इन स्वरूपों की तह में जो वस्तुसत्ता है वह इन्हीं के कुछ मेल में हो। जो हो, इतना तो निर्विवाद है कि कांट ने चित् या प्रमाता से बाह्य किसी अज्ञेय वस्तुसत्ता का अस्तित्व माना है। उसके दर्शन में बाह्यार्थवाद की कुछ गन्ध बनी हुई है।

सच पूछिए तो कांट का सबसे बड़ा काम 'शुद्ध बुद्धि की परीक्षा' ही है जिसके द्वारा उसने बाह्यार्थज्ञान के सामान्य अवयवों देश, काल और कार्यकारणसम्बन्ध के बाह्य अस्तित्व का प्रतिषेध किया। योरप में अद्वैत आत्मवाद का मूलाधार यही हुआ। नीचे संक्षेप में कुछ प्रमाण उद्धृत किए जाते हैं।

दिक् कोई बाह्य वस्तु नहीं, चित् का ही स्वरूप है

(1) दिक् का ज्ञान बाहर से नहीं आता क्योंकि जो कुछ प्रत्यक्षानुभव हमें होता है दिक् की भावना पहले करके तब होता है। प्रत्यक्षानुभव है क्या ? मन अपने कुछ संवेदनों को अपने से बाह्य वस्तु से प्राप्त मानता है। इस आन्तर और बाह्य के ज्ञान में देश का ज्ञान पहले से मिला हुआ है। इसी प्रकार वस्तुभेद के ज्ञान में परत्व-अपरत्व का देशसम्बन्धी ज्ञान मिला हुआ है।

(2) बाह्य जगत् का जो चित्र अपने मन में हम धारण करते हैं उसमें से हम सब कुछ निकाल सकते हैं, पर देश को नहीं अलग कर सकते। जगत् के जितने पदार्थ हैं सबके बिना हम जगत् की भावना कर सकते हैं पर देशशून्य जगत् की भावना हमारे चित्त में हो ही नहीं सकती।

(3) शुद्ध देश के सम्बन्ध में जो निरूपण होते हैं वे अनिवार्य होते हैं, उनका अन्यथा सम्भव नहीं। जैसे किसी वस्तु तक पहुँचने के लिए यह आवश्यक है कि उसके और हमारे बीच जो देशखंड है वह तै किया जाए। इसी प्रकार किसी जगह न होना या एक साथ दो जगहों पर होना असम्भव है। थोड़े विचार से यह स्पष्ट हो सकता है कि इस प्रकार के निश्चय उन निश्चयों से

सर्वथा भिन्न हैं जो बराबर देखते-देखते निरन्तर अभ्यास द्वारा हमें प्राप्त होते हैं। अनुभव केवल हमें यही बता सकता है कि अब तक ऐसा नहीं हुआ है, यह निश्चय नहीं करा सकता कि त्रिकाल में ऐसा नहीं हो सकता।

(4) रेखागणित के सब निरूपण नित्य और अपरिहार्य सत्य के रूप में होते हैं, अतः वे बार-बार के अनुभव से प्राप्त नहीं हैं। कहने की आवश्यकता नहीं कि ये निरूपण शुद्ध देशसम्बन्धी होते हैं।

(5) प्रत्येक बाह्य अनुभव भिन्न-भिन्न संवेदनों (आत्मा या मन की अलग-अलग अवस्थाओं या संस्कारों) के योग से होता है, जिनका मेरे साथ तो सम्बन्ध होता है पर परस्पर कोई सम्बन्ध नहीं होता। अतः उनको जोड़नेवाला सम्बन्धसूत्र चित् से बाहर नहीं है, उसके भीतर है। यह सम्बन्धसूत्र देश है जो हमारे चित्त का ही भाव या स्वरूप है।

(6) दिक् अनन्त है। हमें इस बात का पूरा निश्चय है कि सौर जगत् क्या अनेक सौर जगतों से परे, जहाँ तक न दूरबीन की पहुँच है और न हमारे अनुभव की, दिक् बराबर चला गया है। यह अनुभव की बात नहीं, अनन्तता का अनुभव हमें बाहर से प्राप्त हो नहीं सकता।

काल कोई बाह्य वस्तु नहीं, चित् का ही स्वरूप है

(1) काल की भावना जगत् से नहीं प्राप्त होती क्योंकि प्रत्येक प्रत्यक्षानुभव में काल की भावना पहले से मिली रहती है। प्रत्यक्षानुभव में यह आवश्यक है कि संवेदन एक साथ हों या आगे-पीछे। एक साथ या आगे-पीछे होने का यह भाव कालसम्बन्धी है।

(2) मान लीजिए कि जगत् की सारी गति, सारे व्यापार–घड़ियों के चलने से लेकर पृथ्वी आदि ग्रहों के घूमने तक, जिनसे हम काल नापते हैं बन्द हो जाएँ, फिर भी काल बराबर चला चलेगा, एक क्षण के उपरान्त दूसरा क्षण आता रहेगा। सब प्रकार के प्रत्यक्षानुभव के लुप्त हो जाने पर भी काल की भावना बराबर बनी रहेगी।

(3) कालसम्बन्धी निरूपण अरिहार्य होते हैं, उनका अन्यथा सम्भव नहीं। जैसे किसी भविष्य काल तक रहने के लिए यह आवश्यक है कि वर्तमान काल और उस काल के बीच जितना काल है उतने में रहा जाए, न कम में न अधिक में। विगत क्षण का लौटना असम्भव है। इस प्रकार के निश्चय किसी प्रत्यक्षानुभव द्वारा प्राप्त नहीं। कालिदास को कुछ लोग ई. पू. का मानते हैं और कुछ लोग चतुर्थ शताब्दी का। यदि कोई कहे कि दोनों सम्भव हैं तो वह विक्षिप्त समझा जाएगा।

(4) अंकगणित के निरूपण भी इसी प्रकार अपरिहार्य होते हैं। यह शास्त्र कालसम्बन्धी है क्योंकि यह गिनने की संक्षिप्त विधि मात्र है। गिनना एकाई

का कई बार निर्धारण है जिसके लिए हम भिन्न-भिन्न संकेत रख लेते हैं। 'कई बार' यह कालपरम्परा का भाव है अतः अंकगणित कालसम्बन्धी शास्त्र है। उसके अपरिहार्य निरूपण काल का बाह्यनिरपेक्षत्व सिद्ध करते हैं।

(5) प्रत्येक प्रत्यक्षानुभव कुछ काल तक मन के प्रभावित होने पर होता है। यह काल चाहे कितना ही अल्प हो कई सूक्ष्म खंडों के योग से बना होता है जिनके बीच कई सूक्ष्म अनुभव होते हैं। आत्मा के ये सूक्ष्म अनुभव मुझसे सम्बन्ध रखते हैं पर एक-दूसरे से नहीं। वह सूत्र जिसमें वे पिरोए जाकर एक समवाय ज्ञान उत्पन्न करते हैं काल है जो अनुभवों द्वारा प्राप्त नहीं होता, चित्त द्वारा प्रयुक्त किया जाता है।

(6) काल अनादि और अनन्त है। हमें यह पूर्ण निश्चय है कि काल बराबर था और बराबर रहेगा। हमारा यह निश्चय किसी अनुभव द्वारा प्राप्त नहीं, यह चित् से ही आता है।

कार्यकारणसम्बन्ध बाह्य विषय नहीं, चित् का ही स्वरूप है

जैसे दिक् वस्तुओं के अवस्थान की चित्तप्रयुक्त व्यवस्था है और काल परम्परा की, उसी प्रकार कार्यकारणभाव वस्तुओं की क्रिया या व्यापार की व्यवस्था है जिसे चित्त अपनी ओर से प्रदान करता है। प्रत्येक कार्यविशेष का निर्धारण प्रत्यक्षानुभव द्वारा होता है, पर कार्यकारणभाव, जिसके बिना क्रिया या व्यापार की भावना सम्भव नहीं, अन्तरात्मा से ही आता है। प्रमाण–

(1) चित् का स्वरूप ही ऐसा है कि यदि किसी व्यापार का चित्र उसमें उपस्थित होता है तो उसका सम्बन्ध बिना किसी कारण से लगाए वह रह ही नहीं सकता। प्रत्येक प्रत्यक्षानुभव में कार्यकारणभाव समवेत रहता है। बाहर से जो कुछ हमें प्राप्त होता है वह अन्तःकरण का संवेदनसूत्रों द्वारा संहत संस्कार मात्र है। यदि हमारे मन में कार्यकारणभाव का साँचा न होता तो उस संस्कार के द्वारा बाह्य वस्तु के होने का कुछ भी ज्ञान न होता। इसी भाव के द्वारा हम संस्कार को कार्यरूप से ग्रहण करते हैं और अपने से बाहर दिक् में उसके कारण का अवस्थान (स्थूल भूत के रूप में) करते हैं। कार्यकारण के भाव बिना बाह्य जगत् की प्रतीति का असम्भव होना ही इस बात का प्रमाण है कि यह भाव हमें बाहर से प्राप्त नहीं होता, बुद्धि द्वारा ही प्राप्त होता है।

(2) शुद्ध कार्यकारणभाव का चित्र हमारे मन में उपस्थित नहीं हो सकता, विषय रूप में जब वह उपस्थित होगा तब देशकाल के योग में अर्थात् भूत के रूप में। भूत वास्तव में देशकालव्यवस्थित कार्यकारणभाव का ही नाम है। इस भूत का भाव परिहार्य, अपरिहार्य दोनों है। इस भूत का भाव हम चित्त से निकाल सकते हैं, पर जो भूत है उसका प्रागभाव, प्रध्वंसाभाव मन में नहीं

धारण कर सकते। भूत के प्रागभाव और प्रध्वंसाभाव (उत्पत्ति और नाश) की धारणा का असम्भव होना इस बात को सूचित करता है कि हम उपस्थित भूत के अस्तित्व को अपने मन से किसी प्रकार निकाल नहीं सकते। अतः वह आत्मसत्ता से स्वतन्त्र नहीं है, अर्थात् भूत भी चित् द्वारा ही प्रदत्त भाव है।

(3) कार्यकारणभाव अपरिहार्य है। किसी कार्य का कारण क्या है, इसका अनिश्चय हमें हो सकता है पर कोई कारण है इसका निश्चय अवश्य रहता है। यदि कार्यकारणभाव हमें प्रत्यक्षानुभव द्वारा प्राप्त होता तो जैसे और सब प्रत्यक्षानुभव द्वारा प्राप्त नियमों (जैसे, नित्य सबेरे सूर्य का उदय होना) की वैसे ही इसकी भी अन्यथा भावना हो सकती। बार-बार के प्रत्यक्षानुभव द्वारा प्राप्त नियमों की भावना अपरिहार्य नहीं, कार्यकारण का भाव अपरिहार्य है। अतः वह प्रत्यक्षानुभव द्वारा प्राप्त नहीं है।

(4) भौतिक विज्ञान के जो नियम प्रत्यक्षानुभव द्वारा प्राप्त हुए हैं उन सबको यदि निकाल दें तो कोई क्रिया नहीं रह जाएगी, क्रिया की सम्भावना, अर्थात् कार्यकारणभाव मात्र रह जाएगी, दिक् काल द्वारा व्यवस्थित होने पर जिसकी प्रतीति भूत के रूप में होती है। भूत की यह अक्रिय और सक्रिय भावना अपरिहार्य है, अतः चित्तप्रदत्त है।

(5) जबकि अलग-अलग संस्कारों द्वारा दिक् काल का सूत्र नहीं प्राप्त होता तब कार्य और कारण के बीच का सम्बन्धसूत्र अलग-अलग प्रत्यक्षानुभवों से कैसे प्राप्त हो सकता है ? अतः व्यापार के रूप में शक्ति की जो अभिव्यक्तियाँ होती हैं उन्हें मन ही कार्यकारणभाव की व्यवस्था प्रदान करता है।

(6) कार्यकारण परम्परा अनादि और अनन्त है क्योंकि जिस अवस्था को हम आदि मानेंगे उसका परिणाम होने के लिए कोई पूर्व परिणाम मानना पड़ेगा और अनवस्था आ जाएगी। अनादि और अनन्त का भाव कभी किसी प्रत्यक्षानुभव द्वारा प्राप्त नहीं हो सकता। वह चित् का ही स्वरूप है।

अन्तःकरण अपनी इन्हीं तीन व्यवस्थाओं (दिक्, काल और कार्यकारणभाव) द्वारा बाह्य जगत् का चित्र खींचता है। पहले तो वह संवेदनों को कालबद्ध कर पूर्वापर क्रम की भावना करता है। फिर कार्यकारणभाव द्वारा बाहर उसके कारण का आरोप करता है। अन्त में इस कारण को दिग्बद्ध कर भौतिक स्थूल पदार्थ के रूप में उसकी भावना करता है। सारांश यह कि जगत् जो हम देखते हैं वह हमारे चित्त का ही खड़ा किया हुआ स्वरूप है, अर्थात् तत्त्व दृष्टि से मिथ्या है। यही तर्क विलायती वेदान्त का आधार हुआ। कांट के इस निरूपण में चित् से भिन्न उस पर संस्काररूप प्रभाव डालनेवाली अज्ञेय बाह्य सत्ता का स्वीकार है। अतः बाह्यार्थवाद का कुछ लेश उसमें बना हुआ है। इस अज्ञेय बाह्य सत्ता की भावना उसने शक्तिरूप में की है। एक स्थान पर उसने कहा है कि भौतिक पदार्थ और कुछ नहीं 'शक्तिपूरित दिक्खंड' मात्र है।

कांट में जो कुछ बाह्यार्थवाद का लेश था उसे फिक्ट ने दूर कर दिया। उसने सूचित किया कि चित् से भिन्न उस पर प्रभाव डालनेवाली कोई वस्तु नहीं है, आत्मा पूर्ण और निरपेक्ष है। वह आपसे आप उन स्वरूपों का उदय करती है जिनकी समष्टि को जगत् कहते हैं, किसी बाहरी वस्तु (भूत, शक्ति, अज्ञेय सत्ता या ईश्वर आदि) के प्रभाव या प्रेरणा से नहीं। जगत् पूर्णतया उसी की रचना है। आत्मा पहले अपना अवस्थान करती है, फिर अपने से भिन्न अनात्मा का और पीछे इस अनात्मा का अपने में अवस्थान करती है। इसी पद्धति से वह जगत् की प्रतीति करती है। अतः जो कुछ सत्ता है वह चैतन्य में ही, चैतन्य के बाहर नहीं।[1] मोहवश आत्मा को इस स्वावस्थान क्रिया का विस्मरण हो जाता है और उसे इस विवर्त द्वारा अनात्मा की भी स्वतन्त्र सत्ता प्रतीत होने लगती है। इस प्रकार आत्मा के अवस्थानभेद मानकर फिक्ट ने विषय विषयी, ज्ञाता ज्ञेय, प्रमाता प्रमेय में परमार्थभेद नहीं रखा। जिसे कांट ने अज्ञेय वस्तुसत्ता कहा था उसको भी फिक्ट ने विषय रूप में आत्मा का स्वावस्थान ही कहकर ज्ञेय बताया; क्योंकि जब वह आत्मा की ही स्वप्रमिति ठहरी तब उसके लिए अज्ञेय कैसे हो सकती है। इस प्रकार फिक्ट के दर्शन में आत्मसत्ता के अतिरिक्त और कुछ नहीं रह गया।

अद्वैत आत्मवाद या भाववाद में बड़ी भारी अड़चन यह थी कि यदि संसार में जो नाना पदार्थ दिखाई पड़ते हैं वे चित् के भाव ही हैं तो किसी एक वस्तु की समान प्रतीति सब आत्माओं में कैसे होती है, सब लोग एक सूर्य की भावना कैसे करते हैं। कांट की तरह बाह्यसत्ता का कुछ लेश रखने पर तो इसका समाधान यह मानकर हो सकता है कि एक वस्तुसत्ता भिन्न-भिन्न आत्माओं में एक ही प्रकार की अलग-अलग प्रतीति उत्पन्न करती है। पर उस बाह्य वस्तु को भी चित् का स्वरूप मान लेने पर केवल दो रास्ते रह जाते हैं। या तो यह कहें कि जितनी आत्माएँ हैं उतने ही सूर्य (या सूर्य की प्रतीति) हैं अथवा यह कहें कि आत्मा एक ही है, अनेक नहीं। इंगलैंड के भाववादी दार्शनिक बर्कले ने पहला रास्ता पकड़ा था। पर फिक्ट ने भिन्न-भिन्न आत्माओं का प्रत्याख्यान करके भारतीय वेदान्तियों के समान एक ही आत्मा माना। योरपीय दर्शन में इस प्रकार एक ही पूर्ण और व्यापक चैतन्य की प्रतिष्ठा हुई।

फिक्ट के पीछे शेलिंग ने प्रतिपादित किया कि एकान्त चैतन्य सत्ता ही ब्रह्म है। जगत् चैतन्य वा ब्रह्म का ही भावविधान है। ब्रह्मसत्ता शाश्वत सर्वव्यापिनी बुद्धिस्वरूपा है। यह सम्पूर्ण जगत् उसी बुद्धि का निरूपण है जिसकी पहले जड़ जगत् के रूप में और फिर होते-होते चेतन मनुष्य के रूप में अभिव्यक्ति होती है। विषयी निरन्तर विषय रूप होता रहता है और ऐसी सृष्टि करता है जिसमें विषय और विषयी का एक में पर्यवसान होता है। द्वैत में अद्वैत, भेद में अभेद का यह क्रम ही आकर्षण और अपसारण का मूल है और इसकी उद्धरणी जगत् में बराबर होती रहती है। शेलिंग का कहना है कि विषयी जो विषय हो जाता है वह 'भेद में अभेद' भाव होकर फिर पलटकर अपने में मिलने के लिए ही। जगत् और ज्ञान दोनों का क्रम बुद्धिक्रम है। विषय और विषयी, ज्ञाता और

1. नहि आत्मनोन्यत् अनात्मभूत तत्। –तैत्तरीय भाष्य।

ज्ञेय के भेद का परम चैतन्य या पूर्णबुद्धि में जाकर अभेद हो जाता है। अभेदरूप इस ऐकान्तिक पूर्ण चैतन्य सत्ता का बोध क्योंकर हो सकता है ? शेलिंग का कथन है कि प्रज्ञा से।

शेलिंग के इसी 'भेद में अभेद' के ऊपर हेगल ने अपना अद्‌भुत चमत्कारपूर्ण भवन खड़ा किया जिससे बाह्यार्थवादी इतना घबराते हैं। उसने शेलिंग के इस कथन को अयुक्त बताया कि पूर्ण चैतन्य सत्ता का बोध प्रज्ञा द्वारा हो सकता है। उसने कहा कि संवेदन या इन्द्रियज ज्ञान से ऊपर जो बोध होगा वह अनुमान या तर्क पद्धति द्वारा ही होगा। इसके लिए उसने एक नया आन्तर तर्क खड़ा किया जिसका आधार यह है कि दो जुड़ी वस्तुएँ यदि समान हों तो गुण की एकता से एक ही हो सकती हैं। इसी तर्कपद्धति द्वारा उसने दिखाया कि किस प्रकार अपरिच्छिन्न सत्ता परिच्छिन्न होकर भी अपरिच्छिन्न बनी रहती है, किस प्रकार चित् का भाव जगत् हो जाता है और फिर आत्मा होकर अपने में लौट आता है, सत् किस प्रकार असत् हो जाता है और फिर अपने में लौट आता है अर्थात् किस प्रकार एक परम चैतन्य विषय-विषयी, ज्ञाता-ज्ञेय, प्रमाता-प्रमेय के भेद की ओर प्रवृत्त होता है और फिर भी अभेद रूप रहता है। इस प्रकार हेगल ने सत् और असत् दोनों का अन्तर्भाव एक परम भाव में किया। हेगल के हाथ में पड़कर जरमनी का भाववाद चरमसीमा को पहुँच गया।

हेगल के पीछे जरमनी में शोपेनहावर, हार्टमान, लोज, फेकर, पालसन आदि कई भाववादी दार्शनिक हुए हैं। इनमें से शोपेनहावर ने बौद्ध आदि पूरबी दर्शनों और उपनिषदों का भी परिशीलन किया था। शोपेनहावर भी कांट का यह निरूपण स्वीकार करके चला है कि बाह्य (नामरूपात्मक, दृश्य) जगत् चित् का भाव या प्रत्यय मात्र है, पर जगत् की जो वस्तुसत्ता है वह कर्मसंकल्पवृत्ति या इच्छास्वरूप है। यह कर्मप्रवृत्ति या कृतिशक्ति उद्‌देश्यज्ञानपूर्वक चेतन नहीं है, जड़ है। बुद्धि और चेतना क्या इसमें संवेदन तक नहीं, यह सर्वथा जड़ प्रवृत्ति है। इस प्रकार उसने फिक्ट, शेलिंग और हेगल के अनन्तपूर्ण चैतन्य अर्थात् सर्वव्यापिनी चेतनसत्ता का प्रतिषेध किया और कहा कि अन्ध जड़ प्रवृत्ति या इच्छा ही परिणामरूप से हम लोगों में चैतन्य की उत्पत्ति करती है। यह दुःखमय संसार इसी रजोगुणमयी प्रवृत्ति या शक्ति का कार्य है। शोपेनहावर के दर्शन में दुःखवाद भरा हुआ है। कामना की निवृत्ति से ही दुःख की निवृत्ति हो सकती है। शोपेनहावर के अनुयायियों में ही ड्यूसन हुए हैं जिन्होंने वेदान्त आदि भारतीय दर्शनों की भी आलोचना की है।

शोपेनहावर ने सबसे जड़ और दुःखमयी प्रवृत्ति को ही जगत् के मूल में रखा है। उसका यह दुःखवाद जरमनी में निट्शे ने ग्रहण किया और अपनी चमत्कारपूर्ण अनोखी उक्तियों द्वारा अपने देश में एक इन्द्रजाल सा फैला दिया। वह शोपेनहावर के दर्शन से जड़ प्रवृत्ति या संकल्पशक्ति को लेकर विकासवाद की ओर ले गया और कहने लगा कि जीवन की यही कामना विकास के इस नियम में देखी जाती है कि 'जो जीव समर्थ होते हैं वे ही रह जाते हैं और सब नष्ट हो जाते हैं।' प्रकृति द्वारा जीवित रहने का अधिकार

बलवानों को ही प्राप्त है। वे दुर्बलों को संसार से हटाकर अपने लिए–अपने ज्ञान, बल, वैभव आदि के पूर्ण विस्तार के लिए–जगह करें और इस प्रकार ग्रहण पद्धति द्वारा एक मनुष्योपरि योनि का विकास करें। इस मनुष्योपरि योनि के विकास के उन्माद में जरमनी ने हाल में जो करतब किए उन्हें संसार देख चुका है।

यद्यपि भारतीय वेदान्त की पद्धति योरप की ज्ञानपरीक्षावाली पद्धति से भिन्न है पर अन्त में दोनों दर्शन किस प्रकार एक ही सिद्धान्त पर पहुँचे हैं यह बात ध्यान देने योग्य है। वेदान्त यह मानकर चला है कि क्रिया परिणामिनी है, पर चैतन्य अपरिणामी है। एक क्रिया दूसरी क्रिया के रूप में परिणत होती है पर उन क्रियाओं का ज्ञान सदा वही रहता है। बुद्ध्यादि अन्तःकरण की सब वृत्तियाँ जड़ क्रिया के अन्तर्गत की गई हैं, केवल उनका ज्ञान अधिकृत रूप से स्थित कहा गया है। खंडज्ञान या विज्ञान का कारण बुद्ध्यादि क्रिया की विच्युति या विकार है। क्रियानुगत ज्ञाता ज्ञेय रूप में केवल क्रियाओं का ज्ञान करता है, अपने स्वरूप का नहीं जो अखंड, निर्विशेष और अपरिणामी है। इससे सिद्ध हुआ कि परिणामबद्ध क्रिया या क्रियाबीज शक्ति स्वतन्त्र सत्ता नहीं हो सकती, उसकी अक्षर सत्ता चैतन्य की सत्ता में ही है। शक्ति का जो स्फुरण है उसका अधिष्ठान चैतन्य है। अतः चैतन्य ही एकमात्र शुद्ध सत्ता है। इस स्फुरण व्यापार में ब्रह्म या चैतन्य का ही आभास मिलता है। 'सर्व विशेषप्रत्यस्तमित स्वरूपत्वात् ब्राह्मणो बाह्यसत्तासामान्यविषयेण 'सत्य' शब्देन लक्ष्यते'–(तैत्तिरीय भाष्य)। शुद्ध चैतन्यस्वरूप का केवल आभास मिल सकता है। उसका बोध केवल लक्षण द्वारा हो सकता है साक्षात् सम्बन्ध द्वारा नहीं। जबकि सब प्राकृतिक व्यापार चैतन्य के ही लक्षणाभास हैं और हमें केवल इन्हीं लक्षणाभासों का ही ज्ञान हो सकता है तब इनके अनुसन्धान को वेदान्ती अनावश्यक नहीं कह सकते।

इस संक्षिप्त निरूपण से यह स्पष्ट है कि ब्रह्म अनन्त ज्ञानस्वरूप और अनन्त शक्तिस्वरूप दोनों है। इस शक्ति को ब्रह्म का संकल्प ही समझना चाहिए जो अव्यक्त रूप में चैतन्य में अधिष्ठित रहता है। यह एक प्रकार से ज्ञान का ही एक अंग या पक्ष है जिसकी अभिव्यक्ति सर्गोन्मुख गति या क्रिया के रूप में होती है। इसी अर्थ में ब्रह्म या चैतन्य को 'भूतयोनि' (कारण ब्रह्म) कहते हैं। ज्ञाता ज्ञेय रूप से अपना अवस्थान कर क्रिया रूप में अपनी संकल्पशक्ति को व्यक्त करता है।

बाह्यार्थवाद

बाह्यार्थवादी सर्वसाधारण की धारणा का समर्थन करते हुए भूत और आत्मा दो अलग सत्ताएँ मानते हैं। उन्हें दोनों ओर के अद्वैतवादियों के खंडन में प्रवृत्त होना पड़ता है। अद्वैत आत्मवाद की प्रचंड युक्तियों के निराकरण में भी वे प्रवृत्त होते हैं और भूताद्वैतियों की त्रुटियों का भी दिग्दर्शन कराते हैं। जरमनी में ही ड्यूरिंग आदि कई बाह्यार्थवादियों ने कांट के निरूपण के विरुद्ध प्रयास किया है। बाह्यार्थवादी भी दो प्रकार के हैं। कुछ

तो भौतिक जगत् को प्रत्यक्ष नहीं मानते, अनुमान मानते हैं। वे इस युक्ति को मानते हैं कि मन का जो ज्ञान होता है वह अपने ही स्वरूपों या संस्कारों का, पर इन संस्कारों द्वारा इस बात का पूरा अनुमान होता है कि भौतिक जगत् है। शुद्ध बाह्यार्थवादी कहते हैं कि हमें भौतिक जगत् का प्रत्यक्ष ज्ञान होता है, मानसिक संस्कार मध्यस्थ नहीं। इंगलैंड में रीड, स्टिवर्ट और हेमिल्टन शुद्ध बाह्यार्थवाद के अनुयायी हो गए हैं। मार्टिना, माइवर्ट और मेकाश आधुनिक अनुयायियों में हैं। इंगलैंड की स्वाभाविक प्रवृत्ति इसी मत की ओर अधिक है जिसमें न्याय और वैशेषिक के समान ईश्वर, आत्मा और भूत के लिए उसी प्रकार अलग-अलग जगह है जिस प्रकार सर्वसाधारण के मन में।

इस मत के समर्थक भाववादियों की इस मूल प्रतिज्ञा को असिद्ध कहते हैं कि मन को जो संवेदन या ज्ञान होता है वह अपने ही संवेदन का न कि वस्तु का। वे कहते हैं कि जिसका ज्ञान होता है वह भौतिक पदार्थ से उत्पन्न भौतिक प्रभाव है, चित् का ही स्वरूप नहीं। यदि जगत् के व्यापारों को हम चित्त के भाव या कल्पना मान लें तो फिर नाना विज्ञानों के जो अन्वेषण हैं वे व्यर्थ हैं। भौतिक व्यापार अपने नियमों के अनुसार तब से बराबर होते आ रहे हैं जब से उनकी प्रतीति करनेवाले मनुष्य के चित्त का कहीं पता भी नहीं था। यदि भूत की सत्ता स्वतन्त्र न होती तो एक ही बात का पता दो अलग-अलग अन्वेषकों को कैसे लगता। नेपचून नामक ग्रह का पता आडम्स और लवेरियर नामक ज्योतिषियों ने अपनी-अपनी स्वतन्त्र गणना के अनुसार एक ही समय में पाया। इस प्रकार बाह्यार्थवादी अनेक युक्तियों से योरपीय भाववादियों (अद्वैत आत्मवादियों) के निरूपण के प्रत्याख्यान में प्रवृत्त होते हैं। पर सच पूछिए तो वैज्ञानिकों के अनुसन्धान का द्वार भाववादी बन्द नहीं करते हैं। सत्ता के पारमार्थिक स्वरूप का जो कुछ उन्होंने प्रतिपादन किया है उसके साथ बाह्यार्थ क्रमविधान का समन्वय भी उन्होंने किया है। कांट ने वस्तुसत्ता को शक्तिस्वरूपा कहा था, शोपेनहावर ने उसी शक्ति को संकल्प कहा। फिक्ट ने उस शक्ति को 'विषयी का विषयरूप से स्वावस्थान' कहकर उसका अधिष्ठान चैतन्य में ही कर दिया था। पहले कहा जा चुका है कि किस प्रकार भौतिक विज्ञान भूत या द्रव्य के मूल रूप का पता लगाते लगाते अन्त में शक्ति तक पहुँच रहा है। कुछ वैज्ञानिक अब कहने लगे हैं कि द्रव्य या भूत का सबसे सूक्ष्म रूप[1] शक्ति ही है। अतः विज्ञान के नाना अनुसन्धानों को भाववादी यही समझेंगे कि संकल्प या कृतिशक्ति के स्वरूप का निरूपण हो रहा है। जबकि इस संकल्प या क्रियाबीज की सत्ता भी चैतन्य सत्ता से स्वतन्त्र नहीं, जबकि यह ज्ञान का ही एक विशेष (ज्ञेय) रूप में अवस्थान है, जबकि इसके नाना विशेषों या क्रियाओं की तह में अधिष्ठान रूप से निर्विशेष चैतन्य व्याप्त है तब इस ज्ञेय के द्वारा ज्ञान, चैतन्य या ब्रह्म का ही आभास अध्यात्मवादी क्यों न मानेंगे ?

प्रकृति के नाना व्यापारों के अनुसन्धान द्वारा ही वैज्ञानिकों को 'भेद में अभेद' इस गूढ़ तत्त्व की उपलब्धि हुई है जो सत्ता सम्बन्धी ज्ञान का मूल है। भूतों की विशेष

---

1. अक्षरमव्याकृत नामरूपबीजशक्तिरूपं भूतसूक्ष्मम्। –शांकरभाष्य।

क्रियाओं के अभ्यास द्वारा ही क्रिया के एक निर्विशेष रूप अक्षर शक्ति तक विज्ञान पहुँचा है, नाना क्रियाएँ जिसकी अभिव्यक्ति मात्र हैं। विज्ञान के किसी क्षेत्र में जाइए वहाँ एक सामान्य अनेक की तह में ओतप्रोत मिलेगा। यही सामान्य सत्ता के स्वरूप का आभास है।

नाना भेदों के बीच जो अभेद मिलता जाए उसे सत्ता के स्वरूप के पास तक पहुँचता हुआ समझना चाहिए। शुद्ध विज्ञान अपने सूक्ष्म अन्वीक्षणों द्वारा सर्वभूत की सामान्य सत्ता, शक्ति, तक पहुँच रहा है। ईथर का एक अड़ंगा रह गया है। ईश्वर भी शायद एक दिन शक्तिरूप ही प्रमाणित हो जाए (अव्यक्तमव्याकृताकाशादिशब्द वाच्यम्–कठभाष्य)। पहले कहा जा चुका है कि विज्ञान अपनी पद्धति से चैतन्य को इस भूतशक्ति के अन्तर्गत करने में समर्थ नहीं हुआ है। अतः चैतन्य और शक्ति का ही द्वैत अब रह गया है। सांख्य ने जहाँ छोड़ा था वहीं पर विज्ञान ने भी लाकर छोड़ दिया है। सांख्य भी पुरुष प्रकृति का सदा सलामत रहनेवाला जोड़ा देखकर लौटा था।

अब इस द्वैत को लेकर दोनों प्रकार के अद्वैतवादी का क्या रूप होगा यह देखना चाहिए। अब या तो आधिभौतिक अद्वैत के अनुसार चैतन्य को शक्ति के अन्तर्भूत करें या अद्वैत आत्मवाद के अनुसार शक्ति को चैतन्य के अन्तर्भूत करें–या तो शक्ति को चैतन्य का अधिष्ठान कहें, अथवा चैतन्य को शक्ति का। हैकल ने परम तत्त्व के भूत और शक्ति जो दो पक्ष कहे थे उनमें से भूत तो प्रायः शक्ति के ही अन्तर्भूत हो गया। अतः उसका परम तत्त्व भी शक्तिरूप ही रह गया। उसने चैतन्य को इस शक्ति का ही एक रूप या क्षणिक परिणाम कहा है। योरप के भाववादी और भारत के वेदान्ती चैतन्य को ही शक्ति का अधिष्ठान कहेंगे जैसा कि वे बराबर कहते आए हैं। आधिभौतिकों या लोकायतिकों की इस युक्ति का उन पर कोई प्रभाव नहीं कि शरीर या मस्तिष्क के विकृत या नष्ट होने से चेतना भी विकृत या नष्ट होती है क्योंकि उनका पक्ष तो यह है कि मस्तिष्क (अन्तःकरण या बुद्ध्यादि जड़ क्रिया) के विकृत या नष्ट होने से केवल वह क्रियाविशेष नष्ट हो जाती है जिसके द्वारा चैतन्य के लक्षण का आभास मिलता है।

जब हैकल आदि कुछ वैज्ञानिक अपने क्षेत्रों से निकलकर ईश्वर, परलोक आदि के खंडन द्वारा ईसाई धर्म पर टूटे तब बहुतों ने अपने मजहब की पौराणिक और स्थूल बातों को किनारे कर हैकल आदि के पूर्णचिद्वाद (फिलासफी आवृ ऐब्सोल्यूट) या ब्रह्मवाद की ही शरण ली जिसकी आधिभौतिकों ने हँसी उड़ाई क्योंकि भाववाद में उनके स्थूल ईश्वर, फरिश्तों, दोजख की आग, पिता-पुत्र आदि के लिए कहीं ठिकाना नहीं था। कैथलिक सम्प्रदाय के ईसाइयों ने शुद्ध बाह्यार्थवाद का अवलम्बन किया। अधिकांश वैज्ञानिक अपने विषय के बाहर न जाकर संशयवादी रहे, और अब भी हैं। वे चैतन्य और उसकी सत्ता-असत्ता के विषय में कुछ कहना नहीं चाहते। डारविन, हक्सले आदि विकासवाद के प्रतिष्ठाता संशयवादी थे, अनीश्वरवादी नहीं। हर्बर्ट स्पेंसर को भी एक प्रकार का संशयवादी ही कहना चाहिए। पर लार्ड केलविन, सर आलिवर लाज ऐसे कुछ परम प्रसिद्ध वैज्ञानिकों ने लड़ाई में धर्माचार्यों का पूरा साथ दिया है। सर आलिवर लाज

इंगलैंड के प्रधान वैज्ञानिकों में से हैं। वे ईश्वर, परलोक, अमरत्व आदि के मंडन में बराबर दत्तचित्त रहते हैं। सन् 1913 में ब्रिटिश असोसिएशन के वार्षिक अधिवेशन के अवसर पर सर आलिवर लाज ने 'अखंडत्व' पर जो व्याख्यान दिया था उसका कुछ अंश नीचे दिया जाता है–

'परलोक आदि का पुराना झगड़ा इधर मुल्तवी है। जिस गढ़ में परलोकवादी ने शरण ली है वह आक्रमण के लिए लोगों को आकर्षित नहीं करता। जिस कोने को दबाकर वह बैठा है उस पर उसका पूरा हक है। अब जो झगड़ा चल रहा है वह वैज्ञानिक दलों के बीच है जिसमें दार्शनिकों का भी योग है। परलोकवादी तो अब एक कोने में बैठा दूर से आसरा लगाए देख रहा है कि इस झगड़े से कभी-न-कभी उसके काम की बात निकल आएगी। वह बैठा-बैठा सोचता है कि बहुत सी बातें जिन्हें लोगों ने उतावली करके अधूरे प्रमाण पर ही झूठ ठहराया था वे किसी-न-किसी रूप में आगे चलकर ठीक प्रमाणित होंगी। इस प्रकार धर्मोपदेशकों (पादरियों) का पुराना द्वेष तो इधर शान्त है।

'भौतिक विद्या में शक्ति पर विवाद चल रहा है। रसायन में अणुओं की बनावट का झगड़ा है। प्राणिविज्ञान में वंशपरम्परा के नियमों की छानबीन है। शिक्षापद्धति में बच्चों को अधिक स्वतन्त्रता देने के लाभ बताए जा रहे हैं। राजनीति और समाजनीति में तो दुनिया की कौन ऐसी बात है जिस पर वाद न हो—केवल 'धन धरती' पर ही नहीं, अदन के पुराने बाग से लेकर स्त्री-पुरुष के परस्पर सम्बन्ध तक पर विवाद छिड़ा हुआ है। इसी प्रकार गणित और विज्ञान की शाखाओं में आजकल का संशयवाद अखंडत्व के सम्बन्ध में है।

'इन सब खंडवादों से बढ़कर गूढ़ और तत्त्वमूलक सब प्रकार के विज्ञानों के आधारों की गहरी परीक्षा है जो आजकल हो रही है। एक प्रकार का दार्शनिक संशयवाद भी बढ़ती पर है जिससे बुद्धि के शुद्ध निरूपण क्रम पर भी अविश्वास किया जा रहा है और विज्ञान की पहुँच भी परिमित बताई जा रही है।

'वैज्ञानिक भी पुराने सिद्धान्तों के खंडन में लगे हैं। एक पूरा अन्यूटनिक सिद्धान्त ही निकाला गया है जिसके आधार हाल में जाने हुए वे परिवर्तन हैं जो प्रकाश के तुल्य वेग से गमन करते हुए पदार्थों में पाए गए हैं। वास्तव में यह पाया गया है कि परिमाण और आकृति वेग की क्रियाएँ या गुण हैं। जैसे-जैसे वेग बढ़ता है वैसे ही वैसे परिमाण बढ़ता है और आकृति में फेरफार होता है, पर साधारण अवस्था में हद से ज्यादा सूक्ष्म रूप में। भौतिक विज्ञान के अधिकांश विभागों में सुगमता के स्थान में जटिलता बढ़ती जाती है। आजकल भौतिक विज्ञान में जो मुख्य विवाद चल रहा है उसका झुकाव खंडत्व और अखंडत्व के विषय में है।

'ऊपर से देखने में सृष्टि के बीच पहले हम खंडत्व पाते हैं अर्थात् हम ऐसे पदार्थ देखते हैं जिन्हें अलग-अलग गिन सकते हैं। फिर हम वायु तथा और-और अन्तरवर्तियों का अनुभव करते हैं और अखंडत्व या प्रवाहित द्रव्य का समर्थन करते हैं। इसके अनन्तर हम अणुओं का पता लगाते हैं और फिर खंडत्व हमारे सामने आता है। तब हम ईथर

का पता लगाते हैं और फिर अखंडत्व पर विश्वास करते हैं। पर इसका अन्त यहीं नहीं होने का। अन्तिम परिणाम क्या निकलेगा, या कुछ निकलेगा भी, यह बताना कठिन है। आजकल की प्रवृत्ति तो प्रत्येक पदार्थ को अखंड या अणुमय बताने की है। विद्युत् या विद्युत्प्रवाह भी—सुनकर आश्चर्य होगा—अणुमय प्रमाणित हुआ है और उसके अणु का नाम विद्युदणु रखा गया है। चुम्बकशक्ति तक के अणुमय होने का सन्देह किया गया है और उसकी व्यष्टि या अणु का नाम चुम्बकाणु रख दिया गया है। प्राणिविज्ञान में घटकरूप में शरीराणुवाद की प्रतिष्ठा थी ही, अब वंशपरम्परा के नियमों का अध्ययन कर मेंडल आदि ने बताया है कि वृद्धिकारक घटकों (शुक्रकीटाणु, गर्भांड) में भी संख्या और खंडत्व प्रत्यक्ष है और सन्ततिभेद भी गिने और पहले से बताए जा सकते हैं। जहाँ डारविन के अनुसार अखंड परम्परागत भेद द्वारा ही ढाँचे में फेरफार माना जाता था वहाँ उसके स्थान पर या कम-से-कम उसके साथ-साथ अब आकस्मिक या आगन्तुक रूपान्तर द्वारा विशिष्ट, असम्बद्ध और परम्पराखंडित परिवर्तन माना जाने लगा है। इतने पर भी यह निश्चित है कि अखंडत्व ही विकास सिद्धान्त का मूल है। गतिशक्ति तक अण्वात्मक बताई जाने लगी हैं। प्रो. प्लांक का शक्त्यणु (क्वांटम) वाद अत्यन्त चित्ताकर्षक—कुछ लोगों की समझ में अत्यन्त प्रबल भी—है। ज्योतिःप्रवाह के भी सखंड और अणुमय सिद्ध होने के लक्षण दिखाई देने लगे हैं। ज्योतिःप्रवाह के अणुमय होने की चर्चा अब उतनी धीमी नहीं है जितनी कि कुछ पहले पड़ गई थी। इस बात में यथार्थता चाहे जितनी हो पर ज्योतिःप्रवाह सम्बन्धी जो विवाद है वह है बड़े महत्त्व का, क्योंकि वह ईथर और द्रव्य के बीच की सबसे अधिक ज्ञात और परीक्षित शृंखला है। ज्योतिःप्रवाह यद्यपि वेगप्रेरित विद्युदणु से ही उत्तेजित होता है पर आगे चलकर वह आकाशतत्त्व ईथर में ही विचरण करता है और एक विशिष्ट वस्तु की तरह सम तथा नियमित गति से गमन करता है। इससे ज्योतिःप्रवाह के द्वारा हम बहुत सी बातें जान सकते हैं।

'पर लक्ष्यों को हटाने में धैर्य से काम लेना चाहिए। इन लक्ष्यों में सबसे प्रधान अखंडत्व है। मैं शून्य आकाश में किसी सूक्ष्म-से-सूक्ष्म भौतिक शक्ति की क्रिया का अनुमान नहीं कर सकता। उसके लिए एक अखंड मध्यस्थ अवश्य चाहिए। ईथर की किसी प्रकार की परीक्षा अत्यन्त दुःसाध्य है। उसके विषय में हम केवल इतना ही जानते हैं कि किस वेग से उसके द्वारा शक्तिप्रवाह गमन करते हैं। वह हमारी पकड़ में नहीं आता। यदि हम उसके बीच से कोई द्रव्य तेजी से ले जाएँ तो भी कोई पदार्थघटित सम्बन्ध नहीं मिलता। प्रकाश को लेकर परीक्षा करते हैं तो भी सफलता नहीं होती। जब तक कि प्रकाश की गति हमारे सापेक्ष है तभी तक हम उसका अनुभव कर सकते हैं। पर जहाँ एक द्रव्य की गति दूसरे के सापेक्ष नहीं है वहाँ उसकी गति का कुछ भी पता नहीं चलता। जैसे यदि दो मनुष्य साथ-साथ समान गति से गमन करते हैं तो एक को दूसरे की गति नहीं मालूम हो सकती। इसी से कुछ लोगों का यह विचार हो रहा है कि किसी गति को ईथर के सापेक्ष बताना बात ही बात है। इसका पता कभी लग ही नहीं सकता।

'हम लोगों का यह युग अत्यन्त सूक्ष्म कल्पनाओं का है। बीसवीं शताब्दी का बड़ा भारी आविष्कार द्रव्य का विद्युत् सिद्धान्त (अर्थात् द्रव्य विद्युत् का ही एक रूप है) है। परिमाण और आकार जो वेग की क्रियाएँ निश्चित हुए हैं वह इसी सिद्धान्त के बल से। इसकी सहायता से हम उन परीक्षाओं को करते हैं जिससे ईथर और द्रव्य के सम्बन्ध का कुछ-कुछ आभास मिलता है। इससे किसी दिन यह भी सम्भव है कि हम विद्युदणुओं की आकृति आदि के परिवर्तनों का भी पता लगा लें क्योंकि यद्यपि वे अत्यन्त सूक्ष्म हैं पर उनकी गति प्रकाश की गति के लगभग है। फिर कौन जाने इसी प्रकार ईथर के गुणों तक हमारी पहुँच हो जाए और अखंडत्व को हम अच्छी तरह समझ सकें।'

कहने की आवश्यकता नहीं कि अखंडत्व का निर्धारण नाना विशेषों के भीतर एक निर्विशेष का निर्धारण है जिसके द्वारा सत्ता का आभास मिल सकता है। आधुनिक वैज्ञानिक स्थिति की संक्षिप्त समीक्षा कर लॉज ने अन्त में प्राणशक्ति, आत्मा, अमरत्व, परलोक आदि के सम्बन्ध में अपने विचार प्रकट किए हैं–

'जो बात निश्चित जान पड़ती है वह यह है कि भूत के बिना प्राणशक्ति की कोई भौतिक अभिव्यक्ति नहीं हो सकती। इसी से कुछ लोगों का यह कहना या इस कहने को पसन्द करना स्वाभाविक ही है कि 'हम भूत में प्रत्येक प्रकार की प्राणशक्ति की सम्भावना और सामर्थ्य देखते हैं।' ठीक है, पर प्रत्येक प्रकार की प्राणशक्ति की नहीं, प्रत्येक प्रकार की प्राणशक्ति की भौतिक अभिव्यक्ति की। क्योंकि प्राणशक्ति हमें भूत द्वारा व्यक्त होने के अतिरिक्त और किस प्रकार व्यक्त हो सकती है ? यह भी कहा जाता है कि 'प्राणी में हम रसायन और भूतविज्ञान के नियमों के अतिरिक्त और कुछ पाते ही नही।' बहुत ठीक, यह भी स्वाभाविक ही है क्योंकि लोग प्राणशक्ति के भौतिक या रासायनिक रूप या व्यक्तता का तो अध्ययन ही कर रहे हैं, स्वयं प्राणशक्ति का अर्थात् मन और चेतना का अध्ययन तो वे करते नहीं हैं, उनको तो वे अपनी छानबीन के बाहर रखते हैं। भूत ही हमारी इन्द्रियों को ग्राह्य है। भूतवाद भौतिक जगत् के उपयुक्त है, पर दार्शनिक सिद्धान्त के रूप में नहीं, बल्कि चलते हुए व्यापार की व्यवस्था के रूप में, बीच की कारणपरम्परा के अनुसन्धान रूप में। इसके परे जो बातें हैं वे दूसरे क्षेत्र की हैं और दूसरे उपायों से मानी जाती हैं। आध्यात्मिक बातों को रसायन और भूतविज्ञान के शब्दों में बताना असम्भव है, इसी से उनका अस्तित्व ही अस्वीकार किया जाता है, वे केवल भ्रान्तिलक्षण मानी जाती हैं। पर ऐसी अनधिकार मीमांसा अनुचित है।

'प्राणशक्ति का पता प्रयोगशालाओं में नहीं लगता। केवल उसकी रासायनिक और भौतिक अभिव्यक्ति ही देखी जाती है, पर यह मानना पड़ेगा कि वह एक विशेषरूप से भूतों का परिचालन करती है। उसे हम तटस्थ (केटेलिटिक–जो स्वयं विकारप्राप्त न होकर भी दो रासायनिक द्रव्यों में विकार उत्पन्न करता है) परिचालक कह सकते हैं। प्राणशक्ति के व्यापारों को समझने के लिए हमें सूक्ष्म जीवों की ओर न जाना चाहिए, स्वयं अपने में उसका अधिक व्यक्त आभास समझ अपने ही अनुभवों की ओर ध्यान देना चाहिए।'

जगत् में चारों ओर क्रमव्यवस्था देखते हुए भी लोग जो नित्य चैतन्य का अधिष्ठान रूप से अस्तित्व अस्वीकार करते हैं, लॉज के अनुसार यह उनकी दृष्टि की संकीर्णता है। उन्होंने कहा है–

'प्राकृतिक पदार्थों के भीतर एक गूढ़ रहस्य भरा हुआ है। कट्टर वैज्ञानिक इस विषय में जो बातें बतलाते हैं वे उनकी विद्या की पहुँच के अनुसार ठीक हैं, पर अंशतः। जब हम मोर की पूँछ की चन्द्रिकाओं में रंगों का चित्र-विचित्र मेल देखते हैं कि किस प्रकार वे अपनी-अपनी जगह पर एक निश्चित नमूने और नकशे को भरते हुए बैठे हैं तब यह कहना अत्यन्त कठिन हो जाता है कि ऐसी क्रमव्यवस्था के साथ मेल केवल रासायनिक नियमों द्वारा होता है। फूल गर्भाधान के लिए कीड़ों को आकर्षित करते हैं और फल बीजों को फैलाने के लिए जानवरों को। पर इस सम्बन्ध में इतनी ही व्याख्या काफी नहीं है। फूलों में इतनी सुन्दरता केवल कीड़ों को आकर्षित करने के लिए ही नहीं है। हमें जीवन के लिए जो इतनी हाय-हाय रहती है उसे समझना चाहिए। इस प्रयत्न का कोई रहस्य होगा और विकास का कोई उद्देश्य होगा। 'प्राकृतिक ग्रहण सिद्धान्त' जहाँ तक पहुँचता है हेतु निरूपण करता है। पर यदि इतने सौन्दर्य की आवश्यकता कीड़ों के लिए है तो हम वन, पर्वत, मेघमाला आदि के सौन्दर्य के लिए क्या कहेंगे ? उनके सौन्दर्य से कौन-सा काम निकलता है, कौन-सा लौकिक अर्थसाधन होता है ? विज्ञान सौन्दर्य का विवेचन नहीं करता न करे, पर उसका अस्तित्व अवश्य है। मैं केवल इस बात की ओर ध्यान दिलाना चाहता हूँ कि हमारे अनुसन्धान में ब्रह्मांड की सारी बातें नहीं आ जातीं। इससे यदि हम निषेध करने चलते हैं और कहते हैं कि भूतविज्ञान और रसायन के ही अन्तर्गत हम सारी बातों को ला सकते हैं तो हम केवल संकीर्ण पांडित्य का दम्भ दिखाते हैं और अपने मनुष्यजन्म के अधिकार की पूर्णता और समृद्धि खोते हैं।

'विकास परम सत्य है, बड़े महत्त्व का सिद्धान्त है। सामाजिक उन्नति के लिए हमारे प्रयत्न इसलिए उचित हैं कि हम समष्टि के एक अंग हैं, अंग भी ऐसे जो चेतन हो गए हैं। अतः समष्टि में उद्देश्य विधान का अभाव नहीं हो सकता क्योंकि हम उसके एक अंग होकर अपने आप में उसका अनुभव करते हैं।...शरीरवियोग के उपरान्त भी आत्मा बनी रहती है। यदि न्याय से पूछा जाए तो मैं केवल इतना ही नहीं कहता कि जो बातें अभी परोक्षवाद के अन्तर्गत समझी जाती हैं वे वैज्ञानिक प्रणाली द्वारा जाँची और निरूपित की जा सकती हैं बल्कि यहाँ तक कहता हूँ कि जहाँ तक परीक्षा हुई है उससे हमें यही निश्चय हुआ है कि स्मृति और अन्तःकरणवृत्तियाँ भूतसम्बन्ध ही तक परिमित नहीं हैं, संस्कार रूप में वे बराबर बनी रहती हैं। परीक्षा द्वारा मुझे यह प्रतीत होता है कि यद्यपि शुद्ध भूतनिर्लिप्त चैतन्य का साक्षात् ज्ञान हमें नहीं हो सकता पर उसका आभास भौतिक जगत् में दिखाई देता है। अतः वह कुछ घुमाव-फिराव के साथ हमारी वैज्ञानिक परीक्षा के अन्तर्गत आ सकता है। कुछ सच्चे और विश्वस्त अन्वेषक आशापूर्वक ज्ञान के एक नए क्षेत्र का आभास दे रहे हैं।

'यह हम कभी नहीं कह सकते कि इस लोक में सत्य का प्रादुर्भाव केवल दो-एक शताब्दियों से ही होने लगा। वैज्ञानिक काल के पूर्व की प्रतिभा की पहुँच भी बड़े महत्त्व की थी। प्राचीन महात्माओं और कवियों का विश्व की आत्मा के विषय में बहुत कुछ प्रवेश था। हमारी अनुसन्धान प्रणाली ऐसी है जिससे किसी अखंड निर्विशेषता का पता नहीं लग सकता। यहाँ पर सापेक्षिकता का सिद्धान्त चलता है। इससे जब तक हमें व्याघात या विभेद नहीं मिलता तब तक हमें कोई परिज्ञान नहीं होता। हम लोग अपने चारों ओर की अन्तर्व्याप्त विभूति को देख-सुन नहीं सकते; इतना ही कर सकते हैं कि कालरूपी करघे से निकलकर पूर्णता की ओर अनन्त गति से गमन करते हुए वस्त्र को भूतों से परे उस परमात्मा का परिधान समझें।'

जैसा पहले कहा जा चुका है लॉज उन थोड़े से वैज्ञानिकों में से हैं जो संशयवाद से निकलकर ईश्वर, परलोक आदि के मंडन में तत्पर रहते हैं। योरप और अमेरिका में कुछ दिनों से परोक्षशक्ति के साधक भी खड़े हुए हैं जो अनेक प्रकार की सिद्धियाँ दिखाकर आत्मसत्ता का अस्तित्व प्रतिपादित करने का उद्योग करते हैं। ये मृत पुरुषों की आत्माओं से बातचीत करने, उनके द्वारा अलौकिक घटनाओं के होने का हाल सुनाया करते हैं। इनकी ओर से कई पत्र-पत्रिकाएँ भी निकलती हैं। पर इनमें से अधिकतर छल और प्रवंचना का आश्रय लेते हैं इससे शिक्षितों और वैज्ञानिकों की इन पर आस्था नहीं है। बहुतेरे अन्तःकरण की असामान्य वृत्तियों या अवस्थाओं (जैसे, दोहरी चेतना आदि) को अपने प्रयोग में लाते हैं। पर इन युक्तियों से शिक्षितों का समाधान नहीं होता।

जैसा कि लॉज ने कहा है परलोक, आत्मा आदि के प्रत्याख्यान की ओर वैज्ञानिकों की प्रवृत्ति इधर कम हो गई है। 'अपने काम-से-काम' वाली नीति पर वे चल रहे हैं। पर हैकल के सम्प्रदाय के अनुयायियों और आत्मवादियों के बीच छेड़छाड़ होती रहती है। हैकल की पुस्तक के जिस अँगरेज़ी भाषान्तर का यह हिन्दी अनुवाद है वह जोजफ मेककैब का किया हुआ है। इन्होंने हैकल का एक जीवनचरित और हैकल पर किए हुए आक्षेपों के उत्तर में एक पुस्तक भी लिखी है। अभी हाल में एक सभा के बीच इनसे और इंगलैंड के एक प्रसिद्ध कहानी-लेखक ए. कनन डायल से परलोक आदि विषय पर शास्त्रार्थ हुआ है जो पुस्तकाकार छपा है। ए. कनन डायल पूरे अध्यात्मवादी हैं।

अब तक जो कुछ लिखा गया उससे शिक्षित जगत् के ज्ञान की वर्तमान स्थिति का कुछ आभास मिला होगा और यह स्पष्ट हो गया होगा कि नाना मतों और मजहबों की विशेष स्थूल बातों को लेकर झगड़ा-टंटा करने का समय अब नहीं है। सब मतों और सम्प्रदायों में धर्म और ईश्वर की जो सामान्य भावना है उसी का पक्ष अब शिक्षित पक्ष के अन्तर्गत आ सकता है। ईश्वर साकार है कि निराकार, लम्बी दाढ़ीवाला है कि चार हाथवाला, अरबी बोलता है कि संस्कृत, मूर्ति पूजनेवालों से दोस्ती रखता है कि आसमान की ओर हाथ उठानेवालों से, इन बातों पर विवाद करनेवाले अब केवल उपहास के पात्र होंगे। इसी प्रकार सृष्टि के जिन रहस्यों को विज्ञान खोल चुका है उनके सम्बन्ध में जो प्राचीन पौराणिक कथाएँ और कल्पनाएँ (6 दिन में सृष्टि की उत्पत्ति, आदम हौवा का

जोड़ा, चौरासी लाख योनि इत्यादि) हैं वे अब ढाल-तलवार का काम नहीं दे सकतीं। अब जिन्हें मैदान में जाना हो वे नाना विज्ञानों से तथ्य संग्रह करके सीधे उस सीमा पर जाएँ जहाँ दो पक्ष अड़े हुए हैं–एक ओर आत्मवादी, दूसरी ओर अनात्मावादी; एक ओर जड़वादी, दूसरी ओर नित्य चैतन्यवादी। यदि चैतन्य की नित्य सत्ता सर्वमान्य हो गई तो फिर सब मतों की भावना का समर्थन हुआ समझिए क्योंकि चैतन्य सर्वस्वरूप है। नाना भेदों में अभेददृष्टि ही सच्ची तत्त्वदृष्टि है। इसी के द्वारा सत्य का अनुभव और मतमतान्तर के रागद्वेष का परिहार हो सकता है।

इतिहास से प्रकट है कि आदि में सब देशों के बीच प्रकृति की भिन्न-भिन्न शक्तियों और विभूतियों या उनके भिन्न-भिन्न अधीश्वरों की भावना हुई और बहुदेवोपासना प्रचलित हुई। कुछ देशों में 'भेद में अभेद' की तत्त्वदृष्टि का क्रमशः विकास हुआ और सब देवों की समष्टि के रूप में एक ईश्वर की प्रतिष्ठा हुई। जिन दो देशों में सबसे पूर्व इस प्रकार स्वाभाविक क्रम से एक ब्रह्म की भावना का विकास हुआ वे भारत और बाबुल थे। भारतीय आर्यों के बीच एक ईश्वर या ब्रह्म की भावना का विकास शुद्ध तत्वदृष्टि से हुआ। पहले प्रवृत्ति की भिन्न-भिन्न शक्तियों या विभूतियों की उपासना चली, फिर तत्त्वदृष्टि से उन सबका एक में समाहार करके ब्रह्मवाद की स्थापना हुई। संहिताकाल में ही अग्नि, वायु, वरुण, इन्द्र आदि एक ही ब्रह्म के नाना रूप माने जा चुके थे–

इन्द्र, मित्रं, वरुणामग्निमाहुरथो दिव्यस्स सुपर्णो गरुत्मान्। एकं सद्विप्रा बहुधा वदन्त्यग्निं यमं मातरिश्वानमाहुः।

(ऋग्वेद मं 1/2/164/64)

उपनिषत्काल में तो एक ब्रह्म की भावना पूर्णता को पहुँच गई थी और 'सर्वं खल्विदं ब्रह्म', 'नेह नानाऽस्ति किंचन', 'तत्त्वमसि' इत्यादि वेदान्त के महावाक्यों का पूर्ण रूप से प्रचार हो गया था। ठीक इसी रीति से पृथ्वी पर की अत्यन्त प्राचीन खाल्दी जाति के बीच एक ईश्वर की भावना का विकास हुआ था। ईसा से 2000 वर्ष पूर्व के बाबुल के एक खेल में वहाँ के भिन्न-भिन्न देवता एक ही प्रधान देवता मरदक के भिन्न-भिन्न रूप कहे गए हैं। एक नमूना देखिए–

नरगल युद्ध का मरदक है। बेल राजसत्ता का मरदक है।
शम्श धर्म का मरदक है। अदु वर्षा का मरदक है।
नबो व्यापार का मरदक है।

जहाँ एकेश्वरवाद का पहले पहल तत्त्वदृष्टि द्वारा स्वाभाविक क्रम से विकास हुआ वहाँ तो बहुदेववाद के साथ उसका पूरा समन्वय रहा और किसी प्रकार के द्वेष, कलह और उपद्रव का सूत्रपात नहीं हुआ, पर जहाँ उसका कलम लगाया गया वहाँ आफत खड़ी हो गई। उपदेश देने में अधिकारियों का भेद इसीलिए किया जाता है। जब तक अन्तःकरणविकास द्वारा जिस ज्ञान का जो अधिकारी नहीं हो लेता तब तक न वह उसे पूरा-पूरा ग्रहण ही कर सकता है, और न अधूरा ग्रहण करके पचा ही सकता है। बाबुल के इस एकेश्वरवाद की कुछ खबर यहूदियों को लगी। फिर क्या था, दर्शनविज्ञानविहीन

पुराने यहूदियों की एक शाखा को अपने कुलदेवता 'यहोवा' को दूसरी जातियों के देवताओं से बड़ा प्रकट करने की धुन समाई। जैसे लड़के एक-दूसरे से अभिमान के साथ कहते हैं कि हमारा खिलौना तुम्हारे खिलौने से अच्छा है वैसे ही अपने देवता को लेकर वे कहने लगे। पहले यह 'यहोवा' साधारण कुलदेवता था जिसे इसराईल के वंशवाले बलि चढ़ाया करते थे। इसकी शक्ति और इसका ज्ञान बहुत परिमित था। जब मिस्र देश के राजा ने इसराईलवंशवालों को बहुत सताया तब उन्होंने अपने कुलदेवता की दुहाई दी। यहोवा ने कहा 'अच्छा, आज रात को मैं मिस्रियों का नाश करूँगा। पर एक काम करना, बलिदान करके पहचान के लिए रक्त का छापा अपने दरवाजों पर लगा देना, जिसमें उन घरों को मैं बचा जाऊँ। पीछे मूसा की कृपा से यही 'यहोवा' जमीन और आसमान का बनानेवाला खुदा हो गया। मूसाई मत से ही ईसाई मत निकला। यहूदियों और ईसाइयों को इस प्रकार द्वेषवश दूसरी जातियों की निन्दा करने तथा उन्हें पापी और धर्मविमुख कहने का अवसर मिला। ज्ञान की असंस्कृत दशा में मनुष्य ऐसे अवसरों को हाथ से नहीं जाने देना चाहता। दूसरी जातियों के जो आचार-व्यवहार और उपासनाविधान (जैसे, मूर्तिपूजन) थे आसमानी किताब में वे पापों की सूची में डाल दिए गए। इस प्रकार अन्तःकरण की इन वृत्तियों से प्रेरित होकर एशिया के पच्छिमी कोने पर जिस एकेश्वरवाद की स्थापना हुई उसके कारण बड़े-बड़े अनर्थ संसार में हुए। अरब में पहुँचकर उसने जो रूप धारण किया उसका साक्षी इतिहास है।

उपर्युक्त तीनों अनार्य (शामी) पैगम्बरी मतों में एक ईश्वर की जो प्रतिष्ठा हुई वह तत्त्वचिन्तन के उपरान्त नहीं, अतः उसमें उस व्यापकत्व का अभाव रहा जो उदार दृष्टि के लिए आवश्यक है। बहुदेवोपासना में जो उदार भाव था वह इस एकेश्वरोपासना में जाता रहा। बहुदेवोपासक जगत् में अनेक देवता मानते थे इससे दूसरी जातियों को अपने से भिन्न देवताओं की उपासना करते देख वे द्वेष नहीं मानते थे। दूसरी जाति के देवताओं को ग्रहण करने या अपने देवताओं का नामान्तर समझने तक के लिए वे तैयार रहते थे।[1] पर जिन जातियों के बीच इस पैगम्बरी एकेश्वरवाद का प्रचार हुआ वे एक ईश्वर को अपना अलग देवता मानने लगीं जिसका परिचय यदि किसी को हो सकता था तो उन्हीं के पैगम्बरों द्वारा। प्रत्येक पैगम्बरी मत के ईश्वर के साथ-साथ एक-एक पैगम्बर लगा हुआ है जिसे मानना उस एक ईश्वर के मानने से कम आवश्यक नहीं है।

इस पैगम्बरी एकेश्वरवाद के पहले संसार में मतसम्बन्धी युद्ध नहीं होते थे। भारतीय आर्य, पारसी, खाल्दी, मिस्री, यूनानी और रोमन इत्यादि जो ज्ञानसमृद्ध और सभ्य बहुदेवोपासक जातियाँ थीं उनके बीच कभी इस बात को लेकर युद्ध नहीं हुआ कि

1. यूनानी लोग जब पहले पहल भारतवर्ष में आए तब उन्होंने शिव, विष्णु आदि देवताओं को अपने ज्युपिटर, हर्क्युलीज आदि देवताओं के ही रूपान्तर समझा। सभ्य और तत्त्वज्ञानसम्पन्न होने के कारण उनके भाव उदार थे। ईसा से 140 वर्ष पूर्व के तक्षशिला के यूनानी राजा अंटियाल्किडस के राजदूत हेलिआडोरस ने, जो विदिशा के हिन्दू राजा के यहाँ रहता था, वासुदेव प्रीत्यर्थ एक विशाल गरुड़स्तम्भ बनवाया था जो अभी थोड़े दिन हुए बेसनगर (प्राचीन विदिशा) में मिला था। उसकी इस विष्णुभक्ति की निन्दा किसी यूनानी लेखक ने नहीं की है।

हमारा देवता तुम्हारे देवता से बड़ा है, तुम हमारे देवता को मानो। योरप में साहित्य, दर्शन, विज्ञान और शासनकला की जो इतनी उन्नति हुई वह बहुदेवोपासक प्राचीन यूनानियों और रोमनों के प्रसाद से, अनार्य ईसाई मत के प्रसाद से नहीं। ईसाई मत के द्वारा, सच पूछिए, तो ज्ञान की गति में बाधा ही पड़ती रही। संकीर्ण नींव पर पैगम्बरी मतों की स्थापना होने के कारण उनके अनुयायियों में व्यापक उदारता का अभाव रहा। उनकी समझ में उन्हें छोड़ और सारे संसार के लोग उनके खुदा के दुश्मन थे। अँगरेज कवि मिल्टन तक ने प्राचीन सभ्य जातियों के देवताओं को शैतान की फौज में भरती करके अपने कट्टरपन का–अपनी संकीर्ण मनोवृत्ति का–परिचय दिया है। उसने यह न सोचा कि ईसाई मत के प्रचार के बहुत पूर्व सभ्य मनुष्य जातियों में धर्म, शील और आचार के अत्यन्त उच्च आदर्श प्रतिष्ठित थे।

भारतीय आर्यों के बीच उपनिषत्काल में ब्रह्म की भावना पूर्णता को पहुँच गई थी इससे उसके स्थूल निरूपण से भी किसी प्रकार का विप्लव नहीं हुआ। केनोपनिषद् में ब्रह्म के बोध के सम्बन्ध में एक गाथा है जो शायद ईसाई उपदेशकों को बहुत पसन्द आवे। एक बार एक बड़ा भारी यक्ष प्रकट हुआ। इन्द्र ने अग्नि को उसका परिचय जानने के लिए भेजा। अग्नि से उस यज्ञ ने पूछा 'तुम कौन हो और तुम्हारी शक्ति क्या है ?' अग्नि ने कहा 'मैं अग्नि हूँ, यदि चाहूँ तो क्षण भर में सब लोकों को भस्म कर सकता हूँ।' यक्ष ने एक तिनका दिखा दिया और कहा–'इसे तो भस्म करो।' अग्नि ने बहुत यत्न किया पर वह तिनका न जला, ज्यों का त्यों रहा। फिर वायुदेवता उस यक्ष के पास गए। यक्ष ने पूछा 'तुम कौन हो और तुम्हारी शक्ति क्या है ?' वायु ने कहा–'मैं वायु हूँ, यदि चाहूँ तो क्षण भर में सब कुछ उड़ा सकता हूँ।' यक्ष ने वायु को भी वही तिनका दिखाकर कहा 'इसे तो उड़ाओ।' वायु ने बहुत वेग दिखाया पर वह तिनका जगह से न हटा। अन्त में इन्द्र आप वहाँ गए, पर उनके जाते ही यक्ष अन्तर्द्धान हो गया। इतने में वहाँ 'उमा हैमवती' प्रकट हुई। उन्होंने बताया कि वह यक्ष ब्रह्म था।

ब्रह्म या ईश्वर की इस स्थूल भावना से भी यहाँ किसी प्रकार का मतोन्माद नहीं उत्पन्न हुआ। बात यह थी कि अब आर्य जाति सम्यक् तत्त्वदृष्टि प्राप्त कर चुकी तब आगे चलकर 'एक' और 'अनेक' को लेकर झगड़ा करने की सम्भावना सब दिन के लिए जाती रही। अधिकारभेद से एक और अनेक की उपासना साथ-साथ बराबर चलती रही। एक ब्रह्म का ज्ञान हो जाने पर भी अनेक देवताओं के निमित्त यज्ञादि होते रहे, बन्द नहीं हो गए। अनेकत्व और एकत्व के बीच इस अविरोधबुद्धि ने हिन्दू धर्म के क्षेत्र को आरम्भ ही से ऐसा अपरिमित रखा कि वह व्यक्तिबद्ध न होने पाया, उसमें वह संकीर्णता न आने पाई जो व्यक्ति विशेष के आश्रित पैगम्बरी मतों में देखी जाती है। कर्म, ज्ञान और उपासना तीनों कांडों के परस्पर सम्बद्ध होने से जिस प्रकार एक में ऊँची-नीची श्रेणियाँ मानी गईं उसी प्रकार दूसरे में भी। एक सत्य से दूसरे, दूसरे से तीसरे, इस प्रकार छोटे से बड़े, फिर उससे बड़े सत्य की अखंड परम्परा स्वीकृत की गई। इंगलैंड के प्रसिद्ध दार्शनिक हर्बर्ट स्पेंसर ने भी यही कहा है कि कोई मत कैसा ही हो उसमें कुछ-न-कुछ

सत्य का अंश रहता है। भूतप्रेतवाद से लेकर बड़े दार्शनिक वादों तक सबमें एक बात समान रूप से देखी जाती है सबके सब संसार का मूल कोई अज्ञेय और अप्रमेय रहस्य समझते हैं जिसका वर्णन प्रत्येक मत करना चाहता है, पर कर नहीं सकता। इसी बात पर दृष्टि रखने से हिन्दुओं को दूसरी जातियों से अनाचार और अस्वच्छता (अशौच) आदि के कारण चाहे कुछ घृणा रही हो, पर अन्य देवता की उपासना के कारण द्वेष रखने की प्रवृत्ति नहीं हुई। श्रीकृष्ण भगवान् का स्पष्ट कहना है कि येऽप्यन्य देवताभक्ता यजंते श्रद्धयान्विताः। तेऽपिमामेव, कौन्तेय, यजंत्यविधिपूर्वकम्। केवल 'अविधि पूर्वकम्' के लिए मार-काट की कोई जरूरत नहीं समझी गई।

प्राचीन आर्य (भारतीय) धर्म में धर्माधर्म ईश्वर की किसी विशेष रूप में भावना या किसी देवता विशेष की आराधना पर नहीं ठहराया गया। वेदव्यास जी ने अत्यन्त उदार भाव से कहा है कि धर्मात्मा पुरुष वर्णाश्रमधर्म (आर्य या हिन्दूधर्म) के बाहर भी हैं। उन्होंने आर्यधर्म को न जानने या न माननेवाली विदेशी जातियों को धर्मशून्य नहीं बताया। श्रीकृष्ण ने कहा है–'ये यथा मां प्रपद्यंते तांस्तथैव भजाम्यहम्'। यही कारण है प्राचीन आर्यों को अपना आचार और अपना विचार दूसरों के गले मढ़ने की उत्कंठा नहीं हुई। देशकाल के अनुसार जहाँ जो धर्मव्यवस्था स्थापित थी वहाँ के लिए वे उसी को उपयुक्त समझते थे। उपनिषत्काल में एक ईश्वर या ब्रह्म की भावना परिपक्व होकर पूर्णरूप से जब प्रतिष्ठित हुई तब तक भूमंडल पर शायद बाबुल को छोड़ और कहीं नहीं हुई थी। पर उस एक ईश्वर या ब्रह्म को लेकर प्राचीन आर्य दूसरी सभ्य या असभ्य जातियों का गला काटने के लिए नहीं दौड़े थे। उन्हें यह पूर्ण ज्ञान था कि यह 'एक' अनेक की समष्टि है अथवा 'अनेक' इस 'एक' के ही आभास हैं।

जैसा पहले कहा जा चुका है 'भेदों में अभेद' दृष्टि ही सच्ची तत्त्वदृष्टि है। इसी के द्वारा सत्ता का आभास मिल सकता है। यही अभेद ज्ञान और धर्म दोनों का लक्ष्य है। विज्ञान इसी अभेद की खोज में है, धर्म इसी की ओर दिखा रहा है।

–रामचन्द्र शुक्ल

पहला प्रकरण

जिज्ञासा

19वीं शताब्दी के अन्त में मानवज्ञान की जो अपूर्व वृद्धि हुई है वह ध्यान देने योग्य है। इसके द्वारा हमारी सारी आधुनिक सभ्यता का रंग ही पलट गया है। हम लोगों ने प्राकृतिक सृष्टि का बहुत कुछ वास्तविक ज्ञान प्राप्त कर केवल सच्चे और निर्भ्रान्त सिद्धान्त ही नहीं स्थिर किए हैं बल्कि अपने ज्ञान का विलक्षण उपयोग कलाकौशल, व्यापार, व्यवसाय आदि में करके दिखाया है। पर इस ज्ञान के द्वारा हम अपने आचार और व्यवहार में बहुत कम क्या कुछ भी उन्नति नहीं कर सके हैं। इस प्रकार की परस्पर विरुद्ध गति के कारण हमारे जीवन में बड़ी भारी अव्यवस्था दिखाई पड़ती है जो आगे चलकर समाज के लिए अनर्थकारिणी होगी। अतः प्रत्येक शिक्षित और सभ्य मनुष्य का कर्तव्य है कि वह मानवजीवन से इस विरोध को दूर करने का प्रयत्न करे। यह तभी होगा जब संसार का वास्तविक और सत्य ज्ञान होगा और उस ज्ञान के अनुसार मानवजीवन के भिन्न-भिन्न अंगों की योजना होगी।

19वीं शताब्दी के आरम्भ में विज्ञान की जो अपूर्ण दशा थी उसकी ओर ध्यान देते हुए यही कहना होगा कि गत 50 वर्षों के बीच विज्ञान ने बड़ी विलक्षण उन्नति की है, विज्ञान के प्रत्येक विभाग में बहुत सी नई-नई बातों की जानकारी प्राप्त हुई है। खुर्दबीन के द्वारा सूक्ष्म-से-सूक्ष्म वस्तुओं का और दूरबीन के द्वारा बड़ी-से-बड़ी वस्तुओं का जो परिज्ञान प्राप्त हुआ है वह आज से सौ वर्ष पहले असम्भव समझा जाता था। सूक्ष्मदर्शक यन्त्र के प्रयोग और प्राणिविज्ञान के गूढ़ अन्वेषणों द्वारा क्षुद्र कीटाणुओं के अनन्त भेदों का ही पता नहीं चला बल्कि यह भी जाना गया कि सूक्ष्म घटक[1] ही में सेन्द्रिय या सजीव सृष्टि का वह मूल तत्त्व है जिसकी सामाजिक योजना से सारे प्राणियों का, क्या चर क्या अचर, क्या उद्भिज क्या मनुष्य, शरीर बना है। शरीरविज्ञान के द्वारा अब यह भली-भाँति सिद्ध हो गया है कि एक ही घटक से अर्थात् सूक्ष्म गर्भांड से बड़े-से-बड़े अनेकघटक जीवों का विकास होता है। घटक सिद्धान्त के द्वारा हम अब जीवों के उन समस्त आधिभौतिक, रासायनिक और यहाँ तक कि मानसिक व्यापारों का सच्चा रहस्य जान सकते हैं जिनके लिए पहले एक 'अलौकिक शक्ति' या 'अमर आत्मा' की कल्पना

1. दे. भूमिका।

करनी पड़ती थी। इस सिद्धान्त के द्वारा रोगों के ठीक निदान में भी चिकित्सकों को बड़ी सहायता मिली है।

इसी प्रकार निरिन्द्रिय (जड़) भौतिक सृष्टिसम्बन्धी आविष्कार भी कम ध्यान देने योग्य नहीं हैं। दृष्टिविज्ञान, श्रोत्रविज्ञान, चुम्बकाकर्षण निर्माणविज्ञान जिसके द्वारा अनेक प्रकार की कलें आदि बनती हैं, गतिशक्तिविज्ञान इत्यादि भौतिक विज्ञान की सब शाखाओं की अद्भुत उन्नति हुई है। सबसे बड़ी बात जो विज्ञान ने सिद्ध की है वह अखिल विश्व की शक्तियों की एकता है। तापसम्बन्धी भौतिक सिद्धान्त ने स्थिर कर दिया है कि वे समस्त शक्तियाँ किस प्रकार एक दूसरे से सम्बद्ध हैं और किस प्रकार एक शक्ति दूसरी शक्ति के रूप में परिवर्तित हो सकती है। किरणविश्लेषण[1] विद्या ने यह बात स्पष्ट कर दी है कि जिन द्रव्यों से पृथ्वी पर के सारे पदार्थ बने हैं उन्हीं द्रव्यों से ग्रह, नक्षत्र, सूर्य आदि भी बने हैं, उनमें पृथ्वी से परे कोई द्रव्य नहीं है। ज्योतिर्विज्ञान ने हमारी दृष्टि को ब्रह्मांड के बीच बहुत कुछ फैला दिया है और अब हमें अगाध अन्तरिक्ष के बीच लाखों घूमते हुए पिंडों का पता है जो हमारी पृथ्वी से भी बड़े हैं और एक अखंड क्रम के साथ बनते-बिगड़ते चले जा रहे हैं। रसायनशास्त्र ने हमें अनेक द्रव्यों का परिज्ञान कराया है जो सबके सब थोड़े से, लगभग 75 मूलद्रव्यों से बने हैं। ये मूलद्रव्य इसलिए कहलाते हैं कि विश्लेषण करने पर इनमें दूसरे द्रव्य का मेल नहीं पाया जाता है। इन मूलद्रव्यों में से कोई-कोई जीवन व्यापार में बड़े काम के हैं। इनमें से कारबन या अंगारतत्व (कोयला) ही से अनन्त प्रकार के सेन्द्रिय पिंडों की योजना होती है। इसी से इसे 'जीवन का रासायनिक आधार' कहते हैं। इन सबसे बढ़कर आधिभौतिक शास्त्र के एक परम गुण का प्रतिपादन है जिसके अन्तर्भूत समस्त भौतिक और रासायनिक गुण हैं। सृष्टि सम्बन्धी इस मूल सिद्धान्त द्वारा यह स्थिर हो चुका है कि द्रव्य और शक्ति (गति) दोनौं नित्य हैं और सम्पूर्ण ब्रह्मांड में सदा एकरस रहते हैं। यही सिद्धान्त हमारे तत्त्वाद्वैतवाद का आधार है जिसके द्वारा हम सृष्टिरहस्य के उद्घाटन में प्रवृत्त हो सकते हैं।

इस परमतत्त्व के प्रतिपादन के साथ ही साथ इसका पोषक एक दूसरा आविष्कार भी हुआ जिसे विकासवाद कहते हैं। यद्यपि हजारों वर्ष पहले कुछ दार्शनिकों ने पदार्थों के विकास की चर्चा की थी, पर यह जगत् 'परमतत्त्व के विकास' के अतिरिक्त और कुछ नहीं है यह उन्नीसवीं शताब्दी में ही पूर्णरूप से स्थिर किया गया। उक्त शताब्दी के पिछले भाग में ही यह सिद्धान्त स्पष्टता और पूर्णता को पहुँचा। इसके नियमों को प्रत्यक्ष के आधार पर स्थिर करने और सम्पूर्ण सृष्टि में इसकी चरितार्थता दिखाने का यश डारविन को प्राप्त है। सन् 1859 में उसने मनुष्य की उत्पत्ति के उस सिद्धान्त को एक दृढ़ नींव पर ठहराया जिसका ढाँचा कुछ-कुछ फरासीसी प्राणिवेत्ता 'लामार्क' ने खड़ा किया था और जिसका आभास भविष्यद्वाणी के समान जरमनी के सबसे बड़े कवि गेटे

1. स्पेक्ट्रास्कोप नामक यन्त्र से भिन्न-भिन्न प्रकार की किरणों (जैसे सूर्य की, लपट की) की परीक्षा की जाती है। किरणों की छोटाई, बड़ाई और रंग से यह जाना जा सकता है कि किस प्रकार के रासायनिक द्रव्यों से वे आ रही हैं।

ने सन् 1799 में दिया था। आज जो हम इस विकासक्रम को तथा सृष्टि के बीच समस्त प्राकृतिक व्यापारों को समझने में समर्थ हुए हैं वह इन्हीं तीन नररत्नों के प्रयत्न का फल है।

प्रकृति के इस परिज्ञान के बल से हमारे जीवन के व्यवहारों में बड़ा भारी परिवर्तन हुआ है। आज रेल, तार, टेलीफोन आदि के द्वारा हमने जो दिक्काल सम्बन्धी बाधाओं को दूर किया है और भूमंडल के समस्त देशों के बीच व्यापार का जाल फैलाकर 'व्यापार-युग' उपस्थित किया है, यह सब भौतिक विज्ञान की उन्नति का, विशेषतः भाप और बिजली की शक्ति के प्रयोग का, प्रसाद है। इसी प्रकार जब फोटोग्राफी द्वारा बात की बात में हम वस्तुओं का तद्रूप चित्र उतरते, कृषि आदि व्यवसायों की इतनी उन्नति होते और क्लोरोफार्म, मरफिया आदि के प्रयोग द्वारा पीड़ा को शमन होते देखते हैं तब हमें रसायनशास्त्र की उन्नति के महत्त्व का ध्यान होता है। पर प्राचीन काल की अपेक्षा हमने इस वर्तमान काल में वैज्ञानिक विषयों में कितनी उन्नति की है यह बात इतनी प्रत्यक्ष है कि अधिक विस्तार की कोई आवश्यकता नहीं।

पर जिस प्रकार हमें आजकल के प्रकृति सम्बन्धी परिज्ञान की उन्नति को देख गर्व और आनन्द होता है उसी प्रकार जीवन के कुछ बड़े-बड़े विभागों की दशा देख खेद और सन्ताप होता है। हमारी शासन व्यवस्था, न्याय व्यवस्था और शिक्षा पद्धति, यहाँ तक कि हमारे सामाजिक और आचारसम्बन्धी व्यवहार, अभी तक असभ्य दशा में हैं। न्याय ही को लीजिए जिसे देखते हुए कोई यह नहीं कह सकता कि वह हमारे सृष्टि और मनुष्य सम्बन्धी वर्तमान समुन्नत ज्ञान के उपयुक्त है। नित्य अदालतों में ऐसे-ऐसे विलक्षण फैसले होते हैं जिन्हें सुनकर अफसोस आता है। न्यायाधीशों की भूलें अधिकतर इस कारण होती हैं कि ये अच्छी तरह तैयार नहीं रहते। उनकी ठीक शिक्षा नहीं होती। कानून की शिक्षा ही उनकी शिक्षा कहलाती है। पर यह शिक्षा कुछ पारिभाषिक शब्दों और कुछ लोगों के बनाए हुए नियमों की उद्धरणी के अतिरिक्त और है क्या ? न तो वे शरीरतत्त्व को जानते हैं और न उसके उन व्यापारों को जिसे 'मन' कहते हैं। उन्हें यह सब जानने के लिए समय कहाँ ? उनका समय तो इधर-उधर की बातों तथा नजीरों को याद करने में जाता है।

शासन व्यवस्था पर विशेष कहने की आवश्यकता नहीं; क्योंकि उसकी वर्तमान शोचनीय दशा सब पर विदित है। इस दशा का मुख्य कारण यह है कि वर्तमान शासकवर्ग के लोग उन सामाजिक सम्बन्धों से अनभिज्ञ होते हैं जिनके मूल रूपों का पता जन्तुविज्ञान, विकासवाद, घटकवाद तथा कीटाणुवाद के अध्ययन द्वारा मिलता है। राष्ट्ररूपी समाजशरीर के संगठन और जीवन का ठीक-ठीक ज्ञान हमें तभी हो सकता है जब हम उन शक्तियों के संगठन और व्यापार का जिनसे वह बना है, तथा उन घटकों का जिनसे कि प्रत्येक व्यक्ति बना है, वैज्ञानिक परिज्ञान प्राप्त करें। दूसरा बुरा प्रभाव जो शासन संस्थाओं की उन्नति का बाधक है वह मत या मजहब का है। जब तक वैज्ञानिक शिक्षा के प्रचार द्वारा मनुष्य और जगत् की प्राकृतिक स्थिति का परिज्ञान

सर्वसाधारण को न कराया जाएगा तब तक शासन में उन्नति नहीं हो सकती। राष्ट्र चाहे एकतन्त्र हो चाहे लोकतन्त्र (पंचायती), शासन व्यवस्था चाहे नियन्त्रित हो चाहे अनियन्त्रित इसकी कोई बात नहीं।

सर्वसाधारण की शिक्षा की ओर ध्यान देते हैं तो देखते हैं कि उसकी दशा भी हमारे इस वैज्ञानिक उन्नति के युग के अनुकूल नहीं है। भौतिक विज्ञान, जो कि इतने महत्त्व का है, यदि स्कूलों में पढ़ाया भी जाता है तो गौण रूप से। प्रायः प्रधान स्थान उन मृतप्राय भाषाओं और पुरानी बातों की शिक्षा को दिया जाता है जिनसे अब कोई लाभ नहीं। सारांश यह कि इस बात का जैसा चाहिए वैसा प्रयत्न नहीं हो रहा है कि जनता से अन्धविश्वास दूर हो और लोगों को बुद्धिबल द्वारा सुख और उन्नति का पथ प्राप्त करने का अवसर मिले। सर्वसाधारण अभी उन्हीं पुराने विचारों में बद्ध रक्खे गए हैं जिनकी निःसारता भली-भाँति सिद्ध हो चुकी है। पुराने किस्से-कहानियों और आकाशवाणियों के आगे बुद्धि का कुछ जोर चलने नहीं पाता। क्या धर्म, क्या न्याय, सब इन पुराने बन्धनों से जकड़े हुए हैं।

उपर्युक्त अव्यवस्था के प्रधान कारणों में से एक वह है जिसे हम 'पुरुषवाद' कह सकते हैं। इस शब्द के अन्तर्गत वे समस्त लोकप्रचलित और प्रबल भ्रान्त मत हैं जो मनुष्य को सम्पूर्ण प्रकृति से एक ओर करके उसे चर सृष्टि का दैवनिश्चित परम लक्ष्य बतलाते हैं। इन विचारों के अनुसार मनुष्य सम्पूर्ण सृष्टि से परे और ईश्वरांश है। यदि इन विचारों की अच्छी तरह परीक्षा करें तो जान पड़ेगा कि ये तीन रूपों में संसार में पाए जाते हैं–पुरुषोत्कर्षवाद; पुरुषाकारवाद और पुरुषार्चनवाद।

(1) पुरुषोत्कर्षवाद का भाव यह है कि मनुष्य सृष्टि का दैवनिश्चित परम लक्ष्य है, वह आदि ही से बड़ा बनाकर भेजा गया है। यह भ्रान्ति मनुष्य के स्वार्थ के अनुकूल है और तीनों शामी पैगम्बरी मतों यहूदी, ईसाई और मुसलमान की सृष्टिकथा से सन्बन्ध रखती है अतः इसका प्रचार भूमंडल के बहुत बड़े भाग में है।

(2) पुरुषाकारवाद भी इन तीनों तथा और अनेक मतों से सम्बन्ध रखता है। यह जगत् की सृष्टि और परिचालन को एक चतुर कारीगर की रचना और एक बुद्धिमान राजा के शासन के सदृश बतलाता है। इसके अनुसार पृथ्वी को बनाने, धारण करने और चलानेवाला ईश्वर मनुष्य ही की तरह विचार और काम करनेवाला है। फिर तो बनी-बनाई बात है कि मनुष्य ईश्वर सदृश है। बाइबिल में लिखा है–'ईश्वर ने मनुष्य को अपने ही आकार का बनाया।' प्राचीन सीधे-सादे देववाद में देवता मनुष्य ही की तरह रक्त, मांस के शरीरवाले समझे जाते थे। प्राचीन देववाद तो किसी प्रकार समझ में आ भी सकता है, पर आजकल का निराकार ईश्वरवाद विलक्षण है जिसमें ईश्वर को एक ऐसा अगोचर या हवाई जन्तु मानकर आराधना की जाती है जो मनुष्यों की तरह विचार करता, बोलता और काम करता है।

(3) पुरुषार्चनवाद भी मनुष्य और ईश्वर के व्यापारों के मिलान का फल है। यह मनुष्य में ईश्वरत्व के गुण का आरोप करता है। इसी से आत्मा के अमरत्व का विश्वास उत्पन्न हुआ है और मनुष्य के जड़ (शरीर) और चेतन (आत्मा) दो विभाग किए गए हैं। अब जनसाधारण की यह सनक है कि आत्मा इस नश्वर शरीर में थोड़े दिनों की मेहमान है।

इन तीनों प्रचलित प्रवादों से अनेक प्रकार के भ्रम उत्पन्न हुए हैं। जगत् को इस प्रकार मानव व्यापार की दृष्टि से देखना हमारे तत्त्वाद्वैत सिद्धान्त के नितान्त विरुद्ध है और विश्वसम्बन्धी वैज्ञानिक विवेचन से सर्वथा असिद्ध है।

इसी प्रकार द्वैतवाद, जो आत्मा और शरीर अथवा द्रव्य और शक्ति को पृथक् मानता है तथा प्रचलित मतों (मजहबों) के और-और विचार भी तत्त्वाद्वैतवाद की विश्वविज्ञान दृष्टि से निःसार ठहरते हैं। उक्त दृष्टि से यदि देखते हैं तो हम निम्नलिखित सिद्धान्तों पर पहुँचते हैं जिनमें से अधिक की आलोचना सम्यक् रूप से हो चुकी–

(1) जगत् नित्य, अनादि और अनन्त है।

(2) इसका परमतत्त्व अपने दोनों रूपों, द्रव्य और शक्ति के सहित अनन्त दिक् में व्याप्त है और सदा गति में रहता है।

(3) मूल गति का प्रवाह अनन्त काल के मध्य अखंड क्रम से चला करता है। इसमें कहीं सृष्टि से विकृति, कहीं विकृति से सृष्टि बराबर होती रहती है।

(4) दिग्व्यापी आकाशद्रव्य (ईथर) के बीच जो असंख्य पिंड फैले हैं वे सबके सब परमतत्त्व के नियमों के अनुसार चलते हैं। यदि एक दिग्विभाग के कुछ घूमते हुए पिंड क्रमशः नाश या लय की ओर जाते हैं तो दूसरे दिग्विभाग में क्रमशः नए-नए उत्पन्न होते और बनते हैं। यह क्रम सदा चलता रहता है।

(5) हमारा सूर्य इन्हीं असंख्य नश्वर पिंडों में से एक है और हमारी पृथ्वी उन और भी अल्पकालस्थायी छोटे-छोटे पिंडों में से है जो इन्हें घेरे हैं।

(6) हमारी पृथ्वी को ठंडा होने में बहुत काल लगा है तब जाकर उस पर द्रव रूप में जल (जीवोत्पत्ति का पहला आधार) ठहरा है।

(7) एक प्रकार के मूल जीव से क्रमशः असंख्य ढाँचे के जीवों के उत्पन्न होने में करोड़ों वर्ष का समय लगा है।

(8) इस जीवोत्पत्ति परम्परा के पिछले खेवे में जितने जीव उत्पन्न हुए, रीढ़वाले जन्तु, विकास या गुणोत्कर्ष द्वारा उन सबसे बढ़ गए।

(9) पीछे इन रीढ़वाले जीवों की सबसे प्रधान शाखा दूध पिलानेवाले जीव कुछ जलचरों और सरीसृपों से उत्पन्न हुए।

(10) इन दूध पिलानेवाले जीवों में सबसे उन्नत और पूर्णता प्राप्त किंपुरुष शाखा है, जिसके अन्तर्गत मनुष्य, बनमानुस आदि हैं; जो लगभग 30 लाख वर्ष के हुए होंगे कि कुछ जरायुज जन्तुओं से उत्पन्न हुई।

(11) इस किंपुरुष शाखा का सबसे नया और पूर्ण कल्ला मनुष्य है, जो कई लाख वर्ष हुए कुछ बनमानुसों से निकला। अस्तु।

(12) जिसे हम संसार का इतिहास कहते हैं और जो कुछ हजार वर्षों की सभ्यता का संक्षिप्त वृत्तान्त मात्र है वह इस दीर्घ परम्परा के आगे कुछ भी नहीं है। इसी प्रकार इस दीर्घ परम्परा का इतिहास भी हमारे सौर जगत् के इतिहास का अत्यन्त क्षुद्र अंश है। इस अनन्त ब्रह्मांड के बीच हमारी पृथ्वी सूर्य की किरण में दिखाई देनेवाले अणु के समान है और मनुष्य सजीव सृष्टि के नश्वर प्रसार के बीच कललरस प्रोटोप्लाज्म की एक क्षुद्र कणिका मात्र है।

इस विशुद्ध और विस्तृत वैज्ञानिक दृष्टि से जब हम ब्रह्मांड को देखेंगे तब जाकर विश्व के अनेक रहस्यों को समझने का मार्ग पावेंगे, तब जाकर हम समझेंगे कि मनुष्य का स्थान इस सृष्टि के बीच कहाँ है। मनुष्य अहंकारवश अपने को अखिल सृष्टि से अलग करके अपने में 'अमृत तत्त्व' का आरोप करता है। वह अपने को 'ईश्वरांश' और अपने क्षणिक व्यक्तित्व को 'अमर आत्मा' कहता है। यह अहंकार और भ्रम बिना विस्तृत विज्ञानदृष्टि के दूर नहीं हो सकता।

असभ्यों को सृष्टि के अनेक व्यापार पहेली समझ पड़ते हैं। ज्यों-ज्यों सभ्यता और ज्ञान की वृद्धि होती है त्यों-त्यों इन पहेलियों या समस्याओं की संख्या घटती जाती है, बहुत से व्यापार समझ में आने लगते हैं। अब तत्त्वाद्वैतवाद में केवल एक ही भारी पहेली रह गई है, एक ही 'परमतत्त्व' की समस्या रह गई है। जरमनी के एक वक्ता ने थोड़े दिन हुए संसार सम्बन्धी ये सात समस्याएँ गिनाई थीं–

(1) द्रव्य और शक्ति का वास्तविक तत्त्व।

(2) गति का मूल कारण।

(3) जीवन का मूल कारण।

(4) सृष्टि का इस कौशल के साथ क्रमविधान।

(5) संवेदना और चेतना का मूल कारण।

(6) विचार और उससे सम्बद्ध वाणी की शक्ति।

(7) इच्छा का स्वातन्त्र्य।

इनमें से पहली, दूसरी और पाँचवीं तो उस वक्त की समझ में नितान्त अज्ञेय और भूतादि से परे हैं। तीसरी, चौथी और छठी का समाधान हो सकता है पर अत्यन्त कठिन है। सातवीं के विषय में वह अपना कोई निश्चय नहीं बतला सका।

मेरी सम्मति में जो तीन समस्याएँ भूतों से परे कही गई हैं उनका समाधान हमारे परमतत्त्व विषयक विवेचना से हो जाता है[1] और जो तीन अत्यन्त कठिन बतलाई गई हैं उनका ठीक-ठीक उत्तर आधुनिक विकासवाद से मिल जाता है। अब रही सातवीं, इच्छा की स्वतन्त्रता। उसके विषय में विचार करना ही व्यर्थ है क्योंकि वह शुद्ध भ्रम और मिथ्या प्रवाद मात्र है।

---

1. दे. प्रकरण 12वाँ।

इन समस्याओं के समाधान के लिए हमने उसी प्रणाली का अनुसरण किया है जिससे और सब वैज्ञानिक अन्वेषण किए जाते हैं—प्रथम तो प्रत्यक्षानुभव, फिर अनुमान। वैज्ञानिक अनुभव हमें साक्षात्कार और परीक्षा द्वारा प्राप्त होता है जिसमें पहले तो इन्द्रियों के व्यापार से सहायता ली जाती है फिर मस्तिष्क में स्थित अन्तःकरण के व्यापार से। पहले के आधारभूत सूक्ष्म करण इन्द्रियघटक हैं और दूसरे के मस्तिष्क ग्रन्थिघटक। बाह्य जगत् के जो अनुभव हम इन करणों द्वारा प्राप्त करते हैं उनसे मस्तिष्क के दूसरे भाग में भाव बनते हैं जो अनुबन्ध द्वारा मिलकर शृंखला की योजना करते हैं। इस विचारशृंखला की योजना दो प्रकार से होती है—व्याप्तिग्रह अर्थात् यह अनुमान कि जो बात किसी वर्ग की कुछ वस्तुओं के विषय में ठीक है वही उसके अन्तर्गत सब वस्तुओं के विषय में भी ठीक है, और व्यष्टिग्रह अर्थात् यह अनुमान कि जो बात किसी समूह के विषय में ठीक है वही उसके अन्तर्गत किसी एक वस्तु के विषय में भी ठीक है, के रूप में। चेतना, विचार और तर्क आदि सब मस्तिष्क में स्थित ग्रन्थिघटकों के व्यापार हैं। इन सब व्यापारों का अन्तर्भाव 'बुद्धि' शब्द में हो जाता है।

बुद्धि ही के द्वारा हम संसार का यथार्थ ज्ञान प्राप्त कर सकते हैं और उसकी समस्याओं को समझ सकते हैं। बुद्धि मनुष्य की बड़ी भारी सम्पत्ति है, मनुष्य और पशु में बुद्धि ही का भेद है। पर मानवबुद्धि इस पद को शिक्षा और संस्कार की उन्नति तथा ज्ञान की वृद्धि द्वारा पहुँची है। इस पर भी कुछ लोगों का ख्याल है कि इस बुद्धि के अतिरिक्त ज्ञान के दो साधन और भी हैं—मनोद्‌गार और ईश्वराभास (इलहाम)। जहाँ तक शीघ्र हो सके हमें इस भारी भ्रम को दूर कर देना चाहिए। मनोद्‌गार अन्तःकरण की वह क्रिया है जिसके अन्तर्गत इच्छा, द्वेष, प्रवृत्ति, श्रद्धा, घृणा आदि हैं। मनोद्‌गार हमारे भिन्न-भिन्न अवयवों के व्यापारों, जैसे पेट में लगी भूख तथा इन्द्रियों की वासनाओं, जैसे प्रसंग की वासना आदि से प्रेरित हो सकते हैं। उनसे भला सत्य के निर्णय में क्या सहायता मिल सकती है ? हाँ ! बाधा अलबत्ता पहुँच सकती है। यही बात ईश्वराभास (इलहाम) वा 'ईश्वरप्रेरित ज्ञान' के विषय में भी कही जा सकती है जो धोखे के सिवाय और कुछ नहीं, चाहे धोखा जानबूझकर दिया गया हो चाहे लोगों ने यों ही खाया हो।

जगत् सम्बन्धी प्रश्नों के हल करने के लिए अनुभव और चिन्तन ये दो ही मार्ग हैं। हर्ष का विषय है कि ये दोनों अब समान रूप से स्वीकृत हो चले हैं। दार्शनिक, चिन्तन करनेवाले अब समझने लगे हैं कि कोरे चिन्तन से जैसा कि प्लेटो और हैगल ने[1] अपने भावात्मक दर्शनों में किया है सत्य का ज्ञान नहीं हो सकता। इसी प्रकार वैज्ञानिक भी अब यह जान गए हैं कि केवल प्रत्यक्षानुभव, जिसके आधार पर बेकन और मिल ने अपना प्रत्यक्षवाद स्थापित किया था, पूर्ण तत्त्वज्ञान के लिए काफी नहीं है। सत्यज्ञान की प्राप्ति इन्द्रिय और अन्तःकरण दोनों की क्रियाओं के योग से हो सकती है। पर अभी कुछ ऐसे दार्शनिक भी हैं जो यों ही बैठे-बैठे अपने भावमय जगत् की रचना किया करते हैं और अनुभवात्मक विज्ञान का इसलिए तिरस्कार करते हैं कि उन्हें संसार का यथार्थ

1. भारत के दार्शनिकों ने भी इसी प्रणाली का अनुसरण किया था।

बोध नहीं होता। इसी प्रकार कुछ वैज्ञानिक ऐसे भी हैं जो कहते हैं कि विज्ञान का परम लक्ष्य भिन्न-भिन्न व्यापारों का अन्वेषण मात्र है, दर्शन का जमाना अब गया इस प्रकार के एकांगदर्शी विचार परम भ्रमात्मक हैं। प्रत्यक्षानुभव और चिन्तन–ज्ञानप्राप्ति की ये दोनों प्रणालियाँ अन्योन्याश्रित हैं–एक-दूसरे की सहायक हैं। विज्ञान के सबसे पहुँचे हुए आविष्कार, जैसे घटक सिद्धान्त, ताप का गत्यात्मक सिद्धान्त, विकासवाद, परमतत्त्व की नियम व्यवस्था, दार्शनिक विचार के फल हैं। पर वे कोरे अनुमान के फल नहीं, अत्यन्त विस्तृत, प्रत्यक्षाश्रित अनुमान के फल हैं। जैसा कि ऊपर कहा जा चुका है अब स्थिति बहुत कुछ बदल गई है। अब दार्शनिक और वैज्ञानिक दोनों दल के लोग एक-दूसरे की सहायता करते हुए दो भिन्न-भिन्न मार्गों से एक ही प्रधान लक्ष्य की ओर जा रहे हैं।

आधुनिक विज्ञान की दृष्टि से दार्शनिकों के परस्पर दो विरुद्ध दल दिखाई पड़ते हैं। एक तो द्वैतवादियों का, दूसरा अद्वैतवादियों का। द्वैतवाद ब्रह्मांड को दो भिन्न-भिन्न तत्त्वों में विभक्त करता है–एक भौतिक जगत् और दूसरा उसका बनाने, धारण करने और चलानेवाला ईश्वर जो समस्त भूतों से परे है। अद्वैतवाद ब्रह्मांड में केवल एक परमतत्त्व मानता है जो ईश्वर और प्रकृति दोनों है। वह शरीर और आत्मा या द्रव्य और शक्ति को परस्पर अभिन्न या अनवच्छेद्य मानता है। द्वैतवाद के भूतातीत ईश्वर को माननेवाले दैववादी और जगत् और ईश्वर को ओतप्रोत भाव से माननेवाले ब्रह्मवादी या सर्वात्मवादी कहलाते हैं।

उपर्युक्त अद्वैतवाद और भूतवाद को एक मानकर प्रायः लोग गड़बड़ करते हैं। इस गड़बड़ से अनेक प्रकार के भ्रम उत्पन्न हो सकते हैं। अतः यहाँ पर दो बातें संक्षेप में बतला देना आवश्यक है–

(1) शुद्ध अद्वैतवाद न तो वह भूतवाद है जो आत्मा का अस्तित्व अस्वीकार करता और जगत् को जड़ परमाणुओं का ढेर बतलाता है, और न वह अध्यात्मवाद है जो भूतों का अस्तित्व नहीं मानता और जगत् को अभौतिक शक्तियों के विधान का समाहार मात्र बतलाता है।

(2) हमारा सिद्धान्त तो यह है कि न तो द्रव्य की स्थिति और क्रिया आत्मा या शक्ति के बिना हो सकती है और न आत्मा की द्रव्य के बिना। द्रव्य या अनन्तव्यापी तत्त्व और आत्मा शक्ति या संविद् चेतन तत्त्व, दोनों उस विभु परम तत्त्व के दो मूल रूप या गुण हैं।

दूसरा प्रकरण

हमारा शरीर

जीवों के समस्त व्यापारों और धर्मों के अन्वेषण के लिए हमें पहले शरीर को लेना चाहिए जिसमें जीवनसम्बन्धिनी भिन्न-भिन्न क्रियाएँ देखी जाती हैं। शरीर के केवल बाहरी भागों की परीक्षा से हमारा काम नहीं चल सकता। हमें अपनी दृष्टि भीतर धँसाकर शरीररचना के साधारण विधानों तथा सूक्ष्म ब्योरों की जाँच करनी चाहिए। जो विद्या इस प्रकार का मूल अन्वेषण करती है उसे अंगविच्छेदशास्त्र[1] कहते हैं।

मनुष्य के शरीर की जाँच का काम पहले पहल चिकित्सा में पड़ा, अतः तीन-चार हजार वर्ष पहले के प्राचीन चिकित्सकों को मनुष्य के शरीर के विषय में कुछ-न-कुछ जानकारी हो गई थी। पर ये प्राचीन शरीरविज्ञानी अपना ज्ञान मनुष्य के शरीर की चीरफाड़ द्वारा नहीं प्राप्त करते थे; क्योंकि तत्कालीन व्यवस्था के अनुसार मनुष्य का शरीर चीरना-फाड़ना बड़ा भारी अपराध गिना जाता था। बन्दर आदि मनुष्य से मिलते-जुलते जीवों के शरीर की चीरफाड़ द्वारा ही वे शरीरसम्बन्धिनी बातों का पता लगाते थे। सन् 1543 में विसेलियस ने मनुष्य शरीररचना पर एक बड़ी पुस्तक लिखी और शरीरविज्ञान की नींव डाली। स्पेन में उस पर जादूगर होने का अपराध लगाया गया और उसे प्राणदंड की आज्ञा मिली। अपना प्राण बचाने के लिए वह ईसा की जन्मभूमि यरूशलम तीर्थ करने चला गया, वहाँ से वह फिर न लौटा।

उन्नीसवीं शताब्दी में यह विशेषता हुई कि शरीर की बनावट की छानबीन के लिए दो प्रकार की परीक्षाएँ स्थापित हुईं। तारतम्यिक अंगविच्छेद विज्ञान[2] और शरीराणु विज्ञान। तारतम्यिक अंगविच्छेद विज्ञान की स्थापना सन् 1803 में हुई जबकि फरासीसी जन्तुविद् क्यूवियर ने अपना वृहद् ग्रन्थ प्रकाशित करके पहले पहल मनुष्य और पशुशरीर सम्बन्धी कुछ सामान्य नियम स्थिर किए। उसने समस्त जीवों को चार प्रधान भागों में विभक्त किया–मेरुदंड या रीढ़वाले जीव, कीटवर्ग मकड़ी, केकड़े, बिच्छू, गुबरैले आदि शुक्तिवर्ग–घोंघे आदि और उद्भिदाकार कृमि[3]। यह बड़ा भारी काम हुआ क्योंकि इससे

1. वह विद्या जिससे शरीर के भिन्न-भिन्न भीतरी अवयवों के स्थान और उनकी बनावट का बोध होता है। इसमें चीरफाड़ कर अंगों की परीक्षा की जाती है इससे इसे अंगविच्छेदशास्त्र कहते हैं।
2. भिन्न-भिन्न जन्तुओं के अंगों को चीरफाड़कर उनकी परीक्षा और उनका परस्पर मिलान।
3. बहुत से ऐसे जीव होते हैं जो देखने में पौधों की डाल-पत्तियों के रूप के होते हैं। मूँगा इसी प्रकार का कृमि है जो समुद्र में पाया जाता है।

मनुष्य रीढ़वाले जीवों की कोटि में रखा गया। इसके उपरान्त अनेक शरीरविज्ञानियों ने इस विद्या में बहुत उन्नति की और अनेक नई-नई बातों का पता लगाया। जरमनी के कार्ल जिजिनबावर ने तारतम्यिक शरीरविज्ञान पर डारविन के विकासवाद के नियमों को घटाकर इस शास्त्र की मर्यादा बहुत बढ़ा दी। उसके पिछले ग्रन्थ 'मेरुदंड जीवों की तारतम्यिक अंगविच्छेद परीक्षा' के आधार पर ही मनुष्य में मेरुदंड जीवों के सब लक्षण निर्धारित किए गए।

शरीराणु विज्ञान का प्रादुर्भाव एक दूसरी ही रीति से हुआ। सन् 1802 में एक फरासीसी वैज्ञानिक ने मनुष्य के अवयवों के सूक्ष्म विधान का खुर्दबीन द्वारा विश्लेषण करने का प्रयत्न किया। उसने शरीर के सूक्ष्म तन्तुओं के सम्बन्ध को देखना चाहा पर उसे कुछ सफलता न हुई क्योंकि वह समस्त जन्तुओं के उस एक समवाय कारण से अनभिज्ञ था जिसका पता पीछे से चला। सन् 1838 में श्लेडेन ने उद्भिद् सृष्टि में समवाय रूप घटक का पता पाया जो पीछे से जन्तुओं में भी देखा गया। इस प्रकार घटकवाद की स्थापना हुई। सन् 1860 में कालिकर और विरशो ने घटक तथा तन्तुजाल सम्बन्धी सिद्धान्तों को मनुष्य के एक-एक अवयव पर घटाया। इससे यह भली-भाँति सिद्ध हो गया कि मनुष्य तथा और सब जीवों का शरीरतन्तुजाल अत्यन्त सूक्ष्म; खुर्दबीन से भी जल्दी न दिखाई देनेवाले घटकों से बना है। ये ही घटक वे स्वतः क्रियमाण जीव हैं जो करोड़ों की संख्या में व्यवस्थापूर्वक बसकर शरीररूपी विशाल राज्य की योजना करते हैं। इन्हीं की बस्ती या समवाय को शरीर कहते हैं। ये सबके सब घटक एक साधारण घटक से जिसे गर्भांड कहते हैं, उत्तरोत्तर विभागक्रम द्वारा उत्पन्न होते हैं। मनुष्य तथा और दूसरे रीढ़वाले जीवों की शरीररचना और योजना एक ही प्रकार की होती है। इन्हीं में स्तन्य या दूध पिलानेवाले जीव हैं जिनकी उत्पत्ति पीछे हुई है और जो अपनी उन विशेषताओं के कारण जो पीछे से उत्पन्न हुईं, सबसे उन्नत और बढ़े-चढ़े हैं।

कालिकर के सूक्ष्मदर्शक यन्त्रों के अन्वेषण द्वारा हमारा मनुष्य और पशुशरीरसम्बन्धी ज्ञान बहुत बढ़ गया और हमें घटकों और तन्तुओं के विकासक्रम का बहुत कुछ पता चल गया। इस प्रकार सिबोल्ड (1845) के उस सिद्धान्त की पुष्टि हो गई कि सबसे निम्न श्रेणी के कीटाणु एक घटक अर्थात् जिनका शरीर एक घटक मात्र है; जीव हैं।

हमारा शरीर, उसके ढाँचे का सारा ब्योरा, यदि देखा जाए तो उसमें रीढ़वाले जीवों के सब लक्षण पाए जाएँगे। जीवों के इस उन्नत वर्ग का निर्धारण पहले-पहल लामार्क ने 1801 में किया। इसके अन्तर्गत उसने रीढ़वाले जीवों को चार बड़े कुलों में बाँटा—दूध पिलानेवाले, पक्षी, जलस्थलचारी[1] और मत्स्य। बिना रीढ़वाले कीड़े-मकोड़ों के उसने दो विभाग किए। इसमें कोई सन्देह नहीं कि सारे रीढ़वाले जीव हर एक बात में परस्पर मिलते-जुलते हैं। सबके शरीर के भीतर एक कड़ा ढाँचा अर्थात् तरुणास्थियों और

1. इन जीवों को पानी में साँस लेने के लिए गलफड़े (जैसे मछलियों के) और बाहर साँस लेने के लिए फेफड़े दोनों होते हैं। इससे वे जल में भी और स्थल पर भी रह सकते हैं।

हड्डियों का पंजर होता है। इस पंजर में मेरुदंड और कपाल प्रधान हैं। यद्यपि कपाल की उन्नत रचना में छोटे-से-बड़े जीवों में उत्तरोत्तर कुछ भेद दिखाई पड़ता है पर ढाँचा एक ही सा रहता है। समस्त रीढ़वाले प्राणियों में 'अन्तःकरण' अर्थात् संवेदनवाहक सूत्रजाल का केन्द्रस्वरूप मस्तिष्क इस मेरुदंड के छोर पर होता है। यद्यपि उन्नति की श्रेणी के अनुसार भिन्न-भिन्न जीवों के मस्तिष्क में बहुत कुछ विभिन्नताएँ दिखाई पड़ती हैं पर सामान्य लक्षण सबमें वही रहता है।

इसी प्रकार यदि हम अपने शरीर के और अवयवों का दूसरे रीढ़वाले जीवों के उन्हीं अवयवों से मिलान करें तो भी यही बात देखी जाएगी। पितृपरम्परा के कारण सबके शरीर का मूल ढाँचा और उसके अवयवों के विभाग समान पाए जाते हैं, यद्यपि स्थितिभेद के अनुसार भिन्न-भिन्न जन्तुओं के विशेष-विशेष अंगों को बढ़ाई-छोटाई तथा बनावट में फर्क देखा जाता है। सबमें रक्त दो प्रधान नलों से होकर बहता है जिनमें से एक अँतड़ियों के ऊपर-ऊपर जाता है और दूसरा नीचे-नीचे। यही दूसरा नल जिस स्थान पर चौड़ा हो जाता है वही हृदय है। हृदय रीढ़वाले जीवों में पेट की ओर होता है और कीट-पतंग आदि में पीठ की ओर। इसी प्रकार और-और अंगों की बनावट भी सब रीढ़वाले जीवों की एक सी होती है। अस्तु; मनुष्य एक रीढ़वाला जीव है।

प्राचीन लोग मनुष्य और पक्षियों के अतिरिक्त तिर्यक् पशुओं, गाय, कुत्ते आदि को चतुष्पद कहते थे। क्यूवियर ने पहले पहल यह स्थिर किया कि द्विपाद मनुष्य और पक्षी भी वास्तव में चतुष्पद ही हैं। उसने अच्छी तरह दिखलाया कि मेढक से लेकर मनुष्य तक समस्त स्थलचारी उन्नत रीढ़वाले जीवों के चार पैरों की रचना एक ही नमूने पर कुछ विशेष अवयवों से हुई है। मनुष्य के हाथों और चमगादड़ के डैनों की ठटरी का ढाँचा वैसा ही होता है जैसा कि चौपायों के अगले पैरों का। यदि हम किसी मेढक की ठटरी लेकर मनुष्य या बन्दर की ठटरी से मिलाएँ तो इस बात का ठीक-ठीक निश्चय हो सकता है। सन् 1864 में जिजिनबावर ने यह दिखलाया कि किस प्रकार स्थलचारी मनुष्यों का पाँच उँगलियोंवाला पैर आदि में प्राचीन मछलियों के इधर-उधर निकले हुए परों ही से क्रमशः उत्पन्न हुआ है। अस्तु; मनुष्य एक चतुष्पद जीव है।

रीढ़वाले जानवरों में दूध पिलानेवाले सबसे उन्नत और पीछे के हैं। पक्षियों और सरीसृपों के समान निकले तो ये भी प्राचीन जलस्थलचारी जन्तुओं ही से हैं पर इनके अवयवों में बहुत सी विशेषताएँ हैं। बाहर इनके शरीर पर रोएँदार चमड़ा होता है। इनमें दो प्रकार की चर्मग्रन्थियाँ होती हैं—एक स्वेदग्रन्थि तथा दूसरी मेदग्रन्थि। उदराशय के चर्म में एक विशेष स्थान पर इन ग्रन्थियों की वृद्धि से उस अवयव की उत्पत्ति होती है जिसे स्तन कहते हैं और जिसके कारण इस वर्ग के प्राणी स्तन्य कहलाते हैं। दूध पिलाने का यह अवयव दुग्धग्रन्थियों और स्तनकोश से बना होता है। वृद्धि प्राप्त होने पर चूचुक (ढिपनी) निकलते हैं जिनसे बच्चा दूध खींचता है। भीतरी रचना में एक अन्तरपट मांस की झिल्ली और नसों का बना हुआ परदा, की विशेषता होती है जो उदराशय को वक्षाशय से जुदा करता है। दूसरे रीढ़वाले जानवरों में यह परदा नहीं होता, यह केवल

दूध पिलानेवालों में होता है। इसी प्रकार मस्तिष्क, घ्राणेन्द्रिय, फुप्फुस, बाह्य और आभ्यन्तर जननेन्द्रिय आदि की बनावट में भी बहुत सी विशेषताएँ दूध पिलानेवाले जीवों में होती हैं। इन सब पर ध्यान देने से यह पता चलता है कि दूध पिलानेवाले जीव सरीसृपों और जलस्थलचारी जीवों से उत्पन्न हुए। यह बात कम-से-कम 12,00,0000 वर्ष पहले हुई होगी। अस्तु; मनुष्य एक दूध पिलानेवाला स्तन्य जीव है।

आधुनिक जन्तु विज्ञान में स्तन्य जीवों के भी तीन भेद किए गए हैं–अंडजस्तन्य[1], अजरायुज पिंडज (थैलीवाले)[2] और जरायुज। ये तीनों सृष्टि के भिन्न-भिन्न युगों में क्रमशः उत्पन्न हुए हैं। मनुष्य जरायुज जीवों के अन्तर्गत है क्योंकि उसमें वे सब विशेषताएँ हैं जो जरायुजों में होती हैं। पहली वस्तु तो वह है जिसे जरायु[3] कहते हैं और जिसके कारण जरायुज नाम पड़ा है। इसके द्वारा गर्भ के भीतर शिशु का बहुत दिनों तक पोषण होता है। यह गर्भ को आवृत करनेवाली झिल्ली से नल के रूप में निकलकर माता के गर्भाशय की दीवार से संयुक्त रहता है। इसकी बनावट इस प्रकार की होती है कि माता के रक्त का पोषक द्रव्य शिशु के रक्त में जाकर मिलता रहता है। गर्भपोषण की इस विलक्षण युक्ति के बल से शिशु को गर्भ के भीतर बहुत दिनों तक रहकर वृद्धि प्राप्त करने का अवसर मिलता है। यह बात बिना जरायु के गर्भ में नहीं पाई जाती। इसके अतिरिक्त मस्तिष्क की उन्नत रचना आदि के कारण भी जरायुज जीव अपने पूर्वज अजरायुज जीवों की अपेक्षा बड़े चढ़े होते हैं। अस्तु; मनुष्य एक जरायुज जीव है।

जरायुज जीव भी अनेक शाखाओं में विभक्त किए गए हैं जिनमें से चार प्रधान हैं– छेद्यदन्त (कुतरनेवाले[4]); खुरपाद[5], मांसभक्षी[6] और किंपुरुष। इसी किंपुरुष शाखा के

---

1. इस वर्ग के जीवों में एक ही कोठा होता जिसमें मलवाहक, मूत्रवाहक और वीर्यवाहक नल गिरते हैं। मादा चिड़ियों की तरह अंडे भी देती है और स्तन्य जीवों की तरह दूध भी पिलाती हैं। इस प्रकार के दो-एक जानवर आस्ट्रेलिया में पाए जाते हैं। एक बत्तख घूँस होती है जिसका सब आकार घूँस की तरह होता है पर मुँह बत्तख की चोंच की तरह का और पंजे बत्तख के पंजों की तरह के होते हैं। इसी प्रकार की एक साही भी होती है। ये पक्षियों और स्तन्य जीवों के बीच के जन्तु हैं।
2. इस वर्ग के जीव भी आस्ट्रेलिया तथा उसके आसपास के द्वीपों में पाए जाते हैं। इनके गर्भ में जरायु नहीं होता जिससे गर्भ के भीतर बच्चों का पोषण होता है, अतः बच्चे अच्छी तरह बनने के पहले ही उत्पन्न हो जाते हैं और मादा उन्हें बहुत दिनों तक पेट के पास बनी थैली में लिये फिरती है। कंगारू नाम का जन्तु इसी वर्ग का है।
3. जरायु के द्वारा ही भ्रूण माता के गर्भाशय से संयुक्त रहता है। यह गोल चक्र या तश्तरी के आकार का और स्पंज की तरह छिद्रमय होता है। मुख की ओर तो यह माता के गर्भाशय की दीवार से जुड़ा रहता है, पृष्ठ की ओर इसमें से एक लम्बा नाल निकलकर भ्रूण की नाभि तक गया रहता है। जरायुचक्र में बहुत से सूक्ष्म घट या उभरे हुए छिद्र रहते हैं जो गर्भाशय की दीवार के छिद्रों में घुसे होते हैं। इसी के द्वारा भ्रूण के शरीर में रक्तसंचार, पोषक द्रव्यों का समावेश और श्वासविधान होता है। जरायु या उल्वनाल केवल पिंडजों अर्थात् सजीव डिम्भ प्रसव करनेवाले जीवों में ही होता है, अंडजों आदि में नहीं।
4. चूहे, गिलहरी, खरगोश आदि।
5. गाय, बकरी, हिरन आदि।
6. भेड़िया, बाघ इत्यादि।

अन्तर्गत बन्दर, बनमानुस और मनुष्य हैं। इन तीनों में दूसरे जरायुज जीवों से बहुत सी विशेषताएँ समानरूप से पाई जाती हैं। तीनों के शरीर में लम्बी-लम्बी हड्डियाँ होती हैं जो इनके शाखाचारी जीवन के अनुकूल हैं। इनके हाथों और पैरों में पाँच-पाँच उँगलियाँ होती हैं। लम्बी-लम्बी उँगलियाँ पेड़ों की शाखाओं को पकड़ने के उपयुक्त होती हैं। नख चौड़े होते हैं, टेढ़े नुकीले नहीं। तीनों की दन्तावली पूर्ण होती है अर्थात् इन्हें चारों प्रकार के दाँत होते हैं—छेदनदन्त, कुकुरदन्त, अग्रदन्त और चर्वणदन्त (चौभर)। किंपुरुष शाखा के प्राणियों के कपाल और मस्तिष्क की रचना में भी विशेषता होती है। उन प्राणियों में जो काल पाकर अधिक उन्नत हो गए हैं और जिनका प्रादुर्भाव इस पृथ्वी पर पीछे हुआ है विशेषता अधिक होती गई है। सारांश यह कि मनुष्य शरीर में भी किंपुरुष शाखा के सब लक्षण विद्यमान हैं। अस्तु; मनुष्य किंपुरुष शाखा का एक जीव है।

ध्यानपूर्वक देखने से इस किंपुरुष शाखा के भी दो भेद हो जाते हैं—एक बन्दर दूसरे पूरे बनमानुस। बन्दर निम्न श्रेणी के और पहले के हैं, बनमानुस अधिक उन्नत और पीछे के हैं। बन्दर की माता का गर्भाशय और दूसरे स्तन्य जीवों की तरह दोहरा होता है। इसके विरुद्ध पूरे बनमानुस के दाहिने और बाएँ दोनों गर्भाशय मिले होते हैं और इस मिले हुए गर्भाशय का आकार वैसा ही होता है जैसा मनुष्य के गर्भाशय का। नर कपाल के समान बनमानुस के कपाल में भी नेत्रों के गोलक कनपटी के गड्ढों से हड्डी के एक परदे के द्वारा विच्छिन्न होते हैं। पर साधारण बन्दरों में या तो यह परदा बिलकुल नहीं होता अथवा अपूर्ण रूप में होता है। इसके अतिरिक्त बन्दर का मस्तिष्क या तो बिलकुल समतल होता है अथवा बहुत थोड़ा खुरदुरा या ऊँचा-नीचा होता है और कुछ छोटा भी होता है। बनमानुस का मस्तिष्क बड़ा, उसके तल की रचना अधिक जटिल होती है। जितना ही जो बनमानुस मनुष्य के अधिक निकट तक पहुँचा हुआ होता है उसके मस्तिष्क के तल में उतने ही अधिक उभार, अखरोट की गिरी के समान होते हैं। अस्तु; मनुष्य में बनमानुस के सब लक्षण पाए जाते हैं।

बनमानुसों के दो विलक्षण विभाग देश के अनुसार किए गए हैं। पश्चिमी गोलार्ध या अमेरिका के बनमानुस चिपटी नाकवाले कहलाते हैं और पूर्वीयगोलार्ध या पुरानी दुनिया के पतली नाकवाले। चिपटी नाकवाले बनमानुसों का वंश इधर के पतली नाकवाले बनमानुसों से बिलकुल अलग चला है। वे पुरानी दुनिया (एशिया, अफ्रीका) के बनमानुसों की उपेक्षा अनुन्नत हैं। अतः मनुष्य एशिया और अफ्रीका के पतली नाकवाले बनमानुसों ही की किसी अप्राप्य श्रेणी से उद्भूत हुए हैं।

एशिया और अफ्रीका में अब तक पाए जानेवाले पतली नाकवाले बनमानुसों के भी दो भेद हैं, पूँछवाले बनमानुस और बिना पूँछवाले नराकार बनमानुस। बिना पूँछवाले मनुष्य जाति से अधिक समानता रखते हैं। नराकार बनमानुसों के पुट्ठे की रीढ़ पाँच कशेरुकाओं के मेल से बनी होती है और पूँछवाले बनमानुसों की तीन कशेरुकाओं के मेल से। दोनों के दाँतों की बनावट में भी अन्तर होता है। सबसे बढ़कर बात तो यह है कि यदि हम गर्भाशय की झिल्ली तथा जरायुज आदि की बनावट की ओर ध्यान देते

हैं तो नराकार बनमानुस में भी वे ही विशेषताएँ पाई जाती हैं जो मनुष्य में। एशियाखंड के ओरंगओटंग और गिबन तथा अफ्रीका के गोरिल्ला और चिंपाजी नामक बनमानुस मनुष्य से सबसे अधिक समानता रखते हैं। अस्तु; मनुष्य और बनमानुस का निकट सम्बन्ध अब अच्छी तरह सिद्ध हो गया है।

इस बात के प्रमाण में अब कोई सन्देह नहीं रह गया है कि मनुष्य और बनमानुस के शरीर का ढाँचा एक ही है। दोनों की ठटरियों में वे ही 200 हड्डियाँ समान क्रम से बैठाई हैं, दोनों में उन्हीं 100 पेशियों की क्रिया से गति उत्पन्न होती है, दोनों की त्वचा पर रोएँ होते हैं, दोनों के मस्तिष्क उन्हीं संवेदनात्मक तन्तुग्रन्थियों के योग से बने हुए होते हैं, वही चार कोठों का हृदय दोनों में रक्तसंचार का स्पन्दन उत्पन्न करता है, दोनों के मुँह में 32 दाँत उसी क्रम से होते हैं, दोनों में पाचन ष्ठीवन ग्रन्थि[1], यकृद्ग्रन्थि और क्लोमग्रन्थि[2] की क्रिया से होता है, उन्हीं जननेन्द्रियों से दोनों के वंश की वृद्धि होती है। यह ठीक है कि डीलडौल तथा अवयवों की छोटाई-बड़ाई में दोनों में कुछ भेद देखा जाता है पर इस प्रकार का भेद तो मनुष्यों की ही समुन्नत और बर्बर जातियों के बीच परस्पर देखा जाता है, यहाँ तक कि एक ही जाति के मनुष्यों में भी कुछ-न-कुछ भेद होता है। कोई दो मनुष्य ऐसे नहीं मिल सकते जिनके ओंठ, आँख, नाक, कान आदि बराबर और एक से हों। और जाने दीजिए दो भाइयों की आकृति में इतना भेद होता है कि जल्दी विश्वास नहीं होता कि वे एक ही माता-पिता से उत्पन्न हैं। पर इन व्यक्तिगत भेदों से रचना के मूल सादृश्य के विषय में कोई व्याघात नहीं होता।

---

1. अत्यन्त सूक्ष्म छोटे-छोटे दाने जिनसे थूक निकलता है।
2. आमाशय की त्वचा पर के सूक्ष्म दाने जिनसे पित्त के समान एक प्रकार का अम्ल रस निकलता है जो भोजन के साथ मिलकर उसे पचाता है।

तीसरा प्रकरण

हमारा जीवन

उन्नीसवीं शताब्दी में ही मनुष्यजीवन सम्बन्धी ज्ञान को वैज्ञानिक रूप प्राप्त हुआ है। सजीव व्यापारों का अन्वेषण करनेवाली विद्या को शरीरव्यापार विज्ञान[1] कहते हैं। यह विद्या आजकल अत्यन्त उन्नत अवस्था को पहुँच गई है। प्राचीन काल में ही लोगों का ध्यान सजीव व्यापारों की ओर गया था। वे जीवों का इच्छानुसार हिलना-डुलना, हृदय का धड़कना, साँस खींचना, बोलना आदि देखकर इन व्यापारों का कारण जानना चाहते थे। अत्यन्त प्राचीन काल में तो सजीव पदार्थों के हिलने में और निर्जीव पदार्थों के हिलने-डुलने में विभेद करना सहज नहीं था। नदियों का बहना, हवा का चलना, लपट का भभकना आदि जन्तुओं के चलने-फिरने के समान ही जान पड़ते थे। अतः इन निर्जीव पदार्थों में भी उस काल के लोगों को एक स्वतन्त्र जीव मानना पड़ता था। पर पीछे जीवन के सम्बन्ध में जिज्ञासा आरम्भ हुई। 1700 वर्ष हुए कि योरप में पहले पहल यूनानी हकीम गैलन का ध्यान शरीरव्यापार के कुछ तत्त्वों की ओर गया। इन तत्त्वों का पता उसने जीते हुए कुत्तों, बन्दरों आदि को चीर-फाड़कर लगाया था। पर जीवित जन्तुओं का चीरना-फाड़ना एक अत्यन्त निर्दयता का काम समझा जाता था। परन्तु बिना इस प्रकार की चीर-फाड़ किए शरीर के व्यापारों का रहस्य नहीं खुल सकता।

सच पूछिए तो 16वीं शताब्दी में ही शरीर के व्यापारों की ठीक-ठीक जाँच योरप में कुछ डॉक्टरों के द्वारा आरम्भ हुई। सन् 1628 में हार्वे ने अपने रक्तसंचार सम्बन्धी आविष्कार का विवरण प्रकाशित करके यह दिखलाया कि हृदय एक प्रकार का पम्प या नल है जो अचेतन रूप से क्षण-क्षण पर अपनी पेशियों के आकुंचन द्वारा निरन्तर लाल रंग के खून की धारा धमनियों के मार्ग से छोड़ा करता है। जीवधारियों के प्रसवविधान के सम्बन्ध में उसने जो अन्वेषण किए वे भी बड़े काम के थे। पहले पहल उसी ने इस नियम का प्रतिपादन किया कि 'प्रत्येक जीवधारी गर्भांड से उत्पन्न होता है।' 18वीं शताब्दी के अन्त में हालर ने शरीरव्यापार सम्बन्धी विद्या को चिकित्साशास्त्र से अलग करके

1. अंगविच्छेद शास्त्र केवल भीतरी अवयवों के स्थान और उनकी बनावट बतलाता है पर शरीरव्यापार विज्ञान उनके व्यापारों और कार्यों की व्यवस्था प्रकट करता है। अंगविच्छेद शास्त्र केवल यही बतलावेगा कि अमुक अवयव शरीर के अमुक स्थान पर होता है और इस आकार का होता है, वह यह न बतलावेगा कि वह अवयव नया काम करता है।

स्वतन्त्र वैज्ञानिक आधार पर स्थिर किया, पर उसने संवेदनात्मक चेतनाव्यापारों के लिए एक विशेष 'संविद् शक्ति' का प्रतिपादन किया जिससे 'अभौतिक शक्ति' माननेवालों को भी सहारा मिल गया। 19वीं शताब्दी के मध्य तक शरीरव्यापार विज्ञान में यही सिद्धान्त ग्राह्य रहा कि जीवों के कुछ व्यापार तो भौतिक और रासायनिक कारणों से होते हैं पर कुछ ऐसे होते हैं जो एक विशेष शक्ति द्वारा होते हैं। यह शक्ति समस्त भूतों से परे तथा द्रव्य की भौतिक और रासायनिक क्रिया से सर्वथा स्वतन्त्र मानी गई है। यह स्वयंप्रकाश शक्ति जड़ पदार्थों में नहीं होती और भूतों को अपने आधार पर चलाती है। संवेदनसूत्रों की वेदनात्मक क्रिया, चेतना, उत्पत्ति, बुद्धि आदि ऐसी बातें थीं जिनके लिए भौतिक और रासायनिक कारण बतलाना अत्यन्त कठिन था। इस अभौतिक शक्ति का व्यापार उद्‌देश्यात्मक[1] माना गया जिससे दर्शनशास्त्र में उद्‌देश्यवाद का समर्थन हुआ। प्रसिद्ध दार्शनिक कांट ने भी कह दिया कि यद्यपि सिद्धान्तदृष्टि के व्यापारों का भौतिक कारण बतलाने में बुद्धि में अपार सामर्थ्य है पर जीवधारियों के चेतन व्यापारों का भौतिक कारण बतलाना वास्तव में उसकी सामर्थ्य के बाहर है, अतः हमें उनका एक ऐसा कारण मानना ही पड़ता है जो उद्‌देश्यात्मक अर्थात् भूतों से परे है। फिर तो उद्‌देश्यवाद एक प्रकार से निर्विवाद सा मान लिया गया। बात स्वाभाविक ही थी; क्योंकि शरीर के भीतर रक्तसंचार आदि व्यापारों का भौतिक और पाचन आदि क्रियाओं का रासायनिक हेतु तो बतलाया जा सकता था पर पेशियों और संवेदनसूत्रों की अद्‌भुत क्रियाओं तथा अन्तःकरण (मन) की विलक्षण वृत्तियों का कोई समाधानकारक हेतु निरूपित नहीं हो सकता था। इसी प्रकार किसी प्राणी में भिन्न-भिन्न शक्तियों की जो उपयुक्त योजना देखी जाती है उसे भी भूतों के द्वारा सम्पन्न नहीं मानते बनता था। ऐसी दशा में शरीरव्यापार सम्बन्धी विज्ञान में भी पूरी द्वैतभावना स्थापित हुई। निरिन्द्रिय जड़ प्रकृति और सेन्द्रिय सजीव सृष्टि के बीच, आधिभौतिक और आध्यात्मिक विधानों के बीच, शरीर और आत्मा के बीच, द्रव्यशक्ति और जीवशक्ति के बीच पूरा-पूरा प्रभेद माना गया। 19वीं शताब्दी के आरम्भ में भूतातिरिक्तशक्तिवाद की जड़ शरीरव्यापार विज्ञानों में अच्छी तरह जम गई।

17वीं शताब्दी के मध्य में प्रसिद्ध फरासीसी तत्त्ववेत्ता डेकार्ट ने हार्वे के रक्तसंचार सम्बन्धी सिद्धान्त को लेकर यह प्रतिपादित किया कि और जन्तुओं की भाँति मनुष्य का शरीर भी एक कल है और उसका संचालन भी उन्हीं भौतिक नियमों के अनुसार होता है जिनके अनुसार मनुष्य की बनाई हुई मशीन का होता है। साथ ही उसने मनुष्य में एक भूतातीत आत्मा[2] का होना भी बतलाया और कहा कि स्वयं अपने ही व्यापारों का जो अनुभव आत्मा को होता है (अर्थात् विचार) केवल वही संसार में ऐसी वस्तु है जिसका हमें निश्चयात्मक बोध होता है। उसका सूत्र है कि–'मैं विचार करता हूँ इसलिए मैं हूँ।[3] पर यह द्वैत सिद्धान्त रखते हुए भी उसने शरीरव्यापार सम्बन्धी हमारे भौतिक

1. यह सिद्धान्त कि सृष्टि के व्यापार उद्‌देश्य रखनेवाली एक चेतन शक्ति के विधान द्वारा होते हैं।
2. पशुओं में इस प्रकार की आत्मा डेकार्ट नहीं मानता था।
3. कामिटो इरगो सम (आई थिंक देयरफोर आइ एम्)।

ज्ञान को बहुत कुछ बढ़ाया था। डेकार्ट के बाद ही एक वैज्ञानिक ने प्राणियों के अंग संचालन को शुद्ध भौतिक नियमों का अनुसारी सिद्ध किया और दूसरे ने पाचन और श्वास[1] की क्रिया का रासायनिक विधान बतलाया। पर उनके युक्तिवाद पर उस समय लोगों ने ध्यान न दिया। शक्तिवाद का प्रचार बढ़ता ही गया। उसका पूर्णरूप से खंडन तब हुआ जब भिन्न-भिन्न जीवों के शरीरव्यापारों का मिलान करनेवाले विज्ञान का उदय हुआ।

तारतम्यिक शरीरव्यापार विज्ञान का प्रादुर्भाव 19वीं शताब्दी में हुआ। बर्लिन विश्वविद्यालय के जोंस मूलर नामक उद्‌भट प्राणिवेत्ता ने ही पहले पहल इस विषय को अपने हाथ में लिया और 25 वर्ष तक लगातार परिश्रम किया। उसने मनुष्य से लेकर कीट-पतंग तक सारे जीवों के अंगों और शरीरव्यापारों को लेकर दार्शनिक रीति से मिलान किया और इस प्रकार वह अपने पूर्ववर्ती आचार्यों से प्राणतत्त्व सम्बन्धी ज्ञान में बहुत बढ़ गया। मूलर भी अपने सहयोगी शरीरविज्ञानियों के समान शक्तिवादी ही रहा। पर उसके हाथ में पड़कर शक्तिवाद का कुछ रूप ही और हो गया। उसने जीवों के समस्त व्यापारों के भौतिक हेतु निरूपण का प्रयत्न किया। उसने जिस शक्ति का रूपान्तर से प्रतिपादन किया वह प्रकृति के भौतिक और रासायनिक नियमों से परे नहीं थी; उससे सर्वथा बद्ध थी। उसने इन्द्रियों और मन की क्रियाओं का उसी प्रकार भौतिक हेतु बतलाने का प्रयत्न किया जिस प्रकार पेशियों की क्रियाओं का। मूलर की सफलता का कारण यह था कि वह सदा अत्यन्त निम्न कोटि के जीवों के प्राणव्यापार को लेकर चलता और क्रम-क्रम से उन्नत जीवों की ओर अपनी अनुसन्धान परम्परा को बढ़ाता हुआ मनुष्य तक ले जाता था। मूलर की मृत्यु के पीछे सन् 1858 में उसके विस्तृत विषय के कई विभाग हो गए—मानव और तारतम्यिक अंगविच्छेद परीक्षा, चिकित्सा सम्बन्धी अंगविच्छेद परीक्षा, शरीरव्यापार विज्ञान और विकासक्रम का इतिहास।

मूलर के अनेक शिष्यों में से थिउडर श्वान को सबसे अधिक सफलता हुई। 1838 में जब प्रसिद्ध उद्भिद्‌विज्ञानवेत्ता थिउडर श्वान ने घटक को सारे पौधों का संयोजक अवश्य बतलाया और सिद्ध किया कि पौधों का सारा तन्तुजाल इन्हीं घटकों के योग से बना है, मूलर ने इस आविष्कार से लाभ उठाने की चेष्टा की। उसने प्राणियों के शरीरतन्तुओं को भी इसी प्रकार के योग से संघटित सिद्ध करना चाहा। पर यह कठिन कार्य उसके शिष्य श्वान ने किया। इस प्रकार घटक सिद्धान्त की नींव पड़ी जिसका महत्त्व अंगविच्छेद शास्त्र और शरीरव्यापार विज्ञान में दिन पर दिन स्वीकृत होता गया। इसके अतिरिक्त अर्न्स्ट ब्रुक और एलबर्ट कालिकर नामक मूलर के दो दूसरे शिष्यों ने यह दिखलाया कि विश्लेषण करने पर जीवों की समस्त क्रियाएँ शरीरतन्तु को संघटित करनेवाले इन्हीं सूक्ष्म घटकों की क्रियाएँ ठहरती हैं। ब्रुक ने इन घटकों को 'मूलजीव' कहा और बतलाया कि समवाय रूप से ये ही जीवविधान के कारण हैं। कालिकर ने सिद्ध किया कि जीवधारियों का गर्भांड एक शुद्ध घटक मात्र है।

1. जिससे शरीर के भीतर आक्सिजन या प्राणवायु जाती और कारबन निकलता है।

'घटकात्मक शरीरव्यापार विज्ञान' की पूर्णरूप से प्रतिष्ठा सन् 1889 में जरमनी के मैक्स वरवर्न द्वारा हुई। उसने अनेक परीक्षाओं के उपरान्त दिखलाया कि मेरा उपस्थित किया हुआ घटकात्मा[1] सम्बन्धी सिद्धान्त एकघटकात्मक अणुजीवों के पर्यालोचन से पूर्णरूप से प्रतिपादित हो जाता है और इन अणुजीवों के चेतन व्यापारों का मेल जलसृष्टि की रासायनिक क्रियाओं से मिल जाता है। उसने बतलाया कि मूलर की मिलानवाली प्रणाली तथा घटक की सूक्ष्म आलोचना द्वारा ही हम तत्त्व को यथार्थ रूप में समझ सकते हैं।

इस घटकवाद से चिकित्साशास्त्र को भी बहुत लाभ पहुँचा। मूलर के एक दूसरे शिष्य विरशे ने रुग्ण घटकों का स्वस्थ घटकों से मिलान करके रुग्ण होने पर उनकी दशा के उन सूक्ष्म परिवर्तनों को दिखलाया जो उन विस्तृत परिवर्तनों के मूल स्वरूप होते हैं जिनसे रोग या मृत्यु होती है। उसने यह सिद्ध कर दिया कि रोग किसी अलौकिक कारण से नहीं होते बल्कि भौतिक और रासायनिक परिवर्तनों के ही कारण होते हैं।

आधुनिक जन्तुविभाग विद्या के अन्तर्गत जितने जीव हैं सब में स्तनपायी जीव प्रधान हैं। मनुष्य इसी स्तन्यवर्ग के अन्तर्गत है अतः उसमें वे सब लक्षण होने चाहिए जो और स्तन्य जीवों में होते हैं। मनुष्यों में भी रक्तसंचालन तथा श्वास क्रिया उसी प्रकार और ठीक उन्हीं नियमों के अनुसार होती है जिस प्रकार और जिन नियमों के अनुसार और स्तन्य जीवों में। ये दोनों क्रियाएँ हृत्कोश और फुप्फुस (फेफड़े) की विशेष बनावट के अनुसार होती हैं। केवल स्तन्य जीवों में रक्त हृदय के बाएँ कोठे से धमनी की वाम कंडरा (शाखा) में प्रवाहित होता है। पक्षियों में यह रक्त धमनी की दक्षिण कंडरा से होकर और सरीसृपों में दोनों कंडराओं से होकर जाता है। दूध पिलानेवाले जीवों के रक्त में और दूसरे रीढ़वाले जीवों के रक्त से यह विशेषता पाई जाती है कि उसके सूक्ष्म घटकों के मध्य में गुठली (न्यूक्लिअस) नहीं होती। इसी वर्ग के जीवों की श्वासक्रिया अन्तरपट (डाइफ्राम) के योग से होती है क्योंकि इन्हीं जीवों में उदराशय और वक्षाशय के बीच यह परदा होता है। बड़ी भारी विशेषता तो माता के स्तनों में दूध उत्पन्न होने और बच्चों को पालने के ढंग की है। दूध की बड़ी भारी ममता होती है इसी से स्तन्य जीवों में शिशु पर माता का बहुत अधिक स्नेह देखा गया है।

स्तन्य जीवों में बनमानुस ही मनुष्य से सबसे अधिक समानता रखता है, अतः उसमें वे सब लक्षण मिलते हैं जो मनुष्य में पाए जाते हैं। सब लोग देखते हैं कि किस प्रकार बनमानुसों की रहन-सहन, स्वभाव, समझ, बच्चों के पालने-पोसने का ढंग आदि मनुष्य के से होते हैं। शरीरव्यापार विज्ञान ने और बातों में भी सादृश्य दिखलाया है जो साधारण दृष्टि से देखने में नहीं आता–हृत्पिंड की क्रिया में, स्तनों के विभाग में, दाम्पत्य विधान में। दोनों के स्त्री-पुरुष-धर्म मिलते-जुलते हैं। बनमानुसों की बहुत सी ऐसी

1. सन् 1866 में हेकल ने यह सिद्धान्त उपस्थित किया था।

जातियाँ होती हैं जिनकी मादा के गर्भाशय से उसी प्रकार सामयिक रक्तस्राव होता है जिस प्रकार स्त्रियों को मासिकधर्म होता है। बनमानुस की मादा में दूध उसी प्रकार उतरता है जिस प्रकार स्त्रियों में। दूध पिलाने का ढंग भी एक ही सा है।

सबसे बढ़कर ध्यान देने योग्य बात तो यह है कि मिलान करने पर बनमानुसों की बोली मनुष्य की वर्णात्मक वाणी के विकास की आदिम अवस्था प्रतीत होती है। एक प्रकार का बनमानुस होता है जो कुछ-कुछ मनुष्यों की तरह गाता और सुर निकालता है। कोई निष्पक्ष भाषातत्त्वविद् इस बात को मानने में आगापीछा न करेगा कि मनुष्य की विचारव्यंजक विशद वाणी पूर्वज बनमानुसों की अपूर्ण बोली से क्रमशः धीरे-धीरे निकली है।

चौथा प्रकरण

गर्भविधान

तारतम्यिक गर्भविधान विद्या की उत्पत्ति भी उन्नीसवीं शताब्दी में ही हुई है। माता के गर्भ में बच्चा किस प्रकार बनता है ? गर्भांड से जीव कैसे उत्पन्न हो जाते हैं ? बीज से वृक्ष कैसे पैदा होता है ? इन प्रश्नों पर हजारों वर्षों से लोग विचार करते आए पर इनका ठीक-ठीक समाधान तभी हुआ जब गर्भविज्ञानविद् बेयर ने गर्भविधान के रहस्यों को जानने का उचित मार्ग दिखलाया। बेयर से तीस वर्ष पीछे डारविन ने अपने उत्पत्ति सिद्धान्त के प्रतिपादन द्वारा गर्भविधान के परिज्ञान की प्रणाली एक प्रकार से स्थिर कर दी। यहाँ पर मैं गर्भसम्बन्धी मुख्य-मुख्य सिद्धान्तों पर ही विचार करूँगा। इस विचार के पहले गर्भवृद्धि सम्बन्धी प्राचीन सिद्धान्तों का उल्लेख आवश्यक है।

प्राचीनों का विचार था कि जीवों के गर्भांड में पूरा शरीर अपने सम्पूर्ण अवयवों के साथ पहले से निहित रहता है, पर वह इतना सूक्ष्म होता है कि दिखाई नहीं पड़ सकता[1], अतः गर्भ का सारा विकास या वृद्धि अन्तर्मुख अंगों का प्रस्तार मात्र है। इसी भ्रान्त विचार का नाम 'पूर्वकृत' या 'युगपत्' सिद्धान्त है। सन् 1759 में उल्फ नामक एक नवयुवक डॉक्टर ने अनेक श्रमसाध्य और कठिन परीक्षाओं के उपरान्त इस सिद्धान्त का पूर्णरूप से खंडन किया। अंडे को यदि हम देखें तो उसके भीतर बच्चे या उसके अंगों का कोई चिह्न पहले नहीं रहता, केवल एक छोटा सा चक्र जरदी के सिरे पर होता है। यह बीजचक्र धीरे-धीरे वर्तुलाकार हो जाता है और फिर फूटकर चार झिल्लियों के रूप में हो जाता है। ये ही चार झिल्लियाँ शरीर के चार प्रधान विभागों के मूलरूप हैं। चार विभाग या विधान ये हैं—ऊपर संवेदनविधान जिससे समस्त संवेदनात्मक और चेतन व्यापार होते हैं, नीचे पेशी विधान, फिर नाड़ीघट[2] हृदय नाड़ी आदि विधान, और अन्त्रविधान। इससे प्रकट है कि गर्भविकास पूरे अंगों का प्रस्तार मात्र नहीं है बल्कि

1. सुश्रुत ने कई ऋषियों के नाम देकर लिखा है कि कोई कहता है कि गर्भ में पहले बच्चे का सिर पैदा होता है, कोई कहता है कि हृदय, कोई कहता है नाभि, कोई कहता है हाथ-पाँव, सुभूति गौतम कहते हैं कि जड़ जिससे सब अंग सन्निबद्ध रखते हैं, पर धन्वंतरि जी कहते हैं कि इनमें से किसी का मत ठीक नहीं, बच्चों के सब अंग एक साथ ही पैदा हो जाते हैं, बाँस के कल्ले या आम के फल के समान—'सर्वांगप्रत्यंगानि युगपत्संभवतीत्याह धन्वंतरि, गर्भस्थ सूक्ष्मत्वान्नोपलभ्यते, वंशांकुरवच्चूतलबच्च।'—सुश्रुत, शरीरस्थान।
2. जिससे रक्तसंचार होता है और जिसके अन्तर्गत रक्तवाहिनी नलियाँ और हृदय हैं।

नवीन रचनाओं का क्रम है। इस सिद्धान्त का नाम 'नवविधान' वाद है। 50 वर्ष तक उल्फ की सच्ची बात की ओर किसी ने ध्यान नहीं दिया क्योंकि प्रसिद्ध वैज्ञानिक हालर बराबर उसका विरोध करता गया। हालर ने कहा–'गर्भ में नए विधानों की योजना नहीं होती। प्राणी के अंग एक दूसरे के आगे-पीछे नहीं बनते सब एक साथ बने-बनाए रहते हैं।'

जब सन् 1806 में जरमनी के ओकेन ने उल्फ की कही हुई बातों का फिर से पता लगाया तब कई जरमन वैज्ञानिक गर्भविधान के ठीक-ठीक अन्वेषण में तत्पर हुए। उनमें सबसे अधिक सफलता बेयर को हुई। उसने अपने ग्रन्थ में गर्भबीज की रचना का पूरा ब्योरा दिखाया और बहुत से नए-नए विचारों का समावेश किया। मनुष्य तथा और दूसरे स्तन्य जीवों के भ्रूण के आकार-प्रकार दिखाकर उसने बिना रीढ़वाले क्षुद्र जन्तुओं के उत्पत्तिक्रम पर भी विचार किया जो सर्वथा भिन्न होता है। रीढ़वाले उन्नत जीवों के गर्भबीज के गोलचक्र में पत्ते के आकार के जो दो पटल दिखाई देते हैं बेयर के कथनानुसार पहले वे दो और पटलों में विभक्त होते हैं। ये चार पटल पीछे चार कोशों के रूप में हो जाते हैं जिनसे शरीर के चार विभाग सूचित होते हैं–त्वक्कोश, पेशीकोश, नाड़ीघटकोश और लालाकोश।

बेयर का सबसे बड़ा काम मनुष्य गर्भांड का पता लगाना था। पहले लोग समझते थे कि गर्भाशय में डिम्भकोश[1] के भीतर जो बहुत से सूक्ष्म सम्पुट दिखाई पड़ते हैं वे ही गर्भांड हैं। 1827 में बेयर ने पहले पहल सिद्ध किया कि वास्तविक गर्भांड इन सम्पुटों के भीतर बन्द रहते हैं और बहुत छोटे–एक इंच के 120वें भाग के बराबर–होते हैं और बिन्दु के समान दिखाई देते हैं। उसने दिखलाया कि स्तन्य जीवों के इस सूक्ष्म गर्भांड से पहले एक बीजवर्तुल या कलल[2] उत्पन्न होता है। यह बीजवर्तुल एक खोखला गोला होता है जिसके भीतर एक प्रकार का रस भरा रहता है। इस गोले का जो झिल्लीदार आवरण होता है उसे बीजकला कहते हैं। बेयर के इस बीजकला सिद्धान्त की स्थापना के दस वर्ष पीछे सन् 1838 में जब घटकवाद स्वीकृत हुआ तब अनेक प्रकार के नए प्रश्न उठे? गर्भांड तथा बीजकला का उन घटकों और तन्तुओं से क्या सम्बन्ध है जिनसे मनुष्य का पूर्ण शरीर बना है। इस प्रश्न का ठीक-ठीक उत्तर रेमक और कालिकर नामक मूलर के दो शिष्यों ने दिया। उन्होंने दिखलाया कि गर्भांड पहले एक सूक्ष्म घटक मात्र रहता है। गर्भित होने पर उत्तरोत्तर विभाग द्वारा उसी से जो अनेक बीजवर्तुल या कलल होते जाते हैं वे भी शुद्ध घटक ही हैं। उनके शहतूत की तरह के गुच्छे से पहले कलाओं या झिल्लियों की रचना होती है, फिर विभेद या कार्यविभाग क्रम द्वारा भिन्न-भिन्न

---

1. ये डिम्भकोश गर्भाशय के दोनों ओर होते हैं और पुरुष के अंडकोश के स्थान पर हैं। जिस प्रकार पुरुष के अंडकोश के भीतर शुक्रकीटाणु रहते हैं उसी प्रकार इन कोशों के भीतर गर्भांड या रजःकीटाणु रहते हैं।
2. हारीत ने लिखा है कि प्रथम दिन शुक्र शोणित के संयोग से जिस सूक्ष्म पिंड की सृष्टि होती है उसे कलल कहते हैं।

अवयवों की सृष्टि होती है। कालिकर ने यह भी स्पष्ट किया कि नरजीवों का वीर्य भी सूक्ष्म घटकों ही का समूह है। उसमें आलपिन के आकार के जो अत्यन्त सूक्ष्म वीर्यकीटाणु होते हैं वे रोएंदार घटक मात्र हैं जैसा कि मैंने 1866 में स्पंज (मुरदा बादल) की बीजकलाओं को लेकर निर्धारित किया था। इस प्रकार जीवोत्पत्ति के दोनों उपादानों–पुरुष के वीर्यकीटाणु और स्त्री के गर्भांड–का सामंजस्य घटक सिद्धान्त के साथ पूर्णतया हो गया। इस आविष्कार का दार्शनिक महत्त्व कुछ दिनों पीछे स्वीकार किया गया।

गर्भ सम्बन्धी विधानों की जाँच पहले पक्षियों के अंडों की परीक्षा द्वारा की गई थी। इस प्रकार की परीक्षा द्वारा हम देख सकते हैं कि किस प्रकार तीन सप्ताहों के बीच एक के उपरान्त दूसरी रचना उत्तरोत्तर होती है। इस परीक्षा द्वारा बेयर को केवल इतना ही पता लगा कि बीजकलाओं की आकृति और अवयवों की सृष्टि का क्रम सब मेरुदंड; रीढ़वाले जीवों में एक प्रकार का है, पर बिना रीढ़वाले असंख्य कीटों की गर्भवृद्धि दूसरे ही ढंग से होती है; अधिकांश में बीजकलाओं के कोई चिह्न दिखाई ही नहीं पड़ते। थोड़े दिन पीछे कुछ बिना रीढ़वाले कीटों में भी–जैसे कई प्रकार के सामुद्रिक घोंघों और उद्भिदाकार कृमियों में–ये बीजकलाएँ पाई गईं। 1886 में कोवालुस्की नामक एक वैज्ञानिक ने एक बड़ी भारी बात का पता लगाया। उसने दिखलाया कि सबसे क्षुद्र रीढ़वाले जन्तु अकरोटी मत्स्य[1] का गर्भस्फुरण भी उसी प्रकार होता है जिस प्रकार बिना रीढ़वाले जीवों का। मैं उन दिनों स्पंजों, मूँगों तथा उद्भिदाकार कृमियों के गर्भस्फुरण विधान का अन्वेषण कर रहा था। जब मैंने इन समस्त जीवों में इन दो बीजकलाओं को पाया तब मैंने निश्चित किया कि गर्भ का यह लक्षण समस्त जीवधारियों में पाया जाता है। विशेष ध्यान देने की बात मुझे यह प्रतीत हुई कि स्पंजों और छत्रक[2] आदि कुछ उद्भिदाकार कृमियों का शरीर बहुत दिनों तक–और किसी-किसी का तो आयु भर–घटकों के दो पटल या कलाओं के रूप में ही रहता है। इन सब परीक्षाओं के आधार पर मैंने 1872 में गर्भस्फुरण सम्बन्धी अपना द्विकलघट सिद्धान्त प्रकाशित किया जिसकी मुख्य-मुख्य बातें ये हैं–

(1) समस्त जीवसृष्टि दो भिन्न वर्गों में विभक्त है–एकघटक आदिम अणुजीव[3] तथा अनेकघटक समष्टिजीव। अणुजीव का सारा शरीर आयुभर एकघटक के रूप में, अथवा घटकों के ऐसे समूह के रूप में जो तन्तुओं द्वारा सम्बद्ध वा एकीकृत नहीं होता, रहता है। समष्टिजीव का शरीर आरम्भ में तो एकघटक रहता है पर पीछे अनेक ऐसे घटकों का हो जाता है जो मिलकर जाल के रूप में गुछ जाते हैं।

1. जोंक के आकार की चार-पाँच अँगुली की लम्बी एक प्रकार की मछली जो समुद्र के किनारे बालू में बिल बनाकर रहती है। इसे कड़ी रीढ़ नहीं होती, नरम लचीली हड्डियों का तरुणास्थिदंड होता है। कपाल भी इसे नहीं होता। इसी से यह अकरोटी (अक्रानिया) वर्ग में समझी जाती है।
2. यह जन्तु खुमी या छत्रक के आकार का होता है पर इसमें एक मध्यदंड के स्थान पर किनारे को और कई पैर सूत की तरह होते हैं जिनसे वह समुद्र पर तैरा करता है।
3. ये अणुजीव जल में पाए जाते हैं और अच्छे खुर्दबीन के द्वारा ही देखे जा सकते हैं।

(2) अतः इन दोनों जीववर्गों के प्रजनन और गर्भस्फुरण का क्रम भी अत्यन्त भिन्न होता है। अणुजीवों की वृद्धि अमैथुनीय विधान से अर्थात् विभागपरम्परा[1] द्वारा होती है; उनमें गर्भकीटाणु और वीर्यकीटाणु नहीं होते। पर समष्टिजीवों में पुरुष और स्त्री का भेद होता है। उनका प्रजनन मैथुन विधान से अर्थात् गर्भकीटाणु से होता है जो शुक्रकीटाणु द्वारा गर्भित होता है।

(3) अतः वास्तविक बीजकलाएँ और उनसे बने हुए तन्तु केवल समष्टिजीवों में होते हैं, अणुजीवों में नहीं।

(4) सारे समष्टिजीवों के गर्भकाल में पहले ये ही दो कलाएँ–आवरण या झिल्लियाँ–प्रकट होती हैं। ऊपरी कला से बाहरी त्वक् और संवेदनसूत्रों का विधान होता है, भीतरी कला से अन्त्र तथा और अवयव उत्पन्न होते हैं।

(5) गर्भाशय में स्थित बीज को, जो गर्भित रजःकीटाणु से पहले-पहल निकलता है और दो कलाओं के रूप में ही होता है, द्विकलघट कह सकते हैं। इसका आकार कटोरे का सा होता है। आरम्भ में इसके भीतर केवल वह खोखला स्थान होता है जिसे आदिम जठराशय कह सकते हैं और बाहर की ओर एक छिद्र होता है जिसे आदिम मुख कह सकते हैं। समष्टिजीवों के शरीर के ये ही सबसे पहले उत्पन्न होनेवाले अवयव हैं। ऊपर लिखी दोनों कलाएँ या झिल्लियाँ ही आदि तन्तुजाल हैं, उन्हीं से पीछे और सब अवयवों की उत्पत्ति होती है।

(6) सारे समष्टिजीवों के गर्भविधान में इस द्विकलघट को पाकर मैंने सिद्धान्त निकाला कि सारे समष्टिजीव आदि में मूल द्विकलात्मक जीवों से उत्पन्न हुए हैं और मूल जीवों का यह रूप अब तक बड़े जीवों की गर्भावस्था में पितृपरम्परा के धर्मानुसार पाया जाता है।

(7) वर्गोत्पत्तिविषयक इस सिद्धान्त की पुष्टि इस बात से पूर्णतया होती है कि अब भी ऐसे द्विकलात्मक जीव पाए जाते हैं। यहीं तक नहीं है, ऐसे भी जीव; स्पंज, मूँगा आदि सामुद्रिक जीव, मिलते हैं जिनकी बनावट इन द्विकलात्मक जीवों से थोड़ी ही उन्नत होती है।

(8) द्विकलघट से घटकजाल के रूप में संयोजित होकर बढ़नेवाले समष्टिजीवों के भी दो प्रधान भेद हैं–एक तो आदिम रूप के जिनके शरीर में कोई आशय, मलद्वार और रक्त नहीं होता; स्पंज आदि समुद्र के जीव इसी प्रकार के हैं; दूसरे उनसे पीछे के और उन्नत शरीरवाले जिनके शरीर में आशय, मलद्वार और रक्त होता है। इन्हीं के अन्तर्गत सारे कृमि, कीट आदि हैं जिनसे क्रमशः शम्बुक सीप, घोंघे आदि रज्जुदंडजीव जिनके शरीर में रीढ़ के स्थान पर रज्जु के आकार का एक लचीला दंड होता है और मेरुदंड जीव हुए हैं।

---

1. ऐसे जीवों की वंशवृद्धि विभाग द्वारा इस प्रकार होती है। एक अणुजीव जब बढ़ते-बढ़ते बहुत बढ़ जाता है तब उसकी गुठली के दो विभाग हो जाते हैं। क्रमशः उस जीव का शरीर मध्य भाग से पतला पड़ने लगता है और अन्त में उस जीव के दो विभाग हो जाते हैं।

यही मेरे द्विकलघट सिद्धान्त का सारांश है। पहले तो इसका चारों ओर से विरोध किया गया पर अब इसे प्रायः सब वैज्ञानिकों ने स्वीकार कर लिया है। अब देखना यह है कि इससे क्या-क्या परिणाम निकलते हैं। बीज के इस विकासक्रम की ओर ध्यान देने से सृष्टि के बीच मनुष्य की क्या स्थिति निर्धारित होती है ?

और जन्तुओं के समान मनुष्य का रजःकीटाणु भी एक सादा घटक मात्र है । यह सूक्ष्म घटकांड जिसका व्यास 1/120 इंच के लगभग होता है, आकार-प्रकार में वैसा ही होता है जैसा कि और सजीव डिम्भप्रसव करनेवाले जीवों का। कलल की सूक्ष्म गोली एक झलझलाती हुई झिल्ली से आवृत रहती है। यहाँ तक कि कललरस की इस गोली के भीतर जो बीजाशय या गुठली होती है वह भी उतनी ही बड़ी और वैसी ही होती है जितनी बड़ी और जैसी और स्तन्य जीवों में। यही बात पुरुष के शुक्रकीटाणु के विषय में भी कही जा सकती है। ये शुक्रकीटाणु भी सूत या आलपिन के आकार के रोएँदार अत्यन्त सूक्ष्म घटक मात्र हैं जो वीर्य की एक बूँद में न मालूम कितने लाख होते हैं। इन दोनों मैथुनीय घटकों की उत्पत्ति समस्त स्तन्य जीवों में समान रूप से अर्थात् मूल बीजकलाओं से होती है।

प्रत्येक मनुष्य क्या समष्टिजीव मात्र के जीवन में वह क्षण बड़े महत्त्व का है जिसमें उसका व्यक्तिगत अस्तित्व आरम्भ होता है। यह वही क्षण है जिसमें उसके माता-पिता के पुरुष और स्त्री घटक; रजःकीटाणु और शुक्रकीटाणु परस्पर मिलकर एक घटक हो जाते हैं। इस प्रकार उत्पन्न नया घटक मूलघट कहलाता है जिसके उत्तरोत्तर विभागक्रम द्वारा ऊपर कही हुई दोनों कलाओं या झिल्लियों को बनानेवाले घटक उत्पन्न होते हैं। इसी मूलघट की स्थापना अर्थात् गर्भाधान के साथ ही व्यक्ति का अस्तित्व आरम्भ होता है। गर्भाधान की इस प्रक्रिया से कई बातों का निरूपण होता है। पहली बात तो यह है कि मनुष्य अपनी शारीरिक और मानसिक विशेषताएँ अपने माता-पिता से प्राप्त करता है। दूसरी बात है कि जो नूतन व्यक्ति इस प्रकार उद्‌भूत होता है वह 'अमरत्व' का दावा नहीं कर सकता।

गर्भाधान के विधानों का ठीक-ठीक ब्योरा 1875 में प्राप्त हुआ जबकि हर्टविग ने अपने अनुसन्धान का फल प्रकाशित किया। हर्टविग ने पता लगाया कि गर्भाधान में सबसे पहली बात पुरुष और स्त्री घटक का, रजःकीटाणु और वीर्यकीटाणु का, तथा उनकी गुठलियों का परस्पर मिलकर एक हो जाना है। गर्भाशय के भीतर बहुत से शुक्रकीटाणु गर्भकीटाणु को घेरते हैं; पर उनमें से केवल एक ही उसके भीतर गुठली तक घुसता है। घुसने पर दोनों की गुठलियाँ एक अद्‌भुत शक्ति द्वारा, जिसे घ्राण से मिलती-जुलती एक प्रकार की रासायनिक प्रवृत्ति समझना चाहिए, एक-दूसरे की ओर वेग से आकर्षित होकर मिल जाती हैं। इस प्रकार पुरुष और स्त्री गुठलियों के संवेदनात्मक अनुभव द्वारा, जो एक प्रकार के रासायनिक प्रेमाकर्षण (इरोटिक केमिको ट्रापिज्म) के अनुसार होता है, एक नवीन अंकुरघटक की सृष्टि होती है जिसमें माता और पिता दोनों के गुणों का समावेश होता है।

मूलघट के उत्तरोत्तर विभाग द्वारा बीजकलाओं की रचना, द्विकलघट की उत्पत्ति तथा और-और अंगों के विधान का क्रम मनुष्यों और दूसरे उन्नत स्तन्य जीवों में एक ही सा है। स्तन्य जीवों के अन्तर्गत जरायुज जीवों में जो विशेषताएँ हैं वे गर्भ की प्रारम्भिक अवस्था में नहीं दिखाई पड़तीं। द्विकलघट के उपरान्त रज्जुदंड की उत्पत्ति समस्त मेरुदंड जीवों के भ्रूण में एक ही प्रकार से होती है। भ्रूणपिंड की लम्बाई के बल बीचोबीच एक पृष्ठरज्जु (डोर्सल कोर्ड) प्रकट होती है। फिर इस पृष्ठरज्जु के ऊपर तो बाहरी कला (झिल्ली) से मज्जा निकलकर चढ़ने लगती है और नीचे आशय; आमाशय, अन्त्र आदि, प्रकट होने लगते हैं। इसके अनन्तर पृष्ठदंड के दाहिने और बाएँ दोनों ओर उसकी शाखाओं का विधान होता है और पेशीपटल के ढाँचे बनते हैं जिनसे भिन्न-भिन्न अवयवों की रचना आरम्भ होती है। आशय के अग्रभाग अर्थात् गलप्रदेश में गलफड़ों के दो छेद उसी प्रकार के उत्पन्न होते हैं जिस प्रकार के मछलियों में होते हैं। मछलियों में तो ये गलफड़े इसलिए होते हैं कि श्वास के लिए जो जल मुख के मार्ग से चला जाता है वह इनसे होकर बाहर निकल जाए। पर मनुष्य के भ्रूण में इनका कोई प्रयोजन नहीं होता। इनसे केवल यही बात सूचित होती है कि मनुष्य का विकास भी इन जलचर पूर्वज जीवों से ही क्रमशः हुआ है। इसी से जलचर पूर्वजों का यह लक्षण मनुष्य में अब तक गर्भावस्था में देखा जाता है। कुछ काल पीछे ये गलफड़े मनुष्य भ्रूण में नहीं रह जाते, गायब हो जाते हैं। फिर तो इस मत्स्याकार गर्भपिंड में कपाल आदि की विशेषताएँ प्रकट होने लगती हैं, हाथ-पैर के अंकुर निकलने लगते हैं और आँख, कान आदि के चिह्न दिखाई पड़ने लगते हैं। इस अवस्था में भी यदि मनुष्यभ्रूण को देखें तो उसमें और दूसरे मेरुदंड जीवों के भ्रूण में कोई विभिन्नता नहीं दिखाई देती।

मेरुदंड जीवों की तीनों उन्नत जातियों, सरीसृप, पक्षी और स्तन्य, के भ्रूण झिल्लियों के कोश के भीतर रहते हैं जो जल से भरा रहता है। इस जल में भ्रूण पड़ा रहता है और आघात आदि से बचा रहता है। इस जलमय कोश की व्यवस्था उस युग में हुई होगी जिसमें जलस्थलचारी जीवों से स्थलचारी सरीसृप आदि के पूर्वज उत्पन्न हुए होंगे। मछलियों और मेढकों के भ्रूण इस प्रकार की झिल्ली से रक्षित नहीं रहते।

पहले कहा जा चुका है कि मनुष्य जरायुज जीव है। पर जरायु भी एकबारगी नहीं उत्पन्न हुआ है। पहले उत्पन्न होनेवाले निम्न कोटि के जरायुजों में चक्रनालयुक्त पूर्ण जरायु का विधान नहीं होता। उनके गर्भपिंड की सारी ऊपरी झिल्ली पर छेददार रोइयाँ सी उभरी होती हैं जो गर्भाशय के त्वक् से कुछ लगी रहती हैं पर बहुत जल्दी अलग हो सकती हैं। ह्वेल आदि कुछ जलचर स्तन्य तथा घोड़े, ऊँट आदि कुछ खुरपाद इसी प्रकार के अपूर्ण जरायुज जन्तु हैं। पूर्ण जरायुजों में माता के गर्भाशय की झिल्ली से लगा हुआ जरायु का भाग एक चक्र के आकार का होता है जिसके पृष्ठ भाग से एक नाल भ्रूणपिंड तक गया रहता है। यह जरायुचक्र माता के गर्भाशय की दीवार से बिलकुल मिला रहता है जिससे प्रसव होने पर इस चक्र के साथ गर्भाशय का कुछ भाग भी उचड़ आता है और कुछ रक्तस्राव भी होता है। मनुष्य के गर्भपिंड में भी एकबारगी पूर्ण जरायु का विधान

नहीं हो जाता, पहले वह अपूर्ण रूप में रहता है जैसा कि अपूर्ण जरायुजों में; फिर चक्र और नाल के रूप में आता है। हाथी का जरायु वलय के आकार का होता है। चूहे, गिलहरी, खरहे आदि कुतरनेवाले जन्तुओं तथा घूँस, बनमानुस और मनुष्य का जरायु चक्राकार होता है।

गर्भ की प्रारम्भिक अवस्था में मनुष्य के भ्रूण और दूसरे मेरुदंड जीवों के भ्रूण के बीच यह सादृश्य ध्यान देने योग्य है। इस सादृश्य का एकमात्र कारण यही हो सकता है कि समस्त जीव एक ही आदिम जीव से उत्पन्न हुए हैं--जीवों के भिन्न-भिन्न रूप एक ही आदि पुरातन रूप से प्रकट हुए हैं। गर्भ की विशेष अवस्था में हम मनुष्य, बन्दर, कुत्ते, सूअर, भेड़ इत्यादि के भ्रूणों में कोई विभेद नहीं कर सकते। इसका कारण एक मूल से उत्पत्ति के अतिरिक्त और क्या हो सकता है ? विकासवाद के विरोधी बहुत दिनों तक मनुष्यभ्रूण के जरायु आदि में कुछ विशेषताएँ बतलाकर मनुष्य की स्वतन्त्र उत्पत्ति का राग अलापते रहे। पर 1890 में सेलेनका ने ओरंग नामक बनमानुस के भ्रूण में भी उन विशेषताओं को स्पष्ट दिखा दिया। फिर तो हक्सले का यह सिद्धान्त और भी पुष्ट हो गया कि 'मनुष्य और उन्नत बनमानुसों के बीच उतना भेद नहीं है जितना नराकार बनमानुसों और निम्न श्रेणी के बन्दरों के बीच।'

शुद्ध विज्ञान की दृष्टि से जो मनुष्य के गर्भस्फुरण-क्रम को देखेगा और उसे दूसरे स्तन्य जीवों के गर्भविधान से मिलावेगा उसे मनुष्य की उत्पत्ति को समझने में बहुत सहायता मिलेगी।

पाँचवाँ प्रकरण

मनुष्य की उत्पत्ति

जीवविज्ञान की सब शाखाओं में जीववर्गोत्पत्ति विद्या सबसे पीछे निकली है। इसका प्रादुर्भाव भी गर्भविकास विद्या के पीछे हुआ है और इसके मार्ग में कठिनाइयाँ भी बहुत अधिक पड़ी हैं। गर्भविकास विद्या का उद्देश्य उन विधानों का परिज्ञान प्राप्त करना है जिनके अनुसार उद्भिद् या जन्तु का शरीर मूलांड से क्रमशः उत्पन्न होता है, पर जीववर्गोत्पत्ति विद्या इस बात का निर्णय करती है कि जीवों के भिन्न-भिन्न वर्ग किस प्रकार उत्पन्न हुए।

गर्भविकास विद्या में तो बहुत सी बातों को प्रत्यक्ष देखने का सुबीता है; क्योंकि वे बातें हमारे सामने बराबर होती रहती हैं। गर्भांड से स्फुरित होने पर भ्रूण में एक-एक दिन और एक-एक घड़ी में उत्तरोत्तर क्या-क्या परिवर्तन होते हैं यह देखा जा सकता है। पर जीववर्गोत्पत्ति विद्या का विषय परोक्ष होने के कारण अधिक कठिन है। उन क्रियाविधानों के धीरे-धीरे होने में जिनके द्वारा उद्भिदों और प्राणियों के नए-नए वर्गों की क्रमशः सृष्टि होती है, लाखों वर्ष लगते हैं। उनके बहुत ही थोड़े अंश का प्रत्यक्ष हो सकता है। उन क्रियाविधानों का परिज्ञान हमें अनुमान और चिन्तन द्वारा तथा गर्भविधान और निःशेष जीवों के भूगर्भस्थित अस्थिपंजरों की परीक्षा द्वारा ही विशेषतः होता है। प्राणियों के विकास के इस वैज्ञानिक निरूपण का पहले बहुत विरोध किया गया क्योंकि वह देवकथाओं और धर्मसम्बन्धी प्रवादों के प्रतिकूल था। प्राचीन समय में सृष्टि की उत्पत्ति के सम्बन्ध में बहुत सी कथाएँ भिन्न-भिन्न मतों में प्रचलित थीं। योरप में ईसाई धर्म का डंका बजता था। ईसाई धर्माचार्य ही ऐसे विषयों के निर्णय के अनन्य अधिकारी माने जाते थे। अतः उनका निर्णय इंजील में जो सृष्टि की उत्पत्ति की कथा लिखी है, उसी के अनुसार होता था। यहाँ तक कि सन् 1735 में जब लिने नामक स्वेडन के एक वैज्ञानिक ने संसार के जीवों का वर्गविभाग किया तब वह भी बाइबिल का सिद्धान्त मानते हुए चला। बड़ा भारी काम उसने यह किया कि प्राणिविज्ञान में वर्गविवरण के लिए दोहरे नामों की प्रथा चलाई। प्रत्येक जन्तु के लिए एक तो उसने भेदसूचक या योनिसूचक नाम रक्खा; फिर उसके आदि में उसका वर्गसूचक नाम रख दिया। जैसे श्वन् शब्द के अन्तर्गत उसने कुत्ता, भेड़िया, गीदड़, लोमड़ी आदि जन्तु के लिए, फिर इन जन्तुओं को इस प्रकार अलग-अलग वैज्ञानिक नाम दिए–श्वकुक्कुर

(पालतू कुत्ता), श्ववृक (भेड़िया), श्वजम्बुक (गीदड़), श्वलोमशा (लोमड़ी)। श्वन् एक वर्ग का नाम हुआ और कुत्ता, लोमड़ी, गीदड़ आदि अलग-अलग विशिष्ट योनियों के नाम हुए। दोहरे नामकरण की यह प्रथा इतनी उपयोगी सिद्ध हुई कि इसका प्रचार वैज्ञानिक मंडली में हो गया।

लिने ने जीवों का वर्गविभाग तो किया पर वह भिन्न-भिन्न वर्गों के अवान्तर भेदों या विशिष्ट उत्पत्तिक्रम आदि का कुछ विवेचन न कर सका। बाइबिल की बात को मानते हुए उसने यही कहा कि संसार में उतनी ही योनियाँ दिखाई पड़ती हैं जितनी के ढाँचे सृष्टि के आरम्भ में ईश्वर ने गढ़े थे।[1] इस भ्रान्त विचार के कारण जीववर्गोत्पत्ति के परिज्ञान के लिए कोई वैज्ञानिक प्रयत्न बहुत दिनों तक नहीं हो सका। लिने को केवल उन्हीं जीवों और उद्भिदों का परिज्ञान था जो इस समय पृथ्वी पर मिलते हैं। उसे उन जीवों की कुछ भी खबर न थी जो किसी समय इस पृथ्वी पर रहते थे पर अब जिनके केवल अस्थि-पंजर भूगर्भ के नीचे दबे मिलते हैं।

इन पंजरावशिष्ट जीवों की खबर पहले पहल सन् 1812 के लगभग क्यूवियर ने दी। उसने इन अप्राप्य जीवों के सम्बन्ध में एक पुस्तक लिखी जिसमें इनका सविस्तार विवरण दिया। उसने दिखलाया कि इस पृथ्वी पर भिन्न-भिन्न कल्पों में भिन्न-भिन्न जीव परम्परानुसार एक-दूसरे के पीछे रहे हैं। पर क्यूवियर ने भी लिने के अनुसार भिन्न-भिन्न योनियों को अचल और स्थायी माना। इससे उसे पृथ्वी के इतिहास में संहार और नवीन सृष्टि अनेक बार होने की कल्पना करनी पड़ी। उसने बतलाया कि प्रत्येक प्रलय के समय सब जीवों का नाश हो जाता है और फिर से सब नए जीवों की सृष्टि होती है। क्यूवियर का यह 'प्रलयवाद' नितान्त भ्रान्तिमूलक होने पर भी तब तक सर्वमान्य रहा जब तक डारविन का समय आकर नहीं उपस्थित हुआ।

पर विविध योनियों को स्थिर और अपरिणामशील तथा उनकी सृष्टि को दैवी विधान मानने से विचारशील पुरुषों को सन्तोष नहीं हुआ। कुछ लोग सृष्टिविधान के प्राकृतिक हेतुओं के निरूपण की चेष्टा में लगे रहे। इनमें मुख्य था जरमनी का प्रसिद्ध कवि और तत्त्ववेत्ता गेटे, जिसने भिन्न-भिन्न जीवों के शरीरों की परीक्षा करके समस्त जीवधारियों के परस्पर घनिष्ठ सम्बन्ध और एक मूल से उत्पत्ति का निश्चय किया। सन् 1790 में उसने सब प्रकार के पौधों को एक आदिम पत्ते से निकला हुआ बतलाया। मेरुदंड और कपाल की परीक्षा द्वारा उसने यह सिद्ध करने का प्रयत्न किया कि मनुष्य से लेकर समस्त मेरुदंड जीवों के कपाल एक विशेष क्रम से बैठाई हुई हड्डियों के समूह से बने हैं और ये हड्डियाँ मेरुदंड या रीढ़ के विकार या रूपान्तर मात्र हैं। इस सूक्ष्म पंजरपरीक्षा के आधार पर उसे यह दृढ़ निश्चय हो गया कि सारे जीवों की उत्पत्ति एक ही मूल से है। उसने दिखलाया कि मनुष्य का पंजर भी उसी ढाँचे पर बना है जिस ढाँचे पर और रीढ़वाले जीवों का। उस मूल ढाँचे में पीछे से परिवर्तन या विशेषताएँ उत्पन्न

1. पुराणों में तो इन योनियों की गिनती चौरासी लाख बतला दी गई है। उनके अनुसार इतनी ही योनियाँ सृष्टि के आरम्भ में उत्पन्न की गई थीं, इतनी ही बराबर रही हैं और इतनी ही रहेंगी।

करनेवाली दो प्रधान विधायिनी शक्तियाँ हैं–एक तो शरीर के भीतर की अन्तर्मुख शक्ति जो केन्द्र की ओर ले जाती है और नियति या विशिष्टता की ओर प्रवृत्त करती है और दूसरी बहिर्मुख शक्ति जो केन्द्र के बाहर ले जाती है और रूपान्तर अर्थात् बाह्यावस्थानुरूप परिवर्तन की ओर प्रवृत्त करती है। पहली शक्ति वही है जिसे आजकल पैतृक प्रवृत्ति[1] कहते हैं और दूसरी वह है जो अब स्थितिसामंजस्य[2] कहलाती है। गेटे के विचार यद्यपि अनेक प्रकार के प्रमाणों से पुष्ट नहीं हो पाए थे पर उनसे डारविन और लामार्क के सिद्धान्तों का आभास पहले से मिल गया।

जीवों के क्रमशः रूपान्तरित होने का सिद्धान्त पूर्णरूप से फरासीसी वैज्ञानिक लामार्क द्वारा ही स्थापित हुआ। 1802 में उसने जीवों की परिवर्तनशीलता और रूपान्तरविधान के सम्बन्ध में अपने नवीन विचार प्रकट किए जिन्हें आगे चलकर उसने पूर्णरूप से स्थिर किया। पहले पहल उसी ने जीवभेदों के स्थायित्वसम्बन्धी प्रवाद के विरुद्ध यह मत प्रकट किया कि योनिभेद भी जाति, वर्ग, कुल आदि के समान बुद्धिकृत प्रत्याहार या सापेक्ष भावनामात्र है। उसने निर्धारित किया कि सब योनियाँ (जीवभेद) परिवर्तनशील हैं और काल पाकर अपने से प्राचीन योनियों से उत्पन्न हुई हैं। जिन आदिम मूल जीवों से ये सब योनियाँ उत्पन्न हुई हैं वे अत्यन्त क्षुद्र और सादे जीव थे। सबसे आदिम मूल जीव जड़ द्रव्य से उत्पन्न हुए थे। पैतृक प्रवृत्ति द्वारा ढाँचे का मूल रूप तो बराबर वंशपरम्परानुगत चला चलता है पर स्वभावपरिवर्तन और अवयवों के न्यूनाधिक प्रयोगभेद द्वारा स्थितिसामंजस्य जीवों में बराबर फेरफार करता रहता है। हमारा यह मनुष्य शरीर भी इसी प्राकृतिक क्रिया के अनुसार बनमानुसों के शरीर से क्रमशः परिवर्तित होते-होते बना है। सृष्टि के समस्त व्यापारों का क्या बाह्य क्या मानसिक–प्रकृत कारण लामार्क ने भौतिक और रासायनिक क्रियाओं को ही माना।

आदि ही से एक-एक जीव की स्वतन्त्र सृष्टि माननेवालों का भ्रम तो लामार्क ने अच्छी तरह दिखला दिया पर उसके सिद्धान्तों का अच्छा प्रचार न हो सका। अधिकांश वैज्ञानिक उसका विरोध ही करते रहे। इस विषय में पूर्ण सफलता आगे चलकर डारविन को हुई। उसने अपने समय के सब वैज्ञानिकों से बढ़कर काम किया। उसने अपने 'योनियों की उत्पत्ति' नामक ग्रन्थ के द्वारा विज्ञानक्षेत्र में एक नवीन युग उपस्थित कर दिया। उसके सिद्धान्त से सृष्टि सम्बन्धी बहुत सी समस्याओं का समाधान हो गया। प्राणिविज्ञान के भिन्न-भिन्न विभागों में जिन-जिन बातों का पता लगा था सबका सामंजस्य डारविन ने अपने उत्पत्ति सिद्धान्त में किया। यही नहीं, उसने एक रूप के जीव से वंशपरम्पराक्रम द्वारा दूसरे रूप के जीव में परिणत होने का जो कारण 'ग्रहण क्रिया' है उसका भी पता लगाया। उसने दिखाया कि जिस प्रकार मनुष्य कुछ विशेषता

1. पैतृक प्रवृत्ति द्वारा जीवों का एक विशिष्ट ढाँचा वंशपरम्परागत बराबर चला चलता है।
2. स्थितिसामंजस्य के द्वारा बाह्य अवस्था के अनुसार प्राणियों के अंगों में कुछ विभेद होता जाता है। जैसे मछली और मेढक के शरीर का भेद जो जल की स्थिति से जल और स्थल की उभयात्मक स्थिति में आने के कारण हुआ है।

रखनेवाले जन्तुओं की चुनकर उनसे एक नए प्रकार की नसलें पैदा करता है उसी प्रकार प्रकृति भी रक्षा के लिए ऐसे जीवों को चुन लेती है जिनमें स्थिति के अनुकूल अंग आदि में विशेषता आ जाती है। इस प्रकार उसने प्राकृतिक 'ग्रहण सिद्धान्त' की स्थापना की।[1]

जीव विज्ञान में डारविन ने इस बात पर बहुत जोर दिया कि जन्तुओं और उद्भिदों की उत्पत्तिपरम्परा स्थिर कर दी जाए। किस प्रकार एक प्रकार के जीवों से उत्तरोत्तर अनेक प्रकार के जीवों की सृष्टि होती गई इसका क्रम निर्धारित कर दिया जाए। तदनुसार सन् 1866 में मैंने इस विषय पर एक पुस्तक लिखकर इस बात का प्रयत्न किया। पहले एक विशिष्ट रूप के जीव को लेकर मैंने यह दिखलाया कि किस प्रकार

1. इस सिद्धान्त का अभिप्राय यह है कि जिस स्थिति में जो जीव पड़ जाते हैं इस स्थिति के अनुरूप यदि वे अपने को बना सकते हैं तो रह सकते हैं अन्यथा नहीं; अतः जितने जीवों के अंग आदि स्थिति के अनुकूल बन जाते हैं उतने रह जाते हैं, जिनके नहीं बनते वे नष्ट हो जाते हैं। अर्थात् प्रकृति इस प्रकार चुने हुए जीवों को रक्षा के लिए ग्रहण करती है। स्थिति के अनुकूल बनने की क्रिया के कारण ही जीवों के अंगों में भिन्नता आती है और भिन्न-भिन्न रूप के जीव उत्पन्न होते हैं। यह प्राकृतिक नियम है कि स्थितिपरिवर्तन के अनुरूप किसी वर्ग के कुछ जीवों में यदि औरों से कोई विशेषता उत्पन्न हो जाती है तो वह विशेषता पुश्त-दर-पुश्त चली चलती है। इस रीति से उस वर्ग में एक नए ढाँचे के जन्तु का विकास हो जाता है। जन्तुव्यवसायी प्रायः ऐसा करते हैं कि किसी वर्ग के कुछ जन्तुओं में कोई विलक्षणता देखकर उनको चुन लेते हैं, और उन्हीं के जोड़े लगाते हैं। फिर उन जोड़ों से जो जन्तु उत्पन्न होते है उनमें से भी उन्हें चुनते है जिनमें वह विलक्षणता अधिक होती है। इस रीति से वे कुछ पुश्तों के पीछे एक नए ढाँचे का जन्तु ही उत्पन्न कर लेते हैं, जैसे जंगली नीले (गोले) कबूतर से अनेक रंग और ढंग के पालतू कबूतर बनाए गए है। यह तो हुआ मनुष्य का चुनाव या 'कृत्रिम ग्रहण'। इसी प्रकार का चुनाव या ग्रहण प्रकृति भी करती है जिसे 'प्राकृतिक ग्रहण' कहते हैं। दोनों में अन्तर यह है कि मनुष्य अपने लाभ के विचार से जन्तुओं को चुनता है पर प्रकृति का यह चुनाव जीवों के लाभ के लिए होता है। प्रकृति उन्हीं जीवों को रखने के लिए चुनती या रहने देती है जिनमें स्थितिपरिवर्तन के अनुकूल अंग आदि हो जाते हैं। ह्वेल को लीजिए। उसके गर्भ की अवस्थाओं का अन्वीक्षण करने से पता चलता है कि वह स्थलचारी जन्तुओं से उत्पन्न हुआ है, उसके पूर्वज पानी के किनारे दलदलों के पास रहते थे फिर क्रमशः ऐसी अवस्था आती गई जिससे उनका जमीन पर रहना कठिन होता गया और स्थितिपरिवर्तन के अनुसार उनके अवयवों में फेरफार होता गया, यहाँ तक कि कुछ काल पीछे उनकी सन्तति में जल में रहने के उपयुक्त अवयवों का विधान हो गया, जैसे उनके अगले पैर मछली के परों के रूप के हो गए, यद्यपि उनमें हड्डियाँ वे ही बनी रहीं जो घोड़े, गदहे आदि के अगले पैर में होती हैं। कई प्रकार के ह्वेलों में पिछली टाँगों का चिह्न अब तक मिलता है।

जीवों के ढाँचों में बहुत कुछ परिवर्तन तो अवयवों के न्यूनाधिक व्यवहार के कारण होता है। अवस्था बदलने पर कुछ अवयवों का व्यवहार अधिक करना पड़ता है और कुछ का कम। जिनका व्यवहार अधिक होने लगता है वे वृद्धि को प्राप्त होने लगते हैं और जिनका कम होने लगता है वे दब जाते हैं। मनुष्य ही को लीजिए, जिसकी उत्पत्ति बनमानुसों से धीरे-धीरे हुई है। ज्यों-ज्यों दो पैरों के बल खड़े होने और चलने की वृत्ति अधिक होती गई त्यों-त्यों उसके पैर चिपटे, चौड़े और कुछ दृढ़ होते गए और एड़ी पीछे की ओर कुछ बढ़ गई। बनमानुस से मनुष्य में ढाँचे आदि का बहुत अधिक विभेद नहीं हुआ। एक ही ओर बहुत अधिक विशेषता हुई; उसके अन्तःकरण या मस्तिष्क की वृद्धि अधिक हुई।

गर्भावस्था में क्रमशः उसके विविध अंगों का स्फुरण होता है, फिर यह निर्धारित किया कि किस क्रम से सजीव सृष्टि में उत्तरोत्तर भिन्न-भिन्न रूपों, योनियों का विधान हुआ है। विकास से पहले गर्भ का उत्तरोत्तर स्फुरण ही समझा जाता था। पर मैंने यह स्थिर किया कि गर्भ के उत्तरोत्तर क्रमविधान के अनुसार ही जीववर्गों का भी उत्तरोत्तर क्रमविधान हुआ है। जिस क्रम से भ्रूण गर्भ के भीतर एक अणुजीव से एक रूप के उपरान्त दूसरे रूप को प्राप्त होता हुआ पूरा सावयव जन्तु हो जाता है उसी क्रम से एकघटक अणुजीव से भिन्न-भिन्न रूपों के छोटे-बड़े जीवों की उत्पत्ति होती गई है। अस्तु, दोनों प्रकार के विकास समान नियमों के अनुसार होते हैं। गर्भविधान या व्यक्तिविकास विधान वर्गविकास विधान की संक्षिप्त उद्धरणी है जो प्रजनन और संरक्षण क्रियाओं के अनुसार होती है। सारांश यह कि व्यक्तिविकास और वर्गविकास का क्रम एक ही है।

उपर्युक्त सिद्धान्त की व्यापकता का आभास लामार्क ने 1809 में ही दे दिया था। उसने यह दिखा दिया था कि मनुष्य भी जीवों की उस शाखा से उत्पन्न हुआ है जिस शाखा से और सब स्तन्य जीव और स्तन्य जीव भी उसी कांड से निकले हैं जिस कांड से और सब रीढ़वाले जन्तु। उसने यहाँ तक कहा कि मनुष्य का बनमानुस से निकलना दिखाया जा सकता है। डारविन भी इस सिद्धान्त पर पहुँचा था पर उसने अपना यह मत बहुत दिनों तक प्रकट नहीं किया। अन्त में सन् 1871 में 'मनुष्य की उत्पत्ति' नामक ग्रन्थ में उसने अपना मत अत्यन्त दृढ़ प्रमाणों से सिद्ध करके प्रकाशित किया।

इस बनमानुसी सिद्धान्त के सम्बन्ध में सबसे कठिन कार्य अब यह रह गया कि मनुष्य के सबसे निकटस्थ पूर्वजों और फिर उनके पहले के और प्राचीन पूर्वजों का पता चलाया जाए तो पृथ्वी के अत्यन्त प्राचीन युग में थे और जिनका विकास करोड़ों वर्ष में हुआ था। मैं इस प्रकार की पूर्वज परम्परा दिखाने का प्रयत्न बराबर करता रहा। अन्त में सन् 1891 में मैंने अपने ग्रन्थ का जो संस्करण निकाला उसमें भूगर्भपंजरपरीक्षा, गर्भविज्ञान और शरीरविज्ञान के प्रमाणों के आधार पर जीवों की विकासपरम्परा निश्चित की। भूगर्भ की खोदाई और छानबीन से पीछे जो और ठठरियाँ मिलीं उनसे मेरे निश्चित क्रम की और भी पुष्टि हुई। इस प्रकार गर्भविज्ञान और शरीरविज्ञान के आधार पर जो जीवोत्पत्ति परम्परा अर्थात् किस प्रकार के जीव से किस प्रकार के दूसरे जीव उत्पन्न हुए, निर्धारित हुई थी उसका सामंजस्य भूगर्भ में मिली हुई अप्राप्य जीवों की ठठरियों से पूरा-पूरा हो गया। संक्षेप में यह परम्परा इस प्रकार है–

सबसे पहले आदिम मत्स्य, फिर फेफड़ेवाले मत्स्य[1], फिर जलस्थलचारी जन्तु मेढक आदि सरीसृप, और स्तन्य जन्तु। स्तन्य जीवों में अंडज स्तन्य सबसे पहले हुए, फिर उन्हीं से क्रमशः थैलीवाले अजरायुज पिंडज और जरायुज जन्तु उत्पन्न हुए। इन जरायुजों से ही किंपुरुष निकले जिनमें पहले बन्दर फिर बनमानुस उत्पन्न हुए। पतली नाकवाले

1. इस प्रकार की मछलियाँ अब बहुत कम मिलती हैं; आस्ट्रेलिया तथा दक्षिणी अमेरिका में दो-तीन जातियाँ पाई जाती हैं। ये मछलियों और मेढक आदि जलस्थलचारी जन्तुओं के बीच में हैं।

बनमानुसों में पहले पूँछवाले कुक्कुराकार बनमानुस हुए, फिर उनसे बिना पूँछवाले नराकार बनमानुस हुए। इन्हीं नराकार बनमानुसों की किसी शाखा से बनमानुसों के से गूँगे मनुष्य उत्पन्न हुए और उनसे फिर बोलनेवाले मनुष्यों की उत्पत्ति हुई।

रीढ़वाले जन्तुओं के उत्पत्तिक्रम की शृंखला तो इस प्रकार मिल जाती है पर उनसे पहले के बिना रीढ़वाले जन्तुओं की शृंखला मिलाना कठिन है। भूगर्भ के भीतर उनका कोई चिह्न नहीं मिल सकता; इससे प्राग्जन्तुविज्ञान[1] कुछ सहायता नहीं दे सकता। पर तारतम्यिक शरीरविज्ञान और गर्भविज्ञान आदि के प्रमाणों पर हम इस शृंखला को मूल तक ले जा सकते हैं। हम यह दिखला सकते हैं कि मनुष्य का भ्रूण भी दूसरे रीढ़वाले जन्तुओं के भ्रूण के समान कुछ दिनों तक सूत्रदंड अवस्था में; जबकि रीढ़ के स्थान में सूत की तरह लचीली शलाका होती है, रहता है। अतः जीवसृष्टि के नियमानुसार[2] हम निश्चित कर सकते हैं कि पूर्वकाल के जीव सूत्रदंड और द्विकलघट रूप के रहे हैं। सबसे अधिक ध्यान देने की बात तो यह है कि मनुष्य का भ्रूण भी और प्राणियों के भ्रूण के समान आदि में एकघटक के रूप का ही होता है। यह एकघटक पिंड इस बात का पता देता है कि जीवसृष्टि के आदिम काल में एकघटक जीव ही रहे होंगे।

हमारे तत्त्वाद्वैतवाद की स्थापना के लिए बस इतना ही देखना काफी है कि मनुष्य योनि बनमानुस योनि से निकली है जो क्षुद्र मेरुदंड जीवों की परम्परा से विकसित हुई है। हाल में जो भूगर्भस्थपंजर मिले हैं उनसे इस बनमानुसी सिद्धान्तों की पुष्टि अच्छी तरह हो गई है। जरायुज जन्तुओं के जो मांसभक्षी खुरपाद और किंपुरुष आदि भिन्न-भिन्न वर्ग हैं उनकी परम्परा की शृंखला आजकल पाए जानेवाले जन्तुओं को देखने से ठीक-ठीक नहीं मिलती थी। बीच में बहुत से स्थान खाली पड़ते थे। भूगर्भ की छानबीन से अब इन स्थानों की पूर्ति हो गई है, बहुत से ऐसे जन्तुओं के पंजर मिले हैं जो उपर्युक्त भिन्न-भिन्न वर्गों के मध्यवर्ती जन्तु थे। इन जन्तुओं को किसी एक वर्ग में रखना कठिन जान पड़ता है क्योंकि इनमें भिन्न-भिन्न वर्गों के लक्षण मिले-जुले हैं। पूर्ण जरायुज अवस्था में आने के पहले की अवस्था के जो क्षुद्र जीव (पंजर) मिले हैं उनमें खुरपाद, मांसभक्षी आदि वर्गों के लक्षण मिले-जुले हैं। सबके पंजरों का ढाँचा एक सा है, सब 44 दाँतवाले हैं, सबका आकार छोटा तथा मस्तिष्क की बनावट अपूर्ण है। तीस लाख वर्ष पहले ये जीव इस पृथ्वी पर थे। जीवसृष्टि क्रम के विचार से कहा जा सकता है कि ये पूर्वजरायुज जन्तु भी थैलीवाले मांसभक्षी क्षुद्र जन्तुओं से जरायु की विशेषता उत्पन्न हो जाने के कारण निकले हैं।

---

1. भूगर्भ के भीतर प्राचीन जन्तुओं के चिह्नों की खोज करनेवाली विद्या।
2. यह नियम कि गर्भ के बढ़ने का क्रम और एक जीव से दूसरे जीव के उत्पन्न या विकसित होने का क्रम एक ही है। गर्भ में भ्रूण जिस एक मूलरूप से क्रमशः जिन दूसरे रूपों में होता हुआ कुछ महीनों में एक विशेष रूप का होकर तैयार हो जाता है सृष्टि में भी उसी एक मूल रूप से उन्हीं दूसरे रूपों में होती हुई अनेक योनियाँ क्रमशः उत्पन्न हुई हैं। अन्तर इतना ही है कि मछली से मनुष्य होने में तो करोड़ों वर्ष लगे होंगे पर मत्स्याकार गर्भपिंड से नराकार शिशु होने में कुछ महीने ही लगते हैं।

भूगर्भ की छानबीन से सबसे काम की चीजें जो मिली हैं वे किंपुरुषवर्ग के जन्तुओं के पंजर हैं। पहले इन जन्तुओं के पंजर नहीं मिलते थे। पर अब बहुत से मिल गए हैं। सबसे महत्त्व का जो पंजर मिला है वह जावाद्वीप के बानराकार मनुष्य का है जो 1894 में मिला था। उसे न हम ठीक-ठीक बनमानुस का पंजर कह सकते हैं, न मनुष्य का। जिस जीव का वह पंजर है वह बनमानुस और मनुष्य के बीच का जीव था। ऐसे जीव की खोज बहुत दिनों से थी। जावा के इस बानराकार नरपंजर के मिलने से मनुष्य का बनमानुस से क्रमशः निकलना प्राग्जन्तुविज्ञान द्वारा भी उसी निश्चयात्मकता के साथ सिद्ध हो गया जिस निश्चयात्मकता के साथ शरीरविज्ञान और गर्भविज्ञान द्वारा सिद्ध था। अस्तु; मनुष्यजाति की उत्पत्ति के सम्बन्ध में तीनों प्रकार के प्रमाणों की एकरूपता हो गई।

छठा प्रकरण

आत्मा का स्वरूप

'आत्मा की क्रिया' या मानसिक व्यापार[1] से जिन व्यापारों का ग्रहण होता है वे जिस प्रकार अत्यन्त कौतूहलप्रद और महत्त्व के हैं उसी प्रकार अत्यन्त जटिल और दुर्बोध हैं। प्रकृति का परिज्ञान आत्मा के व्यापार का ही अंग है और इस व्यापार की यथार्थता पर ही जन्तुविज्ञान, सृष्टिविज्ञान आदि अवलम्बित हैं इसलिए यह निश्चयपूर्वक कहा जा सकता है कि मनोविज्ञान आत्मा के व्यापारों का बोध करानेवाला शास्त्र और सब विज्ञानों का आधारस्वरूप है या यों कहिए कि वह दर्शन, शरीरविज्ञान, जन्तुविज्ञान, आदि का अंग ही है।

मनोविज्ञान के सिद्धान्तों के वैज्ञानिक रूप से प्रतिपादन में बड़ी भारी अड़चन यह पड़ती है कि वह बिना शरीर के भीतरी अवयवों, विशेषकर मस्तिष्क का सूक्ष्म ज्ञान प्राप्त किए ठीक-ठीक हो नहीं सकता। पर अधिकांश मनोविज्ञानी आत्मा के व्यापारों के विधायक अवयवों का बहुत कम परिज्ञान रखते हैं। इसी से दर्शन और मनोविज्ञान में जितना मतभेद देखा जाता है उतना और किसी विज्ञान में नहीं।

जिसे आत्मा कहते हैं वह, मेरी समझ में, एक प्राकृतिक व्यापार मात्र है। अतः मनोविज्ञान को मैं आधिभौतिक शास्त्रों की ही एक शाखा और शरीरविज्ञान का ही एक अंग समझता हूँ। मैं इस बात को जोर देकर कहता हूँ कि इस विज्ञान के तत्त्वों का अन्वेषण भी उन्हीं प्रणालियों से हो सकता है जिन प्रणालियों से और विज्ञानों के तत्त्वों का हो सकता है। पहले तो हमें प्रत्यक्षानुभव से परीक्षा करनी चाहिए, फिर विकाससिद्धान्त का आरोप करना चाहिए। इसके उपरान्त शुद्ध तर्क के आधार पर चिन्तन करना चाहिए। मनोविज्ञान के सम्बन्ध में पहले द्वैत और तत्त्वाद्वैत सिद्धान्तों का थोड़ा वर्णन कर देना आवश्यक है।

मानसिक व्यापार के सम्बन्ध में साधारण विश्वास, जिसका हमें खंडन करना है, यह है कि शरीर और आत्मा दो पृथक्-पृथक् सत्ताएँ हैं। ये दोनों सत्ताएँ एक-दूसरे से सर्वथा पृथक्-पृथक् रह सकती हैं, यह आवश्यक नहीं कि दोनों संयुक्त ही रहें। यह सावयव

1. यद्यपि न्याय और वैशेषिक ने आत्मा के जो लक्षण कहे हैं वे मानसिक व्यापारों से भिन्न नहीं जान पड़ते पर शेष दर्शनों के समान उन्होंने भी अन्तःकरण या मन से आत्मा को भिन्न माना है। हैकल ने आधिभौतिक दृष्टि से अन्तःकरण को ही आत्मा माना है।

शरीर नश्वर और भौतिक है अर्थात् कललरस तथा उसके विकारों के रासायनिक योग से संघटित है। पर आत्मा अमर तथा भूतों से परे एक ऐसी स्वतन्त्र सत्ता है जिसके गूढ़ व्यापार बोधगम्य नहीं हैं। यह मत आध्यात्मिक पक्ष का है, इसके विरुद्ध जो मत है वह आधिभौतिक पक्ष का कहा जा सकता है। यह आध्यात्मिक मत सर्वातीतवादी है क्योंकि यह ऐसी शक्तियों का अस्तित्व मानता है जो बिना भौतिक आश्रय के काम करती हैं। इसके अनुसार प्रकृति से परे और बाह्य एक अभौतिक आध्यात्मिक जगत् है जिसका हमें कुछ भी अनुभव नहीं और जिसका कुछ भी ज्ञान हम भौतिक परीक्षाओं द्वारा नहीं प्राप्त कर सकते।

यह 'आध्यात्मिक जगत्', जो भूतात्मक जगत् से सर्वथा स्वतन्त्र माना गया है और जिसके आधार पर द्वैतवाद खड़ा किया गया है, कवि कल्पना मात्र है। यही बात 'आत्मा के अमरत्व' सम्बन्धी विश्वास के विषय में भी कही जा सकती है जिसकी असारता आगे चलकर दिखाई जाएगी। यदि अध्यात्मवादियों के विश्वास का कोई दृढ़ आधार होता तो मानसिक व्यापार प्रकृति या परमतत्त्व के नियमाधीन न होते। दूसरी बात यह कि प्रकृति के नियमबन्धनों से मुक्त सत्ता यदि मानी जाए तो यह आवश्यक है कि वह सृष्टि के पिछले कल्प में ही प्रकट हुई होगी जबकि मनुष्य आदि उन्नत जीवों का प्रादुर्भाव हो चुका होगा; क्योंकि भूतों से परे आत्मा की धारणा मनुष्य आदि के मानसिक व्यापारों को देखकर ही हुई है।[1] आत्मा की इच्छा किसी प्रकार के नियमों से बद्ध नहीं है, सर्वथा स्वतन्त्र है, यह मत भी भ्रान्त है।

हमारे प्राकृतिक निरूपण के अनुसार आत्मा की क्रिया द्रव्यशक्तिसम्भूत ऐसे व्यापारों का सन्घात है जो और प्राकृतिक व्यापारों के समान एक विशिष्ट भौतिक आधार पर अवलम्बित है। समस्त मनोव्यापारों के इस आधारभूत द्रव्य को हम मनोरस कहेंगे। कारण यह है कि रासायनिक विश्लेषण के द्वारा परीक्षा करने पर यह उसी कोटि का द्रव्य ठहरता है जिस कोटि के द्रव्य कललरस[2] विशिष्ट कहलाते हैं। ये द्रव्य अंडसाररस और अंगारक[3] के रासायनिक संयोग से बनते हैं और समस्त चेतन व्यापारों के मूल हैं। उन्नत जीवों में जिन्हें संवेदनसूत्रजाल और अनुभवात्मक इन्द्रियाँ होती हैं उपर्युक्त मनोरस से ही संवेदनसूत्ररस अर्थात् संवेदनसूत्र निर्मित करनेवाली धातु का विधान होता है। इस विषय में हमारा यह निरूपण भौतिक है। इसे प्राकृतिक और परीक्षात्मक भी

1. भारतीय तत्त्ववेत्ताओं ने मनुष्य से लेकर कीट-पतंग तक में आत्मा को माना है। डेकार्ट आदि कुछ पाश्चात्य दार्शनिकों ने मनुष्य में ही 'आत्मा' मानी है, पश्वादिकों में नहीं।
2. कललरस (प्रोटोप्लाज्म) एक चिपचिपा कुछ दानेदार पदार्थ है जो जीवन का मूल द्रव्य समझा जाता है। प्राणियों और उद्भिदों के सूक्ष्म घटक इसी के होते हैं। आहारग्रहण, वृद्धि, स्वेच्छा गति, संवेदन आदि व्यापार इसमें पाए जाते हैं। रासायनिक विश्लेषण द्वारा यह कलरस आक्सिजन, हाइड्रोजन, नाइट्रोजन और कारबन के विलक्षण अण्वात्मक योग से संघटित पाया जाता है। जल और लवण का भी इसमें मेल रहता है। पर संयोजक मूल द्रव्यों को जान लेने पर भी मनुष्य कललरस नहीं बना सका है।
3. एक गाढ़ा चिपचिपा पदार्थ जो अंडों की जर्दी, जीवों के रक्त आदि में रहता है। यह आक्सिजन, कारबन, नाइट्रोजन और हाइड्रोजन और कुछ गन्धक के मेल से बना होता है।

कह सकते हैं क्योंकि विज्ञान ने अभी तक किसी ऐसी शक्ति का अस्तित्व नहीं प्रतिपादित किया है जिसका कुछ भौतिक आधार न हो। प्रकृति से परे किसी आध्यात्मिक जगत् का पता नहीं लगा है।

और प्राकृतिक व्यापारों के समान मनोव्यापार या आत्मव्यापार भी परमतत्त्व या मूलप्रकृति के अटल और सर्वव्यापक नियम के अधीन हैं। एकघटक अणुजीवों तथा दूसरे अत्यन्त क्षुद्र कोटि के जीवों में जो मनोव्यापार देखे जाते हैं–जैसे उनका संक्षोभ, उनकी संवेदना, उनकी प्रतिक्रिया[1], उनकी आत्मरक्षण प्रवृत्ति इत्यादि वे घटक के भीतर के कललरस की क्रिया के अनुसार अर्थात् वंशपरम्परा और स्थितिसामंजस्य द्वारा उपस्थित भौतिक और रासायनिक विकारों के अनुसार ही होते हैं। यही बात मनुष्य तथा दूसरे उन्नत प्राणियों के उन्नत मनोव्यापारों के सम्बन्ध में भी कही जा सकती है क्योंकि वे ऊपर कहे हुए क्षुद्र मनोव्यापारों ही से क्रमशः स्फुरित हुए हैं। उनमें जो पूर्णता आई है वह अधिक मात्रा में समन्वय होने के कारण–उन व्यापारों की विशेष संगति और योजना के कारण जो पहले पृथक्-पृथक् थे। सारांश यह कि क्षुद्र कोटि के मनोव्यापारों और उन्नत कोटि के मनोव्यापारों में–मनुष्यबुद्धि और पशुबुद्धि में केवल न्यूनाधिक भेद है, वस्तुभेद नहीं।

प्रत्येक विज्ञान का पहला काम यह है कि जिस वस्तु के सम्बन्ध में उसे अन्वेषण करना हो उसकी स्पष्ट परिभाषा या व्याख्या कर ले। पर मनोविज्ञान के सम्बन्ध में यह प्रारम्भिक कार्य अत्यन्त कठिन है। सबसे विलक्षण बात यह है कि मनोविज्ञान के सम्बन्ध में आज तक नए-पुराने दार्शनिकों ने जो मत प्रकट किए हैं उनका परस्पर विरोध देखकर बुद्धि चकरा जाती है। आत्मा क्या है ? इन्द्रियानुभव और भावना में क्या अन्तर है ? मन में कोई बात किस प्रकार उपस्थित होती है ? बुद्धि और विचारों में क्या अन्तर है। मनोवेगों–राग, द्वेष, क्रोध आदि का वास्तविक रूप क्या है ? अन्तःकरण की इन समस्त वृत्तियों का शरीर से क्या सम्बन्ध है ? इन अनेक प्रश्नों के तथा इसी प्रकार के और प्रश्नों के जो उत्तर दार्शनिकों ने दिए हैं वे परस्पर विरुद्ध हैं। यही नहीं, एक ही वैज्ञानिक वा दार्शनिक ने पहले कुछ और विचार प्रकट किया, पीछे और। इस प्रकार मनोविज्ञान भानमती का पिटारा बन गया है। जितनी गड़बड़ी इस विज्ञान में दिखाई देती है उतनी और किसी में नहीं।

---

1. क्षुद्र जीवों के शरीर पर बाहरी सम्पर्क या उत्तेजन से उत्पन्न क्षोभ प्रवाह के रूप में कललरस के अणुओं द्वारा भीतर केन्द्र में पहुँचता है और वहाँ से प्रेरणा के रूप में बाहर की ओर पलटकर शरीर में गति उत्पन्न करता है। वस्तुसम्पर्क के प्रति यह एक प्रकार की अचेतन क्रिया है जो ज्ञानकृत वा इच्छाकृत नहीं होती, केवल कललरस के भौतिक और रासायनिक गुणों के अनुसार होती है, जैसे छूने से लजालू की पत्तियों का सिमटना, उँगली रखने से क्षुद्र कीटों का अंग मोड़ना इत्यादि। चेतनाविशिष्ट मनुष्य आदि बड़े जीवों में भी यह अचेतन प्रतिक्रिया होती है। उनमें क्षोभ अन्तर्मुख संवेदनसूत्रों द्वारा भीतर की ओर जाता है पर मस्तिष्क तक नहीं पहुँचता बीच ही से मेरुरज्जु या किसी और स्थान से पलट पड़ता है। आँख के पास किसी वस्तु के आते ही पलकें आप-से-आप, बिना इच्छा या संकल्प के, गिर पड़ती हैं।

कुछ दृष्टान्त लीजिए। जरमनी के सबसे प्रसिद्ध दार्शनिक कांट ने पहले अपनी युवावस्था में यह स्थिर किया कि परोक्षवाद के तीन बड़े विषय–ईश्वर, आत्मस्वातन्त्र्य और आत्मा का अमरत्व–शुद्धबुद्धि[1] के निरूपण से असिद्ध हैं। पीछे वृद्धावस्था में उसी ने यह कहा कि ये तीनों बातें व्यवसायात्मिका बुद्धि[2] के स्वयंसिद्ध निरूपण हैं और अनिवार्य हैं। इसी प्रकार विरचो और रेमंड नामक प्रसिद्ध जरमन वैज्ञानिकों ने पहले बहुत दिनों तक भूतातिरिक्त शक्ति, शरीर और अत्मा की पृथक् भावना आदि का घोर विरोध किया, पर पीछे उन्होंने चेतना को भूतातिरिक्त व्यापार कहा।

अन्तःकरण की वृत्तियों की, विशेषतः चेतना की, परीक्षा के लिए वैज्ञानिक अनुसन्धानप्रणाली में कुछ फेरफार करना पड़ता है। वैज्ञानिक अनुसन्धान बहिर्मुख दृष्टि से होता है अर्थात् उसमें मन अपने से भिन्न विषयों का निरीक्षण और विचार करता है। मनोव्यापारों के अनुसन्धान में हमें इस बहिर्मुख निरीक्षण के अतिरिक्त अन्तर्मुख निरीक्षण या आत्मनिरीक्षण भी बहुत अधिक करना पड़ता है। इस स्वानुभूति या आत्मनिरीक्षण में मन अपना ही अर्थात् अपने ही व्यापारों का चेतना के दर्पण में निरीक्षण करता है।[3] अधिकांश मनोविज्ञानी केवल इसी आत्मनिश्चय या अहंकारवृत्ति का अनुसरण करते चले हैं, जैसे डेकार्ट ने स्पष्ट कहा है कि 'मैं सोचता हूँ इसलिए मैं हूँ।' अतः पहले इस आत्मनिरीक्षण प्रणाली पर कुछ विचार करके तब हम दूसरी बाह्यनिरीक्षण प्रणाली की व्याख्या करेंगे।

इन दो हजार वर्षों के बीच आत्मा के सम्बन्ध में जितने सिद्धान्त उपस्थित किए गए हैं सब इसी अन्तर्मुख प्रणाली के अनुसार स्वानुभूति या आत्मनिरीक्षण के आधार पर।

---

1. प्यारे रीजन।
2. प्रैक्टिकल रीजन।
3. कांट आदि प्रत्यक्षवादी दार्शनिकों ने स्वानुभूति या आत्मनिरीक्षण असम्भव कहा है। वे उसके सम्बन्ध में यह बाधा उपस्थित करते हैं–'निरीक्षण करने के लिए तुम्हारी बुद्धि को अपनी क्रिया रोकनी पड़ेगी और उसी क्रिया का तुम निरीक्षण किया चाहते हो। यदि तुम क्रिया रोकते हो तो निरीक्षण करने के लिए कोई वस्तु ही नहीं रह जाती।' यह बाधा तो आधिभौतिक मनोविज्ञानक्षेत्र की हुई जिसमें जैसे अन्तःकरण की और सब वृत्तियों का निरूपण होता है वैसे ही चेतना का भी। भारतीय दार्शनिकों ने भी मन की युगपत् क्रिया असम्भव बतलाई है, अर्थात् मन एक ही समय एक साथ दो व्यापारों में प्रवृत्त नहीं हो सकता, पर उन्होंने सब व्यापारों के द्रष्टा आत्मा को मन या अन्तःकरण से भिन्न माना है। अध्यात्म या परविद्या के क्षेत्र में भी आत्मबोध के सम्बन्ध में इस कठिनाई का सामना पड़ा है। चैतन्य वा आत्मा ही ज्ञाता, द्रष्टा वा विषयी है अतः अपने ज्ञान के लिए उसे ज्ञेय, दृश्य वा विषय होना पड़ेगा। पर न विषयी विषय हो सकता है, न विषय विषयी। शंकर स्वामी अपने भाष्य में कहते हैं–'युष्मदस्मत्प्रत्ययगोचरयोः विषयविषयिनोः स्तमःप्रकाशवद्विरुद्धस्वभावयोरितरेतरभावानुपपत्तौ सिद्धायाम्...।' हर्बर्ट स्पेंसर ने भी यही कहा है–

   शंकराचार्य ने तो यह कहकर उक्त बाधा दूर की कि चैतन्य वा आत्मा 'कूटस्थनित्यचैतन्यज्योति' है, वह ज्ञानस्वरूप है उसे ज्ञेय होने की आवश्यकता नहीं। पर हर्बर्ट स्पेंसर आदि पश्चिमी तत्त्ववेत्ताओं ने इसी विरोध को लेकर आत्मा, परमात्मा आदि को अज्ञेय ठहराया और संशय की स्थिति में रहना ही ठीक समझा।

अपनी आत्मा में जिस प्रकार के अनुभव हुए उनकी संगति और आलोचना द्वारा किए हुए निश्चय ही दार्शनिक प्रकट करते रहे हैं।

बात यह है कि मनोविज्ञान के एक प्रधान अंग का विचार, विशेषकर चेतना के धर्म आदि का निरूपण, केवल इसी एक प्रणाली से हो सकता है। मस्तिष्क की यह वृत्ति (चेतना) विशेष रूप की है। इसके कारण जितने दार्शनिक भ्रम हुए हैं उतने और किसी वृत्ति के कारण नहीं। मन की इस स्वनिरीक्षण क्रिया को ही मनोविज्ञान के निरूपण का एक मात्र साधन समझना, जैसा कि बहुतेरे दार्शनिकों ने किया है, बड़ी भारी भूल है। मन के बहुत से व्यापारों का, जैसे इन्द्रियों और वाणी की क्रिया आदि का, निरूपण उसी रीति से हो सकता है जिस रीति से शरीर के और व्यापारों का, अर्थात् पहले तो भीतरी अवयवों की सूक्ष्म विश्लेषणपरीक्षा से और फिर उनके आश्रय से होनेवाले व्यापारों के जीवविज्ञानानुकूल निरीक्षण से। अतः बिना इस प्रकार के बाह्य निरीक्षण के केवल आत्मनिरीक्षण द्वारा निश्चित मनोव्यापार सम्बन्धिनी बातें पक्की नहीं समझी जा सकतीं। पर बाह्यनिरीक्षण की पूर्णता के लिए शरीरविज्ञान, अंगविच्छेदशास्त्र, शरीराणुविज्ञान[1], गर्भविज्ञान और जीवविज्ञान इत्यादि का यथावत् ज्ञान होना चाहिए। मनोविज्ञानवेत्ता कहलानेवालों में से अधिकांश का नरतत्त्वशास्त्र[2] की आधार स्वरूपिणी इन विद्याओं में कुछ भी प्रवेश नहीं होता। अतः वे अपनी आत्मा के गुण धर्म की विवेचना करने के भी अयोग्य हैं। एक और बात ध्यान में रखने की यह है कि इन मनोविज्ञानवेत्ताओं का अन्तःकरण एक सभ्य जाति के उन्नत अन्तःकरण का नमूना है जो अनेक पूर्ववर्त्ती अवस्थाओं में वंशपरम्पराक्रम से होता हुआ वर्तमान उन्नत अवस्था को प्राप्त हुआ है। अतः उसके गुण धर्म ठीक-ठीक समझने के लिए असंख्य क्षुद्र कोटि के पूर्वरूपों का विचार आवश्यक है। यह मैं मानता हूँ कि आत्मनिरीक्षण प्रणाली परम आवश्यक है, पर साथ ही और दूसरी प्रणालियों (बाह्यनिरीक्षण आदि) की सहायता भी निरन्तर अपेक्षित है।[3]

आधुनिक काल में ज्यों-ज्यों मनुष्य का ज्ञान बढ़ता गया और भिन्न-भिन्न विज्ञानों की अनुसन्धानप्रणाली पूर्णता को पहुँचती गई त्यों-त्यों यह इच्छा बढ़ती गई कि उन विज्ञानों के निरूपण बिलकुल ठीक-ठीक नपे-तुले हों, उनमें रत्ती भर भी बल न पड़े, अर्थात् व्यापारों का निरीक्षण जहाँ तक हो सके प्रत्यक्षानुभव के रूप में हो और जो नियम निरूपित किए जाएँ वे जहाँ तक हो सकें ठीक-ठीक और स्पष्ट हों जैसे कि गणित के होते हैं। पर इस प्रकार का नपा-तुला ठीक-ठीक निरूपण कुछ थोड़े से शास्त्रों में ही सम्भव है, विशेषतः उन विद्याओं में जिनमें परिमेय, गिनती या माप के योग्य, परिमाण का विचार होता है, जैसे गणित में तथा ज्योतिष, कलाविज्ञान, भौतिकविज्ञान और

---

1. हिस्टोलॉजी
2. एंथ्रापालॉजी
3. जो लोग समझते हैं कि आँख मूँदकर ध्यान या समाधि लगाने से भूत, भविष्य, वर्तमान तीनों काल की बातें सूझने लगती हैं उन्हें इस पर ध्यान देना चाहिए।

रसायनशास्त्र के बहुत से अंशों में। इसी से ये सब विद्याएँ 'ठीक नपी-तुली विद्याएँ' कहलाती हैं। पर समस्त भौतिक विद्याओं को बिलकुल ठीक और नपी-तुली समझकर उन्हें इतिहास, तर्क, आचारशास्त्र आदि से सर्वथा भिन्न कोटि में रखना भूल है। भौतिक विज्ञान का बहुत सा अंश ऐसा है जिसकी बातों को हम इतिहास की बातों से अधिक ठीक और नपी-तुली नहीं कह सकते। यही प्राणिविज्ञान और उससे सम्बद्ध मनोविज्ञान के सम्बन्ध में भी कहा जा सकता है। जब कि मनोविज्ञान शरीरविज्ञान का ही एक अंग है तब उसका निरूपण भी उसी प्रणाली से होना चाहिए जिस प्रणाली से शरीरविज्ञान का होता है। अस्तु; मनोविज्ञान में पहले तो हमें प्रत्यक्षानुभव प्रणाली का अनुसरण करके जहाँ तक हो सके इन्द्रिय, संवेदनसूत्र, मस्तिष्क आदि की क्रियाओं का निरीक्षण और परीक्षा करनी चाहिए, उसके पीछे फिर मन के व्यापारों का आत्मनिरीक्षण करके उनके नियमों को तर्क द्वारा स्थिर करना चाहिए। पर यह समझ रखना चाहिए कि इस प्रकार के नियम गणित के समान ठीक-ठीक नाप-तौल के साथ सर्वत्र नहीं स्थिर किए जा सकते। शरीरविज्ञान में केवल इन्द्रियों के व्यापारों का निरूपण गणित की रीति से कुछ हो सकता है, मस्तिष्क के और व्यापारों का नहीं।

प्राणिविज्ञान के एक छोटे से अंग का गणित की रीति से कुछ प्रतिपादन हो सका है और उसका नाम मनोभूत विज्ञान (साइकोफिजिक्स) रखा गया है। इस विज्ञान के प्रतिष्ठाता फेक्नर और वेबर नामक वैज्ञानिकों ने पहले यह पता लगाया कि सब प्रकार के इन्द्रियानुभव बाहरी विषयसम्पर्क की उत्तेजना पर निर्भर हैं और जिस हिसाब से विषयसम्पर्क की उत्तेजना घटती या बढ़ती है उसी हिसाब से इन्द्रियसंवेदन भी घटता या बढ़ता है। उन्होंने स्थिर किया कि कम-से-कम इतनी मात्रा की उत्तेजना होगी तभी इन्द्रियसंवेदन होगा, और प्राप्त उत्तेजना में इतनी मात्रा का अन्तर पड़ेगा तब संवेदन में कुछ अन्तर जान पड़ेगा। दर्शन, श्रवण, स्पर्श (दबाव) संवेदनों के विषय में यह निर्दिष्ट नियम है कि उसमें अन्तर उत्तेजना के सम्बन्ध के अन्तर के हिसाब से पड़ता है। अस्तु, फेक्नर ने अपने मनोभूत विज्ञान का एक प्रधान नियम स्थिर किया कि संवेदना की वृद्धि संख्योत्तर क्रम जैसे 2, 4, 6, 8, 10 से होती है और उत्तेजना की गुणोत्तर क्रम से जैसे 2, 4, 8, 16, 32।[1] पर फेक्नर के ये भौतिक निरूपण सर्वांश में स्वीकृत नहीं हुए हैं।

---

1. मान लीजिए कि आँख पर पहले एक दरजे का प्रकाश पड़ा फिर तुरन्त 100 दरजे का अर्थात् उससे सौ गुना प्रकाश पड़ा और हमें एक विशेष अन्तर जान पड़ा। अब यदि एक दरजे के स्थान पर 2 दरजे का प्रकाश पहले पड़े तो फिर 200 दरजे का प्रकाश पड़ने से, अर्थात् दो का सौ गुना प्रकाश पड़ने से, उतना ही अन्तर जान पड़ेगा। इसी प्रकार 3 और 300 में वही अन्तर जान पड़ेगा। तात्पर्य यह कि पहली उत्तेजना जितनी गुनी अधिक होगी दूसरी के भी उतनी ही गुनी अधिक होने से उतना ही अन्तर जान पड़ेगा। 14 रत्ती का बोझ यदि हाथ पर (हाथ स्थिर और किसी वस्तु के आधार पर रहे) रखा जाए तो फिर उस पर एक रत्ती और रखने से बोझ में कुछ अन्तर न जान पड़ेगा। जब पाँच रत्ती और रखा जाएगा तब जान पड़ेगा। अब यदि पहले 30 रत्ती का बोझ रखा जाए तो फिर पाँच रत्ती और रखने से अन्तर न जान पड़ेगा, दस रत्ती और रखने से जान पड़ेगा। गुरुत्व और शब्दसंवेदना में 3-4 का अन्तर पड़ने से भेद मालूम होता है, पेशी के तनाव में 15-16, दृष्टि में 100-101 का।

मनोभूत विज्ञान से जैसी सफलता की आशा की गई थी वैसी नहीं हुई। वह आगे नहीं बढ़ सका। उसका विस्तार बहुत ही थोड़ा है। उससे इतना अवश्य सिद्ध हुआ है कि कम-से-कम आत्मा के एक व्यापार पर भौतिक नियम घटाए जा सकते हैं। पर कहना यही पड़ता है कि मनोव्यापारों को तौलने का प्रयत्न निष्फल हुआ है, उससे कुछ विशेष परिणाम नहीं निकला है। विज्ञान का लक्ष्य तो यही होना चाहिए कि सर्वत्र साध्य नहीं है। अतः जीवसृष्टि, मनोव्यापार आदि के सम्बन्ध में तारतम्यिक परम्परा मिलान करने की; और गर्भविधान निरीक्षण की, प्रणाली ही विशेष उपयोगी है।

मनुष्य और दूसरे उन्नत जन्तुओं जैसे कुत्ते, बन्दर आदि के मनोव्यापारों में जो विलक्षण सादृश्य है वह सब पर प्रकट है। प्राचीन दार्शनिक मनुष्य की आत्मा और पशु की आत्मा में कोई 'वस्तुभेद' नहीं समझते थे, केवल मात्राभेद समझते थे। ईसाई मत के कारण योरप में लोग मनुष्य की अमर आत्मा और पशु की नश्वर आत्मा में भेद मानने लगे। इस भेद पर डेकार्ट आदि द्वैतवादी दार्शनिकों ने और भी लोगों का विश्वास जमा दिया। डेकार्ट (सन् 1643) कहता था कि केवल मनुष्य ही को वास्तविक आत्मा है, मनुष्य ही में संवेदन और स्वतन्त्र इच्छा, प्रयत्न आदि होते हैं। पशु केवल जड़ मशीन के तुल्य हैं, उनमें किसी प्रकार की संवेदना या इच्छा, प्रयत्न आदि नहीं।[1] डेकार्ट के पीछे योरप में बहुत दिनों तक लोगों की यही धारणा रही।

उन्नीसवीं शताब्दी के पिछले भाग में जीवसृष्टिविज्ञान और शरीरविज्ञान की उन्नति के साथ पशुओं के मनोव्यापारों की ओर भी तत्त्ववेत्ताओं का ध्यान गया। मूलर ने अपने शरीरविज्ञान के गूढ़ अन्वेषणों द्वारा पशुबुद्धिपरीक्षा का मार्ग सुगम कर दिया। डारविन के पीछे उसके विकाससिद्धान्त का प्रयोग मनोविज्ञान के क्षेत्र में भी किया गया।

वुंट जरमनी के सबसे बड़े मनोविज्ञानवेत्ता हैं। और दार्शनिकों से उनमें यह विशेषता है कि उन्हें प्राणिविज्ञान, अंगविच्छेदशास्त्र और शरीरव्यापारविज्ञान का भी पूरा अभ्यास है। उन्होंने भौतिक विज्ञान और रसायन के नियमों का बहुत कुछ प्रयोग शरीरविज्ञान और उससे सम्बद्ध मनोविज्ञान के क्षेत्र में करके दिखाया है। 1863 में उन्होंने अपना 'मानव और पाशव मनोविज्ञान पर व्याख्यान' प्रकाशित किया और सिद्ध किया कि मुख्य मनोव्यापार 'अचेतन आत्मा' में होते हैं। वुंट ने मस्तिष्क के उन पुर्जों को दिखाया जो आत्मा के अचेतन पट पर बाह्य-विषय-सम्पर्क से उत्पन्न उत्तेजना के प्रभावों को अंकित करते हैं। सबसे बड़ा काम वुंट ने यह किया कि उन्होंने वेगसम्बन्धी भौतिक नियम पहले पहल मनोव्यापारों के क्षेत्र में घटाए और मनस्तत्व के प्रतिपादन में शरीरगत विद्युद्विधान की बहुत सी बातों का प्रयोग किया।

तीस वर्ष पीछे 1892 में वुंट ने जब अपने ग्रन्थ का दूसरा परिवर्तित और संक्षिप्त संस्करण निकाला तब उसमें अपना सिद्धान्त एकदम बदल दिया। पहले संस्करण में जो महत्त्व के सिद्धान्त निरूपित किए गए थे वे सब परित्यक्त कर दिए गए और अद्वैत भाव के स्थान पर द्वैतभाव स्थापित किया गया। वुंट ने इस दूसरे संस्करण की भूमिका में

1. न्याय और वैशेषिक ने इच्छा, द्वेष, प्रयत्न आदि को आत्मा का लिंग या लक्षण माना है।

साफ कहा है कि 'पहले संस्करण में जो भ्रम मुझसे हुए थे उनसे मैं मुक्त हो गया। कुछ दिनों पीछे जब मैंने विचार किया तब मालूम हुआ कि पहले जो कुछ मैंने कहा था वह सब युवावस्था का अविवेक था, वह मेरे चित्त में बराबर खटकता रहा और मैं जहाँ तक शीघ्र हो सके उस पाप से मुक्त होने के लिए देखता रहा।' इस प्रकार वुंट के ग्रन्थ के दो संस्करणों में किए हुए मनस्तत्वनिरूपण एक-दूसरे के सर्वथा विरुद्ध हैं। पहले संस्करण के निरूपण तो सर्वथा भौतिक हैं और अद्वैतवाद लिये हुए हैं और दूसरे संस्करण के निरूपण आध्यात्मिक और द्वैतभावापन्न हैं। पहले में तो मनोविज्ञान को वुंट ने एक भौतिक विज्ञान मानकर उसका निरूपण उन्हीं नियमों पर किया है जिन नियमों पर शरीरविज्ञान के और सब अंगों का होता है। पर तीस वर्ष पीछे उन्होंने मनोविज्ञान को आध्यात्मिक विषय कहा और उसके तत्त्वों और सिद्धान्तों को भौतिक विज्ञान के तत्त्वों और सिद्धान्तों से सर्वथा भिन्न बतलाया। अपने मनःशरीर-सम्बन्धी व्याख्या में उन्होंने कहा है कि प्रत्येक मनोव्यापार का कुछ-न-कुछ सहवर्ती भौतिक या शारीरिक व्यापार अवश्य होता है, पर दोनों व्यापार सर्वथा स्वतन्त्र हैं, उनमें कोई प्राकृतिक कार्य कारण आदि सम्बन्ध नहीं। वुंट ने जो इस प्रकार शरीर और आत्मा को पृथक् बतलाकर द्वैतवाद का डंका बजाया उससे दार्शनिक मंडली में बड़ा आनन्द फैला। द्वैतवादी दार्शनिक यह देखकर कि इतना बड़ा और प्रसिद्ध वैज्ञानिक पहले विरुद्ध मत प्रकट करके पीछे अनुकूल मत प्रकाशित कर रहा है एक स्वर से कहने लगे कि मनोविज्ञान की उन्नति हुई। पर लगातार चालीस वर्ष के अध्ययन के उपरान्त अब भी मैं उसी 'अविवेक' में पड़ा हूँ। लाख चेष्टा करने पर भी उससे मुक्त नहीं हो सका हूँ। अतः मैं जोर के साथ कहता हूँ कि जिसे वुंट ने अपनी युवावस्था का 'अविचार' कहा है वही सच्चा विचार है, वही सच्चा ज्ञान है। उस सच्चे विचार का समर्थन बुड्ढे दार्शनिक वुंट के मत के विरुद्ध मैं बराबर करता रहूँगा।

वुंट, कांट, विरशो, रेमंड, बेयर इत्यादि का इस प्रकार अपने सिद्धान्तों को बदलना ध्यान देने योग्य है। युवावस्था में तो ये योग्य तत्त्ववेत्ता जीवविज्ञान के सम्पूर्ण क्षेत्र में अत्यन्त विस्तृत अन्वेषण करते रहे और सब तत्त्वों की एक मूल प्रकृति ढूँढ़ने के प्रयत्न में लगे रहे, पर पीछे बुढ़ापा आने पर उसे पूर्णतया साध्य न समझ इन्होंने अपना उद्‌देश्य ही परित्यक्त कर दिया—अपना रंग ही बदल दिया। इस परिवर्तन का कारण लोग यह कह सकते हैं कि युवावस्था में बुद्धि के अपरिपक्व होने के कारण इन्होंने सब बातों की ओर पूरा-पूरा ध्यान नहीं दिया था, पीछे बुद्धि के परिपक्व होने पर और अनुभव बढ़ने पर इन्हें अपना भ्रम मालूम हुआ और इन्होंने वास्तविक ज्ञान का मार्ग पाया। पर यह क्यों न कहा जाए कि युवावस्था में अन्वेषण श्रम की शक्ति अधिक रहती है, बुद्धि अधिक निर्मल और विचार अधिक स्वच्छ रहता है, पीछे बुढ़ाई आने पर जैसे और सब शक्तियाँ शिथिल हो जाती हैं वैसे ही बुद्धि भी सठिया जाती है, जीर्ण हो जाती है। जो कुछ हो, पर वैज्ञानिकों का यह सिद्धान्त परिवर्तन मनोविज्ञान में मनन करने योग्य विषय है। इससे यह सूचित होता है कि जीवों के और व्यापारों के समान

मनोव्यापार या आत्मव्यापार भी अपना रूप बदलते रहते हैं अर्थात् आत्मा भी सदा एकरूप नहीं रहती।

भिन्न-भिन्न श्रेणियों के जीवों के मनोव्यापारों को परस्पर मिलान करनेवाली विद्या को तारतम्यिक मनोविज्ञान कहते हैं। इसके लिए यह आवश्यक है कि जिस प्रकार जीवसृष्टि विज्ञान[1] में जीवों की ऊँची-नीची परम्परा का क्रम स्थिर है उसी प्रकार मनोव्यापारों की ऊँची-नीची परम्परा का क्रम भी स्थिर किया जाए। ऐसा होने से ही हम समझ सकते हैं कि किस प्रकार एकघटक अणुजीव के क्षुद्र व्यापारों से लेकर मनुष्य के उन्नत मनोव्यापारों तक एक अखंडित शृंखला बँधी हुई है। मनोव्यापारों का यह श्रेणीभेद मनुष्य की भिन्न जातियों में भी परस्पर देखा जाता है। एक अत्यन्त असभ्य जाति के जंगली मनुष्य ही बुद्धि में और एक अत्यन्त सभ्य जाति के मनुष्य की बुद्धि में बड़ा भारी भेद होता है। इसी भेद परम्परा के अन्वेषण के विचार से असभ्य बर्बर जातियों की जाँच की ओर विशेष ध्यान दिया जाने लगा है और मनोविज्ञान के तत्त्वों के निरूपण के लिए भिन्न-भिन्न मनुष्य जातियों का विवरण बड़े काम का माना जाने लगा है।

मनोविज्ञान में आत्मा के क्रमविकास का निरीक्षण बहुत जरूरी है। इसके द्वारा जितनी जल्दी हम मिथ्या धारणाओं और भ्रमों को हटाकर आत्मवृत्तियों के यथार्थ रूप का आभास पा सकते हैं उतनी जल्दी और किसी प्रणाली के द्वारा नहीं। विकास के दो रूप मैं पहले बतला चुका हूँ—गर्भविकास और जातिविकास। आत्मा का गर्भविकास या स्फुरणक्रम देखने से यह पता चलता है कि किस क्रम से एक व्यक्ति की आत्मा गर्भकाल से लेकर बराबर वृद्धि को प्राप्त होती जाती है और किन नियमों के अनुसार उसका विधान होता है। शिशु का अन्तःकरण किस प्रकार क्रमशः पुष्ट और उन्नत होता जाता है। माता-पिता, शिक्षक आदि अत्यन्त प्राचीन समय से देखते आ रहे हैं, पर उनके चित्त में आत्मा की पूर्णता, अमरता आदि की जो धारणा बँधी चली आ रही है उससे उनका देखना और न देखना बराबर हो जाता है। पर अब इधर कुछ दिनों से बालक की आत्मा के विकासक्रम का विचार होने लगा है। इस विषय पर पुस्तकें भी लिखी गई हैं।

पहले कहा जा चुका है कि जीवसृष्टि में गर्भविकास और जातिविकास का क्रम एक ही है। डारविन ने जीवों की भिन्न-भिन्न योनियों के विकास की परम्परा का क्रम दिखाकर उसी क्रम से मनोवृत्तियों के विकास का होना भी दिखाया है। उसने अनेक प्रमाणों द्वारा सिद्ध किया है कि जन्तुओं की अन्तःप्रवृत्ति भी जीवों की और-और बातों के समान वृद्धिपरम्परा के नियमाधीन है। विशेष-विशेष जीवों में अन्तःप्रवृत्ति की जो विशेषता देखी जाती है वह स्थितिसामंजस्य या अवस्थानुरूप परिवर्तन के कारण होती है। यह विशेषता पैतृक परम्परा द्वारा बराबर आगे की पीढ़ियों में चली चलती है। जीवों की अन्तःप्रवृत्ति का निर्माण और संरक्षण भी उसी प्रकार ग्रहण सिद्धान्त[2] के नियमानुसार होता है जिस प्रकार और शारीरिक शक्तियों का। डारविन ने कई पुस्तकें लिखकर

---

1. जूलाजी।
2. दे. प्रकरण पाँचवाँ।

दिखाया है कि 'मनोविकास' सम्बन्धी वे ही नियम समस्त जीवसृष्टि पर घटते हैं—क्या मनुष्य, क्या पशु, क्या उद्भिद्। जिस प्रकार भिन्न-भिन्न जीवों की एक मूल से उत्पत्ति देखने से समस्त जीवसृष्टि की एकता प्रमाणित होती है उसी प्रकार अणुजीव से लेकर मनुष्य तक मनस्तत्व की एकता भी सिद्ध होती है।

रौमेंज ने डारविन के मनोविज्ञान को और प्रवर्द्धित किया। उसने दो ग्रन्थ विकासक्रमबद्ध मनोविज्ञान पर लिखे जो अपने ढंग के निराले हुए। पहला ग्रन्थ जन्तुओं के मनोविकास पर है। उसमें उसने क्षुद्र जन्तुओं के संवेदन व्यापार और अन्तःप्रवृत्ति से लेकर उन्नत जीवों की चेतना और बुद्धि तक की शृंखलाबद्ध परम्परा दिखाई है। दूसरे ग्रन्थ में उसने मनुष्य के अन्तःकरण का विकास और उसकी शक्तियों का उद्भव दिखाया है। उसमें पूर्णरूप से सिद्ध किया गया है कि मनुष्य और पशु के अन्तःकरण या आत्मा में कोई तत्त्वभेद नहीं है। मनुष्य में संकल्प-विकल्पात्मक विचार और प्रत्याहार आदि करने की जो शक्ति है वह दूध पिलानेवाले मनुष्येतर जीवों के अकल्पनात्मक कोटि के अन्तःसंस्कारों से ही क्रमशः स्फुरित और विकसित हुई है। मनुष्य की बुद्धि, वाणी, और आत्मबोध आदि की उन्नत शक्तियाँ किंपुरुष, बनमानुस आदि पूर्वजों की मानसिक शक्तियों से उन्नत होते-होते उद्भूत हुई हैं। मनुष्य की अन्तःकरण शक्ति और दूसरे जीवों की अन्तःकरण शक्ति में केवल मात्राभेद है, तत्त्वभेद नहीं। शक्ति वही है, पर मनुष्य में वह अधिक है और दूसरे जीवों में कम।

सातवाँ प्रकरण

मनोविज्ञान की श्रेणियाँ

विकाससिद्धान्त की सहायता से मनोविज्ञान ने इधर जो उन्नति की है उसके द्वारा समस्त जीवसृष्टि के मनस्तत्व की एकता पूर्णतया प्रतिपादित हुई है। तारतम्यिक मनोविज्ञान ने भी यह निश्चय दिला दिया है कि एकघटक अणुजीव से लेकर मनुष्य पर्यन्त सब प्राणियों के जीवनव्यापार प्रकृति की उन्हीं मूल शक्तियों अर्थात् संवेदन और गति से उत्पन्न हुए हैं। अतः अब मनोविज्ञान के तत्त्वों का निरूपण दार्शनिकों के उन्नत अन्तःकरण की स्वानुभूति या आत्मनिरीक्षण के आधार पर ही नहीं होगा बल्कि जिन अनेक क्षुद्र या पाशव अवस्थाओं से क्रमशः काल पाकर मनुष्य के उन्नत अन्तःकरण की व्यवस्था हुई है उनकी सम्बन्धपरम्परा का भी पूर्ण विचार किया जाएगा।

सम्पूर्ण मनोव्यापार शरीर के जीवनतत्त्वरूपी कललरस में होनेवाले परिवर्तनों के अनुसार होते हैं। हमने कललरस के उस अंश का नाम जो मनोव्यापारों का आधारस्वरूप प्रतीत होता है, मनोरस रखा है। हम उसकी कोई विशेष स्वतन्त्र सत्ता नहीं मानते। हम आत्मा या मन को कललरस के अन्तर्व्यापारों की समष्टि मात्र समझते हैं। इस निश्चय के अनुसार 'आत्मा' शब्द शरीर का एक विशेष धर्म सूचित करने के लिए एक भाववाचक संज्ञा मात्र है। मनुष्य तथा और दूसरे उन्नत जीवों में अवयवों और तन्तुओं के कार्यविभाग के अनुसार मनोरस अलग विभक्त होकर संवेदनग्राहिणी संवेदनसूत्रग्रन्थियों की धातु का रूप धारण करता है। क्षुद्र कोटि के जीवों और पौधों में जिन्हें संवेदना के लिए पृथक् और विशिष्ट सूत्र या अवयव नहीं होते, मनोरस इस प्रकार एक स्वतन्त्र रूप में विभक्त नहीं होता।

एकघटक अणुजीवों में मनोरस या तो घटक के समस्त कललरस ही को कह सकते हैं या उसके एक अंश को। उनमें संवेदनग्राही सूत्र आदि अलग नहीं होते। क्षुद्र-से-क्षुद्र और उन्नत-से-उन्नत मनोविधान में मनोधातु की कुछ रासायनिक योजना और भौतिक क्रिया के बिना 'आत्मा' का व्यापार नहीं उत्पन्न हो सकता। अणुजीवों की कललरसगत क्षुद्र संवेदना और गति से लेकर मनुष्य आदि उन्नत प्राणियों के जटिल इन्द्रिय व्यापार

और मस्तिष्क व्यापार तक, सबके विषय में यही नियम हैं। मनोरस की वह क्रिया जिसे हम 'आत्मा' कहते हैं, शरीर के द्रव्यवैकृत्य धर्म[1] से सम्बद्ध है।

समस्त जीव संवेदनग्राही हैं। वे अपने चारों ओर स्थित पदार्थों का प्रभाव ग्रहण करते हैं और अपने शरीर की स्थिति के कुछ परिवर्तनों द्वारा उन पदार्थों पर भी प्रभाव डालते हैं। प्रकाश और ताप, आकर्षण और विद्युदाकर्षण, रासायनिक क्रियाएँ और भौतिक व्यापार सबके सब संवेदनात्मक मनोरस में उत्तेजना या क्षोभ उत्पन्न करके उसके अण्वात्मक विधान में परिवर्तन उपस्थित करते हैं। मनोरस की इस संवेदना की क्रमशः पाँच अवस्थाएँ हैं–

(1) जीवविधान की प्रारम्भिक अवस्था में समस्त मनोरस ही सर्वत्र समान रूप से संवेदनग्राही होता है और क्षोभकारक पदार्थ पर बाहर से प्रभाव डालता है। सबसे क्षुद्र कोटि के अणुजीव और बहुत से पौधे इसी अवस्था में रहते हैं।

(2) दूसरी अवस्था वह है जिसमें शरीर के ऊपर विषयविवेकरहित इन्द्रियाभास कललरस के सुतड़ों या बिन्दियों के रूप में प्रकट होते हैं। ये स्पर्शेन्द्रिय और चक्षु के पूर्व रूप हैं जो कुछ उन्नत अणुजीवों तथा दूसरे क्षुद्र जन्तुओं और पौधों में देखे जाते हैं।

(3) तीसरी अवस्था में इन्हीं मूलविधानों से विभक्त होकर अलग-अलग कार्यों के उपयुक्त विशिष्ट इन्द्रियाँ उत्पन्न होती हैं। इनमें रसनेन्द्रिय और घ्राणेन्द्रिय रासायनिक करण हैं अर्थात् रासायनिक क्रियाओं को ग्रहण करती हैं; स्पर्शेन्द्रिय, श्रवण और चक्षु भौतिक करण हैं अर्थात् इनसे कोमलता, कठोरता, शीत, उष्ण, शब्द (वायुतरंग) तथा वर्ण और आकृति इत्यादि भौतिक गुणों और व्यापारों का ग्रहण होता है। इन 'इन्द्रियों की शक्ति' का कोई निहित मूलगुण नहीं है बल्कि कार्योपयुक्त परिवर्तन और वंशपरम्परा उन्नतिक्रम के द्वारा प्राप्त होती है।

(4) चौथी अवस्था में समस्त संवेदनविधानों अर्थात् इन्द्रियव्यापारों का एक स्थान पर समाहार होता है। विकीर्ण या भिन्न-भिन्न स्थानों पर स्थित इन्द्रियव्यापारों का एक स्थान पर समाहार होने से अन्तःसंस्कार उत्पन्न होता है, अर्थात् इन्द्रियसंवेदनों के स्वरूप अंकित होते हैं। पर चेतन अन्तःकरण का विकास न होने के कारण उन स्वरूपों का कुछ बोध नहीं होता। यह अवस्था बहुत से क्षुद्र जन्तुओं की होती है।

(5) पाँचवीं अवस्था में अंकित इन्द्रियसंवेदनों का प्रतिबिम्ब संवेदनसूत्रजाल या विज्ञानमयकोश के केन्द्रस्थल में पड़ता है जिससे अन्तःसाक्ष्य या स्वान्तर्वृत्तिबोध

---

1. मेटाबालिज्म घटकों या तन्तुओं की वह क्रिया जिसके अनुसार वे रक्त द्वारा प्राप्त पोषक द्रव्यों को अपने अनुरूप रस या धातु में परिवर्तित कर लेते हैं या घटकस्थ कललरस को विशिष्ट करके ऐसे सादे द्रव्यों में परिणत कर देते हैं जो पाचनरस बनाने और मल निकालने में काम आते हैं।

उत्पन्न होता है।[1] इस प्रकार चैतन्य की उत्पत्ति हो जाने पर जीव को अपने ही अन्तःकरण के व्यापारों का बोध होने लगता है। मनुष्य तथा दूसरे रीढ़वाले जन्तु इसी चेतन अवस्था के अन्तर्गत हैं।

समस्त जीवधारियों में 'स्वतःप्रवृत्त गति' की भी शक्ति होती है। सजीव मनोरस का कुछ ऐसा रासायनिक संयोग होता है कि कारण पाकर उसके अणु अपना स्थान बदलते हैं। इस प्रकार की सजीव गति कुछ तो हम आँखों से देख सकते हैं। यह गति पाँच अवस्थाओं में पाई जाती है–

(1) जीवविधान की अत्यन्त क्षुद्र प्रारम्भिक अवस्था में, जैसे समुद्र के क्षुद्र उद्भिदाकार कृमियों आदि अत्यन्त निम्न श्रेणी के जीवों में केवल 'अंगवृद्धि की गति' देखी जाती है। हम उनके आकार की क्रमशः होनेवाली वृद्धि और परिवर्तन को देखकर ही इस गति का अनुमान कर सकते हैं।

(2) बहुत से उद्भिदाकार सूक्ष्म जन्तु आगे की ओर एक लसीला पदार्थ निकालकर शरीर ढालते हुए रेंगते या तैरते हैं।

(3) बहुत से क्षुद्र समुद्री अणुजीव कभी घटस्थ वायु को निकालकर और कभी तरलाकर्षण[2] शक्ति के द्वारा अपने गुरुत्व में अन्तर डालकर पानी में नीचे जाते या ऊपर उठते हैं।

(4) बहुत से पौधे, जैसे लजालू (लज्जालु) अपने शरीर के तनाव में फेरफार करके अपनी पत्तियों तथा और अवयवों को हिलाते हैं अर्थात् वे अपने घटस्थ कललरस के तनाव को घटा-बढ़ाकर अपने अवयवों को सुकोड़ते या फैलाते हैं।

(5) सजीव पदार्थों की सबसे अधिक ध्यान देने योग्य गति आकुंचन है। इसमें जीव के बाहरी अवयवों की स्थिति में जो अन्तर पड़ता है वह शरीरस्थ द्रव्यों के आकुंचन और प्रसारण द्वारा। यह आकुंचनात्मक गति चार प्रकार की देखी जाती है–

(क) जल में रहनेवाले अस्थिराकृति अणुजीवों की सी गति।[3]

(ख) घट के भीतर कललरस की वैसी ही गति या प्रवाह।

---

1. अन्तःकरण से आत्मा को पृथक् माननेवाले यहीं से आत्मा का प्रादुर्भाव मान सकते हैं। आत्मा का नाम चैतन्य है।
2. द्रव पदार्थों में परस्पर मिलने की प्रवृत्ति जो अणुओं के परस्पर आकर्षण से सम्बन्ध रखती है।
3. इस प्रकार के अस्थिराकृति सूक्ष्म अणुजीव ताल या गड्ढों के बँधे जल में तथा समुद्र में होते हैं। इनका शरीर एक ही घटक का बना हुआ सूक्ष्म मधुबिन्दुवत् होता है। ये बहुत ही अच्छे खुर्दबीन से दिखाई पड़ सकते हैं। इनका आकार क्षण-क्षण पर बदलता रहता है। इस आकार बदलने का कारण यह है कि ये चारों ओर कभी कहीं, कभी कहीं अपने शरीर से पैरों की तरह की अनेक शाखाएँ या पादांकुर निकाला करते हैं। इनके चलने की क्रिया इस प्रकार होती है कि ये एक ओर बड़ी सी शाखा या पादांकुर निकालते हैं फिर उसी ओर अपना सारा शरीर ढाल देते हैं। इस प्रकार शाखा निकालते और शरीर ढालते हुए ये आगे बढ़ते जाते हैं। इन जीवों की विशिष्ट इन्द्रियाँ नहीं होतीं। →

(ग) रोईं या सुतड़ेवाले अणुजीवों, शुक्रकीटाणुओं इत्यादि की कुटिल गति। ये जीव अपने रोइयों या सुतड़ों के सहारे जल या द्रव पदार्थ में रेंगते हैं।

(घ) मांसपेशियों[1] के संचालन की गति जो अधिकतर जन्तुओं में देखी जाती है।

संवेदन और गति के संयोग से जो मूल या आदिम मनोव्यापार उत्पन्न होता है उसे प्रतिक्रिया कहते हैं। इसमें गति चाहे किसी प्रकार की हो, संवेदन उत्पन्न करनेवाली विषयोत्तेजना के कारण होती है। इसी से इसे उत्तेजित गति कहते हैं। कललरस में उत्तेजित होने का गुण होता है। जीव के चारों ओर स्थिर पदार्थों में जो भौतिक या रासायनिक परिवर्तन उपस्थित होता है, कुछ अवस्थाओं में वह मनोरस को उत्तेजित करता है जिससे शरीर में गति का वेग छूट पड़ता है। जड़सृष्टि में भी इस प्रकार उत्तेजना पाकर वेग के छूटने का भौतिक व्यापार देखा जाता है, जैसे चिंगारी पड़ने से बारूद का भड़कना, ठोकर या आघात लगने से डाइनामाइट का भड़कना इत्यादि। जीवधारियों में जो प्रतिक्रिया होती है उन्नतिक्रम में उसकी सात अवस्थाएँ देखी जाती हैं–

(1) जीवविधान की प्रारम्भिक अवस्था के सबसे क्षुद्र अणुजीवों में बाह्य जगत् की उत्तेजना, जैसे ताप, प्रकाश, विद्युत् आदि, से कललरस में केवल वही गति उत्पन्न होती है जिसे अंगवृद्धि और पोषण कहते हैं और जो समस्त जीवधारियों में समान रूप से पाई जाती है। अधिकांश पौधों में भी ऐसा ही होता है।

(2) डोलने-फिरनेवाले अणुजीवों, जैसे अस्थिराकृति अणुजीवों में बाहर की उत्तेजना शरीरतल के प्रत्येक स्थान पर गति उत्पन्न करती है जिससे आकृति बदलती रहती है और स्थान भी बदलता है। यह आकृति परिवर्तन और हिलना-डोलना शरीर में से क्षण झण पर कभी इधर कभी उधर चारों ओर पादांकुर या शाखाएँ निकलते और सिमटते रहने से होता है। ये जीव यथार्थ में कललरस के छींटे के रूप के ही होते हैं अतः इनमें जो पादांकुर निकलते और मिटते रहते हैं वे स्थिर अवयव नहीं कहे जा सकते। इसी प्रकार की उत्तेजनग्राहकता से लजालू आदि पौधों तथा कई अनेक घटकों के योग से बने 'अनेकघटक' जीवों में भी प्रतिक्रिया उत्पन्न होती है। अनेकघटक जीवों में उत्तेजना एक

→ इनका शरीर झिल्ली के भीतर बन्द कललरस कणिका के अतिरिक्त और कुछ नहीं होता। कललरस के भीतर बिन्दु की तरह एक खाली स्थान होता है जो सुकड़ता और फैलता रहता है। इसी आकुंचन और प्रसारण क्रिया से शरीर में प्राणवायु और आहार का संचार होता है। यह पाचन और रक्तसंचार का आदिम रूप है। बतलाने की आवश्यकता नहीं कि ऐसे ही अनेक क्षुद्र अणुजीवों के योग से बड़े जन्तुओं के शरीर बने हैं। मनुष्य के रक्त में भी इसी प्रकार के अणुजीव होते हैं। इनका शरीर सर्वत्र एकरस होता है। जो कुछ व्यापार वे कर सकते हैं अपने रसबिन्दुरूपी शरीर के प्रत्येक भाग से कर सकते हैं।

1. कंकाल से लगा हुआ मांस बहुत से सूक्ष्म टुकड़ों या ग्रन्थियों से बना होता है। इन अलग-अलग ग्रन्थियों को पेशी कहते हैं। पेशियाँ कई आकार की होती हैं–कोई लम्बी, कोई पतली, कोई मोटी, कोई चौकोर और कोई तिकोनी। ये महीन सूतों से जुड़ी रहती हैं, यदि सूत हटा दिए जाएँ तो ये अलग-अलग हो जाती हैं। जितनी गतियाँ शरीर में होती हैं सब इन्हीं मांसपेशियों ही के द्वारा।

घटक से होकर फिर दूसरे घटक में जाती है क्योंकि ये घटक एक प्रकार के तन्तु से सम्बद्ध रहते हैं।

(3) बहुत से उन्नत कोटि के अणुजीवों में दो अत्यन्त सादे अवयव या इन्द्रियाँ देखी जाती हैं। एक स्पर्श की इन्द्रिय और दूसरी गति की इन्द्रिय। ये दोनों करण (इन्द्रियाँ) भी कललरस के बाहर निकले हुए अंकुर मात्र हैं। स्पर्श की इन्द्रिय पर जो उत्तेजना पड़ती है वह घटकस्थ मनोरस द्वारा गति की इन्द्रिय तक पहुँचती है और उसे आकुंचित करती है। समुद्र में पाए जानेवाले रोईंदार अणुजीवों को लेकर यह व्यापार देखा जा सकता है। ये जीव अस्थिराकृति जीवों से कुछ बड़े अर्थात् 1/400 इंच के लगभग, और अनेक आकार के होते हैं—कोई प्याले के आकार के, कोई घंटी के आकार के, कोई जौ के आकार के। इनमें कुछ चलने-फिरनेवाले 'चर' होते हैं और कुछ अचर। इनके शरीर में एक प्रकार के रोएँ होते हैं जिनके सहारे ये चलते-फिरते और आहार संग्रह करते हैं। चट्टान आदि में जमे हुए इन 'अचर' अणुजीवों के खुले ऊपरी छोर, अर्थात् वह छोर जो चट्टान आदि में जमा नहीं रहता है, ऊपर की ओर होता है; पर के रोयों को जरा-सा भी छूएँ तो जमे हुए छोर पर जो सूत की डंठी होती है वह चट सुकड़ जाती है। इसे जीवों की सादी 'प्रतिक्रिया' कहते हैं।

(4) रोईंवाले अणुजीवों के इस व्यापार के आगे फिर हमें मूँगे[1] आदि अनेकघटक जीवों का संवेदनसूत्रमय विधान मिलता है। इनका प्रत्येक संवेदनसूत्रात्मक और पेशीतन्तुयुक्त घटक प्रतिक्रिया का एक-एक करण है। इसके ऊपर की ओर एक मर्मस्थल होता है और भीतर की ओर एक गत्यात्मक पेशीतन्तु होता है। मर्मस्थल छूते ही यह पेशीतन्तु सुकड़ जाता है।

(5) समुद्र में तैरनेवाले छत्रककीटों में संवेदनसूत्र और पेशीयुक्त एक घटक के स्थान पर दो घटक मिलते हैं जो एक सूत्र से सम्बद्ध रहते हैं। इनमें से एक तो बाहर संवेदनग्राही घटक होता है, दूसरा चमड़े के भीतर पेशीघटक होता है। प्रतिक्रिया के इस द्विघटकात्मक करण में बाहरी घटक तो संवेदन ग्रहण करने की इन्द्रिय है और भीतरी घटक गत्यात्मक कर्मेन्द्रिय है। दोनों घटकों को मिलानेवाला बीच में जो मनोरसनिर्मित सूत्र होता है उसी के द्वारा उत्तेजना एक घटक से दूसरे घटक तक पहुँचती है।

(6) प्रतिक्रिया का जो विधान आगे चलकर मिलता है उसमें दो-दो के स्थान पर तीन-तीन घटक मिलते हैं। सम्बन्धकारक सूत्र के स्थान पर एक स्वतन्त्र घटक ग्रन्थि के रूप में प्रकट होता है जिसे हम मनोघटक या संवेदनग्रन्थिघटक कह सकते हैं। इसी घटक के द्वारा अचेतन अन्तःसंस्कार उत्पन्न होता है अर्थात् संवेदनों के स्वरूप अंकित होने लगते हैं। ऊपर कहा जा चुका है कि

---

1. मूँगा बहुत से छोटे-छोटे कृमियों का समूह है जो समुद्र के भीतर थूहर के पेड़ के आकार में जमा हुआ मिलता है। देखने में वह पेड़ की तरह जान पड़ता है पर वास्तव में क्षुद्र कृमियों की बस्ती है।

इस अवस्था में चेतन अन्तःकरण न रहने के कारण उन स्वरूपों का बोध नहीं होता। उत्तेजना पहले संवेदनग्राही घटक से इस मध्यस्थ मनोघटक में पहुँचती है और फिर यहाँ से क्रियोत्पादक पेशीघटक में पहुँचकर गति की प्रेरणा करती है। प्रतिक्रिया का यह त्रिघटकात्मक करण बिना रीढ़वाले जन्तुओं में मिलता है।

(7) रीढ़वाले जन्तुओं में त्रिघटकात्मक के स्थान पर चतुर्घटकात्मक करण पाया जाता है अर्थात् संवेदनग्राही संवेदनघटक और क्रियोत्पादक पेशीघटक के बीच में दो भिन्न-भिन्न मनोघटक मिलते हैं। बाहरी उत्तेजना पहले संवेंदनग्राही मनोघटक में जाती है, फिर संकल्पनात्मक घटक में पहुँचती है और अन्त में आकुंचनशील पेशीघटक में जाकर गति उत्पन्न करती है। ऐसे अनेक चतुर्घटकात्मक करणों और नए-नए मनोघटकों के संयोग से मनुष्य तथा और उन्नत जीवों के जटिल मनोविज्ञानमयकोश या चेतन अन्तःकरण की सृष्टि होती है।

ऊपर के विवरणों से स्पष्ट हो गया होगा कि 'प्रतिक्रिया' ही मूल या आदिम मनोव्यापार है। एकघटक अणुजीवों में 'प्रतिक्रिया' नामक सारा भौतिक व्यापार एक ही घटक के कललरस में होता है। कललरस के विकार समग्र मनोरस में जो एक सा व्यापार होता है उसी को हम ऐसे जीवों की घटकस्थ आत्मा कह सकते हैं। आगे चलकर उन्नत अवस्था में इसी मनोरस के अनेक विभाग होकर इन्द्रिय, अन्तःकरण आदि उत्पन्न होते हैं।

मनोव्यापार की दूसरी अवस्था यौगिक 'प्रतिक्रिया' है जो कर्कोटक[1] आदि समूहपिंड में रहनेवाले समुद्री अणु जीवों में देखी जाती है। ये असंख्य एकघटक जीव मिलकर समूह पिंड बनाते हैं और कललरस के तन्तुओं द्वारा एक प्रकार से सम्बद्ध रहते हैं। यदि किसी एक घटक पर कोई उत्तेजना पड़ी तो वह तुरन्त इन तन्तुओं द्वारा शेष सब घटकों तक पहुँच जाती है और सारा समूह संकुचित हो जाता है। इस प्रकार का व्यापार अनेक घटकों या जीवाणुओं द्वारा निर्मित, 'बहुघटक' जन्तुओं और पौधों के घटकों के बीच भी होता है। लज्जालु नामक पौधे को ही लीजिए। जहाँ उसकी जड़ के पास भी किसी का पैर छू गया कि उत्तेजना तुरन्त सारे घटकों में फैल जाती है और उसकी पत्तियाँ सुकड़ जाती हैं तथा टहनियाँ झुक पड़ती हैं।

'प्रतिक्रिया' नामक आदिम मनोव्यापार का सामान्य लक्षण यह है कि उसमें चेतना का अभाव होता है। उत्तेजना पहुँची कि गति उत्पन्न हुई, जैसा कि बारूद आदि निर्जीव पदार्थों में देखा जाता है। चेतना केवल मनुष्य तथा और उन्नत जीवों में ही मानी जा सकती है, उद्भिदों और क्षुद्र जन्तुओं में नहीं। उद्भिदों और क्षुद्र जन्तुओं में उत्तेजना

1. ये सूक्ष्म एकघटक समुद्री जन्तु ककोड़े या अंडों के फल के आकार का छत्ता या गोल पिंड बनाकर समूह में रहते हे। पिंडबद्ध होने पर भी प्रत्येक घटक या अणुजीव स्वतन्त्र होता है। पिंड छत्ता मात्र होता है एक शरीर नहीं होता। छत्ते में प्रत्येक अणुजीव जड़ा सा होता है। अणुजीवों के सुतड़े या रोइयाँ बाहर की ओर निकली होती हैं। इनके सहारे पिंड जल में तैरता है। पिंड का परिमाण प्रायः इंच के पचासवें भाग के बराबर होता है।

पाकर जो गति उत्पन्न होती है वह 'प्रतिक्रिया' मात्र है, अर्थात् ऐसी क्रिया है जो संकल्पकृत नहीं, किसी अन्तःकरण वृत्ति द्वारा प्रेरित नहीं। जिनमें संवेदनवाहक सूत्रजाल केन्द्रीभूत होता है और जिन्हें विशिष्ट पूर्ण इन्द्रियाँ होती हैं उन उन्नत जीवों के मनोव्यापार और ढंग के होते हैं। उनमें 'प्रतिक्रिया' रूपी आदिम मनोव्यापार से धीरे-धीरे चेतना का स्फुरण होता है और संकल्पकृत चेतन व्यापार प्रकट होते हैं। निम्न श्रेणी के क्षुद्र जीवों में केवल प्रतिक्रिया ही रहती है। यह प्रतिक्रिया भी दो प्रकार की होती है– मूल और उत्तर। मूल प्रतिक्रिया वह है जो जीवसृष्टिपरम्परा में चेतन अवस्था को कभी प्राप्त न हुई हो, अपने मूल रूप में ही बराबर वंशपरम्परानुसार चली आती हो। उत्तर प्रतिक्रिया वह है जो पूर्वज जन्तुओं में तो संकल्पकृत चेतन व्यापार के रूप में थी पर पीछे अर्थात् उन पूर्वज जन्तुओं से विकासपरम्परानुसार उत्पन्न होनेवाले परवर्ती जन्तुओं में, अभ्यास आदि के कारण अज्ञानकृत अचेतन व्यापार के रूप में हो गई। ऐसी अवस्था में चेतन और अचेतन व्यापार के रूप में हो गई। ऐसी अवस्था में चेतन और अचेतन अन्तर्व्यापारों के बीच कोई भेदसीमा निर्धारित करना असम्भव है। कौन व्यापार ज्ञानकृत (चेतन) हैं और कौन अज्ञानकृत यह सदा ठीक-ठीक बतलाया नहीं जा सकता।

अब अन्तःसंस्कार को लीजिए। इन्द्रियों की क्रिया से प्राप्त बाह्य विषय का जो प्रतिरूप भीतर अंकित होता है उसे अन्तःसंस्कार या भावना कहते हैं। जीवों की विभिन्न ऊँची-नीची श्रेणियों के अनुसार अन्तःसंस्कार चार रूपों में देखा जाता है–

(1) **घटकगत अन्तःसंस्कार**–क्षुद्र एकघटकात्मक अणुजीवों में अन्तःसंस्कार समस्त मनोरस का सामान्य गुण होता है। ऐसे जीवों में भी संवेदन का चिह्न मनोरस में रह जाता है और धारणा या स्मृति के द्वारा फिर स्फुरित हो सकता है। एक प्रकार के अत्यन्त सूक्ष्म गोल सामुद्र अणुजीव होते हैं जिनके ऊपर आवरण के रूप में एक पतली चित्रविचित्र खोपड़ी होती है। इस खोपड़ी की चित्रकारी सबमें एक सी नहीं होती, भिन्न-भिन्न होती है। खोपड़ी की रचना और चित्रकारी के विचार से इस जीव के हजारों उपभेद दिखाई पड़ते हैं। किसी एक विशेष चित्रकारीवाले जीव से विभाग द्वारा जो दूसरे जीव उत्पन्न होते हैं उनमें भी वही चित्रकारी बनी मिलती है। इसका केवल यही कारण बतलाया जा सकता है कि निर्माण करनेवाले कललरस में अन्तःसंस्कार की वृत्ति होती है, उसमें परत्व-अपरत्व संस्कार और उसके पुनरुद्भावन की शक्ति होती है।

(2) **तन्तुजालगत अन्तःसंस्कार**–समूहपिंड बनाकर रहनेवाले एकघटक अणुजीवों[1] और स्पंज आदि संवेदनसूत्र से रहित क्षुद्र अनेकघटक (सामुद्र) जीवों, तथा पौधों के तन्तुजाल में हमें अन्तःसंस्कार की दूसरी श्रेणी मिलती है। इसमें बहुत से परस्परसम्बद्ध घटकों का एक सामान्य मनोव्यापार देखा जाता है। इन जीवों में किसी एक इन्द्रिय के उत्तेजन से मात्र प्रतिक्रिया उत्पन्न होकर नहीं रह जाती, बल्कि तन्तुघटकों के मनोरस में संस्कार भी अंकित होते हैं जिनका फिर स्फुरण होता है।

1. ये सूक्ष्म अणुजीव एक समूहपिंड तो बना लेते हैं पर इनमें परस्पर उतना घनिष्ठ सम्बन्ध नहीं होता जितना समवाय रूप से एक शरीर की योजना करनेवाले घटकों में होता है।

(3) संवेदनसूत्र[1] ग्रन्थिगत अचेतन अन्तःसंस्कार–इस उन्नत कोटि का अन्तःसंस्कार अनेक छोटे जन्तुओं में देखा जाता है। इसका व्यापार समस्त घटकों में नहीं होता बल्कि विशिष्ट स्थानों में अर्थात् मनोघटकों में ही होता है। यह अपने सादे रूप में उन्हीं जीवों में प्रकट होता है जिनमें 'प्रतिक्रिया' के लिए त्रिघटकात्मक करण का विकास होता है। ऐसे जीवों में अन्तःसंस्कार का स्थान संवेदनघटक और पेशीघटक के बीच का मध्यस्थ घटक होता है। विज्ञानमय कोश के विभागविधान के अनुसार यह अचेतन अन्तःसंस्कार भी उन्नति की कई अवस्थाओं को पहुँचता है।

(4) मस्तिष्कघटकों में चेतन अन्तःसंस्कार–जीवों की उन्नत श्रेणियों की ओर बढ़ने पर हमें अन्तर्बोध या चेतना मिलने लगती है जो कि विज्ञानमय कोश के मध्यभाग के एक विशिष्ट करण की वृत्ति है। उन्नत जीवों में जो अन्तःसंस्कार होते हैं वे चेतन होते हैं, अर्थात् उनका बोध भीतर होता है। इस अन्तर्बोध के साथ ही साथ जब चेतन अन्तःसंस्कारों की योजना के लिए मस्तिष्क के विशेष-विशेष अवयव स्फुरित हो जाते हैं तब अन्तःकरण उन वृत्तियों या व्यापारों के योग्य हो जाता है जिन्हें हम विचार, चिन्तन, बुद्धि आदि कहते हैं। अचेतन और चेतन अन्तःसंस्कारों के बीच कोई सीमा निर्धारित करना अत्यन्त कठिन है। यह नहीं बतलाया जा सकता है कि जीवसृष्टिक्रम में किन जीवों तक अन्तःसंस्कार अचेतन रहते हैं और किन जीवों से चेतन होने लगते हैं। हाँ, इतना अलबत कहा जा सकता है कि अचेतन संस्कार से चेतन संस्कार के विकास की परम्परा कई शाखाओं में चलती है। यह नहीं है कि चेतना और बुद्धि के व्यापार मनुष्य, बन्दर, कुत्ते, पक्षी आदि रीढ़वाले उन्नत जन्तुओं में ही देखे जाते हैं बल्कि चींटी, मकड़ी, केकड़े आदि क्षुद्र कीटों में भी पाए जाते हैं।

अन्तःसंस्कार से ही सम्बद्ध धारणा या स्मृति है। यह वास्तव में अन्तःसंस्कारों की पुनरुद्भावना है जिस पर सारे उन्नत मनोव्यापार अवलम्बित हैं। बाह्यविषय के इन्द्रियों पर जो प्रभाव पड़ते हैं वे मनोरस में अन्तःसंस्कार के रूप में जाकर ठहर जाते हैं और स्मृति द्वारा पुनरुद्भूत होते हैं अर्थात् अव्यक्तावस्था से व्यक्तावस्था को प्राप्त होते हैं। मनोरस की निष्क्रिय अव्यक्त शक्ति सक्रिय व्यक्त शक्ति के रूप में परिवर्तित हो जाती है।[2] अन्तःसंस्कार की चार श्रेणियों के अनुसार स्मृति की भी चार श्रेणियाँ हैं–

---

1. संवेदनवाहक सूत्रों को ज्ञानतन्तु भी कहते हैं। ये शरीर के सब स्थानों में फैले होते हैं। रक्तवाहिनी नीली और लाल नलियों (शिराओं और धमनियों) से ये इस प्रकार पहचाने जाते हैं कि ये श्वेत होते हैं और बीच में खोखले नहीं होते। खींचने से ये उतनी जल्दी नहीं टूटते।
2. भौतिक विज्ञान में वेग या शक्ति के दो रूप माने गए हैं–निहित और व्यक्त, जैसे पहाड़ की ढाल पर पड़े हुए पत्थर, चाभी दी हुई पर न चलती हुई घड़ी, बोरे में कसी हुई बारूद में क्रमशः गिरने, चलने और भड़कने की जो शक्ति है उसे निहित या अव्यक्त शक्ति कहते हैं। जब पत्थर गिरता है, घड़ी चलती है और बारूद भड़कती है तब वही शक्ति व्यक्त हो जाती है। ये दोनों प्रकार की शक्तियाँ एक-दूसरे के रूप में परिवर्तित होती रहती हैं, अर्थात् अव्यक्त से व्यक्त और व्यक्त से अव्यक्त होती रहती हैं।

(1) **घटकगत स्मृति**–स्मृति सजीव द्रव्य का एक सामान्य गुण है। इस महत्त्वपूर्ण बात को कुछ दिन हुए एक वैज्ञानिक ने अपने एक ग्रन्थ में कहा। मैंने इस बात को विकाससिद्धान्त के अनुसार सिद्ध करने का प्रयत्न किया। पहले कहा जा चुका है कि कललरस एक दानेदार चिपचिपा पदार्थ है अर्थात् वह बहुत सी सूक्ष्म कणिकाओं के योग से संघटित है। ये कणिकाएँ कई आकार और प्रकार की होती हैं। इनमें जो विधान करनेवाली क्रियमाण मूल कणिकाएँ होती हैं उन्हें हम कललाणु कह सकते हैं। मैंने अपनी एक पुस्तक में निरूपित किया है कि 'अचेतन स्मृति' कललाणु की एक सामान्य और व्यापक वृत्ति है। क्रियावान् कललरस के इन मूल कललाणुओं में ही पुनरुद्भूति होती है अर्थात् इन्हीं में स्मृतिशक्ति आदिरूप में रहती है, निर्जीव द्रव्य के अणुओं में नहीं। यही सजीव और निर्जीव सृष्टि में अन्तर है। वंशपरम्परा ही को कललाणु की धारणा या स्मृति समझना चाहिए। एकघटक अणुजीवों की आदिम स्मृति उन कललाणुओं की अण्वात्मक स्मृति के योग से बनी है जिनके मेल से उनका एकघटकात्मक शरीर बना है। एक अणुजीव की जो विशेषताएँ होती हैं वे उससे उत्पन्न दूसरे अणुजीवों में रक्षित रहती हैं यही ऐसे जीवों की धारणा या स्मृति है। ऊपर कहा जा चुका है कि बहुत से अणुजीव ऐसे होते हैं जिनके आवरणों पर एक-दूसरे से भिन्न प्रकार की रचनाएँ होती हैं। परीक्षा द्वारा देखा गया है कि किसी एक विशेष रचना के आवरणवाले जीव से विभाग आदि द्वारा जो दूसरे जीव उत्पन्न होते हैं उनके आवरणों पर भी ठीक-ठीक उसी प्रकार की रचना का यह क्रम बराबर पीढ़ी दर पीढ़ी चला जाता है।

(2) **तन्तुगत स्मृति**–घटकों के समान घटकजाल में भी अचेतन स्मृति पाई जाती है। स्पंज आदि समूहपिंड बनाकर रहनेवाले जीवों में भी एक समूहपिंड के संस्कार उससे उत्पन्न दूसरे पिंडों में भी बराबर चले चलते हैं।

(3) **अचेतन स्मृति**–उन्नति की तीसरी अवस्था में उन जीवों की चेतनारहित स्मृति है जिनमें विज्ञानमय कोश रहता है। यह अचेतन स्मृति उन अचेतन अन्तःसंस्कारों की पुनरुद्भावना है जो संवेदनसूत्र ग्रन्थियों में संचित होते जाते हैं। क्षुद्र कोटि के अधिकांश जन्तुओं में स्मृति अचेतन रहती है अर्थात् अन्तःसंस्कारों की धारणा के अनुसार जो शारीरिक व्यापार होते हैं उनका कुछ भी ज्ञान ऐसे जन्तुओं को नहीं होता। वे व्यापार केवल शरीरधर्म समझे जाते हैं। मनुष्य आदि पूर्ण अन्तःकरणवाले जीवों में भी यदि देखा जाए तो चेतन की अपेक्षा अचेतन स्मृति के ही व्यापार अधिक पाए जाएँगे। हाथ-पैर हिलाने, चलने-फिरने, बोलने, खाने-पीने इत्यादि क्रियाओं को यदि लीजिए तो इनमें न जाने कितनी ऐसी निकलेंगी जिनकी ओर हमारा बिलकुल ध्यान नहीं रहता, जो अज्ञानकृत होती हैं।

(4) **चेतन स्मृति**–इसका व्यापार मनुष्य आदि उन्नत प्राणियों के कुछ मस्तिष्कघटकों में होता है। यह व्यापार वास्तव में अन्तःसंस्कारों का प्रतिबिम्ब पड़ने से होता है। पहले क्षुद्र पूर्वज जीवों में स्मृति के जो व्यापार अचेतन रहते हैं वे उन्नत अन्तःकरणवाले

जीवों में चेतन हो जाते हैं। मनुष्य आदि के अन्तःकरण में जिन संस्कारों की धारणाएँ रहती हैं वे फिर ज्ञानपूर्वक उपस्थित की जाती हैं।

यहाँ तक तो धारणा या स्मृति की बात हुई। अब अन्तःसंस्कारों की शृंखला या भावयोजना को लीजिए। इसकी भी ऊँची-नीची अनेक श्रेणियाँ हैं। यह भी अपने आदि रूप में अचेतन ही रहती है और 'प्रवृत्ति' कहलाती है। यही क्रमशः बढ़ते-बढ़ते उन्नत जीवों में चेतन-वृत्ति हो जाती है और बुद्धि कहलाती है। इस भावयोजना की परम्परा अनेक रूपों में चलती है। पर ध्यान देकर यदि देखा जाए तो क्षुद्र-से-क्षुद्र अणुजीव की अचेतन अन्तःसंस्कार योजना से लेकर सभ्य-से-सभ्य मनुष्य की विशद भावशृंखला तक सम्बन्धपरम्परा का सूत्र मिलेगा। मनुष्य में चेतन संस्कारों की योजना होती है यही उसकी सबसे बड़ी विशेषता है। जिस हिसाब से अधिकाधिक अन्तःसंस्कारों की योजना होती जाती है और जिस हिसाब से शुद्ध बुद्धि के विवेचन से यह योजना व्यवस्थित होती जाती है उसी हिसाब से अन्तःकरणवृत्ति पूर्णता को पहुँचती जाती है। स्वप्न में, इस व्यवस्था करनेवाली विवेचनशक्ति के न रहने से पुनरुद्‌भूत संस्कारों की जो विलक्षण योजना होती है उससे अलौकिक दृश्य दिखाई पड़ते हैं। कविकल्पित रचनाओं में, जिनमें अन्तःसंस्कारों की प्रकृत योजना में उलटफेर करके अनोखे स्वरूप खड़े किए जाते हैं; ये अन्तःसंस्कार एक अत्यन्त अस्वाभाविक क्रम से संयोजित होते हैं और साधारण देखनेवाले को अत्यन्त अयुक्त प्रतीत होते हैं। मस्तिष्क के बिगड़ जाने पर जो अनेक प्रकार के रूप दिखाई पड़ते हैं वे अन्तःसंस्कारों की इसी अव्यवस्था के कारण। मृत पुरुषों की आत्माओं का साक्षात्कार, देवदूतों का दर्शन, आकाशवाणी, इलहाम तथा इसी प्रकार की और भी अन्धपरम्परा की बातें इसी अव्यवस्था से उत्पन्न हुई हैं। पर 'आभास', 'इलहाम' आदि को बहुत दिनों से लोग ज्ञान का अमित भांडार समझते आ रहे हैं।

योरप में बहुत प्राचीन काल से लोग मनुष्य और पशु की अन्तःकरणवृत्तियों को भिन्न-भिन्न समझते आ रहे थे।[1] ऐसा साधारण विश्वास था, और अब भी थोड़ा-बहुत है कि मनुष्य 'बुद्धि' के अनुसार कार्य करता है और पशु 'प्रवृत्ति' के अनुसार । पर डारविन आदि विकासवादियों ने इस विश्वास को भ्रान्त सिद्ध कर दिया है। अपने 'ग्रहण सिद्धान्त' के आधार पर डारविन ने नीचे लिखी महत्त्वपूर्ण बातें निर्धारित की हैं–

(1) एक ही योनि के जीवों की अन्तःप्रवृत्तियों में भी कुछ-न-कुछ व्यक्तिगत विभिन्नता होती है तथा 'स्थितिसामंजस्य' के नियमानुसार उनमें भी ठीक उसी प्रकार फेरफार हो जाता है जिस प्रकार अवयवों में होता है।

(2) इस परिवर्तन से जो विशेषताएँ स्वभावपरिवर्तन के कारण, उत्पन्न हो जाती हैं वे आगे होनेवाली संतति को भी अंशतः प्राप्त होती हैं और इस प्रकार वंशपरम्पराक्रम से उत्तरोत्तर अधिक प्रवर्द्धित रूप प्राप्त करती जाती हैं।

1. भारतवर्ष में उस आवागमन या जन्मान्तरवाद के कारण ऐसी धारणा कभी नहीं उत्पन्न होने पाई जिसके अनुसार एक ही आत्मा मनुष्य से लेकर कीट, पतंग आदि चौरासी लाख योनियों में भरम सकती है।

(3) ग्रहणधर्म के अनुसार मनोवृत्ति की जो-जो विशेषताएँ सबसे अधिक उपयोगी होती हैं वे रक्षित रहती हैं, जो स्थिति के अनुकूल न होने के कारण उपयोग में नहीं आ सकतीं वे नष्ट हो जाती हैं।

(4) इस रीति में मनोवृत्ति की जो अनेक विशेषताएँ उत्पन्न हो जाती हैं उनसे अनेकानेक पीढ़ियों पीछे ठीक उसी प्रकार नई-नई अन्तःप्रवृत्तियों की सृष्टि होती है जिस प्रकार अवयवों के भेद से नए-नए प्रकार के जीवों की।

सारांश यह कि अन्तःप्रवृत्ति सेन्द्रिय (सजीव) पदार्थ मात्र में, पौधों और अणुजीवों से लेकर बड़े-बड़े जन्तुओं और मनुष्य तक में, होती है। मनुष्य में बुद्धि के अधिक बढ़ने पर इसका तिरोभाव होने लगता है।

'प्रवृत्ति' दो प्रकार की होती है, मूल और उत्तर। मूल प्रवृत्तियाँ वे हैं जो अचेतन क्षोभ के रूप में मनोरस में जीव की आदिम अवस्था ही से रहती हैं—जैसे, आत्मरक्षा की, बचाव और पोषण की और वंशरक्षा की, प्रसव और शिशुपालन की प्रवृत्ति। सजीव द्रव्य की ये दोनों प्रवृत्तियाँ अर्थात् क्षुधा और प्रीति 'समागम की वासना' सर्वथा अज्ञान की दशा में उत्पन्न होती हैं, बुद्धि का इनसे कोई सम्बन्ध नहीं रहता। उत्तर प्रवृत्तियों का क्रम और है। आरम्भ में तो ये बुद्धि के उपयोग द्वारा, विचार और संकल्प द्वारा, ज्ञानकृत उद्दिष्ट कर्म द्वारा उत्पन्न हुईं, पर पीछे धीरे-धीरे वे इतनी मँज गईं कि अज्ञान की दशा में भी प्रकट होने लगीं। यहाँ तक कि वंशपरम्परा के विधान से वे आगे की पीढ़ियों में स्वभावसिद्ध सी हो गईं। उन्नत जीवों की वे अज्ञानकृत क्रियाएँ जो शरीरधर्म कहलाती हैं; जैसे, पलकों का गिराना, चलने में पैरों का हिलाना आदि, पूर्वज जीवों में ज्ञानकृत थीं पर पीछे स्वभावसिद्ध प्रवृत्तियों में दाखिल हो गईं। इसी प्रकार मनुष्य के वे सारे निरूपण जो स्वतःसिद्ध कहलाते हैं; जैसे, एक ही वस्तु के समान वस्तुएँ परस्पर समान होती हैं, उसके पूर्वजों ने अनुभव और साक्षात्कार द्वारा स्थिर किए थे।

बहुत से लोग कहते हैं कि पशुओं में बुद्धि नहीं होती, बुद्धि केवल मनुष्य में होती है। पर यह भ्रम है। रीढ़वाले विशेषतः दूध पिलानेवाले जीवों में बुद्धि बराबर पाई जाती है चाहे वह मनुष्य की बुद्धि से कम हो। पशुओं में बुद्धिविकास का तारतम्य उसी प्रकार पाया जाता है जिस प्रकार मनुष्यों में। किसी सभ्य देश के उद्भट दार्शनिक की बुद्धि और नरभक्षी असभ्य बर्बर की बुद्धि में भी तो अन्तर होता है। बस, उतना ही अन्तर असभ्य बर्बर की बुद्धि में और उन्नत पशुओं, बनमानुस आदि की बुद्धि में समझिए। मनुष्य के उन्नत मनोव्यापार विवेचन आदि भी ठीक उसी प्रकार वंशपरम्परा और स्थितिसामंजस्य के नियमाधीन हैं जिस प्रकार उन व्यापारों की इन्द्रियाँ या मस्तिष्क।

बुद्धि, विवेचना आदि उन्नत कोटि के मनोव्यापारों का घनिष्ठ सम्बन्ध वाणी की उन्नति से है। वाणी की योजना भी न्यूनाधिक क्रम से जीवों में पाई जाती है। यह नहीं है कि एकमात्र मनुष्य ही को वह प्राप्त है। किसी-न-किसी रूप में वह समूह में रहनेवाले समस्त मेरुदंडजीवों में थोड़ी-बहुत पाई जाती है। एक-दूसरे का अभिप्राय समझने के लिए उसकी आवश्यकता होती है। कहीं स्पर्श द्वारा, कहीं संकेत द्वारा और कहीं मुँह से निकले

हुए शब्द द्वारा अभिप्राय प्रकट किया जाता है। पक्षियों और बनमानुसों की बोली, कुत्तों का भूँकना, घोड़ों का हिनहिनाना इत्यादि पशुवाणी के नमूने हैं। इनसे कुछ-न-कुछ भाव अवश्य प्रकट होता है। पर मनुष्य ही में उस वर्णविकासयुक्त वाणी का प्रादुर्भाव हुआ है जिसके सहारे उसकी बुद्धि इस उन्नति को पहुँची है। भाषाविज्ञान ने यह पूर्ण रूप से सिद्ध कर दिया है कि भिन्न-भिन्न मनुष्य जातियों की जितनी समृद्ध भाषाएँ हैं सब-की-सब किसी-न-किसी सीधी-सादी आदिम भाषा से धीरे-धीरे उन्नति करती हुई बनी हैं। भाषा का विकास भी ठीक उसी क्रम से धीरे-धीरे हुआ है जिस क्रम से जीवों की जातियों का विकास, उनकी इन्द्रियों और शक्तियों का विकास। पशुवाणी और मनुष्यवाणी में केवल न्यूनाधिक का भेद है, वस्तुभेद नहीं।

अन्तःकरण के उन व्यापारों का विचार भी जो उद्वेग कहलाते हैं मनोविज्ञान में अत्यन्त आवश्यक है। उनके द्वारा वह सम्बन्ध अच्छी तरह स्पष्ट हो जाता है जो मस्तिष्क व्यापारों और शरीर के दूसरे व्यापारों; जैसे, हृदय की धड़कन, इन्द्रियों के क्षोभ और पेशियों की गति आदि के बीच है। मनुष्य में अन्तःकरण के उद्वेग सम्बन्धी जो व्यापार दिखाई देते हैं वे कुत्ते, बनमानुस आदि उन्नत पशुओं में भी देखे जाते हैं। समस्त उद्वेग इन्द्रियसंवेदन और गति इन्हीं दो मूल व्यापारों के योग से प्रतिक्रिया और अन्तःसंस्कार द्वारा बने हैं। राग और द्वेष का अनुभव इन्द्रियसंवेदन क्रिया के अन्तर्गत है। इच्छा और विरक्ति, अर्थात् रुचिकर वस्तु की प्राप्ति और अरुचिकर के परिहार का प्रयत्न, पेशियों की गति के अन्तर्भूत है। 'आकर्षण' और 'विसर्जन' इन्हीं दोनों क्रियाओं के द्वारा 'संकल्प' की सृष्टि होती है जो व्यक्ति का प्रधान लक्षण है। मनोवेग मनुष्य और पशु दोनों में होते हैं। क्षुद्र-से-क्षुद्र कोटि के अणुजीवों में भी रुचि और अरुचि का मूल संस्कार होता है जिसका पता उनकी प्रवृत्तियों से लगा है। उसमें कुछ प्रकाश की ओर प्रवृत्त होते हैं, कुछ अन्धकार की ओर, कुछ शीत की ओर और कुछ ताप की ओर। इन्हीं मूल वासनाओं से आगे चलकर उन्नत अन्तःकरणवाले सभ्य मनुष्यों के उल्लास और खेद, प्रीति और घृणा आदि मनोवेग निकले हैं जिनसे सभ्यता का विकास हुआ है और कवियों को अक्षय सामग्री प्राप्त हुई है। इस प्रकार क्षुद्र-से-क्षुद्र अणुजीवस्थ मनोरस की मूलवासना से लेकर मानव अन्तःकरण के विविध मनोवेगों तक सम्बन्धसूत्र की परम्परा चली गई है। मनुष्य के मनोवेग भी भौतिक नियमों के अधीन हैं यह बात कई दार्शनिक सिद्ध कर चुके हैं।

अब संकल्प को लीजिए जिसे लोग जीवधारियों की एक ऐसी विशेषता समझते हैं जिसका भौतिक नियमों से कोई सम्बन्ध नहीं। इच्छानुसार गति देखकर ही सामान्यतः कर्मसंकल्प की स्वतन्त्रता का भान लोगों को होता है। पर विकास सिद्धान्त और शरीरशास्त्र की दृष्टि से यदि संकल्प की परीक्षा की जाए तो मालूम होगा कि वह मनोरस का एक व्यापक गुण है। एकघटक अणुजीवों में प्रतिक्रिया के जो जड़ व्यापार हम देखते हैं वे उन मूल प्रवृत्तियों से उत्पन्न हैं जिनका जीवनतत्त्व से नित्य सम्बन्ध है। पौधों तक में ये प्रवृत्तियाँ पाई जाती हैं। कुछ पौधे अपनी पत्तियों को जिस ओर प्रकाश होता है उसी

ओर प्रवृत्त करते हैं। जिन जीवों में प्रतिक्रिया का त्रिघटकात्मक कारण होता है अर्थात् संवेदनग्राहक घटक और क्रियोत्पादक घटक के बीच में एक तीसरे मनोघटक की स्थापना होती है, उन्हीं में संकल्प नामक व्यापार देखा जाता है। क्षुद्र जीवों में यह संकल्प अचेतन रूप में रहता है। जिन जीवों में चेतना होती है अर्थात् अन्तःकरण की क्रिया का प्रतिबिम्ब अन्तःकरण में पड़ता है उन्हीं में संकल्प उस कोटि का देखा जाता है जिसमें स्वतन्त्रता का आभास जान पड़ता है। मस्तिष्क के विकास और अन्तःकरण की उन्नति के कारण संवेदन, गति आदि की आन्तरिक क्रियाएँ जितनी ही क्षिप्र होती जाती हैं उनका परस्पर सम्बन्ध उतना ही अव्यक्त होता जाता है। सम्बन्ध के अव्यक्त होने के कारण ही स्वातन्त्र्य की भ्रान्ति होती है। पर अब यह अच्छी तरह सिद्ध हो गया है कि संकल्प किया हुआ प्रत्येक कर्म व्यक्ति के अंगविन्यास और प्राप्त परिस्थिति के अनुसार ही होता है। प्रवृत्ति का सामान्य रूप तो वंशपरम्परानुसार पूर्वजों द्वारा प्राप्त होकर पहले से निर्धारित रहता है। कर्मविशेष का जो संकल्प होता है वह जिस क्षण जैसी परिस्थिति होती है उसके अनुकूल परिवर्तन का आयोजन मात्र है। उस क्षण जो मनोवेग सबसे प्रबल होता है उसी के अनुसार प्राणी कर्म करता है।[1]

---

1. कर्मस्वातन्त्र्य के विषय में धार्मिकों में भी मतभेद है। कुछ लोग मानते हैं कि ईश्वर की प्रेरणा ही से मनुष्य सब कार्य करता है। कुछ लोग कर्मों की वासना पूर्वकृत कर्मों के अनुसार मानते हैं। पर अधिकांश लोग यही मानते हैं कि मनुष्य की कर्मसंकल्पवृत्ति सर्वथा स्वतन्त्र है। यह बतला देना भी आवश्यक है कि कर्मसंकल्पवृत्ति को 'इच्छा' का पर्याय न समझना चाहिए।

   कर्मस्वातन्त्र्य को लेकर पाश्चात्य दार्शनिकों में बहुत विवाद हुआ है। कांट ने कर्मसंकल्पवृत्ति को सर्वथा स्वतन्त्र बतलाया है और कहा है कि मनोविज्ञान के नियमों के अनुसार उसका विचार नहीं हो सकता। अन्तःकरण की कोई ऐसी वृत्ति नहीं जिससे उसका कार्यकारण सम्बन्ध हो, जो उसे अवश्य उत्पन्न ही करती हो। रहे बाह्य जगत के नियम उनसे भी वह बद्ध नहीं। वह उन स्वप्रवर्तित नियमों को ही मानती है जिन्हें 'धर्मनियम' कहते हैं (दे. प्रकरण 19)। स्पिनोजा और ह्यूम कर्मसंकल्पवृत्ति को कार्यकारण सम्बन्ध के अन्तर्गत मानते हैं। स्पिनोजा ने कहा है कि लोगों का यह समझना भ्रम है कि कर्म करने में हम स्वतन्त्र हैं। बात यह है कि उन्हें अपने कर्मों का बोध तो होता है पर उन कारणों का बोध नहीं होता जिनके द्वारा वे निर्धारित होते हैं। हैकल ने स्पिनोजा के तत्त्वाद्वैतवाद ही का अनुसरण किया है अतः उसने इस विषय में उसी का सिद्धान्त मान्य ठहराया है।

   भारतीय विचारपद्धति में 'कर्मबन्धन' और 'आत्मस्वातन्त्र्य' की बड़ी गूढ़ व्याख्या की गई है। वेदान्तसूत्र के 'जीवकर्तृत्वाधिकरण' में जीव कर्ता अर्थात् कर्म करने में स्वतन्त्र है या नहीं इसका विचार किया गया है। कर्मविपाक में संचित, प्रारब्ध और क्रियमाण ये तीन भेद कर्म के लिए किए गए हैं जिससे सिद्ध होता है कि एक कर्म बीज रूप में दूसरे को उत्पन्न करता है। फिर 'आत्मस्वातन्त्र्य' या कर्मसंकल्पवृत्ति का स्वातन्त्र्य कहाँ रहा ? वेदान्त ज्ञान द्वारा मोक्ष बतलाता है। पर ज्ञान प्राप्त करने के लिए भी मनुष्य स्वतन्त्र नहीं। वेदान्ती इसका उत्तर कर्म के 'आरब्ध' और 'अनारब्ध' दो भेद करके इस प्रकार देते हैं कि आरब्ध कर्म, जिनका भोग आरम्भ हो चुका है, वे तो भोगने ही पड़ेंगे पर अनारब्ध कर्मों का ज्ञान से पूर्णतया नाश किया जा सकता है। 'कर्मबन्धन' के साथ सम्यक् ज्ञान प्राप्त करने का स्वातन्त्र्य भी बराबर रहता है। यही आत्मस्वातन्त्र्य है।

आठवाँ प्रकरण

आत्मा का गर्भविकास

मनुष्य की आत्मा को हम चाहे जिस रूप का समझें पर यह निश्चित है कि उसकी भी जीवनकाल में क्रम-क्रम से वृद्धि होती है। अतः मनोव्यापारों के निरूपण के लिए गर्भविधान की परीक्षा अत्यन्त प्रयोजनीय है। हमें भ्रूण के मस्तिष्कविकास और शिशु के मनोव्यापारों की ओर ध्यान देना चाहिए। वैज्ञानिक दृष्टि से विचार न करनेवाले आत्मा की क्रमशः वृद्धि नहीं मानते। वे आत्मा को सदा एकरस मानते हैं। आत्मा के सम्बन्ध में जो भिन्न-भिन्न प्रकार के विचार प्रचलित हैं उनमें से कुछ ये हैं–

(1) **आवागमन–**इन सिद्धान्त के अनुसार आत्मा एक शरीर से निकलकर दूसरे शरीर में, दूसरे से तीसरे में इसी प्रकार बराबर गमन करती रहती है और नाना योनियों में भ्रमण करती है। वह मनुष्ययोनि में भी आ जाती है और फिर उसमें से निकलकर मनुष्य या और कोई योनि प्राप्त करती है।

(2) **आनयन–**अर्थात् आत्माओं का कहीं अक्षय भांडार है जहाँ से बराबर आत्माएँ शरीरों में लाई जाती हैं और जहाँ फिर चली जाती हैं।

(3) **ईश्वर द्वारा सृष्टि–**ईश्वर आत्माओं की सृष्टि करता है और उन्हें संचित रखता है।

जीवनतत्त्व के अनुसन्धान द्वारा ऊपर लिखी कल्पनाएँ असार प्रमाणित हो चुकी हैं। पहले कहा जा चुका है कि गर्भविधान में पुंस्तत्व और स्त्रीतत्व दोनों सूक्ष्म घटक मात्र हैं। इन दोनों घटकों में ऐसे शारीरिक गुण होते हैं जिन्हें हम घटकात्मा कह सकते हैं। इन दोनों बीजघटकों में गति और संवेदन शक्ति होती है। गर्भांड या अंडघटक जल में रहनेवाले अस्थिराकृति अणुजीवों के समान चलते-फिरते हैं। अत्यन्त सूक्ष्म शुक्रकीटाणु अपनी रोइयों के सहारे वीर्य में उसी प्रकार तैरते रहते हैं जिस प्रकार रोईंवाले समुद्र के सूक्ष्म कीटाणु।

स्त्री-पुरुष का संयोग होने पर जब दोनों बीजघटक परस्पर मिलते हैं; अथवा उनका संयोग बाहर ही बाहर होता है जैसा कि कुछ जलजन्तुओं में, तब दोनों एक-दूसरे की ओर आकर्षित होकर जुट जाते हैं। इस आकर्षण का प्रधान कारण कललरस की रासायनिक और संवेदनात्मक क्रिया है जो घ्राण या रसन से मिलती-जुलती होती है और

'अनुरागमूलक रासायनिक प्रवृत्ति' कहलाती है। इसे हम घटकों का प्रेमव्यापार भी कह सकते हैं। पुरुष के वीर्य में रहनेवाले बहुत से रोईंदार घटक (शुक्रकीटाणु) स्त्री के अंडघटक की ओर रेंग पड़ते हैं और उसमें घुसना चाहते हैं। पर इनमें से घुसने पाता है कोई एक ही। ज्यों ही कोई शुक्रकीटाणु गर्भांड में सिर के बल घुसा कि गर्भांड के ऊपर की झिल्ली छूटकर एक आवरण के रूप में हो जाती है जिससे और कोई शुक्रकीटाणु भीतर नहीं घुस सकता। एक वैज्ञानिक ने बर्फ या मरफिया के प्रयोग से गर्भांड का ऊपरी तल कठोर कर दिया जिससे यह झिल्ली नहीं छूटने पाई। फल इसका यह हुआ कि गर्भांड अतिगर्भित हो गया अर्थात् उसमें कई शुक्रकीटाणु घुस पड़े। इन बातों से पाया जाता है कि बीजघटकों में भी एक प्रकार की आन्तरिक प्रवृत्ति या संवेदना होती है। गर्भांड और शुक्रकीटाणु जब परस्पर मिलकर एक हो जाते हैं तब अंकुरघटक की उत्पत्ति होती है जिसके उत्तरोत्तर विभाग द्वारा अनेकघटक भ्रूण का स्फुरण होता है।

गर्भविधान की ओर ध्यान देने से हमें मनोविज्ञानसम्बन्धी कई महत्त्व की बातों का आभास मिलता है। इस प्रकार के अनुसन्धान द्वारा ये पाँच सिद्धान्त निकलते हैं–

(1) जीवन के आरम्भ में प्रत्येक मनुष्य या उन्नत जन्तु एक अत्यन्त सूक्ष्म घटक के रूप में होता है।

(2) सब उन्नत जीवों में अंकुरघटक की उत्पत्ति समान विधान से अर्थात् दो बीजघटकों के परस्पर एक हो जाने से होती है।

(3) दोनों बीजघटकों में से प्रत्येक को एक घटकात्मा होती है–अर्थात् दोनों में एक विशेष रूप की संवेदना और गति होती है।

(4) गर्भाधान के समय दोनों घटकों के कललरस और बीज ही मिलकर एक नहीं हो जाते बल्कि उनकी घटकात्माएँ भी परस्पर मिल जाती हैं अर्थात् दोनों में जो निहित या अव्यक्त गतिशक्तियाँ, और द्रव्यों के समान, होती हैं वे भी एक नवीन शक्ति की योजना के लिए मिलकर एक हो जाती हैं। अंकुरघटक की यह नवयोजित शक्ति ही 'बीजात्मा' है।

(5) अतः प्रत्येक मनुष्य के शारीरिक और मानसिक गुण माता-पिता से ही प्राप्त होते हैं। वंशक्रमानुसार माता के गुणों का कुछ अंश गर्भांड द्वारा और पिता के गुणों का कुछ अंश शुक्रकीटाणु द्वारा प्राप्त होता है।

इन सिद्धान्तों के द्वारा यह बात अच्छी तरह सिद्ध हो जाती है कि प्रत्येक मनुष्य के जीवन का आदि होता है। दोनों बीजघटकों का जिस घड़ी संयोग होता है वही घड़ी अंकुरघटक के शरीर और आत्मा दोनों की उत्पत्ति की है। अतः लोगों का यह कहना कि आत्मा अनादि और अमर है, प्रलाप मात्र है। इसी प्रकार यह भावना भी असंगत है कि गर्भ के भीतर ईश्वर शरीर को गढ़ता है। जीवन की उत्पत्ति माता-पिता के संयोग से होती है। इस संयोग के लिए यह आवश्यक है कि शुक्रकीटाणु का गर्भाशय में प्रवेश हो, दर्शन या आलिंगन मात्र से गर्भाधान नहीं हो सकता। स्थलचारी जीवों में गर्भाधान की यही रीति है कि गर्भाशय में गर्भोत्पादक तत्त्व पहुँचाया जाए। कुछ क्षुद्र जलचर जन्तुओं में

दूसरे प्रकार की व्यवस्था है। उनमें नर और मादा अपना-अपना वीर्य और रजोबिन्दु जल में डाल देते हैं जिनका संयोग बाहर ही बाहर किसी अवसर पर हो जाता है। ऐसे जन्तुओं में वास्तविक मैथुन नहीं होता, अतः उनमें प्रेम का वह मानसिक उद्‌गार नहीं देखा जाता जो उन्नत जीवों में इतना अधिक पाया जाता है। क्षुद्र अमैथुनीय जन्तुओं में स्त्रीपुरुषभेदसूचक कुछ ऐसे चिह्न भी नहीं होते, जैसे बारहसिंगों के सींग, पुरुषों की दाढ़ी, नर मोर का सुन्दर चित्रित पुच्छवितान।

ऊपर बतलाया जा चुका है कि शिशु माता और पिता दोनों के मानसिक गुण ग्रहण करता है। दोनों के स्वभाव, लक्षण, संकल्प की दृढ़ता, प्रतिभा आदि गुण उसमें वंशपरम्परा के प्राकृतिक नियमानुसार आते हैं। माता-पिता के ही नहीं पितामह आदि के कुछ गुण भी उसमें बराबर पाए जाते हैं। सारांश यह कि शारीरिक विशेषताओं के समान मानसिक विशेषताएँ भी वंशानुक्रम द्वारा एक से दूसरे में जाती हैं। अतः यह निश्चयपूर्वक कहा जा सकता है कि वंशपरम्परा का प्राकृतिक नियम भी एक शरीरधर्म है जिसका निर्धारण भौतिक और रासायनिक क्रियाओं के अनुसार—कललरस की योजना के अनुसार होता है।

शरीरविज्ञान सम्बन्धी यह बात मनोविज्ञान के क्षेत्र में बहुत ध्यान देने की है कि मनस्तत्व एक पीढ़ी से दूसरी पीढ़ी में बराबर चला चलता है। जिस क्षण गर्भाधान होता है उसी क्षण एक नए जीव का प्रादुर्भाव होता है। पर इस नए जीव में कोई स्वतन्त्र शारीरिक और मानसिक सत्ता नहीं होती; यह शुक्रघटक और रजोघटक रूप दो उपादानों की योजना का परिणाम मात्र है। जिस प्रकार मनोव्यापाररूपिणी निहित शक्ति के भौतिक आधार, उक्त दोनों घटकों की गुठलियों के मेल से एक नई गुठली पैदा हो जाती है, उसी प्रकार दोनों घटकात्माओं के योग से, निहित शक्तियों की समष्टिरूप एक नई घटकात्मा बन जाती है। अब यहाँ पर प्रश्न यह होता है कि एक ही माता-पिता से उत्पन्न दो शिशुओं के स्वभाव आदि में भेद क्यों दिखाई पड़ता है ? इसके कई कारण हैं। पहली बात तो यह है कि यह भेद कुछ-न-कुछ दोनों बीजघटकों में ही—उनके कललरस की योजना में ही, रहता है। माता-पिता अपने जीवन में स्थिति के परिवर्तन के अनुरूप जो नई-नई विशेषताएँ प्राप्त करते जाते हैं उनका प्रभाव बीजघटकों के अण्वात्मक कललरस के विधान पर भी उलटकर पड़ता है और उनके द्वारा संयोजित सन्तति में देखा जाता है।

इस विभेद के सम्बन्ध में एक बात और है। यद्यपि गर्भाधान के समय दो आत्माओं का जो सम्मिश्रण होता है उसमें दोनों घटकों के अनुरागात्मक संयोग द्वारा केवल जनक जननी की आत्माओं की निहित शक्तियों की ही सम्प्राप्ति अधिकतर शिशु को होती है; पर ऐसा भी होता है कि और ऊपर की पीढ़ियों के पूर्वजों के मानसिक संस्कार भी साथ ही उसे प्राप्त हो जाते हैं। कुल परम्परासम्बन्धी प्राकृतिक नियम आत्मा पर भी ठीक ऐसे ही बैठते हैं जैसे अंगविधान पर। छत्रक आदि समुद्र के उद्भिदाकार कृमियों में एक-एक पीढ़ी का अन्तर देकर पूर्वजों की विशेषताएँ प्रकट होती हैं। एक कृमि से जो दूसरा कृमि

उत्पन्न होगा उसमें पहले का लक्षण न होगा, उस दूसरे से जो तीसरा उत्पन्न होगा उसमें पहले के लक्षण मिलेंगे, फिर उस तीसरे के लक्षण पाँचवीं पीढ़ी में मिलेंगे, पाँचवीं के सातवीं में, इसी प्रकार यह क्रम बराबर चला चलेगा। इसी नियम के अनुसार दूसरी पीढ़ी के लक्षण चौथी में, चौथी के छठी में, छठी के आठवीं में मिलेंगे। मनुष्य आदि उन्नत जीवों में यद्यपि इस प्रकार के अन्तर का नियम नहीं है पर उनमें भी कभी-कभी एक पीढ़ी का अन्तर देकर लक्षण प्रकट होते हैं, जिसका कारण वंशपरम्परा का निहित नियम है। बड़े-बड़े लोगों में प्रायः ऐसा देखा जाता है कि उनके गुण और स्वभाव उनके पितामहों से मिलते हैं।

आत्मविकास की दो अवस्थाएँ कही जा सकती हैं—एक गर्भावस्था, दूसरी जीवनावस्था।

गर्भ में आत्मोत्पत्ति—मनुष्य का गर्भ साधारणतः नौ महीनों में पूरा होता है। इस बीच में बाहरी संसार से वह बिलकुल अलग रहता है और उसकी रक्षा के लिए केवल गर्भकोश ही नहीं रहता, आवरण की तरह लिपटी हुई झिल्लियाँ भी होती हैं। ये झिल्लियाँ सब सरीसृपों, पक्षियों और स्तन्यजीवों में होती हैं। इन समस्त जीवों के भ्रूण झिल्लियों के जलपूर्ण कोश में रहते हैं। आघात से रक्षा का यह आयोजन आदिम सरीसृपों ने अत्यन्त प्राचीन कल्प में प्राप्त किया था जबकि वे जल में न रहकर जमीन पर घूमने और साँस लेने लगे थे। उनके पूर्वज जलस्थलचारी जन्तु (मेढक आदि) अपने पूर्वज मत्स्यों के समान जल ही में रहते और साँस लेते थे।

उन रीढ़वाले जन्तुओं के भ्रूण में जो जल में रहते थे, आदिम जीवों के बहुत अधिक लक्षण बहुत अधिक काल तक रहते थे जैसा कि आजकल की मछलियों और मेढकों में देखा जाता है। यह बात प्रायः सब लोग मानते हैं कि अंडे से निकलने के बाद मेढकों के भ्रूण लम्बी पूँछवाले कीड़ों के रूप में होते हैं और केवल जल ही में तैरा करते हैं। इन बच्चों को साधारण भाषा में छुछमछली कहते हैं। इनमें इनके पूर्वज मत्स्यों का ढाँचा बहुत काल तक बना रहता है। इनकी रहन-सहन और संवेदना भी उन्हीं की सी होती है। ये गलफड़ों के द्वारा साँस लेते हैं। फिर जब कुछ दिनों के उपरान्त इनका विलक्षण रूपान्तर या कायाकल्प होता है और इनका अंगविधान स्थलचारी जीवन के अनुकूल संघटित होता है तब इनका मत्स्याकार शरीर कूदनेवाले चतुष्पद मेढक के रूप में परिवर्तित हो जाता है। फिर तो गलफड़ों द्वारा पानी में साँस लेने के बदले ये फेफड़ों के द्वारा स्थल पर साँस लेने लगते हैं, इनकी इन्द्रियाँ और अन्तःकरण अर्थात् सारा विज्ञानमय कोश अधिक उन्नत अवस्था को प्राप्त हो जाता है। यदि हम छुछमछली के आत्मस्फुरणक्रम को आदि से अन्त तक ध्यानपूर्वक देखें तो पता लगे कि जीवनोत्पत्ति के सामान्य नियम किस प्रकार आत्मविकास के क्रम पर भी ठीक-ठीक घटते हैं। बात यह है कि छुछमछली की वृद्धि का बाह्य संसार की उस बदलनेवाली परिस्थिति से सीधा लगाव होता है जिसके अनुकूल उसकी संवेदना और गति में परिवर्तन उपस्थित होता है। तैरनेवाली छुछमछली का ढाँचा ही नहीं रहन-सहन भी मछली ही का सा होता है; मेढक के लक्षण उसमें परिवर्तन के उपरान्त आते हैं।

मनुष्य के भ्रूण में ऐसा नहीं होता। झिल्लियों के कोश में बन्द रहने के कारण वह बाह्य संसार के प्रभावों से अलग रहता है और बाह्य परिस्थिति के अनुरूप प्रतिक्रिया उसमें स्वच्छन्द रूप से नहीं होने पाती। जलपूर्ण कोश के भीतर रक्षापूर्वक बन्द रहने के कारण मनुष्य आदि के भ्रूण में आदिम जीवों के लक्षणों का उत्तरोत्तर विकास पूर्णरूप से नहीं होने पाता। अत्यन्त संक्षिप्त उद्धरणी के द्वारा ही उसे नए जीव का स्वरूप प्राप्त होने का सुगम साधन प्राप्त हो जाता है। पहली बात तो यह है कि ऐसे भ्रूण के पोषण का पूरा प्रबन्ध रहता है। यह पोषण अंडजों में तो उस जरदी के द्वारा होता है जो अंडों के भीतर रहती है। जरायुजों में जरायु के द्वारा माता के रक्त का जो संचार भ्रूण में होता है उसके द्वारा उसका पोषण पूर्ण रूप से होता है। अतः इनका भ्रूण धरती पर गिरने से पहले ही पूर्ण वृद्धि को प्राप्त रहता है। पर गर्भावस्था में भ्रूण की आत्मा सुषुप्तावस्था में रहती है। इसी प्रकार की सुषुप्ति उन कीड़ों के कायाकल्प काल में रहती है जिनका रूपान्तर होता है। तितलियाँ, मक्खियाँ, गुबरैले, रेशम के कीड़े इत्यादि जब ढोले से फतिंगे के रूप में आने लगते हैं तब इसी प्रकार की सुषुप्त दशा में रहते हैं। इस सुषुप्तिकाल के बीच उनके तन्तुओं और विविध अंगों का निर्माण होता है। ध्यान देने की बात यह है कि इस कायाकल्प काल के पूर्व जब वे ढोले के रूप में रहते हैं तब उनमें इन्द्रियों और अन्तःकरण के व्यापार अच्छी तरह दिखाई पड़ते हैं। फिर इस सुषुप्तावस्था के हट जाने पर जब इन कीड़ों का पूरा कायापलट हो जाता है और ये पूर्ण यौवनप्राप्त फतिंगों के रूप में उड़ने लगते हैं तब ये मनोव्यापार और भी उन्नत रूप में देखे जाते हैं।

मनुष्य के मनोव्यापार की भी जीवनकाल में कई अवस्थाएँ होती हैं। जिस प्रकार उसका शरीर शैशव, कुमार, पोगंड, यौवन और जरा नामक चढ़ानी-उतरानी की अवस्थाओं को क्रमशः प्राप्त होता है उसी प्रकार उसकी आत्मा या मनोव्यापार भी।

नवाँ प्रकरण

वर्गपरम्पराक्रम से आत्मा का विकास

यह सिद्धान्त अब पूर्णतया स्थिर हो गया है कि मनुष्य का शरीर अनेक पूर्वज जन्तुओं के शरीर से परम्परानुसार परिवर्तित होते-होते उत्पन्न हुआ है। अतः उसके मनोव्यापारों को हम उसके और शारीरिक व्यापारों से अलग नहीं कर सकते। हमें यह मानना पड़ता है कि शरीर और मन दोनों का विकास क्रमशः हुआ है। अतः मनोविज्ञान में यह देखना अत्यन्त आवश्यक है कि किस प्रकार पशु की आत्मा से क्रमशः मनुष्य की आत्मा का विकास हुआ है। आत्मा के जातिपरम्परागत विकासक्रम का निरूपण मनस्तत्त्व विद्या का प्रधान अंग है। एक जाति के जन्तु से विकास द्वारा दूसरी जाति के जन्तु की जो दीर्घपरम्परा चली आई है उसके अन्वेषण के द्वारा आत्मा के विकासक्रम का भी बहुत कुछ पता चलता है।

मनुष्य के मनोव्यापारों का दूसरे जरायुज जन्तुओं के मनोव्यापारों से यदि एक-एक करके मिलान करें तो पता लगेगा कि बनमानुस की आत्मा से ही कुछ और उन्नत अवस्था को प्राप्त मनुष्य की आत्मा है। समस्त रीढ़वाले जन्तुओं में मनोव्यापारों का प्रधान करण मेरुरज्जु होता है।[1] यह मेरुरज्जु बिना रीढ़वाले पूर्वज कीड़ों की उस खड़ी संवेदनसूत्रग्रन्थि का प्रवर्द्धित रूप है जो चिपटे केंचुओं की गर्भझिल्ली अर्थात् घटकों की परत से उन्नत अवस्था को प्राप्त होकर बनी है। चिपटे केंचुओं[2] के अंगविश्लेषण द्वारा इस बात का पता लग जाता है। इन आदिम जीवों के कोई अलग संवेदनसूत्रमय विज्ञानकोष नहीं होता, इनके ऊपर का सारा चमड़ा ही संवेदनग्राही और मनोव्यापारसाधक होता है। ये अनेकघटक कीट परस्पर गुछकर झिल्ली के रूप में नियोजित होनेवाले अणुजीवों के उत्तरोत्तर विभाग द्वारा बने हैं। भिन्न-भिन्न जन्तुओं के गर्भविधान की परीक्षा करने से इनके योजनाक्रम का पता चलता है। परस्पर मिलकर झिल्ली या आवरण बनानेवाले ये कलात्मक अणुजीव आदिम एकघटक अणुजीवों से ही उत्पन्न हुई हैं। गर्भ के भीतर एकघटक या अणुजीव से जिस प्रकार अनेक घटकों के कलात्मक समवाय की सृष्टि होती है और फिर उससे उत्तरोत्तर उन्नत अवस्थाओं का क्रमशः विधान होता है

---

1. यह मेरुरज्जु भेजे की बत्ती के रूप का होता है और मस्तिष्क से लेकर पीछे की ओर मेरुदंड के बीचोबीच से होता हुआ नीचे तक गया रहता है।
2. एक प्रकार के चिपटे केंचुए जानवरों के पेट या कलेजे में भी उत्पन्न हो जाते हैं।

यह खुर्दबीन (सूक्ष्मदर्शक यन्त्र) के द्वारा देखा जा सकता है। इस परीक्षा द्वारा आत्मा के विकास का जो क्रम निर्धारित होता है उसके अनुसार आत्मा आठ मुख्य अवस्थाओं से होती हुई मनुष्य की आत्मा का उन्नत रूप प्राप्त करती है। इन पूर्वापर अवस्थाओं के सूचक आठ प्रकार के जो जीव पाए जाते हैं वे ये हैं–

(1) एकघटक अणुजीव जिन्हें एक अत्यन्त क्षुद्र कोटि की घटकात्मा मात्र होती है; जैसे–जल में रहनेवाले रोईंदार अणुजीव।[1]

(2) समूहबद्ध अनेकघटक क्षुद्रजीव जो बहुत से मिलकर एक विशेष आकार के पिंड बनाकर रहते हैं, जैसे स्पंज। ये यद्यपि मिलकर बिलकुल एक जीव नहीं बन जाते तो भी इनमें एक प्रकार का सम्बन्ध रहता है। एक अणुजीव के त्वक् पर जो क्षोभ पहुँचाया जाएगा उसका प्रभाव सारे समूह पर पड़ेगा। ऐसे जीव जल में पाए जाते हैं। इनकी आत्मा को समूहबद्ध आत्मा कह सकते हैं।

(3) आदिम अनेकघटक जीव जिनका शरीर कई घटकों के मिलकर सर्वथा एक शरीरकोश हो जाने से बना है, जैसे चिपटे केंचुओं का वर्ग।[2]

(4) बिना रीढ़वाले आदिम जीव जिनमें मस्तिष्क या अन्तःकरण एक खड़ी सूत्रग्रन्थि के रूप में होता है, जैसे जोंक आदि का वर्ग।

(5) ऐसे रीढ़वाले जन्तु जिन्हें कपाल या मस्तिष्क नहीं होता केवल एक सादा मेरुरज्जु होता है, जैसे अकरोटी मत्स्य[3] या कुलाट।

(6) कपाल और पंचघटात्मक मस्तिष्कवाले जन्तु, जैसे मछली।

(7) ऐसे स्तन्य जन्तु जिनके मस्तिष्क का तल उन्नत अवस्था को प्राप्त रहता है, जैसे जरायुज वर्ग–कुत्ते, बिल्ली आदि।

(8) बनमानुस और मनुष्य जिनके मस्तिष्क के भेजे में मेधाशक्ति होती है।

ऊपर लिखे हुए जीवों की सृष्टि भिन्न-भिन्न कल्पों में एक-दूसरे के पीछे क्रमशः हुई है। इनमें जिस क्रम से मनस्तत्व का विकास हुआ है वह नीचे दिया जाता है–

(1) घटकात्मा या अंकुरात्मा–जीववर्गों के बीच मनोविकास की यह प्रथमावस्था है। ऊपर कहा जा चुका है कि मनुष्य तथा और सब जीवों के सबसे आदिम पूर्वज एकघटक

1. ये अणुजीव एक इंच के शतांश के बराबर होते हैं और ताल आदि के स्थिर जल में अपनी रोइयों के सहारे तैरते फिरते हैं। ये एक लम्बी थैली के रूप के होते हैं। इनमें स्फुट इन्द्रियाँ आदि नहीं होतीं। पेट की ओर कुछ दबा हुआ स्थान होता है जिसमें एक ओर से जल भीतर जाता है और दूसरी ओर से निकलता है। भीतर जो कललरस का चेप रहता है उसमें जल का पोषक अंश (और भी सूक्ष्म वनस्पति आदि) मिल जाता है। जब यह जीव किसी प्रकार उद्विग्न या क्षुब्ध होता है तब अपने त्वक् के भीतर से चारों ओर लम्बे-लम्बे सूत निकालता है। सड़ाव के कीड़े इसी प्रकार के होते हैं।
2. ये केंचुए कई प्रकार के होते हैं। अधिकांश तो जन्तुओं के पेट में पड़ते हैं, कुछ समुद्र के जल में या दलदलों में पाए जाते हैं।
3. चार अँगुल लम्बा एक कीड़ा जो देखने में जोंक की तरह का होता है। इसमें विशेषता यह है कि इसके शरीर में एक प्रकार की लचीली कोमल रीढ़ होती है जिसे सूत्रदंड कह सकते हैं पर कपाल या मस्तिष्क नहीं होता। यह कीड़ा समुद्र तट पर बालू में बिल बनाकर रहता है और पानी में खड़ा तैरता है।

अणुजीव थे। जिस क्रम से मनुष्य आदि प्राणी अपने पूर्ववर्ती जन्तुओं से परिवर्तनपरम्परा द्वारा निकलकर अपने वर्तमान रूप में आए हैं उसका पता प्रत्येक प्राणी के भ्रूणविकासक्रम को देखने से लग जाता है। और सब अनेकघटक जीवों के समान मनुष्य भी गर्भाशय के भीतर एक क्षुद्र घटक से जिसे अंडघटक या अंकुरघटक कहते हैं अपने जीवन का आरम्भ करता है। जैसे इस घटक में आरम्भ ही से एक प्रकार की आत्मा होती है वैसे ही अत्यन्त प्राचीन कल्प के उन पूर्वज अणुजीवों में भी थी जिनसे विकासक्रमानुसार मनुष्य की उत्पत्ति हुई है।

एकघटक जीवों के मनोव्यापार किस प्रकार के होते हैं इसका पता आजकल पाए जानेवाले एकघटक अणुजीवों के शरीरविधान आदि को देखने से लग सकता है। इन अणुजीवों के अन्वीक्षण से बहुत सी नई-नई बातों का पता लगा है। वरवर्न नामक एक जरमन जीवविज्ञानवेत्ता ने अनेक प्रकार से परीक्षा करके बतलाया है कि एकघटक अणुजीवों के समस्त मनोव्यापार अचेतन अर्थात् अज्ञानकृत होते हैं, उनमें जो संवेदना और गति देखी जाती है वह कललरस की कणिकाओं के धर्मानुसार होती है। एकघटक अणुजीवों के मनोव्यापार जड़द्रव्य की रासायनिक क्रियाओं, जैसे अणुओं का आकर्षण, विश्लेषण आदि; और उन्नत जन्तुओं की अन्तःकरण वृत्तियों के बीच की शृंखला के समान हैं। उन्हें मनुष्य तथा अनेकघटक जीवों के उन्नत मनोव्यापारों का बीज समझना चाहिए।

जल में रहनेवाले भिन्न-भिन्न प्रकार के एकघटक कीटाणुओं की परीक्षा करके मैंने कुछ दिन पहले यह मत प्रकट किया था कि प्रत्येक सजीव घटक में कुछ मानसिक वृत्तियाँ होती हैं, और अनेकघटक जीवों और पौधों की मानसिक वृत्ति उन घटकों की मानसिक वृत्तियों की समष्टि है जिनकी योजना से उनका शरीर संघटित रहता है। स्पंज आदि क्षुद्र कोटि के अनेकघटक जीवों में शरीर का प्रत्येक घटक मानसिक क्रिया में समान रूप से प्रवृत्त होता है पर उन्नत कोटि के जीवों में कार्यविभाग के नियमानुसार कुछ चुने हुए घटक ही इस क्रिया के लिए नियुक्त हो जाते हैं और मनोघटक कहलाते हैं।

घटकात्मा की भी ऊँची-नीची कई श्रेणियाँ होती हैं। कुछ का व्यापार तो अत्यन्त सीधा-सादा होता है और कुछ का जटिल होता है। सबसे आदिम और क्षुद्र कोटि के एकघटक जीवों में संवेदन और गतिशक्ति घटकस्थ कललरस में सर्वत्र एकरस होती है। जो कुछ व्यापार वे कर सकते हैं अपने रसबिन्दु रूपी शरीर के प्रत्येक भाग से कर सकते हैं। उन्नत कोटि के एकघटक अणुजीवों में कुछ करणांकुर उत्पन्न हो जाते हैं जिनसे गति आदि व्यापार होते हैं। इस प्रकार के कारण जल के कुछ सूक्ष्म कीटाणुओं में स्थिर पादांकुरों या रोइयों के रूप में देखे जाते हैं। इन कीटाणुओं के कललरस के मध्य में एक सूक्ष्म गुठली होती है जिसे घटक का अन्तःकरण समझना चाहिए। सबसे आदिम वनस्पति और सबसे आदिम जन्तु जो सृष्टि के बीच उत्पन्न हुए वे एकघटक थे। आज भी इस प्रकार के एकघटक जन्तु और एकघटक वनस्पति पाए जाते हैं। जल के ये वनस्पति अत्यन्त सूक्ष्म होते हैं, कोई-कोई तो एक इंच के कई लाखवें हिस्से के बराबर होते हैं।

जल में रहनेवाले रोईंदार सूक्ष्म अणुजीवों में उन्नत कोटि की घटकात्मा देखी जाती है। उनकी गतिविधि का यदि हम अनेकघटक प्राणियों की गतिविधि से मिलान करें तो बहुत कम अन्तर मिलेगा। इन एकघटक अणुजीवों में जो संवेदनग्राही और गतिसम्पादक करणांकुर होते हैं वे वही काम करते हैं जो उन्नत जन्तुओं का मस्तिष्क करता है। इन सूक्ष्म अणुजीवों का मनोव्यापार किस प्रकार का होता है इस विषय में कुछ मतभेद है। कुछ वैज्ञानिकों का कहना है कि इनमें जो स्वतः प्रवृत्ति होती है वह जड़ या उद्वेगात्मक अर्थात् कललरस के स्वाभाविक क्षोभ से उत्पन्न होती है और जो विषयोत्तेजित गति देखी जाती है वह प्रतिक्रिया मात्र होती है। इसके विरुद्ध कुछ लोगों का कहना है कि इनके ये व्यापार कुछ-कुछ ज्ञानकृत होते हैं अर्थात् इनमें थोड़ी-बहुत चेतना का विकास होता है। पर अधिकांश लोग इनमें चेतना या ज्ञान नहीं मानते। जो कुछ हो, हमारा प्रयोजन इतने ही से है कि इनमें एक प्रकार का समुन्नत मनस्तत्व होता है।

(2) **समूहबद्ध आत्मा**–वर्गानुक्रमगत आत्मविकास की यह द्वितीयावस्था है। मनुष्य तथा और दूसरे अनेकघटक प्राणियों की गर्भवृद्धि एक सूक्ष्म घटक के विभाग द्वारा आरम्भ होती है। यह सूक्ष्म अंकुरघटक पहले दो घटकों में विभक्त होता है, फिर दोनों घटक विभक्त होकर चार घटक हो जाते हैं। चार से आठ, आठ से सोलह, सोलह से बत्तीस, बत्तीस से चौंसठ इसी प्रकार घटकों की संख्या बराबर बढ़ती जाती है। यहाँ तक कि वे सब मिलकर सूक्ष्म बुद्बुद्गुच्छ या शहतूत का सा आकार धारण करते हैं। इस गुच्छ को कललगुच्छ कहते हैं। धीरे-धीरे घटकों के इस गुच्छे के बीच एक प्रकार का रस इकट्ठा हो जाता है और यह गुच्छा झिल्ली का एक कोश या घट बन जाता है। यह इस प्रकार होता है कि सारे घटक रस के ऊपर एक झिल्ली के रूप में जम जाते हैं जिसे मूलकला कहते हैं। इस कला द्वारा जो गोल कोश बनता है उसे अंकुरकोश या कललकोश कहते हैं।

कललकोश के निर्माण में घटकसमूह के जो मनोव्यापार दिखाई पड़ते हैं वे कुछ तो संवेदन हैं और कुछ गत्यात्मक क्रियाएँ हैं। गति इसमें दो प्रकार की होती है–एक तो आभ्यन्तर गति जो विभाग के समय घटक की भीतरी गुठली के स्थितिपरिवर्तन के क्रम में देखी जाती है, दूसरी बाह्यगति जो घटकों के स्थिति बदलने और परस्पर मिलकर झिल्ली बनाने में देखी जाती है। हम इन गतियों को कुलपरम्परागत और अचेतन, अज्ञानकृत मानते हैं। ये एकघटक अणुजीवों के धर्म हैं जिनसे समस्त बहुघटक प्राणियों का विकास हुआ है। कुलपरम्परानुसार ये धर्म किसी-न-किसी रूप में अब तक प्रकट होकर कुछ काल तक रहते हैं। संवेदन भी दो प्रकार के होते हैं–(क) प्रत्येक घटक के पृथक्-पृथक् संवेदन और (ख) घटकों के सारे समूह का एक सामान्य संवेदन जिसका पता सारे घटकों की उस सामान्य प्रवृत्ति से लगता है जिसके अनुसार वे सब-के-सब मिलकर एक कोश निर्माण करते हैं। जैसा कि कहा जा चुका है गर्भावस्था का यह कललघट वह रूप है जिस रूप में सारे जन्तुओं के आदिम पूर्वज किसी कल्प में थे। इस

प्रकार के घटकसमूह अब तक जल के रोईंदार तथा और कई प्रकार के एकघटक अणुजीवों में पाए जाते हैं। ये एकघटक जीव उसी प्रकार समूह बनाकर रहते हैं जिस प्रकार कललकोश के घटक।

(3) तन्तुजालगत या समवाय आत्मा–वर्गपरम्परागत आत्मविकास की यह तृतीयावस्था है। उन सब बहुघटक पौधों और जीवों में जिनके घटक तन्तुजाल के रूप में मिलकर एक हो जाते हैं, दो कोटि के मनोव्यापार देखे जाते हैं–(क) तन्तुजाल के एक-एक घटक की आत्मा का अलग-अलग मनोव्यापार और (ख) सारे तन्तुजाल अर्थात् घटकसमष्टि का मनोव्यापार। मनोव्यापारों के इस समष्टिविधान से ही बहुत से घटक मिलकर एक शरीर हो जाते हैं। यह तन्तुजालगत आत्मा या आत्मसमष्टि सारे घटकों की पृथक्-पृथक् घटकात्माओं को अंगांगिभाव से चलाती है। निम्न कोटि के बहुघटक पौधों और जन्तुओं में आत्मा की यह दोहरी प्रवृत्ति ध्यान देने योग्य है। परीक्षा द्वारा इसे हम प्रत्यक्ष देख सकते हैं। किसी पौधे को लेकर हम देखते हैं कि उसके प्रत्येक घटक की निज की संवेदना और गति भी होती है और साथ ही प्रत्येक तन्तुजाल या अवयव का, जो कई समानधर्मवाले घटकों के योग से संघटित रहता है, विशेष उत्तेजन और मनोधर्म भी होता है। दृष्टान्त के लिए पौधों के पराग या परागकेसर को लीजिए।

(क) उद्भिदात्मा–यह बहुघटक पौधों की समस्त आन्तरिक वृत्तियों का सारांश है। पहले पौधों और जन्तुओं में बड़ा भारी भेद यह समझा जाता था कि जन्तुओं में आत्मा होती है और पौधों में नहीं। पर घटकविधान और कललरसविधान का पता लग जाने से अब जन्तुओं और पौधों की मूलयोजना की समानता सिद्ध हो गई है। आजकल के तारतम्यिक शरीरविज्ञान ने अच्छी तरह दिखा दिया है कि बहुत से पौधों और क्षुद्र जन्तुओं की प्रवृत्ति पर प्रकाश, ताप, विद्युत्प्रवाह, संघर्षण और रासायनिक क्रिया इत्यादि उत्तेजनों का प्रभाव समान पड़ता है और दोनों में इस प्रकार के उत्तेजन से एक ही ढंग की प्रतिक्रिया उत्पन्न होती है। ऐसे उत्तेजनों से जिस प्रकार की प्रतिक्रिया स्पंज, मूँगे के कृमि आदि में उत्पन्न होती है उससे बढ़कर लज्जालु और मक्षिकाग्राही आदि पौधों में देखी जाती है। अतः यदि एक की क्रिया को हम आत्मा की क्रिया मानते हैं तो दूसरे की क्रिया को भी आत्मा की क्रिया क्यों न मानें ? जो लज्जालु छूने के साथ ही अपनी पत्तियों को बन्द कर लेता है और टहनियों को झुका लेता है, जो मक्षिकाग्राही पौधा पत्ते पर मक्खी बैठते ही उस पत्ते को दूसरे पत्ते के साथ जुटाकर मक्खी को फँसा लेता है, उसमें स्पंज आदि की अपेक्षा अधिक संवेदन और गतिशक्ति हमें माननी पड़ेगी।

(ख) संवेदनसूत्र रहित अनेकघटक जीवों की आत्मा–उन क्षुद्र बहुघटक जीवों के मनोव्यापार ध्यान देने योग्य हैं जिनका शरीर तन्तुजालमय तो होता है पर जिन्हें अलग संवेदनवाहक सूत्र नहीं होते। जल में रहनेवाले घटकृमि, चिपटे केंचुए, स्पंज तथा प्रवालकृमि इत्यादि सबसे क्षुद्र कोटि के आशयविशिष्ट जीव इसी प्रकार के हैं।

घटकृमि आशयविशिष्ट जीवों में सबसे आदिम हैं। इन्हीं से और सब बहुघटक जीव उत्पन्न हुए हैं। इन कृमियों का क्षुद्र शरीर एक अंडाकार कोश या पात्र के रूप में होता है जिसमें एक छोटा छिद्र होता है। कोश के भीतर का खाली स्थान उदर का और छिद्र मुख का आदि रूप है। कोश दोहरी झिल्लियों का होता है। नीचेवाली झिल्ली उदराशय का आवरण है जिसके द्वारा पाचन क्रिया होती है और ऊपरवाली झिल्ली त्वक् है जिसके द्वारा स्पर्शसंवेदन और गति होती है। त्वक्वाली झिल्ली जिन घटकों के योग से बनी रहती है उनके ऊपर बहुत सूक्ष्म रोइयाँ होती हैं जिनके सहारे ये कृमि पानी में तैरते हैं। इन कृमियों की कई जातियाँ जल में मिलती हैं। ये द्विकलघट कृमि अपने जीवन भर उसी अवस्था में रहते हैं जिस अवस्था में कुछ काल तक मनुष्य आदि समस्त बहुघटक प्राणियों के भ्रूण आरम्भ में रहते हैं। यह द्विकलघट रूप भ्रूण को कललघट अवस्था के उपरान्त ही प्राप्त होता है। कललकोश की जो एकहरी झिल्ली होती है वह एक ओर चिपककर नीचे की ओर धँस जाती है। आधी झिल्ली जब चिपककर शेष आधी झिल्ली के भीतर जम जाती है तब कललकोश का आकार बदलकर दोहरी झिल्ली के एक कटोरे का सा हो जाता है जिसे हम द्विकलघट कह सकते हैं। नीचे-ऊपर जमी हुई दो झिल्लियों में से बाहरी झिल्ली बाह्यकला, त्वक्कला है और भीतरी झिल्ली आशयकला है। कटोरे के आकार के द्विकलघट में जो खाली स्थान होता है वही पेट या जठराशय है और जो छिद्र होता है वही मुख है। बाहरी त्वक्कला ही संवेदन की एकमात्र इन्द्रिय है। इसी से क्रमशः उन्नति करते-करते बड़े जीवों की ऊपरी त्वचा, इन्द्रियाँ तथा संवेदनसूत्र कार्यविभाग क्रम द्वारा बने हैं। द्विकलघट जीवों में संवेदनवाहक सूत्र आदि नहीं होते, उनकी ऊपरी झिल्ली (बाह्यकला) के सारे घटक समान रूप से संवेदनग्राही और गतिशील होते हैं। उनमें तन्तुजालगत आत्मा सबसे आदिम या प्रारम्भिक रूप में रहती है।

चिपटे केंचुओं में से कुछ की बनावट तो बिलकुल घटकृमियों की सी होती है अर्थात् उनमें संवेदनसूत्र विधान नहीं होता। पर कुछ ऐसे भी होते हैं जिनमें एक लम्बा संवेदनसूत्र और एक सूक्ष्म मस्तिष्कग्रन्थि भी होती है। स्पंजों की बनावट सबसे विलक्षण होती है। वे अधिकतर समुद्र के तल में पाए जाते हैं। सबसे क्षुद्र कोटि के जो स्पंज होते हैं वे द्विकलघट के अतिरिक्त और कुछ नहीं होते। उनकी झिल्ली में छलनी की तरह के बहुत से छेद होते हैं जिनसे होकर खाद्यमिश्रित जल भीतर जाता है। वे कांड या शाखा के रूप का समूहपिंड बनाकर रहते हैं जिसके भीतर जल के लिए नालियाँ होती हैं। वे चर नहीं होते हैं। उनमें संवेदन और अंगगति बहुत ही मन्द होती है। इसी से पहले लोग उन्हें उद्भिद समझते थे।

जल के उद्भिदाकार कृमियों की यदि हम परीक्षा करें तो साफ दिखाई पड़ेगा कि किस प्रकार तन्तुजालगत आत्मा से उन्नतिक्रम द्वारा संवेदनसूत्रगत आत्मा का विकास होता है। मूँगा और छत्रक इसी प्रकार के कृमि हैं। एक प्रकार के कृमियों का समूहपिंड या छत्ता समुद्र और झीलों में चट्टानों आदि पर जमा मिलता है जो देखने में खड़े पौधे

की तरह जान पड़ता है। इन्हें खंडबीज[1] कहते हैं। छत्ते के प्रधान कांड में से जगह-जगह पर छोटी-छोटी शाखाएँ निकली होती हैं जो सिरे पर चौड़ी होकर गिलास के आकार की होती हैं। इसी गिलास के भीतर असली कृमि बन्द रहते हैं, केवल उनकी सूत की तरह की भुजाएँ निकली होती हैं। कुछ शाखाओं के भीतर विशेष प्रकार के कुड्मल होते हैं। जब कोई कुड्मल अपनी पूरी बाढ़ को पहुँच जाता है तब एक स्वतन्त्र जीव होकर कांड से अलग हो जाता है और चर जन्तु के रूप में इधर-उधर तैरने लगता है। इसी को छत्रककृमि कहते हैं क्योंकि यह छाते के आकार का होता है। जिस अचर पिंड से इसकी उत्पत्ति होती है उससे यह बिलकुल भिन्न होता है। अचर खंडबीज कृमियों में संवेदनसूत्र और इन्द्रियाँ नहीं होतीं, उनमें संवेदन शरीरव्यापी होता है। पर छत्रक में संवेदनग्रन्थियों और विशेष इन्द्रियों का कुछ विधान होता है। इसके प्रजनन का विधान भी ध्यान देने योग्य है। स्थावर खंडबीज कृमियों में स्त्री-पुरुष विधान नहीं होता, कुड्मल विधान होता है जैसा कि ऊपर दिखाया जा चुका है। पर उनसे जो छत्रककृमि उत्पन्न होते हैं उनमें स्त्री-पुरुष अलग-अलग होते हैं। पुरुष के शुक्रकीटाणु जल में छूट पड़ते हैं और जल के प्रवाह द्वारा मादा के गर्भाशय में जाकर गर्भकीटाणु को गर्भित करते हैं। ये गर्भकीटाणु शीघ्र डिम्भकीट के रूप में प्रवर्धित होकर कुछ दिनों तक जल में तैरते फिरते हैं, पीछे किसी पौधे, लकड़ी के तख्ते आदि पर जम जाते हैं और धीरे-धीरे बढ़कर खंडबीज कृमि के रूप में हो जाते हैं। जैसा कि ऊपर कहा जा चुका है इसी खंडबीज कृमि से फिर छत्रककृमि की उत्पत्ति होती है। सारांश यह कि खंडबीज कृमि से छत्रक कृमि की उत्पत्ति होती है और छत्रककृमि से खंडबीज कृमि की। प्रजनन के इस विधान को इतरेतरजन्म[2] या योन्यन्तर विधान कहते हैं। इसमें हम आत्मा की वर्गपरम्पराक्रम से वृद्धि अपनी आँखों के सामने देख सकते हैं। समूहपिंड बनाकर रहनेवाले उद्भिदाकार कृमियों में हमें दोहरी आत्मा दिखाई पड़ती है। एक तो समूहपिंड के कृमियों की पृथक्-पृथक् आत्मा, दूसरी सारे समूहपिंड की सामान्य आत्मसमष्टि।

(4) **संवेदनसूत्रगत आत्मा या सूत्रात्मा**–वर्गपरम्परानुगत आत्मविधान की यह चतुर्थावस्था है। मनुष्य आदि समुन्नत जीवों के मनोव्यापार एक विशेष यन्त्र या करण के द्वारा होते हैं। इस करण के तीन मुख्य विभाग होते हैं–(क) बाह्यकरण या इन्द्रियाँ जिनसे संवेदन होता है, (ख) पेशियाँ जिनसे गति या संचालन होता है और (ग) संवेदनसूत्र[3] जो इन दोनों के बीच मस्तिष्क रूपी प्रधान करण के द्वारा सम्बन्ध स्थापित करते हैं। मनोव्यापारों का साधन करनेवाले इस भीतरी यन्त्र की उपमा तारयन्त्र से दी जा सकती है। संवेदनसूत्र तार हैं, इन्द्रियाँ छोटे स्टेशन हैं और मस्तिष्क सदर स्टेशन है। गतिवाहक सूत्र संकल्परूपी आदेश को सूत्रकेन्द्र या मस्तिष्क से पेशियों तक पहुँचाते हैं जिनके आकुंचन से अंगों में

1. इनमें यह विशेषता होती है कि इनके शरीर के यदि कई खंड कर डालें तो उसमें प्रत्येक खंड बढ़कर कृमि के रूप में हो जाएगा।
2. ऋग्वेद में लिखा है कि 'अदितिर्दक्षो अजायत, दक्षाददितिः परि' अर्थात् अदिति से दक्ष उत्पन्न हुए और दक्ष से अदिति। इसका यास्काचार्य ने इस प्रकार समाधान किया है 'इतरेतरजन्मानो भवन्तीतरेतर प्रकृतयः'।
3. क्षुद्र कोटि के जीवों में साधारण तन्तुओं से अलग संवेदनसूत्र नहीं होते।

गति होती है। संवेदनवाहक सूत्र इन्द्रियों के द्वारा प्राप्त संवेदनों को अन्तर्मुख गति से मस्तिष्क या अन्तःकरण में पहुँचाते हैं। मस्तिष्क या अन्तःकरण रूपी मनोव्यापारकेन्द्र ग्रन्थिमय होता है। इन सूत्रग्रन्थियों के घटक सजीव द्रव्य के सबसे समुन्नत अंश हैं। इनके द्वारा इन्द्रियों और पेशियों के बीच व्यापारसम्बन्ध तो चलता ही है, इसके अतिरिक्त भावग्रहण, बोध और विवेचन आदि अनेक प्रकार के मनोव्यापार होते हैं।

अत्यन्त क्षुद्र जीवों को छोड़ शेष सब जन्तुओं में मनोव्यापार का एक अलग करण होता है। छत्रककृमियों में मुँह के मेंडरे पर भेजे या संवेदनसूत्र बनानेवाली धातु का एक छल्ला-सा होता है जिसमें थोड़े-बहुत अन्तर पर कई, प्रायः चार या आठ कोश या ग्रन्थियाँ होती हैं। ये ग्रन्थियाँ निकले हुए पैरों के सिरे पर होती हैं और वही काम देती हैं जो मस्तिष्क देता है। चिपटे केंचुओं और जोंक आदि कीड़ों में मुँह के ऊपर केवल दो सूत्रग्रन्थियों का खड़ा मस्तिष्क होता है। इन ग्रन्थियों से दो सूत्रशाखाएँ त्वक् और पेशियों की ओर जाती हैं। शुक्तिवर्ग के कोमलकाय कृमियों में नीचे की ओर भी ग्रन्थियाँ होती हैं जो ऊपरवाली ग्रन्थियों से एक छल्ले के द्वारा जुड़ी होती हैं। इस प्रकार का छल्ला खंडकाय अर्थात् जिनका शरीर गुरियों से बना हो, जैसे कनखजूरा, मकड़ा, केकड़ा आदि कीटों में भी होता है पर वह पेट की ओर भेजे के दो सूत्रों के रूप में दूर तक गया होता है। रीढ़वाले जन्तुओं में अन्तःकरण की बनावट और ही प्रकार की होती है। उनमें पीठ की ओर भेजे की एक बत्ती प्रकट होती है जो अगले सिरे की ओर फैलकर घटस्वरूप मस्तिष्क का रूप धारण करती है।

उन्नत कोटि के सब जीवों के मस्तिष्क यद्यपि एक ही ढाँचे के नहीं होते पर भिन्न-भिन्न जन्तुओं के मस्तिष्कों का मिलान करने से यह स्पष्ट प्रतीत हो जाता है कि उनकी उत्पत्ति एक ही मूल से अर्थात् चिपटे केंचुओं और जोंक आदि कीड़ों के केवल दो ग्रन्थियों से निर्मित क्षुद्र मस्तिष्क से हुई है। मस्तिष्क या अन्तःकरण का स्फुरण गर्भकाल में सबसे ऊपरवाली झिल्ली में होता है। सब जन्तुओं के मस्तिष्क में ग्रन्थिघटक या मनोघटक होते हैं जिनके द्वारा चिन्तन, बोध आदि अनेक प्रकार के मनोव्यापार होते हैं। संवेदनसूत्रों के अतिरिक्त गतिसूत्र भी मस्तिष्क तक गए होते हैं जिनके द्वारा क्रिया की प्रेरणा होती है।

अन्तःकरण का केन्द्र मस्तिष्क है। रीढ़वाले जन्तुओं में इसकी परिस्थिति, रचना और योजना एक विशेष प्रकार की होती है। प्रत्येक जन्तु के मस्तिष्क से भेजे की एक नली रीढ़ में होती हुई पीठ के बीचोबीच नीचे की ओर गई होती है। इस नली की एक-एक गुरिया से दोनों ओर संवेदनसूत्र और गतिसूत्र शरीर के भिन्न-भिन्न भागों में जाते हैं। भेजे की इस नली की उत्पत्ति मेरुदंड जीवों के भ्रूण में एक ही ढंग से होती है। पीठ की त्वचा के बीचोबीच पहले भेजे की एक लकीर या नाली सी दिखाई पड़ती है। पीछे इस लकीर के दोनों किनारे कुछ-कुछ उठने लगते हैं और धीरे-धीरे मिल जाते हैं जिससे यह लकीर भेजे की एक पोली नली के आकार की हो जाती है।

भेजे की यह नली मेरुदंड जीवों की सबसे बड़ी विशेषता है। इसी से काल पाकर भिन्न-भिन्न करण उत्पन्न होते हैं जिनसे अनेक प्रकार के मनोव्यापार–ज्ञान, अनुभव, प्रेरणा आदि होते हैं। मनुष्य में यह नली या मेरुरज्जु अत्यन्त पूर्ण अवस्था को प्राप्त होती

है। इसकी गुरियों के दोनों ओर बहुत से सूत्र शरीर के भिन्न-भिन्न भागों में जाते हैं जिनके द्वारा ज्ञानेन्द्रियों का अनुभव और कर्मेन्द्रियों का संचालन होता है। करोड़ों वर्षों में अनेक मध्यवर्ती जन्तुओं की आत्माओं से उन्नति करते-करते मनुष्य की समुन्नत आत्मा का प्रादुर्भाव हुआ है। सृष्टि के भिन्न-भिन्न कल्पों में जिन-जिन अन्तःकरण विशिष्ट जन्तुवर्गों का एक-दूसरे से क्रमशः विकास हुआ है, मेरुरज्जु की क्रमोन्नति के विचार से मनुष्य तक उनके आठ वर्ग होते हैं–(1) अकरोटीमत्स्य, (2) चक्रमुखमत्स्य[1], (3) मत्स्य, (4) जलस्थलचारी जन्तु, (5) अजरायुज जन्तु, (6) आदिम जरायुज जन्तु, (7) किंपुरुषवर्ग, (8) नराकार बनमानुस और मनुष्य।

मेरुरज्जुवाले जीवों में सबसे प्रथम अकरोटी मत्स्य उत्पन्न हुए जिनके वर्ग का केवल एक जन्तु कुलाट आज तक समुद्र के किनारे मिलता है। इसके मनोव्यापार का करण एक सीधी भेजे की नली है जिसमें मस्तिष्क नहीं होता। इसी से आगे चलकर चक्रमुख मत्स्यों की उत्पत्ति हुई जिनके वर्ग के दो-चार जन्तु अब भी पाए जाते हैं। इनमें मेरुरज्जु का अगला छोर फैलकर एक घट के रूप में हो जाता है जिसके पाँच विभाग हो जाते हैं– बड़ा मस्तिष्कघट, अन्तरवर्ती मस्तिष्कघट, मझला मस्तिष्कघट, छोटा मस्तिष्कघट और पिछला मस्तिष्कघट। इसी पंचघटात्मक मस्तिष्क से समस्त कपालवाले जन्तुओं के मस्तिष्क का विकास हुआ है। साधारण मछलियों में ये पाँचों घट अधिक स्पष्ट होते हैं। मछलियों से फिर जलस्थलचारी जन्तुओं की उत्पत्ति हुई जिनके वर्ग के मेढक आदि जन्तु अब भी पाए जाते हैं। इनसे आगे चलकर जीवों के जो तीन वर्ग एक-दूसरे के पीछे उत्पन्न हुए वे दूध पिलानेवाले जन्तुओं के हैं। दूध पिलानेवाले जीवों के मस्तिष्क में दूसरे रीढ़वाले जन्तुओं के मस्तिष्क से कई बातों की विशेषता होती है। सबसे मुख्य विशेषता तो यह है कि उसमें प्रथम और चतुर्थ घट की बहुत अधिक वृद्धि होती है और तृतीय या मझला घट बिलकुल नहीं होता। सबसे आदिम वर्ग के स्तन्य–अंडजस्तन्य, अजरायुज स्तन्य, जीवों का मस्तिष्क जलस्थलचारी जीवों के मस्तिष्क से मिलता-जुलता होता है पर उनसे जो उन्नत कोटि के स्तन्य जीव उत्पन्न हुए उनके मस्तिष्क में प्रथमघट की बहुत अधिक वृद्धि हुई। मनुष्य के मस्तिष्क में यह घट सबसे बड़ा और दूर तक लोथड़े की तरह फैला है।[2] इसी से संकल्प, विचार आदि उन्नत कोटि के व्यापार होते हैं। इस प्रकार का मस्तिष्क मनुष्य के अतिरिक्त केवल नराकार बनमानुसों ही का होता है।

अस्तु; यह बात पूर्णरूप से सिद्ध है कि मनुष्य की आत्मा निम्न कोटि के स्तन्य जीवों से क्रमशः उन्नति करते-करते उत्पन्न हुई है।

---

1. बाम की तरह की एक छोटी मछली जिसके मुख का विवर गोल होता है। इसके मुँह में नीचे-ऊपर के जबड़े नहीं होते, महीन-महीन दाँत चारों ओर होते हैं जिनके द्वारा यह चट्टानों या बड़ी मछलियों के शरीर पर चिमटी रहती है।
2. इसमें अखरोट के गूदे की तरह उभार होते हैं।

दसवाँ प्रकरण

चेतना

आत्मा या मन के व्यापारों में से चेतना से बढ़कर विलक्षण और कोई व्यापार नहीं। इसके सम्बन्ध में जिस प्रकार भिन्न-भिन्न मत दो हजार वर्ष पहले प्रचलित थे उसी प्रकार अब भी हैं। इसी को देखकर आत्मा के अमर और भूतों से परे होने की कल्पना लोगों को सूझी है। यही एक ऐसा रहस्य है जिसके बल पर आत्मा और शरीर को पृथक् माननेवाले द्वैतवादी अनेक प्रकार के अन्धविश्वास ग्रहण किए हुए हैं। अतः तात्त्विक दृष्टि से चेतना का विचार परम आवश्यक है। इस दृष्टि से यदि हम विचार करेंगे तो देखेंगे कि और दूसरे मनोव्यापारों के समान चेतना भी एक प्राकृतिक गुण है तथा शरीर और अन्तःकरण की अन्य वृत्तियों के समान एक प्राकृतिक व्यापार है, अर्थात् प्रकृति के नियमों के सर्वथा अधीन है।

चेतना के स्वरूप और लक्षण तक के विषय में दार्शनिकों का एक मत नहीं। कोई कुछ कहता है, कोई कुछ। पर सबसे उपयुक्त परिभाषा उन दार्शनिकों की प्रतीत होती है जो चेतना को एक प्रकार की अन्तर्दृष्टि कहते हैं और उसकी उपमा दर्पण की क्रिया से देते हैं। चेतना दो प्रकार की होती है—एक अन्तर्मुख, दूसरी बहिर्मुख। अन्तर्मुख चेतना को अहंकार भी कहते हैं। अहंकार वृत्ति के द्वारा अन्तःकरण अपनी ही क्रिया का निरीक्षण, अपनी ही अवस्था का बोध करता है। बहिर्मुख चेतना के द्वारा अन्तःकरण को बाह्य जगत् का बोध होता है। हमारी अधिकांश चेतना बाह्यजगत्सम्बन्धी होती है। अन्तर्मुख चेतना का क्षेत्र संकुचित होता है। उसमें हमारे इन्द्रियानुभव, संस्कार और संकल्प प्रतिबिम्बित होते हैं।

बहुत से तत्त्वज्ञों की धारणा है कि 'चेतना' और 'मनोव्यापार' परस्पर पर्याय शब्द हैं, अर्थात् जितने मनोव्यापार होते हैं सब चेतन होते हैं। पर यह धारणा ठीक नहीं। जैसा मैं पहले दिखा चुका हूँ अधिकतर अन्तःक्रियाएँ या मनोव्यापार ऐसे होते हैं जिनकी हमें कुछ भी खबर नहीं रहती। हमारी इन्द्रियों के साथ विषय का सम्पर्क होता है, अन्तःसंस्कार अंकित होकर पेशियों में गति उत्पन्न करते हैं पर हम कुछ भी नहीं जानते। चेतन अन्तःसंस्कार जिनके द्वारा ज्ञानकृत व्यापार होते हैं और अचेतन अन्तःसंस्कार जिनके द्वारा अज्ञानकृत व्यापार होते हैं, दोनों अन्तःकरण या मन ही के व्यापार हैं।

चेतना का परिज्ञान हमें चेतना ही के द्वारा हो सकता है। उसकी वैज्ञानिक परीक्षा में यही बड़ी भारी अड़चन है। परीक्षक भी वही, परीक्ष्य भी वही। द्रष्टा अपना ही प्रतिबिम्ब अपनी अन्तःप्रकृति में डालकर निरीक्षण में प्रवृत्त होता है। अतः हमें दूसरों की चेतना का परीक्षात्मक बोध पूरा-पूरा कभी नहीं हो सकता। हमें उनकी चेतना का अपनी चेतना से मिलान करते हुए चलना पड़ता है। यदि यह मिलान सामान्य मस्तिष्क के मनुष्यों ही तक रक्खा जाए तब तो हम कुछ थोड़े-बहुत सिद्धान्त उनकी चेतना के सम्बन्ध में निश्चय के साथ स्थिर कर सकते हैं। पर यदि हम असामान्य मस्तिष्क के मनुष्यों, जैसे प्रतिभाशाली, सनकी, जड़ या विक्षिप्त लोगों को लेकर विचार करने जाते हैं तो हमारे सिद्धान्त या तो अपूर्ण या सर्वथा भ्रान्त निकलते हैं। यही बात मनुष्यों की चेतना को जन्तुओं, विशेषतः क्षुद्र जन्तुओं की चेतना के साथ मिलाने से होती है। ऐसा करने में इतनी भारी कठिनाइयाँ सामने आती हैं कि चेतना के सम्बन्ध में भिन्न-भिन्न शरीरविज्ञानियों और दार्शनिकों के मतों में आकाश-पाताल का अन्तर पड़ जाता है। मुख्य-मुख्य मतों का नीचे उल्लेख किया जाता है–

(1) **चेतना केवल मनुष्य ही में होती है–**इस सिद्धान्त का प्रवर्तक फरासीसी तत्त्ववेत्ता डेकार्ट है जिसके अनुसार विचार और चेतना मनुष्य ही के गुण हैं और अमर आत्मा केवल मनुष्य ही में होती है। इस तत्त्ववेत्ता ने मनुष्य के व्यापार और पशु के मनोव्यापार में भेद किया है। इसके मत में मनुष्य की आत्मा एक विचार करनेवाली अभौतिक सत्ता है जो भौतिक शरीर से सर्वथा पृथक् है। पर पृथक् होते हुए भी वह मस्तिष्क के एक विशिष्ट अंश के साथ लगी रहती है जिसमें वह बाह्य जगत् के विषयों को संस्कार के रूप में ग्रहण करे और कर्मेन्द्रियों को प्रवृत्त करे। पशुओं में विचार करने की शक्ति नहीं होती, आत्मा नहीं होती। वे कौशल के साथ बैठाए हुए पुरजों की मशीन की तरह हैं। उनके इन्द्रियसंवेदन, अन्तःसंस्कार और प्रवृत्ति जड़ व्यापार मात्र हैं जो भौतिक नियमों के अनुसार होते हैं। अस्तु; डेकार्ट मनुष्य के सम्बन्ध में तो द्वैतवादी था, पर पशुओं के सम्बन्ध में अद्वैतवादी। मनुष्यों के सम्बन्ध में तो वह शरीर और आत्मा को दो पृथक् वस्तुएँ मानता था पर पशुओं के सम्बन्ध में दोनों को एक ही मानता था। डेकार्ट के इस दोरंगे सिद्धान्त का फल यह हुआ कि सत्तरहवीं और अठारहवीं शताब्दी के भूतवादी तो मनोव्यापारों को भौतिक क्रिया मात्र सिद्ध करने के लिए उसकी पशुसम्बन्धी विवेचना का सहारा लेने लगे और अध्यात्मवादी लोग उसके मनुष्यसम्बन्धी विवेचन को आगे करके आत्मा का अमरत्व और शरीर से उसका पृथकत्व सिद्ध बतलाने लगे। पर मनुष्य की आत्मा के सम्बन्ध में डेकार्ट का यह विवेचन 19वीं शताब्दी के गम्भीर और सूक्ष्म अनुसन्धानों से सर्वथा भ्रान्त सिद्ध हुआ।

(2) **चेतना संवेदनसूत्रवाले जीवों ही में होती है–**मनुष्य तथा और उन्नत जीवों ही में चेतना होती है जिन्हें केन्द्रीभूत संवेदनसूत्रविधान अर्थात् विज्ञानमय कोश होता है। यही सिद्धान्त आजकल जन्तुविज्ञान, शरीरविज्ञान और अद्वैत मनोविज्ञान में माना जाता है। प्राणिविज्ञान की भिन्न-भिन्न शाखाओं में जो अपूर्व उन्नति हुई है उससे इसी

सिद्धान्त का समर्थन होता है। हजारों वर्ष से लोग देखते आते हैं कि बन्दर, कुत्ते आदि जो उन्नत कोटि के पशु हैं उनकी बुद्धि बहुत सी बातों में मनुष्य की बुद्धि से मिलती-जुलती होती है। उनके इन्द्रियसंवेदन, अन्तःसंस्कार, सुख-दुःख आदि का अनुभव, इच्छा, द्वेष आदि मनोव्यापार बहुत कुछ मनुष्यों के से होते हैं। यहाँ तक कि इतना सब होने पर भी यह ठीक-ठीक नहीं कहा जा सकता कि उन्नतिक्रम के अनुसार जीवों की वर्गपरम्परा में किस विशेष वर्ग से चेतना का प्रादुर्भाव होता है। मुझे तो इसी सिद्धान्त के सत्य होने की सम्भावना अधिक प्रतीत होती है जिसके अनुसार चेतना संवेदनसूत्रों के केन्द्रीभूत होने पर उत्पन्न होती है। छोटे जीवों में संवेदनसूत्र एक स्थान पर केन्द्रीभूत नहीं होते, उनमें पूर्ण विज्ञानमय कोश नहीं होता। जिन जीवों में संवेदनसूत्रों का केन्द्ररूप अवयव या अन्तःकरण होता है, उन्नत ज्ञानेन्द्रियाँ होती हैं अर्थात् जिनमें विज्ञानमय कोश होता है उन्हीं में चेतना होती है।

(3) **चेतना सब प्राणियों में होती है**–छोटे-बड़े जितने जीव हैं सब चेतन होते हैं। यह सिद्धान्त उद्भिदों और जन्तुओं के आन्तरिक व्यापारों में भेद करता है। प्राचीनों का भी यही विश्वास था कि जन्तुओं में इन्द्रियानुभव और चेतना होती है, लेकिन पौधों में नहीं। पर 19वीं शताब्दी के मध्यभाग में जब स्पंज आदि क्षुद्र जन्तुओं की आन्तरिक क्रियाओं की परीक्षा की गई तब इस विश्वास की असारता प्रकट हो गई। स्पंज आदिकों के स्थावर जन्तु होने में तो कोई सन्देह नहीं, पर उनमें चेतना का कोई आभास उसी प्रकार नहीं पाया जाता जिस प्रकार पौधों में। एकघटक अणुजीवों की जब सूक्ष्म परीक्षा की गई तब उनकी और एकघटक अणुद्भिदों की आन्तरिक क्रियाओं में कोई विशेष अन्तर नहीं पाया गया।

(4) **चेतना सब शरीरियों में होती है, क्या उद्भिद क्या जन्तु**–इस मत के अनुसार जीव-जन्तु, पेड़-पौधे सब चेतन हैं, पर मिट्टी के ढेले आदि निर्जीव पदार्थों में चेतना नहीं होती। इस सिद्धान्त का यह भाव भी निकलता है कि सब देहवान् (उद्भिद और जन्तु) पदार्थों में आत्मा होती है। इस मत को माननेवाले प्राण, चेतना और आत्मा को परस्पर सहगामी समझते हैं। उनकी समझ में जहाँ एक रहेगा वहाँ दूसरा भी अवश्य रहेगा। फेक्नर नामक तत्त्ववेत्ता ने यह सिद्ध करने तक का प्रयत्न किया है कि पौधों में भी उसी प्रकार आत्मा होती है जिस प्रकार जन्तु में, और पौधे की आत्मा में भी उसी प्रकार चेतना होती है जिस प्रकार मनुष्य की आत्मा में। बात यह है कि जब क्षुद्र जन्तुओं की अन्तःक्रियाओं को चेतना कह सकते हैं तब पौधों की अन्तःक्रियाओं को चेतना कहना ही पड़ेगा। लजालू, मक्खी पकड़नेवाले पौधे आदि की गतिविधि अत्यन्त क्षुद्र जन्तुंओं की गतिविधि के समान ही होती है।

(5) **चेतना प्रत्येक घटक में होती है**–जिस प्रकार हम सजीव घटक को अनेकघटक जन्तुओं और पौधों के शरीर के मूल अणु मानते हैं, जिनके संयोग से उनके शरीर संघटित हैं, उसी प्रकार हम घटकात्मा अर्थात् घटक की अन्तःक्रिया को भी शरीर की आत्मा अर्थात् उसके उन्नत मनोव्यापारों की समष्टि, की व्यष्टि मान सकते हैं। हम कह सकते हैं कि चेतना, धारणा आदि उन्नत कोटि के मनोव्यापार सूक्ष्म घटकों की क्षुद्र

अन्तःक्रियाओं के योगफल हैं। मैंने समुद्री अणुजीवों की परीक्षा करके दिखलाया था कि उनमें भी उन्नत जन्तुओं से मिलती-जुलती इन्द्रियसंवेदना, प्रवृत्ति और गति आदि होती है। अतः यदि हम समस्त शरीरियों में चेतना माननेवालों की बात मानें तो शरीर को संघटित करनेवाले अणुरूप घटकों में भी चेतना का कुछ अंश हमें मानना ही पड़ेगा। पहले मैं भी ऐसा ही मानता था, पर अब विवश होकर मुझे स्वीकार करना पड़ता है कि अणुजीवों में आत्मबोध नहीं होता, उनके इन्द्रियसंवेदन और अंगसंचालन आदि अचेतन अर्थात् अज्ञानकृत होते हैं।

(6) **चेतना द्रव्य के परमाणुमात्र में होती है**–इस सिद्धान्त ने चेतना को सबसे आगे बढ़ाया है, इसकी दौड़ सबसे लम्बी है। इसे माननेवाले यह समस्या हल करने से बच जाते हैं कि चेतना की उत्पत्ति कब और कहाँ से होती है। अन्तःकरण की यह वृत्ति ऐसी विलक्षण है कि इसे किसी और वृत्ति से उत्पन्न बतलाना अत्यन्त कठिन है। अतः इस कठिनता से बचने का सीधा रास्ता यही दिखाई पड़ा कि चेतना द्रव्य मात्र का एक वैसा ही अन्तर्व्याप्त गुण मान ली जाए जैसे कि आकर्षण, रासायनिक प्रवृत्ति आदि हैं। ऐसा मानने पर हमें मूल चेतना उतने प्रकार की माननी पड़ती है जितने रासायनिक मूल द्रव्य[1], आक्सिजन, कारबन आदि होते हैं।

यह सब गड़बड़ चेतना का लक्षण निर्दिष्ट न करने के कारण होती है। मेरे मत में तो चेतना मनुष्य आदि उन्नत प्राणियों के मनोव्यापारों या अन्तःक्रियाओं का एक अंश मात्र है, अधिकतर अन्तःक्रियाएँ जिन्हें मनोव्यापार भी कहते हैं, अचेतन होती हैं अर्थात् वे होती हैं पर हमें उनकी खबर नहीं होती।

चेतना की उत्पत्ति और लक्षण के सम्बन्ध में चाहे जितने मतभेद हों पर उसके विषय में दो सिद्धान्त मुख्य हैं–एक अतीतवाद और दूसरा शरीरधर्मवाद। अतीतवाद चेतना को शरीर या भूतों से अतीत वस्तु (आत्मा) का धर्म मानता है और शरीरधर्मवाद शरीर ही का धर्म मानता है। मैं इसी दूसरे सिद्धान्त को सत्य मानता हूँ। मैं चेतना को शरीर ही का एक धर्म मानता हूँ जो भौतिक और रासायनिक नियमों के अधीन है, उनसे परे नहीं। मैं उसे संवेदनसूत्रों ही की एक विशेषता मानता हूँ जो उनके केन्द्रीभूत होने पर उत्पन्न होती है। संवेदनसूत्रों का केन्द्ररूप अवयव (अन्तःकरण) और उन्नतिक्रम द्वारा पूर्णताप्राप्त ज्ञानेन्द्रियविधान विशेष करके जरायुज जन्तुओं ही में होता है। बनमानुस, कुत्ते, हाथी आदि की चेतना में और मनुष्य की चेतना में केवल न्यूनाधिक का भेद है, कोई वस्तुभेद नहीं। इन पशुओं की चेतना और मनुष्य की चेतना में उससे अधिक अन्तर नहीं होता जितना अत्यन्त असभ्य जंगली मनुष्यों की चेतना और सभ्य

---

1. मूलद्रव्य वे हैं जिनमें विश्लेषण करने पर और किसी द्रव्य का योग नहीं पाया जाता। अब तक ऐसे 77 या 78 तत्त्वों का पता लगा है। इनके सबसे सूक्ष्म टुकड़ों को परमाणु कहते हैं क्योंकि पहले लोग समझते थे कि उनका और विभाग नहीं हो सकता। पर कुछ नए मूल द्रव्य मिले जिनके परमाणु और भी सूक्ष्म अणुओं के योग से बने पाए गए जिन्हें विद्युदणु (इलेक्ट्रॉन) कहते हैं। पहले लोग जल, वायु आदि को मूलभूत समझते थे, पर वे कई मूलभूतों के योग से संघटित द्रव्य हैं। उनके संयोजक मूल द्रव्य रासायनिक विश्लेषण द्वारा अलग-अलग किए जा सकते हैं।

जाति के दार्शनिकों और तत्त्वचिन्तकों की चेतना में। अस्तु, चेतना मन की समुन्नत क्रिया ही का एक अंग है और मस्तिष्क की बनावट पर निर्भर है।

सूक्ष्मदर्शक यन्त्र आदि की सहायता से मस्तिष्क का जो वैज्ञानिक अन्वीक्षण किया गया उससे पता लगा कि चेतना का अधिष्ठान मस्तिष्क के भूरे मज्जापटल का एक विशेष भाग है। इस क्षेत्र में बड़ा भारी काम फ्लेशजिक नामक एक जरमन वैज्ञानिक ने किया जिसने मस्तिष्क के भीतर चिन्तन करने के अवयवों का पता लगाया। उसने सिद्ध किया कि मस्तिष्क के भूरे मज्जाक्षेत्र में इन्द्रियानुभव के केन्द्ररूप चार अधिष्ठान या भीतरी गोलक हैं जो इन्द्रियसंवेदनों को ग्रहण करते हैं। स्पर्श ज्ञान का गोलक मस्तिष्क के खड़े लोथड़े में, घ्राण का सामने के लोथड़े में, दृष्टि का पिछले लोथड़े में और श्रवण का कनपटी के लोथड़े में रहता है। इन चारों भीतरी इन्द्रियगोलकों के बीच में चार विचारगोलक हैं जिनके द्वारा भावों की योजना और विचार आदि जटिल मानसिक व्यापार होते हैं। ये ही गोलक चेतना और विचार के कारण अर्थात् प्रधान अन्तःकरण हैं। फ्लेशजिग ने दिखलाया है कि मनुष्य के मस्तिष्क के इन गोलकों के कुछ अंशों में विशेष प्रकार की रचनाएँ होती हैं जो और दूसरे दूध पिलानेवाले जीवों में नहीं होतीं। इन्हीं विशेषताओं के कारण मनुष्य मानसिक शक्तियों में सब प्राणियों से बढ़ा-चढ़ा है।

आधुनिक शरीरविज्ञान की इन बातों का समर्थन चिकित्साशास्त्र के अनुसन्धानों द्वारा भी होता है। जब रोग के कारण मस्तिष्क का कोई भाग नष्ट हो जाता है तब उस भाग के द्वारा होनेवाला मानसिक व्यापार भी शिथिल या नष्ट हो जाता है। इस बात से हम मन या अन्तःकरण की भिन्न-भिन्न वृत्तियों के स्थान बहुत कुछ निर्दिष्ट कर सकते हैं। अन्तःकरण की किसी विशेष वृत्ति का स्थान यदि रुग्ण हो जाता है तो साथ ही वह वृत्ति भी नष्ट हो जाती, जैसे मस्तिष्क के भीतर वाणी का जो केन्द्र है यदि वह नष्ट हो जाए तो आदमी गूँगा हो जाएगा। इस बात का प्रमाण तो हम नित्य ही पाते हैं कि मस्तिष्क के द्रव्य में किसी प्रकार का रासायनिक परिवर्तन उपस्थित होने पर चेतना पर पूरा-पूरा प्रभाव पड़ता है। कुछ पीने की चीजें, जैसे चाय और कहवा ऐसी हैं जिनसे हमारी विचारशक्ति कुछ उत्तेजित होती है, कुछ ऐसी हैं, जैसे मद्य, भाँग आदि जिनसे हमारे मनोवेग उत्तेजित होते हैं। कपूर और कस्तूरी से मूर्च्छा या बेहोशी दूर होती है, ईथर और क्लोरोफार्म बेहोशी लाता है। यदि चेतना मस्तिष्क के अवयवों से सर्वथा स्वतन्त्र कोई अभौतिक सत्ता होती तो ऐसा कैसे होता ? जब मस्तिष्क के अवयव काम के नहीं रहते तब 'अमर आत्मा' की चेतना क्या होती है ?

इन सब बातों से सिद्ध होता है कि मनुष्य तथा और स्तन्य जीवों की चेतना परिणामी है। उसमें भीतरी कारणों, जैसे रक्त का चढ़ाव-उतार और बाहरी कारणों, जैसे आघात, उत्तेजन से फेरफार हो सकती है। बहुत सी बीमारियाँ ऐसी होती हैं जिनमें अन्तःसंस्कारों अर्थात् अन्तःकरण में उपस्थित प्रतिबिम्बों, के उलटफेर से मनुष्य की चेतना दो-चार दिन एक प्रकार की रहती है, दो-चार दिन दूसरे प्रकार की—दो-चार दिन वह अपने को कुछ और समझता है, दो-चार दिन कुछ और।

प्रायः सब लोग देखते हैं कि तुरन्त के उत्पन्न बच्चे में चेतना नहीं होती।[1] प्रेयर नामक शरीरविज्ञानी ने दिखलाया है कि चेतना बच्चे में उस समय स्फुरित होती है जब वह बोलना आरम्भ करता है। बहुत दिनों तक वह अपने लिए किसी सर्वनाम आदि शब्द का प्रयोग नहीं करता। जिस घड़ी वह 'मैं' शब्द का उच्चारण करता है और उसमें अहंकार वृत्ति स्पष्ट होती है उसी घड़ी से उसमें आत्मचेतना का आरम्भ समझना चाहिए। दस वर्ष की अवस्था तक उसके ज्ञान की वृद्धि बहुत जल्दी-जल्दी होती है; उसके पीछे वृद्धि की गति कुछ मन्द होती है। ज्ञानवृद्धि की यह गति चेतना और उसके करण मस्तिष्क की वृद्धि के अनुसार होती है। पूर्ण वयस्क होते ही मनुष्य की चेतना पूर्णता को नहीं पहुँच जाती; वह संसार के अनेक रूप के व्यवहारों द्वारा, समाज के संसर्ग द्वारा, परिपक्व होती है। बीस वर्ष की अवस्था के उपरान्त तीस वर्ष की अवस्था के भीतर ही भीतर उसके विचार परिपक्व हो जाते हैं और साठ वर्ष की अवस्था तक पूरा काम देते हैं। साठ वर्ष की अवस्था के उपरान्त जरावस्था के लक्षण दिखाई पड़ने लगते हैं, धीरे-धीरे मानसिक शक्तियों का ह्रास होने लगता है, स्मरणशक्ति, ग्रहणशक्ति, विशेष-विशेष वस्तुओं की ओर प्रवृत्ति क्षीण होने लगती है। हाँ, उद्भावना की शक्ति, चेतना की परिपक्वता और दार्शनिक सिद्धान्त तत्त्वों की ओर अभिरुचि कुछ दिनों तक और बनी रहती है।

मनुष्य ने चेतना की जो उच्च अवस्था प्राप्त की है वह भी क्रम-क्रम करके। ज्यों-ज्यों सभ्यता बढ़ती गई त्यों-त्यों उसकी चेतना भी उन्नत होती गई। यह बात जंगली जातियों की ओर ध्यान देने से, उनकी भाषाओं का मिलान करने से, स्पष्ट हो जाती है। भावग्रहण की शक्ति ज्यों-ज्यों मनुष्यों में बढ़ती जाती है त्यों-त्यों वे सामने आनेवाले अनेकानेक विशेष पदार्थों के बीच सामान्य लक्षणों को ढूँढ़ निकालने और उन्हें सामान्य प्रत्ययों अर्थात् भावनाओं के रूप में ग्रहण करने में समर्थ होते जाते हैं। इस प्रकार उनकी चेतना गूढ़ होती जाती है।[2]

---

1. छान्दोग्योपनिषद् में बच्चों में मन का अभाव माना गया है। 'यथा बाला अमनसः प्राणन्तः प्राणेन, वदन्ती वाचा, पश्यन्श्चक्षुषा, शृण्वन्तः श्रोत्रेणैवमिति'।—प्रपाठक 5, खंड 1
2. जैसे गाय, भैंस, बकरी, हिरन इत्यादि बहुत से विशेष जानवरों को देख मनुष्य सींग को सामान्य लक्षण पाकर 'सींगवाले जन्तु' की एक सामान्य भावना धारण करता है।

ग्यारहवाँ प्रकरण

आत्मा का अमरत्व

अब हम आत्मा के अमरत्व सम्बन्धी सिद्धान्त की परीक्षा में प्रवृत्त होते हैं जिसकी नींव पर अनेक प्रकार के अन्धविश्वासों का गढ़ खड़ा किया गया है। यह एक ऐसा विषय है जिस पर दार्शनिक विचार करते समय प्रायः लोग अपने व्यक्तित्व के राग में फँस जाते हैं। वे चाहते हैं कि किसी-न-किसी प्रकार उन्हें यह विश्वास दिलाया जाए कि उनकी सत्ता जीवन के उपरान्त भी बनी रहेगी। यह वासना ऐसी प्रबल है कि इसके सामने कोई तर्क या युक्ति नहीं चल सकती। अतः आत्मा के सम्बन्ध में इस प्रबल वितंडावाद की सूक्ष्म परीक्षा करके आधुनिक शरीरविज्ञान के प्रत्यक्ष प्रमाणों द्वारा इसकी असारता दिखा देना हमारा काम है।

मृत्यु के उपरान्त भी मनुष्य का व्यक्तित्व या उसकी पृथक् आत्मा का अस्तित्व बना रहता है; इस मत को अमर्त्यवाद कह सकते हैं। इसी प्रकार उस सिद्धान्त को हम मर्त्यवाद कहेंगे जिसमें यह माना जाता है कि मनुष्य के मरने पर उसके और शारीरिक व्यापारों के साथ ही साथ अन्तःकरण के सारे व्यापार भी नष्ट हो जाते हैं, अर्थात् आत्मा भी नहीं रह जाती।

किसी विशेष प्राणी के समस्त सजीव व्यापारों के सब दिन के लिए बन्द हो जाने को मृत्यु कहते हैं। जिस समय मनुष्य का व्यक्तित्व नहीं रह जाता वह मृत कहलाता है, चाहे उसका वंश चलता रहे। वंशपरम्परा के नियमानुसार किसी-किसी के गुण और लक्षण उसकी अगली पीढ़ी में बहुत दिनों तक दिखाई पड़ते हैं। पर ऐसा होना दूसरी बात है। कई अच्छे शरीरविज्ञानी यह कहने लगे हैं कि सबसे क्षुद्र जीव ही अमर होते हैं और जीव नहीं। उनका यह कथन इस आधार पर है कि एकघटक अणुजीव अपनी वंशवृद्धि अमैथुनीय रीति पर विभाग या विच्छेद द्वारा करते हैं। अणुजीव का सारा शरीर दो या कई बराबर भागों में विभक्त हो जाता है और प्रत्येक भाग बढ़कर एक स्वतन्त्र जीव हो जाता है। पर यह समझ रखना चाहिए कि जिस घड़ी अणुजीव के दो भाग होकर अलग-अलग हो जाते हैं उसी क्षण उसका व्यक्तित्व नष्ट हो जाता है।

'अमर' या 'नित्य' शब्द का प्रयोग समस्त विश्व के लिए ही किया जा सकता है। जो कुछ है, समष्टि रूप में उसकी सत्ता सदा रहेगी, यह परमतत्त्व का धर्म है। विश्व की अनश्वरता का सिद्धान्त मैं आगे चलकर कहूँगा जबकि द्रव्य और शक्ति की अक्षरता का विवेचन करूँगा। यहाँ पर तो मैं इस प्रचलित भ्रान्त मत की ही परीक्षा करूँगा कि

एक-एक व्यक्ति की आत्मा अमर है। पहले मैं इस अन्धविश्वास के मूल आदि का निरूपण करूँगा, फिर यह दिखलाऊँगा कि युक्ति और प्रमाण से मर्त्यवाद ही सिद्ध होता है। मर्त्यवाद दो रूपों में मिलता है—आदिम और उत्तर। आदिम रूप में यह असभ्य जंगली जातियों में पाया जाता है जिनमें आत्मा के अमरत्व की भावना का उदय ही नहीं हुआ रहता, उसका आरम्भ ही से अभाव रहता है। उत्तर रूप में यह सभ्य और ज्ञानवृद्ध लोगों के बीच पाया जाता है जिनमें आत्मा के अमरत्व की भावना का प्रध्वंसाभाव रहता है, अर्थात् प्रकृति के निरीक्षण और सूक्ष्म विवेचन द्वारा उसका निराकरण हुआ रहता है। जिस प्रकार आदिम रूप में मर्त्यवाद आदिम और असभ्य दशा के मनुष्यों के बीच पाया जाता है उसी प्रकार उत्तर रूप में वह ज्ञान के उन्नत होने पर सभ्य मनुष्यों के बीच पाया जाता है। अमर्त्यवाद के प्रचलित हो जाने पर प्राचीन काल के बहुत से स्वतन्त्र विचारवाले दार्शनिकों ने उसका घोर प्रतिवाद किया। पर संसार के भिन्न-भिन्न धार्मिक मतों के साथ इस अमरत्व के भाव का गहरा लगाव रहने के कारण वे अधर्मी, नास्तिक आदि नामों से पुकारे गए। उनके मत की भरपूर निन्दा की गई। यह दशा प्रायः सब सभ्य देशों में हुई।[1] योरप में डॉक्टरों के बीच सैकड़ों वर्ष पहले से यह विचार उठ रहा था कि मनुष्य की मृत्यु के साथ ही आत्मा का भी अन्त हो जाता है, पर उसे वे स्पष्ट शब्दों में प्रकट नहीं करते थे। उन्नीसवीं शताब्दी के मध्य भाग में जब शरीरविज्ञान की विशेष उन्नति हुई तब आत्मा के अमरत्व का सिद्धान्त बिलकुल निर्मूल पाया गया। पीछे विकास द्वारा मनुष्य जाति की उत्पत्ति के स्थिर हो जाने, गर्भस्फुरण का क्रम निर्धारित हो जाने तथा सूक्ष्मदर्शक यन्त्र के प्रयोग द्वारा मस्तिष्क के पुरजों की छानबीन हो जाने पर उक्त सिद्धान्त के लिए कहीं कोई आधार नहीं रह गया। अब कहीं सौ में कोई एक शरीरविज्ञानी आत्मा के अमरत्व का राग अलापता सुनाई देता है। 19वीं शताब्दी के प्रायः अद्वैतवादी दार्शनिक मर्त्यवादी थे।

कुछ लोगों का ख्याल है कि आत्मा के अमरत्व का भाव सारे प्रचलित धर्मों का एक मुख्य अंग है। पर यह ख्याल ठीक नहीं। पूर्वीय देशों के समुन्नत धर्मों में इस भाव का कहीं समावेश नहीं। न तो बौद्ध धर्म में, जिसको एक तिहाई दुनिया मानती है, यह भाव है, न चीन के कनफूची धर्म में।

यह रहस्यमय विचार कि मरने के पीछे भी मनुष्य की आत्मा सदा बनी रहेगी, पृथ्वी के भिन्न-भिन्न स्थानों में मनुष्यों के बीच आप-से-आप उत्पन्न हुआ। अत्यन्त प्राचीन युग के असभ्य मनुष्यों में यह विचार नहीं था। पीछे बुद्धि के कुछ बढ़ने पर जब जीवन और मरण, निद्रा और स्वप्न आदि को देख, उनके सम्बन्ध में विचार उठने लगे, तब मनुष्य की दोहरी सत्ता की धारणा भिन्न-भिन्न स्थानों पर आप-से-आप उत्पन्न हुई। पितरों की पूजा, कुटुम्बियों का प्रेम, जीवन से आसक्ति, मरने के पीछे अधिक सुखपूर्ण जीवन की आशा, अच्छे कर्मों से अच्छे फल और पाप से दंड की प्राप्ति, इन्हीं सब बातों

1. भारतवर्ष में आत्मा की पृथक् सत्ता और उसकी अमरता को न माननेवाले दार्शनिकों में चार्वाक प्रधान हुआ है जिसके अनुयायी लोकायतिक और नास्तिक कहलाते हैं।

के प्रभाव से यह धारणा और भी प्रबल होती गई। इसी धारणा के अनुकूल बहुत सी विलक्षण-विलक्षण बातें बहुत से धर्मों में प्रचलित पाई जाती हैं। अधिकांश धार्मिक अपने ईश्वर ही से मिलती-जुलती वस्तु अपनी अमर आत्मा को भी मानते हैं। ईसाइयों ही को लीजिए, जो समझते हैं कि जैसे ईसा कब्र से उठ बैठे थे, वैसे ही वे भी कयामत के दिन अपनी-अपनी कब्रों से उठेंगे और अपने किए कर्मों का फल पावेंगे। यह विचार भी वैसा ही है जैसा कि असभ्य जंगलियों का होता है।

यह तो हुआ धार्मिकों का विचार जिसमें भौतिक और अभौतिक का भेद उतना नहीं है; जिसके अनुसार स्वर्ग में भी जाकर मनुष्य वही सुख भोगेगा जो भूतात्मक शरीर से भोगता है। शरीर और आत्मा को पृथक् माननेवाले दार्शनिक अपना सिद्धान्त कुछ अधिक स्पष्ट रूप में प्रकट करते हैं। वे शरीर को नश्वर और भौतिक मानते हैं और आत्मा को अमर, अभौतिक और चिन्मय। थोड़े काल के लिए दोनों का संयोग हो जाता है। योरप के देशों में इस सिद्धान्त का प्रचार पहले पहल प्लेटो (अफलातून) नामक यूनान देश के दार्शनिक ने किया। उसने शरीर के साथ संयोग होने के पहले और वियोग होने के उपरान्त प्रत्येक आत्मा को शुद्ध रूप में मानकर 'आवागमन' के सिद्धान्त का समर्थन किया। उसने बतलाया कि एक शरीर छोड़कर आत्मा अपने अनुकूल दूसरे शरीर में जाती है। पुण्यात्माओं की आत्मा अच्छी योनि में जाती है और पापियों की बुरी योनि में। शरीरविज्ञान, अंगविच्छेदशास्त्र, गर्भविज्ञान आदि की दृष्टि से यदि विचार किया जाए तो यह बात बच्चों की सी जान पड़ती है।

कुछ दार्शनिक आत्मा को एक पृथक् तत्त्व मानते हुए भी उसका ठीक-ठीक लक्षण नहीं बतला सकते। कभी तो वे उसकी सत्ता भावरूप में मानते हैं और कभी वस्तुरूप में। वैज्ञानिक अद्वैत दृष्टि से यदि हम परमतत्त्व का निरूपण करते हैं तो उसमें द्रव्य और शक्ति (गति) को ओपप्रोत भाव में लेते हैं क्योंकि दोनों का नित्य सम्बन्ध है। अतः आत्मतत्त्व के अन्तर्गत भी ये हैं—आत्मशक्ति अर्थात् इन्द्रियसंवेदन, अन्तःसंस्कार, प्रवृत्ति आदि गत्यात्मक व्यापार, और आत्मद्रव्य अर्थात् सजीव कललरस जो कि शक्ति या मनोव्यापारों का आधार है। मनुष्य आदि उन्नत प्राणियों में यह आत्मद्रव्य संवेदनसूत्रों का अंग है और संवेदनसूत्रविहीन क्षुद्र जीवों में उनके कललरसमय शरीर का। आत्मा के व्यापार के लिए बाह्यकरण अर्थात् ज्ञानेन्द्रियाँ और अन्तःकरण आवश्यक हैं। बिना इन भूतात्मक अवयवों के किसी प्रकार का आत्मव्यापार नहीं हो सकता। पर आत्मा की एक निर्दिष्ट सत्ता है, वह शरीर की अन्तःक्रियाओं की निर्दिष्ट समष्टि है।

आत्मा और शरीर को परस्पर निरपेक्ष माननेवाले द्वैत दृष्टि के दार्शनिकों का भाव आत्मतत्त्व के सम्बन्ध में ऐसा नहीं है। वे अमर आत्मा को द्रव्य मानते हुए भी उसे अगोचर और गोचर शरीर से भिन्न मानते हैं। अतः अगोचरता आत्मा की एक विशेषता मान ली गई है। कुछ लोग तो आत्मा को ईथर वा आकाशद्रव्यवत् एक अत्यन्त सूक्ष्म, अगोचर पदार्थ मानते हैं। यही धारणा प्राचीनों की भी थी। वे समझते थे कि मरने पर शरीर तो जड़ द्रव्य के रूप में रह जाता है और आत्मा निकलकर उड़ जाती है।

ईथर से आत्मा की तुलना इधर थोड़े ही दिनों से होने लगी है जब से विद्युत् और प्रकाश की गति आदि के सम्बन्ध में परीक्षा द्वारा बहुत सी बातें प्रकट हुई हैं। पर ईथर का विचार मैं आगे चलकर करूँगा जिससे प्रकट हो जाएगा कि आत्मा को ईथरवत् बतलानेवाला चिदाकाशवाद भी ठीक नहीं है। जिस प्रकार ईथर वा आकाशद्रव्य समस्त विश्व में स्थूल पिंडों और परमाणुओं के बीच व्याप्त है उसी प्रकार कललरस या मस्तिष्क के अणुओं के बीच आकाशरूप आत्मा को व्याप्त मानने पर भी मनोव्यापारों के हेतु का निरूपण नहीं होता।

आत्मा को वायुरूप समझनेवालों की संख्या बहुत अधिक है। यह समझ बहुत पुरानी है। प्राण शब्द वायुवाचक है जिसके कारण जीव प्राणी कहलाते हैं। श्वासरूपिणी जीवन शक्ति का नाम प्राण रखा गया था। पर साधारण जनों के बीच वह जीवात्मा ही के रूप में माना जाता है। वे किसी के मरने पर कहते हैं कि उसका प्राण निकल गया। मृत पुरुषों की आत्माओं या प्रेतों को वे वायुरूप ही मानते हैं। वायुरूप मानते हुए भी वे उनमें शरीरावयवयुक्त जीवों के से व्यापार मानते हैं। किसी-किसी आध्यात्मिक मंडली ने तो उनके फोटो तक तैयार किए हैं।

परीक्षात्मक भौतिक विज्ञान ने समस्त गैसों या वायव्य पदार्थों को द्रवरूप में और बहुतों को स्थूलरूप तक में परिणत करके दिखा दिया है। इस प्रकार वायु जो अपनी सूक्ष्मता के कारण अग्राह्य वा अदृश्य मानी जाती थी वह दृश्य और ग्राह्य करके दिखा दी गई। अब यदि आत्मा वायुरूप पदार्थ होती तो उसे भी द्रव रूप में ला सकते। किसी मनुष्य के मरने के समय उसमें से निकलनेवाली वायुरूपी आत्मा को पकड़कर हम उसे द्रवरूप में एक शीशी के भीतर बन्द करके दिखाते कि यह लो 'अमृतरस' तैयार है। यहीं तक नहीं, उस रस पर और भी अधिक ठंडक और दबाव डालकर हम एक बर्फ की टिकिया बनाते और उसे 'आत्मा की बर्फ' कहते। पर आज तक किसी ने भी ऐसा करके दिखाया नहीं।

आत्मा की अमरता के जितने प्रमाण दिए जाते हैं उनमें सत्य के अनुसन्धान का कोई प्रयत्न नहीं पाया जाता, केवल एक प्रकार का राग या मनःप्रवृत्ति पाई जाती है। जैसा कि कांट ने कहा है आत्मा का अमरत्व शुद्ध बुद्धि का निरूपण नहीं है, व्यवसायात्मिका बुद्धि की धारणा है। पर सत्य के अन्वेषण में हमें शुद्ध बुद्धि को छोड़ और किसी बुद्धि से काम न लेना चाहिए। सत्य का निरूपण जब होगा तब शुद्ध बुद्धि के द्वारा, किसी प्रकार की अभिरुचि वा वासना के द्वारा नहीं। सत्य कैसा ही अप्रिय हो उसे ग्रहण करना ही पड़ेगा।

आत्मा के अमरत्व के जितने प्रमाण दिए जाते हैं उनमें से एक भी वैज्ञानिक कोटि का नहीं, एक भी ऐसा नहीं जो शरीरविज्ञानानुसारी मनोविज्ञान और जन्तुओं की उत्पत्ति परम्परा सम्बन्धी सिद्धान्त के आधार पर हो। मतवादियों और धर्मवादियों की यह बात कि ईश्वर आत्माओं को कुछ काल तक के लिए पहले से तैयार शरीरों में भेजा करता है, अथवा सृष्टि के आदि में उसने मनुष्यरूपी पुतले के शरीर में अपनी रूह फूँक दी थी, कपोलकल्पना मात्र है। कुछ लोगों का यह कथन कि यदि आत्मा नित्य न होती तो संसार में धर्म की व्यवस्था न रहती सर्वथा निर्मूल है। यह विचार कि मनुष्य की आत्मा अपनी

'परमगति' को इस पार्थिव जीवन में नहीं प्राप्त कर सकती, उसकी पूर्णता के लिए उत्क्रमण आवश्यक है, मनुष्य के महत्त्व की झूठी भावना पर अवलम्बित है। यह समझना कि सांसारिक जीवन में जो अनेक प्रकार के अन्याय होते हैं, अनेक प्रकार की इच्छाएँ अपूर्ण रह जाती हैं, उन सबका प्रतिकार या पूर्ति परलोक या परजन्म में होगी, दुराशा मात्र है। यह बात भी प्रमाणविरुद्ध है कि मनुष्य मात्र में आत्मा के अमरत्व या ईश्वर के अस्तित्व की भावना स्वाभाविक है। बहुत सी ऐसी जातियाँ हैं जिनमें इस प्रकार की कोई भावना नहीं। आत्मा के अमरत्व की सिद्धि के लिए उपस्थित की जानेवाली ये सब युक्तियाँ वैज्ञानिक अनुसन्धानों से निःसार प्रमाणित हो चुकी हैं।

इन निःसार युक्तियों के विरुद्ध जो वैज्ञानिक प्रमाण मिलते हैं वे ये हैं। शरीरविज्ञान से इस बात का पूरा प्रमाण मिलता है कि आत्मा शरीर से स्वतन्त्र कोई अभौतिक सत्ता नहीं है। मस्तिष्क के व्यापारों की समष्टि का नाम ही आत्मा है और ये व्यापार भी शरीर के और व्यापारों के समान भौतिक और रासायनिक नियमों के अधीन हैं। मस्तिष्क के सूक्ष्म अन्वीक्षण द्वारा आत्मव्यापार के साधक अवयवों का पता लगता है। परीक्षा द्वारा यह देखा गया है कि आत्मा के भिन्न-भिन्न व्यापार मस्तिष्क के भिन्न-भिन्न भागों पर अवलम्बित हैं। यदि वे भाग नष्ट हो जाते हैं तो उनके द्वारा होनेवाले व्यापार भी बन्द हो जाते हैं। इस बात का प्रमाण प्रकृति हमें बराबर देती रहती है। भ्रूणवृद्धि और शिशुवृद्धि आदि के क्रम को देखने से हमें पता चलता है कि किस प्रकार मनुष्य की आत्मा भी क्रमशः बढ़ती जाती है और प्रौढ़ावस्था में परिपक्व हो जाती है। इतना ही नहीं, जरावस्था में वह शिथिल और क्षीण भी होती है। जीवों की वर्गोत्पत्ति परम्परा की ओर ध्यान देने से पता लगता है कि मनुष्य का मस्तिष्क और उसका व्यापार आत्मा, और दूसरे स्तन्य जीवों के मस्तिष्क से उन्नत होते-होते बना है। इसी प्रकार स्तन्य जीवों का मस्तिष्क दूसरे क्षुद्र कोटि के रीढ़वाले जन्तुओं के मस्तिष्क से उन्नत होते-होते बना है। आत्मा की यह घटती-बढ़ती उत्पत्ति धर्म और अनित्यता का प्रमाण है, अमरत्व का नहीं।

आधुनिक विज्ञान के अन्वेषणों से आत्मा के अमरत्व का सर्वथा खंडन हो गया है। कुछ दिनों पीछे इसकी चर्चा वैज्ञानिक क्षेत्र से बिलकुल उठ जाएगी, केवल आँख मूँदकर विश्वास करनेवालों में रह जाएगी। आत्मा के अमरत्व का विश्वास एक अन्धविश्वास मात्र रह जाएगा। पर अभी सभ्य-से-सभ्य देश के करोड़ों मनुष्य इस अन्धविश्वास को अपनी 'परमनिधि' समझते हैं। इसे वे कदापि छोड़ना नहीं चाहते। पर मैं इस बात को दृढ़ता के साथ कहता हूँ कि आत्मा के अमरत्व की भावना मोह के अतिरिक्त और कुछ नहीं। इसे त्यागने से मनुष्य जाति की हानि कुछ नहीं, और लाभ बहुत है।

आत्मा को अमर मानने की प्रबल वासना का कारण क्या है ? क्यों लोगों की यह इच्छा रहती है कि आत्मा अमर सिद्ध हो ? इसके मुख्य कारण दो हैं—एक तो यह आशा कि परलोक में अधिक सुख मिलेगा, दूसरी यह आशा कि मृत्यु के कारण जिन प्रियजनों का वियोग हुआ है वे फिर देखने को मिलेंगे। इस संसार में बहुत सी भलाइयाँ हम दूसरों के साथ करते हैं जिनके बदले की कोई आशा यहाँ नहीं होती। अतः हम एक ऐसे अनन्त

जीवन की वांछा करते हैं जिसमें सब बदले पूरे हो जाएँ और सदा सुख और शान्ति बनी रहे। भिन्न-भिन्न जातियों में स्वर्ग की भावना उसकी सुख की भावना के अनुसार है। मुसलमानों के बिहिश्त में सुन्दर छायादार बगीचे हैं, मीठे पानी के चश्मे जारी हैं, हूर और गिलमा सेवा के लिए हैं। ईसाइयों का स्वर्ग भी सुखसंगीतपूर्ण है, अमेरिका के आदिम निवासियों के स्वर्ग में शिकार खेलने के लिए बड़े-बड़े मैदान हैं जिनमें असंख्य भैंसे और भालू फिरा करते हैं। ध्यान देने की बात यह है कि लोग स्वर्ग में उन्हीं सब सुखों को भोगने की कामना करते हैं जिन्हें वे यहाँ अपनी इन्द्रियों के द्वारा भोगते हैं। वे कानों से स्वर्गीय संगीत सुनेंगे, आँखों से अप्सराओं का नृत्य देखेंगे और रसना से अमृत का स्वाद लेंगे। इन सब सुखों को वे अनन्त काल तक भोगेंगे। आत्मा को अभौतिक आदि मानते हुए भी वे उसे परलोक में भौतिक सुखों का भोक्ता माने बिना नहीं रह सकते।

अमर्त्यवाद मानने की इच्छा सबसे बढ़कर इसलिए होती है कि उससे उन प्रियजनों से फिर मिलने की आशा बँधती है जिनसे इस जीवन में वियोग हो जाता है। पर यदि ऐसा होना मान भी लें तो भी हमारी स्थिति कुछ विशेष सुखदायक नहीं हो सकती क्योंकि जिस प्रकार प्रियजन मिल सकते हैं उसी प्रकार वे शत्रु भी तो मिल सकते हैं जिन्होंने यहाँ नाक में दम कर रखा था। ऐसे करोड़ों आदमी मिलेंगे जो स्वर्ग का सारा सुख छोड़ने के लिए तैयार हो जाएँगे यदि वे समझें कि ऐसा करने से स्त्री या नानी से भेंट हो जाएगी।

अमरवादियों से एक बात और पूछने की है। वह यह कि स्वर्ग का सुख भोगनेवाली आत्मा किस अवस्था की होगी, शैशवावस्था की, तरुणावस्था की या जरावस्था की।[1] यदि किसी बालक की आत्मा शरीर से मुक्त होकर स्वर्ग को गई तो क्या उसे उसी प्रकार धीरे-धीरे परिपक्व होना पड़ेगा जिस प्रकार यहाँ अपने अनुभव की उत्तरोत्तर वृद्धि और गुरुजनों की शिक्षा द्वारा वह परिपक्व होती है ? क्या बुड्ढे की आत्मा वहाँ जाकर निरन्तर क्षीयमाण ही रहेगी ?

ईसाइयों, मूसाइयों आदि का कयामत का ख्याल तो सबसे गया-बीता है। वे समझते हैं कि मनुष्यों की आत्माएँ शरीर से निकल-निकलकर बराबर जमा होती जाएँगी और सृष्टि के अन्तिम दिन में दो दलों में बाँटी जाएँगी। एक दल तो स्वर्ग में अनन्तकाल का सुख भोगने के लिए जाएगा, दूसरा नरक में चिरकाल तक के लिए यन्त्रणा भोगने के लिए जाएगा। यह सब करेगा कौन ? दयामय आसमानी बाप। वही क्षणिक जीवन के बीच किए हुए पुण्य के लिए अनन्त सुख और पाप के लिए अनन्त दुःख देगा ?

आध्यात्मिक दर्शन धर्माचार्यों की इन स्थूल पौराणिक कल्पनाओं को न मानकर आत्मा की सत्ता सब भूतों से परे मानता है। पर आजकल के परीक्षात्मक तत्त्ववाद में इस प्रकार की ऊटपटाँग भावना के लिए कोई जगह नहीं। सारांश यह कि आत्मा के अमरत्व का प्रवाद आधुनिक विज्ञान के परीक्षात्मक निश्चयों के सर्वथा विरुद्ध है।

1. जो लोग आत्मा को अजर आदि मानते हैं वे यह प्रश्न सुनकर चौकेंगे। पर हैकल ने पहले ही कह दिया है कि आत्मा भी विविध अवस्थाओं को प्राप्त होती है, अर्थात् वह भी जवान और बुड्ढी होती है। हिन्दुओं की स्वर्गसम्बन्धिनी भावना कुछ समाधानकारक है। वे स्वर्गवासी अमरों को अजर मानते हैं।

बारहवाँ प्रकरण

मूल प्रकृति की व्यवस्था

प्रकृति का सर्वव्यापक गुण, समस्त विश्व का एक अखंड धर्म परमतत्त्व का धर्म है। इस गुण का पता लगना ज्ञानक्षेत्र में सबसे बड़ी विजय है क्योंकि प्रकृति के और नियम इसके वशवर्ती हैं। इस मूल प्रकृति या परमतत्त्व के धर्म के अन्तर्गत दो अखंड नियम हैं एक तो द्रव्य की अक्षरता का और दूसरा शक्ति की अक्षरता का। यदि विचारपूर्वक देखा जाए तो ये दोनों नियम परस्पर अभिन्न हैं; ये एक-दूसरे से अलग नहीं किए जा सकते। कुछ लोग ऐसे भी हैं जो इस अभिन्नता को नहीं मानना चाहते। पर शुद्ध तत्त्वदृष्टि रखनेवाले दार्शनिकों के निकट यह प्रत्यक्ष है। अब संक्षेप में इन दोनों नियमों का उल्लेख किया जाता है।

द्रव्य की अक्षरता या अनश्वरता का नियम, जिसका अनुसन्धान और जिसकी व्याख्या लवायशियर नामक एक फरासीसी वैज्ञानिक ने पहले पहल सन् 1789 में की, इस प्रकार है। द्रव्य जो अनन्त दिक् में व्याप्त है उसका योग सदा समान रहता है, उसमें किसी प्रकार की घटती-बढ़ती नहीं हो सकती। द्रव्य का कोई पिंड जो हमारे देखने में लुप्त हो जाता है, वह वास्तव में नष्ट नहीं होता, केवल अपना रूप बदल देता है। जब कपूर जल जाता है तब उसके अणुओं का नाश नहीं होता, उसके अणु धुएँ, काजल या अन्य किसी रूप में बने रहते हैं। जब मिस्री की डली पानी में घुल जाती है तब वह स्थूल से तरल रूप में हो जाती है। इसी प्रकार जहाँ कोई नया पदार्थ उत्पन्न होता दिखाई देता है वहाँ भी रूपपरिवर्तन मात्र ही समझना चाहिए। मेह की झड़ी वायु में मिली भाप है जो बूँदों के रूप में होकर गिरती है। लोहे के ऊपर जो मुरचा लग जाता है वह उसी धातु की एक तह है जो पानी और हवा में मिली आक्सिजन के साथ मिलकर मुरचे के रूप में हो जाती है। प्रकृति के बीच कभी किसी नए अर्थात् अतिरिक्त द्रव्य की उत्पत्ति या सृष्टि नहीं होती और न द्रव्य के किसी एक कण का भी नाश या प्रध्वंसाभाव होता है। यह बात निर्विवाद है और इसी पर आधुनिक रसायनशास्त्र की स्थिति है। इसका निश्चय हम जब चाहें तब वैज्ञानिकों के मानयन्त्र तराजू द्वारा कर सकते हैं। 'द्रव्य की नित्यता' का निश्चय अब वैज्ञानिक मात्र को है।

शक्ति की अक्षरता या नित्यता का सिद्धान्त इस प्रकार है। शक्ति अर्थात् गतिशक्ति जो अनन्त दिक् में कार्य करती है और समस्त व्यापार जिसके परिणाम हैं उसका योग सदा समान रहता है। उसमें किसी प्रकार की घटती-बढ़ती नहीं होती।

गतिशक्ति का न कभी क्षय होता है और न कोई अतिरिक्त नई शक्ति विश्व में उत्पन्न होती है। एंजिन जब तक खड़ा रहता है तब तक भाप की गतिशक्ति निहित या संचित रहती है। जब वह दौड़ता है तब भाप की वही निहित शक्ति व्यक्त या क्रियमाण शक्ति के रूप में परिवर्तित हो जाती है। यह व्यक्त या क्रियमाण शक्ति कई रूपों में दिखाई पड़ती है। ताप, पिंडगति, शब्द, प्रकाश, विद्युत् आदि व्यक्त शक्ति के ही भिन्न-भिन्न रूप हैं। भौतिक विज्ञान ने एक रूप की शक्ति को दूसरे रूप की शक्ति में परिणत करके दिखा दिया है। ताप पिंडों को गति के रूप में परिवर्तित किया जा सकता है, पिंडों की गति शब्द या प्रकाश के रूप में और प्रकाश विद्युत् के रूप में। एक रूप से दूसरे रूप में परिवर्तित होने पर वेग की मात्रा उतनी ही बनी रहती है, उसमें अन्तर नहीं पड़ता। जीती-जागती गतिशक्ति का कोई अंश न कभी क्षय को प्राप्त होता है और न किसी नवीन अंश की विश्व में उत्पत्ति होती है। यह सिद्धान्त सन् 1842 में पूर्णरूप से निर्धारित हो गया। शरीरविज्ञान में भी यह सिद्धान्त पूर्णरूप से घटता है। पर शरीर के भीतर एक अतीत शक्ति माननेवाले शरीरविज्ञानी तथा द्वैतभावापन्न दार्शनिक अभी तक उसका विरोध करते जाते हैं। उनके मत में शरीर के भीतर चेतन व्यापार सम्पादन करनेवाली जो आध्यात्मिक शक्ति है वह सर्वथा स्वतन्त्र है—वह भौतिक गतिशक्ति के नियमाधीन नहीं है। वे आत्मा के इच्छा, द्वेष आदि व्यापारों को सर्वथा स्वतन्त्र मानते हैं। पर अद्वैत तत्त्वदृष्टिसम्पन्न वैज्ञानिक इनको भी गतिशक्ति का ही एक उन्नत रूप मानते हैं।

द्रव्य की अक्षरता का सिद्धान्त और गतिशक्ति की अक्षरता का सिद्धान्त दोनों वस्तुतः एक ही हैं; यह बात आधुनिक अद्वैतवाद में बड़े काम की है। इन दोनों सिद्धान्तों में उसी प्रकार नित्य सम्बन्ध है जिस प्रकार द्रव्य और शक्ति में। ये वस्तुतः अन्योन्याश्रित क्या अभिन्न हैं। अद्वैतदृष्टि के बहुत से दार्शनिकों को तो इनकी अभिन्नता या एकता सर्वथा प्रत्यक्ष है क्योंकि ये एक ही पदार्थ विश्व के दो रूपों से सम्बन्ध रखते हैं। पर प्रस्तक्ष होने पर भी यह बात सबको स्वीकृत नहीं है। शक्ति और द्रव्य, आत्मा और शरीर को पृथक् माननेवाले द्वैतवादी दार्शनिक, अतीत शक्ति माननेवाले शरीरविज्ञानी तथा शरीर और आत्मा के व्यापारों को दो सहगामी व्यापार माननेवाले मनोविज्ञानी इसका घोर विरोध करते हैं। यहाँ तक कि व्याहत दृष्टि के कुछ अद्वैतवादी दार्शनिक भी यह कहते हैं कि द्रव्य और शक्ति की एकता मानने पर भी 'चेतना' एक ऐसी वस्तु रह जाती है जो इस एकता के अन्तर्गत नहीं आती, जो द्रव्य और भौतिक शक्ति के नियमों से परे प्रतीत होती है। पर मुझे तो पूरा निश्चय है कि 'चेतना' भी द्रव्य और भौतिक शक्ति के नियमाधीन है, उससे परे नहीं। द्रव्य का नियम और गतिशक्ति का नियम दोनों अभिन्न हैं। व्यवहार के लिए उनकी अलग-अलग भावनामात्र मनुष्य को होती है। दोनों नियमों के समाहार को हम 'परमतत्त्व का धर्म' कहते हैं जिसका वशवर्ती अखिल ब्रह्मांड है। कार्य-कारण-व्यवस्था इसी के अन्तर्गत है।

योरप में स्पिनोजा (सन् 1677) पहला दार्शनिक है जिसके विचार में 'परमतत्त्व' की शुद्ध भावना आई। उसी ने पहले पहल ईश्वर और जगत् की एकता का प्रतिपादन

किया।[1] इस प्रकार योरप में शुद्ध अद्वैतवाद की नींव पड़ी। स्पिनोजा ने बतलाया कि यह 'परमतत्त्व' अपनी सत्ता को दो रूपों में व्यक्त करता है। एक द्रव्य के रूप में अर्थात् अनन्त दिक् में व्याप्त पदार्थ या तत्त्व के रूप में और दो आत्मा के रूप में अर्थात् सर्वव्यापिनी गतिस्वरूपा चित् शक्ति के रूप में।[2] संसार के सब पदार्थ, सब जीव, जिनकी हमें अलग-अलग भावना होती है, इसी परमतत्त्व के विशेष-विशेष क्षणभंगुर नाम रूप हैं।[3] इन नाम रूपों का जब हम विस्तार के गुणानुसार विचार करते हैं तब वे द्रव्यात्मक वस्तु कहलाते हैं, और जब चित् शक्ति या क्रियाशक्ति के रूप में विचार करते हैं तब गति या बुद्धि क्रिया कहलाते हैं। स्पिनोजा के इस गूढ़ विचार का समर्थन हम आज भी करते हैं और द्रव्य अर्थात् दिक् में व्याप्त परमतत्त्व और शक्ति अर्थात् गति या वेग को एक ही सर्वव्यापक परमतत्त्व की दो अभिव्यक्तियाँ मानते हैं।

आधुनिक विज्ञान में परमतत्त्व के सम्बन्ध में जो भिन्न-भिन्न सिद्धान्त प्रचलित हैं उनमें मुख्य दो हैं–प्रथम अणुदोलन सिद्धान्त और द्वितीय आकुंचन सिद्धान्त। दोनों सिद्धान्तों के अनुसार यह निश्चय पक्का ठहरता है कि आकर्षण, विद्युत्, प्रकाश और ताप इत्यादि सब एक ही मूल गतिशक्ति के रूपान्तर हैं। पहले अणुदोलनवाले सिद्धान्त को लेते हैं। इसके अनुसार मूल गतिशक्ति द्रव्य के परमाणुओं का क्षोभ है। ये परमाणु जड़ हैं और दूर से एक-दूसरे पर आकर्षण प्रभाव डालकर शून्य में नाचते रहते हैं। इस सिद्धान्त का प्रवर्तक न्यूटन है जिसने योरप में आकर्षण सिद्धान्त की स्थापना की। सन् 1687 में अपने सिद्धान्तग्रन्थ में उसने दिखाया कि समस्त विश्व आकर्षण के नियम पर चलता है। यह आकर्षण पदार्थों के गुरुत्व और उनकी बीच की दूरी के हिसाब से होता है। पिंड जितने ही भारी होंगे उतने ही अधिक वेग से आकर्षण होगा और एक-दूसरे से जितने ही अधिक दूर होंगे उतना ही आकर्षण का वेग कम होगा। इसी व्यापक नियम के अनुसार फल पेड़ पर से टूटकर पृथ्वी पर गिरता है, समुद्र की लहरें ऊपर की ओर उठती हैं और ग्रह सूर्य के चारों ओर घूमते हैं। न्यूटन ही ने इस नियम के परिचालन का ठीक-ठीक हिसाब गणित करके दिखाया। न्यूटन के निरूपण से इस बात का तो पता लगा कि आकर्षण किस हिसाब से होता है पर इसका पता कुछ भी न लगा कि यह होता किस प्रकार है। यह कहने से कि एक ग्रहपिंड दूर से बिना किसी मध्यवर्ती वाहक के दूसरे पिंडों में गति उत्पन्न करता है, आकर्षण का विधान कुछ भी समझ में नहीं आता। अतः यह कोई आश्चर्य की बात नहीं कि दूर से बिना किसी आधार के होनेवाली यह क्रिया न्यूटन को एक गूढ़ रहस्य या ईश्वरी माया प्रतीत हुई हो, जिसके कारण उसने अपना शेष जीवन बाइबिल की बेसिर पैर की बातों की उधेड़बुन में बिताया।

1. भारतवर्ष में ईश्वर और जगत् की एकता का सिद्धान्त अत्यन्त प्राचीन काल में निश्चित हुआ था। उपनिषद् की 'सर्वं खल्विदं ब्रह्म' की भावना बहुत पुरानी है। वेदान्ती लोग भी ईश्वर को जगत् का 'अभिन्ननिमित्तोपादान' बतलाकर ईश्वर और जगत् की एकता का आभास देते हैं।
2. द्वे वाव ब्रह्मणो रूपे मूर्तंचैवामूर्तंच, मर्त्यंचामृतंच, स्थितं च यच्च, सच्च, त्यच्च। –वृहदारण्यक, मूर्तामूर्त ब्राह्मण।
3. इन नाम रूपों की क्षणभंगुरता का विषय हमारे यहाँ आकाश के दृष्टान्त द्वारा समझाया गया है। जैसे घट के भीतर का आकाश विशेष रूप का दिखाई पड़ता है, पर घड़े के फूटने पर वह घटाकाश नहीं रह जाता अर्थात् आकाश का वह स्वरूप नहीं रह जाता।

इस अणुदोलन सिद्धान्त के विरुद्ध हाल का आकुंचन सिद्धान्त है। इसके अनुसार जगत् की मूल गति शून्य स्थान में अणुओं का दोलन या कम्पन नहीं है बल्कि अनंत दिक् में अखंड रूप से व्याप्त मूलद्रव्य या परमतत्त्व का आकुंचन या जमाव है। इस परमतत्त्व की मूलगति आकुंचित होने या जमने की प्रवृत्ति है जिसके कारण जमाव के अनन्त केन्द्र उत्पन्न हो जाते हैं। अखिल मूल प्रकृति या परमतत्त्व के सूक्ष्म कण परमाणु रूप ही हैं। पर अणुदोलन सिद्धान्तवाले इन परमाणुओं को जैसा मानते हैं वैसे वे नहीं होते। उनमें एक प्रकार की संवेदना या प्रवृत्ति, जिसे मूल वासना या मनोगति कह सकते हैं, होती है। अतः इन अणुओं को एक प्रकार की मूल आत्मा[1] से युक्त मानना चाहिए। एक बात और है। आत्माओं से युक्त ये परमाणु शून्य में नहीं फिरते हैं बल्कि एक अत्यन्त सूक्ष्म और प्रवाहरूप मध्यवर्ती द्रव्य में घूमते हैं जो जमा नहीं रहता। मूलद्रव्य के जमने में जो क्षोभ होता है उससे क्षोभ के बहुत से केन्द्र बनते हैं जिनके चारों ओर असंख्य परमाणु एकत्र होकर परस्पर मिलते हैं और आसपास के द्रव्य से अधिक स्थूलता प्राप्त करते हैं। इस रीति से मूलप्रवृत्ति या परमतत्त्व जो अपनी मूल साम्यावस्था में सर्वत्र एकरस रहता है, दो रूपों में हो जाता है। क्षोभ के केन्द्र, जिनका घनत्व साम्यावस्था के मूलद्रव्य के सामान्य घनत्व से अधिक हो जाता है, पिंडों के स्थूल उपादान होते हैं; और उनके बीच के स्थानों में व्याप्त सूक्ष्म मध्यवर्ती मूलद्रव्य जिनका घनत्व साम्यावस्था के मूलद्रव्य के सामान्य घनत्व से कम हो जाता है, वह ईथर या सूक्ष्म अगोचर आकाशद्रव्य हो जाता है। एक मूलतत्त्व के पिंड और ईथर इन दो पदार्थों में विभक्त हो जाने से दोनों पदार्थों में निरन्तर विरोध चलता रहता है। यही विरोध समस्त भौतिक व्यापारों का कारण है। इच्छा या प्रवृत्तियुक्त स्थूल द्रव्य निरन्तर संयुक्त और घनीभूत होने का प्रयत्न करता रहता है और इस व्यापार द्वारा विपुल मात्रा में निहित गतिशक्ति का संचय करता है। उसके विरुद्ध सूक्ष्म अग्राह्य द्रव्य निरन्तर इस बात का प्रयत्न करता रहता है कि उस पर और अधिक खिंचाव न पड़े और इस प्रकार वह अधिक-से-अधिक व्यक्त या क्रियमाण गतिशक्ति का संचय करता है।

यह आकुंचन सिद्धान्त मूल प्रवृत्ति की एकता का निश्चय रखनेवाले जीवविज्ञानियों को अणुदोलन सिद्धान्त की अपेक्षा अधिक मान्य है। पर अणुदोलन सिद्धान्तवाले वैज्ञानिक आकुंचन सिद्धान्त स्वीकार नहीं करते। दोनों अनुमानमूलक सिद्धान्तों में जो विरोध है वह केवल गति के प्रकार में है, मूल प्रकृति या परमतत्त्व की गति दोनों मानते हैं। आकुंचन सिद्धान्त चाहे अभी अपूर्ण हो, उसमें बहुत सी त्रुटियाँ हों, पर यह मानना ही पड़ेगा कि अणुदोलन सिद्धान्त में जो दोष थे वे इसके द्वारा बहुत कुछ स्पष्ट हो गए हैं। आज इसी सिद्धान्त का अनुसरण करके मैं अद्वैत दृष्टि से परमतत्त्व के सम्बन्ध में ये बातें निश्चित करता हूँ—

(1) परमतत्त्व के ये दोनों रूप अर्थात् स्थूल द्रव्य और ईथर जड़ नहीं हैं। वे किसी बाहरी शक्ति के द्वारा परिचालित नहीं होते बल्कि उनमें स्वयं संवेदन

1. आत्मा से अभिप्राय यहाँ चैतन्य का नहीं है, केवल जड़ प्रवृत्ति का है। चेतना को हैकल गुणविकास मानते हैं।

और इच्छा अत्यन्त निम्न श्रेणी की होती है। एक में जमाव की इच्छा और दूसरे में खिंचाव की अनिच्छा होती है।

(2) विश्व में कहीं कोई स्थान शून्य नहीं। जो स्थान स्थूल परमाणुओं से पूर्ण नहीं, वह ईथर से व्याप्त है।

(3) एक पिंड दूसरे में जो गति आदि उत्पन्न करता है वह या तो संसर्ग द्वारा अथवा ईथर की मध्यस्थता द्वारा।

परमतत्त्व के सम्बन्ध में ऊपर जिन दिनों सिद्धान्तों का उल्लेख हुआ है वे दोनों अद्वैत सत्ता सूचित करते हैं; क्योंकि परमतत्त्व के जो दो अवस्थाभेद हैं–द्रव्य और ईथर, वे उसके मूल रूप नहीं हैं। पर अध्यात्मपक्ष के दार्शनिकों का द्वैतमत कुछ और ही है। वे दो प्रकार के तत्त्व मानते हैं–भौतिक और अभौतिक। भौतिक तत्त्व उन पदार्थों का उत्पादन है जो भौतिक विज्ञान और रसायनशास्त्र के नियमाधीन हैं। अभौतिक तत्त्व आध्यात्मिक जगत् में है जो समस्त भूतों से परे है, अतः भौतिक विज्ञान के नियमों के बाहर है। इस अध्यात्म जगत् में 'आत्मशक्ति', 'अबाध इच्छाशक्ति' या इसी प्रकार का कोई हौवा काम करता है। इन विचारों के खंडन में प्रवृत्त होने की कोई आवश्यकता नहीं, क्योंकि आज तक अनुभव द्वारा न तो किसी अभौतिक तत्त्व का पता लगा है न और किसी ऐसी क्रिया या शक्ति का जो द्रव्याश्रित न हो। यहाँ तक कि गतिशक्ति अर्थात् क्रियाशक्ति के सबसे जटिल और विशद भेद जो जीवधारियों के बुद्धि आदि व्यापार हैं, वे भी भूतात्मक द्रव्यविधान के आश्रित हैं; मस्तिष्क के अवयवों की परिस्थिति और रसविकार पर अवलम्बित हैं। इन अवयवों और रसविकारों से पृथक् उनकी भावना हो नहीं सकती।

स्थूल द्रव्य का विश्लेषण आदि रसायनशास्त्र का विषय है। रसायनशास्त्र ने इधर जो आश्चर्यजनक उन्नति की है वह किसी से छिपी नहीं है। प्रकृति में जितने पदार्थ हैं विश्लेषण करने पर वे कुछ मूलद्रव्यों के योग से बने पाए गए हैं। मूलद्रव्य का अभिप्राय यह है कि यदि उसका और विश्लेषण किया जाए तो उसमें और किसी भिन्न द्रव्य का योग नहीं पाया जाएगा। अब तक सत्तर या पचहत्तर मूलद्रव्यों में से केवल चौदह ऐसे हैं, जो इस पृथ्वी पर बहुत अधिक व्याप्त हैं। बाकी जो हैं उनमें से अधिकांश धातुएँ हैं; जैसे लोहा, सोना, सीसा इत्यादि। मेंडालायफ नामक एक रूसी रसायनवेत्ता ने इन मूलद्रव्यों को परमाणुओं के गुरुत्व के अनुसार वर्गों से बाँटा है। इस वर्गीकरण में समान गुणवाले मूलद्रव्य एक वर्ग में आ जाते हैं। इन वर्गों में जो परस्पर सम्बन्ध है उसे देखने से प्राणिवर्गों और वनस्पतिवर्गों के परस्पर सम्बन्ध की ओर ध्यान जाता है। अतः जिस प्रकार एक मूलरूप से सम्पूर्ण प्राणिवर्गों की उत्पत्ति हुई है उसी प्रकार मूलद्रव्य के इन वर्गों की भी उत्पत्ति समझी जा सकती है। क्रुक्स आदि रसायनज्ञों ने सूचित किया है कि समस्त मूलद्रव्यों का विकास एक आदिम मूलद्रव्य से हुआ है।

दार्शनिकों का अणुवाद तो बहुत पुराना है। पर रसायनशास्त्र में परमाणुवाद की स्थापना डाल्टन नामक एक वैज्ञानिक ने की। उसी ने पहले पहल प्रत्येक मूलद्रव्य के

परमाणुओं का गुरुत्व निश्चित किया[1] जिसके आधार पर आधुनिक रसायनशास्त्र के सिद्धान्त स्थिर किए गए हैं। ये सिद्धान्त परमाणुमूलक हैं क्योंकि इनमें प्रत्येक मूलद्रव्य एक ही प्रकार की सूक्ष्मातिसूक्ष्म कणिकाओं के योग से बना माना गया है। ये परमाणुमूलक सिद्धान्त परीक्षात्मक या अनुभवसिद्ध हैं क्योंकि ये ठीक-ठीक बतलाते हैं कि किस हिसाब से एक मूलद्रव्य के परमाणु दूसरे मूलद्रव्य के परमाणुओं के साथ मिलते हैं। रसायनशास्त्र इसके आगे नहीं जाता। वह यह नहीं बतलाता कि परमाणुओं की आकृति, प्रकृति, अन्तःक्रिया आदि कैसी हैं।[2]

भिन्न-भिन्न मूलद्रव्यों का भिन्न-भिन्न मूलद्रव्यों के साथ जो परस्पर प्रीतिसम्बन्ध है वह ध्यान देने योग्य है। यह प्रीतिसम्बन्ध कुछ मूलद्रव्यों के रासायनिक रीति से मिलने और कुछ के न मिलने में देखा जाता है। मूलद्रव्यों के व्यापार में उदासीनता से लेकर प्रबल-से-प्रबल प्रीति का उसी प्रकार दृष्टान्त मिलता है जिस प्रकार मनुष्यों, विशेषकर स्त्री-पुरुषों के व्यापार में। वह प्रबल प्रेम जिससे स्त्री-पुरुष एक-दूसरे की ओर आकर्षित होते हैं वही प्रबल चेतनानिरपेक्ष 'अचेतन' आकर्षण है, जिसकी प्रेरणा से शुक्रकीटाणु गर्भकीटाणु में प्रवेश करता है और हाइड्रोजन के परमाणु आक्सिजन के परमाणुओं के साथ मिलते और जलकणिका की सृष्टि करते हैं। इसका समर्थन शरीराणुरूप घटकों की अन्तःक्रिया या मनोव्यापार की परीक्षा द्वारा भी होता है। इन बातों के आधार पर हमारा यह निश्चय है कि द्रव्य के एक परमाणु में भी मूलरूप की संवेदना और इच्छा अथवा अनुभूति और प्रवृत्ति होती है। उसमें भी एक अत्यन्त मूलरूप की अत्यन्त सादे ढंग की आत्मा होती है।[3] इन परमाणुओं के योग से बने हुए अणुओं में भी इसी प्रकार की अल्प आत्मा होती है। भिन्न-भिन्न प्रकार के अणु मिलकर ऐसे रासायनिक द्रव्य या रस जैसे कललरस, हो जाते हैं जिनमें ऊपर लिखे अन्तर्व्यापार भी अधिक गूढ़ और जटिल रूप धारण कर लेते हैं। प्राणियों के व्यापार इसी प्रकार के अन्तर्व्यापार हैं।

यहाँ तक तो स्थूल द्रव्य की बात हुई। अब अत्यन्त सूक्ष्म द्रव्य ईथर को लीजिए जो भौतिक विज्ञान का विषय है। प्रकाश किस प्रकार एक पिंड से निकलकर दूसरे पिंड पर जाता है, इसके समाधान के लिए एक अत्यन्त सूक्ष्म और पतले मध्यवर्ती द्रव्य का अस्तित्व भौतिक विज्ञान में कुछ दिनों से माना जाने लगा था। पर उसका विशेष रूप से परिचय तब हुआ जब विद्युत् के तत्त्वों की छानबीन की गई, उसके अनेक प्रकार के प्रयोग किए गए और उसकी गति आदि की मीमांसा की गई। अब ईथर की वास्तविक सत्ता वैज्ञानिकों में सर्वत्र मानी जाती है। पर अभी कुछ लोग ऐसे भी हैं जो कहते हैं कि ईथर एक अनुमान मात्र है। ऐसा कहनेवाले सृष्टितत्त्व से अनभिज्ञ दार्शनिक और चलते

---

1. गुरुत्व से यह न समझना चाहिए कि परमाणुओं की ठीक-ठीक तौल बतला दी गई। उनके गुरुत्व का केवल सम्बन्ध बताया गया कि यदि एक का गुरुत्व एक माना जाए तो दूसरे का दो होगा और तीसरे का चार होगा।
2. परमाणु की इधर और परीक्षा हुई है। दे. भूमिका।
3. ध्यान रखना चाहिए कि आत्मा से हैकल का अभिप्राय चेतना का नहीं है। चेतना को वे एक ऐसी वृत्ति मानते हैं जो मस्तिष्क या अन्तःकरण के कुछ उन्नत होने पर उत्पन्न होती है।

हुए साधारण लेखक ही नहीं, कुछ वैज्ञानिक लोग भी हैं। पर यह कोई आश्चर्य की बात नहीं, क्योंकि ऐसे करामाती दार्शनिक भी हुए हैं जिन्होंने इस दृश्य जगत् तक की सत्ता अस्वीकार की है। उनकी समझ में केवल एक ही वास्तविक सत्ता है, वही उनकी परम प्रिय अमर आत्मा। योरप में डेकार्ट, बर्क्ले और फिक्ट इसी प्रकार के दार्शनिक हुए हैं।[1] कई एक ने तो इस आत्माद्वैतवाद को तत्त्वज्ञवर कांट के इस कथन का ठीक अभिप्राय न समझने के कारण ग्रहण किया है कि बाह्य जगत् का हमें जो बोध होता है वह प्रतीतिमूलक है, अर्थात् उन्हीं रूपों में होता है जिन रूपों में इन्द्रियों के सहित मन को दिखाई पड़ता है। कांट का कहना है कि वस्तुओं का चित्तनिरपेक्ष वास्तव स्वरूप मनुष्य नहीं जान सकता। पर यदि अन्तःकरण द्वारा हमें भूतात्मक जगत् का अपूर्ण और परिमित ज्ञान ही प्राप्त हो सकता है, तो यह कोई ऐसा कारण नहीं जिससे हम एकदम जगत् का अस्तित्व ही न मानें। अस्तु, ईथर का होना उसी प्रकार निश्चित है जिस प्रकार स्थूल द्रव्य का होना। जिस प्रकार गुरुत्व आदि के अनुभव द्वारा हमें स्थूल द्रव्य के अस्तित्व का निश्चय होता है उसी प्रकार विद्युत्क्रिया और रश्मिविश्लेषण की परीक्षा और अनुभव द्वारा हमें ईथर के अस्तित्व का निश्चय होता है।

यद्यपि ईथर का अस्तित्व अब प्रायः सब वैज्ञानिक मानते हैं और उसके बहुत से गुणों का परिचय विद्युत् की क्रिया और प्रकाश की किरनों की विविध परीक्षाओं द्वारा सबको हो गया है, पर उसके वास्तविक रूप और प्रकृति के सम्बन्ध में कोई एक निश्चित मत नहीं। जिन वैज्ञानिकों ने ईथर के विषय में विशेष रूप से विचार किया है उनके मत परस्पर विभिन्न और विरुद्ध हैं। अतः जो मत मुझे सबसे ठीक जान पड़ा है उसे मैं नीचे देता हूँ—

(1) आकाशद्रव्य ईथर एक अखंड और अनवच्छिन्न द्रव्य है अर्थात् अण्वात्मक नहीं है और सम्पूर्ण दिक् में व्याप्त है; यहाँ तक कि परमाणुओं के बीच जो अन्तर होता है वह भी ईथर से परिपूर्ण रहता है।

(2) ईथर के अण्वात्मक न होने से उसमें कोई रासायनिक गुण नहीं माना जा सकता, वह सर्वत्र एकरस रहता है। क्योंकि यदि ईथर को भी अत्यन्त सूक्ष्म अणुओं के द्वारा संयोजित मानें तो फिर इन ईथराणुओं के बीच कोई और भी सूक्ष्म तत्त्व अखंड रूप से व्याप्त मानना पड़ेगा। पर इस प्रकार बराबर मानते चले जाने से अनवस्था आती है। अतः कहीं-न-कहीं चलकर हमें एक अखंड अनवच्छिन्न तत्त्व मानना ही पड़ेगा।

(3) जबकि शून्य स्थान की भावना हो नहीं सकती और एक पिंड का दूसरे पिंड पर दूर से बिना किसी मध्यस्थ के, आकर्षण आदि प्रभाव डालना सम्भव नहीं, तब ईथर के विषय में यही मानना उचित है कि स्थूल द्रव्य के समान उसका ढाँचा अणुघटित नहीं, बल्कि आकाशीय या गत्यात्मक अर्थात् प्रकाश आदि की किरणों का वाहकस्वरूप और आकर्षणशक्ति का प्रवर्तकस्वरूप है। ईथर वायु से कहीं अधिक सूक्ष्म आकाशरूप तत्त्व है।

1. भारतवर्ष में इनके बहुत पहले यह मत प्रकट हुआ था।

(4) ईथर को हम अग्राह्य द्रव्य कह सकते हैं क्योंकि उसकी तौल आदि जानने का कोई साधन हमारे पास नहीं है। यदि उसमें कुछ गुरुत्व हो तो भी उसको जानना वैज्ञानिकों के सूक्ष्म-से-सूक्ष्म मानयन्त्र की शक्ति के बाहर है।

(5) आकुंचन सिद्धान्त के अनुसार द्रव्य ईथर या आकाशीय रूप से उत्तरोत्तर जमाव की प्रक्रिया द्वारा वायव्य रूप में आ सकता है, ठीक उसी प्रकार जैसे वायव्य द्रव्य द्रव रूप में, और द्रव स्थूल या ठोस रूप में परिणत हो सकता है।

(6) अतः, उत्तरोत्तर रूपप्राप्ति क्रम के अनुसार द्रव्य की पाँच अवस्थाएँ कही जा सकती हैं–ईथरीय या आकाशीय, वायव्य, द्रव, कणात्मक, जैसे कललरस की होती है, और ठोस।

(7) ईथर दिक् के समान अनन्त और अपरिमेय है। वह सदा गति में रहता है। पिंडगति अर्थात् आकर्षण के साथ परस्पर कार्य करती हुई ईथर की यही नित्यगति, चाहे यह क्षोभ के रूप में मानी जाए अथवा खिंचाव या जमाव के रूप में; जगत् के सम्पूर्ण व्यापारों का मूल कारण है।

व्यक्त प्रकृति; जगत्

ईथर (आकाशरूप द्रव्य)–अग्राह्य	पिंड–ग्राह्य
1. स्वरूप आकाशीय (अर्थात् न वायव्य, न द्रव, न ठोस)	1. स्वरूप ठोस, द्रव या वायव्य
2. विधान अण्वात्मक नहीं, अखंड और व्यापक	2. विधान अण्वात्मक, अत्यन्त सूक्ष्म परमाणुओं से संघटित और खंडित
3. गुण प्रकाश, ज्योतिर्मय ताप, विद्युत् और चुम्बक	3. गुण गुरुत्व, अधिचलन, अण्वात्मक ताप, रासायनिक प्रवृत्ति

ईथर अर्थात् आकाशद्रव्य और ग्राह्य अर्थात् स्थूल द्रव्य सदा एक-दूसरे के लगाव में ही नहीं रहते बल्कि एक-दूसरे पर अपनी क्रिया करते हैं। प्रकृति के गुणों और व्यापारों को हम दो वर्गों में बाँट सकते हैं–ईथर के गुण और व्यापार, स्थूल द्रव्य के गुण और व्यापार।

द्रव्य के गुणों और व्यापारों के ये दोनों वर्ग द्रव्य के उन्नतिविधान में आदि कार्यविभाग हैं। पर कार्यतः अलग होते हुए भी ये दोनों वर्ग सदा सम्बन्धसूत्र में बँधे रहते हैं और एक-दूसरे पर कार्य किया करते हैं। यह जानी हुई बात है कि विद्युत् और रश्मिसम्बन्धी व्यापारों और ग्राह्य द्रव्य के भौतिक और रासायनिक विकारों में घनिष्ठ

सम्बन्ध होता है। ईथर का ज्योतिर्मय ताप भौतिक पिंड के ताप के रूप में परिणत किया जा सकता है। इसी प्रकार एक रूप की गतिशक्ति दूसरे रूप की गतिशक्ति में परिवर्तित हो सकती है। इन बातों से स्पष्ट है कि परमतत्त्व के दोनों रूप, ईथर और पिंड, सदा मिलकर कार्य किया करते हैं।

जैसा कि पहले कहा जा चुका है विश्व में गतिशक्ति का योग सदा एक ही रहता है, हमारे चारों ओर चाहे जो उलटफ़ेर हो उसमें कुछ भी अन्तर नहीं पड़ता। गतिस्वरूपा शक्ति भी उस द्रव्य के समान, जो उसका आश्रय है, नित्य और अनन्त है। प्रकृति का सारा रंगस्थल चराचर का खेल है। उसमें पदार्थ कभी चल और कभी अचल होते रहते हैं। जो पदार्थ स्थिर या अचल रहते हैं उनमें उसी प्रकार गतिशक्ति रहती है जिस प्रकार चलायमान् पदार्थों में, अर्थात् वह निहित या संचित रहती है। यही निहित शक्ति जब व्यक्त हो जाती है तब वे पदार्थ गति में होते हैं। इस भौतिक जगत् में निहित शक्ति की और व्यक्त शक्ति की मात्रा अक्षुण्ण और एकरस रहती है। निहित गतिशक्ति व्यक्त गतिशक्ति के रूप में या व्यक्त शक्ति निहित के रूप में एक ठीक बँधे हुए हिसाब से परिवर्तित होती है। जिस हिसाब से एक ओर एक की वृद्धि होती है उसी हिसाब से दूसरी ओर दूसरी का ह्रास होता है। अतः अन्त में शक्ति की मात्रा उतनी ही रहती है, उसमें अन्तर नहीं पड़ता।

भौतिक विज्ञान में जब परमतत्त्वसम्बन्धी नियम निश्चित हो गए तब शरीरविज्ञानियों ने उनकी चरितार्थता शरीरियों में भी दिखलाई। उन्होंने सिद्ध किया कि जड़ पदार्थों के नियमित व्यापार जैसे गतिशक्ति की विविध क्रियाओं के अनुसार होते हैं वैसे ही जीवों के सब शरीरव्यापार, जैसे एक धातु से दूसरी धातु में परिवर्तन आदि, गतिशक्ति की नियमित क्रियाओं के अनुसार होते हैं। उद्भिदों और जन्तुओं की वृद्धि और पोषण आदि व्यापार ही नहीं, बल्कि उनके संवेदन और अंगसंचालन, उनके इन्द्रियव्यापार और अन्तःकरण व्यापार भी, निहित गतिशक्ति के व्यक्त गतिशक्ति में और व्यक्त गतिशक्ति के निहित गतिशक्ति में परिवर्तित होने पर अवलम्बित हैं। मनुष्य तथा दूसरे उन्नत प्राणियों में जो मन या बुद्धि की वृत्तियाँ कहलाती हैं वे भी परमतत्त्व के इन्हीं नियमों के अधीन हैं।

भौतिक अद्वैतदृष्टि से देखा जाए तो यह स्पष्ट है कि परमतत्त्व सम्बन्धी नियम विश्व में सर्वत्र चलता है। यह बात ध्यान देने योग्य है, क्योंकि इससे विश्व की एकमूलता का और उसके अन्तर्गत होनेवाली सारी बातों के कार्य-कारण-सम्बन्ध का निरूपण ही नहीं होता बल्कि ईश्वर, आत्मस्वातन्त्र्य और अमरत्व इन तीन काल्पनिक प्रवादों का एकदम निराकरण भी हो जाता है।

तेरहवाँ प्रकरण

जगत् का विकास

जगत् की उत्पत्ति का विषय बड़ा भारी और बहुत टेढ़ा है। पर उन्नीसवीं शताब्दी में ज्ञान के विविध क्षेत्रों में जो अद्भुत उन्नति हुई है उससे इस विषय का बहुत कुछ विचार हो गया है। सृष्टिसम्बन्धी जितनी बातें हैं सबका अन्तर्भाव जादूभरे एक 'विकास' शब्द में हो जाता है। मनुष्य की उत्पत्ति, पशुओं की उत्पत्ति, वनस्पतियों की उत्पत्ति, सूर्य, पृथ्वी आदि की उत्पत्ति के सम्बन्ध में अलग-अलग प्रश्न न करके केवल एक ही प्रश्न किया जा सकता है—समस्त जगत् की उत्पत्ति कैसे हुई ? किसी दैवी शक्ति से उसकी सृष्टि हुई है अथवा प्राकृतिक विधान के अनुसार उसका क्रमशः विकास हुआ है ? यदि क्रमशः विकास हुआ है तो किस प्रकार ?

प्राचीन काल की पौराणिक व्याख्या के अनुसार तो सृष्टि बनाई गई है। धर्मग्रन्थों में सृष्टि की उत्पत्ति के विषय में बड़ी अलौकिक और अद्भुत कथाएँ मिलती हैं। किताबी या पैगम्बरी धर्मों, यहूदी, ईसाई, इसलाम आदि के कारण इन कहानियों का बहुत प्रचार हुआ है।[1] ईसाई धर्म के प्रचार के पहले यूनान के स्वतन्त्र दार्शनिकों और तत्त्वज्ञों ने सृष्टि के विकास के सम्बन्ध में अच्छा विचार किया था। ईसाई धर्म के साथ ही साथ यहूदियों के किस्सों और कहानियों का प्रचार हुआ। आर्यवंशीय ज्ञानवृद्ध और स्वतन्त्र यूनानी जाति के आगे अनार्य यहूदी जाति बिलकुल गँवार और जंगली थी। प्राकृतिक कारण से सृष्टि के क्रमशः विधान का भाव तो उसके अनुन्नत अन्तःकरण में आ नहीं सकता था, अतः वह जगत् की उत्पत्ति को किसी देवी-देवता की करामात समझने के सिवा और कर ही क्या सकती थी ? इस सृष्टिकर्तृत्ववाद में पुरुषविशेषवाद मिला हुआ है।

1. इन अनार्य धर्मों में पुराण हैं, शास्त्र नहीं। एक-एक पौराणिक पुस्तक, तौरेत, इंजील, कुरान आदि को लेकर ही ये धर्म चलते हैं। हिन्दू, बौद्ध, जैन आदि आर्यधर्मों में पुराण और शास्त्र दोनों हैं। विद्वान लोग प्रायः शास्त्रीय चर्चा में ही अपना समय लगाते हैं। हिन्दुओं के पुराणों में जिस प्रकार आदि में जल के ऊपर शेषशायी भगवान् के रहने और उनकी नाभि के कमल से उत्पन्न ब्रह्मा के चराचर सृष्टि बनाने की कथा लिखी है, उसी प्रकार उनके सांख्यशास्त्र में एक अव्यक्त मूल प्रकृति से क्रमशः सम्पूर्ण तत्त्वों के विकास का गम्भीर निरूपण भी किया गया है। पर ईसाइयों का एकमात्र आधार उनका पुराणग्रन्थ बाइबिल है जिसमें लिखा है कि ईश्वर ने छह दिन में आकाश, पृथ्वी, जल तथा वनस्पतियों और जीवों को अलग-अलग उत्पन्न किया, मनुष्य का पुतला बनाकर उसमें अपनी रूह फूँकी। इसी से योरप में जब पहले पहल सृष्टिविकास का निरूपण हुआ तब वहाँ बड़ी खलबली मची।

इसे माननेवाले समझते हैं कि कुम्हार जैसे अनेक प्रकार के बरतन उनके ढाँचे सोचकर बनाता है वैसे ही सृष्टिकर्ता जगत् को बनाता है। इस सृष्टिकर्ता की भावना मनुष्य या पुरुषविशेष के रूप में ही की जाती है।

सृष्टि की उत्पत्ति की भावना दो रूपों में देखी जाती है–एक तो सम्पूर्ण विश्व की उत्पत्ति की और दूसरी उसके विभिन्न अंगों की उत्तरोत्तर उत्पत्ति की। सृष्टि का एक कर्ता माननेवाले लोगों में जो युक्ति और बुद्धि की भी दुहाई देते हैं, उनका कहना है कि ईश्वर ने आदि में सम्पूर्ण जगत् का मूल या बीज उत्पन्न कर दिया, उसमें नाना रूपों के विकास की शक्ति भर दी और फिर चुपचाप बैठ रहा। यह कथन विशेषतः आजकल के मतसंशोधकों का है। ये विकासपरम्परा को एक प्रकार से मानते हैं पर मूल में जाकर उसे छोड़ देते हैं और वहाँ अपने सृष्टिकर्ता ईश्वर को स्थापित करते हैं। दूसरे धार्मिक सृष्टिवादियों का कहना है कि ऐसा नहीं, ईश्वर बराबर सृष्टि का पालन और शासन करता है, उसे एक बार बनाकर फिर किनारे नहीं हो जाता। इन लोगों के विचार कभी-कभी बढ़ते-बढ़ते सर्ववाद तक पहुँच जाते हैं और कभी शुद्ध ईश्वरवाद ही तक रहते हैं।

जगत् की सृष्टि के सम्बन्ध में जो अनेक प्रकार के विश्वास प्रचलित हैं उनमें से कुछ ये हैं–

(1) **द्विविध सृष्टि**–ईश्वर ने दो बार सृष्टि की। एक बार तो उसने जड़जगत् अर्थात् निर्जीव द्रव्य को उत्पन्न किया जो उस भौतिक गतिशक्ति के नियमाधीन है जो अचेतन रूप में कार्य करती है। फिर चैतन्य का प्रादुर्भाव हुआ जिसकी स्वतन्त्र शक्ति से जीवधारियों के विकास की व्यवस्था हुई।

(2) **त्रिविध सृष्टि**–ईश्वर ने तीन बार सृष्टि की। पहले उसने आसमान को बनाया, फिर जमीन को बनाया, पीछे अपने आकार के अनुसार मनुष्य की रचना की। यह बात ईसाई मत के उपदेशकों के मुँह से बहुत सुनी जाती है।

(3) **साप्ताहिक सृष्टि**–मूसा की किताब में लिखा है कि छह दिनों में ईश्वर ने चटपट सारी सृष्टि बनाकर तैयार कर दी और सातवें दिन आराम किया। पढ़े-लिखे लोगों में अब शायद ही कोई ऐसा निकले जो इस कहानी को ठीक मानता हो। फिर भी आजकल के कुछ धर्माभिमानी आधुनिक विज्ञान के शब्दों में इस कहानी की विशद व्याख्या करने का प्रयत्न करते हैं। 18वीं शताब्दी तक जीवविज्ञानियों पर इस कहानी का बहुत कुछ प्रभाव था। सन् 1735 में लिनी नामक प्राणिविज्ञानवेत्ता ने जन्तुओं का वर्गों में विभाग आदि तो किया पर भिन्न-भिन्न योनियों के विषय में उसने यही कहा कि 'संसार में योनियाँ उतनी ही हैं जितनी के ढाँचे सृष्टि के आदि में ईश्वर ने उत्पन्न किए थे।' डारविन ने इस प्रवाद का पूर्ण रूप से खंडन कर दिया।

(4) **कल्प सृष्टि**–प्रत्येक जीवकल्प या मन्वन्तर के आदि में फिर से नए जीवों और वनस्पतियों की सृष्टि होती है और जीवकल्प के अन्त में सबका नाश हो जाता है। भूगर्भस्थपंजरानुसन्धान विद्या ने इस कल्पना की असारता सिद्ध कर दी है।

(5) **व्यक्तिशः सृष्टि**–प्रत्येक जीव-जन्तु जो उत्पन्न होता है वह प्राकृतिक नियम के अनुसार नहीं, बल्कि ईश्वर के द्वारा रचा जाता है। यह विश्वास साधारण जनों का है।

इस प्रकार की ऊटपटाँग कल्पनाओं से प्राचीन काल के विचारशील पुरुषों का भी समाधान नहीं हुआ। प्राचीन काल के अनेक दार्शनिकों ने शुद्ध चिन्तन के बल से प्राकृतिक कारणपरम्परा दिखाकर सृष्टितत्त्व का निरूपण किया। आजकल की सी वैज्ञानिक परीक्षाएँ सुलभ न होने पर भी उनका उस काल में इस प्रकार तत्त्व तक पहुँचना निःसन्देह आश्चर्य की बात है। भारतवर्ष, यूनान आदि सभ्यता के प्राचीन पीठों में ऐसे अनेक तत्त्वदर्शी हो गए हैं पर साम्प्रदायिक कल्पनाओं का जाल, उनके निरूपित तत्त्वों को लोगों की दृष्टि से छिपाने का बराबर यत्न करता रहा। योरप में जब ईसाई मत का प्रचार हुआ तब सब प्रकार के स्वतन्त्र तात्त्विक विचार दबा दिए गए। ईसाई धर्माचार्यों की कोपाग्नि के भय से कोई ऐसी बात मुँह से निकाल तक न सकता था जो खुदाई किताब के विरुद्ध पड़ती हो। पर धीरे-धीरे ज्ञान की ज्योति का फिर उदय हुआ और वैज्ञानिक युग आया। प्रकृति में किस प्रकार उत्तरोत्तर अनेक गुणों और रूपों का स्फुरण हुआ है, इसका पता लगा। विकास सिद्धान्त की स्थापना हुई। उसके आधार पर विश्वविधान के नियमों का निरूपण हुआ। विश्व के अन्तर्गत लोकों की उत्पत्ति, पृथ्वी की उत्पत्ति, वनस्पति, जीव-जन्तु आदि की उत्पत्ति इन सब विषयों को लेकर प्रत्यक्ष प्राकृतिक नियमों के आधार पर अलग-अलग शास्त्रों की नींव पड़ी। विस्तार के भय से सबका यहाँ पूरा वर्णन न करके चार मुख्य विषयों को लेता हूँ–(1) विश्व या जगत् की उत्पत्ति, (2) पृथ्वी की उत्पत्ति, (3) जीवों की उत्पत्ति और (4) मनुष्य की उत्पत्ति।

1. जगत् की उत्पत्ति

प्राकृतिक नियमों के अनुसार जगत् की उत्पत्ति और विधान की व्याख्या पहले पहल जरमनी के तत्त्वज्ञवर कांट ने सन् 1775 में अपनी एक पुस्तक में की। पर दुर्भाग्यवश वह पुस्तक प्रकाशित न होने के कारण 90 वर्ष तक लुप्त रही। सन् 1845 में वह मिली और प्रकाशित की गई। इस बीच में लाप्लेस नामक एक फरासीसी तत्त्ववेत्ता भी स्वतन्त्र रीति से उसी सिद्धान्त पर पहुँचा जिस सिद्धान्त पर कांट पहुँचा था। इन दोनों तत्त्वज्ञों ने ग्रहों और नक्षत्रों की गति की गणित की रीति से भौतिक व्याख्या की और यह दिखलाया कि अन्तरिक्ष के समस्त पिंड पृथ्वी, ग्रह, उपग्रह, सूर्य इत्यादि सब, घूमती हुई ज्योतिष्क नीहारिका के जमने से उत्पन्न हुए हैं। इस ज्योतिष्क नीहारिका के सिद्धान्त द्वारा ब्रह्मांड के भिन्न-भिन्न लोकों की उत्पत्ति का भौतिक कारण बहुत कुछ समझ में आ गया। पीछे इस सिद्धान्त में और उन्नति हुई और यह स्थिर किया गया कि लोकों की उत्पत्ति का यह विधान केवल एक ही बार नहीं हुआ है बल्कि बराबर होता रहता है। जबकि विश्व के किसी एक भाग में घूमती हुई ज्योतिष्क नीहारिका से नए-नए पिंड ब्रह्मांडों की उत्पत्ति होती रहती है, दूसरे भाग में जर्जर ठंडे पड़े हुए सूर्य परस्पर टकराते हैं और उत्पन्न ताप के प्रभाव से फिर सूक्ष्म नीहारिका की दशा को प्राप्त हो जाते हैं। विश्व का यह क्रम नित्य

है, उसमें साथ ही कुछ लोकों का लय और कुछ लोकों की उत्पत्ति होती रहती है। अतः उत्पत्ति और लय हम किसी एक विशेष लोक या लोकमंडल जैसे पृथ्वी आदि सहित हमारा सूर्य, ही के सम्बन्ध में कह सकते हैं, समष्टि विश्व के सम्बन्ध में नहीं। समष्टिरूप में विश्व सदा से है और सदा रहेगा। अत्यन्त क्षुद्र अणुरूप जो लोक हैं उनके रूपान्तरित होते रहने से उसकी नित्यता में कुछ भी अन्तर नहीं पड़ सकता।

कांट, लाप्लेस आदि ने ब्रह्मांडों की उत्पत्ति का विधान तो समझाया पर लोगों की यह धारणा बनी रही कि समस्त विश्व का कोई आदि था। इन तत्त्वज्ञों का यह कथन कि आदि में एक अत्यन्त सूक्ष्म नीहारिका रूप ज्योतिष्क द्रव्य था; लोकों और ब्रह्मांडों सूर्य, ग्रह, उपग्रह, इत्यादि के सम्बन्ध में था, समष्टि विश्व के सम्बन्ध में नहीं। पर 'आदि में' इस शब्द का अर्थ लोगों ने यही समझा कि समस्त विश्व का ही कोई आदि था। इस समझ के कारण यह शंका हुई कि विश्व के आदि में जो मूल ज्योतिष्क द्रव्य था, उसमें गति कहाँ से आई। कुछ दार्शनिक चट कहने लगे कि वह गति 'अप्राकृतिक शक्ति' या 'दैवी प्रेरणा' से उत्पन्न हुई।

मेरी समझ में इस प्रकार की शंका सर्वथा निर्मूल है। जैसा कि मैं पहले कह चुका हूँ गति और संवेदन परमतत्त्व या मूल प्रकृति के गुण हैं। इस बात का प्रमाण द्रव्य और गति की अक्षरता के नियम से तथा भौतिक विज्ञान की परीक्षाओं और आधुनिक ज्योतिष के बेधों से बराबर मिलता है। प्रकाश की किरणों की जो वैज्ञानिक परीक्षा की जाती है उससे पता लग जाता है कि वे किरणें कितनी दूर से आ रही हैं और किस प्रकार के द्रव्यों से आ रही हैं। इस प्रकार की परीक्षा से यह सिद्ध हो चुका है कि अनन्त अन्तरिक्ष में जो करोड़ों पिंड नक्षत्र, ग्रह, उपग्रह, उल्का, इत्यादि के रूप में हैं वे उन्हीं द्रव्यों से बने हैं, जिन द्रव्यों से हमारी पृथ्वी और सूर्य आदि बने हैं तथा वे विकास की भिन्न-भिन्न अवस्थाओं में हैं, अर्थात् कोई बन रहे हैं, कोई बिगड़ रहे हैं। किरणविश्लेषण यन्त्र के सहारे ऐसे-ऐसे नक्षत्रों की दूरी और गति आदि का पता लगा है जिनके विषय में दूरबीन कुछ भी नहीं बतला सकते थे। इसके अतिरिक्त दूरबीन के साथ फोटोग्राफी का जो संयोग हुआ उसके द्वारा ऐसी-ऐसी बातों का पता लगा जिनका पचास वर्ष पहले स्वप्न में भी किसी को ध्यान नहीं था। केतुओं अर्थात् पुच्छल तारों, उल्काओं, तारकपुंजों और ज्योतिष्क नीहारिकाओं का जो सूक्ष्म अन्वीक्षण किया गया उसके द्वारा उन असंख्य छोटे-छोटे पिंडों का महत्त्व प्रकट हुआ जो नक्षत्रों के बीच के अन्तर स्थानों में भरे पड़े हैं।

पहले लोगों का ख्याल था कि अन्तरिक्ष में घूमनेवाले पिंडों के मार्ग बिलकुल बँधे हुए हैं, उनमें कुछ भी फेरफार नहीं होता, पर अब यह मालूम हो गया है कि उनके मार्गों में भी फेरफार पड़ता रहता है। वे एक ही लीक पर बिना कुछ इधर-उधर हुए बराबर नहीं घूमते रहते हैं। किरणविश्लेषण तथा विद्युत्क्रिया और ईथर के निरूपण आदि भौतिक विज्ञान के अंगों का योग पाकर इधर ज्योतिष विद्या ने बहुत ही पूर्णता प्राप्त की है। द्रव्य और गतिशक्ति की अक्षरता सम्बन्धी जो परमतत्त्व का नियम निरूपित हुआ उसके द्वारा आधुनिक विज्ञान में बड़ी भारी सिद्धि प्राप्त हुई। अब हमारी ज्ञानदृष्टि इस सौर जगत्

के भी बहुत आगे लोकलोकान्तरों तक पहुँची है और हमने सर्वत्र इसी नियम को पाया है। अब हम कह सकते हैं कि यह नियम सर्वदेशव्यापी है। इसी प्रकार हमें यह भी मानना पड़ता है कि द्रव्य और शक्ति की अक्षरता का यह नियम सर्वकालव्यापी है अर्थात् नित्य है। जिस प्रकार समस्त विश्व आज इसके अधीन है उसी प्रकार सदा से रहा है और सदा रहेगा।

आधुनिक विज्ञान और ज्योतिष के सहारे विश्व के विधान और विकास के सम्बन्ध में जो तत्त्व निरूपित हुए हैं वे संक्षेप में ये हैं–

(1) जगत् या विश्व का विस्तार अनन्त है। वह कहीं शून्य नहीं है, सर्वत्र द्रव्यमय है।

(2) जगत् शाश्वत और नित्य है, वह सदा से है और सदा रहेगा। उसका न कहीं आदि है, न अन्त।

(3) परमतत्त्व सतत गतिशील और परिणामी है। वह सदा गति में रहता है और उसका बराबर रूपान्तर या अवस्थान्तर होता रहता है। जगत् में कहीं पूर्ण शान्ति या अचलता नहीं है। पर इस गति के होते हुए भी जगत् में द्रव्य और सतत परिणामशील गति की जो मात्रा है वह सदा वही रहती है।

(4) मूलप्रकृति या परमतत्त्व की जो नित्य गति है वही लोकों के विकास में कल्प का रूप धारण करती है जिसके भीतर लोकों का विकास और लय होता रहता है। कल्पों का यह विधान अनन्त विश्व में अलग-अलग बराबर चलता रहता है। दिक् के जिस भाग में विकास कल्प का आरम्भ रहता है वहाँ लोकों की उत्पत्ति होती है और जिस भाग में उसका अन्त होता है वहाँ लोकों का लय होता है। यह क्रम बराबर साथ ही साथ चलता रहता है।

(5) विकास कल्प का आरम्भ इस प्रकार होता है कि कल्पान्त के पीछे जब मूलप्रकृति अल्पकाल के लिए साम्यावस्था में आ जाती है तब फिर से उसके घनत्व में भेद पड़ता है और स्थूल द्रव्य तथा आकाशद्रव्य अर्थात् ईथर इन दो रूपों में आदि विभाग होता है।

(6) यह विभाग द्रव्य के उत्तरोत्तर जमने से होता है जिसके कारण जमाव के अनन्त केन्द्र बन जाते हैं। केन्द्ररूप परमाणुओं में प्रवृत्ति और संवेदन परमतत्त्व के ये ही दो मूल गुण होते हैं जो विविध व्यापारों के कारणस्वरूप हैं।

(7) जब दिक् के एक भाग में जमाव के द्वारा इस प्रकार क्रमशः छोटे-से-बड़े पिंडों का विधान होता है और आकाशद्रव्य का तनाव बढ़ता है तब दूसरे भाग में इसी का उलटा होता है अर्थात् बड़े-बड़े लोकपिंड एक-दूसरे से टकराकर नष्ट हो जाते हैं।

(8) वेग के साथ भ्रमण करते हुए लोकपिंडों के टकराने से प्रचुर परिमाण में जो ताप उत्पन्न होता है, वही व्यक्त गतिशक्ति होकर फैली हुई ज्योतिष्क नीहारिका को अमित वेग से घुमाता है और नए घूमते हुए ज्योतिष्कपिंडों

का विधान करता है। इस प्रकार लोकविधान का क्रम फिर से जारी होता है। इसी प्रकार हमारी यह पृथ्वी भी, जो न जाने कितने अरब वर्ष पहले इसी प्रकार बनी थी, अन्त में ठंडी और निर्जीव हो जाएगी और अपने घूमने की कक्षा को क्रमशः छोटी करती हुई अर्थात् सूर्य से जितनी दूरी पर वह घूमती है उससे क्रमशः और कम दूरी पर घूमती हुई सूर्य में जा गिरेगी।

आधुनिक विज्ञान और ज्योतिष के द्वारा निर्धारित ऊपर लिखी बातों से विकास सिद्धान्त के व्यापकत्व का पूरा बोध हो जाता है। विश्वविधान सम्बन्धी इन बातों पर विस्तृत दृष्टि रखकर यदि हम अपनी पृथ्वी को देखें तो वह रन्ध्रगत प्रकाश में दिखाई पड़ते हुए त्रसरेणु के तुल्य भी नहीं ठहरती। ऐसे-ऐसे असंख्य लोकपिंड अणुओं के रूप में अपार दिक् समुद्र में भ्रमण कर रहे हैं। मनुष्य जो मोह में पड़कर अपने को ईश्वर तुल्य कहता है, इस दृष्टि से एक क्षुद्र जरायुज जन्तु के अतिरिक्त और कुछ नहीं ठहरता। अनन्त विश्वविधान में उसका महत्त्व और उपयोग चींटी, जलकीटाणु आदि से अधिक नहीं दिखाई पड़ता। नित्य और अनन्त परमतत्त्व के विकास का मनुष्य जाति एक क्षणिक रूप या अवस्था मात्र है।

तत्त्वज्ञवर कांट ने दिक् और काल की व्याख्या करते हुए कहा कि ये दोनों चित् के स्वरूप या आभास मात्र हैं। दिक् बाह्याभास का स्वरूप है और काल अन्तराभास का[1]। ये हमारी अनुभूति या मन के ही दो रूप हैं जिनमें ढला हुआ सारा जगत् दिखाई पड़ता है। जगत् का चित्तनिरपेक्ष वास्तव रूप क्या है यह मनुष्य कभी नहीं जान सकता। कांट के इस कथन को लेकर अनेक प्रकार की निराधार दार्शनिक कल्पनाएँ चल पड़ीं जिनसे जगत् की सत्ता तक में सन्देह किया गया। कल्पनाप्रधान दार्शनिकों को यह कहने का मौका मिल गया कि वास्तव ज्ञान निराधार चिन्तन या भावनाओं को लेकर ही हो सकता है, निरीक्षण या परीक्षा की कोई आवश्यकता नहीं। यह बात कांट के अभिप्राय को न समझने के कारण हुई। कांट का उक्त कथन प्रमातृपक्ष के सम्बन्ध में था प्रमेय पक्ष के सम्बन्ध में नहीं। उसका मतलब यह था कि देश और काल को जिस रूप में मन ग्रहण

---

1. पहले के कुछ दार्शनिक देश और काल को बाह्यपदार्थ मानते थे। वैशेषिक में दिक् और काल नौ द्रव्यों में तो माने गए हैं पर समवायिकारण नहीं कहे गए हैं केवल असाधारण या निमित्त कारण कहे गए हैं। वे परत्व-अपरत्व सम्बन्धी प्रत्यक्ष अर्थात् भाव या ज्ञान के कारण हैं। देश और काल दोनों विभु, सर्वव्यापी और परम महान् हैं। यद्यपि दिक् एक है और काल भी एक ही है पर उपाधिभेद से संख्या, परिमाण, पृथकत्व, संयोग और विभाग ये गुण उनमें आरोपित किए जाते हैं। काल और दिक् में मुख्य भेद यह है कि कालिक सम्बन्ध स्थिर रहता है और दैशिक सम्बन्ध बदलता रहता है। काल में जो आगे और पीछे होता है वह सदा ज्यों-का-त्यों रहता है, जो पहले हो गया वह सदा पहले ही रहेगा, जो पीछे हुआ वह सदा पीछे ही रहेगा। दो भाइयों में जो जेठा होगा वह सदा जेठा ही रहेगा और जो छोटा होगा वह छोटा ही रहेगा पर देश में जो एक बार आगे है वह पीछे हो सकता है और जो पीछे है वह आगे हो सकता है।

आजकल के मनोविज्ञानवेत्ता भी देश की भावना को नेत्रेन्द्रियगत संवेदन और पेशीगत गतिसंवेदन के योग से उत्पन्न मानते हैं।

करता है वह मन ही का रूप है। कांट ने स्पष्ट कहा है कि 'देश और काल की विषयसत्ता है पर उसकी भावना दृश्य जगत् से अतीत है।' कांट का यह निरूपण हमारे आधुनिक तत्त्वाद्वैतवाद के सर्वथा अनुकूल है। पर उसके सिद्धान्त का एक अंग लेकर जो विस्तार एकांगदर्शी दार्शनिकों ने किया है वह सर्वथा असंगत है। बर्क्ले ने यह सिद्धान्त प्रकट किया था कि 'पिंड प्रत्यय या भावना मात्र हैं; उनकी सत्ता उनके बोध में ही है।' इस सिद्धान्त को इस रूप में कहें तो ठीक हो—'पिंड हमारे चित्त के लिए प्रत्यय या भावना मात्र हैं। उनकी सत्ता उसी प्रकार वास्तविक है जिस प्रकार हमारे अन्तःकरण की, जो पिंडों को विषयरूप से ग्रहण करता है।' देश और काल की सत्ता को अस्वीकार करना कोई आश्चर्य की बात नहीं है जबकि स्वप्न, सन्निपात, उन्माद आदि में लोग अपनी ऊटपटाँग कल्पनाओं को ही ठीक समझते हैं। डेकार्ट का प्रत्यक्ष ज्ञान के विरुद्ध यह कहना कि 'मैं सोचता हूँ इसलिए मैं हूँ' अब माना नहीं जा सकता।[1] परमतत्त्व के नियम और जगदुत्पत्ति के विधान की अद्वैत व्याख्या हो जाने से आधुनिक दर्शन की पहुँच अब बहुत बढ़ गई। उसके अनुसार देश और काल की सत्ता अब पूर्णरूप से प्रतिपादित हो गई है। अब सौभाग्यवश 'शून्य देश' का भ्रम छूट गया है और सर्वदेशव्यापी द्रव्य का पिंड और आकाशद्रव्य दो रूपों में अस्तित्व सिद्ध हो गया है। इसी प्रकार सर्वकालव्यापी व्यापार नित्य गति या शक्ति के रूप में सिद्ध हो गया है जिसकी अभिव्यक्ति नित्यगतिशील जगत् के ब्रह्मांड के विकासक्रम के रूप में होती रहती है।

कोई पिंड यदि चला दिया जाए तो तब तक बराबर चलता रहता है जब तक कि उसे बाहरी अवरोध नहीं मिलता। पर बाहरी अवरोध अवश्य मिलता है और उसकी गति धीरे-धीरे मन्द हो जाती है। एक लटकता हुआ लंगर यदि हिला दिया जाए तो बराबर एक चाल से अनन्तकाल तक चलता रहे, यदि चारों तरफ फैली हुई वायु का अवरोध न हो और जिस जगह वह लटका है वहाँ रगड़ न लगे। इस अवरोध और रगड़ के कारण लंगर में हिलने की जो व्यक्त गतिशक्ति होती है वह ताप के रूप में होकर निकल जाती है। हमें उस लंगर को फिर चलाने के लिए कमानी आदि के द्वारा फिर से गतिशक्ति पहुँचानी पड़ती है। अस्तु, हम ऐसी कोई कल नहीं बना सकते जो आप-से-आप यह गतिशक्ति पहुँचाती रहे और बराबर चलती रहे; ऐसी कल बनाना असम्भव है जो अनन्त काल तक चलती रहे कभी बन्द न हो।[2]

---

1. डेकार्ट ने कहा था कि प्रत्यक्ष ज्ञान में मतभेद देखा जाता है, अतः बाह्यवस्तुमात्र भ्रम हो सकती है यह संशय रहता है। पर यदि यह निश्चित हुआ कि मुझे संशय है तो यह भी निश्चित है कि मैं सोचता हूँ। पर जो वस्तु है वही कुछ कर सकती है। इसलिए यदि मैं विचार करता हूँ तो मैं अवश्य हूँ। 'मैं हूँ' यही एक निश्चय ऐसा है जिसमें कभी किसी प्रकार का भेद नहीं पड़ सकता। चेतना में 'आत्मबोध' अर्थात् अपने होने का निश्चय सदा एक रहता है यदि भेद पड़ता है तो उस क्रियाविशेष के बोध में जो विषय ग्रहण में वह आप करती है।
2. रेडियम की सहायता से अब ऐसी कल बनाई जा सकती है जो कई सौ वर्ष तक बराबर आप-से-आप चलती रहे। कुछ घड़ियाँ ऐसी बनाई भी गई हैं। रेडियम एक ऐसा द्रव्य है जिसे हम ज्योतिःस्वरूप या गतिशक्तिरूप कहें तो विशेष अत्युक्ति नहीं।

पर विश्व या जगत् की गति ऐसी नहीं है, वह नित्य है। विश्व अपार और अनन्त है। जिस अनन्त द्रव्य से वह व्याप्त है उसकी भावना या प्रत्यय को ही हम 'देश' या 'दिक्' कहते हैं। उसकी नित्य गति की जो भावना हमारे चित्त में होती है उसे हम 'काल' कहते हैं। इस नित्यगति की विषय रूप में जो अभिव्यक्ति होती है वही विकासकल्प है। अनुभूति के ये दोनों रूप–स्वानुभूति अर्थात् चित्त को अपने संस्कार या भावना का अनुभव और बाह्यानुभूति अर्थात् बाह्य विषय रूप में अनुभव, जगत् की अनन्तता और नित्यता का आभास देते हैं। यह जगत् सदा से चलती हुई और सदा चलती रहनेवाली कल है। इस अनन्त और नित्य क्रियावान् जगद्रूप यन्त्र की नित्य गति बनी रहती है क्योंकि उसमें अवरोध से होनेवाली कमी की पूर्ति गतिशक्ति की अक्षय समष्टि से हो जाती है और विश्व में व्यक्त और अव्यक्त गतिशक्ति का अनन्त योग सदा वही रहता है। गतिशक्ति की अक्षरता का जो नियम है उससे जिस प्रकार समष्टि विश्व की नित्यगतिशक्ति सिद्ध होती है उसी प्रकार उसके किसी खंडव्यापार की नित्यगति असम्भव भी सिद्ध होती है। यह नित्यगति समष्टि के सम्बन्ध में कही जा सकती है, किसी खंड या व्यष्टि के सम्बन्ध में नहीं। अस्तु शक्तिलय का सिद्धान्त, जिसके द्वारा समस्त जगत् या विश्व का प्रलय कुछ वैज्ञानिकों ने कहा है, कभी माना नहीं जा सकता।

भौतिक विज्ञान में तापसम्बन्धी सिद्धान्त के प्रवर्तक क्लाशियस (सन् 1850) ने विश्वव्यापिनी गतिशक्ति को दो प्रकार की बतलाया–एक तो वह जो कार्य रूप में परिणत हो सकती है, जैसे ऊँचे परिमाण का ताप जिससे भौतिक पिंडविधान, तथा विद्युत् और रासायनिक व्यापार होते हैं और दूसरी वह जो कार्य रूप में परिणत नहीं हो सकती। क्लाशियस के अनुसार यह दूसरे प्रकार की गतिशक्ति वह है जो एक बार ताप के रूप में होकर ठंडे पदार्थों में मिल जाती है। यह गतिशक्ति सब दिन के लिए लयप्राप्त हो जाती है, फिर इससे जगत् का कोई कार्य नहीं हो सकता। इसी को क्लाशियस ने शक्तिलय कहा है। यह शक्तिलय बराबर बढ़ता जाता है। इस प्रकार जगत् की जो विधायिनी और कार्यकारिणी गतिशक्ति है वह बराबर ताप के रूप में परिणत होकर लय को प्राप्त होती जाती है और फिर कार्यकारिणी गतिशक्ति के रूप में परिणत नहीं हो सकती। अतः जगत् में ताप का जो मात्राभेद है वह न रह जाएगा। ताप बिलकुल अन्तर्लीन होकर एक अखिल और अचल द्रव्य में समान रूप से व्याप्त हो जाएगा। इस साम्यावस्था के कारण जगत् की सब प्रकार की गति बन्द हो जाएगी, जीवजन्तु कुछ भी न रह जाएँगे। शक्तिलय के इस प्रकार परमावस्था को पहुँचने पर महाप्रलय या समस्त विश्व का अन्त हो जाएगा।

शक्तिलय का यह सिद्धान्त यदि ठीक माना जाए तो जिस प्रकार जगत् का अन्त होगा उसी प्रकार उसका आदि भी मानना ही पड़ेगा, जिसमें शक्तिलय आरम्भावस्था में होगा और ताप का मात्राभेद अपनी पूरी हद पर रहेगा। पर ये दोनों बातें द्रव्य और शक्ति की अक्षरता के सिद्धान्त के विरुद्ध हैं। जगत् का न कोई आदि है, न अन्त। समष्टि रूप में विश्व या जगत् शाश्वत् और नित्य गतिवान् है। उसमें व्यक्त गतिशक्ति

निहित और निहित गतिशक्ति व्यक्त के रूप में बराबर परिणत होती रहती है। दोनों शक्तियों का योग विश्व में सदा वही रहता है।

शक्तिलय की बात विश्व के खंडव्यापारों के सम्बन्ध में कही जा सकती है, विश्वसमष्टि के सम्बन्ध में नहीं। अलग-अलग जो विधान होते हैं उनमें अब तक ऐसा होता है कि जो शक्ति ताप के रूप में अन्तर्लीन हो जाती है वह फिर क्रिया रूप में नहीं परिणत की जा सकती; जैसे, एंजिन में ताप क्रिया रूप में तभी परिणत होता है जब वह गरम पदार्थ भाप से निकलकर ठंडे पदार्थ जल में जाता है। इस प्रकार गए हुए ताप को हम फिर क्रियारूप में नहीं ला सकते, उससे फिर काम नहीं ले सकते। पर अखिल विश्वविधान की व्यवस्था दूसरी है; उसमें लयप्राप्त गतिशक्ति फिर कार्यरूप में परिणत होती है। जब लोकपिंड वेग से टकराकर चूर-चूर हो जाते हैं तब प्रचुर मात्रा में ताप छूटता है जिससे भ्रमण करते हुए उल्कासमूहों की और उनसे लोकपिंडों की फिर से उत्पत्ति होती है। यह भवचक्र बराबर चलता ही रहता है।

2. पृथ्वी की उत्पत्ति

जिस पृथ्वी के निर्माण का संक्षिप्त वृत्तान्त मैं देना चाहता हूँ वह जगत् का एक अत्यन्त क्षुद्र अंश है। पृथ्वी की उत्पत्ति आदि के सम्बन्ध में भी नाना प्रकार की कल्पनाएँ, अनेक प्रकार के प्रवाद बहुत दिनों से चले आते थे। इस विषय की वैज्ञानिक रीति से छानबीन सन् 1822 से आरम्भ हुई। प्रत्यक्ष बातों के आधार पर पृथ्वी के क्रमशः वर्तमान रूप में आने के इतिहास का पता लगाया गया। उसकी अलग-अलग तहों की परीक्षा की गई और उनके निर्माण के कारण और काल आदि निश्चित किए गए। इस प्रकार भूगर्भशास्त्र की नींव पड़ी।

सूर्य से ग्रहपिंडों के निकल-निकलकर अलग होने के पहले एक बड़ा भारी गोल ज्योतिष्कनीहारिका पिंड था जो चक्र के समान अत्यन्त वेग से घूमता था। जब यह पिंड क्रमशः जमने लगा तब केन्द्ररूप ज्वाला का एक घूमता गोला मध्य में हो गया और किनारे उसी प्रकार घूमते हुए ज्वलन्त नीहारिकारूप कटिबन्ध या छल्ले रह गए। ये छल्ले भी क्रमशः जमकर घने पिंड के रूप में हो गए और स्वतन्त्र रूप से अपने-अपने अक्षों पर फिरते हुए उस मध्यवर्ती ज्वलन्त गोले के चारों ओर परिक्रमा करने लगे। मध्यवर्ती ज्वलन्त गोला हमारा सूर्य है और उसकी परिक्रमा करते हुए पिंड ग्रह हैं। इन्हीं ग्रहों में से हमारी यह पृथ्वी है। पहले यह भी ज्वलन्त गोले के रूप में थी पीछे ताप के निकलने से ऊपरी तह ठंडी होकर पतले ठोस छिलके या पपड़ी के रूप में हो गई। भूतल जब कुछ और ठंडा पड़ा तब वह भाप जो उसे चारों ओर से आच्छादित किए थी, जमकर जल के रूप में हो गई। इस प्रकार पृथ्वी पर जल का आविर्भाव हुआ जो आगे चलकर जीवोत्पत्ति का आधार हुआ। जल ही में जीवों की उत्पत्ति हुई। जल के बिना जीवों की उत्पत्ति नहीं हो सकती।[1] भूतल पर जल का प्रादुर्भाव सोचिए तो कब हुआ होगा। कम-से-कम दस करोड़ वर्ष हुए होंगे।

1. जल का एक नाम जीवन भी है।

3. जीव की उत्पत्ति

इस भूलोक में जीवों का प्रादुर्भाव विकास कल्प की तीसरी अवस्था है। किस प्रकार पृथ्वी पर भिन्न-भिन्न रूप के जीव हुए यह एक बड़ा दुरूह प्रश्न समझा जाता था। इसका ठीक उत्तर आज से सौ वर्ष पहले कहीं से नहीं मिलता था। पर आधुनिक जीवविज्ञान और जात्यन्तरपरिणाम या रूपान्तर परम्परा के सिद्धान्त द्वारा इस प्रश्न का उत्तर अब सहज हो गया। जीवधारियों के बहुत से व्यापारों की व्याख्या अब भौतिक नियमों के अनुसार हो गई है। यह दिखला दिया गया है कि चेतन प्राणियों की गतिविधि भी उन्हीं नियमों के अनुसार होती है जिन नियमों के अनुसार जड़ पदार्थों की। इसका मार्ग पहले पहल 1809 में फरासीसी वैज्ञानिक लामार्क ने दिखलाया। उसने बतलाया कि आजकल जो असंख्य प्रकार के पेड़-पौधे और जीव दिखाई पड़ते हैं वे सब एक मूलरूप से क्रमशः रूपान्तरित होते हुए अपने वर्तमान रूपों को प्राप्त हुए हैं। यह रूपान्तर स्थितिपरिवर्तन के अनुसार होता आया है। जीवोत्पत्ति के सिद्धान्त में जो कुछ कसर थी वह डारविन ने अपने प्राकृतिक ग्रहणसिद्धान्त द्वारा पूरी कर दी। यह विषय पाँचवें प्रकरण में आ चुका है इससे यहाँ दोहराने की आवश्यकता नहीं।

4. मनुष्य की उत्पत्ति

विकास कल्प की चौथी अवस्था वह है जिसमें मनुष्य का प्रादुर्भाव हुआ। सन् 1809 में ही लामार्क ने इस बात का आभास दिया था कि मनुष्य का विकास प्राकृतिक विधान परम्परा के अनुसार बनमानुसों से ही मानना पड़ता है। इसके पीछे हक्सले ने इस सिद्धान्त का समर्थन अंगविच्छेदशास्त्र, गर्भविज्ञान और भूगर्भस्थ पंजरपरीक्षा द्वारा किया। अन्त में डारविन ने सन् 1871 में अपने 'मनुष्य की उत्पत्ति' नामक ग्रन्थ में इसे अनेक प्रकार से सिद्ध कर दिखाया। मैंने भी 1866 में विविध जन्तुओं के अंगविधान पर जो पुस्तक लिखी थी उसमें विकास सिद्धान्त पर एक प्रकरण दिया था। सन् 1874 में अपने मानवोत्पत्ति नामक ग्रन्थ में मैंने पहले पहल मूल अर्थात् एकघटक अणुजीव मोनरा से लेकर मनुष्य पर्यन्त उत्पत्ति परम्परा का क्रम मिलाया। मैंने दिखलाया कि किस प्रकार एक मूल अणुजीव से अनेक प्रकार के जीव क्रमशः उत्पन्न होते गए हैं और मनुष्य का भी इसी परम्परा के अनुसार विकास हुआ है। अस्तु; मनुष्य का भी सबसे आदिम मूल पूर्वज मोनरा के ऐसा कोई सूक्ष्म अणुजीव रहा होगा।

चौदहवाँ प्रकरण

प्रकृति की अद्वैत सत्ता

परमतत्त्व के नियम द्वारा सिद्ध होनेवाली सबसे बड़ी बात यह है कि एक प्रकार की प्राकृतिक शक्ति परिणाम द्वारा दूसरे प्रकार की प्राकृतिक शक्ति का रूप धारण कर सकती है। शब्द और ताप, प्रकाश और विद्युत आदि शक्तियाँ एक-दूसरे के रूप में परिवर्तित की जा सकती हैं। वे एक ही मूलशक्ति के भिन्न-भिन्न रूप मात्र हैं। इस प्रकार सब प्राकृतिक शक्तियों की मौलिक एकता या अद्वैतता सिद्ध होती है। यह सिद्धान्त भौतिक विज्ञान और रसायनशास्त्र में, जहाँ तक उनका सम्बन्ध जड़ पदार्थों से है, सर्वस्वीकृत है।

पर सजीव सृष्टि के सम्बन्ध में यह बात नहीं है। शरीर के बहुत से व्यापारों का तो भौतिक और रासायनिक शक्ति के द्वारा, प्रकाश और विद्युत के प्रभाव से, होना प्रत्यक्ष रूप से बतलाया जा सकता है। ये व्यापार भौतिक और रासायनिक कारणों से होते हैं, इसमें किसी को कोई सन्देह नहीं। पर कुछ व्यापार ऐसे हैं, विशेषकर मनोव्यापार और चेतना, जिनके यदि भौतिक और रासायनिक कारण बतलाए जाते हैं तो लोग विरोध करते हैं। विरोध भी ऐसा-वैसा नहीं, बड़ा गहरा। पर आधुनिक विकाससिद्धान्त ने सिद्ध कर दिया है कि इन दोनों कोटि के व्यापारों में जो भेद प्रतीत होता है वह वास्तविक नहीं है। अब यह निश्चित हो गया है कि शरीर के समस्त व्यापार क्या चलना-फिरना, क्या सोचना-विचारना, उसी प्रकार भौतिक नियमों के वशवर्ती हैं जिस प्रकार जड़ पदार्थों के व्यापार।

इस प्रकार प्रकृति की अद्वैतता सिद्ध हो गई है और द्वैतभाव का खंडन हो गया है। 'जगत् की मूल अद्वैतता', जड़ सृष्टि और चेतना सृष्टि की वास्तविक अभिन्नता, उनके व्यापारों का द्रव्य और गतिशक्ति के विविध रूपों में अन्तर्भाव दिखाकर, अपने कई ग्रन्थों में मैं सिद्ध कर चुका हूँ। अधिकांश वैज्ञानिकों ने इसे स्वीकार कर लिया है, पर कई तरफ से इसके विरोध का भी प्रयत्न किया गया है और सृष्टि के इन दोनों विभागों जड़ और चेतन में तत्त्वभेद सिद्ध करने की प्रवृत्ति दिखाई गई है। इस द्वैतभाव के बड़े भारी समर्थकों में से उद्भिद्वेत्ता रेन्के हैं जिन्होंने कहा है कि 'जड़ सृष्टि में तो केवल भौतिक और रासायनिक शक्तियों ही के द्वारा सब व्यापार होते हैं पर सजीव सृष्टि में चेतन शक्तियाँ कार्य करती हैं।' उनके अनुसार जब सृष्टि द्रव्य और भौतिक गतिशक्ति के नियमाधीन

है पर चेतन सृष्टि नहीं। इस कथन पर विचार करने के पहले दूसरे दो सिद्धान्तों का उल्लेख कर देना चाहिए जो वैज्ञानिकों ने सजीव सृष्टि के सम्बन्ध में स्थिर किए हैं। इनमें एक है अंगारक (कारबन) सिद्धान्त और दूसरा है स्वतः उत्पत्ति का सिद्धान्त।

शारीरिक रसायन ने अनेक विश्लेषणों के उपरान्त ये पाँच बातें स्थिर की हैं–

1. सजीव पिंडों में वे ही मूल द्रव्य पाए जाते हैं जो जड़ सृष्टि में पाए जाते हैं।
2. मूल द्रव्यों के जिन मिश्रणों से सजीव पिंड बनते हैं और जिनके कारण अनेक प्रकार के सजीव व्यापार होते हैं वे शरीरधातुओं के कललरसरूप यौगिक द्रव्य हैं।
3. शरीरव्यापार एक भौतिक और रासायनिक क्रिया है जो इन कललधातुओं के द्रव्यों के गुण और परिमाण के आधार पर होती हैं।
4. अंगारक या कारबन ही वह मूल द्रव्य है जिसमें कुछ और मूल द्रव्यों अम्लजन, उद्‌जन, नत्रजन और गन्धक आदि के विशेष मात्रा में मिश्रित होने से यौगिक कललधातुएँ बनती हैं।
5. अंगारक या कारबन से बनी हुई इन यौगिक कललधातुओं में और मूल द्रव्यों के रासायनिक संयोग से बने दूसरे यौगिक द्रव्यों से यह विशेषता होती है कि इनके अणुओं का मेल अत्यन्त जटिल होता है और ये अस्थिर तथा मधु की तरह गाढ़े रस की होती हैं।

इन पाँच बातों के आधार पर अंगारक सिद्धान्त की प्रतिष्ठा हुई जो इस प्रकार हैं– 'अंगारक से अत्यन्त जटिल मिश्रण के द्वारा बनी हुई इन यौगिक कललधातुओं के द्रवत्व और विश्लेषणशीलत्व आदि गुण ही उन विशिष्ट गतियों के एकमात्र कारण हैं जो जीवधारियों में देखी जाती हैं।' इस अंगारक सिद्धान्त का कहीं-कहीं विरोध तो किया गया पर इससे अधिक उपयुक्त कोई और सिद्धान्त स्थिर नहीं हुआ। इधर मूल घटकों के जीवन व्यापार का जो अधिक अन्वीक्षण किया गया और कललरस की रासायनिक और भौतिक विशेषताओं का जो पता लगा, उससे इस सिद्धान्त का समर्थन अच्छी तरह हुआ है।

अब स्वतःउत्पत्ति[1] को लीजिए। 'स्वतःउत्पत्ति' से लोग कई अर्थ लेते हैं, इससे उसके सम्बन्ध में बहुत झगड़ा है। अतः इसका अर्थ विशिष्ट और स्पष्ट हो जाना चाहिए। स्वतःउत्पत्ति से अभिप्राय है जीवसृष्टि के आदि में जड़ अंगारक द्रव्यों से सजीव कललरस का प्रथम प्रादुर्भाव। जीवसृष्टि के इस आरम्भ की दो अवस्थाएँ कही जा सकती हैं–प्रथम अंगारक घटित द्रव्यों से कललरस की योजना और द्वितीय कललरस का अलग-अलग आदिम अणुजीवों में विभाग। इस प्रकार का स्वयंभूतवाद विकाससिद्धान्त के अनुसार अवश्य मानना पड़ता है, और वैज्ञानिकों ने माना भी है। इसे न मानना जीवोत्पत्ति को 'ईश्वर की लीला' या 'खुदा की करामात' मानना है।

---

1. बायोजेनेसिस–वह उत्पत्ति जो जनक पिंड से छूटकर पृथक् होनेवाले अंश की वृद्धि द्वारा, जैसा कि समस्त प्राणियों में होता है, न हो, किन्तु जड़ द्रव्य से आपसे आप हो।

स्वतःउत्पत्ति मान लेने पर फिर यह मानने की आवश्यकता नहीं रह जाती कि सृष्टि की रचना किसी उद्देश्य रखनेवाले ने अपने उद्देश्य के अनुसार की है। जगत् या प्रकृति से भिन्न कोई उद्देश्य रखनेवाला है इस द्वैतभाव की कोई आवश्यकता नहीं रह जाती। डारविन ने अपने 'प्राकृतिक ग्रहण सिद्धान्त' का एक ऐसा सूत्र हमारे हाथ में दे दिया है जिसके सहारे हम चेतन सृष्टि में जो अनेक प्रकार की क्रमव्यवस्था दिखाई पड़ती है उसके भौतिक और प्राकृतिक हेतु निरूपित कर सकते हैं। अब किसी उद्देश्य रखनेवाली अप्राकृतिक शक्ति को मानने की जरूरत बाकी नहीं है। फिर भी कुछ लोग उसे अब तक मानते चले जाते हैं। तत्त्वज्ञवर कांट ने उपादान कारण और निमित्त कारण में जैसा गूढ़ भेद किया है वैसा और किसी दार्शनिक ने नहीं। इसी भेद के अनुसार उसने जगद्विधान की व्याख्या की है। जगत् के सम्पूर्ण विस्तारजाल की व्याख्या उसने न्यूटन के निर्धारित भौतिक नियमों के अनुसार की है। उसका ज्योतिष्क नीहारिका सिद्धान्त न्यूटन के आकर्षण सिद्धान्त पर स्थित है। फरासीसी ज्योतिषी लाप्लेस ने कांट के सिद्धान्त की पुष्टि गणित की रीति से की। फ्रांस के बादशाह ने उससे पूछा कि आपने 'अपने सृष्टि निरूपण में सृष्टि के कर्ता और पालक ईश्वर को कहाँ स्थान दिया है ?' उसने बड़ी सच्चाई के साथ जवाब दिया कि 'महाराज, अपने निरूपण में मुझे उसके मानने की जरूरत नहीं पड़ी है।' अतः जगदुत्पत्ति विज्ञान में भी और दूसरे जड़ पदार्थ सम्बन्धी विज्ञानों के समान ईश्वर को मानने की आवश्यक नहीं पड़ी है। उसकी भी वैज्ञानिक व्याख्या भौतिक नियमों के अनुसार हुई है।

आप-से-आप होनेवाले भौतिक विधानों के द्वारा ही हम प्राकृतिक व्यापारों के यथार्थ कारणों अर्थात् समवायिकारणों का निरूपण कर सकते हैं और यह बतला सकते हैं कि सब व्यापार द्रव्य की अचेतन और अन्ध प्रवृत्तियों के द्वारा होते हैं। कांट ने भी एक जगह साफ कहा है कि 'भूतों के इस स्वतःप्रेरित विधान की व्याख्या के बिना कोई विज्ञान विज्ञान नहीं कहा जा सकता। मनुष्य बुद्धि में व्यापारों के भौतिक हेतु निरूपित करने की अपार सामर्थ्य है।' पर पीछे जब कांट सजीव सृष्टि के जटिल व्यापारों की ओर आया तब उसने कह दिया कि भौतिक हेतु पर्याप्त नहीं है, इन व्यापारों की व्याख्या के लिए हमें निमित्त कारणों का सहारा लेना पड़ता है और यह मानने के लिए विवश होना पड़ता है कि ये व्यापार किसी उद्देश्य रखनेवाली विधायिनी शक्ति की प्रेरणा से होते हैं। बुद्धि की भौतिक हेतुनिरूपण की शक्ति वहाँ परिमित हो जाती है। जीवधारियों के विविध व्यापारों की व्याख्या करने में कुछ दूर तक तो वह चलती है पर बहुत से व्यापार, विशेषतः मानसिक, ऐसे हैं जिनके लिए हमें निमित्त कारणों का आरोप करना पड़ता है; यह मानना पड़ता है कि वे व्यापार उद्देश्य रखनेवाली स्वतन्त्र शक्ति के द्वारा होते हैं। किसी पदार्थ के प्राकृतिक उद्देश्य को समझने के लिए स्वयंभू भौतिक विधान को उद्दिष्ट विधान के अधीन मानना पड़ता है, कांट ने अन्त में यही प्रतिपादन किया। जीवधारियों के विलक्षण कौशल के साथ बने हुए अवयवों और उनके व्यापारों की व्यवस्था को देख कांट को उनका 'शुद्ध और भौतिक हेतु निरूपित

करना असम्भव प्रतीत हुआ। उसने कहा कि शुद्ध भौतिक और प्राकृतिक सिद्धान्तों के आधार पर ही किसी सजीव पिंड और उसकी अन्तर्वृत्ति अर्थात् अन्तःकरण व्यापार का वास्तविक तत्त्व समझाना तो दूर रहा, समाधानपूर्वक समझना भी कठिन है। किसी मनुष्य की यह आशा दुराशा मात्र है कि प्राणिविज्ञान में भी कोई न्यूटन पैदा होगा जो एक क्षुद्र तृण तक की उत्पत्ति को जड़ प्रकृति का ही कार्य सिद्ध कर देगा; जो यह प्रमाणित कर देगा कि भिन्न-भिन्न जीवों की रचना एक सोचे-समझे हुए ढाँचे के अनुसार नहीं बल्कि आप-से-आप भौतिक नियमों के अनुसार होती है।' बतलाने की जरूरत नहीं कि कांट के सत्तर वर्ष पीछे डारविन के रूप में 'सजीवसृष्टि विज्ञान का न्यूटन' पैदा हुआ और उसने उस बात को कर दिखाया जिसे कांट ने असम्भव बतलाया था।

जब से न्यूटन ने आकर्षण सिद्धान्त का प्रतिपादन किया और कांट, लाप्लेस आदि ने जगत् की योजना और उत्पत्ति को स्वतः क्रियमाण भूतों का विधान सिद्ध कर दिया तब से जड़सृष्टि सम्बन्धी समस्त विज्ञान शुद्ध भौतिक हो गए और उनमें ईश्वर या भूतातीत शक्ति मानने की आवश्यकता नहीं रह गई। ज्योतिष, जगदुत्पत्ति शास्त्र, भूगर्भशास्त्र, पदार्थविज्ञान, रसायन इत्यादि सबमें व्यापारों की व्याख्या नपे-तुले भौतिक नियमों के अनुसार होती है। किसी व्यापार को ईश्वरकृत कह देने की चाल अब उनमें नहीं है। जड़सृष्टि में जो कुछ दिखाई पड़ता है वह किसी की इच्छानुरूप रचना है ऐसा इन विज्ञानों में कहीं नहीं प्रतिपादित किया जाता। 'इच्छानुरूप रचना' का भाव ही जड़सृष्टिसम्बन्धी विज्ञान के क्षेत्र से उठ गया। अब कोई वैज्ञानिक इस बात की जिज्ञासा करने नहीं जाता कि अमुक व्यापार जो जड़ सृष्टि में देखा जाता है उसका 'उद्देश्य' क्या है। अब कोई वैज्ञानिक यह विश्वास नहीं रखता कि ईश्वर या किसी उद्देश्य रखनेवाली शक्ति ने कभी किसी समय सृष्टि का सारा ढाँचा सोचकर जगत् का विधान करनेवाले नियमों की सृष्टि की थी और उन्हें अपनी इच्छा के अनुसार बराबर चला रहा है। इस प्रकार के पुरुषविशेष या कर्ता के स्थान पर अब 'प्रकृति के अखंड और शाश्वत नियम' ही माने जाते हैं।

पर सजीवसृष्टि को देखकर 'किसी की इच्छानुरूप रचना' का भ्रम अवश्य होता है। जीवधारियों के शरीर की बनावट और अंगव्यापारों को देखने से यह प्रतीत अवश्य होता है कि उसकी रचना सोचे-विचारे हुए उद्देश्य के अनुसार हुई है। जन्तुओं और पेड़-पौधों के अवयव उसी प्रकार बैठाए हुए पाए जाते हैं जिस प्रकार किसी मनुष्य की बनाई हुई कल के पुरजे बैठाए हुए होते हैं। जीवित अवस्था में इन अवयवों के व्यापारों से विशेष उद्देश्य की पूर्ति उसी प्रकार होती दिखाई पड़ती है जिस प्रकार कल के बनाए हुए पुरजों की चाल से। अतः ज्ञान की प्रारम्भिक अवस्था में यही ख्याल हो सकता था कि सृष्टि का कोई पूर्ण ज्ञानमय कर्ता है जिसने प्रत्येक पेड़-पौधे और जीवजन्तु के ढाँचे को खूब सोच-समझकर चतुराई के साथ बनाया है। पहले तो इस सर्वशक्तिमान् सृष्टिकर्ता की भावना पुरुषविशेष के रूप में थी। जब तक वह नराकार समझा जाता

था, आँखों से देखनेवाला, कानों से सुननेवाला, हाथों से करनेवाला माना जाता था, तब तक तो उसका स्वरूप थोड़ा-बहुत ध्यान में आ भी जाता था। पर पीछे जब बुद्धिमान् बननेवाले लोगों ने उसको निराकार बताया और वे 'बिनु पद चलै, सुनै बिनु काना। कर बिनु कर्म करै विधि नाना' कहने लगे तब तो उसका ध्यान में आना ही असम्भव हो गया। वैज्ञानिकों ने इधर यह चाल पकड़ी कि वे पुरुषविशेष के स्थान पर एक 'शक्तिविशेष' कहने लगे। शरीरव्यापारविज्ञान में बहुत से लोगों ने चेतन सर्वशक्तिमान् कर्ता के स्थान पर एक अचेतन विधायिनी शक्ति का आरोप किया जो भौतिक गतिशक्ति से भिन्न-भिन्न और परे होने पर भी उसे अपने अधीन कार्य में नियोजित करती है। शरीरव्यापारविज्ञान में यह 'शक्तिवाद' बहुत दिनों तक चलता रहा। सन् 1833 में मूलर ने इस 'शक्तिवाद' की जड़ हिलाई। उसने अनेक प्रकार की परीक्षाओं द्वारा प्रमाणित किया कि मनुष्य तथा और जीवों के शरीर के अधिकतर व्यापार भौतिक और रासायनिक नियमों के अनुसार होते हैं और उनमें बहुत से तो ऐसे हैं जिनके विषय में यह बतलाया जा सकता है कि वे किस हिसाब से होते हैं। उसने रक्तसंचालन, पाचन और खाए हुए द्रव्य के शरीर की धातु में परिणत होने की प्रक्रिया से लेकर संवेदनसूत्रों, जिनसे शरीर में संवेदना होती है, और पेशियों, जिनसे अंगों में गति होती है, की गति तक को भौतिक और रासायनिक क्रियाविधान सिद्ध कर दिया। प्रजनन और मानसिक व्यापार अर्थात् विचार, चिन्तन आदि ये ही दो बातें ऐसी रह गईं जिनका समाधान बिना कोई शक्तिविशेष माने शुद्ध भौतिक कारणों के द्वारा न हो सका। पर मूलर की मृत्यु के उपरान्त ही डारविन का प्रसिद्ध ग्रन्थ प्रकाशित हुआ जिसमें ग्रहणसिद्धान्त के द्वारा यह दिखला दिया गया कि शरीरयोजना में जो व्यवस्थाक्रम दिखाई पड़ता है वह भौतिक कारणों ही से उत्पन्न होता है। डारविन ने अपने ग्रहणसिद्धान्त द्वारा भिन्न-भिन्न ढाँचे के जीवों के बनने का प्राकृतिक विधान और कारण समझा दिया। उसने प्रतिपादित किया कि 'जीवन प्रयत्न' ही ऐसी मूल वृत्ति है जिसके अधीन एक ढाँचे के शरीर से दूसरे ढाँचे के शरीर का क्रमशः विकास होता है। जिस स्थिति या अवस्था के बीच जीव रहते हैं वह परिवर्तनशील होती हैं। चारों ओर की स्थिति के बदलने से कुछ जीवों में कुछ अवयवों की विशेषताएँ उत्पन्न होती है जो उस परिवर्तित स्थिति के उपयुक्त होती हैं। फिर उन जीवों की जो सन्तति होती है उसमें भी वे ही विशेषताएँ रहती हैं। इस प्रकार नए ढाँचे के जन्तुओं का विकास होता है जो अपने पूर्वज जन्तुओं से भिन्न होते हैं। इसी प्राकृतिक नियम के अनुसार एक सादे ढाँचे के मूल अणुजीव से भिन्न-भिन्न ढाँचों के जीव क्रमशः उत्पन्न हुए हैं। अतः क्रिया के अनुकूल ढाँचे बिना किसी उद्देश्य रखनेवाले के केवल भूतों की जड़क्रिया से किस प्रकार उत्पन्न हो सकते हैं, लोग जो यह पूछा करते थे उसका उत्तर मिल गया। अब तो जीवों के अत्यन्त जटिल और सूक्ष्म विधानों की व्याख्या 'व्यापार के अनुकूल शरीर की आप-से-आप उत्पत्ति' मानकर की जाती है। अब भूतों से परे किसी उद्देष्टा या विधायिनी शक्ति को मानने की आवश्यकता नहीं है।

पर इधर कुछ दिनों से भूतातीत 'विधायिनी शक्ति' का भूत फिर कुछ लोगों के सिर पर सवार हुआ है। कई एक जीवविज्ञानियों ने उसकी चर्चा नए ढंग से चलाई है। उद्भिद्वेत्ता रेनके ने इस विषय में विशेष प्रयत्न किया है। उसने सजीव सृष्टि के विधान को प्रेरणा करनेवाली एक शक्ति का कार्य बतलाया है और पौराणिक (बाइबिल की) सृष्टिकथा आदि के मंडन की चेष्टा की है। दूसरे नए शक्तिवादियों ने एक पुरुषविशेष या कर्ता माना है जिसने सब जीवधारियों को उनके जीवनव्यापार के अनुकूल शरीर के ढाँचे सोच-समझकर प्रदान किए हैं। पर ऐसी बातों पर वैज्ञानिक लोग अब ध्यान नहीं देते।

जीवों के ढाँचों को किसी पूर्णज्ञानमय सर्वज्ञ कर्ता ने अपनी इच्छा के अनुसार सब बातों को सोचकर बनाया है; इसका कोई प्रमाण भिन्न-भिन्न जीवों के शरीरनिरीक्षण से नहीं मिलता है। भिन्न-भिन्न जीवों के शरीर का यदि निरीक्षण किया जाए तो प्रायः सबमें कुछ-न-कुछ ऐसे फालतू अवयव मिलेंगे जिनका कोई काम नहीं और जिनसे कभी-कभी बड़ी हानि पहुँच जाती है। बहुत से पौधों के फूलों में स्त्री और पुरुष केसरों के अतिरिक्त, जिनसे गर्भाधान होता है, बहुत से ऐसे दल होते हैं जिनका कोई प्रयोजन नहीं। उड़नेवाले फतिंगों और पक्षियों में बहुत से ऐसे होते हैं जिनके पर बेकाम होते हैं, जो उड़ नहीं सकते। बहुत से ऐसे जन्तु होत हैं जो अँधेरे में रहते हैं, जिन्हें आँखें तो होती हैं पर वे देखने के काम की नहीं होतीं, निरर्थक होती हैं। मनुष्य के शरीर में बहुत से अवयव ऐसे हैं जो निरर्थक हैं, जो मूल पूर्वज अवस्था में अवशिष्ट चिह्न मात्र हैं। कान की मांसपेशियाँ, पुरुष के स्तन चिह्न चुचुक आदि इसी प्रकार के अवयव हैं। बन्द बड़ी आँत निरर्थक ही नहीं भयंकर भी है। इसकी सूजन से प्रतिवर्ष न जाने कितने मनुष्य मरते हैं।[1]

इन निरर्थक विधानों का आधुनिक शक्तिवाद कोई हेतु नहीं दे सकता, पर विकास द्वारा उत्पत्तिक्रिया का जो सिद्धान्त है उसकी दृष्टि से विचार करने पर इनके रहने का कारण सहज में समझ में आ जाता है। विकास की दृष्टि से यदि देखा जाए तो पता लग जाता है कि ये अवयव प्रयोग के अभाव से क्षीण और बेकाम हो गए हैं। जिस प्रकार हमारी इन्द्रियाँ, पेशियाँ और नाड़ियाँ इत्यादि अधिक प्रयोग के द्वारा सबल और पुष्ट होती हैं, उसी प्रकार व्यवहार में न आने या कम आने से वे विकल और बेकाम हो जाती है। प्रयोग के अभाव से अवयव क्षीण और बेकाम तो हो जाते हैं पर उनके चिह्न एकबारगी नहीं मिट जाते, वंशपरम्परा के नियमानुसार वे बहुत पीढ़ियों तक बने रहते हैं, धीरे-धीरे बहुत काल बीतने पर वे लुप्त होते हैं। भिन्न-भिन्न अवयवों के बीच भी स्थिति के लिए जो अन्धप्रयत्न चलता रहता है उसी के अनुसार कुछ अवयवों की वृद्धि और कुछ का ह्रास आप-से-आप होता है। इसमें किसी उद्देश्य रखनेवाले का कोई और भीतरी मतलब नहीं है।

जिस प्रकार मनुष्य के शरीरविधान में कुछ अपूर्णता रहती है उसी प्रकार और जन्तुओं और पौधों के शरीरविधान में भी पाई जाती है। बात यह है कि प्रकृति नित्य

1. इस बन्द आँत को योरप में अब कुछ लोग निकलवा देते हैं और कष्ट तथा प्राणभय से बच जाते हैं।

परिणामी है, वह सदा परिणाम की अवस्था में रहती है, उसमें बराबर फेरफार होता रहता है। जहाँ तक हमारे इस भूग्रह की सजीव सृष्टि को देखने से पता लगता है, विकास की गति द्वारा सजीव पिंड सादे से जटिल, क्षुद्र से उन्नत और अपूर्ण से पूर्ण होते रहते हैं। पूर्णताप्राप्ति का यह विधान प्राकृतिक ग्रहणवृत्ति द्वारा होता है, किसी सोची-समझी हुई युक्ति के अनुसार नहीं। इसका प्रमाण यह है कि कोई सजीव पिंड सर्वांगपूर्ण नहीं रहता है। यदि किसी समय वह स्थिति के सर्वथा अनुकूल घटिल होकर पूर्णता प्राप्त भी करता है तो भी यह पूर्णता बहुत काल तक नहीं चलती, क्योंकि स्थिति में बराबर परिवर्तन होता रहता है। सन् 1876 में प्रसिद्ध जीवविज्ञानी बेयर ने उद्देश्यवाद का जो नए ढंग से समर्थन किया वह शक्तिवादियों और दैववादियों को बहुत भाया, उसकी बातों को लेकर अब तक लोग उछला-कूदा करते हैं। यद्यपि बेयर अत्यन्त उच्च कोटि का विज्ञानवेत्ता था पर ज्यों-ज्यों वह बुड्ढा होने लगा उसके तात्त्विक विचार क्षीण होने लगे यहाँ तक कि अन्त में वह शरीर और आत्मा, द्रव्य और शक्ति को परस्पर भिन्न माननेवाला पूरा द्वैतवादी हो गया। गर्भांड के वृद्धिक्रम का सूक्ष्म निरीक्षण करके उसने उन उत्तरोत्तर होनेवाले परिवर्तनों को दिखलाया जिनसे वह अंडे से रीढ़वाले जीव के रूप में आता है। उसने उन परिवर्तनों के कारणों और नियमों का भी पता लगाया और यह सिद्धान्त स्थिर किया कि व्यक्ति के विकास का जो यह क्रम है वही व्यक्तित्व मात्र के विकास का क्रम है। इस सिद्धान्त से उसने यह तत्त्व निकाला कि 'वह परमभाव जिसके अनुसार अनेक रूपों में जन्तुओं का विकास होता है वही है जिसके अनुसार अन्तरिक्ष के विकीर्ण खंड लोकपिंडों के रूप में बने और सौरब्रह्मांड का विधान हुआ। वह परमभाव ही जीवन है। विविध प्रकार के जीव ही वे वर्ण और शब्द हैं जिनमें वह परमभाव व्यक्त होता है। बेयर का यह उद्देश्यरूप परमभाव प्लेटो[1] और अरस्तू के 'नित्यभाव' की पुनरुक्ति मात्र है।

बतलाने की आवश्यकता नहीं कि बेयर ने सृष्टि के उत्पत्तिक्रम के एक ही अंग पर दृष्टि डाली थी, उसने गर्भ से लेकर एक-एक जीव के उत्पत्तिक्रम का ही विचार किया था। इसी क्रम से जीवों की भिन्न-भिन्न योनियों और जातियों की भी उत्पत्ति हुई है, यह बात उसे नहीं सूझी थी यद्यपि सन् 1809 में ही लामार्क ने इस बात की ओर ध्यान दिलाया था। अतः जब सन् 1859 में डारविन ने इसे सिद्धान्तरूप में प्रकट किया और अपने ग्रहणसिद्धान्त की स्थापना की तब बेयर इसे स्वीकार न कर सका। वह इसका विरोध ही करता रहा। जीवोत्पत्ति की यह बात बेयर की समझ में न आई कि गर्भावस्था

1. प्लेटो या अफलातून ईसा से 300 वर्ष पहले यूनान में हुआ है। उसने कहा है कि समस्त जगत् एक परमभाव या संवित् 'आइडिया' के अनुसार चल रहा है। सामान्य प्रत्ययों को लेकर विचार करने से मनुष्य संवित या परमभाव तक पहुँच सकता है। संसार में बहुत से लोग वीर आदि हैं पर उन सबमें जो वीरता आदि सामान्य धर्म है, जिनके द्वारा कौन कितना वीर है हम यह समझते हैं, वे ही वीरता के 'भाव' का वास्तव स्वरूप हैं, उन्हीं के नमूने पर सब वीर, उदार आदि बने हैं। वीरता, उदारता आदि के ये स्वरूप या 'भाव' केवल मनुष्यों के मन में ही हैं, ऐसा नहीं है। ये स्वयंभू और सनातन हैं, इनकी स्थिति किसी के अधीन या आश्रित नहीं है।

से लेकर जिस क्रम से किसी एक जीव (व्यक्ति) का उत्तरोत्तर विकास होता है उसी क्रम से आदिम अणुजीवों से भिन्न-भिन्न जीववर्गों का भी विकास हुआ है।

इतिहास के क्षेत्र में न्यायपूर्ण दैवी विधान दिखाने की चाल बहुत अधिक है। इतिहासलेखक किसी देश के निवासियों के अभ्युदय, पतन, वृद्धि, दुर्दशा इत्यादि को ईश्वर की न्यायव्यवस्था के अनुसार बतलाने का प्रयत्न करते हैं। वे यह दिखाना चाहते हैं कि एक जाति जो दूसरी जाति के ऊपर विजयी होकर शासन करती है उसमें पूर्ण ज्ञानमय ईश्वर का कुछ परम उद्देश्य रहता है। जड़ सृष्टि के सम्बन्ध में तो 'न्यायपूर्ण व्यवस्था' की बात नहीं उठती। अब रहा जीवविज्ञान, उसमें भी यदि हम मनुष्य को थोड़ी देर के लिए छोड़ दें तो कहीं इस प्रकार की व्यवस्था नहीं दिखाई पड़ती जो चैतन्य रूप ईश्वर की कृति कही जा सके। डारविन ने अपने प्राकृतिक ग्रहणसिद्धान्त द्वारा यह अच्छी तरह दिखा दिया है कि जन्तुओं और पौधों की शरीररचना और जीवनवृत्ति में जो व्यवस्थित विधान दिखाई पड़ता है वह भौतिक नियमों के अनुसार उत्पन्न हुआ है, किसी पहले से सोची-समझी हुई युक्ति के अनुसार नहीं। उसने यह भी सिद्ध कर दिया है कि 'जीवनप्रयत्न' ही वह प्रबल प्राकृतिक शक्ति है जिसके वशवर्ती होकर भिन्न-भिन्न जीवों का विकास और स्थितिविधान हुआ है। 'जीवनप्रयत्न' का अर्थ यह है कि जीवों के बीच स्थिति के लिए जो घोर समर चलता रहता है उसमें वे ही जीव विजयी होते या रह जाते हैं जो सबसे अधिक योग्य या श्रेष्ठ होते हैं। सबसे अधिक योग्य या श्रेष्ठ वे ही हैं जो सबसे अधिक बलवान होते हैं। प्रकृति में यही नीति और यही न्याय है।

मनुष्य जातियों के इतिहास में भी हम कोई दूसरी बात नहीं पाते। उसमें भी हमें कहीं शील के उन्नत आदर्श का अथवा न्यायकारी, दयालु परमेश्वर का पता नहीं लगता। हम बराबर यह नहीं देखते कि जो जातियाँ बहुत ही शीलवान्, सीधी-सादी रही हैं वे ही समृद्ध और विजयी हुई हैं। इतिहासों से बराबर यही पाया जाता है कि जिन जातियों ने जितना ही अधिक जीवनप्रयत्न किया है, स्थिति और उन्नति के लिए वे जितना ही अधिक अग्रसर हुई हैं, उतना ही उनके भाग्य का उदय हुआ है। उसी 'जीवनप्रयत्न' के द्वारा उनके भाग्य का भी निबटारा हुआ है जिसके अनुसार समस्त सजीव सृष्टि में स्थिति और विनाश का क्रम करोड़ों वर्षों से चला आ रहा है।

भूगर्भवेत्ता सजीव सृष्टि के इतिहास को भूगर्भस्थ पंजरों की परीक्षा द्वारा तीन कल्पों में विभक्त करते हैं—प्रथम, द्वितीय और तृतीय। उनकी गणना के अनुसार प्रथम कल्प लगभग 3,40,00,000 वर्षों का, द्वितीय कल्प 1,10,00,000 वर्षों का और तृतीय कल्प 30,00,000 वर्षों का था। इन्हीं तीन कल्पों के बीच अस्थिवाले जीवों का प्रादुर्भाव और विकास हुआ है। प्रथम कल्प में मछलियाँ हुईं जो रीढ़वाले जीवों में सबसे निम्न श्रेणी की हैं। द्वितीय कल्प में मछलियों से और उन्नत कछुए, मगर, घड़ियाल, छिपकली, साँप इत्यादि कूर्मज या सरीसृप हुए। तृतीय कल्प में दूध पिलानेवाले स्तन्य जीव हुए जो सबसे उन्नत हैं। इन तीन प्रधान जीववर्गों के इतिहास को यदि ध्यान से देखा जाए तो पता लगेगा कि इनके अन्तर्गत जीवों की जो अनेक शाखाएँ हुईं वे भी क्रमशः अधिक पूर्णता

को पहुँचती गईं। उन्नति के इस क्रमागत विधान को क्या हम किसी चैतन्य का सोचा-समझा हुआ कार्य, किसी सर्वशक्तिमान कारीगर की रचना कह सकते हैं ? कभी नहीं। ग्रहणसिद्धान्त की सहायता से जब हम सृष्टि के बीच उस जीवनप्रयत्न को देखते हैं जिसके द्वारा सबल जीव निर्बलों को दबाकर या नष्ट करके अग्रसर हुए हैं और बराबर उन्नति करते गए हैं तब हम न्याय, नीति और शील की कोई व्यवस्था नहीं पाते। पाँच करोड़ वर्षों के बीच जन्तुओं की न जाने कितनी सुन्दर जातियों का कुल नष्ट हो गया और उनके स्थान पर वे ही जीव रह गए जो सबल निकले। उन सबल जीवों के विषय में यह नहीं कहा जा सकता कि वे न्याय और शील में बहुत बढ़कर थे।

यही बात मनुष्य जातियों के सम्बन्ध में भी ठीक है। उनके इतिहासों में भी यही बात पाई जाती है। एशिया के पश्चिमी भागों में फारस, अफगानिस्तान, तुर्किस्तान आदि देशों में इसलाम धर्म का जो प्रचार हुआ वह न्याय, नीति और शील के बल से नहीं। इन बातों का उन देशों में भी अभाव नहीं था। अत्याचार और क्रूरता के बल से देखते-देखते उन देशों से प्राचीन आर्य सभ्यता का, ज्ञान के संचित भांडार का, लोप हो गया। ईश्वर की न्याय नीति और दया कहीं देखने में न आई। जिन असभ्य, दरिद्र और मरभूखी जातियों को आवश्यकतावश अधिक जीवनप्रयत्न करना पड़ा वे अग्रसर हो गईं।

एक-एक मनुष्य के जीवन को लेकर यदि हम ध्यानपूर्वक विचार करते हैं तो उसकी दशा भी मनुष्यजातियों की दशा के समान किसी चेतन शक्ति के अधीन नहीं जान पड़ती। उसकी गति का विधान भी भौतिक कार्य-कारण-परम्परा के अनुसार होता है। मनुष्य के जीवन में जो-जो बातें होती हैं सबका सम्बन्ध कुछ पूर्ववर्ती कारणों से होता है। ये कारण प्रकृति की अन्धपरम्परा के अनुसार ही खड़े होते रहते हैं, किसी सोची-समझी हुई न्यायव्यवस्था के अनुसार नहीं। भावी प्रबल होती है, पर यह भावी कार्य-कारण-भाव के अतिरिक्त और कुछ नहीं। हानि, लाभ, जीवन, मरण, यश, अपयश किसी विधाता के हाथ में नहीं है। विधाता और दयानिधान परमेश्वर तभी अधिक सूझता है जब किसी की कोई कामना पूरी होती है, किसी अनर्थ से रक्षा होती है। जब कोई आपत्ति आती है, कोई प्यारा मनोरथ पूरा नहीं होता तब प्रायः मुँह से यही निकलता है–'ईश्वर न जाने कहाँ है ?' इधर विज्ञान और व्यापार की जो अपूर्व वृद्धि हुई है उसके कारण प्रतिवर्ष अनेक दुर्घटनाएँ होती रहती हैं, हजारों जानें रेल लड़ने से, पुल टूटने से, जहाज डूबने से जाती हैं। सहस्रों निरपराध मनुष्यों के प्राण युद्ध में लिये जाते हैं, इतने पर भी ईश्वर के न्याय और नीति की चर्चा बराकर चली चलती है।

जगत् के विकासक्रम का मनन करने से उसमें किसी विशेष उद्‌देश्य का पता नहीं लगता। प्रकृति के जितने व्यापार हैं सब कारण इकट्ठे होने से होते हैं। संसार में जितनी बातें होती हैं सब संयोग से, किसी संकल्प के अनुसार नहीं। प्रकृति के गुण या अन्धप्रवृत्ति के अनुसार जब जैसा संयोग उपस्थित होता है तब वैसी बात होती है। अतः विकासवादियों के सिद्धान्त पर लोग यह आक्षेप करते हैं कि उसमें सब बातें 'संयोग' के अधीन बतलाई जाती हैं। शक्तिवादियों की समझ में यह नहीं आता कि सृष्टि का इतना

बड़ा चरखा बिना किसी के सोच-समझकर चलाए कैसे चल रहा है। इसी बात को लेकर दार्शनिकों के दो भिन्न दल हो गए हैं। द्वैतवादी दल अपनी भावना के अनुसार यही कहता जाता है कि सम्पूर्ण जगत् ज्ञानकृत व्यवस्था के अनुसार चल रहा है, छोटी-से-छोटी बात भी जो होती है उसका कोई-न-कोई उद्‌देश्य होता है, संयोग कोई चीज नहीं। हेतुवादियों[1] का दल कहता है कि जगत् का विकास एक भौतिक या प्राकृतिक विधान है जिसमें कोई उद्‌देश्य या ज्ञानकृत व्यवस्था नहीं है। सजीव सृष्टि में जो व्यवस्था दिखाई पड़ती है वह शरीरद्रव्य की प्रवृत्तियों के योग का परिणाम है। न तो और लोकपिंडों के विकास में, न पृथ्वी के नाना तलों[2] के विकास में किसी चैतन्य की कोई करतूत प्रकट होती है; सब बातें संयोग पाकर होती हैं। 'संयोग' शब्द का अर्थ यहाँ स्पष्ट कर देना चाहिए। 'संयोग' पहले से निश्चित अदृष्ट व्यवस्था का नाम नहीं है, कारणों के समाहार का नाम है। संयोग से कोई बात हो गई इसका यह मतलब नहीं कि बिना कारण कोई बात हो गई। प्रकृति में जो कुछ व्यापार होता है सबका भौतिक कारण होता है। यदि कहीं जाने पर कोई किसी आपदा में पड़ता है तो लोग प्रायः कहते हैं कि 'संयोग उसे ले गया।' 'संयोग' नहीं ले गया, उसके जाने से ऐसा संयोग उपस्थित हुआ कि वह आपदा में पड़ गया। 'संयोग' का अर्थ है कई भिन्न-भिन्न बातों का भिन्न-भिन्न कारणों से एक साथ घटित होना।

---

1. राज समाज कुसाज कोटि कटु कल्पत कलुष कुचाल नई है।
   नीति, प्रतीति, प्रीति, परिमिति, पति हेतुवाद हठि हेरि हई है। –तुलसी।
2. पुराणों में पृथ्वीतल के तल, वितल, सुतल, रसातल आदि सात भाग किए गए हैं।

पन्द्रहवाँ प्रकरण

ईश्वर और जगत्

कई हजार वर्षों से मनुष्य जाति सृष्टि के समस्त व्यापारों का एक परम कारण मानती चली आ रही है जिसे ईश्वर कहते हैं। और सब सामान्य भावनाओं के समान ईश्वर सम्बन्धिनी भावना में भी बुद्धि के विकास के साथ-साथ अनेक प्रकार के फेरफार होते आए हैं। सच पूछिए तो और किसी पदार्थ की भावना में समय-समय पर इतने परिवर्तन नहीं हुए हैं। बात यह है कि बुद्धि और आन्वीक्षिकी विद्याओं के जितने मुख्य विषय हैं, कल्पना और मनोवेग के जितने आधार हैं, सबका इसके साथ गहरा लगाव है। ईश्वर के सम्बन्ध में जितनी प्रकार की भावनाएँ हैं उन सबको यदि परस्पर मिलान करके देखते हैं तो बहुत सी बातें प्रकट होती हैं। कई ऐसे उपयोगी ग्रन्थ लिखे भी जा चुके हैं जिनमें इस ढंग की आलोचना की गई है। पर यहाँ अधिक स्थान नहीं है। अनेक रूपों में लोग ईश्वर की भावना करते हैं, कुछ लोग कहते हैं कि वह ऐसा है, कुछ लोग कहते हैं ऐसा नहीं ऐसा है। मुख्य मत दो हैं–देववाद और ब्रह्मवाद या सर्वात्मवाद। देववाद द्वैतवादियों का है और ब्रह्मवाद अद्वैतवादियों का।

देववाद–देववादी ईश्वर को जगत् से भिन्न, उसका कर्ता और पालक मानते हैं। देववाद में ईश्वर एक 'पुरुषविशेष' माना गया है जो मनुष्यों ही के समान सोचता, विचारता और काम करता है। अन्तर इतना ही है कि उसके सोचने, विचारने और काम करने की कोई हद नहीं है। ईश्वर की यह नराकार भावना अनेक रूपों में पाई जाती है–असभ्य जातियों के भूतप्रेत से लेकर सभ्य जातियों के एक ईश्वर तक सब इसी के अन्तर्गत हैं। देववाद चार प्रकार का पाया जाता है–बहुदेववाद, त्रिदेववाद, द्विदेववाद और एकदेववाद।

बहुदेववाद–बहुदेववादी बहुत से देवी-देवता मानते हैं और समझते हैं कि संसार में जो कुछ होता है सब उन्हीं के द्वारा। इसमें कोई जड़ प्रतीक लेते हैं कोई चेतन प्रतीक। जड़ प्रतीकवाले अग्नि, वायु, जल, पर्वत, नदी, मूर्ति इत्यादि निर्जीव पदार्थों में देवताओं का आरोप करते हैं। चेतन प्रतीकवाले मनुष्य, पशु आदि में देवताओं की भावना करते हैं। हिन्दुओं, यूनानियों तथा और प्राचीन जातियों में ये दोनों प्रकार के भाव विशद रूपों में प्रकट किए गए हैं। ईसाई आदि एकेश्वरवादी कहलानेवालों में भी बहुदेवाराधन

किसी-न-किसी रूप में पाया जाता है। कैथलिक ईसाई ईसा की माता मरियम तथा अनेक महात्माओं को मानते हैं और उनके अनुग्रह की प्रार्थना करते हैं।

त्रिदेववाद–त्रिदेववाद भी कई रूपों में मिलता है। ईसाइयों का एक ईश्वर तीन रूपों में व्यक्त किया गया है–(1) परमपिता ईश्वर जो सर्वशक्तिमान सृष्टिकर्ता है। (2) तत्पुत्र ईसामसीह और (3) पवित्रात्मा। यह पवित्र आत्मा क्या बला है इसे समझने-समझाने के लिए हजारों वर्ष से ईसाई धर्माचार्य सिर मारते चले आ रहे हैं। इस गोरखधन्धे का आधार है बाइबिल, पर उसमें कहीं यह स्पष्ट नहीं किया गया है कि यह पवित्रात्मा है क्या और इसका पिता-पुत्र से सम्बन्ध क्या है। बात यह है कि यह देवत्रयी और अधिक प्राचीन धर्मों से ली गई है। मूसा के पहले जो प्राचीन यहूदी धर्म बाबिलन के मगों की सूर्योपासना के आधार पर प्रचलित था, उसमें सृष्टिकर्ता इलू की तीन रूपों में भावना की गई थी। 'अलू' जो शून्यरूप माना जाता था, 'बेल' जो ब्रह्मा या जगत् की रचना करनेवाला माना जाता था और 'आइ' जो दिव्य ज्योति या ज्ञानस्वरूप माना जाता था। प्राचीन हिन्दू धर्म में भी ब्रह्मा, विष्णु और शिव यह त्रिमूर्ति बहुत काल पहले मानी गई थी। प्राचीन धर्मों में यह तीन की संख्या विशेष रूप से ग्रहण की गई थी।

द्विदेववाद–युग्मदेववादियों के अनुसार जगत् का सारा व्यापार सत्य और तमस् इन्हीं दो देवताओं के आदेश पर चल रहा है। सात्विक देव अच्छी बातों का प्रवर्तक है और तामस देव बुरी बातों का। इन दोनों में बराबर विरोध चलता रहता है। संसार की अवस्था इसी नित्य विरोध का परिणाम है। दयामय सात्विक देवता या भगवान् सुख, शान्ति और सौन्दर्य के मूल हैं। यदि उन्हीं की चलती तो यह संसार सुख और शान्ति का धाम होता, पर उनके कार्य में तामस देवता या शैतान बराबर बाधा डालता रहता है। संसार में जो अनेक प्रकार के क्लेश और अनर्थ हैं सब इसी शैतान की करतूत है। ईश्वर की इस दोरंगी भावना से संसार में जो कुछ हो रहा है उसका बहुत कुछ समाधान हो जाता है। अतः ईसा से कई हजार वर्ष पहले सभ्यताप्राप्त प्राचीन जातियों में यह युग्मदेववाद प्रचलित था। प्राचीन भारत में सुर और असुर परस्पर विरोधी माने जाते थे। प्राचीन मिस्र में रक्षक देवता ओसिरीज के कार्य का बाधक क्रूर देवता टाइफन माना जाता था। प्राचीन पारसियों के जन्द धर्म का भी यही सिद्धान्त था कि ज्योतिःस्वरूप अहुरमुज्द धर्म द्वारा संसार की रक्षा करता है और तमोमय अह्रमान अधर्म द्वारा उसके सुख और शान्ति का भंग करता है।

ईसाइयों की पौराणिक कथा में भी शैतान का दर्जा खुदा से किसी बात में कम नहीं है। एक स्वर्ग का राजा है तो दूसरा नरक का। एक में यदि भलाई की शक्ति है तो दूसरे में बुराई की। एक अच्छे कर्मों की प्रेरणा करता है तो दूसरा बुरे कर्म करने के लिए बहकाता है। बतलाने की आवश्यकता नहीं कि इस शैतान की भावना बराबर पुरुष रूप में होती चली आई है। इधर थोड़े दिनों से अपने धर्म को युक्तिसंगत प्रकट करने के लिए लोग इसे रूपक कहकर उड़ाना चाहते हैं, पर इसी का जोड़ा जो जमीन और आसमान बनानेवाला खुदा है, उसका पल्ला कसकर पकड़े हुए हैं। पर ऐसे लोगों को समझना

चाहिए कि शैतान और खुदा की जोड़ी मानने से इस सुखदुःखात्मक जगत् की बातों का समाधान जितना सुगम है उतना और दूसरी कल्पना से नहीं।

एकदेववाद या एकेश्वरवाद–साधारणतः लोग एकेश्वरवाद को बहुत ठीक और युक्तिसंगत मत समझते हैं और उसे धर्म का एक प्रधान अंग मानते हैं। उनकी धारणा है कि सारे सभ्य देशों के लोग एकेश्वरवादी हैं, पर यह बात नहीं है। जितने मत एकेश्वरवादी बनकर दूसरे मतों की निन्दा किया करते हैं उनकी यदि परीक्षा की जाए तो उनमें भी एक सर्वोपरि देव ईश्वर के अतिरिक्त बहुत से उपदेव, गण, दूत, पारिषद इत्यादि के रूप में पाए जाते हैं। क्या यहूदी, क्या ईसाई, क्या मुसलमान इन सब मतों में आसमानी खुदा के सिवाय पैगम्बर, फरिश्ते, शैतान इत्यादि भी माने जाते हैं। मोटे हिसाब से इस पृथ्वी पर डेढ़ अरब के लगभग मनुष्य बसते हैं। इनमें 60 करोड़ तो हिन्दू और बौद्ध हैं, 50 करोड़ ईसाई कहलाते हैं, 18 करोड़ के लगभग इसलाम मत के माननेवाले हैं, 10 करोड़ यहूदी हैं, 20 करोड़ दूसरे भिन्न-भिन्न मत मानते हैं या भूतप्रेत आदि पूजते हैं, बाकी 10 करोड़ ऐसे हैं जिनका कोई धर्म नहीं। इनमें जो एकेश्वरवादी[1] होने का डंका पीटते हैं ईश्वर के सम्बन्ध में उनकी भावना स्पष्ट नहीं है।

एकेश्वरवाद दो रूपों में पाया जाता है, प्राकृतिक और पौरुषेय। प्राकृतिक एकेश्वरवाद ईश्वरीय विभूति का आरोप अपरिमित तेज और शक्ति के प्राकृतिक अधिष्ठानों में करता है। कई हजार वर्ष पहले प्राचीन सभ्य जातियों ने उस सूर्य की उपासना चलाई जो अपार शक्ति और तेज का अधिष्ठान है, जिस पर समस्त सजीव सृष्टि अवलम्बित है। वैज्ञानिकों की दृष्टि से सूर्योपासना से बढ़कर उपयुक्त ईश्वरोपासना की और कोई विधि नहीं, क्योंकि वैज्ञानिक सिद्धान्तों से उसका कोई विरोध नहीं पड़ता। आधुनिक ज्योतिर्विज्ञान और भूगोलोत्पत्ति शास्त्र द्वारा यह निरूपित हो चुका है कि पृथ्वी सूर्य का ही एक खंड है जो उससे छूटकर अलग हुआ है और फिर उसी में जाकर मिल जाएगा। आधुनिक शरीरव्यापार विज्ञान हमें यह बताता है कि सजीव सृष्टि का मूल तत्त्व कललरस है और इस कललरस की सृष्टि जल, अंगारक, अमोनिया आदि निर्जीव द्रव्यों के संयोगविशेष से होती है जो सूर्य की ज्योति के प्रभाव से ही होता है। इसी कललरस से आदि में रसात्मक अणुद्भिदों की सृष्टि हुई, फिर रसात्मक अणुजीवों की, जिनका पोषण उन अणुद्भिदों के द्वारा होता है। इसी जीवोत्पत्ति परम्परा के अनुसार अन्त में मनुष्य की भी उत्पत्ति हुई है। सच पूछिए तो हमारे समस्त जीवन व्यापार सूर्य की ज्योति और ताप पर ही निर्भर हैं। अतः शुद्ध बुद्धि से यदि विवेचन किया जाए तो उन ईसाई, मुसलमान आदि एकेश्वरवादी मतों की उपासना की अपेक्षा जो ईश्वर की भावना पुरुष रूप में करते हैं, सूर्योपासना कहीं अधिक युक्तिसंगत है। कहने की आवश्यकता नहीं कि इसी से हजारों वर्ष पूर्व हिन्दू, पारसी, मग इत्यादि सूर्योपासक जातियाँ ज्ञान और सभ्यता की जिस सीमा तक पहुँची थीं उस सीमा तक दूसरी जातियाँ नहीं।

1. एशिया के पश्चिमी भागों में प्रवर्तित ईसाई, यहूदी आदि पैगम्बरी मत।

अब दूसरी भावना ईश्वर के विषय में यह है कि वह मनुष्य ही के समान सोचता, विचारता और कार्य करता है। भेद इतना ही है कि उसके सोचने, विचारने और कार्य करने की कोई हद नहीं है। पुरुष या पुरुषोत्तम रूप में ईश्वर की इस भावना का सभ्यता के इतिहास पर बहुत कुछ प्रभाव पड़ा है। पर सबसे विलक्षण और दुर्बोध रूप इस भावना को यहूदी, ईसाई और इसलाम इन तीन पैगम्बरी मतों में प्राप्त हुआ है। ये तीनों मत परस्पर सम्बद्ध हैं और एशिया के पश्चिमी किनारे पर इबरानी अनार्य जातियों के कुछ भावोन्मत्त लोगों के द्वारा प्रवर्तित हुए हैं। इनमें प्राचीन यहूदी मत है जिससे ईसाई मत निकला। ईसाई मत के सिद्धान्तों को लेकर ही इसलाम धर्म की स्थापना हुई। जिस प्रकार ईसाई मत की पौराणिक कथाएँ मूसा के यहूदी धर्म से ली गई हैं उसी प्रकार मुसलमान मत की कथाएँ दोनों पूर्ववर्त्ती मतों से संगृहीत हुई हैं। उक्त तीनों मत पहले-पहले एकेश्वरवाद को लेकर खड़े हुए पर ज्यों-ज्यों उनका प्रसार बढ़ता गया त्यों-त्यों उनमें बहुदेववाद आता गया।

जिस एकदेववाद को मूसा ने ईसा से 1600 वर्ष पहले चलाया और जिसमें एकमात्र 'यह्वा' की उपासना मानी गई वह बहुदेववाद ही से निकला था। 'यह्वा' उन अनेक देवताओं में से एक का नामान्तर है जिन्हें प्राचीन यहूदी पूजते थे। यह यह्वा आदि में स्वर्ग का देवता माना जाता था जो और देवताओं ही के समान कठोर और क्रूर था और पूजा न पाने पर कड़ा दंड देता था। इस यह्वा के अतिरिक्त और भी अनेक देवता थे जिन्हें प्राचीन यहूदी पूजते थे पर मूसा के पीछे इसे प्रधानता प्राप्त होती गई और सिद्धान्त रूप से यह यहूदियों का एकमात्र देवता कहा जाने लगा। यद्यपि 'यह्वा' का यह वचन था कि 'मैं ही तेरा एकमात्र प्रभु और ईश्वर हूँ, मेरे सिवा और किसी देवता को न मानना' पर और बाकी देवताओं का संस्कार बहुत दिनों तक बना रहा।

मूसाई धर्म से निकले हुए ईसाई धर्म की भी यही दशा हुई। यद्यपि सिद्धान्त रूप में ईसाई धर्म एकेश्वरवादी ही था पर व्यवहार में वह बहुदेववादी हो गया। एकेश्वरवाद का त्याग तो एक प्रकार से तभी हो गया जब पिता, पुत्र और पवित्र आत्मा की देवत्रयी मानी गई। पर इस देवत्रयी के अतिरिक्त ईसा की माता मरियम की उपासना इतनी प्रबल पड़ी कि वह स्वर्ग की अधीश्वरी देवी मानी गई। कैथलिक सम्प्रदाय के ईसाइयों के बीच स्वर्ग की इस अधीश्वरी ने इतनी प्रधानता प्राप्त की कि देवत्रयी मन्द पड़ गई। यहीं तक नहीं, ईसाई भक्तों की भावुकता ने अनेक सन्तों और महात्माओं की मंडली बिठाकर स्वर्ग को और गुलजार कर दिया। पोप लोग इस मंडली को बराबर बढ़ाते ही गए। गाने बजानेवाले फरिश्तों का जमावड़ा तो वहाँ पहले ही से था। इस प्रकार स्वर्ग में खुदा का एक खासा दरबार लग गया और उस दरबार में 'ईसा के नायब' पोपों के द्वारा अर्जियाँ भी गुजरने लगीं।

ईसाई धर्म के तत्त्वों को जानकर मुहम्मद ने ईसा से 600 वर्ष बाद अपना नया एकेश्वरवादी मत इसलाम के नाम से चलाया। ईसाइयों के संसर्ग से ही मुहम्मद ने अपने देशवासी मूर्तिपूजक अरबों को तिरस्कार और घृणा की दृष्टि से देखना सीखा और

उनके बीच अपने ज्ञान का आतंक जमाया। उन्होंने ईसाई मत की मुख्य-मुख्य बातों को तो ले लिया पर ईसा को परमेश्वर का पुत्र नहीं माना, मूसा के समान एक पैगम्बर ही माना। देवत्रयी को भी उन्होंने अपने मत में स्थान नहीं दिया। मरियम की उपासना को उन्होंने मूर्तिपूजा ठहराया। सारांश यह कि अपने एकेश्वरवाद को जहाँ तक विशुद्ध रखते बना उन्होंने रखा। पर उनका ईश्वर भी नरस्वरूप या देवतास्वरूप ही था। खुशामद सुनने और बदला लेने में वह मनुष्य के समान ही या। उसके यहाँ भी पूरी दरबारदारी होती थी।

भिन्न-भिन्न मतों की ईश्वरसम्बन्धिनी जिन निर्दिष्ट भावनाओं का ऊपर विवेचन हुआ उन सबसे अधिक प्रचार मिश्र भावना का है जिसमें कई प्रकार की, कभी-कभी परस्पर विरुद्ध भावनाओं का मेल रहता है। यद्यपि सिद्धान्त रूप में इस प्रकार का मिश्रित मत कोई स्वतन्त्र मत नहीं स्वीकार किया गया है पर व्यवहार में सबसे अधिक चलन इसी का देखा जाता है। मनुष्यों का अधिकांश इसी को माननेवाला है। अधिकतर लोगों की ईश्वर के सम्बन्ध में जो भावना होती है वह कुछ अपने मत और सम्प्रदाय की भावना और कुछ दूसरे मतों और सम्प्रदायों की भावनाओं से मिलजुलकर बनी होती है। लड़कपन में ही अपने मत या सम्प्रदाय की जो भावना प्राप्त होती है उसमें आगे चलकर दूसरे मतों और सम्प्रदायों के साथ संसर्ग होने से कुछ फेरफार हो जाता है। शिक्षित मनुष्यों के दर्शन और विज्ञान के अध्ययन के प्रभाव से भी ईश्वरसम्बन्धिनी भावना में बहुत कुछ फेरफार और रूपान्तर हो जाता है। इस प्रकार के परस्पर विरुद्ध संस्कार मन में जमकर आजीवन बने रहते हैं। बात यह है कि लड़कपन में पुरानी कथा-कहानियों का जो वंशपरम्परागत संस्कार होता है वह बड़ा प्रबल होता है, वह तो बना ही रहता है। पीछे शिक्षा तथा दूसरे मतों के परिचय द्वारा जो भाव प्राप्त होते हैं वे भी पुराने भावों के साथ जा मिलते हैं। इस प्रकार लोगों का अन्तःकरण 'भानमती का पिटारा' हो जाता है जिसमें ईश्वरविषयक रंग-बिरंग की परस्पर असम्बद्ध और असंगत भावनाएँ भरी हुई रहती हैं।

ऊपर जितने प्रकार के देववादों (ईश्वरवादों) का जिक्र हुआ उन सबमें ईश्वर प्रकृति या भूतों से परे माना गया है। वह जगत् से भिन्न, बाह्य और स्वतन्त्र तथा उसका कर्ता और नियन्ता कहा जाता है। उसकी भावना पुरुषविशेष या देवविशेष के रूप में ही हुई है। वह मनुष्यों ही के समान सोचता-विचारता, अनुभव करता तथा प्रसन्न और अप्रसन्न होता है। भेद इतना ही समझा गया है कि मनुष्य में सब बातें अपूर्ण रूप में होती हैं पर उसमें परम पूर्णता को प्राप्त रहती हैं। ईश्वर के विषय में ऐसी ही धारणा अधिकतर मनुष्यों की है–किसी की स्थूल किसी की सूक्ष्म। जिन मतों में ईश्वर की भावना सूक्ष्म रूप में की गई है उनमें स्थूल, शरीर आदि का आरोप न कर ईश्वर को 'शुद्ध आत्मा' माना है। पर बिना शरीर की इस निराकार आत्मा के व्यापार भी ठीक उसी तरह के माने जाते हैं जिस तरह साकार पुरुषरूप ईश्वर के। शरीरियों के मस्तिष्क या अन्तःकरण के जो व्यापार हैं वे सब उसमें आरोपित किए जाते हैं।

ब्रह्मवाद या सर्ववाद[1]

सर्ववाद कहता है कि ईश्वर और जगत् अभिन्न अर्थात् एक हैं। ईश्वर की यह भावना मूलप्रकृति या परमतत्त्व ही की भावना के अनुरूप है।[2] यह भावना उन सब भावनाओं के विरुद्ध पड़ती है जिनका ऊपर उल्लेख हो चुका है। 'यह भी ठीक, वह भी ठीक' कहनेवाले बहुत से लोगों ने इन दोनों प्रकार की भावनाओं में जो विरोध है उसके परिहार का व्यर्थ प्रयास किया है। पर यह विरोध अपरिहार्य है। दोनों प्रकार की भावनाओं में बड़ा अन्तर है। ईश्वरवाद में ईश्वर प्रकृति से सर्वथा स्वतन्त्र, भूतों से परे, और जगत् से बाह्य समझा जाता है पर सर्ववाद या ब्रह्मवाद में ब्रह्म जगत् में अन्तर्व्यापी और ओतप्रोत भाव से शक्ति रूप में उसका संचालन करनेवाला माना जाता है। सर्ववाद की भावना ही वैज्ञानिकों के अनुकूल पड़ती है। परमतत्त्व की अक्षरता का जो वैज्ञानिक सिद्धान्त है उसके साथ इसका मेल हो जाता है। अतः हम कह सकते हैं कि सर्ववादियों का ब्रह्म अनन्त विश्वविधान ही का नामान्तर है। यह सच है कि अब भी कुछ वैज्ञानिक ऐसे हैं जो इसे नहीं मानते और पुरुषाकार भावना के साथ इस जगद्विधान समष्टिरूप सर्ववाद का सामंजस्य सम्भव समझते हैं पर उनका यह सब विचार व्यर्थ का वितंडा है।

सर्ववाद या ब्रह्मवाद ज्ञान की अत्यन्त उन्नत अवस्था का सूचक है अतः पृथ्वी की प्राचीन सभ्य जातियों के बीच ही इसका उदय हुआ है। प्राचीन भारतवासियों और चीनियों के बीच इसका बीजारोपण ईसा से कई हजार वर्ष पहले हो चुका था। पीछे यूनान और रोम के तत्त्वज्ञानियों के बीच इसका प्रचार हुआ। यूनान में इस सिद्धान्त को पूर्णरूप से अनग्जिमेंडर ने व्यक्त किया। उसी ने अनन्त विश्व की एकता की स्पष्ट व्याख्या की और जगत् के सम्पूर्ण व्यापारों का मूलाधार एक विभु, नित्य आदितत्त्व बतलाया। उसने लोकपिंडों की उत्पत्ति और लय के अखंड क्रम का भी आभास दिया। इंपिडाक्लीज आदि अन्य तत्त्वदर्शियों ने भी ईश्वर और जगत्, शरीर और आत्मा की अभिन्नता का प्रतिपादन अपने ढंग पर किया। ईसाई धर्माचार्यों ने इस तत्त्व को दबाने की लाख अन्याय चेष्टाएँ कीं पर यह बिलकुल दबा नहीं। पोपों के क्रूर अत्याचारों के समय में भी इस सत्य की घोषणा समय-समय पर होती रही। सन् 1600 में इस सर्ववाद के समर्थन के अपराध में पोप की आज्ञा से ब्रूनो जीता जलाया गया।

योरप में ब्रह्मवाद या सर्ववाद की विशुद्ध और पूर्ण व्याख्या सन् 1700 में स्पिनोजा द्वारा हुई। उसने वस्तुसमष्टि का ऐसा लक्षण निरूपित किया जिसके अन्तर्गत ईश्वर और

---

1. सर्वं खल्विदं ब्रह्म।
2. हैकल के अद्वैतवाद और ब्रह्मवाद के बीच सिद्धान्तभेद है। ब्रह्मवाद चेतन समष्टि को ब्रह्म मानता है—उसका ब्रह्म चिन्मय और ज्ञानस्वरूप है। हैकल का परमतत्त्व प्रवृत्तिधर्मयुक्त होने पर भी जड़ है, चेतन का उसके साथ नित्य सम्बन्ध नहीं। उसके गुणविकास की एक अवस्था का नाम ही चेतना है, जिसका अधिष्ठान शरीरियों के अन्तःकरण के अतिरिक्त और कहीं नहीं। भौतिक अन्तःकरण ही द्रष्टा है। अतः सांख्य के प्रकृति पुरुष के द्वैत में से यदि हम पुरुष को निकाल केवल जड़ प्रकृति ही को रखें तो हैकल का अद्वैत मत निकलता है जिसे हम प्रकृतिवाद ही कह सकते हैं।

जगत् दोनों आ गए।[1] इस तत्त्ववेत्ता ने अपने शुद्ध चिन्तन के बल से जिस सिद्धान्त की स्थापना की, पीछे परीक्षात्मक विज्ञान से भी उसका समर्थन हुआ। इसका अद्वैतवाद ही वैज्ञानिकों का तत्त्वाद्वैतवाद हुआ।

अनीश्वरवाद के अनुसार जगत् का कर्ता और नियन्ता कोई ईश्वर या देवता नहीं। अनीश्वरवादियों के इस 'ईश्वरानपेक्ष विश्वविधान' का आधुनिक वैज्ञानिकों के तत्त्वाद्वैतवाद या सर्ववाद के साथ पूरा मेल हो जाता है। सच पूछिए तो दोनों एक ही हैं, केवल नाम का भेद है। प्रसिद्ध जरमन दार्शनिक शोपेनहार ने ठीक ही कहा है कि 'सर्ववाद प्रच्छन्न अनीश्वरवाद ही है। सर्ववाद ईश्वर और जगत् इस द्वैतभाव का खंडन करके यह प्रतिपादित करता है कि जगत् अपनी ही निहित शक्तियों के द्वारा परिचालित हो रहा है। वैज्ञानिक अद्वैतवादियों का यह कहना कि ईश्वर और जगत् एक ही है प्रच्छन्न रूप से ईश्वर को विदा दे देना ही है।'

लोक में अनीश्वरवादी बहुत बुरे समझे जाते हैं। लोग मानते हैं कि उनकी बहुत बुरी गति होगी। इसी से सब बातों को समझने-बूझनेवाले लोग भी ऊपर से इस बात की चेष्टा में रहते हैं कि वे अनीश्वरवादी न समझे जाएँ। सत्य के अनुसन्धान में सच्चे हृदय से तत्पर अनीश्वरवादी वैज्ञानिकों में लोग दुनिया भर की बुराई मानने के लिए तैयार रहते हैं पर घंटों पूजा-पाठ और टंटघंट करनेवाले को, चाहे वह कपट और व्यभिचार ही में डूबा रहता हो, लोग परम साधु और क्रियानिष्ठ कहते पाए जाते हैं। यह दुरवस्था तभी दूर होगी जब ज्ञान का प्रचार होगा और लोगों को तत्त्वदृष्टि प्राप्त होगी।

---

1. स्पिनोजा ने एक ही शुद्ध निरपेक्ष द्रव्य का प्रतिपादन किया है और निरपेक्षता को द्रव्य का लक्षण माना है। उसके अनुसार वस्तुतः एक ही द्रव्य है जो स्वयंभू, अपरिच्छिन्न और अद्वितीय है; क्योंकि यदि वह किसी दूसरी वस्तु से उत्पन्न, किसी वस्तु से घिरा हुआ या किसी के साथ रहता तो बिना द्वितीय वस्तु के उसका बोध न होता और सापेक्ष होने से उसकी द्रव्यता जाती रहती। इस स्वयंभू अपरिच्छिन्न और अद्वितीय द्रव्य के नाम के विषय में कोई विवाद नहीं। सामान्यतः ईश्वर शब्द से इसका बोध होता है। पर तार्किकों और धार्मिकों ने इच्छा ज्ञान आदि विशिष्ट व्यक्तिविशेष को जैसा ईश्वर समझ रखा है, वैसा वह नहीं है। सर्वगत जो सामान्य सत्ता है वही ईश्वर है।

सोलहवाँ प्रकरण

ज्ञान और विश्वास

सत्य की खोज करना ही सच्चे विज्ञान का काम है। प्रत्येक विज्ञान इस बात का प्रयत्न करता है कि सत्य का ज्ञान प्राप्त हो। प्रकृति का ज्ञान ही हमारा वास्तव ज्ञान है। यह उन अन्तराभासों से संघटित होता है जिनका बाह्य पदार्थों से बिम्ब-प्रतिबिम्ब सम्बन्ध होता है। यह ठीक है कि हमारी बुद्धि इस जगत् की आभ्यन्तर सत्ता या वास्तविक स्वरूप तक नहीं पहुँच सकती, पर विशुद्ध विज्ञानदृष्टि से विचार करने पर हम देखते हैं कि ज्ञानेन्द्रियों और मस्तिष्क की अविकृत क्रियाओं के द्वारा, बाह्य जगत् के जो अनुभव होते हैं वे सब मनुष्यों में समान होते हैं और अन्तःकरण की अविकृत क्रियाओं के द्वारा, कुछ ऐसे अन्तराभास उत्पन्न होते हैं जो सर्वत्र एक होते हैं। ऐसे अन्तराभासों को हम 'सत्य' कहते हैं क्योंकि हमें इस बात का निश्चय रहता है कि वे वस्तुओं के ज्ञेय स्वरूप के ठीक-ठीक प्रतिबिम्ब हैं।

सत्य का सारा ज्ञान दो विभिन्न, परस्परसम्बद्ध, शरीरव्यापारों पर निर्भर है, बाह्यार्थ या विषय के इन्द्रियानुभव पर जो इन्द्रियों की क्रियाओं द्वारा प्राप्त होता है, और इन्द्रियानुभावों की योजना द्वारा संघटित और स्वयं द्रष्टा या विषयी ही में उपस्थित अन्तराभास पर। इन्द्रियानुभव जिनके द्वारा होते हैं उन्हें बाह्यकरण अर्थात् ज्ञानेन्द्रियाँ कहते हैं और अन्तराभासों को जो ग्रहण और संयोजित करते हैं उन्हें अन्तःकरण कहते हैं। बाह्यकरण विज्ञानमयकोश के ऊपरी तल के अंश हैं और अन्तःकरण भीतरी केन्द्रस्थान के। इसी जटिल मनोविज्ञानमय कोश के द्वारा समस्त मनोव्यापार होते हैं।

मनुष्य के इन्द्रियव्यापार बनमानुसों के इन्द्रियव्यापार के समुन्नत रूप हैं। जिस प्रकार बनमानुसी शरीर के क्रमशः उन्नत होते-होते मानव शरीर का विकास हुआ है उसी प्रकार बनमानुसी इन्द्रियव्यापारों से मनुष्य के इन्द्रियव्यापारों का विकास हुआ है। किंपुरुष वर्ग, जिसके अन्तर्गत बन्दर, बनमानुस और मनुष्य हैं, के सब प्राणियों की इन्द्रियों की बनावट एक ही ढाँचे की होती है। जिन भौतिक और रासायनिक नियमों के अनुसार एक के इन्द्रियव्यापार होते हैं उन्हीं के अनुसार दूसरे के भी। जिस क्रम से और जिन अवस्थाओं में होते हुए एक के इन्द्रियव्यापार गर्भावस्था से क्रमशः वृद्धि को प्राप्त होते हैं उसी क्रम से और उन्हीं अवस्थाओं में होते हुए दूसरे के भी। प्रारम्भ में

सम्पूर्ण त्वक् ही बाह्यकरण अर्थात् ज्ञानेन्द्रियों का काम देता है। भ्रूण की ऊपरी कला (झिल्ली) के जो संवेदनात्मक घटक होते हैं वे ही ज्ञानेन्द्रियों के मूल हैं। भिन्न-भिन्न विषयों–प्रकाश, शब्द, ताप आदि को विशेष रूप से ग्रहण करने के कारण वे मिलकर विशिष्ट इन्द्रियों के रूप में हो जाते हैं। जिस विषय का जिन घटकों के साथ अधिक संयोग हुआ उसे ग्रहण करने ही के उपयुक्त वे हो गए। नेत्रपटल के शलाकाघटक, कानों के भीतर के श्रोत्रघटक, नाक के भीतर के घ्राणघटक, जिह्वा पर के रसघटक, सब-के-सब आरम्भ में ऊपरी झिल्ली के घटक थे और उस पर सर्वत्र फैले थे। मनुष्य तथा और दूसरे उन्नत जीवों के भ्रूणवृद्धिक्रम को ध्यानपूर्वक देखने से इसका प्रत्यक्ष प्रमाण मिल जाता है। पहले कहा जा चुका है कि गर्भाधान के उपरान्त किसी एक जीव के उत्तरोत्तर एक अवस्था से दूसरी अवस्था में होते हुए विकास का जो क्रम है, वही क्रम एक प्रकार के जीवों से दूसरे प्रकार के जीवों के उत्पन्न होने का भी है। सामान्य कलाकोश या झिल्ली की थैली के रूप के जो क्षुद्र आदिम जीव थे, जैसे पेट के केंचुए आदि, उनमें भिन्न-भिन्न इन्द्रियों का विभाग नहीं था। उनकी बाहरी झिल्ली में जो संवेदनग्राही घटकों की तह थी उन्हीं से सर्वत्र समान रूप में संवेदन व्यापार होता था। विकास क्रमानुसार उन क्षुद्र जीवों से ज्यों-ज्यों उत्तरोत्तर उन्नत जीवों की उत्पत्ति होती गई त्यों-त्यों उनके त्वक् के घटक एक प्रकार विभक्त होते गए कि कुछ केवल एक प्रकार का संवेदन ग्रहण करने लगे और कुछ दूसरे प्रकार का। कुछ प्रकाश को ग्रहण करने लगे, कुछ शब्द को और कुछ गन्ध को। इस प्रकार इन भिन्न-भिन्न प्रकार के घटकों की योजना से उन्नत जीवों में भिन्न-भिन्न प्रकार के संवेदनसूत्रों और ज्ञानेन्द्रियों की उत्पत्ति हुई। एक प्रकार के संवेदनसूत्र से बाह्य पदार्थ के एक ही गुण का ग्रहण होता है, और का नहीं। आँख में जो संवेदनसूत्र हैं उनसे रूप ही का, कान में जो हैं उनसे शब्द ही का, नाक में जो हैं उनसे गन्ध ही का बोध होगा।

संवेदनसूत्रों की इस विशेषधर्मता से, उनके विशेष-विशेष गुणों को ही ग्रहण करने की शक्ति रखने से, लोगों ने कई प्रकार के भ्रान्त सिद्धान्त निकाले। बहुतों ने यह कहना आरम्भ किया कि मस्तिष्क या आत्मा को संवेदनसूत्र की विशेष अवस्था ही का बोध हो सकता है अतः उसकी इस क्रिया द्वारा बाह्यपदार्थ के अस्तित्व और वास्तव स्वरूप के विषय में कोई सिद्धान्त नहीं स्थिर किया जा सकता। संशयवादियों ने बाह्य जगत् के होने तक में सन्देह प्रकट किया और मायावादियों ने तो उसका होना अस्वीकार ही कर दिया।

इस प्रकार के मत भ्रम से उत्पन्न हुए हैं। सबसे पहले तो समझने की बात यह है कि भिन्न-भिन्न संवेदनसूत्रों के जो 'विशेष धर्म' कहे जाते हैं वे उनके मूल गुण नहीं हैं बल्कि ऊपरी झिल्ली के घटकों के क्रमशः एक-एक विषय में अधिकाधिक अभ्यस्त होने से प्राप्त हुए हैं। आरम्भ में ऊपरी झिल्ली के ये घटक भिन्न-भिन्न विषयों को ग्रहण करने के लिए अलग-अलग वर्गों में विभक्त नहीं थे, सबमें सब विषयों को अत्यन्त अल्प परिमाण में ग्रहण करने की समान शक्ति थी। क्रमशः कुछ घटक एक विषय के ग्रहण करने में अभ्यस्त होते गए और कुछ दूसरे विषय के। कुछ घटक प्रकाशरश्मियों को ही

ग्रहण करने के योग्य हो गए, कुछ शब्दतरंगों को, कुछ गन्ध के रासायनिक उत्तेजन को, इत्यादि। इस प्रकार कार्यविभाग हो जाने से विषयों को ग्रहण करने की शक्ति क्रमशः तीव्र होती गई और एक-एक विषय को ग्रहण करनेवाले घटकों की अलग-अलग योजना और स्थिति से ऊपरी झिल्ली की बनावट में भी विभेद पड़ते गए। प्राकृतिक ग्रहणप्रवृत्ति द्वारा ये विभेद उत्तरोत्तर वृद्धि प्राप्त करते गए और आँख, कान आदि भिन्न-भिन्न इन्द्रियों का प्रादुर्भाव हुआ।[1] इस प्रकार भिन्न-भिन्न इन्द्रियों के संवेदनसूत्र और उनके विशेष-विशेष धर्म उत्तरोत्तर अभ्यास द्वारा प्रादुर्भूत हुए हैं और प्रादुर्भूत होकर वंशपरम्परा के नियमानुसार पीढ़ी-दर-पीढ़ी बराबर चले आ रहे हैं।

मनुष्यों के इन्द्रियव्यापारों को और दूसरे रीढ़वाले जन्तुओं के इन्द्रियव्यापारों के साथ ध्यानपूर्वक मिलाने से कई बातें मालूम होती हैं। ज्ञान और भावुकता के सबसे बड़े कारण आँख और कान ही को ले लीजिए। और जन्तुओं के आँख-कान से रीढ़वाले जन्तुओं के आँख-कान की बनावट भी भिन्न और पेचीली होती है और गर्भ में उनकी वृद्धि भी विशेष प्रकार से होती है। सब मेरुदंड जीवों की इन्द्रियों के ढाँचे और उनकी गर्भवृद्धि के क्रम को देखने से यही निश्चय होता है कि वे एक ही मूल जीव से उत्पन्न हुए हैं। मेरुदंड वर्ग के जीवों में भी कई प्रकार के ढाँचे देखने में आते हैं। यह विभिन्नता भिन्न-भिन्न परिस्थिति में पड़ने और तदनुसार भिन्न-भिन्न प्रकार से जीवननिर्वाह करने के कारण उत्पन्न हुई है। परिस्थिति के अनुसार किसी को किसी इन्द्रिय का अधिक उपयोग करना पड़ा और किसी का कम। इस प्रकार मेरुदंड वर्ग में भिन्न-भिन्न आकार और प्रकार की इन्द्रियोंवाले भिन्न-भिन्न जीव उत्पन्न हुए। मनुष्य, कुत्ते, बिल्ली, बैल आदि के आँख-कान की रचना और शक्ति में भेद दिखाई पड़ता है।

मनुष्य सबसे उन्नत प्राणी है, पर यह नहीं कहा जा सकता कि उसकी इन्द्रियाँ सबसे अधिक पूर्ण हैं। गीध की दृष्टि मनुष्य की दृष्टि से कहीं अधिक तीव्र होती है। जितनी दूर की चीजें उसकी आँखें देख सकती हैं उतनी दूर की चीजें मनुष्य की भी आँखें नहीं देख सकतीं। स्तन्य जन्तुओं में शेर, भेड़िए आदि हिसंक जन्तुओं, खुरवाले

1. सांख्यशास्त्र में अव्यक्त प्रकृति से सृष्टि की उत्पत्ति का जो क्रम निर्धारित किया गया है उसमें एक ही मूल इन्द्रिय से क्रमशः और इन्द्रियों की उत्पत्ति नहीं मानी गई है, बल्कि अहंकार से पहले पाँचों सूक्ष्म इन्द्रियाँ और फिर पाँच स्थूल इन्द्रियाँ सब-की-सब एक साथ और एक-दूसरे से स्वतन्त्र उत्पन्न हुईं, ऐसा कहा गया है। सांख्य में जिस प्रकार इन्द्रियों के विषय शब्द, स्पर्श, रूप, रस, गन्ध, तन्मात्र रूप से अर्थात् परस्पर अमिश्रित और सूक्ष्म मूलरूप में एक साथ उत्पन्न माने गए हैं उसी प्रकार उनको ग्रहण करनेवाली पाँचों इन्द्रियाँ भी। पर सृष्टितत्त्व के आधिभौतिक आचार्यों ने परीक्षा द्वारा यह निश्चित किया है कि आरम्भ में त्वचा ही एक मूल इन्द्रिय थी जिससे और इन्द्रियाँ क्रमशः उत्पन्न हुई हैं, जैसे त्वचा पर प्रकाश का संयोग होते-होते आँख उत्पन्न हुई। इस पर सांख्यवादी यह कह सकते हैं कि मूल प्रकृति में यदि भिन्न-भिन्न इन्द्रियों के उत्पन्न होने की शक्ति न हो तो क्षुद्र कीटों की त्वचा पर प्रकाश का चाहे जितना आघात या संयोग होता रहे तो भी उन्हें आँखें नहीं उत्पन्न हो सकती। उत्पन्न होने की शक्ति तो आधिभौतिक तत्त्वज्ञ भी मानते हैं पर उनका कहना है कि यह शक्ति अस्पष्ट रूप में थी विशिष्ट या पृथक् रूप में नहीं थी।

जन्तुओं और कुतरनेवाले जन्तुओं, जैसे चूहों, गिलहरियों आदि की श्रवणशक्ति मनुष्य की श्रवणशक्ति से कहीं अधिक तीव्र होती है। उनके कानों के भीतर की कुंडली को देखने से ही इसका पता लग जाता है। कोकिल आदि पक्षियों की वाणी कोमल संगीत स्वर निकालने में मनुष्य की वाणी से श्रेष्ठ होती है। कुत्ते यदि मनुष्य की घ्राणशक्ति को अपनी घ्राणशक्ति से मिलावें तो उन्हें मनुष्यों पर दया आ सकती है। इसी प्रकार रसना, कामवेदना, स्पर्श आदि की शक्तियों के विषय में भी कह सकते हैं कि वे कुछ जन्तुओं में जितनी तीव्र हैं उतनी मनुष्य में नहीं।

हम उन्हीं संवेदनों के विषय में कुछ कह सकते हैं जिनका हमें अपनी इन्द्रियों के द्वारा अनुभव होता है। पर अंगविच्छेद परीक्षा द्वारा बहुत से जन्तुओं में कुछ और ऐसी इन्द्रियाँ पाई गई हैं जिनसे हम परिचित नहीं। मछलियों तथा कुछ और जलतन्तुओं की त्वचा में कुछ ऐसे इन्द्रियगोलक होते हैं जो विशेष प्रकार के संवेदनसूत्रों से सम्बद्ध होते हैं। मछली के दाहिने और बाएँ एक-एक लम्बी नली होती है जिससे और छोटी-छोटी नलियाँ शाखा के रूप में निकली होती हैं। इन नलियों में एक विशेष प्रकार के संवेदनसूत्र होते हैं जो स्थलचारी जन्तुओं में नहीं पाए जाते। इन संवेदनसूत्रों के बाहरी छोर पर अनुभवात्मक इन्द्रियगोलक होते हैं। यह शरीरव्यापी इन्द्रिय शायद जल के दबाव तथा उसके और-और गुणों के अनुभव के लिए होती है। कुछ जाति की मछलियों में कुछ और भी इन्द्रियगोलक होते हैं जिनका क्या उपयोग है हम नहीं कह सकते।

इन बातों से यह स्पष्ट है कि मनुष्य के इन्द्रियानुभव परिमित हैं। पहले तो जितनी इन्द्रियाँ उसे प्राप्त हैं उनके द्वारा पदार्थों के सब गुणों का अनुभव नहीं हो सकता। उन्हीं गुणों का अनुभव हो सकता है जिन्हें विषय रूप से ग्रहण करने के लिए इन्द्रियाँ हैं। दूसरी बात यह है कि जिन गुणों का जो अनुभव हमें होता भी है वह किसी हद तक होता है। यह नहीं है कि हमारी आँखें सूक्ष्म अणुओं को देख सकती हैं या हमारे कान नाड़ियों के रक्तसंचार का शब्द सुन सकते हैं।[1] हमारी इन्द्रियाँ अपूर्ण हैं। सम्पर्क या आघात को जिस रूप में इन्द्रियाँ ग्रहण करती हैं उसी रूप में संवेदनसूत्र उन्हें मस्तिष्क या अन्तःकरण तक पहुँचाते हैं।

हमारी इन्द्रियाँ चाहे अपूर्ण हों पर उनके महत्त्व को हम अस्वीकार नहीं कर सकते। हमारे सारे ज्ञान-विज्ञान का मूल इन्द्रियबोध है। ज्ञान के प्रथम साधन इन्द्रियाँ हैं। अन्तःकरण जब तक काम के योग्य नहीं होता है तब तक इन्हीं इन्द्रियों, बाह्यकरणों से ही हमारा काम चलता है; ये ही हमें बतलाती हैं कि क्या करना चाहिए और क्या नहीं करना चाहिए। अतः जो लोग इन्द्रियों के एकबारगी दमन या नाश का उपदेश दिया करते हैं वे बड़ी भारी भूल करते हैं। यदि कोई आदमी इसलिए अपनी आँखें निकलवा डाले कि वे एक बार बहुत बुरी चीजों पर पड़ गई थीं, अथवा इस डर से अपना हाथ कटा डाले कि वह 'पराए माल' पर न पड़े तो उसे लोग क्या कहेंगे ? इन्द्रियज ज्ञान के आधार पर ही सारे दर्शन विज्ञान प्रतिष्ठित हैं। इन्द्रियों के बिना ज्ञान हो नहीं सकता।

1. जो अनाहत नाद सुनने लगते हैं उनकी बात दूसरी है।

पर इन अपूर्ण इन्द्रियों के द्वारा बाह्यजगत् का जो परिज्ञान होता है उससे शिक्षितों और विचारवानों को सन्तोष नहीं हो सकता। वे इन्द्रियों द्वारा प्राप्त संस्कारों को मस्तिष्क की संवदेन ग्रन्थियों के भीतर अनुभवरूप में ग्रहण करते हैं और फिर अन्तःकरण की ब्रह्मग्रन्थि में अन्तराभास के रूप में उनकी योजना करते हैं। अन्त में इन अन्तराभासों की योजना में सम्बद्ध ज्ञान की प्राप्ति होती है। पर बुद्धि की यह योजनाशक्ति परिमित होती है। कल्पनाशक्ति यदि बीच-बीच में कुछ स्वरूपों का न्याय करके इन अन्तराभासों को अच्छी तरह संयोजित न करे तो सम्बद्ध ज्ञान पूरा नहीं हो सकता। इस प्रकार अन्तःकरण की भिन्न-भिन्न वृत्तियों के द्वारा खंडज्ञान के संयोजित और समन्वित हो जाने पर एक नए सामान्य स्वरूप का आभास होता है जिससे उपस्थित विषय का समाधान हो जाता है और हमारी कार्यकारण बुद्धि तुष्ट हो जाती है।

वह अन्तराभास जिसकी उद्‌भावना ज्ञान की शृंखला पूरी करने के लिए अथवा निश्चयात्मक ज्ञान के अभाव में उसका स्थान ग्रहण करने के लिए की जाती है, 'विश्वास' कहलाता है। प्रतिदिन के व्यवहार में हमें इसका काम पड़ता है। जब हमें यह निश्चय नहीं होता है कि बात ऐसी ही है तब हम कहते हैं कि हमें विश्वास है कि बात ऐसी ही है। इस प्रकार का विश्वास विज्ञान तक में चलता है। दो बातों के बीच अमुक सम्बन्ध है इसका प्रत्यक्ष द्वारा निश्चय न होने पर भी हम यह अनुमान कर लेते या मान लेते हैं कि सम्बन्ध है। यदि यह सम्बन्ध कार्यकारण का हुआ तो इस प्रकार का मानना अभ्युपगम कहलाता है। विज्ञान में ऐसे ही अभ्युपगम ग्राह्य होते हैं जो मनुष्य की बुद्धि में आ सकते हैं और अनुभव के विरुद्ध नहीं पड़ते। भौतिक विज्ञान में ईथर की गति, रसायनशास्त्र में परमाणु और उनकी प्रवृत्ति, जीवविज्ञान में सजीव कललरस का अण्वात्मक होना इसी प्रकार के अभ्युपगम हैं। ईथर इतना सूक्ष्म है कि उसकी गति को हम प्रत्यक्ष नहीं देख सकते। इसी प्रकार रासायनिक मूल द्रव्यों के परमाणुओं और कललरस के अणुओं का निश्चय भी हम परीक्षा आदि द्वारा नहीं कर सकते।

बहुत सी सम्बद्ध बातों का समाधान एक सामान्य कारण मानकर करना सिद्धान्त निकालना कहा जाता है। चाहे अभ्युपगम ही, चाहे सिद्धान्त, विश्वास दोनों में आवश्यक है। दोनों में कल्पना का सहारा लेना पड़ता है। वस्तु सम्बन्ध ज्ञान के लिए अकेली बुद्धि ही को नहीं काम करना पड़ता है। कुछ बातों का तो हमें प्रत्यक्ष होता है, कुछ का बुद्धि के द्वारा निश्चय होता है और कुछ का कल्पना के सहारे अनुमान होता है। इन तीनों के मेल से ही बड़े-बड़े सिद्धान्त निकलते हैं। दर्शन या विज्ञान में कोई ऐसा सिद्धान्त नहीं जिसमें अनुमान से काम न लिया गया हो। शुद्ध प्रत्यक्ष ही के आश्रय पर यदि किसी विज्ञान की स्थापना करना चाहे तो नहीं कर सकता। कार्यकारण सम्बन्ध ज्ञान केवल प्रत्यक्ष के द्वारा नहीं हो सकता।

ज्योतिष में आकर्षणसिद्धान्त, भौतिकविज्ञान में गतिशक्ति का सिद्धान्त, रसायन में परमाणुसिद्धान्त, प्राणिविज्ञान में विकाससिद्धान्त इत्यादि बड़े महत्त्व के सिद्धान्त हैं। इनके द्वारा प्रायः समस्त प्राकृतिक व्यापारों का सामंजस्य भिन्न-भिन्न क्षेत्रों में बहुत सी

बातों के लिए एक-एक सामान्य कारण मान लेने से हो जाता है। इन सामान्य कारणों का स्वरूप आदि चाहे हम न भी स्थिर कर सकें पर इनका अस्तित्व मान लेने से हमारा काम चल जाता है। संशयवादी कह सकते हैं कि आकर्षण, परमाणु, विकास इत्यादि काम चलाने के लिए मानी हुई बातें हैं। इनका आधार 'शास्त्रीय विश्वास' है और कुछ नहीं। पर इस प्रकार के शास्त्रीय अनुमान या शास्त्रीय विश्वास के बिना किसी प्रकार का ज्ञान हो नहीं सकता।

यह तो हुआ 'शास्त्रीय विश्वास' जो अनुमान के आधार पर होता है। इससे सर्वथा भिन्न वह विश्वास होता है जो साम्प्रदायिक या मतमतान्तर सम्बन्धी कल्पित बातों में होता है। साम्प्रदायिक विश्वास का अर्थ है अलौकिक और अप्राकृतिक बातों में विश्वास जिनकी संगति बुद्धि के अनुसार नहीं बैठ सकती। इस प्रकार का विश्वास व्यवस्थित अनुमान[1] के उपरान्त नहीं होता, यों ही बुद्धि को किनारे रखकर किया जाता है। अतः इसे एक प्रकार का अन्धविश्वास ही कह सकते हैं। इसमें और शास्त्रीय विश्वास में बड़ा भारी भेद यह है कि यह ऐसी बातों के प्रति होता है जिनका प्रकृति में प्रायः अत्यन्ताभाव होता है, जो विज्ञान द्वारा निश्चित प्राकृतिक नियमों के सर्वथा विरुद्ध पड़ती हैं। भिन्न-भिन्न धर्मों में विश्वास रखनेवाले एक या कई भूतातीत शक्तियाँ मानकर अनेक प्रकार की कल्पित और असम्भव बातें मानते हैं।

भूमंडल पर बसनेवाली मनुष्यजातियों की जो इधर खूब छानबीन की गई तो अनेक प्रकार के अन्धविश्वासों का पता लगा जो भिन्न-भिन्न असभ्य जातियों के बीच अब तक प्रचलित हैं। इन अन्धविश्वासों का परस्पर मिलान करने पर उनमें विलक्षण सादृश्य पाया जाता है। कुछ विचार करने पर बहुतों का, और तत्त्वदृष्टि से विचार करने पर सबका, एक ही मूल निश्चित होता है। सबका मूल है कारणजिज्ञासा जो मनुष्य के लिए स्वाभाविक है। मनुष्य प्रकृति के बहुत से व्यापारों को देखता है और उनका कारण जानना चाहता है। ऐसी बातों के कारणों को जानने की व्यग्रता सबसे अधिक होती है जिनसे मन में किसी प्रकार का भय उत्पन्न होता है, जैसे बादल गरजना, बिजली चमकना, भूकम्प आना, ग्रहण लगना इत्यादि। असभ्य-से-असभ्य, जंगली-से-जंगली जातियों में ऐसी बातों के कारण जानने की व्यग्रता पाई जाती है। और कहाँ तक कहें कुछ पशुओं तक में पाई जाती है। कुत्ते जब पूर्णचन्द्र को देखकर, फहराते हुए झंडे को देखकर, शंख या घंटे का शब्द सुनकर भूँकने लगते हैं तब वे केवल अपना भय ही प्रकट नहीं करते बल्कि इन रहस्यपूर्ण व्यापारों के कारण जानने की व्यग्रता भी प्रकट करते हैं। प्राचीन जातियों के बीच धर्म का उदय ऐसे ही व्यापारों के कल्पित कारणों में विश्वास करते-करते हुआ है। आगे की पीढ़ियों में ये विश्वास संस्कार के रूप में और अधिक

1. जो कल्पना प्रत्यक्ष के आधार पर और हेतुज्ञानपूर्वक की जाती है उसी को अनुमान कहते हैं। बुद्धि की सहयोगिता से या उसके आदेश पर प्रयोजनवश जो अन्तराभास कल्पना उपस्थित करती है वही अनुमान है। इसी से अनुमान एक प्रकार से बुद्धि ही का कार्य कहा जाता है। कल्पना की अव्यवस्थित क्रीड़ा को अनुमान नहीं कह सकते।

बद्धमूल होते गए। इस प्रकार अन्धविश्वास, पितरों की उपासना और अनेक प्रकार के मनोरागों से भिन्न-भिन्न जातियों के बीच मत-मतान्तरों की स्थापना हुई।

आजकल की सभ्य जातियों के बीच जो धर्मविश्वास प्रचलित हैं वे असभ्य जंगली जातियों के अन्धविश्वास से बहुत उन्नत समझे जाते हैं। ये जातियाँ समझती हैं कि सभ्यता द्वारा हमारे सब अन्धविश्वास दूर हो गए हैं। पर यह बड़ी भारी भूल है। निष्पक्ष भाव से यदि मिलान करके देखा जाए तो धर्मविश्वास जैसा असभ्य जातियों का है वैसा ही सभ्य कहलानेवाली जातियों का भी। दोनों में केवल स्वरूपभेद है, ऊपरी बातों में थोड़ा-बहुत फर्क है। तत्त्वज्ञान की दृष्टि से सभ्य जातियों के परिमार्जित धर्मविश्वास भी वैसे ही असंगत और ऊटपटाँग हैं जैसे जंगली जातियों के, जिन्हें वे अहंकारवश उपेक्षा की दृष्टि से देखती हैं। सभ्य देशों में जो मत प्रचलित हैं उनकी यदि समीक्षा की जाए तो वे सब अन्धविश्वासपूर्ण ही पाए जाएँगे। ईसाई मत को ही लीजिए। सृष्टि की 6 दिन में रचना, देवत्रयी अर्थात् पिता, पुत्र और पवित्रात्मा, पवित्रात्मा द्वारा कुमारी मरियम का गर्भाधान, ईसा का मरकर जी उठना और सदेह स्वर्ग जाना इत्यादि वैसी ही बेसिर-पैर की बातें हैं जैसी मुसलमान, हिन्दू, बौद्ध आदि और मतों में पाई जाती हैं। इनमें से किसी एक मत पर जिसे पक्का विश्वास है वह अपने ही मत को एकमात्र सत्य और दूसरे मत को मिथ्या क्या घोर अधर्म समझता है। जितना ही जो सम्प्रदाय अपने मत का अनन्य और दृढ़विश्वासी होगा उतने ही कट्टरपन और भीषणता के साथ वह और सम्प्रदायों के साथ झगड़ा करने के लिए तैयार रहेगा। संसार में धर्म के नाम पर जो इतने भीषण युद्ध हुए हैं वे सब इसी अनन्य विश्वास, इसी अन्धविश्वास के कारण। शुद्ध बुद्धि की कसौटी पर तो सारे प्रचलित मत समान रूप से असंगत, मिथ्या और कपोलकल्पित हैं। युक्ति और विश्वास के सामने कोई ठहरने के योग्य नहीं।

इस अन्धविश्वास ने मनुष्य जाति का कितना अपकार किया है। धर्मान्धता के कारण कितना रक्तपात हुआ है, कितने प्राणियों का सुख धूल में मिल गया है। कितने आदमियों को घर-बार छोड़ दूर देशों में भागना पड़ा है। राज्यशासन में जहाँ-जहाँ धर्मान्धता का प्रवेश रहा है वहाँ-वहाँ घोर अनर्थ हुए हैं। बहुत से देशों में धर्मशिक्षा स्कूलों में अनिवार्य रखी गई है जिसका फल यह होता है कि बालकों के कोमल हृदयों पर ऐसे कुसंस्कार जम जाते हैं जो कभी नहीं जाते। उनका चित्त अन्धविश्वास का अनुयायी हो जाता है, फिर उन्हें व्याहत और असंगत बातें अभ्यास के कारण नहीं खटकतीं। दुःख की बात है कि जिन देशों में सौभाग्यवश धर्मशिक्षा की अनिवार्य व्यवस्था नहीं है वहाँ भी अब कुछ लोग गला फाड़-फाड़कर उसकी आवश्यकता बतला रहे हैं। पर आधुनिक सभ्य राज्यों के लिए यह परम आवश्यक है कि सर्वसाधारण की शिक्षा के लिए ऐसे विद्यालय खुलें जो साम्प्रदायिक बन्धनों से मुक्त हों।

साम्प्रदायिक शिक्षा के लिए जो इतना आग्रह किया जाता है वह कई प्रकार के मनोरागों के कारण। इनमें सबसे प्रबल है परम्परा से चली आती हुई बातों पर 'आस्था'। जिन बातों को बाप-दादे मानते चले आए हैं उनसे एक प्रकार की आसक्ति हो जाती है—

उनका मानना धर्म समझा जाता है। पर ऐतिहासिक दृष्टि से जो विचार करेगा उसे प्रकट हो जाएगा कि पूर्वजों की परम्परा में बराबर एक ही प्रकार का विश्वास नहीं रहा है। एक हजार वर्ष पहले के बाप-दादे जिन बातों को मानते थे वे उनसे भिन्न थीं जिन्हें ढाई हजार वर्ष पूर्व के बाप-दादे मानते थे। इसी प्रकार तीन सौ वर्ष पहले जिन बातों पर लोगों का विश्वास था उनका एक हजार वर्ष पहले कहीं नाम तक न था। लोगों के विश्वास और धारणा में देशकालानुसार बराबर परिवर्तन होता आया है। दूसरी बात यह है कि अपनी विद्या, बुद्धि और स्थिति के अनुसार प्रत्येक मनुष्य अपने लिए धर्म का एक विशेष रूप ग्रहण कर लेता है जो और लोगों के तथा बाप-दादों के धर्म से कुछ निराला ही होता है।

सबसे प्रबल अन्धविश्वास जिसका जनता पर अब तक बहुत कुछ प्रभाव है अध्यात्म वा आत्मविद्या है। दुःख और आश्चर्य की बात है कि करोड़ों शिक्षित पुरुष, बड़े-बड़े विज्ञानवेत्ता तक इस घोर अन्धविश्वास में निमग्न हैं। अध्यात्म सम्बन्धी बहुत सी पत्रिकाएँ प्रकाशित होकर इस अन्धविश्वास को चारों ओर दूर-दूर तक फैलाती हैं। अच्छे-खासे पढ़े-लिखे और प्रतिष्ठित लोग ऐसे चक्रों में सम्मिलित होते हैं जिनमें प्रेतात्माएँ आकर बोलती, लिखती और परलोक का हाल बताती हैं। अध्यात्मवादी प्रायः इस बात का गर्व प्रकट किया करते हैं कि उनके अन्धविश्वासों का समर्थन बड़े-बड़े विज्ञानविशारद करते हैं। वे अपने पक्ष की पुष्टि में ऐसे लोगों का नाम लेते हैं जैसे जरमनी के जोलनर और फेक्नर, इंगलैंड के वालेस और क्रुक्स। ऐसे-ऐसे प्रसिद्ध वैज्ञानिक जो अध्यात्म के चक्कर में पड़ जाते हैं इसका कारण है कुछ तो उनकी कल्पना की अधिकता और विवेचन शक्ति की न्यूनता और कुछ उन प्रबल संस्कारों का प्रभाव जो साम्प्रदायिक शिक्षा द्वारा उनके चित्त में बचपन ही में जमा दिए जाते हैं। अमेरिका के प्रसिद्ध इन्द्रजालिक स्लेड ने जोलनर, फेक्नर और वेबर को अपने चक्र में सम्मिलित करके कैसे धोखे में डाला था इस बात को जरमनी में प्रायः सब लोग जानते हैं। पीछे उसकी चालाकियाँ खुल गईं और वह एक धूर्त प्रमाणित हुआ। इसी प्रकार आत्मविद्या के चमत्कार जहाँ-जहाँ दिखाए गए हैं वहाँ-वहाँ अनुसन्धान करने पर उनके भीतर गहरी चालबाजियाँ पाई गई हैं। जिनके ऊपर प्रेतात्माएँ बुलाई जाती हैं वे या तो पक्के धूर्त होते हैं अथवा दुर्बलचित्त के मनुष्य। आत्माओं का अन्य लोक से आना, बातचीत करना, परीक्षा का वृत्तान्त कहना ये सब बातें कल्पना की उच्छृंखलता, विवेचना की न्यूनता और शरीरविज्ञान की अनभिज्ञता से उत्पन्न हैं।

संसार के प्रचलित मतों के बीच बहुत सी बातों में परस्पर भेद होते हुए भी एक बात ऐसी है जो सबमें समान भाव से पाई जाती है और जिसे प्रत्येक अपना बड़ा भारी सहारा समझता है। जितने मत हैं सब इस बात का दावा करते हैं कि हम जगत् की स्थिति, जीवन के रहस्य आदि के सम्बन्ध में दैवी आभास वा दिव्य दृष्टि द्वारा ऐसी बातों का ज्ञान कराते हैं जो मनुष्य की प्राकृतिक बुद्धि के बाहर हैं। भिन्न-भिन्न मतवाले अपने उपदेशों और वितंडावादों को दैवी आभास द्वारा प्राप्त बतलाते हैं। उनका कहना है कि

उन्हीं के अनुकूल आचरण और विश्वास करना मनुष्य का धर्म है। मानवजीवन का शासन उन्हीं के अनुसार होना चाहिए, वे ही ईश्वरीय धर्मशास्त्र हैं। बहुत सी ऊटपटाँग गढ़ी हुई कथाओं का मूल भी दैवी आभास ही बतलाया जाता है। कहीं तो ईश्वर साक्षात् प्रकट होकर मनुष्य की तरह बातचीत करता हुआ बताया गया है और कहीं मेघगर्जन, आँधी, भूकम्प, दावाग्नि में प्रज्वलित झाड़ी, जैसी मूसा ने देखी थी, इत्यादि द्वारा अपने को व्यक्त करता हुआ कहा गया है। पर जिस ज्ञान को ईश्वर इनके द्वारा व्यक्त करता है वह वैसा ही होता है जैसा मनुष्य अपने मस्तिष्क में उद्भावित करके अपने कंठ और वाणी द्वारा प्रकट करता है। प्राचीन भारत, मिस्र, यूनान और रोम की धर्मकथाओं में, नई और पुरानी बाइबिल में देवता या ईश्वर मनुष्य ही के समान बोलता, सोचता, विचारता और काम करता हुआ बतलाया गया है। अतः जिस ज्ञान को वह कल्पित रीति से व्यक्त करता हुआ बतलाया गया है वह मनुष्यों की कपोलकल्पना मात्र है। उसे ज्ञान नहीं कह सकते। उसमें विश्वास करना घोर अन्धविश्वास है।

सच्चे ज्ञान का आभास प्रकृति ही में मिल सकता है; उसमें ही उसे ढूँढ़ना चाहिए। उसके लिए अप्राकृतिक शक्ति की कल्पना करना प्रमाद और बुद्धि का आलस्य है। सत्य का ज्ञान जो कुछ मनुष्य को हुआ है और हो सकता है वह प्रकृति की समीक्षा द्वारा प्राप्त अनुभवों तथा इन अनुभवों की संगत योजना द्वारा स्थिर सिद्धान्तों द्वारा ही। प्रत्येक बुद्धिसम्पन्न और अविकृत मस्तिष्क का मनुष्य सत्य का आभास प्रकृति निरीक्षण द्वारा प्राप्त कर सकता है और अपने को अज्ञान और अन्धविश्वास के बन्धन से मुक्त कर सकता है।

सत्रहवाँ प्रकरण

विज्ञान और ईसाई मत

विगत शताब्दी से विज्ञान और ईसाई मत के बीच विरोध बढ़ता चला जाता है। ज्यों-ज्यों विज्ञान की उन्नति होती जाती है त्यों-त्यों उन मतों की असारता प्रमाणित होती जाती है जो दिव्य दृष्टि या दैवी आभास के बल पर बुद्धि का दमन करके उसे बन्धन में रखते आए हैं। ऐसे ही मतों में से एक ईसाई मत भी है। जितनी ही दृढ़ता के साथ आधुनिक ज्योतिर्विज्ञान, भौतिक विज्ञान और रसायनशास्त्र ने समस्त जगत् के चलनेवाले नियमों का निरूपण किया है और उद्भिद्विज्ञान, जन्तुविज्ञान और मानवविज्ञान ने इन नियमों की चरितार्थता सजीव सृष्टि के बीच दिखलाई है, उतने ही कट्टरपन के साथ ईसाई मत ने द्वैतवादी दर्शन का सहारा लेकर 'आध्यात्मिक क्षेत्र' में अर्थात् मस्तिष्क व्यापार के एक विभाग में, इन प्राकृतिक नियमों की चरितार्थता अस्वीकार की है।

आधुनिक विज्ञान द्वारा निश्चित बातों और ईसाई मत की पुरानी सड़ी-गली बातों के बीच कितना गहरा विरोध है, इसे कई लेखक अच्छी तरह दिखा चुके हैं। ईसाई मत ने अपनी स्थिति के लिए विज्ञान से जो लड़ाई ठानी उसके द्वारा उसने अपने विनाश के सामान और भी अधिक इकट्ठे कर लिये। दार्शनिक रीति से एक बात को हार्टमान ने अपने 'ईसाई मत का आत्मविनाश' नामक ग्रन्थ में अच्छी तरह दिखाया है। इस मत का संसार के एक बड़े भाग की सभ्यता पर कितना प्रभाव पड़ा है इसको देखते हुए उसके इतिहास पर दृष्टि डालना आवश्यक है। ईसाई मत के चार रूप कहे जा सकते हैं जो उसे आरम्भ से अब तक प्राप्त हुए हैं–(1) प्राचीन ईसाई मत ईसवी की सन् की पहली से तीसरी शताब्दी तक, (2) पोपों द्वारा परिचालित महन्ती ईसाई मत चौथी से 15वीं शताब्दी तक, (3) पुनः संस्कारप्राप्त ईसाई मत 16वीं से 18वीं शताब्दी तक और (4) आजकल का नाममात्र का ईसाई मत।

प्राचीन ईसाई मत

ईसाई मत अपने आदि रूप में तीन सौ वर्ष तक रहा। ईसा, जिसने ईसाई मत चलाया, दया और प्रेम से परिपूर्ण था पर उस समय की यूनानी, मिस्री आदि सभ्य जातियों के ज्ञान विशेष से कोसों दूर था। यहूदियों में प्रचलित किस्से-कहानियों के अतिरिक्त वह

और कुछ भी नहीं जानता था। वह अपनी लिखी एक पंक्ति भी नहीं छोड़ गया। यूनानी दर्शन और विज्ञान उससे पाँच वर्ष पहले ही किस उन्नत अवस्था को पहुँच चुके थे इसका उसे कुछ भी परिज्ञान न था।

उसके विषय में हमें जो कुछ जानकारी है वह नई बाइबिल (इंजील) के द्वारा जिसके अन्तर्गत चार सुसमाचार और प्रेरितों के पत्र हैं। पहले चार सुसमाचारों की बात लीजिए। प्रत्येक इतिहासवेत्ता जानता है कि उनका संग्रह पहली और दूसरी शताब्दी के ढेर-के-ढेर जाली कागजों और पोथियों में से चुनकर हुआ है। दूसरी शताब्दी में यह संग्रह धर्मशास्त्र के रूप में व्यवस्थित हुआ पर चौथी शताब्दी तक घटाने और बढ़ाने का काम थोड़ा-बहुत जारी रहा। सेंट जिरोम नामक एक प्राचीन धर्माचार्य ने लिखा है कि ईसवी सन् 325 में निकेआ के धर्मसंघ में उक्त संग्रह में एक पोथी और जोड़ी गई थी। आधुनिक विद्वानों ने तीन सुसमाचारों, मत्ती, मार्क और लूक जो इन तीनों के मरने के पीछे औरों के द्वारा लिखे गए; का ईसवी सन् 65 और 100 के बीच और योहन के समाचार का ईसवी सन् 125 के कुछ पहले लिखा जाना निश्चित किया है। पर इससे यह न समझना चाहिए कि ये चारों सुसमाचार जिस रूप में आज मिलते हैं उसी रूप में पहले भी थे। इनमें न जाने कितना फेरफार हुआ है। ईसा की मृत्यु के 150 वर्ष तक तो इन सुसमाचारों का पुस्तक रूप में संकलन हुआ ही नहीं था। सेंट जस्टिन के समय से ही इनका एक सम्बद्ध ग्रन्थ के रूप में होना पाया जाता है। उसके पहले इनके कुछ वाक्य ही इधर-उधर उद्धृत पाए जाते हैं, पुस्तकों के रूप में इनका उल्लेख नहीं मिलता। अस्तु, इन सुसमाचारों में जो कथाएँ पाई जाती हैं उनका यदि कोई इन पुस्तकों के संकलन के पहले प्रमाण ढूँढ़ना चाहे तो नहीं मिल सकता। ईसा की मृत्यु के सौ-सवा सौ वर्ष पीछे इन कथाओं का प्रचार पाया जाता है। किसी महात्मा या मतप्रवर्तक के सम्बन्ध में कितनी जल्दी-जल्दी अलौकिक कथाएँ जुड़ती जाती हैं इसका जिन्हें अनुभव है वे कदापि इतने पीछे संकलित की हुई पुस्तकों में लिखी हुई बातों को ठीक नहीं मान सकते।[1] सबसे पहले लिखी जानेवाली पोथी (मार्क) का काल यदि हम ईसवी सन् 70 मान लें तो भी कथाओं के जुड़ने और फैलने के लिए यथेष्ट समय माना जा सकता है।

---

1. भारतवर्ष में तो साधुओं और महात्माओं के सम्बन्ध में अलौकिक कथाओं का जोड़ा जाना एक बहुत साधारण बात है। सारा भक्तमाल ऐसी ही अलौकिक और अप्राकृतिक कथाओं से भरा पड़ा है। मुर्दे जिलानेवाले, लड़की से लड़का कर देनेवाले, नदी के जल से घी का काम लेनेवाले न जाने कितने हुए हैं। अयोध्या में बावा रघुनाथदास, बाबा माधोदास अभी हाल में ही हुए हैं। एक जीवित महात्मा का जीवनरचित उनके कुछ भक्तों ने लिखा है जिसमें बहुत से चमत्कार वर्णन किए गए हैं, जैसे आँख मूँदते ही सैकड़ों कोस दूर एक स्टेशन से दूसरे स्टेशन पर पहुँच जाना, ईश्वर का आकर सरकारी काम पूरा कर जाना इत्यादि। किसी साधारण आदमी से पूछिए वह किसी-न-किसी करामाती बाबा का नाम जरूर जानता होगा। पर ऐसे-ऐसे करामातियों की कथाएँ मूर्ख सम्प्रदायों या पन्थों ही में विशेषतः प्रचलित हैं। शंकराचार्य का अनुयायी कोई वेदान्ती ऐसी बातों की चर्चा नहीं करेगा।

पाल प्रेरित के पत्रों से भी ईसा के जीवनवृत्तान्त का कुछ विशेष पता नहीं लगता।

अस्तु, ईसाई मत का प्रवर्तक कैसा था, उसने क्या-क्या काम किए, यह ठीक-ठीक नहीं कहा जा सकता। उसके सम्बन्ध में जो अनेक प्रकार की कथाएँ पीछे लिखी गई हैं उन्हें माननेवाले अब दिन-दिन कम होते जा रहे हैं। पवित्रात्मा द्वारा क्वारी कन्या के गर्भ से ईसा की अलौकिक उत्पत्तिवाली कथा अब इंगलैंड, जरमनी आदि देशों में प्रक्षिप्त कहकर टाली जा रही है। इसी प्रकार कब्र से उठना, सदेह स्वर्ग जाना, मुर्दे जिलाना इत्यादि जो अलौकिक बातें धर्मपुस्तक में पाई जाती हैं, उनकी चर्चा अब पढ़े-लिखे लोगों के बीच नहीं होती। इस प्रकार ईसा का जो चित्र बाइबिल ने जनसाधारण के चित्त में अंकित कर रखा था वह क्रमशः हवा होता जाता है।

ज्यों-ज्यों विद्वान् लोग ईसा के वास्तविक चरित्र और उपदेश के सम्बन्ध में ऐतिहासिक छानबीन करते जाते हैं और कुछ-कुछ असल बातों का पता लगता है त्यों-त्यों मतभेद बढ़ता जाता है। दो तत्त्व निर्विवाद ठहरते हैं, दया दाक्षिण्य का सिद्धान्त और आचरण का प्रधान नियम अर्थात् दूसरों के साथ तू वैसा ही कर जैसा तू चाहता है कि दूसरे तेरे साथ करें। पर धर्म के ये दोनों तत्त्व ईसा से हजारों वर्ष पहले प्राचीन सभ्य जातियों के बीच पूर्णरूप से प्रतिष्ठित थे।[1]

महन्ती या रोमक मत

कैथलिक सम्प्रदाय में धर्माचार्य पोप की आज्ञा सब बातों में मान्य समझी जाती है। पुराने समय में पोप लोगों का प्रताप और वैभव बहुत बढ़ा-चढ़ा था। योरप के बड़े-बड़े बादशाह उनके डर से काँपते थे। राजाओं को राजसिंहासन से च्युत करना, धर्मद्रोह का अपराध लगाकर लोगों को चिता पर बिठाकर भस्म करना उनके लिए एक साधारण बात थी। ईसाई मत ईसा के शिष्यों द्वारा पहले यूनान में पहुँचा, वहाँ से फिर रोम में गया। रोम ही से वह इंगलैंड आदि देशों में फैला। अतः महन्त की गद्दी वहीं स्थापित हुई। रोमक सम्प्रदाय के ईसाई सब बातों में पुरानी पद्धति के अनुयायी हैं। उनके यहाँ जो प्रार्थना होती है वह लैटिन भाषा में। उनके गिरजों में ईसा की माता मरियम तथा अनेक महात्माओं या सन्तों की मूर्तियाँ होती हैं। 1200 वर्ष तक योरप का आध्यात्मिक शासन इसी सम्प्रदाय के हाथ में रहा। अब भी इसको माननेवाले संसार में बहुत अधिक हैं। 50 करोड़ ईसाइयों में से 25 करोड़ रोमक मत के हैं। सबसे अधिक ध्यान देने की बात यह है कि इतने दिनों के बीच यह एशिया के प्राचीन धर्मों पर कुछ भी प्रभाव न डाल सका। अब भी वहाँ साढ़े पचास करोड़ बौद्ध और बीस-बाईस करोड़ हिन्दू वर्तमान हैं।

---

1. शरशय्या पर भीष्म ने जो उपदेश दिए हैं उनमें एक यह भी है कि जो अपने को अच्छा लगे उसे दूसरों के लिए भी अच्छा समझें और जो अपने को अप्रिय है उसे दूसरों के लिए भी अप्रिय समझे।

जैगीषव्य ने इसी प्रकार देवल से कहा था कि 'जो उनके ऊपर आघात करते हैं उनसे वे (मनीषी) बदला लेने की भी इच्छा नहीं रखते।'

चौथी शताब्दी से सोलहवीं शताब्दी तक योरप में रोमक मत का एकाधिपत्य रहा। उस बीच में घोर अन्धकार छाया रहा। पोपों के अत्याचार से स्वतन्त्र विचार का अवरोध रहा, ज्ञान-विज्ञान का मार्ग बन्द रहा, अन्याय और व्यभिचार का प्रचार रहा। ईसा के पूर्व यूनान और रोम आदि की प्राचीन सभ्यता के प्रभाव से जो जातियाँ ज्ञान के उन्नत सोपान पर आरूढ़ हो चुकी थीं वे ईसाई मत के कुप्रभाव के कारण एकदम पतित होकर बर्बरावस्था को प्राप्त हो गईं। विश्वास को बुद्धि पर प्रधानता दी गई। बुद्धि के द्वारा तत्त्वचिन्तन और वैज्ञानिक अनुसन्धान का कुछ महत्त्व ही न रह गया क्योंकि सब लोग ईसाई धर्माचार्यों के उपदेशानुसार कल्पित परलोक की तैयारी ही में हैरान रहने लगे।

सन् 325 में पोप कांस्टेंटाइन की अध्यक्षता में निकेआ के धर्मसंघ की बैठक हुई थी। तभी से प्राचीन काल के दर्शन और साहित्य पर प्रहार आरम्भ हुआ। उनका प्रचार बन्द किया गया। यहाँ तक कि बहुत से ग्रन्थ नष्ट कर दिए गए। स्वतन्त्र दर्शन और विज्ञान की चर्चा ही उठ गई। जो कोई सृष्टिविज्ञान आदि के सम्बन्ध में अपना स्वतन्त्र विचार प्रगट करता था वह जीता जला दिया जाता था। इस प्रकार 1200 वर्ष तक परम शक्तिशाली पोपों के अत्याचार से सारा योरप अज्ञान के बन्धन में पड़ा रहा।

ईसाई धर्म के जो मुख्य तत्त्व हैं वे सदाचार सम्बन्धी हैं। उनकी रक्षा लोकरक्षा के लिए परम आवश्यक है। अतः यह बात नहीं है कि ईसाई मत ने ही पहले पहल उन तत्त्वों का उद्‌घाटन किया, ईसा के पहले किसी को उनका ज्ञान नहीं था। ईसा के कई हजार वर्ष पहले से धर्म के वे आदर्श भारतीय आर्यों, पारसियों, चीनियों, मिस्रियों, यूनानियों तथा और दूसरी सभ्यताप्राप्त जातियों के बीच पूर्णरूप से प्रतिष्ठित थे। इन प्राचीन जातियों के बीच उनकी स्थापना अत्यन्त दृढ़ नींव पर थी। पोपों के आडम्बर के आगे धर्म के वास्तव अंग छिप गए। स्वर्गप्राप्ति करने का ठेका होने लगा, मुक्ति बिकने लगी। अधर्मियों अर्थात् पोप की इच्छा के प्रतिकूल चूँ करनेवालों के लिए स्थान-स्थान पर विशेष न्यायालय (या अन्यायालय) खुल गए। सन् 1481 और 1498 के बीच अकेले स्पेन में 8000 मनुष्य जीते जलाए गए, 900 मनुष्यों की जायदाद जब्त की गई। इसी प्रकार हालैंड में पाँचवें चार्ल्स के राजत्वकाल में पादरियों की रक्तपिपासा यहाँ तक बढ़ी कि 500 मनुष्यों के प्राण अनेक प्रकार की दुर्दशा से लिये गए। एक ओर तो निरपराध प्राणी घोर यन्त्रणा से हाहाकार करते थे दूसरी ओर सारे योरप का धन धर्मदंड के रूप में पोप के खजाने में जाता था और अनेक प्रकार के उपभोगों से ईसा के अनुयायी धर्माचार्यों की आत्माएँ तुष्ट होती थीं। उपदंशग्रस्त पोप दसवें लिओ ने एक बार मौज में आकर कह ही डाला कि 'ये सब अधिकार और उपभोग हम लोगों को ईसा की कहानी की बदौलत ही प्राप्त हैं।'

रोमक मत के प्रताप से समाज की दशा एकदम बिगड़ गई, उसकी सारी व्यवस्था नष्ट हो गई। अज्ञान, दारिद्रय और अन्धविश्वास के साथ-साथ व्यभिचार खूब बढ़ा। क्वारे रहने का जो नियम चलाया गया उससे व्यभिचार में पूरी सुगमता हो गई। एक-एक मठ में हजारों क्वारे बाबा और क्वारी संन्यासिनें रहने लगीं। अनेक प्रकार के

छल, पाखंड और मिथ्या प्रवादों के द्वारा व्यभिचार लीला होने लगी। अनीश्वरवादी ईश्वर के न होने के जो अनेक प्रमाण दिया करते हैं उनमें यह भूल जाते हैं कि 1200 वर्ष तक 'ईसा के नायब' ने जो अनेक प्रकार के घृणित अत्याचार प्रजा पर किए वे सब ईश्वर के नाम पर ही। मुहम्मद के अनुयायियों ने जो इतने प्राणियों की हत्या की वह अल्लाह के नाम पर ही।

संस्कारप्राप्त ईसाई मत

16वीं शताब्दी के आरम्भ के साथ ही योरप में एक नया युग उपस्थित हुआ। जरमनी के लूथर ने ईसाई मत का संस्कार किया। पोप द्वारा प्रचारित व्यवस्था का खंडन किया गया। उसका एकाधिपत्य अस्वीकृत किया गया। छापे के प्रचार और देशों के संसर्ग से विद्या की चर्चा पहले ही से हो चली थी। अतः संशोधित मत के प्रचार में बड़ी सुगमता हुई। जो पोपों के अत्याचार से दबे हुए थे वे इस नए सम्प्रदाय का सहारा पाकर बहुत प्रबल हुए। संस्कृत सम्प्रदाय दिन-दिन बढ़ता गया। लोगों की बुद्धि, जो इतने दिनों तक कड़े बन्धन में पड़ी थी, कुछ-कुछ मुक्त होकर इधर-उधर दौड़ने लगी। सृष्टि के वास्तव तत्त्वों की ओर ध्यान जाने लगा। लूथर ने पोपों के पाखंड का तो खंडन किया पर जिस घोर अन्धविश्वास का सहारा लेकर ईसाई मत खड़ा हुआ था उससे वह अपने को मुक्त नहीं कर सका था। वह जिन्दगी भर बाइबिल को बातों को ईश्वरवाक्य कहता रहा। ईसा का कब्र से जी उठना, मनुष्य जाति का शापवश मूल ही से पापग्रस्त होना, संसार में होनेवाली छोटी-से-छोटी बात का पूर्व ही से निश्चित होना, केवल विश्वास द्वारा ही धर्मसम्बन्धी बातों का समाधान तथा इसी प्रकार की और दूसरी कल्पनाओं का वह कट्टर समर्थक था। कोपरनिकस के भूभ्रमणसिद्धान्त को उसने मूर्खता बतलाया क्योंकि बाइबिल में जोशुवा ने सूर्य को ठहर जाने के लिए कहा है पृथ्वी को नहीं। सुधारे हुए ईसाई मत के अनुयायियों का कट्टरपन भी कुछ कम नहीं था। उन्हीं में से एक ने एक डॉक्टर को इसलिए जलवा दिया कि उसने ईसाई मत की त्रिदेव कल्पना पर अविश्वास प्रकट किया था। पर इन दोषों के रहते हुए भी ईसाई मत के संस्कार द्वारा बड़ा काम हुआ। पोपों का भय हट जाने से लोगों की बुद्धि बन्धनमुक्त हो गई और अनेक विषयों पर स्वतन्त्र विचार प्रकट किए जाने लगे। दर्शन और विज्ञान की उन्नति का रास्ता खुल गया और थोड़े ही दिनों में उस नवीन युग का आरम्भ हो गया जो 'विज्ञानयुग' कहलाता है।

आजकल का ईसाई मत

अठारहवीं शताब्दी के आरम्भ ही से विद्या के विविध अंगों की उन्नति आरम्भ हुई। प्रकृति के अनेक विभागों की छानबीन में लोग अग्रसर हुए। 19वीं शताब्दी ने तो ज्ञान के अनेक नए क्षेत्र खोल दिए। अंगविच्छेदशास्त्र की सहायता से भिन्न-भिन्न जन्तुओं की शरीररचना का मिलान किया गया। भिन्न-भिन्न जीवों की उत्पत्ति किस क्रम से हुई इसके निर्धारित हो जाने पर मनुष्य की उत्पत्ति का सिद्धान्त स्थिर किया गया। सन् 1838 में शरीरसंयोजक

घटकों का पता लग जाने से यह प्रत्यक्ष हो गया कि सब प्राणियों के शरीर इन्हीं घटकों या जीवाणुओं की व्यवस्थित योजना से बने हैं। भौतिक कारणों से ही पृथ्वी की उत्पत्ति सिद्ध हो गई। द्रव्य और शक्ति की अक्षरता के सिद्धान्त द्वारा सृष्टि के समस्त व्यापारों की व्याख्या की गई। लोकों की उत्पत्ति और लय का व्यापार नित्य स्थिर किया गया। अन्त में डारविन ने अपने विकास सिद्धान्त द्वारा सजीव सृष्टि में होनेवाले व्यापारों का समाधान भौतिक रीति से करके इन सबका एक में समाहार कर दिया।

अब देखना चाहिए कि इस विज्ञान की इस अपूर्व उन्नति के आगे आधुनिक ईसाई मत की स्थिति क्या है ? ईसाई मत की बातें तो वैज्ञानिक अनुसन्धान से सर्वथा असंगत और निःसार प्रमाणित हुईं। इससे रोमक सम्प्रदाय ने तो हताश होकर अपना कट्टरपन और भी अधिक बढ़ा दिया। वह अब तक अपने अन्धविश्वासों का समर्थन तथा दिन-दिन बढ़ते हुए विज्ञान का विरोध तन-मन से करता चला जा रहा है। रहा संस्कारप्राप्त (प्रोटेस्टांट) उदार ईसाई मत, उसने सर्वात्मवाद या अद्वैतवाद की शरण ली और विरोधों के परिहार की नाना युक्तियाँ ढूँढ़ने में लगा। वैज्ञानिक अन्वेषणों द्वारा जो प्राकृतिक नियम स्थिर हुए और उन नियमों को लेकर जो दार्शनिक तत्त्व निरूपित हुए, उनके साथ वे ऐसी परिमार्जित धर्मभावना का अविरोध दिखाने में तत्पर हुए जिसमें अन्य मतों से भिन्न कोई विशेष लक्षण ही न रह गया। सामान्य धर्म, जिसे हम ईसाई या इसलाम किसी एक नाम से नहीं पुकार सकते; ही को लेकर यह भी ठीक वह भी ठीक वाला वितंडावाद कुछ चल सकता था अतः उसी को उन्होंने ग्रहण किया। पर यह बात लोगों पर अच्छी तरह खुल गई कि जिसे हम ईसाई मत कहते हैं उसका प्रत्येक आधार खंडित हो गया, अब केवल उसकी सदाचार सम्बन्धिनी बातों को ही लोग स्वीकार कर सकते हैं। लोगों के विचारों में तो इस प्रकार का परिवर्तन हुआ पर आधुनिक राज्यों में ईसाई मत के ऊपरी आडम्बर ज्यों-के-त्यों बने हुए हैं जिसके कारण शिक्षितों के बीच ईसाई मत मिथ्याडम्बर के रूप में पाया जाता है। अब सभ्य देशों में ईसाई मत एक कृत्रिम और दिखाऊ रीति रस्म के ही रूप में रह गया है। भीतर-ही-भीतर तो आधुनिक विद्यालयों के प्रभाव से लोगों के विचार बिलकुल बदल गए हैं पर ऊपर से दिखाने के लिए वे अपने को ईसाई मत के अनुयायी प्रकट करते हैं। यह पाखंड या कपटधर्म समाज के लिए अनिष्टकर है। यह मिथ्या व्यवहार बहुत दिनों तक चल नहीं सकता।

इधर यह कृत्रिम ईसाई मत इतना ढीला है कि इससे ज्ञानार्जन में किसी प्रकार की बाधा अब नहीं पड़ती है। उधर रोमक सम्प्रदाय ने ज्ञान का जो खुल्लमखुल्ला विरोध आरम्भ किया उससे शिक्षितों में बड़ी खलबली मची और उन पर उसका कुछ भी प्रभाव न रह गया। सन् 1854 में पोप ने मरियम की निर्दोष भावना के सिद्धान्त[1] की घोषणा

1. ईसाइयों के सिद्धान्त के अनुसार पाप आदि ही से मनुष्य जाति के साथ लगा हुआ है। प्रत्येक मनुष्य पाप के साथ उत्पन्न होता है। ईसा की माता मरियम ही पाप से सर्वथा निर्लिप्त उत्पन्न हुई। युक्तिपूर्वक विचार किया जाए तो पाप के साथ उत्पन्न होना और पाप से सर्वथा निर्लिप्त होना ये दोनों बातें कपोलकल्पना के अतिरिक्त और कुछ नहीं।

की। 1864 में पोप की ओर से जो धर्माज्ञा निकली उसमें जितने वैज्ञानिक और दार्शनिक सिद्धान्त निकले थे उन सबकी निन्दा की गई और उनका मानना धार्मिकों के लिए पाप ठहराया गया। 6 वर्ष पीछे पोप ने मूर्खता की हद कर दी और यह घोषणा प्रचलित की कि पोप दोष और भ्रम से परे है, उसके कार्य में कभी दोष और भ्रम हो ही नहीं सकता। वर्तमान समय में ऐसी-ऐसी घोषणाओं का शिक्षित समुदाय पर क्या प्रभाव पड़ सकता है यह समझने की बात है।

अब रही अप्राकृतिक रीति से कुमारी मरियम के गर्भ से ईसा के जन्मवाली कथा। जो भिन्न-भिन्न मतों की पौराणिक कथाओं से परिचित हैं वे अच्छी तरह जानते हैं कि इस प्रकार की जन्मकथाएँ ईसा के जन्म से बहुत पहले से प्राचीन जातियों में प्रचलित थीं। हिन्दूधर्म, बौद्धधर्म, पारसीधर्म, सबमें ऐसी कथाएँ पाई जाती हैं। जब किसी राजा या बड़े आदमी की कोई कन्या कुमारिकावस्था में ही गर्भवती हो जाती थी तब इस बात का प्रचार किया जाता था कि उसे किसी देवता, जैसे सूर्य, इन्द्र आदि से गर्भ रहा। ईसाइयों ने भी इसी प्रकार की कथा गढ़ी और ईसा की उत्पत्ति पवित्रात्मा से बतलाने लगे। इस प्रकार के 'देवपुत्र' प्रायः बड़े प्रतापी, यशस्त्री और बुद्धिमान हुआ करते थे। यवन (यूनानी) और रोमक (रोमन) लोगों की प्राचीन कथाओं में इस प्रकार के देवपुत्रों के बहुत से वृत्तान्त हैं।

पवित्रात्मा द्वारा कुमारी मरियम के गर्भाधान की जो कथा है उस पर थोड़ा विचार आवश्यक है। बाइबिल की केवल दो पोथियों—मत्ती और लूक में इस कथा का उल्लेख पाया जाता है। पर इन दोनों पोथियों में शेष पोथियों के अनुकूल यह भी लिखा है कि मरियम की मँगनी यूसफ नाम के बढ़ई के साथ हो चुकी थी पर संयोग के पूर्व ही पवित्रात्मा द्वारा मरियम गर्भवती हो गई। पर जैसा पहले कहा जा चुका है ये चारों पोथियाँ ढेर-की-ढेर पोथियों में से अधिक प्रामाणिक समझी जाकर चुन ली गई थीं। शेष पोथियाँ अत्यन्त अधिक असम्बद्ध बातों और असम्भव वृत्तान्तों के कारण प्रक्षिप्त और अग्राह्य मानी गईं, जैसे जेम्स, टामस और निकोडेमस रचित सुसमाचार। पर उनमें कई ऐसी हैं जो चार गृहीत सुसमाचारों से प्राचीनता में कम नहीं हैं। अतः ऐतिहासिक दृष्टि से जैसे ये चार सुसमाचार वैसी ही वे अगृहीत पोथियाँ जिन्हें प्रक्षिप्त बतलाकर लोगों ने अलग कर दिया है। उन अगृहीत पुस्तकों में से निकोडेमस रचित सुसमाचार है जिसका ईसा से सौ वर्ष बाद लिखा जाना विद्वानों ने निश्चित किया है। उसमें लिखा है कि यहूदियों ने ईसा पर व्यभिचार से उत्पन्न होने का दोष लगाया था। इस बात का समर्थन सेल्सस नामक एक यूनानी लेखक ने भी किया है जो ईसा की दूसरी शताब्दी में अर्थात् निकोडेमस की पोथी लिखे जाने के थोड़े ही आगे-पीछे हुआ था। उसने लिखा है कि ईसा की माता को यूसुफ नाम के बढ़ई ने तलाक देकर इसलिए छोड़ दिया था कि उस पर व्यभिचार का अभियोग लगाया गया था और पांथरास नामक एक सैनिक से उसे एक लड़का पैदा हुआ था। यह कथा यहूदियों के यहाँ भी पाई जाती है कि रोमन सेना के एक अफसर और मरियम के अनुचित सम्बन्ध से ईसा की उत्पत्ति हुई।

पर बाइबिल सम्बन्धी अनुसन्धान करनेवाले अधिकांश विद्वानों ने ईसा को उस बढ़ई का पुत्र मानना ही अधिक उपयुक्त ठहराया है। कई देशों में यूसफ और मरियम के विवाह के पूर्व की प्रेमलीला बड़ी भावभक्ति के साथ कही-सुनी जाती है। पवित्रात्मावाली अप्राकृतिक कथा का अब विद्वानों में आदर नहीं रहा है। अतः जब इस अप्राकृतिक कल्पना का परित्याग हो ही रहा है तब इसका पता लगा तो क्या, न लगा तो क्या कि ईसा का बाप यथार्थ में था कौन। बाइबिल में औदार्य, दया, परोपकार और प्रेमभाव आदि के जो धर्मोपदेश हैं वे इन अप्राकृतिक और असंगत कल्पनाओं के आधार के बिना भी ज्यों-के-त्यों मान्य बने रह सकते हैं। यह मानने की आवश्यकता नहीं है कि वे ईश्वर द्वारा कहे गए या आभास के रूप में प्रकट किए गए। इस प्रकार की बातें विज्ञान द्वारा निश्चित सिद्धान्तों के सर्वथा विरुद्ध पड़ती हैं।

अठारहवाँ प्रकरण

ज्ञानतत्त्वोपासना या तत्त्वाद्वैतदृष्टि से उपासनाकांड

आजकल के बहुत से वैज्ञानिक और दार्शनिक यह कहने लगे हैं कि मत या मजहब, जैसे ईसाई, इसलाम आदि की अब कोई आवश्यकता नहीं रह गई। उनके इस कथन का अभिप्राय यह है कि विज्ञान की अपूर्व उन्नति से जगद्विकास के जो नाना रहस्य खुल पड़े हैं उनसे केवल हमारी बुद्धि ही तुष्ट न होगी बल्कि भक्ति, श्रद्धा, प्रेम आदि वृत्तियाँ भी जाग्रत होंगी। सारांश यह है कि यदि हमें सम्यक् तत्त्वदृष्टि प्राप्त हो जाए तो उसमें ज्ञानकांड और उपासनाकांड दोनों का मेल हो जाता है। पर बड़े दुःख की बात है कि इस प्रकार की तत्त्वदृष्टि बहुत ही कम लोगों को प्राप्त होती है। अधिकांश शिक्षितों की यही धारणा रहती है कि मतविश्वास एक और ही चीज है जिसका ज्ञान से कोई सम्बन्ध नहीं। वे कहते हैं कि मजहब में अक्ल का दखल नहीं। पर अब ऐसा कहना ठीक नहीं। विज्ञान की आधुनिक उन्नति से हमें जो नए-नए तर्क और नई-नई युक्तियाँ प्राप्त हुई हैं वे तो हमारे मन में अवश्य रहेंगी पर उनके साथ ही साथ हमारे अन्तःकरण को श्रद्धा, भक्ति आदि उदात्त वृत्तियों के लिए यथेष्ट सामग्री भी प्राप्त होगी, अतः हमारी भावुकता में किसी प्रकार की कमी न होने पावेगी। अन्तर इतना ही होगा कि हमारी श्रद्धा, भक्ति आदि वेगवती वृत्तियों के लिए, हमारी भावुकता के लिए, जो सामग्री अप्राकृतिक और असत्य कल्पनाओं के द्वारा उपस्थित की गई थी उनके स्थान पर अब सत्य वैज्ञानिक अनुसन्धानों द्वारा प्राप्त सामग्री होगी।

आधुनिक विज्ञान ने अन्धविश्वास की बातों का खंडन तो कर डाला; अब उसको चाहिए कि वह मनुष्य की श्रद्धाभक्ति के लिए एक भव्य ज्ञानमन्दिर खड़ा करे जिसमें तत्त्वदृष्टि प्राप्त करके लोग सत्य, सत्व और रजस् (सौन्दर्य) इन तीन देवताओं की उपासना करें। इस दिव्य भाव की प्राप्ति के लिए यह देख लेना आवश्यक है कि प्रचलित मतमतान्तरों की कौन-कौन सी बातें हमें रखनी होंगी और कौन छोड़नी होंगी। हजारों वर्षों से जिन मतों का अधिकार मनुष्य जाति के हृदय पर चला आ रहा है उनकी शील और सदाचार सम्बन्धिनी बातों को हम नहीं छोड़ सकते, उनका महत्त्व हम कभी अस्वीकार नहीं कर सकते। अतः हमें चाहिए कि इन मतों में जो सदाचार तत्त्व है उसी पर अपना आग्रह प्रकट करें। उसी पर दृष्टि रखने के लिए भिन्न-भिन्न मतों और

सम्प्रदायों से अनुरोध करें। इसी रीति का अवलम्बन करने से आधुनिक ज्ञानमूलक धर्म की स्थापना सुगम होगी। हमें अपने धार्मिक जीवन में विप्लव नहीं उपस्थित करना है, संस्कार करना है। जिस प्रकार प्राचीन सभ्य जातियाँ आदर्श के लिए भिन्न-भिन्न सद्गुणों की मूर्त भावना करती थीं उसी प्रकार हमें भी चाहिए कि हम सत्य, सत्व और रजस् को देवरूप में ग्रहण करें।

1. सत्य–पहले सत्य को लीजिए। जो कुछ पीछे कहा जा चुका है उससे यह दृढ़ हो गया कि विशुद्ध सत्य प्रकृति ही के भीतर साधनापूर्वक ढूँढ़ने से मिल सकता है और इस साधना के दो ही मार्ग हैं, सूक्ष्म अन्वीक्षण और चिन्तन। पहले प्रकृति में जो व्यापार वास्तव में होते हैं उनका एक-एक करके पता लगाना चाहिए फिर उनके कारणों का खूब मनन करना चाहिए। इसी रीति से हम शुद्ध बुद्धि के बल से उस सत्य ज्ञान या विज्ञान तक पहुँच सकते हैं जो मनुष्य की सबसे बड़ी सम्पत्ति है। हमें 'ईश्वराभास', 'दैवी प्रेरणा' आदि बातों का एकदम परित्याग करना होगा क्योंकि उनका मतलब यह है कि ज्ञानप्राप्ति के जो दो मार्ग ऊपर बतलाए गए हैं केवल उन्हीं से नहीं, बल्कि बिना बुद्धि के प्रयास के, आसमान से भी ज्ञान टपक सकता है।[1] अब यह बात पूर्णतया स्थिर हो गई है कि ज्ञान अप्रकृतिक या अलौकिक रीति से न कभी किसी को प्राप्त हुआ है और न हो सकता है। प्रकृति का मन्दिर ही सत्यदेव का निवासस्थान है। वे हरे-भरे जंगलों, नीलाभ समुद्रों और तुषारमंडित गिरिशृंगों में रहते हैं; मन्दिरों, मस्जिदों और गिरिजों के अँधेरे कोने में नहीं। सत्य और ज्ञानरूप देवताओं की प्राप्ति के लिए हमें प्रकृति से प्रेम करना चाहिए और उसके नियमों का मनन करना चाहिए। ज्ञानतत्त्वोपासना के लिए हमें अपार और अनन्त नक्षत्रों और लोकों की दूरबीनों द्वारा, और सूक्ष्म घटक या अणुजगत् की सूक्ष्मदर्शक यन्त्रों द्वारा छानबीन करनी होगी; कर्मकांड के निरर्थक विधानों तथा पूजा की लम्बी-चौड़ी पद्धतियों की कोई आवश्यकता न होगी। सत्यदेव के प्रसाद से हमें ज्ञानवृक्ष के विशद फल प्राप्त होंगे जिनसे हमारी दृष्टि स्वच्छ हो जाएगी और हम जगत् के नाना रहस्यों का आनन्द ले सकेंगे।

2. सत्व–सात्विकशीलता या सत्व के सम्बन्ध में हमें उतना उलटफेर करने की आवश्यकता न होगी जितना सत्य के सम्बन्ध में करना पड़ेगा। सत्य की स्थापना के लिए हमें 'ईश्वराभास', 'आकाशवाणी', 'इलहाम' इत्यादि को कपोलकल्पना कहकर एकदम किनारे कर देना होगा, पर सद्गुण या सात्विकशीलता के सम्बन्ध में प्रचलित मतों से हमारा कोई विरोध न होगा। ईसाई धर्म को ही लीजिए। उसमें वदान्यता, उदारता, दया, दैन्य और परोपकार के जो भाव हैं वे सबको समान रूप से मान्य हैं। हमारे ज्ञानमूलक धर्म में भी उनका वही स्थान रहेगा। सदाचार के वे तत्त्व संसार के सब सभ्य मतों में हैं, अकेले ईसाई मत में नहीं। अस्तु, ईसाई लोग अन्य मतावलम्बियों को अपने मत में लाने का क्यों प्रयत्न किया करते हैं, समझ में नहीं आता। एक विषय

---

1. किसी देवी-देवता के प्रसाद से किसी मूर्ख का एकबारगी भारी कवि या पंडित हो जाना इसी प्रकार की बात है।

में ईसाई मत एकांगदर्शी है।[1] कर्माकर्म की व्यवस्था में, सदाचार के नियम में, यह मत परार्थ ही पर ज्यादा जोर देता है, स्वार्थ का एकदम निषेध करता है। हमारा ज्ञानमूलक धर्म दोनों पर समान दृष्टि रखेगा। वह स्वोपकार और परोपकार दोनों का पलड़ा ठीक रखने का उपदेश देता है।

3. **रजस्‌–**जिससे हमारी प्रकृति का अनुरंजन हो उसे रजस्‌ या सौन्दर्य कहना चाहिए। सौन्दर्य के सम्बन्ध में हमारे तत्त्वाद्वैत धर्म का वैराग्यप्रधान मतों से बड़ा भारी विरोध है। ये मत सांसारिक जीवन को सर्वथा असार समझते हैं, उसे केवल परलोक की तैयारी के लिए समझते हैं। अतः मनुष्य के जीवन की जो बातें हैं, प्रकृति, विज्ञान और कलाकौशल में जो कुछ सौन्दर्य हम देखते हैं, वह सब उन मतों की दृष्टि में निरर्थक है। सच्चे धार्मिक को इससे दूर रहना चाहिए, उसे केवल परलोक की चिन्ता में रहना चाहिए। प्रकृति से घृणा, उसकी नाना शोभाओं से विरक्ति, सुन्दर कलाओं से कुरुचि ये सब धर्म के अंग हैं। ये अंग यहाँ तक पूर्णता को पहुँचाए जाते हैं कि लोग स्ववर्गियों से अलग जाकर रहते हैं, शरीर को नाना प्रकार के क्लेश देते हैं, मढ़ियों और कुटियों में पड़े-पड़े अपना समय नाम जपने और भजन गाने में बिताते हैं।

जिस उद्‌देश्य से प्रकृति का यह तिरस्कार किया गया वह सिद्ध भी नहीं हुआ। इतिहास इस बात का साक्षी है। संन्यास आश्रम इसलिए निकाला गया था कि कुछ लोग विषय वासनाओं से निर्लिप्त रहकर यम, नियम और पवित्रता के आदर्श बनेंगे। पर हुआ इसका उलटा। मढ़ियों के स्थान पर साधुओं के बड़े-बड़े मठ खड़े हो गए जिनमें ऐसी-ऐसी व्यभिचारलीलाएँ होने लगीं जिनका बेचारे गृहस्थ अनुमान तक नहीं कर सकते। बड़े-बड़े मठधारी महन्तों के धनवैभव और भोगविलास को देख बड़े-बड़े राजा दंग रहने लगे। लोग कहेंगे कि ईसाई, जैन, बौद्ध, शैव आदि मत वैराग्यप्रधान हैं, पर उनके द्वारा कलाकौशल की कितनी उन्नति हुई है, उनके अनुयायियों ने कैसे सुन्दर-सुन्दर मन्दिर, गिरजे आदि बनवाए हैं। यह ठीक है, पर उन मतों की शिक्षा से सुन्दर रचनाओं का क्या सम्बन्ध ? इनका निर्माण तो उनकी शिक्षाओं से स्वतन्त्र हुआ है। कहाँ उनकी शिक्षा कि इस संसार के आमोद-प्रमोद से दूर रहो, इस जीवन के भौतिक सौन्दर्य पर मत भूलो, स्त्रियों के प्रेमजाल में मत फँसो, धन, परिजन आदि सबको माया समझो, कहाँ मन्दिरों और गिरजों का ठाटबाट, महन्तों और धर्माचार्यों की धूमधाम की सवारियाँ ! कैथलिक सम्प्रदाय के गिरजों तथा और दूसरे मतों के मन्दिरों की चित्रकारियाँ होती कैसी हैं ? इन गिरजों को जाकर देखिए तो उनमें ईसा, मरियम और महात्माओं की अलौकिक भावनापूर्ण प्रतिमाएँ मिलेंगी, उनके अप्राकृतिक चरित्र अंकित पाए जाएँगे। मन्दिरों को देखिए तो उनमें कहीं बौद्ध जातकों की कल्पित कहानियाँ चित्रित मिलेंगी, कहीं कई सिर-पैरवाले देवताओं की मूर्तियाँ सामने आएँगी। इन चित्रकारियों का प्रभाव भी जनता पर विलक्षण पड़ता आया है। जनसाधारण के चित्त पर यह संस्कार बराबर जमता रहा कि जिस रूप के देवी-देवता हैं, वैसे कभी रहे हैं और जो अलौकिक बातें चित्रकारियों में दिखाई गई हैं वे वास्तव में कभी हुई हैं।

---

1. जैन आदि अन्य वैराग्यप्रधान धर्म भी इसी प्रकार के कहे जा सकते हैं।

मतों और सम्प्रदायों के आश्रय से कलाकौशल को जो रूप प्राप्त हुआ है उससे कलाकौशल की वह नई प्रवृत्ति जो आजकल विज्ञान के सम्बन्ध से जाग्रत हुई है, सर्वथा विरुद्ध है। विज्ञान द्वारा प्रकृति के क्षेत्र में हमारी दृष्टि का जो विस्तार बढ़ गया है और हमें जीवों और पदार्थों के असंख्य रूपों का जो पता लगा है उससे हमारे अन्तःकरण में सौन्दर्य के नए-नए भावों का उदय हुआ और चित्रकारी तथा शिल्पविद्या को नई उत्तेजना प्राप्त हुई है। पृथ्वी के नाना प्रदेशों, द्वीपों और खंडों की जो छानबीन हुई है उससे नए-नए प्रकार के असंख्य जीव, विशेषतः छोटे जीव जिनकी ओर पहले किसी का ध्यान तक नहीं गया था, मिले हैं जिनके मनोहर रूप-रंग को लेकर बहुत सुन्दर चित्रकारी और कारीगरी हो सकती है। सूक्ष्मदर्शक यन्त्र ने हमें सूक्ष्म-से-सूक्ष्म कीटाणुओं की, विशेषतः जल कीटाणुओं की एक नई दुनिया दिखा दी है। सहस्रों प्रकार के चित्र-विचित्र समुद्री जीव, मूँगे, छत्रक, शुक्तियाँ, केकड़े इत्यादि हमें देखने को मिले हैं जिनके सौन्दर्य और आकृतिभेद के सामने मनुष्यों की कल्पना झख मारे। जन्तुविज्ञान और उद्भिद्विज्ञान की कोई बड़ी सचित्र पुस्तक खोलकर देखिए, इस बात का निश्चय हो जाएगा।

आधुनिक विज्ञान ने हमें सूक्ष्म जगत् की ही सैर नहीं कराई है बल्कि प्रकृति के विशाल पदार्थों का भी अधिक परिचय कराया है। एक समय था जब हिमालय ऐसे पर्वतों और पर्वताकार तरंगवाले समुद्रों को लोग भय की दृष्टि से देखते थे। अब विज्ञान ने ऐसे सुबीते कर दिए हैं कि साधारण वित्त के मनुष्य भी ऊँचे-ऊँचे पर्वतों पर जाकर हिमप्रपातों के निकट महीनों रह सकते हैं और वहाँ के विशाल और मनोहर दृश्यों का आनन्द ले सकते हैं; तथा समुद्र के अपार वक्षस्थल पर निर्भय विचरण करते हुए नीलाम्बुराशि की क्रीड़ा का अवलोकन कर सकते हैं। आजकल जिस प्रकार प्रकृति के नाना रहस्यों के परिज्ञान के साधन सुलभ हो गए हैं उसी प्रकार उसके असीम सौन्दर्य के उपभोग के भी। इसी अवस्था में हमारे अन्तःकरण की भिन्न-भिन्न वृत्तियाँ परिपुष्ट हो सकती हैं और तत्त्वाद्वैत धर्म का भाव दृढ़ हो सकता है।

वर्तमान काल की चित्रकारी को देखने से इस बात का अच्छा प्रमाण मिल सकता है। पुराने समय में जो चित्र बनते थे वे अधिकतर मनुष्य या कुछ थोड़े से जन्तुओं के ही होते थे। अब वन, नदी, पर्वत, समुद्रतट आदि नाना प्राकृतिक पदार्थों के सुन्दर-सुन्दर चित्र देखने को मिलते हैं। न जाने कितने मासिकपत्र चित्रों के ही निकलते हैं जिनमें अनेक प्रकार के प्राकृतिक दृश्य अंकित रहते हैं। प्राकृतिक दृश्यांकन में आजकल बड़ी उन्नति हुई है। इन दृश्यों के द्वारा प्रकृति से हमारा प्रेम बढ़ता है और उसके रहस्यों के जानने की उत्कंठा उत्पन्न होती है। इस प्रकार के चित्र शिक्षा के अच्छे साधन हैं। बच्चों में इनकी ओर अभिरुचि उत्पन्न करनी चाहिए। प्रकृति अनन्त सौन्दर्य का भांडार है। उसके सौन्दर्य का आनन्द, उसके अविचल और नित्य नियमों से सम्बद्ध होने के कारण, ज्ञान-विज्ञान का उत्तेजक है। इस आनन्दानुभव की उत्कंठा द्वारा ज्ञान की ओर सच्ची प्रवृत्ति होती है। यही प्रवृत्ति मार्ग ज्ञान का सच्चा मार्ग है। जिस विस्मय के साथ हम तारकित गगनमंडल को और एक जलबिन्दु के भीतर की सजीव सृष्टि को देखते हैं, जिस

स्तब्धता के साथ द्रव्य की नाना गतियों में उसकी शक्ति की क्रीड़ा का परिचय पाते हैं, जिस पूज्य भाव से 'परमतत्त्व की अक्षरता' के नियम की विश्वव्यापकता का अनुभव करते हैं, वह विस्मय, वह स्तब्धता और वह पूज्यभाव सब-के-सब हमारी धर्मभावना के ही अंग हैं। ये ही धर्म के सच्चे आवेश हैं। इन सच्चे आवेशों द्वारा प्रेरित धर्म हमारा प्रकृत धर्म है।

प्रकृत सत्य का बोध और प्रकृत सौन्दर्य का उपभोग दोनों हमारे तत्त्वाद्वैत धर्म के अंग हैं। ईसाई आदि वैराग्यप्रधान मतों से इन दोनों अंगों का विरोध प्रत्यक्ष है। ये दोनों अंग ऐहिक हैं, इसी लोक से सम्बन्ध रखनेवाले हैं। पर ईसाई आदि मत सदा परलोक ही की ओर ध्यान रखने का उपदेश देते हैं। तत्त्वाद्वैत धर्म बतलाता है कि हम लोग इस पृथ्वी पर के मर्त्य जीव हैं जो कुछ काल तक इसके नाना पदार्थों का उपभोग कर सकते हैं, इसके सौन्दर्य का आनन्द ले सकते हैं और इसकी अद्‌भुत शक्तियों की क्रीड़ा का ज्ञान प्राप्त कर सकते हैं। ईसाई आदि मत कहते हैं कि यह संसार दुःख का समुद्र है जिसमें हम अल्प काल तक के लिए इस कारण डाल दिए गए हैं कि नाना प्रकार के क्लेशों द्वारा अपनी आत्माओं को शुद्ध करें जिससे परलोक में अनन्त सुख के अधिकारी हों। यह परलोक कहाँ है ? इसका सुख किस प्रकार का है ? यह सब ये मत कुछ भी नहीं बतलाते। जब तक लोग पृथ्वी के ऊपर असंख्य नक्षत्रों से दीप्त नीलमंडल को ही स्वर्गधाम समझते थे, तब तक तो उनकी कल्पना में यह बात किसी प्रकार आ सकती थी कि वहाँ देवता लोग नित्य विहार किया करते हैं। पर अब ये सब देवता और अमर जीव बिना ठौर-ठिकाने के हो गए हैं; क्योंकि अब यह बात ज्योतिर्विज्ञान द्वारा अच्छी तरह स्पष्ट हो गई है कि इस नीलमंडल में उस ईथर या आकाशद्रव्य के अतिरिक्त और कुछ भी नहीं है जिसमें असंख्य लोकपिंड बनते और बिगड़ते हुए चक्कर मार रहे हैं।

वे स्थान जहाँ लोग अपनी धर्मभावनाओं की पुष्टि और ईश्वर या देवता की उपासना के लिए जाते हैं अत्यन्त पवित्र माने जाते हैं और 'मन्दिर', 'मस्जिद' या 'गिरजे' कहलाते हैं। उनमें जाकर लोग जीवन के झंझट और हाय-हाय को भूल एक उच्च भावमय जगत् में प्रवेश करके शान्ति पाते हैं। वर्तमान शताब्दी के 'कला और विज्ञानसम्पन्न' शिक्षित मनुष्य को इस बात के लिए दीवारों से घिरे हुए किसी संकीर्ण स्थान की आवश्यकता न होगी। उसके लिए सम्पूर्ण प्रकृति का पवित्र क्षेत्र खुला हुआ है। वह जिधर आँख उठाकर देखेगा उधर उसे 'जीवन की हाय-हाय' तो मिलेगी पर उसके साथ ही साथ सर्वत्र 'सत्य, सत्व और सौन्दर्य' की शान्तिदायिनी दिव्य प्रभा का भी साक्षात्कार होगा।

उन्नीसवाँ प्रकरण

तत्त्वाद्वैतदृष्टि से धर्म या कर्माकर्म व्यवस्था[1]

जीवन के व्यवहार में प्रत्येक मनुष्य के कुछ कर्तव्य होते हैं जो तभी पूरे हो सकते हैं जबकि वे उसके जगत्सम्बन्धी सिद्धान्त के अनुकूल हों। इस सिद्धान्त के अनुसार हमारी कर्माकर्म व्यवस्था उस अद्वैत भाव के अनुकूल होनी चाहिए जो प्राकृतिक नियमों के समुन्नत ज्ञान द्वारा हमें प्राप्त हुआ है। जिस प्रकार हम इस अनन्त विश्व को एक अखिल अद्वितीय सत्ता या समष्टि मानते हैं उसी प्रकार मनुष्य के आध्यात्मिक या धार्मिक जीवन को भी उसी विश्वविधान का एक अंग मानते हैं। आध्यात्मिक और भौतिक दो अलग-अलग जगत् नहीं हैं। पर अधिकांश दार्शनिकों और धर्ममीमांसकों का मत इसके विरुद्ध है। जैसे कांट ने कहा है वैसे ही वे भी कहते हैं कि धार्मिक और आध्यात्मिक जगत् भौतिक जगत् से सर्वथा अलग और स्वतन्त्र है जो विज्ञान द्वारा जगत् के सम्बन्ध में हमें प्राप्त होता है। सदसद्विवेक बुद्धि अपने मत के विश्वास पर अवलम्बित होती है। कांट के कथन के अनुसार सदसद्विवेक का आभास केवल व्यवसायात्मिका बुद्धि को होता है, शुद्ध बुद्धि को नहीं जिससे भौतिक या दृश्य जगत् का बोध होता है, जिससे चिन्तन, तर्क और अनुमान आदि किए जाते हैं। ज्ञान की यह द्वैध भावना कांट के दर्शन का बड़ा भारी दोष है। इससे अनेक प्रकार के भ्रम फैले हैं। पहले तो कांट ने 'शुद्ध बुद्धि' का एक अपूर्व और विशाल भवन खड़ा करके अच्छी तरह सिद्ध कर दिया कि उसमें ईश्वर अर्थात् पुरुषविशेष तथा स्वतन्त्र और अमर आत्मा के लिए कोई स्थान नहीं है, उसकी सत्ता का कोई प्रमाण नहीं है। पीछे उसने भी प्रमाणहीन कल्पना का सहारा लिया और 'व्यवसायात्मिका बुद्धि' का एक दूसरा हवाई महल खड़ा करके उसमें इन कल्पित वस्तुओं के लिए जगह की।

---

1. धर्म से अभिप्राय आचरण पर शासन रखनेवाले नियमों से है, मत या मजहब से नहीं। मनु ने धर्म के दस मूल लक्षण बतलाए हैं–

धृतिः क्षमा दमोऽस्तेयं शौचमिन्द्रियनिग्रहः।
धीर्विद्या सत्यमक्रोधो दशकं धर्मलक्षणम्॥

इन लक्षणों में स्वार्थ (धृति, शौच, दम) और परार्थ (क्षमा, अक्रोध, सत्य) दोनों आ गए हैं।

विश्वास के आधार पर स्थित इस भवन में उसने 'कर्माकर्म की व्यवस्था' प्रतिष्ठित की। इस व्यवस्था के अनुसार सदसत्सम्बन्धी व्यापक नियम सर्वथा स्वतन्त्र और स्वतःप्रमाण हैं, वे और किसी वस्तु की प्रामाणिकता पर निर्भर नहीं। भौतिक या दृश्य जगत् में जो नियम दिखाई पड़ते हैं उनके द्वारा उनका समाधान नहीं हो सकता। वे चिन्मय जगत् के अन्तर्गत हैं। वे आत्मानुभूति के नियमों में दाखिल हैं अर्थात् किसी कर्म के उपस्थित होने पर आत्मा उसके भले या बुरे होने के सम्बन्ध में अपनी स्थिति का आप जो बोध करती है वह सदा एक ही प्रकार का होता है। इसी आदेश पर चलना धर्म या सदाचार है। कांट का सिद्धान्त यदि ठीक मानें तो संसार के सब मनुष्यों में एक ही प्रकार की कर्तव्यबुद्धि होनी चाहिए। पर इधर जो पृथ्वी पर की भिन्न-भिन्न जातियों का अनुसन्धान किया गया है उससे यह बात पाई नहीं जाती। अनुसन्धान से यही पाया जाता है कि भिन्न-भिन्न जातियों में, विशेषतः असभ्य जातियों में, कर्तव्य की भावनाएँ भिन्न-भिन्न हैं। वे कर्म और रीति-रिवाज जिन्हें हम घोर पाप और अपराध समझते हैं; कुछ जातियों द्वारा कुछ अवस्थाओं में धर्म और कर्तव्य माने जाते हैं।

कांट ने बुद्धि के जो दो परस्पर विरुद्ध भेद किए उसका खंडन यद्यपि पीछे से लोगों ने किया पर उसे बहुत से लोग अभी तक मानते जाते हैं। बात यह है कि उससे मतवादियों और ख्याली पुलाव पकानेवालों की निराधार कल्पनाओं को बहुत कुछ सहारा मिला है। इसी से यह द्वैधभाव उन्हें अत्यन्त प्रिय है। पर कांट ने 'व्यवसायात्मिका बुद्धि' का जो आडम्बर खड़ा किया था उसे आधुनिक विज्ञान ने छिन्न-भिन्न कर दिया है। परमतत्त्व की अक्षरता के नियम द्वारा जगद्विज्ञान ने सिद्ध कर दिया है कि कोई पुरुषविशेष रूप ईश्वर नहीं है। भिन्न-भिन्न जन्तुओं के मनोव्यापारों के मिलान और अन्तःकरण के क्रमागत विकास के निरीक्षण द्वारा जिस आधुनिक मनोविज्ञान की स्थापना हुई है, उसने प्रमाणित कर दिया है कि अमर आत्मा कोई वस्तु नहीं। शरीरव्यापारशास्त्र द्वारा 'कर्मसंकल्पवृत्ति' के स्वातन्त्र्य का भी खंडन हो गया है। विकास सिद्धान्त से यह अच्छी तरह स्थिर हो गया है कि प्रकृति के उन्हीं अविचल या शाश्वत नियमों के अधीन सजीव सृष्टि तथा उसके धर्म आदि सब व्यापार भी हैं जिनके अधीन जड़ सृष्टि है। अस्तु, मनुष्य तथा उसका कोई व्यापार, क्या मानसिक, क्या धर्म और क्या आचारसम्बन्धी, उन नियमों के परे नहीं है।

आधुनिक विज्ञान ने कांट के द्वैधभाव का खंडन ही नहीं किया है उसके स्थान पर सच्ची कर्तव्याकर्तव्य व्यवस्था भी स्थापित की है। इस व्यवस्था के अनुसार कर्तव्यबुद्धि कल्पना के आधार पर स्थित नहीं है बल्कि 'सामाजिक प्रवृत्ति' पर निर्भर है जो समुदाय में रहनेवाले सब जन्तुओं में पाई जाती है। धर्म या सदाचार का सबसे बड़ा उद्देश्य यह है कि स्वार्थ और परार्थ के बीच सामंजस्य स्थापित हो। दोनों के पलड़े इस प्रकार तुले रहें कि व्यवहार में किसी प्रकार की बाधा न पड़े, अपनी भलाई और दूसरे की भलाई दोनों का साधन बराबर होता जाए, दोनों के बीच विरोध न आने पावे। प्रसिद्ध अँगरेज

दार्शनिक हर्बर्ट स्पेंसर ने विकास सिद्धान्त की दृढ़ नींव पर इस प्रकार की तात्विक कर्तव्याकर्तव्य व्यवस्था स्थापित की है।[1]

मनुष्य समुदाय में रहनेवाला प्राणी है अतः समुदाय में रहनेवाले और दूसरे जन्तुओं के समान उसके दो प्रकार के कर्तव्य हैं; एक अपने प्रति और दूसरा उस समाज के प्रति जिसमें वह रहता है। एक का साधन स्वार्थ कहलाता है और दूसरे का परार्थ या परोपकार। मनुष्य के लिए दोनों उचित हैं। यदि मनुष्य को समाज में रहना है तो उसे केवल अपना ही भला न देखना चाहिए, दूसरों का भला भी देखना चाहिए जिनके साथ उसे रहना है। उसे यह समझना चाहिए कि समाज के हित से उसका भी हित है। यदि समाज का कोई भी अनिष्ट होगा तो उस समाज में रहने के कारण वह उस अनिष्ट से बच नहीं सकता। सिद्धान्त रूप में तो इसका खंडन कोई नहीं कर सकता पर इसके विरुद्ध व्यवहार लोग बराबर करते हैं।

'स्वार्थ' और 'परार्थ' दोनों पर समान दृष्टि रखना हमारे तत्त्वाद्वैत धर्म का मुख्य तत्त्व है। आत्मोपकार और परोपकार दोनों इस धर्म के अन्तर्गत हैं। 'दूसरों के साथ वैसा ही व्यवहार करो जैसा तुम चाहते हो कि वे तुम्हारे साथ करें', ईसाई धर्म की इस शिक्षा में यह बात स्पष्ट है कि हमारे लिए अपने प्रति भी वैसे ही पवित्र कर्तव्य हैं जैसे दूसरों के प्रति। ये युगपद् धर्म कुटुम्ब और समाज की रक्षा के लिए परम आवश्यक प्राकृतिक नियम हैं। आत्मभाव से व्यक्ति की रक्षा होती है और परार्थभाव से व्यक्तियों से बनी हुई जाति की। प्राणियों के समूहबद्ध होने के लिए उनमें एक प्रकार की सामाजिक प्रवृत्ति सजीव सृष्टि की आदिम अवस्था में ही उत्पन्न हुई। यह वंशपरम्परागत प्रवृत्ति समूह में रहनेवाले छोटे-बड़े सब जन्तुओं में पाई जाती है। विकास परम्परानुसार उत्तरोत्तर उन्नत कोटि के जीवों की उत्पत्ति के साथ-साथ यह प्रवृत्ति भी वृद्धि को प्राप्त होती गई। लोक के प्रति जो हमारे धर्म हैं वे इसी मूल प्रवृत्ति के उन्नत या प्रवर्द्धित रूप हैं जो धीरे-धीरे वर्तमान अवस्था को पहुँचे हैं।

सभ्य मनुष्यों के बीच सदाचार सम्बन्धी जो नियम पाए जाते हैं वे बहुत कुछ उनकी उस धारणा के अनुसार होते हैं जो जगत् के विषय में होती है। अतः उन नियमों का सम्बन्ध किसी-न-किसी मत या मजहब से रहता है।

---

1. पाश्चात् दर्शन में कर्तव्याकर्तव्य शास्त्र के सम्बन्ध में कई प्रकार के सिद्धान्त पाए जाते हैं–(इंट्यूशनल थ्योरी) 'विवेकबुद्धिवाद' की सदसत् का भेद करनेवाली बुद्धि को स्वभावसिद्ध मानता है, 'प्रेरणावाद' (सेंटिमेंटल और इमोशनल थ्योरी) जो कर्मों के प्रति स्वाभाविक रुचि और घृणा की प्रेरणा को सदसद्भेद का मूल बतलाता है, सुखवाद (युटिलिटेरियन थ्योरी) जो समाज के लाभालाभ की दृष्टि से, अर्थात् किस कर्म से सबसे अधिक लोगों के सबसे अधिक सुख का साधन होता है, कर्माकर्म का निर्णय करता है। प्रथम दो सिद्धान्तों के अनुयायियों में ही कुछ आध्यात्मिक दृष्टि रखनेवाले दार्शनिक हुए हैं जो धर्म और आचार के नियमों को नित्य और स्वतन्त्र मानते हैं। पर प्रायः सब दार्शनिकों ने शब्दों पर ही तर्क-वितर्क करके भारी वाग्जाल खड़ा किया है। पर जब से आधिभौतिक शास्त्रों के विविध अंगों की अपूर्व उन्नति होने लगी तब से विचारपद्धति बदल गई। व्यवहार और समाजविकास की दृष्टि से धर्म और आचार इन दोनों की व्याख्या की गई।

धर्म का मुख्य तत्त्व उस सिद्धान्त में है जिसे ईसाई लोग भी अपने मत की प्रधान शिक्षा मानते हैं। 'तुम दूसरों के साथ वैसा ही व्यवहार करो जैसा तुम चाहते हो दूसरे तुम्हारे साथ करें', इस कथन में धर्म का सम्पूर्ण सार है पर यह बात भी समझ रखनी चाहिए कि इस धर्मतत्त्व की स्थापना ईसा के जन्म से हजारों वर्ष पहले प्राचीन सभ्य देशों में हो चुकी थी। सबसे पहले इस तत्त्व का निरूपण भारत[1] और चीन में हुआ। ईसा से 500 वर्ष पहले कनफूची ने जो पुरुष-विशेष ईश्वर और अमर आत्मा नहीं मानता था, उपदेश दिया था कि 'हर एक आदमी के साथ वैसा कर जैसा तू चाहता है कि वह तेरे साथ करे, दूसरे के साथ वैसा कभी न कर जैसा कि तू चाहता है कि वह तेरे साथ न करे। तुझे एकमात्र इसी उपदेश की आवश्यकता है।' इसी प्रकार यूनान के कई तत्त्वज्ञों ने इस सिद्धान्त को प्रकट किया था। अरस्तू का कथन है कि 'हमें दूसरों के साथ वैसा ही करना चाहिए जैसा हम चाहते हैं कि दूसरे हमारे साथ करें।' सारांश यह कि ईसाई मत ने इस सिद्धान्त को भी अपने और सिद्धान्तों के समान, अपने से पूर्व के मतों से विशेषतः बौद्धमत से लिया है।

जैसा ऊपर कहा जा चुका है, इस सिद्धान्त का महत्त्व हमारा तत्त्वाद्वैत धर्म भी स्वीकार करता है; क्योंकि इसमें स्वार्थ और परार्थ दोनों पर समान दृष्टि रखी गई है। पर ईसाइयों की तथा और मतों की पुस्तकों में बहुत से विरुद्ध वाक्य मिलते हैं जिनमें स्वार्थ पर दृष्टि रखना आवश्यक है। आत्मरक्षा पहला धर्म है। ईसाई मत की शिक्षा है कि 'जो तुम्हें एक गाल पर चपत मारे उसके लिए दूसरा गाल भी फेर दो, अपने वैरियों से प्रेम करो, जो तुम्हें शाप दें उन्हें आशीर्वाद दो, जो तुम्हें सतावें उनके कल्याण के लिए प्रार्थना करो' इत्यादि। ये बातें सुनने में तो बहुत अच्छी लगती हैं पर अस्वाभाविक हैं और व्यवहार में नहीं चल सकतीं। यदि कोई दुष्ट धूर्तता करके हमारा आधा माल उठा ले जाए तो क्या हमें यही चाहिए कि हम बाकी आधा भी उसके आगे उठाकर रख दें। यदि व्यापार, राजनीति आदि में इन उपदेशों का पालन किया जाए तो क्या दशा होगी। अतः यही कहना पड़ता है कि ईसाई आदि मत एकांगदर्शी हैं। उनमें परार्थभाव को तो बढ़ाकर कल्पित आदर्श खड़े किए गए हैं पर स्वार्थ का कुछ भी ध्यान नहीं रखा गया है। यही कारण है कि 'पर उपदेश कुशल' लोगों की बातें मनुष्य समाज के बीच कहीं नहीं पाई जातीं।

दूसरी बात यह है कि ईसाई धर्मपुस्तक में शरीर को एक क्षणभंगुर पिंजरा मात्र समझने के कारण उसकी रक्षा के लिए शौच आदि नियमों का समावेश नहीं है। हिन्दू धर्म में नित्यस्नान आदि के जैसे नियम हैं वैसे ईसाई मत में नहीं। यहाँ तक कि कैथलिक सम्प्रदाय के बहुतेरे मठों में सबसे पवित्र और धार्मिक वह समझा जाता है जो शरीर के मैले-कुचैले रहने की परवा नहीं करता, अपने कपड़े धोने-धुलाने की चिन्ता नहीं करता, किसी काम के किनारे नहीं फटकता और अनेक प्रकार के व्रत, उपवास तथा स्तुतिपाठ

---

1. शरशय्या पर भीष्म ने जो उपदेश दिए हैं उनमें एक यह भी है कि "जो अपने को अच्छा लगे उसे दूसरों के लिए भी अच्छा समझे और जो अपने को अप्रिय हो उसे दूसरे के लिए भी अप्रिय समझे।" बौद्ध धर्म में भी यह सिद्धान्त कई जगह कहा गया है।

आदि में ही सारा समय व्यतीत करता है। जैन आदि कुछ मतों में शौच का इतना अभाव है और व्रत, उपवास आदि के नियम इस हद तक पहुँच गए हैं कि आश्चर्य होता है। शौचसम्बन्धी आचार प्रथम धर्म है–'आचारः प्रथमो धर्मः'। इसी प्रकार शरीररक्षा भी प्रधान कर्तव्य है–'शरीरमाद्यं खलु धर्मसाधनम्'।

एक और बड़ा भारी दोष ईसाई आदि पैगम्बरी, शमई या इबरानी मतों में यह है कि उनमें मनुष्य सारी सृष्टि से अलग किया जाकर एक अतीत पद को पहुँचा दिया गया है। ऐसा जान पड़ता है कि सारी सृष्टि मनुष्य ही के लिए है, उसमें जो कुछ होता है सब मनुष्य ही के हानि-लाभ के लिए। आदमी न होता तो शायद दुनिया भी न होती। इन मतों में मनुष्य की दृष्टि मनुष्य ही तक रह गई है, आगे सृष्टि के उस अपार विस्तार की ओर जरा भी नहीं गई है मनुष्य जिसका एक क्षुद्र-से-क्षुद्र अंश मात्र है। बाइबिल में मनुष्य ने अपने को 'ईश्वर की प्रतिमूर्ति' कहा है पर सच पूछिए तो ईश्वर को ही उसने अपनी प्रतिमूर्ति समझा है। अपनी प्रधानता के मद में इन मतप्रवर्तकों ने यह न समझा कि कुत्ते, बिल्ली, बन्दर आदि जो सुख-दुःख का अनुभव करनेवाले और प्रयत्नशील जीव हैं उन्हीं में से एक मनुष्य भी है। अहंकारवश यदि मनुष्य अपने को अलग समझे और अपने से छोटे जीवों के जी को जी न समझे तो यह उसकी सरासर भूल है। सम्यक् दृष्टि के अभाव से ही ईसाई आदि मतों में अन्य जीवों, गाय, भैंस, कुत्ते, बन्दर इत्यादि के प्रति दया और स्नेह का वैसा भाव थोड़ा-बहुत भी नहीं पाया जाता जैसा हिन्दू, बौद्ध आदि धर्मों में कूट-कूटकर भरा हुआ है। ईसाई देशों में जाकर देखिए कि पशुओं के प्रति कितनी निष्ठुरता की जाती है, किस निर्दयता से उनके प्राण लिए जाते हैं। ईसाई लोग पशुओं के जी को जी ही नहीं समझते। इस विषय में हमारा तत्त्वाद्वैत धर्म कितना उदार है। डारविन ने अपने विकासवाद द्वारा हमें यह सुझा दिया है कि हमारी उत्पत्ति बनमानुसों से हुई है और सब जीव एक ही प्रकार के मूल अणुजीवों से क्रमशः विकास द्वारा उत्पन्न हुए हैं। अतः यों तो सभी जीव हमारे सम्बन्धी हैं पर स्तनपायी पशु हमारे सगे हैं। आधुनिक शारीरिक या शरीरव्यापार विज्ञान ने हमें यह बतला दिया है कि हममें और उनमें एक ही प्रकार के संवेदनसूत्र हैं, एक ही प्रकार की इन्द्रियाँ हैं और एक ही प्रकार की सुख-दुःख का अनुभव करने की वृत्ति है। कोई तत्त्वाद्वैतवादी या प्रकृतिविज्ञानी पशुओं के प्रति वैसी निष्ठुरता और क्रूरता नहीं कर सकता जैसी ईश्वर के सगे बनकर ईसाई लोग करते हैं। ईसाई मत हमें प्रकृति के प्रेम से दूर रखता है।

ईसाई आदि वैराग्यप्रधान मतों में सांसारिक जीवन तो कुछ समझा ही नहीं गया है, अतः उनकी शिक्षाओं पर लोग यदि चलें तो फिर वही दशा हो कि 'सकल पदारथ हैं जग माहीं। भाग्यहीन नर पावत नाहीं।' विज्ञान ने जो रेल, तार आदि के सुबीते कर दिए हैं; संगीत, चित्रकारी आदि में जो अपूर्व चमत्कार आविष्कृत हुए हैं, वे सब सभ्य मनुष्य के 'सांसारिक सुख' हैं अतः उनसे सच्चे ईसाइयों को, सच्चे विरक्तों को दूर ही रहना चाहिए। अस्तु, यही कहना पड़ता है कि ईसाई मत सभ्यता का शत्रु है। यहीं तक नहीं,

उस पारिवारिक जीवन की भी ईसाई मत उपेक्षा करता है जो समूह में रहनेवाले समस्त उच्च कोटि के प्राणियों का प्रकृत लक्षण है। परलोक की ओर ही लौ लगाए रखने के कारण ईसा ने इस लोक के पारिवारिक कर्तव्यों की ओर ध्यान नहीं दिया। अपने माता-पिता के प्रति उनके स्नेह का कोई दृष्टान्त पाया नहीं जाता। स्वयं घर-बारी न होने के कारण दाम्पत्य प्रेम की वे निन्दा ही करते रहे। उनके शिष्य पाल ने यहाँ तक कहा कि 'स्त्री का स्पर्श तक करना बुरा है।' यदि इस शिक्षा पर दुनिया चलती तो धर्म-अधर्म का आधार ही नष्ट हो जाता। पारिवारिक जीवन ही उन्नति का प्रथम विकास है। पारिवारिक जीवन से सामाजिक जीवन का और सामाजिक जीवन से राजनैतिक या राष्ट्रीय जीवन का विकास होता है। स्त्रियों की उपेक्षा करने से संसार नहीं चल सकता। स्त्री और पुरुष दोनों समाज के अंग हैं, दोनों के मेल से ही अर्थ, धर्म आदि का साधन हो सकता है। ज्यों-ज्यों सभ्यता बढ़ी, स्त्री जाति का महत्त्व स्वीकार किया गया, स्त्री पुरुष की अर्द्धांगिनी कहलाई। स्त्रियों के रूप, गुण आदि द्वारा मनुष्य में सौन्दर्य की भावना का कितना विकास हुआ है और काव्य तथा चित्रकला आदि में कितनी मोहिनी शक्ति आई है। पर स्त्रियों को 'पैर की धूल' समझनेवाली प्राचीन असभ्य जातियों का भाव ईसा में भी भरा था।

ईसा के इस भाव का परिणाम यह हुआ कि पोप द्वारा प्रवर्तित ईसाई मत में उपदेशकों और पादरियों के लिए अविवाहित रहने का कठोर नियम बनाया गया। पर इस कठोर नियम का फल क्या हुआ ? व्यभिचार की घोर वृद्धि। पोप के अधीन धर्माचार्य लोग जिस समय नास्तिकों के दंड की व्यवस्था देने बैठते थे उस समय वे व्यभिचारिणी स्त्रियों से घिरकर बैठते थे। पादरियों के व्यभिचार की सीमा इतनी बढ़ी कि प्रजा घबरा गई। अब भी योरप के उन देशों में जिनमें कैथलिक सम्प्रदाय के ईसाई बसते हैं, अविवाहित रहने के नियम के विरुद्ध आन्दोलन चला करते हैं।

अब यह देखना चाहिए कि संसार में प्रचलित भिन्न-भिन्न मतों या मजहबों के प्रति वर्तमान सभ्य राज्यों का क्या कर्तव्य है। कहने की आवश्यकता नहीं कि अब वह समय आ गया है जब राज्य का किसी मतविशेष से कोई लगाव न रहे। न राज्य अपनी ओर से किसी मत को आश्रय दे, न सतावे। किसी मजहब के प्रचार आदि के लिए राज्य की ओर से कोई प्रयत्न नहीं होना चाहिए। सब मजहबवालों को अपने-अपने विश्वास के अनुसार चलने देना चाहिए। हाँ यदि कोई सम्प्रदाय ऐसा है जिसके विधान व्यभिचारमय हैं और जिससे सदाचार को धक्का पहुँचने की सम्भावना है तो उस पर कुछ रोक रखनी चाहिए, बस। दूसरी बात यह है कि सर्वसाधारण की शिक्षा के लिए जो व्यवस्था हो वह मतमतान्तरों से सर्वथा स्वतन्त्र रहे। विद्यालय में मतमतान्तरों की शिक्षा को स्थान न देना चाहिए। यह बालकों के माता-पिता का काम होना चाहिए कि वे उनका विश्वास जिस मत या मजहब पर चाहे जमाएँ। स्कूलों और कॉलेजों को मजहबी झगड़ों से अलग रखना चाहिए। वे शुद्ध ज्ञान के मन्दिर हैं। उनमें मानसिक शक्ति की वृद्धि की ऐसी व्यवस्था होनी चाहिए कि उनमें से निकले हुए लोगों को अन्वीक्षण द्वारा सृष्टि के नाना रहस्यों

को समझने में सहायता मिले। सर्वसाधारण की शिक्षा के सम्बन्ध में नीचे लिखी बातों का ध्यान यदि रखा जाए तो बहुत अच्छा हो।

(1) अब तक शिक्षा का जो क्रम रहा है उसमें मनुष्य की कृतियों का परिचय कराने की ओर ही अधिक प्रवृत्ति रही है। व्याकरण, कानून, धर्मशास्त्र आदि पर अधिक जोर रहा है जिनमें मनुष्यों के बनाए हुए नियम संगृहीत हैं। प्रकृति के अध्ययन की ओर उतना ध्यान नहीं रहा है।

(2) अब जो विद्यालय होंगे उनमें अध्ययन की प्रधान वस्तु होगी प्रकृति। यह जगत् किस प्रकार का है इस बात को अब शिक्षा प्राप्त करके लोग समझेंगे। वे अपने को प्रकृति से अलग करके न देखेंगे बल्कि उसी का एक सर्वोच्च विकास समझेंगे।

(3) अब तक संस्कृत, अरबी, लैटिन, यूनानी इत्यादि पुरानी भाषाओं के पठन-पाठन में बहुत लोगों का बहुत अधिक समय लगाया जाता था। इन भाषाओं का जानना जरूरी है पर एक हद तक, सो भी सबके लिए नहीं। अब इन भाषाओं के बिना भी ज्ञान की वृद्धि हो सकती है। दर्शन, विज्ञान आदि के नवीन तत्त्व अब प्रचलित भाषाओं में ही लिखे जाते हैं।

(4) अब प्रचलित देशभाषाओं की उन्नति की ओर ही ध्यान होना चाहिए, उनमें नई-पुरानी सब बातों का समावेश होना चाहिए।

(5) इतिहास की शिक्षा में ऊपरी बातों जैसे, राजवंश परम्परा, युद्ध इत्यादि की ओर उतना ध्यान न होना चाहिए जितना किसी जाति की आभ्यन्तर दशा तथा उसकी सभ्यता और ज्ञान की वृद्धि और ह्रास के क्रम की ओर।

(6) विकासशास्त्र की शिक्षा की पूर्णता के लिए यह आवश्यक है कि जगद्विकास विज्ञान की शिक्षा हो। भूगोल के साथ भूगर्भशास्त्र, प्राणिविज्ञान और मानवविज्ञान जिसमें मनुष्यजाति के विकास आदि का विस्तृत वर्णन होता है, की भी शिक्षा अवश्य होनी चाहिए।

(7) प्राणिविज्ञान के स्थूल तत्त्वों का ज्ञान प्रत्येक शिक्षित पुरुष को होना चाहिए। वैज्ञानिक शिक्षा द्वारा अन्वीक्षण की शक्ति प्राप्त हो जाने से उनकी ओर चित्त आप-से-आप आकर्षित होगा। पीछे शारीरिक अर्थात् शरीरव्यापारविज्ञान और अंगविच्छेदशास्त्र का भी कुछ अभ्यास कराना चाहिए।

(8) पदार्थविज्ञान और रसायनशास्त्र की शिक्षा भी गणित के साथ-साथ अवश्य होनी चाहिए।

(9) रेखाओं द्वारा आकृतिलेखन (ड्राइंग) और यदि हो सके तो थोड़ी-बहुत चित्रकारी का अभ्यास भी प्रत्येक छात्र को होना चाहिए। फूल, पत्ते, पशु, पक्षी, समुद्र, मेघ आदि के अपने हाथ से बनाए चित्रों के द्वारा मनोरंजन भी होगा और प्रकृति के अन्वीक्षण की उत्कंठा और उसके रहस्यों को समझने की प्रवृत्ति भी उत्पन्न होगी।

(10) छात्रों के व्यायाम की ओर भी अधिक ध्यान रखना होगा। कसरत करने और तैरने का अभ्यास सबको रहना चाहिए। पर सबसे अच्छा तो यह होगा कि कम-से-कम सप्ताह में एक दिन दूर-दूर तक भिन्न-भिन्न स्थानों में पैदल सैर करने जाया करें। इससे उन्हें प्रकृति के नाना पदार्थों के अन्वीक्षण का अवसर मिलेगा। इस प्रकार के अन्वीक्षण द्वारा जो ज्ञान प्राप्त होगा वह अधिक स्थायी होगा।

अब तक शिक्षा का उद्देश्य यही समझा जाता रहा है कि छात्र ऐसे व्यवसायों और ऐसे राजकीय पदों के लिए तैयार हो जाएँ जो समाज में प्रतिष्ठित समझे जाते हैं। अब से शिक्षा का मुख्य उद्देश्य यह होगा कि उनमें स्वतन्त्र विचार करने की और सीखी हुई बातों को स्पष्ट रूप से समझने की शक्ति आवे। यदि ऐसे आदर्श राज्य की स्थापना वांछनीय है जिसमें प्रत्येक व्यक्ति को राजकीय सदस्य आदि चुनने का अधिकार हो, तो यह आवश्यक है कि शिक्षा द्वारा प्रत्येक व्यक्ति की बुद्धि इस प्रकार उन्नत और परिष्कृत कर दी जाए कि वह राज्य का हित-अहित समझ सके।

बीसवाँ प्रकरण

जगत् के रहस्यों का उद्घाटन

अब यह देखना है कि विज्ञान के अनेक अंगों की अपूर्व उन्नति से जगत् के रहस्यों का कहाँ तक उद्घाटन हुआ है। यह तो मानना ही पड़ेगा कि इधर सौ वर्षों के बीच प्रकृति के नाना क्षेत्रों का जितना सूक्ष्म अनुसन्धान हुआ है उतना पहले कभी नहीं हुआ था। बहुत से ऐसे नए-नए शास्त्रों और विज्ञानों की स्थापना हुई है जिनकी ओर सौ वर्ष पहले किसी का ध्यान भी न गया था। अब विचारने की बात यह है कि ज्ञान-विज्ञान की इस उन्नति से हम जगत् के नाना विधानों को समझने में अधिक समर्थ हुए हैं अथवा जैसे पहले थे वैसे ही हैं। मेरा कहना यह है कि हम कहीं अधिक समर्थ हैं। विज्ञान ने दिखा दिया है कि कार्यकारण का भौतिक नियम समस्त जगत् में चलता है और समस्त जगत् को चलाता है। कोई वस्तु उसके बाहर नहीं। मनुष्य का अन्तःकरण भी इसी कार्यकारण परम्परा द्वारा उत्पन्न हुआ है और चल रहा है। इस बात को स्पष्ट करने के लिए यह आवश्यक है कि विज्ञान के मुख्य-मुख्य क्षेत्रों में जो अभूतपूर्व उन्नति हुई है उसका संक्षेप में उल्लेख कर दिया जाए।

1. ज्योतिर्विज्ञान की उन्नति

मनुष्य ने अपने विकास आदि का ज्ञान तो अब प्राप्त किया है पर आकाश के नक्षत्रों और ग्रहों की स्थिति के सम्बन्ध में सभ्य जातियों ने पाँच हजार वर्ष पहले भी बहुत जानकारी प्राप्त की थी। हिन्दू, चीनी, मिस्री इत्यादि प्राचीन पूर्वीय सभ्य जातियों को ज्योतिष की जितनी जानकारी थी उतनी योरप के ईसाइयों को उनसे चार हजार वर्ष पीछे भी नहीं प्राप्त थी। चीन देश में ईसा से 2697 वर्ष पहले एक सूर्यग्रहण का ज्योतिष की रीति से विचार किया गया था और 1100 वर्ष पहले क्रान्तिवृत्त का धरातल शंकु के प्रयोग द्वारा निश्चित किया गया था। बेचारे ईसा को ज्योतिष का कुछ भी ज्ञान न था। वे आकाश और पृथ्वी को किसी के हाथ की बनाई चीजें समझते थे। पृथ्वी ही को वे सम्पूर्ण जगत् का केन्द्र और मनुष्य ही को सब कुछ समझते थे। अतः ईसाई मत के कारण योरप में ज्योषित के सम्बन्ध में बहुत दिनों तक कुछ उन्नति नहीं हो सकी। अन्त में सन् 1500 में जब कोपरनिकस ने टालमी के सिद्धान्त का खंडन करके

यह सिद्धान्त स्थापित किया कि सूर्य ही केन्द्र है जिसकी पृथ्वी इत्यादि ग्रहपिंड परिक्रमा कर रहे हैं, तब ईसाई धर्माचार्यों में बड़ा कोलाहल मचा, क्योंकि ईसाई मत की दृष्टि में पृथ्वी ही जगत् का केन्द्र है और मनुष्य ही उसका एकमात्र अधिष्ठाता देवता है। पीछे गैलीलियो और केप्लर ने कोपरनिकस के सिद्धान्त को पुष्ट करते हुए ग्रहों की गति आदि का भौतिक नियमानुसार निरूपण किया। अन्त में सन् 1686 में न्यूटन ने अपने आकर्षणसिद्धान्त द्वारा गति की मीमांसा की और आधुनिक ज्योतिर्विज्ञान की दृढ़ नींव डाली।

सन् 1755 में प्रसिद्ध दार्शनिक कांट ने सम्पूर्ण जगत् के प्राकृतिक विकास का क्रम न्यूटन के सिद्धान्त के आधार पर निरूपित किया। लाप्लेस अपनी स्वतन्त्र परीक्षाओं द्वारा उसी सिद्धान्त पर पहुँचा जिस पर कांट पहुँचा था। उसने सम्पूर्ण जगत् की गति को प्राकृतिक या भौतिक विधान सिद्ध कर दिया और नए-नए अनुसन्धानों के लिए मार्ग खोल दिया। फोटोग्राफी और रश्मिविश्लेषण के द्वारा ज्योतिष के साथ भौतिक विज्ञान और रसायन का योग हुआ जिससे एक बड़ा भारी सिद्धान्त निकला। यह स्पष्ट सिद्ध हो गया कि समस्त विश्व में एक ही द्रव्य का प्रसार है। जिस द्रव्य से हमारा यह भूपिंड बना है उसी द्रव्य से सूर्य, चन्द्र, मंगल, बुध इत्यादि सब ग्रह, नक्षत्र आदि बने हैं और उस द्रव्य के जो भौतिक और रासायनिक गुण हम यहाँ देखते हैं, वे ही सर्वत्र हैं।

ज्योतिष के साथ विज्ञान के मिलने से जिस ज्योतिर्विज्ञान की सृष्टि हुई उसकी सहायता से अब हमें निश्चय हो गया है कि समस्त विश्व वस्तुतः एक है, एक ही अद्वितीय तत्त्व का प्रसार सर्वत्र है। यह नहीं है कि जिस द्रव्य को अनेक रूपों में हम इस पृथ्वी पर पाते हैं उससे परे या सर्वथा भिन्न कोई और तत्त्व दूसरे लोकों या ग्रह-नक्षत्र पिंडों में है। द्रव्य के गुण जो यहाँ हैं वे ही अन्तरिक्ष के सब भागों में हैं। जो भौतिक नियम यहाँ चलते हैं वे ही सर्वत्र चलते हैं। जगत् की गति नित्य है। उसके प्रत्येक भाग में रूपान्तर या परिवर्तन का क्रम सदा चलता रहता है। प्रकृति के भीतर विकृति का क्रम अलग-अलग बराबर जारी रहता है। भारी-भारी दूरबीनों से यदि हम अन्तरिक्ष में चारों ओर देखते हैं तो कहीं-कहीं लपट के रूप का अत्यन्त सूक्ष्म और पतला ज्वलन्त वायव्य पदार्थ फैला दिखाई पड़ता है जिसे ज्योतिष्क नीहारिका कहते हैं। इसके ताप और तेज का अनुमान तक हम लोग नहीं कर सकते। इसी को हम हिरण्यगर्भ[1] कह सकते हैं जिससे सृष्टि उत्पन्न होती है। इसी तेजःपुंज के जमने से ग्रह, नक्षत्र आदि के पिंड बनते हैं। यह द्रव्य का वह प्रारम्भिक रूप है जो रासायनिक मूल द्रव्यों में विभक्त नहीं हुआ रहता। सबसे मूल साम्यावस्था में तो द्रव्य ग्राह्य अर्थात् ईथर या आकाशद्रव्य इन दो रूपों में भी विभक्त नहीं रहता। जिस प्रकार आकाश में कहीं-कहीं लोकों के उपादान तेजःपुंज दिखाई पड़ते हैं उसी प्रकार कहीं-कहीं ऐसे तारे

1. हिरण्यगर्भ : समवर्त्तताग्रे भूतस्य जातः पतिरेक आसीत्। अर्थात् पहले हिरण्यगर्भ था और उस हिरण्यगर्भ से सब सृष्टि उत्पन्न हुई। —ऋ. 10-121-1

भी दिखाई पड़ते हैं जो ज्वलन्त वायव्य पदार्थ के कुछ ठंडे पड़ने से देदीप्यमान द्रवपदार्थ, जैसे गर्मी से पिघलकर पानी से भी पतला होकर बहता हुआ लाल लोहा, के रूप में हो गए हैं। कहीं ऐसे तारे मिलते हैं जो बिल्कुल ठंडे पड़ गए हैं; जिनमें कुछ भी गरमी नहीं रह गई है। शनि के समान बहुत से ऐसे तारे भी देखे जाते हैं जो चारों ओर घूमते हुए ज्योतिर्वलय से वेष्ठित रहते हैं। ज्योतिष्कनीहारिका के ये वलय क्रमशः जमते-जमते चन्द्रमा बन जाएँगे जो उन तारों की परिक्रमा किया करेंगे। हमारा चन्द्रमा वलय के रूप में था जो जमकर पृथ्वी से उसी प्रकार अलग हुआ है जिस प्रकार पृथ्वी सूर्य से अलग हुई है। कौन-सा तारा विकास की किस अवस्था में है इसका बहुत कुछ पता हमें उसके रंग से लग सकता है।

बहुत से नक्षत्र, जिनके प्रकाश के यहाँ तक पहुँचने में हजारों वर्ष लगते हैं, हमारे सूर्य के ही समान हैं। उनके अधीन भी अनेक ग्रह, उपग्रह हैं जो उनकी परिक्रमा किया करते हैं। इन ग्रहों में से हजारों-लाखों ऐसे होंगे जो उसी अवस्था में होंगे जिस अवस्था में हमारी पृथ्वी है, अर्थात् उनके ऊपर न तो इतना उग्र ताप ही होगा कि जल वाष्प के रूप में ही रहे, और न इतनी गहरी सरदी ही होगी कि वह ठोस होकर ही जमा रहे, उनमें भी जल द्रव अवस्था में होगा। जल की इसी अवस्था में अंगारक द्रव्य में वह अपूर्व संयोग सम्भव होता है जिससे कललरस का प्रादुर्भाव होता है। यही कललरस जीवनतत्त्व है। अत्यन्त सूक्ष्म जीवाणु कललरस रूप ही होते हैं और अंगारक और नाइट्रोजन के संयोगविशेष से स्वतः उत्पन्न होते हैं। बहुत सम्भव है कि पृथ्वी से मिलती-जुलती अवस्थावाले ग्रहों में भी जीवोत्पत्ति उसी क्रम से हुई हो जिस क्रम से पृथ्वी पर हुई है। जीवोत्पत्ति के लिए जल का द्रव रूप में होना आवश्यक है। जो तारे तरल तेजःस्वरूप हैं उनमें जल भाप के ही रूप में रहता है और जो नक्षत्र या सूर्य जीवनशक्ति का विसर्जन करके बिलकुल ठंडे हो गए हैं उनमें जल जब रहेगा तब ठोस बर्फ के रूप में। ऐसे तारों में जीव नहीं रह सकते। अपने वर्तमान ज्ञान के अनुसार हम नीचे लिखी बातों का अनुमान कर सकते हैं–

(1) यह बहुत सम्भव है कि जिस प्रकार क्रमशः हमारी पृथ्वी पर जीवोत्पत्ति हुई है उसी प्रकार हमारे इस सूर्य के और ग्रहों में जैसे, मंगल और शुक्र तथा दूसरे सूर्यों के ग्रहों में भी हुई हो, अर्थात् आदि में कललरस के अणुरूप जीव मोनरा और फिर उनसे एकघटक अणुजीव पहले अणुद्भिद और फिर कीटाणु उत्पन्न हुए हों।

(2) यह बहुत सम्भव है कि इन एकघटक अणुजीवों से पहले घटकों के समूहपिंड जैसे, स्पंज आदि बने हों और फिर तन्तुजाल द्वारा एकीभूत अनेकघटक जीवों का प्रादुर्भाव हुआ हो।

(3) यह बहुत सम्भव है कि पौधों में पहले निरवयव निष्पुष्प पौधे जैसे, भुकड़ी, खुमी आदि जिनमें जड़, डाल, पत्ते, फूल आदि नहीं होते केवल घटकों की तह पर तह मात्र होती है, उत्पन्न हुए हों फिर दलकांडयुक्त निष्पुष्प पौधे

जैसे, पानी के ऊपर की काई, सेवार आदि जिनमें डाल, पत्ते तो होते हैं पर जड़ नहीं होती, हुए हों और सबके पीछे पुष्पवान् पौधे।

(4) यह बहुत ही सम्भव है कि जन्तुओं की उत्पत्ति भी इसी क्रम से हुई हो अर्थात् पहले कललात्मक अणुजीवों से कललात्मक अनेकघटक जीव जिनके शरीर में घटकजाल की दो झिल्लियों से बना केवल एक कोठा होता है, जैसे स्पंज, मूँगा आदि हुए हों और उनसे द्विकोष्ठ जीव जिनके शरीर के कोठे से पेट का कोठा अलग होता है, उत्पन्न हुए हों।

(5) पर इसमें कुछ सन्देह है कि इस पृथ्वी पर जीवधारियों की भिन्न-भिन्न शाखाएँ जिन-जिन रूपों में प्रकट हुई हैं, ठीक उन्हीं रूपों में और ग्रहों पर भी प्रकट हुई हैं। सम्भव है कि जीवों की शाखाओं ने वहाँ भिन्न-भिन्न रूप धारण किए हों। वहाँ और भी आकार प्रकार के जीव मिलते हों।

(6) कौन कह सकता है कि और ग्रहों पर रीढ़वाले जन्तु हुए हों और उनमें फिर लाखों वर्ष के अनन्तर दूध पिलानेवाले जन्तु हुए हों, जिनमें सबसे श्रेष्ठ मनुष्य नाम का प्राणी हुआ हो। ऐसा कहने के पहले यह मानना पड़ेगा कि उन ग्रहों पर भी ठीक-ठीक व्योरेवार वे ही घटनाएँ हुई हैं जो यहाँ हुई हैं। पर ऐसा मानना कठिन है।

(7) अस्तु, यह बात अधिक सम्भव जान पड़ती है कि और-और ग्रहों पर और ढाँचे के उन्नत जीव उत्पन्न हुए हों जो इस पृथ्वी पर नहीं पाए जाते। जैसे, यहाँ रीढ़वाले जन्तुओं में मनुष्य हुआ वैसे ही सम्भव है वहाँ किसी और ही उन्नत शाखा से मनुष्य की अपेक्षा कहीं अधिक शक्तिशाली और ज्ञानसम्पन्न जीव उत्पन्न हुए हों।

(8) इस बात की कभी सम्भावना नहीं कि दूसरे ग्रहों के निवासियों के साथ कभी हमारी बातचीत हो सके क्योंकि एक तो वे बहुत ही दूर हैं, दूसरे पृथ्वी के और उनके बीच बराबर हवा नहीं है, केवल ईथर या आकाशद्रव्य मात्र है।

पहले बतलाया जा चुका है कि जिस प्रकार बहुत से तारे उसी अवस्था में हैं जिस अवस्था में हमारी पृथ्वी है उसी प्रकार बहुत से ऐसे भी हैं जो इस अवस्था को पार कर गए हैं और इतने जीर्ण हो गए हैं कि नष्ट होने के निकट हैं। यही दशा कभी हमारी पृथ्वी की भी होनेवाली है। बात यह है कि किसी लोकपिंड को लीजिए, उसके ताप का बराबर विसर्जन होता रहता है, उसकी गर्मी निकल-निकलकर बराबर आकाश में लीन होती जाती है। गर्मी जब बिलकुल घट जाएगी तब सारा जल जमकर ठोस बर्फ के रूप में हो जाएगा और सम्पूर्ण प्राणियों का, जन्तु क्या वनस्पति क्या सबका नाश हो जाएगा। घूमता हुआ लोकपिंड और भी ठोस होता जाएगा और उसके परिभ्रमण की गति बराबर मन्द पड़ती जाएगी। सूर्य से जितनी दूरी पर वह परिक्रमा कर रहा है वह बराबर घटती जाएगी और वह सूर्य के निकट आता जाएगा। यही दशा अन्त में सब ग्रहों और उपग्रहों की होगी। उपग्रह ग्रहों पर जा गिरेंगे और ग्रह सूर्य में जा पड़ेंगे जिससे वे निकले थे। इस

घोर संघर्ष से अत्यन्त प्रचुर परिमाण में फिर ताप उत्पन्न होगा। जिस द्रव्य से लोकपिंड बने थे वह चूर्ण होकर अन्तरिक्ष में दूर तक व्याप्त हो जाएगा और उसी से नए सूर्य और नए लोकों की उत्पत्ति का विधान फिर से चलेगा। इस प्रकार अनन्त लोकपिंड बनते और बिगड़ते रहते हैं। अन्तरिक्ष में कहीं नए सूर्य और नए लोकपिंड बन रहे हैं, कहीं पुराने सूर्य और ग्रहपिंड नाश को प्राप्त हो रहे हैं। उत्पत्ति और लय का यह क्रम सदा साथ-साथ चलता रहता है। द्रव्य कभी एक अवस्था में नहीं रहता। कहीं तेजस् या ज्योतिष्क नीहारिका से नए लोकों का गर्भाधान हो रहा है, कहीं उससे बहुत दूर ज्योतिष्क नीहारिका से जमकर तरल अग्नि का बड़ा भारी घूमता हुआ गोला बन गया है। दूसरी ओर देखिए तो उसी प्रकार के घूमते हुए गोले के कान्तिवृत्त से वलय टूटकर अलग हो गए हैं, जो क्रमशः जमकर उस बड़े गोले की परिक्रमा करनेवाले ग्रह के रूप में हो रहे हैं। कहीं वह गोला खासा सूर्य हो गया है जिसकी परिक्रमा अनेक ग्रह अपने चन्द्रमाओं या उपग्रहों के सहित कर रहे हैं। सारांश यह कि अन्तरिक्ष के बीच द्रव्य कहीं किसी अवस्था में और कहीं किसी अवस्था में पाया जाता है। पर जैसा कि पहले कहा जा चुका है एक अवस्था से दूसरी अवस्था में जाने से द्रव्य के परिमाण में कोई घटती या बढ़ती नहीं होती। उत्पत्ति और लय का यह चक्र भिन्न-भिन्न स्थानों में चलता है पर द्रव्य और शक्ति का योग विश्व में सदा वही रहता है। परमतत्त्व नित्य और अक्षर है।

2. भूगर्भशास्त्र की उन्नति

भूगर्भशास्त्र का यथार्थ ज्ञान न होने से प्राचीनों को पृथ्वी की उत्पत्ति आदि के सम्बन्ध में पक्की जानकारी नहीं थी। बहुत दिनों तक लोग धर्मग्रन्थों में दी हुई कथाओं पर ही सन्तोष किए बैठे थे। यहूदी और ईसाई यही समझे हुए थे कि पृथ्वी को बने केवल छह हजार वर्ष हुए। पृथ्वी बनी किस प्रकार इसका उत्तर देने के लिए वे मूसा की कहानी का ही सहारा लेते थे। कहने की आवश्यकता नहीं कि मूसा ने जो सृष्टिकथा लिखी है वह प्राचीन असुरों और हिन्दुओं की पौराणिक कथाओं से ली गई है। सन् 1750 के उपरान्त पृथ्वी की नाना तहों की जाँच शुरू हुई जिससे बहुत सी नई बातों का पता लगा। भूगर्भशास्त्र के संस्थापक बर्नर का कहना था कि पृथ्वी की जितनी तहें हैं सबकी सब जल के भीतर बनी हैं। पर 1788 में हटन आदि वैज्ञानिकों ने यह निर्धारित किया कि केवल पर्तवाली तहें या चट्टानें जल के भीतर बनी हैं, इसी से उनमें पूर्वकाल के प्राणियों के पंजर पाए जाते हैं। बाकी जो ढोंकों की आग्नेय पर्वतश्रेणियाँ हैं उनकी चट्टानें आग से पिघले हुए द्रव्य के ठंडे पड़कर जमने से बनी हैं। सन् 1830 में लायल ने यह अच्छी तरह सिद्ध कर दिया कि पृथ्वी का तल लगातार होनेवाले प्राकृतिक व्यापारों के द्वारा बहुत धीरे-धीरे अपने वर्तमान रूप को पहुँचा है। फिर इस विश्वास के लिए कोई जगह नहीं रह गई कि किसी दैवी प्रेरणा से पृथ्वी बात की बात में बन गई।

सबसे बड़ा काम उन अस्थिपंजरों की परीक्षा द्वारा हुआ जो पृथ्वी की नाना तहों के भीतर पाए गए। पृथ्वी के भिन्न-भिन्न कल्पों का भोगकाल और उन कल्पों के प्राणियों

का बहुत कुछ ब्योरा इस परीक्षा द्वारा मालूम हुआ। यह बात पूर्णतया निश्चित हो गई कि पृथ्वी की वह ठोस पपड़ी जिस पर हम लोग बसते हैं, द्रव अग्नि के गोले क्रमशः ठंडे पड़कर जमने से बनी है। कड़ी पपड़ी के सुकड़ने, पिघले हुए आग्नेय द्रव्य के ठंडी सतह पर आने तथा जल की क्रीड़ा से ही पृथ्वी की परतें और पहाड़ आदि बने हैं। ये शक्तियाँ अब भी बराबर कार्य कर रही हैं पर उनका कार्य इतने धीरे होता है कि हमें उसका कुछ भी पता नहीं लगता।

आधुनिक भूगर्भ विद्या की दो बातें तो सब दिन के लिए सिद्ध हो गईं। एक तो यह कि इस भूतल और उस पर के पहाड़ों आदि की रचना किसी भूतातीत चेतन शक्ति द्वारा बात-की-बात में नहीं हुई है। दूसरी यह कि इस सृष्टि को हुए जितना काल पैगम्बरी मतवाले समझते थे उससे कहीं अधिक काल एक-एक पहाड़ या चट्टान की तह बनने में लगा है।

3. भौतिकविज्ञान और रसायन की उन्नति

इन सौ वर्षों के बीच विज्ञान में जो उन्नति हुई है वह किसी से छिपी नहीं है। भाप और बिजली के द्वारा मनुष्य के नाना व्यापारों में जो अपूर्व चमत्कार आ गया है उससे सत्यज्ञान का प्रभाव प्रत्यक्ष है। व्यवहार के जितने अंग हैं, क्या व्यापार, क्या कृषि, क्या शिल्प, क्या चिकित्सा सबमें विज्ञान द्वारा अपूर्व उन्नति हुई है। व्यवहारदृष्टि से भी कहीं अधिक तत्त्वदृष्टि से इस उन्नति का महत्त्व हमें स्वीकार करना पड़ता है। प्रकृति का अधिक ज्ञान होने से अब हम जगत् के रहस्यों पर पहले से कहीं अधिक ठीक विचार कर सकते हैं। विज्ञान द्वारा प्राप्त ज्ञान के आधार पर जो दार्शनिक सिद्धान्त स्थिर किए जाएँगे, वे कहीं अधिक सुसंगत होंगे।

4. प्राणिविज्ञान की उन्नति

इस विद्या का पहले लोगों को कुछ भी ज्ञान नहीं था। इधर सौ वर्षों के बीच प्राणियों के सम्बन्ध में जितनी बातों का पता लगा है, पुराने समय के लोगों के अनुमान तक में वे नहीं आई थीं। अंगविच्छेशास्त्र, शरीरव्यापारविज्ञान, वनस्पति शास्त्र, जन्तुविभागशास्त्र, जन्तुविकासशास्त्र, जातिविकासशास्त्र में इतनी नई-नई बातों का पता लगा है कि हमारी आँखें खुल गई हैं। प्राणिविज्ञान की उन्नति दो रूपों में हुई है, एक तो बहुत सी बातों के अलग-अलग और ठीक-ठीक ब्योरे मालूम हुए हैं जिनसे बहुत कुछ काम निकलता है। दूसरे इन बातों की संगति मिलाकर देखने से प्राणतत्त्व तथा उसके कारण आदि के सम्बन्ध में हम सुव्यवस्थित सिद्धान्त स्थिर कर सकते हैं। इस क्षेत्र में डारविन ने सबसे बढ़कर काम किया। उसने यह दिखला दिया कि किस प्रकार सूक्ष्मातिसूक्ष्म कललकणिकारूप जीवों में से प्राकृतिक ग्रहण द्वारा क्रमशः अनेक रूपों के जीव प्रकट हुए हैं। अब हम यह अच्छी तरह जानते हैं कि क्षुद्र कीटाणुओं से लेकर मनुष्य तक में एक ही तत्त्व का विधान नाना रूपों में हुआ है, किसी में कहीं से और किसी अतिरिक्त तत्त्व

की योजना नहीं हुई है। मनुष्य की उत्पत्ति किस प्रकार क्रमशः बनमानुसों से हुई है यह अब अच्छी तरह सिद्ध हो चुका है और आदिम क्षुद्र जीवों से लेकर मनुष्य तक की शृंखला दिखाई जा चुकी है।

उपसंहार

प्रकृति परिज्ञान की उन्नति होने से इधर जगत्सम्बन्धी बहुत से गुप्त भेद खुल गए हैं। अब केवल परमतत्व का भारी भेद रह गया है। वह सत्ता कैसी है जिसे वैज्ञानिक विश्व या प्रकृति कहते हैं, दार्शनिक परमतत्त्व कहते हैं और भक्तजन ईश्वर या कर्ता कहते हैं ? क्या हम कह सकते हैं कि आधुनिक विज्ञान की अपूर्व उन्नति से इस 'परमतत्त्व का भेद' खुल गया है अथवा कुछ खुलनेवाला है ? इस अन्तिम प्रश्न के विषय में यही कहना पड़ता है कि यह आज भी उसी प्रकार बना हुआ है जिस प्रकार ढाई हजार वर्ष पहले के तत्त्वज्ञों के सामने था। बल्कि यों कहना चाहिए कि इधर इस परमतत्त्व के अनेकानेक व्यक्त रूपों का जितना ही अधिक ज्ञान हमें होता जाता है, उसके दृश्य व्यापारों का जितना ही अधिक पता हमें लगता जाता है उतना ही उसका रहस्य हमारे लिए अभेद्य और अपार होता जाता है। यही कहावत है कि 'ज्यों-ज्यों भीजै कामरी त्यों-त्यों भारी होय।' इस नामरूपात्मक दृश्य जगत् की ओट में वस्तुतः क्या है यह हम न जानते हैं और न जान सकते हैं। पर इस 'वस्तुतः' के फेर में हम क्यों पड़ने जाएँ, उसके लिए हम क्यों हैरान रहें जबकि यह भी नहीं कहा जा सकता कि उसका अस्तित्व तक है या नहीं। अतः इस काल्पनिक 'वास्तव सत्ता' के पीछे 'कल्पनात्मक दार्शनिक' ही पड़े रहें, हमें 'सच्चे वैज्ञानिकों' के समान प्रकृति के सम्बन्ध में अपने उत्तरोत्तर बढ़ते हुए ज्ञान पर आनन्द मानना चाहिए।

वर्तमान समय में सबसे बड़ी बात यह हुई कि द्रव्य और शक्ति की अक्षरता सिद्ध हो गई। परमतत्त्व नित्य गतिशील और परिवर्तनशील है अतः विकास का चक्र भी नित्य और विश्वव्यापी है। सम्पूर्ण विश्व इस विकास नियम का वशवर्ती है। कोई वस्तु इससे परे नहीं, अतः प्रकृति की अद्वैत सत्ता हमें माननी पड़ती है। हमारा यह अद्वैतवाद इस बात की स्पष्ट घोषणा करता है कि समस्त जगत् प्रकृति के अटल और शाश्वत नियमों पर चल रहा है। हमारे इस अद्वैतवाद द्वारा द्वैतभावापन्न दार्शनिकों के पुरुषोत्तम रूप ईश्वर, आत्मा के अमरत्व और आत्मस्वातन्त्र्य इन तीन वितंडावादों का खंडन हो जाता है। इसमें सन्देह नहीं कि हममें से बहुतों का उन देवताओं के सब दिन के लिए विदा हो जाने पर बहुत दुःख होगा जो हमारे पुरखों को इतने प्रिय थे। उनका वियोग हमें बहुत दिनों तक खटकेगा। पर अब यह समझकर ढाढ़स बाँधना होगा कि पुरानी बातें सब दिन नहीं बनी रह सकतीं।

दुःख की कोई बात भी नहीं है। यदि परोक्षवाद और अन्धविश्वास की पुरानी इमारत गिरी तो उसके स्थान पर विज्ञान की नई नींव पर प्रकृति का भव्य और विशाल

मन्दिर खड़ा हुआ। यदि 'पुरुषविशेष ईश्वर, आत्मस्वातन्त्र्य और अमरत्व' का विश्वास हमने खोया तो उसके स्थान पर 'सत्य, सत्व और रजस् अर्थात् सौन्दर्य' की उपासना का प्रकृत धर्म स्थापित हुआ।

अब तक जो कुछ कहा गया उससे हमारे विज्ञानानुमोदित तत्त्वाद्वैतवाद की व्याख्या स्पष्ट रूप से हो गई। इस अद्वैततत्त्ववाद का आजकल के प्रायः उन सब वैज्ञानिकों ने अनुमोदन किया है जिनमें सुसंगत सिद्धान्त स्वीकार करने का साहस है। पर अब भी बहुत से ऐसे दार्शनिक और विज्ञानवेत्ता हैं जो द्वैतभाव को नहीं छोड़ सके हैं; जो द्रव्य और शक्ति, शरीर और आत्मा, जगत् और ईश्वर, प्रकृति और पुरुष को परस्पर भिन्न और स्वतन्त्र कहते चले जाते हैं। इस दशा में भी इस बात की पूरी आशा है कि इस विरोध का आगे चलकर बहुत कुछ परिहार हो जाएगा और अन्त में एक अखंड, अद्वितीय सत्ता सबको मान्य होगी। सबसे विलक्षण बात तो यह है कि अधिकांश तत्त्ववेत्ता एक ओर तो प्रत्यक्षाश्रित विशुद्ध ज्ञान को स्वीकार करते जाते हैं, दूसरी ओर संस्कारवश परोक्षवाद और अन्धविश्वास के लिए मार्ग ढूँढ़ते रहते हैं। पर विज्ञान द्वारा नए-नए रहस्यों के उद्‌घाटन से हमारा प्रकृतिसम्बन्धी ज्ञान दिन-दिन बढ़ रहा था, जिससे आशा होती है कि यह विरुद्ध स्थिति न रहेगी, और एक ही अद्वितीय विश्व की भावना के भीतर सब भेदों का अन्तर्भाव हो जाएगा।

राज्यप्रबन्धन शिक्षा

भूमिका

प्रत्यक्ष ज्ञान की आवृत्ति का नाम अनुभव है। सांसारिक व्यवहार में जितना दूसरों के अनुभव से हमारा काम चलता है उतना उनकी कल्पना आदि से नहीं। अपने वा दूसरों के अनुभव के सहारे हम थोड़ी दूर आँख मूँदकर भी चल सकते हैं। इतना भरोसा हमें किसी और दूसरी वस्तु पर नहीं हो सकता। किसी एक मनुष्य से यह सुनकर कि "मैंने कई बार ऐसा होते देखा है" जितनी जल्दी हम किसी कार्य में प्रवृत्त होते हैं उतनी जल्दी सैकड़ों सत्यवादियों से यह सुनकर नहीं कि "हम निश्चय समझते हैं कि यह बात ऐसी ही है।" अतः समाज के हित और सुबीते के लिए यह आवश्यक है कि उसमें अनुभव की हुई बातों का अच्छा संचय रहे जिसमें लोगों को अपना कर्तव्य स्थिर करने के लिए इधर-उधर बहुत भटकना न पड़े।

आज इस अनुवाद द्वारा हिन्दी पाठकों के सामने देशी राज्यों के प्रबन्ध आदि के विषय में ऐसे पुरुष का अनुभव रखा जाता है जिसने अपने नीति-बल और व्यवस्था-कौशल से भारतवर्ष के दो बड़े-बड़े राज्यों को चौपट होने से बचाया था। जिन लोगों ने राजा सर टी. माधवराव का नाम सुना होगा वे यह भी जानते होंगे कि उनकी सारी आयु देशी राज्यों की शासन-पद्धति सुधारने में बीती थी। वे बड़े भारी नीतिज्ञ और राज्य-संचालक थे।

माधवराव का जन्म कुम्भकोणम के एक महाराष्ट्र ब्राह्मण-कुल में हुआ था। उनके पूर्वज महाराष्ट्र आधिपत्य के समय दक्षिण गए थे। उनके चाचा वेंकटराव ट्रावंकोर राज्य में दीवान थे और पिता भी उसी रियासत में एक ऊँचे पद पर थे। माधवराव ने मदरास के गवर्नमेंट स्कूल में शिक्षा पाई और गणित और विज्ञान में बड़ी दक्षता प्राप्त की। कुछ दिनों तक ये वहीं गणित और विज्ञान के अध्यापक रहे। फिर सन् 1849 में अकाउंटेंट जनरल के दफ्तर में नौकर हुए। कुछ दिनों वहाँ रहकर वे ट्रावंकोर के राजकुमारों के शिक्षक होकर गए। इस कार्य्य में उन्होंने इतनी दक्षता दिखाई कि उन्हें शीघ्र माल के मोहकमे में एक अच्छी जगह मिली और धीरे-धीरे वे दीवान-पेशकार हो गए। जिस समय माधवराव ट्रावंकोर राज्य में घुसे उस समय उस राज्य की बड़ी बुरी दशा थी। चारों ओर घोर कुप्रबन्ध और अन्धाधुन्ध थी। लार्ड डलहौज़ी बार-बार धमका रहे थे कि यदि झटपट सुधार न हुआ तो ट्रांवकोर राज्य अँगरेज़ी राज्य में मिला लिया जाएगा। माधवराव ने देखा कि राज्य के वे बड़े कर्म्मचारी जिनको बाहर के स्थानों में अपने-अपने

काम पर रहना चाहिए, वे भी राजधानी में रहकर दीवान के विरुद्ध षड्यन्त्र रचा करते हैं। उन्होंने महाराज से प्रस्ताव किया कि सारा राज्य बहुत से ज़िलों में बाँट दिया जाए और वे ज़िले ऐसे कर्म्मचारियों के अधीन कर दिए जाएँ जो वहीं रहें। इस प्रकार माधवराव के अधिकार में जो-जो ज़िले पड़े उनका प्रबन्ध उन्होंने ठीक कर दिया। धीरे-धीरे महाराज उनकी बड़ी प्रतिष्ठा करने लगे। सन् 1857 में दीवान कृष्णराव के मरने पर माधवराव उनकी जगह दीवान बनाए गए। उस समय उनकी अवस्था केवल तीस वर्ष की थी।

दूसरा कोई होता तो ट्रावंकोर की उस समय की अवस्था देख घबरा जाता। जिधर देखो उधर बेईमानी, अत्याचार और अव्यवस्था। माधवराव ने निश्चय किया कि जब तक देशी राज्यों में भी अँगरेज़ी शासन के सिद्धान्तों का प्रचार न किया जाएगा तब तक उनकी अवस्था न सुधरेगी। राज्य की आर्थिक दशा दिन-दिन गिरती जाती थी। माधवराव ने बहुत से सुधार किए जिनसे राज्य की आमदनी बहुत बढ़ गई। बहुत सी वस्तुओं की बिक्री आदि का अधिकार थोड़े से लोग अपने हाथ में लिये बैठे थे जिससे व्यापार बढ़ने नहीं पाता था। माधवराव ने यह प्रथा बन्द कर दी। बाहर जानेवाली मिर्च पर उन्होंने महसूल लगाया। पीछे अँगरेज़ सरकार से जो सन्धि हुई उसके अनुसार आमदनी और रफ़्तनी पर जो बड़े-बड़े महसूल थे वे उठा दिए गए। बहुत से ऐसे कर भी उठा दिए गए जो प्रजा को बहुत खलते थे और जिनके वसूल करने में ख़र्च इतना पड़ता था कि राज्य को कुछ विशेष लाभ नहीं होता था। माधवराव ने राज्य के कर्म्मचारियों की भी तनख़्वाहें बढ़ाईं जिसमें वे घूस न लें। इंजीनियरी और शिक्षा-विभाग की उन्नति की। अदालत में अच्छे क़ानून जाननेवाले जज नियुक्त किए और ज़ाब्तः दीवानी, ज़ाब्तः फ़ौजदारी, हद समायत और रजिस्टरी के क़ानून का प्रचार किया। ट्रावंकोर राज्य की काया ही पलट गई। ट्रावंकोर के महाराज इन पर इतने प्रसन्न हुए कि नौकरी छोड़ने पर भी इन्हें बहुत दिनों तक 1000 रु. महीना पेनशन देते रहे। सरकार से भी इन्हें 'सर' का ख़िताब मिला।

ट्रावंकोर से जब ये अलग हुए तब सरकार इन्हें बड़े लाट की काउंसिल की मेम्बरी देने लगी, पर इन्होंने अस्वीकार किया।

सन् 1873 में इन्दौर के महाराज तुकोजी राव होलकर ने इन्हें अपना दीवान बनाया। यद्यपि महाराज बहुत सा अधिकार अपने ही हाथ में रखते थे फिर भी इन्दौर में इन्होंने बहुत सा सुधार किया। जिन दिनों ये इन्दौर में थे उन दिनों विलायत में भारत की आर्थिक स्थिति के विचार के लिए एक कमेटी बैठी थी। सरकार ने इन्हें विलायत जाकर उसके सामने साक्ष्य देने को कहा, पर इन्होंने अस्वीकार किया।

ठीक इसी समय महाराज मल्हारराव बड़ौदे की गद्दी से उतारे जा चुके थे। उनके समय के दुराचार, अत्याचार, कुप्रबन्ध और अन्धाधुन्ध से बड़ौदा राज्य जर्जर हो रहा था। उत्तराधिकारी महाराज सयाजीराव नाबालिग़ थे। उनकी नाबालिग़ी में राज्य सँभाले कौन ? अन्त में माधवराव बुलाए गए।

सर माधराव ने वहाँ ट्रावंकोर राज्य से भी गहरी बुराइयाँ पाईं जिनकी जड़ बहुत दिनों की जमी हुई थी। कुछ लोग गद्दी के लिए ज़ोर मार रहे थे। वे कुछ दे-दिलाकर शान्त किए गए। महाराज मल्हारराव के समय के बहुत से कर्म्मचारी राज्य का बहुत सा रुपया क़र्ज़ लिये बैठे थे जो धीरे-धीरे उनसे निकाला गया। जौहरी, सौदागर, नौकर, सिपाही तथा और बहुत से लोग जो अपना बहुत सा रुपया बाक़ी बताते थे सन्तुष्ट किए गए। इस प्रकार माधवराव ने पहले चारों ओर से षड्यन्त्र की सम्भावना बन्द की, फिर वे शासन के सुधार में लगे।

इन्होंने एकबारगी शासन का सारा क्रम नहीं बदला। धीरे-धीरे प्रजा की प्रवृत्ति बदलते हुए इस बात का सुधार किया। इन्होंने प्रजा के ऊपर से कर का बोझ भी बहुत कुछ हटाया और राज्य की आमदनी भी बढ़ाई। पुलिस का सुधार किया। न्यायालयों की व्यवस्था ठीक की। राज्य की आमदनी में से बहुत सा रुपया इन्होंने सर्वसाधारण की शिक्षा और स्वास्थ्य-रक्षा के लिए निकाला। ज़मीन की मालगुज़ारी वसूल करने के बड़े सहज ढंग निकाले। किसानों के ठेकों की मियाद इन्होंने बहुत अधिक बढ़ा दी जिससे वे ज़मीन को अपनी समझ उस पर पूरी मिहनत करने लगे। सारांश यह कि इनके अखंड परिश्रम और नीति बल से बड़ौदा राज्य सर्वांग सुव्यवस्थित होकर पूर्ण सुख-समृद्धि को पहुँचा।

सन् 1882 में राजा सर टी. माधराव बड़ौदा राज्य की नौकरी से अलग हुए और अन्त समय तक मदरास में रहे। ये जब तक जिए तब तक बराबर सार्वजनिक कार्यों में उद्योग करते रहे। नेशनल कांग्रेस की तीसरी बैठक (मदरास, 1887) की स्वागतकारिणी समिति के ये सभापति हुए थे।

जिस समय राजा माधवराव बड़ौदा में थे उस समय वर्तमान महाराजा साहब सयाजीराव नाबालिग़ थे और राजकाज की शिक्षा पा रहे थे। इन्हीं महाराज साहब की शिक्षा के लिए सर माधवराव ने यह पुस्तक लिखी थी।

परम विद्योत्साही राजा साहब भिनगा की इच्छा और उदारता से यह पुस्तक सभा द्वारा प्रकाशित की गई है। उन्हीं के इच्छानुसार मूल पुस्तक के बीच-बीच के कुछ अंश अनुवाद में छोड़ दिए गए हैं। अवशिष्ट में "तअल्लुकेदारों के लिए कुछ अलग बातें" राजा साहब की ओर से बढ़ाई गई हैं जिनसे उनकी प्रबन्धकुशलता का अच्छा परिचय मिलता है। कहने की आवश्यकता नहीं कि अनुवाद की भाषा बहुत ही सरल रक्खी गई है।

काशी
22 अप्रैल, 1913

—अनुवादक

राज्यप्रबन्धन-शिक्षा

चन्दा–राजाओं के पास सभा समाजों या और अन्य कार्यों के लिए सहायता या चन्दे के लिए सैकड़ों प्रार्थनाएँ पहुँचती हैं। कोई अपनी किताब के प्रकाशित हो जाने पर उसकी कुछ प्रतियाँ खरीदे जाने की प्रार्थना करता है; कोई मन्दिर, घाट, या धर्मशाला बनाने के लिए सहायता माँगता है; कोई घुड़दौड़ के लिए कुछ चन्दा चाहता है; इसी प्रकार स्कूल, अस्पताल, नाटक, घोड़ों की नुमाइश, सूक्ष्मकला, नए व्यवसाय आदि अनेक कार्यों में महाराज से उदारता दिखाने की प्रार्थना की जाएगी।

यह तो साफ प्रकट है कि कोई राजा या महाराजा इन सारी प्रार्थनाओं को पूरा नहीं कर सकता। इसलिए राजा-महाराजाओं को बहुत समझ-बूझकर काम करना होता है। यों तो इस प्रकार की बातें सामने आने पर प्रत्येक के गुण-दोष का अलग-अलग विचार करना होता है पर साधारणतः नीचे लिखी बातों का विचार रखना चाहिए–

पहले तो यह याद रखना चाहिए कि धन जो कि चन्दे या सहायता में दिया जाएगा वह राज्य की प्रजा से उगाहा हुआ है इससे बिना सोचे-विचारे मनमानी रीति से नहीं दिया जा सकता। यह धन ऐसे ही कार्यों के लिए दिया जाना चाहिए जिन कार्यों से किसी-न-किसी रूप में उस प्रजा को लाभ पहुँच सकता हो।

उन चन्दों की अपेक्षा जो राज्य के बाहर खर्च किए जाएँगे उन चन्दों का देना अच्छा है जिनका राज्य के भीतर ही व्यय होगा। गरीबों को लाभ पहुँचानेवाले कामों में चन्दा देना अमीरों को लाभ पहुँचानेवाले कामों में चन्दा देने से अच्छा है। दुःख दूर करनेवाली बातों में चन्दा देना सुख बढ़ानेवाली बातों में चन्दा देने से अच्छा है।

चन्दे में बहुत ज्यादह रुपया न देना चाहिए, एक हिसाब से देना चाहिए, जिसमें और लोगों को भी चन्दा देने की आवश्यकता रहे। यदि एक ही राजा ने बहुत ज्यादह रुपया दे दिया तो लोगों को यह कहने का अवसर मिल जाएगा कि "अमुक राजा ही ने इतना रुपया दे दिया जो इस कार्य के लिए बहुत है फिर हमको चन्दा देने की क्या आवश्यकता है।"

जिस कार्य के लिए जो कुछ चन्दा दिया जाए वह उसके लाभों पर विचार करके दिया जाए, दूसरों की देखा-देखी, आन में आकर वा माँगनेवाले के दबाव में पड़कर नहीं।

जो कुछ देना हो उसे या तो एकमुश्त दे दे या किस्त बाँधकर दे दे, राज्य के सिर मासिक या वार्षिक चन्दा मढ़ देना अच्छा नहीं क्योंकि ऐसा करने से जब राज्य की अवस्था बदलने या अन्य किसी कारण से चन्दे का बन्द कर देना जरूरी समझा जाएगा

तब उसके बन्द करने में मुशकिल पड़ेगी। ऊपर लिखे सिद्धान्तों को समझने के लिए कुछ दृष्टान्तों का दे देना उचित है।

मान लीजिए बड़ौदा के महाराज से बंगलोर, बम्बई या बड़ौदा राज्य के बाहर किसी और स्थान में होनेवाली घुड़दौड़ के लिए चन्दा माँगा जा रहा है। ऐसी दशा में महाराज गायकवाड़ को चन्दा नहीं देना चाहिए। ख़ास बड़ौदा में भी ऐसी बातों में कम ही ख़र्च करना चाहिए क्योंकि बड़ौदा के लोगों को घुड़दौड़ आदि का इतना शौक़ नहीं।

योरप या अमेरिका के कला-कौशल की उन्नति के लिए बड़ौदा को चन्दा देने की ज़रूरत नहीं।

बड़ौदा राज्य के भीतर किसी नदी पर बननेवाले घाट के लिए बड़ौदे का चन्दा देना जितना उचित है उतना गोदावरी, कृष्णा, कावेरी आदि के घाट के लिए नहीं।

निज का पत्र-व्यवहार–हर प्रकार के लोग राजा-महाराजों के पास तरह-तरह की चिट्ठियाँ भेजा करते हैं। राजा-महाराजाओं को इनका उत्तर बहुत समझ-बूझकर देना चाहिए। निज का पत्र-व्यवहार व्यर्थ बहुत बढ़ने न पावे। नियम तो यह होना चाहिए कि राजा-महाराजा निज के पत्र बहुत कम भेजा करें। यह अच्छी बात नहीं है कि मामूली आदमी इधर-उधर उनके पत्र दिखाकर कहते फिरें कि हम महाराजा साहेब से पत्र-व्यवहार करते हैं। कोई बात जब बहुत साधारण हो जाती है तब उसकी क़दर जाती रहती है।

इस बात का प्रबन्ध होना चाहिए कि राजा-महाराजा जो चिट्ठियाँ भेजा करें उनकी नक़ल रक्खी जाएँ। ऐसा करना अनेक प्रकार से लाभदायक है। एक ऐसा भी नौकर होना चाहिए जो महाराज साहब के पास आए हुए पत्रों को अच्छी तरह सँभाल सहेजकर रक्खे। कभी-कभी बहुत छोटी बातें भी बड़े काम की निकल आती हैं। इससे इन पत्रों के विषय में ऐसा प्रबन्ध रहना चाहिए कि वे काम पड़ने पर चट मिल जाएँ। बहुत से पत्र तो कर्मचारी लोग राजा-महाराजाओं की ओर से लिखा करते हैं। इस बात की बड़ी चौकसी रहनी चाहिए कि वे कर्मचारी अपनी ओर से कुछ घटा-बढ़ाकर न लिखने पावें और न ऐसी भाषा रखने पावें जैसी भाषा रखने का अभिप्राय वा इच्छा महाराज की न हो। जितने पत्र महाराज की ओर से लिखे जाएँगे उन सबके ज़िम्मेदार महाराज होंगे, इसी से इतनी चौकसी चाहिए। नियम तो यह होना चाहिए कि ऐसी चिट्ठियों के मसविदे महाराज खुद देख लिया करें और उन पर अपने दस्तखत का चिह्न बना दिया करें जिसमें किसी तरह की भूल न रह जाए।

अच्छी सामग्री–महाराज की ओर से जानेवाले पत्र बहुत ही बढ़िया काग़ज़ पर हों। स्याही और लिफाफे आदि भी अच्छे-से-अच्छे मेल के हों। हर एक वस्तु साफ-सुथरी और महाराज के उच्च पद के योग्य होनी चाहिए।

भेंट-मुलाकात–राजा-महाराजाओं का किसी के यहाँ खुद मिलने जाना बड़ी ही प्रतिष्ठा की बात है। इस भेंट-मुलाकात को इतना न बढ़ावें कि वह कोई बड़ी बात ही न समझी जाए। राजा-महाराजाओं को यह न चाहिए कि जब जिसके यहाँ हुआ चले गए। मेरा मतलब राजघराने को छोड़ और दूसरे घरानों में ब्याह-शादी आदि अवसरों पर

जाने से है। परस्पर जाने-आने की जो रीति चली आई है उसका पालन करना तो ठीक ही है। पर इस प्रकार का नया व्यवहार बहुत समझ-बूझकर खोलना चाहिए।

बिना जाने-सुने आदमी–यदि कोई नया आदमी महाराज साहेब से भेंट करना चाहे तो एक आदमी ऐसा चाहिए जो उसे महाराज के सामने पेश करे। यह एक नियम होना चाहिए कि नए आदमी महाराज के सामने परिचय के साथ पेश किए जाएँ। ऐसा न होने से हर तरह से भले-बुरे आदमियों की पहुँच महाराज तक हो जाएगी और यह बात मर्य्यादा के विरुद्ध ही नहीं बल्कि हानि पहुँचानेवाली होगी। यह नहीं कि जो चाहे सो लोगों को महाराज के सामने पेश किया करे। इस काम पर कोई प्रतिष्ठित और गम्भीर आदमी रहना चाहिए जो अपनी ज़िम्मेदारी को समझे। उसके ऊपर इस बात का ज़िम्मा रहे कि वह अयोग्य मनुष्यों को महाराज के पास न लावे। ऐसे आदमियों की महाराज तक पहुँच न होनी चाहिए जिनका चाल-चलन बुरा हो, या जिनकी गिनती भलेमानुसों में न हो, वा जो अपनी चालबाजियों से बढ़ना चाहते हों।

पेश करनेवाले को चाहिए कि किसी नए आदमी को महाराज के सामने लाने के पहले उसकी भलमनसाहत आदि के विषय में अपना जी भर ले। जब कोई नया आदमी महाराज से मिलने आवे तब यह आवश्यक है कि महाराज को उससे मिलने से पहले उसके सम्बन्ध में कुछ जानकारी हो जाए जिसमें श्रीमान् को यह मालूम रहे कि उससे कैसे मिलना होगा और क्या-क्या बातें करनी होंगी।

वादे–बहुत से लोग राजा-महाराजाओं से अनेक प्रकार की प्रार्थनाएँ किया करते हैं। राजा-महाराजाओं को इस बात का ध्यान रखना चाहिए कि वे चटपट कोई बात न तय कर डालें और न बिना सोचे-विचारे कोई वादा कर बैठें। अच्छा तो यह है कि किसी विषय में कोई मत प्रकाशित करने वा पक्का वादा करने के पहले महाराज विचार और सलाह करने के लिए पूरा समय ले लिया करें। ऊँचे पद और अधिकारवाले मनुष्यों को बहुत समझ-बूझकर चलना पड़ता है।

नौकर-चाकर–राजा और महाराजाओं को चाहिए कि नीच नौकरों को बहुत मुँह न लगाएँ। उनसे दूर ही का व्यवहार अच्छा है जिसमें वे केवल अपने काम से काम रक्खें।

नीच नौकरों को एक ऐसे अफ़सर की मातहती और निगरानी में रखना चाहिए जो इस बात की देखभाल रक्खे कि वे अपना-अपना काम अच्छी तरह करते हैं। ऐसे अफ़सर को नौकरों के ऊपर कुछ इख़्तियार देना चाहिए जिसमें वे उससे कुछ आसरा भी रक्खें और उसका डर भी मानें।

नीच नौकरों को महाराज की बातचीत सुनने और उसे इधर-उधर फैलाने से रोकना चाहिए। यदि इस बात की कड़ी चौकसी न रक्खी जाएगी तो ये लोग इस प्रकार की ख़बरें बेचा करेंगे।

ऐसे नौकर राज्य के सरदारों, अफ़सरों, कर्मचारियों, सेठ-साहूकारों या ऐसे ही और लोगों के पास भेंट करने वा किसी-न-किसी बहाने इनाम-इकराम माँगने न जाने पावें। राजा के नौकरों का इस प्रकार रुपया कमाना राजा की प्रतिष्ठा के विरुद्ध है और इससे लोगों को तंग भी होना पड़ता है।

राजा से भेंट-मुलाकात करने का प्रबन्ध ऐसा होना चाहिए कि भेंट होना या न होना छोटे नौकरों की कृपा वा अकृपा पर न रहे।

नीच नौकर कभी राजा-महाराजाओं से वा राजा-महाराजाओं के सामने ऐसी बातें न करने पावें जिनसे उन्हें कुछ प्रयोजन नहीं और जो उनकी हैसियत के बाहर हैं। जैसे नौकरों का राजाओं के सामने राजकाज के मामलों में बातचीत करना वा मन्त्रियों के गुण-दोष बतलाना ठीक नहीं है। इस प्रकार की अनधिकार चर्चा का फल बुरा होता है।

ख़िदमतगारों का यह काम न होना चाहिए कि वे नए और बिना जाने-बूझे आदमियों को महाराज से मिलावें या किसी का कोई प्रार्थनापत्र महाराज के हाथ में दें।

ऐसे नौकरों पर इस बात की ताकीद रहे कि वे महाराज से मिलनेवालों तथा अन्य लोगों से नम्रता का व्यवहार करें।

जब महल में किसी नौकर-चाकर की या और किसी की अकस्मात् वा बुरी गति से मृत्यु हो अथवा महाराज को उसकी मृत्यु के विषय में कुछ सन्देह हो तुरन्त उसकी लाश की चीड़-फाड़ वा डॉक्टरी परीक्षा करानी चाहिए जिसमें उसकी मृत्यु का ठीक कारण मालूम हो जाए और लिख लिया जाए। व्यर्थ के अपवादों और सन्देहों को दूर करने के लिए यह आवश्यक उपाय है।

तनख़्वाहें–जहाँ तक हो सके महल के नौकर-चाकरों की तनख़्वाह नक़द मुक़र्रर होनी चाहिए। इसमें सबको सुबीता है। सीधा और रसद इत्यादि बाँधने से बहुत सी बुराइयाँ होती हैं।

महल के नौकर-चाकर एक प्रकार से अपने निज के हैं। पर उन्हें भी यह विश्वास रहना चाहिए कि जब तक वे अच्छी तरह काम करते जाएँगे तब तक बराबर लगे रहेंगे। मतलब यह कि वे बिना किसी बात के यों ही जब मौज हुई तब छुड़ा न दिए जाएँ। यदि वे अच्छा काम करें तो मौक़े से उनकी तरक्क़ी भी हो।

ख़ास सेवा में रहनेवाले ऐसे नौकरों को जिनसे महाराज को दिन-रात काम पड़ता है अच्छी तनख़्वाहें मिलनी चाहिएँ। उनके साथ बर्ताव भी ऐसा होना चाहिए जिससे वे महाराज के ऊपर बड़ी श्रद्धा भक्ति रक्खें। कभी उनसे कोई बहुत अच्छा काम बन पड़े तब उनको इनाम भी मिलना चाहिए जिससे उनका उत्साह बढ़े। राजकुमारों और रानियों के सेवकों वा दासियों के साथ भी यही होना चाहिए।

अपराध–ऐसे नौकरों के छोटे-छोटे अपराधों को बहुत ज्यादह ध्यान में न लाना चाहिए और न उनके लिए उन्हें कड़ी-कड़ी सज़ाएँ देनी चाहिए। सब नौकरों से कुछ-न-कुछ अपराध हो ही जाया करते हैं। ध्यान इस बात का रखना चाहिए कि वे ऐसे छोटे अपराधों से आगे न बढ़ने पावें।

उनका दंड–यदि कोई महल का सेवक ऐसा आचरण करे जिससे उसको दंड देना आवश्यक हो तो भी उचित यही है कि उसके दंड के लिए स्वयं महाराज कोई कार्रवाई न करें। दंड तो महल का कोई बड़ा अफ़सर दे या अदालत दे, जैसा मामला हो। यह इसलिए है जिसमें महाराज से व्यर्थ किसी को द्वेष न होने पावे।

मूल भृत्य—महल में जहाँ तक हो पुश्तैनी नौकरों को रखना ही अच्छा है क्योंकि उन्हें राजपरिवार के साथ अधिक स्नेह रहता है। यदि कोई बुड्ढा नौकर मर जाए, अथवा रोग वा बुढ़ापे आदि के कारण अशक्त हो जाए तो उसके लड़के, भाई वा और किसी सम्बन्धी को कोई काम दे देंना अच्छा है। पर राज्य के कर्मचारी नियुक्त करने में इस पैतृक सिद्धान्त पर चलना सर्वथा अनुचित है क्योंकि राज्य के कामों में विशेष गुणों की आवश्यकता रहती है।

हाँ कोई-कोई राज्य सम्बन्धी कार्य्य ऐसे भी होते हैं जिनके करनेवालों के वंशधरों में इनके योग्य गुण आ जाते हैं, जैसे कि पटवारी और कानूनगो। यहाँ पैतृक सिद्धान्त का काम में लाना अनुचित नहीं है।

कुचक्री—सभी राज-दरबारों में थोड़े-बहुत कुचक्री (चालबाज) रहते हैं। राजा-महाराजाओं को सावधान रहना चाहिए कि ऐसे लोगों के जाल में न फँसें। जहाँ कोई राजा गद्दी पर बैठा, बल्कि उसके कुछ पहले ही से, उनके दाँव-पेंच चलने लगते हैं। इससे यहाँ उनके सम्बन्ध में दो-चार बातें आवश्यक हैं।

कुचक्री लोग अपने मतलब के बड़े पक्के होते हैं और उनके जी में अच्छी-अच्छी बातें नहीं जमी रहतीं। वे चुपचाप इधर-उधर की बातें बहुत करना चाहते हैं। वे झूठी और बिना सोची-समझी बातें मुँह से निकालते हैं। छोटी सी बात को भी ख़ूब बढ़ाते हैं, राई का पहाड़ करते हैं। मामलों पर झूठी रंगत चढ़ाते हैं। वे सदा ख़ुशामद और चापलूसी द्वारा अपने को प्रिय बनाने के यत्न में रहा करते हैं।

यदि राजा-महाराजा इन लक्षणों को ध्यान में रक्खें और उनकी एक-एक बात पर दृष्टि दें तो कुचक्री को पहचान सकते हैं। राजाओं को चाहिए कि जब कभी वे इस ढंग से कुचक्री को पहचान लें तब फिर उसकी ओर कान न करें और उसे दूर रक्खें, जितना ही कम सरोकार राजा-महाराजा ऐसे लोगों से रक्खेंगे उतना ही उनके लिए अच्छा होगा।

यदि किसी के विषय में यह मालूम हो कि वह कभी कुचक्री रहा है तो यह समझना चाहिए कि वह अब भी कुचक्री है। हाँ यदि इस बात का कोई पक्का प्रमाण मिल जाए कि वह बिलकुल सुधर गया है तो दूसरी बात है। साधारण नियम यह होना चाहिए कि राजा-महाराजा उन लोगों को सदा दूर रक्खें जो कभी कुचक्री रह चुके हों।

जब कभी महाराज को ऐसे लोग जिनको महाराज अपना सच्चा हितैषी और विश्वासी सलाहकार समझते हों यह निश्चय दिलावें कि अमुक मनुष्य कुचक्री है तो महाराज की भलाई इसी में है कि उसकी बात मान लें और बस कुचक्री को दूर रक्खें। कम-से-कम उस पर कड़ी दृष्टि तो ज़रूर रक्खें।

ऊपर लिखी बातों पर चलने से राजा-महाराजा सब कुचक्रियों से नहीं तो भी बहुतों से बचे रह सकते हैं।

अब तक जो कुछ कहा गया है वह इस विषय के लिए काफ़ी नहीं मालूम पड़ता। इससे इस विषय को और अधिक स्पष्ट करने के लिए नीचे कुचक्रियों के लक्षण और सच्चे हितैषियों के लक्षण आमने-सामने दिए जाते हैं।

कुचक्री	सच्चा शुभचिन्तक
(1) कुचक्री वास्तव में हितैषी नहीं होता है बल्कि अपने को हितैषी प्रकट किया करता है।	(1) सच्चा हितैषी सच्चा हितैषी है।
(2) अथवा यों कहिए कि कुचक्री एक खोटी धातु है जिस पर सोने की कलई की रहती है।	(2) सच्चा हितैषी खरा और ठोस सोना है।
(3) कुचक्री की पिछली कार्रवाइयाँ प्रकट करती हैं कि वह कुचक्री है।	(3) सच्चे हितैषी के पिछले काम यह प्रकट करते हैं कि वह निर्दोष है।
(4) कुचक्री को सब भले आदमी जानते हैं कि वह कुचक्री है।	(4) इसी प्रकार सच्चे हितैषी को सब भले आदमी समझते हैं कि वह सच्चा हितैषी है।
(5) कुचक्री प्रायः असन्तोषी होता है और समझता है कि मेरे साथ अन्याय हुआ है और मैं बढ़ने नहीं पाता हूँ।	(5) सच्चे हितैषी को कोई विशेष असन्तोष नहीं होता है, जैसे और सब लोग वैसे ही वह भी जिस दशा में रहता है प्रसन्न रहता है।
(6) कुचक्री प्रायः अपनी समझ और योग्यता को सबके ऊपर समझता है।	(6) सच्चा हितैषी जितना करता है अपने को उतना ही मानता है।
(7) कुचक्री जो कुछ करता है वह अधिकतर अपने स्वार्थ के लिए।	(7) सच्चा हितैषी सब कुछ अपने स्वार्थ ही के लिए नहीं करता।
(8) कुचक्री जो कुछ करता है वह अपने को कोई बड़ा लाभ पहुँचाने ही के अभिप्राय से करता है—जैसे रियासत में कोई ऊँचा पद पाने के लिए या ऐसी ही और बातों के लिए।	(8) सच्चा हितैषी जो कुछ करता है वह राजा और प्रजा के हित के लिए।
(9) कुचक्री घुमा-फिराकर ऐसी ही बातें करेगा जिनसे किसी प्रकार उसको लाभ पहुँचने की राह खुलती हो।	(9) सच्चा हितैषी ऐसी ही चर्चा नहीं छेड़ेगा जिसमें उसका कुछ-न-कुछ मतलब हो बल्कि सब तरह की बातचीत करेगा।
(10) कुचक्री किसी प्रबन्ध वा कार्रवाई के दोष दिखलाने के लिए उतनी बातें नहीं करेगा जितनी लोगों के दोष दिखलाने के लिए।	(10) सच्चा हितैषी प्रबन्ध और कार्रवाइयों के दोष अधिक दिखलाया करेगा, लोगों के कम।

(11) कुचक्री बुराई करने के लिए लोगों की बात सबसे अधिक लावेगा जो उसके लाभ में बाधक होते होंगे।	(11) सच्चा हितैषी प्रायः सब लोगों के बारे में बातचीत करेगा।
(12) कुचक्री कभी किसी बात में ऐसे लोगों की प्रशंसा नहीं करेगा बल्कि हर तरह से उनकी निन्दा ही किया करेगा।	(12) सच्चा हितैषी जो प्रशंसा के योग्य होगा उसकी प्रशंसा किए बिना न रहेगा। वह अधिक विवेक से काम करेगा।
(13) ऐसे लोगों के विरुद्ध कुचक्री जो कुछ कहेगा वह ठीक ठिकाने के साथ नहीं। "वे बड़े खोटे आदमी हैं, वे विश्वासघाती हैं, वे बुराई कर रहे हैं, वे स्वार्थी हैं, वे अँगरेज़ी सरकार के ख़ैरख्वाह बनने के लिए राज्य का अहित कर रहे हैं", इत्यादि इत्यादि।	(13) सच्चा हितैषी विशेष-विशेष कार्य्य बतलावेगा जिनको वह बुरा समझता है। वह यदि दोष निकालेगा तो ठीक-ठीक बतला देगा कि किस कारण।
(14) कुचक्री जो बात होगी उसमें अपना कुछ-न-कुछ बुरा अनुमान लगावेगा। जैसे, यदि किसी साल मालगुज़ारी ज्यादा आई है तो वह कहेगा कि प्रजा मालगुज़ारी बढ़ने से त्राहि-त्राहि कर रही है। यदि मालगुज़ारी कम आई है तो कहेगा कि कुप्रबन्ध के कारण राज्य की इतनी हानि हुई है। यदि ख़र्च बढ़ गया है कि वह कहेगा कि यह सब बेपरवाही और फ़जूलख़र्ची का फल है। यदि ख़र्च घट गया है तो वह कहेगा कि बात-बात में कमी और कंजूसी की गई है।	(14) सच्चा हितैषी जो मत प्रकट करेगा वह अधिक निष्पक्ष होगा। वह इसका विचार रक्खेगा कि कमी-बेशी वा उलट-फेर कहाँ उचित कारणों से है और कहाँ अनुचित।
(15) कुचक्री को कुछ करते आगा-पीछा नहीं। वह अपने मतलब के लिए किसी बात वा मामले को और-का-और बतलाकर इस प्रकार घुमावेगा कि सारा दोष उनके सिर पड़े जो उसके लाभ में बाधक होते हों।	(15) सच्चा हितैषी धर्म के साथ जैसा होगा वैसा कहेगा।
(16) कुचक्री अपना मतलब साधने के लिए सरासर झूठ तक बोलेगा पर ऐसा झूठ जो जल्दी पकड़ा न जा सके। जैसे वह	(16) सच्चा हितैषी कभी झूठ न बोलेगा, सदा सच बोलेगा। यदि वह किसी कार्रवाई में दोष भी निकालेगा तो भी यदि

अपने विरोधियों पर तरह-तरह के झूठ अपवाद लगावेगा, उनकी नीयत बुरी बतलावेगा।

करनेवाले की नीयत अच्छी होगी तो उसकी प्रशंसा करेगा।

(17) कुचक्री सदा अपने विरोधियों की ऐसी भूल-चूक पकड़ा करेगा जो अच्छे-से-अच्छे आदमियों से भी हो जाया करती है और उसे जान-बूझकर की हुई खोटाई बतलाएगा।

(17) सच्चा हितैषी अधिक उदारता से काम लेगा। वह इस बात को ससझेगा कि बड़े-से-बड़े आदमियों से भी भूल हो जाया करती है। वह समझेगा कि कौन बात जान-बूझकर की गई है और कौन भूल से।

(18) कुचक्री को अँधेरे में निशाना मारना बहुत अच्छा लगता है। वह राजा-महाराजाओं के पास अधिकतर रात को मिलने जाया करता है। वह सदा यही चाहता है कि हम महाराज से अकेले में मिलें। वह इस प्रकार कानाफूसी करता है मानो कोई बड़े भेद की बात कह रहा है, तरह-तरह की बातें सुझाता है, आगम बतलाता है कि देखिएगा जो मैं कहता हूँ वही होगा। वह यह जानता है कि अपने विपक्षियों की जितनी बुराई अभी उसने बतलाई है वह कुछ नहीं है—जितनी वह जानता है उसका एक टुकड़ा भी नहीं है। वह महाराज से बार-बार विनती करेगा कि जो कुछ उसने कहा है वह और किसी को मालूम न हो और इस ढंग से महाराज को सच्ची बात का पता लगाने से रोकेगा।

(18) सच्चा हितैषी ये सब चालें नहीं चलेगा।

(19) जब कुचक्री को राजकाज के मामलों में अपने विरोधियों के विरुद्ध कुछ कहने-सुनने को नहीं मिलता तब वह परस्पर के व्यवहार की छोटी-छोटी बातों को लेकर महाराज का मन उनकी ओर से खट्टा करना चाहता है। जैसे, कभी वह कहता है कि "अमुक अधिकारी तो

(19) सच्चा हितैषी ऐसे पतित कर्म नहीं करेगा। वह तो जहाँ तक होगा महाराज को यही सलाह देगा कि "ऐसी बातों की ओर क्षण भर भी कान न दीजिए। अकेले में इधर-उधर के लोग जो बातें कह जाएँ उन्हें, चाहे वे सच्ची भी हों, न सुनिए क्योंकि किसी अफ़सर की

महाराज को कुछ समझता ही नहीं। उस अफ़सर ने उस दिन महाराज की शान में यह कहा है"–इत्यादि। यदि पूछा गया कि 'उस अफ़सर ने ऐसा कहाँ कहा ?' तो जवाब मिलेगा कि "घर पर अपने एक मित्र से कहा था" प्रश्न–"क्या वह मित्र पूछने पर मुझसे सब बतलावेगा ?" उत्तर–"भला वह अपने मित्र से विश्वासघात करेगा ?" प्रश्न–"तब तुम्हें यह सब कैसे मालूम हुआ ?" उत्तर–"उस अफ़सर के एक नौकर ने उन बातों को सुन लिया।" प्रश्न–"क्या बुलाने पर मेरे सामने वह नौकर सब हाल कहेगा ?" उत्तर–"वह नौकर अपने मालिक को कैसे फँसावेगा ?" प्रश्न–"तब फिर तुम्हें कैसे मालूम हुआ ?" उत्तर–"जब महाराज इतना पूछते हैं तब सब खोलकर कहना ही पड़ता है। उस अफ़सर के नौकर और मेरे नौकर के बीच बड़ा हेल-मेल है। इस प्रकार मेरे नौकर को भी मालूम हुआ और उसने मुझसे कहा।" प्रश्न–"क्या तुम्हारा नौकर मुझसे सब ज्यों-का-त्यों कहेगा ?" उत्तर–"यह तो मैं ठीक कह नहीं सकता पर हाँ, यदि उसे अपने बचाव का विश्वास हो जाएगा तो क्यों नहीं कहेगा ?" इस पर शायद, महाराज उस कुचक्री के नौकर को बुला भेजें और उससे कहें "तुम्हारा कुछ न होगा तुम सब बातें कह दो तो तुम्हें इनाम मिलेगा।" उसको क्या ? जो कुछ उसके मालिक ने सिखा-पढ़ाकर भेजा था उसने कह दिया। अब तो महाराज के निकट बात प्रमाणित हो गई क्योंकि वे साक्ष्य भलाई-बुराई की जाँच तो उसके सरकारी (राजकाज) कामों से होती है।

(गवाही) के नियम आदि तो जानते नहीं। इस पर कुचक्री महाशय थोड़ा और रंग जमाते हैं और कहते हैं–"संयोग की बात थी, इस बार मामला महाराज के सामने साबित हो गया। बहुत करके तो ऐसी बातें साबित नहीं की जा सकतीं। यदि महाराज ऐसी कड़ी जिरह किया करेंगे तब तो बड़ी मुशकिल होगी। इससे अच्छा तो यह है कि महाराज से कोई बात कही ही न जाए।" महाराज को अन्त में कहना पड़ता है "कोई हर्ज नहीं, मुझे अब निश्चय हो गया। तुम निःसंकोच जो बाते हैं मुझसे कहा करो।" इस प्रकार सहारा पाकर कुचक्री महाशय बूँद-पर-बूँद विष उगलते जाते हैं यहाँ तक कि वह अफ़सर महाराज की दृष्टि से गिर जाता है और उसके बुरे दिन आ जाते हैं।

(20) एक और लक्षण कुचक्री मनुष्य का यह है कि वह राजा-महाराजाओं को प्रसन्न करने के लिए सब कुछ करने को तैयार रहता है। जो मत महाराज का होगा उसके विरुद्ध कभी वह अपना मत प्रकट न करेगा। कोई तुच्छ-से-तुच्छ बात भी महाराज के मुँह से निकलेगी तो वह उसकी तारीफ़ में ख़ूब वाह-वाह करेगा–पर हाँ वह बात किसी प्रकार उनके पक्ष की न हो जिनके विरुद्ध वह सब चालें चल रहा है। वह महाराज के प्रधान मित्रों और सम्बन्धियों से मित्रता बढ़ाने के लिए अनेक ढंग रचेगा, उन्हें रुपया उधार देगा, उनके पास नजरें भेजेगा, अधिकार पाने पर उनकी हर प्रकार से सेवा करने का वचन देगा।

(20) सच्चा हितैषी खुशामद और चापलूसी से सदा दूर रहेगा। वह बेधड़क अपनी राय कहेगा चाहे वह महाराज की राय से मिले चाहे न मिले। वह जो कुछ करेगा अपनी मर्यादा का ध्यान रखकर। वह महाराज के प्रधान मित्रों और सम्बन्धियों से नम्रता का व्यवहार करेगा पर उनकी कृपा प्राप्त करने के लिए उस प्रकार के उद्योग न करेगा जिस प्रकार के कुचक्री करता है।

ऊपर लिखे लक्षणों को राजा-महाराजा यदि पूरी तरह समझ लें तो बहुत अच्छा हो। मैंने अपने बहुत दिनों के अनुभव और विचार की बातें कही हैं। इनके द्वारा वे जान सकेंगे कि कौन कुचक्री है और कौन सच्चा हितैषी, कौन पीतल है और कौन सोना। पर उन्हें थोड़े धैर्य और ध्यान के साथ परखना होगा। किसी मनुष्य के रंग-ढंग, आशय, लक्ष्य और कथनों को अच्छी तरह ताड़ना होगा, उन्हें ऊपर लिखी कसौटियों पर कसना होगा। राजा-महाराजाओं को इसका काम बहुत पड़ता है, उन्हें दस तरह के आदमियों को परखना रहता है। पहले तो यह काम थोड़ा कठिन जान पड़ेगा। पर अभ्यास करने पर सुगम हो जाएगा और राजा-महाराजा चटपट अपनी स्वाभाविक बुद्धि से लोगों को परखने लगेंगे।

कुचक्री जो कुछ कहेगा उसकी एक पहचान यह भी है। वह या तो कहेगा कि ऐसा-ऐसा मामला है या कोई राय देगा।

ऐसे इधर-उधर के लोगों की राय को तो कुछ समझना ही न चाहिए। यदि राजा-महाराजाओं को राय ही लेना है तो विश्वासपात्र और जाने-बूझे आदमियों से लें।

अब रहीं वे बातें जिनका घटित होना बतलाया जाता है।

ये बातें या तो सामान्य और बे ठीक ठिकाने की होंगी अथवा विशेष और पते की।

सामान्य और बिना ठीक ठिकाने की बातें तो किसी कार्य की नहीं, उनकी ओर तो ध्यान ही न देना चाहिए।

रह गईं विशेष और पते ठिकाने की बातें। यदि ये काम की हों और सम्भव जँचें अथवा प्रमाण के साथ हों तो राजा-महाराजाओं को उनकी ओर कुछ ध्यान देना चाहिए।

ऊपर कही हुई बातों को अधिक स्पष्ट करने के लिए एक दृष्टान्त दिया जाता है। मान लीजिए कि कोई कुचक्री किसी महाराज से कहता है–"सोहनलाल बहुत बुरा जज है। वह घूस लेता है। उस मुकदमे में अभी उस दिन उसने बनवारी से 1000 रु. लिये।" इन तीनों वाक्यों में से पहले में तो एक प्रकार की राय दी गई है जिसे कुछ समझना ही न चाहिए। दूसरे वाक्य में एक सामान्य और बिना ठीक ठिकाने की बात कही गई है जो किसी अर्थ की नहीं। तीसरे वाक्य में अलबत्तः एक विशेष और पते ठिकाने की बात कही गई है। यदि कहनेवाला खुद गवाही देने वा गवाह बतलाने को तैयार है तो महाराज अपने मन्त्री को सब बातों की ठीक-ठीक तहकीकात करके इत्तला करने की आज्ञा दें।

ऊपर जो दृष्टान्त दिया गया है वह बहुत ही सीधा है, और केवल समझने के लिए है। पर इस प्रकार की बातें जो (कुचक्रियों द्वारा) कही जाती हैं वे प्रायः लम्बी-चौड़ी और पेचीली होती हैं। उनकी छानबीन ऊपर लिखे उपायों से अच्छी तरह हो तब पता लगेगा कि कौन-कौन सी प्रयोजनीय बातें विशेष और पते ठिकाने की हैं जिन पर ध्यान देना होगा, मैंने कई एक कुचक्रियों को देखा है जो इस छानबीन वा परीक्षा में नहीं ठहर सके हैं।

राजा-महाराजाओं को छानबीन का यह ढंग अच्छी तरह जान लेना चाहिए और उसे बराबर काम में लाना चाहिए, यदि वे ऐसा न करेंगे तो लम्बी-चौड़ी बातों के चक्कर में आ जाएँगे और चालबाजों के हाथ से धोखा खाएँगे।

क्रोध—अच्छे-से-अच्छे मनुष्यों को कभी-कभी क्रोध आ जाता है। और राजा-महाराजाओं का पद ऐसा है कि नित्य उनके धैर्य और स्वभाव की परीक्षा हुआ करती है। राजा-महाराजा राज्य में सबसे बड़े आदमी होते हैं इससे बहुत थोड़े लोग ऐसे होंगे जो उनको किसी बात से रोक सकें। अन्त में यह भी स्मरण रखना चाहिए कि साधारण मनुष्यों के क्रोध की अपेक्षा राजा-महाराजों के क्रोध से बहुत अधिक हानि पहुँच सकती है।

इन बातों से प्रकट है कि राजाओं को क्रोध से कितना सावधान रहना चाहिए। जहाँ तक हो सके क्रोध को पास ही न आने दें। बार-बार यत्न करने से सब बातों में शान्ति और धैर्य रखने की टेव पड़ जाएगी।

यदि महाराज देखें कि बहुतेरा यत्न करने पर भी क्रोध उनमें बना हुआ है तो अच्छा होगा कि अपने मन में इन विचारों को लाएँ।

क्रोध चित्त का एक ऐसा उद्वेग है जिससे थोड़ी देर के लिए मनुष्य पागल-सा हो जाता है। उस उद्वेग की अवस्था में चित्त वेग के साथ एक ही ओर को टूटता है और उसे वे बातें नहीं सूझतीं जिनसे ठीक-ठीक विचार किया जाता है। सारांश यह कि क्रोध में अत्यन्त अनमोल और प्रयोजनीय विचार-शक्ति मारी जाती है।

चित्त की ऐसी दशा में यह करना चाहिए कि जिस बात पर क्रोध उत्पन्न हुआ है उसके विषय में न कुछ करें और न कुछ कहें। उस समय महाराज उसकी चर्चा ही छोड़ दें और चित्त को किसी दूसरी ओर ले जाएँ। यदि सो जाएँ तो बड़ी ही अच्छी बात है क्योंकि उससे बहुत शान्ति आती है। यह भी न करें तो घोड़े या गाड़ी पर दूर हवा खाने निकल जाएँ, या कोई ऐसी पुस्तक पढ़ने लगें जिसमें मन लगे।

जिस बात से उद्वेग उत्पन्न हुआ है उससे चित्त को हटा लेना ही अच्छा है। यदि हो सके तो दस-पाँच दिनों तक उसको फिर मन में न लावें।

इस सीधी सलाह पर चलने से राजा-महाराजा बहुत से अनुचित कार्यों और कटु वचनों से बचे रहेंगे जिनके कारण राजकाज में कठिनाइयाँ उपस्थित हो सकती हैं, वे अपने मित्रों और हितैषियों से हाथ धो सकते हैं और उनके विश्वासी नौकरों और कर्मचारियों का जी टूट सकता है।

दूसरों से राय कैसे लेनी चाहिए—यदि राजा-महाराजों को किसी की राय लेनी हो तो उन्हें पहले अपनी राय कभी न कहनी चाहिए, उसका आभास तक न देना चाहिए। यदि जिसकी राय माँगी जाती है वह महाराज की राय पूछे भी तो जहाँ तक हो सके न कहना चाहिए।

इसके दो प्रधान कारण हैं–(1) यदि महाराज की राय पहले ही बतला दी जाएगी तो सम्भव है जिसकी राय पूछी जा रही है वह विरुद्ध वा भिन्न राय देने में आगा-पीछा करे और यदि दे भी तो दबी ज़बान से दे। पर किसी की राय लेने का मतलब तो होता है कि वह जहाँ तक हो सके जी खोलकर राय दे। (2) यह भी हो सकता है कि महाराज ने चट बिना दूसरों की राय जाने कोई राय बैठा ली और वह ठीक न हुई, महाराज के योग्य यह न होगा कि वे कोई ऐसी कच्ची और बेठीक राय मुँह से निकालें जो कि उचित विचार और परामर्श के बाद छोड़ देनी पड़े।

दृढ़ता एक ऐसा गुण है जिसका सब आदमियों में होना अच्छा है पर विशेषकर उन लोगों ने जिन्हें परमेश्वर ने राजा बनाया है। यदि किसी राजा में दृढ़ता का अभाव है तो उसके लिए राजकाज सँभालना बहुत ही कठिन होगा। उसकी राय कभी कुछ होगी, कभी कुछ। उसका उद्देश्य आज और होगा कल और। वह अभी कुछ और आज्ञा देगा थोड़ी देर में कुछ और।

सच्ची दृढ़ता तो बातों को अच्छी तरह परखने, अच्छी तरह विचारने, और उनसे ठीक-ठीक परिणाम निकालने से आती है। इस बात का ज्ञान कि हमने बातों को अच्छी तरह परखा है, सावधानी से विचारा है और उनसे ठीक-ठीक परिणाम निकाला है चित्त को दृढ़ करता है। जब हम समझेंगे कि ये सब क्रियाएँ हम उचित रीति से कर चुके तब दृढ़ होंगे।

जिस राजा-महाराजा ने स्वयं इन क्रियाओं को किया है उसका दृढ़ता रखना और दिखाना ठीक है।

पर राजा-महाराजों के सामने हजारों मामले आते हैं उन सबमें उन क्रियाओं को आप करना उनके लिए असम्भव है, तब क्या वे इन सब मामलों में अस्थिर-चित्त रहा करें। नहीं, यदि वे इन सब मामलों में अस्थिर-चित्त रहेंगे तो राज्य के काम बिगड़ जाएँगे।

इन सब मामलों में राजा-महाराजों को अपने विश्वासपात्र और कर्तव्य-परायण मन्त्रियों पर विश्वास करना चाहिए जिन्होंने स्वयं इन क्रियाओं को किया है। उन्हें ऐसे मामलों में ऐसे मन्त्रियों की राय और सलाह मान लेनी चाहिए और तब उस राय और सलाह के अनुसार काम करने के लिए दृढ़ हो जाना चाहिए।

जो ऊपर कहा गया है वह एक बड़े काम का सिद्धान्त है। राजा-महाराजों को इसे अच्छी तरह समझ लेना चाहिए, यदि वे इसे अच्छी तरह नहीं समझे रहेंगे और उसके अनुसार काम नहीं करेंगे तो नित्य बड़े-बड़े बेढब झंझटों में फँसेंगे और उनका नाकों दम रहेगा। बहुत कम मामले ऐसे होंगे जिनमें वे आप सब बातों का पता लगाकर उन्हें इकट्ठी कर सकें, उन पर विचार कर सकें और उनके विषय में ठीक-ठीक निश्चय कर सकें। तब उन बहुत से मामलों में जिनमें वे आप इन क्रियाओं को नहीं कर सकते वे क्या करें ? क्या वे अस्थिर-चित्त रहें ? तब तो राज्य का सब काम ही चौपट होगा। तब क्या वे मनमाना परिणाम निकाल लें और उस पर जम जाएँ। तब तो राज्य का काम और भी चौपट होगा। बड़े दुबधे की बात है।

इतिहास में बहुत से ऐसे उदाहरण मिलते हैं जिनमें राजाओं के इस सिद्धान्त को न समझने और उस पर न चलने के कारण राज्य के काम चौपट हो गए हैं। जो राजा अपनी दृढ़ता के लिए प्रसिद्ध हो गए हैं वे इस सिद्धान्त को अच्छी तरह जानते थे। वे जानते थे कि किस प्रकार विश्वासी और योग्य मन्त्री चुनना, उनकी जँची हुई राय वा सलाह को मानना, और उस पर दृढ़ता दिखाना चाहिए।

ऊपर जो कुछ कहा गया उससे यह प्रकट है कि दृढ़ता तभी एक गुण है जब वह ठीक-ठीक परिणाम निकाल चुकने के बाद दिखाई जाए। ऐसी दृढ़ता यदि राजाओं में हो

तो एक अमूल्य गुण है। पर जब दृढ़ता अयथार्थ परिणाम निकालने के बाद दिखाई जाएगी तब वह गुण न रहेगी, अवगुण हो जाएगी। तब वह हठ के सिवाय और कुछ न कहलावेगी।

दृढ़ता और हठ में प्रधान अन्तर क्या है ? दृढ़ता जिस बात में होती है वह बात ठीक परिणाम निकालने के बाद स्थिर की हुई होती है और हठ जिस बात का होता है वह बात अयथार्थ परिणाम निकालने के बाद स्थिर की हुई होती है। प्रत्येक राजा को यह निश्चय कर लेना चाहिए कि वह दृढ़ता है, हठ नहीं है–उसके निकाले हुए परिणाम यथार्थ हैं, अयथार्थ नहीं। दृढ़ राजा बहुत भलाई कर सकता है। हठी राजा बहुत बुराई कर सकता है।

यह अन्तर ध्यान देने योग्य है–दृढ़ता और हठ में जो अन्तर है उसे सदा ध्यान में रखना चाहिए जिसमें ऐसा न हो कि राजा-महाराजा हठ ही को दृढ़ता मान बैठें। दृढ़ता गुण है, हठ अवगुण–गुण और अवगुण के बीच बहुत सी बातों में समानता होती है, इससे दुर्बल चित्त के राजा कभी-कभी अवगुण को गुण मान बैठते हैं। पर दृढ़ चित्त के राजा अपनी शिक्षा के बल से और मन्त्रियों की चेतावनी के सहारे गुण और अवगुण में जो मुख्य भेद है उसे समझते हैं और इस बात का ध्यान रखते हैं कि हम गुण का अनुसरण करें, अवगुण का नहीं।

ऊपर लिखी बातें यह भी सूचित करती हैं कि समझदार राजा यथार्थ बातें मानने के लिए तैयार रहते हैं अर्थात् यदि प्रमाण के साथ यह दिखलाया जाए कि उनकी राय ठीक नहीं है तो वे उसे बदलने के लिए तैयार रहते हैं। पर नासमझ राजा हठी होते हैं, यथार्थ बात मानने के लिए तैयार नहीं रहते, युक्ति और प्रमाण एक नहीं सुनते और अपने बेठीक निश्चय पर जमे रहते हैं।

बुद्धिमान राजा भारी मामलों में इस बात से अपना जी भरने के लिए कि उनके निश्चय ठीक हैं अपने विश्वासपात्र मन्त्रियों की सलाह लेते हैं और उनके निश्चयों से अपने निश्चय का मिलान करते हैं। पर नासमझ राजा मन्त्रियों से सलाह लेना अपनी शान के ख़िलाफ़ समझते हैं, अयथार्थ निश्चय करते हैं और उसका बुरा फल भोगते हैं।

कोई एक मनुष्य, चाहे वह कैसा ही अनुभवी और योग्य हो, यह नहीं कह सकता कि किसी राजकाज के मामले में उसने अकेले, बिना किसी की सलाह लिये, जो कुछ निश्चय किया है वह ठीक ही है। सम्भव है कि उसे बातों का ठीक पता न हो, उसने विचार में भूल की हो वा जिस अवस्था में कोई बात हुई हो उस पर ध्यान न दिया हो। किसी मामले में बात ठीक होगी एक, और झूठे निश्चय होंगे दस तरह के। इससे हर एक राजा के लिए, जो अपनी प्रजा को झूठे निश्चयों की बुराइयों से बचाना चाहता है, यह आवश्यक है कि वह ऊपर कहे हुए ढंग से अपने निश्चय की जाँच कर ले।

राज्य के पुराने अनुभवी मन्त्री और दीवान आदि भी यदि दूसरों से सहायता न लें तो बातों को जानने और विचारने में बड़ी भारी-भारी भूले करें। राज्य-प्रबन्ध में उन्हें जो सफलता हुई है वह ऊपर लिखे सिद्धान्तों पर चलने से।

किसी झूठे वा भ्रान्त निश्चय पर जम जाना सचमुच बहुत बुरा है। कभी-कभी कोई व्यक्ति ऐसा इसलिए करता है जिसमें लोग उसे दृढ़ समझें। पर यह सच्ची दृढ़ता नहीं है। यह झूठी दृढ़ता है। यह कोरा हठ है। लोगों को इसका पता बहुत जल्दी चल जाता है और वे उसे हठी और दम्भी समझते हैं।

राजा-महाराजों के लिए सबसे बुद्धिमानी की बात यह है कि वे झूठे निश्चयों पर कोई काम करने से बचे रहें। उन्हें चाहिए कि अपने निकाले हुए परिणामों को मन्त्रियों की सभा में प्रकट करें जिसमें उनकी जाँच हो, उन पर वाद-विवाद हो और उनके विषय में पक्का निश्चय हो। यह सब चुपचाप होना चाहिए, बाहर के लोगों को इसकी कुछ ख़बर न हो। लोग तो किसी कार्य के फल को देखते हैं। यदि फल से यह प्रकट होता है कि झूठे निश्चयों पर महाराज कोई काम नहीं करते हैं तो लोग उनको बहुत अच्छा राजा कहेंगे, वे यह न देखने जाएँगे कि किन उपायों से महाराज ऐसा करते हैं।

सारांश यह है कि हर तरह से इस बात का निश्चय कर लीजिए कि आपने जो परिणाम निकाला है वह ठीक है और तब उसके अनुसार दृढ़ता से कार्य कीजिए। इस प्रकार की दृढ़ता से काम लेना राजाओं में बड़ा गुण है।

इस विषय को समाप्त करने के पहले दो-चार बातें और इसके सम्बन्ध में कहना चाहता हूँ।

कोरी दृढ़ता एक कठोर गुण है। व्यवहार में उसकी कठोरता को कुछ कोमल करना पड़ेगा। राजा को दृढ़ होने पर भी कृपालु और शीलवान् होना चाहिए। जो बात जैसी आ पड़ती है उसके विषय में इस अभिप्राय-सिद्धि के लिए वैसा करना होता है। यह अभ्यास की बात है और अभ्यास बराबर ध्यान रखने से पड़ जाता है। दृढ़ता की जो कठोरता है वह इस प्रकार कम हो सकती है कि जिसे आपकी दृढ़ता से कुछ दुःख पहुँचा हो उसे आप शान्ति और धैर्य्य के साथ समझा-बुझा दें। उसे यह मालूम हो जाए कि आपने जो उसकी इच्छा पूरी नहीं की है वह शील न होने के कारण नहीं बल्कि न्याय की दृष्टि से, राज्य-प्रबन्ध के सिद्धान्तों के अनुसार, तथा जैसा बराबर होता आया है उसके विचार से, या ऐसे ही और किसी कारण से विवश होकर। उसे यह जता दिया जाए कि आपने जो किया वह आपका कर्तव्य था, उसके विरुद्ध आप कर ही नहीं सकते थे। यदि आपको इतना समझाने-बुझाने का अवकाश न हो तो आप किसी ऊँचे कर्मचारी को ऐसा करने की आज्ञा दे सकते हैं। दूसरा उपाय दृढ़ता की कठोरता को धीमी करने का यह है कि जिसके विरुद्ध दृढ़ता दिखाई गई हो उसके साथ आप किसी और उचित ढंग से कोई उपकार कर दें। इस बात को स्पष्ट करने के लिए एक दृष्टान्त बहुत है। मान लीजिए कि कोई कर्मचारी बुड्ढा और बेकाम हो गया है और इस कारण छुड़ा दिया गया है। वह आपके पास आकर बहुत कुछ कहता-सुनता और गिड़गिड़ाता है। आप उसे एकबारगी दुत्कार न दें। उसे समझाएँ कि आजकल यह कितना आवश्यक है कि राज्य का प्रबन्ध उत्तम हो और जब तक अशक्त कर्मचारी अलग नहीं होंगे तब तक राज्य--प्रबन्ध उत्तम होगा कैसे ? उससे आप यह भी कहें कि हम सबके सब

किसी-न-किसी दिन बुड्ढे और बेकाम हो जाएँगे और हमारे स्थान पर नए लोग आवेंगे। यदि वह कर्मचारी इस योग्य है कि उस पर कुछ कृपा की जाए तो आप उसके लड़के को उसकी योग्यता के अनुसार किसी काम पर लगा दें। दृढ़ होकर भी दयालु और उपकारी होना बड़ी बात है।

मैं पहले ही बतला चुका हूँ कि सच्ची दृढ़ता क्या है और झूठी दृढ़ता क्या है, तथा सच्ची दृढ़ता का गुण राजा-महाराजों के कितने काम का है। पर संसार का व्यवहार ऐसा है कि सब जगह पूरी-पूरी दृढ़ता से काम लेना अर्थात् तिल भर भी न डिगनेवाली दृढ़ता दिखाना न सम्भव ही है न अच्छा ही है। राजा-महाराजों को तो और भी एक गुण को दूसरे गुणों के अधीन रखना पड़ता है। दृढ़ता ही को लीजिए, उसमें भी आगे-पीछे का सोच-विचार रखना पड़ता है।

मान लीजिए कि 'क' और 'ख' को एक-दूसरे से बराबर काम पड़ता है। यदि किसी मामले में 'क' ने इतनी दृढ़ता ठान ली है कि हम 'ख' की एक न मानेंगे और 'ख' ने भी इतनी दृढ़ता ठान ली है कि हम 'क' की एक न मानेंगे तो उन दोनों की कैसे निभ सकती है ? मनमोटाव होगा, अड़चनें पड़ेंगी, झगड़े की नौबत आवेगी अथवा 'क' और 'ख' को एक-दूसरे से अलग होना पड़ेगा या और कोई भारी उपद्रव खड़ा होगा।

इससे सिद्ध हुआ कि जब जैसा आ पड़ता है उसके अनुसार कभी-कभी समझ-बूझकर आदमी को कुछ ढीला भी पड़ना पड़ता है। जब एक ओर एक आदमी की दृढ़ता है और दूसरी ओर दूसरे आदमी की दृढ़ता है तब सुलह के साथ मिल-जुलकर काम करने के लिए हर एक को दूसरे की कुछ बातें माननी पड़ती हैं और निपटेरे की कोई ठीक राह निकालनी पड़ती है। बुद्धिमान राजा की बुद्धिमानी मानने-मनाने की प्रवृत्ति में देखी जाती है। बहुत से राजा इस मानने-मनाने की प्रवृत्ति से बहुत कुछ लाभ उठाते देखे गए हैं। इसी प्रकार बहुतेरे राजा इस प्रवृत्ति के न होने से हानि उठाते देखे गए हैं।

मानने-मनाने में किसी प्रकार की हेठी वा अप्रतिष्ठा नहीं है। परस्पर के व्यवहार में समझदार लोग बराबर मानते-मनाते हैं। सार्वजनिक कार्यों में भी बड़े-बड़े लोग मान-मनाकर सुलह वा निपटेरे की राह निकालते हैं। राजनीति सदा तो मानने-मनाने ही में है। कोई राजनीतिज्ञ यह आशा नहीं कर सकता कि सदा सब बातों में उसी की चलेगी। राजा-महाराजों को इन सब बातों को अच्छी तरह समझ रखना चाहिए जिसमें ऐसा न हो कि झूठी आन में आकर वा सुलह वा निपटेरे की बात एक न मानें और अपने ऊपर बाधा वा आपत्ति लाएँ। राजाओं का लेना और छोड़ना दोनों पड़ता है।

किसी मामले में सुलह वा निपटेरे के लिए कहाँ बात रखनी चाहिए कि यह जब जैसा हो वैसा विचार लेना चाहिए। प्रायः यह देख लेना चाहिए कि अपना मन कहाँ तक बैठता है, कैसे-कैसे सिद्धान्तों का हेर-फेर है और जिन कारणों से दूसरे की बात मान रहे हैं वे कैसे हैं। किसी मामले में जहाँ तक दूसरे की बात मान लेने की आवश्यकता है उससे अधिक मानना दुर्बलता है। इसी प्रकार जहाँ तक मानना आवश्यक है वहाँ तक भी न मानना और अपने को अड़चन और संकट में डालना

नासमझी है। अपना लक्ष्य ठीक रखना चाहिए। दूसरे की बात मान लेने में हानि कितनी है और लाभ कितना है यह अच्छी तरह तौल लेना चाहिए। अगर लाभ का पल्ला भारी है तो बात मान लेनी चाहिए।

यहाँ पर थोड़े में यह बतला देना भी आवश्यक है कि जहाँ दो राज्यों के बीच मानने-मनाने का मामला होता है वहाँ जो राज्य निर्बल होता है उसे दूसरे की बातें अधिक माननी पड़ती हैं। पर जहाँ सबल पक्ष अपने बल ही को सब कुछ न समझकर युक्ति, न्याय और उदारता से भी काम लेता है वहाँ यह असमानता बहुत कुछ कम हो जाती है।

बिना आपस में माने-मनाए लोग अपने परिवारों को दुःखी करते हैं, राजनीतिज्ञ जनसमूह को दुःखी करते हैं और राजा और शासक संसार को दुःखी करते हैं।

ऊपर लिखी बातों को अच्छी तरह ध्यान में रखकर जितनी दृढ़ता आवश्यक हो उतनी दृढ़ता को काम में लाना चाहिए।

राज्य के बाहर रहना—स्वास्थ्य सुधारने के लिए वा यों ही जी बहलाने के लिए कभी-कभी यात्रा कर लेने के सिवा किसी राजा-महाराजा का व्यर्थ अपना राज्य छोड़कर बाहर समय बिताना ठीक नहीं है। कुछ लोग महाराज से कहेंगे इस गरमी में महारज शिमले वा नैनीताल चलकर रहें तो अच्छा है। इसी प्रकार कुछ लोग आकर कहेंगे, "महाराज अबकी का जाड़ा कलकत्ते में कटेगा।" जाड़े के दिनों की चहल-पहल देखने के लिए महाराज भी शायद निकल पड़ें। पर देशी रियासतों की प्रजा को अपने महाराज का इस प्रकार बाहर रहना अच्छा नहीं लगता। वहाँ के लोग चाहते हैं कि महाराज उन्हीं के बीच में रहें और मालगुज़ारी के अपने अंश को जहाँ तक हो राज्य के भीतर ही ख़र्च करें। वे चाहते हैं कि महाराज बराबर उन्हीं में रहकर उनकी भलाई में लगे रहें। उनके लिए यह बुरा लगना स्वाभाविक है कि उनके राजा अपने आनन्द के लिए देश और प्रजा को छोड़कर बाहर जाएँ।

एक और बात यह है कि यूरोपियन लोगों के आने-जाने की जगहों से किसी देशी रजवाड़े का अपने भारी दल-बल के साथ जाना प्रायः उतना पसन्द भी नहीं किया जाता। स्थान के स्वास्थ्य और लोगों के आराम में बाधा पहुँचने की आशंका होती है। इससे कई प्रकार के बन्धन रक्खे जाते हैं जो देशी रजवाड़ों को नहीं भा सकते। हथियार और गोली-बारूद ले जाने में नियमों की पाबन्दी करनी पड़ती है। महाराज और उनके आदमियों आदि के टैक्स देने के सम्बन्ध में तरह-तरह की बातें उठती हैं। महाराज और उनके आदमियों के साथ अँगरेज़ी पुलिस और अदालत के व्यवहार के विषय में टेढ़े-टेढ़े प्रश्न उठ खड़े होते हैं। वाजिब दाम और मज़दूरी आदि चुकाने पर भी प्रायः मुक़दमे दायर कर दिए जाते हैं।

इन सब बातों को विचारकर और देखकर कि राजा-महाराजों के बाहर रहने में व्यर्थ बहुत सा ख़र्च बढ़ता है जिससे उनकी प्रजा को कोई लाभ नहीं, यही कहना पड़ता है कि उन्हें अपना राज्य छोड़कर व्यर्थ बहुत बाहर नहीं रहना चाहिए।

नाम पाने का उद्योग—राजा-महाराजों को प्रसिद्ध होने के लिए बहुत उतावली नहीं करनी चाहिए। अच्छे और उदार राजा प्रसिद्ध होने की अभिलाषा करना राजा-महाराजों के लिए उचित और योग्य ही है। इस संसार में उत्तम प्रकृति के लोगों के लिए लोकोपकारी माने जाने से बढ़कर और कोई सन्तोष की बात ही नहीं है। पर ऐसी ख्याति लाभ करने के लिए कुछ समय चाहिए। वह बरसों के शुद्ध आचरण, गहरे स्वार्थ-त्याग, शान्ति और धैर्य्यपूर्वक विषयों के अध्ययन तथा लोक-हित के लिए लगातार कठिन प्रयत्न करने से मिलती है। ऐसी कीर्ति प्राप्त करने का कोई और सीधा मार्ग नहीं।

जो राजा-महाराजा इन बातों को पूरी तरह समझते हैं वे बहुत सी स्थिर बातों में केवल नाम के लिए व्यर्थ छेड़छाड़ करने की धुन में नहीं पड़ते। वे धैर्य्य और शान्ति के सुगम मार्ग पर चलते हैं।

जो राजा बात-बात में वाहवाही के भूखे रहते हैं वे दुःख उठाते हैं। संसार को अपने कामों से इतनी छुट्टी कहाँ कि हर घड़ी राजों की 'वाह वाह' किया करे और यह ठीक भी नहीं है कि दुनिया की वाहवाही इतनी सस्ती हो जाए कि सड़ी-सड़ी बातों के लिए भी लुटा करे।

जो राजा अवसर नहीं जोहते और नाम पाने के लिए अधीर रहते हैं वे कभी-कभी समाचारपत्रों में तारीफ़ छपवाते हैं। भाड़े के खुशामदी टट्टू ऐसे राजों के छोटे-मोटे कामों के लिए भी ख़ूब लम्बे-चौड़े वृत्तान्त लिखते हैं और बात-बात में उनकी बेसिर-पैर की बुद्धिमानी और उदारता की प्रशंसा लोगों से कराना चाहते हैं। पर ज़बरदस्ती नाम पैदा करने के ऐसे-ऐसे यत्नों का अन्त में कुछ भी फल नहीं होता। परखनेवालों को भाड़े के टट्टुओं की झूठी और बढ़ाई हुई बातों को ताड़ने में देर नहीं लगती।

इसलिए नए राजों के लिए सबसे अच्छी सलाह यह है—बराबर दृढ़ता के साथ, बिना आडम्बर वा दिखावट के भलाई करते रहिए। इस प्रकार यश के अधिकारी हो जाइए और देखिए वह कब मिलता है; अन्त में वह मिले ही गा।

डेपुटेशन—राजा-महाराजों को स्वयं डेपुटेशनों से मिलने में बहुत सावधान रहना चाहिए। यदि यह मालूम हो जाएगा कि अमुक राजा वा महाराजा डेपुटेशनों से बहुत मिलते हैं तो उनसे इतने अधिक डेपुटेशन मिलना चाहेंगे जिनका अन्त नहीं—उनकी प्रजा के भिन्न-भिन्न वर्गों के डेपुटेशन, आसपास के नगरों के डेपुटेशन, दूर-दूर तक की मंडलियों के डेपुटेशन, चारों ओर से डेपुटेशन-ही-डेपुटेशन आवेंगे। वे बड़े-बड़े ऐड्रेस (अभिनन्दनपत्र) देंगे और लम्बी-चौड़ी स्पीचें झाड़ेंगे। कभी वे टेढ़े-टेढ़े विवाद उठावेंगे और किसी विषय पर महाराज से ठीक-ठीक उत्तर चाहेंगे। वे धर्म, राजनीति, कला-कौशल तथा और विषयों से सम्बन्ध रखनेवाली न जाने कितनी बातों से महाराज को हैरान करेंगे। जो कुछ महाराज उनसे कहेंगे वा नहीं भी कहेंगे उसकी चारों ओर कड़ी-कड़ी आलोचनाएँ होंगी।

चलता हुआ नियम तो यह होना चाहए कि साधारण डेपुटेशन जो हों वे महाराज के मन्त्रियों के पास भेज दिए जाएँ। जैसे मान लीजिए कि कोई डेपुटेशन माल (लगान

मालगुज़ारी) के सम्बन्ध में कुछ बातें कहना चाहता है, उसे सीधे मालविभाग के अधिकारी वा मन्त्री के पास जाना चाहिए। यदि किसी डेपुटेशन को शिक्षा-विभाग से सम्बन्ध रखनेवाली बात कहनी है तो उसे शिक्षा-विभाग के अधिकारी के पास जाना चाहिए। इसी तरह और भी समझना चाहिए। विभाग का अधिकारी डेपुटेशन से अच्छी तरह मिले, उसकी सब बातें सुने और जो कुछ करना हो उसे करे। कोई बड़ा मामला हो तो डेपुटेशन दीवान या प्रधानमन्त्री के पास जाए। जहाँ डेपुटेशन की बातें काम-काज की हों वहाँ के लिए यही सबसे अच्छी और सुगम रीति है।

महाराज स्वयं डेपुटेशन से मिलना केवल तब स्वीकार करें जब डेपुटेशन, उसका विषय वा अवसर बड़े महत्त्व का हो। ऐसा संयोग कम पड़ता है। दीवान से पूछने पर मालूम हो सकता है कि कौन बात कैसी है।

जब कभी ऐसा संयोग पड़े तो भी दीवान को पहले से डेपुटेशन के विषय और उद्‌देश की सूचना होनी चाहिए। डेपुटेशन की ओर से जो ऐड्रेस वा अभिनन्दनपत्र दिया जानेवाला हो उसे दीवान को देख लेना चाहिए जिसमें वह महाराज को उसके लिए तैयार कर सके।

महाराज की ओर से डेपुटेशनों के जो उत्तर हों वे बड़ी सावधानी के साथ खूब सोच-समझकर लिखे जाएँ। यदि उत्तर स्पष्ट और ठीक-ठीक दिया जा सकता हो तो अच्छी ही बात है। पर प्रायः ऐसा होता है कि महाराज की ओर से तुरन्त ठीक-ठीक उत्तर नहीं दिया जा सकता। बात को पीछे से अच्छी तरह से विचारना रहता है। जहाँ यह हो वहाँ महाराज झटपट बिना सोचे-समझे ऐसा उत्तर न दें जिससे उनकी कोई राय वा कार्रवाई प्रकट हो। उत्तर ऐसा हो जिससे कोई आशा न बँधे और जिसमें कोई ऐसे वादे न हों जिनका पूरा करना आगे चलकर कठिन हो। सारांश यह कि ऐसे उत्तर के लिए बड़ी बुद्धि और चतुराई चाहिए। यह नहीं कि हर एक आदमी जो शुद्ध-शुद्ध भाषा लिख सकता है ऐसे उत्तर तैयार कर ले। अच्छा तो यह होगा कि महाराज ऐसे उत्तर अपने मन्त्रियों से तैयार करावें। योरप के सम्राट भी इसी रीति पर चलते हैं।

राजा-महाराजों को किससे सलाह लेनी चाहिए—राजकाज के मामलों में राजा-महाराजों को सलाह लेने की कितनी आवश्यकता है यह मैं पहले दिखला चुका हूँ। सलाह लेने का मतलब यह है कि ठीक निश्चय पर पहुँचे जिससे राज्य का प्रबन्ध उत्तम हो।

अब प्रश्न यह उठता है कि राजा-महाराजा सलाह लें तो किससे लें। यह तो ठीक नहीं कि जिस किसी से हुआ उसी से सलाह ले ली। बीसों आदमी राजा-महाराजों को बात-बात में सलाह देने को तैयार रहते हैं। जो सबसे मूर्ख होते हैं वे तो इस बात में सबसे आगे रहते हैं क्योंकि न उन्हें सन्देह सताते हैं, न अड़चनें सुझाई पड़ती हैं।

राजा-महाराजों को मन्त्रदाता वा सलाहकार बहुत समझ-बूझकर चुनना चाहिए। राजा-महाराजों का यह एक बहुत बड़ा और आवश्यक कर्तव्य है। यह उन मुख्य बातों में से है जिनके कारण उन्हें राजकाज में सफलता होती है।

राजा-महाराजों को समझ-बूझकर ऐसे मन्त्रदाता वा सलाहकार चुनने चाहिएँ जिनमें ये गुण मुख्य हों–

(क) जिस कार्य्य में सलाह लेनी हो उसके तत्त्व और सिद्धान्तों की जानकारी।

(ख) व्यवहार का अनुभव जिससे यह जाना जाता है कि उस जानकारी को कहाँ-कहाँ किस प्रकार काम में लाना चाहिए।

(ग) सत्यप्रियता, न्यायप्रियता और स्वार्थत्याग की प्रवृत्ति जिनसे आशय उच्च होता है, नीयत अच्छी होती है।

राजा-महाराजों को इन गुणों को अच्छी तरह समझ लेना चाहिए और जिनमें ये गुण हों उन्हें सलाहकार चुनना चाहिए। जो राजा-महाराजा ऐसा करेंगे वे संसार को यह दिखला देंगे कि उनमें योग्यता और विवेक है। इसमें सन्देह नहीं कि राजा-महाराजा की कीर्ति और सफलता बहुत कुछ अच्छे सलाहकारों के चुनाव पर निर्भर है।

तात्पर्य्य यह निकला कि राजा-महाराजा को ऐसे लोगों की सलाह न लेनी चाहिए जिनमें ऊपर लिखे हुए गुण न हों। ऐसे लोगों की सलाह किसी काम की नहीं। उनसे तो उलटे हानि पहुँच सकती है। सो ऐसे लोग यदि राजा-महाराजा को सलाह देने आवें, जैसा कि वे प्रायः करते हैं, तो श्रीमानों के लिए अच्छा यही होगा कि उनकी ओर विशेष ध्यान न दें। ऐसी सलाहों को सुनना तक समय नष्ट करना और सिर दुःखाना है। यदि कोई राजा-महाराजा ऐसे लोगों की सलाह सुनेंगे तो वे शिक्षित समाज की दृष्टि से गिर जाएँगे। इसके सिवाय उनके शुभचिन्तकों को भी अपने महाराज की बुद्धि का कुछ विश्वास न रहेगा। ऐसे शुभचिन्तक कहेंगे वा मन में समझेंगे कि–"महाराज को योग्य और अयोग्य सलाह की पहचान तो है नहीं, उनकी बुद्धि का तो कुछ ठिकाना नहीं। संयोग की बात है जिस किसी की सलाह चल जाए।"

मैंने इस विषय को थोड़ा विस्तार के साथ कहा है क्योंकि ऐसा प्रायः हुआ है–और देशी रियासतों में तो बहुत हुआ है कि अच्छी-से-अच्छी और पक्की से पक्की सलाह किसी कुचक्री कारकुन, मुँहलगे नौकर, संकीर्ण-चित्त पुजारी, या चतुर गवैए की सलाह के आगे नहीं चल सकी है। इस प्रकार बहुत सी रियासतों का प्रबन्ध गड़बड़ाया है और बहुत सी रियासतें चौपट हो गई हैं।

ऊपर लिखी बातों को अच्छी तरह समझ लेने और ध्यान में रख लेने से राजा-महाराजा उन बहुत से अयोग्य सलाहकारों से अपना पिंड छुड़ा सकेंगे जो राज-दरबारों में सदा अपनी राय भिड़ाने का अवसर ताका करते हैं। किसी राजा के लिए अयोग्य सलाहकारों से छुटकारा पाना बड़ा शुभ लक्षण है।

अतः इसके पहले कि राजा-महाराजा किसी व्यक्ति की सलाह लें वा मानें उन्हें अपने मन में यह प्रश्न कर लेना चाहिए–क्या उस मनुष्य को उस विषय (जिसमें राय लेनी है) के सिद्धान्त और व्यवहार का ज्ञान है और क्या वह सत्यप्रिय, न्यायप्रिय और निःस्वार्थ है ? यदि मन में बैठे कि 'हाँ' तब तो वह मनुष्य योग्य सलाहकार है। यदि मन में ऐसा न बैठे तो वह मनुष्य योग्य सलाहकार नहीं है।

अब मान लीजिए कि किसी राजा-महाराजा ने यह अच्छी तरह समझ लिया कि कैसे योग्य सलाहकार चुनना चाहिए। यदि ये योग्य सलाहकार सबके सब एकमत हों और एक ही सलाह महाराज को दें तो बहुत ही अच्छा है। पर प्रश्न यह उठता है कि यदि ये योग्य सलाहकार सहमत न हों और एक-दूसरे के विरुद्ध राय दें तो महाराज क्या करें। ऐसा प्रायः हो सकता है, इससे यह जान लेना अच्छा है कि ऐसी अवस्था में क्या करना चाहिए।

यदि योग्य सलाहकार एक-दूसरे से भिन्न और विरुद्ध राय दें तो इसका निर्णय करना महाराज ही के ऊपर है कि किसकी सलाह पर चलना सबसे अच्छा है। यह महाराज का बहुत बड़ा काम है। इसे उन्हें बड़े विचार और सावधानी से करना चाहिए।

मैं आगे कुछ बातें बतलाता हूँ जो राजा-महाराजा के बड़े काम की होंगी।

सलाह चुनने में कई बातों का विचार रखना चाहिए जिनमें से मुख्य ये हैं।

किसी ज़िम्मेदार अफ़सर की सलाह के सामने किसी इधर-उधर के आदमी की सलाह को न मानना चाहिए। इधर-उधर का आदमी चाहे कैसा ही योग्य और विचारवान् हो, ठीक-ठीक निर्णय करने के लिए उतना उपयुक्त नहीं हो सकता। जवाबदेही का ध्यान—अर्थात् यह ध्यान कि महाराज को कच्ची राय देने से विश्वास उठ जाएगा एक ऐसा बन्धक वा मुचलक़ा है जो ज़िम्मेदार अफ़सर से भरसक अच्छी ही राय दिलावेगा। पर जिसके सिर कोई जवाबदेही नहीं उसके विषय में इस प्रकार की कोई पुष्टि नहीं रहती, और रहती भी है तो बहुत कम।

इस बन्धक से पूरा-पूरा लाभ उठाने के लिए राजा-महाराजा को चाहिए कि भारी मामलों में जो सलाह उन्हें दी जाए उसे वे सलाह देनेवाले से दस्तख़त और मिति वार के सहित स्मरणपत्र के रूप में लिखा लें। यह अनुभव की बात है कि बहुतेरे लोगों से जो ज़बानी बातचीत में यों ही बिना सोचे-विचारे कुछ-न-कुछ कह देते हैं जब लिखकर सम्मति देने के लिए कहा जाता है तब वे अपनी जवाबदेही का अधिक ध्यान रखते हैं। जो कुछ वे लिखते हैं वह उससे अधिक सोचा-समझा, अधिक स्पष्ट और अधिक ठीक होता है जिसे वे केवल मुँह से कहते हैं।

जिस बात में सलाह लेनी है यदि वह सिद्धान्त की बात है तो उसकी सलाह को सबके ऊपर माने जो वैसे सिद्धान्तों में निपुण हो। इसी प्रकार जिस बात में सलाह लेनी है यदि वह व्यवहार-ज्ञान की बात है तो उस आदमी की सलाह सबके ऊपर माने जो वैसे व्यवहारों में पक्का हो।

और सब बातों का विचार करके जिस सलाह को बहुत से योग्य पुरुष दें उसे उस सलाह से अधिक मानना चाहिए जिसे कम लोग दें।

सब बातों का विचार करके उस सलाह पर चलना चाहिए जिससे चलते हुए कामों में सबसे कम बाधाएँ पड़ें।

और सब बातों का विचार करके उस सलाह को मानना चाहिए जो प्रजा की इच्छा और भावना के सबसे कम विरुद्ध हो।

इसी प्रकार उस सलाह को मानना चाहिए जो पड़ोस के राज्य में विशेषकर अँगरेज़ी राज्य में प्रचलित रीति के सबसे अधिक मेल में हो।

इसी प्रकार उस सलाह पर चलना चाहिए जिसे आप समझें कि राज्य की भलाई के लिए अँगरेज़ी सरकार भी अधिक पसन्द करेगी।

कहाँ किस प्रकार और किस सलाह पर चलना चाहिए इसका निर्णय करने के लिए ऊपर लिखी बातें बड़े काम की हैं।

सबसे उलझन वहाँ पड़ेगी जहाँ ऊपर लिखी सब बातों का विचार करने से कोई एक राह न सूझेगी अर्थात् कुछ बातों का विचार करने से मन में बैठेगा कि ऐसा करना चाहिए और कुछ बातों का विचार करने से यह ठहरेगा कि ऐसा नहीं, ऐसा करना चाहिए। ऐसी दशा में पक्ष और विपक्ष की बातों को अच्छी तरह तौलना चाहिए और पल्ला देखकर निश्चय करना चाहिए।

पक्ष और विपक्ष की बातों को किस तरह तौलना चाहिए और पल्ला किस तरह आँकना चाहिए ठीक-ठीक बतलाना कठिन है। यह अभ्यास और परख की बात है।

राजा-महाराजों को ठीक-ठीक निर्णय करने में बहुत कुछ सुबीता हो सकता है, यदि वे भिन्न-भिन्न मत देनेवाले अपने सलाहकारों को अपने सामने आपस में वाद-विवाद करने दें और स्वयं भी उस विवाद में सम्मिलित हों तथा ऊपर जिन बातों का विचार रखने के लिए कहा गया है उसके सम्बन्ध में पूछताछ करें। इस विवाद का फल यह होगा कि जिन बातों में परस्पर भेद पड़ता होगा वे तय हो जाएँगी और सब लोग एक परिणाम पर पहुँच जाएँगे।

यदि सब लोग एक परिणाम पर न पहुँचें और महाराज देखें कि ऊपर कही सब बातों को तौलकर ठीक-ठीक पल्ला नहीं आँक सकते तो सबसे अच्छा होगा कि यदि सम्भव हो तो महाराज उस विषय को फिर किसी समय सोचने और विचारने के लिए टाल रखें। आगे चलकर कोई ठीक राह निकल ही आएगी।

यदि उस विषय का टालना सम्भव न हो और उसी समय निर्णय की आवश्यकता हो तो राजा-महाराजों के लिए सबसे अच्छा यह होगा कि वे अपने प्रधानमन्त्री की सलाह को सबसे ऊपर मानें और उसी पर चलें।

काम का बोझ–राजा-महाराजों को अपने ऊपर बहुत अधिक कामों का बोझ नहीं लेना चाहिए। उन्हें इतना काम न उठाना चाहिए कि उनके स्वास्थ्य को हानि पहुँचे। उन्हें आराम के लिए पूरा समय न मिले और काम भी उतनी समझ-बूझ और सोच-विचार के साथ न हो।

राजा-महाराजों को यह याद रखना चाहिए कि उन्हें जीवन भर काम ही करना है, कुछ दिन खूब परिश्रम करके फिर चुपचाप बैठ नहीं रहना है। इससे काम भी एक हिसाब से करना चाहिए।

मोटे तौर पर राजा-महाराजों को प्रतिदिन चार-पाँच घंटों से अधिक काम नहीं करना चाहिए। इससे उन्हें स्वास्थ्य सुधारने, आराम करने, पढ़ने-लिखने, परिवार की देखभाल

करने, इष्ट मित्रों से मिलने तथा सुख और आनन्द के लिए समय रहेगा। जब कोई और ऊपर का काम आ जाए तब महाराज कुछ अधिक समय अवश्य लगावें।

बहुत से छोटे ब्योरों को तो राजा-महाराजों को अपने प्रधानमन्त्री के ऊपर छोड़ देना चाहिए। उनके सम्बन्ध में एक-एक मामले में अलग-अलग ब्योरेवार आज्ञा देने से अच्छा यह होगा कि महाराज एक सामान्य आज्ञा दे दें जो एक ही प्रकार के बहुत से मामलों पर घटे। इस युक्ति से बहुत सा समय और श्रम बचेगा। सिद्धान्त यह है कि महाराज बहुत से ऐसे कामों का बोझ अपने ऊपर न उठा लें जिन्हें और लोग भी अच्छी तरह कर सकते हैं। महाराज एक इंजीनियर के समान हैं। इंजीनियर को आप इंजिन के कल-पुरजों को नहीं चलाना पड़ता। इंजीनियर जितना ही अधिक दक्ष होगा उतना ही वह इंजिन से अधिक काम लेने का प्रबन्ध करेगा और अपने लिए बहुत सा समय देखभाल और सुधार करने के लिए निकालेगा।

कामकाज--राजा-महाराजों को अपना स्वास्थ्य और बुद्धि ठिकाने रखने के लिए यह बहुत आवश्यक है कि वे व्यर्थ के झंझटों से अपने को बचाए रहें। यदि वे इस बात का ध्यान नहीं रक्खेंगे तो बहुत माथापच्ची करनी पड़ेगी।

न जाने कितने लोग तरह-तरह की प्रार्थनाएँ लेकर महाराज के पास पहुँचेंगे और कुछ-न-कुछ चाहेंगे। उनमें से मुख्य ये होंगी--

(क) नौकरी, तरक़्क़ी, वेतनवृद्धि और एक स्थान से दूसरे स्थान पर बदली के लिए प्रार्थनाएँ।

(ख) मुआफ़ी ज़मीन के लिए प्रार्थनाएँ।

(ग) ब्याह-शादी के लिए पोशाक, गहने और रुपए पैसे की याचना।

(घ) सीधे के लिए प्रार्थना।

(च) गाड़ी, घोड़ा, सवार आदि मँगनी पाने की प्रार्थना।

(छ) उधार और पेशगी आदि के लिए प्रार्थना।

(ज) जो बातें तै हो चुकी हैं उन्हें रद्‌द करने, बदलने वा फिर से विचारने की प्रार्थना।

(झ) धर्मार्थ दान और चन्दे के लिए प्रार्थना, इत्यादि इत्यादि।

इस प्रकार के बहुत से झंझटों से राजा-महाराजा दो-चार सिद्धान्तों का ध्यान रखने से बच सकते हैं। वे यहाँ संक्षेप में कहे जाते हैं।

उन मामलों में, जिनके विषय में सब कार्रवाई करने का अधिकार महाराज ने भिन्न-भिन्न विभागों के अधिकारियों को दे रक्खा है, महाराज को हाथ न डालना चाहिए। यही उचित और योग्य है।

बहुत से मामलों में महाराज प्रार्थी से कह सकते हैं कि जिस विभाग से सम्बन्ध है उसके अधिकारी द्वारा प्रार्थना करो।

बहुत से मामलों में महाराज कहें कि हम व्यय की वर्तमान सीमा को बढ़ा नहीं सकते, क्योंकि यह बहुत आवश्यक है कि आए से व्यय कम रहे।

बहुत से मामलों में पुराने दाखलों के हवाले पर चलना चाहिए।

कुछ मामलों में इस सिद्धान्त को बर्तें कि जिस बात पर एक बार विचार और निश्चय हो चुका उस पर फिर, जब तक कोई नया और बहुत ही आवश्यक कारण न दिखाया जाए, विचार नहीं हो सकता।

निर्णय वा विवेक—जो लोग ऊँचे पद पर हैं और बड़े-बड़े अधिकार रखते हैं, विशेषकर जो राजा हैं, उन्हें सदा निर्णय का अभ्यास रखना चाहिए। यह एक पक्ष के कारणों को एक ओर और दूसरे पक्ष के कारणों को दूसरी ओर रखकर तौलने और पल्ला आँकने का अभ्यास है। यह अभ्यास बहुत ही आवश्यक और उपयोगी है और यत्न करने से प्राप्त होता है।

जब बहुत सी बातों में से किसी एक बात को चुनना हो तो चुनाव मनमाना नहीं होना चाहिए। चुनाव किसी अच्छे कारण से होना चाहिए। बड़े और छोटे सब मामलों में यही सिद्धान्त रखना चाहिए। सारांश यह कि चाहे कोई बात हो, बुद्धि को ऊपर रखना चाहिए।

जो राजा बुद्धि के अनुसार चलता है उसका मार्ग सदा निष्कंटक रहता है।

यदि कोई किसी राजा से कहे कि ऐसा कीजिए तो उससे उसका कारण पूछना चाहिए।

सब बातें बुद्धि के अनुसार करने से राजा की पुष्टि रहेगी, क्योंकि सब बुद्धिमान उनका पक्ष लेंगे। प्रजा और सर्वसाधारण की भी सहानुभूति और सहायता रहेगी।

सच तो यह है कि यह निर्णय वा विवेक ही की शक्ति है जिसके कारण एक आदमी कुछ और होता है दूसरा कुछ और। यदि दो आदमी सामान्य दशा में रक्खे जाएँ तो वह आदमी अधिक सफलता प्राप्त करेगा जिसमें विवेक अधिक होगा।

पर निर्णय शक्ति वा विवेक किसी को जन्म से नहीं होता। इसको धैर्य्य के साथ अभ्यास द्वारा प्राप्त करना पड़ता है। उसको ठीक-ठीक काम में लाने के लिए पक्के सिद्धान्तों की भरपूर जानकारी चाहिए। यह भी देखना चाहिए कि बड़े-बड़े प्रसिद्ध पुरुष कठिन और उलझन के मामलों में किस प्रकार निर्णय करते हैं। इस बात की जानकारी के लिए नित्य कुछ पुस्तकें पढ़ी जाएँ तो अच्छा है।

पूरा-पूरा विचार—यदि राजा-महाराजों के पास आज्ञा के लिए कोई बात आए तो उन्हें यह देख लेना चाहिए कि उसका प्रभाव—

(क) उन पर,
(ख) उनकी प्रजा पर,
(ग) और राज्यों की प्रजा पर,
(घ) अँगरेज़ी सरकार पर,
(च) सर्वसाधारण पर तथा
(छ) आगे आनेवाली उसी प्रकार की और बातों पर कैसा पड़ेगा।

भारी-भारी मामलों में इन्हीं सब बातों को अच्छी तरह देखना चाहिए।

किसी कार्रवाई की भलाई-बुराई समझने के लिए यह भी देख लेना चाहिए कि यदि और लोग भी वैसी ही कार्रवाई करें तो वह हमें कैसी लगेगी। इसमें यह सिद्धान्त रक्खा गया है कि तुम दूसरे लोगों के साथ वैसा ही करो जैसा कि तुम चाहते हो कि वे तुम्हारे साथ करें।

मेरे कहने का तात्पर्य यह है कि किसी कार्रवाई का प्रभाव किन-किन बातों पर कैसा पड़ेगा यह अच्छी तरह देख लेना चाहिए। इसके देखने में वर्तमान का भी ध्यान रखना चाहिए और भविष्य का भी।

प्रस्तावों के परिवर्तन की प्रवृत्ति—बहुत से राजा-महाराजों को जो प्रस्ताव उनके सामने लाया जाता है उसमें कुछ-न-कुछ फेर-फार करने का बड़ा चाव रहता है—चाहे फेर-फार की कोई आवश्यकता हो, चाहे न हो। इस प्रवृत्ति से अपने को बचाना चाहिए। इस प्रवृत्ति से काम में रुकावट पड़ सकती है।

इस प्रवृत्ति का मूल है अहंकार। इस प्रवृत्तिवाला मनुष्य समझता है कि यदि हम अपने सामने आए हुए प्रस्ताव में कुछ अदल-बदल करेंगे तो हमारा बड़प्पन रहेगा। पर यह भूल है। अदल-बदल करने ही में बुद्धिमानी नहीं है। अदल-बदल का जब कोई ठीक कारण होगा तभी बड़प्पन और बुद्धिमानी समझी जाएगी। जहाँ बिना किसी ठीक कारण के केवल छोटाई-बड़ाई के ख़याल से अदल-बदल किया जाता है वहाँ केवल चित्त की दुर्बलता सूचित होती है। लोग इस दुर्बलता को चट भाँप जाते हैं। वे असल और नक़ल की पहचान कर लेते हैं।

राजा-महाराजा उपस्थित प्रस्ताव की जहाँ तक जाँच करते बने, करें। उन पर विवाद भी करें। जो बात अयुक्त हो उसे कहें और पूछताछ करें। यदि यह मन में बैठ जाए कि इन कारणों से अदल-बदल करना आवश्यक है तो अदल-बदल करें। पर यों ही केवल अधिकार और बड़प्पन जताने के उद्देश से अदल-बदल करना बड़ी बुरी बात है।

मैंने देखा है कि चापलूस लोग, जिनसे शायद ही कोई राज-दरबार बचा हो, इस प्रवृत्ति को बढ़ावा देकर उभाड़ते हैं। पर इन लोगों के फेर में पड़ना मानो अपने को भूलकर अपनी हानि आप करना है।

बात के ठीक जँचने पर और कर्मचारियों पर इतना विश्वास होने पर कि उनके हाथ में सब ब्योरा ठीक रहेगा जो राजा-महाराजा दृढ़चित्त होकर कहते हैं कि "मैं सहमत हूँ" वे काम को बड़ा सुगम कर देते हैं। यही एक उपाय है जिससे काम में अड़चन नहीं पड़ सकती और राजा-महाराजों को भी ध्यान देने योग्य भारी-भारी मामलों को निपटाने का पूरा अवकाश मिल सकता है।

साध्य और साधन—किसी काम को अच्छी तरह और सफलतापूर्वक करने के लिए पहले यह साफ़-साफ़ समझ लेना ज़रूरी है कि वह उद्देश क्या है जिसे पूरा करना है और विशेष लक्ष्य क्या है और क्या नहीं है।

यह हो जाने पर दूसरा विचार साधन वा उपाय का करना चाहिए। एक उद्देश की सिद्धि के अनेक साधन वा उपाय हो सकते हैं। इनमें से कौन सबसे अच्छा है, इसका निश्चय जितनी सावधानी से हो सके कर लीजिए।

सबसे अच्छा उपाय ठहरा लेने पर उन सब कठिनाइयों और आपत्तियों को सोचिए जो उद्देश में बाधा डाल सकती हैं वा उसे निष्फल कर सकती हैं और उन कठिनाइयों और आपत्तियों को दूर करने का उपाय कीजिए वा सोचे रहिए।

तब देश, काल और अवस्था का विचार करके काम को कर चलिए।

यदि इस ढंग से कोई चलेगा तो सफलता का विस्तार बढ़ जाएगा अर्थात् बहुत सी बातों में सफलता होगी।

यद्यपि ऊपर बताया हुआ ढंग बहुत सीधा है पर बहुत से लोग उस पर नहीं चलते और चलते भी हैं तो पूरी तरह नहीं। ऊपर लिखे ढंग पर कोई कम चलता है कोई अधिक, इसी से जीवन में किसी को कम सफलता होती है किसी को अधिक।

जो मनुष्य इस ढंग वा युक्ति का पूरा-पूरा ध्यान रखता है वह कभी चक्कर में नहीं पड़ता। वह तो पहले से सोच-समझकर ठहराई हुई शैली पर बराबर चला चलता है। पर जो मनुष्य कोई काम उठाने में इसका ध्यान नहीं रखता वह बिना ठीक ठिकाने के चलता है और पग-पग पर घबराता और अधीर होता है।

जो बातें मैंने कही हैं वे सब पर घटती हैं पर राजा-महाराजों पर विशेष रूप से, जिन्हें बराबर कुछ-न-कुछ करना रहता है और जिन्हें प्रायः बड़े-बड़े मामलों में कार्रवाई करनी रहती है।

कर्मचारियों के साथ व्यवहार—जबकि एक बार कर्मचारी पूरी सावधानी के साथ योग्यता देखकर चुने गए तब फिर महाराज को उन पर विश्वास रखना चाहिए। महाराज का यह सन्देह करना न्याय और नीति के विरुद्ध होगा कि वे ठीक-ठीक बातें नहीं बतलाया करते वा अंडबंड कार्रवाई कराया करते हैं। जिन राजा-महाराजों ने यह नहीं सीखा है कि दूसरों पर किस तरह विश्वास रखना चाहिए वे अपने जीवन में कुछ नहीं कर सकते क्योंकि कोई खुशी से उनका साथ देनेवाला नहीं मिलता।

राजा-महाराजों को चाहिए कि अपने उच्च कर्मचारियों के साथ शिष्टता और मान का व्यवहार करके उनकी मर्यादा की रक्षा और पुष्टि करें।

संसार में ऐसे मनुष्य नहीं मिल सकते जो सब गुणों में पूरे हों। योग्य-से-योग्य मनुष्य में भी कोई-न-कोई कसर रहती ही है। राजाओं को इस प्रत्यक्ष बात का ध्यान उदारतापूर्वक रखना चाहिए। मनुष्य की सब बातों को देखे और ''करे दोष को कुछ अनदेख, गुण पर रीझे सदा विसेख''।

बड़े-बड़े अफ़सरों को मामलों पर बेधड़क वाद-विवाद करने और अपना मतभेद प्रकट करने का पूरा अधिकार रहना चाहिए।

राजा-महाराजों से जहाँ तक हो सके किसी बड़े अफ़सर की पीठ पीछे बुराई न करें। किसी अफ़सर के विरुद्ध जहाँ कोई बात महाराज के मुँह से निकली कि वह चट दूर तक फैला दी जाएगी, फिर लोग उस अफ़सर को कुछ न समझेंगे और वह अपना काम अच्छी तरह से नहीं कर सकेगा।

इन्हीं सब बातों का ध्यान रखकर इधर-उधर के साधारण मनुष्यों को, जो राज-दरबारों में पहुँचा करते हैं, बड़े-बड़े अफ़सरों के विषय में मनमाना अंडबंड न बकने देना चाहिए। ऐसे प्रार्थनापत्र भी न लेने चाहिएँ जिनमें बड़े अफ़सरों के प्रति व्यर्थ अपमान-सूचक शब्द लाए गए हों।

यदि महाराज को किसी बड़े अफ़सर को कुछ बुरा-भला कहना हो तो अच्छा यह होगा कि एकान्त में कहें, दस आदमियों के सामने नहीं।

सारांश यह कि देश भर यह देखे कि महाराज और उनके कर्मचारी मिल-जुलकर एक गहरा गुट्ट बनाए हैं और उनमें वह शक्ति पूरी-पूरी है जो उद्देशों, भावों और कर्मों की एकता से होती हैं।

मैं यह कह चुका हूँ कि राजा-महाराजा बहुत अधिक काम न करें। राजा-महाराजों को यह भी देखना चाहिए कि उनके उच्च कर्मचारी काम से बहुत अधिक नहीं दबे हैं और उन्हें थोड़ा-बहुत विश्राम करने, पढ़ने-लिखने और स्वास्थ्य सुधारने का समय मिलता है। यदि उनका इतना ख़याल रखा जाएगा तो वे काम और भी अच्छा करेंगे।

विश्वास–विश्वास का बना रहना सार्वजनिक कार्यों के लिए अत्यन्त आवश्यक है। सार्वजनिक कार्यों के लिए तो वह जितना आवश्यक है उतना निज के कामों में भी नहीं। साधारणतः यह कहा जा सकता है कि किसी उत्तम गुण का होना राज्य के लिए उससे अधिक आवश्यक है जितना कि वह व्यक्ति के लिए है, क्योंकि राज्य की ओर से जो कार्य होते हैं उनका प्रभाव बहुत दूर तक पड़ता है।

विश्वास बनाए रखने के लिए यह आवश्यक है कि जो प्रतिज्ञा वा वादा किया जाए वह पूरा करने की इच्छा से, और वह पूरा किया जाए।

खेद है कि बहुत सी देशी रियायतों में इस सिद्धान्त का ध्यान नहीं रखा जाता। फल क्या होता है ? देशी रियासतों की ओर से जो वादे किए जाते हैं उन पर कोई पूरा विश्वास नहीं करता, चाहे वे वादे कैसे ही पक्के क्यों न हों।

इस बात में अँगरेज सरकार और देशी रियासतों में क्या अन्तर है वह एक दृष्टान्त देकर दिखाया जा सकता है। मान लीजिए कि किसी देशी रियासत ने उधार लेने की घोषणा की अर्थात् उसने सर्वसाधारण से कुछ रुपया उधार लेना चाहा। अब मान लीजिए कि अँगरेज सरकार ने भी रुपए उधार लेने की घोषणा की। यह निश्चय है कि जिस धड़ाके के साथ लोग अँगरेज़ सरकार को रुपया देने दौड़ेंगे उस धड़ाके के साथ देशी रियासत को नहीं। देशी रियासत चाहे सूद भी अधिक देती हो पर लोग कम सूद पर अँगरेज़ सरकार को रुपया देना पसन्द करेंगे। यह भेदभाव क्यों है ? इसलिए कि लोग समझते हैं कि अँगरेज़ सरकार अपने वादे अच्छी तरह पूरा करेगी पर किसी देशी रियासत के विषय में उन्हें इतना अधिक निश्चय नहीं रहता।

सर्वसाधारण के आराम, रक्षा और विश्वास तथा उन्नति और सुख के लिए यह आवश्यक है कि राजा-महाराजा किसी मनुष्य वा किसी समाज से जो वादे करें उन्हें वे पूरा करें।

पर इसके लिए यह आवश्यक है कि जो वादे किए जाएँ बिना समझे-बूझे नहीं। कोई वादा करने के पहले पूरी जाँच-पड़ताल और पूरा सोच-विचार कर लिया जाए।

इनाम–राजा-महाराजों को न तो एकबारगी बिना समझे-बूझे और बेहिसाब इनाम देना चाहिए और न इनाम देने में बहुत सोच-विचार और कंजूसी करनी चाहिए। उन्हें न्यायी और उदार होना चाहिए। ऐसा करना लोक-धर्म है और इससे लोकहित की वृद्धि होती है।

इनाम या तो धन के रूप में होता है, वा मान और प्रतिष्ठा के रूप में होता है अथवा दोनों रूपों में होता है। इनाम का उद्देश है सुख पहुँचाना और अच्छे कामों के लिए उत्साह उत्पन्न करना। इससे इनाम देनेवाले को इस बात का ध्यान रखना चाहिए कि यह उद्देश पूरा हो अर्थात् इनाम जो दिया जाए वह सुख पहुँचाने भर को हो और वह इस तरह सोच-समझकर कर दिया जाए कि उससे अच्छे काम के लिए उत्साह मिले।

किसी नौकर या कर्मचारी को जो मामूली तनख़्वाह मिलती है वह मामूली काम के लिए है ही, इससे उसके लिए उसे कोई ख़ास इनाम देने की ज़रूरत नहीं। मामूली काम के लिए ऊपर से कुछ इनाम देने से उलटी बुराई हो सकती है। इनाम-इकराम की बात तो तब उठनी चाहिए जब नित्य के मामूली काम से बढ़कर कोई काम किया जाए।

अस्तु, जहाँ किसी प्रकार की सेवा न की गई हो या यों ही कोई छोटी-मोटी सेवा की गई हो वहाँ पुरस्कार न देना चाहिए। यह मैं इसलिए कहता हूँ कि राज-दरबारों में ऐसे बहुत से लोग मिलते हैं जो लम्बा-चौड़ा इनाम केवल इसलिए चाहते हैं कि उनके सिर बहुत सा क़र्ज़ है अथवा वे पुराने ख़ानदान के हैं, इत्यादि-इत्यादि।

बड़ाई और प्रशंसा करना भी एक प्रकार का पुरस्कार ही देना है। ऐसे पुरस्कारों के विषय में भी ऊपर लिखी बातों का ध्यान रखना चाहिए। ऐसा पुरस्कार भी भरपूर क्या कुछ अधिक ही होना चाहिए।

किसी इनाम के भरपूर वा बढ़-चढ़कर होने की एक अच्छी पहचान यह है कि ऐसा इनाम पानेवाला अपने इनाम को औरों को दिखाने में लज्जित नहीं होता बल्कि प्रसन्नता और अभिमान के साथ उसे दिखाता फिरता है। इस तरह जब इनाम दिया जाता है तभी उससे उत्साह मिलता है और उसका उद्देश पूरा होता है।

जो राजा समझ-बूझकर इनाम देते हैं उनसे बहुत कुछ भलाई की राह निकल सकती है।

दूसरों के जी को भी जी समझना—प्रत्येक राजा क्या प्रत्येक पुरुष को, जिसे बहुत से आदमियों से काम पड़ता हो, दूसरों के जी का भी ध्यान रखना चाहिए। किसी मामले में चाहे वह छोटा हो या बड़ा, न तो व्यर्थ कोई कड़ी वा जी दुःखानेवाली बात कहनी चाहिए और न कार्रवाई करनी चाहिए। यह बड़ी अच्छी बान है और इसे डालने में जो कष्ट हो उठाना चाहिए। परख और अभ्यास से यह बान पड़ती है।

यह जानने का कि कौन सी बात कड़ी, वा जी दुःखानेवाली है, एक सीधा ढंग यह है कि मनुष्य सोचकर देखे कि यदि वही बात हमें कही जाएगी वा हमारे साथ की जाएगी तो हमें कैसा लगेगा। बहुत से लोग इस सिद्धान्त पर अच्छी तरह नहीं चलते।

दूसरा उपाय इस बान के डालने का यह है कि जो लोग इस गुण के लिए प्रसिद्ध हों उनके विचारों, वचनों और कर्मों की ओर ध्यान दे।

संवादपत्रों की सम्मति—कोई राय समाचारपत्रों में छपी है उससे यह न समझ लेना चाहिए कि वह ठीक ही है। प्रकाशित मत का मोल तो समाचारपत्र और लेखक की प्रतिष्ठा पर है। पर कभी-कभी ये दोनों बहुत उच्च श्रेणी के नहीं होते। कभी-कभी बहुत

ही कम जानकारी और समझ के आदमी अख़बारों में लिखने बैठ जाते हैं। कभी-कभी तो बहुत सी ओछी प्रवृत्ति के लोग ऐसा करते हैं। कभी-कभी तटस्थ निरीक्षक वा समालोचक के रूप में ऐसे लोग सामयिक पत्रों में लिखते हैं जो समझते हैं कि हमारे साथ अन्याय वा कुव्यवहार हुआ है अर्थात् ऐसे लोगों की भी कमी नहीं है जिनकी राय पैसे की है, अर्थात् जो जैसा पावेगा वह वैसा गावेगा।

ऐसी दशा में इस बात के समझने में बहुत सावधान रहना चाहिए कि समाचारपत्रों की सम्मतियाँ वा समालोचनाएँ कहाँ तक ध्यान देने योग्य हैं।

जो संवादपत्र ईमानदारी से चलाए जाते हैं और जो सर्वसाधारण की सम्मति का पता देते हैं अथवा जिनमें बड़े-बड़े बुद्धिमानों के विचार निकलते हैं उनका तिरस्कार न करना चाहिए। उन्हें तो जहाँ तक हो सके ध्यान देकर पढ़ना चाहिए जिसमें राज्यप्रबन्ध में सहायता मिले।

स्वाध्याय–अधिकार मिलने पर राजा-महाराजों का पढ़ना न छूटना चाहिए। यह बहुत आवश्यक है कि उनका पढ़ना किसी नियत ढर्रे पर चला चले। राजा-महाराजों को बहुत सा समय और ध्यान तो राजकाज की बातों में ही लगाना पड़ेगा। पर स्वाध्याय के लिए भी कुछ समय निकालना ही चाहिए, और नहीं तो दिन में तीन ही घंटे सही।

इससे यह होगा कि उनकी (क) अँगरेज़ी भाषा की और (ख) उपयोगी बातों की जानकारी बढ़ेगी।

अँगरेज़ी हम लोगों के लिए एक विदेशी भाषा है और यों भी कठिन है, इससे हम लोगों को उसका बराबर अभ्यास रखना पड़ता है। यदि अभ्यास न रक्खें तो उन्नति करना तो दूर रहा, सीखा-सिखाया भी भूल जाएँ। हम लोगों को बहुत सी अच्छी अँगरेज़ी नित्य पढ़नी चाहिए। हमें नित्य थोड़ी-बहुत अँगरेज़ी लिखनी और बोलनी चाहिए।

अँगरेज़ी भाषा जानने का मुख्य उद्देश उपयोगी बातों की जानकारी प्राप्त करना है। इससे जो कुछ हम पढ़ें वह ऐसा हो जिसके द्वारा हम अपने ज्ञान का भांडार बढ़ा सकें।

जो समाचारपत्र योग्यतापूर्वक चलाए जाते हों उन्हें पढ़ना चाहिए। राजा-महाराजों को संसार के, विशेषकर भारत और इंगलैंड के, वर्तमान चलते हुए इतिहास को देखते चलना चाहिए। तात्पर्य यह कि बड़ी-बड़ी बातें जानने को रह न जाएँ।

मि. ग्लैडस्टोन ऐसे बड़े-बड़े राजनीतिज्ञों के व्याख्यानों को पढ़ने से भी बहुत कुछ लाभ हो सकता है।

पार्लमिंट के वाद-विवाद पढ़ने का भी अच्छा फल होगा।

देशी रियासतों के सम्बन्ध में जहाँ जितनी बातें मिलें सबको पढ़ना और नोट करना चाहिए। बड़े लाट की स्पीचें जो इस सम्बन्ध में हों वे तो किसी तरह न छूटने पावें।

हिन्दुस्तान से सम्बन्ध रखनेवाले पार्लमिंट के काग़ज़ों (Blue Books) को बराबर मँगाना चाहिए और उनके जो अंश काम के हों उन्हें पढ़ना चाहिए।

प्रान्तिक गवर्नमेंट के वार्षिक शासन-विवरणों से राजा-महाराजों को परिचित रहना चाहिए।

इस प्रकार की पढ़ाई राजा-महाराजों को राज-काज में बहुत काम देगी। इससे उन्हें राज्य सँभालने की शक्ति आवेगी।

राजों को ऐसी चीजें पढ़नी चाहिएँ जिनसे उनके हृदय में महत् विचारों और ऊँचे भावों का समागम हो और महल के तुच्छ और साधारण आदमियों की संगत का ओछा प्रभाव दूर हो। देशी रजवाड़े कभी-कभी ऐसी ही संगत में पड़ जाते हैं जिससे उनके विचार छोटे वा संकुचित हो जाते हैं। वे अपने को उसी पुरानी दुनिया के भीतर बन्द रखते हैं जिसमें वर्तमान उन्नति के युग का प्रकाश नहीं पहुँचता। इसकी सबसे अच्छी दवा यह है कि वे मनुष्य जाति में सबसे अधिक सभ्य और शिक्षित लोगों के विचारों से जानकार हो जाएँ।

राजा-महराजा कभी-कभी जीवनचरित और उपन्यास आदि भी पढ़ें जिनसे श्रेष्ठ गुणों को उत्तेजना मिलती है।

ऊँचा पद पाकर और बड़ा अधिकार हाथ में रखकर जीवन का लक्ष्य वा आदर्श ऊँचा रखने के लिए सतोगुण की शक्ति चाहिए और उस सतोगुण की शक्ति के लिए यह आवश्यक है कि वह बराबर किसी-न-किसी ढंग से नई और ताज़ी होती रहे।

मनुष्यों पर शासन करने के लिए केवल सिद्धान्तों ही के ज्ञान से काम नहीं चलता। ऐसे ज्ञान के साथ बराबर अभ्यास और अनुभव भी चाहिए। यह नहीं कि राजा-महाराजा व्यवहार-ज्ञान और अनुभव को कोई चीज़ ही न गिनें और बड़े-बड़े मामलों में अनुभवी लोगों की राय लेना आवश्यक ही न समझें। मैं एक दृष्टान्त देता हूँ जिससे सिद्धान्त और व्यवहार में जो अन्तर है वह मन में बैठ जाएगा। आप दाहिने हाथ से लिखना अच्छी तरह जानते हैं। यदि सिद्धान्त ही तक बात है तो उसमें दाहिने और बाएँ का कुछ विचार नहीं। पर जरा बाएँ हाथ से लिखकर देखिए तो कैसा ऊटपटाँग लिखा जाता है। क्यों ? बात यह है कि सिद्धान्त तो दोनों हाथों के विषय में ठीक है पर दाहिने हाथ को अभ्यास है और बाएँ को नहीं। अभ्यास के अभाव से जो अन्तर पड़ जाता है वह देखिए और अकेले सिद्धान्त-ज्ञान ही के आसरे पर न रहिए।

जो सिद्धान्त मैंने ठहराए हैं और जो व्यवस्थाएँ मैंने बतलाई हैं वे ध्यान में रखने योग्य हैं। सभ्य और सुशिक्षित राजा-महाराजा उन्हीं के अनुसार चलते हैं। उन्हीं के द्वारा वे सुख, मान और यश के शिखर पर पहुँचते हैं। उन्हीं के द्वारा देशी रजवाड़े अपनी वर्तमान स्वतन्त्रता बराबर स्थिर रख सकते हैं। मैं अपनी बातों के पक्ष में यहाँ पर उन वाक्यों को उद्धृत करता हूँ जो 1879 में अंग्रेज़ी सरकार की ओर से कहे गए थे।

"जिस नीति का व्यवहार अँगरेज़ी राज्य में होता है उसको समझ-बूझकर धीरे-धीरे देशी रियासतों में फैलाने से ही देशी रजवाड़े अपने प्रबन्ध की स्वतन्त्रता को सबसे अधिक दृढ़ समझ सकते हैं और साम्राज्य की ओर से किसी प्रकार के हस्तक्षेप को सबसे अच्छी तरह बचा सकते हैं।"

राजनीति और शासन के सिद्धान्त—अँगरेज़ी सरकार की बड़ी अभिलाषा रहती है कि देशी रजवाड़े इस उत्तमता के साथ अपने राज्यों का प्रबन्ध करें कि वे आदर्श हों और

देशी लोगों को उनका अभिमान हो। यही अभिलाषा राजा-महाराजों की भी रहती है। पर कोरी अभिलाषा से तो कुछ होता नहीं। उस अभिलाषा को पूरा करने के लिए काम करना चाहिए, जो बुद्धिमान और उत्साहियों के लिए कुछ कठिन नहीं है।

मैं यहाँ कुछ सिद्धान्त बतलाता हूँ जिन पर चलने से राजा-महाराजा अपने को आदर्श बना सकते हैं। इन सिद्धान्तों को संसार के सब सभ्य राज्य मानते हैं। इन सिद्धान्तों को जान लेना ही बस नहीं है। इनको समझे और मन में जमावे। इनको सदा ध्यान में रक्खे और राज्य का हर एक काम इन्हीं के अनुसार करे। इन सिद्धान्तों को केवल जान लेना और नित्य के व्यवहार में उनको काम में न लाना वैसा ही अपराध है जैसे अच्छा कम्पास रखकर भी उसकी ओर जहाज़ चलाते समय न देखना।

पुराने ढर्रे के कुछ लोग कहेंगे कि वर्तमान महाराज इन सिद्धान्तों को क्यों जानें और उन पर क्यों चलें ? पुराने महाराज लोग तो ऐसा नहीं करते थे, और वे अपने राज्य का प्रबन्ध करते ही थे। आजकल के महाराज भी वही करें।

यहाँ यह स्पष्ट कहना पड़ता है कि पुराने महाराज लोग बहुत अच्छे शासकों में से न थे। वे पुराने पूर्वीय मनमाने ढंग पर राज्य करते थे। वे प्रजा के सुख का इतना ध्यान नहीं रखते थे और यदि थोड़ा-बहुत रखते भी थे तो उस सुख को बढ़ाने के सबसे अच्छे उपायों को नहीं जानते थे। कभी-कभी वे बड़ी भारी भूलें करते थे; बड़ी-बड़ी अड़चनों में फँस जाते थे। यदि वे इन ठीक सिद्धान्तों को जानते होते तो ऐसा न होता। पुराने राजा-महाराजों को इन सिद्धान्तों को जानने के उतने साधन भी नहीं थे जितने आजकल के महाराजों के लिए हैं। एक बात और भी है। तब की और अब की दशा में बहुत कुछ अन्तर है। तब यदि कहीं किसी राज्य का प्रबन्ध बुरा होता था तो उस पर बहुत लोगों का ध्यान नहीं जाता था। अब चारों तरफ़ रेल दौड़ती है, डाक और तार का प्रबन्ध है। एक राज्य में जो बुराई होगी उसकी ख़बर चट दूर-दूर तक फैल जाएगी।

रेल हो जाने के कारण बाहर के लोग भी देशी राज्यों में बहुत आया-जाया करते हैं। इससे देशी राज्यों का कुप्रबन्ध ऐसे लोगों को पहले के लोगों से अधिक खलेगा और उस पर बड़ा हल्ला मचेगा।

देशी राज्यों के लोगों का भी कलकत्ता बम्बई तथा अँगरेज़ी राज्य के और बड़े-बड़े नगरों में आना-जाना रहता है। उनको अब अपने यहाँ की राज्यप्रणाली को और जगहों की राज्यप्रणाली से मिलान करने का अधिक अवसर मिलता है।

ज्ञान और शिक्षा की वृद्धि के कारण अब लोगों के चित्त में 'उत्तम राज्य' का आदर्श बहुत ऊँचा हो गया है। जो बुरा राज्य के पहले सहन कर सकते थे अब नहीं करेंगे। जिस प्रकार के उत्तम राज्य से उन्हें पहले सन्तोष हो जाता था उस प्रकार के राज्य से अब नहीं होगा।

एक बात और है। पहले सब देशी रियासतों में थोड़ा बहुत बुरा राज्य था। यहाँ तक कि अँगरेज़ी राज्य में भी व्यवस्था ठीक नहीं थी, पर अब चारों ओर उन्नति है, कहीं कम, कहीं ज़्यादा। अतः यदि कोई देशी रियासत आगे नहीं बढ़ेगी तो लोगों को यह बात खटक जाएगी और असन्तोष फैलेगा।

सबसे बढ़कर बात तो यह है कि अँगरेज़ी सरकार को जिसका भारतवर्ष में साम्राज्य है पहले की अपेक्षा अब बुरा शासन अधिक खटकता है। अँगरेज़ी सरकार अपने ऊपर इस बात का ज़िम्मा समझती है कि देशी रियासतों में बुरा राज्य न रहने पावे। अँगरेज़ सरकार मानों प्रत्येक देशी रजवाड़े से कहती है–"पहले यदि तुम बुरा राज्य करते थे तो घर ही में दवा हो जाती थी अर्थात् तुम्हारी प्रजा बिगड़ जाती थी और अत्याचार की समाप्ति कर देती थी। इस बात का डर ऐसा था जिसमें कुराज्य के लिए कुछ रोक रहती थी। पर अब हम तुम्हारी प्रजा को इस विद्रोह रूपी उपाय का अवलम्बन नहीं करने देंगे। जहाँ कहीं इस तरह का विद्रोह होगा उसे अपनी सेना द्वारा दबाने का भार हमने अपने ऊपर लिया है। इस प्रकार अत्याचार को दूर करने का जो उपाय प्रजा के हाथ में था उसे हमने ले लिया। पर अत्याचार अवश्य दूर होना चाहिए। उसे दूर कौन करेगा ? हमारा साम्राज्य भारत में है अतः हमने प्रजा की ओर से इस कर्तव्य को अपने ऊपर लिया है। अब किसी देशी रियासत की प्रजा बदअमली की शिकायत करेगी तब हम पूरी जाँच करेंगे और उसे ठीक करेंगे। यदि आवश्यक समझेंगे तो बुरा शासन करनेवाले राजा को गद्दी से उतार तक देंगे और उसके स्थान पर दूसरे को बैठावेंगे।"

अँगरेज़ी सरकार ही देशी रियासतों के कुप्रबन्ध और सुप्रबन्ध का निर्णय करनेवाली है। इस बड़ी बात को देशी रजवाड़ों को कभी न भूलना चाहिए। उन्हें सदा ध्यान रखना चाहिए कि अँगरेज़ी सरकार को इस बात का पूरा इत्मिनान रहे कि वे अच्छी तरह राज्य कर रहे हैं, कम-से-कम उनका शासन बुरा नहीं है।

इससे यह जान लेना ज़रूरी है कि किसको अंग्रेज़ी सरकार अच्छा शासन समझती है, किसको बुरा। देशी राजा-महाराजों को शासन के उन सिद्धान्तों को समझ लेना चाहिए जिन्हें अँगरेज़ी सरकार मानती है।

मैं उन बड़े सिद्धान्तों को आगे लिखता हूँ जो अच्छे शासन के लिए आवश्यक हैं। राजा-महाराजों को उन पर पूरा ध्यान देना चाहिए क्योंकि उन्हीं पर चलने से उन्हें यश और सुख मिलेगा।

सबसे मुख्य सिद्धान्त यह है। राजाओं का पहला धर्म प्रजा के सुख की वृद्धि करना है।

प्रजा का सुख किसमें है और वह सुख किस प्रकार बढ़ सकता है, हम आगे चलकर कहेंगे। यह बात बहुत ब्योरे की है जिसमें थोड़ा-बहुत मतभेद भी है। पर इस सिद्धान्त को सब मानते हैं कि राजा का धर्म प्रजा के सुख की वृद्धि करना है।

इस सिद्धान्त को बार-बार मनन करना चाहिए। इसे राजकाज में काम में लाना चाहिए। दीवान से लेकर जितने कर्मचारी हों सब पर इस बात का ज़ोर देना चाहिए कि वे सदा सब कहीं इस सिद्धान्त का पालन करें।

बहुत से राजा-महाराजा इस सिद्धान्त को मानते हुए भी राजकाज के व्यवहार में उसके अनुसार नहीं चलते। ऐसा नहीं चाहिए।

मैं दो-एक ऐसे कार्यों का दृष्टान्त देता हूँ जो इस महत् सिद्धान्त के विरुद्ध हैं।

मान लीजिए कि किसी राजा साहब को जवाहरात ख़रीदने के लिए बहुत सा रुपया चाहिए। इसके लिए वे राज्य के ख़ज़ाने में से बहुत सा रुपया लेते हैं अर्थात् जितना मालगुज़ारी में से अपने ख़ानगी ख़र्च के लिए उन्हें लेना चाहिए उससे कहीं अधिक लेते हैं। यहाँ वे उस सिद्धान्त के विरुद्ध आचरण करते हैं जिसे मैंने बतलाया है क्योंकि वे सर्वसाधारण के उस रुपए को स्वार्थ में लगाते हैं जो किसी-न-किसी तरह प्रजा के सुख की वृद्धि में लगता।

मेरा अभिप्राय यह नहीं है कि राजा-महाराजा जवाहरात न ख़रीदें। जब उचित और आवश्यक हो तब जवाहरात भी ख़रीदे जाएँ पर एक हिसाब से।

दूसरा दृष्टान्त लीजिए। कोई राजा हैं जो बिना किसी आवश्यकता के एक महल के बाद दूसरा महल बनवाते चले जा रहे हैं और इसके लिए वे राज्य के ख़ज़ाने से बहुत सा रुपया लेते हैं अर्थात् मालगुज़ारी में से जितना अपने ख़ानगी ख़र्च के लिए उन्हें लेना चाहिए उससे कहीं अधिक लेते हैं। वे उक्त सिद्धान्त के विरुद्ध कार्य करते हैं। उनके पास काफ़ी महल होने चाहिएँ। पर उनकी भी हद है। रूम के सुलतान और मिस्र के ख़दीव ने महल बनवाते-बनवाते राज्य का ख़ज़ाना ख़ाली कर दिया। यह भी मूर्खता ही है कि आज एक नया महल बनवाना और कल उसे छोड़ना।

इसी प्रकार कोई राजा अपने सम्बन्धियों और कृपापात्रों का खूब घर भरना चाहते हैं और इसके लिए राज्य के ख़ज़ाने से बहुत सा रुपया लेते हैं जो प्रजा के सुख की वृद्धि में लगता। यह भी इस सिद्धान्त का उल्लंघन है। सम्बन्धियों और कृपापात्रों की ख़ातिर मुनासिब है पर एक ठिकाने से।

जिस सिद्धान्त का मैं समर्थन कर रहा हूँ उसके अनुसार धर्मार्थ और परोपकार में जो दान दिए जाएँ उनकी भी उचित सीमा होनी चाहिए। ऐसे दान भी एक हिसाब से दिए जाएँ जिसमें प्रजा की सुख-वृद्धि के साधन खंडित न हों।

सारांश यह कि जब कभी राजा-महाराजा कोई भारी ख़र्च करने को हों तब वे इस सिद्धान्त को स्मरण कर लें और मन में सोचें "क्या इस ख़र्च से प्रजा के सुख की कुछ वृद्धि होगी ?" यदि उनके मन में आए कि "नहीं" तो उन्हें इस ख़र्च को उक्त सिद्धान्त के विरुद्ध समझकर रोक देना चाहिए।

बहुत से ख़र्च ऐसे होते हैं जिनसे प्रजा को कोई सुख नहीं होता पर राजा लोग अपने सुख के लिए उसे उठाना चाहते हैं। वे लोग इस प्रकार का ख़र्च करें; पर मालगुज़ारी के उस अंश में से जो उनके निज के ख़र्च के लिए मुक़र्रर है, अर्थात् ख़ानगी मद से।

कोई राजा जो उक्त सिद्धान्त का पालन करता है ऐसा कभी नहीं समझता कि "हमें अधिकार है कि हम राज्य की मालगुज़ारी को जिस तरह चाहें उस तरह ख़र्च करें।" राज्य राजा की निज की सम्पत्ति नहीं है बल्कि प्रजा की धरोहर है। प्रजा की मालगुज़ारी उसके हाथ में इसलिए दी गई है जिसमें वह उसे प्रजा के हित में लगावे। इस कर्तव्य का उसे ध्यान रखना चाहिए।

इस कर्तव्य का यह मतलब नहीं कि राजा-महाराजों को ठीक ठिकाने से जैसा जी चाहे वैसा ख़र्च करने की स्वतन्त्रता न रहे। जैसा मैंने ऊपर कहा है राजा-महाराजा अपने मालगुज़ारी के अंश में से अर्थात् ख़ानगी मद से बेधड़क ख़र्च करें।

अतः यदि देखा जाए तो राजाओं के निज के सुख से और उक्त सिद्धान्त से कोई विरोध नहीं पड़ता है। राजा लोग अपनी प्रजा को भी सुखी कर सकते हैं और साथ ही अपने को भी सुखी कर सकते हैं। बचाने की बात यह है कि राजा लोग अपने सुख के लिए प्रजा के सुख की हानि न करें।

प्रजा से मेरा अभिप्राय सब जातियों और सब सम्प्रदायों के लोगों से है। जहाँ तक हो सके राजा-महाराजों को सब जातियों और सम्प्रदायों का बराबर मान रखना चाहिए। ऐसा न हो कि कुछ जातियों और सम्प्रदायों का जी दुःखाकर कुछ जातियों और सम्प्रदायों पर विशेष कृपा दिखाई जाए। राजाओं को चाहिए कि अपने राज्य के सब मनुष्यों के सुख की वृद्धि करें चाहे वे हिन्दू हों या मुसलमान, धनी हों या ग़रीब, सरदार हों या काश्तकार। सारांश यह है कि राजाओं को अपनी सारी प्रजा का पिता वा पालनकर्ता होना चाहिए न कि किसी विशेष जाति का।

यह केवल उचित और न्यायसंगत ही नहीं है बल्कि बड़ी पक्की नीति की बात है। जो राजा अपनी सारी प्रजा पर समान अनुग्रह रखते हैं उन्हें सारी प्रजा का बल रहता है। पर जो राजा अपनी प्रजा के किसी विशेष वर्ग ही पर अनुग्रह रखते हैं उनका बल दूसरे वर्गों के विरोध के कारण घट जाता है। राजकाज में यह बात बहुत ध्यान रखने की है।

जो कुछ मैंने अभी कहा है उसके अनुसार एक बात तो यह होनी चाहिए कि रियासत की नौकरियों के लिए जनसंख्या के हिसाब से सब जातियों और सम्प्रदायों में से आवश्यक योग्यता रखनेवाले मनुष्य लिये जाएँ। यह भूल होगी कि केवल दक्षिणी, वा केवल गुजराती, वा केवल मुसलमान, वा केवल पारसी ही रक्खे जाएँ। इन सब जातियों के लोग हिसाब से रखे जाएँ।

दूसरी बात यह होनी चाहिए कि प्रजा के किसी एक वर्ग पर दूसरे की अपेक्षा अधिक कर न लगाया जाए।

तीसरी बात यह होनी चाहिए कि सब लोगों के साथ समान न्याय किया जाए चाहे वे किसी धर्म वा सम्प्रदाय के हों। मान लीजिए कि एक ब्राह्मण और मुसलमान के बीच कोई मुक़दमा है। उसमें किसी हिन्दू राजा का ब्राह्मण का पक्षपात करना वा किसी मुसलमान शासक का मुसलमान का पक्षपात करना भारी भूल है। इसी प्रकार मित्रों, कृपापात्रों, सम्बन्धियों आदि का पक्षपात भी नहीं होना चाहिए। अच्छे राज्य का एक बड़ा लक्षण यह है कि वहाँ सबके साथ समान न्याय होता है।

देशी रियासतों में बहुत से सरदार यह कहनेवाले मिलते हैं कि "राज्य तो महाराज के और हमारे वास्ते है ही; मन्त्रियों का यह काम है कि जहाँ तक मालगुज़ारी वसूल करते बने करें जिससे महाराज और हम लोग ख़ूब सुख करें।" ऐसे लोग प्रजा के सुख-दुःख को कोई चीज़ नहीं समझते। कहने की आवश्यकता नहीं कि उनका यह सिद्धान्त

बिलकुल पोच है। राजा-महाराजों को ऐसे लोगों की बातों पर कुछ भी ध्यान न देना चाहिए। कुछ दिनों में शिक्षा बढ़ने पर ऐसे विचार के लोग न रह जाएँगे।

सरदार लोग प्रजा के एक अंग क्या प्रधान अंग हैं और अवश्य मान और रक्षा के अधिकारी हैं। पर यह नहीं हो सकता कि थोड़े से सरदारों के सुख के लिए बड़ी भारी प्रजा के सुख की हानि की जाए।

इतिहास अनुभव का बड़ा भारी भांडार है। इतिहास के अनुभव से यह देखा जाता है कि जिन राज्यों ने प्रजा के सुख का ध्यान रक्खा है वे सबसे अधिक काल तक रहे हैं और जिन्होंने प्रजा के सुख का ध्यान नहीं रक्खा है वे जल्दी मिट गए हैं।

इस समय हम लोगों की आँख के सामने एक अच्छा नमूना मौजूद है। अँगरेज़ी सरकार की ओर देखिए। यद्यपि भारत में उसका राज्य विदेशी है पर अब से पहले जितने राज्य यहाँ हुए हैं उन सबसे कहीं बढ़कर शक्तिमान् और कहीं अधिक दृढ़ है। क्यों ? इसलिए कि उसका पहला सिद्धान्त अपनी सारी प्रजा के सुख की वृद्धि करना है। सम्भव है कि यहाँ-वहाँ अँगरेज़ी सरकार से कोई भूल भी बन पड़ी हो और उसकी आलोचना भी हुई हो। पर सब बातों को देखते यही भाव उठता है कि भारत को अँगरेज़ी राज्य से बढ़कर वा उसके समान दूसरा उत्तम राज्य नहीं मिल सकता। इसी भाव पर अँगरेज़ी राज्य की दृढ़ता स्थिर है। जब तक यह भाव बना है तब तक अँगरेज़ी राज्य भी बना है और लोग चाहते हैं कि यह बना रहे, और यह भाव बराबर बना रहेगा क्योंकि अँगरेज़ी राज्य की व्यवस्था इस प्रकार की है कि उसमें उक्त सिद्धान्त का कभी परित्याग न होगा। जहाँ तक होगा जातीय हित और जातीय कर्तव्य के बढ़ते हुए विचार से तथा सर्वसाधारण का मन रखने और हौसला पूरा करने की नीयत से अँगरेज़ी सरकार उक्त सिद्धान्त को दिन-रात और अधिक काम में लाती जाएगी।

अब यदि एक विदेशी सरकार को उक्त सिद्धान्त से इतनी शक्ति और दृढ़ता प्राप्त हुई है तो देशी राजा-महाराजों को भी चाहिए कि अपने यहाँ इस सिद्धान्त का पूरा आदर करें। इसके अनुसार उन्हें अपने राज्यों में जान और माल की हिफ़ाज़त के लिए पुलिस का अच्छा प्रबन्ध करना चाहिए। मामलों को तय करने और अपराधियों को दंड देने के लिए न्यायालय स्थापित करने चाहिएँ। व्यर्थ प्रजा को पीड़ित करनेवाले करों को उठा देना चाहिए।

प्रजा का सुख–प्रजा का सुख दो प्रकार का है। एक तो वह जो हर एक आदमी अपने परिश्रम से अपने लिए प्राप्त कर सकता है और दूसरा वह जिसे वह अपने परिश्रम से नहीं प्राप्त कर सकता बल्कि जो राज्य की ओर से उसे पहुँचाया जाता है।

अब मैं इन दोनों प्रकार के सुखों के थोड़े से दृष्टान्त देता हूँ।

नीचे उस प्रकार के सुख के दृष्टान्त दिए जाते हैं जो हर एक आदमी अपने परिश्रम से प्राप्त कर सकता है–जैसे वह सुख–

जो पूरा भोजन, वस्त्र आदि मिलने से होता है।

जो अच्छा घर मिलने से होता है।

जो बरतन, असबाब, गाड़ी घोड़े आदि से होता है।

जो स्वास्थ्य का ध्यान रखने से होता है।

जो सदाचार से होता है।

जो धर्म पर चलने से होता है।

इसी तरह और भी समझिए। सच तो यह है कि मनुष्य का बहुत सा सुख तो उसी के हाथ में, अर्थात् उसी की मिहनत, किफ़ायत, बुद्धि और दूरदर्शिता आदि पर निर्भर है।

नीचे उस प्रकार के सुख के दृष्टान्त दिए जाते हैं जो प्रत्येक मनुष्य अपने परिश्रम से नहीं प्राप्त कर सकता बल्कि जो सारे समुदाय की प्रतिनिधि सरकार की ओर से पहुँचाया जाता है, जैसे वह सुख–

जो इस निश्चय से होता है कि हमें कोई लूटेगा नहीं, हमारा माल न कोई ज़बरदस्ती छीनेगा, न धोखा देकर उड़ावेगा।

जो इस निश्चय से होता है कि हम मारे वा घायल नहीं किए जाएँगे, हमारा अंग-भंग नहीं होगा।

जो इस निश्चय से होता है कि औरों से हमसे जो झगड़ा होगा उसकी पूरी जाँच होगी और उसका ठीक निर्णय किया जाएगा।

जो इस निश्चय से होता है कि हम अपने लाभ के लिए परिश्रम करने में स्वतन्त्र हैं, कोई उसमें विघ्न-बाधा न डालेगा।

जो यह देखकर होता है कि बनिज व्यापार तथा आने-जाने के लिए देश में अच्छी-अच्छी सड़कें आदि हैं।

जो यह देखकर होता है कि शहरों, क़स्बों और गाँवों में स्वास्थ्य-रक्षा का अच्छा प्रबन्ध है जिससे रोग व्याधि का भरसक बचाव होता है।

जो यह देखकर होता है कि रोग व्याधि की शान्ति के अच्छे उपाय पहुँच के भीतर हैं।

जो यह देखकर होता है कि लड़कों को पढ़ाने के लिए स्कूल-पाठशालाएँ हैं। इसी प्रकार और भी समझिए।

इस प्रकार लोगों के सुख के दो विभाग हुए। पहला वह सुख जो हर एक आदमी अपने लिए प्राप्त कर सकता है और दूसरा वह जिसे हर एक आदमी स्वयं नहीं प्राप्त कर सकता बल्कि जो राज्य की ओर से पहुँचाया जाता है।

इस विभाग को ध्यान में रखकर मुझे यही कहना है कि पहले प्रकार का सुख तो प्रजा ही के ऊपर छोड़ देना चाहिए अर्थात् राज्य को उसके विषय में कोई तरद्दुद न करनी चाहिए, पर दूसरे प्रकार के सुख की व्यवस्था कर्तव्य समझकर राज्य ही को करनी चाहिए।

यह बात अच्छी तरह समझ रखना चाहिए कि इस कर्तव्य के पालन से प्रजा को केवल दूसरे प्रकार का ही सुख न होगा बल्कि पहले प्रकार का सुख भी होगा। यदि राज्य इस कर्तव्य का पालन न करेगा तो अपने परिश्रम से सुख प्राप्त करना भी प्रजा की

शक्ति के बाहर होगा। सारांश यह कि यदि राज्य इस कर्तव्य का पालन न करेगा तो प्रजा को किसी प्रकार का सुख न होगा। अतः सब देशी रजवाड़ों को अपना यह मुख्य धर्म समझना चाहिए कि अपने सुख के लिए प्रजा जो नहीं कर सकती उसे वे करें।

राजाओं का कर्तव्य–यदि अदालत किसी राजकर्मचारी वा ख़ास नौकर का हाज़िर होना आवश्यक समझे तो राजा-महाराजों को अदालत की पूरी सहायता करनी चाहिए। अदालत में जिन-जिन बातों की आवश्यकता हो उन्हें पूरा कराना चाहिए। ऐसे कर्म्मचारी और नौकर बराबर यह समझें कि हम अदालत की पहुँच के बाहर नहीं हैं, हमें अदालत के सामने अवसर पड़ने पर जाना पड़ेगा, और हमें दूसरों के स्वत्व का वैसा ही ध्यान रखना पड़ेगा जैसा और प्रजा को। वे यह समझे रहें कि अदालत की ओर से उनके साथ कोई रियायत नहीं की जाएगी। ऐसे लोग प्रायः बड़े चालाक होते हैं। वे राजाओं का मिज़ाज परखते रहते हैं और उसी के अनुसार चलते हैं।

राजा-महाराजों को चाहिए कि वे स्वयं न्याय की मान-मर्यादा रक्खें। जैसे, वे अपने नौकर-चाकरों को भी स्वयं न मारें-पीटें और न किसी तरह की चोट पहुँचाएँ। वे स्वयं किसी के क़ैद करने, माल असबाब ज़ब्त करने की आज्ञा न दें। राजा-महाराजों को चाहिए कि जितने जुर्म के मामले वा दीवानी के झगड़े हों उन्हें अदालतों को सुपुर्द करें, वे जैसा उचित समझेंगी करेंगी। राजा-महाराजों को जिसका जितना देना हो बराबर दे देना चाहिए। जिसके साथ जो व्यवहार हो उसको उन्हें उसी तरह पूरा करना चाहिए जिस तरह और आदमी करते हैं। जिसका जो कुछ चाहता हो जहाँ तक हो सके साफ़ कर देना चाहिए। ऐसा न हो कि उसे उससे हाथ धोना पड़े वा उसके लिए अदालत में जाना पड़े। यदि राजा-महाराजा ऐसा करेंगे तो वैर विरोध से बचे रहेंगे, सर्वप्रिय रहेंगे और साथ ही अदालतों की मान-मर्यादा भी दृढ़ करेंगे।

बड़ी भारी बात यह है कि राजा-महाराजों को यह ध्यान रखना चाहिए कि उनका कर्तव्य बहुत ऊँचा और राजकाज की सब बातों की देखभाल रखना है। छोटे-छोटे कामों में स्वयं हाथ डालना उनका काम नहीं है। राजा-महाराजों को अपने राज-कर्तव्य के पालन की अभिलाषा होनी चाहिए, अमलों और कारकुन लोगों के छोटे-छोटे काम करने की नहीं। जो राजा अपना राज-कर्तव्य नहीं जानते हैं अथवा राज-कर्तव्य के पालन करने में असमर्थ हैं वे ही अपने राज-कर्तव्य को छोड़कर ऐसे छोटे-छोटे कामों को करने जाते हैं जिन्हें अमले और कारकुन उनसे कहीं अच्छी तरह और सोच-समझकर कर सकते हैं।

मनुष्यों पर शासन करनेवाले राजा की योग्यता इसमें नहीं है कि वह सब काम आप करे। इस बात का हौसला करना एक छोटी बात है। यह आशा करना भी व्यर्थ ही है कि लोग समझेंगे कि महाराज सब काम कर सकते हैं। राजा राज्य का शरीर नहीं है आत्मा है। उसके प्रभाव से और उसके आदेश पर हाथों को काम करना चाहिए और पैरों को चलना चाहिए। उसे सोचना भर चाहिए कि क्या-क्या करना होगा, पर उसके करने के लिए औरों को नियुक्त करना चाहिए। उसकी योग्यता तो युक्तियों वा उपायों को सोचने में और साधकों (करनेवालों) को चुनने में है। उसे न तो उनके (साधकों) काम के किनारे

जाना चाहिए और न उनको अपने काम में हाथ डालने देना चाहिए। राजा को काम करनेवालों के विश्वास पर भी बहुत अधिक न रहना चाहिए। उसे समय-समय पर उनके कामों को देखते रहना चाहिए। उसमें उनकी भूल-चूक पकड़ने की योग्यता होनी चाहिए। अच्छा राज्य वही करता है जो लोगों की योग्यता और प्रवृत्ति को पहचानता है और उन्हें उन कार्य्यों पर नियुक्त करता है जो उनकी योग्यता के अनुकूल हैं। राज्य के अधिपति की योग्यता राज्य के काम करनेवालों का शासन करने में है। जो आधिपत्य रखता है उसे काम करनेवालों को जाँचना, रोकना, और ठीक करना चाहिए; उसे उन्हें उत्साहित करना, बढ़ाना, बदलना और हटाना चाहिए; उसे सदा उन पर दृष्टि रखनी चाहिए और उनको अपने हाथ में रखना चाहिए। पर राज्य के प्रत्येक विभाग के छोटे-छोटे ब्योरों में हाथ डालने से ओछापन और अविश्वास प्रकट होता है और मन में छोटी-छोटी बातों की चिन्ता बनी रहती है जिससे राजाओं के ध्यान देने योग्य बड़ी-बड़ी युक्तियों को सोचने-विचारने की छुट्टी ही नहीं मिलती। बड़ी-बड़ी युक्तियों को सोचने के लिए तो पूरी शान्ति और स्वतन्त्रता चाहिए। कामकाज के पेचीले ब्योरों की हैरानी न हो, छोटी-छोटी बातों की ओर ध्यान न बँटा हो। जो चित्त छोटे-छोटे ब्योरों में फँसता है वह उस मद्य के समान है जिसमें न तो कोई स्वाद है और न शक्ति। वह राजा तो अपने नौकरों का काम करने में लगता है, सदा सामने आई हुई बातों का ध्यान रखता है, भविष्य की ओर दृष्टि नहीं फैलाता। वह दिन-के-दिन जो काम आया उसी में फँसा रहता है। उसका उद्देश्य उसी तक रहता है, इससे उस काम को बड़ी प्रधानता प्राप्त हो जाता है। पर उस काम को यदि और कामों के साथ मिलान किया जाए जो उसकी वह प्रधानता न रह जाए। जो चित्त एक बार एक ही बात को ग्रहण करेगा वह संकुचित हो ही जाएगा।

बिना कई बातों को विचारे, उन्हें एक-दूसरे के साथ मिलाए और इस क्रम से मन में बैठाए कि उनकी एक-दूसरे से प्रधानता प्रकट हो, किसी एक बात के विषय में ठीक-ठीक निर्णय करना असम्भव है। वह जो राजकाज में इस नियम का पालन नहीं करता उस गवैए के समान है जो अलग-अलग कई सुर निकालकर रह जाता है और उनको मिलाकर कोई राग नहीं उत्पन्न करता जो कानों को भी अच्छा लगे और जी को भी लुभावे। अथवा यों कहिए कि वह उस कारीगर के समान है जो बिना अपनी इमारत का हिसाब-किताब समझे और नक्काशी आदि का क्रम मन में बैठाए रंग-बिरंग के कटे हुए पत्थरों और खम्भों का ढेर लगाता चला जाता है। ऐसा कारीगर कोठरी बनाते समय यह ध्यान नहीं रक्खेगा कि इसमें सीढ़ी भी लगानी होगी, भवन उठाते समय यह ध्यान न रक्खेगा कि बीच में आँगन छोड़ना होगा और इधर-उधर फाटक रखने होंगे। उसका बनाया हुआ काम ऐसे जुदे-जुदे खंडों का ऊटपटाँग ढेर होगा जिनका एक-दूसरे से कुछ मेल नहीं और जो मिलकर कोई पूरा रूप नहीं खड़ा करते। ऐसे काम से उसे यश मिलना तो दूर रहा, सब दिन के लिए कलंक मिलेगा। ऐसे काम से समझा जाएगा कि उसकी सूझ इतनी दूर तक की न थी कि वह अपने सोचे हुए ढाँचे के सब पुरजों को एक साथ मन में बैठाकर रखता अर्थात् उसकी ग्रहणशक्ति संकुचित थी और उसका गुण दूसरे का

आश्रित था। क्योंकि वह जो एक-एक अंग को ही एक साथ देख सकता है केवल दूसरों के सोचे हुए ढाँचे पर काम करने के योग्य होता है। यह निश्चय रखना चाहिए कि राज्य चलाने में भी संगीत के समान मेल मिलाने और गृह-निर्म्माण के समान हिसाब-किताब बैठाने की ज़रूरत होती है। वह जो गाने में किसी एक साज को लेकर बैठता है, साधारण गवैया ही समझा जाता है पर जो सारे साज-बाज का मिलान देखता है वही गाने का आचार्य वा उस्ताद माना जाता है। इसी प्रकार वह जो खम्भा गढ़ता है वा दीवार जोड़ता है केवल संगतराश वा थवई है पर जो सारी इमारत का ढाँचा मन में सोचता है और उसके एक-एक अंग को मन में बैठाता है, वही शिल्पी है। अस्तु, जो राजा बहुत फँसे रहते हैं और सबसे अधिक ब्योरे निपटाते हैं वे यथार्थ में राज्य नहीं करते हैं बल्कि मज़दूरों वा नौकरों का काम करते हैं। राज्य को चलानेवाली आत्मा तो वह है जो कुछ न करके भी सब कुछ कराती है, जो सोचती और युक्ति भिड़ाती है, जो आगा-पीछा देखती है, जो हिसाब-किताब (इसका कि कहाँ कौन वस्तु कितनी-कितनी चाहिए) बैठाती है, जो सब वस्तुओं को क्रम से लगाती है और न जानें कब कैसा पड़े इसके लिए प्रबन्ध रखती है।

नियम और व्यवस्था–अँगरेज़ी राज्य में वा और कहीं जो अच्छे नियम हों उन्हें राज्य में प्रचलित कर लेना चाहिए। केवल स्वतन्त्रता वा नवीनता दिखाने के लिए भेद रखना ठीक नहीं। लोगों के इस कहने की कुछ परवा न करनी चाहिए कि महाराज तो बात-बात में नक़ल कर रहे हैं। यदि नियम अच्छा हो और प्रजा की रहन-सहन के अनुकूल हो तो उसकी नक़ल करने में कोई बुराई नहीं है। एक देश दूसरे देश की अच्छी बातों को ग्रहण कर सकता है। सभ्य से सभ्य जातियाँ, जिन्हें अपने गौरव और स्वतन्त्रता का बहुत अभिमान होता है, इस मार्ग का अनुसरण करती हैं। यदि वे ऐसा न करें तो एक देश का संचित ज्ञान और अनुभव दूसरे देश के किसी काम ही का न ठहरे।

अपढ़, मूर्ख और स्वार्थी लोग बराबर राजा-महाराजों से कोई-न-कोई कार्रवाई नियम वा क़ानून के विरुद्ध कराने वा औरों से करवाने की प्रार्थना किया करते हैं। वे यहाँ तक कहते हैं "क्या महाराज जो चाहें सो नहीं कर सकते ? क्या महाराज को भी कोई रोकनेवाला है ? यदि राज्य में महाराज की कुछ चलती नहीं है तो महाराज किस बात के हैं ?" इस प्रकार की बातें बराबर किसी-न-किसी रूप में राजा-महाराजों से कही जाती हैं। उनको चाहिए कि ऐसी-ऐसी बातें सुनकर ज़रा भी ताव में न आवें बल्कि हँसते हुए यह उत्तर दें–

"शिक्षा और विचार से यह विश्वास मेरे मन में अच्छी तरह बैठ गया है कि वही राजा सचमुच बड़ा है जो उन नियमों का आदर करता है जो प्रजा के हित के लिए बनाए गए हैं। मैं इसी विश्वास के अनुसार कार्य्य करूँगा।" इसी रीति पर चलने से राजा-महाराजा बड़े और प्रजापालक कहे जा सकते हैं तथा देश के इतिहास में कुछ नाम छोड़ सकते हैं।

राज कर्तव्य–जो बड़े-बड़े सिद्धान्त मैंने बतलाए हैं वे मेरे मन में अच्छी तरह बैठे हुए हैं। मुझे भिन्न-भिन्न रियासतों में दीवानी करते-करते बीस वर्ष से ऊपर हुए। इस बीच

में राज्य-प्रबन्ध करने में ये ही सिद्धान्त मेरे आधार रहे हैं। इन सिद्धान्तों के अनुसार प्रजा का हित करने में मेरी आत्मा को जो सन्तोष प्राप्त हुआ है वह वर्णन नहीं किया जा सकता। राजा-महाराजों को इन सिद्धान्तों के अनुसरण से और भी अधिक सन्तोष प्राप्त होगा। मनुष्य के लिए इससे बढ़कर शुद्ध और श्रेष्ठ कोई आनन्द ही नहीं है। यह आनन्द ऐसा है जो जीवन भर रहता है। वेदों का यह उज्ज्वल सिद्धान्त है कि वही मनुष्य जीता है जो दूसरों की भलाई के लिए जीता है। देश में राजा से बढ़कर, जिसके हाथ में सबसे अधिक धन और सबसे अधिक शक्ति रहती है, दूसरों की भलाई और कौन कर सकता है ? यदि मेरे ऐसे साधारण मनुष्य को प्रजा की सुख-वृद्धि के लिए सच्चा प्रयत्न करने के कारण इतना मान और यश प्राप्त हुआ है तो राजा-महाराजों को प्रजा का हित करने के कारण कितनी उज्ज्वल और अचल कीर्ति प्राप्त हो सकती है समझने की बात है। पर सांसारिक यश और कीर्ति से कहीं बढ़कर फल उनके लिए रक्खा है। मैं वहाँ की बात कहता हूँ जहाँ की प्रेरणा से राजा-महाराजा इतने ऊँचे पद पर प्रतिष्ठित होते हैं और उन्हें उपकार करने का इतना अवसर मिलता है।

सुन्दर शासन के सम्बन्ध में परामर्श देते हुए मैं वेथल नामक एक यूरोपियन ग्रन्थकार की बातों की ओर ध्यान दिलाता हूँ जो 18वीं शताब्दी में हुआ है और जिसके उपदेश मनुष्य मात्र के, विशेषकर राजाओं के, बहुत काम के हैं। नीचे उसके कुछ विचार उद्धृत किए जाते हैं–

"समाज को चलानेवाले बुद्धिमान राजा को यह अच्छी तरह समझ रखना चाहिए कि उसके हाथ में राज-शक्ति केवल राज्य की रक्षा और सारी प्रजा की भलाई के लिए दी गई है। राजकाज चलाने में उसे यह न समझना चाहिए कि जो कुछ है सो हमारे ही लिए तो है। उसे अपना ही सन्तोष वा अपना ही लाभ न देखना चाहिए बल्कि अपनी सारी विद्या बुद्धि राज्य वा प्रजा के हित में लगानी चाहिए जो उसके अधीन है।

"पर बहुतेरे राज्यों में चापलूसी का पाप बहुत दिनों से घुसा है जिसके कारण यह मूल मन्त्र ध्यान में नहीं रहने पाता। बहुत से जूती चाटनेवाले दरबारी अहंकारी राजाओं के मन में यह जमा देते हैं कि जन-समूह उनके लिए बना है, वे जन-समूह के लिए नहीं बनाए गए हैं। ऐसे राजा राज्य को अपनी बपौती वा निज की सम्पत्ति समझने लगते हैं। वे प्रजा वा जनसमूह को समझते हैं कि भेड़-बकरी के झुंड हैं, इनसे जिस प्रकार हो रुपया निकालो और मनमानी मौज उड़ाओ। इसी कारण अहंकार, असन्तोष, और विरोध से भरे हुए सत्यानाशी युद्ध होते हैं। इसी कारण वे खलनेवाले टैक्स वा कर लगाए जाते हैं जिनकी आमदनी सत्यानाशी ठाट-बाट वा भोग-विलास में खपती है अथवा कृपापात्रों वा रखैली स्त्रियों पर फूँकी जाती है। इसी कारण अच्छी-अच्छी जगहें अयोग्य कृपापात्रों को मिलती हैं, योग्यता और गुण का कुछ भी विचार नहीं किया जाता, तथा जिन बातों में राजाओं को रुचि नहीं होती वे दीवान मुसद्दियों पर छोड़ दी जाती हैं। ऐसे अभागे राज्य में कौन कह सकता है कि राजशक्ति सर्वसाधारण की भलाई के लिए प्रतिष्ठित है ? एक महान राजा अपने सतोगुण की वृत्तियों तक से चौकस रहता है, कुछ ग्रन्थकारों के समान

मेरा यह कहना नहीं है कि सर्वसाधारण का सतोगुण राजाओं के लिए गुण नहीं है। ऐसा सिद्धान्त तो गम्भीर विचार न करनेवाले राजनीतिज्ञों का है। भलाई, मित्रता, कृतज्ञता आदि राजा के लिए भी गुण ही हैं पर बुद्धिमान राजा आँख मूँदकर इन्हीं की प्रेरणा पर नहीं चलता। वह इन गुणों को धारण करता है और परस्पर के (ख़ानगी) व्यवहार में उनका पालन करता है पर राजकाज के व्यवहार में वह केवल न्याय और पक्की राजनीति का ध्यान रखता है। क्यों ? इसलिए कि वह जानता है कि 'राज्य मुझे समाज के सुख के लिए दिया गया है अतः मुझे राजशक्ति का प्रयोग करने में अपना सुख वा सन्तोष न देखना चाहिए।' वह अपनी भलमनसाहत को बुद्धि के अधीन रखता है। वह अपने मित्रों को जो लाभ पहुँचाता है वह निज की ओर से (राज्य की ओर से नहीं)। वह राज्य की जगहों और नौकरियों को योग्यता के अनुसार देता है। राज्य की ओर से वह जो कुछ इनाम देता है वह राज्य की सेवा के लिए, सारांश यह कि वह सर्वसाधारण की शक्ति सर्वसाधारण ही की भलाई में लगाता है।

"इसी शक्ति के सहारे पर राजा क़ानून वा शास्त्र की मर्य्यादा का रक्षक होता है। जबकि उसका यह धर्म है कि वह उस मर्य्यादा को भंग करनेवाले प्रत्येक धृष्ट मनुष्य को रोके तब क्या उसके लिए यह उचित होगा कि वह स्वयं उसे पददलित करे ?

"जब तक जो क़ानून वा नियम हैं तब तक राजा को उनका पालन और उनकी रक्षा करनी चाहिए। वे ही सर्वसाधारण की शान्ति के मूल और राजशक्ति के दृढ़ आधार हैं। जिस अभागे राज्य में मनमानी शक्ति का अधिकार है वहाँ किसी बात का ठिकाना नहीं, बलवा, उत्पात जो न चाहे सो हो जाए। अतः राजा का धर्म और लाभ इसी में है कि वह क़ानून वा नियम का पालन करे, स्वयं उसके अधीन हो। यह न कहना चाहिए कि राजा राज्य में प्रचलित क़ानून के वश में नहीं है। सब जातियों में ठीक इसका उलटा सिद्धान्त बर्ता जाता है अर्थात् यह कि राजा क़ानून के अधीन है। यद्यपि चापलूस समय-समय पर इस (सिद्धान्त) के विरुद्ध चक्र चलाते रहते हैं पर बुद्धिमान राजा देवता के समान उसका आदर करते हैं।"

अब मैं मनु के दो-एक वाक्य उद्धृत करता हूँ—उनका वचन है "राजा को प्रजा का पालन उसी प्रकार करना चाहिए जैसे पिता पुत्र का करता है।"

"राजा भलेमानसों को उचित पुरस्कार और दुष्टों को उचित दंड दे। न्याय का उल्लंघन उसे कभी न करना चाहिए।"

"जो राजा दंड के योग्य मनुष्य को छोड़ता है और दंड के अयोग्य मनुष्य को दंड देता है वह अन्यायी है। न्यायी वही है जो शास्त्र की व्यवस्था के अनुसार दंड देता है।"

इन सबसे प्रकट है कि राजाओं को कठिन धर्म का पालन करना रहता है, उन्हें बड़े-बड़े सिद्धान्तों और नियमों पर चलना रहता है। उन्हें बनैले पशुओं की तरह मनमाना नहीं चलना रहता। उनका सबसे बड़ा कर्तव्य उस प्रजा के सुख की वृद्धि करना है जिसके ऊपर परमात्मा ने उन्हें प्रतिष्ठित किया है।

प्रजा के सुख की वृद्धि करना इस बात को मोटे तौर पर समझ लेना तो बहुत सहज

है पर आजकल के समय में इसको पूरा कर दिखाना गहरे मनन और स्वार्थ-त्याग का काम है, क्योंकि आजकल लोगों को न जाने कितनी तरह की भलाइयाँ चाहिएँ और शासन-पद्धति भी एक ख़ासी विद्या हो गई है जो बिना सीखे नहीं आती। सुन्दर शासन के नियमों और सिद्धान्तों को ध्यानपूर्वक सीखना पढ़ना पड़ता है। अस्तु, राजाओं के लिए इतना ही बस नहीं है कि वह यह कहकर कि "मैं जानता हूँ कि प्रजा का पालन करना मेरा धर्म है" बिना कुछ सीखे-पढ़े अपनी मनमानी मौज वा समझ के अनुसार जो जी में आवे करने लगे। बात यह है कि राजा को भी अपना काम सीखना पड़ता है और उसके गूढ़ नियमों और सिद्धान्तों के अनुसार उसे करना पड़ता है। जो राजा इन नियमों और सिद्धान्तों को नहीं मानता और उन पर नहीं चलता वह उस माँझी के समान है जो बिना पतवार की नाव चलाता है।

मैं आगे उन पत्रों के कुछ अंशों को दूँगा जो अवध की नवाबी से सम्बन्ध रखते हैं।

मैंने इस बात पर बहुत ज़ोर दिया है कि प्रजा के जीवन, धन आदि की रक्षा करना राजा का धर्म है और इस धर्म के पालन के उपाय भी बतलाए हैं। अवध के नवाब इस बात में बहुत चूके और यही कारण था कि उनका राज्य अँगरेज़ी राज्य में मिला लिया गया।

अवध के रेज़िडेंट ने लिखा है–"मैंने बहुतेरा कहा पर हज़रत सलामत (नवाब वाजिद अलीशाह) राजकाज के सब व्यवहार उन्हीं निकम्मे और अयोग्य कुपात्रों के ऊपर छोड़े हुए हैं, अपना सारा समय भोग-विलास और धूम-धड़क्के में बिताते हैं और अपने उच्च कर्तव्य के पालन में वैसी ही बेपरवाही दिखाते हैं। उनके राज्य के सब भागों में धन प्राण की वैसी ही अरक्षा बनी है और सब मुहकमों में वैसा ही कुप्रबन्ध और वैसी ही अन्धेरे फैली हुई है।"

दूसरे स्थान पर रेज़िडेंट फिर लिखते हैं–"यह कोई अचम्भे की बात नहीं है कि अधिकार पाकर जवान नवाब साहब क्षुद्र लोगों के साथ में पड़कर और उतनी ही शिक्षा पाकर जितनी देशी राजकुमार पाते हैं यह समझने लगें कि संसार में मुझे जो चाहे सो करने का सबसे बढ़कर सुबीता मिला है और बादशाह की इच्छा को रोकनेवाला कोई नियम वा बन्धन नहीं।"

आगे चलकर रेज़िमेंट बड़े लाट साहब को लिखते हैं "अदालत और कहीं तो हैं नहीं, राजधानी में हैं, सो भी किसी काम की नहीं।"

इसका फल यह था कि अवध में न्यायालय की दशा बहुत ही बुरी थी। देखना चाहिए कि अँगरेज़ सरकार ने एक मामले की ओर कैसा ध्यान दिया जिसमें एक आदमी मेल-मुलाक़ात के ज़ोर से सज़ा से साफ़ बच गया यद्यपि इस बात का पक्का सबूत था कि उसने हत्या की है। उस अवसर पर भारत सरकार ने लखनऊ के रेज़िडेंट को इस प्रकार लिखा–

"आप बादशाह से भेंट करें। आप हज़रत सलामत को सूचित करें कि लखनऊ में अभी जो यह घोर अन्याय हुआ है कि साफ़ सबूत रहने पर भी हत्यारा छोड़ दिया गया इस पर गवर्नर जनरल साहब बहुत ही असन्तुष्ट हैं। आप यह भी कहें कि बादशाह के

राज्य में ऐसे-ऐसे मामले बराबर हो रहे हैं जिनका फल यही होगा, जैसा कि उन्हें कई बार चेताया जा चुका है, कि बादशाही अधिकार बिलकुल ले लिया जाए।"

रेज़िडेंट ने यह भी शिकायत की कि अवध में न्यायालयों की ठीक व्यवस्था न होने के कारण अँगरेज़ सरकार की जो प्रजा वहाँ है वह भी कष्ट पा रही है। जबकि अवध में कुप्रबन्ध के कारण अँगरेज़ी प्रजा कष्ट पा रही है तब अँगरेज़ सरकार चुप नहीं रह सकती।

रेज़िडेंट ने साफ़ लिखा है कि "अवध में पुलिस का कोई ठीक प्रबन्ध ही नहीं है। वर्तमान राज्य-प्रणाली में अवध में धन और प्राण की रक्षा का लेश भी नहीं है। देश के इस भाग में बिना बहुत से हथियारबन्द आदमी साथ लिये लोगों का रास्ता चलना असम्भव है।"

मैं समझता हूँ कि मैंने जितनी बातें लिखी हैं और जितने दृष्टान्त सामने रक्खे हैं उनसे यह बात मन में अच्छी तरह बैठ गई होगी कि अच्छी पुलिस रखना और अच्छे न्यायालयों का स्थापित करना कितना आवश्यक है। इनके बिना धन, प्राण और स्वतन्त्रता की रक्षा हो नहीं सकती। और बिना इस रक्षा के राज्य रह नहीं सकता, किसी-न-किसी दिन जाएगा, चाहे जल्दी या देर में।

मैं देशी राज्यों का बड़ा भारी शुभचिन्तक हूँ। मैं चाहता हूँ कि वे बराबर बने रहें। अतः मेरा कहना है कि राजा-महाराजा इन सब बातों को स्वयं ही मन में धारण करके न रह जाएँ बल्कि जैसे हो तैसे इन्हें अपनी सन्तानों को भी बतलावें और साथ ही ऐसा उपदेश दें कि उनकी सन्तान भी अपनी सन्तानों को इसी प्रकार बतलावे जिसमें इन बातों का तार न टूटे, पीढ़ी-दर-पीढ़ी ये बातें मन में बैठती रहें। देशी रजवाड़े जब तक अपने राज्य में धन, प्राण और स्वतन्त्रता की रक्षा बनाए रक्खेंगे तब तक वे अचल रहेंगे।

स्वास्थ्य–राज्य का दूसरा बड़ा कर्तव्य जहाँ तक हो सके प्रजा के स्वास्थ्य की रक्षा करना है। समाज के प्रत्येक व्यक्ति का स्वास्थ्य अधिकतर उसी पर निर्भर है–अर्थात् उसके भोजन, वस्त्र, व्यायाम, चिकित्सा आदि पर। हर एक को भला-चंगा रहने की स्वाभाविक इच्छा होती है। इससे वह अपने स्वास्थ्य का ध्यान रखता ही है। पर सर्वसाधारण के स्वास्थ्य से सम्बन्ध रखनेवाली बहुत सी ऐसी बातें हैं जिनका प्रबन्ध एक-एक व्यक्ति नहीं कर सकता। वे ऐसी बातें हैं जिनका प्रबन्ध राज्य ही की ओर से हो सकता है। यदि राज्य उनका प्रबन्ध अपने हाथ में न लेगा तो उनका प्रबन्ध होगा ही नहीं। मैं इन बातों में जो मुख्य-मुख्य हैं उन्हें बतलाता हूँ।

जहाँ बहुत से लोग पास-पास बसते हैं, जैसे शहरों और क़स्बों में वहाँ सफ़ाई का सबसे पहले ध्यान रखना चाहिए। गलियों में से गलीज और कूड़ा-करकट दूर होना चाहिए। नल दुरुस्त रहने चाहिएँ। अच्छी ताज़ी हवा ख़ूब आनी चाहिए, इत्यादि। यही सब स्वास्थ्य-प्रबन्ध कहलाता है। इसके सिवा लोगों के आराम, सुबीते और रक्षा आदि के लिए भी अनेक प्रबन्ध रहें। जैसे गाड़ी घोड़े आदि आने-जाने के लिए अच्छी-अच्छी सड़कें हों। सड़कों पर छिड़काव हो, रोशनी हो। आग बुझाने की कलें हर समय तैयार रहें।

सर्वसाधारण के स्वास्थ्य के लिए एक और आवश्यक बात यह है कि लोगों को नित्य के ख़र्च के लिए साफ़ और काफ़ी पानी मिले। गरम देशों के लिए तो यह एक बड़ी भारी न्यामत है। जो राजा-महाराजा इसका प्रबन्ध करेंगे उन्हें बहुत दिनों तक लोग आशीर्वाद देंगे।

सर्वसाधारण की स्वास्थ्य-रक्षा के लिए यह भी आवश्यक है कि नगर की घनी बस्ती में रहनेवाले लोगों के लिए कुछ खुली और सुहावनी जगहें हों जहाँ वे गाड़ी घोड़े पर हवा खा सकें और पैदल टहल सकें और जहाँ वे सन्ध्या-सबेरे अपने अवकाश का समय बितावें जिससे उनके स्वास्थ्य को लाभ पहुँचे।

सर्वसाधारण की स्वास्थ्य-रक्षा के लिए टीका लगाने का प्रबन्ध भी होना चाहिए जिससे लोग शीतला के भयानक रोग से बचे रहें।

लोगों की स्वास्थ्य-रक्षा का एक उपाय यह भी है कि बस्तियों के बीच में अस्पताल और औषधालय स्थापित हों जहाँ रोगियों को सहज में दवाएँ मिल सकें, उनके रोग की देखभाल हो सके।

जिस राज्य को अपनी प्रजा के सुख की चिन्ता होती है वह इन सब बातों का प्रबन्ध करता है। ऐसी बातों में जो रुपया ख़र्च होता है वह सफल ही होता है। प्रजा का यह स्वत्व है कि उसके स्वास्थ्य की इस प्रकार रक्षा की जाए। जो राजा अपनी प्रजा का पालन करता है वह लोगों की स्वास्थ्य-रक्षा का पूरा प्रबन्ध रखता है।

इस सम्बन्ध में मुझे यही कहना है कि राज्य की ओर से लोगों का स्वास्थ्य बढ़ाने, रोग दूर करने और क्लेश हटाने के लिए जो कुछ किया जाएगा वह सुराज्य का लाभ समझा जाएगा। अच्छा राजा सर्वसाधारण के स्वास्थ्य का बहुत ध्यान रखता है जो कि सर्वसाधारण के सुख का प्रधान अंग है और राजा का प्रधान कर्तव्य है।

पर इस बात का भी ध्यान रहना चाहिए कि सर्वसाधारण का स्वास्थ्य बढ़ाने की चिन्ता में कहीं राजा-महाराजा व्यर्थ एक-एक आदमी की स्वतन्त्रता में न बाधा डालें। स्वतंन्त्रता एक बड़ी अनमोल वस्तु है। किसी पर यह ज़ोर न डालना चाहिए कि तुम झख मारकर यही भोजन करो, यही दवा खाओ, या यही कसरत करो। इन सब बातों को तो हर एक आदमी अपने आप समझ-बूझ लेगा। राज्य की कार्रवाई तो उन्हीं मामलों तक रहनी चाहिए जिनमें मोटे तौर पर सबकी भलाई है—जैसे सफ़ाई कराना, अच्छे नल लगवाना, साफ़ पानी पहुँचाना, अस्पताल खोलना, टीका लगाने का प्रबन्ध करना इत्यादि, इत्यादि। ऐसे मामलों में राज्य जो कुछ करता है वह समाज की ओर से और समाज के भले के लिए।

इस ढंग से चलने में भी राज्य को यह ध्यान रखना चाहिए कि वह कहीं लोकोपकार करने की झोंक में बहुत न बढ़ जाए। लोगों की विद्या-वृद्धि की जो वर्तमान अवस्था है और उसके अनुसार उनके जो विचार हैं उनसे बहुत आगे न बढ़ा जाए। किसी मामले में राज्य को कहाँ तक बढ़ना चाहिए और कहाँ तक जाना चाहिए, इसका विचार समय-समय पर यह देखकर करना चाहिए कि किसी कार्रवाई से लोगों की भलाई कितनी होगी और लोगों की ओर से विरोध कितना होगा।

मैं ऊपर कह चुका हूँ कि स्वास्थ्य के मामले में व्यर्थ एक-एक आदमी की स्वतन्त्रता में बाधा न पड़ने पावे। पर राज्य यह कर सकता है कि बिना लोगों की स्वतन्त्रता में बाधा डाले अपनी राय प्रकाशित करे। जैसे यदि हैज़ा फैला हो तो स्वास्थ्य-विभाग द्वारा राज्य की ओर से लोगों को यह सूचना दी जाए कि इन-इन युक्तियों से हैज़े से बच सकते हैं, ये-ये दवाएँ हैज़े में उपकारी पाई गई हैं तथा इन-इन उपायों से हैज़े का फैलना रुक सकता है।

जब कभी हैज़ा, मरी, शीतला आदि रोग फैलें तो राज्य को उनकी रोक और चिकित्सा के लिए विशेष प्रबन्ध करना चाहिए। जिन-जिन स्थानों में ये रोग फैले हों वहाँ कुछ अधिक वैद्य, डॉक्टर तैनात करके भेजे जाएँ। वहाँ के लोगों को दवा आदि का अधिक सुबीता कर दिया जाए। यदि स्वास्थ्य-विभाग प्रस्ताव करे कि यहाँ ये-ये कार्रवाइयाँ हों तो राज्य को चाहिए कि उन्हें चटपट मंज़ूर कर ले।

सर्वसाधारण के स्वास्थ्य के सम्बन्ध में स्वास्थ्य-विभाग ही की सम्मति पर राज्य को चलना चाहिए।

प्रजा की प्राणरक्षा—ऊपर कहा जा चुका है कि राजा का कर्तव्य प्रजा का स्वास्थ्य बढ़ाना है। स्वास्थ्य-वृद्धि के मुख्य-मुख्य उपाय भी बतलाए जा चुके हैं। राजा का दूसरा भारी कर्तव्य यह है कि जहाँ तक हो सके प्रजा को भरपूर भोजन इत्यादि प्राप्त करने का सुबीता कर दे। यह प्रत्यक्ष है कि भरपूर भोजन के बिना लोग सुखी नहीं रह सकते।

सबसे पहले तो यह कहना है कि राज्य इस विषय में कुछ अधिक नहीं कर सकता। बहुत कुछ तो लोगों के निज के परिश्रम के ऊपर है। समाज के प्रत्येक व्यक्ति को अपने और अपने परिवार के लिए कोई-न-कोई काम करना पड़ता है और उसके द्वारा जीविका प्राप्त करनी पड़ती है। प्रकृति ने हर एक के लिए भोजन इतना आवश्यक रक्खा है कि वह आप अपने भोजन के लिए भरसक सब कुछ करता है। इसके लिए उस पर कोई ज़ोर डालने की ज़रूरत नहीं, इस विषय में तो स्वाभाविक प्रवृत्ति ही पूरा काम करती है।

स्वाभाविक प्रवृत्ति केवल भोजन ही प्राप्त करने के लिए नहीं बल्कि सुख पहुँचानेवाली और बहुत सी वस्तुओं को प्राप्त करने के लिए उभाड़ती है। अब राज्य का धर्म यह है कि इस प्रवृत्ति को उचित स्वच्छन्दता के साथ काम करने दे। राज्य इस बात का ध्यान रक्खे कि इस स्वाभाविक प्रवृत्ति में मनुष्यों की उत्पन्न की हुई कोई बाधा वा रुकावट न पड़ने पावे। राजा को यह कर्तव्य साफ़-साफ़ समझना और दृढ़ता के साथ पूरा करना चाहिए।

अब यहाँ पर यह देखना है कि राजा को क्या करना चाहिए और क्या न करना चाहिए कि इस स्वाभाविक प्रवृत्ति के अनुसार पूरा-पूरा कार्य हो और उसका अच्छा फल हो।

जैसा मैं पहले कह चुका हूँ, समाज के प्रत्येक व्यक्ति में अपने सुख के साधन इकट्ठे करने की स्वाभाविक प्रवृत्ति होती है। इस प्रवृत्ति के अनुसार वह धन कमाने के

लिए भरसक पूरा प्रयत्न करेगा। राजा को चाहिए कि धन, प्राण, शरीर और स्वतन्त्रता की रक्षा करके इस स्वाभाविक प्रवृत्ति की भी भरपूर रक्षा करे। इन प्रयत्नों के लिए पूरी राह खोल दे और कमानेवाले को उस धन का सुख भोगने दे। यदि धन, प्राण, शरीर और स्वतन्त्रता की रक्षा न रहे तो क्या हो, सोचिए तो, बहुत से लोग मन में यही कहें–"मैं धन क्यों कमाऊँ और कमाकर क्यों बचाऊँ जबकि इस बात का कोई ठिकाना ही नहीं कि मैं कब मार डाला जाऊँ, घायल कर दिया जाऊँ, क़ैदख़ाने में डाल दिया जाऊँ, या लूट लिया जाऊँ ?"

इससे सिद्ध हुआ कि धन, प्राण, शरीर और स्वतन्त्रता की रक्षा समाज के धनोपार्जन और धनसंचय के लिए आवश्यक है। लोगों को किसी बात का डर नहीं रहना चाहिए।

इस बात को थोड़े और ब्योरे के साथ मैं कहता हूँ। लोगों को यह डर न रहना चाहिए कि हम शहर में, देहात में वा सड़क पर लूट लिये जाएँगे। सेठ-साहूकार अपना रुपया अपने पास बेखटके रख सकें। किसान अपने अनाज का ढेर बेखटके रख सकें। एक तरकारी बेचनेवाली ग़रीब बुढ़िया को भी इस बात का खटका न रहे कि मेरी तरकारी कोई छीन लेगा। सारांश यह कि छोटे-बड़े, ग़रीब-अमीर सबको इस बात का निश्चय रहे कि हमारी सम्पत्ति हमारे पास रहेगी और हम उसका सुख उठावेंगे। लोगों को इस बात का कुछ भी खटका न रहे कि हमारे साथ ज़बरदस्ती होगी, हमें कोई धोखा देगा, हम झूठे मामले मुक़दमों में फँसेंगे, हमारे साथ राज्य कोई मनमानी कार्रवाई करेगा।

ये सब बातें उन उपायों से प्राप्त हो सकती हैं जिन्हें मैं पहले कह चुका हूँ अर्थात् शहरों और गाँवों में अच्छी पुलिस रखने से, योग्य अदालतों को बैठाने से और अच्छे-अच्छे क़ानून जारी रखने से।

प्रजा के सुख-सम्पत्ति की वृद्धि–राज्य को धन की बढ़ती के लिए और भी बहुत सी बातें करनी चाहिएँ जिनमें से कुछ मैं आगे बतलाता हूँ।

राज्य के लोगों को अपने धन का पूरा उपभोग स्वच्छन्दतापूर्वक अर्थात् बिना व्यर्थ की रुकावट वा भय के करने देना चाहिए जैसे, किसी के लिए यह रोक न होनी चाहिए कि वह गाड़ी घोड़े पर चढ़कर न चले। किसी को सड़क के किनारे भारी मकान बनाने से न रोकना चाहिए। इसी प्रकार, कोई बढ़िया कपड़े वा क़ीमती गहने पहनने से न रोका जाए। सारांश यह कि लोगों को इस बात की पूरी स्वतन्त्रता रहे कि वे जिस प्रकार चाहें अपने धन को भोगें वा दिखावें। राजा-महाराजा अपनी प्रजा को जितना ही सुखी देखें उतना ही उन्हें सुखी होना चाहिए।

एक बड़ी भारी बात और है। हमारे यहाँ के लोग अधिकांश खेती ही पर निर्वाह करते हैं। धरती धन को देनेवाली है। किसान भूमि पर परिश्रम करते हैं और भूमि उन्हें फल देती है। इससे सिद्ध हुआ कि भूमि के सम्बन्ध में और किसानों के सम्बन्ध में जो राज्यप्रबन्ध होगा उसका प्रजा के सुख के साथ बहुत कुछ लगाव होगा।

यह स्मरण रखना चाहिए कि अधिकांश लोग जो स्थिर भाव से देश में बसे हैं किसान हैं अर्थात् खेती का काम करते हैं। जिस प्रकार वह भूमि, जिसे वे जोतते हैं, अचल है उसी प्रकार वे भी अचल हैं। अधिकतर किसान जब तक उन पर लगातार जुल्म न हो अपनी भूमि को छोड़ने का कभी विचार नहीं करते। किसान हमारे यहाँ की स्थिर जनसंख्या के एक प्रधान अंग हैं और जो फ़सल वे हर साल पैदा करते हैं वह हमारे देश के धन का एक प्रधान भाग है। इसी से रैयत और भूमि के सम्बन्ध में बहुत ठीक प्रबन्ध रहना चाहिए।

किसानों को सुखी रखने और भूमि से धन की बढ़ती करने के लिए यह आवश्यक है कि ज़मीन की मालगुज़ारी बहुत ज़्यादा न हो, इतनी जितने में रैयत अपना और अपने बाल-बच्चों का पालन सुख से कर सके। बहुत सी देशी रियासतों में इस सिद्धान्त का पालन ठीक-ठीक नहीं होता है। बहुत सी रियासतें रैयत से जहाँ तक हो सकता है मालगुज़ारी ऐंठती हैं और इससे जनसंख्या का एक बड़ा भाग दरिद्र हो जाता है। यह बात उस मूल सिद्धान्त के बिलकुल विरुद्ध है जिसकी ऊपर चर्चा हुई है अर्थात् राज्य का पहला उद्‌देश प्रजा के सुख की वृद्धि करना है।

दूसरी बात जो प्रजा को सुखी करने और भूमि से धनोपार्जन की वृद्धि करने के लिए आवश्यक है वह यह है कि किसानों के क़ब्ज़े में काश्त अच्छी हो। किसानों को यह पूरा विश्वास रहे कि जब तक रियासत को लगान बराबर देते जाएँगे तब तक हम बेदख़ल न किए जाएँगे। किसानों को यह भरोसा रहे कि यदि हम लगान बराबर समय पर देते जाएँगे तो ज़मीन हमारे क़ब्ज़े में पीढ़ी-दर-पीढ़ी चली जाएगी। बुद्धि से भी यह बात ठीक ठहरती है और अनुभव से भी यह बात पाई गई कि क़ब्ज़े का ठीक ठिकाना न रहने से खेती की वृद्धि नहीं हो सकती।

एक और बात जो प्रजा को सुखी करने और भूमि से धन बढ़ाने के लिए आवश्यक है वह यह है कि जब किसानों की पूँजी और परिश्रम लगने से भूमि की उपज बढ़ जाए तब राज्य को उसके कारण अपनाकर बढ़ाकर किसानों को उस उचित फल से वंचित न करना चाहिए जो उन्हें अपनी पूँजी और परिश्रम के कारण प्राप्त हुआ है। यदि रियासत ऐसा करेगी तो किसान कहेंगे कि हमें क्या पड़ी है कि भूमि को अधिक उपजाऊ करने के लिए अधिक परिश्रम और पूँजी लगावें। इससे भूमि की उपज बढ़ेगी नहीं चाहे घट भले ही जाए।

जबकि भूमिकर ऊपर लिखी व्यवस्था के अनुसार ठीक-ठीक अर्थात् न बहुत थोड़ा न बहुत अधिक एक बार निश्चित हो गया तब राजा-महाराजों को और मनमाने ऊपरी कर जैसे गद्‌दी और ब्याह-शादी आदि के नज़राने न लगाने चाहिएँ।

एक बुराई और है जिसे बचाना चाहिए। प्रायः ऐसा हुआ है कि राजा-महाराजों के पास साधु-संन्यासी वा ऐसे ही और लोग आए हैं और कुछ वार्षिक सहायता की प्रार्थना की है। राजा-महाराजों ने क्या किया कि उन्हें सनद दे दी कि इन-इन गाँवों और परगनों से असामी पीछे वा हल पीछे इतना रुपया वसूल कर लिया करो। इस प्रकार का अधिकार देना बहुत ही बुरा है क्योंकि इससे किसानों को हानि पहुँचती है।

जिन उपायों से भूमि की उपज बढ़े वा अच्छी हो उनको काम में लाना चाहिए।

खेती की उपज इन-इन उपायों से बढ़ती है जैसे अच्छी जुताई, अच्छी खाद, और अच्छी निराई।

सिंचाई का प्रबन्ध करने से भी भूमि की फ़सल बहुत अच्छी हो सकती है। इस उपाय से जिस भूमि से पहले कोई मोटा अन्न होता था उसमें ईख हो सकती है, जहाँ 100 बीघे की फ़सल होती थी वहाँ 500 बीघे की फ़सल हो सकती है। इससे किसानों को और सारी प्रजा को लाभ पहुँचेगा।

इसलिए राज्य को चाहिए कि सिंचाई के लिए ताल, कुएँ खुदवावे, नहर बनवावे तथा और जो प्रबन्ध हो सके करे।

किसी देश में भूमि को उपज बढ़ाने का एक और उपाय यह है—ऐसे नियम बनें, जिनसे किसानों को ऊसर ज़मीन सुबीते में और पक्के क़ब्ज़े के साथ मिले।

भूमि के अतिरिक्त धन के और भी मार्ग हैं। इनमें से मुख्य कारीगरी है। कारीगरी से बहुत से लोगों का पालन होता है। इससे कारीगरी को पूरा बढ़ावा देना चाहिए। यह आजकल और भी ज़रूरी है क्योंकि आबादी दिन-दिन बढ़ रही है, इतनी ज़मीन कहाँ से आवेगी कि जिसमें सबका निर्वाह हो। जिन लोगों को खेती के लिए भूमि न मिल सके उनके लिए तरह-तरह की कारीगरी का मैदान खुला रहना चाहिए।

अस्तु, लोगों की जीविका की बढ़ती करने और देश में धनोपार्जन की वृद्धि करने के लिए ये बातें आवश्यक ठहरीं—

(क) लोगों के प्राण, धन, शरीर और स्वतन्त्रता की रक्षा रहे।

(ख) लोग अपने धन का पूरा सुख भोगने पावें।

(ग) भूमि धन का एक प्रधान मार्ग है इससे मालगुज़ारी बहुत अधिक न होनी चाहिए।

(घ) भूमि के अधिकार की पूरी रक्षा रहनी चाहिए।

(च) किसान अपनी पूँजी और अपना परिश्रम लगाकर ज़मीन की पैदावार में जो बढ़ती करें उस पर राज्य की ओर से कर न बढ़ाया जाए, यदि बढ़ाया भी जाए तो बहुत दिनों के पीछे।

(छ) ज़मीन की ठीक-ठीक नाप और बन्दोबस्त हो।

(ज) नज़राना आदि मनमाने ऊपरी कर न लगाए जाएँ।

(झ) साधु-पुरोहित आदि को गाँवों में जाकर असामी पीछे वा हल पीछे कुछ वसूल करने का अधिकार न दिया जाए।

(ट) पैदावार की रफ़्तनी पर महसूल न लिया जाए। यदि लिया भी जाए तो थोड़ा।

(ठ) अनाज और किसी तरह का महसूल न लगाया जाए।

(ड) भूमि की अच्छी जुताई, अच्छी खाद, और अच्छी निराई के लिए जहाँ तक सुबीते हो सकें कर दिए जाएँ।

(ढ) सिंचाई के लिए कुएँ आदि खुदवाए जाएँ।

(त) सड़क और रेल बने जिससे मनुष्यों के और माल के आने-जाने में ख़र्च कम पड़े।

(थ) किसानों को ऊसर ज़मीन सुबीते में और पूरे क़ब्ज़े के साथ मिले।

राज्य की इमारतें—राज्य की इमारतों को बनवाने का एक अलग मुहकमा चाहिए। जिसका एक ऐसा योग्य अफ़सर हो जिसे इंजीनियरी की पूर्ण शिक्षा मिली हो।

इस मुहकमे का हिसाब रखने और जाँचने का पूरा प्रबन्ध चाहिए जिससे एक-एक रुपए का ख़र्च दर्ज रहे और उसकी जाँच हो।

इस मुहकमे को जितने रुपयों की आवश्यकता हो उतना रुपया चट मिलना चाहिए। यदि ऐसा न किया जाएगा तो यह महकमा सुस्त पड़ जाएगा। ऐसी किफ़ायत से कोई लाभ नहीं।

यदि कोई बड़ी, भड़कीली, और लागत की इमारत खड़ी करनी हो, विशेषकर राजधानी में, तो उसका ढाँचा आदि तैयार करने के लिए अच्छे-से-अच्छे शिल्पी नियत किए जाएँ। यह बहुत ही आवश्यक है। यदि इसका ध्यान न रक्खा जाएगा तो लाखों रुपए व्यर्थ बरबाद होंगे और भद्दी इमारतें खड़ी कर दी जाएँगी जिनसे बनानेवालों का अनाड़ीपन ही प्रकट होगा।

इमारत बनवाने में आँख मूँदकर यूरोपियन ढंग की नक़ल न करनी चाहिए। यूरोपियन ढंग योरप ही के लिए ठीक है। हम लोगों को वही ढंग काम में लाना चाहिए जो हमारे देश के अनुकूल हो और जिसका व्यवहार सब दिन से हमारे यहाँ चला आया है। बड़ौदा में कालिज महल और जमनाबाई अस्पताल अच्छे ढाँचे पर बने हैं।

नियम यह होना चाहिए कि इमारत बनने का काम तब तक शुरू न हो जब तक कि ढाँचा और तख़मीना पेश न किया जाए और मंज़ूर न हो जाए।

राज्य की ओर से जो काम बने वह अच्छे ढंग पर बने। काम पुख़्ता और सुन्दर हो जिसमें कई पीढ़ियों तक उसकी क़दर रहे। इसमें जो ख़र्च और तरद्दुद हो उसे उठाना चाहिए।

जहाँ तक हो सके काम ठेके पर बनवाए जाएँ। ठेके का नियम कई बातों में अच्छा है।

राज्य में जो-जो काम बने उनसे राज्य के मज़दूरों और कारीगरों का गुज़ारा हो। बाहरियों की अपेक्षा उन्हें लगाना अच्छा है। बाहर से सामान मँगाने की अपेक्षा अपने राज्य से सामान लेना अच्छा है।

राज्य की इमारतों, सड़कों और पुलों की मरम्मत में जो ख़र्च लगे उसे लगाना चाहिए। यदि राजा-महाराजा कोई नए काम न बनवावें तो जो पहले के बने हुए हैं कम-से-कम उनकी तो रक्षा करें। किसी रियासत की इमारतों का बेमरम्मत रहना उस रियासत के लिए बदनामी की बात है।

जहाँ मरम्मत का वार्षिक व्यय प्रतिवर्ष बहुत घटता-बढ़ता न रहता हो वहाँ सालाना मरम्मत का बँधा ख़र्च मंजूर हो जाना चाहिए जिसमें बार-बार का झंझट न रहे, समय का बचाव हो और मरम्मत भी ठीक वक़्त पर हो जाया करे।

अच्छे ढाँचे पर बनी हुई बड़ी और लागत की इमारतों की मरम्मत करने और उनको बढ़ाने में इस बात का ध्यान रखना चाहिए कि जो काम नया बने वह पुराने के मेल में हो। देशी रियासतों में प्रायः इसका ध्यान नहीं रक्खा जाता।

कचहरी, अदालत, जेल, स्कूल आदि की इमारतें सभ्य राज्य के लिए आवश्यक हैं। पर ये मुनाफ़े के काम नहीं हैं। इनसे लोगों के धन की बढ़ती सीधे नहीं हो जाती। पर ये अत्यन्त आवश्यक और ध्यान देने योग्य हैं।

कचहरी मुनाफ़े का काम नहीं है क्योंकि इससे न तो देश के धनोपार्जन में वृद्धि होती है और न व्यय की बचत होती है। सींचने का कुआँ मुनाफ़े का काम है क्योंकि उससे फसल की बढ़ती होती है। इसी प्रकार सड़क बनाना भी मुनाफ़े का काम है क्योंकि इससे माल की रवानगी के ख़र्च में बहुत कुछ बचत होती है।

अस्तु, राज्य में मुनाफ़े के कामों को ख़ूब बढ़ाना चाहिए। जितने ही ये काम अधिक होंगे उतनी ही देश की बढ़ती होगी। राजा-महाराजा आजकल नए देश नहीं जीत सकते हैं, पर जो देश उनके अधिकार में हैं उनका मोल वे इन मुनाफ़े के कामों से बढ़ा सकते हैं।

इस देश में सबसे मुख्य काम सींचने के लिए कुएँ, तालाब खुदवाना और अच्छी-अच्छी सड़कों का बनवाना।

कम लागत में ऐसी कच्ची सड़कें बहुत सी बन सकती हैं जिन पर सूखे दिनों में बैलगाड़ी, छकड़े आदि मज़े में चल सकें।

भारतवर्ष में पोखरे और तालाब बड़े काम के होते हैं। राज्य को चाहिए कि वह इनकी मरम्मत रखे।

यदि बहुत ख़र्च न हो तो दलदल की ज़मीन निकालने और ऊसर भूमि को उपजाऊ करने का भी राज्य को प्रबन्ध करना चाहिए।

मन्दिर, धर्मशाला तथा ऐसी ही सबके काम आनेवाली और-और इमारतों की मरम्मत का भी ध्यान राज्य को रखना चाहिए।

शिक्षा—मैं अब यहाँ कुछ ऐसे मोटे-मोटे सिद्धान्तों का वर्णन करूँगा जिनके अनुसार राज्य के शिक्षा-विभाग को चलना चाहिए।

अँगरेज़ी भाषा के द्वारा जो उच्च शिक्षा पाना चाहते हों उन्हें उस प्रकार की शिक्षा मिलने का प्रबन्ध होना चाहिए। जो लोग अँगरेज़ी भाषा के द्वारा उच्च शिक्षा पावेंगे वे समाज में अत्यन्त उन्नत विचार के मनुष्य होंगे। वे उन्नति-साधन में सबसे अधिक सहायक होंगे, वे मूर्खता और अन्धविश्वास की बातों को दूर करने में सबसे आगे रहेंगे। मेरा तो विश्वास क्या दृढ़ निश्चय है कि भारतीय जन-समाज बिना ऊपर लिखी बातों के समावेश के जहाँ-का-तहाँ पड़ा रहेगा, एक डग आगे न बढ़ेगा।

अँगरेज़ी साहित्य, विज्ञान और दर्शन अँगरेज़ अच्छा पढ़ा सकते हैं। इससे स्कूलों और कालिजों में अँगरेज़ अध्यापक रहने चाहिएँ। स्वदेशानुराग के कारण, वा किफ़ायत के ख़याल से देशी आदमियों ही को रखना ठीक नहीं है। देशी लोग अँगरेज़ अध्यापकों के सहायक के रूप में बहुत अच्छा काम करेंगे, विशेषकर गणित और पदार्थ-विज्ञान पढ़ाने में।

धर्म सम्बन्धी शिक्षा ज्ञान-मूलक हो, अर्थात् किसी विशेष मत की शिक्षा न दी जाए।

मेरी समझ में छोटी-छोटी चुनी हुई पुस्तकों द्वारा स्कूलों में सर्वदेशीय सदाचार की शिक्षा होनी चाहिए। इसी प्रकार उस सदाचार की शिक्षा भी हो जिसका पालन राज्य में दंडभय से कराया जाता है। यह बहुत आवश्यक है कि लड़कों को आरम्भ ही से यह बतलाया जाए कि कौन-कौन सी नीयत और कौन-कौन से काम बुरे हैं और किनके लिए राज्य से दंड मिलता है। इसके सिखाने में थोड़ा ही समय लगेगा पर इसके द्वारा बहुत से युवा पुरुष ऐसे कर्मों से बचे रहेंगे जो नीति-विरुद्ध हैं वा न्याय से दंडनीय हैं।

राजा-महाराजों को चाहिए कि वे अपने यहाँ के सरदारों, सेठ-साहूकारों पर इस बात का दबाव डालें कि वे अपने लड़कों को स्कूल भेजें।

ऐसे लोगों के अनुकरण के लिए राजा-महाराजों को चाहिए कि वे अपने तथा अपने सम्बन्धियों के लड़कों को भी स्कूल भेजें।

यह स्मरण रखना चाहिए कि शिक्षितों को अधिक आश्रय देने से शिक्षा को बहुत उत्तेजना मिलती है। राज्य के भिन्न-भिन्न विभागों के अधिकारियों को इस बात की ताकीद रहे कि उनके यहाँ जो जगहें खाली हों उन्हें वे कार्य की उत्तमता के विचार से शिक्षितों को दें।

स्कूलों वा कालिजों में जो अपनी शिक्षा समाप्त कर चुके हों उनमें से कुछ को छात्रवृत्तियाँ दी जाएँ जिसमें वे प्रयाग, कलकत्ता, बम्बई आदि जाकर और ऊँची शिक्षा प्राप्त करें। छात्रवृत्तियाँ योग्य लोगों को दी जाएँ और कुछ उचित शर्तों के साथ।

राजा-महाराजों को मुख्य-मुख्य परीक्षाओं और इनाम बाँटने के उत्सवों में सभापति का आसन ग्रहण करके तथा उत्साहपूर्ण व्याख्यान देकर अपनी रुचि विद्या की ओर दिखानी चाहिए। यह उनके राजकर्तव्यों में से है।

सर्वसाधारण के लिए पुस्तकालय, सुबोध व्याख्यान तथा शिक्षा के ऐसे ही और और साधनों को सहायता पहुँचानी चाहिए और उनकी वृद्धि करनी चाहिए।

इन उपायों को धीरता के साथ काम में लाने से धीरे-धीरे प्रजा की बुद्धि और विवेक की बुद्धि होगी और राज्य का बड़ा भारी कर्तव्य पूरा होगा।

राजा अपने राज्य में सबसे बड़ा और शक्तिमान् पुरुष होता है इससे वह लोगों की चाल सुधारने के लिए बहुत कुछ कर सकता है। राजा के आचरण का प्रभाव दिन-रात और हर घड़ी पड़ता रहता है। राजा की बातचीत तक का बहुत कुछ फल होता है।

अतः राजा को बात-बात में यह जताना चाहिए कि उसे सदाचार से प्रेम और बुराई से चिढ़ है। जब जैसा अवसर पड़े, राजा को कोई-न-कोई बात इस तरह की कहनी चाहिए। जैसे श्रीमान् कहें—"मैं ऐसे लोगों को बिलकुल नहीं चाहता जो झूठ बोलते हैं" वा "मुझे ऐसे कर्मचारियों से बड़ी चिढ़ है जो घूस लेते हैं" वा "मुझे इधर-उधर की लगानेवालों से बड़ी घिन है" अथवा "कोई यह न समझे कि मैं चालबाज़ियों से बढ़ूँगा" इत्यादि। ये बातें इस ढंग से भी कही जा सकती हैं "जो सच्चे हैं मैं उनका सम्मान करता हूँ", "मैं सच्चे और ईमानदार कर्मचारियों पर बहुत प्रसन्न होता हूँ" इत्यादि।

निश्चय समझिए कि बहुत से लोग राजा की ऐसी-ऐसी बातों पर बड़ा ध्यान रक्खेंगे और उन्हें दूर-दूर तक फैलावेंगे। ऐसी-ऐसी बातों का बड़ा प्रभाव पड़ेगा। इनसे भले लोगों को उत्साह होगा और बुरे लोगों की चाल सुधरेगी। इनसे सबको चेतावनी मिलती रहेगी। इस प्रकार मैं समझता हूँ कि राजा एक बड़े प्रभावशाली उपदेशक का काम कर सकता है। उसे थोड़े ही दिनों में लोगों की सत्यप्रवृत्ति बढ़ाने का यश प्राप्त हो सकता है। यह समझ रखना चाहिए कि लोगों की प्रवृत्ति जितनी ही अच्छी होगी उतना ही शासन-कार्य सुगम और अच्छा होगा तथा प्रजा का सुख बढ़ेगा।

संक्षेप यह है कि राजा का यह बड़ा भारी कर्तव्य है कि वह अपने अधिकार और प्रभाव का प्रयोग सदाचार को बढ़ाने और बुराई को दबाने के लिए करे। वह जो कुछ कहे, जो कुछ करे, जो पद और प्रतिष्ठा प्रदान करे सबका लक्ष्य इस बड़े उद्‌देश्य की ओर हो।

महल—मैं अब महल के प्रबन्ध के विषय में कुछ कहना चाहता हूँ। जिस प्रधान उद्‌देश से महल का सारा प्रबन्ध होना चाहिए वह यह है कि महाराज और उनके परिवार के लोग आराम और सुख से रहें तथा अपना आवश्यक राजसी ठाट-बाट बनाए रहें।

इस काम में जो ख़र्च पड़े वह ठीक ही है और उसे उठाना चाहिए। यह ख़र्च योरपीय राज्यों की अपेक्षा एशिया के राज्यों में कुछ अधिक होता है क्योंकि वहाँ और यहाँ की चाल-ढाल, रीति-व्यवहार, और आचार-विचार में भेद है। भारतवर्ष के लोग बहुत काल से तड़क-भड़क को शक्ति का अंग समझते आए हैं। यहाँ तक कि ठाट-बाट ही देखकर लोग शक्ति का अन्दाज़ करते हैं।

पर साथ ही यह भी है कि महल का ख़र्च रियासत की आमदनी के हिसाब से हो। यदि यह ख़र्च हिसाब से अधिक होगा तो क्या होगा ? प्रजा के सुख की वृद्धि करने के जो साधन हैं उनमें कमी होगी, अर्थात् प्रजा के सुख का कुछ अंश न्योछावर हो जाएगा। पर जहाँ तक हो सके प्रजा को सुखी करना राजा का पहला कर्तव्य है।

महल के एक-एक विभाग के एक-एक मद का ख़र्च बँधा वा निर्धारित हो। राजा साहब यह देखते रहें कि जिस काम के लिए जितना ख़र्च मुक़र्रर है उतना ही होता है। बड़ा भारी सिद्धान्त तो यह है कि जहाँ तक हो सके बहुत कम ऐसे मद हों जिनका ख़र्च बँधा वा मुक़र्रर न हो। जो ख़र्च बिना बँधा छोड़ा जाएगा वह बराबर हर साल बढ़ता ही जाएगा।

पर कुछ थोड़े से मद ऐसे अवश्य होंगे जिनका ख़र्च बाँधा नहीं जा सकता। ऐसे मदों की देखभाल राजा-महाराजा स्वयं करें और किसी ख़ास ख़र्च को मंजूर करने का अधिकार अपने हाथ में रक्खें।

महल का वा ख़ानगी ख़ज़ाना अलग होना चाहिए। जो रुपया ख़ानगी ख़र्च के लिए मुकर्रर हो वह समय-समय पर रियासत के बड़े ख़ज़ाने से इसमें आया करे। इन दोनों ख़ज़ानों को गड्डमड्ड न करना चाहिए।

महल की सारी आमदनी और ख़र्च महल के ख़ज़ाने के नाम हो जिसमें इस ख़ज़ाने की बही उठाते ही महल के सारे जमा-ख़र्च का पता चल जाए।

रुपए-पैसों के मामले में जहाँ तक हो सके, लिखकर आज्ञाएँ दी जाएँ, ज़बानी हुक्मों का कुछ ठीक ठिकाना नहीं। कुछ दिनों पीछे उनमें बड़ी-बड़ी कठिनाइयाँ और सन्देह पड़ते हैं। लिपिबद्ध आज्ञा की उस समय विशेष आवश्यकता होती है जब कोई बड़ा और असाधारण ख़र्च आ पड़ता है।

तनख़्वाह और देना बराबर ठीक समय पर चुकाया जाए। इससे रियासत के छोटे-बड़े सब कर्मचारियों तथा व्यापारियों आदि को बड़ा सुबीता होगा।

महल के ख़ज़ाने से किसी को रुपया उधार न दिया जाए। महल का ख़ज़ाना बैंक नहीं है। इस सिद्धान्त पर बड़ी दृढ़ता से स्थिर रहना चाहिए, नहीं तो बहुत बुरी और सत्यानाशी रीति चल पड़ेगी।

महल का हिसाब-किताब बड़े विश्वासपात्र और योग्य कर्मचारी के ज़िम्मे रहना चाहिए। हिसाब-किताब लिखने में किसी प्रकार की ढिलाई न होने पावे। जो ख़र्च हो वह तुरन्त टाँक लिया जाए। जहाँ तक हो सके, हिसाब में एक वर्ष के ख़र्च के अन्दर उस वर्ष का सारा ख़र्च आ जाए। यह न हो कि किसी एक वर्ष का ख़र्च दूसरे वर्ष में डाल दिया जाए। यदि इस बात का ध्यान रखा जाएगा तभी एक वर्ष के ख़र्च का मिलान दूसरे वर्ष के ख़र्च से हो सकेगा।

हिसाब की जाँच रियासत के आडिटर वा हिसाब जाँचनेवाले द्वारा बराबर होती रहे, किसी प्रकार की रोक-टोक न रहने से बड़ी गड़बड़ी होगी।

महाराज का कोई ख़ानगी ख़र्च रियासत के ख़ज़ाने से न लिया जाए और न उसके हिसाब में डाला जाए। महल का ख़र्च कम दिखाने के लिए ऐसा प्रायः किया जाता है। पर यह चाल धोखे की है और बन्द होनी चाहिए।

साधारण नियम यह होना चाहिए कि किसी मद का ख़र्च, जब तक किसी और मद से बचत न हो, न बढ़ाया जाए। यदि ख़र्च एक तरफ़ बढ़ता है तो दूसरी तरफ़ घटना चाहिए। यदि इस सीधे-सादे सिद्धान्त का ध्यान बराबर रहेगा तो महल का औसत ख़र्च सदा बराबर रहेगा। मान लीजिए कि कोई चोबदार कुछ तनख़्वाह बढ़ाने की प्रार्थना करता है। उसे आँख मूँदकर मंज़ूर न कर लेना चाहिए। चोबदार बहुत से रहते हैं। इनमें से यदि किसी की जगह ख़ाली हो तो या तो वह जगह तोड़ दी जाए या उसकी तनख़्वाह घटा दी जाए। इस प्रकार जो रुपया हाथ में आए उससे उस चोबदार की तनख़्वाह, यदि आवश्यक हो, बढ़ा दी जाए। सारांश यह कि जब किसी की तनख़्वाह बढ़ानी हो तो यह देख लेना चाहिए कि हाथ में कुछ रुपया फ़ाज़िल है, यदि हो तो उसी में से तनख़्वाह बढ़ाई जाए। ऐसे मामलों में महल का हिसाब-किताब रखनेवाले कर्मचारी से राय ली जाया करे और उसे यह आज्ञा रहे कि वह आय-व्यय की अवस्था महाराज को सूचित करता रहे।

महीने-महीने महल के ख़ज़ाने की बाक़ी की जाँच होनी आवश्यक है। महल के दो वा तीन बड़े अफ़सर यह जाँच खुद किया करें और यह निश्चयपत्र महाराज को दिया करें कि बाक़ी की रक़म इतनी है जो हिसाब से मिलान खाती है। ये निश्चयपत्र एक बही में टाँक लिये जाएँ और वह बही बराबर रखी रहे।

पंडित, पुजारी, ज्योतिषी तथा इसी वर्ग के और लोग सदा ख़र्च बढ़ाने की फ़िक्र में रहा करते हैं इससे उन पर कड़ा दबाव रहना चाहिए। व्यवहार उनके साथ अच्छा हो पर वे अपनी सीमा का उल्लंघन न करने पावें।

महल की रानियाँ भी राज्य की आर्थिक अवस्था का कुछ ध्यान नहीं रखतीं और बराबर किसी-न-किसी ढंग से ख़र्च बढ़ाया ही चाहती हैं। उनकी इस प्रवृत्ति को रोकना चाहिए।

इन रानियों तथा और लोगों को यह अच्छी तरह निश्चय करा देना चाहिए कि वे जो ऋण करेंगी उसका देनदार महल न होगा। पहले तो वे क़र्ज़ लें नहीं, यदि लें भी तो उसे उसी रुपए से चुकावें जो उन्हें ख़र्च के लिए मिलता है।

गोदान इत्यादि बहुत से दान हैं जो राजा-महाराजों तथा उनके परिवार की ओर से दिए जाते हैं। ऐसे दानों में बहुत सी बुराइयाँ घुस गई हैं। राजा-महाराजों को इनकी ओर ध्यान देना चाहिए और यह देखना चाहिए जो भारी-भारी दान हों उनसे कोई सच्चा लाभ वा उपकार हो, विद्या की वृद्धि हो, दीनों का कष्ट दूर हो।

जवाहरात वग़ैरह—राजा-महाराजों के महल में बहुत से जवाहरात और सोने-चाँदी की चीज़ें रहती हैं जिन पर उनकी पूरी निगरानी रहनी चाहिए।

इन सबकी एक सूची महल के दफ्तर में रहनी चाहिए। राजा-महाराजों को चाहिए कि वे जाकर स्वयं एक बार देख लें कि संग्रह में क्या-क्या चीज़ें हैं। उनके इस देखने का बड़ा अच्छा फल होगा।

जब महाराज ने एक बार सब देखकर सहेज लिया तब कुछ लोगों को नियत करने का प्रबन्ध होना चाहिए जो समय-समय पर उनकी जाँच करते रहें और महाराज को निश्चयपत्र देते रहें कि सब ठीक है। जाँच करनेवाले यह भी देख लें कि बहुमूल्य पत्थर और मोती इत्यादि बराबर वही हैं, बदले नहीं गए हैं।

इन सब चीज़ों की ताली विश्वासपात्र मनुष्यों के हाथ में रहे। एक आदमी से काम न चलेगा, क्योंकि न जाने कब वह बीमार पड़े, मर जाए। इससे अच्छा यह होगा कि कई आदमियों की एक कमेटी बना दी जाए।

पहले ज़वाहरात छोटी-छोटी अँधेरी कोठरियों में इधर-उधर बिखरे रहते थे। प्रबन्ध ढीला रहता था। अब भारी-भारी चीज़ें लोहे की कोठरियों के भीतर अलग-अलग सन्दूक़ों में रहती हैं। यह प्रबन्ध अच्छा है।

ये वस्तुएँ पुरखों की संचित हैं। इन्हें अच्छी तरह रखने में मर्य्यादा है। इनमें से व्यर्थ बहुत सी चीज़ें इनाम वा भेंट में न दी जाएँ। यदि कभी देना आवश्यक हो तो हलकी चीज़ें दी जाएँ।

जौहरी लोग नए जवाहरात ख़रीदने के लिए राजा-महाराजों से बड़ी लम्बी-चौड़ी बातें करते हैं जिनसे उन्हें सावधान रहना चाहिए। वे सुन्दर-सुन्दर नए केसों (ख़ानों) में जड़ाऊ गहने रनिवास में दिखाते हैं और अनेक ऐसी युक्तियाँ रचते हैं जिसमें रानियाँ उन्हें मोल लेने के लिए ज़ोर दें। कभी-कभी तो वे ऐसे लोगों को घूस तक देते हैं जिनका

रानियों पर कुछ ज़ोर रहता है। ऐसे फेरों में कभी न पड़ना चाहिए। ऐसी ही बातों में तो दृढ़ता दिखानी चाहिए। रानियों को समझा देना चाहिए कि इस प्रकार की चीज़ें तो महल में बहुत सी हैं अथवा महल में प्रस्तुत सामग्रियों से थोड़े दिनों में तैयार हो सकती हैं।

गाड़ी घोड़े तथा महल के और सामान अच्छे और दुरुस्त रहें। साधारण नियम यह होना चाहिए कि जिन वस्तुओं का महाराज स्वयं व्यवहार करते हों वे बहुत अच्छे मेल की हों। क्योंकि बीस रद्दी गाड़ियों से दस अच्छी गाड़ियों का रखना अच्छा है। इसी सिद्धान्त का पालन महल की और और बातों में भी करना चाहिए। जैसे कि महाराज के जो अर्दली और नौकर-चाकर हों वे चुने हुए और अच्छे कपड़े पहने हुए हों।

महल में स्वास्थ्य-रक्षा की बातों का पूरा ध्यान रहना चाहिए। बहुत से नौकर-चाकर एक ही बन्द जगह में गन्दगी से न रहने पाएँ।

राजा-महाराजों के यहाँ बहुत सी अलभ्य और अद्भुत वस्तुएँ रहती हैं। वे इधर-उधर पड़ी न रहने पाएँ, एक जगह ठिकाने से रख दी जाएँ, जिसमें राजा-महाराजों को मालूम रहे कि कौन सी चीज़ें हैं और वे उन्हें काम में ला सकें।

महल में नित्य की बातों का लेखा रखने के लिए एक दिनचर्या वा रोज़नामचे की पुस्तक रहे। इसमें जो बातें याद रखने लायक़ हों दर्ज कर ली जाया करें। ऐसी पुस्तक बड़े काम की होगी, विशेषकर नज़ीर वा दृष्टान्त रखने के लिए।

महल का जो अफ़सर वा कामदार हो वह बहुत योग्य और निपुण हो। उसे महल के लिए मामूली ख़र्च करने, नौकरों को रखने, छुड़ाने आदि का पूरा अधिकार रहना चाहिए।

महल का कामदार हर एक वर्ष के अन्त में महल के प्रबन्ध का एक विवरण वा रिपोर्ट उपस्थित किया करे। यह रिपोर्ट बड़े काम की होगी।

राज्य का मन्त्रिमंडल–राजा राज्य की शक्ति है और राज्य की सभा वह यन्त्र है जिसे वह शक्ति चलाती है। इन्हीं पर प्रजा के हित का भार है।

इस सभा वा कचहरी को नीति-बल और बुद्धि-बल होना चाहिए। इस कचहरी का प्रधान अधिष्ठाता दीवान होता है अतः उसे बहुत योग्य होना चाहिए। उस पर महाराज का विश्वास होना चाहिए, प्रजा का विश्वास होना चाहिए और अँगरेज़ सरकार का विश्वास होना चाहिए। उसे शासन-कार्य में विशेषतः देशी राज्यों के शासन-कार्य में निपुणता होनी चाहिए। यह निपुणता उसे यदि उसी रियासत में काम करते-करते प्राप्त हुई है तो और भी अच्छी बात है।

रियासत की कचहरी में सदा कुछ ऐसे योग्य और नीति-परायण मनुष्य रहें जो शासन-कार्य में दक्षता प्राप्त कर चुके हों। इन्हीं में से समय-समय पर दीवान चुने जाया करें तो बहुत ही अच्छा है।

यदि इस बात का ध्यान नहीं रखा जाएगा तो जब-जब दीवान की जगह ख़ाली होगी तब-तब महाराज को बड़ी कठिनता होगी। अपनी रियासत के कर्मचारियों में किसी को योग्य न पाकर उन्हें किसी बाहरी आदमी को बुलाना पड़ेगा जो ठीक नहीं है।

अपरिचित व्यक्ति को दीवान बनाना राजा-महाराजों के सुबीते की बात नहीं है। जिससे कभी की जान-पहचान नहीं, जिसका स्वभाव और रंग-ढंग मालूम नहीं, जो उस स्थान और वहाँ के लोगों को नहीं जानता, जिसे रियासत के भिन्न-भिन्न स्थानों के शासनक्रम और ब्योरे से जानकारी नहीं, जिसको महाराज का इतना ज़ोर नहीं जितना बाहर के लोगों का, ऐसे आदमी का दीवान बनाना ठीक नहीं।

दीवान को अँगरेज़ी भाषा पर पूरा अधिकार होना चाहिए। इसके बिना किसी बड़ी रियासत का प्रबन्ध चार दिन भी नहीं चल सकता।

दीवान दृढ़ पर शान्तिप्रिय हो, न्यायों पर शीलवान् हो, तत्पर पर धीर हो, उत्साही पर विचारवान् हो। मान-अपमान का ध्यान रखनेवाला हो पर झगड़ालू न हो, महाराज को प्रिय हो पर समय पर साफ़ बात कहनेवाला हो। वह शासन के प्रत्येक विभाग में उन्नति का पक्षपाती हो पर साथ ही उसमें इतना विवेक हो कि जो बातें पुरानी, स्वाभाविक और उपयोगी हों उन्हें वह बनी रहने दे।

राजा-महाराजों के लिए बिना भारी कारण के जल्दी-जल्दी दीवान बदलना अच्छी नीति नहीं है। दीवान को यह विश्वास रहना चाहिए कि वह अपने पद पर कम-से-कम पाँच वर्षों तक रहेगा। किसी राजा को जल्दी-जल्दी दीवान बदलना दुर्बलता का लक्षण है।

दीवान के नीचे राज्य के और विभाग हों उनके अधिकारी भी बहुत सोच-समझकर चुने जाएँ। उनमें अपना काम करने की पूरी योग्यता हो, वे अँगरेज़ी अच्छी तरह जानते हों। वे कई जातियों और धर्मों के हों।

भिन्न-भिन्न विभागों के अधिकारियों के साथ अच्छा व्यवहार होना चाहिए। अच्छे प्रबन्ध और शासन के लिए उनकी प्रशंसा होनी चाहिए। राजा-महाराजों की कभी-कभी उचित प्रशंसा कर देना सौ इनाम से बढ़कर है क्योंकि प्रतिष्ठित लोग मान के भूखे रहते हैं।

अधिकारी और मन्त्री लोग राजा के नौकर ही हैं। पर उनसे कुछ कहने में चतुर राजा ऐसे शब्दों को बचाते हैं जिनसे हुकूमत टपके। उच्चाशय लोग तो छोटे-छोटे नौकर-चाकरों के साथ भी ऐसा ही करते हैं।

रियासत की कचहरी का काम बहुत बड़ा है। उसमें व्यवस्था और नियम की बड़ी आवश्यकता है। देशी रियासतों में व्यवस्था और नियम प्रायः ढीले पड़ जाते हैं और तोड़ दिए जाते हैं। राजा-महाराजों को ऐसा न होने देना चाहिए। व्यवस्था का यह मतलब है कि सारा काम कई उचित विभागों में बाँटा जाए, एक-एक कर्मचारी के ज़िम्मे एक-एक विभाग कर दिया जाए और उस विभाग के काम को पूरा कराने के लिए उसके नीचे और कार्यकर्ता रखे जाएँ। मुहर्रिर से लेकर दीवान तक किसी-न-किसी के अधीन हों। ऐसी व्यवस्था के अन्तर्गत रियासत का सारा कारख़ाना आ जाए, उसका प्रत्येक अंग दूसरे अंग के अधीन काम करे। नियम का मतलब यह है कि कार्य विभाग की सब श्रेणियों में एक-दूसरे की अधीनता बनी रहे।

केवल यही ढंग है जिससे बहुत से मनुष्य अपनी-अपनी शक्तियों को दूसरों की शक्तियों के अनुकूल रखते हुए किसी बड़े उद्देश्य की सिद्धि में लगा सकते हैं। नियम

और व्यवस्था के बिना सब बातें गड़बड़ रहेंगी। लोगों पर इस बात का कोई दबाव न रहेगा कि वे सदा एक उद्देश्य पर दृष्टि रखकर काम करें। यही नहीं कि उनके काम एक-दूसरे के मेल में न होंगे बल्कि एक-दूसरे के विपरीत होंगे।

राजा-महाराजों को रियासत के कामों में नियम और व्यवस्था का पूरा ध्यान रखना चाहिए। 'क' नाम का कर्मचारी जो 'ख' नामक कर्मचारी के अधीन है, महाराज से आकर कहता है "मैं 'ख' की आज्ञा पर काम नहीं करना चाहता, मैं या तो महाराज की या कम-से-कम दीवान की आज्ञा पर चलना चाहता हूँ।" ऐसा कभी न होने देना चाहिए। इसी प्रकार कोई मुहर्रिर अपने अफ़सर से छुट्टी न माँगकर सीधे महाराज के पास छुट्टी का प्रार्थनापत्र भेजता है। महराज को ऐसा प्रार्थनापत्र लौटा देना चाहिए और प्रार्थी से कहना चाहिए कि "तुमने नियमविरुद्ध कार्य किया है। तुम अपनी अर्ज़ी अपने अफ़सर के पास भेजो।"

देशी रियासतों में दीवान और मन्त्रियों के विरुद्ध गुमनाम अर्ज़ियाँ बहुत आया करती हैं। दीवान और मन्त्री प्रतिष्ठित आदमी होते हैं इससे ऐसी अर्ज़ियों पर बहुत समझ-बूझकर कार्रवाई होनी चाहिए।

साधारण नियम तो यह होना चाहिए कि जो चिट्ठियाँ गुमनाम वा झूठे नामों से आएँ उन पर कुछ ध्यान ही न दिया जाए।

राजा साहब को चाहिए कि वे अपने दीवान और भिन्न-भिन्न विभागों के मन्त्रियों पर विश्वास रक्खें और उन्हें सहारा दें तथा सर्वसाधारण पर यह बात प्रकट कर दें कि हम उन पर विश्वास रखते हैं और उन्हें हर बात में सहारा देते हैं। जहाँ इसके विरुद्ध लोगों की धारणा हुई कि चट भाँति-भाँति के कुचक्र चलने लगेंगे, राज्य की सारी व्यवस्था शिथिल हो जाएगी और हानि पहुँचेगी।

ऐसा प्रबन्ध करना चाहिए कि मन्त्रियों में मेल रहे। उन्हें इसलिए लड़ा देना जिसमें उन्हें एक-दूसरे का डर रहे अच्छी नीति नहीं है। यदि मन्त्री बुरे आदमी हों तो उनकी चौकसी के लिए यह भद्दी युक्ति ठीक है। पर ऊपर अच्छे लोगों को ही मन्त्री चुने जाने की व्यवस्था है। चोट्टे आपस में लड़ें, भले आदमी क्यों ऐसा करें।

राजाओं को तो चाहिए कि मन्त्रियों में मेल बनाए रहें। जब देखें कि कुचक्री लोग उनसे फूट डालना चाहते हैं तब उन्हें रोकें।

मन्त्रियों में मेल बढ़ाने और उन्हें एक साथ जवाबदेह बनाने के लिए यह प्रबन्ध करना चाहिए कि प्रत्येक मन्त्री भारी मामले में अपने और सहयोगियों के साथ विचार करके तब सबकी सम्मति से कोई बात स्थिर करे। इस ढंग से हर एक बड़े मामले पर पूरा-पूरा विचार होगा और सब मन्त्री एक-दूसरे की कार्रवाई के जवाबदेह रहेंगे। तब कोई मन्त्री यह न कह सकेगा कि अमुक मन्त्री ने यह बुराई की है। इस प्रकार बुरी कार्रवाइयों की सम्भावना बहुत कम हो जाएगी।

इससे एक लाभ और होगा। जबकि एक मन्त्री किसी भारी मामले पर दूसरे मन्त्रियों के साथ विचार किया करेगा तब हर एक मन्त्री को, न कि केवल अपने ही

विभाग के काम से जानकारी रहेगी बल्कि, और-और विभागों के काम से भी जानकारी हो जाएगी। ऐसा होने पर, यदि कभी किसी विभाग का मन्त्री न रहेगा तो जो उसके स्थान पर होगा वह और मन्त्रियों से अपना काम बहुत जल्दी सीख लेगा।

राज्य के भिन्न-भिन्न विभाग–रियासत की कचहरी में कई विभाग रहते हैं, जैसे, माल विभाग, सेना विभाग, न्याय विभाग और इंजीनियरी विभाग आदि।

माल विभाग का अधिकारी अपने कार्य्य के सारे ब्योरे और सिद्धान्त समझता हो। आमदनी के जितने द्वार हैं, जैसे चुंगी, आबकारी, ज़मीन, उसे उन सबकी जानकारी रखनी चाहिए। इन सबके विषय में उसे इतनी बातें जाननी चाहिएँ–1. प्रत्येक का पिछला वृत्तान्त, 2. उसकी वर्तमान अवस्था, 3. अँगरेज़ी राज्य में उसकी अवस्था, 4. उसके ज्ञाताओं के निश्चित किए हुए सिद्धान्त। उसे अर्थ-प्रबन्ध में निपुण होना चाहिए। पहले इस विभाग के जो अधिकारी रक्खे जाते थे उन्हें इन सब बातों का ज्ञान नहीं होता था। वे यह समझते थे कि प्रजा से जहाँ तक मालगुज़ारी ऐंठते बने ऐंठनी चाहिए। कहीं की प्रजा तो मालगुज़ारी के बोझ से दबती थी और कहीं ठीक-ठीक मालगुज़ारी भी नहीं वसूल होती थी। तहसीलदार और इज़ारदार लोग मनमाने महसूल लगाया और बढ़ाया करते थे। इससे व्यापार की वृद्धि नहीं होने पाती थी।

इस विभाग से हज़ारों आदमियों को नित्य काम पड़ता है, अतः इसका प्रबन्ध बहुत सन्तोषदायक होना चाहिए।

न्यायविभाग का अधिकारी बुद्धिमान तथा कानून का अच्छा जाननेवाला हो। वह न्याय के सिद्धान्तों तथा न्याय शासन के ब्योरों को अच्छी तरह समझता हो।

इंजीनियरी वा स्थापत्य विभाग भी राज्य के बड़े काम का है। इसका अधिकारी वा मन्त्री भी बहुत योग्य होना चाहिए। वह अँगरेज़ी में निपुण हो तथा स्थापत्य विषय की पुस्तकें बराबर देखता रहता हो क्योंकि उसे इंजीनियर से लिखा-पढ़ी करनी रहती है।

तनख़्वाह–पहले यह समझा जाता था कि राज्य का हर काम हर एक आदमी कर सकता है। इससे रियासत के लिए कर्मचारी मिलना कोई कठिन बात नहीं थी। जहाँ कुछ जगहें ख़ाली हुईं कि कोड़ियों आदमी टूट पड़ते थे और बहुत ही कम तनख़्वाह पर नौकरी कर लेते थे।

बात यह थी कि पहले कर्मचारी लोग तनख़्वाह के ऊपर बहुत रुपया पैदा करते थे। उनकी आमदनी इस प्रकार की थी जिसे आजकल शिक्षित लोग बड़ी घृणा की दृष्टि से देखते हैं। साफ़ बात यह है कि वे लोग घूस लेते थे। वे लोग नौकरी तनख़्वाह के लिए नहीं करते थे, प्रजा को लूटने के लिए करते थे, इसी से थोड़ी तनख़्वाह पर काम करते थे।

आजकल की अवस्था और है। उत्तम शासन अब बिना शिक्षितों के नहीं हो सकता है। अब रियासत की नौकरियों के लिए ऐसे शिक्षित पुरुषों की ज़रूरत है जिनमें काम की पूरी योग्यता हो और जो इतने खरे और ऊँचे विचार के हों कि कभी अनुचित लाभ उठाने की ओर ध्यान ही न दें। पर जो अच्छी चीज़ चाहे वह अच्छा दाम लगावे। अतः देशी रियासतों को तनख़्वाहें ज़्यादा देनी चाहिएँ।

देशी रियासतों को अपने यहाँ के कर्मचारियों की तनख़्वाह निश्चित करने में एक बात का और ध्यान रखना चाहिए। अँगरेज़ी राज्य में ऐसे खरे और सुशिक्षित आदमियों की बड़ी माँग है। अतः जितना वेतन उन्हें अँगरेज़ी सरकार देती है उससे कम देशी रियासतों को न देना चाहिए।

अँगरेज़ी सरकार की नौकरी में पेंशन मिलती है। देशी रियासतों में नहीं। इस विचार से भी तनख़्वाह अधिक होनी चाहिए।

अँगरेज़ी सरकार की नौकरी बड़ी पक्की होती है। जब तक कर्म्मचारी कोई भारी कुचाल न करे जब तक उसे किसी प्रकार का खटका नहीं, उसकी नौकरी बराबर बनी रहेगी। पर देशी रियासतों का ढंग कुछ और ही है। वहाँ नौकरी का कुछ ठिकाना नहीं। अच्छे-से-अच्छा काम करनेवाला कर्म्मचारी भी यह नहीं कह सकता कि वह बराबर रियासत में बना रहेगा। प्रायः यह देखा गया है कि जितना ही जो कर्मचारी योग्य और अच्छा काम करनेवाला होता है उतना ही महाराज उसे कम पसन्द करते हैं क्योंकि अपने उच्च सिद्धान्तों के कारण वह झूठ-मूठ इधर-उधर की ख़ुशामद तथा और-और गन्दे काम नहीं कर सकता। देशी रियासतों की यही सब बातें देखकर अच्छे और योग्य आदमी अँगरेज़ी राज्य की अपेक्षा वहाँ अधिक तनख़्वाह चाहते हैं।

अब हम यहाँ थोड़े में उस रीति की हानि और लाभ पर विचार करेंगे जिसके अनुसार देशी रियासतों में अँगरेज़ी सरकार के कर्मचारी बुलाए जाते हैं।

पहली बात तो यह है कि रियासत को ऐसे कर्मचारियों को उससे अधिक तनख़्वाह देनी पड़ती है जितनी वे सरकारी नौकरी में पाते हैं। उसके अतिरिक्त उनकी पेंशन की रक़म भी रियासत को भरनी पड़ती है।

वे जब होगा तब रियासत की नौकरी छोड़कर अपनी सरकारी जगह पर वापस चले जाएँगे।

यदि उनमें से कोई कुचाल करेगा और छुड़ा दिया जाएगा तो रियासत को इस बात का ध्यान रखना पड़ेगा कि उसके छुड़ाए जाने का कारण ऐसा प्रबल हो जिससे अँगरेज़ी सरकार को सन्तोष हो जाए।

ऐसे लोग राजनीति में प्रायः कच्चे होते हैं क्योंकि अँगरेज़ सरकार के यहाँ वे बहुत छोटी-छोटी जगहों पर रहते हैं। वे नीचे से ऊपर तक सरकारी राज्य के सारे ढाँचे को नहीं समझे रहते।

दूसरी ओर जो देखते हैं कि अँगरेज़ी सरकार ने अपने यहाँ से कर्मचारी देने का जो सुबीता देशी रियासतों के लिए कर दिया है उससे लाभ भी कई दिखाई पड़ते हैं। देशी रियासतों को कर्म्मचारी चुनने के लिए बहुत मैदान मिल जाता है। इसके सिवा उन्हें ऐसे सीखे-सिखाए कर्म्मचारी मिल जाते हैं जो स्थानिक सम्बन्ध वा ईर्ष्या द्वेष से रहित होते हैं। ऐसे कर्म्मचारियों से रियासतों को बहुत लाभ पहुँच जाता है।

यहाँ दो-एक बातों की चेतावनी भी आवश्यक है। राज्य के सब कार्य्य-विभागों को बुराई से बचाए रखना पहला कर्तव्य है अतः देशी रियासतों को किसी ऐसे आदमी को

अपने यहाँ न लेना चाहिए जो किसी भारी अपराध के कारण सरकारी नौकरी से अलग किया गया हो। ऐसे लोग बहुत कम तनख़्वाह पर काम करने के लिए मुस्तैद होंगे। वे राजा-महाराजों पर कई तरह का ज़ोर डालेंगे। कभी वे कहेंगे कि "हम कुछ तनख़्वाह नहीं चाहते; केवल महाराज के साथ रहकर कुछ इस तरह के काम यों ही किया चाहते हैं, जैसे इधर-उधर की बातों की ख़बर देना, मामलों में राय देना, अख़बारों में लिखना इत्यादि।" पर ऐसे लोगों को एकदम फटकार देना चाहिए।

ऐसे सरकारी नौकरों को रखना भी ठीक नहीं जो पेंशन पा चुके हों। जो सरकारी काम के लिए असमर्थ हैं वे देशी रियासतों का काम कैसे अच्छा करेंगे। हाँ, यदि कोई बड़ा अनुभवी और योग्य मनुष्य हो, और उसमें कार्य करने की पूरी शक्ति हो, तो उसे ले लेना चाहिए।

पहले रियासत के नौकरों को तनख़्वाह, ज़मीन, पालकी ख़र्च, इनाम इत्यादि कई तरह की रक़में दी जाती थीं। इससे बहुत सी धोखेबाज़ी और गड़बड़ी होती थी। अब नौकरों की केवल नक़द तनख़्वाह बँधनी चाहिए।

रियासत की नौकरियाँ—जबकि भिन्न-भिन्न विभागों के अधिकारी योग्य चुने गए हैं तब उन्हें लोगों को मुक़र्रर करने और तरक़्क़ी देने आदि का पूरा अधिकार देना चाहिए। जुर्माना करके मुअत्तल करने और बरख़ास्त करने का अधिकार भी उन्हीं के हाथ में रहना चाहिए। बिना इस अधिकार के वे सुन्दर प्रबन्ध और व्यवस्था नहीं रख सकते। इसका यह अभिप्राय नहीं कि वे अपने इस अधिकार का मनमाना प्रयोग करें।

किसी विभाग का अधिकारी ही यह ठीक-ठीक जान सकता है कि उस विभाग की किसी जगह के लिए कैसी योग्यता चाहिए और किसी उम्मीदवार में वह योग्यता है वा नहीं। वही ठीक-ठीक विचार सकता है कि उसके मातहतों में से किसे तरक़्क़ी मिलनी चाहिए। अतः नौकरी आदि देने के विषय में उसी की राय पक्की माननी चाहिए।

मूर्ख और स्वार्थी लोग राजाओं को सुझाते हैं कि नौकरी आदि देने का सारा अधिकार महाराज ही अपने हाथ में रक्खें, अधिकारियों पर न छोड़ें। चतुर राजा ऐसी सलाह को नियम और व्यवस्था के विरुद्ध समझ कभी नहीं मानते।

जबकि प्रधान उद्देश्य अत्यन्त योग्य मनुष्यों ही को रखना और तरक़्क़ी देना है तब इस उद्देश्य के विरुद्ध जो सिफ़ारिशें पहुँचें उन पर कुछ ध्यान न देना चाहिए, चाहे वे कहीं से आवें। ऐसी सिफ़ारिशें मित्रों वा सम्बन्धियों के यहाँ से आ सकती हैं, सरकारी अफ़सरों के यहाँ से आ सकती हैं, पर राजा को अपने उद्देश्य पर दृढ़ रहना चाहिए।

रियासत के काम के कई विभाग वा मुहकमे होते हैं। प्रत्येक विभाग के लिए एक विशेष प्रकार की योग्यता चाहिए। अतः यह बात नहीं है कि जो आदमी एक विभाग के लिए उपयुक्त है वह अवश्य दूसरे के लिए भी उपयुक्त है। अतः कर्म्मचारियों की बदली एक विभाग से दूसरे विभाग में बिना समझे-बूझे न कर देनी चाहिए। जैसी किसी माल के मुहकमे के अफ़सर को न्याय विभाग में चटपट न बदल देना चाहिए।

राजा-महाराजा मुक़र्ररी वा तरक़्क़ी के लिए किसी प्रकार का नज़राना न लें। वे अपने किसी कर्म्मचारी को मुक़र्ररी वा तरक़्क़ी के लिए किसी से घूस न लेने दें। उत्तम

राज्य-शासन के लिए यह बड़ा भारी विष है, इससे बचना चाहिए। जो कर्म्मचारी इस सिद्धान्त के विरुद्ध कोई कार्रवाई करे वह निकाल बाहर कर दिया जाए और यदि आवश्यक हो तो फ़ौजदारी सुपुर्द किया जाए।

अच्छे-अच्छे पदों पर रक्खे जाने के लिए लोग और कई तरह की चालें चलते हैं। जैसे कोई महाराज से आकर कहता है, "यह जगह मुझे मिल जाए तो मैं मालगुज़ारी चौगुनी कर दूँ।" यदि महाराज रुपए के भक्त हुए तो बात में आ गए। फल क्या हुआ कि प्रजा को पीड़ा पहुँचने लगी। आए बढ़ाने का उत्तम उपाय यह नहीं है। आए वही ठीक है जो सुराज्य के कारण हो, प्रजा के धन-धान्य की वृद्धि के कारण हो, न कि गला दबाने से।

अँगरेज़ी सरकार का सम्बन्ध–यह तो प्रत्यक्ष है कि हिमालय से कन्याकुमारी तक और रंगून से पेशावर तक अँगरेज़ी सरकार ही का एकाधिपत्य है। इस आधिपत्य के अन्तर्गत अँगरेज़ी अमलदारी भी है तथा वे प्रदेश भी हैं जिनमें देशी रजवाड़े राज्य करते हैं। अँगरेज़ी सरकार ही इस इतने बड़े भूखंड पर शान्ति रखती है।

इस बड़े कार्य को अँगरेज़ी सरकार ऐसी शक्ति के साथ करती है जो अनिवार्य है। यह ऐसी शक्ति है जो विरोध करनेवालों का बात-की-बात में ध्वंस कर सकती है।

अँगरेज़ी सरकार की यह शक्ति इस कारण और भी अनिवार्य है कि उसमें बाहुबल, बुद्धिबल और नीतिबल तीनों का संयोग है। इसी सुख-संयोग के कारण अँगरेज़ी राज्य अपने से पहले के राज्यों की अपेक्षा अधिक शक्तिसम्पन्न और स्थिर है।

इससे सिद्ध है कि प्रत्येक देशी रजवाड़े को उस अँगरेज़ी सरकार से मिलकर चलना चाहिए जिसकी इतनी अनिवार्य शक्ति है। जो देशी राजा उसे कुपित करे उसकी बड़ी भारी मूर्खता है। अँगरेज़ी सरकार को प्रसन्न रखना राजा-महाराजों के लिए अत्यन्त ही आवश्यक है। इस आवश्यकता को वे जहाँ तक समझें वहाँ तक उनके लिए अच्छा ही है।

आनन्द की बात यह है कि अँगरेज़ी सरकार के गुण और व्यवहार ऐसे हैं कि उसे प्रसन्न रखने में कोई बड़ा ख़र्च वा कठिनता नहीं है। जिस प्रकार अँगरेज़ सरकार का बाहुबल अदमनीय है उसी प्रकार बुद्धि, नीति और न्याय का बल भी अदमनीय है। वह अनीति, अन्याय और नासमझी की बातों से सदा बचती है। यदि उसे यह अच्छी तरह दिखला दिया जाए कि यह काम अनीति और अन्याय का है तो वह उससे किनारे हो जाएगी। यह अँगरेज़ी सरकार में बड़ा भारी गुण है। इसी गुण को देख देशी रियासतों को भरोसा है कि वे सुख और मान-मर्यादा के साथ बराबर बनी रहेंगी।

इन सब बातों को विचार कर देशी रजवाड़ों को चलना चाहिए। उन्हें उन लोगों से कुछ भी सम्बन्ध न रखना चाहिए जो अँगरेज़ सरकार के विरुद्ध हों। उन्हें ऐसे राजनैतिक आन्दोलनों में सहायता न देनी चाहिए जो अँगरेज़ी सरकार के सरासर विरुद्ध हों।

आजकल देशी रजवाड़ों के लिए अँगरेज़ी सरकार को प्रसन्न रखने की सबसे अच्छी युक्ति यही है कि वे अपने राज्य का शासन अच्छा करें और इसका ध्यान रखें कि उनका प्रबन्ध ऐसा न हो जिससे अँगरेज़ी सरकार के प्रबन्ध में किसी प्रकार की बाधा पड़े।

यदि अँगरेज़ी सरकार से किसी बात में मतभेद हो तो राजों को अपने पक्ष की युक्तियों को उसके सामने उपस्थित करना चाहिए। अपने स्वत्व, मान और अधिकार की रक्षा के लिए उन्हें अँगरेज़ी सरकार के न्याय और नीति की दुहाई देनी चाहिए। अतः राजा-महाराजों तथा उनके दीवानों को उसके न्याय और नीति के मुख्य-मुख्य सिद्धान्तों को जान लेना चाहिए। इनमें से कुछ थोड़े से यहाँ बतलाए जाते हैं।

पहले हम महारानी विक्टोरिया के 1858 वाले घोषणा-पत्र को लेते हैं। उसका एक पैरा इस प्रकार है–''हम अपने वर्तमान राज्य को और बढ़ाना नहीं चाहतीं और जिस प्रकार हम अपना राज्य किसी को दबाने और अपना हक़ किसी को मारने न देंगी उसी प्रकार दूसरों के राज्यों पर किसी प्रकार के अतिक्रमण की अनुमति न देंगी।''

ऊपर के वाक्यों से एक बड़ा सिद्धान्त तो यह निकलता है कि अँगरेज़ सरकार ने दृढ़ प्रतिज्ञा की है कि हम किसी देशी रियासत की कोई ज़मीन न लेंगे। किसी कारण वा किसी बहाने से अँगरेज़ी सरकार किसी देशी रियासत की कोई ज़मीन न लेगी। इस प्रकार देशी राज्यों का एक बड़ा भारी खटका तो छूट गया। उन्हें इस बात का निश्चय दिलाया गया है कि उनका राज्य बराबर बना रहेगा। इस निश्चय प्रदान के लिए देशी रजवाड़ों को अँगरेज़ी सरकार का अनुगृहीत होना चाहिए।

पर इस निश्चय दिलाने का यह मतलब नहीं कि अँगरेज़ी सरकार किसी राजा को कभी गद्दी से उतारे ही गो नहीं, यदि कोई राजा घोर कुप्रबन्ध का अपराधी होगा तो अंग्रेज़ी सरकार उसे गद्दी से उतार देगी। इसी प्रकार यदि कोई राजा अँगरेज़ी सरकार से विद्रोह वा शत्रुता करेगा अथवा उसके शत्रुओं से मिलेगा तो वह भी उतार दिया जाएगा। पर ऐसी दशा में भी अँगरेज़ी सरकार उस गद्दी पर से उतारे हुए राजा का राज्य अपने राज्य में मिला न लेगी, राजा चाहे उतार दिया जाए पर वह राज्य बना रहेगा। उस राज्य की गद्दी पर कोई दूसरा पुरुष, भरसक उतारे हुए राजा को कोई उत्तराधिकारी वा सम्बन्धी, बिठा दिया जाएगा।

महारानी के घोषणापत्र का यह पैरा भी ध्यान देने योग्य है–''हम देशी रजवाड़ों के स्वत्व और मान-मर्य्यादा का वैसा ही ध्यान रक्खेंगी जैसा अपने स्वत्व और मान-मर्यादा का। और हमारी इच्छा है कि वे तथा हमारी प्रजा उस सुख-समृद्धि का भोग करें जो भीतरी शान्ति और सुराज्य से प्राप्त होती है।''

इस सम्बन्ध में एक बात का ध्यान रखना चाहिए कि देशी रजवाड़े कोई ऐसा अधिकार वा ऐसी प्रतिष्ठा न चाहें जो अति वा विलक्षण हो वा जो सभ्य समाज वा सभ्य राज्य के प्रतिकूल हो, जैसे किसी राजा का यह अधिकार चाहना ठीक नहीं है कि वह जिस स्त्री को चाहे ज़बरदस्ती अपने महल में रख ले, जिसे चाहे उसे अकारण क़ैद कर दे। किसी राजा का यह अधिकार माँगना ठीक नहीं है कि वह जहाँ कहीं जाए उसके सामने कोई चारपाई पर बैठा न रहने पावे, कोई छाता लगाकर न चलने पावे। इसी प्रकार कोई राजा यह अधिकार नहीं माँग सकता कि हम ऊपर गद्दी पर बैठा करें और सरकारी रेज़िडेंट बिना कुरसी के नीचे फ़र्श पर बैठा करे। किसी देशी रियासत के साथ जो सन्धियाँ हुई हैं उनके विरुद्ध कोई अधिकार माँगना भी ठीक नहीं है।

महारानी के इन शब्दों से कि "हम देशी रजवाड़ों के स्वत्व और मान का वैसा ही ध्यान रक्खेंगी जैसा अपने स्वत्व और मान का" यह न समझना चाहिए कि महारानी ने देशी रजवाड़ों को अपनी बराबरी का बनाया है। यह बराबरी कभी हो नहीं सकती। अँगरेज़ी सरकार संसार की एक बड़ी भारी शक्ति है। महारानी का अभिप्राय केवल यही है कि वे देशी रजवाड़ों का जो जैसा अधिकार वा जो जैसी प्रतिष्ठा है उसका वैसा ही ध्यान रक्खेंगी जैसा अपने अधिकार और प्रतिष्ठा का।

महारानी ने अपने घोषणापत्र में यह भी कहा है कि देशी रजवाड़ों के साथ जो-जो सन्धियाँ हुई हैं उनका यथोचित पालन किया जाएगा, और यह आशा प्रकट की है कि देशी रजवाड़े भी उनका यथोचित पालन करेंगे।

महारानी ने अपना घोषणापत्र समाप्त करते हुए जो संकल्प प्रकट किया है वह प्रत्येक छोटे-बड़े शासक के ध्यान देने योग्य है। महारानी ने कहा है–"यह हमारी प्रबल इच्छा है कि भारतवर्ष के उद्योग व्यवसाय की वृद्धि करें, सर्वसाधारण के लाभ और उन्नति के काम बढ़ावें और अपनी सारी प्रजाओं की भलाई के लिए राज्य करें। उनकी बढ़ती से हमारा बल है, उनके सन्तोष से हमारी रक्षा है, और उनका धन्यवाद ही हमारा सबसे बड़ा इनाम है।" इसी प्रकार प्रत्येक राजा को अपनी सारी प्रजा के लाभ के लिए राज्य करना चाहिए, न कि केवल अपने और अपने थोड़े से मित्रों और आश्रितों के भोग-विलास और सुख के लिए।

अँगरेज़ी सरकार यह अपना कर्तव्य समझती है कि वह एक रियासत को दूसरी रियासत की ज़मीन दबाने वा उस पर ज़ोर-जुल्म न करने दे। इसी कर्तव्य के विचार से अँगरेज़ी सरकार यह भी देखती है कि कोई रियासत ऐसा काम न करे जिससे दूसरी रियासत उसकी ज़मीन दबाने वा उस पर ज़ोर-जुल्म करने के लिए तैयार हो। यही कारण है कि जिससे अँगरेज़ी सरकार प्रत्येक रियासत से कहती है कि किसी दूसरी रियासत के साथ सीधे पत्र-व्यवहार न करो। दो रियासतों के बीच जो लिखा-पढ़ी हो वह अँगरेज़ी सरकार के अफ़सरों द्वारा हो।

अँगरेज़ी सरकार प्रत्येक देशी रियासत से कहती है कि यदि तुम्हारे और किसी दूसरी रियासत के बीच कोई झगड़ा हो तो उसे हमसे कहो। इसका भार अँगरेज़ी सरकार के ऊपर है कि वह ऐसे झगड़ों का ठीक-ठीक निपटेरा करे।

अँगरेज़ी सरकार ने देशी रियासतों को रूस, फ्रांस, जरमनी, अमेरिका आदि दूसरी शक्तियों के ज़ोर-जुल्म से बचाने का भार भी अपने ऊपर लिया है। इसीलिए वह इस बात को भी देखती रहती है कि कहीं कोई देशी रियासत इन शक्तियों में से किसी को चिढ़ा न दे जिससे वह ज़ोर-जुल्म करने पर उतारू हों। इसीलिए वह कहती है कि देशी रियासतें देशी शक्तियों के साथ पत्र-व्यवहार न रक्खें। इसीलिए यदि किसी दूसरी शक्ति को किसी दूसरी रियासत से किसी प्रकार की हानि पहुँच जाए तो अँगरेज़ी सरकार तुरन्त उस देशी रियासत से उस हानि को भरवा देगी। जैसे यदि कोई देशी रियासत किसी दूसरी शक्ति की प्रजा को झूठ-मूठ क़ैद करेगी, उसकी धन-सम्पत्ति छीनेगी तो वह शक्ति उस रियासत से हर्जाना माँग सकती है।

अँगरेज़ी सरकार ने देशी रियासतों को उनकी प्रजा के ज़ोर-जुल्म से बचाने का भार भी अपने ऊपर लिया है। इसी से वह यह भी देखती रहती है कि कोई रियासत कुनीति करके अपनी प्रजा को बिगड़ने न दे।

अँगरेज़ी सरकार के एक उच्च अधिकारी ने इस विषय पर साफ़ कहा है, "देशी रजवाड़ों को भीतरी उपद्रव वा बलवे से बचाने का यदि भार लिया गया है तो साथ ही उन कार्रवाइयों में हस्तक्षेप करने का अधिकार भी हाथ में रक्खा गया है जिनसे उपद्रव वा बलवा खड़ा होता है। इस हस्तक्षेप की आवश्यकता इस कारण और अधिक पड़ती है कि प्रायः सब रियासतों में एक व्यक्तिगत शासन है जिससे शासन का भला वा बुरा होना राजा ही के गुण और आचरण पर रहता है।"

लार्ड नार्थब्रुक ने बड़ौदा के महाराज मल्हारराव गायकवाड़ के पास 25 जुलाई 1874 को जो ख़रीता भेजा था उसमें उन्होंने साफ़ लिखा था—"मेरे मित्र ! मैं अँगरेज़ी फ़ौज किसी बुराई करते हुए आदमी को बचाने के लिए नहीं भेज सकता। किसी राज्य की कुनीति को यदि ब्रिटिश शक्ति सहारा देगी तो वह भी उस कुनीति के दोष की भागी होगी। इसलिए अँगरेज़ी सरकार यह देखना अपना अधिकार क्या कर्तव्य समझती है कि किसी राज्य का बिगड़ा हुआ प्रबन्ध सुधर जाए और उसकी बुराइयाँ दूर हो जाएँ। यदि ये बातें न पूरी होंगी, यदि घोर कुव्यवस्था बनी रहेगी, यदि बड़ौदे की प्रजा के साथ उचित न्याय न होगा, यदि धन और प्राण की रक्षा न होगी, यदि प्रजा और देश के हित पर इसी तरह बराबर ध्यान न दिया जाएगा तो अँगरेज़ी सरकार अवश्य बीच में पड़ेगी और इन बुराइयों को दूर करने और सुराज्य स्थापित करने के जो उपाय उसे उचित समझ पड़ेंगे वह करेगी। राज्य का नाश करनेवाली इन बुराइयों को दूर करने के लिए यदि अँगरेज़ी सरकार बीच में पड़ी तो यह समझना चाहिए कि उसने गायकवाड़ के साथ भी मित्रता का काम किया और उनकी प्रजा के प्रति भी अपने कर्तव्य का पालन किया।"

यह अच्छी तरह समझ रखना चाहिए जब तक कोई कारण न मिलेगा, अँगरेज़ी सरकार देशी रियासतों के प्रबन्ध में कभी दख़ल न देगी।

यदि किसी दूसरे राजा से मिलना हो तो बड़ी शिष्टता और सभ्यता के साथ मिलना चाहिए जिसमें उसे अँगरेज़ी सरकार से इस विषय में किसी प्रकार की शिकायत करने का अवसर न मिले।

यदि किसी दूसरी रियासत का कोई असामी वा अपराधी रियासत में आ जाए तो अपने यहाँ की पुलिस द्वारा उसे पकड़ाने का पूरा बन्दोबस्त करना चाहिए।

फ़ौजदारी और दीवानी के मामलों में तथा बनिज-व्यापार के सम्बन्ध में दूसरी रियासत की प्रजा के साथ वैसा ही व्यवहार करना चाहिए जैसा अपनी प्रजा के साथ। उनमें कोई भेदभाव न रखना चाहिए।

जहाँ तक हो सके, सरहदी झगड़े न उठने पावें। और यदि कभी इस तरह का कोई झगड़ा उठ भी खड़ा हो तो शान्ति भंग कभी न होने दे। झगड़े की जाँच और निपटारे के लिए अँगरेज़ी सरकार को लिखे।

जहाँ लट्ठे गाड़कर सरहद बाँधी गई है वहाँ उन लट्ठों की पूरी रक्षा करनी चाहिए।

यदि किसी दूसरे राजा की कुछ निज की ज़मीन रियासत में हो तो असामियों से लगान इत्यादि वसूल करने में उसे पूरी सहायता पहुँचानी चाहिए।

ऐसी सड़कों वा पुल आदि के बनवाने में जिनसे दोनों रियासतों को लाभ है पूरा योग देना चाहिए।

दूसरे राजाओं के स्वत्व और मान-मर्य्यादा का वैसा ही ध्यान रखना चाहिए जैसा अपने स्वत्व और मान-मर्य्यादा का।

इंगलैंड, फ्रांस, जरमनी, रूस, अमेरिका आदि बहुत से साम्राज्यों के लोग घूमते-घामते देशी रियासतों में आ जाते हैं जिनमें से अधिकांश यूरोपियन होते हैं। यह समझ रखना चाहिए कि यूरोपियन कैसा ही हो जहाँ कहीं रहेगा उसकी गवर्नमेंट उसकी रक्षा करेगी। वह उस पर किसी प्रकार का अन्याय वा अत्याचार न होने देगी। इससे देशी रियासतों को अपने राज्य में आए यूरोपियनों का बड़ा ध्यान रखना चाहिए। जहाँ तक हो सके, राजा-महाराजों को यूरोपियनों के साथ ज़्यादा रगड़ा न करना चाहिए। यदि कोई यूरोपियन राजा-महाराजों से मिलना चाहे तो उन्हें उससे तभी मिलना चाहिए जब वह कोई ठीक परिचय-पत्र उपस्थित करे, अन्यथा उसे रेज़िडेंट के पास भेज देना चाहिए। यदि कोई यूरोपियन परिचय-पत्र के साथ आए तो उसका पूरा सम्मान करना चाहिए।

देशियों की प्रकृति और रीति भाँति न जानने के कारण प्रायः यूरोपियन लोग देशी रियासतों में आकर भूल-चूक करते हैं। इसके लिए उनसे बुरा न मानना चाहिए। जैसे कभी कोई यूरोपियन किसी मन्दिर में घुस जाए, किसी पवित्र स्थान पर शिकार करे वा मछली मारे तो उसे दंड देने का प्रयत्न न करना चाहिए, धीरे से समझा देना चाहिए। यदि समझाने से न माने तो रेज़िडेंट को सूचना देनी चाहिए।

इस बात का बन्दोबस्त रहे कि कोई यूरोपियन देशी रियासत में लूटा न जाए। यदि किसी यूरोपियन के, साथ कोई बुराई की गई हो तो अपराधियों को उचित दंड देना चाहिए। इसमें ढिलाई करने से रियासत की बदनामी हो जाएगी।

यदि कोई यूरोपियन अफ़सर रियासत में कोई छोटा-मोटा अपराध करे, किसी को मारे-पीटे, रियासत के अधिकारियों का अपमान करे तो मामले की ठीक-ठीक इत्तला रेज़िडेंट को देनी चाहिए, वह उचित कार्रवाई करेगा। या तो वह अफ़सर बदल दिया जाएगा, या मुअत्तल कर दिया जाएगा अथवा और कोई दंड पाएगा।

सम्भव है कि कभी अँगरेज़ी सरकार से शत्रुता रखनेवाले यूरोपियन देशों के भेजे हुए गुप्तचर अँगरेज़ी सरकार के प्रति विद्वेष फैलाने के लिए रियासत में आ जाएँ। ऐसे गुप्तचरों से बहुत चौकस रहना होगा। उनके विषय में जो-जो बातें मालूम हों, सबकी ख़बर सरकारी रेज़िडेंट को पहुँचानी होगी।

देशी रियासतों को चाहिए कि वे प्रजा के धर्म वा मत में किसी का हस्तक्षेप न करें क्योंकि धर्मभाव बहुत प्रबल होता है।

किसी बहुत दिनों से चली आती हुई रीति को एकबारगी न बदल देना चाहिए। जिस अधिकार को बहुत से लोग बहुत दिनों से भोगते आ रहे हों उससे उन्हें एकबारगी न वंचित न कर देना चाहिए।

सारांश यह कि कोई ऐसा काम न करना चाहिए जिससे बहुत से लोगों में घोर असन्तोष फैले।

अँगरेज़ी सरकार के शत्रु और मित्र देशी रियासतों के भी शत्रु और मित्र हैं। यदि अँगरेज़ी सरकार से किसी दूसरी शक्ति से लड़ाई हो रही है तो कोई देशी रियासत उस शक्ति के साथ मित्रता का व्यवहार नहीं रख सकती। इसी प्रकार यदि आदमी अँगरेज़ी सरकार के विरुद्ध कार्रवाई करता हो, उसके विरुद्ध किसी राजनैतिक आन्दोलन में सम्मिलित होता हो तो रियासतों को ऐसे आदमी को किसी प्रकार का आश्रय न देना चाहिए।

इसी प्रकार यदि कोई आदमी किसी देशी रियासत के विरुद्ध कोई कार्रवाई करता होगा, वहाँ उपद्रव खड़ा करना चाहता होगा तो अँगरेज़ी सरकार ऐसे आदमी को किसी प्रकार का आश्रय न देगी, जहाँ तक होगा उसे दबाएगी।

अँगरेज़ी सरकार के साथ जो सन्धियाँ हुई हैं उनके अनुसार अब वे लड़ाइयाँ सब दिन के लिए दूर हो गईं जो देशी रियासतों के बीच हुआ करती थीं और जिनसे सारा देश दुःखी था।

सन्धि के अनुसार प्रत्येक देशी रियासत को चाहिए कि अँगरेज़ी सरकार जो कुछ उसके भले के लिए सलाह दे उसे मान ले।

यहाँ पर यह समझ लेना भी आवश्यक है कि कौन सलाह अँगरेज़ी सरकार की समझनी चाहिए और कौन सलाह उसके मातहत अधिकारियों की। सन्धि के अनुसार जो सलाह वायसराय वा बड़े लाट देंगे वही अँगरेज़ी सरकार की सलाह समझी जाएगी और उसी को मानने को देशी रियासतें बद्ध हैं।

मेरे कहने का यह अभिप्राय नहीं कि कमिश्नर, कलक्टर आदि मातहत अँगरेज़ अधिकारियों की राय मानी ही न जाए। ऐसी राय कभी-कभी बड़े काम की होती है। कहने का प्रयोजन यह है कि उनकी राय न मानने से देशी रियासतों पर सन्धि-भंग का द्वोष नहीं लग सकता। बात भी ठीक है। यदि देशी रजवाड़ों के लिए प्रत्येक श्रेणी के अफ़सरों की राय का मानना आवश्यक हो तब तो वे कुछ कर ही न सकेंगे।

भारत सरकार जो सलाह देगी वह या तो पत्र द्वारा सीधे महाराज के पास भेजेगी अथवा रेज़िडेंट के मारफ़त। यदि रेजिड़ेंट के मारफ़त भारत सरकार सलाह देगी तो रेज़िडेंट कह देगा कि मैं यह सलाह भारत सरकार के आज्ञानुसार देता हूँ। यदि भारत सरकार को अपनी सलाह पर ज़ोर देना होगा तो वह कभी-कभी इस बात का आभास भी दे देगी कि यह सलाह सन्धिपत्र के अनुसार दी जा रही है।

यह तो प्रत्यक्ष है कि सन्धि के अनुसार भारत सरकार जो सलाह देगी वह रियासत के भले के लिए होगी। अतः कोई ऐसी सलाह न दी जाएगी जिससे रियासत की कुछ हानि हो या जो रियासत की मान-मर्यादा के विरुद्ध हो। जैसे किसी राजा या महाराजा

को यह सलाह न दी जाएगी कि वे अपनी कुछ ज़मीन छोड़ दें या दीवानी वा फ़ौजदारी का इख़्तियार अपने हाथ में रक्खें, इत्यादि।

यह हो सकता है कि भारत सरकार जिस सलाह से राज्य की भलाई समझती हो उससे महाराज कुछ भलाई न समझते हों। ऐसी दशा में महाराज को अपनी राय सरकार को अच्छी तरह समझानी चाहिए। अँगरेज़ी सरकार में यही तो बड़ा भारी गुण है कि यदि उसे कोई बात युक्ति के साथ समझा दी जाए तो वह उसे मान लेती है।

तर्क-वितर्क के उपरान्त जो सम्मति सरकार स्थिर करे उसे सन्धि के अनुसार मान लेना चाहिए। हाँ, यदि कभी कोई ऐसा ही भारी मामला आ पड़े तो वह भारत सेक्रेटरी के पास भी विचार के लिए भेजा जा सकता है।

यह बात भी अच्छी तरह समझ रखनी चाहिए कि अँगरेज़ी सरकार जब आवश्यकता देखेगी तभी इस प्रकार की सलाह देगी। यह आवश्यकता उस समय होगी जब कोई रियासत जान-बूझकर वा अनजान में ऐसी बात की ओर ध्यान न देगी जिससे उसकी भलाई है। पर जब कोई रियासत अपना काम बुद्धि और विवेक के साथ कर रही है तब उसके साथ किसी प्रकार की छेड़छाड़ न की जाएगी। भारत सरकार बराबर यही चाहती है कि देशी रियासतें जो उन्नति करें आपसे आप करें, बाहरी दबाव के कारण नहीं, पर यदि कोई रियासत सरासर भूल करेगी तो अँगरेज़ी सरकार का यह कर्तव्य होगा कि वह सन्धि के अनुसार दख़ल दे।

अँगरेज़ी सरकार देशी राज्यों के लिए इतने उच्च शासन का आदर्श न रक्खेगी जिसका वे निर्वाह न कर सकें। इसी प्रकार वह इस बात का भी दबाव न डालेगी कि देशी राज्य एकदम से अँगरेज़ी राज्य प्रणाली की नक़ल करें। अँगरेज़ी नमूने पर कहाँ तक चलना उचित होगा यह प्रत्येक रियासत आप देख लेगी।

अँगरेज़ी सरकार इस प्रकार की सलाह जब कोई भारी मामला होगा तभी देगी थोड़ी-थोड़ी बातों में नहीं, जिससे रियासत के हाथ-पाँव बँध जाएँ। सन्धि के अनुसार अँगरेज़ी सरकार जो सलाह देगी वह प्रसंग के अनुसार जहाँ तक होगा बड़े सुहृद् और कोमल भाव से देगी। भरसक इस बात का ध्यान रखा जाएगा कि ऐसी सलाह कठोर शब्दों में न हो और उससे देशी राजा के अधिकार में बट्टा न लगे।

अँगरेज़ी सरकार की प्रवृत्ति के विषय में एक बड़ा भारी सिद्धान्त जान रखना चाहिए। जहाँ (देशी) राजा और उसकी प्रजा दोनों को साथ ही सन्तुष्ट करना सम्भव होगा वहाँ तो अँगरेज़ी सरकार दोनों के लाभ का ध्यान रक्खेगी पर जहाँ दोनों के लाभों में परस्पर विरोध होगा वहाँ अँगरेज़ी सरकार प्रजा ही का लाभ देखेगी।

आदर सम्मान–सरकारी रेज़िडेंटों और राजा-महाराजों के बीच पूरा मेल रहना चाहिए। इसके लिए दोनों ओर से प्रयत्न होना चाहिए। राजा-महाराजों को रीति के अनुसार रेज़िडेंट का उचित सम्मान करना चाहिए। इस विषय में जो दस्तूर चला आता हो उसका बराबर ध्यान रखना चाहिए। जैसे, रेज़िडेंट यदि मिलने आवें तो उन्हें कहाँ जाकर लेना चाहिए, किस प्रकार बैठना चाहिए, इन सब बातों का पूरा विचार रखा जाए।

सारांश यह कि रेज़िडेंट को हर तरह से निश्चय रहे कि महाराज उनके उचित सम्मान का बराबर ध्यान रखते हैं। रेज़िडेंट के मन में यह विचार कभी न हो कि यदि अवसर पावेंगे तो महाराज उनके सम्मान में कुछ कसर करेंगे। एक उदाहरण से अभिप्राय स्पष्ट हो जाएगा। मान लीजिए कि यह दस्तूर चला आता है कि किसी विशेष अवसर पर रेज़िडेंट महाराज के दाहिने बैठें। यदि भूल से या यों ही रेज़िडेंट साहब महारजा के बाएँ बैठ गए तो महाराज को यह न चाहिए कि वे चुपचाप रह जाएँ बल्कि उन्हें तुरन्त रेज़िडेंट साहब को अपने दाहिने बैठाना चाहिए।

यदि इतना ध्यान रखने पर भी कभी कोई भूल हो जाए तो महाराज को तुरन्त उसके लिए खेद प्रकट करना चाहिए।

रेज़िडेंट को भी महाराज को राज्य का शासक समझ उनके उचित सम्मान का बराबर ध्यान रखना होगा। सारांश यह कि दोनों को एक-दूसरे के साथ उचित व्यवहार रखना पड़ेगा। इस विषय में उनके बीच किसी प्रकार की ईर्ष्या वा आशंका न होनी चाहिए।

डाली इत्यादि भेजने का जो दस्तूर है उसके सिवा रेज़िडेंट को और किसी तरह की भारी नज़र देने की कोशिश न करनी चाहिए। अँगरेज़ी अफ़सरों को बहुमूल्य भेंट स्वीकार करने का निषेध है, और प्रायः उनमें इतना विवेक होता है कि वे छिपाकर भी इस निषेध का उल्लंघन नहीं करना चाहते। सारांश यह कि किसी अँगरेज़ी अफ़सर पर गुप्त वा अनुचित रीति से निहोरा डालने का यत्न न करना चाहिए।

रेज़िडेंट को जो बातें बतलाई या लिखी जाएँ वे बिलकुल जँची हुई और सच्ची हों। इसमें कसर होने से विश्वास की हानि होती है।

रेज़िडेंट को जो बात बतलाई या लिखी जाए वह पूर्ण शिष्टता और शान्ति के साथ। जहाँ मतभेद प्रकट करना हो वहाँ इसका और भी अधिक ध्यान रक्खा जाए।

कभी-कभी कुछ बातों में मतभेद भी होगा। बहुत सी बातें तो जाँच, पूछताछ और सोच-विचार करने से तै हो जाएँगी। कुछ बातों में मिलकर निपटेरे की राह निकालनी होगी। बाक़ी और छोटे-छोटे मामलों में एक को दूसरे की बात मानने ही से बनेगा।

पर कुछ मामले ऐसे भी आन पड़ेंगे जिनमें भारी-भारी बातों का वारा-न्यारा होगा और जिनमें मतभेद भी अधिक होगा। ऐसे मामलों में गहरी लिखा-पढ़ी की ज़रूरत होगी। ऐसे मामलों में महाराज की ओर उनका मत प्रकट करने के लिए जो पत्र भेजे जाएँ वे बड़ी सावधानी से लिखे जाएँ जिसमें जब वे अँगरेज़ सरकार के ऊँचे अधिकारियों के हाथ में जाएँ तब उनका अभिलषित प्रभाव पड़े। ऐसे पत्र पूर्ण और अभिप्रायगर्भित हों, उनकी भाषा और ध्वनि शिष्ट और नम्र हो, उनमें लिखी बातें और दलीलें ठीक और स्पष्ट हों, और उनमें जिन सिद्धान्तों की आड़ ली गई हो वे ऐसे हों जिन्हें अँगरेज़ी सरकार स्वीकार करती हो।

यहाँ पर यह भी बतला देना आवश्यक है कि ऐसी लिखा-पढ़ी के लिए वकील बैरिस्टर उपयुक्त नहीं होते जब तक उन्हें राजनैतिक पत्र-व्यवहार का भी अभ्यास न हो। जिस ढंग से एक वकील जज को सम्बोधित करता है वह उससे कहीं भिन्न है जिस

ढंग से राजा-महाराजा अँगरेज़ सरकार को सम्बोधित करते हैं। क़ानूनी दलीलें काम में लाई जाएँ पर ऐसी लिखा-पढ़ी शासन विभाग के अनुभवी अधिकारियों ही के द्वारा होनी चाहिए।

जिन मामलों में मतभेद होगा उन्हें सेक्रेटरी ऑफ स्टेट आदि अँगरेज़ी राज्य के प्रधान अधिकारियों के पास भेजने से कभी-कभी मनमुटाव हो जाना भी सम्भव है, पर इस इतने के लिए राजा-महाराजों को अपना पक्ष न छोड़ना चाहिए। अपने अधिकार और मान-मर्य्यादा तथा प्रजा के हित की रक्षा के लिए उन्हें ऐसे मामलों को प्रधान अधिकारियों तक ले जाना चाहिए। इसके लिए अँगरेज़ी सरकार उन्हें किसी प्रकार का दोष न देगी क्योंकि वह भी उनके मान और अधिकार को उसी तरह रक्षित रखना चाहती है जिस तरह अपने मान और अधिकार को।

यदि रेज़िडेंट की न्याय-वृद्धि में आवेगा तो जिन बातों के लिए महाराज प्रधान अधिकारियों के पास लिखेंगे उनका वह भी अपने पत्र में अनुमोदन कर देगा। क्योंकि सच पूछिए तो रेज़िडेंट दोनों ओर का प्रतिनिधि है। अँगरेज़ी सरकार का नफ़ा-नुक़सान देखनेवाला भी वही है और देशी रियासत का भी। यदि देशी रियासत की ओर से कोई और प्रतिनिधि अँगरेज़ी सरकार के यहाँ होता तो बात दूसरी थी। पर रेज़िडेंट ही सरकार का नफ़ा-नुक़सान महाराज को बतलाता है और महाराज का नफ़ा-नुक़सान सरकार को। इस कारण उसे दोनों पल्ले बराबर रखने चाहिएँ और निष्पक्ष रहना चाहिए। काम पड़ने पर उसे देशी रियासत के हित की भरसक रक्षा करनी चाहिए। हर्ष की बात है कि बहुत से रेज़िडेंट उसे उच्चाशय देखे गए हैं कि उन्होंने अधिकारियों का थोड़ा बहुत कोप सहकर भी देशी रियासतों के हित की पूरी-पूरी रक्षा की है।

बात यह है कि देशी रियासत को रेज़िडेंट ही से काम पड़ता है। जैसा रेज़िडेंट होगा अँगरेज़ी सरकार भी उन्हें वैसा ही समझ पड़ेगी। बादशाह की सारी घोषणाएँ और बड़े लाट के सारे उदार संकल्प उन्हें वहीं तक ठीक जान पड़ेंगे जहाँ तक रेज़िडेंट उन्हें अमल में लावेगा। अतः रेज़िडेंट को वह निःस्वार्थता, वह उदारता और वह न्यायप्रियता पूरी-पूरी दिखानी चाहिए जिसके लिए अँगरेज़ी सरकार प्रसिद्ध है। जैसा स्वामी हो वैसा उसका प्रतिनिधि होना चाहिए।

सब भारी मामलों में महाराज के सामने उनकी कौंसिल वा सभा की पक्की सम्मति उपस्थित की जाए। यदि इस पर भी कोई भारी सन्देह की बात बनी रहे तो रेज़िडेंट से सलाह लेनी चाहिए। वह निःस्वार्थ सम्मति देगा। यदि कोइ भारी मामला हो तो उसके विषय में कोई सन्देह न रहने पर भी रेज़िडेंट से राय ले लेना अच्छा ही होगा। पर ज़रा-ज़रा सी बातों के लिए रेज़िडेंट को तंग करना भी विचार और शासन शक्ति की न्यूनता प्रकट करेगा।

रेज़िडेंट और महाराज के बीच कोई भारी बात झटपट ज़बानी न तै हो जानी चाहिए। दीवान को इतना समय मिलना चाहिए कि वह आगा-पीछा विचारे, कुछ बातें बतलावे तथा कुछ अपनी सम्मति प्रकाशित करे।

यदि कोई बात ज़बानी तै भी हुई हो तो वह झटपट लिख ली जाए नहीं तो पीछे से बड़ी गड़बड़ी, भ्रान्ति और विरक्ति होगी। नियम तो यह होना चाहिए कि जब तक कोई बात काग़ज़ पर लिख न ली जाए तब तक वह तै न समझी जाए।

जब राजा-महाराजा अपनी रियासत के कर्मचारी विवेक और सावधानी के साथ चुनेंगे तब रेज़िडेंट को उनकी मुक़र्ररी तरक़्क़ी आदि के बारे में किसी तरह दख़ल देने की ज़रूरत न होगी।

रेज़िडेंट के पत्रों के जवाब जल्दी भेजे जाएँ। पर जो पत्र भारी मामलों के सम्बन्ध में हों उनका उत्तर सोच-विचार कर दिया जाए।

इस नियम का ध्यान रखना चाहिए कि महाराज की ओर से अँगरेज़ सरकार के प्रधान अधिकारियों के पास जो पत्र भेजे जाएँ वे रेज़िडेंट की मारफ़त, बाला बाला नहीं।

राजा-महाराजों को गुप्त कार्रवाइयों पर कभी विश्वास न करना चाहिए। कोई आकर महाराज से धीरे से कहेगा "मेरा बड़े लाट साहब पर बहुत कुछ ज़ोर है, मैं महाराज का काम करा सकता हूँ।" कोई-कोई तो यहाँ तक आकर कहेंगे कि उनका ज़ोर विलायत के अधिकारियों तक पर है। ऐसे लोग प्रायः ओछे होते हैं और झूठी बातें बनाकर रुपया झँसना चाहते हैं। ऐसे लोगों को पास न फटकने देना चाहिए क्योंकि वे केदल रुपया ही नहीं लेंगे बल्कि महाराज की बदनामी करेंगे।

रियासतों में सरकारी रेज़िडेंट और उनके सहकारियों को कुछ अधिकार प्राप्त रहते हैं। राज्य तथा उसके कर्म्मचारियों को उनके इन अधिकारों में हस्तक्षेप न करना चाहिए।

सारांश यह कि राजा-महाराजों को चाहिए कि सरकारी रेज़िडेंट का उचित सम्मान करें, उससे मित्रता का व्यवहार रक्खें, और अपनी खरी और स्थिर नीति के द्वारा उसे अपना विश्वासी और सहायक बनावें।

अन्तिम वक्तव्य—अब यह अच्छी तरह स्पष्ट हो गया होगा कि भारी शक्ति वा अधिकार के साथ भारी जवाबदेही भी है। आजकल महाराजा का पद न अखंड सुख और भोग-विलास के लिए है, न इसलिए है कि जनसमूह का जितना रुपया जिस तरह चाहे उस तरह उड़ाया जाए, न इसलिए है कि राज-शक्ति का प्रयोग बिना किसी प्रकार के अवरोध के किया जाए, और न इसलिए है कि जो महाराज के मन में आवे वही क़ानून हो जाए। आजकल राजसिंहासन पर एक प्रचंड ज्योति जग रही है। यह ऐसी ज्योति है जो प्रत्येक दोष को जनसमूह के सामने झलकाती है। यह ऐसी ज्योति है जिसने राजाओं के ऊपर कर्तव्य का भार बढ़ा दिया है।

आजकल राजा-महाराजा अपने कामों के लिए कई ओर जवाबदेह हैं, वे परमात्मा और अपनी आत्मा के निकट जवाबदेह हैं। वे निर्धारित सिद्धान्तों के निकट जवाबदेह हैं, वे अपनी प्रजा के निकट जवाबदेह हैं। वे अँगरेज़ी सरकार के निकट जवाबदेह हैं। वे शिक्षित समाज के निकट जवाबदेह हैं।

राजा-महाराजों को सदैव अपने कर्तव्य का उच्च आदर्श रखना होगा। इसके लिए यह आवश्यक होगा कि उनके चारों ओर ऐसे सलाहकार हों जिनके कर्तव्य के आदर्श उच्च हों।

तअल्लुक़ेदारों के लिए कुछ अलग बातें

हिसाब-किताब–रसीद और चुकता हिसाब सब एक बही पर दर्ज होना चाहिए। पर ख़र्चों का सब ब्योरा अलग-अलग बहियों पर रहना चाहिए। जैसे इमारत का सब ख़र्च एक बही में रहे, अदालत का दूसरी बही में, भांडारख़ाने का तीसरी में, निज का ख़र्च चौथी में, इसी प्रकार और भी। हर एक विभाग के लिए जितना रुपया दरकार हो वह छपे हुए चेक द्वारा, जिस पर मालिक का दस्तख़त हो, राज्य के ख़ज़ाने से मँगा लिया जाए और जितना रुपया ख़ज़ाने से लिया जाए उस विभाग की बही पर चढ़ा लिया जाए। एक-एक विभाग का हिसाब-किताब एक-एक मुहर्रिर के ज़िम्मे कर दिया जाए और वही उसका जवाबदेह रहे। अदालत के ख़र्च-वर्च का हिसाब रखने के लिए अलग मुहर्रिर रखने की ज़रूरत नहीं है। जो रियासत का मुख़्तार-आम हो वही अदालत के ख़र्च का सारा हिसाब-किताब अपने ज़िम्मे रक्खे और महीने-महीने उसे जाँच के लिए सदा कचहरी में भेजा करे। मुख़्तार आम हर महीने उन मुक़दमों के ख़र्च की सूची भेजे जिनकी डिगरी हो गई हो, जो ख़ारिज हो गए हों, और जो दायर हों।

इस ढंग पर चलने से सब हिसाबों का एक में गड्डमड्ड न रहेगा और मालिक एक-एक मद के हिसाब की जाँच के लिए एक-एक दिन मुक़र्रर कर सकेगा।

फ़सल के समय अनाज भांडारख़ाने में बराबर जमा हुआ करे। जो जिस भांडारख़ाने में न हो वह बनियों से मोल ली जाए। जितनी चीज़ें बनियों से ली जाएँ सबके लिए उन्हें छपे चेक दिए जाएँ जिसमें हिसाब के समय यह झगड़ा न रह जाए कि किसके यहाँ से कितनी चीज़ आई है। बनिए बहुत समझ-बूझकर लगाए जाएँ। उन्हें लगाने का काम मुंशी, मुहर्रिरों पर न छोड़ दिया जाए क्योंकि वे अपने ही मेलजोल के आदमियों को लगाएँगे। रियासतों में एक बात बड़ी विलक्षण देखने में आती है। हिसाब-किताब रखने के लिए मुहर्रिर तो बहुत से रखे जाते हैं पर उनकी जाँच करनेवाला ख़ुद मालिक ही रहता है। विचारने की बात है कि उसके लिए इतने हिसाबों को ठीक-ठीक जाँचना कितना कठिन है। इसलिए यह आवश्यक है कि हिसाब-किताब जाँचने के लिए कई विश्वासपात्र आडिटर रखे जाएँ।

भारी-भारी चीज़ों की ख़रीदारी के लिए बड़ी-बड़ी दुकानों से व्यवहार रखना ठीक है। जो चीज़ें मँगानी हों उनके लिए मालिक ख़ुद अपने हाथ का पुरज़ा भेज दे जिसमें बीच के लोगों को खाने की जगह न रहे। भारी-भारी दुकानें दाम तो ज़रूर थोड़ा अधिक लेती हैं पर चीज़ें बढ़िया देती हैं जिससे ख़रीदार घाटे में नहीं रहता। चीज़ें मँगाने के लिए जो चिट वा आर्डर भेजे जाएँ उनकी नक़ल एक बही पर रहे।

प्रबन्ध-समिति–बड़े-बड़े योग्य और विश्वासपात्र कर्म्मचारियों का भी बिना डर के दाब के रहना ठीक नहीं और मालिक हर एक काम के ब्योरों की जाँच आप नहीं कर सकता इसलिए यदि रियासत के कर्म्मचारियों और प्रतिष्ठित रईसों में से कुछ लोगों को चुनकर एक प्रबन्धसमिति वा कमेटी बना दी जाए तो मालिक सब हिसाब-किताब और काग़ज़ पत्रों को देखने के झंझट से बच जाएगा। रियासत के निवासी यदि अच्छी तरह शिक्षित न होंगे तो भी उस जगह की सब बातें उनकी जानी-बूझी रहेंगी इससे वे बड़े

काम के होंगे। मालिक को कमेटी के मेम्बरों की राय जानने से बहुत लाभ होगा और वे निश्चय ही कर सकेंगे कि कौन राय ठीक है। ऐसी कमेटी बनाने में कुछ ख़र्च भी नहीं है क्योंकि रियासत के जो प्रतिष्ठित रईस हैं उन्हें कुछ-न-कुछ लाभ रियासत से पहुँचता ही है अतः उन्हें वेतन देने की आवश्यकता नहीं है।

गाँवों का ठेका—काश्तकारों से सीधे लगान वसूल करने की अपेक्षा गाँवों को ठेके पर देना अच्छा है। इससे जमा भी सहज में वसूल हो जाती है, हिसाब-किताब जाँचने का उतना बखेड़ा नहीं रहता और रियासत के नौकरों को रुपया कमाने का भी अवसर नहीं मिलता। कुछ लोग ठेकेदारों के जुल्म के कारण इस रीति को अच्छा नहीं समझते पर मेरी समझ में ज़मींदारों के सिपाही जितनी आफ़त मचाते हैं उतनी ठेकेदार नहीं, यदि वे समझ-बूझकर चुने जाएँ। यदि किसी गाँव का ठेका देना है तो उस गाँव में जो सबसे सम्पन्न और भलामानुस काश्तकार हो उसी को ठेका दे दिया जाए, यदि आवश्यकता हो तो उससे कुछ ज़मानत भी ले ली जाए, जहाँ तक हो सके छोटी-छोटी मियाद के ठेके न दिए जाएँ। ठेकेदार रियासत के बाहर के आदमी न हों। अपने नौकरों और सम्बन्धियों को ठेका न देना चाहिए। जहाँ तक हो सके ठेके छोटी जाति के लोगों को जैसे, कुरमी, काछी, कोयरी आदि को दिए जाएँ, ब्राह्मण, क्षत्रिय आदि ऊँची जाति के लोगों को नहीं। ठेकेदार से गाँव के मुनाफ़े की पाई-पाई न वसूल कर ली जाए कुछ गुंजाइश उसके लिए भी रखी जाए। यदि ठेके में कुछ लाभ रहेगा तो एक के छोड़ने पर उसके लिए कई आदमी दौड़ेंगे। इस प्रकार लगान वसूल करने के ख़र्च की बचत होगी, उपजाऊ ज़मीन भी अधिक निकलेगी हर तरह रियासत को लाभ ही होगा। किसी ठेके की मियाद जब पूरी हो जाए तब यदि कोई हर्ज न हो तो पहले ही ठेकेदार को फिर ठेका दिया जाए। थोड़े से और मुनाफ़े के लिए किसी नए आदमी को देना ठीक नहीं।

ठेका देते समय गाँव का मुनाफ़ा देख लिया जाए फिर उसमें से ठेकेदार के लिए कुछ परता निकालकर ठेका दे दिया जाए। जितने पट्टे और क़बूलियत हों सब स्टैम्प पर हों, और फाइल की किताब में अक्षर क्रम से लगे रहें।

नौकरों को लगाना—आदमी कैसा ही योग्य हो वह सब काम आप नहीं कर सकता। अच्छा काम कराने के लिए अच्छे नौकर चाहिएँ और अच्छे और विश्वासपात्र नौकर मिलना सहज बात नहीं है। अच्छे नौकर भी बिना डर दाब के अच्छा काम नहीं करेंगे। स्वामी की बुद्धिमानी इसी में है कि वह एक-एक जगह के लिए उपयुक्त नौकर चुने क्योंकि यह सम्भव नहीं कि एक ही आदमी में सब आवश्यक गुण हों। कोई आदमी एक काम के लिए उपयुक्त है और दूसरे काम के लिए नहीं। समझदार मालिक अपने नौकर की क़दर एक गुण के लिए भी करेगा और उसके उसी गुण से लाभ उठावेगा। जिस तरह चतुर बढ़ई यह जानता है कि अपने किस-किस औज़ार से कौन-कौन काम लेना चाहिए उसी तरह चतुर आदमी इस बात को जानता है कि अपने किस-किस नौकर से कौन-कौन काम लेना चाहिए। पर वह एकबारगी उन्हीं के विश्वास पर सब काम नहीं छोड़ देता। वह उनका नित्य का काम देखकर उन पर धीरे-धीरे विश्वास करता है। जहाँ

तक हो पुश्तैनी नौकर रखना अच्छा है चाहे वे योग्यता में औरों से कुछ घटकर भी हों, क्योंकि नए आदमियों की अपेक्षा पुश्तैनी नौकर मालिक से अधिक प्रेम रखते हैं। जबकि कोई नौकर अपना काम अच्छी तरह कर रहा है तब उसके विरुद्ध छोटी-छोटी शिकायतों को न सुनना चाहिए। छोटे-बड़े हर एक राज्य में कुछ कुचक्री धूर्त रहते हैं जो सदा अपने लाभ के लिए इन्तज़ाम में अदल-बदल चाहते रहते हैं। ये कुटिल नीतिवाले लोग इसी यत्न में रहते हैं कि मालिक सब काम अपने हाथ में ले ले क्योंकि वे जानते हैं कि ऐसा होने से ख़ूब अन्धाधुन्ध रहेगी और अपना अर्थ साधने का अच्छा मौक़ा मिलेगा।

कुचक्री नौकर को निकाल देना चाहिए। क्योंकि यदि एक आदमी ऐसा रहेगा तो वह सब आदमियों को बिगाड़ देगा। यहाँ तक कि वह धीरे-धीरे सब नौकरों का अगुवा और सलाहकार हो जाएगा और सब नौकर उसके पास यह सीखने जाया करेंगे कि मालिक को कब और किस ढंग से धोखा देना चाहिए। वह अपने नए चेलों को सिखा देगा कि यदि कोई नौकर मालिक को लूटने का कोई ढंग रचता हो तो उसका भेद न खोलना।

पूरे ईमानदार और योग्य नौकरों का मिलना बहुत कठिन है क्योंकि सब मालिकों की अवस्था ऐसी नहीं होती कि वे नौकरों को भरपूर तनख़्वाह दे सकें। यदि कोई नौकर अपने मालिक के लाभ का बराबर ध्यान रखता है और थोड़ा अपना भी लाभ करता है तो उसे छेड़ना न चाहिए। पूरे ईमानदार नौकरों को छोड़ दो प्रकार के और नौकर होते हैं। कुछ तो ऐसे होते हैं जो बराबर अपने मालिक का लाभ देखते हैं और दूसरों को उसे लूटने नहीं देते, चाहे आप थोड़ा बहुत लाभ उठा लें। पर कुछ ऐसे होते हैं जो मालिक को आप भी लूटते हैं और दूसरों को भी लूटने देते हैं। ऐसे लोगों पर उनके मातहत और साथी बड़े प्रसन्न रहते हैं। कोई कभी उनकी शिकायत नहीं करता। कुछ नौकर ईमानदार तो होते हैं पर चिकनी-चुपड़ी बातों में आ जाते हैं ऐसे लोग रिश्वत लेनेवालों से भी बुरे होते हैं। दो-चार चिकनी-चुपड़ी बातें ही जिनके लिए रिश्वत है उन पर कहाँ तक विश्वास रक्खा जा सकता है।

यह भी आवश्यक है कि नौकर कई भिन्न-भिन्न जातियों और धर्मों के रखे जाएँ जिसमें वे गुट्ट न बाँधने पाएँ। सब बुराइयाँ ख़ाली बैठने से होती हैं इससे नौकरों को पूरा काम देना चाहिए जिससे उन्हें तरह-तरह की चालें सोचने का समय न मिले।

चालबाज़ नौकरों का यह भी एक ढंग है कि वे दिखाने के लिए आपस में झूठ-मूठ की लड़ाई किया करते हैं यद्यपि भीतर-ही-भीतर सब एक रहते हैं। सब विभागों के अलग-अलग अफ़सर हों। मातहत नौकरों को जो शिकायतें करनी हों उन्हीं की मारफ़त करें। मालिक उन्हीं से सब बातें सुने। जहाँ ऐसी ही कोई बात आ जाए वहाँ मातहत नौकरों को सीधे अपने पास आकर कहने-सुनने दे। छोटे नौकर औरों को अपना महत्त्व दिखाने के लिए जो बात हुई उसे सीधे मालिक के पास जाकर कहना बहुत पसन्द करते हैं। जहाँ वे एक बार ऐसा करने पावे कि नाकों दम कर देंगें। फिर मालिक को रसोईदारों, ख़िदमतगारों, चपरासियों, कोचवानों और साईसों के झगड़े आप निपटाने पड़ेंगे, और यदि सबके सब सलाह करके नौकरी छोड़ देंगे तो नौकर भी ख़ुद ढूँढ़ना पड़ेगा। पर यदि ऐसे

छोटे-छोटे काम वह भिन्न-भिन्न विभागों के अफ़सरों पर छोड़े रहेगा तो उसे अच्छे-अच्छे काम करने का समय मिलेगा।

संगत—यह एक पुरानी कहावत है कि "जैसी संगत वैसी बुद्धि"। इससे साथी चुनने में बड़ी सावधानी करनी चाहिए। जो लोग देहात में रहते हैं उन्हें अच्छी संगत मिलना बड़ा कठिन होता है इससे बड़े-बड़े धनियों और रियासतदारों को भी अपने नौकर-चाकरों का साथ करना पड़ता है जिसका फल बहुत बुरा होता है। इस देश के रईसों के यहाँ यह बड़ी बुरी चाल है कि वे अपने लड़कों को नौकर-चाकरों के लड़कों का साथ करने देते हैं। धीरे-धीरे नौकर-चाकरों के ये ही लड़के मालिक के लड़कों के गहरे दोस्त हो जाते हैं और उन पर बहुत कुछ ज़ोर रखने लगते हैं। उनके माँ-बाप इसके लिए उन पर बहुत प्रसन्न होते हैं और उनके द्वारा अपना काम निकालना चाहते हैं। ख़िदमतगारों के ये लड़के आगे चलकर इतने इतरा जाते हैं कि अपने को मालिकों के बराबर समझने लगते हैं और बिना इनके माने जाने योग्य-से-योग्य मैनेजर वा सेक्रेटरी की ख़ैरियत नहीं।

मालिक की लड़कियों का जब ब्याह होता है तब उनके साथ उनसे हिली-मिली कुछ लौंडियाँ वा नौकरों की लड़कियाँ की जाती हैं। ये वहाँ भी अपना ज़ोर रखना चाहती हैं और कभी-कभी घर के प्राणियों में झगड़ा लगा देती हैं।

अस्तु, उत्तम उपाय तो यह है कि अपने सम्बन्धियों वा प्रतिष्ठित पड़ोसियों के लड़कों में से कुछ अच्छे लड़कों को चुनकर उन्हें अपने लड़कों के साथ शिक्षा पाने के लिए कर दें। यदि यह न हो सके तो अपने कर्म्मचारियों के लड़कों में से चुने। सारांश यह कि छोटे-छोटे नौकर-चाकरों को अपने लड़कों के साथ बहुत हेल-मेल न बढ़ाने देना चाहिए।

मनबहलाव—केवल समय काटने के लिए ही नहीं बल्कि स्वास्थ्य के लिए थोड़ी बहुत कसरत, खेलकूद, वा मनबहलाव ज़रूरी है। पर ध्यान इस बात का रहे कि कहीं इन बातों की धुन न हो जाए। कसरत और खेलकूद का मतलब इतना ही है कि स्वास्थ्य की रक्षा रहे जिससे काम अच्छी तरह हो सके और मनबहलाव इसलिए है कि लगातार एक ही काम को करते-करते जी भी न ऊबे और समय भी बिलकुल ख़ाली न जाए। जहाँ मनबहलाव का कोई उचित प्रबन्ध नहीं रहता वहाँ लोग, विशेषकर रईसों के लड़के, बुरी संगत में पड़ जाते हैं और धीरे-धीरे उन्हें कुछ ऐसे व्यसन लग जाते हैं जिनके कारण वे अपना और अपने घर का सत्यानाश करके रख देते हैं। इसी से कसरत और खेलकूद के सिवा लिखना, पढ़ना, चित्रकारी और संगीत आदि भी मनबहलाव के लिए चाहिए। राजाओं और रियासतदारों के लड़कों को प्रायः देहात में रहना पड़ता है इससे इसका ध्यान रखना चाहिए कि उनके मनबहलाव के लिए अच्छी-अच्छी बातें हों और नौकर-चाकरों के लड़कों के साथ बहुत हेल-मेल न बढ़ाने पावें।

आदर्श जीवन

प्रथम संस्करण का वक्तव्य

जिस पुस्तक के आधार पर यह पुस्तक लिखी गई है, उसका नाम है Plain Living and High Thinking और वह अँगरेज़ी की उन पुस्तकों में से है जिनका उद्‍देश्य युवा पुरुषों के अन्तःकरण में उत्तम संस्कार उत्पन्न करना है। इस पुस्तक में विवेक, बुद्धि और स्वास्थ्य इन तीनों की वृद्धि के सम्बन्ध में अलग-अलग विचार करके मनुष्य-जीवन का एक सर्वांगपूर्ण और उच्च आदर्श सामने रक्खा गया है। किस प्रकार के आचरण से मनुष्य अपना जन्म सफल कर सकता है, किस रीति पर चलने से वह संसार में सुख और यश का भागी हो सकता है, यदि ऐसी बातों का जानना आवश्यक है तो ऐसी पुस्तक का पढ़ना भी आवश्यक है। हिन्दी में ऐसी पुस्तकें देखने की चाह अब लोगों को हो चली है।

अँगरेज़ी पुस्तक में ग्रन्थकार ने 'अध्ययन' के प्रसंग में, किन-किन विषयों की कौन सी पुस्तकें किस क्रम से पढ़ी जाएँ, इसका बड़े विस्तार के साथ कई प्रकरणों में ऐसा वर्णन किया है जिससे उन-उन विषयों के इतिहास का भी परिज्ञान हो जाता है। वे सब प्रकरण इस पुस्तक में छोड़ दिए गए हैं। एक बात और भी की गई है। जहाँ-जहाँ अंग्रेज़ी पुस्तक में दृष्टान्त रूप से योरप के प्रसिद्ध पुरुषों के वृत्तान्त आए हैं, वहाँ-वहाँ यथासम्भव भारतीय पुरुषों के दृष्टान्त दिए गए हैं। पुस्तक को इस देश की रीति-नीति के अनुकूल करने के लिए और भी बहुत सी बातें घटाई-बढ़ाई गई हैं।

काशी
2 जून, 1914

—रामचन्द्र शुक्ल

दूसरा संस्करण

इस संस्करण में कुछ घटाया बढ़ाया नहीं गया है। यह बात ज्यों-की-त्यों हैं। हाँ, भाषा सम्बन्धिनी जो त्रुटियाँ किसी कारण से रह गई थीं वे जहाँ तक हो सका है, दूर कर दी गई हैं।

—रामचन्द्र शुक्ल

काशी
18 जुलाई, 1917

पहला प्रकरण

पारिवारिक जीवन

डॉक्टर ब्राउन (Dr. Brown) ने अपनी एक पुस्तक में अपने पिता का, जो स्काटलैंड देश के एक प्रसिद्ध पादरी थे, कुछ वृत्तान्त लिखा है जिसका एक अंश अत्यन्त हृदयग्राही है। वे लिखते हैं–"अपनी माता की मृत्यु के उपरान्त मैं उन्हीं के पास सोता था। उनका पलँग उनके पढ़ने-लिखने के छोटे कमरे ही में रहता था जिसमें एक बहुत छोटा सा आतिशदान भी था। मुझे अच्छी तरह स्मरण है कि किस प्रकार वे उन मोटी-मोटी बेढंगी जरमन भाषा की पुस्तकों को उठाते थे और उनसे चारों ओर घिरकर उनमें गड़ से जाते थे। जिस समय वे आकुलता के साथ उनके पन्नों को काटते जाते, अपने स्वभाव के अनुसार उनमें मगन होकर झटपट उनका रसास्वादन करते जाते और बेढंगे कटे हुए पन्नों के कागज की धज्जियाँ निकालकर मेरे आगे फेंकते जाते थे, मैं टक लगाए उनकी ओर देखता रहता था। जब तक मैं जागता रहता था, वे बिस्तर पर नहीं जाते थे। पर कभी-कभी ऐसा होता कि बहुत रात गए वा सबेरा होते-होते मेरी नींद टूटती और मैं देखता कि आग बुझ गई है, उजाला खिड़की के रास्ते कुछ-कुछ आ रहा है, उनका सुन्दर गम्भीर मुख झुका हुआ है और उनकी दृष्टि उन्हीं पुस्तकों की ओर गड़ी हुई है। मेरी आहट सुनकर वे मुझे, मेरी माँ का रखा हुआ, प्यार का नाम लेकर पुकारते और बिस्तर पर आकर मेरे गरम शरीर को छाती से लगाकर सो रहते थे।" इस वृत्तान्त से हमें उस स्नेह और विश्वास के सम्बन्ध का पूरा आदर्श मिलता है जो पिता-पुत्र के बीच होना चाहिए। पुत्र पिता की ओर अन्वीक्षणयुक्त स्नेह से देख रहा है और पिता पुत्र को गहरी और सच्ची सहानुभूति से छाती से लगा रहा है। माता और पुत्र का स्नेह ऐसा नहीं होता। उसमें एक ओर शासन के भाव की कमी रहती है, दूसरी ओर आज्ञापालन के भाव की। पर पिता-पुत्र के स्नेह में यद्यपि मृदुलता कम रहती है, पर विश्वास की मात्रा विशेष रहती है, यद्यपि वेग कम रहता है पर विवेक अधिक रहता है, यद्यपि अवलम्बन का मृदुल भाव कम रहता है पर समता की बुद्धि विशेष रहती है। चाहे पिता पुत्र के मनोविकारों को उतना न जाने, पर वह उसकी बुद्धि की विशेष थाह रखता है। उसका पुत्र के साथ तीन प्रकार का सम्बन्ध होता है–पथदर्शक का, तत्त्वचिन्तक का और मित्र का। डॉक्टर ब्राउन और उनके पिता के बीच जैसा व्यवहार था, उससे दोनों को लाभ था। उसके द्वारा पिता के भाव भी पुष्ट और उत्तेजित होते

थे–वह अपने आप ही में मगन रहने तथा रुखाई और अल्पभाषण के बोझ से दबे रहने से बचता था। पुत्र के लिए भी यह एक खासी शिक्षापद्धति थी। इसके द्वारा उसकी बुद्धि और विवेक की भी उन्नति होती थी और उसे एक प्रकार का स्थायी आनन्द भी मिलता था। बुद्धिमान और सुशील पिता से जितना हम सीखते हैं, उतना सैकड़ों शिक्षकों से भी नहीं। पिता सबसे बढ़कर और सच्चा शिक्षक है जिसके दिए हुए पाठों को हम सदैव पढ़ा करते हैं। ये पाठ केवल उसके मुँह से निकले हुए शब्द ही नहीं होते बल्कि उसके आचार-व्यवहार के रूप में भी होते हैं। क्या कोई कह सकता है कि डॉक्टर ब्राउन को उस आदर्श पुरुष के सत्संग से कितना लाभ पहुँचा होगा जिसमें केवल बुद्धि बल ही न था बल्कि आध्यात्मिक बल भी अत्यन्त अधिक था। उसमें धैर्य, आत्मनिग्रह, स्वभाव की कोमलता, भावों की पुष्टता, शिष्टता, उसकी पवित्रता और धर्मपरायणता इत्यादि गुण ऐसे थे जिनका स्थायी प्रभाव पुत्र पर हर घड़ी पड़ता था। उसकी साहित्य-सम्बन्धिनी सहृदयता से भी बालक ब्राउन को बहुत ही लाभ पहुँचा। जब वह बाइबिल के ओजस्वी अंशों तथा मिल्टन के पद्यों को जोर-जोर से पढ़ता था, तब बालक की बुद्धि और सहृदयता का विकास होता था।

इस प्रकार की अनियमित घरेलू शिक्षा से लाभ उठाने के लिए श्रोता में कुछ श्रद्धा, सीखने की स्नेहपूर्ण तत्परता तथा तीक्ष्ण बुद्धि वा समझ होनी चाहिए। खेद के साथ कहना पड़ता है कि ये बातें ऐसी हैं जो आजकल के लड़कों वा नवयुवकों में नहीं पाई जातीं। पहले की अपेक्षा अब परिवार-बन्धन शिथिल हो गए हैं। अब घर में भी व्यक्तिगत स्वतन्त्रता तथा शासन का विरोध फैल रहा है। आजकल के नाटकों और उपन्यासों को देखने से यह बात साफ झलकती है कि पिता-पुत्र के सम्बन्ध का भाव जैसा पहले समय में था, वैसा अब नहीं रह गया है, अब उसमें घटती हो रही है। प्रायः देखा जाता है कि पिता अब ऐसा शिक्षक नहीं रह गया है जिसकी बातों को पुत्र श्रद्धा और स्नेह से सुने। अब वह ऐसा विश्वासपात्र सुहृद नहीं समझा जाता है कि पुत्र कठिनाई के समय उसकी सलाह को सच्ची और कल्याणकारी समझ उसके लिए उसके पास जाए। अब वह ऐसा शासक नहीं रह गया है जिसकी सामान्य-से-सामान्य इच्छा को भी पुत्र अपने लिए अटल आदेश समझे। आजकल के कुछ उपन्यासों का रामायण, महाभारत आदि से मिलान करने पर इस परिवर्तन का पता अच्छी तरह चल सकता है। दशरथ की आज्ञा को राम ने किस श्रद्धा और शान्ति के साथ सुना और प्रसन्न-मुख वन का रास्ता पकड़ा। भीष्म ने किस प्रकार अविवाहित रहने की कठिन प्रतिज्ञा करके अपने पिता को सन्तुष्ट किया। इसके विरुद्ध आजकल के नए ढंग के उपन्यासों में पिता लेखकों की हँसी-दिल्लगी का एक खासा लक्ष्य होता है। उसे चकमा देना, बेवकूफ बनाना, अपमानित करना लेखकों का एक कौशल समझा जाता है। किसी-किसी उपन्यास में तो वह भद्‌देपन और गँवारपन की मूर्ति बनाया जाता है और उसका अपमान नवशिक्षित और समाज-संशोधक पुत्र बड़ी बहादुरी के साथ करते दिखाए जाते हैं।

हमारे पूर्वजों की यह चाल नहीं थी। यह ठीक है कि आजकल की तरह उस समय भी मूर्ख पिता और बेकहे लड़के होते थे, पर उस समय पितृ-शासन का आदर्श ऊँचा था। जहाँ आजकल लड़के अवज्ञा करते हैं, वहाँ उस समय वे बात सुनते और मानते थे। क्या पूर्व क्या पश्चिम सर्वत्र यही व्यवस्था थी। इंगलैंड में सर फिलिप सिडनी और उसके पिता के सम्बन्ध को देखिए। जटफन के विजेता और 'आर्केडिया' के ग्रन्थकार सिडनी अपने पिता पर अत्यन्त स्नेह और पूज्यबुद्धि रखते थे, जिनसे उन्होंने अपने शरीर की सुन्दरता, अपनी बुद्धि की प्रौढ़ता तथा हृदय की दृढ़ता और वीरता प्राप्त की थी। पिता भी सिडनी ऐसे पुत्र को पाकर अभिमान से फूले अंगों न समाता था। लार्ड लिटन ने अपने एक उपन्यास में कैक्स्टन नामक एक युवक का उसके पिता के साथ आदर्श सम्बन्ध दिखलाया है। उसमें पिता बुद्धि, धीरता और कोमलता का आगार है और पुत्र, स्नेह और आज्ञाकारिता का। युवक कैक्स्टन एक स्थल पर कहता है–"मैं प्रायः औरों के साथ की लम्बी सैर छोड़ क्रिकेट का खेल छोड़, मछली का शिकार छोड़, अपने पिता के साथ बगीचे की चहारदीवारी के किनारे धीरे-धीरे टहलने जाता। वे कभी तो बिलकुल चुप रहते, कभी बीती बातों को सोचते हुए आगे की बातों की चिन्ता करते। पर जिस समय वे अपनी विद्या का भांडार खोलने लगते और बीच-बीच में चुटकुले छोड़ते जाते, उस समय एक अपूर्व आनन्द आ जाता था।" कैक्स्टन कोई कठिनाई आ पड़ने पर पिता ही के पास जाता, दुःख की घड़ी उसी के पास बैठकर बिताता और अपने हौसलों और आशाओं को उसी के सामने कहता। बड़ा भारी संकट आने पर जबकि दुःख का एक अटल पहाड़ उसके सामने दिखाई दिया और वह चुपचाप मन मारकर बैठा, तो क्या देखता है कि उसका पिता उसी की ओर टक लगाए आर्द्रचित्त देख रहा है। पर पुत्र को ऐसा पिता मिले, इसके लिए यह भी आवश्यक है कि पिता को ऐसा पुत्र मिले। दोनों में परस्पर सहानुभूति तथा स्नेह की समानता चाहिए। पुत्र को पिता के वय का, उसके अधिक अनुभव का, उसके उन दुःखों का जिन्हें उसने उसके लिए उठाया है, सर्वदा ध्यान रखना चाहिए। पिता पुत्र के सम्बन्ध में पुत्र को पिता के स्वाभाविक बड़प्पन को स्नेहपूर्वक खुले दिल से स्वीकार करना चाहिए। बहुत से पुत्र ऐसे होते हैं जो बिलकुल बुरे, बेकहे और स्नेहशून्य तो नहीं होते, पर वे अपने पिता के साथ मान-मर्यादा का भाव छोड़ इस प्रकार हेलमेल का व्यवहार रखते हैं, मानो वह उनका कोई गहरा संगी हो। वे उससे चलती बाजरू बोली में बातचीत करते हैं और उसके पति इतना सम्मान नहीं दिखाते जितना एक बिना जाने-सुने आदमी के प्रति दिखाते हैं। यह बेअदबी तिरस्कार से भी बुरी है।

मैं उन लोगों के लिए लिखता हूँ जो अपना जीवन उपयोगी बनाना चाहते हों, जो ईश्वर के दिए हुए गुणों और शक्तियों से भरपूर लाभ उठाना चाहते हों, जो संसार में अपने दिन पूरे करने के उपरान्त अपने कर्मक्षेत्र के बीच–चाहे वह छोटा हो या बड़ा–अपनी स्थिति के द्वारा कुछ भलाई छोड़ जाना चाहते हों। मैं ऐसे लोगों से आत्मसंस्कार

के निमित्त, अपनी शारीरिक और मानसिक शक्तियों की शिक्षा के निमित्त तथा अपने मनोवेगों के परिष्कार के निमित्त शुभ प्रयत्न का अनुरोध करता हूँ। जरमी टेलर (Jeremy Taylor) कहते हैं–''जिन्दगी एक बाज़ी के समान है। हार-जीत तो हमारे हाथ नहीं है, पर बाज़ी का खेलना हमारे हाथ में है।'' मैं अपने पाठकों से अनुरोध करता हूँ कि वे सीखें कि यह बाज़ी किस तरह खेलनी चाहिए। प्रतिभा और अर्जित शक्ति में–अर्थात् उस शक्ति में जो ईश्वरप्रदत्त है और उसमें जो हम साधन वा अभ्यास द्वारा प्राप्त करते हैं–भेद माना गया है और ठीक भी है। पर यह भेद इतना सूक्ष्म है कि जो पुरुष अपने संकल्प में दृढ़ और अपने कर्म में तत्पर है, वह उसे एक प्रकार से मिटा सकता है। अथवा यों कहिए कि मनुष्य की प्रतिभा भी बहुत कुछ उसी के हाथ में है। बुद्धि वा समझ को हम परिश्रम का फल कह सकते हैं और स्वच्छ विवेक को उपयुक्त शिक्षा वा संस्कार का। डॉक्टर आर्नल्ड (Dr. Arnold) ने इसी अभिप्राय से यह लिखा है–''इस जगत् में सबसे बड़ी तारीफ़ की बात यह है कि जिन लोगों में स्वाभाविक शक्ति की कमी रहती है, यदि वे उसके लिए सच्ची साधना और अभ्यास करें तो परमेश्वर उन पर अनुग्रह करता है।'' हावेल बक्स्टन (Howell Buxton) ने भी कहा है–''युवा पुरुष बहुत से अंशों में जो होना चाहें, वह हो सकते हैं।'' एरी शेफर (Ary Scheffer) ही की बात को लीजिए जो कहते हैं–''जीवन में शारीरिक और मानसिक परिश्रम के बिना कोई फल नहीं मिलता।...दृढ़चित्त और ऊँचे उद्देश्यवाला मनुष्य जो करना चाहे, कर सकता है।'' जिस प्रकार बहुत से लोग अपनी सामर्थ्य पर बहुत अधिक भरोसा करके, अपनी पहुँच का विचार न करके अकृतकार्य होते हैं, उसी प्रकार बहुतेरे लोग साहसहीनता और अपनी सामर्थ्य पर अविश्वास के कारण भी अकृतकार्य होते हैं, जिनसे उनकी सारी शक्ति मारी जाती है और उनके सारे प्रयत्नों का सार निकल जाता है। यह एक पुरानी कहावत है कि जब तक मनुष्य हाथ नहीं लगाता, तब तक वह नहीं जान सकता कि मैं कुछ कर सकता हूँ या नहीं। हमें चाहिए कि जो करना हो, उसे अच्छी तरह आरम्भ कर दें और दृढ़ संकल्प के साथ आगे बढ़ते जाएँ। हमें आरम्भ अवश्य कर देना चाहिए; क्योंकि यह निश्चय है कि हममें से हर एक कुछ-न-कुछ कर सकता है और करेगा, यदि एक बार अकृतकार्य होकर हिम्मत न हारे। एकलव्य यदि द्रोणाचार्य के यहाँ से निराश होकर धनुर्विद्या का अभ्यास छोड़ देता तो वह उसमें इतना कुशल न होता। पैलिसी (Palissy) कभी तामलेट वा लुकदार बरतन बनाने की युक्ति न निकाल सकता, यदि वह पहले पहल बरतनों को भट्ठी में चिटकते देख अपनी धौंकनी आदि फेंक किनारे हो जाता। प्रसिद्ध फ़रासीसी महोपदेशक लकार्डेयर (Lacordaire) यदि सन राच (San Roach) के गिरजे में अपने को बोलने में असमर्थ देख हतोत्साह हो जाता, तो वह एक गली-गली घूमनेवाला पादरी ही रह जाता। सब बातों का तत्त्व यह है कि हम अवसर को हाथ से न जाने दें, हम अपनी प्रत्येक शक्ति का उपयोग करें, और दृढ़ता, आशा और धीरता के साथ उन्नति के पथ पर आगे बढ़ते जाएँ। स्वसंस्कार का कार्य इसी प्रकार सुसम्पन्न होगा।

इस विषय में विशेष आगे चलकर कहा जाएगा। हम यहाँ पर यह मान लेते हैं कि युवक पाठक अपना जीवन श्रेष्ठ बनाना चाहते हैं और ईश्वर की कृपा से प्राप्त मनुष्य जन्म को सार्थक करना चाहते हैं। वे स्वशिक्षा के महत्कार्य में लग गए हैं। इस अवस्था में उन्हें अपनी शिक्षा का आरम्भ घर ही में करना चाहिए। उन्हें पुत्र वा भाई के रूप में शिक्षा ग्रहण करनी होगी। इन रूपों में उन्हें स्वार्थत्याग, अधीनता, सच्चाई, ईमानदारी इत्यादि गुणों का अभ्यास करना चाहिए, जो जीवन के संग्राम में कवच और अस्त्र का काम देंगे। घर पर की सीखी हुई यह बातें बाहर भी पूरा काम देंगी। ये घरेलू संस्कार संसार की विकट यात्रा में रक्षक देवताओं के समान उनके साथ रहेंगे, उन्हें लड़खड़ाकर गिरने से बचाएँगे, उनके कानों में आशा का मधुर संगीत डालेंगे और उनके आगे-आगे स्वच्छ सूर्य का प्रकास फैलावेंगे। इसीलिए मैंने पुस्तक के आरम्भ ही में पिता पुत्र के सम्बन्ध का एक सुन्दर दृष्टान्त दिखाया है। पिता के प्रति पुत्र के तीन कर्त्तव्य हैं–स्नेह, सम्मान और आज्ञापालन। यह कहा जा सकता है कि जहाँ आज्ञाकारिता और सम्मान नहीं, वहाँ स्नेह नहीं रह सकता। आजकल माता-पिता के प्रति लीक पीटने भर को आधा स्वार्थमय स्नेह ही, जिसमें अधीनता और विवेक की प्रवृत्ति नहीं होती, बहुत से लड़कों में होता है। यह वह गूढ़, पवित्र और सच्चा स्नेह नहीं है जिसे पुत्र अपना कर्त्तव्य समझे और पिता जिसका अभिमान करे। जब कोई नवयुवक घर से ऊब जाए या अपनी गुप्त बातों को पिता के कानों में डालने से हिचके, तो उसे तुरन्त सँभल जाना चाहिए और यह समझ लेना चाहिए कि जिस मार्ग पर मैंने पैर रखा है, उससे मेरा सत्यानाश होगा। जिस कार्य में वह प्रवृत्त हो, उसकी भलाई-बुराई की जाँच के लिए सबसे सीधा उपाय यह है कि वह उसे अपने परिवार के लोगों के सामने प्रकट करे। वह इस बात को विचारे कि क्या उसकी चर्चा घर में अपने माता-पिता के सामने कर सकता है ? क्या वह कार्य इस योग्य है कि उसकी परीक्षा परिवार के बीच हो ? जब किसी रासायनिक द्रव्य का एक बार विश्लेषण हो जाता है, तब उसके संयोजक अंश बराबर एक-दूसरे से उसी प्रकार पृथक होते जाते हैं जिस प्रकार पहले वे एक-दूसरे की ओर आकर्षित होते थे। इसी प्रकार जब कोई युवक एक बार घर से अलग कोई काम कर बैठता है, तो वह बराबर उससे दूर ही पड़ता जाता है। अतः इस प्रवृत्ति को तुरन्त रोकना चाहिए, नहीं तो आगे चलकर इसका रोकना कठिन हो जाएगा। उसके और उसके परिवार के बीच जितना ही अधिक अन्तर बढ़ता जाएगा, उतना ही उसे उस अन्तर को मिटाने में संकोच होगा। पहाड़ की चोटी से लुढ़ककर जितनी ही जो वस्तु नीचे आ जाती है, उतनी ही उसकी गति नीचे की ओर बढ़ती जाती है। जब किसी युवक को यह मालूम हो कि उसका घर अब उसे उतना अच्छा नहीं लगता, जितना पहले लगता था, तब उसे अपने हृदय पर हाथ रखकर टटोलना चाहिए कि "क्यों ?" बहुतेरे चंचल प्रकृति नवयुवकों का यह सिद्धान्त हो रहा है कि किसी पर श्रद्धा करना ठीक नहीं। वे किसी पर श्रद्धा नहीं रखते, किसी से स्नेह नहीं करते। उनकी समझ में परिवार से स्नेह करना हृदय की दुर्बलता है; और जो पुत्र अपने माता-पिता से स्नेह रखता है, वह या तो दुधमुँहा बच्चा है अथवा पाखंड

में फँसा हुआ धूर्त है। जिस युवक ने स्वसंस्कार का कार्य हाथ में लिया हो और जीवन के कर्त्तव्य, उद्देश्य और अवसर के विषय में जिसके विचार उच्च हों, उसे ऐसे लोगों का साथ न करना चाहिए; क्योंकि उनका मस्तिक (बुद्धि से) वैसा ही शून्य रहता है जैसा कि उनका हृदय (स्नेह आदि से)। बात यह है कि श्रद्धा की कमी के साथ-साथ बुद्धि-शक्ति का भी ह्रास होता है; अतः उनके साथ से बुद्धि तो कुछ बढ़ेगी नहीं और नैतिक क्षति बड़ी भारी होगी। इस बात को मैं अत्यन्त आग्रह के साथ कहता हूँ कि पारिवारिक स्नेह अपनी पवित्रता, अपने उच्च प्रभाव तथा अपनी स्थिरता के कारण स्वसंस्कार का मूल मन्त्र है।

जब हम अपने चारों ओर दृष्टि डालते हैं तब जो बात हमें सब वस्तुओं में दिखाई पड़ती है, वह परिवर्तनशीलता है। फूल कुम्हला जाते हैं और पत्तियाँ सूखकर गिर पड़ती हैं। वसन्त में फिर नए फूल होते हैं और नए पत्तों की हरियाली छा जाती है; पर काल पाकर वे फूल-पत्ते भी चले जाते हैं। एक मुरझाई आशा के उपरान्त दूसरी आशा दिखाई पड़ती है। एक वर्ष के उपरान्त दूसरे वर्ष का आगम और भोग हमारे ऊपर से जाता है। दिन आते हैं और जाते हैं। ज्योंही हम वर्तमान से परिचित होते हैं और समझते हैं कि वह हमारे हाथ में है, वह चट व्यतीत हो जाता है और हम आगे उस भविष्य की ओर देखते हैं जिसका विस्तार भी वर्तमान की अस्थिरता के कारण संकुचित होता जाता है। यहाँ वह कहानी याद आती है जिसमें एक मनुष्य यह सुनकर दौड़ा कि इन्द्रधनुष पृथिवी पर जिस स्थान से उठा है, वहाँ सोने का एक कटोरा है, पर वह ज्यों-ज्यों बढ़ता गया, त्यों-त्यों उसे इन्द्रधनुष भी आगे बढ़ता दिखाई पड़ा और अन्त में आकाश में विलीन हो गया। इसी प्रकार कालसमुद्र में बुलबुले-पर-बुलबुले उठते हैं और अदृश्य होते हैं। पर कुछ वस्तुएँ ऐसी भी हैं जिनका नाश नहीं होता, जिन्हें काल नहीं स्पर्श करता। हमारा घरेलू स्नेह, हमारी पारिवारिक सहृदयता, उदारता और स्वार्थ-त्याग ये वस्तुएँ ऐसी हैं जो एक ऐसे अमूल्य और अक्षय्य भांडार के रूप में संचित होती जाती हैं जो अन्त में उस अनन्त प्रेमस्वरूप (परमेश्वर) में लीन हो जाएगा। हमारी प्रकृति में जो उत्कृष्टता है वह मृत्यु के उपरान्त भी बनी रहेगी। जिस प्रकार हमारी आत्मा अमर है, उसी प्रकार उसका अंशस्वरूप हृदय भी अमर है। जिस प्रकार हमारा बुद्धि-ज्ञान बना रहता है, उसी प्रकार हमारे हृदय के भाव भी बने रहते हैं; क्योंकि वे आत्मा के अंश हैं और उनके बिना हमारा अस्तित्व ही खंडित और अपूर्ण रहेगा। पितृ-स्नेह के भाव को निकाल लीजिए तो कृष्ण-कुमारी में बचता क्या है ? पद्मिनी उस पति-प्रेम और पतिव्रत भाव के बिना क्या रह जाएगी जिसके कारण उसने अपने जी पर खेलकर अपने पति को छुड़ाया था और वह अन्त में चिता में कूदी थी ?

क्या हृदय के भावों की यह अमरता ऐसी नहीं है जिसके लिए हम उनका अभ्यास करें ? यदि वे मृदुल और गम्भीर भाव ऐसे हैं जिनके बल से माता और शिशु, पिता और पुत्र, भाई और बहिन परस्पर सम्बन्धसूत्र में बँधे रहते हैं और जो मृत्यु के उपरान्त भी बने रहनेवाले हैं, तो हम उनके उपार्जन के लिए पूरा यत्न क्यों न करें ? इस प्रकार

का यत्न हमारी नैतिक और आध्यात्मिक शिक्षा का एक अंग होगा–उस शिक्षा का एक अंग होगा जिसके द्वारा हम अपने जीवन के कर्त्तव्यों में समर्थ होंगे। यदि हम विचारकर देखें तो विदित होगा कि हमारा परिवार परमात्मा की ओर से स्थापित एक ऐसा साधन है जिसके द्वारा हम अपने अन्तःकरण को पवित्र कर सकते हैं और अपनी आत्मा में सतोगुण को पुष्ट कर सकते हैं। वह कोई शिक्षा नहीं जिसमें इसका विचार न किया जाए। एक महापुरुष का कथन है–"थोड़े से ऐसे जीवों के, जो एक साथ खाते, पीते, सोते और उठते-बैठते हैं, एक ही घर में रहने से परिवार नहीं बन जाता। इस तरह तो हम घर की ईंटों ही को परिवार कह सकते हैं। किसी परिवार को, चाहे उसके आधे लोग पृथिवी के भिन्न-भिन्न भागों में रहते हों, हम सुख-सम्पदापूर्ण परिवार कह सकते हैं। पारिवारिक जीवन के सच्चे अंग तो प्रेमपूर्वक स्मरण, परस्पर का सद्भाव, मंगलकामना, सहानुभूति, माता-पिता का आशीर्वाद, पुत्र का स्नेह, भगिनी का अभिमान, भाई का प्यार आदि हैं।"

यह कहावत बहुत ठीक है कि हम किसी वस्तु का गुण तब तक नहीं जानते जब तक उसे खो नहीं देते। हम जिन वस्तुओं को दिन-रात देखते रहते हैं, उनकी कदर भी तब तक नहीं जानते जब तक कि उन्हें खो नहीं बैठते। नदी किनारे के गुलाब को जो नित्य देखता है, उसके लिए वह कुछ भी नहीं है; पर आस्ट्रेलिया के उजाड़ में घूमनेवाले के चित्त में उसके मुरझाए हुए दलों को देखकर अनेक वर्णनातीत भाव उदय होंगे। उनमें उसे मृदुल और अनूठे स्वरूपों का आभास मिलेगा। इसी प्रकार बहुत से युवा पुरुष, माता के स्नेह, उसके अपूर्व धैर्य और त्याग का मूल्य तभी समझते हैं जब उसकी स्मृति मात्र रह जाती है। जब वे चिता के किनारे खड़े होकर उसके ऊपर लकड़ियों का ढेर लगता देखते हैं जो किसी समय उन पर प्राण तक न्योछावर करनेवाली उनकी कोमल-हृदया माता थीं, तब उनकी आँखें खुलती हैं, और वे हाथ मारते हुए अपनी हानि को समझते हैं। पर यह भी कोई बात है कि जब तक इस भीषणता के साथ आँख न खोली जाय, तब तक चेत न हो ? यह तो सत्य है कि तुम्हारे जीवन के अन्तिम काल तक माता की स्मृति के गूढ़ और नीरव प्रभाव के द्वारा तुम्हारी भलाई होती रहेगी। एक अमेरिकन राजनीतिज्ञ कहता है–"मैं नास्तिक हो गया होता यदि मुझे वे दिन स्मरण न होते जब मेरी माँ मेरे हाथों को अपने हाथों में लेकर मुझसे कहलाती थी कि 'हे परमेश्वर ! मेरी प्रार्थना सुन'।" इसी प्रकार जान न्यूटन आलने (John Newton of Olney) नामक एक व्यक्ति बाल्यावस्था में अपनी माता से प्राप्त धर्मशिक्षा के संस्कार के बल से कुमार्ग में पड़ने से बच गया था। थोड़ा सोचो तो कि एक माता के न रहने से तुम्हारा कितना सच्चा सुख चला गया। तुम्हें फिर वह सुख कहाँ मिलेगा जो प्रेम के परस्पर अनुसरण में मिलता है ? माता का आलिंगन, माता की स्नेह दृष्टि जिसमें परस्पर के भाव-परिचय का प्रमाण मिलता है–माता का मन्द हास, सुख-दुःख का कथन-श्रवण फिर कहाँ ? ये सब बातें गईं। इनसे तुम्हारा क्या लाभ होगा, तुम यह समझने भी न पाए थे कि सब बातें चली गईं।

स्वार्थ दृष्टि से भी और परमार्थ दृष्टि से भी पारिवारिक स्नेह का अर्जन आवश्यक है। सच पूछिए तो इस प्रकार के अर्जन से मनुष्य स्वार्थपर होने से बचता है। यदि हम अपने सुख का ध्यान रखेंगे, तो हमें अन्त में दूसरों के सुख का ध्यान रखना ही पड़ेगा। अतः हम जो ऊपर कह आए हैं, ठीक कह आए हैं कि परिवार एक पाठशाला वा शिक्षा देनेवाली संस्था है जिससे स्वसंस्कार में सहायता मिलती है; क्योंकि पारिवारिक सुख के लिए सबसे पहली बात यह है कि प्रत्येक प्राणी आत्मनिग्रह का अभ्यास करे। यदि प्रत्येक प्राणी अपनी ही बात रखना चाहे, अपनी ही इच्छा के अनुसार सब कुछ होने का हठ करे, अपनी ही रुचि और प्रवृत्ति को सबके ऊपर रखना चाहे तो घर में सच्ची शान्ति कभी नहीं रह सकती। जहाँ एक बार किसी का क्रोध भड़का कि सारा घर उद्विग्न और व्याकुल हो जाएगा, प्रत्येक प्राणी की शान्ति भंग होगी। पारिवारिक सम्बन्ध के सुखपूर्वक निर्वाह के लिए युवा पुरुष को चाहिए कि वह बराबर आत्मसंवरण का उदाहरण दिखलावे, आवेग में आकर कोई बात मुँह से न निकाले, दूसरे की त्योरी न चढ़ने दे और मीठे वचन बोले जिनसे क्रोध शान्त होता है। एक साधु के साथ कई दुर्जनों की रक्षा हो जाती है। घर में एक मधुरभाषी प्राणी, कोरस में एक निपुण गवैए के समान, सबको ठीक रखता है। बाहर उसके चित्त में क्रोध उत्पन्न करनेवाली चाहे कितनी ही बातें हुई हों, कितनी ही बातों से उसका जी दुःखी हो, पर युवा पुरुष जब घर के भीतर आवे तब शान्त और प्रसन्नमुख आवे। वह कठोर नीति-संयम करे, अपनी चेष्टा को वश में रखे, अपनी जबान में लगाम लगा दे। हा ! क्रोध की लाल आँखों और आवेश के कठोर वचनों से कितने अनर्थ होते हैं। युवा पुरुषों को 'लगती हुई बात' कहने की बड़ी रुचि होती है। प्रायः वे व्यंग्यपूर्ण उत्तर और चुटीली फब्तियाँ किसी बुरी नीयत से नहीं बल्कि अपनी बुद्धि की तीक्ष्णता दिखाने के लिए मुँह से निकालते हैं। यह एक ऐसा दोष है जिससे उन्हें जहाँ तक हो सके, बचना चाहिए। बात की चोट बड़ी गहरी होती है। जब तुम्हारा लगती हुई चुटीली बात कहने को जी चाहे, तब तुम इस बात को सोच लिया करो कि ऐसा करने से थोड़ी देर के लिए तुम्हारा रंग तो बँध जाएगा, पर बहुत दिनों के लिए बैर ठन जाएगा। एक महात्मा का वचन है कि 'अप्रिय सत्य बोलने से मौन रहना अच्छा है।' बहुतेरे घरों की यह चाल होती है कि उसके प्राणी नए आदमियों के सामने भी एक-दूसरे को जली-कटी सुनाया करते हैं। अँगरेज़ी भाषा का अलौकिक गद्य लेखक कार्लाइल कहता है–"व्यंग्य वा ताना मेरे देखने में शैतान की भाषा है, इसी से बहुत दिनों से मैंने उसे छोड़ दिया है।" जानसन का कथन है–"किसी मनुष्य को दूसरे को कटु वचन कहने का उसी प्रकार अधिकार नहीं है जिस प्रकार उसे ढकेल देने का।"

पर चेष्टा और चितवन से जो रुखाई प्रकट की जाती है, वह भी क्रोध से भरे हुए कटु वचनों से कम नहीं होती। हमें अपना मुँह ही नहीं बन्द करना चाहिए, अपने मनोवेगों को भी दबाना चाहिए। हमें स्वार्थ, ईर्ष्या, द्वेष और तुनुकमिजाजी को भी, कटु वचन और लाल आँखें जिनके बाहरी लक्षण हैं, दूर करना चाहिए। मिज़ाज ठीक रखना

अपने आपको वश में रखने का ही नाम है, धीर प्रकृति, उदार हृदय और स्वच्छ चित्त का फल है। पास्कल कहता है–"मैं सब मनुष्यों के निकट सच्चा, ईमानदार और विश्वासपात्र होने का यत्न करता हूँ। मेरा हृदय उनके प्रति कोमल रहता है जिनका हमारा परमात्मा ने घनिष्ठ सम्बन्ध कर दिया है।" यही आत्मनिरोध का सच्चा तत्त्व है। न्यायपरायणता और सच्चाई ही बुद्धिमान पुरुष की धीर प्रकृति के अंग हैं। उनके साथ ही यदि हमारा हृदय भी उनके प्रति कोमल हो जिनका हमारा साथ परमात्मा ने कर दिया है, तो हमें परिवार के सच्चे सुख का अनुभव हो सकता है। हमें मानना और सहना चाहिए, एक-दूसरे का ध्यान रखना चाहिए, एक-दूसरे के सम्बन्ध में सच्चाई और ईमानदारी का व्यवहार करना चाहिए और चित्त का कोमल होना चाहिए। हमें अपने भावों और मनोवेगों का शासनकर्ता होना चाहिए। युधिष्ठिर को जय और कीर्ति का लाभ अपूर्व आत्मनिरोध के बल से ही हुआ। दुर्योधन का नाश उद्धत प्रकृति के कारण, आत्मशासन के अभाव के कारण हुआ। पिता-पुत्र, भाई-बहिन आदि का नाता निबाहने के लिए हमें आत्मनिरोध को धारण किए रहना चाहिए, जिसके सामने सब कठिनाइयाँ हवा हो जाती हैं। यह एक ऐसा रासायनिक तत्त्व है जो परस्पर भिन्न प्रकृति के पदार्थों को भी मिलाकर एक करता है। हर्बर्ट स्पेंसर ने कहा है–"अपने आपको वश में रखने से ही पूर्ण मनुष्यत्व प्राप्त होता है। मनुष्य उद्वेगशील न हो, प्रत्येक वासना से प्रेरित होकर इधर-उधर न भटकने लगे। बहुत से भावों को शान्तिपूर्वक तौलकर अपना एक भाव स्थिर करे, नैतिक शिक्षा इसी बात का प्रयत्न करती है।" प्रसिद्ध उपन्यास लेखक स्काट में ये सब गुण थे, इसी से उसे परिवार का सच्चा सुख था। अपनी स्त्री, अपने लड़कों और अपने मित्रों के साथ उसका व्यवहार सदैव कोमल रहता था। बाहर से चाहे वह जितना ही उद्विग्न और झुँझलाया हुआ आता था, पर घर की चौखट लाँघते ही वह मृदुल भाव धारण कर लेता था, जैसा कि प्रायः लोग करते हैं। वह बाहर का गुस्सा अपने घर के प्राणियों पर आकर नहीं निकालता था। उसके सुख का वह सबसे अधिक ध्यान रखता था। वह आदर्श भ्राता, आदर्श पुत्र, आदर्श पति और आदर्श पिता था। उसके चरितलेखक ने लिखा है–"उसके घर में स्मृतिचिह्न के रूप में उसकी माता के पुराने ढंग के पिटारे, उसके हाथ की लिखी चिट्ठियाँ, जिनमें स्काट के उन भाई-बहिनों के बाल रखे थे जो माता की मृत्यु के पहले ही मर चुके थे, उसके बाप की सुँघनीदानी तथा इसी प्रकार की और भी बहुत सी वस्तुएँ यत्नपूर्वक रखी थीं।" उसके जीवनचरित में इसी प्रकार की बहुत सी बातें मिलेंगी। उन सबसे उस गूढ़ स्नेह का पता लगेगा जिसके कारण उसमें उतना आत्मसंवरण था तथा उस त्याग का परिचय मिलेगा जो परिवार के सुख, शान्ति और स्नेह को बढ़ाता है।

उत्तम व्यवहार की वह पूर्णता भी, जिसे शिष्टता कहते हैं, आत्मनिग्रह से कम आवश्यक नहीं है। इस विषय में भी स्काट आदर्शस्वरूप था। एक महाशय उसके विषय में लिखते हैं–"लोगों के साथ व्यवहार करने में जो शिष्टता मैंने उसमें देखी है, वह किसी में नहीं देखी। उसका व्यवहार इतना सादा और स्वाभाविक होता था और

उसके शील का लोगों पर इतना प्रभाव पड़ जाता था कि लोग अपने-आपको भूल जाते थे और उसके इस गुण को लक्ष्य नहीं कर सकते थे।'' शिष्टता पुरुषार्थ का चिह्न है। गरीब, अमीर, नौकर-चाकर, घर का प्राणी, कोई हो, सबका बराबर ध्यान रखना चाहिए; सबके साथ प्रसन्नता, स्नेह और कोमलता का व्यवहार करना चाहिए।

मैंने जिस शिष्ट व्यवहार का ऊपर वर्णन किया है, वह प्रचलित अदब-क़ायदे से भिन्न है। बहुत से अदब-क़ायदेवालों में सच्ची और उच्च कोटि की शिष्टता उतनी भी नहीं होती जितनी एक ग्रामीण किसान में होती है। सच्ची शिष्टता उसमें समझनी चाहिए जो दूसरों का खयाल करके तब अपना खयाल करता है, जो अपने पड़ोसी को आगे करता है और आप पीछे रहता है, जो दूसरों को बोलते देखकर आप चुप होकर सुनता है, जो धैर्य ऐसे अलौकिक गुण को धारण करता है। शिष्टता का सारा सिद्धान्त यह है कि हमें दूसरों के साथ वैसा ही व्यवहार करना चाहिए जैसा कि हम चाहते हैं कि दूसरे हमारे साथ करें। पूर्ण शिष्टता धार्मिक पुरुषों में देखी जाती है। उनमें चित्त की उदारता और आत्मशासन की शक्ति बहुत कुछ पाई जाती है। शिष्टता का एक अत्यन्त आवश्यक अंग है विनय वा नम्रता। अपने आपको बड़ा लगाना शिष्ट व्यवहार का बाधक है। किसी-किसी घर में देखा जाता है कि चार-छह महीने के समाजसंसर्ग से संसार की ऊपरी बातों का थोड़ा-बहुत ज्ञान प्राप्त करके पुत्र अपने को अपने माता-पिता से, भाई अपने को अपनी बहिन से बढ़कर लगाने लगता है। थोड़े ही दिन समाज की गन्दी हवा खाकर किसी-किसी नवयुवक का मिजाज इतना बिगड़ जाता है कि वह अपनी बहिनों को 'अन्धी भेड़ें' और माता-पिता को 'पुराने खूसट' समझने लगता है। इसी से उसके व्यवहार में उग्रता आ जाती है और मान-सम्मान तथा शिष्टता का अभाव दिखाई देने लगता है। वह समझता है कि ऐसे असाधारण लोगों के साथ बहुत शिष्टता दिखाने की आवश्यकता नहीं ? पर पुरुषार्थ वा वीर व्रत यह है कि हम स्त्रियों के साथ स्नेह और आदर का व्यवहार करें और धर्म यह सिखाता है कि हम अपने माता-पिता का सम्मान करें ? धर्म इस बात का आग्रह करता है कि हम उनकी सारी उचित आज्ञाओं का पूर्ण तत्परता के साथ पालन करें; जब उनका और हमारा मत न मिले, तब हम उनके अधिक अनुभव को मान लें; और यह समझ लें कि उन्होंने जो बात कही है, वह अधिक सोच-विचार के साथ कही है। नम्रता माता-पिता के प्रति हमारे स्नेह की सारभूत वस्तु है और शिष्टता की भी। हमारे यहाँ गोस्वामी तुलसीदासजी कैसे धर्मपरायण और निर्मल चरित्र के महात्मा हो गए हैं। उन्होंने रामचरितमानस के आरम्भ में अपनी नम्रता और विनय का कैसा सुन्दर परिचय दिया है–

कवि न होउँ नहिं चतुर कहावों।
मतिअनुरूप रामगुन गावों॥

एक ईसाई महात्मा का नम्रता के विषय में इस प्रकार का उपदेश है–''नम्र मनुष्य अपनी बुद्धि पर भरोसा नहीं करता, बल्कि अपने गुरु और मित्रों के निर्णय पर चलता

है। वह हठपूर्वक अपनी ही इच्छा के अनुकूल नहीं चलता, बल्कि जिन बातों से अपने बड़ों का सम्बन्ध होता है, उन्हें उन्हीं के ऊपर छोड़ देता है। वह आज्ञापालन में चूँ चकार नहीं करता। वह किसी आज्ञा के औचित्य की जिज्ञासा नहीं करता, उसे उचित ही समझता है। वह अपने आचरण, संकल्प और विचार से कभी सन्तुष्ट नहीं रहता। वह बातचीत संकोच के साथ करता है। जब उसे कोई अकारण वा किसी कारण से भला-बुरा कहता है, तब वह उसका कड़वा और तीखा उत्तर नहीं देता।'' नम्रता का यह गुण ऐसा है जिसकी ओर आजकल के नवयुवक कुछ ध्यान नहीं देते। इन चोखे नवयुवकों के निकट, जो भूमंडल के प्रत्येक विषय के आचार्य आप बनते हैं, जो अपनी सम्मति ब्रह्मवाक्य के समान अटल निश्चित करके देते हैं और जो पुरानी बातों और पुराने निश्चयों का बड़ी घृणा के साथ तिरस्कार करते हैं, नम्रता एक अत्यन्त तुच्छ और भद्दा गुण है। वे अपने को इतना नहीं गिरा सकते कि नम्रता धारण करें। ऐसे लोग एक परम धार्मिक महात्मा की इन बातों पर कितना हँसेंगे—''मैं चाहता हूँ कि तुम अपनी दृष्टि में अपने को अत्यन्त दीन और तुच्छ—कपोत की तरह दीन और तुच्छ—समझो। जब अवसर मिले तब अपने को नम्र करने से न चूको। बोलने में तेजी न करो, जहाँ तक बने अपना उत्तर धीरे में, विनय और नम्रता के साथ दो। अपने संकोचपूर्ण मौन ही को अपना बोलना समझो।'' यह एक झूठी धारणा फैली हुई है कि कड़ककर बोलना, खूब हाथ-पैर झटकना और 'विधिनिषेध' का भाव प्रकट करना पुरुषार्थ के चिह्न हैं और 'सांसारिक अनुभव' के बाहरी लक्षण हैं। महाराज रणजीतसिंह के समान अनुभवी और पराक्रमी कौन होगा ? पर उनकी नम्रता के दृष्टान्त प्रसिद्ध हैं। रहीम खानखाना जैसे विद्वान थे, वैसे ही वीर भी थे, पर उनकी रचनाओं से कितनी सिधाई और नम्रता टपकती है। सच तो यह है कि पुरुषार्थ और पराक्रम के साथ यदि नम्रता भी हो तो 'सोने में सुगन्ध' समझना चाहिए। पराक्रमी पुरुष विनीत होते हैं; क्योंकि नम्रता और उदारता से उनके पराक्रम की शोभा होती है।

जिस प्रकार नम्रता शिष्टता का एक अंग है, उसी प्रकार उदारता भी, दोनों भलेमानुस के गुण हैं। पाठक यह न समझें कि उदारता से मेरा अभिप्राय खूब हाथ खोलकर खर्च करने से है। खुली मुट्ठीवालों का स्वभाव भी कभी-कभी बड़ा ओछा होता है। उदारता उन्हीं लोगों में होती है जिनके हृदय का संस्कार अच्छा होता है। ऐसी उदारतावाला मनुष्य कभी किसी की बुराई नहीं सोचता, दुर्बल और अत्याचार-पीड़ित प्राणियों की रक्षा करता है, किसी के विषय में झूठे अपवाद की ओर ध्यान नहीं देता, दूसरे के कार्यों और वचनों को अच्छे भाव में लेता है, दूसरों पर खोटे सन्देह नहीं करता। भद्र पुरुषों का मिलना उतना सहज नहीं है जितना लोग समझते हैं; क्योंकि उदारता का गुण इस संसार में दुर्लभ है। भद्र पुरुष होने के लिए मनुष्य को क्या-क्या होना चाहिए ? भद्र पुरुष होने के लिए मनुष्य को ईमानदार और खरा होना चाहिए, कोमल होना चाहिए, उदार होना चाहिए, साहसी होना चाहिए, बुद्धिमान होना चाहिए तथा इन सब गुणों को धारण करते हुए उनका सुन्दर उपयोग करना चाहिए।

मैं चाहता हूँ कि वह शिष्टता, जिसे मैंने नम्रता और उदारता के आधार पर स्थित और धर्मबल का एक अंग बतलाया है, घर में भी बरती जाए। मैं चाहता हूँ कि उसका प्रकाश परिवार में भी फैले और सब प्राणियों को सुखी और प्रफुल्लित करे। बाहर संसार में बड़े-बड़े कार्य करने को उद्यत होने के पहले मनुष्य अपना पराक्रम और अपनी धीरता घर में क्यों न दिखा ले ? बहुत से नवयुवक केवल सामाजिक शिष्टता धारण किए रहते हैं। वे जब बाहरी लोगों से मिलते-जुलते हैं, तब बड़े शील, संकोच और नम्रता का व्यवहार करते हैं; पर ज्योंही वे अपने घर की चौखट लाँघते हैं वे अपना रूप बदल देते हैं। तब वही मुँह जो कुछ घड़ी पहले सँभलकर और धीमे स्वर में बोलता था, कर्कश और ऊँचे स्वर में बोलने लगता है। वही भाव जो कुछ क्षण पहले विनीत और नम्र था, कठोर और उग्र हो जाता है। प्रायः यह समझा जाता है कि अपने घर के बीच शिष्टाचार बरतने की आवश्यकता नहीं; अपने कुटुम्बियों के सामने बहुत शिष्ट और परिष्कृत व्यवहार व्यर्थ का एक आडम्बर है और दूसरों के माता-पिता के प्रति जैसा आदर-सम्मान दिखाया जाता है, वैसा अपने माता-पिता के सामने दिखाना मूर्खता है। इसका मतलब यही हुआ कि अपने माता-पिता, भाई आदि के साथ वैसा व्यवहार करना आवश्यक नहीं जैसा भलेमानुसों के साथ किया जाता है। इससे बढ़कर भूल और क्या हो सकती है ? शिष्टता के व्यवहार से परिवार में शान्ति और मेल ही नहीं रहता, बल्कि हम उदार आचरण करने में अभ्यस्त होते हैं तथा सोच-विचारकर और धैर्य के साथ कार्य करना सीखते हैं। यह उस नीति शिक्षा की दूसरी सीढ़ी है जिसके विषय में हम ऊपर कह आए हैं। अस्तु, यह एक बात निश्चित हुई कि आत्मदमन और शिष्टता के द्वारा परिवार के सुख की वृद्धि हो सकती है।

एक तीसरा गुण जो इनमें और जोड़ा जा सकता है, वह प्रफुल्लता है। 'घरेलू शिक्षा' नाम की अपनी पुस्तक में ऐजक टेलर नामक एक अँगरेज लेखक ने इस बात पर जोर दिया है कि परिवार की सुख-वृद्धि के लिए माता-पिता में कुछ प्रफुल्लता और क्रीड़ा कौतुक भी चाहिए। वह कहता है—"जिस प्रकार माता अपने बच्चों के प्रेम को उनके साथ विनोद और लाड़-प्यार करके चमकाती और सुरक्षित रखती है, उसी प्रकार पिता भी मर्यादापूर्वक थोड़े-बहुत खेल-कूद द्वारा उनके उत्साह को बढ़ाकर अपने शासन को प्रिय बना सकता है। वह पिता जिसमें यह गुण हो, अवकाश वा भोजन के समय अथवा बगीचे में टहलते हुए अपने लड़कों के साथ, भद्देपन को बचाता हुआ, विनोद वा खिलवाड़ के ढंग की बातचीत छेड़े और चुटकुलों, कहानियों आदि से उनका मन बहलावे। पर बहुत कम माता-पिता ऐसे होते हैं जो अपने परिवार के मनोरंजन के लिए ऐसी मनोहर युक्ति काम में लाना जानते हें; और बहुत कम परिवार ऐसे हैं जो इसके आनन्द का अनुभव कर सकते हैं। पर परिवार में प्रफुल्लता उत्पन्न करने के लिए यह युक्ति बड़े काम की है और इससे परिवार का सुख बढ़ सकता है। हर्बर्ट कहता है—"मीठे वचन बोलने में कुछ लगता नहीं, पर उनका मोल बड़ा होता है।" प्रफुल्लित वचन ही अच्छे वचन हैं, क्योंकि उनसे आशा उत्तेजित होती है और धैर्य पुष्ट होता है। पर यह

नहीं कि केवल माता-पिता ही अच्छे और मीठे वचन बोलें, पुत्र को भी मीठे वचन बोलकर स्नेह और कर्तव्य की दृष्टि से अपने माता-पिता को उनकी अवस्था की उतरानी में सहारा देना चाहिए। क्या वह अपने अवकाश का थोड़ा-बहुत समय अपने परिवार की प्रसन्नता के लिए नहीं लगा सकता ? मान लीजिए कि घर में कोई बीमार है या कोई विपत्ति आई है। ऐसी दशा में धीरचित्त, प्रसन्नमुख, आशाभरी दृष्टि और उत्साहपूर्ण मुस्कराहट के साथ घर में आवे। फिर देखिए कि निर्बल को कितना सहारा हो जाता है, भरा हुआ मन कैसा हो जाता है, और बुड्ढों में कितनी शक्ति आ जाती है। यदि परिवार में किसी प्रकार की विघ्न-बाधा नहीं है, तो भी उसकी प्रफुल्लता से परिवार के आनन्द की वृद्धि होगी; यदि हँसी में वह योग दे देगा, तो हँसी और जी खोलकर होगी; यदि आमोद-प्रमोद में वह सहायता दे देगा तो वह और भी धूमधाम से होगा। ऐसा न करो कि अपने निज के आमोद-प्रमोद वा लिखाई-पढ़ाई के आगे तुम अपने परिवार के आमोद-प्रमोद में कभी सम्मिलित ही न हो। जब तक तुम घर से बहुत दूर नहीं हो; तब तक अपने घर को घर समझो और ऐसा करो कि उसके निर्दोष आमोद-प्रमोद में तुम्हारी प्रफुल्लता का भी कुछ भाग रहे। योरप के प्रसिद्ध धर्मप्रवर्तक लूथर ने कहा है—"विनोद और साहस, अर्थात् विचारपूर्ण विनोद, मर्यादापूर्ण साहस, बुड्ढे और जवान सबके लिए उदासी की अच्छी दवा है।" यदि कोई युवा पुरुष यह जानना चाहे कि क्या उसके आमोद-प्रमोद निर्दोष और आशय उदार हैं, क्या उसका हृदय वैसा ही पवित्र है जैसा लड़कपन के भोलेपन में था, तो उसे यह सोचकर देखना चाहिए कि "क्या उसका प्रेम घर से पहले ही का सा है और क्या उसका मन घर के कामों में, उसके आमोद-प्रमोद में, उसी प्रफुल्लता के साथ लगता है जिस प्रफुल्लता के साथ पहले लगता था ?" जब किसी नवयुवक का चित्त घर से ऊब जाए, जब घर के व्यवहार में उसे आनन्द न मिलने लगे, तब उसे निश्चय समझ लेना चाहिए कि उसमें बुराई आ गई है और उसका चित्त चंचल हो गया है। फिर तो उसे शान्ति और पवित्रता के लिए तरसना होगा जो उसे फिर नहीं मिलने की।

जो लोग परिवार के सुख की वृद्धि किया चाहते हैं, उन्हें सहानुभूति भी रखनी चाहिए। एक धार्मिक कवि की माता के विषय में कहा जाता है कि वह अपने परिवार का शासन मृदुलता से करती थी और लड़कों के मनबहलाव का इतना प्रबन्ध रखती थी कि वे अपना बहुत सा समय प्रसन्नतापूर्वक उसी के साथ बिताते थे। वे उसकी सहानुभूति देखकर उसकी ओर आकर्षित रहते थे। यही सहानुभूति का गुण है जिसके कारण बच्चे पुरुषों की अपेक्षा स्त्रियों से अधिक हिले-मिले रहते हैं। यह सहानुभूति उनकी प्रत्येक भावना, रुचि और आकांक्षा के प्रति होती है। यही सहानुभूति का मन्त्रबल है जिससे बच्चे मोहित रहते हैं। यदि युवा पुरुष भी अपने पारिवारिक सम्बन्ध में इस सहानुभूति का संचार करें, जैसा कि बड़े और अच्छे लोग करते थे, तो वे थोड़े ही दिनों में देखेंगे कि उनके नित्यप्रति के जीवन पर कैसी सुहावनी रंगत चढ़ गई है। आधे क्या, आधे से अधिक मनमुटाव, जिनके कारण परिवार की शान्ति भंग होती है, आधे से

अधिक सन्देह, जिनके कारण परस्पर का विश्वास उठ जाता है, सहानुभूति के अभाव से उत्पन्न होते हैं। कुछ गर्व और कुछ संकोच में पड़कर पुत्र पिता से किनारा खींचे रहता है, भाई बहिन से तटस्थ रहता है। इस प्रकार अन्तर बढ़ता जाता है और पारिवारिक स्नेहरूपी अमूल्य धन का नाश हो जाता है। पर एक परिवार के प्राणियों का हानि-लाभ एक-दूसरे से पृथक नहीं होना चाहिए। उनके आमोद-प्रमाद, उनकी आशाएँ, उनके हौसले, जहाँ तक हो सके, सम्मिलित रूप में हों। उन्हें एक-दूसरे के हृदय के आन्तरिक सौरभ का भागी होना चाहिए।

सहानुभूति की इस शक्ति के विषय में, जिसके प्रभाव से अन्तःकरण में और घर में स्नेह की ज्योति जगती है, जरमी टेलर ने क्या अच्छा कहा है–"प्रत्येक मनुष्य का आनन्द उस समय दूना हो जाता है जब उस आनन्द का भागी कोई और मिल जाता है। मेरा मित्र मेरे दुःख को तो बँटाकर आधा कर देता है, पर सुख को दूना कर देता है; दो निकास एक नदी की धारा को कम कर देते हैं, पर दो बत्तियाँ एक दीपक की ज्योति को बढ़ा देती हैं। मेरी आँखों के आँसू करुणा के सहारे मेरे मित्र की आँखों की राह से भी निकलकर जल्दी सूख जाते हैं; पर मेरे आनन्द की ज्योति के साथ मेरे मित्र के आनन्द की ज्योति मिलकर प्रकाश को बढ़ा देती है, क्योंकि दोनों ज्योतियाँ मिलकर चमकती हैं।" अपने परिवार के साथ व्यवहार करने में सहानुभूति की शक्ति का उपयोग करके युवा पुरुष अपने आनन्द को दूना कर सकते हैं और अपनी चिन्ताओं को कम कर सकते हैं। यदि वे अपने छोटे भाइयों की पढ़ाई-लिखाई, बड़े भाइयों के कामकाज और माता-पिता के उद्योग यत्न की ओर भी ध्यान दें और मन लगावें तो उनके लिए आनन्द का एक नया मार्ग खुल जाए, और पारिवारिक जीवन में एक नया रंग-ढंग दिखाई दे। ऐसा करने से उनका हृदय भी परिष्कृत होगा और उनकी बुद्धि भी बढ़ेगी। पढ़ाई-लिखाई वा कामकाज से जो अवकाश मिले, उसमें इस प्रकार की नई तत्परता पुष्टई का काम देगी जिससे अपने नियमित कार्य के सम्पादन के लिए शरीर में अधिक बल और फुर्ती आएगी। करुणा, सहानुभूति आदि हृदय के उत्तम गुणों के निरन्तर अभ्यास से स्नेह शिथिल और धीमा नहीं पड़ने पावेगा, और वह कठोर स्वार्थपरता नहीं आने पावेगी जिससे सैकड़ों युवा पुरुषों का जीवन कड़वा हो जाता है।

घर में भी युवा पुरुषों को बातचीत करने का ढंग सीखना चाहिए। यह एक ऐसा गुण है जिसे कोई सिखाता भी नहीं और जिसे बहुत लोग अर्जित भी नहीं करते। इस गुण के बिना लोग न्योते और उत्सव आदि में जाते हैं, रेल पर यात्रा करते हैं, पर एक-दूसरे का मुँह ताकते रहते हैं। संयोगवश कोई चतुर मनुष्य बोल उठा तो बोल उठा और कोई ऐसी चर्चा छेड़ सका जिसमें सबका मन लगे और बातचीत कुछ देर तक उत्साह और धूम के साथ चले। पर ऐसे लोग कम मिलते हैं और इस कमी का फल यह होता है कि लोग बहुधा उत्सव आदि में जाते हैं, पर न तो कोई नई बात जान सकते हैं और न किसी पुरानी बात पर तर्क-वितर्क करने का अवसर पा सकते हैं। पर जो मनुष्य विचारपूर्वक–नोक-झोंक के साथ न सही–बातचीत करना जानता है, वह सर्वत्र

सर्वप्रिय रहता है। बातचीत करने का गुण प्राप्त करना कुछ कठिन नहीं है। जिस प्रकार अभ्यास के बिना तुम अच्छा लिख नहीं सकते, उसी प्रकार अभ्यास के बिना अच्छे ढंग से बातचीत भी नहीं कर सकते। अतः उसका अभ्यास घर ही में परिवार के बीच से आरम्भ कर दो। जब जाड़े के दिनों में घर के सब किवाड़ बन्द करके एक स्थान पर आग जलाकर परिवार के छोटे-बड़े सब कुछ काल के लिए इकट्ठे होकर बैठते हैं, तब तुम भी उनके बीच बैठकर मनोरंजन, बुद्धिमानी और विनोद से भरी बातचीत चलाने का प्रयत्न करो। कवि शिरोमणि शेक्सपियर ने अच्छी बातचीत का लक्षण इस प्रकार कहा है– ''बातचीत प्रिय हो पर ओछी न हो, चुहल की हो पर बनावट लिए न हो, स्वच्छन्द हो पर अश्लील न हो, विद्वत्तापूर्ण हो पर दम्भयुक्त न हो, अनोखी हो पर असत्य न हो।'' सर विलियम टेंपल ने वार्तालाप के जो अंग निर्धारित किए हैं, वे ये हैं–''पहली बात तो सच्चाई है, दूसरी बात समझदारी, तीसरी चीज़ और चौथी चतुराई है। उक्ति और चतुराई के साथ बातचीत करना चाहे तुम्हें न आवे, पर तुम शीलसंकोच और समझदारी के साथ बातचीत कर सकते हो। जिसमें बातचीत की चतुराई स्वाभाविक नहीं है; उसका बनावटी चतुराई दिखाना बहुत बुरा लगता है। बातचीत केवल अपने को कुछ प्रकट करने के लिए नहीं करनी चाहिए। बातचीत का अर्थ यह है कि अपनी-अपनी ओर से सब लोग कुछ कहें। अच्छा बातचीत करनेवाला जिस तरह अपनी कहना जानता है, उसी तरह दूसरों की सुनना भी जानता है; जिस तरह आप बातचीत में लगना जानता है, उसी तरह दूसरों को भी बातचीत में लगाना जानता है; जिस तरह आप बोलना जानता है, उसी तरह दूसरों को भी बुलाना जानता है।'' एक अनुभवी कवि का वचन है–''दूसरों की सुनना भी एक बड़ा भारी काम है। इसी में बातचीत का गुण देखा जाता है और इसी से नम्रता और बुद्धिमानी आती है।''

आजकल जबकि संवादपत्रों की अधिकता हो रही है, तुम यह बहाना नहीं कर सकते कि हमें बातचीत करने को कोई विषय ही नहीं मिलता। किसी ग्रन्थकार की नव-प्रकाशित पुस्तक, किसी राजनीतिज्ञ का व्याख्यान, समाज संशोधन का कोई उद्योग, विज्ञान का कोई आविष्कार, देश की उन्नति का उपाय–ये सब ऐसे प्रसंग हैं जो अवकाश के समय के लिए बहुत हैं और जिन पर तर्क-वितर्क करने से तुम्हें और तुम्हारे परिवार के लोगों को भी लाभ पहुँच सकता है।

कई बड़े लोगों का कथन है कि सौ में से निन्नानवे बातों की जानकारी हमें बातचीत से प्राप्त हुई। अकबर, शिवाजी, रणजीतसिंह आदि कई बड़े-बड़े राजा और बादशाह कुछ पढ़े-लिखे न थे, पर अपने समय के बड़े-बड़े धुरन्धर विद्वानों और बुद्धिमानों के सत्संग से उनकी जानकारी बहुत बढ़ी-चढ़ी थी। लार्ड बेकन (Lord Bacon) कहता है–''सत्संग वा बातचीत से मनुष्य उद्यत बुद्धि का होता है; क्योंकि उसके लिए मनुष्य को अपनी जानकारी इस प्रकार उपस्थित रखनी पड़ती है जिसमें जब अवसर पड़े, तब वह उसे काम में ला सके।'' बेकन ने बातचीत के लिए बहुत से विषय बतलाए हैं जो जानकारी के अधीन हैं। वह कहता है–''बातचीत का अच्छा

ढंग यह है कि प्राप्त प्रसंग के साथ कुछ तर्क भी मिला रहे, दृष्टान्तों और कथाओं के साथ युक्ति भी रहे, प्रश्नों के साथ मत भी प्रकाशित किया जाए और हँसी-दिल्लगी के साथ कुछ काम की बात भी रहे, क्योंकि एक ही बात को लेकर बहुत बढ़ाना, जिससे लोगों का जी ऊबे, बुरा लगता है।'' आत्मसंस्कार के लिए बातचीत किस प्रकार उपयोगी हो सकती है, यह भी बेकन ने बतलाया है। जैसे–''वह जो पूछता बहुत है, बहुत जानेगा और बहुत सन्तुष्ट होगा, विशेषकर जब वह अपने प्रश्नों को इस ढंग से पूछता है कि जिनसे पूछता है, उनका गुण उत्तेजित होता है। यह उन्हें बोलने का आनन्द उठाने का अवसर देता है और आप ज्ञान संचित करता जाता है।'' बातचीत से एक लाभ और होता है। इससे ज्ञान बढ़ाने की उत्तेजना मिलती है। जबकि तुम चाहते हो कि दूसरे लोग बोलकर तुम्हें आनन्दित करें और तुम्हारी जानकारी बढ़ाएँ तब तुम्हें भी यह ध्यान अवश्य होगा कि तुम भी बोलकर उन्हें आनन्दित करो और उनकी जानकारी बढ़ाओ। इसके लिए तुम्हें सामग्री एकत्र करने का प्रयत्न करना पड़ेगा। बातचीत एक ऐसी बाजी है जिसमें सबको कुछ-न-कुछ लगाना पड़ता है, क्योंकि उसमें सबका स्वार्थ रहता है।

घर ही एक ऐसा स्थान है जहाँ तुम सौन्दर्यभावना का विकास कर सकते हो, कला-कौशल की रुचि सम्पादित कर सकते हो। स्कूल में तुमने थोड़ी-बहुत ड्राइंग वा चित्रकारी सीखी होगी और तुम वस्तुओं के भद्दे ढाँचे बनाना जानते होगे, अथवा संगीत ही में कुछ स्वर-ग्राम आदि तुमने सीखा होगा। अपनी उस अल्प शिक्षा को तुम घर में अभ्यास द्वारा बढ़ा सकते हो। सम्भव है कि तुम्हारे घर का कोई प्राणी तुम्हें उसमें सहायता दे सके, नहीं तो आप अभ्यास करो। अभ्यास ही से मनुष्य पूर्णता प्राप्त करता है। तुम्हें इस अभ्यास में सहायता देने के लिए आजकल थोड़े ही खर्च में बहुत से साधन उपलब्ध हो सकते हैं। मैं इस बात को आग्रह के साथ कहता हूँ कि प्रत्येक युवा पुरुष को कोई-न-कोई कला अवश्य सीखनी चाहिए। इससे केवल अलौकिक और पवित्र आनन्द ही नहीं प्राप्त होगा, बल्कि भारी कामों से अवकाश पाने पर पूरा विश्राम मिलेगा, मन बहलेगा। सच्चा विश्राम हाथ-पर-हाथ रखकर बैठने में नहीं है, बल्कि कार्यों को बदलते रहने में है। वैज्ञानिक छानबीन, नित्य के व्यवसाय, अथवा विदेशी भाषा के अध्ययन में लगे रहने के उपरान्त चित्त को स्वस्थ और सशक्त करने का मेरी समझ में इससे बढ़कर और कोई उपाय नहीं है कि वीणा वा हारमोनियम लेकर बैठ जाए अथवा किसी बड़े चित्रकार के चित्र को सामने रखकर उसकी छाया उतारने लगे। यदि कल्पना और मनोवेगों के पोषण और परिष्कार की ओर ध्यान न दिया जाएगा तो बुद्धि अवश्य अपूर्ण और अपरिष्कृत रहेगी। कला के अध्ययन से अन्तःकरण की सारी शक्तियाँ खुल पड़ती हैं। क्या हम बड़े-बड़े संगीताचार्यों की उन शिक्षाओं की ओर कान न दें जो उनके मधुर आलाप और जटिल स्वरों से मिलती हैं ? क्या हम उन सुन्दर, उदार और महत्त्वपूर्ण वस्तुओं को आँख उठाकर न देखें जो बड़े-बड़े चित्रकारों के भावपूर्ण पटों पर अंकित रहती हैं ? कला की रुचि हमारे गूढ़-से-गूढ़ मनोवेगों में–हमारी प्रकृति के पवित्र और

सुन्दर अंशों में—ऐसी प्रेरणा उत्पन्न करती है और विवेक को दृढ़ करती हुई कल्पना को इतना सन्तुष्ट करती है तथा चिन्तन शक्ति को इस प्रकार उत्तेजित और आलोचना शक्ति को इस प्रकार तीव्र करती है कि उसे पुष्ट और परिष्कृत करना हमारा परम कर्तव्य है। हर्बर्ट स्पेंसर ने मनुष्य जीवन को पाँच प्रकार के कामों में इस प्रकार बाँटा है— "पहले वे कर्म जिनसे आत्मरक्षा होती है; दूसरे वे कर्म जो जीवननिर्वाह की सामग्री सम्पादित करके आत्मरक्षा के निमित्त किए जाते हैं; तीसरे वे कर्म जो सन्तान के पालन और शिक्षा के निमित्त किए जाते हैं; चौथे वे कर्म जो सामाजिक और राजनैतिक सम्बन्धों के निर्माण के हेतु किए जाते हैं; और पाँचवें वे फुटकर कर्म जो अवकाश के अवसरों पर किए जाते हैं और जिनसे रुचि और भावनाओं की तुष्टि होती है।" इस प्रकार कला का सम्पादन वा अध्ययन पाँचवीं कोटि में आता है। पर यद्यपि उसका स्थान गौण रक्खा गया है, तथापि मैं उसके महत्त्व पर बहुत जोर देता हूँ। मनुष्य रोटी ही पर नहीं रह सकता। उसकी कल्पना उत्तेजित होनी चाहिए, उसके भाव जाग्रत होने चाहिएँ। सौन्दर्य का भाव पवित्रता और सत्यता के भाव से अलग नहीं है। यदि कलावान् के चरित्र अच्छे नहीं हैं, तो उसकी कला को अवश्य क्षति पहुँचेगी। उत्कृष्ट कला सदा सत्य और पवित्रता लिए होगी। अतः नैतिक और मानसिक शिक्षा के लिए तथा अधिक अध्ययन वा कामकाज की चिन्ता से थके हुए मस्तिक के विश्राम के लिए कला का सम्पादन अत्यन्त आवश्यक है।

यदि तुम्हें संगीत न आवे तो चित्रकारी ही लो। यदि वह भी अरुचिकर वा असम्भव हो तो मिट्टी के खिलौने बनाओ, फूल-पत्ते सजाओ—सारांश यह कि ऐसी बातें करो जिनसे सौन्दर्य का प्रेम तुम्हारे चित्त में बना रहे। मेरी दृष्टि में तो संगीत से बढ़कर आह्लाददायिनी और आशय को उच्च करनेवाली दूसरी कला नहीं है। इससे तन और मन दोनों को विश्राम मिलता है। ज्यों-ज्यों बाजे पर उँगलियाँ फिरती हैं, त्यों-त्यों हृदय भी आनन्द से उछलता है। संगीत उत्साह बढ़ाता है, विचारों को ठिकाने करता है, श्रवणों को सुख देता है, चित्त को विश्राम देता है। वह हमें आगे आनेवाले कामों के करने के उपयुक्त ही नहीं करता, बल्कि प्राप्त काल में भी हमारे हृदय को पवित्र और उत्तम भावों से पूर्ण करता है। अतः जितना ही संगीत का स्वर मेरे कानों में मधुर होता जाता है, उतना ही सत्य का प्रवाह मेरे हृदय में उमड़ता आता है। बड़े-बड़े विद्वानों, वीरों और नीतिज्ञों को संगीत से अपार आनन्द मिलता था। इसी संगीत के आनन्द से मुग्ध होने के लिए अकबर तानसेन के पीछे स्वामी हरिदास की कुटी पर गया। सूरदास के भगवत्प्रेम का प्रवाह संगीत के रूप में बहा। अँगरेज कवि मिल्टन सांसारिक झंझटों और लोगों के मिथ्या अपवादों से खिन्न होकर अपने श्रान्त चित्त को आरगन बाजे से बहलाता था। उसने औरों को यही करने का उपदेश दिया है। वह कहता है—"विश्राम का समय यदि श्रान्त चित्त को संगीत के मधुर आलाप द्वारा स्थिर और शान्त करने में लगाया जाए, तो बहुत लाभ और आनन्द प्राप्त हो सकता है।...बाजे के बीच-बीच में जो गीत कानों में पड़ते हैं, उनमें स्वभाव और चेष्टा को कोमल करने की बड़ी शक्ति होती है।" संगीत

का कुछ अभ्यास अवश्य करना चाहिए। संसार के बहुत से अच्छे कवि और ग्रन्थकार संगीत से पूरा आनन्द उठाते थे।

लोगों में एक सिद्धान्त प्रचलित हो गया है जिससे साधारण शिक्षा और संस्कार को बड़ी हानि पहुँचती है। वह सिद्धान्त यह है कि एक से अधिक बातों में प्रवीणता प्राप्त करना असम्भव है। बहुत से दुनियादार बाप अपने बेटों से कहा करते हैं–"रागरंग से दूर रहो, कोई कला आदि न सीखो, अपने काम को छोड़ और किसी काम में प्रवीण होने का यत्न करो।" इस प्रकार उनके स्वभाव को संकीर्ण और लोभी बनाकर वे उन्हें उस आनन्द और उन्नति से वंचित करते हैं जो केवल एक कार्य में निपुण होने से नहीं प्राप्त हो सकती। इसी से मैं कहता हूँ कि घर पर के मनबहलाव के लिए तुम कोई-न-कोई कला अवश्य सीखो।

दूसरा प्रकरण

सांसारिक जीवन

जब कोई युवा पुरुष अपने घर से बाहर निकलकर बाहरी संसार में अपनी स्थिति जमाता है, तब पहली कठिनता उसे मित्र चुनने में पड़ती है। यदि उसकी स्थिति बिलकुल एकान्त और निराली नहीं रहती तो उसकी जान-पहचान के लोग धड़ाधड़ बढ़ते जाते हैं और थोड़े ही दिनों में कुछ लोगों से उसका हेलमेल हो जाता है। यही हेलमेल बढ़ते-बढ़ते मित्रता के रूप में परिणत हो जाता है। मित्रों के चुनाव की उपयुक्तता पर उसके जीवन की सफलता निर्भर हो जाती है। क्योंकि संगत का गुप्त प्रभाव हमारे आचरण पर बड़ा भारी पड़ता है ! हम लोग ऐसे समय में समाज में प्रवेश करके अपना कार्य आरम्भ करते हैं जबकि हमारा चित्त कोमल और हर तरह का संस्कार ग्रहण करने योग्य रहता है, हमारे भाव अपरिमार्जित और हमारी प्रवृत्ति अपरिपक्व रहती है। अपने मनोवेगों की शक्ति और अपनी प्रकृति की कोमलता का पता हमी को नहीं रहता। हम लोग कच्ची मिट्टी की मूर्ति के समान रहते हैं जिसे जिस रूप का चाहे, उस रूप का करे–चाहे राक्षस बनावे चाहे देवता। ऐसे लोगों का साथ करना हमारे लिए बुरा है जो हमसे अधिक दृढ़ संकल्प के हैं; क्योंकि हमें उनकी हर एक बात बिना विरोध के मान लेनी पड़ती है। पर ऐसे लोगों का साथ करना और भी बुरा है जो हमारी ही बात को ऊपर रखते हैं; क्योंकि ऐसी दशा में न तो हमारे ऊपर कोई दाब रहती है और न हमारे लिए कोई सहारा रह जाता है। दोनों अवस्थाओं में जिस बात का भय रहता है, उसका पता युवा पुरुषों को प्रायः बहुत कम रहता है। यदि विवेक से काम लिया जाए तो यह भय नहीं रहता; पर युवा पुरुष प्रायः विवेक से कम काम लेते हैं। कैसे आश्चर्य की बात है कि लोग एक घोड़ा लेते हैं तो उसके गुण-दोष को कितना परखकर लेते हैं, पर किसी को मित्र बनाने में उसके पूर्व आचरण और प्रकृति आदि का कुछ भी विचार और अनुसन्धान नहीं करते। वे उसमें सब बातें अच्छी-ही-अच्छी मानकर उस पर अपना पूरा विश्वास जमा देते हैं। हँसमुख चेहरा, बातचीत का ढंग, थोड़ी चतुराई वा साहस– ये ही दो-चार बातें किसी में देखकर लोग चटपट उसे अपना बना लेते हैं। हम लोग यह नहीं सोचते कि मैत्री का उद्‌देश्य क्या है, तथा जीवन के व्यवहार में उसका कुछ मूल्य भी है। यह बात हमें नहीं सूझती कि यह एक ऐसा साधन है जिससे आत्मशिक्षा का कार्य बहुत सुगम हो जाता है। एक प्राचीन विद्वान का वचन है–"विश्वासपात्र मित्र से

बड़ी भारी रक्षा रहती है। जिसे ऐसा मित्र मिल जाए उसे समझना चाहिए कि खजाना मिल गया।" विश्वासपात्र मित्र जीवन का एक औषध है। हमें अपने मित्रों से यह आशा रखनी चाहिए कि वे उत्तम संकल्पों में हमें दृढ़ करेंगे, दोषों और त्रुटियों से हमें बचावेंगे, हमारे सत्य, पवित्रता और मर्यादा के प्रेम को पुष्ट करेंगे, जब हम कुमार्ग पर पैर रखेंगे तब वे हमें सचेत करेंगे, जब हम हतोत्साह होंगे तब हमें उत्साहित करेंगे; सारांश यह है कि वे हमें उत्तमतापूर्वक जीवन निर्वाह करने में हर तरह से सहायता देंगे। सच्ची मित्रता में उत्तम-से-उत्तम वैद्य की सी निपुणता और परख होती है, अच्छी-से-अच्छी माता का सा धैर्य और कोमलता होती है। ऐसी ही मित्रता करने का प्रयत्न प्रत्येक युवा पुरुष को करना चाहिए।

छात्रावस्था में तो मित्रता की धुन सवार रहती है। मित्रता हृदय से उमड़ी पड़ती है। पीछे के जो स्नेहबन्धन होते हैं, उनमें न तो उतनी उमंग होती है और न उतनी खिन्नता। बालमैत्री में जो मगन करनेवाला आनन्द होता है, जो हृदय को बेधनेवाली ईर्ष्या और खिन्नता होती है, वह और कहाँ ? कैसी मधुरता और कैसी अनुरक्ति होती है ! कैसा अपार विश्वास होता है ! हृदय के कैसे-कैसे उद्‌गार निकलते हैं ? वर्तमान कैसा आनन्दमय दिखाई पड़ता है और भविष्य के सम्बन्ध में कैसी लुभानेवाली कल्पनाएँ मन में रहती हैं ! कैसी बिगाड़ होता है और कैसी आर्द्रता के साथ मेल होता है ! कैसी क्षोभ से भरी बातें होती हैं और कैसी आवेगपूर्ण लिखा-पढ़ी होती है ! कितनी जल्दी बातें लगती हैं और कितनी जल्दी मानना-मनाना होता है ! 'सहपाठी की मित्रता' इस उक्ति में हृदय के कितने भारी उथल-पुथल का भाव भरा हुआ है ! किन्तु जिस प्रकार युवा पुरुष की मित्रता स्कूल के बालक की मित्रता से दृढ़, शान्त और गम्भीर होती है, उसी प्रकार हमारी युवावस्था के मित्र बाल्यावस्था के मित्रों से कई बातों में भिन्न होते हैं। मैं समझता हूँ कि मित्र चाहते हुए बहुत से लोग मित्र के आदर्श की कल्पना मन में करते होंगे, पर इस कल्पित आदर्श से तो हमारा काम जीवन की झंझटों में चलता नहीं। सुन्दर प्रतिभा, मनभावनी चाल और स्वच्छन्द प्रकृति ये ही दो-चार बातें देखकर मित्रता की जाती है; पर जीवन संग्राम में साथ देनेवाले मित्रों में इनसे कुछ अधिक बातें चाहिएँ। मित्र केवल उसे नहीं कहते जिसके गुणों की तो हम प्रशंसा करें, पर जिससे हम स्नेह न कर सकें, जिससे अपने छोटे-मोटे काम तो हम निकालते जाएँ, पर भीतर-ही-भीतर घृणा करते रहें। मित्र सच्चे पथप्रदर्शक के समान होना चाहिए जिस पर हम पूरा विश्वास कर सकें; भाई के समान होना चाहिए जिसे हम अपना प्रीतिपात्र बना सकें। हमारे और हमारे मित्र के बीच सच्ची सहानुभूति होनी चाहिए—ऐसी सहानुभूति जिससे दोनों मित्र एक-दूसरे की बराबर खोज-खबर लिया करें, ऐसी सहानुभूति जिससे एक के हानि-लाभ को दूसरा अपना हानि-लाभ समझे। मित्रता के लिए यह आवश्यक नहीं है कि दो मित्र एक ही प्रकार का कार्य करते हों वा एक ही रुचि के हों। इसी प्रकार प्रकृति और आचरण की समानता भी आवश्यक वा वांछनीय नहीं है। दो भिन्न प्रकृति के मनुष्यों में बराबर प्रीति और मित्रता रही है। राम धीर और शान्त प्रकृति के थे, लक्ष्मण उग्र और उद्धत स्वभाव

के थे, पर दोनों भाइयों में अत्यन्त प्रगाढ़ स्नेह था। उदार तथा उच्चाशय कर्ण और लोभी दुर्योधन के स्वभावों में कुछ विशेष समानता न थी, पर उन दोनों की मित्रता खूब निभी। यह कोई बात नहीं है कि एक ही स्वभाव और रुचि के लोगों ही में मित्रता हो सकती है। समाज में विभिन्नता देखकर लोग एक दूसरे की ओर आकर्षित होते हैं। जो गुण हममें नहीं है, हम चाहते हैं कि कोई ऐसा मित्र मिले जिसमें वह गुण हो। चिन्ताशील मनुष्य प्रफुल्लित मनुष्य का साथ ढूँढ़ता है, निर्बल बली का और धीर उत्साही का। उच्च आकांक्षावाला चन्द्रगुप्त युक्ति और उपाय के लिए चाणक्य का मुँह ताकता था। नीति-विशारद अकबर मन बहलाने के लिए बीरबल की ओर देखता था।

मित्र का कर्तव्य इस प्रकार बतलाया गया है–"उच्च और महत्कार्यों में इस प्रकार सहायता देना, मन बढ़ाना और साहस दिलाना कि तुम अपनी निज की सामर्थ्य से बाहर काम कर जाओ।" यह कर्तव्य उसी से पूरा होगा जो दृढ़चित्त और सत्यसंकल्प का हो। इससे हमें ऐसे ही मित्रों की खोज में रहना चाहिए जिनमें हमसे अधिक आत्मबल हो। हमें उनका पल्ला उसी तरह पकड़ना चाहिए जिस तरह सुग्रीव ने राम का पल्ला पकड़ा था। मित्र हों तो प्रतिष्ठित और शुद्ध हृदय के हों, मृदुल और पुरुषार्थी हों, शिष्ट और सत्यनिष्ठ हों, जिसमें हम अपने को उनके भरोसे पर छोड़ सकें और यह विश्वास कर सकें कि उनसे किसी प्रकार का धोखा न होगा। मित्रता एक नई शक्ति की योजना है। बर्क ने कहा है कि आचरण-दृष्टान्त ही मनुष्य जाति की पाठशाला है; जो कुछ वह उससे सीख सकता है, वह और किसी से नहीं।

संसार के अनेक महान पुरुष मित्रों की बदौलत बड़े-बड़े कार्य करने में समर्थ हुए हैं। मित्रों ने उनके हृदय के उच्च भावों को सहारा दिया है। मित्रों ही के दृष्टान्तों को देख-देखकर उन्होंने अपने हृदय को दृढ़ किया है। अहा ! मित्रों ने कितने मनुष्यों के जीवन को साधु और श्रेष्ठ बनाया है, उन्हें मूर्खता और कुमार्ग के गड्ढों से निकालकर सात्विकता के पवित्र शिखर पर पहुँचाया है ! मित्र उन्हें सुन्दर मन्त्रणा और सहारा देने के लिए सदा उद्यत रहते हैं, जिनके सुख और सौभाग्य की चिन्ता वे निरन्तर करते रहते हैं। ऐसे भी मित्र होते हैं जो विवेक को जाग्रत करना और कर्त्तव्य बुद्धि को उत्तेजित करना जानते हैं। ऐसे भी मित्र होते हैं जो टूटे जी को जोड़ना और लड़खड़ाते पावों को ठहराना जानते हैं। बहुतेरे मित्र हैं जो ऐसे दृढ़ आशय और उद्देश्य की स्थापना करते हैं जिनसे कर्मक्षेत्र में आप भी श्रेष्ठ बनते हैं और दूसरों को भी श्रेष्ठ बनाते हैं। मित्रता जीवन और मरण के मार्ग में सहारे के लिए है। यह सैरसपाटे और अच्छे दिनों के लिए भी है तथा संकट और विपत्ति के बुरे दिनों के लिए भी है। यह हँसी-दिल्लगी के गुलछर्रों में भी साथ देती है और धर्म के मार्ग में भी। मित्रों को एक-दूसरे के जीवन के कर्तव्यों को उन्नत करके उन्हें साहस, बुद्धि और एकता द्वारा चमकाना चाहिए। हमें अपने मित्र से कहना चाहिए–"मित्र ! अपना हाथ बढ़ाओ। यह जीवन और मरण में हमारा सहारा होगा। तुम्हारे द्वारा मेरी भलाई होगी। पर यह नहीं कि सारा ऋण मेरे ही ऊपर रहे, तुम्हारा भी उपकार होगा, जो कुछ तुम करोगे उससे तुम्हारा भी भला होगा। सत्यशील,

न्यायी और पराक्रमी बने रहो, क्योंकि यदि तुम चूकोगे तो मैं भी चूकूँगा। जहाँ-जहाँ तुम जाओगे, मैं भी जाऊँगा। तुम्हारी बढ़ती होगी तो मेरी भी बढ़ती होगी। जीवन के संग्राम में वीरता के साथ लड़ो, क्योंकि तुम्हारी ढाल मैं लिये हूँ।''

जो बात ऊपर मित्रों के सम्बन्ध में कही गई है, वही जान-पहचानवालों के सम्बन्ध में भी ठीक है। जो मनुष्य स्वसंस्कार में लगा हो, उसे अपने मिलने-जुलनेवालों के आचरण पर भी दृष्टि रखनी चाहिए, उसे यह ध्यान रखना चाहिए कि उनकी बुद्धि और उनका आचरण ठिकाने का है। साधारणतः हमें अपने ऊपर ऐसे प्रभावों को न पड़ने देना चाहिए जिनसे हमारी विवेचना की गति मन्द हो वा भले-बुरे का विवेक क्षीण हो। जीवन का उद्देश्य क्या है ? क्या वह भविष्य के लिए आयोजन का स्थान नहीं है ? क्या वह तुम्हारे हाथ में सौंपा हुआ ऐसा पदार्थ नहीं है जिसका लेखा तुम्हें परमात्मा को और अपनी आत्मा को देना होगा ? सोचो तो कि दो, चार, दस जितने गुण तुम्हें दिए गए हैं, उन्हें तुम्हें देनेवाले को पचासगुने, सौगुने करके लौटाना चाहिए, अथवा ज्यों-के-यों बिना ब्याज वा वृद्धि के। यदि जीवन एक प्रहसन ही है जिसमें तुम गा-बजाकर और हँसी-ठठ्ठा करके समय काटो, तब जो कुछ उसके महत्त्व के विषय में मैंने कहा है, सब व्यर्थ ही है; पर जीवन में गम्भीर बातें और विपत्ति के दृश्य भी हैं। मेरी समझ में तो महाराणा प्रताप की भाँति संकट में दिन काटना वाजिदअली शाह की भाँति भोग-विलास करने से अच्छा है। मेरी समझ में शिवाजी के सवारों की तरह चने बाँधकर चलना औरंगजेब के सवारों की तरह हुक्के और पानदान के साथ चलने से अच्छा है। मैं जीवन को न तो दुःखमय और न सुखमय बतलाना चाहता हूँ, बल्कि उसे एक ऐसा अवसर समझता हूँ जो हमें कुछ कर्तव्यों के पालन के लिए दिया गया है, जो हमें परलोक के लिए कुछ कमाई करने के लिए दिया गया है। हमारे सामने ऐसे बहुत से लोगों के दृष्टान्त हैं जिनके विचार भी महान थे, कर्म भी महान थे। जैसा कि महात्मा डिमास्थिनीज ने एथेंसवासियों ने कहा था, उसी प्रकार हमें भी अपने मन में समझना चाहिए कि ''यदि हमें अपने महान पूर्व-पुरुषों की भाँति कर्म करने का अवसर न मिले, तो हमें कम-से-कम अपने विचार उनकी भाँति रखने चाहिएँ और उनकी आत्मा के महत्त्व का अनुकरण करना चाहिए।'' अतः हमें सदा इस बात का ध्यान रखना चाहिए कि हम कैसा साथ करते हैं। दुनिया तो जैसी हमारी संगत होगी, वैसा हमें समझेगी ही; पर हमें अपने कामों में भी संगत ही के अनुसार सहायता वा बाधा पहुँचेगी। उसका चित्त अत्यन्त दृढ़ समझना चाहिए जिसकी चित्तवृत्ति पर उन लोगों का कुछ भी प्रभाव न पड़े, जिनका बराबर साथ रहता है। पर अच्छी तरह समझ रखो कि यह कभी हो नहीं सकता। चाहे तुम्हें जान न पड़े, पर उनका प्रभाव तुम पर बराबर हर घड़ी पड़ता रहेगा और उसी के अनुसार तुम उन्नत वा अवनत होगे, उत्साहित वा हतोत्साह होगे। एक विद्वान से पूछा गया—''जीवन में किस शिक्षा की सबसे अधिक आवश्यकता है ?'' उसने उत्तर दिया—''व्यर्थ की बातों को जानकर भी अनजान होना।'' यदि हम जान-पहचान करने में बुद्धिमानी से काम न लेंगे तो हमें बराबर अनजान बनना पड़ेगा।

महामति बेकन (Bacon) कहता है–"समूह का नाम संगत नहीं है। जहाँ प्रेम नहीं है, वहाँ लोगों की आकृतियाँ चित्रवत् हैं और उनकी बातचीत झाँझ की झनकार है।" पहचान करने में हमें कुछ स्वार्थ से काम लेना चाहिए। जान-पहचान के लोग ऐसे हों जिनसे हम कुछ लाभ उठा सकते हों, जो हमारे जीवन को उत्तम और आनन्दमय करने में कुछ सहायता दे सकते हों, यद्यपि उतनी नहीं जितनी गहरे मित्र दे सकते हैं। मनुष्य का जीवन थोड़ा है; उसमें खोने के लिए समय नहीं। यदि क, ख और ग हमारे लिए कुछ नहीं कर सकते, न कोई बुद्धिमानी वा विनोद की बातचीत कर सकते हैं, न कोई अच्छी बात बतला सकते हैं, न अपनी सहानुभूति द्वारा हमें ढाढ़स बँधा सकते हैं, न हमारे आनन्द में सम्मिलित हो सकते हैं, न हमें कर्तव्य का ध्यान दिला सकते हैं, तो ईश्वर हमें उनसे दूर ही रखे। हमें अपने चारों ओर जड़ मूर्तियाँ सजानी नहीं हैं। आजकल जान-पहचान बढ़ाना कोई बड़ी बात नहीं है। कोई भी युवा पुरुष ऐसे अनेक युवा पुरुषों को पा सकता है जो उसके साथ थिएटर देखने जाएँगे, नाच-रंग में जाएँगे, सैर-सपाटे में जाएँगे, भोजन का निमन्त्रण स्वीकार करेंगे। यदि ऐसे जान-पहचान के लोगों से कुछ हानि भी न होगी तो लाभ भी न होगा। पर यदि हानि होगी तो बड़ी भारी होगी। सोचो तो, तुम्हारा जीवन कितना नष्ट होगा, यदि ये जान-पहचान के लोग उन मनचले युवकों में से निकलें जिनकी संख्या दुर्भाग्यवश आजकल बहुत बढ़ रही है, यदि उन शोहदों में से निकलें जो अमीरों की बुराइयों और मूर्खताओं की नकल किया करते हैं, दिन-रात बनाव-सिंगार में रहा करते हैं, कुलटा स्त्रियों के फोटो मोल लिया करते हैं, महफिलों में 'ओ हो हो', 'वाह-वाह' किया करते हैं, गलियों में ठठ्ठा मारते और सिगरेट का धुआँ उड़ाते चलते हैं। ऐसे नवयुवकों से बढ़कर शून्य, निःसार और शोचनीय जीवन और किसका है ? वे अच्छी बातों के सच्चे आनन्द से कोसों दूर हैं। उनके लिए न तो संसार में सुन्दर और मनोहर उक्तिवाले कवि हुए हैं और न सुन्दर आचरणवाले महात्मा हुए हैं। उनके लिए न तो बड़े-बड़े वीर अद्भुत कर्म कर गए हैं और न बड़े-बड़े ग्रन्थकार ऐसे विचार छोड़ गए हैं जिनसे मनुष्य जाति के हृदय में सात्विकता की उमंगें उठती हैं। उनके लिए फूल-पत्तियों में कोई सौन्दर्य नहीं, झरनों के कलकल में मधुर संगीत नहीं, अनन्त सागर के तरंगों में गम्भीर रहस्यों का आभास नहीं, उनके भाग्य में सच्चे प्रयत्न और पुरुषार्थ का आनन्द नहीं, उनके भाग्य में सच्ची प्रीति का सुख और कोमल हृदय की शान्ति नहीं। जिनकी आत्मा अपने इन्द्रिय विषयों में ही लिप्त है, जिनका हृदय नीच आशयों और कुत्सित विचारों से कलुषित है, ऐसे नाशोन्मुख प्राणियों को दिन-दिन अन्धकार में पतित होते देख कौन ऐसा होगा जो तरस न खाएगा ? जिसने स्वसंस्कार का विचार अपने मन में ठान लिया हो, उसे ऐसे प्राणियों का साथ न करना चाहिए। मकदूनिया का बादशाह डेमेट्रियस कभी-कभी राज्य का सब काम छोड़ अपने ही मेल के दस-पाँच साथियों को लेकर विषयवासना में लिप्त रहा करता था। एक बार बीमारी का बहाना करके इसी प्रकार वह अपने दिन काट रहा था। इसी बीच उसका पिता उससे मिलने के लिए गया और उसने एक हँसमुख जवान को कोठरी से बाहर निकलते देखा।

जब पिता कोठरी के भीतर पहुँचा, तब डेमेट्रियस ने कहा–"ज्वर ने मुझे अभी छोड़ा है।" पिता ने कहा–"हाँ ! ठीक है, वह दरवाजे पर मुझे मिला था।"

कुसंग का ज्वर सबसे भयानक होता है। यह केवल नीति और सद्वृत्ति का ही नाश नहीं करता, बल्कि बुद्धि का भी क्षय करता है। किसी युवा पुरुष की संगत यदि बुरी होगी, तो वह उसके पैर में बँधी चक्की के समान होगी जो उसे दिन-रात अवनति के गढ़े में गिराती जाएगी; और यदि अच्छी होगी तो सहारा देनेवाली बाहु के समान होगी जो उसे निरन्तर उन्नति की ओर उठाती जाएगी।

इंगलैंड के एक विद्वान को युवावस्था में राजा के दरबारियों में जगह नहीं मिली। इस पर जिन्दगी भर वह अपने भाग्य को सराहता रहा। बहुत से लोग तो इसे अपना बड़ा भारी दुर्भाग्य समझते, पर वह अच्छी तरह जानता था कि वहाँ वह बुरे लोगों की संगत में पड़ता जो उसकी आध्यात्मिक उन्नति में बाधक होते। बहुत से लोग ऐसे होते हैं जिनके घड़ीभर के साथ से भी बुद्धि भ्रष्ट होती है, क्योंकि उतने ही बीच में ऐसी-ऐसी बातें कही जाती हैं जो कानों में न पड़नी चाहिएँ, चित्त पर ऐसे-ऐसे प्रभाव पड़ते हैं जिनसे उसकी पवित्रता का नाश होता है। बुराई अटल भाव धारण करके बैठती है। बुरी बातें हमारी धारणा में बहुत दिनों तक टिकती हैं। इस बात को प्रायः सब लोग जानते हैं कि भद्दी दिल्लगी वा फूहड़ गीत जितनी जल्दी ध्यान पर चढ़ते हैं, उतनी जल्दी कोई गम्भीर वा अच्छी बात नहीं। एक बार एक मित्र ने मुझसे कहा कि उसने लड़कपन में कहीं से एक बुरी कहावत सुन पाई थी जिसका ध्यान वह लाख चेष्टा करता है कि न आय, पर बार-बार आता है। जिन भावनाओं को हम दूर रखना चाहते हैं, जिन बातों को हम याद नहीं करना चाहते, वे बार-बार हृदय में उठती हैं और बेधती हैं। अतः तुम पूरी चौकसी रखो, ऐसे लोगों को कभी साथी न बनाओ जो अश्लील, अपवित्र और फूहड़ बातों से तुम्हें हँसाना चाहें। सावधान रहो। ऐसा न हो कि पहले-पहल तुम इसे एक बहुत सामान्य बात समझो और सोचो कि एक बार ऐसा हुआ, फिर ऐसा न होगा; अथवा तुम्हारे चरित्रबल का ऐसा प्रभाव पड़ेगा कि ऐसी बातें बकनेवाले आगे चलकर आप सुधर जाएँगे। नहीं ऐसा नहीं होगा। जब एक बार मनुष्य अपना पैर कीचड़ में डाल देता है, तब फिर यह नहीं देखता कि वह कहाँ और कैसी जगह पैर रखता है। धीरे-धीरे उन बुरी बातों से अभ्यस्त होते-होते तुम्हारी घृणा कम हो जाएगी। पीछे तुम्हें उनसे चिढ़ न मालूम होगी, क्योंकि तुम यह सोचने लगोगे कि चिढ़ने की बात ही क्या है। तुम्हारा विवेक कुंठित हो जाएगा और तुम्हें भले-बुरे की पहचान न रह जाएगी। अन्त में होते-होते तुम भी बुराई के भक्त बन जाओगे। अतः हृदय को उज्ज्वल और निष्कलंक रखने का सबसे अच्छा उपाय यही है कि बुरी संगत की छूत से बचो। यह एक पुरानी कहावत है कि–

काजल की कोठरी में कैसो हू सयानो जाए,
एक लीक काजर की लागिहै पै लागिहै।

जो कुछ ऊपर कहा गया है, उससे यह न समझना चाहिए कि मैं युवा पुरुषों को समाज में प्रवेश करने से रोकता हूँ। नहीं, कदापि नहीं। अच्छा समाज यदि मिले तो

उसका बहुत प्रभाव पड़ता है और उससे आत्मसंस्कार के कार्य में बड़ी सहायता मिलती है। प्रायः देखने में आता है कि गाँवों से जो लोग नगरों में जीविका आदि के लिए आते हैं, उनका जी बहुत दिनों तक, संगी-साथी न रहने से, बहुत घबराता है और कभी-कभी उन्हें ऐसे लोगों का साथ कर लेना पड़ता है जो उनकी रुचि के अनुकूल नहीं होते। ऐसे लोगों के लिए अच्छा तो यह होता है कि वे किसी साहित्य-समाज में प्रवेश करें। पर वहाँ भी उन्हें उन सब बातों की जानकारी नहीं प्राप्त हो सकती जो स्वशिक्षा के लिए आवश्यक है। समाज में प्रवेश करने से हमें अपना यथार्थ मूल्य विदित होता है। हम देखते हैं कि हम उतने चतुर नहीं हैं जितने एक कोने में बैठकर कोई पुस्तक आदि हाथ में लेकर अपने को समझा करते थे। भिन्न-भिन्न लोगों में भिन्न-भिन्न प्रकार के गुण होते हैं। यदि कोई एक बात में निपुण है तो दूसरा दूसरी में। समाज में प्रवेश करके हम देखते हैं कि इस बात की कितनी आवश्यकता है कि लोग हमारी भूलों को क्षमा करें; अतः हम दूसरों की भूल-चूक को क्षमा करना सीखते हैं। हम कई ठोकरें खाकर नम्रता और अधीनता का पाठ सीखते हैं। इनके अतिरिक्त और भी बड़े-बड़े लाभ होते हैं। समाज में सम्मिलित होने से हमारी समझ बढ़ती है, हमारी विवेक-बुद्धि तीव्र होती है, वस्तुओं और व्यक्तियों के सम्बन्ध में हमारी धारणा विस्तृत होती है, हमारी सहानुभूति गहरी होती है, हमें अपनी शक्तियों के उपयोग का अभ्यास होता है। समाज एक परेड है जहाँ हम चढ़ाई करना सीखते हैं, अपने साथियों के साथ-साथ मिलकर बढ़ना और आज्ञापालन करना सीखते हैं, इनसे भी बढ़कर और-और बातें हम सीखते हैं। हम दूसरों का ध्यान रखना, उनके लिए कुछ स्वार्थत्याग करना सीखते हैं, सद्गुणों का आदर करना और सुन्दर चाल-ढाल की प्रशंसा करना सीखते हैं। स्वसंस्काराभिलाषी युवक को उस चाल व्यवहार की अवहेलना न करनी चाहिए जो भले आदमियों के समाज में आवश्यक समझी जाती है। बड़ों के प्रति सम्मान और सरलता का व्यवहार, बराबरवालों से प्रसन्नता का व्यवहार और छोटों के प्रति कोमलता का व्यवहार भलेमानुसों के लक्षण हैं। सुडौल और सुन्दर वस्तु को देखकर हम सब लोग प्रसन्न होते हैं। सुन्दर चाल-ढाल को देख हम सब लोग आनन्दित होते हैं। मीठे वचनों को सुनकर हम सब लोग सन्तुष्ट होते हैं। ये सब बातें हमें मनोनीत होती हैं, शिक्षा द्वारा प्रतिष्ठित आदर्श के अनुकूल होती हैं। किसी भले आदमी को यह कहते सुनकर कि फटी-पुरानी और मैली पुस्तक हाथ में लेकर पढ़ते नहीं बनता, हमें हँसना न चाहिए। सोचो तो कि तुम्हारी मंडली में कोई गँवार आकर फूहड़ बातें बकने लगे तो तुम्हें कितना बुरा लगेगा।

'भलेमानुस किसे कहते हैं ?' यह बात पूछी भी बहुत जाती है और बतलाई भी बहुत जाती है। मैं इसके विषय में पुस्तक के आरम्भ ही में थोड़ा-बहुत कह चुका हूँ। यहाँ पर मुझे केवल यही कहना है कि यदि शिक्षा से तीन चौथाई भलमनसाहत आती है तो सत्संग से कम-से-कम चौथाई अवश्य आती है। चतुराई, बुद्धिमानी, हृदय की कोमलता आदि सब कुछ होने पर भी बिना समाज-संसर्ग के व्यवहारकुशलता नहीं आती। हीरा जब तक खराद पर नहीं चढ़ता, उसकी चमक सबको नहीं दिखाई देती। प्रसिद्ध

निबन्धलेखक एमर्सन कहता है–"भलमनसाहत शब्द का प्रयोग व्यक्तिगत गुणों के लिए होता है। यद्यपि इस शब्द के अभिप्राय के अन्तर्गत बहुत सी अनोखी और कल्पित बातें जोड़ी जाती हैं, पर इस विषय में मनुष्य जाति का एक सामान्य लक्ष्य है। वह वस्तु जिससे प्रत्येक देश के शक्तिमान पुरुष परस्पर मिलते हैं, जिससे एक-दूसरे का साथ पसन्द करते हैं और जो ऐसी निर्दिष्ट है कि उसका अभाव तुरन्त खटक जाता है, कोई ऐसी वस्तु नहीं है जो किसी-किसी समय कहीं-कहीं उत्पन्न हो जाया करती हो, बल्कि वह सारे मनुष्यों के गुणों और शक्तियों का एक औसत परिणाम है। यह उस वर्ग के लोगों की भावनाओं और गुणों से उत्पन्न एक व्यापक आदर्श है जिनमें सबसे अधिक शक्ति है, जो वर्तमान संसार के अगुआ हैं। यद्यपि इस आदर्श में भावनाओं की पूर्ण उच्चता का समावेश नहीं होता, पर इसमें उतनी उत्तमता रहती है जितनी का निर्वाह सारे समाज में हो सकता है। भलमनसाहत एक ऐसा मिश्रित द्रव्य है जिसमें सदाचार, चतुराई, सुन्दरता, धन और अधिकार का योग रहता है।" एमर्सन की इस परिभाषा में मुझे बहुत अत्युक्ति दिखाई पड़ती है। भलमनसाहत का मूलधन, अधिकार, चतुराई, सुन्दरता इत्यादि नहीं है, बल्कि सहानुभूति है। भलमनसाहत वह शक्ति है जिससे मनुष्य अपने को उन लोगों के इस प्रकार अनुकूल करता है जिनसे वह मिलता है कि उन्हें अपनी छोटाई का ध्यान नहीं होने पाता, उन्हें कोई बात खटकने नहीं पाती और उनमें आत्ममर्यादा का भाव पुष्ट होता है। दिल्ली के बादशाह नासिरुद्दीन महमूद में इस प्रकार की भलमनसाहत थी। एक दिन वह अपनी बनाई एक पुस्तक अपने एक सरदार को दिखा रहा था। सरदार ने उस पुस्तक में कई अशुद्धियाँ बतलाईं। सरदार ने जैसा कहा, नासिरुद्दीन ने वैसा ही बना दिया। पर जब वह सरदार चला गया, तब फिर नासिरुद्दीन ने काटकर वही बना दिया जो उसने पहले लिखा था। जब लोगों ने इसका कारण पूछा तब बादशाह ने कहा–"भाई ! मैं जानता था कि जो मैंने लिखा है, वह ठीक है; पर यदि मैं न काटता तो सरदार का जी टूट जाता। इसलिए मैंने उसके सामने काट दिया था, अब उसे फिर ठीक कर लिया।" पोप क्लिमेंट जब गद्दी पर बैठा, तब भिन्न-भिन्न देशों के राजदूत बधाई देने के लिए आय। जब राजदूतों ने झुक-झुककर सलाम किया, तब पोप ने भी उन्हें बड़े आदर के साथ सलाम किया। धर्माचार्य ने कहा–"महाराज ! सलाम का जवाब देना मर्यादा के विरुद्ध है।" पोप ने कहा–"मैं अभी इतने दिनों तक पोप नहीं रहा हूँ कि भलमनसाहत भूल जाऊँ।" एक दीन और अनाथ स्त्री रोग से पीड़ित थी। मैंने उसके लिए एक डॉक्टर का प्रबन्ध कर दिया। जब वह डॉक्टर के यहाँ से लौटी, तब उसकी निपुणता आदि के विषय में कुछ न कहकर उसकी शिष्टता और भलमनसाहत का बखान करने लगी। वह बार-बार यही कहती–"अहा ! वह कैसा भला आदमी है ! उसने मुझ पर बड़ी दया दिखलाई और वह मेरे दुःख से सचमुच दुःखी हुआ।"

यदि सहानुभूति ही भलेमानुस का सच्चा लक्षण है तो थैकरे का यह कहना बहुत ठीक है–"भलेमानुस बिरले ही मिलते हैं।" आगे चलकर यह धुरन्धर उपन्यासकार, जो स्वयं भलमनसाहत का मूर्तिमान उदाहरण था, इस विषय में इस प्रकार कहता है–"ऐसे कितने

आदमियों को हम बता सकते हैं जिनके आशय उदार हों, जिनका सत्य अटल हो—अटल ही नहीं बढ़ा-चढ़ा हो, जो क्षुद्रता के अभाव के कारण सीधे-सादे हों, जो संसार में छोटे-बड़े सबके साथ समान सहानुभूति रख सकते हों ? हमें ऐसे सैकड़ों मिलेंगे जिनके कपड़े-लत्ते अच्छे हों, ऐसे बीसों मिलेंगे जो अदब-कायदा जानते हों; ऐसे भी अनेक मिलेंगे जिन्होंने फैशन में खूब बढ़कर बाजी मारी हो, पर भलेमानुस कितने मिलेंगे ?'' कपड़े-लत्ते पहनने में एकता होनी ही काफी नहीं, अदब-कायदों को घोख रखना ही बस नहीं, लटक के साथ धड़ाधड़ बातचीत करना ही सब कुछ नहीं। तुम्हें इस धर्मवाक्य को सदा स्मरण रखना चाहिए और उस पर चलना चाहिए कि ''तुम लोगों के साथ वैसा ही व्यवहार करो जैसा कि तुम चाहते हो कि लोग तुम्हारे साथ करें।'' इसी वाक्य में सच्ची भलमनसाहत का सार भरा हुआ है। उदार, बुद्धिमान, पुरुषार्थी और सत्यपरायण होना, वृद्ध लोगों के प्रति सम्मान और युवा पुरुषों के प्रति समानता का व्यवहार करना तथा सब किसी के साथ ऐसा बर्ताव करना जिसमें आत्मोत्सर्ग का भाव पाया जाए, ये ही भलेमानुसों के लक्षण हैं।

इसमें कोई सन्देह नहीं कि संग-साथ का अभाव और संगी-साथी चुनने में चौकसी न रखना ये दोनों बातें बुरी हैं। बराबर देखने में आता है कि सैकड़ों युवक अपने घरों में शान्तिमय और शुद्ध जीवन को छोड़, जहाँ वे अपने माता-पिता को देखकर आनन्द से दिन बिताते थे, गाँवों से बड़े-बड़े नगरों में बड़े-बड़े प्रलोभनों और बुराइयों के बीच जाते हैं, जहाँ कोई हाथ पकड़कर सन्मार्ग पर ले जानेवाला वा कुमार्ग से बचानेवाला नहीं मिलता। मैं समझता हूँ कि इस स्थान परिवर्तन में जिन-जिन बातों की आशंका होती है, उनका विचार नहीं किया जाता। युवकों के हृदय में स्वभावतः साहस तथा नई-नई वस्तुओं के लिए उत्कंठा होती है। उन्हें अपने ऊपर इतना विश्वास होता है कि वे कभी-कभी प्रलोभनों के बीच केवल यह दिखलाने के लिए जा पड़ते हैं कि वे उनके चक्कर में नहीं फँस सकते। नगरों के हुल्लड़ और कल-कल में यदि कहीं से कोई सचेत करनेवाली ध्वनि आती भी है तो वह 'नक्कारखाने में तूती की आवाज' की तरह होती है। युवा पुरुष अपने मार्ग के किनारे के लुभानेवाले फलों और फूलों ही को देखते हैं, उनके बीच जो विषधर सर्प छिपे रहते हैं, उन्हें नहीं देखते। यहाँ उन सब बातों को अलग-अलग गिनाने की आवश्कयता नहीं जिनके बुरे अनुभव इतने अधिक होते हैं कि उन पर ध्यान नहीं जाता। पर इस अवसर पर मैं इस सिद्धान्त का विरोध अवश्य करूँगा कि युवा पुरुषों को अपनी राह आप निकालनी चाहिए। यह सिद्धान्त बहुधा लोगों के मुँह पर रहता है। पर यदि इसके अनुसार युवा पुरुष अपनी राह आप निकालेंगे तो वे उसके काँटों से कदापि नहीं बच सकते। मेरी समझ में तो युवा पुरुषों को अपनी राह निकालने का भार अपने ही ऊपर न रखना चाहिए। मैं उन लोगों की शिक्षा का बड़ा भारी विरोधी हूँ जो कहते हैं कि युवा पुरुषों को संसार में सब प्रकार का अनुभव प्राप्त करना चाहिए, जिनका उपदेश है कि मनुष्य को यह देखने के लिए कि भाड़ गरम है या नहीं, भाड़ में कूद पड़ना चाहिए। ऐसी शिक्षाओं से बहुत से होनहार युवकों का सत्यानाश हुआ है। मैं नहीं समझता कि धार्मिक पिता कैसे अपने पुत्रों को इस प्रकार संसार का

अनुभव प्राप्त करने देते हैं। इस प्रकार का अनुभव प्राप्त करने का अर्थ क्या है ? यही न कि धार्मिक होने का प्रयत्न करने के स्थान पर निषिद्ध वस्तुओं को ग्रहण करें, अपने कोमल हृदय को विषय-वासनाओं से कलुषित करें ? यदि वे संसार की बुरी बातों का अनुभव प्राप्त करेंगे तो वे धीरे-धीरे अभ्यस्त हो जाएँगे और फिर उन्हें उन बुरी बातों से घृणा न रह जाएगी। यदि वे संसार का अनुभव प्राप्त करेंगे तो उस शान्तिमय सुमार्ग पर चलना भूल जाएँगे जिस पर वे पहले चलते थे। यदि वे संसार की बुरी बातों का अनुभव प्राप्त कर लेंगे तो उनकी दृष्टि स्तम्भित और चकित हो जाएगी और वे भले-बुरे की पहचान न कर सकेंगे। जब किसी युवा पुरुष के सम्बन्ध में यह कहा जाए कि उसने संसार में सब तरह का अनुभव प्राप्त किया, तो यह समझना चाहिए कि वह बुराइयों से अभ्यस्त हो गया और उसने अपनी समस्त आशाओं पर पानी फेर दिया।

जो शिक्षा इसलिए कुप्रवृत्ति का विषपान करने का अनुरोध करती है जिसमें उसका प्रभाव अभ्यास द्वारा नष्ट हो जाए, क्या वह उत्तम शिक्षा है और क्या उससे पुरुषार्थ और साहस आ सकता है ? इतिहास ऐसा नहीं कहता। सब लोग जानते हैं कि अकबर कैसा पुरुषार्थी और धीर था। पर इस बात का कोई प्रमाण नहीं मिलता कि उस धीरता और पुरुषार्थ को प्राप्त करने के लिए उसे संसार की उन बुरी बातों का अनुभव प्राप्त करना पड़ा था जिनका ऊपर उल्लेख हुआ है। काबुल में अपने चचा के यहाँ अपनी बाल्यावस्था का बहुत सा समय बिताकर वह भारतवर्ष में आया और युवावस्था के आरम्भ होने के पहले ही उसने अपना राजकाज सँभाला। महाकवि तुलसीदासजी बहुत दिनों तक गृहस्थधर्मानुसार अपने परिवार में अनुरक्त रहे। इसके उपरान्त उसी शुद्ध अनुराग को उन्होंने परमात्मा की ओर लगाया और अपनी कविता द्वारा भक्ति रस का वह स्रोत बहाया कि उसमें सारा उत्तरीय भारत मगन हो गया। उसी प्रकार महाराणा प्रताप, नाना फड़नवीस, सर टी. माधवराव, भट्टोजी दीक्षित, ईश्वरचन्द्र विद्यासागर आदि बड़े-बड़े वीर, राजनीतिज्ञ और पंडित हो गए हैं जिन्हें संसार की बुरी बातों के अनुभव की कोई आवश्यकता नहीं पड़ी। जो सोता दलदल और खरपतवार में फूटता है, वह तलैया के रूप में स्थिर रह जाता है। अतः यह न समझना चाहिए कि जो युवक सब प्रकार के रंग में रहकर संसार का अनुभव प्राप्त करता है, वह आगे चलकर पुरुषार्थ और साहस के कार्य कर सकता है।

जब हम डॉक्टर राजेन्द्रलाल मित्र के जीवन की ओर ध्यान देते हैं, तब देखते हैं कि उनका युवा काल 'संसार का अनुभव' प्राप्त करने में नहीं बल्कि धैर्यपूर्वक अध्ययन में बीता। उन्होंने अपना समय एशियाटिक सोसायटी के पुस्तकालय के उत्तम-उत्तम ग्रन्थों के देखने में और विद्वानों के व्याख्यान सुनने में लगाया। लोग कहेंगे कि वे एक गरीब आदमी थे, इससे संसार के प्रलोभनों से बचे रहे; उनकी परीक्षा नहीं हुई, इससे वे पतित नहीं हुए। पर सर टी. माधवराव, रमेशचन्द्र दत्त आदि, जिन्होंने राज्यप्रबन्ध और विद्वत्ता में इतना नाम कमाया, समृद्ध कुलों में उत्पन्न हुए थे; पर उन्हें वारांगना द्वार प्रवेश की प्रणाली का अनुसरण नहीं करना पड़ा था। मनुष्य का जीवनक्रम क्रम-से-क्रम उच्च होता

है। जिसकी युवावस्था शुद्धतापूर्वक व्यतीत होती है, उसी का जीवन आगे चलकर उच्च होता है। जिसकी युवावस्था विषयसेवन में नष्ट हुई है, उसका आगम अँधेरा रहता है, उसका जीवन मेघाच्छन्न रहता है–विपत्ति और निराशा में पड़कर पछताने के सिवा उसे कुछ हाथ नहीं आता।

युवा पुरुषों को इस प्रकार के बुरे अनुभवों से बचाने के लिए सबसे सीधा और सुगम उपाय सत्संग है। अच्छे आदमियों के समाज में बैठने से, जहाँ परस्पर प्रेम और शान्ति का आनन्द रहता है, बड़ी भारी रक्षा रहती है। यह निश्चय समझना चाहिए कि ऐसे बहुत कम मनुष्य मिलेंगे जो पहले-पहल प्रसन्नता के साथ बुराइयों में फँसते हों तथा संसार की बुराइयों का अनुभव प्राप्त करते हुए जो कुछ हिचकते न हों और जिनके जी में कुछ खटका न होता हो। मुझे पूरा विश्वास है कि अधिकांश युवा पुरुष जब पहले पहल कुमार्ग पर पैर रखते हैं, तब यदि संसार में कोई उनका हाथ पकड़नेवाला हो तो वे उससे हट सकते हैं। संसार में सब प्रकार के रंग में रहने का उपदेश तो बहुत लोग किया करते हैं और बहुत से लोग विषयमद में मत्त भी होते हैं, पर अपनी इस मौज से आगे चलकर वे ऊब जाते हैं और सौ में निन्नानवे मनुष्य इस मौज की लीक ग्लानि और घृणा के साथ पीटते चले जाते हैं, उन्हें उसमें कोई आनन्द नहीं रह जाता; और अन्त में उनकी आत्मा इतनी जड़ हो जाती है कि उसमें सत्य और सौन्दर्य का कुछ भी अनुभव नहीं रह जाता। पर इस पतित दशा में पड़ने के पहले मनुष्य अच्छी बातों के लिए छटपटाता अवश्य है, और उसका यह छटपटाना सफल हो सकता है, यदि वह इस संसार के कलुषित अँधेरे मार्गों से निकलकर किसी अच्छे परिवार वा अच्छे समाज में पड़ जाए।

हमारे बड़े नगरों के युवक साधारणतः दो भागों में बाँटे जा सकते हैं–एक वे जिन्होंने लड़कपन में कुछ धर्मसम्बन्धी शिक्षा पाई, दूसरे वे जिन्होंने संसार के व्यवहारों में प्रवेश करने के पहले इस प्रकार की तैयारी नहीं की। पहले प्रकार के लोगों के लिए तो कथावार्ता, धर्मोपदेश आदि बहुत से साधन मिल जाते हैं जिनसे उनके चित्त पर घर ही का सा संस्कार बना रहता है। उनके लिए किसी नए यन्त्र की आवश्यकता नहीं होती। जो यन्त्र उनके पास रहता है, उसी के स्वच्छन्द उपयोग की आवश्यकता होती है। धर्मोपदेशकों को युवा पुरुषों की बहुत खोज-खबर रखनी चाहिए, उन्हें कुमार्ग से बचाने का उद्योग करना चाहिए, उनकी सहायता के लिए प्रत्येक समय उद्यत रहना चाहिए। माता-पिता को भी चाहिए कि युवकों को घर से बाहर किसी अन्य स्थान पर भेजते समय ऐसा प्रबन्ध करें कि उनके चित्त का संस्कार शुद्ध रहे। हमारे युवा पुरुष चाहे जिस नगर में जाएँ, उन्हें धर्मचर्चा सुनने का अवसर मिल सकता है, धार्मिक सज्जनों की मंडली मिल सकती है; क्योंकि भारतवर्ष के ऐसा धार्मिक देश दूसरा नहीं।

अब रह गए दूसरे वर्ग के लोग जिन्होंने परिवार में सच्चा सुख नहीं प्राप्त किया है, जो किसी कारणवश धार्मिक संस्कार से वंचित रहे हैं। ऐसों के लिए तो कोई उपाय बताना कठिन है। स्वसंस्कार का प्रयत्न यदि हृदय से करें तो ऐसे युवा पुरुष भी दुष्ट

प्रलोभनों से बच सकते हैं; पर उनके लिए सबसे अच्छा उपाय यही है कि वे सत्संग करें। सत्संग का बड़ा भारी प्रभाव पड़ता है। इसमें से बहुत से लोग तो समाजों और साहित्य संस्थाओं में सम्मिलित होकर अपने समय का सदुपयोग कर सकते हैं और बुराइयों में पड़ने से बचे रह सकते हैं। पर बहुत से ऐसे निकलेंगे जिनकी सभा-समाजों की ओर प्रवृत्ति नहीं होगी, जिन्हें धर्मोपदेश अच्छे नहीं लगते, जो अधिक चहल-पहल और मज़ेदारी की बातें चाहते हैं। बहुत से युवा पुरुष जो गलियों में टेढ़ी टोपी देकर निकलते हैं, जो अश्लील ठुमरी, टप्पा गाते चलते हैं, जो दिन रात शतरंज, गंजीफा खेलते रहते हैं, जो दुनिया में सब तरह के मजे उठाने का दम भरते हैं, जो मेलों, तमाशों में खूब बन-ठनकर निकलते हैं, जो महफिलों में बिना बुलाए पहुँचते हैं, उनके लिए क्या किया जा सकता है ? वे समाज के कोढ़ हैं। वे उसी प्रकार भयंकर हैं जिस प्रकार चोर और डाकू, जिनके पीछे पुलिस तैनात रहती है। वे समाज में बड़े-बड़े अनर्थों का सूत्रपात करते हैं।

अब मैं आत्मसंस्कार में रत युवा पुरुषों के काम-काज की ओर आता हूँ। उन्हें जीविका के लिए कुछ-न-कुछ काम करना पड़ता है और वे उसे अच्छी तरह करते हैं। किसी कार्य में, चाहे वह हाथ का हो चाहे मस्तिष्क का, सफलता प्राप्त करने के लिए सबसे पहली बात यह है कि वह अच्छी तरह किया जाए। यह हो सकता है कि वह कार्य हमारी रुचि के अनुकूल न हो, पर उस दशा में उसे करके हम अपने ऊपर दूना प्रभुत्व प्राप्त करेंगे; और जिस हिसाब से उसे करने में हमें कठिनाई होगी, उतना ही अच्छा उसका हमें फल मिलेगा। तब तब प्रयत्न-पर-प्रयत्न करते रहने से जब तक कि कार्य सिद्ध न हो, हमें दृढ़ता आएगी और हमारे उद्‌देश्य पुष्ट होंगे। नीति की दृष्टि से यदि देखा जाए तो बात बहुत सीधी है। जिसका हम काम करते हैं, उससे एक प्रकार की प्रतिज्ञा करते हैं और हमारी मर्यादा इसी में है कि हम उसे अच्छी तरह पूर्ण करें। मुझे यह देखकर बड़ा दुःख और आश्चर्य होता है कि बहुतेरे युवा पुरुष इस विषय में बड़ी अवहेलना करते हैं और अपने काम को मन लगाकर नहीं करते, बकि उसे बड़ी ढिलाई के साथ करते हैं। इससे काम करनेवाले का जो नुकसान होता है, वह तो होता ही है, उनकी भी बड़ी भारी हानि होती है; क्योंकि कर्तव्य की प्रत्येक त्रुटि से भले-बुरे का विवेक क्षीण होता है और न्यायबुद्धि कुंठित होती है। यह आत्मसंस्कार का एक अंग है कि जिस कार्य को करना, उसे अच्छी तरह करना।

राजा हरिश्चन्द्र ही की कथा की ओर ध्यान दो। जिस समय वे अयोध्या से चलकर काशी आय, उन्होंने एक डोम की सेवा स्वीकार की। डोम ने उन्हें मरघट की रखवाली करने का काम सुपुर्द किया। सोचने की बात है कि क्या यह काम उनकी रुचि के अनुकूल रहा होगा ? पर उन्होंने इस काम को अपने ऊपर लेकर उसे अच्छी तरह पूरा किया, उसमें किसी प्रकार की त्रुटि नहीं की। जैसा कि सत्य हरिश्चन्द्र नाटक में दिखलाया गया है, वह अँधेरी रात में भींगते हुए बड़ी तत्परता के साथ श्मशान में फेरा लगाते थे और जो कोई मुर्दा लेकर आता था, उससे डोम का कर वसूल करते थे। वे अपने कर्तव्य पर बराबर दृढ़ रहे, यहाँ तक कि जब स्वयं उनकी स्त्री उन्हीं के पुत्र का

शव लेकर आई, तब भी, यह जानते हुए भी कि उसके पास फूटी कौड़ी नहीं है, उन्होंने कर्तव्यानुसार श्मशान का कर माँगा और वे आधा कफन फड़वाने पर उद्यत हुए। जब पांडवों ने अज्ञातवास के समय राजा विराट के यहाँ नौकरी की थी, तब सब भाइयों ने किस प्रकार अपने-अपने कार्य में लगकर अपने स्वामी का हित साधन किया। दक्षिण में बहमनी राजवंश का संस्थापक हसन गाँगू एक ब्राह्मण का सेवक था। उसके परिश्रम और उसकी तत्परता को देख ब्राह्मण ने भविष्यवाणी की कि तू एक दिन बादशाह होगा। विलायत में जार्ज मूर नामक एक प्रसिद्ध पुरुष हुआ है। वह पहले-पहल देहात से चलकर लन्दन के एक बजाज के यहाँ नौकर हुआ। यद्यपि वह काम उसकी तीक्ष्ण बुद्धि के अनुकूल नहीं था, पर वह अपने काम में बराबर मुस्तैद रहता था और अपने स्वामी को सन्तुष्ट रखता था। उसने जब अपने को अपने साथियों से मिलाया, तब उसे जान पड़ा कि देहात से आने के कारण वह शिक्षा में बहुत पीछे है। अतः उसने यह नियम किया कि दिनभर तो परिश्रम के साथ दुकान का काम करूँ और रात को स्कूल में जाकर शिक्षा प्राप्त करूँ। धीरे-धीरे डेढ़ वर्ष में उसने बहुत सी जानकारी प्राप्त कर ली और वह अपने साथियों की बराबरी करने योग्य हो गया। इस बात की ओर लक्ष्य करके वह कहता है—"किसी को भाग्य पर भरोसा न करना चाहिए; यह निश्चय समझना चाहिए कि गुण ही भाग्य है। वही युवा पुरुष संसार में बढ़ सकता है जो जानकारी रखता है और जो अपने उद्देश्य की सिद्धि के लिए पूरा प्रयत्न करता है।" बजाज की नौकरी छोड़कर वह एक गोटे-पट्टेवाले का एजेंट हुआ और नगरों में घूम-घूमकर माल की बिक्री का उद्योग करने लगा। उसने इतने लगन और परिश्रम से काम किया कि थोड़े ही दिनों में उस कारखाने का काम दूना हो गया जिसमें वह नौकर था। उसकी यह कार्यदक्षता और तत्परता देख एक दूसरी गोटे की दुकान ने उसे हिस्सेदार बनाया और वह स्वतन्त्र रूप से व्यवसाय करने लगा। वह दिन-रात में 16 घंटे काम करता था। धीरे-धीरे उसने कई नगरों में दुकानें खोलीं और उसका काम इतना चमका कि वह देखते-ही-देखते बड़ा आदमी हो गया।

इस बात को अच्छी तरह समझ रखना चाहिए कि संसार में जितने प्रतापी और महान पुरुष हो गए हैं, वे सब खूब काम करनेवाले थे। नेपोलियन की लड़ाइयों में यह विशेषता थी कि उसके सामने शत्रु की सारी सेना तितर-बितर हो जाती थी। वह इस कौशल के साथ आक्रमण करता था और इतनी सावधानी रखता था कि उसका परिणाम अनिवार्य होता था, उसकी गति का अवरोध असम्भव होता था, उसके सामने बड़ी-बड़ी सेनाएँ तिनके के समान उधरा जाती थीं। एक पुरानी कहावत है कि "मुझे खड़े होने भर को जगह दो; मैं सारे संसार को हिला डालूँगा।" इसे थोड़ा बदलकर यदि हम इस प्रकार कहें—"मुझे अपनी स्थिति को अच्छी तरह जमा लेने दो; तो मैं सारे संसार को हिला डालूँगा" तो यह नेपोलियन के विषय में ठीक घट जाय; क्योंकि उसने अपने सारे जीवन में इसी बात का दृष्टान्त दिखलाया है। इसी मन्त्र का अवलम्बन करके गौतम बुद्ध ने सारे संसार को हिला दिया। उन्होंने कभी अनुकूल अवसर आसरा नहीं देखा, बल्कि वे

सत्य का अनुसरण करते हुए निरन्तर अग्रसर होते गए। हमें अवसर की ताक में हाथ-पर-हाथ रखे बैठे न रहना चाहिए, बल्कि जो क्षण हमारे सामने आय, उसी में अपने लक्ष्य को आगे बढ़ाना चाहिए। भारतेन्दु हरिश्चन्द्र ने जिस समय हिन्दी के लिए प्रयत्न आरम्भ किया, वह समय कुछ बहुत अनुकूल नहीं था। पर उन्होंने हिन्दी के लिए अच्छी लम्बी-चौड़ी राह निकाल दी। जिस कार्य में उन्होंने हाथ लगाया, उसे पूर्ण धैर्य और परिश्रम के साथ निबाहा। इसी से उनकी समस्त रचनाओं में एक विलक्षण पूर्णता दृष्टिगोचर होती है और उनकी निपुणता टपकी पड़ती है। संसार में जितनी बड़ी-बड़ी जातियाँ हुई हैं; सब पूर्ण रूप से कार्य निर्वाह करनेवाली थीं। यूनानियों ही को लीजिए जिनकी विद्या, बुद्धि और वीरता की कहानियाँ सारे संसार में फैली हुई हैं। प्राचीन हिन्दुओं को लीजिए जो कलाकौशल के ऐसे चिह्न छोड़ गए हैं जिनका इस गिरी दशा में भी हिन्दुओं को अभिमान है। उनके हाथ की गढ़ी हुई जो मूर्तियाँ आज हमें पुराने खंडहरों में मिलती हैं, उनकी गठन और उनके सौन्दर्य के सामने आजकल के मन्दिरों की मूर्तियाँ हमें नहीं जँचती। वे जैसे-जैसे बृहत् और मनोहर काव्य छोड़ गए हैं, वैसे फिर इधर पिछले खेवे के हिन्दुओं से न बने। उनमें जो पूर्णता दिखलाई पड़ती है, वह पीछे के बने काव्यों में नहीं है।

आजकल के समय में भी राजा रविवर्मा ने चित्रकला में जो चमत्कार दिखाया है, वह परिश्रमपूर्वक पूर्णता प्राप्त करके ही। वे अपनी कला के अभ्यास और अध्ययन में रात-रात भर जागते रह जाते थे। अँगरेज़ों का जो आज इतना प्रचंड प्रताप देखने में आता है, उसका कारण उनका अध्यवसाय और प्रत्येक कार्य को पूर्ण रूप से करने का उनका जातीय गुण है। उनकी कार्यप्रणाली प्रशंसनीय है। पार्लमेंट महासभा का कार्य थोड़े ही से लोगों के द्वारा सम्पादित होता है। पर ये थोड़े से लोग कठिन परिश्रम करनेवाले होते हैं। राज-काज के बड़े-बड़े पद आराम से पैर फैलाकर सोने के लिए नहीं हैं, बल्कि घोर मानसिक परिश्रम के लिए हैं। इन पदों को स्वीकार करनेवाले बहुत से लोग तो कठिन परिश्रम करते-करते अकाल ही काल के गाल में जा पड़ते हैं।

यदि पूर्णता उत्तम कार्य के लिए एक आवश्यक अंग है, तो क्रम-व्यवस्था भी उससे कुछ कम आवश्यक नहीं है। सच तो यह है कि उसके बिना पूर्णता आ ही नहीं सकती। युवा पुरुषों को सबसे बढ़कर तो यह बात समझ रखनी चाहिए कि यदि उन्हें काम अच्छी तरह से करना है तो वे एक समय में एक ही काम करें और सबसे पहले उस काम को करें जो सबसे अधिक आवश्यक हो। सारांश यह कि उन्हें जो काम करना हो उसका एक अन्दाज बाँध लें और यह देख लें कि उसके कौन से अंश ऐसे हैं जो जरूरी हैं और कौन से ऐसे हैं जिन्हें वे थोड़ी देर के लिए टाल सकते हैं। इसके अनन्तर जो अंश सबसे कठिन हो, उसके लिए अधिक समय और परिश्रम रखें। शैली ही कार्य की उत्तमता का मूल मन्त्र है। इससे मेरा अनुरोध है कि वे नित्य अपने काम का एक नियम बाँध लें और विश्राम के लिए भी उपयुक्त समय रख लें। मेरे कहने का तात्पर्य यह नहीं कि वे इन नियमों को ब्रह्मा की अटल लीक बना लें; क्योंकि इस प्रकार की बेड़ी डाल

लेना बुद्धिमानी नहीं है। मेरा अभिप्राय यह है कि वे अपनी सुविधा के अनुसार ऐसा नियम कर लें कि काम नियमित गति से बराबर चला चले और समय नष्ट न हो। जब वे देखेंगे कि उन्नति के लिए कितना कम समय उनके हाथ में है, तब वे आप उसे व्यर्थ के आमोद-प्रमोद में नष्ट करना न चाहेंगे। बहुतेरे युवा पुरुषों को नित्य नौ-नौ घंटे काम करना पड़ता है और यदि उनका काम ऐसा हुआ जिससे जी ऊबे, तो उन्हें कम-से-कम एक घंटा नित्य व्यायाम के लिए रखना ही होगा। इस प्रकार दस घंटे तो निकल गए। नित्य-क्रिया करने, सोने, घर की देखभाल आदि करने के लिए भी नौ घंटे रख लेने चाहिएँ। एक घंटा भोजन के लिए चाहिए। इस हिसाब से चार घंटे पढ़ने-लिखने और मन बहलाने के लिए बचे। अब यदि इन चार घंटों का उचित उपयोग किया जाए, तो एक तत्पर पुरुष बहुत कुछ उन्नति कर सकता है। पर यह ध्यान रखना चाहिए कि इसमें उसे सोच-विचार में नष्ट करने के लिए समय न मिलेगा कि अब इसके उपरान्त क्या-क्या करना चाहिए। अतः उसे पहले ही से सब निश्चित कर रखना चाहिए कि किसके बाद कौन काम करना होगा; जिसमें वह चट एक काम छोड़कर दूसरे में लग जाए। क्रम-व्यवस्था के इस सिद्धान्त का उपयोग वह अध्ययन ही में नहीं, कामकाज में भी करे। इससे होगा क्या कि उसे अपने भिन्न-भिन्न कार्यों में कोई कठिनाई नहीं होगी और उसका चित्त ठिकाने रहेगा, वह उस हैरानी से बचा रहेगा जो अव्यवस्थितों को हुआ करती है। उसके सब काम एक ढर्रे पर चले चलेंगे, उनमें व्यतिक्रम न होगा। यदि कोई अजानकार किसी बड़े स्टेशन पर जाए, तो उसे पहले वहाँ का गोरखधन्धा कुछ समझ में न आएगा, सब बातें व्यवस्थाहीन दिखाई देंगी। वह इधर-उधर बहुत सी गाड़ियों को, जिनमें से किसी में मुसाफिर भरे होंगे, किसी में माल लदा होगा, कोई खाली होगी, आते-जाते देखेगा और सोचेगा कि न जाने क्यों ये लड़कर चूर-चूर नहीं हो जातीं। पर जब वह वहाँ कुछ देर ठहरकर एक-एक बात को ध्यान से देखेगा, तब उसे क्रम और व्यवस्था का पता लगेगा और वह जानेगा कि प्रत्येक ट्रेन के लिए अलग-अलग लाइन है, प्रत्येक के आने-जाने का समय नियत है और प्रत्येक की चाल बँधी हुई है। अर्थात् उसे विदित होगा कि सारा व्यापार पूर्वनिश्चित नियम और व्यवस्था के अनुसार होता है और कोई बात 'संयोग' के ऊपर नहीं छोड़ दी गई है। जब वह इतना जान लेगा, तब उसे समझ पड़ेगा कि प्रत्येक मनुष्य जो वहाँ काम में लगा दिखाई पड़ता है, क्योंकर अपने काम को बिना किसी घबराहट के बेधड़क करता चला जाता है; तब वह सोचेगा कि यह सब सुन्दर व्यवस्था का फल है कि लोग इतने बेखटके रहकर शान्ति के साथ अपना-अपना काम करते जाते हैं। बहुत से कामों को एक साथ जरूरी समझने से—रह-रहकर कभी इस काम को अधिक जरूरी समझने से और कभी उस काम को—जो गड़बड़ी होती है, उसका बचाव क्रम और व्यवस्था पर ध्यान देते रहने से हो सकता है। क्रम-व्यवस्था के लिए धैर्य अत्यन्त आवश्यक है। यदि धैर्य से काम लिया जाएगा तो क्रम-व्यवस्था सुगमता से आ जाएगी; और यदि क्रम-व्यवस्था आ गई तो वह अधीरता को पास न फटकने देगी, शान्ति बनाए रहेगी।

यदि क्रम-व्यवस्था का पूरा ध्यान रखा जाएगा तो यह अवश्य है कि हर एक काम ठीक समय पर होगा। किसी काम में जल्दी करना भी उतनी ही मूर्खता की बात है जितना किसी काम में देर करना। दोनों अवस्थाओं में समय नष्ट होता है, प्रबन्ध में गड़बड़ी होती है तथा अव्यवस्था और अनिश्चितात्मकता उत्पन्न होती है। कोई युवक एक राजमन्त्री के पास नौकरी के लिए गया। उसने उससे दूसरे दिन दस बजे सबेरे आने के लिए कहा। वह हड़बड़ी के मारे साढ़े नौ ही बजे मन्त्री के डेरे पर पहुँचा। पर जब वह मन्त्री के सामने गया, तब उसने मन्त्री का रुख बिलकुल बदला हुआ पाया। मन्त्री ने उसे बहुत ऊँचा-नीचा सुनाया और कहा–"मूर्ख ही उतावली करते हैं, तुम यहाँ से चले जाओ।" केवल राजपुरुष ही नहीं, सब लोग जो बड़े-बड़े काम करते हैं और बड़ी-बड़ी बातें सोचते हैं, घंटों और मिनटों का ठीक-ठीक हिसाब रखते हैं। मान लीजिए कि उन्होंने 'अ' को दस बजे बुलाया और 'ब' को ग्यारह बजे। 'ब' को चाहिए कि वह ठीक समय पर उनके पास जाए। यदि वह ऐसा न करके उस समय उनके पास जाएगा जो समय उन्होंने 'अ' से मिलने के लिए रखा है, तो न उन्हीं का कोई लाभ होगा और न उसी का कोई काम निकलेगा। मैंने ऐसे बहुत से असंयमी और अव्यवस्थित लोगों को देखा है जो बहुधा यात्रा किया करते हैं और समय से घंटा आध घंटा पहले ही तैयार होकर स्टेशनों पर जाकर इधर-से-उधर टहला करते हैं। मनुष्य के कार्य जितने उतावली से नष्ट होते हैं, उतने और किसी वस्तु से नहीं। यदि कोई मनुष्य किसी कार्य के एक अंश में ही बहुत सा समय नष्ट कर देगा, तो उसे और अंशों को पूरा करने के लिए उतना समय न रह जाएगा जितना चाहिए। महाराणा प्रतापसिंह मृत्युशय्या पर पड़े थे। उस समय उन्हें किसी बात पर इतना दुःख नहीं हुआ जितना अपने पुत्र अमरसिंह की उतावली पर। वे कहते हैं–

एक दिवस एहि कुटी अमर मेरे ढिग बैठ्यो।
इतने ही में आनि एक मृग तहाँ जु पैठ्यो॥
हरबराइ संधानि सर अमर चल्यो ता ओर।
कुटिया के या बाँस में फँस्यो पाग को छोर॥
अमर तौहू न रुक्यो॥
बढ़न चहत आगे वह पगिया खैंचत पाछे।
पै नहिं जिय मैं धीर छुड़ावै ताको आछे॥
पागहु फटी सिकारहू लग्यो न याके हाथ।
पटकि पागि लखि झोपड़िहि अतिहि क्रोध के साथ॥
बैन मुख ते कढ़े॥
रहु रहु रे निर्बोध अमर गति रोकनहारे।
हम न लेहिंगे साँस बिना तोहि आज उजारे॥
राजभवन निर्मान करि तेरो चिह्न मिटाइ।
जो दुःख पाए तोहि मैं सो दैहौं सबै भुलाइ॥
सुखद आवास रचि॥

तबहीं ते ये बैन सूल सम खटकत मम हिय।
यह परि सुखवासना अवसि दुःखदिवस बिसारिय ॥
अति अमोल स्वाधीनता तुच्छ विषय के दाम।
बेचि, सिसोदिय कीर्ति यह करिहै अवसि निकाम ॥
रुके हम सोच एहि ॥

योरप के एक प्रसिद्ध राजनीतिज्ञ के विषय में भी एक घटना प्रसिद्ध है जिससे यह पता चलता है कि वह उतावली से कितना चिढ़ता था। उसने कुछ धर्मसम्बन्धी काग़ज़-पत्र लिख छोड़े थे और कहा था कि मेरे मरने के दिन उन्हे धर्माचार्य पोप के पास भिजवा देना। उसे मृत्युशय्या पर देख उसके मरने के दिन के पहले ही लोगों ने उससे पूछा—"क्या ये कागज पोप के पास भेज दिए जाएँ ?" उसने कहा—"नहीं, अभी कल तक और ठहरो। मैंने अपने जीवनभर उतावली कभी न करने का नियम कर लिया था और मैं सब काम ठीक समय पर करता था।" नीतिज्ञों का यह कथन है कि "बहुत सोच-विचार समय का अपहरण करनेवाला है।" पर उतावली भी ऐसी ही है। बुद्धिमान मनुष्य समय का ठीक-ठीक हिसाब के साथ विभाग करके उन दोनों से अपने को बचाता है। क्रम और व्यवस्था सफलता के मूल मन्त्र हैं। सब कार्य सुचारु रूप से और सुव्यवस्था के साथ होने चाहिएँ।

उस युवा पुरुष को, जिसे अपनी जीविका के लिए काम करना पड़ता हो, केवल पूर्णता और सुव्यवस्था ही का ध्यान न रखना चाहिए, बल्कि उसे सन्तोषी भी होना चाहिए। मेरे कहने का यह तात्पर्य नहीं कि उसे अपनी उन्नति के लिए यत्न न करना चाहिए, उसे अपनी शक्ति और योग्यता का अपनी समृद्धि के लिए उपयोग न करना चाहिए। मेरा मतलब यह है कि जो काम वह करता हो, उसे अपनी शान के खिलाफ न समझे। आजकल के नवयुवकों में यह बड़ा भारी दोष देखा जाता है कि वे अपने को बहुत बड़ा समझने लगते हैं। अपनी बड़ाई के आगे जिस पेशे को वे करते हैं, उसे तुच्छ समझते हुए वे उससे उदासीन रहते हैं और ऐसी चेष्टा प्रकट करते हैं कि मानों यह बड़ा भारी अन्धेर हो रहा है जो उन्हें वह काम करना पड़ रहा है। यह दशा देखकर बड़ा खेद होता है, क्योंकि इससे नैतिक त्रुटि का आभास मिलता है। इससे यह प्रकट होता है कि उनका मन काम में नहीं लगता, उनमें अपने कर्तव्य का पूरा भाव नहीं है और वे सत्य और मर्यादा के सिद्धान्तों को नहीं समझते। जिस काम को हम अपने ऊपर लें, चाहे वह जैसा हो, हमारा यह धर्म है कि हम उसे अपनी योग्यता के अनुसार भरसक करें। किसी काम को हम क्यों करें, इसका यही उत्तर यथेष्ट है कि हमें उसे करना है। कृष्ण भगवान ने गीता में प्रसन्नतापूर्वक कर्म में प्रवृत्त होने का उपदेश दिया है। जिस समय अर्जुन मोहवश कर्म से विमुख होना चाहते थे, श्रीकृष्ण ने उन्हें सँभाला था, उनकी क्लीवता पर उन्हें धिक्कारा था। इंगलैंड में कार्लाइल नामक प्रसिद्ध ग्रन्थकार हो गया है जो अपने जीवन भर कर्म का महत्त्व ही समझाता रहा, सच्चे परिश्रम की पवित्रता ही का उपदेश देता रहा कि मनुष्य को यह विचार नहीं करना चाहिए कि वह किस प्रकार का व्यवसाय

वा काम करता है; उसे यही देखना चाहिए कि वह अपने काम को किस प्रकार करता है। उसका उपदेश अरण्यरोदन के समान हुआ। उसने कहा–"मैं दो ही आदमियों का सम्मान करता हूँ, तीसरे का नहीं। एक तो परिश्रम में चूर कर्मकार का जो पृथ्वी ही की सामग्रियों से अपने परिश्रम द्वारा पृथ्वी पर मनुष्य का अधिकार स्थापित करता है। मैं उन काम में लगे हुए कड़े खुरखुरे हाथों का आदर करता हूँ जिनमें निपुणता मिली हुई सात्विकता का भुवनव्यापी राजमुकुट रखा हुआ है। मुझे उस धूप और शीत खाए हुए धूलधूसरित मुखड़े पर भक्ति है जिससे सीधी-सादी बुद्धि टपकती है; क्योंकि वह पुरुषार्थी पुरुष का मुखड़ा है।...परिश्रम किए चलो, परिश्रम किए चलो ! तुम अपने कर्तव्य में लगे रहो। जिसका जी चाहे उससे विमुख हो; तुम उसमें लगे रहो। तुम संसार में सबसे अधिक आवश्यक वस्तु, अपनी रोटी, कमाने के लिए परिश्रम कर रहे हो। दूसरा मनुष्य, जिसकी मैं प्रतिष्ठा करता हूँ, और बहुत बढ़कर प्रतिष्ठा करता हूँ, वह है जो अपने शरीरपोषण के लिए नहीं, बल्कि आत्मा की पुष्टि के लिए परिश्रम करता है।...यदि कहीं मैं इन दोनों सम्मानित व्यक्तियों के लक्षण और गुण एक ही पुरुष में पाता हूँ जो बाहर से तो मनुष्य की सबसे पहली आवश्यकता पूर्ति के लिए और अन्तःकरण में मनुष्य की सबसे उच्च आवश्यकता पूरी करने के लिए, श्रम करता है, तो मेरा हृदय उमगने लगता है।"

भक्तों में रैदास चमार का नाम बहुत प्रसिद्ध है। उसमें पुरुषत्व के दोनों लक्षण वर्तमान थे। वह आध्यात्मिक उन्नति के लिए प्रयत्न करता हुआ अपने चमड़े के काम में भी दिन-रात लगा रहता था। जब जाड़े की रात में और चमार अपना-अपना काम बन्द करके पड़े रहते, तब भी रैदास भगवान का भजन करता हुआ, उत्साह के साथ चमड़े की काट-छाँट और सिलाई करता रहता था। अपने काम से जो थोड़ा-बहुत अवकाश मिलता, उसे वह साधुओं के सत्संग में बिताता था। एक बार उसके यहाँ कुछ साधु आय। उन्होंने देखा कि उसकी दुकान पर इधर-उधर चमड़े के कटे हुए टुकड़े पड़े हैं, एक किनारे पर ठाकुरजी का छोटा-सा सिंहासन रखा हुआ है और वह सिर नीचा किए चमड़े में ढोभ लगा रहा है। महाभारत में धर्मव्याध की कथा भी इसी प्रकार की है। एक बार जब कौशिक नामक एक मुनि को मोह हुआ, तब वे ज्ञानोपदेश के लिए मिथिला में धर्मव्याध के पास आए और उन्होंने देखा कि वह दुकान पर भाँति-भाँति के पशु-पक्षियों के मांस रखकर बेच रहा है; और ग्राहकों की भीड़ लगी हुई है। मुनि ने यह देखकर पूछा–"तुम इतने ज्ञानवान् होकर इस काम में क्यों लगे हो ?" धर्मव्याध ने उत्तर दिया–"महाराज ! यह मेरा कुलधर्म है, यह मेरा लौकिक कर्तव्य है; इसे मैं नहीं छोड़ सकता। मनुष्य को अपने लौकिक कर्मों को पूर्ण रीति से निर्वाह करते हुए सात्विक-शीलता सम्पादन करनी चाहिए। मैं अपने व्यवसाय में लगा रहता हूँ और इस बात का प्रयत्न करता हूँ कि झूठ न बोलूँ, अन्याय न करूँ; सन्मार्ग पर चलूँ।" इंगलैंड में मिलर नाम का एक प्रसिद्ध पुरुष हो गया है जो संगतराश का काम करता था। कभी-कभी वह जाड़े के दिनों में ठंडी हवा के झोंके खाता हुआ घुटने-घुटने पानी में

खड़े होकर अपनी टाँकी चलाता, पर उसके मुँह से आह न निकलती। धीरे-धीरे वह अपने काम में इतना निपुण हो गया कि उसके साथी उसके गुण को देख दाँतों में उँगली दबाते। अपने काम से जो अवकाश का समय मिलता, उसे वह आत्मोन्नति में लगाता। उसने अपने बहुत से साथियों को सम्मिलित करके एक समाज खोला जिसकी ओर से हाथ से लिखे हुए पत्र सम्पादित होते, जिनमें अच्छे-अच्छे निबन्ध रहते थे। उसमें दोनों पुरुषों के लक्षण थे जिनका ऊपर उल्लेख हुआ है। वह अपनी जीविका के लिए भी भरपूर मिहनत करता था और आत्मोन्नति के लिए भी। जितना सुखी वह था, उतने वे लोग कभी नहीं हो सकते जो किसी काम को अपनी शान के खिलाफ समझते हैं। उसने अपने एक मित्र को एक बार लिखा था–''थोड़ी देर के लिए यहाँ आकर देख जाओ कि कैसे स्थान में मनुष्य सुखी रह सकता है। छाजन के छेदों में से, जो सुन्दर झिलमिलियों का काम देते हैं, धूप छन-छनकर आती है। कोठरी में दो खिड़कियाँ हैं जिनमें से एक में तो सादा चौखट लगा हुआ है और एक में घास-फूस-पत्थर भरा हुआ है। एक कोने में एक गड्ढे में आग रखी है जिसके ऊपर भोजन पकाने का बरतन लटक रहा है। धुआँ छत के छेदों से और खिड़कियों की राह से निकल रहा है। अनाज का बोरा खूँटी पर लटकाया हुआ है, जहाँ चूहे नहीं पहुँच सकते। हम लोगों के सामान का क्या कहना है ! पत्थर की दो मोटी पटियाँ बैठने के लिए मजबूत-से-मजबूत कुर्सियों का काम दे रही हैं। बिस्तर भी अपने ढंग का निराला ही है। यह पुराने किवाड़ों का पयाल बिछाकर बनाया गया है। बरतन भी एक बटलोही और एक काठ की कठवत के सिवा और कुछ नहीं है। आटे, दाल, लकड़ी सबका खर्च मिलाकर आठ आने रोज से अधिक नहीं है। संसार का सुख चाहे लोग जहाँ समझें, पर मैं यहाँ पूरे सुख से दिन बिताता हूँ।''

अपने काम में सन्तुष्ट रहने ही के गुण के कारण और देशों के लोग, जो सच्ची मिहनत में कोई शर्म नहीं समझते, हिन्दुस्तानियों की अपेक्षा बहुत जल्दी बढ़ते हैं। जबकि एक मध्यम श्रेणी का हिन्दुस्तानी नवयुवक इस आसरे में खड़ा ताकता रहता है कि कोई ऐसा काम मिले तो करूँ जिससे समाज में तथा अपने मेल के लोगों में मेरी हेठी न हो। दूसरे देश का आदमी जो काम उसके सामने आता है, उसे कर चलता है और अच्छी तरह से करता है; और इस प्रकार क्रमशः एक सीढ़ी से दूसरी सीढ़ी पर चढ़ता हुआ, संसार का अनुभव और जानकारी प्राप्त करता हुआ, अपने को बड़े-बड़े कामों के योग्य बना लेता है। वह बराबर बढ़ता चलता जाता है और हिन्दुस्तानी खड़ा मुँह ताकता रहता है। दूसरे देश का आदमी यदि आवश्यकता पड़ती है तो छोटे-से-छोटे काम कर लेता है और इस बात की शर्म नहीं करता कि लोग उसे उस काम को करते देख क्या कहेंगे। वह कुछ करने की अपेक्षा कुछ न करना अधिक लज्जा की बात समझता है। जो कुछ वह करता है, उसे अच्छी तरह लिप्त होकर जी-जान से करता है और उसे अपनी शान के खिलाफ नहीं समझता। हिन्दुस्तानियों में अपनी शान बनाए रखने का रोग बड़ा भारी है। इनमें से बहुतेरे लोग चाहे भूखों मरेंगे, पर ऐसा काम न करेंगे जिसमें वे अपनी हेठी

समझते हैं। वे कहेंगे–"भूखा सिंह कहीं घास खाता है ?" बहुत से लोग ऐसे हैं जो यदि सौदागरी करें, जिल्दबन्दी करें, घड़ी-साजी करें तो बहुत अच्छा काम कर सकते हैं और बहुत कुछ सन्तोष और सुख प्राप्त कर सकते हैं। पर वे 10 या 15 रु. की मुहर्रिरी को बड़ी भारी इज्जत समझते हैं और झट उस गुलामी के लिए मुँह के बल गिरते हैं। इस प्रकार वे तन और मन से पूरे दास हो जाते हैं; क्योंकि चिट्ठियों की नकल करते-करते और अंकों को जोड़ते-जोड़ते उनकी विचार शक्ति क्षीण हो जाती है और उनके अन्तःकरण में जो प्रतिभा वा शुद्धता रहती है, सब निकल जाती हैं। मुझे इस बात पर आश्चर्य होता है कि इस देश के लोग अपनी आँखों से और देशों को व्यापार और कारीगरी द्वारा बढ़ते देखकर भी किस प्रकार उद्योग और धन्धों को तुच्छ दृष्टि से देखते हैं ! कोई कारण नहीं कि कचहरी का एक मुचड़ुँ मुहर्रिर वा क्लर्क अपने को एक चलते-पुरजे कारीगर से बढ़कर समझे। यदि सच पूछिए तो एक कारीगर का काम एक मुहर्रिर के काम से अधिक विचार और बुद्धि का है। हाथों में स्याही पोतना बारीकी के साथ टाँकी चलाने से क्यों बढ़कर प्रतिष्ठित समझा जाय ? लोग कह सकते हैं कि एक मुहर्रिर का उठना-बैठना जरा और तरह के लोगों के साथ होगा। पर ये और तरह के लोग अधिकांश कैसे होते हैं ? छोटे-छोटे नए मुहर्रिरों को कैसे साथी मिलेंगे ? वे ही न जो बैठकर हा हा ठी ठी करते हैं, ताश खेलते हैं और बाजारों में मुजरे सुनते फिरते हैं ? यदि वे ऐसे ही हैं और उनका आनन्द इसी प्रकार का है, तो वे बहुत ही ओछे विचार और निकृष्ट बुद्धि के हैं। पर यदि आप बड़े-बड़े कारखानों और कार्यालयों में जाकर देखिए तो आपको गुण में, अनुभव में, सच्चाई में, ईमानदारी में, उनसे बढ़-चढ़कर लोग मिलेंगे जो नजारत के दफ्तरों और वकीलों के डेरों पर मिलते हैं। अपने-अपने कामों में लगे हुए उन गुणी पुरुषों के विचार कहीं ऊँचे होंगे, उनमें आत्ममर्यादा का भाव कहीं अधिक होगा।

अस्तु; मैं अपने नवयुवक पाठकों को यह सम्मति देता हूँ कि जो काम उनके सामने आवे उसे वे करें, यदि उन्हें इस बात का निश्चय है कि वे उसे अच्छी तरह से कर सकेंगे। चाहे जो काम हो; वे अपने अध्यवसाय और गुण के बल से उसे उच्च और प्रतिष्ठित करके दिखला सकते हैं। एक बार किसी सरदार का कोई सम्बन्धी हत्या के अपराध में पकड़ा गया। सरदार ने बादशाह से जाकर कहा–"यदि उसे फाँसी होगी तो हमारे कुल के लिए अप्रतिष्ठा की बात होगी।" बादशाह ने उत्तर दिया–"अप्रतिष्ठा की बात अपराध है, दंड नहीं।" अतः यह बात निश्चय समझो कि किसी काम में अप्रतिष्ठा नहीं होती; बल्कि जिस ढंग वा भाव से वह किया जाता है, उससे अप्रतिष्ठा होती है। दुकानदारी, मुहर्रिरी, कारीगरी–कोई काम हो–तुम अपनी सादी रहन और उच्च विचार से अपने पेशे को प्रतिष्ठित बना सकते हो। तुम उस काम को अपना काम समझकर प्रसन्नतापूर्वक उत्साह के साथ किए चलो, इस बात की परवाह न करो कि दुनिया उसे कैसा समझती है। परवाह तुम केवल इस बात की रखो कि तुम अपना कर्तव्य भली-भाँति कर रहे हो या नहीं। इस रीति से आत्मा में शान्ति और सन्तोष स्थापित करते हुए और

चुपचाप अपनी जानकारी बढ़ाते हुए तुम अपने को निरन्तर अधिक योग्य बनाते रहो; और जब दूसरे उच्च पथ पर बढ़ने का अवसर आय, तब चट उस पर हो जाओ।

तुम्हारे लिए एक और अच्छी बात यह होगी कि तुम अपने व्यवहार और कामकाज में भद्रता का भाव लाओ, वह शिष्टता और विनय दिखलाओ जो तुमने घर में और समाज में रहकर सीखी है। यदि सब लोग मिलकर आपस के रगड़े-झगडे मिटाकर शान्ति के मार्ग का अवलम्बन करें और उसके कंटकों को दूर करें तो जीवन का व्यापार कितना सुगम हो जाय ! यदि कार्य में लगे हुए सब लोग मृदुलता के मन्त्र का प्रयोग करें तो वह कार्य बड़ी सुगमता और बड़े आनन्द के साथ हो। क्लर्क वा कारीगर होकर भी मनुष्य भलामानुस हो सकता है और अपने साथियों, मालिकों तथा उन सब लोगों के साथ जिनसे काम पड़ता है, उस मृदुलता का व्यवहार कर सकता है जो चित्त के उत्तम संस्कार और हृदय की उदारता से उत्पन्न होता है। एक प्रसिद्ध राजनीतिज्ञ ने अपने पुत्र को शिक्षा देते समय मृदुलता का लक्षण "छोटी-मोटी बातों में उदारता अर्थात् जीवन के नित्य-प्रति के छोटे-मोटे व्यापारों में दूसरे का ध्यान पहले और अपना पीछे रखना" ही बतलाया है। यही मृदुलता है जो युवा पुरुष के जीवन में उसके नित्य-प्रति के व्यवहार में एक नए आनन्द का संचार करती है। क्या दफ्तर में, क्या कारखाने में, उसके दृष्टान्त का बड़ा भारी प्रभाव पड़ता है और ऐसे बहुत से झगड़े बखेड़े जिनमें निर्बल लोगों को सबल लोगों से हानि पहुँच जाया करती है, नहीं उठने पाते। सच्ची मृदुलता उन लोगों की छोटी-मोटी आवश्यकताओं की ओर ध्यान देने में है जो हमारे साथ हैं। यह बात अभ्यास से आती है। लम्बे-चौड़े सलाम करना, अदब-कायदे बरतना, हाँ जी, हाँ जी करना–मृदुलता नहीं है। मृदुलता सरल, स्वाभाविक और पुरुषार्थपूर्ण होनी चाहिए। ये बातें तभी आ सकती हैं जब हमारा हृदय उदार हो और हम निरन्तर उनके प्रति कोमल चेष्टा प्रदर्शित करते रहने का उद्योग करें जिनके साथ हमें बातचीत करना वा रहना पड़ता है।

भद्रता एक ऐसा गुण है जिससे सब लोग मोहित हो जाते हैं। मैं एक बार एक सरकारी दफ्तर में था जहाँ एक दीन सुकुमार स्त्री किसी काम के लिए खड़ी थी। वह बहुत दूर से चलकर आई थी और उसकी आकृति से जान पड़ता था कि वह दरिद्रता के घोर दुःख से दबी हुई है। वह थकी-माँदी और मुरझाई हुई बड़ी देर से आसरे में खड़ी थी और क्लर्क लोग आराम से टाँग फैलाए कुर्सियों पर बैठे थे। जैसा कि सब जगह के क्लर्कों का दस्तूर है, उन्हें उसके काम को झटपट भुगता देने की कुछ भी परवा न थी। वहाँ कोई चौकी वा तिपाई भी न थी जिस पर वह बैठ जाती। मैं अपने मन में उसकी सहायता करने का विचार कर ही रहा था कि इतने में एक नवयुवक क्लर्क कुछ सकुचाता हुआ उठा और उसने अपनी कुरसी को अँगीठी के पास ले जाकर उस स्त्री को बैठने के लिए कहा। इतना करके फिर वह अपनी जगह पर चला आया। मैंने देखा कि उसके साथी उसके इस कार्य को मन-ही-मन सराह रहे हैं। यद्यपि उनमें परोपकार में तत्पर होने की बुद्धि नहीं थी, पर परोपकार को सराहने की बुद्धि थी। इसके उपरान्त मुझे यह

देखकर बड़ा आश्चर्य हुआ कि उन सभी ने जो पहले उसकी ओर कुछ भी ध्यान नहीं देते थे, चटपट उसका काम कर दिया। सज्जनता का ऐसा प्रभाव पड़ता है ! मैंने संवादपत्रों में पढ़ा था कि एक बार एक स्टेशन मास्टर को एक वृद्धा स्त्री से अचानक बहुत सी सम्पत्ति प्राप्त हुई थी। उस स्टेशन मास्टर ने उस स्त्री के साथ कभी कुछ मृदुलता का व्यवहार किया था। मेरा अभिप्राय यह नहीं कि मेरे नवयुवक पाठक इस प्रकार के पुरस्कार के लाभ से इस गुण का सम्पादन करें। उनके लिए सबसे बढ़कर पुरस्कार तो वह सच्चा आनन्द है जो शिष्टता के प्रत्येक व्यवहार से प्राप्त होता है, जो दया का आचरण करने और कृपापूर्ण वचन बोलने से प्राप्त होता है। मैं एमर्सन की भाँति यह तो नहीं कहता कि मैं अशिष्ट और बेढंगी चाल-ढाल के आदमी के साथ बैठने की अपेक्षा ऐसे आदमी के साथ मजे में बैठ सकता हूँ जिसमें सत्य और शास्त्रमर्यादा का भाव न हो, पर इतना अवश्य कहता हूँ कि शिष्ट और सभ्य व्यवहार से सत्य और भी चमक उठता है। सभ्य और असभ्य आचरण की परख यह बताई गई है कि एक से मेलजोल बढ़ता है और दूसरे से घटता है। मेलजोल से कार्यनिर्वाह सुगम होता है। इससे प्रत्येक स्थान पर भद्रता कितनी आवश्यक है, यह समझने की बात है।

तीसरा प्रकरण

आत्मबल

विद्वानों का यह कथन बहुत ठीक है कि नम्रता ही स्वतन्त्रता की धात्री वा माता है। लोग भ्रमवश अहंकार वृत्ति को उसकी माता समझ बैठते हैं पर वह उसकी सौतेली माता है जो उसका सत्यानाश करती है। चाहे यह सम्बन्ध ठीक हो या न हो, पर इस बात को सब लोग मानते हैं कि आत्मसंस्कार के लिए थोड़ी-बहुत मानसिक स्वतन्त्रता परम आवश्यक है—चाहे उस स्वतन्त्रता में अभिमान और नम्रता दोनों का मेल हो और चाहे वह नम्रता ही से उत्पन्न हो। यह बात तो निश्चित है कि जो मनुष्य मर्यादापूर्वक जीवन व्यतीत करना चाहता है, उसके लिए वह गुण अनिवार्य है, जिससे आत्मनिर्भरता आती है और जिससे अपने पैरों के बल खड़ा होना आता है। युवा पुरुष को यह सदा स्मरण रखना चाहिए कि वह बहुत कम बातें जानता है, अपने ही आदर्श से वह बहुत नीचे है, और उसकी आकांक्षाएँ उसकी योग्यता से कहीं बढ़ी हुई हैं। उसे इस बात का ध्यान रखना चाहिए कि वह अपने बड़ों का सम्मान करे, छोटों और बराबरवालों से कोमलता का व्यवहार करे। ये बातें आत्ममर्यादा के लिए आवश्यक हैं। यह सारा संसार, जो कुछ हम हैं और जो कुछ हमारा है—हमारा शरीर, हमारी आत्मा, हमारे कर्म, हमारे भोग, हमारी घर की और बाहर की दशा, हमारे बहुत से अवगुण और थोड़े से गुण—सब इसी बात की आवश्यकता प्रकट करते हैं कि हमें अपनी आत्मा को नम्र रखना चाहिए। नम्रता से मेरा अभिप्राय दब्बूपन से नहीं है जिसके कारण बात-बात में मनुष्य दूसरों का मुँह ताकता रहता है, जिससे उसका संकल्प क्षीण और उसकी प्रज्ञा मन्द हो जाती है, जिसके कारण वह आगे बढ़ने के समय भी पीछे रहता है और अवसर पड़ने पर चटपट किसी बात का निर्णय नहीं कर सकता। मनुष्य का बेड़ा अपने ही हाथ में है, उसे चाहे वह जिधर लगावे। सच्ची आत्मा वही है जो प्रत्येक दशा में, प्रत्येक स्थिति के बीच, अपनी राह आप निकालती है।

अब तुम्हें क्या करना चाहिए, इसका ठीक-ठीक उत्तर तुम्हीं को देना होगा, दूसरा कोई नहीं दे सकता। कैसा भी विश्वासपात्र मित्र हो, तुम्हारे इस काम को वह अपने ऊपर नहीं ले सकता। हम अनुभवी लोगों की बातों को आदर के साथ सुनें, बुद्धिमानों की सलाह को कृतज्ञतापूर्वक मानें, पर इस बात को निश्चित समझकर कि हमारे कामों ही से हमारी रक्षा वा हमारा पतन होगा, हमें अपने विचार और निर्णय की स्वतन्त्रता को

दृढ़तापूर्वक बनाए रखना चाहिए। जिस युवा पुरुष की दृष्टि सदा नीची रहती है, उसका सिर कभी ऊपर न होगा। नीची दृष्टि रखने से कद्यापि हम रास्ते पर रहेंगे, पर इस बात को न देखेंगे कि वह रास्ता कहाँ ले जाता है। चित्त की स्वतन्त्रता का मतलब चेष्टा की कठोरता वा प्रकृति की उग्रता नहीं है। अपने व्यवहार में कोमल रहो और अपने उद्देश्यों को उच्च रखो; इस प्रकार नम्र और उच्चाशय दोनों बनो। अपने मन को कभी मरा हुआ न रखो। जो मनुष्य जितना ही अपना लक्ष्य ऊपर रखता है, उतना ही उसका तीर ऊपर जाता है।

संसार में ऐसे-ऐसे दृढ़चित्त पुरुष हो गए हैं जिन्होंने मरते दम तक सत्य की टेक नहीं छोड़ी, अपनी आत्मा के विरुद्ध कोई कार्य नहीं किया। राजा हरिश्चन्द्र के ऊपर इतनी विपत्तियाँ आईं, पर उन्होंने अपना सत्य नहीं छोड़ा। उनकी प्रतिज्ञा यही रही–

चंद्र टरै, सूरज टरै, टरै जगत व्यवहार।
पै दृढ़ श्री हरिश्चंद को, टरै न सत्य विचार ॥

महाराणा प्रतापसिंह जंगल-जंगल मारे-मारे फिरते थे, अपनी स्त्री और बच्चों को भूख से पीड़ित देखते थे, पर उन्होंने उन लोगों की बात न मानी जिन्होंने उन्हें अधीनतापूर्वक सन्धि करने की सम्मति दी; क्योंकि वे जानते थे कि अपनी मर्यादा की चिन्ता जितनी अपने को हो सकती है, उतनी दूसरों को नहीं। हकीकतराय नामक वीर बालक को देखो जिसने जल्लाद की चमकती तलवार गरदन पर देखकर भी काजी के सामने अपना धर्म परित्याग करना स्वीकार नहीं किया। सिक्ख गुरु गोविन्दसिंह के दोनों लड़के जीते जी दीवार में चुन दिए गए, पर वे अपना धर्म छोड़कर मुसलमान होने के नाम पर 'नहीं' 'नहीं' करते रहे। एक बार एक रोमन राजनीतिज्ञ बलवाइयों के हाथ में पड़ गया। बलवाइयों ने उसे व्यंगपूर्वक पूछा–"अब तेरा किला कहाँ है ?" उसने हृदय पर हाथ रखकर उत्तर दिया–"यहाँ।" ज्ञान के जिज्ञासुओं के लिए यही बड़ा भारी गढ़ है। मैं निश्चयपूर्वक कहता हूँ कि जो युवा पुरुष सब बातों में दूसरों का सहारा चाहते हैं, जो सदा एक न एक नया अगुआ ढूँढ़ा करते हैं और उसके अनुयायी बना करते हैं, वे आत्मसंस्कार के कार्य में उन्नति नहीं कर सकते। उन्हें स्वयं विचार करना, अपनी सम्मति आप स्थिर करना, दूसरों की उचित बातों का मूल्य समझते हुए भी उनका अन्धभक्त न होना, सीखना चाहिए। तुलसीदासजी को लोक में जो इतनी सर्वप्रियता और कीर्ति प्राप्त हुई, उनका दीर्घ जीवन जो इतना महत्त्वमय और शान्तिमय रहा; सब इसी मानसिक स्वतन्त्रता, निर्द्वन्द्वता और आत्मनिर्भरता के कारण। वहीं उनके समकालीन केशवदास को देखिए जो जीवनभर विलासी राजाओं के हाथ की कठपुतली बने रहे, जिन्होंने आत्मस्वातन्त्र्य की ओर कम ध्यान दिया और अन्त में आप अपनी बुरी गति की। एक इतिहासकार कहता है–"प्रत्येक मनुष्य का भाग्य उसके हाथ में है। प्रत्येक मनुष्य अपना जीवन-निर्वाह श्रेष्ठ रीति से कर सकता है। यही मैंने किया है और यदि अवसर मिले तो फिर यही करूँ।" इसे चाहे स्वतन्त्रता कहो, चाहे आत्मनिर्भरता कहो, चाहे स्वावलम्बन कहो, जो कुछ कहो, यह वही भाव है जिससे मनुष्य और दास में भेद

जान पड़ता है; यह वही भाव है जिसकी प्रेरणा से राम लक्ष्मण ने घर से निकल बड़े पराक्रमी वीरों पर विजय प्राप्त की; यह वही भाव है जिसकी प्रेरणा से हनुमान ने अकेले सीता की खोज की; यह वही भाव है जिसकी प्रेरणा से कोलम्बस ने अमेरिका इतना बड़ा महाद्वीप ढूँढ़ निकाला। चित्त की इसी वृत्ति के बल पर सूरदास ने अकबर के बुलाने पर फतेहपुर सीकरी जाने से इनकार किया था और कहा था–

"कहा मोको सीकरी सों काम ?"

इसी चित्तवृत्ति के बल से मनुष्य इसलिए परिश्रम के साथ दिन काटता और दरिद्रता के दुःख को झेलता है जिसमें उसे ज्ञान के अमित भांडार में से कुछ थोड़ा-बहुत मिल जाए। इसी चित्तवृत्ति के प्रभाव से हम प्रलोभनों का निवारण करके उन्हें पददलित करते हैं, कुमन्त्रणाओं का तिरस्कार करते हैं और शुद्ध चरित्र के लोगों से प्रेम और उनकी रक्षा करते हैं। इसी चित्तवृत्ति के प्रभाव से युवा पुरुष कार्यालयों में शान्त और सच्चे रह सकते हैं और उन लोगों की बातों में नहीं आ सकते जो आप अपनी मर्यादा खोकर दूसरों को भी अपने साथ बुराई के गड्ढे में गिराना चाहते हैं। इसी चित्तवृत्ति के प्रताप से बड़े-बड़े लोग ऐसे समयों में भी, जबकि उनके और साथियों ने उनका साथ छोड़ दिया है, अपने महाकार्यों में अग्रसर होते गए हैं और यह सिद्ध करने में समर्थ हुए हैं कि निपुण, उत्साही और परिश्रमी पुरुषों के लिए कोई अड़चन ऐसी नहीं जो कहे कि 'बस यहीं तक, और आगे न बढ़ना।' इसी चित्तवृत्ति की दृढ़ता के सहारे दरिद्र लोग दरिद्रता से और अपढ़ लोग अज्ञता से निकलकर उन्नत हुए हैं तथा उद्योगी और अध्यवसायी लोगों ने अनी समृद्धि का मार्ग निकाला है। इसी चित्तवृत्ति के अवलम्बन से पुरुषसिंहों को यह कहने की क्षमता हुई है कि 'मैं राह ढूँढूँगा या राह निकालूँगा।' यही चित्तवृत्ति थी जिसकी उत्तेजना से शिवाजी ने थोड़े से वीर मराठे सिपाहियों को लेकर औरंगजेब की बड़ी भारी सेना पर छापा मारा और उसे तितर-बितर कर दिया। यही चित्तवृत्ति थी जिसके सहारे से एकलव्य बिना किसी गुरु वा संगी-साथी के जंगल के बीच निशाने पर तीर-पर-तीर चलाता रहा और अन्त में एक बड़ा धनुर्धर हुआ। यही चित्तवृत्ति है जो मनुष्य को सामान्य जनों से उच्च बनाती है, उसके जीवन को सार्थक और उद्देश्यपूर्ण करती है तथा उसे उत्तम संस्कारों को ग्रहण करने योग्य बनाती है। जिस मनुष्य की बुद्धि और चतुराई उसके दृढ़ हृदय ही के आश्रय पर स्थित रहती है, वह जीवन और कर्मक्षेत्र में स्वयं भी श्रेष्ठ और उत्तम रहता है और दूसरों को भी श्रेष्ठ और उत्तम बनाता है। प्रसिद्ध उपन्यासकार स्काट एक बार ऋण के बोझ से बिलकुल दब गया। मित्रों ने उसकी सहायता करनी चाही, पर उसने यह बात स्वीकार नहीं की और स्वयं अपनी प्रतिभा ही का सहारा लेकर अनेक उपन्यास थोड़े ही दिनों के बीच लिखकर लाखों रुपए का ऋण उसने सिर पर से उतार दिया।

घर में, वन में, संपद् में, विपद् में मनुष्य को अपने अन्तःकरण ही का सहारा रहता है ! अन्तःकरण का बल बड़ा भारी बल है जो भौतिक अवस्थाओं की कुछ भी परवा नहीं करता। जो युवा पुरुष अपना काम अच्छी तरह और ईमानदारी से करता है, जो अपने

चित्त में उत्तम विचारों को धारण करता है, जिसमें सत्य और सौन्दर्य के आदर्श का भाव जाग्रत रहता है, जो भरसक मनुष्य जाति के नाना कष्टों को दूर करने का यत्न करता है, जो ज्ञान के प्रकाश के लिए निरन्तर दृढ़ उद्योग करता है, जो संसार के भोग-विलास की प्रेरणा का तिरस्कार करता है, जो उपस्थित वस्तुओं के गुण-दोष की जाँच करने में बेधड़क रहता है, जिसका हृदय अबलाओं के प्रति कोमल रहता है, जो अपनी बुद्धि और जानकारी बढ़ाने का अखंड प्रयत्न करता है, जो परमेश्वर को सर्वत्र उपस्थित मानता हुआ अपने तथा अपने बन्धु-बान्धवों के कल्याण के लिए हाथ जोड़कर प्रार्थना करता है, उसी को मैं स्वतन्त्र कहूँगा। वह जीवनयात्रा में बराबर बढ़ता जाएगा, सहारे के लिए किसी का हाथ न पकड़ेगा और टेकने के लिए किसी की लाठी मँगनी न माँगेगा। मनुष्य को तीन वस्तुओं का अध्ययन रखना चाहिए। ईश्वर को प्रत्यक्ष करने के लिए उसे सृष्टि का अध्ययन करना चाहिए, अपने-आपको पहचानने के लिए अपनी आत्मा का अध्ययन करना चाहिए; और अपने निकटवर्ती लोगों से स्नेह करने के लिए धर्मग्रन्थों का पठन-पाठन करना चाहिए। इसी प्रकार के अध्ययन से स्वतन्त्रता के उच्च भाव की वृद्धि होगी और आशा, विश्वास तथा आश्वासन की प्राप्ति होगी।

अपनी स्वतन्त्रता को सुरक्षित रखना तो युवा पुरुष के लिए अच्छी बात है ही, पर उसे प्रत्येक दशा में वीरव्रती होना चाहिए। उसे अन्याय का विरोध और अत्याचार का अवरोध करना चाहिए, उसे दूसरों का ध्यान पहले और अपना पीछे रखना चाहिए, उसे ऐसे स्थलों पर वीरता दिखानी चाहिए जहाँ शरीर की वा धर्मबुद्धि की हानि का भय हो, उसे आत्मोत्सर्ग का भाव धारण करना चाहिए। मैंने कहीं पर दो राजपूत वीरों का वृत्तान्त पढ़ा था जिसका मेरे चित्त पर बड़ा प्रभाव पड़ा था। इन दोनों राजपूतों में बहुत दिनों का बैर चला आता था। एक दिन की बात है कि इनमें से एक क्रोध के आवेश में दूसरे के प्राण लेने की इच्छा से नगर में निकला। वह थोड़ी दूर गया था कि उसने देखा कि लोग घबराहट के साथ सड़क छोड़कर इधर-उधर भागे जा रहे हैं। देखते-ही-देखते सड़क मनुष्यों से खाली हो गई और सामने से एक मतवाला हाथी आता दिखाई पड़ा। राजपूत एक कोने में छिप रहा। हाथी क्रोध से सूँड़ फटकारता चला आता था। संयोगवश भागनेवालों में से किसी का एक बालक सड़क पर छूट गया था। हाथी उसके बिलकुल पास पहुँच गया और उसको चीरकर फेंकना ही चाहता था कि चट किसी ओर से एक मनुष्य फुरती के साथ दौड़ा आया और उस लड़के को गोद में लेकर किनारे निकल गया। जब हाथी दूर निकल गया तब लोग 'धन्य धन्य' कहते हुए उसके पास इकट्ठे हुए। राजपूत भी कोने में से निकलकर वहाँ पहुँचा। निकट जाने पर उसे विदित हुआ कि वह मनुष्य जिसने उस बालक की इस वीरता के साथ प्राणरक्षा की थी, वही दूसरा राजपूत था जिसके वध की इच्छा से वह निकला था। यह देखते ही उसकी आँखों में आँसू आ गए और वह उसके गले से लिपटकर कहने लगा–"भाई ! मैं आज तुम्हारे प्राण लेने के लिए निकला था; पर तुम्हें इस वीरता के साथ जीवन-दान देते देख मेरी आँखें खुल गईं। तुम्हारे ऐसे धर्मवीर के प्रति दुर्भाव रखना अधर्म है।" मेरी समझ में तो इस राजपूत की

वीरता उन राजपूतों से कहीं बढ़-चढ़कर थी जो रणक्षेत्र में गर्व के साथ शत्रुओं के हृदय में चमचमाते हुए भाले भोंकते हैं। दूसरों की रक्षा के लिए अपनी रक्षा का ध्यान न रखने का जो महत्त्वपूर्ण दृष्टान्त इस राजपूत ने दिखलाया, वही धर्मवीरता का चरम लक्षण है। असहाय सीताजी को जब दुष्ट रावण रथ पर चढ़ाकर लिये जा रहा था, तब जटायु से न देखा गया। जब तक उसके शरीर में प्राण रहे, तब तक वह अन्याय का दमन करने के लिए सीताजी को छुड़ाने के लिए लड़ता रहा। इस प्रकार के उत्कट और भयानक रूप में अपनी वीरता प्रकट करने का अवसर तो शायद हमें न मिले, पर यदि हममें उसका भाव है तो उसके प्रदर्शन के बहुत से अवसर घर में, समाज में नित्य के व्यवहार में, मिल सकते हैं।

वीरता का एक और दृष्टान्त लीजिए। किसी टापू में एक बड़ी सेना उतरी थी। सेनानायक को मालूम हुआ कि उस टापू में कुछ दिनों से घड़ियाल की तरह का एक महा भयंकर जन्तु आता है जो लोगों को पकड़-पकड़कर खा जाया करता है। सेनानायक ने उसे मारने की आज्ञा दी। बहुत से वीरों ने उसके मारने का उद्योग किया, पर वे सबके सब उसके मुँह में चले गए। अन्त में सेनानायक ने हारकर आज्ञा दी—"जाने दो, उसके मारने का प्रयत्न न करो।" सेना में एक वीर युवक था। उसे यह आज्ञा पसन्द न आई; क्योंकि वह उस भीषण जन्तु को, जिसने इतने मनुष्यों के प्राण लिये थे, मारकर यश और अनुग्रह प्राप्त करना चाहता था। उसने उस भीषण जन्तु की एक मूर्ति बनाई, अपने दो कुत्तों को उसके पेट पर आक्रमण करना सिखाया और अपने घोड़े को उसके सामने ठहरने का अभ्यास कराया। जब वह पूरी तैयारी कर चुका, तब वह उस जन्तु की कन्दरा की ओर गया। उसने तुरन्त अपने कुत्तों को उस पर छोड़ दिया और आप भाले से उसे मारने लगा। अन्त में वह जन्तु मर गया। जब यह संवाद उस टापू में फैला, तब वहाँ के निवासी उसे बड़े आदर और धूमधाम के साथ उसके सेनानायक के पास ले गए। सेनानायक उससे कुछ रुखाई के साथ मिला और त्योरी चढ़ाकर बोला—"धर्मवीर का पहला कर्तव्य क्या है ?" उस युवक ने संकुचित और लज्जित होकर उत्तर दिया—"आज्ञापालन।" सेनानायक ने उसकी वीरता का सम्मान करते हुए कहा—"तुमने मेरी आज्ञा भंग करके उससे बढ़कर शत्रु खड़ा किया, जिसे तुमने मारा। तुमने नियमभंग और व्यवस्था विरोध का सूत्रपात्र किया।"

अस्तु, यह समझ रखना चाहिए कि वीरत्व के लिए स्वार्थत्याग के अतिरिक्त आज्ञापालन की भी आवश्यकता है। सब गुणों में से यही एक ऐसा गुण है जिसका सम्पादन करना नवयुवकों को बहुत जहर लगता है। हम लोगों में मनमानी करने की इच्छा स्वाभाविक होती है और हम समझते हैं कि जो हम करते हैं, वह सबसे अच्छा है। जहाँ हमने थोड़ी-बहुत जानकारी प्राप्त की कि हम अपने को और लोगों से बढ़कर समझने लगते हैं और अभिमान के मद में चूर इतराए फिरते हैं। हमारा यह मोह बहुत दिनों तक प्रायः नहीं रहता; और जिस समय यह दूर होता है, हमें अपने ऊपर बड़ा दुःख होता है। अतः हमें पहले ही से यह समझ रखना चाहिए कि जो फूल तोड़ना चाहता है,

उसे पहले काँटे मिलते हैं; जो हुक्म चलाना चाहता है, उसे पहले हुक्म मानने का अभ्यास करना पड़ता है। बड़ों के आदेश का जो बहुते से नवयुवक विरोध करते हैं, उसका आधार बहुत तुच्छ होता है और अन्त में उन्हें हार माननी पड़ती है। जैसे कि नीति और धर्म में वैसे ही विज्ञान और कला-कौशल में बुद्धिमानी की बात यही है कि पहले हम धीर, जिज्ञासु और विनीत विद्यार्थी के रूप में सन्तोष के साथ काम करें, फिर ज्ञान और अनुभव का संचय करने का अधिकार प्राप्त करें। जिस स्वाधीनता का मैंने ऊपर उल्लेख किया है, उससे इस उचित और युक्तिसंगत अधीनता का कुछ विरोध नहीं है। जो सिपाही आज्ञा-भंग करता है उसे लोग स्वाधीन नहीं कहते, बागी कहते हैं। प्रतिष्ठित नियम और मर्यादा का पालन करने ही से किसी मनुष्य की स्वाधीनता की, उसकी इच्छा और प्रयत्न की स्वतन्त्रता की, हानि नहीं होती।

साहस वीरता का एक प्रधान अंग है। साहस से मेरा अभिप्राय केवल उस शारीरिक बल वा बहादुरी से नहीं है जो बहुतों को जन्म से प्राप्त होती है; बल्कि उस उच्च और शुद्ध वृत्ति से है जिसे नैतिक साहस वा धर्मबल कहते हैं और जो हृदय की पवित्र उच्चता से सम्बन्ध रखती है। नित्य के व्यवहार में हमारे इस साहस की परीक्षा बराबर होती रहती है, समय पड़ने पर लोगों को सोहनेवाली बात का कहना जितना सुगम होता है, उतना सत्य बात का कहना नहीं। इसी से एक नीतिज्ञ ने यहाँ तक कह डाला है कि 'सत्यं ब्रूयात्प्रियं ब्रूयान्न ब्रूयात्सत्यमप्रियम्।' इसी प्रकार प्रलोभन में आ जाना जितना सुगम होता है, उतना उसका अवरोध करना नहीं। हम मौका पाने पर झट अपने पड़ोसी की हानि करके स्वयं लाभ उठाने का कारण ढूँढ़ निकालते हैं और लोगों से कहते फिरते हैं कि वह अकर्मण्य है, वह अपना काम-काज सँभालना नहीं जानता, उसे अपना हानि-लाभ नहीं सूझता। अपने लोभ और अन्याय के लिए हम अपने को कभी नहीं धिक्कारते। भरत के ऐसे इस संसार में सब नहीं होते कि राजधानी से दूर केवल इसलिए जाकर पड़े रहें जिसमें बड़े भाई के लिए राजसिंहासन खाली रहे। कोई कार्य उचित है, केवल इसी निमित्त उसके करने का धर्मबल वा साहस इस संसार में बहुत कम देखा जाता है, दुःख में शक्ति, क्षोभ में आत्मनिग्रह, विपत्ति में धैर्य, संपद् में मिताचार, धर्मबल के लक्षण हैं। 'बाबू तिरबेनीसहाय देखेंगे तो क्या कहेंगे ?' 'दुनिया देखेगी तो क्या कहेगी ?' इस बात का भय हमारे हाथों को दुर्बल करके अत्याचार-पीड़ित प्राणियों की रक्षा के लिए, सत्य और औदार्य के पालन के लिए, असत्य और विडम्बना के विनाश के लिए, उठने नहीं देता। 'अमुक महाशय देखेंगे तो क्या कहेंगे' इस भय से न जाने कितने ऐसे नवयुवकों का जीवन सत्यानाश हो जाता है जिनमें झूठे घमंडियों के बीच अपना निराला मार्ग निकालने की आत्मिक क्षमता नहीं होती। बुद्धिमान और अनुभवी लोगों की बात न मानना मूर्खता है; पर दुनिया के हँसने और भला-बुरा कहने की बराबर चिन्ता करना उससे भी बढ़कर मूर्खता है। लोगों का बहुत सा गुण और चमत्कार थोड़ी सी उचित आत्मिक दृढ़ता के अभाव से यों ही नष्ट हो जाता है। नित्य बहुत से ऐसे लोग चिता पर चढ़ते हैं जो इस कारण हीन दशा में पड़े रहे कि उनकी भीरुता ने उन्हें कोई

कार्य आरम्भ ही नहीं करने दिया। यदि वे लोग आरम्भ करने पाते तो बहुत सम्भव था कि वे सुखपूर्वक जीवन व्यतीत करते हुए बहुत कुछ नाम और यश कमाते तथा अपने उद्योगों से अपना और दूसरों का बहुत कुछ भला करते। बात यह है कि इस संसार में किसी करने योग्य काम को करने में हमें कठिनाई और बाधा देख-ठिठककर पीछे न हटना चाहिए, बल्कि जहाँ तक हो सके, कूदकर आगे बढ़ना चाहिए। इसी आत्मिक दृढ़ता के बल से, जो कठिनाई और विफलता के समय दूनी हो जाती है, संसार में मनुष्य के ज्ञान और सुख की वृद्धि करनेवाले सुधार हुए हैं, बड़े-बड़े आविष्कार हुए हैं तथा मनुष्य जाति उन्नति के मार्ग पर अग्रसर हुई है; क्योंकि शुरू-शुरू में प्रत्येक सुधार स्वभावतः लोगों की रुचि के प्रतिकूल होता है, उनके सुख-चैन के भाव में बाधा डालता है और उनके चित्त में कठिनाई और असुविधा का खटका उपन्न होता है। जो सुधार पर जोर देता है, उसे चारों ओर का घोर विरोध सहते हुए, बिना किसी के कृतज्ञतासूचक वा उत्साहवर्धक वाक्य के एकान्त में चुपचाप काम करना पड़ता है। जब वह अच्छी बातों का उपदेश करता है, तब लोग उस पर पत्थर फेंकते हैं।

धर्म के हेतु प्राण देनेवाले महात्माओं को इसी आत्मिक दृढ़ता का बल और अवलम्ब था, इसी की गुप्त प्रेरणा से वे धन और मान का तिरस्कार करने में समर्थ हुए थे। इसी आत्मिक दृढ़ता के बल से उन्होंने कारागार और अग्नि की भीषण यन्त्रणा सहन की, पर उस बात का पक्ष न छोड़ा जिसे अधिकांश लोग मिथ्या और अनुचित समझते थे। समरक्षेत्र में जहाँ रणोत्साह से नस-नस में रुधिर उमंगें मारता है और पास ही सहस्रों को एक ही उद्‌देश्य से प्रेरित देख उत्तेजना बढ़ती है, यश और कीर्ति प्राप्त करना उतना कठिन नहीं है। पर उसकी वीरता अत्यन्त विकट है जो महीनों अत्याचार, घोर साँसत सहकर अपने ऐसे शत्रुओं के सम्मुख लाया जाता है जो उससे कहते हैं कि "यदि तुम अपनी भूल को स्वीकार कर लो और अधिकारियों के मत के प्रतिकूल बात छोड़ दो, तो मुक्त कर दिए जाओ और फाँसी से बचा दिए जाओ।" दो-चार अनुकूल शब्द मुँह से निकाल देने ही से उसका छुटकारा हो सकता है। यही असली परीक्षा का समय है। इसमें जो मुँह से 'आह' तक न निकालकर सब कुछ सहे, वही सच्चा वीर है। यदि इस प्रकार का उच्च और उत्कृष्ट साहस नित्य-प्रति के जीवन व्यवहार में दिखाया जाए, तो संसार कितना सुखमय और पवित्र हो जाय ! जिसे सत्य और न्याय से प्रेम होगा, वह इस प्रकार का साहस दिखलावेगा। समाज के संस्कार के लिए जिस वस्तु की बहुत बड़ी आवश्यकता है, वह आत्मिक बल है जो बुराई की छाया तक को पास नहीं फटकने देता, जो सब प्रकार के दम्भ, पाखंड और भ्रम को दूर फेंकता है, जो नम्रतापूर्वक महात्माओं के उपदेश और आदर्श पर चलने की सामर्थ्य प्रदान करता है, जो चित्त में पवित्रता, सच्चाई, उदारता और भ्रातृस्नेह की स्थापना करता है। क्या इस उच्च कोटि का आत्मोत्सर्ग और आत्मतुष्टि असम्भव है ? हाँ, दुर्बलचित्त और स्वार्थियों के लिए अवश्य असम्भव है, जिन्होंने लड़कपन से कभी प्रलोभनों का शासन नहीं किया, जिनका आशय सदा नीच रहा, जिन्होंने कभी उच्च उद्‌देश्य की भावना नहीं की, जो समाज के कहने-सुनने का ही

सदैव ध्यान रखते हैं, यह नहीं देखते कि उनकी आत्मा क्या कहती है, जो चिर अभ्यास के कारण संसार की तुच्छ वस्तुओं और वासनाओं से चित्त को हटाकर अपने विचारों को उन्नत करने में असमर्थ हैं। पर ऐसे लोगों के लिए असम्भव नहीं है जो एक महान लक्ष्य की ओर अपनी सारी बुद्धि और बल लगाते हुए अग्रसर हो रहे हैं। जुआरियों, शराबियों, आलसियों, लम्पटों, अश्रद्धालुओं, झूठों, घमंडियों, बेईमानों और विषयासक्तों के लिए तो अवश्य असम्भव है, पर ऐसे लोगों के लिए जो महात्माओं के पथ पर चलते हैं, जो सत्य का अनुसरण करते हैं, जो प्रलोभनों का दमन करते हैं, जो ईश्वर पर भरोसा करते हुए निःशंक भाव से अपना कर्तव्यपालन करते हैं, यह बात कठिन चाहे हो, पर असम्भव नहीं है।

विलायत में जार्ज स्टिफेंसन नामक एक व्यक्ति ने देखा कि खान के भीतर काम करनेवालों के लिए एक लालटेन की बड़ी आवश्यकता है जिसके प्रकाश में लोग आराम के साथ काम करें। पर खानों के भीतर एक प्रकार की जहरीली हवा (गैस) होती है जिससे आग लगने का भय होता है। अतः लालटेन ऐसी होनी चाहिए थी जिसकी लपट से खान के भीतर की जहरीली हवा न भभके। स्टिफेंसन ने एक लालटेन तैयार की। पर उसे काम में लाने के पहले उसकी परीक्षा आवश्यक थी। पर ऐसी भयंकर परीक्षा करे कौन ? अन्त में अपने पुत्र और दो मित्रों को साथ लेकर स्वयं स्टिफेंसन अपनी बनाई लालटेन की परीक्षा के लिए आधी रात को खान के मुँह पर पहुँचा। चारों आदमी धीरे-धीरे खान में उतरे और एक ऐसे अँधेरे गड्ढे की ओर बढ़े जहाँ बाहर की हवा बिलकुल नहीं पहुँचती थी और अत्यन्त जहरीली गैस निकल रही थी। स्टिफेंसन का एक साथी उस गड्ढे को देखकर लौटा और कहने लगा कि जहाँ वहाँ जलती बत्ती पहुँची कि गैस भभक उठेगी, सारी खान में आग लग जाएगी और चारों में से एक भी जीता न बचेगा। पर स्टिफेंसन अपने संकल्प से रत्तीभर भी विचलित न हुआ। एक हाथ में लालटेन लेकर वह बड़ी धीरता के साथ गड्ढे की ओर बढ़ा। उस समय यही जान पड़ता था कि मानो वह मृत्यु के मुख में जा रहा है; पर उसकी आकृति से किसी प्रकार की व्यग्रता नहीं झलकती थी। उस गड्ढे के पास पहुँचकर चट उसने अपनी लालटेन वहाँ रख दी और खड़ा होकर परिणाम की प्रतीक्षा करने लगा। थोड़ी देर बत्ती भभकी, फिर झलमलाने लगी और बुझ गई। इससे यह बात भली-भाँति सिद्ध हो गई कि उस लालटेन से खान में आग लगने की कोई आशंका नहीं है। यहाँ पर पाठकों के ध्यान देने की बात स्टिफेंसन का आत्मिक बल है जिसके कारण वह अकेले एक बड़े भारी उद्देश्य के साधन के लिए एक भय के स्थान में कूद पड़ा।

आर्यसमाज के संस्थापक स्वामी दयानन्द का आत्मिक बल भी ध्यान देने योग्य है। उनका आशय जैसा उच्च था वैसा ही उनका परिश्रम भी असाधारण था। विलक्षण विवादपटुता और अद्भुत साहस के साथ उन्होंने उन बुराइयों का दिग्दर्शन कराया जो हिन्दू धर्म की शक्ति का अपहरण कर रही हैं। उन्होंने पूर्ण निर्भीकता और सच्चाई के साथ समाज की प्रचलित विलासप्रियता और भोगाडम्बर का विरोध किया। उदयपुर के

महाराणा सज्जनसिंह बहादुर स्वामीजी का बड़ा आदर-सम्मान करते थे। एक दिन स्वामीजी दरबार में पहुँचे, तो क्या देखते हैं कि एक वेश्या वहाँ बैठी हुई है। महाराणा साहब स्वामीजी को लेने के लिए उठे। पर स्वामीजी तुरन्त वहाँ से उलटे पाँव यह कहते हुए फिरे–"जहाँ वेश्याओं को यह स्थान मिलता है, वहाँ एक क्षण भी ठहरना उचित नहीं। ऐसे दरबार को दूर से नमस्कार !" महाराणा साहब ने उस वेश्या को निकलवा दिया, सब कुछ किया, पर स्वामीजी फिर लौटकर न गए। उन्होंने लोभी पंडों, पुरोहितों के आचरण की घोर निन्दा की, उनके स्वार्थमय व्यापार का खूब भंडा फोड़ा। स्वार्थियों ने उन्हें भाँति-भाँति के प्रलोभन दिखाय, बड़ी-बड़ी धमकियाँ दीं, पर वे अपने पथ से विचलित न हुए। यदि वे चाहते तो लोगों की रुचि के अनुकूल चलकर उनकी हाँ-में-हाँ मिलाकर, बड़े चैन के साथ मठधारी महन्तों की तरह दिन बिताते; पर उन्होंने इस प्रकार बुराइयों पर परदा डालना, सत्य का अपघात करना, उचित नहीं समझा। जिन लोगों के हित के लिए वे प्रयत्न करते थे, उन्हीं से अपनी कटूक्तियों के कारण गालियाँ खाकर, अनेक प्रकार के अपमान सहकर अन्त में उन्होंने वह विष का घूँट पीया जिसे उनके खरेपन ने उनके लिए प्रस्तुत किया था। स्वामी दयानन्द की विद्वत्ता आदि के विषय में चाहे जो कुछ कहा जाए, पर उनका उद्‌देश्य उच्च और दृढ़ था, उनमें चरित्रबल पूरा था। स्वामी दयानन्द ने जो-जो कठिनाइयाँ सहीं, उन्हें समाज ने देखा, उनके बहुत से पक्षपाती हुए तथा साधुवाद देने के लिए बहुत से श्रद्धालु प्रस्तुत हुए। जो कुछ उन्होंने किया, वह संसार और समाज के सामने था, इससे उन्हें सहारा देनेवाले और उनसे सहानुभूति रखनेवाले बहुत से मिल गए। पर इस संसार कानन में ऐसे बहुत से साधु-महात्मा पड़े हैं जिन्हांने अपने को कभी किसी प्रकार प्रसिद्ध नहीं किया, जिन्होंने अपनी वाणी का विकास कभी नहीं किया, जिन्होंने अपनी एकान्तता परित्याग करके कभी अपनी चर्चा लोक में नहीं फैलाई, जिनका देवतुल्य श्रेष्ठ जीवन सदा अन्तर्व्याप्त ही रहा और जिनके अन्तःकरण का सौन्दर्य उसी प्रकार लोगों से छिपा रहा जैसे निर्जन वन में खिली हुई कमलिनी का। जिनका जी चाहे वे रणरक्तरंजित विजयी योद्धाओं की प्रशंसा करें, तथा अपनी नीति द्वारा निर्बल जातियों के सुख और स्वातन्त्र्य का अपहरण करनेवाले राजनीतिज्ञों को धन्य-धन्य कहें, पर जो सत्यप्रिय और ज्ञानार्थी हैं वे उसी आत्मिक बल का बखान करते हैं जो संसार के दुःख और झंझट को, निन्दा और उपहास को, अभाव और दरिद्रता को कुछ नहीं समझता। यही आत्मिक बल संसार की कठिन कसौटी पर ठहर सकता है।

आजकल उन्नति और विद्याप्रचार के जितने साधन हैं, उतने पहले समय में न थे। प्राचीन काल में न छापे की कलें थीं; न स्थान-स्थान पर बड़े-बड़े पुस्तकालय थे, न सामयिक पत्र-पत्रिकाएँ थीं, न डाक विभाग था, न वैज्ञानिक परीक्षालय थे, पर ऐसे-ऐसे अध्यवसायी, मेधावी और प्रतिभाशाली विद्वान होते थे जिनकी कृतियों को देख आजकल के लोगों को भी चकित होना पड़ता है। शारीरिक वीरता लोगों को तोप के मोहड़े के सामने ले जाकर खड़ा कर सकती है, क्योंकि वे एक-दूसरे की देखादेखी तथा प्रतिहिंसा,

विजय और लूट की आशा से उत्तेजित रहते हैं। पर भूख-प्यास का वेग, शीतताप की व्यथा, उद्धतों का कुव्यवहार, धनियों द्वारा अपमान सहने के लिए एक और ही उच्च प्रकार की प्रेरणा की आवश्यकता होती है। ज्ञान के गुप्त रहस्यों का उद्‌घाटन और आत्मा की उन्नति करने के लिए एकान्त में, अकेले और अज्ञात भाव से परिश्रम करना पड़ता है। जिस समय लिखने-पढ़ने की सामग्रियों और पुस्तकों का अभाव था, विद्यार्थी गुरुकुलों में कुशासन पर सोते थे, वन-वन लकड़ी चुनते और कन्दमूल उखाड़ते थे, उस समय भी ऐसे प्रकांड आचार्य हुए जिन्होंने ज्ञान की ज्योति को निरन्तर प्रज्वलित रखा और भावी सन्तति की ओर बढ़ाया। आत्मसंस्कार में रत युवा पुरुष जितनी प्रशंसा ऐसे लोगों के धर्मबल की करेंगे, उतनी प्रशंसा उन योद्धाओं के बाहुबल की नहीं, जो तलवार और भाले लेकर विजय और कीर्ति की लिप्सा से संग्रामभूमि में अग्रसर हुए हैं। इसी एक धर्मबल के सहारे संसार के बड़े-बड़े महात्माओं ने ज्ञान की खोज में अनेक आपत्तियाँ उठाईं और अनेक संकट सहे। लोग कह सकते हैं कि जो काम उन्होंने किए, उनका महत्त्व उन्हें अवश्य विदित था। पर महत्त्व विदित होने पर भी यदि उनमें ज्ञान की निःस्वार्थ चाह न होती तो वे इस वीरता के साथ और इस अटल भाव से अपने व्रत का पालन करते हुए अपने विकट और कंटकमय मार्ग में अग्रसर न हो सकते।

जबकि उस समय के लोग इतना कर गए, तब क्या आजकल के लोग सब कुछ सुबीता रहते हुए भी अपना जीवननिर्वाह उसी योग्यता के साथ नहीं कर सकते ? क्या आजकल के लोग उन प्राचीनों से भी गए बीते बनना चाहते हैं जिनके पास उन्नति के साधन इतने अल्प थे ? एक बात जो आत्मा में भली-भाँति अंकित कर रखने की है, वह यह है कि मनुष्य का जीवन केवल एक ही गुण से उच्च और महान हो सकता है। वह गुण सत्यबल है। सत्यबल योग से प्राप्त होता है। सत्यबल धर्मबल ही का नाम है। यदि तुम यह समझते हो कि पोथियों, पांडित्यपूर्ण शास्त्रार्थों तथा तर्क-वितर्क से ही तुम सब कुछ कर लोगे, तो यह तुम्हारी बड़ी भारी भूल है। पुस्तकें तुम्हें जाग्रत और उत्तेजित कर सकती हैं तथा उँगलियों का इशारा कर सकती हैं कि इधर-उधर न भटको, पर वे तुम्हें पथ पर अग्रसर नहीं कर सकतीं। पथ पर अग्रसर तुम्हारे पैर ही करेंगे। यह करने-धरने की बात है, केवल जानने की बात नहीं है। उँगलियों के इशारे मिलते रहें तो अच्छी बात है, पर यदि उनके बिना काम चले तो और भी अच्छी बात है; क्योंकि यह निश्चय समझो कि जीवन-यात्रा में थोड़ी दूर आगे चलकर तुम्हें फिर उजाड़ मैदान और दलदल मिलेगी; सो यदि तुम्हें पग-पग पर दूसरों ही के इशारे पर चलने का अभ्यास रहेगा, तो किंकर्तव्यविमूढ़ होकर तुम फटफटाते रह जाओगे। तुम्हारा पथ-प्रदर्शक तुम्हारी आत्मा में होना चाहिए, अन्यथा तुम्हें उद्धार के लिए ऐसों का मुँह ताकना पड़ेगा जिनकी दशा तुमसे कदाचित् ही कुछ अच्छी होगी। अतः कमर कसकर उठो और इस बात को प्रमाणित कर दो कि जिस प्रकार तुम्हें चलना रहता है तो चलते हो, कूदना रहता है तो कूदते हो, उछलना रहता है तो उछलते हो, उसी प्रकार तुम श्रेष्ठ जीवन व्यतीत करने के लिए प्रत्येक अवसर पर श्रेष्ठ आचरण करते हो। आत्मबल का

सम्पादन करो, हृदय और बुद्धि को परिष्कृत करो और अपना संकल्प दृढ़ रखो। तुम दुनिया में रहकर भी बिलकुल दुनियादारी ही का व्यवहार न करो, इन्द्रियों से कार्य लेते हुए भी इन्द्रियासक्त न हो जाओ, बल्कि अपना संकल्प उच्च और आशय गम्भीर रखो। जब तुम भाँति-भाँति के प्रलोभनों वा आपदाओं के बीच पड़ोगे अथवा विरोधियों से घिर जाओगे, तब तुम्हें अपनी आत्मा ही की शरण रहेगी, अपने दृढ़ संकल्प का ही सहारा रहेगा। ऐसे अवसरों पर तुम तिलभर भी न डिगना। जब सिपाही गढ़ के द्वार में घुसता है, तब वह या तो बराबर आगे बढ़ता जाता है और विजय प्राप्त करता है अथवा पीठ दिखाता वा मारा जाता है। जब तक समुद्र वा नदी का बाँध मजबूत रहता है, तब तक उसके पीछे की भूमि रक्षित रहती है; पर जहाँ उसमें कोई छेद हुआ कि जल वेग के साथ उसे तोड़-फोड़ देता है और बढ़कर सब कुछ सत्यानाश कर देता है। पवित्रता और शुद्धता का आदर्श सदैव अपने सामने रखो जिसमें तुम्हारे संकल्प और भाव आत्मबल के सहारे उसके निकट तक पहुँचें। इस पृथ्वी पर मनुष्य या तो इन्द्रियों का सुख भोगे अथवा आत्मा की शान्ति प्राप्त करे। यदि आत्मा की शान्ति प्राप्त करनी है, यदि अपने मानव जीवन को देवजीवन बनाना है, यदि इस मर्त्यलोक में निर्द्वन्द्व भाव से रहना है तो इस भाव-कानन के कुफल न चखो। बाहरी सौन्दर्य से नेत्रों को आनन्द मिल सकता है, पर काल की गति के साथ यह क्षणिक आनन्द भी देखते-ही-देखते बदल जाता है। द्रव्य ही परिवर्तनशील है, आत्मा का आदर्श भाव, जिसे सौन्दर्य और उत्तमता की अगोचर अवस्था कह सकते हैं, लौकिक से परे एक दिव्य ज्योतिमय सृष्टि से सम्बन्ध रखता है। क्या इस आदर्श भाव के सहारे तुम ऊँचे उठना चाहते हो ? यदि चाहते हो तो पार्थिव को छोड़ो और इस क्षुद्र अन्धकारमय जीवन से निकलकर आदर्श भावमय राज्य में प्रवेश करो। वहीं परमात्मा का वह रूप दिखाई पड़ेगा जिसका जीवात्मा एक अंश है। उस दिव्य रूप में जीवात्मा पूर्ण, शुद्ध, बुद्ध और नित्य देख पड़ेगा, जैसा कि भगवान श्रीकृष्ण ने गीता में कहा है–

न जायते म्रियते वा कदाचि
न्नायं भूत्वा भविता वा न भूयः।
अजो नित्यः शाश्वतोऽयं पुराणो,
न हन्यते हन्यमाने शरीरे॥
अच्छेद्योऽयमदाह्योऽयमक्लेद्योऽशोष्य एव च।
नित्यः सर्वगतः स्थाणुरचलोऽयं सनातनः॥

अस्तु, हमें चाहिए कि हम विषयादि में नितान्त लिप्त न होकर शुद्ध आत्मा की शान्ति का सुख भोगें; क्योंकि–

अवश्यं यातारश्चिरतरमुषित्वापि विषयान्
वियोगे को भेदस्त्यजति न जनो यत्स्वयममून्।
व्रजंतः स्वातंत्र्यादतुलपरितापाय मनसः
स्वयं त्यक्त्वा ह्येते शमसुखमनंतं विदधति॥

चाहे हम कितने ही दिनों तक क्यों न रहें, विषयादि एक दिन अवश्य जानेवाले हैं; इसलिए चाहे हम स्वयं उनका त्याग करें अथवा वे हमारा त्याग करें, उनके हमारे वियोग में किसी प्रकार का संशय नहीं। पर संसारी मनुष्य फिर भी स्वयं उनका परित्याग नहीं करते। जब आप-ही-आप विषयादि हमारा त्याग करते हैं, तब हमें अत्यन्त दुःख होता है; पर जब हम स्वयं उनका परित्याग कर देंगे, तब अनन्त शान्ति-सुख का लाभ कर सकेंगे।

युवा पुरुषों के लिए हम यहाँ परिश्रम के महत्त्व की लम्बी-चौड़ी व्याख्या की आवश्यकता नहीं समझते। जो परिश्रम करने के लिए उद्यत नहीं, वह आत्मसंस्कार में भला क्या प्रवृत्त होगा ? आलसी और अकर्मण्य को अपना हृदय परिष्कृत करने और बुद्धि विवर्द्धित करने की लालसा ही न होगी। पर अध्यवसाय की आवश्यकता की ओर मैं विशेष ध्यान दिलाना चाहता हूँ। मैंने ऐसे बहुत से आरम्भशूर युवा पुरुषों को देखा है जिन्होंने बड़ी धूम और तपाक के साथ कार्य आरम्भ किया, बड़ी-बड़ी पुस्तकें इकट्ठी कीं, अध्ययन की प्रणाली स्थिर की, पर जहाँ उन्होंने दो-चार पृष्ठ पढ़े, या दो-चार सवाल लगाए कि उनके सामने भारी कठिनता दिखाई दी। फिर तो पुस्तकें किनारे फेंक सारी पढ़ाई-लिखाई उन्होंने यह कहकर छोड़ दी कि 'यह सब हमारे लिए न होगा।' आरम्भशूर पुरुषों को थोड़ा ही आगे चलकर यह मालूम होने लगता है कि जो कार्य उन्होंने ठाना है, वह उनकी शक्ति और सामर्थ्य के बाहर है। थोड़ा सोचिए तो कि यह कैसी बात है ? उस सेनापति को लोग क्या कहेंगे जिसने शत्रु के दुर्ग को तोड़ने का संकल्प करके उसका नक्शा तैयार किया, जो आक्रमण करने के लिए सिपाहियों को लेकर आगे बढ़ा, पर एक छोटी सी खाई देखकर लौट आया ! आत्मसंस्काराभिलाषी पुरुष में अध्यवसाय अवश्य चाहिए। उसे कठिनाइयाँ पड़ेंगी—एक दो नहीं सैकड़ों—पर ज्यों-ज्यों वह आगे बढ़ता जाएगा, त्यों-त्यों उसकी एक-एक कठिनाई सुगम होती जाएगी और बराबर कृतकार्य होते-होते उसे पूरी आशा और हिम्मत बँध जाएगी। कठिनाइयाँ तो अवश्य पड़ेंगी, क्योंकि यदि कठिनाइयाँ न हों तो फिर अभ्यास और परिश्रम का महत्त्व ही क्या ? हम ऐसे वीर सेनानायक की प्रशंसा नहीं करते जो किसी अरक्षित देश में बिना किसी प्रकार की लड़ाई-भिड़ाई के प्रवेश करता है। ज्ञान का आधा महत्त्व और सौन्दर्य नष्ट हो जाए, यदि वह बिना कठिन और अखंड प्रयत्न के प्राप्त हो। पुरुषार्थियों के लिए यथार्थ आनन्द प्रयत्न में है, फल में नहीं। प्रयत्न ही आत्मा की शिक्षा और चरित्र की उन्नति का विधान करता है। प्रयत्न ही मनुष्य को धैर्य और शान्ति रखने की तथा कर्तव्य स्थिर करने की शिक्षा देता है। प्रयत्न में मनुष्य को कठिनाई अवश्य पड़ती है, पर कोई कठिनाई ऐसी नहीं जो दूर न की जा सके। किसी धीर और पुरुषार्थी के हाथ में एक घन और टाँकी तथा कुछ समय दे दीजिए, वह बड़ी-बड़ी चट्टानों को उखाड़कर फेंक देगा। इसी प्रकार आत्मशिक्षाभिलाषी पुरुष अवसर और साधन पाकर जिस काम को करना चाहेगा, कर डालेगा। प्रयत्न और परिश्रम अच्छे गुण हैं, पर अध्यवसाय सबसे बढ़कर है। कोई मनुष्य परिश्रमी होकर भी विफलता देख शीघ्र हतोत्साह हो सकता है। उसका जी यह देखकर टूट सकता है कि वह अपने काम में बहुत कम आगे बढ़ा है।

युवा पुरुष को जिस गुण की बड़ी भारी आवश्यकता है, वह अध्यवसाय है। इसके बिना वह कुछ नहीं कर सकता। मान लीजिए कि वह कोई काम करता चला जा रहा है। इसी बीच में उसके मन में आया कि 'जितना समय नित्य मैं इस काम में लगाता हूँ, उतने से क्या होगा; काम बहुत है।' अब क्या उसे उस काम को बीच ही में छोड़ देना चाहिए ? नहीं कदापि नहीं, उसे अध्यवसायपूर्वक काम करते चलना चाहिए। उसे किसी बात से हतोत्साह न होना चाहिए; उसे हार मानकर बैठ न रहना चाहिए। यदि तुम्हें प्रतिदिन एक घंटा ही मिलता है तो उसी एक घंटे का पूरा उपयोग करो। यदि साहित्य की ओर तुम्हारी रुचि नहीं है तो इतिहास पढ़ो, विज्ञान सीखो, दर्शन में अभ्यास करो, कला-कौशल में निपुणता प्राप्त करो। तात्पर्य यह कि अध्यवसाय न छोड़ो। तुम्हें पहले यह सीखना चाहिए कि किस तरह सीखना होता है। जिस तरह बच्चा जब पैरों के बल चलने का अभ्यास करना सीखने लगता है, तब कई बार गिरता-पड़ता है, उसी प्रकार तुम्हें भी गिरना-पड़ना पड़ेगा; पर उद्योग न छोड़ना।

प्रारभ्यते न खलु विघ्नभयेन नीचैः
प्रारभ्य विघ्न-विहता विरम्मति मध्याः।
विघ्नैः पुनः पुनरपि प्रतिहन्यमानाः
प्रारभ्य चोत्तमजना न परित्यजंति॥

जब वसुदेवजी अँधेरी भयानक रात में बालक श्रीकृष्ण को लिये पार जाने के निमित्त बढ़ी हुई जमुना के किनारे पहुँचे, तब वे ठिठककर खड़े हो गए, पार होने का कोई उद्योग उनसे न बन पड़ा। जब देवबल से जमुना का जल कम हुआ, तब वे नदी में हलकर पार हुए। पर साधारण अवस्थाओं में युवा पुरुषों के लिए इस प्रकार ठिठककर खड़ा हो जाना ठीक नहीं। उन्हें चटपट कमर कसकर नदी पार करने के उद्योग में लग जाना चाहिए। संस्कृत साहित्य की ओर योरप को आकर्षित करनेवाले, एशियाटिक सोसायटी के संस्थापक सर विलियम जोन्स का यह सिद्धान्त था कि चाहे कितनी ही कठिनाइयाँ पड़ें, जिस कार्य में मनुष्य हाथ डाले, उसे बिना पूरा किए न छोड़े। इसी से उन्होंने अपने अल्प जीवनकाल में आठ भाषाओं में तो पूरी और आठ भाषाओं में उससे कम योग्यता प्राप्त की। इनके अतिरिक्त वे बारह और भाषाओं की भी थोड़ी-बहुत जानकारी रखते थे। यह सब अध्यवसाय के अमोघ बल से हुआ। इसी प्रकार यहाँ पंडित ईश्वरचन्द्र विद्यासागर, जस्टिस महादेव गोविन्द रानाडे, अध्यापक हरिनाथ दे, रमेशचन्द्र दत्त, डॉक्टर राजेन्द्रलाल मित्र आदि बहुत से लोगों के वृत्तान्त दिए जा सकते हैं; पर वे इतने प्रसिद्ध हैं कि उनके नाम देने ही से काम निकल जाएगा। ये लोग पुकार-पुकारकर इस भारी बात की घोषणा कर रहे हैं कि अध्यवसाय के बिना कुछ भी नहीं हो सकता। यहाँ राजनीतिज्ञ की बुद्धि है, विजयी का अस्त्र है, विद्वान का बल है। प्रसिद्ध संस्कृत वैयाकरण और ग्रन्थकार बोपदेव के विषय में एक आख्यान प्रसिद्ध है। ऐसा कहा जाता है कि जब वे गुरु के समीप विद्याध्ययन के लिए बैठाए गए, तब उनकी बुद्धि अत्यन्त मोटी थी। गुरु जो कुछ समझाते थे, वह उनकी समझ में नहीं आता था। एक दिन

उन्होंने अपने मन में निश्चय कर लिया कि अब मुझे पढ़ना न आवेगा और वे घर से निकल पड़े। एक दिन वे घूमते-घूमते एक सरोवर के तट पर पहुँचे जिसके चारों ओर पत्थर का घाट बँधा था। वहाँ बैठे ही थे कि इतने में एक स्त्री घड़ा लेकर आई और उसे घाट पर रख नहाने लगी। थोड़ी देर में वह नहा-धोकर और घड़े में पानी लेकर चली गई। बोपदेव ने देखा कि जहाँ उस स्त्री ने घड़ा रखा था, वहाँ पत्थर पर एक गड्ढा पड़ गया है। यह देखकर बोपदेव ने मन में सोचा कि जब पत्थर ऐसी कठोर वस्तु मिट्टी के घड़े की रगड़ से घिस जाती है, तब क्या लगातार परिश्रम करने से मेरी स्थूल बुद्धि भी घिसकर सूक्ष्म न हो जाएगी। इस विचार के उठते ही बोपदेव वहाँ से चल पड़े और फिर अपने गुरुजी के पास आकर तन-मन से विद्याध्ययन में लग गए। फिर तो बोपदेव ऐसे भारी पंडित हुए और उन्होंने ऐसे-ऐसे ग्रन्थ बनाए कि उनका नाम सारे भारतवर्ष में फैल गया। बंगदेश में इन्हीं बोपदेव के व्याकरण को पढ़कर लोग पंडित होते हैं।

ईश्वरचन्द्र विद्यासागर जिस समय अपने ग्राम की शिक्षा समाप्त करके कलकत्ते के संस्कृत कॉलेज में भरती हुए, उस समय उन्होंने अध्यवसाय और परिश्रम की पराकाष्ठा कर दी। संस्कृत व्याकरण के साथ उन्होंने स्कूल में अँगरेज़ी पढ़ना भी आरम्भ किया। ईश्वरचन्द्र के पिता अत्यन्त साधारण वित्त के मनुष्य थे, इससे वे पुत्र की विशेष सहायता न कर सकते थे। ईश्वरचन्द्र दिन भर तो कॉलेज और स्कूल में संस्कृत और अँगरेज़ी का पाठ सुनाते और लेते, रात को रसोई बनाकर पढ़ने बैठते और दो-दो बजे रात तक बैठे रह जाते। वे कभी-कभी एक दिन का बनाया दो-दो दिन खाते। उन दिनों उनका यह हाल था कि वे सबेरे स्नान करके बाजार जाते और तरकारी इत्यादि लेकर डेरे पर लौट आते। फिर अपने हाथों ही से सिल पर हल्दी मसाला पीसते और आग जलाते थे। उनके बासे में चार आदमी भोजन करते थे। सबके लिए वे भात, दाल, मछली, तरकारी आदि बनाते। फिर सबके भोजन कर चुकने पर चौका साफ करते और बरतन माँजते थे। सचमुच बासन माँजते और लकड़ी चीरते-चीरते उनके हाथ खुरखुरे हो गए थे और दो-एक नख घिस गए थे। इस अपूर्व परिश्रम का विद्यासागर को अपूर्व फल मिला। थोड़े ही दिनों में वे व्याकरण, साहित्य, स्मृति, अलंकार आदि में पारंगत हो गए और उन्होंने उच्च छात्रवृत्ति प्राप्त की। धीरे-धीरे वे विद्यासागर हो गए और उनकी उज्ज्वल कीर्ति सारे भारतवर्ष में फैल गई।

अध्यवसाय मानसिक शिक्षा का एक बड़ा भारी साधन है। मन को व्यर्थ इधर-उधर बहकने से रोकने के लिए, कल्पना को अनुपयोगी विषयों में लीन होने से बचाने के लिए, मेरी समझ में इससे बढ़कर और कोई उपाय नहीं है कि तर्कविद्या की खरी शैली का अभ्यास किया जाए अथवा प्राचीन और अर्वाचीन भाषाओं का पूर्ण अध्ययन किया जाए। अध्यवसाय नैतिक शिक्षा का भी साधन है। जब बौद्ध भिक्षुओं को मार के प्रलोभनों का बहुत भय होता है, तब वे अपने धर्मकार्यों में दूनी तत्परता के साथ रत हो जाते हैं। यदि प्रत्येक घड़ी के लिए कोई-न-कोई काम रहे तो क्षुद्र ईर्ष्या, मात्सर्य, अपवित्र वासना आदि के लिए समय न मिले। ऐसे खोटे उद्योगों के लिए अवकाश ही न रहे

जिनके द्वारा खाली बैठे हुए निकम्मे लोग अपना सत्यानाश करते हैं। अँगरेज़ी कहावत है कि शैतान ऐसे ही हाथों को खोटे कर्मों की ओर बढ़ाता है जिनमें कुछ काम-धन्धा नहीं रहता। अध्यवसाय के महत्त्व को समझते हुए भी युवा पुरुष को चाहिए कि वह इस बात में भी आवश्यकता से अधिक न बढ़ जाए। बहुत से युवा पुरुषों के लिए तो इस चेतावनी की कोई आवश्यकता ही नहीं; क्योंकि विरले ही मनुष्यों को परिश्रम वा अध्यवसाय इतना प्रिय होता है। पर कभी-कभी कोई उत्साही छात्र ज्ञान-पिपासा के इतना वशीभूत हो जाता है कि वह उतना समय व्यर्थ नष्ट हुआ समझता है जितना पुस्तकों के अध्ययन में नहीं बीतता। इसी विचार से मैं युवा पुरुषों में एक और गुण का होना आवश्यक समझता हूँ जिसे संयम वा मिताचरण कहते हैं। किसी बात में अति कभी न करनी चाहिए। यह वाक्य सदा ध्यान में रखना चाहिए कि "अति सर्वत्र वर्जयेत्।" हर एक बात की हद होती है। जिस प्रकार राजाओं को नए-नए देशों को जीतकर राज्य में मिलाने की धुन हो जाती है, उसी प्रकार किसी-किसी विद्याव्यसनी को एक शास्त्र से दूसरे शास्त्र, एक विद्या से दूसरी विद्या पर अधिकार प्राप्त करने की धुन हो जाती है। वह कभी इतिहास पढ़ते-पढ़ते दर्शनों की ओर झुकता है; कभी संस्कृत, प्राकृत में प्रवीण होकर अरबी, फारसी सीखने लगता है; रसायन और विज्ञान में पारंगत होकर भूगर्भविद्या और वनस्पतिविद्या में परिश्रम करता है। सच्चे जिज्ञासु और विद्वान का यही लक्षण है। पर उसे इस बात से भी सावधान रहना चाहिए कि अत्यन्त अधिक परिश्रम से कहीं वह अस्वस्थ न हो जाए और किसी काम के करने लायक ही न रहे। अतः हे युवा पुरुषो ! तुम्हें चाहिए कि तुम अति न करो। तुम्हें काम की भी उसी प्रकार अति न करनी चाहिए जिस प्रकार आराम की। जितना समय तुम्हारे हाथ में हो, उसे अच्छी तरह सोच-समझ लो और जितना तुम उसके बीच कर सकते हो, उससे अधिक के लिए प्रयत्न न करो। मैं पहले ही बतला चुका हूँ कि अपने समय और शक्ति का क्रम और व्यवस्थापूर्वक उपयोग करने से तुम कितने बड़े-बड़े काम कर सकते हो। इस ढंग से तुम जितना कर सको उससे सन्तोष करो, अपने शरीर और मस्तिष्क के पुरजों से इतना अधिक काम न लो जितना वे स्वस्थतापूर्वक न कर सकें। यदि तुम शरीर वा मस्तिष्क पर बहुत अधिक बोझ डालोगे, उसे बहुत अधिक झटका दोगे, तो वह तड़ से उखड़ जाएगा। मैंने बहुत से युवा पुरुषों को देखा है जो एकबारगी बहुत अधिक काम के कारण चक्कर खाते हुए सिर में भीगा रूमाल लपेटते हैं, थके हुए मन में फुरती लाने के लिए दम-पर-दम गरमागरम चाय पीते हैं तथा इसी प्रकार के और अनेक उपाय करते हैं। वह अत्यन्त हानिकारक है, यह भारी पागलपन है। इससे भाँति-भाँति के लोग लग जाते हैं और शरीर उखड़ जाता है। मैंने ऐसे बहुत से लोगों को देखा है जो पढ़ने में अति करने के कारण अकाल ही काल के गाल में गए हैं। यदि वे अपने समय और श्रम का संयमपूर्वक उचित विभाग करते तो अपने जीवन से हाथ न धोते। संयम और व्यवस्था इन दो बातों से बड़ी रक्षा होती है। युवा पुरुष को चाहिए कि वह अपने उद्देश्यों को परिमित रखे और अपने कार्यों को नियमित करे। यदि मन को नियत समय पर एक-एक विषय की ओर लगाया

जाए, तो वह बहुत कुछ कर सकता है। पर यदि उसे लगातार एक ही ओर लगाकर उस पर एक ही समय में बहुत सा बोझा डाल दिया जाएगा तो अन्त में कुछ भी न हो सकेगा। लोगों की मृत्यु असंयम ही से होती है। नियमपूर्वक कार्य करने से कोई नहीं मरता, बल्कि इतिहास और जीवनचरित इस बात के साक्षी हैं कि काम करने से मनुष्य दीर्घायु होता है। पड़ी-पड़ी मुर्चा खाने से वस्तु जितनी जल्दी नष्ट होती है, उतनी व्यवहार में आने से नहीं। बेंजमिन फ्रैंकलिन नामक एक असाधारण उद्योगी मनुष्य हो गया है उसकी दिनचर्या इस प्रकार थी–

प्रातःकाल 5 से		उठना, हाथ-मुँह धोकर
	7 बजे तक	नित्यक्रिया करना। दिन भर
(प्रश्न–आज कौन-सा		के काम का ढंग सोचना और
अच्छा काम मुझे करना है ?)		निश्चित करना। अध्ययन करना। जलपान।
	8 बजे से	
	11 बजे तक	काम
दोपहर	12 बजे से	पढ़ना, हिसाब-किताब
	1 बजे तक	देखना, भोजन करना।
	2 बजे से	काम
तीसरा पहर	5 बजे तक	
सन्ध्या	6 बजे से	चीजों को ठिकाने रखना, भोजन करना,
	9 बजे तक	संगीत, वार्तालाप तथा मनोविनोद।
		दिन भर के काम का लेखा।
	10 बजे से	
रात	4 बजे तक	सोना

मैं पाठकों से इस दिनचर्या का पूरा-पूरा अनुकरण करने के लिए नहीं कहता, मेरा अभिप्राय केवल नियम का महत्त्व दिखाने का है। प्रत्येक मनुश्य को अपने जीवन की स्थिति के अनुसार अपने समय को बाँटना चाहिए। एक बात और है। मेरी समझ में फ्रैंकलिन की इस दिनचर्या में समय का उतना ध्यान नहीं रखा गया है। सोने के लिए केवल 6 घंटे का समय काफी नहीं है। पर इस विषय पर विशेष मैं आगे चलकर कहूँगा। यहाँ पर मैं केवल संयम रखने अर्थात् किसी बात में अति न करने का आग्रह करना चाहता हूँ और नियम का महत्त्व समझाना चाहता हूँ जिसके बिना संयम सम्भव नहीं। स्काटलैंड का कवि राबर्ट निकल पाँच बजे तड़के उठता था और सीधा नदी के किनारे चला जाता था। वहाँ जाकर वह सात बजे तक लिखा करता था। सात बजे वह काम पर जाता था। नौ बजे रात को जब उसका काम समाप्त हो जाता था, वह पढ़ने बैठता था और कभी-कभी पढ़ते-पढ़ते सबेरा कर देता था। इस असंयम का फल यह हुआ कि वह नवयुवक कवि थोड़े ही दिनों में अपने जीवन से हाथ धो बैठा। इसके विरुद्ध बंगभाषा के प्रसिद्ध ग्रन्थकार बंकिमचन्द्र चट्टोपाध्याय दिन भर में तीन-चार घंटे

नियमित रूप से लिखने का काम करते थे। ऐसे अनेक बड़े-बड़े ग्रन्थकार हो गए हैं जो प्रातःकाल नियमपूर्वक तीन-चार घंटे काम करके अनेक बड़े-बड़े ग्रन्थों की रचना करने में समर्थ हुए। प्रसिद्ध अँगरेज़ी उपन्यास लेखक स्काट अपनी समृद्धि के दिनों में, जबकि उसकी प्रतिभा का पूर्ण विकास था, केवल प्रातःकाल का समय साहित्यसेवा में लगाता था। पर पिछले खेवे में जब उस पर ऋण बहुत अधिक चढ़ गया, तब उसने रात-रात और दिन-दिन भर मेहनत की और पाँच वर्ष में 63000 पाउंड (945000 रु.) का ऋण चुका दिया। फल यह हुआ कि उसका मस्तिष्क विकृत हो गया और वह थोड़े ही दिनों में मृत्यु को प्राप्त हुआ। इससे आत्मशिक्षार्थी को संयम से चलना चाहिए। संयम सोने की लगाम है।

जिस प्रकार युवक को काम में अति न करनी चाहिए, उसी प्रकार उसे आमोद में भी अति न करनी चाहिए। उसे दोनों पलड़ों को बराबर रखना चाहिए, किसी को झुकने न देना चाहिए। काम करनेवाले के लिए आमोद-प्रमाद भी बहुत ही आवश्यक है। उसे मनोरंजन के लिए कुछ समय अवश्य रखना चाहिए, नहीं तो उसकी सारी मनोवृत्तियाँ मन्द पड़ जाएँगी और उसका सारा शरीर रोग के हवाले होगा। बड़े काम करनेवालों को सामान्य बातों में भी आनन्द प्राप्त करने से लज्जित न होना चाहिए। जिन बातों से स्वभावतः साधारण लोगों का जी बहलता है, उन बातों से वे भी अपना जी बहला सकते हैं। यह नहीं कि जो बड़ी-बड़ी लड़ाइयों को जीतता हो, राजनीति द्वारा बड़े-बड़े राज्यों का परिचालन करता हो, उसे बालकों की क्रीड़ा से कुछ आनन्द ही न मिले। फ्रांस के बादशाह चौथे हेनरी के पास स्पेन का एक राजदूत रहता था। बादशाह एक दिन अपने एक बच्चे को पीठ पर सवार कराकर घुटनों के बल चल रहे थे। बच्चा प्रसन्न हो-होकर चाबुक मारता और एड़ लगाता था। राजदूत ने यह देख लिया। बादशाह ने राजदूत से पूछा—"तुम्हारे बाल-बच्चे हैं ?" राजदूत ने कहा—"हाँ हैं।" बादशाह ने कहा—"तब ठीक है। ज़रा मैं इस कमरे में एक चक्कर और लगा लूँ।" एक धुरन्धर राजनीतिज्ञ का कथन है—"मैंने कई बार चाहा कि उन बातों को छोड़ दूँ जो लड़कपन की आदतें कहलाती हैं, पर थोड़ा सोचने पर मुझे ध्यान हुआ कि यह मेरी बड़ी भारी मूर्खता होगी। मुझे परमात्मा का यह बड़ा भारी प्रसाद समझना चाहिए कि मुझे हर एक बात में आनन्द मिलता है। मुझे गेंद उछालने में भी आनन्द आता है और चीन के सम्राट के साथ पत्र-व्यवहार करने में भी।" कार्य को ईमानदारी के साथ पूरा करने के लिए विश्राम और आमोद आवश्यक है। थकी-माँदी देह और ढीली नसें मस्तिष्क से बदला चुकाती हैं; क्योंकि हमारी शारीरिक और मानसिक शक्तियों का सम्बन्ध बहुत घनिष्ठ है, तन और मन का नाता बड़ा गहरा है। विश्राम वा आमोद अत्यन्त आवश्यक है, पर हमें उसका व्यसन न हो जाना चाहिए। संयमी पुरुष किसी बात में अति नहीं करेगा। वह जीवन में बड़े हिसाब से चलेगा। वह संकल्प के संयम का भी ध्यान रखेगा, बहुत बढ़कर मन न दौड़ाएगा। वह अपनी आशाओं को परिमित करने और अपने हौसलों को रोकने का भी प्रयत्न करेगा। यदि उसमें कुछ सार है तो वह थोड़े लाभ से भी सन्तुष्ट होगा। वह बरस दिन की राह छह

महीने में चलकर अपने को भय और आपत्ति में न डालेगा। युवा पुरुष जब पहले पहल जीवन के कार्यक्षेत्र में आते हैं, तब वे बड़ी-बड़ी बातों का मनोहर स्वप्न देखते हैं, बड़े-बड़े हवाई महल उठाते हैं जो थोड़े दिनों पीछे हवा हो जाते हैं और चित्त में पछतावा ही रह जाता है। जीवन का व्यापार हँसी-खेल नहीं है। यह न समझो कि बाजी सदा तुम्हारे ही हाथ में रहेगी, तुम्हारी निपुणता और चतुराई के कारण जीत तुम्हारी ही होगी। यह समझ रखो कि संयोग बड़ा प्रबल है। जिस समय तुम समझते हो कि सारी बाजी तुम्हारे हाथ में है, उसी समय बाजी उलट जाती है और तुम मुँह ताकते रह जाते हो। इससे अपनी आशाओं को परिमित रखो, अपने मन को आकाश पर मत चढ़ाओ। धीरता, शान्ति और उद्‌देश्य की गम्भीरता सच्ची बुद्धिमानी के लक्षण हैं। महाराज रणजीतसिंह के विषय में कहा जाता है कि लड़ाई के पहले वे बहुत उद्विग्न और चंचल दिखाई पड़ते थे; पर ज्यों ही लड़ाई आरम्भ हो जाती थी, वे बहुत ही धीर और गम्भीर भाव धारण कर लेते थे। जीवन के संग्राम में भी उसी धीरता के साथ चलो। यदि तुम विजय न भी प्राप्त करोगे तो भी तुम अपना मान न खोओगे। जरतुश्त का वचन है–"धीर और संयमी मनुष्यों पर कृपा करने में देवता बड़ी जल्दी करते हैं।" यह भी सच है कि जो मनुष्य थोड़े की आशा रखता है, वह भाग्य से बहुत पाता है।

जिस प्रकार मन का बहुत बढ़ाना ठीक नहीं, उसी प्रकार उद्‌देश्य और प्रयत्न को भी बहुत बढ़ाना अच्छा नहीं। न तो एक साथ बहुत बड़ी-बड़ी आशाएँ करो और न बहुत बड़ी-बड़ी बातों के लिए प्रयत्न करो। पहले तुम अपनी सामर्थ्य का ठीक-ठीक अन्दाजा करो और फिर ऐसा काम हाथ में लो जो तुम्हारी शक्ति के बाहर न हो। विफलता वहीं निन्दित है जो एकबारगी बहुत अधिक मन बढ़ाने से होती हैं। वामन होकर चन्द्रमा छूने के लिए हाथ बढ़ाना लोक में उपहासजनक ही होता है। जो बैलगाड़ी हाँक सकता है, वह यदि सूर्य का रथ हाँकने चले तो उसकी विफलता पर ताली पीटने के सिवा लोग और क्या करेंगे ? गिरधरराय ने ठीक कहा है–

बीती ताहि बिसारि दे आगे की सुधि लेय।
जो बनि आवे सहज में ताही में चित देय॥
ताही में चित देय बात जोई बनि आवै।
दुर्जन हँसे न कोय चित्त में खेद न पावै॥

नाटक के एक अभिनय में बासवेल नामक ग्रन्थकार ने गाय के रँभाने की ऐसी साफ नकल की है कि दर्शकों ने प्रसन्न होकर बार-बार करतलध्वनि की। अब तो बासवेल का मन बढ़ा और वह दूसरे जानवरों की बोली बोलने का भी प्रयत्न करने लगा, पर उससे बना नहीं। इस पर दर्शकों में से एक बड़ी चतुराई के साथ बोल उठा–"गाय ही तक रहो, गाय ही तक रहो।" हे युवकगण ! तुम संयमी बनो और जहाँ तक पहुँच सकते हो, वहीं तक हाथ बढ़ाओ। यह बात निश्चित जानो कि इस संसार में हममें से हर एक को कुछ-न-कुछ करना है; और जो परमात्मा हमारे कार्य नियत करता है, वही उसके करने की शक्ति भी हमें प्रदान करता है। उसका बड़ा भारी अभाग्य समझना

चाहिए जो यह नहीं जानता कि हमारा काम क्या है और ऐसी उड़ान मारना चाहता है जिसकी उसमें कुछ सामर्थ्य नहीं। मैं ऐसे बहुत से लोगों को जानता हूँ जिनके हौसले उनकी योग्यता से बहुत बढ़े हुए थे और जिन्होंने थोड़ी पूँजी वा अल्प साधन रखकर भी बड़े-बड़े कामों में हाथ डाला और जो पीछे सिर पीट-पीटकर खूब पछताए। मैं साहसी और क्षमताशाली पुरुषों के उत्साह को मन्द नहीं करना चाहता और न उनके हौसलों को पस्त करना चाहता हूँ। मैं अकर्मण्यता और आलस्यपूर्ण सन्तोष का उपदेश नहीं देता हूँ। प्रत्येक युवा पुरुष के लिए अपने बढ़ने का हौसला करना, अपनी उन्नति का प्रयत्न करना अच्छी बात है; पर उसे पहले अपनी सामर्थ्य का अन्दाज बाँध लेना चाहिए और प्रस्तुत साधनों का विचार कर लेना चाहिए। ऊपर चढ़ना तो अच्छी बात है, पर गिरना नहीं। उसे सीढ़ी सीढ़ी ऊपर चढ़ना चाहिए और प्रत्येक सीढ़ी पर यह देख लेना चाहिए कि पैर अच्छी तरह जमा है या नहीं। इस प्रकार अपने बल का निश्चय करके तब आगे की सीढ़ी पर पैर जमाना चाहिए। संयमी पुरुष ही इस संसार में अपने इच्छानुकूल सब कुछ कर पाते हैं। जो अपने साधनों का अच्छी तरह विचार कर लेता है, वही कृतकार्य होता है। जो काम तुम्हारे लिए है, वही करो; उससे अधिक की न तुम आशा कर सकते हो, न साहस। वही काम तुम्हारे लिए है जिसके करने के तुम्हारे पास साधन हैं। जगन्नाथ पंडित ने रघुवंश ऐसे किसी महाकाव्य में हाथ नहीं लगाया। शीशे पर रंग पोतकर भद्दी तसवीरें बनानेवाले 'शकुन्तलापत्रलेखन' के समान चित्र बनाने का आयोजन नहीं करते। जब कभी कोई कवि वा शिल्पकार अपनी सामर्थ्य का विचार नहीं करता और अपना हौसला बहुत बढ़ाता है, तब उसका परिणाम क्या होता है ? घोर विफलता और जगत में हँसाई। ऐसे कवि का काव्य पुड़िया बाँधने के काम में आता है और ऐसी कारीगरी की बनाई चीज काठ-कबाड़ के संग बिकती है। क्योंकि हम चाहे जो करें, प्रकृति को चकमा नहीं दे सकते। हम धूल की रस्सी नहीं बट सकते। हम जुगनू से दिन का प्रकाश नहीं कर सकते।

इसमें उदास और हतोत्साह होने की कोई बात नहीं है। युवा पुरुषों के हौसलों में प्रायः दोष यह होता है कि वे समझते हैं कि बड़ा भारी काम हाथ में ले लेना ही अच्छी तरह करना है। वे समझते हैं कि प्रत्येक मनुष्य को चटपट अर्जुन ही बनना चाहिए। वे यह नहीं सोचते हैं कि जब तक नकुल और सहदेव न रहेंगे, तब तक अर्जुन में विशेषता क्या जान पड़ेगी ? मेरा कहना यह है कि अच्छी तरह नकुल सहदेव बनना बुरी तरह अर्जुन बनने से अच्छा है। बढ़िया जूता बनाना, जो पैर में ठीक आवे, भद्दा पद्य बनाने से ज्यादा इज्जत की बात है। पुरानी कहावत है–

'धीरज धरै सो उतरै पारा। नाहिं तो दौरि मुवै मँझधारा॥'

तुम इसकी बहुत चिन्ता न करो कि तुम्हारी हैसियत वा स्थिति कैसी है। तुम्हारी हैसियत वा स्थिति चाहे जैसी हो, तुम उसे पुरुषार्थपूर्ण सात्विक व्यवहार तथा धर्माचरण की शोभा से अलंकृत करने का प्रयत्न करो। अपने उद्देश्यों में संयम रखो और अपनी वासनाओं को वश में करो। फिर देखो कि जो कार्य तुम्हारा होकर तुम्हारे पास आता है

जिसे तुम समझते हो कि तुम अच्छी तरह कर लोगे, वह तुम्हारी दृष्टि में तथा औरों की दृष्टि में कितने महत्त्व का जँचता है। संयमी बनो, किसी बात में अति न करो और इस बात का भी ध्यान रखो कि जिस प्रकार तुम बुद्धिमत्तापूर्वक उस कार्य में हाथ नहीं डालना चाहते जो तुम्हारी सामर्थ्य के बाहर है, उसी प्रकार औरों से भी बहुत अधिक की वांछा न करो। तुम न्यायी होकर भी उदारता लिए रहो और उदार होकर भी न्याय न छोड़ो। अपना मिजाज काबू में रखना सीखो। अत्याचार, बेईमानी और बुराई देखकर पवित्र क्रोध से तमतमाना अच्छा है, पर हर घड़ी हर बात पर लाल-पीले होते रहना मूर्खता है। बड़ों ने क्रोध को 'पाप का मूल' कहा है; अतः तुम ऐसा क्रोध करो जो पाप न हो। धीर और शान्ति वृत्ति से कार्य में सुगमता होती है। उससे इस बात का आभास मिलता है कि मन और बुद्धि ठिकाने है ? हम दूसरों पर अपना ताव दिखानेवाले कौन होते हैं ? बहुत से लोगों का नाक पर गुस्सा रहता है, जहाँ किसी ने कुछ कहा कि वे झल्लाए। साहियों की तरह उनके रोम-रोम में काँटे होते हैं, जहाँ किसी ने कहीं हाथ रखा कि उँगलियाँ छिदीं। लोगों के साथ शान्त व्यवहार करना सीखो। जीवन में जो बात आ पड़े, उसे धैर्य के साथ बिना कुछ कहे-सुने सहन करो। तुम अपने चित्त की उस शान्ति को भंग न करो जो कर्तव्यबुद्धि और परमात्मा के विश्वास पर निर्भर है। सहन करना और क्षमा करना जीवन का बड़ा भारी तत्त्व है और क्षमताशाली पुरुष के लिए कुछ कठिन नहीं है। क्षुद्र-से-क्षुद्र, दरिद्र-से-दरिद्र मनुष्य का जीवन भी धैर्य की मधुर शान्ति से उन्नत और श्रेष्ठ हो सकता है।

चौथा प्रकरण

आचरण

संसार में आचरण ही देखा जाता है। उसे हमारा आत्मबल निरीक्षण करने की न तो फुरसत है, न ग़रज़। वह हमारे चरित्र ही को हमारे आत्मबल का आभास समझता है। इससे यह मतलब नहीं कि मनुष्य के कार्यों ही से सदा उसके हृदय की थाह मिलती है और उसकी बुद्धि, भावना तथा प्रवृत्ति का ठीक-ठीक पता लगता है। प्रायः ऐसा होता है कि मनुष्य के कार्य या तो उसकी मनोवृत्ति को बहुत बढ़ाकर प्रकट करते हैं या छिपाते हैं। मनुष्य जैसा होता है, वैसा हम उसे समझते हैं। कौन मनुष्य कैसा है, यह हम उसके कार्यों को देखकर निश्चित करते हैं। अतः जो अपने को भला कहलाना चाहता है, वह भलों के अनुकूल अपना आचरण बनाता है। किसी के विषय में जो सम्मति यों ही मोटे तौर पर बिना उसके कर्मों के ब्योरे पर ध्यान दिए हुए स्थिर की जाती है, वह प्रायः अधूरी और कभी-कभी अनुपयुक्त होती है। पर जहाँ तक मैं देखता हूँ, समाज के अधिकांश लोगों से इसके अतिरिक्त और दूसरे प्रकार की सम्मति की बहुत आशा भी नहीं की जा सकती। समाज से हम यह नहीं कह सकते कि कर्म पर विचार करते हुए वह उसकी नीयत की पूरी छानबीन करे या उसकी अवस्था को अच्छी तरह सोच-समझकर कुछ निर्णय करे। यदि समाज किसी को गलीज में सना हुआ देखेगा तो यही समझेगा कि वह पनाले में गिरा था। यदि किसी भले आदमी को लोग दो-चार लुच्चों के साथ देखेंगे तो वे अवश्य समझेंगे कि वह अपने को नष्ट कर रहा है, चाहे वह अपने मन को इस प्रकार भले ही समझा ले कि "मैं जो काजल की कोठरी में अपनी सात्विकता की ज्योति को संसार से छिपाए हूँ, वह केवल इसलिए जिसमें उससे साफ निकलकर मैं और भी प्रशंसा प्राप्त करूँ।" पर इससे क्या होता है ? संसार तो उसके चारों ओर फैली कालिमा ही को देखेगा, ज्योति न देखने जाएगा। अस्तु, हमें अपने आचरण का ध्यान रखना चाहिए। हम चाहे बात-बात में इसकी परवा न किया करें कि मुंशी तिरबेनीसहाय देखेंगे तो क्या कहेंगे, पर हमें इस बात का ध्यान अवश्य रखना चाहिए कि मुंशीजी को हमारी यथार्थ विडम्बना की कोई सामग्री न मिले। युवकों को अपने उद्‌देश्यों की निर्दोषता का निश्चय बहुत अधिक होता है, इससे उन्हें सावधान रहना चाहिए कि उनके कर्म निर्दोष हों और उन पर कोई किसी प्रकार का

लांछन न लगा सके, बुरे भावों का आरोप न कर सके। युवकों में एक प्रवृत्ति और बहुत होती है। वे लोक विरुद्ध कार्य करने में अपनी बड़ी बहादुरी समझते हैं, वे बँधी हुई रीति-मर्यादा का बड़ी उमंग के साथ तिरस्कार करते हैं, वे व्यक्तिगत स्वतन्त्रता का पक्षमंडन बड़ी धूमधाम के साथ करते हैं। पर, जैसा कि मिल* ने दिखाया है, एक व्यक्ति की स्वतन्त्रता ऐसी न होनी चाहिए कि वह बहुतों की स्वतन्त्रता में बाधा डाले। यदि स्वतन्त्रता कुछ थोड़े ही से लोगों को प्राप्त हो जाती है, तो उस पर उनका इजारा हो जाता है और वे और लोगों की स्वतन्त्रता में बाधक होने लगते हैं। समाज के नियम इसलिए बनाए गए हैं जिसमें उसके व्यक्तियों का सम्बन्ध परस्पर ठीक रहे। इससे जो उनका तिरस्कार करता है, उसे लाभ बहुत थोड़ा और हानि बहुत अधिक होती है। भक्कड़पन चाहे उतना बुरा न समझा जाए, पर लोगों को वैसा ही खलता है जैसा अत्याचार। उसे कोई अच्छा नहीं कह सकता। किसी शुभ कार्य वा मंगलोत्सव में किसी को काले कपड़े पहने देख लोगों का काँव-काँव करना चाहे मूर्खता ही सही, पर ऐसे अवसरों पर कोई काले कपड़े पहनकर क्यों जाय ? एक ग्रन्थकार बहुत ठीक कहता है कि जो बन्दर पालेगा, उसे वह सब नुकसान भरना पड़ेगा जो वह बन्दर तोड़-फोड़कर करेगा। इसी प्रकार जो समाज की बँधी हुई रीति-व्यवस्था को तोड़ेगा, उसे उसका परिणाम भोगना पड़ेगा।

इस पुस्तक में आत्मसंस्कार के लिए जो-जो बातें बतलाई गई हैं, उन्हें अंगीकार करके यदि युवा पुरुष उन पर बराबर चलें तो फिर किसी को कुछ कहने-सुनने की जगह न रहेगी। क्योंकि इस आत्मसंस्कार के अन्तर्गत मनोवेगों के परिष्कार और बुद्धि के परिमार्जन का भी विधान है तथा जीवन में मनुष्य के जो-जो कर्तव्य हैं, उनके पालन की भी व्यवस्था है। हम पहले ही दिखला चुके हैं कि युवा पुरुष को अपने माता-पिता वा भाई के साथ कैसा होना चाहिए, उसे अपने नित्य के व्यवहारों का निर्वाह किस प्रकार करना चाहिए, तथा उसमें किस प्रकार के उद्देश्यों की प्रेरणा होनी चाहिए। उसके लिए यह बतलाया गया है कि वह घर में शान्त और शुद्ध स्नेह की सुन्दर व्यवस्था रखे, अवसर पड़ने पर किसी को अपनी मैत्री से वंचित न रखे, इसका ध्यान रखे कि दरिद्र, मूर्ख और पापी भी उनकी दया के पूर्ण अधिकारी हैं जो सब प्राणियों के प्रति अपना कर्तव्य निबाहना चाहते हैं। इतना ही नहीं, उसे यह भी समझाया गया है कि परमात्मा की ओर से उसे धरोहर की भाँति जो बड़ी-बड़ी शक्तियाँ (इन्द्रिय, बुद्धि आदि) प्रदान की गई हैं, उनका वह पोषण और उपयोग करे। प्रायः हमें यह बड़ी देर में दिखाई पड़ता है कि हमारे हाथ में कैसा सुन्दर अवसर है और हमें उच्च कर्तव्य और फलदायक त्याग के लिए कैसी मधुर वाणी आह्वान कर रही है। जबकि हम आलस्य की जँभाई लेते हुए मार्ग पर चुपचाप खड़े अपना प्रारब्ध ही खोटा समझते हैं, उच्चाशय लोग आशापूर्वक आगे की ओर दृष्टि फैलाते हैं और कर्तव्य-पालन का पवित्र अवसर पाते ही उसकी ओर झुके पड़ते हैं। आत्मसंस्कार के कार्य को यदि हम

* पंडित महावीरप्रसाद द्विवेदी की 'स्वाधीनता' देखो।

ठीक-ठीक समझेंगे, तो हममें हाथ में आए अवसरों से लाभ उठाने की प्रवृत्ति होगी, हमारी आँखें खुल जाएँगी और हमारे कान खड़े हो जाएँगे। इस प्रकार हमारा आचरण एक धार्मिक पुरुष का सा हो जाएगा और हमें अपने वर्तमान और भविष्य के कर्तव्य का बोध हो जाएगा।

अपना ऐसा भव्य और सुन्दर आगम देखकर युवा पुरुष को ऐसा जीवन व्यतीत करने का उत्साह होगा जो परमात्मा के अनुकूल हो और जिससे लोक का हित हो। वह आप तो बराबर उन्नति करता ही जाएगा, दूसरों को भी ज्ञान, औदार्य और धर्म में उन्नति करने में सहायता देगा। वह लोक में जो कुछ सत्य, सुन्दर और पवित्र होगा, उससे प्रेम करेगा और इसमें तनिक भी लज्जित न होगा। वह काव्य और कला के उत्कृष्ट भावों तथा विज्ञान के प्रखर तत्त्वों को हृदयंगम करेगा। उसके अपने नित्य के व्यवहार में एक प्रकार का पुनीत उत्साह रहेगा जो उसके विचारों को उन्नत करेगा, भावों को पवित्र करेगा और परिश्रम करेगा। वह अपने धर्म सम्बन्धी कर्तव्य और आचार का पालन विनीत, श्रद्धालु और दम्भशून्य होकर करेगा, धर्मध्वजी न बनेगा। वह धर्म को सदाचार का मूल मानकर उस पर दृढ़ रहेगा और मनुष्य तथा सृष्टि के पदार्थों की प्रकृति में परमेश्वर की सर्वव्यापिनी उदारता और बुद्धि का प्रकाश देखेगा। इस प्रकार आत्मसंस्कार के आदर्श को उन्नत करता तथा सच्चे पुरुष के समान श्रेष्ठ जीवन के हेतु प्रयत्न करता हुआ वह ईश्वराधन को अपना बड़ा भारी बल और सहारा समझेगा और सब बातों में उस परमात्मा की ओर देखेगा जो सदा उन लोगों के हृदय में प्रेरणा किया करता है, जो उसकी इच्छा के अनुकूल चलना चाहते हैं। ईश्वराराधन के बिना आत्मसंस्कार एक ढकोसला मात्र होगा; क्योंकि परमात्मा ही की प्रेममयी भावना के अवलम्ब पर आत्मा अपनी उन्नति के साधन में आशा और उत्साह के साथ प्रवृत्त होती है।

अब हम नित्य प्रति के लौकिक व्यवहारों की ओर आते हैं। यहाँ युवा पुरुषों के आचरण के लिए कुछ नियम निर्धारित किए जा सकते थे, पर मैंने उन साधारण सिद्धान्तों ही का उल्लेख ठीक समझा है जो जीवन के समस्त उचित कर्मों तथा उद्देश्यों पर घटते हैं। इन सिद्धान्तों को कहाँ किस प्रकार व्यवहार में लाना चाहिए, यह मैंने प्रत्येक पाठक पर छोड़ दिया है। जो युवा पुरुष आत्मसंस्कार ऐसे महत्कार्य में प्रवृत्त होगा, उसे यह बतलाने की आवश्यकता न होगी कि सब काम ठीक समय पर करना चाहिए, पूरा परिश्रम करना चाहिए। वह असावधानी और टालमटोल की बुराइयों को अच्छी तरह समझेगा। अतः हम इससे थोड़ा आगे बढ़ते हैं। युवा पुरुष को जीवन के कार्यों को आरम्भ करते ही, जीवन के मार्ग पर पैर रखते ही, रुपए की कदर समझ लेनी चाहिए। यह समझ बहुतों को बहुत कुछ दुःख उठा चुकने पर आती है, जबकि सारी आशाओं पर पानी फिर जाता है और सारे हौसले पस्त हो जाते हैं। रुपए को लोग हाथ की मैल कहते हैं, पर यह मैल यदि मान-मर्यादा और औचित्य के साथ प्राप्त और वितरित की जाए तो निःसन्देह बड़े महत्त्व की वस्तु है। चाहे हम

उदारतापूर्वक लोभियों का तिरस्कार करें, चाहें हम ऐसे लोगों से उपयुक्त घृणा करें जो रुपया पैदा करना ही अपने अविश्रांत और असन्तोषपूर्ण प्रयत्नों का एकमात्र उद्देश्य समझते हैं और "सर्वे गुणाः कांचनमाश्रयंति" के पूरे समर्थक हैं, पर द्रव्य की उपयोगिता को हम किसी प्रकार अस्वीकार नहीं कर सकते, न यह कह सकते हैं कि सच्चे प्रयत्न करनेवालों को द्रव्य से वंचित रहना चाहिए। विरक्त लोग धन को तुच्छ समझें तो समझ सकते हैं, पर गृहस्थ के लिए धन बड़ी भारी शक्ति है, भलाई करने का बड़ा भारी साधन है। यह दुर्बलों में बल ला सकता है, पीड़ितों का उद्धार कर सकता है, अनाथ बालकों के मुख पर प्रफुल्लता ला सकता है और दुखिया विधवाओं के आँसू पोंछ सकता है। धन का सदुपयोग करो, दुरुपयोग न करो। अपनी बुद्धि उसमें लगाओ, पर अपनी मनोवृत्तियों को उसके अधीन न करो। बहुतेरे नवयुवक रुपए के सम्बन्ध में बड़ी असावधानी प्रकट करते हैं और गहरी लापरवाही के साथ इधर-उधर उसे उड़ाते हुए कहते हैं कि वह तो हमारे हाथ में ठहरता ही नहीं। पर इस प्रकार की बेपरवाही से चाहे आशय की उच्चता प्रकट हो, पर ऋण की नौबत आती है और ऋण से अनेक प्रकार के कष्ट होते हैं। आत्मसंस्काराभिलाषी युवक के लिए ऋणी रहना किसी प्रकार ठीक नहीं। यदि वह ऋणी रहेगा, तो उसका चित्त किसी बड़ी चिन्ता से मुक्त ही न रहेगा, पुस्तकों की ओर क्या जाएगा। बाबू हरिश्चन्द्र रुपए-पैसे के मामले में बहुत असावधान रहे, जिसके कारण उनके जीवन का पिछला भाग बहुत किरकिरा हो गया। इंगलिस्तान का प्रसिद्ध कवि गोल्डस्मिथ सदा ऋण का कष्ट भोगा करता था। उसने अपने भाई को बड़े मर्मस्पर्शी शब्दों में लिखा था—"अपने लड़के को किफायत करना सिखलाओ। उसके सामने इधर-उधर मारे-मारे फिरनेवाले उसके दरिद्र चचा का दृष्टान्त रखो। इसके पहले कि मैं अनुभव द्वारा दूरदर्शिता की आवश्यकता को जान लेता, मैंने पुस्तकों के द्वारा उदार और निःस्वार्थ होना सीखा। इधर तो मैंने तत्त्वदर्शियों की सी टेव पकड़ी, उधर चालबाजों की बन आई। साधारण वित्त का मनुष्य होकर भी कभी-कभी मैंने दान में अति कर दी। मैं न्याय की रीति भूल गया और मैंने अपनी दशा भी उन्हीं अभागों की सी कर डाली जिन्होंने मेरा कुछ भी उपकार न माना।" यदि कोई युवा पुरुष निरन्तर सुखपूर्वक निर्वाह करना चाहता हो तो उसे अपनी आमदनी से कम खर्च करना चाहिए। यदि वह उसके बराबर खर्च करेगा तो कुछ दिनों में उससे अधिक खर्च करने लगेगा। फिर क्या है, उसके ऊपर पहला ऋण होगा, कुछ दिन बीतते-बीतते दूसरा होगा, तीसरा होगा, इसी प्रकार ऋण-पर-ऋण होता जाएगा और उसका तार जिन्दगी भर न टूटेगा। ऋण एक नाले के समान है, जो ज्यों-ज्यों आगे चलता है त्यों-त्यों बढ़ता जाता है। सबसे बुरी बात ऋण में यह है कि जिसे ऋण का अभ्यास पड़ जाता है, उसकी धड़क खुल जाती है; उसे आगम का भय नहीं रह जाता और जब तक उसका नाश नहीं हो जाता, तब तक वह विष का घूँट बराबर पिए जाता है। यदि उसका ऐसा चित्त हुआ जिसमें बात जल्दी लगती हो, तो वह चैन से न रह सकेगा, ऋण के बराबर बढ़ते हुए बोझ से दबकर छटपटाया करेगा।

मैं यह नहीं मानता कि आत्मसंस्कार में निरत युवा पुरुष के लिए निर्धनता कोई बड़ी भारी बाधा है, उसमें भी आजकल जबकि लिखने-पढ़ने के सामान इतने सस्ते हैं और ज्ञान के मार्ग का बहुत कुछ कर उठा दिया गया है। पहली बात तो यह है कि निर्धनता परिश्रम की बड़ी भारी उत्तेजक है, इतनी बड़ी उत्तेज़क है कि पैथागोरस कहता है कि "योग्यता और अभाव दोनों का साथ है।" हमारे यहाँ के अधिकांश तत्त्ववेत्ता और कवि निर्धन मनुष्य थे। सूर, तुलसी, जायसी, गौतम, कणाद आदि धनाढ्य पुरुष नहीं थे। जायसी में बहुत कुछ आत्मबल उनकी निर्धनता के कारण था। उनके विषय में एक जनश्रुति है कि उन्हें एक बार जौनपुर के बादशाह ने बुलाया। जब वे बादशाह के सामने गए, तब बादशाह उनके काले रंग और कानी आँख पर हँसा। जायसी ने चट कहा–'मोहिं का हँसेसि कि कोहरहि ?' बहुत से विद्वान ऐसे हुए हैं जो तत्त्व चर्चा में मगन रहते थे और समय पर जो कुछ रूखा-सूखा मिलता था, खाकर रह जाते थे। दूसरी बात यह है कि निर्धनता से मनोवेगों का संस्कार होता है। इसके द्वारा हम सहानुभूति और सहिष्णुता सीखते हैं, दूसरों को उसी दुःख में देख, जो हम स्वयं भोगते हैं, हम उन पर दया करना सीखते हैं। यह बहुत प्रसिद्ध कहावत है–"जाके पाँव न फटी बेवाई। सो का जानै पीर पराई"। तीसरी बात यह है कि निर्धनता हमें प्रलोभनों में फँसने के साधनों से दूर रखती है और इस बात के लिए हमें विवश करती है कि हम प्रकृति निरीक्षण और पुस्तकावलोकन का आनन्द लें। पर निर्धनता का प्रभाव कुछ लोगों पर उलटा भी पड़ता है। इससे उनका चित्त कठोर और संकुचित हो जाता है और उन्हें बहुत सी बातों के करने में आगा-पीछा नहीं रह जाता। यदि ऐसे मनुष्यों को अपव्यय और दुर्व्यसन के कारण ऋण का भी चसका हुआ, तो उनके सारे आचार-विचार पर पानी फिर जाता है और वे दिन-दिन बुराइयों के गड्ढे में गिरते चले जाते हैं। यहाँ पर यह स्पष्ट बतला देना आवश्यक जान पड़ता है कि वह बल और उत्साहप्रदायिनी निर्धनता, जिसमें पंडित ईश्वरचन्द्र विद्यासागर ने इतना साधु प्रयत्न किया, उस निन्दनीय और शक्तिघातिनी निर्धनता से भिन्न है जिसमें भारतेन्दु हरिश्चन्द्र, माइकेल मधुसूदन दत्त और मिर्ज़ा ग़ालिब आदि ने अपव्यय के कारण अपने दिन बिताए। बात तो यह है कि तुम अपनी जीवन यात्रा चाहे गरीब के मोटे कपड़े पहनकर आरम्भ करो, चाहे अमीर के रेशमी और कामदार कपड़े पहनकर, तुम्हें किफायत का ध्यान रखना चाहिए और मितव्ययी होकर ऋण के प्रेत को दूर ही रखना चाहिए।

ऋण के मुख्य रूप से चार कारण बतलाए जाते हैं, कपड़ा-लत्ता, जूता, तड़क-भड़क और आमोद-प्रमोद। जिसने आत्मसंस्कार का उच्च व्रत लिया हो, उसे इनमें से किसी के जाल में न फँसना चाहिए। कपड़े-लत्ते ही को लो। थोड़े ही से खर्च में तुम अपना रूप-रंग दस भले आदमियों के साथ मर्यादापूर्वक बैठने के योग्य बना सकते हो। मैं यह नहीं कहता कि तुम विरक्तों के समान कपड़े-लत्ते की कुछ परवा ही न रखो और फटे-पुराने चिथड़े लपेटे रहो। अपनी मर्यादा के लिए यह बहुत आवश्यक है कि हमारे

कपड़े-लत्ते ऐसे भद्दे और गँवारू न हों कि चारों ओर लोग उँगलियाँ उठावें, पर पहनावे आदि के विषय में बस इतनी ही बात का ध्यान रखना बहुत है। कोट की काट-छाँट, पायजामे के चढ़ाव-उतार, टोपी की सजधज आदि के विषय में प्रवीणता दिखाने और तर्क-वितर्क करने के लिए फैशन के गुलाम शोहदों और छिछोरों ही को छोड़ देना चाहिए। हम लोगों को तो इनसे अधिक महत्त्व की बातें सीखनी हैं, इनसे अधिक उद्देश्यों का साधन करना है। सादगी, सफाई और सुडौलपन पहनावे के विषय में ही तीन बातें हमारे ध्यान रखने की हैं, इनका चाहे हम जितना ध्यान रखें, हमें ऋण न लेना होगा।

जूए के विषय में बहुत क्या कहा जाय ? युवा पुरुषों के लिए इस बुराई में फँसना अब उतना सुगम नहीं है। सरकार ने जूएखाने बन्द कर दिए हैं जिनमें न जाने कितने अभागों के घर सत्यानाश हो गए हैं। पर जूए की प्रवृत्ति जिसमें हो जाती है, वह उसके हजारों ढंग निकाल लेता है। इस प्रवृत्ति को आरम्भ ही में दबाना चाहिए। नवयुवकों को यह दृढ़ प्रतिज्ञा कर लेनी चाहिए कि हम किसी प्रकार की बाजी न लगावेंगे वा चिट्ठी आदि न डालेंगे। उन्हें घुड़दौड़ इत्यादि की बाज़ी से कोसों दूर रहना चाहिए। आजकल के समय की बड़ी भारी बुराई चटपट अमीर हो जाने तथा बिना काम-धन्धा किए रुपया पैदा करने की इच्छा है। पर यदि तुमने इस प्रकार की इच्छा से अपना रुपया बिना समझे-बूझे धूर्तों के खड़े किए हुए नकली कारोबार में लगाया या चौगुना सूद देनेवाले दिवालिए बंकों में रखा, तो समझ रखो कि झूठी आशा मात्र पर तुमने अपना सर्वस्व गँवाया और बैठे-बैठाए अपने ऊपर दुःख का अन्धड़ बुलाया। इस संसार में असावधान तथा आगा-पीछा न सोचनेवाले लोगों के लिए धूर्तों का दरवाजा चौबीसों घंटे खुला है। धन की 'हाय-हाय' में पुरुष अपनी मर्यादा गँवाते हैं और स्त्रियाँ अपनी स्वाभाविक मृदुलता से हाथ धोती हैं। आत्मसंस्कार की अभिलाषा रखनेवाले युवक को भी यदि यह भयानक रोग लग गया, तो बड़े ही दुर्भाग्य की बात है। फिर उसे आत्मसंस्कार की सारी आशा छोड़ देनी चाहिए, सादी रहन और ऊँचे विचार रखने का सारा संकल्प हृदय से निकाल देना चाहिए। एक प्रभावशाली लेखक लिखता है—"धन की यह प्रबलवासना इस अति को पहुँच गई है कि इसके कारण हम जीवन के यथार्थ और स्वाभाविक सुख का कुछ अन्दाज ही नहीं पाते। जबकि हमने उसको, जो साधन मात्र है, महत्तम उद्देश्य बना डाला, जबकि उसकी कामना जिससे कुछ शारीरिक सुख सुलभ हो, धर्म और ज्ञानसम्पत्ति की कामना से कहीं अधिक गहरी हो गई, तब इसके सिवा और होना ही क्या है ? फिर तो हम धनी होने ही के लिए जीवन-निर्बाह करते हैं, जीवन-निर्वाह करने के लिए धनी नहीं होते। केवल वर्षों का बीतना ही जीवन नहीं है। खाना-पीना और पड़े रहना, शीत घाम सहना, अभ्यासानुसार धन के कोल्हू में नधे-नधे आँखें मूँदकर चक्कर काटना, बुद्धि को बही-खाते और विचारों को व्यवसाय की जिन्स बनाना—इन्हीं बातों को जीवन नहीं कहते। इतने में तो मानव जीवन की सज्ञानता का बहुत ही क्षुद्र अंश जाग्रत होता है और वे उच्च वृत्तियाँ

सुषुप्ति अवस्था में रहती हैं जिनके कारण जन्म सफल होता है। ज्ञान, सत्य, प्रेम, सौन्दर्य, विश्वास, सद्गुण आदि ही से जीवन में यथार्थ शक्ति आती है। आनन्द की हँसी, जो कलेजे की कली को खिला देती है, आँसू जो हृदय को आर्द्र कर देते हैं, संगीत जो थोड़ी देर के लिए हमारी बाल्यावस्था फेर लाता है, ईश्वराराधन जो हमारा आगम हमारे निकट लाता है, शंका जो चित्त में विचार उत्पन्न करती है, मृत्यु जिसका रहस्य हमें चकित करता है, बाधाएँ जो हमें प्रयत्न करने को विवश करती हैं, व्यग्रता जो अन्त में हमें आशा बँधाती है तथा इसी प्रकार की और जो बातें हैं, वे ही हमारी स्वाभाविक स्थिति का पोषण करनेवाली हैं। पर ऐसी बातों से जो मानव जीवन की नस-नस में घुसी हुई हैं, धन के लोलुप सदा दूर भागते फिरते हैं। उन्हें ऐसी बातों की चाह नहीं जो नित्य और साररूप चेतन से सम्बन्ध रखती हैं। वे परमार्थ से चित्त को हटाकर स्वार्थ में लीन होते हैं। वे जीवन के सच्चे और स्वाभाविक व्यापारों से जीविका की चिन्ता का बहाना लेकर भागते हैं और जीवन निर्वाह के लिए तैयारी ही करते मर जाते हैं।"

ऋण का तीसरा कारण मैंने दिखावट वा ठाट-बाट बतलाया है। हम अपने को ऐसे प्रकट करना चाहते हैं जैसे हम वास्तव में नहीं हैं। हम अपने साथियों से अपने को बढ़कर दिखाना चाहते हैं, हम अपव्यय में उनसे बढ़-चढ़कर रहना चाहते हैं और अति करने में उनसे पीछे नहीं रहना चाहते हैं। मैं बहुत से ऐसे युवक पुरुषों को जानता हूँ जिन्होंने घोर वासना के वशीभूत होकर अपना प्रारम्भिक जीवन किरकिरा कर दिया। पहले तो वे 'बड़े आदमियों' की संगत में मिले। वहाँ उन्होंने देखा कि उनके साथी अच्छे-अच्छे कपड़े पहनते हैं और ज्यादा खर्च-वर्च रखते हैं। अतः अपने सद्गुण और आचरण के द्वारा प्रतिष्ठा प्राप्त करने के स्थान पर वे अपने मित्रों को उन्हीं का सा ठाट-बाट मिलाकर मिले और संसार पर यह प्रकट करके उनकी बराबरी का दावा करने लगे कि "हम भी तुम्हारे उन्हीं के इतना या उनसे अधिक खर्च रखते हैं।" वाह ! मनुष्यों की परस्पर छोटाई-बड़ाई वा बराबरी की क्या अच्छी माप है ! यदि मटरूमल इतना अधिक खर्च रखते हैं जितने की घासीराम की समाई नहीं, तो मटरूमल चाहते हैं कि घासीराम हमारी प्रशंसा करें। पर इस प्रकार की दिखावट गँवारपन और बेईमानी है। कोई भला आदमी झूठा आडम्बर रचकर अपनी प्रतिष्ठा कराना नहीं चाहता। कोई भला आदमी अपने को उससे अधिक नहीं प्रकट करना चाहता जितना वह वास्तव में है। प्रत्येक समाज इस प्रकार के लुच्चों की भरपूर ख़बर लेता है। वह मनुष्य जो ऊपरी ठाट-बाट और रंग-ढंग दिखाकर अपनी धाक बाँधना चाहता है, निस्सन्देह नीच है। ऐसे की समाज में बड़ी निन्दा होती है।

बड़े-बड़े खर्चों के आमोद-प्रमोद में लीन होने से भी बहुधा ऋण होता है। तुम कहोगे कि युवा पुरुषों के लिए कोई-न-कोई आमोद-प्रमोद तो अवश्य चाहिए। ठीक है, पर जो आमोद-प्रमोद दिन-दिन दुःख के समुद्र में ढकेलता जाए, वह किसी काम का नहीं। यदि तुम्हारी औकात इतनी नहीं है कि तुम थिएटर देखने जाओ, बड़े-बड़े

भोज दो, नाच रंग का सामान करो, तो तुम अपने मन बहलाव की ऐसी बातें निकालो जिनमें खर्च कम हो। एक छात्र ने एक बार मुझसे कहा था कि मैं अपना मनबहलाव किफायत में अच्छी तरह कर लेता हूँ। बात भी ठीक है। सरकारी अजायबघर हैं, चित्रशालाएँ हैं, विज्ञानालय हैं, जहाँ थोड़ी देर चले जाने में कुछ नहीं लगता। जब जी चाहे सितार, हारमोनियम आदि से जी बहलावे, जंगल, पहाड़ वा मैदान की ओर निकल जाए और प्रकृति के सौन्दर्य का आनन्द ले। यदि मन ही बहलाना है तो उसके सौ ढंग हैं। किफायत से रहनेवाले आदमी के लिए मनबहलाव की कमी नहीं है। यदि खेल की रुचि हो तो गेंद, चौगान आदि कम खर्चवाले खेलों में बिलियर्ड आदि कीमती खेलों की अपेक्षा स्वास्थ्य को अधिक लाभ है। सन्ध्या के समय नदी के किनारे टहलने से जितना चित्त प्रफुल्लित होता है, उतना ठाट-बाट के साथ मेलों में धक्का खाने से नहीं। क्या ही अच्छा हो, यदि कोई मनुष्य जिसे पूरी जानकारी हो, कोई ऐसी छोटी पुस्तक लिखे जिसमें लोगों के लिए कम खर्च में होनेवाले आमोद-प्रमोद का विधान हो। इस प्रकार की पुस्तक बड़े मज़े की और बड़े काम की होगी। किसी के लिए कोई मनबहलाव बतलाने में सबसे पहले यह आवश्यक है कि उसकी रुचि का, यदि वह शुद्ध और सात्विक है, विचार किया जाए। नीत्युपदेशकों का प्रथम कर्तव्य यह है कि वे किफायत के लाभों को जोर देकर समझाएँ। किफायत सुख, स्वतन्त्रता और पूर्णता की जननी तथा संयम, स्वास्थ्य और प्रफुल्लता की सहगामिनी है।

मैं यह बात आग्रहपूर्वक कहता हूँ कि प्राकृतिक सौन्दर्य का प्रेम ज्ञान का प्रधान अंग है। मनुष्य की वृत्ति और आचरण पर भी इसका बड़ा प्रभाव पड़ता है। मनुष्य के लिए यह आनन्द का अक्षय स्रोत है। सृष्टिकर्ता का सारा भाव इसकी सृष्टि में है। जो प्रत्येक फूल को देखकर प्रफुल्लित होता है, जिसे प्रत्येक झरने में आनन्द की ध्वनि सुनाई पड़ती है, वह कभी श्रान्त और उदास नहीं रह सकता। वह चाहे जहाँ रहे, उसे कोई-न-कोई वस्तु ऐसी मिल जाएगी जिससे उसका मनोरंजन होगा, जिसमें उसका चित्त रमेगा, जो उसके अन्तःकरण के मर्म को स्पर्श करेगी। चाहे कोई ऋतु हो, वह अपने चारों ओर सुन्दर और विचित्र पदार्थों की सजावट देखेगा। प्रकृति देवी के समक्ष अपना हृदय भर खोलना चाहिए; फिर तो वह अपनी विभूति का ऐसा शुभ मन्त्र फूँकेगी जिससे बुरे विचार हवा हो जाएँगे और सारी उदासी उड़ जाएगी। प्रकृति के भाव में कुछ ऐसी मोहिनी शक्ति है जो हमारी कुवृत्तियों को दबा देती है। पर्वतों की शान्त और मनोहारिणी छटा के सामने जाकर, समुद्र की रहस्यमयी भीषण वाणी को सुनकर कोई अपने कृत्रिम सांसारिक भावों को स्थिर नहीं रख सकता। उसकी बुद्धि निस्सन्देह भ्रष्ट है, उसका हृदय अवश्य कलुषित है जो उस समय भी अपनी सांसारिक कुवासनाओं को नहीं छोड़ सकता जबकि कोकिल का मनोहर कंठनाद आकाश से रसबिन्दु टपकाता है और प्रभात का शीतल समीर कुसुमित-कानन का सौरभ लिये मन्द-मन्द चलता है। आत्मसंस्कार में प्रकृति का अध्ययन भी सम्मिलित है जिससे कल्पना और बुद्धि को शुद्ध और उन्नत करनेवाली एक अलौकिक शक्ति प्राप्त होती

है। मनुष्य की आत्मा के लिए उससे बढ़कर भाव और कहाँ से आवेगा जो उसे वन, पर्वत, समुद्र और नक्षत्रों से प्राप्त होता है, जो उसे नदी तट की फूली हुई झाड़ियों तथा मन्द और अखंड गति से बहते हुए झरनों में दिखाई देता है ? प्रकृति के साथ जाओ और सब कुछ लो। संगीत लो। हरी-हरी घासों के बीच बहते हुए नालों के कलकल में और उड़ते हुए पक्षियों के स्वर में कैसा सुन्दर आलाप भरा है, कैसी सुन्दर तान सुनाई देती है ! पृथ्वी पर से जीवों की मिलित ध्वनितरंग उठकर कैसे अलौकिक संगीत का सुर भरती है ! कलाचातुरी लो। कला भी प्रेरणा के लिए प्रकृति ही का मुँह ताकती है। प्रकृति ही से वह रंग और आकृति के विचित्र-विचित्र मेल लेती है। विज्ञान लो। प्रकृति ही उसका मूल आधार है, प्रकृति ही उसका उद्‌गम स्थान है। प्रकृति ही से वैज्ञानिक विचारों का आविर्भाव और प्रकृति ही से समाधान होता है। हरे-भरे कछारों, श्यामल अमराइयों, लहलहाते खेतों में जो मधुर और कोमल शक्ति है, वह और कहाँ पाई जा सकती है ? गगनभेदी हिममंडित गिरि शिखर से बढ़कर भव्य प्रभाव और किसका पड़ सकता है ? विविध छायाओं और ज्योतिषियों से विभूषित सागर के अपार विस्तार से बढ़कर चमत्कार और कहाँ देखने को मिल सकता है ? यहाँ पर मैं कलाकोविद रस्किन नामक प्रसिद्ध अँगरेज़ ग्रन्थकार के कुछ शब्द बिना उद्‌धृत किए नहीं रह सकता–"यह एक शान्त और शुभ प्रभाव है जो अज्ञात रूप से हृदय में प्रवेश करता है। यह चुपचाप बिना किसी प्रकार का उद्वेग उत्पन्न किए फैलता है। इसको ग्रहण करने में किसी प्रकार का खटका या किसी प्रकार की उदासी नहीं होती। इससे उग्र मनोवेग नहीं उभरते। यह मनुष्यों के मत-मतान्तर से अक्षुण्ण और अन्धविश्वास से निर्लिप्त रहता है। यह सीधा कर्ता के हाथ से छूटकर आता है और उस परमात्मा के सामीप्य का आभास किए हुए जगमगाता है। यह आकाशमंडल में खचित दिखाई पड़ता है। यह प्रत्येक नक्षत्र से आभासित होता है। यह उड़ते हुए मेघखंडों और अलक्ष्य पवन में रहता है। यह पृथ्वी की पहाड़ियों और घाटियों में रहता है जहाँ तृण-गुल्म-शून्य शिखर चिर-तुषार-पूर्ण वायु को स्पर्श करते हैं, जहाँ निविड़ कानन के बीच प्रचंड वायु के झोंके खाकर हरी-हरी पत्तियाँ लहरें मारती हैं। यह प्रभाव आकुल समुद्र के भाषा वक्षस्थल पर सुबोध भाषा में अंकित मिलता है। यही प्रकृति का काव्य है। यही हमारी आत्मा को सहारा दे-देकर ऐसा दृढ़ कर देता है कि वह सारी भव बाधाओं को कुछ नहीं समझती। यही हमारे उस बन्धन को, जो हमें भौतिकता से बद्ध रखता है, क्रमशः तोड़कर हमारी कल्पना के सामने आध्यात्मिक सुन्दरता और पवित्रता का एक विश्व उपस्थित करता है।" मित्रो ! तुम इस प्रभाव को अपनाओ, फिर देखो कि तुममें इतना बल आ जाएगा कि तुम कालक्रम के अनुसार आनेवाली आपदाओं और जीवन को अव्यवस्थित करनेवाले संकटों को कुछ भी न समझोगे। यदि तुम थके होगे तो यह तुम्हें विश्राम देगा; यदि दुःखी होगे तो ढारस देगा। यही एकान्त में तुम्हारा सच्चा और शुद्ध साथी होगा। यही तुम्हारे उस परब्रह्म के ज्ञान और आनन्द के रहस्य को खोलेगा, प्रकृति जिसका ऊपरी आच्छादन

मात्र है। यही तुम्हारे आगे उस नीच वृत्ति की घोरता को प्रत्यक्ष करेगा; जिसके वश में होकर एक मनुष्य दूसरे मनुष्य को खाने के लिए तैयार रहता है। यही तुम्हारे हृदय में उन उच्च भावों का समावेश करेगा जो हृदय को दुर्बल नहीं होने देते और आत्मा को मोहनिद्रा नहीं लेने देते।

मनुष्य का आचरण बहुत कुछ उसके जीवन के उद्देश्य पर निर्भर रहता है। भूमि पर रेंगनेवाले कीड़े को ऊपर की वायु के सुहावनेपन का क्या अनुमान हो सकता है ? यदि मनुष्य का संकल्प बहुत क्षुद्र है, तो उसे पूरा करने में शायद कुछ प्रयत्न न करना पड़े। पर प्रयत्न वा चेष्टा ही की प्रेरणा से मनुष्य में क्षमता आती है और उसकी शारीरिक और मानसिक शक्तियाँ उन्नत होती हैं। यदि हम श्रेष्ठ जीवन व्यतीत करना चाहते हों, तो हमें चाहिए कि हम अपना उद्देश्य श्रेष्ठ रखें, हम अपना आदर्श उच्च रखें। जब एक बार हम अपने हृदय में अपना आदर्श यह सोचते हुए स्थिर कर चुकें कि हम उसे अवश्य प्राप्त करें, हमारा जीवन उसके अनुरूप अवश्य हो, तब हम धीरे-धीरे उस आदर्श तक पहुँच ही जाएँगे और हममें नित्य प्रति मानसिक और आध्यात्मिक उन्नति दिखाई पड़ेगी। फल वा पुरस्कार की उच्चता के अनुसार ही प्रयत्न को उच्चता प्राप्त होती है, यद्यपि प्रयत्न का आनन्द फल के आनन्द पर निर्भर नहीं रहता। लड़ाई में सिपाहियों को जो बड़े-बड़े तमग़े दिए जाते हैं, उनके कारण प्रत्येक वीरोचित कर्म में एक नवीन और मनोहर कान्ति आ जाती है। वह सैनिक जो वीरत्व का कोई बड़ा चिह्न प्राप्त करने पर उद्यत होगा, अपने और साथियों से कहीं बढ़कर साहस और धीरता दिखावेगा। उसकी आत्मा वीरता की उतनी मात्रा तक क्रमशः पहुँचती जाएगी जितनी उस पदक की प्राप्ति के लिए आवश्यक है। अतएव प्रकृति की नम्रता और व्यवहार की विनीतता का उपदेश देते हुए भी मैं यही चाहता हूँ कि युवा पुरुष अपने-अपने लक्ष्य उच्च रखें। यदि वे ऐसा करेंगे तो बहुत सम्भव है कि वे उससे बढ़कर दाँव मारेंगे। वारेन् हेस्टिंग्ज़ (भारत के प्रथम गवर्नर जनरल) ने यही संकल्प करके जीवन के कार्यक्षेत्र में पैर रखा था कि अपनी पुरानी जमींदारी फिर प्राप्त करेंगे। उन्होंने अपना यह संकल्प तो पूरा ही किया; इससे बढ़कर और भी बहुत कुछ किया—उन्होंने भारतवर्ष में ब्रिटिश साम्राज्य की नींव स्थिर कर दी और अपने समय के राजनीतिज्ञों में उच्च स्थान प्राप्त किया। यह मैं मानता हूँ कि उनका उद्देश्य बहुत उच्च नहीं था; क्योंकि केवल स्वार्थपूर्ण उद्देश्य उच्च नहीं हो सकता। आत्मसंस्कार के इच्छुक युवा पुरुष इससे अधिक विशद जीवन की ओर लक्ष्य रख सकते हैं, इससे अधिक ऊँचे उद्देश्य हृदय में धारण कर सकते हैं। उन्हें अपने विचारों को विस्तृत करना चाहिए, उन्हें आगम का भी ध्यान रखना चाहिए। उन्हें यह समझकर कि उनके अधिकार में केवल यह कालबद्ध जीवन ही नहीं बल्कि अमरत्व भी है, मनुष्य जन्म को सफल करनेवाले कार्यों और उद्देश्यों में रत होना चाहिए। इस विस्तृत संसार में प्रत्येक मनुष्य के लिए कोई-न-कोई शुभ कर्म है। उसे उत्कंठापूर्वक उसको ढूँढ़ निकालना तथा सच्चे कर्मनिष्ठ की भाँति उसमें तत्पर हो जाना चाहिए। इस संसार में

बहुत कम लोगों को उच्च लक्ष्य रखने के कारण विफलता होती है, अधिकांश लोगों का जीवन क्षुद्र लक्ष्य रखने के लिए क्षुद्र हो जाता है। एक बार जबकि मैं छोटा था, अपने शिक्षक से निशाना लगाना सीख रहा था। शिक्षक ने मुझसे कहा–''निशाने से ऊपर मारो, नहीं तो खाली जाएगा।'' उनके इस कथन में बड़ा भारी उपदेश भरा था। इसी उपदेश पर ध्यान रखने का मैं पाठकों से अनुरोध करता हूँ। तुलसीदासजी ने जो इतनी बड़ी रामायण लिख डाली, वह इस कारण कि उन्होंने आरम्भ ही से कोई ''पचासा'' वा ''चालीसा'' लिखना नहीं ठाना था, बल्कि ऐसा महाकाव्य लिखने का संकल्प किया था जो सदा अमर रहेगा। रविवर्मा क्या कभी ऐसे भावपूर्ण और सुन्दर मुखड़े चित्रित कर सकते, यदि वे मैनाबाई और हीराबाई की बाजारू तसवीरें ही बना लेना अपने लिए बहुत समझते ? क्या प्रसिद्ध मूर्तिकार म्हातरे संगमरमर की ऐसी-ऐसी सजीव मूर्तियाँ गढ़ सकते, यदि उनकी टाँकी काली और भैरव की भद्‌दी प्रतिमाओं ही तक रह जाती ? नहीं, कदापि नहीं। जैसा संकल्प होगा, वैसा ही कार्य होगा; जैसा जीवन का उद्‌देश्य होगा वैसा ही आचरण होगा। हमारे हृदय को सदा ज्ञान का लोलुप होना चाहिए। ज्ञान हमारा उद्‌देश्य होना चाहिए–ज्ञान भी ऐसा जो कर्तव्य-साधन में हमें समर्थ करे। इस ज्ञान की खोज में ज्यों-ज्यों हम नित्य नई-नई भूमियों को प्राप्त होते जाएँगे, त्यों-त्यों हमें ऐसा आनन्द होता जाएगा जो भद्‌दे विचार के लोगों को स्वप्न में भी सुलभ नहीं। जो आत्मसंस्कार के बल से प्रेरित और उत्तेजित है, उसके लिए विपत्ति का जंजाल और सम्पत्ति का प्रलोभन क्या है ? वह स्वानुभूति का सुख अनुभव करता है। विपत्ति उसे घेर सकती है, पर उसकी आत्मा की अटल स्वच्छन्दता को नष्ट नहीं कर सकती। उसके कठिन और कड़वे दिन आ सकते हैं, पर जिस दृढ़ता के साथ वह अपने उद्‌देश्यसाधन में तत्पर रहता है, उसमें वे किसी प्रकार की बाधा नहीं डाल सकते। यह हो सकता है कि कार्य करने के लिए उसके पास साधन अल्प हों, पर वह जो कार्य करेगा, उसमें कार्यकर्ता के पवित्र भाव का आभास मिलेगा। इटली के एक प्रसिद्ध चित्रकार से एक सरदार ने पूछा–''भाई ! तुम जो रमणियों के ऐसे मनोहर भावपूर्ण मुख अंकित करते हो, उनके आदर्श कहाँ से पाते हो ?'' चतुर चित्रकार ने यह कहकर कि मैं अभी बताता हूँ, एक भद्‌दी ग्रामीण स्त्री को बुलाया और उसे आकाश की ओर मुँह उठाकर बैठ जाने को कहा। उसके बैठ जाने पर उसने झट प्रार्थना में रत एक अत्यन्त सुन्दरी रमणी का भावपूर्ण चित्र खींच डाला और सरदार की ओर फिरकर कहा–''पवित्र और सुन्दर भाव चित्त में होना चाहिए, फिर इसकी परवा नहीं कि नमूना कैसा है।''

युवा पुरुषों के लिए अनेक प्रकार के प्रलोभन हैं जिनका उल्लेख यहाँ कठिन है; पर जबकि मैं आत्मसंस्कार के शारीरिक, मानसिक और नैतिक तीनों विभागों पर विचार करने बैठा हूँ, तब मुझे उनके विषय में थोड़ा-बहुत अवश्य कहना चाहिए। यहाँ मादकता की बुराइयों को बहुत विस्तार के साथ बतलाने की आवश्यकता नहीं। शिष्ट समाज में आजकल कोई नशे में चूर होकर नहीं बैठता। नशा मनुष्य के लिए बड़ा भारी

कलंक और दोष है। इससे कोई युवा पुरुष किसी प्रतिष्ठित कार्य में सफलता प्राप्त नहीं कर सकता। बहुत से युवा पुरुष मादक वस्तुओं का सेवन कुछ अधिक करते हैं जिससे उनका पिछला जीवन दुःखमय हो जाता है, उनकी शक्तियाँ मारी जाती हैं, उनका शरीर क्षीण हो जाता है, उनकी बुद्धि मन्द हो जाती है। पहले लोग दस-पाँच मित्रों के साथ में पड़कर थोड़ा-बहुत नशा पीते हैं; फिर धीरे-धीरे उन्हें नशे का चसका लग जाता है और वे भारी पियक्कड़ हो जाते हैं। जीवन में उपयुक्त आचरण के लिए नशे से बचना बहुत ही आवश्यक है। उन्मत्त मनुष्य कोई कार्य ठीक-ठीक नहीं कर सकता। नशे का चसका बुद्धि की स्फूर्ति का नाशक, धर्म और सुनीति का नाशक तथा उदार और उच्च भावों का नाशक है। लोग गिलास-पर-गिलास चढ़ाने का कोई-न-कोई बहाना निकाल लेते हैं, यह नहीं समझते कि वे अपने-आपको धोखा दे रहे हैं। नवयुवक कभी नशे के फेर में इस भ्रान्त विचार से भी पड़ जाते हैं कि उनके श्रान्त चित्त वा मस्तिष्क के लिए किसी-न-किसी प्रकार का उद्दीपन चाहिए। लिखने-पढ़ने के श्रम से जब उनका मन भरा जान पड़ता है, तब वे समझते हैं कि थोड़ा उत्तेजक वा मादक पदार्थ सेवन कर लेने से उनका मन हरा और प्रफुल्लित हो सकता है। यह बात ऐसी ही है जैसा आग बुझाने के लिए उसमें घी डालना। किसी युवक वा विद्यार्थी के लिए नशे का नित्य नियम नाश का घर है। इस प्रकार के कृत्रिम उद्दीपन की वासना दिन-दिन दूनी होती जाएगी, उसकी तृष्णा दिन-दिन बढ़ती जाएगी और फिर उसका रोकना बराबर कठिन होता जाएगा। यह मैं बहुत दिनों के अनुभव की बात कहता हूँ कि जो कार्य अपनी स्वाभाविक शक्ति से किया जाता है, उससे बढ़कर अच्छा और कोई काम नहीं होता। उद्दीपन का सहारा लेना बड़ा भारी दोष ही नहीं, बड़ी भारी भूल भी है।

एक विद्वान का कथन है–"इस समस्त विश्व में एक ही मन्दिर है और वह मनुष्य का शरीर है। इससे बढ़कर पवित्र और कोई मंडप नहीं। किसी महान पुरुष को मस्तक नवाना अस्थि मांसमय शरीर में व्यक्त होनेवाले आत्मरूप की आराधना करना है। जब हम मानव शरीर पर हाथ रखते हैं, तब स्वर्गधाम का स्पर्श करते हैं।" ठीक इसी प्रकार की एक और महात्मा की उक्ति है जिसने कहा है–"हैं ! क्या तू नहीं जानता कि तेरा शरीर उस आत्मा का पवित्र मन्दिर है जो परमात्मा का अंश है !" कोई धर्मात्मा या ज्ञानवान प्राणी जो शरीर की विलक्षण बनावट के महत्त्व को समझता है, उसे अपवित्रता की छूत से बचावेगा। स्त्रियों के लिए सतीत्व बड़ा भारी धर्म बतलाया जाता है, पर पुरुषों के चरित्र दोष का विचार करने में समाज बड़ी रियायत करता है। किन्तु आत्मा के मंगल के लिए; चित्त की सुव्यवस्था के लिए, आध्यात्मिक बल की रक्षा के लिए, अकाल मृत्यु से बचने के लिए, पुरुषों के लिए सच्चरित्रता अत्यन्त आवश्यक है। निष्कलंक शरीर के भीतर शुद्ध चित्त ही बुद्धि और विचार का, उत्तम प्रवृत्ति और युक्त कर्म का, निर्द्वन्द्व गति और मृदुल चेष्टा का, सच्चे सिद्धान्त और निर्मल विवेक का, भगवत्प्रेम और स्वार्थ त्याग का, शान्ति और विश्वास का, पवित्र उपासना और

आध्यात्मिक सुख का मूल है। आत्मानुभव का आनन्द व्यभिचार के कुत्सित आनन्द से कहीं बढ़कर है। सांसारिक सुख के लिए जिस प्रकार बुद्धि का ठिकाने रहना और शरीर का स्वस्थ रहना आवश्यक है, उसी प्रकार चित्त का कुत्सित वासनाओं से विमुक्त रहना भी अत्यन्त आवश्यक है। वह जो पूर्ण पवित्रता की मूर्ति है, व्यभिचार का कठोर दंड देता है। उसके कोप का भीषण प्रभाव शरीर पर पड़ता है, बुद्धि पर पड़ता है, मस्तिष्क पर पड़ता है, हृदय पर पड़ता है और आत्मा पर पड़ता है। इस संसार में व्यभिचारियों की उनके दुष्कर्मों के कारण जो-जो दुर्गतियाँ होती हैं, यद्यपि उनका ब्योरा ठीक-ठीक समझना कठिन होता है, पर यह अच्छी तरह समझ रखना चाहिए कि पाप उनके शरीर को खाता चला जाता है, उनकी शक्तियों को भीतर-ही-भीतर क्षीण करता चला जाता है, यहाँ तक कि उनकी आत्मा जर्जर और कलुषित होकर अपनी सारी दैवी सम्पत्ति खो बैठती है।

धर्म और आयुर्वेद दोनों व्यभिचारी से पुकार-पुकारकर कहते हैं–"समझ रख ! तेरे पाप का भंडा फूटेगा। यमदूत तेरे पीछे लगा है। उसका दंड तेरे ऊपर अवश्य उठेगा, चाहे जब उठे।" युवा पुरुषों से मैं स्नेह के साथ कहता हूँ कि वे इस घोर सत्यानाशी दोष से बचें जो संसार में स्त्री-पुरुष के पवित्र सम्बन्ध को दूषित करता है और शुद्ध सात्विक प्रेम के मूल का नाश करता है। अश्लील हँसी-खेल, शृंगार की पुस्तकें, गीत आदि प्रवृत्ति के साधन हैं। इनसे युवा पुरुषों को बचना चाहिए और सदा ध्यान रखना चाहिए कि जिनका अन्तःकरण पवित्र है, उन्हें परमात्मा का साक्षात्कार होगा। जो अन्तःकरण पवित्र है, वह पाप के लेश मात्र को भीतर नहीं घुसने देता; वह सीप के समान होता है जो स्वाती की बूँद के अतिरिक्त और किसी बूँद को नहीं ग्रहण करता। एक धार्मिक महात्मा की उक्ति है–"जब फल समूचे और अखंडित रहते हैं, तब तुम उन्हें अच्छी तरह संचित कर सकते हो, कुछ को भुस में गाड़ सकते हो, कुछ को पताई और बालू के नीचे दबाकर रख सकते हो। पर जब वे एक बार चुटीले हो जाते हैं, तब उन्हें बचाकर रखने का केवल एक यही उपाय है कि वे शीरे वा शहद में डालकर रख दिए जाएँ। यही दशा हृदय की पवित्रता की है। यदि वह कभी खंडित वा दूषित न हुई, तो बराबर बनी रहेगी। पर यदि वह एक बार खंडित हो गई तो उसकी रक्षा का सच्ची भगवद्भक्ति के अतिरिक्त और कोई उपाय नहीं, जो हृदय के लिए मधु वा चाशनी है।"

वही महात्मा आगे चलकर पवित्रता की रक्षा की सबसे अच्छी युक्ति भी बतलाता है। वह युवा पुरुषों को ऐसी बातों से चट दूर भागने की चेतावनी देता है जो अपवित्रता की ओर ले जाती हैं। क्योंकि यह पाप ऐसा है जो दबे पाँव प्रवेश करता है और जो थोड़े ही से बढ़ते-बढ़ते बहुत हो जाता है। ऐसे पापों से भागना जितना सहज है, उतना उन पर विजय प्राप्त करना नहीं। पवित्रता का उद्गम-स्थान हृदय है। दर्शन, श्रवण, कथन, घ्राण और स्पर्श में संयम का अभाव अपवित्रता है–विशेषतः जब हृदय को उससे आनन्द मिलता है। यह भी याद रखो कि बहुत सी ऐसी बातें हैं जो स्वयं अपवित्र नहीं,

पर पवित्रता में धब्बा लगाती हैं। जिस किसी बात से पवित्रता की भावना कुंठित हो या उस पर किसी प्रकार का कल्मष चढ़े, वह इसी प्रकार की है। समस्त बुरे विचार वा इन्द्रियलोलुपता के प्रमादपूर्ण कर्म पवित्रता के नियम भंग के लिए सोपान हैं। इन्द्रियासक्तों की संगत से बचो। ऐसा प्रसिद्ध है कि नीम आदि कड़वे पेड़ों के पास जो फलदार पेड़ लगाए जाते हैं, उनके फल कड़वे हो जाते हैं। इसी प्रकार यह सम्भव नहीं कि अपवित्र और व्यभिचारी पुरुष किसी से संसर्ग रखे और उसकी पवित्रता को दूषित न कर दे। अस्तु, सदा सज्जन और संयमी लोगों का संग करो, पवित्र वस्तुओं का चिन्तन करो, धर्मग्रन्थों का अवलोकन करो; क्योंकि वे पवित्रता के स्रोत के मूल हैं। जो लोग उनका अध्ययन करते हैं, उनमें पवित्रता और दृढ़ता आती है।

पाँचवाँ प्रकरण

अध्ययन

यदि हम चाहते हों कि हमें कोई ऐसा चसका लगे जो प्रत्येक दशा में हमारा सहारा हो और जो जीवन में हमें आनन्द और प्रसन्नता प्रदान करे, उसकी बुराइयों से हमें बचावे–चाहे हमारे दिन कितने ही बुरे हों और सारा संसार हमसे रूठा हो–तो हमें चाहिए कि हम पढ़ने का चसका लगावें। पर अध्ययन की रुचि से जो लाभ हैं, वे इतने ही नहीं हैं। जिन उद्देश्यों के साधन के लिए अध्ययन किया जाता है, वे इतने ही नहीं हैं, इनसे अधिक हैं और इनसे उच्च हैं। आत्मसंस्कारसम्बन्धी पुस्तक में अध्ययन को केवल एक रुचि की बात कह देना ठीक नहीं, उसे परम कर्तव्य ठहराना चाहिए; क्योंकि ज्ञान की वृद्धि और धर्म के अभ्यास का अध्ययन एक प्रधान साधन है। यह ठीक है कि बहुत से कर्मण्य पुरुष हुए हैं जो बड़े-बड़े काम कर गए हैं, पर लिखना-पढ़ना नहीं जानते थे। बहुत से लोग ऐसे हो गए हैं जिनके पठन-पाठन वा मानसिक शिक्षा के अभाव की पूर्ति उनकी प्रज्ञा की प्रतिभा, अनुभव की अधिकता और अन्वीक्षण के अभ्यास द्वारा हो गई थी। पर पहली बात सोचने की यह है कि यदि वे पढ़े-लिखे होते, उनकी जानकारी और अधिक होती तो सम्भव है कि वे और अधिक उत्तम कार्य कर सकते। दूसरी बात यह है कि स्वाध्याय और आचरण आदि के सम्बन्ध में जो नियम ठहराए जाते हैं, वे ऐसे इक्के-दुक्के लोगों के लिए नहीं जिन्हें जन-साधारण से अधिक स्वाभाविक शक्तियाँ प्राप्त रहती हैं।

आत्मसंस्कार के विधान का स्वाध्याय एक प्रधान अंग हैं। हमारे लिए किसी जाति के उस साहित्य में गति प्राप्त करने का और कोई द्वार नहीं जिसमें उसके भाव और विचार व्यक्त रहते हैं तथा उसकी उन्नति के क्रम का लेखा रहता है। मनुष्य जाति के सुख और कल्याण के विषय में संसार के प्रतिभासम्पन्न पुरुषों ने जो सिद्धान्त स्थिर किए हैं, उन्हें जानने का और कोई उपाय नहीं। जो मनुष्य पढ़ना नहीं जानता, उसे भूतकाल का कुछ ज्ञान नहीं। वह जो कुछ सोचता है, विचारता है, परीक्षा करता है वह अपनी ही छोटी सी पहुँच और अपने ही अल्प साधनों के अनुसार। उसे उस भंडार का पता नहीं जो न जाने कितनी पीढ़ियों से संचित होता आया है। एक प्रसिद्ध गणितज्ञ के विषय में कहा जाता है कि जब वह लड़का था और उसे पुस्तकों की जानकारी नहीं थी, तब उसने गणित की कुछ प्रक्रियाएँ निकालीं और उन्हें यह समझकर कागज पर

लिख लिया कि मैंने बड़े भारी आविष्कार किए। कुछ दिनों के उपरान्त जब वह एक बड़े पुस्तकालय में गया, तब उसे यह जानकर बड़ा दुःख हुआ कि जिन्हें वह इतने दिनों से अपने आविष्कार समझे हुए था, वे साधारण छात्रों तक को ज्ञात, पुरानी और पिष्टपेषित बातें हैं। विद्या के प्रत्येक विभाग में यही दशा उसकी होती है जो पढ़ता नहीं। मनुष्य की अन्वेषण और विचार परम्परा ज्ञान की किस सीमा तक पहुँच चुकी है, इसकी उसे खबर नहीं रहती। उसके लिए उसके पूर्व का काल अन्धकारमय है। न जाने कितने लोग हो गए, कैसे-कैसे विचार कर गए, पर उसे क्या ? वह जो सामने देखता है वही जानता है और शिक्षा के अभाव के कारण वह अच्छी तरह देख भी नहीं सकता। वह अपने ही फैलाए हुए अन्धकार में गिरता-पड़ता है, टेढ़ी-मेढ़ी पगडंडियों में भटकता फिरता है, वह नहीं जानता कि मनुष्यों के श्रम से एक चौड़ा सीधा मार्ग तैयार हो चुका है।

यहाँ हम पढ़ने के दो-एक अत्यन्त प्रत्यक्ष लाभों की ओर ध्यान देते हैं। यह विषय जैसा उपयुक्त है, वैसा ही मनोरंजक भी। पहली बात तो यह है कि पढ़ने से इतिहास और काव्य में हमारी गति होती है और भूतकाल की घटनाएँ हमारे अन्तःकरण में प्रत्यक्ष हो जाती हैं। इसके द्वारा हमें संसार के बड़े-बड़े राज्यों की उत्पत्ति, वृद्धि और पतन का पता चलता है। पढ़ने से हमें विदित होता है कि किस प्रकार मनुष्य जाति की सभ्यता का प्रवाह कभी कुछ दिनों के लिए रुकता और कभी पीछे हटता हुआ, कभी एक स्थान में बँधता और दूसरे स्थान में इकट्ठा होता हुआ, कभी कुछ दिनों के लिए उथल और छिछला पड़कर फिर अनिवार्य वेग के साथ बहता और गम्भीर होता हुआ अन्ततः आगे ही बढ़ता आया और उसने अपनी सुख-समृद्धिपूर्ण विजय का प्रसार किया। हम जानते हैं कि किस प्रकार अनेक विघ्न बाधाओं को सहकर, कितने ही दिनों तक भयानक कष्टों और आपत्तियों को झेलकर जनता ने क्रमशः अपनी उन्नति की है, जिसका फल यह हुआ है कि प्रत्येक सभ्य देश के गरीब आदमी भी अपने पूर्वजों की अपेक्षा अधिक सुख-चैन से हैं। हम जानते हैं कि किस प्रकार संसार की अनेक क्रूर और धर्मभावशून्य जातियाँ बौद्ध धर्म ग्रहण करने को तैयार हुईं, किस प्रकार बौद्ध धर्म का प्रभाव और प्रचार बढ़ा तथा उससे मनुष्यों की रहन-सहन में कितना शुभ परिवर्तन हुआ। पुस्तकों में हम देखते हैं कि किस प्रकार प्रताप और शक्ति एक जाति से निकलकर दूसरी जाति में जाती है। उनसे यह भी पता लगता है कि किन-किन कारणों से और किन-किन दशाओं में ऐसा होता है। भारतवर्ष, फारस, काबुल, मिस्र, यूनान, रोम—जो अब नाम-ही-नाम को रह गए हैं, कल्पना में जिनके प्रताप और महत्त्व की धुँधली छायामात्र शेष रह गई है—पुस्तकों के द्वारा वे हमें अपने यथार्थ रूप में प्रकट होते हैं और हम उनकी यथार्थ स्थिति को समझने में समर्थ होते हैं। इन प्राचीन देशों की ओर जब हम ध्यान देते हैं तब हम दिनों के फेर को सोचते हैं, भाग्य की चंचलता को सोचते हैं तथा व्यक्ति के जीवनक्रम और एक जाति के भाग्यक्रम के बीच जो विलक्षण समानता है, उस पर विचार करते हैं। एक धार्मिक उपदेष्टा कहता है—"चाहे एक व्यक्ति को लो

चाहे एक जाति को लो, सबके समृद्धि के दिन प्रायः वे ही होते हैं जिनके पीछे घोर विपत्ति के दिन आते हैं।" चाहे चन्द्रगुप्त, सिकन्दर, कैखुसरो, तैमूर इत्यादि बड़े-बड़े विजेताओं को लो, चाहे हस्तिनापुर, पाटलिपुत्र, एथेंस, रोम आदि की ओर ध्यान दो, बात एक ही होगी। अपनी रक्षा के निश्चय ही में नाश का अंकुर रहता है, अपने पराक्रम की भावना और उसे दिखाने की वासना ही से पतन भी होता है। भाग्य के इस अचानक पलटा खाने पर हमें ध्यान देना चाहिए। पर सबसे अधिक ध्यान तो हमें इस विश्वव्यापक नियम की ओर देना चाहिए कि जब कोई मनुष्य या जाति अपनी पूर्ण प्रौढ़ता को पहुँच जाती है, तब उसमें भीतर-ही-भीतर भोग, विलास, अनीति और दुर्व्यसन का घुन शक्ति को खाने लगता है, अधिक तड़क-भड़क और शान दिखाई पड़ती है, यहाँ तक कि बाहर से देखनेवालों को शक्ति की स्थिरता का अधिक विश्वास होता है। लोक में कहावत प्रसिद्ध है कि जब दीपक बुझने को होता है, तब अधिक जगमगाता और भभकता है। पारसियों का प्रताप इतना प्रबल और कभी नहीं दिखाई पड़ा था जितना उस समय जब क्षयार्स ने अपनी असंख्य सेना लेकर यूनान पर चढ़ाई की थी। पर यथार्थ में पारसी जाति की शक्ति उस समय इतनी क्षीण हो गई थी कि थोड़े ही आघात से ध्वस्त हो सकती थी। जिस समय नेपोलियन अपनी चार लाख सेना लेकर योरप को विजय करने की कामना से रूस की ओर बढ़ा था, उस समय सारा योरप काँप उठा था, पर सच पूछिए तो भीतर-ही-भीतर उसके विनाश के सामान इकट्ठे हो रहे थे। औरंगजेब के राजत्वकाल में मुगल साम्राज्य अपने पूर्ण विस्तार को पहुँच गया था; पर इतिहासविज्ञ मात्र जानते हैं कि वह वास्तव में उसके खंड-खंड होने का आयोजन मात्र था। जिस समय महाराज पृथ्वीराज दिल्ली के राजसिंहासन पर थे, उस समय राजपूतों की शक्ति पराकाष्ठा को पहुँची जान पड़ती थी; पर देखते-ही-देखते वह शक्ति विलीन हो गई और हिन्दू साम्राज्य का अन्त हो गया।

इतिहास की उस अस्थिरता का, जिसका परिज्ञान हमें पुस्तकों द्वारा होता है, एक और भी दृष्टान्त दिया जा सकता है। विद्याभ्यासी युवक यदि संसार की बड़ी-बड़ी राजधानियों के इतिहास का मिलान उनके राज्यों के इतिहास से करेंगे तो उन्हें जान पड़ेगा कि एक ओर तो उन राज्यों की शक्ति क्रमशः क्षीण हो रही थी और दूसरी ओर उन राजधानियों की शोभा पूर्ण समृद्धि को पहुँची दिखाई पड़ती थी। जब अवध के नवाबों का प्रताप प्रस्थान कर चुका था, जब वे अपने राज्य की स्थिति के लिए दूसरी राज्यशक्ति का मुँह ताकने लगे थे, जब उनमें अपना बल कुछ भी नहीं रह गया था, जब क्षमताहीन विलासपरायण वाजिदअली शाह सहस्रों रमणियों से घिरे हुए मोतियों की राख फाँकते थे, उस समय लखनऊ के जोड़ का और दूसरा नगर भारतवर्ष में नहीं था। वहाँ आठों पहर सोना बरसता था। गोमती के किनारे छतरमंजिल, शीशमहल आदि को देख आँखों में चकाचौंध होती थी। नादिरशाह के आक्रमण के समय मुहम्मदशाही में दिल्ली की जो रौनक थी, वह फिर कभी काहे को दिखाई देगी। जिस समय महमूद ने हिन्दुस्तान की ओर यात्रा की, उस समय फूट आदि के कारण हिन्दुओं

की राजनैतिक शक्ति बिलकुल क्षीण हो चुकी थी, पर मथुरा, सोमनाथ आदि तीर्थ स्थानों का ठाट-बाट और वैभव वर्णन के बाहर था। जिस समय बादशाह बेलशाजर अपने विशाल भवन में बैठा हुआ दीवार पर अपने भाग्य लेख को पढ़ रहा था और विजयी पारसियों की विजय दुंदुभी का तुमुल शब्द सुन रहा था, उस समय बाबुल की शोभा अपनी पराकाष्ठा को पहुँच चुकी थी।

इतिहास की पुस्तकों से पाठकों को एक अत्यन्त अनमोल शिक्षा मिलती है। मनुष्य-जाति के मामलों में परमेश्वर किस प्रकार समय-समय पर हाथ डालता है, वे स्पष्ट देखते हैं। पर आधुनिक कोटि के इतिहासवेत्ता इस बात को देखकर भी इससे अनभिज्ञ बनते हैं। वे प्रत्येक कार्य वा घटना के कारण का पता विकास-सिद्धान्त अथवा निज-कल्पित नियमों द्वारा लगाने का दम भरते हैं। पर यह बात ऐसी प्रत्यक्ष है कि इस पर धूल नहीं डाली जा सकती। यह संसार के इतिहास में अमिट अक्षरों में अंकित है। थोड़ा उन घटनाओं पर ध्यान दीजिए जिनके सहारे छत्रपति महाराज शिवाजी एक बड़े साम्राज्य के संस्थापक हुए थे और देखिए कि किस प्रकार वे दैव-प्रेरित जान पड़ते हैं। भारत के इतिहास में मगध का अन्ध्र राजवंश प्रसिद्ध है। इसके शूद्र संस्थापक ने कन्न वंश के अन्तिम राजा को धोखे से मारकर मगध का राजसिंहासन प्राप्त किया था। इस वंश का राज्य बहुत दिनों तक नहीं चला। इसका अन्तिम राजा पुलोम गंगा में डूबकर मरा। फिर वही दशा इस वंश की हुई जो इसके संस्थापक ने कन्न वंश की थी। पुलोम का सेनापति रामदेव राजा बनकर बैठा। पर उसे भी इसका ठीक ज्यों-का-त्यों प्रतिकार ईश्वर की ओर से मिला। उसका सेनापति प्रतापचन्द्र उसे गद्दी पर से हटाकर राजा हुआ। इस प्रकार यह प्रतिकार परम्परा शताब्दियों पर चली और एक सेनापति के पीछे दूसरा सेनापति राजा बनता रहा। ये सेनापति राजा इतिहास में अन्ध्रभृत्य के नाम से प्रसिद्ध हैं। देशद्रोही जयचन्द ने द्वेष से प्रेरित होकर पृथ्वीराज की शक्ति को ध्वस्त करने की कुटिल कामना से मुसलमानों को बुलाया, पर कुछ दिन भी वह अपने इस घोर पाप का सुख न भोग सका। दो ही वर्ष के भीतर उसी सेना ने, जिसे अपने देशभाइयों का रक्त बहाने के लिए बुलाया था, उसको रणभूमि में सुलाकर उसका सर्वस्व हरण किया और द्रोह का भयंकर परिणाम भारतवासियों को दिखला दिया। भारतवासियों की धर्म प्रवृत्ति का बौद्ध धर्म द्वारा जो संस्कार हुआ, उसे देखने से स्पष्ट झलकता है कि किस प्रकार मनुष्यों का आचार-व्यवहार और रीति-नीति में अनुकूल परिवर्तन उपस्थित करने के लिए परमात्मा की प्रेरणा से एक-न-एक नई शक्ति खड़ी हो जाती है। जिस समय भारतवासी अपना सारा धर्म पुरुषार्थ वैदिक कर्मकांड की जटिल क्रियाओं में समझने लगे थे, उस समय उन्हें परोपकार और दया धर्म की ओर फिर से प्रवृत्त करने के लिए भगवान बुद्ध का अवतार हुआ। अग्निष्टोम, वाजपेय, दर्शपौर्णमास आदि का जितना फल समझा जाता था; उतना ही फल कुआँ, तालाब खुदवाने, बाग लगाने आदि का समझा जाने लगा। यह ठीक है कि परमात्मा का व्यापक उद्देश्य कभी-कभी हमारे संकुचित उद्देश्य से

भिन्न होता है जिससे हमारे मन में अनेक प्रकार की शंकाएँ उठती हैं। हम जैसा होना न्याय समझते हैं, वैसा होते न देख ईश्वर के विषय में अनेक प्रकार के सन्देह करने लग जाते हैं। पर यदि विचारकर देखिए तो इतिहास में चारों ओर परमेश्वर की प्रेरणा का आभास मिलता है। कितनी छोटी-छोटी बातों से संसार में कितने बड़े-बड़े उलटफेर हुए हैं, यह प्रत्येक इतिहासविज्ञ मनुष्य को विदित है। जहाँ एक शक्ति का पतन और नाश होता है, वहाँ दूसरी शक्ति का उदय और उत्थान होता है। अव्यवस्था के उपरान्त व्यवस्था स्थापित होती है, अँधेर के पीछे सुनीति का संचार होता है, दुर्बलता के पीछे बल आता है, बड़े-बड़े प्राचीन राज्यों के खँडहरों की ईंटों को जोड़-बटोरकर नए-नए अधिक बल-वैभव सम्पन्न साम्राज्य खड़े होते हैं। मिस्र, बाबुल, फारस आदि के अवशिष्टांग से यूनान की सभ्यता का विकास हुआ, यूनान की खंडित शक्ति से रोम राज्य खड़ा हुआ और रोम राज्य के छितराए खंडों से योरप की आधुनिक राजनैतिक शक्तियों की सृष्टि हुई।

इस विषय पर विचार करते हुए पाठकों को थोड़ा मुगल बादशाह औरंगजेब के धर्मान्ध शासन पर ध्यान देना चाहिए। मुगल राज्य औरंगजेब के समय में उन्नति की चरम सीमा को पहुँचा। औरंगजेब मदान्ध होकर दक्षिण की बीजापुर आदि गरीब रियासतों को हड़प करने के लिए बढ़ रहा था, पर बीच ही में यह क्या हुआ ? शिवाजी रूपिणी एक महाशक्ति ने दीनदार औरंगजेब के गले रोजा मढ़ दिया ! औरंगजेब के पहले सिक्ख जाति एक धार्मिक मंडली मात्र थी। पर जब औरंगजेब की धर्मान्धता हद को पहुँच गई और सिक्ख लोग सताए जाने लगे, तब सिक्ख जाति ने अपने हाथ में अस्त्र लिया और औरंगजेब के सामने ही गुरु गोविन्दसिंह ने सिक्खों की उस भावी शक्ति का आभास दे दिया जिसने सारे पंजाब में विजय का डंका बजाकर अफगानिस्तान के पठानों को भी कँपा दिया। जिस समय नेपोलियन सारे योरप को ध्वस्त करने की कामना से चार लाख सेना लेकर रूस की ओर बढ़ा, उस समय उसकी क्या गति हुई ? उसके लाखों सिपाही तूफान और बर्फ में गलकर मर गए, न जाने कितनों ने भूख और प्यास से तड़पकर अपने प्राण दिए, और वह अपना-सा मुँह लेकर बड़ी कठिनता से लौट सका।

पढ़ने से और-और जो लाभ हैं, अब मैं उन्हें थोड़े में कहना चाहता हूँ। अध्ययन के द्वारा हम घर बैठे बड़े-बड़े धुरन्धर विद्वानों के गम्भीर विचारों को जान सकते हैं, संसार के प्राचीन महापुरुषों के सत्संग का लाभ उठा सकते हैं। अध्ययन द्वारा हम ज्ञान के स्रोत तक बराबर पहुँच सकते हैं, चाहे ज्ञानदाता जिस स्थान पर हो और जिस काल में हुआ हो। इस विषय में दिक् या काल कोई बाधा नहीं डाल सकते। अध्ययन के द्वारा हम वाल्मीकि, व्यास और गौतम से उतने ही परिचित हो सकते हैं जितने उनके समकालीन थे। अध्ययन हमें भारतवर्ष के अतुल ज्ञानभांडार से सन्तुष्ट कर सकता है, यूनान, रोम आदि की व्यवस्थित विचार-परम्परा से परिचित कर सकता है, अरब, फारस आदि की भावुकता का अनुभव करा सकता है। भवभूति को हम मृत कैसे

समझें जबकि वह 'उत्तररामचरित' द्वारा हमें अपनी मधुर वाणी सुना रहे हैं। क्या कालिदास की उज्जयिनी में शिप्रा के किनारे जाकर हमारा आँसू बहाना ठीक है। जबकि अपने अलौकिक काव्य द्वारा वे हमारे सामने उपस्थित हैं। थोड़ा सोचिए तो कि इससे बढ़कर आनन्द और क्या हो सकता है कि हम अपनी कोठरी में ऐसे-ऐसे साथियों को लिये आराम के साथ लेटे हैं जैसे कालिदास, भवभूति, चन्द बरदाई, तुलसी, रहीम। हमारा जी जब चाहता है तब हम जायसी की कहानी सुनकर अपना समय काटते हैं, जब मन में आता है अन्धे सूर के प्रेम और चतुराई से भरे पद सुनकर रसमग्न होते हैं, कभी कल्पना में चित्रकूट के घाट पर बैठे राम लक्ष्मण के दर्शन करते हुए गोस्वामी तुलसीदासजी की गम्भीर गिरा से अपने उद्विग्न मन को शान्त करते और मर्यादापुरुषोत्तम भगवान रामचन्द्र का चरित देख पुलकित होते हैं। एक कोने में कबीर अपनी एड़ी बेड़ी बानी और 'सबद', 'साखी' द्वारा पंडितों और मुल्लाओं को फटकारते हुए बैठे हैं। कहीं बौद्धों से झगड़ते-झगड़ते थककर सिर पर हाथ दिए अद्वैतवादी शंकराचार्य संसार को मिथ्या बतला रहे हैं, कहीं भूषणजी मरहठों के बीच बैठे अन्याय दमन की उत्तेजना दे रहे हैं। इसी प्रकार की एक खासी मंडली जहाँ लगी हुई है, वहाँ और कोई साथी न रहे तो क्या ?

पुस्तकों के द्वारा किसी महापुरुष को हम जितना जान सकते हैं, उतना उसके मित्र क्या पुत्र कलत्र भी नहीं जान सकते। चाणक्य पर जितना उसके पाठक विश्वास करते हैं, उतना उसके समय के लोग न करते रहे होंगे, उसकी बातचीत में वे खरी-खरी बातें न आती रही होंगी जो लेखों में आती हैं। ग्वाल आदि शृंगार के कवियों से पाठकों के चरित्र और भाव जितने दूषित हो सकते हैं, उतने उनके पास बैठनेवालों के न होते रहे होंगे। जो ग्रन्थकार अपने जीवन काल में आसपास के लोगों से बोलने-चालने में बहुत संकोच करते थे, अध्ययनशील पुरुष के निकट एकान्त में वे अपनी पुस्तकों द्वारा अपने हृदय के सारे भावों को बेधड़क खोलकर प्रकट कर देते हैं। उनकी पुस्तकों द्वारा हम उन्हें पूर्ण रूप में देखते हैं, उनकी सारी प्रकृति हमारे सामने आ जाती है, कोई बात छिपी नहीं रहती। चाणक्य के महत्त्व को जितना हम आजकल के लोग समझ सकते हैं, उतना उसके समकालीन लोग नहीं समझ सकते थे। वे उसके गुण के प्रत्येक अंग को, उसकी स्थिति के पूर्ण रूप को नहीं देख सकते थे। यदि किसी पर्वत के आकार और विस्तार को पूर्ण रूप से देखना चाहो तो तुम्हें उससे कुछ दूर जाकर खड़ा होना होगा। इसी प्रकार हम उससे 2000 वर्ष पीछे हटकर उसके "अर्थशास्त्र" और "नीति" द्वारा तथा इतिहास में अंकित उसकी कृतियों के परिचय द्वारा उसकी बुद्धि की सूक्ष्मता और तत्परता का पूर्ण अनुमान और उसके बतलाए हुए आदर्श राज्य की भावना का पूरा अनुभव कर सकते हैं।

जो विद्याभ्यासी पुरुष पढ़ता है और पुस्तकों से प्रेम रखता है, संसार में उसकी स्थिति चाहे कितनी ही बुरी हो, उसे साथियों का अभाव नहीं खल सकता। उसकी कोठरी में सदा ऐसे लोगों का वास रहेगा जो अमर हैं। वे उसके प्रति सहानुभूति प्रकट

करने और उसे समझाने के लिए सदा प्रस्तुत रहेंगे। कवि, दार्शनिक और विद्वान जिन्होंने अपने घोर प्रयत्नों द्वारा प्रकृति के रहस्यों का उद्घाटन करके शान्ति और सुख का तत्त्व निचोड़ा है, बड़े-बड़े महात्मा, जिन्होंने आत्मा के गूढ़ रहस्यों की थाह लगाई है, सदा उसकी बातें सुनने तथा उसकी शंकाओं का समाधान करने के लिए उद्यत रहेंगे। यदि पाठक चाहे तो उनमें से प्रत्येक व्यक्ति उसको तुच्छ चिन्ताओं से मुक्त करके ऐसी भावमयी सृष्टि में ले जाने के लिए तैयार रहेगा जहाँ सांसारिक प्रपंचों का लेश नहीं। चाहे कितनी ही घोर निःस्तब्धता हो, उसके कानों में प्रकृति का मधुर और रहस्यपूर्ण संगीत पड़ेगा, कोमल और गम्भीर वचन सुनाई देगा। कालिदास अपनी अलौकिक प्रतिभा के बल से उसे मेघ के साथ उस अलकापुरी में पहुँचावेंगे, जहाँ–

नित पौन के पेरे कितेकहु बादर घूमत घूमत आवत हैं।
जल बूँदन की बरखा करिके अँगनान के चित्र मिटावत हैं॥
भयभीत से फेरि झरोखन ह्वै सिमिटे तन बाहर धावत हैं।
कढ़ि जान को बेगि धुआँ बनि के बड़े चातुर वेहू कहावत हैं॥

अथवा भवभूति के साथ जाकर वह उस दंडक वन में थोड़ा विश्राम पावेगा, जहाँ–

कहुँ सुंदर घनश्याम कतहुँ धारे छबि घोरा।
कहुँ गिरि खोहन गूँजि बढ़त झरनन कर सोरा॥
सुनसान कहुँ गंभीर वन कहुँ सोर बनपसु करत हैं।
कहुँ लपटि निसरत सुप्त अजगर साँस सन तरु जरत हैं।
गिरि खोह महँ कछु जल भरे कहुँ क्षुद्र खात लखात हैं।
अहि स्वेद गिरगिट पियत तहँ जब प्यास सन घबरात हैं।

तुलसीदास उसे अपने साथ गंगा उतरकर वन की ओर जाते हुए राम लक्ष्मण को दिखाएँगे जिनके अलौकिक सौन्दर्य के कारण–

गाँव-गाँव अस होइ अनंदू।
देखि भानुकुल कैरव चंदू।
जो यह समाचार सुनि पावहिं।
ते नृप रानिहिं दोष लगावहिं॥

और कहेंगे–

धन्य भूमि बन पंथ पहारा।
जहँ जहँ नाथ पाँव तुम धारा॥
धन्य बिहग मृग काननचारी।
सफल जनम भे तुमहिं निहारी॥
हम सब धन्य सहित परिवारा।
दीख दरस भरि नयन तुम्हारा॥

जायसी उसे कलिंग देश में ले जाकर जहाज पर चढ़ावेगा और राजा रतनसेन के साथ सिंहलद्वीप में उतारकर प्रेमपथ पर माधुर्य और त्याग दिखावेगा, फिर चित्तौरगढ़

लाकर चिता पर बैठ पद्मावती (पद्मिनी) के सतीत्व की अद्भुत दीप्ति का दृश्य सम्मुख करेगा। चन्द बरदाई उसे प्राचीन काल के सूर, सामन्तों की आन और नोक-झोंक दिखावेगा। इस प्रकार विद्याभ्यासी पुरुष बड़े-बड़े लोगों की प्रतिभा से अपने भावों को पुष्ट करेगा। प्रत्येक युग और प्रत्येक देश के महान पुरुष उसके सामने हाथ बाँधकर इस प्रकार खड़े रहेंगे जिस प्रकार मन्त्रवेत्ता के आह्वान पर देवता उपस्थित होते हैं।

पढ़ते समय हमें विद्वान और प्रतिभाशाली पुरुषों के मनोहर वाक्यों को, उनकी चमत्कारपूर्ण उक्तियों और विचारों को मन में संचित करते जाना चाहिए जिसमें हमारे पास ज्ञान का एक ऐसा प्रचुर भांडार हो जाए कि उसमें से समय-समय पर, जब जैसा अवसर पड़े, हम शान्ति, उपदेश और उत्साह प्राप्त कर सकें। इस प्रकार का भांडार अधिकार में रखना उपयोगी और आनन्दप्रद दोनों में है। बहुत से ऐसे अवसर आ पड़ते हैं जब हमारा जी टूट जाता है और हमारी शक्ति शिथिल हो जाती है। सोचिए तो ऐसे अवसरों पर किसी ऐसे पुरुषार्थी महात्मा के उत्साहपूर्ण वचनों से कितना उत्साह प्राप्त होगा जिन्होंने कठिन संकट और विघ्न सहे पर अन्त में अपने अध्यवसाय के बल से सिद्धि प्राप्त की। इस वचन से कितना उत्साह मिलता है–

छाँड़िए न हिम्मत, बिसारिए न हरि नाम,
जाही विधि राखैं राम, वाही विधि रहिए।

प्रयत्न में हताश वा दुःखी व्यक्ति को कितना धैर्य बँध सकता है, यदि उसे किसी ऐसे महात्मा के वचन सुनने को मिलें जो दुःख पड़ने पर कहता है–"ईश्वर चाहता है कि हम इस दशा में रहें, हम इस कर्तव्य को पूरा करें, हम इस व्याधि को भोगें, हम इस विपत्ति में पड़ें, हम यह अपमान और ताप सहें। ईश्वर की जैसी इच्छा ! ईश्वर की यही इच्छा है, हम या संसार चाहे जो कुछ कहे। उसकी इच्छा ही हमारे लिए परम धर्म है।" बहुत से अवसर आते हैं जब दूसरों की इच्छा के अनुसार कार्य करना, दूसरों की अधीनता स्वीकार करना अभिमानी युवकों को बड़ा कड़वा जान पड़ता है। ऐसे अवसर पर वे इस बात का स्मरण कर लें तो बहुत ही अच्छा है कि संसार में जितने बड़े-बड़े विजयी हुए हैं वे आज्ञा मानने में वैसे ही तत्पर थे जैसे आज्ञा देने में। बहुत से ऐसे अवसर आते हैं जब सत्य के मार्ग पर स्थिर रहने की उचित दृढ़ता हमें नहीं सूझती, और हम चटपट आवेश में आकर काम करना चाहते हैं। ऐसे अवसरों पर हमें गिरधर की इस चेतावनी का स्मरण करना चाहिए–

बिना बिचारे जो करे सो पाछे पछिताय।
काम बिगारै आपनो जग में होत हँसाय ॥

अस्तु, पढ़ने का एक लाभ तो हुआ कि उससे हम समय पड़ने पर शिक्षा, उत्साह और शान्ति प्राप्त कर सकते हैं। इसके अतिरिक्त उसके द्वारा हमें ऐसे-ऐसे अस्त्र प्राप्त होते हैं जिन्हें लेकर जीवन के भीषण संग्राम में हम अपनी थाप रख सकते हैं। उससे हमें उत्तम और उत्कृष्ट विचारों का आभास तथा उत्तम कार्यों की उत्तेजना मिलती है। एक बार किसी सरदार ने राजा की इच्छा के विरुद्ध कोई उचित और न्यायसंगत कार्य

करने पर उद्यत एक दूसरे सरदार को परामर्श देते हुए कहा–"पर महाशय, राजाओं का क्रोध तो आप जानते हैं, मृत्यु सामने रखी है।" दूसरे सरदार ने चट उत्तर दिया–"तब तो मुझमें और आपमें केवल इतना ही अन्तर है कि मैं आज मरूँगा और आप कल।" इस 'अभिप्रायगर्भित' वाक्य से किसका उत्साह नहीं बढ़ेगा, किसका चित्त दृढ़ नहीं होगा ? कोई छोटा है या बड़ा, यह कोई बात नहीं। मुख्य बात यह है कि जो जिस श्रेणी में है, वह उसके धर्म का पालन करता है या नहीं। साधारण विद्या बुद्धि का मनुष्य भी यदि मर्यादा का ध्यान रखता हुआ धर्मपूर्वक अपना कार्य करता जाए तो वह उसी प्रकार सफल मनोरथ हो सकता है जिस प्रकार कोई बड़ा बुद्धिमान मनुष्य। इस विषय पर मुझे बहुत कहने की आवश्यकता नहीं। पढ़ने का बड़ा भारी अलभ्य और मनोहर लाभ यह है कि उससे चित्त शुभ भावनाओं और प्रौढ़ विचारों से पूर्ण हो जाता है। जब कभी जी चाहे, मनुष्य चुपचाप बैठ जाए और जो कुछ उसने पढ़ा हो उसका चिन्तन करता हुआ उपयोगी और आनन्दप्रद विचारों की धारा में मग्न हो जाए, इसके लिए उसे किसी प्रकार के बाहरी आधार की आवश्यकता नहीं। खाली बैठे रहने के समय–जैसे रेल, नौका आदि की यात्रा में–हमारे लिए यह एक अच्छा लाभकारी मानसिक व्यायाम रखा हुआ है कि हम किसी अच्छे ग्रन्थकार की कोई पुस्तक उठा लें और उसकी बातों को; उसकी चमत्कारपूर्ण उक्तियों को तथा उसके मनोहर दृष्टान्तों को हृदय में इस क्रम से धारण करते जाएँ कि जब अवसर पड़े, तब उन्हें उपस्थित कर सकें। हृदय का यह भांडार ऐसा होगा जो कभी खाली न होगा; दिन-दिन बढ़ता जाएगा। इस प्रकार हृदय में संचित किए हुए भाव और दृष्टान्त मोतियों के समान होंगे जिनकी आत्मा कभी नष्ट वा क्षीण नहीं होती।

पढ़ने से हमारे व्यवसायों की बुराइयों और प्रलोभनों का, हमारे आचार-व्यवहार की त्रुटियों का, हमारे समय की कुप्रवृत्तियों का जो निराकरण होता है, वह भी थोड़ा लाभ नहीं है। इस विषय में अध्ययन औषधोपचार का काम करता है। जो लोग दिनभर ऐसे कामों में हैरान रहते हैं जिनमें कठिन तर्क-वितर्क और सूक्ष्म विवेचना की आवश्यकता होती है, उन्हें चाहिए कि जब अवकाश मिले तब वे विस्तीर्ण कल्पनावाले लेखकों की भावमयी रचनाओं का अवलोकन करें। पर जहाँ तक देखा जाता है, ऐसे लोग उत्कृष्ट कल्पनापूर्ण रचनाओं और काव्यों से दूर भागते हैं, वे यह नहीं समझते कि उन्हें ऐसी पुस्तकों के अध्ययन की बड़ी आवश्यकता है। क्योंकि जो अपने समस्त जीवन का संस्कार करना चाहता हो, उसे अन्तःकरण की ऐसी वृत्तियों का अभ्यास रखना चाहिए जिनका काम उसे अपने नित्य के व्यवसाय में नहीं पड़ता अथवा जिनके व्यवहार की ओर उसकी स्वाभाविक प्रवृत्ति नहीं होती। तर्कशास्त्र का अभ्यास ऐसे लोगों के लिए बहुत उपयोगी होगा जो प्रमाणपूर्वक यथातथ्य बात कहने तथा प्रौढ़ युक्ति देने में अनभ्यस्त हैं। जो जटिल विवेचना और कठिन मानसिक प्रयास में व्यस्त रहते हैं, काव्यों के अवलोकन से उनके चित्त को बहुत विश्राम और आनन्द मिलेगा। बहुत से लोगों के लिए ऐतिहासिक पुस्तकें औषध और पुष्टई का काम करेंगी।

विशेष-विशेष पुस्तकें विशेष-विशेष अवस्थाओं के लिए उपयोगी होंगी। नाच-रंग और भोग-विलास की प्रवृत्ति का संशोधन भर्तृहरि के नीति और वैराग्यशतक तथा केशव की विज्ञानगीता आदि से हो सकता है। जिसमें प्राकृतिक दृश्यों के सौन्दर्य के अनुभव की मार्मिकता नहीं, उसमें कालिदास और भवभूति की वाणी सुनते-सुनते यह मार्मिकता आ जाएगी। प्रत्येक अवसर और प्रत्येक दशा के लिए वाल्मीकि का महाकाव्य उपयुक्त होगा। जो हर समय उदास और मुँह लटकाए रहते हैं, उनकी दवा भारतेन्दु हरिश्चन्द्र और प्रतापनारायण मिश्र के नाटकों तथा बंगाली लेखक दीनबन्धु मित्र के उपन्यासों से हो सकती है। मानसिक विकारों के लिए पुस्तकें बहुत ही उपयुक्त औषध हैं। जिनका चित्त अपने आसपास के व्यापारों को दिन-रात देखते-देखते ऊब गया हो, उन्हें चाहिए कि वे अद्भुत घटनाओं और वृत्तान्तों से पूर्ण यात्रा की पुस्तकें पढ़ें। इससे उनका चित्त बहल जाएगा और उनमें फुरती आ जाएगी। 'चीन में तेरह मास', 'भारतभ्रमण', 'कोलम्बस की यात्रा' इत्यादि को हाथ में लेकर जब वे चीन, लंका, अमेरिका की बैठे-बैठे सैर करेंगे, तब वे अपने को कारागार से मुक्त हुआ समझेंगे और सृष्टि के विस्तार को देख प्रसन्न होंगे। संकीर्ण भाव के लोगों के आगे इतिहास की पोथियाँ खोलकर रखनी चाहिए। एक ग्रन्थकार कहता है–"मुझे स्मरण आता है कि मैंने एक बार एक ऐसे पुरुष को, जो पत्नी के मरने पर उसके वियोग में दिन-दिन घुलता जाता था और किसी प्रकार की दवा-दारू के पास नहीं जाता था, भूगर्भशास्त्र की दस-पाँच बातें सुनकर चंगा कर दिया। मैंने तो यह सोचा कि जिस प्रकार पुस्तकालयों में लोग विषय के अनुसार दर्शन, गणित, इतिहास, काव्य, विज्ञान आदि लिखकर अलमारियों पर चिपकाते हैं, उसी प्रकार जिन-जिन रोगों के लिए जो-जो पुस्तकें उपकारी हों, उनकी अलमारियों पर उन्हीं रोगों के नाम–काश, ज्वर, शोकोन्मादि आदि–लिखकर लगा दूँ।" आगे चलकर वही ग्रन्थकार थोड़ा गम्भीर होकर फिर कहता है–"जब कोई ऐसा दुःख तुम्हारे चित्त में समा जाता है जो हटाए नहीं हटता, और तुम यह समझने लगते हो कि जब ईश्वर ने इस एक सुख से तुम्हें वंचित कर दिया तब फिर जीवन व्यर्थ है, तब तुम्हारे लिए अच्छा यह होगा कि बड़े-बड़े पुरुषों के जीवनचरित हाथ में लो। फिर देखो कि उनमें एक पृष्ठ भी ऐसा न मिलेगा जिसमें किसी तुम्हारे दुःख का पचड़ा गाया गया हो। प्रत्येक पृष्ठ में बराबर जीवन में अग्रसर होते जाने की बात मिलेगी। तुम पर जहाँ कोई दुःख पड़ा, तुम समझते हो कि बस तुम बिना हाथ-पैर के हो गए, तुम्हारी कमर टूट गई। नहीं, कभी नहीं ! तुम्हारे हाथ-पैर टूटे नहीं, उनमें झुनझुनी चढ़ गई है। जीवनचरित में तुम देखोगे कि किस प्रकार दुःखों को लाँघता-फाँदता महान पुरुष का जीवन आगे बढ़ता गया है।"

मनुष्य को किन-किन विषयों के पठन का क्रम रखना ठीक होगा, इसका विचार बहुत कुछ उसके व्यवसाय के अनुसार होना चाहिए। जो दिन-रात किस्से-कहानियाँ ही पढ़ा करता है, वह अच्छा गणितज्ञ कभी नहीं हो सकता। पर यह ध्यान रखना चाहिए कि पढ़ने का मुख्य उद्देश्य अन्तःकरण का अर्थात् उसकी सब शक्तियों का समान

संस्कार है जिसमें जब जिस शक्ति का प्रयोजन पड़े, उससे काम लिया जा सके। इससे हमें आँख मूँदकर विद्या के किसी एक ही विभाग की ओर संलग्न न हो जाना चाहिए। विवेचना शक्ति का ऐसा अनन्य अभ्यास न करना चाहिए जिससे कल्पना की शक्ति मारी जाय; और कल्पना के व्यवहार की भी इतनी अधिकता न हो कि विवेचन की शक्ति मन्द पड़ जाए दोनों का पल्ला एक हिसाब से रखा जाय–ठीक उसी प्रकार से जैसे संगीत में बहुत से बाजे एक साथ बजते हैं; पर उनमें से कोई एक दूसरे को दबाकर ऊँचा नहीं होने पाता, सब इस क्रम से बजते हैं कि स्वर मैत्री बनी रहे। यदि कोई बजाज दिन-रात कपड़ों ही की बातचीत किया करे तो लोग ऊब जाएँ और उसके पास कोई न बैठे। एक अनुभवी नीतिज्ञ कहता है–"जो कोई मनुष्य व्यवसाय सम्बन्धी अध्ययन ही की ओर दत्तचित्त रहेगा, संस्कार शिक्षा की ओर मन न लगाएगा, उसे यह समझ रखना चाहिए कि व्यवसाय शिक्षा चाहे कितनी ही पूर्ण हो, उसे व्यवसाय का पूरा परिज्ञान नहीं हो सकता। व्यवसाय की नियम पद्धति में उसे अपने व्यवसाय का एक अत्यन्त आवश्यक अंग सीखने को रह जाएगा; उसे इसका बोध न होगा कि व्यवसाय की विशेष बातों का मनुष्य की सामान्य प्रवृत्तियों और भावनाओं से कैसा सम्बन्ध है। कानून ही के व्यवसाय को लो। एक ओर तो इससे बढ़कर कृत्रिम, आडम्बरपूर्ण तथा भावुकताशून्य दूसरा विषय नहीं, दूसरी ओर मनुष्य जाति के स्वत्व, उसकी स्वतन्त्रता आदि से यह घनिष्ठ सम्बन्ध रखता है जिससे एक वकील के लिए बातों का थोड़ा-बहुत जानकार होना जितना आवश्यक है, उतना अच्छा कानूनदाँ होना नहीं। जो मनुष्य विद्या के एक ही अंग में लिप्त रह जाता है, वह उस अंग का भी पूर्ण अधिकारी नहीं हो सकता; क्योंकि विद्या के भिन्न-भिन्न अंगों का सम्बन्ध एक-दूसरे से लगा हुआ है, वे एक-दूसरे के आश्रित हैं। जो अपना सारा जीवन केवल व्याकरण ही में बिता देते हैं उनकी विद्या बुद्धि कैसी होती है, यह प्रकट ही है। जो आँख मूँदकर किसी एक ही विषय में लीन रह जाता है, संसार उसे मूर्खों की कोटि में समझता है। वह कुछ नहीं जानता। जहाज पर पृथ्वी की परिक्रमा करते हुए कई बन्दरगाहों पर उतरना पड़ता है, यदि विश्राम के लिए नहीं तो रसद के लिए सही। इसी से मेरा प्रत्येक मनुष्य से यह कहना है कि जहाँ तक हो सके, किसी एक विषय में प्रवीणता प्राप्त करते हुए सब बातों की आवश्यक जानकारी करो और पूरे मनुष्य बनो। इससे उस विषय में भी उत्कृष्टता आवेगी और मानव जीवन भी सफल होगा। इसी ढंग से तुम उस विचार संकीर्णता से बच सकते हो जो किसी एक ही विषय में मगन रहनेवालों में पाई जाती है। सारांश यह कि पेशा वा व्यवसाय चाहे जो हो, जो लोग उस पेशे ही भर रह जाएँगे, वे उन चीनियों के समान एकांगदर्शी और संकीर्ण ज्ञान के हो जाएँगे, जो अपने बनाए हुए भूगोल के नक्शे में चीन साम्राज्य के तो छोटे-छोटे गाँवों तक को लिखते हैं, पर उसके आगे लिख देते हैं 'अज्ञात मरुभूमि' वा 'बर्बरों का देश।'

शरीर को स्वस्थ रखने के लिए यह आवश्यक है कि आहार के लिए भिन्न-भिन्न प्रकार के और भिन्न-भिन्न गुण रखनेवाले पदार्थ हों। हमें ऐसी वस्तुओं का भोजन

करना चाहिए जिनसे रुधिर भी बने, मांस भी बने, मेद भी बने, अस्थि भी बने। मनुष्य रोटी ही पर नहीं रह सकते। यदि वे केवल रोटी ही खाएँ तो उनके जोड़ों और पेशियों में फुरती न रहेगी, स्नायुओं की शक्ति क्षीण हो जाएगी, हाथ-पैर न उठेंगे और रक्त दूषित हो जाएगा। जो दशा शरीर की है, वही आत्मा की भी है। अन्तःकरण तभी सशक्त और फुर्तीला रह सकता है जब उसके पोषण के लिए भिन्न-भिन्न प्रकार की वस्तुएँ पहुँचाई जाएँ। उसकी कल्पना की शक्ति को भी पोषण सामग्री पहुँचानी होगी और विवेचना की शक्ति को भी–विवेक को भी पुष्ट रखना होगा और भावना को भी तीव्र रखना होगा। इस प्रकार अन्तःकरण को स्वस्थ और बलिष्ठ रखना ही पढ़ने का उद्देश्य है। अध्ययन से अन्तःकरण की सारी वृत्तियों का अभ्यास बढ़ता है, इससे बल और उत्साह भी प्राप्त होता है और आवश्यकतानुसार शान्ति भी आती है।

मैं ऊपर बतला चुका हूँ कि पढ़ने का उद्देश्य चित्त में चेतावनी और उत्तेजना से भरी उत्तम उक्तियों की धारणा करना भी है। इसी प्रकार पढ़ने का एक प्रयोजन यह भी है कि इतिहास, काव्य आदि से उत्कृष्ट कर्मों के दृष्टान्तों को चुनकर उन्हें हृदय में अंकित करके सजावे–ठीक उसी भाँति जैसे गुणी चित्रकार अपनी चित्रशाला सजाता है। इन दृष्टान्तों और घटनाओं को एक-एक करके स्मृति के सम्मुख लाना, उनके ब्योरों पर ध्यान देना, उनके महत्त्व का चिन्तन करना और उनसे उपदेश ग्रहण करना कितना आनन्ददायक होता है ! वे चित्र जिन्हें पाठक अपनी स्मृति में उपस्थित करेंगे, उतने ही रंग-बिरंग के होंगे जितने प्रकार के ग्रन्थ वे देखेंगे। उन्हें भिन्न-भिन्न जातियों के इतिहास से, श्रेष्ठ पुरुषों के जीवन वृत्तान्तों से, कवियों की अलौकिक सृष्टि से, यात्रियों और अन्वेषकों की छानबीन से, वैज्ञानिकों के अनुसन्धान से अनेक प्रकार के रुचिर और मनोरम दृश्य प्राप्त होंगे। वे वेदव्यास अंकित महात्मा भीष्म के उस समय के पराक्रम को देखेंगे जब वे रथ पर चढ़े पांडव सेना पर अनिवार्य अस्त्रों की वर्षा कर रहे थे, अपने बाणों के अखंड प्रवाह से पांडवों को विकल कर रहे थे और अर्जुन ऐसे धीर और पराक्रमी पुरुष के छक्के छुड़ा रहे थे। उसके उपरान्त फिर उन्हीं वृद्ध भीष्म पितामह को पाठक शरशय्या पर लेटे-लेटे राजनीति और धर्म के गूढ़ तत्त्वों का उपदेश करते देखेंगे। पाठक अपने स्मृतिक्षेत्र में देशभक्ति के और सच्ची वीरता के इस दृश्य को जब चाहें तब देख सकते हैं–"आज 1662 सम्वत् के श्रावण मास की सप्तमी है। आज मेवाड़ के राजपूत 'स्वर्गादपि गरीयसी' जन्मभूमि के लिए प्राण देने को उद्यत हुए हैं। बादशाह अकबर की कई लाख सेना मानसिंह के साथ मेवाड़ पर अधिकार करने को आई है। मुगल सम्राट् सूर्यवंश पर कलंक की कालिमा लगाने पर उद्यत हैं। इधर मेवाड़ के वीरशिरोमणि महाराणा प्रताप सिंहजी इस वंश की पवित्रता को अटल रखने के लिए प्राणपण से कटिबद्ध हैं। सच्चे क्षत्रिय वीर ने सच्चे क्षत्रियपन के गौरव की रक्षा का संकल्प विकल्प किया है। चिरस्मरणीय हल्दीघाटी के मैदान में मेवाड़ के अवलम्ब और गौरव स्वरूप केवल बाइस हजार राजपूत वीर इकट्ठे हैं और महाराणा प्रताप इनके नेता बनकर असंख्य मुगल सेना की गति का अवरोध करने को खड़े हैं।"

पाठकों को इतना ही आभास दे देना बहुत होगा। वे स्वयं भिन्न-भिन्न प्रकार की पुस्तकों से भिन्न-भिन्न प्रकार के मनोहर दृश्य चुन लेंगे।

सच्चा विद्यानुरागी ज्ञानप्राप्ति का साधन इसलिए करेगा जिसमें वह अपना तथा दूसरों का हित साधन कर सके। उसका मुख्य उद्देश्य उन शक्तियों की वृद्धि और परिष्कृति का साधन होना चाहिए जो उसे प्राप्त हैं। और उस साधन का मुख्य फल वह आनन्द होना चाहिए जो ज्ञान द्वारा प्राप्त होता है। ऐसे व्यक्ति को पढ़ने का लाभ मैं और क्या बतलाऊँ ? प्रसिद्ध अँगरेज विद्वान बेकन का उपदेश है–"हमें खंडन-मंडन करने के लिए, विश्वास और स्वीकार करने के लिए, तरह-तरह की बात करने के लिए नहीं पढ़ना चाहिए, बल्कि विवेक और विचार के लिए पढ़ना चाहिए।" आगे चलकर उसने पठन, वार्तालाप और लेखन का भेद समझाया है कि पठन से पूर्णता, वार्तालाप से तत्परता और लेखन से यथार्थता आती है। इसी से वह कहता है–"यदि कोई मनुष्य थोड़ा लिखे तो समझना चाहिए कि उसे धारणा की आवश्यकता है; यदि थोड़ा वार्तालाप करे तो समझना चाहिए कि उसमें उपस्थित बुद्धि का अभाव है; और यदि थोड़ा पढ़े तो समझना चाहिए कि उसे चतुराई और समझ की आवश्यकता है।" बातचीत और लिखना दोनों बहुत प्रयोजनीय हैं। बातचीत व्यवहार कुशल पुरुषों के लिए प्रायः पुस्तक का काम देती है। पर विद्यानुरागी के लिए पढ़ना एक बड़ा भारी मन्त्र है जिसके प्रभाव से चिरकाल का संचित ज्ञानभांडार उसके सामने खुल पड़ता है, वह सब काल के पुरुषों का समकाल न हो जाता है, और सब जातियों के विचारों का आगार बन जाता है, सैकड़ों पीढ़ियों के प्रयत्न का फल उसके हाथ में आ जाता है। यह प्रत्यक्ष है कि मनुष्य के कर्मों की व्यवस्था ज्ञान से प्राप्त होती है; और ज्ञान वही श्रेष्ठ है जो अनेक विषयों से सम्बन्ध रखता है। ऐसे ज्ञान का द्वार अध्ययन है।

पर अध्ययन वा पढ़ना है क्या वस्तु ? बिना किसी उद्देश्य के यों सरसरी तौर पर पुस्तकों के पन्ने उलटते जाना, जैसा कि प्रायः लोग मनबहलाव के लिए अवकाश के समय किया करते हैं, पढ़ना नहीं है; बल्कि उनमें लिखी बातों को विचारपूर्वक स्थिर किए हुए नियमों और व्यवस्थाओं के अनुसार पूर्णरूप से हृदय में ग्रहण और धारण करने का नाम पढ़ना है। आर्थर हेल्पस् कहते हैं–"प्रत्येक स्त्री-पुरुष को, जो थोड़ा-बहुत पढ़ सकता है, अपने पढ़ने का कोई उद्देश्य स्थिर कर लेना चाहिए। वह अपनी शिक्षा का कोई एक मूल कांड मान ले जिससे चारों ओर शाखाएँ निकलकर उस मूल वृक्ष के लिए प्रकाश और वायु संचित करें जो आगे चलकर शोभायमान और उपयोगी निकले तथा बराबर फूलता-फलता रहे। विद्यार्थी को इसका ध्यान सबसे पहले रखना चाहिए। यदि वह बिना नक्शे वा ध्रुवयन्त्र के यों ही विद्या के अपार समुद्र में चल पड़ेगा और यह स्थिर न कर लेगा कि उसे किस बन्दर की ओर चलना है, तो या तो उसकी नाव डूब जाएगी या हवा और लहरों के झोंके खाती इधर-उधर टकराती फिरेगी।" यहाँ पर कोई एक ऐसी युक्ति बतलाने की चेष्टा करना मूर्खता ही होगी जिसके अनुसार प्रत्येक मनुष्य अपने लिए अध्ययन का मार्ग स्थिर करे। हाँ इतना कहा जा सकता है कि कोई

पुरुष सरसरी तौर पर पढ़ने का अभ्यास न डाले, बल्कि अपने मानसिक संस्कार का ध्यान रखे। यदि वह ऐसा करेगा तो उसे कुछ दिनों में आपसे आप मालूम हो जाएगा कि क्या करना चाहिए। यद्यपि अध्ययन के लिए कोई ऐसी सटीक युक्ति नहीं बतलाई जा सकती, पर विद्यार्थी को जिन साधारण सिद्धान्तों पर अपने अध्ययन का क्रम स्थिर करना चाहिए; वे निर्धारित किए जा सकते हैं।

सबसे पहली बात तो यह है कि पढ़ना नियमपूर्वक होना चाहिए, अर्थात् उसके लिए नित्य कुछ समय रख लेना चाहिए और इस बात का ध्यान रखना चाहिए कि बहुत ही आवश्यक बातों को छोड़ और दूसरी बातें उस समय के बीच बाधक न होने पावें। यदि विद्यार्थी को जीविका के लिए कोई काम करना पड़ता हो, तो यह समय सुबीते के अनुसार ही रखा जा सकता है। बहुत करके ऐसे व्यक्ति को रात ही को ऐसा समय मिल सकता है जिसमें यह अपनी प्रिय पुस्तकों को हाथ में ले। अन्यथा सबेरे का समय ही एकाग्र चित्त से अध्ययन करने के लिए उपयुक्त होता है। उस समय चित्त बहुत तत्पर रहता है। रात भर के विश्राम से उसकी सारी शक्तियाँ काम करने के लिए तैयार रहती हैं। सूरदास के विषय में प्रसिद्ध है कि वे नित्य सबेरे स्नानादि के उपरान्त कुछ पद बनाकर तब जलपान आदि करते थे। यही बात कई भक्त कवियों के विषय में कही जाती है। प्रसिद्ध अँगरेज उपन्यासकार स्काट प्रातःकाल जलपान आदि करके दोपहर तक लिखता था। पर चाहे सवेरे का समय हो चाहे रात का, चाहे एक घंटे का समय लगाया जाए चाहे दो-तीन घंटे का, उसका नियम बराबर रखना चाहिए। टेव ही सब कुछ है। प्रायः ऐसा होता है कि हमारा पढ़ने-लिखने को जी नहीं चाहता, आलस्य मालूम होता है। इसे दृढ़तापूर्वक रोकना चाहिए, नहीं तो आत्मसंस्कार की सारी आशा धूल में मिल जाएगी। इस बुरे प्रभाव से बचने की सबसे अच्छी युक्ति यह है कि बाँधे हुए नियम का दृढ़तापूर्वक पालन करे, उसे टूटने न दे। हमारा चित्त सदा एक सा नहीं रहता। उसमें सदा एक सी तत्परता नहीं रहती। आज हम जिस बात को लेकर आशा और उत्साह से भरे हैं, उसी बात से कल कोई आशा नहीं बँधती। प्रत्येक मनुष्य चित्त की इस चंचलता के वशीभूत है। पर यदि बुद्धि उदय होकर तुम्हें आलस्य छोड़ने और उत्साह के अभाव में भी कठपुतली की तरह चटपट काम कर चलने का आदेश करे और तुम उस काम को कर चलो, तो थोड़ी ही देर में देखोगे कि तुममें ज्यों-का-त्यों उत्साह आ गया है। फिर तुम सोचोगे कि हमने बहुत अच्छा किया जो आलस्य के फेर में पड़कर अपने नियमित विधान नहीं छोड़े। बुद्धि को साधना का सहारा दो, आलस्य और खिन्नता को अपने दृढ़ संकल्प द्वारा हटाओ; फिर देखोगे कि आलस्य तुम्हें आता ही नहीं और तुम्हारे चित्त में संयम और अध्यवसाय का संस्कार दृढ़ हो गया है।

दूसरी बात यह है कि पढ़ना समझ-बूझकर हो अर्थात् हम ग्रन्थकार के भाव को ठीक-ठीक समझने का उद्देश्य रखें, उसकी वाक्य-रचना पर ध्यान दें, उसके पूर्व पक्ष और उत्तर पक्ष को समझें, उसकी त्रुटियों का पता लगावें तथा उसके सिद्धान्तों की परीक्षा करें। हम जो पुस्तक पढ़ें, उसका मत भी देखें और अपना मत भी देखें। उस

पुस्तक का अभिप्राय क्या है ? उस अभिप्राय का साधन वह किस ढंग से करती है ? क्या हम उसके अभिप्राय को पूर्णरूप से समझते हैं और उसके साधन को अच्छी तरह निरीक्षण करते हैं ? क्या उसमें किए हुए तर्क से हमारा समाधान होता है ? क्या उसके वर्णन हमारे चित्त में स्पष्ट दृश्य उपस्थित करते हैं ? उसमें वस्तुओं और व्यक्तियों के जो-जो प्रसंग आए हैं, उन्हें हम अच्छी तरह समझते हैं ? सारांश यह कि क्या हमारा चित्त वही भाव ग्रहण करता है जो ग्रन्थकार ने धारण किया था ? क्या हम उसी रूप से विवेचना करते हैं जिस रूप से उसने की थी ? क्या हमारे विचार में भी वैसा ही आया है जैसा उसके विचार में आया था ? यदि नहीं, तो क्या हम यह देख सकते हैं कि किन-किन बातों में और कहाँ तक हम उससे सहमत नहीं हैं और क्यों सहमत नहीं हैं ? इन प्रश्नों का ठीक उत्तर बिना सूक्ष्मता के साथ डूबकर अध्ययन किए हुए नहीं दिया जा सकता। इस रीति से अध्ययन करने का कष्ट प्रायः नवयुवक नहीं उठाते। पर उन्हें समझ रखना चाहिए कि बिना इस ढंग से अध्ययन किए किसी अच्छे ग्रन्थ वा बड़े ग्रन्थकार का अभिप्राय पूर्ण रूप से समझ में नहीं आ सकता। यह प्रणाली पहले बहुत लम्बी-चौड़ी और कष्टसाध्य प्रतीत होगी, पर थोड़े दिनों के अभ्यास से हम इसका अनुसरण सहज में और जल्दी-जल्दी करने लगेंगे। काल पाकर हमें इसकी टेव सी पड़ जाएगी और हम झट-झट पृष्ठ पर पृष्ठ पढ़ते जाएँगे और हमारा पढ़ना इसी प्रणाली के अनुसार आपसे आप होगा। पर यदि ऐसा भी न हो, तो भी इस प्रणाली से अध्ययन करने में जो अधिक समय और परिश्रम लगेगा, उससे भरपूर लाभ होगा। जो पुस्तक इस प्रकार समझ-बूझकर पूर्णरूप से पढ़ी जाएगी, वह सब दिन के लिए हमारी हो जाएगी, उसके भाव हमारी नस-नस में घुस जाएँगे और उसका विषय हमारे ज्ञान का एक अंग हो जाएगा। इस प्रकार पूर्णरूप से दस पुस्तकों का पढ़ना साधारण रीति से सौ पुस्तकों के पढ़ने से अच्छा है। जो मुसाफिर डाकगाड़ी में बैठा रम्य-से-रम्य प्राकृतिक दृश्यों के बीच से होकर 35 मील प्रति घंटे के हिसाब से भागा जाता है, वह भला क्या देख सुन सकता है ? वह एक बड़े देश से होकर निकल जाएगा, पर उसकी विशेषताओं को न जान सकेगा। एक बात और भी है। यदि इस प्रणाली का पूर्णतया अनुसरण किया जाएगा तो पढ़ने में बड़ी सुगमता होगी; क्योंकि इसके द्वारा हम प्रस्तुत पुस्तकों की अच्छी बातों का पूरा आनन्द लेते जाएँगे। बहुत से नवयुवक यह कहते सुने जाते हैं कि मैंने यह पढ़ा है कि वह पढ़ा है; पर यदि उनसे पूछिए तो पुस्तक के नाम के सिवा वे और बात नहीं बतला सकते। यह कोई पढ़ना नहीं है, इसे समझ-बूझकर पढ़ना नहीं कह सकते। तुम किसी पुस्तक को तब तक पढ़ी हुई नहीं कह सकते जब तक कि उसका सारतत्त्व, उसके निरूपण की शैली, ग्रन्थकार की तर्कनाप्रणाली तथा उसके सिद्धान्तों को पुष्ट करनेवाले दृष्टान्त तुम्हारे मन में बैठ न जाएँ।

मैंने अध्ययन की उस प्रणाली से बहुत ही लाभ उठाया है जिसे उद्धरणी कहते हैं। इस प्रणाली में बार-बार दोहराने की क्रिया करनी पड़ती है जिससे पढ़ी हुई बात मन में

बैठ जाती है। मैं पढ़ने में इसी प्रणाली का अनुसरण करता हूँ। जब मैं किसी पुस्तक का एक प्रकरण पढ़ चुकता हूँ, तब मैं पुस्तक को बन्द कर देता हूँ और उसमें आई हुई मुख्य-मुख्य बातों को फिर ध्यान पर चढ़ाता हूँ। इसी क्रम से मैं एक-एक प्रकरण पढ़ता जाता हूँ। जब पुस्तक समाप्त हो जाती है, तब मैं सारी पुस्तक के विषय का अनुक्रम, एक-एक प्रकरण करके, मन में धारण करता हूँ और इस प्रकार पुस्तक की सारी बातों को मन में दोहरा जाता हूँ। यह हो सकता है कि कोई मनुष्य बहुत सी पुस्तकें पढ़े और कुछ भी न जाने। पढ़ने का जो ढंग ऊपर बतलाया गया है, उसके अनुसार यदि कोई पढ़े तो उसे पुस्तकों के विषय पर पूरा-पूरा अधिकार हो जाएगा। यह ढंग जल्दी-जल्दी पढ़ने के लिए तो उपयुक्त नहीं है, पर सम्यक् रूप से पढ़ने के लिए उपयुक्त है। जब कोई युवा पुरुष पढ़ना आरम्भ करे, तब उसे चाहिए कि वह धीरे-धीरे समझ-बूझकर पढ़े। दूर जानेवाला कोई हरकारा जब अपनी यात्रा आरम्भ करता है, तब धीरे-धीरे चलता है; फिर ज्यों-ज्यों पैर गरमाता जाता है, वह अपनी चाल बढ़ाता जाता है। यदि कोई पाठक पहले ही बहुत अधिक आगे बढ़ना चाहेगा तो उसका चित्त बहुत सी बातों के बोझ से घबरा जाएगा और वह विषय को ग्रहण और धारण न कर सकेगा। प्राचीन काल के पंडित और विद्वान आजकल के पंडितों और विद्वानों से एक बात में अच्छे थे। उनके पास पुस्तकें तो थोड़ी ही सी रहती थीं, पर वे उन्हें अच्छी तरह पढ़ते थे। बहुत सी पुस्तकों ही से बोध नहीं हो जाता। बोध के लिए यह देखना आवश्यक नहीं है कि "हमने कितना पढ़ा है" बल्कि यह देखना आवश्यक है कि "हमें कितना उपस्थित है"। एक अनाड़ी किसान सौ बीघे में भी उतनी फसल नहीं पैदा कर सकता, जितनी एक चतुर किसान पचास बीघे में कर सकता है।

पढ़ने के समय एक नोट बुक रख लेने से बड़ी सहायता मिल सकती है। जो पुस्तक तुम पढ़ो, उसके उत्तम और चमत्कारपूर्ण अंशों को उसमें अक्षरक्रम से या और किसी क्रम से टाँकते जाओ। पढ़ते समय हाथ में एक पेंसिल भी रखो और (यदि पुस्तक तुम्हारी हो तो) पृष्ठ के किनारे ऐसे स्थलों पर निशान करते जाओ जो बार-बार पढ़ने योग्य हों, जिनमें कोई सुन्दर उक्ति हो, जो सन्दिग्ध हों, अथवा जिनके विषय में छानबीन आवश्यक हो। पठन प्रणाली के कई एक लेखकों ने पुस्तक पर निशान करने के लिए इतने प्रकार के चिह्न बनाए हैं कि यदि कोई पाठक उनका व्यवहार करे तो सारी पुस्तक ही रँग जाए। पर मैंने जहाँ तक अनुभव किया है, केवल चार चिह्नों से काम चल जाता है। वे चार चिह्न ये हैं—

। इस चिह्न से यह सूचित होता है कि जहाँ यह लगा है, उस स्थल का भाव या उक्ति सुन्दर है।

× इससे ऊपरवाले चिह्न का उलटा अभिप्राय समझना चाहिए।

? इस चिह्न से यह अभिप्राय है कि बात सन्दिग्ध वा अयथार्थ है।

○ यह सूचित करता है कि कथन कहीं से उद्धृत है, वा विचार कहीं से लिये गए हैं।

बहुत से चिह्नों का आडम्बर रखने से पढ़ने में सुविधा न होगी, रुकावट होगी, क्योंकि पढ़नेवाले का ध्यान इन्हीं चिह्नों की ओर रहेगा, विषय की ओर न रहेगा। उसका पढ़ना इसी प्रकार होगा जैसे कोई रास्ते में मील और फरलाँग के पत्थर गिनता चले और चारों ओर के रमणीय दृश्यों और विशेषताओं की ओर ध्यान न दे।

पढ़ने में विषयों का विभाग भी अत्यन्त प्रयोजनीय है। हमें ऐसी शक्ति प्राप्त करनी चाहिए कि जिस धारण करने योग्य विचार का एक बार हमारे चित्त में संचार हो, उसे हम धारण कर लें। "नोट बुक" और चिह्नों से, जिनका उल्लेख ऊपर हुआ है, विषय-विभाग में बड़ी सहायता मिलेगी; पर सबसे अधिक सिद्धि अन्तःकरण में स्थिति, अन्वय और व्यतिरेक की शक्ति की साधना से होगी। पाठक को अपने विचारों को सुव्यवस्थित करने का अभ्यास करना चाहिए। ज्यों-ज्यों वह पढ़ता जाए, त्यों-त्यों उन भावों और विषयों को क्रमबद्ध करता जाए जो उसके सामने आएँ।

विषयों के अध्ययन का कोई क्रम होना चाहिए। इस क्रम का अभाव बड़ी भारी भूल है जो प्रायः नवयुवकों से हुआ करती है। वे काव्य पढ़ते-पढ़ते इतिहास पढ़ने लगते हैं, इतिहास छोड़कर तर्कविद्या की ओर झुकते हैं, फिर उपन्यास हाथ में लेकर बैठते हैं; सारांश यह कि जैसे भिखमंगे एक द्वार से दूसरा द्वार देखा करते हैं, वैसे ही वे एक विषय से दूसरे विषय की ओर जाया करते हैं। वे लोहे की खान खोदते-खोदते ताँबे की खान खोदने लगते हैं, फिर सीसे की खान की ओर लपकते हैं। तात्पर्य यह कि एक-एक करके वे प्रत्येक विषय का पल्ला चूमते हैं पर किसी में कुछ काल तक नहीं लगे रहते। इस प्रकार का पढ़ना अध्ययन के उद्देश्य और अभिप्राय का साधक नहीं बाधक होता है। इसमें चित्त सदा चंचल और अस्थिर रहता है; और बहुत से विषयों का बोझ लाद देने से बुद्धि स्तब्ध और शिथिल हो जाती है। सोचना चाहिए कि पढ़ने का उद्देश्य क्या है। जैसा कि बेकन ने कहा है–"पढ़ना खंडन-मंडन करने, वा मानने-मनाने के लिए नहीं होता, बल्कि विचार और विवेक के लिए होता है।" अस्तु; हम लोग जो कुछ पढ़ें, एक क्रम के साथ पढ़ें जिसमें जो कुछ हम पढ़ें, उसे अच्छी तरह समझें-बूझें। पढ़ना हमें केवल ज्ञान की सामग्री प्रदान करता है, विषय में पूर्ण प्रवेश चिन्तन से होता है। जिस प्रकार चौपाए एक बार जो कुछ खाते हैं, उसे फिर जुगाली के द्वारा कई बार कुचलते हैं, तब वह उनके शरीर में लगता है, उसी प्रकार अध्ययन में बिना चर्वितचर्वण के ज्ञान प्रौढ़ नहीं होता। यों ही मोटे तौर पर बहुत से विषयों का स्पर्श करते रहने से ज्ञान के भांडार की वृद्धि नहीं होती; क्योंकि दूसरों के कथन को न हम ठीक-ठीक दोहरा सकते हैं और न उनके तर्क और प्रमाण को अपने हृदय में उपस्थित कर सकते हैं। इस प्रकार की जानकारी वैसी ही होती है जैसी सुनी-सुनाई बातों की। इस प्रकार जानकारी जो कभी कहीं प्रकट करता है, तो उसका आधार या तो कुछ रटे हुए वाक्य होते हैं या बिना सोचे-समझे सिद्धान्त।

मान लीजिए कि किसी ने 'महाराष्ट्र जाति के अभ्युदय का इतिहास' पढ़ने में लग्गा लगाया है। उसके लिए देश की उस अवस्था की पूरी छानबीन करनी चाहिए जो

महाराष्ट्र आधिपत्य के समय में थी। पहले तो उसे तत्कालीन लेखकों के दिए हुए वृत्तान्तों का पूरा परिचय प्राप्त करना चाहिए जिसमें घटनाओं का क्रम उसे ठीक-ठीक विदित रहे, जिसमें उसके सहारे पीछे के इतिहास लेखकों के सिद्धान्तों और अनुमानों की वह पूर्ण परीक्षा कर सके। इस ढंग से जिस विषय को विद्यार्थी उठावे, उसका अन्त तक अध्ययन करे; यह नहीं कि बीच में किसी अन्य विषय की कोई अच्छी पुस्तक देखी तो सब छोड़-छाड़कर उसी की ओर लपक पड़े। समय-समय पर सब विषयों का अनुशीलन करना चाहिए पर जो विषय हाथ में हो उसे एक ठिकाने पर छोड़ना चाहिए। उस किसान को लोग क्या कहेंगे जो एक खेत में दो कूँड डालकर हल बैल लेकर दूसरे खेत में पहुँचता है, फिर दूसरे से तीसरे में ? लोग यही कहेंगे कि वह ऐसा काम करके अपना समय और श्रम नष्ट करता है। विचार कर देखिए तो यही दशा बहुत से पाठकों की पाई जाएगी। वे बड़ी उतावली के साथ कभी एक विषय को हाथ में लेते हैं, कभी दूसरा विषय उठाते हैं, कभी थोड़ा इधर पढ़ते हैं, कभी थोड़ा उधर, कभी इतिहास का एक प्रकरण पढ़ते हैं, फिर गणित की कोई क्रिया करने लगते हैं। इसका फल क्या हो सकता है ? बिना किसी क्रम और व्यवस्था के धारणा में बहुत सी ऊटपटाँग और बेमेल बातों को स्थान देने से कोई लाभ नहीं हो सकता। जैसे और सब बातों में वैसे ही पढ़ने के विषय में भी पक्का सिद्धान्त यही है कि एक समय में एक ही चीज पढ़ी जाए, और अच्छी तरह पढ़ी जाए। तीन घोड़ों पर चढ़कर केवल सरकसवाले निकलते हैं, पर सवार जिसे किसी दूर प्रदेश में जाना रहता है, एक ही जँचे हुए घोड़े पर चढ़कर निकलता है। वह अस्थिर चित्त का मनुष्य जो कभी कविताएँ लिखता है, कभी पुरातत्व में टाँग अड़ाता है, कभी राजनैतिक विषयों पर व्याख्यान देता है, किसी एक में भी प्रवीणता नहीं प्राप्त कर सकता। सच्चे विद्यार्थी को इस प्रकार की कुदान और सरसरी पढ़ाई से दूर रहना चाहिए, यह न समझना चाहिए कि बहुत से विषयों का पल्ला चूमने से ही आदमी कुछ सीख सकता है या बहुत सी पुस्तकें उलटने ही का नाम खूब पढ़ना है। एक अनुभवी ग्रन्थकार का उपदेश ध्यान देने योग्य है जो कहता है–''साधारणतः पढ़ने की ओर प्रवृत्ति आनन्द और शिक्षा के लिए होती है। इससे युवा पुरुष का पढ़ना ऐसा होना चाहिए जिसमें कुछ श्रम मालूम हो और जिसका कुछ विशिष्ट उद्देश्य हो। जिसमें कुछ श्रम पड़ता है, उससे अन्तःकरण की सब शक्तियों पर जोर पड़ता है; और कोई विशेष उद्देश्य रखकर हम जो कुछ पढ़ते हैं, उसकी धारणा जितनी दृढ़ता के साथ ग्रहण करती है, उतनी दृढ़ता के साथ यों ही सरसरी तौर पर पढ़ी हुई बातों को नहीं।''

एक बात और है। विद्याभिलाषी जो कुछ पढ़े, उसे आलोचनापूर्वक पढ़े। इसी सिद्धान्त की ओर लक्ष्य करके एक विद्वान कहता है–''कुछ पुस्तकें ऐसी होती हैं जिन्हें सरसरी तौर पर ही पढ़ने के लिए एक आदमी की पूरी उमर चाहिए, कुछ ऐसी होती हैं जो पढ़ने में सहायक मात्र होती हैं और जिनका काम समय पर पड़ता है, कुछ ऐसी होती हैं जो केवल खुशामद वा शिष्टाचार के निमित्त लिखी जाती हैं और जिनका

केवल देख लेना ही पढ़ जाना है।" इन भारी-भारी पुस्तकों, सहायक पुस्तकों और शिष्टाचार की पुस्तकों को अलग रखकर विद्यार्थी को ऐसी-ऐसी पुस्तकें पढ़नी चाहिए जो उसे कुछ सिखावें, जो यह बतलावें कि कैसे जीना और कैसे मरना होता है, जो उसकी धारणा में उत्तम ज्ञान का भांडार भर दें और कल्पना में उत्तम-उत्तम चित्र अंकित कर दें, उसके श्रेष्ठ मनोवेगों को उभाड़ें तथा हृदय की पवित्र और मृदुल भावनाओं को प्रेरित करें। उसे अपने पढ़ने के लिए पुस्तकें बहुत सोच-विचार कर चुननी चाहिएँ, क्योंकि जो समय बुरी पुस्तक देखने में जाता है, वह नष्ट हो जाता है; और नष्ट करने के लिए विद्यार्थी को समय नहीं मिल सकता। अच्छी पुस्तकों की भी तीन श्रेणियाँ हैं–एक तो वे पुस्तकें जिनका ऊपर बताए हुए ढंग से पूर्ण अनुशीलन करना चाहिए, दूसरी वे पुस्तकें जिनका दो-तीन बार पढ़ जाना ही काफी है, तीसरी वे जिन्हें एक बार से अधिक पढ़ने की आवश्यकता नहीं। जैसे और सब काम करने के वैसे ही पढ़ने के भी तीन ढंग कहे गए हैं–साधारण पढ़ना, अच्छी तरह पढ़ना और खूब अच्छी तरह पढ़ना। पर इस अन्तिम ढंग से पढ़ने के योग्य पुस्तकें कितनी थोड़ी हैं ! ऐसी पुस्तकें कितनी थोड़ी हैं जिनके विषय में मिल्टन की यह उक्ति चरितार्थ होती हो कि "पुस्तकों में वैसी ही क्रियमाण जीवनशक्ति उत्पन्न करने का गुण होता है जैसी उनके लिखनेवालों की आत्मा में थी।" पुस्तकों में उनके कर्ताओं की पवित्र बुद्धि का सार खींचकर रखा रहता है, जिनके सेवन से मननशील पुरुषों में ज्ञानशक्ति का संचार होता है।

मिल्टन ने आलोचनापूर्ण अध्ययन को कर्तव्य ठहराकर इस बात का पक्ष लिया है कि पुस्तकों के प्रकाशन में किसी प्रकार की बाधा राज्य की ओर से न होनी चाहिए, सब प्रकार की पुस्तकें छपें और प्रकाशित हों। बहुत से धार्मिक महात्मा हो गए हैं जो नास्तिकों की लिखी पुस्तकों को बराबर देखते थे। एक धर्मात्मा साधु के विषय में मिल्टन ने लिखा है–"वह मनसा, वाचा, कर्मणा किसी प्रकार कोई पाप नहीं करना चाहता था। एक दिन सोचते-सोचते वह इस उलझन में पड़ गया कि मैं कैसी बातों पर विचार करूँ। इसी बीच में उसे दैवी स्वप्न हुआ कि चाहे जो पुस्तक तेरे हाथ में आवे, उसे तू पढ़ डाल; क्योंकि तेरी बुद्धि सत्य का निर्णय करने और प्रत्येक विषय की ठीक-ठीक परीक्षा करने के योग्य है"। जिसे पर्यालोचन का अभ्यास हो जाता है, वह सब प्रकार की बातें पढ़ता है; पर उनमें जो अच्छी होती हैं, उन्हीं को ग्रहण करता है।

मिल्टन ने आगे चलकर फिर कहा है–"पवित्र मनुष्य के निकट सब वस्तुएँ पवित्र हैं, खानपान ही नहीं, सब प्रकार का पढ़ना भी, चाहे अच्छा हो चाहे बुरा। यदि अन्तःकरण शुद्ध है, तो किसी प्रकार की पुस्तकें उसे कलुषित नहीं कर सकतीं। पुस्तकें भोजन की सामग्री के समान हैं जिनमें कुछ अच्छी होती हैं, कुछ बुरी। लोग अपनी रुचि के अनुसार उनको चुन सकते हैं। जिसकी पाचनशक्ति बिगड़ गई है, उसके लिए अच्छा भोजन और बुरा भोजन क्या ? इसी प्रकार दुष्ट प्रकृतिवाले के

लिए उत्तम-से-उत्तम पुस्तकें भी अच्छे उपयोग में नहीं लाई जा सकतीं। पर पुस्तकों और खानपान की वस्तुओं में यह एक अन्तर है कि निकृष्ट भोजन स्वस्थ-से-स्वस्थ शरीर का भी पोषण नहीं कर सकता, पर निकृष्ट पुस्तकें पर्यालोचन की शक्ति रखनेवाले विवेकशील पाठकों को पता लगाने, खंडन करने, सावधान करने और दृष्टान्त देने में सहायता देती हैं।" मिल्टन का यह कथन वहीं तक स्वीकार किया जा सकता है जहाँ तक उसका सम्बन्ध राज्य की ओर से पहुँचाई जानेवाली बाधा को रोकने से है। वह विद्यार्थी के अनुसरण के योग्य नहीं है। राज्य की ओर से पुस्तकों के विषय में किसी प्रकार का बन्धन होना अनुचित है, पर विद्यार्थी के लिए आवश्यक और उपयोगी है। उसे इस बात के ऊपर कभी न जाना चाहिए कि शुद्ध अन्तःकरणवाले के लिए सब कुछ पवित्र है; क्योंकि बड़ी कठिनाई तो यह है कि हम निर्णय नहीं कर सकते कि कौन सी वस्तुएँ पवित्र हैं। बचपन से लेकर बराबर हम बुराई की ओर ले जानेवाली बातों से घिरे रहते हैं। ऐसी अखंड पवित्रता कितनों में पाई जाती है, जिन पर बुराइयों के संसर्ग में कुछ कल्मष न लगे ? बहुत सी पुस्तकें ऐसी हैं जिन्हें पढ़कर कोई युवा पुरुष बिना हानि उठाए नहीं रह सकता। यदि ऐसा भी हो सकता हो, यदि काजल की कोठरी में जाकर वह कालिख से बच भी सकता हो, तो भी उसे कोई लाभ नहीं पहुँच सकता। पहाड़ पर चढ़कर कंकड़ चुनने से क्या लाभ ? नदियों और तालों में मोती नहीं मिल सकते। कुरुचिपूर्ण पुस्तकों में समालोचक लोग रचना के चाहे कितने ही चमत्कार दिखलावें, पर उनकी कुप्रवृत्ति के कलंक को नहीं मिटा सकते। ग्वाल, देव आदि कवियों में रस और अलंकार की पूर्णता और उक्तियों की अपूर्वता का जो आनन्द है, वह उस हानि से घटकर है जो पाठक को उनकी विलास, वासनापूर्ण वाक्यावाली से हो सकती है। इससे हमें क्या पढ़ना चाहिए, इसका पूर्ण विचार रखना चाहिए, अच्छी पुस्तकों का ग्रहण और बुरी पुस्तकों का त्याग करना चाहिए, हमें यह देख लेना चाहिए कि कौन पुस्तकें पवित्र और सारगर्भित हैं और कौन पुस्तक अपवित्र और निःसार। मन, वचन और कर्म से किए हुए पापों के लिए हम उत्तरदाता हैं और पढ़ने का सम्बन्ध मन से है। प्रसिद्ध अँगरेज़ी उपन्यास लेखक स्काट ने जब जाना कि उसके अन्तिम दिन निंकट आते जाते हैं, तब उसने कहा–"अब मेरे जीवन का अन्तिम दिन निकट आता जाता है, अब मैं इस संसार रूपी रंगभूमि से विदा होना चाहता हूँ। मैंने अपने समय में सबसे अधिक पुस्तकें लिखीं और मुझे यह सोचकर परम सन्तोष है कि मैंने अपनी पुस्तकों द्वारा किसी मनुष्य का धर्म विश्वास डिगाने या किसी मनुष्य का सिद्धान्त दूषित करने का प्रयत्न नहीं किया। मैंने ऐसी कोई बात नहीं लिखी है जिसे मृत्युशय्या पर पड़ने के समय मैं मिटा देना चाहूँ।" इसी प्रकार जब हमारी आयु पूरी होती दिखाई देगी, जब हमारे जीवन का अवसान निकट जान पड़ेगा, तब हमें यह सोचकर बड़ी शान्ति होगी कि हमने ऐसी कोई पुस्तक नहीं पढ़ी जिसे मृत्युशय्या पर पड़ने के समय हम भूल जाना चाहें।

मैंने अब तक जो कुछ कहा है, वह कुवासनापूर्ण पुस्तकों ही को लक्ष्य करके; पर मेरी चेतावनी ऐसी पुस्तकों के विषय में भी है जिनकी रचना दूषित है, जो आडम्बरपूर्ण कृत्रिम शब्दावली से भरी हैं, जिनकी वर्णनशैली भद्दी और जिनके विचार निकम्मे हैं, और जिनकी ओर ध्यान देना समय और श्रम को नष्ट करना है। रसविहीन शब्दाडम्बरपूर्ण काव्य, बनावटी इतिहास, प्रचलित संशयवाद, उद्वेगपूर्ण उपन्यास इनको विद्यार्थी अपने मार्ग से दूर रखे, क्योंकि ये उसकी उन्नति में बाधक ही होंगे। महात्मा लोग कह गए हैं कि ऐसी बातों को ग्रहण करना चाहिए जो ऊँची हों। पर यदि हम अन्तःकरण को मूर्खता, प्रमाद और असत्य द्वारा पतित होने देंगे तो यह कैसे हो सकेगा ? पुस्तकालयों और विद्यार्थियों के लिए महात्माओं का यह उपदेश कितना अमोल है ! पढ़ना उसी को चाहिए जिससे कुछ शिक्षा मिले, न कि केवल उद्वेग उत्पन्न हो; जिससे कुछ आवे, न कि केवल ऊल-जलूल विचार हो। अध्ययन सूर, तुलसी ऐसे कवियों का करना चाहिए जो मानव प्रकृति को प्रत्यक्ष करते हैं; ग्वाल और देव ऐसे कवियों का नहीं जो विषयवासना को उत्तेजित करते हैं। पढ़ने में इसको अपना अटल सिद्धान्त रखना चाहिए।

अब पूछो कि यह कैसे जानें कि कौन सी पुस्तकें अच्छी और पढ़ने योग्य हैं और कौन सी पुस्तकें बुरी और रद्‌दी में फेंकने योग्य हैं, तो मैं यही कहता हूँ कि इस विषय में लोकमत और परम्परागत आलोचना को प्रमाण मानकर चलना चाहिए। बुरी पुस्तकों पर संसार ने कलंक का टीका लगा दिया है, जो प्रत्यक्ष है। यदि तुम आँख खोलकर देखोगे तो वह स्पष्ट दिखाई देगा। यन्त्रालयों से जो अनेक प्रकार की पुस्तकें नित्य निकला करती हैं और जो पदयोजना तथा वर्णनशैली की विलक्षणता के कारण कुछ दिनों तक बहुत प्रिय रहती हैं, उनके विषय में यह सहज में निश्चित किया जा सकता है कि उनके पढ़ने से कोई लाभ होगा या नहीं। एक प्रकरण क्या, एक पृष्ठ ही पढ़ने से उनका उद्‌देश्य और भाव प्रकट हो जाएगा। स्थालीपुलाकन्याय से एक चावल से सारी बटलोई का पता चल जाता है। एक चावल जिसे अच्छा लगेगा, वह बटलोई का भात रुचि के साथ खाएगा; यदि कच्चा या जला मालूम होगा, तो छोड़ देगा। जब मैं कुछ पढ़ता हूँ, तब किसी अच्छे उद्‌देश्य से पढ़ता हूँ। बहुत सी पुस्तकें ऐसी होती हैं जिन्हें देखते ही प्रकट हो जाता है कि वे उन सिद्धान्तों के प्रतिकूल हैं, जिन्हे मैं उत्तम समझता हूँ। ऐसी पुस्तकों के विषय में मैं यह नहीं कह सकता कि मुझे उन्हें पढ़ना ही चाहिए। यदि कोई मनुष्य मुझसे आकर कहे कि मैं बड़ी गूढ़ युक्तियों के द्वारा यह सिद्ध करूँगा कि दो और दो पाँच होते हैं, तो मुझे उसकी बातें सुनने की अपेक्षा और बहुत से जरूरी काम हैं। यदि मुरब्बे का एक टुकड़ा मुँह में रखते ही मुँह का स्वाद बिगड़ जाए, तो हमें यह देखने के लिए कि मुरब्बा रखना चाहिए या नहीं, सब-का-सब खाने की आवश्यकता नहीं। बीस भागों में समाप्त किसी बड़े, पर साधारण ग्रन्थ के तीन-चार भाग पढ़कर ही हमें ग्रन्थकार की शक्ति और पहुँच का अन्दाज कर लेना चाहिए और यह समझ लेना चाहिए कि यदि हम बीसों भाग पढ़ जाएँगे, तो भी हमें

कोई उच्च भाव, गम्भीर अन्वीक्षण वा हृदय का सच्चा उद्‌गार न मिलेगा। ऐसे बीस भागों को पढ़ने से कोई लाभ नहीं। ऐसे बहुत से लोग पाए जाते हैं जो किसी फल की कामना से वा किसी देवता को प्रसन्न करने के लिए किसी ग्रन्थ का पाठ, बिना उसके अभिप्राय से कोई सम्बन्ध रखे हुए, सप्ताह वा महीने के भीतर जैसे-तैसे समाप्त करते हैं। विद्यार्थी को ऐसी कोई आफत नहीं पड़ी है। हमें क्या पड़ी है कि हम किसी अपरिचित की निकम्मी बातें सुनने जाएँ ? इसी प्रकार हमें क्या पड़ी है कि हम कोई बुरी पुस्तक पढ़ने जाएँ ? जिस प्रकार हम एक से अपना पीछा छुड़ाते हैं, उसी प्रकार दूसरी से भी अपना पीछा क्यों न छुड़ावें ?

छठा प्रकरण

स्वास्थ्य विधान

"धर्मार्थ-काम-मोक्षाणां शरीरं साधनं परम्"

इस बात का विश्वास उन्नति के लिए परम आवश्यक है कि स्वास्थ्य-रक्षा मनुष्य का प्रधान धर्म है। बहुत कम लोग यह अच्छी तरह समझते हैं कि शरीर का संयम तो मनुष्य के कर्तव्यों में से है। जब तक शरीर है, तभी तक मनुष्य सब कुछ कर सकता है। लोग बात-बात में प्रकट करते हैं कि शरीर उनका है, वे जिस तरह चाहें, उसे रखें। प्राकृतिक नियमों का उल्लंघन करने से जो बाधा होती है, उसे वे एक आकस्मिक आपत्ति समझते हैं, अपने किए का फल नहीं समझते। यद्यपि इस शारीरिक व्यतिक्रम का कुफल भी कुटुम्ब और परिवार के लोगों को उतना ही भोगना पड़ता है जितना और अपराधों का, पर इस प्रकार का व्यतिक्रम करनेवाला अपने को अपराधी नहीं गिनता। मद्यपान से जो शारीरिक व्यतिक्रम होता है, उसकी बुराई तो सब लोग स्वीकार करते हैं; पर यह नहीं समझते कि जैसे यह शारीरिक व्यतिक्रम बुरा है, वैसे ही सब शारीरिक व्यतिक्रम बुरे हैं। बात यह है कि स्वास्थ्य के नियमों का उल्लंघन भी पाप है। आत्मसंस्कार की वह शिक्षा अधूरी ही समझी जाएगी जिसमें शरीर-संयम की व्यवस्था और स्वास्थ्य-रक्षा का विधान न होगा। इसी से बड़े-बड़े विद्यालयों में, जिनमें वैज्ञानिक शिक्षा का पूर्ण प्रबन्ध है, शरीर विज्ञान को अच्छा स्थान दिया जाता है। हमारे कल्याण के लिए जैसे गणित के नियमों और शब्दों के रूपों का ज्ञान प्राप्त करना आवश्यक है, वैसे ही शरीर यन्त्र की उन क्रियाओं का जानना भी परम आवश्यक है जिनके द्वारा जीवन की स्थिति रहती है। जब शरीर अस्वस्थ रहता है, तब चित्त भी ठीक नहीं रहता। प्रौढ़ बुद्धि और सूक्ष्म विवेक के लिए पुष्ट शरीर का होना आवश्यक है। शरीर की रक्षा करना प्रत्येक धार्मिक का कर्तव्य है; क्योंकि 'शरीरमाद्यं खलु धर्मसाधनम्।' ईश्वर के सामने हमें इसका हिसाब देना होगा कि हमने उससे प्राप्त की हुई शक्तियों का ठीक-ठीक उपयोग किया है। इसके लिए समाज के प्रति भी हम उत्तरदाता हैं, क्योंकि उसका कल्याण प्रत्येक व्यक्ति के कल्याण पर निर्भर है। सबसे अधिक तो हमारे व्यतिक्रम का परिणाम हमारे ही ऊपर पड़ेगा; क्योंकि हमारा यह कर्तव्य है कि हम किसी शारीरिक शक्ति पर अत्यन्त अधिक जोर न डालें।

स्वास्थ्य का बड़ा भारी नियम इस रूप में कहा जा सकता है। शरीर की शक्तियों का जो नित्यशः क्या प्रतिक्षण क्षय होता रहता है, उसकी पूर्ति का ठीक-ठीक प्रबन्ध

प्रबन्ध परम आवश्यक है। शरीर की जो गरमी बराबर निकलती रहती है और उसके संयोजक द्रव्यों का जो क्षय होता रहता है, उसकी कड़ी सूचना भूख और प्यास के वेग द्वारा मिलती है। जिस प्रकार किसी सेना के सिपाही अधिपति से कहते हैं कि और सामग्री लाओ, नहीं तो हड़ताल कर देंगे, उसी प्रकार शरीरिक शक्तियाँ भी शरीर से अपनी पुकार सुनाती हैं और काम बन्द करने की धमकी देती हैं। बुद्धिमान मनुष्य अपना लाभ सोचकर उनकी सूचना पर ध्यान देता है और उन्हें आवश्यकता के अनुसार ताजी हवा, अन्न और जल पहुँचाता है। जिन अवयवों से स्वच्छ वायु का उपयोग होता है, उन्हें श्वास वाहक अवयव कहते हैं, जो भोजन ग्रहण करते और उसका रस तैयार करते हैं, उन्हें पाचक अवयव कहते हैं; जो सारे शरीर में रक्त द्वारा वायु और रस का संचार करते हैं, वे संचारक अवयव कहलाते हैं; और जो शरीर के अनावश्यक द्रव्यों को बाहर करते हैं, वे मलवाहक अवयव कहलाते हैं। बहुत सी अवस्थाओं में तो अधिकतर यह मनुष्यों ही के वश की बात है कि वे इन अवयवों को स्वस्थ दशा में रखें, जिसमें वे अपना काम ठीक-ठीक कर सकें। यदि वे ऐसा न करेंगे तो उनके शरीर के भीतर जो क्षय होता है, वह पोषण की अपेक्षा अधिक होगा, जिसका परिणाम रोग और मृत्यु है। उनका मस्तिष्क और हृदय भी, जो जीवन के आधार हैं, अशक्त होने के कारण अपना काम छोड़ देंगे। पर जो लोग इस विषय में अपने लाभ और कर्तव्य को विचारेंगे, वे दो बातों का पूरा ध्यान रखेंगे, भोजन का और व्यायाम का। व्यायाम संचारक अवयवों को रस का ठीक-ठीक संचार करने में सहायता देता है। भोजन संचारक और मलवाहक अवयवों की क्रिया का उपक्रम करता है। स्वास्थ्य के लिए और बहुत सी बातों का विचार रखना होता है, जैसे ताजी हवा और ऋतु के अनुकूल कपड़े-लत्ते का, विश्राम और नींद का इत्यादि-इत्यादि। पर मोटे तौर पर यह कहा जा सकता है कि यदि मनुष्य भोजन और व्यायाम के विषय में पूरी चौकसी रखे तो वह भला-चंगा रह सकता है। यह भी आवश्यक है कि मनुष्य सफाई से रहे और कोई ऐसा व्यवसाय न करे जो स्वास्थ्य के लिए हानिकर हो।

भोजन के विषय में पक्का सिद्धान्त यह है कि न बहुत अधिक खाए और न बहुत कम। अधिक खाने से कभी-कभी जितनी हानि हो जाती है, उतनी कम खाने से नहीं होती। यदि तुम पक्वाशय और अँतड़ियों पर इतना बोझ डालोगे कि वे उसे सँभाल न सकें, तो उनका काम बन्द हो जाएगा। इस विषय में संयम का ध्यान बराबर रखना चाहिए और इस बात को समझना चाहिए कि हम जीने के लिए खाते हैं, खाने के लिए नहीं जीते। भोजन उतना ही करना चाहिए जितने में तुष्टि हो जाय; उसके ऊपर केवल मजे के लिए खाते जाना ठीक नहीं है। शरीर के पोषण के लिए यह आवश्यक है कि जो कुछ हम खाएँ, उसमें कई प्रकार के द्रव्य हों, जैसे सत्त (जो आटे, मांस, अंडे, छेने आदि में होता है), चिकनाई (जो दूध, घी, चरबी, तेल आदि में होती है), लसी (जो चीनी, साबूदाने, शहद आदि में होती है), और खनिज पदार्थ (जो पानी, नमक, क्षार आदि में होता है)।

स्वास्थ्य के लिए जैसे यह आवश्यक है कि भोजन बहुत अधिक न किया जाए, वैसे ही यह बात भी आवश्यक है कि कोई एक ही प्रकार की वस्तु बहुत अधिक न खाई जाए। हमें मिलाजुला भोजन करना चाहिए; अर्थात् हमारे भोजन में कई प्रकार की चीजें रहनी चाहिएँ जिसमें आवश्यक मात्रा में वे सब द्रव्य पहुँचें जिनसे शरीर का पोषण होता है और उसमें शक्ति आती है। कोई पदार्थ बराबर भोजन का काम नहीं दे सकता अर्थात् शरीर के क्षय को नहीं रोक सकता, जब तक कि उसमें शरीर तन्तु बनानेवाला सत्त न हो। जिस पदार्थ में यह सत्त आवश्यक मात्रा में होता है, वही बराबर आहार के लिए उपयोगी हो सकता है। खनिज अंश का भी उसमें रहना आवश्यक है। लसी वा चिकनाई दो में से एक भी हो, तो काम चल सकता है।

यद्यपि भोजन में सत्तवाले पदार्थों का उपयोग बहुत होता है, पर उन्हें अधिक मात्रा में खाने से खर्च भी अधिक होता है। एक जवान आदमी को शरीर की पूर्ति के लिए 4000 ग्रेन कारबन और 800 ग्रेन नाइट्रोजन की आवश्यकता होती है। सत्तवाले पदार्थों में साधारणतः सैकड़े पीछे 53 भाग कारबन और 15 भाग नाइट्रोजन होता है। अतः 4000 ग्रेन कारबन के लिए मनुष्य को 7500 ग्रेन सत्त खाना चाहिए। 7500 ग्रेन में 1100 ग्रेन नाइट्रोजन होता है जो आवश्यक से चौगुना है। इससे सत्त ही अधिक खाने से मेदे पर बहुत जोर पड़ता है और आँतों को फालतू नाइट्रोजन निकालने में बड़ा परिश्रम पड़ता है। स्निग्ध पदार्थों (घी, मक्खन, तेल आदि) तथा चीनी आदि में कारबन का भाग बहुत अधिक होता है और नाइट्रोजन कुछ भी नहीं होता। भोजन के साथ घी वा मक्खन आदि मिला लेने से सत्त की बहुत कुछ आवश्यकता पूरी हो जाती है। भोजन में कुछ चीनी आदि का रहना भी उपकारी है।

भोजन के विषय में ठीक-ठीक कोई नियम निर्धारित करना असम्भव है। प्रत्येक मनुष्य को अपने निज के अनुभव द्वारा यह देखना चाहिए कि उसे क्या-क्या वस्तु कितनी-कितनी खानी चाहिए। लोगों की प्रकृति जुदा-जुदा होती है। कुछ लोग मांस नहीं खा सकते, कुछ लोग रोटी नहीं पचा सकते। बहुत से लोग ऐसे होते हैं जिनका पेट उरद की दाल खाते ही बिगड़ जाता है। सारांश यह कि प्रत्येक मनुष्य आप यह निश्चित कर सकता है कि उसे कौन सी वस्तु अनुकूल पड़ती है और कौन प्रतिकूल। उसे यह उपदेश देने की उतनी आवश्यकता नहीं है कि तुम यह खाया करो, यह न खाया करो। ध्यान रखने की बात इतनी ही है कि भोजन भिन्न-भिन्न प्रकार का हो और उसमें संयम रखा जाए। दो-चार बातें बतलाने की हैं। एक भोजन के उपरान्त फिर दूसरा भोजन कुछ अन्तर देकर किया जाए जिसमें पहले भोजन को पचने का समय मिले। जब तक एक बार किया हुआ भोजन पच न जाए, तब तक दूसरा भोजन न करना चाहिए। यदि तुमने सबेरे 6 बजे कुछ जलपान कर लिया है तो दस बजे के पहले भोजन न करो। इसी प्रकार सन्ध्या के समय यदि कुछ जलपान कर लिया है तो रात को नौ बजे से पहले भोजन न करो। कसरत करने के पीछे तुरन्त ही भोजन न करो, शरीर को थोड़ा ठिकाने हो लेने दो; तब उस पर भोजन पचाने का बोझा डालो। इस बात का ध्यान रखो कि खाने की जो चीजें

आवें, वे ताजी और अच्छी हों, सड़ी-गली न हों। भोजन अच्छी तरह से पका हो, कच्चा न रहे। जो लोग मांस खाते हैं, उन्हें बीच-बीच में मछली भी खानी चाहिए। अनाज के साथ साग, भाजी, तरकारी का रहना भी आवश्यक है। खाली सेर दो सेर दूध पी जाने की अपेक्षा उसे भोजन के साथ मिलाकर खाना अच्छा है। जाड़े के दिनों में स्निग्ध पदार्थों का सेवन कुछ बढ़ा देना चाहिए और गरमी में कम कर देना चाहिए। बिना भूख के भोजना करना ठीक नहीं। भोजन का उतना ही अंश उपकारी होता है जितना पचता है; बिना पचे भोजन से हानि को छोड़ लाभ नहीं। बहुत से लोग यह समझते हैं कि जितना ही भोजन पेट में जाए, उतना ही अच्छा; और वे दिनभर कुछ-न-कुछ पेट में डालने की चिन्ता में रहा करते हैं। फल यह होता है कि उनकी पाचन शक्ति बिगड़ जाती है और उन्हें मन्दाग्नि, संग्रहणी आदि कई प्रकार के रोग लग जाते हैं।

खाद्य पदार्थों पर विचार करके अब मैं पेय पदार्थों के विषय में कुछ कहना चाहता हूँ। प्राचीन यूनानियों का यह सिद्धरान्त था कि पीने के लिए पानी से बढ़कर कोई और पदार्थ नहीं। गरम देश के लोगों के लिए यह सिद्धान्त बड़े काम का है। ठंडे देशों के लोग चाय, कॉफी, शराब आदि उत्तेजक पदार्थों का सेवन करते हैं। स्वस्थ और हृष्टपुष्ट मनुष्य के लिए उत्तेजक पदार्थों की उतनी आवश्यकता नहीं होती। थोड़ी चाय या कॉफी का पीना अच्छा है, क्योंकि उससे शरीर में फुरती आती है और शरीर के क्षय का कुछ अवरोध होता है। पर चाय अधिक नहीं पीनी चाहिए, अधिक पीने से भय रहता है। चाय से क्षुधा की पूर्ति होती है, इससे यात्रा आदि में उसका व्यवहार अच्छा है। एक साहब चाय की प्रशंसा इस प्रकार करते हैं—"चाय पीनेवाला थोड़ा खाकर भी शरीर को बनाए रख सकता है।" पर यह स्मरण रखना चाहिए कि पानी जिस सुगमता से पिया जाता है, उस सुगमता से चाय आदि नहीं पी जा सकती। पानी सब प्रकृति के लोगों के स्वभावतः अनुकूल होता है, पर बहुत से लोग चाय आदि नहीं पी सकते। बहुत से छात्र आजकल रात को जागने के लिए खूब चाय पी लेते हैं। यह साधन बुरा है। कसरत के समय भी चाय नहीं पीनी चाहिए। लगातार बहुत देर तक परिश्रम करते-करते यदि शरीर शिथिल हो गया हो तो थोड़ी सी चाय पी लेने से शरीर स्वस्थ हो जाता है; पर प्यास लगने पर पानी ही पीना ठीक होता है। गरमी के दिनों में थोड़ा शरबत पी लेने से शरीर में ठंडक आ जाती है और घबराहट दूर हो जाती है। सारांश यह है कि खाने-पीने में भी हमें उसी प्रकार विचार से काम लेना चाहिए, जिस प्रकार और सब कामों में। हमें अति कभी न करनी चाहिए और अनुभव से जो बात पाई जाए, उसी को स्वीकार करना चाहिए। केवल फलाहार करना, केवल पयाहार करना, जल ही को समस्त व्याधियों का नाशक बताना ये सब सनक की बातें हैं। ऐसी-ऐसी बात उन्हीं को शोभा दे सकती हैं जो कहते हैं कि मोक्ष किसी एक ही प्रकार के साम्प्रदायिक विश्वास से हो सकता है। मनुष्य के लिए सबसे पक्का सिद्धान्त तो यह है कि यह संयम रखे। यदि कोई युवा पुरुष खानपान के असंयम द्वारा अपने सोने का शरीर मिट्टी कर दे तो यह उसका बड़ा भारी अपराध है। खानपान के विषय में जितनी व्यर्थ की बकवाद होती है उतनी धर्म को छोड़कर और

किसी विषय में नहीं होती। बात यह है कि जो लोग ऐसी बकवाद किया करते हैं, वे शरीर-शास्त्र के नियमों को कुछ भी नहीं जानते। यदि युवा पुरुष थोड़ी सी जानकारी इस शास्त्र के विषय में प्राप्त कर लें, तो उन्हें फिर खानपान के विषय में बहुत सा उपदेश सुनने की आवश्यकता न रह जाए, और वे आप ही निश्चित कर लिया करें कि क्या खाना चाहिए, क्या पीना चाहिए, किससे बचना चाहिए। खानपान में समय का नियम बाँधो और सादा भोजन संयम के साथ करो।

अब मैं भाँग, शराब आदि उत्तेजक पदार्थों के विषय में दो-चार बातें कहता हूँ। यह तो सर्वसम्मत है कि इनका अनियमित और अधिक मात्रा में सेवन दोषों का घर है। जिन्हें इनके अधिक सेवन की लत लग जाती है, उनका सारा जीवन सत्यानाश हो जाता है। पर यह कभी नहीं कहा जा सकता कि जो चित्त के उदास होने वा शरीर के शिथिल होने पर कभी थोड़ी ठंडाई पी लेते हैं, वे सीधे काल के मुख में ही जा पड़ते हैं। हाँ, जो लोग अपने को वश में नहीं रख सकते, जिनके लिए संयम बहुत कठिन है, जिन्हें थोड़े से बहुत करते कुछ देर नहीं, ऐसे लोगों के लिए उचित यही है कि वे एकदम बचे रहें। उत्तेजक पदार्थों से बचना युवा पुरुषों के लिए तो बहुत ही अच्छा है; पर एक चुल्लू भाँग को विष का घूँट कहना अत्युक्ति है। किसी दिन भर के थके-माँदे मनुष्य को सन्ध्या के समय थोड़ी ठंडाई पीते देख यह कहना कि 'बस अब यह चौपट हो गया' आडम्बर ही जान पड़ेगा। मैंने बहुत से बुड्ढों को देखा है जो सबेरे थोड़ी सी अफीम ले लेने से दिन भर अपना काम बड़ी फुरती के साथ करते हैं। ऐसे बुड्ढों को हम अफीमची नहीं कह सकते। ठंडे देशों के लोग भोजन के साथ, पाचन आदि के लिए, थोड़ी मात्रा में मद्य का सेवन करते हैं। उनकी वह मात्रा जब बढ़ जाती है, तब वे शराबी कहलाने लगते हैं और घृणा की दृष्टि से देखे जाते हैं।

उत्तेजक पदार्थों के पक्ष में इतना कहने के उपरान्त मैं यह बतलाना आवश्यक समझता हूँ कि हृष्ट-पुष्ट मनुष्य को, जिसे उपयुक्त भोजन और ताजी हवा मिलती है, तथा विश्राम और व्यायाम करने को मिलता है, ऐसे पदार्थों की आवश्यकता नहीं। पाठक मेरे कथन में कुछ विरोधाभास देखकर चकित होंगे; पर बात यह है कि इस संसार में ऐसे लोग बहुत हैं जिनका शरीर हृष्ट-पुष्ट नहीं, जिन्हें बहुत अधिक काम करना पड़ता है, जो चिन्ता से पीड़ित रहते हैं। ऐसे लोग उत्तेजक पदार्थों का थोड़ा-बहुत सेवन करें तो हानि नहीं। चालीस वर्ष की अवस्था के उपरान्त बहुत लोगों को उत्तेजक पदार्थों के सेवन की आवश्यकता होती है; क्योंकि उनसे भोजन पचता और शरीर में लगता है तथा शिथिल अंगों में काम करने की फुरती आती है। ऐसी अवस्था में भी उत्तेजक द्रव्य की मात्रा थोड़ी हो और वह क्रमशः बढ़ने न पावे।

अब रही हुक्के, सिगरेट आदि पीने की बात। इस सम्बन्ध में तो यह जानना चाहिए कि भले-चंगे आदमी को तम्बाकू से किसी रूप में भी कोई लाभ नहीं पहुँच सकता। तम्बाकू का व्यसन चाहे खाने का हो, चाहे पीने का, चाहे सूँघने का, व्यर्थ और निष्प्रयोजन ही है। इससे युवा पुरुषों को अपने कार्य में कोई सहायता नहीं मिल सकती।

सिगरेट पीनेवाले व्यर्थ कड़वा धुआँ उड़ाकर परमेश्वर की स्वच्छ वायु को दूषित करते हैं और सुकुमार नासिकावालों को कष्ट पहुँचाते हैं। सुनते हैं कि चित्रकूट के पास के जंगल में दो अँगरेज सिगरेट पीते हुए सैर को निकले। रास्ते के किनारे दोनों ओर मधुमक्खियों के छत्ते थे। सिगरेट के धुएँ से मक्खियाँ इतनी बिगड़ीं कि सब छत्तों को छोड़कर निकल आईं और उन्होंने डंकों से उन दोनों साहबों को मार डाला। अधिक तम्बाकू पीने से हानि होती है, इसे कोई भी अस्वीकार नहीं कर सकता। पर इक्कीस वर्ष से ऊपर की अवस्थावाले प्रायः बहुत से लोगों को परिमित मात्रा में तम्बाकू पीने से कोई हानि नहीं पहुँचती है। पर यदि हानि न भी पहुँचे तो भी लाभ कोई नहीं है।

इस देश में पान खाने की प्रथा बहुत दिनों से है। भोजन के उपरान्त लोग पान खाते हैं, आए गए का सत्कार भी पान इलायची देकर करते हैं। इसमें कोई सन्देह नहीं कि भोजन के पीछे वा कुछ खाने के पीछे दो बीड़े खान खा लेने से मुख शुद्ध हो जाता है, मुख में किसी प्रकार की दुर्गन्ध नहीं रह जाती और भोजन के उपरान्त जो एक प्रकार का आलस्य वा भारीपन आता है, वह दूर हो जाता है। पान पाचन में भी सहायता देता है। पर अधिक मात्रा में पान खाना हानिकारक होता है। बहुत अधिक पान खाने से अग्नि मन्द हो जाती है, भूख पूरी नहीं लगती, एक प्रकार की घबराहट सी बनी रहती है जिससे किसी काम में चित्त नहीं लगता, जीभ स्तब्ध हो जाती है जिससे शब्दों का उच्चारण अस्पष्ट और रुक-रुककर होने लगता है। जिस प्रकार ऐसे लोग मिलते हैं जो दिन-रात क्षण-क्षण पान चबाया करते हैं, उसी प्रकार ऐसे लोग भी मिलते हैं जो पान के नाम से कोसों दूर भागते हैं और सौ तरह से नाक-भौं सिकोड़ते हैं। पहले प्रकार के लोगों पर यदि दुर्व्यसन सवार रहता है, तो दूसरे प्रकार के लोगों पर अपने को संयमी प्रकट करने की एक झूठी धुन।

अब व्यायाम का विषय लेता हूँ जिस पर ध्यान देने की विद्यार्थी वा युवा पुरुष को सबसे अधिक आवश्यकता है। शरीर और चित्त की स्वस्थता, मन की फुरती और शक्ति की उमंग, बुद्धि की तीव्रता और मनन शक्ति की सूक्ष्मता इत्यादि नियमित व्यायाम ही से हो सकती है। व्यायाम भी हमारी शिक्षा का एक अंग है। जैसे खाने और सोने के बिना हमारा काम नहीं चल सकता, वैसे ही व्यायाम के बिना भी नहीं चल सकता। व्यायाम ही के द्वारा हम अपने अंगों, अवयवों और नाड़ियों की शक्ति को स्थिर रख सकते हैं। व्यायाम ही के द्वारा हम शरीर के प्रत्येक भाग में रक्त का संचार समान रूप से कर सकते हैं; क्योंकि व्यायाम से पेशियों का दबाव रक्तवाहिनी नाड़ियों पर पड़ता है जिसके रक्त का संचार तीव्र होता है। व्यायाम ही के सहारे जीवन सुखमय प्रतीत हो सकता है, क्योंकि व्यायाम से पाचन में सहायता मिलती है और पाचन ठीक होने से उदासी नहीं रह सकती। व्यायाम ही के प्रभाव से मस्तिष्क अपना काम ठीक-ठीक कर सकता है। संसार में जितने प्रसिद्ध पुरुष हो गए हैं, सबने व्यायाम का कोई-न-कोई ढंग निकाल रखा था। गोस्वामी तुलसीदास का नियम था कि नित्य सबेरे उठकर वे शौच के लिए कोस-दो-कोस निकल जाते थे। शौच ही से लौटते समय उनका प्रेत से साक्षात्कार

होना प्रसिद्ध है। भूषण कवि को घोड़े पर चढ़ने का अच्छा अभ्यास था। महाकवि भवभूति को यदि विन्ध्य पर्वत की घाटियों में घूमने का अभ्यास न होता, तो वे दंडकारण्य आदि का ऐसा सुन्दर वर्णन न कर सकते। महाराज पृथ्वीराज शिकार खेलते-खेलते कभी-कभी अपने राज्य की सीमा के बाहर निकल जाते थे। जब तक तुम आनन्दायक और नियमित व्यायाम द्वारा अपने को स्वस्थ न कर लिया करोगे, तब तक तुम्हारा अंग वा तुम्हारा मस्तिष्क ठीक नहीं रह सकेगा, तुम बातों का ठीक-ठीक विचार और उचित निर्णय नहीं कर सकोगे। पीले पड़े हुए छात्र से मैं यही कहूँगा–"गेंद खेलो, कबड्डी खेलो, पेड़ों में पानी दो, किसी-न-किसी तरह की कसरत करो।" जो शारीरिक परिश्रम तुमसे सहज में हो सके, उसी को कर चलो; शरीर को किसी-न-किसी तरह हिलाओ-डुलाओ। मुझसे जो पूछते हो तो मैं टहलना वा घूमना सबसे अधिक स्वास्थ्यवर्धक और आनन्ददायक समझता हूँ; पर तुम रुचि के अनुसार फेरफार कर लिया करो। कभी उछलो-कूदो, कभी निशाना लगाओ, कभी तैरो, कभी घोड़े की सवारी करो। यह कभी न कहो कि तुम्हें समय नहीं मिलता या तुम्हारे पढ़ने में रुकावट होती है। पढ़ने में रुकावट जरूर होती है, पर यह रुकावट होनी चाहिए। यह न कहो कि व्यायाम तुमसे हो नहीं सकता। तुमसे हो नहीं सकता, इसीलिए तो तुम्हें करना चाहिए। बुद्धि को पुराने समय की पोथियों के बोझ से दबाने की अपेक्षा उत्तम यह होगा कि तुम थोड़ा शरीर विज्ञान जान लो और स्वास्थ्य के नियमों का ज्ञान प्राप्त कर लो। तब तुम्हें मालूम होगा कि नौ-नौ-दस घंटे तक सिर नीचा किए और कमर झुकाए हुए इस प्रकार बैठे रहने से कि नाड़ियों का रक्त स्तम्भित होने लगे, तुम बहुत दिनों तक पृथ्वी पर नहीं रह सकते।

पाठक व्यायाम के लाभों को अच्छी तरह समझकर मुझसे इसके नित्य नियम के विषय में पूछेंगे। वे कहेंगे कि हम टहलने को तो तैयार हैं, पर यह जानना चाहते हैं कि कितनी दूर तक और कितनी देर तक टहले। यहाँ मैं फिर भी यही बात कहता हूँ कि हर एक की प्रकृति जुदा-जुदा होती है; इससे कोई ऐसा नियम बताना, जो सबको बराबर अनुकूल पड़े, प्रायः असम्भव-सा है। मैं बहुतों को जानता हूँ जिन्हें अत्यन्त अधिक कसरत करने से उतनी ही हानि पहुँची है जितनी न करने से पहुँचती है। पहले पहल एकबारगी बहुत सा श्रम करने लगना हानिकारक क्या भयानक है। जो मनुष्य कई सप्ताह तक बराबर कलम-दवात लिये बैठा रहा है, उसका एकबारगी उठकर बड़ी लम्बी दौड़ लगाना ठीक नहीं है। यदि किसी कारण से शारीरिक परिश्रम कुछ दिन तक बराबर बन्द रहा हो, तो उसे फिर थोड़ा-थोड़ा करके आरम्भ करना चाहिए और सामर्थ्य देखकर धीरे-धीरे बढ़ाना चाहिए। एक डॉक्टर की राय है कि एक भले-चंगे आदमी के लिए नित्य नौ मील तक पैदल चलना बहुत नहीं है। इस नौ मील में वह चलना-फिरना भी शामिल है जो कामकाज के लिए होता है। पर जो लोग मस्तिष्क वा बुद्धि का काम करते हैं, उनके लिए नित्य इतना अधिक परिश्रम करना न सहज ही है और न निरापद ही। मैं तो समझता हूँ कि नित्य के कोई कोई हिसाब बाँधना उतना उपकारी नहीं है। यदि टहलते समय हमें इस बात का ध्यान रहेगा कि आज हमें इतने मील अवश्य चलना है,

तो टहलना भी एक बोझ या कोल्हू के बैल का चक्कर हो जाएगा। जो बात आनन्द के लिए की जाती है, वह इस प्रतिबन्ध के कारण पिसाई हो जाएगी। मनुष्य को दो घंटे खुली हवा में बिताने चाहिएँ और उन दो घंटों के बीच कोई हलका परिश्रम करना चाहिए तथा किसी प्रकार के प्रतिबन्ध वा हिसाब का भाव चित्त में न आने देना चाहिए। तीन मील प्रति घंटे के हिसाब से टहलना अच्छा है।

एक डॉक्टर ने जिन-जिन अंगों पर परिश्रम पड़ता है, उनके अनुसार व्यायाम के तीन भेद किए हैं। पहला वह जिसमें शरीर के सब भागों पर समान परिश्रम पड़ता है; जैसे तैरना, कुश्ती लड़ना, पेड़ पर चढ़ना। दूसरा वह जिसमें हाथ-पैर को परिश्रम पड़ता है; जैसे गेंद खेलना, निशाना लगाना आदि। तीसरा वह जिसमें पैर और धड़ पर जोर पड़ता है, ऊपर का भाग केवल सहायक होता है; जैसे उछलना, कूदना, दौड़ना, टहलना आदि। तीनों में से प्रत्येक प्रकार का व्यायाम रुचि और अवस्था के अनुसार चुना जा सकता है। यह बात भी देखनी चाहिए कि किस प्रकार की कसरत लगातार कुछ देर तक हो सकती है, किस प्रकार की कसरत से मन में फुरती आती है और किस प्रकार की कसरत सहज में और सब जगह हो सकती है। इन सब बातों पर विचार करने से टहलना ही सबसे अच्छा पड़ता है। पर फेरफार के लिए और और प्रकार का परिश्रम भी बीच में कर लेना अच्छा है। जिमनास्टिक वा लकड़ी पर की कसरत को मैं बहुत अच्छा नहीं समझता; क्योंकि एक तो वह अस्वाभाविक (कृत्रिम) है, दूसरे उसमें श्रम अत्यन्त अधिक पड़ता है।

स्नान का स्वास्थ्यवर्धक गुण सब स्वीकार करते हैं, इससे उसके सम्बन्ध में अति के निषेध के सिवा और बहुत कुछ कहने की जरूरत नहीं है। बहुत से युवा पुरुष जब नदी, तालाब आदि में पैठते हैं, तब बहुत देर तक नहीं निकलते। यह बुरा है। इससे त्वचा की क्रिया में सुगमता नहीं, बाधा होती है। भोजन के उपरान्त तुरन्त स्नान नहीं करना चाहिए। ठंडे पानी से स्नान उतना ही करना चाहिए जितने से नहाने के पीछे खून में मामूली गरमी जल्दी आ जाए। मनुष्य के रक्त में साधारणतः 98 या 99 दरजे की गरमी होती है। यदि यह गरमी बहुत घट जाए या बढ़ जाए तो मनुष्य की अवस्था भयानक हो जाए और वह मर जाए। ठंडे पानी में स्नान करने से त्वचा शीतल होती है, पर साथ ही खून की गरमी बढ़ती है। पर थोड़ी देर पानी में रहने के पीछे खून की गरमी घटने लगती है नाड़ी मन्द हो जाती है और एक प्रकार की शिथिलता जान पड़ने लगती है। पानी से निकलने पर खून में गरमी आने लगती है और शरीर में फुरती जान पड़ती है। तौलिए या अँगोछे की रगड़ से यह गरमी जल्दी आ जाती है। गरम पानी से नहाने से इसका उलटा असर होता है। नहाते समय त्वचा और रक्त दोनों की गरमी साथ ही बढ़ती है, नाड़ी तीव्र होती है। गरम पानी से निकलने से त्वचा अत्यन्त सुकुमार हो जाती है और रक्तवाहिनी नाड़ियों के फिर ठंडी होकर सिकुड़ने वा स्तब्ध होने का भय रहता है। इससे गरम पानी से नहाने के पीछे शरीर को कपड़े से ढक लेना चाहिए वा किसी गरम कोठरी में चला जाना चाहिए, एकबारगी ठंडी हवा में न निकल पड़ना चाहिए।

हृष्ट-पुष्ट मनुष्य को सबेरे ठंडे पानी में स्नान करने से बड़ी फुरती रहती है, पर अशक्त और दुर्बल मनुष्यों तथा गठिया आदि के रोगियों को इस प्रकार के स्नान से बहुत भय रहता है। स्नान करना बहुत ही अधिक लाभकारी है, पर यदि समझ-बूझकर किया जाए तो। अत्यन्त अधिक स्नान करने से शरीर की अवस्था का विचार करने से, लाभ के बदले हानि होती है।

स्वास्थ्य के सम्बन्ध में जितनी आवश्यक बातें थीं, उनका उल्लेख मैं संक्षेप में कर चुका। केवल एक निद्रा का विषय और रह गया है। भला-चंगा आदमी जैसे यह नहीं जानता कि पेट कैसे बिगड़ता है, वैसे ही वह यह भी नहीं जानता कि लोगों को नींद कैसे नहीं आती है। नींद के लिए उसे कोई उपाय करने की आवश्यकता ही नहीं होती। खेद के साथ कहना पड़ता है कि मस्तिष्क से काम करनेवाले लोग नींद की चिन्ता और चर्चा बहुत किया रहते हैं; क्योंकि उन्हें नींद बार-बार बुलाने पर भी नहीं आती। वे एक करवट से दूसरी करवट बदला करते हैं, थकावट से उनके अंग-अंग शिथिल रहते हैं, पर नींद उनके पास नहीं फटकती। नींद भी क्या सुन्दर वस्तु है ! जिस समय हम नींद में झपकी लेते हुए बिस्तर पर पड़ते हैं, उस समय कैसी शान्ति मिलती है ! हम हाथ-पैर हिलाना-डुलाना नहीं चाहते, एक अवस्था में कुछ देर पड़े रहना चाहते हैं। संज्ञा भी धीरे-धीरे विदा होने लगती है, चेतना हमें छोड़कर अलग जा पड़ती है और न जाने कहाँ-कहाँ भरमती है। जब मनुष्य देखे कि उसे नींद जल्दी नहीं आती तो उसे तुरन्त उसके कारण का पता लगाना चाहिए। क्योंकि नींद की ही एक ऐसी अवस्था है जब मस्तिष्क की शक्ति के क्षय की पूर्ति होती है। यदि पूर्ति न होगी तो पागल होने में कुछ देर नहीं। मस्तिष्क का काम करनेवालों को हाथ-पैर का काम करनेवालों की अपेक्षा नींद की अधिक आवश्यकता होती है। पर जिनको अधिक आवश्यकता होती है, उन्हीं को नींद न आने की शिकायत भी होती है। तब फिर ऐसे लोगों को करना क्या चाहिए ? जिसे उन्निद्र रोग हो, उसे अपने रोग के कारण का पता लगाना चाहिए और सोने के पहले उसे गरम पानी से स्नान कर लेना वा थोड़ा टहल आना चाहिए। कभी-कभी कोठरी बदल देने से भी उपकार होता है। ऐसे रोगों को नींद लाने के लिए अफीम, मरफिया आदि का सेवन कभी नहीं करना चाहिए।

अब यह बात अच्छी तरह से प्रमाणित हो गई है कि निद्रा मस्तिष्क के रक्तकोशों के खाली होने से आती है; अर्थात् मस्तिष्क में जब रक्त नहीं पहुँचता, तभी निद्रा आती है। इससे निद्राभिलाषी रोगी को चाहिए कि वह कोई ऐसा काम न करे जिससे मस्तिष्क में रक्त का संचार तीव्र हो। यदि ऐसा रोगी अच्छी तरह पता लगाकर देखेगा, तो उसे मालूम होगा कि उसके रोग का कारण काम का अधिक बोझ, व्यायाम का अभाव, रात को बहुत देर तक पढ़ना-लिखना, बन्द कमरे में बहुत देर तक बैठना इन्हीं में से कोई है। जब कारण मालूम हो जाएगा, तब उपाय सुगम हो जाएगा। पर यदि उन्निद्रता की मात्रा बहुत अधिक बढ़े तो समझना चाहिए कि शरीर में कोई व्याधि लग गई है और तुरन्त किसी अच्छे चिकित्सक को दिखाना चाहिए। मैं यहाँ पर ऐसे उन्निद्र रोग की चर्चा करता

हूँ जो प्रायः लिखने-पढ़नेवाले लोगों को उनकी भूलों के कारण हो जाया करता है। रात को बहुत देर तक काम करने या सोने के समय मन में बहुत सी बातों की चिन्ता रखने से यह रोग प्रायः हो जाता है। कभी-कभी छात्रगण साँस लेने के लिए कैसी और कितनी हवा चाहिए, इसका कुछ भी ध्यान नहीं रखते। वे जाड़े के दिनों में कोठरी के किवाड़ बन्द करके सो रहते हैं, जिससे उन्हें साँस लेने के लिए ताजी हवा नहीं मिलती।

अब यह प्रश्न रहा कि कितने घंटे सोना चाहिए। इसका भी कोई ऐसा उत्तर नहीं दिया जा सकता जो सब लोगों पर बराबर ठीक घटे। बहुत से लोग ऐसे होते हैं जिनमें अधिक काम करने की शक्ति होती है और जो कम सोते हैं। सोने की आवश्यकता जब पूरी हो जाती है, तब प्रकृति प्रायः आप-से-आप जगा देती है। पर साधारणतः यह कहा जा सकता है कि लिखने-पढ़नेवाले लोगों को कम-से-कम 7 घंटे सोने की आवश्यकता होती है। यदि वे ग्यारह बजे सोएँगे तो 6 बजे उठ जाने में उन्हें कोई कठिनता न होगी। जाड़े के दिनों में यदि सबेरे आधा घंटे और सोया जाए तो कोई हर्ज नहीं। कृष्ण पक्ष में शुक्ल पक्ष की अपेक्षा सोने की अधिक आवश्यकता होती है। सबेरे उठना बहुत अच्छी बात है, पर इस प्रकार सबरे उठना नहीं कि सोने के लिए पूरा समय ही न मिले। सबेरे वही उठ सकता है जो रात को जल्दी सो जाता है। यदि विद्यार्थी दस बजे दीया बुझा दे, तो पाँच बजे सबेरे उठ सकता है।

मेगास्थिनीज़ का भारतवर्षीय वर्णन

भूमिका

महाभारत की लड़ाई से लेकर 5वीं शताब्दी तक मगध के राजाओं की नामावली क्रमपूर्वक पुराणों में मिलती है, जिसका समर्थन बीच-बीच में विदेशी लेखों से भी होता आया है। महाभारत के अन्त में मगध का राजा, जरासन्ध का पुत्र सहदेव था। इससे 35वीं पीढ़ी में अजातशत्रु हुआ जिसके राजत्व काल में महात्मा बुद्धदेव का वर्तमान रहना प्रसिद्ध है। इसमें बहुत कम सन्देह है कि बुद्ध का निर्वाण 550 ईसवी पूर्व हुआ। नीचे विष्णुपुराण और लंका के पाली ग्रन्थ महाबंसो में दी हुई कुछ राजाओं की नामावली लिखी जाती है–

विष्णुपुराण	**महाबंसो**
1. शिशुनाग	6. अजातशत्तु
2. काकवर्ण	7. उदइ भद्धको
3. क्षेमधर्म्मन	8. अनुरुद्धको
4. क्षत्रैयस	9. मुंडो
5. बिम्बिसार	10. नागदसको
6. अजातशत्रु	11. सुसुनागो
7. दर्भक	12. कोलाशोको
8. उदयश्व	13. उपरोक्त के दस पुत्र
9. नन्दिवर्द्धन	14. चन्दगुत्तो
10. महानन्दि	15. विन्दुसारो
11. सुमाल्य इ. नौनन्द	
12. चन्द्रगुप्त	
13. विन्दुसार	

इन नामावलियों में परस्पर विरोध है। किन्तु मुझे यहाँ पर केवल चन्द्रगुप्त ही के विषय में कुछ कहना है। चन्द्रगुप्त के विषय में विष्णुपुराण में इस प्रकार लिखा है "कौटिल्यप्रधान एक ब्राह्मण (चाणक्य) इन नव नन्दवंशियों का नाश करेगा। नन्दवंशियों के नष्ट होने पर मौर्य शूद्र राजगण पृथ्वी पर भोग करेंगे। चाणक्य ही मौर्य्यवंशीय चन्द्रगुप्त को राज्य पर अभिषिक्त करेगा।" चन्द्रगुप्त की कथा पुराणों में तो लिखी है किन्तु उसके काल इत्यादि का पता पूरे निश्चय के साथ तब तक नहीं लगा जब तक यूनानी ग्रन्थों की छानबीन नहीं की गई। धन्य वह घड़ी थी जिसमें सर विलियम जोन्स

इन पुराणों की नामावली के चन्द्रगुप्त और यूनानियों के 'सैंड्राकोटस' (Sandrakottos) में सादृश्य देखकर चौंके थे। भली प्रकार जाँच करने पर उन दोनों के गुप्त वृत्तान्तों में भी उन्हें कुछ अन्तर न देख पड़ा। फिर क्या था, चन्द्र को बैक्ट्रिया (बलख़) के बादशाह सिल्यूकस का समकालीन मानकर उन्होंने बहुतेरे ऐतिहासिक तत्त्वों तक पहुँचने के लिए मार्ग खोल दिया। डायोडोरस (Diodorus) का 'ज़न्द्रमस' (Zandramas) भी चन्द्रमस वा चन्द्रमा से मिलाया गया जो कि संस्कृत ग्रन्थों में चन्द्रगुप्त का नामान्तर है (दे. मुद्राराक्षस)। उसके जन्म की व्यवस्था, राज्य को हस्तगत करने के उपाय, यूनानी और भारतीय दोनों आख्यानों में समान पाए गए। उसके राज्य की स्थिति भी वहीं पाई गई जहाँ मेगास्थिनीज़ ने लिखा था। प्रजा का नाम 'प्रेसिआई' (Prasii) संस्कृत का 'प्राच्य' ही प्रतीत हुआ। सबसे बढ़कर मगध की प्राचीन राजधानी 'पाटलिपुत्र' ही यूनानियों की 'पालीबोथ्रा' सिद्ध हुआ।

अतः यूनानी ग्रन्थों के अनुसार चन्द्रगुप्त का राजत्वकाल सिकन्दर के प्रस्थान और सिल्यूकस की मृत्यु के मध्यवर्ती काल में होना चाहिए था अर्थात् 326 और 280 ई.पू. के बीच में। पर आवा के बौद्ध ग्रन्थों में चन्द्रगुप्त का काल 392 और 376 ई.पू. के बीच ठहरा और लंका के पाली ग्रन्थ महाबंसो के अनुसार 381 और 347 के मध्य में। पर यूनानियों ही का निर्धारित समय ठीक माना गया क्योंकि समय निरूपण में विदेशी लोग हम लोगों से अधिक विश्वसनीय होते हैं। पहले तो इस देश में इस विषय में यत्न ही नहीं किया गया और यदि कहीं एक आध जगह (जैसे राजतरंगिणी में) किया भी गया तो निष्फल और भ्रान्तिदायक हुआ। फिर भी, इधर के बौद्ध और पुराणादिक ग्रन्थों में आपस ही में इतना विरोध है कि उनसे कोई सिद्धान्त स्थिर नहीं हो सकता। इसलिए हमें विदेशी लेखों का ही सहारा लेना चाहिए जो कि अधिक क्रमबद्ध हैं। अब यह निश्चय हो गया है कि चन्द्रगुप्त 316 ई.पू. मगध के सिंहासन पर बैठा और 24 वर्ष (292 ई.पू. तक) उसने राज्य किया।

अब यह देखना चाहिए कि यूनानियों को भारतवर्ष से किस प्रकार और कब जानकारी हुई। भारतवर्ष से व्यापार की वस्तुएँ पश्चिम के देशों में बहुत प्राचीन काल से जाती थीं। यूनानी कवि होमर (800 वर्ष ई.पू.) से भी पता लगता है कि उस काल में भी भारत की कई वस्तुओं का व्यवहार यूनानी लोग करते थे, जिनके संस्कृत नाम कुछ रूपान्तर के साथ उनके बीच प्रचलित थे। जैसे (Cassiteros) कैसिटरस=जिस्ता और (Elephas) एलिफस=हाथीदाँत। कैसिटरस संस्कृत का 'कस्तीर' है जिसका अर्थ जिस्ता है; यह धातु हिन्दुस्तान के किनारे के टापुओं से जाती थी। 'एलिफ़स' संस्कृत 'इभ' से सम्बन्ध सूचित करता है; 'अल' शायद अरबवालों ने उसमें जोड़ दिया हो। बाइबिल में भी बहुत सी भारतीय वस्तुओं के नाम हैं। किन्तु ये वस्तुएँ एक के उपरान्त दूसरे देशों से होकर यूनान में जाती थीं, सीधे भारतवर्ष से उन्हें ले जानेवाला कोई नहीं था। इससे इन वस्तुओं के अन्तिम व्यापारियों से वे उस देश के विषय में जहाँ से वे जाती थीं कुछ न जान सकते थे।

इसके पीछे पारसी जाति का प्रताप चमका और यूनानियों का अन्धकार दूर हुआ। प्राचीन काल में पारसी जाति बड़ी साहसी और शक्तिसम्पन्न थी। ये पारसी शुद्ध आर्य्यवंश के थे और आर्य्य ही धर्म्म के किसी अंश का पालन करते थे। अग्नि और सूर्य्य की ये आराधना करते थे। बहुत काल तक सारे पश्चिमी एशिया में इनका डंका बजता रहा। साइरस (Cyrus) वा कैख़ुसरो इनमें बड़ा प्रतापी बादशाह हुआ। यह ई.पू. 558 के लगभग पारस के सिंहासन पर बैठा। इसी ने एशिया माइनर के पश्चिमी किनारे पर लीडियन (Lydians), आयोनियन (Ionians), और डोरियन (Dorians) लोगों पर चढ़ाई करके विजय प्राप्त की। ये लोग यूनानी थे। लीडिया का बादशाह उस समय क्रीसस था जो क़ारूँ के नाम से प्रसिद्ध है। क़ारूँ का ख़ज़ाना अब तक बोलचाल में दृष्टान्त के लिए आता है। यही यूनानी और पारसी जाति की पहिली देखादेखी हुई; इसी काल में एशिया और योरप का समागम हुआ; इस काल में यूनानी लोग भारतसम्बन्धी कथाओं को सुनने के लिए प्रस्तुत हुए। कहा जाता है कि कैख़ुसरो पूर्व की ओर सिन्ध नदी तक बढ़ आया था। इसमें तो कोई सन्देह नहीं कि भारतवासी लोग पारसियों से बहुत प्राचीन काल से परिचित थे।

इसके उपरान्त 490 ई.पू. में दारा हिश्तस्प (Darius Hystaspes) ने हेलिस्पांट (आधुनिक डार्डेनल का मुहाना) पार किया और थ्रेसिया और मेसिडोनिया आदि यूनान के उत्तरीय देशों को विजय किया। वह इस चढ़ाई में आधुनिक रूस की जंगली जातियों को परास्त करता हुआ बहुत दूर तक बढ़ गया था। पूर्व की ओर इसने सिन्ध नदी तक अपना अधिकार बढ़ा लिया था। बलख़ और समरक़न्द से लेकर मिश्र और मेसिडोनिया तक इस बादशाह के छत्र के नीचे था।

दारा का पुत्र खशयर्श वा ज़र्क्सीज़ (Xerxes) हुआ जिसने बड़ी भारी सेना लेकर ग्रीस (यूनान) पर चढ़ाई की; वहाँ के मन्दिरों को लूटा और पुजारियों को क़ैद किया। 430 वर्ष ईसा से पहिले सलेमिस (Salamis) और मेकाली (Mycale) की प्रसिद्ध लड़ाइयाँ हुईं जिनका परिणाम यह हुआ कि योरप में मेसिडोनिया और थ्रेसिया का राज्य भी पारसियों के हाथ से निकल गया। धीरे-धीरे यूनानी लोग जीविका के लिए पारस में आने लगे जहाँ के धन और वैभव की बड़ाई से सारा यूनान गूँज रहा था। पारस के बादशाह यूनानी सेना भी अपने यहाँ नौकर रखने लगे।

इन्हीं पारसी चढ़ाइयों के पीछे ही पहिले-पहिले यूनानियों को भारतवर्ष की स्थिति आदि से जानकारी हुई। हिकेटैयस (Hekataios of Miletos) ही पहिला इतिहासलेखक है जिसने स्पष्ट रूप से इस देश की चर्चा की (ई. 549-486)। हिरोडोटस (Herodotus) ने कुछ विशेष ब्योरे के साथ इस देश और इसके निवासियों के विषय में लिखा। किन्तु इसकी पहुँच सिन्ध नदी ही तक थी। इसके पीछे यूनानी हकीम टीशियस (Ktesias) ने, 401 ई. पूर्व में जबकि वह पारस में बादशाह अर्दशीर ममनून (Artaxerxes Memnon) का राजचिकित्सक था, बहुत सी सामग्री भारतसम्बन्धी वृत्तान्त के लिए इकट्ठी की। उसका यूनानी भाषा में इस विषय पर पहिला ग्रन्थ हुआ। किन्तु इसके विवरण किस्से-कहानियों से भरे थे; तोते और बन्दरों ही की चर्चा इनमें अधिक थी।

अतएव सिकन्दर के साथियों के ही भाग्य में इस देश और इसके निवासियों का ठीक-ठीक वृत्तान्त लिखना बदा था। इन्हीं लोगों ने सिन्ध नदी के पूर्व के देशों का हाल पहिले पहल लिखा। सिकन्दर के साथ बहुत से विद्वान पुरुष भी आए थे। बेटो (Baeto), डायोग्निटस (Diognetos), न्यार्कस (Nearchos), आनेसिक्रिटस (Onesikritos), अरिस्टोब्युलस (Aristobulos), कालिस्थिनीज़ (Kallisthenes) इत्यादि के विवरण इसी चढ़ाई के बीच लिखे गए। ये पुस्तकें अब नहीं हैं किन्तु उनका सारांश स्ट्रेबो (Strabo), प्लिनी (Pliny) और एरियन (Arrian), में उद्धृत मिलता है। सिकन्दर की चढ़ाई भारतवर्षीय इतिहास को खोलनेवाली सबसे प्राचीन घटना है इसलिए इसका संक्षिप्त वृत्तान्त पाठकों को मनोरंजक ही नहीं होगा वरन् इस ग्रन्थ के पढ़ने में भी सहायता पहुँचाने के लिए आवश्यक होगा।

ऊपर जर्क्सीज़ (Xerxes) की चढ़ाई की बात लिखी जा चुकी है जिसका परिणाम यह हुआ कि मेसिडोनिया का बादशाह स्वतन्त्र हो गया। अस्सी वर्ष के उपरान्त मेसिडोनिया का बादशाह फिलिप हुआ जिसने सारे ग्रीस को मिलाकर एक किया। उसके पुत्र महाप्रतापी सिकन्दर ने सिंहासन पर बैठते ही अपने देश की हानियों का बदला चुकाने के लिए पारस की ओर प्रस्थान किया। 334 ई.पू. इसने हेलिस्पांट (डार्डेनल का मुहाना) पार किया और वह एशिया माइनर में पहुँचा जहाँ पर बहुत से यूनानी लोग जो पारस की प्रजा थे उसकी सेना में मिल गए। पारसी साम्राज्य का अधीश्वर उस समय तृतीय दारा (Darius Co-domanus) था। इधर तो सिकन्दर सार्डिस (Sardis) तक अधिकृत कर चुका था और उधर दारा का सबसे योग्य सेनापति ममनून (Memnon) दूसरी ही युक्ति बाँध रहा था। वह जहाज़ी बेड़ा इकट्ठा करके यूनान की ओर इस अभिप्राय से बढ़ रहा था कि मेसिडोनिया पर जाकर आक्रमण करे; और सिकन्दर को अपने देश की रक्षा के लिए लौटना पड़े। किन्तु वह बीच ही में मर गया और पारसी साम्राज्य की रक्षा की आशा भी उसी के साथ चली गई। इसस (Issus) में दारा ने बहुत बड़ी पारसी सेना लेकर सिकन्दर का सामना किया किन्तु वह ठहर न सका। सिकन्दर इफ़रात (Euphrates) और दजला (Tigris) को पार करके असीरिया में आया। यहाँ अरबेला की अन्तिम लड़ाई हुई और कायर दारा पीठ दिखाकर पूरब की ओर भागा। सिकन्दर बाबिलन पर अधिकार करके ख़ास पारस वा परसिस (Persis–फ़ारस मुहाने के पूर्वी तट का देश) की ओर झुका और उसने सहज ही में सूसा वा शौशन,* परसिपोलिस (Persepolis) और पस्सगर्द (Passargadae) आदि पारस की प्राचीन राजधानियों पर अधिकार कर लिया। उस समय मुख्य राजधानी परसिपोलिस ही थी इससे सिकन्दर को वहाँ पर बहुत सा ख़ज़ाना हाथ लगा; उसे एक ज़िन्द आवेस्ता की प्रति भी मिली जो 12000 चर्म्मखंडों पर सोने के अक्षरों में लिखी हुई थी।

---

* मुरग़ाब के मैदान में इस प्राचीन राजधानी के खँडहर अब तक पड़े हैं। दारा (Darius) और खशयर्श (Xerxes) के महलों के अवशेष-स्तम्भ, फाटक, और सीढ़ियाँ इत्यादि अब तक प्राचीन पारसी बादशाहों के महत्त्व का स्मरण दिलाती हैं।

इस बीच में दारा (Darius III) इकबटना (आ. हमदन) में इस आशा से पड़ा था कि सिकन्दर को इन तीनों राजधानियों के पाने से सन्तोष हो जाएगा और वह लौट जाएगा। पर उसकी यह आशा व्यर्थ हुई। जब उसने सुना कि सिकन्दर उसकी ओर बढ़ रहा है तो उसने अपने कुटुम्ब को कैस्पियन सागर के दक्षिण-पूर्व तटस्थ मज़न्दरन (Hyrkania) नाम अलबुर्ज़ के पहाड़ी देश में भेज दिया, और आप भी उसी ओर नगर का ख़ज़ाना (7000 टेलंट वा 1610000 पाउंड) लेकर रवाना हुआ और पार्थिया में जा निकला। उसका विचार पारसी साम्राज्य की पूर्वीय सीमा बैक्ट्रिया (बलख़, अफ़ग़ानिस्तान के उत्तर) में भागने का था। किन्तु उसके इस विचार के पूरे होने की सम्भावना दिन-दिन घटती जाती थी। उसके बचे-बचाए साथी भी उसे उसकी कायरता से अप्रसन्न होकर धीरे-धीरे छोड़ते जाते थे।

दारा को इकबटना छोड़े आठ ही दिन हुए थे कि सिकन्दर उसकी खोज में वहाँ पहुँचा। यहाँ पर उसने सूसा और परसिपोलिस आदि नगरों की लूट का माल जमा किया और 7000 मेसिडोनियन सिपाही परमीनियो (Permenio) के अधिकार में छोड़कर वह आगे बढ़ा। उसे पूरी आशा थी कि वह दारा को 'कैस्पियनद्वार' तक पहुँचते-पहुँचते पकड़ लेगा। 11 दिन लगातार चलकर वह रेगी (Rhagae) नगर तक पहुँचा जहाँ से 'कैस्पियनद्वार' 25 कोस दक्खिन पड़ता था। यहाँ से वह फिर आगे बढ़ रहा था कि मार्ग में उसे बजिस्तनीज़ (Bagistanes) और अंटिबेलस (Antibelus) नाम के दो पारसी मिले जिन्होंने उससे कहा कि दारा तो पहिले ही से राज्यच्युत कर दिया गया है और अब उसका प्राण जाया चाहता है।

बैक्ट्रिया (बलूख़) के क्षत्रप बेसस (Bessus), सीस्तान (Drangiana) के क्षत्रप बरसयंतीज (Barsaentes), और रक्षकों के प्रधान नायक नवुरज़नीज़ (Nabarzanes) ही अपने-अपने सिपाहियों के सहित दारा के साथ रह गए थे। इन तीनों को इस विपत्ति के समय विश्वासघात सूझा। बेसस के चित्त में पारस के भूविख्यात साम्राज्य को हथियाने की इच्छा नाचने लगी। थारा नामक पार्थिया के एक गाँव में इन्होंने दारा को सोने की बेड़ियों से बाँधा और एक ढपे हुए रथ में बैठाकर, जो चारों ओर बैक्ट्रियन सेना से घिरा था, वे पूरब की ओर भागने लगे। बेसस की इच्छा थी कि झटपट बैक्ट्रिया (बलख़) में पहुँचकर सिकन्दर के विरुद्ध प्रबल सेना खड़ी करें। किन्तु सिकन्दर की दारा को जीता पकड़ने की इच्छा इससे भी अधिक प्रबल थी। वह ज्यों-त्यों करके बहुत सी कठिनाइयों के उपरान्त इन लोगों पर आ टूटा। बेसस नहीं चाहता था कि दारा जीता हुआ सिकन्दर के हाथ में पड़ने पावे। इसलिए, उसने दारा से रथ पर से उतरकर अपने साथ भागने को कहा। जब बादशाह ने न माना तो क्रुद्ध होकर तीनों ने अपने-अपने भालों से उसे घायल करके वहीं छोड़ दिया और अपना रास्ता लिया। पालिस्ट्रेटस नामक सिकन्दर का एक सिपाही ढूँढ़ते-ढूँढ़ते दारा के पास उस समय पहुँच गया था जब वह अपना प्राण छोड़ रहा था। उसने मरते समय केवल सिकन्दर को उस कृपा के लिए धन्यवाद दिया जो उसने उसके कुटुम्ब के साथ दिखाई थी और इस बात पर अपनी प्रसन्नता प्रगट की कि उसका

वृहत् पारसी साम्राज्य ऐसे दयावान विजयी के हाथ में गया। सिकन्दर ने बड़ी धूमधाम के साथ दारा के शरीर को पारस के शाही समाधिस्थल में गड़वाया।

इस घटना के पीछे सिकन्दर का कोप बेसस के ऊपर बहुत बढ़ा। 329 ई.पू. में वह सीस्तान और अफ़ग़ानिस्तान (Aria, Draugiana, and Archosia) आदि प्रदेशों को जय करता हुआ बैक्ट्रिया (बलख़) में जा धमका जहाँ पर बेसस ने अपने को पारस का बादशाह प्रसिद्ध कर रक्खा था। सीस्तान के क्षत्रप बरसयंतीज़ ने, जो दारा के मारने में बेसस का सहयोगी था, पहिले ही से भागकर भारतवासियों के बीच शरण ली थी। बेसस उत्तर की ओर भागा और आकास नदी (आमू दरिया) को पार करके सारदियाना (आ. तुर्किस्तान) में जा पहुँचा। जाते समय वह नदी की समस्त नावों को नष्ट करता गया जिसमें सिकन्दर उतर न सके। पर यहाँ सिकन्दर ने चमड़े के डेरों में भूसा भरवाकर उन्हें नदी में छोड़वा दिया और इस प्रकार अपनी सेना आक्सस पार उतार ले गया। बेसस के साथी यह देखते ही घबड़ा गए और वह (बेसस) एक गाँव में टालमी द्वारा गिरिफ़्तार किया गया। सिकन्दर ने बेड़ी डलवाकर उसे अपने सामने बुलाया और कोड़े लगवाकर बैक्ट्रिया (बलख़) में बन्दी बनाकर भेज दिया। सिकन्दर समरक़न्द (Marcanda) होता हुआ उत्तर की ओर जक्सरटीज़ (सर दरिया) नदी के किनारे उस स्थान तक पहुँच गया जहाँ पर प्राचीन पारसी विजयी कैखुसरो (Cyrus) ने कैरा (Kyra or Kyrapolis) नगर बसाया था। यहाँ पर सिकन्दर ने अपनी उत्तरी चढ़ाई की हद की भाँति अलेग्ज़ेंड्रिया वा इस्कन्दरिया (Alexandria and Jaxartem) बसाया। सिकन्दर को इन प्रदेशों में शान्तिस्थापन करने के लिए बहुत प्रबन्ध करना पड़ा। यहीं उसे बैक्ट्रियन सरदार आक्सीरेटीज़ (Oxyrates) की कन्या रोक्साना प्राप्त हुई जिसके साथ उसने अपना विवाह किया। 328 ई. पू. में वह ज़रयस्पा (बलख़ के पास) को लौट आया और जाड़े भर वहीं रहा। यहीं पर उसने बेसस को बुलाया और अपने स्वामी के प्रति विश्वासघात के लिए बहुत बुरा-भला कहा और उसका नाक-कान कटवाकर इकबटना (हमदन) में क़तल करने के लिए भेजवा दिया।

इसके पीछे सिकन्दर ने दक्षिण की ओर भारतवर्ष पर चढ़ाई करने का विचार किया। हिन्दूकुश को पार करता हुआ वह 327 ई.पू. में अपनी प्रबल सेना के साथ काबुल के पास आ पहुँचा। पंजाब उस काल में बहुत से राजाओं के बीच बँटा था जिनमें से कई एक झेलम और चेनाब के मध्यवर्ती देश के अधीश्वर महाराज पोरस के अधीन थे। सिकन्दर के साथी इतिहासलेखकों ने यह भी लिखा है कि उसके आगे का प्रदेश भी पोरस (Porus) नाम के एक दूसरे राजा के ही अधीन था। इससे स्पष्ट है कि पोरस इन राजाओं का नाम नहीं था वरन् वह विशाल वंश 'पौरव' को सूचित करता था। यह बात पहिले-पहल प्रो. लैसन को विदित हुई। इसके सिवाय, प्लूटार्क (Plutarch) ने यह भी लिखा है कि 'सिकन्दर के प्रतिद्वन्द्वी पोरस के पितामह का नाम जिगेसियस (Gegasious) था जो कि अवश्य चन्द्रवंशियों के आदि पुरुष 'ययाति' से मिल जाता है। महाराज पोरस के अधीन कई एक राजा उत्तर से आए हुए शक लोगों की सन्तान थे, जो सदा महा.

पोरस से जो शुद्ध क्षत्रिय वंश के थे, असन्तुष्ट रहा करते थे। इन लोगों ने यह अच्छा अवसर विचारा और वे भेंट ले-लेकर सिकन्दर के यहाँ हाज़िर हुए। तक्षशिला (Taxila) का राजा इनमें मुख्य था। कहते हैं कि वह तक्षक वंश का था जो नागवंशियों का आदि पुरुष था। ये लोग सर्प की पूजा करते थे। जब सिकन्दर तक्षशिला में गया उसने वहाँ दो बड़े सर्प राजा के यहाँ देखे थे। 50 हाथी लेकर तक्षशिला का राजा सिकन्दर से मिला और उसने अधीनता स्वीकार की। 326 ई.पू. में सिकन्दर ने अटक के पास सिन्ध पार किया और वह तक्षशिला में जाकर टिका। यहीं पर उसने राजा की भी सेना को अपनी सेना में मिलाया और फिर वह पोरस से युद्ध के लिए पूरी तैयारी करने लगा। तक्षशिला ही में सिकन्दर ने मगध के विस्तृत और ऐश्वर्य्यशाली राज्य की चर्चा सुनी। उस समय मगध के सिंहासन पर महाप्रतापी महानन्द आसीन था। नन्दों की सभा से निकाला हुआ राजकुमार चन्द्रगुप्त भी उन दिनों तक्षशिला ही में था। सिकन्दर से उसकी वहीं भेंट हुई। महानन्द के प्रताप और ऐश्वर्य्य की कथा राजकुमार ने सिकन्दर से कही इस पर उस देश पर चढ़ाई करने की बात छेड़ी गई। सिकन्दर ने सुझाया कि यदि वे दोनों (चन्द्रगुप्त और सिकन्दर) मिलकर मगध पर चढ़ाई करें तो चन्द्रगुप्त को मगध का सिंहासन प्राप्त हो सकता है। कई दिनों तक सिकन्दर चन्द्रगुप्त के कैम्प में रहा, पर पीछे से उसने सिकन्दर को इतना चिढ़ा दिया कि उसको (चन्द्रगुप्त को) आप ही वहाँ से भागना पड़ा।

टैक्सिला तथा उसके निकटवर्त्ती देशों का फ़िलिपस (Phillipus) को क्षत्रप बनाकर सिकन्दर आगे बढ़ा और बेरोक-टोक झेलम के किनारे पर आ पहुँचा। यदि ये देशद्रोही राजा सिकन्दर से न मिल जाते तो उसका यहाँ तक बढ़ आना बहुत कठिन था। झेलम के दूसरे किनारे पर महा. पोरस की सेना मार्ग रोकने को पड़ी थी। जिस कौशल के साथ सिकन्दर ने अपनी सेना सहित झेलम (Hydaspes) पार किया और पोरस को हराया वह भारत के इतिहास में प्रसिद्ध ही है।

पुरु-पराजय के पीछे सिकन्दर ने अपनी विजय के उपलक्ष में झेलम के किनारे देवताओं को बलि प्रदान किया और बड़ी धूमधाम के साथ उत्सव मनाया। उसने दो नगर निर्माण करने की आज्ञा दी–एक तो 'निकेआ' (Nikaea) जो झेलम के पूरबी किनारे पर निर्मित हुआ और दूसरा ब्यूकिफ़ेलिया जो उसके पश्छिमी किनारे पर उसके प्यारे घोड़े ब्यूकिफ़ेलस की मृत्यु के स्मारक में स्थापित किया गया। सिकन्दर आगे पूरब की ओर चेनाब (अकेसिनीज़-Akesines) की तरफ़ बढ़ा। ग्लौकी (Glaukoe) का प्रदेश जिसमें 37 नगर और बहुत से ग्राम थे पोरस के राज्य में मिला लिया गया। इसी समय अबिसरीज़ (Abisares=अभिसार) तथा एक दूसरे पोरस ने जो पहिले पोरस से शत्रुता रखता था, अधीनता का सन्देसा भेजा। इसके अनन्तर सिकन्दर ने रावी (Hydraotes–हाइड्राओटीज़) पार किया। यहाँ केठियन (Katheans) आदि कुछ स्वतन्त्र भारतवासियों ने 'संगल' नामक नगर में एकत्रित होकर उसका सामना किया। नगर के चारों ओर छकड़ों की तिहरी पंक्ति खड़ी करके वे रक्षा में तत्पर हुए। सिकन्दर ने नगर के भीतर प्रवेश किया और बहुत से मनुष्यों को कटवाया और बन्दी किया। यहाँ से

चलकर वह सतलज (हाइफ़ेसिस-Hyphasis) के किनारे पहुँचा। सिकन्दर ने सुना कि उस नदी के आगे एक रेगिस्तान पड़ता है जो गंगा नदी तक चला गया है और उसके आगे गंगदरिदी (Gangdaridae) लोगों का प्रदेश है जो बड़े वीर और साहसी हैं और हाथियों की संख्या और शिक्षा के लिए प्रसिद्ध हैं। सिकन्दर ने तुरन्त सतलज पार करने की आज्ञा दी। किन्तु यहीं ऐसा अवसर हुआ जब सिकन्दर के आज्ञापालन में विलम्ब हुआ। बहुत लालच और धमकी देने पर भी सिपाहियों ने आगे बढ़ना स्वीकार न किया। अपनी पूरबी चढ़ाई के अन्तिम स्थान को सूचित करने के लिए उसने सतलज के किनारे 12 अत्यन्त ऊँची और लम्बी-चौड़ी बेदियाँ उठवाईं; देवताओं को बलि दिया और धूमधाम के साथ उत्सव मनाया। सतलज से पश्चिम का सारा देश उसने पोरस के राज्य में मिला दिया।

लाचार लौटकर सिकन्दर फिर झेलम के किनारे आया और ई.पू. 326 नवम्बर के महीने में पोरस और तक्षिलस की सहायता से 2000 नावों का बेड़ा बनवाकर उसने सिन्ध नदी के मुहाने की ओर प्रस्थान किया। पाँचों नदियों के संगम पर उसने अलेग्जेंड्रिया (Alexandira) नाम का एक नगर बसाया और सिन्ध के मुहाने पर पहुँच के 'पटल' (आधुनिक हैदराबाद-सिन्ध) की नींव दी। यहाँ से फिर उसने कुछ सेना तो जहाज़ी बेड़े के नायक न्यार्कस (Nearchus) के अधिकार में अरब समुद्र की राह से यूफ्रेटिस (इफ़रात) के मुहाने की ओर भेजी और आप ख़ुश्की के रास्ते रवाना हुआ। सिकन्दर ने भारतवर्ष के किसी प्रान्त पर अधिकार नहीं किया, केवल अपने बसाए चारों नगरों में कुछ यूनानी सेना और तक्षशिला में एक यूनानी हाकिम वह छोड़ता गया।

ज्यों ही सिकन्दर हिन्दुस्तान छोड़कर पीछे लौट रहा था भारतवासियों ने तक्षशिला के यूनानी हाकिम को मार डाला। सिकन्दर ने एक दूसरा हाकिम नियत करके भेजा जिसने आकर मारकाट मचाई और महाराज पोरस को मरवा डाला। अन्त में उसको भी देश छोड़कर भागना पड़ा क्योंकि इसी बीच में मौर्य चन्द्रगुप्त ने नवनन्दों का नाश करके मगध का सिंहासन प्राप्त किया और असंख्य सेना लेकर पंजाब को यूनानियों से खाली कर दिया। भारतवर्ष के एक छोर से लेकर दूसरे छोर तक इसका प्रचंड शासन स्थापित हो गया।

इधर जाते-जाते सिकन्दर बाबिलन पहुँचा जहाँ जून 323 ई.पू. तीसरे पहर के समय 32 वर्ष 8 महीने की अवस्था में 12 वर्ष 8 महीने राज्य करके यह जगद्विजयी परलोक सिधारा। उसके मरने पर उसके विस्तृत राज्य का बँटवारा हुआ जिसके अनुसार बैक्ट्रिया (बलूख़)* सिरिया के सिल्यूकस के बाँट में पड़ा। किन्तु यह प्रबन्ध बहुत दिन नहीं चला। सब क्षत्रप लोग सिकन्दर के विस्तृत राज्य को हथियाने की चेष्टा करने लगे। गहिरा अन्धाधुन्ध मचा। सिल्यूकस भी अपने भाग्य की परीक्षा करने को पहुँचा। पर्डिकाज़

---

* बैक्ट्रिया वा बलूख़–संस्कृत में इस देश का नाम 'बाल्हीक' है। मुद्राराक्षस के द्वितीय अंक में ये वाक्य ध्यान देने योग्य हैं, "सुनिए शक, यवन, किरात, काम्बोज, पारस, बाल्हीकादिक देश के चाणक्य के मित्र राजों की सहायता से और चन्द्रगुप्त पर्वतेश्वर के बलरूपी समुद्र से कुसुमपुर (पटना) चारों ओर से घिरा हुआ है।"

(Perdiccas) ने जो बाबिलन में सिकन्दर के बच्चे का निरीक्षक था, राज्य को अपने अधिकार में रखना चाहा। किन्तु वह मारा गया और मिडिया के क्षत्रप पिथो ने अपना अधिकार जमाया। पर और दूसरे क्षत्रपों ने मिलकर उसे भी उतार दिया और यूमेनिस (Eumenes) को 316 ई.पू. में सिकन्दर के सिंहासन पर बैठाया। किन्तु यूमेनिस भी अंटिगोनस (Antigonus) नामी सिकन्दर के एक सेनापति के हाथ में पड़ गया। अन्त में अंटिगोनस को भी राज्य बैक्ट्रिया के सिल्यूकस के हवाले कर देना पड़ा। यही अन्त में सिकन्दर का उत्तराधिकारी और विख्यात 'सिल्यूसडी' (Seleucidae) वंश का संस्थापक हुआ। सिल्यूकस इसके अनन्तर बाबिलन को हस्तगत करके 312 ई.पू. में बैक्ट्रिया (बलख़) में अपना अधिकार स्थिर करने के लिए आया। यहीं से उसने पंजाब को फिर प्राप्त करने की आशा से भारतवर्ष पर चढ़ाई की और चन्द्रगुप्त से हार खाई।

जस्टिनस (Justinus, XV.4) सिल्यूकस निफेटर के विषय में लिखता है, "उसने अपने तथा सिकन्दर के दूसरे उत्तराधिकारियों के बीच मेसिडोनियन साम्राज्य के बँट जाने के पीछे पूरब में बहुत सी लड़ाइयाँ कीं। पहिले उसने बाबिलोनिया को छीना फिर बैक्ट्रिया को अधिकृत किया। इसके पीछे वह हिन्दुस्तान में गया, जिसने सिकन्दर की मृत्यु के उपरान्त अपने गरदन पर से दासत्व का जूआ हटाने के विचार से हाकिमों (गवर्नरों) को मार डाला था सैंड्रोकोटस ने उसको स्वाधीन किया था; किन्तु जब विजय प्राप्त हो गई तब उसने स्वाधीनता के नाम को बन्धन से बदल दिया क्योंकि वह उन्हीं लोगों को दासत्व से पीड़ित करता था जिन्हें उसने विदेशीय राज्य से बचाया था।"

"इस प्रकार राजमुकुट प्राप्त करके सैंड्रोकोटस उस समय हिन्दुस्तान का स्वामी था जब सिल्यूकस अपने आगामी महत्त्व की नींव दे रहा था। सिल्यूकस ने उससे सन्धि की, और पूरब के सब कामों को ठीक करके वह अंटिगोनस (Antigonus) के विरुद्ध लड़ाई में तत्पर हुआ (302 ई.पू.)।"

अपिएनस (Appianus—Syr. C. 55) लिखता है–"उसने (सिल्यूकस ने) सिन्ध पार किया और भारतवासियों के राजा सैंड्रोकोटस से लड़ाई ठानी; अन्त में उसने मित्रता कर ली और विवाह का नाता जोड़ा।"

स्ट्रेबो (Strabo—XV. p. 724)–"सिल्यूकस निफेटर ने सैंड्रोकोटस को एरियानी का बहुत बड़ा भाग दिया।"

प्लूटार्क (Plutarch Alex 62)–"क्योंकि थोड़े ही दिन पीछे राजा सैंड्रोकोटस ने सिल्यूकस को 500 हाथी भेंट किए और छह लाख आदमियों के साथ सारे भारतवर्ष को चढ़ाई करके परास्त किया।"

सिल्यूकस की इस चढ़ाई के विषय में कोई कहते हैं कि वह गंगा के किनारे पटना (पाटलिपुत्र) के पास तक चला आया था। किन्तु यह बात बिलकुल झूठ है। लैसन, शिलजिल और श्वानबक आदि विद्वानों ने यह अच्छी तरह सिद्ध कर दिया है कि सिल्यूकस केवल सिन्ध नदी के इस पार तक आया था। यहीं पर उसने चन्द्रगुप्त की असंख्य सेना और उसके अखंड प्रताप को देखकर हार मानी और सन्धिपत्र लिखा

जिसके अनुसार उसे काबुल के दक्षिण का सारा देश चन्द्रगुप्त को देना पड़ा। उसने अपनी कन्या भी चन्द्रगुप्त को ब्याह दी। यह सब हो जाने पर चन्द्रगुप्त ने अपनी सभा में एक यूनानी राजदूत रखना स्वीकार किया। अतएव मेगास्थिनीज़ नामक एक व्यक्ति जो अर्कोशिया (अफ़ग़ानिस्तान) के क्षत्रप साइबरटिअस के यहाँ सिल्यूकस के प्रतिनिधि की भाँति रहता था, राजदूत बनाकर पाटलिपुत्र (पटना) भेजा गया। कहते हैं कि वह 5 वर्ष चन्द्रगुप्त के साथ रहा जिसके बीच उसने भारतवर्ष का विवरण 'टा इंडिका' (Ta Indika) के नाम से लिखा। अभाग्यवश यह पुस्तक अब नहीं है केवल उसके अंश इधर-उधर दूसरे यूनानी तथा रोमन ग्रन्थों में उद्धृत मिलते हैं।*

इन्हीं छितराए हुए खंडों का डॉक्टर श्वानबक (Dr. Schwanbeck) नामक एक पश्चिमी विद्वान ने एकत्रित करके इतिहास के खोजियों का असीम उपकार किया है। इन्हीं महाशय के अलौकिक परिश्रम से आज साठ वर्ष से ये खंड 'मेगास्थिनीज़ इंडिका' के नाम से संसार में प्रसिद्ध हैं।

रमई पट्टी–मिरज़ापुर
10 जुलाई 1905

–रामचन्द्र शुक्ल

* मेगास्थिनीज़ के पीछे डिमाकस (Deimachos) पटने में बहुत दिन तक रहा। इसको सिल्यूकस ने चन्द्रगुप्त के पुत्र बिन्दुसार (Allitrochades–वायु पु. भद्रसार कहीं 'अमित्रघट') के यहाँ भेजा था। अपोलोनियस (Apollonius and Tyna) की भी एक यात्रा है जो असीरियन डेमिस (Damis) के साथ 42 वा 45 ईस्वी के बीच तक्षशिला में आया था, उसने ज्वालामुखी को देखा था।

ग्रीक लोगों में Eratosthenes, Hipparchos, Polemo, Muaseos, Apollodoros, Agatharchides, Alexander Polyhider, Strabo, Marinos of Tyre और Ptolemy और रोमन लोगों में P. Terentius Varro of Atax, M. Vipsanius Agrippa, Pomponius, Mela, Seneca, Pliny; Salinus आदि ने भी इस विषय पर लिखा है।

खंड : 1

(Diod. II 35-42)

(35) भारतवर्ष, जो आकार में चौखूँटा है पूर्व तथा पश्चिम की ओर महासागर से घिरा है, परन्तु उत्तर की ओर यह हिमोदास पर्वत (Mount Hemodas) द्वारा सीदिया के उस भाग से अलग किया गया है जिसमें वे सीदियन निवास करते हैं जो सकाई (Sakai) कहलाते हैं; और चौथा अर्थात् पश्चिमी पार्श्व इंडस (सिन्ध) कहलानेवाली एक नदी से घिरा है जो कदाचित् नाइल को छोड़ संसार की सब नदियों से बड़ी है। सारे देश का विस्तार पूर्व-पश्चिम 28000 स्टेडिया कहा जाता है और उत्तर-दक्षिण 32000 स्टेडिया। इतना बड़ा विस्तार होने के कारण यह पृथ्वी के लगभग समस्त क्रान्तिवृत्त (Tropic Zone) को छेंके हुए जान पड़ता है और वास्तव में भारत की अन्तिम छोर पर धूपघड़ी की कील बहुधा छाया डालती हुई नहीं देखी जाती, और सप्तऋषि का मंडल रात में अदृश्य रहता है, और अत्यन्त दूरस्थित भागों में आर्कटरस (Arcturus) तक दृष्टि से लोप हो जाता है। इसी के अनुकूल यह भी कहा जाता है कि छाया वहाँ दक्षिण की ओर पड़ती है।

भारतवर्ष में बड़े भारी-भारी पहाड़ हैं जो हर प्रकार के फलदार पेड़ों से भरे हैं और जिनमें बहुतेरे विस्तृत उपजाऊ मैदान पड़े हुए हैं जो सुन्दर तो (एक दूसरे से) घट-बढ़कर हैं पर नदियों के समूह से सब एक रूप से ढके हैं। भूमि का अधिक भाग सिंचाव में हैं। अतएव उसमें एक वर्ष के भीतर ही दो फ़सल पैदा होती हैं। इसके सिवाय यह सब प्रकार और सब परिमाण के बल और डील-डौल के जन्तुओं–मैदान के चौपायों और आकाश के पक्षियों से भरी है। यहाँ हाथियों की बहुतायत है जोकि बड़े विशाल आकार के होते हैं; यहाँ की भूमि खाने की सामिग्री इतनी अधिक बहुतायत से प्रदान करती है कि वह इन जन्तुओं को उनसे कहीं अधिक बल में बढ़ा देती है जो लिबया*(Libya) में पाए जाते हैं। चूँकि ये भारतवासियों द्वारा संख्या में बहुत से पकड़े जाते हैं और युद्ध के लिए सिखाए जाते हैं इसलिए विजय का पल्ला फेर देने में ये बड़े काम के होते हैं।

(36) इसी प्रकार निवासी लोग निर्वाह की सब सामिग्री बहुतायत से पाकर प्रायः मामूली डील-डौल से अधिक होते हैं और अपनी गर्वीली च्येष्टा के लिए प्रसिद्ध होते हैं।

* लिबया = मध्य अफ्रिका का प्राचीन नाम।

वे कला-कौशल में भी बड़े निपुण पाए जाते हैं; जैसी कि ऐसे मनुष्यों से आशा की जा सकती है जो स्वच्छ वायु साँस लेते हैं और अत्यन्त उत्तम जल पान करते हैं। भूमि तो अपने ऊपर हर प्रकार के फल जो कृषी द्वारा जाने गए हैं उपजाती ही है, पर उसके गर्भ में भी सब प्रकार के धातुओं की अनगिनत खानें हैं; क्योंकि उसमें सोना और चाँदी बहुत होता है, ताँबा और लोहा भी कम नहीं, और जस्ता और दूसरे धातु भी होते हैं जो व्यवहार और आभूषण की वस्तु तथा लड़ाई के हथियार और साज इत्यादि बनाने के निमित्त काम में लाए जाते हैं।

अनाज (Cereals) के अतिरिक्त सारे भारतवर्ष में जो नदी-नालों की बहुतायत के कारण भली प्रकार सींचा रहता है, जुआर इत्यादि भी बहुत पैदा होता है; और अनेक प्रकार की दाल, चावल और बास्फोरम (Bosphorum) कहलानेवाला एक पदार्थ तथा और बहुत से खाद्योपयोगी पौधे होते हैं जिनमें से बहुतेरे तो एक साथ होते हैं। भूमि पशुओं के निर्वाह योग्य तथा और खाद्य पदार्थ भी प्रदान करती है जिनके विषय में लिखना कठिन है। अतः यह माना जाता है कि भारतवर्ष में अकाल कभी नहीं पड़ा है और खाने की वस्तुओं की साधारणतः महँगी कभी नहीं पड़ी है। चूँकि यहाँ वर्ष में दो बार वर्षा होती है—एक जाड़े में जबकि गेहूँ की बोआई होती है जैसा कि अन्य देशों में, और दूसरी गरमी के टिकाव (Solstice) के समय जो तिल और ज्वार के बोने का उपयुक्त ऋतु है—अतएव भारतवर्ष के निवासी प्रायः सर्वदा वर्ष में दो फ़सल काटते हैं; और यदि इनमें से एक फ़सल कुछ बिगड़ भी जाती है तो लोगों को दूसरी का पूरा विश्वास रहता है। इसके अतिरिक्त एक साथ होनेवाले फल और मूल जो दलदलों में उगते हैं और भिन्न-भिन्न मिठाई के होते हैं मनुष्य को प्रचुर निर्वाह सामग्री प्रदान करते हैं। बात यह है कि देश के प्रायः समस्त मैदानों में ऐसी सीड़ रहती है जो सम भाव से उपजाऊ होती है, चाहे वह नदियों द्वारा प्राप्त हुई हो चाहे गरमी की वर्षा के जल द्वारा जो कि प्रत्येक वर्ष एक नियत समय पर आश्चर्य्यजनक क्रम के साथ बरसा करता है; और कड़ी गरमी जो पड़ती है, वह मूलों को पकाती है विशेषतः कसेरू को।

परन्तु, इतने पर भी भारतवासियों में बहुत सी ऐसी रीतियाँ हैं जो उनके बीच अकाल पड़ने की सम्भावना को रोकने में सहायता देती हैं; क्योंकि दूसरी जातियों में युद्ध के समय में भूमि को नष्ट करने और इस प्रकार उसको परती ऊसर कर डालने की चाल है; पर इसके विरुद्ध भारतवासियों में, जो कृषक समाज को पवित्र और अबध्य मानते हैं, भूमि जोतनेवाले यद्यपि उनके पड़ोस में युद्ध हो रहा है तो भी किसी प्रकार के भय की आशंका से विचलित नहीं होते; क्योंकि दोनों पक्ष के लड़नेवाले युद्ध के समय एक दूसरे का संहार करते हैं, परन्तु जो खेती में लगे हुए रहते हैं उन्हें सर्वतोभाव निर्विघ्न पड़ा रहने देते हैं। इसके सिवाय न तो वे शत्रु के देश का अग्नि से सत्यानाश करते हैं और न उसके पेड़ काटते हैं।

(37) भारत में बहुत सी बड़ी और जलयात्रा के योग्य नदियाँ हैं जो उत्तरी सीमा पर फैले हुए पर्वतों से निकलकर समथल देश पर भ्रमण करती हैं; और इनमें से बहुत सी

परस्पर मिलकर उस नदी में गिरती हैं जिसको गंगा कहते हैं। अब, यह नदी जो अपने उद्गम पर 30 स्टेडिया चौड़ी है उत्तर से दक्षिण की ओर बहती है और अपना जल समुद्र में गिराती है तथा गंगरिदाइयों (Gangaridai) की पूर्वीय सीमा स्थिर रहती है, जो एक जाति है जिसके पास अत्यन्त दीर्घाकार हाथियों का बड़ा झुंड है। इसी से उनका देश कभी किसी विदेशीय राजा द्वारा नहीं जीता गया, क्योंकि और सब दूसरी जातियाँ इन पशुओं की प्रचंड संख्या और उनके बल से भय खाती हैं। [ऐसे ही सिकन्दर मेसिडोनियन ने समस्त एशिया को विजय करने पर भी गंगरिदाई (Gangaridai) से युद्ध नहीं ठाना जैसा कि दूसरों से उसने किया क्योंकि जब वह अपनी समस्त सेना के साथ गंगा के तट पर आया था और अन्य सब भारतवासियों को उसने हराया था तब उसने गंगरिदाई की चढ़ाई का संकल्प छोड़ दिया था जब उसने सुना कि उनके पास चार हज़ार भली प्रकार सिखाए और युद्ध के लिए सुशिक्षित हाथी हैं।] दूसरी नदी इंडस (सिन्धु) जो विस्तार में प्रायः गंगा ही के बराबर है अपने प्रतिद्वन्द्वी की नाईं उत्तर ही से निकलती है और समुद्र में गिरकर अपने मार्ग द्वारा भारतवर्ष की सीमा निर्दिष्ट करती है; चौरस देश के विपुल विस्तार के बीच इसे अपने मार्ग में कई एक सहायक नदियाँ मिलती हैं जो जलयात्रा योग्य हैं; इनमें से सबसे विख्यात ह्यूपानिस (Hupanis), हूडास्पीज़ (Hudapes) और अकिसिनीज़ (Akisines) हैं। इन नदियों के सिवाय और भी हर प्रकार की दूसरी नदियाँ हैं जो देश को तराबोर करती हैं और बगीचों में होनेवाली वनस्पतियों तथा सब प्रकार की फ़सल के पोषण के हेतु जल पहुँचाती हैं। अब, नदियों के, संख्या में, इतने अधिक होने तथा जल की प्राप्ति अत्यन्त प्रचुर होने के विषय में देशी तत्त्वज्ञ और पदार्थविज्ञान के पारदर्शीगण ये कारण उपस्थित करते हैं–वे कहते हैं कि वे देश जो भारतवर्ष को घेरे हैं–स्कीदियन, बैक्ट्रियन तथा आर्य्यों के देश–भारतवर्ष से अधिक ऊँचे हैं, इसलिए उनका जल प्राकृतिक नियम के अनुसार चारों ओर से बटोरकर नीचे मैदान की ओर बहता है, जहाँ वह क्रमशः मिट्टी को गीली कर देता है और नदियों के समूह को जन्म देता है।

भारतवर्ष की नदियों में से एक में एक विलक्षणता पाई जाती है; यह सिलास (Sillas) कहलाती है जो इसी नाम के एक झरने से बहती है। इसमें और दूसरी नदियों में यह विभिन्नता है कि इसमें छोड़ी हुई कोई चीज़ नहीं उतराती किन्तु प्रत्येक वस्तु आश्चर्य के साथ कहना पड़ता है, नीचे डूब जाती है।

(38) कहा जाता है कि भारतवर्ष जो समस्त भूभाग को लेने से बड़े दीर्घ आकार का है असंख्य तथा भिन्न-भिन्न जातियों से बसा है जिनमें से एक भी आदि में विदेशीय वंश से न थी वरन् प्रत्यक्षतः सब आदिम थीं। और फिर न तो भारतवर्ष ने अन्य देश से बस्ती (colony) प्राप्त की और न किसी दूसरी जाति के बीच अपनी बस्ती भेजी। जनश्रुति इतना और बतलाती है कि प्राचीन काल में निवासी जन ऐसे फलों पर निर्वाह करते थे जिन्हें पृथ्वी आपसे आप उत्पन्न करती थी और उन पशुओं के चमड़े पहिनते थे जो देश में पाए जाते थे जैसा यूनानी लोग करते थे। और इसी प्रकार (जैसा यूनानियों

में) कला-कौशल और दूसरे कार्य जो मानव जीवन को उन्नत करते हैं क्रमशः आविष्कृत हुए। स्वयं आवश्यकता ने इन्हें ऐसे जीवों को सिखाया जो अत्यन्त सीधे और न कि केवल समस्त प्रयत्नों में सहायता देने के लिए प्रस्तुत हाथों ही से संयुक्त थे वरन् ज्ञान और तीव्र बुद्धि से भी।

भारतवासियों में बड़े-बड़े पंडित लोग कई कथाएँ कहते हैं जिनका एक संक्षिप्त वृत्तान्त दे देना उचित होगा। वे वर्णन करते हैं कि अत्यन्त प्राचीन काल में जब इस देश के लोग गाँवों ही में रहते थे, डायोनुसस (Dionusos) बड़ी भारी सेना साथ लेकर पश्चिम ओर के देशों से आकर प्रगट हुआ। उसने समस्त भारतवर्ष को तहसनहस किया क्योंकि उसके अस्त्रों के रोकने योग्य कोई बड़ा नगर न था। पर गरमी के प्रचंड हो जाने से और डायोनुसस (Dionusos) के सिपाहियों के मरीरोगग्रस्त होने के कारण, सेनानायक, जो अपनी तीक्ष्ण बुद्धि के हेतु विख्यात था, अपनी सेना को मैदान से हटाकर पर्व्वतों पर ले गया। वहाँ पर सेना शीतल वायु और जल से जो झरनों से ताज़ा बहकर आता था स्वस्थ होकर रोग से मुक्त हुई। पर्व्वतों के बीच वह जगह जहाँ डायोनुसस ने अपनी सेना को आरोग्य किया था मीरस (Meros) कहलाती थी। इसी घटना को लेकर निस्सन्देह यूनानी लोगों ने अपनी सन्तति के बीच यह देवसम्बन्धिक कथा पहुँचाई कि डायोनुसस अपने पिता के जंघे में पाला गया था। इसके उपरान्त उपयोगी पौधों की कृत्रिम उपज की ओर ध्यान जाने पर उसने यह भेद भारतवासियों को भी बतलाया और उन्हें मद्य बनाने की रीति तथा और बहुत सी मनुष्यों की हितसाधक युक्तियाँ बतलाईं। इसके अतिरिक्त वह बड़े-बड़े नगरों का स्थापक था, जिनको उसने गाँवों को सुगम स्थानों पर हटाकर निर्मित किया; और उसने लोगों को यह भी बताया कि किस प्रकार देवता की पूजा करनी चाहिए तथा धर्म्मशास्त्र और न्यायालय चलाए। इस प्रकार बहुत से बड़े और अच्छे कामों को पूरा करने पर वह देवता माना जाने लगा और उसने अनन्त प्रतिष्ठा लाभ की। यह भी उसके विषय में कहा जाता है कि वह अपनी सेना के साथ स्त्रियों का एक बड़ा दल लेकर चलता था और अपनी सेना को लड़ाई के लिए सुसज्जित करने में ढोल और झाँझ का व्यवहार करता था क्योंकि तुरही उसके समय में नहीं बनी थी; और दो सौ पचास वर्ष तक सारे भारतवर्ष पर राज्य करके वह वृद्ध होकर मरा और उसके पुत्र राज्यशासन पर आरूढ़ होकर अपने वंशधरों के बीच अखंडित परम्परा के लिए राज्यमुकुट छोड़ गए। अन्त में कई पीढ़ियों के आने-जाने के उपरान्त राज्यशासन छिन्न-भिन्न हो गया और नगरों में पंचायती शासन स्थापित हो गए।

(39) डायोनुसस और उसके वंशजों के विषय में ऐसी-ही-ऐसी जनश्रुतियाँ उन भारतवासियों के बीच जो पहाड़ी देशों में निवास करते हैं प्रचलित हैं।

वे यह भी मानते हैं कि हेराक्लीज (Herakles) ने भी उन्हीं के बीच जन्म लिया था। वे यूनानियों की भाँति उसे दंड और व्याघ्रचर्मधारी बतलाते हैं। वह और दूसरे मनुष्यों से शारीरिक बल और शक्ति में कहीं अधिक बढ़ा-चढ़ा था। और उसने समुद्र और पृथ्वी को दुष्ट जन्तुओं से शून्य कर दिया था। बहुत सी स्त्रियों से विवाह करके

उसने बहुत से पुत्र उत्पन्न किए पर कन्या केवल एक ही हुई। पुत्रों के युवा होने पर उसने समस्त भारतवर्ष को समान भागों में अपने लड़कों में बाँटा जिनको उसने अपने राज्य के भिन्न-भिन्न भागों में राजा बनाया। उसने अपनी एकमात्र लड़की के लिए भी वैसा ही प्रबन्ध किया जिसको उसने पाला और एक रानी बनाया। वह कुछ कम नगरों का संस्थापक भी नहीं था। उनमें से सबसे विख्यात और बड़े का उसने पालीबोथ्रा (Palibothra) नाम रक्खा। उसमें उसने बहुत से विशद हर्म्य बनवाए और उसकी दीवारों के भीतर एक बहुत बड़ी बस्ती बसाई। नगर को उसने अपूर्व विस्तार की खाइयों से दृढ़ किया जो नदी से लाए हुए जल से भरी जाती थीं। इससे मनुष्यों के बीच से प्रस्थान करने के उपरान्त हेराक्लीज़ ने अमर प्रतिष्ठा लाभ की, और उसके वंशजों ने कई पीढ़ियों तक राज्य करने और बहुतेरे महान कार्य्यों को पूरा करने पर भी न तो भारतवर्ष की सीमा के बाहर कोई चढ़ाई की और न विदेश में अपनी बस्ती (Colony) बसाने के लिए भेजी। अन्त में बहुत वर्षों के बीतने पर बहुत से नगरों ने प्रजापालित शासन को ग्रहण किया यद्यपि कई एक ऐसे थे जो इस देश में सिकन्दर की चढ़ाई तक राज्यशासन प्रणाली को बनाए रहे। बहुत सी प्रसिद्ध रीतियों में से जिन्हें उनके आर्षतत्त्वज्ञ निर्धारित कर गए हैं एक यह है जिसको वास्तव में प्रशंसनीय मान सकते हैं; क्योंकि (उनका) शास्त्र अनुज्ञा करता है कि उनके बीच कोई किसी अवस्था में दास (गुलाम) न हो, वरन् स्वच्छन्दता का सुख लेते हुए वे उस समान स्वत्व की प्रतिष्ठा को मानते हैं जो उस पर सबको प्राप्त है; क्योंकि (उन लोगों का विचार था) वे लोग जिन्होंने न तो दूसरों पर दुःशासन करना और न दूसरों की चापलूसी करना सीखा है, भाग्य के समस्त उलटफेरों के लिए उपयुक्त जीवन को प्राप्त करेंगे; क्योंकि ऐसे शस्त्रों का निर्माण करना सर्वथा उत्तम और न्यायसंगत है जो समान रूप से लोगों को बद्ध करते हैं पर सम्पत्ति को असमान भागों में बाँटने की आज्ञा देते हैं।

(40) भारतवर्ष की सारी बस्ती सात जातियों में बँटी है जिनमें पहिली दार्शनिकों के समुदाय से बनी है जो संख्या में तो और दूसरे वर्गों की अपेक्षा कम है पर प्रतिष्ठा में उन सबसे श्रेष्ठ है। क्योंकि दार्शनिक लोग समस्त राजकीय कर्तव्यों से मुक्त होने के कारण न तो दूसरों के स्वामी हैं और न दूसरों के दास हैं। पर गृहस्थ लोगों के द्वारा ये बलिप्रदान करने तथा मृतक के श्राद्धकर्म्म करने के हेतु नियुक्त किए जाते हैं; क्योंकि ये देवताओं को बहुत प्रिय हैं और परलोक (Hades) सम्बन्धी बातों में बड़े निपुण समझे जाते हैं। इन क्रियाओं के बदले में वे बहुमूल्य दान और स्वत्व पाते हैं। भारतवर्ष के लोगों को वे बहुत सा लाभ भी पहुँचाते हैं; वर्ष के आरम्भ में जब वे इकट्ठे होते हैं तो एकत्रित समूह को अनावृष्टि, शीत, आँधी, रोग तथा श्रोताओं को लाभ पहुँचाने योग्य और-और बातों के विषय में भी पहिले ही से सूचना दे देते हैं। इस प्रकार राजा और प्रजा जो होनेवाला रहता है उसको पहिले से जानकर आनेवाली त्रुटि की पूर्ति के निमित्त पूरा प्रबन्ध करते हैं और जो वस्तु आवश्यकता के समय काम आवेगी उसको पहिले से ही प्रस्तुत रखने में कभी नहीं चूकते। वह दार्शनिक जो अपनी भविष्यद्वाणी में भूल करता है निन्दा के

अतिरिक्त और कोई दूसरा दंड नहीं पाता, और तब वह अपने शेष जीवन तक के लिए मौन अवलम्बन करता है।

दूसरी जाति में किसान लोग हैं जो दूसरों से संख्या में कहीं अधिक जान पड़ते हैं, पर युद्ध करने तथा और दूसरी राजकीय सेवाओं से मुक्त होने के कारण वे अपना सारा समय खेती में लगाते हैं। शत्रु, निज भूमि पर काम करते हुए किसी किसान के पास आकर उसकी कोई हानि नहीं करता, क्योंकि इस वर्ग के लोग सर्वसाधारण के हितकारी माने जाने के कारण सब हानियों से बचाए जाते हैं। भूमि इस प्रकार सुदशा में छोड़ी हुई और घनी फसल उपजाती हुई निवासियों को वे सब वस्तुएँ प्रदान करती है जो जीवन को सुखमय बनाने के लिए आवश्यक हैं। किसान लोग स्वयं अपनी स्त्रियों और बच्चों के साथ देहात में रहते हैं, और नगरों में जाने से बिलकुल बचते हैं। वे राजा को भूमिकर देते हैं क्योंकि सारा भारतवर्ष राजा की सम्पत्ति है, कोई दूसरा मनुष्य भूमि रखने का अधिकारी नहीं है। भूमिकर के अतिरिक्त वे राज्यकोष में भूमि की उपज का चतुर्थांश देते हैं।

तीसरी जाति के अन्तर्गत अहीर और गड़ेरिए तथा साधारणतः सब प्रकार के चरवाहे हैं जो न नगरों में और न ग्रामों में बसते हैं वरन् डेरों में रहते हैं। शिकार करके और फँसा के वे देश को हानिकारी पक्षियों और बनैले पशुओं से शून्य करते हैं। चूँकि वे इस व्यवसाय में बड़े उत्साह और श्रम के साथ लगे रहते हैं वे भारतवर्ष को उन व्याधियों से मुक्त करते हैं जिनसे वह पूरित है अर्थात् सब प्रकार के जंगली जन्तु, और पक्षी जो किसानों के बोए हुए बीज को खा जाते हैं।

(41) तीसरी जाति में शिल्पकार (कारीगर) हैं। इनमें से कुछ तो कवच बनानेवाले हैं और दूसरे उन यन्त्रों को बनाते हैं जो किसान और दूसरे लोगों के काम के होते हैं। यह समाज न कि केवल कर ही देने से मुक्त है वरन् राजकोषाध्यक्ष से अर्थसहायता भी पाता है।

पाँचवीं जाति सैनिकों की है। यह भलीभाँति सुशिक्षित और युद्ध के लिए सुसज्जित रहती है; संख्या में इसका दूसरा स्थान है, और शान्ति के समय यह विषय आमोद में लिप्त रहती है। सारी सेना–योद्धागण, युद्ध के हाथी सब–राजा के व्यय से रखी जाती है।

छठवीं जाति के अन्तर्गत निरीक्षक लोग हैं। इनका कर्तव्य यह है कि जो कुछ भारतवर्ष में होता है उसकी खोज और देखभाल करते हैं और राजा को, अथवा जहाँ राजा नहीं होता न्यायाध्यक्ष को, उसकी सूचना देते हैं।

सातवीं जाति मन्त्री और सभासद लोगों की है–अर्थात् वे लोग जो राजकाज की देखभाल करते हैं। संख्या की ओर देखने से तो यह समाज सबसे छोटा है पर अपने उन्नत चरित्र और बुद्धि के कारण सबसे प्रतिष्ठित है क्योंकि इसी वर्ग से राजा के मन्त्रीगण, राज्य के कोषाध्यक्ष और विचारकर्ता जो झगड़ों को निपटाते हैं लिये जाते हैं। सेना के नायक और प्रधान न्यायाधीशगण भी प्रायः इसी वर्ग के होते हैं।

प्रायः ये ही भाग हैं जिनमें भारतवर्ष का राजनैतिक समाज विभक्त है। किसी व्यक्ति को अपनी जाति से विवाह करने अथवा अपने निज के व्यवसाय वा कार्य्य को छोड़ कोई दूसरा व्यवसाय वा कार्य्य करने की आज्ञा नहीं है उदाहरण के लिए, कोई सिपाही किसान नहीं हो सकता अथवा कोई शिल्पकार दार्शनिक नहीं हो सकता।

भारतवर्ष में बड़े-बड़े हाथी संख्या में बहुत हैं जो डील-डौल और बल दोनों में उनसे कहीं बढ़कर होते हैं जो दूसरी जगह पाए जाते हैं। जैसा कि कुछ लोग कहते हैं यह जानवर मादा को एक विचित्र रीत से नहीं ढाकता, वरन् घोड़ों तथा दूसरे चौपायों ही के समान। गर्भाधान का काल कम-से-कम सोलह मास है और अधिक-से-अधिक अठारह। घोड़ियों की तरह ये प्रायः एक समय में एक ही बच्चा देती हैं और उसको हथिनी छह वर्ष तक दूध पिलाती है। बहुतेरे हाथी इतना जीते हैं जितना एक अत्यन्त वृद्ध मनुष्य, परन्तु सबसे बूढ़े दो सौ वर्ष तक जीते हैं।

भारतवासियों में विदेशियों तक के लिए कर्म्मचारी नियुक्त होते हैं जिनका काम यह देखने का रहता है कि किसी विदेशी को हानि न पहुँचने पावे। यदि उन (विदेशियों) में से कोई रोगग्रस्त हो जाता है तो वे उसकी चिकित्सा के निमित्त वैद्य भेजते हैं तथा और दूसरे प्रकार से भी उसकी रक्षा करते हैं, और यदि वह मर जाता है तो उसे गाड़ देते हैं और जो सम्पत्ति वह छोड़ता है उसे उसके सम्बन्धियों के हवाले कर देते हैं। न्यायाधीश लोग भी उन मामिलों का जो विदेशियों से सम्बन्ध रखते हैं बड़े ध्यानपूर्व्वक फैसला करते हैं और उन पर बड़ी कड़ाई करते हैं जो उनके साथ बुरा व्यवहार करते हैं। (जो कुछ हमने अभी भारतवर्ष और उसके पुरावृत्त के सम्बन्ध में कहा है हमारे वर्तमान अभिप्राय के लिए बस होगा)।

खंड : 2

Arr. Exped. Alex. V. 6–2–11

भारतवर्ष की सीमा, उसके साधारण लक्षण और उसकी नदियों के विषय में

इरेटोस्थिनीज़ तथा मेगास्थिनीज़ के अनुसार भी जो अरकोशिया (Arachosia) के क्षत्रप साइबरटिअस (Siburtios) के साथ रहा था और जिसने, जैसा कि वह स्वयं कहता है कई बेर भारतवासियों के राजा सेंड्रोकोटस (Sandrakottos) को देखा था, हिन्दुस्थान उन चार भागों में सबसे बड़ा है जिनमें दक्षिणी एशिया विभक्त है, और सबसे छोटा वह भाग है जो इफ़रात और स्वयं हमारे समुद्र के बीच स्थित है। शेष दो भाग जो दूसरों से इफ़रात और सिन्धु द्वारा जुदा किए गए हैं और इन दोनों नदियों के बीच में स्थित हैं मुशकिल से इतने विस्तार के हैं कि यदि वे दोनों एक साथ लिये जाएँ तब ही उनकी हिन्दुस्थान के साथ बराबरी की जाए। ये ही ग्रन्थकार कहते हैं कि भारतवर्ष अपने

पूर्वीय पार्श्व में ठीक सीधे दक्षिण तक महासमुद्र से घिरा है, और उसकी उत्तरी सीमा काकसोस (Kaukasos) पर्व्वतश्रेणी उस स्थान तक है जहाँ टारस (Tauros) से उस श्रेणी का संगम है; और उत्तर तथा उत्तर-पश्चिम की ओर की समस्त सीमा, महासागर तक सिन्ध नदी द्वारा बनी है। भारतवर्ष का अधिक भाग चौरस मैदान है और ये (मैदान), जैसा कि लोग अनुमान करते हैं, नदियों द्वारा लाए हुए रेत और मिट्टी से बने हैं–यह सिद्धान्त वे इस बात से निकालते हैं कि दूसरे देशों के मैदान जो समुद्र से दूर रहते हैं प्रायः अपनी जुदी-जुदी नदियों ही से बने रहते हैं, इसी से प्राचीन काल में कोई-कोई देश अपनी नदी के नाम से भी पुकारे जाते थे। उदाहरण के लिए हरमोज (Hermos) कहलानेवाला मैदान–हरमुज़ एशिया (माइनर) में एक नदी है जो माता–डिंडमीन (Mother Dindymene) से बहकर स्मरना नामी योलियन (Eolian) नगर के निकट समुद्र में गिरती है; कौस्ट्रोस (Kaiistros) का लीडियाई मैदान भी जो कि उसी लीडिआई नदी के नाम पर है; और दूसरा मिसिया (Mysia) में कैकस (Kaikos) का मैदान; तथा केरिया (Karia) में भी एक–अर्थात् मैंड्रोस (Manidros) का जो मिलटोज़ (Miletos) तक विस्तृत है जो एक आयोनियन (Ionian) नगर है, और मिश्र के विषय में हेरेडोटस और हिकेटियस (Hekatios) (अथवा मिश्र सम्बन्धी ग्रन्थ का लिखनेवाला यदि वह हिकेटियस के सिवाय कोई और था) दोनों इतिहासलेखक इस (मिश्र) को नील नद ही का प्रसाद बतलाने में सहमत हैं, इसलिए वह देश कदाचित् उस नदी के नाम से पुकारा जाता था; क्योंकि प्राचीन काल में आइजिप्टस (Aigyptos) उस नदी का नाम था जिसको आज दिन मिश्रवाले और दूसरी जातियाँ नील कहते हैं, यह होमर के शब्द स्पष्ट रूप से सिद्ध करते हैं जब वह कहता है कि मिनिलौस (Menelaos) ने अपनी नौकाओं को आइजिप्टस नदी के मुहाने पर ठहराया। तब यदि प्रत्येक मैदान में एक ही नदी है और ये नदियाँ, यद्यपि किसी तरह बड़ी नहीं हैं, ऊँचे स्थानों से जहाँ उनके उत्पत्ति स्थान हैं कीचड़ ले आकर बहुत सी नई भूमि बनाने में समर्थ हैं, फिर भारतवर्ष के विषय में इस विश्वास को तिरस्कृत करना युक्ति विरुद्ध होगा कि उसका अधिकांश चौरस मैदान है, और यह मैदान नदियों द्वारा लाए हुए कीचड़ से बना है, यह देखकर कि हरमोज़, कौस्ट्रोस और कैकस तथा मैंड्रोस और एशिया की बहुत सी दूसरी नदियाँ जो भूमध्यसागर में गिरती हैं यदि सब मिल जाएँ तब भी जलविस्तार में उनकी तुलना एक साधारण भारतीय नदी से नहीं की जा सकती है, और उन सबसे बड़ी गंगा की क्या बात है जिसके साथ न तो मिश्री नील की और न डेनूब की जो योरप में होकर बहती है एक क्षण के लिए तुलना की जा सकती है। वरन् ये सब-की-सब यदि एक में मिल जाएँ तो भी सिन्ध के बराबर न होंगी, जो कि पहिले ही से जहाँ वह अपने झरने से निकलती है एक बड़ी नदी है और जो एशिया की नदियों में बड़ी पन्द्रह सहायक नदियों को प्राप्त करके और अपने समवर्ती से देश को नाम देने का गौरव छीनकर, अन्त में समुद्र में जा गिरती हैं।

खंड : 3

Arr. Indica. II i.7.

भारतवर्ष की सीमा के विषय में

(देखो एरियन का अनुवाद)

खंड : 4

Strabo. XV. i., II–P. 689.

भारत की सीमा और उसके विस्तार के विषय में

भारतवर्ष उत्तर की ओर टारस और एरियाना से लेकर पूर्वीय समुद्र तक उन पहाड़ों से घिरा है जो इन देशों के निवासियों द्वारा तो पैरोपैमिसस (Parapamisos), हिमोदाज़ और हिमौस (Himaos) तथा और दूसरे भिन्न-भिन्न नामों से पुकारे जाते हैं परन्तु मेसिडोनियनों द्वारा कौकसोस (Kaukasos अर्थात् हिमालय) के नाम से। पश्चिम की ओर की सीमा सिन्ध नदी है किन्तु दक्षिणी और पूर्वीय पार्श्व जो दोनों ओर से बहुत बड़े हैं अटलांटिक सागर तक चले गए हैं।* इस प्रकार देश का आकार विषम कोण चतुर्भुज है, क्योंकि प्रत्येक बड़ी भुजाएँ अपने सामने की भुजाओं से 3000 स्टेडिया अधिक हैं जो दक्षिणी और पूर्वीय किनारों के साझे में एक अन्तरीप है जो इन दोनों दिशाओं में सामान्य रूप से निकला है। (पश्चिमी पार्श्व की लम्बाई काकेशियन पर्वत से दक्षिण सागर तक अर्थात् सिन्ध के किनारे होकर उसके मुहाने तक 13000 स्टेडिया कही जाती है, इसलिए उसके सामने का पूर्वीय पार्श्व, अन्तरीप की लम्बाई 3000 स्टेडिया जोड़ने से, लगभग 16000 स्टेडिया के होगा। यह हिन्दुस्थान की लम्बाई उस जगह है जहाँ वह अधिक-से-अधिक और कम-से-कम दोनों हैं।) पश्चिमी से पूर्व की लम्बाई पालिबोथ्रा तक अधिक निश्चय के साथ बतलाई जा सकती है क्योंकि राजमार्ग जो उस नगर को गया है स्कोनी (Sehoeni) से नापा गया है और लम्बाई में 1000 स्टेडिया है। बाहर के भागों के विस्तार का अनुमान केवल उस समय से किया जा सकता है जो गंगा में होकर समुद्र से पालीबोथ्रा तक जलयात्रा करने में लगता है; और वह लगभग 6000 स्टेडिया के होगा। कुल लम्बाई, कम-से-कम गिनती करने पर, 16000 स्टेडिया होगी। यह इरटास्थिनीज़ (Eratasthenes) की अटकल है जो कहता है कि मैंने यह राजमार्ग की चट्टियों पर के प्रामाणिक खातों (रजिस्टरों) से प्राप्त किया है। यहाँ पर मेगास्थिनीज़ इससे सहमत है (परन्तु पेट्रोक्लीज़ (Patrokles) लम्बाई को 1000 स्टेडिया और कम बतलाता है)–Arr. Ind. III. I.5.

---

* प्राचीन काल में पृथ्वी को अटलांटिक सागर द्वारा घिरा हुआ एक द्वीप समझते थे।

खंड : 5

Strabo, II. I. 7–P. 69

भारतवर्ष के विस्तार के विषय में

फिर हिपार्कस (Hipparchos) ने अपनी व्याख्या की दूसरी जिल्द में, स्वयं इरटास्थिनीज़ को पेट्रोक्लीज़ पर, भारतवर्ष की उत्तर की ओर की लम्बाई के विषय में मेगास्थिनीज़ से विरुद्ध होने का कलंक लगाने का दोषी ठहराया है कि मेगास्थिनीज़ उसको 16000 स्टेडिया बतलाता है और पेट्रोक्लीज़ उससे 1000 स्टेडिया कम।

खंड : 6

Strabo, XV. I. 12–PP. 689-690

भारतवर्ष के विस्तार के विषय में

[इससे कोई मनुष्य तुरन्त देख सकता है कि किस प्रकार दूसरे ग्रन्थकारों के विवरण एक-दूसरे से विभिन्न हैं। जैसे टीशियास (Ktesias) कहता है कि भारतवर्ष विस्तार में एशिया के शेष भाग से कम नहीं है; आनीसिक्रिथस उसको जीवनसम्पन्न भूमि का तृतीयांश विचारता है और नियार्कस (Nearchos) कहता है कि केवल मैदान को तय करने में चार महीने लगते हैं।] मेगास्थिनीज़ और डिमाकास (Deimachos) की अटकल इससे और घटकर है क्योंकि उनके अनुसार दक्षिण सागर से काकसोस तक का अन्तर 50000 स्टेडिया से ऊपर है। [पर डिमाकास मानता है कि कहीं-कहीं दूरी 30000 स्टेडिया से अधिक है। इसकी आलोचना ग्रन्थ के पूर्वभाग में हो चुकी है।]

खंड : 7

Strabo, II. i. 4, pp. 68-69

भारतवर्ष के विस्तार के विषय में

हिपार्कस उन प्रमाणों की निस्सारता दिखलाकर जिन पर वह स्थित है, इस मत का विरोध करता है। वह कहता है कि पेट्रोक्लीज़ विश्वास के योग्य नहीं, क्योंकि वह डिमाकास और मेगास्थिनीज़ दो प्रवीण ग्रन्थकारों के विरुद्ध है जो कहते हैं कि किसी-किसी स्थान पर दक्षिण सागर से दूरी 20000 स्टेडिया है किसी-किसी पर 30000 स्टेडिया। वह कहता है कि ऐसा ही विवरण वे लोग देते हैं और वह उस देश के प्राचीन मानचित्र के भी अनुकूल है।

खंड : 8

Arr. Indica.III.7-8

भारतवर्ष के विस्तार के विषय में

मेगास्थिनीज़ के अनुसार पूर्व से पश्चिम तक का विस्तार ही हिन्दुस्तान की चौड़ाई है, यद्यपि दूसरों ने उसको लम्बाई कहा है। उसका कथन है कि चौड़ाई कम-से-कम 16000 स्टेडिया है और उसकी लम्बाई जिससे उसका अभिप्राय उत्तर से दक्षिण तक के विस्तार से है अत्यन्त संकीर्ण स्थान में 223000 स्टेडिया है।

खंड : 9

Strabo II. 19, P. 76.

सप्तऋषि के अस्त होने तथा छाया के भिन्न-भिन्न दिशाओं में पड़ने के विषय में।

Conf. Epit.

फिर, वह (इरटास्थिनीज़) डिमाकास की अज्ञानता तथा ऐसे विषयों के आनुभविक ज्ञान की हीनता दिखलाना चाहता था जो कि उसके इस विचारने से प्रत्यक्ष है कि भारतवर्ष शरत्कालीन विशुष (Autumnal Equinox) और शरद क्रान्ति सीमा (Winter Tropic) के बीच स्थित है तथा उसके मेगास्थिनीज़ के इस कथन का खंडन करने से कि हिन्दुस्तान के दक्षिणी भागों में सप्तऋषि का मंडल दृष्टि से लोप हो जाता है और छाया भिन्न दिशाओं में पड़ती है–क्योंकि वह विश्वास दिलाता है कि यह रहस्य भारतवर्ष में कभी नहीं दिखाई देता, और इस प्रकार अपनी घोर अज्ञानता प्रगट करता है। वह (इरटास्थिनीज़) इस मत से सहमत नहीं है किन्तु डिमाकास को यह कहने के कारण कि भारतवर्ष में सप्तऋषि कहीं अदृश्य नहीं रहते और न छाया ही भिन्न दिशाओं में पड़ती है जैसा कि मेगास्थिनीज़ के अनुमान किया था अज्ञानता का दोष देता है।

खंड : 10

Pliny, Hist. Nat. Vi 22-6

सप्तऋषि के अस्त होने के विषय में

आगे (प्रेसिआई के) मध्य भाग में मोनेडीस और सुअरी (Suari) हैं जिनके अधीन मल्यौस (Maleus) पर्वत है जिस पर छह-छह महीने तक जाड़े में छाया उत्तरायण पड़ती है और गरमी में दक्षिण की ओर। बेटन (Baeton) कहता है कि सप्तऋषि देश के उस भाग में वर्ष भर में केवल एक ही बार दिखाई पड़ते हैं सो भी पन्द्रह दिन से अधिक नहीं। मेगास्थिनीज़ कहता है कि ऐसा हिन्दुस्तान के कई भागों में होता है।

मिलाओ

Solin, 52-13.

पालीबोथ्रा के आगे मल्यौस पर्वत है जिस पर छह-छह महीने तक जाड़े में छाया उत्तरायण पड़ती है और गरमी में दक्षिण की ओर। देश के उस भाग में वर्ष में एक बार उत्तरी ध्रुव दिखाई पड़ता है और पन्द्रह दिन से अधिक नहीं जैसा कि बेटन (Baeton) सूचित करता है जो यह मानता है कि भारतवर्ष के कई भागों में ऐसा होता है।

खंड : 11

Strabo, xv. 1.20--p. 693

भारतवर्ष की उर्वरता के विषय में

मेगास्थिनीज़ भारतवर्ष की उर्वरता इस बात से सूचित कराता है कि भूमि प्रतिवर्ष अन्न और फल दोनों की दो फ़सल उपजाती है। [इरटास्थिनीज़ भी यही बात लिखता है, क्योंकि वह एक जाड़े की और एक गरमी की बोआई का ज़िक्र करता है जिन दिनों में पानी बरसता है; क्योंकि वह कहता है कि कोई वर्ष इन दोनों ऋतुओं में वर्षा से ख़ाली नहीं जाता, जिससे अत्यन्त बहुतायत रहती है क्योंकि भूमि सदैव उपजाऊ रहती है। पेड़ों से बहुत फल उत्पन्न होता है; और पौधों की जड़ें, विशेषकर कसेरू की, स्वभावतः तथा उबालने से भी मीठी होती हैं क्योंकि सरदी जिससे उनका पोषण होता है सूर्य्य की किरणों से उष्ण हो जाती हैं--चाहे वह (सरदी) बादलों से गिरी हो चाहे नदियों से आई हो। इरटास्थिनीज़ यहाँ एक विचित्र वाक्य का व्यवहार करता है, क्योंकि जो औरों के द्वारा फलों तथा पेड़ों के रस का पकना कहा जाता है भारतवासियों में वह उबलना कहा जाता है जो कि उत्तम स्वाद उत्पन्न करने के लिए वैसा ही गुणकारी होता है जैसे आग पर उबालना। पानी ही की गरमी को वही ग्रन्थकार पेड़ों की डालियों के अद्‌भुत लचीलेपन का हेतु बतलाता है जिनसे पहिए बनते हैं, तथा ऐसे-ऐसे पेड़ों के होने का भी जिन पर ऊन उत्पन्न होता है]–मिलाओ, Herodotus II.86.

मिलाओ

Eratosthenes Ap. Strabo XV. I. 13–P. 690

ऐसी-ऐसी विस्तृत नदियों से उत्पन्न भाप से तथा वार्षिक वायु द्वारा, जैसा कि इरटास्थिनीज़ कहता है, भारतवर्ष गरमी में वृष्टि से सींचा रहता है और मैदान में बाढ़ आ जाती है। अतः इन्हीं वर्षा के दिनों में सन और बाजरा तथा तिल, चावल और वास्फोरम भी बोए जाते हैं; और जाड़े के दिनों में गेहूँ, जौ, दाल तथा दूसरे खाने योग्य फल, जिन्हें हम लोग नहीं जानते।

खंड : 12

Strabo, XV.–1.37–P. 703

भारतवर्ष के कुछ जंगली पशुओं के विषय में

मेगास्थिनीज़ के अनुसार सबसे बड़े बाघ प्रेसिआई (Prasii) के बीच पाए जाते हैं जो प्रायः सिंह से दूनी डीलडौल के होते हैं और इतने बलिष्ट होते हैं कि एक पालतू बाघ ने जिसको चार आदमी लिये जाते थे एक ख़च्चर की पिछली टाँग पकड़कर उसको अशक्त कर दिया और अपनी ओर खींच लिया। बन्दर बड़े-से-बड़े अर्थात् कुत्ते से भी बड़े होते हैं; केवल मुँह को छोड़ जो काला होता है वे श्वेत रंग के होते हैं, यद्यपि और स्थानों में इसके विरुद्ध देखा जाता है। उनकी पूँछ लम्बाई में दो क्यूविट् से अधिक होती है। वे बहुत घरेलू होते हैं और दुष्ट प्रकृति के नहीं होते; इससे न तो वे आदमियों पर चोट करते हैं और न चोरी करते हैं। पत्थर खोदे जाते हैं जो गन्धकी रंग के होते हैं और अंजीर तथा मधु (शहद) से भी मीठे होते हैं। देश के कुछ भागों में दो क्यूविट् लम्बे साँप होते हैं जिनके चमगादड़ों की तरह झिल्लीदार फैलनेवाले पर होते हैं। वे रात को उड़ते फिरते है। उस समय वे पसीने वा मूत्र के बिन्दु गिराते हैं जो उन मनुष्यों की त्वचा को जो सावधान नहीं रहते, घिनौने धारों से उधेर देते हैं। यहाँ परवाले बिच्छू भी बड़े असाधारण आकार के होते हैं। आवनूस यहाँ उत्पन्न होता है। कुत्ते भी बड़े बलवान और साहसी होते हैं, जो अपनी पकड़ी हुई चीज़ जब तक नाक में पानी न डाला जाए नहीं छोड़ते। वे इतनी तेज़ी से काटते हैं कि किसी-किसी की आँखें निकल पड़ती हैं और किसी की गिर पड़ती हैं। सिंह और साँड़ दोनों एक कुत्ते द्वारा पकड़े गए थे। साँड़ अगाड़ी की ओर से पकड़ा गया और कुत्ते से छुड़ाए जाने के पहिले ही मर गया।

खंड : 12 (ख)

Ælian, Hist, Anim. XVi-10

हिन्दुस्तानी लंगूरों के विषय में

भारतवर्ष में प्रेसिआई* (Prasii) के बीच लोग कहते हैं कि एक जाति के लंगूर मनुष्य सरीखी बुद्धिवाले होते हैं जो देखने में प्रायः हरकेनियन (Harkanian) कुत्तों के डील के होते हैं, प्रकृति ने उनका माथा बाल के गुच्छों से विभूषित किया है जिसको यथार्थतः अनभिज्ञ मनुष्य कृत्रिम समझेगा। उनकी ठुड्डी सेटायर (Satyr) के समान ऊपर को उठी होती है और उनकी पूँछ सिंह की बलिष्ट पूँछ के समान होती है। मुँह और पूँछ के छोर को छोड़ जिसका रंग ललाई लिये होता है, उनका शरीर सर्वत्र श्वेत होता है। वे बहुत बुद्धिमान होते हैं और स्वभावतः पालतू होते हैं। वे जंगलों में पाले जाते हैं। वहाँ

* प्रेसिआई–अर्थात् प्राच्य।

वे उन फलों पर भी जिन्हें वे पहाड़ियों पर स्वाभाविक उगे हुए पाते हैं निर्वाह करके रहते हैं। वे लाटेज (Latage) नामक भारतीय नगर के आसपास संख्या में बहुत से जाते हैं। वहाँ पर वे चावल खाते हैं जो कि उनके लिए राजा की आज्ञा से रखा जाता है। वास्तव में ताज़ा पका हुआ भोजन नित्य उनके व्यवहार के हेतु रक्खा जाता है। कहा जाता है कि जब वे अपनी क्षुधा शान्त कर चुकते हैं तब बड़े क़रीने के साथ बिना किसी वस्तु को जो उनके रास्ते में पड़ती हो हानि पहुँचाए वे जंगल में अपने-अपने निवास स्थानों को लौट जाते हैं।

खंड : 13

Ælian, Hist, Anim, XVii, 39 [मिलाओ खंड 12-3]

हिन्दुस्तानी लंगूरों के विषय में

प्रेक्सिआई (Prazii) के देश में जो भारतीय जन हैं, मेगास्थिनीज़ कहता है कि बन्दर होते हैं जो बड़े-से-बड़े कुत्तों से डील में कम नहीं होते। उनके 5 क्यूबिट् लम्बी पूँछ होती है, उनके मस्तक पर बाल होते हैं और उनको घनी दाढ़ी होती है जो छाती पर लटकती है। उनका चेहरा बिलकुल सफ़ेद होता है और बाक़ी शरीर काला होता है। वे पालतू होते हैं और मनुष्य से हिले-मिले रहते हैं और दूसरे देशों के लंगूरों की तरह प्रकृति के दुष्ट नहीं होते।

खंड : 14

Ælian, Hist, Anim, Vi. 41 [मिलाओ खंड 12-4]

परवाले बिच्छू और सर्पों के विषय में

मेगास्थिनीज़ कहता है कि भारतवर्ष में बड़े दीर्घ आकार के परदार बिच्छू होते हैं जो कि यूरोपियनों तथा देशियों को समान रूप से डंक मारते हैं। साँप भी हैं जो इसी प्रकार परवाले होते हैं। ये दिन में नहीं वरन् रात को बाहर निकलते हैं जबकि वे मूत्र गिराते हैं जो यदि किसी मनुष्य की त्वचा पर गिरता है तो तुरन्त उस पर घिनौने घाव पैदा कर देता है।

खंड : 15

Strabo, XV. 1.56–PP. 710-711

हिन्दुस्तान के पशुओं तथा कन्दमूल के प्रसंग में वह (मेगास्थिनीज़) कहता है कि वहाँ चट्टान लुढ़कानेवाले बन्दर होते हैं जो ढालुओं पर चढ़ जाते हैं जहाँ से वे अपने पीछा

करनेवालों पर पत्थर लुढ़काते हैं। वह कहता है कि बहुतेरे पशु जो हम लोगों के यहाँ पालतू होते हैं हिन्दुस्तान में जंगली पाए जाते हैं। तथा वह ऐसे घोड़ों की चर्चा करता है जिनके एक सींग होती है और जिनका सिर हरिनों के समान होता है; तथा जिनमें कोई-कोई सीधे ऊपर 30 आर्गी* (Orguiæ) की ऊँचाई तक और कोई तिरछे ज़मीन पर 50 आर्गी की लम्बाई तक बढ़ जाते हैं। इनके घेरे की मोटाई तीन से छह क्यूबिट् तक होती है।

खंड : 15 (ख)

Ælian, Hist, Anim. XVI. 20-21 [मिलाओ खंड 12-2-1]

भारतवर्ष के कुछ पशुओं के विषय में

(20) हिन्दुस्तान के कुछ जिलों में [मैं उनके विषय में कहता हूँ जो बहुत अन्तर्भाग में हैं] लोग कहते हैं कि दुर्गम पहाड़ हैं जो बनैले पशुओं से भरे हैं और जो हमारे देश के ऐसे पशुओं के भी निवासस्थान हैं। अन्तर केवल इतना ही है कि वे वहाँ जंगली मिलते हैं, क्योंकि लोग कहते हैं कि भेड़ तक वहाँ जंगली फिरा करती हैं, तथा कुत्ते, बकरियाँ और बैल भी जो इधर-उधर मनमाने घूमा करते हैं क्योंकि वे चरवाहों के आधिपत्य से स्वतन्त्र और मुक्त रहते हैं। उनकी संख्या गिनती से बाहर है यह न कि केवल भारतवर्ष विषयक ग्रन्थकारों ही द्वारा कहा जाता है वरन् उस देश के विद्वानों द्वारा भी जिनके बीच गिनती किए जाने के योग्य ब्राह्मण लोग ठहरते हैं और जिनकी साक्षी भी इसी अभिप्राय की है। यह भी कहा जाता है कि भारतवर्ष में एक जानवर एक सींग का होता है जो देशियों द्वारा कर्तज़ोन (Kartazon) कहलाता है। यह पूरे घोड़े की डील का होता है और इसके एक कलगी होती है तथा ऊन की भाँति कोमल पीले बाल होते हैं। यह बहुत उत्तम टाँगों से सुशोभित रहता है और बड़ा फुर्तीला होता है। इसकी टाँगें बेजोड़ होती हैं और हाथी की टाँगों की सी बनी होती हैं और इसके सूअर के ऐसी पूँछ होती है। इसकी भौंहों के बीच से एक सींग निकलती है; यह सीधी नहीं होती वरन् अत्यन्त स्वाभाविक पेचों के साथ घूमी रहती है और काले रंग की होती है। यह सींग बहुत ही तेज़ कही जाती है। इस जानवर का स्वर, जैसा मैंने सुना है अत्यन्त ही भीषण और कर्कश होता है। यह दूसरे जानवरों को अपने पास आने देता है और उनके प्रति सीधा होता है, यद्यपि लोग कहते हैं कि अपने सवर्गों के साथ वह कुछ झगड़ालू होता है। नरों के विषय में प्रसिद्ध है कि उनकी स्वाभाविक प्रवृत्ति न कि केवल आपस ही में सींगों के धक्के से लड़ने की है वरन् मादा के साथ भी वे वैसे ही उद्दंडता दिखलाते हैं; और

* आर्गी (Orguiae) चार क्यूबिट् का होता है।

अपने झगड़ों में वे इतने हठी होते हैं कि जब तक उनका परास्त विपक्षी मारा नहीं जाता तब तक वे उसे नहीं छोड़ते। परन्तु, फिर, न कि केवल इस जन्तु का प्रत्येक अंग ही बड़े बल से संयुक्त रहता है वरन् इसके सींग की प्रौढ़ता ऐसी होती है कि कोई वस्तु उसके सामने नहीं ठहर सकती। वह एकान्त चरागाहों में चरना पसन्द करता है और अकेला फिरा करता है, परन्तु ऋतुकाल में यह मादा का संग ढूँढता है और उसके प्रति तब सुशील हो जाता है—यहाँ तक कि दोनों साथ-साथ चरते हैं। जब ऋतु बीत जाती है और मादा गर्भवती हो जाती है तब हिन्दुस्तानी कर्तज़ोन फिर उद्दंड हो जाता है और एकान्त ढूँढ़ता है। इसके बच्चे जब बिलकुल छोटे रहते हैं तभी प्रेसिआई के राजा के पास लाए जाते हैं और बड़े-बड़े तमाशों में लड़ाए जाते हैं। किसी युवा (कर्तज़ोन) का कभी पकड़ा जाना स्मरण में नहीं आता।

(21) पथिक को जो उन पर्वतों को पार करता है जो भारतवर्ष की उस सीमा को घेरे हैं जो अत्यन्त अन्तर्भूत है लोग कहते हैं ऐसे-ऐसे नाले उस ज़िले में मिलते हैं जिसे देशी लोग कोरौडा (Korouda) कहते हैं, जो बड़े घने जंगलों से ढँके रहते हैं। ये Satyr के समान गढ़त के एक विलक्षण जन्तु के निवासस्थल हैं जो चारों ओर झबरीले बालों से ढँका रहता है और जिसकी पूँछ घोड़े की सी पुट्ठे से निकली हुई होती है। यदि ये जन्तु पड़े रहने पाते हैं तो झापसों के भीतर बनफल खाकर रहते हैं; किन्तु जब वे कहीं अहेरी की तुरही और शिकारी कुत्तों का भौंकना सुन पाते हैं तब वे ऊँचे ढालुओं पर आश्चर्यजनक गति के साथ झपट जाते हैं, क्योंकि वे पहाड़ों पर चढ़ने के अभ्यस्त होते हैं। वे अपनी रक्षा अपने पीछा करनेवालों पर पत्थर लुढ़का कर करते हैं जो कि कभी-कभी उनका पीछा करनेवालों को मार डालता है। सबसे कठिन उनका पकड़ना है जो पत्थर लुढ़काते हैं। कहा जाता है कि कोई-कोई प्रेसिआई के राजा के पास लाए गए हैं यद्यपि बड़ी कठिनाई और दीर्घकाल के उपरान्त, पर ये या तो रोग से पीड़ित थे अथवा बच्चों से लदी हुई मादा थीं, जो भागने में अशक्त थीं अथवा जो गर्भ के भार से रुक जाती थीं।

खंड : 16

Pliny, History, Nat. VIII 14-1

मृगाकर्षक के विषय में

मेगास्थिनीज़ के अनुसार साँप भारतवर्ष में इस आकार तक बढ़ जाते हैं कि वे बारहसिंहों और साँड़ों को पूरा निगल जाते हैं।

सर्प इतने भारी होते हैं कि वे पूरा बारहसिंहा तथा (उसी के) समान डील-डौल वाले दूसरे जन्तुओं को निगल जाते हैं।

खंड : 17

Ælian, Hist., Anim, VIII 7

विद्युत ईल के विषय में

मेगास्थिनीज़ से मुझे ज्ञात हुआ है कि भारतसमुद्र में एक छोटी जाति की मछली होती है जो जब तक जीवित रहती है कभी नहीं देखी जाती, क्योंकि वह सदैव गहरे पानी में तैरती है। और सतह पर तभी उतराती है जब मर जाती है। यदि कोई इसको छू लेता है तो वह बेहोश और मूर्छित हो जाता है—यहाँ तक कि अन्त में मर ही जाता है।

खंड : 18

Pliny, Hist. Hat. VI 21.1

तप्रोबेन[1] के विषय में

मेगास्थिनीज़ कहता है कि तप्रोबेन महाद्वीप से एक नदी द्वारा जुदा किया गया है और निवासीगण पलैगोनोई[2] (Plaigonoi) कहलाते हैं और उनका देश भारतवर्ष की अपेक्षा अधिक सोना और बड़ी मोती उत्पन्न करनेवाला है।

---

1. यह द्वीप कई नामों से प्रसिद्ध है–
   (1) लंका–संस्कृत में यही नाम विख्यात है जिससे यूनानी और रोमन लोग नितान्त अनभिज्ञ हैं।
   (2) सीमन्दु वा पालीसीमन्दु–कदाचित् संस्कृत पालीसीमन्त संस्कृत का यूनानी रूप है। यह नाम भूगोलवेत्ता टालमी के समय से पूर्व ही व्यवहार में उठ गया था।
   (3) तप्रोबेन–संस्कृत का ताम्रषर्णी अनुमान किया गया है। पाली ताम्बपन्नी का यह कुछ ही परिवर्तित रूप है जो अशोक के गिरनारवाले शिलालेख में पाया गया है।
   (4) सेलाइस–(कदाचित् सेलाइन अधिक उपयुक्त है) सेरडिवस, सिरलेडिबा, सरनदीव, ज़ैलन, सीलोन। ये सब सिंगल से निकले हुए जान पड़ते हैं जो "सिंहल" का प्राकृत रूप है। 'दिव' विभक्ति संस्कृत द्वीप को सूचित करती है।
2. प्रो. लैसन ने पलैगोनोई नाम का हेतु बतलाने का यह कहकर यत्न किया है, "हमें अनुमान करना चाहिए कि मेगास्थिनीज़ उस भारतीय कथा से जानकार था कि उस द्वीप के आदमनिवासी राक्षस वा दैत्य कहे जाते थे जो संसार के उत्पन्नकर्ताओं के सन्तान थे जिन्हें उसके लिए पलैगोनोई कहना उपयुक्त ही था। ये इसके विरुद्ध कहा जा सकता है कि इस अपूर्व तथा असाधारण शब्द से मेगास्थिनीज़ का अभिप्राय उस जाति का नाम बतलाने का था न कि विवरण देने का। और फिर मेगास्थिनीज़ की नामों के अनुवाद करने की बात नहीं है वरन् उन्हें ध्वनि के अनुरूप बनाने की है। अन्त में थोड़ी ही दूर आगे हम तप्रोबेन और उसकी राजधानी का नाम पालिसीमन्दु पाते हैं जो 'पलैगोनोई' के बिलकुल समान है। अतः जैसे लैसन साहिब राजधानी के 'पालीसीमन्दु' नाम को संस्कृत 'पालीस्थमन्त' बतलाते हैं (पवित्र उपदेश का केन्द्र), वैसे ही 'पलैगोनोई' नाम संस्कृत 'पालीजनः' का रूप बतलाना मैं उचित समझता हूँ। Schwanbeck.

Solin 53-3

'तप्रोबेन' बीचोबीच बहती हुई एक नदी द्वारा भारतवर्ष से जुदा किया गया है; क्योंकि उसका एक भाग बनैले पशुओं तथा उनसे बहुत बड़े हाथियों से भरा है जिन्हें भारतवर्ष उत्पन्न करता है, और दूसरे पर मनुष्य का आधिपत्य है।

खंड : 19

Autigon, Caryst 647

सामुद्रिक पेड़ों के विषय में

'इंडिका' का प्रणेता मेगास्थिनीज़ बतलाता है कि भारतसमुद्र में पेड़ उगते हैं।

खंड : 20

Arr. Ind 4-2-13

सिन्ध और गंगा के विषय में

(एरियन का अनुवाद देखो)

खंड 20 (ख)

Plniy. Hist, Nat. VI. 21-9-221

प्रीनस और कैनस (गंगा की एक सहायक) दोनों जलयात्रा योग्य नदियाँ हैं। वे जातियाँ जो गंगा के किनारे बसती हैं उनमें से एक कलिंगे (Calingae) है, जो समुद्र से अत्यन्त निकट और मंडे (Mandei) के ऊपर है, और दूसरी मल्ली है जिनके बीच मलस पर्व्वत है। इस समस्त देश की सीमा गंगा है। कुछ लोगों ने कहा है कि यह नदी नील के समान बेजाने उद्गमों से निकलती है और उसी प्रकार जिस देश से होकर बहती है उसे सींचती है; और कोई-कोई उसका उद्गमस्थान स्कीदियन पर्वतों के बीच बताते हैं। उन्नीस नदियाँ उसमें गिरती हुई कही जाती हैं, जिनमें से ऊपर लिखी हुई को छोड़ कांडोचेट्स (Condochatos) इरन्नोबोआस् (Erannoboas), कोसोगुस् (Cosoagus), और सोनस् (Sonus) जलयात्रा योग्य हैं। दूसरे विवरणों के अनुसार यह अपने झरने से तुरन्त भीषण गर्ज्जन के साथ निकल पड़ती है और एक ढालू और पथरीले दरार से उतरकर मैदान में पहुँचते ही एक झील में ठहर जाती है जहाँ से धीमी धारा से वह आगे बहती है, कहीं-कहीं पर वह आठ मील से कम चौड़ी नहीं है और उसकी औसत चौड़ाई सौ स्टेडिया है, और उसकी कम-से-कम गहराई बीस पोरसा है।

Solin 52.6-7

भारतवर्ष में सबसे बड़ी नदियाँ गंगा और सिन्ध हैं—गंगा, जैसा कि कुछ लोग मानते हैं अज्ञात उद्गमों से निकलती है और नील (Nile) के समान तटों तक बढ़ जाती है; पर कुछ लोग विचारते हैं कि वह स्कीदियन पर्व्वतों से निकलती है। भारतवर्ष में प्रतिष्ठित नदी ह्यूपानिस[1] (Hupanis) है जो सिकन्दर की चढ़ाई की सीमा थी जैसा कि उसके तट पर की बेदियाँ सूचित करती हैं। गंगा की कम-से-कम चौड़ाई आठ मील है और अधिक-से-अधिक 20 मील। उसकी गहराई जहाँ अत्यन्त कम है वहाँ पूरी सौ फुट है। (मिलाओ खंड-25-1)

कोई-कोई कहते हैं कि कम-से-कम चौड़ाई 30 स्टेडिया है और कोई केवल तीन ही, पर मेगास्थिनीज़ कहता है कि औसत चौड़ाई 100 स्टेडिया है और उसकी अत्यन्त कम गहराई 20 आर्गी है।

खंड : 21

Arr. Gud. 6–2-3.

शिलास[2] नदी के बिषय में

(एरियन का अनुवाद देखो)

खंड : 22

Boissonade. Alued. Graec I. p. 419

शिलास नदी के विषय में

भारतवर्ष में शिलास कहलानेवाली एक नदी है जो उस झरने के नाम पर है जिससे वह बहती है; उसमें कोई चीज़ जो डाली जाती है नहीं उतराती परन्तु हर एक चीज़ साधारण नियम के विरुद्ध तले बैठ जाती है।

खंड : 23

Strabo, XV. 1.38 p. 703

शिलास नदी के विषय में

[मेगास्थिनीज़ कहता है] कि पहाड़ी देश में एक नदी 'शिलास' है जिसके पानी पर कोई वस्तु नहीं उतराती। डिमाक्रिटस (Demokritos) जिसने एशिया के बहुत से भागों में यात्रा की थी, इस पर विश्वास नहीं करता तथा अरस्तू भी इसे नहीं मानता।

---

1. ह्यूपानिस—अर्थात् सतलज।
2. प्रोफेसर लैसन ने इस कथा का उदाहरण साहित्य से भी दिया है, "भारतवासी समझते हैं कि शिलास नदी उत्तर में है, प्रत्येक वस्तु उसमें डूब जाती है...जहाँ हर एक वस्तु डूब जाती है कोई नहीं तैरती।—महाभारत 2-1858। शिला = पत्थर।

खंड : 24

Arr. Ind. 5-2

भारतीय नदियों की संख्या के विषय में

(एरियन का अनुवाद देखो)

<u>पुस्तक-2</u>

खंड : 25

Strabo XV. 1.35-36—P. 702

पाटलिपुत्रनगर के विषय में

मेगास्थिनीज़ के अनुसार औसत चौड़ाई (गंगा की) सौ स्टेडिया है और उसकी अत्यन्त कम गहराई बीस पोरसा। इस नदी और एक दूसरी नदी के संगम पर पालिबोथ्रा स्थित है जो लम्बाई में 80 स्टेडिया और चौड़ाई में 15 स्टेडिया है। यह...के आकार का है और काठ की दीवार से घिरा है जिसमें तार छोड़ने के लिए छेद कटे हैं। इसके सामने रक्षा के निमित्त तथा नगर का मैला बहाने के लिए एक खाई है। वे लोग जिनके देश में यह नगर स्थित है सारे भारतवर्ष में सबसे प्रख्यात हैं और प्रोसआई कहलाते हैं। राजा को अपने कुल के नाम के अतिरिक्त पालिबोथ्रास का उपनाम रखना पड़ता है, जैसा कि सेंड्राकोटस ने किया था, जिसके पास मेगास्थिनीज़ दूत बनाकर भेजा गया था। [यह रीति पार्थियन (Parthians) लोगों के बीच भी प्रचलित है, क्योंकि सब-के-सब अर्सकाई (Arskai) कहलाते हैं यद्यपि प्रत्येक कोई निज का अद्‌भुत नाम रखता है जैसे ओरोडीज़, फरआतीस वा कोई और।]

इसके आगे ये वाक्य हैं–

ह्यूपानिस के आगे समस्त देश बहुत उपजाऊ रहता है लेकिन उसके विषय में स्पष्ट रूप से बहुत कम ज्ञात है। कुछ तो अनभिज्ञता के कारण और कुछ उसकी स्थिति की दूरी के कारण उसके विषय में प्रत्येक बात या तो बहुत बढ़ाई गई है अथवा आश्चर्य्यजनक करके दिखलाई गई है; उदारहण के लिए सोना खोदनेवाली चींटियों, विलक्षण स्वरूप और अद्‌भुत शक्तियों को धारण करनेवाले जन्तुओं तथा मनुष्यों की कथाएँ हैं; जैसे सीरिस* (Seres) जिन्हें लोग कहते हैं कि इतने दीर्घजीवी होते हैं कि

* यह किसी जाति विशेष का नाम नहीं था वरन् अस्पष्ट रूप से उस देश के निवासियों को सूचित करने के अर्थ से प्रयोग किया जाता था जहाँ रेशम उत्पन्न होता था जिसका चीनी और जापानी में 'सीर' नाम है। साधारण सम्मति इस देश (Serica सीरिका) को पूर्वीय मंगोलिया तथा चीन के उत्तर-पूर्व में बतलाती है। परन्तु पूर्वी तुर्किस्तान में, गंगा के उद्‌गम की ओर हिमालय में, तथा आसाम में यहाँ तक कि पेरू में भी इसका स्थान बताया गया है। यह नाम पहिले-पहिल केटेशियस (Ktesias) में मिला है।

वे 200 वर्ष से अधिक की अवस्था तक पहुँच जाते हैं। लोग 500 मन्त्रियों से संयुक्त प्रधानपालित शासन की भी चर्चा करते हैं जिनमें से प्रत्येक राज्य को एक-एक हाथी भेंट करता है।

मेगास्थिनीज़ के अनुसार सबसे बड़े बाघ प्रेसिआई के देश में मिलते हैं—इत्यादि (मिलाओ खंड 12)

खंड : 26

Arr. Ind. 10.

पाटलिपुत्र तथा भारतवासियों की रीति-व्यवहार के विषय में

आगे यह कहा जाता है कि भारतवासी मृतक के लिए कोई स्मारक नहीं उठाते वरन् उस सत्यशीलता को जिसे मनुष्यों ने अपने जीवन में दिखलाया है, तथा उन गीतों को जिनमें उनकी प्रशंसा वर्णित रहती है, वे मरणानन्तर उनके स्मारक को बनाए रखने के लिए काफ़ी समझते हैं। किन्तु उनके नगरों के विषय में कहा जाता है कि उनकी संख्या इतनी बड़ी है कि ठीक-ठीक नहीं बताई जा सकती, पर ऐसे नगर जो नदियों के तटों पर वा समुद्र के किनारे स्थित हैं ईंटों के स्थान पर लकड़ी के बने हैं क्योंकि वे थोड़े ही काल तक चलने के लिए बनते हैं—गहिरा मेह जो बरसता है तथा नदियाँ जब वे अपने किनारों के ऊपर बढ़ जाती हैं और मैदान को तराबोर कर देती हैं सर्वनाशिनी होती हैं। पर ऐसे नगर जो खुली जगह पर तथा ऊँचे-ऊँचे टीलों पर बसे हैं ईंट और गारे से बने हैं; और भारतवर्ष में सबसे बड़ा नगर वह है जो प्रेसिआई के राज्य में पालिबोथ्रा कहलाता है, जहाँ पर इरन्नाबोआस और गंगा की धारा मिलती है—गंगा तो सब नदियों से बड़ी है और इरन्नाबोआस कदाचित् भारतीय नदियों में तीसरी बड़ी नदी है यद्यपि वह और जगह की सबसे बड़ी नदियों से भी बड़ी है; पर वह जहाँ गंगा में गिरती है वहाँ उससे छोटी है। मेगास्थिनीज़ हमें सूचित करता है कि यह नगर बस्ती में चारों ओर 80 स्टेडिया की विपुल लम्बाई में फैला हुआ था, और उसकी चौड़ाई 15 स्टेडिया थी, और एक खाई उसको चारों ओर से घेरे थी जो 600 फुट चौड़ाई में और 30 क्यूबिट् गहराई में थी, और दीवार (शहरपनाह) 570 बुर्जों से मंडित थी और उसमें 64 फाटक थे। वही ग्रन्थकार आगे चलकर भारतवर्ष के विषय में यह ध्यान देने योग्य बात कहता है कि समस्त भारतवासी स्वतन्त्र हैं, उनमें से एक भी दास (Slave) नहीं है। लैकिडिमोनियंस (Lakedoemonians) और भारतवासी इस बात में यहाँ तक सहमत हैं। पर लैकिडिमोनियम लोग 'हेलाट' (Helots) लोगों को दास की भाँति रखते हैं और ये 'हेलाट' सेवाकर्म करते हैं; परन्तु भारतवासी शत्रुओं तक को दास की भाँति नहीं रखते, अपने देशवासियों की क्या बात है।

खंड : 27

Strabo XV. 1.53-56. PP. 709-710.

भारतवासियों के रीति-व्यवहार के विषय में

भारतवासी सब किफ़ायत से रहते हैं विशेषकर जब डेरों में रहते हैं। वे एक बड़ी अशिक्षित भीड़ नापसन्द करते हैं, इससे वे उत्तम क्रम बनाए रखते हैं। चोरी बहुत कम होती है। मेगास्थिनीज़ कहता है कि उन लोगों ने जो एंड्रोकोटस (चन्द्रगुप्त) के डेरे में थे, जिसके भीतर 400000 मनुष्य पड़े थे, देखा कि चोरी जिसकी इत्तला किसी एक दिन होती थी वह 200 द्राचमी (Drachmae) के मूल्य से बढ़ती की नहीं होती थी और यह ऐसे लोगों के बीच जिनके पास लिपिबद्ध कानून नहीं वरन् जो लिखने से अनभिज्ञ हैं और इसलिए जिन्हें जीवन के समस्त कार्यों में स्मृति ही पर भरोसा करना पड़ता है। तिस पर भी वे अपने चाल-ढाल में सादे और मितव्ययी होने के कारण पूरे सुख से रहते हैं। वे यज्ञों में छोड़ मदिरा* और कभी नहीं पीते। उनका शरबत जौ के स्थान पर चावल संघटित एक रस है और उनका भोजन अधिकतर भात है। उनके कानून और उनके व्यवहार की सरलता इस बात से प्रमाणित होती है कि वे न्यायालय में बहुत कम जाते हैं। उनमें गिरवी और धरोहर के अभियोग नहीं होते और न वे मुहर या गवाह की ज़रूरत रखते हैं, वरन् थाती रख देते हैं और एक-दूसरे पर विश्वास रखते हैं। अपने घर और सम्पत्ति को वे प्रायः अरक्षित छोड़े रहते हैं। ये बातें सूचित करती हैं कि वे एक उत्कृष्ट उदार भाव रखते हैं; परन्तु वे और दूसरी बातें करते हैं जिनको कोई पसन्द नहीं कर सकता; दृष्टान्त के लिए वे सदैव अकेले भोजन करते हैं और कोई नियत घड़ी नहीं रखते जिसमें सब एक साथ मिलकर भोजन करें, परन्तु हर एक की जब इच्छा होती है खा लेता है। सामाजिक और राजनैतिक जीवन के परिणाम के लिए इसके प्रतिकूल रीति उत्तम होती।

उनके शरीर को व्यायाम देने की सर्वप्रिय रीति संघर्षण द्वारा है, जो कई प्रकार से होता है, पर विशेषतः चिकने-चिकने आबनूस के बेलनों को त्वचा पर फेर कर होता है। उनके समाधिस्थल सादे होते हैं और मृतक के ऊपर उठाई हुई बेदी नीची होती है। अपने चाल की साधारण सादगी के प्रतिकूल वे बारीकी (नफ़ासत) और सजावट के प्रेमी होते हैं। उनके वस्त्रों पर सोने का काम किया रहता है और वे (वस्त्र) मूल्यवान रत्नों से विभूषित रहते हैं, और वे लोग अत्यन्त सुन्दर मलमल के बने हुए फूलदार कपड़े पहिनते हैं। सेवक लोग उनके पीछे-पीछे छाता लगाए चलते हैं, क्योंकि वे सौन्दर्य्य का बड़ा ध्यान रखते हैं और अपने स्वरूप को सँवारने में कोई उपाय उठा नहीं रखते। सच्चाई और सदाचार दोनों की वे समान प्रतिष्ठा करते हैं। इससे बूढ़ों को वे कोई विशेष स्वत्व नहीं देते जब तक कि उनकी बुद्धि अधिक उत्कृष्ट न हो। वे बहुत सी

* यह मदिरा कदाचित् सोमरस हो।

स्त्रियों से विवाह करते हैं जिनको वे उनके माता-पिता से, बदले में एक जूआ-बैल देकर मोल ले लेते हैं। कुछ को तो वे दत्तचित्त सहकारिणी बनाने की आशा से विवाह लाते हैं, और कुछ को केवल आनन्द के हेतु तथा घर को लड़कों से भर देने के लिए। स्त्रियाँ जब तक सती रहने के लिए बाध्य नहीं की जातीं व्यभिचार करती हैं। यज्ञ वा श्राद्ध में कोई मुकुट नहीं धारण करता; और वे बलिपशु को छुरी धँसा के नहीं मारते वरन् गला घोंटते हैं जिसमें कोई खंडित वस्तु नहीं वरन् केवल वही जो समूची हो, देवता को भेंट दी जाए।

झूठी साक्षी देने का अपराधी मनुष्य अवयवभंग का दंड भोगता है। वह जो किसी का अंग भंग कर देता है न कि केवल बदले में उसी अंग की हानि उठाता है, वरन् उसका हाथ भी काट लिया जाता है। यदि वह किसी कारीगर के हाथ वा आँख की हानि कर देता है तो वह मार डाला जाता है। वही ग्रन्थकार कहते हैं कि कोई भारतवासी दास (Slave) नहीं रखते; परन्तु आनिसिक्रिट्स (Onesikritos) कहता है कि यह विलक्षणता देश के उसी भाग में थी जिस पर म्यूसिकेनस (Musikanos) राज्य करता था।[1]

राजा के शरीर की रखवाली स्त्रियों के सुपुर्द रहती है जो उनके माता-पिता से मोल ली जाती हैं, पहरेदार तथा बाकी सिपाही फाटकों के बाहर रहते हैं। स्त्री जो राजा को नशे में मार डालती है वह उसके उत्तराधिकारी की स्त्री होती है। पुत्र पिता के उत्तराधिकारी होते हैं। राजा दिन को नहीं भी सोता और रात को वह अपने प्राण के ऊपर साज़िशों को निष्फल करने के हेतु समय-समय पर अपना बिस्तर बदलते रहने के लिए बाध्य है।[2]

राजा अपना महल न कि केवल युद्ध ही के समय में छोड़ता है वरन् मामिलों की देखभाल के निमित्त भी। तब वह कचहरी में समस्त दिन रहता है और काम को रुकने नहीं देता यद्यपि वह घड़ी भी आ जाती है जिसमें उसे अवश्य ही अपने शरीर पर ध्यान देना उचित है—अर्थात् जब वह काठ के बेलनों से मला जाने को होता है। वह इधर अभियोगों को सुनता रहता है और उधर मालिश भी होती रहती है जो चार सेवकों द्वारा सम्पादित होती है। दूसरा प्रयोजन जिसके निमित्त वह अपना महल छोड़ता है बलि प्रदान करना है। तीसरा शिकार खेलने जाता है जिसके हेतु वह बक्चनेलियन (Bacchanalian) रीति के अनुसार प्रस्थान करता है। स्त्रियों की भीड़ उसे घेरे रहती है और उस घेरे के बाहर बरछेवाले रक्खे जाते हैं। मार्ग का चिह्न रस्सों से डाला जाता है और इन रस्सों के भीतर से होकर जाना पुरुष और स्त्री के लिए समान रूप से मृत्यु

1. उसका राज्य सिन्ध नदी के किनारे सिन्ध में था और उसकी राजधानी कदाचित् बक्कर के पास थी।
2. आवा का वर्तमान राजा जो प्रत्यक्ष में इंडो चीनी आकार का है यद्यपि वह क्षत्रिय कुल से उत्पन्न होने का दावा करता है चन्द्रगुप्त से बहुत मिलता-जुलता एकान्तवास का जीवन बिताता है। वह अपना शयनागार हर रात को आकस्मिक विश्वासघात से बचाव के लिए बदला करता है—Wheelers History of India Vol.III, p. 182 Notes.

है। ढोल और झाँझ लेकर आदमी इस दल के आगे-आगे चलते हैं। राजा घेरों के भीतर अहेर खेलता है और एक चबूतरे से तीर चलाता है। उसकी बग़ल में दो वा तीन हथियारबन्द स्त्रियाँ खड़ी होती हैं। यदि वह खुले मैदान में शिकार करता है तो वह हाथी की पीठ पर से तीर चलाता है। स्त्रियों में से कुछ तो रथ के भीतर रहती हैं, कुछ घोड़ों पर, और कुछ हाथियों पर भी; और वे हर प्रकार के शस्त्रों से सजी रहती हैं मानो वे किसी चढ़ाई पर जा रही हैं।[1]

ये रीतियाँ हमारे यहाँ की रीतियों से मिलाने से बड़ी अद्‌भुत हैं परन्तु नीचे लिखी हुई इनसे भी बढ़कर हैं, क्योंकि मेगास्थिनीज़ कहता है कि काकसोस पर निवास करनेवाली जातियाँ स्त्रियों के साथ खुले मैदान में प्रसंग करती हैं और अपने बान्धवों का शव भक्षण करती हैं।[2] ऐसे बन्दर होते हैं जो पत्थर लुढ़काते हैं–इत्यादि (खंड XV आगे है और फिर खंड 29)

खंड : 27 (ख)

Ælian, V.L. IV. 1.

भारतवासी न तो सूद पर रुपया देते हैं और न जानते हैं कि किस प्रकार उधार लेना चाहिए; किसी भारतवासी का हानि करना वा सहना स्थिर रीति के विरुद्ध है इसलिए न तो वे मुआहिदा करते हैं और न ज़मानत चाहते हैं।

खंड : 27 (ग)

Nical. Damse. 44; Stob Serm. 42.

भारतवासियों के बीच जो अपना कर्ज़ा वा थाती वसूल करने में असमर्थ होता है उसके लिए कानून में कोई चारा नहीं है। जो कुछ महाजन कर सकता है वह इतना ही कि अपने को एक दुष्ट पर विश्वास करने के लिए धिक्कारे।

खंड : 27 (घ)

वह जो किसी कारीगर की आँख वा हाथ की हानि करता है मार डाला जाता है। यदि कोई किसी बड़े जघन्य अपराध का दोषी होता है तो राजा उसके बालों को मुड़वा देने की आज्ञा देता है क्योंकि यह दंड अत्यन्त ही निन्द्य है।

---

1. अभिज्ञानशाकुन्तल नाटक में राजा दुष्यंत के साथ यवनियाँ धनुष हाथ में लिये और वनपुष्प की माला धारण किये दिखलाई गई हैं।
2. हेराडोटस ने इन दोनों प्रथाओं का अस्तित्व किसी-किसी भारतीय जाति में देखा था। (BK III. 38, 89, 101)

खंड : 28

Athen IV. P, 153

भारतवासियों के भोजन के विषय में

मेगास्थिनीज़ अपनी 'इंडिका' पुस्तक के दूसरे भाग में कहता है कि जब भारतवासी खाने बैठते हैं तो प्रत्येक व्यक्ति के सामने एक चौकी रक्खी जाती है जिस पर पहिले चावल धरा जाता है, जो ऐसा उसिना रहता है जैसे कोई जौ उसिने और तब वे ऊपर से बहुत से पक्वान्न रखते हैं जो हिन्दुस्तानी सामग्रियों के अनुसार तैयार किए जाते हैं।

खंड : 29[1]

Strabo XV. 1.57 p. 711

कल्पित जातियों के विषय में

परन्तु कहानियों की ओर झुककर वह कहता है कि पाँच बालिश्त और तीन बालिश्त तक के मनुष्य होते हैं जिनमें से किसी के नाक नहीं रहती, मुँह के ऊपर केवल दो छेद रहते हैं जिनसे वे साँस लेते हैं। इन तीन बालिश्त के आदमियों के विरुद्ध, जैसा कि होमर ने कहा है, सारस लोग लड़ाई ठानते हैं तथा तीतर भी इतने बड़े होते हैं जितने राजहंस।[2] ये लोग सारसों के अंडों को बटोरते हैं और नष्ट कर डालते हैं क्योंकि उन्हीं के देश में सारस अंडा देते हैं और इसी से अंडे तथा सारस के बच्चे किसी दूसरी जगह नहीं मिलते। प्रायः कोई सारस उस देश के लगे हुए घाव लेकर, शस्त्र की पीतल की नोक अपने शरीर में खोंसे हुए

1. Cf. Strabo II. 1.9.—p. 70–डिमाकास और मेगास्थिनीज़ विशेषकर विश्वास के अयोग्य हैं। ये ही लोग ऐसे-ऐसे मनुष्यों की कथाएँ कहते हैं जो अपने कानों में सोते हैं, जो बिना मुँह के होते हैं, जो बिना नथुनों के होते हैं, जिनके एक ही आँख होती है, जिनकी लम्बी-लम्बी टाँगें होती हैं तथा ऐसे मनुष्यों की जिनके पैर की अँगुलियाँ पीछे को होती हैं। उन्होंने होमर की सारस और बौनों के बीच की लड़ाई की कहानी को, यह कहकर कि दूसरे बौने तीन बालिश्त की ऊँचाई के होते थे, नए सिरे से कहा है। उन्होंने चींटियों की चर्चा की है जो सुवर्ण के लिए पृथ्वी खोदती हैं और पांस की जो....के आकार के सिरवाले होते हैं तथा ऐसे सर्पों की जो बैल और बारहसिंहों को पूरा सींग समेत निगल जाते हैं।
2. Ktesias अपनी 'इंडिका' में पिगमी (बौने) को भारतवर्ष ही का बतलाता है। स्वयं भारतवासी लोग उन्हें 'किराती' (Kiratoe) की जाति का मानते थे जो असभ्य थे, जंगल पहाड़ों में रहते थे, आखेट द्वारा निर्वाह करते थे और जो इतने लघु होते थे कि उनका नाम ही बौने के लिए पर्य्यायवाची हो गया। उन्हें लोग समझते थे कि वे गरुड़ों और गिद्धों से लड़ा करते हैं। चूँकि वे मंगोलवंश के थे इस कारण भारतवासी उनको उस जाति के लक्षणों से युक्त प्रदर्शित करते थे यद्यपि उनके लक्षणों को बहुत बढ़ा देते थे। इसलिए मेगास्थिनीज़ ने अमुक्टरीज़ (Amukteres) की चर्चा की है जो बिना नाक के आदमी थे, जिनके केवल मुँह के ऊपर साँस के लिए छिद्र रहते थे। इसमें सन्देह नहीं कि प्लिनियस के स्किराइट (Scyrites) और Periplus Maris Erythroei के Kirrhadai एक ही हैं।

भाग आते हैं। इनोटकैटई[1] (Enotokoitai) का वृत्तान्त, तथा जंगली मनुष्यों और दूसरे राक्षसों का भी, जो दिया गया है ऐसा ही निर्मूल है। जंगली आदमी सैंड्राकोट्स (चन्द्रगुप्त) के पास नहीं लाए जा सकते थे क्योंकि वे भोजन करना अस्वीकार करते थे और मर जाते थे। उनकी एड़ी आगे की ओर होती है और तलवा तथा पैर की अँगुलियाँ पीछे की ओर घूमी रहती हैं।[2] कोई-कोई राजसभा में लाए गए थे जिनके मुँह नहीं थे और जो पालतू थे। वे गंगा के उद्‌गमों के निकट रहते हैं और भुने हुए मांस के स्वाद तथा फूल और फलों की सुगन्धि पर निर्वाह करते हैं; मुँह के स्थान पर उनके छिद्र होते हैं जिनसे वे साँस लेते हैं। वे बुरी गन्ध की वस्तुओं से कष्ट पाते हैं और इसीलिए वे कठिनता से अपना जीवन रख सकते हैं, विशेषकर डेरों में। दूसरे राक्षसों की चर्चा करते हुए दार्शनिकों ने उससे आकुपेडीज़[3] (Okupedes) के विषय में कहा, जो लोग दौड़ने में घोड़ों को पीछे डाल सकते थे, तथा इनोकैटई के विषय में जिनके कान उनके पैरों तक लटकते हुए होते थे जिससे वे उनमें सो सकते थे, और वे इतने बलिष्ट होते थे कि पेड़ उखाड़ सकते थे। धनुष की प्रत्यंचा तोड़ सकते थे।

औरों के साथ मनोम्मटोई (Manommatoi) की भी (चर्चा हुई है) जिनके कान कुत्तों के ऐसे होते हैं, उनकी एक आँख उनके मस्तक के बीच में होती है, बाल सीधे खड़े होते हैं और उनकी छाती झबरीली होती है; तथा अमुक्तीरिज (Amukteser) की भी जो बिना नथुने के मनुष्य होते हैं जो प्रत्येक वस्तु खाते हैं, कच्चा मांस भक्षण करते हैं तथा अल्पजीवी होते हैं और वृद्धावस्था के आने के पहले ही मर जाते हैं। उनके मुँह का ऊपरी

---

3. इनोटकैटई संस्कृत में कर्णप्रावरमाः कहलाते हैं; रामायण और महाभारत में इनका कई जगह उल्लेख है–जैसे महाभारत 2-1170, 1875 में। भारतवासियों के बीच सर्वसाधारण में यह बात प्रचलित थी कि असभ्य जातियों के कान बड़े-बड़े होते हैं; जैसे न कि केवल कर्णप्रवर ही का ज़िक्र आया है वरन् कर्णिक, लम्बकर्ण, महाकर्ण, उष्ट्रकर्ण, ओष्ठकर्ण, पाणिकर्ण का भी–Schwanbeck 66। व्हीलर साहब कहते हैं कि किसी भारतवर्ष से जानकार मनुष्य के लिए इन कहानियों में से बहुतों की उत्पत्ति बतला देना सहज है। चींटियाँ इतनी बड़ी नहीं होतीं ज़ितनी लोमड़ियाँ, परन्तु वे असाधारण खोदनेवाली होती हैं। आदमियों के पेड़ उखाड़ लेने और उनको सोंटे की भाँति काम में लाने की कथाएँ महाभारत में भरी पड़ी हैं, विशेषतः भीम के कर्म्मों के प्रसंग में। मनुष्यों के कान पैर तक लटकते हुए नहीं होते पर पुरुष और स्त्री दोनों लहर में कुछ वस्तुओं को घुसेड़कर अपने कानों को कभी-कभी बड़ी विलक्षण रीति से लम्बा कर देते हैं। यदि कोई कथा थी जिसने सबसे बढ़कर स्ट्रेबो (Strabo) के क्रोध को उभाड़ा तो वह यही ऐसे लोगों की थी जिनके कान पैरों तक लटकते हैं। पर यह कहानी हिन्दुस्तान में अब तक प्रचलित है। बाबू जौहरीदास कहते हैं कि ''एक बुड्ढी स्त्री ने मुझसे एक बार कहा कि उसके पति ने, जो अँगरेज़ी फ़ौज में सिपाही था ऐसे लोगों को देखा था जो एक कान पर सोते थे और दूसरे को ओढ़ते थे''–Domestic Manners and Custom of the Hindus, Benares 1860। इस कथा का पता हिमालय में लगता है। फ़िचू (Fitch) जिसने हिन्दुस्तान में 1525 के लगभग भ्रमण किया था, कहता है कि भूटान की एक जाति के कान एक बालिश्त लम्बे थे।

2. इन जंगली मनुष्यों की चर्चा Ktesias और Bacto ने भी की है। वे अपने पैर की विलक्षण बनावट के कारण एंटिपोडीज़ कहलाते थे और इथियोपियन जातियों में गिने जाते थे यद्यपि रामायण और महाभारत में कई जगह इनका उल्लेख पश्चादङ्गुलनाः के नाम से हुआ है–Schwanbeck।

3. आकुपडीज़ थोड़े से परिवर्तन के साथ संस्कृत 'इकपदस' का यूनानी में अवतरण है, जो पैरों की गति के लिए प्रसिद्ध किराती (Kiratoe) की एक जाति का नाम है, जो गुण यूनानी शब्द से प्रगट होता है। Ktesias ने मोनापडीज़ की चर्चा की है पर उसने उन्हें स्कायपोडीज़ (Skiapodes) के साथ गड़बड़ कर दिया है जो अपने पैरों की छाया ओढ़ते थे।

भाग निचले ओठ के ऊपर बड़ी दूर तक बढ़ा रहता है। हाइपरबोरियन (Hyperboreans) लोगों के विषय में, जो हज़ार वर्ष जीते हैं, वे वही वृत्तान्त कहते हैं जो सिमोनिडीज़ (Simonides), पिंडरस (Pindaros) तथा दूसरी अलौकिक कथाओं के प्रणेताओं ने कहा है।[1] टिमाजिनीज़ (Timagenes) ने जो कथा कही है कि ताँबे की बूँदों की वर्षा

---

1. यूनानी कवि पिंडर ने, जो हाइपरबोरियन्स को ईस्टर (Ister) नदी के मुहाने के पास कहीं बतलाता है, उनके विषय में लिखा है (10th Pythian Ode 11 46 to 69) मेगास्थिनीज़ को यह निरीक्षण करने की सूक्ष्मता थी कि हाइपरबोरियन की यूनानी कथा का भारतीय उत्पत्तिस्थान 'उत्तरकुरु' सम्बन्धी कथाओं में था। इस शब्द के अर्थ होते हैं "उत्तर के कुरु"। P.R. De. Saint Tuartin कहते हैं कि "संस्कृत वाक्य 'उत्तरकुरु' की ऐतिहासिक उत्पत्ति अज्ञात है पर उसके अर्थग्रहण में कभी भेद नहीं पड़ता। उपवैदिक साहित्य की समस्त पुस्तकों में, महाकाव्यों में, पुराणों में,–सारांश यह कि जहाँ कहीं यह शब्द मिलता है यह काव्य और कल्पना के भूगोल से सम्बन्ध रखता है। 'उत्तरकुरु' जीवधारी संसार के कहीं आगे उत्तर के अत्यन्त दूरस्थित भूभाग में उन पहाड़ों के नीचे जो मेरुपर्वत को घेरे हैं स्थित हैं। यह यक्षों और पवित्र ऋषियों का निवासस्थान है जिनकी आयु कई हज़ार वर्ष तक पहुँचती है। मनुष्यों का उसके भीतर प्रवेश वर्जित है। पाश्चात्य कथाकारों के हाइपरबोरियन देश के समान यह भी सदा वसन्त के सुखमय स्वत्व को भोगता है और शीत तथा ग्रीष्म के आधिक्य से वंचित है, वहाँ आत्मा का खेद और शरीर का क्लेश लोग नहीं जानते...। यह पूर्ण तथा स्पष्ट है कि यह भाग्यमानों की भूमि हमारे लोक की नहीं है।

"सिकन्दर की चढ़ाई के उपरान्त भारतवासियों के समागम से यूनानी लोग उन बहुत सी ब्राह्मणकाव्य की कहानियों से जानकार हो गए जिनसे भारतवर्ष उन्हें मायावियों (Prodiqies) का देश दिखाई देने लगा। मेगास्थिनीज़ ने अपने पूर्ववर्ती टीशियास के समान बहुत सी ऐसी कथाओं का संग्रह किया था, सो या तो उसी के विवरणों से अथवा समकालीन आख्यानों से, जैसे Deimachos का, उत्तरकुरु की कहानी पश्चिम में फैली, क्योंकि प्लिनी के कथनानुसार अमोमीटस (Amometus) नामी किसी व्यक्ति ने उनके विषय में एक पुस्तक हिकेटियस (Hecatæus) के हाइपरबोरियन सम्बन्धी ग्रन्थ के ढंग पर रची थी। अवश्य ही इसी (Amometus) की पुस्तक से प्लिनी ने उन दो पंक्तियों को लिया जिन्हें उसने अपने अटोकोरी (Attacorae) के उपलक्ष में कहा है कि "सूर्य्य से तप्त पर्वतों का मंडल उन्हें विषैली वायु से रक्षित रखता था और वे हाइपरबोरियनों की नाईं चिरबसन्त का सुख भोगते थे। (Pliny. loc. cit. Ammianus Marcellinus XXIII. 6. 64)। वेग्नर (Wagner) इस वर्णन को समस्त सीरिस (Seres) के ऊपर घटाता है (Pliny की Attacorae जिसकी एक शाखा है) और कुछ वर्तमान समालोचकों का विश्वास है कि इसमें चीन के कहकहा दीवार की चर्चा है। इसके अतिरिक्त अनेकानेक और उदाहरणों से हम देखते हैं कि भारतवर्ष की काव्यमयी कथाओं और लोकप्रिय कहानियों ने यूनानी आख्यानों में जाते समय यथार्थता तथा एक प्रकार की ऐतिहासिक अनुकूलता का रूप धारण कर लिया। E'tude, Surla, Geographic, Grieque et Latine, de Inde, pp. 413-414) वही ग्रन्थकार कहता है (p. 412) "सीरिका (Serica) के लोगों में टालमी ओटरकोरी (Ottorocorrhae) को गिनता है, जिसे प्लिनी में अटकोरी (Attacorae) करके लिखा है और जिसको (Ammanus Marcellinus) अमेनस मारसिलिनस ने, जो टालमी का अनुकरण करता है आपुरोकरा (Opurocarra) बना लिया है।" इस नाम के भीतर संस्कृत पुस्तकों के 'उत्तरकुरु' का पता लगा लेना कोई कठिन नहीं है।

श्वानबक (पृ. 70) प्रो. लैसन को उद्धृत करते हैं जो लिखते हैं कि "उत्तरकुरु सीरिका का एक भाग है और चूँकि भारतवर्ष के प्रथम वृत्तान्त पश्चिम में सीरिस से आए इससे कदाचित् सीरिस का कोई अंश भारतीय 'उत्तरकुरु' की कहानियों से सिद्ध हो। सीरिस की दीर्घायु की कथा का भेद भी इसी प्रकार खुल सकता है विशेषकर जब मेगास्थिनीज़ हाइपरबोरियन लोगों की आयु को 100 वर्ष आँकता है। महाभारत का वचन है कि उत्तरकुरु 1000 वा 10000 वर्ष तक जीते हैं, (6-164) इससे यह सिद्धान्त निकलता है कि मेगास्थिनीज़ ने भी 'उत्तरकुरु' ही के विषय में लिखा है और उसने जो उनके नाम को 'हाइपरबोरियन' बना डाला वह अनुचित नहीं किया। Zeitschr. II. 67.

होती है जो एक साथ बटोरी जाती हैं, गप्प है। मेगास्थिनीज़ कहता है–जो कि अधिक विश्वास योग्य है, क्योंकि आइबेरिया[1] में भी यही होता है–कि नदियाँ स्वर्णरज ले जाती हैं और उसका एक अंश राजा को कर की भाँति दिया जाता है।

खंड : 30

Pliny. Hist Nat. VII. ii. 14-22.

कल्पित जातियों के विषय में

मेगास्थिनीज़ के अनुसार नुलो (Nulo) नामक पर्वत पर मनुष्य रहते हैं जिनके पैर पीछे को घूमे रहते हैं और जिनके प्रत्येक पैर में आठ-आठ अँगुलियाँ होती हैं; और बहुत से पहाड़ों पर एक जाति ऐसे मनुष्यों की रहती है जिनका सिर कुत्तों के ऐसा होता है, जो बनैले पशुओं की खाल पहिनते हैं, जिनकी बोली भौंकने की सी होती है और जो पंजों से संयुक्त होने के कारण अहेर पर और चिड़िया पकड़ के निर्वाह करते हैं।[2] (टिशियास अपने ही आधार पर कहता है कि इन मनुष्यों की संख्या 120000 के ऊपर थी; और भारतवर्ष में एक जाति है जिसकी स्त्रियाँ अपने जीवनभर में केवल एक बार सन्तति प्रसव करती हैं और उनके बच्चे तुरन्त श्वेतकेश हो जाते हैं)...

घूमनेवाले भारतवासियों के बीच मेगास्थिनीज़ एक जाति के मनुष्यों की चर्चा करता है जिनके नथुनों की जगह पर केवल छेद होते हैं, जिनकी टाँगें सर्पों की भाँति संकुचित होती हैं और जो स्किरिटी (Scyritoe) कहलाते हैं। पूर्व की ओर भारत के छोर पर गंगा के उद्गम के निकट बसनेवाली अस्टोमी (Astomi) जाति के लोगों का भी मेगास्थिनीज़ ज़िक्र करता है जिनके मुँह नहीं होता; जो अपने शरीर को, जो सर्वत्र लोमपूरित होता है चिकने रोंगटों से जो पेड़ों की पत्तियों पर मिलते हैं, ढाँकते हैं; और जो केवल साँस लेकर तथा नासिका द्वारा खींची हुई सुगन्ध से ही जीते हैं, वे न कुछ खाते हैं और न पीते हैं। उन्हें केवल जड़ों, फूलों और जंगली सेबों की भाँति-भाँति की सुगन्धि ही की आवश्यकता होती है। जब वे किसी दूर देश को जाते हैं तब सेब वे अपने साथ ले लेते हैं जिसमें सदा उनके पास कोई वस्तु सूँघने को रहे। अत्यन्त कड़ी गन्ध उन्हें शीघ्र मार डालेगी।

अस्टोमी के आगे पर्वतों के अत्यन्त दूरस्थित भागों में त्रिसयिथामी और बौने लोगों का निवासस्थान कहा जाता है। वे ऊँचाई में हर एक तीन बालिश्त के होते हैं–अर्थात् 27 इंच से अधिक नहीं। उनकी जलवायु स्वास्थ्यकर है और वे पर्वतों की रुकावट की ओट में जो उत्तर की ओर उठे हैं चिरबसन्त भोगते हैं। वे वही हैं जिनको होमर ने सारसों की चढ़ाई से कष्ट पाते हुए कहा है। उनके विषय में कथा यह है कि मेढ़ों और

---

1. स्पेन नहीं किन्तु कैस्पियन और कालासागर के मध्य का देश जो अब जार्जिया कहलाता है।
2. ज्ञजमेपें ने इन्हें Kvuokeadoi कहा है, और संस्कृत में ये 'श्वानमुख' कहलाते हैं।

बकरों की पीठ पर चढ़कर, और बाणों से सुसज्जित हो के वे बसन्तकाल में सब एक झुंड में समुद्र की ओर चढ़ाई करते हैं और उन पक्षियों के अंडों और बच्चों को नष्ट कर डालते हैं। इस वार्षिक चढ़ाई को समाप्त करने में सदैव उन्हें तीन महीने लगते हैं; और यदि वे यह न करें तो वे आगामी वर्षों के विपुल समूह से अपनी रक्षा न कर सकें। उनके झोपड़े मिट्टी, परों और अंडों के छिलकों के बने होते हैं। (अरस्तू कहता है कि वे गुफाओं में रहते हैं, पर और बातों में वह वही विवरण देता है जो दूसरे देते हैं।)

[टिशियास (Ktesias) से हम सुनते हैं कि इस जाति के अन्तर्गत कुछ लोग हैं जो पंडोरी (Pandori) कहलाते हैं और घाटियों में बसते हैं, और 200 वर्ष जीते हैं, उनके बाल युवावस्था में भूरे रहते हैं और वृद्धावस्था में काले हो जाते हैं। प्रत्युत, कुछ लोग 40 वर्ष की अवस्था से आगे नहीं जीते–ये प्रायः मक्रोबियाई (Macrobii) से सम्बन्ध रखते हैं जिनकी स्त्रियाँ केवल एक बार सन्तान प्रसव करती हैं। अगथारचिडीज (Agatharchides) उनके विषय में यही कहता है पर इतना और बढ़ाकर कि वे टीड़ियों पर निर्वाह करते हैं और पैर के तेज़ होते हैं।] क्लिटार्कस (Clitarclus) और मेगास्थिनीज़ उन्हें मंडी[1] (Mandi) कहते हैं और उनके ग्रामों की संख्या तीन सौ आँकते हैं। स्त्रियाँ सात वर्ष की अवस्था में बच्चे जनती हैं और चालीस वर्ष में बुड्ढी हो जाती हैं।

खंड : 30 (ख)

Solin 52. 26–30

एक पहाड़ के निकट जो 'नुलो' कहलाता है, मनुष्य रहते हैं जिनके पैर पीछे की ओर घूमे रहते हैं और उनके प्रत्येक पैर में आठ-आठ अँगुलियाँ होती हैं। मेगास्थिनीज़ लिखता है कि भारतवर्ष के भिन्न-भिन्न पर्वतों पर कुत्ते की नाईं सिरवाले, पंजों से संयुक्त चमड़ों से ढँके ऐसे मनुष्यों की जातियाँ हैं जो मानवी भाषा के स्वर में नहीं बोलतीं वरन् केवल भौंकती हैं और उनके भयानक निकले हुए जबड़े होते हैं। (टीशियास में हम पढ़ते हैं कि कुछ भागों में स्त्रियाँ केवल एक बार सन्तति प्रसव करती हैं और बच्चे जन्म ही से श्वेत केशवाले होते हैं–इत्यादि)

...जो गंगा के उद्गम के निकट रहते हैं और भोजन के रूप में किसी वस्तु की आवश्यकता नहीं रखते हैं, जंगली सेबों की सुगन्धि पर निर्वाह करते हैं, और जब वे लम्बी यात्रा को चलते हैं तब उन्हें अपने जीवन की रक्षा के निमित्त साथ ले लेते हैं जिसका पालन वे उनकी सुगन्धि ही सूँघकर कर लेते हैं। यदि वे अत्यन्त निकृष्ट वायु सूँघ जाएँ तो मृत्यु अनिवार्य है।

---

1. कदाचित् इसे पांडई (Pandai) पढ़ना चाहिए। हाँ यदि मेगास्थिनीज़ का अभिप्राय मन्दराचल के निवासियों से हो तो दूसरी बात है।

खंड : 31

(Plutarch, de facie in orbe lunce—opp. ed. Reisk tom IX p. 701)

बिना मुख के मनुष्यों की जाति के विषय में

...क्योंकि कैसे कोई वहाँ उस हिन्दुस्तानी जड़ को उगा हुआ पा सकता है जिसकी सौरभमयी गन्ध से, मेगास्थिनीज़ कहता है कि एक जाति के मनुष्य, जो न खाते हैं और न पीते हैं और जो यथार्थ में मुँह तक नहीं रखते, अपना जीवन सँभालने के हेतु उसे लोबान की भाँति जलाते हैं जब तक कि वह (जड़) चन्द्रमा से शीतलता न प्राप्त करती हो।

पुस्तक-3

खंड : 32

Arr. Ind. XI., XII. 9.

(एरियन की इंडिका का अनुवाद देखो)

खंड : 33

Strabo XV. 1.39–41, 46–49 pp. 703, 704, 707.

भारतवासियों की सात जातियों के विषय में

उस (मेगास्थिनीज़) के अनुसार भारतवर्ष की बस्ती सात भागों में विभक्त है। दार्शनिक लोग प्रतिष्ठा में प्रथम हैं, किन्तु संख्या के विचार से वे सबसे छोटे वर्ग में हैं। उनके कृत्य निज की ओर से उन लोगों द्वारा नियुक्त किए जाते हैं जो बलिप्रदान वा और दूसरे धार्मिक विधान करना चाहते हैं; तथा राजाओं के द्वारा भी वहाँ पर जो बड़ा Synod कहलाता है; जहाँ पर वर्ष के आरम्भ में समस्त दार्शनिकगण द्वारों पर राजा के सामने इकट्ठे होते हैं, जब कोई दार्शनिक कोई उपयोगी प्रस्ताव लिख लाता है वा फ़सल और चौपायों की उन्नति के लिए अथवा सर्वसाधारण की हितवृद्धि के लिए कोई उपाय सोचता है तब वह उसे सबके सामने कहता है। यदि कोई तीन बार झूठी सूचना देते हुए देखा जाता है तो न्याय उसे उसके शेष जीवनभर के लिए मौन रहने का दंड देता है, परन्तु वह जो गम्भीर सम्मति देता है राज्य कर वा और कोई चन्दा देने से मुक्त कर दिया जाता है।

(40) दूसरी जाति में किसान लोग संयुक्त हैं जो बस्ती के बीच सबसे अधिक हैं और स्वभाव के बड़े सीधे और सज्जन होते हैं। वे सैनिक सेवा से मुक्त रहते हैं और

अपनी भूमि को बिना किसी आशंका से विचलित हुए जोतते हैं। वे नगरों में कभी नहीं जाते, क्या भीड़-भाड़ में योग देने के लिए क्या और किसी कार्य के लिए। इसलिए यह प्रायः होता है कि एक ही समय और देश के एक ही भाग में, कुछ मनुष्य तो युद्ध की पंक्ति में खड़े और अपने जीवन को भय में डालकर लड़ते हुए देखे जाते हैं और दूसरे मनुष्य पास ही पूरी संरक्षा के साथ गोड़ते और जोतते हैं, क्योंकि सिपाही उनकी रक्षा के निमित्त रहते हैं। समस्त भूमि राजा की है और किसान लोग उपज का चौथाई लेने की शर्त पर जोतते हैं।

(41) तीसरी जाति में चरवाहे और अहीर हैं; केवल इन्हीं को अहेर करने, चौपाए रखने और फुटकर पशु बेचने या उन्हें किराए पर देने की आज्ञा है। भूमि को ऐसे बनैले पशुओं और पक्षियों से स्वच्छ करने के बदले में वे राजा की ओर से अन्न का वेतन पाते हैं। वे घूमकर जीवन बिताते हैं और डेरों के भीतर रहते हैं।

खंड 36 इसके आगे है।

(इतना तो बनैले पशुओं के विषय में हुआ। अब हम मेगास्थिनीज़ की ओर लौटते हैं और जहाँ से छोड़ा है वहीं से फिर उठाएँगे)

चौथी जाति, चरवाहों और अहेरियों के उपरान्त, उन लोगों से संयुक्त है जो व्यापार का काम करते हैं, वे जो बरतन बेचते हैं तथा वे जो शारीरिक परिश्रम में लगाए जाते हैं। इनमें से कोई तो कर देते हैं और राज्य के प्रति कुछ नियत सेवाएँ करते हैं; किन्तु कवचकार और जहाज़ बनानेवाले मज़दूरी और अपना भोजन राजा से पाते हैं और केवल उसी के लिए वे काम करते हैं। सेना का नायक सिपाहियों को अस्त्र पहुँचाता है, और जहाज़ी बेड़े का नायक जहाज़ों को, मुसाफ़िर तथा माल दोनों उतारने के लिए, भाड़े पर देता है।

(47) पाँचवाँ वर्ग लड़नेवाले मनुष्यों का है, जो, जब वे कार्य कर सेवा में नहीं फँसे रहते अपना समय निरुद्यमता और मद्यपान में बिताते हैं। वे राजा के व्यय से रक्खे जाते हैं, और इस हेतु जब अवसर पड़ता है वे युद्धक्षेत्र में जाने को सदैव प्रस्तुत रहते हैं, क्योंकि अपने-अपने शरीर के अतिरिक्त वे और कोई निज की वस्तु साथ नहीं लेते।

(48) छठा वर्ग निरीक्षकों का है जिनको जो कुछ हो रहा हो उसे निरीक्षण करने और राजा को गुप्त रीति से उसकी सूचना देने का भार प्रदान किया गया है। किसी को नगर निरीक्षण करने का भार सौंपा गया है और किसी को सेना का। एक तो अपने सहायकों की भाँति नगर के सभासदों को संलग्न करते हैं और दूसरे डेरे के सभासदों को। अत्यन्त योग्य और विश्वासपात्र मनुष्य इन पदों पर नियुक्त किए जाते हैं।

सातवाँ वर्ग राजा के मन्त्रियों और कर्मचारियों का है। राज्य के बड़े-से-बड़े पद, न्याय की कचहरियाँ, और राजकाज का साधारण प्रबन्ध उनके हाथ में है। किसी को अपनी जाति के बाहर विवाह करने, एक व्यापार वा व्यवसाय छोड़कर दूसरा ग्रहण करने अथवा एक से अधिक व्यवसाय करने की आज्ञा नहीं है।

Fragment XXXIV.

Strabo XV. 1. 50-52—P. 707-709.

राजकाज के प्रबन्ध के विषय में घोड़ों और हाथियों के व्यवहार के विषय में

(50) राज्य के बड़े-बड़े कर्मचारियों में से किसी के सुपुर्द बाज़ार रहता है, किसी के नगर और किसी के सिपाही। जैसा मिश्र में होता है उसी तरह कुछ लोग नदियों का निरीक्षण करते हैं, भूमि को नापते हैं और उन मुहानों की देखभाल करते हैं जिनसे होकर प्रधान नहरों का पानी उनकी शाखाओं में जाता है जिसमें हर एक को बराबर पानी मिले। इन्हीं लोगों के सुपुर्द शिकारी लोग भी रहते हैं और इन्हीं को उनकी योग्यतानुसार उन्हें पुरस्कार वा दंड देने का अधिकार प्राप्त रहता है। ये कर वसूल करते हैं और भूमि से सम्बन्ध रखनेवाले व्यवसायों की देखभाल करते हैं जैसे लकड़हारे, बढ़ई, लोहार और खान खोदनेवाले। ये सड़क बनाते हैं, और हर दसवीं स्टेडिया[1] पर रास्ते और दूरी को सूचित करने के लिए स्तम्भ उठाते हैं। जिनके सुपुर्द नगर हैं वे पाँच-पाँच मनुष्यों के छह समुदायों में बँटे हैं। पहले समुदाय के लोग कला-कौशल से सम्बन्ध रखनेवाली प्रत्येक बातों की देखभाल करते हैं। दूसरे समुदाय के लोग विदेशियों का सत्कार करने पर रहते हैं; उनको ये निवासस्थान देते हैं और उन लोगों के द्वारा जिन्हें ये उन (विदेशियों) को सहायकों की भाँति देते हैं उनके रहन-सहन पर भी दृष्टि रखते हैं। जब वे देश छोड़ के जाते हैं तो ये उन्हें मार्ग में पहुँचाते हैं अथवा उनके मरने पर उनकी सम्पत्ति को उनके सम्बन्धियों को पहुँचा देते हैं। जब वे बीमार होते हैं तब ये उनकी सेवा करते हैं और यदि मर जाते हैं तो गाड़ देते हैं। तीसरा समुदाय उन लोगों से संयुक्त है जो यह पता लगाते हैं कि कब और किस प्रकार से जन्म और मृत्यु उपस्थित हुई; न कि केवल कर लगाने के अभिप्राय से वरन् इस हेतु से भी कि जिसमें उच्च और नीच दोनों के बीच जन्म और मृत्यु राज्य की सूचना से न बचने पावे। चौथा वर्ग व्यवसाय और व्यापार का निरीक्षण करता है। इस वर्ग के लोग नाप और तौल की निगरानी रखते हैं और देखते रहते हैं कि ऋतु की उपज साधारण सूचना द्वारा बेची जाए। किसी मनुष्य को एक से अधिक प्रकार की सामग्री बेचने का अधिकार नहीं है जब तक कि वह दूना कर न दे। पाँचवाँ वर्ग बनी हुई वस्तुओं की जाँच करता है जिनको लोग साधारण विज्ञापन द्वारा बेचते हैं। जो वस्तु नई होती है वह उससे अलग बेची जाती है जो पुरानी होती है और इन दोनों को एक साथ मिला देने पर जुर्माना होता है। छठा और अन्तिम वर्ग उन लोगों का है जो बेची हुई वस्तुओं के मूल्य का दशमांश वसूल करते हैं। एक कर के प्रदान में धोखा देने का दंड मृत्यु द्वारा दिया जाता है।

1. इससे जान पड़ता है कि दस स्टेडिया किसी हिन्दुस्तानी नाप के बराबर था जो अवश्य ही क्रोश वा कोस रहा होगा। यदि स्टेडिया 202 (गज़ का माना जाए तो इस हिसाब से एक कोस में 2022) गज़ होते हैं जो 4000 हाथ के छोटे कोस से मेल खा जाता है जो पंजाब में प्रचलित है और बंगाल में भी थोड़े ही पहले, यद्यपि अब नहीं, व्यवहार में था।

यही कर्तव्य हैं जिनका ये समुदाय पृथक्-पृथक् सम्पादन करते हैं। इनके मिले-जुले रूप में इनके सुपुर्द इनके विशेष विभाग भी रहते हैं तथा सर्वसाधारण के हितसाधक कार्य भी जैसे सरकारी इमारतों की मरम्मत कराना, मूल्यों को निर्धारित करना, बाज़ारों, बन्दरगाहों और मन्दिरों की निगरानी। नगर के दंडाध्यक्षों के अनन्तर एक तीसरा शासक समाज है जो सेना सम्बन्धी कार्यों को चलाता है। प्रत्येक पाँच-पाँच मनुष्यों के इसमें भी छह विभाग हैं। एक विभाग तो जहाज़ी बेड़े के नायक के साथ योग देने के हेतु नियत किया जाता है दूसरा उन साँड़ के छकड़ों के निरीक्षक के साथ जो युद्ध के इंजिन, सिपाहियों की भोजन-सामग्री, चौपायों का चारा, तथा और दूसरी सैनिक सामग्रियों के ढोने के काम में आते हैं। ये सेवक पहुँचाते हैं जो ढोल बजाते हैं और दूसरे जो झाँझ लेकर चलते हैं; घोड़ों के लिए साईस भी, तथा शिल्पकार और उनके सहायक भी (यही देते हैं)। झाँझ के शब्द पर ये घसिहारों को घास लाने के लिए भेजते हैं; और पुरस्कार और दंड के नियम के द्वारा ये इस काम को करीने और हिफाज़त के साथ करवा लेते हैं। तीसरे वर्ग के सुपुर्द पैदल सिपाही, चौथे के घोड़े, पाँचवें के युद्ध के रथ, और छठे के हाथी रहते हैं। घोड़ों और हाथियों के लिए सरकारी अस्तबल हैं तथा हथियारों के लिए सरकारी मेगज़ीन भी हैं, क्योंकि सिपाही को अपने शस्त्र को मेगज़ीन में और घोड़े को अस्तबल में लौटाना पड़ता है। वे हाथियों को बिना लगाम लगाए काम में लाते हैं। चढ़ाई पर रथ बैलों द्वारा खींचे जाते हैं, पर घोड़े साथ-साथ बागडोर के सहारे चलाए जाते हैं जिसमें उनकी टाँगें चुटीली न हो जाएँ और वे गरमा न उठें तथा रथ खींचने से उनका उत्साह ढीला न पड़ जाए। सारथी के अतिरिक्त दो योद्धा रहते हैं जो रथ में उसके इधर-उधर बैठते हैं। युद्ध के हाथी चार आदमी लेकर चलते हैं–तीन तो वे जो तीर चलाते हैं, और एक फ़ीलवान।

खंड : 35

Ælian, Hist, Anin XIII-10.

घोड़ों और हाथियों के विषय में

जो यह कहा जाता है कि एक भारतवासी घोड़े के सामने कूदकर उनकी गति रोक सकता है और उसको पीछे हटा सकता है, यह सब भारतवासियों के विषय में सत्य नहीं है वरन् केवल उन्हीं के विषय में जो लड़कपन से घोड़े फेरना सिखाए जाते हैं, क्योंकि अपने घोड़ों को लगाम से वश में करने और उनको सधी हुई क़दम के साथ और एक सीध में चलाने की रीति उनके बीच है। पर न तो वे उनकी जीभ काँटेदार जाबों से चुटीली करते हैं और न उनके तालू को पीड़ित करतें हैं। व्यवसायी शिक्षक उनको एक चक्कर में चारों ओर दौड़ाकर निकालते हैं विशेषकर जब वे अड़ीले होते हैं। ऐसे लोगों को जो इस काम को उठाते हैं बलिष्ट भुजा तथा घोड़ों से पूरी जानकारी की आवश्यकता रहती है। अत्यन्त निपुण लोग अपने गुण की परीक्षा एक रथ को चक्कर में बार-बार दौड़ाकर करते हैं; और सचमुच चार-चार उद्दंड घोड़ों के समूह को, जबकि वे एक वृत्त में वेग के

साथ घूम रहे हैं, वश में रखना कोई सहज खेल नहीं है। रथ पर दो आदमी रहते हैं जो सारथी के इधर-उधर बैठते हैं। युद्ध का हाथी, या तो उसमें जो मंडप कहलाता है वा सच पूछिए तो अपनी नंगी पीठ पर तीन योद्धा लेकर चलता है जिनमें से दो तो बग़ल से तीर छोड़ते हैं और एक पीछे से छोड़ता है। एक चौथा आदमी भी रहता है जो अपने हाथ में अंकुश लिये रहता है जिससे वह उस पशु को ठीक उसी रीति से चलाता है जैसे किसी जहाज़ के कप्तान और माँझी पतवार से उसे चलाते हैं।

खंड : 36

Strabo XV. 1.41-43, —pp. 704-705.

हाथियों के विषय में

साधारण आदमी को घोड़ा और हाथी रखने की आज्ञा नहीं है। ये पशु राजा की मुख्य सम्पत्ति समझे जाते हैं, और उनकी देखभाल के लिए मनुष्य नियुक्त किए जाते हैं। हाथी के पकड़ने की रीति यह है। भूमि के एक खुले खंड में विस्तार में लगभग पाँच वा छह स्टेडिया की एक गहरी खाई खोदी जाती है और इस पर एक बहुत तंग पुल रक्खा जाता है जिस पर से घेरे के भीतर जाने का रास्ता रहता है। इस घेरे के भीतर तीन वा चार भली प्रकार सिखाई हुई हथनियाँ लाई जाती हैं। मनुष्य लोग स्वयं छिपे हुए झोपड़ों में ताक में पड़े रहते हैं। बनैले हाथी दिन के समय इस फन्दे के निकट नहीं आते, परन्तु रात को वे इसके भीतर एक-एक करके जाते हैं। जब सब द्वार से होकर निकल जाते हैं तब लोग धीरे से उसे बन्द कर देते हैं; तब, सबसे बलवान लड़नेवाले हाथियों को उसके भीतर ले जाकर जंगली हाथियों से लड़ाते हैं, जिनको कि वे भूख से भी अशक्त कर देते हैं। जब बनैले हाथी श्रम से थक जाते हैं, तब फ़ीलवानों में सबसे साहसी चुपके से उतर आते हैं, और प्रत्येक मनुष्य अपने-अपने हाथी के नीचे खिसक जाता है और इस आसन से बनैले हाथी के पेट के नीचे खिसक जाता है और उसके पैरों को बाँध देता है। जब यह हो चुकता है तब वे पालतू हाथियों को उन्हें मारने के लिए उभाड़ते हैं जिनके पैर बँधे रहते हैं, यहाँ तक कि वे पृथ्वी पर गिर पड़ते हैं। तब वे जंगली और घरेलू दोनों को एक साथ गरदन-से-गरदन मिलाकर बैल के गीले चमड़े के पट्टों से बाँध देते हैं। जिसमें वे चढ़ने के लिए यत्न करते समय हिलें न वे उनकी गरदन के चारों ओर घाव कर देते हैं और तब घावों में चमड़े के पट्टे डाल देते हैं, इससे पीड़ा उन्हें बेड़ियों को सहन करने और चुपचाप पड़े रहने को बाध्य करती है। पकड़ी हुई संख्या में से वे ऐसों को निकाल देते हैं जो सेवा के लिए बहुत बुड्ढे अथवा बहुत बच्चे होते हैं, और शेष को वे बाड़ों में ले आते हैं। यहाँ वे उनका पैर एक-दूसरे से बाँध देते हैं और गरदन एक दृढ़तापूर्वक गड़े हुए खम्भे में लगाकर जकड़ देते हैं, और उन्हें भूख से पालतू करते हैं। इसके उपरान्त वे हरे-हरे नरकटों और घास से फिर (उनके शरीर में) बल लाते हैं। फिर वे उन्हें आज्ञानुवर्ती होना सिखाते

हैं जिसको वे उन्हें सन्तुष्ट करके करते हैं, कोई दमदिलासे के शब्दों से और कोई गीतों और ढोल के बाजे से। बहुत कम उनमें से ऐसे निकलते हैं जिनका पालना कठिन हो, क्योंकि वे स्वभावतः इतने सीधे और शान्त होते हैं कि वे बुद्धिसम्पन्न जीवों के निकट तक पहुँचते हैं। कोई-कोई उनमें से अपने फ़ीलवान को जब वह लड़ाई में गिर जाता है ऊपर उठा लेते हैं और कुशलपूर्वक रणक्षेत्र से निकाल ले जाते हैं। कोई, जब उनके स्वामियों ने उनके अगले पैरों के बीच में शरण ली है, उनकी रक्षा के हेतु लड़े हैं और उन्होंने उनके प्राण बचाए हैं। यदि क्रोध के आवेग में वे उस मनुष्य को जो उन्हें चारा देता है अथवा उसको जो उन्हें शिक्षा देता है मार डालते हैं, तो वे उसकी हानि के लिए इतना पछताते हैं कि भोजन करना छोड़ देते हैं और कभी-कभी भूख से मर जाते हैं।

वे घोड़ों की नाईं प्रसंग करते हैं, और मादा अपना बच्चा वसन्त काल में देती है। यह नर हाथी के लिए ऐसी ऋतु है, जब वह मद में रहता है और भयानक हो जाता है। उस समय वह कनपटियों के पास एक छिद्र में से एक चरबीला पदार्थ फेंकता है। यह मादा के लिए भी ऐसी ऋतु होती है जब उसका सम्बन्धी मार्ग खुल जाता है। वे सोलह अथवा अठारह महीने तक बच्चा लिये रहती है। मादा अपने बच्चों को छह वर्ष तक दूध पिलाती है। बहुतेरे तो इतने दिन जीते हैं जितने कि मनुष्य जो अत्यन्त दीर्घायु को पहुँचते हैं, और कोई-कोई 200 वर्ष से ऊपर जीते हैं। इन्हें बहुत से रोगों का भय रहता है और ये जल्दी चंगे नहीं होते। नेत्रों के रोगों के लिए गाय के दूध से उन्हें धोना दवा है। उनके और दूसरे रोगों के लिए उन्हें काली मदिरा के घूँट दिए जाते हैं। उनके घावों को अच्छा करने के लिए उन्हें मक्खन खिलाया जाता है क्योंकि यह लाहा बाहर खींच लेता है। उनके घाव सूअर के मांस से सेंके जाते हैं।

खंड : 37

Arr. Ind. Ch. 13-14.

(32वाँ खंड इसके पहले आता है)

(एरियन की इंडिका का अनुवाद देखो)

(खंड : 37 ख)

Ælian, Hist, Anin. XII. 44.

हाथियों के विषय में

भारतवर्ष में यदि कोई हाथी पूरी बाढ़ पर पकड़ा जाता है तो उसका पालना कठिन होता है; वह स्वतन्त्रता की इच्छा से रुधिर का प्यासा हो जाता है। यदि वह सीकड़ों में बाँध

दिया जाता है तो यह उसे और भी क्रुद्ध करता है, और वह स्वामी के वश में नहीं आता है। पर, भारतवासी लोग उसे भोजन से फुसलाते हैं और बहुत सी ऐसी वस्तुओं से उसे शान्त करते हैं जिनसे उसे रुचि रहती है; उनका उद्‌देश्य उसका पेट भरना है और उसके स्वभाव को कोमल करना रहता है। पर यह अभी तक उनसे कुपित रहता है और उन पर कुछ ध्यान नहीं देता। तब फिर वे किस युक्ति का सहारा लेते हैं ? वे उसके पास अपने देशी रागों को गाते हैं और उसे सर्वसाधारण में प्रचलित एक यन्त्र की ध्वनि से प्रसन्न करते हैं जिसमें चार तार लगे रहते हैं और जो स्किंडप्सस (Skindapsos) कहलाता है। पशु अब अपने कान उठाता है और मनोरंजक आलाप के वश में हो जाता है और उसका क्रोध धीमा पड़ जाता है। तब, यद्यपि उसका दबा हुआ क्रोध कभी-कभी भड़क उठता है, यह धीरे-धीरे अपनी दृष्टि भोजन की ओर फेरने लगता है। तब यह अपने बन्धनों से मुक्त कर दिया जाता है परन्तु भागने की चेष्टा, गान से मोहित होने के कारण, नहीं करता। यहाँ तक कि वह खाना चाह से खाने लगता है और एक विशद अतिथि कीं भाँति भोजन की चौकी के पास खड़ा रहकर गान के प्रेम से जाने की इच्छा नहीं करता।

खंड : 38

Aelian, Hist, Anin, XIII. 7.

हाथियों के रोग के विषय में

भारतवासी उन हाथियों के घाव को जिन्हें वे पकड़ते हैं निम्नलिखित रीति से अच्छा करते हैं—वे उनकी उसी रीति से चिकित्सा करते हैं जिससे, जैसा कि सज्जन वृद्ध होमर (Homer) कहता है, पेट्रोक्लस (Patroklos) ने यूरिपाइलस (Eurypylos) के घावों की चिकित्सा की थी, वे उन्हें अर्द्ध उष्ण (शीरगम) जल से सेंकते हैं।[1] इसके उपरान्त वे उन्हें मक्खन से मलते हैं, और यदि वे गहरे होते हैं तो वे गरम, पर रुधिर लगा हुआ सूअर का मांस लगाकर और भरकर सूजन को कम कर देते हैं। वे...को गाय के दूध से अच्छा करते हैं, जो कि प्रथम आँख को सेंकने के लिए काम में लाया जाता है और फिर उसमें डाला जाता है। पशु अपनी पलकों को खोल देते हैं, और यह देखकर कि वे अच्छी तरह देख सकते हैं, प्रसन्न होते हैं और गुण को मनुष्यों की भाँति समझते तक हैं। जैसे-जैसे उनका अन्धापन घटता जाता है उसी हिसाब से उनकी प्रसन्नता बढ़ती जाती है, और यह एक चिह्न है कि बीमारी अच्छी हो गई। दूसरे रोगों की औषधि जो उन्हें होते हैं काली मदिरा है; और यदि यह अनुपान भी आरोग्यता लाने में निष्फल होता है तो दूसरी कोई वस्तु उन्हें नहीं बचा सकती।

---

1. देखो इलियड् अ. 11; 845।

खंड : 39

Strabo. XV. 1. 44–P. 706

सोना[1] खोदनेवाली चींटियों के विषय में

मेगास्थिनीज़ इन चींटियों का निम्नलिखित विवरण देता है। भारतवासियों की एक बड़ी जाति दरदई[2] (Dardai) के बीच जो पूर्वीय सीमा के पहाड़ों पर बसती है एक ऊँचा प्लेटो[3] लगभग 3000 स्टेडिया के घेरे में है। सतह के नीचे सोने की खाने हैं, और यहीं अतएव वे चींटियाँ पाई जाती हैं जो उस धातु के लिए खोदती हैं। वे डील में जंगली लोमड़ियों से कम नहीं होतीं। वे आश्चर्यजनक वेग के साथ दौड़ती हैं और अहेर की प्राप्ति पर निर्वाह करती हैं। उनके खोदने का समय जाड़ा है।[4] खानों के मुँह पर वे, जैसा कि छछूँदर करते हैं, मिट्टी का ढेर फेंकती हैं। स्वर्णधूलि को थोड़ा उबालना पड़ता है। पड़ोस के लोग चुपचाप बोझ ढोनेवाले पशुओं के साथ आकर इसको ले जाते हैं। यदि वे खुले मैदान आएँ तो चींटियाँ उन पर आक्रमण करें और यदि वे भागें तो उनका पीछा करें, और उन्हें तथा उनके बैलों दोनों को मार डालें। इससे उनकी दृष्टि बचाकर इस डकैती को पूरा करने के लिए वे कई भिन्न-भिन्न स्थलों पर जंगली पशुओं के मांस के टुकड़े डाल देते हैं, और जब चींटियाँ इस युक्ति से छितरा जाती हैं तो वे स्वर्णधूलि को उठा ले जाते हैं। इसको वे जो व्यापारी मिला उसी के हाथ जबकि यह कच्ची ही अवस्था में रहती है, बेच देते हैं क्योंकि धातुओं को गलाने की विद्या उन्हें अज्ञात है।

---

1. देखो Ind. Ant. Vol. IV. pp. 225 जहाँ पर दृढ़ विवाद यह प्रमाणित करने के लिए उपस्थित किए गए हैं कि "सोना खोदनेवाली चींटियाँ आदि में न तो यथार्थ में चींटियाँ थीं जैसा कि प्राचीन लोग समझते थे, और न दूसरे कोई बड़े जानवर थे जो अपने आकार और स्वभाव के कारण भ्रम से चींटी समझे गए जैसा कि बहुत से विद्वानों ने अनुमान किया है, परन्तु वे तिब्बती खान खोदनेवाले थे जिनका रहन-सहन और पहनावा अत्यन्त प्राचीन काल में वैसा ही था जैसा कि आजकल है।
2. वे प्लिनी के Dardoe, टालमी के दरद्रई (Daradrai) और संस्कृत साहित्य के दरदस हैं। "दार्दस लोग मिटी हुई जाति नहीं हैं। आधुनिक भ्रमणकारों के वृत्तान्तों के अनुसार उनमें कई जंगली और लुटेरे दल संयुक्त हैं जो काश्मीर की उत्तर-पश्चिमी सीमा के पर्वतों पर सिन्धु नदी के तट पर बसते हैं– Ind.Ant.
3. चोजोटोल का टेब्ललैंड–Journal Royal Geog.Soc. Vol. xxxix pp. 149–Es Ind. Ant.
4. थोकजालंग के खान खोदनेवाले शीत के रहते भी जाड़े ही में काम करना पसन्द करते हैं; और उनके डेरों की संख्या जो गरमी में तीन सौ रहती है जाड़े में लगभग छह सौ के पहुँच जाती है। वे जाड़ा इस हेतु पसन्द करते हैं कि जमी हुई मिट्टी अच्छी तरह लगी रहती है और गिरकर उन्हें बहुत कष्ट नहीं देती।"

खंड : 40वाँ

Arr Ind. XV; 5-7

(एरियन की इंडिका का अनुवाद देखो)

खंड : 40 (ख)

Dio Chrysost or. 35, p. 436, Morell.

चींटियों के विषय में जो सुवर्ण के लिए खोदती हैं

(मिलाओ खंड 34 और 40)

वे सोना चींटियों से पाते हैं। ये जीव लोमड़ियों से बड़े होते हैं, परन्तु और बातों में हमारे देश की चींटियों के समान होते हैं। वे दूसरी चींटियों की तरह भूमि में बिल खोदती हैं। ढेर जो वे ऊपर फेंकती हैं, सारे संसार में सबसे शुद्ध और कान्तिमय सुवर्ण का रहता है। ये टीले स्वर्णधूलि की छोटी-छोटी पहाड़ियों की नाईं एक-दूसरे से पास-पास विधानयुक्त क्रम के साथ लगाए जाते हैं जिससे सारा मैदान दीप्तिमान हो जाता है। इसलिए सूर्य की ओर ताकना कठिन रहता है, और बहुतों ने जिन्होंने ऐसा करने का यत्न किया है अपनी नेत्रज्योति नष्ट कर दी है। लोग जो इन चींटियों के पड़ोसी हैं इन ढेरों को लूटने के अभिप्राय से छकड़ों पर चढ़कर जिनमें वे अपने सबसे तेज घोड़ों को जोते रहते हैं मध्यवर्ती रेगिस्तान को पार करते हैं जो बड़े विस्तार का नहीं है। वे दोपहर को पहुँचते हैं जिस समय चींटियाँ भूगर्भ में गई रहती हैं, और चटपट लूट को लेकर पूर्ण वेग के साथ भागते हैं। चींटियाँ जो कुछ हुआ उसका समाचार पाकर भागनेवालों का पीछा करती हैं और उन्हें पकड़कर जब तक जीततीं वा मरतीं नहीं तब तक उनसे लड़ती हैं, क्योंकि समस्त जानवरों से वे अधिक साहसी होती हैं। इससे यह जान पड़ता है कि वे सुवर्ण के मूल्य को समझती हैं और उससे जुदा होने की अपेक्षा अपने प्राण न्योछावर कर देना चाहती हैं।

खंड : 41

Strabo XV. 1. 58-60—pp. 7117-14.

भारतीय दार्शनिकों के विषय में

(खंड 29 इसके पहले है)

(58) दार्शनिकों की चर्चा करते हुए वह (मेगास्थिनीज़) कहता है कि उनमें से ऐसे लोग जो पर्वतों पर रहते हैं डायोनिसस (Dionysos) के पूजक होते हैं और इसके प्रमाण की

भाँति कि वह उनके बीच आया था वे जंगली अंगूर, जो केवल उन्हीं के देश में होता है, और तरुरोहिणी, और नारल (Iaurel) और मेंहदी (Myrtle) और शमशाद (box tree) तथा दूसरे सदाबहार पेड़ दिखाते हैं जिनमें से एक भी, केवल कहीं-कहीं उद्यानों में छोड़ जिनकी रक्षा के हेतु बड़े ध्यान की आवश्यकता होती है, इफ़रात के आगे नहीं पाए जाते हैं। वे कुछ रीतियों का पालन करते हैं जो बक्‌चनेलियन्‌ (Bacchanalian) हैं। जैसे वे मलमल पहनते हैं, पगड़ी देते हैं, सुगन्धित द्रव्यों का व्यवहार करते हैं और चमकीले रंगों में रँगे हुए पहिरावों को धारण करते हैं; और उनके राजा जब सर्वसाधारण के बीच निकलते हैं उनके पीछे ढोल और झाँझ बजते हैं। किन्तु वे दार्शनिक जो मैदानों में रहते हैं हेराक्लीज़ (Herakles) की पूजा करते हैं। (यह गप्प है और बहुतेरे ग्रन्थकारों ने इसका खंडन किया है विशेषकर उसका जो अंगूर और मद्य के विषय में कहा गया है। क्योंकि आरमेनिया का अधिक भाग, और पारस और कारमेनिया के आगे समस्त मेसोपोटोमिया (Mesopotamia) और मिडिया (Media) इफ़रात के आगे पड़ता है और इन प्रत्येक देशों के अधिकतर भागों में उत्तम अंगूर उत्पन्न होते हैं और उनसे उत्तम मद्य निकाला जाता है।

(59) मेगास्थिनीज दार्शनिकों को एक भिन्न विभाग यह कहकर करता है कि वे दो प्रकार के होते हैं–जिनमें से एक को वह ब्राचमनीज़ (Brachmanes) कहता है और दूसरे को सरमनीज़[1] (Sarmanes)। ब्राचमनीज़ की प्रतिष्ठा सबसे अधिक होती है क्योंकि अपनी सम्मतियों में वे अधिक युक्तिपूर्ण होते हैं। गर्भस्थान में आने के समय से ही वे विद्वान मनुष्यों की निगरानी में रहते हैं, जो माता के पास उसके और उसके बच्चे के कल्याण के हेतु मन्त्र प्रयोग करने के मिस जाते हैं, परन्तु वास्तव में उसे सुन्दर शिक्षा और उपदेश देते हैं। स्त्रियाँ जो अत्यन्त चाह से सुनती हैं अपने लड़कों के विषय बड़ी भाग्यवती समझी जाती हैं। जन्म के अनन्तर लड़के एक के उपरान्त दूसरे मनुष्य के अधीन रहते हैं और जैसे-जैसे वे अवस्था में बढ़ते जाते हैं प्रत्येक उत्तराधिकारी स्वामी अपने पूर्वाधिकारी से अधिक दक्ष होता है। दार्शनिकों का निवासस्थान नगर के सामने कुंज में एक स्वल्पाकार घेरे के भीतर होता है। वे सादी चाल से रहते हैं, और तृण और चर्म्म (मृग) के बिछौनों पर सोते हैं; वे मांसाहार और विषय सुख से बचे रहते हैं और अपना समय गम्भीर वार्ताओं के श्रवण में तथा उन्हें अपनी विद्या दान करने में बिताते हैं जो सुनना चाहते हैं। श्रोता को बोलने की, खाँसने तक की, थूकने की कौन कहे, आज्ञा नहीं है और यदि कोई इस प्रकार का अपराध करता है वह उसी दिन मंडली से ऐसा मनुष्य समझकर निकाल दिया जाता है जिसमें स्वेच्छावरोध का अभाव है। इस प्रकार से सैंतीस वर्ष रहकर प्रत्येक प्राणी अपनी सम्पत्ति पर लौट आता है जहाँ पर वह

---

1. यह प्रधान प्रश्न है कि ये सरमनीज़ कौन थे, कुछ लोग तो उन्हें बौद्ध समझते हैं और कुछ लोग इसका प्रतिवाद करते हैं। दोनों ओर से गम्भीर गम्भीर विवाद उपस्थित किए गए हैं; लेकिन उनकी सम्मति सत्य की ओर अधिक प्रवृत्त जान पड़ती है जो कहते हैं कि वे बौद्ध थे। —Schwanbeck.

अपने शेष दिनों तक सुख और रक्षापूर्वक रहता है।[1] तब वे उत्तम मलमल धारण करते हैं और अपनी अँगुलियों और अपने कानों में कुछ सोने के गहने भी पहनते हैं। वे मांस खाते हैं पर परिश्रम में लगनेवाले पशुओं का नहीं। वे गरम तथा अत्यन्त बघारे हुए भोजन से बचते हैं। वे जितनी स्त्रियाँ चाहते हैं, उतनी बहुत सी सन्तति होने के अभिप्राय से ब्याहते हैं; क्योंकि कई स्त्रियाँ रखने में बड़े लाभ होते हैं, और चूँकि उनके पास दास (गुलाम) नहीं होते इससे उन्हें अपने आसपास आवश्यकता को पूरा करने के लिए लड़कों के रखने की अधिक आवश्यकता होती है।

ब्राचमनीज़ लोग दर्शन के ज्ञान को स्त्रियों से नहीं जताते कि कहीं यदि वे दुश्चरित्र हो जाएँ तो निषेध किए गए रहस्यों में से किसी को खोल न दें अथवा यदि वे कहीं उत्तम दार्शनिक हो जाएँ तो उन्हें छोड़ न दें। क्योंकि कोई व्यक्ति जो सुख और दुःख तथा जीवन और मरण का तिरस्कार करता है दूसरे के अधीन नहीं रहना चाहता है, किन्तु यह सत्पुरुष और सुशीला स्त्री दोनों का लक्षण है।

मृत्यु प्रायः उनकी वार्ता का विषय रहता है। वे इस जीवन को, मानो, वह काल समझते हैं जब बच्चा गर्भ के भीतर परिपूर्ण होता है; और मृत्यु को दर्शन के अनुगामियों के लिए एक यथार्थ और आनन्दमय जीवन के बीच जन्म समझते हैं। इस निमित्त वे मृत्यु की तैयारी की भाँति बड़ी शिक्षा प्राप्त करते हैं। जो कुछ मनुष्य पर पड़ता है उसको वे भला वा बुरा नहीं समझते; अन्यथा विचार करना स्वप्नवत् भ्रम है, नहीं तो क्यों उन्हीं वस्तुओं से किसी-किसी को शोक होता है और किसी को आनन्द, और कैसे वही वस्तु उन्हीं प्राणियों को भिन्न-भिन्न अवसरों पर इन परस्पर विरोधी भावनाओं से पूर्ण करती है ?

वही ग्रन्थकार कहता है कि भौतिक रहस्य के विषय में उनके विचार बड़े कच्चे हैं, क्योंकि वे विवेचनाओं की अपेक्षा अपने कर्मों में अधिक भले होते हैं; क्योंकि उनका विश्वास अधिकतर कहानियों पर अवलम्बित रहता है; तिस पर भी कई बातों में उनकी सम्मतियाँ यूनानियों से मेल खाती हैं, क्योंकि उन्हीं की नाईं वे भी कहते हैं कि जगत का आदि था और वह नश्वर है और आकार में गोल है, और ईश्वर जिसने उसको बनाया और जो उस पर शासन करता है उसके समस्त अंशों में व्याप्त है। वे मानते हैं कि कई आदि तत्त्व हैं जो ब्रह्मांड में परिचलित होते हैं और जल ही वह तत्त्व है जो जगत के बनाने में व्यवहृत हुआ था। चार तत्त्वों के अतिरिक्त एक पाँचवीं सामग्री (आकाश) भी है जिससे नभमंडल और तारे उत्पन्न हुए। पृथ्वी ब्रह्मांड के बीच में रक्खी गई है।

1. यह भ्रम (यूनानी ग्रन्थकर्ताओं का) ब्राह्मण के जीवन के चारों विभागों की अज्ञानता से उत्पन्न हुआ है। जैसे वे ऐसे मनुष्यों की बात कहते हैं जिन्होंने बहुत वर्षों तक दार्शनिक रहकर विवाह किया है और साधारण जीवन में आए हैं–एलफिस्टन का इतिहास पृष्ठ 236 जहाँ पर यह भी कहा है कि ग्रन्थकारों ने भ्रमवश उस काल को बढ़ाकर लिखा है जिसमें दात्रगण अपने शिक्षकों की वार्ता चुपचाप भक्ति के साथ सुनते हैं। वे हर अवस्था में सैंतीस वर्ष कहते हैं जो कि सबसे अधिक काल है जिसे मनु ने लिखा है।

उत्पत्तिपरम्परा और आत्मा के तत्त्व के विषय में तथा और दूसरी बातों में वे यूनानियों ही के समान विचार प्रगट करते हैं। वे अपने अमरत्त्व और आगामी न्याय विषयक सिद्धान्तों तथा और ऐसी ही बातों को प्लेटो (Plato) के ढंग पर रूपकों में लपेटते हैं। ऐसे ही उसके कथन ब्राचमनीज़ के विषय में हैं।

(60) सरमनीज़, जिनकी सबसे अधिक प्रतिष्ठा होती है वे हाइलोब्योई (Hylobioi) कहलाते हैं। वे जंगलों में रहते हैं जहाँ पर वे पेड़ की पत्तियों और जंगली फलों पर निर्वाह करते हैं, और वृक्षों की छाल के बने हुए पहिरावे धारण करते हैं। वे स्त्रीप्रसंग और मद्य से बचते हैं। वे राजाओं से बातचीत रखते हैं जो वस्तुओं के कारण के विषय में दूतों द्वारा उनसे परामर्श लेते हैं, और जो उन्हीं के द्वारा देवता की विनती और पूजा करते हैं। हाइलोब्योई से प्रतिष्ठा में नीचे वैद्य लोग हैं, क्योंकि वे मनुष्य के स्वभाव के अध्ययन में लगे रहते हैं। चाल-ढाल में वे बड़े सीधे होते हैं, किन्तु खेतों में नहीं रहते। उनका भोजन चावल और जौ है जिसको वे सदैव कहने मात्र ही से पा सकते हैं, अथवा उनसे पाते हैं जो उन्हें अपने घरों में अतिथि की भाँति निमन्त्रित करते हैं। अपने औषधिशास्त्र के ज्ञान के कारण वे विवाहों को फलप्रद बना सकते हैं और होनेवाली सन्तति का वर्ग (Sex) निर्धारित कर सकते हैं। वे औषषि की अपेक्षा नियमित आहार ही से आरोग्य करते हैं। औषधियों में सबसे अधिक श्रद्धा मरहम और पट्टी पर है। और सबको वे गुण में हानिकारक समझते हैं। इस वर्ग के लोग और दूसरे वर्ग के लोग धैर्य का अभ्यास शारीरिक परिश्रम करके और कष्ट सहन करके करते हैं। इससे वे समस्त दिन अचल भाव से एक ही नियत आसन पर जमे रहते हैं।[1]

इनके अतिरिक्त भविष्यवक्ता और जादूगर लोग तथा मृतक सम्बन्धी क्रियाओं और रीतियों के अधिष्ठाता लोग होते हैं जो गाँवों और नगरों में भीख माँगते फिरते हैं।

इनमें से ऐसे भी जो उत्कृष्ट संस्कार और मार्जना के होते हैं, हेडीज़ (Hades) के विषय में ऐसी-ऐसी निर्मूल बातों का प्रचार करते हैं जिनको वे जीवन की पवित्रता और शुद्धता के लिए उपयुक्त समझते हैं। उनमें से किसी के साथ-साथ स्त्रियाँ भी दर्शन का अनुगमन करती हैं, किन्तु वे प्रसंग से बची रहती हैं।

खंड : 42

Clem. Alex. Strom I. p. 3050.

यहूदी जाति इन सबसे कहीं अधिक प्राचीन है और उनका दर्शन, जो लिपिबद्ध हुआ है, यूनानियों के दर्शन से पहिले का है, पैथागोरिनय फ़िलो (Philo, the Pythagorean) ने

1. निस्सन्देह यह विचारने योग्य बात है कि बुद्ध का मत यूनानी ग्रन्थकारों द्वारा स्पष्ट रूप से लक्षित नहीं किया गया यद्यपि यह सिकन्दर से दो शताब्दी पहले से था। इसका एक यही कारण है कि उसके अनुगामियों का रूप और उसकी चाल-ढाल इतनी विलक्षण न थी कि जिससे कोई विदेशी उन्हें देखकर जनसमूह से उन्हें पृथक निश्चित करे।

कई प्रमाणों से दिखलाया है, ऐसे ही आरिस्टोब्युलस पेरिपेटिटिक (Aristoboulos, the Peripatetic) तथा और दूसरों ने भी जिनका नाम गिनाकर मुझे समय नष्ट करने की आवश्यकता नहीं। इंडिका पर एक ग्रन्थ का कर्ता मेगास्थिनीज़, जो सिल्यूकस निकेटर के साथ रहता था, इस विषय पर अत्यन्त ही स्पष्ट रूप से लिखता है, और उसके वाक्य ये हैं–"जो कुछ प्राचीनों द्वारा प्रकृति के सम्बन्ध में कहा गया है वह यूनान के बाहर के दार्शनिकों द्वारा भी निरूपित किया गया है, एक ओर तो हिन्दुस्तान में ब्राचमनीज़ द्वारा, दूसरी ओर सीरिया में उन लोगों द्वारा जो यहूदी (Jews) कहलाते हैं।

खंड : 42 (ख)

Euseb.Proep. Ev. IX. 6—pp. 410 C.D.
Ex. Clem. Æex.

फिर इसके अतिरिक्त आगे चलकर वह इस प्रकार लिखता है–

"मेगास्थिनीज़, ग्रन्थकार जो सिल्यूकस निकेटर के साथ रहता था, इस विषय पर अत्यन्त स्पष्ट रूप से और इस अभिप्राय से लिखाता है 'जो कुछ प्राचीनों द्वारा...इत्यादि'।"

खंड : 42 (ग)

Cyrill, Contra julian IV. (O pp. Ed. paris 1 638 T.
VI. p. 134 Al. Ex. Clem. Alex.[1]

आरिस्टोय्यलस पेरिपेटेटिक (Aristoboulos the Peripatetic) कहीं पर इस प्रकार लिखता है–"जो कुछ प्राचीनों इत्यादि।"

खंड : 43

Clem, Alex. Strom 1. p. 305 A.B.

भारतवर्ष के दार्शनिकों के विषय में

[तब दर्शन अपने समस्त कल्याणकारी मनुष्य के लोगों के साथ, दीर्घ काल से बर्बरों में प्रचलित था जहाँ से इसने अपना प्रकाश जेंटाइल्स (Gentils) में फैलाया, और

1. इस खंड में यद्यपि सीरिल (Cyril) क्लिमेंस (Clemens) का अनुकरण करता है, वह भ्रम से मेगास्थिनीज़ के विवरण को आरिस्टोब्युलस का बतलाता है जिसकी क्लिमेंस केवल प्रशंसा करता है–Schwanbeck, p. 50.

अन्त में वह यूनान में घुसा। इसके आचार्य, मिश्रियों के पैगम्बर (भविष्यद्वक्ता), असीरियनों के चैल्डीन्स (Chaldoens), गाल (Gaul) लोगों के ड्रूइड (Druids), सरमेनियंस (Sarmanoeans) जो बैक्ट्रियन तथा केल्ट (Kelt) लोगों के दार्शनिक थे, पारसियों में मगी (Magi) जिन्होंने जैसा तुम जानते हो, पहिले ही से त्राणकर्ता (ईसू मसीह) के जन्म को, बतला दिया था, और जो एक तारा देखते-देखते यहूदा (Judoea) की भूमि तक आ पहुँचे थे, और भारतवासियों में जिम्नोसोफ़िस्ट (Gymnosophist), तथा बर्बर जातियों के और दूसरे दार्शनिकगण]

इन भारतीय दार्शनिकों के दो सम्प्रदाय हैं–एक सरमानई (Sarmanai) कहलाता है और दूसरा ब्राचमानई (Brachmanai)। सरमानई ही के अन्तर्गत वे दार्शनिक हैं जो हाइलोब्योई[1] (Hylobioi) कहलाते हैं जो न तो नगरों में रहते हैं और न घरों में। वे वृक्षों को छाल से अपने को ढाँकते हैं, और देवदार के फलों पर निर्वाह करते हैं, और जल अपने हाथों ही से मुँह तक ले जाकर पीते हैं। न वे विवाह करते हैं और न सन्तान उत्पन्न करते हैं। [हमारे समय के उन साधुओं की तरह जो इन्क्राटेटाइ (Enkratêtai) कहलाते हैं। भारतवासियों में वे दार्शनिक भी हैं जो बौत्त[1] (Boutta) के सिद्धान्तों का अनुकरण करते हैं जिसकी वे, अलौकिक पवित्रता के कारण देवता की भाँति प्रतिष्ठा करते हैं।]

---

1. V. 1. Bovra–कोलब्रूक ने अपने "जैन सम्प्रदाय पर आलोचना" (Observations on the Sect of Jains) में क्लिमेंस के इस खंड को इस सम्मति का खंडन करने के निमित्त उद्धृत किया है कि हिन्दुओं का मत और शास्त्र बुद्ध और जिनके सिद्धान्तों से अधिक नवीन है। वे कहते हैं कि "यहाँ मेरे अनुमान में बुद्ध के अनुगामी ब्राचमनीज़ और सारमनीज़ से स्पष्ट तथा पृथक् किए गए हैं। सारमनीज़, जिसको स्ट्रेबो ने जरमनीज़ और पारफिरियस (Porphyrius) ने समेनियंस (Samanoeans) कहा है भिन्न ही मत के संन्यासी हैं और वे जिन अथवा किसी दूसरे सम्प्रदाय के होंगे। ब्राचमनीज़ वही हैं जिनको कि लोस्ट्रेटस और हाइरोक्लीज़ (Hierokles) ने सूर्य का उपासक बतलाया है; और स्ट्रेबो तथा एरियन ने उन्हें जाति तथा व्यक्ति के कल्याण के निमित्त यज्ञ और बलिदान करनेवाले कहा है। वे एक प्राचीन ग्रन्थकार द्वारा स्पष्ट रीति से बुद्ध के सम्प्रदाय से पृथक् कहे गए हैं तथा सारमनीज़ वा सामेनियंस से बहुतेरों ने उन्हें जुदा कहा है। ये कई एक प्रामाणिक ग्रन्थकारों द्वारा सूर्य की उपासना करनेवाले, यज्ञ और बलिप्रदान करनेवाले, तथा संसार की नित्यता को अस्वीकार करनेवाले तथा और दूसरे सिद्धान्तों को माननेवाले कहे गए हैं जो इस अनुमान के प्रतिकूल ठहरते हैं कि उनसे जैन वा बुद्ध के सम्प्रदाय से अभिप्राय है। उनकी रीति-व्यवहार और सिद्धान्त, जैसा कि इन ग्रन्थकारों द्वारा वर्णित है हिन्दुओं के विचार और कर्मप्रणली के अनुसार ही है। इससे यह सिद्धान्त निकलता है कि वेदों के अनुगामी, जब यूनानी लोग सिकन्दर के साथ भारतवर्ष में आए थे, और मेगास्थिनीज़ के समय से लेकर, जिसने उन्हें ई.पू. चौथी शताब्दी में होना लिखा है, पारफिरियस के समय तक रहे।
2. लिपियाँ में आलोब्याई (Allobioi) पाठ है।

खंड : 44

Strabo. XV. 1.68–p. 718.

कालानोस और मंडेनिस के विषय में

पर मेगास्थिनीज़ कहता है कि आत्महत्या दार्शनिकों का सिद्धान्त नहीं है, वरन् वे जो इस कर्म को करते हैं विक्षिप्त समझे जाते हैं; जो स्वभावतः कड़े दिल के होते हैं वे अस्त्र धँसा के मरते हैं अथवा करारे से अपने को गिराते हैं, जो पीड़ा से भागते हैं वे अपने को डुबोते हैं, जो पीड़ा सहन करने में समर्थ होते हैं वे गला घोंट के मरते हैं और जो तीक्ष्ण स्वभाव के होते हैं वे आग में कूद पड़ते हैं। कालानोस[1] (Kalanos) इसी ढाँचे का आदमी था। वह अपने मनोविकारों के अधीन हो गया और सिकन्दर के चौके का दास हो गया। इसी कारण वह अपने देशवासियों द्वारा तिरस्कृत हुआ, पर मंडेनिस सराहा जाता है क्योंकि जब सिकन्दर के दूतों ने उसे ज़िउस (Zeus) के पुत्र के पास चलने के लिए निमन्त्रित किया और उसके स्वीकार करने पर पुरस्कार का वचन दिया और अस्वीकार करने पर दंड की धमकी दिखाई, तब वह नहीं गया। उसने कहा सिकन्दर ज़िउस का पुत्र नहीं है क्योंकि वह पृथ्वी के बड़े अर्द्ध भाग तक का भी स्वामी नहीं है। और अपने लिए वह ऐसे पुरुष का कोई दान नहीं चाहता जिसकी इच्छाओं को कोई वस्तु सन्तुष्ट नहीं कर सकती; और उसकी धमकियों से वह नहीं डरता; क्योंकि यदि वह जीवित रहा तो भारतवर्ष उसे पूरा भोजन पहुँचावेगा, और यदि वह मर गया तो वह अब के जराग्रस्त मांस पिंड से मुक्त हो जाएगा, और अधिक उत्तम तथा पवित्र जीवन में प्रवेश करेगा।

सिकन्दर ने उस मनुष्य की प्रशंसा की और उसे अपनी इच्छानुसार कार्य करने दिया।

पुस्तक-4

खंड : 45

Arr. VII. ii–3-9

(एरियन की इंडिका का अनुवाद देखो)

1. कालानोस टेक्सिला से मेक्रडोनियन सेना के साथ हो लिया और जब अन्त में अस्वस्थ हुआ तब एक चिता पर बिना क्लेश का कोई चिह्न प्रगट किए समस्त मेक्रडोनियन सेना के समक्ष भस्म हो गया। प्लूटार्क के अनुसार उसका यथार्थ नाम स्फ़िनिज़ (Sphines) था और यूनानियों के बीच उसे कालानोस का नाम इस कारण मिला कि वह आशीर्वाद देने में यूनानी वाक्य (Xaipe) के स्थान पर (Kaye) का व्यवहार करता था। जिसे प्लूटार्क यहाँ (Kade) कहता है वह शायद संस्कृत का ''कल्याण'' है। Smith's Classical Dictionary.

खंड : 46

Strabo. XV. 1. 6-8—pp. 686-688.

कि भारतवासियों पर दूसरों ने आक्रमण नहीं किए और न स्वयं उन्होंने दूसरों पर आक्रमण किया।

(मिलाओ संग्रह 23)

(6) किन्तु ऐसी-ऐसी चढ़ाइयों से जैसी काइरस[1] (Kyras) और सेमिरमिस[2] (Semiramis) ने कीं कि हम भारतवर्ष के वृत्तान्तों पर क्या यथार्थ विश्वास रख सकते हैं ? मेगास्थिनीज़ इस विचार से सहमत है और अपने पाठकों को चेताता है कि भारतवर्ष के प्राचीन इतिहास पर वे कुछ भी विश्वास न रक्खें। वहाँ के लोगों ने, वह कहता है, न तो विदेश में चढ़ाई की और न उनके देश पर प्राचीन काल में हेराक्लीज़ और डायोनिसस तथा हमारे काल में मेकिडोनियनों को छोड़, और किसी ने आक्रमण किया और विजय प्राप्त की। पर मिश्री सिसोस्ट्रिस[3] (Sesostris) और इथिओपियाई टार्कन योरप तक बढ़ गए थे। और निबोकोद्रोसर, जो चाल्डियनस के मध्य उससे अधिक विख्यात है जितना हिराक्लीज़ यूनानियों के बीच है, अपना अस्त्र स्तम्भों[4] तक ले गया, जहाँ तक टार्कन भी पहुँचा, और सिसोस्ट्रिस, आइबेरिया से लेकर थ्रेस (Thrace) और पांटस (Pontos) तक घुस गया। इनके अतिरिक्त इदंथ्रिसस (Indanthrysos) स्कीदिआई

1. कायरस वा सायरस–फ़ारस का बादशाह कैखुसरो था। कहा जाता है कि 600 वर्ष ईसवी पूर्व इसने सिन्ध नदी के पास तक चढ़ाई की थी। ऐतिहासिक कथाओं के अनुसार उसने 'कपिश' नामक विख्यात नगर को ध्वंस किया जो कि कोफ़िस (Kophês) नदी के उत्तर के देश की राजधानी थी; (Pliny VI-23); 'अस्सकेनियन' और 'अस्टकनियन' नाम की गान्धार की जातियाँ भी उसे कर देती थीं (Arrian Indika 1-3)। यह भी लिखा है कि "कायरस" की समस्त सेना जिड्रोशिया (आ. बिलूचिस्तान) के रेगिस्तान में नष्ट हो गई (Arrian. Anad VI. 24.2)
2. सेमिरमिस–इस रानी को 'बाबिलन' वाले देवी मानने लगे थे। इसने बहुत सी सेना एकत्रित की थी। हेरोडोटस के अनुसार इस विख्यात रानी के समय की सूचना लगभग 800 वर्ष ई.पू. मिलती है। भारतवर्ष पर इसकी चढ़ाई का वृत्तान्त, जिसे Diodorus Siculus (II-16-19) ने Ktesias की Assyriaka के आधार पर लिखा है, बिलकुल क़िस्से-कहानियों से भरा है।
3. सिसोस्ट्रिस (जिसमें डायडोरस ने 'सिससिस' कहा है) साधारणतः मेनिथो की उन्नीसवीं पीढ़ी का "रैमसस तृतीय" माना गया है जो सेटी का पुत्र और इक्सोडस के फ़राऊन "मेनिफथा" (Menephtha) का पिता था। परन्तु, लेप्सियस 'द्वितीय रेमिसस' के वंशवृक्ष के अध्ययन द्वारा, जो अविडाज (मिश्र में) में पाया गया था और जो अब ब्रिटिश म्यूजियम में है, उसको 'सिसारटेसिन' वा 'आसिरटेसिन' मानने पर बाध्य हुआ है जो कि बारहवीं पीढ़ी का था–Report of the Proceedings of the Second International Cogress of Orientalists—p. 44.
4. टालमी ने इन्हें 'सिकन्दर के स्तम्भ' कहा है जो अलबेनिया और आइबेरिया के ऊपर एशियाई सरमेटिया के आरम्भ में है।

था जिसने एशिया में मिश्र तक लूटपाट की[1] किन्तु बड़े विजेताओं में से एक भी भारतवर्ष तक न पहुँचा, और सेमिरमिस, जिसने उसका विजय करना विचारा था, आवश्यक तय्यारियों के होने के पूर्व ही मर गई। पारसियों ने अलबत्ते भारतवर्ष में 'हैद्रकई'[2] को वैतनिक सिपाहियों की भाँति कार्य करने के हेतु बुलाया था, किन्तु वे देश के भीतर कोई सेना नहीं ले गए थे, और जब कायरस ने मस्सजेटई (Massagetai) के विरुद्ध चढ़ाई की थी तब वे केवल उसकी सीमा ही तक पहुँचे थे।

डायोनिसस और हिराक्लीज़ के विषय में

(7) हिराक्लीज़ तथा डायोनिसस सम्बन्धी वृत्तान्तों को मेगास्थिनीज़ और उसके साथ कुछ और ग्रन्थकार विश्वास के योग्य समझते हैं, (किन्तु अधिकांश लोग, जिनमें इरटास्थिनीज़ भी हैं, उनका यूनानियों के मध्य प्रचलित कथाओं की नाईं मिथ्या और कल्पित मानते हैं।)

(8) ऐसे ही आधारों पर वे एक विशेष जाति के लोगों को 'नइसैयंस' कहते थे और उनके नगर को 'नैसा' जिसकी नींव डायोनिसस ने दी थी, तथा उस पर्वत को जो उस नगर के पास खड़ा था, मेरन (Meron)। इन नामों को प्रदान करने का कारण वे यह बतलाते थे कि वहाँ इश्कपेचा उपजता है, तथा अंगूर भी, यद्यपि उसके फल पूर्णता को नहीं पहुँचते, क्योंकि गुच्छे वर्षा की अधिकता के कारण पेड़ों से पकने के पूर्व ही गिर पड़ते हैं। आगे फिर, वे आक्सिद्रकई को डायोनिसस के वंशज बतलाते थे, क्योंकि उनसे देश में अंगूर उपजता था और उनकी सवारी बड़ी धूमधाम से निकलती थी और उनके राजा लड़ाई पर जाते हुए तथा दूसरे अवसरों पर बैकचिक् (Bacchic) चाल से निकलते थे, साथ-साथ ढोल बजते चलते थे, और वे चमकीले रंग के पहिरावों से सुसज्जित होते थे, जो और दूसरे भारतवासियों के बीच भी रीति है। फिर, जब सिकन्दर ने पहिले ही धावे में और्नोस[3] (Aornos) नामक चट्टान को अधिकृत किया था, जिसका आधार सिन्ध नदी द्वारा उसके उद्गम के निकट आर्द्र किया जाता है, तब उसके अनुचरों ने इस वृत्तान्त को बढ़ाकर यह कहा था कि हेराक्लीज़ ने उसी चट्टान पर तीन बेर धावा किया था और तीनों बार वह हटाया गया था। वे यह भी कहते थे कि 'सिबी' उनकी सन्तान

1. हेराडोटस, मद्यास (Madyas) के आधिपत्य में एक स्कीदियनों (शकतातारी) की चढ़ाई का उल्लेख करता है। कदाचित् इदंथ्रिसस स्कीदियन राजाओं की उपाधि हो और स्ट्रेवो का तात्पर्य उसी आक्रमण से हो।
2. हैद्रकई (Hydrakai) आक्सिद्रकई (Oxydrakai) भी कहलाते हैं। लैसन के अनुसार यह संस्कृत "क्षुद्रक" है। यह सिद्रकई, सिरकुसई, सवग्रे, तथा सिगम्ब्री आदि कई प्रकार से लिखा गया है।
3. जेनरल कनिंगहाम ने 'रानी घाट' के उजड़े हुए दुर्ग को ही चट्टान बतलाया है जो 'नौग्राम' से थोड़ी ही दूरी पर है जो कि 16 मील उत्तर-पश्चिम 'ओहिन्द' से है जिसको कि उन्होंने प्राचीनों की Embolima अनुमान किया है।

थे जो हेराक्लीज़ के समय चढ़ाई पर आए थे, और अपने वंश का चिह्न बनाए हुए थे, क्योंकि वे हेराक्लीज़ की नाईं चर्म धारण करते थे, और सोंटा लेकर चलते थे, और अपने बैलों तथा खच्चरों के ऊपर दंड का चिह्न (दाग) देते थे।[1] इस कथा के पक्ष में वे प्रामीथियस (Promethens) तथा काकसोस (Kaukasos) की कहानियों को, पांटास (Pontas) से यहाँ परिवर्तित करके, काम में लाते थे जिसके लिए उनका यही तुच्छ बहाना था कि उन्होंने पैरोपमीसडी (Paropamisadae) के बीच एक पवित्र गुफा देखा था। इसको वे कहते थे कि प्रामीथियस का बन्दीगृह था, जहाँ हेराक्लीज़ उसको मुक्त करने के हेतु आया था, और वह काकसोस (Kaukasos) यही था जिससे यूनानी लोग प्रामीथियस का वध होना बतलाते हैं।[2]

खंड : 47

Arr. Ind. V. 4-12

(एरियन की इंडिका का अनुवाद देखो)

1. कर्टियस (Cartius) के अनुसार 'सिबी' जिसको वह सोबिआई (Sobii) कहता है हाइडास्पेस और अकिसिनीज़ के मध्यवर्ती देश में निवास करते थे। उनका नाम 'शिव' से निकला होगा।
2. सिकन्दर के पहिले का कोई ग्रन्थकार भारतीय देवताओं का उल्लेख नहीं करता। मेसिडोनियन लोग जब भारतवर्ष में आए तब यूनानी प्रजा के अनुसार उन्होंने इस देश के देवताओं को अपने ही यहाँ का देवता समझा। शिव को, उसकी पूजा की निरंकुशता और बैकिक (Bacchic) रीति को देखकर, वे लोग इसे बैक्स (Bacchus) ही मानने पर बाध्य हो गए, क्योंकि उन्होंने दोनों देवताओं के गुण में तथा दोनों के ग्रहस्यमय ध्यान में कुछ समानता देखी। यही उनके हेतु सुगम भी था क्योंकि जब युरीपाइडीज़ (Euripides) यह कल्पना बाँध चुका था कि डायोनिसस ने पूर्व में भ्रमण किया था, तब यह अनुमान करना कठिन न था कि प्रचुर उर्वरता का देवता भारतवर्ष में, जो अपनी उर्वरता के हेतु इतना प्रसिद्ध है, गया होगा। इस सम्मति को दृढ़ करने के लिए उन्होंने नामों के अल्प और अकारण मेल का व्यवहार किया। जैसे 'मेह' पर्वत से उन्होंने उस देवता का लक्ष्य विचारा जो ज़िउस (Zeus) के जंघे से उत्पन्न हुआ था। जैसे केद्रकी (Kydrakoe) को उन्होंने डायोनिसस की सन्तान विचारा, क्योंकि उनके देश में अंगूर होता था, और उन्होंने देखा कि उनके राजा की सवारी बड़ी धूमधाम से निकलती थी। इसी प्रकार अल्प प्रमाणों ही पर उन्होंने 'कृष्ण' को हेराक्लीज़ से मिलाया और जहाँ कहीं उन्होंने, जैसे सिबी (Siboe) के बीच, बनैले पशुओं के चर्म और दंड इत्यादि को देखा चट उन्होंने विचारा कि कभी-न-कभी 'हेराक्लीज़' अवश्य वहाँ रहा था–Schwanbeck, p. 43.

वे कहते हैं कि 'रानी घाट' दुर्ग के उत्तरी किनारे पर एक विशाल सीधी चट्टान है जिस पर लोग कहते हैं कि राजा 'बर' की रानी नित्य बैठा करती थी। दुर्ग भी राजा 'बर' ही का कहा जाता है, और पहाड़ी के नीचे के कुछ खंडहर राजा 'बर' के अस्तबल कहे जाते हैं; इसलिए मैं समझता हूँ कि 'औनेसि' के पहाड़ी दुर्ग का नाम राजा 'बर' ही से निकला है, और 'रानी घाट' का भग्न दुर्ग, जेनरल अबाट के महावन की पहाड़ी अथवा जेनरल कोर्ट और मि. लोपंथल के बनाए हुए राजा 'होदी' के महल की अपेक्षा सिकन्दर के 'औनेसि' कहे जाने के अधिक योग्य हैं। —Grote's History of India, Vol. VIII, pp. 437.8 footnote.

खंड : 48

Josephus Contra Apion 1-20 (T. II. p. 451)

निबोकद्रेसर (Nabuchodrasor) के विषय में

मेगास्थिनीज़ भी अपनी इंडिका की चौथी पुस्तक में यही सम्मति प्रगट करता है, जहाँ पर वह यह कहकर कि उसने आइबेरिया तक जय किया यह दिखलाने का यत्न करता है कि बाबिलोनियन लोगों का पूर्वकथित राजा (निबोकेद्रसर हेराक्लीज़ से साहस में तथा अपने कर्मों के महत्त्व में बढ़ गया था।

खंड : 48 (ख)

Joseph. Aut. Jud. X. II. 7 (T. 1. p.538)

[इस स्थान पर (नेबुकदनसर) ने उन्नतस्थल भी घूमने के लिए उठवाए, जो आँखों को पहाड़ ही देख पड़ते थे, और ऐसे रचे गए थे कि हर प्रकार के पेड़ उनमें लगे थे, क्योंकि उसकी स्त्री, जो मिडिया की भूमि में पाली गई थी, अपने पुराने घर ही पर के से दृश्य चाहती थी।] मेगास्थिनीज़ भी अपनी इंडिका की चौथी पुस्तक में, इन वस्तुओं का उल्लेख करता है और इस प्रकार यह दिखलाने का यत्न करता है कि यह राजा, हिराक्लीज़ से साहस तथा अपने कर्मों के महत्त्व में बढ़ गया था क्योंकि वह कहता है कि उनसे लिबिया (Libya) और आइबेरिया (Iberia) का एक बड़ा भाग जय किया था।

खंड : 48 (ग)

Zonar, Ed. Basil 1557. T. 1. p. 87.

बहुत से प्राचीन इतिहासकारों में से जो नेबुकदनसर का उल्लेख करते हैं जोज़ेफ़स, बीरोसस, मेगास्थिनीज़ और डायोक्लीज़ को गिनाता है।

खंड : 48 (घ)

G. Syncell. T. 1. p.419, Ed. Beun.
(p: 221 Ed. Paris p. 177 Ed. Venett.)

मेगास्थिनीज़ अपनी इंडिका की चौथी पुस्तक में नेबुकदनसर को हेराक्लीज़ से शक्तिमान प्रगट करता है, क्योंकि बड़े साहस और दृढ़ता से उसने लिबिया और आइबेरिया का अधिकांश जय किया था।

खंड : 49

Abydea, Ap. Easeb. Proep. Ev. 1. 41.
(Ed. Colon 1688 p. 4560)

नेबोकद्रेसर के विषय में

मेगास्थिनीज़ कहता है कि नेबोकद्रेसर ने, जो हेराक्लीज़ से शक्तिमान था, लिबिया और आइबेरिया के विरुद्ध चढ़ाई की थी, और उनको जय करके उसने इन लोगों की एक बस्ती पांटास (Pontas) के दाहिनी ओर के भागों में बसाई थी।

खंड : 50

Arr Ind 7. 9.

(एरियन की इंडिका का अनुवाद देखो)

खंड : 50 (ख)

Pliny. Hist. Nat. IX. 55.

मोतियों के विषय में

कोई-कोई ग्रन्थकार कहते हैं कि सीपों के झुंड में जैसे कि मधुमक्खियों में, जो आकार और सौन्दर्य में प्रख्यात होती हैं वे ही आधिपत्य करती हैं। ये अपने को पकड़े जाने से बचाने में विलक्षण चतुर होती हैं, और पनडुब्बे इनकी अत्यन्त खोज रखते हैं। यदि ये पकड़ ली जाती हैं तो दूसरी सहज ही में जाल में आ जाती हैं क्योंकि वे इधर-उधर फिरती रहती हैं। तब वे मिट्टी के बरतनों में रखी जाती हैं, जहाँ पर वे नमक में बहुत नीचे गाड़ दी जाती हैं। इस क्रिया से मांस सब घुल जाता है और कड़ी-कड़ी वस्तु जो मोती रहती हैं तले बैठ जाती हैं।

खंड : 51

Plegon. Mirab. 33.

पंडेइयन भूमि के विषय में

(मिलाओ खंड 30-6)

मेगास्थिनीज़ कहता है कि पंडेइयन (Pandaian) राजा की स्त्रियाँ जब 6 वर्ष की रहती हैं तभी बच्चे प्रसव करती हैं।

खंड : 50 (ग)

Pliny. Hist. Nat. VI, XXI. 4-5.

भारतवासियों के प्राचीन इतिहास के विषय में

क्योंकि अकेले भारतवासी ही सब जातियों में ऐसे हैं जो अपने देश से कभी बाहर नहीं गए। पिता बैकचस (Bacchus) के समय से सिकन्दर के समय तक उनके 154 राजा गिनती में हुए जिनका राजत्वकाल 6451 वर्ष और 3 महीने तक होता है।

Solin. 52-5.

पिता बैकस ही पहला मनुष्य था जिसने भारतवर्ष पर चढ़ाई की, तथा उन सबमें वही पहिला था जो पराभूत भारतवासियों पर विजयी हुआ। उससे लेकर सिकन्दर तक 6451 वर्ष और तीन महीने ऊपर गिने जाते हैं, यह लेखा उन राजाओं की संख्या में 153 गिनकर किया गया है जिन्होंने मध्यवर्ती समय में राज्य किया।

खंड : 45

Arr.[1] vii., ii 3-9.

कलनोस और मंडेनिस के विषय में

यह प्रगट करता है कि सिकन्दर उस भयानक आधिपत्य के रहने पर भी जो कीर्ति की तृष्णा ने उस पर प्राप्त कर लिया था, उन वस्तुओं के परिज्ञान से हीन भी नहीं था जो उत्तम होती हैं; क्योंकि जब वह टेक्सिला (Taxila) में पहुँचा और भारतीय दार्शनिकों को उसने देखा, तब उनमें से, एक को अपने समक्ष लाए जाने की इच्छा उसे हुई, क्योंकि उसने उनके धैर्य की प्रशंसा की। डंडमिस (Dandamis) नामधारी इन दार्शनिकों में सबसे श्रेष्ठ एक ने, जिसके पास और सब शिष्य की भाँति रहते थे, न कि केवल स्वयं जाने से नाहीं की, वरन् दूसरों को भी जाने से रोका। कहा जाता है कि उत्तर की भाँति उसने यह कहा कि जैसे सिकन्दर ज़िउस (Zeus) का पुत्र है वैसे ही वह भी है और वह कोई वस्तु जो सिकन्दर की है नहीं चाहता (क्योंकि वह अपनी वर्तमान दशा ही में सुखी था) प्रत्युत उसने उन लोगों को देखा था जो उसके साथ इतनी भूमि और सागरों पर भ्रमण करते थे जिससे कुछ लाभ नहीं और इस बहुतेरी दौड़धूप से कुछ फल नहीं निकला। अतएव न तो वह किसी वस्तु की लालच रखता जिसके देने में सिकन्दर समर्थ था और न वह किसी वस्तु से डरता था जिसको सिकन्दर उसके दबाने के लिए कर

---

1. यह खंड एरियन के "सिकन्दर की चढ़ाई से" उद्धृत किया गया है उसकी 'इंडिका' से नहीं।

सकता था। क्योंकि यदि वह जीवित रहा, तो भारतवर्ष उसके लिए बहुत है, वह उसे नियत ऋतु में फल देगा ही और यदि वह मर गया तो अपने कुसंस्कृत साथी शरीर से छुटकारा पा जाएगा। उस मनुष्य को स्वतन्त्र प्रकृति का जानकर सिकन्दर ने इस पर अपना हाथ अत्याचार के लिए नहीं उठाया किन्तु कहा जाता है कि उस स्थान के एक दार्शनिक कालनोस को उसने वश में किया, जिसको मेगास्थिनीज़ स्वेच्छावरोध में अत्यन्त हीन मनुष्य बतलाता है, और दार्शनिकों ने कालनोस की बड़ी निन्दा की, क्योंकि उस सुख को छोड़ जो वह उनके बीच भोगता था, वह ईश्वर के अतिरिक्त दूसरे स्वामी की सेवा करने गया।

संशयपूर्ण खंड

खंड : 55

Aelian, Hist, Amin. XII.8

हाथियों के विषय में

(मिलाओ खंड 36-37)

हाथी जब खूब खाता है, प्रायः जल पीता है, किन्तु जब युद्ध का परिश्रम उठाता है तब उसे मद्य दिया जाता है–किन्तु उस प्रकार का नहीं जो अंगूर से निकलता है वरन् दूसरा जो चावल से तैयार किया जाता है। फ़ीलवान अपने हाथियों के आगे-आगे चलते हैं और उनके हेतु फूल बटोरते हैं; क्योंकि वे मीठी सुगन्ध के बड़े प्रेमी होते हैं, इससे वे चरागाहों में लाए जाते हैं कि वहाँ पर वे अत्यन्त मीठी सुगन्ध के प्रभाव से सिखाए जाएँ। पशु उनके सुगन्ध के अनुसार फूलों को चुन लेता है और उन्हें फेंक देता है क्योंकि वे एक टोकरे में इकट्ठे किए जाते हैं जिसको शिक्षक लिए रहता है। इसके भर जाने पर अथवा यों कहिए कि चुनाई का कार्य्य समाप्त हो जाने पर, वह नहाता है और एक पूर्ण विषयी की रसिकता के साथ स्नान का आनन्द लेता है। स्नान से लौटने पर वह अपने फूलों के लिए अधीर हो जाता है, और यदि उनके लाने में देर होती है तो वह चिंघाड़ना आरम्भ करता है और भोजन का एक कौर तक नहीं ग्रहण करता जब तक कि समस्त फूल जो उसने बटोरे थे उसके सामने नहीं रखे जाते। इसके हो चुकने पर, वह अपनी सूँड़ से फूलों को टोकरे में से उठाता है और उन्हें अपनी चरनी के किनारे पर बिखरा देता है, और इस युक्ति से उनकी उत्तम सुगन्ध को अपने भोजन का मानो उपचार बनाता है। उनमें से बहुत से वह बिछावन की भाँति अपने तबेले में छितरा देता है, क्योंकि वह अपनी नींद को मीठी और आनन्दमयी बनाना पसन्द करता है।

हिन्दुस्थानी हाथी ऊँचाई में नौ हाथ और चौड़ाई में पाँच हाथ होते थे। सारे देश में सबसे बड़े हाथी वे होते थे जो प्रेसियन (Praisian) कहलाते थे और उनसे घटकर टैक्सिल (Taxilan)।[1]

खंड : 53

Ælian, Hist. Anim. III 46.

एक श्वेत हाथी के विषय में

एक हिन्दुस्थानी गजशिक्षक को एक सफ़ेद हाथी का बच्चा मिला, जिसको कि जब वह निरा बच्चा ही था वह अपने घर लाया, और धीरे-धीरे उसने उसे सर्वथा पालतू बना लिया और वह उस पर चढ़ने लगा। उसको इस पशु से जो प्रतिकार में उससे प्रेम करता था और अपने अनुराग से अपने पालन का बदला देता था, बहुत स्नेह हो गया था। अब, भारतवासियों के राजा ने इस हाथी के विषय में सुनकर, उसे लेना चाहा; किन्तु उस हाथी के स्वामी ने उस प्रेम की डाह करके जो वह (हाथी) उसके लिए रखता था, और यह विचार कर कि दूसरा उसका स्वामी होगा, उसको देने से नाहीं किया, और वह अपने प्यारे हाथी पर चढ़कर रेगिस्तान को भागा। राजा इस पर कुपित हुआ, और उसने हाथी को छीनने तथा उस भारतवासी को दंड के निमित्त पकड़ लाने के लिए पीछे आदमी दौड़ाए। भगेड़ को पकड़कर उन्होंने अपना कार्य्य साधन करने का यत्न किया, किन्तु उसने हाथी की पीठ पर से अपने धावा करनेवालों पर आक्रमण किया जो समर में अपने घायल स्वामी की ओर से लड़ता था। पहिले तो यही अवस्था रही, किन्तु इसके पीछे जब भारतवासी घायल होकर पृथ्वी पर गिर पड़ा, तब अपने नमक के सच्चे उस हाथी ने उसको इस प्रकार छोप लिया जैसे युद्ध में सिपाही लोग अपने गिरे हुए साथी को, जिसको वे अपनी ढालों से ढाँकते हैं, और बहुत से धावा करनेवालों को मार डाला और बाकी को भगा दिया। तब अपने पालनेवाले के चारों ओर अपनी सूँड़ को लपेटकर उसने उसे अपनी पीठ पर उठा लिया, और घर पर तबेले में ले आया और उसके साथ इस प्रकार रहा जैसे एक सच्चा मित्र अपने मित्र के साथ और उस पर हर प्रकार की कृपा दृष्टि दिखाई।[2] (हे मनुष्यो ! तुम कैसे नीच हो ! जब तुम कढ़ाई की झनकार सुनते हो तब

1. यह खंड मेगास्थिनीज़ का कहा जाता है, अपने विषय के कारण भी और इसलिए कि अवश्य ही एरियन ने इसके पहिले का (खंड 38) तथा इसके आगे का (खंड 35) वृत्तान्त मेगास्थिनीज़ ही से लिया है। —Schwanbeck.
2. प्लूटार्क के 'सिकन्दर के जीवनचरित्र' में दिए हुए पोरस के हाथी के वृत्तान्त से मिलाओ—"इस हाथी ने सारी लड़ाई में अपनी समझ और राजा के शरीर की रखवारी के कई अद्भुत प्रमाण दिए। जब तक वह राजा लड़ने के योग्य रहा, उसने उसको बड़े साहस से बचाया और समस्त आक्रमणकारियों को हटा दिया; और जब उसने उसे भालों के बीच और घावों को लिये हुए जिससे वह ढक गया था गिरने के निकट देखा, उसे गिरने से रोकने के लिए वह बहुत धीरे से घुटने के बल बैठ गया, और उसने अपनी सूँड़ से उसके शरीर से प्रत्येक भाला निकाल लिया।"

सदैव प्रसन्नता से नाचनेवाले और निमन्त्रण में सदैव उछलनेवाले हो, किन्तु आपत्ति की घड़ी में विश्वासघात करनेवाले और व्यर्थ तथा बिना किसी प्रयोजन के मित्रता के पवित्र नाम पर धब्बा लगानेवाले हो।)

खंड : 54

Pseudo-Origon, Philosoph. 24 Ed. Delarw.
Paris 1733, Vol. I, p. 904.

ब्राह्मण तथा उनके दर्शनशास्त्र के विषय में

(मिलाओ खंड 41, 44, 45)

भारतवर्ष में ब्राछमनों के विषय में

भारतवर्ष में ब्राछमनों के बीच ऐसे दार्शनिकों का एक सम्प्रदाय है जो स्वतन्त्र जीवन रखते हैं और मांसाहार तथा अग्नि द्वारा पकाए गए सब भोजनों से बचते हैं; फलों ही पर निर्वाह करके वे सन्तोष करते हैं जिनको वे पेड़ों से तोड़ते तक नहीं वरन् जब वे भूमि पर गिर पड़ते हैं तब उन्हें उठाते हैं, और उनका पान तगवेन[1] नदी का जल है। जीवन भर वे नंगे फिरा करते हैं यह कहकर कि शरीर को आत्मा के परिधान की भाँति ईश्वर ने दिया है।[2] वे मानते हैं कि ईश्वर प्रकाश है[3] किन्तु ऐसा प्रकाश नहीं जैसा हम नेत्रों से देखते हैं और न ऐसा जैसा सूर्य और अग्नि, वरन् ईश्वर उनके निकट शब्द है, जिस वाक्य से उनका अभिप्राय अर्थ संयुक्त वाणी से नहीं है, वरन् बुद्धि के आदर्श से है, जिससे ज्ञान के गुप्त रहस्य बुद्धिमानों द्वारा निरीक्षण किए जाते हैं। किन्तु, यह प्रकाश जिसको वे 'शब्द' कहते हैं, और ईश्वर समझते हैं वे कहते हैं कि ब्राह्मणों ही को ज्ञात है, क्योंकि अकेले उन्हीं लोगों के अहंकार[4] को परित्याग किया है, जो कि आत्मा का सबसे ऊपरी छिलका है। इस सम्प्रदाय के लोग मृत्यु को तिरस्कार और बेपरवाही से

1. कदाचित् संस्कृत का तुंगवेणु है और आजकल की कृष्णा नदी की सहायक तुंगभद्रा।
2. Vide. Ind. Ant. Vol. V, p. 128 note. यह वेदान्त-दर्शन का सिद्धान्त है जिसके अनुसार आत्मा मानो नीचे ऊपर कई एक कोशों के भीतर बन्द है। पहिला वा आन्तरिक कोश शुद्ध और साधारण असंयुक्त तत्त्वों से निर्मित, ज्ञानात्मक है जिसमें पाँचों इन्द्रियों से मिली हुई बुद्धि है। दूसरा मानसिक कोश है जिसमें मन पिछले से अथवा जैसा कुछ लोग कहते हैं, कर्मेन्द्रियों से जुड़ा है। तीसरा इन्हीं इन्द्रियों तथा पारचालक शक्तियों का है और इन्द्रिय कोश कहलाता है। इन्हीं तीनों कोशों से सूक्ष्म साँचा बना हुआ है जो आवागमन में आत्मा के साथ रहता है। बाह्य कोश नियत मात्रा के अनुसार संघटित स्थूल द्रव्यों से बना है और स्थूल शरीर कहलाता है Colebrooke's Essay on the Philosophy of the Hindus.
3. अर्थात् यह भावना कि जो कुछ करता हूँ मैं करता हूँ अहं।
4. मिलाओ प्लेटो (Plato. Phoedo, cap. 32) जहाँ साक्रेटीज़ आत्मा को एक प्रकार के बन्दीगृह में इस समय बन्द बतलाता है यह पैथागोरियन लोगों का सिद्धान्त था, जिनका दर्शन, अपने अत्यन्त अद्भुत सिद्धान्तों में भी, भारतीय दर्शन से इतना अधिक मेल खाता है कि वह इस विचार को दृढ़ करता है कि वह भारतवर्ष ही से लिया गया था। ऐसी जनश्रुति भी थी कि पैथागोरस भारतवर्ष में आया था।

देखते हैं, और जैसा कि हम लोगों ने पहिले देखा है, वे सदैव ईश्वर के नाम का एक विलक्षण भक्ति के स्वर से उच्चारण करते हैं, और भजनों से उसकी आराधना करते हैं। न तो वे स्त्री रखते हैं और न सन्तान उत्पन्न करते हैं। लोग, जो उनके समान जीवन बिताना चाहते हैं नदी के दूसरे पार्श्व से होकर उतरते हैं और उनके साथ लाभपूर्वक रहते हैं, अपने देश में कभी लौट के नहीं जाते। वे भी ब्राह्मण ही कहलाते हैं यद्यपि वे उसी जीवन प्रणाली पर नहीं चलते, क्योंकि उस देश में स्त्रियाँ हैं जिनसे देशवासी उत्पन्न हुए हैं, और इन्हीं स्त्रियों से वे सन्तति उत्पन्न करते हैं। 'शब्द' के विषय में, जिसको वे ईश्वर कहते हैं वे मानते हैं कि वह साकार है, और वह बाहरी परिधान की भाँति शरीर को धारण करता है वैसे ही जैसे कि कोई ऊनी कुरती पहिने और जब वह उस शरीर को निकाल देता है जिससे वह लपेटा रहता है तब वह नेत्र को प्रत्यक्ष हो जाता है। ब्राह्मण लोग बतलाते हैं कि उस शरीर में जिससे वे ढके रहते हैं, युद्ध होता है, और वे शरीर को युद्ध का उपजाऊ उत्पत्ति स्थान बतलाते हैं, और जैसा कि हम पहिले दिखला चुके हैं, उससे वैसे ही लड़ते हैं, जैसे युद्ध में सिपाही लोग शत्रु से लड़ते हैं। आगे वे यह मानते हैं कि सब मनुष्य युद्ध के बन्दियों की भाँति विषयतृष्णा, अमिताहर, क्रोध, हर्ष, शोक, मोह, लोभ इत्यादि आन्तरिक शत्रुओं द्वारा बँधे हैं, और जो ईश्वर के यहाँ जाता है वह केवल वही मनुष्य है जिसने इन सब पर विजय पाई है। सो, डंडमिस (Dandamis) को, जिसका सिकन्दर मेसिडोनियन ने दर्शन किया, ब्राह्मण लोग देवता कहते हैं, क्योंकि उसने शरीर के विरुद्ध संग्राम में विजय प्राप्त की, और दूसरी ओर वे कालनोस को ऐसा मनुष्य कहकर धिक्कारते हैं जो मलिनता से उसके दर्शनशास्त्र से परांगमुख हो गया। अतएव ब्राह्मण लोग, जब शरीर छोड़ देते हैं (तब) शुद्ध सूर्य्यप्रकाश को देखते हैं जैसे मछलियाँ उसको देखतीं हैं जब वे पानी के बाहर वायु में उछल आती हैं।

खंड : 55

Pallad. de Bragmanibus, pp. 8, 20 Etc. Ed. London
(Camerar, Libell, Gnomolog. pp. 116, 124 & c.)

कालनोस और मंडेनिस के विषय में

(मिलाओ खंड 41, 44, 45)

वे (ब्रागमनी लोग) ऐसे फलों पर जिन्हें वे पा सकते हैं, तथा जंगली बूटियों पर जिन्हें भूमि आपसे आप उत्पन्न करती है, निर्वाह करते हैं और केवल जल पीते हैं। वे जंगलों में फिरा करते हैं और रात्रि में पेड़ों की पत्तियों के बिछावन पर सोते हैं।

"तुम्हारे झूठे मित्र, कालनोस ने तब यह सम्मति ग्रहण की, किन्तु वह हम लोगों के द्वारा तिरस्कृत किया जाता है और कुचला जाता है। पर तुम लोगों के द्वारा, यद्यपि तुम

सबको बहुत सी हानि पहुँचाने में वह सहयोगी हुआ है, वह प्रतिष्ठित और पूजित है, पर हमारे समाज से वह घृणापूर्वक निरुपयोगी की भाँति निकाल दिया गया है। और क्यों नहीं ? जबकि प्रत्येक वस्तु जिसे हम लोग पैर तले कुचलते हैं वही तुम्हारे निकम्मे मित्र अर्थ लोलुप कालनोस की प्रशंसा की सामग्री है, किन्तु वह हमारा मित्र नहीं, अभागा जीव, और अत्यन्त दुःखी प्राणी से भी अधिक दया के योग्य है, क्योंकि अपना चित्त अर्थ पर लगा के उसने अपनी आत्मा का सर्वनाश किया ! इसलिए न तो वह हम लोगों के योग्य जान पड़ा, और न ईश्वर की मित्रता के योग्य, और इससे न तो उसे चिन्ता की पहुँच के बाहर जंगलों में विचरने पर सन्तोष हुआ, और न वह कल्याणमय भविष्य की आशा से प्रसन्न हुआ; क्योंकि द्रव्य के प्रेम से उसने अपनी अभागिनी आत्मा के जीवन ही को विनष्ट कर दिया।

"पर, हमारे मध्य में डंडमिस नामी एक ऋषि हैं, जिनका घर जंगल है जहाँ पर वे पर्णशय्या पर सोते हैं, और जहाँ पर उनके निकट ही शान्ति का सोता है, जिसका वे जल पीते हैं, मानो माता के पवित्र स्तन का पान करते हैं।"

सिकन्दर बादशाह ने जब यह सब बातें सुनीं तब उसे उस सम्प्रदाय के सिद्धान्तों को जानने की इच्छा हुई, सो उसने उनके गुरु और अधिपति डंडमिस को बुला भेजा...

अतएव, आनेसिक्रेटीज़ (Onesikrates) उसे लाने के लिए प्रेषित किया गया और जब उसने महर्षि को देखा उसने कहा, "हे ब्रागमनीज़ के आचार्य, तुझे बधाई है ! शक्तिमान् देवता ज़िउस का पुत्र, बादशाह सिकन्दर, जो समस्त मनुष्यों का अधीश्वर है, तुम्हें अपने पास बुलाता है और यदि तुम स्वीकार करोगे तो वह तुम्हें बड़े और सुन्दर पारितोषिकों से पुरस्कृत करेगा, पर यदि तुम नाहीं करोगे तो तुम्हारे सिर काट लेगा।"

डंडमिस ने मन्द हास्यपूर्वक उसे अन्त तक सुना, पर इतना तक न किया कि अपनी पर्णशय्या से अपना सिर उठाए, और लेटे-ही-लेटे यह तिरस्कारपूर्ण उत्तर दिया— "सर्वोपरि राजा, ईश्वर कभी बलात् हानि का कर्ता नहीं है, वरन् प्रकाश, शान्ति, जीवन, जल, मनुष्य के शरीर तथा आत्मा का सृष्टा है, और इन्हें वह तो लेता है जब मृत्यु इनको मुक्त करती है और ये तब किसी प्रकार बुरी वासनाओं के वशीभूत नहीं रहते। वही अकेला मेरी आराधना का देवता है जो हिंसा से घृणा करता है और युद्ध नहीं उभाड़ता। किन्तु, सिकन्दर देवता नहीं है क्योंकि उसे अवश्य मृत्यु को चखना होगा; और कैसे ऐसा मनुष्य जैसा वह संसार का स्वामी हो सकता है, जो अभी टायबरबोआस (Tiberboas) के अगले किनारे तक भी नहीं पहुँचा, और अभी तक चक्रवर्ती राज्य के सिंहासन पर भी नहीं बैठा है। इसके अतिरिक्त, न तो सिकन्दर ने अभी जीते जी हेडिस (Hades) में प्रवेश किया है और न वह पृथ्वी के मध्यवर्ती देशों के बीच सूर्य की गति को जानता है, और उसकी सीमा पर की जातियों ने तो यहाँ तक कि उसका नाम भी नहीं सुना है। यदि उसका वर्तमान राज्य उसकी इच्छा भर

विस्तृत नहीं है तो वह गंगा नदी को पार करे, और वह मनुष्यों को सँभालने के योग्य देश पावेगा यदि हमारी ओर का देश उसे धारण करने के लिए संकीर्ण है। पर, यह जान लो कि जो कुछ सिकन्दर मुझे देना चाहता है और जो पारितोषिक देने का मुझे वचन देता है, वे सब वस्तुएँ मेरे लिए नितान्त निरर्थक हैं; पर वे वस्तुएँ जिन्हें मैं मूल्यवान समझता हूँ और यथार्थ उपयोग और लाभ की पाता हूँ यही पत्तियाँ हैं जिनका मेरा घर है, यही खिले हुए पौधे हैं जो मुझे स्वादिष्ट भोजन पहुँचाते हैं, और यही जल है जो मेरा पान है, तथा और सब दूसरी सम्पत्ति और सामग्री, जो व्यग्र चिन्ता से इकट्ठी की जाती है, उनके लिए विनाशकारिणी ठहरती है जो उन्हें बटोरते हैं, और केवल शोक और क्लेश ही उपजाती हैं, जिनसे कि प्रत्येक दीन प्राणी पूर्णरूप से भरा है। और मेरे लिए क्या ? मैं वनस्पतियों पर लेटता हूँ, और, ऐसी कोई वस्तु पास न रखकर जिसकी संरक्षा की आवश्यकता हो, अपनी आँखों को शान्तिमयी निन्द्रा में बन्द करता हूँ। पर यदि रखवाली करने के लिए मेरे पास सुवर्ण होता तो वह निन्द्रा को हर लेता। पृथ्वी मुझे प्रत्येक वस्तु पहुँचाती है जैसे माता अपने बच्चे को दूध पहुँचावे। जहाँ कहीं मैं चाहता हूँ जाता हूँ, कोई चिन्ता नहीं है जिससे मैं अपनी इच्छा के विरुद्ध व्यग्र होने के लिए बाध्य होऊँ। यदि सिकन्दर मेरा सिर काट डालेगा तो वह मेरी आत्मा को तो नहीं नष्ट कर सकता। केवल मेरा शिर ही, जो अब चुप है, रह जाएगा, किन्तु आत्मा शरीर को एक फटे वस्त्र की भाँति छोड़कर, अपने स्वामी के पास चली जाएगी, जहाँ से वह ली गई थी। तब मैं सूक्ष्म शरीर धरकर अपने ईश्वर के समीप आरोहण करूँगा, जिसने हमें मांस में बन्द कर दिया और हमें पृथ्वी पर छोड़ दिया, यह देखने को कि यहाँ नीचे हम उसकी आज्ञाओं को मानते हैं वा नहीं; और जो हमसे, जब हम यहाँ से उसके सम्मुख जाएँगे हमारे जीवन का लेखा भी माँगेगा, क्योंकि वह समस्त मदान्ध अत्याचारों का विचारकर्ता है; इसलिए कि सताए गए लोगों की हाय सतानेवालों के लिए दंड होगी।

"तब, सिकन्दर इन धमकियों से उन्हें डरावे जो सुवर्ण और धन की इच्छा रखते हैं, और जो मृत्यु से डरते हैं, क्योंकि हम लोगों के विरुद्ध तो ये दोनों अस्त्र शक्तिहीन हैं, क्योंकि बागमनीज़ न तो सुवर्ण चाहते हैं और न मृत्यु से डरते हैं। तब, जाओ ! और सिकन्दर से यह कहो 'डंडमिस को किसी वस्तु की, जो तुम्हारी है आवश्यकता नहीं है इसलिए वह तुम्हारे पास नहीं जाएगा; किन्तु यदि तुम डंडमिस से कोई वस्तु चाहते हो तो तुम उसके पास आओ।'[1]

आनेसिक्रेटीज़ से भेंट का वृत्तान्त पाने पर सिकन्दर को डंडमिस को देखने की पहिले से अधिक प्रबल इच्छा हुई; जो यद्यपि वृद्ध और नग्न था, पर एकमात्र प्रतिद्वन्द्वी था जिसको उसे, बहुत सी जातियों के विजेता ने अपनी बराबरी से अधिक पाया।

---

1. "दूसरे लोग कहते हैं कि डंडमिस ने दूतों से कुछ बातचीत नहीं की, केवल इतना ही पूछा कि क्यों सिकन्दर ने इतनी लम्बी यात्रा की।" Plutarch's Alexander.

खंड : 55 (ख)

(Ambrosius, De Moribus Brachmanorum.
pp. 62, 68 & c. Ed. Pallad. London 1688.

कलेनस और मेडेनिस के विषय में

वे (ब्राचमन लोग) जो कुछ भूमि पर पाते हैं वही खाते हैं, जैसे, चौपायों की भाँति पेड़ों की पत्तियाँ और जंगली बूटियाँ।...

"कलेनस तुम्हारा मित्र है, किन्तु वह हम लोगों द्वारा धिक्कारा और कुचला जाता है। तब, वह, जो तुम्हारे बीच बहुत सी हानियों का कर्ता हुआ, तुम्हारे द्वारा पूजित और प्रतिष्ठित होता है, पर चूँकि वह किसी अर्थ का नहीं है, इससे वह हम लोगों द्वारा परित्यक्त है, और जो वस्तुएँ वास्तव में हम लोग नहीं खोजते, वे कलेनस को, उसके अर्थ लोभ के कारण, प्रसन्न करती हैं। परन्तु वह हमारा नहीं हुआ–ऐसा मनुष्य जिसने दुर्भाग्यवश अपनी आत्मा को क्षति पहुँचाई और विनष्ट किया, जिसके कारण वह परमेश्वर के अथवा हमारे मित्र के स्पष्टतया अयोग्य है; न तो वह इस संसार में जंगलों के बीच रक्षा का अधिकारी रहा, और न वह उसकी कीर्ति की आशा कर सकता है जो भविष्य में मिलती है।"

जब सम्राट् सिकन्दर जंगलों में आया तो वह जाते समय डंडमिस को नहीं देख सका...

अतएव, जब उपरोक्त दूत डंडमिस के पास आया, उसने उसे इस प्रकार सम्बोधित किया–"बड़े वृहस्पति (Jupiter) के पुत्र, सम्राट् सिकन्दर ने, जो मानव जाति का अधीश्वर है, आज्ञा दी है कि तुम उसके पास शीघ्र चलो, क्योंकि यदि तुम चलोगे तो वह तुम्हें बहुतेरे पुरस्कार देगा किन्तु यदि तुम नाहीं करोगे तो वह तुम्हारे तिरस्कार के दंड की भाँति, तुम्हारा शिरच्छेद करेगा। जब ये शब्द डंडमिस के कान में पड़े, वह पत्तियों पर से जिस पर वह पड़ा था नहीं उठा, वरन् लेटे-लेटे मुसकराते हुए उसने इस प्रकार उत्तर दिया–"परमेश्वर किसी की हानि नहीं कर सकता प्रत्युत उन्हें फिर जीवन का प्रकाश देता है जो प्रस्थान कर चुके हैं। अतएव अकेला वही मेरा ईश्वर है जो हत्या रोकता है और युद्ध नहीं उभाड़ता। किन्तु सिकन्दर ईश्वर नहीं है क्योंकि उसको स्वयं मरना होगा। फिर वह कैसे सबका अधीश्वर हो सकता है जिसने अब तक टाइबरबोआस नदी को पार नहीं किया है न समस्त संसार को अपना घर बनाया है न यमलोग (hades) के वृत्त को पार किया है, न जगत के मध्य में सूर्य की गति को देखा है ? अतएव बहुत सी जातियाँ उसका नाम तक अभी नहीं जानतीं। पर यदि वह देश जो उसके अधिकार में हैं उसे धारण नहीं कर सकता, वह हमारी नदी को पार करे और वह ऐसी भूमि पावेगा जो मनुष्यों का पालन करने योग्य है। वे समस्त वस्तुएँ जिनको सिकन्दर देने को कहता है, यदि मुझे देगा तो वे मेरे लिए निरर्थक होंगी। घर के स्थान पर मेरे पास पत्तियाँ हैं, पास

की बूटियों पर मैं निर्वाह करता हूँ और पानी पीता हूँ, परिश्रम से एकत्र की हुई दूसरी वस्तुएँ जो नाश हो जाती हैं और उन्हें सिवाय शोक के और कुछ नहीं देतीं जो उन्हें ढूँढ़ते फिरते हैं। इन्हें मैं तुच्छ समझता हूँ। अतएव मैं अब निर्द्वन्द्व पड़ा रहता हूँ और आँख मूँदे हुए किसी वस्तु की चिन्ता नहीं करता। यदि मैं सुवर्ण रखना चाहता हूँ तो मैं अपनी निद्रा नष्ट करता हूँ; पृथ्वी प्रत्येक वस्तु हमें पहुँचाती है जैसा माता अपने शिशु के साथ करती है। जहाँ कहीं मैं जाना चाहता हूँ चल देता हूँ, और जहाँ कहीं मैं नहीं जाना चाहता किसी चिन्ता की आवश्यकता मुझे जाने को बाध्य नहीं कर सकती। और यदि वह मेरा सिर काट लेना चाहता है वह मेरी आत्मा नहीं ले सकता; वह केवल गिरा हुआ सिर लेगा, किन्तु जाती हुई आत्मा सिर को एक वस्त्र के टुकड़े की भाँति छोड़ देगी, और जहाँ से उसको पाया था उसी को अर्थात् पृथ्वी को लौटा देगी। किन्तु जब मैं सूक्ष्म शरीर में होऊँगा मैं परमेश्वर के समीप आरोहण करूँगा, जिसने उसे इस मांस में बन्द किया था। जब उसने यह किया उसने हमारी परीक्षा करनी चाही कि, उसे छोड़ने के उपरान्त हम इस संसार में किस प्रकार रहेंगे। और इसके अनन्तर जब हम उसके पास लौट जाएँगे वह हमसे इस जीवन का लेखा माँगेगा। उसके पास खड़ा होकर मैं अपनी क्षति को देखूँगा, और उन पर उसके न्याय का विचार करूँगा जिन्होंने मुझे क्षति पहुँचाई थी, क्योंकि दुखियों की हाय और पुकार सतानेवालों के लिए दंड हो जाती हैं।

"सिकन्दर इससे उन्हें धमकी दे जो धन की इच्छा रखते हैं वा मृत्यु से डरते हैं, जिन दोनों को मैं तुच्छ समझता हूँ। क्योंकि ब्राचमन लोग न तो सुवर्ण चाहते हैं और न मृत्यु से डरते हैं। सो, जाओ और सिकन्दर से यह कहो–डंडमिस तुम्हारी कोई वस्तु नहीं चाहता, किन्तु यदि तुम उसकी कोई वस्तु चाहते हो, तो उसके पास जाने से तिरस्कार न करो।"

जब सिकन्दर ने इन बातों को द्विभाषी द्वारा सुना उसे ऐसे मनुष्य के दर्शन की और भी इच्छा हुई, क्योंकि जिसने बहुत सी जातियों का दमन किया था, वह एक वृद्ध नग्न मनुष्य द्वारा परास्त हुआ।

खंड : 56

Pliny. Hist. Nat. VI. 21. 8-23. 11

भारतीय जातियों की सूची*

यहाँ से [हाइफ़ेसिस Hyphasis से] दूसरी यात्राएँ सिल्यूकस निकेटर के लिए इस प्रकार हैं–168 मील हेसिड्रस (Hesidrus) तक और उतना ही जोमेनीज़ नदी तक (कुछ प्रतियों में 5 मील बढ़ाया है); वहाँ से गंगा तक 112 मील। 119 मील रोडोफ़ा (Rhodopha)

1. इस सूची का अधिकांश प्लिनी ने मेगास्थिनीज़ से लिया है Schwanbeck, p. 6.

तक (दूसरे इस दूरी को 325 मील बतलाते हैं)। कलिनिपाक्स (Kalinipax) नगर तक 167-500। दूसरे 265 मील बताते हैं। वहाँ से जोमेनीज़ (Jomanes) और गंगा के संगम तक 625 मील, (बहुत से लोग 13 मील बढ़ाते हैं) और पालिम्बोथ्रा नगर तक 425 मील। गंगा के मुहाने तक 738 मील।[1] जातियाँ जिन्हें हम बिना ऊबे हुए इमोडाज

---

1. लिपियों के अनुसार 638 वा 637 मील। इस प्रसिद्ध यात्रा विवर्ण में गिनाए हुए सब स्थान राजमार्ग पर पड़ते थे, जो इंडस (सिन्ध) से पालीबोथ्रा तक गया था। वे इस प्रकार मिलाए गए हैं। हेसिड्रस (Hesidrus) आजकल की सतलज है और प्रस्थान स्थल उसके और हाइफेसिस (Hyphasis) (आजकल की व्यास) के संगम के ठीक नीचे पड़ता था। सीधा मार्ग वहाँ से (लोधियाना सिरहिन्द और अम्बाला होते हुए) पथिक को जोमेनीज़ के घाट पर जो आजकल की जमुना है, आधुनिक बरिया (Bureah) के पास ले जाता था, जहाँ से गंगा के किनारे उस स्थान पर जाता था जो दी हुई दूरी (112 मील) के विचार से कहीं जगद्विख्यात् हस्तिनापुर के पास रहा होगा। दूसरी चलकर रोडाफा (Rhodopha) थी, जिसका ठिकाना, उसका नाम चट्टी यहाँ से और गंगा से उसकी दूरी (119 मील) विचारने से दभई (Dabhai) पर स्थिर होता है, जो अनूपशहर से 12 मील दक्षिण एक छोटा-सा कस्बा है। दूसरी चट्टी कलिनिपक्स (Kalinipax) को, मैनर्ट (Mannert) और लेसन (Lassen) कन्नौज़ (संस्कृत कान्यकुब्ज) बतलाते हैं; किन्तु M. De St. Martin इसका यह कहकर विरोध करते हैं कि प्लिनी, ऐसे प्रसिद्ध और बड़े नगर का ऐसे ऊटपटाँग नाम से उल्लेख नहीं कर सकता, और उसका ठिकाना इक्षुमती नदी के तट के पास कहीं बतलाते हैं, जो भारतीय महाकाव्यों में वशितपंचाल की एक नदी है। वे कहते हैं कि यह नदी काली नदी के नाम से पुकारी जाती रही होगी जैसा कि उसका सम्प्रति प्रचलित 'कलिनी' और 'कलिन्द्री' नाम सूचित करते हैं। चूँकि 'पक्स' संस्कृत 'पक्ष' का अवतरण है, अतएव 'कलिनीपक्स' नाम की ओर देखने से जान पड़ता है कि वह अवश्य काली नदी के निकट कोई नगर रहा होगा।

इन संख्याओं ने जो दूरी को सूचित करती हैं बहुत से विवाद उत्पन्न किए हैं। बहुत सी तो उनमें से या तो एक-दूसरे ही से विरुद्ध हैं अथवा यथार्थ दूरी से। इसलिए यह विवरण साधारणतः जहाँ तक संख्या से सम्बन्ध रखता है ऊटपटाँग ही समझा गया है। किन्तु M. De. St. Martin इन संख्याओं को प्रायः स्वीकार करके, उन्हें ठीक बतलाते हैं। पहली कठिनाई तो इन शब्दों में मिलती है "दूसरे इस दूरी को 325 मील बतलाते हैं।" "इस दूरी" से गंगा और रोडोफा के बीच की दूरी से अभिप्राय कदापि नहीं है, वरन् हेसिंड्रस और रोडोफा के बीच की दूरी से है, जो कि संख्याओं को जोड़ने से 399 मील होती है। दूसरों का घटाकर अटकल 325 मील पटियाला, थानेश्वर, पानीपत और दिल्ली होते हुए एक अधिक सीधे मार्ग की माप है। दूसरी कंठिनाई प्रायः मूल के गड़बड़ से उपस्थित हुई है। यह इन शब्दों में मिलती है–"Ad Calinipax oppidum CL XVII. D. Alii, CCLXV. mill"। संख्या D से प्रायः 500 पग वा आधी रोमन मील ग्रहण की गई है, जिससे अनुवाद इस प्रकार किया गया है–"कलिनिपक्स तक 167½ मील। दूसरे 265 मील देते हैं।" किन्तु M. De. St. Martin अनुमान करते हैं कि मूल के किंसी गड़बड़ से D दूसरी संख्या से पृथक् हो गया है जिससे संयुक्त वह, संख्या में, DLXV होता था–अर्थात् 565 किन्तु वह प्रथम ही से इस प्रकार संयुक्त था वह बात यह देखने से सिद्ध होती है कि 565 मील ठीक-ठीक हेसिड्रस से कलिनापिक्स तक की दूरी का जोड़ होता है जो इस प्रकार है–

हेसिड्रस से जोमेनीज़ तक	168 मील
जोमेनीज़ से गंगा तक	115 मील
गंगा से रोडोफ़ा तक	119 मील
रोडोफ़ा से कलिनिपक्स तक	167 मील
	कुल 566 मील

→

(Emodas) की शृंखला से, जिसकी एक शाखा इमौस[1] (Imaus) कहलाती है, गिना सकते हैं वे ये हैं। इसरी (Isari), कासिरी (Cosyri), इज़्गी (Izgi), और पहाड़ियों पर

→ दूसरी कठिनता, प्लिनी की सम्पूर्ण और एक खंड की दूरी को एक में गोलमाल कर देने की भूल के कारण उपस्थित होती है जब वह कहता है कि कलिनिपक्स से गंगा और जोमेनीज़ के संगम की दूरी 625 मील है, जो कि वास्तव में केवल 227 के लगभग है। संख्याएँ ऊटपटाँग हो सकती है, किन्तु यह अधिक सम्भव है कि वे संख्याएँ नदियों के संगम से कलिनिपक्स की अपेक्षा और दूर की किसी मार्ग पर की चट्टी को सूचित करती हैं। यही जोमनीज़ का मार्ग रहा होगा, क्योंकि दूरी–

जोमेनीज़ से गंगा तक	112 मील
वहाँ से रोडोफ़ा तक	119 मील
वहाँ से कलिनिपक्स तक	167 मील
वहाँ से नदियों के संगम तक	227 मील
	कुल 625 मील

यह ठीक 5000 स्टेडिया के बराबर है जो कि दोआब, अथवा संस्कृत भूगोल के 'पंचाल' और कोशकारों के 'अन्तर्वेद' की लम्बाई है।

अपने लेख का सारांश M. De St. Martin इस प्रकार देते हैं–

	रोमन मील	स्टेडिया
हेसिड्रस से जोमेनीज़ तक	168	1344
जोमेनीज़ से गंगा तक	112	896
वहाँ से रोडोफ़ा तक	119	952
अएतव हेसिड्रस से रोडोफ़ा तक अधिक सीधे मार्ग से	325	2600
रोडोफ़ा से कलिनिपक्स तक	167	1336
कुल दूरी हेसिड्रस से कलिनिपक्स तक	565	4520
कलिनिपक्स से गंगा यमुना के संगम तक	(227)	(1816)
कुल दूरी जोमेनीज़ के मार्ग से गंगा के संगम तक	625	5000

प्लिनी नदियों के संगम से पालिबोथ्रा तक की दूरी 425 मील बताता है, पर चूँकि यह वास्तव में 248 मील है, संख्याएँ प्रायः बदली गई हैं। अन्त में वह पालिबोथ्रा से गंगा के मुहाने तक की दूरी 638 मील देता है जो कि मेगास्थिनीज़ के अटकल से ठीक-ठीक मेल खा जाती है, जो कि उसे 5000 स्टेडिया कहता है–यदि उसकी अटकल वास्तव में यही थी न कि 6000 स्टेडिया जैसा स्ट्रेबो एक स्थल पर कहता है। पटना से तमलूक (गंगा के मुहाने पर का प्राचीन बन्दरगाह ताम्रलित) तक की दूरी भूमि की राह में 445 अँगरेज़ी अथवा 480 रोमन मील है। नदी की राह जो घुमाव के साथ गई है वह अधिक दूर पड़ता है। –E'lude Sur le Geographic Greecque et-Latinede L' uide par P. V. De St. Martin, pp. 271-278.

1. इमोडस से साधारणतः हिमालय श्रेणी का वह भाग समझा जाता था जो नेपाल और भूटान होता हुआ आगे समुद्र तक चला गया था। इस नाम के दूसरे रूप ये हैं–इमोडा (Emoda), इमोडन (Emodan), हेमोडीज़ (Hamodes)। प्रो. लैसन इसे संस्कृत 'हैमवत' और प्राकृत 'हैमोत' से निकला हुआ बताते हैं। यदि ऐसा ही है तो हमोडीज़ ही अधिक शुद्ध है। दूसरी उत्पत्ति 'हेमाद्रि' से बताई जाती है। इमौस (Imaus) संस्कृत 'हिमवत' को सूचित करता है। पहिले-पहिले यह नाम यूनानियों द्वारा हिन्दूकुश और हिमालय के लिए व्यवहृत हुआ था पर कालान्तर में 'बोलर श्रेणी' को सूचित करने के लिए प्रयोग किया गया। प्राचीन लोग समझते थे कि यह श्रेणी, जो उत्तर दक्खिन गई है, उत्तरी एशिया को "स्किदिया इमौम के अन्तर्गत" और स्किदिया इमौम के बाहर इन दो भागों में विभक्त करती है; और यह बहुत काल तक चीन और तुर्किस्तान की बीच की सीमा रही है।

चिसिओतोसगी[1] तथा ब्राचमने (Brachmanae) जिस नाम के अन्तर्गत कई जातियाँ हैं जिनमें से 'मक्को कलिंगे (Macoo calingae) है।[2]

1. ये चार जातियाँ काश्मीर अथवा उसके आसपास कहीं बसती थीं। 'दूसरी' तो अज्ञात हैं, परन्तु कदाचित् वे ही हैं जिन्हें प्लिनी ने पहिले ब्रिसरी (Brysari) कहा है। 'कासिरी' तो सहज में 'खसरि' से मिलाए जा सकते हैं जो महाभारत में 'कामीरियों' और 'दरदस' के पड़ोसी कहे गए हैं। यह अनुमान किया गया है कि उनके नाम का अवशेष 'खाचर' में मिलता है, जो गुजरात के काठी लोगों के तीन बड़े भागों में से एक है, जो पंजाब से गए हुए जान पड़ते हैं। इज़गी, गालमी में सिज़जीज (Sizyges) के नाम से वर्णित है, जो कि सीरिकी (Serike) के रहनेवाले थे। किन्तु यह भूल है क्योंकि वे काश्मीर के ऊपर, उत्तर और उत्तर-पश्चिम कोण के हिमाच्छादित देश के रहनेवाले थे। चिसिओतोसगी वा चिरोतोसगी (Chirotosagi) कदाचित् चिकोने (Chiconœ) हैं (जिसकी प्लिनी दूसरे दूसरे स्थल पर भी चर्चा करता है)। और यह 'सगी' जो बढ़ा हुआ है वह कदाचित उन्हें 'शक' लोगों की एक शाखा सूचित करने के लिए। दून 'शक' अर्थात् स्किदियन लोगों ने आर्य्यों के विजय के पूर्व ही भारतवर्ष में उत्पात किया था। मनुस्मृति में (10–44) इनका उल्लेख पौंड्रक, ओद्र, द्राविड़, कम्बोज, यवन, परद, पहलवी, चीन, किरात, दरदस और खशस के साथ हुआ है। चिरोतोसगी ही उनके नाम का ठीक पाठ है तो उनके 'किरात' होने में बहुत कम सन्देह है–See P. V. De St. Martin, pp. 195-197. But for the Khachars see Ind. Anti Vol. IV. p. 323.
2. V. I Brachmanœ. प्लिनी तुरन्त अपने पाठकों को काश्मीर के पर्वतों से गंगा घाटी के नीचे के भागों में ले आता है। यहाँ पर वह ब्राचमनी का निवासस्थान बतलाता है जिन्हें वह बस्ती की एक प्रधान जाति नहीं समझता है (जो कि वे वास्तव में थे) वरन् बहुत सी उपजातियों से बनी हुई एक शक्तिमती जाति है, जिनमें से मक्को कलिंगे भी एक हैं। यह जाति तथा गंगरिडकलिंगे (Gagaridœ Kalingæ) और तदुपरान्त वर्णित मोडोगलिंगे (Modogalingae) आदि की बहुत दूर से फैली हुई कलिंगे जाति की एक इपाशाखा है जो कि पहले गंगा के डेल्टा से लेकर देश के समस्त पूर्वीय किनारे पर फैली हुई थी, यद्यपि पीछे से वह ओड़ीसा से और दक्षिण तक नहीं रही। महाभारत में लिखा है कि वे बंग तथा दूसरी तीन प्रधान जातियों के साथ उस देश में बसते थे जो मगध और समुद्र के बीच में स्थित है। अतएव, मक्कोकलिंगे ही कलिंग के 'मध' हैं। M. De St. Martin कहते हैं कि "मघ नीचे गंगावर्ती देशों में सबसे अग्रगण्य और विस्तृत अनार्य्य जाति में से है जहाँ वह आराकान और पश्चिमीय आसाम से लेकर (जहाँ यह 'मोघ' के नाम से पाई जाती है) नैपाल की घाटियों तक (जहाँ वह माघर कहलाती है) फैलकर कई प्रधान-प्रधान समुदायों में विभक्त हैं। दक्षिणी बिहार (प्राचीन मगध) में वे मघय, मगही वा मध्य कहलाते हैं, बंगाल में प्राचीन मग्र तथा ओड़ीसा में 'मगोर'। अपनी स्थिति के कारण ये 'मगोर' ही हमारे मक्कोकलिंगे हो सकते हैं। वही ग्रन्थकार फिर कहता है, "मोदोगलिंगे को उसी प्रकार प्राचीन 'मद' प्रगट करता है जो कि मनुस्मृति में आर्य्यावर्त की म्लेक्ष जातियों की एक बस्ती का नाम कहा गया है, जिसका उल्लेख मनु गंगा के दक्षिण बसनेवाली अन्ध्र नाम की एक दूसरी जाति के साथ करता है। मुंगेर के शिलालेख में भी जो आठवीं शताब्दी के आरम्भ का है, 'मेद' नाम की इस देश की एक जाति का नाम आया है (Asiatic Researches Vol. I, p. 126 Calcutta, 1788) और जो बात ध्यान देने योग्य है वह यह है कि वह 'अन्ध्र' के नाम के साथ ही संयुक्त है, जैसा कि मनु में। प्लिनी उनके रहने का स्थान गंगा का एक बड़ा द्वीप बतलाता है; और गलिंग शब्द से जिसके साथ उनका नाम संयुक्त है, अवश्य ही इस द्वीप की स्थिति समुद्रतट की ओर–कदाचित डेल्टा में–ठहरती है।"

गंगरिडे (Gangaræ) अथवा गंगरिडीज की स्थिति स्थूल रूप से लोअर बंगाल में ठहरती है। वह कई आदिम जातियों में संयुक्त थी जिनमें कालान्तर से कुछ-न-कुछ आर्य्यत्व आ गया। चूँकि संस्कृत कोई शब्द नहीं मिलता जिससे उनका नाम मिलता हो इससे वह यूनानी गढ़त का माना गया है, (Lassen Ind. Alt. Vol. II. p. 201) किन्तु यह भूल है क्योंकि मेसिडोनियन आक्रमण के समय यह अवश्य प्रचार में रहा होगा, क्योंकि दक्षिण देश विषयक प्रश्नों के उत्तर में सिकन्दर से बतलाया →

प्रिनस[1] (Prinas) और कैनस (Cainas) नदी (जो गंगा में गिरती है) दोनों जलयात्रा योग्य हैं।[2] कलिंगे कहलानेवाली जाति समुद्र के अत्यन्त निकट रहती है, और उससे ऊपर मंडे (Mandei), तथा मल्ली (Malli) जिनके देश में 'मल्लस' पर्वत है; इस समस्त ज़िले की सीमा गंगा है।

(22) यह नदी कुछ लोगों के अनुसार नील की भाँति बिना जाने हुए उद्‌गमों से निकलती है, और उसी प्रकार अपने मार्ग पर के देशों को तराबोर करती है; दूसरे लोग कहते हैं कि यह स्किदियन पर्वतों से निकलती है और उसकी उन्नीस सहायक नदियाँ हैं जिनमें से पूर्वकथित को छोड़, कांडोचेटीज़ (Condochates), इरन्नोबोआस और सोनस (Sonus) जलयात्रा योग्य हैं। फिर दूसरे लोग कहते हैं कि यह अपने झरने से भीषण गर्जन के साथ तुरन्त निकल पड़ती है, और एक ढालुआ और पथरीली खाड़ी से उतरकर, समतल मैदान में पहुँचने पर तुरन्त एक झील में जा गिरती है, जहाँ से वह धीमी धारा से बहती है। चौड़ाई में अत्यन्त संकीर्ण स्थान पर 8 मील और औसत में 100 स्टेडिया, तथा अपने मार्ग के अन्तिम भाग पर, जो गंगरिडीज़ के देश से होकर गया है यह गहराई में 20 कदम (100 फीट) से कभी कम नहीं है। कलिंगे[3] की राजधानी परथलिस (Parthalis) कहलाती है। 60000 पैदल, 1000 सवार, 700 हाथी युद्धमंडल में अपने राजा की रखवाली और रक्षा करते हैं।

क्योंकि अधिक सुसभ्य भारतीय समाजों में जीवन भिन्न-भिन्न प्रकार के बहुत से व्यवसायों में बिताया जाता है। कोई भूमि जोतते हैं; कोई सिपाही हैं, कोई व्यापारी हैं; अत्यन्त उच्च और धनाढ्य लोग राजकाज के प्रबन्ध में सम्मिलित होते हैं, न्याय विचारते हैं, और राजाओं के साथ सभा में बैठते हैं। एक पाँचवाँ वर्ग देश के प्रचलित दर्शनशास्त्र में लगा रहता है, जो कि प्रायः धर्म्म का रूप धारण किए हैं, और इस वर्ग के लोग अपने

→ गया कि गंगा का प्रदेश दो मुख्य जातियों से बसा है–एक प्रेसिआई दूसरी गंगरिडे। M. De. St. Martin विचारते हैं कि उनके नाम का अवशिष्ट दक्षिण विहार के गन्धीरों (Gondhir) में पाया जाता है, जिनकी जनश्रुतियाँ उनकी उत्पत्ति तिरहुत में बतलाती हैं; और उनकी राजधानी पर्थलिस (Portalis) को वर्द्धन (वर्द्धमान का विकृत रूप) आधुनिक वर्द्धमान से मिलाया है। परन्तु दूसरे लोग, जैसा पहिले कहा गया है, इन्हें महानदी के किनारे बतलाते हैं। टालमी में उनकी राजधानी गंगी (वा गंजी) लिखा है जो अवश्य उसी स्थान पर कहीं रही होगी जहाँ आजकल कलकत्ता है। गंगरिडीज़ का वर्णन वर्जिल (Virgil) ने किया है।

1. V. I. Purnas. प्रिनस कदाचित् तमसा वा टंवस है जो पुराणों में पर्णशा कही गई है। कैनस श्वानवक के विरोध करने पर भी, केन से मिलाई जा सकती है जो कि जमुना की एक सहायक है।
2. गंगा की इन सहायक नदियों तथा दूसरों के मिलान के लिए "एरियन का नोट" देखो–Indian Antiuary Vol. VI, p. 331.
3. मूल के साधारण पाठ से गंगरिडीज़, कलिंगे की एक शाखा जान पड़ती है। और यही शुद्ध भी है। क्योंकि जनरल कर्निगहाम कहते हैं कि किसी-किसी शिलालेख में त्रिकलिंग पाया जाता है। कदाचित् त्रिकलिंग नाम प्राचीन है क्योंकि प्लिनी 'मक्कोकलिंगे' और 'गंगरिडीज़ कलिंगे' को 'कलिंगे' से पृथक् जाति लिखता है और महाभारत में कलिंग नाम तीन बार पृथक्-पृथक् करके लिखा है, और प्रत्येक बेर भिन्न-भिन्न जातियों के साथ (तथा विष्णुपुराण में भी)। चूँकि यह 'त्रिकलिंग' तेलिंगाना से मेल खा जाता है, यह सम्भव जान पड़ता है कि 'तेलिंगना' वास्तव में 'त्रिकलिंग' ही का विकृत रूप है।

जीवन का अन्त सदैव जलती हुई चिता पर मृत्यु बुलाकर करते हैं।[1] इन वर्गों के अतिरिक्त एक अर्द्ध-बबर जाति है जो सदैव शब्दों की वर्णन-शक्ति से बाहर कठिन परिश्रम के कार्य में लगी रहती है—अर्थात् अहेर करने और हाथी पालने में। वे इन पशुओं को जोतने और सवारी देने के काम में लगाते हैं, और उनका अपने चौपायों के झुंड का मुख्य अंश समझते हैं। वे उन्हें युद्ध में तथा अपने देश के निमित्त लड़ने में लगाते हैं। युद्ध के हेतु उन्हें चुनने में, उनकी अवस्था, बल और डीलडौल पर ध्यान रक्खा जाता है।

गंगा में एक बड़ा द्वीप है जिसमें मोडो गलिंगे कहलानेवाली एकमात्र जाति का निवासस्थान है। इसके आगे मोडुबे (Modubœ), मोलिंडे (Molindœ), उबिरे (Uberœ), जिनके यहाँ इसी नाम का एक सुन्दर नगर है; गलमोद्रोयसी (Galmodroesi), प्रेटी (Preti), कलिस्से (Calissœ), सेसुरी (Sasuri), पस्सले (Passalœ), कोलुबे (Colubœ), आर्क्सुले (Orxulœ), अबली (Abali) और तलुक्ते (Taluctoe) पड़ते हैं।[2]

---

1. लूसियन (Lucian) ने पेरिग्रिनस (Peregrinos) की मृत्यु पर जो व्यंग्यपूर्ण वाक्य कहे हैं उनमें भी इस रीति का उल्लेख है "किन्तु इस मनुष्य के आग में कूद पड़ने का क्या अभिप्राय हो सकता है। परमेश्वर जाने, यह केवल यही दिखाने के लिए कि ब्राचमन लोगों की तरह वह किस प्रकार क्लेश सहन कर सकता है। Theogenis ने प्रसन्न होकर उसकी तुलना उन्हीं से की है, मानो भारतवर्ष में मूर्खों और मिथ्याभिमानियों की सृष्टि ही नहीं है। किन्तु यदि वह उनको पूरी-पूरी नकल करे तब न; क्योंकि सिकन्दर की नौकाओं का माझी आनेसिक्रिटोस, जिसने कालनोस को भस्म होते हुए देखा था कहता है कि वे अपने को अग्नि में कूदकर नहीं दग्ध करते, प्रत्युत जब चिता बन चुकती है तब वे चुपचाप उसके निकट खड़े हो जाते हैं, और अपने को धीरे-धीरे उसिनते हैं; फिर चिता पर चढ़कर वे भस्म हो जाते हैं और अपने आसन से तनिक भी नहीं डिगते।
2. ये जातियाँ मुख्यकर गंगा के बाम तट और हिमालय के बीच के देशों में निवास करती थीं। गलमोद्रोयसी प्रेटी, कलिस्से, सेसुरी और आर्क्सुले के विषय में तो कुछ ज्ञात नहीं है और न उनके नाम संस्कृत भाषा के किसी शब्द से मिलाए जा सकते हैं। मोडुबे तो निस्सन्देह मौतिब है जिनका वर्णन ऐतरेय ब्राह्मण में और दूसरी अनार्य्य जातियों के प्रसंग में आया है, जोकि, जब ब्राह्मण लोग पहिले-पहल इस देश में बसे थे, गंगा के उत्तर में बसते थे। 'मोलिंडे' पुराणों की सूची में 'मलद' के नाम से गिनाए गए हैं, किन्तु उनका और विशेष विवरण नहीं मिलता। 'उबरे' से 'भर' समझना चाहिए जो पूर्वकथित देश के मध्य भाग में आसाम तक फैली हुई एक जाति थी। इस नाम का उच्चारण भिन्न-भिन्न ज़िलों में भिन्न रीति से होता है जैसे—बोर, भोरी, बरैया (Barriias) और भाढ़िया, बरेया, बओरी, भरई इत्यादि। यह जाति जो पहिले बहुत शक्ति-सम्पन्न थी, आजकल बस्ती की अत्यन्त क्षुद्र जातियों में है। 'पस्सले' लोग पांचाल के निवासी अनुमान किए गए हैं, जो दोआब का प्राचीन नाम था। 'कोलुबे', 'कौलूत' वा 'कोलूत' से मिलता है—जिनका नाम रामायण के चौथे कांड में पश्चिम की जातियों की गणना में आया है, और बराह संहिता में भी पश्चिमोत्तर की जातियों की सूची में इनका नाम पाया जाता है, तथा 'मुद्राराक्षस' नाटक में भी जिसका नायक प्रसिद्ध चन्द्रगुप्त है। वे उत्तर में जमुना के तट के सन्निकट कहीं बसते थे। सातवीं शताब्दी के मध्य में प्रसिद्ध चीनी यात्री हुएनसंग ने उन्हें देखा था, जो उनका नाम क्यु-लु-टो (Kiu-lu-to) लिखता है। यूल (Yule) साहब पस्साले को तिरहुत के दक्षिण-पश्चिम बतलाते हैं, और कोलुबे को कांडोकेटीज़ (Kandochatis) (गंडकी) के तट पर गोरखपुर से उत्तर-पूर्व और 'सारन' से उत्तर-पश्चिम। 'अबली' कदाचित् दक्षिण बिहार की ग्वाल वा हलवाई न हों। 'तलुक्ते' महाभारत में वर्णित ताम्रलिप्त राज्य के निवासी हैं। सीलोन के बौद्धों के ग्रन्थों में उनका नाम 'तमलित्ति' लिखा है जो कि आजकल के तमलूक से मेल खा जाता है। प्लिनी का दिया हुआ नाम इन दोनों के बीच में है। 'तमलूक' कलकत्ता से दक्षिण पश्चिम है और सीधे मार्ग से 35 मील पड़ता है। प्राचीन काल में यह गंगा तटस्थ भारत और सीलोन के बीच व्यापार का मुख्य केन्द्र था।

इनका राजा 50000 पैदल, 4000 सवार, और 400 हाथी, सुसज्जित रखता है। इसके उपरान्त अंडरे[1] (Andaroe) इनसे भी बढ़कर शक्तिशाली जाति है जिसके पास असंख्य ग्राम, और दीवारों और मीनारों से रक्षित तीस नगर हैं, और जो अपने राजा के 100000 पैदल, 2000 सवार, और 1000 हाथी देती है।

सोना दरदे (Dardtœ) के बीच और चाँदी सेटे[2] (Setæ) के बीच बहुत अधिक होती है।

किन्तु 'प्रेसिआई' शक्ति और प्रताप में और समस्त दूसरे लोगों से बढ़े-चढ़े हैं; न कि केवल इसी ओर वरन् यह कहना चाहिए कि समस्त भारतवर्ष में; उनकी राजधानी एक बहुत बड़ा और धनाढ्य नगर 'पालिबोथ्रा' है, जिसके अनुसार कुछ लोग निवासियों ही को 'पालीबोथ्री' कहते हैं—यहाँ तक कि गंगातटस्थ समस्त देश ही को। उनका राजा अपने अधिकार में 600000 पैदल, 30000 सवार और 90000 हाथी रखता है; जिससे कुछ उसकी सम्पत्ति के विस्तार का अनुमान बँध सकता है।

इनके उपरान्त, किन्तु अधिक अन्तर्भाग में, 'मोनिडीज़' (Monedes) और 'सुअरी'[3] (Suari) लोग हैं जिनके देश में 'मल्योस' (Maleus) पर्वत है, जिस पर छह-छह महीने के अन्तर पर छाया जाड़े में उत्तराभिमुख और गरमी में दक्षिण की ओर पड़ती है। बेटन[4] (Bateon) कहता है कि इन भागों में उत्तरी ध्रुव वर्ष में केवल एक बार दिखाई देता है, सो भी केवल 15 दिन के लिए; और मेगास्थिनीज़ कहता है कि यही बात भारतवर्ष के कई भागों में घटित होती है दक्षिणी ध्रुव भारतवासियों द्वारा द्रमस (Dramasa) कहलाता है।

जोमेनीज़ नदी पालीबोथ्री[5] से होकर मेथोरा (Methora) और केरिसोबोरा (Carisobora) नगरों के बीच गंगा में गिरती है। उन भागों में जो गंगा के दक्षिण पड़ते

1. अंडरे (Andaroe) तुरन्त संस्कृत अन्ध्र से मिलाए जा सकते हैं जो बड़े शक्तिमान थे और आरम्भ में गोदावरी और कृष्णा नदी के बीच दखिण में बसे थे; पर मेगास्थिनीज़ के समय के पहले ही वे उत्तर में नर्मदा तक फैल गए थे। Ind. Ant Vol. IV, General Cunningham's Ancient. Geog. of India, pp. 527-530.
2. 'सेटे' संस्कृत भूगोल के 'साट' वा 'साटक' है, जिसके अनुसार वे 'दरदस' के पड़ोसी हैं (यूल के अनुसार वे संस्कृत के 'सेक' हैं; और वे उन्हें झाजपुर के निकट 'बनास' के तट पर अजमेर दक्षिण पूर्व बताते हैं)।
3. 'मोनेडीज़' वा 'मंडी' को यूल साहब छोटा नागपुर के द.पू. ब्राह्मणी के किनारे गंगपुर के पास बतलाते हैं। लैसन उन्हें महानदी के दक्षिण सोनपुर के पास बतलाते हैं जहाँ पर यूल के अनुसार 'सुअरी' वा 'सबरे' को जो संस्कृत ग्रन्थकारों का 'साबर' हैं, स्थित है। लैसन इन्हें सोनपुर और सिंहभूम के बीच बतलाते हैं।
4. यह वास्तव में केवल भूमध्य रेखा पर हो सकता है जहाँ से कि भारतवर्ष का दक्षिणी छोर 500 मील के लगभग है।
5. 'पालीबोथ्री' से यहाँ उस राज्य के निवासियों को समझना चाहिए जिसकी राजधानी 'पालीबोथ्रा' थी, न कि केवल उस नगर के निवासियों को, जैसा रेनिल और दूसरों ने अनुमान किया था और उनकी स्थिति को गंगा और यमुना के संगम पर निर्धारित किया था। मेथोरा तो सहज ही में 'मथुरा' से मिल जाता है। 'केरिसोबोरा' का पाठान्तर क्राइसोबन (Chrysoban), सिरिसोबोरका (Cyrisoborca), क्लेसौबोरास (Cleisoboras) भी है। जेनरल कनिंहाम कहते हैं, "इस नगर का पता अब तक नहीं लगा है; किन्तु मुझे यह निश्चय होता है कि यह अवश्य 'वृन्दावन' है जो मथुरा से 16 मील उत्तर है।...इस स्थान का प्राचीन नाम 'कलिकावर्त्त' है। लैटिन नाम क्लिसोबोरा (Clisobora) भिन्न-भिन्न प्रतियों में 'कैरिसोबोरा' और सिरिसोबोरका भी लिखा है, जिससे मैं समझता हूँ कि आरम्भ में उच्चारण केलिसोबोरका (Kalisoborka) रहा होगा जो कुछ फेरफार के साथ, कैलिकोबारटा वा →

हैं निवासी लोग जो पहिले ही से साँवले होते हैं, सूर्य्य से गाढ़ा रंग प्राप्त करते हैं यद्यपि एथिपियनों (Ethiopians) की भाँति झुलसकर काले नहीं हो जाते। जितना ही वे इंडस के निकट पड़ते उतना ही उनकी रंगत सूर्य्य के प्रभाव को प्रगट करता है।

इंडस 'प्रेसिआई' की सीमा को घेरे है, जिसकी पर्वतस्थली पर बौनों का निवास है। आर्टेमिडोरस[1] (Artemidorus) दोनों नदियों के बीच के अन्तर को 121 मील स्थिर करता है।

(23) इंडस जो निवासियों द्वारा सिंडस कही जाती है काकेसस पर्वत की उस शाखा में जो पैरोपैमिसस (Paro-pamisus) कहलाती है, सूर्योदय के अभिमुख उद्गमों से निकलकर, 19 नदियाँ प्राप्त करती हैं जिनमें सबसे प्रख्यात हाइडास्पीस[2], जिसकी चार सहायक हैं; कैंटब्रा[3] (Cantabra), जिसकी तीन हैं; असेसिनीज़ (Acesines) और हाइपेसिस[4] (Hypasis), जो दोनों जलयात्रा योग्य हैं, किन्तु इस पर भी पानी की आमद बहुत न होने से, यह किसी स्थान पर पचास स्टेडिया से अधिक चौड़ी वा पन्द्रह कदम से अधिक गहरी नहीं है। यह एक अत्यन्त बड़ा टापू बनाती है, जो प्रेसिएन[5] (Prasian) कहलाता है; तथा एक और उससे छोटा जो पटेल (Patale) कहलाता है। इसकी धारा, जो अत्यन्त घटकर आँकने से 1240 मील तक जलयात्रा योग्य है, पश्चिम की ओर घूमती है मानो थोड़ा-बहुत सूर्य्य के मार्ग का अनुकरण करती है, और तब समुद्र में जा गिरती है। गंगा के मुहाने से इस नदी तक तटरेखा की माप मैं वैसा ही रक्खूँगा जैसी साधारणतः दी जाती है, यद्यपि कोई भी लेखा एक-दूसरे से मेल नहीं खाता। गंगा के मुहाने से 'कलिंगन रास' (Cape Calingon) और 'डंडगुल' नगर तक 625 मील[6];

→ कालिकावर्त्त हो सकता है"–Ancient Geography of India, p. 375। यह एरियन का 'क्लैसोबोरा' है जिसको यूल साहब 'बटेसर' में बतलाते हैं और प्रो. लैसन आगरे में, जिसे वे संस्कृत का 'कृष्णपुर' बना डालते हैं। Wilkins (Asiatic Res. Vol. V., p. 270) कहते हैं कि क्लिसोबोरा आजकल मुसलमानों द्वारा 'मूगूनज़र' और हिन्दुओं द्वारा 'कालिसपुर' कहा जाता है।" Indian Ant. Vol. VI, 249 note.

1. इफ़िसस (Ephesus) एक यूनानी भूगोलवेत्ता है, जिसका समय लगभग 100 ई.पू. है। भूगोल पर उसका एक अमूल्य ग्रन्थ 'पेरिप्लस' प्राचीन ग्रन्थकारों द्वारा बहुत उद्धृत किया गया है, किन्तु कुछ खंडों को छोड़ यह ग्रन्थ पूरा नहीं मिलता।
2. हाइडास्पिस = वितस्ता वा झेलम।
3. 'चन्द्रभागा' वा 'अकेसिनीज़' जो आजकल चनाब कहलाती है।
4. हाइपेसिस छोटा रूपान्तर 'हाइपेनिस', बिबेसिस = संस्कृत 'बिपाशा', आधुनिक व्यास। हाइपेसिस छोटा रूपान्तर 'हाइपेनिस', बिबेसिस = संस्कृत 'बिपाशा', आधुनिक व्यास।
5. 'यूल' 'प्रेसिएन' को रोहटी से हैदराबाद तक के भूमिखंड से तथा सिन्ध के डेल्टा से मिलाते हैं–Ind. Ant.
6. दूरी और नाम दोनों में 'कोरिंगा' का बड़ा बन्दरगाह 'कोरिंगन' की रास प्रतीत होती है, जो कि गोदावरी नदी के मुहाने पर एक निकले हुए भूखंड पर स्थित है। 'डंडगुद' 'डंडगुल' नगर को मैं बौद्ध ग्रन्थों का 'दान्तपुर' समझता हूँ, जिसे कलिंग देश की हम राजधानी मानकर 'राजमहेन्द्री' में ठहरा सकते हैं, जो कोरिंगा से केवल 30 मील उ.पू. है। यूनानी I और II अधिक समान होने से मैं सम्भव समझता हूँ कि यूनानी नाम 'डंडपुल' रहा हो, जो 'दान्तपुर' से मिल जाता है। किन्तु इससे जान पड़ता है कि बुद्ध का दान्त (दाँत) कलिंग में प्लिनी के काल ही में गाड़ा गया था, यह बौद्ध ग्रन्थों के इन वाक्यों से भी दृढ़ होता है कि बुद्ध का बायाँ दाँत कलिंग में उनके मरने के थोड़े काल उपरान्त ही लाया गया जहाँ पर वह उस समय के राजा ब्रह्मदत्त द्वारा समाधिस्थ किया गया।— Cunningham Geog., p. 518.

'त्रोपिन'[1] (Tropina) तक 1225 मील; पेरिमुल की रास[2] (Cape of Perimula) तक, जहाँ भारत में व्यापार की सबसे बड़ी मंडी है, 750 मील; ऊपर कहे हुए 'पटल' (Patal) के द्वीप के नगर तक 620 मील।

इंडस और इओमेनीज़ (lomanes) के बीच की पहाड़ी जातियाँ ये हैं–सेसी (Cesi), सेत्रिबोनी (Cetriboni), जो जंगलों में रहते हैं; फिर मेगाले (Megallae) जिनका राजा 500 हाथी तथा अज्ञात बल के पैदल 'सिपाही' और घोड़ों का स्वामी है; क्रिसेई (Chrysei) परसंगे (Parasangae) तथा असंगे[3] (Asangae) जहाँ विख्यात बाघ बहुत हैं। सुसज्जित सेना के अन्तर्गत 30000 पैदल, 300 हाथी और 800 घोड़े हैं। ये इंडस से बँधे हैं तथा पर्वतों और रेगिस्तानों के मंडल से 625 मील की दूरी में घिरे हैं।[4] रेगिस्तान के नीचे 'दरी' (Dari) और सुरे (Surae) हैं, फिर 187 मील तक रेगिस्तान है। यह रेगिस्तान उपजाऊ भूमि को ठीक वैसे ही घेरे हैं जैसे समुद्र द्वीप को घेरे रहता है।[5] इस रेगिस्तानों के नीचे हम माल्टिकोरे (Malticorae), सिंघे (Singhae), मरोहे (Maroghae), ररुंगे (Rarungae), मोरुनी को पाते हैं। ये उन पहाड़ियों पर बसते हैं जो अखंडित शृंखला में महासागर के तट के समानान्तर चली गई हैं। वे स्वतन्त्र हैं और कोई राजा नहीं रखते, पर्वत की ऊँचाई पर बसते हैं जिन पर उन्होंने

1. ('त्रोपिन' कोचिन के सामने 'त्रिपोन्तरी' वा 'तिरुपन्तर' को लक्षित करता है–Int. And.) दी हुई दूरी गंगा के मुहाने से नापी गई है, कलिंगन रास से नहीं।
2. यह रास 'परिमुला' वा 'परिमुदा' द्वीप की निकली हुई नोक है जो अब बम्बई के सालसेटी (Salsette) का द्वीप कहलाता है।
3. प्लिनी, इंडस और गंगा के बेसिन का साधारण विवरण देकर, यहाँ पर उन जातियों को गिनाता है जो भारत के उत्तर में निवास करती थीं। नाम ऊटपटाँग हैं, किन्तु लैसन ने इनमें से दो-एक को और से. मार्टिन ने बहुतेरों को मिलाया है। सूची में वर्णित पहिली जाति यमुना से लेकर नर्मदा के मुहाने के पास पश्चिमी किनारे तक फैली थी। 'सेसी' (Cesi) ने 'खोसा' वा 'खसिया' की बड़ी जाति लक्षित होती है, जिसने अत्यन्त प्राचीन काल से गुजरात, लोअर सिन्ध तथा यमुना के मध्य भ्रमणशील जीवन बिताया है। 'सेत्रिबोनी' का नाम केत्रिबनी (क्षत्रिवनेय) का विकृत रूप जान पड़ता है। अतएव वे मनु की गिनाई हुई म्लेच्छ जातियों में (1-10-12) से 'खात्री' की एक शाखा कदाचित् हो। 'मेगाल' तो संस्कृत पुस्तकों में वर्णित 'मावेल' हैं जिनका निवास यमुना के पश्चिम लिखा है। 'क्रिसेई' कदाचित् पौराणिक सूची के 'क्रौंच' हों (विष्णुपुराण)। इनकी तथा पिछली दो जातियों की निवासभूमि 'रन' के उत्तर लोअर इंडस (सिन्ध) और अरावली श्रेणी के मध्य में रही होगी।
4. वा अस्मगी। प्रो. लैसन सन्देह के साथ जोधपुर के आसपास बताते हैं–Ed. Int. Ant.
5. 'धार' लोग अब तक 'धर' के किनारे तथा सिन्ध की घाटी के समकक्ष भागों में बसते हैं। हुएन्थसांग कच्छ की खाड़ी के निचले छोर पर एक 'दर' की भूमि का उल्लेख करता है जो ठीक प्लिनी के दिए हुए ठिकाने से मिल जाती है। सुरे, 'संस्क' और 'शूर' नाम का अवशेष 'सौर' में पाया जाता है जो लोअर सिन्ध के किनारे बसी हुई एक जाति है–यह हरिवंश के 'सौरमीर' की आधुनिक सन्तति है।

   लैसन इन्हें सन्देह के साथ 'लोनो' के किनारे सिन्द्री के समीप बताते हैं, किन्तु यूल साहब यहाँ बोलिंगे–संस्कृत 'भौलिंग'–का स्थान बताते हैं। —Ind. Ant.

बहुत से नगर बसाए हैं।[1] इसके आगे नेरिए (Nareae) हैं जो भारतीय पर्वतों में सबसे ऊँचे केपिटेलिया[2] (Capitalia) द्वारा घिरे हैं।

---

1. ये जातियाँ अवश्य 'कच्छ' में बसती थीं। माल्टिकोरे के नाम ने विशेष ध्यान आकर्षित किया क्योंकि वह 'मर्त्तिखोर' से मिल जाता है जिसको टीशियास ने भारतवर्ष का एक मनुष्यभक्षी जीव कहा है। अतएव 'माल्टिकोरे' मनुष्यभक्षियों की एक जाति रही होगी। किन्तु M. de St. Martin इस बात को नहीं मानते। 'सिंघे' आजकल के अमरकोट के 'सिंघी' हैं (जिन्हें मकमर्डो ने 'सांग' कहा है) जो एक प्राचीन राजपूत शाखा 'सिंघार' के वंशज हैं। 'मरोहे' कदाचित् वराहसंहिता' की सूची के 'मरुह' हैं। 'वराहसंहिता' प्लिनी के काल से साढ़े चार सौ वर्ष पीछे की है। बीच में वे स्थानच्युत हो गए, पर स्थानच्युत होना उन दिनों कोई असाधारण बात न थी। ऐसे ही 'ररूंगे' कदाचित् ''रांघी'' के पूर्वज रहे हों जो अब सतलज के किनारे दिल्ली के आसपास मिलते हैं।
2. केपिटेलिया निस्सन्देह पवित्र अर्वुद गिरि वा आबू पहाड़ है जो 6500 फीट ऊँचा है और अरावली श्रेणी के सब शिखरों से उन्नत है। 'नेरिए' नाम से 'नैयर' की ओर ध्यान जाता है जिसको राजपूत इतिहास रेगिस्तान का एक उत्तरी खंड बताते हैं (Tod's Rajasthan II. 211)। यही से. मार्टिन भी कहते हैं। किन्तु जेनरल कनिंगहाम के अनुसार ये लोग 'सरुई' के हैं, क्योंकि 'नर' और 'सर' दोनों नरकट के पर्याय हैं और 'सरुई' का देश अब तक सरकंडे के तीरों के लिए प्रसिद्ध है। वही ग्रन्थकार इस कथन को कि सोने और चाँदी की बहुत सी खानें इस पर्वत के दूसरे पार्श्व में निकलती हैं अपने इस सिद्धान्त के पक्ष में व्यवहृत करता है कि भारतवर्ष ही बाइबिल का ओफ़िर (Ophir) है, जहाँ से सुलेमान के समय में टैरियन (Tyrian) नौकाएँ बहुत सा सोना लालचन्दन और बहुमूल्य पत्थर ले गई थीं (1. Kings xii)। इनकी युक्ति यह है–''प्लिनी की सूची में अन्तिम नाम वेरिटेटे (Varetatæ) है जिसको मैं दो अक्षरों का फेरफार करके बेटरटे (Vataretæ) कर देता हूँ। यह उच्चारण 'स्वरटेरेटे' (Svarataratæ) के भिन्न-भिन्न पाठान्तरों से भी दृढ़ होता है। यह अत्यन्त सम्भव है कि 'स्वरटरेटे' 'सौराष्ट्र' को प्रगट करने के लिए व्यवहृत हुआ हो। प्रसिद्ध वराहमिहिर 'सौराष्ट्र' और 'बादर' का, भारतवर्ष की द. प. की जातियों के प्रसंग में, एक साथ उल्लेख करता है (बृहतसंहिता)। अतएव ये 'बादर' अवश्य ही 'बदरी' के निवासी रहे होंगे। मैं समझता हूँ कि 'बदरी' का नाम उस भूभाग को सूचित करता है जहाँ बदरी (बेर) के पेड़ बहुत हों। ये पेड़ दक्षिण राजपूताने में अधिक मिलते हैं। इसी कारण मैं इसी स्थान के आसपास प्राचीन 'सौवीर' को भी समझता हूँ क्योंकि 'सौवीर' बदरी का दूसरा नाम है। 'साफिर' आजकल भी भारतवर्ष का काप्टिक (Coptic) नाम है; किन्तु यह नाम आरम्भ में हिन्दुस्थान के उसी किनारे का रहा होगा जहाँ पश्चिम के व्यापारी बहुत आते थे। इसमें बहुत कम सन्देह है कि यह खंभात की खाड़ी ही थी जो अत्यन्त प्राचीन काल से भारतवर्ष और पश्चिम के बीच व्यापार की मुख्य जगह थी। यूनानी इतिहास के समस्त काल में यह व्यापार बरिगज़ा (Barygaza) वा भड़ौच के प्रसिद्ध नगर के सर्वथा अधीन था जो नर्मदा नदी के मुहाने पर है। चौथी शताब्दी के लगभग उसका कुछ अंश 'वल्लभी' की नई राजधानी में मिल गया। माध्यमिक काल में इस व्यापार में खाड़ी के सिरे पर खंभात नगर भी सम्मिलित हुआ; और आजकल ताप्ती के मुहानें पर सूरत नगर ही इसका मुख्य केन्द्र है। यदि 'सौवीर' नाम बेर के पेड़ों ही के कारण पड़ा है तो मुझे सम्भव जान पड़ता है कि यह 'बदरी' वा 'ईदर' के प्रान्त का दूसरा नाम रहा होगा, जो 'खंभात की खाड़ी' के ऊपर है। वास्तव में, रूद्रदाम के अनुसार सौवीर को इसी ठिकाने पर होना भी चाहिए, जो 'सिन्धु' सौवीर को सौराष्ट्र और भारूकच्छ के थोड़े ही आगे, तथा 'कुक्कुर' अपरन्त और 'निषाद' के थोड़े ही इधर, बतलाता है। (gour. Bo. Br. R. As. Soc. vii 120)। इस प्रबन्ध के अनुसार 'सौवीर' अवश्य 'सौराष्ट्र' और भड़ौच के उत्तर तथा 'निषाद' के दक्षिण रहा होगा, अर्थात् जैसा मैंने कहा है, आबू पहाड़ के आसपास ही होगा। 'सौवीर' का यही ठिकाना विष्णुपुराण में भी लिखा है–Ane. Geog. of India, p. 496-497. See also 560-562 of the same work.

इस पर्वत के दूसरे पार्श्व के निवासी सोने और चाँदी की विस्तृत खानें खोदते हैं। इसके उपरान्त ओरेटुरे[1] (Oraturoe) हैं, जिनके राजा के पास केवल दस हाथी हैं, यद्यपि उसके पास पैदल सिपाहियों की बड़ी प्रबल सेना है। फिर इसके अनन्तर वरटेटे (Varetatœ) हैं, जो ऐसे राजा की प्रजा हैं जो हाथी नहीं रखता, वरन् पूर्ण रीति से अपने घोड़े और पैदल पर भरोसा रखता है। फिर ओडम्बेरी[2] (Odombœroe) हैं; सलबस्त्री (Salabastrœ) हैं; होरेटी[3] (Horatoe) हैं जिनके यहाँ एक सुन्दर नगर ऐसे दलदलों से रक्षित है जो खाई का काम देते हैं, जिसमें घड़ियाल रक्खे जाते हैं, जो नर मांस के अधिक लोलुप होने के कारण, पुल को छोड़ सर्वत्र से नगर के भीतर का प्रवेश रोकते हैं। उनके एक दूसरे नगर, आटोमेल (Automela) की बड़ी प्रशंसा है, जो पाँच नदियों के संगम पर स्थित है और व्यापार की एक उत्तम मंडी है। राजा 1600 हाथी, 150000 पैदल, और 500 अश्वारोहियों का स्वामी है। 'चार्मी'[4] (Charmæ) के छोटे राजा के पास केवल साठ हाथी हैं और उसकी दूसरी सेना भी क्षुद्र है। इसके अनन्तर पंडी (Pandæ) पड़ते हैं; यह भारतवर्ष में एक ही जाति है जो स्त्रियों से शासित होती है। वे कहते हैं कि हरक्यूलस (Hercules) ने अपनी एकमात्र कन्या को, जो इस सेतु और भी अधिक प्यारी थी एक उत्तम राज्य प्रदान किया। उसकी सन्तति 300 नगरों पर शासन करती है तथा 150,000 पैदल और 500 हाथियों पर आधिपत्य रखती है। फिर, 300 नगरवाले, सिरियनी (Syrieni), डेरंगी (Deranae), पोसिंगी (Posingae), बुजी (Buzae), गोजियरी (Gogiarei), उम्ब्री

1. ओरेटुरे से अभिप्राय राठौर से है, जिन्होंने मुसलमानी विजय के पहिले भारतीय इतिहास में बड़े-बड़े काम किए हैं। वे यद्यपि, गंगा के समीप आ बसे हैं, पर अपने पूर्वजों की भूमि अजमेर समझते हैं जो अरावली की पूर्वी छोर पर है।
2. ओडम्बेरी का नाम संस्कृत साहित्य में मिलता है क्योंकि पाणिनी उदम्बरी उस देश को बतलाते हैं जहाँ प्राचीन आख्यानों में प्रसिद्ध 'सल्व' जाति के लोग बसते थे जो प्लिनी के सलबस्त्री से मिल जाते हैं। उसने उनका नाम जो थोड़ा बढ़ाकर लिखा है वह केवल संस्कृत 'वस्त्य' को उसके साथ संयुक्त कर देने के कारण से, 'उदम्बरी' प्रान्त कच्छ में था। प्रो. लैसन सलबस्त्री को जोधपुर और सरस्वती के मुहाने के मध्य स्थिर करते हैं, और 'होरेटी' को खम्भात की खाड़ी के सिरे पर। 'आटोमेल' का स्थान वे खम्भात ही बताते हैं। यूल सेंड्रबटीज (Sandrabatis) को उत्तरी गुजरात में चन्द्रावती के पास बताते हैं, किन्तु लैसन इन्हें टोंक के पास बनास के किनारे बताते हैं।
3. 'होरेटी' 'सोराठ' का अशुद्ध अवतरण है जो संस्कृत सौराष्ट्र का भ्रष्ट रूप है। अतएव 'होरेटी' उस देश के निवासी थे जिसका पेरिप्लस (Periplus) और प्लिनी में सुरस्ट्रेना (Surastrana) नाम लिखा है–अर्थात् गुजरात ओरोथ (Orrhoth) को कासमास ने भारतवर्ष के पश्चिम एक नगर का नाम कहा है जो 'सूरत' अनुमान किया गया है किन्तु यूल इसे पोरबन्दर किनारे पर कहीं बतलाते हैं। आटोमेल (Automela) का पता ठीक नहीं लगता किन्तु सेंट मार्टिन इसे प्रसिद्ध वल्लभी बतलाते हैं।
4. 'चार्मी' लोग महाभारत में वर्णित 'चर्ममंडल' और विष्णुपुराण में वर्णित पश्चिम में 'चर्मखंड' के निवासी अनुमान किए गए हैं। बुन्देलखंड और उत्तरी भारत के चर्मार वा चमार उनकी सन्तान हैं। 'पांडी', जो उनके पड़ोसी थे, अवश्य ही चम्बल नदी (जिनका संस्कृत भूगोल में 'चर्मणावती' नाम है) बेसिन का अधिकांश छेके हुए थे वे विख्यात पांडु जाति की एक शाखा थे, जिसने भारतवर्ष के कई भागों में राज्य स्थापित किए थे।

(Umbrae), नेरिए (Nereae), ब्रंकोसी (Brancosi), नोबुन्दी (Nobundae), को-कोंडी (Co-condae) नेसई (Nesi), पेडाटिरी (Pedatrirae), सोलोब्रायसी (Solobriasae), ओलोस्ट्री[1] (Olostrae) हैं, जो पटेले (Patele) द्वीप के सन्निकट हैं जिसके अन्तिम तट से कास्पियन (Caspian) द्वार तक की दूरी 1925 मील कही जाती है।[2]

फिर उस क्रम के अनुसार जिस पर चलना सहज है, इनके उपरान्त इंडस सिन्ध का और 'अमेटी' (Amatae), बोलिंगी (Bolingae), 'गल्लितलुती' (Gallitalutae), 'दिमुरी' (Dimuri), 'मेगरी' (Megari), 'ओर्डबी' (Ordabae), 'मेसी' (Mesae) पड़ते हैं; इनके अनन्तर 'उरी' (Uri) और 'सिलेनी'[3] हैं। चट इसके आगे ही 250 मील तक फैले हुए रेगिस्तान पड़ते हैं। इन्हें पार करने पर हमें आगंगा (Organae), अबमोर्टी (Abaortae), सुऐटीं मिलते हैं, और इनके उपरान्त उतने ही विस्तृत रेगिस्तान जितने कि पहिले के। फिर सेरोफ़ेसिस (Sarophages), सार्गी (Sorgæ), बरोमेटी (Bormat) तथा उम्ब्रिट्टी

---

1. इस सूची में दिए गए नाम अरावली पर्वत और सिन्ध नदी के बीच की जातियों को सूचित करते हैं। इनमें से बहुतों का उल्लेख तो राजपूतों के इतिहास में है जिन्हें M. De. St. Martin इस प्रकार बताते हैं–"सिरियनी" लोग 'सुरियानी' हैं जो सिन्ध नदी के सन्निकट बक्कर के आसपास सदा से बसते आए हैं। 'डेरंगी' राजपूतों की एक शाखा 'झाड़ेजा' का लैटिन नामकरण है। ये झाड़ेजा आजकल कच्छ में बसे हैं (Tod's Rajasthan, Vol. I. p. 86)। 'बुज़ी' बुद्द को सूचित करते हैं जो इसी 'झड़ेजा' की एक पुरानी शाखा है। गोजियरे (पाठान्तर Gogarasi गोगरसी, गोगरे Gogarae) 'कोकरी' हैं, जो आज दिन धर वा लोअर सतलज के किनारे बसे हैं। 'उम्ब्री' से 'उम्रनी' का लक्ष्य होता है, और 'नेरिए' से कदाचित् 'न्हरोनी' का जो यद्यपि आजकल बिलूचिस्तान में बसते हैं तथापि प्राचीन काल में उनका निवास सिन्ध नदी के पूर्व ही था। 'नुबटे' जिनकी सिन्ध की प्रचलित गाथाओं में बड़ी चर्चा है, कदाचित् 'नोवुन्दी' हों, और 'कोकोंटी' तो निस्सन्देह ही महाभारत में उत्तर पचिश्म की जातियों के प्रसंग में वर्णित 'कोकनद' हैं–पर बकनन साहब गोरखपुर की एक ककन्द जाति की ओर इंगित करते हैं।
2. दो नाके थे जो कास्पियन द्वार के नाम से विख्यात थे। एक अलबेनिया में था, और काकेसस की एक शाखा से बना था जो कास्पियन सागर में दूर तक चली गई थी। दूसरा जिसका यहाँ प्लिनी उल्लेख करता है उत्तर-पश्चिमी एशिया से लेकर फारस के उत्तर-पूर्व प्रान्तों तक एक संकीर्ण दर्रा (Pass) था। एरियन के अनुसार (Anab ii 20) 'कास्पियन द्वार' मिडिया के 'रहगई' नगर से थोड़ी ही दूर है। रहगई का ठिकाना आजकल तेहरान (फ़ारस में) से एक वा दो मील दक्षिण रहा के खंडहरों में मिलता है। यह दर्रा (Pass) प्राचीन भूगोल में बड़ा ही प्रसिद्ध था और वहीं से बहुत सी याम्योत्तर (Meridians) रेखाएँ नापी जाती थीं। स्ट्रेबो कहता है कि भारतवर्ष की अन्तिम छोर (कन्याकुमारी) से वह 14000 स्टेडिया है।
3. पाणिनि के सूत्रों में 'भौलिंगी' का एक देश कहा है जिसमें 'सल्व' जाति की एक शाखा निवास करती थी, इसी लक्ष पर M. De. St. Martin ने 'बोलिंगी' को अरावली पर्वत के पश्चिमी उतार पर स्थिर किया है। टालमी भी बोलिंगी को यहाँ बताता है। पंजाह के मद्रभुजिंघ (विष्णुपुराण) कदाचित् इसी जाति की एक शाखा थे। इसी ग्रन्थकार ने 'गल्लितलुती' को 'गहलत' वा 'गहलोत' से मिलाया है। डिमुरी को 'डुमरा' लोगों से जो सिन्ध के किनारे से उत्तर भारत की ओर जा बसे हैं; 'मेगरी' का राजपूत इतिहासों के 'मोकर' से जिनके नाम का अवशेष कदाचित् सिन्ध के 'मेहर', और पूर्वीय बिलूचिस्तान के 'मेघारी' में पाया जाता है; 'मेसी' को शिकारपूर और मिट्ठनकोट के बीच बसनेवाले 'मर्ज़ारा' लोगों से; 'उर' को वहाँ के 'हौरा' लोगों से–जो 'हुरैर' के नाम से राजपूतों के छत्तीस राजकुलों में से एक हैं। उसी जाति के 'सुलाल' लोग कदाचित् 'सिलेनी' हों, जिनका प्लिनी उरी के साथ उल्लेख करता है।

(Umbrittæ) पड़ते हैं, जो बारह जातियों से संयुक्त हैं जिनके प्रत्येक के पास दो नगर हैं; और असेनी (Aseni), जिनके पास तीन नगर हैं।[1] उनकी राजधानी ब्युसिफेला (Bucephala) है, जो उस स्थान पर बनी है जहाँ सिकन्दर का उसी नाम का प्रसिद्ध घोड़ा गाड़ा गया था।[2] इसके अनन्तर काकेसस् के नीचे बसे हुए 'सालिएडी (Soleadae) और सौन्ड्री (Sondrae) आदि पहाड़ी लोग हैं; और यदि हम इंडस के दूसरे किनारे पर उतर जाते हैं, और उसका मार्ग पकड़े नीचे की ओर जाते हैं तो हम 'समरब्रिई' (Samarabriae), सम्ब्रुसेनी (Sambruseni), बिसम्ब्रिवती (Bisambritoe), ओसियाई (Ocii), अंटिक्सेनी (Antixeni) तथा एक प्रसिद्ध नगर युक्त टैक्सिली (Taxillæ) मिलते हैं।[3] इसके

1. इन जातियों का निवासस्थान उस स्थान से उत्तर रहा होगा जहाँ सिन्ध के साथ पंजाब की नदियों का संयुक्त धारा का संगम है। ये ऊटपटाँग हैं और उनके नाम का पता ठीक-ठीक नहीं चलता। 'सिबेरी' तो अवश्य ही महाभारत के सौबीर हैं, और जैसा कि उनके नाम के साथ सिन्ध का सम्बन्ध सूचित होता है, वे उसी नदी के तट पर बसते थे। 'अबओर्टी' से कदाचित् अफ़ग़ानों की 'अफ़रीदी' जाति से अभिप्राय हो, और 'सरोफ़ेजिस' से उसी समुदाय के राभान वा 'सरबानी' से। 'उम्ब्रिट्टी' और 'असेनी' हमें नदी के पूर्व ले जाते हैं। 'उम्ब्रिट्टी' तो जान पड़ता है कि सिकन्दर के इतिहासकारों के 'अम्बस्टी' और संस्कृत ग्रन्थों के 'अम्बस्थ' हैं जो अकेसिनीज़ (चेनाब) के आसपास रहते थे।
2. सिकन्दर ने हाइडास्पिस (झेलम) के किनारे महासंग्राम के अनन्तर, जिसमें उसने पोरस को हराया था, दो नगरों की नींव दी—एक ब्यूसिफ़ेला (Bucephala) वा ब्यूकिफ़ेलिया जो उसके प्रसिद्ध घोड़े (ब्यूसिफ़ेलस) के नाम पर बसाया गया, दूसरा 'निकेइया' (Nikaia) जो उसकी विजय के उपलक्ष में निर्मित हुआ। यह तो भली-भाँति विदित है कि 'निकेइया' युद्धस्थल ही पर निर्मित हुआ था अतएव उसका ठिकाना हाइडास्पिस के बाएँ किनारे पर रहा होगा। कदाचित् उस स्थान पर जहाँ आजकल 'माँग' है। ब्यूसिफ़ेला का पता बताना इतना सहज नहीं है। प्लूटार्क और प्लिनी के अनुसार यह हाईडास्पिस के समीप उस स्थान पर था जहाँ ब्यूकिफ़ेलस गाड़ा गया था। यदि यह मान लिया जाए तो उसे नदी के उसी पार्श्व में होना चाहिए जिसमें 'निकेइया' स्थित था। किन्तु स्ट्रेबो तथा और दूसरे ग्रन्थकार उसे नदी के दूसरे तट पर बताते हैं। स्ट्रेबो उसे उस स्थान पर स्थिर करता है जहाँ से सिकन्दर नदी पार हुआ था; और एरियन कहता है कि वह उस भूभाग पर निर्मित हुआ था जहाँ उसके डेरे पड़े थे। जनरल कनिंगहाम उसे जलालपुर में स्थिर करते हैं जो झेलम से तीस मील ऊपर है और वर्नेस, जनरल कोर्ट तथा जनरल अबट इसका अनुमोदन करते हैं। जलालपुर 'दिलावर' से लगभग 10 मील के है जहाँ से जनरल कनिंगहाम के मतानुसार, सिकन्दर ने नदी को पार किया था।
3. 'सोलिएडी' और 'सोंड्री' का पता नहीं चलता, और उन जातियों में से जो सिन्ध नदी के पूर्व स्थित की गई हैं केवल 'टैक्सिली' ही ज्ञात है। उनकी राजधानी विख्यात टैक्सिला थी, जिसको सिकन्दर ने निरीक्षण किया था। जनरल कनिंगहाम कहते हैं, "इस नगर का ठिकाना अब तक अज्ञात है, एक तो पिल्नी की दी हुई अशुद्ध दूरी के कारण और दूसरे उन विस्तृत खंडहरों के विषय में जानकारी न होने के कारण जो 'शाहढेरी' के पास अब तक बने हैं। प्लिनी की समस्त प्रतियाँ यह कहने में सहमत हैं कि टैक्सिला, पिउकोलैटिस (Peucolaitis) वह हष्टनगर से केवल 60 रोमन अथवा 55 अँगरेज़ी मील पर है, जिससे उसका ठिकाना हसन-अब्दाल के पश्चिम हारो नदी के तट पर कहीं स्थिर होता है जो सिन्ध नदी से दो दिन की राह है। किन्तु चीनी परिब्राजक के यात्रा-विवरण उसे सिन्ध नदी के पूर्व तीन दिन की राह, अथवा काल-का-सराय के पड़ोस में, बताने में सहमत हैं। अतएव वह उसका ठिकाना शाहढेरी के निकट (जो उपरोक्त सराय से एक मील उ. पू. है) स्तूप, मठ और मन्दिरों से मंडित एक सुदृढ़ नगर के खंडहरों में निर्धारित करता है। इस स्थान से हष्टनगर 74 अँगरेज़ी मील है अथवा प्लिनी के अटकल से 19 मील अधिक। टैक्सिला संस्कृत का 'तक्षशिला' है, जिसका पाली रूप तखसिला है जिसमें यूनानी रूप लिया गया है। (Ane. Gog. of Ind. p. 104.)

उपरान्त अमन्द[1] नाम से परिचित देश का एक चौरस खंड पड़ता है, जिसके ऊपर जातियाँ संख्या में चार हैं–पिउकोलैटी (Peucolaitae), अर्सगलिटी (Arsagalitæ), जिरेटी (Geretæ) और असोई (Asoi)।

पर, बहुतेरे ग्रन्थकार इंडस नदी को भारतवर्ष की पश्चिमी सीमा नहीं बताते, वरन् 'कोफ़ेस' (Ceophes) नदी को उसकी अन्तिम सीमा बनाकर उसके अन्तर्गत चार साम्राज्यों को संयुक्त करते हैं–जिड्रोसी (Gedrosi), अरचोटी (Arachotæ), एरिआई (Arii), पैरोपेमिसेडी[2] (Paropamisadæ), यद्यपि दूसरे लोग इन सबको एरिआई के अन्तर्गत मानना पसन्द करते हैं।

बहुत से ग्रन्थकार आगे और भारतवर्ष में 'निसा' (Nysa) नगर, तथा पिता बैक्चस (Bacchus) के पवित्र मेरुस (Merus) पर्वत को भी जहाँ से इस कथा की उत्पत्ति है कि वह ज्यूपिटर के जंघे से उत्पन्न हुआ था, सम्मिलित करते हैं।

वे आगे 'अस्टकनी' (Astacani) को भी मिलाते हैं, जिनके देश में अंगूर और लारल (Laurel) और शमशाद (Box-wood) तथा हर प्रकार के फल के पेड़ जो यूनान में मिलते हैं बहुतायत से उपजते हैं। विलक्षण और प्रायः कल्पित विवरण जो उसकी भूमि की उर्वरता के विषय में तथा उसके फलों और पेड़ों, उसके पशु-पक्षी तथा दूसरे जन्तुओं के स्वभाव के विषय में प्रचलित हैं वे इस ग्रन्थ के दूसरे भागों में यथास्थान रखे जाएँगे। थोड़ा आगे चलकर मैं सत्रपों (साम्राज्यों) के विषय में कहूँगा, किन्तु

---

1. चूँकि 'अमन्द' नाम नितान्त अज्ञात है, M. De. St. Martin बिना आगा-पीछा किए उसका शुद्ध नाम गन्धार इस आधार पर बताते हैं कि अमन्द की निर्वाचित भूमि गन्धार से मिल जाती है। पिउकोलिटी जिस देश में बसते थे वह इसी गन्धार का एक भाग था जैसा कि और ग्रन्थकारों से हमें विदित होता है। जिरेटी तो बिना किसी सन्देह का एरियन का गौरेई (Gouræi) है; और 'असोई' कदाचित् अस्पसिआई से मिलते हैं, जिन्हें स्ट्रेबो ने 'हिप्पसिआई' वा 'पसिआई' लिखा है। 'अर्सगलिटी' का नाम तो केवल प्लिनी ही लेता है। यह नाम, जान पड़ता है कि एक ही भूभाग में बसी हुई दो जातियों को सूचित करता है–एक टालमी द्वारा वर्णित 'अर्स'; जिससे संस्कृत 'उरश' की ओर संकेत है, और दूसरी 'घिलिट' वा 'घिलघिट' जो पूर्वोक्त संस्कृत की 'गहलत' है।
2. 'जिड्रोसिया' से कदाचित् उसी जिले का ग्रहण होता है जो आजकल 'मेकरान' के नाम से विदित है। भारतीय चढ़ाई से लौटते समय सिकन्दर इसी स्थान से होकर गया था। 'अरकोशिया' आजकल के सुलैमान पहाड़ से लेकर जिड्रोसिया तक दक्षिण की ओर फैला हुआ था। उसकी राजधानी अरकोटस कहीं कन्दहार की ओर स्थित थी। कर्नल रालिंसन (Colonel Rawlinson) के अनुसार अरकोसिया नाम हरखवती (संस्कृत 'सरस्वती) से निकला है और उसका अवशेष अरबी शब्द 'रखज' में है। यह 'बिसुतुन' के शिलालेख का 'हरौवत' है। 'एरिया', मशद और हेरात के बीच के देश को सूचित करता था; एरियाना जिसका कि वह एक भाग था और जिसके पर्य्याय की भाँति वह कभी-कभी व्यवहृत होता है, अधिक बड़ा प्रान्त था जिसके अन्तर्गत समस्त प्राचीन पारस था। बिसुतुन के शिलालेख के पारसी विभाग में 'एरिया' 'हबीरी' के नाम से प्रगट हुआ है और बाबिलोनियन विभाग में 'अरेबन' के नाम से प्रगट है। पैरोपेमिस़ और कोफ़स के विषय में देखो Ind. Ant. Vol. V, p. 329.

'टैप्रोबेन' द्वीप पर मेरे सहसा ध्यान की आवश्यकता है।

किन्तु प्रथम इसके कि इस द्वीप पर आवें कई दूसरे हैं, जिनमें एक पटेल (Patale) है, जो जैसा हमने सूचित किया है, इंडस के मुहाने पर स्थित है, त्रिभुजाकार है और चौड़ाई में 220 मील है। इंडस के मुहाने के आगे 'क्रिसी' (Chryse) और 'अर्जिरी'[1] (Argyre) हैं जो जैसा मैं विश्वास करता हूँ धातुओं के धनी हैं। क्योंकि मैं झटपट यह नहीं विश्वास कर सकता, जो कुछ ग्रन्थकारों द्वारा कहा गया है कि उनकी भूमि सोने और चाँदी से आच्छादित है। इनसे 20 मील की दूरी पर 'क्रोकेला'[1] स्थित है, जहाँ से बारह मील की दूरी पर 'बिवगा' है जो सीपों तथा दूसरे घोघों से भरा है। इसके उपरान्त उल्लेख के अयोग्य बहुतों के अतिरिक्त उपर्युक्त द्वीप से नौ मील दूर 'टोरल्लिबा' (Toralliba) पड़ता है।

---

1. इस नाम के पाठान्तर 'अस्पगनी' तथा 'अस्पगोनी' भी हैं। M. De. St. Martin. कहते हैं ''हम पहिले देख चुके हैं कि प्राचीन हेकाटिआस (Hekataios) के एक प्रकरण में 'कैस्पापैरस' (Kaspapyros) नगर को गंडारिक (गान्धारीय) नगर कहा है, और हेरोडोटस ने उसी स्थान को 'पैकटी' (Paktyi) में बताया है। मैंने यह भी कहा है कि यह विरोध केवल देखने ही में जान पड़ता है क्योंकि गान्धार और Paktyike एक ही देश है। हेरोडोटस के इस 'पैकटी' नाम से अफ़गान लोगों के प्राचीन 'पखतू' (बहुवचन पख़तुन) नाम का पता लगा लेना कोई कठिन नहीं है। अफ़गान लोग अब तक अपनी जाति को सूचित करने के लिए इसी नाम का व्यवहार करते हैं, और अपनी जातीय बोली का यही नाम बताते हैं। हम अफ़गानों की उपस्थिति, जैसा लैसन ने कहा है, ईस्वी शताब्दी से कम-से-कम 500 वर्ष पहिले उनकी मातृभूमि में देखते हैं। अब चूँकि अफ़गान वा 'पख्त' से जाति का मुख्य स्थान इंडस (सिन्ध) नदी के पश्चिम (जोकि उसकी सीमा है) कोफ़िस (Cophes) नदी के मैदान हैं, इससे जो पहिले कह आए हैं वह बात और भी दृढ़ होती है कि कैस्पपैकस (Kaspapycas) वा कश्यपपुर (हिकेटैअस Hekataios का गंडारी) का ठिकाना सिन्ध नदी के पश्चिम ढूँढ़ना चाहिए। एक ही देश को सूचित करने के लिए फिर ये दो नाम क्यों हैं ? इसका कारण यह है कि एक तो उस देश का भारतीय नाम है और दूसरा उसका वहीं के निवासियों का दिया हुआ नाम है। गन्धार को सूचित करने के लिए एक दूसरा संस्कृत नाम ''अश्वक'' था। इस शब्द का अर्थ अश्वारोही वा सवार होता है। यह नाम जातीय नहीं था वरन् पंजाब के निवासी लोग कोफिस (Kophes) देश के लोगों को इसी नाम से पुकारते थे क्योंकि वह देश अत्यन्त प्राचीन काल से घोड़ों के लिए प्रसिद्ध था। बोलचाल में संस्कृत अश्वक 'अस्सक' हो गया जो थोड़े से परिवर्तन के साथ सिकन्दर की चढ़ाई के इतिहासों में 'अस्सकनी' वा 'अस्सकेनी' (Assakeni) के रूप में प्रगट हुआ है। यहाँ अफ़गान नाम का पता लगा लेना कोई कठिन नहीं है क्योंकि वह 'अस्सकान' का विकृत रूप प्रत्यक्ष है। इन लोगों को (एरियन तथा और दूसरे सिकन्दर के इतिहास लिखनेवालों को) न तो हिकेटैपस का 'गंडारी' और न हेरोडोटस का 'पैक्टी ' ही नाम ज्ञात था, पर चूँकि यह और 'अस्सकनी' एक ही देश के नाम हैं और व्यवहार में अफ़गान और 'पखतुन' शब्द पर्य्यायवाची हैं इससे इन सबके एक होने में कोई सन्देह नहीं है।'' गन्धार का नाम अत्यन्त प्राचीन है यह ऋग्वेद में भी आया है।
1. कराची की खाड़ी में जो टालमी का 'कोलका' (Kolaka) है। वह ज़िला जिसमें कराची स्थित है अब तक 'करकल्ला' कहलाता है।

खंड : 56 (ख)

Solin 52. 6-17

भारतीय जातियों की सूची

हिन्दुस्तान की सबसे बड़ी नदियाँ गंगा और इंडस हैं, और इनमें से कोई-कोई कहते हैं कि गंगा बेजाने हुए उद्गमों से निकलती है, और नाइल के ढंग पर देश को तराबोर करती है, पर दूसरे यह विचारने में झुके हैं कि वह स्कीदियन पर्वतों से निकलती है। (उत्कृष्ट नदी हाइपेनिस भी वहीं है जो कि सिकन्दर की चढ़ाई की सीमा थी, जैसा कि उसके तट पर उठाई हुई बेदियाँ प्रमाणित करती हैं)[1] गंगा की सबसे कम चौड़ाई आठ मील है और सबसे अधिक बीस। उसकी गहराई जहाँ वह अत्यन्त छिछली है पूरी सौ फ़ीट है। लोग जो अत्यन्त दूर स्थित भाग में रहते हैं गंगारिडीज (Gangarides) हैं, जिनके राजा के पास 1000 घोड़े, 700 हाथी, और 60000 पैदल युद्ध यन्त्र के साथ हैं।

भारतवासियों में कोई भूमि जोतते हैं, बहुतेरे तो युद्ध के अनुगत हैं और बहुतेरे व्यापार के। सबसे उच्च और धनाढ्य राजकाज का प्रबन्ध करते हैं, न्याय विचारते हैं, और राजा के साथ सभा में बैठते हैं। एक पाँचवाँ वर्ग भी बुद्धि के हेतु सबसे अग्रगण्य उन लोगों का है, जो जब जीवन से उकता जाते हैं तब एक जलती हुई चिता पर बैठकर मृत्यु बुलाते हैं। पर वे जो कठोर सम्प्रदाय के विरागी हो गए हैं, और अपना जीवन जंगलों में बिताते हैं, हाथी बझाते हैं, जिसको, जब वह बिलकुल पालतू और सीधा हो जाता है, वे जोतने और चढ़ने के काम में लाते हैं।

गंगा में एक अत्यन्त आबाद द्वीप है जो एक बड़ी शक्तिमती जाति से बसा है, जिसका राजा 50000 पैदल और 4000 घोड़े शस्त्रों से सुसज्जित रखता है। यथार्थ में कोई राज्यशक्ति से सम्बन्धित व्यक्ति कभी अपनी सेना को बिना बहुसंख्यक हाथियों, पैदल तथा अश्वारोहियों के नहीं रखता।

प्रेसियन जाति, जो अत्यन्त शक्तिमान है, पैलिबोट्रा नामक नगर में बसती है, जिससे कोई उस जाति ही को पालिबोट्री कहते हैं। उनका राजा प्रत्येक समय अपने वेतन से 60000 पैदल 30000 घोड़े, और 8000 हाथी रखता है।

1. देखो Arrian's Anal. V. 29 जहाँ पर लिखा है कि सिकन्दर ने अपनी सेना को जुदा-जुदा भागों में बाँटकर उन्हें हाइफेसिस के किनारे पर बारह बेदियाँ ऊँचाई में सबसे ऊँचे धरोहरों के बराबर, और चौड़ाई में उनसे भी अधिक बनाने की आज्ञा दी। कर्टियस (Curtius) से हमें ज्ञात होता है कि वे चौखूँटे शिलाखंडों की बनाई गई थीं। उनके ठिकाने के विषय में बड़ा विवाद है, किन्तु वह अवश्य सापिथीज़ (Sopithes) की राजधानी के निकट रहा होगा, जिनके नाम को प्रो. लैसन् ने संस्कृत 'अश्वपति' से मिलाया है। रामायण के 12 अध्याय के अनुसार इन अश्वपति राजाओं की भूमि 'विपाश' (हाइफेसिस वा व्यास) नदी के दाहिने वा उत्तरीय किनारे पर, उस नदी (व्यास) तथा इरावती के मध्यवर्ती दोआब के पहाड़ी भाग में थी। वाल्मीकि के काव्य में उनकी राजधानी को 'राजगृह' कहा है, जो अब तक 'राजगिरि' के नाम से प्रसिद्ध है। यहाँ से थोड़ी दूर पर 'सिकन्दरगिरि' नाम की पहाड़ियों की एक शृंखला है।

पालिबोट्रा के आगे मल्यौस[1] (Maleus) पर्वत है जिस पर 6 महीने के अन्तर पर छाया जाड़े में उत्तर की ओर और गरमी में दक्षिण की ओर पड़ती है। उस देश में सप्तर्षि केवल वर्ष में एक बेर दिखाई देते हैं, और वह भी पन्द्रह दिन से अधिक के लिए नहीं, जैसा कि 'बेटन' (Beton) हमें सूचित करता है, जो मानता है कि यह भारतवर्ष के कई भागों में होता है। वे जो इंडस के निकट उन देशों में रहते हैं जो दक्षिण ओर घूमे हैं दूसरे की अपेक्षा गरमी से अधिक झुलसे हैं, और कम-से-कम उनकी रंगत पर प्रत्यक्षतः सूर्य्य की महती शक्ति का प्रभाव पड़ा है। पर्वतों पर बौनों का निवास है।

किन्तु जो लोग समुद्र के निकट रहते हैं वे कोई राजा नहीं रखते।

पांडियन् जाति स्त्रियों द्वारा शासित होता है, और उनकी पहिली रानी हरक्यूलीज़ (Hercules) की पुत्री कही जाती है। 'नैसा' (Nysa) का नगर इसी देश में बताया जाता है, जैसा कि मेरस (Meros) नाम का ज्यूपिटर का पवित्र पर्वत एक कन्दरा में है जिसमें पुराने भारतवासी कहते हैं कि पिता बेकस (Bacchus) पाला गया था; और इसी नाम ने उस प्रसिद्ध भ्रान्तिपूर्ण कथाओं की उत्पत्ति है कि बेकस (Bacchus) अपने पिता के जंघे से उत्पन्न हुआ था। इंडस के मुहाने के आगे 'क्रिसी' और 'अर्जिरी' दो द्वीप हैं, जो धातुओं की इतनी प्रचुर आए प्रदान करते हैं कि बहुतेरे ग्रन्थकारों ने उनकी भूमि ही को सोने और चाँदी की कहा है।

खंड : 57

Polyœn–Strateg. 1-1, 1-3.

डायोनिसस् के विषय में

(मिलाओ संग्रह 25 इत्यादि)

डायोनिसस् ने भारतवासियों के विरुद्ध चढ़ाई में इस हेतु जिसमें नगर उसका खुशी से स्वागत करे उन अस्त्रों को जिनसे उसने अपनी सेनाओं को सुसज्जित किया था छिपा दिया था, और उन्हें कोमल वस्त्र और मृगचर्म पहिना दिया था। भाले इश्कपेचों (लता) से लपेटे हुए थे और Thrysus की नोक तेज़ थी। वह युद्ध की घोषणा तुरही के स्थान पर झाँझ और ढोल से करता था, और शत्रु को मद्य से अनुरंजित करके उसने उनके ध्यान को युद्ध से नृत्य की ओर फेर दिया था। ये तथा और दूसरे वैकिक उपचार उस युद्धशैली में व्यवहृत हुए थे जिससे उसने भारतवासियों तथा शेष समस्त एशिया को परास्त किया था।

---

1. कदाचित् जैसा यूल साहब ने कहा है, दमोदा के निकट पारसनाथ जो क्रान्तिवृत्त (Tropic) से दूर नहीं है। Vide Ind. Ant VI. p. 127 note. 'मल्ली' को जिनके देश में यह पर्वत था, एरियन द्वारा वार्गत पंजाब के 'मरती' के साथ गड़बड़ न करना चाहिए।

डायोनिसस् ने, अपनी भारतीय चढ़ाई के बीच, यह देखकर कि उसकी सेना वायु की दाहक तपन को नहीं सहन कर सकती भारतवर्ष के तीन शिखरवाले एक पर्वत को बलात् अधिकार किया। इन शिखरों में से एक कोरसिबिए (Korasibie) कहलाता है, दूसरा 'कोंडस्क' (Kondaske), पर तीसरे को स्वयं उसने अपने जन्म के स्मारक में 'मेरोस' (Meras) का नाम दिया। उन पर पीने में मीठे बहुत से पानी के झरने थे, अहेर बहुतायत से था, पेड़ों के फल अत्यन्त अधिकता के साथ थे, और हिम था जो शरीर को नई उत्तेजना देता था। वहाँ पर ठहरी हुई सेनाएँ मैदान के बर्बरों पर एकबारगी टूट पड़ीं और उन्हें सहज में काट डाला, क्योंकि वे पहाड़ियों पर एक ऊँचे स्थान से उन पर क्षेपणीय शस्त्रों से आक्रमण करती थीं।

डायोनिसस् ने भारतवासियों को जीतने के उपरान्त अपने साथ सहायकों की भाँति भारतवासियों और अमेज़न (Amazons) लोगों को लेकर, बैक्ट्रिया पर चढ़ाई की। उस देश की सीमा सरंजीसस्* (Saranges) नदी थी; बैक्ट्रियन लोगों ने उस नदी के ऊपर के पर्वतों को इस अभिप्राय से अधिकृत कर लिया जिसमें वे डायोनिसस् पर, उसे पार करते समय, एक अच्छे स्थान से आक्रमण करें। पर चूँकि वह नदी के किनारे डेरा डाले हुए था, उसने 'अमेज़न' और 'बक्खई' (Bakkhae) लोगों को उसे पार करने की आज्ञा दी, जिसमें बैक्ट्रियन लोग, स्त्रियों प्रति घृणा के कारण पहाड़ियों पर से नीचे उतरने के लिए उतारू हों। स्त्रियाँ तब नदी को पार करने के लिए बढ़ीं और शत्रु पहाड़ी से नीचे उतरे और नदी की ओर बढ़कर उन्हें मारकर पीछे हटा देने का प्रयत्न करने लगे। स्त्रियाँ तब पीछे हटीं, और बैक्ट्रियन लोगों ने उनका किनारे तक पीछा किया; तब डायोनिसस ने, अपने आदमियों के साथ रक्षा के निमित्त आकर, बैक्ट्रियनों का वध किया जो कि प्रवाह के कारण लड़ाई करने से रुक जाते थे; और उसने नदी को कुशलपूर्वक पार किया।

खंड : 58

Plyæn Strateg. 1. 3-4.

हरक्यूलीज़ और पांडिए के विषय में

हरक्यूलीज़ को भारतवर्ष में एक कन्या हुई जिसका उसने 'पंडेइया' नाम रक्खा। उसने उसे भारतवर्ष का वह भाग प्रदान किया जो दक्षिण की ओर है और समुद्र तक फैला हुआ है, और अपने शासन के अधीन लोगों को 365 गाँवों में यह आज्ञा देकर बाँटा कि एक गाँव प्रत्येक दिन खज़ाने में राज कर दिया करें; जिसमें रानी को उन लोगों को दबाने के लिए जो देने में त्रुटि करें सदा उन लोगों की सहायता मिलती रहे जिनकी कर देने की पारी हुआ करे।

1. See Ind. Ant, notes to Arrian in Vol. V, p. 332.

खंड : 59

भारतवर्ष के पशुओं के विषय में

Ælian, Hist. Anim. XVI, 2-2[1]

(2) भारतवर्ष में मैं सुनता हूँ कि पक्षी पाए जाते हैं जो तोते कहलाते हैं; और यद्यपि निस्सन्देह मैंने पहिले ही उनका वर्णन किया है, तथापि जो कुछ पहिले उनके विषय में कहना मैंने छोड़ दिया है वह यहाँ बड़ी उपयुक्तता के साथ रक्खा जो हो सकता है। मुझे ज्ञात हुआ है कि उनकी तीन जातियाँ हैं, और ये सब यदि बोलना सिखाया जाए, जैसे लड़के सिखाए जाते हैं, तो लड़कों ही की भाँति बकवादी हो जाते हैं और मनुष्य की बोली में बोलते हैं; किन्तु जंगलों में वे पक्षियों की भाँति चिल्लाते हैं, और न कोई स्पष्ट और सुरीला स्वर निकालते हैं, न जंगली और अशिक्षित रहने के कारण, बातचीत कर सकते हैं। भारतवर्ष में मोर भी होते हैं जो उन सबसे बड़े होते हैं जो और कहीं मिलते हैं तथा हलके हरे रंग के पेड़खे भी होते हैं। यह जो पक्षी-विद्या में भली प्रकार निपुण नहीं हैं इन्हें पहिले-पहिल देखकर तोते समझेगा कबूतर नहीं। चोंच और टाँगों के रंग में ये यूनानी तीतरों से मिलते हैं। मुर्ग़े भी होते हैं जो असाधारण डील के होते हैं, और उनकी शिखा लाल नहीं होती जैसी और स्थानों किम्वा हमारे देश में, किन्तु उनके फूल की तरह मुकुट होते हैं जिनकी शिखा कई रंगों की बनी होती है। उनके पुट्ठे पर न तो पेचीले और न मरोड़े हुए होते हैं, पर वे बड़ी चौड़ाई के होते हैं, और वे उन्हें उसी ढंग से फैलाते हैं जैसे मोर अपनी पूँछ को फैलाते हैं। इन हिन्दुस्तानी मुर्गों के पर रंग में सुनहले तथा मरकत की भाँति गाढ़े नीले भी होते हैं।

(3) भारतवर्ष में एक और विलक्षण चिड़िया पाई जाती है। यह तिलहर (Starling) के डील की होती है और चितकबरे रंग की होती है, और उसे मनुष्य की बोली के स्वर उच्चारण करना सिखाया जाता है। यह तोते से भी अधिक वाचाल, तथा स्वाभाविक चतुराई में बढ़कर होती है। यह मनुष्यों के अधीन रहकर प्रसन्नता के साथ उनके द्वारा चुंगाए जाने से इतना दूर भागती है और स्वतन्त्रता से इतना अनुराग रखती है तथा मनमाने अपने साथियों के संग में कुहकने की ऐसी इच्छा रखती है कि उत्तम-उत्तम भोजन से संयुक्त दासत्व की अपेक्षा भूखों मरना पसन्द करती है। यह उन मेसिडोनियों द्वारा 'कर्किओन' कहलाता है जो 'बौकेफेंला' के नगर में तथा उसके आसपास और 'कुरुपोलिस' (Kurupolis) तथा उन दूसरे नगरों में जिन्हें फ़िलिप के

---

1. "इस खंड में बहुत से प्रकरण ऐसे मिलते हैं जो मेगास्थिनीज़ से लिये हुए जान पड़ते हैं। यह विचार, यद्यपि किसी प्रकार से दृढ़ प्रमाणों द्वारा सन्देह से रहित नहीं कहा जा सकता, पर कई कारणों से यह कुछ सम्भव जान पड़ता है। क्योंकि पहिले तो, ग्रन्थकार भारतवर्ष के आन्तरिक भागों का ज्ञान असाधारण सूक्ष्मता के साथ रखता है। और फिर वह कई बेर प्रेसिआई और ब्राह्मणों का उल्लेख करता है। और अन्त में इस बात में कदाचित् ही कोई सन्देह करे कि इस खंड के मध्य में के कुछ प्रकरण मेगास्थिनीज़ से लिये गए हैं। इसलिए इस सन्देह के रहते, मैंने इस बात का ध्यान रक्खा है कि यह समसत खंड मेगास्थिनीज़ के संग्रह के अन्त में छापा जाय-(Schwanbeck)

पुत्र सिकन्दर ने निर्मित किया था, बस गए थे। मैं विश्वास करता हूँ कि इस नाम का मूल इस बात में है कि यह चिड़िया अपनी पूँछ उसी ढंग से हिलाती है जैसे एक प्रकार की जलचिड़िया।

(4) मैं आगे और सुनता हूँ कि भारतवर्ष में एक 'केलस' (Kelas) कहलानेवाली चिड़िया होती है, जो पेरू से डील में तिगुनी होती है और असाधारण परिमाण की चोंच और लम्बी टाँगें रखती है। यह चमड़े की थैली से मिलते-जुलते एक बड़े झोझ से भी संयुक्त रहती है। बोली जो यह बोलती है अत्यन्त कर्कश होती है। पंख इसके खाकी रंग के होते हैं, केवल नोंक पर रोएँ पीले रंग के होते हैं।

(5) मैं और भी सुनता हूँ कि हिन्दुस्तानी हुयू (Hoopoeenona) हमारे से डील में दूना और स्वरूप में अधिक सुन्दर होता है, और होमर कहता है कि जैसे घोड़े की लगाम और साज 'हेलनिक' (Helenic) राजाओं के दिल बहलाव हैं वैसे ही यह हूपो (Hoopoe) भारतवासियों के राजा का प्यारा खिलौना है, जो उसे अपने हाथ पर लिये रहता है, और उसके साथ खेलता है, और उसके चमत्कार तथा उस सौन्दर्य्य की ओर जिससे प्रकृति ने उसे भूषित किया है, आल्हाद के साथ निहारने से कभी नहीं थकता। अतएव, ब्राचमनीज़ लोग यहाँ तक कि इस पक्षी विशेष को एक अलौकिक कहानी का विषय बनाते हैं, और उसकी जो कहानी कही जाती है इस प्रकार है–भारतवासियों के राजा को एक पुत्र उत्पन्न हुआ। उस लड़के के बड़े भाई थे, जो जब युवावस्था को पहुँचे, बड़े अन्यायी और अत्यन्त दुष्ट निकले। वे अपने भाई का अपमान करते थे क्योंकि वह सबसे छोटा था; और अपने और माता-पिता का भी वे ठट्ठा करते थे। इनका वे इस कारण अपमान करते थे कि वे बहुत बूढ़े और श्वेतकेश थे। अतः वह लड़का और उसके बूढ़े माता-पिता इन बुरे आदमियों के साथ अधिक दिन तक न रह सके, और वे सब तीनों एक साथ घर से भाग निकले। इस लम्बी यात्रा के बीच जो उन्हें करनी पड़ी, वृद्ध लोग थकावट से गिर गए और मर गए, और उस लड़के ने उन्हें कुछ कम श्रद्धा नहीं दिखाई वरन् अपना सिर तलवार से काटकर उन्हें अपने में गाड़ दिया। फिर जैसा कि ब्राचमनीज़ लोग कहते हैं सर्वदर्शी सूर्य्य ने इस उत्कृष्ट पुण्य के कार्य की प्रशंसा में उस लड़के को पक्षी के रूप में परिवर्तित कर दिया, जो देखने में अत्यन्त सुन्दर होता है, और जो बहुत दीर्घ अवस्था तक जीवित रहता है। सो उसके सिर पर एक शिखा निकली जो मानो उसकी स्मारक थी जो उसने अपने भागने के समय किया था। अथीनियन लोगों ने भी चोटीवाली लवा की कहानी में कुछ-कुछ इसी प्रकार की अद्भुत बातें वर्णन की हैं; और मुझे जान पड़ता है कि विनोदशील कवि आरिस्टोफेनीज़ (Aristophanes) ने वहाँ इसी कहानी का अनुकरण किया है जहाँ वह 'पक्षी' के विषय में कहता है, "क्योंकि तू अज्ञानी था और न ईसाप से सदैव रगड़ किया था और न सदा उसे घोंटा था जिसने चोटीवाली लवा की बात कही है, और उसे सब चिड़ियों में प्रथम बताया है क्योंकि वह पृथ्वी होने से पहिले ही उत्पन्न हुई थी; और कहा है कि किस प्रकार पीछे से उसका पिता बीमार हुआ और मर गया, और

किस प्रकार वह पाँचवें दिन तक बेगाड़े पड़ा रहा क्योंकि पृथ्वी तब नहीं थी, जबकि उसकी कन्या ने, और कहीं समाधिस्थल पाने में असमर्थ होकर अपने सिर ही में उसके लिए एक कब्र खोदी।"

अतः यह सम्भव जान पड़ता है कि यह कहानी, यद्यपि इसका पात्र एक भिन्न पक्षी है भारतवासियों से निकली और आगे यूनानियों तक फैल गई। क्योंकि ब्राचमनीज़ लोग कहते हैं कि बहुत काल बीता जब हिन्दुस्तानी हूपो (Hoopoe) ने, जो तब मनुष्य के स्वरूप में और वय में अल्प था, अपने माता-पिता के प्रति यह पुण्य का कार्य किया था।

(6) भारतवर्ष में स्थल पर के घड़ियाल के स्वरूप में बहुत मिलता-जुलता और कुछ-कुछ माल्टीस (Maietse) कुत्ते से लगभग डील का एक पशु होता है। यह सर्वत्र पपरीले चमड़े से ढका होता है, जो इतना खुरखुरा और ठोस होता है कि जब उधेड़ा जाता है तब यह भारतवासियों द्वारा रेती की भाँति काम में लाया जाता है। यह पीतल छेदता है और लोहा काट डालता है। वे इसे फ़टेजिस (पपरीला पिपीलिकाभक्षक) कहते हैं।

(8) भारतीय सागर सामुद्रिक-सर्प उत्पन्न करता है जिनके चौड़ी पूँछ होती है, और झीलें प्रकांड डील-डौल के जल-जन्तु (Hydras) उत्पन्न करती हैं; किन्तु ये सामुद्रिक-सर्प विषैले की अपेक्षा अधिक तीव्र क्षत पहुँचाते हुए जान पड़ते हैं।

(9) भारतवर्ष में जंगली घोड़ों तथा जंगली गधों के झुंड होते हैं। वे कहते हैं कि घोड़ियाँ गधों द्वारा ढँका जाना अंगीकार करती हैं और ऐसे प्रसंग से प्रसन्न होती हैं, और खच्चर बियाती हैं जो लाल रंग के और बड़े फुर्तीले होते हैं, किन्तु जूए से घबड़ाते हैं तथा और बातों में भी चंचल होते हैं। वे कहते हैं कि वे इन खच्चरों को फन्दे से पकड़ते हैं, और तब उन्हें प्रेसियन लोगों के राजा के पास ले जाते हैं; यदि ये जब दो ही बरस के होते हैं तभी पकड़े जाते हैं तब तो निकाले जाने में कोई बाधा नहीं करते, पर यदि वे जब उस अवस्था के ऊपर हो जाते हैं और पकड़े जाते हैं तब वे तीक्ष्ण दन्त और मांसभक्षी जन्तुओं से किसी बात में भी भिन्न नहीं होते।

(खंड 18 आगे पड़ता है)

(11) भारतवर्ष में एक वनस्पत्याहारी जन्तु पाया जाता है जो घोड़ों के डील से दूना होता है, और जिसके झाड़ीदार तथा रंग में खालिस काली पूँछ होती है। इस पूँछ के बाल मनुष्य के बाल से बारीक होते हैं; और उसकी प्राप्ति एक ऐसा विषय है जिसका भारतीय स्त्रियाँ बड़ा मोल करती हैं, क्योंकि उसे वे अपने स्वाभाविक केशगुच्छ से बाँध और गूँथकर उससे एक मनोहर जूड़ा बनाती हैं। एक बाल की लम्बाई दो क्युबिट होती है; और अकेले एक जड़ से झालर के रूप में लगभग तीस बाल के निकलते हैं। यह पशु स्वयं जाने हुए जानवरों में सबसे डरपोक होता है, क्योंकि यदि

यह देख पावे कि कोई उसकी ओर ताक रहा है तो वह अपने पूरे वेग के साथ भागता है और सीधे आगे की ओर दौड़ता है–किन्तु उसके भागने की इच्छा उसकी चाल की तेजी की अपेक्षा अधिक होती है। इसका अहेर अच्छे दौड़नेवाले घोड़ों और कुत्तों से होता है। जब यह देखता है कि यह पकड़ा जाने पर है, तब वह अपनी पूँछ को किसी निकट की झाड़ी में छिपा देता है, और स्वयं अपने पीछा करनेवालों की ओर मुँह करके चौकस होकर खड़ा हो जाता है, ध्यानपूर्वक देखता रहता है। यह एक प्रकार हिम्मत पकड़ता है, और समझता है कि चूँकि उसकी पूँछ दृष्टि से छिपी हुई है शिकारी लोग उसके पकड़ने की फिक्र न करेंगे, क्योंकि वह जानता है कि उसकी पूँछ ही खिंचाव की वस्तु है। पर यथार्थ में, यह इसका व्यर्थ भ्रम ठहरता है क्योंकि कोई उसे विषैले भाले से मार देता है, और इसकी सारी खाल खींच लेता है (क्योंकि यह मूल्यवान होती है) और शव फेंक देता है क्योंकि भारतवासी लोग उसके मांस को किसी काम में नहीं लाते।

(12) किन्तु आगे (बढ़ते हैं)। भारतीय समुद्र में ह्वेल मिलती है, और वह बड़े-से-बड़े हाथी से पाँच गुना बड़ी होती है। इस विशाल मछली की पसुली माप में बीस क्यूबिट् होती है, और उसका ओठ पन्द्रह क्यूबिट्। गलफड़े के निकट के पर चौड़ाई में सात क्यूबिट् तक होते हैं। 'केरुकिस' (Kerukes) कहलानेवाली खोपड़ीदार मछली (Shell-fish) भी मिलती है, और अरुण-मत्स्य भी ऐसे आकार के मिलते हैं कि वे सहज ही में गैलन माप के भीतर आ सकते हैं, और खलरी सी-अर्चिन[1] (Sea-Urchin) भी इतनी बड़ी होती है कि उसी परिमाण की माप को पूरा छेंक सकती है। पर भारतवर्ष में मत्स्य बड़े दीर्घ विस्तार तक पहुँच जाते हैं विशेषकर सामुद्रिक-वृक (Sea-Wolves) थन्नी (Thunnies) और स्वर्ण भ्रू (Golden-Eye-Brows)। मैं यह भी सुनता हूँ कि उस ऋतु में जब नदियाँ बढ़ आती हैं और अपनी पूरी उमगी हुई बाढ़ से सारी धरती को तराबोर कर देती हैं, तब मछलियाँ खेत में बह आती हैं, जहाँ वे छिछले पानी में भी तैरती इधर-उधर घूमती हैं और जब वर्षा, जो नदियों को बढ़ा देती है, बन्द हो जाती है और जल भूमि से पलटकर स्वाभाविक सोतों में चला जाता है, तब नीचे स्थलों में तथा चौरस और गीली भूमि में, जहाँ निश्चय है कि 'नव' नामधारियों के कुल जल-निकेत होंगे, आठ क्यूबिट् तब लम्बी मछलियाँ मिलती हैं, जिन्हें किसान लोग स्वयं पकड़ते हैं जबकि वे लटपटाती हुई पानी की सतह पर तैरती फिरती हैं, जो कि इतनी गहराई का नहीं रह जाता कि वे स्वच्छन्दता से उसमें चल सकें, वरन् वास्तव में इतना छिछला रहता है कि अत्यन्त कठिनता से वे उसमें रह सकती हैं।

(13) नीचे लिखी मछलियाँ भी भारतवर्ष की चिरवासिनी हैं–काँटेदार रोच (Roach) जो कभी अर्गोलिस (Argolis) के सर्प से किसी अंश में छोटी नहीं होती; और झिंगा जो भारतवर्ष में केकड़े से भी बड़ी होती हैं। मुझे कह देना चाहिए कि ये समुद्र से गंगा

1. एक प्रकार की मछली जिसका पेट चाँदी की भाँति सफ़ेद और पीठ हरापन लिये होती है।

में ऊपर चढ़ आती हैं और इनके पंजे होते हैं जो बहुत बड़े और छूने में खुरखुरे होते हैं। मैंने पता लगाया है कि उन झिंगा के जो फ़ारस की खाड़ी से इंडस नदी में आती हैं काँटे चिकने और आड़े होते हैं जिनसे वे सुशोभित होती हैं, वे बढ़े हुए और पेचीले भी होते हैं; किन्तु इस जाति की मछलियों के पंजे नहीं होते।

भारतवर्ष में कछुवा मिलता है; वहाँ यह नदियों में रहता है। यह बड़े आकार का होता है और इसकी खोपड़ी एक पूरी डोंगी से छोटी नहीं होती और उसमें दस मेडिमनी (120 गैलन) दाल अमा सकती है। भूकच्छप भी मिलते हैं जो इतने बड़े होते हैं जितने किसी ऐसी उत्तम भूमि के बड़े-से-बड़े ढेले जहाँ कि मिट्टी बड़ी उपजाऊ रहती है तथा हल गहिराई तक धँसता है, और सहज में कियारियाँ खोदकर ढेलों को ऊपर बिछा देता है। कहा जाता है कि ये अपनी खोपड़ी गिरा देते हैं। किसान तथा और सब खेती के काम में लगे हुए लोग इनको अपनी कुदाल से उलट देते हैं और इन्हें ठीक उसी रीति से बाहर निकाल ले जाते हैं जैसे कोई धुन को उन पौधों में से निकाले जिनको वे खाए रहते हैं। वे मोटे होते हैं और उनका मांस मीठा होता है और समुद्र-कच्छप के ऐसा कड़वा स्वाद उसमें नहीं होता।

(15) बुद्धिमान पशु हम लोगों के बीच भी पाए जाते हैं, पर वे थोड़े हैं, और इतने अधिक नहीं हैं जितने भारतवर्ष में। क्योंकि वहाँ हम हाथी को पाते हैं जो इस गुण को पूरा करता है, और तोते, 'स्फिंक्स' (Sphinx) जाति के लंगूर तथा 'सटायर' (Satyr) कहलानेवाले जीव मिलते हैं। हमें हिन्दुस्तानी चींटी को भी यहाँ न भूलना चाहिए, जो अपनी बुद्धिमानी के लिए इतनी प्रसिद्ध हैं। इसमें कोई सन्देह नहीं कि हमारे देश की चींटियाँ अपने लिए पृथ्वी के भीतर छेद और बिल खोदती हैं और छेद करके अपने छिपने के लिए स्थान बनाती हैं और अपना सारा बल खोदने के काम में लगा देती हैं जो अकथनीय परिश्रमसाध्य है और छिपाकर किया जाता है; किन्तु हिन्दुस्तानी चींटियाँ अपने लिए नन्हें-नन्हें वासगृहों के झुंड बनाती हैं; जो ढालुई वा चौरस भूमि पर नहीं रक्खे जाते वरन् खड़े और ऊँचे टीलों पर रक्खे जाते हैं। और इनमें अकथनीय कौशल के साथ पेचीले मार्ग निकालकर, जो मिश्री (Egyptian) समाधि-कोठरियों तथा कृट की (Cretan) भूलभुलैया का स्मरण दिलाते हैं, वे अपने घर की बनावट को ऐसा गढ़ती हैं कि कोई भी लकीर सीधी नहीं जाती; और घुमाव और छेद इतने पेचीले होते हैं कि किसी वस्तु का उसके भीतर प्रवेश करना वा बहकर जाना कठिन है। बाहर की ओर वे, अपने आने-जाने तथा अन्न के जिन्हें वे इकट्ठा करती अपने भंडार घर में ले जाती हैं, ले जाने भर को केवल एक ही छेद रखती हैं। अपने भवनों के लिए ऊँची स्थिति चुनने से उनका अभिप्राय नदियों की ऊँची बाढ़ और बूड़े से बचने का रहता है; और यह लाभ वे अपनी दूरदर्शिता द्वारा उठाती हैं और वे तब मानो इतने रक्षादुर्गों वा द्वीपों में रहती हैं जबकि ऊँचाई के आसपास के भाग समस्त एक झील हो जाते हैं। और फिर, ढूह जिनमें वे रहती हैं, यद्यपि सटे रहते हैं तथापि बाढ़ से ढहते वा ढीले कभी नहीं होते, वरन् दृढ़ होते हैं विशेषकर प्रभातीय ओस से। क्योंकि वे इसी ओस

के बने हुए एक प्रकार के हिम के वस्त्र पहिन लेती हैं–जो निस्सन्देह पतले तो होते हैं पर तिस पर भी कुछ पौढ़े होते हैं; इसके अतिरिक्त वे चिपके हुए खरपतवार तथा पेड़ों की छाल से, जिन्हें नदियों की मिट्टी ले आती है, जड़ के पास और भी ठोस हो जाते हैं। सब हिन्दुस्तानी चींटियों के विषय में मैं उतना ही कहकर रहने देता हूँ जितना बहुत दिन हुए 'आयोबस' (Iobas) ने कहा था।

(16) भारतीय एरयैनोई (Areianoi) के देश में भूगर्भ के नीचे एक दरार है, जिसके भीतर गुप्त कोठरियाँ, छिपी हुई गलियाँ, और मनुष्यों के अदृश्य मार्ग हैं। ये गहरे हैं, और बड़ी दूर तक फैले हैं। ये किस प्रकार बने और किस प्रकार खोदे गए भारतवासी नहीं बताते, और न मुझे पूछने से प्रयोजन है। यहाँ भारतवासी लोग तीस हजार मूँड़ से ऊपर भिन्न-भिन्न प्रकार के चौपाए, भेड़-बकरी, तथा बैल और घोड़े ले आते हैं; और प्रत्येक मनुष्य जो अमांगलिक स्वप्न से वा किसी चेतावनी वा भविष्यद्वाणी से भयभीत होता है, अथवा जो बुरे सगुन का पक्षी देख लेता है वह अपने जीवन के प्रतिकार में ऐसा बलि उस दरार में छोड़ता है जैसा उसका चित्त प्रदान कर सकता है; यह पशु उसके प्राण को जीवित रखने के लिए भेंट की भाँति दिया जाता है। बलि पशु जो यहाँ लाए जाते हैं सीकड़ों में नहीं लाए जाते और न घोंसे जाते हैं, वरन् वे आप-से-आप इस मार्ग पर से चलते हैं मानो किसी गुप्त मन्त्र के द्वारा प्रेरित हुए हों; और ज्योंही ही वे दरार की बारी के पास पहुँचते हैं वे आप-से-आप उसमें कूद पड़ते हैं; और जैसे ही वे पृथ्वी की इस रहस्यमय और अलक्षित गुफा में गिरते हैं वैसे ही मनुष्य की दृष्टि से सदैव के लिए लोप हो जाते हैं। किन्तु ऊपर बैलों का हकरना, भेड़ों का मिमियाना, घोड़ों का हिनहिनाना, बकरियों का बिबियाना सुन पड़ता है, और यदि कोई किनारे के बहुत पास जाता है और अपना कान लगाता है तो वह बहुत दूर से उपरोक्त शब्दों को सुनता है। यह मिलीजुली ध्वनि ऐसी है जो कभी बन्द नहीं होती, क्योंकि प्रत्येक दिन जो बीतता है लोग उनके स्थान पर नए बलि ले आते हैं। मैं यह नहीं मानता कि सबके पीछे लाए हुए पशुओं ही का शब्द सुन पड़ता है अथवा उनका भी जो पहिले लाए गए थे–जो कुछ मैं जानता हूँ वह इतना ही कि शब्द सुन पड़ते हैं।

(17) उस समुद्र में जो वर्णित हो चुका है एक बहुत बड़ा द्वीप है, जिसका नाम, जैसा कि मैं सुनता हूँ, ''टैप्रोबेनी' (Taprobane) है। जहाँ तक मुझे ज्ञात है, यह एक बहुत लम्बा और पहाड़ी द्वीप जान पड़ता है; उसकी लम्बाई 7000 स्टेडिया और चौड़ाई 5000 स्टेडिया है।[1] परन्तु इसमें कोई नगर नहीं है, वरन् केवल ग्राम हैं जिनकी संख्या लगभग 750 है। घर जिसमें निवासी लोग रहते हैं लकड़ी के बने होते हैं, और कभी-कभी सरकंडे के भी।

---

1. प्राचीन ग्रन्थकारों ने उस द्वीप के विस्तार को बहुत बढ़ाकर लिखा है। इसकी यथार्थ लम्बाई उत्तर-दक्षिण 271½ मील है और चौड़ाई पूर्व-पश्चिम 137½ मील, और इसका घेरा लगभग 650 मील के है।

(18) उस समुद्र में जो टापुओं को घेरे है इतने विशाल आकार के कछुए पैदा होते हैं कि उनकी खोपड़ियाँ मकान की छत बनाने के काम में लाई जाती हैं; क्योंकि खोपड़ी, लम्बाई में पन्द्रह क्यूबिट् होने से, अपने नीचे बहुत से आदमी रख सकती है और उन्हें सुहावनी छाया देने के अतिरिक्त धूप की झुलसानेवाली गरमी से बचाती है। किन्तु, इससे बढ़कर, यह मेंह और तूफान से रक्षा के निमित्त खपड़ों से कहीं अधिक काम की होती है, क्योंकि यह तुरन्त मेंह को जो उस पर टकराता है ढरका देती है, और उसकी छाया के नीचे के लोग मेंह को मानो किसी मकान की छत पर पड़पड़ाते हुए सुनते हैं। चाहे जो हो उन्हें उन लोगों की भाँति अपने घर को बदलने की ज़रूरत नहीं होती जिनका खपड़ैल फूट जाता है, क्योंकि खोपड़ी कड़ी और खोखली चट्टान तथा स्वाभाविक गुफा की पटी हुई छत के समान होती है।

अतः महासागर के उस टापू में जिसे लोग 'टैप्रोबेनी' कहते हैं, खजूर की बारी हैं जहाँ पेड़ सब एक श्रेणी में अद्भुत क्रम के साथ लगाए जाते हैं, उसी रीति से जैसे हम प्रमोदवाटिकाओं के रखवालों को छायादार पेड़ों को चुने हुए स्थानों पर लगाते देखते हैं। उसमें हाथियों के झुंड भी हैं जो वहाँ बहुसंख्यक और अत्यन्त दीर्घ आकार के होते हैं। ये टापू के हाथी महाद्वीप के हाथियों की अपेक्षा अधिक बलिष्ट और देखने में बड़े होते हैं, और हर प्रकार से अधिक बुद्धिमान ठहराए जा सकते हैं। द्वीपवासी उन्हें सामने के महाद्वीप में उन नावों पर भेजते हैं जिन्हें वे वस्तुतः इसी व्यापार के लिए द्वीप की झाड़ियों से प्राप्त लकड़ी से बनाते हैं; और वे अपने माल को कलिंगई के राजा के यहाँ खपाते हैं। द्वीप के बड़े आकार के कारण अन्तर्भाग के निवासी समुद्र को कभी नहीं देखते हैं और अपना जीवन महाद्वीप के वासियों की भाँति बिताते हैं, यद्यपि निस्सन्देह वे दूसरों से सुनते हैं कि वे चारों ओर समुद्र से घिरे हैं। फिर, किनारे पर के निवासी हाथी पकड़ने से विशेष जानकारी नहीं रखते और उसके विषय में केवल किंवदन्ती ही द्वारा जानते हैं। उनका सारा पुरुषार्थ मछलियों तथा समुद्र के दुष्ट जीवों को पकड़ने में लगाया जाता है; क्योंकि कहा जाता है कि समुद्र जो इस द्वीप को घेरे है छोटी तथा भीषण जाति की मछलियों की अपार संख्या को उत्पन्न करता है; भीषण मछलियों में से कुछ ऐसी हैं जिनका सिर सिंह, चीते तथा और दूसरे बनैले पशुओं का सा, और प्रायः मेढ़ों का सा भी होता है। और इससे भी बढ़कर जो आश्चर्य्य की बात है वह यह है कि वहाँ ऐसे विकराल जीव होते हैं जो अपने स्वरूप के समस्त अंश में सेटायर[1] (Satyr) से मिलते हैं। दूसरे, स्वरूप में स्त्रियों के से होते हैं, किन्तु केशगुच्छ के स्थान पर वे काँटों से सुशोभित होते हैं। यह भी गम्भीरता के साथ कहा जाता है कि इस समुद्र में कुछ विलक्षण आकृति के जीव होते हैं जिनको चित्र में प्रदर्शित करने में देश के चित्रकारों की समस्त कुशलता चक्कर में आ जाएगी, यद्यपि भीषण भावना उत्पन्न करने के अभिप्राय से वे ऐसे-ऐसे राक्षसों को चित्रित किया करते हैं जिनमें भिन्न-भिन्न पशुओं के भिन्न-भिन्न अवयव

1. एक कल्पित दैत्य है जिसका आधा शरीर मनुष्य का और आधा बकरी का होता है।

एक साथ जुटे रहते हैं। उनकी पूँछ तथा वे भाग जो मुड़े रहते हैं, बड़ी लम्बाई के होते हैं, और पैर के स्थान पर उनके पंजे अथवा पर होते हैं। मैंने यह भी सुना है कि वे जल और थल दोनों पर रहनेवाले हैं, और रात को चरागाहों में चरते हैं, क्योंकि वे चौपायों तथा उन चिड़ियों की तरह जो दाना बीनती हैं, घास खाते हैं। वे छोहारे को भी बड़ी चाह से खाते हैं अतएव जब वे पककर पेड़ से गिरने को होते हैं वे अपने फेटों को, जो लचीले तथा इस काम भर को बड़े होते हैं, इन पेड़ों के चारों ओर लपेट देते हैं, और उन्हें ऐसे ज़ोर से हिलाते हैं कि छोहारे लड़खड़ाते हुए नीचे आ जाते हैं, और उन्हें एक उत्तम भोज प्रदान करते हैं। इसके पीछे जब रात धीरे-धीरे हटने लगती है, किन्तु प्रथम इसके कि दिन का स्वच्छ प्रकाश हो जाता है वे समुद्र में, जैसे ही उसकी सतह को प्रभात की प्रथम आभा किंचित दीप्त करने लगती है, कूदकर अदृश्य हो जाते हैं। वे कहते हैं कि ह्वेल भी प्रायः इस समुद्र में आती है, यद्यपि यह सच नहीं है कि वे किनारे के निकट आकर थन्नी (Thunnies) की ताक में पड़ी रहती है। डालफ़िन (Dolphins) दो प्रकार की सुनी जाती है—एक तो दुष्ट और तीखे नोकवाले दाँतों से संयुक्त होती है जो मछुवाहे को असीम कष्ट देती है और दया रहित क्रूर प्रकृति की होती है, परन्तु दूसरी जाति की स्वभावतः सीधी और पालतू होती है, क्रीड़ा के साथ इधर-उधर तैरा करती है, और बिलकुल खेलाड़ी कुत्ते की तरह होती है। जब कोई इसे मारने का यत्न करता है तब यह नहीं भागती, और जो भोजन इसे दिया जाता है उसे प्रसन्नता के साथ खाती है।

(19) समुद्री-खरहा, जिससे अब मेरा अभिप्राय उस जाति से है जो महासागर में मिलती है (क्योंकि उस जाति की मैं पहिले ही चर्चा कर चुका हूँ जो दूसरे समुद्र में मिलती है), हर एक बात में स्थल के खरहे से मिलता है केवल रोएँ को छोड़कर, जो स्थल पर के जन्तु का कोमल और चिकनाहट के साथ नीचे गिरा रहता है, और छूने में गड़ता नहीं, पर इसके समुद्र के बन्धु का बाल कड़ा और कँटीला होता है और जो कोई उसे छूता है वह उसके घाव कर देता है। कहा जाता है कि यह समुद्रिक हिलोर के ऊपर-ऊपर बिना नीचे डूबे हुए तैरा करता है और अपनी चाल में बड़ा तेज़ होता है। उसको जीता पकड़ना सहज बात नहीं है, क्योंकि यह कभी जाल में नहीं पड़ता और न बंसी की डोरी और चारे के पास जाता है परन्तु जब यह रोग से पीड़ित रहता है और इस कारण तैरने में असमर्थ होकर किनारे पर पड़ा रहता है, तब यदि कोई उसे अपने हाथ से छू लेता है तो यदि चिकित्सा न हो तो उसकी मृत्यु हो जाती है—यही नहीं वरन् यदि कोई इस मरे खरहे को डंडे से भी छू लेता है तो उसकी वही दशा होती है जो उनकी जो बिसखोपड़े[1] (Basi-lisk) को छूए रहते हैं। पर कहा जाता है कि इस टापू के किनारे-किनारे हर एक की जानकारी में, एक ऐसी जड़ी उगती है जो उस मूर्च्छा की औषधि है जो उत्पन्न होती है। यह उस व्यक्ति की नाक के पास लाई जाती है जो मूर्च्छित रहता है, वह इससे संज्ञा लाभ करता है। किन्तु यदि यह औषधि न प्रयोग की

1. अथवा एक प्रकार का कल्पित सर्प जिसके नेत्र में विनाशकारिणी शक्ति होती है।

जाए तो यह आघात प्राण का घातक ठहरता है, ऐसी विषैली वह शक्ति होती है जो यह खरहा अपने अधिकार में रखता है।

खंड : 15 (ख) इसके आगे[1]

(22) एक और भी जाति[2] स्किराटई (Skiratai) नाम की है, जिसका देश भारतवर्ष के आगे है। वे गठीली नाक के होते हैं, या तो इस कारण कि बचपन की सुकुमार अवस्था ही में उनके नथुने दब जाते हैं, और उनके पश्चात् जीवन भर उसी प्रकार रहते हैं, अथवा उनकी इन्द्रिय का स्वाभाविक आकार ही ऐसा होता है। उनके देश में बड़े विशाल आकार के सर्प होते हैं, जिनमें से किसी-किसी जाति के तो चौपायों को जब वे चरागाह में रहते हैं, पकड़ लेते हैं और उन्हें भक्षण कर जाते हैं, और दूसरी जाति के केवल रक्त चूसते हैं, जैसा कि 'ऐजिथेलई' (Aigithelai) यूनान में करते हैं, जिनकी चर्चा मैं पहिले ही उपयुक्त स्थान पर कर चुका हूँ।

---

1. यही खंड है जिसमें एलियन (Ælian) एक सींगवाले उस जन्तु का वर्णन करता है जिसे वह कर्त्तज़ोन (Kartazon) कहता है। रोज़ेनमुलर (Rosenmuller), जिन्होंने यूनिकार्न (घोड़े के सदृश एक कल्पित पशु जिसके एक सींग होती है) के विषय में विस्तारपूर्वक लिखा है, उस पशु (यूनिकार्न) को हिन्दुस्तानी गैंडे से मिलाते हैं और अनुमान करते हैं कि एरियन ने उसके वृत्तान्त को टीशियास (Ktesias) से लिया होगा और टीशियास ने, जब वह फारस में रहा उसकी लम्बी-चौड़ी कथा सुनी रही होगी अथवा उसको वहाँ शिल्प में उसके यथार्थ रूप से कुछ भिन्न देखा होगा। टिचसिन (Tychsen) इस नाम की उत्पत्ति 'कर्द' (Kerd) और 'तज़न' (Tazan) से बतलाते हैं। 'कर्द' को ये महाशय स्वयं गैंडे का प्राचीन नाम बतलाते हैं। प्राचीनों ने एक सींगवाले तीन जन्तुओं का वर्णन किया है–अफ्रीका का मृग, हिन्दुस्तानी गदहा तथा यूनिकार्न।
2. स्किराटई किरात से मिलाए गए हैं। प्रो. लैसन ने रामायण का एक श्लोक उद्धृत किया है जिसमें लिखा है, "किरात, जिनमें से कुछ तो मन्दराचल पर बसते हैं, दूसरे अपने कानों को ओढ़ते हैं; वे डरावने, काले तथा एक ही पैरवाले होते हैं, किन्तु बड़े फुर्तीले होते हैं, और विनष्ट नहीं किए जा सकते; वे वीर पुरुष तथा नरभक्षक हैं।" (Schwanbeck, p. 66) प्रो. लैसन इनकी एक शाखा को नेपाल में कौशी नदी के किनारे पर, और दूसरी को टिपरा में स्थित करते हैं।

रामचन्द्र शुक्ल रचनावली

खंड-8

रामचन्द्र शुक्ल रचनावली

खंड : 8

विविध

सम्पादक
नामवर सिंह
आशीष त्रिपाठी

राजकमल प्रकाशन

ISBN : 978-81-267-2920-3

मूल्य : ₹ 8800
(आठ खंडों में)

पहला संस्करण : 2016

प्रकाशक : राजकमल प्रकाशन प्रा. लि.
1-बी, नेताजी सुभाष मार्ग, दरियागंज
नई दिल्ली-110 002
शाखाएँ : अशोक राजपथ, साइंस कॉलेज के सामने, पटना-800 006
पहली मंजिल, दरबारी बिल्डिंग, महात्मा गांधी मार्ग, इलाहाबाद-211 001
36 ए, शेक्सपियर सरणी, कोलकाता-700 017
वेबसाइट : www.rajkamalprakashan.com
ई-मेल : info@rajkamalprakashan.com

मुद्रक : बी.के. ऑफसेट
नवीन शाहदरा, दिल्ली-110 032

RAMCHANDRA SHUKLA RACHANAWALI-8
Edited by Namvar Singh & Ashish Tripathi

देहरी

आचार्य रामचन्द्र शुक्ल हिन्दी में वैचारिकता के शीर्ष प्रतिनिधि और वैचारिक साहित्य के आदि प्रस्तावक हैं। वे निबन्ध, आलोचना और साहित्येतिहास को एक अलंघ्य ऊचाई तक ले गए। वे परवर्ती जनों के लिए अनवरत प्रेरणा स्रोत रहे हैं। उनकी स्थापनाएँ निरन्तर वाद-विवाद के केन्द्र में रही हैं और आज भी उन पर चर्चा किए बगैर आगे बढ़ पाना सम्भव नहीं है। उन्हें पढ़ना आज भी एक अनिवार्यता है। स्वतंत्रता संग्राम और नवजागरण के हलचल भरे युग और उसकी अन्तर्धाराओं तथा अन्तर्द्वन्द्वों का गहरा प्रभाव उनकी रचनाशीलता पर पड़ा है। उनकी रचनाशीलता के अनेक आयाम रहे हैं—कवि, कहानीकार, निबन्धकार, आलोचक, साहित्येतिहासकार और अनुवादक। उनके इन सभी रूपों को समग्रता में प्रकाशित करने का काम उनके देहावसान के पश्चात से निरन्तर जारी है। आचार्य विश्वनाथ प्रसाद मिश्र ने 'रसमीमांसा' और 'चिंतामणि भाग-2' का प्रकाशन कर एक उच्चतर दायित्व का निर्वहन किया था। पश्चात प्रो. नामवर सिंह ने 'चिंतामणि भाग-3' और डॉ. ओम प्रकाश सिंह एवं श्रीमती कुसुम चतुर्वेदी ने 'चिंतामणि भाग-4' का सम्पादन-प्रकाशन कर इस शृंखला को आगे बढ़ाया। इसके बावजूद अभी अनेक निबन्ध यहाँ-वहाँ असंकलित मिलते हैं।

आचार्य शुक्ल के समग्र साहित्य के प्रकाशन के क्रम में यह रचनावली हिन्दी समाज के सम्मुख प्रस्तुत है। रचनावली को हमने आठ खंडों में विभाजित किया है :

1. हिन्दी साहित्य का इतिहास
2. व्यावहारिक समीक्षा—तीन पुस्तकें : गोस्वामी तुलसीदास, सूरदास, जायसी
3. निबन्ध—मनोविकार विषयक निबन्ध, सैद्धान्तिक समीक्षा, भाषा विमर्श, आधुनिक साहित्य विषयक निबन्ध
4. निबन्ध—इतिहास, समाज, विज्ञान, अंग्रेजी में लिखित निबन्ध और उनके हिन्दी अनुवाद
5. 'रस मीमांसा' एवं रसविषयक निबन्ध
6. रचनात्मक साहित्य—कविताएँ, कहानियाँ, जीवनी, रचनात्मक साहित्य का अनुवाद
7. अनुवाद
8. विविध

रचनावली के विविध खंडों में संकलित निबन्धों के प्रकाशन में पूर्व प्रकाशित पुस्तकों/संकलनों के क्रम को प्रायः बदल दिया गया है और उन्हें एक नई तरतीब दी गई है जो विषय की एकसूत्रता के अनुसार है। अनेक निबन्ध–जिन्हें शुक्ल जी पुनः-पुनः लिखते और विकसित करते रहे हैं–के सभी उपलब्ध ड्राफ्टों को उनके भिन्न या एक ही नाम (जिससे वे प्रकाशित हुए) से संकलित किया गया है, ताकि शुक्ल जी की विकास प्रक्रिया को भी समझा जा सके। हम 'हिन्दी साहित्य का इतिहास' के सभी प्रारूपों को भी पृथक्-पृथक् संकलित करने की इच्छा रखते थे–परन्तु इसमें रचनावली का असीमित विस्तार हो रहा था, इसलिए उसके अंतिम और आजकल प्रचलित लोकप्रिय प्रारूप को ही यहाँ संकलित किया गया है। इस रचनावली के एक खंड में आचार्य शुक्ल द्वारा पढ़ी गई कुछ विशिष्ट पुस्तकों को, शुक्ल जी द्वारा लिखी गई टिप्पणियों के साथ प्रकाशित किया जा रहा है। इससे शुक्ल जी की पाठ-प्रक्रिया और उनकी आलोचना-प्रक्रिया को भी समझने में एक हद तक मदद मिलेगी। इस खंड की परिकल्पना प्रो. नामवर सिंह की मूल योजना का हिस्सा रही है और हमने इसे ज्यूँ का त्यूँ लेना जरूरी समझा है।

'रामचन्द्र शुक्ल रचनावली' की इच्छा प्रो. नामवर सिंह के मन में पाँच दशक से भी अधिक समय से बनी रही है। रामचन्द्र शुक्ल की जन्मशती के अवसर पर वे ग्रन्थावली का प्रकाशन करना चाहते थे। परन्तु कतिपय कारणों से यह सम्भव न हुआ। जब शुक्लजी की रचनाएँ कॉपीराइट से मुक्त हो गईं तो यह इच्छा फिर से तीव्र हो गई। पर किन्हीं कारणों से यह फिर सम्भव न हुआ। अन्ततः अब यह सम्भव हो पा रहा है। एक गहरी रचनात्मक इच्छा की तरह इसे देखा जाना चाहिए। आचार्य रामचन्द्र शुक्ल के अनेक विचारों से गहरी असहमति के बावजूद, नामवर जी के मन में मौजूद गहरे कृतज्ञता भाव का ही यह एक प्रतिफल है। हम इसे हिन्दी समाज की एक बड़ी चारित्रिक खूबी के रूप में देख सकते हैं और इस काम को इस तरह पूरा होते देख, एक गहरा सन्तोष अनुभव करते हैं।

नामवर जी की गहरी इच्छा के बावजूद रचनावली के प्रकाशन में दो वर्ष से अधिक की देर के लिए व्यक्तिगत रूप से मैं जवाबदेह हूँ। खेद प्रकट करने के लिए मेरे पास शब्द नहीं हैं। इस काम को पूरा करने में युवा साथियों सर्वश्री विशाल विक्रम सिंह, रवि श्याम द्विवेदी, अनूप कुमार सिंह और अभिलाष कुमार का आभारी हूँ जिन्होंने अनेक अवसरों पर मेरा साथ दिया। राजकमल प्रकाशन के प्रबन्ध निदेशक श्री अशोक महेश्वरी जी के असीम धीरज और संवादी व्यक्तित्व के कारण ही देर के बावजूद यह काम इस तरह हो सका, जिन्होंने इसे शीर्ष वरीयता देने के साथ ही, इसके प्रकाशन में आने वाली अनेक अड़चनों को दूर किया। रचनावली के प्रकाशन के अवसर पर हम आचार्य शुक्ल के संकलन/प्रकाशन का महती उत्तरदायित्व निभाने वाले सम्पादकों एवं प्रकाशकों के प्रति कृतज्ञता का अनुभव करते हैं। इस रचनावली के प्रकाशन से आचार्य शुक्ल पर समग्रता से बात करना संभव हो सकेगा, इस बहाने यदि पुनः उनके कार्य पर चर्चा हो तो हमारा श्रम सार्थक होगा।

–आशीष त्रिपाठी

अनुक्रम

टिप्पणियाँ

साक्षात्कार

नाटक

पुस्तकों की भूमिकाएँ

सम्मति

पुस्तक समीक्षाएँ

विज्ञापन

शोक सन्देश

पत्र

पुस्तकों पर नोट्स

टिप्पणियाँ

तृतीय हिन्दी साहित्य सम्मेलन : प्रस्ताव

कलकत्ता

हिन्दी साहित्य सम्मेलन का तृतीय अधिवेशन ता. 21, 22 और 23 दिसम्बर, 1912 ई. को कलकत्ते में होना निश्चय हुआ है। स्वागतकारिणी-समिति ने निम्नलिखित मंतव्य सम्मेलन में विचारार्थ उपस्थित करने के लिए तैयार किए हैं।

(1)

राजाधिराज पंचम जॉर्ज महाराज ने इस देश में पदार्पण करके अपनी भारतीय प्रजा को राजमहिषी सहित दर्शन देने की जो कृपा और प्रीति दिखाई है, उसके लिए यह सम्मेलन महाराज को सानन्द और सविनय अनेक धन्यवाद देता है।

(2)

...के असमय स्वर्गारोहण पर यह सम्मेलन आन्तरिक शोक और उनके कुटुम्बियों के साथ हार्दिक संवेदना प्रकट करता है।

(3)

हिन्दीभाषियों की संख्या भारत की दूसरी प्रत्येक भाषा के बोलनेवालों से कहीं अधिक होने और हिन्दी की लिपि देवनागरी का देश भर में प्रचार होने पर करेंसी नोटों और सिक्कों पर हिन्दी और नागरी को स्थान पाते न देख कर सम्मेलन को बड़ा आश्चर्य और दुःख हुआ है; विशेषकर जब नोटों पर पाँच भाषाओं में हिन्दी को जगह मिली थी और अब नए नोटों पर नौ में भी उसको ठौर नहीं। अतः वह सरकार से सविनय प्रार्थना करता है कि वह हिन्दी और नागरी का निरादर करके अपनी करोड़ों हिन्दीभाषा प्रजा को उदास न करे।

(4)

माननीय गोखले महाशय के प्रस्ताविक एजुकेशन बिल की अस्वीकृति पर खेद प्रकाश करते हुए...सम्मेलन हिन्दी हितैषियों से हतोत्साह न होकर सार्वजनिक शिक्षा के प्रचार में पूरा उद्योग करने का अनुरोध करता है, क्योंकि इसको विश्वास है कि ऐसे पवित्र कार्य में प्रजा का निरन्तर अभिनिवेश और उत्साह प्रमाणित होने पर सरकार उक्त बिल को बहुत दिनों तक नहीं टाल सकेगी।

इस सम्बन्ध में सममेलन का उपदेश है कि हिन्दी सभाएँ अपनी-अपनी म्युनिसिपैलटियों में आरम्भिक पाठशालाओं, विद्यार्थियों और शिक्षा योग्य अवस्था के अविद्यार्थी बालकों की संख्याओं का अनुसन्धान करके एक सूची तैयार करें, जिससे शिक्षा प्रचार का यथेष्ट प्रबन्ध करने में बहुत सहायता मिलेगी।

(5)

इस सम्मेलन के विचार में विज्ञान, शिल्प और व्यापार सम्बन्धी साहित्य की हिन्दी में बड़ी आवश्यकता है। सम्मेलन हिन्दी लेखकों का ध्यान इन विषयों की ओर आकृष्ट करता है कि वे अपने उद्योग से इन विषयों पर पुस्तकें तैयार कराएँ।

सम्मेलन की स्थायी समिति को भी इस आवश्यक कार्य में यथाशक्ति पूरा प्रयत्न करना चाहिए। वह पदक, प्रशंसापत्र आदि देकर ग्रन्थकारों की उत्साहवृद्धि करे तथा आवश्यकता होने पर उन्हें पुस्तक-प्रकाशन में यथासम्भव सहायता दे।

(6)

यह सम्मेलन नम्रतापूर्वक इस बात की आवश्यकता, उपयोगिता और न्यायता सरकार को हृदयंगम कराना चाहता है कि संयुक्त प्रदेश की अदालतों में हिन्दी और नागरी को वही स्थान और वही अधिकार दिया जाए जो उर्दू और फारसी लिपि को प्राप्त है और हिन्दीभाषियों के लाभार्थ, जिनकी संख्या उक्त प्रदेश में उर्दू जानने वालों से अधिक है, सरकारी गजट हिन्दी में भी प्रकाशित किया जाए।

पंजाब में भी हिन्दी और नागरी का प्रचार बहुत कम नहीं है तथा दिन-दिन बढ़ता जा रहा है, अतः सरकार से प्रार्थना की जाती है कि वहाँ भी सरकारी कागजों में हिन्दी और नागरी को यथोचित स्थान दिया जाए।

(7)

उन सभी देशभक्त सज्जनों को जो हिन्दी और नागरी के प्रचार में उत्साह के साथ उद्योग कर रहे हैं, यह सम्मेलन हृदय से धन्यवाद देता है और प्रार्थना करता है कि, उनके उत्साह की उत्तरोत्तर वृद्धि हो और बहुत से दूसरे हिन्दी हितैषी भी उनका अनुसरण करें।

(8)

यह सम्मेलन बिहार सरकार से प्रार्थना करता है कि जो सरकारी कागज पत्र, सूचनाएँ, या पुस्तकें वहाँ कैथी अक्षरों में छपती हैं, अब से वे सब नागरी में छपा करें, क्योंकि यही लिपि सर्वव्यापी तथा सब श्रेणियों के लोगों की परिचित है और कैथी इसी का एक रूपान्तर है जिसकी सृष्टि शीघ्र लिखने के कारण हुई है और छापे में जिसके प्रयोग की कुछ आवश्यकता नहीं है।

(9)

यह सम्मेलन भावी हिन्दू विश्वविद्यालय के संचालकों से अनुरोध निवेदन करता है कि उक्त विश्वविद्यालय के पाठ्यक्रम में हिन्दी को उचित स्थान दिया जाए। सम्मेलन के विचार में आरम्भ से लेकर आठवीं कक्षा तक सब विषयों की शिक्षा हिन्दी में दी जानी चाहिए, और कक्षाओं में भी हिन्दी साहित्य को आवश्यक विषय रखना चाहिए।

(10)

यह सम्मेलन हिन्दी के सब पुस्तक प्रकाशकों से प्रार्थना करता है कि वे अपनी नव प्रकाशित पुस्तकों की एक-एक प्रति यथासमय सम्मेलन के स्थायी कार्यालय में बिना मूल्य भेजने की कृपा कर हिन्दी साहित्य की सम्पूर्ण सूची तथा उसकी सामयिक अवस्था और उन्नति का विवरण प्रस्तुत रखने के उद्योग में सम्मेलन की सहायता करते रहें। पत्र संचालकों से भी प्रार्थना है कि उक्त कार्य में सहायता देने के लिए अपने-अपने पत्र उक्त कार्यालय में बिना मूल्य भेजने की कृपा करें।

(11)

इस सम्मेलन के विचार में हिन्दी साहित्य की उन्नति का यह एक उत्तम साधन है कि प्रत्येक तीर्थस्थान पर और मुख्य देवालयों में हिन्दी पुस्तकालय खोले जाएँ। इसलिए सम्मेलन तीर्थवासी हिन्दी प्रेमियों और मन्दिरों के संचालकों का ध्यान इस ओर आकृष्ट करता है।

इस उद्देश्य सिद्धि के लिए सम्मेलन की स्थायी समिति एक उपदेशक नियुक्त करे और मन्दिरों के संचालकों से, विशेष कर महन्त महाशयों से लिखा-पढ़ी करे।

(12)

बड़ोदा और बीकानेर के महाराजों को तथा अन्य नृपतियों को जो अपने राज्य में हिन्दी और नागरी का प्रचार कर रहे हैं, सादर हार्दिक धन्यवाद देता हुआ यह सम्मेलन उन हिन्दू नरेशों की सेवा में, जिनका ध्यान अभी इस आवश्यक कार्य की ओर नहीं गया

है, सानुरोध प्रार्थना करता है कि यथासम्भव अपने राज्य में हिन्दी भाषा और नागरी लिपि के यथेष्ट प्रचार का सन्तोषजनक प्रबन्ध करके वे अपनी प्रजावत्सलता का परिचय देते हुए अपने शासन को चिरस्मरणीय बनाएँ।

(13)

इस सम्मेलन के विचार में हिन्दी भाषा में सत्य वीरता, परोपकार, देशभक्ति आदि उच्च भावों की ओर प्रवृत्त करनेवाले नाटकों का खेलना सर्वसाधारण के चरित्र को सुधारने के अतिरिक्त उनमें हिन्दी भाषा और साहित्य की ओर प्रेम उत्पन्न करने का भी उत्तम साधन है। इसलिए हिन्दी में रोचक और शिक्षाप्रद उत्तम उत्तम नाटकों की रचना और भिन्न-भिन्न स्थानों में समय-समय पर उनकी आवश्यकता की ओर ध्यान दिलाता हुआ यह सम्मेलन देश के सुशिक्षित सज्जनों से निवेदन करता है कि नाटक खेलने के प्रचलित दोषों को दूर करने और उनको आदर योग्य तथा सर्वसाधारण की शिक्षा का साधन बनाने के लिए वे स्वयं भी उसके अभिनय में सम्मिलित हुआ करें।

(14)

इस सम्मेलन के विचार में आवश्यक है कि स्थायी समिति उन भारतीय भाषाओं के, जिनकी प्रचलित लिपि नागरी नहीं है, पत्र सम्पादकों से नागरी प्रचार में सहायता पाने का उद्योग बराबर करती रहे।

(15)

सम्मेलन को आश्चर्य है कि कलकत्ता विश्वविद्यालय में जहाँ फ्रेंच भाषा की पढ़ाई का प्रबन्ध किया गया है, वहाँ भारत की सबसे अधिक विस्तृत भाषा हिन्दी की ओर जो उक्त विश्वविद्यालय के पाठ्यक्रम में भी है और जिसके विद्यार्थियों की संख्या भी कम नहीं है, कुछ भी ध्यान नहीं दिया जाता।

सम्मेलन इस त्रुटि की ओर कलकत्ता विश्वविद्यालय के विख्यात विद्यानुरागी वाइस चांसलर तथा सिनेट और सिंडिकेट का ध्यान सविनय और सानुरोध आकृष्ट करके आशा रखता है कि वे अपने शिक्षा प्रबन्ध में भारत की राष्ट्रभाषा हिन्दी को यथोचित स्थान देने में विलम्ब नहीं करेंगे।

(16)

यह देखकर कि, शिक्षा विभाग के पाठ्यक्रम में कभी-कभी हिन्दी की ऐसी पुस्तकें भी स्वीकृत हो जाती हैं जिनकी भाषा भद्दी ही नहीं अशुद्ध भी होती है, यह सम्मेलन पंजा,

युक्तप्रदेश, मध्यप्रदेश और बिहार के शिक्षाविभाग के कर्मचारियों से निवेदन करता है कि अपनी टेक्सट् बुक कमेटियों में ये अपने-अपने प्रदेश की प्रधान हिन्दी सभाओं से कम से कम एक-एक प्रतिनिधि को स्थान देने की कृपा करें, क्योंकि इससे उक्त कमेटियों को उत्तम, उपयोगी और यथासम्भव निर्दोष पुस्तकें चुनने में बड़ी सहायता मिलेगी।

(17)

यह सम्मेलन पंजाब, युक्तप्रदेश, मध्यप्रदेश बिहार की प्रादेशिक कान्फ्रेंसों तथा भार्गव, भूमिहार, राजपूत, ब्राह्मण, खत्री, कायस्थ आदि कान्फ्रेंसों के नेतृवर्ग से प्रार्थना करता है कि वे लोग अपनी-अपनी कान्फ्रेंसों का काम हिन्दी में करें और रिपोर्ट भी हिन्दी में प्रकाशित करें तथा अपनी-अपनी जाति में हिन्दीभाषा और नागरी लिपि का व्यवहार बढ़ाएँ।

सम्मेलन उक्त प्रदेशों के जमींदारों और व्यापारियों से भी प्रार्थना करता है कि वे अपने कागज पत्र हिन्दीभाषा और नागरी लिपि में रक्खें और अपना सब व्यवहार उसी भाषा और लिपि में किया करें।

(18)

इस देश की भिन्न-भिन्न संस्कृत परीक्षा समितियों से यह सम्मेलन प्रार्थना करता है कि हिन्दीभाषी विद्यार्थियों के लिए संस्कृत परीक्षाओं के साथ हिन्दी का विषय अवश्य रक्खा जाए।

(19)

इस सम्मेलन को दुःख है कि यूनिवर्सिटीज कमीशन की सम्मति कॉलेज क्लासों में देश भाषाओं की पढ़ाई के पक्ष में होने पर भी अब तक पंजाब और इलाहाबाद यूनिवर्सिटियों का ध्यान इस ओर नहीं गया है। इन यूनिवर्सिटियों से निवेदन है कि वे कलकत्ता यूनिवर्सिटी के अनुसरण की कृपा शीघ्र करें और हिन्दीभाषी छात्रों के लिए हिन्दी को बी.ए. तक आवश्यक विषय कर दें।

(20)

इस सम्मेलन का निश्चय है कि स्थायी समिति के कार्यालय के साथ पुस्तकालय भी स्थापित किया जाए और इसका एक अंग साहित्य सम्बन्धी म्यूजियम रहे, जिसमें पुराने हस्तलिखित ग्रन्थ आदि तथा अन्य ऐतिहासिक वस्तुओं का संग्रह किया जाए।

(21)

सम्मेलन की उद्देश्यपूर्ति के निमित्त आवश्यक धन संग्रह करने के लिए नीचे लिखे उपाय निश्चित किए जाते हैं–

(22)

(सम्मेलन की नियमावली का संशोधन।)

(23)

(स्थायी समिति की वार्षिक रिपोर्ट पर सम्मेलन का सक्तव्य तथा आगे के लिए उपदेश।)

(नागरी प्रचारिणी पत्रिका, सन् 1912 ई.)

एक नया आन्दोलन

[उपर्युक्त शीर्षक के अन्तर्गत 'ईस्ट ऐंड वेस्ट' के सम्पादक ने एकलिपि और एकभाषा पर (दिसम्बर 1909) अपने कुछ विचार प्रगट किए हैं जिसका सारांश नीचे दिया जाता है।]

एक भाषा और एक लिपि का होना स्वप्न के समान नहीं है।...का धरहरा फिर से उठाना असम्भव क्यों समझा जाए? भाषा में जो परस्पर सहानुभूति उत्पन्न करने की शक्ति है उसे कोई अस्वीकार नहीं कर सकता। एक भाषा रहने से कोई व्यक्ति अपनी आत्मा का प्रतिबिम्ब दूसरे में देख सकता है। कोई विरोध आ पड़ने पर भी मेल की आशा बनी रहती है। यद्यपि अँगरेज और अमेरिकन अलग हो गए हैं पर भाषा के कारण उनमें बहुत कुछ आत्मीयता बनी हुई है।

बहुत काल तक संस्कृत भाषा भारतवर्ष के भिन्न-भिन्न भागों को एक किए रही। विलसन ने ठीक ही कहा है—"इस विस्तृत देश के हिन्दुओं को हम संस्कृत ही के सहारे अपनी तरह पहिचान सकते हैं। उनके उद्वेगों, कर्मों, धारणाओं तथा त्रुटियों का उद्गम स्थान संस्कृत है।

संस्कृत किसी न किसी समय कहीं पर ठीक उसी तरह अवश्य बोली जाती रही होगी जैसे अँगरेजी लंदन में और मराठी पूना में। यह भी सम्भव है कि जिस समय वह बोली जाती रही होगी उसका विस्तार भारत में बहुत दूर तक न रहा हो। पर पीछे से उसके साहित्य ने, उसके साहित्य की भाषा ने, देश के प्रत्येक विभाग के विद्वानों को एक-दूसरे से मिलकर बातचीत करने योग्य बना दिया। अतः कुछ लोगों ने संस्कृत को भारत की राष्ट्र भाषा बनाने का परामर्श दिया है। पर उसे ग्रहण करने में दो बाधाएँ हैं। एक तो यह कि वह कहीं बोली नहीं जाती, दूसरी यह कि उसका व्याकरण बड़ा विकट और विस्तृत है। इस दूसरी बाधा को दूर करने के लिए किसी-किसी ने संस्कृत व्याकरण को सुगम और सरल करने की व्यवस्था दी है। पर कहने की आवश्यकता नहीं कि यदि संस्कृत का व्याकरण परिवर्तित करके सरल कर दिया जाएगा तो वह संस्कृत ही न रह जाएगी। वह एक नई भाषा हो जाएगी जिसे बिना किसी साहित्य के अपने लिए राह निकालनी पड़ेगी।

अब रही अँगरेजी। किसी देशभाषा की अपेक्षा अँगरेजी का सीखना कठिन ही है। प्रत्येक श्रेणी के भारतवासी को उसे अच्छी तरह सीखने भर का समय मिलना एक

अनहोनी बात समझिए। हिन्दी उन स्थानों में भी अच्छी तरह समझ ली जाती है जहाँ के लोग उसको बोलने में अभ्यस्त नहीं हैं। महाराष्ट्र के लोग तो समझते ही थे पर मद्रास प्रान्त तक में संस्कृत शब्दों का प्रभाव है। यह थोड़ी बहुत समझी जा सकती है। हिन्दी का व्याकरण भी सीधा है अतः उसका सीखना मद्रासियों को भी अँगरेजी से सुगम ही पड़ेगा। यह सब कुछ सही; पर अब प्रश्न यह है कि उसके सीखने की परवा कौन करेगा? किसको पड़ी है कि बैठे बिठाए एक और भाषा सीखे? इसका उत्तर हिन्दी के पक्षपाती लोग यह देते हैं कि भिन्न-भिन्न प्रान्तों के अँगरेजी पढ़े लोग जिस प्रकार देश की बातों पर परस्पर विचर प्रगट करते हैं उसी प्रकार अँगरेजी न जाननेवाले लोग भी करना चाहेंगे। दूसरे प्रान्त के निवासियों के साथ विचार परिवर्तन की आकांक्षा रखनेवालों की संख्या अब दिन-दिन बढ़ेगी।

यह एकभाषा विषयक आन्दोलन किसी उद्‌देश्य से नहीं उत्पन्न हुआ है वरन् सोच-समझकर उठाया गया है। इसकी सफलता के लिए सलाह दी गई है कि समस्त भारतवर्ष के विद्यालयों में हिन्दी पढ़ाई जाए। इससे शिक्षा का व्यय अवश्य बढ़ेगा। इस व्यय को कुछ कम करने का एक उपाय यह हो सकता हे कि भिन्न-भिन्न प्रान्तों से अध्यापक लोग हिन्दी सीखने के लिए काशी या किसी और स्थान में भेजे जाएँ। पर यह तो मानना ही होगा कि शिक्षा का खर्च बढ़ेगा। संस्कृत आदि भाषाओं के लिए जिस प्रकार व्यय करना पड़ता है उसी प्रकार हिन्दी के लिए भी करना पड़ेगा।

यह सब क्यों? इसलिए कि जिसमें भारत के भिन्न-भिन्न प्रान्तों के निवासीगण अपनी अच्छाई-बुराई के सम्बन्ध में परस्पर बातचीत करें व इस आन्दोलन की उपयोगता और सफलता का अन्दाज इस परीक्षा से हो। सरकार प्रत्येक बड़े नगर में हिन्दी के दर्जे खोले। यदि देखा जाए कि लोग अपनी खुशी से उसमें आ रहे हैं तो यह समझना चाहिए कि लोगों के हृदय में हिन्दी को राष्ट्रभाषा बनाने की इच्छा जाग्रत हो गई है। नहीं तो इस आन्दोलन को बालू पर की भीत समझना चाहिए।

(नागरी प्रचारिणी पत्रिका, दिसम्बर, 1909)

प्रेरणा

सन्ध्या के समय बैठा हुआ मैं जीवन समस्या पर विचार कर रहा था, उसी विचार मग्नावस्था में मुझको निद्रा आ गई।

एक सुन्दर पहाड़ी मैदान में मैं घूम रहा था। जंगली फूलों और हरी-हरी लताओं से पृथ्वी सुसज्जित थी। निकटवर्ती एक सुन्दर छोटी पहाड़ी पर मैं चढ़ गया और उसके ऊपर से सारे प्रान्त की शोभा का आनन्द उठाने लगा। जहाँ मैं खड़ा था वहाँ से दाहिने हाथ थोड़ी ही दूर पर एक स्वच्छ जल का सोता बह रहा था, उसकी शीघ्र गति पर विचार करने से मेरे मन में यह प्रश्न उठा–"यह किधर जा रहा है ?"

प्रश्न मन में आया ही था कि सुरीली और मधुर और बिना शब्दों की भाषा में यह शब्द मुझे सुनाई दिए–"अभी-अभी तो मेरा जन्म हुआ है। मैं स्वयं ही नहीं जानता कि मैं कहाँ जा रहा हूँ, पर हाँ इतना अवश्य कह सकता हूँ कि आगे बढ़ने के लिए मुझे कोई प्रेरणा कर रहा है।"

पहाड़ी से उतरने पर एक ओर मैंने फिर इस सोते को बहता हुआ पाया। अब यह उतना पतला न था। इसी के किनारे-किनारे चलता हुआ मैं मैदान में घूमने लगा। प्राकृतिक शोभा देखते हुए थोड़ी ही दूर गया था कि मेरे मन में फिर वही प्रश्न उठा– "यह किधर जा रहा है ?"

मधुर स्वर वाले सोते से आवाज आई–"यह मैं नहीं जानता। पहाड़ी से नीचे उतरते समय कई सोते आकर मेरे साथ मिल गए थे। अब हम एक साथ ही बहेंगे और बढ़ेंगे। हम लोग इतनी शीघ्रता से बह रहे हैं, क्योंकि कोई प्रेरणा कर रहा है।"

सोता अब मैदान में जंगली भाग की ओर बहा। मैं भी उसी के साथ चलता गया। थोड़ी दूर चलकर जंगल घना होने लगा। सोते का वेग अब और भी बढ़ गया। शान्ति के स्थान में उसमें हाहाकार होने लगा। मैं भी सोचने लगा–"उस शान्त अवस्था को भूलकर अब इसने कैसा उग्र रूप धारण किया है, उस सुन्दर प्रदेश को छोड़कर किस भयानक प्रान्त में आ गया है।"

अन्तर्यामी सोते मैंने कहा–"मैं उस शान्ति और सौन्दर्य पर कुछ ध्यान ही नहीं दिया। मुझे तो अपनी यात्रा की पड़ी थी। राह की सभी अड़चनों को जीतते हुए मुझे तो बहना है। मुझे नए-नए आवेगों और अनुभवों की अभिलाषा थी। बड़ी-बड़ी चट्टानों से टकराते और चोट खाते और उन्हें चूर करते अब इस अवस्था को पहुँचा हूँ। जितने गुण

मिले उन सबका समीकरण (Assinilation) करता रहा हूँ। इस गुप्त प्रेरणा की आज्ञा पालते हुए इस जीवन में कितना आनन्द मिलता है।"

मेरे देखते-देखते इस सोते ने एक पेड़ ढहा दिया। उसे थोड़ी देर तक अपनी लहरों में खिलाता रहा, पर फिर उसे दूर फेंक दूसरों के साथ खेलने में मग्न हो गया। मुझे उसकी यह उच्छृंखलता अच्छी न लगी। मैंने चिल्लाकर कहा–"कैसा अन्याय है ? कैसी विचारशून्य निर्दयता है ?"

उत्तर मिला–"नहीं। नहीं। अपने परिचित अभीष्ट के साधन के लिए ही मुझे ऐसा करना पड़ता है। इन अड़चनों को दूर करना ही होगा। इनकी शक्ति को समेटकर मैं शक्तिशाली बनूँगा।"

मैं चुप रहा। इस भयानक भूत का साथ छोड़कर दूसरी ओर चल दिया। थोड़ी देर बाद मुझे प्रकृति की शान्तिमय मूर्ति दिखाई पड़ी। सन्ध्या हो चली थी, सूर्यदेव अस्ताचल पर थे, आकाश लालिमामय था। पृथ्वी के भी एक भाग को लालिमा में देखकर मैं चौंका। परन्तु शीघ्र ही मेरी समझ में आ गया कि एक शान्त नदी के जल में आकाश का प्रतिबिम्ब ही लालिमामय दिखाई दे रहा था। मैंने अपने मन में कहा–"क्या यह शान्त स्वरूप भी, मेरे उसी पूर्व परिचित परिवर्तनाकांक्षी सोते का है ?"

सदा की भाँति उत्तर देने में प्रवीण इस नदी रूपधारी सोते ने कहा–"एक अंश में मैं वही हूँ और एक अंश में नहीं भी। तुमसे अलग होकर अनेक जंगली जन्तुओं के प्रदेशों में गुजरते हुए मैंने नए-नए अनुभव प्रदत्त किए हैं। अब वह उग्र आवेग दूर हो गया है। पर तो भी मैं अपने परिचित अभीष्ट की खोज में हूँ क्योंकि कोई प्रेरणा कर रहा है।"

मैंने कहा–"यह शान्त रूप कैसा भला मालूम होता है।"

उत्तर मिला–"हाँ मुझे भी इस शान्तावस्था में आनन्द मिलता है। जब भिन्न-भिन्न सांसारिक वस्तुओं का प्रतिबिम्ब मेरे वक्षस्थल पर पड़ता है तब मुझे भासित होता है कि इनके माधुर्य्य और सान्ध्य के संसर्ग से नित्य ही मेरे ज्ञान का परिवर्तन होता रहेगा।"

मेरी उत्कंठा और भी बढ़ी। मैं फिर नदी के किनारे-किनारे चला। अनेकों प्रान्तों में होते हुए, देश को उपजाऊ बनाते हुए नदी चलती गई। चलते-चलते थककर मैंने कहा–"सरिते। अब तो तुमने बहुत कुछ ज्ञानोपार्जन कर लिया। क्या अब भी नहीं ठहरोगी ? नगरों में बहकर मानवीय प्रवंचों से भी तो परिचित हो चुकीं। अब किस आशा में किधर जा रही हो ?"

नदी ने सौम्य भाव से कहा–"किधर ? कहाँ ? किस आशा में ? क्यों ? यह सब कुछ नहीं, नदी का स्वभाव तो बहने का है, मैं तो सदा से कहती आई हूँ कि कोई मुझे आगे बढ़ने के लिए प्रेरणा कर रहा है। फिर मुझे सन्तोष कहाँ।"

मैं कहता ही क्या ? मैं भी उसी के किनारे चलता गया। कुछ देर बाद असीम और अनन्त जलराशि का सामना हुआ। क्षण मात्र के लिए नदी का वेग रुका और फिर सानन्द नदी समुद्र में निमग्न हो गई।

उस महान जलनिधि से ये शब्द बराबर सुनाई दे रहे थे–"सोते, नाले, नदियाँ। आओ आओ। अनवच्छिन्न अवस्था को प्राप्त हो जाओ। अनेक परिवर्तन और माटी भ्रमण के पश्चात जहाँ गए थे वहीं लुप्त हेा जाओ।"

मैं जग पड़ा और आपसे आप ये शब्द मेरे मुँह से निकल पड़े–"जीवन समस्या के उत्तर की सामग्री इस स्वप्न में बहुत कुछ मिल गई।"

(अँगरेजी मासिक-पत्र 'यंग सिटीजन' में प्रकाशित 'व्हिदर' (Whither) नामक लेख के आधार पर)

('प्रभा' : श्रावण, सम्वत् 1972 वि., संख्या 5-6, भाग-दो)

श्री हरिश्चन्द्र जयन्ती

गत भाद्रपद शुक्ल सप्तमी तारीख 31 अगस्त को सायंकाल काशी नागरी प्रचारिणी सभा भवन में भारतेन्दु बाबू हरिश्चन्द्र जी की जयन्ती बड़े समारोह के साथ मनाई गई। गत साहित्य सम्मेलन की भाँति सभा के आगे का भाग सैकड़ों झंडियों से सुशोभित किया गया था। सभा का हाल अशोक पत्रों के बन्दनवार, फूलों के बड़े-बड़े गुच्छों, पुष्पमालाओं इत्यादि से अभूतपूर्व रूप से सजाया गया था। सभापति के बैठने के स्थान के ऊपर दीवार से भारतेन्दु जी का एक बहुत बड़ा तैलचित्र लगाया गया था जिसमें रंग-बिरंगे फूलों और पत्तियों का आधा फुट चौड़ा चौखटा जड़ा था और ऊपर श्वेत पुष्पों का चन्द्र था जिसके भीतर रक्ताक्षरों में 'श्रीहरिः' बना था।

समय से पहिले ही सभा का वृहत् हाल दर्शकों से भर गया। अगणित लोग स्थान के संकोच से दोनों ओर के बरामदों में तथा बाहर खड़े रहे। सभापति का आसन काशी के सुप्रसिद्ध ज्योतिर्विद् पंडित अयोध्यानाथजी शर्मा (अवधेश) ने सुशोभित किया। दर्शकों में अनेक विद्वान, सभी काशीस्थ हिन्दी प्रेमी, अनेक रईस, वकील, अध्यापक, छात्रादि थे।

स्थानीय भारतेन्दु नाटक मंडली के द्वारा मंगलाचरण का मनोहर संगीत होने के उपरान्त राय कृष्णदास जी ने बाबू मैथिलीशरण गुप्त जी की रची 'श्री हरिश्चन्द्रपंचक' नामक कविता पढ़ी, जो पत्रिका के इसी अंक में अन्यत्र प्रकाशित की गई है। तत्पश्चात् 'ट्रिब्यून' के भूतपूर्व सम्पादक श्रीयुत कालीप्रसन्न चटर्जी का व्याख्यान हिन्दी में हुआ। आपने अपने व्याख्यान में बाबू हरिश्चन्द्र के उच्चकुल, विद्या प्रेम, सद्गुण, साहित्य सेवादि का वर्णन करते हुए वर्तमान समय के लोगों को उनका अनुकरण करने की सलाह दी। पश्चात् जैनमुनि विद्याविजय का व्याख्यान हुआ। उन्होंने बाबू हरिश्चन्द्र के साहित्यिक जीवन की आलोचना करते हुए कहा कि वे पूरे अहिंसक और दयालु थे। आपके बाद 'हरिश्चन्द्र स्कूल' के छात्रों ने कुछ कविताएँ पढ़ीं। फिर हिन्दू कॉलेज के प्रोफेसर विद्वान जे.एन. उनवाला महाशय ने गुजराती में व्याख्यान दिया और बाबू हरिश्चन्द्र की सर्वजनप्रियता, साहित्यसेवा इत्यादि पर विचार करते हुए कहा कि भारतवर्ष में एक भाषा और एक लिपि के प्रचार का उद्योग प्रशंसनीय है और हिन्दी भाषा तथा नागरी लिपि सार्वजनिक बनाने के योग्य है। उन्होंने यह भी कहा कि मैं पारसी हूँ, मेरी भाषा गुजराती है, परन्तु हिन्दी से मुझको प्रेम है। इसके अनन्तर बाबू भूतनाथ चटर्जी ने बँगला में

व्याख्यान दिया और श्रीमती बंग महिला की 'हरिश्चन्द्र' नामक बँगला कविता पढ़ी। तत्पश्चात् बाबू जयशंकर प्रसाद ने अपनी रची कविता पढ़ी जो प्रकाशित की गई है। फिर साहित्याचार्य पंडित रघुनाथ शर्मा ने संस्कृत की कविता पढ़ी। आप के बाद बाबू गंगाप्रसाद गुप्त ने अपनी रचित 'हरिश्चन्द्र स्मृति कला' नामक कविता पढ़ी जो इसी अंक में अन्यत्र प्रकाशित की गई है। फिर बाबू लक्ष्मीनारायण सिंह ने एक कविता पढ़ी। उनके बाद पं. किशोरीलाल जी गोस्वामी ने गद्य में लिखा हुआ बाबू हरिश्चन्द्र सम्बन्धी एक लेख पढ़ा और एक कविता भी पढ़ी जिसमें भारतेन्दु जी के सब ग्रन्थों की नामावली आ गई थी (यह लेख तथा कविता मुझे नहीं मिली, गोस्वामीजी अपने साथ लेते चले गए, नहीं तो मैं इन्हें भी सहर्ष प्रकाशित करता) पश्चात् चम्पारन के पं. चन्द्रशेखरधर मिश्र की ओर से एक महाशय ने कुछ कहा। अनन्तर पं. चन्द्रकान्तजी शर्मा का संस्कृत में और भारत जीवन के सम्पादक पं. लक्ष्मीनारायणजी त्रिपाठी, आवाज ए खल्क के एडीटर मुंशी गुलाबचन्द और बाबू लक्ष्मीचन्द एम.ए. के हिन्दी में व्याख्यान हुए। बड़े हर्ष की बात है, मुंशी गुलाब चन्द ने यह भी कहा कि अब से मैं अपने पत्र में हिन्दी के लेख भी एक-दो कॉलम निकाला करूँगा। इसके उपरान्त पं. केदारनाथ पाठक ने पं. श्यामबिहारी मिश्र एम.ए. का लेख पढ़ा और लाला भगवानदीन की कविता का जिक्र किया। यह लेख तथा कविता भी अन्यत्र प्रकाशित हैं। फिर सभापति का अन्तिम भाषण हुआ जो अन्यत्र मुद्रित है। बाबू श्यामसुन्दर दास बी.ए., पं. श्यामबिहारी मिश्र एम.ए., पं. श्रीधर पाठक, पं. जगन्नाथ प्रसाद शुक्ल, पं. लक्ष्मीशंकर द्विवेदी और बाबू पुरुषोत्तमदास टंडन एम.ए., एल.जी. के सहानुभूति सूचक पत्र और तार पढ़े गए। अन्त में भारतेन्दु नाटक मंडली द्वारा संगीत हुआ और सभापति को धन्यवाद देकर 10 बजे सभा विसर्जित हुई।

इसी दिन प्रयाग, कलकत्ता, छत्रपुर और आरा में भी हरिश्चन्द्र-जयन्ती मनाई गई थी।

(नागरी प्रचारिणी पत्रिक, अगस्त, 1911)

कलकत्ता विश्वविद्यालय में हिन्दी की एम.ए. परीक्षा

देशी भाषाओं की उच्च शिक्षा और देशी भाषाओं द्वारा उच्च शिक्षा दोनों की आवश्यकता अब लोग समान भाव से समझने लगे हैं। पहले तो आवश्यक यह है कि देशी भाषा और उसके साहित्य का प्रौढ़ ज्ञान शिक्षा द्वारा कराया जाय। इसके पीछे फिर जिन भिन्न विषयों को अँगरेजी आदि विदेशीय भाषाओं के द्वारा सीखते हैं उन्हें देशी भाषाओं द्वारा ही सिखाने की व्यवस्था की जाय। ये दोनों बातें जरूरी हैं।

इनमें से पहली बात तभी हो सकती है जब जो या जितना कुछ साहित्य विद्यमान है वह व्यवस्थित कर दिया जाय। हिन्दी को ही लीजिए जिसमें कहने को पुराना साहित्य बहुत कुछ है। हिन्दी का पंडित होने के लिए इस साहित्य की जानकारी पूरी होनी चाहिए। बात पड़ने पर तो हम चन्द, सूर, तुलसी, जायसी, बिहारी, घनआनन्द इत्यादि के नाम एक साँस में ले जाते हैं पर यदि कोई पूछे कि सूर, जायसी आदि की शुद्ध प्रतियाँ कहीं छपी हैं, उनके ऐसे संस्करण कहीं निकले हैं जिनमें निर्णीत पाठ हों, कठिन और गूढ़ स्थलों की व्याख्या आदि हो तो नहीं के अतिरिक्त कोई दूसरा उत्तर सोचने में समय व्यर्थ जायगा। अब तक तो सरकारी शिक्षा पद्धति में साहित्य कोटि के ग्रन्थों को स्थान ही नहीं रहा है। इससे ऐसे ग्रन्थों को समझनेवालों की संख्या दिन पर दिन कम होती जा रही है। जब तक विद्वानों द्वारा इनके पठन-पाठन के मार्ग की बाधाएँ न दूर की जायँगी, इनके शुद्ध और अच्छे संस्करण न उपस्थित किए जायँगे, तब तक जितने अध्यापकों की आवश्यकता होगी उतने अध्यापक तक नहीं मिल सकते।

अब रह गया हिन्दी का नया साहित्य, यह अभी थोड़े ही दिनों का है और ऐसी हड़बड़ी में पड़ा हुआ है कि जो लेखक हैं वे स्थिर चित्त होकर अपनी-अपनी लेखनी के लिए अलग-अलग मार्ग ही नहीं निर्दिष्ट कर सकते। कभी इधर लपकते हैं कभी उधर जिससे पूर्णता और परिपक्वता नहीं आने पाती है। सच पूछिए तो हिन्दी में उच्च कोटि का साहित्य अभी नहीं है। केवल पुराने कवियों के बल पर हम कहाँ तक कूद सकते हैं ? पर साहित्य अभी यथेष्ट नहीं है इसलिए जो कुछ है उसकी पढ़ाई

भी मुल्तवी रखी जाय यह ठीक नहीं। शिक्षा के अधिक प्रचार से साहित्य की भी वृद्धि होगी। बड़े हर्ष की बात है कि कलकत्ता विश्वविद्यालय ने देशी भाषाओं का महत्त्व स्वीकार किया और उनमें एम.ए. की परीक्षा खोली। इस व्यवस्था के अनुसार वहाँ हिन्दी को भी एम.ए. तक का स्थान मिला। देखें, प्रयाग विश्वविद्यालय और हिन्दू विश्वविद्यालय कब इस ओर ध्यान देते हैं।

नागरी प्रचारिणी पत्रिका, भाग 24, आषाढ़-श्रावण, संवत् 1976 (1919 ई.)

प्रेमघन की छाया-स्मृति

मेरे पिताजी फारसी के अच्छे ज्ञाता और पुरानी हिन्दी कविता के बड़े प्रेमी थे। फारसी कवियों की उक्तियों को हिन्दी कवियों की उक्तियों के साथ मिलाने में उन्हें बड़ा आनन्द आता था। वे रात को प्रायः रामचरितमानस और रामचन्द्रिका, घर के सब लोगों को एकत्र करके बड़े चित्ताकर्षक ढंग से पढ़ा करते थे। आधुनिक हिन्दी-साहित्य में भारतेन्दुजी के नाटक उन्हें बहुत प्रिय थे। उन्हें भी वे कभी-कभी सुनाया करते थे। जब उनकी बदली हमीरपुर जिले की राठ तहसील से मिर्जापुर हुई तब मेरी अवस्था आठ वर्ष की थी। उसके पहिले ही से भारतेन्दु के सम्बन्ध में एक अपूर्व मधुर भवना मेरे मन में जगी रहती थी। 'सत्य हरिश्चन्द्र' नाटक के नायक राजा हरिश्चन्द्र और कवि हरिश्चन्द्र में मेरी बाल-बुद्धि कोई भेद नहीं कर पाती थी। 'हरिश्चन्द्र' शब्द से दोनों की एक मिली-जुली भावना एक अपूर्व माधुर्य्य का संचार मेरे मन में करती थी। मिर्जापुर आने पर कुछ दिनों में सुनाई पड़ने लगा कि भारतेन्दु हरिश्चन्द्र के एक मित्र यहाँ रहते हैं, जो हिन्दी के एक प्रसिद्ध कवि हैं और जिनका नाम है उपाध्याय बदरीनारायण चौधरी।

भारतेन्दु-मंडल की किसी सजीव स्मृति के प्रति मेरी कितनी उत्कंठा रही होगी, यह अनुमान करने की बात है। मैं नगर से बाहर रहता था। एक दिन बालकों की एक मंडली जोड़ी गई। जो चौधरी साहब के मकान से परिचित थे, वे अगुवा हुए। मील डेढ़ मील का सफर तै हुआ। पत्थर के एक बड़े मकान के सामने हम लोग जा खड़े हुए। नीचे का बरांमदा खाली था। ऊपर का बरामदा सघन लताओं के जाल से आवृत था। बीच-बीच में खम्भे और खुली जगह दिखाई पड़ती थी। उसी ओर देखने के लिए मुझसे कहा गया। कोई दिखाई न पड़ा। सड़क पर कई चक्कर लगे। कुछ देर पीछे एक लड़के ने उँगली से ऊपर की ओर इशारा किया। लता-प्रतान के बीच एक मूर्ति खड़ी दिखाई पड़ी। दोनों कन्धों पर बाल बिखरे हुए थे। एक हाथ खम्भे पर था। देखते ही देखते वह मूर्ति दृष्टि से ओझल हो गई। बस, यही पहिली झाँकी थी।

ज्यों-ज्यों मैं सयाना होता गया त्यों-त्यों हिन्दी के नूतन साहित्य की ओर मेरा झुकाव बढ़ता गया। क्वींज कॉलेज में पढ़ते समय स्वर्गीय बा. रामकृष्ण वर्म्मा मेरे पिताजी के सहपाठियों में थे। भारत जीवन प्रेस की पुस्तकें प्रायः मेरे यहाँ आया करती थीं, पर अब पिताजी उन पुस्तकों को छिपाकर रखने लगे। उन्हें डर हुआ कि कहीं मेरा चित्त स्कूल की पढ़ाई से हट न जाय—मैं बिगड़ न जाऊँ। उन्हीं दिनों पं. केदारनाथजी पाठक ने एक

हिन्दी पुस्तकालय खोला था। मैं वहाँ से पुस्तकें ला-लाकर पढ़ा करता। एक बार एक आदमी साथ करके मेरे पिताजी ने मुझे एक बारात में काशी भेजा। मैं उसी के साथ घूमता-फिरता चौखम्भा की ओर जा निकला। वहीं पर एक घर में से पं. केदारनाथजी पाठक निकलते दिखाई पड़े। पुस्तकालय में वे मुझे प्रायः देखा करते थे। इससे मुझे देखते ही वे वहीं खड़े हो गए। बात ही बात में मालूम हुआ कि जिस मकान में से वे निकले थे, वह भारतेन्दुजी का घर था। मैं बड़ी चाह और कुतूहल की दृष्टि से कुछ देर तक उस मकान की ओर, न जाने किन-किन भावनाओं में लीन होकर देखता रहा। पाठकजी मेरी यह भावुकता देख बड़े प्रसन्न हुए और बहुत दूर तक मेरे साथ बातचीत करते हुए गए। भारतेन्दुजी के मकान के नीचे का यह हृदय-परिचय बहुत शीघ्र गहरी मैत्री में परिणत हो गया। 16 वर्ष की अवथा तक पहुँचते-पहुँचते तो समवयस्क हिन्दी-प्रेमियों की एक खासी मंडली मुझे मिल गई, जिनमें श्रीयुत काशीप्रसादजी जायसवाल, बा. भगवानदासजी हालना, पं. बदरीनाथ गौड़, पं. उमाशंकर द्विवेदी मुख्य थे। हिन्दी के नए-पुराने लेखकों की चर्चा बराबर इस मंडली में रहा करती थी। मैं भी अब अपने को एक लेखक मानने लगा था। हम लोगों की बातचीत प्रायः लिखने-पढ़ने की हिन्दी में हुआ करती, जिसमें 'निस्सन्देह' इत्यादि शब्द आया करते थे। जिस स्थान पर मैं रहता था, वहाँ अधिकतर वकील मुख्तारों तथा कचहरी के अफसरों और अमलों की बस्ती थी। ऐसे लोगों के उर्दू कानों में हम लोगों की बोली कुछ अनोखी लगती थी। इसी से उन्होंने हम लोगों का नाम 'निस्सन्देह' लोग रख छोड़ा था। मेरे मुहल्ले में कोई मुसलमान सब-जज आ गए थे। एक दिन मेरे पिताजी खड़े-खड़े उनके साथ कुछ बातचीत कर रहे थे। इसी बीच मैं उधर जा निकला। पिताजी ने मेरा परिचय देते हुए उनसे कहा–"इन्हें हिन्दी का बड़ा शौक है।" चट जवाब मिला–"आपको बताने की जरूरत नहीं। मैं तो इनकी सूरत देखते ही इस बात से 'वाकिफ' हो गया।" मेरी सूरत में ऐसी क्या बात थी, यह इस समय नहीं कह सकता। आज से तीस वर्ष पहिले की बात है!

चौधरी साहब से तो अब अच्छी तरह परिचय हो गया था। अब उनके यहाँ मेरा जाना एक लेखक की हैसियत से होता था। हम लोग उन्हें एक पुरानी चीज समझा करते थे। इस पुरातत्व की दृष्टि में प्रेम और कुतूहल का एक अद्भुत मिश्रण रहता था। यहाँ पर यह कह देना आवश्यक है कि चौधरी साहब एक खासे हिन्दुस्तानी रईस थे। वसन्त पंचमी, होली इत्यादि अवसरों पर उनके यहाँ खूब नाचरंग और उत्सव हुआ करते थे। उनकी हर एक अदा से रियासत और तबीयतदारी टपकती थी। कन्धों तक बाल लटक रहे हैं। आप इधर से उधर टहल रहे हैं। एक छोटा-सा लड़का पान की तश्तरी लिये पीछे-पीछे लगा हुआ है। बात की काँट-छाँट का क्या कहना है ! जो बातें उनके मुँह से निकलती थीं, उनमें एक विलक्षण वक्रता रहती थी। उनकी बातचीत का ढंग उनके लेखों के ढंग से एकदम निराला होता था। नौकरों तक के साथ उनका सम्वाद सुनने-लायक होता था। अगर किसी नौकर के हाथ से कभी कोई गिलास वगैरह गिरा, तो उनके मुँह से यही निकला कि 'कारे बचा त नाहीं।' उनके प्रश्नों के पहिले 'क्यों साहब' अकसर लगा रहता था।

वे लोगों को प्रायः बनाया करते थे, इससे उनके मिलनेवाले लोग भी उन्हें बनाने की फिक्र में रहा करते थे। मिर्जापुर में पुरानी परिपाटी के एक बहुत ही प्रतिभाशाली कवि रहते थे, जिनका नाम था–वामनाचार्य गिरि। एक दिन वे सड़क पर चौधरी साहब के ऊपर एक कवित्त जोड़ते चले जा रहे थे। अन्तिम चरण रह गया था कि चौधरी साहब अपने बरामदे में कन्धों पर बाल छिटकाए खम्भे के सहारे खड़े दिखाई पड़े। चट कवित्त पूरा हो गया और वामनजी ने नीचे से वह कवित्त ललकारा, जिसका अन्तिम अंश था– "खम्भा टेकि खड़ी जैसे नारि मुगलाने की।"

एक दिन कई लोग बैठे बातचीत कर रहे थे कि इतने में एक पंडितजी आ गए। चौधरी साहब ने पूछा–"कहिए क्या हाल है ?" पंडितजी बोले–"कुछ नहीं, आज एकादशी थी, कुछ जल खाया है और चले आ रहे हैं।" प्रश्न हुआ–"जल ही खाया है कि कुछ फलाहार भी पिया है ?"

एक दिन चौधरी साहब के एक पड़ोसी उनके यहाँ पहुँचे। देखते ही सवाल हुआ– "क्यों साहब, एक लफ्ज मैं अकसर सुना करता हूँ, पर उसका ठीक अर्थ समझ में न आया। आखिर घनचक्कर के क्या मानी हैं, उसके क्या लक्षण हैं ?" पड़ोसी महाशय बोले–"वाह, यह क्या मुश्किल बात है। एक दिन रात को सोने के पहिले कागज-कलम लेकर सवेरे से रात तक जो-जो काम किए हों, सब लिख जाइए और पढ़ जाइए।"

मेरे सहपाठी पं. लक्ष्मीनारायण चौबे, बा. भगवानदास हालना, बा. भगवानदास मास्टर–इन्होंने उर्दू-बेगम नाम की एक बड़ी ही विनोदपूर्ण पुस्तक लिखी थी, जिसमें उर्दू की उत्पत्ति, प्रचार आदि का वृत्तान्त एक कहानी के ढंग पर दिया गया था। –इत्यादि कई आदमी गर्मी के दिनों में छत पर बैठे चौधरी साहब से बातचीत कर रहे थे। चौधरी साहब के पास ही एक लैम्प जल रहा था। लैम्प की बत्ती एक बार भभकने लगी। चौधरी साहब नौकरों को आवाज देने लगे। मैंने चाहा कि बढ़कर बत्ती नीचे गिरा दूँ; पर लक्ष्मीनारायण ने तमाशा देखने के विचार से मुझे धीरे से रोक लिया। चौधरी साहब कहते जा रहे हैं–"अरे, जब फूट जाई तबै चलत आवह।" अन्त में चिमनी ग्लोब के सहित चकनाचूर हो गई, पर चौधरी साहब का हाथ लैम्प की तरफ न बढ़ा।

उपाध्यायजी नागरी को भाषा मानते थे और बराबर नागरी भाषा लिखा करते थे। उनका कहना था कि "नागर अपभ्रंश से, जो शिष्ट लोगों की भाषा विकसित हुई, वही नागरी कहलाई।" इसी प्रकार वे मिर्जापुर न लिखकर मीरजापुर लिखा करते थे, जिसका अर्थ वे करते थे लक्ष्मीपुर – मीर = समुद्र + जा = पुत्री + पुर।

('हंस,' आत्मकथांक, जनवरी-फरवरी 1931)

साक्षात्कार

अभ्युदय के विशेष संवाददाता की भेंटवार्ता

अभ्युदय के पिछले एक अंक में श्री रामचन्द्र शुक्ल और श्री श्यामसुन्दर दास के दो लेखों में अक्षरशः समानता दिखलाते हुए, हमने यह सवाल उठाया था कि इन दोनों महारथियों के दो लेखों में इतनी समानता कहाँ से और कैसे आई ? हमने यह भी लिखा था कि हमारी यह निश्चित धारणा है कि श्यामसुन्दर दास अपनी किताबों के खुद लेखक हैं। ऐसी दशा में इस प्रश्न का कोई उत्तर नहीं मिलता कि सन् 1923 में श्री रामचन्द्र जी ने कैसे अपनी प्रस्तावना लिखने में श्री श्यामसुन्दर दास के सन् 1924 में प्रकाशित, गोस्वामी तुलसीदास पर निबन्ध से इतना बड़ा अंश अक्षरशः नकल कर दिया ! यह निबन्ध तो सन् 1924 में प्रकाशित हुआ था। तो फिर क्या यह बात हो सकती है कि यद्यपि यह प्रकाशित सन् 1924 में हुआ था परन्तु लिखा वह बहुत पहले गया था, और श्री रामचन्द्र शुक्ल ने उसकी पांडुलिपि न सिर्फ पढ़ी बल्कि उसे अक्षरशः अपनी प्रस्तावना में नकल भी कर डाला ? इस सम्बन्ध में हमारे एक विशेष संवाददाता ने श्रीरामचन्द्र शुक्ल से भेंट की, जिसका विवरण हम नीचे छाप रहे हैं। इंटरव्यू को छापने के पहले शुक्लजीके पास हमने इस इंटरव्यू की एक नकल भेजी थी ताकि यदि उसमें कोई गलत बात कही गई हो तो वह उसे सुधार दें। पर शुक्ल जी ने हमारे पास उसका कोई प्रतिवाद न भेजा। ऐसी दशा में, जब तक श्री श्यामसुन्दर दास इस मामले की सही-सही बातों को प्रकट करने के लिए मैदान में न उतरें, हमें विवश होकर यही मानना पड़ेगा कि चोरी बाबू साहब ही ने की है।—सं. अ.

इंटरव्यू का विवरण : जिस समय मैं शुक्लजी के यहाँ पहुँचा वह अन्दर थे। किन्तु यह जानकर कि कोई मिलने आया है, आप तुरन्त बाहर आ गए। शुक्लजी को इधर कुछ दिनों से दमे की शिकायत है, और आज तो थोड़ा ज्वर भी था। मुझे दुःख हुआ कि ऐसे कुअवसर पर मैं पहुँचा। किन्तु जब आ ही गया था और शुक्लजी भी निकल ही आए थे, तब मैंने यह उचित ही समझा कि उनसे प्रश्न कर ही लूँ। पहले मैंने उनसे यह स्पष्ट कह दिया कि मैं 'अभ्युदय' की ओर से उनसे भेंट करने आया हूँ। (क्योंकि बहुत-सी बातें ऐसी होती हैं, जिनको लोग निजी तौर पर कह देते हैं, पर जिन्हें खुलेआम नहीं कह सकते। और मैं निजी तौर पर मुलाकात करके फिर उसे पत्र में छपवाने की जघन्य नीचता कर ही नहीं सकता) शुक्लजी ने पूछा—'क्या आज्ञा ?'

मैंने कहा, 'दो-तीन प्रश्न हैं ?'

उन्होंने कहा, 'कहिए।'

'रायबहादुर श्री श्यामसुन्दर दास ने 'भाषा विज्ञान' की भूमिका में यह लिखा है कि उनकी उस पुस्तक का अन्तिम परिच्छेद परिवर्द्धित और परिशोधित होकर हिन्दी शब्द सागर की प्रस्तावना के रूप में छपा है। किन्तु प्रस्तावना पर आपका नाम है। ऐसा क्यों ?

'बात यों है कि प्रस्तावना का इतिहास वाला अंश मेरा लिखा हुआ था।' शुक्ल जी बोले, 'बाबू साहेब की यह इच्छा थी कि वह प्रस्तावना पुस्तक रूप में छपे और उस पर हम दोनों का नाम रहे। मुझे यह स्वीकार न था। इसलिए मैंने अपने लिखे अंश पर हस्ताक्षर कर दिया। बाबू साहेब ने ऐसा क्यों नहीं किया यह तो वही जान सकते हैं।'

'बाबू श्यामसुन्दर दास ने जो कुछ तुलसीदास पर लिखा है, उसमें ऐसे बहुत-से अंश हैं जिन्हें हम आपके लेख में शब्दशः पढ़ चुके हैं। इसका क्या आप कोई कारण बता सकते हैं ?' मैंने पूछा।

'मैंने बाबू साहेब की वह पुस्तक आज तक नहीं पढ़ी।' शुक्लजी ने उत्तर दिया 'मैं बिलकुल नहीं जानता कि उन्होंने क्या लिखा है।'

'क्या आप 'भाषा विज्ञान' के लेखक हैं ?'

'कौन कहता है ?'

'लोगों की यही धारणा है।'

शुक्लजी हँसकर चुप हो रहे। दमे के रोग को वह दबाना चाहते थे। मैंने भी देखा कि अब उन्हें कष्ट हो रहा है। इसलिए इस प्रश्न का उत्तर लिये बिना ही मैं चला आया। ऊपर की बातचीत के समय एक सज्जन और भी उपस्थित थे। यद्यपि मैंने उस समय नोट नहीं लिये, फिर भी पूरी बातचीत जहाँ तक सम्भव है, ज्यों-की-त्यों लिख रहा हूँ। शुक्लजी ने अपनी कैफियत दे दी है। क्या हम आशा करें कि सभा के सर्वस्व, रायबहादुर श्री श्यामसुन्दर दास, भी मौन भंग करेंगे ?

—आपका संवाददाता

('अभ्युदय', 11 जून, 1934, शीर्षक : श्री श्यामसुन्दर दास की साहित्यिक पहेली, उपशीर्षक : शब्दसागर की प्रस्तावना का रहस्य, प्रारम्भ में कोष्ठक में सम्पादकीय टिप्पणी)

नाटक

गोपाल सखा

पहला दृश्य

(गाँव का साधारण घर। अधेड़ विधवा स्त्री खड़ी है। उसका पुत्र गोपाल पुस्तकें लिये अलग खड़ा है। पड़ोसी की कन्या चमेली बैठी चर्खा चला रही है।)

माँ : उस दिन तो तू पाठशाला की बड़ी प्रशंसा करता था। कहता था कई कहानियाँ सुनीं, एक श्लोक याद किया, बड़ा आनन्द रहा। फिर आज जाने में क्यों आनाकानी कर रहा है?

(गोपाल कुछ नहीं बोलता मुँह फेर लेता है)

चमेली : मैं बताऊँ काकी?

(गोपाल चुपचाप माँ की साड़ी में मुँह छिपा लेता है।)

चमेली : काकी, गोपाल को पाठशाला तो अच्छील लगती है। पर कल लौटते समय डरा था। इसी से आज जाने में संकोच कर रहा है।

माँ : क्यों रे, गोपाल यही बात है? बता दे।

गोपाल : हाँ, अम्मा।

माँ : क्यों, डर काहे का?

गोपाल : रास्ते में जंगल पड़ता है। वहाँ लौटते समय बड़ा अँधेरा हो जाता है। जंगली पशु बोलने लगते हैं, मुझे बड़ा भय लगता है। उस दिन तो लड़के साथ में थे, पर कल सब पाठशाला नहीं गए। सुना है कि अपने मामा के घर गए हैं। कल दौड़ते-दौड़ते मैं हाँफ गया। वे आज भी पाठशाला न जाएँगे। मैं भी आज न जाऊँगा। मुझे बड़ा डर लगता है।

माँ : बेटा डर नहीं। मैं तुझे पहुँचा आया करती और ले आया करती पर घर का काम कौन देखेगा?

चमेली : काकी मुझे भेज दो। पिताजी से कह देना मैं गोपाल भैया के साथ पाठशाला जाऊँगी, मैं नहीं डरती।

माँ : *(हँसकर)* चल पगली, तू क्या जाएगी। तुझे मैं घर पर पढ़ा दूँगी। *(गोपाल से)* पर बेटा गोपाल, एक बात तो भूल ही गई थी। जंगल में डर काहे का? वृन्दावनवासी कृष्ण-कन्हैया तो जंगलों में बालकों की रक्षा के लिए फिरा ही करते हैं। उन्हीं को पुकारना, वे तेरी रक्षा करेंगे। आ, तुझे एक नया गाना सिखाऊँ। *(गाती है)*

खेलो रे कन्हैया, संग में हमारे।
जसुदा के प्यारे, नन्द-दुलारे॥
हिय में बसो तुम, मन में रमो तुम, दरस दिखाओ प्यारे।
तुम बिन कौन रति दीनन की, जाहि गोपाल पुकारे॥ खेलो...

गोपाल : *(गाता हूँ)* खेलो रे कन्हैया, संग हमारे।...क्या कृष्ण-कन्हैया सचमुच मेरे साथ-साथ चलेंगे?

माँ : हाँ बेटा, वे सदैव भक्तों की रक्षा करते हैं।

गोपाल : अच्छा माँ, जाता हूँ।

माँ : चमेली, अब तुम भी घर जाओ। अब मुझे काम है।

(सब जाते हैं)

दूसरा दृश्य

(स्थान—वन। मुरली की ध्वनि सुनाई देती है। कृष्ण और गोपाल आते हैं)

गोपाल : अब तुम मुझे पकड़ो, मैं भागूँगा।

कृष्ण : सो तो होगा ही; पर भाई तुम बहुत तेज ना दौड़ना अच्छा, दौड़ने को तैयार हो जाओ।

गोपाल : *(दौड़ने को तैयार होता है, पर ठिठक जाता है)* लो, भूल ही गया था। आज गुरुदेव के यहाँ श्राद्ध है। मुझे कुछ, ले जाना चाहिए। माँ ने कहा था कि कन्हैयाजी से ही कुछ माँग लेना। तो मैं भूल ही जाता था। अबेर भी हो रही है।

कृष्ण : सचमुच? तुम्हारी माँ ने मुझसे माँगने को कहा था? मैं वनवासी चरवाहा भला क्या दूँगा? अच्छा, ठहरो, जाकर कुछ लाता हूँ। *(जाते हैं)*

गोपाल : *(गाता है)*

कैसो खेल रच्यो बनवारी॥
छिन में छिपत, छिनहि में प्रसन्न मोहत बुद्धि हमारी॥ कैसो...
...
हारत आप जितावत हमको, दीनन के हितकारी॥ कैसो...

कृष्ण : *(एक मटकी लेकर आते हैं)* लो, और क्या दूँ, यही दही की मटकी ले जाकर दे देना। *(दोनों आगे बढ़ते हैं।) (गाँव के पास आकर)* देखो, अब गाँव तक आ गए, आगे मैं न जाऊँगा।

गोपाल : थोड़ी दूर और चलो।

कृष्ण : नहीं भाई गोपाल, अब देर हो रही है। तुम जाओ, मैं अपने वन को लौट जाता हूँ।

(गोपाल जाता है। कृष्ण हाथ उठाकर आशीर्वाद देते हैं और मुरली बजाते हैं।)

(परदा गिरता है)

तीसरा दृश्य

(स्थान—वही जंगल, गोपाल खड़ा है। आचार्य जयदेव एक पेड़ के नीचे बैठे हैं।)

जयदेव : गोपाल, हाँ बताओ तो, वह तुम्हारे मित्र कहाँ मिले थे, जिन्होंने वह दही की मटकी दी थी। कैसी विचित्र मटकी थीं कल रात तक मितनी बार उसमें से दही निकाला गया, वह फिर भर जाती थी।

गोपाल : गुरूजी, यहीं पर कन्हैया जी से मेरी भेंट हुआ करती थी। हम दोनों नित्य साथ खेला करते थे। वे मोर-मुकुट धारण किए, बाँसुरी बजाते मुझसे यहीं आ मिलते थे। कहते थे, मैं गायें चराता हूँ। यहीं वन में रहता हूँ। पर आज न जाने क्यों नहीं आए।

जयदेव : कैसी पहेली है। तू कहता है कि वह मेरे साथ नित्य खेलता था। बुलाने पर आ जाता था। मनाने पर भी गाँव के भीतर न जाता था। फिर आज बार-बार बुलाने पर क्यों नहीं आता है?

गोपाल : (पुकारता है) भैया कन्हैया, भैया कन्हैया, आओ हम तुम खेलें।

(कोई नहीं आता। जयदेव उठते हैं, क्रुद्ध होकर जाने लगते हैं।)

गोपाल : (फिर पुकारता है) नहीं आओगे? नहीं आओगे? मुझे गुरुदेव के सामने झूठा सिद्ध करोगे? एक बार बस और आओ, अब मैं तुमसे कुछ न माँगूँगा।

(गुरु ठिठककर उसकी ओर देखते हैं)

(नेपथ्य सेप्यारे गोपाल, मैं नहीं आ सकता। जयदेव आचार्य के पास विद्या है, पर उनके हृदय में प्रेम नहीं है। मैं उनके सामने नहीं हो सकता।)

(जयदेव और गोपाल दोनों झुककर प्रणाम करते हैं।)

(परदा गिर है)

चौथा दृश्य

(स्थानमार्ग, जयदेव आचार्य संन्यासी के वेष में आते हैं।)

जयदेव : चैतन्य, तुम क्यों मेरे साथ फिरते हो? मेरा साथ छोड़ दो और मुझे अपने इष्टदेव की खोज में जाने दो।

चैतन्य : नहीं गुरुदेव, मुझे साथ चलने दीजिए, मैं आपकी सेवा करूँगा। आपको प्यारा भजन सुनाऊँगा।

जयदेव : अच्छा, गाओ, गाओ।

चैतन्य : *(गाता है)*

कहाँ मिलेगा प्राणाधान, स्नेहागार। कहाँ...मन्दिर के नीरव पत्थर में भक्तों के शुचि सुमधुर स्वर में, पृथ्वी में, नभ में, सागर में, अनल-अनिल में, तिल-तिल भर में, सुना तुम्हारा है आगार, क्या यह सच है प्राणाधार?

जयदेव : कहाँ ढूँढ़ूँ? किस प्रकार मन को शुरू करूँ? भगवन् ने कहा था, विद्या है, पर प्रेम नहीं है। किस तपस्या से हृदय में प्रेम उपजेगा? गाओ चैतन्य, और गाओ।

चैतन्य : *(गाता है)*

स्नेहमयी जसुमति के कर में, कृष्ण के अनन्त अम्बर में, कल कदम्ब, कालिन्दी तट में गिरि गह्वर वसुधा के पट में, खोजा, हुआ लाचार कहाँ मिलेगा प्राणाधार?

जयदेव : चलो, चलो, उसी भक्त बालक गोपाल के पास चलें। वही भगवान से मिलाएगा। सो वह तो इधर ही आ रहा है, वह आ रहा है, *(पुकारते हैं)*गोपाल-गोपाल।

गोपाल : *(गोपाल आता है)* आप हैं, गुरुदेव। आप कहाँ फिर रहे हैं? हम सब विद्यार्थी आपके बिना व्याकुल हैं। *(चैतन्य की ओर देखकर)* भैया, प्रणाम।

गुरुदेव : हमारे गोपाल। गुरु तू है, मैं तो शिष्य हूँ। बता तो, प्यारे श्रीकृष्ण से तुझे किसने मिलाया है?

गोपाल : गुरुदेव, मैं कुछ नहीं जानता। मेरी माता ने ही मुझे कृष्णप्रेम सिखाया है। चलिए, उन्हीं से पूछेंगे। चैतन्य भैया! आप भी आइए।

(पदा गिरता है)

पाँचवाँ दृश्य

(स्थानगोपाल का घर। कृष्ण-मूर्ति के सामने जयदेव, चैतन्य और चमेली के साथ गोपाल की माता आती है।)

माता : आचार्य, मैं बेचारी क्या जानूँ? इसी मूर्ति के सहारे मैंने भगवान का प्रेम पाया है। वही इस बालक को सिखाया। आइए हम सब प्रार्थना करें।

(सब गाते हैं)

हे नाथ, निजरूप हमको दिखाओ।
तुम पास आओ या हमको बुलाओ।
ब्रजचंद छिपना न घनश्याम में अब,
ज्योत्स्ना दिखाओ, अमृत रस बहाओ।
पुष्पों को अपनी हँसी दान देकर,
कुछ तुम हँसो, कुछ हमें भी हँसाओ।
चरणों में–पया हमें अपने रखकर,
जीवन हमारा सफल प्रभु बनाओ।

(परदा गिरता है)

डॉ. रामलाल सिंह के सौजन्य से प्राप्त।

पुस्तकों की भूमिकाएँ

विनयपत्रिका

(तुलसीदास; टीका : वियोगी हरि)

भक्ति-रस का पूर्ण परिपाक जैसा विनयपत्रिका में देखा जाता है, वेसा अन्यत्र नहीं। भक्ति में प्रेम के अतिरिक्त आलम्बन के महत्व और अपने दैन्य का अनुभव परम आवश्यक अंग है। तुलसी के हृदय से इन दोनों अनुभवों के ऐसे निर्मल शब्द-स्रोत निकले हैं, जिनमें अवगाहन करने से मन की मैल कटती है और अत्यन्त पवित्र प्रफुल्लता आती है। गोस्वामीजी के भक्ति-क्षेत्र में शील, शक्ति और सौन्दर्य तीनों की प्रतिष्ठा होने के कारण मनुष्य की सम्पूर्ण रागात्मिका प्रकृति के परिष्कार और प्रसार के लिए मैदान पड़ा हुआ है। जिस प्रकार लोक-व्यवहार से अपने को अलग करके आत्मकल्याण की ओर अग्रसर होनेवाले काम, क्रोध आदि शत्रुओं से बहुत दूर रहने का मार्ग पा सकते हैं, उसी प्रकार लोक-व्यवहार में मग्न रहनेवाले अपने भिन्न-भिन्न कर्तव्यों के भीतर ही आनन्द की वह ज्योति पा सकते हैं, जिससे इस जीवन में दिव्य जीवन का आभास मिलने लगता है और मनुष्य के वे सब कर्म, वे सब वचन और वे सब भाव–क्या डूबते हुए को बचाना, क्या अत्याचारी पर शस्त्र चलाना, क्या स्तुति करना, क्या निन्दा करना, क्या दया से आर्द्र होना, क्या क्रोध से तमतमाना–जिनसे लोक का कल्याण होता आया है, भगवान् के लोक-पालन करनेवाले कर्म, वचन और भाव दिखाई पड़ते हैं।

यह प्राचीन भक्ति-मार्ग एकदेशीय आधार पर स्थित नहीं, यह एकांगदर्शी नहीं। यह हमारे हृदय को ऐसा नहीं करना चाहता कि हम केवल व्रत-उपवास करनेवालों और उपदेश करनेवालों ही पर श्रद्धा रखें और जो लोग संसार के पदार्थों का उचित उपभोग करके अपनी विशाल भुजाओं से रणक्षेत्र में अत्याचारियों का दमन करते हैं, या अपनी अन्तर्दृष्टि की साधना और शारीरिक अध्यवसाय के बल से मनुष्य-जाति के ज्ञान की वृद्धि करते हैं, उनके प्रति उदासीन रहें। गोस्वामीजी की रामभक्ति वह पदार्थ है, जिससे जीवन में शक्ति, सरसता, प्रफुल्लता, पवित्रता सब कुछ प्राप्त हो सकती है। आलम्बन की महत्व-भावना से प्रेरित दैन्य के अतिरिक्त भक्ति के और जितने अंग हैं–भक्ति के कराण अन्तःकरण को जो और-और शुभ वृत्तियाँ प्राप्त होती हैं–सबकी अभिव्यंजना विनय-पत्रिका के भीतर हम पा सकते हैं। राम में सौन्दर्य, शक्ति और शील तीनों की चरम अभिव्यक्ति एक साथ समन्वित होकर मनुष्य के सम्पूर्ण हृदय

को–उसके किसी एक ही अंश को नहीं–आकर्षित कर लेती है। कोरी साधुता का उपदेश पाखंड है, कोरी वीरता का उपदेश उद्दंडता है, कोरे ज्ञान का उपदेश आलस्य है, और कोरी चतुराई का उपदेश धूर्तता है।

सूर और तुलसी को हमें उपदेशक के रूप में न देखना चाहिए। ये उपदेशक नहीं हैं, अपनी भावुकता और प्रतिभा के बल से लोकादर्श की मनोहर मूर्ति प्रतिष्ठत करनेवाले हैं। हमारा प्राचीन भक्ति-मार्ग उपदेशकों की सृष्टि करनेवाला नहीं है। सदाचार और ब्रह्मज्ञान के रूखे उपदेशों द्वारा इसके प्रचार की व्यवस्था नहीं है। न हमारे राम और कृष्ण उपदेशक, न उनके भक्त तुलसी और सूर। लोक-व्यवहार में मग्न होकर जो मंगल-ज्योति इन अवतारों ने उसके भीतर जगाई, उसके माधुर्य्य का अनेक रूपों में साक्षात्कार करके मुग्ध होना और मुग्ध करना ही इन भक्तों का प्रधान व्यवसाय है। उनका शस्त्र भी मानव-हृदय है और लक्ष्य भी। उपदेशों का ग्रहण ऊपर ही ऊपर से होता है। न वे हृदय के मर्म को ही भेद सकते हैं न बुद्धि की कसौटी पर ही स्थिर भाव से जमे रह सकते हैं। हृदय तो उनकी ओर मुड़ता ही नहीं और बुद्धि उनको लेकर अनेक दार्शनिक वादों के बीच जा उलझती है। उपदेश, वाद या तर्क गोस्वामीजी के अनुसार 'वाक्य-ज्ञान' मात्र कराते हैं, जिससे जीव-कल्याण का लक्ष्य पूरा नहीं होता–

वाक्य-ज्ञान अत्यंत निपुन भव-पार न पावै कोई।
निसि गृह मध्य दीप की बातन तम निवृत्त नहिं होई॥ (123)

'वाक्य-ज्ञान' और बात है, अनुभूति और बात। इसी से प्राचीन परम्परा के भक्त लोग उपदेश, वाद या तर्क की अपेक्षा चरित्र-श्रवण और चरित्र-कीर्तन आदि का ही अधिक नाम लिया करते हैं।

प्राचीन भागवत सम्प्रदाय के बीच भगवान् के उस लोक-रंजनकारी रूप की प्रतिष्ठा हुई, जिसके अवलम्बन से मानव-हृदय अपने पूर्ण भावसंघात के साथ कल्याण-मार्ग की ओर आपसे आप आकर्षित हो सके। इसी लोकरंजनकारी रूप का प्रत्यक्षीकरण प्राचीन परम्परा के भक्तों का लक्ष्य है, उपदेश देना नहीं। उसी मनोहर रूप की अनुभूति से गद्गद और पुलकित होना, उसी रूप की एक-एक छटा को औरों के सामने भी रखकर उन्हें मानव-जीवन के सौन्दर्य-साधन में प्रवृत्त करना भक्तों का काम है।

गोस्वामीजी ने अनन्त सौन्दर्य का साक्षात्कार करके उसके भीतर ही अनन्त शक्ति और अनन्त शील की वह झलक दिखाई है, जिससे लोक का प्रमोदपूर्ण परिचालन होता है। सौन्दर्य, शक्ति और शील तीनों में मनुष्य-मात्र के लिए आकर्षण विद्यमान है। रूप-लावण्य के बीच प्रतिष्ठित होने से शक्ति और शील को और भी अधिक सौन्दर्य प्राप्त हो जाता है, उनमें एक अपूर्व मनोहरता आ जाती है। जिसे शक्ति-सौन्दर्य की यह झलक मिल गई, उसके हृदय में सच्चे वीर होने का अभिलाष जीवन-भर के लिए जग गया, जिसने शील-सौन्दर्य की यह झाँकी पाई, उसके आचरण पर इसके मधुर प्रतिबिम्ब की छाप बैठी। प्राचीन भक्ति के इस तत्त्व की ओर ध्यान न देकर जो लोग लोकादर्श-स्थापक

सूर और तुलसी को कबीर, दादू आदि की श्रेणी में रखकर देखते हैं, वे बड़ी भारी भूल करते हैं।

अनन्त-शक्ति-सौन्दर्य-समन्वित अनन्त शील की प्रतिष्ठा करके गोस्वामीजी को पूर्ण आशा होती है कि उसका आभास पाकर जो पूरी मनुष्यता को पहुँचा हुआ हृदय होगा, वह अवश्य द्रवीभूत होगा–

सुनि सीतापति सील सुभाउ।
मोद न मन, तन पुलक, नयन जल सो नर खेहर खाउ॥

इसी हृदय-पद्धति द्वारा ही मनुष्य में शील और सदाचार का स्थायी संस्कार जम सकता है। दूसरी कोई पद्धति है ही नहीं।

चरम महत्व के इस भव्य मनुष्य-ग्राह्य रूप के सम्मुख भाव-विह्वल भक्त-हृदय के बीच जो-जो भाव-तरंगें उठती हैं, उन्हीं की माला यह विनय-पत्रिका है। महत्व और इन भाव-तरंगों की स्थिति परस्पर बिम्ब-प्रतिबिम्ब समझनी चाहिए। भक्त में दैन्य, आत्मसमर्पण, आशा, उत्साह, आत्मग्लानि, अनुताप, आत्मनिवेदन आदि की गम्भीरता उस महत्व की अनुभूति की मात्रा के अनुसार समझिए। महत्व का जितना ही सान्निध्य प्राप्त होता जायगा–उसका जितना ही स्पष्ट साक्षात्कार होता जायगा–उतना ही अधिक स्फुट इन भावों का विकास होता जायगा और इस पर भी महत्व की आभा बढ़ती जायगी। मानो ये भाव महत्व की ओर बढ़ते जाते हैं और महत्व इन भावों की ओर बढ़ता आता है। इस प्रकार लघुत्व का महत्व में लय हो जाता है।

सारांश यह कि भक्ति का मूल तत्व है महत्व की अनुभूति। इस अनुभूति के साथ ही दैन्य अर्थात् अपने लघुत्व की अनुभूति का उदय होता है। इस अनुभूति को दो ही पंक्तियों में गोस्वामीजी ने बड़े ही सीधे-सादे ढंग से कह दिया है–

राम सों बड़ो है कौन, मोसों कौन छोटो ?
राम सों खरो है कौन, मोसों कौन खोटो ?

प्रभु के महत्व के सामने होते ही भक्त के हृदय में अपने लघुत्व का अनुभव होने लगता है। उसे जिस प्रकार प्रभु का महत्व वर्णन करने में आनन्द आता है, उसी प्रकार अपना लघुत्व वर्णन करने में भी। प्रभु की अनन्त शक्ति के प्रकाश में उसकी असामर्थ्य का, उसकी दीन दशा का, बहुत साफ चित्र दिखाई पड़ता है, और वह अपने जैसा दीन-हीन संसार में किसी को नहीं देखता। प्रभु के अनन्त शील और पवित्रता के सामने उसे अपने में दोष ही दोष और पाप ही पाप दिखाई पड़ने लगते हैं। इसी दृश्य के क्षोभ से आत्मशुद्धि का आयोजन आप-से-आप होता है। इस अवस्था को प्राप्त भक्त अपने दोषों, पापों और त्रुटियों को अत्यन्त अधिक परिमाण में देखता है और उनका जी खोलकर वर्णन करने में बहुत कुछ सन्तोष-लाभ करता है। दम्भ, अभिमान, छल, कपट आदि में से कोई उस समय बाधक नहीं हो सकता। इस प्रकार अपने पापों की पूरी सूचना देने से जी का बोझ ही नहीं, सिर का बोझ भी कुछ हलका हो जाता है। उसके सुधार का भार उसी पर न रहकर बँट-सा जाता है।

इस अवस्था के पद इस ग्रन्थ में बहुत अधिक हैं। ऐसी उच्च मनोभूमि की प्राप्ति, जिसमें अपने दोषों को झुक-झुककर देखने ही की नहीं; उठा-उठाकर दिखाने की भी प्रवृत्ति होती है, ऐसी नहीं कि जिसे कोई कहे कि यह कौन बड़ी बात है। लोक की सामान्य प्रवृत्ति तो प्रायः इसके विपरीत ही होती है, जिसे अपनी ही मानकर गोसाईंजी कहते हैं–

जानत हू निज पाप जलधि जिय, जलसीकर सम सुनत लरौं।
रजसम पर-अवगुन सुमेरु करि, गुन गिरिसम रज ते निदरौं॥

ऐसे वचनों के सम्बन्ध में यह समझ रखना चाहिए कि ये दैन्य भाव के उत्कर्ष की व्यंजना करनेवाले उद्‌गार हैं। ऐतिहासिक खोज की धुन में इन्हें आत्मवृत्ति समझ बैठना ठीक न होगा। इन शब्द-प्रवाहों में लोक की सामान्य प्रवृत्ति की व्यंजना हो जाती है, इससे इनके द्वारा प्रत्येक मनुष्य अपने दोषों और बुराइयों की ओर दृष्टि ले जाने का साहस प्राप्त कर सकता है। दैन्य भक्तों का बड़ा भारी बल है।

परम महत्व के सान्निध्य से हृदय में उस महत्व में लीन होने के लिए जो अनेक प्रकार के आन्दोलन उत्पन्न होते हैं, वे ही भक्तों के भाव हैं। कभी भक्त अनन्त रूप-राशि के अनुभव से प्रेम-पुलकित हो जाता है, कभी अनन्त शक्ति की झलक पाकर आश्चर्य्य और उत्साह से पूर्ण होता है, कभी अनन्त शील की भावना से अपने कर्मों पर पछताता है, और कभी प्रभु के दया-दाक्षिण्य को देख, मन में इस प्रकार ढाढ़स बाँधता है–

कहा भयो जो मन मिलि कलिकालहि कियों भौंतुवा भौंर को हौं।
तुलसिदास सीतल नित एहि बल, बड़े ठेकाने ठौर को हौं॥

दिन-रात स्वामी के पास रहते-रहते जिस प्रकार सेवक की कुछ धड़क खुल जाती है, उसी प्रकार प्रभु के सतत ध्यान से जो सान्निध्य की अनुभूति भक्त के हृदय में उत्पन्न होती है, उसके कारण वह कभी-कभी मीठा उपालम्भ भी देता है।

भक्ति में लेन-देन का भाव नहीं रह जाता है। भक्ति के बदले में उत्तम गति मिलेगी, इस भावना को लेकर भक्ति हो ही नहीं सकती। भक्त के लिए भक्ति का आनन्द ही उसका फल है। वह शक्ति, सौन्दर्य और शील के अनन्त समुद्र के तट पर खड़ा होकर लहरें लेने में ही जीवन का परम फल मानता है–

इहै परम फल, परम बड़ाई।
नख-सिख रुचिर बिंदुमाधव छबि निरखहिं नयन अघाई॥

वह यही चाहता है कि प्रभु के सौन्दर्य, शक्ति आदि की अनन्तता की जो मधुर भावना है, वह अबाध रहे–उसमें किसी प्रकार की कसर न आने पावे। अपने ऐसे पापी की सुगति को वह प्रभु की शक्ति का एक चमत्कार समझता है। अतः उसे यदि सुगति न प्राप्त हुई तो उसे इसका पछतावा न होगा, पछतावा होगा इस बात का कि प्रभु की अनन्त शक्ति की भावना बाधित हो गई–

नाहिंन नरक परत मो कहँ डर जद्यपि हौंअति हारो।
यह बड़ि त्रास दासतुलसी प्रभु नामहु पार न जारो॥

विनय-पत्रिका में कई एक पद ऐसे हैं, जिनमें भक्ति की चरमावस्था ज्ञानयोग की चरमावस्था-सी ही कही गई है, जैसे–

रघुपति भगति करत कठिनाई।
कहत सुगम, करनी अपार, जानै सोई जेहि बनि आई॥

× × ×

सकल दृश्य निज उदर मेलि सोवै निद्रा तजि जोगी।
सोई हरिपद अनुभवै परम सुख क्षतिसय द्वैत-बियोगी॥
सोक, मोह, भय, हरष, दिवस-निसि, देस काल तहँ नाहीं।
तुलसिदास एहि दसाहीन संसय निर्मूल न जाहीं॥

प्रभु के सर्वगत होने का ध्यान करते-करते भक्त अन्त में जाकर उस अवस्था को प्राप्त करता है, जिसमें वह अपने साथ-साथ समस्त संसार को उस एक अपरिच्छिन्न सत्ता में लीन होता हुआ देखने लगता है, और दृश्यभेदों का उसके ऊपर उतना जोर नहीं रह जाता। तर्क या युक्ति ऐसी अवस्था की सूचना भर दे सकती है–'वाक्य-ज्ञान' भर करा सकती है–अनुभव नहीं करा सकती। भक्ति अनुभव करा सकती है। संसार में परोपकार और आत्मत्याग के जो उज्ज्वल दृष्टान्त कहीं-कहीं दिखाई पड़ा करते हैं, वे इसी अनुभूति-मार्ग में कुछ-न-कुछ अग्रसर होने के हैं। यह अनुभूति-मार्ग या भक्तिमार्ग बहुत दूर तक तो लोक-कल्याण की व्यवस्था करता दिखाई पड़ता है, पर और आगे चलकर यह निस्संग साधक को सब भेदों से परे ले जाता है।

कुछ थोड़े-से पदों में दार्शनिक सिद्धान्तों की भी चर्चा मिलती है, जैसे–

केसव, कहि न जाई, का कहिए।

× × ×

सून्य भीति पर चित्र, रंग नहिं, तनु बिनु लिखा चितेरे।
धोए मिटै न, मरै भीति, दुःख पाइय यहि तनु हेरे॥

× × ×

कोउ कह सत्य, झूठ कह कोऊ, जुगल प्रबल करि मानै।
तुलसिदास परिहरै तीनि भ्रम सो आपन पहिचानै॥ (111)

इसमें मायावाद आदि सब दार्शनिक मतों को अपूर्ण कहकर केवल उनके द्वारा आत्मानुभूति असम्भव कही गई है। सच्ची भक्ति से ही क्रमशः वह अवस्था प्राप्त हो सकती है, जिससे जीव का कल्याण होता है। जहाँ तक समझ में आता है, गोस्वामीजी का मतलब यह नहीं जान पड़ता कि ये सब मत बिलुकल असत्य हैं। कहने का तात्पर्य यह समझ पड़ता है कि सब पूर्ण सत्य नहीं है–अंशतः सत्य है। इनमें से किसी एक को पूर्ण सत्य मानकर दूसरे मतों की उपेक्षा करने से सच्ची तत्त्वदृष्टि नहीं प्राप्त हो सकती। गोस्वामीजी ने यथावसर भिन्न-भिन्न मतों से वैराग्य की पुष्टि के लिए सहारा लिया है, जैसे इस पद में सत्कार्य्यवाद और अद्वैतवाद का मिश्रण-सा दिखाई पड़ता है–

जौ निज मन परिहरै दिकारा।
तो कत द्वैत-जनित संसृति-दुःख संसय लोक अपारा ?

× × ×

बिटप मध्य पुत्रिका, सूत्र महँ कंचुक बिनहिं बनाए।
मन महँ तथा लीन नाना तनु, प्रगटत अवसर पाए॥ (124)

इसी प्रकार संसार की असारता के सम्बन्ध में वे कहते हैं–

मैं तोहिं अब जान्यों, संसार !
देखत ही कमनीय, कछू नाहिंन पुनि किए बिचार। (188)

पर इस 'कछू नाहिंन' को मायावाद का सा 'नहीं' न समझना चाहिए।

सारांश यह कि गोस्वामीजी की यह विनय-पत्रिका भक्ति-रस के नाना स्वादों से भरी हुई है। हिन्दी-साहित्य में यह एक अनमोल रत्न है। यद्यपि इसके कुछ पद जन-साधारण के बीच प्रचलित हैं, पर शुद्ध पाठ और टीका-टिप्पणी न होने के कारण इधर बहुत दिनों तक समग्र ग्रन्थ के पाठ का आनन्द अधिकतर लोग नहीं उठा सकते थे। श्री बैजनाथ कुरमी आदि की पुराने ढंग की टीकाएँ थीं, पर वे सबके काम की न थीं। थोड़े दिन हुए, पंडित रामेश्वर भट्टजी ने आजकल की चलती भाषा में एक टीका की। पर अवधी भाषा से पूर्ण परिचित न होने के कारण कई स्थानों पर वे भ्रम से न बच सके। यद्यपि कवितावली और गीतावली के समान 'विनय' की भाषा भी ब्रज ही रक्खी गई है, पर अवधी की छाप उसमें जगह-जगह मौजूद है, क्योंकि वह गोस्वामीजी की मातृ-भाषा थी। ऐसे स्थलों पर प्रायः अर्थ में भूलें हुई हैं।

श्रीयुत् वियोगी हरिजी ने यह एक दूसरी विस्तृत और विशद टीका प्रस्तुत की है। जिस श्रम के साथ उन्होंने इस कार्य्य को ऐसे सुचारु रूप से सम्पन्न किया है, उसके लिए वे समस्त हिन्दी-पाठकों के धन्यवाद के पात्र हैं। भावार्थ अत्यन्त सुगम और सुबोध रीति से लिखे गए हैं। पद के भीतर आए हुए प्रसंगों की कुछ अधिक चर्चा टिप्पणियों में की गई है। और टीकाकारों से मतभेद के कारण भी इन्हीं टिप्पणियों में दिए गए हैं। सबसे बड़ी विशेषता है स्थान-स्थान पर और-और कवियों की मिलती-जुलती उक्तियों का सन्निवेश, जिनके द्वारा पाठक भाव तक पूर्ण रूप से पहुँचने के अतिरिक्त साहित्य-क्षेत्र में और इधर-उधर देखभाल करने की उत्कंठा भी प्राप्त कर सकते हैं। कुछ टीकाकारों के चमत्कारों का भी थोड़ा-बहुत नमूना टिप्पणी के रूप में कहीं-कहीं मिल जाता है, जैसे 130वें पद में 'राम' शब्द के छह बार आने के तीन कारण। वास्तव में ऐसी ही टीकाओं की आवश्यकता है, जिनमें न तो मूल विषय से वादरायण सम्बन्ध मात्र रखनेवाला अनावश्यक विस्तार ही हो, और न वचन की इतनी दरिद्रता ही कि पाठक बेचारे मुँह ताकते ही रह जायँ।

इसी टीका में भी दो-एक जगह जो त्रुटियाँ रह गई हैं–वे, आशा है, अगले संस्करण में सुधार दी जायँगी। टीका वास्तव में जैसी होनी चाहिए, वैसी ही हुई है।

काशी, **–रामचन्द्र शुक्ल**
5-1-1924 ई.

शेष स्मृतियाँ

(रघुवीर सिंह)

अतीत की स्मृति में मनुष्य के लिए स्वाभाविक आकर्षण है। अर्थ-परायण लाख कहा करें कि 'गड़े मुरदे उखाड़ने से क्या फायदा' पर हृदय नहीं मानता, बार-बार अतीत की ओर जाया करता है; अपनी यह बुरी आदत नहीं छोड़ता है। इसमें कुछ रहस्य अवश्य है। हृदय के लिए अतीत मुक्ति-लोक है जहाँ वह अनेक बन्धनों से छूटा रहता है और अपने शुद्ध रूप में विचरता है। वर्तमान हमें अन्धा बनाए रहता है; अतीत बीच-बीच में हमारी आँखें खोलता रहता हैं। मैं तो समझता हूँ कि जीवन का नित्य स्वरूप दिखानेवाला दर्पण मनुष्य के पीछे रहता है; आगे तो बराबर खिसकता हुआ परदा रहता है। बीती बिसारनेवाले 'आगे की सुध' रखने का दावा किया करें, परिणाम अशान्ति के अतिरिक्त और कुछ नहीं। वर्तमान को सँभालने और आगे की सुध रखने का डंका पीटनेवाले संसार में जितने ही अधिक होते जाते हैं संघशक्ति के प्रभाव से जीवन की उलझनें उतनी ही बढ़ती जाती हैं। बीती बिसारने का अभिप्राय है जीवन की अखंडता और व्यापकता की अनूभूति का विसर्जन, सहृदयता और भावुकता का भंग—केवल अर्थ की निष्ठुर क्रीड़ा।

कुशल यही है कि जिनका दिल सही-सलामत है, जिनका हृदय मारा नहीं गया है, उनकी दृष्टि अतीत की ओर जाती है। क्यों जाती है, क्या करने जाती है, यह बताते नहीं बनता। अतीत कल्पना का लोक है, एक प्रकार का स्वप्नलोक है, इसमें तो सन्देह नहीं। अतः यदि कल्पनालोक के सब खंडों को सुखपूर्ण मान लें तब तो प्रश्न टेढ़ा नहीं रह जाता; झट से कहा जा सकता है कि वह सुख प्राप्त करने जाती है। पर मेरी समझ में अतीत की ओर मुड़-मुड़कर देखने की प्रवृत्ति सुख-दुःख की भावना से परे है। स्मृतियाँ मुझे केवल 'सुखपूर्ण दिनों के भग्नावशेष' नहीं समझ पड़तीं। वे हमें लीन करती हैं, हमारा मर्म स्पर्श करती हैं, बस, हम इतना ही कह सकते हैं।

जैसे अपने व्यक्तिगत अतीत जीवन की मधुर स्मृति मनुष्य में होती है वैसे ही समष्टि रूप में अतीत नर-जीवन की भी एक प्रकार की स्मृत्याभास कल्पना होती है जो इतिहास के संकेत पर जगती है। इसकी मार्मिकता भी निज के अतीत जीवन की स्मृति की मार्मिकता के समान ही होती है। नर-जीवन की चिरकाल से चली आती हुई अखंड परम्परा के साथ तादात्म्य की यह भावना आत्मा के शुद्ध स्वरूप की नित्यता और असीमता का आभास देती है। यह स्मृति-स्वरूपा कल्पना कभी-कभी प्रत्यभिज्ञान का भी

रूप धारण करती है। जैसे प्रसंग उठने पर इतिहास द्वारा ज्ञात किसी घटना के ब्योरों को कहीं बैठे-बैठे हम मन में लाया करते हैं, वैसे ही किसी इतिहाप्रसिद्ध स्थल पर पहुँचने पर हमारी कल्पना या मूर्त भावना चट उस स्थल पर की किसी मार्मिक घटना के अथवा उससे सम्बन्ध रखनेवाले कुछ ऐतिहासिक व्यक्तियों के बीच हमें पहुँचा देती है जहाँ से फिर वर्तमान की ओर लौटकर कहने लगते हैं—"यह वही स्थल है जो कभी सजावट से जगमगाता था, जहाँ अमुक सम्राट सभासदों के बीच सिंहासन पर विराजते थे; यह वही द्वार है जहाँ अमुक राजपूत वीर अपूर्व पराक्रम के साथ लड़ा था" इत्यादि। इस प्रकार हम उस काल से लेकर इस काल तक अपनी सत्ता के आरोप का अनुभव करते हैं।

अतीत की कल्पना स्मृति की सी सजीवता प्राप्त करके अवसर पाकर प्रत्यभिज्ञान का स्वरूप धारण कर सकती है जिसका आधार या तो आप्त शब्द (इतिहास) अथवा अनुमान होता है। अतीत की यह स्मृति-स्वरूपा कल्पना कितनी मधुर, कितनी मार्मिक और कितनी लीन करनेवाली होती है, सहृदयों से न छिपा है, न छिपाते बनता है। मनुष्य की अन्तःप्रकृति पर इसका प्रबल प्रभाव स्पष्ट है। हृदय रखनेवाले इसका प्रभाव, इसकी सजीवता अस्वीकृत नहीं कर सकते। इस प्रभाव का, इस सजीवता का, मूल है सत्य। सत्य से अनुप्राणित होने के कारण ही कल्पना स्मृति और प्रत्यभिज्ञान का सा सजीव रूप प्राप्त करती है। कल्पना के इस स्वरूप की सत्यमूलक सजीवता का अनुभव करने की संस्कृत के पुराने कवि अपने महाकाव्य और नाटक किसी इतिहास-पुराण के वृत्त का आधार लेकर ही रचा करते थे।

सत्य से यहाँ अभिप्राय केवल वस्तुतः घटित वृत्त ही नहीं निश्चयात्मकता से प्रतीत वृत्त भी है। जो बात इतिहासों में प्रसिद्ध चली आ रही है वह यदि प्रमाणों से पुष्ट भी न हो तो भी लोगों के विश्वास के बल पर उक्त प्रकार की स्मृति-स्वरूपा कल्पना का आधार हो जाती है। आवश्यक होता है इस बात का पूर्ण विश्वास कि इस प्रकार की घटना इस स्थल पर हुई थी। यदि ऐसा विश्वास कुछ विरुद्ध प्रमाण उपस्थित होने पर विचलित हो जायगा तो इस रूप की कल्पना न जगेगी। दूसरी बात ध्यान देने ही यह है कि आप्त वचन या इतिहास के संकेत पर चलनेवाली मूर्त्त भावना भी अनुमान का सहारा लेती है। कभी-कभी तो शुद्ध अनुमति ही मूर्त्त भावना का परिचालन करती है। यदि किसी अपरिचित प्रदेश में भी किसी विस्तृत खँडहर पर हम जा बैठें तो इस अनुमान के बल पर ही कि यहाँ कभी अच्छी बस्ती थी, हम प्रत्यभिज्ञान के ढंग पर इस प्रकार की कल्पना में प्रवृत्त हो जाते हैं कि "यह वही स्थल है जहाँ कभी पुराने मित्रों की मंडली जमती थी, रमणियों का हास-विलास होता था, बालकों का क्रीड़ा-कलरव सुनाई पड़ता था" इत्यादि। कहने की आवश्यकता नहीं कि प्रत्यभिज्ञान-स्वरूपा यह कोरी अनुमानाश्रित कल्पना भी सत्यमूल होती है। वर्तमान समाज का चित्र सामने लानेवाले उपन्यास भी अनुमानाश्रित होने के कारण सत्यमूल होते हैं।

हमारे लिए व्यक्त सत्य है जगत् और जीवन। इन्हीं के अन्तर्भूत रूप-व्यापार हमारे हृदय पर मार्मिक प्रभाव डालकर हमारे भावों का प्रवर्तन करते है; इन्हीं रूप-व्यापारों के

भीतर हम भगवान् की कल्पना का साक्षात्कार करते हैं, इन्हीं का सूत्र पकड़कर हमारी भावना भगवान् तक पहुँचती है। जगत् और जीवन के ये रूप-व्यापार अनन्त हैं। कल्पना द्वारा उपस्थित कोई रूप-व्यापार जब इनके मेल में होता है तब इन्हीं में से एक प्रतीत होता है, अतः ऐसा काव्य सत्य के अन्तर्गत होता है। उसी का गम्भीर प्रभाव पड़ता है। वही हमारे मर्म का स्पर्श करता है। कल्पना की जो कोरी उड़ान इस प्रकार सत्य पर आश्रित नहीं वह हल्के मनोरंजन की वस्तु है, उसका प्रभाव केवल बेल-बूटे या नक्काशी का-सा होता है, मार्मिक नहीं।

हमारा भारतीय इतिहास न जाने कितने मार्मिक वृत्तों से भरा पड़ा है। मैं बहुत दिनों से इस आसरे में था कि सच्ची ऐतिहासिक कल्पनावाले प्रतिभा-काल सम्पन्न कवि और लेखक हमारे वर्तमान हिन्दी साहित्य-क्षेत्र में प्रकट हों। किसी की सच्ची ऐतिहासिक कल्पना प्राप्त करने के लिए उस काल से सम्बन्ध रखनेवाली उपलब्ध ऐतिहासिक सामग्री की छान-बीन अपेक्षित होती है। ऐसी छान-बीन कोरे विद्वान् तो करते ही रहते हैं पर उसकी सहायता से किसी काल का जीता-जागता सच्चा चित्र वे ही खड़ा कर सकते हैं जिनकी प्रतिभा काल का मोटा परदा पार करके अतीत का एक-एक ब्योरा झलका देती है। आसरा देखते-देखते स्वर्गीय 'प्रसाद' जी के नाटक सामने आए जिनमें प्राचीन भारत की बहुत-कुछ मधुर झाँकी दिखाने का अनुरोध उनसे किया था जो उनके मन में बैठ भी भी गया था।

नाटकों के रूप में ऐतिहासिक कल्पना का अतीत-प्रदर्शक विधान देखने पर भावात्मक प्रबन्धों के रूप में स्मृति-स्वरूपा या प्रत्यभिज्ञान-स्वरूपा कल्पना का प्रवर्त्तन देखने की लालसा, जो पहले से मन में लिपटी चली आती थी प्रबल हो उठी। किधर से यह लालसा पूरी होगी, यह देख ही रहा था कि, 'ताजमहल' और 'एक स्वप्न की शेष स्मृत्तियाँ' नामक दो गद्य-प्रबन्ध देखने में आए। दोनों के लेखक थे महाराजकुमार श्री रघुबीरसिंहजी। आशा ने एक आधार पाया। उक्त दोनों प्रबन्धों में जिस प्रतिभा के दर्शन हुए उसके स्वरूप को समझने का प्रयत्न मैं करने लगा। पहली बात मुझे यह दिखाई पड़ी कि महाराजकुमार की दृष्टि उस कालखंड के भीतर रमी है जो भारतीय इतिहास में 'मध्यकाल' कहलाता है। आपकी कल्पना और भावना को जगानेवाले उस काल के कुछ स्मारक चिह्न हैं, यह देखकर इसका भी आभास मिला कि आपकी कल्पना किस ढंग की है। जान पड़ा है कि वह स्मृत्ति-स्वरूपा है, जिसकी मार्मिकता के सम्बन्ध में पहले कहा जा चुका है। महाराजकुमार ऐसे इतिहास के प्रकांड विद्वान के हृदय में ऐसा भाव-सागर लहराते देख मैं तृप्त हो गया। विद्वता और भावुकता का ऐसा योग संसार में अन्यन्त विरल है।

प्रस्तुत संग्रह का नाम है 'शेष स्मृतियाँ'। इसमें महाराजकुमार के पाँच भावात्मक निबन्ध हैं जिनके लक्ष्य हैं—ताजमहल, फतहपुर सीकरी, आगरे का किला, लाहौर की तीन कब्रें (जहाँगीर, नूरजहाँ और अनारकली की) और दिल्ली का किला। कहने की आवश्यकता नहीं कि ये पाँचों स्थान जिस प्रकार मुगल-सम्राटों के ऐश्वर्य, विभूति, प्रताप, आमोद-प्रमोद

और भोग-विलास के स्मारक हैं उसी प्रकार उनके अवसाद, विषाद, नैराश्य और घोर पतन के। मनुष्य की ऐश्वर्य, विभूति, सुख और सौन्दर्य की वासना अभिव्यक्त होकर जगत् के किसी छोटे या बड़े खंड को अपने रंग में रँगकर मानुषी सजीवता प्रदान करती है। देखते-देखते काल उस वासना के आश्रय मनुष्यों को हटाकर किनारे कर देता है। धीरे-धीरे ऐश्वर्य-विभूति का वह रंग भी मिटता जाता है। जो-कुछ शेष रह जाता है वह बहुत दिनों तक ईंट-पत्थर की भाषा में एक पुरानी कहानी कहता रहता है। संगसार का पथिक मनुष्य उसे अपनी कहानी समझकर सुनता है क्योंकि उसके भीतर झलकता है जीवन का नित्य और प्रकृत स्वरूप।

ये स्मारक न जाने कितनी बातें अपने पेट में लिये कहीं खड़े, कहीं बैठे, कही पड़े हैं। सीकरी का बुलन्द दरवाजा खड़ा है। महाराजकुमार उसके सामने जाते हैं और सोचते हैं–

"यदि आज यह दरवाजा अपने संस्मरण कहने लगे, पत्थरों का यह ढेर बोल उठे, तो भारत के न जाने कितने अज्ञात इतिहास का पता लग जावे और न जाने कितनी ऐतिहासिक त्रुटियाँ ठीक की जा सकें।"

कुछ व्यक्तियों के स्मारक चिह्न तो उनके पीछे उनके पूरे प्रतिनिधि या प्रतीक बन जाते हैं और उसी प्रकार घृणा या प्रेम के आलम्बन हो जाते हैं जिस प्रकार अपने जीवन-काल में वे व्यक्ति थे–

"जीवन बीत चुकने पर जब मनुष्य उसे समेटकर इस लोक से विदा लेता है तब संसार उस विगत आत्मा के संसर्ग में आई हुई वस्तुओं पर प्रहार कर या उन्हें चूमकर समझ लेता है कि वह उस अन्तर्हित आत्मा के प्रति अपने भाव प्रकट कर रहा है। उस मृत व्यक्ति के पाप या पुण्य का भार उठाते हैं उसके जीवन से सम्बद्ध ईंट और पत्थर।"

किसी अतीत जीवन के ये स्मारक या तो यों ही, शायद काल की कृपा से, बने रह जाते हैं अथवा जान-बूझकर छोड़े जाते हैं। जान-बूझकर कुछ स्मारक छोड़ जाने की कामना भी मनुष्य की प्रकृति के अन्तर्गत है। अपनी सत्ता के लोप की भावना मनुष्य को असह्य है। अपनी भौतिक सत्ता तो वह बनाए नहीं रख सकता; अतः वह चाहता है कि उस सत्ता की स्मृति ही किसी जन-समूह के बीच बनी रहे। बाह्य जगत् में नहीं तो अन्तर्जगत् के किसी खंड में ही वह उसे बनाए रखना चाहता है। इसे हम अमरत्व की आकांक्षा या आत्मा के नित्यत्व का इच्छात्मक आभास कह सकते हैं–

"भविष्य में आनेवाले अपने अन्त के तथा उसके अनन्तर अपने व्यक्तित्व के ही नहीं, अपने सर्वस्व के, विनष्ट होने के विचार मात्र से ही मनुष्य का सारा शरीर सिहर उठता है।...मनुष्य इस भौतिक संसार में अपनी स्मृतियाँ–अमिट स्मृतियाँ–छोड़ जाने को विकल हो उठते हैं।"

अपनी स्मृति बनाए रखने के लिए कुछ मनस्वी कला का सहारा लेते हैं और उसके आकर्षक सौन्दर्य की प्रतिष्ठा करके विस्मृति के गड्ढे में झोंकनेवाले काल के हाथों को बहुत दिनों तक–सहस्रों बर्ष तक–थामे रहते हैं–

"यद्यपि समय के सामने किसी की भी नहीं चलती तथापि कई मस्तिष्कों ने ऐसी खूबी से काम किया, उन्होंने ऐसी चालें चलीं कि उस समय के इस प्रलयंकारी भीषण प्रवाह को भी बाँधने में वे समर्थ हुए। उन्होंने काल को सौन्दर्य के अदृश्य किन्तु अचूक पाश में बाँध डाला है, उसे अपनी कृतियों की अनोखी छटा दिखाकर लुभाया है; यों उसे भुलावा देकर कई बार मनुष्य अपनी स्मृति के ही नहीं, किन्तु अपने भावों के स्मारकों को भी चिरस्थायी बना सका है।"

इस प्रकार ये स्मारक काल के प्रवाह को कुछ थामकर मनुष्य की कई पीढ़ियों की आँखों से आँसू बहवाते चले चलते हैं। मनुष्य अपने पीछे होनेवाले मनुष्यों को अपने लिए रुलाना चाहता है। महाराजकुमार के सामने सम्राटों की अतीत जीवनलीला के ध्वस्त रंगमंच हैं, सामान्य जनता की जीवन-लीला के नहीं। इनमें जिस प्रकार भाग्य के ऊचे-से-ऊँचे उत्थान का दृश्य निहित है वैसे ही गहरे-से-गहरे पतन का भी। जो जितने ही ऊँचे पर चढ़ा दिखाई देता है गिरने पर वह उतना ही नीचे जाता दिखाई देता है। दर्शकों को उसके उत्थान की ऊँचाई जितनी कुतूहलपूर्ण और विस्मयकारिणी होती है उतनी ही उसके पतन की गइराई मार्मिक और आकर्षक होती है। असामान्य की ओर लोगों की दृष्टि भी अधिक दौड़ती है, टकटकी भी अधिक लगती है। अत्यन्त ऊँचाई से गिरने का दृश्य मनुष्य कुतूहल के साथ देखता है, जैसा कि इन प्रबन्धों में भावुक लेखक कहते हैं–

"ऊँचाई से खड्ड में गिरनेबाले जलप्रपात को देखने के लिए सैकड़ों कोसों की दूरी से मनुष्य चले आते हैं।...उन उठे हुए कगारों पर टकराकर उस जलधारा का छितरा जाना, खंड-खंड होकर फुहारों के स्वरूप में यत्र-तत्र बिखर जाना, हवा में मिल जाना– बस इसी दृश्य को देखने में मनुष्य को आनन्द आता है।"

जीवन तो जीवन–चाहे राजा का हो, चाहे रंक का। उसके सुख और दुःख दो पक्ष होंगे ही। इनमें से कोई पक्ष स्थिर नहीं रह सकता। संसार और स्थिरता ? अतीत के लम्बे-चौड़े मैदान के बीच इन उभय पक्षों की घोर विषमता सामने रखकर आप जिस भाव-धारा में डूबे हैं उसी में औरों को भी डुबाने के लिए भावुक महाराजकुमार ने ये शब्द-स्रोत बहाए हैं। इस पुनीत भाव-धारा में अवगाहन करने से वर्तमन की, अपने-पराए की, लगी-लिपटी मैल छँटती है और हृदय स्वच्छ होता है। सुख-दुःख की विषमता पर जिसकी भावना मुख्यतः प्रवृत्त होगी वह अवश्य एक ओर तो जीवन का भोग-पक्ष– यौवन-मद, विलास की प्रभूत सामग्री, कला-सौन्दर्य की जगमगाहट, राग-रंग और आमोद-प्रमोद की चहल-पहल–और दूसरी ओर अवसाद, नैराश्य और उदासी सामने रखेगा। इतिहास-प्रसिद्ध बड़े-बड़े प्रतापी सम्राटों के जीवन को लेकर भी वह ऐसा ही करेगा। उनके तेज, प्रताप, पराक्रम, इत्यादि की भावना वह इतिहासविज्ञ पाठक की सहृदयता पर छोड़ देगा। अपनी पुस्तक में महाराजकुमार ने अधिकांश में जो जीवन के भोग-पक्ष का ही अधिक विधान किया है उसका कारण मुझे यही प्रतीत होता है। इसी से 'मद' और 'प्याले' बार-बार सामने आए हैं जो किसी को खटक सकते हैं।

कहने की आवश्यकता नहीं, सुख और दुःख के बीच का वैषम्य जैसा मार्मिक और हृदयस्पर्शी होता है वैसा ही उन्नति और अवनति, प्रताप और ह्रास के बीच का भी। इस वैषम्य-प्रदर्शन के लिए एक ओर तो किसी के पतन-काल के असामर्थ्य, दीनता, विवशता, उदासीनता इत्यादि के दृश्य सामने रखे जाते हैं; दूसरी ओर उसके ऐश्वर्य-काल के प्रताप, तेज, पराक्रम इत्यादि के वृत्त स्मरण किए जाते हैं। प्रस्तुत पुस्तक में दिल्ली के किले के प्रसंग में शाहआलम, मुहम्मदशाह और बहादुरशाह के बुरे दिनों के चुने चित्र दिखाकर जो गूढ़ और गम्भीर प्रभाव डाला गया है उसे हृदय के भीतर गहराई तक पहुँचानेवाली वस्तु है अकबर, शाहजहाँ, औरंगजेब आदि बादशाहों के तेज, प्रताप और पराक्रम की भावना। पर जैसा कि कहा जा चुका है भावुक लेखक ने इस भावना को प्रायः व्यक्त नहीं किया है; उसे पाठक के अन्तःकरण में इतिहास द्वारा प्रतिष्ठित मान लिया है।

बात यह है कि सम्राटों के प्रभुत्व, प्रताप, अधिकार इत्यादि सूचित करनेवाली घटनाओं का उल्लेख तो इतिहास करता ही है, अतः भावुक कवि या लेखक अपनी कल्पना द्वारा जीवन के उन भीतरी-बाहरी ब्योरों को सामने लाता है, जिन्हें इतिहास निष्प्रयोजन समझ छलाँग मारता हुआ छोड़ जाता है। ताजमहल जिस दिन बनकर पूरा हो गया होगा और शाहजहाँ बड़ी धूम-धाम के साथ पहले-पहल उसे देखने गया होगा वह दिन कितने महत्त्व का रहा होगा। पर जैसा कि महराजकुमार कहते है, "उस महान् दिवस का वर्णन इतिहासकारों ने कहीं भी नहीं किया है। कितने सहस्र नर-नारी आबाल-वृद्ध उस दिन उस अपूर्व मकबरे के दर्शनार्थ एकत्र हुए होंगे ?...भिन्न-भिन्न दर्शकों के हृदयों में कितने विभिन्न भाव उत्पन्न हुए होंगे ?...जिस समय शाहजहाँ ने ताज के उस अद्वितीय दरवाजे पर खड़े होकर उस समाधि को देखा होगा उस समय उसके हृदय की क्या दशा हुई होगी ?" भावुक लेखक की कल्पना इतिहास द्वारा छोड़े हुए जीवन के ब्योरों को सामने रखने में प्रवृत्त हुई है। बात बहुत ठीक है। इस सम्बन्ध में मेरा कहना इतना ही है कि इतिहास के शुष्क निर्जीव विधान में तेज, प्रताप और प्रभुत्व व्यंजित करनेवाले ब्योरे भी छूटे रहते हैं। उनके सजीव चित्र भी शक्तिशाली ऐतिहासिक पुरुषों की जीवन-स्मृति में अपेक्षित हैं। आशा है उनकी ओर भी महाराजकुमार की भाव-प्रेरित कल्पना प्रवृत्त होगी।

'शेष स्मृतियाँ' में अधिकतर जीवन का भोग-पक्ष विवृत है पर यह विवृति सुख-सौन्दर्य की अस्थिरता की भावना को विषण्णता प्रदान करती दिखाई पड़ती है। इसे हम लेखक का साध्य नहीं ठहरा सकते। संसार में सुख की भावना किस प्रकार सापेक्ष है इसकी ओर उनकी दृष्टि है। वे कहते हैं–

"दुःख के बिना सुख ! नहीं, नहीं ! तब तो स्वर्ग नरक से भी अधिक दुःखपूर्ण हो जायगा।...स्वर्ग का महत्त्व तभी हो सकता है जब उसके साथ नरक भी हो। स्वर्ग के निवासी उसको देखें तथा स्वर्ग की ओर नरकवासियों द्वारा डाली जानेवाली दृष्टि की प्यास को समझ सकें।"

मनुष्य के हृदय से स्वतन्त्र सुख-दुःख की, स्वर्ग-नरक की, कोई सत्ता नहीं। जो सुख-दुःख को कुछ नहीं समझते, यदि वे कहीं हों भी तो समझना चाहिए कि उनके पास हृदय नहीं है; वे दिलवाले नहीं–

"स्वर्ग और नरक। उनका भेद, सौन्दर्य और कुरूपता...इनको तो वे ही समझ सकते हैं जिनके वक्षःस्थल में एक दिल–चाहे वह अधजला, झुलसा या टूटा हुआ ही क्यों न हो–धड़कता हो। उस स्वर्ग को, उस नरक को, दिलवालों ने ही तो बसाया। यह दुनिया, इसके बन्धन, सुख और दुःख...ये सब भी तो दिलदारों के ही आसरे हैं।"

"अनन्त यौवन, चिर सुख तथा मस्ती इन सबका निर्माण करके दिल ने उस स्वर्ग की नींव डाली थी। परन्तु साथ ही असन्तोष तथा दुःख का निर्माण भी तो दिल के ही हाथों हुआ था।"

सुख के साथ दुःख भी लुका-छिपा लगा रहता है और कभी-न-कभी प्रकट होकर उस सुख का अन्त कर देता है–

"दिलवालों के स्वर्ग में नरक का विष फैला। अनन्तयौवना विषकन्या भी होती है। उसका सहवास करके कौन चिरजीवी हुआ है ? सुख को दुःख के भूत ने सताया। मस्ती और उन्माद को क्षयरूपी राज-रोग लगा।"

जब संसार में कोई वस्तु स्थायी नहीं तो सुख-दशा कैसे स्थायी रह सकती है ? जिसे कभी पूर्ण सुख-समृद्धि प्राप्त थी उसके लिए केवल उस सुख-दशा का अभाव ही दुःख स्वरूप होगा। उसे सामान्य दशा ही दुःख की दशा प्रतीत होगी। जो राजा रह चुका है उसकी स्थिति यदि एक सम्पन्न गृहस्थी की सी हो जायगी तो उसे वह दुःख की दशा ही मानेगा। सुख को यह सापेक्षता समष्टि रूप में दुःख की अनुभूति की अधिकता बनाए रखती है किसी एक व्यक्ति के जीवन में भी, एक कुल या वंश की परम्परा में भी। इसी से यह संसार दुःखमय कहा जाता है।

इस दुःखमय संसार में सुख की इच्छा और प्रयत्न प्राणियों की विशेषता है। यह विशेषता मनुष्य में सबसे अधिक रूपों में विकसित हुई है। मनुष्य की सुखेच्छा कितनी प्रबल, कितनी शक्तिशालिनी निकली ! न जाने कब से वह प्रकृति को काटती-छाँटती, संसार का कायापलट करती चली आ रही है। वह शायद अनन्त है, अनन्त का प्रतीक है। वह इस संसार में न समा सकी तब कल्पना को साथ लेकर उसने कहीं दूर स्वर्ग की रचना की–

"अमरत्व की भावना ही मनुष्य के जीवन को सौन्दर्य तथा माधुर्य्य से पूर्ण बनाती है। यह भौतिक स्वर्ग या उस पार का वह वहिश्त, एक ही भावना, चिर सुख की इच्छा ही उनमें पाई जाती है।"

इस चिर सुख के लिए मनुष्य जीवन भर लगातार प्रयत्न करता रहता है; अनेक प्रकार के दुःख, अनेक प्रकार के कष्ट उठाता रहता है। इस दुःख और कष्ट की परम्परा के बीच में सुख की जो थोड़ी-सी झलक मिल जाती है वह उसको ललचाते रहने भर के लिए होती है, पर उसी को वह सुख मान लेता है–

"स्वर्ग-सुख, सुख-इच्छा का भावनापूर्ण पुंज, वह तो मनुष्य की कठिनाइयों को, सुख तक पहुँचने के लिए उठाए गए कष्टों को देखकर हँस देता है, और मनुष्य उसी कुटिल हँसी से ही मुग्ध होकर स्वर्ग-प्राप्ति का अनुभव करता है।"

उत्तरोत्तर सुख की इच्छा यदि मनुष्य के हृदय में घर न किए हो तो शायद उसे दुःख के इतने अधिक और इतने कड़े धक्के न सहने पड़ें। जिसे संसार अन्यन्त समृद्धिशाली, अत्यन्त सुखी समझता है उसके हृदय पर कितनी चोटें पड़ी हैं कोई जानता है ? बाहर से देखनेवालों को अकबर के जीवन में शान्ति और सफलता ही दिखाई पड़ती है। पर हमारे भावुक लेखक की दृष्टि जब फतहपुर सीकरी के लाल-लाल पत्थरों के भीतर घुसी तब वहाँ अकबर के हृदय के टुकड़े मिले–

"अपनी आशाओं और कामनाओं को निष्ठुर संसार द्वारा कुचले जाते देखकर अकबर रो पड़ा। उसका सजीव कोमल हृदय फटकर टुकड़े-टुकड़े हो गया। वे टुकड़े सारे भग्न स्वप्नलोक में बिखर गए, निर्जीव होकर पथरा गए। सीकरी के लाल-लाल खँडहर अकबर के उस विशाल हृदय के रक्त से सने हुए टुकड़े हैं।"

चतुर्वर्ग में इसी सुख का नाम ही 'काम' है। यद्यपि देखने में 'अर्थ' और 'काम' अलग-अलग दिखाई पड़ते हैं, पर सच पूछिए जो 'अर्थ' 'काम' का ही एक साधन ठहरता है, साध्य रहता है 'काम' या सुख ही। अर्थसंचय, आयोजन और तैयारी की भूमि है; काम भोग-भूमि है। मनुष्य कभी अर्थ-भूमि पर रहता है, कभी काम-भूमि पर। अर्थ-साधना और काम-साधना के बीच जीवन बाँटता हुआ वह चला चलता है। दोनों के स्वरूप 'दोनों ध्रुवों की नाईं विभिन्न हैं।' इन दोनों में अच्छा सामंजस्य रखना सफलता के मार्ग पर चलना है। जो अनन्य भाव से अर्थ-साधना में ही लीन रहेगा वह हृदय खो देगा; जो आँख मूँदकर काम-साधना में ही लिप्त रहेगा वह किसी अर्थ का न रहेगा। अकबर ने किस प्रकार दोनों का मेल किया था, देखिए–

"स्वप्नलोक के स्वप्नागार में पड़ा अकबर साम्राज्य-संचालन का स्वप्न देखा करता था। राज्य-कार्य करते हुए भी सुख-भोग का मदन उतरने देने के लिए अकबर ने इस स्वप्नागार की सृष्टि की थी।"

अकबर को अपना साम्राज्य दृढ़ करने के लिए बहुत कष्ट उठाने पड़े थे, बड़ी तपस्या करनी पड़ी थी, पर उसके हृदय की वासनाएँ मारी नहीं गई थीं–

"प्रारम्भिक दिनों की तपस्या उसकी उमड़ती हुई उमंगों को नहीं दबा सकी थी। विलास-वासना की ज्वाला अब भी अकबर के दिल में जल रही थी, केवल उसके ऊपरी सतह पर संयम की राख चढ़ गई थी।"

गम्भीर चिन्तन से उपलब्ध जीवन के तथ्य सामने रखकर जब कल्पना मूर्त्त विधान में और हृदय भाव-संचार में प्रवृत्त होते हैं तभी मार्मिक प्रभाव उत्पन्न होता है। 'शेष स्मृत्तियाँ' इस प्रकार के अनेक मार्मिक तथ्य हमारे सामने लाती है। मुमताजमहल बेगम शाहजहाँ को इस संसार में छोड़कर चली गई। उसका भू-विख्यात मकबरा भी बन गया। शाहजहाँ के सारे जीवन पर उदासी छाई रही। पर शोक की छाया मनुष्य की सुख-लिप्सा

को सब दिन के लिए दबा दे, ऐसा बहुत कम होता है। कोई प्रिय वस्तु चली जाती है। उसके अभाव की अन्धकारमयी अनुभूति सारा अन्तःप्रदेश छेंक लेती है और उसमें किसी प्रकार की सुख-कामना के लिए जगह नहीं रह जाती। पर धीरे-धीरे वह भावना सिमटने लगती है और नई कामनाओं के लिए अवकाश होने लगता है। मनुष्य अपना मन लगाने के लिए कोई सहारा ढूँढ़ने लगता है क्योंकि मन बिना कहीं लगे रह नहीं सकता। शाहजहाँ ने महत्त्व-प्रदर्शन और सौन्दर्य दर्शन की कामना को खोद-खोदकर जगाया और उसकी तुष्टि की भीख कला से माँगी। दिल्ली उसके हृदय के समान ही उजड़ी पड़ी थी। दिल्ली फिर से बसाकर उसने अपना हृदय फिर से बसाया। मन ही मन दिल्ली को शाहजहाँबाद बनाकर वह उसकी रूप-रेखा खींचने लगा। नर-प्रकृति के एक विशेष स्वरूप को सामने लानेवाली शाहजहाँ की इस मानसिक दशा की ओर महाराजकुमार ने इस प्रकार दृष्टिपात किया है–

"एक बार मुँह से लगी नहीं छूटती। एक बार स्वप्न देखने की सुखस्वप्न-लोक में विचरने की लत पड़ने पर उसके बिना जीवन नीरस हो जाता है। प्रेम-मदिरा को मिट्टी में मिलाकर शाहजहाँ पुनः मस्ती लाने को लालायित हो रहा था; अपने जीवन-सर्वस्व को खोकर जीवन का कोई दूसरा आसरा ढूँढ़ रहा था।...सुन्दर सुकोमल अनारकली को कुचल देनेवाली कठोर-हृदया राज्यश्री शाहजहाँ की सहायक हुई।...राज्यश्री ने सम्राट् को प्रेमलोक से भुलावा देकर संसार के स्वर्ग की ओर आकृष्ट किया।"

किसी को दुःख से संतप्त देख बहुत-से ज्ञानी बननेवाले इस जीवन की क्षण-भंगुरता का, संयोग-वियोग की निःसारता आदि का उपदेश देने लग जाते हैं। इस प्रकार के उपदेश शुष्क प्रथानुसरण या अभिनय के अतिरिक्त और कुछ नहीं जान पड़ते। दुखी मनुष्य के हृदय पर इनका कोई प्रभाव नहीं; कभी-कभी तो ये उसे और भी क्षुब्ध कर देते हैं–

"दार्शनिक कहते हैं, जीवन एक बुदबुदा है, भ्रमण करती हुई आत्मा के ठहरने की एक धर्म्मशाला मात्र है। वे यह भी बताते हैं कि इस जीवन का संग तथा वियोग क्या है–एक प्रवाह में संयोग से साथ बहते हुए लकड़ी के टुकड़ों के साथ तथा विलग होने की कथा है। परन्तु क्या ये विचार एक सन्तप्त हृदय को शान्त कर सकते हैं ?... सांसारिक जीवन की व्यथाओं से दूर बैठा हुआ जीवन-संग्राम का एक तटस्थ दर्शक चाहे कुछ भी कहे, किन्तु जीवन के इस भीषण संग्राम में युद्ध करते हुए घटनाओं के घोर थपेड़े खाते हुए हृदयों की क्या दशा होती है, यह एक भुक्त-भोगी ही बता सकता है।"

इसी प्रकार जीवन के और तथ्य भी हमारे सामने आते हैं। अपने प्राण या प्रभुत्व-ऐश्वर्य की रक्षा की बुद्धि या सामर्थ्य न रखकर भी किसी के प्रेम के सहारे मनुष्य किस प्रकार अपना जीवन पार करता जाता है इसका एक सच्चा उदाहरण जहाँगीर और नूरजहाँ के प्रसंग में मिलता है। जहाँगीर तो नूरजहाँ को पाकर 'मोहमयी प्रसाद-मदिरा' पीकर पड़ गया, नूरजहाँ ही उसके साम्राज्य को और समय-समय पर उसको भी सँभालती रही–

"जहाँगीर भी आँखें बन्द किए पड़ा-पड़ा सुरा, सुन्दरी तथा संगीत के स्वप्न-लोक में विचर रहा था। किन्तु जब एक झोंका आया और जब तूफान का अन्त होने लगा, तब जहाँगीर ने आँखें कुछ खोलीं, देखा कि उसको लिये नूरजहाँ रावल-पिंडी के पास भागी चली जा रही थी, खुर्रम और महाबत खाँ झेलम के इस पार डेरा डाले पड़े थे।"

जीवन के एक तथ्य का मूर्त्त और सजीव चित्र खड़ा करने के लिए सहृदय लेखक ने कैसा सटीक और स्वाभाविक व्यापार चुना है। "जहाँगीर ने आँखें कुछ खोलीं, देखा कि उसको लिये नूरजहाँ भागी चल जा रही थी।" लेकर भागने का व्यापार सँभालने और बचाने का प्राकृतिक और सनातन रूप सामने खड़ा कर देता है।

यह बात नहीं है कि महाराजकुमार की दृष्टि अपने समकक्ष जीवन पर ही, शक्तिशाली सम्राटों के ऐश्वर्य, विभूति, उत्थान-पतन आदि पर ही पड़ी हो, सामान्य जनता के सुख-दुःख की ओर न मुड़ी हो। आपके भीतर जो शुद्ध मनुष्यता की निर्मल ज्योति है उसी के उजाले में आपने सम्राटों के जीवन को भी देखा है। यद्यपि जिन पाँचों स्थानों को आपने सामने रक्खा है उनका सम्बन्ध इतिहास-प्रसिद्ध शासकों से है, फिर भी उनके अतीत ऐश्वर्य-मद का स्मरण करते समय आपने उन बेचारों का भी स्मरण किया है जिनके जीवन का सारा रस निचोड़कर वह मद का प्याला भरा गया था–

"वैभव से विहीन सीकरी के वे खँडहर मनुष्य की विलास-वासना और वैभव-लिप्सा को देखकर आज भी वीभत्स अट्टहास करते हैं। अपनी दशा को देखकर सुध आती है उन्हें उन करोड़ों मनुष्यों की, जिनका हृदय, जिनकी भावनाएँ, शासकों, धनिकों तथा विलासियों की कामनाएँ पूर्ण करने के लिए निर्दयता के साथ कुचल गई थीं। आज भी इन भव्य खँडहरों में उन पीड़ितों का रुदन सुनाई देता है।"

स्मृति-स्वरूपा कल्पना कवियों और लेखकों को या तो मुख्यतः अतीत के रूप-चित्रण में प्रवृत्त करती है अथवा कुछ मार्मिक रूपों को लेकर भावों की प्रचुर और प्रगल्भ व्यंजना में। दोनों का अपना अलग-अलग मूल्य है। मेरी समझ में महाराजकुमार की प्रतिभा दूसरे ढर्रे की है। आपके प्रबन्धों में मानसिक दशाओं या भावों के उद्‌गार का ही मुख्य स्थान है, वस्तु-चित्रण का गौण या अल्प। भावुक लेखक की दृष्टि किसी अतीत काल-खंड की संस्कृति के स्वरूप की ओर नहीं है; मानव-जीवन के नित्य और सामान्य स्वरूप की ओर है। इसका आभास मोती मसजिद के इस उल्लेख में कुछ मिलता है–

"उस निर्जन स्थान में एकाध व्यक्ति को देखकर ऐसा अनुमान होता है कि उन दिनों यहाँ आनेवाले व्यक्तियों में से किसी की आत्मा अपनी पुरानी स्मृतियों के बन्धन में पढ़कर खिंची चली आई है।"

यह भावना अत्यन्त स्वाभाविक है। पर संस्कृति के स्वरूप पर विशेष दृष्टि रखनेवाला भावुक उपर्युक्त वाक्य में आए हुए 'एकाध व्यक्ति' के पहले 'पुरानी चाल-ढाल वाला' विशेषण अवश्य जोड़ता।

वस्तु-चित्रण की ओर यदि महाराजकुमार का ध्यान होता तो दरबार की सजावट, दरबारियों की पोशाक, उनके खम्भे टेककर खड़े होने, उनकी ताजीम आदि का, इसी

प्रकार विलास-भवन में बेगमों, बाँदियों और खोजों की वेशभूषा, ईरान और दमिश्क के रंगबिरंगे कालीनों और बड़े-बड़े फानूसों और शमःदानों का दृश्य अवश्य खड़ा करते। पर दृश्य-विधान उनका उद्देश्य नहीं जान पड़ता। इसका अभिप्राय यह नहीं कि विस्तृत वस्तु-चित्रण है ही नहीं। यह कहा जा चुका है कि सुख-दुःख का वैषम्य दिखाने के लिए महाराजकुमार ने भोग-पक्ष ही अधिकतर लिया है। अतः जहाँ सुखमय आमोद-प्रमोद, शोभा, सौन्दर्य, सजावट आदि के प्राचुर्य की भावना उत्पन्न करना इष्ट हुआ है वहाँ विस्तृत चित्रण भी अनूठेपन के साथ मिलता है, जैसे दिल्ली की किलेवाली नहर की जल-क्रीड़ा के वर्णन में–

"उस स्वर्गगंगा में, उस नहर-इ-बहिश्त में, खेल करती थीं उस स्वर्ग की अत्यनुपम सुन्दरियाँ। उन श्वेत पत्थरों पर अपनी सुगन्ध फैलाता हुआ वह जल अठखेलियाँ करता, कलकल ध्वनि में चिर संगीत सुनाता चला जाता था, और वे अप्सराएँ अपने श्वेतांगों पर रंगबिरंगे वस्त्र लपेटे, नूपुर पहने, अपने ही ध्यान में मस्त झुन-झुन की आवाज करती हुई जल-क्रीड़ा करती थीं।...और जब वह हम्माम बसता था, स्वर्ग-निवासी जब उस स्वर्गगंगा में नहाने के लिए आते थे, और अनेकानेक प्रकार के स्नेह से पूर्ण चिराग उस हम्माम को उज्ज्वलित करते थे, रंग-बिरंगे सुगन्धित जलों के फव्वारे जब छूटते थे, तब वहाँ उस स्वर्ग में सौन्दर्य बिखर पड़ता था, सुख छलकता था, उल्लास की बाढ़ आ जाती थी, मस्ती का एकछत्र शासन होता था और मादकता का उलंग नर्तन।"

यह कह आए हैं कि मानसिक दशाओं के चित्रण और उमड़ते भावों की अनूठी व्यंजना ही इस पुस्तक की मुख्य विशेषता है। मानसिक दशाएँ हैं अकबर, शाहजहाँ ऐसे ऐतिहासिक पात्रों की; उमड़ते हुए भाव हैं लेखक के अपने। सीकरी के प्रसिद्ध फकीर सलीमशाह से मिलने पर अकबर का राज-तेज तप के तेज के सामने किस प्रकार फीका पड़ा और उसकी वृत्ति किस प्रकार बहुत दिनों तक कुछ और ही रही, पर फिर ऐश्वर्यविभूति में लीन हुई इसका बड़े सुन्दर ढंग से निरूपण है–

"अकबर ने तप और संयम की अद्वितीय चमक देखी, किन्तु अनुकूल वातावरण न पाकर वह ज्योति अन्तर्हित हो गई। पुनः सर्वत्र भौतिकता का अन्धकार छा गया, किन्तु इस बार उसमें आशा की चाँदनी फैली।"

इसी प्रकार मुमताजमहल के देहावसान पर शाहजहाँ की मनोवृत्ति का भी मार्मिक चित्रण है।

अब थोड़ा महाराजकुमार के वाग्वैशिष्ट्य को भी समझना चाहिए। उनके निबन्ध भावात्मक और कल्पनात्मक हैं। कल्पना से मेरा अभिप्राय वस्तु की कल्पना या प्रस्तुत की कल्पना नहीं; प्रस्तुत के वर्णन में अत्यन्त उद्‌बोधक और व्यंजक अप्रस्तुतों की कल्पना है। इसमें सन्देह नहीं कि अप्रस्तुत विधान अत्यन्त कलापूर्ण, आकर्षक और मर्मस्पर्शी है। बाह्य परिस्थितियों या वस्तुओं का संश्लिष्ट चित्रण तो इन भावप्रधान निबन्धों का लक्ष्य नहीं है, पर उन मूर्त्त वस्तुओं के सौन्दर्य, माधुर्य्य, दीप्ति इत्यादि की भावना जगाना उनके भाव-विधान के अन्तर्गत है। अतः इस प्रकार की भावना जगाने के लिए अप्रस्तुतों के

आरोप और अध्यवसान का, साम्यमूलक अलंकार-पद्धति का सहारा लिया गया है। जैसे नगरी को कई जगह प्रेयसी सुन्दरी का रूपक दिया गया है। शाहजहाँ की बसाई दिल्ली 'बढ़ते हुए प्रौढ़ साम्राज्य की नवीन प्रेयसी' और अन्यत्र 'बहुभर्तृ का पांचाली' कही गई है। लाल किले का संकेत बड़े ही अनूठे ढंग से इस प्रकार किया गया है–

"अपने नए प्रेमी को स्थान देने के लिए उसने नवीन हृदय की रचना की।"

कहीं-कहीं प्रस्तुत और अप्रस्तुत का एक साथ बहुत ही सुन्दर समन्वय है, जैसे–

"वह लाल दीवार और उस पर श्वेत स्फटिक महल–उस लाल सेज पर लेटी हुई वह श्वेतांगी।"

जिन दृश्यों की ओर संकत किया गया है वे भावना से पूर्णतया रंजित होने पर भी लेखक के सूक्ष्म निरीक्षण का पता देते हैं, यह बताते हैं कि उनमें परिस्थिति के सूक्ष्म-से-सूक्ष्म अंगों के साक्षात्कार की पूर्ण प्रतिभा है। शाहजहाँ की नई दिल्ली पूरी सजधज से उसके प्रथम स्वागत के लिए खड़ी है। वह जमुना के उस पार से आ रहा है। लाल दीवार के ऊपर श्वेत प्रासाद उठे दिखाई पड़ रहे हैं। नाव धीरे-धीरे निकट पहुँचती है। अब श्वेत प्रासाद दृष्टि से ओझल हो जाते हैं; लाल दीवार ही सामने दिखाई पड़ रही है। यह दृश्य भावना से रंजित होकर इस रूप में सामने आता है–

"श्वेतांगी–अपने प्रियतम को आते देख सकुचा गई, उसने लज्जावश अपना मुख अपने अंचल में छिपा लिया है।"

दिल्ली के महलों में यमुना का जल लाकर नहरें क्या निकाली गईं मानो "यमुना ने अपना दिल चीरकर उस स्वर्ग को सींचा; उस कृष्णवर्णा ने अपने हार्दिक भावों तथा शुद्ध प्रेम का मीठा चमचमाता जीवन उस स्वर्ग में बहाया।"

प्रस्तुत पुस्तक में अध्यवसान-पद्धति पर बहुत जगह घटनाओं की ओर भी संकेत हैं, जिन्हें इतिहास के ब्योरों से अपरिचित जल्दी नहीं समझ सकते। मुगल बादशाहों के इतिवृत्त से परिचित पाठक ही महाराजमुमार के निबन्धों का पूरा आनन्द उठा सकते हैं। जो जहाँगीर और अनारकली के दुःखपूर्ण प्रेम-प्रसंग को नहीं जानते वे 'तीन कब्रें' के बहुत से अंश की भावात्मकता हृदयंगम नहीं कर सकते। 'उजड़ा स्वर्ग' में, जो महाराजकुमार की सबसे प्रौढ़, मार्मिक और कलापूर्ण रचना है, ऐसे कई स्थल हैं जहाँ घटनाओं का उल्लेख साम्यमूलक गूढ़ संकेतों द्वारा ही है, जैसे–

"आलम का शाह पालम तक शासन करता था।...जब इस लोक में देखने योग्य कुछ न रहा तब वह प्रज्ञाचक्षु हो गया। परंतु वारांगनाओं को दिव्य दृष्टि से क्या काम ? उन्होंने अन्धों का कब साथ दिया है ? अन्धे कब तक अन्धी पर शासन कर सके हैं। दुर्भाग्य रूपी दुर्दिन के उस अँधियारे में, नितान्त अन्धेपन की उस अनन्त रात्रि में, रात्रि का राजा उस अन्धी को ले उड़ा और वह पहुँची वहाँ जहाँ समुद्र के बीच शेषशायी सुखपूर्ण विश्राम कर रहे थे।"

अन्धा शाहआलम किस प्रकार दिल्ली की सल्तनत न सँभाल सका और बहुत दिनों तक मराठों की देख-रेख में रहकर अन्त में सात समुद्र पार के अँगरेजों की शरण में गया

जिससे उसकी राजशक्ति उससे विमुख होकर वस्तुतः अँगरेजों के हाथ में चली गई इसी का संकेत ऊपर के उद्धरण में है।

भावुक लेखक ने हुमायूँ के मकबरे को स्वर्ग की बगल का नरक कहा है, जिसने एक-दूसरे से दिल का दर्द सुनाने के लिए–

"न जाने कितने दुःखी मुगल शासकों को अपनी ओर आकर्षित किया। दुःख का वह अपार सागर, निराशा की आहों का वह तपा-तपाया हुआ कुंड, आँसुओं का वह भीषण प्रवाह, टूटे हुए दिलों की वह दर्दभरी चीख।...वे टूटे दिल एक साथ बैठकर रोते हैं, रो-रोकर उन्होंने कई बार उन रक्तरंजित पत्थरों को धो डाला...पर हृदय का वह रुधिर बहुत गहरा रंग लाया है, उनके धोए नहीं धुलता।"

जो दारा की गति से परिचित हैं, जो जानते हैं कि सन् 1857 के बलवे में शाही खानदान के लोगों ने उच्छिन्न होने के पहले उसी मकबरे में पनाह ली थी, वे ही ऊपर की पंक्तियों का पूरा प्रभाव ग्रहण कर सकते हैं।

दिल्ली का किला हमारे भावुक महाराजकुमार को 'उजड़ा स्वर्ग' दिखाई पड़ा है। उसने उनके हृदय में न जाने कितनी करुण स्मृतियाँ जगाई हैं। दिल्ली के नाम-मात्र के अन्तिम बदशाह बहादुरशाह ने अपना क्षोभपूर्ण दीन जीवन उसी किले में रोते-रोते बिताया था। इस भौतिक जगत् में सुख का कहीं ठिकाना न पाकर वे अपना नाम 'जफर' रखकर कविता के कल्पनालोक में भागा करते थे। पर वहाँ भी उनका रोना न छूटा; वहाँ भी बुरों की जान को वे रोते थे–"ऐसे रोए बुरों की जाँ को हम, रोते-रोते उलट गई आँखें।" उनके सामने जौक और गालिब ऐसे उस्ताद अपने कलाम सुनाते थे। शाहजादे की शादी के मौके पर गालिब ने एक 'सेहरा' लिखा था। जिसके किसी वाक्य में जौक ने अपने ऊपर आक्षेप समझकर जवाब दिया था। पर शायरी की इस चहल-पहल से बहादुरशाह के आँसू रुकनेवाले नहीं थे। बहादुरशाह के जीवन के अन्तिम दिनों की ओर लेखक ने इस प्रकार गूढ़ संकेत किया है–

"वह उजड़ा स्वर्ग भी काँप उठा अपने उस शूल से। निरन्तर रक्त के आँसू बहानेवाले उस नासूर को निकाल बाहर करने की उस स्वर्ग ने सोची। परन्तु...उफ। वह नासूर स्वर्ग के दिल में ही तो था; उसको निकाल बाहर करने में स्वर्ग ने अपने हृदय को फेंक दिया। और अपनी मूर्खता पर क्षुब्ध स्वर्ग जब दर्द के मारे तड़प उठा, तब भूडोल हुआ, अन्धड़ उठा, प्रलय का दृश्य प्रत्यक्ष देख पड़ा। पुरानी सत्ता का भवन ढह गया, समय-रूपी पृथ्वी फट गई और मध्ययुग उसके अनन्त गर्भ में सर्वदा के लिए विलीन हो गया।"

इस हृदयद्रावक रूपजाल के भीतर कौशलपूर्वक जो घटनाएँ छिपी हैं उनकी ओर पाठक का ध्यान जल्दी नहीं जा सकता। वह यह जल्दी नहीं समझ सकता कि उजड़े स्वर्ग का कँपना है सन् 1857 की हलचल का पूरब से बढ़ते-बढ़ते दिल्ली तक पहुँचना और भूडोल और अन्धड़ हैं दिल्ली पर कब्जा करनेवाले बलवाइयों के साथ अँगरेजों का घोर युद्ध।

सुख-दुःख की दशाओं का प्रत्यक्षीकरण भी इसी रमणीय अलंकृत पद्धति पर हुआ है। शाहजहाँ ने यद्यपि अपनी प्रौढ़ावस्था में नई दिल्ली बसाई पर किले के भीतर मानो वह स्वर्ग का एक खंड ही उतार लाया। वह विभूति, वह शोभा, वह सजावट अन्यत्र कहाँ ? उस स्वर्गधाम के प्रमत्त विलास और उन्मत्त उल्लास की यह झलक देखिए–

"पत्थरों तक पर मस्ती छा जाती थी; वे भी मत्त उत्तप्त हो जाते थे और उन पत्थरों तक वे सुगन्धित जल के फव्वारे छूटने लगते थे।...उस स्वर्ग की वह राह। विलासिता बिकती थी उस राह में, मादकता की लाली वहाँ सर्वत्र फैली हुई थी और चिर संगीत दुःख की भावना तक को धक्के देता था। दुःख-दुःख,...उसे तो नौबत के डंके की चोट, मुर्दे की खाल की ध्वनि ही निकाल बाहर करने को पर्याप्त थी। बाँस की वे बाँसुरियाँ-- अपना दिल तोड़-तोड़कर अपने वक्षःस्थल को छिदवाकर भी सुख का अनुभव करती थीं। उन मदमस्त मतवालों के अधरों का चुम्बन करने को लालायित बाँस के उन टुकड़ों की आहों में भी सुमधुर सुख-संगीत ही निकलता था। मुर्दे भी उस स्वर्ग में पहुँचकर भूल गए अपनी मृत्यु-पीड़ा; उल्लास के मारे फूलकर ढोल हो गए, और उनके भी रोम-रोम से यही आवाज आती थी 'यहीं है, यहीं है'।"

पतन-काल के ध्वसंकारी आघातों, विपत्ति के झोंकों और प्रलयंकर प्रवाहों के उपरान्त सम्पत्ति के जीर्ण-शीर्ण और जर्जर अवशेषों के बीच मरती हुई कामनाओं, उठती हुई वेदनाओं, उमड़ते हुए आँसुओं, दहकती हुई आहों तथा नैराश्यपूर्ण बेबसी, दीनता और उदासी का एक लोक ही अपनी प्रतिभा के बल से महाराजकुमार ने खड़ा कर दिया है। उपर्युक्त स्वर्ग जब उजड़ा है तब इस करुणलोक में परिणत हुआ है। जहाँ शाहजहाँ ने वह स्वर्ग बसाया था[1] वहीं अन्त में उसके घराने भर के लिए एक छोटा-सा नरक तैयार हो गया जिसके बाहर वह कभी निकल न सका। इस नरक को अपने गर्भ के भीतर रखकर स्वर्ग अपना वह रूप-रंग कब तक बनाए रख सकता था ? शाहजहाँ की दृष्टि जबर्दस्ती हटा दी जाने से और औरंगजेब के भूलकर भी उसकी ओर न जाने से उसका रंग फीका पड़ गया और धीरे-धीरे उड़ने लगा। यह तो हुई बाहर की दशा। उस स्वर्ग के अन्तर्जगत् में भी, मानस-प्रदेश में भी, कई खंड ऐसे थे जो एकदम रूखे-सूखे थे, जिनमें सरसता का नाम न था। बहुत से प्राणी अत्यन्त नीरस जीवन व्यतीत करते थे–

"अनेकों ने दिल नामक वस्तु के अस्तित्व को भुला दिया था। दिल–हृदय–उसके नाम पर तो उनके पास दो चुटकी राख थी।"

मुगल बादशाहों के अन्तःपुर में शाहजादियों का ऐसा ही दबाया हुआ जीवन था। न उनमें यौवन का उल्लास उठने पाता था, न प्रेम का आलम्बन खड़ा होने पाता था। विवाह भला उनका किसके साथ हो सकता था ? जहानआरा के अन्तिम श्वासों से आवाज आती थी–

"नहीं, नहीं ! मेरी कब्र पर पत्थर न रखना।...उस उत्तप्त छाती पर रहकर उस बेचारे पत्थर की क्या दशा होगी ?"

1. गर फिरदौस गर रूए जमीनस्त। हमीनस्तो हमीनस्तो हमीनस्तो।

उन शाहजादियों की कब्रों के भीतर पड़े कंकाल सुख को एक दुराशा मात्र बता रहे हैं। महाराजकुमार को इन कंकालों के गढ़े दुःख जगत् के सारे वर्तमान दुःखों के बीज जान पड़े हैं। उन्होंने मनुष्यता के इतिहास में दुःख की एक अखंड परम्परा का साक्षात्कार किया है, तभी वे कहते हैं–

"इन कंकालों के दुःख से ही विश्व-वेदना का उद्भव होता है और उन्हीं के निश्वासों से संसार की दुःखमयी भावना उद्भूत होती है।"

औरंगजेब के पीछे मुगल सल्तनत के जवाल का परवाना लिये मुहम्मदशाह और शाहआलम ऐसे बादशाह आते हैं। मुहम्मदशाह ने उस स्वर्ग में पुराना रंग लाने का प्रयत्न किया और 'रंगीले' कहलाए। एकाएक नादिरशाह टूट पड़ा और स्वर्ग को लूटकर तथा दिल्ली की पूरी दुर्दशा करके चल दिया। स्वर्ग के निवासियों की क्या दशा हुई?

"उनकी सत्ता को जंगली अफगानों ने ठुकराया, उनके ताज और तख्त को रौंदकर ईरान के गड़रिए ने दिल्लीश्वर की प्रजा का भेड़-बकरियों की तरह संहार किया।...और यह सब देखकर भी स्वर्ग की आत्मा अविचलित रही।"

मुहम्मदशाह स्वर्ग-सुख-भोग की वासना मन में जगाते तो रहे पर 'अशक्तों की सत्ता की ऐंठ' स्वर्ग की मरम्मत कहाँ तक कर सकती थी। उसका उजड़ना तो आरम्भ हो गया था। आगे चलकर शाहआलम की आँखें यह ध्वंस न देख सकीं, फूट गईं। अब उतने ऊँचे उत्थान का उतना ही गहरा पतन सामने आया।

दिल्ली के किले में दीवान खास के पास के एक द्वार पर एक तराजू बना हुआ है जिसे 'अदब का मीजान' या न्यायतुला कहते हैं। उस स्वर्ग में तब तक जो सुख उठाया गया था उसका भार अब बहुत हो गया था, सुख का पलड़ा बहुत नीचे झुक गया था। अतः दूसरे पलड़े पर काँटे की तोल उतने ही दुःख का रक्खा जाना दैव को आवश्यक प्रतीत हुआ–

"उस स्वर्ग की वह न्यायतुला स्वर्ग के उस महान् भार को न सह सकी। अपनी न्यायतुला कहीं नष्ट न हो जाय इसी विचार से उस महान् अदृष्ट तुलाधारी ने सुख-दुःख का समतोल करने की सोची। स्वर्ग के सुख के सामने तुलने को दुःख का सागर उमड़ पड़ा।"

दिल्ली के किले के भीतर भर के बादशाह बहादुरशाह किस प्रकार उस सागर में बहे और बर्मा के किनारे जा लगे, यह दुःख भरी कहानी इतिहास के पन्नों में टँकी हुई है। वह घोर अधःपतन, भीषण विप्लव और दारुण दुर्विपाक दिगन्तव्यापी स्वरूप में सामने लाया गया है। इस स्वरूप को खड़ा करने में प्रकृति की सारी ध्वंसकारिणी शक्तियाँ, भूतों के सारे कराल वेग तथा मानसलोक के सारे क्षोभ, सारी व्याकुलता, सारे उद्वेग, सारी विह्वलता और सारी उदासी काम में लाई गई है–

"उफ ! स्वर्ग की वह अन्तिम रात ! जब स्वर्गीय जीवन अन्तिम साँसें ले रहा था। प्रलय का प्रवाह स्वर्ग के दरवाजे पर टकरा-टकराकर लौटता था और अधिकाधिक वेग के साथ पुनः आक्रमण करता था। साँय-साँय करती हुई ठंडी हवा बह रही थी, न जाने

कितनों के भाग्य-सितारे टूट-टूटकर गिर रहे थे। दुर्भाग्य के उस दुर्दिन की अँधेरी अमावस्या की रात उस स्वर्ग में घूमती थीं उस स्वर्ग के निर्माताओं की प्रेतात्माएँ।... परन्तु, उस रात भर भी स्वर्ग में मुगलों का अन्तिम चिराग जलता रहा।"

बहादुरशाह का लाल किला छोड़ना इतिहास की एक अत्यन्त मार्मिक घटना है। महाराजकुमार की अध्यवसान-आरोपमयी अलंकृत शैली मार्मिक प्रभाव उत्पन्न करने की कितनी शक्ति रखती है यह, जैसे सर्वत्र वैसे ही यहाँ भी दिखाई पड़ता है–

"सूरज निकला।...अन्धड़ बढ़ रहा था, दुर्दिन के सब लक्षण पूर्णतया दिखाई दे रहे थे, भाग्याकाश दुर्भाग्यरूपी बादलों से छा रहा था;...वह दिया, स्वर्गीय स्नेह की वह अन्तिम लौ झिलमिलाकर बुझ गई; और तब...उस वंश की आशाओं का, उस साम्राज्य के मुट्ठी भर अवशेषों का, अकबर और शाहजहाँ के वंशजों की अन्तिम सत्ता का जनाजा उस स्वर्ग से निकला। रो-रोकर आसमान ने सर्वत्र आँसू के ओसकण बिखेरे थे, इस कठोर हृदया पृथ्वी को भी आहों के कुहरे में राह सूझती न थी। परन्तु...विपत्तियों का मारा, जीवन-यात्रा का वह थका हुआ पथिक, सितम पर सितम सहकर भी मुगलों की सत्ता तथा उनके अस्तित्व के जनाजे को उठाए, अपने भग्न हृदय को समेटे चला जा रहा था।"

'बेबसी का मजार'–'जीवित समाधि'–बना हुआ बादशाह उसी स्वर्ग के प्रतिवेशी नरक में–हूमायूँ के मकबरे में पनाह लेता है। फिर वहाँ से कैद होकर बर्मा जाता है–

"नरक ! दुःख का वह आगार भी बेबसी के इस मजार को देखकर रो पड़ा।...वहीं उस नरक में, अकबर की प्यारी सत्ता पृथ्वी में समा गई, जहाँगीर की विलासिता बिखर गई, शाहजहाँ के रुधिर में डूब गई और पिछले मुगलों की असमर्थता भी न जाने कहाँ खो गई। लोहा बजाकर दिल्ली पर अधिकार करनेवाले लोहा खड़खड़ाते हुए दिल्ली से निकले; लोहा लेकर वे आए थे, लोहा पहने वहाँ से गए।"

मुगल सम्राटों की विपत्ति और नाश की उसी रंगभूमि पर, हुमायूँ के उसी नरक-रूप मकबरे के पास दुःख से जर्जर बहादुरशाह के सामने उनके बेटे और दो पोते ढूँढ़कर लाए गए और गोली से मार दिए गए। तड़प-तड़पकर उस अभागे बुड्ढे के सामने उन्होंने प्राण छोड़े–

"दिल्ली के अन्तिम मुगल सम्राट की एकमात्र आशाएँ रक्तरंजित होकर पड़ी थीं। कुचली जाने पर उनका लोथड़ा खून से शराबोर खंड-खंड होकर पड़ा था; और उन भग्नाशाओं के घाव तक मुगलों के उस भीषण दुर्भाग्य पर खून के दो आँसू बहाए बिना न रह सके।...बहादुर नरक में भी लुट गया। वहाँ उसने अपने टूटे दिल को भी कुचला जाते देखा, उस हृदय की गम्भीर दरारों की खोज होते देखी, और अपने दिल के उन टुकड़ों को संसार द्वारा ठुकराया जाते देखा।"

अपने वंश का नाश अपनी आँखों के सामने देखकर बहादुरशाह कैद होकर दिल्ली से निकले, हिन्दुस्तान से निकले और बर्मा पहुँचा दिए गए जहाँ मंगोल ढाँचे के पीले रंग के लोग और पीले वस्त्र लपेटे भिक्खु ही भिक्खु दिखाई देते थे। भीतर मरी हुई आशा

की पीली मुर्दनी छाई हुई थी; बाहर भी सब पीला ही पीला दिखाई देता था। अन्तर्जगत् और बाह्य जगत् का कैसा अनूठा सामंजस्य नीचे दिखाया गया है–

"अब तो अपनी आशा के एकमात्र सहारे को भी अपनी खुली आँखों नष्ट होते देखकर उसे आशा की सूरत तो क्या उसके नाम तक से घृणा हो गई।...इस भारत से उसने मुख मोड़ लिया। उसे अब निराशा का पीलिया हो गया; और तब वह पहुँचा उस देश में जहाँ सब कुछ पीला ही पीला देख पड़ता था। नर-नारी भी पीत वर्ण की चादर ही ओढ़े नहीं फिरते थे किन्तु स्वयं भी उस पीत वर्ण में ही शराबोर थे। निराशा के उस पुतले ने निराशापूर्ण देश की उस एकान्त अँधेरी सुनसान रात्रि में ही अन्तिम साँसें तोड़ीं।"

उस स्वर्ग की–लाल किले के भीतर के महलों की–सम्राटों की प्रेयसी उस दिल्ली की क्या दशा हुई क्या यह भी बताने की बात है ? वह ध्वस्त हो गया। जमुना भी किले को छोड़कर हट गई। संगमरमर के महलों के भीतर जमुना का जो जल बहा करता था वह भी बन्द हो गया। नहरें सूखी पड़ी हैं–

"स्वर्ग उजड़ गया और दुर्भाग्य के उस अन्धड़ ने उसके टूटे दिल को न जाने कहाँ फेंक दिया। उस चमन का वह बुलबुल रो-चीखकर, तड़फड़ाकर न जाने कहाँ उड़ गया।"..."यमुना के प्रवाह का मार्ग भी बदला। उस स्वर्ग को, स्वर्ग के उस शव को, छोड़कर वह चल दी, और अपने इस वियोग पर वह जी भरकर रोई; किन्तु उसके उन आँसुओं को, स्वर्ग के प्रति उसके इस स्नेह को स्वर्ग के दुर्भाग्य ने सुखा दिया; उस नहर-इ-बहिश्त ने भी स्वर्ग की धमनियों में बहना छोड़ दिया।...स्वर्ग भी खंड-खंड हो गया, उसकी भाग्य-लक्ष्मी वहीं उन्हीं खँडहरों में दबकर मर गई।"

अब तो किले की दीवारों के भीतर उस स्वर्ग का खँडहर ही रह गया है जिसके बीच खड़े दर्शक का हृदय उसकी अतीव सजीवता, सुषमा और सरसता की स्मृति-स्वरूपा कल्पना में प्रवृत्त होता है–

"भारतीय सम्राटों की असूर्यम्पश्या प्रेयसी का वह अस्थिरपंजर दर्शकों के लिए देखने की एक वस्तु हो गया है। दो आने में ही हो जाती है राज्यश्री की उस लाड़ली, शाहजहाँ की नवोढ़ा के उस सुकोमल शरीर के रहे-सहे अवशेषों की सैर ! उस उजड़े स्वर्ग को, उस अस्थिपंजर को देखकर संसार आश्चर्य्यचकित हो जाता है,...श्वेत हड्डियों के उन टुकड़ों में सुकोमलता का अनुभव करता है; उन सड़े-गले, रहे-सहे, लाल-लाल मांसपिंडों में उसे मस्ती की मादक गन्ध आती जान पड़ती है। उस शान्त निस्तब्धता में उस मृत स्वर्ग के दिल की धड़कन सुनने का वह प्रयत्न करता है; उस जीवन-रहित स्थान में रस की सरसता का स्वाद उसे आता है; उस अँधेरे खँडहर में कोहनूर की ज्योति फैली हुई जान पड़ती है।"

ध्यान देने की बात यह है कि महाराजकुमार ने आरोप और अध्यवसान की अलंकृत पद्धति का कितना प्रगल्भ और प्रचुर प्रयोग किया है फिर भी उसके द्वारा सर्वत्र अनुभूति के तीव्र और मर्मस्पर्शी स्वरूप का ही उद्घाटन होता है। मार्मिकता का साथ

छोड़कर वह अलग ही अपना वैचित्र्य दिखाती कहीं नहीं जान पड़ती। कहीं-कहीं बहुत ही अनूठी सूझ, बहुत ही सुन्दर उद्‌भावना है, पर वह कलाबाजी नहीं है, भाव-प्रेरित प्रतीति की झलक है।

आगरे और दिल्ली के कुछ उजड़े हुए महल अभी खड़े हैं। जब उगते हुए सूर्य की अरुण प्रभा उन पर पड़ती है या निर्मल चाँदनी उनमें छिटकती है तब मानो उन जगमगाते दिनों की, प्रेम के उस उद्‌दीपित जीवन की स्मृति उनमें जग पड़ती है। इसी प्रकार सूर्य जब अपना प्रखर प्रकाश उन पर डालता है तब मानो उनके पूर्व प्रताप की स्मृति अपना स्वरूप झलकाती है–

"प्रातःकाल बाल सूर्य की आशामयी किरणें जब उस रक्तवर्ण किले पर गिरती हैं तब वह चौंक उठता है। उस स्वर्ण प्रभात में वह भूल जाता है कि अब उसके उन गौरवपूर्ण दिनों का अन्त हो गया है, और एक बार पुनः पूर्णतया कान्तियुक्त हो जाता है।"..."हड्डियों का वह ढेर ! वे श्वेत पत्थर !...जब सूरज चमकता है और उस कंकाल की हड्डी-हड्डी को करों से छूकर अपने प्रकाश द्वारा आलोकित करता है, तब वे पत्थर अपने पुराने प्रताप को याद कर तपतपा जाते हैं।...रात्रि में चाँद को देखकर उन्हें सुध आ जाती है अपने उस प्यारे प्रेमी की, और मिलन की सुखद घड़ियों की स्मृतियाँ पुनः उठ खड़ी होती हैं।"

शाहजहाँ अपनी नई बसाई प्यारी दिल्ली में प्रवेश करने जमुना के उस पार से आ रहा है। जमुना के काले जल में किले की लाल दीवार और उसके ऊपर उठे हुए संगमरमर के सफेद महलों की परछाहीं पड़ रही है। इन तीनों रंगों में हमारे भावुक महाराजकुमार को मुगल साम्राज्य की या दिल्ली की तीनों दशाओं का आभास इस प्रकार दिखाई पड़ता है–

"एकबारगी यमुना त्रिकाल-सम्बन्धी दृश्यों की त्रिवेणी बन गई, उत्थान की लाली, प्रताप का उजेला तथा अवसन की कालिमा, तीनों का सम्मिलित प्रतिबिम्ब उस महानदी में देख पड़ता था।"

जीवन-दशा के चित्रण के लिए कई स्थलों पर प्रकृति के नाना रूपों को लेकर बड़ी सुन्दर हेतूत्प्रेक्षाएँ मिलती हैं। जहाँगीर और अनारकली के प्रेम का दुःखपूर्ण अन्त हुआ यह इतिहास बतलाता है। वह विशाल और उज्ज्वल प्रेम मानो समस्त प्रकृति की शक्तियों से देखा न गया। सब-की-सब उसे ध्वस्त करने पर उद्यत हो गईं–

"आह ! यह सुख उनसे देखा न गया। अनारकली को खिलते देखकर चाँद जल उठा, उस ईर्ष्याग्नि में वह दिन-दिन क्षीण होने लगा। उषा ने अनारकली की मस्ती से भरी अलसाई हुई उन अधखुली पलकों को देखा और क्रोध के मारे उसकी आँख लाल हो गईं। गोधूली ने यह अपूर्व सुखद मिलन देखा और अपने अचिरस्थायी मिलन को याद कर उसने मुख पर निराशा का काला घूँघट खींच लिया।"

महाराजकुमार के ये सब निबन्ध भावात्मक हैं यह तो स्पष्ट है। भावात्मक निबन्धों की दो शैलियाँ देखी जाती हैं–धारा-शैली और तरंग-शैली। इन निबन्धों की तरंग-शैली

है जिसे विक्षेप-शैली भी कह सकते हैं। यह भावाकुलता की उखड़ी-पुखड़ी शैली है। इसमें भावना लगातार एक ही भूमि पर समगति से नहीं चलती रहती; कभी इस वस्तु को, कभी उस वस्तु को पकड़कर उठा करती है। इस उठान को व्यक्त करने के लिए भाषा का चढ़ाव-उतार अपेक्षित होता है। हृदय कहीं वेग से उमड़ उठता है, कहीं वेग को न सँभाल सकने के कारण शिथिल पड़ जाता है, कहीं एकबारगी स्तब्ध हो जाता है। ये सब बातें भाषा में झलकनी चाहिए। 'शेष स्मृतियाँ' जिस शैली पर लिखी गई उसमें इन बातों की पूरी झलक है। कहीं कुछ दूर तक सम्बद्ध और बीच-बीच में उखड़े हुए वाक्य, कहीं छूटे हुए शून्य स्थल, कहीं अधूरे छूटे प्रसंग, कहीं वाक्य के किसी मर्मस्पर्शी शब्द की आवृत्ति, ये सब लक्षण भावाकुल मनोवृत्ति का आभास देते हैं। इन्हें हम भाषा की भावभंगी कह सकते हैं।

प्रभाव-वृद्धि के लिए वाक्य के पदों का कहाँ कैसा स्थान विपर्यय करना चाहिए इसकी भी बहुत अच्छी परख लेखक महोदय को है, जैसे–

"अपनी दशा को देखकर सुध आती है उन्हें उन करोड़ों मनुष्यों की जिनका हृदय, जिनकी भावनाएँ...कुचली गई थीं।"

भावात्मक लेखों में शब्द की सब शक्तियों से काम लेना पड़ता है। लक्षणा के द्वारा वाग्वैचित्र्य का सुन्दर और आकर्षक विधान प्रस्तुत पुस्तक में जगह-जगह मिलता है जिससे भाषा पर बहुत अच्छा अधिकार प्रकट होता है। काव्य तथा भावप्रधान गद्य में आजकल लक्षणा का पूरा सहारा लिया जाता है। आधुनिक अभिव्यंजना प्रणाली की सबसे बड़ी विशेषता यही है। इसमें कोई संदेह नहीं कि इसके द्वारा हमारी भाषा में बहुत-कुछ नई लचक, नया रंग और नया बल आया है। लाक्षणिक प्रयोग बहुत से तथ्यों का मूर्त्त रूप में प्रत्यक्षीकरण करते हैं जो अधिक प्रभावपूर्ण और मर्मस्पर्शी होते हैं। पर जैसे और सब बातों में वैसे ही इसमें भी अति से बचने की आवश्यकता होती है। वाच्यार्थ का लक्ष्यार्थ के साथ कई पक्षों से अच्छा सामंजस्य देखकर तथा उक्ति की अर्थ-व्यंजकता और उसके मार्मिक प्रभाव को नाप-जोखकर ही कुशल लेखक चलते हैं। 'शेष स्मृतियाँ' पढ़कर यह स्पष्ट हो जाता है कि महाराजकुमार इसी निपुणता के साथ चले हैं।

प्रस्तुत निबंधों में जड़ वस्तुओं में मानुषी सजीवता का आरोप हमें बराबर मिलता है। आधुनिक कविता तो अखिल प्रकृति के नाना दृश्यों को भी नर-प्रकृति के भीतरी-बाहरी रूप-रंग में देखा करती है। पर प्रकृति को सदा इसी संकुचित रूप में देखना व्यापक अनुभूतिवालों को खटकता है। मगर महाराजकुमार ने मानुषी सजीवता का जो आरोप किया है वह खटकनेवाला नहीं है। इसका कारण है। आपने जो विषय लिये हैं वे मनुष्य की कृतियाँ हैं। उनके रूप मनुष्य के दिए हुए रूप हैं। वे मानव जीवन के साथ सम्बद्ध हैं। उनकी अतीत शोभा, कान्ति, चमक-दमक इत्यादि कुछ मनुष्यों की सुख-समृद्धि के अंग हैं। इसी प्रकार उनकी वर्तमान हीन दशा उन मनुष्यों की हीन दशा के अंग हैं। उनकी भावना के साथ मनुष्य के सुख, उल्लास और विलास की अनुभूति तथा दुःख, दैन्य और नैराश्य की वेदना लगी हुई है।

"शाहजहाँ बेबस बैठा रो रहा था। अपने प्रेम को अपनी आँखों के सामने उसने मिट्टी में मिलते देखा। और तब...उसने अपने दिल पर पत्थर रखकर अपनी प्रेयसी पर भी पत्थर जड़ दिए।"

'पत्थर रखना' एक ओर तो लाक्षणिक है, दूसरी ओर प्रस्तुत। दोनों का कैसा मार्मिक मेल यहाँ घटा है।

"उस नरक के वे कठोर पत्थर, अभागों के टूटे हुए दिलों के वे घनीभूत पुंज भी रो पड़े।" इसमें भीतर और बाहर की बिम्ब-प्रतिबिम्ब स्थिति दिखाई गई है।

मूर्त्त रूप खड़ा करने के लिए जिस प्रकार भाववाचक शब्दों के स्थान पर कुछ वस्तुवाचक शब्द रखे जाते हैं उसी प्रकार कभी-कभी लोकसामान्य व्यापक भावना उपस्थित करने के लिए व्यक्तिवाचक या वस्तुवाचक शब्दों के स्थान पर उपादान लक्षणा के बल पर भाववाचक शब्द भी रखे जाते हैं। इस युक्ति से तो तथ्य रक्खा जाता है वह बहुत भव्य, विशाल और गम्भीर होकर सामने आता है। इस युक्ति का अवलम्बन हमें बहुत जगह मिलता है, जैसे–

"तपस्या के चरणों में राज्यश्री ने प्रणाम किया।"

"दिल्ली के उस स्वर्ग की मस्ती गली-गली भटकती फिरी, मादकता हिजड़ों के पैरों में लोटने लगी, विलासिता सूदखोर बनियों के हाथ बिकी।"

जड़ में सजीवता के आरोप के थोड़े से सुन्दर उदाहरण लीजिए–

"उन श्वेत पत्थरों में से आवाज आती है–आज भी मुझे उसकी स्मृति है।"

"उन पहाड़ियों की मस्ती फूट पड़ी, उनके भी उन ऊबड़-खाबड़ कठोर शुष्क कपोलों पर यौवन की लाली झलकने लगी।"

"वे भी दिन थे जब पत्थरों तक में यौवन फूट निकला था। जब बहुमूल्य रंग-बिरंगे सुन्दर रत्न भी उन कठोर निर्जीव पत्थरों से चिपटने को दौड़ पड़े...और चाँदी-सोने ने भी जब उनसे लिपटकर गौरव का अनुभव किया था।...उन श्वेत पत्थरों में भी वासना और आकांक्षाओं की रंगबिरंगी भावनाएँ झलकती थीं। उन सुन्दर सुडौल पत्थरों के वे आभूषण, वे सच्चे सुकोमल सुगन्धित पुष्प भी उनसे चिमटकर भूल गए अपना अस्तित्व; उनके प्रेम में पत्थर हो गए।"

"हाँ ! स्वर्ग ही तो था; पशु-पक्षी भी अनजान में जो वहाँ पहुँच गए तो वे भी मस्ती में बुत हो गए और स्वर्ग में ही रम गए। वे ही सुन्दर मयूर जो अपनी सुन्दरता का भार समेटे पीठ पर लादे फिरते हैं, काली घटा को देख उल्लास के मारे चीखते हैं, हरे-हरे मैदानों पर स्वच्छन्द विचरते हैं...वे ही मयूर उस स्वर्ग में जाकर भारतीय सम्राट के सिंहासन का भार उठाने को तैयार हो गए और वह भी शताब्दियों तक।...परन्तु उस सुन्दर लोक में उस काली घटा को देखने के लिए वे तरसने लगे; लाली देखते-देखते हरियाली के लिए लालायित हो गए।...और जब भारत के कलेजे पर साँप लोट गया तब मयूर उस साँप को खाने के लिए दौड़ पड़े।...आक्रमणकारी के पीछे-पीछे तख्ताऊस उड़ा चला गया।"

भावुक लेखक की कुछ रमणीय और अनूठी उक्तियाँ नीचे दी जाती हैं–

"वह प्यासा हृदय प्रेम-जल की खोज में निकला।...जीवन-प्रभात में ओस-रूपी स्वर्गीय प्रेमकणों को बटोरने के लिए वह पुष्प खिल उठा, पंखुड़ियाँ अलग-अलग हो गईं।" इसमें प्रेम-वासना-पूर्ण हृदय की प्रफुल्लता का कैसा सुन्दर संकेत है।

कहीं-कहीं महाराजकुमार ने भावना के स्वरूप की बहुत सूक्ष्म और सच्ची परख का परिचय दिया है। किसी प्राचीन स्थान पर पहुँचने पर उस स्थान से सम्बन्ध रखनेवाले अतीत दृश्य कल्पना में खड़े होने लगते हैं; अतीत काल के व्यक्ति सामने चलते-फिरते-से जान पड़ने लगते हैं।

यदि सन्नाटा और अँधेरा हुआ, वर्तमान काल के रूप-व्यापार सामने न आए तो यह कल्पना कुछ देर बनी रहती है। वर्तमान कल के रूप-व्यापार आँखों के सामने स्पष्ट होते ही उसमें बाधा पड़ती है, उसका भंग हो जाता है। रात के सन्नाटे और अँधेरे में भूतकाल का परदा उठ-सा जाता है; दिन के प्रकाश में मानो फिर काला परदा पड़ जाता है और भूतकाल के प्राणी दृष्टि से अन्तर्हित हो जाते हैं–

"उस सुनसान परित्यक्त महल में रात्रि के समय सुन पड़ती हैं उल्लासपूर्ण हास्य तथा विषादमय करुण क्रन्दन की प्रतिध्वनियाँ। वे अशान्त आत्माएँ आज भी उन वैभवविहीन खँडहरों में घूमती हैं।...किन्तु जब धीरे-धीरे पूर्व में अरुण की लाली देख पड़ती है, आसमान पर स्वच्छ नीला परदा पड़ने लगता है, तब पुनः इन महलों में वही सन्नाटा छा जाता है।"

साहित्य-समीक्षकों का कहना है कि कवि जिस क्षण में अनुभव करता है उस क्षण में तो लिखता नहीं। पीछे कालान्तर में स्मृति के आधार पर वह अपनी भावना व्यक्त करता है जो कुछ-न-कुछ विकृत अवश्य हो जाती है। इस बात का उल्लेख भी एक स्थल पर इस प्रकार मिलता है–

"आधुनिक लेखक तो क्या, उस स्वप्न के दर्शक भी, उसका पूरा-पूरा जीता-जागता वृत्तान्त नहीं लिख सके। जिस किसी ने स्वयं यह स्वप्न देखा था, उसे ऐश्वर्य और विलास के उस उन्मादक दृश्य ने उन्मत्त कर दिया।...और जब नशा उतरा, कुछ होश हुआ, तब नशे की खुमारी के कारण लेखक की लेखनी में वह चंचलता, मादकता तथा स्फूर्ति न रही, जिनके बिना उस वर्णन में कोई भी आकर्षण या जीवन नहीं रहता है।"

मैं तो आश्चर्य्यपूर्वक देखता हूँ कि आपकी लेखनी में वही चंचलता, वही मादकता, वहीं स्फूर्ति है जो आपकी भावना में उस समय रही होगी जब आप उन पुराने खँडहरों पर खड़े रहे होंगे।

अपनी चिर पोषित और लालित भावनाओं को हृदय से निकालकर इस बेढब संसार के सामने रखते हुए आपको कुछ मोह हुआ है; आप कुछ हिचके भी हैं–

"हाँ ! अपने भावों को लुटाने निकला हूँ, परन्तु किस दिल से उन्हें कहूँ कि जाओ। यह सत्य है कि ये रही-सही स्मृत्तियाँ...दिल में बहुत दर्द पैदा करती हैं, फिर भी वे अपनी वस्तु रही हैं। अपनी प्यारी वस्तु को विदा देते...आज खेद अवश्य होता है...जानता हूँ कि

वे पराए हो चुके हैं फिर भी उनको सर्वदा के लिए विदा करते दो आँसू ढलक पड़ते हैं। परन्तु आज सबसे अधिक भविष्य की चिन्ता सता रही है। अपने स्वप्नलोक के अवशेष–वे भग्नावशेष ही क्यों न हों, हैं तो मेरे कल्पनालोक के खँडहर–मेरे हृदय के वे सुकोमल भाव, आज वे निराश्रय इस कठोर भौतिक जगत् में–इस कठोर लोक में जहाँ मानवीय भावों का कोई ख्याल नहीं करता, मानवीय इच्छाओं तथा आकांक्षाओं का उपहास करना एक स्वाभाविक बात है।"

महाराजकुमार निश्चिन्त रहें। उनके इन सुकुमार भावों को कठोर संसार की जरा भी ठेस न लगेगी। ये हृदय के मर्मस्थल से निकले हैं और सहृदयों के शिरीषकोमल अन्तस्तल में सीधे जाकर सुखपूर्वक आसन जमाएँगे।

(दुर्गा कुंड, काशी 26-7-1938)

हिन्दी गद्य शैली का विकास

(जगन्नाथ प्रसाद शर्मा)

हिन्दी गद्य की भाषा का स्वरूप स्थिर हुए बहुत दिन हो गए। उसके भीतर विविध शैलियों का विकास भी अब पूरा-पूरा देखने में आ रहा है। वह समय आ गया है कि लेखकों की भिन्न-भिन्न शैलियों की विशेषताओं का सम्यक् निरूपण और पर्यालोचन हो। इस ओर पहला प्रयत्न श्रीयुत पंडित रमाकांत त्रिपाठी, एम.ए. अध्यापक, जसवन्त कॉलेज, जोधपुर ने अपनी 'हिन्दी गद्य-मीमांसा' द्वारा किया। इसके लिए वे अवश्य धन्यवाद के पात्र हैं—चाहे उनके प्रकट किए हुए कुछ विचारों से बहुत-से लोग सन्तुष्ट या सहमत न हों। इतना मानने में तो किसी को आगा-पीछा न होना चाहिए कि आरम्भ से लेकर आज तक के बहुत-से गद्य लेखकों की भाषासम्बन्धिनी कुछ विशेषताओं का व्यवस्थित दिग्दर्शन कराते हुए त्रिपाठीजी ने प्रत्येक के दो-दो, तीन-तीन लेख नमूनों के तौर पर हमारे सामने रखे हैं। शैली-समीक्षक मिंटो की प्रसिद्ध अँगरेजी पुस्तक के ढंग पर उन्होंने आरम्भ में भाषा सम्बन्धी कुछ विवेचन और शैलियों का सामान्य वर्गीकरण भी किया है। पर उनका उद्‌देश्य नमूनों का संग्रह जान पड़ता है।

इस पुस्तक का लक्ष्य त्रिपाठीजी की पुस्तक के लक्ष्य से कुछ भिन्न है। नमूनों के रूप में लेखों का संग्रह इसका उद्‌देश्य नहीं। इसमें हिन्दी गद्य का विकासक्रम दिखाकर भिन्न-भिन्न लेखकों की प्रवृत्तियों के स्पष्टीकरण और वाग्विधान की विशेषताओं के अन्वेषण का अधिक और विस्तृत प्रयास किया गया है। लेखों के अंश स्थान-स्थान पर निरूपित तथ्यों के उदाहरण-स्वरूप ही उद्धृत किए गए हैं। विवेचन कहाँ तक ठीक हुआ है, विशेषताओं की परख में कहाँ तक सफलता हुई है, इसका निर्णय तो भिन्न-भिन्न लेखकों की वाग्विभूति का विशेष अनुभव करनेवाले महानुभावों के अनुमोदन द्वारा कुछ काल में ही हो सकेगा। पर इतना कहा जा सकता है कि बहुत-सी संलक्ष्य विशेषताओं की ओर ध्यान आकर्षित करके लेखक ने और सूक्ष्म अनुसन्धान की आवश्यकता प्रकट कर दी है।

हिन्दी के वर्तमान लेखकों में से कुछ में तो शैली की विशिष्टता, उनकी निज की भावपद्धति और विचारपद्धति के अनुरूप अभिव्यंजना के स्वाभाविक विकास द्वारा आई है और कुछ में बाहर के अनुकरण द्वारा। विशिष्टता की उत्पत्ति के ये दोनों विधान भाषा में साथ-साथ चलते हैं और आवश्यक हैं। पर शैली की विशिष्टता के विन्यास के पूर्व

भाषा की सामान्य योग्यता अपेक्षित होती है। आजकल हिन्दी लिखनेवालों की संख्या सौभाग्य से उत्तरोत्तर बढ़ रही है। पर यह देखकर दुःख होता है कि इनमें से बहुत, पहले ही विशिष्टता के प्रार्थी दिखाई पड़ते हैं। शैली कोई हो, वाक्यरचना की व्यवस्था, भाषा की शुद्धता और प्रयोगों की समीचीनता सर्वत्र आवश्यक है। जब तक ये बातें न सध जायँ तब तक लिखने का अधिकार ही न समझना चाहिए। इनके बिना भाषा लिखने-पढ़ने की भाषा ही नहीं है जिसकी शैली आदि का विचार होता है। न अज्ञता या कचाई कोई विशिष्टता कही जा सकती है, न दोष या अशुद्धि कोई नवीन शैली। अपनी बुद्धि की निष्क्रियता और भाषा की कचाई के बीच केवल देशी-विदेशी समीक्षाओं की शैली के अनुकरण द्वारा विशिष्टता प्रदर्शन का प्रयत्न झूठी नकल या धोखेबाजी ही कहा जायगा। पर आजकल कोई पत्रिका उठाइए, उसमें कहीं-न-कहीं 'कविस्वप्न' आदि की बातें बड़े करामाती ढंग से बड़ी गम्भीर मुद्रा के साथ, ऐसे-ऐसे वाक्यों में कही हुई मिलेंगी–

'वे अपने दिमाग के अन्दर घुसते ही स्वप्न को अपने आलोक में अपना सौन्दर्य न बिखेरने देकर अपने जादू से उसे तुरन्त बेहोश कर दिए हैं।'

जब से श्रीयुत पंडित महावीरप्रसाद द्विवेदी ने 'सरस्वती' से अपना हाथ खींचा तब से मैदान में नए-नए उतरनेवाले लेखकों के लिए अपनी भाषा सम्बन्धिनी प्रारम्भिक योग्यता की जाँच के लिए कोई साधन नहीं ही रह गया। लेखक तो लेखक, प्रयाग की एक मासिक पत्रिका ने अभी हाल ही में अपना अशुद्ध जीवन समाप्त किया है। आज हिन्दी में मासिक पत्रिकाओं की कमी नहीं है। उनमें से दो-एक ही यदि पूरी चौकसी रखें तो सदोष भाषा का यह प्रवाह बहुत कुछ रुक सकता है।

वर्तमान गद्य लेखकों की प्रवृत्तियों की ओर ध्यान देने पर तीन प्रकार की शैलियाँ लक्षित होती हैं–विचारप्रधान, भावप्रधान और उभयात्मक। एक ही लेखक की अन्तर्वृत्ति कभी विचारोन्मुख होती है और कभी भावोन्मुख। अतः उसकी भाषा भी कहीं एक ढंग पकड़ती है, कहीं दूसरा। पर सामान्य प्रवृत्ति के विचार से उनकी शैली उक्त तीन विभागों में से किसी एक के अन्तर्गत रखी जा सकती है। बंगभाषा के प्रभाव से इधर भावात्मक भाषा-विधान की ओर बहुत-से लेखकों का झुकाव दिखाई पड़ता है जिनमें से कई एक को पूरी सफलता भी प्राप्त हुई है। इस सम्बन्ध में मुझे यही कहना है कि भाषा की शक्ति का विकास दोनों क्षेत्रों में वांछित है–विचार के क्षेत्र में भी और भाव के क्षेत्र में भी। भाषा जब विचार की गति के रूप में चलती है तब प्रस्तुत तथ्यों के प्रति उसके हृदय में आनन्द, करुणा, हास, क्रोध इत्यादि जागरित होते हैं। ये दोनों विधान अन्तःकरण के विकास के लिए आवश्यक हैं और भाषा की शक्ति सूचित करते हैं। मेरे विचार में इन दोनों के अपेक्षित योग में ही भाषा की पूर्ण विभूति प्रकट होती है।

पहली बात है तथ्यों का उद्घाटन, फिर उनके प्रति उपयुक्त भावों का प्रवर्तन। यदि भाषा विचार की पद्धति एकदम छोड़ देगी तो वह कुछ बँधी हुई बातों पर ही भावावेश की उछल-कूद तमाशे के ढर्रे पर दिखाया करेगी। उसमें न गुरुत्व रहेगा, न सचाई। भावों की सच्ची और स्वाभाविक क्रीड़ा के लिए ज्ञान-प्रसार द्वारा जब नई-नई जमीन निकलती

आती है तभी भाषा वास्तव में अपनी पूरी कला दिखाती जान पड़ती है। इस पुस्तक में लेखक ने बहुत कुछ मार्मिक दृष्टि से काम लिया है और लेखकों की बहुत-सी विशेषताओं का अच्छा उद्घाटन किया है। यद्यपि बहुत-से लेखकों के सम्बन्ध में एक ही ढंग की प्रचलित और रूढ़ पदावली कहीं-कहीं स्वच्छन्द समीक्षण का मार्ग छेंकती-सी जान पड़ती है। इसका कारण, मेरे देखने में, सूक्ष्म विभेदों की व्यंजना के लिए अपेक्षित शब्दसामग्री की कमी है। आशा है सूक्ष्मदृष्टि-सम्पन्न लेखकों के सतत् व्यवहार से मँजकर हमारी भाषा यह कमी शीघ्र पूरी कर लेगी।

अन्त में मुझे यही कहना है कि शर्माजी (जगन्नाथ प्रसाद शर्मा) की इस कृति के भीतर शैली समीक्षा के प्रवर्तन की बड़ी भव्य सम्भावना दिखाई पड़ती है जिससे आशा होती है कि हमारी हिन्दी में साहित्य के इस अंग का स्फुरण भी बहुत शीघ्र उसी सजीवता के साथ होगा जिस सजीवता के साथ और-और अंगों का हो रहा है। काशी विश्वविद्यालय के भीतर उनके साथ मेरा जो सम्बन्ध रहा है उसके कारण मुझे उनके इस सदुद्योग पर जितना हर्ष है उतना ही गर्व भी। मुझे पूरा भरोसा है कि वे हिन्दी-साहित्य-क्षेत्र के वर्तमान अन्धाधुन्ध से न घबराकर स्वच्छ दृष्टि के साथ उसके भीतर प्रवेश करेंगे और अपना कोई मार्ग निकालेंगे।

(सन् 1930)

हिन्दी की प्राचीन और नवीन काव्यधारा

(सूर्यबली सिंह)

'हिन्दी की प्राचीन और नवीन काव्यधारा' में श्री सूर्यबली सिंह जी, एम.ए. ने दोनों धाराओं की विभिन्नता प्रकट करनेवाली बहुत-सी विशेषताओं का अच्छा उद्‌घाटन किया है। इन विशेषताओं की ओर ध्यान देने से दोनों प्रकार की कविताओं के स्वरूप का परिचय और वर्तमान कविता की भिन्न-भिन्न शाखाओं का आभास मिल जाता है। हमारे काव्य क्षेत्र में ज्यों-ज्यों अनेकरूपता का विकास होता जायगा त्यों-त्यों ऐसी पुस्तक की आवश्यकता बढ़ती जायगी। अतः हमें पूरी आशा है कि यह पुस्तक उपयोगी सिद्ध होगी और सूर्यबली सिंह जी बराबर अपने साहित्य की गतिविधि इसी प्रकार परखते रहेंगे।

रसकलश

(अयोध्या सिंह उपाध्याय 'हरिऔध')

जो रस प्रबन्ध काव्यों में धारा के रूप में बहता है वही मुक्तक पद्यों की छोटी-छोटी नलिकाओं से पिचकारी की तरह छूटता है। यह पिछला ढंग समाज और जलसों के अधिक अनुकूल पड़ता है। इसी से प्रबन्धों के साथ-साथ मुक्तकों की परम्परा भी बहुत प्राचीन काल से चली आ रही है। हिन्दी के पुराने कवियों ने साहित्य ग्रन्थों में निरूपित रस के अवयव के क्रम से अपनी फुटकल रचनाओं के सन्निवेश की जो परिपाटी चलाई वह बहुत दिनों तक हिन्दी साहित्य में चलती रही है। आजकल हिन्दी के लब्धप्रतिष्ठित पुराने कवियों के इस काव्य के आधुनिक मार्ग पर जिन्हें पाते हैं उनमें से कई एक उस पुरानी परिपाटी पर अत्यन्त रसमयी रचना कर चुके हैं। ऐसे कवियों में आधुनिक काव्य क्षेत्र के महारथी 'हरिऔध' जी प्रमुख हैं। आजकल लोग प्रायः खड़ीबोली के कई रूपों की झलक दिखानेवाले उनके उन प्रौढ़, सरस और मधुसिक्त काव्यों से ही परिचित हैं जिन्होंने खड़ी बोली काव्य के गौरवपूर्ण भविष्य को स्थिर किया है। उनकी ब्रजभाषा की नई और पुरानी कविताओं के माधुर्य्य के आस्वादन का सौभाग्य बहुत लोगों को प्राप्त नहीं हुआ था। मेरी बहुत दिनों से इच्छा थी कि हरिऔध जी की ब्रजभाषा की माधुरी भी लोगों को सुलभ हो जाय। सौभाग्य से मेरी इच्छा पूरी हुई। ब्रजभाषा का रसभरा स्वर्णकलश सामने आया।

रस ही काव्य का प्राण या आत्मा कहा गया है। अलंकार आदि उसी के भीतर अपनी शोभा का रमणीय प्रकाश करते हैं। उससे विच्छिन्न होकर वे चमकीली वस्तुओं के निर्जीव ढेर से जान पड़ते हैं। रस भरे हृदय और रस भरी आँखों के लिए यह सारी सृष्टि रसमयी है। रस की कच्ची सामग्री प्रत्येक घर के भीतर रहती है। पर उसे रस रूप में परिणत करनेवाला प्रभाव कवियों की वाणी द्वारा प्राप्त होता है जो उसे शब्दों से खोदकर कल्पना और भावों की रसविधायिनी क्रिया में तत्पर करती है। अतः और बातों के अतिरिक्त कवियों में ये बातें अवश्य होनी चाहिए—भाव प्रवणता, प्रतिभा या कल्पना, शब्द-धन तथा उसके उपयोग की प्रत्युत्पत्ति।

हरिऔध जी शब्दों के कितने बड़े धनी हैं यह उनके प्रियप्रवास आदि काव्यों का अनुशीलन करनेवाले जानते ही हैं। खड़ी बोली से जब उनकी कोमलकान्त पदावली इतनी मिठास घोल देती है तब स्वभावतः कोमल और मधुर ब्रजभाषा के बीच उसकी

छटा का क्या कहना। रीतिग्रन्थ माला अब इस युग में समाप्त हो गई। अतः उसके लिए जैसे सुमेरु की आवश्यकता थी वैसा ही सुमेरु इसमें पिरो दिया गया। रसकलश में हरिऔध जी ने काव्य की प्रतिष्ठित परम्परा को चरम उत्कर्ष पर पहुँचाकर छोड़ दिया। हिन्दी के पुराने ग्रन्थों में नायिका भेद ही वास्तव में रहता था। और रस प्रायः एक-एक उदाहरण देकर किसी प्रकार चलता कर दिए जाते थे। रस के अवयवों पर भी पूरा ध्यान नहीं दिया जाता था। पर इस कलश के भीतर जिस प्रकार और रसों का भी पूरा समावेश है उसी प्रकार रस के अवयवों की भी निराली छटा है। इस रसकलश की स्थापना आधुनिक काल में हुई है। अतः इसमें आधुनिकता का रंग बिना कुछ घुले कैसे रह सकता था। जबकि अवस्था, प्रकृति आदि के विचार से नायिकाओं के इतने भेद किए गए हैं तब और भेदों की सम्भावना की ओर ध्यान जाना आवश्यक ही है। देश-प्रेम, जाति-प्रेम आदि का पुनीत स्रोत आज कितने ही हृदयों से फूटकर जनता के जीवन की गतिविधि निर्दिष्ट कर रहा है। अतः हरिऔध जी ने इन नूतन भावों से अलंकृत नायिकाओं के लिए भी स्थान निकालकर रसज्ञों के निकट विचार के लिए एक विषय उपस्थित कर दिया है। देशप्रेम और जातिप्रेम भी प्रेम का एक प्रकार ही है। यह एक ऐसे गुण के रूप में प्रतिष्ठित किया गया है कि जिससे नायिका का उत्कर्ष साधन होता है और वह शृंगार की भी नायिका बनी रहती है।

रसकलश में हरिऔधजी ने जो विचारपूर्ण भूमिका लगा दी है उससे रस के सम्बन्ध में लोगों को बहुत कुछ जानकारी प्राप्त हो सकती है। अन्त में वही कहना पड़ता है कि ब्रजभाषा की काव्य परम्परा का अत्यन्त पूर्णता पर पहुँचा हुआ रूप दिखाकर हरिऔध जी ने एक बार फिर शिक्षित समाज को उसकी ओर आकर्षित कर लिया है।

कुसुम संग्रह

(रामप्रसन्न घोष; अनुवाद : बंगमहिला)

आज से 50 वर्ष पहिले हमारी स्थिति बड़ी बेढब हो रही थी। हमारे चिरपोषित साहित्य से हमारा नाता टूटने वाला था। हमारे राजनीतिक जीवन से तो हमारी भाषा टोडरमल की कृपा से मुसलमानों ही के समय में अलग हो चुकी थी। इधर जब अँगरेजों का प्रकाश हम पर पड़ा और हमें संसार की गति का ज्ञान हुआ तब हम सामयिक प्रवाह की ओर एक विदेशी भाषा के सहारे दौड़ पड़े। हमारा साहित्य जहाँ-का-तहाँ छूटा था, इसी बीच में भारतेन्दु बाबू हरिश्चन्द्र ने उसे उठाकर सशक्त किया और हमारे साथ उसे फिर लगा दिया। जिन-जिन मार्गों पर हमारे विचार जा रहे थे उनकी ओर हमारे साहित्य को बड़ी सफाई के साथ उन्होंने मोड़ दिया। किसी जाति का साहित्य जब बराबर उसके विचारों और व्यापारों के साथ लगा हुआ चला चलता है तभी जीवित रह सकता है। अतः भारतेन्दु ने हिन्दी को बड़ी बुरी दशा में पड़ने से बचाया। यदि कहीं हमारे साहित्य का हमसे वियोग हो जाता, जिसके सब सामान इकट्ठा थे, तो क्या हम सभ्य संसार में अपना मुँह दिखाने लायक रह जाते ? सोचिए तो कि हिन्दी भाषी उत्तरी क्या, राष्ट्रभाषा के नाते सारे भारत पर इनका कितना उपकार है। आज जो हम लोग नए-नए विचारों को मँजी हुई भाषा में प्रकट करते और चारों ओर हिन्दी-पुस्तकों और पत्रों को उमड़ते देखते हैं वह इन्हीं की बदौलत। हिन्दी को उन्नति के आधुनिक मार्ग पर लाकर खड़ा करनेवाले यही थे। अब हमें चाहिए कि राजनीति, विज्ञान, दर्शन, कला आदि के जो-जो भाव हम अपनी संसार यात्रा में प्राप्त करते जायँ उन्हें अपनी मातृभाषा हिन्दी को बराबर सौंपते जायँ क्योंकि यही उन्हें हमारी भाव सन्तति के लिए संचित रक्खेगी। साथ ही हमारा यह भी कर्तव्य है कि उस महात्मा को जिसका यह उपदेश था–

विविध कला शिक्षा अमित, ज्ञान अनेक प्रकार।
सब देशन सों लै करहु, भाषा माँहिं प्रचार॥

न भूलें और न भरसक किसी को भूलने दें। संसार के समस्त सभ्य देशों में महान पुरुषों की स्मृति को जागृत रखना सच्चे लोकोपकारी कार्य्यों की उत्तेजना का एक साधन समझा जाता है। महात्माओं के जीवन को तो स्वार्थ स्पर्श कर ही नहीं सकता अतः उनका जो कुछ आदर किया जाता है उससे उनका कोई उपकार नहीं बल्कि समाज का उपकार

होता है। उनके जीवनोपरान्त भी यदि उनका स्मरण किया जाता है तो उससे लोक का बहुत कुछ भला हो जाता है। यह बात योरप वालों के मन में अच्छी तरह बैठ गई है। वे अपने प्रतिभासम्पन्न कवियों और ग्रन्थकारों का स्मरण कराते रहने के लिए अनेक युक्तियाँ रचा करते हैं। उनकी जयन्तियाँ मनाई जाती हैं, उनके नाम पर क्लब और पुस्तकालय चलते हैं और पुस्तक मालाएँ निकलती हैं। लज्जा की बात तो है पर कहना ही पड़ता है कि हम भारतवासियों में इस प्रवृत्ति का अभाव है। यदि हम अपने साहित्य संचालकों का उचित आदर नहीं करते हैं तो संसार को यह कहने में संकोच नहीं कि हमने अभी तक विद्या की शक्ति को नहीं समझा है और हम झूठी तड़क-भड़क के श्रद्धालु बने हुए हैं। हम भारतवासी बहुत कुछ ऊँच-नीच देख चुके। अब हममें सच्चे पुरुषरत्नों की परख होनी चाहिए। अब हमें उनके आदर करने का फल और माहात्म्य समझना चाहिए।

यों तो वर्तमान हिन्दी में जो कुछ देखा जाता है वह भारतेन्दु ही की प्रभा का स्मारक है पर किसी वस्तु को निर्दिष्ट किए बिना जी भी नहीं मानता। जिस कार्य्य के लिए किसी महान पुरुष ने प्रयत्न किया हो उसमें प्रवृत्त होकर उसे आगे बढ़ाना ही उसका सच्चा स्मरण करना है। अतः जिस वृक्ष को भारतेन्दु लगा गए उसके पत्र पुष्प से बढ़कर उनका और क्या स्मारक हो सकता है। यही विचार कर यह ग्रन्थमालिका आप लोगों के आगे रखी जाती है। इससे उस सच्ची आत्मा का एक बार स्मरण कीजिए और अपनी भाषा के प्रति अपने कर्त्तव्य को ध्यान में रखिए, बस।

इस कुसुमसंग्रह में, जिससे यह मालिका आरम्भ की जाती है, अधिकांशतः बंगभाषा के प्रसिद्ध ग्रन्थकारों के रचे हुए गल्पों वा समाज के खंडचित्रों के अनुवाद हैं जिसमें लोगों के रहन-सहन अत्यन्त यथातथ्यता के साथ अंकित हुए हैं और उनके मनोभावों तक बड़ी सूक्ष्मता से दृष्टि धँसाई गई है। इनके अतिरिक्त कुछ स्त्रियों के लिए उपयोगी प्रबन्ध भी हैं। अनुवादिका वही श्रीमती बंगमहिला जी हैं जिनकी छोटी-छोटी आख्यायिकाएँ तथा प्रबन्ध हिन्दी पाठक सरस्वती आदि पत्रिकाओं में पढ़ते आए हैं। यहाँ पर मैं इन लेखिका महाशया के परलोकवासी पिता श्रीयुत बा. रामप्रसन्न घोष को धन्यवाद दिए बिना नहीं रह सकता, जिन्होंने अनुग्रहपूर्वक इन लेखों को प्रकाशित करने की अनुमति दी। पर खेद इस बात का है कि उक्त बाबू साहब इस 'कुसुम संग्रह' को अपने हाथ में न ले सके। ये महानुभाव बड़े विलक्षण विद्याव्यसनी थे और इन्हें बहुत-से विषयों की जानकारी थी।

इनकी पूरी जीवनी 'सरोज' नामक नवजात सचित्र मासिक पत्र में दी जायगी।

मैं बहुत दिनों तक काश्मीर में था, इससे प्रूफ आदि देखने का अवसर मुझे अच्छी तरह नहीं मिला। जो त्रुटियाँ रह गई हों उनके लिए क्षमा चाहता हूँ। हमें इंडियन प्रेस के स्वामी श्रीयुत बाबू चिन्तामणि घोष को भी विशेष धन्यवाद देना चाहिए। इसके दो कारण हैं। एक तो यह कि हमारी प्रार्थना करने पर आपने अपनी 'सरस्वती' में प्रकाशित लेखिका-लिखित सभी निबन्धों के उद्धृत करने की अनुमति सहर्ष प्रदान की और दूसरा

यह कि अनेक कारणों से यह पुस्तक छपने पर भी पड़ी रही और आपने इस विलम्ब को अपनी स्वाभाविक सज्जनता से सहन किया।

साथ ही हम पं. रामजी लाल शर्मा तथा उन महाशयों को भी हार्दिक धन्यवाद देते हैं जिन्होंने समय-समय पर हमें प्रूफ आदि के देखने में सहायता दी है।

इस मालिका की दूसरी पुस्तक भी तैयार है, शीघ्र निकलेगी।

(प्रकाशन काल 1 सितम्बर 1911)

(विविध पुस्तकों के प्रकाशन हेतु 'भारतेन्दु स्मारक ग्रन्थ मालिका' नाम से रामचन्द्र शुक्ल ने नागरी प्रचारिणी सभा में एक योजना प्रारम्भ कराई थी जिसके अन्तर्गत पहली पुस्तक 'कुसुम संग्रह' छपी। इसके बाद ही यह योजना बन्द कर दी गई। इस कारण उक्त तैयार 'दूसरी पुस्तक' छपने का अवसर नहीं आया। सभा का मुद्रण-प्रकाशन कार्य्य उन दिनों इंडियन प्रेस में भी होता था। स्त्रीविरोधी लोगों द्वारा उपस्थित अवरोध के कारण 'कुसुम संग्रह' पुस्तक छपने के बावजूद प्रेस में पड़ी रही। आचार्य शुक्ल को तीन-चार दिन इलाहाबाद में रहकर इसे निकलवाना पड़ा। शुक्ल जी ने भी अपनी स्वाभाविक सज्जनता से ही इसे सहा और इतना लिखकर रह गए कि 'अनेक कारणों से यह पुस्तक छपने पर भी पड़ी रही।' वे कौन से कारण थे, यदि उन 'कारणों' पर शुक्ल जी की लेखनी द्वारा ही प्रकाश पड़ता तो अच्छा था—सम्पादक)।

विसर्जन

(रवीन्द्रनाथ टैगोर; अनुवाद : मुरारिदास अग्रवाल)

जिन रवीन्द्र की गणना इस समय संसार के प्रसिद्ध पुरुषों में है उनका परिचय देने की तो कोई आवश्यकता नहीं। यहाँ केवल इतना ही कहना है कि उनकी वाणी दो प्रकार की है—एक तो वह जिसने अनेक गूढ़ और अव्यक्त मनोवृत्तियों को जीवन-दशाओं के बीच अभिव्यक्त करके दिखाया है, दूसरी वह जिसने मनुष्यजाति की रहस्यपूर्ण अज्ञान-प्रियता के लिए सामग्री उपस्थित कर संसार की टकटकी अपनी ओर लगाई है। हम निःसंकोच कह सकते हैं कि प्रथम प्रकार की कवि-वाणी भारतीय है और दूसरे प्रकार की विदेशीय, जिसका विकास फारस के सूफी कवियों के बीच हुआ और जिसका अनुकरण करके कबीर आदि ने तत्त्वदृष्टिशून्य साधारण जनता को चकित और कुतूहल-मग्न किया। हाफिज, उमर खयाम आदि के अनुवादों के प्रचार से उत्पन्न रहस्यवाद की नई प्रवृत्ति के कारण यूरोप—जो कि आजकल संसार समझा जाता है—हमारे कवि के अर्द्धस्फुट आभासों और विशृंखल वचनावली ही पर वाह-वाह किया करे पर भारतीयों को उनकी उन कृतियों का मूल्य कहीं अधिक समझना चाहिए जिनमें काव्य का अचल सनातन स्वरूप बना हुआ है, जो जीवन की नाना वृत्तियों के साथ हृदय का पूर्ण सामंजस्य एक संवाद सूत्र में दिखाने में समर्थ है। यह 'विसर्जन' नाटक इसी प्रकार की कृतियों में से है।

इस नाटक में उग्र हिंसापूर्ण कठोर जीवन के बीच विश्व-रक्षिणी दिव्य मधुर ज्योति का मानव अन्तःकरण में आप से आप स्फुरण दिखाया गया है। किसी समय बंगाल और आसाम में शाक्त मत इतना प्रबल हो गया था कि सारी जनता के सामने परोक्ष शक्ति का संहारकारी स्वरूप ही रह गया था, उसका दया-दाक्षिण्यपूर्ण लोकपालक स्वरूप दृष्टि से हट सा गया था। एक बालिका के दयापूर्ण मानस में इस लोकपालक स्वरूप की मनोहर झलक पाकर त्रिपुरा के राजा ने देवी के मन्दिर में बलिदान का निषेध किया और उसका जो कुछ परिणाम हुआ उसे बड़ी शान्ति के साथ सहन किया; इस नाटक की भाषा बड़ी ही अनूठी और हृदय के मर्मों तक पहुँचती हुई है। उसके द्वारा ऐसे-ऐसे गूढ़ और सूक्ष्म भावों की व्यंजना की गई है जो मनुष्य को क्षुब्ध करते हुए भी अव्यक्त से रहते हैं।

नाटक पद्य में है। उसका यह हिन्दी गद्य में अनुवाद है। अनुवादक ने, जहाँ तक हो सका है, मूल के भाव और भाषा दोनों की रक्षा का प्रयत्न किया है। आशा है यह हिन्दी-पाठकों को रुचिकर होगा।

काशी, 14-9-24

—रामचन्द्र शुक्ल

प्रकृति पूजा
(पं. बालकराम शास्त्री)

जब से खड़ी बोली की कविता में संस्कृत वर्णवृत्तों का विशेष रूप से प्रचार हुआ और संस्कृत की 'कोमल कान्त पदावली' समासों में गुम्फित होकर अपनी छटा दिखाने लगी तब से संस्कृताभ्यासी सज्जनों को भी उसके भीतर अपनी रचना के लिए अवकाश दिखाई पड़ने लगा। हमारे यहाँ ऋतुओं का वर्णन काव्य का एक प्रधान अंग माना जाता है। वास्तव में प्रकृति के नाना रूपों की झाँकी उसके भीतर हमें मिलती है और हम अपने देश के स्वरूप को उसके द्वारा बहुत कुछ हृदयंगम कर सकते हैं। हिन्दी की पुरानी शृंगारी कविताओं में ऋतु वर्णन अधिकतर उद्दीपन की दृष्टि से किए गए हैं। ऐसे वर्णनों में प्रकृति के प्रति कवि के प्रेम का आभास नहीं मिलता।

प्रस्तुत पुस्तक पं. रामबालकजी की भावभरी 'प्रकृति-पूजा' देख बहुत आनन्द हुआ। पंडितजी ने उल्लास भरे नेत्रों से प्रकृति के नाना रूपों का दर्शन किया है, अत्यन्त लीन होकर उसके संगीत को सुना है और बड़े पूज्यभाव से अपने हृदय को निवेदित किया है। ऋतु-सुलभ वस्तुओं और व्यापारों का पंडितजी ने अच्छा सन्निवेश किया है। यद्यपि इनमें से अधिकांश परम्परागत हैं पर उनमें भी स्वतंत्र निरीक्षण का प्रमाण जगह-जगह मिलता है। भाषा भी शुद्ध, व्यवस्थित और मँजी हुई है। सबसे अच्छी बात तो यह है कि आपने अपने वर्णनों को उपमा-उत्प्रेक्षा इत्यादि अलंकारों से इतना कहीं नहीं लादा है कि प्रस्तुत दृश्य आच्छन्न हो गए हों। मैं पंडितजी को इस सफलता के लिए हृदय से बधाई देता हूँ और उनसे अनुरोध करता हूँ कि अपनी ललितवाणी से इसी प्रकार अपनी मातृभाषा की सेवा-पूजा में रत रहेंगे।

—रामचन्द्र शुक्ल
प्रो. हिन्दू विश्वविद्यालय

काशी,
6-8-1933

मानस सरोवर और कैलास

(सुशील चन्द्र भट्टाचार्य; अनुवाद : रामचन्द्र वर्म्मा)

हिन्दी में क्या, प्रायः सभी भारतीय भाषाओं में यात्रा-सम्बन्धी पुस्तकों की बहुत कमी है। भूमंडल के भिन्न-भिन्न भागों के जैसे विस्तृत और मनोरंजक विवरण योरपीय भाषाओं में हैं, वैसे यहाँ की किसी भाषा में नहीं। क्या इसका कारण हमारी कूप-मंडूकता है ? कैसे कहें ? प्राचीन काल में तो भारतवासी धर्म्म-प्रचार तथा व्यापार के लिए बर्मा, श्याम, चीन, सिंहल, सुमात्रा, जावा इत्यादि दूर-दूर के स्थानों में जल और स्थल के मार्गों से बराबर जाया करते थे। पर संस्कृत या प्राकृत में कोई ऐसा ग्रन्थ नहीं जिसमें उन देशों का सच्चा विवरण हो। इधर एक हजार वर्ष से अलबत्ता भारतीयों का अपने देश की सीमा के बाहर निकलना बन्द हो गया। पर देश के भिन्न-भिन्न खंडों और प्रदेशों के बीच तीर्थयात्रा और व्यापार के निमित्त आना-जाना बराबर जारी रहा। हमारा देश इतना विस्तृत है, उसके भीतर जलवायु, जन-समाज, प्राकृतिक दृश्यों इत्यादि की इतनी अनेकरूपता है कि एक प्रदेश के निवासी को दूसरे दूरस्थ प्रदेश के विवरण में कुतूहल और मनोरंजन की पर्याप्त सामग्री मिल सकती है। पर न तो किसी पुराने तीर्थ-यात्री ने सागर-चुम्बित मलय-प्रदेश का वर्णन लिखा, न उत्तराखंड के गगनचुम्बी शिखरों का।

सच पूछिए तो जिस प्रकार सच्ची ऐतिहासिक जिज्ञासा जनता में बराबर दबी-सी रही है, उसी प्रकार भौगोलिक जिज्ञासा भी। पर है यह जिज्ञासा स्वाभाविक। इधर-उधर उपयुक्त सामग्री पाकर अब यह जाग उठी है। अब यात्रा-सम्बन्धी कुछ पुस्तकें दिखाई पड़ने लगी हैं। इस प्रकार की अच्छी पुस्तकें भी प्रस्तुत हो सकती हैं जब हम लोगों में साहसी यात्री उत्पन्न हों जो दूरस्थ दुर्गम प्रदेशों में भ्रमण करें। पर यात्रा का साहस ही पर्याप्त नहीं है। यात्री में जिज्ञासा का प्राचुर्य और निरीक्षण की पूरी शक्ति होनी चाहिए। इसके बिना सहस्रों कोस का पर्यटन करके भी वह किसी प्रदेश के वैचित्र्य का सम्यक् उद्घाटन न कर सकेगा—उन बातों को सामने न रख सकेगा जिनमें मन स्वभावतः रमता है।

भारतवर्ष के एक छोर से दूसरे छोर तक स्थान-स्थान पर हिन्दुओं के तीर्थ प्रतिष्ठित हैं। कुछ तो भारत की सीमा के बाहर भी हैं—जैसे, हिंगुलाज और कैलास-मानस सरोवर। चारों धामों की यात्रा न जाने कितने दिनों से होती आ रही है। सबसे विकट और दुर्गम

उत्तराखंड के बदरी-केदार की यात्रा मानी जाती है। उत्तराखंड या हिमालय-प्रदेश एक न्यारा लोक ही जान पड़ता है। गगनचुम्बी तुषार-मंडित शिखरों के बीच बढ़ते हुए यात्री को देवलोक के मार्ग का अनुभव होता है। जिस समय वह लौटकर घर आता है, उसके साहस पर कितना साधुवाद मिलता है, उसकी बातें कितनी उत्कंठा से सुनी जाती हैं। पर हमारे धर्म्मवीरों या यात्रावीरों के साहस की सीमा बदरी-केदार के आगे नहीं बढ़ती।

उसके आगे तो वह स्वर्ग समझा जाता है जो शायद बिना मरे नहीं दिखाई पड़ सकता। कैलास-मानस सरोवर पर पैरों से चलकर पहुँचने की बात सामान्य जनता कभी ध्यान में नहीं लाती।

जो यह जानते हैं कि कैलास और मानस सरोवर इसी भूलोक में हैं, उनके हृदय में अवश्य उक्त दिव्य दर्शनों के सम्बन्ध में अनेक प्रकार की जिज्ञासाएँ उठती हैं। पर बहुत कम लोगों को उन्हें तृप्त करने का कुछ साधन प्राप्त होता है। उक्त दोनों स्थान तिब्बत में पड़ते हैं जहाँ कुछ दिनों पहले यात्रियों का पहुँचना एक प्रकार से असम्भव-सा था। कुछ रमते साधु या सैर-सपाटेवाले योरपियन ही उधर जा पड़ते थे। 17-18 वर्ष की अवस्था में उक्त प्रदेश का कुछ वर्णन अँगरेजी की एक पुस्तक में पाकर मैंने बड़े प्रेम से पढ़ा था। पर जहाँ तक मुझे स्मरण आता है, उससे मेरी तृप्ति नहीं हुई थी। उसके बहुत दिनों पीछे सत्यदेवजी की कैलास-यात्रा हिन्दी में निकली, पर उस छोटी-सी पुस्तक में मुझे मार्ग की दुर्गमता के रूखे वर्णन के अतिरिक्त और कुछ न मिला। कैलास-मानस सरोवर के सम्बन्ध में जो दिव्य, पुनीत और भव्य भावना परम्परा से बँधी चली आ रही है, उसी के अनुरूप हमारी जिज्ञासा भी हुआ करती है। ऐसी जिज्ञासा की तुष्टि वही यात्री कर सकता है जिसका अन्तःकरण जिज्ञासापूर्ण हो तथा जिसकी दृष्टि आसपास के स्वरूपों को स्पष्टता के साथ ग्रहण करनेवाली हो। इनके अतिरिक्त वर्णन द्वारा नाना दृश्यों के प्रत्यक्षीकरण की सामर्थ्य भी उसमें पूरी-पूरी होनी चाहिए।

मुझे कितना आनन्द हुआ जब एक दिन अकस्मात् मेरे पुराने मित्र श्री सुशीलचन्द्र भट्टाचार्य इसी प्रकार के एक यात्री के रूप में मेरे सामने प्रकट हुए। मैंने बड़ी उत्कंठा के साथ उनकी कैलास-मानस सरोवर की यात्रा के सम्बन्ध में सैकड़ों प्रश्न पूछे। उन्होंने अपने वर्णन द्वारा मेरा बहुत कुछ कुतूहल शान्त किया और दूसरे दिन कैलास-मानस सरोवर की यात्रा से सम्बन्ध रखनेवाले अनेक फोटोग्राफ भी दिखाए।

अपनी यात्रा का विवरण उन्होंने बंग भाषा की प्रतिष्ठित पत्रिका वसुमती में खंडशः छपाया था जो पीछे पुस्तकाकार प्रकाशित हुआ। (रामचन्द्र वर्म्मा द्वारा अनूदित) वही पुस्तक हिन्दी में सामने पाकर मेरा आनन्द दूना हो गया। पाठक देखेंगे कि भाव-पक्ष और व्यवहार-पक्ष दोनों का उचित ध्यान रखकर इस पुस्तक का प्रणयन हुआ है। जिस प्रकार इसमें उन सब दृश्यों का सजीव और स्पष्ट चित्रण हुआ है जो सुषमा, भव्यता, विशालता, विचित्रता, पवित्रता इत्यादि की रहस्यमयी भावनाएँ जगाकर हमारे हृदय को अनुभूति की अत्यन्त रमणीय भूमि में पहुँचा देते हैं, उसी प्रकार उस विकट और दीर्घ यात्रा को निर्विघ्न और सुव्यवस्था-पूर्वक समाप्त करने के लिए जितनी बातों का जानना आवश्यक

है, उतनी सब और कहीं-कहीं उससे बहुत अधिक भी इसमें दी हुई मिलेंगी। यह कह देना आवश्यक प्रतीत होता है कि यह पुस्तक केवल प्राकृतिक दृश्य वैचित्र्य के अन्वेषण व्यक्तियों के निमित्त ही नहीं, धर्म्मपरायण तीर्थयात्रियों के उपयोग के लिए भी लिखी गई हैं। अतः इसमें कैलास-मानस सरोवर आदि की ठीक-ठीक स्थिति का निर्देश करनेवाले प्रमाण भी रामायण, महाभारत पुराणादि से दिए गए हैं तथा प्रत्येक दर्शनीय स्थान का पूरा विवरण भी सन्निविष्ट है। इसके अतिरिक्त उन प्रदेशों में निवासियों के शील और आचार-व्यवहार का भी परिचय दिया गया है जिससे यात्री बहुत कुछ लाभ उठा सकते हैं। यात्री को क्या-क्या वस्तुएँ अपने पास रखनी चाहिए, मार्ग में कितने टिकान पड़ते हैं और कहाँ किस प्रकार की सवारी आदि का सुभीता हो सकता है, ये सब बातें मौजूद हैं। खर्च का भी ठीक-ठीक ब्यौरा दे दिया गया है।

अपने मित्र सुशील बाबू के धैर्य्य और साहस पर मैं जितना चकित और मुग्ध हूँ उतना ही इस प्रकार की पुस्तक करने के लिए कृतज्ञ भी हूँ। कैलास-मानस सरोवर के सम्बन्ध में ऐसी और कोई पुस्तक मेरे देखने में अभी तक नहीं आई।

शैलबाला

(ननीलाल वंद्योपाध्याय)

यह उपन्यास बंगभाषा के पुराने उपन्यासकर, अमृतपुलिन, मुगलप्रदीप, कोहेनूर आदि के रचयिता श्रीयुत ननीलाल बन्द्योपाध्याय की एक पुस्तक का अनुवाद है। ननीलाल बाबू के उपन्यासों का बंगदेश में अच्छा आदर हुआ। समाज के भिन्न-भिन्न वर्गों की प्रवृत्ति का चित्रण करने में ये बड़े कुशल समझे जाते थे। इस पुस्तक में देश की उस समय की परिस्थिति का एक चित्र है जब मोगल साम्राज्य का एक प्रकार से अन्त हो चुका था, मरहठों के हृदय से भी साम्राज्य स्थापित करने का उत्साह दूर हो चुका था और ईस्ट इंडिया कम्पनी का दिन-दिन बढ़ता हुआ प्रभाव अँगरेजों के भावी महत्त्व का आभास दे रहा था। इस उलट-फेर के कारण देश के बड़े-बड़े प्रतिष्ठित वंश दुर्व्यवस्था को प्राप्त हो रहे थे और निम्न या साधारण वर्ग के बहुत-से लोग कम्पनी के उद्देश्य-साधन में सहायक होकर अपने लिए समृद्धि का मार्ग निकाल रहे थे। इस प्रतिकूल स्थिति में इधर उच्च वंश के लोगों को तो अपनी मान-मर्यादा की रक्षा कठिन हो रही थी, उधर नवीन समृद्धि-प्राप्त वंश अपना बल वैभव प्रकट करने में कोई बात उठा नहीं रखते थे।

इस उपन्यास में दो क्षत्रिय कुल ऐसी ही भिन्न दशाओं में दिखाए गए हैं और प्रेम के उत्कर्ष का सुन्दर चित्र खींचा गया है। अनुवाद करनेवाली वही श्रीमती 'सावित्री' हैं जिनकी लिखी 'कलंकिनी' नामक पुस्तक का उपन्यास-प्रेमियों में अच्छा आदर हुआ है। कहने की आवश्यकता नहीं इस अनुवाद में भी अच्छी सफलता हुई है। भाषा भी वैसी ही सरस और चलती हुई है। आशा है हिन्दी-प्रेमी इसका भी उचित आदर करके लेखिका को और-और पुस्तकों के अनुवाद करने के लिए उत्साहित करेंगे।

(वि.सं. 1980 (1923))

'उपवन' का वक्तव्य

(श्री रायकृष्णदास)

इस संग्रह में तुकविहीन कविताएँ बहुत-सी हैं, पर इससे हिन्दी पाठक दिन-दिन परिचित होते जाते हैं। अब जो कुछ कहना है, इसकी पद-योजना के बारे में। हिन्दी में एक चरण में एक वाक्य पूरा करने का नियम-सा है। इससे यदि चरण के विस्तार में बड़ा वाक्य रखना चाहें तो बिना तोड़े-मरोड़े नहीं रख सकते और यदि छोटा, तो पाद-पूर्ति के लिए, इच्छा न रहते हुए भी—उसे खींच-खाँचकर बढ़ाना पड़ता है। संस्कृत, अँगरेजी, बँगला आदि उन्नत भाषाओं में ऐसा कोई बन्धन नहीं है। 'उपवन' के लेखक महोदय ने भी एक आध के सिवा अपनी बाकी कविताओं को इस प्रकार के बन्धन में नहीं डाला है। उनका कोई वाक्य दो-तीन चरणों तक चला गया है, कोई चरण के अन्त में समाप्त हुआ है, कोई बीच ही में। कोई एक पद्य के किसी-किसी स्थान से चलकर दूसरे पद्य के किसी स्थान पर समाप्त हुआ है। पाठकों के सुभीते के लिए विराम चिह्न यथास्थान दिए हुए हैं।

हिन्दी कविता का मार्ग प्रशस्त करने के लिए यह रीति कैसी है, इसका विचार आशा है (विज्ञ) जन करेंगे।

(21-5-1913)

कूट कलश
(सम्पादक : गुरुनारायण सुकुल)

हमारे हिन्दी साहित्य में चमत्कारपूर्ण सूक्तियों, दृष्टिकूटों और पहेलियों का एक विशेष स्थान रहा है। नीति, शृंगार आदि की बहुत-सी वाग्वैचित्र्यपूर्ण उक्तियाँ जनसाधारण के बीच प्रचलित चली आती हैं। उनका संग्रह वांछनीय है। बड़े हर्ष की बात है कि श्री गुरुनारायण सुकुल ने इस ओर ध्यान देकर एक अच्छा संग्रह हमारे सामने रक्खा है। इसमें अनेक विषयों पर चक्कर में डालने वाली सूक्तियाँ, पहेलियाँ आदि हैं जिसके अर्थ भी फुटनोटों द्वारा स्पष्ट कर दिए गए हैं। पुस्तक कई दृष्टियों से उपयोगी है। आशा है, सुकुल जी अपना यह स्तुत्य प्रयत्न जारी रखेंगे और अपने साहित्य की इस सामग्री का उद्धार करके एक बड़े अभाव की पूर्ति करेंगे।

(25-7-1939)

स्नेह

(काशीनाथ त्रिपाठी)

मनुष्य की भावप्रेरित मनोवृत्तियों का जितना परिचय कवियों को रहा है उतना मनोविज्ञानियों की पहुँच के बाहर समझना चाहिए। इसी से प्रसिद्ध मनस्तत्ववेत्ता शैंड (Shand) ने भावदशाओं की अनेकरूपता के समस्त बोध के लिए शेक्सपीयर आदि महाकवियों की वाणी की ओर संकेत किया है। एक प्रसिद्ध समीक्षक का कहना है—"मनोविज्ञान ने अभी तक यही किया है कि जिन बातों को हम लोग यों ही जानते हैं उनका बहुत ही माथापच्ची और गड़बड़झाले के साथ अस्पष्ट रूप में वर्णन किया है।" ("साइकोलॉजी हैज मियर्ली कंट्राइव्ड टु से लेबोरेसली एंड विथ लेस प्रेसिजन व्हाट वी आल नो विदाउट इट्स एंड आलरेडी") अतः किसी भाव के स्वरूप की विवृत्ति के लिए यदि हम कवियों की उक्तियों का सहारा लेते हैं अथवा अपने अनुभव या अंतर्दृष्टि से काम लेते हैं तो ठीक ही करते हैं।

इस पुस्तक में त्रिपाठी जी (श्री काशीपति त्रिपाठी) ने यही किया है। पूर्वार्ध में रस पद्धति में प्रेम का स्वभाव दिखाकर आपने हिन्दी के शृंगारी कवियों की सुनाई हुई उसकी नाना अन्तर्दशाओं के प्रदर्शन का प्रयत्न किया; फिर उत्तरार्ध में जीवनचर्या पर उक्त प्रबल मनोविकार का प्रभाव सूचित करते हुए समाज और परिवार के बीच उसके व्यवहार पक्ष पर विचार किया है। जो प्रेम पारिवारिक और सामाजिक परिस्थिति में घोर असामंजस्य उपस्थित करता है या व्यक्ति के जीवन को भार-स्वरूप और किरकिरा कर देता है उसकी शान्ति या निरोध की भी कुछ विधियाँ बताई गई हैं। सारांश यह कि पूर्वार्ध में प्रेम के स्वरूप का निरूपण समीचीन पद्धति पर है और उत्तरार्ध में जीवन की एक समस्या के रूप में उसका विवेचन हुआ है।

'प्रेम' ऐसे विश्वव्यापी और प्रबल भाव की सुसंगत और व्यवस्थित व्याख्या साहित्य-क्षेत्र में एक बहुत ही आवश्यक वस्तु है। हिन्दी में इस प्रकार की विवेचनात्मक पुस्तकों की बहुत कमी है। अतः त्रिपाठी जी को इस कृति के लिए साधुवाद देते हुए हम उनसे इसी प्रकार की और पुस्तकों की आशा करते हैं। यह सोचकर कि हिन्दी में आपका यह प्रथम प्रयत्न है, इस आशा का स्वरूप और भी उज्ज्वल दिखाई पड़ता है।

कृष्णजन्माष्टमी सं. 1981 (सितम्बर, 1924)

सम्मति

दुलारे दोहावली

केवल सात सौ दोहे रच कर बिहारी ने बड़े-बड़े कवियों के बीच एक विशेष स्थान प्राप्त किया। इसका कारण है उनकी वह प्रतिभा जिसके बल से उन्होंने एक-एक दोहे के भीतर क्षण भर में रस से स्निग्ध अथवा वैचित्र्य से चमत्कृत कर देनेवाली सामग्री प्रचुर परिमाण में भर दी है। मुक्तक के क्षेत्र में इसी प्रकार की प्रतिभा अपेक्षित होती है। राज दरबारों में मुक्तक काव्य को बहुत प्रोत्साहन मिलता रहा है, क्योंकि किसी समादृत मंडली के मनोरंजन के लिए यह बहुत ही उपयुक्त होता है। बिहारी के पीछे कवियों ने उनका अनुकरण किया पर बिहारी अपनी जगह पर अकेले ही बने रहे। हिन्दी काव्य के इस वर्तमान युग में जिसमें नई-नई भूमियों पर नई-नई पद्धतियों की परीक्षा चल रही है किसी से यह आशा न थी कि कोई पथिक सामान लादकर बिहारी के उस पुराने रास्ते पर चलेगा।

बिहारी के कुछ दोहों में उक्ति वैचित्र्य प्रधान है और कुछ में रस विधान। ऐसी ही दो श्रेणियों के दोहे इस 'दोहावली' में भी हैं। रसात्मक दोहों में बिहारी की सी मधुर भाव व्यंजना और वैचित्र्य प्रधान दोहों में उन्हीं का सा चमत्कारपूर्ण शब्द कौशल पाया जाता है। जिस ढंग की प्रतिभा का फल बिहारी की सतसई है उसी ढंग की प्रतिभा का फल दुलारेलालजी की यह दोहावली है, इसमें सन्देह नहीं। कुछ दोहों में देशभक्ति, अछूतोद्धार आदि की भावना का अनूठेपन के साथ समावेश करके कवि ने पुराने साँचे में नई सामग्री ढालने की अच्छी कला दिखाई है। आधुनिक काव्य क्षेत्र में दुलारेलालजी ने ब्रजभाषा की चमत्कार पद्धति का मानो पुनरुद्धार किया है। इसके लिए वे समस्त ब्रजभाषा काव्य प्रेमियों के धन्यवाद के पात्र हैं।

(दुलारे दोहावली पर वीरसिंह देव पुरस्कार मिला था। आ. शुक्ल ने उसी वर्ष यह सम्मति लिखी थी। सुधा, दिसम्बर, 1934 ई.)

[चिन्तामणि, भाग-4]

पुस्तक समीक्षाएँ

'मधुतरंग' (हुस्ना) और 'मालती माधव की कथा'

(पंडित शालिग्राम मिश्र)

आनन्द कादम्बिनी (मेघ 1 माला 2) सं. 1938 वै।

हमारे पास दो पुस्तक और एक पत्र आया कि जिनका ब्यौरेवार वर्णन और उचित सम्मति, समालोचना के साथ हम नीचे लिखते हैं।

एक पुस्तक 'मधुतरंग' नाम की जिसे बनारस निवासिनी वेश्या 'हुसना' ने बनाया है, एक बुद्धिवैरी मित्र द्वारा हमें मिली; इस पुस्तक के विषय में हम क्या लिखें, नाम से ही काम प्रगट है। 'मधु' अर्थात सुन्दर, स्वच्छ, श्वेत शहद, फिर–

मधु वसन्त मधु चैत्र द्रुम, मधु मदिरा मकरन्द।
मधु मधुकर पय मधु सुधा, मधुसूदन गोविन्द॥

पक्ष काई अर्थ तरंग के खिलाफ नहीं। निसन्देह इसके देखने से कई प्रकार से हमें बड़ा शोच हुआ, परन्तु विशेषतर कवियों के लिए; भला अब रंडियों का भी सम्बन्ध पाकर रसिया रसिकजन काहे को किसी पुरुषकवि के काव्य का सत्कार करेंगे। रंडियों को भी जो इनके गीतों के सीखने और गाने के लिए आवश्यकता हुआ करती थी, अब काहे को होगी। फिर जो लोग दिल के बुखार इस बहाने निकालनुकूल लिया करते, गजल और लावनियों की ओट में इश्क की चोट चलाते, या कि ठुमरी सेमटों के बहाने हाल दिल का इजहार कर, उस्में अर्जदाश्त का काम निकाल लेते थे, गये बिचारे धारो धार ! परन्तु जो कवि वा आशिके सादिक है कब पीछा छोड़नेवाले "दफत्न बामी में हुआ मैं, नातवां भरने के बाद। कुश्तश्येकातिल जो था, पीछा न छोड़ा साँप का॥" देखिए आगे और पीछे दोनों स्थान पर "केदारं नाम विराजमान है फिर भला मरने के वाद रुह फिरैगी तलाश में। देखूँ तो आप मुझसे कहाँ बच के जायँगे।" खैर अब नमूने की तौर पर हम उससे एक गीत भी यहाँ लिखते हैं। (खिमटा)

दै दे मछलिया तु छलिया हमारी। टेक
ना तो बुलाय सिपाही पुलिस को भेजि देव फौजदारी।
तब तोहि जान परैगी हुस्ना चोरी में हौले खुवारी॥

हम खुदा मिया के दरगाह में शुक्र अदा करते हैं कि भला लखनऊ की जुहरा, भुश्तरी, हैदर, तीन में इन्हें भी लीन कर नम्बर चार का तो कराया।

सेवाय इस्के छपा हुआ एक पत्र भी आया कि जिसे हम कौन सा पत्र कहैं यह नहीं जानते ! खैर खुशामद पत्र, बुद्धि बरामद पत्र, मिथ्या प्रशंसा और निन्दा कारामद पत्र कुछ यों ही समझ लीजिए। यह पत्र एक बनारस के रहनेवाले महात्मा केदार जिनके (कुछ गुण ऊपर हम लिख आए हैं) वहीं की एक किसी 'वृद्धावेश्यातपस्विनी' के ध्यान में निमग्न हो लिखा है। और बरबस करुणा रस को शृंगार बनाना चाहा है।

भला देखिए तो आप की उलटी बातैं। लिखते हैं "सुन्दर कंज से आन पैं, उपमा 'भस' दै अलि लेत रसै। शुक नासिका खंजन नैन कपोत ग्रीवा कटि तन्तु सनाल लसै।" वाह ! क्या बायस का भराल बनाया है। और सुनिए "बग्गी और नाव की सवारी कबहूँ न करै, याही लिये आज लों न कच्छा पर गायो है" ऐसे ही और बहुत कुछ गा गए हैं कि जिनको हम नहीं लिखते हैं न कविता के दोषों पर ध्यान देते हैं और जिसके शान में यह पत्र लिखा गया है उसकी निन्दा तो कदाचित नहीं करना चाहते हैं क्योंकि आपने शाप भी दिया है अर्थात् "जानकी तवायफ से मानै बुरा नाहक जो, ताको धरि वेंगहिं चबाय जा तू कालिके।"

अब यदि हम इसका विचार करते हैं कि यह पत्र क्यों छापा गया और इससे कौन-सा प्रयोजन साधा गया, तो अनुमान से सिद्ध होता है कि केवल अपने इष्ट देवता के प्रसन्नार्थ। खैर माना परन्तु हम लोगों के पास क्यों भेजा गया क्या कविता की कीर्ति के लिए। ठीक है, धन्यवाद है। परन्तु आपने मिथ्या मित्र प्रशंसा तो प्रसन्नता के अर्थ किया पर बड़े-बड़े महान श्रेष्ठों को क्यों आड़े हाथ लिया। क्या रिकावत को दखल दिया या प्रकृति सिद्ध शेष है। जो हो 'इजानगर' इत्यादि शब्दों के लिखने से आपकी विशिष्टता की पूरी परख हो गई। बे अदबी मुआफ हो। अगर आप कविता करना चाहते और कवियों के मध्य में गिनती गिनाना चाहते हैं तो कृपा कर ऐसे वाहियात खुराफात से बाज आइए।

अब तीसरी 'वर्षा विनोद' नाम की पुस्तक रंगीले कविकृत है। इसमें कुछ बरसाती गीतें हैं। यह भी पुस्तक श्री केदारजी के नाम से रहित नहीं कवि की कविता साधारण है; उससे हम कजली प्रशंसा लिखते हैं।

"भूलि कहबुँ नहिं कीजिए, निन्दा कजरी केर।
कजरी के बल करते हैं, लेन देन सब ढेर॥
कजरी के बल छपत हैं, बड़े बड़े भल ग्रन्थ।
जाको पढ़ि कै कुजन जन, चलत सुजन के पंथ॥

कजरी के बल मिलत हैं खत में लिखे संदेस।
निय सिंगार बनि जात है काजर दीने बेस॥
सदराला मुनसफ त्रिपत जज्ज मजस्टर जंट।
कजरी से लिखि देत हैं, हुक्म पार्लियामेंट॥
नोट मनीआडर टिकट, हुन्डी दस्तावेज।
कजरी के आधार से, जग में चलत मजेज॥5

(एक बात रह गई थी)

कजरी के डर डरि सुजन, लिख कुपंथ कगरात।
कुटिलन के निज काज फल, मुख कजारी लग जात॥

'मालती माधव की कथा' पंडित शालिग्राम मिश्र लिखित और भाषावर्धिनी सभा अलीगढ़ की सहमति से भारतवन्धु यन्त्रालय में मुद्रित हुई है। मूल्य 3 मात्र है। यह पुस्तक महाकवि श्री भवभूति रचित "मालती माधव प्रकरण" (एक भेद का रूपक अर्थात नाटक) की कथा है। ऐसे श्रेष्ठ कवि के इस उत्तम काव्य का भाषा में अनुवाद होना अत्यन्त आवश्यक और उचित है, परन्तु जो अनुवाद उसका हमने देखा उससे कोई विशेष लाभ नहीं पाया जाता। यह कथा है और कहानी के चाल से उसकी कथा का वर्णन किया गया है और यद्यपि न इसे नोवेल अर्थात् उपन्यास कह सकते हैं पर तो भी एक नया किस्सा ही सही।

कागज अच्छा पर अक्षर और छापे का ढंग खराब, लेख रीति भी अच्छी नहीं और प्रायः अशुद्ध भी है।

'इश्क चमन' महाकवि, महाभक्त, महाप्रेमी, महापूज्य महानुभाव श्री नागरी दासजी का रचा अवश्य यह ग्रन्थ अनोखा, अनूठा अनुपम है। यद्यपि केवल 45 दोहे हैं पर उनसे रस और प्रेम टपका पड़ता है जो कुछ उसकी प्रशंसा हम करैं थोड़ी है। दोष इसमें यदि कोई ढूँढ़े, छापने या शोधने में कहीं-कहीं फारसी के शब्द अशुद्ध लिखे के अतिरिक्त और कुछ न पाएँगे। मूल्य केवल १॥ है।

विज्ञापन

हिन्दी-प्रेमियों से अनुरोध

हमारी परम्परागत भाषा को हमारे व्यवहारों से अलग करने का प्रयत्न बहुत दिनों से चल रहा है, पर अपनी व्यावहारिक शक्ति से वह अपना स्थान प्राप्त करती चली आ रही है। इधर जब से हिन्दी को राष्ट्रभाषा बनाने की चर्चा छिड़ी है, तब से इसके विरोधी बड़े प्रचंड वेग से इसकी गति रोकने के अनेक उपाय रचने में पड़ गए हैं। इस अवसर पर अपनी भाषा की रक्षा का भरपूर उद्योग हमने न किया तो उस दिन के लिए पछताना पड़ेगा। पर हममें से अधिकतर लोगों को यह भी पता नहीं है कि हिन्दी को उखाड़ फेंकने के लिए कितने चक्र किन-किन रूपों में कहाँ-कहाँ चल रहे हैं। यही देखकर यह 'हिन्दी' पत्रिका निकाली गई है। यह इस बात पर बराबर दृष्टि रखेगी कि अनिष्ट की आशंका कहाँ-कहाँ से है और समय-समय पर अपनी सूचनाओं द्वारा हिन्दी-प्रेमियों से स्थिति पर विचार करने और आवश्यक उद्योग करने की प्रेरणा करती रहेगी।

हमें पूरा विश्वास है कि समस्त देश-भक्त और मातृ-भाषा प्रेमी सज्जन इस पत्रिका की सहायता हर प्रकार से--धन से, लेख से, आवश्यक बातों की सूचना से, अवसर के अनुकूल परामर्श से करेंगे और यह अपने उद्देश्य में सफलता प्राप्त करेगी।

--रामचन्द्र शुक्ल
सभापति काशी नागरी प्रचारिणी सभा

(काशी नागरी प्रचारिणी सभा की विज्ञापन सूचना--1939-40)

शोक सन्देश

पंडित दुर्गाप्रसाद मिश्र

यह वर्ष भी हिन्दी प्रेमियों को दुःख देता हुआ जा रहा है।

हिन्दी सम्वादपत्रों के पथप्रदर्शक, लोकोपकारी कार्यों के उत्तेजक, राजनीतिक रहस्यों के मर्मज्ञ, अनेक देशभाषाओं के जाननेवाले, अपनी अपूर्व उक्तियों के रुष्ट और रोतों को हँसानेवाले, पंडित दुर्गाप्रसाद मिश्र इस लोक से चल बसे। मिश्र जी को कुछ दिनों से ग्रहणी रोग के लक्षण दिखाई दे रहे थे। वे जलवायु परिवर्तन के विचार से काश्मीर की राजधानी श्रीनगर गए। पर वहाँ जाने से उन्हें लाभ के बदले हानि हुई। उनका रोग घटने के स्थान पर और बढ़ गया। अन्त में वे जम्बू लौट आए और वहाँ दो महीने रहकर कलकत्ते चले गए जहाँ चिकित्सा का अच्छा से अच्छा प्रबन्ध रहते हुए भी उस दारुण रोग ने उनकी विशाल निर्द्वन्द्व और हँसती हुई मूर्ति का सदैव के लिए अदर्शन करा ही दिया। हा शोक! उनके अंग हिलाने मात्र से समाज, जाति व भाषा का कुछ न कुछ हितसाधन ही हो जाता था। अपने 'उचित वक्ता' पत्र से उन्होंने आधुनिक हिन्दी की प्रारम्भिक दशा में हिन्दी पाठकों के बीच कैसे दृढ़ और परिपक्व भावों का संचार किया यह हमारी भाषा की नवीन गति से परिचय रखनेवाले मात्र जानते हैं। इनमें गुण एक से एक बढ़कर थे। ये उदार और गम्भीर भावों से परिपूर्ण होने पर भी सांसारिक व्यवहारों में इतने कुशल थे कि पक्के से पक्के धूर्त की भी इनके सामने दाल नहीं गल सकती थी। इनके स्वार्थत्याग और विलक्षण गुणों के कारण बड़े-बड़े राजा-महाराजा तथा विद्वान् लोग इनका बहुत आदर करते थे और इनके परामर्शों की प्रौढ़ता को स्वीकार करते थे। ये विनोदप्रिय भी बड़े भारी थे। कभी-कभी ऐसे चुटकुले छोड़ते थे कि हँसते-हँसते पेट में बल पड़ने लगता था। जम्बू में मुझे इनके साथ रहने का सौभाग्य प्राप्त हुआ है। हमारी हिन्दी के लिए तो मानो इन्होंने जन्म ही लिया था। कलकत्ते के बड़े-बड़े बंगाली अधिकारियों की सहानुभूति हिन्दी की ओर खींचने में इन्होंने कोई बात उठा नहीं रखी। उनका जन्म जम्बू राज्य के अन्तर्गत सांबा ग्राम में हुआ था अतः इनकी यह बड़ी भारी अभिलाषा थी जिन देशवासी डोगरे लोगों के बीच हिन्दी भाषा का प्रचार हो। इधर इनका विचार जम्बू में एक बड़ी डोगरा पाठशाला स्थापित करने का था जिसमें संस्कृत के साथ हिन्दी का पढ़ना आवश्यक हो। बीमारी के समय में भी ये जब तक जम्बू रहे इस कार्य के लिए उद्योग करते रहे।

बहुत से लोगों को इन्होंने इस कल्याणकर कार्य में धन की मासिक सहायता देने के लिए प्रतिज्ञाबद्ध किया था। साथ ही उनका विचार जम्बू व उसके आसपास एक हिन्दी पुस्तकालय खोलने का भी था। सन्तोष का विषय में कि उनकी उत्तेजना से जम्बू में दो एक महाशय पुस्तकालय स्थापन के लिए उद्यत हो गए और अब उसके प्रयत्न में हैं। ईश्वर ऐसे देशहितैषी और मातृभाषाभिमानी महात्मा की आत्मा को शान्ति और उनके कटुम्बियों को धैर्य दे।

(नागरी प्रचारिणी पत्रिका, भाग 18, संख्या 3-4)

पंडित सुधाकर द्विवेदी

आज यह शोक समाचार देते चित्त अत्यन्त व्यथित होता है कि गत 28 नवम्बर को इस सभा के पूज्य और बूढ़े सभापति गणित और ज्योतिषशास्त्र के एकमात्र स्तम्भ हिन्दी साहित्य के पूर्ण मर्मज्ञ प्राचीन परिपाटी के पंडित होकर भी समयानुकूल संशोधन और उन्नति के पक्षपाती महामहोपाध्याय पंडित सुधाकर द्विवेदीजी ने इस लोक से सहमा सम्बन्ध छोड़ परलोक का मार्ग लिया। इनकी मृत्यु से काशी की पंडित मंडली का एक अमूल्य रत्न ही नहीं खो गया वरन् दुःखिनी हिन्दी का भी एक बड़ा भारी सहारा हट गया।

सुधाकरजी की संस्कृत और गणित की पारदर्शिता की तो चारों ओर घूम है पर हिन्दी के लिए उन्होंने जो-जो कार्य किए कदाचित् वे उतने प्रसिद्ध न हों। तुलसीदासजी के ग्रन्थों के ये अच्छे ज्ञाता थे। काशी नागरी प्रचारिणी सभा की सहायता से प्रयाग के इंडियन प्रेस ने रामचरितमानस का जो संस्करण छापा था उसके सम्पादन में सुधाकरजी ने बहुत कुछ परिश्रम किया था। तुलसी सतसई पर इन्होंने कुंडिलियाँ भी लिखी हैं तथा विनयपत्रिका का संस्कृत में अनुवाद किया है। मांडा के राजा साहब ने जो रामायण छपवाई है उसमें भी सुधाकरजी ने बड़ा शारीरिक और मानसिक प्रयास किया है। कई वर्ष हुए डॉक्टर ग्रियर्सन ने, 'इंडियन एंटिक्वेरी' में गोस्वामी तुलसीदास पर एक लेखमाला छपवाई थी। कदाचित् यह कहना अनुचित न होगा कि इसकी सामग्री का बहुत कुछ संग्रह पंडित सुधाकरजी ही के प्रयत्नों से हुआ। एशियाटिक सोसायटी जायसी की पद्मावत का एक सुन्दर संस्करण निकाल रही है। जिसके कई भाग छप चुके हैं। टीका-टिप्पणी के साथ इसको सम्पादन करने का भार सुधाकरजी पर था। तुलसीदास के रामचरितमानस का अनेक अर्थों से युक्त एक पद्यबद्ध संस्कृत अनुवाद भी ये 'मानस पत्रिका' के नाम से निकालते थे। बस अनुवाद में विचित्रता यह है कि संस्कृत में भी वही छन्द रखे हुए हैं जो हिन्दी में गोस्वामी तुलसीदासजी ने रखे हैं। इनकी सम्पादित दादू दयाल की बानी की सभा की ग्रन्थमाला में निकल चुकी है। मलिक मुहम्मद जायसी की 'अखरावट' नाम की पुस्तक का भी इन्होंने सम्पादन किया है। इनकी अन्तिम अभिलाषा 'विनयपत्रिका' के एक उत्तम टीका-टिप्पणी युक्त संरक्षण निकालने की थी। पर खेद है कि हिन्दी के दुर्भाग्य से यह इच्छा उन्हीं के साथ चली गई।

अभी थोड़े दिनों की बात है जब काशी में हिन्दी साहित्य सम्मेलन का पहिला अधिवेशन हुआ था। उस समय अनेक हिन्दी प्रेमियों ने उसके दर्शन किए थे और उनकी

वक्तृता सुनी थी। सुधाकरजी का विचार था कि प्रयाग विश्वविद्यालय की भिन्न-भिन्न परीक्षाओं में हिन्दी के समावेश का उद्योग हो। वे इसके लिए पूरा प्रयत्न करने पर कटिबद्ध थे। कदाचित् यह कहना किसी रहस्य को प्रकट करना न होगा कि माननीय पंडित मदनमोहन मालवीय सेंडिकेट में इसका प्रस्ताव करने वाले थे और सुधाकरजी उसके अनुमोदन पर दृढ़ थे पर हिन्दी के दुर्भाग्य से सुधाकर अस्त हो गए और मालवीयजी इस वर्ष युनिवर्सिटी के फेलो न रहे।

अस्तु, काशी नागरी प्रचारिणी सभा को तो सुधाकरजी की मृत्यु से बड़ी हानि पहुँची है। इनके स्थान को पूरा करनेवाला कोई दिखाई नहीं पड़ता। अभी थोड़े दिनों की बात है कि सभा के कार्य विशेष के लिए कुछ पद्य रचना की आवश्यकता हुई। उस समय इस कार्य के योग्य और कोई न देख पड़ा। सुधाकरजी उन दिनों रुग्ण शय्या पर पड़े थे, घोर ज्वर चढ़ा हुआ था। सभा के कार्यकर्त्ताओं ने उनके पास उपस्थित होकर अपनी कठिनता कह सुनाई। वे इस बात के सुनते ही घोर ज्वर की अवस्था में भी उठ बैठे और उसी समय सभा का कार्य कर दिया। हिन्दी के प्रेमियो! आपने अपना एक अनमोल रत्न खोया। इस सभा को तो वे मानो अनाथ ही कर गए।

ऐसे महानुभाव के जीवन की मुख्य-मुख्य घटनाओं को जानने के लिए इस अवसर पर पाठक अवश्य व्याकुल होंगे। अतः हम उसका संक्षिप्त चरित्र 'कोविद रतनमाला' से यहाँ उद्धृत करते हैं।

"बहुत दिन हुए चैनसुख नामक एक सरयूपारी दुबे ब्राह्मण काशी में संस्कृत पढ़ने आए। ये शिवपुर के पास मंडलाई गाँव में एक उपाध्याय के यहाँ अध्ययन करने लगे। उपाध्यायजी की कोई सन्तति न होने के कारण चैनसुखजी उनकी सम्पत्ति के उत्तराधिकारी हुए। इनसे कई पीढ़ी पीछे शारंगधर और शिवराम दो भाई हुए। शारंगधर ने खजुरी सारनाथ आदि कई गाँवों को जमींदारी लेकर खजुरी में अपना निवास स्थान नियत किया। शिवराज उपाध्याय के तीन पुत्र हुए जिनमें रामप्रसाद सबसे छोटे थे। उनके समय में केवल खजुरी की जमींदारी हाथ में रह गई थी। रामप्रसाद के पाँच पुत्र हुए जिनमें कृपालुदत्त सबसे छोटे थे। कृपालुदत्त ज्योतिष विद्या में निपुण हुए और इनके हस्ताक्षर भी अच्छे होते थे। क्वींस कॉलेज के भीतों पर अंकित अक्षर उन्हीं के लिखे हुए थे। पं. सुधाकरजी इन्हीं कृपालुदत्त के पुत्र हैं। स्मरण रहे कि पं. कृपालुदत्त स्वयं भाषाकाव्य के बड़े प्रेमी तथा कवि थे।

"जिस समय सुधाकरजी का जन्म हुआ इनके पिता मिर्जापुर में थे। इनके चाचा दरवाजे पर बैठे थे। डाकिये ने आकर सुधारक नामक पत्र उनके हाथ में दिया तब तक भीतर से लड़के के जन्म होने की खबर आई। आपने कहा कि इस लड़के का नाम सुधाकर हुआ। इनका जन्म संवत् 1917 चैत्र शुक्ल चतुर्थी सोमवार को हुआ था। द्विवेदीजी की नौ मास की अवस्था होते ही इनकी माता का देहान्त हो गया इसलिए इनके लालन-पालन का भार इनकी दादी पर पड़ा। इनके पिता घर पर नहीं रहते थे और घर भर का इन पर विशेष प्यार था। इसी से आठ वर्ष की अवस्था तक इनकी शिक्षा

की ओर किसी ने कुछ भी ध्यान नहीं दिया। इसके बाद जब इनके बड़े चाचा ने इन्हें पढ़ने को बैठाया तो इन्होंने थोड़े ही समय में बहुत उन्नति कर दिखलाई। यज्ञोपवीत होते ही इनकी धारणा शक्ति ऐसी तीव्र हो गई कि जो पद्य एक बार देखा कंठस्थ हो गया।

"इनके बड़ों ने तो सोचा कि उन्हें कुछ व्याकरण पढ़ाकर तथा पुराण बाँचने योग्य बना दिया जाए पर इनकी तबीयत ज्योतिष शास्त्र में लग गई और केवल लीलावली पढ़कर ये गणित के बड़े-बड़े प्रश्नों को सहज में हल करने लगे। इनकी ऐसी तीव्र बुद्धि देख पं. बापूदेव शास्त्री इनसे बहुत प्रसन्न हुए और उन्होंने क्वींस कॉलेज के प्रिंसिपल ग्रिफिम साहब से इनकी बड़ी प्रशंसा की। इससे इनका उत्साह और भी बढ़ गया। इनके बड़ों ने गणित की विशेष अध्ययन से उन्हें रोकना चाहा पर ये गणित के रंग में ऐसे रँग गए थे कि उस विद्या में पूर्ण पांडित्य प्राप्त किया। यों ही ज्योतिष विषय पर बातें होते-होते एक दिन इनका बापूदेव शास्त्री से कुछ झगड़ा हो गया जिससे दोनों में कुछ वैमनष्य हो गया।

"पं. सुधाकरजी ज्योतिष के जैसे पंडित हैं सो तो सभी जानते हैं परन्तु अपनी मातृभाषा हिन्दी के भी आप अनन्य प्रेमी और बड़े विद्वान् हैं। आप तुलसीदास, सूरदास, कबीर तथा अन्यान्य भाषा के शिरोमणि कवियों के काव्यों में अच्छा प्रवेश रखते हैं। आप ऐसी सरल हिन्दी के पक्षपाती हैं जो कि सहज ही सर्वसाधारण की समझ में आ सके। आपने सब मिलाकर हिन्दी भाषा में कोई 77 पुस्तकें रची और सम्पादित की हैं। आप बाबू हरिश्चन्द्रजी के प्रिय मित्रों में से हैं।"

"सुधाकरजी का रहन-सहन सादा, स्वभाव सीधा और चाल सर्वप्रिय है। आपका सिद्धान्त है कि कोई छोटा बड़ा नहीं है। सब एक ही से जन्मते और एक ही से मरते हैं। ईश्वर ने जिसके सिर पर भार रख दिया है उसे अन्त तक निबाह ले जाना ही बड़प्पन है। आप इस समय क्वींस कॉलेज में गणित के प्रोफेसर और नागरी प्रचारिणी सभा के सभापति हैं। आपको विद्वता पर मुग्ध होकर गवर्नमेंट ने आपको महामहोपाध्याय की उपाधि से विभूषित किया है। आपकी सुकीर्ति योरोप तक फैली हुई है।"

(नागरी प्रचारिणी पत्रिका, दिसम्बर, 1910 ई.)

पं. मोहनलाल विष्णुलाल पंड्या

गत 4 दिसम्बर को हिन्दी के इतिहासविज्ञ और पुराने लेखक तथा सहायक पं. मोहनलाल विष्णुलाल पंड्या की अचानक मृत्यु को सुनकर जो दुःख हिन्दीहितैषियों को हुआ वे ही जानते हैं। नागरी प्रचारिणी सभा को इस घटना से विशेष वेदना हुई क्योंकि इसका उनसे विशेष सम्बन्ध था।

पं. मोहनलाल विष्णुलाल पंड्या उन लोगों में से थे जिन्होंने आरम्भ में हिन्दी को इस वर्तमान उन्नति के मार्ग पर खड़ी होने में सहारा दिया था। वह अस्थिरता का समय इन्होंने अच्छी तरह देखा था जब हिन्दी के विषय में लोगों का उत्साह कभी बढ़ता और कभी घटता था। घटाव के समय में आप प्रायः खड़े होते थे। भारतेन्दु की हरिश्चन्द्रचन्द्रिका को शिथिल पड़ते देख आपने उसमें मोहनचन्द्रिका जोड़कर उसके उजाले को कुछ दिन और चलाना चाहा था। हिन्दी में इतिहास और पुरावृत्त की चर्चा इन्होंने बहुत कुछ चलाई। इन विषयों के ये अच्छे ज्ञाता थे। जिस समय कविराज श्यामलदानजी ने पृथ्वीराजरासो को आदि से अन्त तक जाली सिद्ध करना चाहा उस समय इन्होंने पृथ्वीराजसंरक्षा लिखकर रासो के पक्ष में बड़ी धूम के साथ लेखनी उठाई थी। अनन्द और सनन्द संवत् की कल्पना करके आपने अपने मत की पुष्टि में बहुत कुछ लिखा था। प्राचीन इतिहास और पुरातत्त्व विषय पर आपके लेख एशियाटिक सोसाइटी के जर्नल में प्रायः निकलते रहे।

नागरी प्रचारिणी सभा की सहायता ये बराबर करते रहे। पुस्तकों की खोज के काम में तथा पुरानी पोथियों के सम्पादन में इनसे बहुत कुछ सहायता मिलती रही। सभा द्वारा प्रकाशित पृथ्वीराजरासो के एक सम्पादक ये भी थे। उसके वर्णनों के शीर्षक गद्य में इन्होंने बड़े परिश्रम से लिखे थे। गत चुनाव में आप नागरी प्रचारिणी सभा के सभापति चुने गए थे, पर शोक है कि सभा इनसे अकाल ही वंचित कर दी गई, इसकी विज्ञता और अनुभव का लाभ बहुत दिनों तक न उठाने पाई। इनका संक्षिप्त जीवन वृत्तान्त कोविदरत्नमाला से लेकर नीचे दिया जाता है–

पं. मोहनलाल विष्णुलाल पंड्या के पूर्वज गुजरात देश के रहनेवाले थे। वहाँ पर मुसलमानी राज्य में अधिक उपद्रव होने से केशवराम पंड्या अपने पाँच लड़कों सहित दिल्ली को चले गए। केशवराम के ज्येष्ठ पुत्र का नाम निर्भयराम था। केशवराम के पश्चात् निर्भयराम तो आगरा में रहने लगे और उनके और-और भाई कोई पंजाब में और कोई अन्य स्थानों में जा बसे।

निर्भयरामजी के वंश के लोग साहूकारी का व्यापार करने लगे। मोहनलालजी के दादा गिरधारीलाल तक तो यह कार्य अच्छा चलता रहा परन्तु उनके मरने पर प्रबन्ध अच्छा न होने से काम बिगड़ गया। इसलिए मोहनलालजी के पिता विष्णुलालजी आगरे से मथुरा चले आए और यहाँ सेठ लक्ष्मीचन्द के यहाँ पहिले दर्ज के मुनीबो में नौकर हुए।

पं. मोहनलालजी का जन्म संवत् 1907 मि. अगहन वदी 3 मंगलवार को हुआ था। सात वर्ष की अवस्था में यज्ञोपवीत हो जाने पर इन्हें हिन्दी और संस्कृत की शिक्षा दी जाने लगी। इसके दो वर्ष बाद आप आगरा के सेंटजांस कॉलेज के स्कूल में अंग्रेजी पढ़ने को बिठाए गए। इसके बाद जहाँ-जहाँ इनके पिता की बदली होती गई वहाँ-वहाँ आप उनके साथ रहकर बराबर अध्ययन करते रहे।

मोहनलालजी के पिता ने इन्हें पूर्णरूप से शिक्षा देने के अभिप्राय से बनारस को अपनी बदली करवा ली और यहाँ नियतरूप से रहने लगे। तब आप भी बनारस में आकर क्वींस कॉलेज के एंट्रेस क्लास में भर्ती हो गए, परन्तु कुछ उद्दंड स्वभाव होने के कारण इनसे और स्कूल के हेडमास्टर पं. मथुरा प्रसाद मिश्र से न पटी। इसीलिए इन्होंने जयनारायण कॉलेज में अपना नाम लिखवाया परन्तु वहाँ अधिकतर लड़के बंगाली थे इसलिए इन्हें विवश होकर दूसरी भाषा बंगला लेनी पड़ी। यथासाध्य चेष्टा करने पर भी जब आप दूसरी भाषा में बार-बार फेल हुए तब आपने स्कूल तो छोड़ दिया परन्तु खानगी तौर पर लिखने-पढ़ने का अभ्यास न छोड़ा।

मोहनलालजी के पिता महाजनी के कामकाज के बाद बाबू हरिश्चन्द्र के घर भी आया-जाया करते थे। इसी से इनका भी वहाँ जाना-आना होने लगा और इन दोनों समवयस्क युवाओं में थोड़े ही दिनों में गाढ़ी मित्रता हो गई। बस इनकी दिन-रात वहीं बैठक रहने लगी। बाबू साहिब के यहाँ जो विद्वान् पंडित लोग आते और शास्त्रगर्भित बातों पर वाद-विवाद करते उन्हें आप भी ध्यानपूर्वक सुनते और मनन करते। आपका कथन है कि "हिन्दी भाषा के अद्वितीय पंडित और तुलसीकृत रामायण के मर्मज्ञ पंडित बेचनरामजी भी प्रायः बाबू साहिब के यहाँ आते थे। उन्होंने हम दोनों को हिन्दी भाषा के तत्त्व समझाए और इस ओर हमारे चित्त को आकर्षित किया। फिर क्या था हम लोगों ने परस्पर इस बात की सौगन्ध कर ली कि परस्पर हिन्दी भाषा के सिवाय दूसरी भाषा का व्यवहार कदापि न किया जाए। फारसी और उर्दू को जानते हुए भी हम लोगों ने उस ओर से अपना मुख मोड़ लिया।"

जब मोहनलालजी के पिता का देहान्त होने लगा तब वे इन्हें अपने परम मित्र मुमताजुद्दौला नवाब सर फ़ैज अली खाँ के सुपुर्द कर गए। उन्होंने बड़ौदा कमीश्नन के समय इन्हें अपना कानफीडेंशल क्लर्क नियत किया और राजकार्य सम्बन्धी कामों की शिक्षा दी। सन् 1877 में उनके अपने पद पर से इस्तीफा दे देने पर इन्होंने उदयपुर राज्य में नौकरी कर ली और श्रीनाथ द्वारा और कांकरोली के महाराजों की नाबालगी में उन रियासतों का अच्छा प्रबन्ध किया। इसके बाद इन्हें उदयपुर की सदर अदालत की दीवानी का काम मिला और फिर कुछ दिनों के बाद इन्हें स्टेट काउंसिल के मेम्बर और

सेक्रेटरी का पद प्राप्त हुआ। 13 वर्ष उदयपुर राज्य की सेवा करके इन्होंने वहाँ से इस्तीफा दे दिया और प्रतापगढ़ राज्य के दीवान नियत हुए। अन्त समय तक आप प्रतापगढ़ से पेंशन पाते रहे।

जिस समय मोहनलालजी बनारस में थे उस समय परम प्रसिद्ध पुरातत्त्व-वेत्ता डॉ. राजेन्द्र लाल मित्र अक्सर बाबू हरिश्चन्द्रजी के यहाँ आया करते थे। उन्होंने इनकी रुचि देखकर इन्हें पुरातत्त्व की शिक्षा दी जिससे इनकी योग्यता और भी बढ़ गई। इस विषय में अंग्रेज विद्वान् भी आपकी प्रशंसा करते हैं। इन्होंने महारानी विक्टोरियो की जुबिली के समय भारत सरकार में 1000 रुपया जमा करके यह प्रार्थना की थी कि इस धन से प्रतिवर्ष दो तमगे उन दो छात्रों को मिला करें जो कलकत्ता यूनिवर्सिटी की परीक्षा में सबसे अब्बल आएँ। इसे सरकार ने धन्यवादपूर्वक स्वीकार किया। अब ये दोनों मेडल इलाहाबाद विश्वविद्यालय द्वारा प्रतिवर्ष दिए जाते हैं।

इन्होंने हिन्दी में 12 पुस्तकें रची हैं। पृथ्वीराज रासो की संरक्षा की और उसका सम्पादन भी किया। हिन्दी के विद्वानों में पुरातत्त्व की रुचि और उसमें दक्षता रखनेवालों में आपका स्थान उच्च था।

(नागरी प्रचारिणी पत्रिका, मार्च 1913 ई.)

पत्र

रघुवीर सिंह

दुर्गाकुंड
बनारस सिटी
21.05.35

श्रीमन्

अनेक आशीर्वाद ! आशा है श्रीमान् सर्वथा स्वस्थ और प्रसन्न होंगे। मेरे छोटे पुत्र गोकुलचन्द्र शुक्ल M.A. (Rev.) B.T. आजकल कोरिया स्टेट (E.S.A) में हेडमास्टर और सुपरिंटेंडेंट ऑफ एजुकेशन हैं। पर कोरिया का जलवायु उनके अनुकूल नहीं। दूसरी बात यह कि वहाँ की राजधानी बैकुंठपुर रेलवे स्टेशन से बहुत दूर है। रास्ता भी बड़ा विकट है। यदि आवश्यकता-वश हमलोगों में से कोई वहाँ शीघ्र पहुँचना चाहे तो नहीं पहुँच सकता।

इन्दौर में श्रीयुत अनूप जी से पता चला था कि श्रीमान् के स्टेट के पास ही जो प्रतापगढ़ स्टेट है, उसमें जुलाई में हेडमास्टर की आवश्यकता होगी। यदि श्रीमान् की कृपा से वे उक्त स्टेट में हेडमास्टरी का स्थान पा जाते तो सदा श्रीमान् को आशीर्वाद देते और हम लोग भी निश्चिन्त हो जाते। उनके वहाँ रहने से मुझे भी उधर आने-जाने के अधिक अवसर मिला करते।

कृपाभिलाषी

विनीत
रामचन्द्र शुक्ल

दुर्गाकुंड
बनारस सिटी
6.7.1935

श्रीमन्

अनेक आशीर्वाद ! मेरे पत्र के उत्तर में श्रीमान् ने जो पत्र भेजने की कृपा की थी वह मुझे यहाँ लौटकर आने पर मिला। उसके लिए अनेक धन्यवाद।

आशा है श्रीमान् की पुस्तक छपने के लिए चली गई होगी और शीघ्र प्रकाशित होगी। हिन्दी में भिन्न-भिन्न प्रकार के गद्य-निबन्धों की बहुत कमी है। श्रीमान् की पुस्तक का हिन्दी-साहित्य में एक विशिष्ट स्थान होगा, इसमेँ सन्देह नहीँ ।

आज्ञानुसार अपना एक फोटोग्राफ हस्ताक्षर सहित भेज रहा हूँ।

कृपाभिलाषी

विनीत

रामचन्द्र शुक्ल

●

दुर्गाकुंड
बनारस सिटी
14.5.37

श्रीमान् महाराजकुमार,

अनेक आशीर्वाद ! कृपापत्र मिला। मैं इन दिनों परीक्षा के कार्य्य में इतना व्यस्त हूँ कि शीघ्र उत्तर न दे सका। इसके लिए क्षमा चाहता हूँ। जून के प्रथम सप्ताह तक मेरी यही दशा रहेगी। मुझे यह जानकर बड़ी प्रसन्नता है कि श्रीमान् के निबन्धों का संग्रह निकलनेवाला है। उन निबन्धों को मैं हिन्दी-साहित्य में एक निराले ढंग की वस्तु समझता आया हूँ अतः यदि मेरा नाम उनके प्रतिभा-सम्पन्न और यशस्वी लेखक के साथ किसी रूप में भी सम्बद्ध हो तो इसे अपने लिए मैं एक विशेष गौरव की बात समझूँगा।

इस सम्बन्ध में निवेदन इतना ही है कि यदि जून के पूर्व मुझे कुछ लिख भेजने की आज्ञा आप देंगे तो कार्य्य में व्यग्र और अव्यवस्थित रहने के कारण परिचय के रूप में पृष्ठ दो पृष्ठ से अधिक लिखना मेरे लिए कठिन होगा। हाँ, जून में कुछ अधिक सोच-समझकर लिखने का समय मिल सकता है, यद्यपि उस समय कुछ अकर्मण्यता की प्रवृत्ति स्वभावतः रहेगी।

कृपाभिलाषी

रामचन्द्र शुक्ल

●

दुर्गाकुंड
बनारस सिटी
28.2.38

श्रीमन्

अनेक आशीर्वाद! पत्र क्या श्रीमान् का एक तार भी आया पर मैं उन दिनों अपने चिरसहचर श्वासरोग और ज्वर के प्रकोप में पड़ा था। अब सरदी हटने पर जब कुछ स्वस्थ हुआ हूँ तब ठीक समय पर श्रीमान् का उत्तर न दे सकने का अपना अपराध सोच-सोचकर लज्जित हूँ। साथ ही यह विश्वास भी है कि मुझे क्षमा मिलेगी।

'ताज,' 'अवशेष,' 'उजड़ा स्वर्ग' आदि पाँच गद्य-प्रबन्ध बहुत दिन हुए मेरे पास पहुँच गए थे, पर अस्वस्थता के कारण महीनों मेरा हाथ पैर हिलाना कठिन था। हाँफने और पड़े रहने के अतिरिक्त शरीर और मन के और सब व्यापार प्रायः बन्द से थे। अब सँभलकर उठा हूँ और श्रीमान् के भव्य-भवन में प्रवेश पाने का प्रयत्न कर रहा हूँ। उसकी भाव-विभूति के नाना पक्षों पर मेरी दृष्टि कहाँ तक पहुँच सकेगी, नहीं कह सकता। फिर भी आशा है कि 10 या 15 दिन में जो कुछ मधुर प्रभाव मेरा शुष्क हृदय ग्रहण कर सकेगा उसकी टेढ़ी-सीधी व्यंजना भूमिका के रूप में श्रीमान् की सेवा में भेज दूँगा।

कृपाभिलाषी

रामचन्द्र शुक्ल

•

DURGAKUND ROAD
BENARES,
Dated : 28.7.38

श्रीमान्

अनेक शुभाशीर्वाद ! भूमिका भेजता हूँ। श्रीमान् के भावों तक कहाँ तक पहुँच सका हूँ, यह मैं नहीं जानता। मुझे इस बात की बड़ी लज्जा थी कि श्रीमान् के इस कार्य्य में इतना विलम्ब हो रहा है और श्रीमान् इतने धैर्य्य और उदारता के साथ उसे सहन कर रहे हैं। पर विवश था, उधर अपने स्वास्थ्य से; इधर अनेक झंझटों से जिनमें अब तक पड़ा हूँ।

बात यह है कि मुझे न जाने क्या सूझा कि काशी में एक मकान बनवाने लगा। मकान अभी अधूरा ही है और आर्थिक कठिनाइयाँ बढ़ती जाती हैं। चित्त की इस उद्विग्न दशा में भी मैं अपना यह कर्त्तव्य पूरा कर सका, इस बात का सन्तोष मुझे अवश्य है।

आशा है श्रीमान् प्रसन्न होंगे और अपनी प्रतिभा को किसी नई अधिकृत भूमि पर रमा रहे होंगे।

अनुग्रहाभिलाषी

रामचन्द्र शुक्ल

Tilok-Nagar
Cawnpore
25.2.41

My dear Maharajkumar Ji,

Let me apologise for this rather catraoriuars I ???

रायकृष्ण दास

1. पंजी सं.–4ग/10790

बनारस सिटी
20-3-11

प्रियवर राय साहब!

आपका 12 ता. का लिखा हुआ कार्ड मुझे आज मिला। इसके पहिले एक और पत्र आया था पर आपका पता ठीक न जानने के कारण उत्तर न दे सकता था।

पत्र निकालिए, मैं मदद देने के लिए हर तरह से तैयार हूँ। कब से निकालिएगा? क्या नाम होगा? इन सब बातों का तो आपने निश्चय कर लिया होगा।

पाठक जी मुझसे कल मिले थे। आजकल बा. रामप्रसन्न घोष की बीमारी के कारण व्यग्र रहते हैं और इधर-उधर कम दिखाई पड़ते हैं। मिलने पर आपकी लिखी सब बातें उनसे कह दूँगा।

सभा के कार्यकर्त्ताओं की अहंमन्यता दिन-दिन बढ़ती जाती है पर अभी फिर मेरे पास तक नहीं पहुँची है, नहीं तो उपचार का आरम्भ हो जाता। पं. रामनारायण मिश्र ने उस दल से अपने को अलग कर लिया है। पर गौरीशंकर प्रसाद अभी नहीं सँभल रहे हैं।

आपका
रामचन्द्र शुक्ल

1. 'पत्र'–'सरोज' मासिक पत्रिका।
2. पाठक जी–पं. केदारनाथ पाठक।
3. सभा–नागरिक प्रचारिणी सभा, काशी।
4. पं. रामनारायण मिश्र–प्रतिष्ठित साहित्यकार थे। ये सभा के प्रमुख प्रबन्धकर्ताओं में से एक थे।
5. गौरीशंकर प्रसाद–सभा के सक्रिय कार्यकर्ता थे।

●

2. पंजी सं.–4ग/10796

शिवाला घाट
बनारस सिटी
6-6-11

प्रियवर,

रायसाहब, आशीर्वाद। आपका पत्र पाठकजी ने दिया था। मुझे 'सरोज' से पूरी सहानुभूति है। उसके लिए मैं सबकुछ करने के लिए तैयार हूँ आप निश्चय रखिए। लेख को मैं आपको अवश्य दूँगा। किन्तु इस समय आप देख रहे हैं कि हम लोग किस झंझट में फँसे हुए हैं। अब जब इस झगड़े में पड़ गए हैं तब बिना इसे किसी परिणाम तक पहुँचाए किनारा खींचना अपने को उपहासास्पद बनाना है। इस समय आपका यहाँ पर न होना हम लोगों को बहुत खटक रहा है। कई बातें ऐसी उपस्थित हो जाती हैं जिनमें आपकी सहायता की आवश्यकता होती है। सभा के वार्षिक अधिवेशन तक यदि आप और धैर्य रखते तो अच्छा ही था। नहीं तो यदि आपकी ऐसी ही प्रबल इच्छा है तो खैर, मैं कुछ लिखूँगा। मुझे आप किसी प्रकार से इस विषय में उदासीन न समझिए।

बाबू राधाकृष्ण दास जी की कविताएँ मिरजापुर में रक्खी हैं। मैं रविवार तक मिरजापुर जानेवाला हूँ। वहाँ से आपके पास छाँटकर कुछ कविताएँ भेज दूँगा।

आपने पाठक जी के पास जो कार्ड भेजे हैं उन्हें भी देखा। आप असन्तुष्ट जान पड़ते हैं। आशा है कि ऊपर लिखी बातों पर विचार करने से आपको सन्तोष हो जाएगा।

प्रतिलिपि फार्म भी आपके पास दो-एक दिन में भेजा जाएगा।

आपका
वही
रामचन्द्र शुक्ल

पाठक जी का छोटा लड़का सागर बहुत बीमार है। इससे वे बहुत व्यग्र हैं।

●

3. पंजी सं.–4ग/10789

शिवाला घाट
बनारस सिटी
26-6-11

प्रिय राय साहब!

आशीर्वाद! लेखों के लिए मैंने लोगों से प्रार्थना की है और लेख मिलने की आशा भी है पर इस पहिली संख्या के लिए और लेख बाहर से नहीं आ सकते। पर कोई चिन्ता नहीं, हम मैटर पूरा कर लेंगे। बाबू जगन्मोहन वर्मा से एक लेख मिल जाएगा।

हाँ, एक बात तो बतलाइए। सरोज का हिसाब-किताब कहाँ रहेगा? ग्राहकों को किस पते पर पत्र और रुपया आदि भेजना चाहिए? क्या अभ्युदय प्रेसवाले इस झंझट को अपने सिर पर लेंगे और सरोज के मैनेजर बनेंगे? हितवार्ता, भारतमित्र और बिहार बन्धु को मैंने नोट भेज दिए हैं, जो शीघ्र प्रकाशित होंगे।

आप राय देवीप्रसाद 'पूर्ण' को कविता के लिए लिखिए। आपने जो मैटर भेजा है वह अभी मुझे नहीं मिला। शायद आपने सभा के पते से भेजा है तो कल ऑफिस खुलने पर मिलेगा। पत्र 'शिवाला घाट' ही के पते से भेजा कीजिए।

आपका

रामचन्द्र शुक्ल

हाँ, कृष्णकान्त जी* से आपसे भेंट अवश्य हुई होगी। उस दिन जब हम लोग गए थे तब वे घर पर नहीं थे, पर हम लोग सब बातें भट्ट जी से कह आए थे। उनसे उन्हें मालूम हो गई होंगी।

टिप्पणी–शुक्ल जी ने उक्त पत्र राय साहब को प्रयाग भेजा था। उस समय राय साहब प्रयाग दारागंज में उपस्थित थे, जो प्रयाग से प्रेषित उनके एक पत्र से ज्ञात होता है। उनका यह पत्र कलाभवन संग्रह में संगृहीत है।

●

4. पंजी सं.–4ग/10799

शिवाला घाट

बनारस सिटी

3-8-11

प्रियवर,

राय साहब, आज हम लोग आपकी प्रतीक्षा में थे। अब वार्षिक अधिवेशन* बहुत निकट है। दो ही तीन दिन रह गए हैं। आप कृपा करके अब आ जाइए। बाहर से जो प्राक्सी आई हैं वे अधिकांश आप ही के नाम हैं। यदि कहीं आप उस दिन न रहे तो सब किया, कराया मिट्टी हो जाएगा। इतना ध्यान रखिएगा। हम लोग अब घबड़ा रहे हैं। कल तक और देखते हैं। यदि आप न आए तो तार देंगे।

आपका

रामचन्द्र शुक्ल

●

* श्रीकृष्णकान्त मालवीय–अभ्युदय पत्र, जो इलाहाबाद से प्रकाशित होता था उसके सम्पादक थे।

5. पंजी सं.–4ग/10794

नागरी प्रचारिणी सभा
बनारस सिटी–191

प्रिय राय साहब!

आज इस समय पं. गोविन्दनारायण मिश्र सभा में आ रहे हैं। पराड़कर जी तथा और सब लोग भी यहाँ आए हुए हैं। आपको भी नोटिस तो अवश्य मिली होगी, क्योंकि बा. ब्रजचन्द्र नोटिस पाकर आए हैं। इस अवसर पर आपको भी थोड़ी देर के लिए आ जाना चाहिए। यदि आप न आ सके तो मैं मीटिंग समाप्त होने पर आपके पास आऊँगा।

आपका
रामचन्द्र शुक्ल

●

6. पंजी सं.–4ग/10792

प्रिय राय साहब!

अनेक आशीर्वाद। आपका कृपापत्र मुझे कल मिला क्योंकि मैं भी इधर प्लेग के कारण मिरजापुर चला गया था। पाठक जी आज आए थे। वे इधर एक महीने से अपने किसी भाई का विवाह ठीक करने में लगे हैं। दो-तीन बार पटने जा चुके हैं। आज फिर जा रहे हैं। उन्होंने कहा है कि पटने से लौटकर मैं प्रयाग जाऊँगा। व्यग्रता के कारण वे इधर आपको कोई पत्र भी न दे सके, इस बात का उन्हें बड़ा खेद है और इसके लिए वे आपसे क्षमा माँगते हैं। 5 या 6 दिन में पटने से लौटने को कहा है।

मुझे यह जानकर बड़ी प्रसन्नता है कि आप मासिक पत्र निकालने पर दृढ़ हैं। ईश्वर आपकी यह अभिलाषा शीघ्र पूर्ण करें। मुझसे जो कुछ हो सकेगा मैं उसके लिए करने को तैयार हूँ।

यहाँ 15 तारीख को बाबू श्यामसुन्दर आए थे और 6 दिन रहे। पर सभा भवन में पैर नहीं रक्खा। इस पर बिहार-बन्धु ने एक नोट लिखा है जिसमें कहा है कि सभा के कुछ कार्यकर्त्ताओं की कुटिलता ही के कारण ऐसा हुआ है। बाहर से भी ग्रन्थमाला की सहायता बन्द होने और भट्ट जी के अलग होने के विषय में सभा से प्रश्न हुए

* सभा का वार्षिक अधिवेशन।

हैं। लेखमाला के सम्बन्ध में भी प्रश्न हो रहे हैं। बाजार फिर गर्म है। इन अनाड़ी और निरंकुश कार्यकर्त्ताओं की खबर लेने का अच्छा मौका है। आगामी चुनाव में इन सबको बाहर करने का विचार है। आशा है कि आप भी इस कार्य में सहायता देंगे। और सब बातें मिलने पर करूँगा।

आपका
रामचन्द्र शुक्ल

●

प्रियवर,

ऋग्वेद मिला। वर्म्मा जी को दे दिया। उस मंत्र को वर्म्मा जी ने देखा। वे टीका से उस अंश में सहमत हैं। वे कृष्ण और अर्जुन से काले और सफेद का अर्थ लेते हैं। इस मंत्र का देवता वैश्वानर (सूर्य) और अग्नि है।

हम लोग शाम को आएँगे।

आपका
रामचन्द्र शुक्ल

●

नं.

नागरी प्रचारिणी सभा (काशी)
ता. 8 फरवरी, 1912

प्रिय महाशय,

सभा ने निश्चित किया है कि नागरी प्रचारिणी पत्रिका अब आगे से क्राउन चौपेजी आकार में छह फार्म की कर दी जाए और उसमें भिन्न-भिन्न विषयों के लेख विस्तृत रूप से रहा करें। आप हिन्दी के एक विज्ञ और विचारशील लेखक हैं अतः निवेदन है कि पत्रिका में समय-समय पर अपने लेख देकर सहायता कीजिए।

आशा है कि इस निवेदन पर आप अनुग्रहपूर्वक ध्यान देंगे।

भवदीय
रामचन्द्र शुक्ल
सम्पादक

श्री वियोगी हरि

10-05-1929

प्रियवर,

नमस्कार।

आशा है आप सर्वथा प्रसन्न होंगे। हिन्दी साहित्य का इतिहास, जो हाल में मैंने 'शब्दसागर' की भूमिका के रूप में लिखा है, सेवा में भेजता हूँ। आप कृपया इसका अन्वेषण कर जाइए। इसमें विभाग आदि मैंने नए ढंग से किया है। मिश्रबन्धु इस पर

बहुत कुढ़े हैं और अनेक रूपों में मुझ पर आक्रमण का उपक्रम कर रहे हैं। आप इस पुस्तक के सम्बन्ध में अपना कुछ मत अवश्य प्रकट कीजिए।

भवदीय,
रामचन्द्र शुक्ल

पंडित किशोरीप्रसाद वाजपेयी

दुर्गाकुंड
बनारस सिटी
17.2.36

प्रिय वाजपेयी जी,

नमस्कार।

आपका एक पत्र इधर आया था। मैं इधर महीनों से ज्वर और श्वास का रोग लिए पड़ा हूँ। उत्तर भी इसी से ठीक समय पर न दे सका। क्षमा कीजिएगा।

यदि मैं स्वस्थ होता तो आपकी पुस्तक के लिए 'परिचय' के रूप में अवश्य कुछ लिखता। पर इस समय तो मुझसे कोई काम नहीं हो सकता। एक पत्र लिखना भी मेरे लिए कठिन हो रहा है। आशा है मेरी दशा का विचार करके आप क्षमा करेंगे।

दोहों की हस्तलिखित प्रति यदि आवश्यक हो तो शीघ्र भेज दूँ, नहीं तो स्वस्थ हो जाने पर भेज दूँगा।

भवदीय,
रामचन्द्र शुक्ल

श्रीयुत पंडित किशोरीप्रसादजी वाजपेयी शास्त्री
ऋषिकुल
हरिद्वार

●

वाजपेयी जी,

"चिन्तामणि" तो किसी प्रकार समाप्त हुआ। 'इतिहास' का क्या हो रहा है?

—रामचन्द्र शुक्ल

श्री वियोगी हरि की पुस्तक 'विनयपत्रिका की हरितोषिणी टीका' की भूमिका आचार्य शुक्ल ने 'परिचय' शीर्षक से लिखी थी। वे वियोगी हरि की विद्वता से प्रभावित थे। इस पत्र से यह संकेत मिलता है कि 'शब्दसागर' की भूमिका के रूप में लिखे गए 'हिन्दी साहित्य का विकास' पर उनका मत जानने के लिए शुक्लजी उत्सुक थेसम्पा.

श्री केदारनाथ पाठक

रमईपट्टी-मिरजापुर
ता. 13-10-1905

प्रियवर,

कृपाकार्ड मिला। मेरे ऊपर जो यहाँ आक्रमण हो रहे हैं उसका हाल तो आपने बाबू भगवानदास[1] से जान ही लिया होगा। इस समय मेरे ऊपर केस लाने की तैयारियाँ हो रही हैं। बाबू काशीप्रसाद कहते हैं कि वह चिट्ठी जो 'बंगवासी' में देवीप्रसाद के नाम से छपी है उनकी लिखी नहीं है। इसका, वे कहते हैं कि उनके पास प्रमाण है। केस लाने में अभी दो-तीन दिन की देर है। इस बीच में मुझे एक दो काम करना है।

प्रथम तो मुझे सिद्ध करना है कि वह चिट्ठी काशीप्रसाद की ही लिखी है। यह बात सिद्ध हो जाने पर सब बखेड़ा मिट जाएगा और काशीप्रसाद मुआफी माँगेंगे परन्तु यदि सिद्ध न हो सका तो वे कहते हैं कि मुझे मुआफी माँगना होगा।

बाबू काशीप्रसाद यह भी कहते हैं कि वे इस बात को प्रमाणित कर देंगे कि वह 'मोहिनी'[2] वाली चिट्ठी मैंने लिखी है, पर मैं नहीं जानता कैसे। आगे जो कुछ होगा बराबर लिखता रहूँगा। इधर पत्र न देने का कारण यह था कि मैं चाहता था कि यह सब झगड़ा निपट जाए तब मैं आपके पास लिखूँ। वहाँ का हाल लिखिए।

आपका
रामचन्द्र शुक्ल

●

मिरजापुर,
25-11-05

प्रिय पाठकजी,

कृपा कार्ड पाया। आपकी आशा के लिए धन्यवाद। प्रियवर, आजकल मेरे ऊपर ईश्वर की अथवा शैनश्चर की बुरी दृष्टि है। एक के उपरान्त दूसरी, दूसरी के उपरान्त तीसरी विपत्ति में आ फँसता हूँ। सुनिए, मैं काशी आने की पूरी तैयारी कर चुका था

---

1. रमईपट्टी, मिर्जापुर निवासी, शुक्ल जी के बचपन के साथी।
2. कलकत्ता से निकलने वाली पत्रिका।

परन्तु बीच में मेरे घर ही में एक विलक्षण षडचक्र रच गया। हरिश्चन्द्र का गौना छः या सात दिन में आने वाला है। मेरे पिताजी इधर कई दिनों से दौरे पर हैं। इसी बीच में मेरी विमाताजी को भी भयंकर मूर्ति धारण करने को सूझी। 400 रु. का जेवर गायब करके कह दिया कि मेरे पास ही से घर में से चोरी हो गया। वे जेवर प्रायः वही थे जो हरिश्चन्द्र के विवाह में मिले थे। आप जानते होंगे कि ऐसी कार्रवाइयाँ दो बार वह और भी कर चुकी हैं। मेरे पिताजी को खबर दी जा चुकी है, आज वह दो बार वह और भी कर चुकी हैं। मेरे पिताजी को खबर दी जा चुकी है, आज वह आने वाले हैं। जब तक वे न आ जाएँ मेरा यहाँ से टलना उचित नहीं। बाबू श्यामसुन्दरदास को भी मैंने टेलीग्राम दे दिया है।

आपने लिखा है कि "मारे लज्जा के माथा ऊँचा नहीं होता।" प्रियवर, थोड़े दिन माथा नीचा ही किए रहिए, यदि ईश्वर की इच्छा होगी तो वह ऊँचा हो ही जाएगा। (मेरी कायरता का क्या परिणाम आपको उठाना पड़ा स्पष्ट लिखिए, मुझे बड़ा दुःख है) आपने लिखा है कि बाबू श्यामसुन्दरदास को बुरा होना पड़ा। यह बात मेरी समझ में नहीं आती। किससे बुरा होना पड़ा? क्या सारे संसार से? क्या संसार ही मेरे विरुद्ध है। महावीरप्रसाद द्विवेदी से वे बुरे हुए तो कोई नई बात नहीं हुई। रहे कोटाधीश[1] वे द्विवेदी के उपासक ही ठहरे। उनसे बुरा होने में बाबू श्यामसुन्दरदास ऐसे धीर मनुष्य को दुःख मानना न चाहिए। हाँ, उनके अनुरोध पालन में मैंने विलम्ब किया इसका अवश्य उन्हें दुःख होगा। इस विषय में मैं और आपसे क्या कहूँ, मैं काशी आने के लिए तैयार बैठा हूँ। केवल पिताजी की प्रतीक्षा कर रहा हूँ। आज वे आने वाले हैं। आप कहते हैं कि तुमने अपने आगे आने वालों के मार्ग में कंटक बिछा दिया। प्रियवर, मुझे स्वप्न में भी यह विश्वास नहीं हो सकता कि आप ऐसे सुहृद् और स्नेही मित्र मेरे निकट आने में उन कंटकों की परवाह करेंगे। वे उन कंटकों का मर्दन करेंगे, उन्हें पददलित करेंगे। आपको मेरे ऊपर रुष्ट न होना चाहिए, दया करनी चाहिए। मेरी दशा की ओर ध्यान देना चाहिए। चारों ओर बवंडर चल रहा है, हृदय डाँवाँडोल है।

आपका

किंकर्त्तव्यविमूढ़ रामचन्द्र शुक्ल

●

1. श्री काशीप्रसाद जायसवाल।

रमईपट्टी, मिरजापुर
22 अगस्त, 06

प्रिय पाठकजी,

प्रणाम

कृपाकार्ड मिला। चित्त प्रसन्न हुआ। मैं इधर कई आपत्तियों से बराबर घिरा रहा। मेरे घर में कालरा हो गया था। मैं स्वयं बराबर बीमार रहा। अच्छे होने की कम आशा थी। एक लड़का भी दो महीने का होकर मर गया। सारांश यह कि जो जो उपद्रव चाहिए सब इसी डेढ़ महीने के बीच हो गए। खैर, अब से भी ईश्वर अनुग्रह करे। आप पत्र का उत्तर न पाने से अवश्य रुष्ट हुए होंगे। पर अब आपको दया करनी चाहिए। मेरे ऊपर वैसी ही कृपा बनाए रहिए, यही प्रार्थना है। आपका यहाँ से चला जाना मुझे बहुत अखर रहा है।

कोटाधीश विलायत में बैरिस्टरी भी पढ़ेंगे और व्यापार भी सँभालेंगे। बेंकटेश्वर समाचार में 'हिन्दी लेखक का विलायत गमन' देखा। यह गमन समय में आप लिखवाते गए हैं।

'पिंकाट' की जीवनी यदि 'बंगवासी' में मिल जाए तो बहुत अच्छी बात है। विलायत से चिट्ठी का जवाब जो आपके पास आया है, कृपा करके उसकी नकल मेरे पास भेज दीजिए। आपके यहाँ न रहने से मेरा कुछ भी हाथ-पैर नहीं चलता है। किन्तु मुझे दृढ़ आशा है कि आप मुझे वहाँ से भी उकसाते रहेंगे।

यदि आप जीवनी वहाँ से भेज दें तो मैं हाथ लगा दूँ। देखिएगा, कृपा बनाए रहिएगा। पत्र बराबर देते रहिए। अब मैं भी स्वस्थ हो गया हूँ, मुझसे भी त्रुटि न होगी। आप अपने आने के विषय में अवश्य लिखिए। आपको ऐसी प्रतिज्ञा न करनी चाहिए। न मिरजापुर में इच्छा हो तो काशी ही में आकर रहिए। इस प्रकार अपने प्रति और मित्र वर्ग का परित्याग कर देना ठीक नहीं। आशा है आप उचित उत्तर देंगे।

आपकी वही
रामचन्द्र शुक्ल

●

बस्ती
25-5-08

प्रियवर

प्रणाम

मुझे यहाँ आए आज पाँच दिन हुए। एक कार्ड मैं आपकी सेवा में यहाँ से भेज चुका हूँ। उससे सब समाचार विदित हुए होंगे। आपका स्वास्थ्य अब कैसा है? मेरी तबीयत

तो यहाँ आने से ठीक हो गई है। बाबू राधाकृष्ण की जीवनी मैं यहीं से समाप्त करके बहुत शीघ्र भेजूँगा। सब लिख गई है केवल पत्र आदि स्थान-स्थान पर सन्निविष्ट करना है। आपको मैं थोड़ा कष्ट देता हूँ, नीचे लिखी पुस्तकें मेरे पास यहाँ पर नहीं है। मैं मिरजापुर छोड़ आया–

(1) श्री गंगाप्रसाद गुप्त लिखित बाबू राधाकृष्णदास का जीवन चरित्र।

(2) सभा के गृह प्रवेशोत्सव के समय की कविता और विवरण।

कृपा करके ये दोनों चीजें शीघ्र भेज दीजिएगा। रिपोर्ट आदि भी जो मैंने माँगा था यदि भेज दीजिए तो अच्छा है। विशेषकर वे जिनमें उनका कुछ उल्लेख हो।

बाबू श्यामसुन्दरदास के विषय में भी लिखिएगा। कोश विभाग का कार्य किस प्रकार चल रहा है? बाबू श्यामसुन्दरदास बाहर गए? और जो नए समाचार हों लिखिए, पत्र बराबर भेजते रहिएगा।

गाँव–अगौना
डाक–कलवारी
जिला–बस्ती

आपका
रामचन्द्र शुक्ल

शीघ्रता के विचार से मैं एक टिकट रख देता हूँ। पता मेरा हिन्दी में ही लिखिएगा। पत्र इस पते से भेजिएगा–

रामचन्द्र शुक्ल
गाँव–अगौना पो. आ. कलवारी जिला–बस्ती

●

रमईपट्टी, मिरजापुर
2-8-08

प्रियवर

हरिश्चन्द्र[1] कल बनारस से आए और कहा कि पाठकजी कहते हैं कि अब आते क्यों नहीं, देर हो रही है। इसका क्या अभिप्राय है मेरी समझ में नहीं आया; क्योंकि मुझे अबतक बाबू श्यामसुन्दरदास का कोई पत्र नहीं मिला और न आप ही ने कुछ लिखा। साफ-साफ लिखिए कि क्या बात है। यदि बाबू श्यामसुन्दरदास ने कोई पत्र बुलाने के लिए भेजा हो और वह मुझे न मिला हो तो कृपा करके एक पत्र या टेलीग्राम तुरन्त भेजिए। हरिश्चन्द्र की बात मेरी समझ में न आई।

---

1. आ. शुक्ल के अनुज।
2. भारतेन्दु हरिश्चन्द्र के भतीजे।

मैं आते समय आपके घर पर गया था, बाबू वृजचन्द्र[2] जी के यहाँ भी गया था, पर आपका पता न लगा। बाबू श्यामसुन्दरदास के यहाँ मुझे देर हो गई थी इसी से लाइब्रेरी में नहीं गया। आते समय मैं आपसे नहीं मिला, इसका मुझे भी खेद है। पर इसमें मेरा दोष न जानकर क्षमा कीजिएगा।

आपका
रामचन्द्र शुक्ल

●

मिरजापुर, शनिवार

प्रियमित्र,

पत्र भेजने में देर हुई, क्षमा कीजिएगा। मैं आपके घर पर गया था वहाँ सब कुशल हैं।

मेम्बर होने के लिए पत्र मैं आप ही के पास भेज देता हूँ। आप उस पर दो आदमियों के हस्ताक्षर बनवाकर सभा में दे दीजिएगा। (3) वार्षिक चन्दा मैं दूँगा। वर्तमान वर्ष का आधा चन्दा 1॥) मैं सेक्रेटरी के नाम भेजता हूँ।

मेरे लेख पर क्या विचार हुआ यह भी लिखिएगा। आप मिरजापुर कब तक आएँगे? मेरे ऊपर कृपा बनाए रहिएगा।

भवदीय
रामचन्द्र शुक्ल

●

प्रिय पाठकजी,

आप काशी जाते समय मुझसे नहीं मिले। कहिए, सभा के उत्सव का क्या रंग-ढंग है। यदि मैं आना चाहूँ तो क्या आप मेरे लिए एक कार्ड का प्रबन्ध कर सकते हैं? कृपा करके इसका उत्तर आप शीध्र निश्चित रूप से दीजिए। मैं तो समझता था कि आप इसके विषय में मुझे लिखेंगे पर आपने मौनावलम्बन ही उचित क्यों विचारा?

भवदीय
रामचन्द्र शुक्ल

रामबहोरी शुक्ल

पंजी सं.–4ग/10795

जिन्दगी है या कोई तूफान है,
हम तो इस जीने के हाथों मर चले।

प्रिय रामबहोरी जी,

साहित्य-परिषद के स्वागताध्यक्ष का भाषण मैं लिख रहा हूँ, जो कुछ हो जाए। मुझे इस बीच पटने भी जाना पड़ा था। वहाँ के लिए कुछ लिखना पड़ा था। सोमवार को लौटकर आया हूँ। तब से जो कुछ अवकाश मिल रहा है लिखने में लगा रहा हूँ। कल तक भाषण तैयार हो जाएगा। किसी को दोपहर तक भेज दीजिएगा।

त्वदीय
रामचन्द्र शुक्ल

माधव प्रसाद, प्रधानमंत्री, ना.प्र.स.

श्रीयुक्त मंत्री
नागरी प्रचारिणी सभा
काशी

प्रियवर,

संक्षिप्त शब्द सागर की छपाई के सम्बन्ध में आपका पत्र नं. 906/37 मिला है। उत्तर में निवेदन है कि हेड कम्पोजिटर जिस दिन चाहे सन्ध्या के समय आ सकता है। अच्छा होगा कि बाबू श्यामसुन्दर दास जी के मकान पर वह आ जाए। वहीं उनके सामने सब बातें स्थिर हो जाएँगी। इंडियन प्रेस का वह पत्र जिसमें छपाई के ढंग का प्रस्ताव है साथ रहना चाहिए।

कम्पोजिटर शनिवार के पहले आ जाए तो अच्छा है।

भवदीय
रामचन्द्र शुक्ल

पंडित अयोध्यानाथ शर्मा

दुर्गाकुंड
4.3.1932
बनारस सिटी

प्रिय अयोध्यानाथ जी,

अनेक आशीर्वाद।

मैं समझता हूँ आगरा यूनिवर्सिटी के हिन्दी बोर्ड की मीटिंग अभी न हुई होगी। पंडित कृष्णानन्दजी पन्त कई महीने हुए मेरे यहाँ आए थे। उस समय मेरे यहाँ यह चर्चा हो रही थी कि बाबू श्यामसुन्दरदास का विचार है कि मेरा लिखा 'गोस्वामी तुलसीदास' नागरी प्रचारिणी सभा द्वारा न छापा जाए। पन्त जी यह बात यहाँ से सुन कर गए थे।

बाबू साहब ने हिन्दू विश्वविद्यालय की बोर्ड की मीटिंग में इस बात का दबा प्रयत्न किया था कि मेरी वह पुस्तक हटाई जाय। इस पर बड़ा विरोध हुआ और पुस्तक नहीं हटाई गई। आप इस बात का ध्यान रखिएगा कि वह पुस्तक 'गोस्वामी-तुलसीदास' आगरा यूनिवर्सिटी से न हटने पाए। जब दोनों यूनिवर्सिटी में वह पुस्तक ज्यों की त्यों रहेगी तब बाबू साहब को नागरी प्रचारिणी सभा में यह प्रस्ताव करने के लिए कोई आधार न रह जाएगा कि पुस्तक न छापी जाए।

बाबू साहब ने जो तुलसीदास की जीवनी लिखी या संकलित कराई है, वह आपने देखी होगी। उसमें सिवा इसके कि तुलसीदासजी यहाँ गए, वहाँ गए, मुर्दे जिलाए कुछ भी मैटर ऐसा है जो इस Standard (स्टैंडर्ड) का हो कि बी.ए. आदि के कोर्स में रखा जा सके?

त्वदीय
रामचन्द्र शुक्ल

•

दुर्गाकुंड
बनारस सिटी
10.3.1934

प्रिय शर्माजी,

अनेक आशीर्वाद,

कुछ दिन हुए बाबू श्यामसुन्दरदास जी ने यह खुशहाली सुनाई कि अब तो मि. हरिहर नाथ टंडन भी बोर्ड ऑफ स्टडीज (Board of studies) के मेम्बर हो गए। न

जाते क्यों यह खबर मुझे धमकी सी जान पड़ी। मुझे अब भी यही भावना होती है कि उन्हें आगरा यूनिवर्सिटी (Agra University) की उक्त कमेटी में बाबू श्यामसुन्दरदास को प्रसन्न करने के अनेक अवसर मिला करेंगे। बाबू साहब किन-किन बातों से प्रसन्न हुआ करते हैं, यह तो आप अच्छी तरह जानते होंगे। आपको मैं इसलिए लिख रहा हूँ कि आप सब बातों पर पूरी दृष्टि रखें। उक्त कमेटी में आपके रहने से मैं एक प्रकार से निश्चिंत हूँ।

Board of Studies की बैठक हो गई या अभी होने वाली है? यदि हो गई हो तो कृपया लिखिए कि मेरे ऊपर कोई विशेष कृपा तो नहीं हुई। मुझे पूरा भरोसा है कि आप तथा कमेटी के अन्य सदस्य मेरे साथ कोई अन्याय न होने देंगे बस।

अब इस बात की आवश्यकता प्रतीत होती है कि आप समय-समय पर सब बातों की सूचना मुझे देते रहें।

आपका
रामचन्द्र शुक्ल

श्री सुरेन्द्रनाथ त्रिपाठी

दुर्गाकुंड
बनारस सिटी
28.12.40

बुलबुल के हमारे आशीर्वाद पहुँचे। आगे सब इहाँ अच्छा है। तुहरे सब कुशल मंगल दिन रात मनावल करीले। चोकरंत और मल्लू के चाची क का हालि ह? बुलबुल तू बड़े दिन के छुट्टिया में अइलऽ नाहीं। सरयूपारिन के जौन सभा होखै के रहल ओहि खातिर

---

1. सन् 1896 में स्वर्गीय बाबू रामदीनसिंह की सहायता से जब उचित वक्ता फिर निकला था तब स्वर्गीय पंडित दुर्गाप्रसाद मिश्र ने भी लिखा था कि 'जब से भारतेन्दु बाबू हरिश्चन्द्र का गोलोकवास हुआ तब से हिन्दी के सारे लेखक एक प्रकार स्वतन्त्र और बन्धनविहीन हो गए और लगे अपनी-अपनी डफली और अपना-अपना राग अलापने। न कोई किसी की आन मानता है...दगहे साँड़ से फिरा करते हैं।'
2. यह पत्र महाराणा श्री सज्जनसिंह बहादुर के समय से उदयपुर से निकलता है।
इस विषय पर यद्यपि ब्राह्मणादि ग्रन्थों में नाना प्रकार की कथाएँ मिलती हैं। पर वे सबकी सब परस्पर विरुद्ध हैं, इसीलिए निरुक्त में यास्काचार्यजी कहते हैं–बहुभक्तिवादीनि ब्राह्मणानि भवन्ति, 7.7.2।

रहि गइलऽ का? सभा में गाँव जवार क अउर देश देश क लोग जुटल रहल होइ। तुहरे बाबुओ पगड़ी ओगड़ी बाँधि के गइल रहल होइहैं। माटी क पहुना गइलन कि बाड़ें, लिखहऽ।

तुम्हारा नाना
रामचन्द्र शुक्ल

आचार्य रामचन्द्र शुक्ल कृत्रिम वातावरण को पारिवारिकता से दूर मानते थे। वे घर और परिवार के सदस्यों से मिर्जापुरी बोली (भोजपुरी मिश्रित अवधी) में ही बातचीत करते थे। अपने दौहित्र श्री सुरेन्द्रनाथ त्रिपाठी को वे बुलबुल के नाम से पुकारते थे। शुक्लजी द्वारा रखे हुए ऐसे ही कुछ नामों की बानगी इस पत्र में मौजूद है। चोकरंत वे सुरेन्द्र के भाई धीरेन्द्र को कहते थे। सुरेन्द्र की बहन कृष्णा को वे मल्लू की चाची कहा करते थे। —सम्पादक?

पुस्तकों पर नोट्स

कबीर ग्रन्थावली

(सं. श्याम सुन्दर दास, बी.ए.)

संस्करण, नागरी प्रचारिणी सभा

कबीर ग्रंथावली

(1) साखी

(1) गुरुदेव कौ अंग

सतगुर सवाँन को सगा, **सोधी** सईं न **दाति**। हरिजी सवाँन को हितू, हरिजन सईं न **जाति**।।1।।	शुद्धि, दान स्वजाति
बलिहारी गुर आपणैं द्यौं **हाड़ी** कै बार। जिनि मानिष तैं देवता, करत न लागी बार।।2।।	हड्डी। हड्डी तक निकालकर दूँ।
सतगुर की महिमा अनँत, अनँत किया उपगार। लोचन अनँत उघाड़िया, अनँत दिखावणहार।।3।।	
राम नाम के पटतरे, देबे कौ कछु नाहिं। क्या ले गुर संतोषिए, हौंस रही मन मांहि।।4।।	
सतगुर के सदकै करूँ, दिल अपणी का साछ। सतगुर हम स्यूँ लड़ि पड़या महकम मेरा **बाछ**।।5।।	वक्ष, छाती
सतगुर लई कमाँण करि, बाँहण लागा तीर। एक जु बाह्या प्रीति सूँ, भीतरि रह्या सरीर।।6।।	
सतगुर साँचा सूरिवाँ, सबद जू बाह्या एक। लागत ही में मिलि गया, पढ़या कलेजै छेक।।7।।	
सतगुर मार्‌या बाण भरि, धरि करि सूधी मूठि। अंगि उघाड़ै लागिया, **गई दवा सूँ फूंटि**।।8।।	विरह की अग्नि सी प्रज्वलित हो गई।
हँसै न बोलै उनमनी*, चंचल मेल्ह्या मारि। कहै कबीर भीतरि भिद्या, सतगुर कै हथियार।।9।।	*उन्मनी = हठयोग की खेचरी भूचरी आदि 5 मुद्राओं में से एक जिसमें दृष्टि नाक की नोक पर जमाते हैं। चंचलता मार डाली
गूँगा हूवा बावला, बहरा हुआ कान। पाऊँ थै पंगुल भया, सतगुर मार्‌या बाण।।10।।	

---

(2) क-ख- देवता के आगे 'कया' पाठ है जो अनावश्यक है।

(5) ख- सदकै करौं। ख- साच। तुक मिलाने के लिये 'साछ' 'साक्ष' लिखा है।

पीछे लागा जाइ था, लोक वेद के साथि।
आगै थैं सतगुर मिल्या, दीपक दीया हाथि।।11।।

दीपक दीया तेल भरि, बाती दई अघट्ट।
पूरा किया बिसाहूणाँ, बहुरि न आँवौं हट्ट।।12।।

ग्यान प्रकास्या गुर मिल्या, सो जिनि बीसरि जाइ।
जब गोबिंद कृपा करी, तब गुर मिलिया आइ।।13।।

कबीर गुर गरबा मिल्या, रलि गया **आटैं में लूँण**। आटे में नमक समान
जाति पाँति कुल सब मिटै, नांव धरोगे कौण।।14।।

जाका गुर भी अंधला, चेला खरा निरंध।
अंधा अंधा ठेलिया, दून्यूँ कूप पड़ंत।।15।।

नाँ गुर मिल्या न सिष भया, लालच खेल्या **डाव**। दाँव
दुन्यूँ बूड़े धार मैं, चढ़ि पाथर की नाव।।16।।

चौसठ दीवा जोइ करि, चौदह चंदा माँहि।
तिहिं धरि किसकौ चानिणौं, जिहि घरि गोबिंद नाहिं।।17।।

निस अधियारी कारणैं, **चौरासी लख चंद**। 84 लाख जीवों की ज्योति
अति आतुर ऊदै किया, तऊ दिष्टि नहिं मंद को।।18।।

भली भई जू गुर मिल्या, नहीं तर होती हाँणि।
दीपक दिष्टि पतंग ज्यूँ, पड़ता, **पूरी जाँणि**।।19।। अच्छी तरह समझ सके

माया दीपक नर पतंग, भ्रमि भ्रमि **हुवैं** पड़ंत। हुवैं = वहीं
कहै कबीर गुर ग्यान थैं, एक आध उबरंत।।20।।

सतगुर बपुरा क्या करै, जे सिषही माँहै चूक।
भावै त्यूँ प्रमोधि ले, ज्यूँ बंसि बजाई फूँक।।21।।

संसै खाया सकल जुग, संसा किनहुँ न खद्ध।
जे बेधे गुर अष्षिरां, तिनि संसा चुणि चुणि खद्ध।।22।।

चेतनि चौकी बैसि करि, सतगुर दीन्हाँ धीर।
निरभै होइ निसंक भजि, केवल कहै कबीर।।23।।

---

(12) क-ख- अघट, हट।
(13) क-गोब्यंद।
(15) क-चेला हैजा चंद (? है गा अंध)।
(17) ख- चाँरिणौं। ख- तिहि..........जिहिं।
(21) ख- प्रमोदिए। जाँणे बास जनाई कूद।
(22) ख- सैल जुग।

सतगुर मिल्या त का भयां, **जे मनि पाड़ी भोल**। — यदि मन में भूल या त्रुटि है, जे = यदि, प्रा. जइ
पासि **बिनंठा** कप्पड़ा, क्या **करै** बिचारी चोल।।24।। — विनष्ट, पास में, कुरता बनाए

बूड़े थे परि, ऊबरे, गुर की लहरि से **चमंकि**। — चौंककर
बेरा देख्या जरजरा, (तब) ऊतरि पड़े **फरंकि**।।25।। — फ़र्क़, दूर

गुरू गोविन्द तौ एक हैं, दूजा यह **आकार**। — शरीर
आपा मेट जीवत मरै, तो पावै करतार।।26।।

कबीर सतगुर नाँ मिल्या, रही अधूरी सीप।
स्वांग जती का पहरि करि, घरि घरि माँगे भीष।।27।।

सतगुर साँचा सूरिवाँ, **तातै लोहिं लुहार**। — तप्त लोहे का लुहार है?
कसणो दे कंचन किया, ताई लिया **ततसार**।।28।। — कसौटी पर कस कर, सार तत्त्व

थापणि पाई थिति भई, सतगुर दीन्हीं धीर।।
कबीर **हीरा बणजिया**, मानसरोवर तीर।।29।। — हीरे का व्यापारी

निहचल निधि मिलाइ तत, सतगुर साहस धीर।। — तत्त्व ज्ञान रूपी निश्चल निधि गुरु ने हमें दी,
नि पजी मैं साझी घणाँ, बांटै नहीं कबीर।।30।। — तत्त्व, पूँजी

चौपड़ि माँडी चौहटै, अरध उरध बाजार।। — चौपड़ मचाई या फैलाई
कहै कबीरा राम जन, खेलौ संत विचार।।31।।

पासा पकड़्या प्रेम का, **सारी** किया सरीर।। — गोटी
सतगुर दावा बताइया, खेलै दास कबीर।।32।।

सतगुर हम सूँ रीझि करि, एक कह्या प्रसंग।
बरस्या बादल प्रेम का, भीजि गया सब अंग।।33।।

कबीर बादल प्रेम का, हम परि बरष्या आइ।
अंतरि भीगी आत्माँ हरी भई **बनराइ**।।34।। — वनराजी

---

(25) ख- जाजरा।
इस दोहे के आगे ख प्रति में यह दोहा है—
कबीर सब जग यों भ्रम्या फिरै ज्यूँ रामे का रोज।
सतगुर थैं सोधी भई, तब पाया हरि का षोज।।27।।

(27) इसके आगे ख प्रति में यह दोहा है—
कबीर सतगुर ना मिल्या, सुणी अधूरी सीष।
मुँड मुँडावै मुकति कूँ, चालि न सकई वीष।।29।।

(28) ख- सतगुर मेरा सूरिवाँ।

(29) इसके आगे ख- प्रति में यह दोहा है-
कबीर हीरा बणजिया, हिरदे उकठी खाणि।
पारब्रह्म क्रिपा करी सतगुर भये सुजाँण।।

(34) ख- में नहीं है।

पूरे सूँ परचा भया, सब दुख मेल्या दूरि।। पूर्ण पुरुष
निर्मल कीन्हीं आत्माँ ताथैं सदा हजूरि।।35।।

(2) सुमिरण कौ अंग

कबीर कहता जात हूँ, सुणता है सब कोइ।
राम कहें भला होइगा, नहिं तर भला न होइ।।1।।

कबीर कहै मैं कथि गया, कथि गया ब्रह्म महेस।
राम नांव सतसार है, सब काहू उपदेस।।2।।

तत तिलक तिहूँ लोक मैं, राम नाँव निज सार।
जब कबीर मस्तक दिया, सोभा अधिक अपार।।3।।

भगति भजन हरि नाँव है, दूजा दुक्ख अपार।।
मनसा बाचा क्रमनाँ, कबीर सुमिरण सार।।4।।

कबीर सुमिरण सार है, और सकल जंजाल।
आदि अंति सब सोधिया, दूजा देखौं काल।।5।।

च्यंता तौ हरि नाँव की, और न चिंता दास।
जे कछु चितवैं राम **बिन**, सोइ काल कौ पास।।6।। सिवा

पंच सँगी पिव पिव करै, छटा जू सुमिरे मंन। इंद्रियाँ
आई **सुर्ति** कबीर को पाया राम रतंन।।7।। स्मृति

मेरा मन सुमिरै राम कूँ, मेरा मन **रामहिं आहि**। राम में है
अब मन रामहिं ह्वै रह्या, सीस नवावौं काहि।।8।। अद्वैतवाद

तूँ तूँ करता तूँ भया, मुझ मैं रही न **हूँ**। अहमभाव, मैं हूँ
वारी फेरी बलि गई, जित देखौं तित तूँ।।9।। भेदभाव

कबीर निरभै राम **जपि**, जब लग दीवै बाति।
तेल घट्‌या बाती बुझी, (तब) **सोवैगा दिन राति**।।10।।

कबीर सूता क्या करै, जागि न जपै मुरारि।।
एक दिनाँ **भी** सोवणाँ, लंवे पांव पसारि।।11।। तो सोना है ही

कबीर सूता क्या करै, काहे न देखै जागि।
जाका संग तैं बीछुड़्या, ताही के संग लागि।।12।।

कबीर सूता क्या करै, उठि न रोवै दुक्ख। जा (बृज) +
जाका बासा गोर मैं, सो क्यूँ सोवै सुक्ख।।13।। का (खड़ी)

---

(35) ख- में नहीं है।

कबीर सूता क्या करै, गुण गोबिंद के गाइ।
तेरे सिर परि जम खड़ा, **खरच कदे का खाइ**।।14।।

कभी से तुझे खर्च कर खाता आता है

कबीर सूता क्या करै, **सुताँ** होइ अकाज।
ब्रह्मा का आसण खिस्या, सुणत काल को गाज।।15।।

सोने से, सोया हुआ होने से

केसो कहि कहि **कूकिये**, नाँ सोइयै **असरार**।।
राति दिवस के कूकणौ, (मत) कबहूँ लगै पुकार।।16।।

पुकारिए, जपिए, लगातार

जिहि घटि प्रीति न प्रेम रस, **फुनि** रसना नहीं राम।
ते नर **इस** संसार में, उपजि **षये** बेकाम।।17।।

प्रति

not alongwith जा का, क्षय को प्राप्त हुए

कबीर प्रेम न चाषिया, चषि न लीया **साव**।
सूने घर का पाहुणाँ, ज्यूँ आया त्यूँ **जाव**।।18।।

स्वाद

जाता है, अइ जाम मे जाव, रासो

पहली बुरा कमाइ करि, बाँधी विष की पोट।
कोटि करम फेले पलक में, (जब) आया हरि की ओट।।19।।

करोड़ों कर्म पल मे फेंक दें

कोटि क्रम पेलै पलक मैं, **जे** रंचक आवै नाउँ।
अनेक जुग जे पुन्नि करै, नहीं राम बिन ठाउँ।।20।।

यदि

जिहि हरि (**को**) जैसा जाणियाँ, तिन कूँ तैसा लाभ।
ओसों प्यास न भाजई, जब लग धसै न **आभ**।।21।।

जिसने

आव, आप = पानी

राम पियारा छाड़ि करि, करै आन का जाप।
बेस्वाँ केरा पूत ज्यूँ, कहे कौन सूँ बाप।।22।।

कबीर आपण राम कहि, **औरां** राम कहाइ।
जिहि मुखि राम न ऊचरे, **तिहि मुख फेरि कहाइ**।।23।।

औरों को, औरों से

उससे फिर फिर कहना, भक्तिपथ पर लाने का उपयोग बराबर करता रह

जैसे माया मन रमै, यूँ **जे** राम रमाइ।
(तौ) तारा मंडल **छाँड़ि** करि, जहाँ **केसौ** तहाँ जाइ।।24।।

यदि

भेद कर, केशव

लूटि सकै तो लूटियो, राम नाम है लूटि।
पीछै ही पछिताहुगे, यहु तन जैहै छूटि।।25।।

very popular

लूटि सकै तो लूटियो, राम नाम भंडार।।
काल कंठ तै गहैगा, रूंधे **दसूँ दुवार**।।26।।

ज्ञानेंद्रियाँ कर्मेंद्रियाँ

लंबा मारग दूरि घर, विकट पंथ **बट भार**।।
कहौ संतो क्यूँ पाइये, दुर्लभ **हरि-दीदार**।।27।।

बटमार, बटवार

दर्शन

---

(16) ख- में नहीं है।
(17) क-आइ संसार में।
(23) ख- जा युष, ता युष।

गुण गाये गुण ना कटै, **रटै** न राम बियोग। — रटने से
अह निसि हरि ध्यावै नहीं, क्यूँ पावै दुलर्भ जोग।।28।।

कबीर कठिनाई खरी, **सुमिरतां** हरि नाम। — सुमिरते हुए। सुमिरन
सूली ऊपरि नट विद्या, गिरूँ त नाहीं ठाम।।29।।

कबीर रामै ध्याइ लै, जिभ्या सौं करि मंत।
हरि सागर जिनि बीसरै, **छीलर** देखि अनंत।।30।। — तलैया

कबीर राम रिझाइ लै, **मुखि** अमृत गुण गाइ। — मुख में = मुख से तृतीया
फूटा नग ज्यूँ जोड़ि मन, संधे संधि मिलाइ।।31।।

कबीर चित्त **चमंकिया**, चहुँ दिस लागी **लाइ**। — चौंक उठे, आग
हरि सुमिरण हाथूं घड़ा, बेगे लेहु बुझाइ।।32।।67।।

(3) बिरह कौ अंग

रात्यूँ **रूँनी** बिरहनीं, ज्यूँ **बंचौ कूँ** कुंज। — रोई, बच्चों के लिए क्रौंच पक्षी
कबीर अंतर प्रजल्या, प्रगट्या बिरहा पुंज।।1।। — क्रौंच ने आकाश में पुकार मचाई उसकी कामना पूर्ण हुई, ताल भर ...

अबंर कुँजाँ कुरलियाँ, गरिज भरे सब ताल।
जिनि थे गोबिंद बीछुटे, तिनके कौण हवाल।।2।।

चकवी बिछुटी रैणि की, आइ मिली परभाति।
जे जन बिछुटे राम सूँ, ते दिन मिले न राति।।3।।

बासुरि सुख नाँ रैणि सुख, ना सुख सुपिनै माँहि।
कबीर बिछुट्या राम सूँ नाँ सुख धूप न छाँह।।4।।

बिरहनि **ऊभी पंथ सिरि**, पंथी से बूझै धाइ। — खड़ा है, राह में
एक सबद कहि पीव का, कब रे मिलैगे आइ।।5।। — something

बहुत दिनन की जोवती, बाट तुम्हारी राम।
जिव तरसै तुझ मिलन कूँ, **मनि** नाहीं विश्राम।।6।। — मन में (सप्तमी)

बिरहिन ऊठै, भू पड़ै, दरसन कारनि राम।
मूवाँ पीछे देहुगे, सो दरसन किहिं काम।।7।।

मूवाँ पीछै जिनि मिलै, कहै कबीरा राम।
पाथर घाटा लोह सब, (तब) पारस कौंणै काम।।8।। — लोहा हो गया पत्थर

अंदेसड़ा न भाजिसी, संदेसो कहियाँ।
कै हरि आयां **भाजिसी**, कै हरि ही पासि गयां।।9।। — भागेगा

आइ न सकौ तुझ पै, कूँ न तूझ बुझाइ।
जियरा यौही लेहुगे, बिरह तपाइ तपाइ।।10।।

यहु तन जालौं मसि करूँ, **ज्यूँ** धूवाँ जाइ सरग्गि। — धूवाँ मेघवत ऊपर जाए
मति वै राम दया करै, बरसि बुझावै अग्गि।।11।। — मकु = शायद

यहु तन जालै मसि करौं, लिखौं राम का नाउँ।
लेखणिं करूँ **करंक** की, लिखि लिखि राम पठाउँ।।12।। — हड्डी का टुकड़ा = also खोपड़ी

कबीर पीर पिरावनीं, **पंजर** पीड़ न जाइ। — शरीर की पीड़ा इतनी असह्य होती है, यह तो हृदय की है
एक **ज** पीड़ परीति की, रही कलेजा छाइ।।13।। — = ही (गुज.)

चोट सताड़ी बिरह की, सब तन जर जर होइ।
मारणहारा जाँणिहै, कै जिहिं लागी सोइ।।14।। — बिरह की चोट मारने वाला

कर कमाण सर साँधि करि, खैचि जू यार्‌या **माँहि**। — भीतर
भीतरि भिद्या **सुमार** ह्वै, जीवै कि जीवै नांहि।।15।। — अच्छा वार

जबहूँ मार्‌या खैंचि करि, तब मैं पाई जाँणि।
लागी चोट मरम्म की, गई कलेजा जाँणि।।16।।

जिहि सर मारी काल्हि, सो सर मेरे मन बस्या।
तिहि सरि अजहूँ मारि, सर बिन सच पाऊँ नहीं।।17।।

बिरह भुवंगम तन बसै, मंत्र न लागै कोइ।
राम बियोगी न जिवै, जिवै त बीरा होइ।।18।।

बिरह भुवंगम पैसि करि, किया कलेजै घाव।
साधू अंग न मोड़ही, ज्यूँ भावै त्यूँ खाव।।19।।

सब रग तंत रबाब तन, बिरह बजावै नित्त।
और न कोई सुणि सकै, कै साई के चित्त।।20।।

बिरहा **बिरहा** जिनि कहौ, बिरहा है सुलितान। — = बुरा
जिह घटि बिरह न संचरै, सो घट सदा मसान।।21।।

अंषड़ियाँ झाई पड़ी, पंथ निहारि निहारि।
जीभड़ियाँ छाला पड़्या, राम पुकारि पुकारि।।22।।

इस तन का दीवा करौं, बाती मेल्यूँ जीव।
लोही सींचौ तेल ज्यूँ, कब मुख देखौं पीव।।23।। — लहू से (लोहित)

नैंना **नीझर** लाइया, रहट **बहै** निस जाम। — झड़ी, चलाता है
पपीहा ज्यूँ पिव पिव करौं, कबर मिलहुगे राम।।24।।

अंषड़िया प्रेम **कसाइयाँ**, लोग जाँणे दुखड़ियाँ। — कायम हो गई हैं लाल हो गई हैं
साँई **अपणैं** कारणै, रोइ रोइ **रतड़िया**।।25।। — आपके वही आँसू प्रिय के लिए वही और लोगों के लिए निकलते हैं।

सोई आँसू सजणाँ, सोई **लोक बिड़ाँहि**। — पर लोक के लिए बाहर निकलते हैं
जे लोइण लोंहीं चुवै, तो जाँणों **हेत** हियांहि।।26।। — यदि। प्रेम

कबीर हसणाँ दूरि करि, करि रोवण सौं चित्त।
बिन रोयाँ क्यूँ पाइये, प्रेम पियारा मित्त।।27।।

जौ रोऊँ तो बल घटै, हँसौं तो राम रिसाइ।
मनही माँहि बिसूरणाँ, ज्यूँ घुंण काठहि खाइ।।28।।

हंसि हंसि कंत न पाइए, जिनि पाया तिनि रोइ।
जो हाँसेही हरि मिलै, तो नहीं **दुहागिन** कोइ।।29।। — दुर्भाग्यवती

हाँसी खेलौ हरि मिलै, तौ कौण सहे षर सान।
काम क्रोध त्रिष्णाँ तजै, ताहि मिलैं भगवान।।30।।

पूत पियारो पिता कौं, **गौंहनि** लागा धाइ। — साथ
लोभ मिठाई हाथ दे, **आपण गया भुलाइ**।।31।। — अपने को भुला पाया उसी मिठाई में फँसाकर या बहलाकर,

डारि **खाँड़** पटकि करि, अंतरि रोस उपाइ। — मिठाई
रोवत रोवत मिलि गया, पिता पियारे जाइ।।32।।

नैना अंतरि आचरूँ, निस दिन निरषौं तोहि। — भीतरी आँखें लगाए रहती हूँ
कब हरि दरसन देहुगे सो दिन आवै मोंहि।।33।।

कबीर देखत दिन गया, निस भी देखत जाइ।
बिरहणि पीव पावे नहीं, जियरा तलपै **माइ**।।34।। — माहिं

कै बिरहनि कूं मींच दे, कै आपा दिखलाइ।
आठ पहर का **दाझणां**, मोपै सह्या न जाइ।।35।। — दहन

बिरहणि थी तो क्यूँ रही, जली न पीव के **नालि**। — साथ में (punjabi)
रहु रहु मुगध गहेलड़ी, प्रेम को न लाजूँ मारि।।36।।

हौं बिरहा की लाकड़ी, समझि समझि धूंधाउँ।
छूटि पड़ौं यों बिरह तें, जे सारीही जलि जाउँ।।37।। — यदि

कबीर तन मन यों जल्या, बिरह अगनि सूं लागि।
मृतक पीड़ न जाँणई, जांणैगि यहूं आगि।।38।।

बिरह जलाई मैं जलौं, जलती **जलहरि** जाउँ। — जलहरी = जलघटी के पास
मो देख्याँ जलहरि जलै, संतौं कहीं बुझाउँ।।39।।

परबति परबति मैं फिर्या, नैन गंवाये रोइ।
सो बूटी पाऊँ नहीं, जातें जीवनि होइ।।40।।

---

(32) ख- में इसके अनंतर यह दोहा है—
मो चित तिलाँ न बीसरौ, तुम्ह हरि दूरि थंयाह।
इहि अंगि औलू भाइ जिसी, जदि तदि तुम्ह म्यलियांह।।

फाड़ि **फुटोला धज** करौं, **कामलड़ी** पहिराउँ।
जिहिं जिहिं भेषा हरि मिलैं, सोइ सोइ भेष कराउँ।।41।।

पटोर, रेशमी वस्त्र, धन्नी, कमली

नैन हमारे जलि गये, छिन छिन **लोड़ै** तुझ।
नां तूं मिलै न मैं खुसी, ऐसी बेदन मुझ।।42।।

लुढ़कना

भेला पाया श्रम सों, भौसागर के माँह।
जो छाँड़ौ तौ डूबिहौ, गहौं त डसिये बाँह।।43।।

बेड़ा

रैणा दूर बिछोहिया, रह रे **संषम** झूरि।
देवलि देवलि धाहड़ी, देखी, ऊगै **सूरि**।।44।।

मायारूपी रात में सागर से अलग हुई। शंख

सुखिया सब संसार है, खाये अरू सोवै।
दुखिया दास कबीर है, जागे अरू रोवै।।45।।112।।

हे जीव, मायारूपी रात में तू भगवान से दूर पड़ गया है (शंख) जब कुछ ज्ञान हो जाएगा तो इधर उधर भटकता फिरेगा, चिल्लाता फिरेगा, जैसे शंख रात को चुप रहता है, सुबह मन्दिर मन्दिर चिल्लाता है

(4) ग्यान बिरह कौ अंग

दीपक पावक आंणिया, **तेल** भी आंण्या संग।
तीन्यूं मिलि करि जोइया, (तब) **उड़ि उड़ि** पड़ैं **पतंग**।।1।।

दीपक = पात्र, शरीर, पावक = ज्ञान, तेल = स्नेह, प्रेम, मन की वासनाएँ

मार्‌या है जे मरेगा, बिन सर **थोथी भालि**।
पड्या पुकारे ब्रिछ तरि, आजि मरै कै काल्हि।।2।।

थोथी = खाली केवल फल से जो भीतर रह जाता है।
= मारा गया

हिरदा **भीतरि** दौ बलै, धूंवां प्रगट न होइ।
जाके लागी सो लखे, के जिहि लाई सोइ।।3।।

= भीतर में

झल उठा झोली जली, **खपरा** फूटिम फूटि।
जोगी था सो रमि गया, आसणि रही **बिभूत**।।4।।

खप्पर, भिक्षापात्र
सिद्धावस्था में बाहरी वेश का त्याग, राख

अगनि जू लागि **नीर** में, **कंदू** जलिया झारि।
उतर दषिण के पंडिता, रहे बिचारि बिचारि।।5।।

आत्मा = मानस, = कर्दम, कीचड़

दौं लागी साइर जल्या, **पंषी** ऊपर बैठे आइ।
दाधी देह न पालनै, सतगुर गया ऐसी आग लगाइ।।6।।

हंस, मुक्त आत्मा
फिर शरीर धारण के लिए न रह जाए

गुर **दाधा** चेल्या जल्या, बिरहा लागी आगि।
तिणका बपुड़ा ऊबर्‌या, गलि पूरे के लागि।।7।।

जलाया
अपूर्ण जीवात्मा पूर्ण परमात्मा का सहारा लेकर बच गया

आहेड़ी दौ लाइया, मृग पुकारै रोइ।
जा बन में क्रीला करी, दाझत है बन सोइ।।8।।

शरीर और इंद्रियों में

---

(43) ख- में इसके आगे यह दोहा है—
बिरह जलाई मैं जलौं, मो बिरहिन कै दूष।
छाँह न बैसों डरपती, मति जलि ऊठे रूष।।46।।

(6) ख- कवल जो फूला फूल बिन

पाणी मांहे प्रजली, भई अप्रबल आगि।
बहती **सरिता** रहि गई, **मेछ** रहे जल त्यागि।।9।।

[नाड़ियाँ, आत्मा]

समंदर लागी आगि, **नदियां** जलि कोइला भई।
देखि कबीरा जागि, **मंछी** रूषां चढ़ि गई।।10।।122।।

[अन्तःकरण, हठयोग, नाड़ियाँ]
[आत्मा]

(5) परचा कौ अंग

कबीर तेज अनंत का, मानी ऊगी सूरज-सेणि।
पति संगि जागी सूंदरी, कौतिग दीठा **तेणि**।।1।।

[passive form; old use]

कोतिग दीठा देह बिन, मसि बिना उजास।
साहिब सेवा मांहि है, बेपरवांही **दास**।।2।।

[आध्यात्मिक प्रकाश]
[माया का स्वामी, गुलाम]

पारब्रह्म के तेज का, कैसा है उनमान।
कहिबे कूं सोभा नहीं, देख्याही परवान।।3।।

अगम अगोचर **गमि** नहीं, तहां जगमगै जोति।
जहां कबीरा की बंदिगी, 'तहां' पाप पुन्य नहीं **छोति**।।4।।

[गति]
[छूत, स्पर्श]

हदे छाड़ि बेहदि गया, हुवा निरंतर बास।
कवल ज फूल्या फूल बिन, **को निरषै निज दास**।।5।।

[= कोई, कोई ही खास भक्त इसे देख सकता है।
refers to सहस्रदल कमल of hathyogis]

कबीर मन मधुकर भया, रह्या निरंतर बास।
कवल ज फूल्या **जलह** बिन, **को** देखै निज दास।।6।।

[= कोई, old suffix-original use]

अंतर कवल प्रकासिया, ब्रह्म बास तहां होइ।
मन भवरा तहां लुबधिया, जांणैगा जन कोइ।।7।।

सायर नाहीं, सीप **बिन**, स्वांति बूंद भी नाहिं।
कबीर मोती **नीपजैं**, **सुन्नि सिषर** गढ माँहिं।।8।।

[भी नहीं चाहिए]
[शून्य = ब्रह्मरंध्र, ब्रह्मानंद रूपी मुक्तफल]

घट माँहै **औघट** लह्या फिर, औघट माँहैं घाट।
कहि कबीर परचा भया, गुरू दिखाई बाट।।9।।

[अटपटा पथ]

(जब) **सूर** समांणो **चंद** में, दहूँ किया घर एक।
(यह) मनका च्यंता तब भया, कछू पूरबला लेख।।10।।

[सूर = सबसे निम्नस्थ मूलाधार चक्र में एक गोल स्थान जिसमें विष स्रवित होता है।
चन्द्र = ब्रह्मरंध्र के ऊपर सहस्रदल कमल के मध्य में एक स्थान जिससे अमृत टपकता है।
इला में चन्द्र, पिंगला मे सूर्य की अवस्थिति सुषुम्ना चन्द्रसूर्याग्नि स्वरूप, त्रिगुणमयी ब्रह्मस्वरूप जिसमें जगत प्रतिष्ठित है।]

---

(10) ख- में इसके आगे यह दोहा है—
बिरहा कहै कबीर कौं तू जनि छाँड़े मोहिं।
पारब्रह्म के तेज मैं, तहाँ ले राखौं तोहि।।

(9) क-औघट पाइया।

हद छाड़ि बेहद गया, किया सुन्नि असनान।	
मुनि जन **महल** न पावई, तहाँ किया विश्राम।।11।।	पता, ठिकाना
देखौ कर्म कबीर का, कछु पूरब जनम का लेख।	
जाका महल न मुनि लहै, सो **दोसत** किया अलेख।।12।।	दोस्त
पिंजर प्रेम प्रकासिया, जाग्या जोग अनंत।	
संसा **खूटा** सुख भया, मिल्या पियारा कंत।।13।।	चुका
प्यंजर प्रेम प्रकासिया, अंतरि भया उजास।	
मुख कसतूरी महमहीं, बांणीं फूटी बास।।14।।	
मन लागा **उनमन्न** सों, गगन पहुँचा जाइ।	उन्मन
देख्या **चंद** बिहूँणाँ, **चाँदिणाँ**, तहाँ अलख निरंजन राइ।।15।।	आकार, विभूति प्रकाश
मन लागा उनमन सों, उनमन मनहि से बिलग।	पहले आत्मा के साथ मन या उपाधि लगी
लूँण बिलगा पाणियाँ, पाँणीं लूँणा बिलग।।16।।	थी, अब आत्मा उससे अलग हो गई।
पाँणीं ही तें **हिम** भया, **हिम** ह्वै गया बिलाइ।	स्थूल, सूक्ष्म, पाला ओस
जो कुछ था सोई भया, कछू कह्या न जाइ।।17।।	निराकार हो गया
भली भई जु भै पड्या, गई दशा सब भूलि।	जो हुआ अच्छा ही हुआ
पाला गलि पाँणी भया, ढुलि मिलिया उस कूलि।।18।।	
चौहटै च्यंतामणि चढी, **हाँडी** मारत हाथि।	ज्योंहि विषयों ने घट पर हाथ मारा कि उसमें का रत्न, आत्मा, ऊपर चौमहले
मीरा मुझसूँ मिहर करि, **इब** मिलौं न काहू साथि।।19।।	पर चढ़ गई। भाँड, घट, बरतन, अब
पंषि उडाणी गगन कूँ, **प्यंड** रह्या परदेस।	शरीर
पाँणी पीया चंच बिन, भूलि गया यहु देस।।20।।	
पंषि उडानीं गगन कूँ, उड़ी चढ़ी **असमान**।	शून्य प्रदेश में
जिहिं **सर मंडल** भेदिया, सो सर लागा कान।।21।।	आकाश
सुरति समाँणो **निरति** मैं, निरति रही **निरधार**।।	ध्यान, ब्रह्मानंद की दिशा, स्थिर अब
सुरति निरति परचा भया, तब खूले **स्यंभ दुवार**।।22।।	निरति ही रही, ठीक, सत्य, ब्रह्मरंध्र
सुरति समाँणो निरति मैं, अजपा माँहै जाप।	
लेख समाँणाँ अलेख मैं, यूँ **आपा माँहै आप**।।23।।	आत्मा परमात्मा में
आया था संसार में, देषण कौं बहु रूप।	
कहै कबीरा, संत ही, पड़ि गया नजरि **अनूप**।।24।।	ईश्वर
अंक भरे भरि भेटिया, मन मैं नाँहीं धीर।	
कहै कबीर ते **क्यूँ** मिलैं, जब लग **दोइ** सरीर।।25।।	कैसे, द्वैत

सचु पाया सुख ऊपनाँ, अरु दिल दरिया पूरि।।
सकल पाप सहजै गये, जब साँई मिल्या **हजूरि**।।26।। सामने

धरती गगन पवन नहीं होता, नहीं तोया, नहीं **तारा**। जल, तेज अस्ति
तब हरि हरि के जनहु होते, कहै कबीर बिचारा।।27।। हरि के जन हुते = मुक्त आत्माएँ थीं।

जा दिन **कृतम** नां हुता, होता **हट न पट**। व्यापार, क्रय-विक्रय (क्रीतम), हाट न वस्त्र or घट न पट
हुता कबीरा राम जन, जिनि देखै औघट घट।।28।।

थिति पाई मन थिर भया, सतगुर करी सहाइ।
अनि न कथा तनि **आचरी**, हिरदै त्रिभुवन राइ।।29।। अन्य न, बात, समाई

हरि संगति सीतल भया, मिटा मोह की ताप।
निस बासुरि सुख निधि लह्या, जब अंतरि प्रकट्या आप।।30।।

तन भीतरि मन मानियाँ, बाहरि कहा न जाइ।
ज्वाला तै फिरि जल भया, बुझी **बलंती लाइ**।।31।। जलती अग्नि, ताप से शीतलता प्राप्त हुई,

तत पाया, तन बीसर्या, जब **मुनि** धरिया ध्यान। तत्त्व, मन में
तपनि गई सीतल भया, जब **सुनि** किया असनान।।32।। शून्य = ब्रह्मरंध्र का बिन्दु रूप छिद्र

जिनि पाया तिनि **सूगह गह्या**, रसनाँ लागी स्वादि। अच्छी तरह पकड़ा
रतन निराला पाईया, जगत **ढंढाल्या बादि**।।33।। ढूंढ़, खोज, व्यर्थ

कबीर दिल **स्याबति** भया, पाया फल संम्रथ्थ। साबित
सायर माँहि ढंढोलताँ, हीरै पड़ि गया हथ्थ।।34।।

जब मैं था तब हरि नहीं, अब हरि है मैं नाँहि।
सब अँधियारा मिटि गया, जब दीपक देख्या माँहि।।35।।

जा कारणि मैं ढूंढता, सनमुख मिलिया आइ।
धन मैली पिव ऊजला, लागि न सकौं पाइ।।36।।

जा कारणि मैं **जाइ था**, सोई पाई ठौर।। जाता था
सोई फिर आपण भया, जासूँ कहता और।।37।।

कबीर देख्या **एक अंग**, महिमा कही न जाइ। थोड़ी झलक
तेज पुंज पारस **धणीं**, नैनूँ रहा समाइ।।38।। पति

मानसरोवर सुभर जल, **हंसा** केलि कराहिं। जीवात्मा
मुकताहल मुकता चुगैं, अब उड़ि अनत न जाहिं।।39।। फल, बहुत सा

गगन गरिजि अमृत चवै, **कदली** कंवल प्रकास। कदली = मेरुदंड
तहाँ कबीरा बंदिगी, कै कोई निज दास।।40।। सहस्रदल कमल जिसके मध्य स्थान से अमृत टपकता है

---

(26) ख- सकल अघ।

नींव बिहुणां देहुरा, देह बिहूँणाँ देव।
कबीर तहाँ **बिलंबिया** करे अलप की सेव।।41।।

अनार्य मन्दिर
बैठकर

देवल माँहै देहुरी, तिल जेहैं बिसतार।।
माँहैं पाती माँहिं जल, **माँहे पुजणहार**।।42।।

देह में ही मन्दिर है, जिसका विस्तार बहुत सूक्षम है,
मानसी पूजा

कबीर कवल प्रकासिया, ऊग्या निर्मल सूर।।
निस अंधियारी मिटि गई, **बागे** अनहद तूर।।43।।

जे

अनहद बाजै **नीझर झरै**, उपजै ब्रह्म गियान।
अविगति अंतरि प्रगटै, लागै प्रेम धियान।।44।।

सहस्रदल कमल के चन्द्रनामक स्थान से अमृत झड़ता है।

आकासै **मुखि औंधा कुवाँ**, पाताले **पनिहारि**।।
ताका पाँणीं को हंसा पीवै, बिरला, **आदि** बिचारि।।45।।

औंधामुख–सहस्रदल कमल जो औंधा स्थित है। इन्द्रियाँ, मुख्य

सिव सकती दिसि कौंण जु जोवै, **पछिम दिसा** उठै धूरि।।
जल मैं स्यंघ जु घर करै, मछली चढ़ै खजूरि।।46।।

काबा
यदि अज्ञान या मोह घट में छा जाए तो

अमृत बरसै हीरा निपजै, **घटाँ पड़ै टकसाल**।
कबीर जुलाहा भया पारषू, अगभै उतरया पार।।47।।

घट में टकसाल खड़ी होती है

ममिता मेरा क्या करै, प्रेम () उघाड़ी **पौलि**।
दरसन भया दयाल का, सूल भई **सुख-सौड़ि**।।48।।170।।

(में) फाटक (ब्रह्मरंध्र)
= सुख-शय्या, चद्दर, बिछावन

(6) रस कौ अंग

कबीर हरि रस यौं पिया बाकी रही न **थाकि**।
पाका कलस कुँभार का, बहुरि न चढ़हिं चाकि।।1।।

श्रम

राम रसाइन प्रेम रस पीवत, अधिक रसाल।
कबीर पीवण दुलभ है, माँगे सीस कलाल।।2।।

कबीर भाठी कलाल की, बहुतक बैठे आइ।
सिर सौंपे सोई पिवै, नहीं तो पिया न जाइ।।3।।

हरि रस पीया जाँणिये, **जे** कबहूँ न जाइ खुमार।।
मैंमंता घूँमत रहै, नाँही तन की **सार**।।4।।

यदि
सँभाल, सुध

मैंमंता तिण नां चरै, सालै चिता सनेह।
बारि जु बाँध्या प्रेम कै, डारि रह्या सिरि षेह।।5।।

मत हाथी, साजै or सारै
द्वार पर

मैंमंता अविगत रहा, **अकलप आसा जीति**।
राम अमलि माता रहै, जीवन मुकति अतीकि।।6।।

निर्विकल्प हो गया है तृष्णा को जीतकर

जिहि सर घड़ा न डूबता, अब **मैं गल** मलि न्हाइ।।
देवल बूड़ा कलस सूँ, पंषि **तिसाई जाइ**।।7।।

मतवाला
देवल = घट, स्यूँ = साथ,
पंखि = आत्मा, प्यासी जाती थी

सबै रसाइण मैं किया, हरि सा और न कोइ।
तिल इक घट मैं संचरे, तौ सब तन कंचन होइ।।8।।168।।

(7) लांबि कौ अंग

लाभ

कया कमंडल भरि लिया, उज्जल निर्मल नीर।।
तन मन जोबर भरि पिया, प्यास न मिटी सरीर।।1।।

मन उलट्या **दरिया** मिल्या, लागा मलि मलि न्हांन।
थाहत थाह न आवई, तूँ पूरा रहिमान।।2।।

समुद्र

हेरत हेरत हे सखी, रह्या कबीर हिराइ।
बूँद समानी समंद मैं, सो कत हेरी जाइ।।3।।

हेरत हेरत हे सखी, रह्या कबीर हिराइ।
समंद समाना बूँद मैं, सो कत हेर्‍या जाइ।।4।।172।।

(8) जर्णा कौ अंग

तप कर पक्का होना

भारी कहौं त बहु डरौं, हलका कहूँ तो झूठ।
मैं का जाँणौं राम कूं, नैनूं कबहुं न दीठ।।1।।

दीठा है तो कस कहूँ, कह्या न कोइ पतियाइ।
हरि जैसा है तैसा रहौ, तूँ हरिषि हरिषि गुण गाइ।।2।।

ऐसा अद्‌भूत जिनि कथै, अद्‌भुत राखि लुकाइ।
बेद कुरानों गमि नहीं, कह्याँ न को पतियाइ।।3।।

करता की गति अगम है, तूँ चलि अपणैं **उनमान**।
धीरैं धीरैं पाव दे, पहुँचैगे परवान।।4।।

अनुमान

पहुँचैगे तब कहैंगे, **अमड़ैगे** उस ठाँइ।
अजहूँ **बेरा** समंद मैं, बोलि **बिगूचै** काँइ।।5।।

आनन्द में उमड़ेंगे

बेड़ा, बोल कर लोगों को संशय में क्यों डालें

(9) हैरान कौ अंग

पंडित **सेती** कहि रहे, कह्या न मानै कोई।
ओ अगाध ए का कहै, भारी अचिरज होई।।1।।

बहुत से ? here

बसे अपंडी पंड मैं, ता गति लषै न कोइ।
कहै कबीरा संत हौ, बड़ा अचंभा मोहि।।2।।179।।

(6.8) ख- रिचक घट में संचरे।
(8.1) क-हलवा कहूँ।

(10) लै कौ अंग

जिहि बन सोह न संचरै, पंषि उड़ै नहिं जाइ।
रैनि दिवस का गमि नहीं, तहां कबीर रह्या **ल्यो** आइ।।1।।

प्रेम, लौ

सुरति **ढीकुली ले जुल्यो**, मन नित ढोलनहार।
कँवल-कुवाँ मैं प्रेमरस, पीवै बारंबार।।2।।

ढेंकुली की रस्सी
सहस्रदल कमल में का कूप

गंग जमुन उर अंतरै, सहज सुंनि **ल्यौ** घाट।
तहाँ कबीरै मठ रच्या, मुनि जन जोवैं बाट।।3।।182।।

गंगा = इला (छवि)
जमुना = पिंगला

(11) निहकर्मी पतिब्रता कौ अंग

कबीर प्रीतडी तौ तुझ सौं, बहु गुणियाल कंत।
जे हँसि बोलौं और सौं, तो **नील रँगाउँ दंत**।।1।।

यदि, मिस्सी लगाऊँ = तब न ऊपरी आडम्बर करूँ

नैना अंतरि आव तूँ, **ज्यूँ हौं** नैन **झँपेउँ**।
नाँ हौं देखौं और कूं, **नाँ तुझ देखन देउँ**।।2।।

ज्योंहि
ऐकान्तिक भक्ति This jealous love is borrowed from secular love. If it means anything it means that each साधक has his own perception of Him, which cant be shared by others.

मेरा मुझ में कुछ नहीं, जो कुछ है सो तेरा।
तेरा तुझको सौंपता, क्या लागै है मेरा।।3।।

कबीर रेख **सियंदूर** की, **काजल** दिया न जाइ।
नैनूं रमइया रमि रह्या, दूजा कहाँ समाइ।।4।।

अनुराग, संसार का कल्मष = सांसारिक विषयाडंबर, punjabi

कबीर सीप समंद की, रटै पियास पियास।
समंदहि तिणका भरि गिणै, स्वाँति बूँद की आस।।5।।

कबीर सुख कौ जाइ था, आगै आया दुख।
जाहि सुख धरि आपणै हम जाणौं अरु दुख।।6।।

तू जा

दो जग तो हम **अंगिया**, यहु डर नाहीं मुझ।
भिस्त न मेरे चाहिये, **बाज** पियारे तुझ।।7।।

दोजख़, अंगीकार कर चुके, झेल चुके
बिहिश्त, बिना, अतिरिक्त, सिवा

जे वो एकै न जांणिया तो जांण्यां सब जांण।
जो वो एक न जांणियाँ, तो सबही जाँण अजाँण।।8।।

यदि
यदि वह

कबीर एक न जांणियाँ, तो बहु जांण्यां क्या होइ।
एक तै सब होत है, सब तैं एक न होइ।।9।।

कै, good

जब लगि भगति सकांमता, तब लग निर्फल सेव।
कहै कबीर वै क्यूं मिलैं, निहकामी निज देव।।10।।

(10-2) ख- खमन चित।
(7) ख- भिसति।

आसा एक जू राम की, दूजी आस निरास।
पाँणी माँहै घर करैं, ते भी मरैं पियास।।11।। — सीप

जे मन लागै एक सूँ, **तो निरबाल्या** जाइ। — निस्तार हो, निरवारा जाय, छुड़ाया जाय, सुलझाया जाय
तूरा **दुइ मुखि** बाजणाँ **न्याइ** तमाचे खाइ।।12।। — दोनों छोरों से, ठीक

कबीर कलिजुग () आइ करि, कीये बहु**तज** मीत। — (में) ही
जिन दिल-बंधी एक सूँ, ते सुखु सोवै निचींत।।13।।

कबीर **कूता** राम का, मुतिया मेरा नाउं। — कुत्ता
गलै राम की जेवडी, जित खैंचे तित जाउँ।।14।।

तो तो करै त बाहुड़ों, दुरि दुरि करै तो जाउं। — तू तू
ज्यूँ हरि राखैं त्यूँ रहौं, जो देवै सो खाउं।।15।।

मन प्रतीति न प्रेम रस, नां इस तन मैं ढंग।
क्या जाणौं उस पीव सूं, कैसे **रहसी** रंग।।16।। — रहेगा

उस संम्रथ का दास हौं, कदे न होइ अकाज। — आत्मनिवेदन
पतिब्रता नाँगी रहै, तो उसही पुरिस कौ लाज।।17।।

() धरि परमेसुर पाहुँणाँ (), सुणौं सनेही दास। — (हमारे), (हैं)
षट रस भोजन भगति **करि, ज्यूँ** कदे न छाड़ै पास।।18।।200।। — कर तू, जिसमें

(12) चितावणी कौ अंग

कबीर नौबति आपणी, दिन दस लेहु बजाइ।
ए पुर पट्टन ए गली, बहुरि न देखै आइ।।1।।

जिनके नौबति वाजती, **मैंगल** बंधते **बारि**। — मतवाले हाथी, द्वार पर
एकै हरि के नाँव बिन, गए जन्म सब हारि।।2।।

ढोल दमामा दड़बड़ी, सहनाई संगि भेरि।
औसर () चल्या बजाइ करि, है कोइ राखै फेरि।।3।। — (आने पर)

सातो सबद जु बाजते, घरि घरि होते राग। — सप्त स्वर
ते मंदिर खाली पड़े, बैसण लागे काग।।4।।

कबीर थोड़ा **जीवणा, माड़े बहुत मँडाण**। — जीना, बड़े बड़े काम ठाने, आयोजन किये
सबही **ऊभा-मेल्हि गया**, राव रंक सुलितान।।5।। — ऊँचा उठा-खड़ा, गिर गया

---

(11) इसके आगे ख- में ये दोहे हैं—
आसा एक ज राम की, दूजी आस निवारि।
आसा फिरि फिर मारसी, ज्यूँ चौपड़ि का सारि।।11।।
आसा एक ज राम की जुग जुग पुरवे आस।
जौ पाडल क्यों रे करै बसैहिं चु चंदन पास।।12।।

इक दिन ऐसा होइगा, सब सूँ पड़ै बिछोइ।
राजा राणा छत्रपति, सावधान किन होइ।।6।।

कबीर पट्टन में **कारिवाँ**, पंच चोर **दस** द्वार। — कारवाँ, दशम द्वार ब्रह्मरंध्र
जमराँणौं गढ़ **भेदिसी**, सुमिरि लै करतार।।7।। — यमराज, गढ़ भेद करेगा

कबीर कहा गरबियौ, इस जीवन की आस।
केसू फूले दिवस चारि, खंखर भये पलास।।8।। — किंशुक, टेसू

कबीर कहा गरबियो, देही दखि सुरंग।
बिछड़ियाँ मिलिनौ नहीं, ज्यूँ काँचली भुवंग।।9।। — रस तन से

कबीर कहा गरबियो, ऊँचे देखि अवास।
काल्हि **पर्‌यूँ** भ्वै लेटणाँ, ऊपरि जामैं घास।।10।। — परसों

कबीर कहा गरबियौ, **चाँम लपेटे हड**। — चमड़े से लपेटी हड्डी पर
हैबर ऊपरि छत्र सिरि, ते भी **देबा** खड ()।।11।। — हयवर, देना है, (में)

कबीर कहा गरबियो, काल गहै कर केस।
नां जाँणों कहाँ मारिसी, कै घरि कै परदेस।।12।।

यहु ऐसा संसार है जैसा सैबल फूल।
दिन दस के व्योहार को, झूठै रंगि न भूल।।13।।

जाँभण मरण बिचारि करि, **कूडे** काँम निहारि। — जन्मना, कूट, बुरे
जिंनि पंथू तुझ चालणां, सोई पंथ सँवारि।।14।।

बिन रखवाले बाहिरा, चिड़ियैं खाया खेत।
आधा प्रधा ऊबरै, चेति सकै तो चेति।।15।। — आधा साधा

---

(6) ख- में इसके आगे यह दोहा है—
ऊजड़ खेड़ै ठीकरी, घड़ि घड़ि गए कुँभार।
रावण सरीखे चलि गए, लंका के सिकदार।।7।।
(7) ख- जम ...... भेलसी, बोल गले गोपाल।
(12) ख- कत मारसी।
(13) ख- में इसके आगे यह दोहा है—
मीति बिसारी बाबरे, अचिरज कीया कौन।
तन माटी में मिलि गया, ज्यूँ आटे मैं लूण।।15।।
[(16, 17) नंबर के दोहे 'क' प्रति में 22, 23 नंबर पर हैं।]
आजि कि काल्हि कि पचे दिन, जंगल होइगा बास।
ऊपरि ऊपरि फिरहिंगे, ढोर चरंदे घास।।18।।
मरहिंगे मारि जाहिंगे, नांव न लेखा कोइ।
ऊजड़ जाइ बसाहिंगे, छाँड़ि बसंती लोइ।।19।।
कबीर खेति किसाण का, म्रगौ खाया खाड़ि।
खेत बिचारा क्या करे, जो खसम न करई बाड़ि।।20।।

हाड़ जलै ज्यूँ लाकड़ी, केस जलै ज्यूँ घास।
सब तन जलता देखि करि, भया कबीर उदास।।16।।

कबीर मंदिर ढहि पड़या, **सेंट भई सैबार**। — सौ बाट, सौ ठिकाने?
कोई **चेजारा** चिणि गया, () मिल्या न दूजी बार।।17।। — चुनने वाला था, (था, वह)

कबीर देवल ढहि पड़या ईंट भई सैवार।
करि चेजारा सौ प्रीतिड़ी, **ज्यौं** ढहै न दूजी बार।।18।। — जिसमें

कबीर मंदिर लाष का, जड़िया हीरै लालि।
दिवस चार का **पेषणां**, विनस जाइगा काल्हि।।19।। — दृश्य, तमाशा

कबीर धूलि सकेलि करि, **पुड़ी** ज बाँधी एह। — = पुटक, पिंडी
दिवस चारि का पेषणाँ, अंति षेह का षेह।।20।।

कबीर **जे** धंधै तौ धूलि (), बिन धंधै धूलै नहीं। — यदि, बिना, (भी है)
ते नर बिनठे मूलि, जिनि धंधे मैं ध्याया नहीं।।21।।

कबीर **सुपनै** रैनि कै, ऊघड़ि आयै नैन। — माया की अज्ञान दशा में
जीव पड़या बहु लूटि मैं, जागै तो लैण न दैण।।22।।

कबीर सुपनै रैनि के, **पारस जीय मैं छेक**। — ब्रह्म और जीवन में भेद, विच्छेद
जे सोऊँ तो दोइ जणाँ, जे जागूँ तो एक।।23।।

कबीर इस संसार में घणै मनिष मतिहींण।
राम नाम जाँणौं नहीं, आये **टापी दीन**।।24।। — आँख पर ढक्कन दिए

कहा कियौ हम आइ करि, कहा करेंगे जाइ।
इत के भए न उत के, चाले मूल गँवाइ।।25।।

---

(16) ख- में इसके आगे ये दोहे हैं—
मडा जलै लकड़ी जलै, जलै जलावणहार।
कौतिगहारे भी जलैं, कासनि करौ पुकार।।23।।
कबीर देवल हाड का, मारी, तणा बधाँण।
खड हडता पाया नहीं देवल का रहनाँण।।24।।

(17) ख- देवल ढहि।

(20) ख- धूलि समेटि।

(22) ख- बहु भूलि मैं।

(23) इसके आगे ख- में यह दोहा है—
कबीर इहै चितावणी, जिन संसारी जाइ।
जे पहिली सुख भोगिया, तिन का गूड ले खाइ।।30।।

(24) ख- में इसके आगे यह दोहा है—
पीपल रूनों फूल बिन, फलबिन रूनी गाइ।
एकाँ एकाँ माणसां। टापा दीन्हा आइ।।32।।

आया अणआया भया, जे **बहु रता** संसार। | यदि बहुत रत हो गया संसार में
पड़या-भुलाँवाँ गफिलाँ, गये कुबंधी हारि।।26।।

कबीर हरि की भगति बिन, ध्रिगी जीमण संसार।
धूँवाँ केरा धौलहर, जात न लागै बार।।27।। | धुवाँ कैसो धोरहर

जिहि **हरि की चोरी करि**, गये राम गुण भूलि। | भगवान से जी चुराया
ते बिंधना **बागुल** रचे, रहे अरध मुखि झूलि।।28।। | चमगादर

माटी मलणि कुँभार कीं, घड़ीं सहै सिरि लात।
इहि औसरि चेत्या नहीं, चूका अबकी **घात**।।29।। | दाँव

इहि औसरि चेत्या नहीं, पसु ज्यूँ पाली देह।
राम नाम जाण्या नहीं, अति पड़ी मुख षेह।।30।।

राम नाम जाण्यो नहीं, लागी मोटी **षोड़ि**। | खोटि, बुराई
काया हाँडी काठ की, ना ऊ चढ़े बहोड़ि।।31।।

राम नाम जाण्या नहीं, बात बिनंठी मूलि ()। | (से)
हरत इहाँ ही हारिया, **परति** पड़ी मुख धूलि।।32।। | हरते हुए। दूसरे का हरण या जीतते हुए। पड़ते ही

राम नाम जाण्या नहीं, पल्यो कटक कुटुंब।
धंधा ही में मरि गया, बाहर हुई न **बंब**।।33।। | द्वन्द्व?

मनिषा जनम दुर्लभ है, देह न बारंबार।
तरवर थैं फल झड़ि पड़या, बहुरि न लागै डार।।34।।

कबीर हरि की भगति करि, तजि बिपिया रस **चोज**।
बारबार नहीं पाइए, मनिषा जन्म की मौज।।35।।

कबीर यहु तन जात है, सकै तो **ठाहर लाइ**। | ठहरा दे, or ठीक ठिकाने पर लगा
कै सेवा करि साध की, कै गुण गोबिन्द के गाइ।।36।।

---

(32) ख- में इसके आगे यह दोहा है—
राम नाम जाण्या नहीं, मेल्या मनहिं बिसारि।
ते नर हाली बादरी, सदा परा पराए बारि।।42।।
राम नाम जाण्या नहीं। ता मुखि आनहिं आन।।
कै मूसा कै कातरा, खाता गया जनम।।43।।
राम नाम जाण्यो नहीं, हूवा बहुत अकाज।
बूड़ा लौरे बापुड़ा बड़ा बूटा की लाज।।44।।

(35) ख- में इसके आगे यह दोहा है—
पाणी ज्यौर तालाब का, दह दिसी गया बिलाइ।
यह सब योही जायगा. सकै तो ठाहर लाइ।।48।।

(36) ख- के गोबिंद गुण गाइ।

कबीर यह तन जात है, सकै तो लेहु बहोड़ि।
नाँगे हाथूँ ते गए, जिनके लाख करोड़ि।।37।। — ख़ाली

यह तनु काचा कुंभ है, चोट चहूँ दिसि खाइ।
एक राम के नाँव बिन, **जदि तदि** प्रलै जाइ।।38।। — जब तब, कभी न कभी

यह तनु काचा कुंभ है, लिया फिरै था साथि।
ढबका लागा फुटि गया, कछू न आया हाथि।।39।। — ठेस, धक्का

काँची कारीं जिनि करै, दिन दिन बधै बियाधि। — कच्ची या जली (रोटी) न पका
राम कबीरै रुचि भई, याही **ओषदि** साधि।।40।। — पक्की साधना

कबीर अपनें जीवतै, ए दोइ बातैं धोइ।
लोग, बड़ाई, कारणै, **अछता** मूल न खोइ।।41।। — जो पास है

खंभा एक **गइंद** दोइ, क्यूँ करि बंधिसि बारि। — दो गयंद हाथी (अहं और ब्रह्म)
मानि करै तो पीव नहीं, पीव तौ मानि निवारि।।42।। — अहंकार

दीन गँवाया दुनीं सौं, दुनी न चाली साथि।
पाइ **कुहाड़ा** मारिया, गाफिल अपणै हाथि।।43।। — कुल्हाड़ा

यह तन तो सब बन भया, करंम भए **कुहाड़ि**। — कुल्हाड़ी
आप आप कूँ काटिहैं, क़हैं कबीर विचारि।।44।।

कुल खोया **कुल** ऊबरै, कुल राख्यो कुल जाइ। — वंश, सब पूरा
राम **निकुल** () **कुल** भेंटि लै, सब कुल () रह्या समाइ।।45।। — कुल रहित, एकाकी, (में सब), (उसी में)

दुनिया के धोखे मुवा, चलै जु कुल की काँणि।
तबकुल किसका लाजसी, जब ले धर्‍या मसाँणि ()।।46।। — (पर)

दुनियाँ भाँडा दुख का, भरी मुहाँमुह भूष।
अदया अलह राम की, **कुर** है **ऊँणी कूष**।।47।। — अकृपा, कुल, छूंछी कोख (कुक्षि) है

जिहि जेबड़ी जग बंधिया, तूँ जिनि बंधै कबीर।
ह्वैसी आटा लूँण ज्यूँ, सोना **सँवाँ** शरीर।।48।। — समान

---

(37) ख- नागे पाऊँ।

(38) ख- में इसके आगे यह दोहा है—
यह तन काचा कुंभ है, माँहि किया ढिग बास।
कबीर नैंण निहारियाँ, तो नहीं जीवण आस।।52।।

(46) ख- का कौ लाजसी।

(47) इसके आगे ख- में यह दोहा है—
दुनियां के मैं कुछ नहीं, मेरे दुनी अकथ।
साहिब दरि देखौं खड़ा, सब दुनियां दोजग जंत।।61।।

कहत सुनत जग जात है, विषै न सूझै काल।
कबीर प्यालै प्रेम कै, भरि भरि पिवै रसाल।।49।।

सारी चर्चा करते हैं पर काल का विषय सामने नहीं लाते।

कबीर हद के जीव सूँ, **हित करि** मुखाँ न बोलि।
जे लागे बेहद सूँ, तिन सूँ अंतर खोलि।।50।।

प्रेम करके

कबीर केवल राम की, तूँ जिनि छाड़ै ओट।
घण **अहरणि** बिचि लोह ज्यूँ, घड़ी सहै सिर चोट।।51।।

अहरन, निहाई

कबीर केवल राम कहि, सुध गरीबी **झालि**।
कूड़ बड़ाई बूड़सी, भारी पड़सी **काल्हि**।।52।।

झेल

कूर, आगे चलकर

काया मंजन क्या करै, कपड़ धोइम धोइ।
उजल हूवा न **छूटिए**, सुख नींदड़ी न सोह।।53।।

मुक्त होंगे

उजल कपड़ा पहरि करि, पान सुपारी खाँहि।
एके हरि का नाँव बिन, बाँधे जमपुरि जाँहि।।54।।

तेरा संगी कोइ नहीं, सब स्वारथ बंधी **लोइ**।
मनि परतीति न ऊपजै, जीव () बेसास न होइ।।55।।

लोग

(को)

मांइ **बिड़ाणों** बाप **बिड़**, हम भी मंझि **बिड़ाह**।
दरिया केरी नाव ज्यूँ, संजोगे मिलियाँ हैं।।56।।

बिरानी, बिराना

इत परघर उत घर **बड़जण** आए हाट।
करम किरांणाँ बेचि करि, उठि ज लागे बाट।।57।।

वाणिज्य के लिए

नान्हाँ काती चित दे, महँगे मोलि बिकाइ।
गाहक राजा राम है और न नेड़ा आइ।।58।।

मन को खूब सूक्ष्म करो विषयों की मैल छुड़ाते जाओ।
महीन कताई पर ध्यान

डागल उपरि दौड़णां, सुख नींदड़ी न सोइ।
पुनै पाए **द्यौंहणे**, ओछी ठौर न खोइ।।59।।

डगर

पुण्य से, दिन (दिवसड़ा)

---

(50) इसके आगे ख- प्रति में यह दोहा है—
कबीर साषत की सभा, तू मत बैठे जाइ।
एकै बाड़ै क्यू बड़ै, रीझ गदहड़ा गाइ।।65।।

(54) इसके आगे ख- प्रति में यह दोहा है—
थली चरंतै म्रिघ लै, बीध्या एक ज सौंण।
हम तो पंथी पंथ सिरि, हर्‌या चरैगा कौण।।74।।

(57) ख- एथि परिघरि उधि घरि, जोवण आए हाट।

(59) ख- पुन पाया देहड़ी, बोछां ठौर न खाइ।

(59) ख- में इसके आगे यह दोहा है—
ज्यूं कोली पेताँ बुणै, बुणतां आवै बोड़ि।
ऐसा लेखा मीच का, कछु दौड़ि सके तो दौड़ि।।76।।

मैं मैं बड़ी बलाइ है, सके तो **निकसी भाजि**। — निकल भागा
कब लग राखौं हे सखी, **रूई पलेटी आगि**।।60।। — माया में लपेटी आत्मा, लपेटी कब तक रखूँ

मैं मैं मेरी जिनि करै, 'मेरी' मूल बिनास।
मेरी पग का **पैकड़ा**, 'मेरी' गल की **पास**।।61।। — बेड़ी, फाँस, पाश, फंदा

कबीर नाव जरजरी, कूड़े खेवणहार।
हलके हलके तिरि गए, बूड़े जिनि सिर भार।।62।।262।।

(13) मन कौ अंग

मन कै मते न चालिये, छाड़ि **जीव की बाँणि**। — शुद्ध आत्मा का स्वरूप
ताकू केरे सुत ज्यूँ, **उलटि अपूठा** आँणि।।1।। — मन भीतर से बाहर विषयों की ओर दौड़ता है। उसकी यह गति उलटनी होगी। उसे बाहर से खींचकर भीतर की ओर प्रकट करना होगा। कड़ा पड़ने से पहले उसे फेरों। उलटे बल खोलो सुलझाने के लिए।

चिंता चिति निबारिए, **फिरि** बूझिए न कोइ। — घूम घूम कर
इंद्री **पसर** मिटाइए, सहजि मिलैगा सोइ।।2।। — प्रसार, फैलाव

आसा का ईंधन करूँ, मनसा करूँ बिभूति।
जोगी फेरी **फिल** करौं, यों बिनवाँ वै सूति।।3।। — फिल्ली = तूर का वह भाग जिसमें ताना लपेटा जाता है।

कबीर **सेरी** सांकड़ी चंचल मनवाँ चोर। — गली
गुण गावै लैलीन होइ, फिर भी कछू एक मनि मैं **और**।।4।। — मन में कुछ और सांसारिक बात भी छिपी रहती है।

कबीर मारू मन कूँ, टूक टूक है जाइ।
विष की क्यारी बोइ करि लुणत कहा पछिताइ।।5।।

इस मन कौ **विसमल** करौं, दीठा करौं अदीठ। — घायल
जे सिर राखौं आपणां, तौ पर सिरि जु **अंगीठ**।।6।। — अंगीठी

मन जाणैं सब बात, जाणत ही औगुण करै।
काहे की कुसलात, कर दीपक () कूँ बै पड़ै।।7।। — (रहते हुए भी)

---

(61) ख- में इसके आगे ये दोहे हैं—
मेरे तेर की जीवणी, बसि बंध्या संसार।
कहाँ सुकुँणबा सुत कलित, दाझणि बारंबार।।79।।
मेरे तेर की रासडी, बलि बंध्या संसार।
दास कबीरा किमि बंधै, जाकैं राम अधार।।82।।
कबीर नांव जरजरी, भरी बिराणै भारि।
खेवट सौं परचा नहीं, क्यों करि उतरैं पारि।।83।।

(62) ख- में इसके आगे यह दोहा है—
कबीर पगड़ा दूरि है, जिनकै बिचिहै राति।
का जाणौं का होइगा, ऊगवै तैं परभाति।।84।।

(1) ख- तेरा तार ज्यूँ।

(2) ख- परस निबारिए।

हिरदा भीतरि आरसी, **मुख देषणां** न जाइ।
मुख तौ **तौपरि** देखिए, जे मन की दुबिधा जाइ।।8।।

आत्म निरीक्षण
तब ही

मन दीया मन पाइए, मन बिन मन नहीं होइ।
मन उनमन **इस अंड** () ज्यूं, खनल अकासाँ जोइ।।9।।

(में) पिंड, शरीर, जैसे आकाश में अग्नि छिपी रहती है बिजली के रूप में

मन गोरख मन गोबिंदो, मन हीं औघड़ होइ।
जे मन राखै जतन करि, तौ आपै करता सोइ।।10।।

एक **ज** दोसत हम किया, जिस गलि लाल **कवाइ**।
सब जग धोबी धोइ मरै, तौ भी रंग न जाइ।।11।।

ही मन, अनुराग का रंग जिस पर चढ़ा था, चोगा जो अनुराग से रंगा है

पाँणी ही तैं पातला, धूवाँ ही तै झींण।
पवनाँ बेगि उतावला, सो दोसत **कबीरै** कीन्ह।।12।।

मन

कबीर तुरी पलांड़ियाँ, चाबक लीया हाथि।
दिवस **थकाँ** साँई मिलौं, पीछे पड़िहै राति।।13।।

रहते

मनवां तो **अधर बस्या**, बहुतक झीणां होइ।
आलोकत **सचु** पाइया, कबहूँ न न्यारा सोइ।।14।।

आत्मा, निराधार
सुख

मन न मारया मन करि, सके न पंच प्रहारि।
सीला साच सरधा नहीं, इंद्री अजहुँ **उघारि**।।15।।

खुली हैं विषयों के लिए

कबीर मन **विकरै** पड़्या, गया स्वादि के साथ।
गल का खाया बरजताँ, अब क्यूँ आवै हाथि।।16।।

विकार में
गले में जो उतर गया वह मना करने से कैसे लौट सकता

कबीर मन गाफिल भया, सुमिरण लागै नाहिं।
घणीं सहैगा सासनाँ, जम की दरगह माहिं।।17।।

कोटि कर्म पल मैं करै, यहु मन बिषिया स्वादि ()।
सतगुर सबद न मानई, जनम गँवाया बादि।।18।।

(में)

मैंमंता मन मारि रे, घटहीं माँहै **घेरि**।
जबहीं **चालै पीठि** दै, अंकुस दे दे फेरि।।19।।

मदमत्त, उस मन को घट के भीतर ही घेर कर
विमुख हो

---

(8) ख- में इसके आगे ये दोहे हैं—
कबीर मन मृथा भया, सेत बिराना खाइ।
सूलाँ करि करि से किसी, जब खसम पहूँचे आइ।।9।।
मन को मन मिलता नहीं, तौ होता तन का भंग।
अब है रहु काली कांवली, ज्यौं दूजा चढ़ै न रंग।।10।।

(19) ख- में इसके आगे यह दोहा है—
जौ तन काँहै मन धरै, मन धरि निर्मल होइ।
साहिब सौ सनमुख रहै, तौ फिरि बालक होइ।।

मैंमंता मन मारि रे, नान्हाँ करि करि पीसि।
तब सुख पावै सुंदरी, ब्रह्म झलकै सीसि।।20।।

कागद केरी नाँव री, पाँणी केरी गंग।
कहै कबीर कैसे तिरूं, पंच कुसंगी संग।।21।।

कबीर **यहु** मन कत गया, जो मन **होता** काल्हि।
डूंगरि ऊठा मेह ज्यूँ, गया **निवाँणाँ** चालि।।22।।

मन की सिप्रता या चंचलता, हता था पहाड़ी पर, निदान, अन्त में निर्वारण मन जैसे बुद्धि या होश नहीं होता

मृतक कूं **धी जौ नहीं**, वैसा ही मेरा मन बी है।
बाजै बाव बिकार की, मूवा भी जीवै।।23।।

काटि कूटि मछली, छींकै धरी चहोड़ि।
कोई एक **अषिर** मन बस्या, दह मैं पड़ी बहोड़ि।।24।।

मन को मात कर के, नष्ट करके ऊपर तो हो जाते हैं पर, विकार की बात, मीन symbolically word for मन by kabir

कबीर मन पंषी भया, बहुतक चढ़्या अकास।
उहाँ ही तैं गिरि पड़्या, मन माया के पास।।25।।

भगति दुबारा सकड़ा, **राई दसवैं भाइ**।
मन तौ **मैंगल है रह्यो**, क्यूँ करि सकै समाइ।।26।।

राई का दसवाँ भाग
हाथी सा स्थूल और मतवाला में

करता था तो क्यूँ () **रह्या**, अब करि क्यूँ पछताइ।।
बोवै पेड़ बबूल का, अंब कहाँ तैं खाइ।।27।।

(करता)

काया देवल मन धजा, बिषै () **लहरि** () फहराई।
मन चाल्याँ देवल चलै, ताका सर्बस जाइ।।28।।

(को), (से) झोंके से
यदि मन की वृत्तियों के अनुसार ही शरीर काम करने लगे

मनह मनोरथ छाँड़ि दे, तेरा किया न होइ।
पाँणी मैं घीव गीकसै, तो रूखा खाइ न कोइ।।29।।

मन का, मनोरथ के अनुसार फल तू नहीं प्राप्त कर सका

काया कसूं कमाण ज्यूं, पंचतत्त करि बांण।
मारौं तो मन मृग को, नहीं तो मिथ्या जाँण।।30।।292।।

शरीर से यही काम लूँ कि उसके संयोजकों को मन को मारने में लगाऊँ

(14) सूषिम मारग कौ अंग

कौंण देस कहाँ आइया, कहु क्यूँ जांण्यां जाइ।
उहू मार्ग पावै नहीं, भूलि पड़े इस मांहि।।1।।

---

(24) ख- में इसके आगे ये दोहे हैं—
मूवा मन हम जीवत देख्या, जैसे मड़िहट भूत।
मूवाँ पीछे उठि उठि लागै, ऐसा मेरा पूत।।47।।
मूवै कौंधी गौ नहीं, मन का किया बिनास।
साधू तब लग डर करै, जब लग पंजर सास।।28।।

(30) ख- में इसके आगे यह दोहा है—
कबीर हरि दिवान कै, क्यूंकर पावै दादि।
पहली बुरा कमाइ करि, पीछै करै फिलादि।।35।।

उतीथैं कोइ न आवई, जाकूं बूझौं धाइ।
इत थैं सबै पठाइये, भार लदाइ लदाइ।।2।।

वहाँ से punjabi

(कर्म)

सबकूँ बूझत मैं फिरौं, **रहण** कहै नहीं कोइ।
प्रीति न जोड़ी राम सूँ, रहण कहाँ थैं होइ।।3।।

= चिर जीवन, स्थिरता

चलो चलौं सब को कहे, मोहि अंदेसा और।
साहिब सूँ पर्चा नहीं, ए जांहिगें किस ठौर।।4।।

सब सम्प्रदाय वाले अपने मार्ग पर, अपने पीछे चलने को कहते हैं

जाइबे को जागा नहीं, रहिबे कौं नहीं ठौर।।
कहै कबीरा संत हौ, अबिगति की गति **और**।।5।।

जाने या निकलने का मार्ग नहीं मिलता (सूक्ष्म है), यहाँ कहीं स्थिरता प्राप्त नहीं होती, विचित्र, अनोखी

कबीरा मारिग कठिन है, कोइ न सकई जाइ।
गए तो बहुड़े नहीं, कुसल कहै को आइ।।6।।

जन कबीर का **सिषर घर**, बाट **सलैली सैल** की।
पाव न टिकै पपीलका, लोगनि लादे बैल।।7।।

सप्त लोक, रपटनेवाली पहाड़ की बिछलहर

जहाँ न चींटी चढ़ि सकै, राइ ना ठहराइ।
मन, पवन का गमि नहीं, तहाँ पहूँचे जाइ।।8।।

कबीर मारग अगम है, सब मुनिजन बैठे थाकि।
तहाँ कबीरा चलि गया, गहि सतगुर की **साषि**।।9।।

शब्द प्रमाण

सुर नर थाके मुनि जनां, जहां न कोई जाइ।
मोटे भाग कबीर के, तहाँ रहे घर छाइ।।10।।602।।

(15) सूषिम जनम कौ अंग

कबीर सूषिम सुरति का, जीव न जाँणै जाल।
कहै कबीरा दूरि करि, **आतम अदिष्टि काल**।।1।।

सूक्ष्म जन्म = ब्रह्मानन्द दशा की प्राप्ति (समाधि में) जिसमें जीव इस भौतिक जगत को छोड़े रहता है और सूक्ष्म जगत या आध्यात्मिक जगत में जन्म लिए रहता है।

सूक्ष्म सुरति में स्थित जीवन किसी प्रकार का जाल नहीं जानता, आत्मा, दृष्टि और काल = पृथक आत्मसत्ता, दृश्य, जगत और काल

प्राण पिंड को तजि चलै, मूबा कहै सब कोइ।
जीव **छताँ** जामें मरै, उस सूषिम का लखै न कोइ।।2।।304।।

रहते

---

(2) ख- में इसके आगे यह दोहा है—
कबीर संसा जीव मैं, कोइ न कहै समुझाइ।
नाँनाँ बांणी बोलता, सो कत गया बिलाइ।।3।।

(15-2) ख- में इसके आगे ये दोहे है—
कबीर अंतहकरन मन, करन मनोरथ माँहि।
उपजित उतपति जाँणिए, बिनसे जब बिसराँहि।।3।।
कबीर संसा दूरि करि, जाँमण मरन भरम।
पंच तत तत्तहि मिलै, सुनि समाना मन।।4।।

(16) माया कौ अंग

जग **हठवाड़ा**, स्वाद ठग, माया **बेसाँ** लाइ।	दूकान-बाजार, वेश्या
रामचरन नीकाँ **गही**, जिनि जाइ जनम ठगाइ।।1।।	= गहतू
कबीर माया पापणीं, फंद ले बैठि हाटि।	
सब जग तो फंधै पड़्या, गया कबीरा काटि।।2।।	
कबीर माया पापणीं, ने **लालै** लाया लोग।	लालसा (ललक) में लगा रखा है
पूरी कीनहुँ न भोगई, **इनका इहै बिजोग**।।3।।	संसारी जीव इसी को वियोग मानते हैं-भोग की अपूर्णता को
कबीरा माया पापणीं, हरि सूँ करे हराम।	
मुखि **कड़ियाली** कुमति की, कहण न देई राम।।4।।	लगाम
जांणीं जे हरि को भजौ, मो **मनि मोटी आस**।	यदि जानूँ तब तो, मन में आशा तो बहुत रहती है
हरि बिचि घालै अंतरा, माया बड़ी बिसास।।5।।	
कबीर माया मोहनी, मोहे जाँण सुजाँण।	
भागाँ ही छूटै नहीं, भरि भरि मारै बाँण।।6।।	भागने से भी नहीं छूटती
कबीर माया मोहनी, जैसी मीठी खाँड़।	
सतगुर कृपा भई, नहीं तो करती **भांड़**।।7।।	चौपट करती (या भाँड़ बना देती)
कबीर माया मोहनी, सब जग घाल्या **घाँणि**।	कोल्हू की घानी में डाला
कोइ **एक** जन ऊबरै, जिनि तोड़ी कुल की काँणि।।8।।	विरला ही
कबीर माया मोहनी, माँगी मिलै न हाथिये।	
मनह उतारी झूठ करि, तब लागी डोलै साथि।।9।।	मन से दूर कर दी
माया दासी संत की, **ऊँभी** देइ असीस।	अलग खड़ी होकर
बिलसी अरु लातौं छड़ी, सुमरि सुमरि जगदीस।।10।।	जहाँ लगी (लसी) कि ठुकरा दी गई
माया मुई न मन मुवा, मरि मरि गया सरीर।।	
आसा त्रिस्नाँ ना मुई, यों कहि गया कबीर।।11।।	
आसा जीवै जग मरै, **लोभ मरे** गरि जाइ।	लोभ के मरने पर (आशा या तृष्णा नहीं रह जाती)
सोइ मूबे जो धन संचते, सो **उबरे जे खाइ**।।12।।	जो उस धन को खाते या नष्ट करते हैं वे ही बचे रहे
कबीर सो धन संचिए, जो आगैं कूँ होइ।	
सीस चढ़ाए पोटली, ले जात न देख्या कोइ।।13।।	

(16-1) ख- में इसके आगे यह दोहा है—
कबीर जिभ्या स्वाद ते, क्यूँ पल में ले काम।
अंगि अविद्या ऊपजै, जाइ हिरदा मैं राम।।2।।
(5) ख- हरि क्यों मिलौं।
(11) ख- यूँ कहै दास कबीर।
(12) ख- सोई बूड़े जु धन संचते।

त्रीया त्रिष्णाँ पापणी, तासूँ प्रीति न जोड़ि।
पैड़ी चढ़ि पाछाँ पड़े, लागै मोटी खोड़ि।।14।।

सीढ़ी, ऊपर जाते हुए साधक का पीछा कुछ दूर तक करती है

त्रिष्णाँ **सींचीं** नाँ बुझे, दिन दिन **बधती** जाइ।
जवासा के रूप ज्यूँ, **घण मेहाँ** कुमिलाइ।।15।।

थोड़ा थोड़ा सींची जाने से, बढ़ती
पूर्ण आनन्द की जब प्राप्ति हो जाती है

कबीर जग की को कहे, भौ जलि बूड़ै दास ()।
पारब्रह्म पति छाड़ि कर, करैं **मानि** की आस।।16।।

(तक कभी कभी)
अपनी प्रतिष्ठा

माया तजी तौं का भया, **मानि** तजी नहीं जाइ।
मानि **बड़े मुनियर मिले**, मानि सबनि की खाइ।।17।।

मान
बड़े बड़े मुनियों को खा लिया

रामहिं थोड़ा जाँणि करि, दुनियाँ **आगैं दीन**।
जीवाँ कौ राजा कहैं, माया के आधीन।।18।।

के सामने धन्य प्रकट किया, बड़ा या श्रेष्ठ मान लिया

रज बीरज की कली, तापरि साज्या रूप।
राम नाम बिन बूड़िहै, कनक **कांमिणी** कूप में।।19।।

कामिनी, धन के चक्कर में

माया तरवर **त्रिविध** का, साखा दुख संताप।
सीतलता सुपिनै नहीं, फल फीको, **तनि** ताप।।20।।

त्रिगुण
में

कबीर माया ढाकड़ी, सब किसही कौ खाइ।
दाँत उपाणौं पापड़ी, जे संतौं नेड़ी जाइ।।21।।

नलनी सायर घर किया, दौं लागी **बहुतेणि**।
जलही माँहै जलि मुई, पूरब जनम **लिषेणि**।।22।।

लेख से

कबीर गुण की बादली, **तीतरवानीं** छाँहिं।
बाहरि रहे ते ऊबरे, भीगे मंदिर माँहिं।।23।।

तितर बितर, तीतरपंखी विरल, चित्र-विचित्र
घर के भीतर गुणों का घेरा है। आत्मा को जिन्होंने उस त्रिगुणात्मक छाया के ऊपर कर लिया वे बच गए

कबीर माया मोह की, भई अँधारी, **लोइ**।
जे सूते ते मुसि लिये, रहे **बसत** कूँ रोइ।।24।।

हे लोगों, वास, ठिकाना या वस्त्र

संकल ही तैं सब लहे, माया इहि संसार।
ते क्यूँ छूटे बापुड़े, जिन्हें बाँधे सिरजनहार।।25।।

बंधन, श्रृंखला, जंजीर का घेरा

बाड़ि चढ़ती बेलि ज्यूँ, उलझी, आसा फंध।
तूटै पणि छूटै नहीं, भई ज बाचा बंध।।26।।

बाड़ काँटों का घेरा

सब आसण आसा **तणाँ**, त्रिवर्ति कै को नाहिं।
निवरिति कै निवहै नहीं, **परिवर्ति** परपंच माँहि।।27।।

आशा का ही सब आसन या ढंग है, निवृत्ति का कोई नहीं। निवृत्ति का निर्वाह प्रकृति के प्रपंच में नहीं हो सकता
निवृत्ति, प्रकृति

---

(24) ख- में इसके आगे ये दोहे हैं—
माया काल की खाँणि है, धरि त्रिगुणी वपरौति।
जहाँ जाइ तहाँ सुख नहीं, यहु माया की रीति।।
माया मन की मोहनी, सुरनर रहे लुभाइ।
इहि माया जंग खाइया, माया कौं कोई न खाइ।।26।।

कबीर इस संसार का, झूठा माया मोह।	
जिहि घरि जिता **बधावणाँ**, तिहि घरि तिता **अँदोह**।।28।।	आनन्द, दुख
माया हमगौ यों कह्या, तू मति दे **रे पूठि**।	विमुख मत हो
और **हमारा हम बलू**, () गया कबीरा रूठि।।29।।	हम और हमारा बोलो (इस पर)
बुगली नीर **बिटालिया**, सायर चढ़्या कलंक।	बगुली = माया, गंदला कर दिया (संसार सागर)
और पँखेरू पी गए, हंस न बोरै चंच।।30।।	
कबीर माया जिनि मिलैं, () सो **बरियाँ दे बाँह**।	(यदि)
नारद से मुनियर मिले, किसौ भरोसो **त्याँह**।।31।।	डसकर = नाहि
माया की **झल** जग जल्या, कनक काँमणीं **लागि**।	ज्वाला, लिए
कहुँ धौं किहि विधि **राखिये**, **रूई पलेटी आगि**।।32।।346।।	सँभालिए, प्रज्वलित होने से रोकिए, विषयों में लपेटा हुआ मन

(17) चाँणक कौ अंग

चतुराई

जीव बिलव्या जीव सों, अलप न लखिया जाइ।	
() गोबिंद मिलै, न झल बुझै, रहे बुझाइ बुझाइ।।1।।	(बिना)
इही उदर के कारणै, जग जाँच्यो निस जाम।	
स्वामी पणौ जु सिर चढ़यो, सर्‌या न एको काम।।2।।	
स्वामी **हूँणाँ सोहरा, दोद्धा** हूँणाँ दास।	होना, सहल
गाडर आँणीं ऊन कूं, बाँधी चरै कपास।।3।।	दूसरे के काम आना कठिन है, अपना प्रयोजन साधना सरल
स्वामीं हूवा, **सीत का, पैका कार** पचास।	सेंत का, मुफ्त, छोटा मोटा काम करने वाले सेवक बहुत से मिल जाते हैं
राम नाँम **काँठै** रह्या, करै **सिषां** की आस।।4।।	किनारे, दूर, शिष्यों
कबीर तष्टा टोकणीं, लीए फिरै सुभाइ।	
राम नाम चीन्हें नहीं, **पीतलि** ही कै चाइ।।5।।	धातु, द्रव्य
कलि का **स्वामी** लोभिया, पीतलि धरी **षटाइ**।	महंत, बचा-बचा कर
राज दुबाराँ यौं फिरै, ज्यूँ हरिहाई गाइ।।6।।	
कलि का स्वामी लोभिया, मनसा धरी बधाइ।	
दैंहि पईसा ब्याज कौं, लेखाँ करताँ जाइ।।7।।	
कबीर **कलि** () खोटी भई, मुनियर मिलै न कोइ।	(में यह बात)
लाल च लोभी मसकरा, तिनकूं आदर होइ।।8।।	

---

(29) ख- गया कबीरा छूटि।
ख- रूई लपेटी आगि।

चारिउ बेद पढ़ाइ करि, हरि सूँ न लाया हेत।
बालि कबीरा ले गया, पंडित ढूँढ़ै खेत।।9।। — दानों की बाल जो ऊपर लगती है

बाँम्हण गुरू जगत का, साधू का गुरु नाहिं।
उरझि पुरझि करि मरि रह्या, चारिउँ बेदाँ भाहिं।।10।।

साषित सण का **जेवणा**, भींगाँ सूँ कठठाइ। — साकत, शाक्त बुरा, रस्सा
दोइ अषिर गुरु बाहिरा, बांध्या जमपुरि जाइ।।11।। — गुरु के दो अक्षर राम

पाड़ोसी सू रूसणाँ, तिल तिल सुख की हाँणि।
पंडित भए **सरावगी**, पाँणी पीवें छाँणि।।12।। — श्रावक, जैन

पंडित **सेती** कहि रह्या, भीतरि भेद्या नाहिं। — से
औरूँ कौ परमोधतां, गया **मुहर** काँ माँहि।।13।। — मोहरी, मोरी

चतुराई **सूवै** पढ़ी, **सोई** पंजर माँहि। — सूवाह, उसी पिंजरे में (जिसमें बंद है) माया के भीतर ही बुद्धि दौड़ाई
फिरि प्रमोधै आन कौ, आपण समझै नाहिं।।14।। — घूम घूम कर

रासि पराई राषताँ, खाया घर का खेत।
औरौं कौ प्रमोधतां, मुख मैं पड़िया रेत।।15।।

तारा मंडल बैसि करि, चंद बड़ाई **खाइ**। — भोगता है
उदै भया जब सूर का, **स्यूँ** ताराँ छिपि जाइ।।16।। — सहित

---

(8) ख- कबीर कलिजुग आइया।
(9) ख- चारि बेद पंडित पढ्या, हरि सों किया न हेत।
(10) ख- बाँम्हण गुरु जगत का, भर्म कर्म का पाइ।
उलझि पुलझि करि मरि गया, चार्यों बेंदा माँहि।।
ख- में इसके आगे ये दोहे हैं—
कलि का बाँम्हण मसकरा, ताहि न दीजै दान।
स्यौं कुंटउ नरकहि चलै, साथ चल्या जजमान।।11।।
बाम्हण बूड़ा बापुड़ा, जेनेऊ कै जोरि।
लख चौरासी माँ गेलई पारब्रह्म सों तोडि।।12।।
(11) ख- में इसके आगे ये दोहे हैं—
कबीर साषत की सभा, तूँ जिनि बैसे जाइं।
एक दिबाड़ै क्यूं बड़ै, रीझ गदेहड़ा गाइ।।14।।
साषत ते सूकर भला, सूचा राखे गाव।
बूड़ा साषत बापुड़ा, बैसि समरणी नांव।।15।।
साषत बाम्हण जिनि मिलैं, बैसनी मिलौ चडाल।
अंक माल दे भेटिए, मानूँ मिले गोपाल।।16।।
(13) ख- कबीर व्यास कहै, भीतरि भेदै नाहिं।
(15) ख- में इसके आगे यह दोहा है—
कबीर कहै पोर कुँ, तूँ समझानें सब कोइ।
संसा पड़गा आपको, तौ और कहे का होइ।।21।।

देषण के सबको भले, जिसे **सीत के कोट**। — ओस की दीवारें
रवि के उदै न दीसहीं, बँधे न जल की **पोट**।।17।। — पोटली

तीरथ करि करि जग मुवा, **डूँधै पाँणी** न्हाइ। — पहाड़ों के पानी में
राँमहि राम जपंतडाँ काल घसीट्याँ जाइ।।18।।

कासी काँठै घर करैं, पीवैं निर्मल नीर।
मुकति नहीं हरि नाँव बिन, यों कहें दास कबीर।।19।।

कबीर इस संसार को, समझाऊं कै बार।
पूँछ **जु पकड़ै भेड़ की**, उतरया चाहै पार।।20।। — द्वैत या भेदभाव का सहारा लेकर

कबीर मन फूल्या फिरै, करता हूँ मैं ध्रंम। — प्रवृत्ति मार्ग धर्म संसार के कर्तव्यों का पालन सत्कर्म
कोटि क्रम सिरि ले चल्या, चेत न देखै भ्रंम।।21।।

मोर तोर की जेवड़ी, **बलि** बंध्या संसार। — बल से, जोरों से
काँसि कडूँबा सुत **कलित**, दाझड़ बारंबार।।22।।168।। — काँसा, बरतन, भांडा, कलत्र

(18) करणीं बिना कथणीं कौ अंग

कथणीं कथी तो क्या भया, जे करणीं नाँ ठहराइ।
कालबुद के कोट ज्यूँ, देषतहीं ढहि जाइ।।1।। — कालबूद = वह कच्चा भराव जो मिहराब के नीचे भरा जाता है

जैसी मुख तैं नीकसै, तैसी चालै चाल। — (यदि)
पारब्रह्म नेड़ा रहै, पल में करै निहाल।।2।।

जैसी मुष तें नीकसै, () तैसी चालै नाहिं।
मानिष नहीं ते स्वान गति, बांध्या जमपुर जाँहिं।।3।।

पद गोएँ मन हरषियाँ, **साषी** कह्याँ अनंद। — this word even used by nath-panthis.
सो तन का नांव तक न जाँणियाँ, गल मैं पड़िया फंध।।4।।

करता दीसै कीरतन, ऊँचा करि करि तूंड। — कीर्तन करता दिखाई पड़ता है
जांणै बूझे कुछ नहीं, यौं ही **आंधां रूंड**।।5।।373।। — अंधा रुंड

---

(17) ख- में इसके आगे यह दोहा है—
सुणत सुणावत दिन गए, उलझि न सुलझया मान।
कहै कबीर चैत्यौ नहीं, अजहुं पहलौ दिन।।24।।

(20) ख- में इसके आगे यह दोहा है—
पद गायाँ मन हरषियाँ, साषी कह्यां आनंद।
स तत नांव न जाणियाँ, गल मैं पड़ि गया फंद।।

(19) कथणीं बिना करणी कौ अंग

मैं जान्यूँ पढ़िबौ भलो, **पढ़िवा** थें भलो जोग।
राँम नाँम सूँ प्रीति करि, **भल भल** नींदी लोग।।1।।

Rajasthani.
ठेठ अवधी प्रयोग
भल मैं

कबिरा पढ़िबा दूरि करि, पुस्तक देइ बहाइ।
बांवन **आषिर** सोधि करि, **ररै ममैं** चित लाइ।।2।।

अक्षर, र और म में = राम में
है

कबीर पढ़िबा दूरि करि, **आथि** पढ़्या संसार।
पीड़ न उपजी प्रीति सूँ, तो क्यूँ करि करै पुकार।।3।।

पोथी पढ़ि पढ़ि जग मुवा, पंडित भया न कोइ।
एकै आषिर पीव का, पढ़ै सु पंडित होइ।।4।।337।।

(20) कामी नर कौ अंग

कांमणि काली नागणीं, तीन्यूँ लोक मँझारि।
राम सनेही ऊबरे, बिषई खाये **झारि**।।1।। — खूब बिल्कुल

काँमणि मीनीं पाँणि की, जे छेड़ौं तौ **खाइ**। — काटती है
जे हरि चरणां **राचियां**, तिनके निकटि न जाइ।।2।। — अनुरक्ति

परनारी राता फिरै, चोरी **बिढता** खांहि। — बिरता, वृत्ति, कमाई
दिवस चारि **सरसा** रहैं, **अंति समूला** जांहिं।।3।। — हराभरा

पर नारी पर सुंदरी, बिरला बंचै कोइ।
खाताँ मीठी खाँड सी, **अंति कालि** बिष होइ।।4।। — समानाधिकरण

पर नारी कै **राचणै**, औगुण है गुण नाँहि। — अनुरक्ति में
पार समंद मैं **मंझला, केता बहि बहि जाँहि**।।5।। — मीठे पानी की नदियाँ खारे समुद्र में जा पड़ती हैं

पर नारी को 'राचणौं, जिसी **ल्हसण की पाँनि**। — लहसुन का ढेर
पूणैं बैसि रषाइए, परगट होइ **दिवानि**।।6।। — खून को कितना ही बैठकर छिपाइए, दरबार में

नर नारी सब नरक है, जब लग देह सकाम।
कहै कबीर ते राँम के, जो सुमिरै निहकाम।।7।।

नारी **सेती** नेह, बुधि बिबेक सबही हरै। — से
काँइ गमावै देह, कारिज कोई नाँ सरै।।8।। — कों

(20-4) ख- प्रति में इसके आगे ये दोहे हैं—
जहाँ जलाई सुंदरी, तहाँ तूं जिनि जाइ कबीर।
भसमी ह्वै करि जासिसी, सो मैं सवां सरीर।।5।।
नारी नाहीं नाहरी, करै नैन की चोट।
कोई एक हरिजन ऊबरै पार कला की ओट।।।।
(6) क-प्रगट होइ निदानि।

नाना भोजन स्वाद सुख, नारी सेती रंग।
बेगि छाँड़ि () पछताइगा, ह्वै है **मूरति भंग**।।9।।

(नहीं तो), शरीर नाश

नारि नसावै तीनि सुख, जा नर पासैं होइ।
भगति मुकति **निज** ग्यान मैं, पैसि न सकई कोइ।।10।।

असली

एक कनक अरु काँमनी, विषफल किए **उपाइ**।
देखै ही थे बिष चढ़े, खायै सूँ मरि जाइ।।11।।

उत्पन्न करके

एक कनक अरु काँमनी, दोऊ अंगनि की झाल।
देखें ही तन प्रजलै, परस्याँ ह्वै **पैमाल**।।12।।

पामाल, बरबाद

कबीर भग की प्रीतड़ी, केते गए **गडंत**।
केते अजहूँ जायसी, नरकि **हसंत हसंत**।।13।।

कब्र
अनजान दशा में

जोरू जूठणि जगत की, भले बुरे का बीच।
उत्यम ते अलगे रहै, निकटि रहै तैं नीच।।14।।

नारी कुंड नरक का, बिरला **थंभै बाग**।
कोई साधू जन ऊबरै, सब जग मूंवा लाग।।15।।

सुंदरि थे सूली भली, बिरला बचै कोय।
लोह निहाली अगनिमय, जलि बलि कोइला होय।।16।।

निहाली = छोटा गद्दा जिस पर बच्चे सोते है, स्त्री अग्निमय लोहे की गद्दी है जिस पर सोनेवाला भस्म हो जाता है

अंधा नर चैते नहीं, कटै न संसे सूल।
और गुनह हरि **बकससी**, पर काँमी का डाल न मूल।।17।।

बख्शेगा, रहेगा

भगति बिगाड़ी काँमियाँ, इंद्री केरै स्वादि।
हीरा खोया हाथ थैं, जनम गंवाया बादि।।18।।

कामी अमीं न भावई, बिषही कौं ले सोधि।
कुबुधि न जाई जीव की, भावै स्यंभ **रहो प्रमोधि**।।19।।

ढूंढ़ कर
चाहे शंभु समझाते रहे

विषै **विलंबी** आत्माँ, **मझ कण खाया सोधि**।
ग्याँन अंकूर न ऊगई, भावै निज **प्रमोध**।।20।।

उसके बीच का करना या होना खा लिया गया है
तुष्टि

विषै कर्म की कंचुली, पहरि हुआ नर नाग।
सिर फोड़ै सूझै नहीं, कोइ आगिला अभाग।।21।।

केंचुल से माता सर्प अपना मारग ढूंढ़ता हुआ इधर उधर सिर पटकता फिरता है पूर्वजन्म का कोई अभाग्य ही समझो

कामी कदे न हरि भजै, जपै न कैसो जाप।
राम कह्याँ थैं जलि मरे, को **पूरिबला** पाप।।22।।

पूर्व जन्म का

---

(13) ख- गरकि हसंत हसंत।
(22) ख- प्रति में इसके आगे यह दोहा है—
राम कहंता जे खिजै, कोढ़ी ह्वै गलि जाँहि।
सूकर होइ करि औतरै, नाक बूड़ंते खाँहि।।25।।

काँमी लज्जा ना करै, मन माँहिं अहिलाद।
नींद न माँगैं साँथरा, भूष न माँगै स्वाद।।23।। — बुरा नहीं देखता

नारि पराई आपणीं, भुगत्या नरकहिं जाइ।
आगि आगि सबरो कहै, तामै हाथ न **बाहि**।।24।। — डाल, लेना

कबीर कहता जात हौं, चेतै नहीं गंवार।
() बैरागी, **गिरही** कहा, काँमी () वार न पार।।25।। — (क्या), (के लिए)

ग्यानी तो नींडर भया, माँने नाँही संक।
इंद्री केरे बसि पड़्या, **भूंजै** विषै निसंक।।26।। — भूँजै = भोगता है; विषय में लिप्त मुँह से ज्ञान छांटने वाले

ग्याँनी मूल गंवाइया, आपण भये **करंता**। — ब्रह्म ही बन गए
ताथै संसारी भला, मन मैं रहे डरंता।।27।।404।।

(21) सहज कौ अंग

= प्रकृति or माया विद्या स्वभाव

सहज सहज सबकौ कहै, सहज न चीन्है कोइ।
जिन्ह सहजै विषिया तजी, सहज कही जै सोइ।।1।।

सहज सहज सबको कहै, सहज न चीन्हें कोइ।
पांचू राखै **परसती**, सहज कही जै सोइ।।2।। — स्पर्श मात्र करती हुई, लिप्त करती हुई नहीं

सहजै सहजै सब गए, सुत बिक कांमणि कांम।
एकमेक ह्वै मिलि रह्या, दास, कबीरा रांम में।।3।। — सहज में, सुत कलत्र आदि सीधे प्रकृति या सहज में लीन हो गए

सहज सहज सबको कहै, सहज न चीन्हैं कोइ।
जिन्ह सहजै हरिजी मिलै, सहज कहीजै सोइ।।4।।408।। — जिस विद्या स्वरूपा माया से

(22) साँच कौ अंग

कबीर पूँजी साह की, तूँ जिनि खोवै ष्वार।
खरी **बिगूचनि** होइगी, लेखा देती बार।।1।। — मुश्किल

लेखा देणाँ **सोहरा**, जे दिल साँचा होइ। — easy
उस **चंगे** दीवाँन मैं, **पला न पकड़े** कोइ।।2।। — punjabi, कोई गबन के कारण फांड़ा न पकड़ेगा

---

(23) ख- में इसके आगे यह दोहा है—
कामी थैं कुतो भलौ, खोलें एक जू काछ।
राम नाम जाणै नहीं, बाँबी जेही बाच।।27।।

(27) ख- प्रति में इसके आगे यह दोहा है—
काँम काँम सबको कहैं, काँम न चीन्हें कोइ।
जेती मन में कामना, काम कहीजै सोइ।।32।।

कबीर चित्त चमंकिया, किया पयाना दूरि।
काइथि कागद काढ़िया, तब दरिगह **लेखा पूरि**।।3।। — चित्रगुप्त, हिसाब पूरा करके

काइथि कागद काढ़ियां, तब **लेखैं** वार न पार। — लेखे का
जब लग साँस सरीर मैं, तब लग राम संभार।।4।।

यहु सब झूठी बंदिगी, बेरियाँ पंच निवाज।
साचै मारै झूठ पढ़ि, काजी करै अकाज।।5।। — सत्य का हनन करता है, झूठमूठ आयत पढ़कर

कबीर काजी स्वादि बसि, **ब्रह्म हतै तब दोइ**। — जब कुरबानी करता है, तब दो अल्लाह कत्ल हो जाते हैं,
चढ़ि मसीति एकै कहै, **दरि** क्यूँ साचा होइ।।6।। — दरबार मे

काजी मुल्लाँ भ्रमियाँ, चल्या दुनीं कै साथि।
दिल थैं दीन बिसारिया, **करद** लई जब हाथि।।7।। — छुरा

जोरी करि जिहै करै, कहते हैं ज हलाल। — जबरदस्ती करके
जब दफतर देखंगा दई, तब ह्वैगा कौंण हवाल।।8।।

जोरी कीयाँ जुलम है, **माँगे** न्याव खुदाइ। — चाहता है
खालिक दरि खूनी खड़ा, मार मुहे मुहि खाइ।।9।।

साँई सेती **चोरियाँ,** चोराँ सेती **गुझ**। — दुराव, छिपाव, लुक छिप कर काम करना, गुह्य या घनिष्ठ सम्बन्ध
जाँणैगा रे जीवड़ा, मार पड़ैगी तुझ।।10।।

सेष **सबूरी बाहिरा**, क्या हज काबैं जाइ।। — सब्र, बिना
जिनकी दिल स्याबति नहीं, तिनकौं कहाँ खुदाइ।।11।।

खूब **खाँड** है खोपड़ी, **माँहि** पड़ै दुक लूँण। — मीठी, उसमें
पेड़ा रोटी खाइ करि, गला कटावै कौंण।।12।।

पापी पूजा पर बैसि करि, भषै माँस मद दोइ।
तिनकी दष्या मुकति नहीं, कोटि नरक फल होइ।।13।।

सकल बरण इकत्र ह्वै, सकति पूजि मिलि खाँहिं।
हरि दासनि की **भ्रांति करि**, केवल जमपुरि जाँहि।।14।। — धोखा खड़ा करके

कबीर लज्या से लोक की, सुमिरै नाँही साच।
जानि बूझि कंचन तजै, **काँठा** पकड़े काच।।15।। — कंठा

कबीर जिनि जिनि जाँणियाँ, करत केवल सार।
सो प्राणी काहै चलै, झूठे जग की **लार**।।16।। — तार, पिलसिता पीछे (मराठी, लैर)

झूठे को झूठा मिलै, दूणाँ बधै सनेह।
झूठे कूँ साचा मिलै, तब ही तूटै नेह।।17।।425।।

(23) भ्रम विधौंसण कौ अंग

पांहण केरा पूतला, **करि** पूजै करतार।। — मान कर
इही भरोसै जे रहे, ते बूड़े काली धार।।1।।

काजल केरी कोठरी, मसि के कर्म-कपाट।
पांहनि बोई पृथमी, पंडित **पाड़ी बाट**।।2।। — पृथ्वी पर पत्थर बिखेर कर, रास्ता डाला या बताया, (जिसमें ठोकर ही ठोकर है)

पाँहिन फूँका पूजिए, जे जनम न देई जाब।
आँधा नर आसामुषी, यौं ही खोवै आब।।3।।

हम भी पाहन पूजते, होते **रन** के रोझ। — अरण्य (आ. रण्ण)
सतगुर की कृपा भई, डार्‌या सिर थैं बोझ।।4।।

जेती देषौं आत्मा, तेता सालिगराँम।
साधू **प्रतषि** देव हैं, नहीं पाथर सू काँम।।5।। — प्रत्यक्ष

सेवैं सालिगराँम कूँ, मन की भ्रांति न जाइ।
सीतलता सुषिनै नहीं, दिन दिन अधकी **लाइ**।।6।। — अग्नि, ताप

सेवैं सालिगराँम कूँ, माया सेती हेत।
ओढ़े काला कापड़ा, नाँव धरावैं सेत।।7।।

जप तप दीसै **थोथरा**, तीरथ ब्रत **बेसास**। — थोथा, धोखा
सूवै सैबल सेविया, यों जग चल्या निरास।।8।।

तीरथ त सब **बेलड़ी**, सब जग **मेल्या छाइ**। — लता छा जाती है, फैल गई है
कबीर मूल **निकंदिया**, कोण हलाहल खाइ।।9।। — उसकी जड़ ही नष्ट कर दी, उसका विषफल कौन खाने जाए

मन मथुरा दिल द्वारिका, काया कासी जाँणि।
दसवाँ द्वारा देहुरा, तामै जोति **पिछाँणि**।।10।। — पहचान

कबीर दुनियाँ देहुरै, सीस नवाँवण जाइ।
हिरदा भीतर हरि बसै, तूँ ताही सौ ल्यौ लाइ।।11।।436।।

---

(3) ख- प्रति में इसके आगे ये दोहे हैं—
पाथर ही का देहुरा, पाथर ही का देव।
पूजणहारा अंधला, लागा खोटी सेव।।4।।
कबीर गुड कौ गमि नहीं, पाँपण दिया बनाइ।
सिष सोधी बिन सेविया, पारि न पहुँच्या जाइ।।5।।

(4) ख- होते जंगल के रोझ।

(24) भेष कौ अंग

कर सेती माला जपै, हिरदै बहै **डंडूल**। पग तौ **पाला** मैं गिल्या, **भाजण लागी सूल**।।1।।	बेर के कांटों का ढेर जो बकरियों को खिलाते हैं, अंधड़ बहुत ठंडी हवा, चुभन, छेदने
कर पकरै अँगुरी गिनै, मन थावै चहुँ वीर। जाहि फिराँयाँ हरि मिलै, सो भया **काठ की ठौर**।।2।।	काठ की तरह जड़
माला पहरैं **मनमुषी**, ताथैं कछु न होइ। मन माला कौं फेरताँ, जुग उजियारा सोइ।।3।।	गुरुद्रोही औ मनमुषी नारी पुरुष विचार। ते नर चौरासी भूमहिं जब लगि ससि दिनकार।। -कबीर मन की प्रवृत्ति के अनुसार चलने वाले मन को उसकी प्रवृत्ति से फेरे तब
माला पहरे मनमुषी, बहुतैं फिरै अचेत। गाँगी रोले बहि गया, हरि सूँ नाँहीं हेत।।4।।	
कबीर माला काठ की, कहि समझावै तोहि। मन न फिरावै आपणों, कहा फिरावै मोहि।।5।।	
कबीर माला मन की, और संसारी भेष। माला पहर्‌या हरि मिलै, तौ **अरहट** कै गलि देष।।6।।	स. आरघट (पंचतंत्र)
माला पहर्‌याँ कुछ नहीं, **रुल्य मूवा** इहि भारि। **बाहरि ढोल्या हींगलू** भीतरि भरी **भँगारि**।।7।।	द्रव भरा ईंगुर ढाला हीगुल = ईंगुर, हिंगुल (राज.) मल, सांसारिक विकार
माला पहर्‌याँ कुछ नहीं, **काती** मन कै साथि। जब लग हरि प्रकटै नहीं, तब लग पड़ता हाथि।।8।।	छुरी पास ही है बार बार उस पर हाथ पड़ता रहेगा
माला पहर्‌याँ कुछ नहीं, गाँठि हिरदा की खोइ। हरि चरनूँ चित्त राखिये, तौ अमरापुर होइ।।9।।	
माला पहर्‌या कुछ नहीं, भगति न आई हाथि। माथौ मूँछ मुँडाइ करि, **चल्या जगत कै साथि**।।10।।	जगत के साथ न चलना
साँईं सेती साँच चलि, औराँ सूँ **सुध भाइ**। भावै लंबे केस क़रि, भावै **घुरड़ि** मुड़ाइ।।11।।	शुद्ध भाव से छुटा कर

---

(5) ख- प्रति में इसके आगे यह दोहा है—
कबीर माला काठ की, मेल्ही मुगधि झुलाइ।
सुमिरण की सोधी नहीं, जाँणै डीगरि घाली जाइ।।6।।

(6) ख- में इसके आगे यह दोहा है—
माला फेरत जुग भया, पाय न मन का फेर।
कर का मनका छाँडि दे, मन का मन का फेर।।8।।

(9) ख- में इसके आगे यह दोहा है—
माला पहर्‌याँ कुछ नहीं बाम्हण भगत न जाण।
ब्याँह सराँधाँ कारटाँ उँभू वैंसे ताणि।।12।।

(11) ख- साधौं सौं सुध भाइ।

केसौं कहा बिगाड़िया, जे मूड़े सौ बार।
मन कौं न काहे मूड़िए, जामै बिषै विकार।।12।।

मन **मेवासी** मूँड़ि ले, **केसौं** मूड़े काँइ।
जे कुछ किया सु मन किया, केसौं कीया नाँहि।।13।।

गढ़पति, बालों को

मूँड़ मुँड़ावत दिन गए, अजहूँ न मिलिया राम।
राँम नाम कहु क्या करैं, जे मन के औरे काँम।।14।।

स्वाँग पहरि **सोरहा** भया, खाया पीया षूँदि।
जिहि **सेरी** साधू नीकले, सो तौ मेल्ही मूँदि।।15।।

कुत्ता
दर्रा, रास्ता, गली

बेसनों भया तौ क्या भया, बूझा नहीं बबेक।
छापा तिलक बनाइ करि, दगध्या लोक अनेक।।16।।

तप्त मुद्रा से दाग कर अनेक को दग्ध किया या ताप दिया

तन कौं जोगी सब करैं, मन कों बिरला कोइ।
सब सिधि सहजै पाइए, जे मन जोगी होइ।।17।।

कबीर **यहु** तौ एक है, **पड़दा दीया भेष में**।
भरम करम सब दूरि करि, सबहीं माँहि अलेष।।18।।

वह ब्रह्म, मिथ्या वेश ने उसे ढाक रखा है

भरम न भागा जीव का, **अनंतहि** धरिया भेष।
सतगुर परचे **बाहिरा**, अंतरि रह्या अलेष।।19।।

अनेक
बिना

जगत **जहंदम** राचिया, झूठे कुल की लाज।
तन बिनसे कुल बिनसि है, गह्या न राँम जिहाज।।20।।

जहन्नुम, नरक

पष ले बूडी पृथमीं, झूठी कुल की **लार**।
अलष बिसार्‌यौ भेष मैं, बूड़े काली धार।।21।।

परम्परा, लीक

चतुराई हरि नाँ मिले, ए **बाताँ की बात**।
एक **निसप्रेही** निरधार का, गाहक **गोपीनाथ**।।22।।

सौ बात की एक बात
निस्पृह

नवसत साजे काँमनीं, तन मन रही सँजोइ।
पीव कै मन भावे नहीं, **पटम** कीयें क्या होइ।।23।।

सिंगार पट्‌टी

जब लग पीव परचा नहीं, कन्याँ कँवारी जाँणि।
हथलेवा होसै लिया, मुसकल पड़ी **पिछाँणि**।।24।।

लालसा में पाणिग्रहण तो किया पर परस्पर पहचान न हुई, पहचानना

कबीर हरि की भगति का, मन मैं **परा** उल्लास।
मैं वासा भाजै नहीं, **हूँण मतै** निज दास।।25।।

(भीतर विकारों का गढ़ है, ऊपर दास होना चाहता है)
गढ़, तोड़ना, दास, होना विचारता है

मैं वासा **मोई किया**, दुरिजिन काढ़े दूरि।
राज पियारे राँम का, नगर बस्या भरिपूरि।।26।।462।।

छिड़काव किया

---

(15) ख- जिहि सेरी साधू नीसरै, सो सेरी मेल्ही मूँदी।।

(25) कुसंगति कौ अंग

निरमल बूँद अकास की, पड़ि गई भूमि बिकार।	
मूल विनंठा माँनबी, बिन संगति **भठछार**।।1।।	जिसका मूल नष्ट हो गया ऐसा आदम, भट्टे की राख
मूरिष संग न कीजिए, लोहा **जलि** न तिराइ।	जल में
कदली सीप भुवंग **मुषी**, एक बूँद **तिहुँ भाइ**।।2।।	मूल में, तीन भाव हो जाते है
हरिजन सेती रूसणाँ, संसारी सूँ हेत।	
ते नर कदे न नीपजै, ज्यूँ **कालर** का खेत।।3।।	ऊसर मिट्टी
मारी मरूँ कुसंग की, केला **काँठै** बेरि।	पास
वो हालै वो चीरियो, **साषित** संग निबेरि।।4।।	केला, बेर, शाक्त, साकत, दुष्ट,
मेर नसाँणी मीच की, कुसंगति ही काल।	पुजनि से मेल
कबीर कहै रे प्राँणिया, **बाँणी ब्रह्म** सँभाल।।5।।	वचन और आला
माषी गुड़ मैं गड़ि रही, पंष रही लपटाइ।	
ताली पीटै सिरि धुनै, मीठै बोई माइ।।6।।	उसी मीठे में समाती है
ऊँचे कुल क्या जनमियाँ, जो करणीं ऊँच न होइ।	
सोवन कलस सुरे भर्‌या, साधूँ निंद्या सोइ।।7।।269।।	

(26) संगति कौ अंग

देखा देखी पाकड़े, जांइ **अपरचे** () छूटि।	of ब्रह्म ie. अज्ञान
बिरला कोई ठाहरे, सतगुर साँमी **मूठि**।।1।।	की मुट्ठी में
देखा देखी भगति है, कदे न चढ़ई रंग।	
बिपति पढ्‌या यूँ छाड़सी, ज्यूं कंचुली भवंग।।2।।	
करिए तौ करि जाँणिये, **सारीपा** सूं संग।	संज्ञान, सयाना (श्रेष्ठ)
लीर लीर लोई थई, तऊ न छाड़ै रंग।।3।।	कमली रेजे रेजे हो जाती है
यहु मन दीजे तास कौं, सुठि सेवग भल सोइ।	
सिर ऊपरि आरा सहै, तू न दूजा होइ।।4।।	
पाँहण टाँकि न **तौलिए, हाडि** न कीजै वेह।	चाहे, गढ़िए, हड्डी से, बेध, छेद
माया राता मानवी, तिन **सूँ किसा** सनेह।।5।।	उनके हृदय से स्नेह नहीं मिट सकता

(25-5) ख- प्रति इसके आगे यह दोहा है—
कबीर केहने क्या बणैं, अणमिलता सौ संग।
दीपक कै भावैं नहीं, जलि जलि परैं पतंग।।6।।

(26-4) ख- तऊ न न्यारा होइ।

कबीर तासूँ प्रीति करि, जो निरबाहे **ओड़ि**। — छोर, अंत
बनिता **बिबिध** न राचिये, दोषत लागे षोड़ि।।6।। — फंस कर

कबीर तन पंषी भया, जहाँ मन तहाँ उड़ि जाइ।
जो जैसी संगति करे, सो तैसे फल खाइ।।7।।

काजल केरी कोठड़ी, तैसा यहु संसार।
बलिहारी ता दास की, पैसि रे **निकसणहार**।।8।।477।। — घुस कर निकलने वाला

(27) असाध कौ अंग

कबीर भेष अतीत का, करतूति करै अपराध।
बाहरि दीसै साध गति, **माँहैं** महा असाध।।1।। — भीतर

उज्जल देखि न **धीजिये**, बग ज्यूँ माँडै ध्यान। — प्रतीति करना
धीरे बैठि चपेटसी, यूँ ले बूड़ै ग्याँन।।2।। — पास

जेता मीठी बोलणाँ, तेता साध न जाँणि।
पहली थाह दिखाई करि, **ऊँडै देसी आँणि**।।3।।480।। — ऊंड़ = दह, दह में ला पटकेगा

(28) साध कौ अंग

कबीर संगति साध की, कदे न निरफल होइ।
चंदन होसी बांसना, नीब न **कहसी** कोइ।।1।। — कहेगा

कबीर संगति साध की, बेगि करीजैं जाइ।
दुरमति दूरि गँवाइसी, देसी सुमति बताइ।।2।।

मथुरा जावै द्वारिका, भावैं जावैं जगनाथ।
साध संगति हरि भगति बिन, कछू न आवै हाथ।।3।।

मेरे संगी दोइ जणाँ एक बैष्णों एक राँम।
वो है दाता मुकति का, वो सुमिरावै नाँम।।4।।

कबीरा बन बन में फिरा, **कारणि** अपणें राँम। — के, कारण
राम सरीखे जन मिले, तिन सारे सब काँम।।5।।

कबीर सोई दिन भला, जा दिन संत मिला हिं।
अंक **भरे भरि** भेटिया, पाप सरीरौ जाँहिं।।6।। — भर भर

(27-3) ख- तेता भगति न जाँणि
(28-4) ख- सुमिरावै राम।

कबीर चंदन का **बिड़ा**, बैठ्या, आक पलास। — बिरवा लगा (सं. विटव आ. बिडव)
आप सरीखे करि लिए जे होत उन पास।।7।।

कबीर खाईं कोट की, पांणी पीवे न कोइ। — संतो के संग से गंदे भी निर्मल हो जाते हैं
आइ मिलै जब गंग मैं, तब सब गंगोदिक होइ।।8।।

जाँनि बूझि साचहि तजै, करैं झूठ सूँ नेह।
ताको संगति राम जी, सुपिनै हो जिनि देहु।।9।।

कबीर तास मिलाइ, जास **हियाली** तूँ बसै। — हियरा
नहींतर वेगि उठाइ, नित को गंजन को सहै।।10।। — नही तो

केती **लहरि** समंद की, कत उपजै कत जाइ। — प्रवृत्ति
बलिहारी ता दास की, **उलटी** माँहि समाइ।।11।। — पीछे लौट कर समुद्र में जाती हुई

काजल केरी कोठढ़ी, काजल ही का कोट।
बलिहारी ता दास की, जे रहै राँम की ओट।।12।।

भगति **हजारी** कपड़ा, तामें मल न समाइ।
साषित काली काँवली, **भावै तहाँ बिछाइ**।।13।।493।। — वह सफेद न होगी

(29) साध साषीभूत कौ अंग शुद्ध द्रष्टा

निरबैरी निहकाँमता, साँई सेती नेह।
विषिया सूँ न्यारा रहै, **संतनि** का अँग एह।।1।।

संत न छाड़ै संतई, जे कोटिक मिलै असंत।
चंदन भुवंगा बैठिया, तउ सीतलता न तजंत।।2।।

कबीर हरि का भाँवता, दूरैं थैं दीसंत। — दूर ही से पहचाने जाते हैं
तन षीणा मन उनमनाँ, जग रूठड़ा फिरंत।।3।।

कबीर हरि का भावता, झीणाँ पंजर तास।
रैणि न आवै नींदड़ी, अंगि न चढ़ई मास।।4।।

---

(11) ख- प्रति में इसके आगे ये दोहे हैं—
पंच बल धिया फिरि कड़ी, ऊझड़ ऊजड़ि जाइ।
बलिहारी ता दास की, बवकि अणाँवै ठाइ।।12।।
काजल केरी कोठड़ी, तैसा यह संसार।
बलिहारी ता दास की, पैसि जु निकसण हार।।13।।

(29-4) ख- अंगनि बाढ़ै घास।

अणरता सुख सोवणाँ, **रातै** नींद न आइ।	ब्रह्म प्रेम में अरत, अनुरक्त को
ज्यूँ जल टूटै मंछली यूँ **बेलंत बिहाइ**।।5।।	छटपटाते या तड़पते बीतता है
जिन्य कुछ जाँण्या नहीं तिन्ह, सुख नींदणी बिहाइ।	
मैंर **अबूझी** बूझिया, पूरी पड़ी बलाइ।।6।।	दुर्बोध, अज्ञान खाती
जाँण भगत का नित मरण, अणजाँणे का राज।	भला बुरा सार असार
सर अपसर समझै नहीं, पेट भरण सूँ काज।।7।।	
जिहि घटि **जाँण बिनाँण** है, तिहि घटि आवटणाँ घणाँ।	ज्ञान विज्ञान
बिन **षंडै** संग्राम है नित, उठि मन सौं झूमणाँ।।8।।	खांडे के
राम बियोगी तन बिकल, ताहि न चीन्है कोइ।	
तंबोली के पान ज्यूँ, दिन दिन पीला होइ।।9।।	
पीलक दौड़ी साँइयाँ, लोग कहै **पिंड** रोग।	पक कर पीलापन, पांडु रोग
छाँनै लंघण नित करै, राँम पियारे जोग।।10।।	छानै = प्रच्छन्न रूप में भीतर ही भीतर
काम मिलावै राम कूँ, जे कोई जाँणै **राषि**।	लगन राग, रखना
कबीर बिचारा क्या करे, जाकी सुखदेव बोले साषि।।11।।	
काँमणि अंग **बिरकत** भया, रत भया हरि **नाँहि**।	विरक्त, नाम
साषी गोरखनाथ ज्यूँ, अमर भए कलि माँहि।।12।।	साधना प्रवृत्ति
जदि विषै पियारी प्रीति सूँ, तब अंतर हरि नाँहि।	जड़, जे
जब अंतर हरि जी बसै, तब विषिया सूँ चित नाँहि।।13।।	
जिहि घट मैं संसौ बसै, तिहिं घटि राम न जोइ।	तिनका नहीं जा सकता
राम सनेही दास विचि, **तिणाँ न संचर** होइ।।14।।	तृण भर का बीच नहीं
स्वारथ को सबको सगा, ऐसा जब **सगला** ही जाँणि।	सिगरा, सफल
बिन स्वारथ आदर करै, सो हरि की प्रीति पिछाँणि।।15।।	
जिहिं हिरदै हरि आइया, सो क्यूँ **छाँनाँ** होइ।	इल, आच्छन्न, ढका
जतन जतन करि दाबिए, तऊ उजाजा सोइ।।16।।	
फाटै दीदे मैं फिरौं, नजरि न आवै कोइ।	खुली आँखों, आँख फाड़े या खोले
जिहि घटि मेरा साँइयाँ, सो क्यूँ छाना होइ।।17।।	
सब घटि मेरा साँइयाँ, सूनी सेज न कोइ।	है तो सबके घर में पर प्रकट नहीं होता
भाग तिन्हौ का हे सखी, जिहि घटि परगड होइ।।18।।	
पावक रूपी राँम है, घटि घटि रह्या समाइ।	राम से, चिनगारी या ज्ञान प्रकाश
चित चकमक लागै नहीं, **ताथैं** धुँवाँ ह्वै ह्वै जाइ।।19।।	इससे

(5) ख- तलफत रैण बिहाइ।

(12) ख- सिध भए कलि माँहिं।

कबीर खालिक जागिया, और न जागै कोइ।
कै जागै बिसई विष भर्‌या, कै दास बंदगी होइ।।20।।

कबीर चाल्या जाइ था, आगैं मिल्या खुदाइ।
मीराँ मुझ सौं यौं कह्या, किनि फुरमाई गाइ।।21।।514।।

(30) साध महिमाँ कौ अंग

चंदन की **कुटकी** भली, नाँ बँबूर की **अबराँउँ**। — चूर, कण, बुरादा, बाग
बैश्नों की छपरी भली, नाँ साषत का बड गाउँ।।1।।

पुरपाटण सूबस बसै, आनँद ठाये ठाँइ।
राँम सनेही **बाहिरा**, ऊँचड़ **मेरे भाँइ**।।2।। — बिना, मेरे लेखे

जिहिं घरि साध न पूजिये, हरि की सेवा नाँहिं।
ते घर **मरड़हट** सारषे, भूत बसै तिन माँहि।।3।। — मरघट

है गै गैंवर, सघन धन, छत्र धजा फहराइ। — हय, राज, गब्बर (भारी, बहुमूल्य गब्बर माला) (गब्बर = गजना)
ता सुख थैं भिष्या भली, हरि सुमिरत दिन जाइ।।4।।

हैं गै गैंवर सघन धन, छत्रपति की नारि।
तास पटंतर नाँ तुलै, हरिजन की पनिहारि।।5।।

क्यूँ नृप नारी नींदये, क्यूँ पनिहारी कौं माँन।
वामाँग सँवारै पीव **कौ**, वा नित उठि सुमिरै राँम।।6।। — के लिए

कबीर धनि ते सुंदरी, जिनि जाया बैसनों पूत।
राँम सुमरि निरभैं हुवा, **सब** जग गया **अऊत**।।7।। — अपुत्र

कबीर कुल तौ सो भला, जिहि कुल उपजै दास।
जिहिं कुल दास न ऊपजै, सो कुल आक पलास।।8।।

साषत बाँभण मति मिलै, बैसनों मिलै चंडाल। — शाक्त ब्राह्मण
अंक माल दे भटिये, माँनों मिले गोपाल।।9।।

राँम जपत दालिद भला, टूटी घर की छाँनि।
ऊँचे मंदिर **जालि** दे, जहाँ भगति न सारँगपाँनि।।10।। — जला दे

कबीर भया है केतकी, भवर भये सब दास।
जहाँ जहाँ **भगति कबीर** की, तहाँ तहाँ राँम निवास।।11।।525।। — कबीर की सी भक्ति कबीर के प्रति भक्ति सुख भोग और कष्ट से विरक्त रहें

(30-1) ख- चंदन की चूरी भली।
(6) 'वा मांग' या 'वामांग' दोनों पाठ हो सकता है।

(31) मधि कौ अंग

द्वन्द्व का त्याग

कबीर मधि अंग जेको रहै, तौ तिरह न लागै बार।
दुइ दुइ अंग सूँ लाग करि, डूबत है संसार।।1।।

कबीर दुविधा दूरि करि, एक अंग ह्वै लागि।
यहु सीतल वहु तपति है दोऊ कहिये **आगि**।।2।।

ताप ही है

अनल अकाँसाँ घर किया, मधि निरंतर बास।
बसुधा **ब्यौम** बिरकत रहै, बिन ठाहर बिसवास।।3।।

स्वर्ग, इस मध्यम स्थिति में विश्वास की ठीक जगह बिना

बासुरि गमि न रैंणि गमि, नाँ सुपनै **तर** गंम।
कबीर तहाँ बिलंबिया, जहाँ छाहड़ी न घंम।।4।।

स्वप्न के भीतर

जिहि पैडै पंडित गए, **दुनिया परी बहीर**।
औघट घाटी गुर कही, तिहिं चढ़ि रह्या कबीर।।5।।

बहीर = सेना के साथ चलने वाले सेवक साईस दूकानदार आदि की भीड़। उसी रास्ते दुनिया बहीर होकर पड़ी।

श्रग नृकथै हूँ रह्या, सतगुर के प्रसादि।
चरन कवँल की मौज मैं, **रहिस्यूँ** अंति रु आदि।।6।।

स्वर्ग नरक से, हौं, मैं

सदा रहूँगा

हिंदू मूये राम कहि, मुसलमान खुदाइ।
कहै कबीर सो जीवता, जो **दुइ** मैं कदे न जाइ।।7।।

दुविधा में, द्वैत में (राम खुदा के भेष में)

दुखिया मुवा दुख **कों**, सुखिया सुख **कौं** झूरि।
सदा आनंदी राम के, जिनि सुख दुख मेल्हे दूरि।।8।।

के कारण

कबीर हरदी पीयरी, चूना ऊजल भाइ।
रामसनेही यूँ मिले, दुन्यूँ बरन गँवाइ।।9।।

काबा फिर कासी भया, राँमै भया रहीम।
मोट चून मैदा भया, बैठि कबीरा जीभ।।10।।

स्थूल भेदों के परिहार द्वारा सूक्ष्मता आई

धरती अरु असमान बिचि, दोइ तूँ बड़ा अबध।
षट दरसन संसै पड़्या, अरु चौरासी **सिध**।।11।।526।।

द्वैत बड़ा प्रबल है

गोरखधंधी योगी

(32) सारग्राही कौ अंग

षीर रूप हरि नाँव है नीर आन ब्यौहार।
हंस रूप कोइ साध है, **तत** का जांणणहार।।1।।

तत्त्व

(31-5) ख- दुनियाँ गई बहीर। औघट घाटी नियरा।
(32-1) ख- प्रति में इसके आगे यह दोहा है—
सार संग्रह सूप ज्यूँ, त्यागै फटकि असार।
कबीर हरि हरि नाँव ले, पसरै नहीं बिकार।।2।।

कबीर साषत कोइ नहीं, सबै बैशनों जाँणि।
जा मुखि राम न ऊचरै, ताही तन की हाँणि।।2।।

कबीर औगुँण ना गहैं, गुँण ही कौ ले बीनि।
घट घट **महु** के मधुप ज्यूँ, पर आत्म ले चीन्हि।।3।। — में के परमात्मा

बसुधा बन बहु भाँति है, फूल्यो फल्यौ अगाध।
मिष्ट सुबास कबीर गहि, विषम कहै **किहि साध**।।4।।540।। — किस आशा से

(33) विचार कौ अंग

राम नाम सब कोइ कहै, कहिबे के बहुत बिचार।
सोई राम सती कहै, सोई कौतिग हार।।1।।

आगि **कह्याँ** दाझै नहीं, जे नहीं **चंपै पाइ**। — कहने से, पैर नहीं रखता
जब लग भेद न जाँणिये, राम कह्या तौ काइ।।2।।

कबीर सोचि बिचारिया, दूजा कोई नाँहि।
आपा पर जब चींन्हिया, तब उलटि समाना ब्रह्म के माँहि।।3।। — आत्म तत्त्व और (जड़)

कबीर पाणी केरा पूतला, राख्या पवन सँवारि।
नाँनाँ बाँणी बोलिया, जोति धरी करतारि।।4।।

नौ मण सूत अलूझिया, कबीर घर घर **बारि**। — अर्थात सब मोह के ज्ञाता से जकड़े थे, बाहर नहीं हो सकते थे, द्वार पर (ब्रह्म के द्वार पर)
तिनि सुलझाया बापुड़े, जिनि जाणीं भगति मुरारि।।5।।

आधी साषी सिरि कटैं, जो र बिचारी जाइ। — यदि पूरा विचार किया जाए तो आधा बावन ही प्रेम-पीड़ा के लिए बहुत है
मनि परतीति न ऊपजे, तौ राति दिवस मिलि गाइ।।6।। — कुछ फल नहीं

सोई अषिर सोई बैयन, जन **जू जू** बाचवंत। — ज्ञान का उपदेश नही है जो महात्मा लोग देते आए हैं, बाँचने वाला जैसा हो, जैसा जैसा बाँचे, सच्चा भाव, होता है उसके लिए
कोई एक मेलै **लवणि**, अमीं रसाइण **हुँत**।।7।।

हरि मोत्याँ की माल है, पोई **काचै** तागि। — कच्चे
जतन करि, कर **झंटा** घँणा, टूटेगी कहूँ लागि।।8।। — झटका

(32-4) ख- प्रति में इसके आगे ये दोहे हैं—
कबीर सब घटि आत्मा, सिरजी सिरजनहार।
राम कहै सो राम में, रमिता ब्रह्म बिचारि।।5।।
तत तिलक तिहु लोक में, राम नाम निजि सार।
जन कबीर मसतिकि देया, सोभा अधिक अपार।।6।।

(33-6) ख- भरि गाइ।

(7) ख- प्रति में इसके आगे यह दोहा है—
कबीर भूल दंग में लोग कहैं यहु भूल।
कै रमइयौ बाट बताइसी, कै भूलत भूलैं भूल।।8।।

मन नहीं छाड़ै बिषै, न छाड़ै मन कौं।
इनकौं इहै सुभाव, पूरि **लागी जुग जन कौं**।।9।। — दोनों ने मनुष्य को पूरा घेर रखा है

खंडित मूल बिनास कहौ, किम बिगतह कीजै। — विगत (पूर्व का कर्मसंस्कार) का कैसे समूल नाश करें,
ज्यूँ जल में प्रतिब्यंब, त्यूँ सकल रामहिं जांणीजै।।10।।

सो मन सो तन सो बिषे, सो त्रिभवन पति कहूँ कस। — वही सब है सर्ववाद, इन्द्रियों का विषय
कहै कबीर ब्यंदहु नरा, **ज्यूँ जल पूर्या सकल रस**।।11।।549।। — कोई रस जल से खाली नहीं

(34) उपदेश कौ अंग

हरि जी यहै बिचारिया, साषी कहौ कबीर।
भौसागर मैं जीव है, **जे कोई पकड़ैं तीर**।।1।। — कदाचित कोई (सखियों) के प्रभाव से भव पार हो

कलीकाल ततकाल है, बुरा करौ जिनि कोइ। — कलि से तत्काल फल मिलता है
अन बावै, लोहा दाहिणै, जो बोवै सु लुणता होइ।।2।। — अन्न बाएँ हाथ से

कबीर **संसा** जीव मैं, कोई न कहै समझाइ। — संशय
बिधि बिधि बाणों बोलता, सो **कत** गया बिलाइ।।3।। — कहा

कबीर संसा दूरि करि, **जाँमण** मरण भरंम। — जन्मना
पंचतत तत्तहि मिले, **सुरति समाना मंन**।।4।। — मन सुरति अर्थात चित या बोधि में समा गया। कबीर का परमात्मा इस चित से ऊपर है और बज्रमानी बौद्धों से मिलता जुलता है

ग्रिही तौ च्यंता धणीं, बैरागी तौ भीष।
दुहुँ **कात्याँ** बिचि जीव है, **दौ हमैं** संतौं सीष।।5।। — छुरी, दोनों पातक हैं यह सीख

बैरागी बिरकत भला, गिरहीं चित्त उदार। — निस्सार
दुहै **चूकाँ रीता** पड़ै, ताकूँ वार न पार।।6।। — चूकते, चूकने से

जैसी उपजै पेट सूँ, तैसी निबहै ओरि। — गर्भ में जैसा ज्ञान रहता है वैसा ही शुद्ध यदि अन्त तक चला चले तो
पैका पैका जोड़ताँ, जुड़िसा लाष करोड़ि।।7।।

कबीर हरि के नाँव सूँ, प्रीति रहै इकतार।
तौ मुख तैं मोती झड़ै, हीरे अंत न पार।।8।।

ऐसी बाँणी बोलिये, मन का आपा खोइ। — आत्मा, चैतन्य
अपना तन सीतल करै, औरन कौं सुख होइ।।9।।

कोइ एक **राखै** सावधान, **चेतनि** पहरै जागि। — रहता है, आत्मा को, पहरे पर
बस्तु न **बासन** सूँ खिसै, चोर न सकई लागि।।10।।559।। — वस्त्र (की गाँठ)

(34-2) ख- बुरा न करियो कोई।
ख- प्रति में इसके आगे यह दोहा है—
जीव को समझै नहीं, मुबा न कहै संदेस।
जाको तन मन सौं परचा नहीं, ताकौ कौण धरम उपदेस।।3।।
(1) ख- नाना बाँणी बोलता।
(8) ख- सुरति रहै इकतार। हीरा अनँत अपार।।

(35) बेसास कौ अंग

विश्वास

जिनि नरहरि जठराँहमें, **उदिकै थैं षंड** प्रगट कियौ। सिरजे श्रवण कर चरन, जीव जीभ मुख तास दीयो।।	जल से, पिंड
उरध पाव अरध सीस, **बीस पषां** इम रषियौ। अंन पान जहां **जरै**, तहां तैं **अनल न चषियौ**।।	बीस पक्ष, दस महीने जठराग्नि से बचता है, आग से बचा रहा
इहिं भाँति भयानक उद्र में, न कबहू **छंछरै**। कृसन कृपाल कबीर कहि, इम प्रतिपालन क्यों करै।।1।।	छनछना, जलना
भूखा भूखा क्या करै, कहा सुनावै लोग। भांडा **घड़ि** जिनि मुख दिया, सोई पूरण जोग।।2।।	गढ़ कर
रचनहार कूँ चीन्हि लै, खैचे कूँ कहा रोइ। दिल मंदिर मैं पैसि करि, **तांणि पछेवड़ा** सोइ।।3।।	पिछौरी तान कर
राम नाम करि **बोहड़ा**, **बांही बीज अघाइ**। अंति कालि सूका पड़ै, तौ निरफल कदे न जाइ।।4।।	ओंडा, छोटा कुवा, बाहे या कुंड के बीज को सींच
च्यंतामणि मन में बसै, सोई चित मैं आंणि। बिन **च्यंता** कर च्यंता प्रभु करै, इहै प्रभू की बांणि।।5।।	निश्चित
कबीर का तूँ चितवै, का तेरा च्यंत्या होइ। अणच्यंत्या हरिजी करै, जो तोहि च्यंत न होइ।।6।।	
करम **करीमां** लिखि रह्या, अब कछू लिख्या न जाइ। मासा घट न तिल **बधै**, जौ कोटिक करै उपाइ।।7।।	बढ़े
जाकौ चेता निरमया, ताकौ तेता होइ। रती घटै न तिल बधै, जौ सिर कूटै कोइ।।8।।	
च्यंता न करि अच्यंत रहु, सांई है संभ्रथ। पसु पंषरू जीव जंत, तिनको कैसी **गांडि** किसा **ग्रंथ**।।9।।	अन्न का गाड़, बखार, खत्ता, गठरी
संत न बांधै गाँठड़ी, पेट समाता लेइ। सांई सूँ सनमुख रहै, जहाँ वह माँगै तहाँ वह प्रभु देइ।।10।।	
राँम राँम सूँ दिल मिलि, **जनहम** पड़ी बिराइ। मोहि भरोसा इष्ट का, बंदा नरकि न जाइ।।11।।	मेरी बला जहन्नुम में बड़ी, जहन्नुम

(35-8) इसके आगे ख- प्रति में यह दोहा है—
करीम कबीर जु विह लिख्या, नरसिर भाग अभाग।
जेहूँ च्यंता चितवै, तऊ स आगै आग।।10।।

कबीर तूँ काहे डरै, सिर परि हरि का हाथ।
हस्ती चढ़ि नहीं **डोलिये**, कूकर भूसैं जु लाष।।12।। — चंचल हो, घबरा, विचलित हो

मीठा खाँण मधूकरी, भाँति भाँति कौ नाज।
दावा किसही का नहीं, बित **बिलाइति** बड़ राज।।13।। — मुल्क

मौनि महातम प्रेम रस, **गरवा** तण, गुण नेह। — गुरुत्व
ए सबहीं **अहला गया**, जबहीं कह्या कुछ देह।।14।। — बरबाद हुआ, भाड़ में गया अहरा (अभिपल्व = प्रा. अहिल्लो = बाढ़)

माँगण मरण समान है, बिरला वंचै कोइ।
कहै कबीर रघुनाथ सूँ, मति र मँगावै मोहि।।15।।

पांडल पंजर, मन भँवर, अरथ अनूपम बास। — पाटल
राँम नाँम सींच्या अँमी, फल लागा **वेसास**।।16।। — विश्वास

मेर मिटी मुकता भया, पाया ब्रह्म बिसास। — मिलावट, मल
अब मेरे दूजा को नहीं, एक तुम्हारी आस।।17।।

जाके दिल में हरि बसै, सो नर कलपै काँइ।
एक लहरि समंद की, दुख दलिद्र सब जाँइ।।18।।

पद गाये लैलीन है, कटी न **संसै-पास**। — संशय जाल
सबै **पिछीड़ै** थोथरे, एक बिनाँ बेसास।।19।। — वस्त्र, आडंबर

गावण हीं मैं **रोज** है, रोवण हीं में राग। — देखने में तो प्रसन्न गाता है पर भीख, दुख या विराग है, रुदन
इक वैरागी ग्रिह मैं, इक गृही मैं वैराग।।20।।

गाया तिनि पाया नहीं, अणगाँयाँ थैं भी दूरि।
जिनि गाया बिसवास सूँ, तिन राम रह्या भरिपूरि।।21।।580।। — बिना विश्वास, दोनों से दूर हैं

(36) पीव पिछाँणन कौ अंग

संपटि माँहि समाइया, सो साहिब नहीं होइ। — संपुट (संपटा), शालग्राम
सफल **मांड** मैं रमि रह्या, साहिब कहिए सोइ।।1।। — ब्रह्मांड प्रपंच (मांडना) मंडान

---

(12) ख- शिर परि सिरजणहार।
हस्ती चढ़ि क्या डोलिए। भुसैं हजार।
ख- प्रति में इसके आगे यह दोहा है—
हसती चढ़िया ज्ञान कै, सहज दुलीचा डारि।
स्वान रूप संसार है, पड़या भूसौ झषि माँरि।।15।।

(15) ख- जगनाथ सौं।

(16) ख- प्रति में इसके आगे ये दोहे हैं—
कबीर मरौं पै मांगौं नहीं, अपणै तन कै काज।
परमारथ कै कारणै, मोहिं माँगत न आवै लाज।।20।।
भगत भरोसै एक कै, निधरक नीची दीठि।
तिनकू करम न लागसी, राम ठकोरी पीठि।।21।।

रहै निराला माँड थै, सकल माँड ता माँहि।
कबीर सेवै तास कूँ, दूजा कोई नाँहि।।2।।

भोलै भूली खसम **कै**, बहुत किया बिभचार। — भूल ही भूल में, करके
सतगुर गुरु बताइया, पूरिबला भरतार।।3।।

जाकै मह माथा नहीं, नहीं रूपक रूप।
पुहुप बास थैं पतला ऐसा तत अनूप।।4।।584।।

(37) बिर्कताई कौ अंग

मेरे मन मैं पड़ि गई, ऐसी एक दरार। — संसार से जी फट गया
फटा **फटक** पषाँण ज्यूँ, मिल्या न दूजी बार।।1।। — स्फटिक

मन फाटा **बाइक बुरै**, मिटी सगाई साक। — बुरा बोलने वालों से (वाचक, वायक)
ज्यों परि दूध तिवास का, ऊकटि हूवा आक।।2।।

चंदन माफों गुण करै, जैसे **चोली पंन**। — डलिया का पान अलग अलग करने से पनचोली, पनचोलिया
दोइ **जनाँ** भागां न मिलै, मुकताहल अरु मंन।।3।। — वस्तुएँ

पासि बिनंठा कपड़ा, कदे सुरांग न होइ। — पाटड, धता, मिट्टी खाद या मैले से (इसी से)
कबीर त्याग्या ग्यान करि, कनक कामनी दोइ।।4।।

चित चेतनि मैं गरक है, चेति न देखैं मंत।
कत कत की **सालि** पाड़िये, **गलबल** सहर अनंत।।5।। — भठिहाराना का रूपक, शाला, गड़बड़

जाता है सो जाँण दे, तेरी दसा न जाइ।
खेवटिया की नाव (पर) ज्यूँ, धणों मिलैंगे आइ।।6।। — जो उपदेश न मान भवसागर पार कराने वाली नाव पर नहीं चढ़ते उन्हें जाने दें

नीर पिलावत क्या फिरै, सायर घर घर बारि।
जो त्रिषावंत होइगा, तो पीवेगा झष मारि।।7।।

(36-4) ख- प्रति में इसके आगे यह दोहा है—
चत्र भुजा कै ध्यान मैं, ब्रिजबासी सब संत।
कबीर मगन ता रूप मैं, जाकै भुजा अनंत।।5।।

(37-3) ख- प्रति में इसके आगे ये दोहे हैं—
मोती भागाँ बीधताँ, मन मैं बस्या कबोल।
बहुत सयानाँ पचि गया, पड़ि गइ गाठि गढ़ोल।।4।।
मोती पीवत बीगस्या, सानौं पाथर आइ राइ।
साजन मेरी निकल्या, जाँमि बटाऊँ जाइ।।5।।

(5) ख- प्रति में इसके आगे यह दोहा है—
बाजण देह बजंतणी, कुल जंतड़ी न बेड़ि।
तुझै पराई क्या पड़ी, तूँ आपनी निबेड़ि।।8।।

सतगंठी कोपीन है, साध न मानै संक।
राँम अमलि माता रहै, गिणैं इंद्र कौ रंक।।8।।

सात या सत्य की गाँठ वाली

दावै दाझण होत है, निरदावै निरसंक।
जे नर निरदावै रहैं, ते गणै इंद्र कौ रंक।।9।।

लाभ का दाव

कबीर सब जग हंडिया, **मंदिर कंधि** चढ़ाइ।
हरि बिन अपनाँ को नहीं, देखे ठोकि बजाइ।।10।।514।।

= घरबार, गृहस्थी, मंदिर का भार लिए हुए

(38) सम्प्रथाई कौ अंग

नाँ कुछ किया न करि सक्या, नाँ करणे जोग सरीर।
जे कछु किया सु हरि किया, ताथै भया कबीर **कबीर**।।1।।

बड़ा

कबीर किया कछू न होत है, अनकीया सब होइ।
जे किया कछु होत है, तो करता औरै कोइ।।2।।

यदि किसी का किया कुछ होता है तो कर्ता और ही है

जिसहि न कोई तिसहि तूँ, जिस तूँ तिस सब कोइ।
दरिगह तेरी साँईंयाँ, नाँ महरूम न होइ।।3।।

एक खड़े ही लहैं, और खड़ा बिललाइ।
साई मेरा सुलषना, सूता देइ जगाइ।।4।।

सात समंद की मसि करौं, लेखनि सब **बनराइ**।
धरती सब कागद करौं, तऊ हरि गुण लिख्या न जाइ।।5।।

वनराजी

अबरन कौं का बरनिये, मोपै लिख्या न जाइ।
अपना बाना बाहिया, कहि कहि थाके **माइ**।।6।।

अपने अपने संप्रदाय के अनुसार, कसकर, खूब अघा क़र

झल बाँवै झल दाँहिनैं, झलहिं माँहि ब्यौहार।
आगैं पीछै झलमई, राखै सिरजनहार।।7।।

साँई मेरा बाँणियाँ, सहजि करै ब्यौपार।
बिन डाँडी बिन पालड़ै, **तोलै** सब संसार।।8।।

कर्म अकर्म का लेखा रखता है

कबीर **वार्‌या नांव परि**, कीया राई लूँण।
जिसहिं चलावै पंथ तूँ, तिसहिं भुलावै कौंण।।9।।

अपने को निछावर कर दिया

कबीर करणी क्या करै, जे राँम न कर सहाइ।
जिहिं जिहिं डाली पग धरै, सोई **नवि नवि जाइ**।।10।।

झुनझुन जाती है, टूटने पर होती है

(38-1) ख- प्रति में इस अंग का पहला दोहा यह है—
साई सौं सब होइगा, बंदै थै कुछ नाहीं।
राई थैं परबत करे, परबत राई माहिं।।1।।

(8) ख- ब्यौहार।

जदि का माइ जनमियाँ, कहूँ न पाया सुख। — जब से माता ने जन्म दिया
डाली डाली मैं फिरौं, पाती पाती दुख।।11।।

सांई सूँ सब होत है, बंदे थै कछू नाहिं।
राई थैं परबत करै, परबत राई मांहि।।12।।606।।

(39) कुसबद कौ अंग

अणी **सुहेली** सेल की, पड़ताँ लेइ उसास। — सहल, सहा
चोट सहारै **सबद** की, **तास** गुरू मैं दास।।1।। — दुर्वचन, उसका गुरु का = उस गुरु का

खूंदन तो धरती सहै, बाढ़ सहै बनराइ।
कुसबद तो हरिजन सहै, दूजै सह्या न जाइ।।2।।

सीतलता तब जाणिए, समिता रहे समाइ।
पष छाड़ै निरपष रहै, सबद न दूष्या जाइ।।3।।

कबीर सीतलता भई, पाया ब्रह्म गियान।
जिहिं बैसंदर जग जल्या, सो मेरे उदिक समान।।4।।610।।

(40) सबद कौ अंग

कबीर सबद सरीर मैं, बिनि गुण बाजै तंति।
बाहरि भीतरि भरि रह्या, ताथैं छूटि **भरंति**।।1।। — भरती की चीजें, असार वस्तुएँ

सती संतोषी सावधान, सबद भेद सुबिचार।
सतगुर के प्रसाद थैं, सहज सील मत सार।।2।।

सतगुर ऐसा चाहिए, जैसा सिकलीगर होइ।
सबद **मसकला** फेरि करि, देह द्रपन करे सोइ।।3।। — माँजने का औजार

सतगुर सांचा सूरिवाँ है, सबद जु **बाह्या** एक। — मारा
लागत ही में मिलि गया, पड़्या कलेजे छेक।।4।।

हरि रस जे जन बेधिया, सतगुण **सीगणि** नाहि। — उसके लिए दर्द खींचने की सिंगी नही है
लागी चोट सरीर में, करक कलेजे माँहि।।5।।

---

(12) ख- प्रति में बारहवें दोहे के स्थान पर यह दोहा है—
रैणाँ दूरां बिछोड़ियां, रहु रे संषम झूरि।
देवल देवलि धाहिणी, देसी अंगे सूर।।13।।

(39-3) ख- काट सहैं। साधू सहै।

(4) ख- प्रति में इसके आगे यह दोहा है—
सहज तराजू आँणि करि, सन रस देख्या तोलि।
सब रस माँहै जीभ रत, जे कोइ जाणै बोलि।।5।।

(40-4) ख- प्रति में यह दोहा नहीं है।

ज्यूँ ज्यूँ हरिगुण साभलूँ, त्यूँ त्यूँ लागै तीर।
साँठी साँठी झड़ि पड़ि, **झलका** रह्या सरीर।।6।।

साँटी = छड़ी = तीर की लकड़ी, तीर का फल (भल्लक)

ज्यूँ ज्यूँ हरिगुण साभलूँ, त्यूँ त्यूँ लागै तीर।
लागै थैं भागा नहीं, साहणहार कबीर।।7।।

लगने से

सारा बहुत पुकारिया, **पीड़ पुकारै** और।
लागी चोट सबद की, रह्या कबीरा ठौर।।8।।618।।

बहुतों ने, पीर की पुकार ही और है

(41) जीवन मृतक कौ अंग

जीवन मृतक ह्वै रहै, तजै जगत की आस।
तब हरि सेवा **आपण** करै, **मति** दुख पावै दास।।1।।

आप ही, और ध्यान रखें कि न दुख पावै दास

कबीर मन मृतक भया, दुरबल भया सरीर।
तब पैडे लागा हरि फिरै, **कहत** कबीर कबीर।।2।।

पुकारते

कबीर मरि **मड़हट** रह्या, तब कोइ न बूझै **सार**।
हरि आदर आगै लिया, ज्यूँ गउ बछ की **लार**।।3।।

मरघट, हाल, खबर
साथ, पीछे

घर जालौं घर उबरे, घर राखौं घर जाइ।
एक अचंभा देखिया, **मड़ा** काल कौं खाइ।।4।।

जो इस घर का नाश कर देता है उसका वह घर बचा रहता है, जीवन मृतक अमर हो जाता है

मरताँ मरताँ जग मुवा, **औसर** मुवा न कोइ।
कबीर ऐसैं मरि मुवा, ज्यूँ बहुरि न मरना होइ।।5।।

मौके के साथ साधनापूर्ण करके

बैद मुवा रोगी मुवा, मुवा सकल संसार।
एक कबीरा ना मुवा, जिनि के राम अधार।।6।।

मन मार्‌या ममता मुई, अहं गई सब छूटि।
जोगी था सो रमि गया, आसणि रही विभूति।।7।।

जीवन थै मरिबो भलौ, जौ **मरि** जानै कोइ।
मरनै पहेली जे मरे, तौ काल **अजरावर** होइ।।8।।

मरना
अ + जोरावर = असमर्थ

खरी कसौटी राम की, खोटा टिकै न कोइ।
राम कसौटी सो टिकै, जो जीवन मृतक होइ।।9।।

आपा मेट्या हरि मिलै, **हरि मेट्या** सब जाइ।
अकथ कहाणी प्रेम की, कह्या न को पत्याइ।।10।।

हरि को दूर करने से

(41-1) ख- प्रति में इस अंग में पहला दोहा यह है—
जिन पांऊँ सै कतरी हांठत देत बदेस।
तिन पांऊँ तिथि पाकड़ौ, आगण मथा बदेस।।1।।

निगु**साँवाँ** वहि जायगा, जाकै **थाघी** नहीं कोइ।
दीन गरीबी बंदिगी, **करता** होइ सु होइ।।11।।

निगुसैयाँ, बिना मालिक का
रोकने या थामने वाला, स्थगन = करने से ही कुछ होगा

दीन गरीबी दीन कौ, **दुंदर** को अभिमान।
दुंदर दिल विष सूँ भरा, दीन गरीबी राम से भरी।।12।।

संसारी द्वन्द्व में पड़ा हुआ

कबीर चेरा संत का, दासिन का परदास।
कबीर ऐसे ह्वै रह्या, ज्यूँ पांऊँ तलि घास।।13।।

रोड़ा ह्वै रही बाट का, तजि पादंड अभिमान।
ऐसा जे जन ह्वै रहे, ताहि मिले भगवान।।14।।632।।

(42) चित कपटी कौ अंग

कबीर तहाँ न जाइए, जहाँ कपट का हेत।
जालूँ कली **कनीर** की, तन रातो मन सेत।।1।।

जताऊँ, कनेर (जो विध है)

संसारी साषत भला, **कँवारी कै भाइ**।
दुराचारी वेश्नों बुरा, हरिजन तहाँ न जाइ।।2।।

उन्होंने ईश्वर से विवाह नहीं किया है, पर वैष्णव तो ईश्वर से विवाह करके दुराचार करता है

निरमल हरि का नाव सों, **कै** निरमल **सुध भाइ**।
कै ले दूणी कालिमा, भावें सों मण साबण लाइ।।3।।635।।

कर ले, शुद्ध भाव
या तो

(43) गुरुसिष हेरा कौ अंग

ऐसा कोई ना मिले, हम कों दे उपदेस।
भौसागर में डूबता, कर गहि काढ़े केस।।1।।

---

(12) ख- प्रति में इसके आगे ये दोहा है—
कबीर नवे स आपको, पर कौं नवे न कोइ।
धालि तराजू तौलिये, नवे स भारी होइ।।14।।
बुरा बुरा सब को कहै, बुरा न दीसे कोइ।
जे दिल खोजौ आपणो, बुरा न दीसे कोइ।।15।।

(14) ख- प्रति में इसके आगे ये दोहे हैं—
रोड़ा भया तो क्या भया, पंथी को दुख-देइ।
हरिजन ऐसा चाहिए, जिसी जिमीं की खेह।।18।।
खेह भई तो क्या भया, उड़ि उड़ि लागे अंग।
हरिजन ऐसा चाहिए, पाँणीं जैसा रंग।।19।।
पाणीं भया तो क्या भया, ताता सीता होइ।
हरिजन ऐसा चाहिए, जैसा हरि ही होइ।।20।।
हरि भया तो क्या भया, जैसों सब कुछ होइ।
हरिजन ऐसा चाहिए, हरि भजि निरमल होइ।।21।।

(42-1) ख- प्रति में इस अंग का पहला दोहा यह है—
नवणि नयो तो का भयो, चित्त न सूधौं ज्यौंह।
पारधिया दूणा नवै, मिघ्राटक ताह।।1।।

ऐसा कोई ना मिले, हम को लेइ पिछानि।
अपना करि किरपा करे, ले उतारै मैदानि।।2।।

ऐसा कोई ना मिले, राम भगति का गीत।
तनमन सौपे मृग ज्यूँ, सुने बधिक का गीत।।3।।

ऐसा कोई ना मिले, अपना घर देइ जराइ।
पंचूँ **लरिका** पटिक करि, रहै राम ल्यौ लाइ।।4।। — इन्द्रियाँ

ऐसा कोई ना मिले, जासौ रहिये लागि।
सब जग जलता देखिये, **अपणीं अपणीं** आगि।।5।। — सब अपने ताप में मग्न हैं

ऐसा कोई ना मिले, जासूँ कहूँ निसंक।
जासूँ हिरदे की कहूँ, सी फिरि माडै कंक।।6।।

ऐसा कोई ना मिले, सब बिधि देइ बताइ।
सुनि मंडल मैं पुरिष एक, ताहि रहै ल्यो लाइ।।7।। — शून्य

हम देखत जग जात है, जग देखत हम जाँह।
ऐसा कोई ना मिले, **पकड़ि छुड़ावै** बाँह।।8।। — माया के बन्धन से मुक्त करे

तीनि सनेही बहु मिले, **चौथे** मिले न कोइ। — त्रिगुण, त्रिगुणातीत
सबे पियारे राम के, बैठे परबसि होइ।।9।।

माया मिले **महोर्बती**, **कूड़े आखै बेउ**। — मुहब्बती, बुरे वचन कहते हैं
कोइ घाइल बेध्या ना मिलै, साई **हंदा सैण**।।10।। — दष्टि से, हंदा = प्रा. हितों इशारे से

सारा सूरा बहु मिलें, घाइला मिले न कोइ। — साबित बिना घाव का
घाइल ही घाइल मिले, तब राम भगति दिढ़ होइ।।11।।

प्रेमी ढूँढ़त मैं फिरौं, प्रेमी मिलै न कोइ।
प्रेमी कौं प्रेमी मिलै, तब सब बिष अमृत होइ।।12।।

हम **घर** जाल्या आपणाँ, लिया **मुराड़ा** हाथि।
अब घर जालौं तास का, जै चलै हमारे साथि।।13।।648।।

बुद्ध वाका, लूका, मायानिर्मित भवन
गहकारक दिट्ठोसि पुत गेहं न काहसि
सब्बाते फासका भग्गा गहकूटं बिसकितं
बिसंरवार गतं चितं तण्हानं खयमन्झगा

(43-5) ख- प्रति में इसके आगे यह दोहा है—
ऐसा कोई ना मिले, बूझै सैन सुजान।
ढोल बजंता ना सुणौं, सुरवि बिहूंणा कान।।6।।

(11) ख- जब घाइल ही घाइल मिलै।

(12) ख- जब प्रेमी ही प्रेमी मिलें।

(16) ख- प्रति में इसके आगे ये दोहे हैं—
जाणै ईछूँ क्या नहीं, बूझि न कीया गौन।
भूलौ भूल्या मिल्या, पंथ बतावै कौन।।15।।
कबीर जानींदा बूझिया, मारग दिया बताइ।
चलता चलता तहाँ गया, जहाँ निरंजन राइ।।16।।

(44) हेत प्रीति सनेह कौ अंग

कमोदनी **जलहरि** बसै, चंदा बसै अकासि। — जलधर, जलाशय
जो जाही का भावता, सो **ताही कै पास**।।1।। — हृदय पास होने से

कबीर गुर बसै बनारसी, सिष समंदा तीर।
बिसार्‌या नहीं बीसरे, **जे** गुंण होइ सरीर।।2।। — यदि

जो है जाका भावता, **जदि तदि** मिलसी आइ। — कभी न कभी
जाकी तन मन सौंपिया, सो कबहूँ छाँड़ि न जाइ।।3।।

स्वामी सेवक एक मत, मन ही मैं मिलि जाइ।
चतुराई से रीझै नहीं, रीझै मन कै भाइ।।4।।

(45) सूरा तन कौ अंग

काइर हुवाँ न **छूटिये**, कछु सूरा तन **साहि**। — मुक्त होंगे, केवल थोड़ी सी चोट सहकर, सहो, फल कांटा, छोड़ कर, चला कर
भरम **भलका** दूरि करि, सुमिरण सेल **सँबाहि**।।1।।

षूँड़ै पड़्या न छूटियो, सुणि रे जीव अबूझ। — गड्ढा
कबीर मरि मैदान मैं, करि इंद्र्याँ सूँ झूझ।।2।।

कबीर साई सूरिवाँ, मन सूँ माँडै झूझ।
पंच पयादा पाड़ि ले, दूरि करै सब **दूज**।।3।। — इन्द्रियाँ, मार कर गिरा दे, द्वैत या द्वन्द्व

सूरा झूझै **गिरदा सूँ**, इक दिसि सूर न होइ। — चारों ओर से
कबीर यौं बिना सूरिवाँ, भला न कहिसी कोइ।।4।।

कबीर **आरणि** पैसि करि, जौ पीछे रहै सु सूर। — अरराम में
साँई सूँ साचा भया, रहसी सदा हजूर।।5।।

गगन दमाँमाँ बाजिया, पड़्या निसानै घाव।
खेत बुहार्‌या सूरिवै, **मुझ** मरणे का चाव।।6।। — मैदान साफ किया, मुक्त

कबीर मेरै संसा को नहीं, हरि सूँ लागा हेत।
काम क्रोध सूँ **झूझणाँ, चौड़े माँड्या खेत**।।7।। — चौड़े खेत मे युद्ध करना

सूरै **सार सँबाहिया**, पहर्‌या सहज संजोग। — हथियार उठाए, लोहा
अब कै ग्याँन गयंद चढ़ि, **खेत पड़न का जोग**।।8।। — इस बार, मर मिटने का अवसर है

सूरा तबही परषिये, लडै **धणीं** के हेत। — स्वामी
पुरिजा पुरिजा ह्वै पड़ै, तऊ न छाड़ै खेत।।9।।

(44-1) ख- जो जाही कै मन बसै।
(45-3) ख- पंच पयादा पकड़ि ले।

खेत न छाड़ै सूरिवाँ, झूझै **द्वै दल** माँहि। द्वैत की सेना
आसा जीवन मरण की, मन में आँणे नाहि।।10।।

अब तो झूझ्याँही वणौं, मुढ़ि चाल्या घर दूरि।
सिर साहिब कौ सौंपता, सोच न कीजै सूरि।।11।।

अब तो ऐसी ह्वै पड़ी, **मरनकारु चित** कीन्ह। मररणकाल में, जी लगाया
मरनै कहा डराइये, हाथि स्यँधौरा लीन्ह।।12।।

जिस मरनै थै जग डरै, सो मरे आनंद।
कब मारिहूँ कब देखिहूँ, पूरन परमाँनंद।।13।।

कायर बहुत **पमाँवही**, बहकि न बोलै सूर।। पुँवाना, बढ़ बढ़ बोलना
काँम पड्याँ ही जाँणिहै, किसके मुख परि **नूर**।।14।। तेज

जाइ पूछौ उस घाइलै, दिवस पीड निस जाग।
बाँहणहारा जाणिहै, कै जाँणै **जिस** लाग।।15।। जिस्स

घाइल घूमै **गहि भर्‌या**, राख्या रहे न ओट। घबराया हुआ, गह्नर
जतन कियाँ जावै नहीं, बणीं मरम की चोट।।16।।

ऊँचा विरष अकासि फल, पंषी मूए झूरि।
बहुत सयाँने पचि रहे, फल निरमल परि दूरि।।17।।

दूरि भया तौ का भया, सिर दे **नेड़ा** होइ। निकट
जब लग सिर सौपे नहीं, कारिज सिधि न होइ।।18।।

कबीर यहु घर प्रेम का, खाला का घर नाहिं।
सीस उतारै हाथि करि, सो पैसे घर माँहि।।19।।

कबीर निज घर प्रेम का, मारग अगम अगाध।
सीर उतारि पग तलि धरै, तब निकटि प्रेम का स्वाद।।20।।

प्रेम न खेती नींपजे, प्रेम न हाटि बिकाइ।
राजा परजा जिस रुचै, सिर दे सो ले जाइ।।21।।

सीस काटि पासंग दिया, जीव **सरभरि** लीन्ह। बराबरी में, तौलने के लिए
जाहि भावे सो आइ ल्यौ, प्रेम हाट हँम कीन्ह।।22।।

सूरै सीस उतारिया, छाड़ी तन की आस।
आगै थैं हरि **मुलकिया**, आवत देख्या दास।।23।। पुलकित हुए

---

(14) ख- जाके मुख षटि नूर।
(17) ख- पंथी मूए झूरि।

भगति **दुहेली** राम की, नहिं कायर का काम।	दुष्वार,कठीन
सीस उतारै हाथि करि, सो लेसी हरि नाम।।24।।	
भगति दुहेली राँम की, नहिं जैसि खाड़े की धार।	
जे **डोलै** तो कटि पड़े, नहीं तो उतरै पार।।25।।	विचलित हो
भगति दुहेली राँम की, जैसी अगनि की झाल।	
डाकि पड़े ते ऊबरे, दाधे **कौतिगहार**।।26।।	खेल समझने वाले
कबीर घोड़ा प्रेम का, **चेतनि** चढ़ि असवार।	आत्मा
ग्याँन षड़ग गहि काल **सिरि**, भली मचाई मार।।27।।	के ऊपर
कबीरा हीरा **वणजिया**, महँगे मोल अपार।	वाणिज्य
हाड़ गला माटी गली, सिर **साटै** ब्यौहार।।28।।	बदला, बदले का
जेते तारे रैणि के, तेते बैरी मुझ।	
धड़ सूली सिर उसके कंगुरै, तऊ न बिसारौं तुझ।।29।।	
जो हार्‌या तौ हरि **सवां**, जे जीत्या तो डाव।	यदि
पारब्रह्म कूँ सेवता, जे सिर जाइ त जाव।।30।।	
सिर **माटै** हरि सेविए, छाड़ि जीव की बाँणि।	बदले में देकर
जे सिर दीया हरि मिलै, तब लगि हाँणि न जाणि।।31।।	
टूटी बरत अकास थै, कोई न सकै झड़ झेल।	रस्सी = ज्ञानधारा
साथ सती अरु सूर का, अँणी **ऊपिला** खेल।।32।।	के ऊपर
सती पुकारै **सलि** चढ़ी, सुनी रे मीत मसाँन।	शव, चिता
लोग बटाऊ चलि गए, हम तुझ रहे निदान।।33।।	
सती बिचारी सत किया, काठौं सेज बिछाइ।	
ले सूती पीव आपणा, चहुँ दिसि अगनि लगाइ।।34।।	
सती सूरा तन **साहि करि**, तन मन कीया घाँण।	सहा कर
दिया **महौला*** पीव कूँ, तब **मड़हट** करै बषाँण।।35।।	संसार, रस,
	* बाहर का देखराइए अन्तर जपिए राम।
सती जलन कूँ नीकली, पीव का सुमरि सनेह।	कहा महौला खलक सों परा धनी से काम।।
सबद सुनन जीव निकल्या, भूलि गई सब देह।।36।।	
सती जलन कूँ नीकली, चित धरि **एक उमेख**।	उन्मेष, जगी लालसा
तन मन सौंप्या पीव कूँ, तब **अंतर रही न रेख**।।37।।	रेखा अन्तर की न रही

---

(31) ख- सिर साटै हरि पाइए।

(32) ख- प्रति में इसके आगे यह दोहा है—
ढोल दमामा बाजिया, सबद सुणइ सब कोइ।
जैसल देखि सती भजे, तौ दुहु कुल हासी होइ।।32।।

(37) ख- जलन को नीसरी।

हौं तोहि पूछौं हे सखी, जीवत क्यूँ न मराइ।
मूंवा पीछे सत करै, जीवत क्यूँ न कराइ।।38।।

कबीर प्रगट राम कहि, **छाँनै** राँम न गाइ। — प्रच्छन्न रूप में, गुप्त भाव से नहीं रहता (बाहर दिखाने को ही राम कहता है)
फूस कौ **जोड़ा** दूरि करि, ज्यूँ बहुरि लागै **लाइ**।।39।। — जूरा, पूला, आग

कबीर हरि सबकूँ भजै, हरि कूँ भजै न कोइ।
जब लग आस सरीर की, तब लग दास न होइ।।40।।

आप सुवारथि मेदनी, **भगति सुवारथि दास**। — भक्त्यर्थी
कबीर **राँम-सुवारथी**, जिनि छाड़ी तन की आस।।41।।696।। — रामार्थी

(46) काल कौ अंग

झूठे सुख कौ सुख कहैं, मानत है मन मोद।
खलक चवीणाँ काल का, कुछ मुख मैं कुछ गोद।।1।।

आजकि काल्हिकी निस हमैं, मारगि माल्हंता।
काल सिचाणाँ नर चिड़ा, औझड़ औच्यंताँ।।2।।

काल **सिहाँणै** यों खड़ा, जागि पियारो मियंत। — सिरहाने
रामसनेही बाहिरा तूँ क्यूँ सोवै नचियंत।।3।।

सब जग सूता नींद भरि, संत न आवै नींद।
काल खड़ा सिर उपरै, ज्यूँ **तोरणि** आया **बींद**।।4।। — द्वार पर, द्वार पर दूल्हा आया, दूल्हा (राज.)

आज कहै हरि काल्हि भजौगा, काल्हि कहै फिरि काल्हि।
आज ही काल्हि करंतडाँ, औसर जासि चालि।।5।।

कबीर पल की **सुधि** नहीं, करै काल्हि का साज। — खबर नहीं कि क्या होगा
काल **अच्यंता** झड़पसी, ज्यूँ तीतर को बाज।।6।। — अचानक

कबीर टग टग **चोघताँ**, पल पल गई बिहाइ। — चुंगते हुए
जीव जँजाल न छाड़ई, जम दिया दमामा आइ।।7।।

मैं अकेला ए **दोइ जणाँ**, हे **छेती** नाँहीं **काँइ**। — जरा, मरण, हेती = प्रेमी, छेरी = दूरी (मार.), जरा पहुँची
जे जम आगै ऊबरो, तो **जुरा पहूँती** आइ।।8।।

बारी बारी आपणीं, चेले पियारे म्यंत।
तेरी बारी रे जिया, नेड़ी आवै निंत।।9।।

(46-4) ख- निसह भरि।
(7) ख- प्रति में इसके आगे यह दोहा है—
जूरा कूती, जीवन सभा, काल अहेड़ी बार।
पलक बिना मैं पाकड़ै, गरव्यो कहा गँवार।।8।।

दों की दाधी लाकड़ी, ठाढ़ी करै पुकार।
मति बसि पड़ौं लुहार के, जालै दूजी बार।।10।। फिर जन्म न हो

जो ऊग्या सो आँथवै, फूल्या सो कुमिलाइ।
जो **चिणियाँ** सो ढहि पड़ै, जो आया सो जाइ।।11।। चुना गया, उठाया गया

जो पहर्‌या सो फाटिसी, नाँव धर्‌या सो जाइ।
कबीर सोइ तत्त गहि, जो गुरि दिया बताइ।।12।।

निधड़क बैठा राम बिन, चेतनि करै पुकार।
यहु तन जल का बुदबुदा, बिनसत नाहीं बार।।13।।

पाँणी केरा बुदबुदा, **इसी** हमारी जाति। ईदृशी, ऐसी
एक दिनाँ छिप जाँहिंगे, तारे ज्यूँ परभाति।।14।।

कबीर यहु जग कुछ नहीं, षिन षारा षिन मीठ।
काल्हि जु बैठा **माड़ियां**, आज नसाँणाँ दीठ।।15।। मंडप

कबीर मंदिर आपणै, नित उठि करती **आलि**। आल = श्रृंगार, सजावट
मड़हट देष्याँ डरपती, **चौड़े** दीन्हीं जालि।।16।। मैदान में

मंदिर माँहि भबूकती, दीवा केसी जोति।
हंस बटाऊ चलि गया, काढ़ौ घर की **छोति**।।17।। छूत, घृणित वस्तु

ऊँचा मंदिर धौलहर, माटी चित्री पौलि।।
एक राम के नाँव बिन, जँम **पाड़ैगा रौलि**।।18।। रौंद डालेगा, कुचल डालेगा

---

(9) ख- प्रति में इसके आगे ये दोहे हैं—
मालन आवत देखि करि, कलियाँ करी पुकार।
फूले फूले चुणि लिए, काल्हि हमारी बार।।11।।
बाढ़ी आवत देखि करि, तरवर-डोलन लाग।
हम कटे की कुछ नहीं, पंखेरू घर भाग।।12।।
फाँगुण आवत देखि करि, बन रूना मन माँहि।
ऊँची डाली पात है, दिन दिन पीले थाँहि।।13।।
पात पंडता यों कहै, सुनि तरवर बणराइ।
अब के बिछुड़े ना मिलै, कहि दूर पड़ैगे जाइ।।14।।

(10) ख- प्रति में इसके आगे यह दोहा है—
मेरा बीर लुहारिया, तू जिनि जालै मोहि।
इक दिन ऐसा होइगा, हूँ जालौंगी तोहि।।15।।

(14) ख- एक दिनाँ नटि जाहिगे, ज्यूँ तारा परभाति।
ख- प्रति में इसके आगे यह दोहा है—
कबीर पंच पखेरूवा, राखे पोष लगाइ।
एक जु आया पारधी, ले गयो सबै उड़ाइ।।21।।

(15) ख- काल्हि जु दीठा मैंड़िया।

(16) ख- बैठी करतौं आलि।

कबीर कहा गरबियो, काल गहै कर केस।
नाँ जाँणै कहाँ मारिसी, कै घर कै परदेस।।19।।

कबीर **जंत्र न बाजई**, टूटि गए सब तार। — शरीर नहीं चलता
जंत्र बिचारा क्या करै, चलै **बजावणहार**।।20।। — जीवात्मा

धवणि धवंती रहि गई, बुझि गए **अंगार**। — धौंकनी धौंकती-धौंकती, बन्द हो गई, तेज
अहरणि रह्या ठमूकड़ा, जब उठि चले **लुहार**।।21।। — शरीर, निहाई, आत्मा

पंथी ऊभा पंथ सिरि, बुगचा बाँध्या **पूठि**। — उठा, पीठ पर
मरणाँ मुँह आगै खड़ा, जीवण का सब झूठ।।22।। — मरणोमुख

यहु जिव आया दूर थैं, अजौ भी जासी दूरि।
बिच कै बासै रमि रह्या, काल रह्या **सर पूरि**।।23।। — पूरे सिर पर

---

(18) ख- प्रति में इसके आगे ये दोहे हैं—
काएँ चिणावै मालिया, चुनै माटी लाइ।
मीच सुणैगी पायणी, उधोरा लैली आइ।।26।।
काएँ चिणावै, मालिया, लाँबी भीति उसारि।
घर तौ साढ़ी तीनि हाथ, घणौ तौ पौंणा चारि।।27।।
ऊँचा महल चिणाँइयाँ, सोवन कलसु चढ़ाइ।
ते मंदर खाली पड़्या, रहे मसाणी जाइ।।28।।
(19) ख- प्रति में इसके आगे ये दोहे हैं—
इहर अभागी माँछली, छापरि माँणी आलि।
डाबरड़ा छूटै नहीं, सकै त समंद सभालि।।30।।
मँछी हुआ न छूटिए, झीवर मेरा काल।
जिहिं जिहिं डाबर हूँ फिरौ, तिहिं तिहिं माँडै जाल।।31।।
पाँणी माँहि ला माँछली, सक तौ पाकड़ि तीर।
कड़ी कूद की काल की, आइ पहुँता कीर।।32।।
मंद बिकंता दिखिया झीवर के करवारि।
ऊँखड़िया रत बालियाँ, तुम क्यूँ बँधे जालि।।33।।
पाँणी मँहि घर किया, चेजा किया पतालि।
पासा पड़्या करम का, यूँ हम बीधे जाल।।34।।
सूकण लगा केवड़ा, तूटीं अरहर माल।
पाँणी की कल जाणताँ, गया ज सीचणहार।।35।।
(20) ख- कबीर जंत्र न बाजई।
(21) ख- ठमेकड़ा। उठि गए।
ख- प्रति में इसके आगे यह दोहा है—
कबीर हरणी दूबली, इस हरियालै तालि।
लख अहेड़ी एक जीव, कित एक टालौ भालि।।38।।
(22) ख- प्रति में इसके आगे यह दोहा है—
जिसहि न हरणा इत जागि, सी क्यूँ लौड़े मीत
जैसे पर घर पाहुणा, रंहै उठाए चीत।।40।।

राम कह्या तिनि कहि लिया, जुरा पहूँती आइ।
मंदिर में जब लागै द्वार यै, तब कुछ करुणां न जाइ।।24।। — प्राण शरीर को छोड़ निकलने को जब द्वार पर आ लगा

बिरिया बीती बल गया, **बरन पलट्या और**। — बेला, रंग पलटा
बिगड़ी बात न बाहुणै, **कर छिटक्याँ कत ठौर**।।25।। — कितनी ही ओर हाथ फैलाने या मारने से

बिरिया बीती बल गया, अरू बुरा कमाया।
हरि जिन छाड़ै हाथ थैं, दिन नेड़ा आया।।26।।

कबीर हरि सूँ हेत करि, कूड़ै चित्त न लाव।
बाँध्या बारष टीक कै, तापसु किती एक आव।।27।। — (यों तो) झंडा लिए और तिलक किए

विष के बन मैं घर किया। सरप रहे लपटाइ।
ताथैं जियरे डरै गह्या, जागत रैणि बिहाइ।।28।।

कबीर सब सुख राम है, और दुखाँ की रासि।
सुर नर मुनियर असुर सब, पड़े काल की पासि।।29।।

काची काया, मन अथिर, **थिर थिर** काँम करंत। — स्थिर हो कर, निश्चिंत हो कर
ज्यूँ ज्यूँ नर निधड़क फिरै, त्यूँ त्यूँ काल हसंत।।30।।

रोवणहारे भी मुए, मुए जलाँवणहार।
हा हा करते ते मुए, **कासनि** करौं पुकार।।31।। — (जो) किससे

जिनि **हमें** जाए ते मुए, हम भी चालणहार। — हमें
जे हमको आगै मिलै, तिन भी **बंध्या मार**।।32।।725।। — मोटरी, बाँधी (चलने को)

(47) सजीवनी कौ अंग

जहाँ जुरा मरण ब्यापै नहीं, मुवा न सुणिये कोइ।
चलि कबीर तिहि देसड़ै, जहाँ बैद विधाता होइ।।1।।

---

(25) ख- कर छूटाँ कत ठौर।

(26) ख- प्रति में इसके आगे ये दोहे हैं—
कबीर गाफिर क्या फिरै, सोवै कहा न चीत।
एवड़ माहि तै ले चल्या, भज्या पकड़ि षरीस।।45।।
साँई सू मिसि मछीला, के जा सुमिरै लाहूत।
कबही उझंकै कटिसी, हुँण ज्यों बगमंकाहु।।46।।

(27) ख- कड़वे तन लाव।

(30) ख- प्रति में इसके आगे यह दोहा है—
बेटा जाया तो का भया, कहा बजावै थाल।
आवण जाणा ह्वै रहा ज्यौ कीड़ी का थाल।।51।।

(47-1) ख- जुरा मीच।

कबीर जोगी बिन बस्या, षणि खाये कंद मूल।
नाँ जाणौ किस जड़ी थैं, अमर भए **असथूल**।।2।। — स्थूल शरीरी

कबीर हरि चरणौं में चल्या, माया मोह थैं टूटि।
गगन मंडल आसण किया, काल गया **सिर कूटि**।।3।। — (अपना) अपना सिर पीट कर, निराश होकर

यहु मन पटकि पछाड़ि लै, सब आपा मिटि जाइ।
पंगुल ह्वै पिवपिव करै, पीछै काल न खाइ।।4।।

कबीर मन तीषा किया, बिरह लाइ षरसाँड़।
चित्त चणूँ मैं चुभि रह्या, तहाँ नहीं काल का **पाण**।।5।। — हाथ

तरवर तास बिलंबिए, बारह मास फलंत।
सीतल छाया गहर फल, पंषी केलि करंत।।6।।

दाता तरवर, दया फल, उपगारी जीवंत।
पंषी चले दिसावराँ, **बिरषा** सुफल फलंत।।7।।732।। — वृक्ष

(48) अपारिष कौ अंग

पाइ पदारथ **पेलि करि**, कंकर लीया हाथि। — फेंक कर, ठेल कर
जोड़ी बिछुटी हंस की, पड़्या **बगाँ** के साथि।।1।। — शुद्ध जीवात्मा-परमात्मा की जोड़ी, मायाग्रस्त जीव

एक अचंभा देखिया, हीरा हाटि बिकाइ।
परिषणहारे **बाहिरा**, कौड़ी बदले जाइ।।2।। — बिना

कबीर **गुदड़ी बीषरी**, सौदा गया बिकाइ। — बाजार तितर बितर हो गया
खोटा बाँध्याँ गाँठड़ी, अब कुछ लिया न जाइ।।3।।

पैड़ै मोतीं बिखर्‌या, अंधा निकस्या आइ।
जोति बिनाँ जगदीश की, जगत **उलंघ्या** जाइ।।4।। — लाँघता या छोड़ता जाता है

---

(5) ख- मन तीषा भया।

(48-1) ख- प्रति में इसके पहिले ये दोहे हैं—
चंदन रूख बदस गयो, जण जण कहे पलास।
ज्यौं ज्यौं चूल्है लोंकिए, त्यूँ त्यूँ अधिकी बास।।1।।
हंसड़ो तो महाराण को, उड़ि पड्यो थलियाँह।
बगुलौ करि करि मारियो, सझ न जाँणै त्याँह।।2।।
हंस बगाँ के पाहुँना, कहीं, दसा कै केरि।
बगुला कांई गरबियाँ, बैठा पाँख पषेरि।।3।।
बगुला हंस मनाइ लै, नेड़ों थकाँ बहोड़ि।
त्याँह बैठा तूँ उजला, त्यों हंस्यौ प्रीति न तोड़ि।।4।।
ख- चल्याँ बगाँ के साथि।

कबीर यहु जग अंधला, जैसी अंधी गाइ।
बछा था सो मरि गया, ऊभी चाँम **चटाइ**।।5।।737।। खड़ी खड़ी चमड़ा चाटती है, बछड़े के मरने पर ग्वाले उसके चमड़े में भुस भरकर खड़ा करते हैं, दूध के लिए

(49) पारिष कौ अंग

जब गुण कूँ गाहक मिलै, तब गुण लाख पर बिकाइ।
जब गुण कौ गाहक नहीं, तब कौड़ी बदले जाइ।।1।।

कबीर लहरि समंद की मोती बिखरे आइ।
बगुला **मंझन** जाँणई, हंस जुणे चुणि खाइ।।2।। माझा, फेन

हरि हीरा, **जन** जौहरी, ले ले माँडिय हाटि। दास, भक्त
जबरि मिलैगा पारिषु, तब हीराँ की **साँटि**।।3।।740।। सौदा होगा

(50) उपजणि कौ अंग

नाव न जाणै गाँव का, मारगि लागा जाँउँ।
काल्हि जु **काटाँ भाँजिसी**, पहिली क्यों न **खड़ाउँ**।।1।। काट कर फेंकेगा, कट जाऊँ

सीप भई संसार थैं, चले जु साँई पास। विदा, विदाई (राज.)
अबिनासी मोहिं ले चल्या, पुरई मेरी आस।।2।।

इंद्रलोक अचरिज भया, ब्रह्मा पड्या बिचार में।
कबीर चाल्या राम पै, **कौतिगहार** अपार।।3।। दर्शक

ऊँचा चढ़ि असमान कू, **मेरु** ऊलंघे ऊड़ि। मेरु या झील, मेह के आगे उमड़कर
पसू पंषेरू जीव जंत, सब रहे मेर में बूड़ि।।4।।

सद पाँणी पाताल का, काढ़ि कबीरा पीव। ताजा
बासी **पावस** पड़ि मुए, बिषै बिलंबे जीव।।5।। खीर

(49-1) ख- प्रति में इसके आगे यह दोहा है—
कबीर मनमना तौलिए, सबदाँ मोल न तोल।
गौहर परषण जाँणहीं, आपा खोवै बोल।।7।।

(49-3) ख- प्रति में इसके आगे ये दोहे हैं—
कबीर सपनही साजन मिले, नइ नइ करै जुहार।
बोल्याँ पीछे जांणिए, जो जाको ब्योहार।।4।।
मेरी बोली पूरबी, ताइ न चीन्है कोइ।
मेरी बोली सो लखै, जो पूरब को होइ।।5।।

(50-3) ख- ब्रह्मा भया विचार।
(4) ख- ऊँचा चाल।
(5) ख- प्रति में इसके आगे यह दोहा है—
कबीर हरिका डर्पतां, ऊन्हाँ धान न खाँउँ।
हिरदय भीतर हरि बसै, ताथै खरा डराउँ।।7।।

कबीर सुपिनै हरि मिल्या, सूताँ लिया जगाइ।
आषि न मीचौं यह डरपता, मति **सुपिनाँ** ह्वै जाइ।।6।। — स्वप्नवत, अलभ्य

गोब्यंद कै गुण बहुत है, लिखे जु हरदै माँहि।
डरता, **पाँणी ना पिऊँ**, मति वे धोये जाँहि।।7।। — और बातों को भीतर नहीं जाने देता

कबीर अब तौ ऐसा भया, **निरमोलिक** निज नाउँ। — अमूल्य
पहली काच **कथीर** था, फिरता ठाँव ठाँवै ठाउँ।।8।। — कस्तीर जस्ता

भौ समंद विष जल भर्‌या, मन नहीं बाँधै धीर।
सबल सनेही हरि मिले, तब उतरे पारि कबीर।।9।।

भला **सुहेला** ऊतरयर, पूरा मेरा भाग। — सहज में
राँम नाँव नौका गह्या, तब पाँणी पंक न लाग।।10।।

कबीर केसौ की दया, संसा **घाल्या खोइ**। — मिटा डाला
जे दिन गए भगति बिन, ते दिन **सालै** मोहि।।11।। — पछतावा

कबीर जाचण जाइया, आगै मिल्या **अजंच**। — अयाची, अयाच्य करने वाला
ले चाल्या घर आपणै, भारी खाया **संच**।।12।। — संचित पूँजी

(51) दया निरबैरता कौ अंग

कबीर दरिया प्रजल्या, दाझै जल थल झोल।
बस **नाँही** गोपाल सौ, बिनसै रतन अमोल।।1।।

जिन रिपु आरि सुरारि-तारि तेइ सीस उघारि दिवाई धाहैं -तुलसी

ऊँनमिबि आई बादली, बर्सण लगे अँगार।
उठि कबीरा **धाह** थे, दाझत है संसार।।2।।

झुक आई, गिर पड़ी, झुक कर आई = झुक आई, माया की बदली घिर आई अनेक प्रकार के ताप बरसने लगे। ईर्ष्या, द्वेष से दुनिया जल रही है।

दाध बली ता सब दुखी, सुखी न देखौ कोइ।
जहाँ कबीरा पग धरै, तहाँ टुक धीरज होइ।।3।।755।।

कबीर जहाँ पर पैर रखते है वहाँ की आग बुझ जाती है, दया और मैत्री के भाव के प्रभाव से

(52) सुदरि कौ अंग

कबीर सुंदरि यों कहै, सुणि हो कंत सुजाँण। — माधुर्य भाव का रूपक
बेगि मिलौ तुम आइ करि, नहींतर तजौं पराँण।।1।।

कबीर जाकी सुंदरी, **जांणि करै विभचार**। — और देवी देवताओं की आराधना करे
ताहि न कबहूँ आदरै, प्रेम पुरिष भरतार।।2।।

---

(11) ख- संता मेल्हा।

(52-2) ख- प्रति में इसके आगे यह दोहा है—
दाध बली तो सब दुखी, सुखी न दीसै कोइ।
को पुत्रा को बंधवाँ, को धणहीना होइ।।3।।

जे सुंदरि साँई भजै, तजै आन की आस।
ताहि न कबहूँ परहरै, पलक न छाड़ै पास।।3।।

इस मन को **मैदा करौ, नान्हाँ करि करि पीसि।** — अत्यन्त सूक्ष्म कर दे,
तब सुख पावै सुंदरी, **ब्रह्म झलकै सीस**।।4।। — भौतिक स्थूलता हटा दे

हरिया पारि हिंडोलना, **मेल्या** कंत मचाइ। — मेला, उत्सव
सोई नारि सुलषणी, नित प्रति झूलण जाइ।।5।।760।।

(53) कस्तूरियाँ मृग कौ अंग

कस्तूरी **कुंडलि** बसै, मृग ढूंढै बन माँहि। — नाभि-कुंडली
ऐसै घटि घटि राँम हैं, दुनियाँ देखै नाँहि।।1।।

कोई एक देखै संत जन, जाँके पाँचूँ **हाथि**। — हाथ में, वश में हैं इन्द्रियाँ
जाके पाँचूँ बस नहीं, ता हरि संग न साथि।।2।।

सो साँई तन में बसै, भ्रम्यों न जाणै तास।
कस्तूरी के मृग ज्यूँ फिरि फिरि सूँघै घास।।3।।

कबीर, खोजी राम का, गया **जु सिंघल दीप**। — related to the belief of हठयोगी that सिंहल is a सिद्ध पीठ
राम तौ घट भीतर रमि रह्या, जो आवै परतीत।।4।।

घटि **बधि** कहीं न देखिए, ब्रह्म रह्या भरपूरि।
जिनि जान्या तिनि निकष्टि है, दूरि कहैं थे दूरि।।5।। — बढ़

मैं जाण्याँ हरि दूरि है, हरि रह्या सकल भरपूरि।
आप पिछाँणै बाहिरा, नेड़ा ही थैं दूरि।।6।। — आत्मज्ञान से बाह्यविहीन

तिण कै ओल्है राम है, परबत **मेहैं भाइ**। — तृण की ओट में, मेरे लेखे
सतगुर मिलि परचा भया, तब हरि पाया घट माँहि।।7।। — सगुन-सुमैरु प्रगट देखियत, तेहि तन की ओट दुरावै। -सूर

note-how Sur (सूर) resonates the idea.

(52-3) ख- प्रति में इसके आगे ये दोहे हैं—
हूँ रोऊँ संसार कौ, मुझे न रोवै कोइ।
मुझको सोई रोइसी, जे राम सनेही होइ।।5।।
मूरो कौ का रोइए, जो अपणै घर जाइ।
रोइए बंदीवान को, जो हाटै हाट बिकाइ।।6।।
बाग बिछिटे मिग्र लौ, ति हि जि मारै कोइ।
आपै हौ मरि जाइसी, डावाँ डोला होइ।।7।।

(53-6) ख- प्रति में इसके आगे यह दोहा है—
कबीर बहुत दिवस भटकट रह्या, मन में विषै विसाम।
ढूँढत ढूँढत जग फिर्‌या, तिणकै ओल्है राँम।।7।।

राँम नाँम तिहूँ लोक मैं, सकलहु रह्या भरपूरि।
यह चतुराई जाहु जलि, खोजत डोलैं दूरि।।8।।

ज्यूँ नैनूँ मैं **पूतली**, त्यूँ खालिक घट माँहि। — द्रष्टा रूप में
मूरखि लोग न जाँणहिं, बाहरि ढूँढण जाँहि।।9।।769।।

(54) निंद्या कौ अंग

लोगे विचारा नींदई, जिन्ह न पाया ग्याँन।
राँम नाँव राता रहै, तिनहुँ न भावै आँन।।1।।

दोख पराये देखि करि, चल्या हसंत हसंत। — मन में प्रसन्न हैं कि हम निर्दोष हैं
अपने च्यँति न आवई, जिनकी आदि न अंत।।2।। — अपना दोष ध्यान में नहीं आता

निंदक नेड़ा राखिये, आँगणि कुटि बँधाइ।
बिन साबण पाँणी बिना निरमल करै सुभाइ।।3।।

न्यंदक दूरि न कीजिये, दीजै आदर माँन।
निरमल तन मन सब करै, बकि बकि **आँनहिं आँन**।।4।। — अनाप शनाप

जे को नींदे साथ कूँ, संकटि आवै सोइ।
नरक माँहि **जाँमैं** मरैं, मुकति न कबहूँ होइ।।5।। — जनमता है

कबीर घास न नींदिये, जो पाऊँ तलि होइ।
उड़ि **पड़ै जब आँखि** में, खरा दुहेली होइ।।6।। — तिनका होकर

आपन यौं न सराहिए, और न कहिए रंक।
नाँ जाँणौं किस ब्रिष तलि, **कूड़ा** होइ **करंक**।।7।। — न जाने मन के किस कोने मे कलंक भरा हो, इकटठा हो, ढेर लगा हो, कलंक

कबीर आप ठगाइये, और न ठगिये कोइ।
आप ठग्याँ सुख ऊपजै, और ठग्याँ दुख होइ।।8।।

अब कै जे साँई मिलैं, तौ सब दुख **आपौ** रोइ। — कहूँ
चरनूँ ऊपर सीस धरि, कहूँ ज कहणाँ होइ।।9।।778।।

---

(8) ख- प्रति में इसके आगे यह दोहा है—
हरि दरियाँ सूभर भरिया, दरिया वार न पार।
खालिक बिन खाली नहीं, जेंवा सूई संचार।।10।।

(54-1) ख- प्रति में इसके आगे यह दोहा है—
निंदक तौ नाँकी, बिना, सोहै नकटयाँ माँहि।
साधू सिरजनहार के, तिनमैं सोहै नाँहि।।2।।

(6) ख- दूसरी पंक्ति।
नरक माँहि जामैं मरै, मुकति न कबहूँ होइ।

(7) आपण यौ न सराहिये, पर निंदिए न कोइ।
अजहूँ लांबा ग्चोहड़ा, ना जाणौ क्या होइ।।8।।

(9) ख- प्रति में यह दोहा नहीं है।

(55) निगुणाँ कौ अंग

हरिया जाँणै रूषड़ा, उस पाँणीं का नेह।	(हरित) हरे
सूका काठ न जाणई, कबहू **बूठा मेह**।।1।।	उठा हुआ मेघ
झिरिमिरि झिरिमिरि बरषिया, पाँहण ऊपरि मेह।	
माटी गलि **सैंजल** भई, पाँहण वोही **तेह**।।2।।	सहजल = गीली, त्यों = त्तरह
पार ब्रह्म बूठा, **मोतियाँ, बाँधी सिषराँह**।	मोती बाँधा शिखर पर
सगुराँ सगुराँ चुणि लिया, चूक पड़ी **निगुराँह**।।3।।	गुरुयुक्त, बिना गुरु वाले से
कबीर हरि रस बरषिया, गिर डूँगर सिषराँह।	
नीर **मिबाणाँ** ठाहरै, **ना ऊँछा परड़ाँह**।।4।।	ढलुवे फैलाव पर नहीं (परिगााह = विस्तार)
कबीर **मूँडठ करमिया**, नव सिष पाषर **ज्याँह**।	मूढ़ कर्ममार्गी, जिस पर
बाँहणहारा क्या करै, बाँण न लागै त्याँह।।5।।	
कहत सुनत सब दिन गए, उरझि न सुरझ्या मन।	
कहि कबीर चेत्या नहीं, **अजहूँ सु** पहला दिन।।6।।	अब से भी
कहि कबीर कठोर **कै**, सबद न लागै सार।	को
सुध बुध कै हिरदै भिदै, उपजि विवेक विचार।।7।।	शुद्ध बुद्धि वाले को
माह सीतलता के कारणै, माग बिलंबे आइ।	
रोम रोम बिष भरि रह्या, अमृत कहा समाइ।।8।।	
सरपहि दूध पिलाइये, दूधैं विष ह्वै जाइ।	
ऐसा कोई नाँ मिले, स्यूँ सरपैं विष खाइ।।9।।	
जालौ इहै बड़पणाँ, **सरलै** पेड़ि खजूरि।	सीधा
पंखी छाँह न **बीसवै**, फल लागे तो दूरि।।10।।	विश्राम लेते हैं (विभ्रमत है बेर बिसवना)
ऊँचा कूल के कारणै, **बंस बध्या अधिकार**।	बहुत ऊँचा बढ़ा अधिकार = अधिक दावाग्नि में
चंदन बास भेदै नहीं, **जाल्या** सब परिवार।।11।।	
कबीर चंदन के निड़ै, नींव भि चंदन होइ।	
बूड़ा बंस बड़ाइताँ, यौं जिनि बूड़ै कोइ।।12।।	बाँस अपनी बड़ाई में ही डूबा रहा

(55-6) ख- प्रति में यह दोहा नहीं है।

(7) ख- प्रति में इसके आगे ये दोहे हैं—
बेकाँमी को सर जिनि बाहै, साठी खोवै मूल गँवावे।
दास कबीर ताहि को बाहैं, गलि सनाह सनमुखसरसाहै।।8।।
पसुआ सौ पानी पड़ो, रहि रहि याम खीजि।
ऊसर बाह्यौ न ऊगसी, भावै दूणाँ बीज।।9।।

(56) बीनती कौ अंग

कबीर साँई तो मिलहगे, पूछिहिगे कुसलात।
आदि अंति की कहूँगा, उर अंतर की बात।।1।।

कबीर भूलि बिगाड़िया, तूँ नाँ करि मैला चित।
साहिब **गरवा लोड़िये**, नफर बिगाड़ै नित।।2।। — प्रेम कीजिए, चाहिए, लोड = जरूरत चाह (पंजाबी), नौकर चाकर और दूसरे मालिकों को बिगाड़ देते हैं

करता करै बहुत गुण, औगुँण कोई नाहिं।
जे दिल खाजौ आपणीं, तो सब औगुण मुझ माँहि।।3।।

औसर बीता अलपतन, पीव रह्या परदेस।
कलंक उतारी **केसवाँ**, **भाँना** भरँम अंदेस।।4।। — हे केशव, तोडूँ

कबीर करत है बीनती, भौसागर **के ताँई**। — को = के बीच
बंदे ऊपरि **जोर** होत है, जँम कूँ बरिज गुसाँई।।5।। — जुल्म

हज काबै ह्वै ह्वै गया, केती बार कबीर।
मीराँ मुझ मैं क्या खता, मुखाँ न बोलै **पीर**।।6।। — हे मीर

ज्यूँ मन मेरा तुझ सों, यौं **जे** तेरा होइ। — यदि
ताता लोबा यौं मिले, संधि न लखई कोइ।।7।।797।।

(57) साषीभूत कौ अंग

कबीर पूछै राँम कूँ, हे सकल भुवनपति राइ।
सबही करि अलगा रहौ, सो विधि हमहिं बताइ।।1।।

जिहि बरियाँ साईं मिलै, **तास** न जाँणै और। — उसे
सब कूँ सुख दे सबद करि, अपणीं अपणीं ठौर।।2।।

कबीर मन का **बाहुला**, **ऊँचा** बहै **असोस**। — प्रवाह, बहाव, न सूखने वाला, उमड़ा हुआ
देखत हीं दह मैं पड़े, दई किसा कौं दोस।।3।।800।।

(58) बेलि कौ अंग

अब तौ ऐसी ह्वै पड़ी, नाँ तूँबड़ी न बेलि।
जालण आँणीं लाकड़ी, ऊठी **कूँपल मेल्हि**।।1।। — कोंपल छोड़ कर

(56-1) ख- प्रति में यह दोहा नहीं है।
(56-3) ख- प्रति में इसके आगे यह दोहा है—
बरियाँ बीती बल गया, अरु बुरा कमाया।
हरि जिनि छाड़ै हाथ थैं, दिन नेड़ा आया।।3।।
(5) ख- कबीरा विचारा करै बिनती।

आगै आगै दौं जलैं, पीछै हरिया होइ।
बलिहारी ता विरष की, जड़ काट्याँ फल होइ।।2।।

जे काटौ तो डहडही, सींचौं तौ कुमिलाइ।
इस गुणवंती बेलि का, कुछ गुँण कह्याँ न जाइ।।3।।

आँगणि बेलि अकासि फल, अणब्यावर का दूध।
ससा सींग की **धूनहड़ी**, रमै बाँझ का पूत।।4।।

*कबीर कड़ई बेलड़ी, कड़वा ही फल होइ।
साँध नाँव तब पाइए, जे बेलि बिछोहा होइ।।5।।

सींध भइ तब का भया, चहूँ दिसि फूटी बास।
अजहूँ बीज अंकूर है, **भी** ऊगण की आस।।6।।806।।

संसार-वृक्ष विलक्षण है। आगे आगे प्राणी मरते जाते है, पीछे पीछे पैदा होते जाते है फल या सिद्धि इस निर्मूल कार्य से ही प्राप्त होती है।
संसार या माया विषयों के पीछे हैरान रहने पर नहीं मिलते पर विरक्त के आगे खड़े रहते हैं। कर्मकांड माया है, स्वर्ग में जाकर उसका फल मिलना भी दुराशा है। असत्य ही उस सत्य में रहेगा। सब धोखा है।

*कचरी (पेहंटा) का फल कच्चा बहुत कडुआ होता है, जब पकने पर बेल से अलग होकर वह सुखाया जाता है तभी सीध कहलाता है और सोंधा होता है। सीध (लेब से सिद्ध) होने पर भी बीज रहने के कारण फिर जमने की समानता रहती है। इस प्रकार सिद्ध हो जाने पर भी वासना या संस्कार के कारण जन्म की समानता रहती है।
धूनी
कचरी, सिद्धि (सं. सेतु = पेहरा)

(59) अबिहड़ कौ अंग

कबीर साथी सो किया, जाके सुख दुख नहीं कोइ।
हिलि मिलि ह्वै करि खेलिस्यूँ कदे बिछोह न होइ।।1।।

कबीर सिरजनहार बिन, मेरा हितू न कोइ।
गुण में औगुण में **बिहड़ै** नहीं, स्वारथ बंधी लोइ।।2।।

आदि मधि अरू अंत लौं, अबिहड़ सदा अभंग।
कबीर उस करता की, सेवग तजै न संग।।3।।809।।

अलग नहीं होता है, स्वार्थी गुण अवगुण का ठीक विभेद नहीं कर सकते।

(58-2) ख- दौं बलै।
(6) ख- प्रति में इसके आगे यह दोहा है—
सिंधि जू सहजै फुकि गई, आगि लगी बन माँहि।
बीज बास दून्यँ जले, ऊगण कौं कुछ नाँहि।।7।।

(2) पद

(राग गौड़ी)

दुलहनी गावहु मंगलचार, हम घरि आए हो राजा राम भरतार।।टेक।। ज्ञान, वैराग्य, विवेक
तन रत करि मैं मन रत करिहूँ, **पंचतत्त** बराती।
रामदेव मोरैं पाँहुनैं आये मैं जोबन मैं माती।।
सरीर सरोवर बेदी करिहूँ, ब्रह्मा वेद उचार।
रामदेव सँगि भाँवरी लैहूँ, धंनि धंनि भाग हमार।।
सुर तेतीसूँ कौतिग आये, मुनिवर सहस अठ्यासी।
कहै कबीर हँम ब्याहि चले हैं, पुरिष एक अबिनासी।। 1 ।।

बहुत दिनन थैं मैं प्रीतम पाये, भाग बड़े घरि बैठे आये।।टेक।।
मंगलाचार माँहि मन राखौं, राम रसाँइण रमना चाषौं।
मंदिर माँहि भयो उजियारा, ले सुतो अपना पीव पियारा।।
मैं रनि राती जे निधि पाई, हमहिं कहाँ यह तुमहि बड़ाई।
कहै कबीर मैं कछु न कीन्हा सखी सुहाग मोहि दीन्हा।। 2 ।।

अब तोहि जान न देहुँ राम पियारे, ज्यूँ भावै त्यूँ होहु हमारे।।टेक।।
बहुत दिनन के बिछुरे हरि पाये, भाग बड़े घरि बैठे आये।।
चरननि लागि करौं बरियायी, प्रेम प्रीति राखौं उरझाई।
इत मन मंदिर **रहौ** नित चौषै, कहै कबीर **करहु** मति घोषैं।। 3 ।। रहे, पूरे

मन के मोहन **बिठुला**, यह मन लागौ तोहि रे। बिटठल
चरन कँवल मन मानियाँ, और न भावै मोहि रे।।टेक।।
षट दल कँवल निवासिया, **चहु** कौंइ फेरि मिलाइ रे। चाहता हूँ
चहुँ के बीचि समाधियाँ, तहाँ काल न पासैं आइ रे।।
अष्ट कवँल दल भीतरा, तहाँ श्रीरंग केलि कराइ रे।
सतगुर मिलै तौ पाइए, नहीं तौ जन्म अक्यारथ जाइ रे।।
कदली कुसुम दल भीतराँ, तहाँ दस आँगुल का बीच रे।
तहाँ **दुवारस** खोजि ले, जहाँ जनम होत नहीं मीच रे।।

बंक नालि के अंतरै, **पछिम दिसाँ** की बाट रे। पीछे मेरुदंड से होती हुई
नीझर झरै रस पीजिये, तहाँ भँवर गुफा के घाट रे।।
त्रिवेणी मनाइ न्हवाइए सुरति मिलै जो हाथि रे।
तहाँ न फिरि मग जोइए सनकादिक मिलिहै साथि रे।।
गगन गरिज मग जोइये, तहाँ दीसै **तार** अनंत रे। तारे
बिजुरी चमकि घन बरषिहै, तहाँ भीजत हैं सब संत रे।।
षोडस कँवल जब चेतिया, तब मिलि गये श्री बनवारि रे।
जुरामरण भ्रम भाजिया, पुनरपि जनम निवारि रे।।
गुर गमि तैं पाइए झषि सरे जिनि कोइ रे।
तहीं कबीरा रमि रह्या सहज समाधी सोइ रे।। 4 ।।

गोकल नाइक बीठुला, मेरौ मन लागौ तोहि रे।
बहुतक दिन बिछुरै भये, तेरी औसेरि आवै मोहि रे।।टेक।।
करम कोटि कौ ग्रेह रच्यो रे, नेह कये की आस रे।।
आपहिं आप बँधाइया, द्वै लोचन मरहिं पियास रे।।
आपा पर संमि चीन्हिये, दीसैं सरब सँमान।
इहि पद नरहरि भेटिये, तूँ छाड़ि कपट अभिमान रे।।
नाँ कलहूँ चलि जाइये नाँ सिर लीजै भार।
रसनाँ रसहिं बिचारिये, सारँग श्रीरँग धार रे।।
साधै सिधि ऐसी पाइये, किंवा होइ महोइ।
जे दिठ ग्यान न ऊपजै, तौ आहुटि रहै जिनि कोइ रे।।
एक जुगति एकै मिलैं किंबा जोग कि भोग।
इन दून्यूँ फल पाइये, राम नाँम सिधि जोग रे।।
प्रेम भगति ऐसी कीजिये, मुखि अंमृत अरिषै चंद रे।
आपही आप बिचारिये, तब कंता होइ अनंद रे।।
तुम्ह जिनि जानौं गीत है, यहू निज ब्रह्म विचार।
केवल कहि समझाइया, आतम साधन सार रे।
चरम कँवल चित लाइये, राम नाम गुन गाइ।।
कहै कबीर मंसा नहीं, भगति मुकति गति पाइ रे।। 5 ।।

---

(4) ख- जन्म अमोलिक।
(5) ख- प्रति में इसके आगे यह पद है—
अब मैं राम सकल सिधि पाई, आन कहूँ तौ राम दुहाई।।टेक।।
इहि विधि बसि सबै रस दीठा, राम नाम सा और न मीठा।
और रस ह्वै कफगाता, हरिरस अधिक अधिक सुखराता।।
दूजा बणज नहीं कछु वाषर, राम नाम दोऊ तत आषर।
कहै कबीर हरिष भोगी, ताकौं मिल्या निरंजन जोगी।।6।।

अब मैं पाइबो रे पाइबो ब्रह्म गियान,

सहज समाधें सुख में रहिबो, कोटि कलप विश्राम।।टेक।।

गुर कृपाल कृपा जब कीन्हौं, हिरदै कँवल बिगासा।
भाग भ्रम दसौं दिस सुझ्या, परम जोति प्रकासा।।
मृतक उठ्या धनक कर लीयै, काल अहेड़ी भाषा।
उदय सूर निस किया पयाँनाँ, सोवत थैं जब जागा।।
अविगत अकल अनुपम देख्या, कहताँ कह्या न जाई।
सैन करै मन हो मर रहसैं, गूँगै जाँनि मिठाई।।
पहुप बिनाँ एक तरवर फलिया, बिन कर तूर बजाया।
नारी बिना नीर घट भरिया, सहज रूप सो पाया।।
देखत काँच भया तन कंचन, बिना बानी मन माँनाँ।
उड़्या बिहंगम खोज न पाया, ज्यूँ जल जलहिं समाँनाँ।।
पूज्या देव बहुरि नहीं पूजौं, न्हाये उदिक न नाउँ।
आपे मैं तब आया निरष्या, अपन पै आपा सूझ्या।
आपै कहत सुनत पुनि अपनाँ, अपन पै आपा बूझ्या।।
अपनै परचै लागी **तारी**, अपन पै आप समाँनाँ। पुतली का तारा
कहै कबीर जे आप बिचारै, मिटि गया आवन जाँना।।6।।

नरहरि सहजै ही जिनि जाना।

गत फल फूल **तत तर** पलव, अंकूर बीज नसाँनाँ।।टेक।। तनमात्र

प्रकट प्रकास ग्यान गुर गमि थैं, ब्रह्म अगनि प्रजारी।
ससि हरि सूर दूर दूरंतर, लागी जोग जुग तारी।।
उलटे पवन **चक्र षट** बेधा, मेर डंड सर पूरा। स्वाधिष्ठान, मरिगपुर, अनाहत, निशुद्ध, अग्नि, मेरुशिखर
गगन गरजि मन सुंनि समाना, बाजे अनहद तूरा।।
सुमीत सरीर कबीर बिचारी, त्रिकुटी संगम स्वामी।
पद आनंद काल थैं छूटै, सुख मैं सुरति समाँनी।।7।।

मन रे मन ही उलटि समाँना।

गुर प्रसादि अकलि भई तोकौं नहीं तर था बेगाँना।।टेक।।

नेड़ै थे दूरि दूर थैं नियरा, जिनि जैसा करि जाना।
औ **लौ ठीका** चढ़्या **बलीडै**, जिनि पीया तिनि माना।। छाजन की बँड़ेर, कृति, सहारा
उलटे पवन चक्र षट बेधा, सुन सुरति लै लागी।
अमर न मरै, मरै नहीं जीवै, ताहि खोजि बैरागी।।
अनभै कथा कवन सी कहिये, है कोई चतुर बिबेकी।
कहै कबीर गुर दिया पलीता, सौ झल बिरलै देखी।।8।।

इति तत राम जपहु रे प्राँनी, बुझौ अकथ कहाँणी।
हीर का भाव होइ जा ऊपरि जाग्रत रैनि बिहानी।।टेक।।
डाँइन डारै, सुनहाँ डोरै स्यंध रहै बन घेरै।
पंच कुटुंब मिलि झुझन लागे, बाजत सबद **सँघेरै**।। सिंघा, नरसिंघा
रोहै मृग ससा बन घेरे, पारधी बाँण न मेलै।
सायर जलै सकल बन दाझै, **मंछ** अहेरा खेलै।। मत्स्य
सोई पंडित सो तत ज्ञाता, जो इहि पदहि बिचारै।
कहै कबीर सोइ गुर मेरा, आप तीरै मोहि तारै।।9।।

अवधू ग्यान लहरि धुनि मीडि रे।
सबद अतीत अनाहद राता, इहि विधि त्रिष्णाँ षाँडी।।टेक।।
बन कै संसै समंद पर कीया मंछा बसै पहाड़ी।
सुई पीवै ब्राँह्मण मतवाला, फल लागा बिन बाड़ी।।
षाड बुणैं कोली मैं बैठी, मैं खूँटा मैं गाढ़ी।
ताँणै वाणे पड़ी अनँवासी, सूत कहै बुणि गाढ़।।
कहै कबीर सुनहु रे संतौ, अगम ग्यान पद माँही।
गुरु प्रसाद सुई कै नांकै, हस्ती आवै जाँही।।10।।

एक अचंभा देखा रे भाई, ठाढ़ा सिंध चरावै गाई।।टेक।।
पहले पूत पीछे भइ माँई, चेला कै गुरु लागै पाई।
जल की मछली तरवर ब्याई, पकरि बिलाई मुरगै खाई।।
बैलहि डारि गूँनि घरि आई, कुत्ता कूँ लै गई बिलाई।।
तलिकर साषा ऊपरि करि मूल बहुत भाँति जड़ लागे फूल।
कहै कबीर या पद को बूझै, ताँकूँ तीन्यूँ त्रिभुवन सूझै।।11।।

हरि के षारे बड़े पकाये, जिनि जारे तिनि पाये।
ग्यान अचेत फिरै नर लोई, ता जनमि जनमि डहकाए।।टेक।।
धौल मँदलिया बैल रबाबी, बऊवा ताल बजावै।
पहरि चोलना आदम नाचै, भैसाँ निरति कहावै।।
स्यंध बैठा पान कतरै, घूँस गिलौरा लावै।
उँदरी बपुरी मंगल गावै, कछु एक आनंद सुनावै।।
कहै कबीर सुनहु रे संतौ, गडरी परबत खावा।
चकवा बैसि अँगारे निगले, समंद अकासा धावा।।12।।

चरखा जिनि जरे।
कतौंगी हजरी का सूत नणद के भइया की सौं।।टेक।।
जलि जाई थलि ऊपजी, आई नगर मैं आप।
एक अचंभा देखिया, बिटिया जायौ बाप।।

बाबल मेरा ब्याह करि, बर उत्यम ले चाहि।
जब लाग बर पावै नहीं, तब लग तूँ ही ब्याहि।।
सुबधी कै घरि लुबधी आयो, आन बहू कै भाइ।
चूल्हे अगनि बताइ करि, फल सौ दीयो ठठाइ।।
सब जगही मर जाइयाँ, एक बड़इया जिनि मरै।
सब राँडनि कौ साथ चरषा को धारै।।
कहै कबीर सो पंडित ज्ञाता जो या पदही बिचारै।
पहलै परच गुर मिलै तौ पीछैं सतगुर तारे।।13।।

अब मोहि ले चलि नणद के बीर, अपनै देसा।
इन पंचनि मिलि लूटी हूँ, कुसंग आहि बदेसा।।टेक।।
गंग तीर मोरी खेती बारी, जमुन तीर खरिहानाँ।
सातौं बिरही मेरे निपजै, पंचूँ मोर किसानाँ।।
कहै कबीर यह अकथ कथा है, कहताँ कही न जाई।
सहज भाइ जिहिं ऊपजै, ते रमि रहै समाई।।14।।

अब हम सकल कुसल करि माँनाँ,
स्वाँति भई तब गोब्यंद जाँनाँ।।टेक।।
तन मैं होती कोटि उपाधि, भई सुख सहज समाधि।।
जम थैं उलटि भये हैं राम, दुःख सुख किया विश्राँम।।
बैरी उलटि भये हैं मीता साषत उलटि सजन भये चीता।।
आपा जानि उलटि ले आप, तौ नहीं ब्यापै तीन्यूँ ताप।।
अब मन उलटि सनातन हूवा, तब हम जाँनाँ जीवन मूवा।।
कहै कबीर सुख सहज समाऊँ, आप न डरौं न और डराऊँ।।15।।

संतौ भाई आई ग्यान की आँधी रे।
भ्रम की टाटी सबै उडाँणी, माया रहै न बाँधी।।टेक।।
हिति चित की द्वै थूँनी गिराँनी, मोह बलिंडा तूटा।
त्रिस्नाँ छाँनि परि घर ऊपरि, कुबधि का भाँडाँ फूटा।।
जोग जुगति करि संतौं बाँधी, निरचू चुवै न पाँणी।
कूड़ कपट काया का निकस्या हरि की गति जब जाँणी।।
आँधी पीछै जो जल बूठा, प्रेम हरि जन भींनाँ।
कहै कबीर माँन के प्रगटे उदित भया तम षींनाँ।।16।।

ब घटि प्रगट भये राम राई, साधि सरीर कनक की नाई।।टेक।।
कनक कसौटी जैसे कसि लेइ सुनारा, सोधि सरीर भयो तन सारा।।
उपजत उपजत बहुत उपाई, मन थिर भयो तबै तिथि पाई।।

बाहरि षोजत गँवाया, उनमनीं ध्यान घट भीतरि पाया।
बिन परचै तन काँच कबीरा, परचैं कंचन भया कबीरा।।17।।

हिंडोलनाँ तहाँ झूलैं आतम राम।
प्रेम भगति हिंडोलना, सब संतन कौ विश्राम।।टेक।।
चंद सूर दोइ खंभवा, बंक नालि की डोरि।
झूलें पंच पियारियाँ, तहाँ झूलै जीय मोर।।
द्वादस गम के अंतरा, तहाँ अमृत कौ ग्रास।
जिनि यह अमृत चाषिया, सो ठाकुर हम दास।।
सहज सुँनि कौ नेहरौ गगन मंडल सिरिमौर।
दोऊ कुल हम आगरी, जो हम झूलै हिंडोल।।
अरध उरध की गंगा जमुना, मूल कवल कौ घाट।
षट चक्र की गागरी, त्रिवेणीं संगम बाट।
नाद ब्यंद की नावरी, राम नाम कनिहार।
कहै कबीर गुण गाइ ले, गुर गँमि उतरौ पार।।18।।

कौ बीनैं प्रेम लागी री माइ कौ बीन।
राम रसाइण मातेरी, माई को बीनैं।।टेक।।
पाई पाई तूँ पुतिहाई, पाई की तुरियाँ बेचि खाई री, मारी कौ बीनैं।।
ऐसैं पाईपर बिथुराई, त्यूँ रस आनि बनायौ री, माई को बीनैं।
नाचैं ताँनाँ नाँचै बाँनाँ, नाचैं कूँ पुराना री, माई को बीनैं।।19।।

मैं बुनि करि सियाँनाँ हो राम, नालि करम नहीं ऊबरे।।टेक।।
दखिन कूट जब सुनहाँ झूका, तब हम सगुन बिचारा।
लरके परके सब जागत है हम घरि चोर पसारा हो राम।।
ताँनाँ लीन्हाँ बाँनाँ लीन्हाँ, माँस चलवना डऊवा हो राम।
एक पग दोई पग त्रेपग, सँध सधि मिलाई।
कर परपंच मोट बँधि आये, किलिकिलि सबै मिटाई हो राम।।
ताँनाँ तनि करि बाँनाँ बुनि करि, छाक परी मोहि ध्याँन।
कहै कबीर मैं बुंनि सिराँना जानत है भगवाँनाँ हो राम।।20।।

तननाँ बुनना तज्या कबीर, राम नाम लिखि लिया शरीर।।टेक।।
जब लग भरौं नली का बेह, तब लग टूटै राम सनेह।।
ठाड़ी रोवै कबीर की माइ, ए लरिका क्यूँ जीवै खुदाइ।
कहै कबीर सुनहुँ री माई, पूरणहारा त्रिभुवन राइ।।21।।

जुगिया न्याइ मरै मरि जाइ।
घर जाजरौ बलीडौ टेढ़ौ, औलोती डर राइ।।टेक।।
मगरी तजौ प्रीति पाषे सूँ डाँडी देहु लगाइ।
छींको छोडि उपरहि डौ बाँधा, ज्यूँ जुगि जुगि रहौ समाइ।
बैसि परहडी द्वार मुँदावौं, ख्यावों पूत घर घेरी।
जेठी धीय सासरे पठवौं, ज्यूँ बहुरि न आवै फेरी।।
लहुरी धीइ सवै कुश धोयौ, तब ढिग बैठन माई।
कहै कबीर भाग बपरी कौ, किलिकिलि सबै चुकाँई।।22।।

मन रे जागत रहिये भाई।
गाफिल होइ बसत मति खोवै, चोर मूसै घर जाई।।टेक।।
षट चक की कनक कोठड़ी, बस्त भाव है सोई।
ताला कूँजी कुलफ के लागे, उघड़त बार न होई।।
पंच पहरवा सोइ गये हैं, बसतै जागण लोगी। ज्ञानेन्द्रियाँ
करत बिचार मनहीं मन उपजी, नाँ कहीं गया न आया।
कहै कबीर संसा सब छूटा, राम रतन धन पाया।।23।।

चलन चलन सब को कहत है, नाँ जाँनौं बैकुंठ कहाँ है।।टेक।।
जोजन एक प्रमिति नहिं जानै, बातन ही बैकुंठ बषानै।
जब लग है बैकुंठ की आसा, तब लग नाहीं हरि चरन निवासा।।
कहें सुनें कैसें पतिअइये, जब लग तहाँ आप नहीं जइये।
कहै कबीर बहु कहिये काहि, साथ संगति बैकुंठहि आहि।।24।।

अपनें विचारि असवारी कीजै, सहज के पाइड़े पाव जब दीजे।।टेक।।
दै मुहरा लगाँम पहिराँऊँ, सिकली जीन गगन दौराऊँ।
चलि बैकुंठ तोहि लै तारों, थकहि त प्रेम ताजनैं मारूँ।।
जन कबीर ऐसा असवारा, बेद कतेब दहूँ थैं न्यारा।।25।।

अपनैं मैं रँगि आपनपो जानूँ, जिहि रंगि जाँनि ताही कूँ माँनूँ।।टेक।।
अभि अंतरि मन रंग समानाँ, लोग कहैं कबीर बौरानाँ।
रंग न चीन्हैं मुरखि लोई, जिह रँगि रंग रह्या सब कोई।।
जे रंग कबहूँ न आवै न जाई, कहै कबीर तिहिं रह्या समाई।।26।।

झगरा एक नवेरो राम, जें तुम्ह अपने जन सूँ काँम।।टेक।।
ब्रह्म बड़ा कि जिनि रू उपाया, बेद बड़ा कि जहाँ थैं आया।
यह मन बड़ा कि जाहँ मन मानै, राम बड़ा कि रामहि जानै।
कहै कबीर हूँ खरा उदास, तीरथ बड़े कि हरि के दास।।27।।

दास रामहिं जानि है रे, और न जानै कोइ।।टेक।।
काजल दइ सबै कोई, चषि चाहन माँहि बिनाँन।
जिनि लोइनि मन मोहिया, ते लोइन परबाँन।।
बहुत भगति भौसागरा, नानाँ विधि नाँनाँ भाव।
जिहि हिरदै श्रीहरि, भेटिया, सो भेद कहूँ कहूँ ठाउँ।।
तरसन सँमि का कीजिये, जौ गुनहिं होत समाँन।
सींधव नीर कबीर मिल्यौ है, फटक न मिल पखाँन।।28।।

कैसे होइगा मिलावा हरि सनाँ,
रे तू विषै विकार न तजि मनाँ।।टेक।।
रे तौ जोग जुगति जान्याँ नहीं, तैं गुर का सबद मान्याँ नाहीं।
गंदी देही देखि न फूलिये, संसार देखि न भूलिये।।
कहै कबीर राम मम बहु गुँनी, हरि भगति बिनाँ दुख फुनफुनी।।29।।

कासूँ कहिये सुनि रामा, तेरा मरम न जानै कोई जी।
दास बबेकी सब भले परि भेद न छानाँ होई जी।।टेक।।
ए सकल ब्रह्मड तैं पूरिया, अरू दूजा महि थान जी।
राम रसाइन रसिक है, अद्भुत गति बिस्तार जी।।
भ्रम निसा जो गत करे, ताहि सूझै संसार जी।।
सिव सनकादिक नारदा, ब्रह्म लिया निज बास जी।
कहै कबीर पद पंक्यजा, अष नेड़ा चरण निवास जी।।30।।

मैं डोरै डारे जाऊँगा,
तौ मैं बहुरि न भौजलि आऊँगा।।टेक।।
सूत बहुत कुछ थोरा, ताथै, लाइ ले कंथा डोरा।
कंथा डोरा लागा, तथ जुरा मरण भौ भागा।।
जहाँ सूत कपास न पूनी, तहाँ बसै इक मूनी।
उस मूनीं सूँ चित लाऊँगा, तो मैं बहुरि न भौजलि आऊँगा।।
मेरे डंड इक छाजा, तहाँ बसै इक राजा।
तिस राजा सूँ चित लाऊँगा, तो मैं बहुरि न भौजलि आऊँगा।।
जहाँ बहु हीरा धन मोती, तहाँ तत लाइ लै जोती।
तिस जोतिहिं जोति मिलाँऊँगा, तो मैं बहुरि न भौजलि आँऊँगा।।
जहाँ ऊगै सूर न चंदा, तहाँ देख्या एक अनंदा।
उस आनँद सूँ लौ लाऊँगा, तो मैं बहुरि न भौजलि आँऊँगा।।
मूल बंध इक पावा, तहाँ सिध गणेश्वर रावाँ।
तिस मूलहिं मूल मिलाऊँगा, तौ मैं बहुरि न भौजलि आँऊँगा।।

कबीरा तालिब तेरा, जहाँ गोपत हरी गुर मोरा।
तहाँ हेत हरि चित लाऊँगा, तो मैं बहुरि न भौजलि आऊँगा।।31।।

संतौ धागा टूटा गगन बिनसि गया, सबद जु कहाँ समाई।
ए संसा मोहि निस दिन व्यापै, कोई न कहैं समझाई।।टेक।।
नहीं ब्रह्मंड पुँनि नाँही, पंचतत भी नाहीं।
इला प्यंगुला सुखमन नाँही, ए गुण कहाँ समाहीं।
नहीं ग्रिह द्वार कछू नहीं, तहियाँ रचनहार पुनि नाँहीं।
जीवनहार अतीत सदा संगि, ये गुण तहाँ समाँहीं।।
तूटै बँधै बँधै पुनि तूटै, तब तब होइ बिनासा।
तब को ठाकुर अब को सेवग, को काकै बिसवासा।।
कहै कबीर यहु गगन न बिनसै, जौ धागा उनमाँनाँ।
सीखें सुने पढ़ें का होई, जौ नहीं पदहि समाँना।।32।।

ता मन कौं खोजहु रे भाई,
तन छूटे मन कहाँ समाई।।टेक।।
सनक सनंदन जै देवनाँमी भगति करी मन उनहुँ न जानीं।
सिव विरंचि नारद मुनि ग्यानी, यन का गति उनहूँ नहीं जानीं।।
धू प्रहिलाद बभीषन सेषा, तन भीतर मन उनहुँ न देषा।
ता मन का कोइ जानै भेव, रंचक लीन भया सुषदेव।।
गोरष भरथरी गोपीचंदा, ता मन सौं मिलि करै अनंदा।
अकल निरंजन सकल सरीरा, ता मन सौं मिलि रहा कबीरा।।33।।

भाई रे बिरले दोसत कबीरा के, यहु तत बार बार काँसों कहिए।
भानण घड़ण सँवारण संम्रथ, ज्यूँ राषै त्यूँ रहिये।।टेक।
आलम दुनों सबै फिरि खोजी, हरि बिन सकल अयानाँ।
छह दरसन छ्यानबै पाषंड, आकुल किनहुँ न जानाँ।।
जप तप संजम पूजा अरचा, जोतिग जग बीरानाँ।
कागद लिखि लिखि जगत भुलानाँ, मनहीं मन न समानाँ।।
कहै कबीर जोगी अरु, जंगम ए सब झूठी आसा।
गुर प्रसादि रटौ चात्रिग ज्यूँ, निहचैं भगति निवासा।।34।।

कितेक सिव संकर गए ऊठि,
राम समाधि अजहूँ नहिं छूटि।।टेक।।
प्रलै काल कहुँ कितेक भाष, गये इंद्र से अगणित लाष।
ब्रह्मा खोजि परयो गहि नाल, कहै कबीर वै राम निराल।।35।।

अच्यंत च्यंत ए माधौ, सो सब माँहिं समानाँ।
ताह छाड़ि जे आँन भजत हैं, ते सब भ्रंमि भुलाँनाँ।।टेक।।
ईस कहै मैं ध्यान न जानूँ, दुरलभ निज पद मोहीं।
रंचक करुणाँ कारणि केसो, नाम धरण कौं तोहीं।।
कहौ धौं **सबद** कहाँ थै आवै, अरु फिर कहाँ समाई। अनहदनाद
सबद अतीत का मरम न जानै, भ्रंमि भूली दुनियाई।।
प्यंड मुकति कहाँ ले कीजै, जो **पद** मुकति न होई। त्रिगुणात्मक माया
प्यंडै मुकति कहत हैं मुनि जन, सबद अतीत था सोई।।
प्रगट गुपत गुपत पुनि प्रगट, सो कत रहै लुकाई।
कबीर परमानंद मनाये, अथक कथ्यौ नहीं जाई।।36।।

सो कछू बिचारहु पंडित लोई, जाकै रूप न रेष बरण नहीं कोई।।टेक।।
उपजै प्यंड प्रान कहाँ थैं आवै, मूवा जीव जाइ कहाँ समावै।
इंद्री कहाँ करिहि विश्रामा, सो कत गया जो कहता रामा।
पंचतत तहाँ सबद न स्वादं, अलख निरंजन विद्या न बादं।
कहै कबीर मन मनहि समानाँ, तब आगम निगम झूठ करि जानाँ।।37।।

जौं पैं बीज रूप भगवाना, तौ पंडित का कथिसि गियाना।।टेक।।
नहीं तन नहीं मन नहीं अहंकारा, नहीं सत रज तम तीनि प्रकारा।।
विष अमृत फल फले अनेक, बेद रु बोधक हैं तरु एक।
कहै कबीर इहै मन माना, कहिधूँ छूट कवन उरझाना।।38।।

पाँडे कौन कुमति तोहि लागी, तूँ राम न जपहि अभागी।।टेक।।
वेद पुरान पढ़त अस पाँडे, खर चंदन जैसैं भारा।
राम नाम तत समझत नाँहीं, अंति पड़ै मुखि छारा।।
बेद पढ्याँ का यहु फल पाँडे, सब घटि देखैं रामा।
जन्म मरन थैं तौ तूँ छूटै, सुफल हूँहि सब काँमाँ।।
जीव बधत अरु धरम कहत हौ, अधरम कहाँ है भाई।
आपन तौ मुनिजन ह्वै बैठे, का सनि कहौं कसाई।।
नारद कहै ब्यास व्यास यौं भाषैं, सुखदेव पूछौ जाई।
कहै कबीर कुमति तब छूटै, जे रहौ राम ल्यौ लाई।।39।।

पंडित बाद बदंते झूठा।
राम कह्याँ दुनियाँ गति पावै, षाँड कह्याँ मुख मीठा।।टेक।।
पावक कह्याँ मूष जे दाझैं, जल कहि त्रिषा बुझाई।
भोजन कह्याँ भूष जे भाजै, तौ सब कोई तिरि जाई।।
नर कै साथि सूवा हरि बोलै, हरि परताप न जानै।

जो कबहूँ उड़ि जाइ जंगल में, बहुरि न सुरतै आनै।।
साची प्रीति विषै माया सूँ, हरि भगतनि सूँ हासी।
कहै कबीर प्रेम नहीं उपज्यौ, बाँध्यौ जमपुरि जासी।।40।।

जौ पै करता बरण बिचारै, तौ जनमत तीनि डाँड़ि किन सारै।।टेक।।
उतपति ब्यंद कहाँ थैं आया, जो धरी अरु लागी माया।
नहीं को ऊँचा नहीं को नीचा, जाका प्यंड ताही का सींचा।
जे तूँ बाँभन बभनी जाया, तो आँन बाँट ह्वै काहे न आया।
जे तूँ तुरक तुरकनी जाया, तो भीतरि खतनाँ क्यूँ न कराया।
कहै कबीर मधिम नहीं कोई, सौ मधिम जा मुखि राम न होई।।41।।

कथता बकता सुनता सोई, आप बिचारै सो ग्यानी होई।।टेक।।
जैसे अगनि पवन का मेला, चंचल बुधि का खेला।
नव दरवाजे दसूँ दुबार, बूझि रे ग्यानी ग्यान विचार।।
देहौ माटी बोलै पवनाँ, बूझि रे ज्ञानी मूवा स कौनाँ।
मुई सुरति बाद अहंकार, वह न मूवा जो बोलणहार।।
जिस कारनि तटि तीरथि जाँहीं, रतन पदारथ घटहीं माहीं।
पढ़ि पढ़ि पंडित बेद बषाँणै, भीतरि हूती बसत न जाँणै।।
हूँ न मूवा मेरी मुई बलाइ, सो न मुवा जौ रह्या समाइ।
कहै कबीर गुरु ब्रह्म दिखाया, मरता जाता नजरि न आया।।42।।

हम न मरैं मरिहैं संसारा, हँम कूँ मिल्या जियावनहारा।।टेक।।
अब न मरौं मरनै मन माँना, ते मूए जिनि राम न जाँना।
साकत मरै संत जन जीवै, भरि भरि राम रसाइन पीवै।।
हरि मरिहैं तौ हमहूँ मरिहैं, हरि न मरै हँम काहे कूँ मरिहैं।
कहै कबीर मन मनहि मिलावा, अमर भये सुख सागर पावा।।43।।

कौन मरै कौन जनमै आई, सरग नरग कौने गति पाई।।टेक।।
पंचतत अतिगत थैं उतपनाँ, एकै किया निवासा।
बिछूरे तत फिरि सहज समाँनाँ, रेख रही नहीं आसा।।

---

(41) ख- प्रति में इसके आगे यह पद है—
काहे कौ कीजै पाँडे छोति बिचारा।
छोतिहीं तै उपना सब संसारा।।टेक।।
हमारे कैसे लोहू तुम्हारै कैसे दूध
तुम्ह कैसे बाँह्मण पाँडे हम कैसे सूद।।
छोति छोति करता तुम्हहीं जाए।
तौ ग्रभवास काहें कों आए।।
जनमत छोत मरत ही छोति।
कहै कबीर हरि की बिमल जोति।।42।।

जल मैं कुंभ कुंभ मैं जल है, बाहरि भीतरि पानी।
फूटा कुंभ जल जलहिं समानाँ, यह तत कथौ गियानी।।
आदै गगनाँ अंतै गगना, मधे गगनाँ माई।
कहै कबीर करम किस लागै, झूठी संक उपाई।।44।।

कौन मरै कहू पंडित जनाँ, सो समझाइ कहौ हम सनाँ।।टेक।।
माटी माटी रही समाइ, पवनै पवन लिया सँग लाइ।
कहै कबीर सुनि पंडित गुनी, रूप मूवा सब देखै दुनीं।।45।।

जे को मरै मरन है मीठा, गुरु प्रसादि जिनहीं मरि दीठा।।टेक।।
मुवा करता मुई ज करनी, मुई नारि सुरति बहु धरनी।
मूवा आपा मूवा माँन, परपंच लेइ मूवा अभिमाँन।।
राम रमे रमि जे जन मूवा, कहै कबीर अविनासी हुआ।।46।।

जस तूँ तस तोहि कोइ न जान, लोग कहै सब आनहिं आँन।।टेक।।
चारि बेद चहुँ मत का बिचार, इहि भ्रँमि भूलि पर्‌यो संसार।
सुरति सुमृति दोइ कौ बिसवास, बाझि पर्‌यौ सब आसा पास।।
ब्रह्मादिक सनकादिक सुर नर, मैं बपुरो धूँका मैं का कर।
जिहि तुम्ह तारौ सोई पै तिरई, कहै कबीर नाँतर बाँध्यौ मरई।।47।।

लोका तुम्ह ज कहत हौ नंद कौ, नंदन नंद कहौ धुं काकौ रे।
धरनि अकास दोऊ नहीं होते, तब यहु नंद कहाँ थौ रे।।टेक।।
जाँमैं मरै न सँकुटि आवै, नाँव निरंजन जाकौ रे।
अबिनासी उपजै नहिं बिनसै, संत सुजस कहैं ताको रे।।
लष चौरासी जीव जंत मैं, भ्रमत नंदी थाकी रे।
दास कबीर कौ ठाकुर ऐसो, भगति करौ हरि ताकौ रे।।48।।

निरगुण राँम जपहु रे भाई, अबिगति की गति लखी न जाई।।टेक।।
चारि बेद जाकै सुमृत पुराँनाँ, नौ ब्याकरनाँ मरम न जाँनाँ।।
चारि बेद जाकै **गरड** समाँनाँ, चरन कवल कँवला नहीं जाँनाँ।। गेडुरी, मकिय
कहै कबीर जाकै भेदै नाँहीं, निज जन बैठे हरि की छाहीं।।49।।

मैं सबनि मैं औरनि मैं हूँ सब।
मेरी बिलगी बिलगि बिलगाई हो,
कोई कहो कबीर कहो राँम राई हो।।टेक।।
नाँ हम बार बूढ़ नाही, हम ना हमरै चिलकाई हो।
पठए न जाऊँ अरवा नहीं आऊँ, सहजि रहूँ हरिआई हो।।
वोढन हमरे एक पछेवरा, लोक बोलै इकताई हो।।

जुलहे तनि बुनि पाँनि न पावल, फार बुनि दस ठाँई हो।।
त्रिगुँण रहित फल रमि हम राखल, तब हमारौ नाँउ राँम राई हो।।
जग मैं देखौं जग न देखै मोहि, इहि कबीर कछु पाई हो।।50।।

लोका जानि न भूलौ भाई।
खालिक खलक खलक मैं खालिक, सब घट रह्यौ समाई।।टेक।।
अला एकै नूर उपनाया, ताकी कैसी निंदा।
ता नूर थै सब जग कीया, कौन भला कौन मंदा।।
ता अला की गति नहीं जाँनी, गुरि गुड़ दीया मीठा।।
कहै कबीर मैं पूरा पाया, सब घटि साहिब दीठा।।51।।

राँम मोहि तारि कहाँ लै जैहो।
सो बैकुंठ कहौ धूं कैसा, करि पसाव मोहि दैहो।।टेक।।
जे मेरे जीव दोइ जाँनत हौ, तौ मोहि मुकति बताओ।
एकमेक रमि रह्या सबनि मैं, तो काहे भरमावौ।।
तारण तिरण जबै लग कहिये, तब लग तत न जाँनाँ।
एक राँम देख्या सबहिन मैं, कहै कबीर मन माँनाँ।।52।।

सोहं हंसा एक समान, काया के गुँण आँनही आन।।टेक।।
माटी एक सकल संसारा, बहुबिधि भाँडे घड़ै कुँभारा।
पंच बरन दस दुहिये गाइ, एक दूध देखौ पतिआइ।
कहै कबीर संसा करि दूरि, त्रिभवननाथ रह्या भरपूर।।53।।

प्यारे राँम मनहीं मनाँ। कासूँ कहूँ कहन कौं नाहीं, दूसरा और जनाँ।।टेक।।
ज्यूँ दरपन प्रतिब्यंब देखिये, आप दवासूँ सोई।
संसौ मिट्यौ एक कौ एकै, महा प्रलै जब होई।।
जौ रिझाऊँ तौ महा कठिन है, बिन रिझायैं थैं सब खोटी।
कहै कबीर तरक दोइ साधै, ताकी मति है मोटी।।54।।

हँम तौ एक एक करि जाँनाँ।
दोइ कहै तिनही कौं दोजग, जिन नाँहिन पहिचाँनाँ।।टेक।।
एकै पवन एक ही पानी, एक जोति संसारा।
एक ही खाक घड़े सब भाँड़े, एक ही सिरजनहारा।।
जैसे बाढ़ी काष्ट ही काटै, अगिनि न काटै कोई।।
सब घटि अंतरि तूँहीं व्यापक, धरै सरूपै सोई।।
माया मोहे अर्थ देखि करि, काहै कूँ गरबाँनाँ।।
निरभै भया कछू नाहीं ब्यापै, कहै कबीर दिवाँनाँ।।55।।

---

(50) ख- ना हम बार बूढ़ पुनि नाँही।

अरे भाई दोइ कहा सो मोहि बतायौ, बिचिही भरम का भेद लगावौ।।टेक।।
जोनि उपाइ रची द्वै धरनीं, दीन एक बीच भई करनी।
राँम रहीम जपत सुधि गई, उनि माला उनि तसबी लई।।
कहै कबीर चेतहु रे भौंदू, बोलनहारा तुरक न हिंदू।।56।।

ऐसा भेद बिगूचन भारी।
बेद कतेब दीन अरु दुनियाँ, कौन पुरिष कौन नारी।।टेक।।
एक बूंद एकै मल मूतर, एक चाँम एक चाँम एक गूदा।
एक जोति थैं सब उतपनाँ, कौन बाँम्हन कौन सूदा।।
माटी का प्यंड सहजि उतपनाँ, नाद रु ब्यंद समाँनाँ।
बिनसि गयाँ थै का नाँव धरिहौ, पढ़ि गुनि हरि भ्रँन जाँना।।
रज गुन ब्रह्मा तम गुन संकर, सत गुन हरि है सोई।
कहै कबीर एक राँम जपहु रे, हिंदू तुरक न कोई।।57।।

हँमारै राँम रहीम करीमा केसो, अलाह राँम सति सोई।
बिसमिल मेटि बिसंभर एकै, और न दूजा कोई।।टेक।।
इनके काजी मूलाँ पीर पैकंबर, रोजा पछिम निवाजा।
इनकै पूरब दिसा देव दिज पूजा, ग्यारसि गंग दिवाजा।।
तुरक मसीति देहुरै हिंदू, दहूँठा राँम खुदाई।
जहाँ मसीति देहुरा नाहीं, तहाँ काकी ठकुराई।।
हिंदू तुरक दोऊ रह तूटी, फूटी अरु कनराई।
अरघ उरथ दसहूँ दिस जित तित, पूरि रह्या राम राई।।
कहै कबीरा दास फकीरा, अपनी रहि चलि भाई।।
हिंदू तुरक का करता एकै, ता गति लखी न जाई।।58।।

काजी कौन कतेब बषांनै।
पढ़त पढ़त केते दिन बीते, गति एकै नहीं जानैं।।टेक।।
सकति से नेह पकरि करि सुंनति, बहु नबदूँ रे भाई।।
और षुदाई तुरक मोहिं करता, तौ आपै कटि किन जाई।।
हौं तौ तुरक किया करि सुंनति, औरति सौ का कहिये।
अरध सरीरी नारि न छूटै, आधा हिंदू रहिये।।
छाँड़ि कतेब राँम कहि काजी, खून करत हौ भारी।
पकरी टेक कबीर भगति की, काजी रहै झष मारी।।59।।

मुलाँ कहाँ पुकारै दूरि, राँम रहीम रह्या भरपूरि।।टेक।।
यहु तौ अलहु गूँगा नाँही, देखै खलक दुनी दिल माँही।।
हरि गुँन गाइ बंग मैं दीन्हाँ, काम क्रोध दोऊ बिसमल कीन्हाँ।।
कहै कबीर यह मुलना झूठा, राम रहीम सबनि मैं दीठा।।60।।

पढ़ि ले काजी बंग निवाजा, एक मसीति दसौं दरवाजा।।टेक।।
मन करि मका कबिला करि देही, बोलनहार जगत गुर येही।।
उहाँ न दोजग भिस्त मुकाँमाँ, इहाँ ही राँम इहाँ रहिमाँनाँ।।
बिसमल ताँमस भरम कै दूरी, पंचूँ भयि ज्यूँ होइ सबूरी।।
कहै कबीर मैं भया दीवाँनाँ, मनवाँ मुंसि मुसि सहजि समानाँ।।61।।

मुलाँ कर ल्यौ न्याव खुदाई, इहि बिधि जीव का भरम न जाई।।टेक।।
सरजी आँनैं देह बिनासै, माटी बिसमल कींता।
जोति सरूपी हाथि न आया, कहौ हलाल क्या कीता।।
बेद कतेब कहौ क्यूँ झूठा, झूठा जोनि बिचारै।
सब घटि एक एक करि जाँनैं, भौं दूजा करि मारै।।
कुकड़ी मारै बकरी मारै, हक हक हक करि बोलै।
सबै जीव साँई के प्यारे, उबरहुगै किस बोलै।।
दिल नहीं पाक पाक नहीं चीन्हाँ, उसदा षोजन जाँनाँ।
कहै कबीर भिसति छिटकाई दोजग ही मन माँनाँ।।62।।

या करीम बलि हिकमति तेरी।। खाक एक सूरति बहु तेरी।।टेक।।
अर्ध गगन में नीर जमाया, बहुत भाँति करि नूरनि पाया।।
अवलि आदम पीर मुलाँनाँ, तेरी सिफति करि भये दिवाँनाँ।।
कहै कबीर यहु हत बिचारा, या रब या रब यार हमाराँ।।63।।

काहे री नलिनी तूँ कुम्हिलाँनीं, तेरे ही नालि सरोवर पाँनी।।टेक।।
जल मैं उतपति जल में बास, जल में नलनी तोर निवास।।
ना तलि तपति न ऊपरि आगि, तोर हेतु कहु कासनि लागि।।
कहैं कबीर जे उदिक समान, ते नहीं मूए हँमरे जाँन।।64।।

इब तूँ हांस प्रभु में कुछ नाँहीं, पंडित पढ़ि अभिमाँन नसाँहीं।।टेक।।
मैं मैं मैं जब लग मैं कीन्हा, तब लग मैं करता नहीं चीन्हाँ।
कहै कबीर सुनहु नरनाहा, नाँ हम जीवत न मूँवाले माहाँ।।65।।

अब का डरौं डर डरहि समाँनाँ, जब थैं मोर तोर पहिचाँनाँ।।टेक।।
जब लग मोर तोर करि लीन्हां, भै भै जनमि जनमि दुख दीन्हा।।
अगम निगम एक करि जाँनाँ, ते मनवाँ मन माँहि समाना।।
जब लग ऊँच नीच करि जाँनाँ, तो पसुवा **भूले भ्रँम नाँनाँ।**
कहि कबीर मैं मेरी खोई, तबहि राँम अवर नहीं कोई।।66।।

---

(61) ख- मन करि मका कबिला कर देही।
राजी समझि राह गति येही।।
(62) ख- उसका खोज न जाँनाँ।

बोलनाँ का कहिये रे माई, बोलत बोलत तत नसाई।।टेक।।
बोलत बोलत बढ़ै बिकारा, बिन बोल्याँ क्यूँ होइ बिचारा।।
संत मिलै कछु कहिये कहिये, मिलै असंत पुष्टि करि रहिये।।
ग्याँनी सूँ बोल्या हितकारी, मूरिख सूँ बोल्याँ झष मारी।।
कहै कबीर आधा घट डोलै, भर्‌या होइ तौ मुषाँ न बोलै।।67।।

बागड़ देस लूचन का घर है, तहाँ जिनि जाइ दाझन का डर है।।टेक।।
सब जग देखौं कोई न धीरा, परत धूरि सिरि कहत अबीरा।।
न तहाँ तरवर न तहाँ पाँणी, न तहाँ सतगुर साधू बाँणी।।
न तहाँ कोकिला न तहाँ सूवा, ऊँचे चढ़ि चढ़ि हंसा मूवा।।
देश मालवा गहर गंभीर, डग डग रोटी पग पग नीर।।
कहैं कबीर घरहीं मन मानाँ, गूँगै का गुड़ गूँगै जानाँ।।68।।

अवधू जोगी जग थैं न्यारा;
मुद्रा निरति सुरति करि सींगी, नाद न षंडै धारा।।टेक।।
बसै गगन मैं दुनीं न देखै, चेतनि चौकी बैठा।
चढ़ि अकास आसण नहीं छाड़ै, पीवै महा रस मीठा।।
परगट **कंथाँ** माहैं जोगी, दिल मैं दरपन जीवै। शरीर
सहँस इकीस छ सै धागा, निहचल नाकै पीवै।।
ब्रह्म अगनि मैं काया जारै, त्रिकुटी संगम जागै।
कहै कबीर सोई जोगेश्वर, सहज सुंनि ल्यौ लागै।।69।।

अवधू गगन मंडल घर कीजै,
अमृत झरै सदा सुख उपजै, **बंक नालि** रस पीजै।।टेक।। द्वितीया चन्द्रमा
मूल बाँधि सर गगन समाना, सुखमन यों तन लागी।
काम क्रोध दोऊ भया पलीता, तहँ जोनणीं जागी।।
मनवाँ जाइ दरीबै बैठा, गगन भया रसि लागा।
कहै कबीर जिय संसा नाँहीं, सबद अनाहद **बागा**।।70।। फिरा

कोई पीवै रे रस राम नाम का, जो पीवै सो जोगी रे।
संतौ सेवा करौ राम की, और न दूजा भोगी रे।।टेक।।
यहु रस तौ सब फीका भया, ब्रह्म अगनि परजारी रे।
ईश्वर गौरी पीवन लागे, राँम तनीं मति वारी रे।। शिव
चंद सूर दोइ भाठी कीन्ही, सुषमनि **चिगवा** लागी रे। नली
अंमृत कूँ पी **साँचा** पुरया, मेरी त्रिष्णाँ भागी रे। शरीर
यहु रस पीवै गूँगा गहिला, ताकी कोई न बूझै सार रे।
कहै कबीरा महा रस महँगा, कोई पीवेगा पीवणहार रे।।71।।

(71) ख- चंद सूर दोइ किया पयाना।

अवधू मेरा मन मतिवारा,

उन्मनि चढ़्या मगन रस पीवै त्रिभवन भया उजियारा।।टेक।।

गुड़ करि ग्यान ध्याँन कर महुवा, भव भाठी करि भारा।।
सुषमन नारी **सहजि** समानी, पीयै पीवनहारा।। ब्रह्म
दोइ पुड़ जोड़ि चिगाई भाठी, चुया महा रस भारी।।
काम क्रोध दोइ किया पलीता, छुटि गई संसारी।।
सुंनि मंडल मैं मँदला बाजै, तहाँ मेरा मन नाचै।
गुर प्रसादि अमृत फल पाया, सहजि सुषमनाँ काछै।।
पूरा मिल्या तबैं सुख उपज्यौ, तन की तपनि बुझानी।
कहै कबीर भवबंधन छूटै, जोतिहिं जोति समानी।।72।।

छाकि पर्‌यो आतम मतिवारा, पीवत राँम रस करत बिचारा।।टेक।।
बहुत मोलि महँगे गुड़ पावा, लै कसाब रस राँम चुवावा।।
तन पाटन मैं कीन्ह पसारा, माँगि माँगि रस पीवै बिचारा।।
कहै कबीर फाबी मतिवारी, पीवत राम रस लगी खुमारी।।73।।

बोलौ भाई राम की दुहाई,

इहि रसि सिव सनकादिक माते, पीवत अजहूँ न अघाई।।टेक।।

इला प्यंगुला भाठी कीन्हीं, ब्रह्म अगनि परजारी।
ससि हरसूर द्वार दस मूँदे, लागी जोग जुग तारी।।
मन मतिवाला पीवै राँम रस, दूजा कछू न सुहाई।
उलटी गंग नीर बहि आया, अमृत धार चुवाई।।
पंच जने सो सँग करि लीन्हें, चलत खुमारी लागी।
प्रेम पियालै पीवन लागे, सोवत नागिनी जागी।।
सहज सुनि मैं जिनि रस चाष्या, सतगुर थैं सुधि पाई।।
दास कबीर इही रसि माता, कबहुँ उछकि न जाई।।74।।

राम रस पाईया रे, ताथैं बिसरि गये रस और।।टेक।।
रे मन तेरा को नहीं, खैंचि लेइ जिनि भार।
बिरषि बसेरा पंषि का, ऐसा माया जाल।।
और मरत का रोइए, जो आपा थिर न रहाइ।
जो उपज्या सो बिन सिहै, ताथैं दुख करि मरै बलाइ।
जहाँ उपज्या तहाँ फिरि रच्या रे, पीवत मरदन लाग।।
कहै कबीर चित चेतिया, ताथैं राम सुमरि बैराग।।75।।

---

(72) ख- पूरा मिल्या तबै सुष उपनाँ।।
उनमनि चढ्या महारस पीवै।

राम चरन मनि भाए रे।

अस ढरि जाहु राम के करहा, प्रेम प्रीतिल्यौ लाये रे।।टेक।।

आँब चढ़ी अँबली रे अँबली बबूर चढ़ी नगबेली रे।
द्वै रथ चढ़ि गयौ राँड कौ करहा, मन पाटी की सैली रे।।
कंकर कूई पतालि पनियाँ, सूनै बूँद बिकाई रे।
बजर परौ इति मथुरा नगरी, काँन्ह पियासा जाई रे।
एक दहिड़िया दही जमायौ, दुसरी परि गई साई रे।।
न्यूँति जिमाऊ अपनौ करहा, छार मुनिस कौ डारी रे।
इहि बँनि बाजै मदन भेरि रे, उहि बँनि बाजे तूरा रे।
इहि बँनि खेले राही रुकमनि, उहिं बनि कान्ह अहीरा रे।
आसि पासि तुरसी कौ बिरवा, माँहि द्वारिका गाँऊ रे।
तहाँ मेरो ठाकुर राम राइ है, भगत कबीरा नाऊँ रे।।76।।

थिर न रहै चित थिर न रहै, च्यंतामणि तुम्ह कारणि हौ।
मन मैले मैं फिर फिर आहौं, तुम सुनहु न दुख बिसरावन हो।।टेक।।
प्रेम खटोलवा कसि कसि बाँध्यो, बिरह बान तिहि लागू हो।
तिहि चढ़ि इँदऊ करत गवँसिया, अंतर जमवा जागू हो।।
महरु मछा मारि न जाँनै, गहरै पैठा धाई हो।
दिन इक मगरमछ लै खैहै, तब को रखिहै बंधन भाई हो।
महरू नाम हरिइये जाँनै, सबब न बूझै बौरा हो।
चारै लाइ सकल जग खायो, तऊ न भेट निसहरा हो।।
जो महराज चाहौ महरईये, तो नाथौ ए मन बौरा हो।
तारी लाइकैं सिष्टि बिचारौ, तब गहि भेटि निसहुरा हो।।
टिकुटि भइ काँन्ह के कारणि, भ्रमि भ्रमि तीरथ कीन्हाँ हो।
सो पद देहु मोरि मदन मनोहर, जिहि पदि हरि मैं चीन्हाँ हो।।
दास कबीर कीन्ह अस गहरा, बूझै कोई महरा हो।
यह संसार जात मैं देखौं, ठाढ़ौ रहौ कि निहुरा हो।।77।।

बीनती एक राम सुनि थोरी, अब न बचाइ राखि पति मोरी।।टेक।।
जैसें मंदला तुमहि बजावा, तैसें नाचत मैं दुख पावा।।
जे मसि लागी सबै छुड़ावौ, अब मोहिं जनि बहु रूप कछावौ।।
कहैं कबीर मेरी नाच उठावौ, तुम्हारे चरन कवल दिखलावो।।78।।

मन थिर रहै न घर है मेरा, इन मन घर जारे बहुतेरा।।टेक।।
घर तजि बन बाहरि कियौ बास, घर बन देखौं दोऊ निरास।।
जहाँ जाँऊँ तहाँ सोग संताप, जुरा मरण कौ अधिक बियाप।।
कहै कबीर चरन तोहि बंदा, घर मैं घर दे परमानंदा।।79।।

कैसे नगरि करौं कुटवारी, चंचल पुरिष बिचषन नारी।।टेक।।
बैल बियाइ **गाइ भई बाँझ**, बछरा दूहै तीन्यूँ साँझ।। मति की किंकर्तव्यविमूढ़ता
मकड़ी धरि माषी छछि हारी, मास पसारि चीन्ह रखवारी।।
मूसा खेवट नाव बिलइया, मीडक सोवै साप पहरइया।।
निति उठि स्याल स्यंघ सूँ झूझै, कहै कबीर कोई बिरला बूझै।।80।।

माई रे चूँन बिलूँटा खाई,
वाघनि संगि भई सबहिन कै, खसम न भेद लहाई।।टेक।।
सब घर फोरि बिलूँटा खायौ, कोई न जानैं भेव।
खसम निपूतौ आँगणि सूतौ, राँड न देई लेव।।
पाडोसनि पनि भई बिराँनी, माँहि हुई घर घालै।
पंच सखी मिलि मंगल गाँवैं, यह दुख याकौं सालै।।
द्वै द्वै दीपक घरि घरि जोवा, मंदिर सादा अँधारा।
घर घेहर सब आप सवारथ, न हरि किया पसारा।।
होत उजाड़ सबै कोई जानै, सब काहू मनि भावै।
कहै कबीर मिलै जौ सतगुर, तौ यहु चून छुड़ावै।।81।।

विषिया अजहू सुख आसा, हूँण न देइ हरि के चरन निवासा।।टेक।।
सुख माँगै दुख पहली आवै, तातै सुख माँग्याँ नही भावै।।
जा सुख थैं सिव बिरंचि डराँनाँ, सो मुख हमहु साच करि जाना।
सुखि छ्या ड्या तब सब दुख भागा, गुर के सबद मेरा मन लागा।।
निस बासुरि विषैतनाँ उपगार, विषई नरकि न जाताँ बार।
कहैं कबीर चंचल मति त्यागी, तब केवल राम नाम त्यौं लागी।।82।।

तुम्ह गारडू मैं विष का माता, कहै न जिवावौ मेरे अमृतदाता।।टेक।।
संसार भवंगम डसिले काया, अरु दुखदारन व्यापै तेरी माया।।
सापनि क पिटारै जागे, अह निसी रोवै ताकूँ फिरि फिरि लागैं।
कहै कबीर को को नहीं राखे, राम रसाँइन जिनि जिनि चाखे।।83।।

माया तजूँ तजी नहीं जाइ, फिर फिर माया मोहि लपटाइ।।टेक।।
माया आदर माया मान, माया नहीं तहाँ ब्रह्म गियाँन।।
माया रस माया कर जाँन, माया कारनि तजै परान।।
माया जप तप माया जोग, माया बाँधे सबही लोग।।
माया जल थलि माया आकासि, माया ब्यापि रही चहुँ पासि।।
माया माता माया पिता, असि माया अस्तरी सुता।।
माया मारि करै व्यौहार, कहैं कबीर मेरे राम अधार।।84।।

---

(81)ख- खसम न भेद लषाई।
(82)ख- हौन देई न हरि के चरन निवास।।

ग्रिह जिनि जाँनी रूड़ौ रे।
कंचन कलस उठाइ लै मंदिर, राम कहै बिन धूरौ रे।।टेक।।
इन ग्रिह मन डहके सबहिन के, काहू कौ पर्‌यो न पूरौ रे।।
राजा राणाँ राव छत्रपति, जरि भये भसम कौं कूरौ रे।।
सबथैं नीकौ संत मँडलिया, हरि भगतनि कौं भेरौ रे।।
गोविंद के गुन बैठे गैहैं, खैहैं टूकौ टेरौ रे।।
ऐसौं जानि जाँपौं जगजीवन, जग सूँ तिनका तोरौं रे।।
कहै कबीर राम भजबे कौं, एक आध कोई सूरौ रे।।85।।

रजसि मीन देखी बहु पानी, काल जाल की खबरि न जानी।।टेक।।
गारै गरबनौ औघट घाट, सो जल छाड़ि बिकानौं हाट।।
बँध्यो न जानैं जल उदमादि, कहै कबीर सब मोहे स्वादि।।86।।

काहे रे मन दह दिस धावै, विषिया संगि संतोष न पावै।।टेक।।
जहाँ जहाँ कलपैं तहाँ बंधना, तरन कौ थाल कियौं तैं रधनाँ।।
जौ पै सुख पइयत इन माँही, तौ राज छाड़ि कत बन कौ जाँहीं।।
आनँद सहत तजौ विष नारी, अब क्या झीषै पतित भिषारी।।
कहै कबीर यहु सुख दिन चारि, तजि विषिया भजि चरन मुरारि।।87।।

जियरा जाहि गौ मैं जाँनाँ,
जो देखा सो बहुरि न पेष्या माटी सूँ लपटाँनाँ।।टेक।।
बाकल बसतर किया पहरिबा, का तप बनखंडि बासा।।
कहा मूगध रे पाँहन पूजै, काजल डारै गाता।।
कहै कबीर सुर मुनि उपदेसा, लोका पंथि लगाई।।
सुनौ संतौ सुमिरौ भगत जन, हरि बिन जनम गवाई।।88।।

हरि ठग जग कौ ठगौरी लाई,
हरि कै वियोग कैसे जीऊँ मेरी माई।।टेक।।
कौन पूरिष कौ काकी नारी, अभिअंतरि तुम्ह लेहु बिचारी।।
कौन पूत को काको बाप, कौन मरैं कौन करै संताप।।
कहै कबीर ठग सौं मन माना, गई ठगौरी ठग पहिचाना।।89।।

साईं मेरे साजि दई एक डोली, हस्त लोक अरु मैं तैं बोली।।टेक।।
हक झंझर सम सूत खटोला, त्रिस्ना बाद चहुँ दिसि डोला।।
पाँच कहार का भरम न जाना, एकै कह्या एक नहीं माना।।
भूमर धाम उहार न छावा, नैहर जात बहुत दुख पावा।।
कहै कबीर बन बहु दुख सहिये, राम प्रीति करि संगही रहिये।।90।।

(90) कहै कबीर बहुत दुख सहिए।।

बिनसि जाइ कागद की गुड़िया,

जब लग पवन तबै लग उड़िया।।टेक।।

गुड़िया कौ सबद अनाहद बोलै, खसम लियै कर डोरी डोलै।

पवन थक्यो गुड़िया ठहरानी, सीस धनै धुनि रोवै प्राँनी।

कहै कबीर भजि सारँगपानी, नाहीं तर ह्वैहै खैंचा तानी।।91।।

मन रे तन कागद का पुतला।

लागै बूँद बिनसि जाइ छिन में, गरब कर क्या इतना।।टेक।।

माटी खोदहिं भीत उसारैं, अंध कहै घर मेरा।

आवै तलब बाँधि लै चालैं, बहुरि न करिहै फेरा।।

खोट कपट करि यहु धन जोर्‌या, लै धरती मैं गाड्यौ।।

रोक्यो घटि साँस नहीं निकसै, ठौर ठौर सब छाड्यौ।।

कहै कबीर नट नाटिक थाके, मदला कौन बजावै।।

गये पषनियाँ उझरी बाजी, को काहू कै आवै।।92।।

झूठे तन कौ कहा रखइये, मरिये तौ पल भरि रहण न पइये।।टेक।।

षीर षाँढ़ घृत प्यंउ सँवारा, प्राँन गये ले बाहरि जारा।।

चोवा चंदन चरनत अंगा, सो तन जरै काठ के संगा।।

दास कबीर यहु कीन्ह बिचारा, इक दिन ह्वैहै हाल हमारा।।93।।

देखहु यह तन जरता है, घड़ी पहर बिलँबौ रे भाई जरता है।।टेक।।

कहै कौ एता किया पसारा, यह तन जरि करि ह्वैहै छारा।।

नव तन द्वादस लागा आगि, मुगध न चेतै नख सिख जागी।।

काम क्रोध घट भरे बिकारा, आपहिं आप जरै संसारा।।

कहै कबीर हम मृतक समाँनाँ, राम नाम छूटै अभिमाना।।94।।

तन राखनहारा को नाहीं, तुम्ह सोच विचारि देखौ मन माँही।।टेक।।

जोर कुटुंब आपनौ करि पार्‌यो, मुंड ठोकि ले बाहरि जार्‌यौ।।

दगाबाज लूटैं अरु रोवै, जारि गाडि षुर षोजहिं षोवै।।

कहत कबीर सुनहुँ रे लोई, हरि बिन राखनहार न कोई।।95।।

अब क्या सोचै आइ बनी, सिर पर साहिब राम धनी।।टेक।।

दिन दिन पाप बहुत मैं कीन्हा, नहीं गोब्यंद की संक मनीं।।

लेट्यो भोमि बहुत पछितानी, लालचि लागौ करत धनीं।।

छूटी फौज आँनि गढ़ घेर्‌यौ, उड़ि गयौ गूडर छाड़ि तनीं।।

पकर्‌यौ हंस जम ले चाल्यौ, मंदिर रोवै नारि धनीं।।

कहै कबीर राम कित सुमिरत, चीन्हत नाहिन एक चिनी।।

जब जाइ आइ पड़ोसी घेर्‌यौ, छाँड़ि चल्यौ तजि पुरिष पनीं।।96।।

सुबटा डरपत रहु मेरे भाई, तोहि डर ई देत बिलाई।।
तीनि बार रूँधै इक दिन मैं, कबहुँ कै खता खवाई।।टेक।।
या मंजारी मुगध न माँनै, सब दुनियाँ डहकाई।।
राणाँ राव रंक कौ व्यापै, करि करि प्रीति सवाई।।
कहत कबीर सुनहुँ रे सुबटा, उबरै हरि सरनाई।।
लाषौ माँहि तै लेत अचानक, काह न देत दिखाई।।97।।

का माँगूँ कुछ थिर न रहाई, देखत नैन चल्या जग जाई।।टेक।।
इक लष पूत सवा लष नाती, ता रावन घरि दिया न बाती।।
लंका सी कोट समंद सी खाई, ता रावन का खबरि न पाई।।
आवत संग जात सँगाती, कहा भयौ दरि बाँधे हाथी।।
कहै कबीर अंत की बारी, हाथ झाड़ि जैसे चले जुवारी।।98।।

राम थोरे दिन को का धन करना, धंधा बहुत निहाइति मरना।।टेक।।
कोटि धज साह हस्ती बँध राजा, क्रिपन को धन कौनें काजा।।
धन कै गरबि राम नहीं जाना, नागा ह्वै जंम पै गुदराँनाँ।।
कहै कबीर चेतहु रे भाई, हंस गया कछु संगि न जाई।।99।।

काह कूँ माया दुख करि जोरी, हाथि चूँन गज पाँच पछेवरी।।टेक।।
नाँ को बँध न भाई साँथी, बाँधे रहे तुरंगम हाथी।।
मैड़ो महल बावड़ी छाजा, छाड़ि गये सब भूपति राजा।।
कहै कबीर राम ल्यौ लाई, धरी रही माया काहू खाई।।100।।

माया का रस षाण न पावा। तह लग जम बिलवा ह्वै धावा।।टेक।।
अनेक जतन करि गाड़ि दुराई, काहू साँची काहू खाई।।
तिल तिल करि यहु माया जोरी, चलति बेर तिणाँ ज्यूँ तासी।।
कहै कबीर हूँ ताँका दास, माया माँहैं रहै उदास।।101।।

मेरी मेरी दुनिया करते, मोह मछर तन धरते।।
आगै पीर मुकदम होते, वै भी गये यौं करते।।टेक।।
जिसकी ममा चचा पुनि किसका, किसका पंगड़ा जोई।।
यहु संसार बजार मंड्या है, जानैगा जग कोई।।
मैं परदेसी काहि पुकारौं, इहाँ नहीं को मेरा।।
यह संसार ढूँढ़ि सब देख्या, एक भरोसा तेरा।
खाँह हलाल हराँम निवारै, भिस्त भिस्त तिनहू कौं होई।।
पंच तत का भरम न जानै, दो जगि पड़िहै सोई।।

---

(100) ख- मैडा महल अरु सोभित छाजा।

कुटंब कारणि पाप कमावै, तू जाँणै घर मेरा।।
ए सब मिले आप सवारथ, इहाँ नहीं को तेरा।।
सायर उतरौ पंथ सँवारौ, बुरा न किसी का करणाँ।।
कहै कबीर सुनहु रे संतौ, ज्वाब खसम कूँ भरणा।।102।।

रे यामै क्या मेरा क्या तेरा, लाज न मरहि कहत घर मेरा।।टेक।।
चारि पहर निस भोरा, जैसे तरवर पंखि बसेरा।।
जैसैं बनियें हाट पसारा, सब जग का सो सिरजनहारा।।
ये ले जारे वै ले गाडे, इनि दुखिइनि दोऊ घर छाड़े।।
कहठ कबीर सुनहु रे लोई, हम तुम्ह बिनसि रहैगा सोई।।103।।

नर जाँणै अमर मेरो काया, घर घर बात दुपहरी छाया।।टेक।।
मारग छाड़ि कुमारग जीवै, आपण मरैं और कूँ रोवै।।
कछू एक किया कछू एक करणा, मुगध न चेतै निहचै मरणाँ।।
ज्यूँ जल बूँद तैसा संसारा, उपजत बिनसत लागै न बारा।।
पंच पँषुरिया एक सरीरा, कृष्ण कवल दल भवर कबीरा।।104।।

मन रे अहरषि बाद न कीजै, अपनाँ सुकृत भरि भरि लीजै।।टेक।।
कुँभरा एक कमाई माटी, बहु बिधि जुगति बणाई।।
एकनि मैं मुक्ताहल मोती, एकनि ब्याधि लगाई।।
एकनि दीना पाट पटंबर, एकनि सेज निवारा।।
एकनि दोनों गरै कुदरी, एकनि सेज पयारा।।
साची रही सूँम की संपति, मुगध कहै यहु मेरी।।
अंत काल जब आइ पहुँचा, छिन में कीन्ह न बेरी।।
कहत कबीर सुनौ रे संतो, मेरी मेरी सब झूठी।।
चड़ा चौथा चूहड़ा ले गया तणी तणगती टूटी।।105।।

हड़ हड़ हड़ हड़ हसती है, दीवाँनपनाँ क्या करती है।
आड़ी तिरछी फिरती है, क्या च्यौं च्यौं म्यौं म्यौं करती है।।
क्या तूँ रंगी क्या तूँ चंगी, क्या सुख लौड़ै कीन्हाँ।।
मीर मुकदम सेर दिवाँनी, जंगल केर षजीना।
भूले भरमि कहा तुम्ह राते, क्या मदुमाते माया।।
राम रंगि सदा मतिवाले, काया होइ निकाया।।
कहत कबीर सुहाग सुंदरी, हरि भजि ह्वै निस्तारा।।
सारा षलक खराब किया है, माँनस कहा बिचारा।।106।।

---

(102) ख- मेरी मेरी जब जग करता।।
(104) ख- मुगध न देखे।।

हरि के नाँइ गहर जिनि करऊँ। राम नाम चित मूखा न धरऊँ।।टेक।।
जैसे सती तजै संसार, ऐसैं जियरा करम निवारा।।
राग दोष दहूँ मैं एक न भाषि, कदाचि ऊपजै चिता न राषि।।
भूले विसरय गहर जौ होई, कहै कबीर क्या करिहौ मोहि।।107।।

मन रे कागज कोर पराया,
कहा भयौ ब्यौपार तुम्हारै, **कलतर** बढ़े सवाया।।टेक।। सूद, ब्याज
बड़े बौहरे साँठी दीन्हौ **कलतर** काढ्यो **खोटै**।। कड़ा
चार लाख अरु असी ठीक दे, जनम लिष्यो सब **चोटै**।।
अबकी बेर न कागद कीर्‌यौ, तौ धर्म राई सूँ तूटै।।
पूँजी बितड़ि बंदि ले दैहै, तब कहै कौन के छूटै।।
गुरुदेव ग्याँनी भयौ **लगनियाँ**, सुमिरन दीन्हौ हीरा।।
बड़ी **निसरना** नाव राम कौ, **चढ़ि गयौ कीर** कबीरा।।108।। निकासी, ऋण चुकता

धागा ज्यूँ टूटै त्यूँ जोरि, तूटै तूटनि होयगी, नाँ ऊँ मिलै बहोरि।।टेक।।
उरझ्या सूत पाँन नहीं लागै, कूच फिरे सब लाई।
छिटकै पवन तार जब छूटै, तब मेरौ कहा बसाई।।
सुरझ्यौ सूत गुढ़ी सब भागी, पवन राखि मन धीरा।।
पचूँ भईया भये सनमुखा, तब यहु पान करीला।।
नाँन्हीं मैदा पीसि लई है, छाँणि लई द्वै बारा।।
कहै कबीर तेल जब मेल्या, बुतत न लागी बारा।।109।।

ऐसा औसरि बहुरि न आवै, राम मिलै पूरा जन पावै।।टेक।।
जनम अनेक गया अरु आया, की बेगारि न भाड़ा पाया।।
भेष अनेक एकधूँ कैसा, नाँनाँ रूप धरै नट जैसा।।
दाँन एक माँगों कवलाकंत, कबीर के दुख हरन अनंत।।110।।

हरि जननी मैं बालिक तेरा, काहे न औगुण बकसहु मेरा।।टेक।।
सुत अपराध करै दिन केते, जननी कै चित रहै न तेते।।
कर गहि केस करे जौ घाता, तऊ न हेत उतारै माता।।
कहैं कबीर एक बुधि बिचारी, बालक दुखी दुखी महतारी।।111।।

गोब्यंदे तुम्ह थैं डरपौं भारी,
सरणाई आयौ क्यूँ गहिये, यहु कौन बात तुम्हारी।।टेक।।
धूप दाझतैं छाँह तकाई, मति तरवर सचपाऊँ।।
तरवर माँहै ज्वाला निकसै, तौ क्या लेई बुझाऊँ।।
जे बन जलैं त जल कुँ धावै, मति जल सीतल होई।।
जलही माँहि अगनि जे निकसै, और न दूजा कोई।।

तारण तिरण तिरण तूँ तारण, और न दूजा जानौं।।
कहै कबीर सरनाँई आयौ, अपनाँ देव नहीं मानौं।।112।।

मैं गुलाँम मोहि बेच गुसाँई, तन मन धन मेरा रामजी के ताँई।।टेक।।
आँनि कबीरा हाटि उतारा, सोई गाहक बेचनहारा।।
बेचै राम तो राखै कौन, राखै राम तो बेचै कौन।।
कहै कबीर मैं तन मन जान्या, साहब अपनाँ छिन न बिसार्‌या।।113।।

अब मोहि राम भरोसा तेरा,
जाके राम सरीखा साहिब भाई, सों क्यूँ अनत पुकारन जाई।
जा सिरि तीनि लोक कौ भारा, सो क्यूँ न करै जन को प्रतिपारा।।
कहै कबीर सेवौ बनवारी, सींचौं पेड़ पीवै सब डारी।।114।।

जियरा मेरा फिरै उदास,
राम बिन निकसि न जाई साँस, अजहूँ कौन आस।।टेक।।
जहाँ जहाँ जाँऊँ राम मिलावै न कोई, कहौ संतौ कैसे जीवन होई।।
जरै सरीर यहु तन कोई न बुझावै, अनल देहै निस नींद न आवैं।।
चंदन घसि घसि अंग लगाऊँ, राम बिना दारुन दुख पाऊँ।
सतसंगति मति मनकरि धीरा, सहज जाँनि रामहि भजै कबीरा।।115।।

राम कहौ न अजहूँ केते दिना, कब ह्वै है प्राँन तुम्ह लीनाँ।।टेक।।
भौ भ्रमत अनेक जन्म गया, तुम्ह दरसन गोब्यंद छिन न भया।।
भ्रम्य भूलि पर्‌यो भव सागर, कछु न बसाइ **बसोधरा**।। वसुन्धरा
कहै कबीर दुखभंजना, करौ दया दुर-निकंदना।।116।।

हरि मेरा पीव भाई,
हरि मेरा पीव, हरि बिन रहि न सकै मेरा जीव।।टेक।।
हरि मेरा पीव मैं हरि की बहुरिया, राम बड़े मैं छुटक लहुरिया।
किया स्यंगार मिलन कै ताँई, काहे न मिलौ राजा राम गुसाँई।।
अब की बेर मिलन जो पाँऊँ, कहै कबीर भौ जलि नही आँऊँ।।117।।

राम बान **अन्ययाले** तीर, जाहि लागे सो जाँने पीर।।टेक।। अनियारे
तन मन खोजौं चोट न पाँऊँ, ओषद मूली कहाँ घसि लाँऊँ।।
एकही रूप दीसै सब नारी, नाँ जानौं को पियहि पियारी।।
कहै कबीर जा मस्तिक भाग, नाँ जानूँ काहु देइ सुहाग।।118।।

आस नहिं पूरिया रे, राम बिन को कर्म काटणहार।।टेक।।
जद सर जल परिपूरता, पात्रिग चितह उदास। यद्यपि
मेरी विषम कर्म गति ह्वै परा, ताथैं पियास पियास।।

सिध मिलै सुधि नाँ मिलै, मिलै मिलावै सोइ।। सिद्ध तो बहुतेरे मिलते हैं पर
सूर सिध जब भेटिये, तब दुख न ब्यापै कोइ।।
औछैं जलि जैसें मछिका, उदर न भरई नीर।। ओछे
त्यूँ तुम्ह कारनि केसवा, जन **तालाबेली** कबीर।।119।। तलाबेली, बेचैनी

राम बिन तन की ताप न जाई, **जल** मैं अगनि उठी अधिकाई।।टेक।। जगत
तुम्ह **जलनिधि** मैं जल कर मीनाँ, जल मैं रहौं जलहि बिन षीनाँ। जगत कलाधार
तुम्ह प्यंजरा मैं सुवनाँ तोरा, दरसन देहु भाग बड़ मोरा।।
तुम्ह सतगुर मैं **नौतम** चेला, कहै कबीर राम रमूं अकेला।।120।। नया, अनोखा

गोब्यंदा गुंण गाईये रे, ताथैं भाई पाईये परम निधान।।टेक।।
ऊंकारे जग ऊपजै, बिकारे जग जाइ। शब्द ब्रह्म
अनहद बेन बजाइ करि, रह्यौं गगन मठ छाइ।।
झूठै जग डहकाइया रे, क्या जीवण की आस।
राम रसाँइण जिनि पीया, तिनकौं बहुरि न लागी रे पियास।।
अरघ षिन जीवन भला, भगवत भगति सहेत।
कोटि कलप जीवन ब्रिथा, नाँहिन हरि सूँ हेत।।
संपति देखि न हरषिये, बिपति देखि न रोइ।
ज्यूँ संपति त्यूँ बिपति है, करता करै सु होइ।।
सरग लोक न बाँछिये, डरिये न नरक निवास।
हूँणा थाँ सो ह्वै रह्या, मनहु न कीजै झूठी आस।।
क्या जप क्या तप संजमाँ, क्या तीरथ ब्रत स्नान।
जो पै जुगति न जाँनियै, भाव भगति भगवान।।
सँनि मंडल मैं सोचि लै, परम जोति परकास।। शून्य
तहूँवा रूप न रेष है, बिन फूलनि फूल्यौ रे आकास।।
कहै कबीर हरि गुण गाइ लै, सत संगति **रिदा** मँझारि। हृदय
जो सेवग सेवा करै, तो सँगि रमैं रे मुरारि।।121।।

मन रे हरि भजि हरि भजि हरि भज भाई।
जा दिन तेरो कोई नाँही, ता दिन राम सहाई।।टेक।।
तंत न जानूँ मंत न जानूँ, जानूँ सुंदर काया।
मीर मलिक छत्रपति राजा, ते भी खाये माया।।
बेद न जानूँ, भेद न जानूँ, जानू एकहि रामाँ।।
पंडित दिसि पछिवारा कीन्हाँ, मुख कीन्हौं जित नामा।
राज अंबरीक के कारणि, चक्र सुदरसन जारै।।
दास कबीर कौ ठाकुर ऐसौ, भगत की सरन उबारै।।122।।

---

(121) ख- भगवंत भजन सहेत।।

राम भणि राम भणि राम चिंतामणि, भाग बड़े पायौ छाड़ै जिनि।।टेक।।
अंसत संगति जिनि जाइ रे भूलाइ, साथ संगति मिलि हरि गुँण गाइ।
रिदा कवल में राखि लुकाइ, प्रेम गाँठि दे ज्यूँ छूटि न जाइ।
अठ सिधि नव निधि नाँव मँझारि, कहै कबीर भजि चरन मुरारि।।123।।

निरमल निरमल राम गुण गावै, सो भगता मेरे मनि भावै।।टेक।।
जे जन लेहिं राम नाँउँ, ताकी मैं बलिहारी जाँउँ।।
जिहि घटि राम रहे भरपूरि, ताकी मैं चरनन की धूरि।।
जाति जुलाहा मति कौ धीर, हरषि हरषि गुँण रमैं कबीर।।124।।

जा नरि राम भगति नहीं साधी,
सो जनमत काहे न मूवौ अपराधी।।टेक।।
गरभ मूचे मुचि भई किन बाँझ, सकर रूप फिरै कलि माँझ।
जिहि कुलि पुत्र न ग्याँन बिचारी, वाकी बिधवा काहे न भई महतारी।
कहै कबीर नर सुंदर सरूप, राम भगत बिन कुचल करूप।।125।।

राम बिनाँ ध्रिग ध्रिग नर नारी, कहा तैं आइ कियौ संसारी।।टेक।।
रज बिना कैसो रजपूत, ग्यान बिना फोकट अवधूत।।
गनिका कौ पूत कासौं कहै, गुर बिन चेला ग्यान न लहै।।
कबीर कन्याँ करै स्यंगार, सोभ न पावै बिन भरतार।।
कहै कबीर हूँ कहता डरूँ, सुषदेव कहै तो मैं क्या करौं।।126।।

जरि जाव ऐसा जीवनाँ, राजा राम सूँ प्रीति न होई।
जन्म अमोलिक जात है, चेति न देखै कोई।।टेक।।
मधुमाषी धन संग्रहै, **युधवा** मधु ले जाई रे। मधु इकट्ठा करने वाला
गयौ गयौ धन मूँढ़ जनाँ, फिरि पीछैं पछिताई रे।।
विषिया सुख कै कारनै, जाइ गनिका सूँ प्रीति लगाई रे।
अंधै आगि न सूझई, पढ़ि पढ़ि लोग बुझाई रे।।
एक जनम कै कारणैं, कत पूजौ देव सहँसौ रे।
काहे न पूजौ राम जी, जाकौ भगत महेसौ रे।।
कहै कबीर चित चंचला, सुनहु मूढ़ मति मोरी।
विषिय फिर फिर आवई, राजा राम न मिले बहोरी।।127।।

---

(127) ख- प्रति में इसके आगे यह पद है—
राम न जपहु कवन भ्रम लाँगै।
मरि जाहहुगे कहा कहा करहु अभागे।।टेक।।
राम राम जपहु कहा करौ वैसे, भेड कसाई कै घरि जैसे।
राम न जपहु कहा गरबना, जम के घर आगै है जाना।।
राम न जपहु कहा मुसकौ रै, जम के मुदगरि गणि गणि खहुरे।
कहै कबीर चतुर के राइ, चतुर बिना को नरकहि जाइ।।130।।

राम न जपहु कहा भयौ अंधा, राम बिना जँम मैले फंधा।।टेक।।
सुत दारा का किया पसारा, अंत की बेर भये बटपारा।।
माया ऊपरि माया माड़ी, साथ न चले षोषरी हाँड़ी।।
जपौ राम ज्यूँ अंति उबारै, ठाढ़ी बाँह कबीर पुकारै।।128।।

डगमग छाड़ि दै मन बौरा।
अब तौ जरें बरें बनि आवै, लीन्हों हाथ सिंधौरा।।टेक।।
होइ निसंक मगन ह्वै नाचौ, लोग मोह भ्रम छाड़ौ।।
सूरौ कहा मरन थैं डरपैं, संतों न संचैं भाड़ौ।।
लोक वेद कुल की मरजादा, इहै कालै मैं पासी।
आधा चलि करि पीछा फिरिहै, ह्वै है जग मैं हाँसी।।
यह संसार सकल है मैला, राम कहै ते **सूवया**। शुचि
कहै कबीर नाव नहीं छाँड़ौं, गिरत परत चढ़ि ऊँचा।।129।।

का सिधि साधि करौं कुछ नाहीं, राम रसाँइन मेरी रसनाँ माँहीं।।टेक।।
नहीं कुछ ग्याँन ध्याँन सिधि जोग, ताथैं उपजै नाना रोग।
का बन मैं बसि भये उदास, जे मन नहीं छाड़ै आसा पास।।
सब कृत काच हरी हित सार, कहै कबीर तजि जग ब्यौहार।।130।।

जौं तैं रसना राम न कहियो, तौ उपजत बिनसत भरमत रहियौ।।टेक।।
जैसी देखि तरवर की छाया, प्राँन गये कहु काकी माया।।
जीवत कछु न कीया प्रवानाँ, मूवा मरम को काँकर जाना।।
संधि काल सुख कोई न सोवै, राजा रंक दोऊ मिलि रोवै।।
हंस सरोवर कँवल सरीरा, राम रसाइन पीवै कबीरा।।131।।

का नाँगे का बाँधे **चाम**, जौ नहीं चीन्हसि आतम राम।।टेक।। मृगचर्म
नागे फिरें जोग जे होई, बन का मृग मुकुति गया कोई।।
मूँड मूड़ायै जौ सिधि होई, स्वर्ग ही भेड़ न पहुँची कोई।।
ब्यंद राखि जे खेलै है भाई, तौ षुसरै कौंण परँम गति पाई।। आँखें मूँदकर
पढ़ें गुनें उपजै अहंकारा, अधधर डूबे वार न पारा।।
कहै कबीर सुनहु रे भाई, राम नाम किन सिधि पाई।।132।।

हरि बिन भरमि बिगूते गदा।
जापै जाऊँ आपनपौं छुडावण, ते बीधे बहु फंदा।।टेक।।
जोगी कहै जोग सिधि नीकी, और दूजी भाई।।
लुंचित मुंडित मौनि जटाधर, ऐ जु कहै सिधि पाई।। जैन साधु
जहाँ का उपज्या तहाँ बिलाना, हरि पद बिसर्‍या जबहिं।।
पंडित गुँनी सूर कवि दाता, ऐ जु कहैं बड़ हँमहीं।।

वार पार की खबरि न जाँनी, फिर्‌यौ सकल बन ऐसैं।।
यहु मन **बोहि** थके कउवा ज्यूँ, रह्यौ ठग्यौ सो वैसैं।। अवगाहना, छानना
तजि **बावैं दाँहिणै** बिकार, हरि पद दिढ करि गहिये।। दक्षिण मार्ग (वेद) वाम मार्ग
कहै कबीर गूँगे गुड़ खाया, बूझै तौ का कहिये।।133।।

चलौ बिचारी रहौ सँभारी, कहता हूँ जु पुकारी।
राम नाम अंतर गति नाहीं, तौ जनम जुवा ज्यूँ हारी।।टेक।।
मूँड़ मुड़ाइ फूलि का बैठे, काँननि पहरि मजूसा।
बाहरि देह षेह लपटानीं, भीतरि तौ घर मूसा।।
कालिब नगरी गाँव बसाया, हाँम काँम हंकारी। कालिब = शरीर
घालि रसरिया जब जँम खैंचे, तब का पति रहै तुम्हारी।।
छाँड़ि कपूर गाँठि विष बाँध्यौ, मूल हुवा ना लाहा।
मेरे राम की अभौ पद नगरी, कहै कबीर जुलाहा।।134।।

कौन बिचारि करत हौ पूजा, आतम राम अवर नहीं दूजा।।टेक।।
बिन प्रतीतैं **पाती तोड़**, ग्याँन बिनाँ **देवलि** सिर फोड़ै।। बेलपत्र आदि, देवालय में
लुचई लपसी आप संधारै, द्वारै ठाढ़ा राम पुकारै।।
पर आत्म जौ तत बिचारै, कहि कबीर ताकै बलिहारै।।135।।

कहा भयौ तिलक गरै जपमाला, मरम न जानैं मिलन गोपाला।।टेक।।
दिन प्रति पसू करै हरिहाई, गरैं काठ बाकी बाँधि न जाई।
स्वाँग सेत, करणी मनि काली, कहा भयौ गलि माला घाली।।
बिन ही प्रेम कहा भयौ रोये, भीतरि मैल बाहरि का धोये।।
गल गल स्वाद भगति नहीं धीर, **चीक न** चंदवा कहै कबीर।।136।। मुलायम, न चिक न चँदोवा

ते हरि आवेहि काँमाँ, जे नहीं चीन्हें आतम रामाँ।।टेक।।
थोरी भगति बहुत अलंकारा, ऐसे भगता मिलैं अपारा।।
भाव न चीन्हैं हरि गोपाला, **जानिक** अरहट कै गलि माला।। जानिक = जानो मानो
कहै कबीर जिनि गया अभिमाना, सो भगता भगवंत समानाँ।।137।।

कहा भयौ रचि स्वाँग बनायौ, अंतरजामी निकट न आयौ।।टेक।।
विषई विषे ढिढावै गावै, राम नाम मनि कबहूँ न भावै।।
पापी **परलै जाहि** अभागै, अमृत छाड़ि विषै रसि लागे।। नष्ट होते हैं
कहै कबीर हरि भगति न साथी, भग मुषि लागि मूये अपराधी।।138।।

जौ पैं पिय के मनि नाहीं भाये, तौ का पबरोसनि कै हुलसाये।।टेक।।
का चूरा पाइल झमकायें, कहा भयौ बिछुवा ठमकायें।।
का काजल स्यंदूर कै दीयैं, सोलह स्यंगार कहा भयौ कीयै।।

अंजन मंजन करै ठगौरी, का पचि मरै निगौड़ी बौरी।।
जौ पै पतिब्रता ह्वै नारी, **कैसे ही** रही सो पियहिं पियारी।। चाहे कैसे ही रूप में रहे
तन मन जीवन सौपि सरीरा, ताहि सुहागिन कहै कबीरा।।139।।

दूभर पनियाँ भर्‍या न जाई, अधिक त्रिषा हरि बिन न बुझाई।।टेक।।
उपरि नीर **लेजु** तलिहारी, कैसे नीर भरे पनिहारी।। रज्जुं प्रा. लेज्जु
उधर्‍यौ कूप, **घाट भयौ भरी**, चली निरास पंच पनिहारी।। घाट दुर्गम दिखाई पड़ा
गुर उपदेश भरी ले नीरा, हरषि हरषि जल पीवै कबीरा।।140।।

कहौ भइया अंबर **काँसूँ लागा**, कोई जाँणँगा जाँननहारा।।टेक।। किससे टिका है
अंबरि दीसे केता तारा, कौन चतुर ऐसा चितरनहारा।।
जे तुम्ह देखौ सो यहु नाँही, यहु पद अगम अगोचर माँही।।
तीनि हाथ एक अरधाई, ऐसा अंबर चीन्हौ रे भाई।। हाथ की देह
कहै कबीर जे अंबर जाने, ताही सूँ मेरा मन माँनै।।141।।

तन में खोजौ नर करौ **बड़ाई**, जुगति बिना भगति किनि पाई।।टेक।। अपनी बड़ाई
एक कहावत मुलाँ काजी, राम बिना सब फोकटबाजी।।
नव ग्रिह बाँभण भणता रासी, तिनहुँ न काटी जम कौ पासी।।
कहै कबीर यह तन काचा, सबद निरंजन राम नाम साचा।।142।।

जाइ परो हमरो का करिहै, आप करै आप दुख भरिहै।।टेक।। जाकर पड़े, हमारा क्या करेगा
ऊभड़ जाताँ बाट बतावै, जौ न चलै तौ बहुत दुख पावै।। गड़बड़ चलते हुए को
अंधे कूप क दिया बताई, न तरकि पड़े पुनि हरि न पत्याई।।
इंद्री स्वादि विषै रसि बहिहै, नरकि पड़े पुनि राम न कहिहै।।
पंच सखी मिलि मतौ उपायौ, जंम की पासी हंस बँधायौ।।
कहै कबीर प्रतीति न आवै, पाषंड कपट इहै जिय भावै।।143।।

ऐसे लोगनि सूँ का कहिये।
जे नर भये भगति थैं न्यारे, तिनथैं सदा डराते रहिये।।टेक।।
आपण देही में **चरवाँ पाँनी**, ताहि निंदै जिनि गंगा आनी।। चारा पाती है
आपण बूड़ैं और कौ बोड़ै, अगनि लगाइ मंदिर मैं सोवै।।
आपण अंध और कूँ काँनाँ कहता है, तिनकौ देखि कबीर डराँनाँ।।144।।

है हरि जन सूँ जगत लरत है, फुँनिगा कैसे गरड़ भषत हैं।।टेक।।
अचिरज एक देखह संसारा, **सुनहाँ** खेदै कुंजर असवारा।। जगत माया
ऐसा एक अचंभा देखा, जंबुक करै केहरि **सूँ लेखा**।। हिसाब किताब, बातचीत
कहै कबीर राम भजि भाई, दास अधम गति कबहुँ न जाई।।145।।

(140) ख- जल बिनु न बुझाई।।

हैं हरिजन थैं चूक परी, जे कछु आहि तुम्हारी हरी।।टेक।।
मोर तोर जब लग मैं कीन्हाँ, तब लग त्रास बहुत दुख दीन्हाँ।।
सिध साधिक कहैं हम सिधि पाई, राम नाम बिन सबै गँवाई।।
जे बैरागी आस पियासी, तिनकी माया कदे न नासी।।
कहै कबीर मैं दास तुम्हारा, माया खंडन करहु हमारा।।146।।

सब दुनी सयाँनी मैं बौरा, हँम बिगरे बिगरौ जिनि औरा।।टेक।।
मैं नहीं बौरा राम कियो बौरा, सतगुर जारि गयौ भ्रम मोरा।।
विद्या न पढ़ूँ बाद नहीं जानूँ, हरि गुँन कथत सुनत बौराँनूँ।।
काँम क्रोध दोऊ भये विकारा, आपहि आप जरे संसारा।।
मीठो ककहा जाहि जो भावै, दास कबीर राम गुँन गावै।।147।।

अब मैं राम सकल सिधि पाई, आँन कहूँ तो राम दुहाई।।टेक।।
इहि चिति चाषि सबै रस दीठा, राम नाम सा और न मीठा।।
औरे रसि ह्वैहै कफ गाता, हरि रस अधिक अधिक सुखदाता।।
दूजा बणिज नहीं कछु **बाषर**, राम नाम दोऊ तत आषर।। बखार
कहै कबीर जे हरि रस भोगी, ताकूँ मिल्या निरंजन जोगी।।148।।

रे मन जाहिं जहाँ तोहि भावै, अब न कोई तेरे अंकुस लावै।।टेक।।
जहाँ जहाँ जाई तहाँ तहाँ रामा, हरि पद चीन्हि कियौ विश्रामा।
तन रंजित तब देखियत दोई, प्रगट्यौ ग्याँन **जहाँ तहाँ** सोई।। जब तक स्थूल शरीर पर माया का रंग चढ़ा था तब तक द्वैत था
लीन निरंतर बपु बिसराया, कहै कबीर सुख सागर पाया।।149।।

बहुरि हम काहैं कूँ आवहिंगे।
बिछुरे पंचतत्त की रचना, तब हम रामहि पावहिंगे।।टेक।।
पृथी को गुण पाँणी सोष्या, पाँनी तेज मिलावहिंगे।।
तेज पवन मिलि **सबद** मिली, सहज समाधि लगावहिंगे।। आकाश
जैसे बहु कंचन के भूषन, ये कहि गालि तवावहिंगे।।
ऐसै हम लोक वेद के बिछुरें, सुनिहि माँहि समावहिंगे।।
जैसे जलहि तरंग तरंगनी, ऐसैं हम दिखलावहिंगे।।
कहै कबीर स्वामी सुख सागर, हसहि हंस मिलावहिंगे।।150।।

कबीरा संत नदी गया बहि रे,
ठाढ़ी माइ कराड़े टेरै, है कोई ल्यावैगहि रे।।टेक।।
बादल बाँनी राम घन उनयाँ, बरिषै अंमृत धारा।।
सखी नीर गंग भरि आई, पीवै प्राँन हमारा।।
जहाँ बहि लागे सनक सनंदन, रुद्र ध्याँन धरि बैठे।।
सूर्य प्रकास आनंद बमेक मैं घर कबीर ह्वै पैठे।।151।।

अवधू कामधेन गहि बाँधी रे।
भाँड़ा भंजन करे सबहिन का, कछू न सूझे आंधी रे।।टेक।।
जौ ब्यावै तौ दूध न देई, ग्यामण अंमृत सरवै।।
कौली घाल्याँ बडहि चालै ज्यूँ घेरौं त्यूँ दरवै।।
तिहि धेन थैं इंछ्या पूगी पाकड़ि खूँटै बाँधी रे।
ग्वाड़ा माँहै आनँद उपनो, खूँटै दोऊ बाँधी रे।
साई माइ सास पनि साई, साई बाकी नारी।
कहै कबीर परम पद पाया, संतौ लेहु बिचारी।।152।।

(राम रामकली)

जगत गुर अनहद कींगरी बाजे, तहाँ दीरघ नाद ल्यौ लागे।।टेक।।
त्री अस्यान अंतर मृगछाला, गगन मंडल सींगी बाजे।।
तहुँआँ एक दुकाँन रच्यो हैं, निराकार ब्रत साजे।।
गगन ही माठी सींगी करि चुंगी, कनक कलस एक पावा।
तहुँवा चबे अमृत रस नीझर, रस ही मैं रस चुवावा।।
अब तौ एक अनूपम बात भई, पवन पियाला साजा।
तीनि भवन मैं एकै जोगी, कहौ कहाँ बसै राजा।।
बिनरे जानि परणऊँ परसोतम, कहि कबीर रँगि राता।
यहु दुनिया काँई भ्रमि भुलाँनी, मैं राम रसाइन माता।।153।।

ऐसा ग्यान बिचारि लै लै, लाइ लै ध्याँनाँ।
सुंनि मंडल मैं घर किया, जैसे रहै सिंचाँनाँ।।टेक।।
उलटि पवन कह्याँ राखिये, कोई भरम बिचारै।
साँधै तीर **पताल** कूँ, फिरि गगनहि मारै।। मूलाधार
कंसा नाद बजाव ले, धुंनि निमसि ले कंसा।। कलश
कंसा फूटा पंडिता, धुंनि कहाँ निवासा।।
प्यंड परे जीव कहाँ रहै, कोई मरम लखावै।
जीवत जिस घरि जाइये, ऊँचे मुषि नहीं आवै।।
सतगुर मिलै त पाइयै, ऐसी अकथ कहाँणीं।
कहै कबीर संसा गया, मिले सारंगपाँणीं।।154।।

है कोई संत सहज सुख उपजै, जाकौ जब तप देउ दलाली।
एक बूँद भरि देइ राम रस, ज्यूँ भरि देई कलाली।।टेक।।
काया कलाली लाँहनि करिहूँ, गुरू सबद गुड़ कीन्हाँ।।
काँम क्रोध मोह मद मंछर, काटि काटि कस दीन्हाँ।।

---

(152)ख- साई घर की नारी।

भवन चतुरदस भाटी पुरई, ब्रह्म अगनि परजारी।
मूँदे मदन सहज धुनि उपजी, सुखमन पीसनहारी।।
नीझर झरै अँमी रस निकसै, निहि मदिरावल छाका।।
कहैं कबीर यहु बास बिकट अनि, ग्यॉंन गुरू ले बाँका।।155।।

अकथ कहाँणी प्रेम की, कछु कही न जाई,
गूँगे केरी सरकरा, बैठे मुसुकाई।।टेक।।
भोमि बिनाँ अरू बीज बिन, तरबर एक भाई।
अनँत फल प्रकासिया, गुर दीया बताई।
कम थिर बैसि बिछारिया, रामहि ल्यौ लाई।
झूठी अनभै बिस्तरी सब थोथी बाई।।
कहै कबीर सकति कछु नाही, गुरु भया सहाई।।
आँवण जाँणी मिटि गई, मन मनहि समाई।।156।।

संतो सो अनभै पद गहिये।
कल अतीत आदि निधि निरमअ ताकूँ सदा विचारत रहिये।।टेक।।
सो काजी जाकौं काल न ब्यापैं, सो पंडित पद बूझै।
सो ब्रह्मा जो ब्रह्म बिचारै, सो जोगी जग सूझै।।
उदै न अस्त सूर नहीं ससिहर, ताकौ भाव भजन करि लीजै।
काया थैं कछु दूरि बिचारै, तास गुरू मन धीजै।
जार्‌यौ जरै न काट्‌यो सूकै, उतपति प्रलै न आवै।।
निराकार अषंउ मंडल मैं, पाँचौ तत्त समावै।।
लोचन अचित सबै अँधियारा, बिन लोचन जग सूझै।
पड़दा खोलि मिलै हरि ताकूँ, जो या अरथहिं बूझै।।
आदि अनंत उभै पख निरमल, द्रिष्टि न देख्या जाई।
ज्वाला उठी अकास प्रजल्यौ, सीतल अधिक समाई।।
एकनि गंध बासनाँ प्रगटै जग थैं रहै अकेला।।
प्राँन पुरिस काया थैं बिछुरे, राखि लेहु गुर चेला।
भाग भर्म भया मन अस्थिर, निद्रा नेह नसाँनाँ।।
घट की जोति जगत प्रकास्या, माया सोक बुझाँनाँ।
बंकनालि जे संमि करि राखै, तौ आवागमन न होई।।
कहैं कबीर धुनि लहरि प्रगटी, सहजि मिलैगा सोई।।157।।

जाइ पूछौ गोविंद पढ़िया पंडिता, तेराँ कौन गुरू कौन चेला।
अपणें रूप कौं आपहिं जाँणें, आपैं रहे अकेला।।टेक।।
बाँझ का पूत बाप बिना जाया, बिन पाऊँ तरबरि चढ़िया।
अस बिन पाषर गज बिन गुड़िया, बिन षडै संग्राम जुड़िया।।

बीज बिन अंकूर पेड़ बिन तरवर, बिन साषा तरवर फलिया।
रूप बिन नारी पुहुप बिन परमल, बिन नीरै सरवर भरिया।।
देव बिन देहुरा पत्र बिन पूजा, बिन पाँषाँ भवर बिलंबया।
सूरा होइ सु परम पद पावै, क़ीट पतंग होइ सब जरिया।।
दीपक बिन जोति जोति बिन दीपक, हद बिन अनाहद सबद बागा।
चेतनाँ होइ सु चेति लीज्यौं, कबीर हरि के अंगि लागा।।158।।

पंडित होइ सु पदहि बिचारै, मूरिष नाँहिन बूझै।
बिन हाथनि पाँइन बिन काँननि, बिन लोचन जग सूझै।।टेक।।
बिन मुख खाइ चरन बिनु चालै, बिन जिभ्या गुण गावै।
आछै रहै ठौर नहीं छाड़ै, दह दिसिही फिरि आवै।।
बिनहीं तालाँ ताल बजावै, बिन मंदल षट ताला।
बिनहीं सबद अनाहद बाजै, तहाँ निरतत है गोपाला।।
बिनाँ चोलनै बिनाँ कंचुकी, बिनहीं संग संग होई।
दास कबीर औसर भल देख्या, जाँनैगा जस कोई।।159।।

है कोई जगत गुर ग्याँनी, उलटि बेद बूझै।
पाँणीं में अगनि जरैं, अँधरे कौ सूझै।।टेक।।
एकनि ददुरि खाये, पंच भवंगा।
गाइ नाहर खायौ, काटि काटि अंगा।।
बकरी बिधार खायौ, हरनि खायौ चीता।
कागिल गर फाँदिया, बटेरै बाज जीता।।
मसै मँजार खायौ, स्यालि खायौ स्वाँनाँ।
आदि कौं आदेश करत, कहैं कबीर ग्याँनाँ।।160।।

ऐसा अद्भुत मेरे गुरि कथ्या, मैं रह्या उमेषै।
मूसा हसती सौ लड़ै, कोई बिरला पेषै।।टेक।।
उलटि मूसै सापणि गिली, यहु अचिरज भाई।
चींटी परबत ऊषण्याँ, ले राख्यौ चौड़ै।।
मुर्गी मिनकी सूँ लड़ै, झल पाँणौं दौड़े।
सुरहीं चूँषै बछतलि, बछा दूध उतारै।
ऐसा नवल गुँणा भया, सारदूलहि मारै।
भील लूक्या बन बीझ मैं ससा सर मारै।।
कहै कबीर ताहि गुर करौं, जो या पदहि बिचारै।।161।।

अवधू जागत नीद न कीजै।
काल न खाइ कलप नहीं ब्यापै देही जुरा न छीजै।।टेक।।
उलटी गंग समुद्रहि सोखै, ससिहर सूर गरासै।

नव ग्रिह मारि रोगिया बैठे, जल में ब्यंब प्रकासै।।
डाल गह्या थैं मूल न सूझै, मूल गह्याँ फल पावा।
बंबई उलटि शरप कौं लागी, धरणि महा रस खावा।।
बैठ गुफा मैं सब जग देख्या, बाहरि कछू न सूझै।
उलटैं धनकि पारधी मार्‌यौ, यहु अचिरज कोई बूझै।।
औंधा घड़ा न जल में डूबे, सूधा सूभर भरिया।
जाकौं यहु जुग घिण करि चालैं, ता पसादि निस्तरिया।।
अंबर बरसै धरती भीजै, बूझै जाँणौं सब कोई।
धरती बरसै अंबर भीजै, बूझै बिरला कोई।।
गाँवणहारा कदे न गावै, अणबोल्या नित गावै।
नटवर पेषि पेषनाँ पेषै, अनहद बेन बजावै।।
कहणीं रहणीं निज तत जाँणैं, यहु सब अकथ कहाणीं।
धरती उलटि आकासहिं ग्रसै, यहु पुरिसाँ की बाँणी।।
बाझ पिय लैं अंमृत सोख्या, नदी नीर भरि राष्या।
कहै कबीर ते बिरला जोगी, धरणि महारस चाष्या।।162।।

राम गुन बेलड़ी रे, अवधू गोरषनाथि जाँणीं।
नाति सरूप न छाया जाके, बिरध करैं बिन पाँणीं ।।टेक।।
बेलड़िया द्वे अणीं पहूँती गगन पहूँती सैली।
सहज बेलि जल फूलण लागी, डाली कूपल मेल्ही।।
मन कुंजर जाइ बाड़ा बिलब्या, सतगुर बाही बेली।
पंच सखी मिसि पवन पयप्या, बाड़ी पाणी मेल्ही।।
काटत बेली कूपले मेल्हीं, सींचताड़ी कुमिलाँणों।
कहै कबीर ते बिरला जोगी, सहज निरंतर जाँणीं।।163।।

राम राइ अबिगत बिगति न जानै, कहि किम तोहिं रूप बषानै।।टेक।।
प्रथमे गगन कि पुहमि प्रथमे प्रभू पवन कि पाँणीं।
प्रथमे चंद कि सूर प्रथमे प्रभू, प्रथमे कौन बिनाँणीं।।
प्रथमे प्राँण कि प्यंड प्रथमे प्रभू, प्रथमे रकत कि रेत।
प्रथमे पुरिष की नारि प्रथमे प्रभू, प्रथमे बीज की खेत।।
प्रथमे दिवस कि रैणि प्रथमे प्रभू, प्रथमे पाप कि पुन्य।
कहै कबीर जहाँ बसहु निरंजन, तहाँ कुछ आहि कि सुन्य।।164।।

अवधू सो जोगी गुर मेरा, जौ या पद का करै नबेरा।।टेक।।
तरवर एक पेड़ बिन ठाढ़ा, बिन फूलाँ फल लागा।
साखा पत्र कछू नहीं वाकै अष्ट गगन मुख बागा।।

(163) ख- जाति सिमूल न छाया जाकै।

पैर बिन निरति कराँ बिन बाजै, जिभ्या हीणाँ गावै।
गायणहारे के रूप न रेषा, सतगुर होई लखावे।।
पषी का षोज मीन का मारग, कहै कबीर बिचारी।
अपरंपार पार परसोतम, वा मूरति बलिहारी।।165।।

अब मैं जाँणिबौ रे केवल राइ कौ कहाँणी।
मझां जोति राम प्रकासै, गुर गमि बाँणी।।टेक।।
तरवर एक अनंत मूरति, सुरताँ लेहू पिछाँणीं।।
साखा पेड़ फूल फल नाँहीं, ताकी अंमृत बाँणीं।।
पुहुप बास भवरा एक राता, बरा ले उर धरिया।
सोलह **मंझै** पवन झकोरैं, आकासे फल फलिया।। तना
सहज समाधि बिरष यह सीच्या, धरती जलधर सोष्या।
कहै कबीर तास मैं चेला, जिनि यहु तरुवर पेष्या।।166।।

राजा राम कवन रंगै, जैसैं परिमल पुहुप संगैं।।टेक।।
पंचतत ले कीन्ह बँधाँन, चौरासी लष जीव समाँन।
बेगर बेगर राखि ले भाव, तामैं कीन्ह आपको ठाँव।।
जैसे पावक भंजन का बसेष, घट उनमाँन कीया प्रवेस।।
कह्यो चाहूँ कछु कह्या न जाइ, जल जीव है जल नहीं बिगराइ।।
सकल आतमाँ बरतै जे, छल बल कौं सब चान्हि बसे।।
चीनियत चीनियत ता चीन्हिलै से, तिहि चीन्हिअत धूँका करके।।
आपा पर सब एक समान, तब हम पावा पद निरबाँण।।
कहै कबीर मन्य भया संतोष, मिले भगवंत गया दुख दोष।।167।।

अंतर गति अनि अनि बाँणी।
गगन गुपत मधुकर मधु पीवत, सुगति सेस सिव जाँणीं।।टेक।।
त्रिगुण त्रिविध तलपत तिमरातन, तंती तत मिलानीं।
भाग भरम भाइन भए भारी, बिधि बिरचि सुषि जाँणीं।।
बरन पवन अबरन बिधि पावक, अनल अमर मरै पाँणीं।
रबि ससि सुभग रहे भरि सब घटि, सबद सुनि तिथि माँहीं।।
संकट सकति सकल सुख खोये, उदित मथित सब हारे।
कहैं कबीर अगम पुर पाटण, प्रगटि पुरातन जारे।।168।।

लाधा है कछू लाधा है ताकि पारिष को न लहै।
अबरन एक अकल अबिनासी, घटि घटि आप रहै।।टेक।।
तोल न मोल माप कछु नाहीं, गिणँती ग्याँन न होई।
नाँ सो भारी नाँ सो हलका, ताकी पारिष लषै न कोई।।

जामैं हम सोई हम हा मैं, नीर मिले जल एक हूवा।
यों जाँणैं तो कोई न मरिहैं, बिन जाँणैं थैं बहुत मूवा।।
दास कबीर प्रेम रस पाया, पीवणहार न पाऊँ।
बिधनाँ बचन पिछाँड़त नाहीं, कहु क्या काढ़ि दिखाऊँ।।169।।

हरि हिरदे रे अनत कत चाहौ, भूलै भरम दुनी कत बहौ।।टेक।।
जग परबोधि होत नर खाली, करते उदर उपाया।
आत्म राम न चीन्हैं संतौ, क्यूँ रमि लै राम राया।।
लागै प्यास नीर सो पीवै, बिन लागै नहीं पीवै।
खोजै तत मिलै अबिनासा, बिन खोजैं नहीं जीवै।
कहै कबीर कठिन यह करणीं जैसी षंडे धारा।
उलटि चाल मिलै परब्रह्म कौं, सो सतगुरू हमारा।।170।।

रे मन बैठि कितै जिनि जासी, हिरदै सरोवर है अबिनासी।।टेक।।
काया मधे कोटि तीरथ, कावा मधे कासी।
माया मधे कवलापति, काया मधे बैकुंठबासी।।
उलटि पवन षटचक्र निवासी, तीरथराज गंगतट बासी।।
गगन मंडल रबि ससि दोइ तारा, उलती कूची लागि किंवारा।
कहै कबीर भई उजियारा, पच मारि एक रह्यौ निनारा।।171।।

राम बिन जन्म मरन भयौ भारी
साधिक सिध सूर अरु सुरपति भ्रमत भ्रमत गये हारी।।टेक।।
व्यंद भाव म्रिग तत जंत्रक, सकल सुख सुखकारी।
श्रवन सुनि रवि ससि सिव सिव, पलक पुरिष पल नारी।।
अंतर गगन होत अंतर धुँनि बिन सासनि है सोई।
घोरत सबद सुमंगल सब घटि, ब्यंदत ब्यदै कोई।।
पाणीं पवन अवनि नभ पावक, तिहि सँग सदा बसेरा।
कहै कबीर मन मन करि बेध्या, बहुरि न कीया फेरा।।172।।

नर देही बहुरि न पाइये, ताथैं हरषि गुँण गाईये।।टेक।।
जब मन नहीं तजै बिकारा, तौ क्यूँ तरिये भौ पारा।।
जे मन छाड़ै कुटिलाई, तब आइ मिलै राम राई।
ज्यूँ जींमण त्यूँ मरणाँ, पछितावा कछु न करणाँ।
जाँणि मरै जे कोई, तो बहुरि न मरणाँ होई।।
गुर बचनाँ मंझि समावै, तब राम नाम ल्यौ लावै।।
जब राम नाम ल्यौ लागा, तब भ्रम गया भौ भागा।।
ससिहर सूर मिलावा, तब अनहद बेन बजावा।।
जब अनहद बाजा बाजै, तब साँई संगि बिराजै।।

होत संत जनन के संगी, मन राचि रह्यो हरि रंगी।।
धरो चरन कवल बिसवासा, ज्यूँ होइ निरभे पदबासा।।
यहु काचा खेल न होई, जन षरतर खेलै कोई।।
जब षरतर खेल मचावा, तब गगनमंडल मठ छावा।।
चित चंचल निहचल कीजै, तब राम रसाइन पीजै।।
जब राम रसाइन पीया, तब काल मिट्या जन जीया।।
ज्यूँ दास कबीरा गावै, ताथैं मन को मन समझावै।।
मन ही मन समझाया, तब सतगुर मिलि सचु पाया।।173।।

अवधू अगनि जरै कै काठ।
पूछौ पंडित जोग संन्यासी, सतगुर चीन्है बाट।।टेक।।
अगनि पवन मैं पवन कबन मैं, सबद गगन के पवनाँ।
निराकार प्रभु आदि निरंजन, कत रवते भवनाँ।।
उतपति जाति कवन अँधियारा, घन बादल का बरिषा।
प्रगट्यो बीच धनरि अति अधिकै, पारब्रह्म नहीं देखा।।
मरनाँ मरै न मरि सकै, मरनाँ दूरि न नेरा।
द्वादश द्वादस सनमुख देखैं, आपैं आप अकेला।।
जे बाँध्या ते छुछंद मृकुता, बाँधनहारा बाँध्या।
जे जाता ते कौंण पठाता, रहता ते किनि राख्या।।
अमृत समाँनाँ बिष मैं जानाँ, बिष मैं अमृत चाख्या।।
कहै कबीर बिचार बिचारी, तिल मैं मेर समाँनाँ।
अनेक जनम का गुर गुर करता, सतगुर तब भटाँनाँ।।174।।

अवधू ऐसा ग्यान बिचार,
भेरैं चढ़े सु अधधर डूबे, निराधार भये पारं।।टेक।। बेड़ा
ऊघट चले सु नगरि पहुँचे, बाट चले ते लूटे।
एक जेवड़ी सब लपटाँने, के बाँधे के छूटे।।
मंदिर पैसि च्हूँ दिसि भीगे, बाहरि रहे ते सूका।
सरि मारे ते सदा सुखारे, अनमारे ते दूषा।। गुरु-कारण
बिन नैनन के सब जग देखै, लोचन अछते अंधा।
कहै कबीर कछु समछि परी है, यहु जग देख्या धंधा।।175।।

जन धंधा रे जग धंधा, सब लोगनि जाँणौ अंधा।
लोभ मोह जेवड़ी लपटानी बिनहीं गाँठि गह्यो फंदा।।टेक।।
ऊँचे टीबे मंद बसत है, ससा बसे जल माँहीं।
परबत ऊपरि डूबि मूवा नर मूवा धूँ काँही।।
जलै नीर तिण षड़ उबरै, बैसंदर ले सींचै।
ऊपरि मूल फूल बिन भीतरि, जिनि जान्यौ तिनि नीकै।।

कहै कबीर जाँनहीं जाँनै, अनजानत दुख भारी।
हारी बाट बटाऊ जीत्या, जानत की बलिहारी।।176।।

अवधू ब्रह्म मतैं घरि जाइ,
काल्हि जू तेरी बँसरिया छीनी कहा चरावै गाइ।।टेक।।
तालि चुगें बन सीतर लउवा, पवति चरै सौरा मछा।
बन की हिरनी कूवै बियानी, सासा फिरे अकासा।।
ऊँट मारि मैं चारै लावा, हस्ती तरंडबा देई।
बबूर की डरियाँ बनसी लैहूँ, सींयरा भूँकि भूँकि षाई।।
आँब क बौरे चरहल करहल, निबिया छोलि छोलि खाई।
मोरै आग निदाष दरी बल, कहै कबीर समझाई।।177।।

कहा करौं कैसे तिरौं, भौ जल अति भारी।
तुम्ह सरणागति केसवा राखि राखि मुरारी।।टेक।।
घर तजि बन खंडि जाइए, खनि खनि खइए कंदा।
बिषै बिकार न छूटई, ऐसा मन गंदा।।
बिष विषिया कौ बाँसनाँ, तजौं तजी नहीं जाई।
अनेक जतन करि सुरझिहौं, फुनि फुनि उरझाई।।
जीव अछित जोबन गया, कछु किया न नीका।
यहु हीरा निरमोलिका, कौड़ी पर बीका।।
कहै कबीर सुनि केसवा, तूँ सकल बियापी।
तुम्ह समाँनि दाता नहीं, हँम से नहीं पापी।।178।।

बाबा करहु कृपा जन मारगि, लावो ज्यूँ भव बंधन **षूटै**। नष्ट
जरा मरन दुख फेरि करँन सुख, जीव जनम थैं छूटै।।टेक।।
सतगुरू चरन लागि यौं बिनऊँ, जीवनि कहाँ थैं पाई।
जा कारनि हम उपजैं बिनसै क्यूँ न कहौ समझाई।।
आसा पास षंड नहीं पाँडे, यौं मन सुनि न लूटै।
आपा पर आनंद न बूझै, बिन अनभै क्यूँ छूटै।।
कह्याँ न उपजै नहीं जाणै, भाव अभाव बिहूनाँ।
उदै अस्त जहाँ मति बुधि नाहीं, सहजि राम ल्यौ लीनाँ।।
ज्यूँ बिंबहि प्रतिबिंब समाँनाँ, उदिक कुंभ बिगराँनाँ।
कहै कबीर जाँनि भ्रम भागा, जीवहिं जीव समाँनाँ।।179।।

संत धोखा कासूँ कहिए।
गुँण मैं निरगुँण निरगुँण मैं गुण है, बाट छाँड़ि क्यूँ बहिए।।टेक।।
अजरा अमर कथैं सब कोई, अलख न कथणाँ जाई।
नाति सरूप बरण नहीं जाकै, घटि घटि रह्यौ समाई।।

प्यंड ब्रह्मंड कथै सब कोई, वाकै आदि अरु अंत न होई।
प्यंड ब्रह्मंड छाड़ि जे कथिए, कहैं कबीर हरि सोई।।180।।

पषा पषी कै पेषणै, सब जगत भुलानाँ,
निरपष टोइ हरि भजै, सो साध सयाँनाँ।।टेक।।
ज्यूँ पर सूँ षर बँधिया, यूँ बँधे सब लाई।
जाकै आत्मद्रिष्टि है, साचा जन सोई।।
एक एक जिनि जाणियाँ, तिनही सच पाया।
प्रेम प्रीति ल्यौ लीन मन, ते बहुरि न आया।।
पूरे की पूरी द्रिष्टि, पूरा करि देखै।
कहै कबीर कछू समूझि न परई, या कहू बात अलेखै।।181।।

अजहूँ न संक्या गई तुम्हारी, नाँहि निसंक मिले बनवारी।।टेक।।
बहुत गरब गरबे संन्यासी, ब्रह्मचरित छूटी नहीं पासी।
सुंद्र मलेछ बसैं मन माँहीं, आतमराम सु चीन्हा नाहीं।।
संक्या डाँइणि बसै सरीरा, ता करणि राम रमैं कबीरा।।182।।

सब भूले हो पाषंडि रहे, तेरा बिरला जन कोई राम कहै।।टेक।।
होइ आरोगि बूँटी घसि लावै, गुर बिना जैसे भ्रमत फिरै।
है हाजिर परतीति न आवै, सो कैसैं परताप धरै।।
ज्यूँ सुख त्यूँ दुख द्रिढ़ मन राखै, एकादसी एकतार करै।
द्वादसी भ्रमैं लष चौरासी, गर्भ बास आवै सदा मरै।।
सैं तैं तजै तजैं अपमारग, चारि बरन उपराति चढ़ै।
ते नहीं डूबै पार तिरि लंघै, निरगुण मिटै धापै।।
तिनह उछाह सोक नहीं ब्यापै, कहै कबीर करता आपै।।183।।

तेरा जन एक आध है कोई।
काम क्रोध अरु लोभ बिंबर्जित, हरिपद चीन्हैं सोई।।टेक।।
राजस ताँमस सातिग तीन्यूँ, ये सब तेरी माया।
चौथे पद कौं जे जन चीन्हैं, तिनहिं परम पद पाया।।
असतुति निंद्या आसा छाँड़ै, तजै माँन अभिमानाँ।
लोहा कंचन समि करि देखै, ते मूरति भगवानाँ।।
च्यंतै तौ माधौ च्यंतामणि, हरिपद रमैं उदासा।
त्रिस्ना अरु अभिमाँन रहित है, कहै कबीर सो दासा।।184।।

हरि नाँमैं दिन जाइ रे जाकौ, सोइ दिन लेखै, लाइ राम ताकौ।।टेक।।
हरि नाम मैं जन जागै, ताकै गोब्यंद साथी आगै।।

---

(184) ख- जे जन जानैं। लोहा कंचन सँम करि जानै।

दीपक ' एक अभंगा, तामै सुर नर पड़ै पतंगा।
ऊँच नींच सम सरिया, ताथैं जन कबीर निसतरिया।।185।।

जब थैं आतम तत्त बिचारा।
तब निरबैर भया सबहिन थैं, काम क्रोध गहि डारा।।टेक।।
ब्यापक ब्रह्म सबनि मैं एकै, को पंडित को जोगी।
राँणाँ राव कवन सूँ कहिये, कवन बैद को रोगी।।
इनमैं आप आप सबहिन मैं, आप आप सूँ खेलै।
नाँनाँ भाँति घड़े सब भाँड़े, रूप धरे धरि मेलै।।
सोचि बिचारि सबै जग देख्या, निरगुण कोई न बतावै।
कहै कबीर गुँगी अरु पंडित, मिलि लीला जस गावै।।186।।

तू माया रघुनाथ की, खेलड़ चढ़ी अहेड़े।
चतुर चिकारे चुणि चुणि मारे, कोई न छोड़्या नेंड़ै।।टेक।।
मुनियर पीर डिगंबर भारे, जतन करंता जोगी।
जंगल महि के जंगम मारे, तूँरे फिरे बलवंतीं।
वेद पढ़ंता बाँम्हण मारा, सेवा करताँ स्वामी।।
अरथ करंताँ मिसर पछाड्या, तूँरे फिरे **मैंमंती**। मदमाती
साषित कैं तू हरता करता, हरि भगतन कै चेरी। शाक्त
दास कबीर राम कै दासा ज्यूँ लागी त्यूँ तोरी।।187।।

जग सूँ प्रीति न कीजिए, सँमझि मन मेरा।
स्वाद हेत लपटाइए, को निकसै सूरा।।टेक।।
एक कनक अरु कामनी, जग में दोइ फंदा।
इनपै जौ न बँधावई, ताका मैं बंदा।।।
देह धरे इन माँहि **बास**, कहु कैसे छूटै। लीन
सीव भये ते ऊबरे, जीवन ते लूटै।।
एक एक सूँ मिलि रह्या, तिनहीं सचु पाया।
प्रेम मगन लैलीन मन, सो बहुरि न आया।।
कहै कबीर निहचल भया, निरभै पद पाया।
संसा ता दिन का गया, सतगुर समझाया।।188।।

राम मोहि सतगुर मिलै अनेक कलानिधि, परम तथा सुखदाई।
काम अगनि तन जरत रही है, हरि रसि छिरकि बुझाई।।टेक।।
दरस परस तैं दुरमति नासी, दीन रटनि ल्यौ आई।
पाषंड भरँम कपाट खोलि कै अनभै कथा सुनाई।।

---

(187) ख- तू माया जगनाथ की।

यहु संसार गँभीर अधिक, जल को गहि लावै तीरा।
नाव जिहाज खेवइया साधू, उतरे दास कबीरा।।189।।

दिन दहुँ चहुँ कै कारणैं, जसे सैबल फूले।
झूठी सूँ प्रीति लगाइ करि, साँचे कूँ भूले।।टेक।।
जो रस गा सो परहर्‌या, बिडराता प्यारे।
आसति कहूँ न देखिहूँ, बिन नाँव तुम्हारे।।
साँची सगाई राम की, सुनि आतम मेरे।
नरकि पड़े नर बापुड़े, गाहक जस तेरे।।
हंस उड़या चित चालिया, सगपन कछू नाहीं।
माटी सूँ माटी मेलि करि, पीछैं अनखाँहीं।।
कहै कबीर जग अधला, कोई जन सारा।
जिनि हरि मरण न जाँणिया, तिनि किया पसारा।।190।।

माधौ मैं ऐसा अपराधी, तेरी भगति होत नहीं साधी।।टेक।।
कारनि कवन जाइ जग जनम्याँ, जनमि कवन सचु पाया।
भौ जल तिरण चरण च्यंतामणि, ता चित घड़ी न लाया।।
पर निंद्या पर धन पर दारा, पर अपवादैं सूरा।।
ताथैं आवागवन होइ फुनि फुनि, ता पर संग न चूरा।।
काम क्रोध माया मद मंछर, ए संतति हम माँही।
दया धरम ग्यान गुर सेवा, ए प्रभु सुपिनै नाँहीं।।
तुम्ह कृपाल दयाल दमादर, भगत बछल भौ हारो।
कहै कबीर धीर मति राखहु, सासति करौं हमारी।।191।।

राम राइ कासनि करौं पुकारा, ऐसे तुम्ह साहिब जाननिहारा।।टेक।।
इंद्री सबल निबल मैं माधौ, बहुत करै बरियाई।
लै धरि जाँहि तहाँ दुख पइये बुधि बल कछू न बसाई।।
मैं बपरौ का अलप मूढ़ मति, कहा भयो जे लूटे।
मुनि जन सती सिध अरु साधिक तेऊ न आपैं छूटे।।
जोगी जती तपा संन्यासी, अह निसि खोजैं काया।
मैं मेरी करि बहुत बिगूते, बिषै बाघ जग खाया।।
ऐकत छाँड़ि जाँहिं घर घरनी, तिन भी बहुत उपाया।
कहै कबीर कछु समझि न पाई, विषम तुम्हारी माया।।192।।

माधो चले बुनाँवन माहा, जग जीतै जाइ जुलाहा।।टेक।।
नव गज दस गज उननींसा, पुरिया एक तनाई।
सान सूत दे गंड बहुतरि, पाट लगी अधिकाई।।

---

(191) ख- सो गति करहू हमारी।।

तुलह न तोली गजह न मापी, पहज न सेर अढ़ाई।
अढ़ाई में जैं पाव घटे तो करकस करैं बजाई।।
दिन की बैठि खमस सूँ कीजै अरज लगी तहाँ ही।
भागी पुरिया घर ही छाड़ी चले जुलाह रिसाई।।
छोछी नली काँमि नहीं आवै, लहटि रही उरझाई।
छाँड़ि पसारा राम कहि बारै, कहै कबीर समझाई।।193।।

बाजैं जंत्र बजावै गुँनी, राम नाँम बिन भूली दुनीं।।टेक।।
रजगुन सतगुन तमगुन तीन, पंच तत से साजया बींन।।
तीनि लोक पूरा पेखनाँ, नाँच नचावै एकै जनाँ।
कहै कबीर संसा करि दूरि, त्रिभवननाथ रह्या भरपूरि।।194।।

जंत्री जंत्र अनूपन बाजे, ताकौ सबद गगन मैं गाजै।।टेक।।
सुर की नालि सुरति का तूँबा, सतगुर साज बनाया।
सुर नर गण गंध्रप ब्रह्मादिक गुर बिन तिनहुँ न पाया।।
जिभ्या ताँति नासिका करहीं, माया कै मैण लगाया।
गमाँ बतीस मोरणाँ पाँचौ, नीका साज बनाया।।
जंत्री जंत्र तजै नहीं बाजै, तब बाजै जब बाबै।
कहै कबीर सोई जन साँचाँ जंत्री सूँ प्रीति लगावै।।195।।

अवधू नादैं व्यंद गगन गाज सबद अनहद बोलै।
अंतरि गति नहीं देखै नेड़ा, ढूंढ़त बन बन डोलै।।टेक।।
सालिगराम तजौं सिव पूजौं, सिर ब्रह्मा का काटौं।
सायर फोड़ि नीर मुलकाऊँ, कुवाँ सिला दे पाटौं।।
चंद सूर दोइ तूँबा करिहूँ, चित चेतिनि की डाँड़ी।
सुषमन तंती बाजड़ लागी, इहि बिधि त्रिष्णाँ षाँडी।।
परम तत आधारी मेरे सिव नगरी घर मेरा।
कालहि षंडूँ नीच बिहंडूँ, बहुरि न करिहूँ फेरा।।
जपौं न जाप हतौं नहीं गूगल पुस्तक ले न पढ़ाऊँ।
कहै कबीर परम पद पाया, नहीं आऊँ नहीं जाऊँ।।196।।

बाबा पेड़ छाड़ि सब डाली लागे मूँढ़े जंत्र अभागे।
सोइ सोइ सब रैणि बिहाँणी, भोर भयो तब जागे।।टेक।।
देवलि जाँऊँ तौं देवी देखौं, तीरथि जाँऊँ त पाणीं।
ओछी बुधि अगोचर बाँणी, नहीं परम गति जाँणीं।।
साध पुकारैं समझत नाँहीं, आन जन्म के सूने।
बाँधै ज्यूँ अरहट की टीडरि, आवत जात बिगूते।।

गुर बिन इहि जग कौन भरोसा, काके संग है रहिए।
गनिका के घरि बेटाअ जाया, पिता नाँव किस कहिए।।
कहै कबीर यहु चित्र बिरोध्या, बूझी अमृत बाँणी।
खोजत खोजत सतगुर पाया, रहि गई आँवण जाँणीं।।197।।

भूली मालिनी, हे गोब्यंद जागतौ जगदेव, तूँ करै किसकी सेव।।टेक।।
भूली मालिन पाती तोड़ै, पाती पाती जीव।
जाँ मूरति कौ पाती तोड़ै, सो मूरति नर जीव।।
टाँचणहारै टाँचिया, दै छाती ऊपरि पाव।
लाडू लावण लापसी, पूजा चढ़ै अपार।
पूजि पुजारी ले गया, दे मूरति कै मुहिं छार।
पाती ब्रह्मा पुहपे बिष्णु, फूल फल महादेव।
तीनि देवौ एक मूरति करै किसकी सेव।
एक न भूला दोइ न भूला भूला सब संसारा।
एक न भूला दास कबीरा, जाकैं राम अधारा।।198।।

सेई मन समझि संमर्थ सरणाँगता, जाकी आदि अंति मधि कोई न पावै।
कोटि कारिज सरैं दह गुँण सब जरै, नेक जो नाँव पनिब्रत आवै।।टेक।।
आकार की ओट आकार नहीं ऊँबरै, सिव बिरंचि अरु विष्णु ताँई।
जास का सेवक तास कौ पइहैं, इष्ट कौ छाड़ि आगे न जाहीं।।
गुँण मई मूरति सेइ सब भेष मिलि, निरगुण निज रूप विश्राम नाहीं।
अनेक जुग बंदिगी विविध प्रकार की, अंति गुँण का गुँणही समाहीं।।
पाँच तत तीनि गुण जुगति करि साँनिया, अष्ट बिन हेत नहीं क्रम आया।
पाप पुन बीज अंकुर जाँमैं मरै, उपजि बिनसैं जेती सर्ब माया।।
क्रितम करता कहै परम पद क्यूँ लहै, भूलि मैं पड़या लोक सारा।
कहै कबीर राम रमिता भजै, कोई एक जन गए उतरि पारा।।199।।

राम राइ तेरी गति जाँणीं न जाई।
जो जस करिहैं सो तस पइहै, राजा राम नियाई।।टेक।।
जैसी कहैं करैं जो तैंसीं, तो तिरत न लागै बारा।
कहता कहि गया सुनता सुणि गया, करणी कठिन अपारा।
सुरही तिण चरि अंमृत सरवै, लेर भवंगहि पाई।
अनेक जतन करि निग्रह कीजै, विषै बिकार न जाई।।
संत करै असंत की संगति, तासूँ कहा बसाई।
कहैं कबीर ताके भ्रम छूटै, जे रहे राम ल्यौ लाई।।200।।

कथणीं बदणी सब जजाल, भाव भगति अरु राम निराल।।टेक।।
कथैं बदै सुणै सब कोई, कथें न होई कीयें होई।।

कूड़ी करणीं राम न पावै, साच टिकै निज रूप दिखावै।
घट में अग्नि घर जल अवास, चेति बुझाइ कबीरा दास।।201।।

(राग आसावरी)

ऐसा रे अवधू की वाणी, ऊपरि कूवटा तलि भरि पाँणीं।।टेक।।
जब लग गगन जोति नहीं पलटै, अबिनासा सुं चित नहीं विहुटै।
जब लग भँवर गुफा नहीं जानैं, तौ मेरा मन कैसै मानैं।।
जब लग त्रिकुटी संधि न जानैं, ससिहर कै घरि सूर न आनैं।
जब लग नाभि कवल नहीं सोधै, तौ हीरै हीरा कैसै बेधैं।।
सोलह कला संपूरण छाजा, अनहद कै घरि बाजैं बाजा।।
सुषमन कै घरि भया अनंदा, उलटि कबल भेटे गोब्यंदा।
मन पवन जब पर्‌या भया, क्यूँ नाले राँपी रस मइया।
कहै कबीर घटि लेहु बिचारी, औघट घाट सींचि ले क्यारी।।202।।

मन का भ्रम मन ही थैं भागा, सहज रूप हरि खेलण लागा।।टेक।।
मैं तैं तैं ए द्वै नाहीं, आपै अकल सकल घट माँहीं।
जब थैं इनमन उनमन जाँनाँ, तब रूप न रेष तहाँ ले बाँनाँ।।
तन मन मन तन एक समाँनाँ, इन अनभै माहैं मनमाँना।।
आतमलीन अषंडित रामाँ, कहै कबीर हरि माँहि समाँनाँ।।203।।

आत्माँ अनंदी जोगी, पीवै महारस अंमृत भोगी।।टेक।।
ब्रह्म अगनि काया परजारी, अजपा जाप जनमनी तारी।।
त्रिकुट कोट मैं आसण माँड़ै, सहज समाधि विषै सब छाँड़ै।।
त्रिवेणी बिभूति करै मन मंजन, जन कबीर प्रभु अलष निरंजन।।204।।

या जोगिया को जुगति जु बूझै, राम रमै ताकौ त्रिभुवन सूझै।।टेक।।
प्रकट कंथा गुपत अधारी, तामैं मूरति जीवनि प्यारी।
है प्रभू नेरै खोजै दूरि, ज्ञाँन गुफा में सींगी पूरि।।
अमर बेलि जो छिन छिन पीवै, कहै कबीर सो जुगि जुगि जीवै।।205।।

सो जोगी जाकै मन मैं मुद्रा, रात दिवस न करई निद्रा।।टेक।।
मन मैं आँसण मन मैं रहणाँ, मन का जप तप मन सूँ कहणाँ।।
मन मैं षपरा मन मैं सींगी, अनहद बेन बजावै रंगी।
पंच परजारि भसम करि भूका, कहै कबीर सौ लहसै लंका।।206।।

बाबा जोगी एक अकेला, जाके तीर्थ ब्रत न मेला।।टेक।।
झोलीपत्र बिभूति न बटवा, अनहद बेन बजावै।।

माँगि न खाइ न भूखा सोवै, घर अँगना फिरि आवै।।
पांच जना का जमाति चलावै, तास गुरू मैं चेला।।
कहै कबीर उनि देस सिधाय, बहुरि न इहि जगि मेला।।207।।

जोगिया तन कौ जंत्र बजाइ, ज्यूँ तेरा आवागमन मिटाइ।।टेक।।
तत करि ताँति धर्म करि डाँड़ि, सत की सारि लगाइ।
मन करि निहचल आसँण निहचल, रसनाँ रस उपजाइ।।
चित करि बटवा तुचा मेषली, भसमै भसम चढ़ाइ।
तजि पाषंड पाँच करि निग्रह, खोजि परम पद राइ।।
हिरदै सींगी ग्याँन गुणि बाँधौ, खोजि निरंजन साँचा।
कहै कबीर निरंजन की गति, जुगति बिनाँ प्यंड काचा।।208।।

अवधू ऐसा ग्याँन बिचारी, ज्यूँ बहुरि न ह्वै संसारी।।टेक।।
च्यँत न सोच चित बिन चितवैं, बिन मनसा मन होई।
अजपा जपत सुनि अभिअंतरि, यहू तत जानैं सोई।।
कहै कबीर स्वाद जब पाया, बंक नालि रस खाया।
अमृत झरै ब्रह्म परकासैं तब ही मिलै राम राया।।209।।

गोब्यंदे तुम्हारैं बन कंदलि, मेरो मन अहेरा खेलै।
बापुर बाड़ी अनगु मृग, रचिहीं रचि मेलैं।।टेक।।
वित तरउवा पवन षेदा, सहज मूल बाँधा।
ध्याँन धनक जोग करम, ग्याँन बाँन साँधा।।
षट चक्र कँवल बेधा, जारि उजारा कीन्हाँ।
काम क्रोध लोभ मोह, हाकि स्यावज दीन्हाँ।।
गगन मंडल रोकि बारा, तहाँ दिवस न राती।
कहै कबीर छाँड़ि चले, बिछुरे सब साथी।।210।।

साधन कंचू हरि न उतारै, अनभै ह्वै तौ अर्थ बिचारै।।टेक।।
बाँणी सुरंग सोधि करि आणै आणौं नौ रँग धागा।
चंद सूर एकंतरि कीया, सीवत बहु दिन लागा।
पंच पदार्थ छोड़ि समाँनाँ, हीरै मोती जड़िया।
कोटि बरष लूँ क्यूँ सीयाँ, सुर नर धधैं पड़या।।
निस बासुर जे सोबै नाहीं, ता नरि काल न खाई।
कहै कबीर गुर परसादैं सहजै रह्या समाई।।211।।

जीवत जिनि मारै मूवा मति ल्यावैं,
मास बिहूँणाँ घरिमत आवै हो कंता।।टेक।।
उर बिन षुर बिन चंच बिन, बपु बिहूँना सोई।
सो स्यावज जिनि मारै कंता, जाकै रगत मांस न होई।।

पैली पार के पारधी, ताकी धुनहीं पिनच नहीं रे।
तो बेली को ढूँक्यों मृग लौ, ता मृग कैसी सनहीं रे।।
मार्‌या मृग जीवता राख्या, यहु गुरु ग्याँन मही रे।
कहै कबीर स्वाँमी तुम्हारे मलन की, बेली है पर पात नहीं रे।।212।।

धरी मेरे मनवाँ तोहि घरि टाँगौं,
तै तौ कीयौ मेरे खसम सूँ षाँगी।।टेक।।
प्रेम की जेवरिया तेरे गलि बाँधूँ, तहाँ लै जाँउँ जहाँ मेरौ माधौ।
काया नगरीं पैसि किया मैं बासा, हरि रस छाड़ि बिषै रसि माता।।
कहै कबीर तन मन का ओरा भाव भकति हरिसूँ गठजोरा।।213।।

परब्रह्म देख्या हो तत बाड़ी फूली, फललागा बडहूली।
सदा सदाफल दाख बिजौरा कौतिकहारी भूली।।टेक।।
द्वादस कूँवा एक बनमाली, उलट नीर चलावै।
सहजि सुषमनाँ कूल भरावै, दह दिसि बाड़ी पावै।।
ल्यौकी लेज पवन का ढींकू, मन मटका ज बनाया।
सत की पाटि सुरति का चठा, सहजि नीर मुलकाया।।
त्रिकुटी चढ़यौ पाव ढौ ढारै, अरध उरध की क्यारी।
चंद सूर दोऊ पाँणति करिहै, गुर सुषि बीज बिचारी।।
भरी छाबड़ा मन बैकुंठा, साँई सूर हिया रगा।
कहै कबीर सुनहु रे संतो, हरि हँम एकै संगा।।214।।

राम नाम रँग लागौ कुरंग न होई, हरि रंग सौ रंग और न कोई।।टेक।।
और सबै रंग इहि रंग थैं छूटै, हरि रंग लागा कदे न खूटै।
कहै कबीर मेरे रंग राम राँई, और पतंग रंग उड़ि जाई।।215।।

कबीरा प्रेम कूल ढरै, हँमारे राम बिना न सरे।
बाँधि ले धौंरा सीचि लै क्यारी ज्यूँ तूँ पेड़ भरैं।।टेक।।
काया बाड़ी महैं माली, टहल करै दिन राती।
कबहूँन सोवै काज भँवारे, पाँण तिहारी माती।।
सेझै कूवा स्वाजि अति सीतल, कहबूँ कुवा बनहीं रे।
भाग हँमारे हरि रखवाले, कोई उजाड़ नहीं रे।।
गुर बीज जनाया कि रखि न पाया, मन को आपदा खोई।
औरै स्यावढ़ करै षारिसा, सिला करै सब कोई।
जौ घरि आया तौ सब ल्याया, सबही काज सँवार्‌या।
कहै कबीर सुनहु रे संतौ, थकित भया मैं हार्‌या।।216।।

राजा राम बिना तकती धो धो।
राम बिना नर क्यूँ छूटौगे, जम करै नग धो धो धो।।टेक।।
मुद्रा पहर्‌या जोग न होई, घूँघट काढ़या सती न कोई।
मा कै सँगि हिलि मिलि आया, फौकट सटै जनम गँवाया।
कहै कबीर जिनि हरि पद चीन्हाँ, मलिन प्यंड थैं निरमल कीन्हा।217।।

है कोई राम नाम बतावै, वस्तु अगोचर मोहि लखावै।।टेक।।
राम नाम सब बखानै, राम नाम का मरम जाँनैं।।
ऊपर की मोहि बात न भावै, देखै गावैं तौ सुख पावै।
कहै कबीर कछू कहत न आवै, परचै बिनाँ मरम को पावै।।218।।

गोब्यंदे तूँ निरंजन तूँ निरंजन राया।
तेरे रूप नहीं रेख नाहीं, मुद्रा नहीं माया।।टेक।।
समद नाहीं सिषर नाहीं, धरती नाहीं गगनाँ।
रबि ससि दोउ एकै नाँही, बहता नाँही पवनाँ।।
नाद नाँही ब्यँद नाहीं काल नहीं काया।
जब तै जल ब्यंब न होते, तब तूँहीं राम राया।।
जप नाहीं तप नाहीं जोग ध्यान नहीं पूजा।
सिव नाँहीं सकती नाँहीं देव नहीं दूजा।।
रुग न जुग न स्याँम अथरबन, बेदन नहीं ब्याकरनाँ।
तेरी गति तूँहि जाँनै, कबीरा तो मरनाँ।।219।।

राम कै नाँइ निसाँन बागा, ताका मरम न जानै कोई।
भूख त्रिषा गुण वाकै नाँहीं, घट घट अंतरि लोई।।टेक।।
बेद बिबर्जित भेद बिबर्जित बिबर्जित पाप रु पुंन्यं।
स्वाँन बिबर्जित ध्यान बिबर्जित, बिबर्जित अस्थूल सुंन्यं।
भेष बिबर्जित भीख बिबर्जित, बिबर्जित ड्यंमक रूपं।
कहै कबीरा तिहूँ लोक बिबर्जित, ऐसा तत्त अनूप।।220।।

राम राम राम रमि रहिए, साषित सेती भूलि न कहिये।।टेक।।
का सुनहाँ कौ सुमृत सुनायें, का साषित पै हरि गुन गाँये।
का कऊवा कौं कपूर खवाँयें, का बिसहर कौं दूध पिलाँयें।
साषित सुनहाँ दोऊ भाई, वो नींदे कौ भौंकत जाई।
अमृत ले ले नींब स्यँचाई, कत कबीर बाकी बाँनि न जाई।।221।।

अब न बसूँ इहि गाँइ गुसाँई, तेरे नेवगी खरे सयाँने हो रामा।।टेक।।
नगर एक तहाँ जीव धरम हता, बसै जु पच किसानाँ।
नैनूँ निकट श्रवनूँ रसनूँ, इंद्री कह्या न मानै हो राँम।।

गाँइ कु ठाकुर खेत कु नेपै, काइथ खरच न पारै।
जोरि जेवरी खेति पसारै, सब मिलि मोकौं मारै हो राम।।
खोटी महतौ बिकट बलाही, सिर कसदम का पारै।
बुरा दिवाँन दादि नहिं लागै, इक बाँधे इक मारै हो राम।।
धरमराई जब लेखा माँग्या, बाकी निकसी भारी।
पाँच किसानाँ भाजि गये हैं, जीव धर बाँध्यौ पारी हो राम।।
कहै कबीर सुनुहु रे संतौ, हरि भजि बाँधौ भेरा।
अबकी बेर बकसि बंदे कौं, सब खेत करौ नबैरा।।222।।

ता भै थैं मन लागौ राम तोही, करौ कृपा जिनि बिसरौ मोहीं।।टेक।।
जननी जठर सह्या दुख भारी, सो संक्या नहीं गई हमारी।।
दिन दिन तन छीजै जरा जनावै, केस गहे काल बिरदंग बजावै।।
कहै कबीर करुणामय आगैं, तुम्हारी क्रिपा बिना यहु बिपति न भागै।।223।।

कब देखूँ मेरे राम सनेही, जा बिन दुख पावै मेरी देही।।टेक।।
हूँ तेरी पंथ निहारूँ स्वाँमीं, कब रमि लहुगे अंतरजाँमी।।
जैसें जल बिन मीन तलपै, ऐसे हरि बिन मेरा जियरा कलपै।।
निस दिन हरि बिन नींद न आवै, दरस पियासी राम क्यूँ सचु पावै।
कहै कबीर अब बिलंब न कीजै, अपनौं जाँनि मोहि दरसन दीजै।।224।।

सो मेरा राम कबै घरि आवै, तो देखे मेरा जिय सुख पावै।।टेक।।
बिरह अगिनि तन दिया जराई, बिन दरसन क्यूँ होइ सराई।।
निस बासुर मन रहे उदासा, जैसें चातिग नीर पियासा।।
कहै कबीर अति आतुरताई, हमकौं बेगि मिलौ राम राई।।225।।

मैं सामने पीव गौंहनि आई।
साँई संगि साध नहीं पूगी, गयौ जोबन सुपिनाँ की नाँई।।टेक।।
पंच जना मिलि मंडप छायौ, तीन जनाँ मिलि लगन लिखाई।
सखी सहेली मंगल गावैं, सुख दुख माथै हलद चढ़ाई।।
नाँना रंगै भाँवरि फेरी, गाँठि जोरि बावै पति ताई।
पूरि सुहाग भयो बिन दूलह, चौक कै रंगि धर्‌यो सगौ भाई।।
अपने पुरिष मुख क़बहूँ न देख्यौ, सती होत समझी समझाई।
कहै कबीर हूँ सर रचि मरिहूँ, तिरौ कंत ले तूर बजाई।।226।।

धीरैं धीरैं खाइबौ अनत न जाइबो, राम राम राम रमि रहिबौ।।टेक।।
पहली खाई आई माई, पीछै खैहूँ जवाई।
खाया देवर खाया जेठ, सब खाया ससुर का पेट।
खाया सब पटण का लोग, कहै कबीर तब पाया जोग।।227।।

---

(227) ख- खाया पंच पटण का लोग।

मन मेरौ रहटा रसनाँ पुरइया,

हरि कौ नाऊँ लैं लैं काति बहुरिया।।टेक।।

चारि खूँटी दोइ चमरख लाई, सहजि रहटवा दियौ चलाई।
सासू कहै काति बहू ऐसैं, बिन कातैं निसतरिबौ कैसैं।
कहै कबीर सूत भल काता, रहटाँ नहीं परम पद दाता।।228।।

अब की घरी मेरी घर करसी, साथ संगति ले मोकौं तिरसीं।।टेक।।
पहली को घाल्यौ भरमत डाल्यौ, सच कबहूँ नहीं पायी।
अब की धरनि धरी जा दिन थैं सगलौ भरम गमायौ।।
पहली नारि सदा कुलवंती, सासू सुसरा मानैं।
देवर जेठ सबनि की प्यारी, पिव कौ मरम न जाँनैं।।
अब की धरनिधरी जा दिन थैं, पीव सूँ बाँन बन्यूँ रे।
कहै कबीर भग बपुरी कौ, आइ रु राम सुन्यूँ रे।।229।।

मेरी मति बौरी राम बिसार्‌यौ, किहि बिधि रहनि रहूँ हौ दयाल।।
सेजै रहूँ नैंन नहीं देखौं, यह दुख कासौं कहूँ हो दयाल।।टेक।।
सासु की दुखी ससुर की प्यारी, जेठ के तरसि डरौं रे।
नणद सुहेली गरब गहेली, देवर कै बिरह जरौं हो दयाल।।
बाप सावको करैं लराई, माया सद मतिवाली।
सगौ भइया लै सलि चिढ़हूँ तब ह्वै हूँ पीयहि पियारी।।
सोचि बिचारि देखौं मन माँहीं, औसर आइ बन्यूँ रे।
कहै कबीर सुनहुं मति सुंदरि, राजा राम रमूँ रे।।230।।

अवधू ऐसा ग्याँन बिचारी, ताथै भई पुरिष थैं नारी।।टेक।।
ना हूँ परनी नाँ हूँ क्वारी, पून जन्यूँ द्यौ हारी।
काली मूँड कौ एक न छोड़्यौ, अजहूँ अकन कुवारी।।
बाम्हन के बम्हनेटी कहियै, जोकी के घरि चेला।
कलमाँ पढ़ि पढ़ि भई तुरकनी, अजहूँ फिरौं अकेली।।
पीहरि जाँऊँ न सासुरै, पुरषहिं अंगि न लाँऊँ।
कहै कबीर सुनहु रे संतौ, अंगहि अँग छुवाँऊँ।।231।।

मीठी मीठी माया तजी न जाई।

अग्याँनी पुरिष कौ भोलि भोलि खाई।।टेक।।

निरगुण सगुण नारी,

संसारि पियारी, लषमणि त्यागी गोरषि निवारी।

कीड़ी कुंजर मैं रही समाई,

(231) ख- पूत जने जनि हारी।

तीनि लोक जीत्या माया किनहुँ न खाई।।
कहै कबीर पद लेहु बिचारी,
संसारि आइ माचा किन्हूँ एक कही षारी।।232।।

मन कै मैलौ बाहरि ऊजलौ किसी रे,
खाँडे की धार जन कौ धरम इसी रे।।टेक।।
हिरदा कौ बिलाव नैन बगध्यानी,
ऐसी भगति न होइ रे प्रानी।।
कपट की भगति करै जिन कोई,
अंत की बेर बहुत दुख होई।।
छाँड़ि कपट भजै राम राई,
कहै कबीर तिहँ लेक बड़ाई।।233।।

चोखौ वनज ब्यौपार,
आइनै दिसावरि रे राम जपि लाहौ लीजै।।टेक।।
जब लग देखौं हाट पसारा,
उठि मन बणियों रे, करि ले बणज सवारा।
बेगे ही तुम्ह लाद लदाँनों,
औघट घआरे चलनाँ दूरि पयाँनाँ।।
खरा न खोटा नाँ परखानाँ,
लाहे कारनि रे सब मूल हिराँनाँ।।
सकल दुनीं मैं लोभ पियारा,
मूल ज राखै रे सोई बनिजारा।।
देस भला परिलोक बिराँनाँ,
जन दोइ चारि नरे पूछौ साध सयाँनाँ।।
सायर तीन न वार न पारा,
कहि समझावै रे कबीर बणिजारा।।234।।

जौ मैं ग्याँन बिचार न पाया, तौ मैं यौं ही जनम गँवाया।।टेक।।
यह संसार हाट करि जाँनूँ, सबको बणिजण आया।
चेति सकै सो चेतौ रे भाई, मूरिख मूल गँवाया।।
थाके नैंन बैंन भी थाकै, थाकी सुंदर काया।
जाँमण मरण ए द्वै थाके, एक न थाकी माया।
चेति चेति मेरे मन चंचल, जब लग घट मैं सासा।
भगति जाव परभाव न जइयौ, हरि क चरन निवासा।।
जे जन जाँनि जपैं जग जीवन, तिनका ग्याँन नासा।
कहै कबीर वै कबहूँ न हारैं, जाँने न ढारै पासा।।235।।

लावौं बाबा आगि जलावौं घरा रे, ता कारनि मन धंधै परा रे।।टेक।।
इक डाँइनि मेरे मन मैं बसै रे, नित उठि मेरे जिय को डसै रे!
या डाँइन्य ले लरिका पाँच रे, निस दिन मोहि नचावैं नाच रे।
कहै कबीर हूँ ताकौ दास, डाँइनि कै सँगि रहे उदास।।236।।

बंदे तोहि बंदिगी सौ काँम, हरि बिन जानि और हराँम।
दूरि चलणाँ कूँच वेगा, इहाँ नहीं मुकाँम।।टेक।।
इहाँ नहीं कोई यार दोस्त, गाँठि गरथ न दाम।
एक एकै संगि चलणाँ, बीचि नहीं बिश्राँम।।
संसार सागर बिषम तिरणाँ, सुमरि लै हरि नाँम।
कहै कबीर तहाँ जाइ रहणाँ, नगर बसत निधाँन।।237।।

झूठा लोग कहैं घर मेरा।
जा घर माँहै बोलै डोलैं, सोई नहीं तन तेरा।।टेक।।
बहुत बँध्या परिवार कुटुँब मैं, कोई नहीं किस केरा।
जीवित आँषि मूँदि किन देखौ, संसार अंध अंधेरा।।
बस्ती मैं थैं मारि चलाया, जंगलि किया बसेरा।
घर कौ खरच खबरि नहीं भेजी, आप न कीया फेरा।।
हस्ती घोड़ा बैल बाँहणी, संग्रह किया घणेरा।
भीतरि बीबी हरम महल मैं, साल मिया का डेरा।।
बाजी को बाजीगर जाँनैं कै बाजीगर का चेरा।
चोरा कबहूँ उझकि न देखै चेरा अधिक चितेरा।।
नौ मन सूत उरझि नहीं सुरझै, जनमि जनमि उरझेरा।
कहै कबीर एक राम भजहु रे, बहुरि न ह्वैगा फेरा।।238।।

हावड़ि धावड़ि जनम गवावै, कबहुँ न राम चरन चित लावै।।टेक।।
जहाँ जहाँ दाँम तहाँ मन धावै, अँगुरी गिनताँ रैंनि बिहावै।
तृया का बदन देखि सुख पावै, साध की संगति कबहूँ न आवै।।
सरग के पंथि जात सब लोई सिर धरि पोट न पहुँच्या कोई।
कहै कबीर हरि कहा उबारे, अपणैं पाव आप जो मारै।।239।।

प्राँणी काहै कै लोभ लागि, रतन जनम खोयौ।
बहुरि हीरा हाथि न आवै, राम बिना रोयौ।।टेक।।
जल बूँद थैं ज्यानि प्यंड बाँध्या, अगनि कुंढ रहाया।
दस मास माता उदरि राख्या, बहुरि लागी माया।।
एक पल जीवन की आसा नाहीं, जम निहारे सासा।
बाजीगर संसार कबीरा, जाँनि ढारौ पासा।।240।।

फिरत कत फूल्यौ फूल्यौ।
जब दस मास उधर मुखि होते, सो दिन काहै भूल्यौ।।टेक।।
जौ झारै तौ होई भसम तन, रहत कृम ह्वै जाई।।
काँचै कुंभ उद्यक भरि राख्यौ, तिनकी कौन बड़ाई।।
ज्यूँ माषी मधु संचि करि, जोरि जोरि धन कीनो।।
मूय पीछै लेहु लेहु करि, प्रेत रहन क्यूँ दोनों।।
ज्यू घर नारी संग देखि करि, तब लग संग सुहेली।।
मरघट घाट खैंचि करि राखे, वह देखिहु हंस अकेली।।
राम न रमहु मदन कहा भूले, परत अँधेरैं कूवा।।
कहै कबीर सोई आप बँधायौ, ज्यूँ नलनी का सूवा।।241।।

जाइ रे दिन हीं दिन देहा, करि लै बौरी राम सनेहा।।टेक।।
बालापन गयौ जोबन जासी, जुरा मरण भौ संकट आसी।
पलट केस नैन जल छाया, मूरिख चेति बुढ़ापा आया।।
राम कहत लज्या क्यूँ कीजै, पल पल आउ घटै तन छीजै।
लज्या कहै हूँ जम की दासी, एकै हाथि मूदिगर दूजै हाथि पासी।।
कहै कबीर तिनहूँ सब हार्‌या, राम नाम जिनि मनहु बिसार्‌या।।242।।

मेरी मेरी करताँ जनम गयौ, जनम गयौ पर हरि न कह्यौ।।टेक।।
बारह बरस बालापन खोयौ, बीस बरस कछु तप न कयौ।
तीर बरस कै राम न सुमिर्‌यौ, फिरि पछितानौं बिरध भयो।।
आयौ चोर तुरंग मुसि ले गयौ, मोरी राखत मगध फिरै।।
सीस चरन कर कंपन लागै, नैन नीर अस राल बहै।
जिभ्या बचन सूध नहीं निकसै, तब सुकरित की बात कहै।।
कहै कबीर सुनहु रे संतौ धन संच्यौ कछु संगि न गयौ।
आई तलब गोपाल राइ की, मैंडी मंदिर छाड़ि चल्यौ।।243।।

जाहि जाती नाँव न लीया, फिरि पछितावैगी रे जीया।।टेक।।
धंधा करत चरन कर घाटे, जाउ घटि तन खीना।
बिषै बिकार बहुत रूचि माँनी, माया मोह चित दीन्हाँ।।
जागि जागि नर काहें सोवै, सोइ सोइ कब जागेगा।
जब घर भीतरि चोर पड़ैंगे, अब अंचलि किसके लागैगा।।
कहै कबीर सुनहु रे संतो, करि ल्यौ जे कछु करणाँ।
लख चौरासी जोनि फिरौगे, बिना राम की सरनाँ।।244।।

---

(243) ख- मौरी बाँधत।
(244) ख- धंधा करत करत कर थाके।

माया मोहि मोहि हित कीन्हाँ, ताथैं मेरो ग्याँन ध्याँन हरि लीन्हाँ।।टेक।।
संसार ऐसा सुपिन जैसा, जीव न सुपिन समाँन।
साँच करि नरि गाँठि बाँध्यौं, छाड़ि परम निधाँन।।
नैन नेह पतंग हुससै, पसू न पेखै आगि।
काल पासि जु मुगध बाँध्या, कलंक काँमिनी लागि।।
करि विचार बिकार परहरि, तिरण तारण सोइ।
कहै कबीर रघुनाथ भजि नर, दूजा नाँही कोइ।।245।।

ऐसा तेरा झूठा मीठा लागा, ताथैं साचे सूँ मन भागा।।टेक।।
झूठे के घरि झूठा आया, झूठै खान पकाया।
झूठी सहन क झूठा बाह्या, झूठै झूठा खाया।।
झूठा ऊठण झूठा बैठण, झूठो सबै सगाई।
झूठे के घरि झूठा राता, साचे को न पत्याई।।
कहै कबीर अलह का पगुरा, साँचे सूँ मन लावौ।
झूठे केरी संगति त्यागौ, मन बंछित फल पावौ।।246।।

कौंण कौण गया राम कौंण कौण न जासी,
पड़सी काया गढ़ माटी थासी।।टेक।।
इंद्र सरीखे गये नर कोड़ी, पाँचौं पाँडौं सरिषी जोड़ी।
धू अबिचल नहीं रहसी तारा, चंद सूर की आइसी वारा।।
कहै कबीर जब देखि संसारा, पड़सी घट रहसी निरकारा।।247।।

ताथैं सेविये नाराँइणाँ प्रभू मेरो दीनदयाल दया करणाँ।।टेक।।
जौ तुम्ह पंडित आगम जाँणौं, विद्या व्याकरणाँ।
तंत मंत सब ओषदि जाणौं, अंति तऊ मरणाँ।।
राज पाट स्यंधासण आसण, बहु सुंदर रमणाँ।
चंदन चीर कपूर विराजत, अंति तऊ मरणाँ।।
जोगी जती तपी संन्यासी, बहु तीरथ भरमणाँ।
लुंचित मुंडित मोनि जटाधर, अंति तऊ मरणाँ।।
सोचि बिचारि सबै जग देख्या, कहूँ न ऊबरणाँ।
कहै कबीर सरणाई आयौ, मेटि जामन मरणाँ।।248।।

पाँड़े न करसि बाद बिबादं, या देही बिना सबद न स्वादं।।टेक।।
अंड ब्रह्मंड खंड भी माटी माटी नवनिधि काया।
माटी खोजत सतगुर भेट्या, तिन कछू अलख लखाया।।
जीवत माटी मूवा भी माटी, देखौ ग्यान बिचारी।
अंति कालि माटी मैं बासा, लेटे पाँव पसारी।।

माटी का चित्र पवन का थंभा, ब्यंद संजोगि उपाया।
भाँनैं घड़े सवारै सोई, यहु गोब्यंद की माया।
माटी का मंदिर ग्यान की दीप पवन बाति उजियारा।
तिहि उजियारै सब जग सूझै कबीर ग्याँन बिचारा।।249।।

मेरी जिभ्या बिस्न नैन नाराँइन, हिरदै जपौं गोबिंदा।
जम दुवार जब लेख माँग्या, तब का कहिसि मुकंदा।।टेक।।
तूँ ब्राह्मण मैं कासी का जुलाहा, चीन्हि न मोर गियाना।
तैं सब माँगे भूपति राजा, मोरे राम धियाना।।
पूरब जनम हम ब्राँह्मन होते, वोछैं करम तप हीनाँ।
रामदेव की सेवा चूका, पकरि जुलाहा कीन्हाँ।।
नौमी नेम दसमी करि संजम, एकादसी जागरणाँ।
द्वादसी दाँन पुन्नि की बेलाँ, सर्व पाप छ्यौ करणाँ।।
भौ बूड़त कछू उपाय करीजै, ज्यूँ बतिरि लंघै तीरा।
राम नाम लिखि मेरा बाँधौ, कहै उपदेस कबीरा।।250।।

कहु पाँडे सुचि कवन ठाँव, जिहि घरि भोजन बैठि खाऊँ।।टेक।।
माता जूठा पिता पुनि जूठा जूठे फल चित लागे।
जूठ आँवन जूठा जाँनाँ, चेतहु क्यूँ न अभागे।।
अन्न जूठा पाँनी पुनि जूठा, जूठे बैठि पकाया।
जूठी कड़छी अन्न परोस्या, जूठे जूठा खाया।।
चौका जूठा गोबर जूठा, जूठी का ढोकारा।
कहै कबीर तेई जन सूचे, जे हरि भजि तजहिं बिकारा।।251।।

हरि बिन झूठे सब ब्यौहार, केते कोऊ करौ गँवार।।टेक।।
झूठा जप तप झूठा ग्याँन, राम राम बिन झूठा ध्याँन।
बिजि नखेद पूजा आचार, सब दरिया मैं वार न पार।।
इंद्री स्वारथ मन के स्वाद, जहाँ साच तहाँ माँडै बाद।
दास कबीर रह्या ल्यौ लाइ, मर्म कर्म सब दिये बहाइ।।252।।

---

(250) ख- प्रति में इसके आगे यह पद है—
कहु पाँडे कैसी सुचि कीजै, सुचि कीजै तौ जनम न लीजै।।टेक।।
जा सुचि केरा करहु बिचारा, भिष्ट भए लीन्हा औतारा।
जा कारणि तुम्ह धरती काटी, तामैं मूए जीव सौ साटी।।
जा कारणि तुम्ह लीन जनेऊ, थूक लगाइ कातै सब कोऊ।
एक खाल घृत केरी साखा, दूजी खाल मैले घृत राखा।।
सो घृत सब देवतनि चढ़ायौ, सोई घृत सब दुनियाँ भायौ।
कहै कबीर सुचि देहु बताई, राम नाम लीजौ रे भाई।।250।।

चेतनि देखै रे जग धंधा,
राम नाम का मरम न जाँनैं, माया कै रसि अंधा।।टेक।।
जतमत हीरू कहा ले आयो, मरत कहा ले जासी।
जैसे तरवर बसत पँखेरू, दिवस चारि के बासी।।
आपा थापि अवर कौ निंदै, जन्मत हो जड़ काटी।
हरि को भगति बिना यहु देही, **धब** लौटे ही फाटी।। स्वामी
काँम क्रोध मोह मद मछर, पर अपवाद न सुणियें।
कहैं कबीर साध की संगति, राम नाम गुण भणिये।।253।।

रे जम नाँहि नवै व्यापारी, जे भरैं जगाति तुम्हारी।।टेक।।
बसुधा छाड़ि बनिज हम कीन्हों, लाद्यो हरि को नाँऊँ।
राम नाम की गूँनि भराऊँ, हरि कै टाँडे जाँऊँ।।
जिनकै तुम्ह अगिवानी कहियत, सो पूँजी हँम पासा।
अबै तुम्हारी कछु बल नाँहीं, कहै कबीरा दासा।।254।।

मीयाँ तुम्ह सौं बोल्याँ बणि नहीं आवै।
हम मसकीन खुदाई बंदे, तुम्हारा जस मनि भावै।।टेक।।
अलह अवलि दीन का साहिब, जार नहीं फुरमाया।
मुरिसद पीर तुम्हारै है को, कहौ कहाँ थैं आया।।
रोजा करै निवाज गुजारै, कलमैं भिसत न होई।
संतरि काबे इक दिल भीतरि, जे करि जानैं कोई।।
खसम पिछाँनि तरस करि जिय मैं माल मनी करि फीकी।
आपा जाँनि साँई कूँ जाँनै, तब ह्वै भिस्त सरीकी।।
माटी एक भेष धरि नाँनाँ, सब मैं ब्रह्म समानाँ।
कहै कबीर भिस्त छिटकाई, दाजग ही मन मानाँ।।255।।

अलह ल्यौ लाँयें काहे न रहिये,
अह निसि केवल राम नाम कहिये।।टेक।।
गुरमुखि कलमा ग्याँन मुखि छुरि, हुई हलाहल पचूँ पुरी।।
मन मसीति मैं किनहूँ न जाँनाँ, पंच पीर मालिम भगवानाँ।।
कहै कबीर मैं हरि गुन गाऊँ, हिंदू तुरक दोऊ समझाऊँ।।256।।

रे दिल खोजि दिलहर खोजि, नाँ परि परेसाँनीं माँहि।
महल माल अजीज औरति, कोई दस्तगोरी क्यूँ नाँहि।।टेक।।
पीराँ मुरीदाँ काजियाँ, मुलाँ अरू दरबेस।
कहाँ थें तुम्ह किनि कीये, अकलि है सब नेस।।
कुराना कतेबाँ अस पढ़ि पढ़ि, फिकरि या नहीं जाइ।

टुक दम करारी जे करै, हाजिराँ सुर खुदाइ।।
दरोगाँ बकि बकि हूँहि खुसियाँ, बे अकलि बकहिं पुमाहिं।
इक साच खालिक खालक म्यानै, सो कछू सच सूरति माँहि।।
अलह पाक तूँ नापाक क्यूँ, अब दूसर नाँहीं कोइ।
कबीर करम करीम का, करनीं करै जाँनै सोइ।।257।।

खालिक हरि कहीं दर हाल।
पंजर जसि करद दुसमन मुरद करि पैमाल।।टेक।।
भिस्त हुसकाँ दोजगाँ दुंदर दराज दिवाल।
पहनाम परदा ईत आतम, जहर जंगम जाल।
हम रफत रहबर हुसमाँ, मैं खुर्दा **सुमाँ** बिसियार। तू
हम जिमीं असमाँन खालिक कुंद मुँसिकल कार।।
असमाँन म्यानैं लहँग दरिया, तहा गुसल करदा बूद।
करि फिकर रह सालक जसम, जहाँ स तहाँ मौजूद।।
हँम चु बूँद खालिक, गरक हम तुम पेस।
कबीर पहन खुदाइ की, रह दिगर दावानेस।।258।।

अलह राम जीऊँ तेरे नाई, बंदे ऊपरि मिहर करी मेरे साँई।।टेक।।
क्या ले माटी भुँइ सूँ, मारैं क्या जल देइ न्हवायें।
जो करै मसकीन सतावै, गूँन ही रहै छिपायें।।
क्या तू जू जप मंजन कीये, क्याँ मसीति सिर नाँयें।
रोजा करैं निमाज गुजारैं, क्या हज काबै जाँयें।।
ब्राह्मण ग्यारसि करै चौबींसौं, काजी महरम जाँन।
ग्यारह मास जुदे क्यू कीये, एकहि माँहि समाँन।।
जौ रे खुदाइ मसीति बसत है, और मुलिक किस केरा।
तीरथ मूरति राम निवासा, दुहु मैं किनहूँ न हेरा।।
पूरिब दिसा हरी का बासा, पछिम अलह मुकाँमा।
दिल ही खोजि दिलै दिल भीतरि, इहाँ राम रहिमाँनाँ।।
जेती औरति मरदाँ कहिये, सब मैं रूप तुम्हारा।
कबीर पंगुड़ा, अलह राम का, हरि गुर पीर हमारा।।259।।

मैं बड़ मैं बड़ मैं बड़ माँटी, मण दसना जट का दस गाँठी।।टेक।।
मैं बाबा का जाध कहाँऊँ, अपणी मारी नींद चलाऊँ।
इनि अहकार घणें घर घाले, नाचर कूदत जमपुरि चाले।।
कहै कबीर करता ही बाजी, एक पलक मैं राज बिराजी।।260।।

---

(257) 'क' प्रति में आठवीं पंक्ति का पाठ इस प्रकार है
साचु खलक खालक, सैल सूरति माँहि।।
(259) ख- सब मैं नूर तुम्हारा।।

काहे बीहो मेरे साथी, हूँ हाथी हरि केरा।
चौरासी लख जाके मुख मैं, सो च्यंत करेगा मेरा।।टेक।।
कहौ गौन षिबै कहौ कौन गाजै, कहा थैं पाँणी निसरै।
ऐसी कला अनत है जाकैं, सो हँम कौं क्यूँ बिसरै।।
जिनि ब्रह्मांड रच्यै बहु रचना, बाब बरन ससि सूरा।
पाइक पंच पुहमि जाके प्रकटै, सो क्यूँ कहिये दूंरा।।
नैन नालिका जिनि हरि सिरजे, बसन बसन बिधि काया।
साधू जन कौं क्यूँ बिसरै, ऐसा है राम राया।।
को काहू मरम न जानैं, मैं सरनाँगति तेरी।
कहै कबीर बाप राम राया, हुरमति राखहु मेरी।।261।।

(राग सोरठि)

हरि को नाम न लेइ गँवारा, क्या सोचे बारंबारा।।टेक।।
पंच चोर गढ़ मंझा, गड़ लूटै दिवस रे संझा।।
जौ गढ़पति मुहकम होई, तौ लूटि न सकै कोई।।
अँधियारै दीपक चहिए, तब बस्त अगोचर लहिये।।
जब बस्त अगोचर पाई, तब दीपक रह्या समाई।।
जौ दरसन देख्या चहिये, तौ दरपन मंजत रहिये।।
जब दरपन लागै कोई, तब दरसन किया न जाई।।
का पढ़िये का गुनिये, का बेद पुराना सुनिये।।
पढ़े गुने मति होई, मैं सहजैं पाया सोई।।
कहैं कबीर मैं जाँनाँ, मैं जाँनाँ मन पतियाँनाँ।।
पतियानाँ जौ न पतीजै, तौ अंधै कूँ का कीजै।।262।।

अंधै हरि बिन को तेरा, कवन सूँ कहत मेरी मेरा।।टेक।।
तजि कुलाक्रम अभिमाँनाँ, झूठे भरमि कहा भुलानाँ।।
झूठे तन की कहा बड़ाई, जे निमष माँहि जरि जाई।।
जब लग मनहिं बिकारा, तब लगि नहीं छूटै संसारा।
जब मन निरमल करि जाँनाँ, तब निरमल माँहि समानाँ।
ब्रह्म अगनि ब्रह्म सोई, अब हरि बिन और न कोई।।
जब पाप पुँनि भ्रँम जारी, तब भयो प्रकास मुरारी।
कहैं कबीर हरि ऐसा, जहाँ जैसा तहाँ तैसा।।
भूलै भरमि परै जिनि कोई, राजा राम करै सो होई।।263।।

मन रे सर्‌यौ न एकौ काजा, ताथैं भज्यौ न जगपति राजा।।टेक।।
बेद पुराँन सुमृत गुन पढ़ि गुनि भरम न पावा।
संध्या गायत्री अरु षट करमाँ, तिन थैं दूरि बतावा।।

बनखंडि जाइ बहुत तप कीन्हाँ, कंद मूल खनि खावा।
ब्रह्म गियाँना अधिक धियाँनी, जंम कै पटैं लिखावा।।
रोजा किया निवाज गुजारी, बंग दे लोग सुनावा।
हिरदै कपट मिलै क्यूँ साँई, क्या हल काबै जावा।।
पहर्‌यौ काल सकल जग ऊपरि, माँहै लिखे सब ग्याँनी।
कहै कबीर ते भये षालसे, राम भगति जिनि जाँनी।।264।।

मन रे जब तैं राम कह्यौ, पीछै कहिबे कौ कछू न रह्यौ।।टेक।।
का जाग जगि तप दाँनाँ, जौ तै राम नाम नहीं जाँना।।
काँम क्रोध दोऊ भारे, ताथैं गुरु प्रसादि सब जारे।।
कहै कबीर भ्रम नासी, राजा राम मिले अबिनासी।।265।।

राम राइ सी गति भई हमारी, मो पै छूटत नहीं संसारी।।टेक।।
यूँ पंखी उड़ि जाइ अकासाँ, आस रही मन माँहीं।।
छूटीं न आस टूट्यौ नहीं फंधा उडिबौ लागौ काँहीं।।
जो सुख करत होत दुख तेही, कहत न कछु बनि आवै।।
कुंजर ज्यूँ कस्तूरी का मृग, आपै आप बँधावै।।
कहै कबीर नहीं बस मेरा, सुनिये देव मुरारी।।
इन भैभीत डरौं जम दूतनि, आये सरनि तुम्हारी।।266।।

राम राइ तूँ ऐसा अनभूत, तेरी अनभैं थैं निस्तरिये।।
जे तुम्ह कृपा करौ जगजीवन तौ कतहूँ न भूलि न परिये।।टेक।।
हरि पद दुरलभ अगम अगोचर, कथिया गुर गमि बिचारा।
जा काराँनि हम ढूँढत फिरते, आथि भर्‌यो संसारा।।
प्रगटी जोति कपाट खोलि दिये, दगधे जम दुख द्वारा।
प्रगटे बिस्वनाथ जगजीवन, मैं पाये करत बिचारा।।
देख्यत एक अनेक भाव है, लेखत जात अजाती।
बिह कौ देव तजि ढूँढत फिरते मंडप पूजा पाती।।
कहै कबीर करुँणामय किया, देरी गलियाँ बह बिस्तारा।
राम कै नाँव परम पद पाया छूटै बिघन बिकारा।।267।।

राम राइ को ऐसा बैरागी, हरि भजि मगन रहै बिष त्यागी।।टेक।।
ब्रह्मा एक जिनि सृष्टि उपाई, नाँव कुनाल धराया।
बहु विधि भाँडै उमही घड़िया, प्रभु का अंत न पाया।।
तरबर एक नाँनाँ बिधि फलिया, ताकै मूल न साखा।
भौजलि भलि रह्या रे प्राणीं सो फल कदे न चाखा।।
कहै कबीर गुर बचन हेत करि और न दुनियाँ आथी।
माटी का तन माँटी मिलिहै, सबद गुरू का साथी।।268।।

नैक निहारी हो माया बिनती करै,
दीन बचन बोले कर जोरै, फुनि फुनि पाइ परै।।टेक।।
कनक लेहु जेता मनि भावै, कामिन लेहु मन हरनीं।
पुत्र लेहु विद्या अधिकारी राजा लेहु सब धरनीं।।
अठि सिधि लेहु तुम्ह हरि के जनाँ नवैं निधि है तुम्ह आगैं।।
सुर नर सकल भवन के भूपति, तेऊ लहै न मागैं।।
तै पापणीं सबे संधारे काकौ काज सँवार्‌यौ।।
दास कबीर राम कै सरनै छाड़ी झूठी माया।
गुर प्रसाद साध की संगति, तहाँ परम पद पाया।।269।।

तुम्ह घरि जाहू हमारी बहनाँ, बिष लागै तुम्हारै नैना ।।टेक।।
अंजन छाड़ि निरंजन राते नाँ किसही का दैनाँ।
बलि जाऊँ ताकी जिनि तुम्ह पठई एक महा एक बहनाँ।।
राती खाँडी देख कबीरा, देखि हमारा सिंगारौ।।
सरग लोक थै हम चलि आई, करत कबीर भरतारौ।।
सर्ग लोक में क्या दुख पड़िया, तुम्ह आई कलि माँहि।
जाति जुलाहा नाम कबीरा, अजहुँ पतीजौ नाँही।।
तहाँ जाहु जहाँ पाट पटंबर, अगर चंदन घसि लीनाँ।
आइ हमारै कहाँ करौगी, हम तौ जाति कमीनाँ।।
जिनि हँम साजे साँज्य निवाजे बाँधे काचै धागै।
जे तुम्ह जतन करो बहुतेरा, पाँणी आगि न लागै।।
साहिब मेरा लेखा मागै लेखा क्यूँ करि दीजै।
ते तुम्ह जतन करो बहुतेरा, तौ पाँइण नीर न भीजै।।
जाकी मैं मछी मो मेरा मछा, सो मरा रखवालू।
टुक एक तुम्हारै हाथ लगाऊँ, तो राजाँ राँम रिसालू।।
जाति जुलाहा नाम कबीरा, बनि बनि फिरौं उदासी।
आसि पासि तुम्ह फिरि फिरि बैसो, एक माउ एक मासी।।270।।

ताकूँ रे कहा कीजै भाई,
तजि अंमृत बिषै सूँ ल्यौ लाई।।टेक।।
बिष संग्रह कहा सुख पाया,
रंचक सुख कौ जनम गँवाया।।
मन बरजै चित कह्यो न करई,
सकति सनेह दीपक मैं परई।।
कहत कबीर मोहि भगति उमाहा,
कृत करणी जाति भया जुलाहा।।271।।

रे सुख इब मोहि बिष भरि लगा
इनि सुख डहके मोटे मोटे छत्रपति राजा।।टेक।।
उपजै बिनसै जाइ बिलाई संपति काहु के संगि न जाई।।
धन जोबन गरब्यो संसारा, बहु जन जारि बरि ह्वैहै छारा।
चरन कवल मन राखि ले धीरा, राम रमत सुख कहै कबीरा।।272।।

इब न रहूँ माटी के घर मैं,
इब मैं जाइ रहूँ मिलि हरि मैं।।टेक।।
छिनहर घर अरु झिरहर टाटी, धन गरजत कंपै मेरी छाती।।
दसवैं द्वारि लागि गई तारी, दूरि गवन आवन भयौ भारी।।
चहुँ दिसि बैठे चारि पहरिया, जागत मुसि गये मोर नगरिया।।
कहै कबीर सुनहु ले लोई, भाँनड़ घड़ण सँवारण सोई।।273।।

कबीर बिगर्‌या राम दुहाई,
तुम्ह जिनि बिगरौ मेरे भाई।।टेक।।
चंदन कै ढिग बिरष जु मैला, बिगरि बिगरि सो चंचल ह्वैला।।
पारस कौं जे लोह छिवैगा, बिगरि बिगरि सो कंचन ह्वैला।।
गंगा मैं जे नीर मिलैगा, बिगरि बिगरि गंगोदिक ह्वैला।।
कहै कबीर जे राम कहैला, बिगरि बिगरि सो राँमहि ह्वैला।।274।।

राम राम भई बिकल मति मोरी,
कै यहु दुनी दिवानी तेरी।।टेक।।
जे पूजा हरि नाही भावै सो पूजनहार चढ़ावै।।
जिहि पूजा हरि भल माँनै, सो पूजनहार न जाँनै।।
भाव प्रेम की पूजा ताथै भयो देव थैं दूजा।।
का कीजै बहुत पसारा, पूजी जे पूजनहारा।।
कहै कबीर मैं गावा, मैं गावा आप लखावा।।
जो इहि पद माँहि समाना, सो पूजनहार सयाँना।।275।।

राम राम भई बिगूचनि भारी,
भले इन ग्याँनियन थैं संसारी।।टेक।।
इक तप तीरथ औगाहैं इक मानि महातम चाँहै।।
इक मैं मेरी मैं बीझै, इक अहमेव मैं रीझै।।
इक कथि कथि भरम जगाँवै, सँमिता सी बस्त न पावैं।
कहै कबीर का कीजै, हरि सूझे सो अंजन दीजै।।276।।

काया मंजसि कौन गुनाँ,
घट भीतरि है मलनाँ।।टेक।।
जौ तूँ हिरदै सुध मन ग्यानीं, तौ कहा बिरौले पाँनी।

तूँबी अठसठी तीरथ न्हाई, कड़वापन तऊ न जाई।।
कहै कबीर बिचारी, भवसागर तारि मुरारी।।277।।

कैसे तूँ हरि कौ दास कहायौ,
करि बहु भेषर जनम गँवायौ।टेक।।
सुध बुध होइ भज्यौ नहिं सोई काछ्यो ड्यँभ उदर कै ताँई।।
हिरदै कपट हरि सूँ नहीं साचौ, कहा भयो जे अनहद नाच्यौ।।
झूठे फोकट कलू मँझारा, राम कहै ते दास नियारा।।
भगति नारदी मगन सरीरा, इहि बिधि भव तिरि कहै कबीरा।।278।।

राँम राइ इहि सेवा भल माँने,
जै कोई राँम नाँम तन जाँनैं।।टेक।।
दे नर कहा पषालै काया, सो तन चीन्हि जहाँ थैं आया।।
कहा बिभूति अटा पट बाँधें, का जल पैसि हुतासन साधें।।
राँममाँ दोई आखिर सारा, कहै कबीर तिहुँ लोक पियारा।।179।।

इहि बिधि राँम सूँ ल्यौ लाइ।
चरन पाषें निरति करि, **जिभ्या बिना गुँण गाइ**।।टेक।। मन में चिन्तन करो
जहाँ स्वाँति बूद न सीप साइर सहजि मोती होइ।
उन मोतियन में नीर पीयौ पवन अंबर धोइ।।
जहाँ धरनि बरषै गगन भीजै, चंद सूरज मेल।
दोइ मिलि तहाँ जुड़न लागे, करता हंसा केलि।।
एक बिरष भीतरि नदी चाली, कनक कलस समाइ।
पंच सुवटा आइ बैठे, उदै भई बनराइ।।
जहाँ बिछट्यो तहाँ लाग्यौ, गगन बैठी जाइ।
जन कबीर बटाऊवा, जिनि मारग लियौ चाइ।।280।।

ताथैं मोहि नाचवौ, न आवै,
मेरो मन मंदला न बजावै।।टेक।।
ऊभर था ते सूभर भरिया, त्रिष्णां गागरि फूटी।
हरि चिंतत मेरे मंदला भीनौं, भरम भीयन गयौ छूटी।।
ब्रह्म अगनि मैं जरी जु ममिता, पाषंड अरु अभिमानाँ।
काम चोलना भया पुराना, मोपैं होइ न आना।।
जे बहु रूप कीये ते किये, अब बहु रूप न होई।
थाकी सौंज संग के बिछुरे, राम नाँम मसि धोई।।
जे थे सचल अचल ह्वै थाके, करते बाद बिबाद।
कहै कबीर मैं पूरा पाया, भय राम परसाद।।281।।

अब क्या कीजै ग्यान बिचारा,

निज निरखत गत ब्यौहारा।।टेक।।

जाचिग दाता इक पाया धन दिया जाइ न खाया।।
कोई ले भरि सकै न मूका, औरनि पै जानाँ चूका।।
तिस बाझ न जीब्या जाई, वो मिलै त घालै खाई।।
वो जीवन भला कहाहीं, बिन मूवाँ जीवन नाहीं।।
घसि चंदन बनखंडि बारा, बिन नैननि रूप निहारा।।
तिहि पूत बाप इक जाया, बिन ठाहर नगर बसाया।।
जौ जीवत ही मरि जाँनै, तौ पंच सयल सुख मानैं।।
कहै कबीर सो पाया, प्रभु भेटत आप गँवाया।।282।।

अब मैं पायौ राजा राम सनेही।।टेक।

जा बिनु दुख पावै मेरी देही।।टेक।।

वेद पुरान कहत जाकी साखी, तीरथि ब्रति न छूटै जंम की पासी।।
जाथैं जनम लहत नर आगैं, पाप पुंनि दोऊ भ्रम लागै।।
कहै कबीर सोई तत जागा, मन भया मगन प्रेम रस लागा।।283।।

बिरहिनी फिरै है नाम अधीरा,

उपजि बिनाँ कछू समझि न परई, बाँझ न जानै पीरा।।टेक।।

या बड़ बिथा सोई भल जाँनै राँम बिरह सर मारी।
कैसो जाँने जिनि यहु लाई, कै जिनि चोट सहारी।।
संग की बिछुरी मिलन न पावै सोच करै अरु काहै।।
जतन करै अरु जुगति बिचारै, रटै राँम कूँ चाहै।।
दीन भई बूझै सखियन कौं, कोई मोही राम मिलावै।
दास कबीर मीन ज्यूँ तलपै, मिलै भलै सचु पावै।।284।।

जातनि बेद न जानैगा जन सोई,

सारा भरम न जाँनै राँम कोई।।टेक।।

चषि बिन दिवस जिसी है संझा,

ब्यावन पीर न जानै बंझा।।

सूझै करक न लागै कारी,

बैद बिधाता करि मोहि सारी।।

कहै कबीर यहु दुख कासनि कहिये,

अपने तन की आप ही सहिये।।285।।

जन की पीर हो राजा राम भल जाँनै,

कहूँ काहि को मानै।।टेक।।

नैन का दुःख बैन जाँनें, बैन को दुख श्रवनाँ।।

प्यंड का दुख प्रान जानै, प्रान का दुख मरनाँ।।
प्यास का दुख प्यासा जानै, प्यास का दुख नीर।।
भगति का दुख राम जानैं, कहै दास कबीर।।286।।

तुम्ह बिन राँम कवन सौं कहिये,
लागी चोट बहुत दुख सहिये।।टेक।।
बेध्यौ जीव बिरह कै भालै, राति दिवस मेरे उर सालै।।
को जानै मेरे तन की पीरा, सतगुर सबद बहि गयौ सरीरा।।
तुम्ह से बैद न हमसे रोगी, उपजी बिथा कैसै जीवैं बियोगी।।
निस बासुरि मोहि चितवत जाई, अजहूँ न आइ मिले राँम राई।।
कहत कबीर हमकौं दुख भारी, बिन दरसन क्यूँ जीवहि मुरारी।।287।।

तेरा हरि नाँमैं जुलाहा,
मेरे राँम रमण को लाहा।।टेक।।
दस सै सूत्र की पुरिया पूरी, चंद सूर दोइ साखी।
अनत नाँव गिनि लई मजूरी, हिरदा कवल मैं राखी।।
सुरति सुमृति दोइ खूँटी कीन्हीं आरँभ कीया बमेकीं।
ग्यान तत की नली भराई बुनित आतमा पेषीं।।
अबिनासी धन लई मँजूरी, पूरी थापनि पाई।
रस बन सोधि सोधि सब आये, निकटै दिया बताई।।
मन सूधा कौ कूच कियौ है, गयान बिरथनीं पाई।
जीव की गाँठि गुढ़ी सब भागी, जहाँ की तहाँ ल्यौ लाई।।
बेठि बेगारि बुराई थाकी, अनभै पद परकासा।
दास कबीर बुनत सच पाया, दुख संसार सब नासा।।288।।

भाई रे सकहु त तनि बुनि लेहु रे,
पीछै राँमहि दोस न देहु रे।।टेक।।
करगहि एकै बिनाँनी, ता भीतरि पंच पराँनीं।।
तामैं एक उदासी, तिहि तणि बुणि सबै बिनासी।।
ज तूँ चौसठि बरिया धावा, नहीं होइ पंच सूँ मिलाँवा।।
जे तैं पाँसै छसै ताँणी, तौ सुख सूँ रह पराँणीं।।
पहली तणियाँ ताणाँ पीछ बुणियाँ बाँणाँ।।
तणि बुणि मुरतब कीन्हाँ, तब राम राइ पूरा दीन्हाँ।।
राछ भरत भइ संझा, तारूणीं त्रिया मन बंधा।।
कहै कबीर बिचारा, अब छोछी नली हँमारी।।289।।

---

(287) ख- प्रति में अंतिम पंक्ति इस प्रकार है—
लागी चोट बहुत दुख सहियो।। देखो 287 की टेक।

वै क्यूँ कासी तजैं मुरारी,
तेरी सेवा चोर भये बनवारी।।टेक।।
जोगी जती तपी संन्यासी, मठ देवल बस परसै कासी।।
तीन बार जे निज प्रति न्हावै, काया भीतरि खबरि न पावै।।
देवल देवल फेरी देहीं, नाँव निरंजन कबहुँ न लेहीं।।
चरन बिरद कासी कौं न देहूँ, कहै कबीर भल नरकहिं जैहूँ।।290।।

तब काहे भूलौ बजजारे,
अब आयौ चाहै संगि हँमारे।।टेक।।
जब हँम बनजी लौंग सुपारी, तब तुम्ह काहे बनजी खारी।
जब हम बनजी परमल कस्तूरी, तब तू काहे बनजी कूरी।।
अंमृत छाड़ि हलाहल खाया, लाभ लाभ करि करि मूल गँवाया।
कह कबीर हँम बनज्या सोई, जाँथै आवागमन न होई।।291।।

परम गुर देखो रिदै बिचारी,
कछू करौ सहाई हमारी।।टेक।।
लावानालि तंति एक सँमि करि जंत्र एक भल साज।
सति असति कछु नाहीं जानूँ, जैसे बजवा तैसैं बाजा।।
चोर तुम्हारा तुम्हारी आग्या, मुसियत नगर तुम्हारा।
इनके गुनह हमह का पकरौ, का अपराध हमारा।।
सेई तुम्ह सेई हम एकै कहियत, जब आपा पर नाहीं जाँनाँ।
ज्यूँ जल मैं जल पैसि न निकसै, कहै कबीर मन माँनाँ।।292।।

मन रे आइर कहाँ गयौ,
ताथैं मोहि वैराग भयौ।।टेक।।
पंच तत ले काया कीन्हीं, तत कहा ले कीन्हाँ।
करमौं के बसि जीव कहत है, जीव करम किनि दीन्हाँ।।
आकास गगन पाताल गगन दसौं दिसा गगन रहाई ले।
आँनँद मूल सदा परसोतम, घट बिनसै गगन न जाई ले।।
हरि मैं तन हैं तन मैं हरि है, है पुनि नाँही सोई।
कहै कबीर हरि नाँम न छाडू सहजै होई सो होई।।293।।

हँमारै कौन सहै सिरि भारा,
सिर की शोभा सिरजनहारा।।टेक।।
टेढ़ी पाग बड जूरा, जरि भये भसम कौ कूरा।।
अनहद कीगुरी बाजी, तब काल द्रिष्टि भै भागी।।
कहै कबीर राँम राया, हरि कैं रँगैं मूड़ मुड़ाया।।294।।

कारनि कौन सँवारै देहा,

यहु तनि जरि बरि ह्वैहै षेहा।।टेक।।

वोवा चंदन चरचत अंगा, सो तन जरत काठ के संगा।।
बहुत जतन करि देह मुट्याई, अगनि दहै कै जंबुक खाई।।
जा सिरि रचि रचि बाँधत पागा, ता सिर चंच सँवारत कागा।।
कहि कबीर सब झूठा भाई, केवल राम रह्यो ल्यौ लाई।।295।।

धन धंधा ब्यौहार सब, माया मिथ्याबाद।
पाँणीं नीर हलूर ज्यूँ, हरि नाँव बिना अपवाद।।टेक।।

इक राम नाम निज साचा, चित चेति चतुर घट काचा।
इस भरमि न भूलसि भोली, विधना की गति है ओली।।
जीवते कूँ मारन धावै, मरते को बेरि जिआवे।
जाकै हुँहि जम से बैरी, सो क्यूं न सोवै नींद घनेरी।।
जिहि जागत नींद उपावै तिहि सोवत क्यूँ न जगावै।।
जलजंतु न देखिसि प्रानी, सब दीसै झूठ निदानी।।
तन देवल ज्यूं धज आछै, पड़ियां पछितावै पाछै।।
जीवत ही कछू कीजै, हरि राम रसाइन पीजै।।
राम नाम निज सार है, माया लागि न खोई।।
अंति कालि सिर पोटली, ले जात न देख्या कोई।।
काहू के संगि न राखी, दीसै बीसल की साखी।।
जब हंस पवन ल्यौ खेलै, पसर्‌यो हाटिक जब मेंलै।।
मानिष जनम अवतारा, नां ह्वैहै बारंबारा।।
कबहूँ ह्वै किसा बिहाँनाँ, तर पंखी जेम उड़ानाँ।।
सब आप आप कूं जाई, को काहू मिलै न भाई।।
मूरिख मनिखा जनम गंवाया, बर कौडी ज्यूं डहकाया।।
जिहि तन धन जगत भुलाया, जग राख्यो परहरि माया।।
जल अंजुरी जीवन जैसा, ताका है किसा भरोसा।
कहै कबीर जग धंधा, काहे न चेतहु अंधा।।296।।

रे चित चेति च्यंति लै ताही, जा च्यंतत आपा पर नांही।।टेक।।
हरि हिरदै एक ग्याँन उपाया, ताथैं छूटि गई सब माया।।
जहां नांद न ब्यंद दिवस नहीं राती, नहीं नरनारि नहीं कुल जाती।।
कहै कबीर सरब सुख दाता। अवगति अलख अभेद बिधाता।।297।।

सरवर तटि हंसणी तिसाई जुगति बिनाँ हरि जल पिया न जाई।।टेक।।
पीया चाहे तौ लै खग सारी, उड़ि न सकै दोऊ पर भारी।।

कुँभ लीयै ठाढ़ी पनिहारी, गुण बिन नींर भरै कैसे नारी।।
कहै कबीर गुर एक बुधि बताई, सहज सुभाइ मिलै राम राई।।298।।

भरथरी भूप भंया बैरागी।
बिरह बियोग बनि बनि ढूंढै। वाकी सूरति साहिब सौं लागी।।टेक।।
हसती घोड़ा गांव गढ़ गूडर, सहर कनडापा इक आगी।
जोगी हूवा जांणि जग जाता, सहर उजींणीं त्यागी।।
छत्र सिघासण चवर ढुलंता, राग रंग बहु आगी।।
सेज रमैंणी रंभा होती, तासौं प्रीत न लागी।।
सूर बीर गाढ़ा पग रोप्या, इह बिधि माया त्यागी।।
सब सुख छाड़ि भज्या इक साहिब, गुरु गोरख ल्यौ लागी।।
मनसा बाचा हरि हरि भाखै, ग्रंध्रप सुत बड़ भागी।
कहै कबीर कुदर भजि करता, अमर भणे अणरागी।।299।।

(राग केदारौ)

सार सुख पाइये रे, रंगि रमहु आत्माँराँम।।टेक।।
बनह बसे का कीजिये, जे मन नहीं तजै बिकार।
घर बन तत समि जिनि किया ते बिरला संसार।।
का जटा भसम लेपन किये, कहा गुफा मैं बास।
मन जीत्या जग जीतिये, जौ बिषया रहै उदास।।
सहज भाइ जे ऊपजै, ताका किसा माँन अभिमान।
आपा पर समि चीनियैं, तब मिलै आतमां राम।।
कहै कबीर कृपा भई, गुर ग्यान कह्या समझाइ।
हिरदै श्री हरि भेटियै, जे मन अनतै नही जाइ।।300।।

है हरि भजन कौ प्रवान।
नींच पांवै ऊँच पदवी बाजते नीसान।।टेक।।
भजन कौ प्रताप ऐसो, तिरे जल पाषान।
अधम भील अजाति गनिका, चढ़े जात बिवांन।।
नव लख तारा चलै मंडल, चलै ससिहर भांन।
दास धू कौ अटल पदवी, राम को दीवाँन।।
निगम जाकी साखि बोलै, कहै संत सुजाँन।
जन कबीर तेरी सरनि आयौ, राखि लेहु भगवांन।।301।।

(299) ख- प्रति में यह पद नहीं है।

चलो सखी जाइये तहां, जहां गये पाइयै परमानंद।।टेक।।
यहु मन आमन धूमनाँ, मेरो तन छीजत नित जाइ।
च्यंतामणि चित चोरियौ, ताथैं कछू न सुहाइ।।
सुँनि लखी सुपनै की गति ऐसी, हरि आए हम पास।
सोवत ही जगाइया, जागत भए उदास।।
चलु सखी बिलम न कीजिये, जब लग सांस सरीर।
मिलि रहिये जमनाथ सूं, सूं कहै दास कबीर।।302।।

मेरे तन मन लागी चोट सठोरी।
बिसरे ग्यान बुधि सब नाठी, भई बिकल मति बौरी।।टेक।।
देह बदेह गलित गुन तीनूं, चलत अचल भई ठौरी।
इत उत चित कित द्वादस चितवत, यहु भई गुपत ठगौरी।।
सोई पै जानै पीर हमारी, जिहिं सरीर यहु ब्यौरी।
जन कबीर ठग ठग्यौ है बापुरौ, सुंनि सँमानी त्यौरी।।303।।

मेरी अंषियां जानि सुजांन भई।
देवर भरम ससुर संग तजि करि, हरि पीव तहां गई।।टेक।।
बालपनै के करम हमारे, काटे जानि दई।
बांह पकरि करि कृपा कीन्हीं, आप समीप लई।।
पानी की बूंद थैं जिनि प्यंड साज्या, तासंगि अधिक करई।
दास कबीर पल प्रेम न घटई, दिन दिन प्रीति नई।।304।।

हो बलियां कब देखोगी तोहि।
अह निस आतुर दरसन कारनि, ऐसी ब्यापै मोहि।।टेक।।
नैन हमारे तुम्ह कूं चांहै, रती न मांनै हारि।।
बिरह अगनि तन अधिक जरावै, ऐसी लेहु बिचारि।।
सुनहुं हमारी दादि गुसांई, अब जिन करहुं वधीर।।
तुम्ह धीरज मैं आतुर स्वामी, काचै भांडै नीर।।
बहुत दिनन के बिछुरै माधौ, मननहीं बांधे धीर।।
देह छतां तुम्ह मिलहु कृपा करि, आरतिवंत कबीर।।305।।

वे दिन कब आवैगे भाइ।
जा कारनि हम देह धरी है, मिलिबौ अंगि लगाइ।।टेक।।
हौं जाँनू जे हिल मिलि खेलूँ, तन मन प्राँन समाइ।
या काँमनाँ करौ परपूरन, समरथ हौ राम राइ।।
मांहि उदासी साधौ चाहे, चितवन रैनि बिहाइ।
सेज हमारी स्यंध भई है, जब सोऊँ तब खाइ।

यह अरदास दास की सुनिये, तन को तपति बुझाइ।। निवेदन
कहै कबीर मिलै जे साँई, मिलि करि मंगल गाइ।।306।।

बाल्हा आव हमारे गेहु रे, तुम्ह बिन दुखिया देह रे।।टेक।।
सब को कहै तुम्हारी नारी, मोकौ इहै अदेह रे।
एकमेक ह्वै सेज न सोवै, तब लग कैसा नेह रे।।
आन न भावै नींद न आवै, ग्रिह बन धरै न धीर रे।
ज्यूं कामी कौ काम पियारा, ज्यूं प्यासे कूं नीर रे।।
है कोई ऐसा परउपगारी, हरि सूं कहै सुनाइ रे।।
ऐसे हाल कबीर भये हैं, बिन देखे जीव जाइ रे।।307।।

माधौ कब करिहौ दाया।
काम क्रोध अहंकार ब्यापै, नां छूटे माया।।टेक।।
उतपति ब्यंद भयौ जा दिन थें, कबहूं सच नहीं पायो।
पंच चोर सगि लाइ दिए हैं, दन संगि जनम गंवायो।
तन मन डस्यौ भुजंग भामिनी, लहरी वार न पारा।
सो गारडू मिल्यो नहीं कबहूँ, पसर्‌यो बिष बिकराला।
कहै कबीर यहु कासूं कहिये, यह दुख कोई न जानै।
देहु दीदार बिकार दूरि करि, तब मेरा मन मांनै।।308।।

मैं बन भूला तूं समझाइ।
चित चंचल रहै न अटक्यौ, बिषै बन कूं जाइ।।टेक।।
संसार सागर मांहि भूल्यो, थक्यो करत उपाइ।
मोहनी माया बाघनी थैं, राखि लै राम राइ।
गोपाल सुनि एक बीनती, सुमति तन ठहराइ।
कहै कबीर यहु काम रिप है, मारै सबकूं ढाह।।309।।

भगति बिन भौजलि डूबत है रे।
बोहिथ छाड़ि बेसि करि डूंडै, बहुतक दुख सहै रे।।टेक।।
बार बार जम पै डहकावै, हरि को ह्वै न रहे रे।
चोरी के बालक की नाई, कासूं बाप कहे रे।।
नलिनी के सुवटा की नांई, जग सूं राचि रहे रे।
बंसा अपनि बंस कुल निकसै, आपहिं आप दहे रे।।
खेवट बिनां कवन भौ तारै, कैसे पार गहे रे।
दास कबीर कहै समझावै, हरि की कथा जीवै रे।।
राँम कौ नाँव अधिक रस मीठौं, बारंबार पीवै रे।।310।।

---

(308) ख- लहरी अंत न पारा।

चलत कत टेढौं टेढ़ौं रे।

नउँ दुवार नरक धरि मूंदे, तू दुरगंधि को बैढी रे।।

जे जारे तौ होई भसमतन, तामे कहां भलाई।।

सूकर स्वाँन काग कौ भखिन, रहित किरम जल खाई।

फूटे नैन हिरदै नाहीं सूझै, मति एकै नहीं जानीं।।

माया मोह ममिता सूं बांध्यो, बूडि मूवो बिन पाँनी।।

बारू के घरवा मैं बैठी, चेतन नही अयाँनाँ।

कहै कबीर एक राम भगति बिन, बूड़े बहुत सयाना।।311।।

अरे परदेसी पीव पिछाँनि।

कहा भयौ तोकौं समझि न परई, लागी कैसी बांनि।।टेक।।

भोमि बिडाणी मैं कहा रातौ, कहा कियो कहि मोहि।

लाहै कारनि मूल गमावै, समझावत हूं तोहि।।

निस दिन तोहि क्यूं नींद परत है, चितवत नांही तोहि।।

जम से बैरी सिर परि ठाढे, पर हथि कहां बिकाइ।

झूठे परपंच मैं कहा लगौ, ऊंठे नाँही चालि।।

कहै कबीर कछू बिलम न कीजै, कौन देखी काल्हि।।312।।

भयौ रे मन पहुंनड़ौ दिन चारि।

आजिक काल्हिक मांहि चलौगो, ले किन हाथ सँवारि।।टेक।।

सौंज पराई जिनि अपणावै, ऐसी सुणि किन लेह।

यहु संसार इसी रे प्राँणी, जैसी धूँवरि मेह।

तन धन जीवन अंजुरी कौ पानी, जात न लागै बार।

सैवल के फूलन परि फूल्यो, गरब्यो कहाँ गँवार।।

खोटी खाटै खरा न लीया, कछू न जाँनी साटि।

कहै कबीर कछू बनिज न कीयौ, आयौ थौ इहि हाटि।।313।।

मन रे राम नामहिं जांनि।

थरहरी थूँनी पर्‌यो मंदिर सूतौ खूँटी तानि।।टेक।।

सैन तेरी कोई न समझै, जीभ पकरी आंनि।

पाँच गज दोवटी माँगी, चूँन लीयो साँनि।

बैसंदर पोषरी हांडी, चल्यौ लादि पलाँनि।

भाई बंध बोलइ बहु रे, काज कीनौ आँनि।।

कहै कबीर या मैं झूठ नाँहीं, छाँड़ि जीय की बाँनि।

राम नाम निसंक भजि रे, न करि कुल की काँनि।।314।।

प्राणी लाल औसर चल्यो रे बजाइ।

मुंठी एक मठिया मुठि एक कठिया, संग काहू कै न जाइ।।टेक।।

देहली लग तेरी मिहरी सगी रे, फलसा लग सगी माइ।
मड़हट लूं सब लोग कुटुंबी, हंस अकेलो जाइ।
कहां वे लौग कहां पुर पाटण, बहुरि न मिलबौ आइ।
कहै कबीर जगनाथ भजहु रे, जन्म अकारथ जाइ।।315।।

राम गति पार न पावै कोई।
च्िंतामणि प्रभु निकटि छाडि करि, भ्रंमि मति बुधि खोई।।टेक।।
तीरथ बरत जपै तप करि करि, बहुत भांति हरि सोधै।
सकति सुहाग कहौ क्यूं पावे, अछता कंत बिरोधै।।
नारी पुरिष बसै इक संगा, दिन दिन जाइ अबोलै।
तजि अभिमान मिलै नही पीव कूं, ढूंढ़त बन बन डोलै।।
कहै कबीर हरि अकथ कथा है, बिरला कोई जानै।
प्रेम प्रीति बेधी अंतर गति, कहूं काहि को मानै।।316।।

राम बिनां संसार धंध कुहेरा,
सिरि प्रगट्या जम का फेरा।।टेक।।
देव पूजि पूजि हिंदू मूये, तुरूक मूये हज जाई।
जटा बांधि बांधि जोगी मूये, कापड़ी के दारौ याई।।
कवि कवीवै कविता मूये, कापड़ी के दारौ जाई।
केस लूंचि लूंचि मूये बरतिया, इनमें किनहुँ न पाई।।
धन संचते राजा मूये, अरु ले कंचन भारी।
बेद पढ़े पढ़े पंडित मूये, रूप भूले मूई नारी।
जे नर जोग जुगति करि जाँनै, खोजै आप सरीरा।
तिनकूँ मुकति का संसा नाहीं, कहत जुलाह कबीरा।।317।।

कहूं रे जे कहिबे की होइ।
नाँ को जानै नाँ को मानै ताथें अचिरज मोहि।।टेक।।
अपने अपने रंन के राजा, मांनत नाहीं कोइ।
अति अभिमान लोभ के घाले, अपनपौ खोइ।।
मैं मेरि करि यहु तन खोयो, समझत नहीं गंवार।
भौजलि अधफर थाकि रहे हैं, बूड़े बहुत अपार।।
मोहि आग्या दई दयाल दया करि, काहू कूँ समझाइ।
कहै कबीर मैं कहि हारयो, अब मोहिं दोष न लाइ।।318।।

एक कोस बन मिलांन न मेला।
बहुतक भांति करै फुरमाइस, है असवार अकेला।।टेक।।
जोरत कटक जु धरत सब गढ़, करतब झेली झेला।

जोरि कटक गढ़ तोरि पातसाह, खेलि चल्यो एक खेला।।
कूंच मुकांम जोग के घर मैं, कछू एक दिवस खटांनां।
आसन राखि बिभूति साखि दे, फुनि ले माटी उड़ांनां।।
या जोगी की जुगति जू जांनै, सो सतगुर का चेला।
कहै कबीर उन गुर की कृपा थैं, तिनि सब भरम पछेला।।319।।

(राग मारू)

मन रे राम सुमिरि राम सुमिरि राम सुमिरि भाई।
राम नाम सुमिरन बिनै, बूड़त है अधिकाई।।टेक।।
दारा सुत गेह नेह, संपति अधिकाई।।
यामैं कछु नांहि तेरौ, काल अवधि आई।।
अजामेल गज गनिका, पतित करम कीन्हां।।
तेऊ उतरि पारि गये, राम नाम लीन्हां।।
स्वांन सूकर काग कीन्हौ, तऊ लाज न आई।।
राम नाम अमृत छाड़ि, काहे बिष खाई।
तजि भरम करम बिधि नखेद, राम नाम लेही।।
जन कबीर गुर प्रसादि, राम करि सनेही।।320।।

राम नाम हिरदै धरि, निरमौलिक हीरा।
सोभा तिहूं लोक, तिमर जाय त्रिविध पीरा।।टेक।।
त्रिसनां नै लोभ लहरि, काम क्रोध नीरा।
मद मछर कछ मछ हरषि सोक तीरा।।
कांमनी अरु कनक भवर, बोये बहु बीरा।।
जब कबीर नवका हरि, खेवट गुरु कीरा।।321।।

चलि मेरी सखी हो, वो लगन राम राया।
जब तक काल बिनासै काया।। टेक।।
जब लोभ मोह की दासी, तीरथ ब्रत न छूटै जंम की पासी।
आवैंगे जम के घालैगे बांटी, यहु तन जरि बरि होइगा माटी।
कहै कबीर जे जन हरि रंगिराता, पायौ राजा राम परम पद दाता।।322।।

(राग टोड़ी)

तू पाक परमानंदे।
पीर पैकंबर पनहु तुम्हारी, मैं गरीब क्या गंदे।।टेक।।
तुम्ह दरिया सबही दिल भीतरि, परमानंद पियारे।
नैक नजरि हम ऊपरि नांहि, क्या कमिबखत हमारे।।

हिकमति करै **हलाल** बिचारै, आप कहांवै मोटे। विधि, छुरा
चाकरी चोर निवाले हाजिर, सांई सेती खोटे।।
दांइम दूवा करद बजावै, मैं क्या करूं भिखारी।
कहै कबीर मैं बंदा तेरा, खालिक पनह तुम्हारी।।323।।

अब हम जगत गौंहन तैं भागे,
जग की देखि गति रांमहिं ढूंरि लांगे।।टेक।।
अयांनपनै थैं बहु बौराने, समझि पर तब फिर पछिताने।
लोग कहौ जाकै जो मनि भावे, लहै भुवंगम कौन डसावै।।
कबीर बिचारि इहै डर डरियै, कहै का हो इहाँ रै मरिये।।324।।

(राग भैरूँ)

ऐसा ध्यान धरौ नरहरी
सबद अनाहद च्यंत करी।।टेक।।
पहलो खोजौ पंचे बाइ, बाइ ब्यंद ले गगन समाइ।
गगन जोति तहां त्रिकुटी संधि, रबि ससि पवनां मेलौ बंधि।।
मन थिर होइ न कवल प्रकासै, कवला मांहि निरंजन बासै।
सतगुरु संपट खोलि दिखावै, निगुरा होइ तो कहां बतावै।
सहज लछिन ले तजो उपाधि, आसण दिढ निद्रा पुनि साधि।।
पुहुप पत्र जहां हीरा मणीं, कहै कबीर तहां त्रिभुवन धणीं।।325।।

इहि बिधि सेविये श्री नरहरी,
मन की दुबिध्या मन परहरी।।टेक।।
जहाँ नहीं तहाँ कछू जाँणि, जहां नहीं तहां लेहु पछाँणि।।
नांही देखि न जइये भागि, जहाँ नहीं तहाँ रहिये लागि।।
मन मंजन करि दसवैं द्वारि, गंगा जमुना सधि बिचारि।।
नादहि ब्यंद कि ब्यंदहि नाद, नादहिं ब्यंदमिलै गोब्यंद।
देवी न देवा पूजा नहीं जाप, भाइ न बंध माइ नहीं बाप।
गुणातीत जस निरगुन आप, भ्रम जेवड़ो जन कीया साप।।
तन नांही कब जब मन नांही, मन परतीति ब्रह्म मन मांहि।
परहरि बकुला ग्रहि गुन डार, निरखि देखि निधि वार न पार।।
कहै कबीर गुरपरम गियांन, सुनि मंडल मैं धरो धियांन।।
प्यंड परे जीव जेहैं जहां, जीवत ही ले राखी तहां।।326।।

अलह अलख निरंजन देव, किहि बिधि करौं तुम्हारी सेव।।टेक।।
विश्न सोई जाको विस्तार, सोई कृस्न जिनि कीयौ संसार।
गोब्यंद ते ब्रह्मंडहि नहै, सोई राम जे जुगि जुगि रहै।।

अलह सोई जिनि उमति उपाई, दस दर खोलै सोई खुदाई।
लख चौरासी रब परवरै, सोई करीम जे एती करै।
गोरख सोई ग्यांन गमि गहे, महादेव सोई मन को लहै।।
सिध सोई जो साधै इति, नाय सोई जो त्रिभवन जती।
सिध साधू पैकंबर हूवा, जपै सू एक भेष है जूवा।
अपरंपार की नांउ अनंत, कहै कबीर सोई भगवंत।।327।।

तहाँ जौ राम नाम ल्यौ लागै,
तो जरा मरण छूटै भ्रम भागै।।टेक।।
अगम निगम गढ़ रचि ले अवास, तहुवां जोति करै परकास।
चमकै बिजुरी तार अनंत, तहाँ प्रभु बैठे कवलाकंत।।
अखंड मंडित मंडित भंड, त्रि स्नांन करै त्रीखंड।।
अगम अगोचर अभिअंतरा, ताकौ पार न पावै धरणीधरा।
अरध उरध बिचि लाइ ले अकास, तहुंवा जोति करै परकास।
टार्‌यौ टरै न आवै जाइ, सहज सुंनि मैं रह्यौ समाइ।
अबरन बरन स्यांम नहीं पीत, होहू जाइ न गावै गीत।
अनहद सबद उठे झणकार, तहाँ प्रभु बैठे समरथ सार।
कदली पुहुप दीप परकास, रिदा पंकज मैं लिया निवास।
द्वादस दल अभिअंतरि स्यंत, तहाँ प्रभु पाइसि करिलै च्यंत।।
अमलिन मलिन घाम नहीं छांहां, दिवस न राति नहीं हे ताहाँ।
तहाँ न उगै सूर न चंद, आदि निरंजन करै अनंद।।
ब्रह्मंडे सो प्यंडे जांन, मानसरोवर करि असनांन।
सोहं हंसा ताकौ जाप, ताहि न लिपै पुन्य न पाप।।
काया मांहै जांनै सोई, जो बोलै सो आपै होई।
जोति मांहि जें मन थिर करै, कहै कबीर सो प्रांणी तिरै।।328।।

एक अचंभा ऐसा भया,
करणीं थैं कारण मिटि गया।।टेक।।
करणी किया करम का नास, पावक मांहि पुहुप प्रकास।
पुहुप मांहि पावक प्रजरै, पाप पुंन दोउ भ्रम टरै।।
प्रगटी बास बासना धोइ, कुल प्रगटयौ कुल घाल्यौ खोइ। कर्तव्य
उपजी च्यंत च्यंत मिटि गई, भौ भ्रम भागा ऐसे भई।
उलटी गंग मेर कूं चली, धरती उलटि अकासहिं मिली।।
दास कबीर तत ऐसी कहै, ससिहर उलटि राह की गहै।।329।।

है हजूरि क्या दूर बतावै,
दुंदर बांधे सुंदर पावै।।टेक।।
सो मुलनां जो मनसूं लरै, अह निसि काल चक्र सूं भिरै।

काल चक्र का मरदै मांन, तां मुलनां कूं सदा सलांम।।
काजी सो जो काया बिचारै, अहनिसि ब्रह्म अगनि प्रजारै।
सुप्पनै बिंद न देई झरनां, ता काजी कूं जुरा न मरणां।।
सो सुलितान जु द्वै सुत तानै, बाहरि जाता भीतरि आनै।
गगन मंडल मैं लसकर करै, सो सुलितान छत्र सिरि धरै।।
जोगी गोरख गोरख करै, हिंदू राम नाम उच्चरै।
मुसलमान कहै एक खुदाइ, कबीरा को स्वांमी घटि घटि रह्यौ समाइ।।330।।

आऊँगा न जाऊँगा, न मरुँगा न जीऊँगा।
गुर के सबद मैं रमि रमि रहूंगा।।टेक।।
आप कटोरा आपै थारी, आपै पुरिखा आपै नारी।
आप सदाफल आपै नींबू, आपै मुसलमान आपै हिंदू।।
आपै मछकछ आपै जाल, आपै झींवर आपै काल।
कहै कबीर हम नांही रे नांही, नां हम जीवत न मूवले मांही।।331।।

हम सब मांहि सकल हम मांहीं,
हम थैं और दूसरा नाहीं।।टेक।।
तीनि लोक मैं हमारा पसारा, आवागमन सब खेल हमारा।
खट दरसन कहियत हम मेखा, हमहीं अतीत रूप नहीं रेखा।
हमहीं आप कबीर कहावा, हमहीं अपनां आप लखावा।।332।।

सो धन मेरे हरि का नांउ, गांठि न बांधौं बेचि न खांउ।।टेक।।
नांउ मेरे खेती नांउ मेरे बारी, भगति करों मैं सरनि तुम्हारी।
नांउ मेरे सेवा नांउ मेरे पूजा, तुम्ह बिन और न जानौ दूजा।।
नांउ मेरे बंधव नांउ मेरे भाई, अंत कि बेरियां नांव सहाई।
नांउ मेरे निरधन ज्यूं निधि पाई, कहै कबीर जैसे रंक मिठाई।।333।।

अब हरि अपनो करि लीनौं, प्रेम भगति मेरौ मन भीनौं।।टेक।।
जरै सरीर अंग नहीं मोरौ, प्रान जाइ तो नेह तोरौ।
च्यंतामणि क्यू पाइए ठोली, मन दे राम लियौ निरमोली।।
ब्रह्मा खोजत जनम गवायौ, सोई राम घट भीतरि पायो।
कहै कबीर छूटी सब आसा, मिल्यो राम उपज्यौ बिसवासा।।334।।

लोग कहै गोबरधनधारी, ताकौ मोहिं अचंभो भारी।।टेक।।
अष्ट कुली परबत जाके पग की रैना, न सातौ सायर अंजन नैना।।
ए उपमां हरि किती एक ओपै, अनेक मेर नख उपारि रोपै।।
धरनि अकास अधर जिनि राखी, ताकी मुगधा कहै न साखी।
सिव बिरंचि नारद जस गावै, कहै कबीर ताको पार न पावै।।335।।

राम निरंजन न्यारा रे, अंजन सकल पसारा रे।।टेक।।
अंजन उतपति वो उंकार, अंजन मांड्या सब बिस्तार।
अंजन ब्रह्मा शंकर ईद, अंजन गोपी संगि गोब्यंद।।
अंजन बाणी अंजन बेद, अंजन कीया नांनां भेद।
अंजन विद्या पाठ पुरांन, अंजन फोकट कथाहिं गियांन।।
अंजन पाती अंजन देव, अंजन की करै अंजन सेव।।
अंजन नाचै अंजन गावै, अंजन भेष अनंत दिखावै।
अंजन कहौ कहां लग केता, दांन पुनि तप तीरथ जेता।।
कहै कबीर कोई बिरला जागै, अंजन छाड़ि निरंजन लागै।।336।।

अंजन अलप निरंजन सार, यहै चीन्हि नर करहुं बिचार।।टेक।।
अंजन उतपति बरतनि लोई, बिना निरजंन मुक्ति न होई।
अंजन आवै अंजन जाइ, निरंजन सब घट रह्यौ समाइ।
जोग ग्यांन तप सबै बिकार, कहै कबीर मेरे राम अधार।।337।।

एक निरंजन अलह मेरा, हिंदु तुरक दहू नहीं नेरा।।टेक।।
राखूं ब्रत न मरहम जांनां, तिसही सुमिरूं जो रहै निदांनां।
पूजा करूं न निमाज गुजारूं, एक निराकार हिरदै नमसकारूँ।।
नां हज जांउं न तीरथ पूजा, एक पिछांणा तौ का दूजा।
कहै कबीर भरम सब भागा, एक निरंजन सूं मन लागा।।338।।

तहां मुझ गरीब की को गुदरावै, मजलिस दूरि महल को पावै।।टेक।।
सत्तरि सहस सलार है जाके, असी लाख पैकंबर ताकै।
सेख जु कहिय सहस अठ्यासी, छपन कोड़ि खलिबे खासी।
कोड़ि तैतीसूं अरु खिलखांनां, चौरासी लख फिरै दिवांना।।
बाबा आदम पै नजरि दिलाई, नबी भिस्त घनेरी पाई।
तुम्ह साहिब हम कहा भिखारी, देत जबाब होत बजगारी।।
जन कबीर तेरी पनह समांनां, भिस्त नजीक राखि रहिमांनां।।339।।

जौ जाचौं तो केवल राम, आंन देव सूं नांहीं काम।।टेक।।
जाकै सूरिज कोटि करै परकास, कोटि महादेव गिरि कबिलास।
ब्रह्मा कोटि बेद ऊचरै, दुर्गा कोटि जाकै मरदन करैं।।
कोटि चंद्रमां गहै चिराक, सुर तेतीसूं जीमैं पाक।
नौग्रह कोटि ठाढे दरबार, धरमराइ पौली प्रतिहार।।
कोटि कुबेर जाकै भरें भंडार, लक्ष्मी कोटि करैं सिंगार।
कोटि पाप पुंनि ब्यौहरै, इंद्र कोटि जाकी सेवा करें।
जगि कोटि जाकै दरबार, गंधप कोटि करै जैकार।

विद्या कोटि सबै गुण कहै, पारब्रह्म कौ पार न लहै।।
बासिग कोटि सेज बिसतरै, पवन कोटि चौबारे फिरै।।
कोटि समुद्र जाके पणिहारा, रोमावली अठारहु भारा।।
असंखि कोटि जाकै जमावली, रावण सेन्यां जाथैं चली।।
सहसवांह के हरे परांण, जरजोधन घाल्यौ खै मान।
बावन कोटि जाके कुटवाल, नगरी नगरी क्षेत्रपाल।।
लट छूटी खेलैं बिकराल, अनंत कला नटवर गोपाल।
कंद्रप कोटि जाकै लांवन करै, घट घट भीतरि मनसा हरै।
दास कबीर भजि सारंगपान, देह अभै पद मांगौ दान।।340।।

मन न डिगै ताथैं तन न डराई, केवल राम रहे ल्यौ लाई।।टेक।।
अति अथाह जल गहर गंभीर, बांधि जँजीर जलि बोरे हैं कबीर।
जल की तरंग उठि कटि है जंजीर, हरि सुमिरन तट बैठे हैं कबीर।।
कहै कबीर मेरे संग न साथ, जल थल में राखै जगनाथ।।341।।

भलै नीदौ भलै नींदै भले नीदौ लोग, तनौ मन राम पियारे जोग।।टेक।।
मैं बौरी मेरे राम भरतार, ता कारंनि रचि करौ स्यंगार।
जैसे धुबिया रज मल धौवै, हर तप रत सब निंदक खोवै।।
न्यंदक मेरे माई बाप, जन्म जन्म के काटे पाप।
न्यंदक मेरे प्रान अधार, बिन बेगारी चलावै भार।।
कहै कबीर न्यंदक बलिहारी, आप रहै जन पार उतारी।।342।।

जो मैं बौरा तौ राम तोरा, लोग मरम का जांनै मोरा।।टेक।।
माला तिलक पहरि मन मानां, लोगनि राम खिलौनां जांना।
थोरी भगति बहुत अहंकारा, ऐसे भगता मिलै अपारा।।
लोग कहै कबीर बीराना, कबीरा कौ मरम रांम भल जाना।।343।।

हरिजन हंस दसा लिये डोलै, निर्मल नांव चवै जस बोलै।।टेक।।
मानसरोवर तट के बासी, राम चरन चित आंन उदासी।
मुकताहल बिन चंच न लावै, मौंनि गहे कै हरि गुन गांवै।।
कउवा कुबधि निकट नहीं आवै, सो हंसा निज दरसन पावै।।
कहै कबीर सोई जन तेरा, खीर नीर का करै नबेरा।।344।।

सति राम सतगुर की सेवा, पूजहु राम निरंजन देवा।।टेक।।
जल कै मंजन्य जो गति होई, मीनां नित ही न्हावै।
जैसा मींनां तैसा नरा, फिरि फिरि जोनी आवै।।
मन मैं मैला तीर्थ न्हावै, तिनि बैकुंठ न जांनां।
पाखंड करि करि जगत भुलांनां, नांहिन राम अयांनां।।

हिरदे कठोर मरै बनारसि, नरक न बंच्या जाई।
हरि कौ दास मरै जे मगहरि, सेन्यां सकल तिराई।।
पाठ पुरान बेद नहीं सुमिरत, तहां बसै निरकारा।
कहै कबीर एक ही ध्यावो, बावलिया संसारा।।345।।

क्या ह्वै तेरे न्हाई धाँई, आतम रांम न चीन्हा सोंई।।टेक।।
क्या घट उपरि मंजन कीयै, भीतरि मैल अपारा।।
राम नाम बिन नरक न छूटै, जे धोवै सौ बारा।।
का नट भेष भगवां बस्तर, भसम लगावै लोई।
ज्यूं दादुर सुरसरी जल भीतरि हरि बिन मुकति न होई।।
परिहरि काम राम कहि बौरे सुनि सुख बंधू मोरी।
हरि कौ नांव अभयपददाता कहै कबीरा कोरी।।346।।

पांणी थे प्रकट भई चतुराई, गुर प्रसादि परम निधि पाई।।टेक।।
इक पांणी वांणी कूं धोवै एक पांणी पांणी कूं मोहै।
पांणी ऊँचा पांणी नीचां, ता पांणी का लीजै सींचा।।
इसक पांणी थैं प्यंड उपाया, दास कबीर राम गुण गाया।।347।।

भजि गोब्यंद भूलि जिनि जाहु, मनिषा जनम कौ एही लाहु।।टेक।।
गुर सेवा करि भगति कमाई, जौ तै मनिषा देही पाई।
या देही कूँ लौचै देवा, सो देही करि हरि कि सेवा।।
जब लग जरा रोग नहीं आया, तब लग काल ग्रसे नहि काया।
जब लग हींण पड़े नहीं वाणीं, तब लग भजि मन सारंगपाणीं।।
अब नहीं भजसि भजसि कब भाई, आवेगा अंत भज्यौ नहीं जाई।।
जे कछू करौ सोई तत सार फिरि पछितावोगे बार न पार।।
सेवग सो जो लागे सेवा, तिन्हीं पाया निरंजन देवा।
गुर मिलि जिनि के खुले कपास, बहुरि न आवै जोनी बाट।।
यहु तेरा औसर यहु तरि बार, घट ही भीतरि सोचि बिचारि।
कहै कबीर जीति भावै हारि बहु बिधि कह्यौ पुकारि पुकार।।348।।

ऐसा ज्ञान बिचारि रे मनां, हरि किन सुमिरै दुख भंजना।।टेक।।
जब लग मैं में मेरी करै, तब लग काज एक नहीं सरै।
जब यहु मैं मेरी मिटि जाइ, तब हरि काज संवारै आइ।
जब स्यंध रहै बन मांहि, तब लग यहु बन फूलै नांहि।
उलटि स्याल स्यंध कूं खाइ, तब यहु भूलै सब बनराई।।
जीत्या डूबै हार्‌या तिरै, गुर प्रसाद जीवत ही मरै।
दास कबीर कहै समझाइ, केवल राम रहौ ल्यो लाइ।।349।।

जागि रे जीव जागि रे।

चोरन को डर बात कहत हैं, उठि उठि पहरै लागि रे।।टेक।।

ररा करि टोप समां करि बखतर, ग्यान रतन करि ताग रे।
ऐसै जौ अजराइल मारै, मस्तकि आवै भाग रे।।
ऐसी जागणी जे को जागै, तौ हरि देइ सुहाग रे।
कहै कबीर जग्या ही चाहिये, क्या गृह क्या बैराग रे।।351।।

जागहु रे नर सोवहु कहा,

जम बटपारै रूंधे पहा।।टेक।।

जागि थेति कछू करौ उपाई, मोटा बैरी है जंमराई।
सेत काग आये बन मांहि, अजहु रे नर चेतै नांहि।।
कहै कबीर तबै नर जागै, जंम का डंड मूंड मैं लागै।।352।।

जाग्या रे नर नींद नसाई,

चित चेत्यो च्यंतामणि पाई।।टेक।।

सोवत सोवत बहुत दिन बीते, जन जाग्या तसकर गये रीते।
जन जागे का ऐमहि नांण, बिष से लागे वेद पुराण।
कहै कबीर अब सोवो नांहि, राम रतन पाया घट मांहि।।352।।

संतनि एक अहेरा लाधा, मिर्गनि खेत सबति का खाधा।।टेक।।
या जंगल मैं पांचौ मृगा, एई खेत सबनि का चरिगा।
पाराधीपनौ जे साधै कोई, अध खाधा सा राखै सोई।।
कहै कबीर जो पंचौ मारै, आप तिरै और कूं तारै।।353।।

हरि कौ बिलोवनो विलोइ मेरी माई,

ऐसै बिलोइ जैसे तत न जाई।।टेक।।

तन करि मटकी मननि बिलोइ, ता मटकी मैं पवन समोइ।
इला पयंगुला सुषमन नारी, बेगि विलोइ ठाढी छलिहारी।।
कहै कबीर गुजरी बौरांनी, मटकी फूटी जोतिं समानी।।354।।

आसण पवन किये दिढ़ रहु रे,

मन का मैल छाड़ि दे बौरे।।टेक।।

क्या सींगी मुद्रा चमकाये, क्या बिभूति सब अंगि लगाये।।
सो हिंदू सो मुसलमान, जिसका दुरस रहै ईमांन।।
सो ब्रह्मा जो कथै ब्रह्म गियान, काजी सो जानै रहिमांन।।
कहै कबीर कछू आन न कीजै, राम नाम जपि लाहा दीजै।।355।।

ताथैं कहिये लोकोचार,

बेद कतेब कथैं ब्योहार।।टेक।।

जारि बारि करि आवै देहा, मूबां पीछै प्रीति सनेहा।
जीवन पित्रहि गारहि डंगा, मूँवां पित्र ले घालैं गंगा।।
जीवत पित्र कूं अन न ख्वावै, मूंवा पीछे ष्यंड भरावै।।
जीवत पित्र कूं बोलै अपराध, मूंवां पीछे देहि सराध।।
कहि कबीर मोहि अचिरज आवै, कउवा खाइ पित्र क्यूं पावै।।356।।

बाप राम सुनि बीनती मोरी, तुम्ह सूं प्रगट लोगन सूं चोरी।।टेक।।
पहलै काम मुगध मति कीया, ता भै कंपै मेरा जीया।
राम राइ मेरा कह्या सुनीजै, पहले बकसि अब लेखा लीजै।।
कहै कबीर बाप राम राया, कबहुं सरनि तुम्हारी आया।।357।।

अजहूँ बीच कैसे दरसन तोरा,
बिन दरसन मन मांनै, क्यूं मोरा।।टेक।।
हमहिं कुसेवग क्या तुम्हहिं अजांनां, दुइ मैं दोस कहौ किन रांमां।
तुम्ह कहियत त्रिभवन पति राजा, मन बंछित सब पुरवन काजा।।
कहै कबीर हरि दरस दिखावौ, हमहिं बुलावौ कै तुम्ह चलि आवौ।।358।।

क्यूं लीजै गड़ बंका आई, दोवग काट अरू तेवड़ खाई।।टेक।।
काम किवाड़ दुख सुख दरवानी, पाप पुंनि दरवाजा।
क्रोध प्रधान लोभ बड़ दुंदर, मन मैं बासी राजा।।
स्वाद सनाह टोप ममिता का, कुबधि कामांण चढ़ाई।
त्रिसना तीर रहे तन भीतरि, सुबधि हाथि नहीं आई।
प्रेम पलीता सुरति नालि करि, गोला ग्यांन चलाया।
ब्रह्म अग्नि ले दियां पलीता, एकैं चोट ढहाया।
सत संतोष लै लरनै लागे, तोरै दस दरवाजा।।
साध संगति अरु गुर की कृपा थैं, पकर्‌यो गढ़ को राजा।
भगवंत शीर सकति सुमिरण की, काटि काल की पासी।
दास कबीर चढ़े गढ़े ऊपरि, राज दियौ अबिनासी।।

रैनि गई मति दिन भी जाइ,
भवर उड़े बन बैठे आई।टेक।।
कांचै करवै रहै न पानी, हंस उड़्या काया कुमिलांनी।
थरहर थरहर कंपै जीव, नां जांनूं का करिहै पीव।
कऊवा उड़ावत मेरी बहिंयां पिरांनी, कहै कबीर मेरी कथा सिरांनी।।360।।

काहे कूं बनाऊँ परिहै टाटी,
का जांनूं कहाँ परिहै माटी।।टेक।।
काहे कूं मंदिर महल चिणांऊँ, मूवां पीछै घड़ी एक रहण न पाऊँ।।

कहो कूं छाऊँ ऊँच ऊंचेरा, साढ़े तीनि हाथ घर मेरा।।
कहै कबीर नर गरब न कीजै, जेता तन तेती भुंइ लीजै।।361।।

(राग बिलावल)

बार बार हरि का गुण गावै, गुर गमि भेद सहर का पावै।।टेक।।
आदित करै भगति आरंभ, काया मंदिर मनसा थंभ।
अखंड अहनिसि सुरष्या जाइस, अनहद बेन सहज मैं पाइ।।
सोमवार ससि अमृत झरे, चाखत बेगि तपै निसतरै।।
बांधी रोक्याँ रहै दुवार, मन मतिवाला पीवनहार।।
मंगलवार ल्यौ मांहीत, पंच लोक की छाड़ौ रीत।।
घर छाँड़ै जिनि बाहिर जाइ, नहीं तर खरौ रिसावै राइ।
बुधवार करै बुधि प्रकास, हिरदा कवल मैं हरि का बास।।
गुर गमि दोउ एक समि करै, उरध पंकज थैं सूधा धरै।।
ब्रिसपति बिषिया देइ बहाइ, तीनि देव एकै संगि लाइ।
तीनि नदी तहां त्रिकुटी मांहि, कुसमल धोवै अहनिसि न्हांहि।।
सुक्र सुधा ले इहि ब्रत चढ़ै, अह निस आप आपसूं लड़ै।।
सुरषी पंच राखिये सबै, तो दूजी द्रिष्टि न पैसे कबै।
थावर थिर करि घट मैं सोइ, जोति दीवटी मेल्है जोइ।
बाहरि भीतरि भया प्रकास, तहां भया सकल करम का नास।।
जब लग घट मैं दूजो आंण, तब लग महलि न पावै जांण।।
रमिता राम सूं लागै रंग, कहै कबीर ते निर्मल अंग।।362।।

राम भेज सो जांनिये, जाके आतुर नांहीं।
सत संत संतोष लीयै रहै धीरज मन मांहिं।।टेक।।
जन कौ काम क्रोध ब्यापै नहीं, त्रिष्णां न जरावै।
प्रफुलित आनंद मैं, गोब्यंद गुंण गावै।।
जन कौ पर निंदा भावै नहीं, अरु असति न भाषै।
काल कलपनां मेटि करि, चरनूं चित राखे।
जन सम द्रिष्टि सीतल सदा, दुबिधा नहीं आनै।
कहै कबीर ता दास तूं मेरा मन मांनै।।363।।

माधौ सो मिलै जासौं मिलि रहिये,
ता कारनि बक बहु दुख सहिये।।टेक।।
छत्रधार देखत ढहि जाइ, अधिक गरब थें खाक मिलाइ।
अगम अगोचर लखीं न जाइ, जहां का सहज फिरि तहां समाइ।।
कहै कबीर जूठे अभिमान, से हम सो तुम्ह एक समान।।364।।

अहो मेरे गोब्यंद तुम्हारा जोर, काजी बकिवा हस्ती तोर।।टेक।।
बांधि भुजा भलै करि डार्यौ, हस्ती कोपि मूंड में मार्यो।
भाग्यौ हस्ती चीसां मारी, वा मूरति की मैं बलिहारी।।
महावत तोकूं मारौ साटी, इसहि मराऊँ घालौं काटी।।
हस्ती न तोरै धरै धियांन, वाकै हिरदैं बसै भगवाँन।।
कहा अपराध संत हौं कीन्हां, बांधि पोट कुंजर कूं दीन्हां।।
कुंजर पोट बहु बंदन करै, अजहूं न सूझैं काजी अंधेरै।।
तीनि बेर पतियारा लीन्हां, मन कठोर अजहूं न पतीनां।।
कहै कबीर हमारै गोब्यंद, चौथे पद ले जन का ज्यंद।।365।।

कुसल खेम अरु सही सलांमति, ए दोइ काकौं दीन्हां रे।
आवत जात दुहूँधा लूटै, सर्व तत हरि लीन्हाँ रे।।टेक।।
माया मोह मद मैं पीया, मुगध कहै यहु मेरी रे।
दिवस चारि भलै मन रंजै, यहु नाहीं किस केरी रे।
सुर नर मुनि जन पीर अवलिया, मीरां पैदा कीन्हा रे।
कोटिक भये कहां लूं बरनूं, सबनि पयांनां दीन्हाँ रे।।
धरती पवन अकास जाइगा, चंद जाइगा सूरा रे।
हम नांही तुम्ह नांही रे भाई, रहे राम भरपूरा रे।।
कुसलहिं कुसल करत जग खीना, पड़े काल भी पासी रे।
कहै कबीर सबै जग बिनस्या, रहे राम अबिनासी।।366।।

मन बनजारा जागि न सोई लाहे कारनि मूल न खोई।।टेक।।
लाहा देखि कहा गरबांना, गरब न कीजै मूरखि अयांनां।
जिन धन संच्या सो पछितांनां, साथी चलि गये हम भी जाँनाँ।।
निसि अंधियारी जागहु बंदे, छिटकन लागे सबही संधे।
किसका बंधू किसकी जोई, चल्या अकेला संगि न कोई।
ढरि गए मंदिर टूटे बंसा, सूखे सरवर उड़ि गये हंसा।
पंच पदारथ भरिहै खेहा, जरि बरि जायगी कंचन देहा।।
कहत कबीर सुनहु रे लोई, राम नाम बिन और न कोई।।367।।

मन पतंग चेते नहीं अंजुरी समांन।
बिषिया लागि बिगूचिये दाझिये निदांन।।टेक।।
काहे नैन अनिदियै सूझत, नहीं आगि।
जनम अमोलिक खोइयै, सांपनि संगि लागि।
कहै कबीर चित चंचला, गुर ग्यांन कह्यौ समझाइ।।
भगति हीन न जरई जरै, भावै तहाँ जाइ।।368।।

स्वादि पतंग जरे जरी जाइ, अनहद सौ मेरौ चित न रहाइ।।टेक।।
माया कै मदि चेति न देख्या, दुबिध्या मांहि एक नहीं पेख्या।
भेष अनेक किया बहु कीन्हां, अकल पुरिष एक नहीं चीन्हां।।
केते एक मूये मरेहिगे केते, केतेक मुगध अजहूं नहीं चेते।
तंत मंत सब ओषद माया, केवल राम कबीर दिढाया।।369।।

एक सुहागनि जगत पियारी, सकल जीव जंत की नारी।।टेक।।
खसम करै वा नारि न रोवै, उस रखवाला औरै होवै।
रखवाले का होइ बिनास, उतहि नरक इत भोग बिलास।।
सूहागनि गलि सोहे हार, संतनि बिख बिलसै संसार।
पीछे लागी फिरै पचि हारी, संत की ठठकी फिरै बिचारी।।
सत भजै बा पाछी पडै गुर के सबदूं मार्‌यौ डरै।
साषत कै यहु प्यंड पराइनि, हमारी द्रिष्टि परै जैसे डाँइनि।।
अब हम इसका पाया भेद, होइ कृपाल मिले गुरदेव।।
कहै कबीर इब बाहरि परी, संसारी कै अचलि टिरी।।370।।

परोसनि मांगै संत हमारा,
पीव क्यूं बौरी मिलहि उधारा।।टेक।।
मासा मांगै रती न देऊं, घटे मेरा प्रेम तो कासनि लेऊँ।
राखि परोसनि लरिका मोरा, जे कछु पाउं सू आधा तोरा।
बन बन ढूँढ़ौं नैन भरि जोऊँ, पीव न मिलै तौ बिलखि करि रोऊं।
कहै कबीर यहु सहज हमारा, बिरली सुहागनि कंत पियारा।।371।।

राम चरन जाकै हिरदै बसत है, ता जन कौ मन क्यूं डोलै।
आनौ आठ सिध्य नव निधि ताकै हरषि हरषि जस बोलैं।।टेक।।
जहां जहां जाई तहां सच पावै, माया ताहि न झोलै।
बारबार बरजि बिषिया तै, लै नर जौ मन तोलै।।
ऐसी जो उपजै या जीय कै, कुटिल गांठि सब खोलै।।
कहै कबीर जब मनपरचौ भयौ, कहे राम के बोलै।।372।।

जंगल मैं का सोवनां, औघट है घाटा,
स्यंध बाघ गज प्रजलै, अरु लंबी बाटा।।टेक।।
निस बासुरी पेड़ा पड़ै, जमदानी लूटै।
सूर धीर साचै मते, सोई जन छूटै।।
चालि चालि मन माहरा, पुर परण गहिये।
मिलिये त्रिभुवन नाथ सूं, निरभै होइ रहिये।।
अमर नहीं संसार मैं, बिनसै नरदेही।
कहै कबीर बेसास सूं, भजि राम सनेही।।373।।

(राग ललित)

राम ऐसो ही जांनि जपी नरहरी,
माधव मदसूदन बनवारी।।टेक।।
अनुदिन ग्यान कथै घरियार, धूवं धौलह रहै संसार।
जैसे नदी नाव करि संग, ऐसै ही मात पिता सुत अंग।।
सबहि नल दुल मलफ लकीर, जल बुदबुदा ऐसो आहि सरीर।
जिभ्या राम नाम अभ्यास, कहौ कबीर तजि गरम बास।।374।।

रसनां राम गुन रिस रस पीजै, गुन अतीत निरमोलिक लीजै।।टेक।।
निरगुन ब्रह्म कथौ रे भाई, जा सुमिरन सुधि बुधि मति पाई।
बिष तजि राम न जपसि अभागे, का बूड़े लालच के लागे।।
ते सब तिरे रांम रस स्वादी, कहै कबीर बूड़े बकवादी।।375।।

निबरक सुत ल्यौ कोरा, राम मोहि मारि, कलि बिष बोरा।।टेक।।
उन देस जाइबा रे बाबू, देखिबो रे लोग किन किन खैबू लो।
उड़ि कागा रे उन देश जाइबा, जासूं मेरा मन चित लागा लो।
हाट ढूंढि ले, पंटनपुर ढूंढि ले, नहीं गांव कै गोरा लो।
जल बिन हंस निसह बिन रबू कबीर का स्वांमी पाइ परिकै मनैबू लो।।376।।

(राग बसंत)

सो जोगी जाकै सहज भाइ, अकल प्रीति की भीख खाइ।।टेक।।
सबद अनाहद सींगी नाद, काम क्रोध बिषया न बाद।
मन मुद्रा जाकै गुर को ग्यांन, त्रिकुट कोट मैं धरत ध्यान।।
मनहीं करन कौं करै सनांन, गुरको सबद ले ले धरै धियांन।
काया कासी खोजै बास, तहां जोंति सरूप भयौ परकास।।
ग्यांन मेषली सहज भाइ, बंक, नालि को रस खाइ।
जोग मूल कौ देइ बंद, कहि कबीर थीर होइ कंद।।377।।

मेरौ हार हिरांनौ मैं लजाऊँ, सास दुरासनि पीव डराऊँ।।टेक।।
हार गुह्यौ मेरौ राम ताग, बिचि बिचि मान्यक एक लाग।।
रतन प्रवालै परम जोति, ता अंतरि लागे मोति।।
पंच सखी मिलिहै सुजान, चलहु त जइये त्रिवेणी न्हान।
न्हाइ धोइ कै तिलक दीन्ह, नां जानूं हार किनहूं लीन्ह।।
हार हिरांनी जन बिमल कीन्ह, मेरौ आहि परोसनि हार लीन्ह।
तीनि लोक की जानै पीर, सब देव सिरोमनि कहै कबीर।।378।।

नहीं छाड़ी बाबा राम नाम, मोहिं और पढ़न सूं कौन काम।।टेक।।
प्रह्लाद पधारे पढ़न साल, संग सखा लीये बहुत बाल।
मोहि कहा पढ़ाव आल जाल, मेरी पाटी मैं लिखि दे श्री गोपाल।।
तब सैनां मुरकां कह्यौ जाइ, प्रहिलाद बंधायौ बेगि आइ।
तूं राम कहन की छाड़ि बांनि, बेगि छुड़ाऊँ मेरो कह्यौ मांनि।।
मोहि कहा डरावै बार बार, जिनि जल थल गिरा कौ कियौ प्रहार।।
बांधि मोरि भावै देह जारि, जे हूं राम छाड़ौ तौ गुरहि गार।
तब काढ़ि खड़ग कोप्यौ रिसाइ, तोहि राखनहारौ मोहि बताइ।।
खंभा मैं प्रगट्यो गिलारि, हरनाकस मारयो नख बिदारि।।
महापुरुष देवाधिदेव नरस्यंध प्रकट कियौ भगति भेव।
कहै कबीर कोई लहै न पार, प्रहिलाद उबारयौ अनेक बार।।379।।

हरि कौ नाउँ तत त्रिलोक सार, लौलीन भये जे उतरे पार।।टेक।।
इक जंगम इक जटाधार, इक अंगि बिभूति करै अपार।
इक मुनियर इक मनहूं लीन, ऐसै होत होत जग जात खीन।।
इक आराधै सकति सीव, इक पड़वा दे दे बधै जीव।।
इक कुलदेव्यां कौ जपहि जाप, त्रिभवनपति भूले त्रिविध ताप।।
अंतहि छाड़ि इक पीवहि दूध, हरि न मिलै बिन हिरदै सूध।
कहै कबीर ऐसै बिचारि, राम बिना को उतरे पार।।380।।

हरि बोलि सूवा बार बार, तेरी ढिग मीनां कछूं करि पुकार।।टेक।।
अंजन मंजन तजि बिकार, सतगुर समझायो तत सार।।
साध संगति मिली करि बसंत, भौ बंद न छूटै जुग जुगंत।।
कहै कबीर मन भया अनंद, अनंत कला भेटे गोब्यंद।।381।।

बनमाली जानै बन की आदि, राम नाम बिना जनम बादि।।टेक।।
फूल जू फुले रूति बसंत, जामैं मोहिं रहे सब जीव जंत।
फूलनि मैं जैसे रहै बास, यूं घटि घटि गोबिंद है निवास।।
कहै कबीर मनि भया अनंद, जगजीवन मिलियौ परमानंद।।382।।

मेरे जैसे बनिज सौ कवन काज,
मूल घटै सिरि बधै ब्याज।।टेक।।
नाइक एक बनिजारे पांच, बैल पचीस कौ संग साथ।
नव बहियां दस गौनि आहि, कसनि बहत्तरि लागै ताहि।।
सात सूत मिलि बनिज कीन्ह, कर्म पयादौ संग लीन्ह।।
तीन जगति करत रारि, चल्यो है बनिज वा बनज झारि।।
बनिज खुटानीं पूंजी टूटि, षाडू दह दिसि गयौ फूटि।।
कहै कबीर यहु जन्म बाद, सहजि समांनूं रही लादि।।383।।

माधौ दारन सुख सह्यौ न जाइ,
मेरौ चपल बुधि तातैं कहा बसाइ।।टेक।।
तन मन भीतरि बसै मदन चोर, जिनि ज्ञान रतन हरि लीन्ह मोर।
मैं अनाथ प्रभू कहूं काहि, अनेक बिगूचै मैं को आहि।।
सनक सनंदन सिव सुकादि, आपण कवलापति भये ब्रह्मादि।।
जोगी जंगम जती जटाधर, अपनैं औसर सब गये हैं हार।।
कहै कबीर रहु संग साथ, अभिअंतरि हरि सूं कहौ बात।।
मन ग्यांन जांति कै करि बिचार, राम रमत भौ तिरिवौ पार।।384।।

तू करौ डर क्यूं न करे गुहारि, तूं बिन पंचाननि श्री मुरारि।।टेक।।
तन भीतरि बसै मदन चोर, तिकिन सरबस लीनौ छोर मोर।।
मांगै देइ न बिनै मांन, तकि मारै रिदा मैं काम बांन।।
मैं किहि गुहराँऊँ आप लागि, तू करी डर बड़े बड़े गये है भागि।।
ब्रह्मा बिष्णु अरु सुर मयंक, किहि किहि नहीं लावा कलंक।।
जप तप संजम सुंनि ध्यान, बंदि परे सब सहित ग्यांन।।
कहि कबीर उबरे द्वे तीनि, जा परि गोबिंद कृपा कीन्ह।।385।।

ऐसे देखि चरित मन मोह्यौ मोर, ताथैं निस बासुरि गुन रमौं तोर।।टेक।।
इक पढ़हिं पाठ इक भ्रमें उदास इक नगन निरंतर रहै निवास।।
इक जोग जुगति तन हूंहिं खीन, ऐसे राम नाम संगि रहै न लीन।।
इक हूंहि दीन एक देहि दांन, इक करै कलापी सुरा पान।।
इक तंत मंत ओषध बांन, इक सकल सिध राखै अपांन।।
इक तीर्थ ब्रत करि काया जीति, ऐसै राम नाम सूं करै न प्रीति।।
इक धोम धोटि तन हूंहिं स्यान, यूं मुकति नहीं बिन राम नाम।।
सत गुर तत कह्यौ बिचार, मूल गह्यौ अनभै बिसतार।।
जुरा मरण थैं भये धीर, राम कृपा भई कहि कबीर।।386।।

सब मदिमाते कोई न जाग, ताथे संग ही चोर घर मुसन लाग।।
पंडित माते पढ़ि पुरांन, जोगी माते धरि धियांन।।
संन्यासी माते अहंमेव, तपा जु माते तप के भेव।।
जागे सुक ऊधव अंकूर, हणवंत जागे ले लंगूर।।
संकर जागे चरन सेव, कलि जागे नांमां जेदेव।।
ए अभिमान सब मन के कांम, ए अभिमांन नहीं रही ठाम।।
आतमां रांम कौ मन विश्राम, कहि कबीर भजि राम नाम।।387।।

चलि चलि रे भंवरा कवल पास, भवरी बोले अति उदास।।टेक।।
तैं अनेक पुहुप कौ लियौ भोग, सुख न भयौ तब बढ़यो है रोग।।
हौ जु कहत तोसूं बार बार, मैं सब बन सोध्यौ डार डार।।

दिनां चारि के सुरंग फूल, तिनहिं देखि कहा रह्यौ है भूल।।
या बनासपती मैं लागैगी आगि, अब तूँ जैहौ कहां भागि।।
पुहुप पुरांने भये सूक तब भवरहि लागी अधिक भूख।
उड़यो न जाइ बल गयो है छूटि, तब भवरी रूंना सीस कूटि।।
दस दिसी जोवै मधुप राइ, तब भवरी ले चली सिर चढ़ाइ।।
कहै कबीर मन कौ सुभाव, राम भगति बिन जम को डाव।।388।।

आवध राम सबै करम करिहूं,
सहज समाधि न जम थैं डरिहूं।।टेक।।
कुंभरा ह्वै करि बासन धरिहूं, धोबी ह्वै मल धोऊँ।
चमरा ह्वै करि बासन रंगों, अघौरी जति पांति कुल खोऊँ।।
तेली ह्वै तन कोल्हूं करिहौ, पाप पुंनि दोऊ पेरूं।।
पंच बैल जब सूध चलाऊँ, राम जेवरिया जोरूं।।
क्षत्री ह्वै करि खड़ग संभालूं, जोग जुगति दोउ सांधूं।।
नउवा ह्वै करि मन कूं मूंडूं, बाढ़ी ह्वै कर्म बाढूं।।
अवधू ह्वै करि यह तन धूतौ, बधिक ह्वै मन मारूं।।
बनिजारा ह्वै तन कूं बनिजूं, जूवारी ह्वै जम जारूं।।
तन करि नवका मन करि खेवट, रसना करउँ बाड़ारूँ।।
कहि कबीर भवसागर तरिहूं आप तिरू बष तारूँ।।389।।

(राग माली गौड़ी)

पंडिता मन रंजिता, भगति हेत त्यौ लाइ लाइ रे।।
प्रेम प्रीति गोपाल भजि नर, और कारण जाइ रे।।टेक।।
दाँम छै पणि कांम नाहीं, ग्याँन छै पणि अंध रे।।
श्रवण छै पणि सुरत नाहीं, नैन छै पणि अंध रे।।
जाके नाभि पदम सूं उदित ब्रह्मा, चरन गंग तरंग रे।।
कहै कबीर हरि भगति बांछू जगत गुर गोब्यंद रे।।390।।

बिष्णु ध्यांन सनान करि रे, बाहरि अंग न धोई रे।
साच बिन सीझसि नहीं, कांई ग्यांन दृष्टैं जोइ रे।।
जंबाल मांहैं जीव राखै, सुधि नहीं सरीर रे।।
अभिअंतरि भेद नहीं, कांई बाहरि न्हावै नीर रे।।
निहकर्म नदी ग्यांन जल, सुंनि मंडल मांहि रे।।
ओभूत जोगी आतमां, कांई पेड़ै संजमि न्हाहि रे।।
इला प्यंगुला सुषमनां, पछिम गंगा बालि रे।।
कहै कबीर कुसमल झड़ै, कांई मांहि लौ अंग पषालि रे।।391।।

भजि नारदादि सुकादि बंदित, चरन पंकज भांमिनी।
भजि भजिसि भूषन पिया मनोहर देव देव सिरोवनी।।टेक।।
बुधि नाभि चंदन चरिचिता, तन रिदा मंदिर भीतरा।।
राम राजसि नैन बांनी, सुजान सुंदर सुंदरा।।
बहु पाप परबत छेदनां, भौ ताप दुरिति निवारणां।।
कहै कबीर गोब्यंद भजि, परमांनंद बंदित कारणां।।392।।

(राग कल्याण)

ऐसै मन लाइ लै राम रसनाँ,
कपट भगति कीजै कौन गुणाँ।।टेक।।
ज्यूँ मृग नादैं बध्यौ जाइ, प्यंड परे बाकौ ध्याँन न जाइ।
ज्यूँ जल मीन हेत करि जांनि, प्रांन तजै बिसरै नहीं बानि।।
भ्रिगी कीट रहै ल्यौ लाइ, ह्वै लोलीन भ्रिंग ह्वै जाइ।।
राम नाम निज अमृत सार, सुमिरि सुमिरि जन उतरे पार।।
कहै कबीर दासनि को दास, अब नहीं छाड़ौ हरि के चरन निवास।।393।।

(राग सारंग)

यहु ठग ठगत सकल जग डोलै, गवन करै तब मुषह न बोलै।।
तूँ मेरो पुरिषा हौं तेरी नारी, तुम्ह चलतैं पाथर थैं भारी।।
बालपनाँ के मीत हमारे, हमहिं लाडि कत चले हो निनारे।।
हम सूं प्रीति न करि री बौरी, तुमसे केते लागे ढौरी।।
हम काहू संगि गए न आये, तुम्ह से गढ़ हम बहुत बसाये।।
माटी की देही पवन सरीरा, ता ठग सूं जन डरै कबीरा।।394।।

धंनि सो घरी महूरत्य दिनाँ, जब ग्रिह आये हरि के जनाँ।।टेक।।
दरसन देखत यहु फल भया, नैनाँ पटल दूरि ह्वै गया।
सब्द सुनत संसा सब छूटा, श्रवन कपाट बजर था तूटा।।
परसत घाट फेरि करि घड़्या, काया कर्म सकल झड़ि पड़्या।।
कहैं कबीर संत भल भाया, सकस सिरोमनि घट मैं पाया।।395।।

(राग मलार)

जतन बिन मृगनि खेत उजारे,
टारे टरत नहीं निस बासुरि, बिडरत नहीं बिडारे।।टेक।।
अपने अपने रस के लोभी, करतब न्यारे न्यारे।

अति अभिमान बदत नहीं काहू, बहुत लोग पचि हारे।।
बुधि मेरी फिरषी गुर मेरौ बिझुका, आखिर दोइ रखवारे।।
कहै कबीर अब खान न देहूं, बरियां भली संभारे।।396।।

हरि गुन सुमरि रे नर प्राणी।
जतन करत पतन ह्वै जैहै, भावै जांणम जांणी।।टेक।।
छीलर नीर रहै धूं कैसे, को सुपिनै सच पावै।
सूकित पांन परत तरवर थैं, उलटि न तरवरि आवै।।
जल थल जीव डहके इन माया, कोई जन उबर न पावै।।
राम अधार कहत हैं जुगि जुगि, दास कबीरा गावै।।397।।

(राग धनाश्री)

जपि जपि रे जीयरा गोब्यंदो, हित चित परमांनदौ रे।
बिरही जन कौ बाल हौ, सब सुख आनंदकंदौ रे।।टेक।।
धन धन झीखत धन गयौ, सो धन मिल्यौ न आये रे।।
ज्यूं बन फूली मालती, जन्म अबिरथा जाये रे।।
प्रांणी प्रीति न कीजिये, इहि झूठे संसारी रे।।
धूंवां केरा धौलहर जात न लागै बारी रे।।
माटी केरा पूतला, काहै गरब कराये रे।।
दिवस चार कौ पेखनौ, फिरि माटी मिलि जाये रे।।
कांमीं राम न भावई, भावै विषै बिकारी रे।
लोह नाव पाहन भरी, बूड़त नांहीं बारी रे।।
नां मन मूवा न मारि सक्या, नां हरि भजि उतर्‌या पारो रे।।
कबीर कंचन गहि रह्यौ, काच गहै संसार रे।।398।।

न कछु रे न कछू राम बिनां।
सरीर धरे की रहै परमगति, साध संगति रहनाँ।।टेक।।
मंदिर रचत मास दस लागै, बिनसत एक छिनां।
झूठे सुख के कारनि प्रांनीं, परपंच करता घना।।
तात मात सुख लोग कुटुंब, मैं फूल्यो फिरत मनां।
कहै कबीर राम भजि बौरे, छांड़ि सकल भ्रमनां।।399।।

कहा नर गरबसि थोरी बात।
मन दस नाज टका दस गंठिया, टेढ़ौ टेढ़ौ जात।।टेक।।
कहा लै आयौ यहु धन कोऊ, कहा कोऊ लै जात।।
दिवस चारि की है पतिसाही, ज्यूं बनि हरियल पात।।

राजा भयौ गांव सौ पाये, टका लाख दस ब्रात।।
रावन होत लंका को छत्रपति, पल मैं गई बिहात।।
माता पिता लोक सुत बनिता, अंत न चले संगात।।
कहै कबीर राम भजि बौरे, जनम अकारथ जात।।400।।

नर पछिताहुगे अंधा।
चेति देखि नर जमपुरि जैहै, क्यूँ बिसरौ गोब्यंदा।।टेक।।
गरभ कुंडिनल जब तूं बसता, उरध ध्याँन ल्यो लाया।
उरध ध्याँन मृत मंडलि आया। नरहरि नांव भुलाया।।
बाल विनोद छहूं रस भीनाँ, छिन छिन बिन मोह बियापै।।
बिष अमृत पहिचानन लागौ, पांच भांति रस चाखै।।
तरन तेज पर तिय मुख जोवै, सर अपसर नहीं जानैं।।
अति उदमादि महामद मातौ, पाष पुंनि न पिछानै।।
प्यंडर केस कुसुम भये धौला, सेत पलटि गई बांनीं।।
गया क्रोध मन भया जु पावस, कांम पियास मंदाँनीं।।
तूटी गांठि दया धरम उपज्या, काया कवल कुमिलांनां।।
मरती बेर बिसूरन लागौ, फिरि पीछैं पछितांनां।।
कहै कबीर सुनहुं रे संतौ, धन माया कछू संगि न गया।।
आई तलब गोपाल राइ की, धरती सैन भया।।401।।

लोका मति के भोरा रे।
जो कासी तन तजै कबीर, तौ रामहिं कहा निहोरा रे।।टेक।।
तब हमें वैसे अब हम ऐसे, इहै जनम का लाहा।
ज्यूँ जल मैं जल पैसि न निकसै, यूँ ढुरि मिलै जुलाहा।।
राम भगति परि जाकौ हित चित, ताकौ अचिरज काहा।।
गुर प्रसाद साध की संगति, जग जीते जाइ जुलाहा।।
कहै कबीर सुनहु रे संतो, भ्रमि परे जिनि कोई।।
जस कासी तस मगहर ऊसर हिरदै राम सति होई।।402।।

ऐसी आरती त्रिभुवन तारै, तेज पुंज तहां प्रांन उतारै।।टेक।।
पाती पंच पुहुप पूजा देव निरंजन और न दूजा।।
तन मन सीस समरपन कीन्हां, प्रकट जोति तहां आतम लीना।।
दीपक ग्यान सबद धुनि घंटा पर पुरिख तहां देव अनंता।।
परम प्रकाश सकल उजियारा, कहै कबीर मैं दास तुम्हारा।।

●

(3) रमैणी

(राग सूहौ)

तू सकल गहगरा, सफ सफा दिलदार दीदार।।
तेरी कुदरति किनहूं न जानी, पीर मुरीद काजी मुसलमानी।।
देवौ देव सुर नर गण गंध्रप, ब्रह्मा देव महेसुर।।
तेरी कुदरति तिन्हूं न जांनी।।टेक।।

काजी सो जो काया बिचारै, तेल दीप मैं बाती जारै।।
तेल दीप मैं बाती रहे, जोति चीन्हि जे काजी कहै।।
मुलनां बंग देइ सुर जाँनी, आप मुसला बैठा ताँनी।।
आपुन मैं जे करै निवाजा, सो मुलनाँ सरबत्तरि गाजा।।
सेष सहज मैं महल उठावा, चंद सूर बिचि तारौ लावा।।
अर्ध उर्ध बिचि आनि उतारा, सोई सेष तिहूँ लोक पियारा।।
जंगम जोग बिचारै जहूँवाँ, जीव सिव करि एकै ठऊवां।।
चित चेतनि करि पूजा लावा, तेतौ जंगम नांउँ कहावा।।
जोगी भसम करै भौ मारी, सहज गहै बिचार बिचारी।।
अनभै घट परचा सू बोलै, सो जोगी निहचल कदे न डोलै।।
जैन जीव का करहू उबारा, कौंण जीव का करहु उधारा।।
कहाँ बसै चौरासी मतै संसारी, तिरण तत ते लेहु बिचारी।।
प्रीति जांनि राम जे कहै, दास नांउ सो भगता लहै।।
पंडित चारि वेद गुंण गावा, आदि अंति करि पूत कहावा।।
उतपति परलै कहौ बिचारी, संसा घालौ सबै निवारी।।
अरधक उरधक ये संन्यासी, ते सब लागि रहै अबिनासी।।
अजरावर कौ डिढ करि गहै, सो संन्यासी उम्मन रहै।।

जिहि धर चाल रची ब्रह्मंडा, पृथमीं मारि करी नव खंडां।।
अविगत पुरिस की गति लखी न जाई, दास कबीर अगह रहे ल्यौ लाई।।1।।
ते तौ आधि अनंद सरूपा, गुन पल्लव बिस्तार अनूपा।
साखा तत थैं कुसम गियाँनाँ, फल सो आछा राम का नाँमाँ।।
सदा अचेत चेत जिव पंखी, हरि तरवर करि बास।।
झूठ जगि जिनि भूलसी जियरे, कहन सुनन की आस।।

(सतपदी रमैणी)

कहन सुनन कौ जिहि जग कीन्हा, जग भुलाँन सो किनहुँ न चीन्हा।।
सत रज तम थें कीन्हीं माया, आपण माझै आप छिपाया।।

---

(1) ख- प्रति में इसके आगे यह रमैणी है —

(ग्रंथ बावनी)

बावन आखिर लोकत्री, सब कुछ इनहीं माँहि।।
ये सब षिरि षिरि जाहिगे, सो आखिर इनमें नाँहि।।
तुरक सरीअत जनिये, हिंदू बेद पुरान।।
मन समझन कै कारनै, कछु एक पढ़िये ज्ञान।।

जहाँ बोल तहाँ आखिर आवा, जहाँ अबोल तहां मन न लगावा।।
बोल अबोल मंझि है सोई, जे कुछि है ताहि लखै न कोई।।
ओ अंकार आदि मैं जाना, लिखि करि मेटै ताहि न माना।।
ओ ऊकार करै जस कोई, तस लिखि मरेणां न होई।।
ककाँ कवल किरणि मैं पावा, अरि ससि बिगास सपेट नहीं आवा।।
अस जे जहां कुसुम रस पावा। तौ अकह कहा कहि का समझावा।।
खखा इहै खोरि मनि आवा, तौ खोरहि छाँड़ चहूँ दिस धावा।।
खसमहिं जानि षिमा करि रहै, तौ हो दून षेव अखै पद लहै।।
गगा गूर के बचन पिछाना, दूसर बात न धरिये काना।।
सोई बिहंगम कबहुं न जाई, अगम गहै गहि गगन रहाई।।
घघा घटि निमसै सोई, घट फाटा घट कबहुं न होई।।
तौ घट माँहि घाट जो पावा, सुघटि छाड़ि औघट कत आवा।।

नना निरखि सनेह करि, निरवालै संदेह।।
नाहीं देखि न भाजिये, प्रेम सयानप येह।।

चचा चरित चित्र है भारी, तजि बिचित्र चेतहुँ चितकारी।।
चित्र विचित्र रहै औडेरा, तजि बिचित्र चित राखि चितेरा।।
छछा इहै छत्रपति पासा, तिहि छाक न रहै छाड़ि करि आसा।।
रे मन तूं छिन छिन समझाया, तहां छाड़ि कत आप बधाया।।

जजा जे जानै तौ दुरमति हारी, करि बासि काया गांव।।
रिण रोक्या भाजै नहीं, तौ सूरण थारो नांव।।

सूक बिरख यहु जगत उपाया, समझि न परै बिषम तेरी माया।।
साखा तीनि पत्र जुग चारी, फल दोइ पापै पुंनि अधिकारी।।
स्वाद अनेक कथ्या नहीं जांहीं, किया चरित सो इन मैं नाहीं।।
तेतौ आहि निनार निरंजना, आदि अनादि न आंन।।
कहन सुनन कौ कीन्हु जग, आपै आप भुलाँन।।
जिनि नटवे नटसारी साजी, जे खेलै सो दीसे बाजी।।
मो बपरा थें जोगपति ढीठो, सिव बिरंचि नारद नहीं दीठी।।
आदि अंति जो लीन भये हैं, सहजै जाँनि संतोखि रहे हैं।।
सहजै राम नाम ल्यौ लाई, राम नाम कहि भगति दिढाई।
राम नाम जाका मन माँनाँ, तिन तौ निज सरूप पहिचाँनाँ।।

झझा उरझि सुरझि नहीं जाना, रहि मुखि झझखि झझखि परवाना।।
कत झषिझषि औरनि समझावा, झगरौ कीये झगरिबौ पावा।।
नना निकटि जु घटि रहै, दूरि कहाँ तजि आइ।
जा कारणि जग ढूंढियो, नैड़े पायौ ताहि।।
टटा निकट घाट है माहीं, खोलि क०पाट महील जब जाहीं।।
रहै लपटि जहि घटि पर्‌यो आई, देखि अटल टलि कतहुँ न जाई।
ठठा ठौर दूरि ठग नीरा, नीठि नीठि मन कीया धीरा।।
जिहि ठगि ठगि सकल जग खावा, सो ठग ठग्यो ठौर मन आवा।।
डडा डर उपजै डर जाई, डरही मैं डर रह्यौ समाई।।
जो डर डरै तो फिर डर लागै, निडर होई तो डरि डर भागै।।
ढढा ढिग कत ढूंढै आना, ढूँढत ढूँढत गये परांना।।
चढ़ि सुमर ढूँढि जग आवा, जिमि गढ़ गढ्या सुगढ़ मैं पावा।।
णणारि णरूं तौ नर नाहीं, करै ना फुनि नवै न संचरै।।
धनि जनम ताहीं कौ गिणां, मेरे एक तजि जाहि घणां।।
तता अतिर तिस्यौ नहीं गाई, तन त्रिभुवन में रह्यौ समाई।
जे त्रिभुवन तन मोहि समावै, तो ततै तन मिल्या सचु पावै।।
अथा अथाह थाह नहीं आवा, वो अथाह यहु थिर न रहावा।।
थोरै थलि थानै आरंभै, तो बिनहीं थंभै मंदिर थंभै।।
ददा देखि जुरे बिनसन हार, जस न देखि तस राखि बिचार।।
दसवै द्वारि जब कुंजी दीजै, तब दयालु को दरसन कीजै।।
धधा अरधै उरध न बेरा, अरधै उरधै मंझि बसेरा।।
अरधै त्यागि उरध जब आवा, तब उरधै छांड़ि अरध कत धावा।।
नना निस दिन निरख जाई, निरखत नैन रहे रतबाई।।
निरखत निरखत जब जाइ पावा, तब लै निरखै निरख मिलावा।।
पपा अपार पार नहीं पावा, परम जोति सौ पर्‌यो आवा।।
पांचौ इंद्री निग्रह करै, तब पाप पुंनि दोऊ न संचरै।।
फफा बिन फूलाँ फलै होई, ता फल फंफ लहै जो कोई।
दूंणी न पड़ै फूंकैं बिचारैं, ताकी फूंक सबै तन फारै।।

निज सरूप निरंजना निराकार अपरंपार अपार।
राम नाम ल्यौ लाइस जियरे, जिनि भूलै बिस्तार।।
करि बिस्तार जग धंधै लाया, अंत काया थैं पुरिष उपाया।।
जिहि जैसी मनसा तिहि तैसा भावा, ताकूँ तैसा कीन्ह उपावा।।
तेतौ माया मोह भुलाँनाँ, खसम राम सो किनहूँ न जांनां।।
ता मुखि बिष आवै विष जाई, ते बिष ही बिष मैं रहै समाई।।
माता जगत भूत सुधि नांहीं, भ्रमि भूले नर आवैं जाहीं।।
जानि बूझि चेते नहीं अंधा, करम जठर कंरम के फंधा।।

बबा बंदहिं बंदै मिलावा, बंदहि बंद न बिछुरन पावा।।
जे बंदा बंदि गहि रहै, तो बंदगि होइ सबै बंद लहै।।
भभा भेदै भेद नहीं पावा, अरभैं भांनि ऐसो आवा।।
जो बाहरि सो भीतरि जाना, भयौ भेद भूपति पहिचाना।।
ममाँ मन सो काज है, मनमानाँ सिधि होइ।।
मनहीं मन सौ कहै कबीर, मन सौं मिल्याँ न कोइ।।
ममाँ मूल गह्याँ मन माना, मरमी होइ सूँ मरमही जाना।।
मति कोई मनसौं मिलता बिलमावै, मगन भया तैं सोगति पावै।।
जजा सुतन जीवतही जरावै, जोबन जारि जुगुति सो पावै।।
अंसंजरि बुजरि जरि बरिहै, तब जाइ जोति उजारा लहै।।
ररा सरस निरस करि जानैं, निरस होइ सुरस करि मानै।।
यहु रस बिसरै सो रस होई, सो रस सरिक लहै जे कोई।।
लला लहौ तो भेद है, कहूं तो कौ उपगार।।
बटक बीज मैं रमि रह्या, ताका तीन लोक बिस्तार।।
ववा वोइहिं जाणिये, इहि जाण्याँ वो होइ।।
वो अस यहु जबहीं मिल्या, तब मिलत न जाणे कोइ।।
ससा सो नीको करि सोधै, घट पर्‌या की बात निरोधै।।
घट पर्‌यो जे उपजै भाव, मिले ताहि त्रिभुवनपति राव।।
षषा खोजि परे जे कोई, जो खोजै सो बहुरे न होइ।।
षोजि बूझि जे करै बिचार, तौ भौ जल तिरत न लागे बार।।
शशा शोई शेज नू बारे, शोई शाव शंदेह निवारे।।
अति सुख बिशरे परम सुख पावै, शो अस्त्री सो कंत कहावै।।
हहा होइ होत नहीं जानै, जब जब होइ तबै मन मानै।।
ससा उनमन से मन लावै, अनंत न जाइ परम सुख पावै।।
अरु जे तहाँ प्रेम ल्यौ लावै, तो डालह लहैं लैहि चरन समावै।।
षषा षिरत षपत नहीं चेते, षपत षपत गये जुग केते।।
अब जुग जानि जोरि मन रहै, तौ जहाँ थै बिछर्‌यो सो थिर रहै।।
बावन आषिर जोरै आनि, एकौ आषिर सक्या न जानि।।
सति का शब्द कबीरा कहै, पूछौ जाइ कहा मन रहै।।
पंडित लोगन कौ बौहार, ग्यानवंत कौं तन बिचारि।।
जाकै हिरदै जैसी होई, कहै कबीर लहैगा सोई।।2।।

करम का बांधा जीयरा, अह निसि आवै जाइ।।
मनसा देही पाइ करि, हरि बिसरै तौ फिर पीछै पछिताइ।।
तौ करि त्राहि चेति जा अंधा, तजि पर कीरति भजि चरन गोब्यंदा।।
उदर कूप तजौ ग्रभ बासा, रे जीव राम नाम अभ्यासा।।
जगि जीवन जैसे लहरि तरंगा, खिन सुख कूँ भूलसि बहु संगा।।
भगति कौ हीन जीवन कछू नांहीं, उतपति परलै बहुरि समाहीं।।
भगति हीन अस जीवनां, जन्म मरन बहु काल।।
आश्रम अनेक करसि रे जियरा, राम बिना कोइ न करै प्रतिपाल।।
सोई उपाय करि यहु दुख जाई, ए सब परहरि बिसै सगाई।।
माया मोह जरै जग आगी, ता संगि जरसि कवन रस लागी।।
त्राहि त्राहि करि हरी को पुकारा, साधु संगति मिलि करहु बिचारा।।
रे रे जीवन नहीं बिश्रांमां, सब दुख खंउन राम को नांमां।। भिन्न
राम नाम संसार मैं सारा, राम नाम भौ तारन हारा।।
सुम्रित बेद सबै सुनै, नहीं आवै कृत काज।
नहीं जैसे कुंडिल बनित मुख, मुख सोभित बिन राज।।
अब गहि राम नाम अबिनासी, हरि तजि जिनि कतहूंकैं जासी।।
जहां जाइ तहां तहां पतंगा, अब जिनि जहरि संमझि बिष संगा।।
चोखा राम नाम मनि लीन्हा, भिंग्री कीट **भ्यंग** नहीं कीन्हा।।
भौसागर अति वार न पारा, ता तिरबे का करहु बिचारा।।
मनि भावै अति लहरि बिकारा, नहीं गमि सूझै वार न पारा।। विज्ञन
भौसागर अथाह जल तामैं बोहिथ राम अधार।
कहै कबीर हम हरि सरन, तब गोपद खुर बिस्तार।।2।।

(बड़ी अष्टपदी रमैंणी)

एक **बिनाँनी** रच्या बिनांन, उसके लिए सब अयांन जो आपै जांन।।
सत रज तम थें कीन्हीं माया, चारि खानि बिस्तार उपाया।।
पंच तत ले कीन्ह बंधानं, पाप पुंनि मांन अभिमानं।।
अहंकार कीन्हें माया मोहू, संपति बिपति दीन्हीं सब काहू।।
भले रे पोच अकुल कुलवंता, गुणी निरगुणी धन नीधनवंता।।
भूख पियास अनहित हित कीन्हां, हेत मोर तोर करि लीन्हा।।
पंच स्वाद ले कीन्हां बंधू, बंधे करम जा आहि अबंधू।।
अचर जीव जंत जे आही, संकट सोच बियापैं ताही।।
निंद्या अस्तुति मांन अभिमांना, इनि झूठै जीव हत्या गियांनां।।

बहु बिधि करि संसार भुलावा, झूठै दोजगि साच लुकावा।।
माया मोह धन जोबना, इनि बंधे सब लोइ।।
झूठै झूठ बियापियां, कबीर अलख न लखई कोइ।।
झूठनि झूठ सांच करि जानां, झूठनि मैं सब सांच लुकानां।।
धंध बंध कीन्ह बहुतेरा, क्रम बिवर्जित रहै न नेरा।। सबकुछ देखत हैं
षट दरसन षट आश्रम कीन्हा, षट रस खाटि काम रस लीन्हां।।
चारि बेद छह सास्त्र बखानैं, विद्या अनंत कथैं को जांने।।
तप तीरथ ब्रत कीन्हें पूजा, धरम नेम दान पुन्य दूजा।।
और अगम कन्हें ब्यौहारा, नहीं गमि सूझै वार न पारा।।
लीला करि करि भेख फिरावा, ओट बहुत कछू कहत न आवा।।
गहन ब्यंद नहीं कछू नहीं सूझै, आपन गोप भयौ **आगम बूझै**।।
भूलि पर्यो जीव अधिक डराई, रजनी अंध कूप ह्वै धाई।।
माया मोह उनवै भरपूरी, दादुर दामिनि पवनां पूरी।। जान सकता है
तरिपै बरिषै अखंड धारा, रैनि भाँमिनी भया अँधियारा।।
तिहि बियोग तजि भये अनाथा, परे निकुंज न पावै पंथा।।
वेद न आहि कहूं को मानै, जानि बूझि मैं मया अयानै।।
नट बहु रूप खेलै सब जांनै, कला केर गुन ठाकुर मांने।।
ओ खेले सब ही घट मांही, दूसर के लेखै कछु नाहीं।।
जाकें गुन सोई पै जांनै, और को **जानै पार** अयानै।। गूलर का कीड़ा
भले रे पोच औसर जब आवा, करि सनामांन पूरि जम पावा।।
दान पुन्य हम दिहूं निरासा, कब लग रहूं नटारंभ काछा।।
फिरत फिरत सब चरन तुरांनै, हरि चरित अगम कथै को जानै।।
गण गंध्रप मुनि अंत न पावा, रह्यो अलख जग धंधै लावा।।
इहि बांजी सिव बिरंचि भुलांनां, और बपुरा को क्यंचित जानां।।
त्राहि त्राहि हम कीन्ह पुकारा, राखि राखि साई इहि बारा।।
कोटि ब्रह्मंड गहि दीन्ह फिराई, **फल कर कीट** जनम बहुताई।। शून्य
ईस्वर जोग खरा जब लीन्हा, टर्‌यो ध्यान तप खंड न कीन्हां।।
सिध साधिका उनथै कहु कोई, मन चित अस्थिर कहुं कैसे होई।।
लीला अगम कथै को पारा, बसहु समीप कि रहौ निनारा।।
खग खोज पीछै नहीं, तूं तत अपरंपार।।
बिन परसै का जांनिये, सब झूठे अहंकार।।
अलख निरंजन लखै न कोई, निरभै निराकार है सोई।।
सुनि असथूल रूप नहीं रेखा, द्रिष्टि अद्रिष्टि छिप्यौ नहीं पेखा।।
बरन अबरन कथ्यौ नहीं जाई, सकल अतीत घट रह्यौ समाई।।

आदि अंत ताहि नहीं मधे, कथ्यौ न जाई आहि अकथे।।
अपरंपार उपजै नहीं बिनसै, जुगति न जांनिये कथिये कैसे।।
जस कथिये तत होत नहीं, जस है तैसा सोइ।।
कहत सुनत सुख उपजै, अरु परमारथ होइ।।
जांनसि नहीं कस कथसि अयांनां, हम निरगुन तुम्ह सरगुन जानां।।
मति करि हीन कवन गुन आंहीं, लालचि लागि आसिरै रहाई।।
गुंन अरु ग्यान दोऊ हम हीनां, जैसी कुछ बुधि बिचार तस कीन्हां।।
हम **मसकीन** कछु जुगति न आवै, ते तुम्ह दरवौ तौ पूरि जन पावै।।
तुम्हरे चरन कवल मन राता, गुन निरगुन के तुम्ह निज दाता।।
जहुवां प्रगटि बजावहु जैसा, जस अनभै कथिया तिनि तैसा।।
बाजै जंत्र नाद धुनि होई, जे बजावै सो औरै कोई।।
बाजी नाचै कौतिग देखा, जो नचावै सो किनहूं न पेखा।।
आप आप थैं जानिये, है पर नाहीं सोइ।।
कबीर सुपिनै केर धंन ज्यूं, जागत हाथि न होइ।।
जिनि यहु सुपिनां फुर करि जांनां, और सब दुखियादि न आंनां।।
ग्यांन हीन चेत नहीं सूता, मैं जाया बिष हार भै भूता।।
पारधी बांन रहै सर सांधे, बिषम बांन मारै बिष बाधै।।
काल अहेड़ी संझ सकारा, सावज ससा सकल संसारा।।
दावानल अति जरै बिकारा, माया मोह रोकि ले जारा।।
पवन सहाइ लोभ अति भइया, जम चरचा चहुं दिसि फिरि गइया।।
जम के चर चहुं दिसि फिरि लागे, हंस पखेरुवा अब कहां जाइवे।।
केस गहै कर निस दिन रहई, जब धरि ऐंचे तब धरि महई।।
कठिन पासु कछू चलै न उपाई, जंम दुवारि सीझे सब जाई।।
सोई त्रास सुनि राम न गावै, मृगत्रिष्णां झूठी दिन धावै।।
मृत काल कीनहूं नहीं देखा, दुख कौ सुख करि सबहीं लेखा।
सुख करि मूल न चीन्हसि अभागी, चीन्है बिना रहै दुख लागी।।
नीब काट रस नीब पियारा, यूं विष कूं अमृत कहै संसारा।।
अछित रोज दिन दिनहि सिराई, अमृत परहरि करि बिष खाई।।
जांनि अजांनि जिन्है बिष खावा, परे लहरि पुकारै धावा।।
बिष के खांये का गुंन होई, जा बेद न जानै परि सोई।।
मुरछि मुरछि जीव जरिहै आसा, कांजी अलप बहुखीर बिनासा।।
तिल सुख कारनि दुख अस मेरू, चौरासी लख लीया फेरू।।
अलप सुख दुख आहि अनंता, मन मैंगल भूल्यौ मैंमंता।।
दीपक जोति रहै इक संगा, नैन नेह मांनूं परै पतंगा।।

सुख विश्राम किनहूं नहीं पावा, परहरि साच झूठे दिन धावा।।
लालच लागे जनम सिरावा, अति काल दिन आइ तुरावा।।
जब लग है यहु निज तन सोई, तब लग चेति न देखै कोई।
जब निज चलि करि किया पयांनां, भयौ अकाज तब फिर पछितांनां।।
मृगत्रिष्णां दिन दिन ऐसी, अब मोहि कछू न सोहाइ।।
अनेक जतन करि टारिये, करम पासि नहीं जाइ।।
रे रे मन बुधिवत भंडारा, आप आप ही करहुं बिचारा।।
कवन सयाँना कौन बौराई, किहि दुख पइये किहि दुख जाई।।
कवन सार को आहि असारा, को अनहित को आहि पियारा।।
कवन साच कवन है झूठा, कवन करू को लागै मीठा।।
किहि जरिये किहि करिये अनंदा, कवन मुकति को मल के फंदा
रे रे मन मोंहि ब्यौरि कहि, हौ तत पूछौ तोहि।।
संसै मूल सबै भई, समझाई कहि मोहि।।
सुनि हंसां मैं कहूं बिचारी, त्रिजुग जोति सबै अंधियारी।।
मनिषा जनम उत्तिम जो पावा, जांनू राम तौ सयांन कहावा।।
नहीं चेतै तो जनम गंवाया, पर्‌यौ बिहान तब फिरि पछतावा।।
सुख करि मूल भगति जो जांनै, और सबै दुख या दिन आनै।।
अंमृत केवल राम पियारा, और सबै बिष के भंडारा।।
हरि आहि जौ रमियै रांमां, और सबै बिसमा के कांमां।।
सार आहि संगति निरवांनां, और सबै असार करि जांनां।।
अनहित आहि सकल संसारा, हित करि जानियै राम पियारा।।
साच सोई जे थिरह रहाई, उपजै बिनसै झूठ ह्वै जाई।।
मींठा सो जो सहजै पावा, अति कलेस थैं करू कहावा।।
ना जरियै ना कीजै मैं मेरा, तहां अनंद जहां राम निहोरा।।
मुकति सोज आपा पर जांनै, सो पद कहां जु भरमि भुलानै।।
प्राननाथ जग जीवनाँ, दुरलभ राम पियार।
सुत सरीर धन प्रग्रह कबीर, जीये रे तर्वर पंख बसियार।।
रे रे जीव अपना दुख न संभारा, जिहि दुख ब्याप्या सब संसारा।।
मायां मोह भूले सब लोई, क्यंचित लाभ मांनिक दीयौ खोई।।
मै मेरी करि बहुत बिगूला, जननी उदर जन्म का सला।।
बहुत रूप भेष बहु कीन्हां, जुरा मरन क्रोध तन खींना।।
उपजै बिनसै जोनि फिराई, सुख कर मूल न पावै चाही।।
दुख संताप कलेस बहु पावै, सो न मिलै जे जरत बुझावै।।
जिहि हित जीव राखिहै भाई, सो अनहित है जाइ बिलाई।।

मोर तोर करि जरे अपारा, मृगतृष्णा झूठी संसारा।।
माया मोह झूठ रह्यौ लागी, को भयौ इहां का ह्वै है आगी।।
कछु कछु चेति देखि जीव अबहीं, मनिषा जनम ज पावै कबही।।
सारि आहि जे संग पियारा, जब चेतै तब ही उजियारा।।
त्रिजुग जोनि जे आहि अचेता, मनिषा जनम भयौ चित चेता।।
आतमां मुरछि मुरछि जरि जाई, पिछले दुख कहता न सिराई।।
सोई त्रास जे जांनै हंसा, तौ अजहुं न जीव करै संतोसा।।
भौसागर अति वार न पारा, ता तिरिबे को करहु बिचारा।।
जा जल की आदि अंति नहीं जानिये, ताकौ डर काहे न मानियै।।
को बोहिथ को खेवट आही, जिहि तिरिये सो लीजै चाही।।
समझि बिचारि जीव जब देखा, यहु संसार सुपन करि लेखा।
भई बुधि कछू ग्यांन निहारा, आप आप ही किया बिचारा।।
आपण मैं जे रह्यौ समाई, नेड दूरि कथ्यौ नहीं जाई।।
ताके चीन्है परचौ पावा, भई समझि तासूं मन लावा।।
भाव भगति हित बोहिया, सतगर खेवनहार।।
अलप उदिक तब जांणिये, जब गोपदखुर बिस्तार।।3।।

(दुपदी रमैंणी)

भरा दयाल बिषहर जरि जागा, गहगहान प्रेम बहु लागा।।
भया अनंद जीव भये उल्हासा, मिले राम मनि पूगी आसा।।
मास असाढ़ रबि धरनि जरावै, जरत जरत जल आइ बुझावै।।
रूति सुभाइ जिमीं जब जागी, अंमृत धार होइ झर लागी।।
जिमीं मांहि उठी हरियाई, बिरहनि पीव मिले जन जाई।।
मनिकां मनि के भये उछाहा, कारनि कौन बिसारी नाहा।।
खेल तुम्हारा मरन भया मेरा, चौरासी लख कीन्हां फेरा।।
सेवग संत जे होइ अनिआई, गुन अवगुन सब तुम्हि समाई।।
अपने औगुन कहूं न पारा, इहै अभाग जे तुम्ह न संभारा।।
दरबो नहीं काँई तुम्ह नाहा, तुम्ह बिछुरे मैं बहु दुख चाहा।।
मेघ न बरिखै जांहि उदासा, तू न सारंग सागर आसा।।
जलहर मर्‌यौ ताहि नहीं भावै, कै मारि जाइ कै उहै पियावै।।
मिलहु राम मनि पुरवहु आसा, तुम्ह बिछुरया मैं सकल निरासा।।
मै रनिरासी जब निध्य पाई, राम नाम जीव जाग्या जाई।।
नलिनीं कै ज्यूं नीर अधारा, खिन बिछुरयां थैं रवि प्रजारा।।

राम बिनां जीव बहुत दुख पावै, मन पतंक जगि अधिक जरावै।।
माघ मास रुति कवलि तुसारा, भयौ बसंत तब बाग संभारा।।
अपनै रंगि सब कोइ राता, मधुकर बार लेहि मैंमंता।।
बन कोकिला नाद गहगहांना, रुति बसंत सब कै मनि मानां।।
बिरहन्य रजनी जुग प्रति भइया, पिव पिव मिलें कलप टलि गइया।।
आतमा चेति समझि जीव जाई, बाजी झूठ राम निधि पाई।।
भया दयाल निति बाजहिं बाजा, सहज रांम नांम मन राजा।।
जरत जरत जल पाइया, सुख सागर कर मूल।।
गुर प्रसादि कबीर कहि, भागी संसै सूल।।
राम नाम जिन पाया सारा, अबिरथा झूठ सकल संसारा।।
हरि उतंग मैं जानि पतंगा, जंबकु केहरि कै ज्यूं संगा।।
क्यंचिति ह्वै सुपिनै निधि पाई, नहीं सोभा कौ धरी लुकाई।।
हिरदै न समाइ जानियै नहीं पारा, लागै लोभ न और हकारा।।
सुमिरत हूं अपनै उनमानां, क्यंचित जोग रांम मैं जानां।।
मुखां साध का जानियै असाधा, क्यचित जोग राम मैं लाधा।।
कुबिज होई अंमृत फल बंछ्या, पहुंचा तब मन पूगी इंछ्या।।
नियर थें दूरि दूरि थैं नियरा, रामचरित न जानियै जियरा।।
सीत थैं अगिन फुनि होई, रबि थैं ससि ससि थैं रबि सोई।।
सीत थैं अगनि परजई, थल थैं निधि निधि थैं थल करई।।
वज्र थैं तिण खिण भीतरि होई, तिण थैं कुलिस करे फुनि सोई।।
गिवर छार छार गिरि होई, अविगति गति जानै नहीं कोई।।
जिहि दुरमति डोल्यौ संसारा, परे असूझि बार नहिं पारा।।
बिख अंमृत एक करि लीन्हां, जिनि चीन्हा सुख तिहकूं हरि दीन्हा।।
सुख दुख जिनि चीन्हा नहीं जांनां, ग्रासे काल सोग रुति मांनां।।
होइ पतंग दीपक मैं परई, झूठै स्वादि लागि जीव जरई।।
कर गहि दीपक परहि जू कूपा, बहु अचिरज हम देखि अनूपा।।
ग्यानहीन ओछी मति बाधा, मुखां साध करतूति असाधा।।
दरसन समि कछू साध न होई, गुर समांन पूजिये सिध सोई।।
भेष कहा जे बुधि बिगूढ़ा, बिन परचे जग बूडनि बूड़ा।।
जदपि रबि कटिये सुर आटी, झूठे रबि लीन्हा सुर चाही।।
कबहूं हुतासन होइ जरावै, कबहुं अखंड धार बरिषावै।।
कबहूँ सीत काल करि राजा, तिहूं प्रकार बहुत दुख देखा।।
ताकूं सेवि मूढ सुख पावै, दौरे लाभ कूं मूल गवाबै।।
अछित राज दिने दिन होई, दिवस सिराह जनम गये खोई।।

मृत काल किनहूं नहीं देखा, माया माह धन अगम अलेखा।।
झूठै झूठ रह्यौ उरझाई, साचा अलख जग लख्या न जाई।
साचै नियरै झूठै दूरी, बिष कूं कहै सजीवन मूरी।।
कथ्यौ न जाइ नियरै अरु दूरी, सकल अतीत रह्या घट पूरी।।
जहां देखौ तहां राम समांनां, तुम्ह बिन ठौर और नहिं आंनां।।
जदपि रह्या सकल घट पूरी, भाव बिनां अभिअंतरि दूरी।।
लोभ पाप दोऊ जरै निरासा, झूठै झूठि लागि रही आसा।।
जहुवां ह्वै निज प्रगट बजावा, सुख संतोष तहां हम पावा।।
नित उठि जस कीन्ह परकासा, पावक रहै जैसे काष्ठ निवासा।।
बिना जुगति कैसे मथिया जाई, काष्ठै पावक रह्या समाई।।
कष्टै कष्ट अगनि पर जरई, जारै दार अग्नि समि करई।।
ज्यूं राम कहै ते राम होई, दुख कलेस घालै सब खोई।।
जन्म के कलि बिष जांहि बिलाई, भरम करम का कछु न बसाई।।
भरम करम दोऊ बरतै लोई, इनका चरित न जांनै कोई।।
इन दोऊ संसार भुलावा, इनके लागैं ग्यांन गंवावा।।
इनकौ भरम पै सोई बिचारी, सदा अनंद लै लीन मुरारी।।
ग्यांन दृष्टि निज पेखे जोई, इनका चरित जानै पै सोई।।
ज्यूं रजनी रज देखत अंधियारी, डसे भुवंगम बिन उजियारी।।
तारे अगिनत गुनहि अपारा, तऊ कछू नहीं होत अधारा।।
झूठ देखि जीव अधिक डराई, बिना भुवंगम डसी दुनियाई।।
झूठै झूठ लागि रही आसा, जेठ मास जैसे कुरंग पियासा।।
इक त्रिषावंत दह दिसि फिर आवै, झूठै लागा नीर न पावै।।
इक त्रिषावंत अरु जाइ जराई, झूठी आस लागि मरि जाई।।
नीझर नीर जांनि परहरिया करम के बांधे लालच करिया।।
कहै मोर कछु आहि न वाहीं, धरम करम दोऊ मति गवाई।।
धरम करम दोउ मति परहरिया, झूठे नांऊ साच ले धरिया।।
रजनी गत भई रबि परकासा, धरम करम धूं केर बिनासा।।
रवि प्रकास तारे गुन खींनां, आचार ब्यौहार सब भये मलीनां।।
बिष के दाधे बिष नहीं भावै, जरत जरत सुखसागर पावै।।
अनिल झूठ दिन धावै आसा, अंध दुरगंध सहै दुख त्रासा।।
इक त्रिषावंत दूसरे रबि तपई, दस दिसि ज्वाला चहुंदिसि जरई।।
करि सनमुखि जब ग्यांन बिचारी, सनमुखि परिया अगनि मंझारी।।
गछत गछत तब आगै आवा, बित उनमांन ढिबुआ इक पावा।।
सीतल सरीर तन रह्या समाई, तहां छाड़ि कत दाझै जाई।।

यूं मन बारुनि भया हमारा, दाधा दुख कलेस संसारा।।
जरत फिरे चौरासी लेखा, सुख कर मूल कितहूं नहीं देखा।।
जाके छाड़े भये अनाथा, भूलि परे नहीं पावै पंथा।।
अछे अभि अंतरि नियरै दूरी, बिन चीन्ह्या क्यूं पाइये मूरी।।
जा दिन हंस बहुत दुख पावा, जरत जरत गुरि राम मिलावा।।
मिल्या राम रह्या सहजि समाई, खिन बिछुरया जीव उरझै जाई।।
जा मिलियां तैं कीजै बधाई, परमानंएद रैनि दिन गाई।।
सखी सहेली लीन्ह बुलाई, रूति परमानंद भेटिये जाई।।
चली सखी जहुंवा निज रांमां, भये उछाह छाड़े सब कामा।।
जानूं कि मोरै सरस बसंता, मैं बलि जाऊँ तोरि भगवंता।।
भगति हेत गावै लैलीनां, ज्यूं निनाद कोकिला कीन्हा।।
बाजै संख सबद धुनि बैनां, तन मन चित हरि गोविंद लीना।।
चल अचल पांइन पंगुरनी मधुकरि ज्यूं लेहि अघरनी।।
सावज सींह रहे सब मांची, चंद अरु सूर रहै रथ खांची।।
गण गंध्रप सुनि जीवै देवा, आरति करि करि बिनवै सेवा।।
बासि गयंद्र ब्रह्मा करै आसा, हम क्यूं चित दुर्लभ राम दासा।।
भगति हेतु राम गुन गावै, सुर नर मुनि दुर्लभ पद पावै।।
पुनिम बिमल ससि मात बसंता, दरसन जोति मिले भगवंता।।
चंदन बिलनी बिरहिनि धारा, यूं पूजिये प्रानपति राम पियारा।।
भाव भगति पूजा अरु पाती, आतमराम मिले बहु भांती।।
राम राम राम रुचि मांनै, सदा अनंद राम ल्यौ जांनै।।
पाया सुख सागर कर मूला, जो सुख नहीं कहूं समतूला।।
सुख समाधि सुख भया हमारा, मिल्या न बेगर होइ।।
जिहि लाधा सो जांनिहै, राम कबीर और न जानै कोइ।।

(अष्टपदी रमैणी)

केऊ केऊ तीरथ ब्रत लपटानां, केऊ केऊ केवल राम निज जाना।।
अजरा अमर एक अस्थाना, ताका मरम काहू बिरलै जानां।।
अबरन जोति सकल उजियारा, द्रिष्टि समान दास निस्तारा।।
जो नहीं उपज्या धरनि सरीरा, ताकै पथि न सींच्या नीरा।।
जा नहीं लागे सूरजि के बांनां, सो मोहि आंनि देहु को दाना।।
जब नहीं होते पवन नहीं पानी, तब नहीं होती सिष्टि उपांनी।।
जब नहीं होते प्यंड न बासा, तब नहीं होते धरनी अकासा।।

जब नहीं होते गरभ न मूला, तब नहीं होते कली न फूला।।
जब नहीं होते सबद न स्वादं, तब नहीं होते विद्या न वादं।।
जब नहीं होते गुरू न चेला, तब गम अगमै पंथ अकेला।।
अवगति की गति क्या कहूँ, जिसकर गांव न नांव।।
गन बिहूंन का पेखिये, काकर धरिये नांव।।
आदम आदि सुधि नहीं पाई, मां मां हवा कहां थै आई।।
जब नहीं होते रांम खुदाई, साखा मूल आदि नहीं भाई।।
जब नहीं होते तुरक न हिंदू, माका उदर पिता का ब्यंदू।।
जब नहीं होते गाइ कसाई, तब बिसमला किनि फुरमाई।।
भूले फिरै हीन ह्वै धांवै, ता साहिब का पंथ न पावै।।
संजोगै करि गुंण धरया, बिजोगै गुँण जाइ।।
जिभ्या स्वारथि आपणै कीजै बहुत उपाइ।।
जिनि कलमां कलि मांहि पठावा, कुदरत खोजि तिनहं नहीं पावा।।
कर्म करीम भये कर्तूता, वेद कुरान भये दोऊ रीता।।
कृतम सो जु गरभ अवतरिया, कृतम सो जु नाव जस धरिया।।
कृतम सुनित्य और जनेऊ, हिंदू तुरक न जानै भेऊ।।
मन मुसले की जुगति न जांनै, मति भूलै द्वै दीन बखानै।।
पाणी पवन संयोग करि, कीया है उतपाति।।
सुंनि मैं सबद समाइगा, तब कासनि कहिये जाति।।
तुरकी धरम बहुत हम खोजा, बहु बाजगर करै ए बोंधा।।
गाफिल गरब करै अधिकाई, स्वारथ अरथि बधै ए गाई।।
जाकौ दूध धाइ करि पीजै, ता माता को बध क्यूं कीजै।।
लहुरै थकै दुहि पीया खीरो, ताका अहमक भकै सरीरो।।
बेअकली अकलि न जांनहीं, भूले फिरै ए लोइ।।
दिल दरिया दीदार बिन, भिस्त कहाँ थै होइ।।
पंडित भूले पढ़ि गुन्य वेदा, आप न पांवै नांनां भेदा।।
संध्या तरपन अरु षट करमां, लागि रहे इनकै आशरमां।।
गायत्री जुग चारि पढ़ाई, पूछौ जाइ कुमति किनि पाई।।
सब में राम रहै ल्यौ सींचा, इन थैं और कहौ को नीचा।।
अति गुन गरब करै अधिकाई, अधिकै गरबि न होइ भलाई।।
जाकौ ठाकुर गरब प्रहारी, सो क्यूँ सकई गरब संहारी।।
कुल अभिमाँन बिचार तजि, खोजौ पद निरबांन।।
अंकुर बीज नसाइगा, तब मिलै बिदेही थान।।
खत्री करै खत्रिया धरमो, तिनकूं होय सवाया करमो।

जीवहि मारि जीव प्रतिपारैं, देखत जनम आपनौ हारै।।
पंच सुभाव जु मेटै काया, सब तजि करम भजैं राम राया।।
खत्री सों जु कुटुंब सूं सूझै, पंचू मेटि एक कूं बूंझै।।
जो आवध गुर ग्यान लखावा, गहि करबल धूप धरि धावा।।
हेला करै निसांनै घाऊ, जूझ परै तहां मनमथ राऊ।।
मनमथ मरे न जीवई, जीवण मरण न होइ।।
सुनि सनेही रांम बिन, गये अपनपौ खोइ।।
अरु भूले षट दरसन भाई, पाखंड भेष रहे लपटाई।।
जैन बोध अरु साकत सैंना, चारवाक चतुरंग बिहूंना।।
जैन जीव की सुधि न जानै, पाती तोरि देहुरै आंनै।।
अरु पिथमीं का रोम उपारै, देखत जीव कोटि संहारै।।
मनमथ करम करै असरारा, कलपत बिंद धसै तिहि द्वारा।।
ताकी हत्या होइ अदभूता, षट दरसन मैं जैन बिगूता।।
ग्यान अमर पद बाहिरा, नेड़ा ही तैं दूरि।।
जिनि जान्याँ तिनि निकटि है, रांम रह्या सकल भरपूरि।।
आपनं करता भये कुलाला, बहु बिधि सिष्टि रची दर हाला।।
बिधनां कुंभ कीये द्वै थाना, प्रतिबिंब ता मांहि समांनां।।
बहुत जतन करि बांनक, सौं मिलाय जीव तहाँ ठाँना।।
जठर अगनि दी कीं परजाली, ता मैं आप करै प्रतिपाली।।
भीतर थैं जब बाहिर आवा, सिव सकती द्वै नाँव धरावा।।
भूलै भरमि परै जिनि कोई, हिंदू तुरक झूठ कुल दोई।।
घर का सुत जो होइ अयाँनाँ, ताके संगि क्यूँ जाइ सयाँनाँ।।
साची बात कहै जे वासूँ, सो फिरि कहै दिवाँनाँ तासूँ।।
गोप भिन्न है एकै दूधा, कासूँ कहिए बाँम्हन सूधा।।
जिनि यहु चित्र बनाइया, सो साचा सतधार।।
कहै कबीर ते जन भले, जे चित्रवत लेहि बिचार।।5।।

(बारहपदी रमैंणी)

पहली मन में सुमिरौ सोई, ता सम तुलि अवर नहीं कोई।।
कोई न पूजै बाँसूँ प्रांनां, आदि अंति वो किनहूँ न जाँनाँ।।
रूप सरूप न आवै बोला, हरू गरू कछू जाइ न तोला।।
भूख न त्रिषां धूप नहीं छांही, सुख दुख रहित रहै सब मांही।।
अविगत अपरंपार ब्रह्म, ग्याँन रूप सब ठाँम।।

बहु बिचारि करि देखिया, कोई न सारिख राँम।।
जो त्रिभुवन पति ओहै ऐसा, ताका रूप कहो धै कैसा।।
सेवग जन सेवा कै तांई, बहुत भांति करि सेवि गुसाई।।
तैसी सेवा चाहौ लाई, जा सेवा बिन रह्या न जाई।।
सेव करंताँ जो दुख भाई, सो दुख सुख बरि गिनहु सवाई।।
सेव करंताँ सो सुख पावा, तिन्य सुख दुख दोऊ बिसरावा।।
सेवग सेव भुलानियाँ, पंथ कुपंथ न जान।
सेवक सो सेवा करै, जिहिसेवा भल माँन।।
जिहि जग की तस की तस के ही, आपै आप आथिहै एही।।
कोई न लखई वाका भेऊ, भेऊ होई तो पावै भेऊ।।
बावैं न दांहिनै आगै न पीछू, अरध उरध रूप नहीं कीछू।।
माय न बाप आव नही जावा, नाँ बहु जण्याँ न को वहि जावा।।
वो है तैसा वोही जानै, ओही आहि आहि नहीं आँनै।।
नैनाँ बैंन अगोचरीं, श्रवनाँ करनी सार।
बोलन कै सुख कारनै, कहिये सिरजनहार।।
सिरजनहार नाँउ धूँ तेरा, भौसागर तिरिबै कूँ भेरा।।
जे यहु मेरा राम न करता, तौ आपै आप आवंटि जग मरता।।
राम गुसाई मिहर जु कीन्हाँ, भेरा साजि संत कौ दीन्हाँ।।
दुख खंडणाँ मही मंडणा, भगति मुकुति बिश्राम।।
विधि करि भेरा साजिया, धर्‌या राम का नाम।।
जिनि यह भेरा दिढ़ करि गहिया, गये पार तिन्हौ सुख लहिया।।
दुमनाँ ह्वै जिनि चित्त डुलावा, करि छिटके थैं थाह न पावा।।
इक डूबे अरु रहे उबारा, ते जगि जरे न राखणहारा।।
राखन की कछु जुगति न कीन्हीं, राखणहार न पाया चीन्हीं।।
जिनि चिन्हा ते निरमल अंगा, जे अचीन्ह ते भये पतंगा।।
राम नाम ल्यौ लाइ करि, चित चेतन ह्वै जागि।।
कहै कबीर ते ऊबरे, जे रहे राम ल्यौ लागि।।
अरचित अविगत है निरधारा, जांण्यां जाइ न वार न पारा।।
लोक बेद थै अछै नियारा, छाड़ि रह्यौ सबही संसारा।।
जसकर गांउ न ठांउ न खेरा, कैसें गुन बरनूं मैं तेरा।।
नहीं तहाँ रूप रेख गुन बांनां, ऐसा साहिब है अकुलांनां।
नहीं सो ज्वान न बिरध नहीं बारा, आपै आप आपनपौ तारा।।
कहै कबीर बिचारि करि, जिनि को लावै भंग।।
सेवौ तन मन लाइ करि, राम रह्या सरबंग।।

नहीं सो दूरि नहीं सो नियरा, नहीं सो तात नहीं सो सियरा।।
पुरिष न नारि करै नहीं क्रीरा, धांम न घांम न ब्यापै पीरा।।
नदी न नाव धरनि नहीं धीरा, नहीं सो कांच नहीं सो हीरा।।
कहै कबीर बिचारि करि, तासूँ लावो हेत।।
बरन बिबरजत ह्वै रह्या, नां सो स्यांम न सेत।।
नां वो बारा ब्याह बराता, पीत पितंबर स्यांम न राता।।
तीरथ ब्रत न आवै जाता, मन्न नहीं मोनि बचन नहीं बाता।।
नाद नबिंद गरंथ नहीं गाथा, पवन न पांणी संग न साथा।।
कहै कबीर बिचार करि, ताकै हाथि न नाहिं।।
सो साहिब किनि सेविये, जाके धूप न छांह।।
ता साहिब कै लागौ साथा, सुख दुख मेटि रह्यौ अनाथा।
ना दसरथ धरि औतरि आवा, नां लंका का राव संतावा।।
देवै कूख न औतरि आवा, ना जसवै ले गोद खिलावा।।
ना वो ग्वाल कै सँग फिरिया, गोबरधन ले न कर धरिया।।
बाँवन होय नहीं बलि छलिया, धरनी बेद लेन उधरिया।।
गंडक सालिकराम न कोला, मछ कछ ह्वै जलहिं न डोला।।
बद्री वैस्य ध्यांन नहीं लावा, परसरांम ह्वै खत्री न सतावा।।
द्वारामती सरीर न छाड़ा, जगन्नाथ ले प्यंड न गाड़ा।।
कहै कबीर बिचार करि ये ऊले ब्योहार।
याही थैं जे अगम है, सो बरति रह्या संसारि।।
नां तिस सबद व स्वाद न सोहा, ना तिहि मात पिता नहीं मोहा।।
नां तिहि सास ससुर नहीं सारा, ना तिहि रोज न रोवनहारा।।
नां तिहि सूतिग पातिक जातिग, नां तिहि माइ न देव कथा पिक।।
नां तिहि ब्रिध बधावा बाजै, नां तिहि गीत नाद नहीं साजै।।
नां तिहि जाति पांत्य कुल लीका, नां तिहि छोति पवित्र नहीं सींचा।।
कहै कबीर बिचारि करि, ओ है पद निरबांन।
सति ले मन मैं राखिये, जहां न दूजी आन।।
नां सो आवै ना सो जाई, ताकै बंध पिता नहीं माई।।
चार बिचार कछु नहीं वाकै, उनमनि लागि रहौ जे ताकै।।
को है आदि कवन का कहिये, कवन रहनि वाका ह्वै रहिये।।
कहै कबीर बिचारि करि, जिनि को खोजै दूरि।।
ध्यान धरौ मन सुध करि, राँम रह्या भरपूरि।।
नाद बिंद रंक इक खेला, आपै गुरू आप ही चेला।।
आपै मंत्र आपै मंत्रेला, आपै पूजै आप पूजेला।।

आपै गावै आप बजावै, अपनां कीया आप ही पावै।।
आपै धूप दीप आरती, अपनीं आप लगावै जाती।।
कहै कबीर बिचारि करि, झूठा लोही चांम।।
जो या देही रहित हैं, सो है रमिता राम।।

(चौपदी रमैंणी)

ऊंकार आदि है मूला, राजा परजा एकहिं सूला।
हम तुम्ह मां हैं एकै लोहू, एकै प्रान जीवन है मोहू।।
एकही बास रहै दस मासा, सूतग पातग एकै आसा।।
एकहीं जननीं जन्यां संसारा, कौन ग्यान थैं भये निनारा।।
ग्यांन न पायो बावरे, धरी अविद्या मैड।
सतगुर मिल्या न मुक्ति फल ताथैं खाई बैड।।
बालक ह्वै भग द्वारे आया, भग भुगतान कूं पुरिष कहावा।।
ग्यांन न सुमिर्‌यो निरगुण सारा, बिष थैं बिरंचि न किया बिचारा।।
साध न मिटी जनम की, मरन तुराँनाँ आइ।।
मन क्रम बचन न हरि भज्या, अंकुर बीज नसाइ।।
तिण चारि सुरही उदिक जु पीया, द्वार दूध बछ कूं दीया।
बछा चूखत उपजी न दया, बछा बांधि बिछोही मया।।
ताका दूध आप दुहि पीया, ग्यान बिचार कछू नहीं कीया।।
जे कुछ लोगनि सोई किया, माला मंत्र बादि ही लीया।।
पीया दूध रूध्र ह्वै आया, मुई गाइ तब दोष लगाया।।
बाकस ले चमरां कूं दीन्हीं, तुचा रंगाई करौती कीन्हीं।।
ले रूकरौती बैठे संगा, ये देखौ पीछे के रंगा।।
तिहि रूकरौती पाँणी पीया, बहु कुछ पाँड़े अचिरज कीया।।
अचिरज कीया लोक मैं, पीया सुहागल नीर।।
इंद्री स्वारथि सब किया, बंध्या भरम सरीर।।
एकै पावन एक ही पांणी, करी रसोई न्यारी जाँनी।।
माटी सूं माटी ले पोती, लागी कहाँ कहाँ धूं छोती।।
धरती लीपि पवित्र कीन्हीं, छोति उपाय लोक बिचि दीन्हीं।।
याका हम सूं कहौ बिचारा, क्यूँ भव तिरिहौ इहि आचारा।।
ए पाँखंड जीव के भरमाँ, माँनि अमानि जीव के करमां।।
करि आचार जू ब्रह्म सतावा, नांव बिनां संतोष न पावा।।
सालिगराम सिला करि पूजा, तुलसी तोडि भया नर दूजा।।

ठाकुर ले पाटै पौढ़ावा, भोग लगाइ अरु आपै खावा।।
सांच सील का चौका दीजै, भाव भगति कीजै सेवा कीजै।।
भाव भगति की सेवा मांनै, सतगुर प्रकट कहै नहीं छाँनै।।
अनभै उपजि न मन ठहराई, परकीरति मिलि मन न समाई।।
जब लग भाव भगति नहीं करिहौ, तब लग भवसागर क्यूँ तिरिहौ।।
भाव भगति बिसवास बिनु, कटै न संसै सूल।।
कहै कबीर हरि भगति बिन, मूकति नहीं रे मूल।।

●

परिशिष्ट

अर्थात्

श्रीग्रंथसाहब के दिए हुए पदों में से कबीरदास के उन पदों का संग्रह जो इस ग्रंथावली में नहीं आए हैं।

(1) साखी

आठ जाम चौसठि घरी तुअ निरखत रहै जीव।
नीचे लोइन क्यों करौ सब घट देखौ पीउ।।1।।

ऊँच भवन कनक कामिनी सिखरि धजा फहराइ।
ताते भली मधूकरी संत संग गुन गाइ।।2।।

अंबर धनहरू छाइया बरिष भरे सर ताल।।
चातक ज्यों तरसत रहै, तिनकौ कौन हवाल।।3।।

अल्लह की कर बंदगी जिह सिमरत दुख जाइ।
दिल महि साँई परगटै बुझै बलंती लाइ।।4।।

अवरह कौ उपदेस ते मुख मैं परिहै रेतु।
रासि बिरानी राखते खाया घर का खेतु।।5।।

कबीर आई मुझहि पहि अनिक करे करि भेसु।
हम राखे गुरु आपने उन कीनो आदेसु।।6।।

आखी केरे माटूके पल पल गई बिहाइ।
मनु जंजाल न छाड़ई जम दिया दमामा आइ।।7।।

आसा करिये राम की अवरै आस निरास।
नरक परहि ते मानई जो हरिनाम उदास।।8।।

कबीर इहु तनु जाइगा सकहु त लेहु बहोरि।
नागे पांवहुऊ ते गये जिनके लाख करोरि।।9।।

कबीर इहि तनु जाइगा कवने मारग लसाइ।
कै संगति करि साध की कै हरि के गुन गाइ।।10।।

एक घड़ी आधी घड़ी आधी हूं ते आध।
भगतन सेटी गोसटे जो कीने सो लाभ।।11।।

एक मरंते दुइ मुये दोइ मरंतेहि चारि।
चारि मरंतहि छंहि मुये चारि पुरुष दुइ नारि।।12।।

ऐसा एक आधु जो जीवत मृतक होइ।
निरभै होइ कै गुन रवै जत पेखौ तत सोइ।।13।।

कबीर ऐसा को नहीं इह तन देवै फूकि।
अंधा लोगु न जानई रह्यौ कबीरा कूकि।।14।।

ऐसा जंतु इक देखिया जैसी देखी लाख।
दीसै चंचलु बहु गुना मति हीना नापाक।।15।।

कबीर ऐसा बीजु सोइ बारह मास फलंत।
सीतल छाया गहिर फल पंखी केल करंत।।16।।

ऐसा सतगुर जे मिलै तुट्ठा करे पसाउ।
मुकति दुआरा मोकला सहजै आवौ जाउ।।17।।

कबीर ऐसी होइ परी मन को भावतु कीन।
मरने ते क्या डरपना जब हाथ सिधौरा लीन।।18।।

कंचन के कुंडल बने ऊपर लाख जड़ाउ।
दीसहि दाधे कान ज्यों जिन मन नाहीं नाउ।।19।।

कबीर कसौटी राम की झूठा टिका न कोइ।
राम कसौटी सो सहै जो मरि जीवा होइ।।20।।

कबीर कस्तूरी भया भवर भये सब दास।
ज्यों ज्यों भगति कबीर की त्यों त्यों राम निवास।।21।।

कागद केरी ओबरी मसु के कर्म कपाट।
पाहन बोरी पिरथमी पंडित थाड़ी बाट।।22।।

काम परे हरि सिमिरिये ऐसा सिमरो चित।
अमरपुरा बांसा करहु हरि गया बहोरै बित्त।।23।।

काया कजली बन भया मन कुंजर मयमंतु।
अंक सुज्ञान रतन्न है खेवट बिरला संतु।।24।।

काया काची कारवी काची केवल धातु।
सावतु रख हित राम तनु माहि त बिनठी बात।।25।।

कारन बपुरा क्या करै जौ राम न करै सहाइ।
जिहि जिहि डाली पग धरौं सोई मुरि मुरि जाइ।।26।।

कबीर कारन सो भयो जो कीनौ करतार।
तिसु बिनु दूसर को नहीं एकै सिरजनुहार।।27।।

कालि करंता अबहि करु अब करता सुइ ताल।
पाछै कछू न होइगा जौ सिर पर आवै काल।।28।।

कीचड़ आटा गिर पर्‌या किछू न आयो हाथ।
पीसत पीसत चाबिया सोई निबह्या साथ।।29।।

कबीर कूकरु भौकता कुरंग पिछैं उठि धाइ।
कर्मी सति गुर पाइया जिन हौ लिया छड़ाइ।।30।।

कबीर कोठी काठ की दह दिसि लागी आगि।
पंडित पंडित जल मुवे मूरख उबरे भागि।।31।।

कोठे मंडल हेतु करि काहे मरहु संवारि।
कारज साढ़े तीन हथ धनी त पौने चारि।।32।।

कौड़ी कौड़ी जोरि के जोरे लाख करोरि।
चलती बार न कछु मिल्यो लई लंगोटी छोरि।।33।।

खिंथा जलि कोयला भई खापर फूटम फूट।
जोगी बपुड़ा खोलियो आसनि रही बिभूति।।34।।

खूब खाना खीचरी जामैं अंमृत लोन।
हेरा रोटी कारने गला कटावै कौन।।35।।

गंगा तीर जू घर करहि पीवहि निर्मल नीर।
बिनु हरि भगति न मुकति होइ यों कहि रमे कबीर।।36।।

कबीर राति होवहि कारिया कारे ऊभे जंतु।
लैं गाहे उठि धावते सिजानि मारे भगवंतु।।37।।

कबीर मनतु न कीजियै चाम लपेटे हाथ।
हैबर उपर छत्र तर ते फुन धरती गाड़।।38।।

क़बीर गरबु न कीजियै ऊँचा देखी अवासु।
आजु कालि भुइ लेटना ऊपरि जामै घासु।।39।।

कबीर गरबु न कीजियै रंकु न हसियै कोइ।
अजहु सु नाउ समुद्र महि क्या जानै क्या होइ।।40।।

कबीर गरबु न कीजियै देही देखि सुरंग।
आजु कालि तजि जाहुगे ज्यों कांचुरी भुजंग।।41।।

गहगंच पर्‌यो कुटुंब के कंठै रहि गयो राम।
आइ परे धर्म राइ के बीचहिं धूमा धाम।।42।।

कबीर गागर जल भरी आजु कालि जैहै फूटि।
गुरु जु न चेतहि आपुनो अधमाझली जाहिगे लूटि।।43।।

गुरु लागा तब जानिये मिटै मोह तन ताप।
हरष सोग दाझै नहीं तब हरि आपहि आप।।44।।

कबीर बाणी पीड़ते सति गुरु लिये छुड़ाइ।
परा पूरबली भावनी परगति होई आइ।।45।।

चकई जौ निसि बीछुरै आइ मिले परभाति।
जो नर बिछुरै राम स्यों ना दिन मिले न राति।।46।।

चतुराई नहिं अति घनी हरि जपि हिरदै माहि।
सूरी ऊपरि खेलना गिरैं त ठाहुर नाहि।।47।।

चरन कमल की मौज को कहि कैसे उनमान।
कहिबे को सोभा नहीं देखा ही परवान।।48।।

कबीर चावल कारने तुमको मुहली लाइ।
संग कुसंगी बैसते तब पूछै धर्मराइ।।49।।

चुगै चितारै भी चुगै चुगि चुगि चितारै।
जैसे बच रहि कुंज मन माया ममता रे।।50।।

चोट सहेली सेल की लागत लेइ उसास।
चोट सहारे सबद की तासु गुरू मैं दास।।51।।

जग काजल की कोठरी अंध परे तिस मांहि।
हौ बलिहारी तिन्न की पैसु जू नीकसि जाहि।।52।।

जग बांध्यौ जिह जेवरी तिह मत बंधहु कबीर।
जैहहि आटा लोन ज्यों सोन समान शरीर।।53।।

जग मैं चेत्यो जानि कै जग मैं रह्यौ समाइ।
जिनि हरि नाम न चेतियो बादहि जनमें आइ।।54।।

कबीर जहं जहं हौ फिर्‌यो कौतक ठाओ ठांइ।
इक राम सनेही बाहरा ऊजरू मेरे भांइ।।55।।

कबीर जाको खोजते पायो सोई ठौर।
सोइ फिरि के तू भया जकौ कहता और।।56।।

जाति जुलाहा क्या करे हिरदै बसै गुपाल।
कबीर रमइया कंठ मिलु चूकहि सब जंजाल।।57।।

कबीर जा दिन ही सुआ पाछै भया अनंद।
मोहि मिल्यो प्रभु आपना संगी भजहि गोबिंद।।58।।

जिह दर आवत जातहू हटकै नाही कोइ।
सो दरु कैसे छोड़िये जौ दरु ऐसा होइ।।59।।

जीया जो मारहि जोरु करि कहते हहि जु हलालु।
दफतर दई जब काढिहै होइगा कौन हवालु।।60।।

कबीर जेते पाप किये राखे तलै दुराइ।
परगट भये निदान सब पूछै धर्मराइ।।61।।

जैसी उपजी पेड़ ते जो तैसी निबहै ओड़ि।
हीरा किसका बापुरा पुजहिं न रतन करोड़ि।।62।।

जो मैं चितवौ ना करै क्या मेरे चितवे होइ।
अपना चितव्या हरि करैं जो मारै चित न होइ।।63।।

जोर किया सो जुलुम है लेइ जवाब खुदाइ।
दफतर लेखां नीकसै मार मुहै मुह खाइ।।64।।

जो हम जंत्र बजावते टूटि गई सब तार।
जंत्र बिचारा क्या करे चले बजावनहार।।65।।

जो गृह कर हित धर्म करु नाहिं त करु बैराग।
बैरागी बंधन करै ताकौ बड़ौ अभागु।।66।।

जौ तुहि साध पिरम्म की सीस काटि करि गोइ।
खेलत खेलत हाल करि जौ किछु होइ त होइ।।67।।

जौ तुहि साध पीरम्म की पाके सेती खेलु।
काची सरसो पेलि कै ना खलि भई न तैलु।।68।।

कबीर झंखु न झंखियै तुम्हरो कह्यो न होइ।
कर्म करीम जु करि रहे मेटि न साकै कोइ।।69।।

टालै टेलै दिन गया ब्याज बढंतो जाइ।
नां हरि भज्या ना खत फट्यो काल पहूंचो आइ।।70।।

ठाकुर पूजहिं मोल ले मन हठ तीरथ जाहि।
देखा देखी स्वांग धरि भूले भटका खाहि।।71।।

कबीर डगमग क्या करहि कहा डुलावहि जीउ।
सब सुख की नाइ को राम नाम रस पीउ।।72।।

डूबहिगो रे बापुरे बहु लोगन की कानि।
परोसी के जो हुआ तू अपने भी जानि।।73।।

डूबा था पै उब्बर्‌यो गुन की लहरि झबक्कि।
जब देख्यो बड़ा जरजरा तब उतरि पर्‌यौ ही फरक्कि।।74।।

तरवर रूपी रामु है फल रूपी बैरागु।
छाया रूपी साधु है जिन तजिया बादु बिबादु।।75।।

कबीर तासै प्रीति करि जाको ठाकुर राम।
पंडित राजे भूपती आवहि कौने काम।।76।।

तूं तूं करता तूं हुआ मुझ मं रही न हूं।
जब आपा पर का मिटि गया जित देखौ तित तूं।।77।।

थूनी पाई थिति भई सति गुरु बंधी धीर।
कबीर हीरा बनजिया मानसरोवर तीर।।78।।

कबीर थोड़े जल माछली झीवर मेल्यौ जाल।
इहटौ घनै न छूटिसहि फिरि करि समुद सम्हालि।।79।।

कबीर देखि कै किह कहौ कहे न को पतिआइ
हरि जैसा तैसा उही रहौ हरखि गुन गाइ।।80।।

देखि देखि जग ढूंढ़िया कहूं न पाया ठौर।
जिन हरि का नाम न चेतिया कहा भुलाने और।।81।।

कबीर धरती साध की तरकस बैसहि गाहि।
धरती भार न ब्यापई उनकौ लाहू लाहि।।82।।

कबीर नयनी काठ की क्या दिखलावहि लोइ।
हिरदै राम न चेतही इक नयनी क्या होइ।।83।।

जा घर साध न सोवियहि हरि की सेवा नाहि।
ते घर मरहट सारखे भूत बसहि तिन मांहि।।84।।

ना मोहि छानि न छापरी ना मोहि घर नहीं गाउं।
मति हरि पूछे कौन है मेरे जाति न नांउ।।85।।

निर्मल बूँद अकास की लीनी भूमि मिलाइ।
अनिक सियाने पच गये ना निरवारी जाइ।।86।।

नृपनारी क्यों निंदिये क्यों हरिचेरी कौ मान।
ओह माँगु सवारै बिषै कौ ओह सिमरै हरि नाम।।87।।

नैंन निहारै तुझको स्त्रवन सुनहु तुव नाउ।
नैन उचारहु तुव नाम जो चरन कमल रिद ठाउ।।88।।

परदेसी कै घाघरै चहु दिसि लागी आगि।
खिंथा जल कुइला भई तागे आँच न लागि।।89।।

परभाते तारे खिसहिं त्यों इहु खिसै सरीरु।
पै दुइ अक्खर ना खिसहिं त्यों गहि रह्यौ कबीरु।।90।।

पाटन ते ऊजरूं भला राम भगत जिह ठाइ।
राम सनेही बाहरा जमपुर मेरे भाइ।।91।।

पापी भगति न पावई हरि पूजा न सुहाइ।
माखी चंदन परहरै जहँ बिगध तहँ जाइ।।92।।

कबीर पारस चंदनै तिन है एक सुगंध।
तिहि मिलि तेउ ऊतम भए लोह काठ निरगंध।।93।।

पालि समुद सरवर भरा पी न सकै कोइ नीरु।
भाग बड़े ते पाइयो तू भरि भरि पीउ कबीर।।94।।

कबीर प्रीति इकस्यो किए आगँद बद्धा जाइ।
भावै लंबे केस कर भावै घररि मुड़ाइ।।95।।

कबीर फल लागे फलनि पाकन लागै आंव।
जाइ पहूँचै खसम कौ जौ बीचि न खाई काँव।।96।।

बाम्हन गुरु है जगत का भगतन का गुरु नाहिं।
उरझि उरझिं कै पच मुआ चारहु बेदहु माहि।।97।।

कबीर बेड़ा जरजरा फूटे छेक हजार।
हरुये हरुये तिरि गये डूबे जिनि सिर भार।।98।।

भली भई जौ भौ पर्‍या दिसा गई सब भूलि।
ओरा गरि पानी भया जाइ मिल्यौ ढलि कूलि।।99।।

कबीर भली मधूकरी नाना बिधि को नाजु।
दावा काहू को नहीं बड़ी देस बड़ राजु।।100।।

भाँग माछुली सुरापान जो जो प्रानी खाहि।
तीरथ बरत नेम किये ते सबै रसातल जांहि।।101।।

भार पराई सिर धरै चलियो चाहै बाट।
अपने भारहि ना डरै आगै औघट घाट।।102।।

कबीर मन निर्मल भया जैसा गंगा नीर।
पाछै लागो हरि फिरहिं कहत कबीर कबीर।।103।।

कबीर मन पंखी भयो उड़ि उड़ि दह दिसि जाइ।
जो जैसी संगति मिलै सो तैसी फल खाइ।।104।।

कबीर मन मूड्या नहीं केस मुड़ाये काइ।
जो किछु किया सो मन किया मुंडामुंड अजाइ।।105।।

मया तजी तो क्या भया जौ मानु तज्यो नहीं जाइ।
मान मुनी मुनिवर गले मानु सबै को खाइ।।106।।

कबीर महदी करि घालिया आपु पिसाइ पिसाइ।
तैसेई बात न पूछियै कबहु न लाई पाइ।।107।।

माई मूढहू तिहि गुरू जाते भरम न जाइ।
आप डुबे चहु बेद महि चेले दिये बहाइ।।108।।

माटी के हम पूतरे मानस राख्यो नाउ।
चारि दिवस के पाहुने बड़ बड़ रूधहि ठाउ।।109।।

मानस जनम दुर्लभ है होइ न बारै बारि।
जौ बन फल पाके भुइ गिरहिं बहुरि न लागै डारि।।110।।

कबीर माया डोलनी पवन झकोलनहारु।
संतहु माखन खाइया छाछि पियै संसारु।।111।।

कबीर माया डोलनी पवन बहै हिवधार।
जिन बिलोया तिन पाइया अवन बिलोवनहार।।112।।

कबीर माया चोरटी मुसि मुसि लावै हाटि।
एकु कबीरा ना मुसै जिन कीनी बारह बाटि।।113।।

मारी मरौ कुसंग की केले निकटि जु बेरि।
उह झूलै उह चीरियै साकत संगु न हेरि।।114।।

मारे बहुत पुकारिया पीर पुकारै और।
लागी चोट मरम्म की रह्यौ कबीरा ठौर।।115।।

मुकति दुबारा संकुरा राई दसएँ भाइ।
मन तौ मंगल होइ रह्यौ निकस्यो क्यौं कै जाइ।।116।।

मुल्ला मुनारे क्या चढ़हि साँई न बहरा होइ।
जाँ कारन बाँग देहि दिल ही भीतरि जोइ।।117।।

मुहि मरने का चाउ है मरौं तौ हरि के द्वार।
मत हरि पूछै को है परा हमारै बार।।118।।

कबीर मेरी जाति की सब कोइ हंसनेहारु।
बलिहारी इस जाति कौ जिह जपियो सिरजनहारु।।119।।

कबीर मेरी बुद्धि को जसु न करै तिसकार।
जिन यह जमुआ सिरजिआ सु जपिया परबदिगार।।120।।

कबीर मेरी सिमरनी रसना ऊपरि रामु।
आदि जगादि सगस भगत ताकौ सब बिश्राम।।121।।

जम का ठेगा बुरा है ओह नहिं सहिया जाइ।
एक जु साधु मोहि मिलो तिन लीया अंचल लाइ।।122।।

कबीर यह चेतानी मत सह सारहि जाइ।
पाछै भोग जु भोगवै तिनकी गुड़ लै खाइ।।123।।

रस को गाढ़ो चूसिये गुन को मरिये रोइ।
अवगुन धारै मानसै भलो न कहियो कोइ।।124।।

कबीर राम न चेतिये जरा पहूँच्यौ आइ।
लागी मंदर द्वारि ते अब क्या काढ्यो जाइ।।125।।

कबीर राम न चेतियो फिरिया लालच माहि।
पाप करंता मरि गया औध पुजी खिन माहि।।126।।

कबीर राम न छोड़िये तन धन जाइ त जाउ।
चरन कमल चित बोधिया रामहि नाम समाउ।।127।।

कबीर राम न ध्याइयो मोटी लागी खरि।
काया हाड़ी काठ की ना ओह चढ़ै बहोरि।।128।।

राम कहना महि भेंदु है तामहिं एकु बिचारु।
सोइ राम सबै कहहिं सोई कौतुकहारु।।129।।

कबीर राम मैं राम कहु कहिबे माहि बिबेक।।
एक अनेकै मिलि गयां एक समाना एक।।130।।

रामरतन मुख कोथरी पारख आगै भोलि।
कोइ आइ मिलैगो गाहकी लेगी महँगे मोलि।।131।।

लागी प्रीति सुजान स्यों बरजै लोगु अजानु।
तास्यो टूटी क्यों बनै जाके जीय परानु।।132।।

बांसु बढ़ाई बूड़िया यों मत डुबहु कोइ।
चंदन कै निकटें बसे बांसु सुगंध न होइ।।133।।

कबीर बिकारहु चितवते झूठे करंते आस।
मनोरथ कोइ न पूरियो चाले ऊठि निरास।।134।।

बिरहु भुअंगम मन बसै मत्तु न मानै कोइ।
राम बियोगी ना जियै जियै त बौरा होइ।।135।।

बैदु कहै हौं ही भला दारू मेरे बस्सि।
इह तौ बस्तु गोपाल की जब भावै ले खस्सि।।136।।

वैष्णव की कुकरि भली साकत की बुरी माइ।
ओह सुनहिं हर नाम जस उह पाप बिसाहन जाइ।।137।।

वैष्णव हुआ त क्या भया माला मेली चारि।
बाहर कंचनवा रहा भीतरि भरी भंगारि।।138।।

कबीर संसा दूरि करु कागह हेरु बिहाउ।
बावन अक्खर सोधि कै हरि चरनों चित लाउ।।139।।

संगति करियै साध की अंति करै निर्बाहु।
साकत संगु न कीजिये जाते होइ बिनाहु।।140।।

कबीर संगत साध की दिन दिन दूना हेतु।
साकत कारी कांबरी धोए होइ न सेतु।।141।।

संत की गैल न छांड़ियै मारगि लागा जाउ।
पेखत ही पुन्नीत होइ भेटत जपियै नाउ।।142।।

संतन की झुरिया भली भठी कुसत्ती गांउ।
आगि लगै तिह धौलहरि जिह नाहीं हरि को नांउ।।143।।

संत मुये क्या रोइयै जो अपने गृह जाय।
रोवहु साकत बापुरो जू हाटै हाट बिकाय।।144।।

कबीर सति गुरु सुरमे बाह्या बान जु एकु।
लागत की भुइ गिरि पर्‌या परा कलेजे छेकु।।145!।

कबीर सब जग हौं फिर्‌यो मांदलु कंध चढ़ाइ।
कोई काहू को नहीं सब देखी ठोक बजाइ।।146।।

कबीर सब तें हम बुरे हम तजि भलो सब कोइ।
जिन ऐसा करि बूझिया मीतु हमारा सोइ।।147।।

कबीर समुंद न छाड़ियै जौ अति खारो होइ।
पोखरि पोखरि ढूंढ़ते भली न कहियै कोइ।।148।।

कबीर सेवा की दुइ भले एक संतु इकु राम।
राम जु दाता मुकति को संतु जपावै नामु।।149।।

सांचा सति गुरु मैं मिल्या सबद जु बाह्या एकु।
लागत ही भुइ मिलि गया पर्‌या कलेजे छेकु।।150।।

कबीर साकत ऐसा है जैसी लसन की खानि।
कोने बैठे खाइये परगट होइ निदान।।151।।

साकत संगु न कीजियै दुरहि जइये भागि।
बासन करा परसियै तउ कछु लागै दागु।।152।।

सांचा सतिगुरु क्या करै जो सिक्खा माही चूक।
अंधे एक न लागई ज्यों बासु बजाइयै फूँकि।।153।।

साधू की संगति रहौ जौ की भूसी खाउ।
होनहार सो होइहै साकत संगि न जाउ।।154।।

साधु को मिलने जाइये साधु न लीजै कोइ।
पाछे पाउं न दीजियो आगै होइ सो होइ।।155।।

साधू संग परापति लिखिया होइ लिलाट।
मुक्ति पदारथ पाइयै ठाकन अवघट घाट।।156।।

सारी सिरजनहार की जाने नाहीं कोइ।
कै जानै आपन धनी कै दासु दिवानी होइ।।157।।

सिखि साखा बहुतै किये केसी कियो न मीतु।
चले थे हरि मिलन को बीचै अटको चीतु।।158।।

सुपने हू बरड़ाइकै जिह मुख निकसै राम।
ताके पा की पानही मेरे तन को चाम।।159।।

सुरग नरक ते मैं रह्यौ सति गुरु के परसादि।
चरन कमल की मौज महि रहौ अंति अरु आदि।।160।।

कबीर सूख न एह जुग करहि जु बहुतैं मीत।
जो चित राखहि एक स्यों ते सुख पावहिं नीत।।161।।

कबीर सूरज चांद कै उदय भई सब देह।
गुरु गोबिंद के बिन मिले पलटि भई सब खेह।।162।।

कबीर सोई कुल भलो जा कुल हरि को दासु।
जिह कुल दासु न ऊपजे सो कुल ढाकु पलासु।।163।।

कबीर सोइ मारिये जिहि मूये सुख होइ।
भलो भलो सब कोई कहै बुरो न मानै कोइ।।164।।

कबीर सोइ मुख धन्नि है जा मुख कहिये राम।
देही किसकी बापुरी पवित्र होइगो ग्राम।।165।।

हंस उड़यौ तनु गाड़िगो सोझाई सैनाह।
अजहूं जीउ न छाड़ई रंकांई नैनाह।।166।।

हज काबे हौं जाइया आगे मिल्या खुदाइ।
साई मुझस्यो लर पर्‌या तुझै किन फुरमाई गाइ।।167।।

हरदी पीर तनु हरे चून चिन्ह न रहाइ।
बलिहारी इहि प्रीति कौ जिह जाति बरन कुल जाइ।।168।।

हरि को सिमरन छाड़िकै पाल्यो बहुत कुटुंब।
धंधा करता रहि गया भाई रहा न बंधु।।169।।

हरि का सिमरन छाड़िकै राति जगावन जाइ।
सर्पनि होइहै औतरे जाये अपने खाइ।।170।।

हरि का सिमरन छाड़िकै अहोई राखे नारि।
गदही होइ कै औतरै भारु सहै मन चारि।।171।।

हरि का सिमरन जो करै सो सुखिया संसारि।
इत उत कतहु न डोलई जस राखै सिरजनहारि।।172।।

हाड़ जरे ज्यों लाकरी केस जरे ज्यों घासु।
सब जग जरता देखिकै भयो कबीर उदासु।।173।।

है गै बाहन सघन घन छत्रपती की नारि।
तासु पटंतर ना पुजै हरि जन की पनहारि।।174।।

है गै बाहन सघन घन लाख धजा फहराइ।
या सुख तै भिक्खा भली जौ हरि सिमरन दिन जाइ।।175।।

जहाँ ज्ञान तहँ धर्म है जहाँ झूठ तहँ पाप।
जहां लाभ तहं काल है जहां खिमा तहँ आप।।176।।

कबीरा तुही कबीरू तू तेरो नाउ कबीर।
रात रतन तब पाइयै जो पहिले तजहिं सरीर।।177।।

कबीरा धूर सकेल कै पुरिया बांधी देह।
दिवस चारि को पेखना अंत खेह की खेह।।178।।

कबीरा हमरा कोइ नहीं हम किसहू के नाहि।
जिन यहु रचन रचाइया तितहीं माहिं समाहिं।।179।।

कोइ लरका बेचई लरकी बेचै कोइ।
साँझा करे कबीर स्यों हरि संग बनज करेइ।।180।।

जहँ अनभै तहं भौ नहीं जहँ भै तहं हरि नाहिं।।
कह्यौ कबीर बिचारिकै संत सुनहु मन माँहि।।181।।

जोरी किये जुलुम है कहता नाउ हलाल।
दफतर लेखा माडिये तब होइगौ कौन हवाल।।182।।

ढूंढ़त डोले अंध गति अरु चीनत नाहीं अंत।
कहि नामा क्यों पाइयै बिन भगतई भगवंत।।183।।

नीचे लोइन कर रहौ जे साजन घट मांहि।।
सब रस खेलो पीव सौ कियो लखावौ नाहिं।।184।।

बूड़ा बंस कबीर का उपज्यो पूत कमाल।
हरि का सिमरन छाड़िकै घर ले आया माल।।185।।

मारग मोती बीथरे अंधा निकस्यो आइ।
जोति बिना जगदीस की जगत उलंघे जाइ।।186।।

राम पदारथ पाइ कै कबिरा गांठि न खोल।
नहीं पहन नहीं पारखू नहीं गाहक नहीं मोल।।187।।

सेख सबूरी बाहरा क्या हज काबै जाइ।
जाका दिल साबत नहीं ताको कहां खुदाइ।।188।।

सुनु सखी पिउ महि जिउ बसै जिउ महिबसै कि पीउ।
जीव पीउ बूझौ नहीं घट महि जीउ कि पीउ।।189।।

हरि है खांडू रे तुमहि बिखरी हाथों चूनी न जाइ।
कहि कबीर गुरु भली बुझाई चीटीं होइ के खाइ।।190।।

गगन दमामा बाजिया पर्‌यो निसानै घाउ।
खेत जु मार्‌यो सूरमा जब जूझन को दाउ।।191।।

सूरा सो पहिचानिये जु लरै दीन के हेत।
पुरजा पुरजा कटि मरै कबहुँ न छाड़ै खेत।।192।।

(2) पदावली

अंतरि मैल जे तीरथ न्हावै तिसु बैकुंठ न जाना।
लोक पतीणे कछू न होवै नाहीं राम अयाना।
पूजहू राम एकु ही देवा साचा नावण गुरु की सेवा।
जल के मज्जन जे गति होवै नित नित मेडुक न्हावहि।।
जैसे मेडुक तैसे ओइ नर फिरि फिरि जोनी आवहि।
मनहु कठोर मरै बनारस नरक न बांच्या जाई।
हरि का संत मरै हाँड़वैत सगली सैन तराई।।
दिन सुरैनि बेद नहीं सासतर तहाँ बसै निरकारा।
कहि कबीर नर तिसहि धियावहु बावरिया संसारा।।1।।

अंधकार सुख कबहि न सोइहै। राजा रंक दोऊ मिलि रोइहै।।
जो पै रसना राम न कहिबो। उपजत बिनसत रोवंत रहिबो।।
जम देखिय तरवर की छाया। प्रान गये कछु बाकी माया।।
जस जंती महि जीव समाना। मुये मर्म को काकर जाना।।
हंसा सरबर काल सरीर। राम रसाइन पीउ रे कबीर।।2।।

अग्नि न दहै पवन नहीं गमनै तस्कर नेरि न आवै।
राम नाम धन करि संचौनी सो धन कतही न जावै।।
हमारा धन माधव गोबिंद धरनधर इहै सार धन कहियै।
जो सुख प्रभु गोबिंद की सेवा सो सुख राज न लहियै।।
इसु धन कारण सिव सनकादिक खोजत भये उदासी।
मन मुकुंद जिह्वा नारायण परै न जम की फांसी।।
निज धन ज्ञान भगति गुरु दीनी तासु सुमति मन लागी।
जलत अंग थंभि मन धावत भरम बंधन भौ भागी।।

कहै कबीर मदन के माते हिरदै देखु बिचारी।
तुम घर लाख कोठि अस्व हस्ती हम घर एक मुरारी।।3।।

अचरज एक सुनहु रे पंडिया अब किछु कहन न जाई।
सुर नर गन गंध्रब जिन मोहे त्रिभुवन मेखलि लाई।
राजा राम अनहद किंगुरी बाजै जाकी दृष्टि नाद लव लागै।।
भाठी गगन सिडिया अरु चूंडिया कनक कलस इक पाया।।
तिस महि धार चुए अति निर्मल रस महि रस न चुआया।
एक जु बात अनूप बनी है पवन पियाला साजिया।।
तीन भवन महि एको जागी कहहु कवन है राजा।।
ऐसे ज्ञान प्रगट्या पुरुषोत्तम कहु कबीर रंगराता।
और दुनी सब भरमि भुलाना मन राम रसाइन माता।।5।।

अनभौ कि नैन देखिया बैरागी अड़े।
बिनु भय अनभौ होइ वणाँ हंबै।
सहुह दूरि देखैं ताभौं पावैं बैरागी अड़े।
हुक्मै बूझै न निर्भऊ होइ न बेणा हंबै।।
हरि पाखंड न कीजई बैरागी अड़ै।
पाखंडि रता सब लोक बणाँ हंबै।।
तृष्णा पास न छोड़ई बैरागी अड़े।
ममता जाल्या पिंड बणाँ हंबै।
चिंता जाल तन जालिया बैरागी अड़े।
जे मन मिरतक होइ वणा हंबै।।
सत गुरु बिन वैराग न होवई बैरागी अड़े।
जे लोचै सब कोई बणां हंबै।।
कर्म होवे सतगुरु मिलै बैरागी अड़े।
सहजै पावै सोइ बणा हंबै।।
कह कबीर इक बैरागी अड़े।
मौको भव जल पारि उतारि बड़ा हंबै।।5।।

अब मौको भये राजा राम सहाई। जनम मरन कटि परम गति पाई।
साधू संगति दियो रलाइ। पचं दूत ते लियो छड़ाइ।।
अमृत नाम जपौ जप रसना। अमोल दास करि लीनो अपना।
सति गुरु कीनों पर उपकारु। काढ़ि लीन सागर संसारु।।
चरन कमल स्यों लागी प्रीति। गोबिंद बसै निता नित चीति।।

माया तपति बुझ्या अग्यारु। मन संतोष नाम आधारु।।
जल थल पूरि रहै प्रभु स्वामी। जत पेखो तत अंतर्यामी।।
अपनी भगति आपही दृढ़ाई। पूरब लिखतु गिल्या मेरे भाई।।
जिसु कृपा करै तिसु पूरन साज। कबीर को स्वामी गरीब निवाज।।6।।

अब मोहि जलत राम जल पाइया। राम उदक तन जलत बुझाइया।।
जेहि पावक सुर नर है जारे। राम उदक जन जलत उबारे।।
मन मांरन कारन बन जाइयै। सो जल बिन भगवंत न पाइयै।।
जेहि पावक सुर नर है जारे। राम उदक जन जलत उबारे।।
भवसागर सुखसागर माही। पीव रहे जल निखूटत नाहीं।।
कहि कबीर भजु सारिंगपानी। राम उदक मेरी तिषा बुझानी।।7।।

अमल सिरानी लेखा देना। आये कठिन दूत जम लेना।।
क्या तै खटिया कहा गवाया। चलहु सिताब दिवान बुलाया।।
चलु दरहाल दिवान बुलाया। हरि फुर्मान दरगह का आया।।
करौ अरदास गाव किछु बाकी। लेउ निबेर आज की राती।।
किछू भी खर्च तुम्हारा सारौ। सुबह निवाज सराइ गुजारी।।
साधु संग जाकौ हरि रंग लागा।धन धन सो जन पुरुष सभागा।।
ईत ऊत जन सदा सुहेले। जनम पदारथ जीति अमोले।।
जागत सोया जन्म गंवाया। माल धन जोर्या भया पराया।।
कहु कबीर तेई नर भूले। खसम बिसारि माटी संग रूलें।।8।।

अल्लह एकु मसीति बसतु है अवर मुलकु किस केरा।
हिंदू मूरति नाम निवारी दुहमति तत्तु न हेरा।।
अल्लह राम जीउ तेरी नाई। तू करीमह राम तिसाई।।
दक्खन देस हरी का बासा पच्छिम अलह मुकामा।
दिल महि खोजि दिलै दिल खोजहु एही ठौर मुकामा।।
ब्रह्म न ज्ञान करहि चौबीसा काजी महरम जाना।।
ग्यारह मास पास कै राखे एकै माहि निधाना।।
कहाउड़ीसे मज्जन कियाँ क्या मसीत सिर नायें।।
दिल महि कपट निवाज गुजारै क्या हज काबै जायें।।
एते औरत मरदा साजै ये सब रूप तुमारे।।
कबीर पूंगरा राम अलह का सब गुरु पीर हमारे।।
कहत कबीर सुनहु नर नरवै परहु एक की सरना।
केवल नाम जपहु रे प्रानी तबही निहचै तरना।।9।।

अवतरि आइ कहा तुम कीना। राम को नाम न कबहूं लीना।।
राम न जपहुं कवन भनि लागे। मरि जैबे को क्या करहु अभागे।।
दुख सुख करिकै कुटुंब जिवाया। मरती बार इकसर दुख पाया।।
कंठ गहन तब कर न पुकारा। कहि कबीर आगे ते न सभारा।।10।।

अवर मुये क्या सोग करीजै। तौ कीजै जो आपन जीजै।।
मैं न मरौ मरिबो संसारा। अब मोहि मिल्यो है जियावनहारा।।
या देही परमल महकंदा। ता सुख बिसरे परमानंदा।।
कुअटा एकु पंच पनिहारी। टूटी लाजु भरैं मतिहारी।।
कहु कबीर इकु बुद्धि बिचारी। ना उ कुअटा ना पनिहारी।।11।।

अव्वल अल्लह नूर उपाया कुदरत के सब बंदे।।
एक नूर ते सब जन उपज्या कौन भले को मंदे।।
लोगा भरमि न भूलहु भाई।
खालिकु खलक खलक महि खालिकु पूरा रह्यो सब ठाई।
माटी एक अनेक भांति करि साजी साजनहारे।।
ना कछु पोच माटी के मांणे, ना कछु पोच कुंभारे।।
सब महि सच्चा एको सोई तिसका किया सब किछु होई।।
हुकम पछानै सु एको जानै बंदा कहियै सोई।।
अल्लह अलख न जाई लखिया गुरु गुड़ दीना मीठा।।
कहि कबीर मेरी संका नासी सर्व निरंजन डीठा।।12।।

अस्थावर जगम कीट पतंगा। अनेक जनम कीये बहुरंगा।।
ऐसे घर हम बहुत बसाये। जब हम राम गर्भ होइ आये।।
जोगी जपी तपी ब्रह्मचारी। कबहु राजा छत्रपति कबहु भेखारी।।
साकत मरहि संत जन जीवहि। राम रसायन रसना पीवहि।।
कहु कबीर प्रभु किरपा कीजै। हारि परै अब पूरा दीजै।।13।।

अहि निसि नाम एक जौ जागै। केतक सिद्ध भये लव लागै।।
साधक सिद्ध सकल मुनि हारे। एकै नाम कलपतरु तारे।।
जो हरि हरे सु होहि न आना। कहि कबीर राम नाम पछाना।।14।।

आकास गगन पाताल गगन है चहु दिसि गगन रहाइले।
आनंद मूल सदा पुरुषोत्तम घट बिनसै गगन न जाइलै।।
मोहि बैराग भयो इह जीउ आइ कहां गयो।

पंच तत्व मिलि काया कीनों तत्व कहां ते कीन रे।।
कर्मबद्ध तुम जीव कहत हौ कर्महि किन जीउ दीन रे।।
हरि महि तनु है तनु महि हरि है सर्व निरंतर सोइ रे।।
कहि कबीर राम नाम न छोड़ो सहजे होइ सु होइ रे।।15।।

अगम दुर्गम गढ़ रचियो बास। जामहि जोति करै परगास।।
बिजली चमकै होइ अनंद। जिह पोड़े प्रभु बाल गुबिंद।।
इहु जीउ राम नाम लव लागै। जरा मरन छूटै भ्रम भागै।।
अबरन बरन स्यों मन ही प्रीति। हौ महि गायत गावहिं गीति।।
अनहद सबद होत झनकार। जिह पौड़े प्रभु श्रीगोपाल।।
खंडल मंडल मंडल मंडा। त्रिय अस्थान तोनि तिय खंडा।।
अगम अगोचर रह्या अभ्यंत। पार न पावै कौ धरनीधर मंत।।
कदली पुहुप धूप परगास। रज पंकज महि लियो निवास।।
द्वादस दल अभ्यंतर मत। जहं पौड़े श्रीकवलाकंत।
अरध उरध मुख लागो कास। सुन्न मंडल महि करि परगासु।।
ऊँहा सूरज नाहीं चंद। आदि निरंजन करै अनंद।।
सो ब्रह्मंडि पिंड सो जानु। मानसरोवर करि स्नानु।।
सोहं सो जाकहुं है जाप। जाको लिपत न होइ पुन्न अरु पाप।।
अबरन बरन धाम नहिं छाम। अबरन पाइयै गुरु की साम।।
टारी न टरै आवै न जाइ। सुन्न सहज महि रह्या समाइ।।
मन मद्धे जाने जे कोइ। जो बोलै सो आपै होइ।।
जोति मंत्रि मनि अस्थिर करै। कहि कबीर सो प्रानी तरै।।16।।

आपे पावक आपे पवना। जारै खसम त राखै कवना।
राम जपतु तनु जरि किन जाइ। राम नाम चित रह्या समाइ।।
काको जरै काहि होइ हानि। नटवर खेलै सारिंगपानि।।
कहु कबीर अक्खर दुइ भाखि। होइगा खसम त लेइगा राखि।।17।।

आस पास घन तुरसी का बिरवा मांझ बनारस गाऊँ रे।
वाका सरूप देखि मोहीं ग्वारिन मोकौ छाड़ि न आउ न जाहु रे।।
तोहि चरन मन लागी। सारिंगधर सो मिलै जो बड़ भागी।।
वृंदावन मन हरन मनोहर कृष्ण चरावत गाऊँ रे।।
जाका ठाकुर तुही सारिंगधर मोहि कबीरा नाऊँ रे।।19।।

इंद्रलोक सिवलोकै जैबो। ओछे तप कर बाहरि ऐबो।।
क्या मांगी किछु थिर नाहीं। राम नाम राखु मन माहीं।।

सोभा राज विभव बड़ि पाई। अंत न काहू संग सहाई।।
पुत्र कलत्र लक्ष्मी माया। इनते कछु कौने सुख पाया।।
कहत कबीर अवर नहिं कामा। हमरे मन धन राम को नामा।।19।।

इक तु पतरि भरि उरकट कुरकट इक तू पतरि भरि पानी।।
आस पास पंच जोगिया बैठे बीच नकटि देरानी।।
नकटी को ठनगन बाड़ाडूं किनहिं बिबेकी काटी तूं।।
सकल माहि नकटी का बासा सकल मारिऔ हेरी।।
सकलिया की हौ बहिन भानजी जिनहि बरी तिसु चेरी।।
हमरो भर्ता बड़ो विवेकी आपे संत कहावै।।
आहु हमारे माथे काइमु और हमरै निकट न आवै।।
नाकहु काटी कानहु काटी काटि कूटि कै डारीं।।
कहु कबीर संतन की बैरनि तीनि लोक की प्यारी।।20।।

इन माया जगदीस गुसाई तुमरे चरन बिसारे।।
किंचत प्रीति न उपजै जन को जन कहा करे बेचारे।।
धृग तन धृग धन धृगं इह माया धृग धृग मति बुधि फन्नी।।
इस माया कौ दृढ़ करि राखहु बांधे आप बचन्नी।।
क्या खेती क्या लेवा देवा परपंच झूठ गुमाना।।
कहि कबीर ते अंत बिगूते आया काल निदाना।।21।।

इसु तन मध्ये मदन चोर। जिन ज्ञानरतन हरि लीन मोर।।
मैं अनाथ प्रभु कहौं काहि। की कौन बिगूतो मैं की आहि।।
माधव दारुन दुख सह्यौ न जाइ। मेरो चपल बुद्धि स्यों कहा बसाइ।।
सनक सनंदन सिव सुकादि। नाभि कमल जाने ब्रह्मादि।।
कविजन जोगी जटाधारि। सब आपन औसर चले उगारि।।
तू अथाह मोहि थाह नाहिं। प्रभु दीनानाथ दुख कहौं काहि।।
मेरो जनम मरन दुख आथि धीर। सुखसागर गुन रव कबीर।।22।।

इहु धन मेरो हरि को नाउँ। गांठि न बांधो बेचि न खाँउ।।
नाँउ मेरे खेती नाँउ मेरे बारी। भगति करौ जन सरन तुम्हारी।।
नाँउ मेरे माया नाँउ मेरे पूँजी। तुमहि छोड़ि जानौ नहिं दूजी।।
नाँउ मेरे बंधिय नाँउ मेरे भाई। नाँउ मेरे संगी अति होई सहाई।।
माया महि जिसु रखै उदास। कहि कबीर हौं ताकौ दास।।23।।

उदक समुँद सलल की साख्या नदी तरंग समावहिंगे।।
सुन्नहि सुन्न मिल्या ममदर्सी पवन रूप होइ जावहिंगे।।
बहुरि हम काहि आवहिंगे।।
आवनजाना हुक्म तिसै का हुक्मै बुज्झि समावहिंगे।।
जब चूकै पंच धातु की रचना ऐते भर्म चुकावहिंगे।।
दर्सन छोड़ भए समदर्सी एको नाम धियावहिंगे।।
जित हम लाए तितही लागे तैसे करम कमावहिंगे।।
हरि जी कृपा करै जौ अपनी तो गुरु के सब्द कमावहिंगें।।
जीवत मरहु मरहु फुनि जीवहु पुनरपि जन्म न होइ।।
कह कबीर जो नाम समाने सुन्न रह्याँ लव सोई।।24।।

उपजै निपजै निपजिस भाई। नयनहु देखत इह जग जाई।।
लाज न मरहु कहौ घर मेरा। अंत की बार नहीं कछु तेरा।।
अनेक जतन कर काया पाली। मरती बार अगनि संग जाली।।
चोवा चंदन मर्दन अंगा। सो तनु जले काठ के संगा।।
कहु कबीर सुनहु रे गुनिया। बिनसैगो रूप देखै सब दुनियां।।25।।

उलटत पवन चक्र षट भेदै सुरति सुन्न अनुरागी।।
आवै न जाइ मरै न जीवै तासु खोज बैरागी।।
मेरा मन मनहीं उलटि समाना।
गुरु परसादि अकल भई अवरै नातरु था बेगाना।।
निबरै दूरि दूरि फनि निबरैं जिन जैसा करि मान्या।।
अलउती का जैसे भया बरेडा जिन पिया तिन जान्या।।
तेरी निर्गुण कथा काहि स्यों कहिये ऐसा कोई बिबेकी।।
कहु कबीर निज दया पलीता तिनतै सीझल देखी।।26।।

उलटि जात कुल दोऊ बिसारी। सुन्न सहजि महि बुनत हमारी।।
हमरा झगरा रहा न कोऊ। पंडित मुल्ला छाड़ै दोऊ।।
बुनि बुनि आप आप पहिरावौं। जह नहीं आप तहां ह्वै गावौं।।
पंडित मुल्ला जो लिखि दिया। छाड़ि चले हम कछू न लिया।।
रिदै खलासु निरिखि ले मीरा। आपु खोजि खोजि मिलै कबीरा।।27।।

उस्तुति निंदा दोउ बिबरजित तजहू मानु अभिमान।
लोहा कांचन सम करि जानहि ते मुरति भगवान।।
तेरा जन एक आध कोइ।

काम क्रोध लोभ मोह बिबरजित हरिपद चीन्है सोई।
रजगुण तमगुण सतगुण कहियै इह तेरी सब माया।।
चौथे पद को जो नर चीन्है तिनहिं परम पद पाया।।
तीरथ बरत नेम सुचि संजम सदा रहै निहकामा।।
त्रिस्ना अरु माया भ्रम चूका चितवत आतमरामा।।
जिह मंदिर दीपक परिगास्या अंधकार तह नासा।।
निरभौ पूरि रहे भ्रम भागा कहि कबीर जनदासा।।28।।

ऋद्धि सिद्ध जाकौ फुरी तब काहु स्यो क्या काज।।
तेरे कहिने कौ गति क्या कहौं मैं बोलत ही बड़ लाज।।
राम जह पाया राम ते भवहि न बारे बार।।
झूठा जग डहकै घना दिन दुइ बर्तन की आज।।
राम उदक जिह जन पिया तिह बहुरि न भई पियासा।।
गुरु प्रसादि जिहि बुझिया आसा ते भया निरासा।।
सब सचुन दरि आइया जो आतम भया उदास।।
राम नाम रस चाखिया हरि नामा हरि तारि।।
कहु कबीर कंचन भया भ्रम गया समुद्रै पारि।।29।।

एक कोटि पंचसिक दारा पंचे मांगहि हाला।
जिमि नाहीं मैं किसी की बोई ऐसा देव दुखाला।।
हरि के लोगा मोकौ नीति डसे पटवारी।।
ऊपर भुजा करि मैं गुरु पहि पुकारा तिनकौ लिया उबारी।।
नव डाडी दस मुंसफ धावहि रहयति बसन न देही।।
डोरी पूरी मापहि नाही बहु बिष्टाला लेही।।
बहुतरि घर इक पुरुष समाया उन दीया नाम दिखाई।।
धर्मराय का दफ्तर सोध्या बाकी रिज मन काई।।
संता को मति कोई निदंहु संत राम है एको।
कहु कबीर मैं सो गुरु पाया जाका नाउ बिबेकौ।।30।।

एक जोति एका मिली किबा होइ न होइ।
जितु घटना मन उपजै फूटि मरै जन सोइ।।
सावल सुंदर रामय्या मेरा मन लागा तोहि।।
साधु मिलै सिधि पाइयै कियेहु योग कि भोग।।
दुहु मिलि कारज ऊपजै राम नाम संयोग।।
लोग जानै इहु गीता है इह तो ब्रह्म बिचार।।

ज्यो कासी उपदेश होइ मानस मरती बार।
कोई गावै कोई सुनै हरि नामा चितु लाइ।
कहु कबीर संसा नहीं अंत परम गति पाइ।।31।।

एक स्वान कै धर गावण, जननी जानत सुत बड़ा होत है।
इतना कुन जानै जि दिन दिन अवध घटत है।।
मोर मोर करि अधिक लाहु धरि पेखत ही जमराउ हंसै।।
ऐसा तै जगु भरम भुलाया कैसे मुझे जब मोह्या है माया।।
कहत कबीर छोड़ि बिषया रस इतु संगति निहची मरना।।
रमय्या जबहु प्राणी अनत जीवण बाणी इन बिधि भवसागर तरना।।
जाति सुभावै ता लागे भाउं। मर्म भुलावा बिचहु जाइ।।
उपजै सहज ज्ञान मति जागै। गुरु प्रसाद अंतर लव लागै।।
इतु संगति नाहीं मरणा। हुकुम पछाणि ता खसमै मिलणा।।32।।

ऐसौ अचरज देख्यौ कबीर। दधि कै भोलै बिरोलै नीर।।
हरी अंगूरी गदहा चरै। नित उठि हासै हीगै मरै।।
माता भैसा अम्मुहा जाइ। कुदि कुदि चरै रसातल पाइ।।
कहु कबीर परगट भई खेड़। ले ले कौ चूधे नित भेड़।।
राम रमत मति परगटि आई। कहु कबीर गुरु सोझी पाई।।33।।

ऐसो इहु संसार पेखना रहन न कोऊ पैहे रे।।
सूधे सूधे रेगि चलहु तुम नतर कुधका दिवैहै रे।।
बारे बूढ़े तरुने भैया सबहु जम लै जैहै रे।।
मानस बपुरा मूसा कीनौ मींच बिलैया खैहै रे।।
धनवंता अरु निर्धन मनई ताकी कछू न कानी रे।।
राजा परजा सम करि मारै ऐसो काल बढ़ानी रे।।
हरि के सेवक जो हरि भाये तिनकी कथा निरारी रे।।
आवहि न जाहि न कबहूं मरती पारब्रह्म संगारी रे।।
पुत्र कलत्र लच्छमी माया इहै तजहु जिय जानी रे।।
कहत कबीर सुनहु रे संतहु मिलिहै सारंगपानी रे।।34।।

ओई जू दीसहि अंबरि तारे। किन ओइ चीते चीतन हारे।।
कहु रे पंडित अंबर कास्यो लागा। बूझे बूझनहार सभागा।।
सूरज चंद्र करहि उजियारा। सब महि पसर्‌या ब्रह्म पसार्‌या।।
कहु कबीर जानैगा सोई। हिरदै राम मुखि रामै होई।।35।।

कंचन स्यो पाइयै नहीं तोलि। मन दे राम लिया है मोलि।।
अब मोहि राम अपना करि जान्या। सहज सुभाइ मेरा मन मान्या।।
ब्रह्मै कथि कथि अंत न पाया। राम भगति बैठे घर आया।।
कहु कबीर चंचल मति त्यागी। केवल राम भक्ति निज भागी।।36।।

कत नहीं ठौर मूल कत लावौ। खोजत तनु महिं ठौर न पावौ।।
लागी होइ सो जानै पीर। राम भगत अनियाले तीर।।
एक भाइ देखौ सब नारी। क्या जाना सह कौन पियारी।।
कहु कबीर जाके मस्तक भाग। सब परिहरि ताको मिले सुहाग।।37।।

करवतु भया न करवट तेरी। लागु गले सुन बिनती मेरी।।
हौ बारी मुख फेरि पियारे। करवट दे मोकौ काहे को मारे।।
जौ तन चीरहि अंग न मोरी। पिंड परै तो प्रीति न तोरी।।
हम तुम बीच भयो नहीं कोई। तुमहि सुंकत नारि हम सोई।
कहत कबीर सुनहु रे लोई। अब तुमरी परतीती न होई।।38।।

कहा स्वान कौ सिमृति सुनाये। कहा साकत पहि हरि गुन गाये।।
राम राम रमे रमि रहियै। साकत स्यों भूलि नहिं कहिये।।
कौआ कहा कपूर चराये। कह बिसियर को दूध पिआये।।
सत संगति मिल बिबेक बुधि होई। पारस परस लोहा कंचन सोई।
साकत स्वान सब करै कहाया। जो धूरि लिख्या सु करम कमाया।।
अभिरत लै लै नीम सिंचाई। कहत कबीर वाको सहज न जाई।।39।।

काम क्रोध तृष्णा के लीने गति नहिं एकै जाना।
फूटी आंखै कछू सूझै बूड़ि मुये बिनु पानी।।
चलत कत टेढ़े टेढ़े टेढ़े।
अस्थि चर्म बिष्टा के मूँदे दुरगंधहिं के बेढ़े।।
राम न जपहु कौन भ्रम भूले तुमते काल न दूरे।।
अनेक जतन करि इह तन राखहु रहे अवस्था पूरे।।
आपन कीया कछू न होवै क्या को करै परानी।।
जाति सुभावै सति गुरु भेटै एको नाम बखानी।।
बलुवा के धरुआ मैं बसत फुलवत्ते देह अयाने।।
कहु कबीर जिह राम न चेत्यो बूड़े बहुत सयाने।।40।।

काया कलालनि लादनि मेलै गुरु का सबद गुड़ कीनु रे।
त्रिस्ना काल क्रोध मद मत्सर काटि काटि कसु दीन रे।।

कोई हेरै संत सहज सुख अंतरि जाको जप तप देउ दलाली रे।।
एक बूँद भरि तन मन देवो जोमद देइ कलाली रे।।
भुवन चतुरदस भाठी कीनी ब्रह्म अगिन तन जारी रे।।
मुद्रा मदक सहज धुनि लागी सुखमन पोचनहारी रे।।
तीरथ बरत नेम सचि संजम रवि ससि गहनै देउ।
सुरति पियास सुधारस अमृत एहु महारसु पेउ रे।।
निर्झर धार चुऔ अति निर्मल इह रस मुनआ रातो रे।।
कहि कबीर सगले मद छूछे इहै महारस साचो रे।।41।।

कालबूत की हस्तनी मन बौरा रे चलत रच्यो जगदीस।
काम सुजाइ गज बसि परे मन बौरा रे अकसु सहियो सीस।।
बिषय बाचु हरि राचु समझु मन बौरा रे।
निर्भय होइ न हरि भजे बन बौरा रे गह्यो न राम जहाज।।
मर्क्कट मुष्टी अनाज की बन बौरा रे लीनी हाथ पसारि।।
छूटन को संसा पर्‌या मन बौरा रे नाच्यो घर घर बारि।।
ज्यो नलनी सुअटा गह्यो मन बौरा रे माया इहु ब्योहारु।।
जैसा रंग कसुम का मन बौरा रे त्यों पसर्‌यो पासारु।।
न्हावन को तीरथ घने मन बौर रे पूजन को बहु देव।।
कबीर छूटत नहीं मन बौर रे छूट न हरि की सेव।।42।।

काहू दीने पाट पटंबर काहू पलघ निवारा।
काहू गरी गोदरी नाहीं काहू खान परारा।।
अहि रख बादु न कीजै रे मन सुकृत करि करि लीजै रे मन।।
कुमरै एक जु माटी गंधी बहु बिधि बानी लाई।।
काहू कहि मोती मुकताहल काहू ब्याधि लगाई।।
सूमहि धन राखन कौ दीया मुगध कहै धन मेरा।।
जम का दंड मुंड महि लागै खिन महि करै निबेरा।।
हरि जन ऊतम भगत सदावै आज्ञा मन सुख पाई।।
जो तिसु भावै सति करि मानै भाणा मंत्र बसाई।।
कहै कबीर सुनहु रे संतहु मेरी मेरी झूठी।।
चिरगट फारि चटारा लै गयो तरी तागरी छूटी।।43।।

किनही बनज्या कांसा ताबा किनही लोग सुपारी।
संतहु बनज्या नाम गोबिंद का ऐसी खेप हमारी।।
हरि के नाम के ब्यापारी।

हीरा हाथ चढ्या निर्मोलक छूटि गई संसारी।।
सांचे लाए तो सच लागे सांचे के ब्योपारी।।
सांची वस्तु के भार चलाए पहुंचे जाइ भंडारी।।
आपहि रतन जवाहर मानिक आपै है पासारी।।
आपै ह्वै दस दिसि आप चलावै निहचल है ब्यापारी।।
मन करि बैल सुरति करि पेडा ज्ञान गोनि भरी डारी।
कहत कबीर सुनहु रे संतहु निबही खेप हमारी।।44।।

कियौ सिंगार मिलन के ताई। हरि न मिले जगजीवन गुसाई।।
हरि मेरौ पितर हौं हरि की बहुरिया। राम बड़े मैं तनक लहुरिया।।
धनि पिय एकै संग बसेरा। सेज एक पै मिलन दुहेरा।।
धन्न सुहागिन जो पिय भावै, कहि कबीर फिर जनमि न आवै।।45।।

कूटन सोइ जु मन को कूटै। मन कूटै तो जम तै छूटै।।
कुटि कुटि मन कसवही लावे। सो कूटनि मुकति बहु पावै।।
कूटन किसै कहहु संसार। सकल बोलन के माहि बिचार।।
नाचन सोइ जु मन स्यौ नाचै। झूठ न पतियै परचै साचै।।
इसु मन आगे पूरै ताल। इसु नाचन के मन रखवाल।।
बाजारी सो बजारहिं सोधै। पांच पलीतह को परबोधै।।
नव नायक की भगतिप छाने। सो बाजारी हम गुरु माने।।
तस्कर सोइ जिता तित करै। इंद्री कै जतनि नाम ऊचरै।।
कहु कबीर हम ऐसे लक्खन। धन्न गुरुदेव अतिरूप बिचक्खन।।46।।

कोऊ हरि समान नहीं राजा।
ए भूपति सब दिवस चारि के झूठे करत दिवाजा।।
तेरो जन होइ सोइ कत डोलै तीनि भवन पर छाजा।।
हात पसारि सकै को जन को बोलि सकै न अंदाजा।।
चेति अचेति मूढ़ मन मेरे बाजे अनहद बाजा।।
कहि कबीर संसा भ्रम चूको ध्रुव प्रह्लाद निवाजा।।47।।

कोटि सूर जाके परगास। कोटि महादेव अरु कविलास।।
दुर्गा कोटि जाकै मर्दन करै। ब्रह्म कोटि बेद उच्चरै।।
जौ जांनौ तौ केवल राम। आन देव स्यो नाहीं काम।।
कोटि चंद्र में करहि चराक। सुर तेतीसौ जेवहि पाक।।
नवग्रह कोटि ठाढ़े दरबार। धर्म कोटि जाके प्रतिहार।।
पवन कोटि चौबारे फिरहिं। बासक कोटि सेज बिस्तरहिं।।

समुंद्र कोटि जाके पनिहार। रोमावलि कोटि अठारहि भार।।
कोटि कुबेर भरहिं भंडार। कोटिक लखमी करै सिंगार।।
कोटिक पाप पुन्य बहु हिराहि। इंद्र कोटि जाके सेवा कराहि।।
छप्पन कोटि जाके प्रतिहार। नगरी नगरी खियत अपार।।
लट छूटी बरतै बिकराल। कोटि कला खेलै गोपाल।।
कोटि जग जाकै दरबार। गंधर्व कोटहिं करहिं जयकार।।
बिद्या कोटि सबे गुन कहै। ताउ पारब्रह्म का अंत न लहै।।
बावन कोटि जाकै रोमावली। रावन सैना जह ते छली।।
सहस कोटि बहु कहत पुरान। दुर्योधन का मथिया मान।।
कंद्रप कोटि जाकै लवै न धरहिं। अंतर अंतर मनसा हरहिं।।
कहि कबीर सुनि सारंगपान। देहि अभयपद माने दान।।48।।

कोरी को काहु भरम न जाना। सब जग आन तनायो ताना।
जब तुम सुनि ले बेद पुराना। तब हम इतनकु पसर्‍यो ताना।।
धरनि अकास की करगह बनाई। चंद सुरज दुह साथ चलाई।।
पाई जोरि बात इक कीनी तह ताती मन माना।।
जोलाहे घर अपना चीना घट ही राम पछाना।।
कहत कबीर कारगह तोरी। सूतै सूत मिलाये कोरी।।49।।

भव निधि तरनतारन चिंतामनि इक निमिष इहु मन लागा।।
गोबिंद हम ऐसे अपराधी।
जिन प्रभु जीउ पिंड था दीया तिसकी भाव भगति नहीं साधी।
परधन परतन परतिय निंद्य पर अपवाद न छूटै।।
आवागमन होत है फुनि फुनि इहु पर संग न छूटै।।
जिह घर कथा होत हरि संतन इक निमिष न कीनो मैं फेरा।।
लंपट चोर धूत मतवारे तिन संगि सदा बसेरा।।
दया धर्म और गुरु की सेवा ए सुपनंतरि नाहीं।।
दीन दयाल कृपाल दमोदर भगति बछल भैहारी।।
कहत कबीर भीर जनि राखहु हरि सेवा करौं तुमारी।।50।।

कौन तो पूत पिता को काकौ। कौन मेरे को देइ संतापौ।
हरि ठग जग कौ ठगौरी लाई। हरि के बियोग कैसे जियों मेरी माई।।
कौन को पुरुष कौन को नारी। या तत लेहु सरीर बिचारी।।
कहि कबीर ठग स्यों मन मान्या। गई ठगौरी ठग पहिचान्या।।51।।

क्या जप, क्या तप क्या ब्रत पूजा। जाकै रिदै भाव है दूजा।।
रे जन मन माधव स्यों लाइयै। चतुराई न चतुर्भुज पाइयै।
परिहरि लोभ अरु लोकाचार। परिहरि काम क्रोध अहंकार।।
कर्म करत बद्धे अहंमेव। मिल पाथर की करही सेव।
कहु कबीर भगत कर पाया। भोलै भाइ मिलै रघुराया।।52।।

क्या पढ़िये क्या गुनियै। क्या वेद पुराना सुनियै।
पढ़े सुनै क्या होई। जो सहज न मिलियो सोई।।
हरि का नाम न जपसि गंवारा। क्या सोचहिं बारंबारा।।
अंधियारे दीपक चहियै। इक वस्तु अगोचर लहियै।।
वस्तु अगोचर पाई। घट दीपक रह्या समाई।।
कहि कबीर अब जान्या। जब जान्या तौ मन मान्या।।
मन माने लोग न पतीजै। न पतीजै तौ क्या कीजै।।53।।

खसम मरे तौ नारी न रोवै। उस रखवारा औरो होवै।।
रखवारे का होइ बिनास। आगे नरक इहा भोग बिलास।।
एक सुहागिन जगत पियारी। सगले जीव जंत की नारी।।
सोहागिन गल सोहै हार। संत को विष बिगसै संसार।।
करि सिंगार बहै पखियारी। संत की ठिठकी फरै बिचारी।।
संत भागि ओह पाछै परै। गुरु परसादी मारहु डरै।।
साकत को ओह पिंड पराइणि। हमसो दृष्टि परै त्रखि डाइणि।।
हम तिसका बहु जान्या भेव। जबहु कृपाल मिले गुरु देव।।
कहु कबीर अब बाहर परी। संसारै कै अंचल लरी।।54।।

गंग गुसाइन गहिर गंभीर। जंजीर बांधि करि खरे कबीर।
मन न डिगै तन काहे को डराइ। चरन कमल चित रह्यो समाइ।।
गंगा की लहरि मेरी टूटी जंजीर। मृगछाला पर बैठे कबीर।।
कहि कबीर कोऊ संग न साथ। जल थल राखन है रघुनाथ।।55।।

गंगा के संग सलिता बिगरी। सो सलिता गंगा होइ निबरी।।
बिगर्‌यो कबीरा राम दुहाई। साचु भयो अन कतहिं न जाई।।
चंदन के संगि तरवर बिगर्‌यो। सो तरवर चंदन ह्वै निबर्‌यो।।
पारस के संग तांबा बिगर्‌यो। सो तांबा कंचन ह्वै निबर्‌यो।।
संतन संग कबीरा बिगर्‌यो। सो कबीर राम ह्वै निबर्‌यो।।56।।

गगन नगरि इक बूँद न वर्षे नाद कहा जु समाना।।
पारब्रह्म परमेसर माधव परम हंस ले सिधाना।।
बाबा बोलते ते कहा गये देही कै संगि रहते।।
सुरति माहि जो निरते करते कथा वार्ता कहते।।
बजावनहारी कहां गयी जिन इहु मंदर कीना।।
साखी सबद सुरत नहीं उपजै खिंच तेज सब लीना।।
स्रवननि बिकल भये संगि तेरे इंद्री का बल थाका।।
चरन रहे कर ढरक परे हैं मुखहु न निकसै बाता।।
थाके पंचदूत सब तस्कर आप आपणै भ्रमते।।
थाका मम कुंजर उर थाका तेज सूत धरि रमते।।
मिरतक भये दसै बंद छूटे मित्र भाई सब छोरे।
कहत कबीरा जो हरि ध्यावै जीवन बंधन तोरे।।57।।

गगन रसाल चुए मेरी भाठी। संचि महारस तन भया काठी।।
वाकौ कहिये सहज मतवारा। पीवत राम रस ज्ञान बिचारा।।
सहज कलाननि जौ मिलि आई, आनंदि माते अनदिन जाई।।
चीन्हत चीत निरंजन लाया। कहु कबीर तौ अनभव पाया।।58।।

गज नव गज दस गज इक्कीस पुरी आये कत नाई।।
साठ सूत नव खंड बहत्तर पाटु लगो अधिकाई।।
गई बुनावन माहो घर छोड़्यो जाइ जुलाहो।
गजी न मिनियै तोलि न तुलियै पांच न सेर अढ़ाई।।
जौ जरि पाचन बेगि न पावै झगरू करै घर आई।।
दिन की बैठ खसम की बरकस इह बेला कत आई।।
छूटे कुंडे भीगै पुरिया चल्यो जुलाहो रिसाइ।।
छोछी नली तंतु नहीं निकसै नतरु रही उरझाही।।
छोड़ि पसारई हारहु बपुरी कहु कबीर समुझाही।59।।

गज साढ़े तै तै धोतिया तिहरे पाइनि तग्गा।
गली जिना जपमालिया लौटे हत्थिनि बग्गा।।
ओइ हरिके संतन आखि यदि बानारसि के ठग्गा।
ऐसे संत न मोकौ भावहि डाला स्यों पेड़ा गटकावहिं।।
बासन माजि चरावहिं ऊपर काठी धोइ जलावहिं।।
बसुधा खोदि करहि दुइ चूल्हे सारे माणस खावहिं।।
ओई पापी सदा फिरहि अपराधौ मुखहु अपरस कहावहिं।।

सदा सदा फिरहि अभिमानी सकल कुटुंब डूबावहिं।।
जित को लाया तितही लागा तैसे करम कमावै।।
कहु कबीर जिसु सति गुरु भेटे पुनरपि जनमि न आवै।।60।।

गर्भ बास महि कुल नहिं जाती। ब्रह्म बिंद ते सब उतपाती।।
कहु रे पंडित बामन कब क होये। बामन कहि कहि जनम मति खोये।।
जौ तू ब्राह्मण ब्राह्मणी जाया। तौ आन बाट काहे नहीं आया।।
तुम कत ब्राह्मण हम कत शूद। हम कत लोहू तुम कत दूध।
कहु कबीर जो ब्रह्म बिचारै। सो ब्राह्मण कहियत है हमारे।।61।।

गूड़ करि ज्ञान ध्यान करि महुआ भाठी मन धारा।
सुषमन नारी सहज समानी पीवै पीवन हारा।।
अवधू मेरा मन मतवारा।
उन्मद चढ़ा रस चाख्या त्रिभुवन भया उजियारा।
दुइ पुर जोरि रसाई भाठी पीउ महारस भारी।।
काम क्रोध दुइ किये जलेता छूटि गई, संसारी।।
प्रगट प्रगास ज्ञान गम्मित सति गुरू ते सुधि पाई।
दास कबीर तासु मदमाता। उचकि न कबहूँ जाई।।62।।

गुरु चरण लागि हम बिनवत पूछत कह जीव पाया।।
कौन काज जग उपजै बिनसै कहहु मांहि समझाया।।
देव करहु दया मोहि मारग लावहु जित भवबंधन टूटै।।
जनम मरण दुख फेड़ कर्म सुख जीव जनम ते छूटै।।
माया फाँस बंधन ही फारै अरु मन सुन्नि न लूके।।
आपा पद निर्वाण न चीन्हा इन बिधि अमिउ न चूके।।
कही न उपजै उपजी जाणे भाव प्रभाव बिहूण।
उदय अस्त की मन बुधि नासी तो सदा सहजि लवलीण।।
ज्यों प्रतिबिंब बिंब कौ मिलिहै उदक कुंभ बिगराना।।
कहु कबीर ऐसा गुण भ्रम भागा तौ मन सुन्न समाना।।63।।

गुरु सेवा ते भगति कमाई। तब इह मानस देही पाई।
इस देही कौ सिमरहिं देव। सो देही भुज हरि की सेव।।
भजहु गुबिंद भूल मत जाहु। मानस जनम की रही चाहु।।
जब लग जरा रोग नहीं आया। जब लग काल ग्रसी नहिं काया।।
जब लग विकल भई नहीं बानी। भजि लेहि रे मन सारंगपानी।।

अब न भजसि भजसि कब भाई। आवैं अंत न भजिया जाई।।
जो किछु करहिं सोई अवि सारू। फिर पछताहु न पावहु पारू।।
जो सेवक जो लाया सेव। तिनहु पाये निरंजन देव।।
गुरु मिलि ताके खुले कपाट। बहुरि न आवै योनी वाट।।
इही तेरा अवसर इह तेरी वार। घट भीतर तू देखु बिचारि।।
कहत कबीर जीति कै हारि। बहुबिधि कह्यौ पुकारि पुकारि।।64।।

गृह तजि बन खंड जाइयै चुनि खाइयै कंदा।
अजहु बिकार न छोड़ई पापी मन मंदा।।
क्यौं छूटा कैसे तरौ भवनिधि जल भारी।।
राखु राख मेरे बीठुला, जन सरनि तुमारी।।
बिषम बिषय बासना तजिय न जाई।।
अनिक यत्न करि राखियै फिरि लपटाई।।
जरा जीवन जोबन गया कछु कीया नीका।
इह जीया निर्मोल को कौड़ी लगि मीका।।
कहु कबीर मेरे माधवा तू सर्वव्यापी।।
तुम सम सरि नाहीं दयाल मो सम सरि पापी।।65।।

गृह शोभा जाकै रे नाहीं। आवत पहिया खूदे जाहि।।
वाकै अंतरि नहीं संतोष। बिन सोहागिन लागे कोष।।
धन सोहागनि महा पबीत। तपे तपीसर डालै चीत।।
सोहागनि किरपन की पूती। सेवक तजि जग तस्यो सूती।।
साधू कै ठाढ़ी दरबारि। सरनि तेरी मोके निस्तारि।।
सोहागनि है अति सुंदरी। पगनेवर छनक छन हरी।।
जौ लग प्रान तऊ लग संगे। नाहिन चली बेगि उठि नंगे।।
सोहागनि भवन त्रै लीया। दस अष्टपुराण तीरथ रसकीया।।
ब्रह्मा विष्णु महेसर बेधे। बड़ भूपति राजै है छेधे।।
सोहागिन उर पारि न पारि। पांच नारद कै संग बिधबारि।।
पाँच नारद के मिठवे फूटे। कहु कबीर गुरु किरपा छूटे।।66।।

चंद सूरज दुइ जोति सरूप। जीता अंतरि ब्रह्म अनूप।।
करु रे ज्ञानी ब्रह्म बिचारु। जोति अंतरि धरि आप सारु।।
हीरा देखि हीरै करो आदेस। कहै कबीर निरंजन अलेखु।।67।।
चरन कमल जाके रिदै। बसै सो जन क्यौं डोलै देव।
मानौ सब सुख नवनिधि ताके सहजि जस बोलै देव।।

तब इह मति जौ सब महि पेखै कुटिल गाँठि जब खोलै देव।।
बारंबार माया ते अटकै लै नरु जो मन तौलै देव।।
जहाँ उह जाइ तहीं सुख पावै माया तासु न झोलै देव।।
कहि कबीर मेरा मन मान्या राम प्रीति को ओलै देव।।68।।

हरि बिन बैल बिराने ह्वैहै।
चार पाव दुइ सिंग गुंग मुख तब कैसे गुन गैहै।
ऊठत बैठत ठैगा परिहै तब कत मूड लुकेहै।।
फाटे नाक न टूटै का धन कोदौ कौ भूस खैहै।।
सारो दिन डोलत बन महिया अजहु न पेट अघैहै।।
जन भगतन को कही न मानी कीयो अपने पैहै।।
दुख सुख करत महा भ्रम बूड़ौ अनिक योनि भरमैहै।।
रतन जनम खोयो प्रभु बिसर्‌यौ इह अवसर कत पैहैं।।
भ्रमत फिरत तेलक के कपि ज्यों गति बिनु रैन बिहैहै।।
कहत कबीर राम नाम बिन मुंड धूनै पछितैहै।।69।।

चारि दिन अपनी नौबति चले बजाइ।
इतनकु खटिया गठिया मठिया संग न कछु लै जाइ।
देहरी बैठी मेहरी रोवै हारे लौ संग माइ।।
मरहट लगि सब लोग कुटुंब मिलि हंस इकेला जाइ।।
वै सुत वै बित वै पुर पाटन बहुरि न देखै आई।।
कहत कबीर राम को न सिमरहु जन्म अकारथ जाई।।70।।

चोवा चंदन मर्दन अंगा। सो तन जलै काठ के संगा।
इसु तन धन की कौन बड़ाई। धरनि परै उरबारि न जाई।।
रात जि सोवहि दिन करहि काम। इक खिन लेहि न हरि का नाम।
हाथि त डोर मुख खाये तंबोर। मरती बार कसि बांध्यौ चोर।।
गुरु मति रहि रसि हरि गुन गावै। रामै राम रमत सुख पावै।।
किरपा करि के नाम दृढ़ाई। हरि हरि बास सुगंध बसाई।।
कहत कबीर चेते रे अंधा। सत्य राम झूठ सब धंधा।।71।।

जग जीवत ऐसा सूपनौ जैसा जीव सुपन समान।
साचु करि हम गांठ दीनी छोड़ि परम निधान।।
बाबा माया मोह हितु कीन जिन ज्ञान रतन हरि लीन।
नयन देखि पतंग उरझै पसु न देखै आगि।।

काल फास न मुगध चेतै कनिक काँमिनि लागि।।
करि बिचारि बिकार परिहरि तुरन तारेन सोइ।।
कहि कबीर जग जीवन ऐसा दुतिया नहीं कोई।।72।।

जन्म मरन का भ्रम गया गोविंद लिव लागी।
जीवन सुन्नि समानिया नुरु साखी जागी।।
कासी ते धुनी उपजै धुनि कांसी जाई।।
त्रिकुटी संधि मैं पेखिया घटहू घट जागी।।
ऐसी बुद्धि समाचरी घट माही तियागी।।
आप आप जे जागिया तेज तेज समाना।।
कहु कबीर अब जानिया गोविंद मन माना।।73।।

जब जरिये तब होइ भसम तन रहे किरम दल खाई।।
काची गागरि नीर परतु है या तन की इहै बड़ाई।।
काहे भया फिरतो फूला फूला।
जब दस मास उरध मुख रहता सो दिन कैसे भूला।।
ज्यों मधु मक्खी त्यों सठोरि रसु जोरि जोरि धन कीया।।
मरती बार लेहु लेहु करिये भूत रहन क्यों दीया।।
देहुरी लौ बरी नारि संग भई आगि सजन सुहेला।।
मरघट लौ सब लगे कुटुंब भयो आगै हंस अकेला।।
कहत कबीर सुनहु रे प्रानी परे काल ग्रस कूआ।।
झूठी माया आप बंधाया ज्यों नलनी भ्रमि सुआ।।74।।

जब लग तेल दीवै मुख बाती तब सूझै सब कोई।
तेल जलै बाती ठहरानी सूना मंदर होई।।
रे बौरे तुहि घरी न राखै कोई तूं राम नाम जपि सोई।।
काकी माता पिता कहु काको कौन पुरुष की जोई।।
घट फूटे कोउ बात न पूछै काढ़हु काढ़हु होई।।
देहुरी बैठ माता रोवै खटिया ले गये भाई।।
लट छिटकाये तिरिया रोवै हंस इकेला जाई।।
कहत कबीर सुनहु रे संतहु भौसागर के ताई।।
इस बदे सिर जुलम होत है जम नहीं घटै गुसाई।।75।।

जब लगी मेरी मेरी करै। तब लग काज एक नहि सरै।।
जब मेरी मेरी मिट जाई। तब प्रभु काज सवारहिं आई।।

ऐसा ज्ञान बिचारु मना। हरि किन सिमरहु दुख भंजना।।
जब लगि सिंध रहे बन माहि। तब लग बन फूनई नाहि।।
जब ही स्यार सिंध कौ खाई। फूल रहीं सगली बनराई।।
जीतौ बूड़े हारो लरै। गुरु परसादि पार उतरै।
दास कबीर कहै समझाई। केवल रहहु लिव लाई।।76।।

जब हम एकौ एक करि जानिया। तब लोग कहै दुख मानिया।।
हम अपतह अपनौ पति खोई। हमरै खोज परहु मति कोई।।
हम मंदे मंदे मन माहि। सांझपाति काहु स्यौं नाहीं।।
पति मा अपति ताकी नहीं लाज। तब जानहुगे जब उधरैगा पाज।।
कहु कबीर पति हरि पखानु। सबर त्यागी भजु केवल रामु।।77।।

जल महि मीन माया के बेधे। दीपक पतंग माया के छेदे।।
काम मया कुंजर को ब्यापै। भुवंगम भुंग माया माहि खापै।।
माया ऐसी मोहनी भाई। जेते जीय तेते डहकाई।।
पंखी मृग माया महि राते। साकर माँखी अधिक संतापे।।
तुरे उष्ट माया महिं मेला। सिध चौरासी माया महि खेला।।
छिय जती माया के बंदा। भवै नाथु सूरज अरु चंदा।।
तपे रखीसर माया महि सूता। माया महि कास अरु पंच दूता।।
स्वान स्याल माया महि राता। बंतर चीते अरु सिंघाता।।
माजर गाडार अरु लूबरा, बिरख सूख माया महि परा।।
माया अंतर भीतर भीने देव। नागर इंद्रा अरु धरतेव।।
कहि कबीर जिसु उदर तिसु माया। तब छूटै जब साधु पाया।।
जल है सूतक थल है सूतक सूतक आपति होई।।
जनमे सूतक मूए फुनि सूतक सूतक परज बिगोई।।
कहुरे पाडेत कौन पबीता ऐसा ज्ञान जपहु मेरे मीता।।
नैनहु सूतक बनहु सूतक सूतक स्त्रवनी होई।।
ऊठत बैठत सूतक लागै सूतक परै रसोई।।
फांसन की बिधि सब कोऊ जानै छूटन की इकु कोई।।
कहि कबीर राम रिदै बिचारै सूतक तिनैं न होई।।79।।

जहँ किछू अहा तहाँ किछु नाहीं पंच तत तह नाहीं।।
इड़ा पिंगला सुषमन बदे ते अवगुन कंत जाहीं।।
तागा तूटा गगन बिनसि गया तेरा बोलत कहागा समाई।
एह संसा मौको अनदिन ब्यापै मोको कौन कहै समझाई।।

जब ब्रह्मांड पिंड तह नाहीं रचनहार तह नाहीं।।
जोड़नहारी सदा अतीता इह कहिये किसु माहीं।।
जोड़ी जुड़े न तोड़ी तूटै जब लग होइ बिनासी।।
काको ठाकुर काको सेवक को काहू के जासी।।
कहु कबीर लिव लागि रही है जहाँ बसै दिन राती।
वाका मर्म वोही पर जानै ओहु तौ सदा अबिनासी।।80।।

जाके निगम दूध के ठाटा। समुद बिलोवन की माटा।
ताकी होहु बिलोवनहारी। क्यों मिटैगी छाछि तुम्हारी।।
चेरी तू राम न करसि भरतारा। जग जीवन प्रान अधारा।।
तेरे गलहि तौक पग बेरी। तू घर घर रमिए फेरो।।
तू अजहू न चेतसि चेरी। तू जेम बपुरी है हेरी।।
प्रभु करन करावन हारी। क्या चेरी हाथ बिचारी।।
सोई सोई जागी। जितु लाई तितु लागी।
चेरी तै सुमति कहां ते पाई। जाके भ्रम की लीक मिटाई।।
सुरसु कबीरै जान्या। मेरो गुरु प्रसाद मन मान्या।।81।।

जाकै हरि सा ठाकुर भाई। सु कति अनत पुकारन जाई।
अब कहु राम भरोसा तोरा। तब काहूं को कौन निहोरा।।
तीनि लोक जाके इहि भार। मो काहे न करै प्रतिपार।
कहु कबीर इक बुद्धि बिचारी। क्या बस जौ बिष दे महतारी।।82।।

जिन गढ़ कोटि किए कंचन के छोड़ गया सो रावन।
काहे कीजत है मन भावन।
जब जम आइ केस ते पकरै तहं हरि का नाम छुड़ावन।।
काल अकाल खसम का कीना इहु परपंच बधावन।।
कहि कबीर ते अंते मुक्ते जिन हिरदै राम रसायन।।83।।

जिह मुख बेद गायत्री निकसै सो क्यों ब्राह्मन बिसरु करै।।
जाके पाय जगत सब लागै सो क्यों पंडित हरि न कहै।।
काहे मेरे ब्राह्मन हरि न कहहिं रामु न बोलहि पांडे दोजक भरहिं।
आपन ऊँच नीच घरि भोजन हठे करम करि उदर भरहिं।।
चौदस अमावस रचि रचि माँगहिं कर दीपक लै कूप परहिं।।
तूँ ब्राह्मन मैं कासी का जुलाहा मोहि तोहिं बराबरि कैसे कै बनहि।।
हमरे राम नाम कहि उबरे बेद भरोसे पांडे डूब मरहिं।।84।।

जिह कुल पूत न ज्ञान बिचारी। बिधवा कस न भई महतारी।।
जिह नर राम भगति नहीं साधी। जनमत कस न मुयो अपराधी।।
मुच मुच गर्भ गये कौन बचिया। बुड़भुज रूप जीवेजग मझिया।।
कहु कबीर जैसे सुंदर स्वरूप। नाम बिना जैसे कुबज कुरूप।।85।।

लिह मरनै कब जगत तरास्या। सो मरना गुरु सबद प्रगास्या।
अब कैसे मरो मरम सब मान्या। मर मर जाते जिन राम न जान्या।।
मरनौ मरन कहै सब कोई। सहजे मरै अमर होइ सोई।
कहु कबीर मन भयो अनंदा। गया भरम रहा परमानंदा।।
जिह सिमरनि होइ मुकित दुवारि। जाहि बैकुंठ नहीं संसारि।।
निर्भव के घर बजावहिं तूर। अनहद बजहिं सदा भरपूर।।
ऐसा सिमरन कर मन माहिं। बिनु सिमरन मुक्ति कत नाहिं।।
जिह सिमरन नाहीं ननकारू। मुक्ति करै उतरै बहुभारू।।
नमस्कार करि हिरदय मांहि। फिर फिर तेरा आवन नाहिं।।
जिह सिमरन कहहिं तू केलि। दीपक बांधि धर्‌यो तिन तेल।।
सो दीपक अमर कु संसारि। काम क्रोध बिष काढ़ि ले मार।।
जिह सिमरन तेरी गति होइ। सो सिमरन रखु कंठ पिरोइ।।
सो सिमरन करि नहीं राखि उतारि। गुरु परसादी उतरहिं पार।।
जिह सिमरन नहीं तुहि कान। मंदर सोवहि पटंबरि तानि।।
सेज सुखाली बिगसै जीउ। सो सिमरन तू अनहद पीउ।।
जिह सिमरन तेरी जाइ बलाइ। जिह सिमरन तुझ पोह न माई।।
सिमरि सिमरि हरि हरि मन गाइयै इरह सिमरन सति गुरु ते पाइयै।।
सदा सदा सिमरि दिन राति। ऊठत बैठत सासि गिरासि।।
जागु सोई सिमरन रस भोग। हरि सिमरन पाइयै संजोग।।
जिहि सिमरन नाहीं तुझ भाऊ। सो सिमरन राम नाम अधारू।।
कहि कबीर जाका नहीं अंतु। तिसके आगे तंतु न मंतु।।87।।

जिह मुख पांचो अमृत खाये। तिहि मुख देखत लूकट लाये।
इक दुख राम राइ काटहु मेरा। अग्नि दहै अरु गरभ बसेरा।।
काया बिमति बहु बिधि माती। को जारे को गड़ले माटी।।
कहु कबीर हरि चरण दिखावहु। पाछे ते जम को पठावहु।।88।।

जिह सिर रचि बांधत पाग। सो सिर चुंच सवारहिं काग।।
इसु तन धन को दया गर्बीया। राम नाम काहे न दृढ़ीया।।
कहत कबीर सुनहु मन मेरे। इही हवाल होहिंगे तेरे।।89।।

जीवत पितर न माने कोऊ मुएं सराद्ध कराहीं।
पीतर भी बपुरे कहु क्यों पावहिं कौआ कूकर खाहीं।।
मोंकौ कुसल बतावहु कोई।
कुसल कुसल करते जग बिनसे कुसल भी कैसे होई।
माटी के करि देवी देवा तिसु आगे जीउ देही।।
ऐसे पितर तुम्हरे कहियहिं आपन कह्या न लेही।
सरजीव काटहिं निरजीव पूजहि अंत काल कौ भारी।।
राम नाम की गति नहीं जानी भय डूबे संसारी।
देवी देवा पूजहिं डोलहिं पारब्रह्म नहीं जाना।।
कहत कबीर अकुल नहीं चेत्या विषया त्यौं लपटाना।
जीवत मरै मरै फुनि जीवै ऐसे सुन्नि समाया।
अंजन माहि निरंजन रहियै बहुरि न भव जल पाया।।।
मेरे राम ऐसा खीर बिलोइये।
गुरु मति मनुवा अस्थिर राखहु इन विधि अमृत पिओइये।
गुरुकै बाणी बजर कलछेदी प्रगट्या पद परगासा।।
सक्ति अधेर जेवणी भ्रम चूका निहचल सिव घर बासा।।
तिन बिन बाणै धनुष चढ़ाइयै इहु जग बेध्या भांई।
दस दिसि बूड़ी पावन झुलावै डोरि रही लिव लाई।।
जनमत मनुवा सुन्नि समाना दुबिधा दुर्मति भागी।
बहु कबीर अनुभौ इकु देख्या राम नाम लिव लागी।।91।।

जो जन भाव भगति कछु जाने ताको अचरज काहो।
बिनु जल जल महि पैसि न निकसै तो ढरि मिल्या जुलाहो।।
हरि के लोग मैं तो मति का भोरा।
जो तन कासी तजहिं कबीरा रामहि कहा निहोरा।
कहतु कबीर सुनहु रे लोई भरम न भूलहु कोई।।
क्या कासी क्या ऊसर मगहर राम रिदय जौ होई।।92।।

जेते जतन करत ते डूबे भव सागर नहीं तार्‌यौ रे।
कर्म धर्म करते बहु संजम अहं बुद्धि मन जार्‌यौ रे।।
सांस ग्रास को दाता ठाकुर सो क्यों मनहुं बिसार्‌यौ रे।।
हीरा लाल अमोल जनम है कौड़ी बदलै हार्‌यौ रे।।
तृष्णा तृषा भूख भ्रमि लागी हिरदै नाहिं बिचार्‌यौ रे।।
उनमत मान हिर्‌यौ मन माही गुरु का सबद न धार्‌यौ रे।।
स्वाद लुभंत इंद्री रस प्रेर्‌यौ मद रन लेत बिकार्‌यौ रे।।

कर्म भाग संतन संगा ते काष्ठ लोह उद्धार्‌यौ रे।।
धावत जोनि जनम भ्रमि थाके अब दुख करि हम हार्‌यौ रे।।
कहि कबीर गुरु मिलत महा रस प्रेम भगति निस्तार्‌यौ रे।।93।।

जेइ बाझु न जीया जाई। जौ मिलै तौ घाल अघाई।।
सद जीवन भलो कहाही। मुए बिन जीवन नाहीं।।
अब क्या कथियै ज्ञान बिचारा। निज निर्खत गत ब्यौहारा।।
घसि कुंकम चंदन गार्‌या। बिन नयनहु जगत निहारया।।
पूत पिता इक जाया। बिन ठाहर नगर बनाया।
जाचक जन दाता पाया। सो दिया न जाई खाया।।
छोड्या जाइ न मूका। औरन पहि जाना चूका।।
जो जीवन मरना जानै। सो पंच सैल सुख मानै।।
कबीरै सो धन पाया। हरि भेट आप मिटाया।।94।।

जैसे मंदर महि बल हरना ठाहरै। नाम बिना कैसे पार उतारै।।
कुंभ बिना जल ना टिकावै। साधू बिन ऐसे अवगत जावै।।
जारौ तिसै जु राम न चेतै। तन तन रमत रहै महि खेतै।।
जैसे हलहर बिना जिमी नहि बोइये। सूत बिना कैसे मणी परोइयै।।
घुंडी बिन क्या गंठि चढ़ाइये। साधू बिन तैसे अवगत जाइगै।
जैसे मात पिता बिन बाल न होई। बिंब बिना कैसे कपरे धोई।।
घोर बिना कैसे असवार। साधू बिन नाहीं दरबार।।
जैसे बाजे बिन नहीं लीजै फेरी। खमस दुहागनि तजिहो हेरी।।
कहै कबीर एकै करि जाना। गुरुमुखि होइ बहुरि नहीं मरना।।95।।

जोइ खसम है जाया।
पूत बाप खेलाया। बिन रसना खीर पिलाया।
देखहु लोगा कलि को भाऊ। सुति मुकलाई अपनी माऊ।।
पग्गा बिन हुरिया मारता। बदनै बिन खिन खिन हासता।।
निद्रा बिन नरु पै सोवै। बिन बासन खीर बिलोवै।।
बिनु अस्थन गऊ लेबेरी। पंडे बिनु घाट घनेरी।।
बिन सत गुरु बाट न पाई। कहु कबीर समझाई।।96।।
जो जन लेहि खमस का नाउ। तिनकै सद बलिहारै जाउ।।
सो निर्मल हरि गुन गावै। सो भाई मेरे मन भावै।।
जिहि घर राम रह्या भरपूरि। तिनकी पग पंकज हम धूरि।।
जाति जुलाहा मति का धीरू। सहजि सहजि गुन रमै कबीरू।।

जो जन परमिति परमनु जाना। बातन ही बैकुंठ समाना।।
ना जानौं बैकुंठ कहाहीं। जान न सब कह हित हाही।।
कहन कहावत नहिं पतियैहै। तौ मन मानै जातेहु मैं जइहै।।
जब लग मन बैकुंठ की आस। तब लगि होहिं नहीं चरन निवास।।
कहु कबीर इह कहियै काहि। साध संगति बैकुंठै आहि।।98।।

जो पाथर को कहिते देव। ताकी बिरथा होवै सेव।।
जो पाथर की पांई पाई। तिस की घाल अजाई जाई।।
ठाकुर हमरा सद बोलंता। सबै जिया को प्रभ दान देता।।
अंतर देव न जानै अंधु। भ्रम का मोह्या पावै फंधु।।
न पाथर बोलै ना किछु देइ। फोकट कर्म निहफल है सेइ।।
जे मिरतक के चंदन चढ़ावै। उससे कहहु कौन फल पावैं।।
जो मिरतक को विष्टा मांहिं सुलाई। तो मिरतक का क्या घटि जाई।।
कहत कबीर हौ करहुं पुकार। समझ देखु साकत गावार।।
दूजै भाइ बहुत घर घाले। राम भगत है सदा सुखाले।।99।।

जो मैं रूप किये बहुतेरे अब फुनि रूप न होई।
ताँगा तंत साज सब थाका राम नाम बसि होई।।
अब मोहि नाचनो न आवै। मेरा मन मंदरिया न बजावै।।
काम क्रोध काया लै जारौ तृष्णा गागरि फूटी।
काम चोलना भया है पुराना गया भरम सब छूटी।।
सर्व भूत एक करि जान्या चूके बाद बिबादा।
कहि कबीर मैं पूरा पाया भये राम परसादा।।100।।

जो तुम मोकौ दूरि करत हौ तौ तुम मुक्ति बतावहुगे।।
एक अनेक होइ रह्यो सकल महि अब कैसे भर्मावहुगे।।
राम मोकौ तारि कहाँ लै जैहै।
सोधौ मुक्ति कहा देउ कैसी करि प्रसाद मोहि पाइहै।
तारन तरन कबै लगि कहिये जब लगि तत्व न जान्या।।
अब तौ विमल भए घट ही महि कहि कबीर मन मान्या।।101।।

ज्यों कपि के कर मुष्टि चरन की लुब्धि न त्यागि दयो।
जो जों कर्म किये लालच स्यों ते फिर गरहि पर्‌यो।।
भगति बिनु बिरथे जनम गयो।
साध संगति भगवान भजन बिन कही न सच्च रह्यो।।

ज्यों उद्यान कुसुम परफुल्लित किनहि न घ्राउ लयो।
तैसे भ्रमत अनेक जोनि महि फिरि फिरि काल हयो।।
या धन जोबन अरु सुत दारा पेखन कौ जु दयो।।
तिनहीं माहि अटकि जो उरझें इंद्री प्रेरि लयो।।
औध अनल तन तिन को मंदर चह दिसि ठाठ ठयो।।
कहि कबीर भव सागर तरन कौ मैं सति गुरु ओट लयो।।102।।

ज्यों जल छोड़ि बाहर भयो मीना। पूरब जनम हौं तप का हीना।।
अब कहु राम कवन गति मोरी। तजीले बनारस मति भई थोरी।।
सकल जनम सिवपुरी गवाया। मरती बार मगहर उठि आया।।
बहुत बरस तप कीया कासी मरन भया मगहर कौ बासी।।
कासी मगहर सम बीचारी। ओछी भगति कैसे उतरसि पारी।।
कहु गुरु गजि सिव सबको जामै। मूवा कबीर रमत श्रीरामै।।103।।

ज्योति की जाति जाति की ज्योति। तितु लागे कंचुआ फल मोती।
कौन सुघर जो निभौं कहियै। भव भजि जाइ अभय ह्वै रहियै।।
तट तीरथ नहि मन पतियाइ। चार अचार रहे उरझाइ।
पाप पुन्य दुइ इक समान। निज घर पारस तजहु गुन आन।।104।।

टेढ़ी पाग टेढ़े चले लागे बीरे खान।।
भाउ भगति स्यो काज न कछु ए मेरो काम दीवान।।
राम बिसार्यौ है अभिमानी।
कनक कामिनी महा सुंदरी पेखि पेखि सचु मानी।
लालच झूठ बिकार महा मद इह विधि औध बिहानी।।
कहि कबीर अंत की बेर आई लागौ काल निदानी।।105।।

डंडा मुद्रा खिंथा आधारी। भ्रम कै भाई सबै भेषधारी।
आसन पवन दूरि करि बवरे। छोड़ि कपट नित हरि भज बवरे।।
जिह तू याचहि सो त्रिभुवन भोगी। कहि कबीर कैसो गज जोगी।।106।।

तन रैनी मन पुनरपि करिहौ पाचौ तत्व बराती।।
राम राइ स्यों भांवरि लैंहो आतम तिह रंगराती।।
गाउ गाउ री दुलहिनी मंगलचारा।
मेरे गृह आये राजा राम भतारा।।
नाभि कमल मुहि बेदी रचि ले ब्रह्म ज्ञान उच्चारा।।
राम राइ स्यों दूल्हो पायो अस बड़ भाग हमारा।।

सुर नर मुनि जन कौतक आये कोटि तैंतीसो जाना।।
कहि कबीर मोहि ब्याहि चले हैं पुरुष एक भगवाना।।107।।

तरवर एक अनंत डार साखा पुहुप पत्र रस भरिया।।
इह अमृत की बाड़ी है रे तिन हरि पूरै करिया।।
जानी जानी रे राजा राम की कहानी।
अंतर ज्योति राम परगासा गुरु मुख बिरलै जानी।।
भवन एक पुहुप रस बीधा बार हले उर धरिया।।
सोरह मध्ये पवन झकोर्‌यो आकासे फर फरिया।।
सहज सुन्न इक बिरवा उपज्या धरती जलहर सोख्या।।
कहि कबीर हौ ताका सेवक जिनका इहु बिरवा देख्यां।।108।।

टूटे तागे निखुटी पानि। द्वार ऊपर झिलिकावहि कान।।
कूच बिचारे फूए फाल। या मुंडिया सिर चढ़िबो कान।।
इहु मुंडिया सगलो द्रव खोई। आवत जात ना कसर होई।।
तुरी नारि की छोड़ि बाता। राम नाम वाका मन राता।।
लरिकी लरिकन खैबो नाहि। मुंडिया अनुदिन धाये जाहि।।
इक दुइ मंदर इक दुइ बाट। हमकौ साथरु उनको खाट।।
मूंड पलोसि कमर बंधि पोथी। हमकौ चाबन उनकौ रोटी।।
मुंडिया मुंडिया हुए एक। ए मुंडिया बूडत की टेक।।
सुनि अधली लोई बेपीर। इस मुंडियन भजि सरन कबीर।।109।।

तू मेरो मेरु परबत सुवामी ओट गही मैं तेरी।।
ना तुम डोलहु ना हम गिरते रखि लीनी हरि मेरी।।
अब तब जब तूही तूही। हम तुम परसाद सुखी सदाहीं।।
तोरे भरोसे मगहर बसियो। मेरे तन की तपति बुझाई।।
पहिले दर्सन मगहर पायो। फुनि कासी बसे आई।
जैसा मगहर तैसा कासी हम एकै करि जानी।।
हम निर्धन ज्यों इह धन पाया मरते फूटि गुमानी।।
करे गुमान चुभहिं तिसु सूला कोऊ काढ़न कौ नाहीं।।
अजै सुचोभ को बिलल बिलाते नरके घोर पचाहीं।।
कौन नरक क्या स्वर्ग बिचारा संतन दोऊ रादे।।
हम काहू की काणि न कढ़ते अपने गुरु परसादे।।
अब तौ जाइ चढ़े सिंहासन मिलिहैं सारंगपानी।।
राम कबीरा एक भये हैं कोई न सकै पछानी।।110।।

थरथर कंपै बाला जीउ। ना जानौ क्या करसी पीउ।।
रैनि गई मति दिन भी जाइ। भवर गये बग बैठे आइ।।
काचै करबै रहै न पानी। हंस चला काया कुम्हिलानी।।
क्वारी कन्या जैसे करत सिंगारा। क्यों रलिया मानै बोझ भतारा।।
काग उड़ावत भुजा पिरानी। कहि कबीर इह कथा सिरानी।।111।।

थाके नयन स्त्रवण सुनि थाके थाकी सुंदर काया।
जरा हाक दी सब मति थाकी एक न थाकिस माया।।
बावरै तै ज्ञान बिचार न पाया बिरथा जनम गंवाया।।
तब लगि प्रानी तिसे सरेबहु जब लगि मही सांसां।।
जे घट जाइत भाव न जासी हरि के चरन निवासा।।
जिसकौ सबद बसावै अंबर चूकहि तिसहि पियासा।।
हुक्मैं बूझै चौपड़ी खेलै मन जिन ढाले पासा।।
जो मन जनि भजहि अवगति कौ तिनका कछू न नासा।
कहु कबीर ते जन कबहु न हारहिं ढालि जु जानहिं पासा।।112।।

दरमादे ठाढ़े दरबारि।
तुझ बिन सुरति करै को मेरी दर्सन दीजै खोलि किवार
तुम धन धनी उदार तियारी स्त्रवनन सुनियत सुजस तुमार।।
मांगौ काहि रंक सब देखौ तुम ही ते मेरो निसतार।
जयदेव नामा बिप्प सुदामा तिनकौ कृपा भई है अपार।।
कहि कबीर तुम समरथ दाते चारि पदारथ देत न बार।।113।।

दिन ते पहर पहर ते घरियाँ आयु घटै तनु छीजै।
कौल अहेरी फिरहि बधिक ज्यों कहहु कौन बिधि कीजै।।
सो दिन आवन लागा।
माता पिता भाई सुत बनिता कहहु कोऊ है काका।
जग लगु जोति काया महि बरतै आपा पसू न बूझै।।
लालच करै जीवन पद कारन लोचन कछू न सूझै।
कहत कबीर सुनहु रे प्रानी छोड़हु मन के भरमा।।
केवल नाम जपहु रे प्रानी परहु एक की सरना।।114।।

दीन बिसार्‌यो रे दीवाने दीन बिसार्‌यो।
पेट भर्‌यो पसुआ ज्यों सोयो मनुष जनम है हारयो।।
साध संगति कबहु नहिं कीनी रचियो धंधै झूठ।।
स्वान सूकर बायस सम जीवै भटकत चाल्यो ऊठि।।

आपन की दौरघ करि जानै औरन कौ लघु मान।।
मनसा वाचा करमना मैं देखे दोजक जान।।
कामी क्रोधी चातुरी बाजीगर बेकाम।।
निंदा करते जनम सिरानी कबहु न सिमर्यो राम।।
कहि कबीर चेतै नहिं मूरख मुगध गवार।
राम नाम जानियो नहीं, कैसे उतरसि पार।।115।।

दुइ दुइ लोचन पेखा। हौं हरि बिन और न देखा।।
नैन रहे रंग लाई। अब बेगल कहन न जाई।।
हमारा भर्म गया भय भागा। जब राम नाम चितु लागा।।
बाजीगर डंक बजाई। सब खलक तमासे आई।।
बाजीगर स्वांग सकेला। अपने रंग रवै अकेला।।
कथनी कहि धर्म न जाई। सब कथि कथि रही लुकाई।।
जाकौ गुरु मुखि आप बुझाई। ताके हिरदै रह्या समाई।।
गुरु किंचित किरपा कीनी। सब तन मन देह हरि लीनी।।
कहि कबीर रंगि राता। मिल्यो जग जीवनदाता।।116।।

दुनिया हुसियार बेदार जगत मुसियत हौ रे भाई।।
निगम हुसियार पहरुआ देखत जम ले जाई।।
नीबु भयो आंबु आंबु भयो नींबा केला पाका झारि।।
नालिएर फल सेबरिया पाका मूरख मुगध गवार।।
हरि भयो खांडु रे तुमहि विखरियो हस्ती चुन्यो न जाई।
कहि कबीर कुल जाति पांति तजि चींटी होइ चुनि खाई।।117।।

देखो भाई ज्ञान की आई आंधी।
सबै उड़ानी भ्रम की टाटी रहै न माया बाँधी।।
दुचिते की दुई थूनि गिरानीं मोह बलेड़ा टूटा।।
तिष्णा छानि परी घर ऊपर दुमिति भाँड़ा फूटा।।
आँधी पाछै जो जल वर्षे तिहि तेरा जन भींना।।
कहि कबीर मग भया प्रगासा उदय भानु जब चीना।।118।।

देइ मुहार लगाम पहिरावौ। सगल तजीनु गगनं दौरावौ।।
अपने बिचारै असवारी कीजै। सहज के पावड़े पग धरि लीजै।।
चलु रे बैकुंठ तुझहि ले तारी। हित चित प्रेम के चाबुक मारी।।
कहत कबीर भले असवारा। बेद कतेब ते रहहि निरारा।।119।।

देही गावा जीउ धर्म हत उवसहि पंच किरसाना।।
नैनू नकटू स्त्रवन रसपति इंद्री कह्या न माना।।
बाबा अब न बसहु इहु गाउ।
घरी घरी का लेखा माँगै काइथु चेतू नाउ।
धर्मराय जब लेखा माँग बाकी निकसी भारी।।
पच कृसनवा भागि गए लै बाध्यौ जोउ दरबारी।।
कहहि कबीर सुनहु रे संतहु खेतहि करौ निबेरा।।
अबकी बार बखसि बंदे को बहुरि न भव जल फेरा।।120।।

धन्न गुपाल धन्न गुरुदेव। धन्न अनादि भूखे कब लुटह केव।।
धन ओहि संत जिन ऐसी जानी। तिनको मिलिबो सारंगपानी।।
आदि पुरुष ते होई अनादि। जपियै नाम अन्न कै सादि।।
जपियै नाम जपियै अन्न। अभै कै संग नीका बन्न।।
अन्ने बाहर जो नर होवहिं। तीनि भवन महि अपनो खोवहिं।।
छोड़हि अन्न करै पाखंड। ना सोहागनि ना बोहि रंग।।
जग महि बकते दूधाधारी। गुप्ती खावहि बटिका सारी।।
अन्नै बिना न होइ सुकाल। तजियै अन्न न मिलै गुपाल।।
कहु कबीर हम ऐसे जान्या। धन्न अनादि ठाकुर मन मान्या।।121।।

नगन फिरत जो पाइये जोग। बनका मिरग मुकति सब होग।।
क्या नागे क्या बांधे चाम। जब नहिं चीन्हसि आतम राम।।
मूँढ़ मुडाए जो सिद्धि पाई। मुक्ती भेड़ न गय्या काई।।
बिंदु राख जो तरयै भाई। खुसरै क्यों न परम गति पाई।।
कहु कबीर सुनहु नर भाई। राम नाम बिन किन गति पाई।।122।।

नर मरै नर काम न आवै। पशु मरै दस काज संवारे।।
अपने कर्म की गति मैं क्या जानी। मैं क्या जानौ बाबा रे।।
हाड़ जले जैसे लकड़ी का तूला। केस जले जैसे घास का पूला।।
कहत कबीर तबही नर जागै। जम का डंड मूँड़ महि लागै।।123।।

नाँगे आवत नाँगे जाना। कोई न रहिहै राजा राना।।
राम राजा नव निधि मेरे। संपै हेतु कलतु धन तेरै।।
आवत संग न जात संगाती। कहा भयो दर बाँधे हाथी।।
लंका गढ़ सोने का भया। मूरख रावन क्या ले गया।।
कह कबीर कुछ गुन बीचारि। चलै जुआरी दुइ हथ झारि।।124।।

नाइक एक बनजारे पांच। बरध पचीसक संग काच।।
नव बहियाँ दस गोनी आहि। कसन बहत्तरि लागी ताहि।।
मोहि ऐसे बनज स्यो ही काजु। जिह घटै मूल नित बढ़ै ब्याजु।।
सत सूत मिलि बनजु कीन। कर्म भावनी संग लीन।।
तीनि जगाती करत रारि। चलो बनजारा हाथ झारि।।
पूँझी हिरानी बनजु टूटि। दह दिस टाँडो गयो फूटि।।
कहि कबीर मन सरसी काज। सहज समानी त भर्म भाजि।।125।।

मानुष ना इहु देव। ना इहु जती कहावै सेव।।
ना इहु जोगी ना अवधूता। ना इसु माइ न काहू पूता।।
या मंदर मह कौन बसाई। ता का अंत न कोऊ पाई।।
न इहु गिरही ना ओदासी। ना इहु राज न भीख मँगासी।।
ना इहु पिंड न रकतू राती। ना इहु ब्रह्मन ना इहु खाती।।
ना इहु तया कहावै सेख। ना इहु जीवै न मरता देख।।
इसु मरते को जे कोऊ रोवै। जो रोवै सोई पति खोवै।।
गुरु प्रसादि मैं डगरो पाया। जीवन मरन दोऊ मिटवाया।।
कहु कबीर इहु राम अंसु। उस कागद पर मिटे न मंसु।।126।।

ना मैं जोग ध्यान चित लाया। बिन बैराग न छूटसि माया।।
कैसे जीवन होइ हमारा। जब न होइ राम नाम अधारा।।
कहु कबीर खोजौं असमान। राम समान न देखौ आन।।127।।

निंदौ निंदौ मोकौ लोग निंदौ। निंदौ निंदौ मोकौ लोग निंदौ।।
निंदा जन को खरी पियारी। निंदा बाप निंदा महतारी।।
निंदा होय त बैकुंठ जाइयै। नाम पदारथ मनहि बसाइयै।।
रिदै सुद्ध जौ निंदा होइ। हमरे कमरे निंदक धोइ।।
निंदा करै सु हमरा मीत। निंदक माहिं हमारा चीत।।
निंदक सो जो निंदा होरै। हमरा जीवन निंदक लोरै।।
निंदा हमरी प्रेम पियार। निंदा हमरा करै उधार।।
जन कबीर कौ निंदा सार। निंदक डूबा हम उतरे पार।।128।।

नित उठि कारि गागरिया लै लीपत जनम गयो।।
ताना बाना कछू न सूझै हर हरि रस लपट्यो।।
हमरे कुल कौने राम कह्यो।।
जब की माला लई निपूते तब ते सुख न भयो।।
सुनहु जिठानी सुनहु दिरानी अचरज एक भयो।।

सात सूत इन मुडिये खोये इहु मुडिया क्यों न भयो।।
सर्व सखा का एक हरि स्वामी सो गुरु नाम दयो।।
संत प्रहलाद की पैज निज राखी हरनाखसु नख बिदर्यो।।
घर के देव पितर की छोड़ो गुरु को सबद लयो।।
कहत कबीर सकल पाप खंडन संतह से उधर्यो।।129।।

निर्धन आदर कोई न देई। लाख जतन करै ओहु चित न धरेई।।
जौ निर्धन सरधन कै जाई। आगै बैठा पीठ फिराई।।
जौ सरधन निर्धन कै जाई। दीया आदर लिया बुलाई।।
निर्धन सरधन दोनों भाई। प्रभु की कला न मेटी जाई।।
कहि कबीर निर्धन है सोई। जाकै हिरदै नाम न होई।।130।।

पंडित जन माते पढ़ि पुरान। जोगि माते जोग ध्यान।।
संन्यासी माते अहमेव। तपसी माते तप के भेव।।
सब मदमाते कोऊ न जाग। संग ही चोर घर मुसन लाग।।
जागै सुकदेव अरु अक्रूर। हणवंत जाग धरि लंकूर।।
संकर जागे चरन सेव। कलि जागे नामा जैदेव।।
जागत सोवत बहु प्रकार। गुरु मुखि जागे सोई सार।।
इस देही के अधिक काम। कहि कबीर भजि राम नाम।।131।।

पंडिया कौन कुमति तुम लागे।
बूड़हु गे परवार सकल स्यो राम न जपहु अभागे।।
बेद पुरान पढ़े का किया गन खर चंदन जस भारा।।
राम नाम की गति नहीं जानी कैसे उतरसि पारा।।
जीव बधहु सुधर्म करि थापहु अधर्म कहौ कत भाई।।
आपस को मुनि वर करि थापहु काकहु कहौ कसाई।।
मन के अंधे आपि न बूझहु का कहि बुझावहु भाई।
माया कारन विद्या बेचहु जनम अबिर्था जाई।।
नारद बचन बियास कहत है सुक कौ पूछहु जाई।।
कहि कबीर रामहि रमि छूटहु नाहिं त बूड़े भाई।।132*।।

पंथ निहारै कामनी लोचनि भरि लेइ उसासा।।
उर न भीजै पग ना खिसै हरि दर्सन की आसा।।
उड़हु न कागा कारे बेग। मिलीजै अपने राम प्यारे।।

---

1. एक दूसरे स्थान पर यह पद इस प्रकार आरंभ होता है 'बड़ी आकबत कुमति तुम लोग' शेष सब ज्यों का त्यों है। मूल प्रति में जो 39 नंबर का पद है वह भी कुछ थोड़े से हेर फेर के साथ ऐसा ही है।

कहि कबीर जीवन पद कारन हरि की भक्ति करीजै।।
एक अधार नाम नारायण रसना राम रबीजै।।133।।

पंद्रह तिथि सात बार। कहि कबीर उर वार न पार।।
साधक सिद्ध लखै जौ भेउ। आपे करता आपे देउ।।
अम्मावस महि आय निवारौ। अंतर्यामी राम समारहु।।
जीवत पावहु मोख दुबारा। अनभौ सबद तत्व निज सारा।।

चरन कमल गोविंद रंग लागा।
संत प्रसाद भये मन निर्मल। हरि कीर्तन महिं अनदिन जागा।।
परवा प्रीतम करहु बीचार। घट महिं खेलै अघट अपार।।
काल कल्पना कदे न खाइ। आदि पुरुष महि रहै समाइ।।
दुतिया दुइ करि जानै अंग। माया ब्रह्म रमै सब संग।।
ना ओहु बढ़ै न घटता जाइ। अकुल निरंजन एकै भाइ।।
तृतीया तीने सम करि ल्यावै। आनंद मूल परम पद पावै।।
साध संगति उपजै बिस्वास। बाहर भीतर सदा प्रगास।।
चौथहि चंचल मन को गहहु। काम क्रोध संग कबहु न बहहू।।
जल थल माहें आपही आप। आपै जपहु अपना जाप।।
पांचे पंच तत्त बिस्तार। कनक कामिनि जुग ब्योहार।।
प्रेम सुधा रस पीवै कोई। जरा मरण दुख फेरि न होई।।
छटि षट चक्र चहूं दिसि धाइ। बिनु परचै नहीं थिरा रहाइ।।
दुबिधा मेटि खिमा गहि रहहु। कर्म धर्म की सूल न सहहु।।
सातै सति करि बाचा जाणि। आतम राम लेहु परवाणि।।
छूटै संसा मिटि जाहि दुक्ख। सुन्य सरोवरि पावहु सुक्ख।।
अष्टमी अष्ट धातु की काया। तामहिं अकुल महा निधि राया।।
गुरु गम ज्ञान बतावै भेद। उलटा रहै अभंग अछेद।।
नौमी नवै द्वार कौ साधि। बहती मनसा राखहु बांधि।।
लोभ मोह सब बीसरी जाहु। जुग जुग जीवहु अमर फल खाहु।।
दसमी दस दिसि होइ अनंदा। छूटै भर्म मिलै गोबिंदा।।
ज्योति स्वरूप तत्त अनूप। अमल न मल न छाँह नहिं धूप।।
एकादसी एक दिसि धावै। तौ जोनी संकट बहुरि न आवै।।
सीतल निर्मल भया सरीरा। दूरि बतावत पाया नीरा।।
बारसि बारहौ गवै सूर। अहि निसि बाजै अनहद तूर।।
देख्या तिहूँ लोक का पीउ। अचरज भया जीव ते सीउ।।
तेरसि तेरह अगम बखाणि। अर्द्ध उर्द्ध बिच पहिचाणि।।

नीच उँच नह मान प्रमान। ब्यापक राम सकल सम सामान।।
चौदसि चौदह लोक मझारि। रोम रोम महि बसहिं मुरारि।।
सत संतोष का धरहु धियान। कथनी कथियै ब्रह्म गियान।।
पून्यो पूरा चंद्र अकास। पसरहिं कला सहज परगास।।
आदि अंत मध्य होइ रह्या बीर। सुखसागर महि रमहिं कबीर।।134।।

पहिला पूत पिछैरी माई। गुरु लागो चेले की पाई।।
एक अचंभौ सुनहु तुम भाई। देखत सिंह चरावत गाई।।
जल की मछुरी तरवर ब्याई। देखत कुतरा लै गई बिलाई।।
तलेरे वैसा ऊपर सूला। तिसकै पेड़ लगै फल फूला।।
धोरै चरि भैंस चरावन जाई। बाहर बैल गोनि घर आई।।
कहत कबीर जो इस पद बूझै। राम रमत तिसु सब किछु सूझै।।135।।

पहिली कुरूप कुजाति कुलक्खनी साहुरै पेइयै बुरी।
अब की सरूप सुजाति सुलक्खनी सहजे उदरधरी।।
भत्ती सरी मुई मेरी पहली बरी।
जुग जुग जीवो मेरी अबकी धरी।।
कहु कबीर जब लहुरी आई बड़ी का सुहाग टर्‌यो।
लहुरी संग भई अब मेरे जेठी और धर्‌यो।।136।।

पाती तैरे मालिनी पाती पाती जीउ।
जिसु पाहन कौ पाती तोरै सो पाहनु निरजीउ।।
भूली मालिनी है एउ सति गुरु जागता है दोउ।
ब्रह्म पाती बिस्नु डारी फूल संकर देव।
तीन देव प्रतख्य तोरहि करहिं किसकी सेव।।
पाषान गढ़ि के मूरति कीनी देकै छाती पाउ।
जे एइ मूरति साची है तो गड़णहारे खाउ।।
भातु पहिति और लापसी करकरा का सारु।।
भोगनु हारे भोगिया इसु मूरति के मुख छार।।
मालिन भूलि जग भुलाना हम भुलाने नाहि।।
कहु कबीर हम राम राखे कृपा करि हरि राइ।।137।।

पानी मैला माटी गोरी। इस माटी को पुतरी जोरी।।
मैं नाहीं कछु आहि न मोरा। तन धन सब रस गोबिंद तोरा।।
इस माटी महि पवन समाया। झूठा परपंच जोरि चलाया।।

किनहु लाख पांच की जोरी। अंत की बाट गगरिया फोरी।।
कहि कबीर इक नीवौ सारी। खिन महि बिनसि जाइ अहंकारी।।138।।

पाप पुन्य दोइ बैल बिसाहे पवन पूँजी परगास्यो।।
तृष्णा गूणि भरी घट भीतर इन बिधि टाँड बिसाह्यो।।
ऐसा नायक राम हमारा सकल संसार कियो बंजारा।।
काम क्रोध दुइ भये जगाती मन तरंग बटवारा।।
पंच ततु मिलि दान निबेरहिं टाडा उतर्यो पारा।।
कहत कबीर सुनहु रे संतहु अब ऐसी बनि आई।।
घाटी चढ़त बैल इक थाका चलो गोनि छिटकाई।।139।।

पंड मुए जिउ किहि घर जाता। सबद अतीत अनाहद राता।।
जिन राम जान्या तिन्ही पछान्या। ज्यों गूँगे साकर मन मान्या।।
ऐसा ज्ञान कथै बनवारी। मन रे पवन दृढ़ सुषमन नाड़ी।।
सो गुरु करहु जि बहुरि न करना। सो पद रवहु जि बहुरि न रवना।।
सो ध्याना धरहु जि बहुरि न धरना। ऐसे मरहु जि बहुरि न मरना।।
उलटी गंगा जमुन मिलावौ। बिनु जल संगम मन महि नावौ।।
लोचा सम सरिहहु ब्योहारा। ततु बिचारि क्या अवर बिचारा।।
अप तेज वायु पृथवी अकासा। ऐसी रहनि रहौ हरि पासा।।
कहै कबीर निरंजन ध्यावौ। तित घर जाहु जि बहुरि न आवौ।।140।।

पेवक दै दिन चारि है साहुरडे जाणा।
अंधा लोक न जाणई मूरखु एयाणा।।
कहु डडिया बाँधे धन खड़ी। याहूं घर आये मूकलाऊ आये।।
ओह जि दिसै खूहड़र कौ न लाजु बहारी।
लाज घड़ी स्यो टूटि पड़ी उठि चलि पनिहारी।।
साहिब होइ दयाला कृपा करे अपना कारज सवारे।
ता सोहागणि जानिए गुरु सबद बिचारै।।
किरत कौ बांधी सब फिरै देखहु बिचारी।
एसनो क्या आखियै क्या करे बिचारी।।
भई निरासी उठि चली चित बंधी न धीरा।
हरि का चरणी लागि रहु भजु सरण कबीरा।।141।।

प्रहलाद पठाये पठन साल। संगि सखा बहु लिए बाल।।
मोकौ कहा पढ़ावसि आल जाल। मेरी पटिया लिखि देहु श्रीगोपाल।।
नहीं छोड़ौ रे बाबा राम नाम। मेरो और पढ़न स्यो नहीं काम।।

संडै मरकै कह्यौ जाइ। प्रहलाद बुलाये बेगि धाइ।।
तू राम कहन की छोडु बानि। तुझ तुरत छड़ाऊँ मेरो कह्यो मानि।।
मोकौ कहा सतावहु बार बार। प्रभु भज थल गिर किये पहार।।
इक राम न छोड़ौ गुरुहि गारि। मोकौ घालि जारि भाखै मारि डांरि।।
काढ़ि खड्ग कोप्यो रिसाइ। तुझ राखनहारो मोहि बताइ।।
प्रभु थंभ ते निकसे कै बिस्तार। हरनाखस छेद्यो नख बिदार।।
ओइ परम पुरुष देवाधिदेव। भगत हेत नरसिंघ भेव।।
कहि कबीर का लखै न पार। प्रहलाद उबारे अनिक बार।।142।।

फील रबाबी बलुद पखावज कौआ ताल बजावै।
पहरि चोलना गदहा नाचै भैसा भगति करावै।।
राजा राम क करिया बरपे काये। किनै बूझन हारे खाय।।
बैठि सिंघ घर पान लगावहिं घीस गल्योरे लावै।।
घर घर मुसरी मंगल गावहि कछुआ संख बजावै।।
बंस को पूत बिआहन चिलया सुइने मंडप छाये।।
रूप कन्रिया सुंदर बेधी ससै सिंह गुन गाये।।
कहत कबीर सुनहु रे पंडित कीटी परबत खाया।।
कछुआ कहै अंगार भिलोरौ लूकी सबद सुनाया।।143।।

फुरमान तेरा सिरै ऊपर फिरि न करत बिचार।
तुही दरिया तुही करिया तुझै ते निस्तार।।
बंदे बंदगी इकतीयार। साहिब रोष धरौ कि पियार।।
नाम तेरा अधार मेरा जिउ फूल जइहै नारि।।
कहि कबीर गुलाम घर का जीआइ भावै मारि।।144।।

बंधचि बंधनु पाइया। मुकतै गुरि अनल बुझाइया।
जब नख सिख इहु मनु चीना। तब अंतर मंजनु कीना।।
पवन पति उनमनि रहनु खरा। नही मिसु न जनमु जरा।
उलटौ ले सकति संहार। फैसीले गगन मझार।।
बेधिय ले चक्र भुअंगा। भेटिय ले राइन संगा।।
चूकिय ले मोह मइ आसा। ससि कीनो सूर गिरासा।।
जब कुंभ कुभरि पुरि जीना। तब बाजे अनहद बीना।।
बकतै बकि सबद सुनाया। सुनतै सुन माल बसाया।।
करि करता उतरसि पारं। कहै कबीरा सारं।।145।।

बटुआ एक बहत्तरि आधारी एको जिसहि दुबारा।
नवै खंड की प्रथमी माँगै सो जोगी जगसारा।।
ऐसो जोगी नव निधि पावै तल का ब्रह्म ले गगन चरावै।।
खिंथा ज्ञान ध्यान करि सूई सबद ताग मथि घालै।।
पंच तत्व की करि मिरगाणी गुरु कै मारग चालै।।
दया फाहुरी काया करि धूई दृष्टि की जलावै।।
तिसका भाव लिए रिद अंतर चहु जुग ताड़ी लावै।।
सभ जोगत्तण राम नाम है जिसका पिंड पराना।
कहु कबीर जे किरपा धारै देइ सचा नीसाना।।146।।

बनहि बसे क्यों पाइये जौ लौ मनहु न तजे बिकार।
जिह घर बन समसरि किया ते पूरे संसार।।
सार सुख पाइये रामा रंगि रवहु आतमै रामा।।
जटा भस्म लै लेपन किया कहा गुफा महि बास।
मन जीते जग जितिया ते बिषिया ते होइ उदास।।
अंजन देइ सब कोई टुक चाहन माहिं विडानु।।
ज्ञान अंजन जिह पाइया ते लोइन परवानु।।
कहि कबीर अब जानिया गुरु ज्ञान दिया समुझाइ।।
अंतर मति हरि भेटिया अब मेरा मन कतहु न जाइ।।147।।

बहु प्रपंच करि परधन ल्यावै। सुत दारा पहि आनि लुटावै।।
मन मेरे भूले कपट न कीजै। अंत निबेरा तेरे जोय पहि लीजै।।
छिन छिन तन छीजै जरा जनावै। तब तेरी ओक कोई पानियो न पावै।।
कहत कबीर कोई कहीं तेरा। हिरदै राम किन जपहि सबेरा।।148।।

बाती सूखी तेल निखूटा। मंदल न बाजै नट सूता।।
बुझि गई अगनि न निकस्यो धूआ। रवि रह्या एक अवर नहीं दूजा।।
तूटी तंतु न बजै रबाव। भूलि बिगार्‌यो अपना काज।।
कथनी बदनी कहन कहावन। समझ परी तो बिसर्‌यौ गावन।।
कहत कबीर पंच जो चूरे। तिनते नाहिं परम पद दूरे।।149।।

बाप दिलासा मेरो कीना। सेज सुखाली मुखि अमृत दीना।।
तिसु बाप कौ मनहु बिसारी। आगे गया न बाजी हारी।।
मुई मेरी माई हौ खरा सुखाला। पहिरौ नहीं दगली लगै न पाला।।
बलि तिसु बापै जिन हौ जाया। पंचा ते तेरा मेरा संग चुकाया।।

पंच मारि पावा तलि दीने। हरि सिमरन मेरा मन तन भीने।।
पिता हमारो बडु गोसाई। तिसु पिता पहिं हौ क्यों करि जाई।।
सति गुरु मिले ता मारग दिखाया। जगत पिता मेरे मन भाया।।
हौ पूत तेरा तू बाप मेरा। एकै ठाहरि दुहा बसेरा।।
कह कबीर जनि एको बूझिया। गुरू प्रसाद मैं कछु सूझिया।।150।।

बारह बरस बालपन बीते बीस बरस कछु तपु न कियो।
तीस बरस कछु देव न पूजा फिर पछुताना बिरध भयो।।
मेरी मेरी करते जनम गयो। साइर सोखी भुंज बलयो।।
सूके सरबर पालि बंधावै लूणे खेत हथवारि करै।।
आयो चोर तुरत ही ले गयो मेरी राखत मुगध फिरै।।
चरन सीस कर कंपन लागे नैनों नीर असार बहै।।
जिहिवा बचन सुद्ध नहीं निकसै तब रे धरम की आस करै।।
हरि जी कृपा करि लिव लावै लाहा हरि हरि नाम लियो।।
गुरु परसादी हरि धन पायो अंते चल दिया नालि चल्यो।।
कहत कबीर सुनहु रे संतहु अन धन कछु ऐलै न गयो।
आई तलब गोपाल राइ की माया मंदर छोड़ चल्यौ।।151।।

बावन अक्षर लोक त्रय सब कछु इनहीं माहि।
जे अक्खर खिरि जाहिगे ओइ अक्खर इन महिं नाहिं।।
जहाँ बोल तह अक्खर आवा। जहँ अबोल तहं मन न रहावा।।
बोल अबोल मध्य है सोई। जस ओहु है तस लखै न कोई।।
अलह लहौ तौ क्या कहौ कहौ तो को उपकार।
बटक बीजि महि रबि रह्यौ जाको तीनि लोक बिस्तार।।
अलह लहता भेद छै कछु कछु पाया भेद।
उलटि भेद मन बेधियो पायो अभंग अछेद।।
तुरक तरीकत जानियै हिंदू बेद पुरान।।
मन समझावन कारनै कछु यक पढ़ियै ज्ञान।।
ओअंकार आदि मैं जाना। लिखि और मेटै ताहि न माना।।
ओअंकार लखै जो कोई। सोई लखि मेटणा न होई।।
कक्का किरणि कमल महि पावा। ससि बिगास संपट नहिं आवा।।
अरु जे तहा कुसुम रस पावा। अकह कहा कहि का समझावा।।
खक्खा इहै खोड़ि मन आवा। खोड़े छाड़ि न दह दिसि धावा।।
खसंमहिं जाणि खिसा करि रहै। तो होइ निरबओ अखै पद लहै।।
गग्गा गुरु के बचन पछाना। दूजी बात न धरई काना।।

रहै बिहंगम कतहि न जाई। अगह गहै गहि गगन रहाई।।
घघ्घा घट घट निमसै सोई। घट फूटे घट कबहिं न होई।।
ता घट माहिं घाट जौ पावा। सो घट छाँड़ि अवघट कत धावा।।
ङंङा निग्रह स्नेह करि निरवारो संदेह।
नाही देखि न भाजिये परम सियानप एह।।
चच्चा रचित चित्र है भारी। तजि चित्रै चेतहु चितकारी।
चित्र बिचित्र इहै अवझेरा। तजि चित्रै चितु राखि चितेरा।।
छछ्छा इहै छत्रपति पासा। छकि किन रहहु छाड़ि किन आसा।।
रे मन मैं तो छिन छिन समझावा। ताहि छोड़ि कत आप बंधावा।।
जज्जा जौ तन जीवत जरावे। जीवन जारि जुगति सो पावै।।
अस जरि परजरि जरि जब रहै। तब जाइ ज्योति उजारी लहै।।
झझ्झा उरझि सुरझि नहिं जाना। रह्यौ झझकि नाही परवाना।।
कत झकि झकि औरन समझावा। झगर किये झगरौ ही पावा।।
ञंञा निकट जु घट रह्यो दूरि कहा तजि जाइ।
जा कारण जग ढूंढ़ियौ नेरौ पायो ताहि।।
टट्टा बिकट घाट घट माही। खोलि कपाट महल किन जाही।।
देखि अटल टलि कतहि न जावा। रहै लपटि घट परचौ पावा।।
ठट्ठा इहै दूरि ठग नीरा। नीठि नीठि मन कीया धीरा।।
जिन ठग ठग्या सकल जग खावा। सो ठग ठग्या ठौर मन आवा।।
डड्डा डर उपजै डर जाई। ता डर महि डर रह्या समाई।।
जौ डर डरै तौ फिरि डर लागै। निडर हुआ डर उर होइ भागै।।
ढढ्ढा ढित ढूंढहिं कत आना। ढूंढ़त ही ढहि गये पराना।।
चढ़ि सुमेर ढुंढ़ि जब आवा। जिह गढ़ गढ्यो सुगढ़ महि पावा।।
णण्णा रणि रूतौ नर नेही करै। नानि बैना फुनि संचरै।।
धन्या जनम ताही को गणै। मारे एकहि तजि जाइ घणै।।
तत्ता अतर तर्‍यो नइ जाई। तन त्रिभुवन मैं रह्यो समाई।।
जौ त्रिभुवन तन माहि समावा। तौ ततहि तत मिल्या सचु पावा।।
थथ्था अथाह थाह नहीं पावा। ओहु अथाह इहु थिर न रहावा।।
थोड़े थल थानक आरंभै। बिनु ही थाहर मंदिर थंभै।।
दद्दा देखि जु बिनसन हारा। जस अदेखि तस राखि बिचारा।।
दसवै द्वार कुंजी जब दीजै। तौ दयाल कौ दर्सन कीजै।।
धद्धा अर्द्धहि अर्द्ध निबेरा। अर्द्धहि उर्द्धह मंझि बसेरा।।
अर्द्धह छाड़ि अर्द्ध जो आवा। तो अर्द्धहि उर्द्ध मिल्या सुख पावा।।
नन्ना निसि दिन निरखत जाई। निरख नयन रहे रतवाई।।
निरखत निरखत जब जाइ पावा। तब ले निरखहिं निरख मिलावा।।

पप्पा अपर पार नहीं पावा। परम ज्योति स्यो परचौ लावा।।
पांचो इंद्री निग्रह करई। पाप पुण्य दोऊ निरबरई।।
फफ्फा बिनु फूलै फल होई। ता फल फंक लखै जो कोई।
दूणि न परई फंक बिचारै। ता फल फंक सबै नर फारै।।
बब्बा बिंदहि बिंद मिलावा। बिंदहि बिंद न बिछुरन पावा।।
बंदौ होइ बंदगी गहै। बंधक होइ बंधु सुधि लहै।।
भभ्भा भेदहि भेद मिलावा। अब भौ भांति भरौसौ आवा।।
जो बाहर सो भीतर जान्या। भया भेद भूपति पहिचाना।।
मम्मा मूल रह्या मन मानै। मर्मी हो सो मन कौ जानै।।
मत कोइ मन मिलना बिलमावै। मगन भया तेसो सचु पावै।।
मम्मा मन स्यो काजु है मन साधै सिधि होइ।।
मनही मन स्यो कहै कबीरा मनसा मिल्या न कोइ।।
इहु मन सकती इहु मन सीउ। इहु मन पंच तत्व को जीउ।
इहु मन ले जौ उनमनि रहै। तौ तीनि लोक की बातै कहै।।
यय्या जौ जानहि तौ दुर्मति हनि बसि काया गाउ।
रणि रूतौ भाजै तहीं सूर उधारौ नाउ।।
रारा रस निरस्स करि जान्या। होइ निरस्स सुरस पहिचान्या।
इह रस छोड़े उह रस आवा। उह रस पीया इह रस नहीं भावा।
लल्ला ऐसे लिव मन लावै। अनत त जाइ परम सचु पावै।।
अरु जौ तहा प्रेम लिव लावै। तौ अलह लहै लहि चरन समावै।
ववा बार बार बिष्णु समारि। बिष्णु समारि न आवै हारि।।
बलि बलि जे बिष्णु तना जस गावै। बिष्णु मिलै सबही सचु पावै।।
वावा वाही जानियै वा जाने इहु होइ।
इहु अरु ओहु जब मिलै तब मिलत न जानै कोइ।।
शश्शा सो नीका करि सोधहु, घट परचा की बात निरोधहु।।
घट परचै जो उपजै भाउ। पूरि रह्या तह त्रिभुवन राउ।।
षष्षा खोजि परै जो कोई। जो खोजै सो बहुरि न होई।।
खोजि बूझि जो करै बिचारा। तौ भवजल तरन न लावै बारा।।
सस्सा सो सह सेज सवारै। सोई सही संदेह निवारै।।
अल्प सुख छाड़ि परमसुख पावा। तब इह त्रिय ओहु कंत कहावा।।
हाहा होत होइ नहीं जाना। जबही होइ तबहि मन माना।।
है तो सही लखौ जो कोई। तब ओही उह एहु एहु न होई।।
लिउँ लिउँ करत फिरै सब लोग। ता कारण ब्यापै बहु सोग।।
लक्ष्मीबर स्यो जौ लिव लागै। सोग मिटै सब ही सुख पावै।।
खख्खा खिरत खपत गये केते। खिरत खपत अजहूँ नहिं चेते।।

अब जग जानि जो मना रहै। जह का बिछुरा तह थिरु लहै।।
बावन अक्खर जोरे आन। सक्या म अक्खरु एक पछानि।।
सत का सबद कबीरा कहै। पंडित होइ सो अनभै रहै।।
पंडित लोगह कौ ब्यवहार। दानवंत कौ तत्व बिचार।।
जाकै जीय जैसी बुधि होई। कहि कबीर जानैगा सोई।।152।।

बिंदु ते जिन पिंड किया अगनि कुंड रहाइया।
दस मास माता उदरि राख्या बहुरि लागी माइया।।
प्रानी काहै को लोभि लागै रतन जनम खोया।
पूरब जनम करम भूमि बीजु नाहीं बोया।।
बारिक ते बिरध भया होना सो होया।
जा जम आइ झोट पकरै तबहि काहे रोया।।
जीवन की आसा करै जम निहारै सासा।
बाजीगरी संसार कबीरा चेति ढालि पासा।।153।।

बुत पूजि हिंदू मुये तुरक मूये सिर नाई।
ओइ ले जारे ओइ ले गाड़े तेरौ गति दुहूँ न पाई।।
मन रे संसार अंध गहेरा। चहुँ दिसि पसर्‌यो है जम जेवरा।।
कबित पढ़े पढ़ि कविता मूये पकड़ के दारै जाई।
जटा धारि धारि जोगी मूये मेरी गति इनहि न पाई।।
द्रव्य संचि संचि राजे मूये गड़िले कंचन भारी।
बेद पढ़े पढ़ि पंडित मूये रूप देखि देखि नारी।।
राम नाम बिन सबै बिगूते देखहु निरखि सरीरा।
हरि के नाम बिन किन गति पाई कहि उपदेस कबीरा।।154।।

भुजा बाँधि मिला करि डार्‌यौ। हस्ती कोपि मूँड महि मार्‌यो।
हस्ती भगि के चीसा मारै। या मूरति कै हौ बलिहारै।।
आहि मेरे ठाकुर तुमरा जोर काजी बकिबो हस्ती तोर।
हस्त न तोरै धरै ध्यान। वाकै रिदै बसै भगवान।।
क्या अपराध संत है कीना। बाँधि पाट कुंजर को दीना।।
कुंजर पोटलै लै नमस्कारै। बूझी नहीं काजी अंलियारै।।
तीन बार पतिया भरि लीना। मन कठोर अजहू न पतीना।।
कहि कबीर हमारा गोबिंद। चौथे पद महि जन की जिंद।।155।।

भूखे भकति न कीजै। यह माला अपनी लीजै।
हौ माँगो संतन रेना। मैं नाहीं किसी का देना।।

माधव कैसी बने तुम संगै। आपि न देउ तले बहु मंगे।।
दुइ सेर माँगौ चूना। पाव घीउ संग लूना।।
अधसेर माँगौ दाले। मोको दोनों बखत जिवाले।
खाट माँगौ चौपाई। सिरहाना और तुलाई।।
ऊपर कौ माँगौ खींधा। तेरी भगति करै जनु बींधा।।
मैं नाहीं कीता लब्बो। इक नाउ तेरा मैं फब्बो।।
कहि कबीर मन मान्या। मन मान्या तो हरि जान्या।।156।।

मन करि मक्का किबला करि देही। बोलनहार परस गुरु एही।
कह रे मुल्ला बाँग निवाज। एक मसीति दसै दरवाज।।
मिसभिलि तामसु भर्म क दूरी। भाखि ले पंचे होइ सबूरी।।
हिंदू तुरक का साहिब एक। कह करै मुल्ला कह करै सेख।।
कहि कबीर हो भया दिवाना। मुसि मुसि मनुआ सहजि समाना।।157।।

मन का स्वभाव मनहिं बियापी। मनहि मार कवन सिधि थापी।।
कवन सु मनि जो मन को मारै। मन को मारि कबहुं किस तारै।।
मन अंतर बोलै सब कोई। मन मारै बिन भगत न होई।।
कहु कबीर जो जानै भेउ। मन मधुसूदन त्रिभुवण देउ।।158।।

मन रे छाड़हु मर्म प्रगट होई नाचहु या माया के डाड़े।
सूर कि सनमुख रन ते डरपै सती कि साँचे भाँड़े।।
डगमग छाँड़ि रे मन बौरा।
अब तो जरै मरै सिधि पाइये लीनो हाथ सिधोरा।
काम क्रोध माया के लीने या बिधि जगत बिगूचा।।
कहि कबीर राजा राम न छोड़ौ सगल ऊँच ते ऊँचा।।159।।

माता जूठी पिता भी जूठा जूठा जूठेही फल लागे।
आवहि जूठे जाहि भी जूठे जूठे मरहि अभागे।।
कबु पंडित सूचा कवन ठाउ। जहाँ बैसि हौ भोजन खाउ।
जिहवा जूठी बोलन जूठा करन नेत्र सब जूठे।
इंद्री की जूठी उतरसि नाहि ब्रह्म अगनि के जूठे।।
अगनि भी जूठी पानी जूठा जूठी बैसि पकाइया।
जूठी करछी परोसन लागा जूठे ही बैठि खाइया।।
गोबर जूठा चौका जूठा जूठी दीनों कारा।।
कहि कबीर तेई नर सूचे साची परी बिचारा।।160।।

मरन जीवन की संका नासी। आपन रंगि सहज परगासी।
प्रकटी ज्योति मिट्या अंधियारा। राम रतन पाया करत बिचारा।।
जहँ अनंद दुख दूर पयाना। मन मानुक लिव तत्तु लुकाना।
जौ किछु होआ सु तेरा भाणा। जौ इन बूझे सु सहजि समाणा।।
कहत कबीर किलबिष गये खीणा। मन माया जग जीवन लीणा।।161।।

माई मोहि अवरु न जान्यो आनाँ।
सिव सनकादिक जासु गुन गावहि तासु बसहि मेरे प्रानां।
हिरदै प्रगास ज्ञान गुरु गम्मित गगन मंडल महि ध्यानाँ।।
विषय रोग भव बंधन भागे मन निज घर सुक जानाँ।।
एक सुमति रति जानि मानि प्रभु दूसर मनहि न आना।
चंदन बास भये मन बास न त्यागि घट्यो अभिमानाँ।।
जो जन गाइ ध्याइ जस ठाकुर तासु प्रभु है थानाँ।
तिह बड़ भाग बस्यो मन जाके कर्म प्रधान मथानाँ।।
काटि सकति सिव सहज प्रगास्यौ एकै एक समानाँ।
कहि कबीर गुरु भेटि महासुख भ्रमत रहे मन मानाँ।।162।।

माथे तिलक हथि माला बाँना। लोगन राम खिलौना जानां।।
जौ हौं बौरा तौ राम तोरा। लोग मर्म कह कह जानै मोरा।।
तोरौ न पाती पूजौ न देवा। राम भगति बिन निहफल सेवा।।
सतिगुरु पूजौ सदा मनावौ। ऐसी सेव दरगह सुख पावौ।।
लोग कहै कबीर बौराना। कबीर का मर्म राम पहिचाना।।163।।

माधव जल की प्यास न जाइ। जल महि अगनि उठी अधिकाइ।।
तू जलनिधि हौ जल का मीन। जल महि रहौ जलै बिन खीन।।
तू पिंजर हौ सुअटा तोर। जम मंजार कहा करे मोर।।
तू तरवर हौ पंखी आहि। मंदभागी तेरो दर्शन नाहि।।164।।

मुंद्रा मोनि दया करि झोली पत्र का करहु बिचारू रे।।
खिंथा इहु तन सीओ अपना नाम करो आधारू रे।।
ऐसा जोग कमावै जोगी जप तप संजम गुरु मुख भोगी।।
बुद्धि बिभूति चढ़ाओ अपनी सिंगी सुरति मिलाई।।
करि बैराग फिरौ तन नगर मन की किंगुरी बजाई।।
पंच तत्व लै हिरदै राखहु रहै निराल मताड़ी।।
कहत कबीर सुनहु रे संतहु धर्म दया करि बाढ़ी।।165।।

मुसि मुसि रोवै कबीर की माई। ए बारिक कैसे जीवहि रघुराई।
तनना बुनना सब तज्या है कबीर। हरि का नाम लिखि लियो सरीर।।
जब लग तागा बाहउ बेही। तब लग बिसरै राम सनेही।।
ओछी मति मेरी जाति जुलाहा। हरि का नाम लह्यो मैं लाहा।।
कहत कबीर सुनहु मेरी माई। हमरा इनका दाता एक रघुराई।।166।।

मेरी बहुरिया को धनिया नाउ। ले राख्यौ रामजनिया नाउ।।
इन मुंडियन मेरा घर धुधरावा। बिटवहि राम रमौआ लावा।।
कहत कबीर सुनहु मेरी माई। इन मुंडियन मेरी जाति गवाई।।167।।

मैला ब्रह्म मैला इंदु। रबि मैला है मैला चंदु।
मैला मलता इहु संसार। इक हरि निर्मल जाका अंत न पार।।
मैला ब्रह्मंडा इक्कै ईस। मैले निसि बासुर दिन तीस।।
मैला मोती मैला हीरु। मैला पवन पावक अरु नीरु।।
मैले सिव संकरा महेस। मैले सिध साधिक अरु भेष।।
मैले जोगी जंगम जटा समेति। मैली काया हंस समेति।।
कहि कबीर ते जन परवान। निर्मल ते जो रामहि जान।।168।।

मौलो धरती मौला आकास। घटि घटि मौलिया आतम प्रगास।।
राज राम मौलिया अनत भाइ। जब देखो तह रहा समाइ।।
दुतिया मौले चारि बेद। सिमृति मौली सिउ कतेब।।
संकर मौल्यौ जोग ध्यान। कबीर को स्वामी सब समान।।169।।

जम ते उलटि भये है राम। दुख बिनसे सुख कियो बिश्राम।
बैरी उलटि भये हैं मीता। साकल उलटि सुजन भये चीता।।
अब मोंहि सर्ब कुसल करि मान्या। सांति भई जब गोबिंद जान्या।।
तन महि होती कोटि उपाधि। उलटि भई सुख सहजि समाधि।।
आप पछानै आपै आप। रोग न ब्यापै तीनों ताप।।
अब मन उलटि सनातन हूआ। तब जान्या जब जीयत मूआ।।
कहु कबीर सुख सहज समाओ। आपि न डरो न अवर डराओ।।170।।

जोगी कहहिं जोग भल मीठी अबर न दूजा भाई।
रुंडित मुंडित एकै सबदी एकहहि सिधि पाई।
हरि बिन भरमि भूलानै अंधा।
जा पहि जाउ आप छुटकावनि ते बाँधे बहु फंदा।
जब ते उपजी तही समानी इहि बिधि बिसरी तबही।।

पंडित गुणी सूर हम दाते एहि कहहिं बड़ हमही।
जिसहि बुझाए सोई बूझै बिनु बूझैं क्यों रहिये।।
तिस गुरू मिलैं अंधेरा चूके इन बिधि प्राण कु लहियै।
तजिवा बेदा हने बिकारा हरि पद दृढ़ करि रहियै।।
कहु कबीर गूँगैं गुण खाया पूछे ते क्या कहियै।।171।।

जोगी जती तपी संन्यासी बहु तीरथ भ्रमना।
लुंजित मुंजित मौनि जटा धरि अंत तऊ मरना।।
ताते सेविए ले रामना।
रसना राम नाम हितु जाके कहा करे जमना।
आगम निगम जोतिक जानहि बहु वह ब्याकरना।
तंत्र मंत्र सब औषध जानहि अंत तऊ मरना।
राजा भोग अरु छत्र सिंहासन बहु सुंदरि रमना।।
पान कपूर सुबासक चंदन अंत तऊ मरना।।
बेद पुरान सिमृति सब खोजे कहूँ न ऊबरना।
कहु कबीर यों रामहिं जपौं मेटि जनम मरना।।172।।

जोनि छाड़ि जौ जग महि आयो। लागत पवन खसम बिसरायो।
जियरा हरि के गुन गाउ।
गर्भ जोनि महि ऊर्ध्व तपु करता। तौं जठर अग्नि महि रहता।
लख चौरासहिं जोनि भ्रमि आयो। अब के छुटके ठौर न ठायो।।
कहु कबीर भजु सारंगपानी। आवत दीसै जान न जानी।।173।।

रहु रहु री बहुरिया घूँघट जिनि काढ़ै। अंत की बान लहैगी न आढ़ै।
घूँघट काढ़ि गई तेरो आगै। उनकी गैल तोहिं जिनि लागै।।
घूँघट काढ़ि की इहै बड़ाई। दिन दस पांच बहु भले आई।।
घूँघट तेरी तौपरि सांचै। हरि गुन गाइ कूदहिं अरु नाचै।
कहत कबीर बहू तब जीतै। हरि गुन गावत जनम ब्यतीतैं।।174।।

राखि लेहु हमते बिगरी।
सील धरम जप भगति न कीनी हौ अभिमन टढ़ पगरी।
अमर जानि संची इह काया इह मिथ्या काची गगरी।।
जिनहि निवाजि साजि हम कीये तिनही बिसारि औ लगरी।
संधि कोहि साध नहीं कहियौ सरनि परे तुमरी पगरी।
कह कबीर इहि बिनती सुनियहु मत घालहु जम की खबरी।।175।।

राजन कौन तुमारे आवै।
ऐसा भाव बिदुर को देख्या ओहु गरीब केहि भावै।
हस्ती देखि भर्म ते भूला श्री भगवान न जान्या।।
तुमरी दूध बिदुर को पानी अमृत करि मैं मान्या।
खीर समान सागु मैं पाया गुन गावत रैनि बिहानी।।
कबीर को ठाकुर अनद बिनोदी जाति न काहूँ की मानी।।176।।

राजा राम तू ऐसा निर्भव तरन तारन राम राया।
जब हम होते तब तुम नाही अब तुम हहु हम नाही।
अब हम तुम एक भये इहि एकै देखति मन पतियाही।
जब बुधि होती तब बल कैसा अब बुद्धि बल न खटाई।।
कही कबीर बुधि हरि लई मेरी बुद्धि बदली सिधि पाई।।177।।

राजा राम स्त्रिमामति नहीं जानी तोरी। तेरे संतन की हौ चेरी।
हसतो जाइ सु रोवत आवै रोवत जाइ सु हंसै।।
बसतो होइ सो ऊजरु उजरु होइ सु बसै।
जल ते थल करि थल ते कूआ कूप ते मेरु करावें।
धरती ते आकास चढ़ावै चढ़े अकास गिरावै।।
भेखारी ते राज करावै राजा ते भेखारी।
खल मूरख ते पंडित करिबो पंडित ते मगधारी।।
नारी ते जे पुरुख करावै पुरखन ते जो नारी।।
कहुँ कबीर साधू का प्रीतम सुमूरति बलिहारी।।178।।

राम जपो जिय ऐसे ऐसे। ध्रुव प्रहलाद जंप्यो हरि जैसे।
दीनदयाल भरोसे तेरे। सब परवार चढ़ाया बेड़े।।
जाति सुभावै ताहु कम मनावै। इस बेड़े कौ पार लंघावै।।
गुरु प्रसादि ऐसी बुद्धि समानी। चूंकि गई फिरि आवन जानी।
कहु कबीर भजु सारिंगपानी। उरबार पार सब एको दानी।।179।।

राम सिमरि राम सिमरि राम सिमरि भाई।
राम नाम सिमिरन बिनु बूड़ते अधिकाई।।
बनिता सुत देह ग्रेह संपति सुखदाई।
इनमें कछु नाहिं तेरो काल अवधि आई।।
अजामल गज गनिका पतित कर्म कीने।
तेऊ उतरि पार परे राम नाम लीने।

सूकर कूकर जोनि भ्रमतेऊ लाज न आई।
राम नाम छाड़ि अमृत काहे बिष खाई।।
तजि भर्म कर्म बिधि निषेध राम नाम लेही।
गुरु प्रसाद जन कबीर राम करि सनेही।।180।।

री कलवारि गवारि मूढ़ मति उलटी पवन फिरावो।
मन मतवार मेर सर भाठी अमृत धार चुवावौ।।
बोलहु भैया राम की दुहाई।
पीवहु सत सदा मति दुर्लभ सहजे प्यास बुझाई।
भय बिच भाउ भाई कोउ बूझहिं हरि रस पावै भाई।
जेते घट अमृत सबही महि भावै तिसहि पियाई।।
नगरी एकै नव दरवाजै धारत बर्जि रहाई।
त्रिकुटी छूटै दस बादर खूलै ताम न खींवा भाई।
अभय पद पूरि ताप तह नासे कहि कबीर बीचारी।।
उबट चलते इहु मद पाया जैसे खोद खुमारी।।181।।

रे जिय निलज्ज लाज तोहि नाहीं। हरि तजि कत काहू के जाही।
जाको ठाकुर ऊँचा होई। सो जन पर घर जात न सोही।।
सो साहिब रहिया भरपूरि। सदा संगि नाहीं हरि दूरि।।
कवला चरन सरन है जाके। कहू जन का नाहीं घर ताके।
सब कोउ कहै जासु की बाता। जी सम्भ्रथ निज पति है दाता।।
कहै कबीर पूरन जग सोई। जाकै हिरदै अवरु न होई।।182।।

रे मन तेरो कोइ नहीं खिचि लेइ जिन भार।
बिरख बसेरा पंखि कर तैसो इहु संसार।।
राम रस पीया रे जिह रस बिसरि गये रस और।
और मुये क्या रोइये जा आपा थिर न रहाइ।।
जा उपजै सो बिनसिहे दुख करि रोवै बलाइ।
जह की उपजी तह रची पीवतु मरद न लाग।।
कह कबीर चित चेतिया राम सिमिर बैराग।।183।।

रोजा धरै मनावै अल्लहु स्वादति जीय सँघारै।
आपा देखि अवर नहीं देखै काहे कौ झख मारै।।
काजी साहिब एक तोही महि तेरा सोच बिचार न देखै।
खबरि न करहिं दीन के बौरे ताते जनम अलेखै।।

सांच कतेब बखनै अल्लहु नारि पुरुष नहिं कोई।
पढ़ै गुनै नाहीं कछू बौरे जो दिल महि खबरि न होई।।
अल्लहु गैव सगल घट भीतर हिरदै लेहु बिचारी।
हिंदू तुरक दुइ महि एकै कहै कबीर पुकारी।।184।।

लंका सा कोट समुद्र सी खाई। तिह रावन घर खबरि न पाई।
क्या मांगै किछू थिरु न रहाई। देखत नयन चल्यो जग जाई।।
इक लख पूत सवा लख नाती। तिह रावन घर दिया न बाती।।
चंद सूर जाके तपत रसोई। बैसंतर जाके कपरे धोई।।
गुरु मति रामै नाम बसाई। अस्थिर रहै कतहू जाई।।
कहत कबीर सुनहु रे लोई। राम नाम बिन मुकुति न होई।।185।।

लख चौरासी जीअ जोनि महि भ्रमन नंदुबहु थाको रे।
प्रगति देहु अवतार लियो है भाग बड़ी बपुरा को रे।।
तुम जो कहत हौ नंद को नंदन नंद सु नंदन काको रे।
धरनि अकास दसों दिसि नाहीं तब इहु नंद कहायो रे।।
संकट नहीं परै जोनि नहिं आवै नाम निरंजन जाको रे।
कबीर को स्वामी ऐसो ठाकुर जाकै माई न बापो रे।।186।।

विद्या न पढ़ो वाद नहीं जानो। हरि गुन गथत सुनत बौरानो।
मेरे बाबा मैं बौरा, सब खलक सयानो, मैं बौरा।।
मैं बिगर्‍यो बिगरै मति औरा। आपन बौरा राम कियौ बौरा।।
सतिगुरु जारि गयो भ्रम मोरा।।
मैं बिगरे अपनी मति खोई। मेरे भर्मि भूलो मति कोई।
सो बौरा आपु न पछानै। आप पछानै त एकै जानै।।
अबहिं न माता सु कबहुं न भाता। कहि कबीर रामै रंगि राता।।187।।

बिनु तत सती होई कैसे नारि। पंडित देखहु रिदे बिचारि।।
प्रीति बिना कैसे बंधे सनेहू। जब लग रस तब लग नहिं नेहू।।
साह निसत्तु करै जिय अपनै। सो रमय्यै कौ मिलै न स्वपने।।
तन मन धन गृह सौपि सरीरू। सोई सोहागनि कहै कबीरू।।188।।

बिमल अस्त्र केते है पहिरे क्या बन मध्ये बासा।
कहा भया नर देवा धोखे क्या जल बौर्‍यो गाता।।
जीय रे जाहिगा मैं जाना अविगत समझ इयाना।

जत जत देखौ बहुरि न पेखौ संग माया लपटाना।
ज्ञानी ध्यानी बहु उपदेसी इहु जन सगली धंधा।
कहि कबीर इक राम नाम बिनु या जग माया अंधा।।189।।

बिषया ब्यापा सकल संसारू।। बिषया लै डूबा परवारू।
रे नर नाव चौंडि कत बोड़ी। हरि स्यो तोड़ि बिसया संगि जोड़ी।।
सुर नर दाधे लागी आगि। निकट नीर पसु पीवसि न झांगि।।
चेतत चेतत निकस्यो नीर। सो जल निर्मल कथन कबीर।।190।।

बद कतेब इकतरा भाई दिल का फिकर न जाई।
टुक दम करारी जौ करहु हाजिर हजूर खुदाई।।
बंदे खोजु दिल हर रोज ना फिरि परेसाना माहि।
इह जु दुनिया सहरु मेला दस्तगीरी नाहि।।
दरोग पढ़ि पढ़ि खुसी होइ बेखबर बाद बकाहिं।
हक सच्च खालक खलक म्याने स्याममूरति नाहि।।
असमान म्याने लहंग दरिया गुसल करद त बूंद।
कर फिकरु दाइम लाइ चसमें जँह तहाँ मौजूद।।
अल्लाह पाक पाक हैं सक करो जे दूसर होइ।
कबीर कर्म करीम का उहु करे जानै सोइ।।191।।

बेद कतेब कहहु मत झूठेइ झूठा जो न बिचारै।
जो सब मैं एकु खुदा कहत हौ तौ क्यों मुरगी मारै।।
मुल्ला कहहु नियाउ खुदाई तेरे मन का भरम न जाई।
पकरि जीउ आन्या देह बिनती माटी कौ बिसमिल किया।।
जोति सरूप अनाहत लागी कहु हलाल क्यों कीया।
क्या उज्जू पाक किया मुह धोया क्या मसीति सिर लाया।
जौ दिले मैंहि कपट निवाजे छूजारहु क्या हज काबै जाया।।
तू नापाक पाक नहीं सूक्ष्या तिसका मरम न जान्या।।192।।

बेद की पुत्री सिंमृति भाई। सांकल जबरी लैहै आई।
आपन नगर आप ते बांध्या। मोह कै फाधि काल सरु साध्या।।
कटी न कटै तूटि नह जाई। सो सापनि होइ जग को खाई।।
हम देखत जिन्ह सब जग लूट्या। कहु कबीर मैं राम कहि छूट्या।।193।।

बेद पुरान सबै मत सुनि के करी करम की आसा।
काल ग्रस्त सब लोग सियाने उठि पंडित पै चले निरासा।।

मन रे सर्‌यो न एकै काजा। भाज्यो न रघुपति राजा।
बन खंड जाइ जोग तप कीनो कंद मूल चुनि खाया।
नादी बेदी गबदी मौनी जम के परै लिखाया।।
भगति नारदी रिदै न आई काछि कूछि तन दीना।
राम रागनी डिंभ होइ बैठा उन हरि पहि क्या लीना।।
अरयो काल सबै जग ऊपर माहि लिखे भ्रम ज्ञानी।
कहु कबीर जन भये खलासे प्रेम भगति जिह जानी।।194।।

षट नेम कर कोठड़ी बाँधी बस्तु अनूप बीच पाई।।
कुंजी कुलफ प्रान करि राखे करते बार न लाई।।
अब मन जागत रहु रे भाई।
गाफिल होय कै जनम गवायो चोर मुसै घर जाई।
पंच पहरुआ दर महि रहते तिनका नहीं पतियारा।
चेति सुचेत चित्त होइ रहूँ तौ लै परगासु उबारा।।
नव घर देखि जु कामिनि भूली बस्तु अनूप न पाई।
कहत कबीर नवै घर मूसे दसवें तत्व समाई।।195।।

संत मिलै कछु सुनिये कहिये। मिलै असंत मष्ट करि रहियै।
बाबा बोलना क्या कहियै। जैसे राम नाम रमि रहियै।।
संतन स्यों बोले उपकारी। मूरख स्यों बोले झक मारी।।
बोलत बोलत बढ़हिं बिकारा। बिनु बोले क्या करहिं बिचारा।।
कह कबीर छूछा घट बोलै। भरिया होइ सु कबहु न डोलै।।196।।

संतहु मन पवनै सुख बनिया। किछु जोग परापति गनिया।
गुरु दिखलाई मोरी। जितु मिरग पड़त है चोरी।।
मूँदि लिये दरवाजे। बाजिले अनहद बाजे।।
कुंभ कमल जल भरिया। जलौ मेट्‌यो ऊमा करिया।।
कहु कबीर जन जान्या। जौ जान्या तौ मन मान्या।।197।।

संता मानौ दूता डानौ इह कुटवारी मेरी।।
दिवस रैन तेरे पाउ पलोसो केस चवर करि फेरी।।
हम कूकर तेरे दरबारी। भौकाई आगे बदन पसारि।।
पूरब जनम हम तुम्हरे सेवक अब तौ मिट्‌या न जाई।।
तेरे द्वारे धनि सहज की मथै मेरै दगाई।।
दागे होहि सुरन महि जूझहि बिनु दागे भगि जाई।।
साधू होई सुभ गति पछानै हरि लये खजानै पाई।।

कोठरे महि कोठरी परम कोठरी बिचारि।।
गुरु दीनी बस्तु कबीर कौ लेवहु वस्तु सम्हारि।
कबीर दोई संसार कौ लीनी जिसु मस्तक भाग।।
अमृत रस जिनु पाइया थिरता का सोहाग।।198।।

संध्या प्रात स्नान कराही। ज्यों भये दादुर पानी माहीं।
जो पै राम नाम रति नाहीं। ते सवि धर्मराय कै जाहीं।।
काया रति बहु रूप रचाहीं। तिनकै दया सुपनै भी नाहीं।।
चार चरण कहहि बहु आगर। साधु सुख पावहि कलि सागर।।
कहु कबीर बहु काय करीजै। सरबस छोड़ि महा रस पीजै।।199।।

सत्तरि सै इसलारू है जाके। सवा लाख है कावर ताके।।
सेखं जु कही यही कोटि अठासी। छप्पन कोटि जाके खेल खासी।।
सो गरीब की को गुजरावै। मजलसि दूरि महल को पावै।।
तेंतसि करोडि है खेल खाना। चौरासी लख फिरै दिवाना।।
बाबा आदम कौ कछु न हरि दिखाई। उनभी भिस्त घनेरी पाई।।
दिल खल हलु जाकै जर दरुबानी। छोड़ि कतेब करै सैतानी।।
दुनिया दोस रोस है लोई। अफना कीया पावे सोई।।
तुम दाते हम सदा भिखारी। देउ जबाव होइ बजगारी।।
दास कबीर तेरी पनह समाना। भिस्त नजीक राखु रहमाना।।200।।

सनक आनंद अंत नहीं पाया। बेद पढ़ै ब्रह्मौ जनम गवाया।
हरि का विलोबना विलोबहु मेरे भाई। सहज विलोबहु जैसे तत्व न जाई।।
तन करि मटकी मन माहि बिलोई। इसु मटकी महि सबद संजोई।।
हरि का बिलोना मन का बीचारा। गुरु प्रसाद पावै अमृत धारा।।
कहु कबीर न दर करे जे मीरा। राम नाम लगि उतरे तीरा।।201।।

सनक सनंद महेस समाना। सेष नाग तेरी मर्म न जाना।।
संत संगति राम रिदै बसाई।
हनुमान सरि गरुड़ समाना। सुरपति नरपति नहिं गुन जाना।।
चारि बेद अरु सिमृति पुराना। कमलापति कमल नहिं जाना।।
कह कबीर सो धरमैं नाहीं। पग लगि राम रहै सरनाहीं।।202।।

सब कोई चलन कहत है ऊँहा। ना जानी बैकुंठ है कहाँ।।
आप आपका मरम न जाना। बातन ही बैकुंठ बखानाँ।।

जब लग मन बैकुंठ की आस। तब लग नाही चरन निवास।।
खाई कोटि न परल पगारा। ना जानौ बैकुंठ दुआरा।।
कहि कबीर अब कहिये काहि। साधु संगति बैकुंठे आहि।।203।।

सर्पनि ते ऊपर नहीं बलिया। जिन ब्रह्मा बिष्णु महादेव छलिया।
मारु मारु सर्पनी निर्मल जल पैठी। जिन त्रिभुवन डसिले गुरु प्रसादि डीठी।।
सर्पनी सर्पनी क्या कहहु भाई। जिन साचु पछान्या तिन सर्पनी खाई।।
सर्पनी ते आन छूछ नहीं अवरा। सर्पनी जीति कहा करै जमरा।।
इहि सर्पनी ताकी कीती होई। बल अबल क्या इसते होई।।
एह बसती ता बसत सरीरा। गुरु प्रसादि सहजि तरे कबीरा।।204।।

सरीर सरोवर भीतरै आछै कमल अनूप।
परस ज्योति पुरुषोत्तमो जाकै रेख न रूप।
रे मन हरि भजु भ्रम तजहु जग जीवन राम।।
आवत कछू न दीसई न दीसै जात।।
जहाँ उपजै बिनसै तहि जैसे पुरवनि पात।
मिथ्या करि माया तजा सुख सहज बीचारि।
कहि कबीर सेवा करहु मन मंझि मुरारि।।205।।

सासु की दुखी ससुर की प्यारी जेठ के नाम डरौं रे।
सखी सहेली ननद गहेली देवर कै बिरहि जरौं रे।।
मेरी मति बौरी मैं राम बिसार्‌यो किन विधि रइनि रहौं रे।।
सेजै रमत नयन नहीं पेखौं इहु दुख कासौं कहौं रे।।
बाप सबका करै लराई मया सद मतवारी।।
बड़े भाई के जग संग होती तब ही नाह पियारी।।
कहत कबीर पंच को झगरा झगरत जनम गवाया।।
झूठी माया सब जग बांध्या पै राम रमत सुख पाया।।206।।

सिव की पुरी बस बुधि सारु। यह तुम मिलि कै करहु बिचार।।
ईत ऊत की सोझी परै। कौन कर्म मेरा करि करि मरै।।
निज पद ऊपर लागौ ध्यान। राजा राम नाम मेरा ब्रह्म ज्ञान।।
मूल दुआरै बंध्या बंधु। रवि ऊपर गहि राख्या चंदु।।
पंचम द्वारे की सिल ओड़। तिह सिल ऊपर खिड़की और।।
खिड़की ऊपर दसवा द्वार। कहि कबीर ताका अंतु न पार।।207।।

सुख माँगत दुख आगै आवै। सो सुख हमहुँ न माँग्या भावै।।
बिषगा अजहु सुरति सुख आसा। कैसे होइ है राजाराम निवासा।।
इसु सुख ते सिव ब्रह्म हराना। सो सुख हमहुँ साँच करि जाना।।
सनकादिक नारद मुनि सेखा। तिन भी तन महि मन नहीं पेखा।।
इस मन कौ कोई खोजहु भाई। तन छूटै मन कहा समाई।।
गुरु परसादी जयदेव नामा। भगति कै प्रेम इनहीं है जाना।।
इस मन कौ नहीं आवन जाना। जिसका भम गया तिन साचु पछाना।।
इस मन कौ रूप न रेख्या काई। हुकुमे होया हुकुम बूझि समाई।।
इस कन का कोई जानै भेउ। इहि मन लीण भये सुखदेउ।।
जीउ एक और सगल सरीरा। इस मन कौ रबि रहै कबीरा।।208।।

सुत अवराध करल है जेते। जननी चीति न राखसि तेते।।
रामज्या हौं बारिक तेरा। काहे न खंडसि अवगुन मेरा।।
जे अति कोप करे करि धाया। ताभी चीत न राखसि माया।।
चित्त भवन मन परयो हमारा। नाम बिना कैसे उतरसि पारा।।
देहि बिमल मति सदा सरीरा। सहजि सहजि गुन रवै कबीरा।।209।।

सुन्न संध्या तेरी देव देवा करि अधपति आदि समाई।
सिद्ध समादि अंत नहीं पाया लागि रहे सरनाई।।
लेहु आरति हो पुरुष निरंजन सति गुरु पूजहु जाई।।
ठाढ़ा ब्रह्मा निगम बिचारै अलख न लखिया जाई।।
तत्तु तेल नाम कीया बाती दीपक देह उज्यारा।।
जोति लाई जगदीश जगाया बूझे बूझनहारा।।
पंचे सबद अनाहत बाजै संगे सारिंगपानी।
कबीरदास तेरी आरती कीनी निरंकार निरबानी।।210।।

सुरति सिमृति दुई कन्नी मंदा परमिति बाहर खिंथा।।
सुन्न गुफा महि आसण बैसण कल्प विवर्जित पंथा।।
मेरे राजन मैं बैरागी जोगी मरत न साग बिजोरी।।
खंड ब्रह्मांड महि सिंडी मेरा बटुवा सब जग भसमाधारी।
ताड़ी लागी त्रिपल पलटिये छूटै होइ पसारी।।
मन पवन्न दुई तूंबा करिहै जुग जुग सारद साजी।।
थिरु भई नंती टूटसि नाहीं अनहद किंगुरी बाजी।।
सुनि मन मगन भये है पूरे माया डोलत लागी।।
कहु कबीर ताकौ पुनरपि जनम नहीं खेलि गयो बैरागी।।211।।

सुरह की सैसा तेरी चाल। तेरा पूछट ऊपर झमक बाल।।
इस घर मह है सु तू ढुढ़ि खाहि। और किसही के तू मति ही जाहि।।
चाकी चाटै चून चाहि। चाकी का चीथरा कहा लै जाहि।।
छीके पर तेरी बहुत डीठ। मत लकरी सोंटा परै तेरी पीठ।।
कहि कबीर भोग भले कीन। मति कोऊ मारै ईट ठेम।।212।।

सो मुल्ला जो मन स्यो लरै। गुरु उपदेश काल स्यो जुरै।।
काल पुरुष का मरदै मान। तिस मुल्ला को सदा सलाम।।
है हुजूर कत दूरि बतावहु। दुंदर बाधहु मुंदर पावहु।।
काजी सो जो काया बिचारै। काया की अग्नि ब्रह्म पै जारै।।
सुपनै बिंदु न देई जरना। तिस काजी कौ जरा न मरना।।
सो सुरतान जो दुइ सुर तानै। बाहर जाता भीतर आनै।।
गगन मंडल महि लस्कर करै। सो सुरतान छत्र सिर धरै।।
जोगी गोरख गोरख करै। हिंदू राम नाम उच्चरै।।
मुसलमान का एक खुदाई। कबीर का स्वामी रह्या समाई।।213।।

स्वर्ग वासन बाछियै डारियै न नरक निवासु।
होना है सो होइहै मनहि न कीजै आसु।।
रमय्या गुन गाइयै जाते पाइयै परम निधानु।।
क्या जप क्या तप संयमी क्या ब्रत क्या इस्नान।।
जब लग जुक्ति न जानिये भाव भक्ति भगवान।।
संपै देखि न हर्षियौ बिपति देखि न रोइ।
ज्यो संपै त्यों बिपत है बिधि ने रच्या सो होइ।।
कहि कबीर अब जानिया संतन रिदै मझारि।।
सेवक सो सेवा भले जिह घट बसै मुरारि।।214।।

हज्ज हमारी गोमती तीर। जहाँ बसहि पीतंबर पीर।।
वाहु वाहु क्या खुद गावता है। हरि का नाम मेरे मन भावता है।।
नारद सारद करहि खवासी। पास बैठि बिधि कवला दासी।।
कंठे माला जिह्वा नाम। सुहस नाम लै लै करो सलाम।।
कहत कबीर राम गुन गावौ। हिंदु तुरक दोऊ समझावौ।।215।।

हम घर सूत तनहि नित ताना कंठ जनेऊ तुमारे।।
तुम तो बेद पढ़हु गायत्री गोबिंद रिदै हमारे।।
मेरी जिह्वा विष्णु नयन नारायण हिरदै बसहि गोबिंदा।।

जम दुआर जब पूँछसि बबरे तब क्या कहसि मुकुंदा।।
हम गोरू तुम ग्वार गुसाइ जनम जनम रखवारे।।
कबहूँ न पार उतार चराइह कैसे खसम हमारे।।
तू बाम्हन मैं कासी का जुलाहा बूझहु मोर गियाना।।
तुम तौ पाचे भूपति राजे हरि सो मोर घियाना।।216।।

हम मसकीन खुदाई बंदे तुम राचसु मन भावै।
अल्लह अबलि दीन को साहिब जोर नहीं फुरमावै।।
काजी बोल्या बनि नहीं आवै।
रोजा धरै निवाजु गुजारै कलमा भिस्त न होई।
सत्तरि काबा घर ही भीतर जे करि जानै कोई।।
निवाजु सोई जो न्याइ बिचारै कलमा अकलहि जानै।।
पाँचहु मुसि मुसला बिछावै तब तौ दीन पछानै।।
खसम पछानि तरस करि जीय महि मारि मणी करि फीकी।।
आप जनाइ और को जानै तब होइ भिस्त सरीकी।।
माटी एक भेष धरि नाना तामहि ब्रह्म पछाना।
कहै कबीर भिस्त छोड़ि करि दोजक स्यों मनमाना।।217।।

हरि बिन कौन सहाई मन का।
माता पिता भाई सुत बनिता हितु लागो सब फन का।।
आगै कौ किछु तुलहा बाँधहु क्या भरोसा धन का।।
कहा बिसासा इस भाँडे का इत नक लगै ठनका।।
सगल धर्म पुन्न फल पावहु धूरि बाँछहु सब जन का।।
कहै कबीर सुनहु रे संतहु इहु मन उड़न पखेरू बन का।।218।।

हरि जन सुनहि न हरि गुन गावहिं। बातन ही असमान गिरावहिं।।
ऐसे लोगन स्यों क्या कहिये।
जो प्रभु कीये भगति ते बाहज। तिनते सदा डराने रहिये।।
आपन देहि चुरू भरि पानी। तिहि निंदहि जिह गंगा आनी।।
बैठत उठत कुटिलता चालहिं। आप गये औरनहू घालहिं।।
छाड़ि कुचर्चा आन न जानहिं। ब्रह्माहू का कह्यो न मानहिं।।
आप गये औरनहू खोवहि। आगि लगाइ मंदिर में सोवहिं।।
औरन हँसत आप हहिं काने। तिनको देखि कबीर लजाने।।219।।

हिंदू तुरक कहाँ ते आये किन एह राह चलाई।
दिल महि सोच बिचार कवादे भिस्त दोजक कित पाई।।

काजी तै कौन कतेब बखानी।।
पढ़त गुनत ऐसे सब मारे किनहू खबरू न जानी।।
सकति सनेह करि सुन्नति करियै मैं न बदौगा भाई।।
जौ रे खुदाई मोंहि तुरक करैगा आपन ही कटि जाई।।
सुन्नत किये तुरक जे होइगा औरत का क्या करियै।।
अर्द्ध सरीरी नारि न छोड़े तातें हिंदू ही रहिये।।
छाड़ि करतेब राम भजु बौरे जुलम करत है भारी।।
कबीर पकरी टेक राम की तुरक रहे पचि हारी।।220।।

हीरै हीरा बेधि पवन मन सहजे रह्या समाई।
सकल जोति इन हीरै बेधी सतिगुरु बचनी मैं पाई।।
हरि की कथा अनाहद बानी हंस ह्वै हीरा लेइ पछानी।।
कह कबीर हीरा अस देख्यो जग महि रह्या समाई।।
गुफ्ता हीरा प्रकट भयो जब गुरु गम दिया दिखाई।।221।।

हृदय कपट मुख ज्ञानी। झूठे कहा बिलोवसि पानी।।
काया मांजसि कौन गुना। जो घट भीतर है मलनाँ।।
लौकी अठ सठि तीरथ न्हाई। कौरापन तऊ न जाई।।
कहि कबीर बीचारी। भव सागर तारि मुरारी।।222।।

पल्लव

(सुमित्रानन्दन पन्त)

अरे, ये पल्लव-बाल !
सजा सुमनों के सौरभ-हार
गूँथते वे उपहार;
अभी तो हैं ये नवल-प्रवाल,
नहीं छूटी तरु-डाल;
विश्व पर विस्मित-चितवन डाल,
हिलाते अधर-प्रवाल!

न पत्रों का मर्मर-संगीत,
न पुष्पों का रस, राग, पराग;
एक अस्फुट, अस्पष्ट, अगीत,
सुप्ति की ये स्वप्निल-मुस्कान;
सरल-शिशुओं के शुचि-अनुराग,
वन्य-विहगों के गान!

हृदय के प्रणय-कुंज में लीन
मूक-कोकिल का मादक-गान
बहा जब **तन-मन बन्धन-हीन**
मधुरता से अपनी अनजान;
खिल उठी रोओं-सी तत्काल
पल्लवों की यह पुलकित डाल!

भावना; तन-मन के बन्धन से मुक्त होकर; पल्लव-माला या पट्टिका

प्रथम-वसन्त के फूलों का बान
दुरा उर में, कर मृदु-आघात,
रुधिर से फूट पड़ी रुचिमान
पल्लवों की यह **सजल** प्रभात;
शिराओं में उर की अज्ञात
नव्य जग-जीवन कर गतिवान !

अव्यक्त दशा में पुष्परूपी वाण लिये हुए, मृदु स्पन्दन के साथ; ओस विन्दुमय

दिवस का **इनमें** रजत-प्रसार
उषा का स्वर्ण-सुहाग;
निशा का **तुहिन-अश्रु**-शृंगार,
साँझ का निःस्वन-राग;
नवोढ़ा की लज्जा सुकुमार,
तरुणतम-सुन्दरता की **आग!**

इस, = पल्लवों में, = उज्वलता, चमक, हिमविन्दुमय, चेष्टा का माधुर्य्य; सौन्दर्य्य की दीप्ति; दमक

कल्पना के ये विह्वल-बाल,
आँख के अश्रु, हृदय के हास;
वेदना के प्रदीप की ज्वाल,
प्रणय के ये मधुमास;
सुछवि के छायाबन की साँस
भर गई इनमें हाव, हुलास !

सौन्दर्य्य का छाया-लोक; किसी छिपे सौन्दर्य्य-जगत् की सजीवता ने इतने उल्लास की उमंग भर दी है।

आज पल्लवित हुई है डाल,
झुकेगा कल गुंजित मधुमास;
मुग्ध होंगे मधु से मधु-बाल,
सुरभि-से अस्थिर मरुताकाश !

(नवम्बर 1924)

उच्छ्वास

(सावन-भादों)

सावन

सिसकते, अस्थिर मानस से
        बाल-बादल-सा उठकर आज
        सरल, अस्फुट उच्छ्वास!
अपने छाया के पंखों में
(नीरव-घोष भरे शंखों में)
        मेरे आँसू गूँथ, फैल गम्भीर-मेघ-सा,
                आच्छादित कर ले सारा आकाश !

उच्छवास बादल के छोटे टुकड़े के रूप में—छाया के पंख लगाए उठे और गहरी घटा होकर छा ले। cf. मो अँसुवन को लै बरसौ—घन.।

यह अमूल्य **मोती का साज,**
        इन **सुवर्णमय, सरस** परों में
        (शुचि-स्वभाव से भरे सरों में)
                तुझको पहना जगत देख ले;—यह **स्वर्गीय-प्रकाश**!

= अश्रुविन्दु, सुन्दर वर्णों से युक्त सरस उड़ान में; स्वच्छ अन्तःकरणों में प्रतिबिम्ब या झलक डालता हुआ। करुणा के गान की।

        मन्द, विद्युत-सा हँसकर,
        वज्र-सा उर में धँसकर,
गरज, **गगन के गान**! गरज गम्भीर स्वरों में,
भर अपना सन्देश उरों में, औ' अधरों में;

बरस, धरा में, बरस, सरित, गिरि, सर, सागर में,
हर मेरा सन्ताप, पाप जग का क्षण भर में।

करुणा का दिव्य संगीत

हृदय के सुरभित-साँस !
जरा है आदरणीय;
सुखद-यौवन विलास-उपवन रमणीय;
शैशव ही है एक स्नेह की वस्तु, सरल, कमनीय;
—बालिका ही थी वह भी।

सरलपन ही था उसका मन,
निरालापन था आभूषन,
कान से मिले अजान-नयन,
सहज था सजा सजीला-तन।

सुरीले, **ढीले** अधरों बीच
अधूरा उसका लचका-गान
विकच-बचपन को, मन को खींच,
उचित बन जाता था उपमान।

कुछ-कुछ खुले; अपने में खिले हुए शैशव और शिशुता की उमंगों (मन) को धारण करके; शैशव और शैशव के भावों का उपमान बन जाता था। मानो वह गान शैशव और उसकी उमंग ही था। व्यंजक मानो व्यंजित ही था।

छपी-सी, **पी-सी** मृदु-मुसकान
छिपी-सी, खिंची सखी-सी साथ,
उसी की उपमा-सी बन, **मान**[1]
गिरा का धरती थी, **धर हाथ**।

1. गौरव

रँगीले, गीले फूलों-**से**
अधखिले भावों से प्रमुदित
बाल्य सरिता के कूलों से
खेलती थी तरंग-सी नित।
—इसी में था असीम **अवसित**!

= समान, बाल-जीवन की सीमा के भीतर वह (उसकी आत्मा) खेलती थी; वह 'आनन्द स्वरूप असीम' मानो इसी में समाप्त अर्थात् सीमित था।

मधुरिमा के मधुमास!
मेरा **मधुकर का-सा जीवन,**
कठिन कर्म है, कोमल है मन;
विपुल मृदुल सुमनों को सुरभित,
विकसित है विस्तृत जग-उपवन !

रससंग्रही, सौन्दर्य्यान्वेषी, किन्तु कर्मक्षेत्र कठोर है।

यही हैं मेरे तन, मन, प्राण,
यही हैं ध्यान, यही अभिमान;
धूलि की ढेरी में अनजान
छिपे हैं मेरे मधुमय गान !

i.e. मृदुल सुमन; असुन्दर के भीतर सुन्दर छिपा है। मिट्टी के भीतर उन सुमनों के अंकुर छिपे हैं जो मेरे मधुर संगीत के अर्थ या विषय हैं।

कुटिल काँटे हैं कहीं कठोर,
जटिल तरु-जाल हैं किसी ओर,
सुमन-दल चुन-चुन कर निशिभोर
खोजना है अजान वह छोर !
—नवल कलिका थी वह।

पर मुझे तो सौन्दर्य्य के इन्हीं आभासों के सहारे उस अनन्त सौन्दर्य्य को ढूँढ़ना है—
भक्तों के 'माधुर्य्य भाव' में भी इसी प्रवृत्ति का आभास है।

उसके उस सरलपने से
मैंने था हृदय सजाया,
नित मधुर मधुर गीतों से
उसका उर था उकसाया।

कह उसे कल्पनाओं की
कल कल्प-लता, अपनाया;
बहु नवल-भावनाओं का
उसमें **पराग** था पाया।

वह नवल कलिका थी।

मैं मन्द हास-सा उसके
मृदु अधरों पर मँडराया;
औ' उसकी सुखद सुरभि से
प्रतिदिन समीप खिंच आया।

उसके मन्द हास में मैं अपना ही हास या आनन्दमय रूप देखता था।

पावस-ऋतु थी, पर्वत-प्रदेश;
पल पल परिवर्तित प्रकृति-वेश।

मेखलाकार पर्वत अपार
अपने सहस्र दृग-सुमन फाड़,
अवलोक रहा है बार बार
नीचे जल में निज महाकार;

—जिसके चरणों में पला ताल
दर्पण-सा फैला है विशाल !!

गिरि का गौरव गाकर झर्-झर्
मद से नस-नस उत्तेजित कर,
मोती की लड़ियों से सुन्दर
झरते हैं झाग भरे निर्झर।

गिरिवर के उर से उठ-उठ कर
उच्चाकांक्षाओं-से[1] तरुवर
हैं झाँक रहे नीरव-नभ पर,
अनिमेष, अटल, कुछ चिन्तापर!

1. समान

—**उड़ गया**, अचानक, लो, **भूधर**
फड़का अपार पारद के पर !
रव-शेष रह गए हैं निर्झर !
है टूट पड़ा भू पर अम्बर !

तितर-बितर हो गया; बादल के स्तूप; पृथ्वी ने आकाश का सा रूप धारण कर लिया। बादल कुहरे के रूप में फैल गया, नीचे को।

धँस गए धरा में सभय **शाल** !
उठ रहा धुँआ, जल गया ताल !
—यों जलद-यान में विचर, विचर,
था इन्द्र खेलता इन्द्रजाल !

जो पहाड़ के टीले से नीचे के जंगलों में दिखाई पड़ते थे।

(वह सरला उस गिरि को कहती थी बादल-घर।)

इस तरह मेरे चितेरे-हृदय की
बाह्य-प्रकृति बनी चकाचक-चित्र थी;
सरल-शैशव की सुखद-सुधि-सी वही
बालिका मेरी मनोरम-मित्र थी।

कल्पना के मेल में प्रकृति; शैशव की इस स्मृति के समान ही मधुर

भादों

दीप के बचे-विकास !

शेष जीवन-ज्योति (रूप जो मैं हूँ)

अनिल-सा लोक लोक में,
हर्ष में, और शोक में,
कहाँ नहीं है स्नेह ? साँस-सा सबके उर में !
रुदन, क्रीड़न, आलिंगन,
भरण, सेवन, आराधन,
शशिकी-सी ये कलित-कलाएँ किलक रही हैं पुर पुर में।

शीतल

यही तो है बचपन का हास,
खिले यौवन का मधुप-विलास;
प्रौढ़ता का वह बुद्धि-विकास,
जरा का अन्तर्नयन-प्रकाश;
जन्मदिन का है यही हुलास,
मृत्यु का यही दीर्घ निःश्वास !

किसी के जन्म पर जो आनन्द मनाया जाता है वह भी प्रेम-प्रेरित है। किसी की मृत्यु पर जो दीर्घ निश्वास छोड़ा जाता है वह भी प्रेम-प्रेरित है। = किसी की मृत्यु पर दुखी होनेवालों (लक्षणा)

है यह वैदिक-वाद;
विश्व का सुख-दुखमय उन्माद !
एकतामय है इसका नादः—

गिरा हो जाती है सनयन,
नयन करते नीरव-भाषण;
श्रवण तक आ जाता है मन,
स्वयं मन करता बात श्रवण।

वाणी ऐसा वर्णन करने लगती है मानो वही स्वयं देख रही है।
I इन्द्रियानुभूतियों की एकता। cf. Eng. expression. –"I am all attention"

अश्रुओं में रहता है हास,
हास में अश्रुकणों का भास;
(दीर्घ) श्वास में छिपा हुआ **उच्छ्वास,**
और उच्छ्वासों में ही श्वास !

II परस्पर विरुद्ध प्रतीत होनेवाले भावों की एकता। 'Both are different aspects of one enitity'. –eoue; Here used in the sense of उमंग

बँधे हैं जीवन-तार;
सब में छिपी हुई है यह झंकार !
हो जाता संसार
नहीं तो दारुण हाहाकार !

मुरली के-से सुरसीले
हैं **इसके** छिद्र सुरीले;
अगणित होने पर भी तो
तारों-से हैं चमकीले !

श्रव्य माधुर्य्य; दृश्य दीप्ति उसी 'परम प्रेम' का आभास है। love has many sweet outlets... it is expressed in so many ways. –all Bright.

अचल हो उठते हैं चंचल;
चपल बन जाते हैं अविचल;
पिघल पड़ते हैं पाहन-दल;
कुलिश हो जाता है कोमल!

चढ़ाता भी है तो (*निज*) **गुण** से,
(डोर कर में है), मन (*को*) आकाश (*पर*);
पटकता भी है तो गुण से,
खींचने को चकई-सा पास !

(1) प्रभाव (2) डोरी। अपने प्रभाव-सूत्र से यही स्नेह कभी तो मन को आकाश पर चढ़ा देता है–बड़े ऊँचे-ऊँचे अभिलाष उत्पन्न करता है, कभी उसे एकदम गिरा देता या निराश कर देता है–दोनों दशाओं में वह उसी के प्रभाव (डोरी) में बँधा उसी के हाथ में रहता है। उल्लास और नैराश्य दोनों के मूल में स्नेह ही रहता है। प्रेम जो वियोग की बुरी दशा में नीचे पटकता है, वह भी अपने और समीप लाने के लिए अर्थात प्रेम को और गहरा करने के लिए।

मर्म-पीड़ा के हास !

Addressing himself – आधेय for आधार; हास = पूर्ण विकसित या प्रबुद्ध रूप; पूर्ण विकास (जो मैं हूँ) विरोध लक्षणा (हास) पद्गत। The whole phrase मर्म हास–वाक्यगत लक्षणा।

रोग का है उपचार;
पाप का भी परिहार;
है **अदेह** सन्देह, नहीं है इसका कुछ **संस्कार**!
हृदय की है यह दुर्बल हार !!

सुधार; हृदय सन्देह से ग्रस्त होकर फिर अपने पूर्व रूप में नहीं आ सकता, *i.e.* अर्थात अपने व्यापार में शिथिल पड़ जाता है।

खींच लो इसको, कहीं क्या छोर है ?
द्रौपदी का यह दुरन्त दुकूल है !
फैलता है हृदय में नभ-बेलि-सा,
खोज लो, इसका कहीं क्या मूल है ?

खींचकर देख लो; सन्देह को; खोज कर देख लो (प्रायः सन्देह निराधार हुआ करता है।)

यही तो काँटे-सा चुपचाप
उगा **उस तरुवर**[1] में,—सुकुमार
सुमन वह था जिसमें अविकार—
बेध डाला मधुकर निष्पाप *(को)* !!!

1. वंश वृक्ष, H.B. All this appears to be personal. That girl

बड़ों में **दुर्बलता है शाप** !!
नहीं चल सकते गिरिवर राह !
न रुक सकता है **सौरभवाह** !
तरल हो उठता उदधि-**अथाह** !
सूर का **दुःख देता है दाह** !

कोई न कोई दुर्बलता अवश्य होती है।
गन्धवाह, पवन, agitated, अत्यन्त गम्भीर; ताप

देख हाय ! यह उर से रह-रह निकल रही है आह !
व्यथा का रुकता नहीं प्रवाह !

सिड़ी के गूढ़-हुलास !
(लोग) बीनते हैं प्रसून-दल;
तोड़ते ही हैं मृदु फल;
देखा नहीं किसी को चुनते **कोमल कोंपल** !!

हुलास = हुलासवाले (लक्षणा); अत्योक्ति पद्धति, *i.e.* प्रेम का

अभी पल्लवित हुआ था स्नेह,
लाज का भी न गया था **राग**;
पड़ा पाला-सा हा ! सन्देह,
कर दिया वह नव-राग विराग !

रंग (कोंपल का रंग लाल होता है)

हो गया था पतझड़, मधुकाल (*था*),
पत्र तो आते हाय ! नवल !
झड़ गए स्नेह-वृन्त से **फूल**[1]—
लगा यह असमय कैसा **फल**[2] !!

1. प्रफुल्लता, आनन्द; 2. परिणाम

मिले थे दो **मानस** अज्ञात,
स्नेह-शशि विम्बित था भरपूर;
अनिल-सा कर अकरुण आघात,
प्रेम-प्रतिमा कर दी वह चूर !!

cf. ज्यों चकई प्रतिबिम्ब देखि कै आनन्दी पिय जानि। सूर पवन मिस निठुर विधाता चपल कियो जल आनि।—सूर (सन्देह या दुर्दैव ने), प्रेम का आकार मिटा दिया। श्लेष; = प्रेम का उद्दीप्त स्वरूप।

घूमता है सन्मुख वह रूप,
सुदर्शन[1] हुए सुदर्शन-चक्र !
ढाल-सा रखवाला-शशि आज
हो गया है हा ! असि-सा वक्र !!

सुन्दर रूपवाले, सुन्दर वस्तुएँ

बालकों का-सा मारा हाथ,
कर दिए विकल हृदय के तार !
नहीं अब रुकती है झंकार,
यही था हा ! क्या एक सितार ?
हुई मरु की मरीचिका आज,
मुझे **गंगा की पावन-धार** !

= भ्रम मात्र ठहरी; स्नेहधारा जिसमें मैं पड़ा था।

कहाँ है उत्कंठा का पार !!
इसी वेदना में विलीन हो अब मेरा संसार !
तुम्हें, जो चाहो, है अधिकार !
टूट जा यहीं यह **हृदय-हार** !!!

अभिलाषों के जगत में कहाँ तक व्यर्थ फिरता रहूँ; प्रिय की मधुर भावना

कौन जान सका किसी के हृदय को ?
सच नहीं होता सदा अनुमान है !
कौन भेद सका अगम आकाश को ?
कौन समझ सका उदधि का गान है ?

अलं. प्रतिवस्तूपमा (उपमेय-उपमान वाक्यों में शब्दभेद से एक ही धर्म—जानना, भेदना, समझना)

है सभी तो और दुर्बलता यही,
समझता कोई नहीं—क्या सार है !
निरपराधों के लिए भी तो अहा !
हो गया संसार कारागार है !!

(सितम्बर 1921)

आँसू

(भादों की भरन)

(1)

अपलक आँखों में
उमड़ उर के सुरभित-**उच्छ्वास** !
सजल-जलधर से बन जलधार;
प्रेममय वे प्रिय पावस-मास
पुनः नयनों में कर साकार;
मूक-कणों की कातर-वाणी भर **इनमें** अविकार,
दिव्य-स्वर, पा आँसू का तार,
बहा दे, (हे) हृदयोद्‌गार !

N.B. भाव ही कल्पना को अपने पोषण के लिए मूर्ति विधान के लिए प्रेरित करता है, इसका बहुत स्पष्ट निर्देश यहाँ आपसे आप हो गया है। Vapour suggested, c.f. जो घनीभूत पीड़ा थी–आँसू; अतीत प्रिय पावस के दिनों की स्मृति का रूप खड़ा कर दे आँसुओं की झड़ी के रूप में।
आँसू का तार पाकर दिव्य स्वर बहा दे। = नयनों में; भावों की योजना करने वाले शब्दों; आँसू का तार पाकर दिव्य स्वर बहा दे।

आह, यह मेरा **गीला-गान** !
वर्ण-वर्ण है उर का कम्पन,
शब्द-शब्द है सुधि का **दंशन**;
चरण-चरण है आह,
कथा है कण-कण करुण-अथाह;
बूँद में है बाड़व का दाह !
प्रथम भी ये **नयनों के बाल**
खिलाए हैं **नादान**;

आज मणियों ही की तो माल
हृदय में बिखर गई अनजान,

लक्षणा (very frequent), अश्रुविन्दु; = खेलाएँ; = नादान बाल वे ही बिखरे रक्तकण ये अश्रुबिन्दु हैं।

टूटते हैं असंख्य-उड़गन,
रिक्त हो गया **चाँद का थाल**
गल गया मन-मिश्री का कन,
नई सीखी पलकों ने बान

मुख-मंडल किसका? सारा माधुर्य्य निकल गया।

विरह है अथवा यह वरदान !

कल्पना में है कसकती-वेदना,
अश्रु में जीता, सिसकता गान है;
शून्य-आहों में सुरीले-छन्द हैं,
मधुर-लय का क्या कहीं अवसान है !

विरह के प्रभाव से कल्पना, अश्रु और आह में कितनी सजीवता कितनी मधुरता आदि आ गई है।

वियोगी होगा पहिला-कवि,
आह से उपजा होगा गान;
उमड़कर आँखों से चुपचाप
वही होगी कविता अनजान !

c.f. dictum of भवभूति

हाय किसके उर में
उतारूँ अपने उर का भार !
किसे अब दूँ उपहार
गूँथ यह अश्रु-कणों का हार !!

मेरा पावस-ऋतु-सा जीवन,
मानस-सा उमड़ा अपार-मन;
गहरे, धुँधले, धुले, साँवले,
मेघों-से मेरे भरे-नयन !

मानस-सरोवर, This detail of colours only are attempts

कभी उर में अगणित मृदु-भाव
कूँजते हैं विहगों-से हाय !
अरुण कलियों-से कोमल-घाव
कभी खुल पड़ते हैं असहाय !

इन्द्रधनु-सा आशा का सेतु
अनिल में अटका कभी अछोर,
कभी कुहरे-सी धूमिल, घोर,
दीखती भावी चारों ओर !

भावनाओं के सूक्ष्म आधार पर टिका।

तड़ित-सा, सुमुखि ! तुम्हारा-ध्यान
प्रभा के पलक मार, उस चीर,
गूढ़-**गर्जन** कर जब गम्भीर
मुझे करता है अधिक-अधीर;

क्षण क्षण चमक कर, Very fine expressions ध्यान का गर्जन करता, रह-रह कर हृदय को स्पन्दित करता। subjective date compressed with external nature in पावस

जुगनुओं-से उड़ मेरे प्राण
खोजते हैं तब तुम्हें निदान !

धधकती है जलदों से ज्वाला,
बन गया नीलम-व्योम प्रवाल;
आज सोने का सन्ध्याकाल
जल रहा **जतुगृह**-सा विकराल;

Objective viewed in the light of subjective

पटक रवि को बलि-सा पाताल
एक ही **बामन**-पग में—
लपकता है तमिस्र तत्काल,
—धुएँ का विश्व-विशाल !

बामन का विराट रूप

चिनगियों-से तारों को डाल
आग का-सा अँगार शशि-लाल
लहकता है, —फैला मणि-जाल,
जगत को डसता है तम-व्याल !

N.B. अंगारे से चिनगारियाँ झड़ती हैं। for चिनगारियों

पूर्व-सुधि सहसा जब, सुकुमारि !
सरल-शुक-सी सुखकर-सुर में
तुम्हारी भोली-बातें
कभी दुहराती है उर में;

अगन-से मेरे पुलकित-प्राण
सहस्रों सरस-स्वरों में कूक,
तुम्हारा करते हैं आह्वान,
गिरा रहती है श्रुति-सी मूक !

बहुत सुन्दर बोलनेवाली एक छोटी चिड़िया जिसे कपड़े से ढके पिंजड़े में रखते हैं। प्राण भी शरीर के परदे में बन्द रहता है।

देखता हूँ, जब उपवन
पियालों में फूलों के,
प्रिये!, भर भर अपना यौवन
पिलाता है मधुकर को;

(जब) **नवोढ़ा-बाल-लहर**
अचानक **उपकूलों** के
प्रसूनों के ढिंग रुककर
(पीछे) सरकती है सत्वर;

साम्य की वस्तु केवल सलज्जता

अकेली-आकुलता-सी, प्राण!
कहीं तब करती मृदु-आघात,
सिहर उठता कृश-गात,
ठहर जाते हैं पग अज्ञात!

अकेलेपन की आकुलता (ऐसे समय में प्रेयसी का पास न होना खटकता है)

देखता हूँ, जब पुतला
इन्द्रधनुषी हलका
रेशमी घूँघट बादल का
खोलती है **कुमुद-कला;**

for कौमुदी

तुम्हारे ही मुख का तो ध्यान
मुझे करता तब अन्तर्धान;
न जाने तुमने मेरे प्राण
चाहते क्या **आदान!**

सुध में विलीन, आत्मविस्मरण; लेना

× × ×

बादलों के छायामय-मेल
घूमते हैं आँखों में, फैल!
अवनि औ' अम्बर के वे खेल
शैल में जलद, जलद में शैल!
शिखर पर विचर मरुत-**रखवाल**
बेणु में भरता था जब स्वर,
मेमनों-से मेघों के बाल
कुदकते थे प्रमुदित गिरि पर!

Sweet memory of the phenomena obtained in these hilly regims; कभी पर्वत के बीच बादल और कभी बादल के बीच झाँकते पहाड़; shepherd बाँस, बाँसुरी; borrowed from classical litrature e.q. कुमारसम्भव, European poetry.

द्विरद-दन्तों-**से** उठ सुन्दर,
सुखद **कर-सीकर** से बढ़ कर,
भूति-से शोभित बिखर-बिखर,
फैल फिर **कटिके परिकर से,**

सूँड़ से छोड़े छीटे के समान; मस्तक पर की रेखा-रचना सदृश Later classical type

बदल यों विविध-वेश जलधर
बनाते थे गिरि को गजवर !

इन्द्रधनु की सुनकर टंकार
उचक चपला के चंचल-बाल,
दौड़ते थे गिरि के उस पार
देख उड़ते-विशिखों की धार;
मरुत जब उनको द्रुत चुमकार,
रोक देता था मेघासार।

प्रकाश के पीछे गर्जन होता है, पहले नहीं।

अचल के जब वे **विमल-विचार**
अवनि से उठ-उठ कर ऊपर,
विपुल-व्यापकता में अविकार
लीन हो जाते थे सत्वर,

= मेघखंड; पर्वत; एकाग्र मनवाला योगी अविकार विपुल व्यापकता = आकाश (2) सर्वव्यापक बल। very far fetched analogy without sense of proposition

विहंगम-सा बैठा गिरि पर।
सुहाता था विशाल-अम्बर।

पपीहों की वह पीन-पुकार,
निर्झरों की भारी झर्-झर्;
झींगुरों की झीनी-झनकार;
घनों की गुरु-गम्भीर-घहर;
बिन्दुओं की **छनती-छनकार,**
दादुरों के वे **दुहरे-स्वर;**

N.B. अनुप्रास का लक्ष्य; छर-छर कर के गिरना; तीव्र और मन्द ?

हृदय हरते थे विविध-प्रकार
शैल-पावस के प्रश्नोत्तर !

शैल और पावस

खैंच ऐंचोला-भ्रू-सुरचाप,
शैल की **सुधि** यों बारम्बार–
हिला हरियाली का सुदुकूल,
झुला झरनों का झलमल-हार;
जलद-पट से दिखता मुख-चन्द्र,
पलक पल-पल चपला के मार;
भग्न-उर पर भूधर-सा हाय !
सुमुखि ! धर देती है साकार !

उस शैल की सुध जो तुम्हारे स्वरूप से मिलती जुलती है मेरे भग्न हृदय पर पहाड़-सा लाद देती है। शैल की स्मृति में तुम्हारी स्मृति छिपी है। शैल की शोभा और प्रेयसी की शोभा का साम्य। सुधि उर पर भूधर सा धर देती है।

N.B. Analogy of different phenomena of nature and different phaces of feminine charm very populor with this school

(2)

करुण है हाय ! प्रणय,
नहीं दुरता है जहाँ दुराव;
करुणतर है वह **भय,**
चाहता है जो सदा बचाव;

यदि किसी पक्ष में दुराव हो तो वह दूसरे को मालूम हो जाता और उसके कष्ट का कारण होता है। सदा बना रहना चाहता है; कभी जाता नहीं।

करुणतम भग्न-हृदय,
नहीं भरता है जिसका घाव;
करुण-अतिशय उनका संशय,
छुड़ाते हैं जो **जुड़े-स्वभाव** !!

मिली प्रकृतियाँ

किए भी हुआ कहाँ **संयोग** ?
टला टाले कब **इसका** वास ?
स्वयं ही तो आया **यह** पास,
गया भी, बिना प्रयास !

Juncture, circumstances; N.B. संयोग अपने हाथ में नहीं कि जब चाहें हो जाय, जब न चाहें तब न हो। = संयोग का = संयोग / प्रेयसी के साहचर्य्य का संयोग भी आप ही आया, आप गया।

कभी तो अब तक पावन-प्रेम
नहीं कहलाया पापाचार,
हुई मुझको ही **मदिरा** आज
हाय, क्या **गंगाजल** की धार !!

Symbol of purity

हृदय ! रो, अपने दुःख का भार !
हृदय ! रो, उनको है **अधिकार** !
हृदय ! रो, यह **जड़**-स्वेच्छाचार,
शिशिर का-सा **समीर**-संचार !!

दुख देने का। जड़ या स्तब्ध करनेवाला, or जड़ों का दिया हुआ।
N.B. कार्य *for* कर्ता (लक्षणा)

प्रथम, इच्छा का पारावार,
सुखद-आशा का स्वर्गाभास;
स्नेह का **वासन्ती**-संसार,
पुनः उच्छ्वासों का आकाश !

पहले तो है; फिर है; दीर्घ निश्नास पूर्ण शून्य जीवन (2) वसन्त के पीछे
लू बवंडर से भरा ग्रीष्म। अन्तःप्रकृति और वाह्य प्रकृति का साम्य

—यही तो है जीवन का गान,
सुख का आदि और अवसान !

यही जीवन का गान अर्थात् पचड़ा।

सिसकते हैं समुद्र-से मन,
उमड़ते हैं नभ-से लोचन;
विश्व-वाणी ही है क्रन्दन,
विश्व का काव्य अश्रु-कन !

क्षुब्ध होते हैं; अश्रुवर्षा से;

गगन के भी उर में हैं घाव
देखतीं ताराएँ भी *(किसी की)* राह;
बँधा विद्युत-छवि में **जलवाह,**
चन्द्र की चितवन में भी चाह;

मेघ; N.B. सारी सृष्टि प्रेममय दिखाई पड़ती है; Transfer of human
sentiments to nature

दिखाते जड़ भी तो अपनाव,
अनिल भी भरती ठंडी-आह !

हाय ! मेरा जीवन, *(जो है केवल)*
प्रेम औ' आँसू के कन !
आह, मेरा अक्षय-धन,
अपरिमित-सुन्दरता औ' मन–

= सुन्दरता तथा उसका अनुभव करनेवाला मन = सुन्दरतामय मन

–*(जो है)* एक वीणा की मृदु-झंकार !
कहाँ है सुन्दरता का पार !
तुम्हें किस दर्पण में सुकुमारि !
दिखाऊँ मैं साकार ?

जिस अपरिमित सौन्दर्य्य की भावना मन में है उसे कैसे प्रकट करूँ।

तुम्हारे छूने में था प्राण,
संग[1] में पावन गंगा-स्नान;
तुम्हारी वाणी में कल्याणि !
त्रिवेणी की लहरों का गान !

1. साहचर्य्य में।

अपरिचित-चितवन में था **प्रात,**
सुधामय-साँसों में उपचार;
तुम्हारी छाया में आधार,
सुखद-चेष्टाओं में **आभार** !

तुम्हारे प्रथम दृष्टिपात में प्रेम के प्रभात की प्रफुल्लता थी। = प्रातः (धर्म पर धर्मी)। तुम्हारी एक एक चेष्टा मुझे आनन्दित करके मुझ पर एहसान लादती थी। = एहसान; From आभारी used in the sense of gratful. The word has no such meaning in sanskrit.

करुण-भोंहों में था **आकाश,**
हास में शैशव का संसार;
तुम्हारी आँखों में कर वास
प्रेम ने पाया था आकार !

तुम्हारी करुणा की दृष्टि इतनी बिस्तृत थी जितना पृथ्वी को आर्द्र करनेवाला मेघमय आकाश; सजल मेघमय

कपोलों में उर के **मृदु-भाव,**
श्रवण-नयनों में प्रिय-बर्ताव;
सरल-संकेतों में संकोच,
मृदुल-अधरों में मधुर-दुराव !

राग-रंजित कपोल मानो हृदय का अनुराग प्रकट करते थे; लज्जावश बहुत सी बातें मुँह (ओठ) पर नहीं लाती थी।

उषा *(अनुरागवती)* का था उर में आवास,
मुकुल का मुख में मृदुल-विकास;
चाँदनी का स्वभाव में भास
विचारों में **बच्चों के साँस !**

हृदय अनुरागपूर्ण था; शीतल मृदुल स्वभाव; भोलापन।

विन्दु में थीं तुम सिन्धु अनन्त,
एक सुर में समस्त-संगीत;
एक कलिका में अखिल-वसन्त,
धरा में थीं तुम स्वर्ग पुनीत !

तुम में अनन्त सौन्दर्य्य का आभास था।

विधुर-उर के मृदु-भावों से
तुम्हारा कर नित नव-शृंगार,
पूजता हूँ मैं तुम्हें कुमारि !
मूँद दुहरे दृग-द्वार !

अचल-पलकों में मूर्ति सँवार
पान करता हूँ रूप अपार;
पिघल पड़ते हैं **प्राण**,
उबल चलती है दृगजल-धार !

बालकों-सा ही तो मैं हाय !
याद कर रोता हूँ अनजान;
न जाने, होकर भी असहाय,
पुनः किससे करता हूँ **मान** !

हठ या मचलना बालकों का सा।

× × ×

सुप्ति **हो** स्वल्प-वियोग
नव-मिलन **को** अनिमेष,
दैव ! जीवन भर का विश्लेष...
मृत्यु ही है निःशेष !!

यह मेरा स्वल्प वियोग उस आँख मूँद कर सोने के समान हो जिसके आगे बराबर आँख खोल कर प्रिय को निहारने का संयोग आनेवाला हो। जीवन भर के विच्छेद (वियोग) की समाप्ति मृत्यु ही में होगी !

× × ×

मूँद पलकों में प्रिया के ध्यान को,
थाम ले अब, हृदय ! **इस** आह्वान को !
त्रिभुवन की भी तो श्री भर सकती नहीं
प्रेयसी के शून्य, पावन-स्थल को !

= मूँद ले = सह ले (क्योंकि)। ध्यान को बन्द रखने के।

तेरे उज्ज्वल-आँसू सुमनों में सदा
वास करेंगे, भग्न-हृदय ! उनकी व्यथा
अनिल-पोंछेगी; करुण **उनकी** कथा
मधुप-बालिकाएँ गाएँगी सर्वदा !

(हे हृदय); हिमविन्दु रूप में; आँसुओं की; whole nature will sympathise

(दिसम्बर 1921)

विनय

मा ! मेरे जीवन की **हार**
तेरा मंजुल हृदय-हार हो,
अश्रु-कणों का यह उपहार,
मेरे सफल-श्रमों का सार–
तेरे मस्तक का हो उज्ज्वल
श्रम-जलमय मुक्तालंकार।

जननी या जन्मभूमि। असफलता; अश्रुविन्दुओं को गूँथकर बनाया हुआ।

मेरे भूरि-दुखों का भार
तेरी **उर-इच्छा** का फल हो,
तेरी आशा का शृंगार;
मेरे रति, कृति, व्रत, आचार
मा ! तेरी **निर्भयता** हों नित *(और हों)*
तेरे पूजन के उपचार–
यही विनय है बारम्बार।

मेरी सन्तान कर्म मार्ग के दुःख और क्लेश सहनेवाली हो, इस इच्छा को मुझमें फलवती होते देखे। Very farfetched suggestion निर्भयता का कारण।

वीचि-विलास

N.B. A heap of similies – based on very vaguely conceived analogy – no artistic unity – no communicability.

अरी सलिल की लोल-हिलोर !
यह कैसा स्वर्गीय-हुलास ?
सरिता की चंचल दृग-कोर !
यह जग को अविदित-उल्लास ?
आ, मेरे **मृदु-अंग झकोर,**
नयनों को निज छबि में बोर,
मेरे उर में भर यह रोर !

आँखों में उमंग लाकर

गूढ़-साँस-सी अति-गतिहीन
अपनी ही कम्पन में लीन;
सजल-कल्पना-सी साकार
पुनः पुनः प्रिय, पुनः नवीन;

शरीर के भीतर ही भीतर उठते और विलीन होनेवाली साँस के समान नदी के भीतर ही रहनेवाली।

तुम शैशव-स्मिति-सी सुकुमार,
मर्म[1]-रहित, पर मधुर अपार,
खिल पड़ती हो बिना विचार !

1. उद्देश्य

वारि-बेलि-सी फैल अमूल,
छा **अपत्र** सरिता के कूल;
विकसा औ' सकुचा नवजात
बिना नाल के फेनिल-फूल;

बिना जड़-पत्ते की केवल जल की बनी लता।

छुईमुई-सी तुम पश्चात्
छूकर अपना ही मृदु-गात,
मुरझा जाती हो अज्ञात।

स्वर्ण स्वप्न-सी कर अभिसार।
जल के पलकों में सुकुमार,
फूट आप ही आप अजान
मधुर-**वेणु** की-सी झंकार;

जल के भीतर उसी प्रकार प्रवेश करके जिस प्रकार कोई दीप्ति-विकास-पूर्ण स्वप्न पलकों के भीतर फिरकर ; बीन

तुम इच्छाओं-सी **असमान**,
छोड़ चिह्न उर में **गतिवान**,
हो जाती हो अन्तर्धान।

भिन्न-भिन्न प्रकार की। क्षोभकारी, क्षुब्ध।

मुग्धा की-सी मृदु-मुसकान
खिलते ही लज्जा से म्लान;
स्वर्गिक-सुख **की**-सी आभास
अतिशयता में अचिर; महान
दिव्य-भूति-सी आ तुम पास,
कर जाती हो क्षणिक-विलास,
आकुल-उर को दे आश्वास।

अचिर अतिशयता में = प्रचुर पर क्षणिक; जैसे उस आनन्द-लोक के लिए उत्कंठित साधक को उस आनन्द का क्षणिक आभास

ताल-ताल में थिरक अमन्द,
सौ-सौ छन्दों में स्वच्छन्द
गाती हो **निस्तल** के गान,
सिन्धु-गिरा-सी अगम, अनन्त;

श्लेष। छोटे जलाशयों में भी गम्भीर समुद्र के स्वरूप का आभास देती है। सान्त में अनन्त की झलक।

इन्दु-करों से लिख अम्लान
तारों के रोचक-आख्यान,
अम्बर के रहस्य द्युतिमान।

चला **मीन-दृग** चारों ओर,
गह-गह चंचल-अंचल-छोर,
रुचिर-रुपहरे-पंख पसार
अरी वारि की परी किशोर !

मीन ही दृग-रूप हैं; ....साड़ी के आँचल।

तुम **जल-थल** में अनिलाकार
अपनी ही लघिमा पर वार,
करती हो बहु-रूप-विहार

जल के स्थलों (तत्पुरुष)

अंग-अंग में **व्योग** मरोर,
भोंहों में तारों के **झौंर**
नचा, नाचती हो भरपूर
तुम किरणों की बना हिंडोर;
निज अधरों पर कोमल, क्रूर,
शशि से दीपित प्रणय-कपूर
चाँदी की चुम्बन कर चूर।

खेल मिचौनी-सी निशि-भोर,
कुटिल-काल का भी चित चोर,
जन्म-मरण से कर परिहास,
बढ़ असीम की ओर अछोर;
तुम फिर फिर सुधि-सी सोच्छ्वास
जी उठती हो बिना प्रयास,
ज्वाला-सी, पाकर वातास।

ओ अकूल की उज्ज्वल-हास !
अरी अतल की पुलकित-श्वास !
महानन्द की मधुर-उमंग !
चिर-शाश्वत की अस्थिर-लास !
मेरे मन की विविध-तरंग
रंगिणि ! सब तेरे ही संग
एक रूप में मिलें **अनंग**।[1]

1. सत्ता रूप में

(मई 1923)

मधुकरी

सिखा दो ना, हे मधुप-कुमारि !
मुझे भी अपने मीठे-गान,
कुसुम के चुने-कटोरों से
करा दो ना, कुछ कुछ मधुपान !

नवल-कलियों के **धोरे**[1] झूम,
प्रसूनों के अधरों को चूम,
मुदित, कवि-सी तुम अपना पाठ
सीखती हो सखि ! जग में घूम;

1. पास, निकट (ब्रज)

सुना दो ना, तब हे सुकुमारि !
मुझे भी ये केसर के गान !

किसी के उर में तुम अनजान
कभी बँध जाती, बन चित-चोर;
अधखिले, खिले, सुकोमल-गान
गूँथती हो फिर उड़-उड़ भोर;
फूलों के ले लेकर
मुझे भी बतला दो न कुमारि !
मधुर निशि-स्वप्नों के वे गान !

सूँघ, चुन कर, सखि ! सारे फूल,
सहज बिंध, बँध, निज सुख-दुख भूल,

सरस रचती हो ऐसा राग
धूल बन जाती है मधुमूल;
पिला दो ना, तब हे सुकुमारि !
इसी से थोड़े मधुमय-गान;
कुसुम के खुले-कटोरों से
करा दो ना, कुछ कुछ मधुपान !

(सितम्बर 1932)

अनंग

N.B. Based more on fantasy than on scientific conception

अहे विश्व-अभिनय के नायक !
अखिल-सृष्टि के सूत्राधार !
उर उर की कम्पन में व्यापक !
ऐ त्रिभुवन के मनोविकार !
ऐ असीम-सौन्दर्य-सिन्धु की
विपुल वीचियों के शृंगार !
मेरे मानस की तरंग में
पुनः अनंग ! बनो साकार।

आदि काल में बाल-प्रकृति जब
थी प्रसुप्त, मृतवत्, हत-ज्ञान,
शस्य-शून्य वसुधा का अंचल,
निश्चल जलनिधि, रवि-शशि म्लान;
प्रथम-हास-**से**, प्रथम-अश्रु-**से**,
प्रथम-पुलक-से, हे छबिमान !
स्मृति-से, विस्मय-से विश्व-स्वप्न-से
तुम सहसा खिले अजान।

Seen through mass of vapour; = सदृश, प्रेम-भाव का प्रथम उदय जिसके अन्तर्गत ये सब अनुभाव और संचारी हैं।

प्रथम-कल्पना कवि के मन में,
प्रथम-**प्रकम्पन** उड़गन में,
प्रथम-प्रात जग के आँगन में,
प्रथम-वसन्त-विभा बन में;

प्रथम-वीचि वारिधि-चितवन में,
प्रथम-तड़ित-चुम्बन घन में,
प्रथम-गान तब शून्य-गगन में,
फूटा, नव-यौवन तन में।

झलमलाहट। चितवन की लहर = भ्रूभंग; समुद्र की दृष्टि में प्रथम भ्रूमंगवत् प्रथम उठी लहर।

झूल जगत **की** उर-कम्पन में,
पुलकावलि में हँस अविराम,
मृदुल कल्पनाओं से पोषित,
भावों से भूषित अभिराम;

जगत् के निवासियों के उर-कम्पन के रूप में प्रकट होकर

तुमने भौंरों की **गुंजित-ज्या,**
कुसुमों का लीलायुध थाम,
अखिल भुवन के रोम-रोम में,
केसर-शर भर दिए सकाम।

गुंजार करती धनुष की डोरी

नव-वसन्त के सरस-स्पर्श से
पुलकित वसुधा बारम्बार
सिहर उठी स्मित-शस्यावलि में,
विकसित चिर-यौवन के भार;

लहरा उठी

फूट पड़ा कलिका के उर से
सहसा सौरभ का उद्गार,
गन्ध-मुग्ध हो अन्ध-समीरण
लगा थिरकने विविध-प्रकार।

अगणित-**बाहें** बढ़ा उदधि ने
इन्दु-करों से आलिंगन
बदले, विपुल **चटुल**[1]-लहरों ने
तारों से फेनिल-चुम्बन *(बदले)*;

1. चंचल

अपनी ही छबि से विस्मित हो
जगती के अपलक-लोचन
(*अपने*) सुमनों के **पलकों** पर सुख से
करने लगें **सलिल-मोचन**।

N.B. सुमनदल रूपी पलकों पर; सलिल मोचन (हिमविन्दु) विस्मय का व्यंजक नहीं, शुद्ध हर्ष का ही हो सकता है।

सौ-सौ साँसों में पत्रों की
उमड़ी हिम-जल-सस्मित-**भोर,**
भूक विहग-कुल के कंठों से
उठी मधुर संगीत-हिलोर;

पत्रों की साँस; प्रभात

विश्व-विभव-सी बाल-उषा की
उड़ा सुनह**ली** अंचल-छोर,
शत-हर्षित-ध्वनियों से आहत
बढ़ा गन्धवह नभ की ओर।

सुनहला, सुनहरी

शून्य-**शिराओं**[1] में संसृति की
हुआ विचारों का संचार,
नारी के गम्भीर-हृदय का
गूढ़-रहस्य बना साकार;

1. शिरा

मिला **लालिमा** में लज्जा की
छिपा एक निर्मल-संसार,
नयनों में **निःसीम-व्योम,** औ'
उरोरुहों में **सुरसरि-धार।**

लाल; सजल अनन्त आकाश; पालन करनेवाली पुनीत दुग्धधारा।

अम्बुधि के जल में अथाह-छबि
अम्बर में उज्ज्वल-आह्लाद,
ज्योत्स्ना में अपनी अजानता,
मेघों में उदार-सम्वाद;

why not अजानपन? = भोलापन। भोलेपन में माधुर्य्य होता है अतः यहाँ गुण के स्थान पर गुणी (लक्षणा)

विपुल-कल्पनाएँ लहरों में,
तरु-छाया में विरह-विषाद,
मिली तृषा सरिता की गति में,
तम में अगम, गहन-उन्माद !

प्रेमभावपूर्ण हृदयों में नाना पदार्थों और व्यापारों में इस प्रकार के आभास मिलने लगे।

सुमन-हास में, तुहिन-अश्रु में,
मौन-मुकुल, अलि-गुंजन में,
इन्द्र-धनुष में, जलद-पंख में,
अस्फुट बुद्बुद-**क्रन्दन**[1] में,

1. बिलबिलाना

खद्योतों के मलिन-दीप में,
शिशु की स्मिति, तुतलेपन में,
एक भावना, एक रागिनी,
एक प्रकाश मिला मन में।

मन, श्रवण और नेत्रों को एक ही भाव की भिन्न-भिन्न अभिव्यक्ति के रूप में अनुभूति हुई।

मृगियों ने चंचल-अवलोकन,
औ' चकोर ने निशाभिसार,
सारस ने मृदु-ग्रीवालिंगन,
हँसों ने गति, वारि-विहार;

रात को निकलना।

पावस-लास प्रमत्त-शिखी ने,
प्रमदा ने सेवा, शृंगार,
स्वाति-तृषा सीखी चातक ने,
मधुकर ने मादक-गुंजार।

शून्य-वेणु-उर से तुम कितनी
छेड़ चुके तब से प्रिय-तान,
यमुना की नीली-लहरों में
बहा चुके कितने कल-गान;

कहाँ मेघ औ' हंस ? किन्तु तुम
भेज चुके सन्देश-अजान,
तुड़ा मरालों से मन्दर-धनु।
जुड़ा चुके तुम अगणित-प्राण !

जीवन के सुख-दुख से सुरभित
कितने काव्य-कुसुम सुकुमार,
करुण-कथाओं की मृदु-कलियाँ–
मानव-उर के-से शृंगार–

कितने छन्दों में, तालों में,
कितने रागों में **अविकार,**
फूट रहे नित अहे विश्वमय !
तब से जगती के उद्‌गार !

एक ही समान प्रेम-व्यंजक

विपुल-कल्पना से, भावों से,
खोल हृदय के सौ सौ द्वार,

जल, थल, अनिल-अनल, नभ से कर
जीवन को फिर एकाकार;

विश्व-मंच पर **हास-अश्रु** का
अभिनय दिखला बारम्बार,
मोह-**यवनिका** हटा, कर दिया
विश्व-रूप तुमने साकार।

Drop-scene सुख-दुख स्वप्नों; जगत् सुख-दुखमय है, यह।

हे त्रिलोकजित् ! नव-वसन्त की
विकच-पुष्प-शोभा सुकुमार
सहम, तुम्हारे मृदुल-करों में
झुकी धनुष-सी है साभार;

अस्त्र रूप में तुम्हारे अधीन है

वीर ! तुम्हारी चितवन-चंचल
विजय-ध्वजा में मीनाकार
कामिनि की सनिमेष नयन-छवि *(में)*
करती नित नव-बल संचार।

बजा दीर्घ-साँसों की भेरी,
सजा सटे-कुच कलशाकार,
पलक-पाँवड़े बिछा, खड़े कर
रोओं में पुलकित-प्रतिहार;

बाल-युवतियाँ तान कान तक
चल-चितवन के बन्दनवार,
देव ! तुम्हारा स्वागत करतीं
खोल सतत-उत्सुक-दृग-द्वार।

गोल तोरण के आकार के वक्र भ्रू।

पाकर अबला के **पलकों से**
मदन ! तुम्हारा प्रखर-प्रहार,
जब **निरस्त्र** त्रिभुवन का यौवन
गिर कर प्रबल-तृषा के भार, *(से)*

कटाक्ष द्वारा

रोमावलि की शर-शय्या में
तड़प, तड़प, करता चीत्कार,
हरते ही तब तुम जग का दुख,
बहा प्रेम-सुरसरि की धार।

ऐ **त्रिनयन की नयन-वह्नि के**
तप्त-स्वर्ण ! ऋषियों के गान !
नव-जीवन ! षड्ऋतु-परिवर्तन !
नव रसमय ! जगती के प्राण !

शिव की रोषाग्नि में तपाए खरे सोने।

ऐ असीम-सौन्दर्य-राशि में
हृत्कम्पन-से अन्तर्धान !
विश्व-कामिनी की पावन-छबि
मुझे दिखाओ, करुणावान !

(सितम्बर 1923)

मोह

छोड़ द्रुमों की मृदु-छाया,
तोड़ प्रकृति से भी माया,
बाले ! तेरे बाल-जाल में कैसे उलझा दूँ लोचन ?
भूल अभी से इस जग को !

तजकर तरल-तरंगों को,
इन्द्र-धनुष के रंगों को,
तेरे भ्रू-भंगों से कैसे बिंधवा दूँ निज मृग-सा मन ?
भूल अभी से इस जग को !

कोयल का वह कोमल-बोल,
मधुकर की वीणा अनमोल,
कह, तब तेरे ही प्रिय-स्वर से कैसे भर लूँ सजनि ! श्रवन ?
भूल अभी से इस जग को !

ऊषा-सस्मित किसलय-दल,
सुधारश्मि से उतरा जल,
ना, अधरामृत ही के मद में कैसे बहला दूँ जीवन ?
भूल अभी से इस जग को !

(जनवरी 1918)

मौन निमन्त्रण

N.B. Mystie attitude towards the unknown प्रेमिका को प्रिय का आभास। unlike आँसू of प्रसाद which follows presian conventions in concieving both as male

स्तब्ध-ज्योत्स्ना में जब संसार
चकित रहता शिशु-सा नादान,
विश्व के पलकों पर सुकुमार
विचरते हैं जब स्वप्न-अजान;

चमत्कृत

न जाने, नक्षत्रों से कौन
निमन्त्रण देता मुझको मौन !

सघन-मेघों का भीमाकाश
गरजता है जब तमसाकार,
दीर्घ भरता समीर निःश्वास,
प्रखर झरती जब पावस-धार;
न जाने, तपक तड़ित में कौन
मुझे इंगित करता तब मौन !

देख वसुधा का यौवन-भार
गूँज उठता है जब मधुमास,
विधुर-उर के-से मृदु-उद्गार
कुसुम जब खुल पड़ते सोच्छ्वास;
न जाने, सौरभ के मिस कौन
सन्देसा मुझे भेजता मौन !

क्षुब्ध-जल-**शिखरों**[1] को जब वात
सिन्धु में मथकर फेनाकार,

बुलबुलों का व्याकुल-संसार
बना, बिथुरा देती अज्ञात;

1. ऊँची तरंगें।

उठा तब लहरों से कर कौन
न जाने, मुझे बुलाता मौन !

स्वर्ण, सुख, श्री, सौरभ में **भोर,**
विश्व को देती है जब बोर,
विहग-कुल की कल कंठ-हिलोर
मिला देती भू-नभ के छोर;

दीप्ति; प्रभात काल में; पृथ्वी से आकाश तक छा जाती।

न जाने, अलस-पलक-दल कौन
खोल देता तब मेरे मौन !

Suggestions – भीतरी आँखें खुल जातीं और उस ज्योति का कुछ आभास मिलता।

तुमुल-तम में जब एकाकार
ऊँघता एक साथ संसार,
भीरु-झींगुर-कुल की झनकार
कँपा देती तन्द्रा के तार;
न जाने, खद्योतों से कौन
मुझे पथ दिखलाता तब मौन !

कनक-छाया में, जबकि सकाल
खोलती कलिका उर के द्वार,
सुरभि-पीड़ित मधुपों के बाल
तड़प, **बन जाते हैं गुंजार;**

गुंजार ही गुंजार हो जाते हैं

न जाने, ढुलक ओस में कौन
खींच लेता मेरे दृग मौन !

बिछा कार्यों का गुरुतर-भार
दिवस को दे सुवर्ण-अवसान,
शून्य-शय्या में, श्रमित-अपार,
जुड़ाती जब मैं आकुल-प्राण;

प्रिय से शून्य

न जाने, मुझे स्वप्न में कौन
फिराता छाया-जग में मौन !

न जाने कौन, अये द्युतिमान !
जान मुझको अबोध, अज्ञान,
सुझाते हो तुम पथ अनजान,
फूँक देते छिद्रों में गान;
अहे सुख दुःख के सहचर मौन !
नहीं **कह सकती** तुम हो कौन !

(नवम्बर 1923)

वसन्त-श्री

उस फैली-हरियाली में,
कौन अकेली खेल रही **मा**[1] !
वह अपनी वय-बाली में ?
सजा हृदय की थाली में–

1. प्रकृति देवी

क्रीड़ा, कौतूहल, कोमलता,
मोद, मधुरिमा, हास, विलास,
लीला, विस्मय, अस्फुटता, भय,
स्नेह, पुलक, सुख, सरल-हुलास !
ऊषा की मृदु-लाली में–

किसका पूजन करती पल पल
बाल-चपलता से अपनी ?
मृदु-कोमलता से वह अपनी,
सहज-सरलता से अपनी ?
मधुऋतु की तरु-डाली में–

रूप, रंग, रज, सुरभि, मधुर-मधु,
भर भर **मुकुलित-अंगों** में
मा ! क्या तुम्हें रिझाती है वह ?
खिल खिल बाल-उमंगों में,
हिल-मिल हृदय-तरंगों में !

पुष्प रूप अंगों में

(मार्च 1918)

स्वप्न

मुकुलित-पलकों के प्यालों में
किस स्वप्निल-मदिरा का राग
इन्द्रजाल-सा गूँथ रहा नव,
किन पुष्पों का स्वर्ण-पराग ?

किन इच्छाओं के पंखों में
उड़-उड़ ये आँखें अनजान
मधु-बालों-सी, छाया-बन की
कलियों का मधु करतीं पान ?

मानस की फेनिल-लहरों पर
किस छबि की किरणें अज्ञात
रजत-स्वर्ण में लिखतीं अविदित
तारक-लोकों की शुचि-बात ?

किन जन्मों की चिर-संचित-सुधि
बजा सुप्त-तन्त्री के तार
नयन-नलिन में बँधी मधुप-सी
करती मर्म-मधुर-गुंजार ?

पलक-यवनिका के भीतर छिप,
हृदय-मंच पर छा छबिमय,
सजनि ! अलस के मायावी-शिशु
खेल रहे कैसा अभिनय ?

मीलित-नयनों का अपना ही
यह कैसा छायामय-लोक
अपने ही सुख-दुख, इच्छाएँ,
अपनी ही छवि का आलोक !

मौन-मुकुल में छिपा हुआ जो
रहता विस्मय का संसार
सजनि ! कभी क्या सोचा तूने
वह किसका शुचि-शयनागार ?

प्रथम-स्वप्न **उसमें** जीवन का
रहता चिर-अविकच, अज्ञान,
जिसे न चिन्ता छू पाती औ'
जो केवल मृदु, अस्फुट-गान।
उस शिशु हृदय में

जब शशि की शीतल-छाया में
रुचिर रजत-किरणें सुकुमार
प्रथम खोलतीं नव-कलिका के
अन्तःपुर के कोमल-द्वार,

अलि-बाला से सुन तब सहसा,–
'जग है केवल स्वप्न-असार',
अर्पित कर देती मारुत को
वह अपने सौरभ का भार,

हिम-जल बन, तारक-पलकों में
उमड़ मोतियों-से अवदात,
सुमनों के अधखुले-दृगों में
स्वप्न लुड़कते जो नित प्रात;

उन्हें सहज अंचल में चुन-चुन,
गूँथ उषा-किरणों में हार
क्या अपने उर के विस्मय का
तूने कभी किया शृंगार ?

विजन-नीड़ में चौंक अचानक,
विटप-बालिका पुलकित-गात
जिन् सुवर्ण-स्वप्नों की गाथा
गा-गाकर कहती अज्ञात;

सजनि ! कभी क्या सोचा तूने
तरुओं के तम में चुपचाप,
दीप-शलभ दीपों को चमका
करते जो मृदु मौनालाप ?

जलनिधि की मृदु-पुलकावलि-सी
सलिल-बालिकाएँ सुकुमार
स्वप्न-सिन्धु-सी उमड़, अतल के
बतलाती क्या भेद-अपार ?

अलि ! किस स्वप्नों की भाषा में
इंगित करते तरु के पात,
कहाँ प्रात को छिपती प्रतिदिन
वह तारक-स्वप्नों की रात ?

दिनकर की अन्तिम-किरणों ने
उस नीरव-तरु के ऊपर
स्वप्नों का जो स्वर्ण-जाल है
फैलाया सुखमय, सुन्दर;

विहग-बालिका बन हम दोनों,
बैठ वहाँ पल भर एकान्त,
चल सखि ! स्वप्नों पर कुछ सोचें,
दूर करें निज भ्रान्ति नितान्त।

सजनि ! हमारा स्वप्न-सदन क्यों
सिहर उठा सहसा थर्-थर् !
किस अतीत के स्वप्न अनिल में
गूँज उठे, कर मृदु मर्-मर् !

विरस डालियों से यह कैसा
फूट रहा हा ! रुदन-मलिन,–
'हम भी हरी भरी थीं पहिले,
पर अब स्वप्न हुए वे दिन !'

पत्रों के विस्मित-अधरों से
संसृति का अस्फुट-संगीत
मौन-निमन्त्रण भेज रहा वह
अन्धकार के पास सभीत !

सघन-द्रुमों में झूम रहा अब
निद्रा का नीरव-निःश्वास,
मूँद रहा घन-अन्धकार में
रह-रह अलस-पलक आकाश !

जग के निद्रित-स्वप्न सजनि ! सब
इसी अन्ध-तम में बहते,
पर जागृति के स्वप्न हमारे
सुप्त-हृदय ही में रहते;

जगत् के नाना रूप सत् नहीं; हृदय की भावनाएँ ही सत् हैं। mystic

अह, किस गहरे-अन्धकार में
डूब रहा धीरे संसार,
कौन जानता है, कब इसके
छूटेंगे ये स्वप्न-असार !

अलि ! क्या कहती है, प्राची से
फिर उज्ज्वल होगा आकाश !
पर, मेरे तम-पूर्ण-हृदय में
कौन भरेगा प्रकृत-प्रकाश !

(नवम्बर 1919)

मुसकान

कहेंगे क्या मुझसे सब लोग
कभी आता है इसका ध्यान !
रोकने पर भी तो सखि ! हाय,
नहीं रुकती है यह मुसकान !

विपिन में **पावस के-से दीप**[1]
सुकोमल, सहसा, सौ-सौ भाव
सजग हो उठते नित उर-बीच,
नहीं रख सकती तनिक दुराव !

1. जुगनू

कल्पना के ये शिशु-नादान
हँसा देते हैं मुझे निदान !

तारकों से **पलकों पर कूद**[1]
नींद हर लेते नव नव भाव,
कभी बन हिम-जल की लघु-बूँद
बढ़ाते मुझसे चिर-अपनाव;

आँख में ज्योति डाल कर

गुदगुदाते ये तन, मन, प्राण,
नहीं रुकती तब यह मुसकान !

कभी उड़ते पत्तों के साथ
मुझे मिलते मेरे सुकुमार,
बढ़ाकर लहरों से निज हाथ
बुलाते, फिर, मुझको उस पार;

नहीं रखती मैं जग का ज्ञान,
और हँस पड़ती हूँ अनजान !
रोकने पर भी तो सखि ! हाय,
नहीं रुकती तब यह मुस्कान !

(अगस्त 1922)

विश्व-वेणु

हाँ,—हम मारुत की मृदुल-झकोर,
नील-व्योम की अंचल-छोर;
बाल-कल्पना-सी अनजान।
फिरती रहती हैं निशि-भोर;
उर की प्रिय, जब की प्राण।

चपलता और अस्थिरता

हरियाली से ढँक मृदु-गात,
कानों में भर सौ सौ बात;
हमी झुलाते हैं अविराम
विश्व-पुलक-से तरु के पात,
कुसुमित-पलनों में अभिराम।

हरियाली के भीतर घुसकर; N.B. फूल पत्तों के ऊपर होते हैं, नीचे नहीं।

चारु **नभचरी-सी** **वय-हीन**
अपनी ही मृदु-छवि में लीन,
कर सहसा शीतल भ्रू-पात,
चंचलपन में ही आसीन,
हम पुलकित कर देतीं गात।

1. अप्सरा, देवांगना; 2. अजर

गुंजित-कुंजों में सुकुमार
(भौंरों के सुरभित-**अभिसार**)
आ, जा, खोल, **फेर,** स्वच्छन्द
पत्रों के **बहु-छिद्रित** द्वार,
हम क्रीड़ा करतीं सानन्द।

Wrong use of the word. changing, ref. वेणु

चूम मौन-कलियों का मान,
खिला मलिन-मुख में मुसकान;
गूढ़-स्नेह का-सा निःश्वास
पा कुसुमों से सौरभ-दान,
छा **जातीं** हम अवनि, अकास !

मान चूम लेना = चूम कर दूर कर देता (संकोच)।

निर्झर-गान

शुभ्र-निर्झर के झर्-झर्-पात !
कहाँ पाया यह निर्भर-गान ?
शृंग के निर्मल-नाद !
स्वरों का यह **सन्धान**[1] ?

1. मेल

विजनता का-सा विशद-विषाद,
समय का-सा सम्वाद;
कर्म का-सा **अजस्र**[1]-आह्वान,
गगन का-सा आह्लाद;

1. अखंड

मूक-गिरिवर के मुखरित-ज्ञान !
भारती का-सा अक्षय-दान ?

सितारों के हैं गीत महान,
मोतियों के अमूल्य, अम्लान;
फेन के अस्फुट, अचिर, वितान,
ओस के सरल, चटुल, नादान;
आँसुओं के अविरल, अनजान,
बालुका के गतिवान;
कठिन-उर के कोमल-उद्घात !
अमर है यह गान्धर्व-विधान।

प्रणति में है निर्वाण,
पतन में अभ्युत्थान;
जलद-ज्योत्स्ना के गात !
अटल हो यदि चरणों में ध्यान;
शिलोच्चय के गौरव-संघात !
विश्व है कर्म-प्रधान।

(अगस्त 1922)

छाया

कौन, कौन तुम परिहत-वसना,
म्लान-मना, भू-पतिता-सी,
बात - हता - विच्छिन्न - लत - सी,
रति-श्रान्ता व्रज-वनिता-सी ?

नियति-वंचिता, आश्रय-रहिता,
जर्जरिता, पद-दलिता-सी,
धूलि-धूसरित, मुक्त-कुन्तला,
किसके चरणों की दासी ?

कहो, कौन हो दमयन्ती-सी
तुम तरु के नीचे सोईं ?
हाय ! तुम्हें भी त्याग गया क्या
अलि ! नल-सा निष्ठुर कोई !

पीले-पत्रों की शय्या पर
तुम विरक्ति-सी, मूर्छा-सी,
विजन-विपिन में कौन पड़ी हो
विरह-मलिन, दुख-विधुरा-सी ?

गूढ़-कल्पना-सी कवियों की,
अज्ञाता के विस्मय-सी,
ऋषियों के **गम्भीर**-हृदय-सी,
बच्चों के **तुतले-भय**-सी;

अस्फुट–जिसके अवयव पूर्णतया व्यक्त न हों। अजानकार का विस्मय, अन्धकारपूर्ण। show represents depression or depth in painting, भय का कारण (छाया देख अथवा अँधेरे में बच्चे डर जाते हैं) तुतला भय = तुतली बोली द्वारा व्यंजित भय।

भू-पलकों पर स्वप्न-जाल-सी,
स्थल-सी, पर, चंचल जल-सी,
मौन-अश्रुओं **के** अंचल-सी,
गहन-गर्त में सम-तल-सी ?

पेड़ के पत्तों पर से ओस की बूँदें नीचे पेड़ की छाया पर पड़ती हैं–
जो अंचल के समान नीचे फैली रहती है।

तुम पथ-श्रान्ता द्रुपद-सुता-सी
कौन छिपी हो अलि ! अज्ञात,
तुहिन-अश्रुओं से निज गिनती
चौदह दुखद-वर्ष दिन रात ?

तरुवर की छायानुवाद-सी,
उपमा सी, भावुकता-सी,
अविदित **भावाकुल-भाषा**-सी,
कटी-छँटी नव-कविता-सी;

1. अस्पष्ट

पछतावे की परछाँई-सी
तुम भू पर छाई हो कौन ?
दुर्बलता-सी, अँगड़ाई-सी,
अपराधी-सी भय से मौन !

मदिरा की मादकता-सी औ'
वृद्धावस्था की **स्मृति-सी,**
दर्शन की अति जटिल-ग्रन्थि-सी,
शैशव की निद्रित-स्मिति-सी;

क्षीण। छाया के अँधेरे में पड़ी वस्तुएँ स्पष्ट नहीं होतीं।

आशा के नव-इन्द्रजाल-सी,
सजनि ! नियति-सी अन्तर्धान,
कहो कौन तुम तरु के नीचे
भावी-सी हो छिपी अजान ?

आशा अपना रूपजाल उस काल के आगे फेंकती है जिस काल में मनुष्य रहता है, पेड़ की छाया भी आगे पड़ती है। छाया कभी सिमटी रहती है कभी फैलती है।

चिर-अतीत की विस्मृत-स्मृति-सी,
नीरवता की-सी **झंकार,**
आँखमिचौनी-सी असीम की,
निर्जनता की-सी उद्‌गार;

सन्नाटापन

परियों की निर्जल-सरसी-सी,
वन्य-देवियाँ जहाँ विहार
करतीं छिप-छिप छाया-जल में,
अनिल-वीचियों में सुकुमार;

तुम त्रिभुवन के **नयन-चित्र**-सी
यहाँ कहाँ से उतरी प्रात,
जगती की नेपथ्य-भूमि-सी,
विश्व-विदूषक-सी अज्ञात !

पुतली की कालिमा; यह जगत् छायारूप है, इसकी नकल करनेवाली।

किस रहस्यमय-अभिनय की तुम
सजनि ! **यवनिका** हो सुकुमार,
इस अभेद्य-पट के भीतर है
किस विचित्रता का संसार ?

निर्जनता के मानस-पट पर
--बार-बार भर ठंडी-साँस--
क्या तुम छिपकर क्रूर-काल का
लिखती हो **अकरुण**-इतिहास ?

सन्नाटे के बीच। अत्यन्त करुण अथवा निर्लिप्त और अक्षुब्ध भाव से।

सखि ! भिखारिणी-सी तुम पथ पर
फैला कर अपना अंचल,
सूखे-पातों ही को पा क्या
प्रभुदित रहती हो प्रतिपल ?

पत्रों के अस्फुट-अधरों से
संचित कर सुख-दुख के गान,
सुला चुकी हो क्या तुम अपनी
इच्छाएँ सब अल्प, महान ?

निष्काम हो चुकी हो

कालानिल की **कुंचित**-गति से
बार-बार कम्पित होकर,
निज जीवन के मलिन-पृष्ठ पर
नीरव-शब्दों में निर्भर

टेढ़ी, विकट

किस अतीत का करुण-चित्र तुम
खींच रही हो कोमलतर,
भग्न-भावना, विजन-वेदना
विफल-लालसाओं से भर ?

ऐ अवाक् निर्जन की भारति !
कम्पित-अधरों से अनजान
मर्म-मधुर किस सुर में गातीं
तुम अरण्य के चिर-आख्यान ?

मुँह खोलने से !

ऐ अस्पृश्य, अदृश्य-अप्सरसि !
यह **छाया-तन, छाया-लोक,**
मुझको भी दे दो मायाविनि !
उर की आँखों का आलोक !

fantasy, dream, अन्तस्, कल्पना।

ज्योतिर्मय शत-नयन खोल नित,
पुलकित-पलक पसार अपार,
श्रान्त-यात्रियों का स्वागत क्या
करती हो तुम बारम्बार ?

बीच-बीच में प्रकाशखंड लिये। पलक-पाँवड़े बिछा कर

थके **चरण-चिह्नों को, अपनी**
नीरव-उत्सुकता से भर,
दिखा रही हो अथवा जग को
पर-सेवा का मार्ग अमर ?

विराम का स्थान सूचित करके, (जहाँ चरणा चिह्न लुप्त हो जाते हैं
वहाँ पथिक का विराम समझा जाता है)

कभी लोभ-सी लम्बी होकर,
कभी तृप्ति-सी हो फिर पीन,
क्या संसृति की अचिर-भूति तुम
सजनि ! नापती हो **स्थिति-हीन** ?

एक स्थिति में न रहनेवाली

श्रमित, तपित अवलोक पथिक को।
रहती या यों दीन, मलीन ?
ऐ विटपी की व्याकुल-प्रेयसि !
विश्व-वेदना में तल्लीन।

दिनभर-कुल में दिव्य-जन्म पा,
बढ़ कर नित तरुवर के संग,
मुरझे-पत्रों की साड़ी से
ढँक कर अपने कोमल-अंग;

सदुपदेश-सुमनों से तरु के
गूँथ हृदय का सुरभित-हार,
पर-सेवा-रत रहती हो तुम,
हरती नित पथ-श्रन्ति अपार।

हे सखि ! इस पावन-अंचल से
मुझको भी निज मुख ढँक कर,
अपनी **विस्मृत** सुखद-गोद में
सोने दो सुख से क्षणभर !

विस्मृत करनेवाली; रात्रि की छाया पा कर प्राणी सोते हैं।

चूर्ण-शिथिलता-सी अँगड़ा कर
होने दो अपने में लीन,
पर-पीड़ा से पीड़ित होना
मुझे सिखा दो, कर मद-हीन।

थककर चूर हुए, श्रान्त की निद्रा-सी हो कर

× × ×

गाओ, गाओ विहग-बालिके !
तरुवर से मृदु मंगल-गान,
मैं छाया में बैठ, तुम्हारे
कोमल-स्वर में कर लूँ स्नान;

—हाँ सखि ! आओ, बाँह खोल, हम
लग कर गले, जुड़ालें प्राण,
फिर तुम **तम में,** मैं प्रियतम में,
हो जावें द्रुत अन्तर्धान !

Beautiful lines, व्यंजना—जगत् के छायाखंड को प्यार करके मैं तो प्रकाश-स्वरूप प्रियतम में मिल जाऊँ और यह छायाखंड या दृश्य रूप अन्धकार में विलीन हो जाय।

(दिसम्बर 1920)

शिशु

कौन तुम अतुल, **अरूप,** अना ?
अये अभिनव, अभिराम !

सूक्ष्म रूप। उपसर्गगत लक्षण (निषेधार्थक *for* अल्पार्थक)

मृदुलता ही है बस आकार,
मधुरिमा—छबि, शृंगार;
न अंगों में है रंग, उभार,
न मृदु-उर में उद्गार;
निरे साँसों के पिंजर-द्वार !
कौन हो तुम अकलंक, अकाम ?

कामना-से *(उस)* मा की सुकुमार
स्नेह में चिर-साकार;
मृदुल-कुड्मल-से जिसे न ज्ञात
सुरभि का निज संसार;
स्रोत-से नव, अवदात,
स्खलित अविदित-पथ पर **अविचार;**

माँ की कोमल कामना के समान जो सदा बनी रहनेवाली प्रेम की मूर्ति ही है। बिना सोचे-समझे।

कौन तुम गूढ़, गहन, अज्ञात ?
अहे निरुपम, नवजात !

(*हे उस*) बेणु-से ! जिसकी मधुमय-तान
दुरी हो अन्तर में अनजान;
विरल-उडु-से सरसी में, तात !
इतर ही जिसका वासस्थान;
लहर-से लघु, नादान,
कम्प अम्बुधि की एक महान;

समूह से अलग पड़ा हुआ, अकेला; इस लोक से परे।

विमल हिम-जल-से एक प्रभात
कहाँ से उतरे तुम छबिमान !

गीति-से जीवन में लयमान,
भाव जिसके अस्पष्ट, अजान;
सुरभि-से जिसे विहान
उड़ा लाया हो प्राण;[1]
स्वप्न-से **निद्रित-सजग** समान,
सुप्ति में जिसे न अपना ज्ञान;
रश्मि-से शुचि-रुचिमान
बीचि में पड़ी **वितान;**[2]

music of life, half awake, 1. वायु; 2. फैली हुई

स्वीय-स्मिति-**से**[1] ही हे अज्ञान !
दिव्यता का निज तुम्हें न ध्यान !

1. सदृश

खेलती अधरों और मुसकान;
पूर्व-सुधि-सी अम्लान;
सरल-उर **की-सी** मृदु-आलाप,
अनवगत जिसका गान;
कौन-सी अमर-गिरा यह, प्राण !
कौन से राग, छन्द, आख्यान ?

Comparision of external objects with subjective states wery frequent in modern poetry of this school particularly of pant

स्वप्न-लोकों में किन चुपचाप
विचरते तुम इच्छा-**गतिवान** !

न अपना ही, न जगत का ज्ञान,
न परिचित हैं निज नयन, न कान;

दीखता है जग कैसा तात !
नाम, गुण रूप अजान ?
तुम्हीं-सा हूँ मैं भी **अज्ञात,**
वत्स ! जग है अज्ञेय महान।

Poets inquisitiveness of a very high order. हम लोग तो नाम रूप गुण का आरोप करके ही जगत् को जानते हैं; तुम नाम गुण आदि से अनजान रह कर, उनका आरोप न करके भी जगत् को कैसा देखते हो ? कवि की उत्कंठा, सत्ता का पारमार्थिक स्वरूप देखने की चिर-लालसा व्यंजित करती है। उसके मन में आता है कि शिशु को शायद वह स्वरूप दिखाई पड़ता हो; जिसने नहीं जाना है, ज्ञान शून्य

(नवम्बर 1923)

नारी-रूप

घने लहरे रेशम के बाल,–
धरा है सिर में मैंने देवि !
तुम्हारा यह स्वर्गिक-शृंगार,
स्वर्ण का सुरभित-भार !
मलिन्दों से उलझी-गुंजार,
मृणालों से मृदु-तार;
मेघ से सन्ध्या का संसार,
वारि से ऊर्म्मि-उभार,
(*ये सब*)–मिले हैं इन्हें विविध-उपहार
तरुण-तम से विस्तार (*मिला है*)।

स्नेहमयि ! सुन्दरतामयि !
तुम्हारे रोम-रोम से नारि !
मुझे है स्नेह-अपार;
तुम्हारा मृदु-उर ही सुकुमारि !
मुझे है स्वर्गागार।
तुम्हारे गुण हैं मेरे गान,
मृदुल-दुर्बलता, ध्यान;
तुम्हारी पावनता, अभिमान,
शक्ति, पूजन-सम्मान;
अकेली सुन्दरता कल्याणि !
सकल ऐश्वर्यों की सन्धान।

स्वप्नमयि ! हे मायामयि !
तुम्हीं हो स्पृहा, अश्रु औ' हास,
सृष्टि से उर की साँस;

तुम्हीं इच्छाओं की अवसान,
तुम्हीं स्वर्गिक-आभास;
तुम्हारी सेवा में अनजान
हृदय है मेरा अन्तर्धान;
देवि ! मा ! सहचरि ! प्राण !

"Spouse! sister angel!" –Shelly.
Of Shelly's Epipoychidion – "The culminating expression of the spiritual passion for ideal womanhood."

(मई 1922)

नक्षत्र

ऐ निशि-जाग्रत् ! वासर-निद्रित !
ऐ अनन्य-छवि के **समुदय** !
स्तब्ध-विश्व के अपलक-विस्मय!
अश्रु-हास ! अनिमेष-हृदय।

उदय, विकास। विस्मय से एकटक ताकती आँखें। N.B. The conneciton of dew with stars in western poetic convention

ऐ अनादि के **वृत्त-अनन्वय** !
ऐ आतुर-उर के सम्मान !
अब **मेरी उत्सुक-आँखों से**
उमड़ो,–दिवस हुआ अवसान।

अनुपम, बेजोड़, प्रिय की अभ्यर्थना के लिए उत्कंठा से भरे हृदय की सजावट। सम्मान *for* सम्मान में की हुई सजावट is very far fetched लक्षणा।

प्रिय को देखने की उत्सुकता में जो मुझमें असंख्य नेत्र हो रहे हैं उन्हीं की ज्योति लेकर निकलो। आख्यान।

ऐ अनन्त की अगम-कल्पना !
ऐ **अशब्द-भारति अविषय** !
आदि **नग्न-सौन्दर्य** निरामय !
मुग्ध-दृष्टि की चरम-विजय !

अविषय = ठीक या वास्तव तथ्य ही नहीं मिलता जिसका वर्णन हो।
प्रिय पर मुग्ध दृष्टि कहाँ तक निरन्तर लगी रह सकती है, इसके प्रमाण।

स्वर्ण-समय के स्मारक सुखमय !
संसृति के अविदित-आख्यान !
अब पिपीलिका के विवरों से
निकलो, हे असंख्य ! अमलान !

Golden age

ऐ अज्ञात-देश के नाविक !
ऐ अनन्त के **हत्कम्पन !**
नव-प्रभात के अस्फुट-अंकुर !
निद्रा के रहस्य-कानन !

जुगजुगाहट। Twinkling प्रातःकाल जो प्रचुर प्रकाश होगा **उसके** अंकुरों के समान आँसू।

ऐ सुखमय-**तब** ! आशामय-**अब**!
ऐ मानस-लोचन रुचिमान !
जागो हे, हाँ, धीरे-धीरे,
खोलो अलसित-पलक सुजान !

Past, Present

ऐ अविदित-युग के मुद्राकर !
ऐ विभूति के भग्न-भवन !
अहे **पुरातन हर्षोज्ज्वल-दिन** !
ऐ **नूतन-निशि अश्रु-नयन** !

The picture of the past in our minds is always **bright**, रात्रिस्वरूप वर्तमान के अश्रुपूर्ण (झलकते) नेत्र।

ऐ शाश्वत-स्मिति! ऐ ज्योतित-स्मृति!
स्वप्नों के गति-हीन-विमान !
गाओ हे, हाँ, व्योम-विटप से
गाओ खग ! निज नीरव-गान।

ऐ असंख्य-भाग्यों के शासक !
ऐ असीम-छबि के सावन !
ऐ **अरण्य-निशि के आश्वासन** !
विश्व-सुकवि के सजग-नयन !

जंगलों की अँधेरी रात के सहारे।

ऐ सुदूरता के सम्मोहन!
ऐ निर्जनता के आह्वान!
काल-कुहू (है); मेरा दुर्गम-मग
दीपित कर दो, हे **द्युतिमान**!

अँधेरे मैदान में दूर पर दिखाई पड़ने वाले दीपक के समान पथिक को बुलानेवाले

ऐ गभीर **गन्धर्व-साम-ध्वनि**!
व्योम-वेणु के नीरव-लय!
सजग-**दिगम्बर** के चिर-**तांडव**!
सुप्त-विश्व के जीवाशय!

music of the stars idea western, शिव, revolving moments

सूर-**सिन्धु**! तुलसी के **मानस**!
मीरा के उल्लास अजान!
मेरे अधरों पर भी अंकित
कर दो यह स्वर्गिक-मुसकान।

अनन्त भाव-समुद्र सूरसागर; (क) मानसरोवर; (ख) रामचरित मानस;

अहे **अनभ्र**-गगन के जल-कण!
ज्योति-बीज! हिमजल के घन!
बीते दिवसों की समाधि हे!
प्रातः-विस्मृत *(होनेवाले)* स्वप्न सघन!

मेघरहित, निर्मल; अतीत के द्युतिमान दिनों

अग्नि-शस्य! रवि के **चिह्नित-पग**!
म्लान-दिवस के छिन्न-वितान!
कह दो हे शशि के प्रिय-सहचर!
निशा दें दर्शन-दान।

बोई हुई अग्नि की फसल, Bright footprints, मन के फैले प्रकाश के छिन्न-भिन्न अवशेष

ऐ नश्वरता के लघु-बुद्बुद!
काल-चक्र के विद्युत-कन!
ऐ स्वप्नों के **नीरव-चुम्बन**!
तुहिन-दिवस! आकाश-सुमन!

शब्दरहित भव्य आभास; शीतल प्रकाश

नित-वसन्त! निशि के नन्दन-वन!
भावी-दिवसों के जल-यान!
खड़ी कुमुदिनी-सी मैं कब से
नयन-मूँद करती हूँ ध्यान।

good expression

अहे तिमिर चरते *(हुए)* शशि-शावक!
मूर्छित-आतप! शीतानल!
दिवस-स्रोत से दलित उपल-दल!
स्वप्न-नीड़! तम-ज्योति धवल!

मन्द; दिन के प्रकाश की धारा की रगड़ से चमकीले किए हुए रोड़े

इन्दु-दीप से दग्ध **शलभ-शिशु!**
शुचि-उलूक! अब हुआ विहान,
अन्धकारमय मेरे डर में
आओ, छिप जाओ अनजान।

असंख्यता मात्र का साम्य; चमक का नहीं; Bright, shining जिस अन्तःकरण में इतने उल्लू छिपे होंगे वह कैसा होगा?

(मई 1922)

सोने का गान

कहो हे प्रमुदित-विहग-कुमारि !
कहाँ से आया यह प्रिय-गान ?
तुहिन-बन में छाई सुकुमारि !
तुम्हारी स्वर्ण-ज्वाला-सी तान !

उषा की कनक-मदिर-मुसकान
उसी में था क्या **यह** अनजान ?
भला उठते ही तुम को आज
दिलाया किसने इसका ध्यान !

यह गान

स्वर्ण-पंखों की विहग-कुमारि !
अमृत है यह पुलकों का गान !

विटप में थी तुम छिपीं, विहान,
विकल क्यों हुए अचानक प्राण ?
छिपाओ अब न रहस्य कुमारि !
लगा यह किसका कोमल-बाण ?
विजन-बन में तुमने सुकुमारि !
कहाँ पाया यह मेरा गान ?

स्वप्न में आकर कौन सुजान
फूँक-सा गया तुम्हारे कान ?
कनक-कर बढ़ा-बढ़ाकर प्रात
कराया किसने यह मधु-पान ?
मुझे लौटा दो, विहग-कुमारि !
सजल मेरा सोने का गान।

(मार्च 1922)

निर्झरी

यह कैसा जीवन का गान
अलि ! कोमल कल् मल् टल् मल्?
अरी शैल-बाले नादान !
यह अविरल कल् कल् छल् छल्?

झर् मर् कर पत्रों के पास,
रण मंड़ रोड़ों पर सायास,
हँस हँस सिकता से परिहास
करती हो तुम अलि ! झलमल।

रगड़ा या लड़ाई ठान कर

स्वर्ण-बेलि-सी खिली विहान,
निशि में तारों की-सी यान;
रजत-तार-सी शुचि रुचिमान
फिरती हो रंगिणि ! रल् मल्।

दिखा भंगिमय भृकुटि-विलास,
उपलों पर बहु-रंगी-लास,
फैलाती हो फेनिल-हास,
फूलों के कूलों पर चल।

अलि ! यह क्या केवल दिखलाव,
मूक-व्यथा का मुखर-भुलाव ?
अथवा जीवन का बहलाव ?
सजल आँसुओं की अंचल !

वही कल्पना है दिन रात,
बचपन औ' यौवन की बात;
सुख की वा दुःख की ? अज्ञात !
उर अधरों पर है निर्मल।

क्रीड़ा की भावना। हृदय के ठीक-ठीक भाव मुख पर हैं।

सरल-सलिल की-सी कल-तान,
निखिल विश्व से निपट अजान,
विपिन-रहस्यों की आख्यान !
गूढ़-बात है कुछ कलू मलू !

(सितम्बर 1922)

जीवन-यान

अहे विश्व ! ऐ विश्व-व्यथित-मन !
किधर बह रहा है यह जीवन ?
यह लघु-पोत, पात, तृण, रज-कण,
अस्थिर–भीरु–**वितान,**
किधर ?–किस ओर ?–अछोर,–अजान,
डोलता है यह दुर्बल-यान ?

Unsteady, Sail

मूक-बुदबुदों-से लहरों में
मेरे व्याकुल-गान
फूट पड़ते निःश्वास-समान,
किसे है हा ! पर उनका ध्यान !

संसार के ऊँच-नीच में

कहाँ दुरे हो मेरे **ध्रुव** !
हे पथ-दर्शक ! द्युतिमान !
दृगों से बरसा यह **अपिधान**
देव ! कब दोगे दर्शन-दान ?

आँसुओं की झड़ी से परदा दूर करके।

(अगस्त 1923)

बादल

सुरपति के हम ही हैं अनुचर,
जगत्प्राण[1] के भी सहचर;
मेघदूत की सजल-कल्पना,
चातक के चिर-जीवनधर;

1. वायु

मुग्ध-शिखी के नृत्य मनोहर,
सुभग स्वाति के मुक्ताकार;
विहग-वर्ग के गर्भ-विधायक,
कृषक-बालिका के जलधर।

जलाशयों में कमल-दलों-सा
हमें खिलाता नित दिनकर,
पर बालक-सा वायु सकल-दल
बिखरा देता, चुन सत्वर;
लघु-लहरों के चल-पलनों में
हमें झुलाता जब सागर,
वही चील-सा झपट, बाँह गह,
हम को ले जाता ऊपर।

वायु?

भूमि-गर्भ में छिप विहंग-से,
फैला कोमल, रोमिल-पंख,
हम असंख्य अस्फुट-बीजों में
सेते साँस, छुड़ा **जड़-पंक;**

क्षितिज के नीचे जाते बादले देखने में पृथ्वी के भीतर घुसते जान पड़ते हैं। जैसे पक्षी पर फैला कर अंडे सेते हैं। सेकर साँस डालते। गीली मिट्टी से ऊपर उठाकर।

विपुल-कल्पना-से त्रिभुवन की
विविध-रूप धर, भर नभ-अंक,
हम फिर **क्रीड़ा-कौतुक** करते,
छा अनन्त-उर में निःशंक।

कभी चौकड़ो भरते मृग-से
भू पर चरण नहीं धरते,
मत्त-मतंगज *(से)* कभी झूमते,
सजग-**शशक** *(से)* नभ को चरते;
कभी कीश-से अनिल-डाल में
नीरवता से मुँह भरते,
बृहत्-गृद्ध-से **विहग-छदों** को
बिखराते नभ में तरते।

चुपचाप; आकाश में गमन करनेवाले परों

कभी अचानक, भूतों का-सा
प्रकटा विकट महा-आकार,
कड़क, कड़क, जब हँसते हम सब,
थर्रा उठता है संसार;
फिर परियों के बच्चों-से हम
सुभग सीप के पंख पसार,
समुद पैरते **शुचि-ज्योत्स्ना** में,
पकड़ इन्दु के कर-सुकुमार।

Beautiful imagery. such exercise of imagination is regarded as very poetic these days.

अनिल-विलोड़ित गगन-सिन्धु में
प्रलय-बाढ़-से चारों ओर
उमड़-उमड़ हम लहराते हैं
बरसा उपल, तिमिर घनघोर;

बात ***(की)*** **बात में,** तूल-**तोम**-सा
व्योम-**विटप** से झटक, झकोर,
हमें उड़ा ले जाता जब द्रुत
दल-बल-युत घुस बातुल-चोर।

= स्तोम, समूह, राशि, सेमल का पेड़।

बुद्बुद्-द्युति तारक-दल-तरलित
तम के यमुना-जल में श्याम
हम विशाल **जम्बाल**[1]-जाल-से
बहते हैं अमूल, अविराम;

1. सेवार

दमयन्ती-सी कुमुद-कला के
रजत-करों में फिर अभिराम
स्वर्ण-हंस-से हम मृदु-ध्वनि कर,
कहते प्रिय-सन्देश ललाम।

दुहरा विद्युद्दाम चढ़ा द्रुत,
इन्द्र-धनुष की कर टंकार;
विकट-पटह-से निर्घोषित हो,
बरसा विशिखों-सा आसार;

डोरी (धनुष की)

चूर्ण चूर्ण कर वज्रायुध से
भूधर को, अति भीमाकार
मदोन्मत्त वासव-सेना-से
करते हम नित वायु-विहार।

स्वर्ण-भृंग-तारावलि वेष्टित,
गुंजित, पुंजित, तरल, रसाल,
मधुगृह-से हम गगन-पटल में
लटके रहते **विपुल-विशाल;**

Golden bees. stars are not golden, छत्ते सदृश, समाप्तनुरत

जालिक-सा आ अनिल, हमारा
नील-सलिल में फैला जाल,
उन्हें फाँसा लेता फिर सहसा
मीनों के-से चंचल-बाल।

व्योम-विपिन में जब वसन्त-सा
खिलता नव-पल्लवित-प्रभात,

बहते हम तब अनिल-स्रोत में
गिर तमाल-तम के-से पात;
उदयाचल से बाल-हंस फिर
उड़ता अम्बर में अवदात,
फैल स्वर्ण-पंखों-से हम भी,
करते द्रुत मारुत से बात।

सन्ध्या का मादक पराग पी,
झूल मलिन्दों-से अभिराम,
नभ के नील-कमल में निर्भय
करते हम विमुग्ध-विश्राम;
फिर बाड़ब-से सान्ध्य-सिन्धु में
सुलग, सोख उसको अविराम,
बिखरा देते तारावलि-से
नभ में उसके रत्न निकाम।

विश्व-व्यापि

सलिल में ? उछल उछल, हिल हिल,
लहरियों में सलील खिल खिल,
थिरकते, गह गह अनिल-दुकूल ?
फूल ! तुम कहाँ रहे अब फूल ?

अनल में ? ज्वाला बन पावन,
दग्ध कर मोह-मलिन-बन्धन,
जला सुधि मेरी चुके समूल ?
फूल ! तुम कहाँ रहे अब फूल ?

गगन में ? बन शशि-कला सकल,
देख **नलिनी**-सी मुझे विकल,
misused for कुमुदिनी
बहाते ओस-अश्रु वा स्थूल ?
फूल ! तुम कहाँ रहे अब फूल ?

स्वप्न थे तुम, मैं थी निद्रित,
सुकृत थे तुम, मैं हूँ कलुषित,
पा चुके तुम भव-सागर-कूल,
फूल ! तुम कहाँ रहे अब फूल !

(जुलाई 1919)

याचना

बना मधुर मेरा जीवन !
नव नव सुमनों से चुन-चुन कर
धूलि, सुरभि, मधुरस, हिम-कण,
मेरे उर की मृदु-कलिका में
भर दे, कर दे विकसित मन।

बना मधुर मेरा भाषण !
बंशी-से ही कर दे मेरे
सरल प्राण औ' सरस वचन,
जैसा जैसा मुझको छेड़ें
बोलूँ अधिक मधुर, मोहन;
जो अकर्ण-अहि को भी सहसा
कर दे मन्त्र-मुग्ध, नत-फन,
रोम रोम के छिद्रों से मा !
फूटे तेरा राग गहन,
बना मधुर मेरा तन, मन !

(जनवरी 1919)

परिवर्तन

कहाँ आज वह पूर्ण-पुरातन, वह सुवर्ण का काल ?
भूतियों का दिगन्त-छबि-जाल,
ज्योति-चुम्बित जगती का भाल ?
राशि-राशि विकसित वसुधा का वह यौवन-विस्तार ?
स्वर्ग की सुखमा जब साभार
धरा पर करती थी अभिसार !

प्रसूनों के शाश्वत-शृंगार
(**स्वर्ण-भृंगों** के गन्ध-विहार)
गूँज उठते थे बारम्बार,
सृष्टि के प्रथमोद्गार !
नग्न-सुन्दरता थी सुकुमार,
ऋद्धि औ' सिद्धि अपार !

Golden bees.

(2)

हाय ! सब मिथ्या-बात !–
आ़ज तो सौरभ का मधुमास
शिशिर में भरता सूनी-साँस !

वहीं मधुऋतु की गुंजित-डाल
झुकी थी जो यौवन के भार,
अकिंचनता में निज तत्काल
सिहर उठती,–जीवन है भार!

आज पावस-नद के उद्गार
काल के बनते चिह्न-कराल;
प्रात का सोने का संसार
जला देती सन्ध्या की ज्वाल !

अखिल यौवन के रंग-उभार
हड्डियों के हिलते कंकाल;
कचों के चिकने, काले व्याल
केंचुली, काँस, सिवार;
गूँजते हैं सबके दिन-चार,
सभी फिर हाहाकार !

(3)

आज बचपन का कोमल-गात
जरा का पीला-पात !
चार-दिन सुखद चाँदनी-रात,
और फिर अन्धकार, अज्ञात!

शिशिर-सा झर नयनों का नीर
झुलस देता गालों के **फूल** !
प्रणय का चुम्बन छोड़ अधीर
अधर जाते अधरों को भूल !

रंग और प्रफुल्लता

मृदुल-होंठों का हिमजल-हास
उड़ा जाता निःश्वास-समीर;
सरल-भौंहों का शरदाकाश
घेर लेते घन, घिर गम्भीर !

शून्य-साँसों का विधुर-वियोग
छुड़ाता अधर-मधुर-संयोग;
मिलन के पल केवल दो, चार,
विरह के कल्प अपार !
अरे, वे अपलक चार-नयन

आठ-आँसू रोते निरुपाय;
उठे-रोओं के आलिंगन
कसक उठते काँटों-से हाय !

अहे निष्ठुर-परिवर्तन !
तुम्हारा ही तांडव-नर्तन
विश्व का करुण-**विवर्तन** !
तुम्हारा ही नयनो**न्मीलन**,
निखिल उत्थान, पतन !

और का और हो जाना। मीलन व उन्मीलन।

अहे वासुकि सहस्र-फन !
लक्ष **अलक्षित** चरण तुम्हारे चिह्न निरन्तर
छोड़ रहे हैं जग के विक्षत-वक्षःस्थल पर !
शत-शत फेनोच्छ्‌वसित, **स्फीत**-फूत्कार भयंकर
घुमा रहे हैं घनाकार जगती का **अम्बर** !
मृत्यु तुम्हारा गरल-दन्त, कंचुक-कल्पान्तर,

Serpants have no feet at all, whether visible or invisible

अखिल-विश्व की विवर,
वक्र-कुंडल
दिङ्‌मंडल !

Swollen, enlarged, dense, heavy, full, परिधान = ऊपरी दृश्यजाल

(7)

अहे दुर्जेय विश्वजित् !
नवाते शत सुरवर, नरनाथ
तुम्हारे इन्द्रासन तल माथ;

अये, विश्व का स्वर्ण- स्वप्न, संसृति का प्रथम-प्रभात,
कहाँ वह सत्य, वेद-विख्यात?
दुरित, दुख, दैन्य न थे जब ज्ञात,
अपरिचित जरा-मरण-**भ्र-पात**!
घूमते शत-शत भाग्य अनाथ,

सतत रथ के चक्रों के साथ !
तुम नृशंस-नृप-से जगती पर चढ़ अनियन्त्रित,
करते हो संसृति को उत्पीड़ित, पद-मर्दित;
नग्न नगर कर, भग्न भवन, प्रतिमाएँ खंडित,
हर लेते हो विभव, कला, कौशल चिर-संचित !
आधि, व्याधि, बहु-वृष्टि, बात, उत्पात, अमंगल,
बह्नि, बाढ़, भू-कम्प,—तुम्हारे विपुल सैन्य-दल;
अहे निरंकुश ! पदाघात से जिनके विह्वल
हिल हिल उठता है टल मल
पद-दलित धरा-तल !

(8)

जगत का अविरत हृत्कम्पन
तुम्हारा ही भय-सूचन;
निखिल-पलकों का मौन-पतन
तुम्हारा ही **आमन्त्रण** !
विपुल-वासना-विकच विश्व का मानस-शतदल
छान रहे तुम, कुटिल काल-कृमि-से घुस पल पल;
तुम्हीं स्वेद-सिंचित संसृति के स्वर्ण-शस्य-दल
दलमल देते, वर्षोपल बन, वांछित कृषिफल।
अये, सतत-ध्वनि-स्पन्दित जगती का दिङ्मंडल
नैश-गगन-सा सकल
तुम्हारा ही समाधि-स्थल !

हेतूत्प्रेक्षा, Summer

(12)

अरे, देखो इस पार—
दिवस की आभा में साकार
दिगम्बर, सहम रहा संसार !
हाय ! जग के करतार !!

प्रात ही तो कहलाई मात,
पयोधर बने उरोज उदार,

मधुर उर-इच्छा को अज्ञात
प्रथम ही मिला मृदुल-आकार;
छिन गया हाय ! गोद का बाल,
गड़ी है बिना बाल की नाल !

नाल गड़ी है, पर बालक नहीं है

अभी तो मुकुट बँधा था माँथ,
हुए कल ही हलदी के हाथ;
खुले भी न थे लाज के बोल,
खिले भी चुम्बन-शून्य कपोल;
हाय ! रुक गया यहीं संसार
बना सिन्दूर अँगार !
बात-हत-लतिका वह सुकुमार
पड़ी है छिन्नाधार !!
नव नधू के उड़ते हुए सुहाग,
तुम्हारी बेबसी पर कौन न रो देगा।

(13)

काँपता उधर दैन्य निरुपाय,
रज्जु-सा, छिद्रों का कृश-काय !
न उर में गृह का तनिक दुलार,
उदर ही में दानों का भार !

भूँकता-सिड़ी-शिशिर का श्वान
चीरता हरे ! अचीर शरीर;
न अधरों में स्वर, तन में प्राण,
न नयनों ही गें नीर !

(14)

सकल रोओं से हाथ पसार
लूटता इधर लोभ गृह-द्वार;
उधर बामन-डग-स्वेच्छाचार
नापता जगती का विस्तार;

टिड्डियों-सा छा अत्याचार
चाट जाता संसार !

(15)

बजा लोहे के दन्त कठोर
नचाती हिंसा जिह्वा लोल;
भृकुटि के कुंडल वक्र मरोर
फुहुँकता अन्ध्र-रोष फन खोल !

(27)

जगत की सुन्दरता का चाँद
सजा लांछन को भी अवदात,
सुहाता बदल, बदल, दिन-रात,
नवलता ही जग का आह्लाद !

(28)

स्वर्ण-शैशव स्वप्नों का जाल,
मंजरित-यौवन, सरस-रसाल;
प्रौढ़ता, छाया-वट सुविशाल,
स्थविरता, नीरव-सायंकाल;

Oldage, बुजुर्गी

वही विस्मय का शिशु नादान
रूप पर मँडरा, बन गुंजार;
प्रणय से बिंध, बँध, चुन चुन सार,
मधुर जीवन का मधु कर पान;
साध अपना मधुमय-संसार
डुबा देता निज तन, मन, प्राण !

एक बचपन ही में अनजान
जागते, सोते, हम दिन-रात;

वृद्ध-बालक फिर एक प्रभात
देखता नव्य-स्वप्न अज्ञात;

मूँद प्राचीन-मरन,
खोल नूतन-जीवन !

(29)

विश्वमय हे परिवर्तन !
अतल से उमड़ अकूल, अपार,
मेघ-से विपुलाकार,
दिशावधि में पल विविध-प्रकार
अतल में मिलते तुम अविकार !
अहे अनिर्वचनीय ! रूप धर भव्य, भयंकर,
इन्द्रजाल-सा तुम अनन्त में रचते सुन्दर;
गरज, गरज, हँस, हँस, चढ़ गिर, छा, ढा, भू अम्बर,
करते जगती को अजस्र-जीवन से उर्वर;
अखिल विश्व की आशाओं का इन्द्र चाप-वर
अहे तुम्हारी भीम-भृकुटि पर
अटका निर्भर !

(30)

एक औ' बहु के बीच अजान
घूमते तुम नित चक्र समान,
जगत के उर में छोड़ महान
गहन-चिह्नों में ज्ञान !

परिवर्तित कर अगणित नूतन दृश्य निरन्तर,
अभिनय करते विश्व-मंच पर तुम मायाकर !
जहाँ हास के अधर, अश्रु के नयन करुणतर
पाठ सीखते संकेतों में प्रकट, अगोचर;
शिक्षास्थल यह विश्व-मंच, तुम नायक-नटवर,
प्रकृति नर्त्तकी सुधर
अखिल में व्याप्त सूत्रधर !

(31)

हमारे निज सुख, दुख, निःश्वास
तुम्हें केवल परिहास;
तुम्हारी ही विधि पर विश्वास
हमारा चिर-आश्वास !
ऐ अनन्त-हृत्कम्प ! तुम्हारा अविरत-स्पन्दन
सृष्टि-शिराओं में संचारित करता जीवन;
खोल जगत के शत शत नक्षत्रों-से लोचन,
भेदन करते अन्धकार तुम जग का क्षण, क्षण,
सत्य तुम्हारी राज-यष्टि, सन्मुख नत त्रिभुवन,
भूप, अकिंचन,
अटल-शास्ति नित करते पालन !

(32)

तुम्हारा ही अशेष व्यापार,
हमारा भ्रम, मिथ्याहंकार,
तुम्हीं में निराकार साकार,
मृत्यु-जीवन सब एकाकार !
अहे महाम्बुधि ! लहरों-से शत लोक, चराचर,
क्रीड़ा करते सतत तुम्हारे **स्फीत**वक्ष पर;
तुंग-तरंगों-से शत युग, शत शत कल्पान्तर
उगल, महोदर में विलीन करते तुम सत्वर;
शत-सहस्र रवि-शशि, असंख्य ग्रह, उपग्रह, उडगण,
जलते, बुझते हैं स्फुलिंग-से तुम में तत्क्षण;
अचिर विश्व में अखिल-दिशावधि, कर्म, वचन, मन,
तुम्हीं चिरन्तन
अहे विवर्तन-हीन विवर्तन !

Swollen विपुल

(एप्रिल 1924)

लहर

(जयशंकर प्रसाद)

उठ-उठ री लघु-लघु लोल लहर !
        करुणा की नव अँगराई-सी,
        मलयानिल की परछाईं-सी,
                इस सूखे तट पर छिटक छहर।

कवि मन मे उठी हुई भाव-तरंगों को बाहर व्यक्त होने के लिए बुलाता है जिसमें नीरस जीवन में सरसता आए।

शीतल कोमल चिर कम्पन-सी,
        दुर्ललित हठीले बचपन-सी,
        तू लौट कहाँ जाती है री–
                यह खेल खेल ले ठहर-ठहर !

उठ-उठ गिर-गिर फिर-फिर आती,
नर्तित पद-चिह्न बना जाती,
सिकता की रेखाएँ उभार–
                भर जाती अपनी तरल सिहर !

तू भूल न री, पंकज बन में,
जीवन के इस सूनेपन में,
ओ प्यार पुलक से भरी ढुलक !
            आ चूम पुलिन के विरस अधर !

निज अलकों के अन्धकार में तुम कैसे छिप आओगे ?
इतना सजग कुतूहल ! ठहरो, यह न कभी बन पाओगे।
आह, चूँम लूँ जिन चरणों को चाँप-चाँप कर उन्हें **नहीं**–
दुःख दो इतना, अरे अरूणिमा ऊषा सी वह उधर बही।
बसुधा चरण-चिह्न-सी बनकर यहीं पड़ी पर जावेगी।
प्राची रज-कुंकुम ले चाहे अपना भाल सजावेगी।
देख न लूँ, इतनी ही तो है इच्छा ? लो सिर झुका हुआ।
कोमल किरन-उँगलियों से ढँक दोगे यह दृग खुला हुआ।
फिर कह दोगे, पहचानो तो मैं हूँ कौन बताओ तो !
किन्तु उन्हीं अधरों से, पहिले उनकी हँसी दबाओ तो।
सिहर भरे निज शिथिल मृदुल अंचल को अधरों से पकड़ो।
बेला बीत चली है चंचल बाहु-लता से आ जकड़ो।

आहट न मिले उससे पैर दबा-दबा कर

× × ×

तुम हो कौन और मैं क्या हूँ ?
इसमें क्या है धरा, सुनो।
मानस जलधि रहे चिर चुम्बित–
मेरे क्षितिज ! उदार बनो।

मधुप गुनगुना कर कह जाता कौन कहानी यह अपनी,
मुरझाकर गिर रहीं पत्तियाँ देखो कितनी आज घनी।
इस गम्भीर अनन्त नीलिमा में असंख्य जीवन इतिहास–
यह लो करते ही रहते हैं, अपना व्यंग्य-मलिन उपहास।
तब भी कहते हो–कह डालूँ दुर्बलता अपनी-बीती।
तुन सुनकर सुख पाओगे, देखोगे–यह गागर रीती।
किन्तु कहीं ऐसा न हो कि तुम ही खाली करने वाले–
अपने को समझो, मेरा रस ले अपनी भरने वाले।
यह विडम्बना ! अरी सरलते, तेरी हँसी उड़ाऊँ मैं।
भूलें अपनी, या प्रवंचना औरों की दिखलाऊँ मैं।
उज्ज्वल गाथा कैसे गाऊँ मधुर चाँदनी रातों की।
अरे खिलखिला कर हँसते होने वाली उन बातों की।
मिला कहाँ वह सुख जिसका मैं स्वप्न देख कर **जाग गया** ?
आलिंगन में आते-आते मुसक्या कर जो भाग गया।

मेरे दुःख निवेदन को इसलिए न समझो। किस प्रकार मैं औरों के (सामाजिक विषयों) के भुलावे में पड़ा। वह सुख स्वप्नवत् मधुर था।
यदि कहो कि अपना सुख ही सुनाऊँ।
उस स्वप्न सुख को जागकर खो दिया।

अरी वरुणा की शान्त कछार !
तपस्वी के विराग की प्यार !

तुम्हारे कुंजों में तल्लीन, दर्शनों के होते थे वाद।
देवताओं के प्रादुर्भाव, स्वर्ग के स्वप्नों के सम्वाद।
स्निग्ध तरु की छाया में बैठ, परिषदें करती थीं सुविचार–
भाग कितना लेगा मस्तिष्क, हृदय का कितना है अधिकार ?

अरी वरुणा की शान्त कछार !
तपस्वी के विराग की प्यार !

छोड़कर पार्थिव भोग विभूति, प्रेयसी का दुर्लभ वह प्यार।
पिता का वक्ष भरा वात्सल्य, पुत्र का शैशव-सुलभ दुलार।
दुःख का करके सत्य निदान, प्राणियों का करने उद्धार।
सुनाने आरण्यक सम्वाद, तथागत आया तेरे द्वार।

अरी वरुणा की शान्त कछार !
तपस्वी के विराग की प्यार !

मुक्ति जल को वह शीतल बाढ़, जगत की ज्वाला करतीशान्त। तिमिर
का हरने को दुःख भार, तेज अमिताभ अलौकिक कान्त।
देव करसेपीड़ित विक्षुब्ध, प्राणियों से कह उठा पुकार–
तोड़ सकते हो तुम भव-बन्ध, तुम्हें है यहपूरा अधिकार।

अरी वरुणा की शान्त कछार!
तपस्वी के विराग को प्यार!

छोड़ कर जीवन के अतिवाद, मध्य पथ से लो सुगति सुधार।
दुःख का समुदय उसका नाश, तुम्हारे कर्मों का व्यापार।

विश्व-मानवता का जयघोष, यहीं पर हुआ जलद-स्वर-मन्द्र।
मिला था वह पावन आदेश, आज भी साक्षी हैं रवि-चन्द्र।

अरी वरुणा की शान्त कछार !
तपस्वी के विराग की प्यार !

तुम्हारा वह अभिनन्दन दिव्य, और उस यश का विमल प्रचार।
सकल वसुधा को दे सन्देश, धन्य होता है बारम्बार।
आज कितनी शताब्दियों बाद, उठी ध्वंसों में वह झंकार।
प्रतिध्वनि जिसकी सुने दिगन्त, विश्व वाणी का बने विहार।*

चार आर्यसत्य–दुखसत्य, दुखसमुदय, दुखनिरोध, मार्ग, आठ मार्ग–सम्यक् दृष्टि, सम्यक् संकल्प, सम्यक् वाचा, सम्यक् कर्मान्त, सम्यक् आजीव, सम्यक् व्यायाम (आलस्य त्याग), सम्यक् ऋति, सम्यक् समाधि।

* मूलगन्ध कुटी विहार के उपलक्ष में।

ले चल वहाँ **भुलावा देकर,**
मेरे नाविक ! धीरे-धीरे।
जिस निर्जन में सागर लहरी
अम्बर के कानों में गहरी–
निश्छल प्रेम-कथा कहती हो,
तज कोलाहल की अवनी रेम।
जहाँ साँझ-सी जीवन-छाया,
ढीले (हुए) अपनी कोमल काया,
नील नयन से ढुलकाती हो,
ताराओं की पाँति घनी रे।
जिस गम्भीर मधुर छाया में–
विश्व चित्र-पट चल माया में–
विभुता विभु-सी पड़े दिखाई,
दुख-सुख वाली सत्य बनी रे।
श्रम-विश्राम **क्षितिज-वेला** से–
जहाँ सृजन करते **मेला** से–
अमर जागरण; उषा नयन से–
बिखराती हो ज्योति घनी रे !

(इस जीवन के नाना विषयों में फँसे रहने के कारण मन जाना न चाहेगा, इससे), अपनी हलचल शान्त शिथिल किए हुए, जहाँ यह लौकिक जीवन उस अनन्त दिव्य जीवन से अपनी दुःख कहानी कहकर आँसू बहाता हो। यह सुख-दुःखमय व्यापक प्रसार अपने नित्य और सत्य रूप में दिखाई पड़ता हो। नित्य/सन्धिस्थल/
मेल, योग द्वारा/सोते हुओं को जगानेवाली ज्योति सदा उसी सन्धिस्थल से आया करती है।

हे सागर संगम अरुण नील !

अतलान्त महा गम्भीर जलधि–
तज कर अपनी यह नियत अवधि,
लहरों के भीषण हासों में,
आकर खारे उच्छ्वासों में,

से भर कर, eq. में आकर विषय, अश्रुमय

युग-युग की मधुर कामना के–
बन्धन को देता जहाँ ढील।
हे सागर संगम अरुण नील !

नदी के संगम की ओर समुद्र अपनी सीमा को लाँघता हुआ उल्लासपूर्वक नदी से मिलने को बढ़ता है।

पिंगल किरणों-सी मधु-लेखा,
हिम-शैला बालिका को **तूने कब देखा** !

कब की जान पहचान है ? गंगा या हिमालय से निकली और कोई नदी।

कलरव संगीत सुनाती,
किस अतीत युग की गाथा गाती आती।
आगमन अनन्त मिलन बनकर–
बिखराता फेनिल तरल खील।
हे सागर संगम अरुण नील !

नदी का समुद्र में आना क्या है ससीम का अनन्त से मिलन है। लाजा, जो मंगल के अवसरों पर फेंकी जाती है।

आकुल अकूल बनने आती,
अब तक तो है बह आती,

देवलोक की असृत कथा की माया–
छोड़ हरित कानन की आलस छाया–
विश्राम माँगतो अपना।
जिसका **देखा था सपना**–

प्रत्यक्ष दर्शन नहीं हुआ था, भावना या कल्पना मात्र हुई थी।

निस्सीम व्योम तल नील अंक में,
अरुण ज्योति की झील बनेगी कब **सलील** ?
हे सागर संगम अरुण नील !

क्रीड़ामय; नदी में मानो यह सपना देखा था कि वह ज्योति से जगमगाती अनन्त झील बन गई है। उसे यही उत्कंठा रहती कि मैं कब ऐसी क्रीड़ा करती झील बनूँगी।

उस दिन जब जीवन के पथ में,

छिन्न पात्र ले कम्पित कर में,
मधु-भिक्षा की रटन अधर में,
इस अनजाने **निकट नगर** में,
आ पहुँचा था एक अकिंचन।

यौवनकाल में माधुर्य्य या प्रेम की भिक्षा माँगता हुआ मैं निकला। उसे पाया भी खूब। यौवन की मधुर स्मृति–प्रेमभिक्षा। आस-पास की जनता में

उस दिन जब जीवन के पथ में,

लोगों की आँखें ललचाईं,
स्वयं माँगने को कुछ आईं।
मधु सरिता उफनी अकुलाई,
देने को अपना संचित धन।

उस दिन जब जीवन के पथ में,

फूलों ने पंखुड़ियाँ खोलीं,
आँखें करने लगीं ठिठोली,
हृदयों ने न सम्हाली झोली;
लुटने लगे विकल पागल मन।

उस दिन जब जीवन के पथ में,

छिन्न पात्र में था भर आता–
वह रस बरबस था न समाता,
स्वयं चकित-सा समझ न पाता

कहाँ छिपा था, ऐसा मधुवन !

उस दिन जब जीवन के पथ में,

मधु-मंगल की वर्षा होती,
काँटों ने भी पहना मोती,
जिसे बटोर रही थी रोती–
आशा, समझ मिला अपना धन।

कष्ट पहुँचाने वाले कठोरों की आँखों में आँसू आए; वे भी द्रवीभूत हुए। analogy, प्रभात काल में कँटीले पौधों पर भी ओस की बूँद। उनके द्रवीभूत होने की आशा बहुत क्षीण थी, इससे वह आशा अपनी आकांक्षित वस्तु पाकर सन्तुष्ट हो गई।

बीती **विभावरी** जाग री !

अम्बर-पनघट में डुबो रही–

तारा-घट ऊषा नागरी।

तारों भरी रात, Morning Star

खग-कुल **कुल-कुल-सा** बोल रहा,

किसलय का आंचल डोल रहा,

लतिकाओं के रस के घड़े। डूबकर भरने से 'कुल-कुल' शब्द होता है।

लो यह लतिका भी भर लाई–

मधु मुकुल नवल रस-गागरी।

अधरों में राग अमन्द पिए,

अलकों में मलयज बन्द किए–

तू अब तक सोई है आली !

आँखों में भरे **विहाग** री !

राग जो आधीरात के बाद 2 बजे के लगभग गाया जाता है।

आँखों से अलख जगाने को,
यह आज **भैरवी** आई है।
ऊषा-सी आँखों में कितनी,
मादकता भरी ललाई है।

Here a symbol for moon. (1) महाविद्या का एक रूप ! भैरवी की कई मूर्त्तियाँ हैं जिनमें एक चैतन्य भैरवी है। (2) एक रागिनी–(गाने का समय शरत् , प्रातःकाल)

कहता दिगन्त से मलय पवन,
प्राची की **लाज भरी** चितवन–
है, रात घूम आई मधुवन,
यह आलस की अँगराई है।

प्राची उस भैरवी की आँखों की कोर है। पूरी न ताकती हुई–ज्योति का पूरा विकास न करती हुई।

लहरों में यह क्रीडा चंचल,
सागर का उद्वेलित अंचल
है पोंछ रहा आँखें छलछल,
किसने यह चोट लगाई है ?

आह रे, वह अधीर यौवन !

मत्त-मारुत पर चढ़ उद्भ्रान्त,
बरसने *(को)* **ज्यों**[1] मदिरा अश्रान्त–

1. मानो

सिन्धु-वेला-सी घन मंडली,
अखिल किरनों को ढँक कर चली *(थी)*,
भावना के निस्सीम गगन *(में)*,
बुद्धि-चपला का क्षण नर्तन–*(होता था)*

कल्पना के अनन्त प्रसार के बीच बुद्धि रह रह कर ही प्रकट होती थी।

चूमने को अपना जीवन[1],
चला था वह अधीर यौवन !

1. जीवन सर्वस्व

आह रे, वह अधीर यौवन !

अधर में वह अधरों की प्यास,
नयन में दर्शन का विश्वास,
धमनियों में अलिंगन-मयी–
वेदना[1] लिये *(थी)* व्यथाएँ नयी,

1. अनुभूति

टूटते जिससे सब बन्धन,
सरस-सीकर से जीवन-कन,
बिखर *(कर)* भर देते अखिल भुवन,
वही पागल अधीर यौवन !

सारे जगत में अपनी सजीवता बिखरा देता था।

आह रे, वह अधीर यौवन !

मधुर जीवन के पूर्ण विकास,
विश्व-मधु-ऋतु के कुसुम-विलास,
ठहर, भर आँखों देख नयी–
भूमिका अपनी रंगमयी,
अखिल की लघुता आई बन–
समय का सुन्दर वातायन,

समष्टि के छोटे-छोटे रूप *i.e.* बच्चे। काल के परदे के झरोखे जिससे भविष्य का आभास मिलता है।

देखने को **अदृष्ट** नर्तन।
अरे अभिलाषा के यौवन !
आह रे, वह अधीर यौवन !!

Same आगे भी यौवन की क्रीड़ा चलाती रहेगी इसकी भावना बच्चों को देख कर होती है। भविष्य का।

तुम्हारी आँखों का बचपन[1]!

खेलता था जब अल्हड़ खेल,
अजिर के उर में भरा कुलेल,
हारता था, हँस-हँस कर मन,
आह रे, वह व्यतीत जीवन !

1. भोलापन

तुम्हारी आँखों का बचपन !

साथ ले सहचर **सरस बसन्त,**
चक्रमण करता **मधुर दिगन्त,**
गूँजता किलकारी-**निस्वन,**
पुलक उठता तब मलय-पवन।

प्रेम की प्रफुल्लता। माधुर्य्य की सीमा तक। निस्वन = Sound (निःस्वन = Soundless)

तुम्हारी आँखों का बचपन !

स्निग्ध संकेतों में सुकुमार,
बिछल, चल थक जाता तब हार,
छिड़कता अपना गीलापन,
उसी रस में तिरता जीवन।

संकेत पाकर बालक बढ़ता फिर गिर पड़ता।
गिरने पर आँखों से आँसू बहाता रोने लगता

तुम्हारी आँखों का बचपन !

N.B. National or universal awakening suggested, उद्‌बोधन

आज भी है क्या नित्य किशोर–
उसी क्रीड़ा में भाव विभोर–
सरलता का वह अपनापन–
आज भी है क्या मेरा धन !
तुम्हारी आँखों का बचपन !

अब जागो जीवन के प्रभात !

बसुधा पर ओस बने बिखरे
हिमकन आँसू जो क्षोभ भरे
ऊषा बटोरती अरुणा गात !
अब जागो जीवन के प्रभात !

तम-नयनों की ताराएँ सब–
मुँद रहीं किरण दल में हैं अब,
चल रहा सुखद यह मलय वात !

अन्धकार की आँखों की पुतलियों के समान तारे

अब जागो जीवन के प्रभात !

रजनी की लाज समेटो तो,
कलरव से उठकर भेंटो तो,
अरुणांचल में चल रही बात !
अब जागो जीवन के प्रभात !

अन्धकार की चादर समेटो जो रूप छिपाए थी। जगत् की पुकार; क्षितिज पर (जहाँ उस पार से ज्योति आती है) ज्योति-प्रसार का प्रस्ताव उठा है। = जागरण के लक्षण प्रकट हो रहे हैं।

कोमल कुसुमों की मधुर रात !

शशि-शतदल का वह **सुख-विकास,**
जिसमें निर्मल हो रहा हास,
उसकी साँसों का मलय वात *(है)*।

N.B. रात्रि के आकाश का साम्य फूलों से भरे उपवन से। सुखभरी आभा का प्रसार

कोमल कुसुमों की मधुर रात !

वह **लाज भरीं कलियाँ** अनन्त,
परिमल-घूँघट ढँक रहा (*जिनके*) दन्त।
कँप-कँप चुप-चुप कर रहीं बात,

Dim stars in the milky-way = आकाशगंगा। आकाशगंगा के भीतर के सूक्ष्म तारे मानो घूँघट के भीतर हँस-हँसकर बातचीत करती बालाएँ हैं।

कोमल कुसुमों की मधुर रात!

नक्षत्र-कुमुद की **अलस** माल,
वह शिथिल हँसी का सजल जाल—
जिसमें खिल खुलते किरन-पात।

wet with dew तारों की फूटती किरनें मानो कुमुद के खुलते दल हैं।

कोमल कुसुमों की मधुर रात !

कितने लघु लघु कुड्मल अधीर,
गिरते बन **शिशिर-सुगन्ध-नीर,**
हो रहा विश्व सुख-पुलक-गात !

ओस की बूँदें = टूट कर गिरी कलियाँ

कितने दिन जीवन-जल-निधि में–

विकल अनिल से प्रेरित होकर
लहरी, **कूल** चूमने चल कर
उठती गिरती-सी रुक-रुक कर
सृजन करेगी छवि गति-विधि में !

Rustic theme, प्रियतम की ओर अभिसार जीवन पथ से होते हुए।
destination, छवि से भरी चाल प्रकट करती चलेगी।

कितनी मधु-संगीत-निनादित
गाथाएँ निज ले चिर-संचित,
तरल तान गावेगी **वंचित** !
पागल-सी इस पथ निरवधि में !

प्रियतम के दर्शन से

दिनकर हिमकर तारा के दल
इसके **मुकुर वक्ष** में निर्मल
चित्र बनाएँगे निज चंचल !
आशा की माधुरी अवधि में।

लहरों के भीतर जिस प्रकार सूर्य्य चन्द तारों के प्रतिबिम्ब झलकते हैं उसी प्रकार प्रियतम की ओर जाते साधक के आशा-भरे हृदय में अनेक दिव्य स्वरूपों की भावनाएँ उठती हैं।
हृदय-मुकुर

वे कुछ दिन कितने सुन्दर थे ?
जब सावन-घन-सघन बरसते—
इन **आँखों** की **छाया** भर थे !

जब हृदय किसी के प्रेम से पूर्ण था तब वर्षा में प्रकृति के नाना रूप कैसे मनोहर प्रेमरंग में रँगे दिखाई पड़ते थे। प्रेम में अश्रुपात करती आँखें। प्रतिरूप

सुरधनु-रंजित नव-जलधर से—
भरे *(हुए)* क्षितिज-व्यापी अम्बर से
मिले चूमते *(थे)* जब सरिता के,
हरित-कूल-युग-मधुर अधर थे।

Distant view of a review

प्राण-**पपीहा के स्वर वाली**—
बरस रही थी जब हरियाली—
रस जलकन मालती-मुकुल से—
जो मदमाते गन्ध विधुर थे।

प्राण रूपी पपीहे के स्वरवाली हरियाली जब मालती-मुकुल से रसजलकण बरस रही थी। लहराती हुई (पपीहे का स्वर लहराता हुआ चलता है)

चित्र खींचती थी जब चपला,
नील मेघ-पट पर वह विरला,
मेरी जीवन-स्मृति के जिसमें—
खिल उठते **वे रूप मधुर** थे।

प्रेम के कारण उठी हुई दिव्य और मधुर भावनाएँ।

मेरी आँखों की पुतली में
तू बनकर प्रान समा जा रे !
जिससे कन-कन में स्पन्दन हो,
मन में **मलयानिल चन्दन** हो,
(जिसमें) करुणा का नव अभिनन्दन हो–
वह जीवन गीत सुना जा रे !

Humantarian sentiment, शीतलता (symbolic)

खिंच जाय अधर पर वह रेखा–
जिसमें अंकित हो मधु लेखा,
जिसको यह विश्व करे देखा,
वह स्मित का चित्र बना जा रहे!

जग की **सजल कालिमा रजनी** में मुखचन्द्र दिखा जाओ।
हृदय-अँधेरी-झोली इसमें ज्योति-भीख देने आओ।
प्राणों की व्याकुल पुकार पर एक मींड़ ठहरा जाओ।
प्रेम-वेणु की स्वर-लहरी में जीवन-गीत सुना जाओ।

(1) बरसाती अँधेरी रात; आँसुओं से भरा अज्ञानान्धकार

× × ×

स्नेहालिंगन की लतिकाओं की झुरमुट छा जाने दो।
जीवन-धन ! इस जले जगत को बृन्द्रावन बन जाने दो !

बहुत-सी लताएँ जैसे पेड़ों पर परस्पर आलिंगन करती छा जाती हैं और नीचे ताप से बचानेवाली छाया हो जाती है, वैसे ही मनुष्य मनुष्य में प्रेमभाव और मेल हो जाने से जगत् में शान्ति की शीतल छाया हो जाए।

वसुधा के अंचल पर
यह क्या कन-कन-सा गया बिखर ?
जल-शिशु[1] की चंचल क्रीड़ा-सा,
जैसे सरसिज दल पर।

1. बूँद

लालसा निराशा में ढलमल
वेदना और सुख में विह्वल
यह क्या है रे ! मानव जीवन ?
कितना है रहा निखर।

मिलने चलते जब दो कन,
आकर्षण-मय चुम्बन बन,
दल के नस-नस में बह जाती–
लघु-लघु धारा सुन्दर।

हिलता डुलता चंचल दल,
ये सब कितने हैं रहे मचल ?
कन-कन अनन्त अम्बुधि बनते
कब रुकती (यह) **लीला निष्ठुर** !

बूँदों की पृथक् सत्ता का अनन्त समुद्र में लीन हो जाने का निष्ठुर व्यापार

तब क्यों रे फिर यह सब क्यों ?
यह रोष भरी लाली क्यों ?
गिरने दे नयनों से उज्ज्वल–
आँसू के कन मनहर।
वसुधा के अंचल पर !

अपलक **जगती हो** एक रात !
(*और*) सब सोए हो इस भूतल में,
अपनी **निरीहता सम्बल** में,
चलती हो कोई भी न बात !

पथ सोए हों हरियाली में,
हों **सुमन** सो रहे डाली में,
हो अलस उनींदी नखत पाँत।

नीरव प्रशान्ति का मौन बना,
चुपके किसलय से विछल छना,
थकता हो पंथी मलय-वात।

वक्षस्थल में जो छिपे हुए–
सोते हों हृदय अभाव लिये–
उनके स्वप्नों का हो न प्रात।

हलचल की शान्ति की कामना; प्रकट दिखाई पड़ती हो; केवल; निष्चेष्टता, इच्छा प्रसन्नहीनता; कल्पना और स्वप्न का आनन्दमय जगत् बना रहे।

जगती की मंगलमयी उषा बन
करुणा उस दिन आई थी।
जिसके नव-गैरिक अंचल की प्राची में भरी ललाई थी।

भय–संकुल रजनी बीत गई,
भव की व्याकुलता दूर गई,
घन-तिमिर-मार के लिये तड़ित[1] स्वर्गीय किरण बन आई थी।

1. वज्र

खिलती पँखुरी पंकज-बन की,
खुल रही आँख ऋषिपत्तन की,
दुख की निर्ममता निरख **कुसुम-रस के मिस जो भर आई** थी।

analogy कमल खिलना and आँख खुलना; कमल में मकरन्द आँख में आँसू

कल-कल नादिनि बहती बहती–
प्राणी-दुख की गाथा कहती–
वरुणा द्रव होकर शान्ति-वारि शीतलता-सी[1] भर लाई थी।

1. शीतल

पुलकित मलयानिल कूलों में,
भरता अंजलि था फूलों में,
स्वागत था अभया वाणी का, निष्ठुरता लिये बिदाई थी।

उन शान्त तपोवन कुंजों में,
कुटियों, तृण-बीरुध पुंजों में,
उटजों में था आलोक भरा कुसुमित लतिका झुक आई थी।

मृग मधुर जुगाली करते से,
खग कलरव में स्वर भरते से,
विपदा से पूछ रहे किसकी पदध्वनि सुनने में आई थी।

प्राची का पथिक चला आता,
नभ **पद-पराग** से भर जाता,
वे थे पुनीत परमाणु, दया ने जिनसे *(अपनी)* सृष्टि बनाई थी।
चरणों की ललाई (कमल का रूपक व्यंग्य)

तप की **तारुण्यमयी** प्रतिमा,
प्रज्ञा पारिमिता की गरिमा,
इस व्यथित विश्व की चेतनता गौतम सजीव बन आई थी।
दस पारमिताओं (पराकाष्ठा) में से एक जिसे गौतम ने अपने मर्कट
जन्म में प्राप्त किया था। तेज से भरी

उस पावन दिन की पुण्यमयी,
स्मृति लिये धरा है धैर्यमयी,
जब धर्म-चक्र के सतत प्रवर्तन की प्रसन्न ध्वनि छाई थी।

युग-युग की नव मानवता को,
विस्तृत वसुधा की विभुता को,
कल्याण संघ की जन्म-भूमि आमन्त्रित करती आई थी।

स्मृति-चिह्नों की जर्जरता में,
निष्ठुर कर की बर्बरता में,
भूलें हम वह सन्देश न जिसने फेरी धर्म दुहाई थी।*

---

* मूलगन्ध कुटी विहार के समारोहत्सव में मंगलाचरण के रूप में गाया गया।

चिर तृषित कंठ से **तृप्ति-विधुर**
वह कौन अकिंचन अति आतुर
अत्यन्त तिरस्कृत अर्थ सदृश
ध्वनि कम्पित करता बार बार,
धीरे से वह उठता पुकार—
मुझको न मिला रे कभी प्यार।

इस जगत् में हमारा काम है केवल प्रेम करना—प्रेम का ऋण चुकाता, प्रेम का बदला पाने के लिए हाय हाय करना नहीं। तृप्ति से वियुक्त या वंचित, अतृप्त *i.e.* हृदय

सागर-लहरों-सा *(विशाल)* आलिंगन *(भी)*
निष्फल उठकर गिरता प्रतिदिन।
(उसका) जल—वैभव है सीमा-विहीन
वह रहा **एक कन** को निहार,
धीरे से वह उठता पुकार—
मुझको न मिला रे कभी प्यार।

चन्द्र

अकरुण वसुधा से एक झलक
वह स्मित मिलने को रहा ललक
जिसके प्रकाश में सकल कर्म
बनते कोमल उज्ज्वल उदार,
धीरे से वह उठता पुकार—
मुझको न मिला रे कभी प्यार।

फैलाती है जब उषा राग
जग जाता है उसका विराग
वंचकता, पीड़ा, घृणा, मोह
मिलकर बिखेरते अन्धकार,
धीरे से वह उठता पुकार–
मुझको न मिला रे कभी प्यार।

ढल विरल डालियाँ भरी मुकुल
झुकतीं सौरभ रस लिये अतुल
अपने विषाद विष में मूर्छित
काँटों से बिंध कर बार-बार,
धीरे से वह उठता पुकार–
मुझको न मिला रे कभी प्यार।

जीवन रजनी का अमल इन्दु
न मिला स्वाती का एक बिन्दु
जो हृदय सीप में मोती बन
पूरा कर देता **लक्षहार,**
धीरे से वह उठता पुकार–
मुझको न मिला रे कभी प्यार।

लक्ष्य की अन्तिम सिद्धि

पागल रे ! वह मिलता है कब ?
उसको तो **देते ही हैं** सब
आँसू के कन-कन से गिनकर,
यह विश्व लिये है ऋण उधार,
तू क्यों फिर उठता है पुकार ?–
मुझको न मिला रे कभी प्यार।

i.e. बदले में प्यार चाहे पाएँ या न पाएँ। इस सारे जगत के ऊपर प्रेम का ऋण है जिसे प्रत्येक प्राणी चुकाता है।

काली आँखों का अन्धकार
जब हो जाता है वार पार,
मद पिये अचेतन कलाकार
उन्मीलित करता क्षितिज पार–
वह चित्र ! रंग का ले बहार
जिसमें है केवल प्यार प्यार !

किसी की नयन-कालिमा की छवि जब मन में फैल जाती है तब वह मन प्रेम के रंगीले दृश्यों की ही कल्पना में लग जाता है। इस तथ्य का साम्य प्रकृति में–अँधेरा जब यहाँ से वहाँ तक फैल जाता है तब प्रकृति क्षितिज पर रंग-बिरंगे चित्र दिखाती है।

केवल स्मितिमय चाँदनी रात,
तारा किरनों से पुलक गात,
मधुपों मुकुलों के चले (हैं) घात,
आता है चुपके मलय वात,
सपनों के बादल का दुलार।
तब दे जाता है बूँद चार !

तब उस हवाई महल के प्रेम का परिणाम आँसू होता है। Very sweet expression

तब लहरों-सा उठ कर अधीर
तू मधुर व्यथा-सा, शून्य चीर,
सूखे किसलय-सा भरा पीर
गिर जा पतझड़ का पा समीर।
पहने छाती पर तरल हार।
पागल पुकार फिर प्यार प्यार !

आर्द्र हृदय लिये (इस प्रकार प्रेम का आदि अन्त जब तू अच्छी तरह देख ले तब फिर...)

अरे कहीं देखा है तुमने
मुझे प्यार करने वाले को ?
मेरी आँखों में आकर फिर
आँसू बन ढरने वाले को ?

ईश्वर प्रेम स्वरूप है वह अन्तस् में प्रवेश करके द्रवीभूत होता है।

सूने नभ में **आग** जला कर
यह सुवर्ण-सा हृदय गला कर
जीवन सन्ध्या को नहला कर
रिक्त जलधि भरने वाले को?

जीवन के अन्तिम (1) सूर्य्य (2) प्रेम की दिव्य ज्योति
आभा से भरनेवालों को

रजनी के लघु-लघु तम कन में
जगती की ऊष्मा के वन में
उस पर पड़ते तुहिन सघन में
छिप, मुझसे डरने वाले को ?

निष्ठुर खेलों पर जो अपने
रहा देखता सुख के सपने
आज **लगा है क्या वह कँपने**
देख मौन मरने वाले को ?

सुख मानता रहा। उसका आसन डोल गया है; वह चंचल हो गया है।

शशि-सी वह सुन्दर रूप विभा
        चाहे न मुझे दिखलाना।
उसकी निर्मल **शीतल छाया**
        हिमकन को बिखरा जाना।

Mystic Theme – हे प्रिय! अपना शुद्ध पारमार्थिक रूप चाहे व्यक्त न करना, पर अपना दिव्य शीतल आभास झलकाते रहना रात्रि की छाया में। चाँदनी का प्रसार।

संसार स्वप्न बनकर दिन-सा
        आया है नहीं जगाने,
मेरे जीवन के **सुख-निशीथ** !
        जाते-जाते रुक जाना।

यह दृश्य संसार जो दिन-सा प्रकाशित हो रहा है, स्वप्न ही है, इससे आत्मा जग कर अपना शुद्ध रूप नहीं देख सकती। इस रात्रिमय जीवन के बीच आनन्द की भीतरी झलक–शुक्ल-पक्ष-सी

"हाँ, इन जाने की घड़ियों में,
        कुछ ठहर नहीं जाओगे ?"
(उत्तर) "छाया-पथ में विश्राम नहीं,
        है केवल चलते जाना।"

(ख़ैर) मेरा अनुराग फैलने दो,
        नभ के अभिनव कलरव में,
जाकर सूनेपन के तम में–
        बन किरन कभी आ जाना।

नई पुकार से गूँजते हुए आकाश में। जब मेरा प्रेम फैलकर विश्वव्यापी हो जाय तब अपनी ज्योति दिखाना।

अरे आ गई है भूली-सी–
        यह **मधु-ऋतु** दो दिन को,
छोटी-सी कुटिया मैं रच दूँ,
        नई व्यथा–साथिन को !

प्रेमानन्द की अनुभूति; चिरवियोगी को इस आनन्द का अनुभव पहले नहीं हुआ था; दुःख के इस नए साथी सुख के लिए

वसुधा नीचे, ऊपर नभ हो,
        नीड़ अलग सब से हो,
झाड़खंड के चिर पतझड़ में
        भागो सूखे तिनको !

अपना हृदय; जितनी नीरस भावनाएँ हों वे हट कर सदा बनी रहनेवोली उन दुःख की भावनाओं की ओर चली जाएँ।

आशा से अंकुर झूलेंगे
        पल्लव पुलकित होंगे,
मेरे किसलय का लघु भव यह,
        आह, खलेगा किन को ?

आशा की डोरी पकड़कर आनन्द के अंकुर झूलेंगे।
आनन्द की सूक्ष्म उमंगें केवल आशा के सूक्ष्म सूत्र पर अवलम्बित होंगी; रोम रोम; जगत् मेरा प्रत्यक्ष सुख नहीं देख सकता, पर सुख का यह छोटा-सा मानस संसार तो किसी को न खटकेगा ?

सिहर भरी कँपती आवेंगी
मलयानिल की लहरें,
चुम्बन लेकर और **जगा कर**[1]–
मानस-नयन-नलिन को।

1. जगाती

जवा कुसुम-सी उषा खिलेगी
मेरी लघु प्राची में,
हँसी भरे **उस** अरुण अधर का
राग रँगेगा दिन को।

प्रिय के; मेरे दिनों की प्रखरता भी मृदु होकर रागरंजित हो जाएगी

अन्धकार का जलधि लाँघकर
आवेंगी शशि-किरनें,
अन्तरिक्ष छिड़केगा कन-कन
निशि में मधुर तुहिन को।

इस एकान्त सृजन में कोई
कुछ बाधा मत डालो,
जो कुछ **अपने सुन्दर** से हैं,
दे देने दो इनको।

रात भी प्रकाशमयी और शीतल हो जायगी।
अपने को सुन्दर लगते हैं।

निधरक तूने ठुकराया तब
मेरी टूटी मृदु प्याली को,
(जब) उसके सूखे अधर माँगते *(थे)*
तेरे चरणों की लाली को।

जीवन-रस के बचे हुए कन,
बिखरे अम्बर में आँसू बन,
वही दे रहा था सावन घन–
वसुधा की इस हरियाली को।
वही जीवन-रस के बने हुए कन

निदय हृदय में हूक उठी क्या,
सोकर **पहली चूक** उठी क्या,
अरे कसक वह कूक उठी क्या,
झंकृतकर **सूखी डाली** को ?
प्रेम वेदना जो पहले पहल हुई थी; मेरे शरीर।

प्राणों के प्यासे मतवाले–
ओ झंझा से चलने वाले।
ढलें और विस्मृति के प्याले,
सोच न कृति मिटने वाली को।
काल, जो वेग से चलता रहता है। क्षणभंगुर प्रेम का चिह्न न रह जायगा, इसकी चिन्ता नहीं।

जब पल भर का है मिलना,
फिर चिर वियोग में झिलना,
एक ही प्रात है खिलना,
फिर सूख धूल में मिलना,
तब क्यों चटकीला सुमन-रंग ?

संसृति के विक्षत पग रे!
यह चलती है डगमग रे!
अनुलेप सदृश तू लग रे!
मृदु दल बिखेर इस मग रे!
कर चुके मधुर मधुपान भृंग।

भुनती वसुधा, तपते नग,
दुखिया है सारा अग-जग,
कंटक मिलते हैं प्रति पग,
जलती सिकता का यह मग,
वह जा बन करुणा की तरंग
जलता है यह जीवन पतंग।

शेर सिंह का शस्त्र समर्पण

शेर सिंह a son of Ranjit Singh, whom he succeded. Was killed in 1843. Dalip Singh, another son from another wife setup.

"ले लो यह शस्त्र है,
गौरव ग्रहण करने का रहा कर में–
अब तो न लेश मात्र।
लालसिंह ! जीवित कलुष पंचनद का
देख, दिए देता है
सिंहों का समूह नख दन्त आज अपना।"

पेशोला की प्रतिध्वनि

अरुण करुण बिम्ब !
वह निर्धूम भस्म रहित ज्वलन पिंड !
विकल **विवर्तनों** से,
विरल **प्रवर्तनों** में
श्रमित नमित सा—
पश्चिम के व्योग में है आज **निरवलम्ब-सा,**
आहुतियाँ विश्व की अजस्र ले लुटाता रहा— (वही सूर्य्य जो)
सतत सहस्र की माला से—
तेज ओज बल जो **वदान्यता कदम्ब-सा।**
पेशोला की उर्मिलयाँ हैं शान्त, घनी छाया में—
तट तरु है चित्रित तरल चित्रसारी में।
झोपड़े खड़े हैं बने **शिल्प से विषाद** के—
दग्ध अवसाद से।
धूसर जलद-खंड भटक पड़े हैं,
जैसे **विजन अनन्त** में।
कालिमा बिखरती है सन्ध्या के कलंक सी,
दुन्दुभि-मृदंग-तूर्य शान्त, स्तब्ध, मौन हैं।
फिर भी पुकार-सी है गूँज रही व्योम में—
"कौन लेगा भार यह ?
कौन विचलेगा नहीं ?
दुर्बलता इस अस्थिमांस की—
ठोंक कर लोहे से, परख कर बज्र से,
प्रलयोल्का-खंड के निकष पर कस कर

चक्कर; गति; बिना सहारे के डूबता हुआ; वदान्यता का पुंज बना हुआ; रचना; विषाद के शिल्प समान; निर्जन अर्थात् खाली आकाश में

चूर्ण अस्थि पुंज-सा हँसेगा अट्टाहास कौन ?
साधना पिशाचों की बिखर चूर-चूर हो के
धूलि-सी उड़ेगी किस दृप्त फूत्कार से।
कौन लेगा भार यह ?
जीवित है कौन ?
साँस चलती है किसकी
कहता है कौन ऊँची छाती कर, मैं हूँ–
–मैं हूँ–मेवाड़ में।
अरावली शृंग-सा समुन्नत सिर किसका ?
बोलो, कोई बोलो–अरे क्या तुम सब मृत हो ?
आह, इस खेवा की !
कौन थामता है पतवार ऐसे अन्धड़ में।
अन्धकार-पारावार गहन नियति-सा–
उमड़ रहा है ज्योति-रेखा-हीन क्षुब्ध हो।
खींच ले चला है–
काल-धीवर अनन्त में।
साँस, सफरी सी अटकी है किसी आशा में।

आज भी पेशोला के–
तरल जल-मंडलों में,
वही शब्द घूमता-सा–
गूँजता विकल है।
किन्तु वह ध्वनि कहाँ ?
गौरव की काया पड़ी माया है प्रताप की
वही मेवाड़ !
किन्तु आज प्रतिध्वनि कहाँ ?

प्रलय की छाया

"थके हुए दिन के निराशा भरे जीवन को
सन्ध्या है आज भी तो धूसर क्षितिज में !
और उस दिन तो;
निर्जन जलधि-वेला रागमयी सन्ध्या से—
सीखती थी सौरभ से भरी रंग-रलियाँ।
दूरागत वंशी रव—
गूँजता था धीवरों की छोटी-छोटी नावों से।
मेरे उस यौवन के मालती-मुकुल में
रन्ध्र खोजती थीं, रजनी की नीली किरणें
उसे उकसाने को—हँसाने को।

आज भी तो सन्ध्या ही है (पर वह सन्ध्या कुछ और थी)

पागल हुई मैं अपनी ही मृदुगन्ध से—
कस्तूरी मृग जैसी।

पश्चिम जलधि में,
मेरी लहरीली नीली अलकावली समान
लहरें उठती थीं मानो चूमने को मुझको,
और साँस लेता था समीर ( ) मुझे छूकर। (मानो)

नृत्यशीला शैशव की स्फूर्तियाँ
दौड़ कर दूर जा खड़ी हो हँसने लगीं।

मेरे तो,
चरण हुए थे विजड़ित मधु-भार से।
हँसती अनंग-बालिकाएँ अन्तरिक्ष में
मेरी उस **क्रीड़ा के मधु अभिषेक में**
नत-शिर देख मुझे।

कमनीयता थी जो समस्त गुजरात को
हुई एकत्र इस मेरी अंगलतिका में
पलकें मदिरा भार से थीं झुकी पड़तीं।

नन्दन की शत-शत दिव्य कुसुम-कुन्तला
अप्सराएँ मानो वे सुगन्ध की पुतलियाँ
आ-आकर चूम रहीं अरुण अधर मेरा
जिसमें स्वयं ही मुसकान खिल पड़ती।

मानो मुझसे ही सौरभ प्राप्त करके मालती-मुकुल चंचल बाल्यावस्था बीत गई—मानो वह मेरी यौवन-भाराक्रान्ता अवस्था पर हँसती थी। यौवन के अभिषेक में। मुझे लज्जा से

नूपुरों की झनकार घुली मिली जाती थी
चरण-अलक्तक की लाली से।
जैसे अन्तरिक्ष की अरुणिमा
पी रही दिगन्त व्यापी सन्ध्या-संगीत को।
कितनी मादकता थी ?
लेने लगी झपकी मैं
सुख-रजनी की **विश्रम्भ-कथा** सुनती;
Confidential talk

जिसमें थी आशा
अभिलाषा से भरी थी जो
कामना के कमनीय मृदुल प्रमोद में
जीवन सुरा की वह पहली ही प्याली थी।''
''आँखें खुलीं;
देखा मैंने चरणों में लोटती थी
विश्व की विभव-राशि,
और थे प्रणत वहीं गुर्ज्जर-महीप भी।
वह एक सन्ध्या थी !''
''**श्यामा-सृष्टि** युवती थी
तारक-खचित नीलपट परिधान था
अखिल अनन्त में
चमक रही थीं लालसा की दीप्त मणियाँ—
ज्योति मयी, हास मयी, विकल विलास मयी।

बहती थी धीरे-धीरे सरिता
उस मधु यामिनी में,
मदकल मलय-पवन ले-ले फूलों से
मधुर मरन्द-बिन्दु उसमें मिलाता था।
चाँदनी के अंचल में।
हरा-भरा पुलिन अलस नींद ले रहा।
सृष्टि के रहस्य-सी परखने को मुझको
तारकाएँ झाँकती थीं।
शत शतदलों की
मुद्रित मधुर गन्ध भीनी-भीनी रोम में
बहाती लावण्य-धारा।

रात्रि का रूप

स्मर-शशि किरणें,
स्पर्श करती थीं इस चन्द्रकान्त मणि को
स्निग्धता विछलती थी जिस मेरे अंग पर।
अनुराग पूर्ण था हृदय, उपहार में
गुज्जरेश पाँवड़े बिछाते रहे पलकों के;
(वे) तिरते थे–
मेरी अँगड़ाइयों की लहरों में।
पीते मकरन्द थे–
मेरे इस अधखिले आनन-सरोज का।

वासना या काम का संचार करनेवाली

कितना सोहाग था, कैसा अनुराग था ?
खिली स्वर्ण मल्लिका की सुरभित बल्लरी-सी
गुर्जर के थाले में मरन्द वर्षा करती मैं।"

"और परिवर्तन वह !
क्षितिज पटी को आन्दोलित करती हुई
नीले मेघ-माला-सी
नियति-नटी थी आई सहसा गगन में
तड़ित विलास-सी नचाती भौंहें अपनी।
"पावक-सरोवर में **अवभृथ स्नान** था

बिजली की कौंध-सी। यज्ञ पूर्ण होने के पीछे का स्वप्न

आत्म-सम्मान-यज्ञ की वह पूर्णाहुति।
सुना–जिस दिन पद्‌मिनी का जल मरना,
सती के पवित्र आत्म गौरव की पुण्य-गाथा
गूँज उठी भारत के कोने-कोने जिस दिन;
उन्नत हुआ था भाल
महिला-महत्त्व का।
दृप्त मेवाड़ के पवित्र बलिदान का
ऊर्जित आलोक
आँख खोलता था सब की।
सोचने लगी थीं कुज-वधुएँ, कुमारिकाएँ
जीवन का अपने भविष्य नए सिर से;
उसी दिन
बींधने लगी थी विषमयी परतन्त्रता।

देव-मन्दिरों की मूक घंटा-ध्वनि
व्यंग्य करती थी जब दीन संकेत से
जाग उठी जीवन की लाज भरी निद्रा से।
मैं भी थी कमला,
रूप-रानी गुजरात की।
सोचती थी–
"पद्‌मिनी जली थी स्वयं किन्तु मैं जलाऊँगी–
वह दावानल ज्वाला
जिसमें सुलतान जले।
देखे तो प्रचंड रूप-ज्वाला-सी धधकती
मुझको सजीव वह अपने विरुद्ध।
आह ! कैसी वह स्पर्द्धा थी ?
स्पर्द्धा थी रूप की
पद्‌मिनी की वाह्य रूप-रेखा **चाहे** तुच्छ थी,
मेरे इस साँचे से ढले हुए शरीर के
सन्मुख नगण्य थी।
देख कर मुकुर, पवित्र चित्र पद्‌मिनी का
तुलना कर उससे,
मैंने समझा था यही।

हो सकता है कि

वह अति रंजित-सी तूलिका चितेरी की
फिर भी कुछ कम थी।
किन्तु था हृदय कहाँ
वैसा दिव्य ?
अपनी कमी थी इतरा चली; हृदय को
लघुता चली थी माप करने महत्त्व की।
अभिनय आरम्भ हुआ;
अनिहलवाड़ा में अनल चक्र घूमा फिर।
चिर अनुगत सौन्दर्य के समादर में
गुर्जरेश मेरी उन इंगितों में नाच उठे।
नारों के नयन ! त्रिगुणात्मक थे सन्निपात
किसको प्रमत्त नहीं करते ?
धैर्य किसका ये नहीं हरते ?
वही अस्त्र **मेरा था।**

कमी या क्षुद्रता ही इतराया करती है।

एक झिटके में आज
गुर्जर स्वतन्त्र साँस लेता था सजीव हो।
क्रोध सुलतान का दग्ध करने लगा
दावानल बन कर
हरा-भरा कानन प्रफुल्ल गुजरात का।
बालकों की करुण पुकारें, और वृद्धों की
आर्तवाणी,
क्रन्दन रमणियों का,
भैरव संगीत बना, तांडव नृत्य-सा
होने लगा गुर्जर में।

अट्टाहास करती सजीव उल्लास से
फाँद पड़ी मैं भी उस देश की विपत्ति में।

वही कमला हूँ मैं !
देख चिर संगिनी रणांगण में, रंग में,
मेरे वीर पति आह कितने प्रसन्न थे !
बाधा, विघ्न, आपदाएँ,

अपनी ही क्षुद्रता में टलतीं-बिचलतीं।
हँसते वे देख मुझे
मैं भी स्मित करती।

उत्साहपूर्ण रहने के कारण वे कहते कि ये आपदाएँ क्या हैं, कुछ नहीं,
इस तरह उनकी चर्चा टाल दी जाती

किन्तु शक्ति कितनी थी उस कृत्रिमता में ?
संबल बचा न जब कुछ भी स्वदेश में
छोड़ना पड़ा ही उसे।
निर्वासित हम दोनों खोजते शरण थे,
किन्तु दुर्भाग्य पीछा करने में आगे था।

''वह दुपहरी थी,
लू से झुलसाने वाली; प्यास से जलाने वाली।
थके सो रहे थे तरुछाया में हम दोनों
तुर्कों का एक दल आया झंझावात-सा।
मेरे गुर्जरेश !
आज किस मुख से (*'मेरे'*) कहूँ ?
सच्चे राजपूत थे,
वह खड्ग लीला खड़ी देखती रही मैं वहीं।
गत-प्रत्यागत में और प्रत्यावर्तन में
दूर वे चले गये,
और हुई बन्दी मैं।
वाह री नियति !
उस उज्ज्वल आकाश में
पद्मिनी की प्रतिकृति-सी किरणों में बन कर
व्यंग-हास करती थी।
एक क्षण भ्रम के भुलावे में डालकर
आज भी नचाता वही,
आज सोचती हूँ जैसे पद्मिनी थी कहती–
''अनुकरण कर मेरा''
समझ सकी न मैं।

पद्मिनी की भूल जो थी उसे समझाने को
सिंहिनी-सी दृप्त मूर्ति धारण कर
सन्मुख सुलतान के,
मारने की, मरने की–अटल प्रतिज्ञा हुई।
उस अभिमान में
मैंने ही कहा था–छाती ऊँची कर उनसे–

"ले चलो मैं गुर्जर की रानी हूँ, कमला हूँ।"
वाह री ! विचित्र मनोवृत्ति मेरी !
कैसा वह तेरा व्यंग्य परिहास-शील था ?
उस आपदा में आया ध्यान निज रूप का।

रूप यह !
देखे तो तुरुष्कपति मेरा भी
यह सौन्दर्य देखे, देखे यह मृत्यु भी
कितनी महान और कितनी अभूतपूर्व !

बन्दिनी मैं बैठी रही
देखती थी दिल्ली कैसी विभव विलासिनी।
यह ऐश्वर्य की दुलारी, प्यारी क्रूरता की
एक छलना-सी सजने लगी थी संध्या में।
कृष्णा वह आई फिर रजनी भी
खोल कर ताराओं को विरल दशन पंक्ति
अट्टाहास करती थी दूर मानो व्योम में।
जो सुन न पड़ा अपने ही कोलाहल में।

कभी सोचती थी प्रतिशोध लेना पति का,
कभी निज रूप-सुन्दरता की अनुभूति
क्षण भर चाहती जगाना मैं
सुलतान ही के उस निर्मम हृदय में,
नारी मैं !
कितनी अबला थी और प्रमदा थी रूप की !
साहस उमड़ता था वेग-पूर्ण **ओघ-सा**

किन्तु हलकी थी मैं,
तृण बह जाता जैसे
वैसे मैं **विचारों ही में तिरता**-सी फिरती।
कैसी अवहेलना थी यह मेरी शत्रुता की,
इस मेरे रूप की।

Blood, अपने ही भावों में मग्न होने के कारण। मैं उस पर टिक या ठहर न सकती थी; इतने दिन हो गए शत्रुता ठान कर मैं कुछ न कर सकी। इतने दिन हो गए अभी तक सुलतान का ध्यान मेरे रूप पर न गया।

आज साक्षात होगा कितने महीनों पर
लहरी-सदृश उठती-सी गिरती-सी मैं
अद्‌भुत ! चमत्कार ! ! दृप्त निज गरिमा में
एक सौन्दर्यमयी वासना की आँधी-सी
पहुँची समीप सुलतान के।

तातारी दासियों ने मुझको झुकाना चाहा
मेरे ही घुटनों पर,
किन्तु अविचल रही।
मणि-मेखला में रही कठिन कृपाणी जो
चमकी वह सहसा
मेरे ही वक्ष का रुधिर पान करने को।
किन्तु छिन गई वह
और निरुपाय मैं तो ऐंठ उठी डोरी-सी,
अपमान-ज्वाला में अधीर होके जलती।
अन्त करने का और वहीं मर जाने का
मेरा उत्साह मन्द हो चला।
उसी क्षण बचकर मृत्यु महागत से सोचने लगी थी मैं—
"जीवन सौभाग्य है जीवन अलभ्य है।"
चारों ओर लालसा भिखारिणी-सी माँगती थी—
प्राणों के कण-कण दयनीय-स्पृहणीय
अपने विश्लेषण में रो उठे अकिंचन जो।
"जीवन अनन्त है
इसे छिन्न करने का किसे अधिकार है ?"
जीवन की सीमा मयी प्रतिमा

कितनी मधुर है ?
विश्व-भर से मैं जिसे छाती में छिपाए रही।
कितनी मधुर भीख माँगते हैं सबहीः–
अपना दल-अंचल पसार का बन-राजो,
माँगती है **जीवन का** बिन्दु-बिन्दु ओस-सा।

क्रन्दन करता-सा जलनिधि भी
माँगता है नित्य मानो जरठ भिखारी-सा

सपने छिन्न-भिन्न किए जाने पर; (1) जल; (2) जीवन

जीवन की धारा मीठी-मीठी सरिताओं से।
व्याकुल हो विश्व, अन्ध तम से
भोर में ही माँगता है
जीवन की स्वर्ण मयी किरणें प्रभा भरी।
जीवन ही प्यारा है जीवन सौभाग्य है।"
रो उठी मैं रोष भरी बात कहती हुई
"मार कर भी क्या मुझे मरने न दोगे तुम ?
मानती हूँ शक्तिशाली तुम सुलतान हो
और मैं हूँ बन्दिनी।
राज्य है बचा नहीं,
किन्तु क्या मनुष्यता भी मुझमें रही नहीं
इतनी मैं रिक्त हूँ ?"
क्षोभ से भरा था कंठ फिर चुप हो रही।
शक्ति प्रतिनिधि उस दृप्त सुलतान की
अनुनय भरी वाणी गूँज उठी कान में।
"देखता हूँ मरना ही भारत की नारियों का
एक गीत-भार है !
रानी ! तुम बन्दिनी हो मेरी प्रार्थनाओं में
पद्मनी को खो दिया है
किन्तु तुमको नहीं !
शासन करोगी इन मेरी क्रूरताओं पर
निज कोमलता से–मानस की माधुरी से।
आज इस तीव्र उत्तेजना की आँधी में
सुन न सकोगी, न विचार ही करोगी तुम

ठहरो विश्राम करो।''
अति द्रुत गति से,
कब सुलतान गए
जान सकी मैं न, और तब से
यह रंगमहल बना सुवर्ण पींजरा।

''एक दिन, सन्ध्या थी;
मलिन उदास मेरे हृदय पटल-सा
लाल-पीला होता था दिगन्त निज क्षोभ से।
यमुना प्रशान्त मन्द-मन्द निज धारा में,
करुण विषाद मयी
बहती थी धरा के तरल अवसाद-सी।
बैठी हुई कालिमा की चित्र-पटी देखती
सहसा मैं चौंक उठी द्रुत-पद शब्द से
सामने था
शैशव से अनुचर,
मानिक युवक अब
खिंच गया सहसा
पश्चिम-जलधि कूल का वह सुरम्य चित्र
मेरी इन दुखिया अँखड़ियों के सामने।
जिसको बना चुका था मेरा वह बालपन
अद्भुत, कुतूहल औ' हँसी की कहानी से।
मैंने कहा–
''कैसे तू अभागा यहाँ पहुँचा है मरने ?''
''मरने तो नहीं यहाँ जीवन की आशा में
आ गया हूँ रानी !–भला
कैसे मैं न आता यहाँ ?''
कह, वह चुप था।

छुरे एक हाथ में
दूसरे से दोनों हाथ पकड़े हुए वहीं
प्रस्तुत थीं तातारी दासियाँ।

सहसा सुलतान भी दिखाई पड़े,
और मैं थी **मूक गरिमा के इन्द्रजाल में।**
"मृत्यु दंड !"
बज्र-निर्घोष-सा सुनाई पड़ा भीषणतम–
मरता है मानिक !

शान-शौकत देख

गूँज उठा कानों में–
"जीवन अलभ्य है जीवन सौभाग्य है।"

(*फिर तो मैं*) उठी (*थी*) एक गर्व-सी
किन्तु झुक गई अनुनय की पुकार में
"उसे छोड़ दीजिए"–निकल पड़ा मुँह से।

हँसते सुलतान, और अप्रतिभ होती (*हुई*) मैं
जकड़ी हुई थी अपनी ही लाज-शृंखला में।

प्रार्थना लौटाने का उपाय अब कौन था ?
अपने अनुग्रह के भार से दबाते हुए
कहा सुलतान ने–
"जाने दो रानी की पहली यह आज्ञा है।"

हाय रे हृदय ! तूने
कौड़ी के मोल बेचा जीवन का मणि-कोष
और आकाश को पकड़ने की आशा में
हाथ ऊँचा किए सिर **दे दिया अतल में।**

मुँह या सिर के बल गिरी

"अन्तर्निहित थीं
लालसाएँ, वासनाएँ जितनी अभाव में
जीवन की दीनता में और पराधीनता में
पलने लगीं वे चेतना के अनजान में।

धीरे-धीरे आती है जैसे मादकता
आँखों के अजान में, ललाई में ही छिपती;

(*वैसे ही*) चेतना थी जीवन की, फिर प्रतिशोध की।
किन्तु किस युग से वासना के बिन्दु रहे सींचते
मेरे संवेदनों को,
यामिनी के गूढ़ अन्धकार में
सहसा जो जाग उठे तारा-से।
दुर्बलता को मानती-सी अवलम्ब मैं
खड़ी हुई जीवन की पिच्छिल-सी भूमि पर।
बिखरे प्रलोभनों को मानती-सी सत्य मैं
शासन की कामना में झूमी मतवाली हो।

एक क्षण; भावना के उस परिवर्तन का (*एक क्षण*)
कितना अजित था ?
जीवित हैं गुर्जरेश ! कर्णदेव !
भेजा सँदेश मुझे "शीघ्र अन्त कर दो
जीवन की लीला।"
लालसा की अर्द्ध कृति-सी !
उस प्रत्यावर्तन में प्राण जो न दे सके, हाँ
जीवित स्वयं हैं।
जिएँ फिर क्यों न सब अपनी ही आशा में ?
बन्दिनी हुई थी मैं अबला थी;
प्राणों का लोभ उन्हें फिर क्यों बचा सका ?
प्रेम कहाँ मेरा था ?
और मुझमें भी कैसे कहूँ शुद्ध प्रेम था।
मानिक कहता है, आह, मुझे मर जाने को।
रूप ने बनाया रानी मुझे गुजरात की,
वही रूप आज मुझे प्रेरित था करता
आरतेश्वरी का पद लेने को।
मेरे प्रेम में उन्होंने क्यों न प्राण दे दिए।

लोभ मेरा मूर्तिमान् प्रतिशोध था बना
और सोचती थी मैं, आज हूँ विजयिनी
चिर पराजित सुलतान पद तल में।
कृष्णागुरुवतिका
जल चुकी स्वर्ण पात्र के ही अभिमान में

एक धूम-रेखा मात्र शेष थी;
उस निस्पन्द रंग मन्दिर के व्योम में
क्षीण-गन्ध निरवलम्ब।
किन्तु मैं समझती थी, यही मेरा जीवन है।
यह उपहार है, यह शृंगार है
मेरी रूप माधुरी का।

मणि नूपुरों की बीन बजी, झनकार से
गूँज उठी रंगशाला इस सौन्दर्य की

विश्व था मनाता महोत्सव अभिमान का
आज विजयी था रूप,
और साम्राज्य था नृशंस क्रूरताओं का,
(*जो*) रूप-माधुरी की कृपा-कोर को निरखता
जिसमें मदोद्धत कटाक्ष की अरुणिमा
व्यंग्य करती थी विश्व भर के अनुराग पर।

सुलतान को प्रसन्न करने के लिए विश्व भर के अनुराग से अपना
अधिक अनुराग प्रकट करती थी; एक-एक मेरा मुँह देखा करती थी

अवहेलना से अनुग्रह थे बिखरते
जीवन के स्वप्न सब बनते बिगड़ते थे;
भवें बल खातीं जब
लोगों की अदृष्ट लिपि लिखी-पढ़ी जाती थी।
इस मुसक्यान के, पद्मराग-उद्गम से
बहता सुगन्ध की सुधा का सोता मन्द मन्द।
रत्न राजि सींची जाती सुमन-मरन्द से
कितनी ही आँखों की प्रसन्न नील ताराएँ
बनने को मुकुर-अचंचल, निस्पन्द थीं।
इन्हीं मीन दृगों का चपल संकेत बन
शासन, कुमारिका से हिमालय-शृंग तक
अथक अबाध और तीव्र-मेघ-ज्योति-सा
चलता था–
हुआ होगा बनना सफल जिसे देख कर
मंजु-मीन केतन अनंग का।
मुकुट पहनते थे सिर, कभी लोटते थे–

रक्त दिग्ध धरणी में रूप की विजय में।
हरमें सुलतान की
देखती सशंक दृग-कोरों से
निज अपमान को।"
"बेच दिया
विश्व इन्द्रजाल में सत्य कहते हैं जिसे
उसी मानवता के आत्म-सम्मान को।"
जीवन में आता है परखने का

जिसे कोई एक क्षण;
लोभ, लालसा या भय, क्रोध, प्रतिशोध के
उग्र कोलाहल में;
जिसकी पुकार सुनाई ही नहीं पड़ती।
सोचा यह उस दिन;
जिस दिन अधिकार-क्षुब्ध उस दास ने,
अन्त किया छल से काफूर ने
अलाउद्दीन का, मुमूर्षु सुलतान का।
आँधी में नृशंसता की रक्त-वर्षा होने लगी
रूप वाले, शील वाले, प्यारे से पले हुए
प्राणी राज-वंश के
मारे गए।

जिस आत्मसम्मान को; यह क्षण बार-बार नहीं आता परीक्षा का

वह एक रक्त-मयी सन्ध्या थी।

शक्तिशाली होना अहोभाग्य है
और फिर
बाधा-विघ्न-आपदा के तीव्र प्रतिघात का
सबल विरोध करने में कैसा सुख है ?–
इसका भी अनुभव हुआ था भली-भाँति मुझे
किन्तु वह छलना थी मिथ्या अधिकार की।
जिस दिन सुना फिर अकिंचन परिवारी ने;
आजीवन दास ने, रक्त से रँगे हुए;
अपने ही हाथों पहना है राज्य का मुकुट,

अन्त कर दास राजवंश का,
लेकर प्रचंड प्रतिशोध निज स्वामी का
मानिक ने, खूसरु के नाम से–
शासन का दंड किया ग्रहण सदर्प है।

उसी दिन जान सकी अपनी मैं सच्ची स्थिति

मैं हूँ किस तल पर ?
सैंकड़ों ही वृश्चिकों का डंक लगा एक साथ
मैं जो करने थी आई
उसे किया मानिक ने !
खूसरु ने !!

आँसू

(जयशंकर प्रसाद)

मानस-सागर के **तट पर**[1]
क्यों लोल **लहर**[2] की घातें
कल-कल ध्वनि से हैं कहतीं
कुछ विस्मृत बीती बातें ?

1. उस सागर के मध्य की दशा अव्यक्त (sub-concious) है, किनारे पर उठे स्पन्दन ही व्यक्त हैं; 2. भावना

आती है शून्य क्षितिज से
क्यों लौट **प्रतिध्वनि**[1] मेरी
टकराती बिलखाती सी
पगली सी देती फेरीं ?

1. क्रन्दन या पुकार की (no response)

क्यों व्यथित व्योम-गंगा सी
छिटका कर दोनों छोरें[1]
चेतना[2] - तरंगिनि मेरी
लेती है मृदुल हिलोरें ?

1. सुख-सीमा और दु-ख-सीमा की भावना फैला कर; 2. भावना

बस गई एक बस्ती है
स्मृतियों की इसी हृदय में
नक्षत्र-लोक फैला है
जैसे इस **नील**[1] निलय में।

1. आकाशवत् शून्य और काले (अँधेरे)

ये सब स्फुलिंग हैं मेरी
उस **ज्वालामयी जलन**[1] के,
कुछ शेष चिह्न हैं केवल
मेरे उस **महा मिलन**[2] के।

1. प्रेम की लपट जब पहले उठी थी; 2. Communion with God

शीतल[1] ज्वाला जलती है
ईंधन होता दृग-जल का।[2]
यह व्यर्थ साँस चल-चल कर
करती है काम अनिल का।

1. धीरे-धीरे जलनेवाली या जीवन ठंडा कर देनेवाली; 2. क्योंकि ज्वाला शीतल है।

बाडवज्वाला सोती थी
इस प्रणय-सिन्धु के तल में
प्यासी मछली-सी आँखें
थीं विकल **रूप के जल में।**[2]

1. पहले ऊपर से देखने में प्रेम समुद्र शीतल उमंगों से भरा दिखाई पड़ा, पर उसके भीतर बढ़ता दिन सा विरह-ताप छिपा था; 2. विरोधरूप के ध्यान में मग्न।

बुलबुले सिन्धु के फूटे।[1]
नक्षत्र - मालिका टूटी[2]
नभ - मुक्त - कुन्तला धरणी
दिखलाई देती लूटी।

1. प्रभात का दृश्य। तारे आकाश-सिन्धु के बुलबुले थे। 2. आकाश पृथ्वी रूपी स्त्री का खुला हुआ केश-कलाप था जिस पर की मोती की लड़ियाँ (नक्षत्र-मालिका) टूटकर गिर पड़ी थीं।

छिल-छिल कर **छाले**[1] फोड़े
मल-मल कर मृदुल चरण से[2]
घुल-घुल कर बह रह जाते
आँसू[3] करुणा के कण से।

1. हृदय के; 2. ध्यान द्वारा उनके मृदुल चरणों को हृदय में रख-रख कर; 3. छालों के पानी से

इस विकल वेदना को ले
किसने सुख को ललकारा
वह एक अबोध अकिंचन
बेसुध चैतन्य हमारा।

1. कि इधर आओ तो जानें; 2. शुद्ध बुद्ध चैतन्य आनन्दमय है, पर मेरा चैतन्य आनन्द से दूर भावशून्य हो रहा है।

अभिलाषाओं की करवट
फिर सुप्त व्यथा का जगना
सुख का सपना हो जाना
भींगी पलकों का लगना।

इस हृदय-कमल का घिरना
अलि-अलकों[1] की उलझन में
आँसू-मरन्द का गिरना *(और)*
मिलना निश्वास-पवन में।[2]

1. अलक-अलियों; 2. निश्वास से सूखता

मादक थी—मोहमयी थी
(उनके साथ) **मन बहलाने की क्रीड़ा**[1]
अब हृदय हिला देती है
वह मधुर प्रेम की पीड़ा।

सुख आहत[1] *(है,)* **शान्त**[2] *(हैं)* उमंगें
बेगार साँस ढोने में
यह हृदय **समाधि**[3] बना है
रोती करुणा कोने में।

1. घायल; 2. मृत; 3. सुख और उमंगों की समाधि

चातक की चकित पुकारें;
श्यामा-ध्वनि तरल रसीली
(ये सब हैं) मेरी करुणार्द्र-कथा की
दुकड़ी आँसू से गीली।[1]

i.e. 1. लक्षणा द्वारा गोचर रूप

बेसुध[1] जो अपने सुख **से**[2]
जिनकी हैं सुप्त व्यथाएँ
(*ऐसे में*) अवकाश भला है किनको
सुनने को करुणा कथाएँ।

1. लीन; 2. में;
वहाँ है इनको, wants have less a little raining

जीवन की जटिल समस्या
है बढ़ी जटा सी कैसी
उड़ती है धूल हृदय में
किसकी **विभूति** है ऐसी ?

योगी का रूपक (व्यंग्य), विरोध, भीतर धूल फाँक रहे हैं–दरिद्रता सूचक, (1) ऐश्वर्य, (2) भभूत जो साधु रमाते हैं
1. हृदय को चूर कर डालना ये समर्थ की बड़ी सिद्धि है; 2. और साधु शरीर में भस्म रमाते हैं हम हृदय में।

जो **घनीभूत** पीड़ा थी
मस्तक **में स्मृति सी** छाई
दुर्दिन में आँसू बनकर
वह आज बरसने आई।

जमकर बादल बनी हुई (वाष्प); पीड़ा स्मृति स्वरूप *i.e.* मानसिक थी

मेरे क्रन्दन में बजती
क्या वीणा; —जो सुनते हो ?
धागों से इन आँसू के
निज करुणा-पट बुनते हो।

मेरे आँसुओं के तार जोड़-जोड़ कर क्या धारण करने के लिए करुणा-पट बना रहे हो *i.e.* मेरे आँसुओं की सामग्री से तुम बड़े भारी करुणाशील बनना चाहते हो।

रो - रो कर सिसक - सिसक कर
कहता मैं करुण - कहानी
तुम **सुमन नोचते** सुनते
करते जानी अनजानी।

N.B. The adjective निपुट aspect were characteristics techniques symbolic; निठुर का रूप धारण किए हुए सुमन = (1) फूल (2) मन; Symbolic

मैं बल खाता जाता था
मोहित बेसुध बलिहारी
अन्तर के तार खिंचे थे
तीखी थी तान हमारी

सितार के कान जब ऐंठे जाते हैं तब तार खिंच जाते हैं।

झंझा झकोर गर्जन था
बिजली थी, **नीरद माला**
पाकर इस **शून्य** हृदय को
सबने आ डेरा डाला।

दीर्घ निश्वास। रह-रह कर मन में प्रिय की झलक। आकाशवत् शून्य भावनाओं की घटा

घिर जातीं प्रलय घटाएँ
कुटिया[1] पर आकर मेरी
तम-चूर्ण बरस जाता था।[2]
छा जाती अधिक अँधेरी।

1. हृदय; 2. अन्धकार छा जाता था

बिजली माला पहने फिर[1]
(कौन) मुसक्याता था आँगन में?
हाँ, कौन बरस जाता था
रस-बूँद हमारे मन में ?

1. अपनी ज्योति का प्रकाश करते हुए

तुम सत्य रहे चिर सुन्दर
मेरे इस मिथ्या जग के
थे केवल जीवन-संगी
कल्याण कलित **इस मग** के।

तुम्हारे ही कारण यह जगत् फिर सुन्दर सत्य भासित होता था; एकान्त प्रेममार्ग के

कितनी निर्जन रजनी में
तारों के दीप जलाए
स्वर्गंगा की धारा में
उज्ज्वल उपहार चढ़ाए !

आराधना पुतलियों के दीपक जलाए *i.e.* जागते और ताकते हुए। प्रेम की दिव्य धारा मोती के समान अश्रु विन्दु

गौरव था, नीचे आए
प्रियतम मिलने को मेरे
मैं इठला उठा, अकिंचन,
देखे ज्यों स्वप्न *(ऐश्वरी का)* सबेरे।

मधुराका = चैत की चाँदनी। चारों ओर माधुर्य्य का प्रकाश फैल गया था।

मधुराका मुसक्याती थी
पहले देखा जब तुमको
परिचित-से जाने कब के
तुम लगे उसी क्षण हमको !

देखते ही मन जाकर मिल गया।

परिचय **राका–जलनिधि** का
जैसे होता हिमकर से
ऊपर से किरणें आतीं
मिलती हैं गले लहर से।

(वह मिलन ऐसा ही था)। पूर्णिमा के समुद्र। mystic suggestion साधक नीचे रहते और प्रकाश ऊपर से आता।

मैं अपलक इन नयनों से
निरखा करता उस छवि को
प्रतिभा **डाली-भर** लाता
कर देता दान सुकवि को।

बहुत-सी–जिनसे अनेक नूतन कल्पनाएँ उठतीं। जिनसे कवियों का काम चलता।

(*एक*) निर्झर-सा झिर-झिर करता।
माधवी-कुंज छाया में
चेतना बही जाती थी
हो मन्त्र-मुग्ध माया में।

रस का प्रवाह-सा स्रवित होता। (भाव पक्ष–हृदय के एकान्त स्थल में)

पतझड़ था, झाड़ खड़े थे
सूखी-सी फुलवारी में
किसलय नव कुसुम बिछाकर
आए तुम इस क्यारी में।

तुम्हारे आते ही सब फूलों सा हो गया

शशि-मुख पर घूँघट डाले
अन्तर में दीप छिपाए
जीवन की गोधूली में
कौतूहल से तुम आए !

अपनी ज्योति को छिपाए या धुँधली किए हुए; जब सांसारिक जीवन के दृश्य ओझल हो गए या मन से हटे हुए थे।

घन में सुन्दर बिजली-सी
बिजली में चपल चमक-सी
आँखों में काली पुतली
पुतली में श्याम झलक-सी।

'सार' (अलं.) उत्तरोत्तर उत्कर्ष–आधेय और अधिक उत्कृष्ट कर क्रमशः आधार होता गया है।

प्रतिमा में सजीवता-सी
बस गई सुछवि आँखों में
थी एक **लकीर**[1] हृदय में
जो अलग रही **लाखों**[2] में।

1. छाप या संस्कार; Inexpressions 2. लाखों लकीरों में।

माना कि रूप-सीमा है,
(हे) सुन्दर ! तुम चिर यौवन में;
पर *(तुम)* समा गए थे, मेरे
मन के निस्सीम गगन में !

लावण्य-शैल राई-सा
जिस पर वारी बलिहारी *(थी)*
उस कमनीयता *(की)* कला की
सुषमा थी प्यारी-प्यारी।

बाँधा था विधु को किसने
इन काली जंजीरों से[1]
मणि वाले फणियों का मुख
क्यों भरा हुआ हीरों से ?[2]

1. काले केशों के बीच मुख; 2. केश रत्नभूषित तारों भरी रात

काली आँखों में कितनी
यौवन के मद की लाली
मानिक-मदिरा से भर दी
किसने नीलम की प्याली।

लाली, काली पुतली में नहीं होती श्वेत भाग में होती है।

तिर रही **अतृप्ति-जलधि** में
(प्रेमी की) **नीलम की नाव** निराली
काला - पानी **बेला**-सी
है अंजन - रेखा काली *(प्रिय की)*

रूप-समुद्र जिसमें पड़ा हुआ कभी तृप्त नहीं होता। आँख (पुतली) प्रेमी की आँख रूप जलधि में तैर रही है। उसके लिए प्रिय की अंजन रेखा काला पानी का किनारा है जिस पर उतरते ही अर्थात् प्रिय के नेत्र पर पड़ते ही वहाँ से लौटना असम्भव हो जाता है।

अंकित कर क्षितिज-पटी को
तूलिका-बरौनी तेरी
कितने घायल हृदयों की
बन जाती चतुर चितेरी।

बरौनी = तूलिका क्षितिज पर सन्ध्या की ललाई से घायलों के रक्त की व्यंजना

कोमल कपोल **पाली**[1] में
सीधी सादी स्मित-रेखा
जानेगा वही कुटिलता
जिसने भौं में बल देखा।

1. ऊँचा भीटा या किनारा। वक्रता की छवि का अनुभव वही कर सकता है।

विद्रुम-सीपी (के) सम्पुट में
मोती के दाने कैसे ?
है हंस न, **शुक** यह, फिर क्यों
चुगने को मुक्ता ऐसे ?

लाल ओठों के सम्पुट में = दाँत नासिका। रूपकातिशयोक्ति

विकसित सरसिज-वन वैभव
मधु-ऊषा के अंचल में
उपहास करावे अपना
जो हँसी देख ले पल में !

मुख-कमल समीप सजे थे
दो किसलय से पुरइन के
जल विन्दु सदृश ठहरे कब
उन कानों में **दुःख किनके** ?

श्रवण-पुट। प्रिय के कानों में दुख-निवेदन के शब्द वैसे ही नहीं ठहरते जैसे जल की बूँदें कमलपत्र पर। दुःख भरे वाक्यों के शब्द (टुकड़े) व्यंग्य-व्यंजक सम्बन्ध लेकर लक्षणा।

थी किस अनंग के धनु की
वह **शिथिल शिखिनी दुहरी**
अलबेली बाहुलता या
तनु छबि-सर की नव लहरी ?

बरौनियों के नीचे ऊपर की पंक्तियाँ जो सीधी नहीं होतीं। उतरी डोरी सीधी नहीं होती।

चंचला स्नान कर आवे
चन्द्रिका पर्व में जैसी
उस पावन तन की शोभा
आलोक मधुर थी ऐसी !

(तीक्षण होती है)

(शीतल और मधुर होती है) अतिशयोक्ति

छलना थी, तब भी मेरा
उसमें विश्वास घना था
उस माया की छाया में
कुछ सच्चा स्वयं बना था।

वह रूप-माधुरी यद्यपि मायामयी थी पारमार्थिक सत्ता का आभास था मेरी सत्ता अथवा मेरी आत्मा की सत्ता, सत्य थी

वह रूप रूप था केवल
या हृदय रहा भी उसमें
जड़ता की सब माया थी
चैतन्य समझकर मुझमें।

सांख्य के अनुसार जड़ प्रकृति अनेक रूप दिखा कर पुरुष या चैतन्य को फँसाए रखने का प्रयत्न करती रहती है।

मेरे जीवन की **उलझन** *(सी होकर)*
बिखरी थीं उनकी अलकें
पी ली मधु मदिरा किसने
थीं बन्द हमारी पलकें ?

उलझन का कारण (लक्षणा) न जाने किसने रूप-मधु का पान किया, मुझे तो कुछ सुध न थी।

ज्यों-ज्यों उलझन बढ़ती थी
बस शान्ति विहँसती बैठी
उस बन्धन में सुख बँधता
करुणा रहती थी ऐंठी।

शान्ति और प्रफुल्लता जमती थी। सुख का संचय होता, गठरी बँधती। दुःख दूर रहता मान करके असंगति--गठरी में लपेटा जाता था सुख और ऐंठता था दुख। विभावना अलंकार।

हिलते द्रुम-दल कल किसलय
देती गलबाँही डाली।
फूलों का **चुम्बन**[1], छिड़ती–
मधुपों की तान निराली।

1. मधुपों द्वारा

मुरली मुखरित होती थी,
मुकुलों के अधर विहँसते।
मकरन्द भार से दबकर
श्रवणों में **स्वर** जा बसते।

मधुपों की तानें। पक्षियों का कलरव। मुरली के

परिरम्भ-**कुम्भ** की मदिरा
निश्वास मलय के झोंके
मुख-चन्द्र-चाँदनी-जल से
मैं उठता था मुँह धोके !

थक जाती थी सुख-रजनी
मुख-चन्द्र हृदय में होता
श्रम-सीकर सदृश नखत से
अम्बर-पट भींगा होता।

सुख की रात विश्राम लेती और उसके प्रिय का मुख चूम हृदय में डूबता पट *i.e.* अनन्त में लीन होता।

सोएगी कभी न वैसी
फिर मिलन-कुम्भ में मेरे
चाँदनी शिथिल अलसाई
सुख के सपनों से मेरे।

सुख से लदी हुई चाँदनी रात का अनुभव।

लहरों में प्यास भरी है
हैं भँवर पात्र से खाली
मानस का सब रस पीकर
लुढ़का दी तुमने प्याली।

सूखे मानस में अब अतृप्त कामना की तरंगें उठती हैं, खाली पात्र के समान भावनाचक्र रूपी गहरे भँवर भी पड़ते हैं। वे भँवर क्या हैं, खाली प्याले हैं जिनसे हमने हृदय का सारा रस पिया और जिन्हें खाली करके लुढ़का दिया।

किंजल्क[1] जाल हैं बिखरे,
उड़ता पराग है रूखा;
है स्नेह-सरोज हमारा
विकसा, मानव में सूखा।

1. केसर

छिप गईं कहाँ छूकर वे
मलयज की मृदुल हिलोरें
क्यों घूम गई हैं आकर
करुणा-कटाक्ष की कोरें ?

विस्मृति है, मादकता है
मूर्च्छना भरी है मन में।
कल्पना रही, सपना था;
मुरली बजती निर्जन में।

(अब तो) (पहले जो या वह सब) कहीं शून्य से आता हुआ स्वर-सा था।

हीरे-सा हृदय हमारा
कुचला शिरीष-कोमल ने;
हिम-शीतल प्रणय अनल बन
अब लगा विरह से जलने।

अलियों से आँख बचाकर
जब कंज संकुचित होते
धुँधली, सन्ध्या, *(धुँधली)* प्रत्याशा
हम एक-एक को रोते।

जब भौरों से विमुख होकर कमल बन्द हो जाते सन्ध्या का धुँधलापन था, तब उनका यह व्यापार देख हमारी प्रत्याशा भी धुँधली वा क्षीण हो जाती अतः भौरे सन्ध्या के धुँधलेपन को रोते, हम प्रत्याशा के धुँधलेपन को।

जल उठा (था) स्नेह; दीपक-सा,
नवनीत हृदय था मेरा
अब शेष धूम-रेखा से
चित्रित कर रहा अँधेरा।

प्रेमोदय के समय हृदय प्रेम से प्रज्वलित हो उठा था। उसका प्रकाश छा गया था। दीपक के जल चुकने पर हृदय में अँधेरा हो गया है। उस अँधेरे में धुएँ की रेखा फैलकर विचित्र विचित्र आकार बना रही है—अर्थात् बातों की धुँधली स्मृति रह गई है।

नीरव मुरली, कलरव चुप
अलिकुल थे बन्द नलिन में
कालिन्दी बही प्रणय की
इस सममय हृदय-पुलिन में।

कोकिल; सन्ध्या के इस सन्नाटे में पहले जो प्रकाश रूप थी वह प्रेम की धारा भी काली या अन्धकारमयी होकर ही।

कुसुमाकर रजनी के जो
पिछले पहरों में खिलता
उस मृदुल शिरीष सुमन-सा
मैं प्रात धूल में मिलता।

रात के पिछले पहर स्वप्न में प्रिय के समागम से मैं प्रफुल्ल होता पर सवेरे नींद खुलने पर गिरे हुए फूल-सा ध्वस्त हो जाता।

व्याकुल उस मधु सौरभ से
मलयानिल धीरे-धीरे
निश्वास छोड़ जाता है
अब विरह-तरंगिनि-तीरे।

मलयानिल अपने अन्तस में उस मधुसौरभ को लिये हुए, जिसे उसने कभी कहीं प्राप्त किया था, इसी प्रकार व्याकुल और लम्बी साँस छोड़ता जान पड़ता है जिस तरह संयोग की मधुर स्मृति भीतर लिये हुए प्रेमी।

चुम्बन-अंकित प्राची का
पीला कपोल **दिलखलाता**
मैं **कोरी आँख** निरखता
पथ, **प्रात समय सो जाता।**

प्राची के पांडुवर्ण के बीच लाली ऐसी लगती जैसे किसी विरहिणी का पीला कपोल प्रिय ने आकर चूम लिया हो और उस पर लाली दौड़ गई हो। रात भर रास्ता ताकता सवेरे निराश होकर आँखें बन्द कर लेता (जब सब जागते हैं)

श्यामल अंचल धरणी का
भर **मुक्ता** आँसू कन से
छूँछा बादल बन आया
मैं प्रेम-प्रभात-गगन से।

हरे मैदान हिमविन्दु हलके बादल ओस के रूप में गलते हैं। प्रेमोदय के आकाश से।

विष प्याली जो पी ली थी
वह **मदिरा** बनी नयन में
सौन्दर्य पलक-प्याले का
अब प्रेम बना जीवन में।

रूप आदि इन्द्रिय-विषयों को ज्ञानी विष कहा करते हैं। मैंने रूप का पान किया जिससे नेत्र मतवाले हुए। पलक-प्याले में (दृष्टि के भीतर) ग्रहण किया हुआ सौन्दर्य्य मन में जाकर प्रेम हो गया है *i.e.* प्रेम उत्पन्न किया है। 'प्रेम' *for* प्रेम का कारण—कारण के स्थान पर कार्य्य लक्षणा से। *for* मादकता (लक्षणा)

कामना-सिन्धु लहराता
छवि पूरनिमा थी छाई
रतनाकर बनी चमकती
मेरे शशि की परछाईं।

मेरे प्रिय-शशी में रूपछटा मेरे कामना-सिन्धु में (मानस में) रत्नराशि के समान चमकती थी।

छायानट छवि-परदे में
सम्मोहन वेणु बजाता
सन्ध्या **कुहुकिनि अंचल में**
कौतुक अपना कर जाता।

= (सन्ध्या की) छाया-रूपी नट मोहित करनेवाला प्रभाव डालता। = कुहकिनी = मायास्विनी। रूपात्मक पट के भीतर

मादकता से आए तुम
संज्ञा से चले गए थे
हम व्याकुल पड़े बिलखते
थे, उतरे हुए नशे से।

(*एक बार*) **अम्बर असीम अन्तर** में
चंचल चपला से आकर
अब **इन्द्रधनुष-सी** आभा
तुम छोड़ गए हो जाकर

अन्तस के असीम आकाश में। Vague and faint

मकरन्द-मेघ-माला सी
वह स्मृति मदमाती आती
इस हृदय विपिन की कलिका
जिसके रस से मुसक्याती।

है हृदय शिशिरकण पूरित
मधु वर्षा से, शशि! तेरी।
मन-मन्दिर पर बरसाता
कोई **मुक्ता** की डेरी !

चन्द्रकान्त मणि के समान। अश्रुविन्दु

शीतल समीर आता है
कर पावन परस तुम्हारा
मैं सिहर उठा करता हूँ
बरसा कर आँसू-धारा।

वायु की गति सर्वत्र है। वह प्रिय का स्पर्श करती हुई आती है। स्पर्श (प्रिय के अंगों का स्पर्श करके आती हुई वायु ही का) द्वारा कम्प

मधु मालतियाँ सोती हैं
कोमल उपधान सहारे
मैं व्यर्थ प्रतीक्षा **लेकर**
गिनता अम्बर के तारे।

सहारा लेकर। मालतियाँ तो दलों का सहारा लेकर सुख से सोती हैं, मैं प्रतीक्षा का सहारा लेकर इतना बेचैन हूँ।

निष्ठुर! यह क्या, छिप जाना?
मेरा भी कोई होगा
प्रत्याशा विरह-निशा की
हम होंगे औ' **दुःख** होगा।

और कोई रहे न रहे, ये तीनों तो रहेंगे।

जब शान्त मिलन-सन्ध्या को
हम हेम जाल पहनाते
काली चादर के स्तर का
खुलना न देखने पाते।

सन्ध्या की चमक-दमक देखते समय रात्रि के आनेवाले अन्धकार का ध्यान नहीं रहता। जब निश्चित मिलन-सन्ध्या में हम संयोग-सुख के सुनहरे प्रकाश की भावना करते (सन्ध्या की रुचिर आभा में संयोग की आभा देखते) तब यह ध्यान नहीं रहता कि नैराश्य का अन्धकार धीरे-धीरे फैल रहा है।

अब छुटता नहीं छुड़ाए
रँग गया हृदय है ऐसा
आँसू से धुला निखरता
यह रंग अनोखा कैसा।

विभावना

कामना कला की विकसी
कमनीय मूर्ति बन तेरी
खिंचती है हृदय पटल पर
अभिलाषा बनकर मेरी।

सौन्दर्य्य की सृष्टि करनेवाली कला के मन में जिस कमनीय स्वरूप की भावना उठी वही तेरी सुन्दर मूर्ति के रूप में व्यक्त हुई। विभाव पक्ष भाव पक्ष अभिलाषा की वस्तु।

मणि-दीप लिये निज कर में
पथ दिखलाने को आए
वह पावक पुँज हुआ अब
किरनों की **लट** बिखराए।

तुम्हारी दीप्ति का साक्षात्कार कर मुझे प्रेममार्ग सुझाई पड़ा। अग्निशिखा, लपट

चढ़ गई और भी ऊँची
रूठी करुणा की वीणा
दीनता दर्प बन बैठी
साहस से कहती पीड़ा

तुम्हारी उदासीनता ने मेरे दुःख पूर्ण हृदय को छेड़कर और भी उत्तेजित कर दिया। दीनता को भी अपने अस्तित्व का अभिमान हो आया और वह दुःख को अपनी विभूति समझ उसकी प्रचुरता का बड़ी ऐंठ के साथ प्रदर्शन करने लगी। तुम्हारी रूप-विभूति से मेरी दुखभरी हीनता किसी प्रकार कम नहीं।

यह तीव्र हृदय की मदिरा
जी भर कर—छक कर मेरी,
(उसे) अब लाल आँख दिखलाकर
मुझको ही तुमने **फेरी**।

तुम्हारे दर्शन से मेरे हृदय में जो मादकता आ गई थी उसी को तुमने ग्रहण किया। अब लाल आँखें मेरी ओर करके मानो उसे तुमने मुझे लौटा दिया है। 'फेर रहे हो'

नाविक ! इस सूने तट पर
किन लहरों में खे लाया
इस बीहड़ वेला में क्या
अब तक था कोई आया?

उस पार कहाँ फिर जाऊँ
तम के मलीन अंचल में
जीवन का लोभ नहीं, वह
वेदना-छद्‌म-मय छल में।

प्रेम समुद्र में मैं यहाँ तक बढ़ आया अब प्रेमशून्य अन्धकारमय तट पर मैं नहीं लौटूँगा। मेरा हृदय प्रेमशून्य नहीं हो सकता। यह जो अपनी वेदना मैं प्रकट करता हूँ उसमें जीवन का लोभ नहीं छिपा है—मैं इसलिए नहीं कराहता, पुकारता हूँ कि कोई प्रेम छुड़ाकर मेरी जान बचा ले।

Psychology of love.
लागिउँ अरे, अरे जस भाँरू।
फिरि फिरि मूँजेसि तजिउँ न बारू।।

—जायसी

प्रत्यावर्तन के पथ में
पद-चिह्न न शेष रहा है
डूबा है हृदय मरुस्थल
आँसू नद उमड़ रहा है।

हृदय की नाना दशाओं से होता हुआ मैं यहाँ तक आया हूँ। पर वे सब दशाएँ विस्मृत हैं। मैं फिर प्रेम के पूर्व की दशा की ओर लौटूँ भी तो कैसे लौटूँ। आँसुओं के प्रवाह में इस समय मेरा हृदय रूपी सारा मरुस्थल (नीरस क्षेत्र) डूब गया है, उसमें कहीं रास्ता दिखाई पड़ता (मरुभूमि का डूबना, आँसुओं का आधिक्य व्यंजित करता है)

अवकाश शून्य फैला है
है शक्ति न और सहारा
अपदार्थ तिरुँगा मैं क्या
हो भी कुछ कूल किनारा।

तुम्हारे बिना यह जीवन आकाश-सा अपार शून्य-सागर है। मिलने की कोई अवधि भी नहीं है कि साहस बाँधता, कि इतना समय बिता चुका हूँ, इतना और है।

तिरती थी तिमिर–उदधि में
नाविक ! यह मेरी तरणी
मुख चन्द्र किरण से खिंचकर
आती समीप हो धरणी।

तुम्हें देखने के पूर्व जीवन-यात्रा निरीह (आशाहीन) और अन्धकारमयी थी पर अब जब तुम्हारे सुख को देखता जीवन लक्ष्य तक पहुँचता जान पड़ता हूँ।

सूखे सिकता-सागर में
यह नैया मेरे मन की
आँसू की धार बहाकर
खे चला **प्रेम** बेगुन की (*नाव*)।

बिना गून या रस्सी की इस नाव को (गुणहीन मन को) इस रूखे-सूखे वियोग-सागर में प्रेम ही आँसुओं का जल भरकर (सरस करके), आगे बढ़ाता आया है।

यह **पारावार तरल** हो,
फेनिल हो, गरल उगलता।
मथ डाला किस तृष्णा से
तल में बड़वानल जलता।

हृदय-समुद्र चंचल, क्षुब्ध (मथे जाने पर)

निश्वास **मलय** में मिल कर
छाया पथ छू आएगा
अन्तिम किरणें बिखरा कर
हिमकर भी छिप जाएगा।

प्रभात समय मेरी ठंढी साँस शीतल मलयानिल के साथ मिलकर आकाश तक जा पहुँचेगी, जिसकी ठंढ से घबरा कर चन्द्रमा भी भागेगा (अस्त हो जाएगा)

चमकूँगा धूल कणों में
सौरभ हो उड़ जाऊँगा
पाऊँगा कहीं तुम्हें तो
ग्रह-पथ में टकराऊँगा।

इस **यान्त्रिक जीवन** में क्या
ऐसी थी कोई क्षमता ?
जगती थी ज्योति भरी-सी
तेरी (*ही*) सजीवता–(*और*) ममता।

ऐसी कोई क्षमता नहीं थी। सजीवता और ममता (अपने अस्तित्व की भावना कि 'मैं हूँ') *i.e.* आत्मा परमात्मा के ही सानिध्य से है।

है चन्द्र हृदय में बैठा
उस शीतल किरण सहारे
सौन्दर्य-सुधा बलिहारी
चुगता चकोर अंगारे।

प्रेम की क्षमता या सहायता के चन्द्रमुख के ध्यान से इतनी शीतलता समा गई है कि चकोर (उस सौन्दर्य्य सुधा पर अपने को निछावर कर के) जलते अंगारे चुनता है *i.e.* प्रेम की शीतलता के बल पर ही प्रेमी वियोग का असह्य ताप सहता है।

बलने का सम्बल लेकर
दीपक पतंग से मिलता
जलने की दीन दशा में
वह फूल सदृश हो खिलता !

संबल—सामग्री; तेल—स्नेह

इस गगन-यूथिका-बन में
तारे जूही से खिलते।
सित शतदल से, शशि! तुम क्यों
उनमें जाकर हो मिलते ?

चन्द्र तारापति कहा जाता है। चन्द्र के आने से बहुत से तारे विलीन हो जाते हैं। उसी प्रकार प्रिय के सामने आने पर न जाने कितने प्रेमी उस पर निछावर हो जाते हैं। प्रिय क्यों प्रेमियों के बीच आकर उनका अस्तित्व मिटाया करते हैं।

मत कहो कि यही सफलता
कलियों के लघु जीवन की
मकरन्द भरी खिल जाएँ
तोड़ी जाएँ **बेमन की।**

अनिच्छा रहते भी।

यदि दो घड़ियों का जीवन
कोमल वृन्तों में बीते
कुछ हानि तुम्हारी है क्या ?
चुपचाप चू पड़े जीते !

(कलियों का) (तुम यही चाहते हो कि)

सब **सुमन-मनोरथ-अंजलि**
बिखरा दी इन चरणों में।
कुचलो न कीट-सा, इनके
कुछ है मकरन्द कणों में।

= मनोरथ-सुमन-अंजलि, हृदय रूपी फूलों में प्रेमरस है।

निर्मोह काल के काले
पट पर कुछ अस्फुट लेखा
सब लिखी पड़ी रह जाती
सुख-दुख मय जीवन रेखा।

काल अपना अनन्त पट फैलाता आगे बढ़ता चला जाता है। पीछे उस पर नरजीवन के सुख-दुख के न जाने कितने ब्योरे अस्फुट रूप में दर्ज पड़े रहते हैं *i.e.* उनकी क्षीण स्मृति मात्र जनता में रह जाती है।

दुख-सुख में उठता गिरता
संसार तिरोहित होगा।
मुड़कर न कभी देखेगा
किसका हित अनहित होगा।

मानव-जीवन-वेदी पर
परिणय हो विरह (*और*) मिलन का
दुख सुख दोनों नाचेंगे
है खेल आँख का मन का।

An exalted view of life very niecly expressed. आत्मा की दृष्टि में सुख और दुःख दोनों के व्यापार खेल हैं।

इतना सुख ले पल भर में
(मेरे) जीवन के अन्तस्तल से
तुम खिसक गए, धीरे से
रोते अब प्राण विकल से।

छीनकर

क्यों छलक रहा दुःख मेरा
ऊषा की मृदु पलकों में
हाँ ! उलझ रहा सुख मेरा
सन्ध्या की घन अलकों में।

दुख तो उमड़कर उषा के प्रकाश के समान स्फुट हो रहा है, पर सुख बढ़ते हुए घने अन्धकार में विलीन होता जाता है—जैसे सन्ध्या के अन्धकार में रूप छिपते जाते हैं।

लिपटे सोते थे मन में
सुख-दुख दोनों ही ऐसे
चन्द्रिका अँधेरी मिलती
मालती कुंज में जैसे।

वासना रूप में सुख और दुःख दोनों मन में एक साथ छिपे थे। कुंज में अँधेरा भी रहता है, चाँदनी भी।

अवकाश असीम सुखों से
आकाश-तरंग बनाता
हँसता-सा छायापथ में
नक्षत्र समाज **दिखाता।**

अनन्त आनन्द-सागर से उमंगें लेकर

नीचे विपुला धरणी है
दुख-भार वहन-सी करती;
अपने **खारे आँसू** से
करुणा-सागर को भरती।

(ऊपर तो इतना आनन्द पर)

धरणी दुःख माँग रही है
आकाश छीनता सुख को
अपने को देकर उनको
हूँ देख रहा उस मुख को।

पृथ्वी सहानुभूतिपूर्वक मेरा दुःख मिटाना चाहती; आकाश सुख छीन रहा है। आकाश = दैव (फलक का सितम) इधर मैं अपने को उन्हें अर्पित करके आत्मविस्मृत होकर–सुख दुःख की सारी सुध खोकर–उनके सुख को ताक रहा हूँ।

इतना सुख जो न समाता
अन्तरिक्ष में, जल-थल में
उनकी मुट्ठी में बन्दी
था आश्वासन के छल **में**।

दुख क्या था, उनको ? मेरा
जो सुख लेकर यों भागे।
सोते में चुम्बन लेकर
जब रोम तनिक-सा जागे।

एक क्षण के अल्प सुख से भी वंचित कर दिया। थोड़ा पुलक होते ही

सुख मान लिया करता था
जिसका दुःख था जीवन में
जीवन में मृत्यु बसी है
जैसे बिजली हो घन में।

जिसका अभाव जीवन में खटकता था, जो अभाव-पक्ष में दुःख की वस्तु था, उसी को मैंने सुख मान लिया था। एक ही वस्तु के एक पक्ष में सुख और दूसरे पक्ष में दुःख रहता है—दोनों में नित्य संवाद है, दोनों मिले-जुले हैं। जैसे जीवन और मृत्यु, बादल और बिजली।

उनका सुख नाच उठा है
यह दुख-द्रुम-दल **हिलने से**
शृंगार चमकता उनका
मेरी करुणा मिलने से।

ताल पर नृत्य होता है। मेरे दुःख के ताल देने पर उनका सुख नाचता था *i.e.* मेरे वियोग दुःख के क्षोभ को जान-जानकर वे अपने रूपगर्व से फूले न समाते थे। जितना ही मैं दुखी होता उतना ही उनका सौन्दर्य्य अधिक समझा जाता—लोग कहते हैं कि वे कितने सुन्दर हैं जिनके लिए इतना दुःख प्रकट किया जा रहा है।

हो उदासीन दोनों से
दुख-सुख से मेल **कराएँ**
ममता की हानि उठाकर
दो रूठे हुए मनाएँ।

हम दुःख और सुख में जो इतना भेदभाव बढ़ाए हुए हैं वह ममता या अहंभाव के कारण। यदि हम अहं का त्याग कर प्रियमय हो जाएँ तो यह भेदभाव मिट जाय—हमारे लिए दोनों बराबर हो जायँ, चाहे यह हो चाहे वह।

चढ़ जाय अनन्त गगन पर
वेदना-जलद की माला
रवि तीव्र ताप न जलाए
हिमकर का हो न उजाला।

जलद = वाष्प = आँसू सुख और दुःख, शीत और उष्ण, इन द्वन्द्वों से परे हो जाय।

नचती है नियति नटी सी
कन्दुक क्रीड़ा-सी करती
इस **व्यथित** विश्व आँगन में
अपना अतृप्त मन भरती।

किसी को ऊपर चढ़ाती किसी को नीचे गिराती।
(उसके गिराव-चढ़ाव, उछल-कूद के कारण)

विभ्रम-मदिरा से उठकर
आओ तम-मय अन्तर में
पाओगे कुछ न, टटोलो
अपने **बिन** सूने घर में!

आकुलता, घबराहट जहाँ जगत का कोलाहल हलचल जहाँ, सन्नाटा और एकान्त है।

इस **शिथिल** आह से खिंच कर
तुम आओगे,—आओगे
इस बढ़ी ज्यथा को मेरी
रो-रोकर अपनाओगे।

शिथिल है पर उससे

सन्ध्या की मिलन प्रतीक्षा
कह चलती कुछ मनमानी।
ऊषा की **रक्त** निराशा
कर देती अन्त कहानी।

कुछ सुख कल्पनाएँ खड़ी करती खूनी रंग की

वेदना विकल फिर आई
मेरी चौदहो भवन में
सुख कहीं न दिया दिखाई
विश्राम कहाँ जीवन में ?

वेदनापूर्ण मन (लक्षणा से आधार आधेय सम्बन्ध)

उच्छ्‌वास और आँसू में
विश्राम थका सोता है
रोई आँखों में निद्रा
बनकर सपना होता है।

जाग्रत दशा में मेरा विश्राम इन्हीं में रहता है वही विश्राम नींद का रूप धारण करता है, और फिर अनेक स्वप्न सामने लाता है। इन्हीं दशाओं में मैं रहता हूँ।

निशि, सो जावें जब उर में
थे हृदय–**व्यथा** आभारी
उनका **उन्माद** **सुनहला**
सहला देना सुखकारी।

व्यथाएँ अपने पागलपन में अनेक सुख स्वप्न खड़ा करती हैं, उन्हें पुचकार या प्यार करके कुछ रोक रखना।

(*हे निशा!*) तुम स्पर्श-हीन अनुभव-सी
नन्दन तमाल के तल से
जग (*को*) छा दो, श्याम-लता-सी,
तन्द्रा–**पल्लव,** विह्वल से।

संतप्त जगत को छाया दो

सपनों की सोनजुही (*ये*) सब
बिखरें, ये बनकर तारा।

सित-सरसिज से भर जावे
वह **स्वर्गंगा** की धारा।

प्रेम के द्रिव्य भाव की

नीलिमा **शयन** पर बैठी
अपने नभ के आँगन से
विस्मृति का नील-नलिन-रस
बरसो **अपांग** के घन से।

अपने कटाक्ष से विस्मृति लानेवाली अन्धकार की छाया फैला दो।

(*यद्यपि*) चिर दुग्ध दुखी यह वसुधा
आलोक माँगती (*है*), तब भी
तम तुहिन बरस दो कन-कन
यह पगली सोए अब भी।

यद्यपि यह उन्मुक्त जगत लपकने और भोग करने के लिए प्रकाश द्वारा अनेक विषयों (इन्द्रिय) को अपने सामने एकाग्र चाहता है, पर इसे शान्ति चाहिए। ...

विस्मृति-समाधि पर होगी
वर्षा कल्याण-जलद की
सुख सोए थका हुआ-सा
चिन्ता कुछ जाय विपद् की।

सुख की भावना भी दूर हो और दुःख की भी–निद्रा की शान्तिमयी गोद में।

चेतना-लहर • न उठेगी
जीवन-समुद्र थिर होगा
सन्ध्या **हो** (*कर*) सर्ग-प्रलय की
विच्छेद मिलन फिर होगा।

उस सुषुप्त दशा के उपरान्त जाग्रत और सुषुप्त का सन्धिस्थल आकर फिर जाग्रत दशा आएगी और संयोग-वियोग सुख दुःख का द्वन्द्व या पचड़ा चलेगा।

N.B. यहाँ पिंड ओर ब्रह्मांड की एकता का संकेत है। प्रकृति या जगत् प्रलय-काल में साम्यावस्था में रहता है। फिर प्रलय और सृष्टि का सन्धिकाल आता है। उसके उपरान्त प्रकृति फिर सर्गोन्मुख होती है और नाना भेदों का विकास होने लगता है।

or

The Last two lines may be interejected thus –

सर्ग-प्रलय (जन्म मरण) की सन्ध्या अर्थात् अवसान होकर तब यह विच्छेद जाकर मिलन में परिवर्तित होगा।

रजनी की रोई आँखें
आलोक-बिन्दु टपकातीं
तम की काली छलनाएँ
उनको चुप-चुप पी जातीं।

सुख अपमानित करता-सा
जब व्यंग्य हँसी हँसता है
चुपके से तब मत रो तू
यह कैसी परवशता है ?

खुल्लम-खुल्ला रो और आँसू गिरा। सुखियों के सामने दुखियों को लज्जित होने की आवश्यकता नहीं। दुःख का महत्व सुख के महत्व से कुछ कम नहीं।

अपने आँसू की अंजलि
आँखों में भर क्यों पीता
नक्षत्र पतन के क्षण में
उज्ज्वल होकर है जीता !

आँसू गिराता क्यों नहीं बेधड़क ? गिरता हुआ तारा गिरते हुए और चमक उठता है।

वह हँसी और यह आँसू
घुलने दे–मिल जाने दे।
बरसात नई होने दे
कलियों को खिल जाने दे।

रुदन और हास दोनों का समन्वय प्रेमभूमि पर होने दें। जैसे वर्षा की झड़ी के पीछे कलियाँ खिल उठती हैं वैसे ही दुःख के पीछे सुख और विकसित प्रतीत होता है।

चुन-चुन ले रे कन-कन से
जगती की सजग व्यथाएँ
रह जाएँगी कहने को
जन-रंजन-करी कथाएँ

जब नील निशा अंचल में
हिमकर थक सो जाते हैं,
अस्ताचल की घाटी में
दिनकर भी खो जाते हैं,

नक्षण डूब जाते हैं
स्वर्गंगा की धारा में,
बिजली बन्दी होती जब
कादम्बिनि की कारा में,

To be read together

मणिदीप विश्व-मन्दिर की
पहने किरणों की माला
तुम एक अकेली तब भी
जलती हो मेरी **ज्वाला** !

रत्नदीपक कभी बुझते नहीं। प्रेम की ज्वाला या ज्योति

(जब कि) उत्ताल-जलधि-बेला में
अपने सिर शैल उठाए,
निस्तब्ध गगन के नीचे
छाती में जलन छिपाए,

संकेत नियति का पाकर
तम से जीवन उलझाए,
जब **सोती** गहन गुफा में
चंचल लट को छिटकाए,

To be read together अभी न भड़को; subject ज्वालामुखी

वह ज्वालामुखी जगत की,
वह विश्व-वेदना-बाला,
तब भी तुम सतत अकेली
जलती हो मेरी ज्वाला !

प्रेम का

इस व्यथित विश्व पतझड़ की
तुम जलती हो मृदु होली
हे अरुणे ! सदा सुहागिनि
मानवता सिर की रोली !

जीवन-सागर में पावन
बड़वानल की ज्वाला सी
यह सारा कलुष जलाकर
तुम जलो अनल-बाला सी।

जगद्वन्द्वों के परिणय की
हे सुरभिमयी जयमाला
किरणों के **केसर-रज** से
भव भर दो मेरी ज्वाला !

प्रेम ज्योति के भीतर सुख दुःख दोनों का एक साथ समावेश; पराग

तेरे प्रकाश में चेतन
संसार वेदना वाला
मेरे समीप होता है
पाकर कुछ **करुण उजाला**।

प्रेम ज्योति में मेरे सानिध्य से करुणा का प्रकाश

उसमें धुँधली छायाएँ
परिचय अपना देती हैं
रोदन का मूल्य चुकाकर
सब कुछ अपना लेती हैं।

अनेक रूपरंग के आदमी?

संसार में या उजाले में ? अपने हृदय का परिचय समवेदना का अनुभव कर, मूल्य के रूप में अपने आँसू देकर सबको अपना बना लेती हैं–सर्वभूतों को आत्मवत् देखने लगती है।

निर्मम जगती को **तेरा**[1]
मंगलमय मिले उजाला
इस जलते हुए हृदय की
कल्याणी शीतल ज्वाला !

1. प्रेम का

(वह प्रेम) जिसके आगे पुलकित हो
जीवन है सिसकी भरता
हाँ मृत्यु नृत्य करती है
मुसक्याती खड़ी अमरता,

प्रेम के आगे हर्ष पुलक और रुदन दोनों दशाएँ आती जाती रहती हैं—
एक ओर मृत्यु की दारुणता दिखाई देती है, दूसरी ओर अमर जीवन।

वह मेरे प्रेम विहँसते
जागो, मेरे मधुवन में
फिर मधुर भावनाओं का
कलरव हो इस जीवन में।

प्रेम का आविर्भाव वसन्त के आगमन के रूप में।

मेरी आहों में जागो
सुस्मित में सोने वाले
अधरों से हँसते-हँसते
आँखों से रोने वाले।

वियोग प्रेम की जाग्रत या सक्रिय दशा है, सम्भोग सुख-नींद की दशा।

इस स्वप्नमयी संसृति के
सच्चे जीवन तुम जागो
मंगल किरणों से रंजित
मेरे सुन्दरतम जागो।

सौन्दर्य्य और मंगल का योग

अभिलाषा के मानस में
सरसिज सी आँखें खोलो
मधुपों **से** मधु गुंजारो
कलरव से फिर कुछ बोलो।

अभिलाषापूर्ण मन रूपी मानसरोवर, द्वारा

आशा का फैल रहा है
यह सूना नीला अंचल
फिर स्वर्ण सृष्टि सी नाचे
उसमें **करुणा** हो चंचल।

आशा; दिशा; दुःख या वेदना; जिस प्रकार शून्य नीले आकाश सा दिक् *(Space)* में अरुणोदय की चहल-पहल दिखाई देती है उसी प्रकार मेरी निराधार अन्धकारमयी आशा के भीतर वेदना का स्पन्दन हो!

मधु संसृति की पुलकावलि
जागो अपने यौवन में,
फिर से मरन्द-उद्‌गम हो
कोमल कुसुमों के वन में।

फिर विश्व माँगता होवे
ले नभ की खाली प्याली
तुम से कुछ मधु की बूँदें
लौटा लेने को लाली।

शून्य और रूप-रंग हीन गगन में अरुणोदय मानो अनुराग की लाली-सी आ जाया करती है। अतः आकाश अपार प्रेम का ही कुछ अंश लेकर अनुरागमय होता है।

फिर तम प्रकाश झगड़े में
नव ज्योति विजयिनी होती
हँसता यह विश्व हमारा
बरसाता मंजुल मोती।

प्राची के अरुण मुकुर में
सुन्दर प्रतिबिम्ब तुम्हारा
उस अलस उषा में देखूँ
अपनी आँखों का तारा।

कुछ **रेखाएँ** हों ऐसी
जिनमें आकृति हो उलझी
तब एक झलक ! वह कितनी
मधुमय रचना हो सुलझी।

जिसमें इतराई फिरती
नारी - निसर्ग - सुन्दरता
छलकी पड़ती हो जिसमें
शिशु की उर्मिल निर्मलता।

आँखों का निधि वह मुख हो
अवगुंठन नील गगन सा
यह शिथिल हृदय ही मेरा
खुल जावे स्वयं मगन सा।

मेरी मानस पूजा का *(वह मुख)*
पावन प्रतीक अविचल हो।
झरता *(हुआ)* अनन्त यौवन-मधु
(वह मुख) अम्लान स्वर्ण-शतदल हो।

कल्पना अखिल जीवन की
किरनों से दृग-तारा की
अभिषेक करे प्रतिनिधि बन
आलोकमयी धारा की।

अखिल जीवन से सौन्दर्य्य की भावना का संग्रह कर उसे अपने नेत्रों में बसाऊँ और उन नेत्रों को उस मुख की ओर करके उस पर वह सारी सौन्दर्य्य भावना आरोपित कर दूँ। वह सौन्दर्य्य-कल्पना दिव्य आध्यात्मिक ज्ञान-स्वरूप हो।

वेदना मधुर हो जावे।
मेरी **निर्दय** तन्मयता
मिल जावे आज हृदय को।
पाऊँ मैं भी सहृदयता।

अपनी सुध बिलकुल न रखनेवाली।

मेरी **अनामिका** संगिनि !
सुन्दर कठोर कोमलते !
हम दोनों रहें सखा ही
जीवन पथ चलते चलते।

अनिर्वचनीय (वेदना)। वेदना और हम।

ताराओं की वे रातें,
कितने दिन, कितनी घड़ियाँ
विस्मृति में बीत गई वे
निर्मोह काल की कड़ियाँ।

उद्वेलित तरल तरंगें
मन की न लौट जावेंगी
हाँ, उस **अनन्त कोने** को
ये सच नहला आवेंगी !

सौन्दर्य्य की उस अनन्त राशि के किसी अंश को

जल भर लाते हैं जिसको
छूकर नयनों के कोने
उस शीतलता के प्यासे हैं
(ये) दीनता दया के दोने (नेत्र)।

दीनता से भरे दया के पात्र

फेनिल उछ्वास हृदय के
उठते फिरते मधुमाया में
सोते सुकुमार सदा जो
पलकों की सुख-छाया में

जिस प्रकार मदिरा में झाग उठता है उसी प्रकार प्रेममद से भरे हृदय में उमंगें या उच्छ्वास उठते हैं।

आँसू-वर्षा से सिंचकर
दोनों ही कूल हरा हो
उस शरद प्रसन्न नदी में
जीवन-द्रव अमल भरा हो।

यह लोक, वह लोक

जैसे सरिता के तट पर
जो जहाँ खड़ा रहता है
विधु का आलोक-तरल पथ
सम्मुख देखा करता है,

प्रकाश से जगमगाता या झलझलाता

जागरण **तुम्हारा** त्यों ही
देकर अपनी उज्ज्वलता
इन छोटी बूँदों से भी
हर लेता सब पंकिलता।

प्रेमवेदना का; निर्मल कर देता है

इस **छोटी सी सीपी** में
रत्नाकर खेल रहा हो
करुणा की इन बूँदों में
आनन्द उँडेल रहा हो।

छोटे से हृदय में अनन्त प्रेम लहराता हो; आँसुओं

मेरे जीवन का जलनिधि
(जब) बन अन्धकार उर्मिल हो
आकाश दीप सा तब वह
तेरा प्रकाश झिलमिल हो।

हैं पड़ी हुई मुँह ढँककर
मन की जितनी पीड़ाएँ
वे हँसने लगें सुमन सी
करती कोमल क्रीड़ाएँ।

तेरा आलिंगन कोमल
मृदु अमर-वेलि सा फैले
धमनी के इस बन्धन में
जीवन ही न हो अकेले।

नाड़ियों; प्राण ही न हो, उसमें वेदना भी हो।

हे, जन्म-जन्म के **जीवन**
साथी संसृति के दुःख में
पावन प्रभात हो जावे
जागो आलस के सुख में *(पड़ी हुई)*।

सजीवता, संवेदना

जगती का कलुष अपावन
तेरी विदग्धता पावे
फिर निखर उठे निर्मलता
यह पाप पुण्य हो जावे।

सपनों की सुख छाया में
जब तन्द्रालस संसृति है
तुम कौन सजग हो आई
मेरे मन में विस्मृति है ?

मैं तुम्हें भूल गया हूँ।

तुम ! अरे, वही हाँ तुम ही
मेरी चिर-जीवन-संगिनि
दुखवाले दग्ध हृदय को
वेदने ! अश्रुमयि रंगिनि !

दुःख की अनुभूति

जब तुम्हें भूल जाता हूँ
कुड्मल किसलय के छल में
तब कूक-हूक सी बन तुम
आ जातीं रंगस्थल में।

सुख की झूठी हरियाली और प्रफुल्लता में

बतला दो अरे, न हिचको
क्या देखा शून्य गगन में
कितना पथ हो चल आईं
रजनी के मृदु निर्जन में ?

विश्व में चारों ओर दुःख की आकुलता ही फैली है, पर उसकी सच्ची अनुभूति का अभाव दिखाई पड़ता है।

सुख-तृप्त हृदय कोने को
ढकती तम-श्यामल छाया
मधु स्वप्निल ताराओं की
जब चलती अभिनय (*की*) माया,

जब आकाश के दमकते हृदय में दुखरात्रि का अन्धकार छा जाता है,
और सुख-स्वप्नों की झलक के समान तारे चमकते हैं।

देखा तुमने तब रुक कर
मानस कुमुदों का रोना
शशि-किरणों का हँस-हँस कर
मोती मकरन्द पिरोना।

नक्षत्रों का हिम रूपी अश्रुविन्दु गिराना

देखा बौने जलनिधि का
शशि छूने को ललचाना
वह हाहाकार मचाना
फिर उठ-उठ कर गिर जाना।

मुँह सिये, झेलतीं अपनी
अभिशाप ताप ज्वालाएँ
देखी अतीत के युग से
चिर-मौन शैल मालाएँ।

जिन पर न वनस्पति कोई
श्यामल उगने पाती हैं
जो जनपद-परख-तिरस्कृत
अभिशप्त कही जाती हैं।

कलियों को उन्मुख देखा
सुनते वह कपट कहानी; *(मधुकर की)*
फिर देखा उड़ जाते भी
मधुकर को कर मनमानी?

फिर उन निराश नयनों की,
जिनके आँसू सूखे हैं *(और)*
उस प्रलय दशा को देखा
जो चिर-वंचित भूखे हैं।

सूखी सरिता की शय्या
वसुधा की करुणा कहानी
कूलों में लीन न देखी
क्या तुमने मेरी रानी ?

सूनी कुटिया *(के)* कोने में
रजनी भर जलते जाना
लघु स्नेह भरे दीपक का
देखा है फिर बुझ जाना।

सबका निचोड़ लेकर तुम
सुख से सूखे जीवन में
बरसो प्रभात हिमकन-सा
आँसू इस विश्व-सदन में।

○○○